NOUVEAU

DICTIONNAIRE ENCYCLOPÉDIQUE

UNIVERSEL ILLUSTRÉ

SIXIÈME VOLUME

SUPPLÉMENT

LE NOUVEAU
DICTIONNAIRE ENCYCLOPÉDIQUE
UNIVERSEL ILLUSTRÉ

COMPREND :

LA LINGUISTIQUE

Etymologies, alphabets comparés, grammaire, prononciation, définitions. — Langues, dialectes, argot, jargons, idiotismes, locutions, synonymie, conjugaison des verbes irréguliers. — Rhétorique, poésie, versification, théâtre. — Philologie, polygraphie, etc.

L'HISTOIRE ET LA GÉOGRAPHIE ANCIENNES ET MODERNES

Description du globe, voyages, États, provinces, rivières, montagnes, villes, etc. — Chronologie, dynasties, batailles, sièges, traités. Archéologie, blason, biographie, géographie physique et politique, statistique, etc.

LA THÉOLOGIE

Liturgie, conciles, mythologie, religions, sectes et opinions singulières.

LA JURISPRUDENCE

Droit naturel, droit des gens, droit politique, droit civil, droit criminel, droit commercial, droit maritime, droit canonique, administration, etc.

LES SCIENCES ET LES ARTS

Philosophie, logique, métaphysique, morale. — Physique et chimie, géologie, paléontologie, botanique, zoologie. — Agriculture, économie rurale, économie domestique. — Anatomie, physiologie, médecine, chirurgie, hygiène. — Pharmacie. Médecine vétérinaire et hippiatrique. — Musique. — Mathématiques pures et appliquées. — Astronomie, météorologie. Art militaire, marine. — Beaux-arts, métiers, inventions, découvertes, industrie, commerce, finances. — Gymnastique, escrime, danses, natation, équitation, chasse, pêche, jeux.

D'APRÈS LES DERNIERS TRAVAUX DES SAVANTS ET DES ÉCRIVAINS FRANÇAIS ET ÉTRANGERS, PARMI LESQUELS NOUS CITERONS MM. :

J.-C. Adams, Agassiz, Ampère, Arago, d'Avezac, Babinet, F. Bastiat, Bardin, J.-R. Barri, Bazin, E. de Beaumont, A.-C., L.-A. et A.-E. Becquerel, Belloguet, Cl. Bernard, Berthelot, Beudant, Beulé, L. Blanc, Ch. Blanc, Ad. Blanqui, M. Block, Ch. Bonaparte, Bouchardat, Bouley, Broca, Brongniart, Burnouf, Caro, Chabas, Champollion, Ph. Chasles, Chenu, de Chesnel, M. Chevalier, Chevreul, A. Cochut, Cohen, A. Comte, A. Cournot, V. Cousin, Crapelet, Cuvier, Daguin, Damiron, C.-A. Dana, Delécluze, Taxile Delord, Deyrolle, Drouyn de Lhuys, du Chaillu, Dufrénoy, Dumas, Duméril, C. Dupasquier, Duvergier, Edison, Escudier, Faucher, Faye, A. Franck, A. de Franqueville, Frémy, E. et J. Geoffroy Saint-Hilaire, Gougeard, Gouffé, A. Guillemin, Guizot, Hamel, J. Haydn, Heis, Hemholtz, G. et J. Herschell, Th. de Heuglin, Hervey de Saint-Denis, d'Hozier, Huggins, A. Von Humboldt, A. Jacquet, P. Janet, P. Joigneaux, Jouffroy, A. Jubinal, S. Julien, de Jussieu, de La Blanchère, P. Lacroix (Bibliophile Jacob), Lanfrey, Lartet, Letronne, Lenormand, Leverrier, Linné, Littré, Lorédan Larchey, Mariette, H. Martin, Ménaut, Mayer, Fr. Michel, Michelet, A.-L. Monet, Nordenskjœld, Oppert, Al. et Ch. d'Orbigny, Mme Pape-Carpentier, Pasteur, Pelouze, Proudhon, Quatrefages, Quetelet, Raoul-Rochette, Élisée et Élie Reclus, A. et C. de Rémusat, Renan, G. Ripley, de Rivière, de Rosny, Rossi, de Rougé, Rumkhorf, Sainte-Beuve, Ch. et H. Sainte-Claire Deville, Saint-Marc Girardin, E. Saisset, de Saulcy, Scudo, Secchi, J. Simon, Smiths, Soubeiran, Stanley, Taine, A. Thierry, Tripier, John Tyndall, Vacherot, B. Vincent, Viollet-Le-Duc, Wolowski, Wurtz, etc., etc.

L'ouvrage est complet en six volumes.

ÉVREUX, IMPRIMERIE DE CHARLES HÉRISSEY

NOUVEAU
DICTIONNAIRE
ENCYCLOPÉDIQUE
UNIVERSEL ILLUSTRÉ
RÉPERTOIRE DES CONNAISSANCES HUMAINES

Ouvrage illustré d'environ 3,000 magnifiques Gravures

ET DE 25 CARTES EN COULEUR

ET RÉDIGÉ

PAR UNE SOCIÉTÉ DE LITTÉRATEURS, DE SAVANTS ET D'HOMMES SPÉCIAUX

SOUS LA DIRECTION

DE JULES TROUSSET

Auteur de l'Atlas national, de l'Encyclopédie d'économie domestique, ouvrages couronnés par les Sociétés savantes

D'APRÈS LES DERNIERS TRAVAUX

DES SAVANTS ET DES ÉCRIVAINS FRANÇAIS ET ÉTRANGERS

SIXIÈME VOLUME

____

SUPPLÉMENT

ILLUSTRÉ D'ENVIRON 700 GRAVURES ET DE 86 CARTES EN COULEUR

____

PARIS
A LA LIBRAIRIE ILLUSTRÉE
8, RUE SAINT-JOSEPH, 8

PRINCIPALES ABRÉVIATIONS

EMPLOYÉES DANS CET OUVRAGE

A........... Actif.
Abl......... Ablatif.
Abrév....... Abréviation.
Absol....... Absolu, absolument.
Absiv....... Abusivement.
Accus....... Accusatif.
Acoust...... Acoustique.
Active...... Activement.
Adj......... Adjectif.
Adjectiv.... Adjectivement.
Adm......... Administration.
Adv......... Adverbe, adverbial
Adverbial .. Adverbialement
Affl........ Affluent.
Agric....... Agriculture.
Alchim...... Alchimie.
Algèb....... Algèbre.
Allem....... Allemand.
Allus....... Allusion.
Anal........ Analogie.
Analyt...... Analytique.
Anat........ Anatomie.
Anc......... Ancien, ancienne
Ancienn..... Anciennement.
Anthrop..... Anthropologie.
Angl........ Anglais.
Annél....... Annélides.
Antiq....... Antiquités.
Aph......... Aphorisme.
Arach....... Arachnides.
Arboric..... Arboriculture.
Archéol..... Archéologie.
Archit...... Architecture.
Arithm...... Arithmétique.
Armur....... Armurerie.
Arqueb...... Arquebuserie.
Arr......... Arrondissement.
Art......... Article.
Artill...... Artillerie.
Ascét....... Ascétique.
Astrol...... Astrologie.
Astron...... Astronomie.
Augment..... Augmentatif.
Auj......... Aujourd'hui.
Autref...... Autrefois.
Auxil....... Auxiliaire.
Banq........ Banque.
B.-arts..... Beaux-arts.
Bibliogr.... Bibliographie.
Bijout...... Bijouterie.
Blas........ Blason.
Bonnet...... Bonneterie.
Bot......... Botanique.
C........... Code.
Can......... Canon, canonique
Canot....... Canotage.
Cant........ Canton.
Cap......... Capitale.
Cathol...... Catholique.
Celt........ Celtique.
Cent........ Centime.
Chamois..... Chamoiserie.
Chancell.... Chancellerie.
Chapell..... Chapellerie.
Charcut..... Charcuterie.
Charpent.... Charpenterie.
Charron..... Charronnerie.
Chem. de fer. Chemin de fer.
Cheval...... Chevalerie.
Chim........ Chimie.
Chir........ Chirurgie.
Ch.-l....... Chef-lieu.
Chorégr..... Chorégraphie.
Chronol..... Chronologie.
Civ......... Civil.
Coll........ Collectif.
Collectiv... Collectivement.
Comm........ Commerce.
Compar...... Comparatif.
Comparativ.. Comparativement.
Comptab..... Comptabilité.
Conchyl..... Conchyliologie.
Cond........ Conditionnel.

Conj........ Conjonction, conjonctif.
Conjug...... Conjugaison.
Constr...... Construction.
Contract.... Contraction.
Corroier.... Corroierie.
Corrupt..... Corruption.
Cost........ Costume.
Cout........ Coutume, coutumier.
Crim........ Criminel.
Cristall.... Cristallographie.
Crust....... Crustacés.
Cuis........ Cuisine.
Culin....... Culinaire.
Dat......... Datif.
Déf......... Défectif.
Dém......... Démonstratif.
Dénigr...... Dénigrement.
Dép......... Département.
Dess........ Dessin.
Dét* rm..... Déterminatif.
Dialect..... Dialectique.
Didact...... Didactique.
Dimin....... Diminutif.
Diplom...... Diplomatie.
Divin....... Divinatoire.
Dogmat...... Dogmatique.
Dom......... Domestique.
Dout........ Douteux.
Dramat...... Dramatique.
Dr.......... Droit.
Dynam....... Dynamique.
E........... Est.
Ébénist..... Ébénisterie.
Ecclés...... Ecclésiastique.
Echin....... Echinodermes.
Econ........ Economie.
Ecrit....... Ecriture.
Egypt....... Egyptien.
Ellipt...... Elliptique.
Elliptiquem. Elliptiquement.
Encycl...... Encyclopédie.
Entom....... Entomologie.
Equit....... Equitation.
Erpét....... Erpétologie.
Escr........ Escrime.
Esp......... Espagnol.
Esthét...... Esthétique.
Ethnogr..... Ethnographie.
Etym........ Etymologie.
Ex.......... Exemple.
Exag........ Exagération.
Explét...... Explétif.
Ext......... Extension.
F........... Féminin.
Fabr........ Fabrique.
Fam......... Familier.
Fauconn..... Fauconnerie.
Féod........ Féodal, féodalité.
Fig......... Figuré, figurément.
Fin......... Finances.
Fl.......... Fleuve.
For......... Forêt.
Forest...... Forestier.
Fortif...... Fortifications.
Foss........ Fossiles.
Fr.......... Français. — Franc.
Fut......... Futur.
G........... Genre.
Généal...... Généalogie.
Génit....... Génitif.
Géod........ Géodésie.
Géogn....... Géognosie.
Géogr....... Géographie.
Géol........ Géologie.
Géom........ Géométrie.
Gnomon...... Gnomonique.
Gr.......... Grec. — Gramme.
Gramm....... Grammaire.
Grav........ Gravure.
Gymn........ Gymnastique.
Hab......... Habitants.
Hébr........ Hébreu, hébraïque.
Helminth.... Helminthologie.

Hippiatr.... Hippiatrique.
Hist........ Histoire, historique
Horlog...... Horlogerie.
Hortic...... Horticulture.
Hydraul..... Hydraulique.
Hyg......... Hygiène.
Hyperboliq.. Hyperboliquement.
Ibid........ Ibidem.
Icht........ Ichtyologie.
Iconol...... Iconologie.
Id.......... Idem.
Imp......... Imparfait.
Impérat..... Impératif.
Impers...... Impersonnel.
Impr........ Imprimerie.
Ind......... Indicatif.
Indéf....... Indéfini.
Inf......... Infinitif.
Infus....... Infusoires.
Interj...... Interjection, interjectif.
Interjectiv. Interjectivement.
Interrog.... Interrogation.
Inus........ Inusité.
Inv......... Invariable.
Iron........ Ironiquement.
Irrég....... Irrégulier.
Ital........ Italien.
Jard........ Jardinage.
Jud......... Judiciaire.
Jurispr..... Jurisprudence.
Kil......... Kilomètre.
Kilog....... Kilogramme.
L........... Loi.
Lat......... Latin. — Latitude.
Lég......... Légal.
Législ...... Législation.
Libr........ Librairie.
Ling........ Lingerie.
Linguist.... Linguistique.
Littér...... Littérature, littéraire.
Littéral.... Littéralement.
Liturg...... Liturgie.
Loc......... Locution.
Log......... Logique.
Long........ Longitude.
M........... Masculin.
Maçonn...... Maçonnerie.
Magnét...... Magnétisme.
Mamm........ Mammalogie.
Manuf....... Manufacture.
Mar......... Marine.
Maréch...... Maréchallerie.
Mécan....... Mécanique.
Méd......... Médecine.
Mégiss...... Mégisserie.
Menuis...... Menuiserie.
Métall...... Métallurgie.
Météor...... Météorologie.
Métr........ Métrologie.
Milit....... Militaire.
Minér....... Minéralogie.
Mll......... Mouillé.
Moll........ Mollusques.
Mus......... Musique.
Myth........ Mythologie.
N........... Nom. — Nord. — Neutre.
Nap......... Napoléon.
Nat......... Naturel.
Nav......... Naval.
Navig....... Navigation.
N. B........ Nota bene
Néol........ Néologisme.
Neutral..... Neutralement.
N*.......... Numéro.
Num......... Numéral.
Numism...... Numismatique.
O........... Ouest.
Observ...... Observation.
Oisel....... Oiselerie.
Opt......... Optique.
Orfèv....... Orfèvrerie.
Orient...... Oriental.
Ornith...... Ornithologie.

Paléogr..... Paléographie.
Paléont..... Paléontologie.
Papet....... Papeterie.
Parf........ Parfait.
Parfum...... Parfumerie.
Part........ Participe.
Partic...... Particule.
Pathol...... Pathologie.
Pâtis....... Pâtisserie.
Peint....... Peinture.
Pén......... Pénal.
Pers........ Persan. — Personne, personnel
Perspect.... Perspective.
P. et Ch.... Ponts et chaussées.
Pharm....... Pharmacie.
Philol...... Philologie.
Philos...... Philosophie.
Photogr..... Photographie.
Phrénol..... Phrénologie.
Phys........ Physique.
Physiol..... Physiologie.
Plur........ Pluriel.
Poétiq...... Poétiquement.
Polit....... Politique.
Polyp....... Polypes.
Pop......... Population. — Populaire.
Portug...... Portugais.
Poss........ Possessif.
Pr.......... Propre. — Pronom.
Prat........ Pratique.
Prép........ Préposition.
Prépositi... Prépositif.
Prés........ Présent.
Priv........ Privatif.
Procéd...... Procédure.
Pron........ Pronom.
Prosod...... Prosodie.
Prov........ Proverbialement, proverbial.
Psychol..... Psychologie.
Pyrotech.... Pyrotechnie.
Radic....... Radical.
Récipr...... Réciproque, réciproquement.
Réfl........ Réfléchi.
Relat....... Relation, relatif.
Relig....... Religion.
Rem......... Remarque.
Rhét........ Rhétorique.
Riv......... Rivière.
Rom......... Romain.
Rur......... Rural.
S........... Singulier. — Substantif. — Sud
Sanscr...... Sanscrit.
Sc.......... Science.
Scolast..... Scolastique.
Sculpt...... Sculpture.
Serrur...... Serrurerie.
Subj........ Subjonctif.
Substantiv.. Substantivement.
Symb........ Symbolique.
Syn......... Synonyme.
Syr......... Syrien, syriaque.
Tact........ Tactique.
Tann........ Tannerie.
Techn....... Technologie.
Teint....... Teinturerie.
Tératol..... Tératologie.
Théol....... Théologie.
Thérap...... Thérapeutique.
Toxic....... Toxicologie.
Trigon...... Trigonométrie.
Triv........ Trivial.
Typogr...... Typographie.
Unipers..... Unipersonnel.
Us.......... Usité.
V........... Verbe.
Vén......... Vénerie.
Vétér....... Vétérinaire.
Voy......... Voyez.
Vulg........ Vulgaire, vulgairement.
Zool........ Zoologie.
Zooph....... Zoophytes.
Zootechn.... Zootechnie.

L'astérisque (*) marque les mots admis dans le Dictionnaire de l'Académie. — Le signe (↺) indique que l'orthographe ou les définitions qui suivent cessent d'être académiques.

NOUVEAU
DICTIONNAIRE ENCYCLOPÉDIQUE
UNIVERSEL ILLUSTRÉ

SUPPLÉMENT — (1886-1891)

A

ABAK

A, préfixe qui correspond à l'*alpha* privatif des anciens Grecs et qui entre dans la composition de certains mots d'origine grecque ou latine, où il exprime la négation. Il veut dire alors *qui n'a pas* ou *qui n'est pas*, et il se traduit par le mot *sans* ou par le mot *non*. Ex. : *Acaule*, sans tige; *Acatholique*, non catholique; *Aphylle*, sans feuilles; *Apétale*, sans pétales; *Athée*, sans dieu, etc. — Devant une voyelle ou une *h* muette, on met *an* au lieu de *a*, et l'on dit : *Anarchie*, sans chef; *Anémie*, privé de sang; *Anhydre*, sans eau; *Anodin*, non douloureux; *Anoure*, sans queue, etc.

AACHÉNAIS, AISE s. et ad. [â-ké-nal]. D'Aix-la-Chapelle (en all. *Aachen*), qui appartient à cette ville ou à ses habitants.

AARON (Saint), associé de saint Malo, avec qui il fonda le monastère autour duquel s'est formée la ville de Saint-Malo. Il naquit en Bretagne et mourut en 580.

ABACH WELTENBURG [a-bak-vél-ténn-beurk], ville de Bavière, sur le Danube, à 11 kilom. de Ratisbonne; 800 hab. Cette ville fut incendiée par les habitants de Ratisbonne en 1297. *Sources minérales* fréquentées.

ABAFIDE, montagne d'Egypte qui fut, dans l'antiquité, la résidence des mages égyptiens. Plus tard, les chrétiens s'y fixèrent et vécurent dans des caves sépulcrales taillées dans le roc.

ABAITE [a-ba-i-té], rivière du Brésil, dans la prov. de Chinas-Geraes, affluent du San-Francisco. C'est dans cette rivière que fut pêché le plus gros diamant que l'on ait jamais trouvé au Brésil. Les trois hommes qui firent cette merveilleuse découverte étaient des bannis qui erraient dans les terres inexplorées, à la recherche de l'or. Ils offrirent leur trouvaille au gouvernement, qui les gracia en raison de leur probité.

ABAKAM [-kamm], rivière qui naît dans l'Altaï et se jette dans l'Yénisséi, à 25 kilom. S. de la ville d'Abakansk (prov. de Kolivan, Asie russe), après un cours de 320 kilom.

ABAT

ABALUS, île de la mer du Nord, où les anciens supposaient que l'ambre découlait de certains arbres.

ABARUS, prince arabe qui abandonna traîtreusement Crassus, pendant l'expédition de ce général contre les Parthes.

ABATAGE. — Abatage des animaux. On assommait jadis les grands animaux de bou-

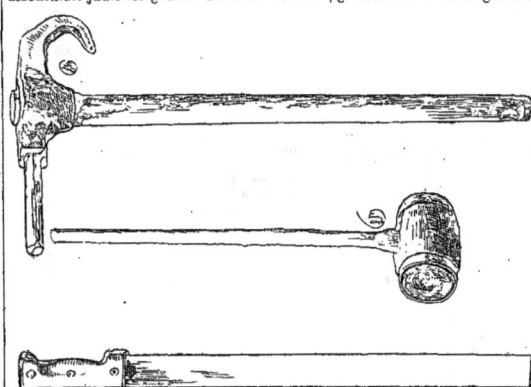

Abatage des animaux. — Couteau du sacrificateur juif. — Masse. — Merlin anglais.

cherie en leur brisant le crâne au moyen de terribles coups de masse. On imagina ensuite le *merlin*, représenté par une de nos figures. La branche qui s'arrondit en corne de bouc est chargée de plomb; l'autre bec est percé comme une clef forée. C'est ce bec qui frappe la bête sur le point du front où le poil présente une étoile. Un seul coup suffit pour perforer le frontal; mais le moindre mouvement de l'animal effrayé peut faire

ABAT

manquer l'abatage; l'arme porte à faux et l'on est obligé de recommencer. — On se sert aujourd'hui, à Paris et dans les grandes villes de France et d'Europe, d'un appareil imaginé par le boucher Bruneau. C'est un masque qui épargne à la victime les appréhensions de la mort. A l'emplacement de la cervelle, un trou permet d'introduire un boulon de la grosseur et de la longueur de l'index. Un seul coup de maillet frappé sur ce boulon suffit pour l'enfoncer dans le crâne. L'animal tombe comme une masse. On l'achève en introduisant une longue baguette de jonc dans le petit trou que le boulon vient de percer. Dès que le jonc touche la moelle épinière, l'animal est foudroyé. — Les Juifs ne peuvent, à cause des rites de leur religion, manger de viandes provenant de bêtes assommées. Leurs animaux de boucherie doivent être égorgés par le sacrificateur, qui a pour mission de les saigner lentement, sans toucher les os et sans piquer les chairs. Pour cela, il est armé d'un couteau carré du bout, comme le représente l'un de nos dessins. — Abatage des arbres. L'emploi de machines mues par la vapeur pour abattre les arbres n'est pas toujours commode dans les forêts épaisses, parce qu'il nécessite une installation complète et beaucoup d'espace. L'électricité présente, dans ce cas, de

grands avantages, parce que la machine gé- nératrice peut être installée très loin du lieu

Abatage des animaux. — Appareil Bruneau en place.

où l'on doit travailler ; alors, le courant élec- trique, transmis par des fils, vient animer le moteur. — Notre figure représente une ma- chine employée dans les forêts de la Galicie (Autriche). Elle se compose d'un moteur élec- trique E, porté sur un chariot que l'on roule

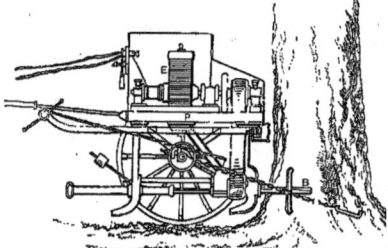

Abatage des arbres au moyen d'une machine électrique.

auprès de l'arbre à couper ; quand on a fixé le chariot à l'arbre, au moyen d'une chaîne terminée par un fort crochet, le moteur élec- trique actionne l'espèce de couteau B. Celui- ci, en se mouvant de côté et d'autre, pratique dans l'arbre une série d'échancrures en arc de cercle ; la section obtenue est maintenue béante au moyen de crampons. Quand le tronc est coupé presque entier, on achève le travail à coups de hache.

ABBAS-ABAD, ville fortifiée de la Russie d'Asie. Elle fut traîtreusement livrée aux Russes, pendant la guerre de 1827.

ABBASSA, sœur du calife Haroun-al-Ras- chid qui la fit marier avec son visir Giafar, sous certaines conditions impossibles à rem- plir. On a conservé de cette princesse quelques vers arabes, relatifs à son amour pour Giafar.

ABBÉ (Louise), poétesse française du XVIe siècle. On l'avait surnommée *la Belle Cordon- nière*.

ABBÉ DE L'ÉPÉE, célèbre drame de Bouilly, représenté au Théâtre-Français, en 1800. Cette pièce attendrissante et assez bien con- duite, a toujours vivement impressionné le public, à chaque fois qu'on l'a reprise. L'au- teur a choisi pour sujet les démarches que l'Abbé de l'Épée dut accomplir pour rendre

la famille et les biens à un jeune sourd-muet de naissance, le comte de Solar, qui, s'étant égaré dans Paris, se trouvait dans l'inca- pacité de faire connaître son nom.

ABEILLE. — LÉGISL. Le code rural, dans son titre VI, qui fait l'objet de la loi du 4 avril 1889, s'occupe des animaux em- ployés à l'exploitation des propriétés rurales, et entre autres des abeilles. Les préfets déterminent, après avis des con- seils généraux, la distance à observer entre les ruches d'abeilles et les propriétés voisines ou la voie publique, sauf, en tout cas, l'action en dommage, s'il y a lieu. Le propriétaire d'un essaim a le droit de le réclamer et de s'en ressaisir, tant qu'il n'a pas cessé de le suivre ; autre- ment l'essaim appartient au propriétaire du terrain sur lequel il s'est fixé. Les ruches peuvent être l'objet d'une saisie mobilière, lorsqu'elles ne sont pas immeu- bles par destination. Dans ce cas, elles ne peuvent être déplacées que pendant les mois de décembre, janvier et février (art. 8, 9 et 10).   (CH. Y.)

ABEILLE (Scipion), chirurgien, frère de l'abbé Gaspard Abeille, mort à Paris en 1697. Chirurgien-major du régiment de Picardie, il fit deux campagnes en Alle- magne. Il a mis en vers des traités de chirurgie et d'anatomie : *le Parfait chirurgien d'ar- mée* (1696, in-12); *Nouvelle histoire des os selon les anciens et les modernes* (Paris, 1685, in-12); *Traité des plaies d'arquebusade* (1696, in-12), etc.

ABEL, roi de Danemark, fils de Vladimir II ; il assassina son frère Eric, en 1250, et prit possession du trône. Il fut mis à mort par les Frisons, qui se ré- voltèrent contre lui à cause des im- pôts dont il les ac- cablait.

ABEN - GNEFIL, médecin arabe du XIIe siècle ; il a laissé un ouvrage, dont la traduction intitulée, *De Vir- tutibus medicinrum et ciborum*, a été imprimée à Venise en 1581, in-fol.

ABEN-MELEK, rabbin juif, auteur d'un commentaire hébreu de la Bible, intitulé *la Perfection de Beauté* (Amsterdam, 1661, in-fol.)

ABENOU, montagne de Souabe (Allema- gne), à 38 kilom. de Fribourg, fameuse comme baignoise naturelle au Danube.

AB INITIO [-si-o]. Loc. lat. qui signifie *dès le commencement*.

ABLETTE. L'ablette est le poisson le moins recherché de nos rivières, parce que sa chair est mollasse et d'un goût fade peu agréable ; mais c'est peut-être aussi le poisson le plus commun. Le meilleur emploi de l'ablette, quand elle est petite, c'est encore de servir d'amorce pour le brochet et l'anguille. Mais comme beaucoup de pêcheurs ne la dédai- gnent pas, non seulement pour leurs fritures, mais surtout parce qu'elle fournit un con- tingent imposant au contenu du panier, nous la prendrons donc au sérieux.

L'ablette se plaît dans les eaux vives, ayant un courant modéré ; on la voit souvent folâ- trer, en troupe à la surface de l'eau quand la température est douce ; c'est le moment de la pêcher à la petite mouche commune avec la ligne à fouetter.

Généralement, l'ablette nage entre deux eaux ; on choisit donc une eau modérément courante et ayant une profondeur de 1 mètre à 1 mètre et demi au plus ; on place la flotte de la ligne de manière à ce que les hame- çons baignent à peu près à moitié de dis- tance de la surface au fond. Vos hameçons seront amorcés d'asticots, de vers d'égout à queue, de vers rouges, de vers d'eau, et sur- tout de sang caillé, sur lequel l'ablette se jette avec une voracité particulière.

Ce poisson, toutefois ne happe pas toujours gloutonnement l'hameçon ; et s'il s'agit d'un ver quelconque, par exemple, il se contente en quelque sorte de le sucer. En conséquence, dès qu'on verra la flotte s'incliner il faudra donner bien vite un petit coup sec — pas trop pourtant, ou vous risqueriez de ne rapporter avec votre hameçon que la bouche de l'ablette, aussi tendre que sa chair est mollasse.

ABLIS, commune du cant. de Dourdar (Seine-et-Oise), arr. et à 14 kil. de Ram- bouillet ; 950 hab. Un escadron du 16e régi- ment de hussards prussiens y ayant été sur- pris et désarmé par des francs-tireurs, dans la nuit du 7 au 8 octobre 1870, le village fut incen- dié par une forte troupe allemande, le 10 oc- tobre. Le prétexte invoqué pour cette sau- vage exécution fut que les hussards avaient été surpris pendant leur sommeil.

ABRI Vitré (Hortic.). On donne ce nom à un châssis vitré, composé d'un coffre de bois ou de tôle, plus bas sur le devant qu'à sa par- tie postérieure, large d'environ 1 m, 30 et d'une longueur variable à volonté. Il est né- cessaire que les panneaux du coffre posent

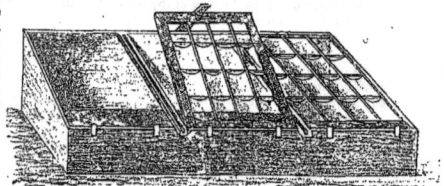

Abri vitré.

sur des bords creusés en rigoles pour l'écou- lement de l'eau, et qu'ils soient munis, sur le devant, d'une poignée de fer, permettant de les soulever au besoin et de les fermer avec un support à crémaillère, afin d'aérer l'intérieur des châssis. — Un abri de ce genre est appelé *châssis froid*, quand il est posé sur une plate-bande ou sur une couche sourde ; *châssis tiède*, quand il recouvre une couche tiède ; et *châssis chaud*, s'il est placé sur une couche chaude ; dans ces deux der- niers cas, il remplit l'office d'une petite serre

ABRICOT. Pour obtenir la liqueur ou rata- fia d'abricots, prenez 25 à 30 abricots de plein vent bien mûrs, coupez-les en morceaux, cassez les noyaux, dont vous extrairez les amandes pour les monder avec soin. Cela fait, mettez fruit, noyaux concassés et aman- des dans une cruche contenant deux litres d'eau-de-vie ; ajoutez un peu de cannelle, deux ou trois clous de girofle. Faites macérer trois semaines, en ayant soin d'agiter chaque jour. Filtrez. Ajoutez 300 grammes de sucre fondu dans un peu d'eau. Faites reposer ; mettez en bouteilles.

ABROSI (Jean), médecin et astronome ita- lien du XVIe siècle. Son *Dialogue sur l'astro- logie* (in-4, Venise, 1494), se trouve dans l'*In- dex expurgatorius*.

ABSINTHE (LIQUEUR D'). Versez dans 10 grammes d'alcool rectifié à 40 degrés : 4

grammes essence d'absinthe ; 1 gramme et demi essence de fenouil ; essences de badiane et d'anis, de chaque 3 grammes : eau de roses, 15 grammes. Mêlez bien ; ajoutez eau-de-vie trois-six, 2 kilogr., et après, 1 kilogr. d'eau filtrée. Cette liqueur n'aura pas la belle teinte verte de l'absinthe du commerce ; elle n'aura pas non plus ses propriétés dangereuses et remplira parfaitement son rôle d'apéritif. Prise à dose exagérée, elle irriterait l'estomac et deviendrait par conséquent nuisible.
— ABSINTHE ARTIFICIELLE. Prenez une pincée de feuilles d'estragon sèches et faites-les infuser dans deux décilitres d'eau ; vous obtiendrez une boisson d'une odeur pénétrante, d'une saveur très aromatique, essentiellement stomachique, stimulante, tonique et fébrifuge. Si ces vertus ne vous suffisent pas, ajoutez à cette infusion quelques gouttes de rhum, elle prendra un goût d'absinthe très prononcé. D'ailleurs l'estragon (*Artemisia dracunculus*) appartient au même genre que l'absinthe (*Artemisia maritima, pontica*, etc.). Il y a donc ici autre chose qu'un pur effet de l'imagination.

ABSURDE (Réduction à l') ou DÉMONSTRATION PAR L'ABSURDE (*reductio ad absurdum*), en logique, sorte d'argument qui prouve une chose en démontrant l'absurdité de tout ce qui pourrait la contredire. Cette réduction est très employée en géométrie, quand on ne peut démontrer une proposition d'une manière directe ; alors on prouve que le contraire de cette proposition est absurde ou impossible ; et ainsi la vérité se trouve établie indirectement. Cette méthode de démonstration est dite *indirecte* par opposition à la méthode ordinaire ou *directe*.

ABYSSINIE. Presque toute l'Abyssinie fit sa soumission au prince KASA, du Tigré qui régnait sur le Tigré et sur l'Ambara, avec le titre de Négus ou Négous (roi), Johannes ou Jean II. Le Choa, lui-même, après avoir conservé longtemps son indépendance avec le roi Ménelek, finit par reconnaître la suzeraineté de Négus. Pendant la campagne anglo-égyptienne dans le Soudan, Jean II se laissa entraîner dans le parti anglais et envoya une armée, commandée par le général Ras Aloula, au secours de Kassala. Les Abyssins écrasèrent, à la bataille de Kufeit (23 sept. 1885), les forces d'Osman-Digma. Le but secret du Négus paraissait être d'occuper Massouah, qui sert de port au Tigré et dont la possession ouvrirait un débouché à toute l'Abyssinie. Les Italiens ayant occupé Massouah, une guerre entre l'Abyssinie et l'Italie devint inévitable. Elle éclata dès le commencement de 1887. Les troupes abyssines, commandées par le général Ras Aloula, marchèrent sur Massouah, qu'elles attaquèrent résolument. Faute de navires, elles ne purent entreprendre le siège et après un assaut infructueux, elles se contentèrent d'occuper les principales positions environnantes sur la terre ferme. Les Italiens voulurent les y poursuivre, mais ils subirent un sanglant échec à Sahati, et durent demander des renforts. Leur armée, portée à 35,000 hommes, parvint à se maintenir à Massouah. Le gouvernement britannique essaya d'interposer ses bons offices entre les deux belligérants. Le Négus refusa d'entrer en pourparlers, de sorte que la mission anglaise qui lui avait été envoyée se hâta de rentrer à Massouah vers la fin de 1887. Elle y annonça qu'une armée abyssine de plus de 100,000 hommes, divisée en trois corps, s'avançait vers la côte. Les indigènes arrivèrent au printemps de 1888 ; mais ils ne purent rien entreprendre de sérieux. Les Italiens repoussèrent leurs attaques et prirent même l'offensive. Ayant commis l'imprudence de s'avancer trop avant dans les terres, ils furent écrasés à Saganeïti (août 1888) et leur défaite prit les proportions d'un désastre. Pourtant les Abyssins ne

profitèrent pas de leur victoire. Les troupes du Négus furent rappelées pour combattre Ménelek qui venait de lever l'étendard de la révolte. Le roi Johannès fut tué le 10 mars 1889, et son vassal, dont l'armée ne comptait pas moins de 130,000 hommes, prit le titre de Négus et prétendit régner sur toute l'Abyssinie. Pendant cette guerre civile, les Italiens s'étaient avancés jusqu'à Sénahit, sur la frontière Abyssine ; le général Baldissera occupa Asinara. Ménelek, incapable de soutenir une guerre étrangère et de soumettre des populations toujours prêtes à se soulever, entra en pourparlers avec le gouvernement italien. Il envoya une mission au roi Humbert, en août 1889. Le prince Makonwen, reçu avec beaucoup d'honneurs au palais du Quirinal, signa une convention monétaire et commerciale ; il accepta un traité de paix en vertu duquel le roi Ménelek s'engage à n'avoir aucune relation diplomatique avec les puissances européennes sauf avec l'Italie. Ras Aloula, l'adversaire de Ménelek essaya vainement de traiter avec le général Baldissera. Il se retira à Goura, où il resta le représentant et le défenseur de l'indépendance nationale. Au mois d'octobre 1889, un emprunt de 4 millions de francs fut contracté au nom de Ménelek, à la banque nationale italienne, dans le but d'ouvrir des routes commerciales, mettant l'Abyssinie en relation avec les possessions italiennes de la côte. En réalité, ces routes sont militaires, et ouvriront les tapis aux troupes du roi Humbert. Le 14 octobre, l'Italie plaça officiellement l'Abyssinie sous son protectorat, et manifesta l'intention de former, sur la côte orientale d'Afrique un empire d'Ethiopie.

ABYSSINIEN, IENNE s. et adj. synon. d'A-BYSSIN.

ABYSSINIQUE s. et adj. synon. peu usité d'ABYSSIN.

ABZAC (voy. *Abzac*, dans le dictionnaire), aux environs, château de Serre, où naquit Mᵐᵉ de Montespan.

ACCELERANDO (mot ital.). Mus. En accélérant.

ACCUMULATEUR s. m. Phys. Appareil qui

Accumulateur Planté, chargé par deux éléments Bunsen.

électricité dans un temps plus ou moins long. Au fond, l'accumulateur est une pile électrique qui, après épuisement, peut être revivifiée par le passage d'un courant. Ce moyen d'emmagasiner l'électricité est appliqué depuis quelques années seulement, pour obvier à l'inconvénient de l'usage de longs fils conducteurs. Son invention repose sur ce fait qu'un puissant courant électrique peut *électrolyser* ou décomposer plusieurs composés chimiques, et que sous certaines conditions, les produits de ces décompositions peuvent subir de nouvelles combinaisons et dégager un fort courant. — Une pile à un seul liquide est dite polarisée quand l'hydrogène formé par la réaction se porte à la surface des électrodes et séjourne au lieu de se dégager : ce gaz, en se combinant avec l'oxygène pour former de l'eau, produit une réaction qui détermine une force électro-motrice ; et celle-ci donne un courant secondaire qui, allant en sens contraire au courant principal, l'affaiblit et finit par le neutraliser. Pour obvier aux inconvénients de la polarisation, Daniell a imaginé une pile à deux liquides dans laquelle le courant secondaire est trop faible pour neutraliser le courant principal ; et Bunsen a inventé une

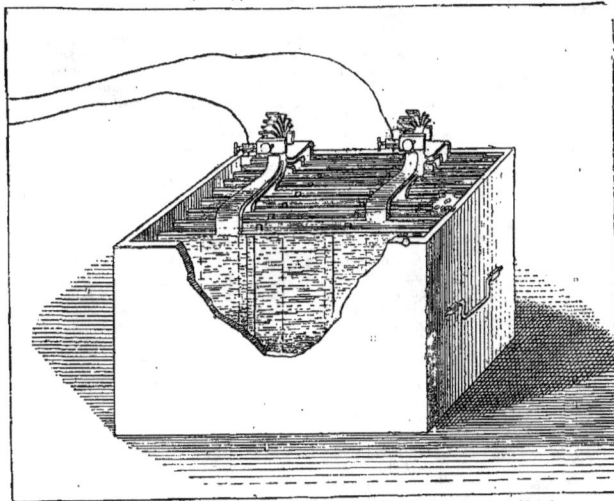

Accumulateur Faure. — L'une des parois de l'auget est supposée ouverte pour montrer l'intérieur.

peut emmagasiner une certaine quantité d'énergie électrique et dégager ensuite cette

autre pile, également à deux liquides, dans laquelle le courant secondaire va dans le

même sens que le courant principal et le renforce au lieu de l'affaiblir. — En 1860, M. Planté, présenta, sous le nom de piles secondaires, le premier appareil qui puisse être

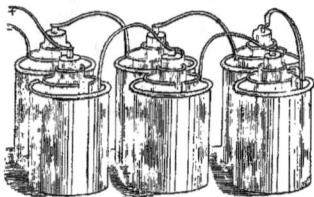

Accumulateur. — Batterie de 6 éléments Bunsen en tension pour charger des accumulateurs.

considéré comme un accumulateur. C'était une batterie composée de 20 éléments formés par l'immersion, dans un vase rempli d'eau acidulée, de deux lames de plomb roulées ensemble en spirale et séparées par des bandes de caoutchouc. Sous l'action du courant, il se forme à la surface de l'eau de ces électrodes de plomb une couche de peroxyde de plomb, et comme ce peroxyde se réduit facilement sous l'action de l'hydrogène, il en résulte que le courant de polarisation est très énergique. Aussitôt que l'électrode est bien recouvert de peroxyde de plomb, on rompt le circuit et l'on met les électrodes en réserve. Quand on a besoin d'employer l'énergie électrique ainsi accumulée, il suffit de réunir les électrodes pour produire un courant secondaire très intense mais de peu de durée. Cet appareil quoique ingénieux, n'était pas très pratique parce que l'opération de formation du peroxyde à la surface de l'électrode est longue et délicate. M. Faure fit disparaître cette difficulté en enduisant directement l'électrode positif avec du minium et l'électrode négatif avec de la litharge. Voici comment est disposé l'accumulateur Faure, aujourd'hui si employé par les électriciens.

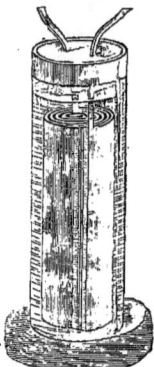

Accumulateur. — Élément secondaire Planté.

Dans une auge goudronnée se trouve de l'eau acidulée au dixième par de l'acide sulfurique. Un certain nombre de plaques de plomb alternativement enduites, l'une de minium, l'autre de litharge, plongent verticalement dans l'eau acidulée et sont séparées entre elles par de petites tringles en bois posées debout. Chaque plaque ou électrode est munie à sa partie supérieure d'un prolongement ou contact; tous les contacts de même nom sont réunis et serrés dans une pince de cuivre qui les fait communiquer avec le fil conducteur. L'accumulateur Faure peut être

Plaque d'accumulateur.

chargé par des piles et par des machines dynamo ou magnéto-électriques; il faut que la force électro-motrice de la source soit un peu plus grande que celle de la batterie. La force électro-motrice d'un accumulateur Faure de 50 kilog. est évaluée à 2 volts. Le rendement est voisin de 90 0/0 de l'énergie électrique, quand on emploie les accumulateurs le jour même de leur charge, et de 75 à 80 0/0 si on ne les emploie qu'au bout de cinq jours. Cet appareil offre l'inconvénient d'exiger de fréquentes réparations, les plaques positives s'oxydant avec rapidité, ce qui force à les remplacer. — En 1887 parut l'accumulateur Desmazures qui constitue un véritable progrès, en raison de sa légèreté et de sa puissance d'emmagasinement. Déjà MM. de Lalande et Chaperon avaient trouvé une pile régénérable, une pile réversible, comme on dit ; c'était une combinaison voltaïque, dans laquelle l'élément zinc, potasse, oxyde de cuivre constituait une pile très constante. On sait que toute pile dans laquelle l'action chimique qui produit le courant ne donne pas naissance à des produits volatils est théoriquement réversible et pourrait constituer un accumulateur, en la faisant traverser par un courant de sens inverse à celui qu'elle produit elle-même. Ce courant ramènerait les corps à leur état primitif, et la pile serait susceptible de fournir une nouvelle somme d'énergie électrique : on pourrait ainsi la régénérer de nouveau indéfiniment. Dans l'appareil de MM. de Lalande et Chaperon, on ne pouvait revivifier l'élément après usure ; tandis qu'avec l'accumulateur Desmazures, on reconstitue les éléments de la pile usée en la faisant traverser par un courant. Les lames négatives de cet accumulateur sont des feuilles de tôle étamée; les lames positives sont des plaques de cuivre poreux obtenues en comprimant de la poudre de cuivre sous une pression de 1,000 atmosphères. Le tout plonge dans une boîte de tôle étamée contenant une solution de zincate de soude ou de potasse additionnée de chlorate de soude. Quand le courant de charge passe, le cuivre est attaqué par l'oxygène de l'eau et le zinc est mis en liberté; quand le courant secondaire s'établit, la potasse attaque le zinc et l'oxyde de cuivre est détruit par l'hydrogène. Cet appareil se charge et se décharge donc comme l'accumulateur-Planté : seulement il produit plus de travail électrique sous le même poids; une batterie de 2,000 kilog. pourrait emmagasiner 100 chevaux électriques; une batterie de 28 kilog. emmagasinerait un cheval-heure. Enfin, cet accumulateur peut rendre de 80 à 90 0/0 de l'énergie électrique dépensée pour le charger. — Dans l'accumulateur Kabath, les électrodes se composent de lanières de plomb alternativement plissées ou gaufrées et lisses. MM. Sellon et Volkmar ont imaginé un ap-

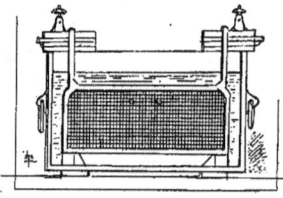

Accumulateur Faure-Sellon-Volkmar (coupe).

pareil dans lequel ils substituent des grilles de plomb aux lames pleines, pour augmenter la capacité d'emmagasinement. L'accumulateur Somzé employé un support en forme de gaufre à fond troué. — Tous ces appareils coûtent assez cher ; il est facile d'en construire soi-même et d'obtenir des résultats satisfaisants. On prend une petite caisse quadran-

gulaire que l'on goudronne à l'intérieur pour la rendre bien étanche; on peut même, au besoin, la doubler de poix de Bourgogne. Au fond de la caisse, et à chaque extrémité, on dispose deux languettes de bois entaillées à la scie; on place des feuilles de plomb quadrangulaires, épaisses d'un millimètre dans chacune des entailles et à une distance d'un demi-centimètre les unes des autres. Ces feuilles doivent être trouées dans un angle et avoir l'autre angle abattu. On les laisse séjourner pendant six heures dans un mélange de 100 grammes d'acide nitrique et 200 gr. d'acide sulfurique, le tout étendu de 1,700 gr.

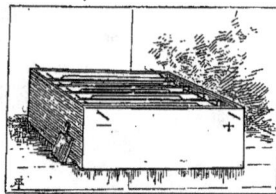

Accumulateur domestique.

d'eau. Ensuite on met les feuilles dans la caisse. On les réunit par paires au moyen de tiges de laiton passant par les trous ménagés à l'avance ; on emplit la caisse d'eau acidulée au dixième et saturée d'oxyde de zinc. Il ne reste plus qu'à charger cet accumulateur au moyen d'une source quelconque d'électricité.

ACÉTANILIDE s. f. (de *acétate* et *anilide*). Composé, découvert par Gerhardt en 1835. On l'obtient en faisant agir sur l'aniline le chlorure d'acétyle ou l'acide acétique anhydre : $C^6 H^5$, $C^2 H^3 O$, H Az. C'est une poudre blanche, cristalline, inodore, d'une saveur un peu brûlante, soluble dans 160 parties d'eau froide, dans 50 parties d'eau chaude, dans 3 1/2 d'alcool, dans 6 d'éther et 7 de chloroforme; elle fond à 112° et se volatilise à 205°. On lui a donné d'abord le nom d'*antifébrine*, à cause de son action antifébrile. C'est un agent thérapeutique employé dans les maladies douloureuses du système nerveux et dans les affections fébriles.

ACHAINTRE (Nicolas-Louis), philologue, né à Paris en 1771, mort en 1830. Après avoir fait, en qualité de volontaire, les campagnes de la Révolution, il devint professeur à Paris. Il a laissé un *Cours d'humanités depuis la sixième jusqu'à la rhétorique* (13 vol. in-12), une traduction de l'*Hist. de la guerre de Troie* de Dictys de Crète (1813, 2 vol. in-12) et différents autres ouvrages relatifs à l'antiquité classique.

ACHARDS (Éléazar-François DE LA BAUME DES), prélat, né à Avignon en 1679, mort à Cochin en 1741. Il était évêque dans sa ville natale quand y éclata la peste, pendant laquelle il signala son zèle charitable et religieux. Clément XII l'envoya en Chine pour y mettre fin aux compétitions qui s'étaient élevées entre les Missionnaires; il mourut à la peine, sans avoir pu réussir à atténuer le fiel des dévots de l'Extrême-Orient. L'abbé Fabre a publié une *Relation de la mission de l'évêque d'Halicarnasse* (Venise, 1753, 3 vol. in-12).

ACHARNE [a-kar-ne], gros village de l'Attique, dans l'ancienne Grèce, où les tyrans établirent leur camp, lorsqu'ils marchèrent contre Thrasybule, et où les Lacédémoniens, commandés par leur roi Archidamus, dressèrent leurs tentes quand ils firent irruption dans l'Attique, au commencement de la guerre du Péloponèse. Aristophane, dans la comédie intitulée les *Acharniens*, représente les habitants comme des charbonniers. Les restes d'Acharne se trouvent près du village contemporain de Menidi.

ACHÉLOÏDES [a-ké-lo-i-de] s. f. pl. Nom patronymique donné aux Sirènes, comme filles d'Achéloüs.

ACHILLINI [a-kil-li-ni] (Alexandre), médecin de Bologne, mort en 1512 ; on lui attribue la découverte du marteau et de l'enclume, deux petits os de l'organe de l'ouïe. Ses œuvres ont été publiées à Venise (1508, in-fol.) — II. (Jean-Philothée), frère du précédent, mort en 1538. Son poème, intitulé *il Viridario (le Verger)*, contient l'éloge de plusieurs lettrés de son époque. — III. (Claude), poète, de la famille des précédents, né à Bologne en 1574, mort en 1640. Il fut professeur de jurisprudence en différentes universités. Le cardinal Richelieu récompensa par une chaîne d'or évaluée 1,000 écus un sonnet composé en l'honneur de Louis XIII.

ACIER. De tous les procédés employés pour produire l'acier, le plus important est celui pour lequel Henri Bessemer s'est fait

Acier Bessemer (appareil de fabrication).

breveter en 1855. D'après sa méthode, la fonte est débarrassée de son excès de carbone et de silice au moyen d'un courant d'air froid qui passe à travers une masse de métal en fusion. L'appareil se compose de deux parties : un fourneau et un convertisseur. Le foyer du fourneau se trouve à un niveau plus élevé que le convertisseur. Quand la fonte est prête dans le fourneau, une grue tournante amène, entre l'ouverture béante du convertisseur et l'orifice de coulée, une gouttière en fer intérieurement doublée de sable. A un signal, la percée est faite ; un ruisseau de fonte incandescente coule dans la gouttière et tombe dans le convertisseur. Lorsque l'on a fait couler ainsi une quantité suffisante de fonte liquide, on ferme vivement le trou de coulée ; on enlève la gouttière, on met en mouvement une machine hydraulique, on relève le convertisseur, qui place sa gueule sous la hotte d'une cheminée. L'air traverse le liquide et sort par la gueule en formant un immense jet de flamme rouge qui entraîne une gerbe de brillantes étincelles. Au bout de quelques instants les étincelles deviennent rares ; elles finissent par disparaître. Leur absence annonce que la silice, le

manganèse et le carbone contenus dans la fonte sont consumés ; on arrête le courant d'air, on ramène le convertisseur dans la position horizontale, on y introduit une quantité de fonte préparée dans un cubilot à part ; on replace le convertisseur dans sa position verticale ; on donne le vent de nouveau, pendant environ cinq minutes, pour que l'incorporation se fasse parfaitement. Ensuite, on baisse le convertisseur, on fait tomber son contenu dans une poche de fer d'où il sera transporté dans les moules. A chaque opération, le convertisseur transforme en acier 5,000 kilogrammes de fonte.

ADALBERT (Heinrich-Wilhelm), prince de Prusse, fils du prince Guillaume de Prusse, né à Berlin le 29 octobre 1811, mort à Karlsbad le 6 juin 1873. Nommé amiral en 1848, par son cousin germain, le roi de Prusse, il s'occupa de réorganiser la marine nationale allemande. En 1851, il épousa morganatiquement la danseuse Thérèse Elssler. En 1856, il livra aux pirates du Riff un combat pendant lequel il fut blessé. Il a laissé : *Relation de mon voyage en 1842-43* (Berlin, 1847) ; *Mémoire sur la formation d'une flotte allemande* (Potsdam, 1848).

ADAM (Lambert-Sigisbert), sculpteur français, né à Nancy en 1700, mort en 1759, auteur de la *Seine et la Marne* (cascade de Saint-Cloud), *Neptune calmant les flots* ; *Neptune et Amphitrite* (Versailles), etc. — II. (Nicolas-Sébastien), frère et émule du précédent, né à Nancy en 1705, mort en 1778. Il a laissé le beau mausolée de la reine de Pologne, épouse de Stanislas (église du Bon-Secours, près de Nancy. — III. (François-Gaspard), frère des précédents, comme eux sculpteur de talent, né à Nancy en 1710, mort à Paris en 1759.

ADAM (Jean-Victor), peintre français, né à Paris en 1801, mort en 1866. Il était fils du graveur Jean Adam et eut pour maîtres Reynier et Regnault. Au sortir de l'école des beaux-arts (1818), il envoya au salon *Hermione secourant Tancrède* (1819). Louis-Philippe l'ayant chargé d'exécuter plusieurs tableaux de batailles pour le musée de Versailles, il produisit, entre autres toiles : *ba-*

taille de Castiglione, bat. de Neuwied, capitul. de Nordlingen (1836) ; prise de Menin, combat de Werdt (1837), combat de Varoux ; entrée de l'armée française à Mayence (1838). Adam a donné aussi des dessins et des lithographies qui ont obtenu une certaine popularité.

ADAMANTÉE (Mythol.), nourrice de Jupiter en Crète. Pour cacher le jeune dieu, elle le suspendait à un arbre, de façon à le dissimuler dans le feuillage à tous les yeux, du côté de la terre, de la mer et du ciel. Pour couvrir le bruit de ses cris, elle faisait sonner des cymbales et battre du tambour autour de l'arbre.

AD ARBITRIUM [-tri-omm] loc. lat. qui signifie *à volonté.*

AD CAPTANDUM [-domm] loc. lat. qui signifie *pour captiver.* — AD CAPTANDUM VULGUS, pour plaire au vulgaire, pour le captiver.

ADÉLAÏDE DE FRANCE, reine de France, épouse de Louis le Bègue et mère de Charles III. Louis le Bègue répudia Ansgarde, dont il avait eu deux enfants, pour épouser Adélaïde, qui mit au monde Charles III quelques mois après la mort de son mari (879).

ADÉLAÏDE DE SAVOIE ou Alix DE SAVOIE, reine de France, fille de Humbert II, comte de Maurienne, épouse de Louis le Gros, à qui elle donna six fils et une fille, morte à Montmartre en 1154. Après le décès du roi, elle épousa Mathieu de Montmorency, dont elle eut une fille qui devint femme de Gaucher de Châtillon. Adélaïde se retira, en 1153, dans une abbaye qu'elle avait fondée à Montmartre.

ADÉODAT (lat. *Adeodatus*, don de Dieu), pontife charitable et pieux qui obtint la tiare en 672. Il était né à Rome et mourut dans cette même ville en 676.

ADER (Guillaume), médecin de Toulouse au XVIIe siècle. Son ouvrage intitulé *De Ægrotis et Morbis Evangelicis* a pour but de prouver que les maladies guéries par Jésus-Christ étaient incurables pour la médecine.

AD INDEFINITUM [-tomm], loc. lat. qui signifie : jusqu'à une étendue indéfinie.

AD INTERIM [a-dain-té-rimm], loc. lat. qui signifie *pour le présent, pour le temps présent.*

AD LATUS s. m. [ad-la-tus] (lat. *ad*, à ; *latus*, côté). Compagnon, assistant : « Le public s'étonne que le ministre de la guerre n'ait pas cherché jusqu'ici à atténuer les inconvénients des mutations de commandement, en donnant un *ad latus* à chaque commandant de corps. » (Paul Darner.)

ADMIRAL (Henri L'), fanatique politique, né à Aujolet (Puy-de-Dôme) en 1744, guillotiné en 1794. Ancien domestique, il devint directeur de la loterie de Bruxelles et perdit cet emploi lors de l'invasion française en Belgique. Pour se venger, il vint à Paris dans l'intention d'assassiner Robespierre. N'ayant pu approcher le tribun, il tira, dans la nuit du 22 mai 1794, deux coups de pistolet sur Collot-d'Herbois, qui ne fut pas atteint. Son procès fit beaucoup de bruit et il fut condamné à mort avec une cinquantaine de personnes prétendues ses complices.

ADO, archevêque de Vienne (Dauphiné), mort en 875, à l'âge de 75 ans. Sa *Chronique universelle* fut imprimée à Paris en 1522 et à Rome en 1745 (in-fol.). Sa *Martyrologie* a été imprimée en 1613.

AD REFERENDUM [ad-ré-fé-rain-domm], loc. lat. qui signifie : *pour considération ultérieure*, et qui s'emploie dans la diplomatie, quand des agents, mais en demeure de s'expliquer sur un point qui n'était pas *compris*

dans leurs instructions, demandent à en référer à leurs supérieurs. Les agents prennent également *ad referendum* les propositions qui dépassent les limites prévues pour la négociation.

ADRIAM (Marie), jeune fille de seize ans qui se rendit célèbre, à Lyon, sa ville natale, en combattant avec un courage remarquable dans les rangs des révoltés pendant les deux mois que cette ville fut assiégée par les troupes de la Convention, en 1793. Arrêtée après la victoire des conventionnels, elle fut exécutée.

ADUEITAM s. m. [a-du-é-i-tamm] (a, priv., franç., *dueitam*). — Philos. Système opposé au duéitam ou dualisme, dans la philosophie des Indous.

AÉROSTAT. La question du gonflement des aérostats en campagne a été résolue à l'usine aéronautique anglaise de Woolwich, qui a adopté pour le gonflement des ballons militaires un procédé très ingénieux, mis presque aussitôt en pratique par l'expédition italienne en Abyssinie. Jusqu'à cette époque, on avait objecté contre l'usage des ballons dans les armées en campagne, les difficultés que présente leur gonflement à l'hydrogène, parce que la production de ce gaz exige l'emploi d'une grande quantité d'eau qu'il n'est pas toujours possible de se procurer en campagne, d'acide sulfurique d'un transport dangereux, de zinc et enfin d'appareils à réactions chimiques d'un volume considérable et d'un entretien difficile. Cette objection disparaît aujourd'hui que l'on peut employer le procédé de Woolwich. Ce procédé consiste à transporter à la suite du corps expéditionnaire et, en même temps que le ballon, une certaine quantité de gaz hydrogène préparé d'avance et comprimé dans des bouteilles d'acier. Chaque bouteille mesure 2 m. 40 de long et 13 centim. de diamètre. La tôle d'acier qui la forme n'a que 3 millim. d'épaisseur. La bouteille, avec son système de fermeture, ne pèse pas plus de 30 kilog. et contient 4 m. cubes de gaz comprimé à 120 atmosphères de pression ; les bouteilles pourraient subir une pression de 200 atmosphère's, ce qui est une garantie contre les explosions. Pour gonfler un aérostat de 400 m. cubes, il faut 100 bouteilles, dont le poids de 3.000 kilog. est de beaucoup inférieur à celui des matériaux à transporter pour la production directe d'une même quantité de gaz, sans compter l'eau. — **Aérostat lumineux**, ballon captif lumineux, inventé par le Français G. Mangin, et destiné à la télégraphie optique militaire. C'est un ballon de petite dimension, à parois translucides, dans l'intérieur duquel se trouve une lampe électrique à incandescence, munie d'un appareil destiné à éviter les explosions. La corde qui tient le ballon en captivité enveloppe un fil conducteur relié à la lampe et à la pile ou à la machine produisant l'électricité. Un interrupteur Morse permet d'allumer ou d'éteindre à volonté la lampe du ballon ; en laissant cette lampe plus ou moins longtemps allumée, avec des intervalles de durées données, on produit des signaux de convention ou on produit un alphabet de points et de lignes analogue à celui du télégraphe Morse. Un observateur placé au loin et voyant ce foyer lumineux élevé, brillant dans la nuit, en enregistre les indications.

AÉROSTATION (voir le Dictionnaire et notre premier supplément). La *Balloon Society* de Grande-Bretagne, ayant offert une médaille d'argent pour prix d'un concours d'aéronautes, cinq ballons s'élevèrent, le 4 sept. 1880, du quartier général de cette société, à l'Aquarium royal de Westminster. L'*Owl*, qui remporta la victoire, parcourut 48 milles (77 kil.) à l'heure. Au mois d'octobre eut lieu, au Palais de Cristal, un concours international au-

quel prit part notre compatriote de Fonville. Les aéronautes français tournèrent les premiers leurs conceptions vers la construction des ballons électriques ou ballons à propulseur mû par l'électricité. M. Tissandier fit à ce sujet des expériences dès le mois d'octobre 1883 ; mais les aéronautes qui ont le plus vivement éveillé l'attention par leurs travaux en ce sens ont été MM. Krebs et Renard, dont nous avons parlé dans notre premier supplément. — Les années 1884 et 1886 ont été marquées surtout par les hardies ascensions de M. Lhoste et de son associé l'astronome Joseph Mangot. Le 29 juillet 1886, montés dans leur ballon le *Torpilleur*, ils s'élevèrent de Cherbourg, traversèrent la Manche et descendirent le lendemain près de la station de Tottenbam (Londres). L'aérostat était muni d'appareils nouveaux qui permirent, en passant au-dessus des navires en mer, d'exécuter certaines manœuvres pour leur lancer des imitations de torpilles. Presque en même temps, M. Charles Green, le petit-fils de l'aéronaute anglais bien connu, exhiba à Albert Palace (Battersea) un ballon captif d'asbeste, construit pour le gouvernement russe et destiné aux reconnaissances militaires. C'est une montgolfière ou ballon à air chaud ; pour éviter les incendies, il est composé, dans sa partie inférieure, d'étoffe d'asbeste et de matières également non inflammables dans toutes ses autres parties. — Le 29 juillet, jour même où MM. Lhoste et Mangot quittaient Cherbourg, un inventeur anglais, M. Erie-Stuart Bruce, fit l'essai à Lillie Bridge, de son ballon électrique de guerre qui a pour but de donner des signaux pendant la nuit. A cet effet, ses parois sont transparentes et faites en batiste vernie. A l'intérieur sont établies six lampes électriques à incandescence, d'une puissance de 10 à 50 bougies et capables d'émettre des éclats très distincts à travers la batiste. L'opérateur reste à terre et communique avec les lampes au moyen d'un fil. En variant la durée des éclats, il imite les points et les lignes de l'alphabet Morse. Il termina sa première expérience par les mots : *Gode save the queen*, figurés suivant le code Morse. — L'année 1887 a été marquée par la belle ascension de MM. Jovis et Malet, et par la mort prématurée de deux aéronautes français, déjà célèbres quoique encore bien jeunes, MM. Lhoste et Mangot. Le ballon *Horla*, gonflé à l'usine à gaz de La Villette, s'enleva à 7 h. 15, portant MM. Jovis et Mallet. Il était muni des meilleurs instruments scientifiques, dont un baromètre pour mesurer les hauteurs jusqu'à 10,000 mètres, un thermomètre pouvant marquer jusqu'à 50 degrés au-dessous de zéro et 3 ballons con-

tenant 1,200 litres d'oxygène, pour les inhalations à une altitude dépassant 6,000 mètres. Les aéronautes s'étaient donné pour but d'atteindre les régions les plus élevées et de monter aussi haut que possible. Ces hardis voyageurs, entraînés par un vent du S.-O., se

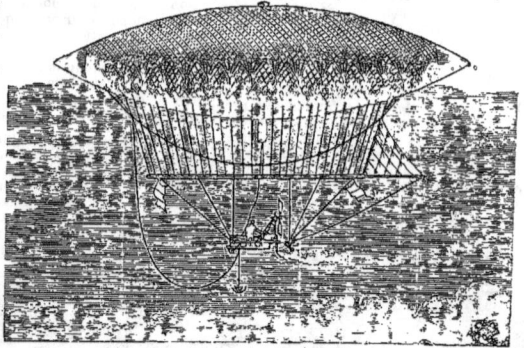

Aérostation. — Le ballon dirigeable.

dirigèrent vers la Belgique, et ils descendirent à 11 heures dans la forêt de Freyre (Luxembourg belge), sans autre accident que deux commencements de syncope subis par M Mallet : ils avaient atteint une hauteur de 7,100 m. ; l'hygromètre était descendu de 70

L'Arago à Quillebeuf.

à 57 et enfin à 18. — Le 13 novembre 1887, MM. Lhoste et Mangot, ayant résolu de se rendre directement de Paris en Angleterre, quittèrent l'usine à gaz de La Villette à 9 heures du matin, dans le ballon l'*Arago*, de 1,000 mètres. A ce ballon étaient joints deux ballonneaux satellites, cubant chacun 50 m. et munis de très petites soupapes que les aéronautes pouvaient ouvrir ou fermer à volonté pour lâcher de l'hydrogène et alourdir

leur appareil suivant les besoins. La brise les porta en trois heures à Quillebeuf où ils purent faire escale, grâce à un système perfectionné de manœuvres qu'ils avaient inventé. Ils firent descendre à Quillebeuf un troisième voyageur qu'ils avaient embarqué avec eux à La Villette, M. Archdeacon, fils d'un agent de change de Paris. Ayant remplacé son poids par quelques sacs à terre, ils reprirent leur vol sans avoir touché à la soupape de leur aérostat. La brise les porta sur Tancarville, puis à l'Angleterre. Le lendemain, ne recevant aucune nouvelle des deux intrépides voyageurs, on s'inquiéta de leur sort et l'anxiété ne fit que s'augmenter de jour en jour. Le 19 novembre, des dépêches furent envoyées dans tous les ports de mer pour faire interroger relativement aux aéronautes les capitaines qui relâchaient. Le 21, le bruit se répandit qu'ils étaient descendus à Revigny (Meuse) ; mais le lendemain, cette nouvelle, publiée par le journal la Lanterne, fut démentie. Le 25, on apprit, par l'agent du Lloyd à Troon, que le capitaine Macdonald, du vapeur Prinz-Léopold, allant de Newcastle à Lisbonne, avait vu, dans la soirée du 13, en face du cap Sainte-Catherine, un gros ballon tomber dans l'eau et s'y engouffrer. S'étant approché à une vingtaine de mètres de l'endroit où l'aérostat avait disparu, le capitaine ne trouva aucun voyageur ; un chapeau d'homme flottait seul sur la mer. Cette laconique indication de l'agent du Lloyd pouvait encore laisser quelque espérance aux nombreux amis des jeunes aéronautes ; mais une lettre subséquente du capitaine Macdonald à M. Wilfrid de Fonvielle, publiée le 27 novembre, renfermait des détails qui ne laissèrent subsister aucun doute sur le malheureux sort de l'Arago et des deux voyageurs. Le ballon avait été suivi successivement par la vigie du cap d'Antifer et par le capitaine de la Georgette, depuis midi jusqu'à 2 heures ; ensuite, il avait disparu dans la direction de l'ouest. Il était venu s'abattre, vers quatre heures du soir, à quelques kilomètres au S.-O. de l'île de Wight, sur une mer grossie par une tempête et au milieu d'une pluie torrentielle. Les deux aéronautes, enlevés l'un après l'autre, par des lames furibondes, avaient été engloutis, et le ballon lui-même, entièrement déchiré par la tempête, avait disparu avant l'arrivée du secours apporté par le Prinz-Leopold. — En janvier 1888, eut lieu à Paris un grand meeting d'aéronautes, sous la présidence de Fonvielle. Ce qui nous a paru le plus intéressant dans cette réunion, c'est le rapport de M. Villa Parries sur l'introduction qu'il a faite en Chine des ballons captifs. Personne, dit-il, ne voulut tenter l'ascension avant que le vice-roi de Petchili eût donné l'exemple ; alors 320 personnes, dont des mandarins du plus haut rang, montèrent dans la nacelle. — Il y eut à Paris, les 14, 21 et 28 octobre, des courses aéronautiques qui éveillèrent l'attention, et ce genre de sport devint rapidement à la mode.

ÆTHÉOGAME s. et ad. [é-té-o-ga-me] (gr. a, sans ; éthos, habitude ; gumos, fécondation). Bot. Mot créé par Palissot de Beauvois, pour désigner les plantes cryptogames de la plupart desquelles la présence des organes de la fructification est certaine, quoique le mode de fécondation ne soit pas encore bien connu. Les æthéogames, aussi appelés plantes semi-vasculaires, forment les sept familles suivantes : Characées, Equisétacées, Fougères, Marsiléacées, Lycopodiacées, Mousses, Hépatiques.

AFFINITÉ. On dit des corps qui se combinent facilement qu'ils sont doués d'affinité les uns pour les autres ; et l'on dit de cette affinité qu'elle est élective, lorsqu'elle porte un corps déjà en combinaison avec un autre à s'en séparer pour se combiner avec un corps nouveau en présence duquel il se trouve mis tout à coup, comme si ce phénomène indiquait réellement une préférence de la part de ce corps inconstant. Ex. : Versez un peu de vinaigre, qui n'est autre chose que de l'acide acétique faible, sur un peu de potasse pearlash ou carbonate de potasse (combinaison de potasse et d'acide carbonique), ou de carbonate de soude (soude et acide carbonique) ; il se produira aussitôt une violente effervescence causée par l'expulsion de l'acide carbonique de la potasse ou la soude, que leur affinité elective pour l'acide acétique porte à se débarrasser de l'acide précédent, pour se combiner avec celui-ci, avec lequel elles formentl'acétate de soude ou de potasse. Maintenant, versez sur ce corps nouveau, sur cet acétate qui vient de prendre la place d'un carbonate, un peu d'acide sulfurique ; ce sera le tour de l'acide acétique d'être expulsé, à cause de la plus grande préférence nourrie par l'acide sulfurique pour l'une ou l'autre des deux bases que nous avons nommées, avec lesquelles il formera désormais un sulfate. — Autre : Faites une solution de couperose bleue (combinaison d'acide sulfurique et d'oxyde de cuivre), et plongez-y la lame brillante d'un couteau. Aussitôt celle-ci sera couverte d'une couche de cuivre, en raison de la préférence marquée de l'acide sulfurique pour le fer dont est faite la lame du couteau, et dont il aura dissous une quantité exactement proportionnelle à celle du cuivre déposé sur cette lame. Tout autre morceau de fer poli, naturellement, remplirait le but et subirait le même échange qu'une lame de couteau.

AFFRANCHIR v. a. Hortic. Supprimer le sujet quand il n'est pas indispensable au greffon enterré, qui a émis assez de racines pour vivre de lui-même.

AFFRY (Louis-Augustin-Philippe), COMTE D', homme d'État suisse, né à Fribourg en 1743, mort en 1810. Il s'éleva à la première magistrature de son pays lorsque Napoléon devint protecteur de la confédération helvétique. Il résista d'abord de tout son pouvoir aux empiétements de Napoléon ; mais quand il eut acquis la certitude qu'une plus longue opposition serait dangereuse pour sa patrie, il se soumit et coopéra à la formation d'un gouvernement suivant les vues et les théories du conquérant.

AFGHANISTAN. Après leur victoire de Sherpur et la réoccupation de Caboul (26 déc. 1879), voy. AFGHANISTAN dans le Dictionnaire), les Anglais engagèrent des négociations avec Abdurrahman, frère et ancien ennemi de Schère-Ali ; il accourut du Turkestan, où il s'était réfugié, et posa sa candidature au trône afghan. Ce prétendant, ayant accepté les conditions des Anglais, fut solennellement proclamé émir de Caboul, le 22 juillet 1880. Candahar fut constitué en état particulier sous la protection britannique. Mais tout n'était pas terminé. Ayoub-Khan, frère de Yakoub et gouverneur de Hérat, avait des prétentions sur Candahar ; il leva une puissante armée, marcha sur Candahar, rencontra à Kouskh-i-Nakhoud, une brigade anglaise commandée par le général Burrows et lui fit subir une sanglante défaite, le 27 juillet 1880. Les Anglais survivants se retirèrent à Candahar où le général Primrose se prépara à soutenir un siège qui commença presque aussitôt. Pour le délivrer et en même temps pour secourir la garnison isolée de Kelat-i-Ghilzaï, le général Roberts fut envoyé à Caboul avec 10,000 soldats, pendant que l'armée du général Phayre, commandant de Quettah, se dirigeait également sur Candahar et que le général Steward se mettait en marche pour rentrer dans l'Inde, à la tête de ce qui restait de troupes anglaises à Caboul. Le général Roberts accomplit facilement sa mission. En 23 jours, il parcourut plus de 400 kil. sans rencontrer de résistance, recueillit en chemin et ramena la garnison de Kelat-i-Ghilzaï et entra à Candahar, dont Ayoub se hâta de lever le siège (31 août). Le 1er septembre il attaqua et prit d'assaut la position de Mazra, où Ayoub s'était établi avec son armée. Complètement vaincu, Ayoub s'enfuit vers Kérat avec ce qui lui restait de compatriotes, tandis que ceux de ses soldats qui étaient nés dans l'état de Caboul, faisaient leur soumission à Abdurrahman. Les Anglais évacuèrent encore une fois l'Afghanistan qui resta plus que jamais divisé et affaibli. Pendant ce temps, la Russie faisait des pas de géant vers la frontière de l'Inde et l'Indou-Kouch. Il était évident que l'annexion de l'Afghanistan serait une opération très facile, vu la désorganisation de ce pays, lorsque l'Angleterre, effrayée pour ses possessions dans l'Indoustan, s'opposa à la marche en avant des troupes russes. Un incident de frontière à Pendjdeb (30 mars 1885) lui donna l'occasion d'intervenir. La guerre parut d'abord imminente ; après de longs pourparlers, une commission fut nommée en juin 1886 pour délimiter les frontières. Depuis cette époque, le pays est resté plongé dans le désordre ; les Anglais et les Russes le couvent du regard et n'attendent que le moment d'y intervenir.

AFRIQUE (Explorations dans le centre de l'). Il y a quinze ou vingt ans, le continent noir, comme on appelle quelquefois l'Afrique, était encore une terre inconnue dans la plus grande partie de son intérieur ; mais, depuis 1870, on l'a exploré dans presque tous les sens ; de nombreuses troupes de hardis chercheurs l'ont traversé d'une côte à l'autre. Français, Anglais Allemands, Italiens, Américains se sont précipités sur cette terre mystérieuse et l'ont décrite presque entièrement. On a découvert les véritables sources du Nil ; on a tracé le cours du Zambèze, celui du Niger et celui du Congo. Outre les travaux de Livingstone, de Stanley, de Cameron, de Baker, de Burton, de Speke et de Grant, qui sont aujourd'hui connus de tout le monde, nous avons à citer ceux de Schweinfurth, qui fit un grand voyage chez les Niam-Niams et découvrit l'Uellé ; ceux de Nachtigal, sur le bassin du Tchad ; ceux de Rohlfs, relatifs au Maroc et l'Afrique tropicale du nord-ouest ; ceux de Serpa-Pinto, qui fit une traversée de Benguéla à Prétoria ; ceux de Wissmann (de Loanda à la côte de Zanzibar) ; ceux de Massari et de Matteucci, qui, partis du Darfour et du Kordofan, ont traversé le Soudan central jusqu'au Niger supérieur ; ceux de Brito-Capello et Ivens, qui ont traversé eux aussi le continent noir de l'est à l'ouest ; ceux de Keith Johnston, l'un des martyrs de la science géographique ; ceux de son collaborateur et successeur Thomson, qui a accompli un voyage à travers le pays de Marai jusqu'au lac Bahringo ; ceux de Vander Decken, de Mohr, de Mauch, de Logge, de Loesche, de Peschel, d'Elliot, de Carter, de Debaize, de Hore, d'Elton, de New, d'O'Neill, d'Antinori, de Cotelli, etc. Sur le Nil se sont distingués : le général Gordon, Tinné et Lucas. De tous les explorateurs français de ces dernières années, les plus célèbres sont MM. de Compiègne, son successeur de Brazza et plusieurs autres qui se sont consacrés à l'étude des territoires qui bordent le Gabon et le Congo. Erskine s'est signalé dans l'Afrique méridionale. Les travaux de cette armée d'explorateurs ont à peu près complètement changé la carte de l'Afrique intérieure. Sous le patronage du roi des Belges, il s'est formé une Association internationale qui a formé l'état libre du Congo. Les richesses naturelles de ces contrées neuves ont été décrites, on commence à faire de grands efforts pour les exploiter et pour développer le commerce et les ressources latentes de l'Afrique centrale. La difficulté des com-

munications est encore le plus grand et peut-être le seul obstacle à l'extension des transactions commerciales. Les grands fleuves, comme le Niger et le Congo sont, en vérité, des routes ouvertes à tous, mais ces routes sont insuffisantes. C'est pourquoi le gouvernement français avait résolu de faire construire un chemin de fer allant de Saint-Louis (Sénégal) jusqu'au cours du Niger supérieur; malheureusement ce projet ne reçut qu'un commencement d'exécution.

AFRIQUE OCCIDENTALE (Société allemande de l'), société qui a récemment acquis des droits sur la terre de Luderitz, sous le protectorat de l'Allemagne. Elle doit aussi exploiter les territoires protégés des Namaquas et des Damaras.

AFRIQUE ORIENTALE (Compagnie allemande de l'). En vertu d'un traité conclu en 1886 entre l'Allemagne, la Grande-Bretagne, la France et Zanzibar, cette compagnie a acquis des droits sur le territoire qui s'étend du Quili-Mandjaro jusqu'à la rivière Rovouma et qui comprend les bassins du Pangani, du Ouamo, du Kingani, du Rufigi et du Rouhou, formant le pays d'Ousambara, de Ngourou, d'Ousegouha, d'Ousagaro, d'Ousaramo, d'Ourkhoutou, de Mahenga, de Manouéra et de Makondé. Environ 250,000 kil. carr.; 500,000 hab. De suite, deux stations florissantes furent établies. Le Dr Karl Peters a décrit le pays comme formant des plateaux propres à la colonisation par des blancs. Quant aux noirs, il ne faut guère compter sur leur travail pour faire prospérer cette possession allemande, vu leur invincible paresse.

AGABLY ou **Agabli,** ville du Touat (Afrique), dans le Sahara. Lat. 26° Nord ; long. 2° O

AGATHOIS, OISE s. et adj. (gr. *Agathos,* Agde). D'Agde, qui appartient à cette ville ou à ses habitants. On dit aussi : AGATHAIS, AISE.

AGE. L'espèce humaine n'a pas seule le privilège de compter des centenaires, et plusieurs oiseaux, dit l'*Eleveur,* atteignent aisément l'âge respectable de M. Chevreul. Il faut citer d'abord l'aigle, le cygne et le corbeau, qui dépassent facilement la centaine. Le perroquet et le héron se contentent de devenir sexagénaires ; il en est de même de l'oie et du pélican. Le paon vit 23 ans, le pigeon 20, la grue 20, le linot 25, le chardonneret 15, l'alouette 13, le merle 12, le serin 12, le faisan 15, la grive 10, le coq 10, le rouge-gorge 12 et le roitelet 3. — On a trouvé dans le lit de l'Aisne, à Avaux-le-Château (Ardennes), un chêne capable de rivaliser avec le fameux chêne géant que les Parisiens ont pu admirer, il y a quelques années, sur le quai, près du pont de la Concorde. Ce colosse mesure seize mètres de long sur trois mètres de circonférence. On estime à quinze cents au moins l'âge de cet arbre qui a dû séjourner d'abord dans l'eau, puis, par une déviation du lit de la rivière, être ensablé et enfin mis de nouveau à découvert par l'eau.

AGÉSIPOLIS, nom de trois rois de Sparte. I. Il était encore mineur quand il succéda à son père Pausanias (394 av. J.-C.). Il régna quatorze ans. Dès qu'il eut atteint sa majorité, il prit part aux guerres que Sparte avait alors à soutenir. En 390, il envahit victorieusement l'Argolide ; en 385, il s'empara de Mantinée ; en 381, il prit parti pour Acanthe et Apollonie contre les Olythiens et mourut en 380, pendant cette guerre, dans la presqu'île de Pallène. — II. Fils de Cléombrote ; il régna un an (371 av. J.-C.) — III. Il succéda à Cléomène en 220 av. J.-C., mais fut bientôt déposé par son collègue Lycurgue ; il se réfugia chez les Romains.

AGNEAU. — BOUCHERIE. L'agneau doit être employé frais tué. On reconnaît que le quartier de devant est frais à la grosse veine du cou qui est bleuâtre dans ce cas, et verdâtre dans le cas contraire ; pour le quartier postérieur, on reconnaîtra qu'il est trop vieux si la graisse des rognons exhale une légère odeur et si le jarret a perdu sa fermeté.

AGNÈS de France, impératrice de Constantinople. née en 1171, morte vers 1225. Elle était fille de Louis le Jeune et sœur de Philippe-Auguste. Fiancée à Alexis Comnène en 1180, elle partit pour Constantinople et épousa Andronic Comnène, meurtrier d'Alexis. Après le décès d'Andronic (1185), dont elle n'eut pas d'enfants, elle épousa en 1205 Théodore Branas, gouverneur d'Andrinople, et eut une fille qui fut la belle-mère de Guillaume de Villehardouin.

AGNODICE, jeune Athénienne qui, désireuse d'étudier la médecine, déguisa son sexe, fut instruite par Hiérophile dans l'art des accouchements, et pratiqua ensuite cet art, en ayant toujours soin de découvrir son sexe à ses patientes. Elle acquit une telle réputation et une si nombreuse clientèle, que les accoucheurs, ses rivaux, l'accusèrent de corruption et la poursuivirent devant l'Aréopage. C'est alors qu'elle confessa la vérité à ses juges ; et une loi fut immédiatement passée, pour permettre à toute femme libre de pratiquer les accouchements. C'est de cette époque que date l'institution des sages-femmes.

AGNOM s. m. [ag-non] (lat. *agnomen*), sobriquet ajouté dans l'ancienne Rome aux véritables noms d'une personne ou d'une famille. Chaque race avait un *nom* ; chaque famille portait un *surnom* ; chaque individu était pourvu d'un *prénom* ; quelquefois un *agnom* marquait une branche d'une famille dont l'auteur s'était distingué d'une manière quelconque.

AGON, petit port de mer et commune du canton de Saint-Mâlo-la-Lande, arrondissement et à 12 kilom. de Coutances (Manche). 2.000 hab. Sémaphore ; armements pour la pêche de la morue.

AGON, île de Suède, dans le golfe de Bothnie, excellente rade. Lat. 61° 20' N. ; long. 16° E.

AGON s. m. (gr. *agôn,* lutte de cirque). Sorte de jeu de calcul, qui se joue à deux, sur une tablette hexagonale divisée en compartiments hexagones. Chaque joueur a sept pièces, une reine et six gardes ; ces pièces sont blanches pour l'un des joueurs et noires pour son adversaire. On place les deux reines en face l'une de l'autre, sur deux coins opposés de la tablette ; ensuite on dispose les gardes sur la rangée de compartiments extérieurs, en plaçant alternativement un garde de chaque couleur et en laissant un compartiment vacant d'une pièce à l'autre. Le but de la partie est d'atteindre la position centrale sur la tablette, en jouant chacun à son tour comme aux dames, et en avançant une seule pièce à la fois. La marche consiste à diriger les pièces vers le centre, de case en case, toujours en avançant ; on peut convenir que les pièces se porteront sur n'importe quel compartiment adjacent, pourvu qu'elles ne s'éloignent jamais du centre ; c'est-à-dire qu'une pièce, une fois placée sur une case de l'une des rangées hexagonales pourra se mouvoir de case en case sur cette rangée ou passer sur la rangée immédiatement plus rapprochée du centre ; mais qu'il lui sera interdit de reculer en se portant sur une case de la rangée qui enveloppe celle sur laquelle elle se trouve. Lorsque, pendant la partie, une pièce quelconque, autre qu'une reine, se trouve entre deux pièces adverses, de manière à former une ligne droite avec ces deux pièces, le joueur à qui elle appartient doit, si son tour est venu de jouer, la prendre et la placer sur un compartiment quelconque de la rangée hexagonale la plus extérieure. Le joueur choisit le compartiment sur lequel il place sa pièce, qui se trouve alors aussi peu avancée qu'au début de la partie. Quand c'est une reine qui se trouve en ligne droite entre deux pièces adverses, le joueur à qui elle appartient doit l'enlever, si son tour de jouer est venu, et la porter sur n'importe quelle case vide, au choix de ce joueur (sauf sur la case centrale). Le vainqueur est celui qui amène sa dame dans le compartiment central et les six gardes de sa couleur autour d'elle, dans les six compartiments adjacents à la case centrale. Le changement de position des pièces caractérise l'agon et lui donne beaucoup d'intérêt et d'imprévu. Bien loin d'être toujours un désavantage, la position d'un garde en ligne droite entre deux adversaires est quelquefois un moyen de reculer une pièce mal placée ; un joueur habile se met de lui-même en lunette, dans

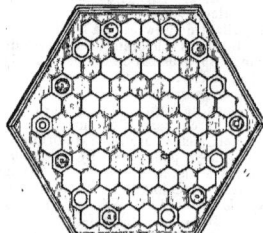

Fig. 1. — L'agon et les pièces au début de la partie.

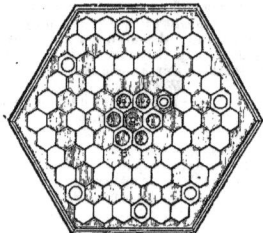

Fig. 2. — L'agon et les pièces à la fin d'une partie.

ce cas, et si l'autre joueur, devinant le piège, veut éviter ce déplacement, il se voit forcé de jouer, pour détruire la ligne droite, une pièce bien placée ; s'il ne se détermine pas à prendre ce parti, le joueur en lunette, son tour venu de jouer, porte son garde sur la rangée extérieure, dans une case d'où il lui sera facile d'atteindre une position meilleure que celle qu'il occupait ; car il a le choix de la case, comme nous l'avons déjà dit. De même, il est souvent très avantageux d'avoir sa reine en lunette au moment de jouer, quand les gardes sont bien placés ; on peut alors, ayant le choix de la case à prendre, poser la reine sur une case adjacente de la case centrale pour former une ligne droite qui forcera la reine adverse de déguerpir, si elle tient déjà le compartiment du milieu. L'habileté consiste surtout à se mettre dans une position telle que l'on puisse facilement, par des mouvements successifs, faire reculer plusieurs pièces ennemies, et être ensuite en mesure de s'emparer du milieu du jeu avant d'être repoussé. Il n'est pas utile de pousser la reine vers le centre avant de pouvoir l'y soutenir par deux ou trois gardes placés sur les cases adjacentes. On recommande de débuter par porter, autant que possible, une pièce sur chaque rangée hexa-

gonale et de conserver ensuite une pièce plus éloignée du centre que ne l'est la pièce adverse qui en est la plus éloignée ; de cette façon, on est plus facilement à même de contrarier l'ennemi et de le menacer d'une lunette, à l'occasion. — *Règles.* 1° Nulle pièce autre qu'une reine ne doit occuper la case centrale ; 2° aucune pièce ne peut rester entre deux pièces adverses qui forment avec elle une ligne droite ; 3° aucune pièce ne peut reculer, si ce n'est dans le cas prévu par l'article précédent ; 4° de deux ou plusieurs pièces placées en lunette en même temps, on doit déplacer d'abord la dame si elle se trouve, elle aussi, dans cette position ; les autres sont déplacées dans l'ordre qui plaît au joueur à qui elles appartiennent ; 5° pièce touchée, pièce jouée, si l'on n'a pas dit : « J'adoube » comme aux dames ; mais le joueur qui a touché une de ses pièces peut dire « je passe »: et alors la pièce reste en place, et le tour de jouer passe à l'adversaire ; 6° quand les six gardes d'une couleur sont placés dans le cercle qui entoure immédiatement la case centrale, et quand la dame est, en même temps, en dehors de ce cercle et ne peut, conséquemment, pénétrer jusqu'à la case centrale, la partie est perdue pour le joueur à qui appartiennent les six gardes ainsi placés.

AGRICULTURE. — Législ. Il faut reconnaître que, depuis l'institution du *ministère de l'agriculture,* la sollicitude des pouvoirs publics s'est appliquée de plus en plus à faire progresser, en France, la source principale de la richesse. Nous rappelons seulement que l'enseignement agricole, si nécessaire dans notre pays, a été développé de toutes les façons, ainsi que nous l'avons montré dans le *Dictionnaire,* au mot ENSEIGNEMENT. Les lois concernant le reboisement des montagnes, les irrigations, le phylloxera, etc., rendent aussi de très grands services à l'agriculture. — Nous avons à résumer ici la loi du 24 décembre 1888, qui est relative à la *destruction des insectes, des cryptogames et autres végétaux nuisibles.* Il a été constaté que les dommages causés par les insectes, chenilles, larves, hannetons, etc., peuvent atteindre, certaines années, le quart des récoltes. C'est pourquoi le législateur a pensé que les mesures locales de police étaient souvent insuffisantes, et qu'il était nécessaire de donner à l'autorité administrative le pouvoir d'organiser des moyens de destruction plus étendus et plus efficaces. Les préfets sont en conséquence investis du droit de prendre des arrêtés prescrivant les mesures nécessaires pour arrêter ou pour prévenir les dommages causés à l'agriculture par des insectes, des cryptogames ou autres végétaux nuisibles, lorsque ces dommages, étendus dans un ou plusieurs départements, ou même restreints à un ou plusieurs communes, prennent ou peuvent prendre un caractère envahissant ou calamiteux. Ces arrêtés ne peuvent être pris qu'après l'avis du conseil général du département, à moins qu'il ne s'agisse de mesures urgentes et temporaires. Dans tous les cas, ils ne sont exécutoires que s'ils sont approuvés par le ministre de l'agriculture. Les mesures dont il s'agit ne sont applicables dans les bois et forêts qu'à une lisière de trente mètres. Tous les propriétaires, fermiers, etc., sont tenus d'exécuter, sur les immeubles dont ils ont la propriété ou la jouissance, les prescriptions des arrêtés préfectoraux ; et ils doivent ouvrir leurs terrains, à la réquisition des agents, pour permettre la vérification de la destruction. En cas d'inexécution dans les délais fixés, procès-verbal est dressé, et le contrevenant est invité à comparaître devant le juge de paix. La citation est donnée par lettre recommandée ou par le garde champêtre. Le juge de paix peut ordonner l'exécution provisoire de son jugement, nonobstant opposition ou

appel, sur minute et avant l'enregistrement. A défaut d'exécution dans le délai fixé par le jugement, il y est procédé d'office par les soins du maire ou du commissaire de police et aux frais du contrevenant. Le recouvrement de ces frais est opéré par le percepteur, en vertu d'ordres exécutoires délivrés par le préfet. Les contraventions aux arrêtés préfectoraux dont il s'agit sont punies d'une amende de 6 à 15 fr. En cas de récidive, l'amende est doublée, et en outre la peine de l'emprisonnement pendant cinq jours au plus peut être prononcée. La loi que nous venons d'analyser n'apporte aucune modification aux prescriptions des règlements en vigueur contre le doryphora et le phylloxera (voy. ces mots), ni à la loi du 26 ventôse an IV, qui ordonne l'échenillage annuel des arbres. Cette dernière loi est toujours applicable, même en l'absence d'arrêté préfectoral ; elle doit toujours être publiée le 20 janvier de chaque année par les soins des maires ; et elle est toujours sanctionnée par l'article 471, § 8 du Code pénal. — On reconnaît aujourd'hui que le moyen le plus efficace de diminuer les bataillons innombrables d'insectes nuisibles consiste à assurer la conservation des oiseaux insectivores. L'homme ne peut réussir dans cette lutte pour la vie, sans l'aide de l'oiseau, qui est le meilleur gardien de la plupart des récoltes. Les dégâts que causent certaines espèces d'oiseaux sont presque toujours largement compensés par les services qu'ils rendent. Les préfets rendent des arrêtés qui interdisent la destruction des oiseaux reconnus utiles ; et l'un des titres en préparation du Code rural doit légiférer sur ce sujet ; mais les interdictions ne sont pas assez respectées, faute d'une surveillance suffisante.   Cu. Y.

AGUESSEAU (Henri-Cardin-Jean-Baptiste, MARQUIS D'), académicien, petit-fils du chancelier d'Aguesseau, né au château de Fresnes en 1746, mort en 1826. Il entra dans la magistrature, devint académicien en 1787, fut député aux États généraux par la noblesse du bailliage de Meaux, servit le Consulat et l'Empire en qualité de diplomate et la Restauration comme pair de France.

AGUEUSTIE s. f. [a-gheuss-tî] (gr. *a* priv.; *genô,* je goûte). Pathol. Perte du sens du goût.

AGUILARD (Melchior-Louis DE BON DE MARGANIT, *marquis d'*), littérateur, né à Perpignan en 1755, mort à Toulouse en 1838. Fixé à Toulouse, il devint mainteneur des Jeux Floraux. Il a laissé : *Recueil des vers* (1788, in-8°); *Traduction en vers de quelques poésies de Lope de Véga* (in-8°); *Stances dithyrambiques* (Toulouse; 1824, in-8°).

AÏACIEN, IENNE s. et adj. D'AI; qui appartient à cette ville ou à ses habitants.

AIMANTATION. Nous avons décrit, dans notre *Dictionnaire,* les procédés d'aimantation permanente par les méthodes de la simple touche et de la double touche. Il nous reste à dire quelques mots de l'aimantation tellurique, de l'aimantation par torsion et de l'aimantation électrique. — *Aimantation tellurique.* La terre, relativement aux aiguilles aimantées, agit comme un aimant gigantesque aux pôles multiples ; elle peut donc provoquer, par influence, les phénomènes magnétiques dans certains corps, comme le fer doux. Par exemple, si nous prenons une tige de fer doux et si nous la plaçons dans la plan magnétique comme l'indique le trait pointillé de la fig. 3, de manière que son extrémité supérieure se trouve à proximité du pôle nord de l'aiguille d'une boussole, nous verrons dévier immédiatement cette aiguille, et nous en conclurons que la tige de fer doux s'est aimantée. Si, au contraire, nous plaçons la tige dans une direction perpendiculaire au plan magnétique, l'aiguille de la boussole ne

déviera plus. Si nous opérons avec une barre d'acier placée dans le plan magnétique, il

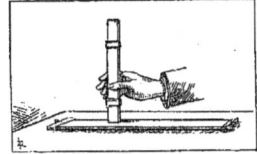

Fig. 1. — Aimantation par simple touche.

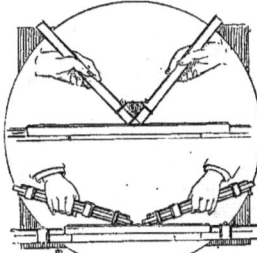

Fig. 2. — Aimantation d'un barreau de fer par double touche.

faudra en marteler l'extrémité pour l'aimanter; alors elle deviendra un aimant permanent très faible, il est vrai, mais suffisant pour faire dévier l'aiguille. — *Aimantation par torsion.*

Fig. 3. — Aimantation tellurique.

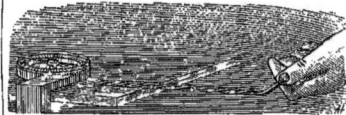

Fig. 4. — Aimantation par torsion.

Quand on place près de la boussole l'une des extrémités d'un fil de fer doux, il suffit de tordre ce fil pour faire dévier l'aiguille, ce qui prouve que le fil s'est aimanté par la

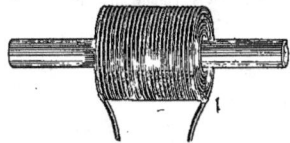

Fig. 5. — Aimantation par courant électrique.

torsion. — *Aimantation électrique.* Aujourd'hui, pour obtenir des aimants artificiels, on n'a plus guère recours aux anciens procédés de simple ou de double touche. On emploie le procédé beaucoup plus efficace qui consiste à soumettre une barre d'acier à un courant

é'ectrique : Il suffit d'entourer cette barre d'un fil en spirale que parcourt un courant

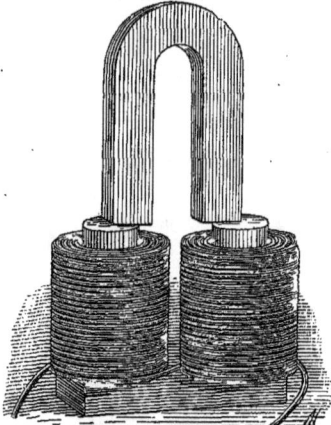

Fig. 6. — Aimantation d'un fer à cheval.

électrique (fig. 5), on place la spirale au milieu de la tige et on la fait ensuite marcher vers l'une des extrémités, puis vers l'autre ; enfin on la ramène au milieu, on interrompt le courant et on retire la tige. S'il s'agit d'un aimant en fer à cheval, on met les extrémités en contact avec les pôles d'un électro-aimant; on lance le courant, puis on l'interrompt; l'acier se trouve aimanté (fig. 6). On peut aussi mettre en contact, pendant quelques instants, les extrémités du fer à cheval avec un électro-aimant en activité.

AIME de Varenne, poète français du XIIIe siècle. Il visita l'Orient et se fixa dans le Lyonnais. Le manuscrit de son *Roman de Florimont et de Philippe de Macédoine* se trouve à la Bibliothèque nationale et a été analysé par Paulin Paris.

AÏN-CHARIN [a-inn-ka-rinn], village des environs de Jérusalem, très fréquenté par les pèlerins, comme étant le lieu où vécut Zacharie. Dans un couvent qui se trouve près du village, on remarque un autel construit, dit-on, sur le lieu même où naquit saint Jean-Baptiste.

AILLOLI. Voici comment se fait l'aïlloli : Pilez des gousses d'ail jusqu'à en faire une sorte de pâte ; versez de l'huile d'olive sur cette pâte, goutte à goutte, et en remuant toujours, jusqu'à ce qu'elle ait pris une certaine consistance ; ajoutez-y alors un peu de jus de citron, et continuez à tourner. L'aïlloli doit avoir une consistance presque égale à celle du beurre frais. On l'emploie soit en le mélangeant à d'autres sauces qu'elle a mission de relever, soit isolément, en la délayant avec une addition d'huile suivant le besoin, principalement avec le poisson bouilli, surtout avec le poisson de la bouillabaisse.

AJACCÉEN, ÉENNE s. et adj. [a-ja-ksé-ain]. D'Ajaccio ; qui appartient à cette ville ou à ses habitants.

ALAIN de Flandre, évêque d'Auxerre, né en Flandre, mort en 1182. Il a laissé une *Vie de saint Bernard* et cinq *Lettres* adressées à Louis le Jeune et insérées dans le *Recueil des historiens de France.*

ALARME. Notre figure représente un signal d'alarme qui est employé depuis quelques années en Amérique pour relier les postes de police d'une ville aux principaux quartiers.

Ce signal se compose d'une boîte en fer contenant un appareil télégraphique, un téléphone et une sonnette d'appel. Des boîtes portant chacune un numéro sont placées à

Alarme. — Boite d'alarme ouverte.

différents points du parcours d'un policeman et se trouvent en communication électrique avec le poste de police.

ALBERT N'YANZA, voy. N'yanza dans le *Dictionnaire.*

ALCATRAS (Les), groupe de récifs qui se trouve à 40 milles environ de l'embouchure du Rio-Nunez, par 10° 37' lat. N. et 17° 43' long. O., en face de notre frontière méridionale du Sénégal (Afrique occidentale). Le principal de ces récifs est un petit îlot de 200 mètres sur 100 mètres, élevé de 5 à 6 pieds au-dessus du niveau de l'eau ; il est rocailleux, d'un difficile abord et sans aucun abri ; il est couvert d'une couche de guano de peu de valeur, les pluies tropicales noyant le sol pendant une partie de l'année. En 1887, l'administration des colonies, ayant été avertie qu'un gouvernement étranger songeait à s'emparer de ce rocher pour en exploiter le guano, envoya à M. Genouille, alors gouverneur du Sénégal, l'ordre d'en prendre possession, en y faisant hisser le pavillon français. Le 19 octobre 1887, l'aviso *le Héron,* sous les ordres du lieutenant de vaisseau Lecomte, appareilla de Saint-Louis et hissa le pavillon français le 22 octobre. Puis le lieutenant de vaisseau Lecomte alla demander au roi Dinah-Salifou, qui règne sur les bords du Rio-Nunez, quatre noirs qui acceptèrent de s'installer dans l'île et d'y garder le pavillon pendant quelques mois. Le 26 octobre, ces gardiens furent débarqués sur le récif, avec une tente, des ustensiles de cuisine, des vivres pour un mois et 1,300 litres d'eau. Le 12 novembre, on envoya aux noirs des vivres pour un mois et 280 litres d'eau. Ensuite, on ne s'en occupa plus. Le 9 janvier 1888, M. Largeau, récemment nommé administrateur du cercle de Rio-Nunez, reçut la visite du roi Dinah, qui craignait que ses sujets ne fussent maltraités, et qui lui fit part de ses craintes. M. Largeau télégraphia au gouverneur, qui ne répondit pas. Le 17 mai 1888, l'aviso colonial *le Dakar* passant en vue des îles Alcatras, le capitaine fit stopper pour prendre des échantillons de guano. En débarquant, on trouva les cadavres des noirs au pied du drapeau français. Ils étaient morts de soif. A la suite d'une interpellation faite au Sénat, le gouverneur fut rappelé et relevé de ses fonctions. Une instruction ouverte sur les faits déplorables qui lui étaient imputés, aboutit à son renvoi, pour homicide par imprudence, devant la 9e chambre du tribunal correctionnel de la Seine (déc. 1888). Déclaré coupable de meurtre par imprudence, M. Genouille fut d'abord

condamné à 600 fr. d'amende, le 8 janvier 1889 ; mais la cour d'appel, beaucoup plus sévère, porta sa peine à six mois de prison, le 22 février.

ALCOOL. — Econ., polit. et légist. La législation relative aux boissons alcooliques a eu, jusqu'à nos jours, un but presque exclusivement fiscal, et l'on ne s'est pas préoccupé suffisamment de l'hygiène publique, à laquelle se trouvent ici rattachées une question de morale et celle de la criminalité. Nous avons été devancés, sur ce dernier point, par les législations de plusieurs pays d'Europe. — En France, le premier impôt établi sur l'alcool, date de l'édit royal du 28 mai 1659, qui assujettit *l'eau ardente* à une *aide* portant sur la fabrication. A Paris, en 1719, les droits établis sur l'eau-de-vie s'élevaient à 38 livres par hectolitre, y compris les diverses taxes locales. Tous ces droits furent abolis en 1791 ; mais l'alcool a été imposé de nouveau sous le premier Empire. Le droit de consommation, après avoir été élevé jusqu'à 50 fr. par hectolitre d'alcool pur, fut abaissé à 37 fr. en 1830, puis relevé successivement à 50, 60, 90 enfin à 156 fr. 25, décimes compris, taux actuel. Nous avons parlé des divers droits dont l'alcool est frappé, à l'article Boissons, dans le second volume de ce *Dictionnaire.* — En 1886, le Sénat avait donné mandat à l'une de ses commissions de procéder à une vaste enquête sur la consommation de l'alcool en France. Le rapport fut déposé le 7 février 1887, par le regretté Claude (des Vosges) ; et c'est là une œuvre très remarquable, qui a fait la lumière sur tous les points. Ce rapport concluait à ce que le gouvernement étudiât les moyens de placer le monopole des alcools entre les mains de l'État, dans le double but de réfréner la fraude qui réduit considérablement la recette de l'impôt, et d'empêcher la mise en vente de boissons toxiques. Le rapport établit surabondamment que la criminalité, la folie, le suicide, la déchéance physique et morale de la race suivent partout une marche corrélative à celle de la consommation de l'alcool. Un professeur de l'école de droit de Paris, M. Aglave, a proposé l'adoption d'un système très compliqué qui semblait répondre aux vues de la commission sénatoriale. D'un autre côté, la Suisse a adopté un système particulier de monopole pour le commerce de l'alcool. (Loi fédérale du 23 décembre 1886, confirmée par vote du peuple le 15 mai 1887.) Mais le législateur français a cru devoir se borner provisoirement à la recherche des moyens de protéger la santé publique ; il a décidé, par la loi du 10 décembre 1887, qu'un prix, dont il n'a pas déterminé la valeur et qui devra être décerné par l'Académie des sciences, serait attribué « à la personne « qui découvrirait un procédé simple et usuel « pouvant être mis en pratique par les agents « de l'administration, pour déterminer, dans « les spiritueux du commerce et les boissons « alcooliques, la présence et la quantité des « substances autres que l'alcool chimiquement « pur ou alcool éthylique. » Ce procédé simple et usuel n'a pas encore été soumis à l'Académie. — Un congrès international pour l'étude des questions relatives à l'alcoolisme, s'est tenu à Paris, au mois d'août 1889, pendant la durée de l'Exposition universelle ; mais il ne semble pas avoir fait avancer vers une solution prochaine les questions qui lui étaient soumises. La revision complète du système d'impôt appliqué en France sur les boissons permettra, il faut l'espérer, de satisfaire à la fois aux justes réclamations, des hygiénistes et à celles du commerce qui se trouve encore entravé, comme il l'était sous l'Ancien Régime, par les formalités les plus

gênantes et les plus rigoureuses. Enfin, la fabrication de l'alcool ne devrait plus être exempte, chez les bouilleurs de cru, du contrôle de la régie ; car ce privilège exorbitant, établi par loi du 14 décembre 1875, donne lieu à des fraudes énormes dont les résultats les plus déplorables ne sont pas ceux dont souffre le revenu public, mais bien ceux qui compromettent la santé, l'intelligence et jusqu'à la reproduction chez les races humaines. Les alcools produits par les bouilleurs de cru ne sont pas convenablement rectifiés ; ceux provenant de la distillation du cidre, du poiré, des prunes et des cerises, renferment des substances toxiques dont l'eau-de-vie de pur vin est seule exempte. « Loin de se contenter « de brûler leurs propres récoltes, les bouil- « leurs de cru, dit M. Claude dans son rap- « port, achètent des fruits, quelquefois même « des graines et des racines, pour les faire « brûler, à l'abri de l'immunité qui leur a été « octroyée. Les produits de cette distillation « hâtive et incomplète, obtenue au moyen « d'appareils imparfaits, sont jetés clandes- « tinement, affranchis de tous droits, dans la « consommation, où ils font une concurrence « redoutable aux eaux-de-vie du commerce « soumises à l'impôt. » La suppression du privilège des bouilleurs de cru pourrait être accompagnée d'un accroissement de l'impôt sur l'alcool. « La France, disait encore « M. Claude, ne peut pas rester étrangère au « mouvement qui emporte tous les peuples « vers la réforme de leur législation sur l'al- « cool. Elle n'est que la septième des puis- « sances au point de vue de l'élévation du « taux de l'impôt. Avant elle, passent l'Angle- « terre, les Etats-Unis, le Ca- « nada, la Norwège et la Russie. Presque tous « ces Etats poursuivent à la fois un but fiscal « et un but hygiénique. » — Le droit de douane sur les alcools de provenance étran- gère a été porté de 30 à 70 fr. par hectolitre. (Lois des 5 juillet 1887 et 30 mai 1888.) (Ch. Y.)

ALDRIC (Saint), évêque du Mans, né en Allemagne, mort en 856. Ses *Capitulaires* sont perdus.

ALEXANDRE (Archipel), groupe d'îles qui s'étend le long de la côte N.-O. d'Amérique, entre 54°40' et 59° lat. N.

AL FRESCO. Loc. ital. qui signifie *en plein air*.

ALGÉRIE. — Législ. La loi du 26 juillet 1873 a proclamé ce principe : que « l'établisse- « ment de la propriété en Algérie, sa con- « servation et la transmission contractuelle « des immeubles et droits immobiliers, quels « que soient les propriétaires, sont régis par « la loi française. » Mais cette loi n'ayant abrogé complètement le décret du 29 mai 1863, qui réglait les formes relatives à la reconnaissance de la propriété collective des tribus et des familles, il était devenu difficile d'établir légalement la propriété individuelle du sol autrefois commun, et par suite son aliénabilité. La loi du 28 avril 1887 est venue mettre un terme à ces difficultés, en traçant la procédure à suivre pour arriver prompte- ment à la délimitation et à la répartition des territoires des tribus algériennes. — Les lois, décrets, arrêtés, etc., concernant l'ad- ministration de l'Algérie sont en très grand nombre, et, quelle que soit l'importance de la colonie, ils ne présentent qu'un intérêt local : c'est pourquoi il ne peut y avoir place ici pour une analyse détaillée des règlements qui sont particuliers au territoire algérien. — La loi du 5 avril 1884 a été déclarée applica- ble, en Algérie, aux communes de plein exer- cice (Décr. 7 avril), sous la réserve de cer- taines dispositions ; quant aux communes mixtes et aux communes indigènes, elles sont administrées suivant des formes spé- ciales. L'assimilation avec la métropole s'ac-

centue de plus en plus ; mais il restera, pen- dant longtemps encore, sur plusieurs points de la législation, des règles particulières à certaines parties de l'Algérie. La loi du 15 juillet 1889 sur le recrutement de l'armée est applicable en Algérie, sous certaines réserves. (Voy. ci-après RECRUTEMENT.) Les Français et les naturalisés Français, résidant en Algérie, sont incorporés dans les corps stationnés en Algérie ; et, après une année de présence ef- fective sous les drapeaux, ils sont envoyés dans la disponibilité, s'ils ont satisfait aux con- ditions de conduite et d'instruction militaire déterminées par le ministre de la guerre. Ils passent ensuite dans les différentes catégo- ries de l'armée, en même temps que les hommes résidant en France. Mais, en cas de mobilisation générale, ils sont, même après leurs vingt-cinq années de service, réincor- porés avec la réserve de l'armée territoriale, sans pouvoir être appelés à servir hors du territoire de l'Algérie. — Ajoutons à ce qui précède quelques renseignements de statisti- que. On sait que l'Algérie est divisé perpen- diculairement à la Méditerranée, en trois dé- partements. Chacun d'eux est divisé en trois bandes ou territoires, parallèlement à la mer, savoir : 1° sur le littoral, le *territoire de plein exercice*, lequel comprend pour les trois dé- partements, 1,900,000 hectares et 900,000 habitants ; 2° dans la région montagneuse, le *territoire mixte*, comprenant 10,000,000 d'hectares et 2,200,000 habitants ; 3° le *terri- toire militaire*, qui s'étend au sud jusqu'au désert, et qui comprend 33,000,000 d'hecta- res et 500,000 habitants. Le territoire de plein exercice est administré dans des con- ditions analogues à celles de la métropole. Le territoire mixte est divisé en 77 circonscrip- tions, à la tête de chacune desquelles est un administrateur et un ou deux adjoints fran- çais. Le territoire militaire est, dans chaque époque, placé sous l'autorité d'un gé- néral. (Cu. Y.)

ALIÉNÉ. — Législ. S'il est vrai que le gou- vernement parlementaire offre aux citoyens les plus sérieuses garanties contre l'arbitraire, il faut avouer que, sous ce régime, la produc- tion des lois est souvent trop lente et marche assez loin derrière les aspirations impatientes de l'opinion publique. Il en est ainsi en ce qui concerne la législation sur les aliénés. La loi du 30 juin 1838 a été un grand pro- grès ; mais ses imperfections, aujourd'hui reconnues, ont, en fait, plus d'une fois de- mander la revision. Une proposition a été présentée par le gouvernement, le 25 novem- bre 1882, et le projet de revision a été voté par le Sénat, le 11 mars 1887. Depuis cette époque, ce projet attend encore le vote de la Chambre des députés. Bien que les modifica- tions qu'il doit apporter à la loi de 1838, ne soient pas encore exécutoires, nous croyons devoir en dire quelques mots. Il ne serait plus permis, comme il l'est aujourd'hui, à toute personne de faire tenir une autre en- fermée dans un établissement d'aliénés sur la seule production du certificat d'un méde- cin quelconque. Aussitôt après son admis- sion, le malade serait visité, sur l'invitation du préfet, par le médecin-inspecteur des aliénés. Ensuite, le tribunal civil de l'arron- dissement, après avoir pris connaissance des divers rapports médicaux, devrait statuer d'urgence, en chambre du conseil, sur le maintien ou la sortie de la personne pla- cée. Les asiles publics et les établissements privés, consacrés aux aliénés, seraient sou- mis à une surveillance assez effective pour que les graves abus que l'on a eu trop sou- vent à constater ne pussent pas se reproduire. (Cu. Y.)

ALLEMAGNE. La population des 26 États qui composent l'Allemagne ne dépassait pas 23 millions d'hab. en 1816 ; elle est aujour-

d'hui de 46 millions d'hab. ; c'est-à-dire qu'elle a doublé en 70 ans, indépendamment de ce qu'une émigration très considérable lui a enlevé. — Depuis la proclamation de l'Empire et la signature de la paix de Franc- fort, la politique de l'Allemagne s'est donné pour but : à l'extérieur, l'isolement de la France et la formation d'un empire colonial ; à l'intérieur, la germanisation des Polonais, des Français et des Danois, enfin, l'écrase- ment du parti républicain ou socialiste. — En 1872, l'empereur Guillaume reçut à Ber- lin la visite du tzar et de l'empereur d'Au- triche, qui conclurent, avec lui, l'Alliance des trois empereurs, dirigée contre la France. En 1875, lorsque la question d'Orient se réveilla, le cabinet de Berlin, d'accord avec l'Angle- terre et avec plusieurs autres puissances, mit des entraves à la marche de la Russie : et par le traité de Berlin (1878), ce fut l'Autri- che qui fut placée comme nation prépondé- rante parmi les Slaves. La Russie abandonna donc l'alliance allemande et se rapprocha du gouvernement français. Pour se mettre en défense, en cas de danger, les deux empe- reurs d'Allemagne et d'Autriche conclurent une nouvelle alliance en 1879. M. de Bis- marck, qui avait expulsé les jésuites pendant qu'ils étaient tout-puissants en France, lors du septennat de Mac-Mahon, fit sa soumis- sion à Rome et protégea les ultramontains, dès que la France eut établi, avec M. Grévy, un gouvernement indépendant du cléricalisme. Les élections de 1879 fortifièrent sa politique en augmentant le nombre des dé- putés conservateurs et ultramontains. Il ob- tint facilement une loi qui lui permit de fortifier l'armée, et la prolongation jusqu'en 1886 des lois contre les socialistes (1880). En 1881, le cabinet de Berlin s'opposa à une oc- cupation anglo-française de l'Égypte et ce montra partisan de la conquête anglaise ; son attitude guida la conduite du gouvernement français. Les raisons de M. de Bismarck étaient spécieuses : une occupation par les deux puissances, disait-il, serait de nature à amener une guerre comme celle qui suivit le condominium austro-prussien dans le Sleswig-Holstein ; mais son but secret, qu'n'échappa à personne, était de brouiller la France et l'Angleterre et de favoriser cette dernière pour acquérir son amitié. En même temps, le chancelier avait l'adresse de nous aliéner l'Italie en poussant le ministère Ferry à la conquête de la Tunisie. Il ne tarda pas à recueillir les bénéfices de son adroite politique, en faisant entrer l'Italie dans l'al- liance de l'Allemagne et de l'Autriche (1883) et en obtenant de l'Angleterre un tacite ac- quiescement à la fondation d'un empire co- lonial allemand (1884). Les débuts de cette entreprise furent modestes ; le drapeau alle- mand fut d'abord planté sur la côte désolée d'Angra Pequena, dont aucune puissance européenne n'avait voulu. L'Angleterre pro- testa pour la forme ; son opposition fut à peine plus vive lorsque l'Allemagne acquit la côte N.-E. de la Nouvelle-Guinée, puis la Nouvelle-Bretagne, la Nouvelle-Irlande et le Nouveau-Hanovre, en Océanie. Un accord pour le maintien du *statu quo* dans l'Europe orientale fut conclu, en sept. 1884, à Skier- nievice (Pologne) entre les empereurs de Russie, d'Allemagne et d'Autriche. L'année suivante, l'empereur d'Allemagne reçut la visite du roi d'Espagne, avec une alliance secrète fut conclue : mais la fierté espagnole fit avorter les plans des deux souverains, au sujet de l'île d'Yap (Voy. ce mot dans le *Dic- tionnaire*), que le gouvernement de Berlin avait résolu d'englober dans son empire co- lonial avec les autres îles Carolines. M. de Bismarck donna, dans cette circonstance, une nouvelle preuve d'habileté, en proposant de soumettre l'affaire à l'arbitrage du pape Léon XIII, et en acquiesçant ensuite au juge-

ment du pape qui reconnaissait le droit de suzeraineté de l'Espagne sur les îles Carolines. D'ailleurs, la politique coloniale reçut une compensation dans le protectorat établi sur une portion de Zanzibar (oct. 1885). En janv. 1885, des mesures furent prises par le chancelier pour coloniser d'Allemands les provinces polonaises. Le 9 juin, le roi Léopold de Bavière, devenu fou, fut déposé, et le prince Luitpold fut nommé régent; quatre jours plus tard on trouva le corps du roi et celui de son médecin dans un lac, où ils s'étaient noyés. Othon, frère du défunt, devint roi; mais comme il est fou, la régence fut conservée à Luitpold. Le 11 janvier 1887, s'ouvrirent les débats relatifs à une demande de 23 millions de marks additionnels pour les dépenses annuelles de l'armée et de 24 millions pour l'équipement et le casernement des 41,000 hommes que M. de Moltke voulait ajouter à ses troupes actives. Dans un discours sur l'Allemagne, M. de Bismarck se désintéressa de la politique orientale, toute la Bulgarie ne valant pas, dit-il, les os d'un simple grenadier poméranien; mais il insista sur le danger d'une guerre inévitable avec la France. Le Reichstag, sans refuser les crédits, les vota pour trois ans seulement au lieu de sept ans qu'exigeait le chancelier, et celui-ci tirant immédiatement de sa poche un message de l'empereur en donna lecture séance tenante; ce message dissolut le parlement. Ce fut au milieu des bruits de guerre qu'eurent lieu de nouvelles élections le 21 février; le résultat fut une majorité pour le chancelier; la loi de sept ans fut adoptée le 11 mars et la panique commençait à s'apaiser, lorsque le commissaire de police français Schnæbelé, de Pagny-sur-Moselle, attiré dans un guet-apens, passa la frontière et fut arrêté par les autorités allemandes qui l'emprisonnèrent et le mirent au secret. A cette nouvelle, il y eut en France une explosion de colère; mais bientôt les conseils de la sagesse prévalurent des deux côtés de la frontière, et après une courte détention, le commissaire fut relâché. L'émotion causée par cet incident était à peine calmée, lorsqu'il en survint un autre encore plus irritant. Le 24 septembre des chasseurs se trouvant sur le sol français servirent de cible à un soldat allemand qui en tua un et qui en blessa grièvement un autre. La surexcitation était à son comble en France, lorsque le gouvernement allemand universellement accusé de vouloir la guerre quand même, fit des excuses et indemnisa la veuve du Français assassiné; mais il ne châtia pas l'assassin, sous prétexte qu'il avait pris les chasseurs pour des contrebandiers. — Un événement mémorable de l'année 1887, fut l'entrevue du prince de Bismarck et de Signor Crispi, ministre italien. Les deux personnages se rencontrèrent à Friedrichsruhe, au commencement d'octobre et conclurent un traité d'alliance dirigé contre la France. Peu après, le tzar visita Berlin et reprocha au chancelier ses intrigues contre la Russie: le prince de Bismarck se disculpa en niant l'authenticité de certaines pièces diplomatiques tombées entre les mains de l'empereur de Russie et en les attribuant à un faussaire. (Voy. Russie.) En 1888, l'attention de l'univers fut vivement éveillée, par les événements de l'Allemagne, où se sont déroulés des faits presque sans précédent : la mort de deux empereurs et l'accession d'un troisième. Le vieil empereur Guillaume, qui conserva jusqu'au dernier moment la merveilleuse vigueur caractéristique de sa longue carrière, fut atteint d'un malaise alarmant vers les premiers jours du mois de mars, il s'éteignit doucement le 9 mars, et l'Allemagne entière considéra son décès comme une cause de deuil. Son fils et successeur, Frédéric III était un prince libéral, sous le règne duquel

l'Europe espéra respirer; mais il était atteint d'une terrible affection dont il mourut après trois mois d'un règne qui ne donna que des espérances. Sa proclamation et son rescrit au prince de Bismarck causèrent une satisfaction générale, dans les capitales européennes : une amnistie politique fut signée le 31 mars.. Les derniers moments de l'empereur se passèrent au milieu des disputes de ses médecins, du mauvais vouloir du chancelier d'Allemagne et de l'attitude hostile de la presse officieuse, inspirée par M. de Bismarck, contre l'impératrice Victoria, qui dut après des incidents orageux abandonner un projet d'union entre sa fille Victoria et le prince Alexandre de Battenberg. Le 15 juin, l'Allemagne apprit que le martyre de son empereur était terminé. Il eut pour successeur son fils Guillaume II, jeune souverain, que l'on représentait comme ambitieux et avide de gloire militaire. Les mesures pour la germanisation de l'Alsace-Lorraine furent appliquées avec une rigueur, qui rappelle les jours les plus tristes de la féodalité. Il devint presque impossible aux Français de passer la frontière alsacienne-lorraine et l'on put se croire en plein moyen âge. Les liens de la triple alliance furent resserrés par une visite que le nouvel empereur rendit à l'empereur d'Autriche, au Pape et au roi d'Italie. Lors de l'ouverture de la diète prussienne, le 14 janvier 1889, l'empereur exprima la conviction que la paix serait maintenue en Europe. Cette espérance pacifique n'empêcha pas le gouvernement de demander de nouveaux crédits pour la construction de navires de guerre. Les événements les plus mémorables de l'année 1890, ont été la disgrâce du prince de Bismarck et l'acquisition de l'île d'Héligoland, cédée par l'Angleterre, qui entra décidément dans l'alliance antifrançaise.

Allemagne (colonies de l'). Il est à considérer que le peuple allemand, éminemment migrateur, fournit, chaque année, un contingent de 50,000 à 100,000 émigrants, qui se répandent dans tous les pays; on rencontre des Allemands partout. Les États-Unis sont, en réalité, une immense colonie allemande; certaines parties de la Russie pourraient un jour ou l'autre, être réclamées par le gouvernement de Berlin comme possédant une majorité d'habitants d'origine germanique. M. de Bismarck s'est donné pour mission de faire flotter le drapeau impérial sur certaines contrées que les puissances européennes avaient négligées ou méprisées. Des explorateurs ont été lancés dans toutes les directions; l'Afrique a été fouillée; l'Océanie a été visitée île par île. Des négociants se sont établis sur tous les points, et peu à peu, sans guerres et sans dépenses exagérées, l'empire colonial allemand a été fondé. Il y a bien eu quelques déboires dans l'accomplissement de cette œuvre délicate. L'Angleterre s'est opposée à la prise de possession des îles Samoa; l'Espagne s'est soulevée au sujet des îles Carolines et il fallut reculer prudemment. Aujourd'hui l'empire colonial allemand comprend environ 1,500,000 kil. carr., avec une population de 1,400.000 hab., savoir :

EN AFRIQUE

Le pays de Togo........	250 kil. c.	100.000 hab.
Cameroons........	25.000	100.000 —
Damara et Luderitz........	500.000	250.000 —
Territoire de la Compagnie de l'Afrique orientale...	500.000	590.000 —
Somalis...............	500.000	100.000 —

EN OCÉANIE

Archipel Bismarck........	50.000	200.000 —
Iles Salomon........	15.000	20.000 —
Terre de l'empereur Guillaume (Nouvelle-Guinée).....	175.000	110.000 —
Archipel Marshall........	100	10.000 —

ALLER se faire pendre ailleurs. Voici une expression proverbiale dont bien peu de gens connaissent l'origine et qui date de la fin du moyen âge. Un meurtrier, avait été condamné

à la potence par le tribunal de Troyes. Sur ces entrefaites, le bourreau de cette ville tomba malade, et il fallut remettre de jour en jour l'exécution du criminel. Après bien des délais, on chercha une personne qui consentît à l'office d'exécuteur, mais il fut impossible d'en trouver. Alors, les magistrats de la ville s'assemblèrent en conseil, pour délibérer à ce sujet. Au milieu de la discussion, un bon Champenois se leva et demanda combien, au bout du compte, coûterait cette pendaison. — Il faut bien calculer que cela reviendra à une vingtaine de livres, au moins, lui fut-il répondu. — Eh bien, je propose, s'écria-t-il, que nous lui donnions ces vingt livres pour qu'il aille se faire pendre ailleurs, sans que nous ayons la peine de nous en occuper. L'histoire ne dit pas si les bons Champenois acceptèrent cette proposition, et si le condamné fut chargé d'aller dans une autre localité, porter à un bourreau bien portant le prix de sa pendaison. Mais l'expression aller se faire pendre ailleurs passa immédiatement dans le langage populaire.

ALLÔ! (angl. halloo, holà! attention!). Interjection dont on fait usage, au début d'une conversation à l'aide du téléphone, pour appeler l'attention de la personne à qui l'on s'adresse, ou pour annoncer que l'on écoute. On redouble ordinairement l'interjection et l'on crie : Allô! Allô!

ALLUME-GAZ s. m. Appareil qui sert à allumer les becs de gaz. — Plur. des allumegaz. — L'allume-gaz électrique, inventé par A.-R. Molison, est représenté par la gravure qui accompagne cet article. Il se compose d'une boîte plate en caoutchouc A, où se trouve l'appareil producteur de l'électricité, fixé au long tube B, qui permet de faire partir l'étincelle au-dessus du bec de gaz. Le générateur ou appareil producteur de l'électricité, consiste en une petite machine à influence mise en mouvement par la pression du pouce

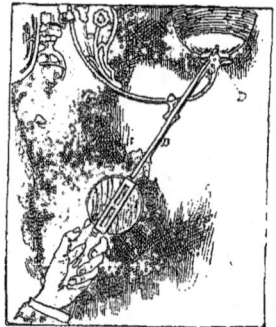

Allume-gaz électrique.

sur le taquet C. A l'intérieur de la boîte tourne entre deux coussins un petit disque en verre ou en caoutchouc, actionné par le taquet, d'où production de l'électricité. C'est, en petit, une machine de Ramsden, dans laquelle on a isolé les coussinets. L'armature de cette machine minuscule communique avec le tube B, et les coussinets sont reliés à un fil passant à l'intérieur du tube, dont il est isolé. Ces deux conducteurs se chargent d'électricité de nom contraire, et l'étincelle jaillit à leurs extrémités. C'est une des plus curieuses applications de l'électricité statique.

ALLUMETTES (Problème des). On taille en biseau l'extrémité non soufrée d'une allumette; on pratique une petite fente dans l'extrémité d'une autre allumette; on enfonce

.e biseau dans la fente, de manière à faire former aux allumettes un angle d'environ 60°. On les pose sur une table, le sommet de l'angle en haut et on les fait tenir en équilibre en les appuyant contre une troisième, de manière à leur faire former une sorte de

Allumettes. — Problème des allumettes.

faisceau. — Le problème consiste à enlever le tout avec une quatrième allumette tenue à la main. Pour y réussir, il suffit de redresser légèrement les deux premières allumettes pour permettre à la troisième de tomber sur celle que l'on tient à la main. On baisse ensuite l'extrémité de cette dernière, jusqu'à ce que l'extrémité de la troisième soit passée dans l'angle formé par les deux premières : on peut alors enlever le tout, les allumettes 1 et 2 d'un côté et 3 de l'autre, se tenant à cheval sur celle que l'on tient à la main.

— Législ. Tout le monde est d'accord pour reconnaître que les monopoles de fabrication réservés à l'État devraient être restreints aux objets qui intéressent la sûreté de l'État lui-même. Néanmoins, le monopole de la fabrication des allumettes a été attribué à l'État par la loi du 2 août 1872, et a été concédé, par voie d'adjudication, à une société commerciale. Ce traité, dont nous avons déjà parlé dans le premier supplément de ce *Dictionnaire*, a été dénoncé pour prendre fin au 31 décembre 1889. Par suite, le monopole est, depuis le 1er janvier 1890, exploité directement par l'État; et l'on espère que le produit net qui s'élevait, pour le trésor public à dix-sept millions par an, pendant la durée de la dernière adjudication, pourra s'élever, peu à peu, à un chiffre supérieur, sous la régie administrative. La loi du 23 décembre 1889, en allouant les crédits nécessaires à la prise de possession par l'État, des usines et du matériel servant à l'exploitation, a consacré implicitement le nouveau régime adopté, et la fabrication des allumettes a été confiée à la direction qui est déjà chargée du monopole des tabacs. — Nous faisons les vœux pour que le phosphore amorphe, dont l'innocuité est reconnue, soit exclusivement employé dans la fabrication des allumettes, afin d'éviter les nombreux dangers que le phosphore ordinaire présente, surtout à l'égard des ouvriers qui le manipulent. — Par suite de la mise en régie du monopole de la fabrication des allumettes, un décret en date du 30 décembre 1889 a déterminé les conditions auxquelles ce produit doit être vendu par l'administration, les prix à payer par le public restant les mêmes que précédemment. Les livraisons en gros, d'un poids brut total de 5,000 kilog. au moins sont faites avec réduction de 16 p. 100, sur les prix de la vente au public et celles d'un poids de 500 kilog. (minimum des livraisons) à 5,000 kilog. profitent d'une atténuation de 14 p. 100. Tout commerçant patenté peut être admis, sur sa demande à exercer le commerce en gros des allumettes, et à s'approvisionner directement aux manufactures de l'État. En remettant une demande d'expédition, le commerçant patenté doit souscrire devant le comptable, et faire garantir par une caution, l'engagement d'acquitter le prix de la fourniture dans les huit jours qui suivront la date de l'envoi. Les expéditions sont faites aux

risques et périls du destinataire. Les détaillants d'allumettes doivent être patentés et avoir fait la déclaration prescrite par la loi du 16 mars 1873. Ils ont aujourd'hui la faculté de s'approvisionner chez tels négociants en gros commissionnés qu'ils jugent convenable, et ceux-ci sont tenus d'assurer aux détaillants une remise de 10 p. 100 au minimum sur les prix fixés pour la vente aux consommateurs.   (Ch. Y.)

ALLUMOIR s. m. Tout instrument qui sert à allumer. On réserve ordinairement ce nom

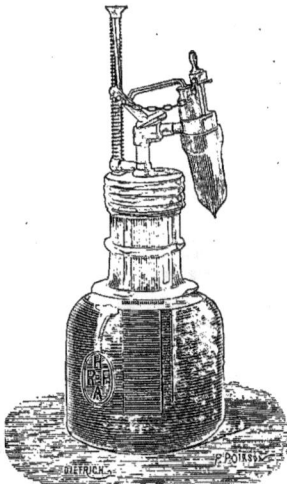

Allumoir automatique. Fig. 1.

aux appareils qui permettent d'allumer instantanément un feu quelconque ou de produire de la lumière à volonté. Il y a deux

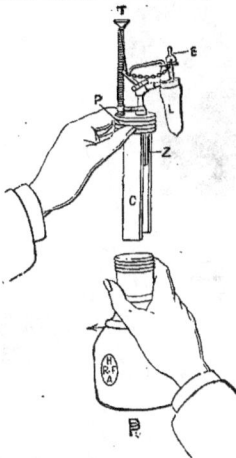

Allumoir automatique. — Fig. 2. Charge de la pile.

sortes de ces appareils : les allumoirs à gaz et les allumoirs électriques. Les premiers ne sont autre chose que des modifications du briquet à gaz hydrogène inventé par Gay-Lussac; les seconds empruntent à l'électricité la chaleur nécessaire pour produire l'allumage.

— L'électricien Radiguet a donné le nom d'*allumoir automatique* à un appareil assez simple qui se compose, comme tous les instruments du même genre, d'une pile et d'une lampe. La pile se compose d'une bouteille de verre dans laquelle on place le bichromate de potasse et l'eau. Deux lames de charbon C, entre lesquelles pend une lame de zinc Z, constituent les pôles positifs de la pile (fig. 2). Ces lames sont supportées d'une couvercle P, du vase. La pile étant chargée de bichromate et d'eau, on revisse le bouchon. La lampe se compose d'un récipient métallique L, surmonté d'un couvercle que traversent 2 mèches imbibées d'essence minérale. Quand on veut allumer, on enlève les éteignoirs E, on presse le bouton de la tige T; le zinc plonge dans la dissolution, la pile se met en marche le courant passe dans une spirale de platin, qui traverse la mèche la plus petite et la plus inférieure; cette spirale, portée à l'incandescence, enflamme la petite mèche qui, à son tour, allume la grande.

ALMA-MATER. Loc. lat. qui signifie *mère nourricière*.

ALPENSTOCK s. m. (mot all. qui signifie : *bâton pour les Alpes*). Long bâton employé dans les Alpes, pour gravir les montagnes. L'alpenstock a été donné aux troupes spéciales de montagnes créées en 1887. Sa forme permet aux hommes de le planter en terre et de s'en servir d'appui pour tirer.

ALOSE (*pêche*). — La pêche de l'alose ne se fait qu'au filet, attendu que ce poisson, qui pourtant se nourrit d'insectes, de vers, de larves, de petits poissons, mord peu, pour ne pas dire pas du tout, à la ligne. — Cuis. Alose *au bleu*. Faites-la cuire, sans l'écailler, dans le court-bouillon, et servez-la entière ou par moitié avec sauce à l'huile et au vinaigre. Si vous devez la servir comme entrée, écaillez-la et servez-la sous sauce à l'huile, aux câpres, à l'italienne, ou une *mayonnaise*. — Alose *grillée*. Écaillez-la, videz-la, faites-la mariner quelques heures dans l'huile assaisonnée de persil, ciboule, sel et poivre. Faites cuire à feu doux. Servez avec sauce aux câpres, ou sur une purée d'oseille.

ALOUETTE. En liberté, les alouettes se nourrissent d'insectes; c'est dire qu'autant que possible il est bon de leur donner de cette nourriture préférée, lorsqu'elles sont en cage. Prises jeunes dans le nid, on peut les nourrir, au début, de la même manière que les jeunes rossignols, ou avec partie égale de mie de pain et de viande finement hachée, y ajoutant un peu de jaune d'œuf durci formant pâtée, et avec de la graine de pavot mouillée. Lorsqu'elles commencent à manger seules, on peut leur laisser quelque temps encore la pâtée ci-dessus, ou mieux leur serait de la mie de pain légèrement humectée; puis, dès qu'on les entend s'essayer à gazouiller, on leur donne un mélange de cœur de veau ou de mouton bouilli, haché et mêlé avec de l'œuf durci, auquel on substitue, peu à peu, diverses sortes de graines : les graines de lin, de pavot, de millet, de chènevis écrasées, le blé et l'avoine mondés. Le millet et le blé en épis suspendus dans leur cage leur fournissent, en même temps qu'une nourriture convenable, une distraction qui paraît être leur goût. — Chasse. L'alouette n'est pas considérée comme un gibier véritable; toutefois, comme sans l'alouette les neuf dixièmes des chasseurs parisiens pourraient déposer leur fusil devenu inutile, il n'est sans doute pas superflu de consacrer quelques lignes à ce gibier qui n'en est pas un. — D'abord la rapide départ de l'alouette en rend le tir assez difficile, et tel qui y réussit s'en tirera toujours honorablement avec toute autre espèce de gibier plus facile. Ce n'est donc point parce que l'alouette est facile à atteindre qu'elle est dédaignée, mais parce

qu'elle ne vaut pas le coup de fusil; on trouve l'alouette commune, ou *mauviette*, dans les guérets; l'alouette huppée ou cochevis, sur le bord de la route où elle va prendre de copieux bains de poussière et scruter les tas de crottin; enfin l'alouette *pipit* ou *cujelier*, au vol pesant et entrecoupé, se trouve principalement dans les champs de navets, les colzas, etc. La méthode la plus répandue pour la chasse aux alouettes, c'est la chasse au miroir. Le *miroir* est un instrument que nous croyons superflu de détailler; d'ailleurs il n'y a pas d'exemple qu'un chasseur se soit avisé d'en fabriquer un lui-même. — Le chasseur plante donc son miroir dans une plaine découverte, bien ensoleillée, non lorsque le soleil est au zénith, mais lorsqu'il s'élève de l'horizon ou se penche vers lui, afin que ses rayons frappent les fragments de miroir insérés dans l'engin. Nous conseillerons toutefois de choisir le matin. Le miroir placé et en mouvement, le chasseur se place à une vingtaine de pas et attend. Il n'attend pas longtemps. Les petits miroirs réfléchissant les rayons solaires ne tardent pas à attirer des quatre points du ciel les alouettes imprudentes et curieuses. Le chasseur les tire alors à loisir, car, fascinées, elles planent au-dessus du miroir sans pouvoir, semble-t-il, se résoudre à le quitter, au point que le bruit du coup qui vient d'abattre une de leurs compagnes est impuissant à les effrayer. — Cuis. Les alouettes se font cuire à la broche, bardées; on ne les vide point; on les prépare également en *gibelote* comme le lapin. — *Alouettes à la casserole*, Faites-les cuire dans une casserole avec un peu de beurre, et servez-les avec des croûtons arrosés de leur jus.

ALOYAU. Cuis. — L'aloyau se fait cuire comme le rosbif. On le met encore à la broche et on le sert dans son jus; ou bien on lève le filet; on le coupe alors en tranches minces dans une casserole, avec câpres ou cornichons, anchois, champignon, pointe d'ail hachés. On passe sur le feu avec un peu de beurre; on mouille de bouillon. Dégraissez, ajoutez sel et poivre, puis le filet et le jus de l'aloyau. Faites chauffer et servez sur l'aloyau.

ALRIEN, ienne ou Alréen, éenne, s. et adj. D'Auray, qui appartient à cette ville ou à ses habitants.

ALSTONIE s. f. (de *Alston*, nom d'un botaniste écossais du XVIIIe siècle). Genre d'apocynées, renfermant un petit nombre d'espèces d'arbres élevés, lactescents, originaires des régions tropicales de l'Asie et de l'Océanie. L'*Alstonia constricta*, d'Australie, fournit une écorce dont les propriétés rivalisent avec celles du quinquina.

ALTUM DOMINIUM [al-tomm-do-mi-ni-omm] (lat. *altum*, haut; *dominium*, pouvoir). Pouvoir souverain : « Déjà on parle de reprendre un ancien projet de Cavour et d'Antonelli, d'après lequel l'Europe reconnaîtrait au pape l'*altum dominium*, le pouvoir souverain sur Rome et les États pontificaux. » (Lérins.)

AMANDE, *Pâte d'amandes* pour blanchir, et adoucir la peau, prévenir les crevasses aux mains, etc. Prenez : amandes douces et amandes amères, de chaque, 50 grammes ; blanc de baleine, 3 grammes ; huile d'amandes, 12 grammes ; savon de Windsor, 12 grammes ; essence de roses et huile de bergamote, de chaque, 12 gouttes. Ecrasez bien les amandes dans un mortier, battez et mêlez bien avec les autres ingrédients. — *Autre.* Prenez : amandes amères, blanchies et séchées au four, 500 grammes ; pilez-les bien dans un mortier et formez-en une pâte légère en les mouillant d'eau de lavande en quantité suffisante. Ajoutez-y alors : miel de première qualité, 125 grammes ; huile de jasmin, 16 grammes ; poudre d'amandes, 64 grammes ; iris de Florence réduit en poudre fine, 30

grammes. Battez et mêlez exactement, en vous y prenant à plusieurs fois, laissant des intervalles de repos raisonnables.

AMATONGAS. *Peuple indigène indépendant qui habite l'Afrique méridionale*, au nord du Zoulouland, et qui est limité par la baie de Delagoa, le Swaziland et le Transvaal. Les Amatongas sont d'origine zouloue ; ils occupent un territoire d'environ 6,000 kilomètres carr., et sont gouvernés par une reine qui a comme vassaux 17 chefs de districts. Les Portugais au nord et les Boers à l'ouest ne cessent d'attaquer ce petit peuple, les Boers surtout, dans le but de conquérir un chemin jusqu'à la mer. En 1887, la reine des Amatongas envoya une députation à Londres pour obtenir la protection du gouvernement britannique contre les entreprises de ses voisins. L'Angleterre, ayant un traité avec le Portugal, ne put intervenir, de sorte que la reine des Amatongas dut, en 1888, reconnaître la souveraineté du Portugal sur une partie de son territoire ; et en juin 1889, elle sollicita l'établissement du protectorat portugais sur le reste de ses États.

AMBACIEN, ienne, s. et adj. (d'*Ambacia*, nom lat. d'Amboise). D'Amboise ; qui appartient à cette ville ou à ses habitants.

AMBITIOSA RECIDET ORNAMENTA [an-bi-si-o-za-ré-si-dett-or-na-main-ta] loc. lat. qui signifie : *il* (le critique juste et sévère) *retranchera les ornements ambitieux*. Précepte d'Horace : *Art poétique*, v. 447.

AMBULANCE. On a fait à Londres, en 1889,

Ambulances pendant la nuit. — Fig. 1. Recherche des blessés.

des expériences extrêmement intéressantes sur l'emploi de la lumière électrique dans la recherche des blessés et sur leur pansement pendant la nuit. Les lampes électriques possèdent l'immense avantage de pouvoir être approchées très près du patient sans l'incommoder. Celles qui ont servi à ces expériences sont de deux sortes. Dans la fig. 1, la lampe, accrochée à la boutonnière de l'ambulancier, correspond, par deux fils isolés et tordus ensemble, avec une batterie électrique, contenue dans une boîte. La fig. 2 représente une lampe directement portée par la batterie. Dans le

Ambulances. Fig 2. Lampe électrique.

premier cas, il suffit pour allumer la lampe, de presser le bouton placé sur le côté de la boîte; dans le second cas, on retourne simplement la boîte qui porte la lampe.

AMICUS HUMANI GENERIS [a-mi-kuss-u-ma-ni-gé-né-riss]. Loc. lat. qui signifie : *Ami du genre humain ; ami de tout le monde.*

AMÉDÉE (le prince Amédée), AMEDEO-FERDINANDO-MARIA, *duc d'Aoste,* ancien roi d'Espagne, second fils de Victor-Emmanuel, né le 20 mai 1845, mort d'une pneumonie à Turin le 18 janvier 1890. Entré dans un régiment d'infanterie, en qualité de capitaine, il devint rapidement général de brigade de cavalerie et vice-amiral à 24 ans. En 1870, pendant la guerre franco-allemande, le général Prim offrit au jeune prince italien la couronne d'Espagne qui avait été le brandon de discorde entre la France et l'Allemagne. Le duc d'Aoste accepta la candidature le 19 octobre 1870. Le 16 du mois suivant, les cortès le proclamèrent roi par 191 voix contre 170. Il débarqua à Carthagène le 30 décembre, le jour même où le maréchal Prim mourait de deux coups de feu reçus le 28. Le règne d'Amédée fut court mais très agité. Les carlistes prirent les armes et la position du souverain devint si difficile que le 11 février 1873, il annonça aux Cortès son intention d'abdiquer. Le lendemain, il quitta Madrid et retourna à Florence. Il avait épousé, le 30 mai 1867, la princesse Marie, fille du prince Charles-Emmanuel del Pozzo della Cisterna ; cette princesse étant morte le 7 novembre 1876, Amédée se maria, en septembre 1888, avec sa nièce, la princesse Lætitia, fille du prince Napoléon et de la princesse Clotilde.

AMIENS. La ville d'Amiens fut occupée par les Allemands aussitôt après la bataille de Villers-Bretonneux (27 novembre 1870); mais la citadelle, défendue par quelques centaines de mobiles du Nord et de la Somme, sous les ordres du capitaine Vogel, essaya de résister. Le capitaine fut mortellement frappé au côté droit par une balle ennemie, le 29 novembre, pendant qu'il repoussait une attaque. Dans la nuit qui suivit, les Allemands, renonçant à une attaque de vive force, firent dresser des batteries sur les hauteurs environnantes, et la citadelle, incapable de résister, dut capituler. En commémoration de ces événements, un monument, inauguré le 23 septembre 1888, a été érigé au capitaine Vogel. I. se compose d'un pylône en pierre surmonté du buste en bronze de cet officier.

AMIGUES (Michel-Jules-Emile-Laurent), journaliste et homme politique, né à Perpignan le 10 août 1829, mort en 1884. En 1860, il donna une traduction de l'*Histoire de l'Italie*, de César Balbo (2 vol. in-8°), fut chargé de la correspondance politique au *Moniteur Universel*, en 1864, collabora à plusieurs journaux libéraux, acclama la Commune et la soutint par différents écrits, publia les œuvres de Rossel, se mit à la tête d'une manifestation ayant pour objet de demander la grâce de ce général de la Commune (nov. 1871), fonda l'*Espérance Nationale*, pour y développer l'agitation en faveur de l'amnistie, et fut dénoncé par Savary comme l'agent secret du parti bonapartiste. Démasqué, il se montra nettement partisan de l'appel au peuple et écrivit dans différents journaux césariens.

AMMONIAPHONE s. m. (du franç. *ammoniac* et du gr. *phôné*, voix, son). Instrument inventé en 1885, par l'Anglais Carter Moffat, pour augmenter la puissance de la voix, au moyen d'inhalations ammoniacales contenues

dans un tube spécialement construit pour cet objet.

AMMOTHÉE s. f. (nom mythol.) Arachn. Genre de trachéennes pycnogonides, dont on ne connaît qu'une seule espèce, de la Caroline.

AMOL ou **AMOU**, ville de Perse, dans la province de Mazanderan, à environ 100 kilom. N.-E. de Téhéran et à 18 kilom. de l'embouchure de l'Héraz. De vastes ruines témoignent de l'ancienne importance de cette ville : mausolées, grand palais, temples d'anciens guèbres. La population en hiver peut s'élever à 40,000 habitants.

AMORPHISME s. m. (gr. *a*, sans ; *morphé*, forme). Chim. et minér. Absence de forme cristalline dans un corps. — Géol. Absence de structure chez les roches non stratifiées qui gisent en dessous des roches stratifiées.

AMORPHOPHALLE s. m. [a-mor-fo-fa-le] (gr. *amorphos*, difforme ; *phallos*, organe mâle de la reproduction). Bot. Genre d'aroï-

Amorphophalle titan (Amorphophallus titanum).

dées, voisin de l'*orum* et comprenant différentes espèces de plantes vivaces à racine tubéreuse. Dans presque toute l'Inde, on cultive l'*amorphophallus campanulatum*, à qui l'on donne vulgairement le nom de pomme de terre des Télingas. Le même pays produit l'*amorphophallus orixensis*, dont la racine fraîche est extrêmement âcre. Les indigènes l'emploient en cataplasmes sur les tumeurs pour les exciter et les mener à maturité. On trouve dans les jungles de Sumatra, une espèce bien curieuse, l'*amorphophallus titan* (*amorphophallus titanum*), que l'on cultive aujourd'hui dans les serres de Victoria-House, à Kew. L'inflorescence ne mesure pas moins de 2m,50 de haut sur 1m,20 de diamètre, au moment de l'épanouissement. Malheureusement elle dure quelques heures à peine, après quoi les bords de la spathe, d'une belle couleur pourpre, se relèvent pour envelopper le spadice en forme de cône. La tige n'est pas moins remarquable que l'inflorescence.

AMOUROUX (Charles), membre de la commune de Paris, né à Chalabra (Aude), en 1843, mort en mai 1885. Il était ouvrier chapelier, vint à Paris en 1865, se mêla très activement à l'ac'tation qui précéda la chute

du second Empire, fut plusieurs fois condamné à la prison, s'enfuit en Belgique, s'affilia à l'Internationale, revint à Paris, après la révolution du 4 Septembre, servit dans l'artillerie de la garde nationale, essaya vainement de soulever les bataillons des grandes villes en faveur de la Commune de Paris, visita Lyon, Saint-Etienne, Marseille et Toulouse. fut élu membre de la Commune dans le IVe arrondissement le 26 mars, devint secrétaire de la commune le 12 avril, se fit remarquer par la violence de ses motions, fut arrêté et transporté sur les pontons de Brest. Reconnu, après une tentative d'évasion, il fut condamné à la déportation dans une enceinte fortifiée par le conseil de guerre de Lyon (31 octobre 1871), aux travaux forcés à perpétuité par la cour d'assises de Riom (5 décembre), et aux travaux forcés à perpétuité par le 3e conseil de guerre de Versailles (22 mars 1872). Il fut embarqué à Toulon le 19 juin 1872 et fut transporté parmi les galériens de la Nouvelle-Calédonie.

AMPELOS, favori de Bacchus qui, après sa mort, se métamorphosa en vigne.

AMPÉLUSIE gr. *Ampelousia ;* lat. *Ampelusia ;* aujourd'hui le cap *Spartel ;* promontoire situé à l'extrémité O. du Fretum Gaditanum (détroit de Gibraltar), sur la côte d'Afrique.

AMPHIGAME adj. [an-fi-ga-me] (gr. *amphi*, des deux côtés ; *gamos*, fécondation). Bot. Se dit, suivant de Candolle et plusieurs autres botanistes, des plantes cellulaires. — s. f. pl. Quatrième classe du règne végétal, d'après le système de Candolle. Les amphigames ou plantes cellulaires forment les trois familles suivantes : Lichens, Champignons et Algues.

AMPOULES. Il est ici question seulement des ampoules aux pieds par un excès de marche ou aux mains par le maniement d'instruments trop rudes ou un excès de travail, et qu'il est inutile de désigner autrement. Pour s'en débarrasser, on les ouvre, on fait évacuer la sérosité qu'elles contiennent, et l'on met sur la plaie des compresses trempées dans la solution suivante :

Eau	50 grammes.
Alcool ordinaire	50 grammes.
Sous-acétate de plomb soluble.	2 gouttes.

On mêle bien avant de préparer les compresses.

AMYLOBACTER s. m. [a-mi-lo-bak-tér] (gr. *amulon*, amidon, parce que cet animal possède, comme l'amidon, la propriété d'être bleui par l'iode ; *bakteria*, bâton, d'où l'on a fait bactérie). Micro-organisme, signalé en 1850 par Mitscherlich, étudié en 1865 par Trécul et qui a reçu depuis le nom de *bacillus amylobacter*. Cet infiniment petit, qui mesure à peine de 2 à 3 millièmes de mill. de long., vit en nombre immense sur les plantes aquatiques, dont il corrode la cellulose, partie la plus tendre, la décompose, la transforme et met en liberté les éléments qu'elle renferme (carbone et hydrogène), ne laissant qu'un squelette de matières dures qui, en s'amoncelant, finissent par constituer la tourbe. L'amylobacter est donc l'un des plus actifs parmi les travailleurs invisibles qui vont, sans trêve ni repos, transformant à la longue la surface du globe. Le gaz qu'il met en liberté dans la vase des marais et dans la bourbe des égouts n'est autre chose que le protocarbure d'hydrogène appelé gaz des marais ou grisou ;

on le voit arriver en grosses bulles à la surface de l'eau, dès qu'on agite avec un bâton la bourbe d'une mare ; enflammé par une cause quelconque, il devient feu follet.

ANACHARIS s. m. [a-na-ka-riss] (gr. *ana*, augmentatif ; *charis*, grâce). Bot. Genre de plantes aquatiques hydrocharidées, dont une espèce, l'*anacharis alsinastrum*, originaire de l'Amérique du Nord, fut introduite dans les lacs d'Angleterre en 1842.

ANAMORPHOSE. Encycl. L'un des agents *anamorphiques* les plus curieux et aussi les plus connus consiste simplement en un miroir conique : qu'on place sur un dessin régulier ce miroir, les traits du dessin, se réfléchissant, ne présenteront plus qu'un amas confus de lignes insensées, ne laissant absolument rien soupçonner de ce qu'il peut être dans la simple réalité. On a imaginé, en conséquence, de renfermer dans les limites d'un cercle, géométriquement calculées, un fouillis de lignes éparses en apparence au hasard : qu'on place alors sur ce gribouillage le miroir conique, et un dessin régulier sera réfléchi, auquel on ne pouvait s'attendre. — Cette anamorphose n'est pas simplement curieuse, elle est instructive, car il faut ici se rappeler que sans la connaissance de la loi d'égalité des angles d'incidence et de réflexion il était impossible de la construire.

ANAPLOTHERIUM s. m. [a-na-plo-té-ri-omm] (préf. *an* priv. ; gr. *aploos*, simple ; *therion*, animal). Zool. Genre de mammifères fossiles.

ANARCHISTES, groupe socialiste dont la devise est « ni Dieu ni maître » et qui part de ce principe, que l'homme libre, faisant appel à sa raison pour diriger tous ses actes, ne doit reconnaître d'autres lois que celles de sa propre nature. Ce nom d'anarchiste, employé pour la première fois par Proudhon dans le sens d'homme en révolte contre toute loi d'État, ne s'applique à toute une école, socialiste que depuis l'ardente propagande de Bakounine dans les groupes de l'*Internationale*. « Lorsque au sein de l'*Internationale*, nous apprend Bakounine, dans ses *Paroles d'un Révolté*, il surgit un parti qui niait l'autorité dans l'Association et qui se révoltait contre l'autorité sous toutes ses formes, ce parti se donna d'abord le nom de parti *fédéraliste*, puis celui d'*anti-étatiste* ou *anti-autoritaire* (c'est pour jeter de la confusion que les adversaires se plurent à faire usage du nom *d'an-archie* (c'est ainsi qu'on l'écrivait alors) ; ce mot permettait de dire que le nom même des anarchistes prouve que leur seule ambition est de créer le désordre et le chaos, sans penser au résultat. — Le parti anarchiste s'empressa d'accepter le nom qu'on lui donnait. Il insista d'abord sur le petit trait d'union entre *an* et *archie*, en expliquant sous cette forme, le mot *an-arkie*, d'origine grecque, signifiait *pas de pouvoir*, et non pas *désordre ;* mais bientôt il l'accepta tel quel, sans donner de besogne inutile aux correcteurs d'épreuves ni de leçons de grec à ses lecteurs. — Le mot est donc revenu à sa signification primitive, ordinaire, commune. L'anarchiste nie, non seulement les lois existantes, mais tout pouvoir établi, toute autorité ; il se révolte, — et c'est par cela qu'il commence, — contre le pouvoir, l'autorité, sous n'importe quelle forme. » Pour l'anarchiste, la coercition de l'homme par l'homme, d'où résulte le gouvernement, est en elle-même immorale et nuisible ; elle n'a, dans la phase industrielle que traverse en ce moment le développement social de notre civilisation, d'autre but que de maintenir le monopole, c'est-à-dire l'exploitation et la misère du plus grand nombre. C'est pourquoi l'anarchie se propose d'ouvrir la voie à l'association volontaire pour la production et pour la consommation, en détruisant l'État et toutes les garanties que ce der-

nier accorde à l'accumulation de la richesse dans les mains de quelques individus. Elle espère ainsi mettre un terme au monopole de la propriété et à toute inégalité artificielle, elle pense laisser aux travailleurs le libre usage de tous les moyens de production. En attendant l'heure de la justice, chacun a le droit de se révolter individuellement contre une société marâtre et de reprendre par la violence la part du bien-être que l'exploitation lui a extorquée. — Les anarchistes sont aujourd'hui divisés en deux groupes : 1° les *mutualistes* ou anarchistes *individualistes*, petite section pour qui la révolution devrait n'être que le triomphe d'un individualisme plus parfait et plus logique que celui que veulent établir les radicaux ; ils proposent, pour atteindre leur but, en partie du moins, la création de banques d'échange. Cette section, qui ne compte pas d'adeptes en Europe, est assez nombreuse en Amérique, où son organe est le journal *Liberty*, publié à Boston par Benjamin Tucker ; 2° les *anarchistes communistes*, qui comprennent la masse du parti, aussi bien en Amérique qu'en Europe et en Australie, sont, en réalité, les vrais anarchistes, puisque leurs doctrines ont pour but l'abolition immédiate de tout gouvernement et de la propriété privée. Leur devise : « De chacun suivant ses forces, à chacun suivant ses besoins » était déjà celle d'un groupe nombreux d'internationalistes, qui se séparèrent, avec Bakounine, des démocrates socialistes dirigés par Karl Marx, lors du Congrès de la Haye, en 1872. Depuis cette époque, les anarchistes ont tenu plusieurs congrès généraux, dont le plus fameux a été celui de Londres (1881) ; il y a été décidé que contre la force organisée de la société existante, tous les moyens sont justifiables. En 1883, cinquante-huit anarchistes, parmi lesquels le prince russe Kropotkine, ont été condamnés, par les tribunaux de Lyon, à l'amende et à la prison, non comme anarchistes, mais comme appartenant à la Société Internationale prohibée par la loi. Ce groupe publie un grand nombre de journaux, parmi lesquels on distingue : à Paris, la *Révolte* (ancien *Révolté*), organe dirigé et rédigé en grande partie par le géographe Elisée Reclus, et par Kropotkine ; à Londres, *The Anarchist*, *Freedom* en Italie, la *Question Sociale* ; en Espagne, *Tierra y Libertad* ; à New-York, *die Freiheit*, etc. En outre, les théories anarchistes ont été développées dans différentes brochures de Bakounine, de Kropotkine, de Cafiero, de Grave, de Malatesta, d'Elisée Reclus, de Gauthier, etc.

ANCHE. — ENCYCL. On appelle *anche libre*, celle qui se compose d'un morceau de bois creusé latéralement d'une rigole recouverte d'une lame de cuivre dans laquelle a été pratiquée une ouverture rectangulaire. Une languette de laiton écroui est fixée dans cette ouverture et y vibre librement. L'air en passant par la fente étroite qui règne entre la languette et les bords de la lame de cuivre, entre en vibration et communique son mouvement vibratoire à la baguette. Dans l'*anche battante*, la rigole est en métal et son ouverture est simplement recouverte par l'anche, de manière qu'à chaque battement la rigole de métal frappe contre sa monture, ce qui

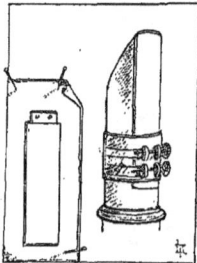

Anche battante et anche libre.

donne au son un timbre particulier. L'accordéon est un instrument à anches libres ; la clarinette et le cor de bassette sont à anche battante.

ANCHOIS. Les anchois conservés dans le sel ou dans le vinaigre se servent le plus souvent comme hors-d'œuvre. Ils se mangent également en salade ; on les coupe, dans ce cas, par filets, et on les sert avec des œufs durs, cœurs de laitues et fines herbes. On les fait aussi frire, après les avoir dessalés.

ANCIPITÉ, ÉE adj. (lat. *anceps, ancipitis*, à deux tranchants). Bot. Se dit d'une tige un peu aplatie, présentant deux côtés saillants.

ANDOUILLE. — Econ. dom. Les boyaux charnus d'un cochon bien lavés et nettoyés, faites-les dégorger dans l'eau douce douze heures en été, le double en hiver. Faites-les ensuite égoutter, essuyez-les bien, coupez-les en filets ; ajoutez de la chair coupée de la même manière, quelques dés de panne. Mélangez bien avec sel, poivre, aromates pilés, épices ; introduisez dans des boyaux sans les remplir tout à fait. Mettez vos andouilles pendant quelques jours dans le saloir. Pour les servir, faites-les cuire ainsi préparées, pendant environ quatre heures, dans de l'eau ou du bouillon, avec carottes, oignons, bouquet garni, girofle. Laissez refroidir et faites griller.

ANDRÉ-DE-SANGONIS (Saint-), ville du cant. et à 4 kilom. de Gignac (Hérault) ; 2.500 hab. Fruits et eaux-de-vie.

ANDRIE (gr. *anêr, andros*, mâle). Bot. Etamine, organe mâle. On y ajoute ordinairement un nom de nombre pour indiquer le nombre des étamines : *monandrie, diandrie*, une étamine, deux étamines.

ANEMOMÈTRE. — Notre figure représente

Anémomètre de Combes (mécanisme).

l'anémomètre de *Combes*. Il se compose d'un

moulinet très léger formé de quatre ailettes disposées comme les ailes d'un moulin à vent. Le nombre des révolutions qu'il exécute est indiqué au moyen d'un système de roues dentées, appelé *compteur*. En divisant le nombre des révolutions opérées par le nombre de secondes qu'a duré l'opération on a le nombre de tours effectués par seconde. Connaissant le nombre n, on en déduit la vitesse V du vent au moyen d'une formule qui varie suivant chaque appareil.

ANÉMOSCOPE. — MM. Richard frères ont imaginé un appareil qui ne se contente pas d'enregistrer automatiquement la direction du vent, sa vitesse horizontale, sa vitesse verticale et la température, mais qui, au moyen

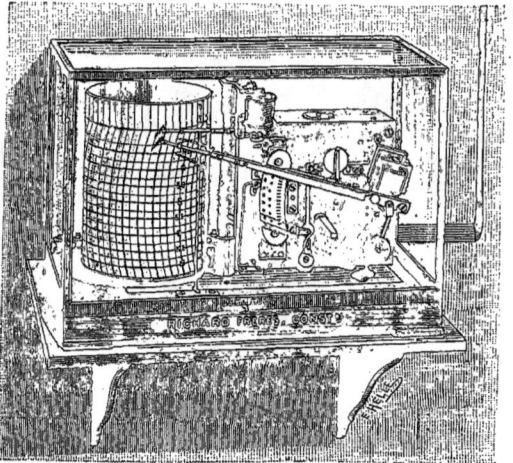

Fig. 1. — Anémoscope à enregistrement électrique.

de fils, envoie au loin ces indications. Un appareil de ce genre, établi sur le sommet de la tour Eiffel, enregistre ses observations au Palais des Arts libéraux. Notre fig. 1 représente le récepteur établi aux Arts libéraux. La fig. 2 représente un enregistreur que des fils électriques mettent en communication avec une girouette.

ANÉROÏDE. — L'anéroïde Watkin, dont nous donnons la figure, est muni de trois cercles sur lesquels sont inscrits des degrés indi-

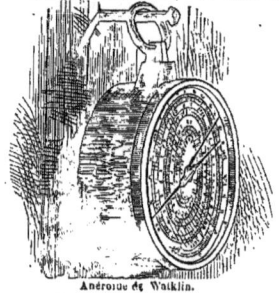

Anéroïde de Watkin.

quant les pressions. Les divisions étant plus grandes, la lecture se fait d'une façon plus exacte. Une aiguille indique le cercle sur lequel doit se faire la lecture.

ANÉTHAN (BARON Jules-Joseph), homme d'Etat belge, né en 1803, mort le 9 oct. 1888.

il fut d'abord magistrat, puis ministre de la justice, de 1843 à 1847. Le parti clérical le poussa de nouveau au pouvoir en 1870, et il devint premier ministre et président du conseil, avec le portefeuille des affaires étrangères. Le cabinet qu'il présidait donna sa démission en décembre 1871, à la suite de la scandaleuse affaire Langrand-Dumonceau.

ANGÉLIQUE (Liqueur d'). Faites infuser dans un litre d'esprit-de-vin : 125 grammes de graine d'angélique, 4 grammes de girofle, une demi-gousse de vanille, pendant au moins huit jours. Le cabinet qu'il présidait donna grès environ 125 grammes de tiges d'angélique verte ; versez dessus, et bouillant, un

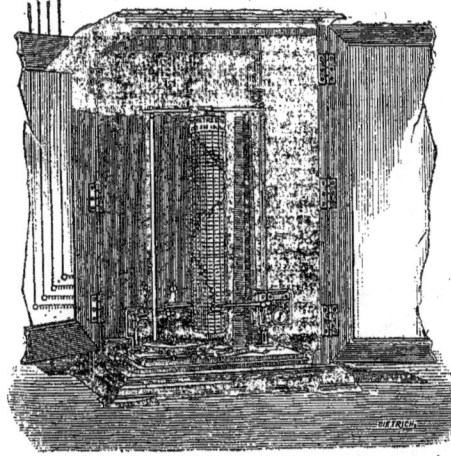

Fig. 2. — Anémoscope. Enregistrement électrique Garigou-Lagrange, employé au mouvement de la girouette.

sirop composé de 1 kilogr. et demi de sucre fondu à chaud dans moitié son poids d'eau ; faites refroidir. Versez alors avec précaution (décantez) votre esprit-de-vin aromatisé dans cette infusion ; bouchez bien votre cruche et laissez reposer environ un mois. Filtrez alors et mettez en bouteilles. — Très stomachique.

ANGLEUR, ville de l'arrond. et à 5 kil. S. de Liège (Belgique), sur le canal de l'Ourthe ; 2.700 hab. Fonderies, lamineries de zinc, tanneries ; aux environs, château de Quincampoix.

ANGUILLE. — La pêche de l'anguille se fait beaucoup plus aux différentes espèces de filets qu'à la ligne ; cependant on ne laisse pas d'en récolter quelques-unes avec la *ligne à soutenir*, et on en prend un assez grand nombre à la *ligne de fond* placée le soir, laissée immergée toute la nuit, et levée le matin dès l'aube ; car l'anguille professe pour la lumière une telle horreur, que dans les efforts qu'elle ferait certainement pour la fuir, elle ne manquerait pas de tout briser, ou tout au moins les hameçons, si forts qu'ils fussent. Son horreur de la lumière porte l'anguille à rester tout le jour cachée dans des trous qu'elle pratique elle-même sous les berges escarpées, et ce n'est que la nuit venue, presque toujours, qu'elle se décide à en sortir pour chercher fortune. Il est donc fort rare d'en prendre le jour à la ligne flottante, même par un temps fort sombre et dans des eaux troublées. On peut en prendre quelques-unes le soir, à la ligne à soutenir, comme nous l'avons dit, avec des vers rouges pour appât. La ligne de fond doit être armée d'hameçons très forts n° 3 et même n° 2, et

amorcée principalement de petits poissons vivants, qui seront de préférence, pour le mois d'août, des loches, des goujons, des vérons, de petites espèces de lamproies appelées *chatouilles* ; des éperlans, des vérons et des ablettes pour septembre et octobre. Avant le mois d'août et depuis mai, on peut aussi pêcher l'anguille avec de petits poissons vivants, et en outre avec des limaces, des lombrics, des vers rouges, des queues d'écrevisses débarrassées de leur carapace, de la viande cuite, etc. — Anguille à la tartare. Cuis. Dépouillez votre anguille, coupez-la en tronçons et faites mariner dans eau et vinaigre, persil haché, sel et poivre. Faites griller ; servez avec une *sauce à la tartare.* — Anguille de mer. Cuis. Faites-la cuire, l'ayant dépouillée dans de l'eau, avec bouquet de persil, plusieurs feuilles de laurier, poivre et sel. Servez-la avec sauce aux câpres et anchois ou sauce aux tomates. Ou bien, ainsi cuite, coupez-la par tranches que vous ferez griller et servirez avec sauce *à la tartare*, *à la maître d'hôtel, à la Sainte-Menehould, en matelote*, etc.

ANGULARITÉ s. f. [anghu-la-ri-té] (rad. *angulaire*). Caractère de ce qui est anguleux ou angulaire.

ANGULATION s. f. [anghu-la-si-on]. Bot. Caractère fourni par les angles que forment les bords d'une feuille épaisse.

ANIMAL. Les mots qui expriment le cri des animaux ou les bruits qu'ils produisent, sont utiles à connaître et ne doivent pas être confondus les uns avec les autres. — Cri des animaux. L'Abeille *bourdonne* ; l'Agami *trompette* ; l'Aigle *trompette* ou *glapit* ; l'Alouette *grisolle, tire-lire* ; l'Ane *brait* ; le Bœuf *meugle, beugle, mugit* ; le Bourdon *bourdonne* ; la Brebis *bêle,* le Buffle *souffle, beugle* ; la Caille *carcaille, margotte* ; le Canard *nasille, cancane* ; le Cerf *brame* ; le Chat *miaule, feule, ronronne* ; le Cheval *hennit* ; le Chien, *aboie, hurle, jappe* ; le petit Chien *glapit, jappe* ; la Chouette *hue* ; la Cigale, *craquette* ; la Cigogne *craquète* ou *claquète* ; le Cochon *grogne* ; la Colombe *gémit, roucoule* ; le Coq *chante, coqueline, coquerique* ; le Corbeau *croasse, craille* ; la Corneille *craille, croasse* ; le Crapaud *coasse* ; le Crocodile *lamente* ; le Courlis *siffle* ; le Cygne *siffle* ; la Dinde *glougloute, glousse* ; le Dindon *glouglote* ou *glougloute* ; l'Éléphant *barrit* ; l'Épervier *glapit* ; le Faon *râle* ; le Geai *cajole* ou *cageole* ; la Gelinotte *glousse* ; la Grenouille *coasse* ; le Grillon *grillotte* ; la Grue *craque, glapit, trompette* ; le Hanneton *bourdonne* ; le Hibou *hue* ; l'Hirondelle *gazouille* ; la Huppe *pupule* ; le Jars *jargonne, criaille, siffle* ; le Lapin *glapit* ; le Lion *rugit* ; le Loriot *siffle* ; le Loup *hurle* ; la Mangouste *coasse* ; le Merle *siffle* ; le Milan *huit* ; le Moineau *pépie* ; la Mouche *bourdonne* ; le Mouton *bêle* ; l'Oie *siffle, criaille, jargonne* ; l'Oiseau chanteur *chante, gazouille, ramage* ; le petit Oiseau *pépie, gazouille, ramage* ; l'Ours *gronde* ; le Paon *braille, criaille* ; la Panthère *rugit* ; la Perdrix *cacabe* ; le Perroquet *parle, cause* ; la Pie *jacasse* ; le Pigeon *roucoule* ; le Pinson *frigotte, ramage* ; la Poule *glousse, piaule, caquète* ; les Poussins *piaulent* ; le Ramier *gémit, caracoule, roucoule* ; le Renard *glapit* ; le Rhinocéros *barrit* ; le Rossignol *gringotte* ; le Sanglier *nasille, grommelle* ; le Serin *chante, pépie* ; le Serpent *siffle* ; le Tau-

reau *mugit* ; le Tigre *rauque, rugit* ; la Tourterelle *gémit* ; la Vache *mugit.* — Parties des animaux. On dit le *pied* d'un *cheval*, d'un *bœuf*, d'un *veau*, d'un *cerf*, d'un *chameau*, d'un *éléphant*, d'un *élan*, d'un *mouton*, d'un *cochon*, d'une *chèvre*, etc. ; et, d'après Buffon, d'un *écureuil*, d'une *grenouille*, d'un *crapaud.* En général, *pied* se dit en parlant des animaux chez lesquels cette partie est de corne. On dit également la *patte* d'un *chien*, d'un *chat*, d'un *lièvre*, d'un *lapin*, d'un *loup*, d'un *lion*, d'un *ours*, d'un *singe*, d'un *rat*, etc. ; et, d'après Buffon, d'une *grenouille*, d'un *crapaud.* On se sert aussi du mot *patte* en parlant de tous les oiseaux, hormi des oiseaux de proie, et, en général, des animaux chez lesquels cette partie n'est pas de corne. On dit la *bouche* d'un *cheval*, d'un *chameau*, d'un *âne*, d'un *mulet*, d'un *bœuf*, d'un *éléphant*, etc. ; et, en général, en parlant des bêtes de somme et de voiture. On se sert du mot *gueule* en parlant des *poissons*, des *reptiles* et de la plupart des quadrupèdes ; la *gueule* d'un *brochet*, d'un *crocodile*, d'une *carpe*, d'une *truite*, d'un *serpent*, d'une *vipère*, d'un *lézard*, d'un *lion*, d'un *tigre*, d'un *chien*, d'un *loup*, d'un *chat*, etc. — L'Académie dit aussi la *bouche* d'un *saumon*, d'une *carpe*, d'une *grenouille.* Mais le mot *gueule* s'applique plus particulièrement aux carnivores ; il exprime plutôt la voracité sanguinaire de leur *bouche.* Pour les volatiles, on fait usage du mot *bec.* — Quand on parle de cette partie qui comprend la gueule et le nez, on dit le *groin* d'un *cochon*, le *museau* d'un *chien*, d'un *renard*, d'une *belette*, d'une *grenouille*, le *museau* d'un *cerf*, d'un *taureau*, d'un *bœuf* et de certaines bêtes féroces comme le *lion*, le *tigre*, le *léopard.* — On donne le nom de *défenses* ou *broches* aux deux grosses dents crochues ou affilées qui sortent de la gueule du *sanglier.* — On dit la *tête* d'un *lion*, d'un *cheval*, d'un *mouton*, d'un *oiseau*, d'un *poisson*, d'une *mouche*, d'un *serpent.* — Mais on donne aussi à la tête de quelques animaux le nom de *hure*, et l'on dit la *hure* d'un *sanglier*, d'un *brochet*, d'un *saumon*, d'un *loup*, etc. Le grand bois que le cerf porte sur le devant de la tête et qu'il met bas tous les ans, vers le mois d'avril, s'appelle *tête* ou *bois.* — Enfin on se sert, en général, du mot *arête* pour les poissons. Mais, en parlant de la *baleine*, de la *sèche*, on dit *os* de *sèche*, *os* de *baleine.* — Législ. Le titre IV du Code rural, concernant les animaux employés à l'exploitation des propriétés rurales, a été promulgué hors de son rang, le 6 avril 1889. Cette loi, datée du 4 avril, s'occupe presque exclusivement des dommages causés par les bestiaux et les animaux de basse-cour, et complète la règle de principe établie par l'article 1385 du Code civil. Les bestiaux dont le gardien est inconnu et qui ont causé des dommages, peuvent être conduits, sans retard, par la personne lésée, au lieu de dépôt désigné par le maire. Si celui-ci connaît la personne responsable du dommage, il lui donne immédiatement avis de la saisie. Si les animaux ne sont pas réclamés, et si le dommage n'est pas payé dans la huitaine du jour où il a été commis, il est procédé à la vente, sur ordonnance du juge de paix, et c'est à ce magistrat qu'il appartient de fixer le chiffre de l'indemnité. L'ordonnance est affichée sur papier libre et sans frais, à la porte de la mairie. Sur le prix de la vente, on prélève les frais, puis le montant de l'indemnité allouée par le juge de paix. Mais cette indemnité ne peut être versée à l'ayant-droit avant la huitaine de la vente, pendant lequel le propriétaire de l'animal peut faire opposition par simple avertissement. Le juge de paix a le droit, s'il le juge convenable, d'admettre ladite opposition même après le délai de huitaine. Le droit de saisie des bestiaux abandonnés qui ont causé des dommages avait déjà été attribué au pro-

priétaire lésé par un décret du 6 octobre 1791 (tit. II, art. 12) sur la police rurale. — Lorsque ce sont des volailles qui ont causé des dommages chez le voisin, celui-ci, sans préjudice de son droit à des dommages-intérêts, peut tuer les volailles, mais seulement sur le lieu, au moment du dégât, et sans pouvoir se les approprier. — Les animaux de basse-cour, qui s'enfuient dans les propriétés voisines, peuvent être réclamés par leur maître ; mais ce dernier est déchu de son droit un mois après la déclaration faite à la mairie par les personnes chez lesquelles ces animaux se sont enfuis. — Les propriétaires et fermiers peuvent tuer et s'approprier les pigeons qui seraient trouvés sur leurs fonds, mais seulement pendant la durée du temps fixé par le préfet pour la fermeture des colombiers ; en tout autre temps les propriétaires et fermiers peuvent tuer les pigeons au moment du dégât, mais sans pouvoir se les approprier. Ils conservent, dans les deux cas, le droit de réclamer des dommages-intérêts aux propriétaires des pigeons. (V. au *Dictionnaire* les mots DOMMAGE, PIGEON, etc.) — Pour ce qui concerne la *police sanitaire des animaux*, c'est-à-dire les mesures administratives qui doivent être prises pour arrêter la propagation des *maladies contagieuses des animaux*, voyez au *Dictionnaire* et au *Supplément* le mot CONTAGIEUX. La loi relative à la destruction des insectes et des végétaux nuisibles à l'agriculture a été analysée plus haut. Voy. AGRICULTURE. (CH. Y.)

ANIMISME. Ce terme a reçu une nouvelle signification, depuis que l'Anglais E.-B. Tylor, auteur de *Primitive Culture*, l'a appliqué à sa théorie générale des êtres spirituels. D'après cet auteur, l'animisme consiste dans l'explication de tous les phénomènes naturels au moyen d'agents spirituels. Dans les temps primitifs, l'homme, encore peu éclairé, a fait des personnifications des forces de la nature, et quand il put les expliquer, il les attribua à des divinités particulières. C'est pourquoi chez les Grecs, et chez d'autres nations de l'antiquité, de même que chez des peuples moins civilisés, les phénomènes naturels étaient adorés comme des dieux. Les Egyptiens avaient le Dieu-Soleil (Ra), les Grecs *Zeus*, le Sanscrit *Dyu*, etc. Dans le monde moral, les mystérieuses oppositions du bien et du mal sont personnifiées par le dualisme de lumière et d'obscurité, sous les formes d'Ormuzd et d'Ahriman, génies du bien et du mal des Aryens persans. L'animisme était donc et est encore, dans quelques pays, étroitement uni à la vie sociale et domestique. Certaines maladies sont attribuées à la présence de démons dans le corps du patient. Les morts sont considérés comme ayant toujours conscience de ce qui se passe autour d'eux ; ce qui fait que l'on trouve dans les tombeaux des âges néolithique et de bronze, des armes et quelquefois le coursier favori, enterrés à côté du guerrier. Une coutume semblable s'est conservée parmi les Esquimaux, où l'on enterre le chien favori à côté de son maître. Les paysans allemands placent encore des souliers sur les pieds du mort. Le culte des ancêtres, pratiqué chez les Chinois et les autres peuples de l'Extrême-Orient, est une application naturelle de la doctrine de l'animisme, comme l'étaient jadis les lares et les pénates des Romains. Voy. sir J. Lubbock *Prehistoric times* ; E.-B. Tylor *Anthropology* et *Primitive Culture.*

ANISETTE. Econ. dom. Faites un sirop de sucre en faisant fondre dans un litre d'eau filtrée 2 kilog. 500 gr. de sucre blanc. D'autre part, versez dans 15 gr. d'alcool rectifié à 40 degrés : 50 centigrammes d'essence de cannelle, autant d'essence de néroli-bigarade, 5 grammes d'essence d'anis, 3 grammes d'essence de badiane (anis étoilé), 1 gramme

d'essence de muscade et autant de teinture de vanille. Mêlez parfaitement. Ajoutez 1 kilogr. d'eau-de-vie trois-six, puis votre sirop de sucre. Laissez reposer vingt-quatre heures, filtrez et mettez en bouteilles. — Exposez à la chaleur du foyer, pendant quelques minutes, l'anisette que le froid aurait troublée. Elle y reprendra bientôt toute sa limpidité.

ANNAM. En vertu du traité de Hué (6 juin 1884), l'Annam accepte d'être représenté par le gouvernement français dans ses relations extérieures : un résident français doit occuper la citadelle de Hué, avec une garnison, qui reçoit le nom d'escorte. Le premier résident fut M. Lemaire, remplacé par le général de Courcy. Lorsque celui-ci prit possession de son poste, il fut victime, dans la citadelle de Hué, d'un guet-apens, dans la nuit du 5 au 6 juillet 1885 ; le courage de son escorte le tira de ce danger. A la suite de cet incident, le roi s'enfuit dans les montagnes, où s'organisa la défense contre les Français. Le général Warnet, successeur du général de Courcy, céda la place en 1886, à Paul Bert, nommé résident général civil. La situation des Français fut, dans les premiers temps, assez précaire ; mais à la suite de négociations très actives, entre le gouverneur général de la Cochinchine française et le roi d'Annam, il fut décidé en oct. 1888 que les villes de Hanoï, de Haïphong et de Tourane, avec leurs districts seraient converties en concessions françaises et que le roi d'Annam abandonnait tous ses droits sur ces villes et sur leurs districts. Il fut aussi convenu que le Tonquin et tous les ports ouverts seront assujettis aux seules lois françaises. Le roi d'Annam, mourut à Hué, le 27 janvier 1889, à l'âge de 46 ans. Il eut pour successeur Bun-Lian, fils de l'ancien roi Tu-Duc. Le nouveau roi n'étant âgé que de 10 années, on forma un conseil de régence sous la présidence du prince Houaï-Duc.

ANNECY (Lac d'), lac de la Haute-Savoie, long de 14 kilom. large de 1 à 3 kil., profond de 25 à 40 m. Il traverse la ville d'Annecy par trois canaux appelés les Thioux. Ses rivages présentent des panoramas admirables.

ANNONCE. —Législ. La loi du 29 juillet 1881, qui a réglementé d'une façon ultra-libérale la liberté de la presse, n'a édicté aucune restriction concernant le cri des journaux ou imprimés sur la voie publique. Le préfet de police (art. 28 sept. 1888), les maires de Dijon, Brest, Marseille, etc., ont pris des arrêtés afin de réprimer les abus de ce genre d'annonces. Mais les tribunaux, et la cour de cassation elle-même, en présence du silence de la loi, ont considéré ces arrêtés comme illégaux. Il n'était pas possible de faire revivre les dispositions des lois du 10 décembre 1831 et du 14 février 1834, puisqu'elles ont été formellement abrogées par l'art. 68 de la loi de 1881. Celle du 19 mars 1889 est venue remédier à cet état de choses. Elle décide que les journaux ou imprimés « ne peuvent être annoncés que par leur titre, leur prix, et les noms de leurs auteurs ou rédacteurs. Aucun titre obscène ou contenant des imputations, diffamations ou expressions injurieuses pour une ou plusieurs personnes ne peut être annoncé sur la voie publique. » Le tout sous peine d'une amende d'un franc à quinze francs, contre les contrevenants, et, en cas de récidive, d'un emprisonnement d'un à cinq jours. — L'usage du cornet pour annoncer les journaux sur la voie publique n'est pas interdit par la loi du 9 mars 1889, et ne constitue aucune contravention, à moins qu'il n'existe un arrêté municipal, classant l'instrument dont le crieur s'est servi parmi ceux dont l'usage est interdit dans la commune, sur la voie publique (Arr. cass. 17 mai 1889).   (CH. Y.)

ANSGARDE, première épouse du roi de France Louis le Bègue, qui la répudia pour épouser Adélaïde. Elle laissa deux fils, Louis et Carloman, qui régnèrent l'un et l'autre.

ANTHRACOTHÈRE s. m. (gr. *anthrax; thér,* animal). Foss. Genre de pachydermes, voisin de l'anoplotherium, et qui a existé pendant la période tertiaire. Cuvier en a décrit 5 espèces.

ANTILÉGOMÈNE adj. (gr. *anti, contre; legomenos,* qui se lit : c'est-à-dire *contredit, disputé*). Terme appliqué par les premiers écrivains chrétiens aux livres du Nouveau-Testament qui, bien que lus quelquefois dans les églises, ne furent pas pendant longtemps admis dans le canon des écritures. C'étaient : l'Épître aux Hébreux, les autres Épîtres (sauf la 1re de saint Jean et la 1re de saint Pierre), et le livre de la Révélation. — Subtantiv. : *les antilégomènes.*

ANTIPYRINE s. f. (préf. *anti,* contre; gr. *pur,* feu).Médicament lancé dans le commerce par un chimiste allemand, et employé localement comme hémostatique et analgésique, mais surtout pour abaisser la température chez les fébricitants. Dose : de 1 à 3 grammes en 24 heures, en fractionnant par prises de 50 centigr. Ce médicament, très vanté au début, commence à perdre de sa vogue, parce que ses effets ne sont pas constants et que tous les malades ne le supportent pas.

ANTIRRHINIQUE adj. (rad. *antirrhine*). Chim. Se dit d'un acide que l'on trouve dans plusieurs espèces d'antirrhinées, particulièrement dans la digitale pourprée.

ANTISEPTIQUE (Traitement), méthode employée contre le développement des micro-organismes fermentatifs, pour prévenir les progrès de la putréfaction dans les blessures. Les ferments atmosphériques exercent une action spéciale sur tous les fluides décomposables. Les bactéries ne se développent pas dans les tissus vivants en parfaite santé ; le sang caillé lui-même, qui se trouve dans une blessure, s'il n'est pas corrompu et s'il est dans un repos absolu, résiste à leur action, celui des jeunes gens plus longtemps que celui des vieillards. Il y a longtemps que l'on a reconnu les effets malfaisants du « mauvais air » et d'une ventilation insuffisante, sur les blessures malsaines, sur l'érésipèle, sur la gangrène des hôpitaux, etc.; et de tout temps on s'est efforcé d'en combattre l'influence. Ambroise Paré, au milieu du XVIe siècle, employait la térébenthine dans le traitement des plaies dues aux armes à feu. Plus tard, les chirurgiens recoururent à des baumes, des vins, des alcools, de la myrrhe, du benjoin, des huiles essentielles, du sulfate de cuivre, etc.; à ces remèdes empiriques, on joignit l'exclusion absolue du contact de l'air sur les blessures. La découverte des microbes a complètement modifié l'opinion des médecins. C'est à Pasteur que revient l'honneur d'avoir découvert que les micro-organismes ne peuvent passer dans des tubes de verres recourbés, parce qu'ils s'arrêtent dans les courbures et que l'air, quand il est débarrassé de ces micro-organismes, devient incapable de développer la putréfaction. La présence universelle des ferments dans l'air et dans l'eau tendrait à prouver qu'il n'y a aussi dans tout l'organisme animal ; mais alors ils sont détruits par le contact des tissus sains du corps. Pour prévenir l'influence morbide de leur contact avec des tissus malsains, on a recours au traitement antiseptique. L'acide phénique a été particulièrement préconisé : ordinairement, on le mêle à de l'eau, de l'alcool, de l'huile d'olive, ou de la glycérine. Une solution d'acide phénique pour d'alcool est utile pour purifier une blessure qui a été exposée à l'air avant la traitement ;

1 d'acide pour 5 d'huile d'olive sert aux blessures très malpropres ; 1 d'acide pour 10 d'huile lave une blessure ou un abcès quand on craint la putréfaction ; 1 d'acide pour 20 d'huile nettoie les instruments chirurgicaux. La glycérine peut remplacer l'huile d'olive ; mais elle ne sert pas aussi complètement de véhicule à l'acide. Une lotion phéniquée (1 d'acide pour 20 d'eau), est nécessaire pour purifier les instruments de chirurgie : on met plus d'eau quand-il s'agit de simples lavages sur des parties non blessées. Depuis quelques années, on a employé l'acide salicylique, comme étant moins irritant que l'acide phénique ; mais il a l'inconvénient de prendre à la gorge et aux narines, si bien que l'opérateur et l'opéré toussent et éternuent, ce qui peut nuire à l'opération. Le thymol a été préconisé, mais il coûte très cher et d'ailleurs on lui reproche de n'être pas toujours égal dans ses effets ; on a aussi employé l'acétate d'alumine (2 1/2 p. 100 en solution), l'huile d'eucalyptus, en solution dans l'alcool et dans l'huile, l'acide borique dissous dans 30 parties d'eau pour les plaies superficielles ; le même acide mélangé avec de la vaseline et de la paraffine, pour former un onguent ; l'iodoforme, pour. les ulcères superficiels et les hémorrhoïdes ; l'huile camphrée imbibant de la charpie ; l'alcool et l'acétate de plomb dilués dans de l'eau distillée ; le coaltar mélangé avec la saponine ; le sublimé corrosif (perchlorure de mercure) avec la glycérine, etc. Les antiseptiques sont aujourd'hui très employés dans la chirurgie obstétrique et' dans les accouchements pour combattre les effets morbides de la fièvre puerpérale et des autres affections septiques.

ANTIVACCINATION s. f. Terme appliqué à l'opinion de ceux qui sont convaincus de l'inutilité ou du danger de la vaccine. — Les adversaires de la vaccination prouvent, par la statistique, que l'inoculation du vaccin ne prévient pas l'invasion de la petite vérole. C'est à Londres que les statisticiens ont fait les calculs les plus approximatifs, dont il résulte que, dans la capitale de la Grande-Bretagne, 90 p. 100 des habitants sont vaccinés ; or, dans l'hôpital pour la petite vérole établi à Highgate, une moyenne de 92 à 95 p. 100 des malades sont vaccinés ; d'où il résulte que l'immunité est plus grande pour les non-vaccinés que pour les vaccinés. Lors de l'épidémie variolique .de 1871, les 173 premiers cas signalés à Cologne et les 224 premiers cas à Leignitz étaient ceux de personnes vaccinées ou revaccinées pendant la même et inoculées depuis moins de six mois : à Cologne, il mourut 90 p. 100 des enfants attaqués après avoir été vaccinés et. seulement 66 p. 100 des enfants attaqués et non vaccinés. Il nous paraît inutile d'insister sur les déductions que .les adversaires de la vaccine savent tirer des chiffres ci-dessus. D'un autre côté, la vaccination, telle qu'elle est pratiquée, présente, disent-ils, de sérieux dangers pour la santé publique ; elle augmente, dans des proportions effrayantes, la mortalité des jeunes enfants, ou bien elle propage chez eux des maladies de peau, les scrofules, la syphilis et plusieurs autres affections que les vaccinateurs prennent sur un sujet malsain pour les inoculer à plusieurs sujets bien portants.

ANTIVIVISECTION s. f. (préf. anti; franç. vivisection). Opinion des antivivisectionnistes ou adversaires de la vivisection.

ANTIVIVISECTIONNISTE adj. Opposé aux vivisections : doctrine antivivisectionniste; médecin antivivisectionniste. — s. Personne qui n'admet pas la vivisection, qui les réprouve : cette dame est une ardente antivivisectionniste.

ANTONY, ou Antony-de-Berny, commune du cant. et à 5 kilom. de Sceaux (Seine),

à 4 kilomètres de Bourg-la-Reine, sur la Bièvre; 1,900 hab. Église du xve siècle, avec un chœur et une tour assez remarquables. Le village de Berny ou de la Croix-de-Berny, situé sur le territoire de cette commune, formait jadis une seigneurie dépendante de l'abbaye de Saint-Germain-des-Prés.

AOÛT. Hortic. Le mois d'août est, à moins de perturbations atmosphériques inouïes, le plus aride, le plus brûlant de l'été ; de là le surcroît de précautions à prendre dans l'intérêt des plantes; on comprend de quelle nature et dans quel sens. Nous nous bornerons à recommander tout particulièrement d'abondants arrosements soir et matin. Travaux d'entretien et de propreté. — Les plantes qui fleurissent pendant ce mois sont : les balsamines, les bardanes, la belladone, la belle-de-nuit, les cactus, la digitale, les aloès, les dahlias, la rose trémière, l'aconit, la stramoine, la verge d'or, la. véronique, les phlox, le laurier-rose, l'immortelle violette, l'héliotrope, etc. On continue le marcottage des œillets, on met en terre des oignons de crocus perce-neige, des pattes d'anémone et des œilletons de rose de Noël. On fait les derniers semis de réséda, de julienne de Mahon, de collinsia et de némophiles; on sème enfin pour le printemps suivant : pieds-d'alouette, thlaspis, pensées, pavots, pois de senteur, etc.

APHIDE s. m. [a-fi-de] (gr. aphis, puceron; lat. aphidius). Entom. Genre d'hyménoptères ichneumoniens, comprenant plusieurs espèces de petits insectes dont les larves. vivent en parasites dans le corps des pucerons.

APHTHE. Aviculture. Les aphthes ou chancres du palais des oiseaux. se guérissent par une application de miel rosat à l'aide d'un pinceau très fin ou d'une petite. barbe de plume. On met en même temps l'oiseau à la diète, et on lui donne à boire de l'eau où l'on aura fait infuser de la semence de melon.

APICULE s. m. (lat. apiculum; diminut. de apex, apicis, pointe). Bot. Petite pointe filiforme.

APICULÉ, ÉE adj. Bot. Qui est terminé par la petite pointe filiforme nommée apicule.

APLAT s. m. (rad. plat). Pièce qui se pose à plat sur un vêtement : les aplats d'une redingote. — Grav. Teinte plate : Bulliard imagina un procédé de tirage de planches en couleurs, qui permet, à l'aide d'un simple aplat étendu à la main, de rendre tous les tons de la figure.

APOCARPÉ, ÉE (gr. apo, particule marquant séparation; karpos, fruit). Bot. Se dit, par opposition à syncarpé, des fruits provenant de plusieurs ovaires libres, renfermés dans une même fleur.

APOCODÉINE s. f. (préf gr. apo, loin de; franç. codéine). Chim. Produit de déshydratation de la codéine. On a essayé d'apocodéine comme vomitif.

APOMORPHINE s. f. (gr. apo, particule qui marque séparation; franç. morphine). Nom donné à l'un des produits de la morphine. On l'emploie comme vomitif, dans les cas où il s'agit de faire vomir rapidement. C'est un remède dangereux, dont les' effets atteignent parfois le cœur.

APOTHÉCIE s. f. (gr. apotheke, réservoir). Bot. Réceptacle de la fructification des lichens. L'apothécie renferme les corpuscules reproducteurs.

APPÂT. Appats naturels (Mouches, insectes, etc.).-Une précaution importante, dans la pêche à la mouche naturelle, c'est de tâcher de se munir de mouches au moins les plus proches parentes de celles qui voltigent au-dessus des eaux où l'on doit pêcher. Par ce moyen, les chances de succès sont au.

moins doublées. — La truite, l'ombre, le goujon sont très friands du jeune taon, et peu de poissons ne le préfèrent pas à toute autre mouche. La guêpe de' muraille, au corselet noir, est presque aussi bonne et est même préférée par la chevesne. — La chevesne est également friande · du moucheron blanc, qu'on voit voltiger dans les prairies, le soir; c'est surtout à cette heure que cet appât est excellent. La mouche de mai, dernière transformation du grillon des eaux, est un bon. appât pour la truite; on la rencontre sur le bord de toutes les rivières. — Enfin l'ombre, la chevesne et la truite se disputent avidement la mouche de fougère, qu'on trouve dans la fougère pendant quatre mois de mai à août inclusivement. — Le hanneton est avidement recherché de tous les gros poissons. — La chenille est un appât excellent à employer en mars et avril, surtout par un temps sombre. — La limace est un excellent appât de nuit pour les anguilles et les truites, du matin pour la chevesne. — Le grillon, pour l'insatiable chevesne, est encore un excellent appât. Le grillon des eaux, en mars, avril et mai, s'il n'est transformé en mouche de mai, est bon pour la pêche de la truite, surtout dans une eau claire et vers le milieu d'une belle journée. — (Vers et larves.)·Le pêcheur à la ligne n'y regarde pas de si près; pour lui, vers et larve, c'est tout un; comme nous ne faisons pas d'histoire naturelle, nous ferons comme le pêcheur et même comme le poisson, nous n'y regarderons pas de trop près : la preuve, d'ailleurs, c'est que des larves se sont déjà trouvées au bout de notre plume et manqueront par conséquent dans la présente classification. — Comme point de départ de la série des vers propres à servir d'appâts aux poissons, nous avons le ver de terre et le ver de viande ou asticot; puis viennent les vers rouges, habitants des terrains humides formant les rives des ruisseaux ; les vers blancs à queue des égouts ou des latrines; le ver. coquin qu'on trouve sous les fumiers de vache ou de porc; le ver coquin ou pyrale du chou. Ces vers sont recherchés de la plupart des poissons, principalement de la chevesne, de la truite et de l'ombre. — Le chabot ou têtard est excellent pour la grosse truite, la perche et le brochet. — La pêche de l'ombre se fait préférablement avec des vers pour amorce; la meilleure saison pour cette pêche s'étend de la mi-août à la mi-novembre. Pour les autres poissons, le ver est d'un bon usage depuis mai jusqu'à décembre. Pour la pêche de l'ombre, beaucoup de pêcheurs jugent préférable d'enlever les intestins du ver. Il faudrait bien se garder d'agir de même pour les autres poissons, surtout pour la truite qui, au contraire, est particulièrement friande de ces intestins. — On conserve les vers, les larves et les chenilles dans des feuilles, de la mousse ou des herbes qu'il faut changer tous les trois ou quatre jours; en hiver, une fois par semaine suffira. — On doit humecter la mousse quand on s'aperçoit qu'elle se-dessèche; quelques pêcheurs·l'humectent de lait. — Beaucoup d'autres appâts naturels sont encore en usage, tel que le sang caillé dont la chevesne et surtout l'able sont très avides; les petits dés de fromage de Gruyère (plus fort il sent, meilleur il est) sont encore un excellent appât, dont on amorce surtout les lignes de fond. La chevesne ne manque pas de sauter dessus avec voracité. — La cerise, le raisin, la groseille à· maquereau, sont encore de très bons appâts à la chevesne et à quelques autres gros poissons. Les baies de toutes sortes d'arbustes, rouges ou orangés et transparentes, sont encore appâts de chevesne, et aussi de plus petites espèces. Le blé, les fèves, le chènevis cuits prennent les carpes, les tanches, les brèmes, les gardons. Le son est employé pour la pêche des petits poissons d'amorce. — Les malheureux petits poissons condam-

nés à servir d'appât pour prendre les gros, les poissons de proie, — soit le brochet, la perche, la truite, etc., — sont principalement le véron, dont on coupe quelquefois la nageoire caudale pour le mieux manœuvrer; la loche, dont le brochet et la truite sont particulièrement friands; le goujon, pour la carpe, le brochet, la truite, le saumon, etc. On amorce encore pour le gros poisson avec de petites grenouilles, des queues d'écrevisse, des yeux de poisson, etc. Enfin le frai de saumon, préalablement bouilli pour le faire durcir et le rendre propre à être piqué sur l'hameçon, est également un bon appât pour les grosses espèces, en tête desquelles nous placerons la truite et la grosse chevesne. — Les mêmes appâts, naturels ou artificiels, ne conviennent pas également à tous les poissons, de même qu'ils ne sont pas d'un usage général en toute saison. C'est ce que nous allons maintenant examiner. — APPATS ARTIFICIELS. Les appâts, ou plutôt les *mouches artificielles* (car, bien qu'il n'y ait pas uniquement que des mouches, c'est par cette appellation générique qu'on désigne ordinairement ces appâts), sont faits de laine, de soie, de plumes et de poils d'animaux de toute espèce. La plupart des traités de pêche entrent dans de minutieux détails sur la fabrication des mouches artificielles; mais il va sans dire que l'auteur s'est bien gardé de profiter pour lui-même des connaissances étendues qu'il met si libéralement à la disposition de son lecteur, lequel, de son côté a autre chose à faire qu'à se livrer à la confection laborieuse et peu récréative des mouches artificielles. — Nous avions songé, pour notre part, à donner simplement les espèces et les nuances qui conviennent plus particulièrement à chaque mois de la saison; mais, tout compte fait, étant bien entendu que l'appât artificiel sera simplement acheté chez les marchands d'ustensiles de pêche, nous ne perdrons pas le temps à fournir des indications assez peu importantes que l'honorable industriel s'empressera de donner de lui-même à son client en même temps que la marchandise, et sans augmentation de prix. — Pour nous, nous emploierons mieux notre temps, croyons-nous, à donner les indications relatives à la pêche de chaque poisson que, pour plus de facilité dans les recherches, nous classerons par ordre alphabétique.

APPEL s. m. Hortic. On nomme feuille, bourgeon, œil d'appel, celui qui a été conservé dans le voisinage d'une partie que l'on désire favoriser, et qui attire la sève vers ce point.

A. p. R. c. Abréviation des mots latins : *Anno post Romam conditam*, année après la fondation de Rome.

APROSEXIE s. f. [a-pro-sèk-sî] (gr. *a* sans; *prosexis*, attention). Défaut d'attention. — Ce mot a été récemment introduit dans le langage scientifique par M. Guye, d'Amsterdam, pour désigner l'état psychologique des personnes qui ne peuvent, malgré leurs efforts, concentrer une minute leur attention sur le même objet. D'après le savant hollandais, l'aprosexie serait due à des troubles de circulation qui empêchent le sang d'affluer dans les régions du cerveau où sont localisées les facultés spéciales de l'individu. Toute obstruction du nez peut amener l'inattention et souvent on fait cesser l'aprosexie en dégageant le nez par l'extirpation de tumeurs qui s'y trouvent.

AQUAPUNCTURE s. f. [a-koua-pon-ktu-re] (lat. *aqua*, eau ; *punctura*, piqûre). Chir. Opération qui consiste à pratiquer une piqûre dans laquelle on introduit, à l'aide d'une canule, une petite quantité d'eau.

AQUARIUM. — Le principal poisson que l'on cultive dans l'aquarium d'eau douce est le cyprin. Ce poisson, comme son nom l'in-

dique, fait partie de la famille de la carpe (du grec *cyprinos*, carpe). Il a été introduit en Europe, car il est originaire de la Chine, par les Hollandais, dans la première moitié du xviiᵉ siècle ; l'Angleterre en possède depuis 1691 ; quant à nous, sans Mᵐᵉ de Pompadour, nous n'en aurions peut-être que depuis fort peu de temps. Dans ces derniers temps, un habile et savant pisciculteur, M. Carbonnier, a importé des variétés extrêmement curieuses de l'espèce et d'autres venant également de Chine, mais nous n'y pouvons insister : et d'ailleurs, malgré tout, le cyprin vulgaire restera toujours l'hôte favori des aquariums d'appartement, tant à cause de sa familiarité, de sa gentillesse, que du peu de soins qu'il réclame, une fois élevé. — L'aquarium qui doit servir de demeure aux poissons rouges aura la forme d'un globe à large ouverture, aux quatre cinquièmes rempli d'eau. Un jet d'eau disposé au milieu offrirait un grand avantage pour la santé de ses hôtes, parce qu'il produirait une aération continue de l'eau ; mais ce n'est pas indispensable. Peu de poissons dans le même globe. S'il est possible de le tenir près d'une fenêtre ouverte, surtout en été, il n'en sera que mieux ; en tout cas, un endroit aéré, plutôt frais. On aura soin de ne jamais l'approcher du feu sous aucun prétexte. En temps d'orage, abriter votre aquarium : le tonnerre tuerait infailliblement vos poissons; après, changer l'eau du bocal immédiatement. Tous les jours, il faut nettoyer l'aquarium, ou tout au moins en changer l'eau. Quand vous avez à nettoyer votre vase, vous en retirez les poissons avec la main, — avec un filet vous courez le risque de détériorer leurs écailles; — et les mettez dans un bassin rempli d'eau en attendant. — On nourrit les cyprins de croûtes de pain et de petits morceaux de biscuit; — disons toutefois que cette nourriture peut leur être nuisible, en ce sens qu'en se corrompant elle altère facilement l'eau du bocal, si on la leur donnait trop longtemps avant l'heure où cette eau doit être changée; on peut leur donner encore de petits morceaux de blanc d'œuf durci, des mouches. Leur donner à manger une fois par jour seulement, aussi régulièrement que possible. Il est de bonne précaution de placer dans l'aquarium une branche de buis, à laquelle le poisson puisse se frotter lorsqu'il en sent le besoin : ceci prévient quelquefois des maladies graves : par exemple, il se peut que les ouïes se trouvent embarrassées de matières gluantes ou autres, dont il se défera ainsi. Ce buis sera nettoyé en même temps qu'on changera l'eau; il suffit de le changer une fois par semaine. — Il est facile de reconnaître qu'un poisson est malade, lorsqu'il s'élève fréquemment à la surface de l'eau pour y aspirer l'air extérieur, ce qui prouve qu'il n'a plus assez de force dans ses ouïes pour diviser l'air, ou plutôt l'oxygène de l'eau qui le contient; en outre, il nage difficilement, c'est-à-dire de travers, comme marche un homme mal portant ou fatigué; quelquefois il fait entendre un bruit semblable à une bulle de gaz qui crève, puis reste immobile au fond du bocal. Enfin le poisson malade est lourd, triste; il semble entouré d'un nuage palpable, ses brillantes couleurs s'effacent. La première précaution à prendre en pareille circonstance, aussi bien dans l'intérêt du poisson malade que dans celui de ses compagnons, c'est de le retirer du bocal, autrement les autres ne tarderaient guère à le mettre en pièces. Ensuite on le placera dans un vase relativement peu profond, sous un robinet d'eau qu'on laissera égoutter tout doucement sur lui, au besoin pendant douze et même vingt-quatre heures, jusqu'à ce qu'enfin le poisson revienne à lui et reprenne dans l'eau désormais profonde, sa position naturelle ; alors on peut le remettre avec les autres. — L'aquarium d'où le

poisson malade a été retiré doit nécessairement être nettoyé aussitôt, à plusieurs eaux, et rempli d'eau bien fraîche. — Si l'on possédait un jardin avec un cours d'eau, on réussirait mieux encore en construisant une sorte d'écluse artificielle où le malade serait placé et laissé pendant deux ou trois jours. En général, les maladies des poissons sont très difficiles à soigner ; on ne peut guère que les prévenir par de bons soins, que d'ailleurs nous indiquons. Les femelles principalement tombent malades, et souvent succombent, faute de pouvoir frayer. A cet état de choses il n'y a qu'un remède, retirer les malheureuses du bocal et les mettre dans un vivier où elles puissent accomplir leur devoir naturel avec facilité. Quant au reste, il n'y a rien de plus, quelle que soit l'espèce, que ce que nous venons d'indiquer.

AQUI-GRATIANAIN, AINE s. et adj. [a-koui-gra-si-a-nain]. D'Aix-les-Bains (*Aquiæ-Gratianæ*); qui appartient à cette ville ou à ses habitants.

AQUI-SEXTAIN, AINE s. et adj. [a-koui-sèkss-tain] d'Aix (*Aquæ-Sextiæ*); qui appartient à cette ville ou à ses habitants : un *Aqui-Sextain*; des *Aqui-Sextains*; mœurs *aqui-sextaines*.

ARBALÈTE. — Encycl. L'arbalète est un jeu d'adresse qui consiste à lancer, avec l'arbalète, des flèches ou des balles contre un but

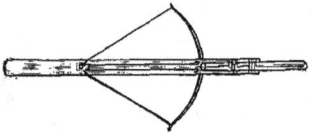

Arbalète à jalet tendue.

quelconque. On se sert ordinairement de l'arbalète à jalet, dont le fût porte un canon ou tube, dans lequel on met un caillou rond ou une balle, et qui est fendu de chaque côté, de manière à laisser passer la corde. L'arbalète se tient comme un fusil. On l'élève de la main gauche et l'on appuie la crosse à l'épaule droite. L'index de la main droite appuie légèrement sur une gâchette, placée en dessous. Le projectile touche le milieu de la corde tendue. On vise, et en tirant la gâchette, on met en liberté la corde qui se détend violemment et lance au loin le projectile.

ARBAN (Joseph-Jean-Baptiste-Laurent), compositeur français, né à Lyon le 28 février 1828, mort le 9 avril 1889. Il obtint le premier prix de trompette au Conservatoire en 1845, et se fit ensuite une grande réputation dans les concerts, par son habileté à jouer du cornet à pistons. Il dirigea plusieurs orchestres et devint, en 1869, professeur de la classe de cornet à pistons au Conservatoire. Il a composé, pour son instrument, pour la classe de cornet à pistons et pour orchestre, de nombreux morceaux de musique. Il a laissé une *Grande méthode complète de cornet à pistons et de saxhorn*.

ARBOIS, OISE s. et adj. D'Arbois; qui appartient à cette ville ou à ses habitants.

ARBORETUM s. m. [ar-bo-ré-tomm] (mot lat., du rad. *arbor*, arbre.). Hort. Lieu affecté à la culture des végétaux ligneux de plein air. Voy. Alphand : *Arboretum de la ville de Paris* (1878, in-fol.).

ARBRE DE DIANE. Phys. Pour obtenir cette arborisation, emplissez un bocal, pouvant contenir la mesure d'un litre environ, d'une assez forte solution de nitrate d'argent (*pierre infernale*) dans de l'eau distillée ou de l'eau de

pluie ; puis suspendez à un fil attaché au bouchon de votre bocal une petite feuille de zinc, de manière à ce qu'elle puisse atteindre à peu près le centre du bocal ; et placez celui-ci dans un endroit où vous êtes sûr qu'il ne sera ni heurté ni dérangé. Au bout de peu de

Arbre de Diane.

temps, l'argent se sera *précipité* et attaché sous forme de cristaux à la feuille de zinc, à laquelle il donnera l'aspect d'une splendide arborescence métallique. C'est pourquoi on donne à l'objet curieux que l'affinité de l'argent pour le zinc produit dans cette occasion, le nom d'*arbre d'argent ou arbre de Diane* (*arbor Dianæ*). Au nitrate d'argent, substituez l'acétate de plomb, ou le muriate d'étain additionné de quelques gouttes d'acide nitrique, et vous aurez : dans le premier cas, l'*arbre de plomb*, et dans le second, l'*arbre d'étain*. — Il est à remarquer toutefois qu'il y a à l'accomplissement de ce phénomène deux causes distinctes : un cas d'affinité élective d'abord : l'acide avec lequel l'argent, le plomb, ou l'étain se trouvaient en combinaison, préférant le zinc à l'un ou l'autre de ces métaux, s'é-carte d'eux pour s'attacher le zinc ; ensuite un courant galvanique s'établit entre les deux métaux dissemblables mis en présence, et se poursuit jusqu'à ce que presque tout le zinc soit dissous, ou que presque tout l'autre corps métallique, précédemment en dissolution, soit précipité.

ARC. — Jeux. Il n'est peut-être pas de jeu qui ait été plus populaire et qui soit plus oublié que le tir à l'arc, aujourd'hui remplacé chez nous, avec raison, par le tir au fusil. Ce n'est plus qu'un amusement d'enfant, que l'on abandonne peu à peu, à cause des dangers qu'il présente. L'arc est l'arme de jet

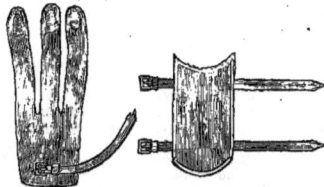

Fig. 1. — Gant d'archer.   Fig. 2. — Brass rd d'archer.

avec laquelle on lance des flèches ; il est formé d'une tige de bois ou de métal que l'on courbe avec effort au moyen d'une corde fixée à ses deux extrémités. Il existe encore en Angleterre des sociétés d'archers assez semblables à nos sociétés de tir. Les jeunes gens exercés qui veulent participer aux concours ouverts par ces sociétés font souvent preuve d'une adresse extraordinaire. Ils sont munis, outre

de leur arc et de leur carquois, qu'ils portent à la ceinture, d'un gant de cuir qui garantit trois doigts seulement (fig. 1) et d'un brassard qu'ils bouclent autour de leur bras gauche, à l'endroit où la corde vient frapper quand elle se détend violemment (fig. 2). Les sociétés tiennent à leur disposition des cibles circu-

Fig. 3.

laires, marquées de zones colorées qui valent différents points pour les tireurs qui les atteignent, depuis 1, à la couronne excentrique, jusqu'à 9, au centre. Ordinairement, pour ne pas fatiguer le manche de l'arc, on le détend

Fig. 4.

en relâchant la corde, quand on a fini de s'en servir. Ensuite, pour le remettre en état, on le tient légèrement incliné, de la main droite et de la main gauche, comme le représente notre fig. 3. On fait ployer le manche en appuyant dessus avec la main gauche et en tirant, de la main droite, le milieu vers soi. L'arc étant ployé, on tire adroitement, sans lâcher le manche, l'œillet de la corde vers l'endroit où il doit s'accrocher. Dans un arc de grandeur moyenne (environ 4 pieds de long), la corde doit être tendue à 6 pouces de distance du milieu du manche. Pour tendre l'arc, on le tient verticalement de la main gauche au milieu du manche (fig. 4). De la main droite, on engage le milieu de la corde dans l'encoche qui se trouve à l'extrémité de la flèche, au-dessous des plumes ; on éloigne, de toute sa force, la corde du manche qu'on replie avec effort ; et, tenant la flèche horizontalement à la hauteur de l'épaule, on incline un peu la tête à droite et en avant, on ferme l'œil gauche et on vise le but. Quand on lâche la corde, le trait est projeté par elle, dans la direction de l'objet visé.

ARCACHONNAIS, AISE, s. et adj. D'Arcachon ; qui appartient à Arcachon ou à ses habitants.

ARCHÉOLITIQUE, adj., [ar-ké-o-li-ti-ke], (gr *archaios,* ancien ; *lithos,* pierre). Qui appartient ou qui se rapporte à la partie la plus ancienne de l'âge de pierre.

ARCHER. v. n. (rad. *arche*). Jeu de croquet. Avoir sa boule placée de telle sorte que l'arche qu'elle vient de faire empêche de la frapper avec le maillet pour l'envoyer dans la direction de l'arche qu'elle doit faire.

ARCHÉOLOGIE. Des monuments qui jettent une nouvelle lumière sur les civilisations de l'Egypte, de l'ancienne Chaldée et de la Grèce, ont été récemment exhumés et déposés au British Museum, au musée de Boulak, en Egypte, et au musée royal de Berlin. Voy. dans ce *Supplément,* les mots ASSYRIOLOGIE, ÉGYPTIOLOGIE, etc.

ARCHIVES. — Législ. L'administration du précieux dépôt, connuesous le nom d'*Archives nationales,* a été réorganisée par un décret du 13 mai 1887. Le service général est divisé en trois sections : 1° section historique ; 2° section législative et judiciaire ; 3° section administrative et domaniale. Le garde général du dépôt est nommé par décret. Les chefs de section, le secrétaire, les dix-sept archivistes et les commis sont nommés par le ministre de l'instruction publique. Les administrations centrales versent directement aux Archives nationales tous les documents qui ne sont plus nécessaires au service courant des bureaux. Les papiers reconnus inutiles peuvent être supprimés, sur l'autorisation du ministre de l'instruction publique et après avis des ministres compétents. Les documents conservés aux Archives nationales ne peuvent en être retirés, pour être placés dans un autre dépôt, qu'en vertu d'un décret. Des expéditions authentiques de tous les titres relatifs à l'état des personnes et des biens qui sont déposés dans les Archives nationales et départementales peuvent être délivrées aux intéressés. — Ces expéditions sont taxées par la loi des finances du 28 décembre 1888 (art. 2) à 2 francs par rôle, pour les documents de l'Ancien Régime, et à 75 centimes par rôle, pour les pièces postérieures au 6 novembre 1789. Les communications de pièces sont gratuites, lorsqu'elles sont faites dans les dépôts. — En ce qui concerne spécialement le dépôt des *Archives nationales,* un arrêté ministériel du 16 mai 1887 réglemente les conditions auxquelles sont soumises les communications des documents. Ceux qui ont moins de cinquante ans de date ne peuvent être communiqués au public que sur l'autorisation demandée par le garde général et accordée par les ministres qui ont fait le versement. Les demandes de recherches par les particuliers doivent être motivées et formulées à l'avance sur des bulletins portant le nom, la qualité, le domicile et la signature de la personne qui fait la demande. La salle de travail est ouverte de dix heures du matin à quatre heures du soir, mais seulement aux personnes autorisées par le garde général.
(CH. Y.)

ARCIS-SUR-AUBE. Le 23 sept. 1888, une statue, élevée à Danton, fut inaugurée dans cette ville. Le grand orateur révolutionnaire est représenté debout, le bras droit en avant, la main gauche appuyée sur une chaise. Le piédestal, de style dorique et de forme carrée, porte une inscription sur chacune de ses faces : à droite, ces paroles de Danton : « Après la paix, l'instruction est le premier besoin du peuple » ; à gauche : « De l'audace, encore de l'audace, toujours de l'audace, et la patrie est sauvée » ; sur la face postérieure la date de l'inauguration ; sur le devant, le nom de Danton, avec la date de sa naissance, celle de sa mort et les mots : « Souscription publique. »

ARCISIEN, IENNE, s. et adj. D'Arcis-sur-

Aube; qui concerne cette ville ou ses habitants.

ARDÉCHOIS, OISE, s. et adj. De l'Ardèche, qui appartient à l'Ardèche ou à ses habitants.

ARDENBRITE s. f. (mot anglais, composé, par agglutination de *ardent*, ardent; et *bright*, brillant). Liquide inventé vers 1886, pour être employé en guise de peinture. Quand on en a appliqué une couche sur la surface d'un objet, il lui communique l'aspect de porcelaine blanche ou bien l'objet, suivant sa couleur, a l'air d'être doré, argenté ou bronzé. L'ardenbrite sèche rapidement; elle s'attache très solidement au corps qui en est revêtu; les lavages ne la détériorent pas.

ARGENTENAIS, AISE, s. et adj. D'Argentan; qui appartient à cette ville ou à ses habitants.

ARGENTIN, INE, s. et adj. De la République Argentine; qui appartient à ce pays ou à ses habitants.

ARGOVIEN, IENNE, s. et adj. De l'Argovie; qui appartient à ce pays ou à ses habitants.

ARITHMOGRAPHE s. m. [a-ri-tmo-gra-fe], (gr. *arithmos*, nombre; *graphein*, écrire). Machine à calculer inventée par Gattey, en 1810; c'est une modification de la *règle à calculs* de Gunter.

ARITHMOMÈTRE. Nom donné par A. Sonnenschein à une *nouvelle machine* de son invention servant à rendre visibles et tangibles tous les nombres de 1 à 1 million, au moyen de cubes en bois.

ARITHMORÈME s. m. (gr. *arithmos*, nombre). Espèce de rébus dans lequel on substitue des chiffres romains à certaines lettres, en ajoutant d'autres *lettres* pour compléter le mot que l'on veut déguiser, et en transposant les lettres. Ex. : 54 et *er* donnent LIVRE, si l'on emploie les chiffres romains LIV au lieu des chiffres arabes et si l'on rétablit l'ordre des deux lettres.

ARMAND (Alfred), architecte français, né à Paris, en 1805, mort le 27 juin 1887. On lui doit les dessins des principales gares de Paris et de province: ceux de l'Hôtel du Louvre, de l'Hôtel Pereire et de plusieurs autres grands édifices.

ARME.—Législ. Depuis la loi du 14 août 1885, la fabrication et le commerce des armes de toutes espèces sont entièrement libres, y compris les canons, les mitrailleuses, et aussi les munitions non chargées employées pour toutes ces armes. Il en est de même de l'importation, de l'exportation et du transit desdites armes et munitions, sous la réserve du paiement des droits de douane. Il est fait exception pour les armes, pièces d'armes et munitions des modèles réglementaires, en service dans les armées de terre et de mer. La fabrication et le commerce de ces dernières armes sont soumis à une déclaration préalable, qui doit être adressée au préfet; et il doit être tenu un registre de fabrication et de vente. Cette exception ne s'applique pas aux armes blanches et aux revolvers. Le ministre de l'intérieur, et, en cas d'urgence, les préfets peuvent prescrire ou requérir de l'autorité militaire, dans l'intérêt de la sécurité publique, les mesures qu'ils estiment nécessaires relativement aux armes et aux munitionsqui existent chez les fabricants, marchands ou détenteurs. Déjà, par un décret du 5 septembre 1870, la fabrication des armes de guerre avait été rendue libre: mais ce décret ayant été abrogé le 19 juin 1871, on était retombé sous l'empire de la loi du 14 juillet 1860, en vertu de laquelle la fabrication et le commerce des armes de guerre ne pouvaient être entrepris qu'en vertu d'une autorisation du ministre. Il importe de faire

observer: d'une part, que la loi nouvelle ne déroge pas à celles antérieurement en vigueur concernant les munitions chargées; d'autre part, que lors de la discussion de cette loi, on a refusé d'ajouter à la *liberté de fabriquer* et de vendre des armes de guerre, celle d'être détenteur de ces armes, faculté prohibée par la loi du 24 mai 1834, sauf autorisation particulière. En outre, suivant une circulaire émanée le 10 novembre 1885 de la direction de la sûreté générale, la question du droit de détention d'armes de toute nature est réservée, et la tolérance que l'administration accorde en cette matière reste en ce même état. En cas de guerre nationale et continentale, un décret peut interdire l'exportation de toutes armes et munitions. (Ch. Y.)

ARMÉE. Sous l'influence de la crainte que leur cause l'imminence d'une *conflagration*, toutes les puissances européennes sont sous les armes, comme à la veille d'une guerre. L'Europe entière ressemble à un immense camp retranché; chacun s'attend à une attaque et se dispose à la repousser; mais nul n'ose prendre sur lui la responsabilité de rompre une paix si coûteuse et d'engager des hostilités dont on ne peut prévoir les résultats. Voici le tableau officiel des forces en soldats dont disposent les nations de l'Europe:

NATIONS	PIED DE	
	PAIX	GUERRE
Allemagne........	545.000	1.405.000
France...........	510.000	1.590.000
Russie...........	740.000	1.490.000
Autriche.........	275.000	1.140.000
Italie............	425.000	1.230.000
Turquie..........	325.000	1.000.000
Grande-Bretagne..	250.000	750.000
Espagne..........	140.000	750.000
Roumanie........	50.000	220.000
Grèce............	25.000	180.000
Suède et Norwège.	40.000	195.000
Pays-Bas.........	70.000	185.000
Belgique.........	45.000	160.000
Portugal.........	25.000	125.000
Serbie...........	60.000	160.000
Bulgarie.........	45.000	115.000
Danemark........	35.000	50.000
Totaux	3.655.000	13.025.000

Il ne faudrait pas cependant prendre ce tableau tout à fait au sérieux. La plupart des nations européennes éprouveraient de forts mécomptes si elles essayaient de mettre leurs armées sur le pied de guerre. — **Législ.** La grande loi du 15 juillet 1889, qui a modifié profondément les bases du recrutement de l'armée française, sera analysée plus loin, au mot RECRUTEMENT. Nous aurons à parler aussi de la loi du 18 mars 1889, relative aux rengagements des sous-officiers (voy. ce mot), ainsi que de plusieurs décrets réglementaires. Nous ne pouvons entrer dans les détails de la loi spéciale du 16 mars 1882 sur l'administration de l'armée, ni de celles du 25 juillet 1887, du 28 décembre 1888 et du 24 juin 1890, qui ont modifié l'organisation de l'infanterie, de la cavalerie, de l'artillerie et du service d'état-major; ni de la loi du 14 décembre 1888, portant réorganisation d'une école de santé militaire; ni de celle du 1er juillet 1889 donnant une autonomie complète au service de santé; parmi les nombreux décrets concernant l'armée, nous citerons seulement: ceux du 24 avril 1886, du 27 août 1887 et du 2 juin 1888, réglant le mode de classement des officiers proposés pour l'avancement au choix; le décret du 12 mai 1888, qui supprime le comité supérieur de défense et réorganise le conseil supérieur de la guerre; le décret du 5 janvier 1889 sur l'unification des soldes, celui du 10 février 1890, qui a réorganisé le service de l'intendance, celui du 6 mai suivant concernant les

attributions du chef d'état-major de l'armée; et celui du 5 juillet de la même année, qui réglemente le régime des compagnies de discipline. Nous donnons ci-après le tableau du tarif des soldes des officiers, tel qu'il doit être appliqué dans tous les corps de l'armée française, en vertu du décret du 5 janvier 1890, sur l'unification des soldes.

TARIF DES SOLDES DES OFFICIERS

DÉSIGNATION des GRADES ET EMPLOIS	SOLDE BUDGÉTAIRE	RETENUE à déduire	SOLDE NETTE		
			par AN	par MOIS	par JOUR
	fr. c.	fr. c.	fr. c.	fr. c.	fr. c.
Maréchal de France.	30,315 79	1,515 79	28,800	2,400	80 00
Général de division..	19,884 74	994 74	18,900	1,575	52 50
Général de brigade..	13,263 16	663 16	12,600	1,050	35 00
Colonel............	8,564 21	428 21	8,136	678	22 60
Lieutenant-colonel..	6,934 74	346 74	6,588	549	18 30
Chef de bataillon...	5,797 90	289 90	5,508	459	15 30
Capitaine après 13 ans dans le grade...	4,357 89	217 89	4,140	345	11 50
après 10 ans dans le grade...	3,978 95	198 95	3,780	315	10 50
après 6 ans dans le grade...	3,600 00	180 00	3,420	285	9 50
avant 6 ans de grade...	3,221 05	161 05	3,060	255	8 50
Lieutenant du premier ou de 1re classe...	2,842 11	142 11	2,700	225	7 50
de 2e classe ou en second....	2,652 63	132 63	2,520	210	7 00
Sous-lieutenant....	2,463 16	123 16	2,340	195	6 50
S.-lieutenant élève..	2,273 68	113 68	2,160	180	6 00

La solde nette d'absence par jour est égale à la moitié de la solde de présence.

L'indemnité de monture est, par an, de 180, 360, 540 ou 720 francs, selon le nombre de chevaux (1, 2 ou 3) possédé et tiré gratuit ou onéreux.

L'indemnité aux troupes en marche en corps ou en détachement est de 10 fr. par jour pour les officiers généraux, 3 fr. pour les officiers supérieurs, 2 fr. pour les officiers subalternes.

L'indemnité pour résidence dans Paris varie de 5 fr. à 2 fr. 50 cent. par jour, selon le grade.

En ce qui concerne l'*armée territoriale*, une loi du 21 juin 1890 est venue modifier les articles 47 et 55 de celle du 13 mars 1875 et l'article 34 de la loi du 24 juillet 1873. En conséquence de ces modifications, chaque subdivision militaire fournit un régiment territorial d'infanterie, sauf la subdivision de Marseille, qui doit en fournir deux, en raison de son étendue. Les cadres des bataillons et compagnies de l'armée territoriale sont les mêmes que ceux des unités correspondantes de l'armée active. Les régiments sont commandés par des lieutenants-colonels. En cas de mobilisation, les corps de troupes de l'armée territoriale peuvent être affectés à la garnison des places fortes, aux postes et lignes d'étapes, à la défense des côtes et des points stratégiques; ils peuvent être formés en groupe, brigades, divisions et corps d'armée destinés à tenir campagne. Ils peuvent aussi être détachés pour faire partie de l'armée active. Parmi les hommes de la *réserve de l'armée territoriale*, ceux qui sont désignés par l'autorité militaire, en commençant par les classes les plus anciennes, pour former en temps de guerre un service de garde des voies de communication, peuvent être en temps de paix, en vertu de la loi du 2 juillet 1890 et du décret du 5 du même mois, astreints à des exercices spéciaux dont la durée ne peut excéder neuf jours pendant les neuf années de cette réserve. Le service de garde est organisé par subdivisions de région, sous l'autorité du commandant du corps d'armée. Les officiers sont choisis parmi ceux qui n'ont pas d'emploi actif en cas de mobilisation. Ce service a pour but d'assurer la sécurité des lignes de chemins de fer, canaux, réseaux télégraphiques et téléphoniques nécessaires aux besoins des armées et désignés par le ministre de la guerre. — Enfin les ministres de la guerre et de la marine sont autorisés

en vertu de la loi du 26 juin 1890, et, dans le cas où les circonstances paraîtraient l'exiger, à conserver provisoirement sous les drapeaux, au delà de la période réglementaire, les hommes convoqués à un titre quelconque pour accomplir une période d'exercices.

(Cн. Y.)

ARMEMENT. — Législ. Les primes à la navigation, qui ont été allouées sur le budget de l'État aux navires français armés au long cours, en vertu de la loi du 29 janvier 1881 (Voy. *Dictionnaire* : t. 1er, p. 275), devaient cesser d'être accordées le 29 janvier 1891. La loi du 31 juillet 1893 a prorogé les dispositions relatives aux primes jusqu'au 29 juillet 1892, sous la réserve que les navires de construction étrangère, francisés postérieurement au 29 janvier 1891, n'auraient pas droit à la prime.

(Cн. Y.)

ARNOLD (Matthew), écrivain anglais, fils du docteur Thomas Arnold, né le 24 décembre 1822, mort en avril 1888. Il fut nommé en 1851, inspecteur des écoles du gouvernement et en 1857, professeur de poésie à Oxford, poste qu'il conserva jusqu'en 1867. Ses œuvres comprennent plusieurs volumes de poésies, parmi lesquels *Balder et Mérope* (tragédie 1858). Il a laissé, en outre : *Essai de critique ; Étude sur la littérature celtique ; Culture et Anarchie ; Saint Paul et le Protestantisme ; Littérature et Dogme*, etc.

ARQUES, ville du cant. et à 3 kilom. de Saint-Omer (Pas-de-Calais, sur l'Aa ; 3,700 hab.

ARROSEMENT. — Hortic. En principe, les arrosements doivent être augmentés en raison des progrès de la végétation ; par exemple, une plante qui commence seulement à végéter a beaucoup moins besoin d'être arrosée qu'une autre en pleine floraison. D'autre part, l'arrosement doit être combiné de manière à tenir la terre dans un état constant d'humidité, mais de fraîcheur et être réglé par conséquent sur l'état de la température. Les arrosements au pied de la plante ne suffisent pas toujours à conserver celle-ci en bon état de santé ; il importe presque autant, quelquefois, d'en arroser légèrement les feuilles. Ceci s'applique surtout aux plantes cultivées au centre des grandes villes, où les murs réfléchissent en été une chaleur brûlante, qui sèche l'air et prive ainsi de l'humidité dont ils ont besoin et que leurs feuilles puisent dans l'atmosphère ambiante les végétaux, qui dépérissent et meurent. Si cette précaution est bonne pour les plantes cultivées dans les jardins des grandes villes, il va de soi qu'elle est encore meilleure, s'il est possible, pour les plantes des jardins de fenêtres et de balcons. Cette opération doit s'accomplir après le coucher du soleil. Les plantes, suivant leur nature différente, ont besoin d'un arrosement plus ou moins abondant. Ainsi, tandis qu'il faut arroser fréquemment et abondamment les plantes à fibres ligneuses, les plantes grasses n'ont besoin que de fort peu d'eau. Cela étant bien compris, on peut se faire une juste idée du degré qu'il convient de donner à chaque plante des espèces intermédiaires. Le moment du jour où l'arrosement doit avoir lieu varie avec les saisons. — Au printemps, on arrose dans la matinée et avec mesure ; arroser le soir, dans cette saison, ce serait risquer de voir tuer dans la nuit, par les dernières et tardives gelées, les plantes ainsi mouillées. En été, on n'arrose que dans la soirée ; on peut toutefois commencer un peu avant le coucher du soleil. Sur la fin de l'été et en automne, quand les nuits recommencent à devenir fraîches, il vaut mieux arroser le matin. Pour augmenter la vigueur ou activer la croissance des plantes, au lieu de les arroser avec de l'eau pure, on le fait avec une eau dans laquelle on a fait infuser du guano, du crottin de mouton ou toute autre substance fertilisante propre à subir utilement cette préparation. Cette espèce d'arrosage est proprement une véritable fumure ; nous en parlerons, au reste, au mot ENGRAIS.

ARTHUR (Chester-Alan, GÉNÉRAL), vingt et unième président des États-Unis de l'Amérique du Nord, né à Fairfield (Vermont), le 5 oct. 1830, mort le 18 nov 1886. Son père, clergyman baptiste, émigra d'Irlande à l'âge de 18 ans, publia pendant plusieurs années l'*Antiquarian* (l'Antiquaire), et fut l'auteur d'un ouvrage intitulé *Family Names* (noms de famille), New-York, 1857. — Le futur président reçut une brillante éducation à l'Union College (Schenectady), étudia le droit à l'école d'Albany, fut reçu avocat en 1853 et s'établit à New-York. Il se rendit bientôt célèbre dans toute la République comme avocat des nègres. L'un de ses premiers et de ses plus éloquents plaidoyers fut prononcé en faveur de l'esclave Lemmon et de huit autres nègres, qui, ayant été conduits volontairement par leur maître dans un territoire où l'esclavage était aboli, prétendaient être devenus libres par ce seul fait, quand même leur maître les avait ramenés ensuite en pays d'esclaves. Arthur soutint vaillamment leur cause et la gagna en première instance comme en appel. En 1856, il fut conseil d'une négresse qui avait été chassée d'un omnibus de New-York à cause de sa couleur ; il obtint un verdict contre la compagnie et fit établir le droit des gens de couleur à profiter, comme les blancs, des voitures publiques. A cette époque, il fallait avoir un certain courage pour soutenir de pareilles théories aux États-Unis ; c'est pourquoi Arthur fut bientôt considéré comme un homme d'avenir dans le parti républicain ou antiesclavagiste. Quand éclata la guerre de Sécession, il fut nommé quartier-maître général de l'État de New-York ; en cette qualité, il eut à équiper, à armer, à approvisionner et à faire partir le nombre immense d'hommes que fournit cet État, et il accomplit sa tâche avec une probité qu'il sut mettre à l'abri de tout soupçon. Quand il quitta cet office, le 1er janvier 1863, il s'était ruiné, tandis que presque tous les quartiers-maîtres généraux des autres États avaient trouvé moyen de mettre de côté des millions de dollars. Il reprit donc sa profession d'avocat et l'exerça jusqu'en novembre 1871, époque où le président Grant le nomma receveur du port de New-York, autre fonction délicate où il est plus facile de s'enrichir que de rester intègre. En juillet 1878, il perdit cet emploi à la suite de dissentiments avec le président Hayes : telles étaient sa réputation et l'estime dont il jouissait, que tous les négociants de New-York et un grand nombre des principaux magistrats de l'État crurent devoir protester publiquement contre la mesure qui le frappait. Il en revint à sa profession d'avocat. Désigné pour la vice-présidence du gouvernement central par la convention nationale qui se réunit à Chicago en juin 1880, il fut élu en novembre. Le coup de fusil de l'assassin Guiteau le porta bientôt à la présidence, où il arriva sans opposition à la mort de Garfield, le 19 septembre 1881. Son administration fut des plus pacifiques ; il se montra conciliant et invita, sans beaucoup de succès, les membres de l'ancien cabinet à conserver leurs offices. C'est pendant sa présidence que le monde assista à ce phénomène d'un congrès qui fit une loi contre la trop rapide réduction de la dette nationale et qui, en conséquence, diminua les impôts (1882). Le 4 mars 1885, le président Arthur céda la place à M. Cleveland, qui venait d'être élu par le parti des démocrates.

ARTICHAUT. — Cuis. Les gros artichauts se font cuire dans l'eau avec un peu de sel et un bouquet de fines herbes, après avoir coupé le dessous et ébouté les feuilles de dessus. On les fait ensuite égoutter et on les sert à la sauce *blanche* ou à *l'huile* et au *vinaigre* quand ils sont refroidis. — Les petits artichauts se mangent crus *à la poivrade*, ou coupés en tranches et *frits*. — *Artichauts à la barigoule*. Nettoyez-en bien le dessous et coupez les pointes des feuilles ; faites-les blanchir dix minutes à l'eau bouillante. Retirez-les et ôtez-en le foin que vous remplacerez par une farce composée de mie de pain, de cerfeuil, d'estragon, persil et ciboules hachés menu, sel, poivre, muscade râpée, arrosée d'huile d'olive et liée à la consistance du beurre. Arrangez vos artichauts dans une casserole où vous aurez préalablement mis de l'huile d'olive ; arrosez-les bien de cette huile, et faites-les cuire feu dessus, feu dessous, jusqu'à ce que les premières feuilles soient rissolées de belle couleur. Dressez-les, arrosés de leur jus ou d'une sauce à l'huile et au vinaigre, sel et gros poivre. — On peut ajouter à la farce du lard râpé et, à l'occasion, du hachis de débris de volaille et entourer les artichauts de bardes de lard. Servez dans ce cas une sauce faite d'un roux mouillé de bouillon.

ARTIFICES (Feux d'). On donne ce nom à des feux brillants préparés avec certaines matières très combustibles et destinés à charmer la vue dans les fêtes publiques et particulières. Ces matières sont le plus ordinairement les mêmes qui entrent dans la fabrication de la poudre à canon, c'est-à-dire le salpêtre, le soufre et le charbon, additionnés de diverses substances destinées à colorer la flamme produite et à entretenir la combustion. Presque toutes les pièces d'artifice sont formées d'une enveloppe extérieure ou *cartouche* en papier ou en carton, dans laquelle on introduit les composés et les mélanges fulminants ou détonnants. Nous en décrirons la construction, pour les lecteurs qui désireraient monter eux-mêmes un feu d'artifice complet, ce qui est moins difficile qu'on ne pense, et que l'on peut parfaitement réussir, quand on a quelque teinture de chimie et quelque habitude des travaux manuels. D'ailleurs à quoi n'arrive-t-on pas avec un peu de persévérance et d'adresse ?... La cartouche, avons-nous dit, est le carton cylindrique et creux qui renferme la composition inflammable destinée à faire gerbe ou jet de feu, et dont presque toutes les pièces d'artifices sont formées. Pour fabriquer ces cartouches, il faut commencer par se procurer du carton d'une épaisseur convenable suivant les différentes pièces d'artifice. L'amateur qui fera son carton lui-même y trouvera une grande économie. Le carton prend le nom de en 3, en 4, etc., suivant le nombre de feuilles de papier collées l'une sur l'autre. La réunion se fait avec du papier collé (qui ne boit pas) ; cependant on peut faire du carton en 3 en plaçant dans le milieu une feuille de papier gris (papier qui boit) ; il en sera de même du carton en 4, en 5, etc. Au reste, la colle dont on imbibe ce papier gris lui donne de la force. — *Fabrication du carton*. On place sur une table une feuille de papier que l'on enduit abondamment de colle assez claire, on en place une seconde dessus, en ayant soin de les faire bien adhérer sans laisser d'intervalle ni de plis ; on fait de même pour la troisième et les suivantes, et on met en presse presque immédiatement après le collage. Faute de presse, on met le carton entre deux planches de bois et l'on charge avec des poids ou des pierres. Une fois que les cartons ont rejeté la colle surabondante, qu'ils sont suffisamment dressés et essuyés, on les sort de la presse et on les suspend verticalement par un des bords, avec une ficelle ou un fil de fer. Enfin, quand ces cartons sont parfaitement secs, on les détache et on les remet de nouveau en presse pour les dresser.

— *Outils nécessaires à la fabrication des cartouches.* Pour fabriquer les cartouches avec le carton précédemment préparé, il est nécessaire d'avoir les outils suivants : 1° Baguette à rouler : cette baguette doit être faite d'un bois très dur, très droite et bien tournée, et avoir 8 à 10 centimètres de plus que la longueur de la cartouche qu'on veut rouler dessus. Il est nécessaire d'en avoir de plusieurs grosseurs pour les différents jets de feu. 2° Une varlope pour rouler les cartouches. Elle doit être aussi de bois dur ; chêne, hêtre ou noyer et avoir de 80 centimètres à 1 mètre de long, 22 centimètres de largeur et 4 à 5 millimètres d'épaisseur. On y adapte une poignée et un bouton. Son usage est de serrer parfaitement les cartouches. 3° Un étrangloir pour les petites cartouches. Cet étrangloir sert à fabriquer les petites cartouches (pétards, lardons) ; il est ordinairement en fer, mais on peut, par économie, le prendre en bois, les crans seuls étant garnis de fer. — *Fabrication des cartouches.* Pour fabriquer une cartouche on commence par couper le carton à la hauteur que l'on veut donner à la cartouche, et l'on calcule la longueur de façon

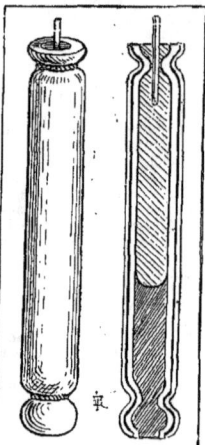

Artifices. — Fusée (coupe et vue extérieure).

que, lorsque ce carton sera roulé, l'épaisseur totale soit égale au tiers du diamètre intérieur de la cartouche ou celui de la baguette à rouler, la cartouche devra avoir dix millimètres d'épaisseur. La hauteur des cartouches pour jets fixes et tournants est à la volonté de l'amateur ; on leur donne ordinairement celle de 6 à 8 millimètres de diamètre et 18 à 24 centimètres de hauteur. Le carton étant étendu sur une table on le couvre de colle, excepté la partie qui doit former l'intérieur même de la cartouche ; on pose alors la baguette à rouler, préalablement savonnée, sur le bord sec du carton et l'on roule ferme et bien droit. C'est alors qu'il faut employer la varlope pour rouler et achever de serrer la cartouche, de manière à ce qu'il ne reste aucun vide entre les feuilles de carton. On enlève ensuite la baguette quand la cartouche est à moitié sèche, on en ébarbe proprement les bouts, et on l'étrangle ensuite lorsque les pièces exigent cette opération. — *Manière d'étrangler les cartouches.* On attache à un clou solidement fixé dans un poteau de muraille une corde de grosseur proportionnée à la force de la cartouche, et l'on fixe l'extrémité opposée à un rouleau de bois que l'on se passe entre les cuisses. On pose la cartouche sur la corde préalablement savonnée, on

fait faire un tour à celle-ci, et l'on serre en faisant tourner la cartouche jusqu'à ce que le conduit intérieur soit presque entièrement fermé. L'étranglement doit se faire à un demi-diamètre du bout de la cartouche ; quand elle est étranglée, on lie fortement l'étranglement avec plusieurs tours de menue ficelle, pour éviter que le carton reprenne sa première forme. Les artificiers ont un nœud particulier, nœud qui est le même que celui employé pour attacher les lanières des fouets après leur manche et qui se fait en passant trois boucles dans la gorge de la fusée. On attache ainsi avec la même ficelle toutes les cartouches ensemble, après quoi l'on tire avec force les deux bouts de la corde, de façon à serrer en même temps toutes les ligatures. On suspend ensuite toutes les cartouches à un clou pour les faire sécher et on les resserre encore avant de les détacher. C'est ainsi que l'on procède pour presque toutes les pièces d'artifices qui doivent être liées, comme les pétards, les serpenteaux, etc. ; cependant nous devons faire remarquer que cette méthode est longue et cause des ennuis, parce que la corde casse souvent ; aussi est-il infiniment préférable de se servir d'un étrangloir formé de nœuds enlacés les uns dans les

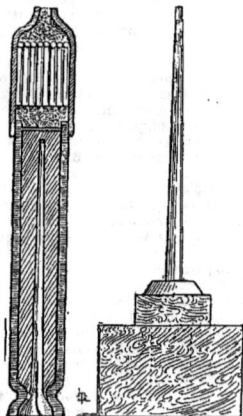

Artifices. — Fusée volante (coupe) et mandrins en bois pour sa fabrication.

autres. Voici maintenant la recette de quelques compositions fusantes employées par les artificiers pour bourrer ces cartouches et en constituer les pièces principales d'un feu d'artifice :

Feu commun

Poussier de tonneau............	16 parties
Charbon gros et fin............	3 —

Feu chinois

Poussier de tonneau............	16 parties
Salpêtre......................	12 —
Soufre.......................	6 —
Charbon......................	4 —
Tournure de fonte.............	12 —

Ce feu brûle en produisant un bouquet d'étincelles couleur jasmin.

Feu brillant

1° Poussier de tonneau............	16 parties
Limaille d'acier.............	4 —
2° Poussier de tonneau............	16 —
Tournure fine de fonte........	6 —

À cette même classe de feux faisant leur effet sur terre appartiennent les pièces suivantes : les mosaïques : il faut faire un essai de la longueur du feu des jets que l'on voudra employer, afin qu'ils se croisent et se

joignent ; les poteaux qui portent les fusées sont ordinairement espacés d'un mètre les uns des autres. On peut, du reste, donner à

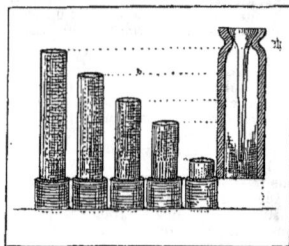

Artifices. — Mandrins pour la fabrication des fusées.

cette pièce toute l'étendue que l'on veut, en multipliant le nombre de jets. La composition en feu brillant est la même des deux indiquées plus haut. Les palmiers : la composition en feu chinois, propre aux palmiers, a déjà été indiquée précédemment. Les cascades : ces pièces, qui s'obtiennent en juxtaposant horizontalement un grand nombre de fusées, imitent des nappes ou des jets d'eau. La composition la mieux appropriée à ces décorations est, comme pour le palmier, le feu chinois. On peut aussi adopter cette autre composition de cascades en feu bleu ancien :

Poussier de tonneau...............	16 parties
Salpêtre......................	8 —
Soufre.......................	12 —
Limaille de fer...............	12 —

On varie à volonté les cascades en ayant soin de placer à la partie supérieure un jet de feu beaucoup plus fort que ceux placés au-dessous. — *Les étoiles fixes.* Les étoiles fixes exigent des fusées d'une construction particulière. On étrangle une cartouche et l'on coupe la calotte à 7 millimètres du lien. On serre ce bout étranglé à la hauteur d'un diamètre intérieur. On charge avec la composition indiquée ci-dessous, puis on terre et l'on culasse par le bout non étranglé. Cette pièce, ainsi préparée, n'a pas d'issue pour prendre feu ni pour le laisser échapper. Il faut alors percer, avec une vrille proportionnée, cinq trous à distance égale, au-dessous de l'étranglement de la cartouche. La fusée étant fixée horizontalement, si l'on fait prendre feu à ces cinq trous, en les éméchant et les faisant communiquer avec un tour d'étoupille recouvert de papier, on obtiendra une très jolie étoile de couleur. Ces étoiles fixes servent accessoirement dans d'autres pièces de décoration et elles font très bon effet si elles sont placées avec goût.

Composition pour étoiles fixes :

Salpêtre......................	16 parties
Soufre.......................	10 —
Poussier de tonneau...........	12 —
Antimoine pulvérisé...........	3 —

Les soleils tournants. — Ce sont des pièces d'artifices composées d'une roue mobile autour d'un axe horizontal et à la circonférence de laquelle on fixe des fusées renfermant des compositions différentes, de manière à obtenir des changements variés. Toutes ces fusées sont reliées entre elles par des mèches d'étoupille de façon à pouvoir s'allumer l'une après l'autre. Au lieu d'une roue, on peut prendre un triangle en bois pour y fixer les fusées. Enfin, pour les petits soleils, on se sert d'une longue cartouche aplatie que l'on enroule en spirale sur elle-même ou sur un petit disque en bois. Un clou qui passe au centre de la pièce et que l'on fiche dans un poteau sert

d'axe de rotation. Les soleils se font ordinairement à trois, quatre, cinq ou six changements, à l'aide de six compositions indiquées

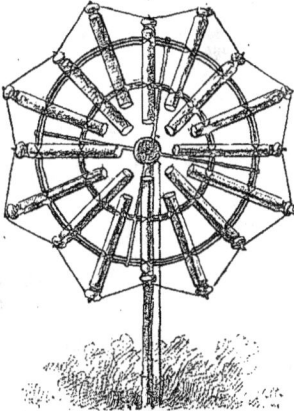

Artifices. — Soleil tournant.

ci-dessous : si l'on ne veut le faire qu'à trois changements, on prendra les compositions marquées d'un astérisque (*) ; mais, en tous cas, on doit toujours finir par le feu chinois qui est le plus beau. On peut aussi varier les compositions dans chaque cartouche en y mettant quelques charges des six compositions différentes.

1° Feu commun *

Poussier de tonneau	16 parties
Charbon fin	4 —

2° Brillant

Poussier de tonneau	16 —
Limaille de fer	3 —

3° Autre *

Poussier de tonneau	16 —
Litharge grosse et fine	3 —

Autre mêlé

Poussier de tonneau	16 —
Charbon de terre	2 —
Litharge moyenne	2 —

4° Pluie d'argent

Poussier de tonneau	16 —
Salpêtre	1 —
Soufre	1 —
Limaille d'acier	5 —

5° Feu vert *

Poussier de tonneau	16 —
Limaille de cuivre	3 —

6° Chinois

Poussier de tonneau	16 —
Salpêtre	16 —
Charbon fin	4 —
Soufre	2 —
Fonte fine et grosse	14 —

Girandoles. — Les girandoles sont de très belles pièces qui terminent ordinairement les feux d'artifice ; elles sont montées sur un pivot. On leur donne beaucoup d'étendue et on les diversifie d'une foule de manières. On peut y adapter un, deux et même trois cercles tournants, garnis de jets posés, les uns horizontalement et les autres obliquement. On garnit le haut d'une ou de plusieurs gerbes d'une plus forte proportion que les jets inférieurs, en ayant soin d'essayer et de calculer la durée de ces gerbes supérieures et verticales, de manière qu'elles finissent en même temps que les autres. Enfin, on varie aussi les feux, comme il a été indiqué pour les feux tournants. Il faut remarquer que, pour donner aux girandoles la force de tourner, il est nécessaire de faire partir au moins deux jets à

la fois, non deux jets qui se suivent, mais opposés l'un à l'autre sur le cercle. Dans les grands feux d'artifice, les girandoles sont des pièces désignées sous le nom de bouquets et qui se composent d'une foule de jets, embrasant le ciel dans une multitude de directions et retombant ensuite en pluie d'or. On obtient cet effet en garnissant le sommet des échafaudages d'un certain nombre de pots à feu contenant jusqu'à cent cinquante fusées volantes, les fusées de chaque pot communiquant entre elles par des étoupilles disposées de façon que toutes prennent feu en même temps. — **Spirale.** Cette pièce, de figure conique, tourne sur un pivot. Elle est composée de poussier placés horizontalement pour faire tourner, et d'une rangée de lances qui montent circulairement et forment, quand la pièce tourne, une spirale de feu d'un effet fort agréable. On peut placer à la partie supérieure de cette pièce une gerbe qui prendra feu en même temps que le premier jet du bas, ou un petit pot à feu qui ne fera son effet qu'à la fin du dernier jet. De toutes manières, on devra faire des essais afin de calculer la durée des différentes parties, de façon que tout se termine à la fois. — **Pièce pyrique.** On appelle ainsi une pièce d'artifice qui en contient plusieurs

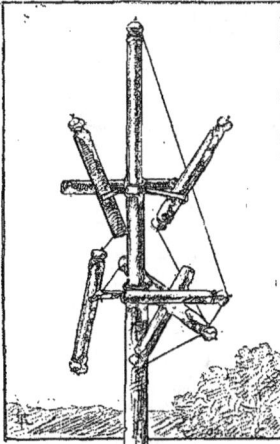

Artifices. — Pièce pyrique.

sur le même axe, soit fixes, soit tournantes, et qui prennent feu d'elles-mêmes, en se succédant l'une à l'autre. Si l'on n'y plaçait que des pièces fixes, c'est-à-dire qui font leur effet sans tourner, rien ne serait plus facile que de leur faire prendre feu l'une après l'autre au moyen de mèches de communication. Cependant Ruggieri, père, a su vaincre cette difficulté au moyen suivant : Une forte broche de fer, fichée solidement dans un montant de bois, et placée horizontalement, sert d'axe à toutes les pièces dont la réunion formera la pièce dite pyrique. Elle peut se composer de soleils tournants et fixes, d'étoiles, de branches, de gloires, d'ailes de moulin, et enfin de tout ce qu'on pourra imaginer. Le passage d'une pièce mobile à une autre fixe ou mobile se fait au moyen d'une mèche de communication placée dans un conduit couvert d'une boîte. La pièce est montée sur deux moyeux dont l'un se termine par un bout d'étoupille qui porte le feu à la pièce qui s'y trouve montée. L'intervalle qui se trouve entre les deux moyeux sert, comme on voit, pour loger deux bouts d'étoupille qui ne sont aucunement liés, et ne peuvent ôter au moyeu qui est en jeu la facilité

de tourner ; l'un de ces bouts d'étoupille tourne sans nuire à l'autre avec la pièce qui fait feu, et lorsqu'elle est arrivée à sa fin, le conduit prend feu à son tour, et la proximité des étoupilles le fait passer d'une pièce à l'autre. Pour compléter le mécanisme, il suffit de couvrir l'intervalle afin que le feu n'y tombe pas. A cet effet, on fixe sur un des moyeux une virole de métal ou de carton, tandis que celle-ci ne fait que toucher légèrement l'autre moyeu.

COMPOSITION DES PLUS BEAUX FEUX DE COULEUR D'APRÈS M. CHERTIER, POUR ÉTOILES, LANCES, PERLES.

Feu blanc

Salpêtre	72
Soufre	15
Régule d'antimoine	18
Réalgar	9
Gomme laque (poudre impalpable)	1
Minium	6

Pour les étoiles, cette pâte devra être humectée avec un peu d'eau-de-vie ; car, si elle était trop mouillée, elle sécherait difficilement, et la pâte serait moins belle.

Feu jaune pour lances

Chlorate de potasse	120
Bicarbonate de soude	24
Gomme laque	14
Suif	9

Feu jaune, plus beau, pour étoiles, perles et lances

Chlorate de potasse	12
Oxalate de soude	8
Gomme laque	3

Pour les étoiles on humecte avec un peu d'eau-de-vie, et pour les perles avec de l'empois.

Feu vert sur lances

PREMIÈRE COMPOSITION

Chlorate de potasse	36
Calomel	27
Nitrate de baryte	39
Gomme laque	12
Soufre	1/2
Noir de fumée léger	1/4

Ce feu est très joli, et dans sa composition, on peut remplacer le calomel par 1/6 de sel ammoniac.

DEUXIÈME COMPOSITION

Chlorate de potasse	36
Sel ammoniac	4
Nitrate de baryte	36
Gomme laque	12
Soufre	1/2

2° Pour étoiles et lances

Chlorate de potasse	22	23
Nitrate de baryte	22	22
Calomel	16	16
Sucre	12 14	16
Gomme laque	1	1

Ces compositions sont belles, brûlent bien et ne coûtent pas cher. On peut, à la rigueur, s'en servir pour les perles.

3° Pour étoiles et perles

Chlorate de baryte	5
Calomel	3
Sucre	2

Cette composition donne un vert foncé magnifique. Pour étoiles et perles on humecte avec très peu d'eau ces compositions, qui se conservent très bien à l'abri de l'humidité.

Feu bleu, pour lances, étoiles et perles

PREMIÈRE COMPOSITION

Chlorate de potasse	32	16
Chlorate de cuivre et de potasse	12	18
Calomel	40	16
Sucre	25	10

Humecter les étoiles le moins possible.

Pour lances vives, étoiles, perles

DEUXIÈME COMPOSITION

Chlorate de potasse	12
Chlorate de cuivre et de potasse	2
Calomel	12
Cuivre en poudre	1
Sucre	8

Pour étoiles

TROISIÈME COMPOSITION

Chlorate de potasse......................	18
Chlorate de cuivre et de potasse..........	12
Sulfure de cuivre......................	6
Soufre................................	12

Feu rouge pour lances, étoiles et perles

PREMIÈRE COMPOSITION

Chlorate de potasse....................	108
Carbonate de strontiane	21 à 22
Calomel..............................	73
Sucre................................	39
Gomme laquée.........................	1 à 2

Humecter les étoiles et perles avec de l'eau-de-vie.

DEUXIÈME COMPOSITION

Chlorate de potasse....................	28
Carbonate de strontiane...............	5
Calomel..............................	18
Sucre................................	12

On peut remplacer les dix-huit parties de calomel par trois parties de sel ammoniac. Ces compositions ne sont pas hygrométriques et donnent des feux rouges très beaux.

Feu violet, pour lances et étoiles

PREMIÈRE COMPOSITION

Chlorate de potasse....................	96
Nitrate de strontiane..................	96
Calomel..............................	57
Gomme laque..........................	2
Soufre................................	56
Sulfure de cuivre.....................	88

Cette composition peut, à la rigueur, servir pour les perles ; elle est magnifique, mais elle a l'inconvénient de renfermer du soufre.

Pour lances, étoiles et perles

DEUXIÈME COMPOSITION

Chlorate de potasse....................	26
Calomel..............................	24
Carbonate de strontiane...............	4
Chlorate de cuivre et de potasse.......	14

Cette composition n'est pas hygrométrique et donne un violet magnifique. On humecte les étoiles avec de l'eau-de-vie et les perles avec de l'empois. Telles sont les principales indications d'après lesquelles un amateur parviendra à fabriquer lui-même et à très peu de frais, un feu d'artifice d'un effet très attrayant. Avec un peu d'habileté et d'adresse, sans même connaître la chimie, on pourra fabriquer ses cartonnages, bourrer les cartouches et produire des tableaux d'un fort joli aspect.   Bʟ. L.

ARVERS (Félix), poète, mort en 1850. On ne sait rien de sa vie et l'on pense qu'il fut notaire ; mais ses vers, d'une délicatesse souvent exquise, feront passer son nom à la postérité. Dans son premier recueil, *Mes heures perdues* (Paris, Fournier jeune, 1833, in-8°). se trouve, entre autres pièces délicieuses, le fameux sonnet qui commence par ce vers :

Ma vie a son secret, mon âme a son mystère...

Ce recueil comprend, en outre, la *Mort de François Ier* (drame) et *Plus de peur que de mal* (comédie). Arvers donna ensuite : *Les Parents de la fille* (comédie, en un acte, prose, avec d'Avrecourt (1839), *Delphine ou Heureux après moi* (comédie-vaudeville, 2 actes 1840, avec Paul Foucher) ; *Le second Mari* (comédie, 3 actes, vers, 1841) ; *Les Deux César* (comédie-vaudeville, 1 acte, 1845) ; *Lord Spleen* (comédie - vaudeville, 1 acte 1849) ; *Les Vieilles Amours* (vaudeville avec d'Avrecourt, Bruxelles, 1850).

ASPIC. Les cuisiniers donnent ce nom à une gelée recouvrant une viande quelconque. L'aspic est ordinairement fait dans un moule en fer battu, un peu plus bas que celui qui sert à faire des gâteaux de Savoie. Pour l'établir, on commence par couler au fond de ce moule la hauteur d'un centimètre de gelée que l'on fait légèrement prendre au froid. On place alors dessus, en formant des dessins avec goût, ce que l'on peut avoir d'objets

suivants : filets de blanc de volaille, de lapereaux, pigeonneaux, de ris de veau, cervelles, langues à l'écarlate ou fourrées, chairs de poissons de bon goût, gibier tendre, crêtes de coq, truffes si l'on veut, le tout cuit, assai-

Aspic.

sonné et égoutté ; œufs durs, feuilles de persil, petits cornichons bien verts ; par-dessus on place, avec une petite cuillère, des fragments de gelée pour tout consolider, sans rien déranger ; puis on y verse doucement un peu de gelée à peine fondue, de la hauteur de 2 à 3 centimètres, et on fait prendre au froid. On recommencera autant de cercles de décoration que l'on voudra, en ayant soin de ne pas placer en hauteur des filets trop longs qui puissent faire diviser et fendre la gelée en démoulant. On placera aussi les filets et décors de manière qu'ils ne touchent pas aux parois du moule. Si l'on veut faire ce travail avec promptitude et décorer de plusieurs rangées de filets, on profitera pour cela d'un temps très froid, ou bien on emploiera de la glace dans une terrine sous le moule et même sur un couvercle, afin de faire prendre la gelée à mesure et consolider la rangée de filets que l'on aura placée pour pouvoir en mettre une autre au-dessus. Mais on réussira bien aussi en temps ordinaire, en portant son moule dans une cave assez froide pour consolider la couche de gelée en une demi-heure. On aura soin de n'employer la gelée chaque fois qu'à peine posée sur le feu ou de l'eau chaude, afin de la faire fondre presque à moitié sans chauffer. L'emploi de morceaux gros ou petits de gelée non fondue aidera encore très bien, et l'aspic prendra très vite.

AS QUI COURT s. m. Jeu de cartes, dans lequel les joueurs changent à tour de rôle leur carte avec le voisin de droite, et où le donneur peut remplacer un as, s'il lui en arrive un, par une carte tirée du talon.

ASSÉZAT (Jules), écrivain, né à Paris en 1832, mort dans la même ville en 1876. Il collabora à plusieurs revues et au *Journal des Débats*. Il a publié : *Magnétisme et Crédulité* (1853, in-8°) ; *Affaire Mortara* (1858, in-8°). Il a édité les *Œuvres complètes de Diderot*, les *Œuvres facétieuses* de Noël du Fail et plusieurs autres ouvrages.

ASSI (Adolphe-Alphonse), membre de la Commune de Paris, né à Roubaix en 1841, mort en 1886. Il appartenait à une famille d'origine italienne, apprit le métier de mécanicien, s'engagea, fit la campagne d'Italie, reprit son métier à l'usine du Creuzot et fut jeté dans la politique par une grève qui éclata quand le directeur Schneider mit la main sur la caisse de secours mutuels des ouvriers. Renvoyé de l'usine en janvier 1870, il se mit à la tête des grévistes et fut arrêté le 31 avril au milieu de troubles sanglants, fut acquitté, s'affilia à l'internationale en juin 1870, se fixa à Paris, entra dans la garde nationale, passa bientôt officier, puis devint commandant du 67e bataillon, coopéra à la formation du comité central, fut nommé colonel et gouverneur de l'Hôtel de Ville après le 18 mars, puis membre de la Commune, le 26 mars, par le XIe arrondissement. Sa modération le fit destituer de son emploi

de gouverneur de l'Hôtel de Ville et le fit arrêter le 1er avril ; mais il fut relâché le 17 et joua ensuite un rôle effacé. Lors de l'entrée des troupes à Paris, il fut arrêté sur le quai de Billy, le 21 mai, transféré à Versailles et condamné le 2 septembre 1871, par le 3e conseil de guerre, à la déportation dans une enceinte fortifiée. Il fut embarqué à Rochefort le 8 mai 1872.

ASSISTANCE. — Législ. Le *conseil supérieur de l'assistance publique*, institué auprès du ministre de l'intérieur par le décret du 14 avril 1888, a formulé des vœux que nous croyons utile de reproduire. Il demande que des mesures soient prises pour que l'on puisse exécuter partout en France l'article 18 de la loi du 24 vendémiaire an II, lequel est ainsi conçu : « Tout malade, domicilié ou « droit ou non, qui sera sans ressources, « sera secouru à son domicile de fait ou « dans l'hospice le plus voisin. » Ce principe, encore incomplètement appliqué, est formulé dans des termes identiques par l'article 1er de la loi du 7 août 1851. Le conseil supérieur a demandé, en outre, que cette assistance ne fût pas exclusivement réservée aux indigents malades, et qu'elle fût étendue aux vieillards et aux infirmes ; et il a demandé aussi que la médecine gratuite, qui est actuellement organisée dans 44 départements, le fût dans les 42 autres. Le conseil propose de rendre obligatoires pour les départements et les communes les dépenses de ce service gratuit ; et il voudrait qu'il y eût un bureau d'assistance dans chaque commune ou syndicat de communes. En cette matière de l'assistance publique, il faut pourvoir à tout ce qui est absolument nécessaire : c'est là un devoir social ; mais il ne faut pas aller au delà ; il ne faut pas que l'État ou la commune se substitue à l'action individuelle, à la famille et à la charité privée. Dans cette voie, on arrive trop aisément au socialisme d'État qui, en se développant à l'excès, amènerait une misère croissante et une décadence irrémédiable. — L'un des membres du conseil supérieur de l'assistance publique a fait une expérience très instructive sur les causes de l'indigence et sur les individus qui pratiquent la mendicité. Il s'entendit avec des industriels et des commerçants qui s'engagèrent à donner du travail et à allouer un salaire de quatre francs par jour, pendant trois jours, à toute personne envoyée par lui. Puis il offrit à tout mendiant valide qu'il rencontra, de venir le lendemain chez lui, prendre une lettre d'admission pour aller travailler chez l'un des commerçants ou industriels qui avaient promis le salaire journalier de quatre francs. Pendant les huit mois que dura cette expérience, 727 mendiants valides furent invités à venir prendre la lettre d'admission. Sur ce nombre, 415 ne sont pas venus la prendre, et 138 l'ont prise, mais ne l'ont pas portée au destinataire. Quelques-uns, après avoir travaillé pendant une demi-journée, réclamèrent leurs francs et ne revinrent plus ; d'autres achevèrent la première journée ; enfin, sur les 727, il y en eut seulement 18 qui remplirent les trois journées de travail. Ce fait prouve combien la vraie charité doit être attentive, et combien sont rigoureusement vrais ces termes du rapport fait à la Constituante, le 15 juillet 1790, par La Rochefoucauld : « Si une charité indiscrète accorde avec insouciance un salaire sans travail, elle donne une prime à l'oisiveté, anéantit l'émulation et appauvrit l'État. » — Le *Congrès international de l'Assistance publique* qui s'est tenu à Paris, au mois d'août 1889, a adopté un grand nombre de résolutions, et entre autres la suivante, présentée par M. Trélat : « L'assistance doit être « rendue obligatoire à l'égard des indigents « qui se trouvent, par suite de maladies ou « d'infirmités, dans l'impossibilité de subvenir

« à leurs besoins d'existence. » Oui, c'est là un devoir absolu, un devoir d'humanité; mais il est à craindre que, si l'on vient à l'inscrire imprudemment dans la loi, on ne donne en même temps à la paresse et à l'imprévoyance des droits qu'il deviendrait impossible de satisfaire. — En ce qui concerne la ville de Paris, où l'Assistance publique a une organisation particulière, nous n'avons à mentionner qu'un décret du 16 septembre 1886, qui a réorganisé le recrutement des administrateurs et celui des médecins des bureaux de bienfaisance. (Voir ci-après les mots BIENFAISANCE et MENDICITÉ.) La loi du 22 mars 1890, qui a ajouté à la loi municipale du 5 avril 1884 plusieurs articles concernant les syndicats de communes, porte (art. 176), que plusieurs communes peuvent s'unir pour secourir des malades, des vieillards, des enfants ou des incurables, et que, dans ce cas, le comité du syndicat desdites communes peut décider qu'une même commission administrera les secours, d'une part à domicile, et d'autre part à l'hôpital ou à l'hospice.   (CH. Y.)

ASSOCIATION.—Législ. Nous pourrions nous dispenser de parler de la liberté d'association dans ce *Supplément;* car les divers projets de loi qui ont été présentés, soit par le gouvernement, soit par d'autres, depuis la publication du *Dictionnaire encyclopédique*, n'ont pas abouti. Ainsi, la République, après avoir donné au pays les lois les plus libérales concernant la presse, le droit de réunion, etc., ne lui a pas encore accordé la liberté d'association. C'est qu'à cette dernière liberté se trouve subordonnée la grave question de l'existence des congrégations religieuses que l'état laïque ne peut laisser se développer sans restrictions. La proposition de loi présentée à la Chambre le 30 avril 1888, par M. Marmonnier, député, semble pouvoir contenir des garanties sérieuses, tandis que celle déposée le 5 juin suivant par M. Floquet, au nom du gouvernement, nous semble bien téméraire et insuffisante, en présence des dangers dont la puissance morale et les richesses croissantes des congrégations menacent le repos, la sécurité et l'avenir du pays. Cependant, cette grave question de la liberté d'association doit être résolue avant que le Concordat de 1801 ne soit dénoncé, et avant que la séparation des Eglises et de l'Etat, qui existait en France antérieurement au Concordat, ne soit définitivement rétablie.   (CH. Y.)

ASSOLANT (Jean-Baptiste-Alfred), journaliste et romancier, né à Aubusson en 1827, mort en mars 1886. Au sortir de l'école normale supérieure, il fut quelque temps professeur d'histoire dans divers lycées de province, émigra aux Etats-Unis après le coup d'Etat, y séjourna plusieurs années, revint en France et débuta en 1856 dans la *Revue des Deux-Mondes* par un article politique, intitulé *Walter ou les Américains au Nicaragua.* Il donna ensuite une foule de romans et d'articles politiques ou littéraires qui furent lus avec le plus grand intérêt. Il séduit par son esprit paradoxal mêlé presque toujours de bonne humeur, quelquefois de gaîté et de beaucoup d'observations ; il a des idées primesautières, un style clair, incisif, disant beaucoup en peu de mots et le disant sous une forme neuve et piquante. Nous citerons parmi ses romans et ses nouvelles : *Scènes de la vie aux Etats-Unis* (1858) ; *Brancas; les Amours de Quaterkem ; Deux Amis* en 1792 (1859) ; *la Mort de Roland* (fantaisie épique) ; *Histoire fantastique du célèbre Pierrot* (1860); *Marcomir ; les Aventures de Karl Brunner* (1861); *Jean Rosier ; Rose d'Amour; Claude et Juliette* (nouvelles, 1862) ; *une ville de garnison* (1863) ; *les Aventures véridiques, mais incroyables, du capitaine Corcoran* (1867) ; *François Búchamor* (1872) ; *le vieux Juge, le plus hardi des Gueux* (1876). Ses principaux articles

ont été réunis et forment plusieurs volumes.
ASSORTISSEUR s. m. (rad. *assortir*). Marchand de petits coupons d'étoffe.
ASSURANCE. — Législ. En matière d'*assurances contre l'incendie*, contre la grêle et contre les autres risques, la loi du 19 février 1889 (art. 2 et 3) est venue mettre fin à des interprétations diverses, en décidant que les indemnités dues par l'assureur doivent être attribuées aux créanciers privilégiés ou hypothécaires, sans qu'il y ait besoin de délégation expresse faite à leur profit; sauf à tenir compte d'une cession éventuelle, faite à un tiers, pourvu que cette cession ait été régulièrement notifiée. Il en est de même des indemnités résultant d'assurances, soit du risque locatif, soit du recours du voisin ; mais alors l'indemnité ne peut être attribuée à l'assuré ou à ses ayants droit, avant que le propriétaire ou les voisins aient été désintéressés. En ce qui concerne les *assurances sur la vie*, nous n'aurions à mentionner que des projets de loi ayant pour but d'assurer spécialement les ouvriers contre les accidents du travail. Nous en parlerons plus loin, au mot RESPONSABILITÉ; mais nous croyons utile de donner ici une analyse succincte des lois récemment adoptées par le Reichstag de l'empire allemand, et qui ont fondé, au profit de la classe ouvrière, de vastes assurances dont les résultats sont encore douteux. Déjà la loi du 15 juin 1883, rendue définitive le 1er décembre 1884, avait accru l'excès la responsabilité des patrons, puisqu'ils sont tenus à indemniser les ouvriers de tous accidents survenus dans leurs travaux, même dans le cas de force majeure ou lorsqu'il y a eu faute de la part de l'ouvrier. L'indemnité est fixée par un jury qui est composé de patrons et d'ouvriers, et qui est présidé par un juge. Une autre loi d'Empire, celle du 6 juillet 1884, a institué une assurance obligatoire qui doit fournir aux ouvriers blessés ou malades des soins médicaux et des secours journaliers. En vertu de cette loi, tous les industriels patrons, exerçant le même métier dans une circonscription déterminée, laquelle peut comprendre tout l'empire, sont tenus de se constituer en corporations et de payer une cotisation annuelle. Toutes les corporations fondées relèvent de l'*Office impérial des assurances*, qui réside à Berlin et auquel ressortissent des inspecteurs et des tribunaux spéciaux d'arbitrage. Le secours journalier n'est payé à l'ouvrier par la caisse corporative qu'à partir de la treizième semaine écoulée depuis le commencement de la maladie ou depuis l'accident. La loi autrichienne du 28 décembre 1887 attribue le secours dès la cinquième semaine, et la loi italienne du 15 juin 1885 réduit le délai à trente et un jours. Enfin, la loi d'empire du 22 juin 1889, qui comprend 162 articles, a fondé, en Allemagne, une autre assurance obligatoire, qui a pour but d'attribuer une pension viagère à l'ouvrier, atteint d'infirmités ou arrivé à la vieillesse. Toute personne salariée de l'un ou de l'autre sexe, qu'elle soit ouvrier, domestique, journalier de la ville ou de la campagne, matelot, employé de commerce, etc., est soumise, dès l'âge de 16 ans, à l'assurance obligatoire contre l'invalidité ou la vieillesse, à moins que son salaire ne les autres gains réunis n'excèdent la somme de 2.000 marks par année. On évalue le nombre des assurés à plus de 11 millions (7.322.000 hommes et 3.696.000 femmes). Les patrons travaillant seuls, les ouvriers en chambre et les entrepreneurs à façon peuvent être obligés à l'assurance. L'assuré a le droit d'obtenir une pension viagère à l'âge de 70 ans, et aussi en cas d'infirmités permanentes lui interdisant les moyens d'obtenir un salaire égal au sixième de son gain habituel. La pension allouée pour cause de vieillesse peut s'élever jusqu'à 190 marks (2.38 fr.) par année,

et celle d'un invalide peut varier de 115 à 293 marks (143 à 367 fr.), suivant la classe de salaires dans laquelle il est inscrit et selon la durée de sa participation à la cotisation annuelle. Les ressources nécessaires aux frais d'administration des agences et au paiement des pensions sont fournies, savoir: 1° par l'Empire jusqu'à concurrence de 50 marks par an et par personne pensionnée ; 2° au moyen de primes hebdomadaires qui sont payées par l'ouvrier, sauf la contribution pour moitié due par le patron s'il y en a un. Le tarif de ces primes est divisé en quatre classes selon les salaires des personnes assurées; et le taux peut encore varier dans chaque classe, selon le genre de profession ou de métier. Ce taux est de 14, 20, 24 ou 30 *pfennings* par semaine, selon la classe. La poste est chargée de payer les arrérages des pensions aux titulaires. Lorsque le rentier est notoirement adonné à l'ivrognerie, sa pension est payée en nature. Quelles seront les conséquences ultérieures d'une organisation sociale telle que celle qui va résulter de ces assurances obligatoires, lesquelles enrégimentent le quart de la population de l'empire d'Allemagne ? Tous ces rouages fonctionneront-ils à souhait ? Ou bien, au contraire, ne doit-on pas s'attendre à beaucoup de désillusions ? Dans un rescrit adressé au chancelier de l'empire, le 12 mars 1888, le sage empereur Frédéric III, dont le règne a été de si courte durée, formulait ainsi les craintes que ce système d'assurances obligatoires lui inspirait : « Je pose en question si le droit de prélever des taxes accordé à ces associations, droit qu'elles exercent sans tenir compte suffisamment des charges imposées en même temps par l'Empire et par chaque Etat, n'a pas pour effet de créer un fardeau hors de proportion avec les moyens. » Nous croyons devoir aussi reproduire quelques-unes des appréciations que la loi du 22 juin 1889 a suggérées à M. Grad, député de l'Alsace au Reichstag, dans son étude sur le *Socialisme d'Etat de l'empire allemand* : « Aux deux lois sur l'assurance des ouvriers contre la maladie et contre les accidents de fabrique, a été ajoutée une loi nouvelle sur l'assurance obligatoire contre la vieillesse et l'invalidité. Présentée par ses promoteurs comme le couronnement de l'œuvre de réforme destinée à garantir le maintien de la paix sociale, l'institution des rentes à servir par l'Etat aux travailleurs invalides ne paraît pas cependant pouvoir répondre à son but. Cette institution risque, tout au contraire, de devenir, entre les mains des populations mécontentes, un levier de désordre d'une puissance incalculable. Désormais, en effet, les prolétaires, dont les masses compactes accroissent si rapidement les rangs de la démocratie socialiste en Allemagne, pourront marcher à l'assaut du gouvernement, en réclamant de la caisse publique des subventions plus larges. En tacticiens avisés, les meneurs du parti conduiront leurs électeurs au scrutin par l'appât d'augmentation des pensions que les députés élus devront s'engager à voter. C'est le coin introduit dans l'édifice social actuel et qui menace de le renverser tôt ou tard. »
     (CH. Y.)

ASSYRIOLOGIE s. f. (franc. *Assyrie* ; gr. *logos*, discours, traité, étude). Partie de l'archéologie qui s'occupe spécialement des monuments, de l'écriture et de la langue de l'Assyrie. Les seuls documents pour l'histoire de la civilisation qui a jadis régné dans la vallée du Tigre et de l'Euphrate proviennent soit des récits hébreux épars dans les premiers livres de l'Ancien Testament, soit des rapports que nous ont laissés les historiens Hérodote et Ctésias, qui vivaient, l'un deux siècles, l'autre deux siècles et demi après la chute de l'empire assyrien. Ces matériaux étaient trop peu considérables pour permettre

à l'histoire de dépeindre, ni même de concevoir le chaînon qui relie la civilisation orientale à la civilisation occidentale ; de sorte que les Grecs ne savaient presque rien du passé des peuples assyriens. Leurs écrivains n'en parlaient que d'après les traditions. La science assyriologique est toute contemporaine : elle date de 1842, époque où M. Botta, consul français à Mossoul, étonné de l'insuffisance des descriptions données par les anciens historiens et par les voyageurs modernes, pensa que l'on pourrait découvrir sous le sol des restes susceptibles de remettre en lumière les côtés obscurs de la civilisation assyrienne. Il commença donc des fouilles dans le monticule appelé *Kouyunjik*, vis-à-vis de Mossoul, de l'autre côté du Tigre. L'endroit était admirablement choisi, ainsi que le démontra l'avenir ; mais Botta se découragea au milieu de son travail ; il abandonna les fouilles au moment où elles allaient être fructueuses, et entreprit de nouvelles excavations au lieu appelé *Khorsabad*, à environ 20 kilom. de Kouyunjik. Avec plus de persévérance, il obtint plus de succès et fit d'importantes découvertes qui furent transportées en France et déposées *au Louvre*. Le succès de Botta enflamma l'émulation d'un explorateur anglais, sir Henry Layard, qui n'eut qu'à se présenter à Kouyunjik pour y découvrir, presque sans peine, en continuant les travaux du son devancier, une telle quantité de magnifiques restes que le nom de Kouyunjik fut donné à l'une des galeries du British Museum. Les découvertes de Botta et de Layard furent la révélation d'un empire dont les traces avaient presque disparu, dont les monuments, les inscriptions, tous les souvenirs enfin étaient déjà enfouis avant l'époque où ils excitèrent la curiosité des Grecs. En 1845, Layard commença, sur l'emplacement de Ninive, des fouilles reprises en 1849, qui produisirent une riche moisson de monuments de toute sorte, dont le British Museum fut le dépositaire. Des recherches subséquentes furent entreprises par l'*Anglais* George Smith, d'abord sous les auspices du *Daily Telegraph* et ensuite avec la protection du gouvernement britannique. Plus récemment encore, un autre Anglais, M. Rassam, découvrit les splendides ornements en bronze qui se trouvaient aux portes du palais de Balaouat, au temps de Salmanasar II (859-'25 av. J.-C.). Les trésors acquis successivement par les explorateurs comprennent non seulement des sphinx massifs, des lions et des chiens ailés, mais encore des sculptures de toute espèce, en pierre ou en métal, des anneaux, des pierres précieuses, des balances, des tablettes de terre cuite plus ou moins bien conservées. Ces documents jettent une vive lumière sur la cosmogonie, la religion, la mythologie, les superstitions, les enchantements, la magie, la médecine, l'astronomie, l'histoire naturelle, la zoologie, la botanique, la métallurgie, la grammaire, la langue, la littérature, les mathématiques, la statistique, les temples, les palais, les places fortifiées, l'histoire, les lois, les relations politiques et diplomatiques, en un mot sur toute la civilisation de l'Assyrie et de la Babylonie. Quelques-uns même se rapportent à la vie commerciale et sociale des anciens habitants de ces pays, puisque l'on possède aujourd'hui des tablettes relatives à des contrats de vente de terres, d'esclaves ou d'autres biens, ou à des transactions de banque. Le nom de sir Henry Rawlinson tient la première place parmi ceux des déchiffreurs d'inscriptions cunéiformes. Ces caractères varient considérablement selon les époques, les localités, et la main qui les a tracés. Les plus anciens datent des premiers âges des monarchies babyloniennes et assyriennes ; et les inscriptions de Khammourabi sont probablement antérieures de plusieurs siècles au

temps où vivait Moïse, peut-être même antérieurs de plus de mille ans au règne de Nahuchodonosor ; tandis que l'usage des caractères cunéiformes existait encore au commencement de l'empire romain. Une habitude des Assyriens était de copier les ouvrages babyloniens, de sorte qu'une portion considérable de la littérature assyrienne se compose de copies d'anciens écrits, qui étaient sans doute classiques. Sir Rawlinson a eu pour émules dans l'art de déchiffrer et de traduire ces antiques documents des savants distingués, tels que H. Fox Talbot, George Smith, Jules Oppert, Schræder, Hincks, Sayer, Boscawen, Pincher, etc. Grâce à leurs consciencieux travaux, le reproche que l'on faisait à l'exégèse assyriologique d'être incertaine et sans fixité, ne peut plus aujourd'hui lui être adressé. L'assyriologie doit être classée parmi les sciences certaines dont les règles sont aussi uniformes et aussi infaillibles que celles de l'étude du grec et du latin. Plusieurs assyriologistes ont émis l'opinion que dans les villes ruinées de Babylonie, on finira par découvrir des versions du texte assyrien plus anciennes que les inscriptions cunéiformes connues jusqu'à ce jour. En 1880, Hormuzd Rassam trouva dans les ruines de l'un des temples-bibliothèques de Babylone, un fragment d'une tablette relative au déluge. Pendant les années 1880 et 1881, le même explorateur visita assidûment les emplacements des villes chaldéennes de Babylone, de Borsippa, de Sippara et de Cutha et déterra un grand nombre de textes et de récits religieux. Depuis la découverte faite par des Arabes en 1874 d'une grande quantité de tablettes à inscriptions, on a exhumé à Babylone d'innombrables reliques et des inscriptions d'un grand intérêt. Le même lieu a été exploré par Rassam. C'était le centre de la vie commerciale à Babylone et le siège d'une famille, les Beni-Egibi, qui paraissent avoir été les agents financiers du gouvernement. Les quittances d'impôts que l'on y a trouvées révèlent ce fait que les taxes pour l'entretien des canaux d'irrigation et des grandes routes étaient prélevées sur les droits sur le sol, sur la récolte des dattes et du froment et sur le bétail. Rassam a retrouvé, dans les ruines du palais de Babylone, des récits qui remplissent la période commençant au règne de Nabonidus et se terminant à la prise de la ville par Cyrus. Babylone était construite presque entièrement en briques. On a retrouvé les chambres et les corridors du palais des rois, avec leurs décorations en plâtre et leurs briques peintes. De vastes travaux hydrauliques, consistant en puits et en conduits qui communiquent avec le fleuve, semblent indiquer la localité où se trouvaient les jardins suspendus. L'un des rois, suivant un document récemment découvert, possédait sept jardins ou paradis faits exprès pour lui, près de la ville. Rassam a exploré et décrit les emplacements de deux cités plus anciennes que Babylone. Ce sont Sippara, la ville du dieu-soleil, ville qui, d'après Bérose, avait été construite avant Ur, ayant été fondée avant le déluge, et Cutha, l'une des plus grandes villes-temples de la Babylonie. Le nom moderne de l'emplacement de Sippara est Abbou-Houbba ; les monticules de débris couvrent une superficie de 3 kilom. en circonférence. Toutes les constructions avaient leurs angles tournés vers les quatre points cardinaux. La muraille S.-O. d'un immense édifice fut la première mise à nu ; elle mesure 1,500 pieds de long et est soutenue à des intervalles réguliers par des arcs-boutants ornés de panneaux sculptés. Cet édifice consistait en plusieurs salles longues et étroites, avec des murs excessivement épais, arrangées autour d'une cour centrale : c'était le temple du dieu-soleil. Dans une vaste galerie, se trouvaient

les restes de l'autel des sacrifices, ayant environ 30 pieds carrés ; dans une chambre communiquant avec cette galerie, on trouvait les archives du temple. Une tablette votive des archives commémore la victoire du roi babylonien, Naboupallidina, sur la tribu Soutou des Elamites ; elle date d'environ 852 ans avant J.-C. Elle présente les figures en relief du dieu, du roi et des prêtres en adoration, suivant les usages du culte du disque solaire et des rayons de soleil, culte dont l'imitation fut introduite en Egypte pendant la 18e dynastie. La plus ancienne des villes de Mésopotamie et une cité voisine, dont les ruines donnèrent lieu à des descriptions de moins d'importance, sont, d'après toute probabilité, identiques avec les villes de Sepharvaim mentionnées dans l'histoire de deux rois (XVII, 24-31), en connexion avec Cutha, dont l'emplacement a été également certifié et exploré partiellement par Rassam. Le British Museum, qui a reçu les objets déterrés par Rassam, possède plus de 3.000 de ces tablettes de la première période, y compris la grande collection acquise des Arabes par George Smith. Dans ces dernières années, les Anglais, mal vus à Constantinople, n'ont obtenu que fort difficilement l'autorisation de visiter les vallées du Tigre et de l'Euphrate. Faute d'un firman pour continuer ses travaux, Rassam dut rester en Angleterre, tandis que les privilèges refusés aux sujets britanniques étaient accordés aux explorateurs français, et, à un moindre degré, aux Américains. Les Allemands n'ont pas mis moins d'ardeur à explorer les pays orientaux, afin d'enrichir les musées d'Allemagne des produits de leurs recherches. Nous avons en France plusieurs publications périodiques destinées à répandre l'étude des monuments orientaux et des documents cunéiformes. La principale est la *Revue d'Assyriologie et d'Archéologie orientale*. — BIBLIOGR. Birch, *Préface* du Ier vol. de *Records of the past* ; H. Fox Talbot, *Introduction à la traduction de l'inscription de khammourabi*, dans le même ouvrage que ci-dessus, 1er vol. ; Sayce, *Littérature babylonienne* ; George Smith, *Récit chaldéen de la Genèse* ; le même, *Récit chaldéen du déluge* ; le même, *Histoire de Babylonie* ; Richmond Hodges, *Déchiffrement cunéiforme* (dans la 3e édition des *Fragments anciens de Cory*) ; Birch et Pinches, *Ornements en bronze des portes du palais de Balaouat* ; Wallis Budge, *Vie et histoire des Babyloniens* ; Saint-Chad Boscawen, *Sous la poussière des âges*, etc.

ASSYRIOLOGUE s. (rad. *assyriologie*). Celui, celle qui s'occupe de l'histoire et des antiquités de l'Assyrie. On dit aussi *assyriologiste*.

ASSYRIOLOGISTE s. Synonyme d'*Assyriologue*.

ASTHME. Aviculture. L'oiseau asthmatique trahit son état par la fréquence avec laquelle il ouvre le bec, par l'enrouement et les palpitations sensibles de la poitrine. Il est prudent de tenir compte de ces symptômes, car le mal pourrait s'aggraver et dégénérer promptement en phtisie. Le remède à cette affection est de leur faire faire prendre quelques gouttes d'oxymel (une partie de vinaigre, deux de miel, mêlées) à l'aide d'une brochette trempée dedans et du bout de laquelle on leur en laisse tomber quelques gouttes dans le bec. On fait fondre également un peu de ce miel, ou du sucre candi, ou du sucre d'orge, dans l'eau de l'abreuvoir. Les mêmes symptômes que ceux de l'asthme annoncent tout bonnement, quelquefois, une indisposition passagère causée par l'ingestion d'une nourriture malsaine, ou bien quelque morceau trop volumineux arrêté dans l'œsophage : dans ce dernier cas, il faut faire rendre ou retirer à l'oiseau le morceau qui le gêne ; dans le pre-

mier, de l'eau sucrée au sucre d'orge aura raison du malaise.

ASTROPHYTE s. m. [a-stro-fi-te] (gr. *astron*, astre; *phuton*, plante). Bot. Genre de cactacées, caractérisé par une multitude de petits points blancs, et dont le type, l'astrophyte myriostigme, est indigène du Mexique.

ATHÉROSPERME s. m. (gr. *athér*, épi; *sperma*, graine). Bot. Genre de monimiées, type des athérospermées, renfermant une seule espèce, qui est un arbre aromatique originaire d'Australie.

ATHÉROSPERMÉ, ÉE (gr. *athér*, épi; *sperma*, graine). Bot. s. f. pl. Tribu de monimiées, ayant pour type le genre athérosperme, et comprenant 3 genres d'arbres à feuilles simples, opposées, à feuilles diclines ou hermaphrodites.

ATOUÏ, l'une des îles Sandwich, qui fut le siège de l'une des stations choisies en 1874, pour observer le transit de Vénus. Ses principaux ports sont Ouaïmia et Hanalèi. Sa superficie est de 1.100 kilom. carr.; sa population de 10 000 hab.

ATTACUS s. m. [att-ta-kuss] (lat. *attacus*, nom d'une espèce de sauterelle ou d'un papillon). Entom. Genre de lépidoptères nocturnes, voisin des bombyx et comprenant plusieurs espèces de très grands insectes, tels que le grand paon de nuit et l'attacus atlas de la Chine.

ATTÉNUÉ, ÉE, part. pass. d'ATTÉNUER. — Bot. Qui diminue insensiblement de largeur ou de grosseur.

ATURIE, *Aturia*, ancienne ville d'Espagne, dans la Tarraconaise; aujourd'hui Oria.

AUBERGISTE. — Législ. La responsabilité qui incombe aux aubergistes, en vertu de l'article 1953 du Code civil, lorsqu'un voyageur logeant chez eux a été victime d'un vol ou d'une autre cause de dommage, est limitée à mille francs par la loi du 18 avril 1889, lorsque la perte s'applique à des espèces monnayées, des valeurs ou titres au porteur dont le dépôt réel n'avait pas été effectué entre les mains de l'aubergiste. Mais cette responsabilité reste entière, lorque les espèces, valeurs ou titres, volés, détruits ou endommagés avaient été réellement remis en dépôt à l'aubergiste. Celui-ci est, de même, entièrement responsable, en ce qui regarde les effets, bijoux ou autres objets à l'usage personnel des voyageurs. (Ch. Y.)

AUBETTE, petite rivière qui arrose le départ. de la Seine-Inférieure, et qui se jette dans la Seine à Rouen, après un cours de 15 kilom.

AUBIN-JOUXTE-DOULLENC, ville du cant. et à 1 kil. d'Elbeuf (Seine-Inférieure); 2,500 habit.

AUCAPITAINE (LE BARON **Henri**), écrivain, né à la Rochelle en 1833, mort en 1867. Au sortir de Saint-Cyr, il entra au 36° régiment de ligne et fut nommé adjoint aux affaires Arabes. Il a publié, dans les recueils de son époque, une foule d'articles relatifs à l'Algérie et à l'Afrique. Il a donné en volumes : *Confins militaires de la grande Kabylie sous la domination turque* (1857, in-18); *le Pays et la Société Kabyle* (1858, in-8°); *les Yem-Yem, tribu anthropophage de l'Afrique centrale* (1853, in-8°); *Origine des tribus berbères de la haute Kabylie* (1859, in-8); *les Aïb-Frooncen* (1851, in-8°); *la Zaouïa de Chetlata* (1861, in-8°); *les Druses* (1859, in-8°); *Commerce intérieur de l'Afrique* (1862, in-8°); *Mollusques terrestres d'eau douce vivants dans la haute Kabylie* (1862, in-8°); *les Kabyles* (1862, in-18); *les Berbères Tamou* (1862, in-8°); *les Beni-Mezab* (1868, in-8).

AUCHY-EN-BRAY, village du cant. de Son-

geons, arrond. de Beauvais (Seine-et-Oise); 160 hab. Combat entre Guillaume le Conquérant et son fils Robert Courte-Heuse en 1077.

AUDIOMÈTRE s. m. (lat. *audio*, j'entends; gr. *métron*, mesure). Instrument qui sert à mesurer l'étendue de l'ouïe. On dit aussi *audimètre*.

AUGERON, ONNE s. et adj. De la vallée d'Auge; qui se rapporte à la vallée d'Auge ou à ses habitants.

AUGIER (Guillaume-Victor-Emile), poète et auteur dramatique, né à Valence-sur-Rhône le 17 septembre 1820, mort le 25 octobre 1889. Il abandonna l'étude du droit pour la poésie. En 1844, il présenta au Théâtre-Français, une comédie en 2 actes et en vers, la *Ciguë*, qui ne put obtenir les honneurs de la lecture. Il porta sa pièce à l'Odéon, où elle eut près de cent représentations. Il la publia en la fit précéder d'une lettre dans laquelle il défend la mémoire de Pigault-Lebrun, son grand-père. Recherché dès ce moment par le Théâtre-Français qui l'avait si lestement éconduit, il lui donna en 1845, l'*Homme de Bien*, comédie de mœurs en 3 actes et en vers, qui obtint à peine un succès d'estime. Il donna ensuite, sur la même scène, l'*Aventurière* (comédie en vers, 3 actes, 1848, remaniée et portée à 5 actes, en 1860;) *Gabrielle* (comédie, 3 actes, vers, 1849); en partage avec la *Fille d'Eschile* d'Autran, il plaça à la tête de l'école dramatique dite du « sens commun »; le *Joueur de flûte* (un acte, vers, 1850); *Diane* (drame, 5 actes, vers, 1852); la *Pierre de touche* (5 actes, prose, 1853, en collaboration avec Jules Sandeau); *Philiberte* (comédie, 3 actes, vers, 1853); au Gymnase; le *Mariage d'Olympe* (1855, 5 actes, prose, Vaudeville); le *Gendre de M. Poirier* (1856, Gymnase, 4 actes, prose, succès presque sans précédent); *Ceinture dorée* (même scène, 1856, 3 actes, prose); la *Jeunesse* (5 actes, vers, Odéon); les *Lionnes pauvres* (1858, 5 actes, prose, vaudeville, en collaboration avec Ed. Foussier, tableau de la vie des demi-mondaines); un *Beau Mariage* (5 actes, prose, Gymnase, 1859, même collaboration); les *Effrontés* (1861, 5 actes, Français, vigoureuse satire du mercantilisme littéraire); le *Fils de Giboyer* (5 actes, Français, 1862, pièce dont le vrai titre aurait dû être les *Cléricaux*, et qui souleva une violente polémique) ; *Maître Guérin* (5 actes, prose, Français, 1864); la *Contagion*, 5 actes, prose, Odéon, 1866); *Paul Forestier* (4 actes, vers, Français, 1868); le *Post-Scriptum* (bluette, 1869) ; les *Lions et les Renards* (5 actes, Français, 1869); *Jean de Thommeray* (5 actes, Français, 1873, en collaboration avec Sandeau) ; *Madame Caverlat* (4 actes, prose, vaudeville, 1876) ; le *Prix Martin* (3 actes, 1876, Palais-Royal, en collaboration avec Labiche). Emile Augier a laissé en outre : le livret de *Sapho* (opéra en 3 actes de Gounod, 1851), un volume de *poésies* et plusieurs autres pièces de théâtre. Il entra à l'Académie française, en 1857.

AUMALIEN, IENNE s. et adj. D'Aumale; qui se rapporte à Aumale ou à ses habitants.

AURÉLIAQUOIS, OISE ou Aurillaquois, oise, s. et adj. d'Aurillac, qui se rapporte à cette ville ou à ses habitants.

AURÉLIEN (Saint), archevêque d'Arles en 546, mort en 555. Fête le 16 juin.

AURICULÉ, ÉE adj. Bot. Qui est muni de petites lames latérales, nommées auricules.

AUSCITAIN, AINE s. et adj. [öss-si-tain] (lat. *Ausci*, nom de peuple). D'Auch; qui appartient à la ville d'Auch ou à ses habitants.

AUSTRALASIENNE (Fédération), nom que l'on donne, à une fédération formée en 1885 entre toutes les colonies anglaises de l'océan

Pacifique du Sud, à l'exception de la Nouvelle-Zélande, de l'Australie méridionale et de la Nouvelle-Galles du Sud.

AUSTRUDE ou **OSTRU** (Sainte), religieuse, fille de sainte Salaberge, née vers 634, élue abbesse à l'âge de vingt ans, en remplacement de sa mère ; elle sut repousser les prétentions de l'évêque Mauger, qui voulait s'emparer de son monastère et de ses nonnes.

AUTEUR. — Législ. La propriété littéraire ou artistique est aujourd'hui l'objet d'une protection réciproque, résultant de la législation des principaux pays d'Europe. Un projet de convention internationale a été signé à Berne, le 18 septembre 1885, et converti, le 9 septembre 1886, en un acte diplomatique, portant les signatures des représentants de la France, de l'Allemagne, de l'Angleterre, de l'Italie, de l'Espagne, de la Belgique, de la Suisse, de Haïti et de Liberia. Cette convention a été rendue exécutoire en France, par décret du 12 septembre 1887. La protection internationale, assurée par ledit acte, s'applique aux droits des auteurs sur leurs œuvres, et elle comprend, suivant les termes de l'article 4, « toute production « quelconque du domaine littéraire, scienti- « fique ou artistique qui pourrait être publiée « par n'importe quel mode d'impression ou « de reproduction ». Le principe de cette pro- tection est que « les auteurs ressortissant à « l'un des pays de l'Union, ou leurs ayants « cause, jouissent dans les autres pays de « l'Union, pour leurs œuvres, soit publiées « dans un de ces pays, soit non publiées, des « droits que les lois respectives accordent ou « accorderont aux nationaux ». — L'auteur a seul le droit de publier, lui-même, ou d'auto riser la traduction de son œuvre, pendant les dix années qui suivent la publication de l'ouvrage original. La reproduction et la tra- duction des articles de journaux sont seules permises ; et il est même possible de s'y op- poser par une interdiction expressément for- mulée. Les auteurs dramatiques et les com- positeurs de musique ont exclusivement la faculté d'autoriser la représentation ou l'exé- cution de leurs œuvres, et ce dans les mêmes conditions que s'il s'agissait d'œuvres litté- raires. L'article 10 porte que « sont spéciale- « ment comprises parmi les productions illi- « cites auxquelles s'applique cette convention, « les appropriations indirectes, non autori- « sées, d'un ouvrage littéraire ou artistique, « désignées sous des noms divers, tels que : « adaptations, arrangements de musique, etc., « lorsqu'elles ne sont que la reproduction d'un « tel ouvrage, dans la même forme ou sous « une autre forme, avec des changements, « additions ou retranchements non essentiels, « sans présenter d'ailleurs le caractère d'une « nouvelle œuvre originale ». Il suffit, pour jouir de la garantie internationale, et pour pouvoir exercer des poursuite. contre les contrefacteurs, que le nom de l'auteur soit indiqué sur l'ouvrage. Pour les œuvres ano- nymes, celui de l'éditeur suffit, ce dernier devant être réputé comme ayant cause de l'auteur anonyme ou pseudonyme. L'Union est représentée, d'une manière permanente, par un bureau international, établi à Berne. Les États non signataires de la convention peu- vent y adhérer, et faire ainsi partie de l'Union. Malheureusement, il est à craindre que la grande république américaine ne tarde en- core longtemps à donner son adhésion, et la contrefaçon continuera à s'y étaler impuné- ment. En effet, aux Etats-Unis, les statuts revi- sés en 1870 n'accordent un droit de propriété littéraire ou artistique qu'aux citoyens améri- cains et aux résidants. (Ch. Y.)

AUTOCOPISTE s. m. (gr. *autos*, soi-même; *copié*.. *copiste*). Appareil au moyen duquel on peut multiplier sans peine l'écriture ou les dessins. L'autocopiste se compose d'un cadre

de bois à fond mobile, qui sert à tendre une feuille de papier parchemin préparé. Quand on a écrit ou dessiné l'original avec une encre spéciale, on le laisse sécher, on l'applique en le retournant sur la surface humide du parchemin, on le laisse sécher deux minutes; on l'enlève et le cliché est prêt. Il suffit de le mouiller avec une éponge, de l'encrer avec le rouleau et d'appliquer une feuille de papier, qu'on presse simplement à la main, pour retirer une copie. On peut ainsi obtenir 25 ou 30 bonnes copies. Dans l'*autotopiste noir*, inventé par le Prussien Otto Lelm et importé en France vers 1880, la feuille de parchemin est revêtue d'une couche de gélatine; on peut, avec cet appareil, obtenir un très grand nombre de copies.

AUTOMATE. — On a donné abusivement le nom d'automate à différentes figures d'hommes ou d'animaux qui étaient mises en mouvement non par un mécanisme, mais par une personne de petite taille cachée dans

Automate de Robert Houdin.
Position de l'homme dans la caisse de l'appareil.

l'intérieur de la machine. Tel était le joueur d'échecs que Kempeler exhiba en 1776; tel était encore le joueur d'échecs construit en 1855 par Robert Houdin. Extérieurement, l'ensemble était semblable à un buffet, der-

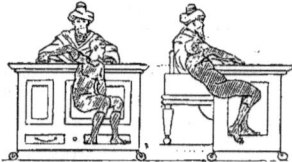

Automate de Robert Houdin.
Position du joueur dans l'automate pendant la partie.

rière lequel se tenait assise une figure d'homme, drapée amplement et dont un bras était appuyé sur un échiquier ordinaire. Le buffet était grand ouvert et disposé de façon à ce que le spectateur le crût absolument vide. Cependant, il n'en était rien et une place avait été ménagée pour qu'un homme de petite taille pût se dissimuler dans le buffet. Quand la partie était entamée avec un « amateur » quelconque, le moteur de l'automate se dressait, ainsi que l'indiquent nos figures, et poussant le bras de l'automate il jouait la pièce voulue, qu'il apercevait par un trou ménagé dans les vêtements. Le mouvement d'horlogerie qui semblait remplir tout le buffet n'était qu'un trompe-l'œil, et ce fut quand un mauvais plaisant cria « Au feu! » pendant la partie d'échecs, qu'on s'aperçut du stratagème, car l'automate effrayé fit des mouvements désordonnés et se renversa, tandis que son moteur animé, un petit jeune homme fluet, s'enfuyait terrifié dans la coulisse.

AUTOMOTEUR. — ENCYCL. On donne le nom d'automoteur à toute machine qui se règle d'elle-même sans l'intervention de l'homme, comme, par exemple, l'automoteur *à vent* de Beaume, et l'*automoteur à vapeur* d'Abel

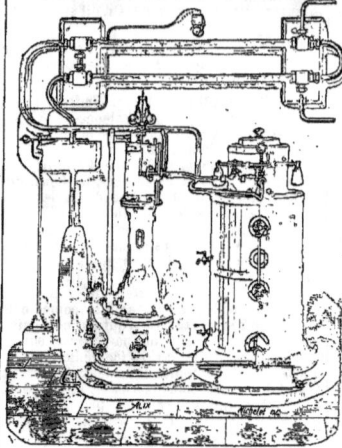

Automoteur Abel Pifre.

Pifre. L'automoteur à vent l'*Eclipse* de Beaume est le plus perfectionné des *moulins* à vent. Il se compose des pièces suivantes: 1° de la roue motrice; 2° de la pièce appelée bras, supportant ladite roue; 3° d'un plateau excentrique communiquant le mouvement au moyen d'une bielle; 4° d'une girouette d'orientation; 5° d'une pièce supportant le mécanisme, fixée sur un tube en fer creux, traversant un manchon et pouvant tourner en tous sens; 6° d'une aile latérale régulatrice; 7° enfin, de deux secteurs dentés sur l'un desquels sont fixés le levier de désorientation et le contrepoids. — La roue motrice, de forme circulaire, placée verticalement, est composée d'une armature légère en bois de frêne sur laquelle sont fixées des lames de sapin allant dans leur longueur du centre aux extrémités, point où elles sont un peu plus larges et sont dans le sens de leur largeur placées obliquement, un peu comme les lames de persiennes, se couvrant toutes, en laissant du jour entre elles, de sorte que, de face, cette roue paraît pleine. Quand le vent est relativement faible, c'est sur la face qu'il vient frapper. Dès qu'il grandit, sa seule force fait placer la roue transversalement. A mesure que le vent augmente de force, la roue oblique à gauche, et, s'il vient à souffler en tempête, elle s'incline jusqu'à venir présenter sa tranche. Dans cette position, la force atmosphérique ne rencontre naturellement qu'une surface presque nulle. Cette position est gardée tant que dure la bourrasque. La description succincte qui a suivre montrera quels sont les moyens employés par M. Abel Pifre et quels résultats sûrs et économiques il est arrivé à obtenir. L'ensemble se compose d'un générateur et d'une machine, verticaux tous deux et réunis sur un même socle de fondation. Le générateur a l'aspect extérieur d'un poêle calorifère, et son mode d'entretien est le même. Il présente à sa partie supérieure un couvercle fermant une sorte de trémie par lequel se fait, à très longs intervalles, le chargement du combustible, coke, ou toute autre matière non susceptible de s'agglutiner par la chaleur. La vapeur est produite dans une série de tubes qui assurent une très grande rapidité de mise en pression, une grande puissance de vaporisation sous

un petit volume et une inexplosibilité absolue. La pression se règle par l'ouverture du registre au tirage, et la régularité de marche est parfaite, puisqu'elle est indépendante des périodes de chargement du combustible, lesquelles n'altèrent jamais le régime de la combustion, qui n'a lieu que dans la partie inférieure de la trémie de chargement. La machine qui utilise la vapeur produite dans le générateur est d'une simplicité de mécanisme élémentaire, attendu qu'elle ne comporte, comme la plus simple des machines à vapeur, qu'un vilebrequin et une bielle de distribution. Le cylindre est construit en métaux choisis de telle sorte que, concurremment avec les garnitures des pistons et tiroirs, il ne nécessite aucun autre corps lubréfiant que la vapeur qui circule dans son intérieur. Le graissage, si onéreux et si désagréable dans les cylindres ordinaires, est donc supprimé; il ne reste plus que le graissage des paliers de rotation, lequel, chacun le sait, ne constitue pas une dépense appréciable. Enfin, la suppression du graissage du cylindre n'a pas pour but unique de supprimer une dépense, mais elle permet d'utiliser pour l'alimentation de la chaudière la vapeur même qui en est sortie. En effet, la vapeur qui sort du cylindre, après y avoir effectué son travail est conduite par le tuyau d'échappement, à travers un système de tubes où circule un courant d'eau quelconque qui la refroidit et la convertit en eau. Cette eau, qui est pure de tout corps gras, distillée à une température qu'on peut obtenir aussi haute qu'on le désire en réglant le courant d'eau de réfrigération, tombe dans un récipient d'où elle est reprise par la pompe alimentaire.

AUTONOÉ, nom de plusieurs personnages mythologiques. — Fille de Cadmus et d'Harmonie, épouse d'Aristée, et mère d'Actéon. Assistée de sa sœur Agave, elle mit en pièces Penthée, pendant un de leurs accès de furie bachique. On montrait leur tombeau dans le territoire de Mégare.

AUTONOMISTE adj. Qui a rapport à l'autonomie, qui lui appartient: *opinion autonomiste.* — s. Partisan de l'autonomie : *les autonomistes.*

AUTORITARISME s. m. (rad. *autoritaire*). Polit. Système de gouvernement fort et autoritaire.

AUTRICHE-HONGRIE. L'empire austro-hongrois est formé de trois territoires bien distincts, ayant chacun leur administration particulière, savoir : 1° la partie cisleithane appelée Autriche et comprenant 22,150,000 hab.; 2° la portion transleithane ou royaume de Hongrie, renfermant 15,650,000 hab.; 3° la Bosnie, avec 1,326,000 hab.; ce qui donne pour tout l'Empire une population de 39,125,000, ou une augmentation de 404,000 hab depuis la publication de notre article Autriche dans le *Dictionnaire.* — Le traité de Berlin (13 juillet 1878) a imprimé une nouvelle direction à la politique austro-hongroise, en dirigeant les aspirations de la maison de Hapsbourg vers la formation d'un empire slave. La rapidité avec laquelle s'accomplit l'assimilation de la Bosnie et de l'Herzégovine, en dépit des fâcheux pronostics qui avaient été portés lors de l'annexion de ces deux provinces, fortifia les espérances du cabinet de Vienne, au point qu'il n'hésita pas à entrer résolument en lutte contre la propagation de l'influence russe dans la péninsule des Balkans. En 1880, le comte de Taaffe, chargé de former un nouveau ministère, choisit les ministres dans le parti autonomiste, qui s'est donné pour but de faire disparaître les différends existant entre les sujets allemands et ceux qui sont d'origine slave. Mais en même temps que l'Autriche

gagnait du terrain vers l'Orient, sa politique était mise en échec par l'agitation irrédentiste du Tyrol et de Trieste, qui aspirent à s'unir au royaume d'Italie. Le danger parut assez sérieux pour motiver, en juillet 1881, un voyage de l'empereur dans les provinces menacées. En août, une entrevue à Gastein, entre l'empereur d'Autriche et l'empereur d'Allemagne, confirma l'alliance précédemment formée avec l'Allemagne du Nord, et en octobre de la même année, une visite à Vienne du roi Humbert, vint démontrer que le gouvernement italien, irrité de l'envahissement de la Tunisie par les troupes françaises, abandonnait la politique irrédentiste et se réconciliait avec la monarchie austro-hongroise. Les années suivantes s'écoulèrent sans incidents particuliers ; mais sous l'apparence de la tranquillité, on sentait se développer rapidement les haines des nationalités. La partie allemande de la nation se plaignait avec amertume de toute diminution de son influence. De son côté la nationalité croate ne cesse de protester contre l'usage de la langue hongroise. A ces causes de désorganisation vinrent se joindre les conspirations socialistes, qui motivèrent, en février 1884, la proclamation de l'état de siège à Vienne, et l'arrestation de plusieurs centaines d'anarchistes, dont beaucoup furent mis en jugement et condamnés (juin 1884). Les élections de mai 1885, fortifièrent la majorité du comte de Taafe au Reichsrath et justifièrent sa politique, en affaiblissant de trente membres le nombre des députés allemands adversaires de la balance entre les diverses races de l'empire. En 1886, eut lieu entre le comte Kalnoky, ministre des affaires étrangères, et la délégation bulgare, une entrevue dont il résulta que l'empereur d'Autriche approuva, le 15 du même mois, la nomination du prince Ferdinand, au trône de Bulgarie. L'immixtion de l'Autriche dans les événements de la Bulgarie et l'élévation du prince autrichien Ferdinand au trône bulgare amenèrent de tels froissements avec la cour de Saint-Pétersbourg, que dès le début de l'année 1887, une guerre parut inévitable. Néanmoins, les rumeurs alarmantes, qui avaient pris naissance à Berlin parce qu'elles étaient utiles à la politique de M. de Bismarck (voy. ALLEMAGNE, dans ce Supplément), finirent par s'apaiser peu à peu. Le 6 août, les deux empereurs d'Allemagne et d'Autriche se rencontrèrent à Gastein et confirmèrent leur alliance; le 3 octobre, signor Crispi vint à Friedrichshue trouver M. de Bismarck, afin de signer avec lui un traité qui faisait entrer l'Italie dans l'alliance de l'Autriche et de l'Allemagne. Presque aussitôt les bruits de guerre reprirent encore avec plus d'intensité, relativement à une prétendue concentration des troupes russes en Bessarabie et le long de la frontière de Galicie, mais il fut presque aussitôt démontré que ces rumeurs, nées, comme toujours à Berlin, n'avaient en d'autre but que d'influencer le cours de la Bourse sur les différentes places d'Europe. Un événement singulier, en apparence peu important, mais qu'il est bon de noter, comme très significatif, eut lieu au commencement de l'hiver 1887. Le baron et la baronne de Rothschild furent déclarés *hoffähig*, c'est-à-dire qu'ils sont admis aux bals de la cour. C'est la première fois qu'une pareille concession est faite à des Juifs en Autriche. — En 1888, la politique extérieure fut beaucoup plus pacifique, le gouvernement publia, le 3 février, le texte même du traité secret de 1879, qui a établi l'alliance entre la monarchie austro-hongroise et l'Allemagne du Nord. Le 26 mai, un malheureux incident vint surexciter les esprits. M. Tisza, premier ministre de Hongrie, ayant à expliquer devant la diète, les raisons pour lesquelles le gouvernement impérial refusait d'être officiellement représenté à l'Ex-

position de Paris, se laissa entraîner un peu loin et ne se contenta pas de dire qu'aux yeux des monarques européens, la date de cette exposition coïncidait d'une manière fâcheuse avec le centenaire de la Révolution de 1789 ; il ajouta, assez maladroitement, que l'ordre ne lui paraissait pas assuré dans la capitale de la France, et il engagea ses compatriotes à ne pas y venir; ces paroles imprudentes furent vivement relevées par un beau discours prononcé quelques jours plus tard, devant la Chambre française, par M. Goblet, ministre des affaires étrangères. Tisza répliqua par un nouveau discours dans lequel il atténuait la portée de ses paroles, mais son attitude envers la France n'en devint pas plus cordiale. Le nouvel empereur d'Allemagne, Guillaume II, fit un voyage à Vienne, en octobre 1888 et fut reçu avec beaucoup de distinction. Pendant ce temps, le prince de Bismarck et le comte Kalnoky resserraient les liens de ce que les gouvernements de l'Europe centrale appellent une *entente cordiale*. Il en résulta de nouvelles charges pour le peuple. En novembre, on demanda un accroissement d'impôts afin d'élever l'effectif de l'armée à 800,000 hommes. Cette proposition souleva une violente opposition dans le parlement hongrois; elle fut pourtant admise, après des débats orageux, mais le peuple de Buda-Pest se livra à des démonstrations dirigées contre Tisza, en février 1889. Sur ces entrefaites, la cour de Vienne fut cruellement frappée. Rodolphe, prince de la couronne, se suicida dans sa villa de Meyerling, près de Baden, le 30 janvier 1889. L'archiduc Charles-Louis, frère de l'empereur, renonça, le 1er février, à ses droits de succession, en faveur de son fils aîné, l'archiduc François-Ferdinand. Ce pénible incident tout en détournant les esprits, ne fut pas capable de mettre fin aux manifestations du peuple hongrois. Pendant que notre Exposition s'ouvrait au milieu du calme, la capitale de la Hongrie assistait à des émeutes journalières contre Tisza. L'agitation se répandit dans toutes les parties non allemandes de l'empire. Il fallut dissoudre les diètes provinciales de Bohême, de Dalmatie, de Galicie, de Carniole, de Tyrol-et-Vorarlberg, d'Istrie, de Gœrz-et-Gradiska. On irrita les Tchèques en dispersant le club littéraire de Prague, qui avait cru devoir publier des congratulations au peuple français, relativement au centenaire de la publication des Droits de l'homme.

AUXANOSCOPE s. m. [ô-ksa-noss-ko-pe] (gr: *auxanô*, j'augmente ; *skopeô*, j'examine). Phys. Sorte de lampascope électrique inventé par l'électricien Trouvé, pour la projection des dessins, des photographies, des médail-

Fig. 1. — Auxanoscope simple.

les, etc. Il se compose de deux tubes liés ensemble sous un certain angle. L'un de ces tubes est pourvu, à son extrémité supérieure, d'une lampe et d'un réflecteur parabolique, l'autre contient un objectif photographique ordinaire. A l'angle formé par la réunion des deux tubes est placé l'objet dont on veut projeter l'image. Dans la figure ci-dessus, on

a fait une coupe de l'appareil pour montrer la disposition de cette partie. On fait usage d'une lampe électrique à incandescence. —

Fig. 2. — Auxanoscope double à projections continues.

Dans une autre forme de l'appareil (fig. 2), un troisième tube contient une seconde lampe placé au foyer d'un second réflecteur parabolique. Une batterie de quatre piles au bichromate de potasse alimente la lampe.

AUXENCE ou AUXENT (Saint), abbé de Siope, né vers 410, mort vers 470. Il était d'origine persane, et obtint en 432, un emploi d'officier dans les gardes de Constantinople ; il se fit connaître par des miracles et se fixa sur la montagne de Siope, en Bithynie, où il fonda une communauté religieuse. Fête, le 14 février.

AVALLONNAIS, AISE s. et adj. D'Avallon ; qui appartient à cette ville et à ses habitants.

AVALURE. — Aviculture. C'est principalement une maladie des jeunes oiseaux qui commencent à manger seuls et n'ont aucune idée des inconvénients de la voracité. L'avalure est caractérisée par le gonflement du ventre et un amaigrissement rapide ; la peau tendue est bridée de veines rouges, facilement visibles en soulevant le duvet de leurs plumes. Non combattue, la maladie devient promptement mortelle. Mettre l'oiseau à la diète, du moins lui interdire complètement l'espèce de nourriture qui aiguise le plus sa funeste voracité, et y substituer de la mie de pain bouillie dans du lait. Mettre dans son eau du fer ou un peu de thériaque.

AVARIE. — Législ. Ainsi que nous le faisions pressentir, en parlant des avaries de marchandises transportées (voy. *Dictionnaire*, t. I, p. 360), certaines dispositions du Code de commerce ont été modifiées par le Parlement. L'article 105 du Code portait que le fait de la réception par le destinataire et le paiement du prix du transport éteignaient toute action en responsabilité de dommages contre le voiturier. Cela s'applique non seulement aux pertes et aux avaries, mais aussi aux sommes payées en trop et à toutes autres actions. Selon la cour de cassation, les deux conditions réunies n'entraînaient la déchéance que s'il y avait eu livraison effective. D'un autre côté, les commerçants se plaignaient, non sans raison, que la loi ne leur accordât pas un certain délai pour présenter leurs réclamations. La rapidité des livraisons faites par les compagnies de chemins de fer, et l'obligation de payer le prix du transport à l'instant de la réception, ne permettent pas, le plus souvent, de procéder à une vérification complète et de reconnaître les avaries non apparentes. La loi du 11 avril 1888, tenant compte de ces justes plaintes, accorde au destinataire un délai de trois jours, à partir de la réception des colis et du paiement du prix de transport, pour notifier au voiturier, par acte extrajudiciaire ou par lettre recommandée; sa réclamation motivée et fondée sur une avarie ou sur la perte partielle. Toutes stipulations contraires sont

nulles, à moins qu'il ne s'agisse de transports internationaux. — L'article 108 du Code de commerce fixait à six mois le délai de prescription des actions à intenter contre le voiturier, à raison de pertes ou d'avaries, pour les expéditions faites à l'intérieur de la France et à une année pour celles faites à l'extérieur. Ce même article, modifié par la loi, du 11 avril 1888, porte que les actions pour avaries, pertes ou retard sont prescrites par un an, sauf dans les cas de fraude ou d'infidélité. Les autres actions auxquelles le contrat de transport peut donner lieu, tant contre le voiturier ou le commissionnaire que contre l'expéditeur ou le destinataire, sont prescrites dans le délai de cinq ans. — Enfin, dans le cas où le destinataire a dirigé une action en responsabilité contre un voiturier ou un commissionnaire de transport, l'action récursoire en garantie que le voiturier entend exercer contre les intermédiaires auxquels il impute le dommage, le retard ou la perte, doit être intentée dans le délai d'un mois à partir du jour où ce voiturier a été lui-même appelé en responsabilité. — S'il s'agit de dommages subis par une marchandise transportée par mer, le délai pour la signification des réclamations à l'affréteur ou au capitaine ou aux assureurs, reste fixé à 24 heures par le Code de commerce (art. 436).   (Ch. Y.)

AVEL FAL. Mauvais petit génie de la mythologie bretonne. Les Avel Fal enlèvent la crème de dessus le lait.

AVENEL (Georges), historien, né à Chaumont (Oise) en 1828, mort à Bougival le 1er juillet 1876. Il débuta, en 1865, par une histoire d'*Anacharsis Clootz* (2 vol. in-8°), œuvre d'érudition, dans laquelle il met en lumière, avec une grande fidélité, le caractère de l'*Orateur du genre humain*. Pendant la Commune, Avenel fit partie du comité dit de conciliation, qui s'efforça de mettre un terme à la guerre civile. Il publia ensuite, dans le journal la *République Française*, une série d'articles sur la révolution de 1789, et les réunit en 1874, en un recueil intitulé *Lundis révolutionnaires*.

AVERTIN (Saint-), commune du cant. et à 6 kilomètres de Tours, sur le Cher; 1,500 habitants. Bon petit vin rouge frais et léger, recherché aujourd'hui chez les petits bourgeois parisiens. Sources qui fournissent l'eau des fontaines de la ville de Tours.

AVERTISSEUR adj. Qui avertit : *sifflet avertisseur*. — s. m. Celui qui avertit ; ce qui sert à avertir : *les infirmités sont les avertisseurs de la mort.* — Phys. Avertisseur télégraphique, sonnerie mise en mouvement par l'électricité pour annoncer l'envoi d'une dépêche.

AVERTISSEUR d'incendie. Appareil qui agit sur une sonnerie électrique, dès qu'il est soumis à un certain degré de chaleur. Le système le plus simple (voy. notre fig. 1) se compose d'une membrane métallique M fixée

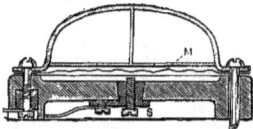

Fig. 1. — Avertisseur d'incendie automatique.

à ses deux extrémités. Quand il survient une forte élévation de température, la plaque se dilate et, ne pouvant s'allonger, elle se gondole, jusqu'à toucher un écrou S. Le circuit électrique se trouve fermé et la sonnerie d'alarme retentit. Les fils du circuit électrique sont reliés, l'un avec la plaque par l'une des vis qui la retiennent, l'autre avec l'écrou. — On donne aussi le nom d'*aver-*

tisseur d'incendie à un appareil électrique d'alarme que l'on installe dans une rue ou même à l'angle de deux rues et qu'un fil met en communication avec le poste des pompiers. Le mécanisme est enfermé dans une

Fig. 2. — Avertisseur d'incendie relié à un poste d'incendie de sapeurs-pompiers.

boîte en fonte dont notre fig. 2 montre la face antérieure. On y voit une ouverture rectangulaire fermée par une glace derrière laquelle apparaît le bouton d'appel. La personne qui veut signaler un incendie, com-

Fig. 3. — Nouvel avertisseur avec la porte ouverte, pour montrer le bouton d'appel.

mence par briser la glace; elle presse ensuite le bouton et à l'instant les pompiers sont avertis et savent de quelle rue part le signal d'alarme. La glace dont étant une fois appareil offre certains inconvénients. Dans le nouvel avertisseur représenté par notre fig. 3, on ne peut donner le signal qu'après avoir ouvert la porte. Un ingénieux mécanisme ne permet d'ouvrir cette porte qu'après avoir tourné la poignée dans le sens du mouvement des aiguilles d'une montre de cette façon, l'appareil est mis à l'abri de la malignité des enfants; contre la méchanceté des malintentionnés, on a imaginé de placer derrière la porte un ressort qui fait jouer, dès que l'on ouvre, une sorte de crécelle produisant un bruit strident, de manière à attirer l'attention des passants. En cas d'appel non justifié, le mystificateur serait arrêté.

AVERTISSEUR contre les voleurs. Ce signal se compose d'une cornemuse A, qui fait entendre un son strident aussitôt qu'on

ouvre une porte ou une fenêtre. Une forte tige est enfoncée dans le parquet par son pied tout près de la porte ou de la fenêtre. Dès que l'on ouvre celle-ci, elle presse le levier recourbé F, qui abandonne le levier L;

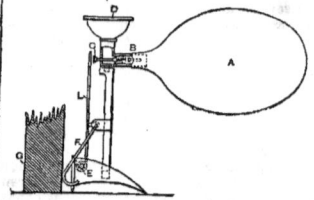

Avertisseur contre les voleurs.

celui-ci presse sur la soupape à ressort C et livre ainsi passage à l'air contenu dans la cornemuse. L'air, en s'échappant fait entendre la note stridente qui donne l'alarme. — L'embouchure D sert à gonfler la poche A.

AVESNIEN, IENNE s. et adj. D'Avesnes; qui appartient à Avesnes ou à ses habitants.

AVEYRONNAIS, AISE s. et adj. De l'Aveyron ; qui appartient à l'Aveyron, qui s'y rapporte.

AVICOLE adj. (lat. *avis*, oiseau ; *colo*, j'habite). Qui vit en parasite sur le corps des oiseaux : *insecte avicole.*

AVIVER v. a. Hortic. Mettre une plaie à vif, en enlevant les parties mortes ou malades jusqu'aux tissus vivants, que l'on recouvre ensuite avec de la cire à greffer ou de l'onguent de Saint-Fiacre, pour en obtenir la cicatrisation.

AVOYE ou **AVOIE (Sainte),** nom français de sainte Hedwige.

AVRIL (Calendrier horticole). Continuer aux plantes d'appartement les mêmes soins qu'au mois de mars : leur donner de l'air pendant le jour, sans toutefois les laisser exposées aux rayons directs du soleil, et les garder de l'air du matin qui est encore frais. Continuer de les arroser le matin seulement. Si les plantes en question sont des végétaux élevés en serre ou sous châssis, les précautions seront plus minutieuses encore ; elles seraient inutiles pour les fleurs de saison et certaines plantes vivaces. En ce mois, à moins de temps absolument défavorable, on commence à sortir de l'orangerie les plantes les moins délicates. Avril voit déjà fleurir quantité de fleurs, notamment : les primevères et les oreilles d'ours, la couronne impériale, les jacinthes, les jonquilles, le myosotis, les orchis pourpres, etc. On sème en place : l'adonide, l'alysse maritime, la belle-de-jour, la belle-de-nuit, la campanule doucette ou *miroir de Vénus*, les capucines, la crépide rose, le cynoglosse à feuilles de lin, l'œnolhère, l'érysimum, l'immortelle annuelle, la julienne de Mahon, la kelmie d'Afrique, le lin à fleurs rouges, les liserons, la mauve Lavatère, la nigelle, le phlox de Drummond, le réséda, le ricin sanguin, la salpiglosse hybride, le souci de Trianon et toutes les plantes grimpantes. On sème en place ou en pépinière, pour être repiqués : la calandrine à grandes fleurs, le chrysanthème à carène, la quarantaine, la gueule-de-lion, l'œillet de la Chine, l'œillet et la rose d'Inde, les reines-marguerite, la scabieuse, la silène, le thlaspi, la violette des quatre saisons, le zinnia, etc. On sème sur couche : amaranthe, balsamine, cobæa, courges, ficoïdes tricolores, immortelle à bractées, jehélies, mimulus, oxalides roses, pétunia hybride, séneçon des Indes, stramoine fastueuse, verveines, etc. C'est aussi le moment de planter sur couche les oignons de tubé-

reuses. Enfin on transplante celles des fleurs citées plus haut qui, semées dans le mois précédent, sont assez vigoureuses pour supporter l'opération.

AYMAR-BRESSION (Pierre), écrivain, né à Metz en 1815, mort à Bois-Colombes (Seine) en 1875. Ses principaux ouvrages sont : *Le Canotier parisien* (1843, in-12) ; *Exposition de* 1849 (1849, in-8°); *Fécondation artificielle des poissons* (1851, in-8°); *Exposition universelle de* 1855 (1855-'56, in-8°) ; *Exposition de* 1857, (in-8°); *Exposition de* 1867 (1868-'69 2 vol. in-8°).

AZÉRABLES, village du cant. et à 14 kil. de la Souterraine (Creuse); 200 hab. Beau tumulus entouré d'un fossé.

AZIB-ZAMGUM, village créé par les réfugiés Alsaciens-Lorrains en 1873, au milieu d'un paysage pittoresque, sur les derniers contreforts de l'Atlas, à 75 kil. d'Alger.

AZYGITE s. f. (préf. privat. *a* ; gr. *zugos*, lien). Bot. Genre de champignons qui se développent en automne sur les bolets pourris.

B

BACC   BACC   BACC

BABA. — La pâte du baba n'est autre que de la pâte à brioches un peu plus molle. Ajoutez-y un demi-verre de vin de Madère ou de rhum, une bonne pincée de safran en poudre, environ 30 grammes de raisin de Corinthe bien épluché, moitié de cédrat confit coupé en filets, 30 grammes de sucre. Mêlez bien le tout. Versez dans un moule beurré, deux fois trop grand pour ce qu'il doit contenir, ou simplement dans une casserole également beurrée ; laissez reposer et gonfler dans un lieu chaud : puis, quand il sera bien gonflé, faites-le cuire à feu doux une heure ou dans le four une demi-heure.

BABAUD-LARIBIÈRE (Léonide), homme politique et publiciste, né à Confolens (Charente) en 1819, mort à Perpignan en 1873. Avocat au barreau de Limoges, il publia de nombreux articles politiques dans les journaux de la région, fut nommé en 1848 commissaire de la République pour le département de la Charente. Ce département l'ayant envoyé siéger à la Constituante, il y prit place parmi les membres de la gauche. Ne s'étant pas déclaré partisan de la politique napoléonienne, il ne fut plus réélu et rentra dans la vie privée en 1849. Il publia une *Histoire de la Constituante* (2 vol. in-18) et plusieurs autres ouvrages politiques, dont les plus connus sont : *Etudes historiques et administratives* (Confolens, 2 vol. in-8°), *Lettres Charentaises* (Angoulême, 1885-1888, 2 vol, in-8°). Pendant le gouvernement de la Défense nationale, Babaud-Laribière fut préfet de la Charente; plus tard, il fut envoyé à la préfecture des Pyrénées-Orientales.

BAC s. m. Hortic. Caisse cylindrique en bois, qui a la forme d'un seau ou d'un baquet.

BACCALAURÉAT. — Législ. La réforme de l'enseignement secondaire classique est toujours vainement attendue. Elle est bien difficile à réaliser, en présence d'habitudes invétérées, qui datent, en grande partie, de la fondation de l'Université. Ainsi que nous le disions dans le *Dictionnaire* (t. 1er, p. 377), les esprits les plus sérieux ont reconnu que les réformes de détail seraient insuffisantes, aussi longtemps que ledit enseignement tendra vers un but presque unique, qui est le baccalauréat, examen encyclopédique, toujours soumis à l'aléa d'épreuves peu concluantes. Il y a donc lieu de regretter que les améliorations que le Conseil supérieur de l'instruction publique a votées dans sa séance du 30 juillet 1890 et qui ont été mises en vigueur par un décret du 8 août suivant, ne soient pas plus importantes. Le vieux système qui a toujours donné de si mauvais résultats est encore en vigueur jusqu'à nouvel ordre, sauf les changements dont nous allons parler et qui ne touchent en rien à l'enseignement secondaire spécial ni au baccalauréat qui lui est affecté. — La bifurcation qui permettait aux élèves de l'enseignement secondaire classique de choisir, à la sortie de la classe de troisième, entre les lettres et les sciences, est reculée de deux années et reportée après la classe de rhétorique. Un *baccalauréat de l'enseignement secondaire classique* est substitué aux trois baccalauréats ès lettres, ès sciences et ès sciences restreint. Les épreuves de ce baccalauréat unique sont divisées en deux parties, La première partie doit être subie après la classe de rhétorique. Elle comprend d'abord deux épreuves écrites, éliminatoires, et qui sont : 1° une version latine, et 2° une composition française ; puis six épreuves orales, savoir : 1° l'explication d'un texte grec , 2° l'explication d'un texte latin, 3° l'explication d'un texte français, 4° l'explication d'un texte allemand ou anglais, suivie d'un thème oral ou d'un entretien, 5° une interrogation d'histoire et de géographie, et 6° une interrogation sur les éléments des mathématiques. — Les candidats qui ont obtenu le certificat d'aptitude correspondant à la première partie des épreuves, ont encore à subir, l'année suivante, la deuxième partie, dont le certificat d'aptitude, joint à celui de la première partie, donne droit au diplôme de bachelier de l'enseignement secondaire classique. Mais cette deuxième partie des épreuves se subdivise en trois séries, entre lesquelles les candidats ont à choisir; et les diplômes sont spécialement délivrés selon la série. La première série (*Lettres, Philosophie*) donne lieu d'abord à une épreuve écrite qui consiste en une dissertation française sur un sujet de philosophie, puis, à moins d'élimination par cette composition, à trois épreuves orales qui sont : 1° une interrogation sur la philosophie, 2° une interrogation sur l'histoire contemporaine, et 3° une interrogation sur les éléments de la physique, de la chimie et de l'histoire naturelle. Les épreuves de cette série concordent avec le programme de la classe de philosophie des lycées. Pour la deuxième série (*Lettres, Mathématiques*), l'épreuve écrite consiste en une composition de mathématiques, et les épreuves orales sont : 1° une interrogation sur les mathématiques, 2° une interrogation sur la physique, 3° une interrogation sur la chimie, 4° une interrogation sur l'histoire contemporaine, et 5° une interrogation sur la philosophie. Les dites épreuves ont pour base le programme de la classe de mathématiques élémentaires des lycées. Pour la troisième série (*Lettres, Sciences physiques et naturelles*), le programme des épreuves doit être ultérieurement déterminé par un règlement particulier. — Les candidats ont le droit, mais non l'obligation, de produire, en se faisant inscrire pour les épreuves, un *livret scolaire*, résumant les notes qui leur ont été données dans le cours de leurs études par leurs professeurs, soit dans l'Université, soit dans les institutions libres, soit dans l'éducation particulière. Cette production ne peut avoir lieu que devant la faculté dans le ressort de laquelle se trouve l'établissement dont émane le livret. — D'autres avantages sont accordés aux candidats par le nouveau règlement. Ainsi, pour les épreuves écrites, autres que la version latine, il est donné trois sujets différents, entre lesquels chaque candidat a le droit de choisir. En outre, le candidat qui, ayant été déclaré admissible après les épreuves écrites, a échoué ensuite aux épreuves orales, est admis à se représenter, l'année suivante, à ces dernières épreuves, sans être tenu de recommencer les épreuves écrites, mais à la condition que ce soit devant la même faculté. Toutes ces positions nouvelles ont été rendues applicables à compter de la session de juillet-août 1891 ; mais les diplômes de bachelier ès sciences peuvent être délivrés selon le système précédent, jusqu'à la session de novembre 1891 exclusivement. (Ch. Y.)

BACCARAT (le). — Ce jeu très dangereux, qui paraît être d'origine italienne, fut introduit en France vers le règne de Charles VIII. Depuis cette époque, il a ruiné chaque année des milliers de personnes. Il se joue entre un banquier et un nombre variable de joueurs nommés pontes. La moitié des pontes occupent la droite du banquier ; les autres se mettent à sa gauche. On se sert de deux jeux de 52 cartes ; chaque figure vaut 10 ; les autres cartes valent les points qu'elles indiquent, sauf le dix qui n'a aucune valeur. Chaque ponte débute par disposer devant lui l'enjeu qu'il veut exposer sur le coup, et le banquier couvre chaque enjeu d'une somme égale. Ensuite un ponte mêle les cartes, le banquier les mêle de nouveau si bon lui semble, et les fait couper soit par un autre ponte, soit par une personne de la galerie, à son choix. Avant de commencer la distribution, il a le droit de *brûler* un certain nombre de premières cartes, pourvu qu'il en ait prévenu la galerie et les pontes avant de donner à couper. Ceci fait, il distribue 2 cartes à chacun des pontes et à lui-même, en commençant par la droite et en les donnant une à une. Chacun examine son jeu et additionne le point de ses deux cartes ; le meilleur point est celui qui se rapproche le plus de 9 ou de 19, comme une dame et un neuf, qui font 19, ou un sept et un deux, qui

produisent 9. Après 9 ou 19, les meilleurs points sont : 8 ou 18, 7 ou 17 et 6 ou 16 ; plus on descend, moins la valeur est grande. S'il y a un joueur dont les cartes forment 9 ou 19, 8 ou 18, il abat son jeu et tous les autres en font autant ainsi que le banquier. Le banquier ramasse les enjeux placés devant les pontes qui ont un point inférieur au sien ; il perd avec ceux qui ont un point supérieur et fait coup nul avec ceux dont le point est égal au sien. Quand les pontes ni le banquier n'abattent d'emblée, cela veut dire que nul ne possède 9 ou 19, 8 ou 18 ; alors le banquier offre une 3e carte à qui la veut et s'en donne une à lui-même s'il bon lui semble. Cette carte se donne toujours à découvert. Ceux qui n'en veulent pas disent : « Je suis content » et quand chacun a reçu une 3e carte ou s'est déclaré content, on abat tous les jeux de ceux qui ont accepté ; le meilleur point est alors 29 ; après quoi viennent 28, 27, etc. Celui qui a plus de 29 crève ; il perd de plein droit ; le banquier gagne contre les pontes qui ont un point plus faible que le sien ; il perd contre ceux qui en ont un plus fort. Il perd contre tout le monde s'il a plus de 29. Le baccarat est donc un jeu de pur hasard qui exclut toute espèce de combinaison. Le joueur n'a d'autre calcul à faire que de savoir juger s'il doit s'en tenir à son jeu ou demander carte. En général, on doit toujours tirer quand on n'a pas au-dessus de 4 ; mais il est prudent de s'en tenir à son jeu quand on a 6 ou 16.

BACHELIER. — Pendant la session de juillet-août 1890, devant la seule Faculté de Paris, il s'est présenté : Au baccalauréat ès lettres. 1re partie : 2,272 candidats ; 2e partie : 1,523. — Au baccalauréat ès sciences. Complet : 1,625 ; restreint : 297. — Le jury, un peu plus sévère que les années précédentes, a accordé le diplôme à : 970 pour la rhétorique, soit 43 p. 100 ; 747 pour la philosophie, soit 49 p. 100 ; 599 pour les sciences, soit 36,8 p. 100 ; 126 pour le restreint, soit 42 p. 100.

BACILLE s. m. [ba-si-le] (lat. *bacillus*, baguette, petite verge). Micro-organisme présentant l'aspect d'une petite tige microscopique, composé d'une cellule simple, dont la longueur (de 1 à 20 micro-millimètres) égale plus de deux fois la largeur, et consistant en un corps protoplasmique granulaire, entouré d'une enveloppe à contours effilés et capable de résister à l'action de beaucoup de réactifs. Ces microbes ont deux modes de reproduction : 1o par fissiparité transversale simple ; 2o par la formation de spores qui, sous des conditions favorables, reproduisent la forme du *bacillus*. Ce qui donne une haute importance à l'étude des *bacilles*, c'est leur association avec diverses maladies, comme la tuberculose, la lèpre, etc. Les bacilles connus les plus importants sont les suivants : 1o le *bacillus anthracis*, que l'on rencontre dans le sang et les tissus des personnes atteintes de maladies charbonneuses, de pustules malignes, etc. On a remarqué que ces différentes formes de maladies sont communes surtout chez ceux qui travaillent les cuirs, les peaux, les laines, etc. ; 2o le *bacillus tuberculosis*, répandu dans la poitrine, les crachats et les tissus des phtisiques ; 3o le *bacillus lepræ*, commun dans les nodules de la lèpre ; 4o le *bacillus malariæ*, découvert dans le sang des personnes atteintes de la malaria et qui existe dans les marais ; 5o le *bacillus septicæmiæ*, trouvé dans le sang de souris à qui l'on avait inoculé la septicémie ; 6o le *bacille* ou *bacillus comma*, découvert par Koch dans les intestins des cholériques ; on trouve aussi un autre bacillus semblable, dans la bouche de ces malades, mais il agit différemment pendant la culture ; 7o le *bacillus du choléra des poules* ; 8o celui de la *fièvre typhoïde* ; 9o celui de l'*érisypèle* ; 10o celui du *purpura hæmorrhagica* ;

11o celui de la *syphilis* ; 12o le *bacillus alvei*, qui cause le faux-couvain des abeilles ; 13o le *bacillus scarlatinæ*, découvert par le Dr Edingon, en 1887 ; 14o le *bacillus butyricus*, dont la présence détermine la fermentation de l'acide butyrique. Enfin, on a découvert deux formes de ces microbes dans le lait ; l'une produit la coloration bleue du lait aigri.

BACTÉRIE. (Voy. *Bactérie* dans le *Dictionnaire*.) — Les bactéries se rencontrent quelquefois en agglomération, formant une masse semblable à de la gelée. On les trouve toujours en nombre immense dans les matières en putréfaction et dans plusieurs liquides en fermentation. Pasteur a prouvé que non seulement elles accompagnent la putréfaction, et la fermentation, mais qu'elles sont en réalité les initiatrices de ces procédés. De plus elles sont uniformément présentes dans certaines maladies locales et générales, et dans l'esprit de beaucoup de savants elles ont les mêmes relations causatives avec ces maladies qu'avec les fermentations et les putréfactions. Nous donnons ci-dessous quelques variétés de bactéries ; 1o le *bacterium termo*, qui est essentiellement la bactérie de la putréfaction et qui, sous forme de zooglie, produit l'écume iridescente sur les liquides en décomposition ; 2o le *bacterium lineola* est un peu plus gros que le précédent ; comme lui, on le rencontre dans les matières animales en putréfaction ; c'est l'un des organismes que l'on trouve associé aux odeurs putrescentes ; 3o le *bacterium xanthinum* se trouve dans le lait bouilli, où il produit une délicate couleur jaune ; 4o le *bacterium lactis* se rencontre dans le lait, y produit l'odeur et le goût acides. Nous devons mentionner ici une espèce de la tribu des *spirobacteria* ; c'est le *spirillum* ou *obermeiri*, découvert par Obermeir dans le sang de malades atteints de fièvre récurrente ; il a la forme d'un petit filament spiral, long d'environ 50 millièmes de millimètre ; on le considère comme la cause des fièvres qu'il accompagne.

BADMINTON s. m. Espèce de jeu de pelouse dans lequel deux joueurs, armés de raquettes se lancent un volant, qui doit passer à chaque coup par-dessus un filet tendu entre les joueurs, ce qui force les adversaires à jeter le volant à bonne hauteur. Comme au lawn-tennis, on trace une enceinte ; mais elle est bien plus petite, 14 mètres de long sur 7 mè-

Badminton.

tres de large. On y trace aussi une ligne de service à environ 2 ou 3 mètres du filet. Les joueurs doivent envoyer le volant de façon qu'il tombe au delà de cette ligne de service, sinon l'acte de l'avoir manqué ne compte pas pour une faute. Il suffit donc pour un joueur d'avoir touché le volant pour qu'il n'y ait plus faute, s'il le laisse choir ; il peut toujours affirmer que le projectile serait tombé en dedans de la ligne de service, et c'est là un grand défaut du badminton. Le filet doit avoir 5 pieds de haut dans sa partie la moins élevée, c'est-à-dire au milieu, et le volant ne doit jamais le toucher, sinon c'est une faute.

Chaque coup de raquette bien donné compte pour un point ; toute faute fait perdre un point ; on joue ordinairement en 15 points. Le principal reproche que l'on puisse adresser au badminton, c'est de ne pouvoir être pratiqué sur la pelouse dès qu'il fait du vent ; on est alors obligé de se renfermer dans une grande salle.

BAGATELLE. — C'est un très ancien jeu, qui fut même peut-être l'ancêtre du billard et qui, après avoir été oublié pendant longtemps, semble renaître dans la faveur du public. Son appareil est bien moins encombrant que celui du billard ; il n'exige pas une grande habileté, ce qui est un avantage pour les débutants, et il laisse au hasard une place si large que souvent le joueur le moins adroit est celui qui fait le plus de points. Les tables de bagatelle varient considérablement de grandeur, les unes pouvant avoir 1m,75 de long sur 50 centimètres de large ; les autres mesurant jusqu'à 4 mètres de long sur 1 mètre de large ; mais ordinairement on se sert des plus petites tables. Elles sont souvent supportées par un solide bâti de bois ; et toujours formées d'une plaque de marbre, ou d'ardoise ou de bois, recouverte d'un tapis

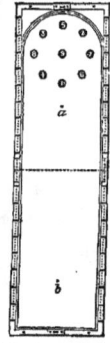

Fig. 1. — Table de bagatelle.

de drap vert fortement tendu ; elles sont entourées d'un rebord ou *bande* rembourrée d'une matière élastique, ordinairement aujourd'hui de caoutchouc. Notre fig. 1 représente une table de bagatelle ; on remarque que la bande est circulaire à l'une de ses extrémités. *a* et *b*

Fig. 2. — La queue.

Fig. 3. — La masse.

Fig. 4. — Position de la queue sur la main gauche.

l'on emploie à ce jeu. Ces billes sont au nombre de neuf, quatre blanches, quatre rouges et une noire. Et il est extrêmement important qu'elles aient absolument le même volume et le même poids ; si l'une pesait plus que l'autre, il serait impossible de calculer l'exacte direction qu'elles doivent prendre après s'être heurtées mutuellement. On frappe les billes soit avec une queue (fig. 2), soit avec une masse (fig. 3). Cette dernière est la plus commode, surtout si la queue n'est pas pourvue d'un procédé. Les masses étant rares aujourd'hui, voici, quand on est forcé de se servir d'une queue, la manière d'y adapter soi-même un procédé. On prend un morceau de cuir plus ou moins épais, suivant la grosseur de la queue ; à l'aide d'un canif ou d'un couteau bien affilé, on coupe un petit carré de ce

cuir. Ensuite, au moyen d'une lime, on râpe le bout de la queue jusqu'à ce qu'elle soit bien unie et bien plane ; on s'assure que cette extrémité forme un plan bien perpendiculaire à la hauteur de la queue, car la moindre obliquité constituerait un grand défaut. On a de la colle forte chaude : on fait chauffer le bout de la queue et le morceau de cuir ; on applique un peu de colle sur la surface plane de l'extrémité de la queue et on presse pendant un certain temps celle-ci contre la craie. Quand la queue et le carré de cuir tiennent ensemble, on laisse sécher et durcir la colle pendant 24 heures, après quoi on pose verticalement la queue sur une planche, de façon que le cuir se trouve pressé sur cette dernière, et avec le canif ou le couteau, on coupe le cuir pour l'arrondir bien exactement, en prenant garde d'enlever le moindre copeau de cette dernière. Ceci fait, on polit le cuir au papier de verre, et on le rend moins glissant en le blanchissant à la craie. La grosseur de la queue doit être proportionnée à celle des billes, qui sont très petites ; de sorte que les queues de billard ordinaire ne peuvent servir. Notre fig. 4 montre la position dans laquelle on doit tenir la queue. Si l'on fait usage de la masse, le point capital est de pousser la bille et non de la frapper, on doit s'assurer que la masse touche la bille avant de donner le coup qui la pousse. On reconnaît que la masse a frappé quand elle fait entendre un bruit sec en touchant la bille, ce qu'il faut éviter. Avant de commencer une partie, on doit s'assurer que la table est bien de niveau ; si elle n'est pas posée à demeure sur un bâti, on la place sur une grande et lourde table, dont on cale solidement les pieds. Pour reconnaître si la bagatelle est de niveau, on prend cinq ou six billes et on les fait rouler doucement sur le tapis ; si elles ont une tendance à se diriger d'un côté plutôt que d'un autre, on glisse quelques feuilles de papier du côté qui a besoin d'être soulevé. La bagatelle donne lieu à plusieurs espèces de parties dont les plus connues sont la partie anglaise, le sans égal, le mississipi et le carambolage. — Partie anglaise. Cette partie peut être jouée par deux ou plusieurs personnes. Dans ce dernier cas, les joueurs doivent être en nombre pair, afin de se diviser en deux camps égaux. Au début, on place la bille noire sur le point ou mouche marqué a (fig. 1). Le premier joueur place une autre bille sur le point b et il la pousse avec la masse ou la queue, pour l'envoyer vers la bille noire qu'elle doit frapper. Si la bille du joueur manque la bille noire, on l'enlève de dessus la table, qu'elle s'arrête dans un trou ou qu'elle ne s'y arrête pas. Certaines tables de bagatelle se plient en deux au milieu pour être plus portatives ; on les ouvre au moment de jouer et on les pose sur une table comme il a été dit ; alors s'il se forme toujours un pli sur le tapis, le long de la ligne de fermeture.

Fig. 5.

Chaque bille qui revient en arrière du pli est considérée comme morte et enlevée du tapis ; c'est pourquoi le joueur prendra garde de toucher trop fort la bille noire, car il est plus important pour elle que pour les autres de ne pas mourir puisque « la bille noire compte double ». Dans le cas où le pli n'existerait pas sur le tapis, on le remplacerait par une ligne transversale tracée au milieu de la table. Toute bille qui saute par-dessus la bande n'est pas replacée dans le jeu. Le but du joueur, au début, est de frapper la bille noire de manière à l'envoyer dans un trou

portant un fort numéro ou de la rapprocher de ce trou. Celui du centre, étant marqué 9, serait le meilleur ; mais il est très difficile, particulièrement au premier coup, d'envoyer la noire dans le 9, et l'on risque beaucoup en essayant de le faire, de l'envoyer dans le un, le plus mauvais des trous. On recommande donc au joueur de chercher, au début, à pousser la noire sur un côté, préférablement sur celui du 8 ; il pourra, en jouant convenablement au premier coup, faire rebondir sa propre bille dans la direction opposée et l'envoyer dans le trou marqué 7 ; et s'il réussit le 8 par la noire et le 7 par sa propre bille, cela lui fera 23 points d'un seul coup. S'il jouait en sens inverse et envoyait la noire dans le trou 7 et la sienne dans le 8, cela ne lui ferait que 22 au lieu de 23. Un coup est aussi facile que l'autre, en raison de la symétrie du jeu, il est toujours préférable de tenter le point de 23. La bille noire étant placée dans un trou, le joueur doit ensuite essayer de prendre le plus de trous qu'il lui sera possible. Les lignes ponctuées de notre fig. 5 montrent comment on peut obtenir les principaux trous, en frappant toujours d'abord la bande. La grande difficulté, c'est de donner à la bille la force désirable ; poussée trop fort, elle ne reste pas dans le trou ; le défaut de force la laisse mourir près de la bande. Le 6 et le 4 peuvent s'obtenir directement sans toucher la bande ; mais il est préférable de les jouer comme le montrent nos lignes ponctuées ; d'ailleurs, on consultera pour ces trous comme pour les autres, la disposition de la table, qui peut avoir une tendance à verser vers les côtés, et l'élasticité de la bande. Quand le joueur a manqué, au premier coup, d'envoyer la bille noire dans un trou, il peut ensuite continuer de jouer sur la noire pour tâcher de la placer dans un trou au coup suivant, ou jouer seulement pour placer ses billes dans des trous ; la position de la noire le déterminera à prendre un parti ou l'autre. La plus mauvaise position de la noire se trouve au bout de la table, sous la bande circulaire ; il vaut mieux l'y laisser que de perdre deux ou trois billes à essayer de la déloger ; le plus souvent elle tourne autour de la bande sans la quitter. La meilleure marche à suivre, dans ce cas, c'est de prendre d'abord le 7 et le 8 ; après quoi, on s'occupe de la noire ; et si on parvient à la faire passer dans le 9, on a gagné 18 points. La table est ordinairement percée sur les rebords d'une quantité de petits trous qui servent à marquer. Chaque joueur ou chaque parti est en possession de deux chevilles pour cet objet. Chaque joueur ou chaque parti se sert de billes dont la couleur diffère de celle des billes du joueur ou du parti adverse. Le vainqueur est celui qui arrive le premier à faire un nombre déterminé de points ; ou celui qui, dans un certain nombre de tournées, a fait le plus de points. On ne joue pas tout autour de la table, comme au billard ; à chaque coup on place sa bille sur la bande. — Partie de sans égal. Cette partie se joue à deux seulement ; un joueur prend 4 billes blanches ; l'autre, 4 billes rouges. On place la bille noire sur le point a (fig. 1). Le premier joueur pousse l'une de ses billes, dans l'intention de frapper la noire ; son adversaire joue ensuite avec l'une de ses billes et ainsi de suite alternativement chacun une bille Chaque joueur marque pour lui toutes les billes de sa couleur qu'il peut envoyer dans un trou et aussi la noire quand il l'y envoie ; mais s'il met dans le trou une bille adverse, elle compte pour son adversaire. Le joueur qui a joué le premier à une tournée, joue le second à la suivante. On joue ordinairement en 25 ou 31 points. — Le mississipi. Pour jouer cette partie, on adapte à la table une sorte de pont de neuf arches, comme le représente notre fig. 6. Les arches portent des numéros, de 1 à 9. On les pousse vers l'extrémité,

jusqu'à la courbe formée par le demi-cercle de la bande, de façon que le pont recouvre une partie des trous. On joue les 9 billes, la noire pouvant compter double, si cela est convenu. Le but est de faire passer les billes sous les arches, après qu'elles ont touché la bande ; toute bille qui passe une arche sans avoir touché la bande compte pour l'adversaire. Quelquefois on place la noire sur son point ordinaire, qui se trouve sous le pont, et alors un joueur ne peut commencer de compter avant de l'avoir touchée. — Le carambolage. Cette manière de jouer est la plus savante ; sur une grande table non creusée de trous, elle ressemble à une partie de billard ; mais on la joue ordinairement sur une petite table, semblable à celle dont nous avons donné la description. On se sert de trois

Fig. 6. — Table de bagatelle pourvue d'un pont du neuf arches.

billes : deux blanches et une rouge, ou une blanche, une rouge et une noire. S'il y a deux billes blanches, l'une d'elles doit porter une marque particulière, comme au billard ; mais il est préférable, surtout si l'on joue sur une petite table, d'avoir des billes de trois couleurs différentes ; alors on place, au début, la noire sur son point ordinaire en a, qui se trouve entre le trou 5 et le trou 9. En travers de la table, à petite distance du côté où se place le joueur, on tire une ligne représentée par des points sur notre gravure. Le joueur pose sa bille en un point quelconque, à son choix, sur le rectangle compris entre cette ligne et la limite de la table, et de son côté. Il est de rigueur de se tenir en face de cette ligne, de façon que les pieds du joueur ne dépassent pas, à droite ou à gauche, le prolongement des côtés parallèles de la table. Le carambolage se fait en touchant d'abord la bille noire avec la bille du joueur, et ensuite celle de l'adversaire toujours avec la même bille.

Il y a plusieurs espèces de parties, qui dépendent le plus souvent de la construction et de la grandeur de la table. On convient des points que l'on comptera lorsque telle ou telle bille entrera dans tel

Fig. 7.

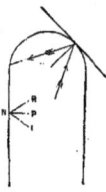

Fig. 8.

ou tel trou. Ordinairement le carambolage vaut 2 points et si, après le carambolage, la bille noire tombe dans un trou, on ajoute, aux deux points, le double du numéro du trou ; si l'une des deux autres billes, ou si toutes les deux tombent dans un trou, on ajoute le nombre ou les nombres de ce trou ou des deux trous. Le plus haut point que l'on puisse ainsi gagner d'un seul coup est 35, savoir : 2 pour le carambolage ; 18, pour la noire dans le trou 9, et 15 pour les deux autres billes dans les trous 8 et 7. Quand le joueur a fait un carambolage, il joue de nou-

veau, en remettant sa bille en un point quelconque du quadrilatère formé par la ligne transversale et en posant sur le point qu'elle doit occuper toute bille blousée (tombée dans un trou); une bille non blousée reste en place. Quand le joueur manque le carambolage, son adversaire le remplace en mettant sa propre bille dans le quadrilatère et en laissant les autres au point où elles se trouvent. Il est évident que lorsque le carambolage est difficile à faire directement, ou l'essaie en frappant d'abord la bande, ou en touchant la bande après avoir frappé une bille, pour revenir ensuite sur l'autre bille. Ces sortes de coups, bien plus difficiles qu'au billard, exigent de la part du joueur une grande connaissance de la courbe que présente la bande à l'extrémité de la table, demandent une grande habileté et beaucoup de pratique. Quand une bille lancée, doucement, vient à toucher la bande, elle rebondit de façon que l'angle d'incidence soit égal à l'angle de réflexion. Sur notre fig. 8, l'angle I N P est l'angle d'incidence et P N R est l'angle de réflexion; la bille, venant en I N, rebondit au N R. C'est sur cette propriété des chocs ou impacts que doit se baser le joueur quand il fait une bande droite. Mais quelle sera la direction d'une bille qui aura frappé une bande courbe? Cette direction sera analogue à la précédente si l'on suppose une tangente menée perpendiculairement au rayon de la courbe. Soit une bille arrivant à la bande courbe dans la direction indiquée par les flèches (fig. 8) et frappant cette bande en a; elle formera, avec le rayon, un angle de réflexion égal à l'angle d'incidence. La connaissance de cette loi est indispensable au joueur; et de plus, il lui faut, nous le répétons, beaucoup de pratique.

BAGUENAUDIER. La première mention de ce jouet se trouve dans l'ouvrage de Cardan, intitulé *De subtilitate libri XXI* (Nuremberg, 1630), et traduit en français par Richard Leblanc, sous le titre de la *Subtilité et subtiles inventions* (Paris, 1556, in-4°). Le mathématicien anglais John Wallis donna plus tard une meilleure description du baguenaudier, dans le deuxième volume de son *Traité d'algèbre*. De nos jours, un érudit lyonnais, M. Gros, a publié, sur le même sujet, une intéressante brochure : *Théorie du baguenaudier, par un clerc de notaire* (Lyon, 1872), dans laquelle il débute par démontrer que l'on doit écrire ce mot avec un O puisqu'il vient probablement de *nœud* (nodus) *de bagues*. D'après lui, le baguenaudier on aurait fait *baguenauder*, s'amuser à des riens. En effet, le baguenaudier est une de ces ingénieuses futilités dont on ne s'expliquerait pas la vogue séculaire, s'il n'y était attaché aucune idée autre que celle d'un puéril amusement. Le baguenaudier est, en réalité, la plus populaire des applications (voy. notre figure) de la progression des nombres. Il se compose d'une *navette* formée d'un fil métallique, ayant la forme d'un rectangle très allongé; l'une des extrémités est ordinairement munie d'une poignée que l'on tient dans la main gauche; 2° d'une petite planchette à peu près aussi longue et un peu plus large que la navette,

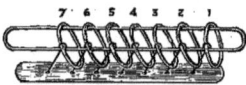

Le baguenaudier.

percée, sur sa longueur, de trous équidistants, dans lesquels passent les tiges dont il sera parlé ci-après; 3° d'anneaux en nombre quelconque, dont le diamètre est à peu près le double de la largeur de la navette et dont l'épaisseur n'est pas de plus du tiers de celle-ci; on peut donc faire passer la navette dans

l'anneau, et un ou deux anneaux de côté dans la navette; 4° de petites tiges métalliques en nombre égal à celui des anneaux; l'une des extrémités de chaque tige entoure l'un des anneaux; l'autre extrémité passe et joue librement dans l'un des trous de la planchette, derrière laquelle la tige est seulement retenue par un crochet. Quant le jeu est *monté* ou *levé*, comme le montre notre figure, chacune des tiges se trouve passée dans l'intérieur de l'anneau qui suit celui qu'elle retient; la tige du 1er anneau est passée dans le 2e; celle du 2e dans le 3e et ainsi de suite. La tige du dernier anneau ne passant dans aucun autre; il en résulte une grande différence dans la disposition du premier et du dernier anneau. Quand un, plusieurs ou tous les anneaux sont levés, comme sur notre figure, les parties du baguenaudier sont attachées ensemble. Le jeu consiste à démonter le système, c'est-à-dire à séparer la navette de tout le reste de l'appareil. Pour y parvenir, on prend la navette de la main gauche, tandis que de la droite, on soulève le bas des deux premiers anneaux, on les tire à droite, on les tourne verticalement au-dessus de la navette, l'ouverture en face de soi, et on les fait tomber entre les deux branches de la navette. Jusqu'ici, rien que de très simple; mais c'est à l'anneau suivant que se pose le principe du jouet; si l'on essaie de faire la même opération pour le 3e anneau, on voit que cela est impossible; tandis que si on attire le 4e vers l'extrémité de la navette, on s'aperçoit facilement qu'il peut se dégager, comme les deux premiers, être soulevé, mis verticalement et rejeté comme eux entre les deux branches de la navette pour retomber en dessous. Cette opération faite, aucun autre ne peut plus bouger; mais le 4e, qui vient d'être baissé ou descendu, peut être remonté, en suivant le sens inverse, c'est-à-dire en passant d'abord de côté entre les branches de la navette pour revenir ensuite vers le bout de la navette et reprendre sa position primitive; remettons-le dans cette position et voyons ce qui empêche le 3e anneau de passer. Procédons par voie de tâtonnement avant d'établir une règle. Pour cela, remontons nos deux premiers anneaux en les faisant d'abord passer ensemble entre les branches de la navette, et en faisant ensuite passer le bout de la navette dans leur ouverture. Après quoi, faisons descendre le 1er anneau seul; nous voyons de suite que le second ne peut descendre seul, mais que le 3e n'éprouve plus aucune difficulté à opérer. Baissons donc le 3e et essayons maintenant de baisser le 4e; cela est impossible. Baissons le 2e (après avoir monté le 4e, avec lequel il doit être descendu) et nous avons, en dessous de la navette, les anneaux 1, 2 et 3. Quant au 4e il ne peut descendre; essayons pour le 5e; l'opération se fait sans difficulté. Mais ensuite aucun autre anneau ne veut plus descendre. Nous savons déjà comment on fait descendre le 4e; il faut remonter le 3e. En tâtonnant ainsi nous apercevons que ce 3e ne peut être levé que lorsque le 2e est levé devant lui et que le 1er est descendu; montons donc les deux premiers, puis descendons le 1er; et le 3e ne s'opposera plus aucune résistance; abaissons le 2e (à l'aide du 1er) et le 4e descendra facilement; relevons le 2e pour faire descendre le 3e; puis abaissons le 2e (toujours avec l'aide du 1er); comptons les anneaux descendus : il y en a cinq. Le 6e refuse de descendre; mais le 7e obéit sans difficulté et il y a 6 anneaux descendus. Maintenant, nous tenons la règle : Un anneau quelconque, sauf le premier, ne peut être monté ou descendu que s'il se trouve placé immédiatement à gauche d'un anneau monté, et si celui-ci est le seul parmi tous ceux à la droite de l'anneau considéré. Pour descendre le 6e anneau, il suffit donc de remonter le 5e par une série d'opérations inverse de celle qui a été suivie pour sa descente; quand le 5e

est monté, on redescend tous les autres à sa droite, le 6e passe, on redescend de nouveau le 5e et tous les autres, après quoi la navette est libre. Et pour faire descendre le 5e anneau, il ne faut pas plus de 5 mouvements, en descendant d'abord le 1er seul, puis le 3e; pour descendre le 7e, il ne faut pas plus de 17 mouvements; mais pour abaisser le 6e, il faut déjà 11 mouvements : et pour descendre ensuite tous les autres anneaux, avant la libération complète de la navette, on ne compte pas moins de 64 mouvements. Encore ne comptons-nous que pour un seul mouvement l'action de faire passer ensemble le 1er et le 2e anneau; si cette double action était comptée pour deux, cela ferait 85 mouvements; nous aurions la progression suivante :

$$1 + 2^3 + 2^5 + 2^6 = 85.$$

Si le baguenaudier avait 8 anneaux au lieu de 7 la progression serait :

$$2 + 2^3 + 2^5 + 2^7 = 170.$$

Pour le baguenaudier de 9 anneaux, on aurait la progression :

$$1 + 2^3 + 2^4 + 2^6 + 2^8 = 341.$$

S'il avait 10 anneaux, la progression serait :

$$2 + 2^3 + 2^5 + 2^7 + 1^9 = 682.$$

Pour 12 anneaux, il faudrait 1,365 mouvements; pour 13, on devrait faire 5,461 mouvements et la progression augmenterait ensuite dans les mêmes proportions. D'après M. L. Gros, en supposant qu'un joueur pût faire 64 changements par minute, ce qui dénote une certaine habitude, il lui faudrait une heure 25 minutes 20 secondes pour démonter complètement un baguenaudier de 13 anneaux, tandis qu'il lui faut 5 minutes 20 secondes seulement pour un baguenaudier de 9 anneaux; 1 minute 20 secondes pour un de 7 anneaux; et 20 secondes pour un de 5 anneaux. Mais ce qui paraît plus surprenant, c'est d'apprendre que pour démonter entièrement un baguenaudier de 25 anneaux, il faudrait, à raison de 10 heures par jour, plus de 588 jours. C'est pourquoi l'on trouve rarement dans le commerce des baguenaudiers de plus de 10 anneaux.

BAHIANAIS, AISE s. et adj. De Bahia; qui appartient à Bahia ou à ses habitants.

BAHR-BELA-MA (Mer sans eau), remarquable vallée du désert Lybien, sur les frontières d'Egypte, à environ 80 kil. O. du Caire. Elle est très profonde, d'une longueur d'environ 15 kil., tout à fait aride et sans eau. Elle présente pourtant l'aspect d'un pays qui aurait été inondé, et plusieurs ont pensé qu'elle était jadis arrosée par le Nil ou par l'un des bras de ce fleuve qui se détachait à l'O., près des pyramides de Sakkara et traversait la Bahr-bela-Ma. Cette opinion est aujourd'hui discréditée; la formation et l'aspect de cette vallée sont encore inexpliqués.

BAIL. — Législ. L'article 2102 du Code civil accorde au bailleur d'un fonds rural un privilège sur la récolte de l'année, ainsi que sur tout ce qui garnit la ferme louée et sur tout ce qui sert à l'exploitation de ladite ferme. Ce privilège s'appliquait à tous les fermages échus et à tous ceux à échoir, lorsque le bail avait acquis date certaine; et il s'arrêtait à la seule année après l'année courante, lorsque le bail n'avait pas date certaine. Le privilège dont il s'agit a été restreint, dans le cas de faillite, par la loi du 12 février 1872. (Voy. au *Dictionnaire*, t. Ier, p. 386.) Il a été, de plus, réduit d'une manière absolue, par la loi du 19 février 1889, pour les baux qui n'avaient pas acquis date certaine avant la promulgation de cette dernière loi. Il ne peut plus être exercé, même quand le bail est authentique ou a acquis date certaine, que pour les fermages des deux dernières années échues, pour l'année cou-

rante et pour une année après l'expiration de l'année courante. Ledit privilège s'applique toujours, non seulement aux fermages, mais à tout ce qui concerne l'exécution du bail, aux réparations locatives, et aux dommages-intérêts qui peuvent être accordés au bailleur par les tribunaux.   Cн. Y.

BAILLIVAL, ALE adj. [*ll* mll.] (rad. *bailli*). Qui se rapporte au bailli ou au bailliage : *le secrétaire baillival.*

BAKER-PACHA (Valentin Baker, connu sous le nom de), aventurier anglais, mort de la fièvre jaune à Tel-el-Kébir en novembre 1887. Frère du célèbre voyageur Samuel Baker, et ami intime du prince de Galles, il était colonel de la garde royale anglaise, quand, à la suite de poursuites pour outrages aux mœurs commis dans le chemin de fer de Windsor, il fut condamné, après un procès retentissant, à deux mois de prison, 12,000 fr. d'amende et fut cassé de son grade. Il se mit au service de la Turquie, qui lui confia la mission d'organiser un corps de gendarmerie au début de la guerre contre la Russie (mars 1877). La Porte lui conféra le grade de pacha. Il offrit ensuite ses services au khédive d'Égypte, qui le mit à la tête de la troisième expédition contre le Madhi. Son armée fut presque détruite par les partisans du Madhi à la bataille de Tokar ou d'El-Teb (5 février 1883). Depuis cette époque, Baker-Pacha vécut retiré à Tel-el-Kébir.

BALAKHANI, lieu situé au pied du Caucase, à 8 kil. de Bakou (Russie d'Asie), non loin de la côte occidentale de la mer Caspienne, au milieu d'un cercle de collines d'environ 2 kil. de diamètre. Dans cette vallée se trouvent 400 puits de pétrole que l'on emploie aujourd'hui sur une grande échelle pour l'exportation en Europe. Le pétrole recueilli à Balakhani est d'abord transporté à Bakou, pour y être raffiné avant d'être livré au commerce.

BALALAÏKA s. m. Guitare à trois cordes en usage chez les Russes; on dit aussi BALAÏKA.

BALANCE. La balance ordinaire, représentée par la figure ci-contre, se compose d'une barre horizontale en métal, ordinairement en laiton, en fer ou en acier. Cette barre, appelée fléau, est mobile autour d'un axe central, qui la partage en deux parties égales appelées bras (*a* et *b*). Aux extrémités des bras sont suspendus deux plateaux ou bassins de même dimension et de même poids, dans l'un desquels on place le corps à peser; dans l'autre on met des poids en quantité suffisante pour maintenir le fléau dans sa position horizontale. La somme des poids marqués est égale au poids du corps, si la balance est juste.

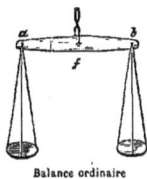

BALANÇOIRE. On donne ce nom ou celui d'escarpolette à un appareil à l'aide duquel on se balance sur une corde dont les deux extrémités sont attachées à une petite distance l'une de l'autre, soit aux branches d'un arbre, soit aux branches de deux arbres voisins, ou encore à deux supports plantés en terre, à une traverse placée sur deux montants, à des anneaux fixés au plafond d'une chambre, etc. La corde ainsi attachée forme un demi-cercle allongé dont l'arc inférieur se trouve à 50 ou 60 centimètres au-dessus du sol. C'est sur cette partie que l'on s'assied; on peut la garnir d'un coussinet, d'une planchette de bois ou même d'un fauteuil. La personne qui se balance se maintient en saisissant fortement la corde, à droite et à gauche, avec les

Balance ordinaire

mains, à peu près à la hauteur de la tête. On peut se balancer soi-même en imprimant à l'escarpolette un mouvement de va-et-vient, par l'impulsion des jambes et du corps; ou bien on peut avoir recours à la complaisance d'une autre personne qui imprime le mouvement à la balançoire soit directement, soit à l'aide d'une ficelle. Un autre système consiste à tirer soi-même une corde fixée à la partie supérieure de l'appareil. Ce jeu, qui fut probablement l'un des premiers que pratiquèrent les hommes, constitue un exercice tellement agréable que ceux qui s'y livrent ne connaissent pas, pour ainsi dire, la satiété. Quelques-uns deviennent de véritables fanatiques de l'escarpolette. Voici quelques préceptes qu'il n'est pas inutile de rappeler à l'imprudente jeunesse : Il est toujours dangereux de s'élever à une trop grande hauteur et de se placer debout sur la planchette ; on ne doit se livrer à l'exercice de la balançoire que deux heures au moins après le repas. — On appelle aussi *balançoire* et autrement *bascule* une poutre légère ou une forte planche posée en équilibre sur un support peu élevé : pierre, tronc d'arbre, pivot de charpente ou de fer, etc., de façon que deux personnes, placées aux extrémités, puissent monter et descendre alternativement, en mettant l'appareil en mouvement. L'une des personnes appuie ses pieds contre le sol et donne une impulsion ascensionnelle au bras du levier sur lequel elle est assise ; l'autre personne descend jusqu'à ce que ses pieds touchent à leur tour la terre. Dans certains jardins, on établit des bascules fixes, dont le pivot présente une espèce de fourchette dans les branches de laquelle est fixée, au moyen d'une longue cheville de fer, la solive destinée à recevoir les joueurs ; à chaque extrémité de la solive, se trouve un siège rembourré, et au-dessous de chaque siège, on établit un tampon dont le ressort est dissimulé dans une colonnette ; de cette manière, on évite les secousses un peu violentes causées par l'arrivée à terre du bras du levier qui descend. Il existe des balançoires où la bascule est double et montée sur un pivot tournant; alors quatre personnes peuvent s'y balancer à la fois, et deux à deux; celle qui descend frappe légèrement du pied le sol à droite ou à gauche, et il en résulte, pour les joueurs, un mouvement continuel de rotation, tantôt dans un sens, tantôt dans un autre.

BALANO-PRÉPUTIAL, ALE adj. (gr. *balanos*, gland; franç. *préputial*). Qui se rapporte à la fois au gland et au prépuce.

BALFOUR (Francis-Maitland), naturaliste anglais, né en 1851, mort le 22 juillet 1882. Après de brillantes études, terminées en 1870, à Trinity-College (Cambridge), il obtint une chaire d'histoire naturelle en 1871, et se rendit en 1873, à Naples pour y compléter certaines études zoologiques. Il y fit, relativement au développement des poissons-branches, des découvertes qu'il publia en 1 vol. (1878). En 1881, il fut nommé professeur de morphologie animale à Cambridge, où une chaire fut créée spécialement pour lui. Il a publié, entre autres beaux travaux, un *Traité d'embryologie comparée* (2 vol. 1880-'81). Il périt accidentellement pendant une ascension du mont Blanc.

BALISTRAIRE s. f. (bat. *balista*, balliste, du gr. *ballein*, lancer). Ouverture cruciforme percée dans les murs d'une forteresse, au moyen âge, et dans laquelle les arbalétriers faisaient passer les flèches qu'ils tiraient sur l'ennemi. — On donnait le même nom à la petite tourelle dans laquelle se tenait un archer et qui se projetait en dehors du parapet ou en dehors des murailles. Ces tourelles, que l'on rencontre fréquemment dans les anciens châteaux féodaux recevaient aussi le nom de BARBACANES.

BALLE. — Jeux. Les jeux de balle paraissent être aussi anciens que la civilisation. De tout temps, on les a recommandés comme étant propres à développer l'adresse, l'agilité et surtout la grâce; c'est pourquoi ils furent en honneur auprès des dames de l'antiquité. On trouve aujourd'hui, chez les marchands, des balles en caoutchouc, les unes pleines, lourdes, dures, et trop élastiques; les autres creuses, légères, molles, mais rebondissant beaucoup trop. Il y a aussi les balles *de chiffes*, formées de chiffons et sans élasticité : on leur préfère les *balles de laine*, obtenues en roulant avec soin un fil de laine sur un bouchon de liège taillé en boule, et en recouvrant le tout de deux morceaux de peau, taillés dans de vieux gants. Quand on a placé, dans le milieu du liège, un bout de tuyau de plume fermé aux deux extrémités avec du parchemin, et renfermant un grain de plomb ou quelques grains de sable, on entend, dès que la balle est en mouvement, un léger bruit, dû à l'agitation de ces grains, et l'on dit que la balle est *à répétition*. La balle se lance avec la main, avec une raquette, une latte, ou tout instrument du même genre; elle donne lieu à différentes parties, dont nous allons nous occuper. — Balle A LA BASCULE. La balle est placée sur une espèce de trappe (voy. la gravure ci-contre) en forme de soulier, dont la partie postérieure est creusée comme une coupe; une palette de bois, suspendue en son milieu, sur lequel elle fait bascule, couvre le trou avec sa partie plate. La balle étant posée sur cette partie fait basculer la palette, en vertu de son poids, et s'enfonce dans le trou; l'autre extrémité de la palette se trouve relevée.

Balle à la Bascule.

Le joueur que la sort a désigné s'arme d'un bâton long de 40 à 50 cent. et en frappe un coup vif sur l'extrémité relevée. La balle, projetée verticalement, s'élève à une certaine hauteur et retombe au point du point d'où elle est partie. Le joueur l'attend pour la frapper de son bâton avant qu'elle ait touché le sol. S'il la manque il perd son tour de jouer; s'il l'atteint, il compte à combien de longueurs de son bâton elle s'est arrêtée, en partant de la bascule, et cela lui fait autant de points qu'il y a de longueurs de bâton; puis il recommence jusqu'à ce qu'il manque son coup. Le vainqueur est celui qui gagne le premier un nombre de points déterminé. La balle à la bascule donne lieu à des règles très diverses. Quelquefois, on convient que le joueur perd son tour, lorsque l'adversaire ou l'un des adversaires, si l'on forme deux camps, attrape la balle à la volée après que le joueur l'a frappée avec son bâton. L'adversaire, bien qu'il ne l'ait pas prise à la volée, peut, suivant les conventions, la poursuivre et s'en emparer pour la lancer à la main vers la bascule; il fait toujours perdre ainsi un grand nombre de longueurs de bâton au joueur; quelquefois même, il ne lui en laisse pas du tout; et si la balle une fois arrêtée, touche à la bascule, le joueur perd son tour. — Balle AU CAMP ou Balle EMPOISONNÉE. Cette partie peut se jouer de plusieurs manières; nous donnons ci-dessous la plus usitée. Il faut être au moins 10 joueurs et au plus 18, en nombre pair, et se diviser en deux partis, égaux en nombre et, autant que possible, de même force. Le sort désigne quel parti sera le maître du *camp*, enceinte plus ou moins étendue et d'une forme quelconque, tracée sur le sol, à l'une des extrémités de l'emplacement dont on dispose. Hors des limites du camp, on indique 4 ou 5 buts, convenablement espacés, à égale distance l'un de l'autre et formant une ligne parallèle à l'enceinte; les autres joueurs se dispersent en dehors, en se postant de tous côtés, pour que la balle puisse être rapide-

ment attrapée, quelle que soit sa direction. L'un d'eux sert la balle; l'un des gardiens, placé en face de lui, dans l'enceinte, la main droite rejetée un peu en arrière, la relance de toute sa force en cherchant à lui donner une direction inattendue; puis il court vers le premier but, qu'il cherche à atteindre avant que l'un des joueurs adverses ait eu le temps d'attraper la balle et de la lui lancer; il peut même ensuite courir au second but, puis au troisième et ainsi de suite, s'il juge qu'il peut le faire sans danger. Mais si la balle promptement ramassée et lancée par l'un des adversaires, le frappe pendant le trajet d'un but à un autre, son parti est dépossédé du camp. Il est donc, dans la plupart des cas, prudent de s'arrêter au premier but. Il reste posté au but qu'il a atteint, pendant qu'un adversaire sert de nouveau la balle à un gardien, qui la relance comme a fait le premier et qui s'empresse d'atteindre le premier but, pendant que son camarade court vers le second but; forcé qu'il est d'abandonner le premier, le même but ne pouvant être occupé que par un seul joueur à la fois. Un troisième gardien ayant relancé la balle servie pour la troisième fois par un adversaire, court, à son tour, vers le premier but, pendant que les deux premiers touchent successivement les autres buts, et rentrent ensuite dans le camp s'ils le peuvent. La partie se continue ainsi jusqu'à ce que tous les gardiens soient rentrés dans le camp et ils ont alors gagné. Mais les choses se passent rarement ainsi, et il arrive presque toujours que les maîtres du camp en perdent la possession avant la victoire, soit que l'un d'eux vienne à être frappé par la balle dans le trajet du camp à un but, d'un but à un autre, ou d'un dernier but au camp, soit que l'un des adversaires attrape *à la volée* la balle relancée, c'est-à-dire la saisisse avant qu'elle ait touché le sol; soit enfin que l'un des gardiens, se trouvant à un but ou courant d'un but à un autre, touche *avec la main* la balle qui en roulant est venue à sa portée; il a seulement le droit de la repousser avec le pied aussi loin que possible. — Balle CAVALIÈRE. On trace un grand cercle sur le sol. Les joueurs, qui doivent être en nombre pair, font désigner par le sort ceux d'entre eux qui seront cavaliers et ceux qui seront chevaux; après quoi, chaque cavalier monte sur un cheval, dans l'intérieur du cercle. Un cavalier, désigné par le sort, lance trois fois la balle en l'air et la reçoit trois fois dans ses mains, puis la fait passer à son voisin qui répète la même manœuvre, et ainsi de suite, en faisant faire à la balle le tour du cercle, tant qu'elle ne touche pas à terre; mais dès qu'un cavalier maladroit l'a manquée, les cavaliers s'empressent de sauter en bas de leurs montures et de s'enfuir dans toutes les directions. Les chevaux, maîtres de la balle, essaient en frapper l'un des fugitifs. Quand ils y réussissent les rôles changent, les chevaux devenant cavaliers à leur tour; dans le cas contraire, chacun reprend son rôle primitif et la partie recommence. — Balle AU CHASSEUR. L'un des joueurs, désigné par le sort, est le chasseur; après avoir lancé trois fois la balle en l'air et l'avoir reçue trois fois dans les mains, il cherche en frapper, sans changer de place, l'un des autres joueurs, qui se sont dispersés dans toutes les directions. Celui qu'il atteint devient chien du chasseur et peut, comme son maître, faire usage de la balle, dans les mêmes conditions. Tous les joueurs, dont le nombre est indéterminé, deviennent chiens les uns après les autres; après quoi, le premier atteint prend le rôle de chasseur de la partie recommence. — Balle AU MUR. Pour cette partie, il faut disposer d'un mur bien uni et sans croisées; à 1 mètre ou 1 m. 50 du sol, on trace, sur toute la longueur de ce mur, une raie horizontale. Quand il n'y a que deux joueurs et si le mur est très long, on trace,

sur la terre, à droite et à gauche, une raie limitant le jeu. Celui des deux joueurs que le sort a désigné pour *servir la balle*, c'est-à-dire pour la jeter le premier contre le mur, doit la servir *belle*, de manière qu'elle rebondisse vers son adversaire. Le second joueur, les yeux fixés sur la balle, l'attend et, dès qu'elle est à sa portée, la renvoie contre le mur, soit *de volée*, avant qu'elle ait touché le sol, soit *au premier bond*, après qu'elle a touché une fois le sol. Le premier joueur la reçoit à son tour et la renvoie de la même façon et la partie se poursuit ainsi, chaque joueur s'efforçant de ne pas commettre de faute. Il y a faute: 1° quand on ne reçoit pas la balle de volée ou au premier bond; 2° quand on manque la balle; quand on la renvoie au-dessous de la raie horizontale, ou hors des limites tracées à droite et à gauche sur la terre. Chaque faute donne 15 points à l'adversaire, et la partie se joue en 60 points. On convient quelquefois que le gagnant devra faire les 30 derniers points en deux coups. Par exemple, si le joueur A est arrivé à 45 points et si B arrive ensuite à 45, A gagnant immédiatement 15 points n'aura pas gagné, il aura seulement obtenu ce qu'on appelle *avantage*. Si B fait 15 points, il y aura *avantage à deux* et le coup suivant déterminera à qui la partie doit définitivement appartenir. Une partie se compose ordinairement de deux manches gagnées de suite par le même joueur ou de trois manches si chaque adversaire gagne l'une des deux premières manches. Au lieu de deux joueurs il peut y en avoir 4, 6, ou même 8; ils se divisent alors en deux camps ou partis égaux en nombre, et, autant que possible, de forces égales. Les joueurs se placent en face du mur à une certaine distance les uns des autres, de façon à occuper tout l'espace consacré au jeu. La balle est renvoyée alternativement par l'un des joueurs de chaque parti, suivant qu'elle se présente bonne à prendre à celui-ci, ou à celui-là, ou qu'il y a un ordre fixé d'avance pour chacun d'eux. Quand un joueur laisse passer la balle, on dit qu'il a la main trouée. Les règles sont du reste les mêmes que pour deux joueurs. — Balle AUX DEUX MURS. Ce jeu ne diffère du précédent qu'en ce qu'il se joue à deux seulement, sous une galerie de pierre ou sous une porte cochère. L'un des deux joueurs lance la balle contre l'un des murs; l'adversaire ne peut la renvoyer que lorsqu'elle a rebondi sur le mur opposé. — Balle EN POSTURE. Les joueurs, en nombre indéterminé, se rangent en cercle à une certaine distance les uns des autres. Celui que le sort a désigné lance la balle à son voisin de droite qui la jette au suivant, et ainsi de suite, à la ronde, jusqu'à ce que l'un des joueurs lance mal le projectile, qui ne peut être reçu à la volée, ou qu'il le reçoive mal et le laisse tomber par terre. Le coupable, déclaré hors du jeu, conserve la *posture* qu'il avait lorsqu'il a commis la faute. Le vainqueur est celui qui reste seul en jeu quand tous les autres ont failli. Le prix de sa victoire est le droit de lancer dix fois la balle contre un mur et de la rattraper à chaque fois dans ses mains, tandis que les perdants conservent leurs différentes postures. Au dixième coup, la pénitence est terminée et on commence une autre partie. — Balle AUX POTS. On creuse, dans la terre sur trois files parallèles formant un carré d'un mètre de côté, neuf trous ou pots assez larges et assez profonds pour contenir une balle. A un mètre et demi environ des trous, on trace une ligne courbe qui les environne et qui marque les limites du camp. A une distance de 3 à 4 mètres de l'une des files de pots, et parallèlement à cette file, on mène une ligne droite, sur laquelle se tiendra le joueur chargé de rouler la balle. Les joueurs sont au nombre de neuf. (autant qu'il y a de pots), et le sort désigne quel pot appartient à chacun deux. On tire également au sort pour

savoir qui sera le premier *rouleur*, c'est-à-dire qui devra le premier rouler la balle. Le rouleur se poste sur la ligne droite tracée en face des pots; et tous les autres joueurs se placent au camp, un pied sur la raie qui limite le camp, le rouleur jette doucement la balle sur le sol, en s'efforçant de l'envoyer rouler vers les trous et de la faire tomber dans l'un d'entre eux. Quand il réussit le joueur à qui appartient le pot se précipite sur la balle la ramasse rapidement et la jette vers l'un des joueurs qui se sont empressés de prendre la fuite. S'il atteint un des fugitifs, celui-ci est *marqué*, c'est à dire que l'on met une petite pierre ou marque dans son trou; mais s'il manque son coup et ne frappe aucun des autres joueurs, c'est lui, au contraire, qui prend la marque. On marque aussi tout rouleur qui ne parvient pas en trois coups à faire entrer la balle dans l'un des trous. Dans tous les cas, le joueur marqué sert la balle au coup suivant. Quand un joueur a pris trois marques, il est hors de jeu; et le gagnant est celui qui n'a pas été marqué ou qui ne l'a été qu'une ou deux fois : il a le droit de fusiller les vaincus, c'est-à-dire d'envoyer la balle un certain nombre de fois dans le dos de chacun d'eux, en se plaçant à une distance déterminée. Ce jeu admet quelques variantes. On convient quelquefois que celui qui possède la balle pourra, aussitôt après l'avoir ramassée, faire trois pas hors de la limite du camp, pour viser de la façon des fugitifs lorsqu'ils essaieront de se rapprocher du camp. Tous les joueurs, sauf celui à qui appartient le pot dans lequel tombe la balle, doivent s'enfuir dès que la balle est entrée dans ce pot; mais le tireur ne peut jeter la balle à l'un d'eux avant que celui-ci ne soit éloigné de 3 pas. Quand un fugitif est atteint avant d'avoir fait 3 pas, le tireur reprend la balle; place un de ses pieds sur son pot et ne vise l'autre joueur que lorsque celui-ci a fait au moins les 3 pas réglementaires. — Balle A LA RIPOSTE, AU CHAT OU AU RICOCHET. Comme dans la balle en posture, les joueurs sont en nombre indéterminé, et rangés en cercle, à une certaine distance les uns des autres. L'un d'eux, que le sort a désigné, ouvre le jeu en jetant la balle à son voisin de droite, qui doit la recevoir à la volée et la renvoyer à son voisin de droite, et ainsi de suite, jusqu'à ce qu'elle revienne au premier joueur. Celui-ci recommence, mais en allant de droite à gauche. Lorsque la balle lui est revenue une seconde fois, il la lance à un joueur quelconque, après l'avoir désigné en le nommant à haute voix. Le joueur doit attraper la balle à la volée et la lancer de la même manière à un autre joueur, mais non à celui qui la lui a envoyée. Quand un joueur lance mal, quand il reçoit mal, quand il envoie la balle à une fausse adresse, il est marqué d'un point; après trois marques, il est mis hors du jeu et soumis à une pénitence convenue d'avance.

BALLON MILITAIRE. Depuis quelques années tous les gouvernements s'intéressent à l'aérostation sous le rapport de ses applications à l'art de la guerre. Notre Dictionnaire et chacun de nos suppléments contiennent des détails à ce sujet. Ajoutons ici que la Chine elle-même a désiré posséder une équipe d'aérostation militaire, et elle s'est adressée à l'industrie française pour lui fournir les appareils nécessaires. Le 15 février 1888, deux ballons construits sur l'ordre du gouvernement chinois furent embarqués à Marseille pour Tien-Tsin; ils étaient accompagnés d'un aéronaute français engagé pour enseigner à des officiers chinois la manière de diriger ces machines aériennes. L'un des ballons cube 6,000 mètres l'autre 3,000 mètres.

BALLON à air chaud ou Montgolfière. —

Voici comment on peut construire soi-même un appareil de ce genre. On se procure de larges bandes d'un papier blanc ou coloré, mince, léger, solide et imperméable à l'air. Supposons que l'on veuille fabriquer un ballon de 2ᵐ,60 de haut et de 2ᵐ,20 de diamètre,

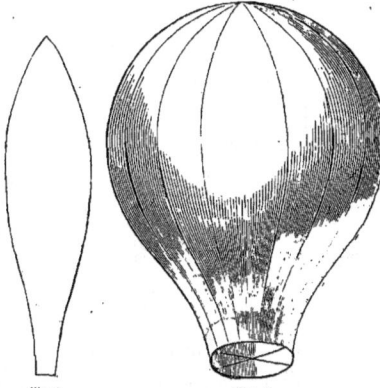

Fig. 1.   Fig. 2.

dans sa plus grande largeur, on aura 14 bandes de papier que l'on taillera comme le représente notre fig. 1, sur une largeur de 70 centim. et une longueur de 2ᵐ,70. Ces bandes, collées proprement à côté les unes des autres, produiront la figure 2. Pour coller ces bandes, on en étend une sur une surface bien plane; on passe de la colle sur un des bords, à une largeur d'environ 1 centim.; on applique exactement une seconde feuille sur la première, en appuyant le long du bord enduit de colle. Pendant que la colle sèche, on réunit les autres feuilles deux à deux, de la même manière. La colle étant sèche, on ouvre la première double feuille et on la met à l'envers, de façon que la bande collée se trouve maintenant à l'intérieur au lieu d'être à l'extérieur; on agit ainsi avec les autres doubles bandes. On étale la première et, sur son bord libre supérieur, on passe la colle; on y applique exactement l'un des bords libres d'une deuxième double feuille; sur l'autre bord libre de celle-ci on passe la colle on applique une troisième double feuille, et ainsi de suite jusqu'à la septième feuille. On laisse sécher; on ouvre le tout pour s'assurer que les bords sont partout collés régulièrement; on remédie aux défauts du collage et on réunit les deux derniers bords libres des bandes, de façon que les bords collés se replient en dedans. Au moyen d'un cercle de fer, on ouvre l'extrémité inférieure du ballon. On colle ou on coud le papier autour de ce fil de fer. Le diamètre de l'ouverture doit être environ le quart de la hauteur du ballon. Deux fils de fer forment la croix au milieu du cercle et servent à maintenir un crochet qui porte une poignée d'étoupe imbibée d'esprit-de-vin, on y met le feu et on lâche l'appareil, qui s'élève aussitôt.

BALLON (Jeux de). Le ballon est une espèce de balle très élastique, légère, grosse, creuse, ordinairement faite de caoutchouc, et souvent colorée de teintes tranchées ou de dessins brillants. Son peu de dureté lui donne certains avantages sur la balle proprement dite; mais il est trop élastique et surtout trop léger pour servir aux jeux de balle. Il donne

seulement lieu à un jeu d'enfants qui consiste à le lancer vers le sol assez fortement pour qu'il rebondisse à peu près à la hauteur de la main qui l'a jeté; quand il est arrivé à cette hauteur, on le frappe verticalement avec la paume de la main ouverte, pour lui imprimer une nouvelle vitesse dans sa descente vers le sol et une nouvelle force ascensionnelle quand il rebondira. On continue de le frapper ainsi, en comptant un à un les coups que l'on réussit, jusqu'à ce que l'on commette une faute, après laquelle on recommence. Quelquefois on jette le ballon contre un mur bien uni et l'on s'exerce à l'y repousser avec la paume de la main chaque fois qu'il rebondit. D'autres fois, plusieurs joueurs se placent en cercle, à une certaine distance les uns des autres et se jettent alternativement le ballon qui doit être attrapé soit à la volée, soit au premier bond, suivant les conventions. Ces différents exercices développent l'adresse des jeunes gens. — On donne le nom de *ballon* à un jeu d'adresse très répandu parmi les habitants des Pyrénées. On le joue ordinairement à ciel ouvert, dans un vaste terrain clos de murs. Le ballon qu'on y emploie est une vessie gonflée d'air, enduite d'huile à l'extérieur et recouverte d'un cuir épais. La main et le poignet des joueurs sont armés d'un gros gantelet de cuir ou de bois, ou d'un brassard. On appelle *brassard* un manchon de bois dont l'extérieur est couvert d'aspérités taillées comme les facettes en pointe d'un diamant; le joueur y enfonce son bras jusqu'au coude, et maintient l'appareil en saisissant une forte cheville qui en traverse obliquement l'intérieur. On donne aussi le nom de *brassard* à une simple garniture de cuir dont on se couvre le bras. Les joueurs ainsi armés se rangent en cercle et chassent le ballon de manière que chacun le reçoive et le renvoie à son tour. Mais le plus souvent ils se divisent en deux camps opposés et jouent une partie suivie, dont les règles sont à peu près les mêmes que celles de la longue paume. — **Ballon au pied.** Ce jeu, qui nous vient d'Angleterre, où l'on le nomme *Football*, était autrefois un exercice brutal et dangereux; des modifications en ont fait un jeu de poursuite très agréable, un exercice salutaire qui développe la légèreté, le sang-froid et le courage des jeunes gens. Il existe deux méthodes de jouer le *football*: celle de l'*Union de Rugby* et celle de *Association pour la réforme du football*. — **Jeu de rugby.** Le costume le plus convenable pour les joueurs se compose d'un gilet en jersey de laine à maille serrée, d'une culotte de flanelle blanche, de bas de laine et d'un bonnet de tricot. Tous les joueurs d'une même équipe doivent porter la même tenue, afin d'éviter les erreurs. Les joueurs *avants*, appelés à donner de forts coups de pied font prudemment de porter des bottines lacées à fortes semelles; les *arrières*, appelés à courir après le ballon, porteront des chaussures plus légères. — Il faut disposer d'un terrain plan, ordinairement une pelouse gazonnée; on y trace un grand parallélogramme de 100 mètres de long sur 70 de large, ses limites sur le côté le moins large portent le nom de *lignes de but* (fig. 1), les lignes qui marquent les grands côtés TT, sont des *lignes de touche*. Des petits drapeaux sont placés aux quatre coins du parallélogramme; trois autres drapeaux indiquent les lignes de touche; deux sont à 22 mètres de chacune des lignes de but et le troisième au milieu. Les buts sont des poteaux de 4ᵐ,50 environ, placés à 5ᵐ,50 l'un de l'autre et réunis, à la hauteur de 3 mètres par une barre transversale. Les joueurs sont divisés en

deux camps de 15 chacun, 10 des joueurs de chaque camp composent l'avant-garde et sont nommés *avants*; 2 autres joueurs de chaque camp sont *demi-arrières*; 1 est *trois quarts*

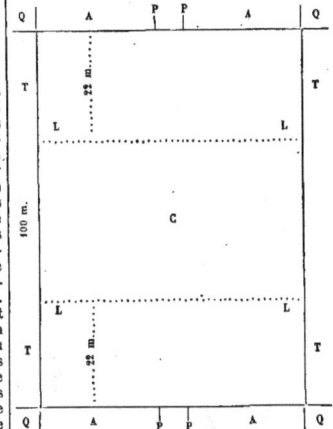

Fig. 1. Plan du terrain pour le Rugby. — AA. lignes de but; PP. buts; TT. lignes de touche; LL, limites; QQ, lignes de touche du but; C, centre du champ.

arrières; 2 sont *arrières* et se tiennent près du but. Enfin chaque équipe ou camp est dirigée par un *capitaine*, à qui tout le monde obéit et qui place les joueurs. Les arrières étant près du but, les trois quarts arrières sont un peu en avant, les demi-arrières sont dans le parallélogramme central, près de la ligne de démarcation; les avants sont en ligne devant le centre; chaque camp est disposé de la même façon. Le ballon est posé au point central dans un trou, fait d'un coup de talon. Avant d'engager la partie, les deux capitaines jouent à pile ou face; le gagnant a le choix du côté ou du coup d'envoi. Le capitaine doit engager son joueur appelé à lancer le ballon. Il y a trois manières de débuter: 1° *le coup franc*, qui consiste à laisser le ballon dans son trou à prendre son élan pour le frapper du pied; 2° *le coup tombé*, quand on le laisse tomber à terre pour le frapper au premier bond; 3° *le coup de volée*, quand on le laisse tomber, en le frappant du pied avant qu'il ait touché terre. Dans tous les cas le pied seul doit lancer le ballon, et le lancer du côté des adversaires. Un des adversaires saisit le projectile, le met sous son bras et se dirige en courant vers le but ennemi. Dès qu'il se voit arrêté par les avants de l'autre camp, il laisse tomber le ballon, le frappe du pied, au moment où il rebondit, et retourne à sa place. Le ballon, est saisi par un des assaillants, qui cherche à son tour à le porter vers le but des adversaires; arrêté à son tour, il crie : « à bas! » au moment où un joueur adverse s'empare du ballon. Celui-ci doit aussitôt laisser tomber le ballon. Les avants des deux camps, placés en deux rangs serrés, épaule contre épaule forment le cercle autour du projectile. Dès que celui qui a la main sur le ballon le lâche, la *mêlée* commence; chacun cherche à faire sortir le ballon du cercle en le frappant du pied pour le pousser vers le camp ennemi. Quand le ballon sort du cercle, les demi-arrières, placés derrière les lutteurs, cherchent à s'en emparer, si l'un d'eux y parvient, il crie : « Parti! » et court vers le but ennemi, poursuivi par tous les avants qui veulent, les uns le soutenir, les autres défendre leur camp. Après plusieurs détours et des feintes, si l'ar-

rière parvient à faire toucher terre au ballon derrière la ligne de but du camp adverse, il a droit à un *essai*, dont pourra résulter pour son camp le gain d'un but et d'un point. Quand cet essai est acquis, un joueur de son camp, désigné par le capitaine, prend le ballon et le porte à la ligne de but, puis de là à une distance qu'il juge convenable pour le faire passer par-dessus la barre transversale par un coup franc. Les avants de son camp se rangent en ligne à sa droite et à sa gauche, prêts à le soutenir; les adversaires se groupent autour de leur ligne de but, les uns en avant, pour s'élancer dès que le ballon sera placé à terre pour être envoyé ; les autres en arrière pour le toucher si l'essai manque, dans le cas où le ballon viendrait à tomber derrière leur ligne de but. Le joueur désigné pour donner le coup d'envoi, fait un signal, celui qui

Ballon au pied.
Fig. 2.
Le rugby.

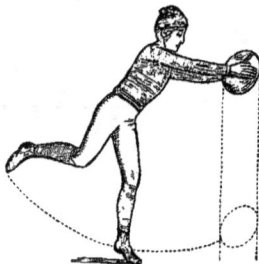

Ballon au pied. — Fig. 3. Coup tombé.

tient le ballon le pose à terre ; l'autre l'envoie ; les adversaires courent à sa rencontre et si l'un d'eux parvient à le toucher dans son vol, il n'y a pas gain de but, quand même le ballon passerait par-dessus la barre. Si l'essai réussit, le ballon est remis en jeu comme au début

Le ballon au pied. — Fig. 4. Une mêlée.

de la partie, mais par le camp perdant ; s'il ne réussit pas, celui des adversaires qui l'a saisi, lui fait toucher terre, le reporte jusqu'à la ligne de but et ensuite à 22 mètres de la ligne de but ; enfin il le remet en jeu par un coup tombé ; et la partie continue. La victoire appartient au camp qui fait passer le ballon le but, c'est-à-dire qui le fait sauter par-dessus la barre transversale. — RÈGLES. Pour gagner un but, il faut que le ballon ait été envoyé *directement* du champ *par-dessus* la barre transversale, par un *coup franc*, ou par un *coup tombé*. — Un match se décide à la majorité des points. Un but gagné vaut trois points ; un *essai*, un point. Un but gagné par un essai ne vaut que trois points. Si le nombre des points gagnés de part et d'autre est égal ou si ni but ni essai n'ont été gagnés, la partie est an-

nulée. On fixe à l'avance la durée de la partie; à la mi-temps les camps changent de côtés. La partie ne peut être arrêtée, ou les camps ne peuvent changer de côtés à la mi-temps, tant que le ballon est en jeu. Les joueurs du camp opposé à celui qui donne le coup d'envoi doivent se tenir à 10 mètres du ballon, tant que celui-ci est à terre. Les joueurs de l'autre camp se mettent sur la même ligne que le ballon. Si le coup d'envoi fait tomber le ballon en dehors de la ligne de touche, le camp opposé a le droit de réclamer un autre coup d'envoi. Un but gagné par le coup d'envoi ne compte pas: Le ballon est remis en jeu par un coup franc. Quand un but a été gagné, le coup d'envoi est donné par le camp qui a perdu le but. A la mi-temps, quand les camps changent de côtés, le coup d'envoi est donné par le camp opposé à celui qui a donné le coup d'envoi au début de la partie. Chaque fois que le ballon dépasse la ligne de touche il est *en touche* ; un joueur du camp opposé doit le ramener au point où il est sorti du champ; si un joueur en possession du ballon dépasse même d'un pied la ligne de touche, le ballon est *en touche*; le *joueur devra revenir avec le ballon au point où il a passé la ligne de touche*. Dans l'un ou l'autre cas, le ballon sera remis en jeu par le joueur lui-même ou un joueur de son propre camp qui pourra : ou faire rebondir le ballon, le saisir et courir avec ; ou le lancer à un des joueurs de son camp; ou le lancer dans le champ, à angle droit de la ligne de touche. Pendant ce temps, les joueurs des deux camps formeront la haie, faisant face les uns aux autres Si le joueur ne lance pas le ballon à angle droit, le camp opposé a le droit de le prendre et de le remettre en jeu comme s'il était en touche. Chaque fois que le ballon *dépasse la ligne de touche de but* il est mort. Il doit être remis en jeu par un coup tombé donné par un des joueurs auxquels appartient le but, se plaçant à un point distant de 22 mètres au plus de la ligne de but. Si le ballon ainsi envoyé tombe en dehors de la ligne de touche, le camp opposé a le droit de réclamer un nouvel envoi. Les joueurs du camp qui remet le ballon en jeu doivent se tenir derrière le joueur qui envoie le ballon; les joueurs de l'autre camp doivent se placer à 22 mètres de la ligne de but. Tout joueur a le droit de faire toucher terre au ballon derrière son propre but ou sa ligne de but. Si un joueur fait toucher terre au ballon dans son propre but ou derrière sa ligne de but, le ballon sera remis en jeu comme il est stipulé à l'article précédent. Quand un joueur fait toucher terre au ballon dans le but ou derrière la ligne de but du camp opposé, il essaie de gagner un but par un coup franc. Un joueur de son camp amènera le ballon du point où il a touché terre en ligne droite en un point sur la ligne de but. (Dans le cas où ce point tomberait entre les deux poteaux formant le but, le point sera pris près d'un des poteaux.) De ce point il s'avancera en ligne droite jusqu'à telle distance qu'il jugera utile, et là, placera le ballon qu'un autre joueur enverra par un coup franc. Si alors un but est obtenu, le ballon sera remis en jeu ainsi qu'il est prescrit à l'article 9; dans le cas contraire, un des joueurs du camp auquel appartient le but, touchera le ballon en ligne droite de but et le remettra en jeu. Pendant *l'essai*, les joueurs du camp opposé à celui qui fait l'essai, se placeront derrière leur ligne de but et ne quitteront pas leur position, tant que le ballon n'a pas été placé pour le coup d'envoi. Les joueurs de l'autre camp se placeront en ligne avec le ballon. — MÊLÉE. Quand un joueur en possession du ballon en dedans des limites du terrain, fait toucher terre au ballon de son propre accord, ou bien est à sa course il est arrêté par un de ses adversaires qui met la main sur le ballon, il doit aussitôt crier : *A terre*,

et le ballon doit être mis à terre. Les joueurs des deux camps l'entourent en serrant les rangs, formant le cercle, chaque camp conservant son côté. Aussitôt que le joueur qui a la main sur le ballon le lâche, les joueurs cherchent à le faire sortir du cercle en le poussant du pied et sans le toucher de la main. Aussitôt que le ballon est sorti du cercle, la mêlée prend fin et la poursuite continue. Si pendant la mêlée le ballon sort de la ligne de touche, il est alors remis en jeu par le joueur qui a mis le ballon à terre. Si pendant la mêlée le ballon sort de la ligne de but, il est remis en jeu par le joueur qui lui a fait toucher terre, ainsi qu'il est prescrit par l'article 12, si c'est un joueur du camp à qui le but appartient, ou par l'article 13, si c'est un joueur du camp opposé. — ARRÊT DE VOLÉE. Quand un joueur attrape le ballon à la volée, que le ballon ait été envoyé par le pied ou lancé par un joueur du camp opposé, celui qui l'attrape fera aussitôt une marque avec son talon. Il pourra remettre le ballon en jeu d'une des trois manières indiquées. Le camp opposé peut alors s'avancer jusqu'à la marque par celui qui a attrapé le ballon et le camp opposé devra se retirer; le ballon sera alors envoyé d'un point à n'importe quelle distance et en *ligne droite* en arrière de la marque et parallèle à la ligne de touche. Le ballon attrapé *de volée* lorsqu'il est lancé de la ligne de touche ne constitue pas un *arrêt de volée*. — EN JEU. EN PLACE. Tout joueur n'est pas *en jeu* s'il se trouve entre le ballon et son propre but. Il ne peut alors ni jouer le ballon, ni le toucher, ni arrêter ou obstruer un adversaire, ni prendre part en aucune façon à la partie tant qu'il n'est pas revenu du bon côté. Les capitaines doivent rappeler les joueurs qui enfreindraient ce règlement, en leur criant : En place, et le camp opposé à celui du joueur qui a enfreint le règlement peut réclamer une mêlée à l'endroit où le joueur hors de jeu a pris possession du ballon. Si un joueur en possession du ballon est arrêté par un joueur du camp opposé qui n'est pas en jeu, le joueur gêné peut réclamer une mêlée ainsi qu'il est prescrit par l'article 16. Si un joueur qui n'est pas en jeu prend possession du ballon et court avec, il devra remettre le ballon à l'endroit où il l'a pris. Tout joueur peut saisir le ballon et courir avec, sauf celui-ci roule ou bondit, sauf pendant une mêlée; le ballon est mort aussitôt qu'il est arrêté. En aucun cas on ne peut saisir le ballon tant qu'il est arrêté, sauf quand il est en touche. Il est permis à tout joueur en possession du ballon de le jeter du côté de son but ou de le passer à un autre joueur de son camp, qui à ce moment serait derrière lui. Il est expressément interdit de frapper le ballon de la main ou de le lancer du côté du but de l'adversaire. Toute infraction à ce règlement entraîne une mêlée à l'endroit où l'infraction a eu lieu; et le ballon ainsi lancé est attrapé au vol par un adversaire, il a le droit de le remettre en jeu. Il est interdit de donner volontairement des coups de pied ou des crocs-en-jambe ou d'arrêter un coureur en le saisissant autrement que par la taille. Toute infraction à ce règlement peut entraîner l'expulsion immédiate du joueur. Il est interdit de jouer avec des souliers à clous ou bien avec des plaques de fer ou de gutta-percha. Dans tous les *matches* on élira deux arbitres choisis par les capitaines de chacun des deux camps. — L'ASSOCIATION. Au lieu d'un ballon ovoïde, on se sert d'un ballon sphérique, formé d'une vessie recouverte d'une gaine de cuir. Le nombre des joueurs est de douze pour chaque camp ; dans ce nombre est compris le capitaine. Chaque équipe comprend un gardien du but, deux arrières, deux demi-arrières et six avants. La différence entre le rugby et l'association consiste en ce que le ballon doit, dans cette dernière partie, passer entre les

poteaux et non sur la barre transversale. On n'envoie le ballon que par le coup franc; mais on ne fait pas de petit trou pour immobiliser le ballon; les joueurs du camp opposé se placent à 6 mètres devant le ballon. Ce dernier ne doit jamais être porté; il faut le chasser devant soi pour le rapprocher du but adverse. — *Règles.* Les dimensions du terrain doivent être: longueur maximum : 180 mètres; minimum: 90 mètres; largeur maximum: 90 mètres; minimum : 45 mètres. — Les lignes de démarcation sont indiquées par des petits drapeaux; les buts par deux poteaux plantés en terre à 7 mètres l'un de l'autre, reliés à 2^m,50 du sol par une barre transversale. La circonférence du ballon ne sera pas moins de 0^m,68 et plus de 0^m,71. On tire au sort à pile ou face; le gagnant a le choix entre le côté du terrain et le coup d'envoi. La partie commence par un coup d'envoi qui sera un *coup franc* du centre du terrain ; les joueurs du camp opposé à celui qui donne le coup d'envoi se placent à 9 mètres du centre, et les joueurs de l'autre camp ne dépassent pas la ligne du centre tant que le ballon n'a pas été joué. Les capitaines fixent préalablement la durée de la partie ; à la mi-temps les camps changent de côtés. Après le gain d'un but, le camp perdant a droit au coup d'envoi; à la mi-temps

Fig. 5.
Ballon pour le jeu de l'association.

lorsque les camps changent de côtés, le coup d'envoi appartient au camp opposé à celui qui a donné le coup d'envoi au début de la partie et ainsi qu'il est prescrit à l'article 3. Une partie est gagnée par la majorité des buts gagnés. Un but est considéré comme gagné,

Fig. 6. — Au jeu de l'association, on ne doit pousser le ballon qu'avec les pieds.

si le ballon passe entre les deux poteaux et *en dessous* de la barre transversale, sans qu'il ait été jeté, frappé de la main ou porté. Le ballon touchant un des poteaux ou la barre transversale, sans qu'il ait été jeté, frappé de la main ou porté. Le ballon touchant un des poteaux ou la barre et rebondissant sur le terrain, est considéré en jeu. Un but ne peut être gagné par un *coup franc.* Quand le ballon est envoyé en dehors des lignes de touche il est *en touche;* un joueur du camp opposé à celui qui l'a envoyé en dehors des limites le jettera dans le jeu du point où il a traversé la ligne de touche ; il fera face au jeu, élèvera le ballon par-dessus sa tête et le jettera des deux mains dans n'importe quelle direction il jugera utile; le ballon ne sera de nouveau en jeu que lorsqu'il aura touché terre, et le joueur qui l'a lancé ne pourra le jouer qu'autant qu'un autre joueur l'aura joué. Quand le ballon a été envoyé derrière la *ligne de but* par un des joueurs du camp auquel appartient cette ligne de but, en se plaçant à une distance de 6 mètres du poteau le plus rapproché ; mais si le ballon a été envoyé derrière la ligne de but par un des joueurs auxquels appartient le but, un des joueurs du camp opposé le remettra en jeu en le ren-

voyant (par un coup franc) en se plaçant à 1 mètre du drapeau du coin le plus rapproché. Dans les deux cas, aucun joueur ne pourra s'approcher du ballon à plus de 6 mètres, tant que le ballon n'a pas été joué. Quand le coup d'envoi est donné, ou que le ballon étant en touche est remis en jeu, tout joueur qui se trouve entre le ballon et le but de l'adversaire est hors de jeu; il ne peut alors ni jouer le ballon, ni empêcher un autre joueur de le jouer, jusqu'à ce que le ballon ait été joué par un joueur du camp adverse. Il est expressément défendu de porter le ballon, de le frapper ou de le toucher avec les mains tant qu'il est en jeu; seul le gardien du but est autorisé, pour défendre son but, à faire usage de ses mains soit pour arrêter ou frapper le ballon ou le jeter, mais il ne pourra le porter. Le gardien du but peut être changé pendant la durée de la partie. La présence à la fois de deux joueurs pour défendre le but est interdite, et aucun joueur ne pourra prendre sa place et remplir ces fonctions pendant que le gardien du but régulièrement désigné a quitté son poste. Il est expressément défendu de donner des coups de pied ou des crocs-en-jambe à ses adversaires, ou de les saisir pour les arrêter ou de les pousser. Il est défendu de porter des clous à ses souliers, des plaques de fer ou de gutta-percha sous la semelle ou aux talons. En cas d'infractions aux articles 6, 8, 9 et 10, le camp opposé à celui du joueur qui s'est rendu coupable de l'infraction, aura le droit d'envoyer le ballon par un *coup franc* de l'endroit où l'infraction a été commise. Chaque camp (dans les matches régulièrement organisés) doit nommer un arbitre auquel appel est fait en cas d'infraction. Pendant l'appel, le ballon reste en jeu jusqu'à ce que la décision ait été donnée.

BALLONNEAU s. m. Petit ballon.

BALMAT (Jacques), guide montagnard qui, le premier, atteignit la cime du Mont-Blanc le 8 août 1786. Malgré de nombreuses tentatives, les sommités de cette haute montagne étaient restées inaccessibles, lorsque de Saussure, qui habitait alors Genève, promit une forte récompense au premier ascensionniste qui y parviendrait. Balmat finit par découvrir la voie qui y conduit, et après deux jours de lutte et de fatigues, il arriva au terme de son voyage, là où personne n'était encore venu, pas même l'aigle ni le chamois. Au comble de la joie, il redescendit un peu pour chercher son compagnon, le docteur Paccard, qui avait voulu tenter l'ascension avec lui, et tous les deux atteignirent de nouveau le sommet de la montagne. Le 2 août de l'année suivante, de Saussure, guidé par Balmat, fit la première ascension scientifique du Mont-Blanc, dont il évalua la hauteur à 4,810 mètres au-dessus du niveau de la mer. — Le 28 août 1887, un siècle après cet événement, eut lieu dans la vallée de Chamounix l'érection d'un monument élevé à la mémoire du savant et de son guide. Ce monument dû à un statuaire français, Jean-Jules-Bernard Salomon, fondateur et directeur de l'école d'art industriel de Genève, est formé d'un groupe en bronze vert représentant un rocher sur lequel Jacques Balmat, en tenue de guide savoisien, montre la cime du « roi des Alpes » à Bénédict de Saussure ; c'est l'emblème de la force physique et du courage mis au service de la science . — Balmat, qu'Alexandre Dumas appelait le « pigeon des Alpes », périt à l'âge de soixante et onze ans, en tombant dans un ravin.

BALNÉATOIRE adj. Fondé sur l'usage des bains: *thérapeutique balnéatoire.*

BALNÉOLOGIE s. f. (gr. *balneum,* bain; gr. *logos,* discours). Traité des bains.

BALNÉOTHÉRAPIE s. f. (gr. *balneum,* bain; gr. *therapeuô,* je soigne). Traitement par l'usage des bains.

BÂLOIS, OISE s. et adj. De Bâle, qui se rapporte à Bâle ou à ses habitants.

BALTARD (Victor), architecte français, né à Paris le 19 juin 1805, mort en janvier 1874. Fils et élève de l'architecte Louis-Pierre Baltard, il remporta le grand prix d'architecture en 1833, demeura cinq ans en Italie et fut ensuite nommé directeur des travaux de Paris et du département de la Seine. On lui doit la construction de l'église Saint-Augustin (1860-'68) et la restauration de plusieurs autres édifices religieux de la capitale. Mais de tous les monuments auxquels cet architecte attacha son nom, le plus fameux est le groupe gigantesque de constructions qui forment les Halles centrales. Il fournit aussi les plans lesquels furent construits le grand marché aux bestiaux et les abattoirs de la Villette. — Baltard a publié plusieurs ouvrages enrichis de dessins : *Monographie de la villa Médicis* (in-fol., 1847) ; *Monographie des Halles centrales ; Peintures et arabesques de l'ancienne galerie de Diane, à Fontainebleau,* etc.

BAN. — Législ. Le *ban de Vendanges* est destiné à disparaître ainsi que la vaine pâture et ainsi que d'autres usages anciens qui sont en désaccord avec les mœurs actuelles. Malgré son origine féodale, le ban de vendanges a été autorisé par la loi du 28 septembre 1791 (Tit. 1, section V, art. 2), mais seulement dans les conditions arrêtées pour chaque commune, par un règlement délibéré en conseil municipal. Le Code rural (L. 9 juillet 1889, art. 13) exige de plus que le conseil municipal ait décidé l'établissement ou le maintien dudit usage, et que la délibération ait été approuvée par le Conseil général. Dans ce cas, le maire prend chaque année, un arrêté de police pour l'exécution de cette décision. — Ne sont pas soumis au ban de vendanges les vignobles entourés d'une clôture continue, faisant obstacle à l'introduction des animaux. (CH. Y.)

BANDITISME s. m. (rad. *bandit*). Métier de bandit, brigandage : le *banditisme corse.*

BANNISSEMENT. — Législ. A la suite de complots manifestement ourdis contre le régime républicain par les prétendants, chefs des partis monarchistes, la Chambre des députés avait adopté le 1er février 1883, une proposition de loi qui donnait au gouvernement la faculté d'expulser du territoire français tout membre de l'une des familles qui ont régné en France ; mais le Sénat rejeta cette proposition. De nouvelles intrigues jetèrent des inquiétudes sérieuses dans le pays; et la loi du 22 juin 1886 s été en conséquence votée par le Parlement. Au terme de cette loi « le territoire de la République est et demeure « interdit aux chefs des familles ayant régné « en France, et à leurs héritiers directs dans « l'ordre de primogéniture. » C'est là une mesure de défense, un bannissement préventif que l'on ne peut pas assimiler à celui qui résulte d'une condamnation prononcée par application des lois pénales. Cette exclusion s'applique aujourd'hui à quatre personnes : au *Comte* de Paris, et à son fils aîné, le duc d'Orléans ; au prince Jérôme-Napoléon Bonaparte, et à son fils aîné, le prince Victor-Napoléon Bonaparte. En outre, la loi autorise le gouvernement à interdire, par décret rendu au Conseil des ministres, le territoire français aux autres membres des familles ayant régné en France. Enfin tous les membres de ces familles sont exclus de l'armée, ainsi que des fonctions publiques ou électives. La sanction de la loi consiste en ce que celui qui, en violation de l'interdiction de territoire, est trouvé en France, en Algérie ou dans les colonies, doit être puni d'un em-

prisonnement de deux à cinq ans, puis reconduit à la frontière, à l'expiration de sa peine.

— Cette loi a dû être appliquée, pour la première fois, par le tribunal correctionnel de
la Seine, le 12 février 1890, au jeune duc
d'Orléans, lequel était venu à Paris. se présenter à la mairie du VIIᵉ arrondissement,
pour s'y faire inscrire, en vertu de son âge,
sur les tableaux de recrutement de la classe
1889, et réclamait comme un droit son incorporation dans l'armée française. Il a été
condamné à deux ans d'emprisonnement, minimum de la peine infligée par la loi de
1886.   (Ch. Y.)

BANNISSEUR s. m. Celui qui bannit.

BANYULENC s. et adj. De Banyuls, qui appartient à cette ville ou à ses habitants.

BAPAUMOIS, OISE s. et adj. De Bapaume;
qui appartient à Bapaume ou à ses habitants.

BAPTISIN s. m. Méd. Extrait résineux du
baptisia tinctoria; c'est une poudre jaune, dont
on fait usage comme *purgatif,* dans l'Amérique méridionale.

BARATTE. L'instrument le plus simple
pour battre la crème ou le lait est la main et
beaucoup de ménagères n'en veulent pas d'autre. Mais outre que le battage ainsi effectué
est pénible et imparfait, ou procédé ne permet pas de procéder sur de grandes masses.
Il est donc préférable de substituer une action
mécanique à celle des bras. Il existe un
nombre considérable de ces instruments.
Tous se composent de deux parties : 1º une
caisse destinée à contenir la crème; cette
caisse est tantôt longue et verticale, tantôt
ronde et cylindrique, en cône tronqué : elle

est fixe ou mobile;
2º un agitateur en
bois agissant par re-
foulement de haut
en bas, et quelque-
fois muni de bran-
ches, d'ailes, de pa-
lettes verticales.
Barattes horizon-
tales. Elles présen-
tent ordinairement
la forme d'un ton-
neau plus ou moins
grand, fixe ou mo-
bile sur un chevalet.
Dans les barattes ho-
rizontales fixes, une
manivelle fait fonc-
tionner les ailettes
qui battent la crème
ou le lait. Dans les
appareils mobiles, la
manivelle fait tour-

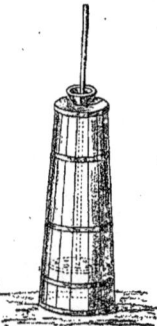

Baratte normande.

ner tout l'appareil
ou lui donne un mouvement de va-et-vient,
comparable à celui d'un berceau. — **Baratte**
du Bessin. Dans cet appareil, tantôt l'axe de
la baratte est muni d'ailes en bois, et seul
mobile : ou bien le tout se meut en même
temps; quelques barattes offrent l'avantage
de réunir les deux systèmes, ce qui permet
d'augmenter ou de diminuer la vitesse de
rotation avec la plus grande facilité. — **Baratte**
à balançoire. On nomme ainsi une baratte
d'invention anglaise, qui offre l'avantage
d'être d'un emploi facile et peu fatigant.
Cet instrument se compose d'une caisse et de
deux grilles, le tout en bois. Le fond est cin-
tré, il balance lorsqu'il est placé sur les rainures du support. On remplit alors cette
baratte à demi et on la balance à l'aide d'un
levier. — **Moulin**. C'est un instrument peu
compliqué, composé d'une caisse cubique,
dans laquelle on fait tourner des ailes en bois
au moyen d'une manivelle qui agit directement sur un arbre traversant le moyeu sur
lequel sont les ailes. L'arbre se meut sur des

coussinets de fer; il traverse la paroi du moulin du côté de la manivelle ; mais il ne la
traverse pas du côté opposé où il est seulement encastré. Près de la manivelle, l'arbre
est muni d'une rondelle de fer qui s'applique
exactement sur le coussinet pour empêcher la
crème de sortir. — **Baratte** du pays de Bray.
Cette baratte est aujourd'hui très recommandée parce qu'elle est employée dans les contrées où l'on fabrique les meilleurs beurres.
Elle est employée non seulement dans le pays
de Bray, mais encore en Autriche, dans les
Pays-Bas et dans quelques contrées de l'Allemagne. Elle se compose d'un baril plus ou
moins grand, généralement de 1 mètre de
long sur 82 centimètres de diamètre, portant
à l'intérieur sur ses deux fonds des croisillons
de fer sur lesquels sont fixées deux manivelles
assez longues pour que plusieurs personnes
puissent y travailler. Ces manivelles sont placées à hauteur convenable sur les deux montants d'un chevalet. L'intérieur de la baratte
est garni de deux ou trois planchettes de
11 centimètres de hauteur, attachées aux
douves légèrement échancrées. Au milieu est
une ouverture ronde par laquelle on verse la
crème et on retire le beurre. Elle est fermée
par un bouton. Un trou garni d'un bouchon
de bois sert à faire écouler le lait de beurre.
Ayant versé la crème ou le lait par l'ouverture, on tourne la baratte avec une vitesse
de trente à trente-cinq tours par minute ; les
planchettes soulèvent le liquide à chaque révolution et le laissent ensuite retomber. On
sépare le lait battu en l'enlevant à la main,
ou bien en versant le mélange sur une toile
ou un tamis qui les sépare. En moyenne,
28 litres de lait fournissent 1 kilogramme de
beurre, ce qui fait 35 gr., 5 par litre. — **Barattes**
de métal. On a imaginé différents appareils de
fer-blanc pour remplacer les barattes en bois.
Ces instruments présentent l'avantage de pouvoir servir pour de grandes quantités de lait.
On a préconisé la *baratte centrifuge* composée
d'un cylindre vertical qui plonge dans un
bain-marie contenant de l'eau froide ou de
l'eau chaude, suivant la saison. Une roue
dentée communique le mouvement au batteur; elle engrène avec un pignon fixé à
l'extrémité d'un axe creux portant trois ailettes verticales percées de trous. Ces ailettes
font tourner trois autres ailettes, implantées
suivant des plans diamétraux. Pendant la rotation, une turbine, placée à l'extrémité de
l'axe, aspire l'air extérieur et donne naissance
à un courant de bas en haut. — **Observations**
générales. Quel que soit l'appareil que l'on
emploie, il doit être construit de façon à se
prêter facilement au nettoyage, à la rapide
séparation du beurre ; à l'écoulement du petit lait, et à l'enlèvement du beurre; à l'élévation ou à l'abaissement de la température
de la crème ou du lait, suivant les besoins.

BARBARISME. Gramm. Le mot barbarisme
signifie expression, tour barbare, c'est-à-dire
étranger, parce que tous les peuples étrangers étaient appelés barbares par les Grecs et
les Romains. Le barbarisme est une faute
contre la pureté du langage, surtout étranger
à la langue que l'on parle. On fait un barbarisme : 1º en employant un mot qui n'est adopté
ni par l'Académie, ni par les bons écrivains
par exemple : *élogier* au lieu de *louer,* par
contre au lieu de *au contraire,* embrouillamini
au lieu de *brouillamini, paralésie* au lieu de
paralysie; 2º en prenant un mot dans un sens
différent de celui qui lui est assigné par l'usage,
par exemple, lorsqu'on se sert d'un adverbe
comme si c'était une préposition. Il est arrivé
auparavant midi, pour dire *avant* midi; *dessus*
la table pour dire *sur* la table, *dessous* le lit,
sous le lit; 3º en mettant des prépositions, des
conjonctions ou d'autres mots, où il n'en faut
pas, en employant ceux qu'il faut omettre, ou
bien en omettant ceux qu'il faut employer :

comme lorsqu'on dit se venger sur *l'un et l'autre;* au lieu de se venger sur *l'un et sur l'autre*;
il ne manquera *de* faire son devoir, au lieu
de il ne manquera *pas* de faire son devoir;
les *père et mère* sont obligés, au lieu de *le père
et la mère* ou les *parents* sont obligés ; 4º en
donnant à un mot un nombre que l'usage lui
refuse comme *bonheurs et chastetés,* mis au
pluriel au lieu du singulier, ou *catacombe, fu-
néraille,* mis au singulier au lieu du pluriel;
5º en terminant un mot autrement que l'u-
sage ne veut, comme si l'on disait des *yeux-
de-bœuf* pour des *œils-de-bœuf,* des *ails* pour
des *aulx;* 6º c'est encore faire un barbarisme
que de donner aux parties d'un verbe des
formes différentes de celle que l'usage autorise, par exemple d'écrire il *soye,* il *aie,* au
lieu de il *soit,* il *ait ;* 7º enfin plusieurs, trompés par une fausse analogie rendent le simple et
les composés disent : vous *contredites,* vous
dédites, vous *médites,* comme on dit : vous
dites et vous *redites,* c'est un barbarisme : la
pureté de la langue demande, vous *contredises,*
vous *médises,* vous *maudisses.*

BARBEAU. — Pêche. Ce poisson se plaît dans
les eaux à courant rapide et à fond rocailleux
et ce n'est pas une petite besogne que de tenter de le prendre en de tels lieux, à la ligne
flottante, qui file avec une précipitation gênante au cours de l'eau et qu'on est obligé de
jeter, de retirer, de rejeter ensuite, au prix
d'une fatigue peu ordinaire. On se sert pour
la pêche du barbeau d'une forte ligne crin et
soie armée d'hameçon nᵒˢ 2, à 4, et lestée de
quelques plombs attachés à environ 25 centimètres au-dessus de l'hameçon. Le barbeau
mord à peu près à toute espèce d'appâts; il
est utile de les varier toutefois suivant les saisons. Ainsi en juin, juillet et août, il est préférable d'amorcer avec des vers d'eau et des
asticots, en septembre, avec des vers rouges,
et de la viande — ou plutôt de la rate cuite,
on peut encore en tout temps joindre à ces
appâts les petits gougeons, les chatouilles, les
queues d'écrevisses dépouillées de leur test ;
les vers de terre, les vers de latrines à queue,
le fromage de Gruyère, etc. Pour attirer le
barbeau dans un endroit choisi, où la nécessité de lever le bras sera peut-être moins impérieuse, un pêcheur prévoyant amorce le
fond d'une grosse pelotte de terre qu'il a garnie au milieu d'un nombre raisonnable d'asticots. Pour cela il jette sa pelotte à l'eau et
se met en faction un peu plus bas que le lieu
ainsi amorcé. La pelotte de terre se désagrège
peu à peu, établissant un petit courant bour-
beux indicateur, que les barbeaux des environs ne manquent pas de remonter pour savoir au juste de quoi il retourne ; et comme
à la fin, ils rencontrent dans cette eau bourbeuse des asticots qui leur paraissent de belle
vue, ils les happent sans plus tarder; ceux qui
recouvrent des hameçons comme les autres.

Le barbeau attaque vivement sa proie; il ne
donne ordinairement deux coups, il faut le
ferrer promptement au moment où il mord.
Ce poisson, très fort, se débat comme un
diable ; mais contrairement à l'ablette, sa
bouche est garnie d'une membrane fort dure
et, avec des précautions, on parvient en
somme assez aisément à le tirer de l'eau. On
pêche également le barbeau à la ligne à soutenir, à la ligne de fond, avec le vieux fromage de Gruyère pour principale amorce;
enfin on le prend avec toute sorte de filets,
mais surtout à l'épervier ou au verveux.

BARBEY D'AUREVILLY (Léon-Louis-Frédé-
ric, dit Jules), homme de lettres, né à Saint-
Sauveur-le-Vicomte, vers 1810, mort le 24
avril 1889. Il fut ordonné prêtre en 1838 et
publia plusieurs ouvrages religieux anonymes.
Ayant ensuite quitté la soutane, il donna des
volumes de vers et des romans, dont les plus
remarquables furent : *Une vieille maîtresse,* plusieurs fois réimprimé (2ᵉ édit. 1858), l'*Ensorcelée*

(1854, 2 vol.); *Les Hommes et les Œuvres* (1861-1863, 3 vol. in-18); critique des libres-penseurs et même de catholiques mal vus en cour. Dans les journaux, Barbey d'Aurevilly déploya une grande verve à chercher des ridicules dans les écrits de Renan, de Victor Hugo et de nos principaux écrivains contemporains. Ses traits sont presque toujours mordants et ne manquent pas d'originalité.

BARBITURIQUE adj. Chim. Se dit d'un acide qui dérive de l'acide urique; sa formule est : $C^4H^4Az^2O^3$

BARGOUZINS ville de la Russie d'Asie, gouvernement d'Irkoutsk (Sibérie), par 53° 36' 56" lat. N. et 107° 26' 47" long. E., à 350 kil. N.-E. d'Irkoutsk, sur la Bargouzine, affluent du Baïkal. Aux environs, se trouvent les Lacs amers qui fournissent les sels purgatifs de Sibérie.

BARRES s. f. pl. Exercice d'adresse et d'agilité, l'un des amusements favoris de la jeunesse des deux sexes, surtout des garçons. Pour s'y livrer, les joueurs doivent avoir, à leur disposition, un terrain vaste, uni et battu. Ils se divisent en deux groupes qui comptent le même nombre de combattants, et chaque parti obéit à un chef qui dirige les mouvements. Chacun des deux groupes se trace un camp aux extrémités opposées de l'emplacement. Le camp, d'une largeur de 3 à 4 mètres, est déterminé par une ligne tracée sur la terre. Le sort ayant désigné lequel des deux partis doit, le premier, demander *barre*, c'est-à-dire engager la partie, l'un des joueurs de ce groupe sort de son camp, s'avance vers le camp opposé, se pose, le jarret tendu, le bras en avant, vis-à-vis de l'adversaire qu'il a résolu de provoquer et qui, devinant son intention, lui tend la main. Le provocateur attaque en frappant trois coups dans la main de son adversaire ; il s'enfuit aussitôt vers les siens, poursuivi par le provoqué qui cherche à l'atteindre ou simplement à le toucher pour le faire prisonnier. Mais du premier instant se précipite un nouveau combattant, qui s'élance au secours de son camarade contre le poursuivant; lui-même ne tarde pas à voir courir sur lui un adversaire du camp opposé, et la mêlée devient générale. Tout joueur a *barre* sur un adversaire lorsqu'il est sorti de son camp après que l'adversaire a quitté le sien; et s'il réussit à l'atteindre, il le frappe légèrement, en s'écriant « *pris* ». Aussitôt, la mêlée cesse; les vainqueurs emmènent le prisonnier; les vaincus rentrent également dans leur camp; et l'on recommence par une nouvelle provocation. Il existe plusieurs manières de traiter les prisonniers. Ou bien ils sont rendus, et alors la partie consiste en un certain nombre de captures; ou bien ils sont gardés dans le camp ennemi. Dans ce dernier cas, le premier prisonnier fait un, deux ou trois pas, à partir du camp où il est détenu, et il tend les bras à ses camarades, jusqu'à ce que l'un d'eux puisse arriver jusqu'à lui et le délivrer en le touchant de la main. De leur côté les gardes du camp emploient leur agilité à déjouer les ruses des libérateurs, et la lutte devient des plus vives. Quand de nouveaux prisonniers viennent rejoindre le premier, ils se rangent, sur une seule file, en se tenant par la main, à la suite du précédent. Ordinairement, le combat cesse lorsque l'un des partis a éprouvé tant de pertes qu'il ne peut plus espérer de délivrer ses prisonniers. On appelle *barres forcées* les parties dans lesquelles les prisonniers restent, en qualité de combattants, dans le parti qui les a pris; de sorte que le jeu se termine seulement quand tous les combattants d'un parti sont passés dans le camp adverse.

BARRES ASSIS (Jeu de). Dans ce jeu de salon, les joueurs se disposent sur deux rangs de chaises, en regard l'un de l'autre et sé-

parés par un intervalle de 1m,60 à 2 mètres. Les dames s'assoient sur un rang, les messieurs sur l'autre. Chaque parti choisit un champion, qui s'avance un peu en avant du front de son armée. Un champion, ordinairement celui des dames, commence le jeu en soufflant, sur le camp ennemi, un flocon de coton en ouate ou de soie peluche, que son adversaire cherche à repousser avec son souffle. Les deux camps entrent en lutte en soufflant sur ce flocon pour le faire tomber dans le camp adverse. Pendant le combat, les champions seuls restent debout. Celui dans le camp duquel le flocon finit par tomber est fait prisonnier et va s'asseoir au *quartier général*, endroit placé près des deux camps. La lutte recommence, et le parti qui fait le plus de prisonniers est déclaré vainqueur. Si ce sont les dames qui triomphent, elles se rangent sur deux files et forment avec des chaises une espèce de voûte sous laquelle les vaincus sont obligés de passer. Si, au contraire les messieurs sont vainqueurs, ils forment la voûte en soulevant leurs chaises d'une main et saisissant de l'autre main une des prisonnières à mesure que les dames passent sous la voûte, ils exigent d'elle un baiser pour prix de sa rançon.

BARROIS, OISE s. et adj. De Bar; qui se rapporte à Bar et à ses habitants.

BARTAVELLE. — CHASSE. La bartavelle n'est en réalité qu'une variété, plus grosse encore, de la perdrix rouge. Elle ne se trouve guère que dans le Midi et particulièrement en Provence, où elle tend même à disparaître, grâce à la guerre déloyale que lui font des chasseurs, instruits par les *illustrations* du braconnage indigène. En Provence donc, on chasse surtout la bartavelle *à la ramée*, c'est-à-dire à la haie mobile, que nous avons déjà vu utiliser pour la chasse aux tétras. C'est à n'y pas croire, mais on en est encore à se demander si dans les engins prohibés visés par la loi de 1844 il faut compter la *ramée*. D'où il suit que la question, qui se résout évidemment d'elle-même, sera encore en suspens lorsque la bartavelle aura complètement disparu. La chasse de la bartavelle ne diffère pas autrement de la chasse à la perdrix rouge proprement dite.

BASCHET (Armand), historien, né à Blois en 1829, mort en janvier 1886. Il fit paraître en 1852; *Honoré de Balzac* (1 vol. in-8°); *De Sainte-Adresse à Bagnères-de-Luchon*; *De la Diplomatie vénitienne* (1862, in-8°); *Le Roi chez la Reine ou Histoire secrète du mariage de Louis XIII et d'Anne d'Autriche* (1865, in-8°). Il a collaboré à un grand nombre de journaux et de recueils.

BASCULE (Jeux de). La bascule ou brandilloire est une poutre légère ou une forte planche posée en équilibre sur un support peu élevé : pierre, tronc d'arbre, pivot de charpente ou de fer, etc., de façon que deux personnes, placées aux extrémités, puissent monter et descendre alternativement, en mettant l'appareil en mouvement. L'une des personnes appuie ses pieds contre le sol, et donne une impulsion ascensionnelle au bras du levier sur lequel elle est assise; l'autre personne descend jusqu'à ce que ses pieds touchent à leur tour à terre; et c'est bien le cas de répéter la maxime de Stella, dans son *Traité des jeux* :

> Ceux-ci qui tiennent le haut bout
> Pensent être au-dessus de tout;
> Mais leur déroute sera prompte.
> La chance tourne : et c'est ainsi
> Que tout roule en ce monde-ci,
> Où l'un descend quand l'autre monte.

Dans certains jardins on établit des bascules fixes, dont le pivot présente une espèce de fourchette dans les branches de laquelle est fixée, au moyen d'une longue cheville de fer,

la solive destinée à recevoir les joueurs; à chaque extrémité de la solive, se trouve un siège rembourré, et au-dessous de chaque siège, on établit un tampon dont le ressort est dissimulé dans une colonnette; de cette manière, on évite les secousses un peu violentes causées par l'arrivée à terre du bras de levier qui descend. Il existe des brandilloires où la bascule est double et montée sur un pivot tournant; alors quatre personnes peuvent s'y balancer à la fois, et deux à deux; celle qui descend frappe légèrement du pied le sol à droite ou à gauche, et il en résulte, pour les joueurs un mouvement continuel de rotation, tantôt dans un sens, tantôt dans un autre.

BASIRE (Claude), conventionnel, né à Dijon en 1764, guillotiné le 3 avril 1794. Il fit ses études chez les Oratoriens, et se fit recevoir avocat. Envoyé par ses concitoyens à l'Assemblée législative, il siégea à gauche de cette assemblée et y forma, avec Merlin et Chabot ce que les ennemis de la Révolution appelaient le trio cordelier. Poursuivi par les injures quotidiennes des royalistes, qui publiaient, dans leurs journaux des insultes dans le genre de celles qui suivent :

> Connaissez-vous rien de plus sot
> Que Merlin, Basire et Chabot?
> — Non je ne connais rien de pire
> Que Merlin, Chabot et Basire
> Et personne n'est plus coquin
> Que Chabot, Basire et Merlin.

Basire se vengea en volant toutes les mesures qui pouvaient affaiblir et perdre la royauté. Réélu à la Convention, il prit place à la Montagne, vota la mort du roi, combattit les Girondins et finit par s'asseoir au groupe dantoniste. Les terroristes se débarrassèrent de lui en l'engloutissant dans une accusation de falsification de décrets portée contre Chabot. Basire fut condamné à mort, malgré son innocence bien constatée.

BASOUTOLAND (Le), pays des *Basoutos*. (Voy. ce mot dans le premier *Supplément du Dictionnaire*.) Le Basoutoland nourrit 129,000 hab. dans un territoire d'environ 26. 000 kil. carr. C'est un pays montagneux, généralement couvert d'une belle végétation et qui renferme de jolis paysages; son sol est fertile; son climat est délicieux. En 1883, il a été séparé de la colonie du Cap et soumis à l'administration d'un protectorat, sous l'autorité directe de la couronne anglaise. (Voy. *Short History of Basutoland*, par le capitaine L. Darwin, 1886.)

BASSETTE. Cet ancien jeu de hasard, inventé, dit-on, par un noble vénitien au XVe siècle, et introduit chez nous vers 1674, fut interdit par la police en 1691. Il se jouait à cinq personnes : un banquier et quatre joueurs. Le banquier avait 52 cartes et chaque joueur un *livre* ou jeu de 13 cartes. Le banquier ayant battu ses cartes, chaque joueur jetait sur le tapis un certain nombre de cartes choisies par lui dans son livre, et *couchait* sur chaque carte, c'est-à-dire faisait une mise d'argent à son gré. Alors le banquier prenait son jeu à l'endroit, de manière à voir la carte du dessous, et tirait les cartes deux à deux jusqu'à épuisement du jeu. La première carte de chaque coupe était pour lui; la deuxième pour les joueurs. Si, par exemple la première carte d'une coupe était une dame, il gagnait tout ce qui avait été couché sur les dames; si elle était la deuxième, il payait la mise de toutes les dames abattues. Les joueurs pouvaient coucher de nouveau pendant le jeu, à la condition que ce ne fût pas sur le couple dont on voyait la première carte. Quand les deux cartes d'une coupe étaient semblables, on les nommait *doublets* et le banquier seul gagnait. Ce jeu, qui ressemblait beaucoup au pharaon et au lansquenet, devenait une source de profits pour les adroits fripons et une cause permanente de ruine pour leurs

dupes. Sauveur a donné, dans le *Journal des savants* (1679), six tables par lesquelles on peut voir que tous les avantages sont en faveur du banquier.

BATEAU insubmersible. Les deux problèmes de l'insubmersibilité et de la légèreté sont résolus par les canots Berthon, en toile vernie imperméable. Ils n'ont aucune côte transversale. Leur *charpente* consiste simplement en nervures longitudinales larges, plates et réunies à *charnière* à chaque bout. Une toile réunit à l'intérieur de l'embarcation toutes les nervures entre elles; une autre les réunit à l'extérieur. Le bateau se trouve ainsi formé d'une suite de compartiments absolument indépendants l'un de l'autre et n'ayant aucune communication soit entre eux soit avec l'extérieur. Un bateau construit dans ces conditions est tellement léger, eu égard à son volume, qu'il faudrait un poids énorme pour le faire sombrer. Il répond, en outre, à toutes les garanties d'insubmersibilité, puisque s'il se trouve percé accidentellement d'une ouverture quelconque, seuls les compartiments affectés prendront l'eau et que les autres suf-

firont à faire flotter le système. Fermé, le bateau à ses nervures parallèles comme les feuillets d'un livre; la toile se replie d'elle-même entre chaque nervure à la façon du soufflet d'un accordéon. Il est donc très trans-

Périssoire pliée et portée à la main.

portable. Moins d'une minute suffit pour le déplier et le replier. L'inventeur a construit sur le même plan toute une série d'embarcations de façon à répondre à tous les besoins,

---

depuis la périssoire et le petit bateau de promenade *jusqu'aux grandes embarcations de sauvetage pouvant contenir cent personnes.*

Canot prêt à être mis à l'eau et plié pour le transport.

Le plus petit de ces bateaux mesure 2m,14 sur 0m,90 de large. Son poids est de 25 kilog. Il est donc facilement transportable à bras. Le canot de promenade tient bien la mer et marche soit à la voile, soit à l'aviron. La périssoire, construite d'après le système Berthon, devient absolument sûre, presque impossible à faire chavirer, et supporte la mer par les plus mauvais temps. Pliée, elle pèse 29 kilog. et n'a que 15 centimètres d'épaisseur! Les bateaux « *duplex* », partagés en deux par une section transversale, forment deux bateaux indépendants pouvant se réunir instantanément. La plus importante des applications des bateaux pliants est celle des grandes embarcations destinées aux navires de commerce, aux grandes lignes de navigation et aux bâtiments de la marine de guerre. Dans un espace superficiel de 10 mètres sur 4, on peut loger six embarcations qui, dépliées, contiennent 90 personnes chacune, et assurent ainsi le salut de 540 personnes! Un modèle de 8 mètres de long a fait, en six jours, à la voile, le trajet du cap Finistère aux îles Sorlingues et retour à Southampton, soit un trajet total de 700 milles ou 1,127 kil.! — **Bateaux en papier.** On construit en papier des bateaux d'assez grandes dimensions, à condition de les consolider

La pêche dans un canot Berthon.

par des membrures en bois. Les Américains, qui ont eu les premiers l'idée des embarcations en papier, en ont construit une qui mesure 12m,80 de long, sur 1m,31 de large;

---

42 personnes peuvent y prendre place. Tout récemment une chaloupe à vapeur de 5m,74 de long a navigué sur l'Hudson, avec une vitesse de 16 kilomètres à l'heure. — **Bateau torpilleur sous-marin.** En octobre 1887, le capitaine Krebs et M. Zédé, officier de marine, ont fait construire un bateau torpilleur sous marin, mû par l'électricité. Des accumulateurs Commelin-Desmazures lui assurent la propulsion, la direction et la lumière. Le bateau présente la forme d'un fuseau de 1m,80 de diamètre, de 20 mètres de long et d'un déplacement d'environ 30 tonnes. Des réservoirs d'air comprimé permettent de renouveler l'atmosphère ambiante et de régler la pression intérieure. Des réservoirs d'eau vidés ou remplis par une pompe mue électriquement, permettent de régler à chaque instant la flottabilité et l'assiette de l'appareil. Deux gouvernails, l'un vertical, l'autre horizontal, actionnés par l'électricité, donnent la faculté de suivre la route voulue en direction comme en profondeur. Des lampes à incandescence éclairent l'intérieur et un appareil optique spécial permet de voir dans l'air, quand on est près de la surface de la mer, et dans l'eau quand on plonge. Tel est le *Gymnote*, premier navire torpilleur sous-marin qu'ait possédé la marine française. L'amiral Aube, ministre de la marine en 1886, prit l'initiative de faire construire ce bâtiment, à titre d'essai, pour tenir notre armée navale au niveau des progrès accomplis par les nations voisines, et particulièrement par l'Allemagne. Le *Gymnote* fut construit par M. Zédé à l'arsenal de Toulon. En même temps, le ministre confiait à l'industrie privée, la construction d'un autre navire du même genre, le *Goubet*, ainsi nommé d'un constructeur de Paris-Bercy. Ce dernier bateau présente un grand avantage, c'est de se maintenir sous l'eau quand même la machine vient à stopper; tandis que le *Gymnote* remonte dès que la machine cesse de fonctionner. — Le *Goubet* présente la forme d'un fuseau court et très renflé au milieu; il est muni d'une sorte d'aileron horizontal qui va d'un bout à l'autre. Une étroite coupole le surmonte et permet d'entrer dans l'intérieur. Longueur : 5 mètres; largeur 1 m, 50 seulement. La coque est en bronze coulé d'une seule pièce; la coupole seule est mobile. L'équipage ne se compose que de deux hommes qui se tiennent assis dos à dos, ayant sous la main les appareils nécessaires à la manœuvre. Le bateau porte deux torpilles, une de chaque côté. Les marins peuvent déclancher ces torpilles, en retirant à l'intérieur le linguet qui les soutient. Un fil métallique maintient les engins en communication avec le bateau; et quand ce dernier se trouve suffisamment éloigné, il suffit d'établir le contact pour produire l'explosion. — Le bateau peut atteindre une profondeur de 100 mètres et davantage. Un téléphone, dont les fils traversent la coupole, permet de communiquer avec l'extérieur. L'air respirable contenu dans la coque est suffisant pour deux heures, en ayant soin d'expulser, à l'aide de pompes, l'air vicié. Deux tubes pleins d'oxygène assurent, en outre, la respiration pendant 30 heures. — Le bâtiment, et c'est là sa qualité maîtresse, demeure en équilibre et immobile aussi bien à fleur d'eau qu'à cent mètres de profondeur. Il monte ou descend toujours verticalement. Lorsque l'amiral Aube quitta le pouvoir, ses plans furent abandonnés par son successeur; mais les deux bâtiments qu'il avait commandés furent achevés et livrés à la marine. Le *Goubet* alla faire ses essais à Cherbourg; mais il ne fut pas reçu dans le port militaire; on lui interdit l'usage de son hélice dans le bassin à flot; et les expériences ne furent autorisées que dans le port de commerce. Les premiers essais eurent lieu le 30 janvier 1890. Le petit navire évolua sous l'eau en toute sûreté, traversa la passe et se présenta de-

vant l'écluse du bassin à flot. Dans les premiers jours de mars, muni, cette fois, d'un appareil optique, il put contourner des bouées et des canots avec une grande précision. Le 31 mars, il donna une preuve qu'il peut couper, sous l'eau, au moyen d'un sécateur dont il est muni, les fils des torpilles que l'ennemi aurait placées à l'entrée d'une rade ou d'un port. De plus, le *Goubet* peut immobiliser un navire par l'embrayage de l'hélice de ce navire. A cet effet, il porte, à son avant, une chaîne munie d'une bouée à chaque extrémité. Quand on déclenche cette chaîne, les bouées la font remonter. Si ce déclenchement s'opère sous l'hélice, de manière que les bouées soient chacune d'un côté de la cage, la chaîne s'arrête sous la quille et s'embraye autour des branches de l'hélice, dont elle paralyse le mouvement. Le *Gymnote*, moins heureux que le *Goubet*, fut relégué dans un coin de la rade de Toulon et ne fut pas mis à l'essai.

BATHYMÉTRIE s. f. (gr. *bathus*, profond; *metron*, mesure). Mesure des profondeurs de la mer. On dit aussi bathométrie.

BATHYMÉTRIQUE adj. Qui a rapport à la bathymétrie.

BATHYNOME s. m. (gr. *bathus*, profond; *nomas*, errant). Genre de crustacés isopodes, dont la seule espèce connue est le *bathynomus giganteus*, recueilli en 1877, dans les régions les plus profondes de l'Océan Atlantique, au nord du Yucatan, par 1.500 brasses de profondeur, et adressé par Agassiz à Milne-Edwards, qui en fit l'objet d'un rapport à l'Académie de médecine. Il mesure 23 centim. de long, sur 10 de large. L'appareil respiratoire se compose d'une exubérante série de branchies. L'animal est muni d'yeux très développés, comprenant 4.000 facettes et placés à la base des antennes.

BATIGNOLLAIS, AISE s. et adj. Des Batignolles; qui appartient aux Batignolles ou à leurs habitants.

BATJENJOR s. m. Méd. Racine du *Vernonia nigritiana*, employée au Sénégal comme fébrifuge.

BÂTON aromatique. Composition dont on se sert pour parfumer les appartements et qui renferme ces matières suivantes :

Baume noir du Pérou..........	18 grammes
— de la Mecque..........	18 —
— de Tolu..........	72 —
Storax calamite..............	72 —
Benjoin en larmes	72 —
Poudre de cannelle............	72 —
— de cascarille	18 —
— de girofle.........	72 —
Sucre....................	72 —
Vanille..................	36 —
Musc....................	1 —
Ambre gris.................	1 —
Succin..................	144 —
Laque carminée........... }	18 —
	quelques
Essence de roses............ }	gouttes.

On fait une masse qu'on divise en cylindres allongés, du poids de 16 grammes; en frottant ces cylindres sur une pelle chauffée, ils répandent une odeur agréable.

BÂTONNET. Jeu d'adresse simple et amusant, auquel on ne doit se livrer que dans un endroit isolé et prendre garde de blesser les passants. On trace sur la terre un cercle d'environ 1 mètre de diamètre. Celui des deux joueursque le sort a favorisé reçoit le titre de maître et se place au milieu de ce cercle, tenant d'une main une baguette ou un bâton de 50 à 60 centim. de long, et de l'autre un bâtonnet long de 6 à 8 centim., aminci vers les deux bouts, renflé au milieu et présentant à peu près la forme d'une navette de tisserand. Le maître jette en l'air le bâtonnet et le frappe avec la baguette pour le renvoyer aussi loin que possible. Son adversaire ou ser-

Bâtonnet.

vant ramasse le bâtonnet et, du point où il est tombé, il le jette dans la direction du cercle, en s'étudiant à le faire tomber dans le cercle même; le maître, au contraire, s'efforce de le rejeter au dehors. Celui qui a réussi le plus grand nombre de fois de suite à rattraper le bâtonnet au vol, gagne la partie.

BATOUM. Depuis son annexion à l'empire russe, Batoum a pris une importance extraordinaire, non comme place militaire, puisque ses fortifications ont été démantelées, en application d'un article du traité de paix, mais sous le rapport commercial. En 1883, la Russie réunit Batoum, par un chemin de fer, à la ligne transcaucasienne. Presque aussitôt le développement du commerce du pétrole tiré des bords de la Caspienne a augmenté ses exportations, au point que le gouvernement russe s'est vu obligé de sanctionner un projet destiné à faire de son havre excellent mais étroit, un grand port commercial. En même temps, pour tourner le traité sans le violer ouvertement, les Russes ont établi un arsenal en dehors du port franc et l'ont réuni, par un chemin de fer et par un tramway, au port même, de sorte qu'en cas de guerre, les redoutes turques, qui existent encore et sont seulement démantelées, seraient rapidement réparées et que Batoum deviendrait une admirable station navale pour la flotte russe. De plus, Batoum a été relié à Kars par une bonne route militaire, qui permettrait, le cas échéant, de faire passer en Asie Mineure, les troupes envoyées d'Odessa. Au commencement de 1886, la Russie a dénoncé, malgré les protestations de l'Angleterre, le protocole qui instituait Batoum comme port franc. Depuis cette époque, la ville a été presque entièrement rebâtie; elle renferme aujourd'hui plus de 10,000 habitants et est défendue par de puissantes fortifications; son nouveau port a coûté environ 15 millions de francs. Le Czar, ayant visité Batoum le 7 octobre 1888, y a fondé une nouvelle cathédrale orthodoxe. Le chemin de fer transcaspien met cette ville importante en communication avec Bakou et Samarkand.

BATTERIE électrique sèche. La nouvelle batterie électrique représentée par notre figure a été inventée en Amérique; elle peut être

Batterie sèche.

utilisée pour faire marcher les sonneries électriques. Chaque élément se compose d'un vase extérieur en zinc, d'un cylindre de charbon entouré d'une masse poreuse d'oxyde de zinc et de gypse, le tout contenu dans le vase de zinc, qui forme le pôle négatif. A l'intérieur, on ne verse aucun liquide. Un élément de cette sorte peut, dit-on, développer une puissance électromotrice égale à celle d'un Leclanché.

BAUDRY (Paul-Jacques-Aimé), peintre, né à la Roche-sur-Yon, 1828, mort le 17 janvier 1886. Élève de Drolling, il s'étudia à rester classique dans la forme et dans le fond; il obtint le grand prix de Rome en 1850. Il a laissé une foule de toiles dont les sujets sont tirés de la mythologie ou de la Bible. Son tableau le plus populaire représente *Charlotte Corday venant de tuer Marat* (salon de 1861).

BAVAROISES. Les bavaroises ne sont autre chose que du lait bouillant abondamment sucré, aromatisé avec une liqueur quelconque, suivant le goût, de l'essence de vanille, de la fleur d'oranger, ou une dissolution de chocolat, ou encore une infusion de thé ou de café. On sucre quelquefois cette boisson chaude avec du sirop de capillaire.

BAYEN (Pierre), pharmacien-chimiste, membre de l'Institut, né à Châlons-sur-Marne, en 1725, mort en 1798. Il assista, comme pharmacien en chef, aux expéditions de Minorque (1756) et d'Allemagne, et organisa le service de la pharmacie militaire. Chargé d'analyser les eaux minérales de France, il rédigea divers ouvrages sur ce sujet et sur un grand nombre de minéraux et de pierres précieuses, dont il a fait l'analyse. Il a laissé : *Opuscules chimiques* (Paris 1798, 2 vol. in-8°).

BAYEUSAIN, AINE s. et adj. De Bayeux; qui appartient à Bayeux ou à ses habitants. On dit aussi BAJOCASSE.

BAYONNAIS, AISE s. et adj. De Bayonne; qui concerne cette ville ou ses habitants.

BAZIRE, conventionnel. Voy. BASIRE.

BEAUJEAN (Émile-Ambroise-Amédée), lexicographe et grammairien français, né à Saint-Fargeau (Yonne), le 17 décembre 1815, mort le 7 juin 1888. Sorti de l'École normale en 1841, il se fit successivement agrégé de grammaire en 1843, fut professeur dans différents lycées (Laval, Bourges, Saint-Louis, Napoléon, Louis-le-Grand), et enfin inspecteur de l'Académie de Paris. Il fut le principal collaborateur de Littré dans la rédaction du *Dictionnaire de la langue française*, et résuma cette œuvre capitale dans son *Petit Dictionnaire universel*, aujourd'hui classique.

BEAUJOLAIS, AISE s. et adj. De Beaujeu ou de Beaujolais; qui appartient, qui se rapporte à cette ville; à ce pays ou à ses habitants.

BEAUNOIS, OISE s. et adj. De Beaune; qui se rapporte à Beaune ou à ses habitants.

BEAUREGARD. — I. Commune du cant. et à 4 kil. E. de Villefranche (Ain), sur la rive gauche de la Saône. Ancienne capitale de la principauté des Dombes. — II. Commune du cant. de Vertaizon, à 16 kil. N.-E. de Clermont-Ferrand (Puy-de-Dôme, 500 hab.) Château qui fut la résidence des évêques de Clermont, et duquel on découvre 116 villes et villages.

BEAUREGARD (Jean-Nicolas), prédicateur, né à Meizen 1731, mort en 1804. Il appartenait à l'ordre des jésuites. Pendant la Révolution, il se réfugia à Londres, où il prêcha autant et plus contre les émigrés que contre les révolutionnaires. Une analyse de ses sermons a été publiée à Lyon et à Paris (1825).

BECHUANALAND, pays des Bechuana. (Voy. ce mot dans le *Dictionnaire*.) Le Bechuanaland a été divisé en trois sections : 1° le *Bechuanaland britannique*, placé sous le protectorat anglais en 1884. Les Boërs avaient envahi, en 1883, ce fertile pays, poussant devant eux les nègres pasteurs; ils y avaient même formé les deux républiques de Helland et de Goshen, mais une armée anglaise repoussa les envahisseurs. Cette partie comprend le sud de l'ancien pays des Bechuana, jusqu'à la limite de la république Sud-Africaine, fixée en février 1884, à 20° long. E. de Greenwich, et au N. jusqu'à la rivière Moloppo par 22° lat. S.; elle englobe le désert de Kalahari; 2° une portion abandonnée à la république Sud-Africaine; 3° une partie saisie par les nègres Matabele.

BECKX (Pierre-Jean), général de l'ordre des jésuites, né à Sichem (Brabant), le 8 février 1795, mort dans les premiers jours de

mars 1887, à Fiésole (Toscane), où, depuis 1870, l'ordre a installé sa principale maison. Ordonné prêtre en 1819, il fut nommé vicaire à Uccle, près Bruxelles, et entra presque aussitôt chez les jésuites d'Hildelsheim, où il fit son noviciat. Après avoir été attaché, comme confesseur, à Ferdinand, duc d'Anhalt-Kœlhen, il se rendit à Vienne, où il reçut le titre de procurateur de la province d'Autriche (1847). Lors des événements de 1848, les jésuites ayant été expulsés d'Autriche, il retourna en Belgique, où il devint recteur du collège de Louvain. Dès que les mouvements insurrectionnels eurent été complètement réprimés en Allemagne, il retourna à Vienne et devint provincial des jésuites pour l'empire d'Autriche, sauf la Galicie. Il fit rétablir son ordre en Hongrie, où il fonda le noviciat de Tyrnau. Le père Roothaan, général des jésuites, étant mort en 1853, le Père Beckx fut appelé à lui succéder par la congrégation réunie à Rome le 2 juillet 1853. Il prit une influence prépondérante à la cour papale qui devint, en quelque sorte, vassale de l'ordre tout-puissant des jésuites, et l'on peut dire que, le Père Beckx a dirigé l'église catholique.—Lorsqu'il eut atteint l'âge de 90 ans, le Père Beckx se fit donner par la congrégation générale un coadjuteur, qui devait lui succéder et qui le remplaça immédiatement dans toutes ses fonctions, le vieux général ne conservant son titre que d'une manière honorifique. Le choix de la congrégation tomba sur le Père Anderledy, originaire du Tyrol suisse. L'ouvrage principal du Père Beckx, intitulé Der Monat Mariæ, a été traduit en plusieurs langues.

BEC-D'ARGENT. Cet oiseau s'accommode fort bien du millet et du chènevis, mais on le remplit d'aise en ajoutant à cet ordinaire frugal des fruits et toute sorte d'insectes dans leurs divers états de développement.

BÉCASSE. — CHASSE. La bécasse est un oiseau de passage, bien que nous en conservions, en petit nombre, à la vérité, toute l'année, dans nos bois. C'est vers la fin d'octobre ou le commencement de novembre que nous arrivent les grandes compagnies de bécasses; et c'est à cette époque, ou au printemps qu'on chasse cet oiseau le plus de succès. La bécasse se nourrit habituellement d'insectes à l'état de larves ou à l'état parfait, de limaces; elle suit très volontiers le bestiaux qui paissent dans les prairies ou sur le flanc des montagnes, surtout les vaches dont les bouses deviennent promptement de véritables cités de coléoptères et d'autres insectes, qui constituent le gibier de prédilection de l'oiseau à long bec connu sous le nom bécasse. En somme, il faut à la bécasse un terrain humide, d'épaisses couches de feuilles mortes se putréfiant sous l'action de l'humidité, les bouses de vaches, etc., où son long bec, fait exprès pour cela, puisse plonger, à la recherche d'une nourriture souvent profondément, enfouie : vers, larves, insectes ou limaces. En été, elle recherche l'ombrage des bois élevés; mais ce qu'il importe de se rappeler, c'est que, si elle aime le couvert, elle fuit le fourré qui entraverait sa marche. On la trouve souvent dans les taillis clairs, mais sur un sol presque ras, ou parmi les fougères et les houx, dans le voisinage d'un cours d'eau. La bécasse se dérobe facilement, même lorsqu'elle est surprise; son plumage ressemblant fort par la couleur aux feuilles mortes, il semble que son instinct l'avertit qu'en se mêlant à ces dernières, elle pourra facilement dissimuler sa présence au chasseur; en conséquence, elle s'aplatit et rampe, en quelque sorte, le bec en avant, pour partir tout à coup sous le nez du chien ou sous les pieds du chasseur abasourdi. Si elle s'aperçoit à temps

de la poursuite dont elle est l'objet, elle fuit en courant avec une telle vélocité qu'un excellent chien, serrant le gibier de près, mais sans le forcer, est ici de première nécessité. Toutefois, dans cette course qui peut l'entraîner fort loin, le chien se trouve bientôt à une grande distance du chasseur, et lorsqu'il tombe en arrêt, au moment favorable, non seulement celui-ci n'est pas derrière lui pour profiter de l'occasion, mais encore serait-il souvent fort embarrassé pour savoir de quel côté diriger ses pas, s'il n'a eu la précaution d'orner le cou de son chien d'un collier garni d'un grelot sonore. La chasse à la bécasse offre d'ailleurs plus d'une difficulté. Ainsi la piste de cet oiseau laisse un fumet tellement pénétrant, et sans doute désagréable à l'odorat du chien, que celui-ci manque rarement de donner de la voix sur cette piste; sans compter qu'il répugne absolument à rapporter la pièce abattue: d'où il suit qu'il y aurait grand avantage à la tuer roide, si l'on peut. La bécasse tombe facilement, à peine touchée; aussi n'y emploie-t-on que du très petit plomb; mais touchée ne veut pas dire tuée, et si Tom ou Black répugne décidément à la rapporter, c'est autant de perdu. Les chiens préférés pour cette chasse sont les bassets, les petits épagneuls, ou plus exactement les king-charles, les setters et les griffons. — M.V. Fatio a eu l'occasion de constater que la bécasse blessée se fait elle-même avec son bec et au moyen de ses plumes, des pansements fort intelligents, et que, suivant les cas, elle sait très bien s'appliquer un emplâtre sur une plaie saignante ou opérer une solide ligature autour de ses membres brisés. Cet observateur a tué, un jour, une de ces oiseaux, qui sur une ancienne blessure au thorax, portait un large bandage feutré de petites plumes duveteuses, arrachées à différentes parties de son corps et solidement fixées sur la plaie par du sang coagulé. Une autre fois, c'était sur le croupion blessé qu'un emplâtre fabriqué de la même manière, se trouvait appliqué. Deux fois, il a rapporté des bécasses qui portaient, à l'une des pattes, une ligature de plumes entortillées, serrées et reliées par du sang desséché tout autour de l'endroit où l'os avait été précédemment fracturé. Chez l'une, la patte droite, au-dessus du tarse, était fortement mais tout fraîchement bandée avec des plumes provenant du ventre et du dos. Chez l'autre, le tarse, en bonne voie de guérison, portait encore la bande qu'il avait maintenu en position. M. D. Magnin a publié dans la Diana des observations analogues; mais la composition du pansement diffère légèrement. Les bandages ou ligatures étaient fabriqués avec une herbe plate et sèche enroulée en spirale tout autour des deux parties de l'os juxtaposées. Quant aux emplâtres, ils étaient faits de duvet, de mousse et de plumes entremêlées.

BÉCASSEAU. — CHASSE. Les bécasseaux, habitants des lieux humides, fréquentent principalement les rives des grands cours d'eau, où ils trouvent des vers ou du frai de poisson dont ils sont friands. Ils vont isolés ou par petites compagnies. On peut les chasser en suivant la rive avec précaution, mais avec plus de succès en bateau qu'autrement. Le bécasseau a un vol très rapide, qui explique la difficulté du tir et l'insuffisance des moyens dont dispose le piéton qui le chasse.

BÉCASSINE. — CHASSE. C'est aussi à son long bec que cet oiseau, faute d'un meilleur, doit son nom, et non pas parce qu'il ressemble beaucoup à la bécasse, dont il n'a guère que le bec et en partie la forme de la tête, et aussi un peu les pieds. Comme la bécasse toutefois, il recherche les terrains humides et tourbeux, les marais, et se nourrit principalement de vers et d'insectes. Il y a plusieurs espèces de bécassines : la bécassine commune,

de la grosseur à peu près d'une grive : la bécassine double, d'un tiers à peine plus grosse que la précédente; la sourde, à peine plus grosse qu'une alouette. La bécassine commune part toujours de loin, en criant, faisant de nombreux crochets en ne prenant le vol horizontal que bien sûrement hors de portée. S'il y en a deux, on peut être certain que, pendant que l'une s'élèvera, l'aute partira en rasant la terre. Enfin une bécassine, levée trop loin pour être tirée, est perdue pour le chasseur, en ce sens qu'elle ne s'arrêtera plus qu'au prochain marais. Le cri que pousse la bécassine au départ a été l'objet d'appréciations diverses; véritable, la juste appréciation est, croyons-nous, celle-ci : la bécassine prévient ses camarades qu'elles courent présentement le même danger auquel elle se dérobe, En voulez-vous la preuve? — Les autres bécassines, demeurées dans le voisinage, sont dès lors sur le qui-vive et tiennent peu l'arrêt. C'est en pareille circonstance, par exemple, qu'il importe d'avoir un bon chien, non seulement habile, mais soumis, qui ne s'emporte pas inutilement et ne fasse pas partir à grande distance le gibier alarmé. Toutes les espèces de chiens d'arrêt sont aptes à chasser la bécassine; mais il faut nécessairement qu'ils puissent au besoin se mettre à la nage pour aller chercher le gibier tombé à l'eau il faut que l'animal choisi soit dressé au rapport à l'eau. En outre, le fumet de la bécassine n'est pas moins fort ni moins désagréable au chien que celui de la bécasse; c'est encore un point à prendre en considération. La bécassine double et la sourde sont plus défiantes que la bécassine commune. La première préfère des eaux claires aux régions vaseuses choisies par la bécassine commune; quant à la sourde, c'est dans les touffes d'herbes épaisses qu'elle se tapit et d'où elle part sous les pieds du chasseur, sans pousser de cris. Son vol est direct et jamais très long; elle remise toujours fort près du lieu où on la fait lever; avec un peu d'œil, on peut donc aisément la rejoindre. En somme, elle échappe rarement au plomb du chasseur.

BÉCHAMEL. Cette sauce blanche s'obtient de la manière suivante : Hachez menu ensemble des échalotes, des petits oignons, persil, clous de girofle; mettez dans une casserole avec un peu de beurre, un peu de farine; mêlez bien; mouillez avec de la crème en remuant; sel et poivre; faites bouillir jusqu'à ce que votre sauce épaississe; ajoutez un peu de muscade. Servez chaud. — Béchamel grasse. Mettez dans une casserole lard coupé en petits morceaux, une carotte, un navet, deux oignons, de la graisse de veau; passez au beurre. Ajoutez deux cuillerées de farine; mêlez, en mouillant de bouillon pour l'empêcher de prendre couleur. Ajoutez persil, girofle, thym, laurier, sel et poivre. Faites cuire une heure. Ajoutez un filet de vinaigre au moment de servir.

BEIGNETS de fruits. Pelez et coupez en rouelles ou en tranches, vos fruits : pommes, poires, pêches, abricots, ananas, oranges, etc. Otez pépins ou noyaux; trempez dans la pâte et faites frire. Saupoudrez de sucre avant de servir. On peut, avant de les tremper dans la pâte, faire mariner vos tranches de fruits dans l'eau-de-vie assaisonnée de sucre, citron et fleur d'oranger.

BÉJA ou BEDJA, ville de Tunisie, à 75 kil. O. de Tunis, au milieu des montagnes et au centre d'un riche territoire, 4.000 hab. Important marché de grains. Béja est très ancienne, et Salluste la cite dans son histoire de Jugurtha. C'était une ville numide où se tenait le marché le plus important du royaume de Numidie. Métellus y mit une garnison que les habitants massacrèrent au milieu d'une fête. Ce lâche assassinat fut châtié d'une manière

terrible par Métellus, qui voua cette opulente cité au glaive et au pillage.

BELGIQUE. Depuis la publication de notre article BELGIQUE, dans le *Dictionnaire*, il est survenu des événements qui ont modifié sensiblement la politique intérieure de ce royaume. Le cabinet Frère Orban, porté au pouvoir en 1878, fit voter, en juillet de l'année suivante, une loi prohibant l'ingérence du clergé dans la direction des écoles primaires, dans le choix des livres, etc., mais établissant qu'il y aurait dans chaque école une salle mise à la disposition des ministres de la religion. Cette loi ne put être appliquée, en raison de l'opposition que lui firent les prêtres catholiques ; beaucoup de parents et d'instituteurs ne s'y soumirent pas, parce que les prêtres menaçaient de leur refuser les sacrements. Cette lutte prit un caractère suraigu lorsque le nonce du pape à Bruxelles eut reçu ses passeports, et quand l'ambassadeur belge près du Vatican eut quitté Rome (1880). Le pays semblait pencher de plus en plus vers les libéraux, dont chaque élection partielle augmenta le nombre dans le Parlement ; le ministre, réalisant un vœu populaire, fit voter, en 1883, une nouvelle loi destinée à augmenter le nombre des électeurs. En vertu de cette loi, tout citoyen belge âgé de vingt et un ans au moins, qui a passé un examen élémentaire, qui exerce une profession libérale ou qui paie annuellement un impôt direct de 42 fr. est déclaré électeur. Le nombre de ces derniers fut ainsi augmenté de 50,000 ; mais l'accroissement ne fut pas également proportionné dans les villes et dans les campagnes, et l'on calcula que le nombre des électeurs campagnards fut augmenté de plus de 44 p. 100, ce qui allait donner de nouvelles forces au parti catholique. Les élections du 8 juin 1884 s'effectuèrent dans les conditions les plus défavorables pour les libéraux. Le budget était annuellement déficit de 25 millions de francs, en raison des dépenses faites aux docks d'Anvers et du déficit des chemins de fer de l'Etat ; il avait donc fallu créer de nouveaux impôts. Le mécontentement se traduisit par une écrasante majorité donnée aux candidats catholiques ; un nouveau ministère, ayant à sa tête M. Malou, fut installé, prononça la dissolution du Sénat, où les libéraux possédaient encore la majorité, procéda à de nouvelles élections sénatoriales, qui produisirent une forte majorité catholique, et fit rappeler la loi 1879 sur l'instruction primaire. Une nouvelle loi, relative aux instituteurs, fut votée dans ce moment d'exaltation réactionnaire, au milieu de l'effervescence populaire qui se manifestait par des troubles fréquents. Le 8 août 1884, les libéraux firent une grande manifestation devant la Chambre des députés, et le 10, les manifestations en faveur du maintien des écoles laïques eurent lieu dans toutes les villes du royaume ; enfin, aux élections du 19 octobre 1884, les libéraux obtinrent une victoire, ce qui montra jusqu'à quel point le peuple était mécontent de la nouvelle loi. Il fallut la modifier ; ceux des ministres qui en étaient les auteurs donnèrent leur démission le 22 octobre et il en résulta une crise ministérielle. L'année suivante, l'attention publique fut un peu distraite par la création du nouvel Etat libre du Congo ; placé sous la souveraineté du roi des belges. (Voy. CONGO, dans nos *Suppléments.*) Mais en mars 1886, des émeutes d'une grande violence éclatèrent parmi les ouvriers de Liège, de Mons, de Charleroi et de plusieurs autres villes industrielles des pays wallons, où le peuple réclame l'établissement du suffrage universel ; les troubles, qui se continuèrent jusqu'au mois de juin, prirent un caractère assez inquiétant pour que le roi, en faisant allusion, lors de l'ouverture des Chambres, au mois de novembre, promit de hâter certaines mesures de réforme. — La popu-

lation du royaume de Belgique, qui s'accroît avec une grande rapidité, est aujourd'hui de 5 millions 900,000 hab. Chaque kil. carré de ce pays nourrit donc 200 hab., ce qui semblerait presque incroyable si l'on ne réfléchissait à l'immense richesse du sol belge et à l'incomparable activité agricole et industrielle de ses habitants. — Dès le commencement de l'année 1887, la Belgique, subissant le contre-coup des bruits de guerre qui planaient sur toute l'Europe, résolut de se mettre en mesure pour faire respecter sa neutralité en créant de nouvelles forteresses sur ses frontières, particulièrement du côté de l'Allemagne, parce que le gouvernement belge avait été secrètement prévenu qu'en cas de guerre entre la France et l'Allemagne, cette dernière puissance avait résolu de se frayer un passage à travers la Belgique, afin d'éviter les forteresses de l'Est de la France. Ces travaux n'interrompirent pas ceux que l'on terminait à Anvers, classé aujourd'hui parmi les plus grands entrepôts du monde et dont l'importance va sans cesse grandissant, depuis qu'il enlève à Hambourg, la partie du commerce du nord de l'Europe que décourage la politique protectionniste de l'Allemagne. — Les importations de la Belgique se montèrent à 2,512,700,000 francs, et les exportations à 2,662,100,000 francs. — En différents moments de l'année, la placide tranquillité du peuple belge fut troublée, comme toujours, par des manifestations relatives à l'établissement du suffrage universel ; mais le ministère Beernaert refusa absolument de soutenir aucun projet de loi accordant le droit de suffrage à une partie de la population presque exclusivement composée de socialistes et d'anticléricaux. — Vers la fin de l'année, il y eut, à Liège, différents mouvements et des manifestations de Wallons pour protester contre l'obligation de connaître la langue flamande, qui est imposée aux officiers de l'armée. — L'année 1888 a été l'année des expositions. Outre l'Exposition internationale de Bruxelles (juin), il y eut une grande exhibition de chevaux, à laquelle la France et l'Angleterre concoururent tout particulièrement ; ensuite une intéressante exposition d'hygiène et d'appareils de sauvetage, à Ostende, un important concours d'oiseaux et un congrès d'horticulture, à Gand. De grandes fêtes eurent lieu à Anvers pour célébrer le 25° anniversaire de la suppression des barrières de l'Escaut, suppression à laquelle Anvers — qui est aujourd'hui le premier port commercial du continent — doit son rapide développement. Le tonnage des vaisseaux reçus dans ce port, s'est élevé de 230.000 tonnes en 1851, à 3 millions de tonnes en 1887. — Des élections à la chambre des députés eurent lieu au mois de juin 1888 ; elles donnèrent la victoire au parti catholique. — Vers la fin de l'année, le tribunal civil de Bruxelles eut à trancher une importante question de loi internationale. Une compagnie de Bruxelles avait entrepris de fournir au gouvernement bulgare plusieurs millions de cartouches. N'étant pas payée, elle poursuivit son débiteur devant les tribunaux belges. Les juges de Bruxelles se déclarèrent compétents, malgré l'opposition du gouvernement bulgare. Ils établirent une distinction entre le cas où le gouvernement étranger agit comme puissance souveraine indépendante et celui dans lequel il fait un contrat particulier. Néanmoins ils déboutèrent les demandeurs, parce que, dans le contrat, ils avaient formellement déclaré accepter la juridiction des tribunaux bulgares. — Le 16 août 1889, le procureur du roi à Bruxelles, envoya à Paris une commission chargée de savoir comment Mme Adam s'était procurée les documents soustraits au ministère belge de l'intérieur et publiés dans la *Nouvelle Revue*. Il fut découvert que M. Foucard ou de Mondion, à qui le général Boulanger avait payé 32,000 francs de fonds

secrets pour mission en Belgique et en Allemagne, avait fourni à Mme Adam ces documents qui furent publiés avec des additions qui les défigurèrent. L'année 1890 fut troublée par des manifestations antifrançaises des flamingants, auxquels les Wallons répondirent par des manifestations françaises.

BÉLOUTCHISTAN. Le protectorat anglais a été imposé au Béloutchistan en 1883 ; Quetta, la ville principale de ce pays, est aujourd'hui formellement annexée aux possessions de l'Inde ; elle a été reliée à Chairpour (Indoustan) par un chemin de fer qui passe à Kélat. De Quetta, les Anglais surveillent l'Afghanistan, où ils pourraient rapidement porter leurs forces.

BEHAGHEL (Arthur-Alexandre), écrivain français, né à Nancy en 1833, mort à Spa en juin 1888. Il voyagea en Algérie, collabora à divers journaux, notamment à l'*Epoque*, fut secrétaire-rédacteur du Corps législatif, sous-chef du même service à l'Assemblée nationale, puis à la Chambre des députés, et devint rédacteur de l'*Indépendance belge* et du *Nord*. Il a laissé plusieurs ouvrages sur l'Algérie.

BELFORTAIN, AINE s. et adj. De Belfort ; qui appartient à Belfort ou à ses habitants.

BELGRAND (Claude-Henri), COMTE DE VAUBOIS, officier, né à Châteauvillain en 1748, mort en 1839. Capitaine d'artillerie au moment de la Révolution, il fut employé dans les Alpes, devant Lyon (1793), en Italie, comme général de division, et à Malte (1798), où il resta comme commandant de place. A la tête de 4,000 hommes décimés par la maladie, il se maintint dans cette ville pendant deux ans, contre la population insurgée et contre les Anglais, les Russes, les Napolitains et les Portugais qui l'assiégeaient et bloquaient la place si étroitement, qu'il fut impossible de lui envoyer du secours. Quand il eut perdu les trois quarts de ses hommes, il capitula avec tous les honneurs de la guerre, après avoir rejeté huit sommations. Cette belle défense lui valut un fauteuil sénatorial, puis le titre de comte. Il vota la déchéance de Napoléon en 1814 et devint pair de France sous la Restauration.

BELLEVILLOIS, OISE s. et adj. De Belleville ; qui appartient à Belleville ou à ses habitants.

BÉLOSTOME s. m. (gr. *bélos*, dard ; *stoma*, bouche). Entom. Genre d'hémiptères hétéroptères, comprenant plusieurs espèces d'insectes qui sont remarquables par leur grande taille et qui habitent les régions intertropicales.

BÉLOUTCHI, IE s. et adj. Du Béloutchistan, qui appartient au Béloutchistan ou à ses habitants.

BÉNÉVENTIN, INE s. et adj. Du Bénévent ; qui se rapporte au Bénévent ou à ses habitants.

BENGALI, IE s. et adj. Du Bengale ; qui appartient à ce pays ou à ses habitants.

BENOÎT-CAMPY (Adrien-Théodore), magistrat et homme politique, né à Provins en 1805, mort en 1874. Il fut ministre plénipotentiaire à Florence, en 1848, représentant de la Côte-d'Or à l'Assemblée législative, siégea d'abord avec les royalistes, se rallia au bonapartisme et devint, sous l'Empire, bâtonnier des avocats, député et enfin président du tribunal de la Seine (1856).

BERGERAQUOIS, OISE s. et adj. De Bergerac ; qui appartient à Bergerac ou à ses habitants.

BERGERONNETTES. Si familiers que soient ces gracieux oiseaux, il paraît à peu près impossible de les apprivoiser, si l'on ne s'en est emparé qu'après qu'ils ont goûté les charmes de la liberté. Il n'en est pas de même de ceux qui ont été pris au nid ;

ceux-ci deviennent à la longue des hôtes très agréables et très familiers. On nourrit la jeune bergeronnette comme les petits rossignols, dont l'éducation lui convient d'ailleurs de tous points. Née pour se repaître surtout d'insectes, à l'état de liberté, c'est aussi d'insectes, autant que possible, et, à défaut, de millet bien écrasé, qu'on nourrit la bergeronnette adulte captive.

BERGIUS ou **BERG. I.** (Benoit), botaniste suédois, né à Stockholm en 1723, mort en 1784. Son ouvrage le plus connu est un curieux traité *Sur les friandises de tous les peuples* (Stockholm, 1785-1787, 2 vol. in-8°). — **II.** (Pierre-Jonas), médecin et botaniste suédois, frère du précédent, mort en 1790. Il fut professeur de botanique à Stockholm et écrivit en latin des ouvrages estimés, parmi lesquels nous devons citer sa *Flora Capensis*.

BERLENGAS (les) groupe d'îles rocheuses de l'Océan Atlantique, en face de la côte occidentale de la province d'Estramadoure (Portugal) et à 16 kil. N.-O. de Peniche. La principale, Berlenga, est fortifiée et renferme une prison d'Etat.

BERLIN (Conférence de). L'Association africaine internationale, fondée par Léopold II, roi des Belges, avait réussi, grâce aux travaux de H.-M. Stanley et de ses subordonnés, à établir plusieurs stations sur les bords du Congo ; ce qui joint aux aspirations colonisatrices des Européens, avait fixé l'attention universelle sur les affaires africaines. En 1884, un traité entre la Grande-Bretagne et le Portugal fut conclu et établit que les côtes de l'Afrique occidentale autour de l'embouchure du Congo seraient reconnues comme Portugaises. Ce traité, contraire aux intérêts de l'Association, souleva de violentes critiques et il fut dénoncé. Sur ces entrefaites les Etats-Unis, qui étaient opposés à sa ratification, reconnurent l'Association africaine internationale comme une puissance souveraine et indépendante ayant pour emblème un pavillon bleu portant une étoile d'or. Le prince de Bismarck s'intéressant à cette affaire, invita les nations à envoyer des délégués à Berlin pour y discuter et y clore la question africaine. Des plénipotentiaires furent délégués par l'Angleterre, la France, l'Autriche, la Belgique, la Hollande, le Danemark, l'Espagne, le Portugal, les Etats-Unis, l'Italie, la Russie, la Suède et la Turquie ; ces délégués se réunirent à ceux de l'Allemagne, sous la présidence du prince de Bismarck. La conférence ouverte le 15 novembre 1884, fut close le 26 février 1885, quand l'acte final eut été signé par les puissances représentées. Par des traités individuels, les puissances reconnurent l'Association, et lui reçut pour nouvelle appellation le titre d'*Etat libre du Congo*, comme pouvoir souverain. Pour les délimitations, telles qu'on les fixa à Berlin, Voyez Congo, dans ce *Supplément*. Son immense territoire est aujourd'hui évalué à 2 millions et demi de kil. carr., couvrant à peu près 42 millions d'hab. Il fut reconnu que la France possède un territoire de 600,000 kil. carr., avec une côte de 1,200 kil. Et 8,000 kil. de navigation fluviale sur le Gabon, l'Ogooué et autres cours d'eau que lui ont acquis les travaux du comte Savorgnan de Brazza, du Dr Ballay et de divers autres explorateurs ; outre ce territoire, la France possède une petite étendue de terre sur la rive nord du Haut-Congo. Le Portugal, qui abandonna ses prétentions sur l'embouchure du fleuve, resta maître de 160 kil. sur la rive du Bas-Congo et d'un territoire de 800,000 kil. carr. Mais il fut bien entendu que les nouveaux pays concédés à la France et au Portugal, seraient compris, ainsi que l'Etat libre, dans une zone consacrée à la franchise commerciale et à la neutralité. Le commerce des esclaves fut aboli dans tout l'étendue de

l'Etat libre. Une commission internationale eut pour mission d'assurer la liberté de la navigation sur le Congo et sur le Niger. Aucune des puissances signataires ne peut plus annexer de nouveaux territoires en Afrique sans en référer aux autres. Enfin toutes les puissances s'engagent à faire respecter les conditions sus-énoncées, par la force, au besoin.

BERT (Paul), physiologiste et homme politique, né à Auxerre (Yonne) le 19 octobre 1833, mort à Hanoï, le 11 novembre 1886. Au sortir du collège de sa ville natale, il suivit à Paris, simultanément les cours de la faculté de droit et ceux de la faculté de médecine, et fut reçu docteur en médecine, après avoir pris pour thèse : *la Greffe animale* (1863 in-4°), qui remporta le prix de physiologie à l'Académie des sciences en 1866. Ses études sur la physiologie et l'anatomie comparées, lui valurent l'emploi de préparateur du cours de Claude Bernard, au collège de France. Ayant résolu de se vouer à l'enseignement, il se fit recevoir docteur ès sciences en 1866, et prit pour thèse : *Vitalité des tissus animaux*. Il devint professeur à la Faculté des sciences de Bordeaux, puis suppléant de Flourens, au Muséum et publia successivement : *Catalogue des animaux vertébrés qui vivent à l'état sauvage, dans le département de l'Yonne* (1864, in-8°) ; *Revue des travaux d'anatomie et de physiologie, publiés en France pendant l'année 1864* (1866, in-8°) ; *Eloge de Gratiolet* (1865) ; *Notes d'anatomie et de physiologie comparées* (2 séries, 1867-'70, in-8°) ; *Recherches sur les mouvements de la sensitive* (1867-'70, 2 vol. in-8°), ouvrage extrêmement remarquable, qui lui a valu, en 1868, d'être nommé professeur de physiologie à la Faculté des sciences, en remplacement de Claude Bernard. Il publia ensuite la *Machine humaine* (1868, 2 vol. in-12) ; *Leçons sur la physiologie comparée de la respiration* (1869, in-8°, 150 fig.). Après le Quatre-Septembre, il fut nommé secrétaire général de la préfecture de l'Yonne, et le 15 janvier suivant, préfet du Nord. L'influence de Gambetta, son ami, le fit élire le 9 juin 1872, député de l'Yonne à l'Assemblée nationale, où il siégea dans le groupe de l'Union républicaine. Il y prit plusieurs fois la parole sur des questions relatives à l'enseignement, au budget de l'instruction publique et à la création de nouvelles facultés de médecine, fut nommé rapporteur pour la création de ces facultés (juillet 1873) et rédigea un *Rapport*, publié en 1874 (in-4°). Ses découvertes scientifiques, ses recherches sur la physiologie animale et végétale et surtout ses expériences hardies pour la détermination des phénomènes vitaux à différentes altitudes (Voy. Ascension, dans le *Dictionnaire*) lui valurent, en avril 1875, le grand prix biennal de 20,000 fr. décerné par l'Académie des sciences. Le 20 février 1876, il fut élu à la Chambre des députés par ses compatriotes d'Auxerre, signa le manifeste des gauches (18 mai 1877) et fut réélu à la 2e circonscription d'Auxerre, le 14 octobre 1877. En 1876, il fonda un prix destiné, à récompenser l'auteur du meilleur mémoire ayant trait au moyen mécanique et scientifique de préserver, dans les régions raréfiées de l'atmosphère, la vie des voyageurs sur les montagnes ou en ballon. Il publia lui-même le résultat de ses longues et patientes recherches, dans un grand ouvrage intitulé : *La pression barométrique, recherches de physiologie expérimentale* (1877, in-8° de 200 pages). En mars 1876, il fut nommé membre du comité des travaux historiques, et en décembre 1873, il fut élu président de la Société de biologie. Outre tous ces travaux, Paul Bert publia de nombreux feuilletons scientifiques dans la *République française*, des articles dans le *Nouveau Dictionnaire de médecine et de chirurgie pratiques* et adressa plusieurs mémoires à l'Académie des sciences. Réélu à la Chambre

des députés, lors des élections d'octobre 1885, il eut le courage d'accepter la fonction de gouverneur-civil de la nouvelle colonie du Tonkin, le 13 février 1886. Arrivé au milieu de ses administrés, il essaya de débrouiller le chaos administratif et d'organiser notre nouvelle conquête. En traversant le *Col des Brouillards*, il contracta la terrible dysenterie tropicale dont il devait mourir. Quoique souffrant beaucoup, il ne voulut pas cesser de diriger les affaires du gouvernement et n'interrompit pas son service. Le mal fit des progrès rapides et Paul Bert ne tarda pas à en entrevoir la terminaison fatale, bien qu'il cherchât encore à donner de l'espoir à sa femme, à ses filles et à son entourage. « Je suis perdu », dit-il à la supérieure de l'hôpital militaire d'Hanoï, sœur Thérèse, qui lui donnait des soins, tout en respectant ses convictions. Le 11 novembre, à midi, le résident général perdit connaissance ; il mourut à cinq heures et demie.

BERTHE DE BOURGOGNE, reine de France, fille de Conrad le Pacifique, roi de Bourgogne, veuve d'Eudes, comte de Chartres et première femme de Robert, dont elle était cousine au quatrième degré. Son mariage fut cassé par Grégoire VI, à cause de cette parenté éloignée, et le roi Robert se soumit aux ordres du pape en répudiant une épouse qu'il aimait beaucoup.

BERTRAND (James), peintre, né à Lyon en 1823, mort en 1887. Au sortir de l'atelier de Périn, il voyagea en Italie (1857-'62) et s'adonna ensuite à la représentation de sujets religieux : *Communion de saint Benoit* (Salon de 1859). *Conversion de sainte Thaïs* (1861), *les Frères de la Mort recueillant un homme assassiné dans la campagne de Rome* (1863), *Marie l'Egyptienne repentante* (1864), *Pèlerinage dans les Abruzzes* (1866), et plusieurs autres tableaux d'un dessin ferme mais d'un coloris un peu froid. Il obtint ensuite plus de succès avec des sujets non religieux : *Mort de Sapho* (1867), *Mort de Virginie* (1869), son chef-d'œuvre; *Mort de Manon Lescaut* (1870), *Mort d'Ophélie* (1872). On peut dire qu'il a représenté la mort sous tous ses aspects.

BERTRAND. I. (Jean), agronome suisse, né à Orbe en 1708, mort en 1777. Il était pasteur protestant. Il a laissé des traductions de l'anglais, entre autres celle du *Voyage au Cap de Bonne-Espérance*, de Kolb (1741, 3 vol.). Il rédigea les *Eléments d'Agriculture* (Berne, 1775). — **II.** (Elie), naturaliste suisse, frère du précédent, né en 1712, mort en 1790. Il était également ministre de la religion protestante et publia un volume de ses sermons. Son ouvrage le plus important est un *Dictionnaire oryctologique* ou *Dictionnaire des fossiles* (1963, 2 vol.).

BERTRAND (Jean-Baptiste), grammairien, né à Cernay-les-Reims en 1764, mort à l'hospice de Sainte-Périne à Chaillot en 1830. Prêtre de l'Oratoire, au moment de la Révolution, il dut abandonner son couvent et se faire correcteur d'imprimerie, puis professeur. Son principal ouvrage est intitulé : *Raison de la syntaxe des participes dans la langue française* (Paris, 1809).

BERTRAND (Léon), littérateur français, né vers 1808, mort en juin 1877. Il a laissé deux drames en vers *Laurent de Médicis* (1829) et *Olivier Cromwell* (1841). Découragé par le peu de succès de ces pièces, il abandonna le théâtre et ne publia plus que des ouvrages sur la chasse; il rédigea le *Journal des Chasseurs*, fondé en 1837.

BESI. Le besi, que l'on appelle aussi bésigue, paraît être originaire du Limousin, où il est populaire depuis fort longtemps et d'où il se répandit peu à peu dans les provinces voisines. Inconnu à Paris avant la Restaura-

tion, il a conquis aujourd'hui son droit de bourgeoisie dans tous les salons parisiens ; mais il y a reçu certaines modifications qui l'ont compliqué sans l'embellir. Nous allons rétablir ses règles dans leur simplicité. Il n'y a, en réalité, qu'une seule espèce de besi : c'est le *besi simple*, qui se joue avec un seul jeu, suivant les règles que nous donnons plus loin ; mais à Paris on ne joue guère que le besi double ou à deux jeux, dont nous publions également les lois. — *Besi simple*. C'est le jeu primitif et nous pouvons dire le vrai jeu de besi, dans toute sa beauté. Plus savant que la brisque, il exige moins de calculs que le piquet et convient aux personnes qui veulent s'amuser sans fatigue et pour lesquelles le jeu n'est qu'une innocente distraction. Il exige surtout de la mémoire pour se rappeler quelles sont les cartes qui ont été jouées. — *De la donne*. Le besi simple se joue à deux personnes en 500 points, avec un seul jeu de 32 cartes ou jeu de piquet. La main se tire à la plus belle carte ; celui à qui elle échoit, donne six cartes à son adversaire et en prend autant pour lui-même ; ensuite il retourne la 13ᵉ carte qui indique la couleur de l'atout. Le donneur est libre de donner les cartes deux par deux ou trois par trois ; mais dès qu'il a commencé d'une manière, il doit continuer de la même façon jusqu'à la fin de la partie. Quand la carte de retourne, indicative de l'atout, est un sept, le joueur qui l'a tournée marque dix points. Si la carte de retourne n'est pas un sept, le joueur qui, dans le cours de la tournée, tire du talon le sept d'atout, a le droit, après une levée, de l'échanger contre la retourne et, de plus, il compte dix points. Les douze cartes étant distribuées et la 13ᵉ étant retournée et posée sur le tapis, figure en dessus, les 19 cartes restantes doivent être posées sur la table, à côté de la retourne ; elles forment le talon. Chaque joueur donne à son tour. — *Du talon*. Le talon sert aux joueurs à remplacer les cartes qu'ils ont dans la main, en prenant celle du dessus à chaque fois qu'ils en ont abattu une de leur jeu. Après chaque levée, c'est celui qui a gagné cette levée qui prend le premier une carte au talon ; son adversaire prend ensuite la suivante et ainsi de suite, à chaque coup, jusqu'à épuisement complet du talon. — *Valeur des cartes*. La plus forte carte est l'as ; ensuite viennent le dix, le roi, la dame, le valet, le neuf, le huit et le sept. La couleur d'atout prime toutes les autres, et l'atout le plus faible prend les plus fortes cartes d'une autre couleur. De deux cartes de même valeur, c'est la première jouée qui emporte la levée. — *Chances diverses que l'on peut posséder dans son jeu*. La réunion dans la main du joueur d'un roi et de la dame de la même couleur se nomme mariage et vaut 20 points que l'on déclare après une levée et que l'on marque aussitôt. Le mariage d'atout vaut 40. La rencontre dans la main du joueur de la dame de pique et du valet de carreau constitue le *besi*, qui vaut 40? Les quatre as réunis dans la main comptent 100 ; les quatre rois, 80 ; les quatre dames, 60 ; les quatre valets, 40 ; les quatre dix, comptent 20, à moins de conventions contraires. La quinte majeure en atout vaut 500 points et fait gagner la partie d'emblée. Les quintes majeures dans les autres couleurs valent chacune 250 points. Relativement aux quintes majeures, nous devons faire observer que l'on convient souvent de changer leur valeur : la quinte majeure en atout ne peut valoir que 250 points ; et, dans une autre couleur, 150 points seulement. A mesure que les joueurs font les levées, ils annoncent et marquent les points qu'ils ont en main, en observant que l'on ne peut annoncer des points qu'après avoir gagné une levée et que l'on ne peut annoncer deux fois les mêmes points. Quand il n'y a plus de cartes au talon, aucun

joueur ne peut plus annoncer de points, sauf 10 pour celui qui fait la dernière levée. La dernière levée étant faite, chaque joueur fait le compte des brisques qui se trouvent dans ses différentes levées. On appelle brisques les as et les dix. Il y a donc en tout huit brisques ; et quand un joueur en trouve cinq, par exemple, dans ses levées, son adversaire ne peut en avoir que trois. — Chaque brisque vaut 10 points, et le joueur qui en a cinq ou six ajoute 50 ou 60 au total des points obtenus pendant la tournée. Son adversaire qui n'en a, par conséquent, que trois ou deux, ajoute 30 ou 20 points, à ceux qu'il a faits précédemment. Dans le véritable besi simple, on compte aussi, dans les levées, les rois pour 4 points, les dames pour 3 points et les valets pour 2 points ; mais cette méthode n'a pas été admise à Paris, où le jeu simple ne se joue, du reste, jamais. On ne peut compter à la fois qu'un seul groupe de cartes donnant droit à des points ; si l'on a, par exemple, plusieurs mariages en main, on ne peut en montrer qu'un seul après une levée gagnée ; pour en compter un autre, on doit attendre de faire une autre levée. Une ou plusieurs cartes ayant fait partie d'un groupe compté peuvent ensuite entrer dans un nouveau groupe. La dame de pique, par exemple, peut compter successivement pour le mariage et pour le besi. Il résulte de cette règle qu'un roi et une dame ayant déjà formé un mariage peuvent ensuite faire partie d'une quinte majeure, etc. On ne revient pas sur les points précédemment annoncés ; c'est-à-dire que si, après avoir annoncé un mariage, on arrive à posséder une quinte majeure dans la même couleur, on annonce cette quinte majeure sans préjudice du mariage précédemment marqué. Jusqu'à l'épuisement du talon, on n'est pas obligé de fournir de la carte demandée, et l'on peut jeter les cartes dont on veut se débarrasser. Il est permis de couper si l'on veut être maître d'une levée pour annoncer des points. Mais dès qu'il ne reste plus de cartes au talon, on ne doit plus renoncer à la couleur demandée, et si l'on n'a pas en main la couleur demandée, il faut couper ; enfin on est obligé de forcer, c'est-à-dire de jouer, si l'on en possède dans l'adversaire. — *Des fautes*. Qui mal donne perd sa donne, c'est-à-dire qu'en cas de maldonne on recommence, et c'est l'adversaire qui bat les cartes, qui les donne à couper et les distribue à la place du coupable. Quand un joueur, ayant oublié de prendre à son tour une carte au talon, se trouve n'en avoir en main que cinq au lieu de six, l'adversaire peut lui permettre de prendre deux cartes au lieu d'une au coup suivant ; mais il peut aussi exiger l'annulation du coup. Lorsqu'un joueur joue un coup avec une carte de trop en main, son adversaire peut exiger l'annulation du coup ou celui de la tournée entière. Lorsqu'un joueur déclare et marque des points qu'il n'a pas, il doit les démarquer aussitôt l'erreur reconnue ; et comme sa déclaration de quatre rois, quatre dames ou quatre valets a pu déterminer l'adversaire à se défaire des brisques correspondantes, le coupable est tenu de payer immédiatement une des brisques comptées d'une manière erronée, n'en ayant eu qu'une manière et croyant en avoir quatre. — *Marche du jeu*. Le joueur ayant en main ses six cartes, les arrange par couleurs, apprécie les chances et décide s'il doit poursuivre la quinte majeure, le cent d'as ou les réunions de quatre rois, de quatre dames ou de quatre valets. L'adversaire de celui qui a distribué les cartes joue le premier en abattant une carte sur le tapis. Le donneur lui répond en abattant une carte sur la sienne. La plus forte dans la même couleur l'emporte ; l'atout lève toute autre couleur. Quand le second joueur ne force pas sur la couleur ou ne coupe pas, le

premier joueur lève. Celui qui a gagné une levée annonce le plus fort point qu'il possède ; s'il a, par exemple, un mariage d'atout et un mariage simple, il annonce d'abord son mariage d'atout et attend d'avoir fait une autre levée pour parler de son mariage simple : on ne peut donc compter deux chances à la fois. Néanmoins, il est permis de compter une chance en comptant 10 pour avoir échangé le sept d'atout pour la retourne. Celui qui a fait la levée et compté son plus fort point lève le premier une carte au talon ; quand il a pris cette carte, il ne peut plus compter avant d'avoir gagné une nouvelle levée. S'il a oublié de compter son point avant de prendre une carte au talon, il ne lui est plus permis de compter sur ce point : il doit attendre de faire une nouvelle levée. Celui des deux joueurs qui ne gagne pas la levée ne peut compter aucun point ; il prend le second une carte au talon. Celui qui a levé le premier au talon joue ensuite le premier. Quand il ne reste plus de cartes au talon, nul ne peut compter de points. On doit donc calculer de manière à gagner les dernières levées quand on a des points à annoncer ou quand on est certain, d'après les cartes jouées et celles que l'on a en main, que l'adversaire possède du point à annoncer ; en faisant les dernières levées, on empêche l'adversaire d'annoncer son point, ce qui constitue l'habileté du joueur. Le talon étant épuisé, il est important pour les joueurs d'être munis d'atouts et de posséder en main le moins possible de brisques, de crainte de les laisser prendre, car il faut alors non seulement fournir de la couleur demandée, mais forcer ou couper si l'on ne peut fournir. Cependant, on se voit souvent dans la nécessité de sacrifier ses atouts pour empêcher l'adversaire de faire l'une des dernières levées et d'annoncer un fort point. — *Du gain de la partie*. La partie peut être gagnée d'emblée, dès la première tournée, par une quinte majeure d'atout ou par deux quintes de toute autre couleur ou par toute autre combinaison ; mais ordinairement les 500 points ne s'obtiennent qu'après plusieurs coups. Après chaque levée, le joueur marque le point qu'il nomme et le montre à son adversaire. Lors du dernier pli, celui qui le fait ajoute 10 à sa marque ; ensuite, chacun additionne le montant de ses brisques et de ses figures résultant des levées. Il arrive souvent que les deux joueurs atteignent 500 ou même le dépassent par l'addition de leurs brisques et de leurs figures. Dans ce cas, c'est celui qui a le plus de points qui gagne la partie. Si les deux joueurs arrivant à 500 points ou dépassant ce nombre, ont un nombre égal de points, la partie n'est pas nulle ; c'est celui qui a fait la dernière levée qui gagne. Quand un joueur a atteint ou dépassé 400 points une tournée, ou quand, ayant 390 points après une tournée, il donne et retourne ses levées (brisques et figures) à mesure qu'il les fait ; et s'il atteint ainsi 500 avant que le coup soit terminé, il gagne la partie sans que son adversaire puisse l'obliger à finir la tournée. — *Besi double*. La partie double se joue à deux, en 1.000 et 1.500 points, avec deux jeux de 32 cartes, réunis et mêlés ensemble. La main se tire à la plus belle carte ; celui auquel elle appartient donne huit ou neuf cartes à son adversaire et en prend autant pour lui-même ; il peut distribuer ces cartes deux par deux ou trois par trois, ou par deux fois trois et une fois deux, pourvu qu'il continue de la même manière jusqu'à la fin de la partie. Les règles sont les mêmes que le besi simple, en tout ce qui n'est pas contredit par les observations suivantes : Pour pouvoir marquer des points, il ne suffit pas de les annoncer et de les montrer : on abat sur le tapis le groupe de cartes donnant droit à ces points et on le laisse en évidence.

Les cartes et les mariages ont la même valeur qu'au besi simple ; seulement, comme l'on joue avec un double jeu, il arrive que l'on fasse deux mariages de la même couleur, e chacun d'eux se compte à part. Le besi vaut 40 ; le besi double (les deux dames de pique et les deux valets de carreau) dans la même main, compte 500, qui est le plus fort coup du jeu. Pour compter le besi double, il faut pouvoir l'abattre, comme le double mariage. On compte les quatre as, les quatre rois, les quatre dames et les quatre valets, comme au besi simple ; mais les quatre dix n'ont aucune valeur quand ils sont réunis dans le même jeu. La quinte majeure a atout vaut 250 seulement ; les autres quintes majeures ne valent que 150. Les deux sept d'atout chacun 10 points. On peut compter l'un de ces sept soit quand il fait une levée, soit quand on le met à la retourne et lorsqu'il cesse, par conséquent, d'être en la possession du joueur. Lorsque la dernière levée étant faite, aucun des deux joueurs n'a gagné d'emblée, chacun ajoute à ses points ceux qui résultent des brisques qui se trouvent dans ses levées. On ne compte pas les figures. Une même carte ne peut servir deux fois pour composer un groupe pareil à celui dont elle a déjà fait partie. Par exemple, une carte qui est entrée dans un groupe d'un cent d'as ne peut faire partie d'un autre cent d'as ; mais elle pourra servir à former une quinte. — Besi A TROIS. Le besi à trois se joue en 1.500 points, par trois joueurs, avec trois jeux de 32 cartes, réunis et mêlés ensemble. Le donneur fait couper par le joueur placé à sa gauche, et distribue de gauche à droite, par deux et trois cartes, jusqu'à ce que chaque joueur ait 12 cartes. Le premier joueur de droite commence la partie ; celui qui fait la levée lui succède et le jeu va toujours de gauche à droite. Le besi double vaut 500 points ; le besi triple (trois dames de pique et trois valets de carreau dans le même jeu) compte pour 1.500 points et fait gagner d'emblée ; mais c'est un coup extrêmement rare. Les autres règles du besi double s'appliquent au besi à trois. A Paris, le besi à trois est quelquefois nommé jeu de trifouille. — Besi A QUATRE. Cette partie se joue ordinairement en 1.500 points, par quatre joueurs, deux contre deux, avec quatre jeux de piquet. Le sort décide des joueurs qui doivent être partenaires. Chaque joueur reçoit 12 ou 16 cartes. Lorsqu'une levée, faite par l'un des joueurs, il abat les groupes de cartes donnant droit à des points et son partenaire en fait autant. Les points de chaque association se cumulent. Après la dernière levée, on compte les brisques. Les autres règles du besi double sont applicables au jeu à quatre. — Besi BORGNE. Dans le besi borgne, on ne retourne pas la carte qui désigne la couleur de l'atout ; le premier mariage annoncé détermine l'atout et vaut 40 points ; les autres mariages annoncés ensuite sont de même valeur qu'au besi à retourne. Le sept d'atout est là sans valeur particulière ; mais les autres chances se comptent comme au besi ordinaire. Le besi borgne peut se jouer à deux, à trois ou à quatre, en subissant les diverses modifications de ces sortes de parties.

BÉTHUNOIS, OISE s. et adj. De Béthune, qui appartient à Béthune ou à ses habitants.

BÉTIS, Bœtis, BATIS ou *Babemessès*, gouverneur de Gaza pour Darius. Il défendit la ville avec un grand courage contre Alexandre ; mais il fut vaincu et pris, et le conquérant, irrité de sa résistance, le fit lâchement attacher à son char et traîner autour de la place, pour imiter Achille qui avait traîné le cadavre d'Hector autour de la ville de Troie.

BÉTULE. *Bætula*. Ancienne ville de l'Hispanie, dans la Tarraconnaise. Scipion y battit Mago et Masinissa, l'an 206 av. J.-C., et cette victoire lui soumit l'Espagne.

BEURRE. — Il existe plusieurs procédés pour la conservation du beurre à l'état frais. L'un des meilleurs consiste à le bien pétrir, pour en expulser le petit-lait qu'il pourrait contenir ; on le lave bien ensuite et on l'enfonce en pressant dans des pots de grès au fond desquels on a eu soin de mettre un peu d'eau salée, que la pression fait sortir en laissant le vide après elle : ce qui est précisément le but à atteindre. Les pots bien remplis, de manière à ce qu'il n'y ait nulle part place pour l'air, on remplit pour chaque pot, une assiette d'eau bien fraîche, et l'on renverse le pot à beurre sur cette eau, qu'il suffira après cela de renouveler chaque jour. Il est inutile d'ajouter que le beurre ainsi préparé devra être placé dans le lieu le plus frais dont on dispose. Une autre méthode consiste simplement à tenir le beurre dans des vases bien clos remplis d'eau bouillie, puis refroidie, dans laquelle on a fait dissoudre un peu de bicarbonate de soude. — RANCIDITÉ. On enlève la rancidité du beurre en le battant dans de l'eau additionnée d'environ trente gouttes de chlorure de chaux par kilogramme de beurre ; on l'y laisse reposer deux heures, puis on le plonge dans l'eau fraîche, où on le bat de nouveau. La proportion de trente gouttes de chlorure de chaux n'est qu'approximative ; bien qu'elle soit suffisante, on pourrait la dépasser sans le moindre danger. On peut substituer au chlorure de chaux le bicarbonate de soude, dans la proportion de moitié. — BEURRE SALÉ. Le beurre bien salé et pétri à l'eau fraîche, est ensuite étendu au rouleau en galettes d'un centimètre d'épaisseur environ, sur une table bien propre qu'on aura préalablement mouillée d'eau également d'une propreté méticuleuse. Le beurre ainsi étendu, on le saupoudre de sel, séché au four et écrasé, dans la proportion de 60 grammes par kilogramme de beurre. On pétrit le beurre recouvert ainsi de sel, en se servant du rouleau, comme on ferait d'une pâte ; on le dépose au fur et à mesure dans l'eau fraîche jusqu'à ce que tout le beurre soit salé. Ensuite on le retire de l'eau, on l'essuie bien, et on le place dans les vases de grès destinés à le recevoir. — BEURRE DEMI-SEL. Employez 15 à 20 grammes au lieu de 60 grammes de sel par kilogramme de beurre, et opérez pour le reste comme ci-dessus. — BEURRE FONDU. On place son beurre dans un poêlon sur un feu doux, pour qu'il fonde doucement ; on enlève l'écume se produit ; après quoi, on pousse le feu jusqu'à ce que le beurre entre en ébullition, continuant à écumer et remuant constamment. Lorsqu'il ne rend plus d'écume, on ajoute un peu de sel ; on laisse refroidir à moitié et l'on verse dans les vases de grès chauffés, qui doit servir à les y verser le dépôt. — Beurre D'ANCHOIS. Cuis. Pilez dans un mortier des anchois bien lavés et débarrassés de leurs arêtes et pétrissez-les bien avec du beurre frais ; passez au tamis de crin. — Beurre D'ÉCREVISSE, BEURRE DE HOMARD. Le premier se compose de coquilles d'écrevisses séchées au four et pilées, mais incorporées à de bon beurre frais ; le second, des œufs et de la substance rouge qui se trouve dans la tête des homards, également mélangés avec du beurre. On passe ensuite au tamis. — Légis. La sophistication des beurres semble s'étendre de plus en plus, à mesure que les découvertes qui sont dues aux savants ou qui sont le résultat du hasard apportent de nouveaux moyens d'imiter les produits naturels. Heureusement, la science procure aussi les moyens de découvrir la fraude et de déjouer la mauvaise foi. On a, depuis longtemps, falsifié le beurre en le mélangeant à diverses autres substances, et l'on est même parvenu à composer, sous le nom de *margarine*, un beurre artificiel, fabriqué avec des graisses animales ou végétales. Le Code pénal (art. 423) et la loi du 27 mars 1851 s'appliquaient à

ces falsifications, mais d'une manière insuffisante ; et la loi du 14 mars 1887 est venue interdire spécialement « de mettre en vente, « d'importer ou d'exporter, *sous le nom de* « *beurre*, de la margarine, de l'oléo-marga- « rine, toute substance destinée à remplacer « le beurre, ainsi que les mélanges de mar- « garine, de graisse, d'huile et d'autres subs- « tances avec le beurre, quelle que soit la « quantité qu'en renferment ces mélanges ». La sanction de cette défense consiste dans la confiscation des substances, et aussi dans la pénalité de six jours à six mois d'emprisonnement et de cinquante à trois mille francs d'amende, infligée à ceux qui ont sciemment contrevenu aux dispositions de la loi. La margarine et les autres substances ou mélanges destinés à remplacer le beurre peuvent être vendus comme tels, mais seulement sous une enveloppe portant, en caractères apparents, ces mots : *margarine, oléo-margarine* ou *graisse alimentaire*. Les factures, lettres de voiture, connaissements, etc., doivent porter les mêmes indications. En vertu d'un décret, en date du 8 mai 1888, les employés des contributions indirectes, ceux des domaines et octrois, ainsi que les agents chargés de la surveillance des halles et des marchés, dûment commissionnés et assermentés, sont autorisés à prélever des échantillons des beurres qui sont exposés, mis en vente, transportés, importés ou exportés, afin d'en vérifier la pureté.   (Ch. Y.)

BEUST (Frédéric-Ferdinand, COMTE DE) [boïst], chancelier d'Autriche-Hongrie, né à Dresde le 13 janvier 1809, mort le 24 octobre 1876. Il fut successivement chargé d'affaires du roi de Saxe à Munich, ministre résident à Londres, ambassadeur à Berlin et, en 1849, ministre des affaires étrangères et ecclésiastiques dans son pays. En 1853, il changea ce portefeuille pour celui de l'Intérieur, auquel il rattacha les affaires étrangères et il devint le chef officiel du cabinet. Dans ce poste, il fit une vive opposition à la politique prussienne. En 1865, il représenta la diète germanique, en qualité d'ambassadeur, à la conférence de Londres, relative au Schleswig-Holstein. La victoire des Prussiens à Sadowa ayant brisé toutes les résistances, de Beust quitta le service de la Saxe, et fut nommé ministre des affaires étrangères d'Autriche, le 30 octobre 1866. Il parvint à s'entendre avec les hommes politiques de Hongrie et donna le plan du dualisme dans l'Empire. En juin 1867, il fut nommé chancelier d'Austro-Hongrie ; l'année suivante, on le créa comte. Quoique protestant, il eut la direction des affaires catholiques, abrogea le concordat avec Rome et accomplit plusieurs réformes libérales. Il démissionna en novembre 1871, entra comme membre inamovible à la diète impériale et devint, en décembre 1871, ambassadeur d'Autriche-Hongrie à Londres.

BEUVANTE s. f. (rad. *buvant*, part. prés. de *boire*). Mar. Droit qu'un maître de barque ou de navire se réserve, lorsqu'il donne son bâtiment à fret, et qui se paie ordinairement en vin.

BÉVUE. — On a raconté maintes fois les bévues célèbres, depuis celle que commit le singe qui, suivant la fable, prit le Pirée pour un nom d'homme, jusqu'aux erreurs dans lesquelles tombent journellement les écrivains. On s'est souvent demandé si l'anachronisme de trois siècles commis par Virgile, dès le début de l'*Enéide*, lorsqu'il met Enée en présence de Didon, est une licence poétique, ou une singulière bévue. Il paraît certain que Virgile se trompait en toute connaissance de cause. Son but, et toute cette partie de son poème en est la démonstration, était de montrer aux Romains, la source providentielle de leurs guerres avec Carthage, et de flatter leur amour-propre en donnant le beau rôle à Enée

et en dégradant le chaste caractère de Didon, qu'il déshonore par la passion à laquelle elle s'abandonne pour un étranger. Ce mensonge était indispensable à l'intérêt du récit. Où l'historien serait répréhensible, le poète est absous. Une bévue qui mérite de passer à la postérité est la suivante : dans une prétendue *Histoire de la Commune*, l'auteur, prenant M. *Sazerac de Forges*, zouave pontifical enrôlé dans les troupes de Versailles, pour M. *Anatole de la Forge*, qui s'illustra à Saint-Quentin, fit suivre cette bévue de la réflexion suivante : « le patriotisme des royalistes fait un singulier contraste avec la lâcheté des républicains. » Dans un numéro des premiers jours d'octobre 1881, le *Journal de...* (Normandie) commit une *bévue* qui égaya un instant la petite presse : « La Société de Géographie vient d'être informée, par une lettre du *capitaine Town*, de la mort d'un jeune voyageur français, M. Dufour.... » Un rédacteur peu ferré sur la géographie, lisant Cape Town dans le document anglais dont il se servait pour faire son article, avait cru qu'il s'agissait d'un *capitaine* nommé *Town*, et lui aussi avait *pris le Pirée pour un nom d'homme*. — Ne voulant pas paraître copier ses devanciers qui ont dit : « Pas de son dans le vide », un vulgarisateur populaire, a inséré dans un de ses ouvrages, tout un paragraphe qui a pour titre : « *Sans air point de son* », ce qui nous apprend la nouveauté surprenante, qu'en dehors du mélange gazeux qui constitue l'air, il n'y a pas de gaz, pas de liquide, pas de solide qui puisse produire ou propager le son. L'auteur a soin d'ajouter dans son article : « Que sans air le son n'existe pas, ou du moins qu'il ne se propage pas, bien des gens ne le croiront que sur de bonnes preuves. » Nous sommes parfaitement de son avis. — En juin 1888, un journal anglais l'*Evening Standard*, voulant tirer des conséquences d'une élection qui venait d'avoir lieu dans le département de la Charente, imprima la phrase phénoménale suivante : « Ce qui donne une grande importance à cette élection, c'est que le département de la Charente comprend la grande ville de Bordeaux. » Et là-dessus, le rédacteur se lança dans des considérations qui ne manquaient pas d'agrément. — Voici une bévue encore plus étonnante, étant donné que nos bons voisins les Allemands étudient tous le français, en prévision de l'avenir. La *Kœlnische Zeitung*, journal dont le nom traduit en français signifie *Gazette de Cologne*, prit dernièrement Étienne Marcel pour un maréchal de France mort en 1814 : mais elle trouva mieux en août 1888. Au sujet de l'enterrement accidenté du citoyen Eudes, ex-général de la commune, elle reçut de Paris un télégramme renfermant ces mots : « A l'arrivée de Corbillard, on crie vive la Commune ! Corbillard marche en tête du cortège ». Pour un peu, le correspondant de l'excellente feuille allemande eût publié le discours révolutionnaire prononcé par l'ardent communiste appelé Corbillard.

BEYGLIÈRE s. f. Se disait autrefois du vaisseau ou de la galère que montait un bey.

BEZEC, ville du territoire de Juda, dans la Palestine. Sa position est aujourd'hui inconnue. Les tribus de Juda et de Siméon y vainquirent les Chananéens et les Phérézéens, et y prirent le roi Adonibézec.

BIADE s. m. Bateau de passage, à Constantinople.

BIARROT, OTTE s. et adj. De Biarritz; qui appartient à cette ville ou à ses habitants. — On dit aussi BIARRIZIEN, IENNE.

BIBAU s. m. Soldat qui, anciennement, combattait à pied avec l'arbalète et la lance. — DES BIBAUX.

BIBLIOTHÈQUE. — **Législ.** La *Bibliothèque nationale* a été réorganisée par un décret du 19 juin 1885, que complètent plusieurs arrêtés du ministre de l'Instruction publique. Elle est divisée en quatre départements, savoir : celui des livres, imprimés, cartes et collections géographiques; 2° celui des manuscrits, chartes et diplômes; 3° celui des médailles, pierres gravées et antiques; et 4° celui des estampes. Chacun de ces départements est sous la direction d'un administrateur, et contient une salle de travail ouverte toute l'année. En outre, une salle de lecture est annexée au département des imprimés. L'ensemble des services est régi par l'administrateur général, lequel est assisté par des conservateurs et un bureau d'administration que dirige le secrétaire-trésorier. Le personnel comprend : des bibliothécaires, divisés en six classes; des sous-bibliothécaires, divisés en quatre classes; des stagiaires; des commis; des ouvriers et des gagistes. Tous sont nommés et peuvent être révoqués par le ministre, sauf l'administrateur général qui est nommé par décret.

(CH. Y.)

BICHARRIÈRE s. f. Pêche. Filet en tramail dont on fait usage sur la Dordogne, pour la pêche de l'alose et du saumon.

BICHLAMYDÉ, ÉE adj. [bi-kla-mi-dé] (lat. *bis*, deux fois; gr. *chlamus*, surtout, casaque). Bot. Se dit des plantes dont les fleurs ont deux enveloppes ou périanthes, par opposition à *monochlamydé*. Dans la classification de de Candole, les plantes bichlamydées comprennent les thalamiflores, les caliciflores et les corolliflores.

BICYCLE. Comme son nom l'indique, le bicycle se compose de deux roues; une grande roue placée en avant et réunie à une plus petite, placée derrière, par le moyen d'une sorte de fourche métallique entre les deux branches de laquelle la petite roue accomplit son évolution. La grande roue tourne elle-même dans une semblable fourche, mais celle-ci est perpendiculaire et se termine, à son extrémité supérieure, par une traverse arrondie sur laquelle le cavalier appuie les deux mains pour diriger le véhicule et appelée, croyons-nous, le *gouvernail*. L'axe qui traverse la roue est rivé sur les deux branches de la fourchette; de chaque côté de cet axe sont fixés les supports des pédales où le cavalier pose les pieds, activant ou diminuant la vitesse de la course, selon qu'il appuie avec plus ou moins de force sur ces pédales, et, portant la masse en avant, tire, pour ainsi parler, la petite roue après lui. Le cavalier est assis sur une sorte de petite selle en cuir rembourrée de crin ou de laine et supportée par une mince et flexible lame d'acier, tendue horizontalement, afin d'éviter les secousses et les cahots. Les vélocipèdes sont généralement pourvus d'un frein qui permet d'arrêter ou de modérer à son gré une allure trop rapide sur une pente. Quelques-uns ont, derrière la selle, une petite boîte contenant les clefs et autres accessoires permettant de monter et de démonter, serrer ou desserrer les diverses pièces de l'instrument, quand besoin est. Le diamètre de la grande roue varie entre 0m,60 et 1m,10; mais les dimensions les plus ordinairement adoptées sont 90 centim. de diamètre. Il convient au reste d'en choisir un dont les dimensions soient en rapport avec la taille de la personne qui se propose d'en faire usage. D'ailleurs il est plus prudent, quand on doit prendre des leçons, de le faire sur un vélocipède de louage; c'est le vrai moyen de s'identifier avec l'instrument convenable, car on pourra le changer jusqu'à ce qu'on en trouve un qui soit tel; et il ne restera plus qu'à baser sur celui-là, dont les dimensions sont nécessairement connues, le choix de celui dont on deviendra seul et légitime propriétaire, lorsqu'on sera un écuyer remarquable et expérimenté. — THÉORIE DE LA MANŒUVRE DU BICYCLE. Quand on veut familiariser un enfant avec la manœuvre de cette machine et qu'on tient à le fortifier en même temps, il est bon, suivant plusieurs professeurs, de lui faire tenir la poignée, comme le montre notre fig. 1,

Fig. 1.   Fig. 2.
Position de la main.   Monture du débutant.

la paume de la main en dessous et les doigts en dessus. Cette position lui fait rejeter les épaules en arrière et la poitrine en avant. Commençons par déclarer modestement que nos instructions ne serviront à rien du tout, si elles ne sont appuyées d'une pratique constante et soutenue : on a disserté sur la question de savoir à quel âge il convenait de commencer ses études de vélocipédomanie : nous croyons fermement que, pour celles-là comme pour beaucoup d'autres, il n'y a point d'âge; et nous croyons aussi qu'un garçon résolu, convaincu que le secret du succès se trouve dans le mot « équilibre », y mettra peu de temps, quel que soit son âge. Choisissez une grande route bien unie et ayant une pente légère, au sommet de laquelle vous placez votre vélocipède, de manière à ce qu'il ait devant lui une carrière en pente de 20 à 30 mètres. Cela fait, serrez le frein et enfourchez votre monture; saisissez des deux mains les deux extrémités du gouvernail, laissez pendre vos jambes, vos orteils touchant à peine le sol — ou, si vos jambes ne sont pas assez longues, l'approchant d'aussi près que possible. Alors desserrez le frein, et laissez le vélocipède franchir tout doucement les 20 ou 30 mètres que vous lui avez ménagés, sans changer votre position. (Fig. 2.) Le vélocipède, emporté par son propre poids augmenté de celui de son cavalier, avancera avec une vitesse d'abord insignifiante, qui s'accroîtra en raison de la longueur du chemin franchi, mais qu'il sera toujours facile de modérer par le moyen du frein. Ayant répété plusieurs fois cet exercice, qui vous familiarisera avec l'équilibre du vélocipède, vous pourrez placer vos pieds sur les pédales et le répéter dans cette même position. — Mais ne mettez jamais vos pieds sur les pédales que vous n'ayez acquis à n'en plus douter l'équilibre de votre machine. Servez-vous du gouvernail comme d'un balancier pour régulariser votre équilibre. Par exemple, quand vous sentez que vous allez perdre l'équilibre, — le plus habile traverse de ces moments-là, — et que vous êtes en danger imminent de faire quelque lourde chute, tournez

Fig. 3. — Mauvaise position   Fig. 5. — Bonne position
du pied sur la pédale.   du pied sur la pédale.

brusquement la roue de devant au moyen du gouvernail; l'angle produit par le poids de votre propre corps perdant graduellement l'é-

quilibre est généralement insignifiant, de sorte qu'il suffit d'un mouvement à peine sensible pour en détruire l'effet. — Au bout d'un jour d'exercice, cette loi est parfaitement comprise, et le mouvement exécuté naturellement, presque inconsciemment, quand l'occasion se présente. Quand vous en êtes arrivé à ce point, placez votre vélocipède de telle sorte que la pédale du côté droit se trouve en dessus ; alors, laissant votre pied gauche posé à terre et, passant la jambe droite par-dessus l'instrument, engagez votre pied droit dans la pédale droite, car le côté *montoir* du vélocipède est le même que celui du cheval, c'est-à-dire le côté gauche. Priez un ami complaisant de maintenir votre monture en appuyant légèrement sur la partie postérieure du ressort ; appuyez votre pied droit sur la pédale droite : celle-ci s'abaissera et fera mouvoir la roue de devant ; par contre l'autre pédale s'élèvera ; c'est le moment d'y engager le pied gauche et de presser de celui-ci la pédale correspondante, qui descendra à son tour en faisant remonter la pédale droite, sur laquelle il importe que le pied ne se roidisse pas, ne produise pas une pression qui neutralise l'impulsion donnée par le pied gauche, — et ainsi de suite. Le pied doit être placé sur la pédale de manière que ce soit la pointe qui porte, et que le cou de pied se trouve au dehors sur le derrière de la pédale, et non pas reposant sur celle-ci (fig. 4). — MANIÈRE DE MONTER SUR LE VÉLOCIPÈDE ET D'EN DESCENDRE. La pratique seule peut donner de l'habileté aux vélocipédistes. Il ne leur est pas toujours facile de monter ou de descendre au moyen de la pédale ; ils doivent s'habituer à sauter comme quand il s'agit d'un cheval. La machine étant lancée, ils se préci-

Fig. 5. — Manière de monter d'un bond.

piteront pour monter, comme le montrent nos fig. 5, 6, 7, 8 et 9 ; ils devront aussi s'habi-

Fig. 6. — Manière de descendre en sautant en arrière.

tuer à monter par la pédale de droite (fig. 10). Ces exercices demandent une étude assez longue ; mais ils passionnent les jeunes gens qui s'y livrent. Pour la descente d'une côte, la meilleure position est celle dans laquelle les jambes sont passées par-dessus le gouvernail (fig. 11). — LE BICYCLE MODERNE. Les nouveaux bicycles ont reçu de grands perfectionnements. On adopte de plus en plus l'habitude de garantir les roues par une garniture

de caoutchouc. Le gouvernail est devenu plus facile à manœuvrer. Notre fig. 12 montre le

Fig. 7. — Manière de descendre par la pédale.

gouvernail de Stanley, dont le manche, dit invincible (fig. 13) n'est qu'un perfectionnement.

Fig. 8. — Manière de descendre par-dessus les poignées.

Les *fourches* dont dépendent la rigidité et la stabilité de la machine, sont construites en

Fig. 9. — Manière de descendre par un saut.

acier. Il y en a d'ovales, d'angulaires, etc., suivant les constructeurs (fig. 14). De même

Fig. 10. — Manière de monter par la pédale de droite.

la tige qui réunit les deux roues peut affecter différentes formes (fig. 15) ; elles sont accompagnées de ressorts plus ou moins compliqués (fig. 16). — Il y a, de même, plusieurs espèces de roues. Les rais ou rayons partent de l'essieu et vont obliquement à la circonférence. Nous n'entrerons pas dans le détail de

la construction des rais, des jantes. Nos fig. 17, 18 et 19 en diront assez. Le bicycle peut être

Fig. 11. — Descente d'une côte en plaçantles jambes sur le gouvernail.

Fig. 12.   Fig. 13.
Gouvernail de Stanley.   Le manche invincible.

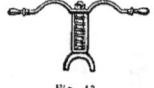

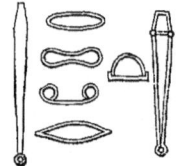

Fig. 14. — Fourches et sections.

Fig. 15. — Section de tiges ronde, ovale et en flûte.

Fig. 16. — Ressort à chaîne ; Coulisse de Humbert ; Ressort arabe à éclisse.

Fig. 17. — Jantes en Y, en U et en croissant.

Fig. 18.   Fig. 19. — Section de la
Rais à écrou.   jante dite invincible.

muni d'une lanterne placée soit en haut, en avant du gouvernail (fig. 20), soit en dessous

dans l'axe de la roue (fig. 21). Quand on entreprend un voyage, on place une valise en

Fig. 20.   Fig. 21. — Lanterne placée
Lanterne d'avant.   dans l'axe de la roue.

arrière de la selle, sur la tige qui réunit les

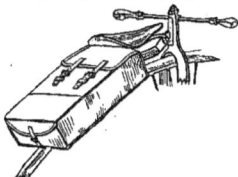

Fig. 22. — Valise de selle.

deux roues (fig. 22) ou bien en avant (fig. 23),

Fig. 24. — Valise d'avant.

sur une plaque disposée pour cet objet (fig. 24).

Fig. 24. — Plaque sur laquelle on fixe la valise d'avant.

— REMARQUES FINALES. En pratiquant tranquillement et avec une sage précaution les règles peu étendues que nous venons d'établir, et qui constituent toute la théorie de la manœuvre rationnelle du vélocipède, un élève intelligent acquerra promptement une habileté suffisante, que la pratique suffira ensuite à développer. Il fera bien, en tout cas, surtout au début et malgré l'habileté acquise, qu'il faut laisser à la pratique le temps de sanctionner, d'éviter les rues populeuses ; et, considérant le peu de bruit produit par sa monture, en dépit du grelot réglementaire, il ne fera pas mal non plus d'avoir l'œil à prévenir une collision fâcheuse — pour lui — avec des véhicules d'un plus fort tonnage, et désagréable — pour ceux-ci — avec les pieds des passants. Lorsqu'on a à gravir une côte un peu roide, il arrive qu'on est obligé de *descendre de cheval*. En posant son coude sur la selle et continuant à se diriger à l'aide du gouvernail, on parvient à diminuer notablement son travail et la fatigue qui peut en résulter. Mais quel que soit le mal qu'occasionne, dans ces circonstances, la nécessité de conduire ainsi son vélocipède, on est amplement récompensé à la descente. Dans un voyage de cinq lieues, estime un praticien de grande expérience, le cavalier ne travaille en réalité que pendant trois lieues : les pentes font le reste toutes seules. Partout, en effet, où la pente est suffisante, les jambes n'ont rien à faire, et il y a, en avant du gouvernail, une petite barre transversale sur laquelle on les croise pour les reposer ; le vélocipède descend alors par son propre poids : on n'a qu'à régler sa marche tant par le moyen du gouvernail que par celui du frein. En somme les mains seules sont occupées. — Et, de l'avis des vélocipédistes les plus enragés, aucun plaisir n'est comparable à celui de descendre ainsi une côte à toute vitesse, balancé agréa-

blement par un ressort d'acier flexible, prévenant tous les cahots de la route, les roues glissant sur le sol si légèrement qu'elles semblent le toucher à peine.

BIENFAISANCE — Législ. Les *bureaux de bienfaisance de la ville de Paris* ont été réorganisés par un décret rendu en Conseil d'État le 12 août 1886. Dans chacun des arrondissements, un bureau de bienfaisance est chargé du service des secours à domicile, sous le contrôle de l'administration générale de l'assistance publique à Paris. Chaque bureau est administré par une commission composée : 1° du maire de l'arrondissement président de droit ; 2° des adjoints membres de droit ; 3° de douze à dix-huit administrateurs nommés par le préfet de la Seine, sur une liste triple de candidats présentés par le maire de l'arrondissement ; et 4° d'un secrétaire trésorier, nommé par le préfet de la Seine, ainsi que les agents et les employés du bureau. Chaque année, il est procédé au renouvellement du quart des administrateurs ; et chaque année aussi, les commissions administratives désignent parmi leurs membres et par la voie du scrutin : un vice-président, un administrateur secrétaire, un ordonnateur, un délégué près l'administration de l'Assistance publique. A chaque bureau sont attachés des commissaires et des dames de bienfaisance nommés au scrutin par la commission administrative, sur la présentation de l'administrateur de la division à laquelle ils doivent être affectés. Leurs fonctions, ainsi que celles des administrateurs sont gratuites. Dans la circonscription de chaque bureau, sont établies des *maisons de secours*, affectées exclusivement à la réception des indigents par les administrateurs, et au moins une fois par semaine au service médical et pharmaceutique et au service des distributions et prêts. Les médecins des bureaux de bienfaisance sont nommés au concours pour quatre ans ; mais ils peuvent être maintenus par le ministre de l'intérieur, par périodes de quatre ans, jusqu'à l'âge de soixante-cinq ans. Ils reçoivent une allocation annuelle. Les sages-femmes attachées aux bureaux de bienfaisance sont nommées par le préfet de la Seine. Les secours accordés par les bureaux sont temporaires ou annuels. Ces derniers ne sont alloués qu'aux vieillards âgés de soixante-quatre ans révolus, aux personnes atteintes d'infirmités ou de maladies chroniques, et aux orphelins âgés de moins de treize ans. Les dons sont distribués en nature ou en argent. En outre il peut être fait aux indigents des prêts d'objets d'habillement ou de lingerie à leur usage. Enfin des secours représentatifs du séjour à l'hospice sont répartis entre les bureaux par l'administration de l'assistance publique. Ces secours sont d'un franc par jour. Les médicaments sont délivrés gratuitement aux indigents par les bureaux de bienfaisance. Les bons de pain sont servis par tous les boulangers de l'arrondissement. Les bons de comestibles, de combustibles, de paille, de bains, sont servis par tous les fournisseurs qui ont accepté les conditions fixées par le bureau. Nous avons déjà dit (V. le *Dictionnaire*, t. 1er, p. 508) que les bureaux de bienfaisance sont légalement autorisés à prélever, entre autres droits sur les spectacles publics et non gratuits, un quart de la recette brute des courses de chevaux. Cela a été reconnu, notamment en 1888, par le Conseil de préfecture de Seine-et-Oise au profit du bureau de bienfaisance de la commune de Marnes. Dans plusieurs autres lieux, des abonnements ont été contractés par les sociétés des courses, pour l'acquit du droit des pauvres. En dehors de ce droit local, un autre prélèvement est aujourd'hui effectué, au profit de l'*Assistance publique générale*, sur les paris engagés dans l'intérieur des hip-

podromes. Le ministre de l'intérieur a le droit d'interdire les paris sur le champ de courses ; mais l'intérêt de la reproduction chevaline n'est qu'un prétexte pour l'établissement des courses de chevaux ; et ces courses disparaîtraient presque toutes, dans le cas où les paris viendraient à être absolument interdits. On a dû tenir compte de l'intérêt des communes et des bureaux de bienfaisance qui tirent profit de ces nombreuses réunions ; et l'on a pensé que, ne pouvant pas arriver à réfréner complètement la déplorable passion du jeu, l'administration aurait raison de tolérer le pari mutuel qui a lieu sans le concours des *agences* ni des *bookmakers* et d'extraire de cette tolérance quelques ressources au profit de l'Assistance publique. Cette part qui est fixée à 2 p. 100 est prélevée sur le montant des paris et non sur les entrées. Elle est employée à subventionner les asiles qui sont régis au compte de l'État, et à accroître le nombre des personnes pensionnées par les hospices de la capitale. — Dans un rapport adressé au ministre de l'intérieur par M. Henri Monod, directeur de l'Assistance publique générale, nous trouvons un relevé qui n'avait jamais été fait jusqu'alors, celui des dépenses publiques de l'Assistance en France. Le total de ces dépenses s'est élevé en 1885 à 184,124,099 francs, dont, 50,772,829 francs, pour la ville de Paris. La dépense moyenne par habitant est de 2 fr. 33 pour la France entière ; elle est de 13 fr. 54 pour Paris, et de 1 fr. 60 pour le reste du pays. Dans le chiffre total des dépenses publiques d'assistance, la part de l'état est de 5,460,282 francs, celle des départements de 22,719,163 francs, celle des communes autres que Paris, de 28,309,483 francs, celle des habitants de Paris de 31,753,168 francs ; et la plus grosse part, provenant de fondations ou d'autres ressources propres aux établissements de bienfaisance est de 94,879,003. Le nombre des indigents assistés par les bureaux de bienfaisance a été, pendant la même année, de 1,778,354. (Voir *Bulletin de statistique et de législation comparée*, novembre 1889.) (C. Y.)

BIÈRE de ménage (*anglaise*). — Mettez dans une chaudière : 32 litres d'eau, 10 litres de malt, 225 grammes de houblon et 1 kilogramme de mélasse ; faites bouillir pendant deux heures en remuant fréquemment. Retirez du feu et laissez refroidir, puis passez au tamis de crin. Faites bouillir à nouveau le houblon et la drèche dans 16 litres d'eau avec 500 grammes de mélasse. Mettez refroidir et passez comme précédemment. Quand toute la liqueur a été passée et que le moût a été suffisamment refroidi, ajoutez 285 grammes de levure fraîche et mêlez bien. Couvrez d'une toile grossière, d'un sac par exemple, et laissez reposer dix heures. Retirez l'écume produite par la fermentation et mettez en baril. Votre bière commencera bientôt à travailler ; au bout de huit heures environ, le travail sera accompli, et vous pourrez alors bonder légèrement votre baril. — *Autre*. Voici une recette encore plus simple et donnant une bonne bière de ménage au meilleur marché possible, en usage dans les familles anglaises. Faites bouillir dans 22 litres d'eau 18 litres de malt, 2 kilogrammes de mélasse, 115 grammes de houblon. Passez comme précédemment. Cette bière coûtera environ 10 centimes le litre. — *Autre* (*française*). Mettez dans un baquet 6 litres de seigle avec tout juste assez d'eau pour le mouiller entièrement ; remuez de temps en temps. Quand votre seigle sera germé d'une manière assez apparente, mettez-le dans un baril contenant environ 40 litres ; puis 15 à 16 litres d'eau chaude, en agitant avec un bâton ; quand le mélange est refroidi, ajoutez une même quantité d'eau chaude en remuant toujours. Le lendemain

vous remplirez entièrement votre baril avec de l'eau chaude, en agitant encore; puis vous laisserez reposer une semaine. Au bout de quinze jours, vous soutirerez votre bière et la mettrez dans un baril nouveau où, après quelques jours de repos, vous pourrez en faire usage. — BIÈRE ÉCONOMIQUE. Faites infuser dans 35 litres d'eau bouillante 150 grammes de houblon, 30 grammes de graines de genièvre et 15 grammes fleurs de sureau. Passez. Ajoutez 1 kilogramme de sucre et 200 grammes de gomme arabique inférieure; remuez pour faire fondre. Quand votre infusion sera presque refroidie, ajoutez 30 grammes de levure de bière; mêlez bien, et versez dans un baril de contenance convenable. Laissez reposer vingt-quatre heures dans un lieu pas trop frais : la fermentation s'établira aussitôt. Quinze jours au plus après, le travail accompli, mettez en bouteilles dans des bouteilles fortes, — un peu plus tôt même en été. — Vous pouvez en faire usage après huit jours de bouteilles. Cette bière revient à peu près, à 9 centimes le litre.

BIÈVRE, village qui s'étage d'une manière pittoresque sur le versant d'un plateau, près du bois de Verrières dans la vallée de la Bièvre.

BIFTECK. — Cuis. Coupez du filet de bœuf sur son plein, en tranches d'environ 3 centimètres d'épaisseur; parez et coupez le tour, enlevez bien les peaux, mais laissez le gras; faites mariner dans l'huile avec sel et poivre, par exemple, depuis le matin jusqu'à l'heure du dîner, ou mieux dans du beurre fondu; fuites cuire sur le gril à un feu vif. Servez saignant avec du beurre manié de persil, un filet de vinaigre, ou verjus ou du jus de citron. On peut entourer le bifteck d'une garniture de pommes de terre frites, le dresser sur du cresson avec sel et un filet de vinaigre sur du beurre d'anchois ou d'écrevisses, et enfin sur une sauce piquante. — BIFTECK DU PRIEUR. Coupez des tranches de bœuf d'environ 6 à 7 centimètres d'épaisseur, battez-les jusqu'à les réduire à une épaisseur de 3 centimètres; pratiquez en dessus et en dessous des incisions en forme de losange, profondes d'un centimètre, de manière qu'il n'y ait plus au milieu qu'une épaisseur d'un centimètre non entaillée. Maniez de fines herbes et assaisonnez de sel et de poivre un morceau de beurre qui vous sert à enduire vos tranches de bœuf des deux côtés. Mettez alors vos bif-tecks sur un gril à barreaux cannelés avec réservoir au bas pour recueillir le jus dont vous les arrosez pendant la cuisson. Dressez sur un plat foncé de beurre manié de fines herbes et d'un anchois; ajoutez un filet de vinaigre.

BIGOUDI s. m. Petit appareil dont se servent les dames pour rouler les boucles de leurs cheveux. Le bigoudi se compose d'une tige de plomb entourée d'étoupe et recouverte de cuir : des bigoudis.

BIGOURDAN, ANNE s. et adj. Du Bigorre; qui appartient à ce pays ou à ses habitants.

BIGÉNÉRINE s. f. (lat. bis, deux fois; genus, generis, genre). Moll. Genre de foraminifères microscopiques, que l'on rencontre dans la Méditerranée.

BILLARD (Jeux). Il faut remarquer avant tout dans un billard d'abord les mouches, au nombre de trois, placées sur une ligne perpendiculaire divisant le tapis en deux parties égales, dans le sens de sa longueur, l'une au centre même, les deux autres à égale distance de chacune des deux bandes extrêmes du billard, mesurant environ le cinquième de la longueur totale. Il y a ensuite le quartier, partie du billard sur laquelle on joue au début, séparée du reste par une ligne, appelée corde, tracée d'une bande latérale à l'autre en passant par la mouche du bas, laquelle est prise

pour centre d'un demi-cercle, qui a aussi son rôle. Sur cette mouche du bas, on place une des billes blanches quand on débute, ou que cette bille, jetée hors du billard ou mal à propos dérangée, doit y être replacée; sur la mouche du haut est la place de la bille rouge; la seconde bille blanche reste en main du joueur qui la place sur un point quelconque du demi-cercle dont la mouche du bas forme, comme nous l'avons dit, le centre. Le jeu de billard a d'assez nombreuses variétés, dont les principales sont le même ou partie blanche, la partie de bricole, le double, la partie aux quilles, la partie russe, les diverses variétés de poules et de carambolage. Bon nombre de ces variétés du jeu de billard sont tombées en désuétude, et notamment la partie au même est si profondément négligée aujourd'hui, que la partie des billards, surtout dans les établissements publics, sont, ainsi que nous l'avons déjà dit, privés de blouses. La partie de carambolage règne donc à peu près sans partage, étendant son empire jusqu'au fond des bourgades les plus modestes et les plus ignorées. Nous croyons que nous ferons bien de donner immédiatement les règles générales du jeu de billard, s'appliquant à toutes ses divisions avec ou sans l'addition de dispositions spéciales dont nous parlerons d'ailleurs en temps opportun. — RÈGLES DU JEU DE BILLARD. Les joueurs commencent par donner leur acquit, c'est-à-dire par tirer à qui jouera le premier, ou plutôt à qui commandera. On prend une bille blanche que l'on place dans le demi-cercle dont nous avons parlé, et on la pousse avec la queue de manière à ce qu'elle aille heurter la bande du haut, qui la renvoie vers la bande du bas. Le joueur dont la bille ainsi conduite approchera le plus près de cette dernière bande aura le droit de choisir s'il veut jouer le premier ou faire jouer son adversaire avant lui, — excepté s'il a heurté de sa bille la bille de son adversaire, auquel cas c'est celui-ci qui aurait le droit de commander. Un joueur doit toujours avoir le corps et les deux pieds dans le billard, — c'est-à-dire qu'il ne doit pas dépasser, fût-ce du bout du pied ou du coude, la ligne des bandes latérales du meuble, — et au moins un pied posé à terre. Mais c'est à l'adversaire à tenir à l'exécution de cette règle. S'il laisse jouer, le coup sera bon; s'il proteste et que le joueur, rappelé à l'exécution du règlement ne tienne aucun compte de cette protestation, le coup sera nul; les billes replacées, et le joueur récalcitrant, mis à l'amende d'un point. Celui qui jouerait avec la bille de son adversaire sans que l'observation lui en fût faite ne serait passible d'aucune pénalité et le coup joué serait bon; mais s'il avait été prévenu à temps, il serait à l'amende de trois points et les billes demeureraient où les aurait placées le coup indûment joué. Le joueur qui donnerait un second coup de queue à sa bille, l'ayant poussée une première fois, ce qui s'appelle billarder, perdrait un point; si le coup lui en avait produit, ils ne seraient pas marqués. Celui qui queute est soumis à la même règle et passible de la même pénalité. Il en est également de même pour celui qui manque de touche, à moins de convention contraire. Un joueur qui dérange une bille perd un point et l'avantage du coup. Si la bille dérangée l'est par celui qui vient de jouer, et avant qu'elle ne soit arrêtée, celui-ci est à l'amende de trois points, s'il n'a rien fait; s'il a fait des points, c'est son adversaire qui les marque. La bille dérangée sera ensuite replacée, la rouge sur sa mouche, une des blanches en main. Le coup joué avant que les billes soient complètement arrêtées est nul, et celui qui l'a joué en perd un point. L'action de souffler sur une bille en marche est punie de la perte d'un point et de la remise en main de la bille du joueur coupable. Celui qui fait sauter sa bille hors du billard, sans

avoir préalablement touché la bille sur laquelle il jouait, perd deux points si cette bille est la blanche, et trois, si c'est la rouge.
— Cette règle ne s'applique pas au carambolage. Deux billes qui, vérification faite, se touchent, doivent être remises en main. Une bille qui tombe dans la blouse sans y avoir été poussée, simplement parce qu'elle en était trop près, est remise en place aussi exactement que possible, et le coup, s'il se décidait au même moment sera recommencé. Deux billes arrêtées sur l'orifice d'une blouse, et s'empêchant l'une l'autre d'y tomber, sont réputées dedans. La galerie a le droit de rappeler à un joueur qu'il oublie de marquer ses coups; elle a également le droit de juger les coups imprévus. S'il n'y a point de galerie, le maître du billard sera juge entre les joueurs. Lorsqu'il y a une première partie gagnée et perdue, le droit de jouer ou de commander passe au perdant et ainsi de suite. — PARTIE DE CARAMBOLAGE. On sait ce que signifie le terme caramboler : c'est toucher alternativement les deux autres billes avec la sienne. La partie de carambolage est la plus ordinairement pratiquée; elle est aussi la plus simple en théorie mais, comme pour tout jeu où l'adresse est tout, une pratique assidue est indispensable pour faire un bon joueur au carambolage. On joue le carambolage sur un billard sans blouses (au cas, bien rare aujourd'hui, où on n'en aurait pas, toutes les fois que les billes tomberaient dans une blouse, le coup serait nul) avec trois billes : une rouge et deux blanches. La partie est faite en un nombre de points préalablement convenu, ordinairement vingt ou trente. Chaque carambolage compte pour un point à celui qui le fait, et il n'a pas d'autre gain que celui-là; mais il peut continuer de jouer tant qu'il réussit à caramboler. L'important est donc de jouer de sorte à se ménager un nouveau carambolage après celui qu'on vient de faire, tout en se gardant bien, dans le cas de non succès, de livrer trop beau jeu à son adversaire, ce qui arrive fréquemment. — RÈGLES SPÉCIALES AU CARAMBOLAGE. Le premier en main, les billes placées comme nous l'avons indiqué plus haut, joue sur la rouge; il ne peut jouer sur la blanche qu'après avoir touché la bande du haut. Quand la bille du second joueur est placée sur la mouche, il peut jouer, à son choix, sur la rouge ou sur la blanche. Lorsque, un joueur s'apprêtant à jouer, les deux autres billes sont dans le quartier, la rouge doit être placée sur sa mouche, l'autre reste où elle se trouve. Une bille lancée hors du billard, après avoir carambolé, est relevée et placée dans le demi-cercle ou sur la mouche qui en est le centre. Le carambolage est bon, et le joueur continue à jouer comme si de rien n'était. Les manques de touche n'entraînent aucune pénalité. Un joueur cède son tour à son adversaire lorsque, ayant joué, il n'a pas réussi à caramboler; il peut aussi être contraint à céder son tour en punition d'une infraction au règlement ou d'une faute quelconque. Les billes brouillées, après un carambolage que le joueur qui les a dérangées croyait le dernier, sont replacées approximativement aux places qu'elles occupaient auparavant par l'adversaire de ce joueur; mais celui-ci n'encourt aucune pénalité, son carambolage lui est compté et il continue de jouer. — THÉORIE DU JEU DE BILLARD EN GÉNÉRAL ET DU CARAMBOLAGE EN PARTICULIER. C'est seulement par la pratique qu'on peut espérer devenir un habile joueur de billard. Cependant quelques notions théoriques y préparent efficacement. Il est nécessaire d'avoir tout d'abord toujours présente à l'esprit cette loi physique immuable qui veut que l'angle de réflexion soit égal à l'angle d'incidence dans la marche de tout corps quelconque réfléchi par un autre corps. Lorsqu'un joueur pousse sa bille perpendiculairement à la

bande, la bande la renvoie ou la *réfléchit*, droit à son point de départ. La ligne qu'elle a tracée à l'aller formait un angle droit avec la ligne de la bande du haut, s'étendant du point où la bille a frappé à la bande latérale droite : c'est l'angle d'incidence ; au retour, n'ayant point dévié, la ligne qu'elle a parcourue formait nécessairement un angle droit avec la ligne de la bande s'étendant du même point à la bande latérale gauche ; c'est l'angle de réflexion. Si, au lieu de la pousser perpendiculairement, le joueur pousse sa bille obliquement, il formera un angle d'incidence plus ou moins aigu, que l'angle de réflexion reproduira mathématiquement. On comprend l'importance qu'il y a à ne point oublier cette loi, qui ne souffre d'exceptions que quand la bande rend faux. Rien n'est plus facile, dès lors, de toucher une bille placée presque en quelque endroit du billard que ce soit, avec sa propre bille, en touchant préalablement la bande : il suffira d'un coup d'œil sûr et d'un poignet ferme. Cette même loi s'applique naturellement au choc des billes entre elles, quand la bille du joueur, prise dans le milieu, file droit et se borne à heurter la bille adverse, sans autre finesse. Mais cette application n'a point de conséquences pratiques d'une utilité incontestable. Pour faire revenir sur elle-même une bille après qu'elle en aura heurté une autre, il faut la frapper très bas avec la queue et retirer vivement celle-ci, de peur que la bille en revenant ne la touche ne s'arrête. En la frappant au contraire très haut, la bille, après avoir touché l'autre, la suivra dans sa marche. En touchant la bille d'un côté ou de l'autre, on la fait revenir vers ce même côté, en décrivant une courbe légère qu'on accentue d'autant plus qu'on la frappe plus bas. Masser est une autre finesse du jeu qui consiste à frapper la queue, presque perpendiculaire, d'un coup sec, une bille collée contre bande. Il existe encore nombre d'autres procédés habiles que la théorie ne saurait qu'indiquer, mais non enseigner. Il serait donc bien inutile de s'y appesantir. — La Poule. À un certain nombre — égal au nombre de joueurs, qui peut être assez grand — de boules numérotées, ayant été mises dans un panier de forme particulière, on les agite pour bien les mêler et on les distribue une à une à chaque joueur. Sur le billard, il n'y a que deux billes. Le joueur qui a reçu le numéro 1 en prend une et donne l'acquit. Pour cela, il pousse la bille vers la bande du haut, de manière à l'en rapprocher d'assez près, sans toutefois la toucher. Il faut que cette bille dépasse les blouses du milieu, pour que l'acquit soit bon ; si elle ne le fait pas, elle est placée à la *pénitence*, c'est-à-dire sur la petite mouche du haut. Le joueur lui-même peut mettre sa bille à la pénitence, s'il juge qu'elle va être mal placée, mais seulement tant qu'elle n'est pas arrêtée. Le numéro 2 joue alors sur l'acquit avec la seconde bille ; le numéro 3 joue sur la première, et ainsi de suite. Après chaque bille faite, s'il n'y a que deux joueurs, c'est celui qui l'a faite qui donne l'acquit ; s'il y en a davantage, c'est le numéro suivant. Tout joueur dont la bille est faite ou qui, en jouant, ne touche pas la bille ou *se perd*, c'est-à-dire envoie sa propre bille dans une blouse, est marqué d'un point. Sont marqués également d'un point : celui dont la bille saute hors du billard, celui qui manque de touche, celui qui donne des conseils à un joueur, celui qui dérange une bille ou l'arrête lorsqu'elle est en marche. Lorsqu'un joueur a été marqué d'un nombre de points déterminé, il est *mort*, c'est-à-dire hors du jeu. Ce nombre de points est généralement fixé ainsi lorsqu'il y a un grand nombre de joueurs : les six premiers meurent en quatre points ; la seconde demi-douzaine, en trois points ; de douze à vingt, il n'en faut plus que deux ; et au-dessus, un seul. Lors-

qu'on n'est qu'un nombre restreint de joueurs, trois ou quatre points sont des chiffres qui entraînent ordinairement la mort. Un joueur dont la bille est morte peut en racheter une autre s'il en trouve une à vendre ; mais celui qui la lui vend ne peut en racheter une autre dans la même poule. Le joueur dernier survivant gagne la *poule* qui se compose naturellement des enjeux de chacun. — **Billard DE PELOUSE.** C'est un jeu anglais d'une grande simplicité ; il eut ses enthousiastes avant que l'on connût le croquet ; mais aujourd'hui, il est à peu près délaissé. Il présentait sur le croquet et sur le lawn-tennis, l'avantage de n'exiger qu'un espace très restreint, le plus petit coin de pré récemment fauché étant suffisant pour une partie à laquelle peuvent prendre part un nombre indéterminé de joueurs, depuis deux jusqu'à huit ou dix. L'appareil se compose, en premier lieu, d'un solide anneau de métal dont l'usage est l'équivalent de celui des blouses d'une table de billard. Il est en fer ou en laiton et mesure de 12 à 15 centim. de diamètre ; on le pose verticalement sur le sol au moyen d'une sorte de grande tige de métal, engainée dans une sorte de fourreau. La tige tourne aisément dans le fourreau et entraîne l'anneau qui tourne, au moindre choc, sur son axe vertical et peut présenter son ouverture de tous les côtés. Le fourreau de métal est lui-même entouré d'une enveloppe de bois que l'on enfonce verticalement dans la terre, de façon que l'anneau sorte seul. Pour que cet anneau tourne facilement dès qu'il y est sollicité, on a soin d'huiler de temps en temps la tige et le fourreau que l'on doit, d'ailleurs, entretenir dans un parfait état de propreté. Chaque joueur se munit d'une bille d'un bois lourd, colorée ou peinte de différentes manières, pour être reconnaissable, et mesurant environ 10 centimètres de diamètre. De plus, les joueurs doivent avoir un nombre convenable de queues, semblables à celle que représente notre fig. 1. Le manche d'une queue de ce

Fig. 1. — Queue pour le billiard de pelouse.

genre doit mesurer environ 1m,30 de long ; il est en bois et porte, à l'une de ses extrémités, un anneau plus petit que celui qui est placé au-dessus du sol. Cet anneau doit mesurer de 8 à 9 centimètres de diamètre ; c'est-à-dire que lorsqu'on y pose la bille, elle doit y rester sans tomber en dessous et sans risquer de rouler par-dessus les côtés. On joue en insérant l'anneau de la queue sous la bille du joueur, du côté opposé à la direction dans laquelle on veut envoyer cette bille. Elle est ainsi à demi poussée et à demi jetée vers l'anneau dans lequel on s'évertue à la faire passer. Chaque fois qu'elle traverse l'anneau, le joueur compte un point ; mais si, en route, elle frappe une autre bille avant de passer l'anneau, le joueur compte deux points. On fixe ordinairement la partie à vingt points. Après chaque coup, réussi ou manqué, le joueur cède sa place ; ce n'est donc pas comme au billard, où un joueur continue de jouer tant qu'il réussit. Au premier abord, il semble qu'il ne soit possible de faire passer la bille que lorsque l'ouverture de l'anneau se trouve exactement en face d'elle, comme dans notre fig. 2. Mais, avec beaucoup de pratique, les joueurs finissent par acquérir une habileté telle qu'ils font passer la bille quand même l'ouverture de l'anneau forme avec sa direction un angle considérable. Il y a plusieurs manières d'y réussir. La plus simple consiste à frapper d'abord une autre bille, en calculant le choc de façon à revenir sur la bille adverse dans la direction nécessaire. Si l'on n'a pas une bille adverse à bonne portée, on joue directement sur l'anneau, de manière à

lui imprimer un rapide mouvement de rotation, pendant lequel la bille passera de

Fig. 2. — Faire passer une bille dans l'anneau.

l'autre côté, en vertu de sa force d'impulsion. — **Billard ANGLAIS.** Le billard anglais, que les Anglais appellent billard allemand, se compose d'une table inclinée, garnie de rebords et terminée supérieurement en demi-cercle. A une petite distance de la bande de droite s'étend à elle s'étend un second rebord qui forme avec elle une sorte de chemin et qui s'arrête au commencement de la partie circulaire. Le reste de la table est garni d'un arrangement compliqué de grosses épingles plantées verticalement, de ponts formés de fils de métal repliés en demi-cercles, de cupules creusées sous les arceaux de fil de fer. Les cupules sont numérotées, ainsi que les cases dans lesquelles se réfugie ordinairement la bille en redescendant sur la table. Le joueur, placé devant la bande du bas, pousse dans le chemin une bille d'ivoire, au

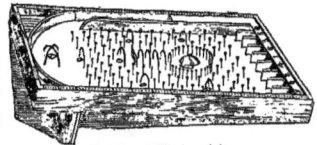

Fig. 3. — Billard anglais.

moyen d'une petite queue. La bille monte, frappe la bande circulaire, redescend par suite de son propre poids, en roulant, à droite, à gauche, entre les épingles, sous les ponts et sous les arceaux. Elle s'arrête quelquefois dans l'une des cupules ; mais ordinairement elle arrive jusqu'aux cases numérotées. Le joueur gagne le nombre de points marqués, sur cette case ou sur la cupule dans laquelle sa bille s'arrête après avoir erré au milieu du labyrinthe de pointes et de ponts.

BILLY (Le), pays de l'ancien Bourbonnais. Lieux principaux : Billy (auj. cant. de Varennes), Saint-Didier-en-Billy et Billezois (Allier).

BILLY, commune du cant. de Varennes (Allier), à 16 kil. O. de La Palisse, 1,000 hab. Vieux château, qui fut le siège d'une ancienne et puissante seigneurie et qui, au XVIIIe siècle appartint aux ducs de Montmorency.

BINEAU (Jean-Martial), ingénieur et homme politique, né à Gennes (Maine-et-Loire) en 1805, mort en 1855. Après avoir été ingénieur en chef, il fut élu député, en 1841 dans son département natal et siégea au centre gauche jusqu'en 1848. Réélu à la Législative, il appuya la politique du prince président et fut ministre des travaux publics, du 31 octobre 1849 au 9 janvier 1851, entra au Sénat en 1852 et devint ministre des finances du 22 janvier 1851 jusqu'à sa mort. Il a publié divers mémoires dans les *Annales des mines,* et un ouvrage remarquable intitulé : *Chemins de fer d'Angleterre* (Paris, 1840).

BIPENNIFER s. m. Sorte de hache à deux tranchants, dont on prétend que les amazones faisaient particulièrement usage.

BIPRORUS s. m. (gr. *bipróros*). Antiq. Sorte de navire effilé à l'arrière comme à l'avant, ce qui lui permettait de prendre des directions opposées sans virer de bord.

BIRIBI s. m. (ital. *biribisso*). Ce jeu de hasard se joue sur une grande table divisée en 70 cases numérotées. Dans un sac se trouvent 70 boules numérotées de 1 à 70. Chaque joueur tire une boule, et s'il amène le numéro correspondant à celui de la case sur laquelle il a ponté, le banquier lui paie 64 fois sa mise ; dans le cas contraire, il perd sa mise. Le biribi est interdit en France depuis 1837. Tous les avantages y sont pour le banquier : 70 chances de gagner contre 64 de perdre.

BIRMAN (Empire). L'empire Birman a cessé d'exister depuis 1885-'86. Il a été annexé à l'empire Britannique, sous le nom de Burmah supérieur. (Voy. BURMAH SUPÉRIEUR, dans ce *Supplément.*)

BISCUIT. — La pâte de biscuit est la même que celle du gâteau ou *biscuit* de Savoie, indiquée ailleurs. — *Biscuits en caisse.* Remplissez de votre pâte vos caisses en papier disposées d'avance, pas entièrement cependant, car la pâte gonfle en cuisant, saupoudrez-la de sucre en poudre fine et faites cuire au four d'une chaleur modérée. — *Biscuits à la cuiller.* Répandez simplement de la pâte avec une cuiller sur des feuilles de papier blanc saupoudrez de sucre ; faites cuire au four à peine dix minutes.

BISHOP (méthode anglaise). — Faites griller 4 grosses oranges amères ; retirez-les du feu dès qu'elles auront pris une couleur brun pâle, et placez-les dans un vase allant au feu ou une petite casserole. Saupoudrez-les de 250 grammes de sucre ; versez sur le tout deux bons verres de vin ; couvrez bien et laissez reposer jusqu'au lendemain. Placez alors votre vaisseau sur les cendres chaudes, mais de préférence dans un vaisseau plus grand, rempli d'eau bouillante et faisant office de bain-marie. Pendant que votre macération chauffera, écrasez les oranges à l'aide d'une cuiller ; puis passez au tamis. Faites alors bouillir le reste de la bouteille de vin dont vous aurez distrait deux verres, en prenant soin qu'il ne brûle pas ; ajoutez au jus tamisé et servez chaud dans un bol ou des verres. — *Bishop froid.* Faites infuser le zeste d'une orange amère dans de l'eau-de-vie pendant cinq ou six heures ; passez, et ajoutez une bouteille de bon vin — du vin blanc de préférence — sucré à votre goût, en tout cas abondamment, à cause de l'amertume de l'infusion de l'écorce d'orange.

BISMARCK, ville du territoire Dakota (État-Unis de l'Amérique du Nord), sur le Missouri et sur le chemin de fer du Pacifique septentrional, à 715 kilom. O. de Duluth ; 6,000 hab. Fondée en 1872, elle se nomma d'abord Edwinton ; mais les nombreux colons allemands qui y arrivèrent presque aussitôt changèrent son nom en celui de Bismarck. Le pont du chemin de fer, à 3 kil. de la ville, est une massive construction de fonte et d'acier, sur des piles de granit.

BISMARCK (Iles), nom que l'on donne aujourd'hui au groupe océanien formé de la *Nouvelle-Bretagne*, de la *Nouvelle-Irlande* et du *Nouveau-Hanovre*, à l'E. de la Nouvelle-Guinée. Ce vaste archipel, qui comprend environ 50,000 kil. carr. et qui nourrit 200,000 hab., a été annexé à l'empire d'Allemagne, après une vive discussion diplomatique avec l'Angleterre (1886). Il est formé de terres montagneuses et fertiles ; mais les indigènes sont d'une intraitable sauvagerie.

BITTER. — Prenez : gentiane et orangette, de chaque 15 grammes ; coriande 12 grammes ; calamus et cannelle, de chaque, 4 grammes, et aunée, 2 grammes. Mêlez ensemble, pulvérisez grossièrement ; faites infuser huit jours dans 2 litres d'eau-de-vie de genièvre, et ajoutez sucre, environ 90 grammes. — *Autre* (formule anglaise). Mettez dans un litre d'eau-de-vie blanche 25 grammes de pelures de citrons et d'oranges fraîches et moitié de sèches pulvérisées. Faites macérer pendant dix à douze jours dans une bouteille bien bouchée, que vous aurez soin de secouer deux fois par jour. Filtrez, et faites dissoudre dans votre liqueur 69 à 70 grammes de sucre.

BITTÉROIS, OISE (de *Bitterræ*) s. et adj. De Béziers, qui concerne cette ville ou ses habitants.

BIZOT (Michel-Brice), général français, né à Bitche en 1795, tué d'un coup de fusil dans une tranchée devant Sébastopol en 1855. Au sortir de l'École polytechnique, il fut incorporé dans le génie, prit part aux sièges de Metz (1814) et de Besançon (1815), fit les campagnes d'Espagne (1823) et d'Algérie, passa général de brigade en 1852 et fut appelé à commander l'armée du génie en Crimée.

BLAISE (La), rivière qui naît à Gillancourt (Haute-Marne), passe à Vassy et à Eclaron et se jette dans la Marne près de Vitry (Marne), après un cours de 70 kil. Elle arrose une fertile vallée et met en mouvement de nombreuses usines.

BLANCHISSAGE du linge. — Lorsqu'on blanchit son linge à la maison, c'est en vue d'être bien assuré qu'il n'entre pas dans la composition employée au blanchissage de substance corrodante si fatale au meilleur linge. Nous donnerons quelques indications préliminaires sur les matériaux élémentaires employés au blanchissage efficace, et, passant par-dessus toutes les recettes de composition à base de soude ou de potasse, nous nous bornerons à donner la meilleure recette de blanchissage de famille encore connue. Ayez soin de tenir toujours bien secs votre savon, votre amidon, votre bleu, enfin toutes les substances à employer à l'opération. Ne laissez jamais dehors, dès que vous n'en avez plus besoin, vos cordes à étendre — dont les meilleures, pour le dire en passant, sont les cordes de soie végétale ou fibres d'aloès, sur lesquelles l'humidité n'a presque pas d'action. La meilleure eau à employer est l'eau de pluie. Presque toutes les autres sont plus ou moins dures, et possèdent le désavantage, quand elles sont employées telles quelles, de blanchir mal, de durcir le linge et de rendre la peau des mains malade. — MOYEN D'ADOUCIR L'EAU DURE (en dissolvant dans le savon). La dureté de l'eau provient de la chaux qu'elle contient en dissolution. La soude est naturellement indiquée pour précipiter la chaux ; mais la mêler simplement à l'eau pour s'en servir aussitôt n'aurait pas le résultat désiré. Il faut mettre son eau de côté, dans un vaisseau convenable. Pour traiter 5 litres d'eau, faites dissoudre 15 à 16 grammes de soude commune dans un peu d'eau chaude, en mêlant bien, puis versez le mélange dans l'eau dure, et agitez vivement pendant quelques minutes. Laissez le tout reposer vingt-quatre heures. La soude et la chaux se précipiteront de conserve au fond du vaisseau, y formant un sédiment, et laissant l'eau parfaitement douce. L'eau ainsi traitée sera recueillie avec soin, de manière à ne pas remuer et entraîner en partie le précipité. A ce propos, il serait bon d'opérer dans un baquet ayant un robinet à quelque distance du fond de recueillir l'eau par son secours, abandonnant ce qui pourra rester au fond au-dessous du niveau du robinet. — NOUVELLE MÉTHODE DE BLANCHISSAGE. Prenez environ 750 grammes de savon ; faites-le dissoudre

dans 15 litres d'eau, en le coupant par très petits morceaux ; votre eau aussi chaude que la main la pourra supporter. Ajoutez à cette solution une cuillerée à bouche d'essence de térébenthine et trois d'ammoniaque liquide. Remuez bien pour opérer le mélange. Faites-y tremper votre linge pendant deux à trois heures, en le tenant aussi hermétiquement couvert que possible. Vous le lavez ensuite, en le frottant à peine, et le rincez à la manière habituelle. Ce procédé offre une grande économie de temps, de travail et de combustible. Le linge n'en souffre aucunement, car, même très sale, il n'est presque pas besoin de le frotter. La térébenthine et l'ammoniaque, quoique leur puissance détersive soit très grande, n'ont aucune action malfaisante sur le linge, et même sur le linge de couleur dont au contraire ils relèvent l'éclat. L'ammoniaque s'évapore immédiatement ; l'odeur de l'essence de térébenthine disparaît au séchage à l'air libre. L'eau ainsi préparée peut être réchauffée et servir une seconde fois, avec addition d'une demi-cuillerée d'essence de térébenthine et d'une cuillerée d'ammoniaque. — EMPOIS. Broyez de l'amidon bien finement, délayez-le dans un peu d'eau tiède, et ajoutez de l'eau bouillante en remuant bien à chaque fois. Cet empois pourra servir dans la plupart des cas. — On augmente la qualité de l'empois en y ajoutant de la gomme arabique dissoute dans l'eau bouillante. — Le sucre, bien fondu dans l'eau bouillante et ajouté à l'amidon, remplace la gomme avec avantage, et empêche le fer de s'attacher au linge. — Un petit morceau de cire de bougie est également une très bonne addition. On le jette simplement dans l'amidon bouillant et on l'y fait fondre en tournant. — Mais le meilleur moyen est l'addition d'un petit morceau de borax, préalablement fondu dans l'eau chaude. Une autre méthode de faire l'empois consiste à délayer l'amidon dans l'eau froide ou tiède, puis à le porter sur le feu où on le fait bouillir quelques minutes. On y ajoute à son goût l'une ou l'autre des substances que nous venons d'indiquer. L'empois cru, employé à empeser les chemises d'hommes, etc., se compose simplement d'amidon délayé dans de l'eau froide. — BLANCHISSAGE DE LA DENTELLE. Plongez votre dentelle dans une forte eau de savon blanc propre, et faites-la doucement bouillonner un quart d'heure ; retirez-la ensuite, pressez-la bien entre vos mains, sans tordre ni frotter, et rincez dans deux eaux froides, ajoutant dans la seconde une goutte ou deux de bleu liquide. Ayez toute prête une dissolution légère de gomme arabique blanche, bien claire, ou d'eau de riz ou d'amidon, mais très claire ; passez votre dentelle dedans, ayant soin de la secouer aussitôt retirée. Alors tendez-la, prenant bien garde qu'elle ne fasse aucun pli, et épinglez-la sur une serviette ou une nappe bien propre, laissant aussi peu de marge que possible, ouvrant bien les jours et les festons et les fixant avec des épingles. Quand elle sera sèche parfaitement, couvrez-la de mousseline claire et repassez à l'envers. — Blonde. On peut rafraîchir la blonde en l'humectant de la vapeur de l'haleine, la frappant et la secouant avec la main. — BLANCHISSAGE A NEUF DU TRICOT DE LAINE. Les châles de laine tricotée sont aujourd'hui d'un usage fort répandu, moins cependant qu'ils ne le seraient, sans doute, s'il n'en coûtait cher pour les faire blanchir, ou si un moyen facile et peu coûteux de les blanchir soi-même était connu. Voici le moyen : Trempez d'abord votre châle dans l'eau tiède. D'autre part, vous faites bouillir du savon blanc dans de l'eau, en la battant bien, afin d'obtenir la belle mousse ; alors vous y plongez votre châle. Pressez-le, sans frotter, entre les mains, jusqu'à ce qu'il ait bien dégorgé la crasse qu'il contient, et rincez-le à l'eau douce, tiède, comme celle dans laquelle il a trempé, —

toujours sans frotter, afin que, les mailles restant ouvertes, le savon puisse s'échapper entièrement, et que la laine ne se feutre ni ne durcisse. Cette première opération achevée, prenez environ 1 litre d'eau propre, un peu plus que tiède, et faites-y dissoudre deux cuillerées de gomme arabique pulvérisée ; mêlez bien afin d'obtenir un liquide épais, et trempez-y votre châle, en le pressant dans les mains afin de bien pénétrer partout le tricot du liquide gommeux. Tordez-le ensuite doucement dans les mains, puis dans des serviettes ou des morceaux de toile blanche bien propres ; tendez-le bien sur la nappe, en l'y attachant à l'aide d'épingles fixées sur les bords ; recouvrez-le d'une seconde nappe, ou serviette, et le laissez ainsi sécher. Il vous apparaîtra alors aussi beau que neuf. Il est entendu que le procédé est applicable à toute espèce de vêtement de tricot de laine.

BLANQUETTE. — Cuis. Mettez dans une casserole un bon morceau de beurre et une pincée de farine que vous mélangez sur le feu, ayant bien soin de ne pas laisser roussir ; versez alors, en remuant toujours, un verre ou deux d'eau bouillante. Ajoutez sel, poivre, champignons, petits oignons, persil, ciboules hachées. Mettez alors les morceaux de viande que vous voulez y faire cuire et faites mitonner pendant deux heures et demie pour du veau ou de la volaille crus, et trois quarts d'heure s'il s'agit de reste de veau ou de volaille cuits. En liant la sauce avec un jaune d'œuf au moment de servir et en ajoutant du persil haché, du jus de citron ou un filet de vinaigre, on obtient une bonne *sauce à la poulette.*

BLANTYRE, station anglaise, fondée en 1876, sur les hauts plateaux, entre le Chiroué et la rivière Chiré (Afrique méridionale).

BLAZE DE BURY (Ange-Henri Blaze, dit), littérateur, fils de Castil-Blaze, né à Avignon, le 19 mai 1813, mort le 15 mars 1888. Il débuta fort jeune dans la *Revue des Deux-Mondes,* dont le directeur, Buloz, venait d'épouser sa sœur, Mlle Christine Blaze. Pendant près de quarante ans, il y continua sa collaboration, en prenant part au mouvement qui poussait les esprits vers l'étude des littératures étrangères. Il s'occupa surtout de la littérature allemande et donna : *Écrivains et poètes d'Allemagne* (1846, 2 vol.) ; *Poésies de Gœthe,* traduction (1843) ; *Musiciens contemporains* (1856) ; *Meyerbeer et son temps* (1865) ; les *Écrivains modernes de l'Allemagne* (1868) ; les *Maîtresses de Gœthe* (1873) ; les *Femmes et la Société* (1876) ; et plusieurs autres écrits publiés dans la *Revue des Deux-Mondes* et dans la *Revue de Paris.* Il a composé pour le théâtre : *Don Juan,* opéra, 5 actes, avec Émile Deschamps, musique de Mozart (Opéra, 10 mars 1834) ; le *Décaméron,* comédie, 1 acte vers (Odéon, 1861) ; et un livret d'Opéra pour Meyerbeer, la *Jeunesse de Gœthe.* Il a traduit le *Faust* de Gœthe.

BLOQUETTE s. f, (rad. *bloque*). Trou de 3 à 4 centim. de profondeur, creusé dans la terre, au pied d'un arbre ou contre un mur, pour jouer à la balle. Le but se trouve à une distance convenable pour permettre de *bloquer* facilement, c'est-à-dire de jeter les billes dans la bloquette. La partie se joue ordinairement à deux. Chaque adversaire met dans sa main le nombre convenu de billes, nombre qui doit toujours être pair (4, 6, 8, etc.). Avant de commencer, on a eu soin de déterminer l'ordre dans lequel on jouera en lançant, à la bloquette, des billes vers *le* but ; la position de chaque bille détermine le numéro de chaque joueur. Le premier, placé au but, lance ses billes vers la *bloquette.* Si elles y entrent toutes, son adversaire lui donne autant de billes qu'il en a jetées ; il garde seu-

lement ses billes si elles sont en nombre pair dans la bloquette et hors de la bloquette. Il perd toutes les billes lancées, si aucune d'elles n'est entrée dans le trou ; s'il y a en dehors et en dedans un nombre impair de billes, il ne garde que celles qui sont bloquées. Le second joueur jette ensuite sa poignée de billes dans les mêmes conditions.

BOBILLOT (Jules), écrivain et militaire français, né à Paris, rue d'Angoulême-du-Temple, le 10 septembre 1840, mort à Hanoï, le 18 mars 1885. Bachelier ès sciences et bachelier ès lettres au sortir du lycée Charlemagne, il résolut d'embrasser la carrière littéraire, et écrivit une pièce en vers : *Monsieur Durand* ; un roman : *Laïd* (Paris-Journal) ; et un drame en 5 actes : *La Tigresse,* en collaboration avec M. Albin Valabrègue. Très négligent pour les questions matérielles de la vie, il oublia de se faire inscrire pour le volontariat et fut enrôlé en novembre 1881 dans le 4e régiment du génie, en garnison à Grenoble. Devenu sous-officier, il n'oublia pas sa profession d'homme de lettres, collabora à plusieurs journaux, fit une pièce en 1 acte et en vers : le *Berceau,* reçue à correction à l'Odéon et jouée à Grenoble ; publia une étude de la vie parisienne, les *Tueuses d'hommes,* dans la *Revue critique,* et plusieurs romans, parmi lesquels *Madame s'ennuie* et *Une de ces dames,* ce dernier en collaboration avec M. Valabrègue. Il se fit inscrire volontairement dans un corps expéditionnaire destiné au Tonkin, assista aux affaires de Bac-Ninh, de Son-Tay et de Hong-Hoa, fut cité trois fois à l'ordre du jour et fut envoyé à Tuyen-Quan, en qualité de chef du génie. Lors du siège de cette place par l'armée ennemie, il reçut, le 8 février 1885, un coup de feu qui l'atteignit à l'épaule droite pendant qu'il dirigeait. des travaux souterrains, la balle sortit par l'épaule gauche, en lui brisant deux vertèbres. Il fut transporté à Hanoï, dès que la brigade Giovanelli eut délivré Tuyen-Quan (3 mars) ; sa plaie se rouvrit, le 17 mars et il mourut le lendemain. La ville de Paris a rendu hommage à la mémoire du sergent Bobillot, en lui élevant, sur le boulevard Voltaire, une statue, par M. Auguste Paris.

BOCAGE (Paul), littérateur, neveu du célèbre acteur Bocage, né à Paris en 1822, mort le 25 septembre 1887. Il fit ses études au collège Louis-le-Grand et s'y lia d'amitié avec Octave Feuillet, son futur collaborateur. Ils donnèrent ensemble : le *Grand Vieillard* (roman, 1845) ; *Échec et mort* (drame en 5 actes et en prose, Odéon, 25 mai 1846) ; *Palma ou la nuit du vendredi-saint* (drame, 5 actes, Porte-Saint-Martin, 1847) ; *Vieillesse de Richelieu* (comédie, 5 actes, Théâtre-Français, 2 novembre 1848). Bocage produisit ensuite, ordinairement en collaboration avec les auteurs à la mode, un grand nombre de pièces de théâtre parmi lesquelles nous devons citer : *Une nuit blanche* (Odéon, 10 février 1850) ; le *Chariot d'enfant* (grand drame, avec Méry et G. de Nerval, Odéon, 13 mai 1850) ; *York* (vaudeville, Palais-Royal, 1852) ; *Romulus* (comédie, 1 acte, avec Alex. Dumas, Théâtre-Français, 5 janvier 1854) ; le *Marbrier* (drame, 3 actes, avec A. Dumas, Vaudeville, 1854) ; *Maître Wolfram* (avec Méry, etc., Théâtre-Lyrique, 20 mai 1854) ; *Janot chez les sauvages* (avec Th. Cogniard, Variétés, 1856) ; *l'Invitation à la valse* (avec A. Dumas, Gymnase, 1857) ; *Question d'amour* (avec Aurélien Scholl, Gymnase, 1864).

BOEHMER (Georges-Rodolphe), médecin et botaniste allemand, né à Leignitz en 1723, mort en 1803. Ses écrits les plus connus sont un *Répertoire des ouvrages sur l'histoire naturelle* (Leipzig. 1785-1789. 9 vol. in-8o) et son *Histoire des plantes employées* (1791).

BOEHMÉRIE ou **Boehmère** s. f. [bé-mé-rî] (de *Boehmer,* naturaliste allemand du xviiie

siècle). Bot. Genre d'urticées, comprenant un grand nombre d'espèces de plantes herbacées qui croissent ordinairement dans les régions intertropicales. L'une de ces espèces est la *rhée* d'Assam, qui produit des fibres d'une finesse et d'une ténacité remarquables. Cette plante est aussi appelée *china-grass.* Les plantes de ce genre portent des fleurs mâles et des fleurs femelles sur le même pied ; le nombre des sépales est de quatre.

BŒUF. — Boucherie. Dans l'élève du bœuf, c'est surtout l'animal de boucherie qui est l'objectif. Il doit avoir une tête fine et courte, aux cornes peu développées, les membres courts et par conséquent la taille peu élevée ; ajoutons à cela un poil fin et luisant, un œil calme, et nous aurons les signes extérieurs qui constituent la bonne bête de boucherie. Quant à l'animal de labour, des membres forts et musculeux sont indispensables. Nous ne croyons pas utile d'indiquer quels sont les meilleurs bœufs de travail, car chaque pays produit les siens, et le plus grand avantage pour le cultivateur est de s'en fournir dans son voisinage. La race charolaise est une des plus estimées pour la boucherie aussi bien que pour le travail. En traitant bien les bœufs, on obtient d'eux toute la somme de travail qu'ils peuvent produire, mais c'est une condition essentielle et qu'il ne faut pas perdre de vue. Un animal de boucherie demande 25 à 30 kilogrammes de foin par jour ; l'animal de labour a besoin d'environ 100 kilogrammes de fourrage vert ; la vache laitière seulement 40 à 50 kilogrammes de cette nourriture ou environ 12 kilogrammes de foin. Nous n'avons pas parlé du pâturage, qui est excellent dans une certaine mesure, parce que la nourriture à l'étable produit l'abondance du fumier et que c'est une considération d'un grand prix. — Cuis. La chair du bœuf de bonne qualité est d'un rouge cramoisi, d'un grain lâche ; la graisse est jaunâtre. La *vache* a la chair plus pâle, le grain plus serré et la graisse blanche. Le bœuf de qualité inférieure, provenant soit d'animaux mal nourris, fatigués ou trop vieux est reconnaissable à sa chair rouge foncé et à sa graisse dure et membraneuse. Quand la viande, pressée par les doigts se relève promptement, elle peut être considérée comme de première qualité ; quand l'empreinte produite par la pression s'efface lentement ou reste visible, c'est de la viande inférieure ou de mauvaise qualité. — Le bœuf est de toute saison, mais il est meilleur en hiver. — Bœuf A LA MODE. Prenez un morceau de tranche de bœuf bien désossée, que vous piquez de gros lardons ; mettez dans une casserole, ajoutez quelques oignons entiers, des rouelles de carottes, bouquet garni, un quart de feuilles de laurier, un clou de girofle, sel et poivre, quelques petites tranches de lard ; mouillez de bouillon ; couvrez hermétiquement et faites cuire cinq ou six heures sur un feu doux. On peut ajouter un jarret de veau au bout d'une heure de cuisson du bœuf.

BOG s. m. (ital. *boga*). — Jeux. Réunion de deux cartes de même valeur, comme 2 as, 2 rois, 2 dix, qui se trouvent dans la même main. Le jeu de bog se joue ordinairement à 5 personnes ; mais il peut admettre de 3 à 10 joueurs, jamais moins ni davantage. Pour une partie de 3 à 6 joueurs, on se sert d'un jeu de piquet ; au delà de 6 joueurs, on emploie un jeu entier. Quand il y a 3 joueurs, on retire les 4 sept et 2 huit pour donner 8 cartes à chaque joueur. S'il y a 4 joueurs, on retire les 4 sept et 2 huit pour donner 6 cartes à chaque joueur. S'il y a 5 joueurs, on retire les 4 sept et 1 huit, et on ne donne que 5 cartes à chacun. S'il y a 6 joueurs, on ne retire rien et on distribue 5 cartes. Dans tous les cas, il doit rester 2 cartes au talon. Quand il y a plus de 6 joueurs, on n'enlève aucune carte au jeu entier et l'on distribue à chacun 7, 6 ou 5 cartes

suivant que les joueurs sont au nombre de 7, de 8 ou de 9 ou 10. Le talon se compose alors de 3, de 4 de 7 ou de deux cartes. Au milieu de la table de jeu, on place un carton circulaire, coupé à pans égaux et formant 6 compartiments distincts, sur l'un desquels est écrit le mot *bog*. Le compartiment à droite de celui-ci porte la figure du roi de carreau, le suivant celle du dix de cœur et les autres, toujours par la droite, portent successivement le valet de trèfle, l'as de carreau et la dame de pique. Nous avons dit ce qu'on entend par le mot *bog*. Il existe, à ce jeu, d'autres chances qui sont : 1° le *misti*, réunion dans une seule main, du valet de trèfle et de deux cartes de même valeur ; 2° le *brelan* ou 3 cartes semblables, 3 dames, 3 valets, 3 dix, etc. ; 3° Le *brelan carré* ou 4 cartes semblables. Le bog est la chance la moins forte, il est annulé par le *misti* qui l'emporte même sur 2 bogs réunis dans un seul jeu. Le brelan simple annule le misti et est annulé par le *brelan carré*. Lorsque deux ou plusieurs joueurs ont un bog ou un brelan, celle de ces chances qui est composée des cartes les plus élevées l'emporte sur les autres. En cas d'égalité dans la valeur des cartes, l'avantage appartient au premier en cartes. Chaque joueur est muni d'un même nombre de jetons, ordinairement 15 ou 20, dont chacun fournit une mise de 2, à la case du tableau placé devant lui. Le donneur, désigné par le sort, mêle, fait couper à gauche et distribue les cartes une par une, deux par deux ou trois par trois, en commençant par la droite. Avant la distribution, il dépose, outre sa mise de deux jetons sur la case placée devant lui, une seconde mise de 2 jetons sur la case du bog. Quand le nombre des joueurs est supérieur ou inférieur à 5, c'est le donneur ou le premier en cartes qui couvre le carton. Le talon se dépose sur la table, en retournant la carte de dessus, que le donneur a le privilège de pouvoir échanger contre l'une des siennes. De plus, quand cette carte est l'une de celles qui sont figurées sur le tableau il prend l'enjeu déposé sur le compartiment de cette carte. La distribution étant terminée, le premier en cartes et les autres successivement déclarent à haute voix, s'ils *boguent* ou s'ils *s'en vont*. Boguer, c'est concourir au bog, en faisant immédiatement un enjeu quelconque, qui doit être plus fort au moins d'un jeton que la première mise. Le premier qui bogue ayant fait son jeu, les autres joueurs parlent à leur tour, et peuvent boguer aussi, en couvrant le jeu en ne faisant davantage. Ceux qui sont effrayés de l'élévation des renvis ou qui craignent de rencontrer un bog plus fort que le leur déclarent *s'en aller*, c'est-à-dire renoncer à la lutte en abandonnant leur enjeu. Ceux qui refusent de boguer paient 2 jetons à la case du bog. Quand chacun a parlé à son tour et fait son enjeu, ceux qui ont bogué montrent leurs cartes et celui qui possède la plus forte combinaison gagne le bog et s'empare de tous les enjeux. Ceci fait, le premier jette sur le tapis une carte à son choix et continue tant qu'il a des cartes qui se suivent dans la même couleur ; dès qu'il est forcé de s'arrêter, par suite d'une interruption dans la suite de ses cartes, la main passe à celui qui a la carte supérieure à celle qui vient d'être jouée. Dans le cas. où personne ne posséderait cette carte supérieure, le premier joueur continuerait de jouer soit dans la même couleur, soit dans une autre à son choix. Le même droit appartient à chaque joueur à mesure qu'il a la main. Quand un joueur a abattu un roi, il peut continuer dans la couleur de ce roi ou dans toute autre couleur, s'il le préfère. Chaque fois qu'un joueur abat l'une des cartes figurées sur le carton, il prend l'enjeu déposé sur cette figure du tableau ; mais il doit le prendre en jetant sa carte, sinon il perd son droit. Pendant que la partie se poursuit ainsi, le joueur qui a la main peut exami-

ner le talon, pour s'assurer s'il ne s'y trouve pas une carte capable de couvrir une de celles qu'il va jouer. Celui qui réussit à jeter le premier sa dernière carte est le vainqueur ; il reçoit des joueurs autant de jetons qu'il leur reste de cartes dans les mains. De plus, si, parmi ces cartes, il s'en trouve de celles qui sont sur le tableau, le joueur ou les joueurs qui n'ont pu s'en débarrasser, mettent dans le compartiment de ces cartes autant de jetons qu'il y en a déjà. L'habileté, à ce jeu, consiste à se débarrasser promptement de ces cartes et en même temps à empêcher les adversaires d'abattre une des cartes portées au tableau.

BOGÈS ou **Butès**, officier persan qui défendit Eionè, ville de Thrace, contre Simon, fils de Miltiade. Plutôt que de capituler, il tua sa femme et ses enfants, mit le feu à la ville et périt dans les flammes.

BOIS (Augmentation de la ténacité du). Voici un procédé au moyen duquel on augmenterait à tel point la ténacité du bois, que le pin, par exemple, ne pourrait plus être fendu qu'à l'aide du coin et de la masse. Ce procédé consiste à traiter d'abord le bois par la vapeur d'eau, ainsi qu'on le fait pour le façonnage des bois courbes, puis à le soumettre à une pression très forte. De cette façon, les bois tendres impropres jusqu'ici à certaines applications, telles que la construction des véhicules de chemins de fer, pourraient remplacer avantageusement le chêne et autres bois durs. Cette compression porte simplement sur la longueur, la section restant constante. Les bois peuvent s'employer peu de temps après leur traitement.

BOISSONS économiques. — Mettez dans un baril contenant 35 à 40 litres 1 kilog. 500 grammes de pommes tapées, moitié raisins secs, 100 grammes baies de genièvre ; remplissez d'eau et laissez reposer quatre jours. Ajoutez alors 30 centilitres d'alcool de betteraves ; faites macérer huit jours ; mettez en bouteilles, bien bouchées, que vous placerez debout. Vous pouvez en faire usage après quatre jours de bouteille. — AUTRE. Mettez dans une cruche de grès ordinaire, contenant environ 12 litres : un demi-kilogramme de pommes tapées ; 250 grammes raisins secs ; une poignée baies de genièvre ; une poignée de fleurs de houblon. Faites macérer pendant trois ou quatre jours, en remuant fréquemment. Quand la fermentation est accomplie, remplissez votre cruche avec un peu d'eau, et après quelques instants, de repos vous pouvez faire usage de votre boisson. On peut modifier les proportions des pommes tapées et du raisin ; beaucoup de personnes n'emploient que ce dernier fruit. Enfin, en ajoutant à cette boisson environ 2 décilitres d'eau-de-vie, on obtient un breuvage excellent et salubre, qu'après huit jours d'infusion on soutire et l'on met en bouteilles, en ayant soin de ne pas les coucher du tout. — AUTRE. Mettez dans une cruche d'eau de la contenance ordinaire (10 à 12 litres), une poignée de houblon, cinq à six feuilles d'oranger, 500 grammes de sucre et un demi-verre de vinaigre. Couvrez bien votre cruche avec une toile ; laissez macérer une couple de jours, en agitant de temps à autre avec un bâton. Passez à travers un linge, mettez en bouteilles, et bouchez comme le champagne et bouchez vos bouchons. — AUTRE. Faites infuser trois jours dans une cruche d'eau semblable à la précédente ; feuilles de violette et de sureau (sèches), de chaque 8 grammes ; fleurs de houblon, 4 à 5 grammes ; baies de genièvre, 15 grammes ; coriandre, 4 grammes ; 400 grammes de mélasse ; 1 décilitre de vinaigre ordinaire. Remuez bien. Pendant les trois jours exigés pour l'accomplissement de la macération, vous agiterez avec un bâton, une ou deux fois par jour, ajoutant de l'eau pour que votre cruche reste pleine, au moins le

premier jour. Tirez à clair et mettez en bouteilles bien bouchées, comme la précédente, car celle-ci ne pétille pas moins.

BOLBECAIS, AISE s. et adj. De Bolbec, qui appartient à cette ville ou à ses habitants.

BOLOGNE (Jean de), célèbre sculpteur, appelé aussi Jean de Douai, né à Douai en 1527, mort en 1608. Il fut élève de Michel-Ange. Ses chefs-d'œuvre se trouvent à Bologne et à Rome. Nous avons de lui à Versailles l'*Amour et Psyché*. C'est lui qui commença l'ancienne statue de Henri IV, sur le Pont-Neuf, à Paris.

BOLOMÈTRE s. m. (gr. *bolos*, fronde ; *métron*, mesure). Instrument électrique inventé par le professeur anglais, P. Langley, pour mesurer la chaleur rayonnante. Au moyen de cet instrument, on a fait des expériences extrêmement intéressantes sur les rayons ultra-rouges du spectre. (Voy. *La Nature*, 3 novembre 1881.)

BOLTÉNIE s. f. Moll. Genre d'ascidies composées, dont on a décrit deux espèces de l'Océan boréal et de l'Océan américain.

BOMMEL, ch.-l. de cant. de la prov. de Gueldre (Hollande), par 51° 48' 4 7" lat. N. et 2° 55' 1" long E., à 14 kil. S.-O. de Thiel, dans l'île de Bommeler-Waard ; 4.000 hab. Le port est ensablé. Cette ville fut prise par les Français en 1672 et en 1794.

BONASIE s. f. [bo-na-zi] (gr. *bonasos*, taureau sauvage).Ornith. Genre de gallinacés, caractérisé par une tête ornée d'une crête et les côtés du cou pourvus d'une fraise. Le plumage des femelles est à peu près semblable à celui du mâle et varie suivant les saisons. On n'en connaît que trois espèces, confinées dans le nord de l'Europe et de l'Amérique.

BONIFACE (Alexandre), grammairien, né à Paris en 1785, mort en 1841. Il étudia à Yverdun, où l'on enseignait la méthode de Pestalozzi ; puis il fonda une maison d'éducation à Paris. Il a publié, entre autres ouvrages : *Bonaparte prédit par les prophètes* (1814, in-12) ; *Manuel des amateurs de la langue française* (Paris, 1813-1814) ; *Exercices orthographiques* (1816) ; *Ephémérides classiques* (1825, in-12), etc.

BONVIN (François), peintre, né à Vaugirard (Paris), le 22 septembre 1817, mort à Saint-Germain-en-Laye en décembre 1887. Fils de pauvres ouvriers de Vaugirard, il débuta par être typographe, puis employé, et apprit un peu de dessin dans une école gratuite. Étudiant avec ardeur pendant les courts instants non occupés par son travail, il fit, presque sans maître, de rapides progrès dans la peinture et produisit de petites toiles de genre, inspirées des scènes familières de la vie réelle et rappelant les meilleurs spécimens de l'école flamande ; mais il fut bien longtemps avant d'acquérir la moindre notoriété. Au Salon libre de 1848, où il exposa à côté de Millet et de Courbet, il recueillit quelques félicitations. L'année suivante, il parvint à faire pénétrer au Salon officiel deux tableaux, les *Buveurs* et la *Cuisinière* qui lui valurent une troisième médaille. Depuis cette époque, il produisit un certain nombre de toiles qui le rendirent célèbre mais ne l'enrichirent pas : l'*École des petites Orphelines* (1850), au musée de Langres ; la *Charité* (1852), au musée de Niort ; l'*École régimentaire* (1855) ; la *Basse messe* ; *Religieuses tricotant* (1856) ; les *Forgerons* ; *Souvenirs du Tréport* (1857) ; la *Lettre de recommandation* ; la *Revendeuse* ; le *Liseur* ; *Intérieur de Cuisine* ; *Portrait de M. Octave Feuillet* (1859) ; *Intérieur de Cabaret* (1861) ; le *Déjeuner de l'Apprenti* ; la *Fontaine en Cuivre* ; *Religieuses revenant des offices* ; *Au banc des Pauvres* ; *Souvenir de Bretagne* ; *Attributs de la peinture et de la musique* ; *Harengs sur le gril* ; le *Café de la Grand'Maman* ; la *Lettre de*

réception ; l'*Ecole* (1874) ; l'*Alambic* (1875), etc. Devenu vieux et resté pauvre, Bonvin, qui avait toujours vécu dans la solitude, loin du bruit et de la politique, serait tombé dans la plus affreuse misère sans l'intervention de quelques amis qui le firent nommer inspecteur des abattoirs. Il conserva, jusqu'à un âge avancé, cette ingrate occupation qui consiste à compter des moutons et des bœufs lors de leur entrée aux abattoirs. Sa position fut même rendue plus pénible par l'imbécillité de son chef de service, heureux d'humilier un artiste, et par la jalousie de ses collègues et de ses inférieurs qui le considéraient comme un intrus.

BORASSINÉ, ÉE adj. Bot. Qui ressemble à la borasse. — S. f. pl. Tribu de palmiers ayant pour type le genre borasse.

BORGNE adj. Hortic. Se dit d'une plante dont le bourgeon central est détruit : *un chou est borgne quand son bourgeon central est rongé ou cassé et ne peut plus pommer.*

BORNÉO. Cette grande île de l'archipel Malais, forme plusieurs Etats. La Hollande cherche à faire valoir ses prétentions sur ceux du Sud, de l'Est et de l'Ouest ; mais elle n'a guère d'influence que sur la côte ; et l'intérieur n'a même pas encore été complètement exploré. Les principaux établissements hollandais sont à Sambas, à Pontiana, à Banjermassin et à Koti. Au nord-ouest, l'état de Sarawak est sous l'influence des Anglais qui ont, en 1888, établi leur protectorat sur toute la côte septentrionale.

BORO-GLYCÉRURE s. m. Composé chimique d'acide borique et de glycérine, inventé par l'Anglais Barff. Il consiste en glycérine dont l'eau a été expulsée et remplacée par de l'acide borique anhydre, ce qui forme un nouveau composé représenté par la formule C⁶H⁵BO². C'est un puissant antiseptique, inoffensif et très utile pour préserver les aliments. Sa solution dans l'eau (1 p. 30) est inodore et sans goût. Des huîtres ouvertes et plongées dans cette solution ont été parfaitement conservées pendant plusieurs mois. Si l'on ajoute un peu de cette solution à de la crème, cette dernière ne subit plus aucun changement pendant les temps les plus chauds ; ainsi additionnée, elle a été envoyée à la Jamaïque et à Zanzibar, où elle est arrivée aussi saine qu'au départ. Le boro-glycérure est employé en chirurgie comme antiseptique.

BOSPHORE ÉGYPTIEN (Affaire du). *Bosphore Egyptien* est le titre d'un journal français qui s'imprimait et se publiait au Caire. Créé pour défendre les intérêts français, il se trouva en opposition avec les dominateurs anglais ; pendant l'expédition de Wolseley dans le Soudan, il publia des articles qui jetèrent un peu de lumière sur toute cette histoire. Le 8 avril 1885, l'imprimerie et le bureau du journal furent envahis par la police ; le journal fut saisi et supprimé. Le gouvernement français protesta contre cette violation de domicile et établit que si, en vertu des lois égyptiennes, les autorités avaient le droit d'interdire la vente du *Bosphore Egyptien* dans les rues, elles ne pouvaient, d'après les termes de la convention internationale, violer le domicile de l'imprimeur. Cet acte était considéré comme une injure, pour laquelle M. de Freycinet (alors ministre des affaires étrangères) demandait une réparation, outre la réouverture de l'imprimerie de M. Serrière et la punition de l'officier de police qui avait dirigé la saisie. Après une correspondance assez active, Nubar Pacha prétendit qu'avant de prendre une détermination, il devait consulter le cabinet ottoman (20 avril). Le lendemain, M. de Freycinet répondit qu'il ne pouvait plus attendre ; à quoi Nubar Pacha répliqua qu'il ne pouvait rien faire sans le consentement

du gouvernement anglais. Sur ces entrefaites, le ministre anglais, M. Gladstone, questionné à la Chambre des communes, se désintéressa de la question et laissa l'Egypte seule en face de la France. Le 24 avril, les relations diplomatiques furent rompues entre ces deux pays au Caire. L'agent français annonça qu'il allait quitter immédiatement l'Egypte et qu'il se disposait à remettre les intérêts des résidents français aux bons soins de l'agent russe. De plus, trois navires de guerre français qui traversaient le canal de Suez avec des troupes, reçurent l'ordre de s'arrêter dans le canal, en attendant les événements. L'énergie de cette attitude eut pour résultat l'intervention de l'Angleterre, qui offrit au cabinet français de faire rouvrir l'imprimerie, de laisser publier le journal et d'obliger Nubar Pacha à présenter des excuses. Le gouvernement français ayant accepté ces conditions, la question se trouva vidée à l'amiable, et le *Bosphore Egyptien* reprit, en mai, le cours de ses publications. L'officier de police égyptien ne fut pas poursuivi, mais le gouvernement de Nubar Pacha, attaqué judiciairement, fut condamné à payer une indemnité au propriétaire du *Bosphore Egyptien*, pour le dommage qu'il lui avait causé.

BOSTON. Ce jeu fut, dit-on, inventé à Boston, d'où Franklin l'apporta en France, vers le commencement de la guerre de l'indépendance américaine. Il se rapproche beaucoup du whist et ne connut d'abord sous le nom de *Whist bostonien* ; mais il est plus animé que le whist, tous les joueurs étant en action, les uns pour ne pas faire la *bête*, les autres pour la faire faire à leurs adversaires. Le boston se joue à quatre personnes, avec un jeu de 52 cartes, dont la valeur relative est ainsi réglée : as, roi, dame, valet, dix, neuf, huit, sept, six, cinq, quatre, trois et deux. Une carte l'emporte, sauf exception, sur toutes les autres : c'est le valet de carreau qui a reçu le nom de *boston* ; ce qui fait qu'il y a quatorze atouts dans le jeu, savoir : les treize cartes de la couleur de la retourne, et le boston qui prime toutes les autres. Il y a exception quand la retourne est un carreau ; alors pour qu'il y ait quatorze atouts, le valet de cœur devient boston, et le valet de carreau n'est plus qu'un simple atout prenant rang après la dame. Chaque joueur possède un jeton contenant en jetons, contrats et fiches, l'équivalent de 120 fiches. Il y a, en outre, au milieu de la table, une corbeille commune, destinée à recevoir les enjeux. La partie se compose de dix tours, huit simples et deux doubles. Après les dix tours, il faut le consentement des quatre joueurs pour partager ce qui est dans la corbeille. Dans les cas où l'un d'eux refuserait, on serait tenu de continuer jusqu'à ce qu'il n'appartînt plus rien de la corbeille au refusant. Après la partie, un seul joueur peut demander à cumuler ce qui appartient et ce qui est dû à la corbeille. On fixe au sort les places : pour cela, on prend un jeu et chacun en tire une carte ; celui qui tire la plus haute choisit sa place ; celui dont la carte occupe le second rang sous le rapport de la valeur, se place à la droite du premier ; celui qui a une carte d'un rang immédiatement inférieur se met à droite du second ; et le quatrième se place entre le troisième et le premier. Il est ensuite interdit de changer de place, tant que dure la partie. La donne se tire également au sort : l'un des joueurs prend le jeu de cartes, le divise en quatre paquets et remet un de ces paquets à chaque joueur. Celui qui, dans son tas, trouve le valet de carreau donne le premier. Quelquefois on ne procède pas de cette façon pour déterminer les places et la donne. On prend, dans un jeu, quatre cartes différentes et on en place une à découvert devant chacun des côtés de la table. Ensuite, dans un autre jeu, on prend les quatre cartes semblables à celles qui ont

été déposées sur la table, et après les avoir mêlées, on les présente aux personnes qui doivent composer la partie et chacun s'assied à la place indiquée par la carte semblable à celle qu'il a tirée. Celui qui a amené la plus basse carte est le donneur pour la première tournée ; ensuite la donne passe au joueur de droite. Le premier joueur est chargé de recueillir la mise des autres joueurs ; cette mise est ordinairement d'un jeton, valant dix fiches, dont on fixe d'avance la valeur ; le donneur y ajoute sa mise et place la corbeille qui les contient vers le milieu de la table, un peu à sa droite ; il en est responsable. En la plaçant à sa droite, il indique le joueur qui doit donner après lui. Le donneur ayant battu les cartes, fait couper à gauche et distribue à droite, par quatre ou par trois cartes, puis une, ce qui complète le nombre de treize par joueur. Il ne reste pas de talon ; c'est pourquoi le donneur retourne la dernière carte qui lui revient et détermine ainsi la couleur de l'atout, pour le coup et la couleur dominante pour toute la partie. Cette retourne reste sur le tapis jusqu'à ce que le premier à jouer ait jeté sa première carte. On ne joue qu'en deux couleurs, appelées la *belle* et la *petite*. La *belle* ou couleur dominante de la partie est l'atout retourné par le premier donneur. La petite est la couleur qui retourne ensuite à chaque nouvelle donne. Si le hasard amène, à une autre donne, la couleur du premier atout, celui-ci reste belle et l'on joue encore en belle. L'usage a donné des valeurs différentes aux couleurs ; on regarde généralement le cœur comme la première ; puis viennent le carreau, le trèfle et le pique. Pour jouer les quatre couleurs, il faut absolument demander le *solo* et l'*indépendance*, comme il sera dit ci-dessous. En général, on évite la multiplicité des couleurs : la passe augmente la corbeille. La distribution des cartes étant finie, chacun examine son jeu en silence. Le joueur placé à la droite du donneur, étant le premier en carte, a la parole. Il peut, suivant la nature de son jeu, *passer* ou *demander*. Quand il ne juge pas ses cartes assez fortes pour lui permettre de faire au moins 5 levées, il dit : « *je passe* », et la parole est à son voisin de droite. Mais s'il se trouve assez fort pour faire 5 levées, il dit : « *demande dans telle couleur* ». Il désigne la couleur dans laquelle il demande à jouer, et dépose sur le tapis, la couleur en dessous, la première carte qu'il veut jouer, sans la nommer ni la laisser voir. La demande a pour but l'appel d'un associé ou partenaire. Si le voisin de droite, se jugeant incapable de faire au moins 3 levées, dit : « *je passe* », la parole est au troisième joueur, mais si le second, se croyant assez fort pour faire au moins 3 levées, dit : « *je soutiens* », l'association se trouve formée entre les deux premiers joueurs, qui espèrent gagner la corbeille à ce coup, en sorte que les deux autres font une autre association pour défendre le coup et la corbeille. Quand le second joueur passe, la parole est au troisième qui peut accepter et faire société avec le premier contre les deux autres, ou peut passer à son tour et laisser le même droit au quatrième. Il arrive quelquefois que les quatre joueurs passent les uns après les autres ; alors, on procède à une nouvelle distribution, après avoir doublé le contenu de la corbeille pour le coup suivant ; et c'est le premier en main qui devient le donneur à son tour. Si, les trois premiers joueurs ayant passé, le quatrième demande, la parole revient au premier, mais pour accepter seulement et non pour demander ; quand le premier passe encore, la parole revient nécessairement aux autres pour accepter successivement, et le premier qui accepte devient l'associé du demandeur. Dans le cas où le demandeur ne verrait sa demande acceptée par aucun des autres joueurs, il est tenu de

jouer seul contre les autres réunis pour l'empêcher de faire 5 levées. S'il les fait, il a gagné la corbeille et le paiement des autres joueurs. Il va sans dire que lorsqu'il y a demande et soutien, l'association ainsi formée ne dure que pendant le coup. Quand deux joueurs ont formé une association, les deux autres, quand même ils auraient déclaré passer, sont obligés de jouer pour combattre leurs adversaires. La demande d'un joueur n'est définitive que lorsqu'elle n'est pas annulée par une demande plus élevée que lui fait un autre joueur. Ainsi, lorsque le premier a dit par exemple : « je demande en simple », si le second ou un autre, dit : « je demande en petite indépendance », la première demande et la seconde subsiste seule, tant qu'elle n'est pas surmontée par une autre demande qui lui est supérieure. Celui qui fait la demande simple, prend l'engagement de faire 5 levées, au moins à lui tout seul, ou huit levées avec un partenaire. Si un autre joueur se croit assuré de faire, à lui seul six levées, il demande en petite indépendance ; et cette demande est, elle-même annulée par une demande supérieure. Voici l'ordre des demandes :

Simple.................... pour 5 levées seul,
Petite indépendance....... — 6 — ou en solo;
Grande indépendance...... — 8 —
Indépendance à neuf levées. — 9 —

Outre ces demandes, il y a la *simple misère* ou *misère d'écart*, qui annule la demande de petite indépendance; mais il faut qu'elle soit jouée dans la couleur dans laquelle était demandée l'indépendance. La misère consiste à ne faire aucune levée; c'est une sorte de qui perd gagne. Pour y parvenir, dans la petite misère, le demandeur prend une de ses cartes et la coule sous le corbillon, sans la montrer; chacun des autres joueurs se débarrasse également d'une carte, qu'il glisse sous la corbeille; ensuite il faut que le joueur fournisse de la couleur qui lui est demandée, tant qu'il en a dans son jeu; l'habileté des adversaires consiste à le forcer de faire au moins une levée. La grande indépendance de solo l'emporte sur la petite misère. Le gain de la misère assure le panier et un paiement réglé par le tarif; sa perte donne lieu à la *bête* ou *remise*, et, de plus, à un paiement à chacun des adversaires. Il y a aussi la *grande misère* ou *misère sans écart* et la *misère de quatre as*, qui se font sans écart et l'emportent sur la grande indépendance. L'une et l'autre doivent être faites dans la couleur dans laquelle l'indépendance avait été demandée. La grande misère se joue absolument comme la petite, sauf qu'il n'y a pas d'écart; son gain assure le panier et un paiement; sa perte coûte la bête et un paiement. La misère des quatre as l'emporte sur la précédente; le joueur qui la demande doit avoir les quatre as dans son jeu. Il a le droit de renoncer aux cartes qui lui sont demandées pendant les dix premiers coups. Il profite de cette latitude pour se défaire de ses et de ses fortes cartes; il ne renonce, pour les trois derniers coups, que ses cartes les plus faibles; ensuite il fournit de la couleur demandée, et s'il fait une seule levée, il a perdu et fait la bête. outre un paiement à chaque joueur; s'il ne fait aucune levée, il gagne le panier et un paiement suivant le tarif. Enfin, il y a la *misère sur table*. Celui qui la demande étale son jeu sur le tapis, afin que tous ses adversaires puissent voir ses cartes. Tout joueur, qui a fait une demande annulée par une demande supérieure, conserve le droit d'enchérir en faisant une demande plus élevée quand son tour de parler; s'il ne renchérit pas, il peut *soutenir* la demande, il gagne le panier et un paiement suivant le tarif, s'il n'aurait soutenu avant lui. Le joueur qui fait son *devoir*, c'est-à-dire qui fait le nombre de levées correspondantes à sa demande ou qui n'en fait aucune s'il joue en misère gagne soit seul, soit

avec son associé, s'il en a un, tout ce qu'il y a dans la corbeille et, en outre, il reçoit, de chaque perdant, la consolation déterminée par le tarif que nous donnons plus loin. Un autre gain est le *chelem* que l'on obtient lorsque, seul ou avec un associé, on fait toutes les levées; le chelem se paie différemment s'il se gagne par un seul joueur ou s'il est gagné par deux, sans préjudice des *honneurs* (les 3 figures et l'as d'atout). Quand deux demandes égales sont faites, la préférence est donnée à la couleur, dans l'ordre suivant : cœur, carreau, trèfle, pique. Quand on ne fait pas son devoir, on paie aux autres joueurs ce qu'on aurait gagné si on eût réussi, et de plus, on entraîne dans le panier soit seul, soit par moitié avec son associé, une somme égale à celle qui y est déjà. C'est ce que l'on nomme *faire la bête*. Bien qu'il y ait solidarité entre les associés, cette solidarité ne s'étend pas jusqu'aux levées. Si un joueur, par exemple, ne fait pas son devoir, c'est-à-dire ne compte de levées pendant que son associé a fait le sien, il empêche celui-ci de gagner, mais il ne l'entraîne pas dans la perte; il perd seul et paie à ses adversaires le coup et la consolation. La perte consiste à mettre dans la corbeille autant de jetons qu'il y en a, et en outre, à payer seul, aux adversaires, une bête qu'il eût gagné en faisant son devoir et deux fiches en plus à chacun, ce qui s'appelle la consolation. La solidarité ne s'étend pas non plus aux renonces. Quand un associé a renoncé dans le cours d'un coup, ni lui, ni son associé ne gagnent rien, lors même qu'ils feraient à eux deux huit levées et plus. Dans ce cas, la corbeille reste, et celui qui a renoncé fait la bête. Mais si les deux associés font moins de huit levées, la corbeille est gagnée par les deux adversaires et celui qui a renoncé paie seul le coup à ces derniers, plus 2 fiches à chacun pour consolation, plus encore une bête pour sa perte et une autre pour sa renonce. Quand les deux partenaires ont fait plus que leur devoir, ils sont payés d'après le tarif que nous donnons plus loin. — *Tarif des paiements.* 1° QUAND LA DEMANDE A ÉTÉ ACCEPTÉE. *Gain en petite couleur;* chaque joueur reçoit de chaque adversaire :

Pour le devoir (huit levées)............ 2 fiches.
» 9 levées......................... 4 »
» 10 .... 6 »
» 11 .... 8 »
» 12 .... 10 »
» le chelem........................ 48 »

Gain en belle; chaque joueur reçoit de chaque adversaire :

Pour le devoir...................... 4 fiches.
» 9 levées......................... 8 »
» 10 .... 12 »
» 11 .... 16 »
» 12 .... 20 »
» le chelem........................ 48 »

Gain de l'indépendance en petite couleur; le gagnant en solo reçoit de chacun des autres joueurs :

Pour le devoir...................... 16 fiches.
» 9 levées......................... 20 »
» 10 .... 24 »
» 11 .... 28 »
» le chelem........................ 72 »

Gain de l'indépendance en belle; le gagnant en solo reçoit de chacun des adversaires :

Pour le devoir...................... 22 fiches.
» 9 levées......................... 40 »
» 10 .... 48 »
» 11 .... 56 »
» 12 .... 64 »
» le chelem........................ 144 »

Perte en petite couleur; les défenseurs reçoivent chacun de chaque demandeur perdant :

Pour le devoir manqué.............. 2 fiches.
» chaque levée perdue............... 2 »
» le chelem, si les demandeurs ne font nulle levée.... 56 »

Perte en belle; les perdants paient le double de ce qui est réglé ci-dessus pour la petite

couleur. — *Perte de l'indépendance en petite couleur;* le perdant donne à chacun des trois autres joueurs :

Pour le solo manqué................. 16 fiches.
» chaque levée perdue............... 4 »
» le chelem....................... 136 »

Perte de l'indépendance en belle couleur; le perdant paie à chacun des trois autres joueurs le double de ce qui est établi ci-dessus pour la petite couleur. — 2° QUAND LA DEMANDE N'A PAS ÉTÉ ACCEPTÉE. *Gain en petite couleur;* le joueur dont la demande n'est pas soutenue, gagne de chacun des trois autres, s'il fait son devoir, qui est de 5 levées seulement :

Pour le devoir...................... 4 fiches.
» 6 levées......................... 6 »
» 8 .... 8 »
» 9 .... 10 »
» 11 .... 12 »
» 12 .... 14 »
» 12 .... 20 »
» le chelem........................ 36 »

Gain en belle; le paiement est double de ce qui a été établi dans le tableau précédent. — *Perte en petite couleur;* le perdant paie à chacun des trois autres joueurs :

Pour son devoir manqué.............. 2 fiches.
» chaque levée perdue (jusqu'à concurrence de 4)............ 2 »
Après 5 levées perdues :
Pour le devoir manqué.............. 4 »
» chaque levée perdue............... 4 »

Perte en belle; le paiement est double de ce qui a été réglé dans le tableau précédent. — *Autre tarif.* Dans beaucoup de sociétés parisiennes, le tarif suivant est admis, à l'exclusion de tout autre :

CARTE DE PAIEMENT	PIQUE	TRÈFLE	CARREAU	CŒUR
Cinq levées seul ou huit levées à deux.	4	8	12	16
Trois honneurs	3	6	9	12
Quatre honneurs	4	8	12	16
Chaque levée en sus	1	2	3	4
Six levées (petite indépendance).	6	12	18	24
Trois honneurs	3	8	12	16
Quatre honneurs	6	12	18	24
Chaque levée en sus	2	4	6	8
Huit levées (grande indépendance)	8	16	24	32
Trois honneurs	6	12	18	24
Quatre honneurs	8	16	24	32
Chaque levée en sus	4	8	12	16
Petite misère	16	32	48	64
Grande misère	32	64	96	128
Misère de quatre as	32	64	96	128
Misère sur table	64	128	192	256
Chelem (boston) à deux	50	100	150	200
Boston seul	100	200	300	400
Boston sur table	200	400	600	800

Règlement général. 1. La donne étant un désavantage, puisque le donneur est le dernier à parler à jouer, la main ne passe pas quand il y a maldonne. 2. *Cartes vues, cartes rebattues.* Si une carte vue, le donneur reprend les cartes, les bat, les fait couper et les distribue de nouveau. 3. Si la belle est montrée plus tôt qu'elle ne devait l'être, on recommence la donne. 4. Si ceux qui ont gagné la corbeille laissent passer leur tour, et ne les prennent pas avant que les cartes soient coupées, tout ce qui s'y trouve reste pour les joueurs qui la gagneront. Dès que les cartes sont coupées, on ne peut plus réclamer aucun paiement pour la tournée précédente. 5. Celui qui a une fois dit « Je passe » ne peut plus revenir sur sa parole et demander. De même celui qui a dit : « Je demande » est forcé de jouer. 6. Le joueur qui demande doit dire s'il entend jouer en belle ou en petite et en quelle couleur dans la couleur annoncée. 7. Il est interdit de désigner, par paroles ou par signes, les couleurs; celui qui contrevient à cette interdiction s'expose à fournir aux autres joueurs un juste prétexte pour abandonner la partie. 8. Si un joueur

fait une fausse annonce, comme de dire : *trèfle*, et de jeter cœur, il n'est pas passible d'aucune peine ; mais la carte qu'il a jouée est bien jouée et l'on continue. 9. Il y a solidarité de fautes, de profits et de pertes entre les deux associés, sauf les exceptions pour les renonces et les levées. 10. Quand un joueur joue sans associé, il profite seul de sa victoire ; mais s'il perd, les trois autres se partagent ce qu'il a perdu. 11. La demande de misère anéantit le boston et ses atouts. 12. Le joueur qui a boston reçoit de chacun des autres joueurs deux fiches, ce qui se nomme *payer d'honneur*. 13. Les levées que fait un joueur, en sus de son devoir, lui sont payées d'après le tarif. 14. S'il fait le chelem, on lui paie double le devoir et les autres levées. 15. Le demandeur qui n'est pas soutenu fait chelem quand il fait huit levées. 16. On ne peut relever les cartes jouées pour voir ce qui a passé ; mais il est permis de regarder la dernière levée tant que la suivante est encore sur le tapis. 17. La coupe n'étant pas forcée, le joueur qui n'a pas de la couleur demandée peut jeter une fausse carte, bien qu'il ait de l'atout. 18. On est obligé de fournir de la couleur demandée, quand on en a ; mais on est dispensé de forcer. 19. On convient quelquefois que les remises ne seront déposées dans le panier que lorsque celles qui s'y trouvent en auront été enlevées. 20. La solidarité entre associés n'étant pas absolue, il en résulte que les associés ne doivent pas confondre leurs levées ; car l'un peut avoir fait son devoir tandis que l'autre se voit contraint de faire la bête. — **Boston de Fontainebleau.** Cette variante se distingue du véritable boston en ce que : 1° il n'y a pas de carte dominante ou boston ; 2° il n'y a pas de belle couleur ni d'atout proprement dit ; 3° on ne retourne pas de carte à la fin de chaque donne. Les couleurs sont invariablement classées comme suit, par ordre d'importance :

1re couleur	cœur
2e —	carreau
3e —	trèfle
4e —	pique

Il en résulte que, dans le cours de la partie, c'est le cœur qui domine toutes les autres couleurs, tandis que le carreau domine le trèfle et le pique et que le trèfle domine le pique. A demande égale, la couleur supérieure annule une demande en couleur inférieure. La demande en cœur l'emporte sur toutes les autres. Les paiements sont en rapport avec l'importance de la couleur, soit pour le gain, soit pour la perte. On paie, en outre, les honneurs (l'as et les figures de chaque couleur). Quatre honneurs se paient pour quatre ; trois honneurs ne comptent que pour deux ; deux honneurs ne comptent pas. Le chelem à deux se paie selon le tarif, sans préjudice des levées en sus de huit et des honneurs. Voici la valeur respective des demandes : 1° La *demande simple* est annulée par l'indépendance à six levées ; 2° cette dernière est enlevée par une *petite misère* dans la couleur correspondante ; mais une petite misère en carreau, en trèfle ou en pique ne pourrait annuler l'indépendance en cœur (la petite misère se fait en écartant chacun une carte et en ne faisant pas de levées dans le boston ordinaire) ; 3° la petite misère est enlevée par *l'indépendance à sept levées* ; 4° celle-ci est enlevée par le *picolo* ou *picolissimo*, qui consiste à ne faire qu'une seule levée, sans écarter d'avance aucune carte ; 5° le picolissimo est annulé par *l'indépendance à huit levées* ; 6° l'indépendance à huit levées disparaît devant la *grande misère* ou *misère sans écart*, dans la couleur correspondante ; 7° la grande misère est annulée par *l'indépendance à neuf levées* ; 8° cette dernière disparaît devant la *misère des quatre as*, dans l'ordre de couleur correspondante. La misère des quatre as se joue sans écart avec le droit de renoncer à chaque couleur jusqu'à la dixième carte ; après quoi, il faut fournir la couleur et ne faire aucune levée ; 9° la misère des quatre as est annulée par *l'indépendance à dix levées* ; 10° celle-ci disparaît devant la *petite misère sur table*, dans la couleur correspondante ; cette misère consiste à écarter une carte et abattre son jeu ; les trois autres joueurs tiennent leur jeu caché, et on joue comme à l'ordinaire ; 11° la petite misère est primée par *l'indépendance à onze levées* ; 12° cette dernière est enlevée par la *grande misère sur table*, qui se joue comme la petite misère sur table, sauf que l'on n'écarte pas ; 13° la grande misère sur table est annulée par *l'indépendance à douze levées* ; 14° cette demande est enlevée par le *boston seul* ou engagement de faire seul les treize levées ; 15° et le boston seul disparaît devant le *boston sur table*, dans lequel le joueur qui s'engage à faire treize levées joue à jeu découvert. Dans le tableau qui suit, les chiffres placés dans les quatre colonnes représentent le nombre de fiches affectées au paiement de chaque coup.

TARIF DU BOSTON DE FONTAINEBLEAU

CARTE DE PAIEMENT	PIQUE	TRÈFLE	CARREAU	CŒUR
Cinq levées seul ou huit levées à deux	4	8	12	16
Trois honneurs	3	6	9	12
Quatre honneurs	4	8	12	16
Chaque levée en sus	1	2	3	4
Chelem ou boston à deux	50	100	150	200
Six levées ou indépendance	6	12	18	24
Trois honneurs	4	8	12	16
Quatre honneurs	6	12	18	24
Chaque levée en sus	2	4	6	8
Petite misère	16	32	48	64
Sept levées	9	18	27	36
Trois honneurs	6	12	18	24
Quatre honneurs	9	18	27	36
Chaque levée en sus	3	6	9	12
Picolissimo	24	48	72	96
Huit levées	12	24	36	48
Trois honneurs	8	16	24	32
Quatre honneurs	12	24	36	48
Chaque levée en sus	4	8	12	16
Grande misère	32	64	96	128
Neuf levées	15	30	45	60
Trois honneurs	10	20	30	40
Quatre honneurs	15	30	45	60
Chaque levée en sus	5	10	15	20
Misère des quatre as	40	80	120	160
Dix levées	18	36	54	72
Trois honneurs	12	24	36	48
Quatre honneurs	18	36	54	72
Chaque levée en sus	6	12	18	24
Petite misère sur table	48	96	144	192
Onze levées	21	42	63	84
Trois honneurs	14	28	42	56
Quatre honneurs	21	42	63	84
Chaque levée en sus	7	14	21	28
Grande misère sur table	56	112	168	224
Douze levées	24	48	72	96
Trois honneurs	16	32	48	64
Quatre honneurs	24	48	72	96
Chaque levée en sus	8	16	24	32
Boston seul	100	200	300	400
Boston sur table	200	400	600	800

Boston russe. C'est une variante du boston de Fontainebleau, avec les modifications suivantes : 1° On a interverti l'ordre des couleurs, qui sont : carreau, cœur, trèfle, pique ; 2° la couleur dans laquelle le jeu s'engage devient l'atout ; il n'y a pas d'atout quand on joue une misère ou un picolo ; 3° celui qui a cartes blanches le déclare avant de jouer et reçoit dix fiches de chacun des autres joueurs ; 4° une proposition de six, sept et même de huit levées n'exclut pas de l'association, à moins que le demandeur n'exprime l'intention de jouer en solo. Quand il y a une association pour une demande de six levées ou davantage, il faut que les associés fassent respectivement 10, 11 ou 12 levées, c'est-à-dire quatre de plus que la proposition ; 5° le tarif des paiements est plus élevé ; les quatre honneurs se paient comme quatre levées ; trois honneurs comme deux levées.

TARIF DU BOSTON RUSSE

CARTE DE PAIEMENT	PIQUE	TRÈFLE	CŒUR	CARREAU
Cinq levées seul	15	20	25	30
Chaque levée en sus	3	4	5	6
Huit levées à deux	24	32	40	48
Chaque levée en sus	3	4	5	6
Six levées seul	24	36	48	60
Chaque levée en sus	4	6	8	10
Dix levées à deux	40	60	80	100
Chaque levée en sus	4	6	8	10
Misère à l'écart 80				
Sept levées seul	49	63	77	91
Chaque levée en sus	7	9	11	13
Onze levées à deux	77	79	121	143
Chaque levée en sus	7	9	11	13
Picolo 120				
Huit levées seul	72	96	120	144
Chaque levée en sus	9	12	15	18
Douze levées à deux	108	144	180	216
Chaque levée en sus	9	12	15	18
Misère sans écart 160				
Neuf levées seul	108	144	180	216
Chaque levée en sus	12	16	20	24
Misère des quatre as 240				
Dix levées seul	200	240	280	320
Chaque levée en sus	20	24	28	32
Misère à l'écart, sur table. 320				
Onze levées seul	264	330	396	462
Chaque levée en sus	24	30	36	42
Misère sans écart, sur table. 400				
Douze levées seul	160	480	600	720
Chaque levée en sus	30	40	50	60
Chelem annoncé	900	1200	1500	1800
Chelem non annoncé, en sus du coup	150	200	250	300
Chelem à deux, non annoncé, en sus du coup	75	100	125	150

BOSTONIEN, IENNE s. et adj. De Boston ; qui concerne cette ville ou ses habitants.

BOTHNIAQUE s. et adj. De Bothnie ; qui concerne la Bothnie ou ses habitants.

BOTHROPS s. m. [bo-tropss] (gr. *bothros*, cavité ; *ops*, œil). Erpét. Espèce de serpent trigonocéphale.

BOTRYLLE s. m. [bo-tri-le] (gr. *botrus*, grappe). Moll. Genre d'ascidies composées, comprenant une quinzaine d'espèces, dont plusieurs se trouvent sur nos côtes. Les botrylles vivent d'abord libres et isolés, puis leur larve se fixe sur un fucus ou sur mollusque ; elle grandit et bourgeonne ; de son corps naissent de nouveaux individus, au nombre de 10 à 20, semblables à elle, ovales, aplatis, disposés autour d'un centre commun, comme les rayons d'une roue ; chacun a une bouche, mais les intestins aboutissent à une cavité unique située au centre de la communauté : « On peut considérer l'étoile entière comme une seule bête à plusieurs bouches. » (Moquin-Tandon.)

BOUCLÉ, ÉE adj. Hort. Se dit des plantes potagères affectées d'une maladie analogue à la cloque et qui *ont alors les feuilles crispées*.

BOUDIN noir. Faites cuire 2 litres d'oignons hachés avec un peu d'eau et de la panne. Prenez ensuite environ 3 livres de panne coupée en petits morceaux ; ajoutez aux oignons, avec 3 litres de sang, deux verres de crème. Ajoutez sel fin et épices, maniez bien et entonnez dans des boyaux coupés à la longueur que vous désirez et liés par un bout, sans trop les remplir de peur qu'ils ne crèvent en cuisant ; vous pouvez d'ailleurs prendre la précaution de les piquer avec une épingle, ce sera plus sûr. Faites cuire un quart d'heure dans l'eau bouillante. Piquez à nouveau avec une épingle pour vous assurer que la cuisson est parfaite : dans ce cas, ce ne sera plus du sang qui en sortira, mais de la graisse. Lais-

sez-les refroidir. Pour les servir, grillez-les et servez chaud avec de la moutarde. — Boudin BLANC. Faites bouillir du lait, jetez dedans une poignée de mie de pain écrasée; laissez tremper, passez à la passoire; remettez le pain sur le feu avec un peu de lait, en remuant constamment pour bien incorporer. Laissez refroidir. Faites revenir dans du beurre des oignons coupés en petits morceaux; ajoutez, quand ils seront bien colorés, de la panne hachée, de la mie de pain, des jaunes d'œufs et de la crème. Retirez du feu; ajoutez sel, poivre, muscade râpée; entonnez dans les boyaux comme ci-dessus.

BOUGEOIR de sûreté. Bougeoir dans lequel la bougie reste toujours verticale, la bougie étant adaptée à une masse pesante qui est placée en-dessous du centre de gravité et qui

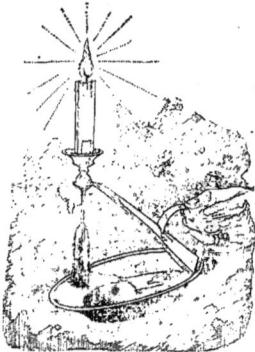

Bougeoir de sûreté.

oscille librement autour de deux points fixes. Il en résulte qu'elle reste toujours dans la direction du fil à plomb.

BOUGIVALAIS, AISE s. et adj. De Bougival; qui appartient à Bougival ou à ses habitants.

BOUILLI. — Cuis. Du bœuf bouilli, naturel ou paré de légumes, nous en parlerons assez au chapitre des POTAGES, article *Pot-au-feu*; nous n'y insisterons pas. Le bœuf bouilli peut également être servi aux sauces piquantes, à la *sauce pauvre homme*, à la *sauce tomates*, en *blanquette*, etc.; il suffit de le découper en tranches et de le faire bouillir quelques minutes ou simplement chauffer dans l'une de ces sauces. — **Bouilli** AU GRATIN. Cuis. Mettez dans une casserole peu profonde un peu de beurre; faites fondre et couvrez d'un lit de chapelure, fines herbes hachées, sel et poivre; placez là-dessus partie de votre bœuf coupé en tranches minces, par-dessus lesquelles vous remettez une nouvelle couche de beurre, chapelure et fines herbes, et ainsi de suite en terminant par une couche de cette dernière sorte. Mouillez d'un peu de bouillon; feu dessous et dessus. — **Bouilli** EN RAGOUT. Faites un roux que vous mouillez d'un demi-verre de bouillon, en remuant; laissez bouillir; ajoutez alors des pommes de terre, oignons, un bouquet de persil, un quart de feuille de laurier, sel et poivre; jetez votre bœuf, coupé en morceaux, dans cette préparation; laissez donner quelques bouillons et servez. — **Bouilli** EN VINAIGRETTE. Coupez du bouilli froid et bien maigre en petites tranches; couvrez-le de cerfeuil et ciboule hachés, câpres, cornichons coupés, huile, vinaigre, poivre et sel. — **HACHIS DE BOUILLI.** Faites revenir des oignons hachés dans du beurre; ajoutez une pincée de farine et laissez jaunir. Mouillez avec du bouillon. Mettez alors votre bouilli haché menu, avec sel, poivre, une cuillerée de mou-

tarde, un filet de vinaigre. Laissez donner quelques bouillons. Le *bœuf bouilli* s'accommode encore *frit* isolément ou avec de petites saucisses, en *grillades*, en *hachis*, mêlé de pommes de terre en purée et de chair à saucisses avec un peu de farine, roulé en boule et cuit dans une sauce quelconque.

BOUILLON. — On pourrait presque conserver indéfiniment le bouillon intact, pendant les chaleurs, en se bornant à le faire bouillir une fois toutes les vingt-quatre heures. Mais qu'un orage survienne, et le bouillon *tourne* instantanément. — On peut rendre au bouillon aigri ses qualités et sa fraîcheur primitives, en lui administrant, pendant qu'il est sur le feu, une pincée de *bicarbonate de soude*.

BOUILLONNAIS, AISE s. et adj. De Bouillon; qui se rapporte à cette ville ou à ses habitants.

BOUILLOTTE. — La bouillotte se joue avec une extrême rapidité, ce qui la rend dangereuse pour les joueurs inexpérimentés; elle a été longtemps à la mode et est encore pratiquée. Elle se joue ordinairement à 4 personnes; quelquefois, mais rarement à 5 ou à 3 joueurs, avec un jeu de piquet dont on retire les sept quand on joue à 5 personnes, les sept, les dix et les valets quand on est 4 joueurs; dans ce dernier cas, le jeu est réduit à 20 cartes. Pour la rapidité et pour l'ordre de la partie, il est nécessaire d'avoir deux jeux de couleurs différentes. Après chaque coup, le joueur placé vis-à-vis du donneur ramasse les cartes qui viennent de servir, les mêle, les place sous la main du joueur placé à sa gauche. — TIRAGE DES PLACES. Pour assigner les places, on tire de l'un des jeux un as, un roi, une dame et un valet (si l'on est 4 joueurs) plus un dix (si l'on est 5 joueurs) et on place ces cartes au hasard et à découvert autour de la table, qui est ordinairement ronde. De l'autre jeu, on enlève les cartes de même valeur que les premières et l'on va les tirer au sort par les joueurs, en les leur présentant à couvert. Chacun en ayant tiré une au hasard, se met à la place indiquée par la carte correspondante posée sur la table. Tant que la société est nombreuse et s'il s'y trouve des joueurs *expectants*, c'est-à-dire des joueurs qui doivent remplacer ceux qui quitteront la bouillotte, on augmente le nombre des cartes à tirer et les rentrants prennent place au jeu dans l'ordre de leurs cartes. Ou bien on fixe la durée des parties à une demi-heure, après laquelle, et à l'expiration d'un coup, le jeu est suspendu pour que chacun règle ses comptes et retire son argent; ensuite, soit que les mêmes joueurs continuent, soit qu'il y ait des nouveaux venus, on procède à un nouveau tirage des places et à une nouvelle cave. On peut aussi convenir que les mêmes joueurs continueront la partie sans limitation de durée; et, dans ce cas, celui qui a eu la plus basse carte au début se retire le premier, au bout d'une demi-heure, pour laisser la place à un nouveau venu. — DE LA CAVE. On nomme cave la somme que chaque joueur doit mettre devant lui, soit en argent soit en jetons. Ordinairement, on place l'argent sous un flambeau ou dans un petit panier et l'on met devant soit des jetons dont la valeur est fixée d'avance; à la fin de la partie, chacun prend, sur la somme totale, ce que les jetons qui sont devant lui représentent de numéraire. Chaque joueur est muni, pour cet objet, de 5 fiches et de cinq jetons, ce qui donne une valeur de trente jetons que les joueurs placent devant eux pour la cave. La valeur de chaque jeton est fixée avant de commencer. En supposant que chaque jeton vaille 10 centimes, cela fera 3 francs que chaque joueur déposera sous le flambeau ou dans la corbeille. Tant que dure la partie, aucun joueur ne peut rien ôter de sa cave : il ne peut rien y ajouter, tant qu'il reste quelque chose devant lui, ne

fût-ce qu'un seul jeton. Mais aussitôt que l'on est *décavé*, on peut se *recaver* d'une somme quelconque, jusqu'au maximum fixé en commençant. On convient quelquefois que le décavé cédera sa place à un rentrant, ou bien, à défaut de rentrant, qu'il pourra se recaver, en mettant au jeu autant d'argent que les autres joueurs réunis en ont devant eux. — VALEUR DES CARTES. L'as vaut 11 points; le roi 10 points ainsi que la dame; les autres cartes valent les points dont elles sont marquées. — DE LA DONNE. La donne appartient au joueur à qui est échu le roi, quand on a tiré au sort pour les places. Il prend donc l'un de jeux de cartes, le bat, fait couper par le joueur de gauche, et distribue les cartes alternativement une à une, en commençant par son voisin de droite, jusqu'à ce que chaque joueur en ait trois; il retourne la dernière et la laisse en évidence sur le talon, qu'il pose à sa droite. L'autre jeu est placé à la droite du second en cartes. Toute carte vue, pendant la distribution, par un joueur à qui elle n'était pas destinée, implique maldonne et oblige à recommencer. — DE LA PASSE. Avant chaque coup, le donneur met au jeu un jeton que l'on appelle *passe*. A la bouillotte à cinq personnes la passe se compose d'un jeton mis par chacun des joueurs. — OUVERTURE DU JEU. Le joueur placé à la droite du donneur a le premier la parole. Ayant examiné ses cartes, il annonce s'il voit, c'est-à-dire s'il ouvre le jeu simplement; ou s'il se *carre*, ce qui se fait en mettant à la passe autant de jetons qu'il y en a, plus un, en disant : « Je me carre »; ou encore s'il l'ouvre en proposant son *va-tout*, qui est un pari proposé aux joueurs, de tout l'argent qui est devant lui : enfin, il peut déclarer *passer* si son jeu lui semble très faible. Le joueur suivant peut *tenir* ou passer quand le jeu est ouvert; il peut l'ouvrir s'il ne l'est pas encore. Les autres joueurs ont les mêmes droits. Quand tous les joueurs ont passé, le coup est nul. Le premier en cartes devient donneur à son tour et met un nouveau jeton sur le jeu; alors la passe est double et pour *voir* le jeu simplement, il faut commencer par s'engager de deux jetons. Si un seul joueur a vu le jeu, il prend la cave et l'on passe à un autre coup. Si, le premier joueur ayant ouvert le jeu, un autre joueur l'a tenu, ce tenant peut, au deuxième tour, soit *réclamer* (faire plus), soit *abattre* (le coup en tenant sans plus). Quand deux joueurs (le 2e et le 3e par exemple) ont tenu le jeu que le premier a ouvert, le 2e peut relancer ou *passer parole* au 3e; mais il n'a pas le droit d'abattre. S'il relance, le troisième peut tenir ou *s'en aller* (abandonner le coup en payant la somme pour laquelle il était engagé) et dans ce dernier cas, la lutte n'existe plus qu'entre le 1er et le 3e joueur. Le premier peut également s'en aller ou tenir la relance du 2e ou le relancer lui-même. Dans le cas d'une nouvelle relance de sa part, l'autre peut encore surenchérir, et tous les deux ainsi tour à tour jusqu'à concurrence de la plus faible de leurs caves, si elles ne sont pas d'égale valeur. Si, au 2e tour de paroles, le 3e joueur a tenu la relance du 2e, le 1er commence le 3e tour de parole en disant qu'il s'en va ou bien qu'il tient aussi cette nouvelle relance; il ne peut pas abattre tant que le 3e engagé n'a pas lui-même usé du droit de relancer ou de passer parole, parce que c'est toujours au joueur le plus près de la droite de celui qui a fait de l'argent dans un tour de parole qu'appartient le droit de relancer ou de passer parole dans le tour suivant. — MARCHE DU JEU. Pour donner un exemple, supposons que le premier joueur ait ouvert le jeu et qu'un seul adversaire ait tenu : ce dernier peut abattre son jeu, relancer ou faire son *va-tout*. Quand deux joueurs seulement sont engagés dans un coup, l'un des deux est toujours maître d'abattre son jeu, c'est-à-dire

de clôre le coup en acceptant la relance de l'autre; mais s'il y a plus de deux joueurs d'engagés, l'on n'a le droit d'abattre qu'autant que l'on est dernier à tenir et que le joueur qui précède a renoncé. à son droit de relancer, en passant la parole au suivant; sinon les enchères ne s'arrêtent que lorsque chacun a engagé le montant de sa cave. Lorsque quatre joueurs sont engagés, pour que le dernier à tenir puisse abattre, il faut que deux joueurs aient cédé leur droit de parler dans le tour. Dès qu'un joueur use de son droit d'abattre, les autres doivent l'imiter en mettant leurs cartes en évidence sur le tapis et alors on compte le point. — Du point. Le point se compose de toutes les cartes d'une même couleur qui se trouvent abattues en y ajoutant la retourne. Il appartient à celui qui, s'étant engagé, possède la carte la plus forte dans cette couleur; il ne peut être supérieur à 48, ni inférieur à 27. La carte gagnante est généralement l'as; en l'absence de cette carte restée au talon, la même prérogative appartient au roi ou à la dame, au neuf ou au huit. Supposons que, dans une partie à quatre joueurs, la distribution fasse sortir les cinq carreaux dont un pour la retourne, le point est alors de 48, savoir : as = 11; roi = 10; dame = 10; neuf et huit = 17; total 48; et ce point appartient à celui qui, s'étant engagé dans le coup, a entre les mains l'as de carreau. Supposons, maintenant, que la distribution ait fait sortir seulement trois carreaux : dame, neuf et huit : le point ne sera que de 27 et appartiendra au possesseur de la dame. Quand l'as de la couleur est la retourne, il s'ajoute au point et compte dans le jeu de celui qui a la plus forte carte de cette couleur. A égalité de points entre deux joueurs, le premier en cartes l'emporte sur l'autre. La couleur gagnante est celle des cartes dont se compose le point supérieur appartenant à l'un des joueurs engagés, le point le plus fort ne comptant pas lorsque celui qui le possède exclusivement ne joue pas le coup ou renonce dans le cours de la lutte. Quand plus de deux joueurs sont engagés, il peut y en avoir deux qui gagnent par le même point; par exemple : si, dans un coup, trois joueurs sont engagés, et si le premier n'a pas une cave assez forte pour suivre les deux autres dans leurs enchères, ceux-ci luttent pour un excédent d'enjeu. Si le premier réunit un point de 5 cartes en pique, par exemple, il gagne à chacun de ces adversaires le montant de ce qu'il a joué contre eux, et le pique est la couleur gagnante. Si le 2e joueur trouve, à son tour, 5 cartes en cœur, il ne l'emporte pas toujours sur le 3e, bien que celui-ci n'ait plus à espérer que 3 cartes, puisqu'il n'y en a que 13 de distribuées : il peut arriver que le 3e joueur ait dans la main, en compagnie de deux carreaux ou de deux trèfles supérieurs, une des cartes de la couleur gagnante, ne fût-ce que le huit de pique, et cette carte lui fait remporter l'avantage sur le 2e joueur. — Des brelans. Le brelan simple se compose de trois cartes semblables : trois as, trois rois, trois dames, trois neuf et trois huit. Le brelan l'emporte au point et lorsque plusieurs brelans se montrent dans le même coup, c'est celui qui se compose des plus hautes cartes qui gagne : le brelan d'as est plus fort que celui de rois; le brelan de rois que celui de dames et ainsi de suite. Un brelan carré se compose de quatre cartes semblables : 4 as, 4 rois, 4 dames, etc. Il y a brelan carré quand un joueur a en main les 3 cartes d'un brelan simple et que la 4e carte forme la retourne. Le brelan carré l'emporte sur tous les brelans simples. Outre la somme que lui rapporte le coup joué, le joueur qui a le brelan simple reçoit un jeton de chacun des autres joueurs et deux jetons s'il a le brelan carré. S'il se trouve simultanément plusieurs brelans au jeu, les joueurs paient également un jeton au possesseur d'un brelan infé-

rieur au premier, quoique, en raison de cette infériorité, ce possesseur ait perdu le coup. On convient quelquefois que lorsqu'il se trouve, dans le même coup, un brelan carré et un brelan simple, le possesseur de ce dernier aura le droit de découvrir la dernière carte du talon; si cette carte forme, avec son brelan simple, un brelan carré, ce nouveau brelan annulera celui de l'adversaire pourvu qu'il lui soit supérieur en valeur de cartes. S'il y a maldonne, et que, cependant, on ait continué la distribution des cartes, le brelan, quand il s'en trouve un, est payé au joueur comme si le coup était bon. Quand il y a deux brelans sur le même coup, les deux joueurs qui les possèdent ne se paient rien réciproquement, mais les autres paient chacun les deux brelans; quand il y a trois brelans l'unique joueur qui n'en a pas paie les trois autres. Le joueur qui, ayant brelan en main, perd le produit de sa cave contre un brelan supérieur. n'est pas décavé pour cela, puisqu'il lui reste les jetons de son brelan. — De la carre. Au début de chaque coup, le premier en cartes jouit du droit de se carrer, en mettant au jeu autant de jetons qu'il y en a à la passe, plus un et en disant : « Je me carre. » La carre procure plusieurs avantages au carré : 1o le jeu se trouve ouvert sans qu'on ait vu les cartes du joueur, et il n'est plus obligé de parler; c'est au 2e à prendre la parole; 2o quelle que soit la nature des cartes du carré, il reste maître de l'enjeu, quand les autres joueurs passent; 3o si, au lieu de passer, les autres joueurs s'engagent, ils sont obligés de relancer (voy. plus bas); 4o enfin, si le carré n'est pas content de son jeu, si le hasard des cartes l'a mal servi, il peut se retirer du coup en abandonnant les jetons de sa carre. — De la contre-carre. Le privilège du carré peut être acheté par le second joueur, qui se contre-carre en doublant l'enjeu déjà doublé par le carré, et en disant : « Je rachète la carre. » Mais le premier conserve le droit de racheter sa carre en exposant une somme de jetons égale à l'enjeu quadruple; et il reprend ainsi tous ses avantages que la contre-carre lui faisait perdre : le 1er joueur, quand il agit ainsi, doit dire : « Je rachète la contre-carre, » et son action est appelée sur-contre-carre. Dans le cas où le premier joueur n'use pas de son droit de rachat, le 3e peut aussi se contre-carrer, en doublant l'enjeu déjà doublé deux fois par les joueurs précédents, et dans ce cas, c'est le 4e joueur, c'est-à-dire le donneur, qui prend le premier la parole. La carre seul a le droit de racheter la contre-carre; et le contre-carré peut racheter la sur-contre-carre. La carre, la contre-carre et la sur-contre-carre servent d'ouverture au jeu et celui qui, ayant la parole, ne passe pas, doit dire en jouant : « Je vois la carre; » le suivant, s'il ne passe pas, dira : « Je tiens la carre. » — De la relance. Relancer, c'est offrir de jouer telle quantité de jetons de plus que celui qui a ouvert le jeu. Celui qui réclame doit spécifier la somme qu'il propose est en sus des passes. Si elle n'est pas en sus, elle doit se composer de la somme nette annoncée. Quand le joueur qui doit relancer a dit qu'il voit la carre, il est obligé d'ajouter quelque chose aux jetons de la carre, pour permettre au carré d'user de son droit de relance. Un joueur qui a relancé peut réitérer quand il a été lui-même relancé d'une somme supérieure, par exemple, s'il a fait 20 jetons, il faut pour qu'il y ait relance, qu'un joueur, venant après lui, fasse 25 jetons. Quand tous les joueurs ont beau jeu, ils peuvent user jusqu'au bout du droit de relance. — Succession de relances entre 4 joueurs : Le 1er ouvre le jeu, au premier tour de parole; le 2e relance au 2e tour; le 3e au 3e tour; le 4e au 4e tour; le 1er au 5e tour; le 2e au 6e tour; le 3e au 7e tour; le 4e au 8e tour.

BOUKHARIE. La Boukharie tout entière forme aujourd'hui un état vassal de la Rus-

sie; elle est rattachée à la province du Turkestan. Le dernier coup fut donné à son indépendance en 1884, lorsque tout le pays se trouva enveloppé de possessions russes, par suite de l'annexion de Merv. L'Emir Mozaffar-Eddin a conservé une force de 30,000 hommes, commandés par des officiers russes, et armés de fusils Berdan. Le Boukharie forme le khanat le plus important du Turkestan. Sa capitale, Boukhara (70,000 hab.), est le principal centre commercial de toute cette région. La station du chemin de fer Transcaspien à Samarcand se trouve à 15 kil. de la ville et les Russes y ont construit un Nouveau Boukara; qui se peuple rapidement, tandis que le gouvernement russe laisse, pour des raisons politiques, tomber en décadence l'ancienne cité. Le résident moscovite a quitté le vieux Boukhara en 1889 et s'est installé dans la ville neuve.

BOULANGER (Gustave-Rodolphe-Clarence), peintre, né à Paris 1824, mort le 23 septembre 1880. Élève de Paul de Laroche et de Jollivet, il remporta le premier grand prix de Rome en 1819 : ses meilleures toiles sont : le choassa ou Eclaireurs arabes les Rahias ou pâtres arabes (1859); les Kabyles en déroute (1863); les Cavaliers Sahariens (1864); Djeïd et Rahia (1865).

BOULANGISME s. m. Polit. Nom donné au parti du général Boulanger : les Coulisses du boulangisme.

BOULANGISTE adj. Qui se rapporte au boulangisme : la revision boulangiste. — S. Celui, celle qui est partisan du général Boulanger.

BOULARD. I. (Antoine-Marc-Henri), bibliophile, né à Paris en 1754, mort en 1825. Il fut notaire jusqu'en 1808 et fut ensuite maire du Xe arrondissement de Paris, puis député au Corps législatif. Il avait réuni une bibliothèque de 50,000 volumes qui fut dispersée après sa mort. Il a traduit l'Histoire littéraire du moyen âge de Harris (1786), et l'Histoire littéraire des quatorze premiers siècles de l'ère chrétienne par Berrington (1814-1816). — II. (S.), imprimeur-libraire, né à Paris, vers 1750, mort vers 1809. Son Traité de bibliographie (Paris, 1804, in-8o) est encore estimé.

BOULAY de la Meurthe. I. (Antoine-Jacques-Claude-Joseph), homme d'État, né à Chaumouzey (Vosges) en 1761, mort à Paris en 1840. Il était avocat à Paris au moment de la Révolution, partit comme volontaire, fit la campagne du Rhin, devint accusateur public à Nancy, après le 9 thermidor, puis député de la Meurthe aux Cinq-Cents et ensuite membre du Conseil d'État sous le Consulat et l'Empire. Il fut l'un des rédacteurs du Code civil. Destitué de la première Restauration, il fut exilé pendant quatre ans par la seconde Restauration. Il a laissé : Essais sur les causes qui amenèrent la République en Angleterre (Paris, an VII); Tableau des règnes de Charles VII, et de Jacques II (1818, 2 vol. in-8) et des Mémoires. — II. (Henri-Georges), fils du précédent, né à Nancy en 1797, mort à Paris en 1858. Il fut député de la Meurthe sous le règne de Louis-Philippe et sénateur, sous celui de Napoléon III.

BOULAY PATY. I. (Pierre-Sébastien), jurisconsulte, né près de Châteaubriant en 1763, mort en 1830. Il était commissaire national à Paimbœuf quand les Vendéens attaquèrent cette ville, il se distingua en dirigeant la résistance contre les insurgés, fut élu aux Cinq-Cents, se montra d'abord défavorable à Bonaparte, mais devint ensuite conseiller à la Cour impériale de Rennes (1811). On lui doit : Cours de droit commercial maritime (1821, 4 vol., Rennes). Traité des faillites et des banqueroutes (1825). — II. (Evariste-Cyprien-Félix), poète, fils du précédent né à Donges (Ille-et-Vilaine) en 1804, mort en 1864. Il se fit recevoir avocat mais abandonna le barreau. Quelques pièces

de vers le firent nommer secrétaire du duc d'Orléans (1829) et ensuite bibliothécaire du Palais-Royal. Il a laissé, outre quelques poèmes composés en vue de concours académiques; *Dithyrambes* (1825) ; *Odes nationales* (1830); *Odes nouvelles* (1844).

BOULES (Jeu de). Ce jeu d'adresse, qui constitue un exercice salutaire et très amusant, date de la plus haute antiquité et on le tint, pendant longtemps, dans une telle estime qu'il n'y avait pas jadis de maison de plaisance où l'on ne trouvât un endroit qui lui était exclusivement réservé. Quoiqu'il ait perdu de sa vogue, il est resté, dans les environs de Paris le jeu favori des rentiers et des petits bourgeois désœuvrés. On distingue le *jeu de grosses boules* et le *jeu du cochonnet.* — Les grosses boules. Les joueurs choisissent une allée droite, encaissée, unie, dans laquelle les boules lancées ne puissent dévier ni à droite, ni à gauche. A l'une des extrémités, ils creusent un *noyon*, petit fossé en avant duquel, à une distance de 75 à 80 centimètres, ils placent sur le sol une marque visible mais non saillante. Le noyon est le tombeau où vont choir les boules lancées trop fort ou débusquées par une autre. La marque est le but près duquel les boules doivent (s'arrêter. Le sort ayant désigné l'ordre dans lequel on jouera, les joueurs, armés chacun de deux boules, se postent à une certaine distance du but. Chacun lance une boule à son tour et s'efforce de la placer le plus près possible du but et d'en déloger celles de ses adversaires; après quoi, les joueurs lancent leur seconde boule dans le même ordre et avec les mêmes intentions. Toute boule tombée dans le noyon est *morte* et ne compte plus. Toutes les boules étant jouées, le joueur dont la boule se trouve la plus rapprochée du but compte un point (ou deux points si ses deux boules sont les plus rapprochées) et le vainqueur est celui qui arrive le premier au nombre convenu de points. — Le cochonnet. Le cochonnet peut se jouer sur un terrain quelconque, pourvu qu'il

Fig. 1. — Joueur visant le cochonnet.

soit vaste et uni. Quand les joueurs ne sont que deux ou trois, chacun joue pour son propre compte; quand ils sont plus nombreux (ordinairement quatre ou six), ils forment deux ou plusieurs sociétés composées de deux ou trois joueurs. Le sort ayant désigné l'ordre dans lequel ils doivent jouer, le premier jette à une certaine distance, et dans la direction qui lui convient, une petite boule qui sert de but et qu'on appelle *cochonnet.* Il lance ensuite une de ses grosses boules de manière à la faire rouler le plus près possible du but (fig. 1). Le second joueur, posté, à la même place, roule à son tour une grosse boule qu'il cherche à loger encore plus près du but que ne l'est celle de

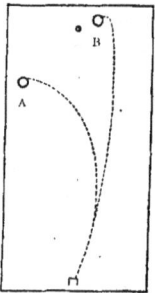

Fig. 2.

son adversaire : supposons que le premier soit venu se poser à A (fig. 2), le deuxième joueur, plaçant sa boule en B, aura réussi; alors il cédera son tour à un autre joueur du parti adverse. Mais si le premier joueur s'était placé en B et que le second fût venu en A, les choses ne se passeraient pas de la même façon. Le deuxième joueur n'ayant pas réussi, roulerait sa deuxième boule et même sa troisième, en cas de nouvel insuccès, quand il est convenu que chaque joueur aura trois boules. Lorsque

Fig. 3. — A, main du joueur vue de face; B, la même vue en arrière.

toutes les boules sont placées, chaque joueur ou chaque société, suivant que la partie est individuelle ou par associations, compte un nombre de points égal à celui de ces boules postées plus près du cochonnet que celles de l'adversaire ou du parti opposé. Ordinairement une partie se compose de 3 manches de 15 points chacune. Le talent d'un joueur habile consiste à savoir *tirer*, c'est-à-dire repousser au loin la boule de l'adversaire quand elle est déjà rapprochée du but, ou à reculer le cochonnet lui-même pour le rapprocher d'une boule qui, dans un coup précédent, l'a dépassé. A première vue le cochonnet paraît très facile : il exige pourtant une grande adresse et donne lieu à certaines règles. L'habileté consiste à bien saisir sa boule, sur la paume de la main, en enveloppant sa surface inférieure avec les doigts allongés et rapprochés les uns des autres. Notre figure 3, montre la position de la boule dans la main. La pratique seule peut apprendre à pousser la boule suivant les accidents de terrain et la position du cochonnet. Quand le premier joueur, par exemple, est très bien placé (comme en A, fig. 4), le partenaire quand viendra son tour de jouer, s'évertuera à se placer un peu en arrière de A, pour masquer cette boule et empêcher les adversaires de l'atteindre. On dira alors que A est bloqué.

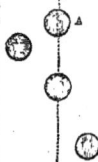

Fig. 4. — Boule bloquée (A).

BOULETURE. Art. vétér. Déviation de la ligne d'aplomb, chez le cheval, en raison du redressement des rayons osseux qui forment l'articulation du boulet.

BOURES, mot allemand qui signifie paysans et qui désigne particulièrement les révoltés du xvie siècle que nous connaissons en France sous le nom de *Rustauds.* (Voy. ce mot dans ce *Supplément*).

BOURET. I.(Claude-Antoine), comédien, mort à Paris en 1783. Il se rendit populaire dans les rôles de niais et excella également dans ceux de Crispin. — II. Célèbre financier du xviiie siècle, mort le 10 avril 1777. Fils d'un laquais originaire de Mantes, il s'enrichit par mille tripotages, devint fermier général, amassa une fortune évaluée à 42 millions de francs, se signala par sa vanité de parvenu, pensionna des poètes et publia même des poésies. La mort le fit échapper à la banqueroute et à la misère.

BOURG-BRESSON, ONNE s. et adj. De Bourg-en-Bresse; qui appartient à cette ville ou à ses habitants : *les Bourg-Bressons, les Bourg-Bressonnes, mœurs bourg-bressonnes.*

BOURGOIS (Siméon), marin français, né le 26 mars 1815, mort en décembre 1887. Enseigne en octobre 1831, il arriva au grade de contre-amiral le 4 mars 1868. Il commanda dans

l'expédition de Chine, sous l'amiral Charner, une division de canonnières et occupa les forts de Ta-Kou et Tien-Tsin. Nommé en 1870 au commandement de la station des côtes occidentales d'Afrique, il eut pendant la guerre franco-prussienne l'occasion d'offrir le combat à une frégate ennemie qui le refusa et se réfugia à Madère. Il fut fait vice-amiral le 13 octobre 1875. Il avait acquis beaucoup de réputation par ses travaux sur la construction du navire moderne et par ses découvertes relatives aux nouveaux propulseurs. Nous devons citer, parmi ses écrits : *Recherches sur les propulseurs hélicoïdes* (1845); *Résistance de l'eau* (mémoire, 1857); *Réfutation du système des vents de M. Maury* (1863), etc.

BOURGON (Jean-Ignace-Joseph), historien, né à Pontarlier en 1799. Professeur d'histoire à la Faculté de Besançon, il donna : *Recherches histor. sur la ville et l'arrond. de Pontarlier* (1840); *Polybe; Hist. ancienne* (1834); *Hist. des Romains* (1836); *Hist. de l'emp. romain jusqu'à la prise de Constantinople*, etc.

BOURSE s. f. Hortic. Rameau court et renflé à son sommet, qui a porté des fruits et qui, dès lors, en produira toujours.

BOUSSINGAULT (Joseph-Dieudonné-Jean-Baptiste), chimiste, né à Paris en 1802, mort le 10 mai 1887. Au sortir de l'Ecole des mineurs de Saint-Etienne, il fit un voyage scientifique dans l'Amérique du Sud; fut ensuite professeur de chimie à la Faculté des sciences de Lyon, professeur au Conservatoire des arts et métiers, et député à la Constituante (1848). Ses ouvrages les plus importants sont : *Mémoires de chimie agricole et de physiologie* (1854); *Traité d'économie rurale* (1844, 2 vol in-8°).

BOUSSOLE marine. Cet instrument indique le méridien magnétique ou la position des objets relativement à ce méridien. La boussole marine se compose d'une aiguille aimantée en acier, qui tourne avec facilité et presque sans frottement sur un pivot très aigu. Un carton circulaire est attaché à l'aiguille et tourne avec elle; sa circonférence est marquée des 32 rumbs ou aires de vent de la

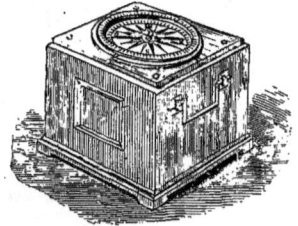

Boussole marine.

boussole. L'aiguille et le carton sont enfermés dans une boîte circulaire, couverte d'un verre, afin de soustraire l'aiguille à l'action de l'air. Cette boîte est placée sur une boîte beaucoup plus grande qui renferme un système de support très habilement combiné pour maintenir la boussole dans une position parfaitement horizontale, nonobstant le mouvement du navire.

BOUTEILLE de Leyde. — La bouteille de Leyde sert à condenser une quantité plus ou moins considérable d'électricité. Elle se compose d'une bouteille ou d'un flacon de verre, à parois minces, dont la surface extérieure est recouverte, en dessous et dans la partie inférieure, jusqu'à une certaine distance du col, d'une feuille d'étain appelée *armature externe.* L'intérieur est rempli de feuilles de clinquant froissées et légèrement tassées, formant *l'armature interne;* mais quand le col

du flacon est assez large pour que l'on puisse aisément y passer la main (fig. 1), on remplace le clinquant par une seconde feuille d'étain. Toute la partie extérieure du verre

Fig. 1. — Bouteille de Leyde à large goulot.

qui n'est pas recouverte d'étain, est revêtue d'une couche de vernis à la gomme-laque qui la rend plus isolante. Une tige de métal terminée, à son extrémité supérieure, par une boule de cuivre, communique, par son extrémité opposée, avec l'armature interne. — Une bouteille étant ainsi établie, on la charge de la manière suivante : on la saisit, dans la main, par l'armature externe, et on met la boule de cuivre en contact avec le conducteur d'une machine électrique en activité : L'électricité positive de la machine se condense sur l'armature interne de la bouteille; et agissant par influence, au travers du verre, sur l'armature externe, elle attire à elle l'électricité négative. Les deux fluides ne peuvent se réunir à travers le verre; mais ils s'attirent mutuellement et se condensent de plus en plus, de manière que les deux armatures se chargent d'une grande quantité d'électricité. Si le contact avec la machine dure trop longtemps, l'armature interne, surchargée, se décharge d'elle-même. — Quand on veut décharger la bouteille, il faut éviter d'établir le circuit entre les deux armatures en tenant la bouteille d'une main et en touchant la boule de cuivre avec l'autre main; parce qu'en agissant ainsi on permettrait aux deux électricités de se recombiner au travers du corps; une étincelle jaillirait et on éprouverait une

Fig. 2. — Décharge d'une bouteille de Leyde.

secousse plus ou moins violente suivant la charge de la bouteille. Pour décharger sans inconvénient la bouteille de Leyde, on se sert d'un *excitateur*, appareil formé d'une poignée de verre ou de gutta-percha et d'une tige de fer terminée à chacune de ses extrémités par une boule de cuivre. On tient prudemment l'excitateur par la poignée isolante et on met les deux armatures en communication. On obtient ainsi des étincelles, on peut mettre l'armature extérieure en communication avec un fil de métal et l'excitateur en communication avec l'autre extrémité de ce fil; l'électricité fait alors un circuit plus long. En supposant que 4 personnes (A, B, C, D, fig. 3),

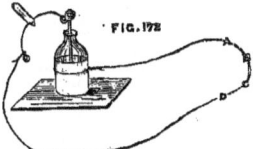

Fig. 3. — Décharge à l'aide de fils.

désireuses de recevoir le choc électrique, se tiennent par la main; que A prenne l'extrémité d'un fil enroulé autour de l'armature extérieure et que D tienne le fil qui communique avec l'excitateur, les quatre personnes ressentiront la commotion.

BOUTON. — Avic. Le bouton est une affection très fréquente chez les oiseaux en cage, surtout chez les serins, et elle les tue en trois ou quatre jours si on n'y porte promptement remède. On s'aperçoit qu'un oiseau « a le bouton » lorsqu'il reste immobile, faisant la boule, les plumes hérissées, et qu'il cesse de

manger, de chanter. Il faut aussitôt prendre l'oiseau, chercher, en soufflant dans ses plumes, le siège du mal, qui est presque toujours le croupion. Si le bouton découvert n'est pas mûr, le bassiner d'eau de mauve chaude pour le faire aboutir; s'il est mûr, le percer, laver la plaie d'eau de mauve tiède et appliquer là-dessus un peu de cérat.

BOUTURE. — Il n'y a que bien peu de végétaux qui soient rebelles à la multiplication par boutures; d'absolument rebelles, il n'y en a même point, à proprement parler; seulement il y en a de plus ou moins bien disposés à se soumettre à l'opération, et qui, en conséquence, répondent avec plus ou moins d'empressement aux soins dont on les entoure. Ainsi les plantes molles, telles que les géraniums, reprennent de bouture avec une grande facilité, tandis que les plantes ligneuses, par exemple les camélias, ne céderont qu'aux soins intelligents, à la science, pour tout dire, d'un jardinier habile. Pour repiquer une bouture, il faut d'abord choisir cette bouture sur la plante qu'on veut multiplier par ce procédé, c'est-à-dire couper net, *au-dessous d'un œil*, une de ses branches. On replique alors cette branche, de préférence dans de petits pots, qu'on aura préalablement remplis de terre de bruyère mêlée de terreau; on l'arrose légèrement; — mais on continuera de l'arroser fréquemment, de manière que la terre soit toujours fraîche, — et on la couvre d'une cloche jusqu'à ce que la bouture ait parfaitement formé ses racines. C'est ce qu'on appelle *boutures sous cloches* ou à *l'étouffé*. Chaque année, en août et septembre, on forme ainsi des boutures de fuchsia, de verveine, de géranium, de bégonia, de chrysanthème blanc, etc., auxquelles on fait passer l'hiver dans l'appartement pour les planter au printemps, soit en pleine terre, soit en pots. — Car, autrement, la bouture, une fois ses racines bien formées, demande à être transplantée dans un autre pot rempli de la terre qui lui convient plus spécialement, ou en pleine terre. Les mêmes plantes peuvent d'ailleurs faire l'objet de *boutures à l'air libre*, au printemps. On peut également faire, toute l'année, des boutures à l'air libre, dans de la terre sèche, de plantes grasses, notamment des *opuntia*, des *epiphylles* et des *cereus*. Enfin on peut également bouturer, mais à l'étouffée, de simples feuilles, spécialement celles des orangers et des citronniers, dont on enfonce le pédoncule dans la terre; au bas de ce pédoncule, un œil ne tarde pas à se former qui, bientôt, se développe, jusqu'à devenir une plante complète. On sait que dans les Cactées le même organe contient rassemblées les tiges et les feuilles. — A propos des Cactées, nous ajouterons ce que nous venons de dire une recommandation très importante, qui est de laisser, vingt-quatre heures au moins, le fragment de la plante destiné à faire bouture sécher ou que l'humidité de la plaie que la coupure lui a faite; faute de quoi, il pourrait infailliblement pourrir dans la terre, au lieu d'y prendre racine.

BOUVET. I.(François-Joseph, BARON), amiral, né à Lorient en 1753, mort en 1832. Commandant en second de la flotte destinée à l'expédition d'Irlande, il eut sa part de responsabilité dans l'insuccès de cette entreprise et fut privé de son grade. — II (Pierre-François-Henri-Etienne), marin, né à l'île Bourbon en 1775. Il fut nommé contre-amiral en 1822 et publia le *Récit de ses Campagnes* en 1840.

BOUVREUIL. Le bouvreuil n'est pas, à proprement dire, un oiseau chanteur; cependant on peut lui apprendre quelques airs à l'aide d'une serinette ou d'un flageolet; il imite le chant d'autres oiseaux dans le voisinage desquels il se trouve, et parle *presque*. En outre, comme le chardonneret et le bruant, il est susceptible d'une éducation particulière, qui

le rend capable de quelques petits tours de société. Son plumage en fait un des plus beaux oiseaux de nos contrées. Pris adulte, le bouvreuil s'habitue difficilement à la captivité et se laisserait probablement mourir de faim, si on ne le noyait pour ainsi dire dans la nourriture; de sorte que, de quelque côté qu'il tourne ses regards, il se trouve en butte à une tentation incessante. Pris jeune, il s'élève très facilement. La nourriture des jeunes bouvreuils se compose d'une pâtée, un peu liquide, de mie de pain et de graine de navette écrasée, mélangée de jaune d'œuf durci, auquel on peut encore ajouter un peu de chènevis écrasé; cette pâtée continue à leur être servie encore quelque temps lorsqu'ils commencent à manger seuls, seulement on la prépare de plus en plus épaisse. On peut également les nourrir au début avec la pâtée, le cœur haché et les vers que l'on donne aux petits rossignols. Le bec robuste du bouvreuil lui permet de briser aisément toute sorte de graines, aussi n'a-t-on que l'embarras du choix; cependant on lui donne de préférence des graines de millet, d'armoise, les différentes graines oléagineuses, ainsi que des baies de sorbier dont il est très friand; — il n'est pas moins friand des bourgeons d'arbres fruitiers, mais nous ne conseillerons à personne de lui en fournir à son appétit.

BOXE. — Encycl. Le pugilat ou lutte des anciens était le combat à coups de poing usité dans les gymnases. On en attribue l'invention à Thésée; Homère lui fait l'honneur d'une description détaillée. Les Grecs le perfectionnèrent au point d'en faire un art particulier, enseigné par des maîtres et admis au nombre des jeux publics. Dans le pugilat primitif, on combattait la tête et les poings absolument nus; plus tard, on s'arma de *cestes*, bandes de cuir entrelacées qui couvraient le dessus de la main, les premières phalanges des doigts, la paume de la main, le poignet et l'avant-bras; et on se coiffa d'une espèce de calotte appelée *amphotide*, destinée à garantir surtout les tempes et les oreilles. On ne comprenait pas les luttes comme nos mœurs adoucies ordonnent de les appliquer. Les jeux étaient de véritables combats à outrance, où le vainqueur ne ramassait la couronne que dans le sang du vaincu. Les athlètes se frappaient jusqu'à ce que l'un d'eux roulât sur le sol d'épuisement ou de défaillance, s'il ne s'avouait vaincu ou ne demandait grâce avant sa chute. Presque toujours ils sortaient de la lutte affreusement défigurés, un œil hors de la tête, les mâchoires brisées, un membre cassé ou démis. — Le pancrace, fusion de la lutte et du pugilat, se rapprochait de notre boxe française; mais à l'usage du poing, des bras, des jambes et des pieds, on ajoutait celui des dents et des ongles. C'était donc la réunion de toutes les armes naturelles dont l'homme peut disposer. Cet exercice gymnastique donnait lieu, comme les autres, à des jeux barbares et féroces, où le peuple se réunissait en foule. Le prix se décernait, au milieu d'une mare de sang, à un vainqueur aux trois quarts assommé, quelquefois même inanimé ou poussant des cris de souffrance. Une fois, le prix fut accordé au cadavre d'un certain Arrachion, qui avait expiré au moment de sa victoire, due à la fureur avec laquelle il avait, dans les dernières crispations de l'agonie, tortillé et brisé l'un des orteils de son adversaire; l'extrême douleur ayant arraché à celui-ci un cri de supplication, les juges le déclarèrent vaincu et couronnèrent les restes mutilés d'Arrachion. — La boxe anglaise, véritable pugilat des anciens Grecs, devint un art à l'époque où un certain Jack Broughton éleva, en 1740, un théâtre à Londres, pour y donner des représentations de « l'art viril de la défense personnelle ». Les combats à coups de poing devinrent à la mode comme dans l'antiquité. Des lois sévères

n'ont pu réprimer le goût des Anglais pour ces jeux féroces, qui n'ont plus de raison d'être au milieu de notre civilisation. L'invention et le perfectionnement des petites armes défensives, telles que le revolver, la canne à épée, etc., enlèvent à la boxe la plus grande partie de son utilité ; les combats manuels sont d'ailleurs tombés dans le mépris, et ce genre de lutte ne doit plus être pratiqué autrement que comme exercice de gymnastique. Pour la boxe anglaise, voy. PUGILAT dans le *Dictionnaire*. — **Boxe française.** La boxe française, plus savante que la boxe anglaise, fut créée tout d'une pièce vers 1832, par Charles Lecour, qui imagina de fondre ensemble, d'une manière ingénieuse, le pugilat anglais et la savate, pratiquée à cette époque par les habitués des bals de barrière. De ce mélange original est né un système complet de défense personnelle, permettant d'utiliser toutes les ressources que l'homme peut emprunter aux forces de chaque partie de son corps : tête, épaules, reins, bras, poings, hanches, jambes et pieds. A peine né, cet art fut admis par les professeurs français qui le perfectionnèrent et l'amenèrent rapidement au point de supériorité où il se trouve aujourd'hui. Parmi les célébrités de la nouvelle école, nous ne citerons que le professeur J. Charlemont, auteur d'un excellent *Traité de boxe française*, publié à Bruxelles en 1877. Dans la boxe française, les adversaires se placent à environ 50 centimètres l'un de l'autre, les poings fermés, les avant-bras relevés, couvrant l'un la partie haute, l'autre la partie basse. On peut se mettre en garde à droite ou à gauche, suivant que l'on est gaucher ou droitier. On débute par des coups de poing directs et horizontaux, que l'adversaire pare avec l'avant-bras, soit par des coups de poing au flanc ou au creux de l'estomac, qui se parent au moyen d'un vigoureux coup de poing sur l'avant-bras, pour le chasser en dehors de la ligne du corps, soit par des coups de pied bas, que l'adversaire évite ordinairement en esquivant la jambe attaquée. Il y a aussi les coups de pied de flanc, de poitrine et de figure, les chassés-croisés et différentes autres manières de porter des coups de pied, qui donnent lieu à de nombreuses espèces de parades, accompagnées de ripostes de coups de poing. Quelquefois l'adversaire ramasse la jambe de l'assaillant et parvient à le renverser ou tout au moins à faire une violente riposte de coups de poing, si l'assaillant ne prévient lui-même l'adversaire, en le frappant du poing en figure ou en posant vivement les mains à terre pour lancer des ruades terribles avec le pied resté libre. Chaque coup a sa parade et sa riposte, suivies d'une nouvelle parade et d'une nouvelle riposte, et l'on arrive à combiner les coups, dans un ordre successif ou simultané, de manière à faire agir toutes les parties du corps. Tantôt on essaie de passer la jambe à l'adversaire pour le faire tomber en lui portant en même temps un coup de poing en figure ; tantôt on lui passe la tête entre les jambes et on le renverse ; ou bien l'ayant saisi par le cou, on le fait passer par-dessus l'épaule, au moyen d'un vigoureux coup de hanche ; d'autres fois, on lui porte un coup de tête sur la poitrine, en lui ramassant les jambes pour déterminer sa chute immédiate. Telle est, en peu de mots, la théorie de la boxe française. Sa pratique exige beaucoup de sang-froid, de force et d'agilité.

BRAC s. m. Jeux de cartes. Besigue double modifié, qui se joue à trois personnes, dont la troisième prend la place de celle qui a eu le moins de points au coup précédent. Dans la partie de brac, la quinte d'atout ne vaut que 150 points, et la réunion des deux valets de carreau et des dames de pique, ne compte que pour 80 points. On joue le brac à 60 ou 80 je-

tons ; les jetons ont une valeur conventionnelle ; 10 points, par exemple. On procède comme au bési ; mais voici comment on règle à chaque coup :

Le joueur A compte	380 points.
Le joueur B compte	230 —
Reste	150 points.

Le joueur A ayant fait 150 points de plus que son adversaire, prend, dans le corbillon, où ils ont été déposés, les 15 jetons qui représentent 150 points. Quand il ne reste plus que quelques jetons, s'ils ne suffisent pas pour solder le compte du joueur qui l'emporte, le perdant est tenu de donner le complément, s'il l'a. S'il ne l'a pas, le gagnant prend seulement ce qui reste.

BRAIDISME s. m. (de *Braid*, nom d'un médecin anglais contemporain). Méd. Méthode de traitement, dans lequel on suppose que la guérison est produite par l'action de l'esprit qui concentre, pendant l'état hypnotique, toute son attention sur la partie du corps atteinte de maladie. James Braid, de Manchester, qui a fait une étude approfondie de l'hypnotisme, a essayé de le rendre utile à la médecine. Quand il a amené le malade à l'état semi-cataleptique, il lui fait concentrer tout son esprit sur la partie affectée, de sorte que, sous cette influence, la vascularité, l'innervation et la fonction de cette partie sont modifiées et régularisées.

BRASCASSAT (Jacques-Raymond), peintre français, né à Bordeaux, en 1804, mort en 1867. Élève de Richard, à Bordeaux, puis d'Hersent, à Paris, il remporta, en 1825, le deuxième grand prix de paysage historique : *Chasse de Méléagre*. A Rome, il peignit : *Mercure et Argus* (1827), trois *Vues d'Italie*. Il se voua ensuite exclusivement à la peinture d'animaux. Un grand nombre de nos musées possèdent des toiles de ce peintre.

BRELAN. Le brelan, inventé vers le XVIᵉ siècle, fut abandonné, par ordre de la police, à la fin du XVIIIᵉ siècle ; alors la bouillotte entra en faveur. On le jouait à 3, 4 ou 5 personnes, à chacune desquelles on distribuait 3 cartes prises dans un jeu de piquet. Quand l'un des joueurs tenait 3 cartes de même sorte, comme 3 as, 3 rois, 3 dames, etc., il avait *brelan*. Le *brelan favori* ou. brelan de valets l'emportait sur les autres et terminait la partie. Si aucun brelan ne se trouvait en main, chaque joueur, en commençant par celui qui se trouvait à la droite du donneur, cherchait à en former un par l'échange de l'une de ses cartes contre une de celles qui restaient sur le tapis. Celui qui faisait le brelan le plus élevé avait gagné. Parmi les nombreuses modifications de ce jeu, nous distinguerons le *brelan carré*, formé par la retourne ajoutée aux trois autres de même valeur ; le *brelan mistigri*, quand la dame de trèfle se trouvait jointe à *deux cartes semblables et de même valeur* ; le *brelan de Saint-James* composé du valet de trèfle et de deux cartes semblables et de même couleur. « Il n'y a peut-être aucun jeu de hasard plus terrible et plus attrayant ; il est difficile d'y jouer sans en prendre la fureur ; et quand on est une fois possédé, on ne peut plus supporter d'autres jeux. » (ENCYCLOPÉDIE.)

BRÈME. — Pêche. La brème se tient ordinairement sur un fond vaseux, dans une eau presque dormante. Il importe donc de choisir en conséquence l'endroit où l'on veut tenter la fortune, et qui sera de préférence, en rivière, celui où le courant est très faible et l'eau profonde sur un fond vaseux ; le voisinage des égouts, celui des roseaux, des herbes aquatiques, dans des anses profondes et paisibles, promet un succès presque certain. La pêche de ce poisson se fait avec une forte ligne de huit brins de crin au moins, ou de cordonnel, armée d'un hameçon nº 3 ou nº 4, et lestée de quelques plombs à 30 centimètres environ

de l'hameçon ; elle a lieu d'avril en août. Les appâts préférés pour la brème sont : les asticots, les vers blancs à queue, vers de terre, vers d'eau, vers rouges, fèves, chènevis et blé cuits. Les vers rouges sont d'un bon usage au commencement de la saison ; dès qu'on voit la ligne remonter, il faut piquer, quelque légère que la morsure paraisse ; car plus la brème est grosse, plus légèrement elle mord. Mais dès qu'elle aura senti l'effort fait par le pêcheur pour la tirer de l'eau, elle se débattra avec une violence proportionnée à sa force,— et il y a des brèmes qui ne pèsent pas moins de 3 kilogrammes. Il faut manœuvrer alors avec de grandes précautions et une patience de martyr, afin de fatiguer l'animal, tout en le tirant insensiblement vers le bord ; autrement, il y aurait quelque danger qu'il ne rompît la ligne et n'en emportât un morceau dans sa fuite. Amorcer le soir le fond sur lequel on a résolu de pêcher le lendemain, est une excellente précaution. Cette amorce peut se composer de blé cuit, de son ou d'asticots. On pêche également la brème aux lignes dormantes, à la ligne à soutenir, aux lignes de fond comme aux différentes sortes de filets, surtout à l'épervier.

BRÉMONTIER (Nicolas-Théodore), inspecteur général des ponts et chaussées, né en 1738, mort à Paris en 1809. C'est à lui que l'on fut redevable, en 1786, du moyen de fixer les dunes de sable mouvant, en les couvrant de plantations de pins maritimes. Il appliqua son système aux dunes situées entre les embouchures de l'Adour et de la Gironde, et rendit à l'agriculture un vaste territoire. Il a laissé des *Mémoires sur les dunes* (Paris, 1796) ; *Recherches sur le mouvement des ondes* (1809).

BRÉSIL. Le Brésil forme aujourd'hui une république fédérale, à l'instar des États-Unis de l'Amérique du Nord. Depuis la publication de notre *Dictionnaire*, cet immense État s'est développé avec une grande rapidité. Sa population qui était, il y a dix ans, de 10 millions d'habitants, n'en compte pas moins de 15 millions en 1890. Sous l'influence paternelle de l'empereur don Pedro, l'esclavage a été aboli complètement en 1888, et l'immigration s'est de suite accrue dans de grandes proportions. En 1887, avant l'abolition de l'esclavage, le nombre des immigrants fut d'environ 60,000 ; il a été de plus de 130,000 en 1888. Plusieurs lignes de chemins de fer ont été entreprises et la prospérité intérieure semblait augmenter dans un règne long et tranquille, lorsque le 16 novembre 1889 une révolution éclata et fut soutenue par l'armée. Le ministère démissionna. Un gouvernement provisoire se forma sous la présidence du général Deodoro da Fonseca. Ce gouvernement abolit la monarchie le jour même. Don Pedro et sa famille quittèrent le Brésil, pour l'Europe, le 17 ; une constitution républicaine fut publiée le 19. Les provinces sont unies par une fédération qui reçoit le nom d'*États-Unis du Brésil*. Chaque État forme son propre gouvernement ; chaque État envoie un représentant au Congrès. Les relations extérieures appartiennent au gouvernement provisoire.

BRESTOIS, OISE s. et adj. De Brest ; qui concerne cette ville ou ses habitants.

BRIAROIS, OISE s. et adj. De Briare ; qui appartient à cette ville ou à ses habitants.

BRIGHT (John), industriel et homme politique anglais, né en 1811, mort le 27 mars 1889. Il appartenait à la Société des quakers et possédait une importante manufacture de coton à Rochdale. Envoyé à la Chambre des communes, à partir de 1843 et de décembre 1868

à décembre 1870, il présida le bureau du commerce pendant le ministère Gladstone. Il fut l'adversaire des guerres et des conquêtes et favorisa la réduction des frais de l'armée. Lors de la guerre de Sécession, aux Etats-Unis, il se montra l'ami des Etats du Nord. A partir de 1871, il fut considéré comme le chef du parti libéral anglais, bien que sa mauvaise santé ne lui permit plus de s'occuper activement de politique. En 1873-'74, il fut chancelier du duché de Lancastre. Il a publié en 1868 *Speeches on questions of public interest* (2 vol.)

BRIOCHIN, INE s. et adj. De Saint-Brieuc; qui concerne cette ville ou ses habitants.

BRIOIS, OISE s. et adj. De la Brie; qui appartient à la Brie ou à ses habitants.

BRIOSCO (Andrea) dit Riccio (frisé), sculpteur et architecte italien, né à Padoue vers 1455. Son merveilleux candélabre en bronze et ses deux bas-reliefs : *David et Goliath* et *David devant l'Arche*, ornent Saint-Antoine de Padoue. Quelques-uns de ses bronzes sont encastrés dans la porte de la salle des Caryatides au Louvre. Il dessina, avec Al. Leopardo, le plan de l'église Sainte-Justine à Padoue.

BRISQUE. — Ce jeu un peu primitif, qui précéda probablement le bési dans la faveur des habitants du sud-ouest de la France, ne présente pas de grandes difficultés. On ne peut le jouer qu'à deux personnes, avec un jeu de piquet ou jeu de 32 cartes. Quand on est convenu de l'enjeu, que l'on a tiré la main et que l'on a coupé, le donneur distribue 3 cartes à son adversaire et en prend 3 pour lui-même. La distribution a lieu en deux fois, en donnant d'abord 3 cartes, puis 2, ou d'abord 2 cartes, puis 3. Ensuite le donneur retourne la onzième carte. Cette carte désigne la couleur de l'atout et se met sous le talon. La personne qui ne donne pas les cartes commence à jouer; c'est ensuite la levée de chaque main qui marque celui qui doit jouer. A mesure que l'on fait une levée, on est obligé, avant de jouer une autre carte, d'en prendre une au talon. Quand on a dans ses mains le sept d'atout, on peut le changer pour la carte qui retourne, quelle qu'elle soit, pourvu qu'on le fasse avant de jouer pour la dernière levée des cartes au talon. On a la liberté de renoncer tant qu'il y a des cartes au talon; mais quand il n'en reste plus, il faut forcer ou couper la carte de celui qui joue. Une fois que l'on a compté une tierce, une quatrième, ou une quinte dans une couleur, les cartes qui ont servi à former l'une de ces trois séquences ne peuvent plus valoir; si ce n'est dans le cas des quatre as, des quatre rois, des quatre dames, des quatre valets, ou des quatre dix. Par exemple : si l'on compte une tierce à la dame, et qu'après s'être défait du dix on vienne à tirer le roi, quoique ce roi, avec la dame et le valet que l'on a dans la main, forme une nouvelle tierce, cette tierce néanmoins ne peut plus valoir; mais ensuite, si l'on vient à avoir quatre dames ou quatre valets, on ne laisse pas d'en compter la valeur. Il en est de même pour les autres tierces, quatrièmes ou quintes. Après avoir compté une tierce, une quatrième ou une quinte à la dame, si l'on vient à lever le roi, pendant que l'on a encore la dame dans son jeu, le mariage a lieu et vaut comme ci-après : *La partie est de six cents points.* Les quintes en atout, valent : majeure, 600; au roi, 300; à la dame 200; au valet, 100. Les quatrièmes en atout, valent : majeure, 200; au roi, 160; à la dame, 120; au valet, 80; au dix, 60. Les tierces en atout, valent : majeure, 120; au roi, 100; à la dame, 80; au valet, 60; au dix, 40; au neuf, 20. Les quintes, les quatrièmes et les tierces dans les autres couleurs valent moitié moins que les séquences en atout. Les quatre as valent 150; les quatre dix, 100; les

quatre rois, 80; les quatre dames, 60, les quatre valets, 40. Le mariage en atout vaut 40; les mariages dans les autres couleurs, 20. Les mariages de rencontre valent autant que ceux que l'on peut faire dans son jeu. Lorsque le donneur retourne une carte peinte, un as ou un dix, il compte 10. Quand, dans les cinq premières cartes de son jeu, on a toutes cartes peintes, on compte 20. On continue à compter le même nombre, tant que l'on tire une carte peinte. On compte moitié moins pour les cinq premières cartes blanches, et tant qu'elles continuent d'être blanches. L'as d'atout, excepté le cas où il aurait déjà été compté, vaut 30. Celui qui lève la dernière carte du talon compte 10. Lorsque toutes les cartes du talon étant levées, les cinq que l'on a dans la main sont toutes d'atout, on compte 30. Celui qui fait les cinq dernières levées compte 20. Quand tout est joué, celui qui a le plus de levées compte 10. Ensuite, chaque carte vaut séparément à celui qui les a : l'as, 11 ; le dix, 10; le roi, 4; le valet, 2. Le total des cartes que l'on peut compter monte à 120. Les trois dernières basses cartes ne comptent point. Si par hasard il arrive que l'un des joueurs fasse toutes les levées, cette vole lui fait gagner la partie.

BRITANNIQUE (Empire). L'empire Britannique a continué de s'accroître avec une stupéfiante rapidité. Sa superficie, qui était de 21 millions de kil. car., lors de la publication de notre *Dictionnaire*, peut être évaluée aujourd'hui à 22 millions et demi de kil. car. (sans compter l'Egypte); et sa population qui était de 239 millions d'hab. s'élève aujourd'hui à 300 millions d'hab. Dans ces chiffres nous ne comptons pas l'Egypte, qui n'est pas encore officiellement annexée à cet immense empire. La superficie des possessions anglaises s'est donc augmentée d'environ 1 million et demi de kil. car., sa population s'est accrue de 61 millions d'hab. Il n'y a pas, croyons-nous, dans l'histoire des peuples, un exemple d'une progression aussi rapide et aussi continue. Le tableau suivant fait connaître quelles sont les nouvelles acquisitions qu'il faut ajouter au tableau de notre article **BRITANNIQUE**, dans le *Dictionnaire*.

ACQUISITION	CAPITALES	KIL. CAR.	HAB.
Côte sept. des Somaulis (1885)	Berbera.	7.500	4.000
Socotra (1886)	Tamarida.		
Bornéo sept. (1876)	Sandakan.	77.000	150.000
Nouvelle-Guinée et îles voisines (1885)	Moresby.	229.000	138.000
Ile Rotumah (1881)		700	2.500
Iles Tonga (1885)	Tongatabou.	900	23.000
Territoires Transkéiens (1885)		37.000	260.000
Bechuanaland (1885)		490.000	478.000
Baie de la Baleine (1880).		1.200	
Zoulouland (1885)	Etchéoul.	19.000	
Districts du Niger (1884).			
Burmah supérieur (1880).	Mandalay.	493.000	3.500.000
Totaux		1.355.000	4 555.500

On remarquera que les nouvelles acquisitions n'ont augmenté la population de l'empire que de 4 millions et demi d'hab.; le surplus de l'augmentation constatée plus haut (61 millions d'hab.) provient de l'excédent des naissances sur les décès et de l'immigration étrangère dans les colonies anglaises de l'Amérique et de l'Océanie. Toutes les parties de l'empire, sauf l'Irlande, voient s'accroître leur population.

BRIVADOIS, OISE (lat. *Brivas*) s. et adj. De Brioude, qui se rapporte à Brioude ou à ses habitants.

BRIVISTE s. et adj. De Brives-la-Gaillarde; qui se rapporte à cette ville ou à ses habitants.

BROCHART de Villiers (André-Jean-François-Marie), géologue et minéralogiste, né à Paris en 1773, mort en 1840. Il fut inspecteur général des mines, directeur de Saint-Gobain et membre de l'Académie des sciences : il a laissé : *Traité élémentaire de minéralogie* (Paris 1801-'02, 2 vol in-8°). *Traité de cristallographie* (1818, in-8°); une importante *Carte géologique de la France*, avec Elie de Beaumont et Dufresnoy (3 vol. de texte in-4°).

BROCHET. — Pêche. Le brochet a été surnommé, non sans raison, le *requin des eaux douces*; la voracité du brochet s'exerce pas seulement aux dépens du menu fretin, mais s'étend à des individus d'une grosseur fort appréciable, où figurent quelquefois ceux de sa propre espèce. Ce n'est pas par cause de cruauté aveugle qu'il n'épargne même pas les siens, mais c'est certainement par une aveugle voracité, qui fait souvent sa perte et le succès du pêcheur. En effet, il n'y a pas besoin de dissimuler ni hameçon ni ligne: du moment où le brochet verra le poisson, il ne s'inquiétera pas de savoir s'il est attaché à un hameçon, et le happera carrément; donc pourvu que cet hameçon ait une monture solide, à l'épreuve des dents du poisson, tout va à peu près bien quant à ce point. Il faut donc pour la pêche du brochet une canne d'une solidité particulière et une forte ligne soie et crin d'au moins 25 mètres de longueur et pourvue d'un moulinet pour rouler et dérouler la ligne suivant que le poisson, une fois pris, multiplie ou ralentit ses efforts pour vous échapper. Comme monture à l'hameçon, ça sera un double hameçon du numéro 1 au moins, même du numéro 0 ou 00, suivant la force du poisson que l'on compte prendre, on prendra une corde filée, c'est-à-dire une corde à boyau protégée par une couverture de fils métalliques extrêmement ténus, roulés à l'entour, et qui pourra avoir jusqu'à 16 centim. de longueur. L'appât du brochet, c'est par excellence le poisson; le poisson vivant plutôt que le poisson mort; le choix du pêcheur ne peut être guidé que par la vitalité plus ou moins grande de celui-ci par rapport à celui-là ; gardons, chevesne, carpillons, goujons, ablettes même, font l'affaire parfaitement. Lorsque vous vous êtes procuré votre appât vivant, vous le placez dans une boîte à poissons, telle qu'on en trouve pour cet usage chez tous les marchands d'ustensiles de pêche, ou simplement dans un petit seau rempli d'eau, que vous emportez avec vous et dans lequel vous prenez vos amorces au fur et à mesure des besoins. La pêche du brochet est le plus souvent une partie préméditée. Où l'on va chercher à prendre un brochet dont on connaît le refuge habituel ou bien on va simplement tenter la fortune dans un endroit que l'on sait fréquenté par à l'aventure. Dans ce cas, on choisit l'endroit de la rivière qu'on explore où l'eau sera stagnante, abritée contre le courant par des herbes épaisses, et formant un poste agréable et sûr au terrible pirate. On reconnaît facilement que le brochet est en chasse par un mouvement significatif de l'eau et les sauts des petits poissons, poursuivis, pour échapper à leur terrible ennemi. Votre place choisie, votre ligne amorcée de manière à conserver votre appât vivant le plus longtemps possible, vous placez votre moulinet, sur lequel vous déroulez environ 4 mètres de ligne, ayant eu la précaution de placer une grosse flotte de liège à distance convenable pour que l'appât se trouve entraîné au près à peu près à la profondeur de l'eau par le plomb, situé à petite distance de la flotte, et non au delà, car c'est à cette profondeur relativement se tient le brochet. Alors jetez votre ligne, ne quittant pas la flotte des yeux, et s'il se trouve un brochet dans le voisinage, il ne tardera pas à mordre à votre appât, — mais avec tant de violence

qu'il ne manquerait pas de briser et d'emporter la ligne, si vous n'étiez préparé à lui lâcher de la corde en dévidant promptement votre moulinet. Pour amener votre capture à terre, il faudra vous livrer à un exercice assez long du moulinet, lui lâchant de la ligne quand ses efforts trop vigoureux menacent de tout rompre, la ramenant lentement dès que ses secousses ont cessé, et ainsi de suite jusqu'à ce que le poisson, fatigué, finisse par se laisser entraîner, presque sans effort, jusque sur la rive. On pêche encore le brochet aux lignes dormantes, en observant toujours toutes les conditions de solidité exceptionnellement requises, pour la pêche au brochet. Aux premiers beaux jours du printemps, on peut encore le chasser au fusil comme le saumon et la truite, dont il a aussi l'habitude de se laisser, endormi, à peu de profondeur de la surface de l'eau; enfin, dans cet état, on va même jusqu'à le prendre au collet de fil de laiton. — Brochet AU BLEU. Cuis. Le brochet cuit au bleu ne doit pas être écaillé; on se borne à le vider et à lui ôter les ouïes et les œufs qui sont malsains; puis on le fait cuire dans le court-bouillon. (Voyez *Court-bouillon*, art. SAUCES.) On le sert alors accompagné d'une sauce à *l'huile et au vinaigre* (voy. le *maître d'hôtel* d'une *sauce blanche aux câpres*. Les *restes d'un gros brochet* peuvent se servir en morceaux émincés, soit au gratin, soit avec une sauce à la béchamel.

BROU de noix. Prenez des noix fraîchement cueillies, aux trois quarts mûres seulement, bien belles et bien saines: supposons trente. Mettez dans une cruche de grès un litre d'eau-de-vie, aromatisée de cannelle, girofle, muscade par parties égales: soit environ 60 à 70 grammes de chaque. Jetez-y vos noix bien écrasées, et laissez macérer au moins un mois. Tirez alors votre liqueur à clair: ajoutez 200 grammes de sucre au plus. Laissez reposer une quinzaine de jours. Filtrez et mettez en bouteilles.

BRUANT. Le bruant et le verdier se ressemblent assez pour qu'on les désigne communément par le même nom; comme ils ont les mêmes mœurs et que la même nourriture leur convient, nous ne voyons aucune nécessité de les séparer. Quoiqu'ils ne chantent pas à proprement parler, ces oiseaux sont de très agréables hôtes d'une volière; ils ont en outre le mérite de s'élever facilement, d'apprendre à peu près tout ce qu'on veut bien leur enseigner, et de n'être point difficiles sur la nourriture. A l'état libre, ces oiseaux vivent à peu près exclusivement d'insectes: en cage cependant, on peut leur donner de la graine de millet, de navette, d'alpiste, du chènevis grossièrement écrasé, de l'avoine. Il convient d'ajouter de temps en temps à cet ordinaire des insectes, des chenilles, araignées, sauterelles, etc., — quand la saison le permet.

BRUNIACÉE ÉE, adj. Bot. Qui ressemble à la brunie. — S. f. pl. Petite famille de plantes dialipétales périgynes, renfermant des arbrisseaux ou des arbustes à fleurs hermaphrodites, à feuilles linéaires alternes, assez semblables à celles des bruyères; à fruit sec, indéhiscent ou capsulaire, se divisant en deux coques. Les plantes de cette famille sont indigènes du Cap de Bonne-Espérance.

BRUNIE s. f. Bot. Genre d'arbrisseau, type de la famille des bruniacées, et dont plusieurs espèces, indigènes du Cap de Bonne-Espérance, sont cultivées dans nos jardins.

BRUTUM FULMEN, loc. lat. qui signifie: *tonnerre éclatant mais inoffensif.*

BRUXELLES. L'exposition internationale de Bruxelles fut ouverte, par le roi des Belges, le 7 juin 1888, avec quelques jours de retard. Elle occupait un espace de 316,000 mètres carr., dont 20,000 pour l'exposition spéciale

des Iles Britanniques. Le pavillon britannique n'avait pas moins de 500 mètres de long.

Pavillon britannique à l'exposition de Bruxelles.

BRY, BRION ou BRYUM s. f. (gr. *bryon*, mousse). Bot. Genre de mousses, comprenant environ cinquante espèces de petites plantes vivaces qui forment sur le sol des gazons plus ou moins touffus. Une vingtaine d'espèces croissent aux environs de Paris. Ce qui distingue .cette plante cryptogame, c'est son fruit en capsule, ordinairement pendant et oscillant, orné d'une double rangée de dents. Ses tiges, d'abord simples, deviennent ensuite branchues par la pousse de nouveaux rejets appelés *innovation*, ce qui la fait ressembler à des forêts d'arbres en miniature. Un grand nombre de ces mousses ornent nos bois et nos rochers; tel est le *bry argenté* (*bryum argenteum*) qui est remarquable par sa teinte d'un blanc argenté.

BRYOPHYLLUM s. m. [bri-o-fi-lomm] (gr. *bruô*, je crois en abondance; *phullon*, feuille). Bot. Genre de crassulacées, comprenant des plantes grasses, remarquables par la singulière propriété de former de petits bourgeons aux indentures du bord des feuilles. Quelquefois ces bourgeons se produisent naturellement, mais on peut les obtenir artificiellement en suspendant une feuille détachée ou non, au-dessus du sol; les bourgeons jettent des racines dans la terre et deviennent de nouvelles plantes. Les bryophyllums se rencontrent dans les terrains secs des Moluques, de Madagascar, de Maurice, etc.

BUCKLAND. I. (William), célèbre géologue anglais, né à Axminster (Devonshire) le 12 mars 1784, mort le 24 août 1857. Ses *Vindiciæ geologicæ* (1820) et *Reliquiæ diluvianæ* (1823), dans lesquels il soutient la théorie du déluge universel, lui valurent la médaille Copley, que lui accorda la Société royale, dont il était membre depuis 1818. En 1825, il fut nommé chanoine de l'église du Christ, et en 1845, doyen de Westminster. Tous ses ouvrages ont pour but de mettre la géologie d'accord avec la Bible. Il fut aussi le créateur d'une théorie qui attribue à l'action glaciaire une grande partie des changements survenus à la surface du globe, et ses idées ont été développées et défendues par Agassiz et par Forbes. Son ouvrage le plus populaire est intitulé: *La Géologie et la Minéralogie dans leurs rapports avec la Théologie naturelle* (1836-'37, 2 vol. in-8°).— II.(Francis-Trevelyan), naturaliste, fils du précédent, né à Oxford, le 17 décembre 1826, mort le 19 décembre 1880. Il s'est occupé surtout de pisciculture et créa le « Muséum de culture économique des poissons ». En 1867, il fut nommé inspecteur des pêcheries de saumon en Angleterre et du pays de Galles. Il a écrit: *Curiosités d'Histoire naturelle* et un traité sur l'*Incubation des poissons.*

BUCKLANDIE s. f. (de *Buckland*, naturaliste anglais du XIXe siècle). Bot. Genre d'hamamélidées, comprenant une seule espèce de plante qui croît dans l'Himalaya. C'est un arbre splendide qui pousse sans donner de branches jusqu'à une hauteur de 12 mètres; son tronc a quelquefois 6 mètres de circonférence à la hauteur de 5 ou 6 pieds. Ses feuilles sont épaisses et luisantes, son bois est de peu de valeur.

BUDGET. — Législ. La loi du 25 janvier 1889, relative au *budget de l'Etat,* a modifié quelques-unes des règles antérieurement admises dans la comptabilité générale. (Voy. au *Dictionnaire,* t. Ier, p. 626.) Les services du matériel, prévus au budget d'une année, et qui n'auraient pas été terminés au 31 décembre, pour des causes de force majeure ou d'intérêt public, peuvent être achevés jusqu'au 31 janvier de l'année suivante. — L'ordonnancement des sommes dues sur les crédits du budget doit cesser au 31 mars (au lieu du 31 juillet), et le paiement des dépenses, ainsi que la liquidation des droits acquis à l'Etat cessent le 30 avril (au lieu du 31 août). Mais, jusqu'au 31 juillet, peuvent avoir lieu les régularisations qui se font réciproquement entre les ministères. Les recettes réalisées sur les restes à recouvrer d'un exercice clos, sont portées au compte de l'exercice courant. Le projet de règlement du dernier exercice clos doit être présenté à la Chambre des députés par les ministres, au plus tard à l'ouverture de la session ordinaire des Chambres qui suit la clôture de l'exercice. Et, avant le 1er mai de l'année qui suit cette clôture, la Cour des comptes remet au ministre des finances la déclaration générale de conformité relative audit exercice, pour qu'elle soit imprimée et distribuée au Sénat et à la Chambre des députés. Le *bulletin de statistique et de législation comparée* publié par le ministère des finances (numéro de février 1890) a donné un tableau que nous

RECETTES ET DÉPENSES TOTALES DE L'ÉTAT

EXERCICES	RECETTES (francs)	DÉPENSES (francs)	EXCÉDENTS DE RECETTES (francs)	EXCÉDENTS DE DÉPENSES (francs)
1877	2.693.755.972	3.026.395.725		131.649.753
1878	3.427.492.536	3.247.810.907	79.611.869	
1879	3.490.488.085	3.490.586.817		
1880	3.530.823.283	3.364.577.729	166.320.459	49.547.476
1881	3.785.444.369	3.716.401.846	169.042.523	62.437.693
1882	2.644.100.564	3.686.650.040		89.918.295
1883	3.652.936.723	2.715.366.615		446.600.445
1884	3.390.493.658	3.588.914.067		124.150.345
1885	3.543.862.488	3.406.600.445		17.081.074
1886	3.943.883.565	2.992.561.815	47.196.616	406.691.780
1887	3.367.700.500	5.960.964.630		391.266.866
1888		3.320.594.134		
TOTAUX	40.876.968.392	40.861.562.556	629.817.048	614.411.262

À déduire: Prélèvements effectués ou profit des exercices 1878, 1879, 1880, 1881, 1882 et 1883 sur les excédents des recettes de 1875, 1876, 1877, 1878, 1879, 1880 et 1881. — En moins aux recettes..... 15.403.766

reproduisons ici, et qui comprend le relevé des recettes et des dépenses tant ordinaires qu'extraordinaires de l'État, après règlement définitif, pendant douze années, de 1877 à 1888 inclusivement.   (Ch. Y.)

BUFFET (Marguerite), fille de condition du XVIIe siècle qui, pour vivre, donnait des leçons de français aux dames désireuses de « bien parler et de bien écrire sur tous sujets ». Ses *Nouvelles observations sur la langue française, où il est traité de termes anciens et inusités et du bel usage des mots nouveaux,* sont dédiés à la Reine (1668) et portent, pour la plupart, sur ce qu'il faut dire ou sur ce qu'il ne faut pas dire; elles ont été reproduites, avec des annotations, dans le *Courrier de Vaugelas* (1875-'76).

BULBIFÈRE adj. Qui porte des bulbilles.

BULBILLE s. f. Petite bulbe solide et écailleuse qui se développe sur les tiges, à l'aisselle des feuilles, et surtout à la base et autour de la bulbe et qui peut se détacher pour prendre racine et reproduire la plante mère. Quelquefois la bulbille se développe à la place des fleurs, comme dans l'ornithogalle vivipare.

BULGARIE. Ainsi que nous l'avons vu dans notre *Dictionnaire*, le traité de Berlin (1878) *divisa* le pays habité par les Bulgares chrétiens en deux nouveaux États : la principauté de Bulgarie et la province autonome de Roumélie orientale. Les Russes administrèrent la Bulgarie jusqu'en juin 1879, époque où le prince Dondoukoff Korsakoff, gouverneur russe de la nouvelle principauté, la laissa avec une armée commandée en grande partie par des officiers russes et avec une constitution d'une forme extrêmement libérale, dans laquelle, pour satisfaire aux aspirations des Slaves méridionaux et pour les disposer à une future union panslavique, le radicalisme, entretenu par la jeunesse, trouvait son expression la plus complète. La *Constitution* de 1879 accordait le pouvoir législatif à une assemblée nationale élue directement par le suffrage universel, à raison d'un député par 10,000 hab., en réservant au prince le droit de nommer des députés additionnels dans la proportion d'un pour deux élus par le peuple. Le ministère divisé en sept départements, était responsable devant l'assemblée nationale et le prince. Conformément au traité de Berlin, une chambre des notables procéda à l'élection d'un prince héréditaire de Bulgarie, le 29 avril 1879; elle choisit le prince Alexandre de Battenberg, né le 5 avril 1857, appartenant à une branche cadette de la dynastie grand-ducale de Hesse et apparenté aux maisons régnantes de Russie et de Prusse. Le nouvel élu prit les rênes du gouvernement le 28 juin. Le cabinet de Saint-Pétersbourg ne tarda pas à se repentir d'avoir accordé au peuple bulgare une constitution dont le libéralisme contrastait singulièrement avec le mode d'institutions politiques sous lesquelles vivent les populations slaves soumises à la domination russe. La Bulgarie, devenue un centre de radicalisme politique et social, ne pouvait tarder à devenir également un centre d'opposition à l'autoritarisme russe, étendant son influence jusqu'au centre de l'empire moscovite. En 1881, le prince Alexandre, poussé par la Russie, suspendit la constitution par un coup d'État, avec l'appui de l'armée, dirigée par des officiers russes, il inaugura le régime autocratique, donnant pour prétexte et pour excuse à ce changement, qu'il accomplit avec une spécieuse observance des formes constitutionnelles, que le parti libéral, tant qu'il serait au pouvoir, mettrait en danger les relations pacifiques de la principauté avec les puissances. Les chefs du parti libéral furent envoyés en exil. Des pouvoirs législatifs extraordinaires furent assumés par le

prince, qui se les accorda pour une période de sept ans, et un vote confirmatif de cette usurpation fut obtenu d'une grande assemblée nationale, élue sous la pression militaire (13 juillet 1881). A partir de ce moment, l'administration et surtout l'armée furent russifiées à outrance. Mais en peu de temps, le peuple se lassa de ce régime; un souffle antirusse, parti de la Roumélie orientale, passa sur le pays et se répandit jusqu'au fond des campagnes. Une révolution devenait imminente, et l'Assemblée, pour l'éviter, dut revenir sur son ancienne détermination, en installant un cabinet libéral, dirigé par l'ex-ministre Zancoff, précédemment arrêté. Une nouvelle constitution fut adoptée et des mesures furent prises pour combattre l'influence russe (1883). Le 18 sept. 1885, la Roumélie orientale, mécontente d'être séparée de la Bulgarie, se souleva, chassa le gouverneur turc et se déclara décidée à former une union bulgare. Le prince Alexandre de Battenberg, ne consultant que son courage et l'intérêt de ses sujets, accepta de diriger cette révolution, et le 20 sept. il lança une proclamation pour annoncer que l'union bulgare était un fait accompli; aussitôt il fit occuper la Roumélie orientale par ses troupes et mit les forces nationales des deux pays sur le pied de guerre. L'affaire semblait terminée, quand la Serbie et la Grèce mobilisèrent leurs troupes et annoncèrent aux puissances européennes qu'aucun changement ne serait apporté à la balance des nations dans la péninsule des Balkans sans une compensation par l'accroissement des territoires respectifs de la Grèce et de la Serbie. En même temps le gouvernement de Belgrade réclama de la Bulgarie la cession pure et simple de Widdin et de son territoire. Le prince Alexandre, ayant repoussé cette prétention, les troupes serbes se concentrèrent à Pirot. Le 14 nov., le roi Milan déclara la guerre et commença les hostilités en traversant la frontière bulgare et en occupant Trun. Le 16, il prit d'assaut le passage du Dragoman, après une lutte des plus vives, pendant qu'un de ses corps d'armée remportait au défilés de Koula; il marcha ensuite sur Widdin, qu'il bombarda. Le prince Alexandre, qui ne s'attendait pas à cette brusque attaque, se mit rapidement en état de défense. Prenant le commandement des troupes, il accourut au secours de Widdin, et après une lutte de cinq jours, pendant laquelle il donna la preuve d'un grand courage et d'une véritable habileté militaire, il mit ses ennemis en déroute, leur fit subir des pertes considérables, leur enleva le passage du Dragoman, rejeta leurs débris au delà des frontières bulgares le 23, envahit à son tour leur territoire, remporta une grande victoire le 26 et occupa Pirot. Il se disposait à poursuivre le cours de ses succès, lorsque l'Autriche menaça de lancer sur lui toute son armée; pour mettre fin à une guerre qui pouvait prendre d'immenses proportions et embraser toute l'Europe, il signa un armistice, à la suite duquel une conférence d'ambassadeurs se réunit à Constantinople, rétablit le *statu quo ante bellum*, pour ce qui concernait les frontières entre la Serbie et la Bulgarie, et admit l'union des deux provinces, la Roumélie orientale restant, comme auparavant, sous l'autorité du sultan, mais devant être gouvernée par le prince de Bulgarie. Le 3 mars 1886, la paix définitive fut signée par la Serbie et par la Bulgarie; le 13 du même mois, la Porte ratifia cette paix et nomma le prince Alexandre, gouverneur général de la Roumélie orientale, sous le titre d'Iskender Pacha. Le prince Alexandre était nommé pour cinq ans, après lesquels il devait être nommé de nouveau, avec la sanction des puissances; en retour de cette concession, la Bulgarie devait s'engager à secourir la Turquie si elle était attaquée, et prendre à sa charge la portion de la dette turque afférente à la Rou-

mélie orientale. Le 17 mars, le prince Alexandre, poussé par la Russie, fit savoir qu'il refusait d'être nommé dans de pareilles conditions, mais il se soumit le 18 avril, et accepta du sultan le firman qui l'investissait gouverneur. Le 14 juin suivant, lors de l'ouverture de la Sobranié (assemblée nationale de Bulgarie), il exprima la joie qu'il éprouvait d'y voir siéger les députés des deux versants des Balkans. Deux mois après, le 21 août, on apprit tout à coup que ce prince populaire et victorieux avait disparu comme dans une féerie, enlevé par les officiers d'un régiment et par les cadets, qui avaient fomenté une conspiration et qui lui avaient arraché violemment une abdication. Ce coup de théâtre fut suivi de la formation d'un gouvernement provisoire ayant à sa tête le métropolitain de Tirnova et l'ancien ministre Zancoff. Le premier moment de stupeur passé, une contre-révolution eut lieu; le 25, le peuple rétablit le ministère Karaveloff; le prince, qui avait été conduit, sous bonne escorte, hors des frontières bulgares, fut invité à revenir à la tête du gouvernement. Il arriva le 31 à Sofia, au milieu des ovations populaires; mais cette nouvelle prise de possession du pouvoir n'était qu'un acte de la comédie qui se jouait depuis un an et dont les principaux personnages : l'Angleterre, l'Autriche et la Russie n'avaient pas trouvé l'occasion d'entrer personnellement en scène. A peine les rebelles étaient-ils soumis, que le prince télégraphia au tzar, pour lui demander son approbation et établir que, redevable de la couronne à l'empereur de Russie, il était prêt à la mettre à sa disposition. A la réception d'une réponse brève et hautaine, il abdiqua le 5 sept., nomma une régence et rentra dans la vie privée. La régence assuma aussitôt le pouvoir, malgré la protestation de la Russie. La Turquie déclara que tant que l'ordre serait maintenu, elle n'interviendrait pas dans la Roumélie orientale. Pour mieux marquer son insoumission aux ordres du tzar, la Sobranié ordonna de faire passer devant une cour martiale les officiers qui avaient conspiré l'enlèvement et la déchéance du prince. Ce fut en vain que la Russie demanda leur élargissement; ce fut en vain que le général Kaulbars, agent diplomatique du gouvernement moscovite, protesta contre leur jugement (20 sept.); en vain encore que ce général visita toute la Bulgarie, en y prêchant l'insurrection contre la régence : le pays resta relativement calme en dépit des excitations. Une nouvelle Sobranié, élue le 8 oct. fut ouverte le 30. Elle nomma à l'unanimité, le 10 nov., le prince Waldemar de Danemark, qui refusa la couronne de Bulgarie. La Russie protégeait ouvertement comme candidat le prince Nicolas de Mingrélie; quand on fut certain qu'il n'avait aucune chance d'être élu, le général Kaulbars, désappointé, rompit les relations diplomatiques et se retira, emmenant avec lui tous les consuls russes et plaçant les nationaux sous la protection des agents français (20 nov.). Le 25 nov., une députation nommée par la Sobranié, commença une tournée en Europe, pour implorer l'appui des puissances étrangères et affirmer la volonté où se trouvait le peuple bulgare de conserver son indépendance, en obéissant au prince de son choix. Cette députation ne reçut que des marques de sympathie et nulle promesse. Arrivée à Vienne, elle eut une entrevue avec le comte Kalnoky, ministre autrichien des affaires étrangères (9 déc. 1886), et elle offrit la couronne au prince Ferdinand de Saxe-Cobourg qui, sans l'accepter d'une manière positive, commença par s'assurer l'assentiment de l'Autriche (28 déc. 1886). Le prince Ferdinand de Saxe-Cobourg, est né à Vienne le 26 févr. 1861. Il est le plus jeune fils du prince Auguste de Saxe-Cobourg et Gotha, et de la princesse Clémentine de Bour-

bon-Orléans, fille de Louis-Philippe. Il était alors officier de l'armée autrichienne; il possède d'immenses propriétés en Hongrie. Après avoir longtemps hésité, il accepta le trône qui lui était spontanément offert et partit au commencement du mois d'août 1887, pour en prendre possession. Après un voyage triomphal, il arriva à Tirnova, où il prêta serment à la constitution bulgare le 14 août. C'était un nouveau succès pour la politique autrichienne et un échec pour la Russie, qui protesta contre le couronnement du prince et qui le déclara illégal. L'Allemagne refusa de reconnaître son autorité, et les autres puissances, n'osant prendre position entre ces redoutables rivales, se tinrent prudemment à l'écart, de sorte que le nouveau souverain de la Bulgarie ne fut officiellement reconnu par personne et que sa situation parut des plus précaires. Néanmoins, il ne se découragea pas et se fit suivre par un vote général au mois d'octobre 1887. On supposa que son règne serait de peu de durée, pourtant il s'est maintenu, malgré le mauvais vouloir de la Russie, les conspirations militaires, le mécontentement des musulmans et la misère du peuple.

BULLÉ, ÉE adj. Bot. Se dit d'une surface qui offre des boursouflures ou des saillies creuses en dessous.

BURMAH SUPÉRIEUR. Nom donné, depuis 1886, à l'ancien empire Birman devenu possession britannique. L'invasion s'est faite sans guerre et presque sans résistance. Au mois de novembre 1885, le général anglais Prendergast remonta l'Irraouaddy avec une armée de 15,000 hommes, entra à Mandalay, capitale de la Birmanie, le 28 nov., saisit le Bao (empereur) et l'envoya prisonnier à Madras. Le prétexte de cette guerrre fut une amende infligée à une compagnie anglaise concessionnaire des forêts de teck; mais le motif secret fut la protection et la bienveillance que l'empereur accordait aux Français. Le 1ᵉʳ janvier 1886, l'empire Birman fut formellement annexé aux possessions britanniques, par une proclamation du vice-roi de l'Inde. A cette nouvelle le pays se souleva; les montagnards proclamèrent leur indépendance; dans les campagnes ravagées régnèrent une multitude de chefs indigènes; ce fut donc une véritable guerre de conquête que l'Angleterre dut entreprendre. L'armée d'occupation fut portée à 30,000 hommes. Les Dacoits, révoltés les plus redoutables, firent subir plusieurs échecs aux troupes britanniques; le 15 avril, le prince Myinzaing, chef d'une troupe de patriotes, incendia une partie de la capitale et du palais impérial; quelques jours plus tard, cette malheureuse ville subit un nouvel incendie encore plus destructif et le 18 août, les Dacoits inondèrent les ruines de Mandalay en rompant les digues de l'Irraouaddy. De nouvelles troupes anglaises envoyées dans le Burmah, parvinrent à repousser les insurgés dans les montagnes, vers la fin de l'année 1886.

Depuis cette époque, plusieurs insurrections locales ont été étouffées.

BUSSON-BILLAULT (Julien-Henri Busson, dit) homme politique, né à Joigny (Yonne) en 1823, mort à Vertou, près de Nantes en août 1888. Avocat stagiaire à Paris, il prononça en 1849, lors de l'ouverture de la conférence de l'ordre, un Discours sur Pothier (in-8°). Ayant épousé la fille de l'avocat Billault, il ajouta le nom de son beau-père au sien, devint avocat de la liste civile, député de l'Ariège (1854-'57-'63-'69) et président du Conseil d'Etat (10 août 1870). Après la révolution du Quatre-Septembre, il se retira dans sa maison de campagne de Vertou.

BUTO, divinité égyptienne, nourrice de Horus et de Bubastis, enfants d'Osiris et d'Isis; elle les sauva des persécutions du monstre Typhon, en les cachant dans l'île flottante de Chemnis. Les Grecs l'identifièrent avec Leto (Latone) et la représentaient comme la déesse de la nuit. Une ville de la basse Egypte renfermait son temple et portait son nom.

BUXINE s. f. —Méd. Alcaloïde qui provient de l'écorce du buxus sempervirens. La buxine se présente sous forme de cristaux blancs, prismatiques, d'une saveur amère, provoquant l'éternuement; à faible dose, elle agit comme fébrifuge; à doses élevées elle a une action purgative et émétique.

C

CABE

CABANEL (Alexandre), peintre, né à Montpellier, le 28 septembre 1823, mort le 22 janvier 1889. Elève de Picot, il remporta en 1845, concurremment avec Benouville, le premier prix de Rome; le sujet du concours était: Jésus au Prétoire. Il produisit, à la villa de Médicis, plusieurs toiles religieuses. Sa Mort de Moïse, exposée au Salon de 1852, attira sur lui l'attention. La plupart de ses autres tableaux, représentant des sujets chrétiens ou mythologiques, sont considérés comme des chefs-d'œuvre. Nous distinguerons particulièrement: le Martyr chrétien (1855); la Glorification de Saint-Louis (1855); Michel-Ange dans son atelier (1857); Aglaé et Boniface (1857); la Veuve du maître de chapelle (1859); Nymphe enlevée par un Faune (1861); Madeleine repentante (1861); la Naissance de Vénus (1863), toile voluptueuse et pure, que les connaisseurs proclamèrent l'œuvre capitale du maître; plusieurs portraits de membres de la famille impériale et de personnages officiels. — Cabanel succéda en 1863 à Horace Vernet, membre de l'Académie des Beaux-Arts; la même année, il fut nommé professeur à l'école des Beaux-Arts.

CABESTAN. — CABESTAN ÉLECTRIQUE. Appareil qui met la force électrique au service de la traction de lourds fardeaux. Le cabestan représenté par la gravure ci-contre est employé à la gare de la Chapelle (Paris). Un moteur électrique M fait tourner la plateforme sous laquelle il est placé; cette plateforme entraîne le cabestan Ç. Cette machine

CACA

sert à transporter sur un rail unique, au

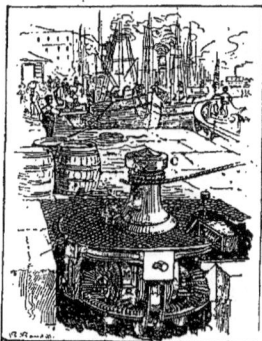
Cabestan électrique.

moyen d'une petite locomotive électrique, des sacs placés sur des crochets.

CÂBLER v. n. Néol. Envoyer un télégramme par un câble sous-marin.

CACABER v. n. (lat. cacabare). Crier, en parlant de la perdrix.

CACAO. — Prenez 600 gr. cacao de Caraque;

CACH

250 gr. cacao de Maragnon ou des Iles; faites torréfier, mondez et faites macérer pendant quinze jours dans 4 litres d'eau-de-vie sucrée avec environ 750 gr. de sucre humecté d'eau en quantité suffisante pour la faire fondre. Filtrez et mettez en bouteilles. On peut ajouter quelques gouttes d'essence de vanille, de cannelle, etc.

CACHE-CACHE. — Ce jeu, qui convient particulièrement aux jeunes filles, peut avoir lieu dans un appartement, quand les joueurs sont peu nombreux, ou dans un jardin si leur nombre est considérable. Il est toujours prudent d'assigner certaines limites à l'espace réservé aux enfants et de leur interdire de se cacher ou de se poursuivre dans les endroits dangereux, tels que les escaliers et les lieux élevés où ils pourraient faire des chutes. Le joueur que le sort a désigné pour être clignemusette se tient, les yeux fermés à une place déterminée, pendant que les autres vont se cacher dans les endroits les plus obscurs. Aux cris de c'est fait, le cligne-musette ouvre les yeux et se met à la recherche des autres joueurs. Dès que ceux-ci, le voyant s'approcher, craignent d'être découverts, ils s'esquivent et courent vers le but. Celui que le cligne-musette parvient à prendre avant d'arriver au but, devient à son tour cligne-musette, pendant que les autres vont se cacher de nouveau se cacher. Quelquefois un seul joueur va se cacher et celui des autres qui l'a découvert va se blottir à son tour dans une cachette. — Cache-Cache NICOLAS. Ce jeu convient surtout

aux jeunes filles. On les fait asseoir en demi-cercle et on leur donne un objet quelconque, tel qu'un mouchoir, un étui, une botte, etc.; qu'elles doivent faire circuler de main en main pour le dérober aux regards de celle qui cherche, après que l'on a crié : « c'est fait. » La difficulté consiste à deviner juste la personne qui tient l'objet, et à la prendre en flagrant délit avant qu'elle ait pu le faire passer clandestinement à une autre. Quand l'objet a été découvert, la personne qui le tenait cède sa place et va fermer les yeux à son tour, pour se mettre ensuite en recherche, dès que les autres crient : « c'est fait. » — Cache-tampon. C'est un jeu d'appartement. L'un des joueurs se tient les yeux fermés pendant que l'autre ou les autres cachent un objet, ordinairement un mouchoir roulé en tampon. Quand on crie *c'est fait*, la recherche commence. Le chercheur furette de côté et d'autre, et suivant qu'il se rapproche ou s'éloigne plus ou moins de l'endroit où l'objet est déposé, on lui dit : *tu brûles, tu as chaud, tu as froid*, ou *tu gèles*. S'il trouve le tampon, il est remplacé dans son rôle par le joueur qui a caché l'objet. Si, au contraire, il renonce à le trouver, il retourne à son poste et recommence ensuite ses recherches quand le mouchoir a été caché de nouveau.

CACOETHES SCRIBENDI, loc. lat. empruntée à Juvénal et qui désigne une folle propension à écrire.

CACONGO ou **Mallemba**, petit royaume de l'Afrique occidentale, séparé du Congo par le fleuve Congo ou Zaïre. Cap. Kinguela.

CADISSEN, ÈNE adj. et s. De Cadix, qui se rapporte à cette ville ou à ses habitants. — On dit aussi **CADITAIN, AINE** ou **CADITAN, ANE.**

CADUCIBRANCHE adj. (lat. *caducus*, caduc; *branchiæ*, branchies). Zool. Se dit des animaux amphibies qui perdent leurs branchies avant d'atteindre l'état adulte, comme les grenouilles et les crapauds, par opposition à *pérennibranches* ou amphibies qui conservent leurs branchies, comme le protée, la sirène, etc.

CÆTERIS PARIBUS, loc. lat. qui signifie : les autres choses étant égales; n'y ayant aucun autre point de différence ou de distinction.

CAFARELLI, voy. **CAFFARELLI**, dans le *Dictionnaire.*

CAFÉ. — Statistique. La consommation du café en France est actuellement, année moyenne, de 67 millions de kilog., dont les pays producteurs sont principalement Haïti, le Brésil, l'Inde anglaise et le Vénézuela. La valeur de ces importations approche de 140 millions, et les droits de douane perçus, à raison de 156 francs par 100 kilog., s'élèvent à 104 millions. La consommation moyenne, par tête d'habitant, était de 287 gr., en 1831; de 414 gr., en 1841; de 550 gr., en 1851; de 973 gr., en 1861; de 1640 gr., en 1881, et de 1,752 grammes en 1888.   (Ch. Y.)

CAGE s. f. Hortic. Vide qui existe entre les racines au moment de la plantation.

CAGEOLER v. n. Crier, en parlant du geai.

CAIÉTAN, ANE s. et adj (lat. *Caieta*, Gaète). De Gaète; qui appartient à cette ville ou à ses habitants.

CAILLE. — Chasse. La caille ressemble un peu, par la forme, à la perdrix, quoiqu'elle soit sensiblement plus petite. L'exiguïté de ses ailes et de sa queue rend en outre son vol pesant et relativement bas. C'est un oiseau de passage qui arrive dans nos contrées alors que les blés sont déjà hauts, considération qui les lui fait choisir de préférence pour établir sa nichée : mais on trouve également les cailles,

surtout si l'année a été très sèche, dans les chènevières et dans les prairies naturelles ou artificielles. Il est aussi prudent, en pareil cas et si la chaleur est très forte, de battre les buissons, les champs de betteraves et de carottes, le bord des fossés, etc., enfin tous les couverts. La caille ne vit pas en compagnie. Au bout de huit jours, les cailleteaux sont assez robustes pour se passer des soins maternels, et chercher eux-mêmes leur subsistance et voler. Cependant les cailleteaux s'éloignent peu et restent éparpillés dans un rayon assez peu étendu, de sorte que, si l'on en rencontre un, on peut espérer en trouver un certain nombre sans s'éloigner beaucoup. On chasse la caille comme la perdrix, mais avec quelques difficultés en plus; c'est un gibier qui a beaucoup de fumet, tient parfaitement l'arrêt, surtout quand il fait chaud; seulement il piète à satiété, faisant des détours et des crochets sans nombre, et, vu l'exiguïté de sa taille, échappe au chien qui, dans son ardeur, outre-passe les voies sans s'en douter. Elle part quelquefois, surtout par un vent violent, en rasant la terre, faisant constamment des crochets pour mettre en défaut ses ennemis, ce à quoi elle réussit souvent. S'il fait un temps clair et beau, elle s'élève à environ 1 mètre et file droit; c'est le cas où elle est le plus facile à atteindre. Dans tout autre, il est préférable, lorsqu'on a un bon chien, de la suivre à la remise où il la fera lever à nouveau, avec plus de chance de succès peut-être.

CAINOZOIQUE adj. [kê-no-zo-i-ke] (gr. *kainos*, nouveau; *zoê*, vie). Géol. Se dit de l'un des trois grands groupes entre lesquels les roches stratifiées sont divisées, au point de vue paléontologique, c'est-à-dire pour l'étude des fossiles qu'elles renferment. Les deux autres groupes sont dits *paléozoïques* et *mésozoïques.* Le terme paléozoïque, appliqué aux systèmes stratifiés, depuis le plus ancien ou le plus bas, jusqu'aux formations *permiennes* inclusivement, est quelquefois remplacé par l'expression *roches primaires.* Les fossiles de ce groupe représentent les plus anciennes formes de vie qui aient existé sur notre globe. Le terme mésozoïque, appliqué aux systèmes que l'on appelle aussi *roches secondaires*, et qui reposent sur les roches primaires; il comprend toutes les couches secondaires, jusqu'à la formation calcaire inclusivement. Enfin le terme *cainozoïque* s'applique à toutes les couches qui reposent sur les formations calcaires. Ces couches, appelées aussi *roches tertiaires*, renferment les exemples des formes de vie les plus rapprochées de celles que l'on trouve aujourd'hui à la surface du globe.

CAIRN s. m. [kèrn] (gall. *carn*, tas de pierre). Amas de pierres, ordinairement d'une forme conique et qui paraissent être des sépulcres ou des monuments religieux de l'époque celtique. Les cairns sont communs en Écosse et dans le pays de Galles; on en trouve aussi en Bretagne.

CAIROLI (Benedetto), homme d'État italien, né à Pavie en 1826, mort à la villa royale de Capo-di-Monte (Naples), le 8 août 1889. Il se trouvait à Milan, lors de l'insurrection de 1848; il s'y associa et prit part à la guerre subséquente contre l'Autriche. Lorsque le soulèvement national fut écrasé, il ne se soumit pas. On le retrouva dans la légion garibaldienne en 1859; il fut grièvement blessé à Palerme. En 1866, il combattit encore l'Autriche dans le Trentin. Deux ans après, il devint membre de la chambre des députés et l'un des chefs de l'extrême-gauche. De même que la plupart des républicains italiens, il se rallia à la royauté. Il fut nommé président du conseil en mars 1878. Le 17 novembre 1878, pendant un voyage à Naples, il reçut un coup de poignard qu'un assassin, nommé Giovanni Passananti, destinait au roi Humbert. Au mois de décembre, le ministère Cairoli démissionna

et laissa la place à un ministère Depretis, qui se rapprocha des empires d'Allemagne et d'Autriche, malgré l'agitation irrédentiste qui remuait le pays. Cairoli revint au pouvoir en juillet 1879, sur les questions de l'abolition des taxes sur les farines et de la réforme électorale. L'agitation irrédentiste devint de plus en plus violente. L'ambassadeur d'Autriche fut insulté à Rome, au mois de décembre. Le peuple mourait de faim. Une éruption de l'Etna, en mai 1880, et une inondation autour de Mantoue, au mois de juin, augmentèrent la misère. Cairoli fit décréter l'abolition des taxes sur les farines, en juillet 1880. Il envoya les vaisseaux italiens faire, avec les autres forces navales de l'Europe, une démonstration belliqueuse, qui se termina par la cession du port de Dulcigno au Monténégro. En 1881, il y eut des démonstrations à Rome pour la réforme électorale. L'occupation de Tunis par les Français produisit une telle indignation que le ministère Cairoli fut forcé de démissionner au mois de mai. Remplacé par un cabinet Depretis (29 mai 1881), Cairoli resta à la tête du parti pentarchiste ou gauche opposante, et le rival de Depretis. Son opposition, du reste, n'était tout ministérielle et n'avait rien de dynastique, les gauches étant unies par le désir de conserver le trône à la maison de Savoie, considérée comme la clef de voûte de la nationalité italienne.

CAISSE. — Législ. La *Caisse nationale des retraites pour la vieillesse* a été organisée par une loi du 20 juillet 1886. De très importantes modifications à la législation antérieure ont été apportées par cette loi. Nous nous contenterons de faire connaître les principaux changements introduits dans la loi nouvelle et par un décret du 28 décembre 1886. Le maximum des rentes viagères à inscrire sur une même tête a été abaissé à 1.200 fr. Les versements ne peuvent être faits qu'au profit de personnes âgées de plus de trois ans; et les sommes versées dans une même année, au profit de la même personne, ne peuvent excéder 1.000 fr. Les mineurs, dès l'âge de seize ans, et les femmes mariées peuvent faire des versements en leur nom personnel, sans y être autorisés par leur père, tuteur ou mari. Le minimum de chaque versement est abaissé de 5 fr. à 1 fr. La Caisse s'est trouvée fréquemment en perte, parce qu'elle se trouvait obligée à faire l'emploi des fonds des déposants à un taux d'intérêt trop faible relativement au tarif des rentes viagères à constituer; c'est pourquoi ce tarif est actuellement fixé par décret, au mois de décembre de chaque année et pour l'année suivante, en tenant compte du taux moyen des placements effectués par la Caisse. Le montant de chaque rente viagère à servir est calculé en tenant compte, pour chaque versement : 1° de l'intérêt composé du capital, au taux fixé pour l'année; 2° des chances de mortalité, selon les tables de Deparcieux, rectifiées d'après les statistiques de la Caisse; 3° du remboursement ou du non-remboursement à faire, au décès, du capital versé, suivant la demande faite par le déposant au moment du versement. Les versements effectués à capital réservé sont, au décès du titulaire, remboursés sans intérêts à ses héritiers ou ayants droit. Les versements directs faits à la caisse sont en général plus importants mais beaucoup moins nombreux que ceux qui sont effectués collectivement, par des intermédiaires, pour le compte d'employés ou d'ouvriers, et qui viennent de retenues opérées, soit par l'État, soit par diverses administrations, soit par des entreprises industrielles ou commerciales, sur les salaires ou les traitements. Au 31 décembre 1888, l'actif de la Caisse nationale des retraites pour la vieillesse s'élevait à 719 millions 286,728 fr. — Les *caisses d'épargne privées* voient leurs dépôts progresser sans arrêt. Le solde dû aux déposants s'est

élevé, par degrés, de 1,400 millions en 1881, à 2,500 millions en 1889. Cette absorption de l'épargne nous paraît excessive. Elle s'oppose, jusqu'à un certain point, à ce que les particuliers fassent d'autres placements, *moins garantis sans doute, mais qui concourraient à donner à l'industrie l'essor qui lui fait défaut*. Il est vrai que l'emploi des fonds des caisses d'épargne privées n'est plus exclusivement effectué en créances sur la Caisse des dépôts et consignations, c'est-à-dire sur l'État. Cette dernière caisse, qui a conservé la gérance des fonds des caisses d'épargne, convertit la *plus grande partie* de ces fonds en valeurs de premier ordre : rentes sur l'État, obligations du Trésor public, obligations des chemins de fer, etc. En outre, le maximum que la Caisse des dépôts et consignations peut verser en compte courant au Trésor sur les fonds des caisses d'épargne privées a été fixé à 100 millions de fr. par la loi de finances du 26 février 1887. Le maximum a été réduit par la même loi à 50 millions pour la caisse nationale d'épargne, et au même chiffre pour la Caisse nationale des retraites de la vieillesse. Nous voudrions que, de même qu'en Italie, les caisses d'épargne privées fussent autorisées à faire elles-mêmes le placement de leurs capitaux. Nous voudrions surtout que ce drainage excessif de l'épargne fût ralenti, au moyen de la réduction à 1,000 fr. du maximum des dépôts, et au moyen de l'abaissement progressif du taux d'intérêt servi aux caisses d'épargne. Une telle accumulation de capitaux immobilisés nous paraît n'être pas sans dangers. — La *Caisse nationale d'épargne*, plus connue sous le *nom de Caisse d'épargne postale*, voit aussi s'accroître, d'année en année, le solde créditeur du compte général de ses déposants. Ce solde s'élevait à 323 millions, au 31 décembre 1889, après huit années seulement écoulées depuis la fondation de la caisse. La loi du 29 novembre 1886 a autorisé cette institution à employer une partie des réserves qui constituent sa dotation à l'acquisition d'un hôtel, situé à Paris, rue Saint-Romain, et dans lequel sont installés les bureaux de l'administration centrale. (Ch. Y.) — **Caisse a la Ward.** Hortic. Petite serre portative dans laquelle on expédie des plantes qui doivent faire un long voyage.

CAJOLER v. n. Synon. de CAGEOLER.

CALAIS. Les lois du 15 décembre 1875 et du 3 août 1885 ont permis d'entreprendre et de terminer les vastes travaux d'extension qui, d'après les plans de M. de Freycinet, doivent donner au port de Calais une grande importance. Ces travaux ont été inaugurés le 2 juin 1889, par le président de la République; ils comprennent un avant-port, dans lequel les plus gros navires peuvent évoluer; un bassin à flot de 90,000 mètres carr. de superficie; une forme de radoub, longue de 155 mètres, pour la réparation des vaisseaux ; un vaste bassin de batellerie, réunissant le bassin à flot au canal de Calais, qui communique lui-même avec toutes les voies navigables de l'intérieur de la France et de la Belgique; de larges quais, sillonnés de voies ferrées; une gare centrale ; une gare maritime. On calcule que ces travaux n'ont pas coûté moins de 40 millions de francs.

CALAMÉ, ÉE adj. (lat. *calamus*, roseau). Bot. Qui ressemble ou se rapporte au calamus (rotang). — **Calamées** s. f. pl. Tribu de palmiers ayant pour type le genre calamus ou rolang.

CALANDO adv. [ca-lan-do] (mot ital.) Mus. En ralentissant la mesure et en diminuant l'intensité du son.

CALCARIFORME adj. (rad. *calcar*). Bot. Qui a la forme d'un éperon; qui est prolongé en une sorte de cône allongé et renversé.

CALCARINE s. f. (lat. *calcar*, éperon). Moll. Genre de foraminifères, comprenant plusieurs espèces de petites coquilles, ayant la forme d'une molette d'éperon, et vivant sur les bancs de coraux des îles océaniques.

CALCÉOLAIRE s. f. (lat. *calceolarius*, cordonnier). Bot. Genre de scrophulariées, comprenant un certain nombre de plantes très ornementales, distinguées surtout par la forme de la corolle, qui forme deux lèvres, l'inférieure gonflée, un peu allongée et tournée vers le bas, ce qui lui donne l'apparence d'un soulier ou d'un sabot. Cette forme particulière de la corolle bilabiée n'est pas, néanmoins, un caractère invariable du genre. La plupart des calcéolaires ont les fleurs jaunes; quelques-unes les ont pourpres, d'autres blanches, et l'on en obtient des hybrides d'une beauté extraordinaire. Toutes les espèces nous viennent de l'Amérique du sud, où elles sont confinées à l'est des Andes ou vers l'extrémité méridionale du continent et dans les îles adjacentes. Au Chili et dans les parties montagneuses du Pérou, elles sont si répandues qu'elles donnent un aspect particulier à la végétation.

CALCITE s. f. (lat. *calx, calcis*, chaux). Minér. Carbonate cristallisé de calcium.

CALEBASSIFORME adj. Bot. Qui a la forme d'une calebasse.

CALÉFACTEUR s. m. (lat. *calor*, chaleur; *facere*, faire). Nom que le grammairien P.-A. Lemare donna, en 1822, à un appareil destiné à la cuisson économique des aliments et à la conservation de l'eau chaude. Le caléfacteur Lemare se compose d'un foyer entouré d'une *double enveloppe métallique remplie d'eau* chaude, et d'une troisième enveloppe en étoffe ouatée que l'on pose sur la première, quand l'eau y est versée. Dans l'intérieur, se trouve le vase renfermant les objets à cuire ou à chauffer. Cet ingénieux appareil a été le point de départ d'une foule de perfectionnements, de modifications, de simplifications pour la cuisson plus ou moins économique des mets.

CALÉFACTION. — Le procédé Appert consiste à faire cuire en partie seulement et à placer ensuite dans des boîtes en fer-blanc, à couvercles, les substances qu'il s'agit de conserver; — fruits, légumes ou viandes; on ferme ces boîtes dont on soude le couvercle; puis on les plonge toutes pleines et soudées ainsi dans l'eau bouillante, où on les laisse un temps plus ou moins long, suivant la nature des substances qu'elles renferment. C'est une méthode qu'on peut mettre en pratique dans un ménage, jusqu'à un certain point tout au moins, pour conserver pendant deux ou trois semaines, pour les chaleurs, de la viande cuite dont on ne veut pas faire un usage immédiat. Il suffit de renfermer dans une boîte semblable à celles dont nous venons de parler la viande que l'on désire conserver; on ferme le couvercle par-dessus et l'on fait chauffer doucement, ou mieux on place dans un bain-marie, de manière à produire intérieurement une chaleur suffisante pour obtenir un dégagement de vapeur qui chasse l'air de la boîte. Lorsqu'on voit que la vapeur s'échappe du couvercle au joint avec une abondance relative, on retire du feu ou du bain-marie, et l'on soude le couvercle avec un mastic quelconque (le mastic de vitrier, composé d'huile de lin et de blanc d'Espagne, nous paraît le plus convenable et le plus facile à se procurer. — Le docteur Saco, de Neufchâtel, a proposé, un moyen de conservation de la viande par une déshydratation plus active et plus prompte que celle produite par le sel. Voici son procédé : Disposer les viandes qu'on veut conserver au fond d'un baril et les recouvrir d'*acétate de soude* pulvérisé, dans la proportion du poids de la viande. En été le résultat est im-

médiat; en hiver, il faut opérer à une température de 20 degrés. Ce sel absorbe l'eau de la viande avec une étonnante rapidité. Au bout de vingt-quatre heures, on retourne les morceaux, en mettant dessus ceux qui se trouvaient dessous, et en deux jours l'opération est complètement terminée. On tasse alors les viandes dans le baril avec leur saumure, pour s'en servir au besoin, ou bien on les fait sécher à l'air libre. L'eau de la saumure contient un excellent extrait de viande qu'on peut en séparer pour le verser sur la viande préparée pour l'alimentation, et qui lui rend la saveur de viande fraîche que lui a fait perdre en partie le traitement qu'elle a subi. On conserve aussi bien les légumes par la même méthode. On les met tremper douze heures dans l'eau fraîche quand on veut s'en servir et on les cuit comme les légumes frais.

CALENDRIER perpétuel. Il est toujours agréable et quelquefois utile de trouver quel jour de la semaine correspond à une date donnée. Un monsieur, par exemple, est né le 16 août 1842; il désirerait savoir s'il est venu au monde un vendredi, jour néfaste aux yeux de beaucoup de gens. Il doit commencer par chercher le jour initial de mars 1842. Pour cela, il partage le millésime en 2 nombres, l'un formé des deux chiffres de droite et l'autre formé des deux chiffres de gauche, et il fait le calcul suivant :

$$42 + \frac{42}{4} \quad 18 \times 5 + \frac{18}{4} + 3$$
$$\overline{7} = 21; \text{ reste 2.}$$

Il néglige les fractions lorsqu'il fait les différentes divisions ; le *reste* de la division par 7 exprime le jour de la semaine qui commence le mois de mars en 1842, lundi étant désigné par 1, mardi par 2, mercredi par 3, jeudi par 4, vendredi par 5, samedi par 6 et dimanche par 0. Dans le calcul précédent, pour l'année 1842, le reste étant 2, le mois de mars se trouve commencer un mardi. Le jour initial de mars étant connu, rien de facile comme de trouver les premiers jours de chaque mois, à l'aide de la table suivante, dans laquelle 1 désigne le 1er jour de mars, quel qu'il soit, 2 le lendemain, et ainsi de suite :

Janvier	5 ou 4 °	Juillet	4
Février	1 ou 7	Août	4
Mars	1	Septembre	3
Avril	4	Octobre	5
Mai	6	Novembre	6
Juin	2	Décembre	6

Les nombres 4 et 7 portés en janvier et février, correspondent aux années bissextiles (dont le millésime est divisible par 4). Le 1er mars 1842 tombant un mardi, le mois d'août commencera un lundi; le 15 sera un lundi et le 16 un mardi. — Supposons que pendant le courant de l'année 1886, une personne n'ayant pas de calendrier sous la main, veuille savoir quel jour tombera le 1er janvier 1887. Notre méthode lui vient en aide. Elle dit :

$$87 + \frac{87}{4} \quad 18 \times 5 + \frac{18}{4} + 3$$
$$\overline{7} = 29; \text{ reste 2.}$$

En 1887, le 1er mars tombera donc un mardi, et, par conséquent, le 1er janvier tombera un samedi. — Un jour de composition, le sujet fut une narration de la bataille de Waterloo. Un élève désireux de mettre dans son récit quel jour de la semaine eut lieu cette terrible lutte, ne put jamais s'en souvenir. Voici comment nous ferions pour le trouver :

$$15 + \frac{15}{4} \quad 18 \times 5 + \frac{18}{4} + 3$$
$$\overline{7} = 16; \text{ reste 3.}$$

Le reste étant 3, il en résulte que le 1er mars 1815 tomba un mercredi; le 1er juin un jeudi et le 18 juin, par conséquent, un dimanche.

— Autre calendrier perpétuel, plus simple, en apparence. On commence par prendre les deux derniers chiffres de l'année qui précède celle dont il s'agit, on y ajoute le quart du nombre formé par ces deux chiffres, abstraction faite des fractions, s'il y en a ; on ajoute 5 au total, puis le nombre de jours écoulés depuis le premier janvier jusqu'au jour cherché, inclusivement, — en n'oubliant pas de compter 29 jours en février, si l'année est bissextile — et on termine en divisant le total par 7. Le reste de la division donne le numéro du jour cherché, 0 représentant le vendredi ; 1, le samedi ; 2, le dimanche ; 3, le lundi ; 4, le mardi ; 5, le mercredi ; et 6 le jeudi. Reprenons nos calculs précédemment faits, d'après l'autre méthode. Pour le premier exemple, nous avons :

$$\frac{41 + \frac{41}{4} + 5 + 228}{7} = 40 \text{ et il reste } 4.$$

Le monsieur est donc né un mardi. Pour le deuxième exemple :

$$\frac{86 + \frac{86}{4} + 5 + 1}{7} = 16 \text{ et il reste } 1.$$

L'année 1887 commence donc un samedi. Pour la bataille de Waterloo, on trouve :

$$\frac{14 + \frac{14}{4} + 5 + 169}{7} = 27 \text{ et il reste } 2.$$

D'où nous concluons que le 18 juin 1815 tomba un dimanche.

CALICIFLORE adj. (lat. *calix, calicis*, calice; *flos floris*, fleur). Bot. Se dit des plantes qui ont les pétales libres ou plus ou moins soudés, toujours périgyniques ou insérés sur le calice. Dans la classification de Candolle, les caliciflores forment les 57 familles suivantes :

Célastrinées,	Fouquiéracées,
Rammées,	Portulacées,
Bruniacées,	Paronychiées,
Samydées,	Crassulacées,
Homolynées,	Ficoïdées,
Chailletiacées,	Cactées,
Aquilarinées,	Grossulariées,
Térébinthacées,	Saxifragées,
Légumineuses,	Ombellifères,
Rosacées,	Araliacées,
Calycanthacées,	Hamamélidées,
Granatées,	Cornées,
Mémécylées,	Loranthacées,
Combrémacées,	Caprifoliacées,
Vochysiacées,	Rubiacées,
Rhyzophoracées,	Valérianées,
Onagrariacées,	Dipsacées,
Haloragées,	Calycérées,
Cératophyllées,	Composées,
Lythrariacées,	Campanulacées,
Tamariscinées,	Goodnowidées,
Mélastomacées,	Stylidiées,
Alangiées,	Gesnériées,
Philadelphées,	Vaccinées,
Myrtacées,	Pénéacées,
Cucurbitacées,	Ericinées,
Passiflorées,	Epacridées,
Loasées,	Monotropées,
Turneracées,	

CALICIFORME adj. Bot. Se dit d'un involucre qui ressemble à un calice.

CALLISTHÉNIE s. f. [ka-li-stè-nî] (gr. *kalos*, beau ; *sthenos*, force). Gymnas. Ensemble d'exercices propres à développer en même temps la force et la beauté du corps.

CALLISTHÉNIQUE, adj. (gr. *kalos*, beau ; *sthenos*, force). Qui se rapporte à la callisthénie.

CALOQUET s. m. Jargon paris. Vieux chapeau de femme râpé, bossué, chargé de fleurs défraîchies.

CALORIMÈTRE s. m. (du lat. *calor*, chaleur; et du gr. *metron*, mesure). Instrument qui sert à mesurer la quantité de chaleur émise par un corps. Il ne faut pas le confondre avec le thermomètre qui enregistre la température. Nous entendons par température la condition d'un corps par rapport à la chaleur sensible ou kinatique, c'est-à-dire à la chaleur que le sens peuvent percevoir et qui peut produire l'expansion de l'air, de l'alcool, du mercure ou de tout autre fluide employé dans les thermomètres. Le calorimètre mesure la quantité actuelle émise par un corps. Le calorimètre ordinaire est un instrument au moyen duquel on connaît la quantité de chaleur émise par un corps en mesurant la quantité de glace que cette chaleur a fait fondre. L'unité de mesure est la quantité de chaleur qui élève de 0° à 1° C. la température d'un gramme d'eau distillée, le baromètre étant à 760 millimètres. Cette quantité de chaleur est appelée *unité thermale*. Pour convertir un gramme de glace à 0° en un gramme d'eau à 0°, il n'y a aucun changement de température, mais seulement un changement d'état, il faut 79,5 unités thermales. En calculant le nombre de grammes de glace qui sont convertis en eau quand une masse de substance chauffée est plongée dans la glace, et en se souvenant que la conversion en eau de chaque gramme de glace, sans élévation de température, exige 79,5 unités thermales, nous pouvons calculer le nombre d'unités thermales émises par la substance chauffée, c'est-à-dire les unités que cette substance a dégagées. — Le même instrument et les mêmes expériences nous mettent à même de calculer la chaleur spécifique de la substance, c'est-à-dire le rapport de la quantité de chaleur requise pour élever de 0° à 1° C. un gramme de cette substance à la quantité de chaleur requise pour élever de 0° à 1° C. un gramme d'eau distillée.

CALOROSO ou **Con** calore. Mus. Mot ital. qui signifie *avec chaleur d'expression.*

CALYCÈRE s. f. (gr. *kalux*, calice). Bot. Genre type de la famille des Calycérées, renfermant un petit nombre d'espèces qui habitent le Chili. — On écrit aussi **Calicère** (du lat. *calix*, calice).

CALYCÉRÉ, ÉE adj. (gr. *kalux*, calice). Bot. qui se rapporte au calycère, qui lui ressemble. — On écrit aussi **Caliceré** (du lat. *calix*, calice). — **Calycérées** s. f. pl. Petite famille de plantes dicotylédonées gamopétales, voisine des composées, comprenant plusieurs genres qui habitent les régions tropicales de l'Amérique. Les genres principaux sont : la *calycère*, l'*acicarpha* et le *boopis*. — On écrit aussi **Calicérées**.

CAMBODGIEN, IENNE s. et adj. Du Cambodge ; qui habite le pays ou qui lui appartient.

CAMBRÉSIEN, IENNE s. et adj. Du Cambrésis, qui habite le Cambrésis ou qui se rapporte à ce pays.

CAMBRIEN, IENNE adj. (de *Cambria*, nom lat. du pays de Galles). Du pays de Galles, qui appartient à ce pays ou à ses habitants. Se dit des plus anciennes et des plus basses séries de roches stratifiées, qui gisent au-dessous du système silurien et au-dessus du système laurentien. En raison de leur incommensurable antiquité, ces couches, qui constituent ensemble une épaisseur de 6 kilom., ont subi d'importants changements ; elles se composent ordinairement de schistes chloriteux et de schistes argileux ; elles renferment, comme fossiles, des zoophytes, des crinoïdes, des mollusques, des vers et des crustacés ; outre cela, elles portent des rides et des trous de vers marins, ce qui prouve bien qu'elles ont été couvertes par les océans à une époque reculée de l'histoire de la terre. Le système cambrien a été divisé, par Charles Lyell, en cambrien supérieur et cambrien inférieur.

CAMEROONS, territoire de la baie de Biafra (Afrique occidentale), annexé par l'Empire d'Allemagne en 1884 ; environ 25,000 kil. carr. et 100,000 hab. Il comprend le district de Bimbia, l'île Nikol, le fleuve de Cameroons et les districts de Malimba, de la Plantation et de Criby. Cap. Aquaville. L'annexion de ce pays ne se fit pas sans une assez vive résistance de l'Angleterre, qui avait des traités préparait de longue main la proclamation de son protectorat sur toute la côte de Guinée ; mais la rapidité avec laquelle agit le cabinet de Berlin mit en défaut la perspicacité des consuls que la Grande-Bretagne avait parsemés sur cette côte.

CAMPANIEN, IENNE s. et adj. De la Campanie ; qui appartient à la Campanie ou à ses habitants.

CAMPANIFORME adj. (lat. *campana*, cloche). Bot. Se dit d'une corolle polypétale qui a la forme d'une cloche.

CAMPYLOTROPE adj. (gr. *kampulos*, recourbé ; *tropis*, carène). Bot. Se dit de l'ovule dans lequel l'embryon est courbé ou replié sur lui-même et dont le mycropyle est rapproché du hile, comme il arrive dans le haricot.

CANARD domestique. Cuis. Le canard, principalement le *caneton*, se fait souvent cuire à la broche ; on peut le farcir comme l'oie. On le sert au naturel ou sur une sauce piquante. — *Canard aux navets.* Passez au beurre votre canard bien troussé, jusqu'à ce qu'il ait pris une belle couleur dorée et retirez-le. Mettez alors vos navets dans votre casserole et faites-les sauter et prendre une légère couleur ; retirez-les à leur tour. Faites alors un roux blond et mouillez avec du bouillon et un demi-verre de vin blanc ; ajoutez bouquet garni, sel et poivre. Remettez le canard dans la casserole et faites cuire une heure et demie s'il est jeune, deux heures s'il est vieux. Ajoutez les navets environ trois quarts d'heure avant la parfaite cuisson du canard. Dégraissez la sauce. Servez. — *Canard aux petits pois.* Passez votre canard au beurre comme ci-dessus, et le retirez ensuite. Faites un roux, mouillez de bouillon ; remettez votre canard dans la casserole avec un litre environ de petits pois, bouquet garni, sel et poivre. Faites cuire lentement. — *Canard aux oignons.* Même préparation qu'aux navets, en substituant les oignons aux navets. *Canard aux olives.* — Préparez un roux ; faites-y revenir votre canard ; mouillez de deux cuillerées à pot de bouillon. Quand votre canard commencera à bouillir, ajoutez-y bouquet garni, sel et poivre. D'autre part faites blanchir des olives, ôtez les noyaux, et ajoutez-les à la sauce cinq minutes avant de retirer du feu. — *Canard en salmis.* Dépecez votre canard rôti et mettez-le en *salmis*.

CANARIEN, IENNE s. et adj. Des Canaries ; qui appartient à ces îles ou à leurs habitants.

CANDAHAR. On évalue aujourd'hui la population de cette ville à 60,000 hab. Candahar, situé à 460 kil. de Caboul, à 580 kil. de Hérat, à 225 kil. de Quetta et à environ 125 kil. des points termini proposés pour le chemin de fer dans les passes de Khojak et de Kouaja, possède, aux yeux des Anglais, une grande importance stratégique. Aussi se sont-ils mis en mesure de saisir cette position aussitôt que les Russes feraient une démonstration militaire du côté de l'Afghanistan.

CANOTAGE. — Nous réunissons sous ce titre tout ce qui concerne qui se divise en : *canotage à l'aviron, canotage à la pagaie* et *canotage à la voile.* — I. Aviron. Ce genre de sport rivalise aujourd'hui avec l'équitation et l'escrime ; c'est un exercice qui utilise presque tous les muscles et qui est destiné à fortifier tout le corps et surtout le système pulmonaire. On le pratique à l'aide de nombreuses variétés de bateaux, que l'on peut diviser en deux catégories : l'outrigger et la yole. —

1° OUTRIGGER (angl. *out* [aoutt], en dehors ; *rigger* [rig'-gheur], gréeur). C'est un bateau dont les porte-nage sont en dehors et qui est employé surtout pour les régates. Il est très léger, les feuilles de bois de cèdre ou d'acajou qui servent à sa construction n'ayant que 2 millimètres d'épaisseur ; et plus ou moins effilé à l'avant comme à l'arrière. Son avant

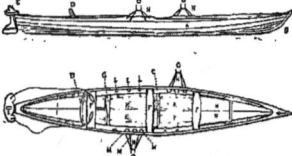

Fig. 1. — Outrigger à deux rameurs ; vue de côté et plan. — A, Bordage ; B, étrave (avant) ; C, étambot (arrière) ; D, dossier ; E, gouvernail ; F, bancs ; G, barre de pieds ; H, avant ; I. arrière ; K, hiloire ; L, couples ; M, outrigger à porte-nage ; N, porte-nage ; O, système.

est ordinairement muni d'une mince feuille de cuivre qui lui donne plus de résistance pour couper l'eau : Nos fig. 1 et 5 représentent un outrigger à deux rameurs, en pointe, c'est-à-dire armés chacun d'un seul aviron ; c'est ce que les Anglais appellent un *pair-oar*. Il y a aussi le *skiff* ou *sculling*, à un seul rameur (fig. 2) ; l'outrigger double sculling, à 2 rameurs en couple, c'est-à-dire armés chacun de deux avirons ; enfin l'outrigger à 4 rameurs ou davantage en pointe (fig. 6 et 8). Dans tous les bateaux en pointe, il y a un porte-nage pour chaque rameur alternativement à bâbord et à tribord ; sur les bateaux par couple, il y a deux porte-nage pour chaque rameur. Le *bordage* A (fig. 4) est cloué sur le plat-bord ou contour du bateau, et maintenu par des côtes en chêne appelées *membrures*, à l'extérieur desquelles sont clouées les feuilles de cèdre ou d'acajou, qui forment la coque. L'avant et l'arrière du bateau sont pontés ou recouverts de toile ou de feuillets très minces, jusqu'à l'*hiloire* K, partie où se tient l'équipage. Il y a un banc pour chaque rameur et

Fig. 2. — Skiff ou sculling.

un autre, à l'arrière de l'hiloire, pour le capitaine, qui fait l'office de timonier, à l'aide de deux cordes qui agissent sur le gouvernail. On place ordinairement aujourd'hui sur le banc des rameurs, un siège à coulisse ou un siège à roulettes, qui donnent au rameur plus de facilité à allonger le coup d'aviron. — On donne le nom d'*as* ou de *chef de nage* au rameur le plus rapproché de l'arrière. Les autres sont dits, rameur n° 2, n° 3, n° 4, etc., à partir du *chef de nage*. Le *porte-nage* est l'appareil sur lequel repose le système. Il se compose de quatre barres en acier creux, dont deux à angle droit du plat-bord à hauteur de l'avant du banc, et les deux autres à hauteur de la barre des pieds. Ces barres se réunissent au point où est fixé le *système*, appareil qui porte l'aviron ; le système tourne sur un axe en suivant le mouvement de la rame. On préfère le système à la *dame*, sur laquelle pose l'aviron. Ce dernier, ordinairement en sapin du Canada, mesure de 2ᵐ,80 à 4 mètres ; la partie que saisit la main reçoit le nom de manche ; celle qui va du porte-nage au manche est le bras ; enfin, la partie la plus large

qui plonge dans l'eau est nommée palette. — 2° YOLE. C'est une embarcation dont la nage est fixée sur les plats-bords et non en dehors comme dans l'outrigger. La yole peut être mixte (à voile et à rames) ; elle peut contenir un, deux ou plusieurs rameurs suivant ses dimensions. — DIMENSIONS DES BATEAUX. Le skiff ou bateau à un seul rameur est ordinairement long de 9ᵐ,25, large de 30 centimètres et d'un poids de 12 à 15 kilog. ; ses avirons sont de 2ᵐ,90. L'*outrigger à deux rameurs* en pointe a 10ᵐ,25 de long, 40 centimètres de large et 17 centimètres de profondeur ; il pèse 25 kilog. Ses avirons mesurent 3ᵐ,80. — Le *double sculling* à 2 rameurs en couple est long de 10ᵐ,80, large de 35 centimètres, profond de 16 centimètres et pèse 25 kilog. Ses avirons ont 2ᵐ,85 de long. — L'*outrigger à quatre rameurs*, en pointe ou en couple, a 12ᵐ,90 de long, 45 centimètres de large, 20 centimètres de profondeur ; il pèse 50 kilog. Ses avirons mesurent 3ᵐ,80. L'outrigger à huit rameurs aura 18 mètres de long, 55 centimètres de large, 23 centimètres de profondeur ; il pèse 93 kilog. — La *yole* à un rameur mesurera 7ᵐ,45 de long, 75 centimètres de creux et ne pèsera pas plus de 25 kilog. Celle qui est destinée à 8 rameurs aura 14ᵐ,50 de long, 1ᵐ,15 de large, 92 centimètres de creux et pèsera 150 kilog. — ART DE RAMER. Notre but ne peut être que de donner, à un rameur qui sait déjà ce que c'est qu'une rame, et à plus forte raison à un canot, les meilleures instructions pratiques pour la manœuvre de la rame, d'après les saines théories que nos voisins d'outre-Manche ont propagées chez nous, et qui sont plus que jamais la base du catéchisme du rameur. Voici en conséquence une instruction excellente et complète de la manœuvre de la rame, que nous empruntons à un journal spécial anglais. — *La bonne manière.* « Ce que nous entendons par bonne manière de ramer, c'est la connaissance et l'application de certaines règles qui enseignent à faire usage de toutes les forces que la nature a mises en nous, à les employer à notre plus grand avantage et à trouver des ressources là où l'homme ignorant ne soupçonne rien. » — *Judicieux emploi des forces.* « Il est reconnu qu'une grande puissance musculaire n'est avantageuse dans une embarcation qu'autant qu'elle est déployée utilement, et que les hommes qui sont doués de cette force sont les plus promptement épuisés dans les régates s'ils ne savent pas la régler. Ils tiendront bien à tous les exercices de corps, tels que la marche, la course, la natation ; mais à la rame nul ne peut réussir, s'il ne possède la bonne manière dont nous parlons, le style égal et soutenu, cette harmonie complète entre tous les mouvements, qui permettent de continuer une course et de la gagner, lorsque les mains ont à peine encore la force de serrer l'aviron. » — *Le siège.* « Nous commencerons par présenter quelques considérations sur le siège du rameur. Le rameur devra être assis à une hauteur telle qu'il domine le manche de sa rame, afin de l'avoir bien en main et de la gouverner à son gré. Si le siège était trop bas, il manquerait de facilités à manier son aviron, et il serait forcé de lui faire décrire une ligne courbe chaque fois qu'il l'attirerait ou l'éloignerait, ce qui serait l'occasion d'une grande perte de force. Le rameur devra donc être assis un peu haut ; il se posera sur le bord de son banc, de telle sorte qu'en se penchant en avant ses genoux soient ployés, élevés, et que les jambes se trouvent écartées. Pour que l'aviron reçoive l'impulsion qui lui fait couper l'eau et que le corps se redresse, les jambes se déploieront graduellement pour être complètement étendues au moment où la rame sort de l'eau. La puissance du coup de rame provient, on le voit, en partie de la vigueur des jambes, vigueur dont on ne saurait trop

se servir. Les orteils doivent être tournés en dehors, les talons se touchant presque, et placés au même niveau. L'un des pieds seulement, celui de dedans, devra être passé dans la courroie de la barre de pied, ou étrier. » — *Le coup de rame.* « L'aviron étant engagé dans les *dames* ou dans les *systèmes*, le plat de la pelle sera à angle droit avec l'eau. Le rameur, que nous supposerons nageant de bâbord, saisit alors la poignée de son aviron de la main gauche, la droite serre le manche à peu de distance de l'endroit où commence le corps dudit aviron ; ses bras sont complètement déployés ; il a le corps droit et non courbé, mais penché en avant à partir des hanches ; la tête est droite sur les épaules et les yeux regardent droit devant eux. Dans cette position, il enfonce l'aviron d'un seul coup à la profondeur qui doit être atteinte, afin de pouvoir couper l'eau presque horizontalement. A l'instant où l'aviron touche l'eau, les bras et le corps commencent à aller en arrière jusqu'à ce que le corps se trouve à demi renversé ; les bras, qui étaient restés étendus jusqu'à ce moment, se ploient ; les coudes viennent passer près des hanches, pour ne s'arrêter dans leur course, en arrière, que lorsque les mains, ramenées avec vitesse, touchent le corps à la hauteur des dernières côtes (fig. 7). L'aviron sort de l'eau, un mouvement du poignet droit le renverse sur son plat, et le coup de rame est terminé. Le corps du rameur se trouve alors au delà de la perpendiculaire ; ses jambes sont étendues, les genoux se touchent et, tandis que la poitrine est largement déployée, les épaules sont effacées comme celles du soldat auquel on a fait entendre le commandement de *garde à vous !* » — *Retour à la première position.* « Mais il s'agit de recommencer. Dès que les mains ont touché la poitrine, les bras et le corps doivent être lancés en avant, avec ensemble et avec rapidité aussi rapidement que possible. N'oublions pas que la pelle de la rame est sur son plat et qu'elle traverse l'air dans cette position, afin de n'opposer aucune résistance à la lancée du canot. Lorsque les bras sont à leur extrême extension, un mouvement du poignet droit ramène l'aviron à angle droit avec l'eau, et il est enfoncé de nouveau. Beaucoup de gens disent, et, à notre avis, c'est avec raison, que le coup de rame hors de l'eau a au moins autant d'importance que l'autre, et qu'en lui se trouve la clef de l'art de bien ramer. Qu'on nous permette donc encore quelques mots à ce sujet, car il est certain que la force du coup de rame dépend en grande partie de la manière dont on l'a préparé pour l'exécuter. » — *Direction rationnelle des bras.* « Nous avons dit qu'il fallait que le corps et les bras soient lancés en avant d'un seul coup, et comme par un élan spontané ; s'il en était autrement, les bras viendraient ou trop tôt ou trop tard. Dans le premier cas, il n'atteignent pas la distance nécessaire, de manière à se trouver les mains à plomb au-dessus du point où les

Fig. 3. Manière de plumer. 1ᵉʳ mouvement ; 2° mouvement.

pieds sont posés ; en outre, il y a une grande perte de force au moment de l'entraînement en arrière, car le corps, déjà droit, n'a presque pas de mouvement à faire. Dans le 2° cas, les bras se trouvent encore ployés quand le coup de rame commence, et il est évident que cette position fait perdre beaucoup de force ; si on veut les étendre, il y a perte de temps, ce qui est encore pis. Dans les deux cas, la partie énergique du coup de rame est perdue. Quand, au contraire, le mouvement a

été simultané, on comprend avec quelle puissance on agit, puisque les bras et le corps ne font qu'un pour entraîner le manche de l'aviron en arrière. » — *Longueur du coup de rame.*
« Il nous faut parler maintenant de la longueur du coup de rame. Il est une règle ancienne et simple qui dit que plus la pelle traverse l'eau, mieux cela vaut. Cette règle, toute bonne qu'elle est, peut faire tomber dans une faute : ce serait de se renverser au delà de ce qui serait nécessaire. Il est hors de doute que celui qui peut, en se penchant en avant et en se renversant, décrire une plus longue courbe, doit traverser une plus longue couche d'eau ; mais, pour qu'il en résulte un avantage réel, il faudrait que l'on pût se redresser avec autant de vitesse que dans une longueur moins grande, ce qui est difficile. On ne doit se renverser à l'excès, sous peine d'avoir un coup trop mou, surtout pendant la dernière partie. La meilleure manière d'obtenir le plus grande largeur possible sans perte de temps ni fatigue, c'est de lancer le haut de l'aviron bien en avant, et d'avoir, ainsi que nous l'avons déjà dit, les mains à plomb au-dessus des pieds. Nos observations personnelles nous ont conduit à fixer de quarante-quatre à quarante-cinq le nombre de coups de rame que l'on peut donner dans une minute. A ce chiffre, un homme ayant un bon souffle, n'éprouve aucune gêne, et peut donner le coup long et fort, ce qui est la perfection. »
— *Fautes à éviter.* « Nous allons signaler maintenant les fautes principales et qui sont le plus ordinairement faites : — 1° *Déployer toute sa force au commencement du coup.* Les hommes très vigoureux sont ceux qui tombent le plus communément dans cette erreur, parce qu'ils se confient trop à leurs bras, au lieu de laisser prendre à chaque partie du corps la part qui lui incombe. C'est une faute fort gênante pour les autres équipiers, en ce qu'elle nuit à l'uniformité de la nage. Le coupable lui-même s'en trouve puni, car, à un moment donné, tout le poids de son embarcation pèse sur son aviron. — 2° *Courber le corps sur la rame à la fin du coup.* Cela provient de la mauvaise position des épaules, lors du redressement du corps en arrière. On ne peut porter en avant simultanément les bras et le corps, les bras se trouvant trop en avant au moment où le mouvement en avant recommence. Chacun sait que la poignée de l'aviron doit toucher le corps ; mais beaucoup oublient que c'est à la rame seule à faire le trajet. A la fin du coup, alors que l'on oppose encore de la résistance, ils se soulèvent légèrement, en prenant un point d'appui dans l'*étrier* ; bientôt la résistance cesse et le corps tombe forcément en avant en se courbant au-dessus de la rame. Ce mouvement, tout involontaire, se trouve ainsi substitué par eux au jet vif et prompt recommandé par les maîtres. — 3° *Ramollir les bras trop tôt.* L'aviron perd sa force et glisse le long du bord ; quelquefois la pelle se retourne, et le plat redevient parallèle avec le fil de l'eau. Nous avons déjà dit que les bras devaient être maintenus complètement déployés jusqu'à ce que le corps ait repris sa position perpendiculaire ; et qu'alors ils devaient être amenés brusquement, mais sans secousse ; nous ajouterons que, lorsque l'aviron hors de l'eau est ramené en arrière (ce qu'il faut toujours faire, la pelle sur le plat, ce qu'on appelle *plumer*) ; il faut raser l'eau sans l'entamer (fig. 3) ; de même, n'en doit-on point faire jaillir quand on enfonce sa rame et quand on la retire ; l'eau qui vient par suite de l'impulsion doit être rejetée en arrière et non en l'avant. L'extrême légèreté des embarcations actuelles peut causer souvent le défaut que nous signalons, de ramollir les bras trop tôt, car, à peine l'eau est-elle touchée par la rame, que l'embarcation s'élance en avant, et la résistance est si faible que les bras mollissent sans s'en apercevoir. Le moyen de remédier à cela est d'enfoncer

plus profondément l'aviron ; on aura ainsi la résistance nécessaire. Nous croyons devoir ici recommander aux amateurs novices de pratiquer dans une embarcation un peu lourde. Il nous faut encore signaler le cas où l'aviron roule entre les dames, sortant, tantôt plus, tantôt moins, en dehors de l'embarcation. Cet effet désagréable a lieu lorsque les mains sont trop près l'une de l'autre ou que l'on ne reste pas assez stable. Mais le défaut le plus grand consiste à ne pas conserver la mesure du chef de nage, dans la force donnée au coup d'aviron. — Nous prions qu'on lise ceci attentivement. — Nous ne voulons pas parler de l'ensemble avec lequel tous les avirons d'une embarcation doivent tomber dans l'eau ; il faut peu de temps pour l'acquérir ; nous voulons désigner la simultanéité avec laquelle les rameurs font leur force pendant la durée du coup d'aviron ; y manquer, c'est diminuer la force, c'est donc diminuer la vitesse. Ce défaut, on ne le voit, a une grande gravité ; mais de plus, il est difficile à signaler, et il est aussi difficile de s'en corriger. Ce n'est qu'à force de travail et de persévérante attention qu'on pourra le vaincre, et nous engageons à ne pas regarder à la peine qu'il donnera.

Fig. 4. Attraper une écrevisse.

Nous signalerons, en passant, comme bonne habitude à prendre, celle de veiller à ce que la pelle de la rame, au moment de tomber, soit bien à angle droit avec l'eau et non inclinée en avant ou en arrière, comme on le voit chez quelques-uns. Quelques fautes légères de style et d'élégance demandent aussi à être évitées ; ce sont : d'avoir les coudes en dehors à la fin du coup de rame, au lieu de les tenir près du corps ; d'avoir l'extrémité de la poignée de l'aviron dans la main, tandis que celle-ci doit être simplement posée dessus ; d'agiter la tête en ramant, de regarder la pelle de sa rame (dans une régate, celui qui porte les yeux hors de l'embarcation et regarde à gauche et à droite est considéré comme un homme mal élevé). Plumer tantôt haut, tantôt bas, ou à une hauteur différente des autres, n'est absolument un défaut ; mais le beau étant l'uniformité, il faut tâcher d'y arriver ; en tout cas, il est préférable de plumer un peu haut, car, ayant cette habitude, on rencontrera moins d'obstacles quand l'eau est

Fig. 5. Outrigger à 2 rameurs en pointe.

houleuse, et la rame y gagne de s'enfoncer plus profondément. La palette de l'aviron doit seule plonger dans l'eau ; mais elle

doit y plonger tout entière. On doit craindre surtout d'*attraper une écrevisse* (fig. 4). Cet accident arrive ordinairement au rameur qui ne relève pas son aviron au-dessus de l'eau, lorsque le bateau est lancé à toute vitesse. Pour peu que l'aviron ne soit pas

Fig. 6. Équipage bien d'ensemble.

bien horizontal, la palette touche l'eau qui la repousse violemment et le rameur ne pouvant plus maîtriser son aviron, est rejeté en arrière de son banc. — Les *virages* s'exécutent ordinairement en ramant. Le capitaine crie alors *scie bâbord* et il vire en même temps le gouvernail à fond au fil de l'eau. Les rameurs tribordais continuent de ramer ; mais les bâbordais plongent leurs avirons dans l'eau de manière que la pelle se trouve dans une position oblique par rapport au plan de la nappe d'eau.

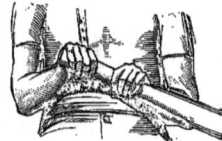
Fig. 7. L'aviron ramené vigoureusement à la poitrine.

Le bateau arrêté sur bâbord et poussé sur tribord, tourne jusqu'à ce que le chef crie : *dégagez!* Les bâbordais sortent aussitôt leurs avirons de l'eau et reprennent la nage en cadence avec les tribordais. Quand on veut arrêter brusquement l'embarcation, il suffit de faire *scie partout* et l'on peut ensuite *dénager*, c'est-à-dire reculer en ramant en sens inverse. — Pour obtenir la cadence et la régularité des coups de rame, on recommande au débutant de ne jamais quitter des yeux les

Fig. 8. — Équipage mal dressé

épaules de celui qui se trouve devant lui, afin de suivre tous ses mouvements (fig. 6). Quand les rameurs ne se règlent pas bien les uns sur les autres, s'ils tournent la tête (fig. 7), ils perdent la cadence ; les avirons ne tombent pas avec ensemble dans l'eau, le bateau penche d'un côté puis de l'autre, il roule, comme on dit, et perd de sa vitesse. — *Manière de former des élèves.* La meilleure méthode à suivre pour former un bon élève est de le prendre à bord d'un canot à deux avirons. On le tient là sous sa main, travaillant tout le temps auprès de lui lui soit possible de dissimuler la moindre faute. Vous êtes là, lui indiquant par théorie ce qu'il faut qu'il fasse, et lui montrant, par votre exemple

pratique, comment ce doit être fait. Chaque faute se trouve ainsi plus aisément corrigée. — *L'entraînement*. Mais ce n'est pas tout que de faire un rameur, un bon rameur, il reste encore la tâche ardue d'entraîner un équipage et d'habituer les hommes à aller les uns ensemble. — Nous n'avons pas l'intention d'entrer ici dans tous les détails de ce qui constitue l'entraînement, tels que la diète, l'exercice, etc., parce que les habitudes varient à l'infini et que chaque lieu a un système traditionnel que nous ne voulons pas discuter. Nous dirons cependant que, sous ce prétexte, on commet beaucoup d'extravagances mêlées d'un degré proportionné de mystère, comme c'est le cas particulier quand les bateliers anglais de profession sont consultés: alors des choses insignifiantes sont considérées comme d'une grande importance et comme devant être suivies à l'extrême rigueur. Nous nous contenterons de donner ici le fruit d'observations tant personnelles que fournies par des maîtres qui ne connaissent pas l'erreur. — *Conseils hygiéniques*. Il importe de conserver une grande modération dans le manger, le boire et le dormir. Eviter les choses qui peuvent rendre la bouche sèche, et prendre un exercice assez vif. Courir, pour ceux dont la respiration est courte, est une bonne chose, parce que c'est la meilleure manière de se débarrasser de la graisse intérieure qui en est cause; mais ce dont il faut s'abstenir surtout, c'est de l'usage habituel des spiritueux. Nous ajouterons qu'il ne faut pas non plus faire abus de la bière, ni du vin. Le moyen de n'avoir besoin que de peu de boisson est de ne jamais boire immédiatement après un exercice ou une fatigue quelconque, ou tandis que la bouche est sèche. Il faut attendre que l'on ait mangé, et il n'en serait que mieux si c'était à l'heure habituelle de son repas. Cette soif, ou plutôt cette sécheresse, ne dure pas si on sait y résister, et la gorge, comme la bouche, s'humecte aussi bien par des aliments solides que par des liquides. En un mot, rien ne nuit à un bon souffle comme de boire hors de propos. Il n'est pas, sans doute, besoin d'insister sur les motifs qui doivent faire préférer le printemps et l'automne à toute autre saison pour le moment des études; mais nous devons recommander de ne jamais prendre l'aviron plus tôt que deux ou trois heures après un repas. — *Premières réunions d'études*. Les premières fois qu'on se réunira, le patron n'autorisera qu'un mouvement modéré. C'est le seul qui permette de juger de la valeur de chaque rame et de la place qu'elle doit occuper, afin que toutes les forces soient bien équilibrées. C'est alors que les défauts se voient et se corrigent. Il insistera sur tous les défauts, et se rappellera, comme règle générale, qu'une rame négligente ne doit jamais être tolérée dans une embarcation. Quand l'ensemble aura été acquis dans un mouvement modéré, on arrivera par degrés à l'extrême vitesse. Quand on en sera là, on ne se croira pas obligé de quitter l'embarcadère dans ce moment. — Quelques équipes croient se rehausser beaucoup dans l'esprit des spectateurs ignorants en poussant au large et partant comme une flèche. Ce départ est mauvais, et le juge éclairé en rit. En temps ordinaire, le mouvement doit s'augmenter régulièrement; c'est ainsi que la bonne tenue et le bien ramer se conservent. Que l'on n'oublie jamais que mieux vaut ne pas ramer que de ramer mal. Si le sang-froid est nécessaire chez un rameur, il est indispensable chez le chef de nage. Celui-ci doit toujours conserver son mouvement et ne jamais se laisser dominer par les autres. Qu'ils aillent plus ou moins vite, il doit continuer sans s'émouvoir, et ils seront forcés de revenir à son mouvement. — *Préparation aux régates*. Quand il s'agit de se préparer pour une régate, il faut, chaque jour et quelque temps qu'il fasse, par-

courir la distance désignée pour la course, et même la dépasser un peu. Cette distance devra être courue à grande vitesse, sans arrêter ni ralentir. Il est d'usage dans les courses de chevaux de leur faire faire un tour de galop préparatoire pour leur délier les muscles; cette habitude est applicable aux rameurs : le jour des régates, il est nécessaire de ramer vivement avant d'arriver sur le lieu de la lutte. On a besoin d'une petite excitation, et une légère transpiration donne plus de souplesse et de feu. Cela est utile, car on pèche souvent par froideur dans le coup de rame hors de l'eau. Tous les quatre ou cinq jours, au lieu de parcourir à grande vitesse l'espace destiné à la joute, il est bon de faire une course de deux à trois lieues et retour dans un mouvement plus lent, afin de vérifier l'ensemble et de le corriger, s'il y a lieu. Une fois par semaine, une promenade à pied de trois à quatre lieues, faites d'un bon pas, sera une excellente chose. Chaque fois qu'on traversera le lieu de la course, le patron notera le temps exact employé à le parcourir, afin de veiller à ce que la vitesse aille toujours en augmentant. Une bonne méthode pour constater cette augmentation, c'est de remarquer où va l'eau rejetée en arrière par les avirons 6 et 5. Cette eau doit arriver entre les nos 2 et 1, et plus elle est près du no 1, plus la vitesse est grande: mais il faut une attentive observation, car une différence de trois pouces est peu apparente, et elle produit cependant d'immenses résultats, puisqu'elle peut donner une différence de deux longueurs de canot dans une course de dix minutes. Il sera bon aussi, dans certains exercices, de varier le mouvement; tantôt de faire ramer l'équipage avec un temps très régulier, très développé, tantôt de le mener avec la plus extrême vivacité et la plus grande vigueur possible: le tout afin de pouvoir toujours prendre à un moment donné, selon les péripéties d'une course, l'allure qu'on veut. Comme dans une joute on demande tout ce qu'il est possible de faire jusqu'à épuisement de forces, il faut que le travail de chaque jour dépasse de quelques minutes celui qui devra être fait le jour de la joute, par la raison qu'une fatigue journalière est le meilleur moyen de ne plus se fatiguer. On aura aussi en réserve un reste de forces, s'il fallait en arriver à un effort désespéré pour remporter la victoire. Les quatre ou cinq derniers jours, on étudiera le départ. — L'embarcation doit être immobile, les avirons touchant presque l'eau. Le premier coup de rame sera modéré, le second plus vif, et le troisième, enfin, à toute vitesse. Le patron veillera à ce qu'il n'y ait pas d'eau rejetée en l'air, et que personne ne presse au delà du temps donné par le chef de nage. Une douzaine de coups de rame suffisent pour constituer un départ. Si le premier coup est mauvais, il faut recommencer sans aller plus loin... Nous terminerons par une dernière remarque : un équipage ne se formera et ne se conservera qu'autant qu'il se soumettra à une sévère discipline. Le patron et le chef de nage doivent être ponctuellement obéis. — II. Pagaie. L'usage fréquent de la pagaie n'est pas sans inconvénients. Ce n'est pas un exercice propre à développer les forces physiques. D'après le Dr F. Lagrange, le dos du pagayeur se courbe comme celui d'un jockey et ses jambes restent inactives. — On employa d'abord la *périssoire* comme unique embarcation marchant à la pagaie. C'est un bateau très léger, à fond plat, effilé à l'avant comme à l'arrière, ponté en toile et mesurant 6 mètres de long et 0m,37 de large au fond. La pagaie est longue d'environ 2m,10. Depuis quelques années, on a adopté le canoë, doublé de périssoire d'origine canadienne, imitée par Mac-Gregor, qui a fait construire une embarcation célèbre, le *Rob-Roy*, type de tous les bateaux du même genre que l'on a imaginés

dans la suite (fig. 9). On a fabriqué depuis des embarcations minuscules, dont les variétés sont infinies et auxquelles on ajoute parfois

Fig. 9. — Canoë Mac-Gregor.

des petites voiles; mais le *canoë* proprement dit mesure ordinairement 4m,26 de longueur, 0m,82 de largeur et 0m,26 de creux. Le trou dans lequel s'installe le pagayeur reçoit le nom de *puits*. Il est fait sur mesure et plus ou moins long, suivant la longueur des jambes. La pagaie, longue de 2m,10, porte à chaque extrémité une palette ovale, large de 0m,17 à 0m,22 suivant la force du pagayeur. Ce dernier est assis dans le puits la face tournée du côté de l'avant; son siège est ordinairement muni d'un dossier qui soutient les reins (fig. 9). Ses jambes s'étendent horizontalement le long du fond; ses pieds sont soutenus par une planche ou traverse, qui l'empêche de glisser en avant quand il presse la pagaie contre l'eau. — Les mains saisissent la pagaie à égale distance des palettes (fig. 10); elles sont éloignées l'une de l'autre d'environ 60 à 70 centim. Les coups sont portés alternativement de chaque côté. La main inférieure tire la pagaie du côté du rameur, tandis que le bras supérieur est étendu et pousse l'autre extrémité dans une direction opposée. La palette qui

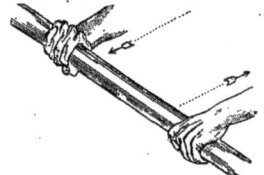

Fig. 10. — Manière de tenir la pagaie.

plonge dans l'eau se trouve ainsi attirée en arrière, dans la direction de la poupe, ce qui fait avancer ce bateau. Lorsque le coup est donné, on abaisse la main supérieure, la palette qui lui correspond donne un nouveau coup de l'autre côté de l'embarcation, la position des deux mains se trouvant renversée, et ainsi de suite. Pendant qu'un bras tire, l'autre pousse; il faut que les évolutions alternatives soient faites dans le même laps de temps et qu'elles aient la même longueur, sinon l'embarcation n'irait pas droit. Les coups doivent se succéder rapidement et régulièrement à une vitesse de 50 à 70 par minute. Pour virer de bord, on dénage d'un côté et on nage de l'autre, c'est-à-dire qu'on frappe l'eau en arrière d'un côté et en avant de l'autre alternativement, jusqu'à ce que le virage soit effectué. Il est à observer que le coup de pelle doit toujours se donner le plus près possible du bord de l'embarcation. La manière d'entrer dans la périssoire est aussi périlleuse, sinon davantage, que celle de monter sur un bicycle. Le mot *périssoire* indique suffisamment le danger. Si le navigateur sautait dans son appareil, il risquerait de le faire chavirer. Il est forcé de le mettre le long du rivage, de poser sa pagaie en travers du bateau, sur les deux bords, en appuyant l'extré-

mité opposée sur la berge ; ceci fait, il saisit le manche des deux mains, et s'y appuie fortement. L'embarcation se trouve main-

Fig. 11. — Double périssoire.

tenue de cette façon et ne peut chavirer. Le pagayeur embarque successivement ses deux pieds. Il ne doit cesser la pression sur la pagaie que lorsqu'il est bien assis. Il s'éloigne du rivage en le repoussant au moyen de la pagaie. Pour débarquer, la manœuvre est la même. — Nous avons dit que les périssoires varient à l'infini, tant pour la forme que pour les dimensions et le poids. Nous parlerons, en peu de mots, de deux modèles seulement : 1° la *double périssoire* ou *double canoë* (fig. 11), construite pour deux pagayeurs placés l'un derrière l'autre. Le procédé de propulsion est le même, mais cette embarcation est

Fig. 12. — Périssoire à voiles.

moins maniable que le canoë simple, elle tourne difficilement, et, en raison de sa grande longueur, elle est applicable seulement à la pagaie, jamais à la voile ; 2° la *périssoire à voiles* ou *cruising canoë*. Cette embarcation (fig. 12) tient du canot par ses voiles et son gouvernail ; de la périssoire par sa forme et par son puits. Elle marche à la voile, quand le vent est favorable, à la pagaie dans le cas contraire et présente les qualités et les défauts de toutes les périssoires. Elle doit mesurer au moins 4m,50 de long, 0m,70 de large et 0m,36 de profondeur. Elle est ordinairement munie d'une quille à coulisse que l'on peut relever quand on pagaie ou quand on se trouve dans des eaux peu profondes, et abaisser pour accroître la stabilité quand on est sous voiles. Les périssoires n'ont d'utilité véritable que dans les rivières ou dans les bras étroits et tortueux, où une autre embarcation ne saurait s'engager ; dans les autres circonstances, ce sont des bateaux de pure fantaisie et l'on ne peut songer à les employer pour les régates. — III. **Voiles**. Le bateau à voiles est soumis à des conditions de construction tout autres que celles de l'embarcation qui doit se mouvoir exclusivement à l'aviron. On cherche surtout à lui procurer une stabilité quand il doit résister aux efforts du vent ; et cette qualité ne peut être obtenue qu'en lui donnant plus de largeur, au détriment de la légèreté et, par conséquent, de la vitesse. Sa manœuvre demande une grande expérience, qui ne s'acquiert pas en quelques heures, ni à la lecture des livres spéciaux. Nous n'avons donc pas la prétention de publier ici un traité pratique capable de faire de nos lecteurs des navigateurs accomplis. Qu'il nous suffise d'établir les renseignements généraux qui sont indispensables au yachtman désireux de diriger une petite embarcation. Si nous tenons des Anglais les saines notions de la navigation à la rame, c'est aux Américains que nous sommes redevables, non de la théorie de la manœuvre de la voile, que nous

connaissons, mais des modèles des voiliers les meilleurs et les plus propres à la navigation en rivière, c'est-à-dire, indépendamment des façons, du système à quille mobile ou *dérive*, qui permet de naviguer avec un tirant d'eau variable, et supprime, à peu près, le lest. — DÉBUT DE LA NAVIGATION A LA VOILE EN RIVIÈRE. Au début, la navigation à la voile, en rivière, s'effectuait avec des bateaux mixtes, pouvant être manœuvrés à l'aviron comme à la voile, et l'on comprend tous les désavantages d'un pareil système : c'était l'enfance de l'art. Ensuite vinrent les voiliers spéciaux, copiés sur le modèle du bateau de mer, c'est-à-dire lourdement lestés, ayant un grand tirant d'eau, propres seulement, en conséquence, à naviguer dans des eaux profondes. A ces derniers succéda le bateau américain, dont le premier modèle, construit à New-York, fut importé en France par l'un des fondateurs de la Société des régates du Havre. Cette embarcation, absolument différente de formes de tous les modèles en usage en Europe, avait sa quille fendue vers le milieu de sa longueur, et cette fente livrait passage à une quille mobile de 2 mètres de longueur sur 1 mètre de largeur environ, qui descendait et remontait à volonté suivant que l'allure exigeait un plus ou moins grand tirant d'eau pour résister à la pression du vent. Tel est le type du bateau à dérive, dont l'avantage sur le bateau à quille fixe n'est plus contesté depuis longtemps. Sans doute le système a reçu, depuis lors, de notables améliorations que l'expérience a indiquées successivement, mais le principe en est resté le même. — EMPLOI DE LA DÉRIVE. Les bateaux à quilles fixes et d'une certaine hauteur ne peuvent être aisément manœuvrés, nous l'avons dit, que dans une eau profonde ; d'autre part, les bateaux plats n'ont pas assez de tirant d'eau pour tenir efficacement le vent, qui le ferait inévitablement chavirer par son effort puissant sur la voilure, sans la résistance que lui oppose la dérive ou quille plongeante. L'utilité de la dérive pour augmenter la résistance latérale du bateau à l'effort du vent est donc incontestable ; elle est d'ailleurs incontestée. En conséquence, lorsqu'on navigue vent arrière, la dérive n'est d'aucun usage et on la tient relevée ; par un vent largue assez fort, son emploi doit être en général modéré ; mais lorsqu'on navigue au plus près du vent, il est indispensable d'en faire largement usage suivant les circonstances qui varient naturellement, soit qu'on navigue en eau morte ou courante, et, dans ce dernier cas, soit contre le vent et le courant, soit avec le courant contre le vent. La dérive permet, en outre, d'opérer avec une grande vitesse et avec beaucoup de facilité et de précision les virements de bord ; cette facilité et cette promptitude d'évolution ne sont toutefois pas imputables seulement à la dérive, qui sert ici, en quelque sorte, de pivot, mais beaucoup aussi à la forme du bateau qui, n'ayant qu'un faible tirant d'eau, n'a pas à lutter contre la pression de celle-ci dans des proportions aussi considérables que celles imposées à l'embarcation lourdement lestée. Nous bornerons ici nos observations sur l'emploi de la dérive ; ces simples notions suffisant à donner une idée générale de son utilité et de son emploi dans les diverses circonstances que rencontre la navigation à la voile en rivière, nous n'entrerons pas dans les détails de la manœuvre et des modifications qu'elle reçoit suivant qu'il s'agit d'une dérive en bois ou d'une dérive en fer. Nous insisterons seulement sur ce point que c'est à ce système de construction que nous devons la véritable embarcation à voiles qui convenait particulièrement à la Seine, où les difficultés de la navigation, surtout aux environs de Paris, sont peut-être plus grandes que nulle part ailleurs. Il fallait en effet, ici, joindre à la légèreté, nécessaire pour vaincre

la résistance du courant, une voilure élevée, à cause de l'élévation des berges ; il fallait douer l'embarcation de Seine d'une rapidité d'évolution exceptionnelle, qui lui permît d'éviter tous les obstacles qu'elle rencontre à chaque pas, soit les vapeurs remorqueurs ou porteurs, les bateaux du commerce de toute sorte, les trains de bois flottants, etc., stationnant, montant, descendant sans cesse ; il fallait enfin que cette embarcation spéciale tînt parfaitement le vent, quoique tirant peu d'eau, à cause du peu de profondeur de certains fonds. Ces conditions sont remplies maintenant. Mais que d'efforts, que d'études, que de tâtonnements infructueux, avant d'en venir là ! et combien peu les commencements si pénibles de cette navigation ressemblent à son époque actuelle ! — MANŒUVRE DE LA VOILE. Dans la manœuvre de l'aviron, nous avons vu qu'un emploi intelligent des forces, la discipline de l'entraînement, enfin le goût, c'est-à-dire la bonne volonté, étaient toutes les qualités indispensables ; ces qualités peuvent s'acquérir en quelques mois, sinon de manière à former un excellent maître de nage, du moins suffisamment pour faire un bon équipier. Il n'en est pas de même pour la manœuvre de la voile, qui exige une pratique de plusieurs années. Il s'agit, en effet, dans ce cas, d'une véritable science qui enseigne les moyens de faire un judicieux emploi d'un moteur capricieux, fantasque, prompt à profiter d'une erreur ou d'une négligence, difficile à saisir et encore plus difficile à esquiver dans sa violence : le vent. Cette science demande certainement, pour être cultivée avec fruit, des aptitudes spéciales ; mais la multiplicité des obstacles à vaincre, l'importance et la variété des manœuvres, la nécessité d'une attention toujours en éveil, exigent plus impérieusement encore une pratique longue et soutenue. Le canotage à la voile, dans des circonstances données, peut prendre les proportions d'une lutte épique ; il constitue, en tout état de cause, une lutte à laquelle on se passionne aisément, mais qu'il faut pouvoir soutenir avec avantage ; ce qu'on ne peut que grâce à une instruction solide. Or, ce n'est pas en quelques pages rapides qu'une telle science peut être enseignée ; force nous est donc de nous en tenir aux notions générales que nous en avons données, et qui ne seront pas absolument inutiles s'il elles font naître dans l'esprit de quelqu'un le goût de ce sport aussi noble qu'intéressant, et auquel nous ne trouvons à comparer, dans notre esprit, que l'équitation ; elles ne seront point inutiles, car elles initient le profane aux transformations successives de la construction spéciale du voilier de rivière et aux conditions que doit réunir une sorte d'embarcation pour atteindre le but proposé, ce qui nous semble une introduction, sinon suffisante, du moins convenable à l'étude du canotage à la voile en rivière. Toutefois, malgré tout l'attrait de la voile, notre préférence est acquise à la rame, par la raison que nous avons déjà donnée : l'utilité d'un semblable exercice pour le développement des forces. Tel qu'il est compris et pratiqué aujourd'hui, l'exercice de la rame est un des plus salutaires auxquels on puisse se livrer dans un but d'hygiène, en même temps que de plaisir ; rappelons enfin que l'habileté nécessaire s'acquiert à des conditions incomparablement plus douces que celles exigées pour la manœuvre de la voile, et l'on comprendra la raison de cette préférence, que nous n'avons nulle envie d'imposer à personne. Au bon temps où les rameurs se tordaient comme des épileptiques sur leurs bancs de nage, nous aurions pu tout aussi bien conseiller de se pendre à une corde solide et de dédaigner le trapèze que d'engager à pratiquer l'aviron au mépris de la voile ; mais aujourd'hui nous connaissons peu de meilleur emploi de ses forces acquises que de les développer par

l'exercice de l'aviron. — DES DIFFÉRENTES VOILES. *Livarde.* La voile à livarde est, par excellence, la voile des petites embarcations, parce

Fig. 13. — Bateau à livarde.

qu'elle est la plus facile à manœuvrer. On appelle *livarde* une perche qui sert à tendre une voile rectangulaire sur un mât. Cette voile à peu près carrée est lacée le long du mât par un de ses côtés. Un espare, fixé par ses deux extrémités aux deux angles opposés, la tient déployée. Un bout de corde, tenu dans la main du yachtman sert à la tendre sur son quatrième angle.

Fig. 14. — Virer de bord.

On oriente la voile, on la tend ou on la laisse plus ou moins de liberté suivant la direction du vent relativement à la marche du bateau On la tire juste assez pour qu'elle soit enflée par le vent et on la maintient dans cette position jusqu'à ce que le vent vienne à changer ou jusqu'à ce qu'on ne veuille plus suivre la même direction. On doit tenir à la main la corde du quatrième angle pour relâcher ou même lâcher tout à fait la voile instantanément, s'il survient un coup de vent inattendu. La livarde sera munie de cargues qui serviront à la plier, à moins qu'elle

Fig. 15. — Bateau à livarde et à foc.

ne soit si petite que le marin puisse la ferler avec les mains. On attache quelquefois la corde du quatrième angle à un anneau du bord, au lieu de la tenir à la main. Dans ce cas, la manœuvre est toujours plus lente, parce qu'il faut défaire le nœud à chaque mouvement. — Quand on veut remonter le lit du vent, on en est toujours réduit à louvoyer, c'est-à-dire à courir des bordées, en faisant des routes alternativement inclinées, à droite et à gauche, d'une certaine quantité sur la direction du vent. Il faut alors savoir virer de bord, ou loffer chaque fois que l'on est arrivé au bout d'une bordée et que l'on veut en commencer

Fig. 16. — Moufle d'écoute.

une nouvelle dans un autre sens. Pour cela, on commence par virer un instant le gouvernail à fond, de manière à bien emplir la voile; après quoi, on relâche doucement le gouvernail, on tire la toile aussi près que possible; le bateau a fait son évolution, et le vent, qui frappait la voile d'un côté, la frappe maintenant de l'autre. C'est une opération qui demande beaucoup de pratique

Fig. 17. — Gréement d'une yole.

et que nous ne pouvons pas enseigner ici. — *Foc,* Quand le canotier connaît la manœuvre d'une voile unique, il peut ajouter, en avant de la première, une voile triangulaire appelée *foc,* qu'il fait tenir sur'son petit côté inférieur au moyen d'une perche qui reçoit le nom de mât de beaupré (fig. 15). Cette voile et le beaupré ayant un certain poids, on les contre-balancera en agrandissant la livarde, que l'on ne peut plus alors tenir dans la main. On l'attachera au moyen d'une moufle d'écoute (fig. 16), dont l'anneau court le long d'une barre de fer établie à l'ar-

Fig. 18. — Gréement d'un cutter.

rière du bateau. On serre plus ou moins, afin de donner une bonne prise au vent, et l'on fait glisser l'anneau d'un côté ou de l'autre, suivant le bord qui est exposé au vent. — *Voile d'artimon.* Lorsque l'on a étudié la manœuvre des deux voiles ci-dessus, on peut s'occuper de diriger la *yole* à trois voiles (fig. 17). La yole tient le milieu entre le schooner et le cutter. Elle a deux mâts. Celui de l'avant reçoit le nom de misaine et supporte la voile à livarde et le foc; celui de l'arrière est le mât d'*artimon;* il donne son nom à une voile en forme de trapèze, qui est tendue par un espare, ou au moyen d'une vergue (quand le mât est assez solide pour la supporter). — *Cutter.* Le gréement du cutter est plus compliqué. La livarde devient une véritable *grande voile* tendue par deux vergues; on la hisse à l'aide de *drisses* ou cordages, au lieu d'employer la main, comme on fait pour la livarde. Elle est attachée dans sa

partie inférieure, à une grande vergue en arc-boutant, nommée *bome* ou *gui.* Cette vergue est attachée au pied du mât, sur lequel elle tourne comme sur un centre; par l'autre bout, elle dépasse l'arrière du bâtiment. Le cutter porte un foc sur le beaupré, et entre ce foc et l'avant du grand mât, une autre voile également triangulaire, nommée *trinquette.* Enfin, les grands cutters ont, en outre, un *hunier,* voile portée par un mât de hune (fig. 19). Le hunier est quadrangulaire pour les navires qui vont en haute mer; mais pour ceux qui servent au canotage, on

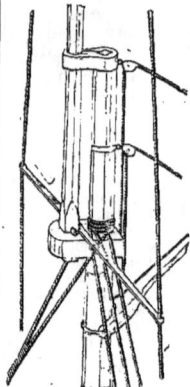

Fig. 19. — Mât de hune.

se sert d'une voile triangulaire. — *Voile de fortune.* Dans beaucoup de petites embarcations à une seule voile, on remplace la livarde par une

Fig. 20. — Bateau à voile de fortune.

voile de fortune, grande voile carrée qui n'est pas fixée sur la vergue, mais qui y est attachée provisoirement au moyen de trois

Fig. 21. — Bateau à voile latine.

poulies, dont deux aux extrémités et une au milieu. N'étant pas fixée au mât, cette voile est attachée au bateau par ses deux extré-

Fig. 22. — Voile quand on a pris un ris.

mités inférieures. Elle n'est pas aussi maniable que la livarde pour un débutant. La voile de fortune primitive était lacée à une vergue fixe près du sommet du mât; aujourd'hui, la

vergue .est libre et non suspendue par son milieu; elle est ordinairement oblique, ayant l'une de ses extrémités plus élevée que l'autre. — *Voile latine.* Cette voile, ainsi nommée parce qu'elle fut d'abord employée en Italie? sur les galères du pape, présente la forme d'un triangle rectangle; elle est attachée, par le côté de son hypoténuse, à une antenne ou longue vergue flexible (fig. 21). — Le canotier doit s'étudier à prendre un ou plusieurs ris, si la force du vent ne permet pas de laisser la voile entière. A cet effet, les voiles portent horizontalement.des rangées d'œillets dans lesquels on passe des *garcettes* ou cordes longues do 2 mètres à 3m,30. Les

Fig. 23. — Nœud de ris bien fait (1); mal fait (2).

garcettes pendent de chaque côté des voiles.et servent à lier celles-ci, quand on veut les replier pour leur donner moins de surface(fig.22).Pour les nœuds de ris, il faut avoir bien soin de les faire comme le représente notre fig. 23 (1), et non comme il se trouve représenté en 2, même fig. Dans ce dernier cas, il se dénoue

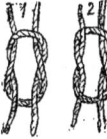

Fig. 24 . — Grécment du canot le *Nautilus*

facilement. — *Canoë à voiles.* Nous avons déjà dit que l'on adapte quelquefois des voiles au genre de périssoire dit canoë. Notre fig. 24 représente le *Nautilus*, type d'embarcation minuscule, imaginé par M. W. Baden Powell. Deux voiles de fortune sont placées l'une à l'avant, l'autre à l'arrière (fig. 24). Elles sont lacées à des bomes et descenden, jusqu'au pied des mâts.

CANTALIEN, ENNE, s. et adj. Du Cantal, qui appartient au Cantal ou à ses habitants.

CAPOT s. m. Hortic. Trou plein de fumier recouvert de terre ou de terreau, dans lequel on cultive certaines plantes qui exigent un peu de chaleur, comme le potiron.

CAPRIFICATION s. f. Opération qui consiste à piquer des figues avec une aiguille trempée dans l'huile, pour provoquer l'accroissement du fruit et avancer sa maturité.

CARABINE Lebel. Nouvelle arme à feu, identique au fusil Lebel, mais plus courte et plus légère que lui. *Le mécanisme de répétition et le calibre sont les mêmes que dans le fusil Lebel,* de sorte que l'on emploie la même cartouche pour les deux armes. Cette carabine est destinée aux régiments de cavalerie, et le 30e hussards, stationné à Nancy, en a été pourvu le premier. Les carabines Lebel sont fabriquées à la manufacture de Châtellerault, tandis que les fusils proviennent de Tulle et de Saint-Étienne.

CARACOULER v. n. Roucouler, en parlant du pigeon ramier.

CARADOC adj. (de *Caer Caradoc*, lieu du Shropshire, Angleterre). Géol. Se dit d'un groupe de couches siluriennes, consistant en une série de schiste et de grès et en une bande de pierre calcaire appelée *chaux de Bala* (de *Bala*, lieu du pays de Galles). L'épaisseur du groupe entier varie entre 1.000 et

3.000 mètres; il contient plusieurs fossiles, dont les principaux sont les trilobites.

CARAMBOLAGE (Jeux). L'appareil de ce joli jeu ne se trouve que chez les marchands de jouets. Il se compose d'un certain nombre de tours en miniature, entourées de murailles minuscules qui les font ressembler à de pe-

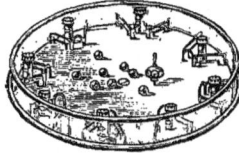

Le carambolage.

tites forteresses. Le tout est arrangé le long du rebord d'un plateau circulaire. Vers le milieu, on place les billes, en nombre égal au nombre des tours. Chaque joueur alternativement fait tourner, parmi les billes, un toton d'une certaine grosseur, lancé aussi vivement que possible. Le toton envoie les billes rouler de tous les côtés vers les forts; et chaque joueur qui possède l'une des forteresses renversées paie un gage à celui qui a lancé le toton, tandis que ce dernier paie un gage à tous les possesseurs de forteresses non atteintes. Depuis la guerre de 1870-'71, les Allemands ont changé les règles et le nom de ce jeu, qu'ils appellent le *bombardement.*

CARBOHYDRATE adj. (lat. *carbo,* charbon; gr. *hudor,* eau). Chim. Se dit d'un groupe important de substances organiques contenant du carbone, de l'hydrogène et de l'oxygène, ces deux derniers dans la même proportion que dans l'eau. Les carbohydrates les plus importants sont les sucres, les glucoses, les fécules, les gommes et la cellulose.

CARBURÉ (Hydrogène). Terme qui, dans son sens le plus large, est synonyme d'hydrocarbure, mais que l'on restreint quelquefois à deux gaz : l'*hydrogène carburé léger* ou gaz des marais, appelé aussi grisou et méthane; et *hydrogène carburé ——rd,* qui contient deux fois autant de carbone combiné avec la même quantité d'hydrogène et que l'on appelle aussi éthylène ou gaz oléfiant.

CARCAILLAT s. m. [*ll* mll.]. Cri de la caille.

CARCAILLER v. n. [*ll* mll.]. Chanter, crier, en parlant de la caille.

CARCAILLOT s. m. [*ll* mll.]. L'un des noms populaires de la caille.

CARINAIRE s. f. (lat. *carina,* carène). Moll. Genre de gastéropodes, à coquille mince et transparente, à corps long, mou, gélatineux, transparent comme le cristal, orné de vives couleurs et parsemé de pointes élevées. On en connaît quatre espèces que les collectionneurs appellent *pantoufle de Vénus* ou *nautile vitré.* L'extrémité postérieure de leurs corps est pourvue d'une espèce de nageoire qui tient lieu de gouvernail. L'espèce méditerranéenne se nourrit de matières animales.

CARLISTES français. Nouveau parti politique antirépublicain, formé aussitôt après la mort du comte de Chambord, par sa veuve et par un certain nombre de légitimistes, dont les plus marquants sont le général Cathelineau et le comte d'Andigné. Ce parti ne reconnaît aucunement les prétentions du comte de Paris au trône de France ; il n'adopte comme légitime que le prince Don Jaime, fils de Don Carlos, dont l'accession à la couronne

devrait être précédée d'une série d'abdications des autres Bourbons d'Espagne.

CARCASSONNAIS, AISE s. et adj. De Carcassonne; qui se rapporte à cette ville ou à ses habitants.

CARIOPSE s. m. [ka-ri-o-pse] (gr. *karê,* tête; *opsis,* aspect). Bot. Fruit sec, à une seule loge, renfermant une graine intimement soudée avec le péricarpe, comme le grain de blé. Ce fruit est vulgairement appelé *graine.* Les fruits des graminées sont des cariopses.

CARIOPSIDE s. f. Bot. Fruit composé de cariopses, comme dans les malvacées : mauve, guimauve, etc.

CARNAHUBA ou **Carnauba** s. m. [kar-na-hou-ba] (nom brésil.). Bot. Espèce de palmier, nommé aussi *palmier à cire* et qui croît au Brésil, où il atteint 15 mètres de haut. On le classe dans le genre corypha, quoiqu'il se rapproche du genre copernicie. Son tronc, droit et régulier, est dominé par un élégant parasol de feuilles. Il fournit un bois très dur, que l'on emploie au Brésil, particulièrement dans la province de Ceara, pour la construction des maisons. En Europe, on s'en sert pour le placage. Néanmoins la partie supérieure de la tige est tendre et contient une sorte de sajou. Les Indiens mangent les fruits amers de ce palmier. Les jeunes feuilles sont enduites d'une cire appelée *cire de carnahuba;* on la fait fondre et on la met en gâteaux. Elle est plus ferme que celle des abeilles et sert à faire des cierges.

CARNALLITE s. f. [kar-nal-li-te]. Minér. Chlorure double de potassium et de magnésium hydraté, découvert, avec d'autres composés de potassium et de magnésium, dans les dépôts de Stassfürt (Prusse). Elle est ordinairement de couleur rouge, ce qui provient de la présence d'oxyde de fer; elle se dissout facilement dans l'eau. La carnallite est aujourd'hui une source importante de potassium.

CARNOT (Lazare-Hippolyte), publiciste et homme politique, né à Saint-Omer, le 6 avril 1801, mort à Paris le 16 mars 1888. Fils de l'illustre « Organisateur de la victoire », il l'accompagna dans l'exil, voyagea dans le nord de l'Europe et rentra en France après avoir fermé les yeux à son père, en 1823. Il acheva à Paris ses études de droit, commencées en Allemagne, fut reçu licencié et fit inscrire au barreau de Paris. Séduit par les théories hardies du saint-simonisme, il entra dans le mouvement qui tendait, croyait-il, à répandre des doctrines philosophiques de rénovation et de moralisation. Après la révolution de 1830, Carnot fut délégué en Belgique avec Margerin, Dugied et Laurent; leur mission était de catéchiser la Belgique et de la convertir à la nouvelle religion. Les quatre apôtres obtinrent facilement du gouvernement provisoire de Bruxelles le droit de fonder une *église* et de prêcher leur doctrine; mais le peuple se montra hostile, dès qu'il entendit parler d'interdiction du mariage et de communauté des femmes. Lorsque Carnot revint à Paris, il était découragé. Reniant les doctrines d'Enfantin, il se sépara bruyamment, en nov. 1831, du fondateur de religion, en même temps que Bazard et plusieurs autres adhérents; il avait publié, avec Bazard, sous le titre de *Exposé de la doctrine saint-simonienne* (1830-'31), un exposé des doctrines philosophiques telles qu'il avait entendu les propager. Pendant son passage dans le saint-simonisme, il avait abandonné à la société environ 20.000 fr. de valeurs, dans le but de faciliter les publications de la doctrine et de mettre les sociétaires pauvres à même de faire de la propagande. Il avait créé la *Revue encyclopédique,* organe des doctrines socialistes, et avait participé à la *fondation de l'Encyclopédie nouvelle.* La mort de son frère

aîné, Sadi Carnot, enlevé par le choléra en 1832, lui causa une douleur qui l'éloigna un instant de ses travaux littéraires et philosophiques. Il visita l'Angleterre, la Hollande et la Suisse. Revenu en France, il figura parmi les défenseurs des accusés d'avril et fut élu député de Paris en 1839, puis réélu en 1842 et en 1846. Il appartenait alors au parti réformiste ou radical, dont il tenta inutilement le rapprochement avec la gauche dynastique, dans une brochure intitulée les radicaux et la charte (1847). Cette brochure, sorte de manifeste destiné à expliquer sa progression vers des idées plus modérées, souleva les récriminations des radicaux. Après la révolution de février, il dut à la mémoire de son père le portefeuille de l'instruction publique, essaya des réformes, se heurta au mauvais vouloir de l'Université, subit les plus injustes attaques après les journées de juin, et démissionna après un vote de défiance le 5 juillet 1848. Il avait été élu à la Constituante par le département de la Seine; mais il échoua aux élections générales et n'entra à l'Assemblée législative qu'à la suite d'élections partielles qui eurent lieu à Paris le 10 mai 1850. Après le coup d'État de décembre, le département de la Seine l'envoya au Corps législatif, avec Cavaignac (1852); mais il refusa de prêter serment et dut renoncer à son siège; les Parisiens le réélurent en 1857 et il opposa le même refus de prestation de serment. En 1863, élu dans la première circonscription de la Seine, il consentit enfin à jurer fidélité à l'empereur. En 1869, ses électeurs trouvant son républicanisme trop tiède, lui préférèrent Gambetta. A la suite du désistement de ce dernier, il se présenta de nouveau; mais la candidature d'Henri Rochefort venait d'être posée et, cette fois encore son échec fut éclatant. Après la révolution du Quatre Septembre, il fut nommé maire du VIIIe arrond. de Paris et maintenu dans ces fonctions par les élections du mois de novembre suivant. Le 8 février 1871, les électeurs de Seine-et-Oise l'envoyèrent à l'Assemblée nationale, où il siégea sur les bancs de la gauche républicaine. En mars 1873, il présida le comité qui appuyait à Paris la candidature Rémusat contre Barodet. Le 16 décembre 1875, il fut élu sénateur inamovible et siégea au Luxembourg, à la gauche républicaine. Quelques mois avant de mourir, il vit couronner sa longue existence par l'élection de son fils, Sadi Carnot, à la présidence de la République. Aussitôt que son fils fut installé à l'Élysée, il sortit de sa circonscription ordinaire pour lui conseiller d'adopter une politique hostile au parti radical. — Carnot a donné des traductions de plusieurs œuvres de la littérature allemande : *Gunima*, nouvelle traduite de Van der Welde (1824); *Chants helléniens*, de Wilhelm Müller (1828). — Il a publié une foule d'ouvrages parmi lesquels nous citerons : *Quelques réflexions sur la domesticité* (1838); *Des devoirs civiques et militaires* (1838); *Sur les prisons et le système pénitentiaire* (1840); *De l'esclavage colonial* (1845); *De la suspension des droits électoraux* (1868); *L'instruction populaire* (en collaboration avec J. Simon, 1869) dans la Bibliothèque libérale; *La Révolution française* (1869-'72, 2 vol.); Carnot s'est occupé pendant longtemps de préparer la publication des mémoires de son père, mémoires dont les volumes I et II parurent en 1861-'64. Il a aussi publié les *Mémoires de Grégoire* (2 vol.) et, avec David d'Angers, ceux de *Barère* (4 vol., 1842-'43). Il a donné, en outre, des notices sur divers personnages de la Révolution, des discours, des mémoires, des brochures d'actualité, etc. Il a collaboré à l'*Organisateur*, au *Producteur*, au *Globe*, à la *Liberté de penser*, et à plusieurs autres publications.

CARO (Edme-Marie), académicien, né à Poitiers le 4 mars 1826, mort à Paris en juillet 1887. Il sortit de l'École normale en 1845, fut

nommé agrégé de philosophie en 1848 et enseigna aux lycées d'Angers, de Reims et de Rouen, puis à la faculté de Douai (1851), à l'École normale supérieure (1857) et à la Faculté des lettres de Paris (1867). Il entra à l'Académie française en 1876. Il a laissé : *Saint Dominique et les Dominicains* (1850); le *Mysticisme au XVIIIe siècle* (1852); *Etudes morales sur le temps présent* (1855); l'*Idée de Dieu et ses nouveaux critiques* (1864); la *Philosophie de Gœthe* (1866); les *Jours d'épreuve* (1871), et plusieurs autres ouvrages empreints de sentiments catholiques, entre autres, une *Vie de Pie IX*, et de nombreux mémoires.

CAROLINES (Iles) ou Nouvelles-Philippines. Ce vaste archipel, qui ne comprend pas moins de cinq cents îles, gît à l'est des Philippines, entre 5° et 12° de lat. N. et entre 135° et 162° long. E. Il fut découvert en 1543 par Lopez de Villalobos, qui nomma archipel des îles Carolines en l'honneur de Charles-Quint. Les Espagnols s'en sont toujours considérés comme les légitimes propriétaires, mais ils ne l'ont jamais colonisé et ce n'ont même fondé aucun établissement qui pût attester leur droit; ils y ont seulement envoyé des missionnaires. L'archipel, bien qu'il mesure plus de 3.000 kil. de long, ne renferme que de petites îles, ordinairement basses, des attolles, comme disent les géologues. On ne rencontre guère de collines, que dans l'Île d'Yap, que l'on peut considérer comme la principale de toutes. Elles sont couvertes d'une luxuriante végétation tropicale et sont habitées par des peuples de race papouase, doux, hospitaliers et gouvernés par un grand nombre de petits chefs. Lorsque M. de Bismarck posa le fondement de l'empire colonial allemand, il jeta ses vues sur ce groupe d'îles, où plusieurs négociants allemands s'étaient établis. Le 9 mars 1885, le gouvernement espagnol, informé des projets du chancelier de fer, et obéissant à la pression de l'opinion publique, envoya des instructions au capitaine général des Philippines pour qu'il prît formellement possession des Carolines; c'est alors que se produisit l'incident d'Yap. Au moment où un officier espagnol, arrivé avec 3 navires de guerre, se préparait à débarquer dans cette île pour en prendre possession, le cuirassé allemand *Iltis*, arrivé trois jours après lui, débarqua des hommes et hissa le drapeau de l'empire, malgré les protestations des capitaines espagnols. Quand cet événement fut connu en Espagne, la surexcitation du peuple contrasta singulièrement avec la froideur du roi Alphonse XII, qui n'eut même pas la dignité de renvoyer à Berlin son costume de colonel de uhlans. Dans les rues de Madrid eurent lieu des scènes de désordre, le 2 sept. La légation allemande fut envahie et insultée; le drapeau de l'empire, qui venait d'y être arboré en commémoration de la victoire de Sedan, fut abattu, foulé aux pieds et traîné dans la boue; l'écusson impérial fut arraché de la façade de l'hôtel et brûlé à la Puerta del Sol. La démonstration se continua pendant toute la nuit suivante. Le gouvernement d'Alphonse XII, accusé d'être d'accord avec les Allemands et menacé d'une révolution, se vit forcé de faire annoncer qu'il destituerait les commandants des trois navires de guerre qui se trouvaient à Yap au moment de l'incident. En même temps, M. de Bismarck informait le président du conseil espagnol qu'il s'agissait d'un simple malentendu, que le commandant de l'*Iltis* avait agi sans consulter les officiers espagnols et qu'il n'aurait pas planté le drapeau de l'empire s'il eût connu leurs instructions; enfin il offrait de faire vider la différend par un arbitrage et choisissait le pape Léon XIII comme arbitre. Le cabinet espagnol ayant accepté ses explications et cette offre, le pape rendit, le 18 nov., un jugement en vertu duquel l'ancien droit de souveraineté de l'Espagne était maintenu dans les

Carolines, en assurant aux Allemands des privilèges commerciaux particuliers dans l'archipel. Un acte mettant fin à cette question irritante fut signé le 17 déc. au Vatican, par le cardinal Jacobini et par les représentants de l'Allemagne et de l'Espagne.

CAROLINIEN, IENNE s. et adj. Du pays appelé la Caroline; qui appartient à ce pays ou à ses habitants.

CAROLORÉGIEN, IENNE (du nom latin *Caroloregium*) s. et adj. De Charleroi; qui se rapporte à Charleroi ou à ses habitants.

CARPE. — Pêche. La carpe se trouve dans toutes les eaux douces, courantes ou dormantes; fleuves, rivières, lacs, étangs, marais même, tout lui est bon. Elle s'y envase pour passer l'hiver, et sort de son engourdissement dès le mois de février dans les rivières, quelquefois seulement en avril dans les étangs. De ce moment jusqu'à la fin de juin, la carpe se jette avidement sur l'appât, du lever au coucher du soleil. De juin à septembre, le meilleur moment du jour pour prendre la carpe est le matin et le soir; mais dans le milieu du jour, à moins d'une petite pluie, il n'y faut pas compter. La carpe est un poisson fort glouton, mais habile à flairer le piège; il importe donc de cacher son hameçon le plus complètement possible dans l'appât qu'on lui offre et qui sera : l'asticot, le ver blanc à queue, le ver de terre, le ver rouge, le chènevis, les fèves ou le blé cuit; une simple boulette de mie de pain, si elle n'avait pas le fâcheux inconvénient de se dissoudre promptement dans l'eau, surtout dans l'eau courante, serait peut-être le meilleur appât pour la carpe. La canne devra avoir 4 ou 5 mètres au moins, sauf le cas où le pêcheur opérerait de dessus un bateau. La ligne pourra être de crin et soie, pour le mieux; mais à l'occasion et cordonnet de soie ou de lin, munie ou non d'un moulinet, avec une grosse flotte de liège, et, en considération de la ruse de la carpe à éventer le piège, des hameçons aussi petits que possible, rarement au-dessus du numéro 5, montés sur de fortes racines. On amorce le fond dès la veille avec du blé, des fèves ou du chènevis cuits. La carpe hésite longtemps avant de tirer sur la ligne, ayant mordu, ou plutôt interroge longtemps et le mordille longtemps avant de se décider à le happer franchement : excepté dans une eau courante où il vaudra mieux piquer aussitôt que le poisson mordra, il faut laisser à la carpe le temps de s'ingérer l'hameçon et l'appât dont il est revêtu, de s'enfuir avec, ce qu'indique le mouvement continu de la flotte, pour la ferrer d'un coup sec, aussitôt après lequel on lâche un peu de ligne. — Enfin il ne reste plus, le poisson pris, qu'à l'amener à terre avec toutes les précautions indiquées pour les poissons de grande taille et par conséquent de force exceptionnelle. On pêche également la carpe aux lignes dormantes; on la pêche enfin à toute sorte de filets; mais il ne tombe peu dans les filets traînants. Dès que la carpe voit qu'elle est sur le point d'être prise par un de ces filets, elle s'enfonce dans la vase et le filet passe par-dessus.

CARPENTIER (Antoine-Michel), architecte, né à Rouen en 1709, mort en 1775. Il entra à l'Académie d'architecture en 1772. Il a élevé les châteaux de la Ferté et de Ballainvilliers, ainsi que les bâtiments de l'Arsenal à Paris et continua la construction du Palais-Bourbon (aujourd'hui palais du Corps législatif).

CARPENTIER (Pierre), bénédictin de Saint-Maur, né à Charleville en 1697, mort en 1767. Il fut prieur de Donchery et donna sous le titre de *Glossarium novum* (Paris, 1766, 4 vol. in-fol.), un supplément au glossaire latin de Ducange. Son *Alphabetum tironianum* (1747,

in-fol.) est l'explication de l'écriture au temps de *Louis le Débonnaire.*

CARPENTRASSIEN, IENNE s. et adj. De Carpentras; qui se rapporte à cette ville ou à ses habitants.

CARPOLOGIE s. f. (gr. *karpos*, fruit; *logos*, discours). Bot. Partie de la botanique qui a pour objet l'étude des fruits.

CARPOPHORE s. m. (gr. *karpos*, fruit; *vhoros*, qui porte). Bot. Prolongation du réceptacle en une petite colonne qui porte le pistil au-dessus du point d'insertion de la corolle et des étamines.

CARRÉ de veau à la broche. — Cuis. Parez-le bien, après avoir eu soin de faire donner un coup de couperet dans les jointures des côtes; lardez de petit lard; liez sur la broche pour ne pas percer le filet, et faites cuire une heure et demie. Servez avec son jus dégraissé. — **Carré** DE MOUTON A LA BOURGEOISE. Parez un carré de mouton et mettez-le cuire, pendant deux heures, avec du bouillon, un bon verre de vin blanc, bouquet garni, ail, ciboule, persil, clous de girofle, sel et poivre. Liez la sauce avec un morceau de beurre manié de farine. Ajoutez un filet de vinaigre au moment de servir.

CARRÉ MAGIQUE. On appelle *carré magique* un carré divisé en plusieurs petits carrés égaux dans lesquels on place les termes d'une progression quelconque de nombres, ordinairement d'une progression arithmétique, de manière que les nombres de chaque bande, soit horizontale, soit verticale ou diagonale, forment toujours le même total. Pour savoir de combien de manières 9 personnes peuvent se ranger dans une chambre, il n'y a qu'à multiplier les 9 premiers chiffres les uns par les autres, c'est-à-dire le premier par le second, puis le second ainsi multiplié, par le troisième, et suivre jusqu'à 9; on trouvera que ces 9 personnes peuvent se ranger de 362,881 manières; si elles étaient 10, ce serait 10 fois ce dernier nombre. Si l'on prie une personne de ranger les 9 premiers chiffres de telle sorte qu'il se trouve 15 de tous côtés, cette personne, quand elle ignore la manière d'opérer, passera des heures à y parvenir, à moins que le hasard ne vienne la seconder. Ce sera bien pis si on lui donne à arranger 49 nombres; et pourtant on peut arriver à ce but en quelques minutes, *quand on a étudié la manière de former* les carrés magiques: Ces carrés sont dits magiques parce que les anciens leur attribuaient des vertus merveilleuses et qu'ils formaient la base de leurs talismans. Un carré unique dans lequel on inscrivait l'unité, était, pour eux, le symbole de la nature, à cause de *l'unité et de l'immutabilité de Dieu*, ce carré étant, par sa nature, unique et immuable. Le carré de deux cases était le symbole de la matière imparfaite, à cause de l'impossibilité où l'on est de diviser un carré en deux cases carrées égales. Les carrés magiques, qu'ils soient en nombre pair ou en nombre impair, peuvent se former en classant tous les nombres sous trois titres différents et en appliquant à chaque titre séparé la règle qui lui est particulière. Tous les nombres se placent dans l'une des classes qui suit : 1° tous les carrés en *nombres impairs*; 2° tous les carrés en *nombres pairs* qui, divisés par 2, produisent un nombre impair pour quotient; 3° tous les carrés en nombre pairs qui, divisés par 2, produisent un nombre pair pour quotient. Avant de donner les règles pour former les carrés des classes ci-dessus, nous donnerons celle qui permet de trouver la somme de chaque colonne dans un carré quelconque, formé de chiffres qui se suivent en commençant par l'unité. On divise par 2 le nombre des cases parallèles, ajouté au cube de ce nombre; *exemple :* quand le carré est divisé

en 9 cases, on a $\frac{3 + 3^3}{2} = 15$; quand le carré est divisé en 16 cases, on a $\frac{4 + 4^3}{2} = 34$; quand le carré est divisé en 25 cases, on a $\frac{5 + 5^3}{2} = 65$. Cette règle permet de connaître d'avance quel total doit offrir une colonne quelconque d'un carré formé d'un nombre déterminé de cases. — **Carrés EN NOMBRE IMPAIR.** Sans nous attarder à une démonstration savante, nous allons donner les règles pratiques qui permettront à nos lecteurs de former n'importe quel carré magique en nombre impair de cases. Supposons que l'on ait à former un carré magique de 25 cases. Ce carré aurait 5 cases de côté et le total de chaque rangée devrait être, d'après

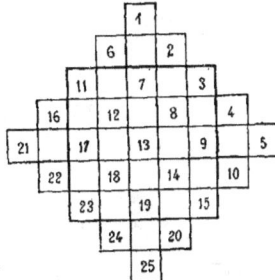

Fig. 1.

la règle établie, de 65. Pour obtenir ce carré, traçons sur le papier un carré de 25 cases et à chacune de ses faces adaptons 4 cases détachées comme on le voit sur notre fig. 1. Écrivons obliquement nos 25 nombres dans leur ordre naturel. Nous commençons par la diagonale supérieure de droite et nous écrivons nos nombres de haut en bas; car l'on peut commencer par n'importe quelle diagonale extérieure et poser les nombres dans n'importe quel sens, pourvu que l'on continue ensuite dans l'ordre commencé. Ayant donc obtenu la fig 1, nous enlevons les nombres placés hors du carré, et les portons dans les cases vides

11	24	7	20	3
4	12	25	8	16
17	5	13	21	9
10	18	1	14	22
23	6	19	2	15

Total $\frac{5 + 5^3}{2} = 65$

Fig. 2.

intérieures qui sont diamétralement opposées à un nombre de cases égal au nombre de côtés du carré à former; cela nous donne la fig. 2, dans laquelle on trouve toujours 65, quel que soit le sens de la rangée que l'on additionne. Soit maintenant à composer un carré de 49 cases ou de 7 cases de côté ; le total de chaque rangée devra être de 175, en vertu de la règle déjà établie. Suivant la même marche que pour les autres carrés, nous formons un carré de 49 cases; en dehors de ce carré, nous traçons sur chaque face 9 carrés extérieurs et nous inscrivons dans chaque carré, en diagonale, les nombres successifs de 7 en 7. Cette règle pour la formation des carrés magiques s'applique à n'importe quelle progression arithmétique ou géométrique de nombres. On peut former un carré en commençant par un nombre quelconque et en l'augmentant dans une progression déterminée. On suivrait la même marche pour les nombres en progression géométrique, toujours en écrivant en diagonale les nombres dans leur ordre de succession et en rentrant dans le carré, comme il a été dit, ceux

qui se trouvent en dehors. La méthode que nous venons d'établir permet de placer sous d'après l'ordre dans lequel on écrit ces nombres en diagonale. La règle suivante permet de former un carré magique de mille manières. On place 1 dans n'importe laquelle des petites cases; 2 dans la colonne perpendiculaire immédiatement adjacente à droite, sur une case quelconque, sauf les trois cases qui sont contiguës, horizontalement et diagonalement à la case marquée 1 (les cases parallèles supérieures et inférieures, prises ensemble, doivent toujours être considérées comme contiguës les unes aux autres, — c'est-à-dire que deux nombres consécutifs ne peuvent être placés dans la case perpendiculaire ni dans les cases parallèles immédiatement supérieures ou inférieures); et ensuite 3 se place dans la rangée perpendiculaire suivante à droite; sa distance horizontale relativement au 2 doit être égale à celle que le 2 occupe relativement au 1 — en ayant soin, quand on atteint la case inférieure, si l'on arrive en descendant, de la considérer comme si elle se trouvait immédiatement au-dessus de la case supérieure de la même colonne; et l'on reprend de cette case supérieure en continuant de compter. Quand on atteint la dernière colonne de droite, on la considère comme si elle était placée à l'extrême gauche. On va ainsi jusqu'à ce que l'on arrive à un nombre égal au nombre de cases qu'il y a dans une colonne. Le nombre suivant se place dans la 2° case horizontale à droite de ce premier multiple ; on continue ensuite comme précédemment jusqu'à ce que l'on ait placé le 2° multiple du nombre de cases de la colonne. On écrit le nombre suivant dans la 2° case horizontale à droite du double multiple et l'on agit de la même manière jusqu'à ce que l'on ait rempli toutes les cases. Quand on place un nombre au bas d'une colonne, on recommence à compter en haut de la colonne suivante. Ayant placé le 5 (nombre égal au nombre de cases d'une colonne), on porte 6 sur la même colonne horizontale, à 2 cases à droite du 5 (ici le 6 ne semble pas être à droite du 5 parce que nous sommes censés compter de gauche à droite, sur un carré imaginaire qui serait la continuation et la répétition du carré 11). Après le 6, passant dans la colonne de droite, nous arrivons au bas de cette même colonne pour placer le 7, et ainsi de suite. Disons maintenant quelques mots relativement aux propriétés des carrés magiques ainsi obtenus. 1° De l'un quelconque des quatre côtés, en commençant par n'importe quel nombre de l'une des cases, additionnons les nombres placés diagonalement dans un sens quelconque, nous arrivons toujours au même total. Il est bien entendu que, lorsque le nombre de cases en diagonale ne donne pas le nombre total des carrés composant une colonne, nous considérons cette diagonale comme continuée par la diagonale d'un carré imaginaire adjacent qui serait en tout semblable à celui sur lequel on opère, et l'on arrive ainsi à avoir le nombre de carrés voulu et à obtenir le total horizontal. 2° Si l'on enlève une ou plusieurs rangées horizontales supérieures et qu'on les place au-dessous de la rangée inférieure, dans l'ordre où on les a prises, le carré reste magique; de même si on prend une ou plusieurs rangées horizontales inférieures pour les porter au-dessus de la rangée supérieure. 3° Si nous prenons une ou plusieurs colonnes perpendiculaires soit à gauche soit à droite, pour les transporter du côté opposé, nous avons encore un carré magique. 4° Il résulte des observations précédentes que lorsqu'on a obtenu un carré, il est facile d'en faire de nouveaux en transportant les rangées et les colonnes d'une extrémité à l'autre et en mettant en lignes horizontales ou verticales les lignes diagonales du carré; et ces nouveaux carrés ser-

vent à en obtenir une infinité d'autres. On remarquera que pour la formation d'un nouveau carré à l'aide des diagonales, nous prenons un nombre quelconque de la première rangée et que nous complétons la diagonale. Pour le premier nombre de notre seconde rangée, nous prenons le nombre placé dans la première diagonale en sens inverse de la marche suivie pour former la première rangée; nous complétons la seconde rangée comme la première et continuons ainsi jusqu'à ce que le carré soit terminé. Le même carré peut ainsi servir à fournir des centaines de nouvelles figures; et celles-ci à leur tour deviennent la source d'autres carrés magiques à l'infini. La règle de formation et de multiplication des carrés magiques est exacte pour tous les carrés en nombre impair, sauf pour le carré de 3 × 3. Ce dernier, aussi bien, du reste, que tous les autres carrés impairs, peut se former en plaçant l'unité dans la cellule du milieu de la bande horizontale inférieure, en allant ensuite de gauche à droite, et en descendant diagonalement, avec l'attention d'enjamber les perpendiculaires et les horizontales comme il a été dit. Quand on a écrit 3 ou le multiple de 3, on place immédiatement au-dessus de ce nombre celui qui vient après, et l'on continue comme auparavant. D'après cette disposition, le nombre moyen occupe le centre de la figure. — **Carrés EN NOMBRE PAIR**, quand le nombre des cases de n'importe quelle parallèle donne pour quotient un nombre impair si on le divise par 2, comme dans le carré ci-dessous :

3	4	78	73	28	25	100	97	49	50
1	2	74	75	26	27	98	99	51	52
40	37	91	92	44	41	13	14	68	65
39	38	89	90	43	42	15	16	66	67
56	53	8	6	77	78	32	30	84	81
55	54	7	5	79	80	31	29	83	82
69	72	23	24	93	96	41	46	17	20
71	70	21	22	95	94	47	48	19	18
87	88	57	60	9	12	61	64	33	34
85	86	59	58	11	10	63	62	35	36

Total $\dfrac{10 + 10^3}{2} = 505$

Fig. 3.

Pour la formation de carrés magiques de ce genre, on adopte le principe admis dans la construction des carrés en nombre impair. Soit un carré 10 × 10, comme dans l'exemple ci-dessus. Nous commençons par diviser ce carré en portions de 4 cases que nous divisons par des lignes grasses. Comptant les espaces entre ces grosses lignes, nous avons un carré de 5 × 5; chaque grande case se trouve divisée en 4 petites cases formées par des lignes fines. Divisons les 100 nombres qui doivent emplir les 100 cases, en tranches de 4 nombres consécutifs. Distribuons les nombres de chaque tranche entre les 4 cases bornées par les lignes grasses. La première tranche (1, 2, 3, 4) se met où nous aurions placé 1, suivant la règle des carrés en nombre impair; la seconde tranche (5, 6, 7, 8), remplace alors le 2, etc. On doit observer que les quatre nombres contenus entre ces grosses lignes ne sont pas placés dans le même ordre pour chaque carré; voici les règles pour les arranger : Divisons le carré complet en deux parties par une perpendiculaire, de manière qu'il y ait une parallèle de plus sur le côté gauche que sur le côté droit, en comptant seulement entre les lignes grasses. Alors : 1° l'ordre pour toutes les places dans les diagonales à droite de la ligne est $\frac{1|2}{3|4}$; 2° pour toutes les places dans les diagonales à gauche de la ligne, $\frac{3|4}{1|2}$; 3° pour une place de chaque côté du centre dans la rangée horizontale du milieu, $\frac{4|2}{3|1}$; 4° pour une place immédiatement au-dessous du centre dans la colonne perpendiculaire du milieu, $\frac{4|1}{3|2}$; 5° pour une place immédiatement au-dessous du centre dans la colonne du milieu, $\frac{1|4}{3|2}$; ces cinq règles s'appliquent à toutes les places dans un carré de 6 × 6, traité comme il a été dit. Pour les carrés plus grands, il faut ajouter les règles suivantes aux cinq qui précèdent : 6° pour toutes les places dans la rangée horizontale du centre, non mentionnée dans les règles 1 et 3, on agit d'après la règle 4; 7° pour toutes les places au-dessus de la rangée du centre, non mentionnée dans les règles précédentes, l'ordre est $\frac{4|1}{3|2}$; 8° pour toutes les places au-dessous de la rangée du centre, non mentionnées ci-dessus, on suit la règle 5. Il existe plusieurs autres procédés moins commodes. Par exemple, pour former un carré de 10 cases de côté, on peut arranger les nombres de 1 à 100 comme le représente notre fig. 4. On commence par numéroter extérieurement

A	B	C	D	E	E	D	C	B	A	
91	2	3	97	6	95	94	8	9	100	1
20	82	83	17	16	15	14	88	89	81	2
21	72	73	74	25	26	27	78	79	30	3
60	39	38	64	66	65	67	33	32	41	4
50	49	48	57	55	56	54	43	42	51	5
61	59	58	47	45	46	44	53	52	40	4
31	69	68	34	35	36	37	63	62	70	3
80	22	23	75	76	77	28	29	71		2
90	12	13	87	86	85	84	18	19	11	2
1	99	98	4	96	5	7	93	92	10	1

Fig. 4.

les rangées horizontales en commençant par 1 en haut et en allant jusqu'à 5 inclusivement en descendant; puis on continue de 5 à 1 toujours en descendant jusqu'au bas de la colonne. Toutes les rangées numérotées 1, contiendront les cases de 1 à 10 et de 91 à 100; les rangées numérotées 2, renfermeront les nombres de 11 à 20 et de 81 à 90; les 3ᵉˢ rangées seront celles des nombres 21 à 30 et 71 à 80; les 4ᵉˢ, celles des nombres 31 à 41 (sauf 40) et 60 à 70 (sauf 61); et les 5ᵉˢ, celles des nombres 42 à 50, outre 40 et 61. Les colonnes verticales sont marquées de lettres, de A à E et E à A. Dans les colonnes A se trouvent les zéros et les unités; dans les colonnes B, les 2 et les 9; dans les colonnes C, les 3 et les 8; dans les colonnes D, les 4 et les 7; dans les colonnes E, les 5 et les 6. Notre fig. 5 fournit un exemple de carré magique de six cases de côté. — **Carrés EN NOMBRE PAIR**, quand le nombre des

8	30	27	10	25	11
35	6	33	34	1	2
17	13	21	24	14	22
20	19	16	15	18	23
5	31	4	3	36	32
26	12	9	28	7	29

Total $\dfrac{6 + 6^3}{2} = 111$

Fig. 5.

cases horizontales ou verticales donne un nombre pair, si on le divise par 2, comme dans les carrés ci-dessous. Pour donner plus de clarté à la colonne nous avons divisé les carrés en quartiers par des lignes grasses. Nous plaçons 1 dans l'angle supérieur de droite du carré inférieur de droite; ensuite, allant dans la rangée horizontale immédiatement au-dessous, nous plaçons 2 dans la case de droite du carré de gauche, en position relativement semblable à celle de 1. Nous continuons ainsi, en descendant de droite à gauche et de gauche à droite, jusqu'à ce que nous ayons atteint la dernière rangée horizon-

9	16	5	4
6	3	10	15
12	13	8	1
7	2	11	14

Total $\dfrac{4 + 4^3}{2} = 34$

Fig. 6.

zontale. Ensuite, nous plaçons le nombre suivant dans le quartier supérieur, de manière qu'il y occupe la case semblable du même côté; et nous continuons en montant de gauche à droite et de droite à gauche (comme nous avons procédé en descendant pour les deux quartiers inférieurs), jusqu'à ce que nous ayons atteint la rangée supérieure horizontale; alors le nombre qui suit le multiple du nombre de cases dans chaque parallèle, se place — si l'on se trouve dans la colonne de droite, — dans la case adjacente à gauche du multiple; si l'on se trouve dans la colonne de gauche, il se place dans la case adjacente à droite du multiple. On va ensuite en descendant, depuis la rangée supérieure, dans l'ordre inverse de ce que l'on a fait pour monter; et quand on a atteint, de cette manière la rangée horizontale inférieure, de la moitié supérieure, on place le nombre suivant dans la case similaire du quartier qui se trouve en dessous du même côté; l'on recommence à monter comme précédemment jusqu'à ce que l'on ait atteint la rangée horizontale supérieure de la moitié inférieure, et ainsi de suite jusqu'à ce que l'on ait écrit la moitié des nombres qui doivent entrer dans le carré complet. Le premier nombre de la seconde moitié se place à l'angle supérieur de gauche de la rangée supérieure; on termine le carré magique de la manière qui a été dite en commençant. Les personnes qui désireraient approfondir la question des carrés magiques, pourraient consulter un article de la Hire, inséré dans les *Mémoires de l'Académie des Sciences*, en 1705, et les recherches de Sauveur, dans les *Mémoires de l'Académie des Sciences de 1710*. Dons-en-Bray a publié dans les mêmes Mémoires, en 1750, une méthode pour construire ces carrés. On peut voir dans l'*Histoire des mathématiques* de Montucla, t. Iᵉʳ, p. 336, la liste des principaux ouvrages composés sur le même sujet.

33	48	49	64	25	24	9	8
26	23	10	7	34	47	50	63
35	46	51	62	27	22	11	6
28	21	12	5	36	45	52	61
40	41	56	57	32	17	16	1
31	18	15	2	39	42	53	59
38	43	54	59	30	19	14	3
29	20	13	4	37	44	53	60

Total $\dfrac{8 + 8^3}{2} = 260$

Fig. 7.

CARTE. — Jeux. Les moralistes conservent et répandent, contre les cartes, des préventions aussi exagérées que celles de certaines sociétés de tempérance qui veulent prohiber absolument l'usage du vin et des liqueurs fermentées, sous prétexte qu'il y a des ivrognes. En toutes choses, l'abus seul est condamnable ; l'usage modéré peut, au contraire, produire des effets bienfaisants. Dans presque tous les pays de l'Europe, la tradition populaire attribue l'invention des cartes au besoin d'amuser, pendant ses moments de lucidité, un prince en démence. Nous avons, chez nous, la légende des cartes de Charles VI ; ailleurs, on cite d'autres rois, pour concilier la tradition avec l'histoire. Que l'unanimité des peuples ne prouve-t-elle pas que ce genre de jeux ne présente, par lui-même, rien que réprouve la morale, tant qu'il ne sert qu'au divertissement de l'esprit? Que le législateur frappe avec énergie les infâmes tripots où le joueur imprudent, livré à l'exploitation des Grecs (philosophes et *suiffards*), trouve la ruine et quelquefois le déshonneur, rien de plus juste. Mais les jeux de carte ont survécu à toutes les lois qui avaient pour objet de les prohiber d'une manière absolue, et depuis des milliers d'années, ils constituent pour l'humanité un délassement inoffensif, dont l'abus seul est dangereux. En dépit des décrets qui les frappaient, ils devinrent si populaires au moyen âge, que leur fabrication florissante, conduisit, de perfectionnement en perfectionnement, à l'invention de la gravure sur bois, et de la presse à imprimer, ancêtres naturels et nécessaires de tous nos procédés modernes de typographie. Les jeux de cartes, tels qu'ils sont adoptés aujourd'hui, sont formés de quatre *couleurs* ou marques différentes, nommées : pique, trèfle, carreau et cœur. Chaque couleur se divise en figures (roi, dame, valet) et en un certain nombre de points, depuis le dix jusqu'à l'unité, que l'on appelle *as*. Le *jeu entier* se compose de 52 cartes, savoir : 4 as, 4 rois, 4 dames, 4 valets, 4 dix, 4 neuf, 4 huit, 4 sept, 4 six, 4 cinq, 4 quatre, 4 trois et 4 deux ; c'est-à-dire 13 cartes de chaque couleur. Le *reversis* compte 48 cartes ; c'est le jeu entier, moins les dix ; il a douze cartes de chaque couleur. Le *jeu d'hombre* est formé de 40 cartes : 10 de chaque couleur ; c'est le jeu entier moins les dix, les neuf et les huit. Le *jeu de tri*, composé de 34 cartes, n'a aucun carreau, à l'exception du roi, et il lui manque le six de chaque couleur et tous les dix, les neuf et les huit. Le *jeu de piquet* ne compte que 32 cartes : 8 de chaque couleur ; c'est le jeu entier moins les 4 six, les 4 cinq, les 4 quatre et les 4 deux. Le *jeu de brelan* n'a que 28 cartes : 7 de chaque couleur ; c'est le jeu de piquet moins les sept. Les cartes sont ordinairement accompagnées d'une planchette recouverte d'un tapis vert sur lequel on joue et, en outre, de l'appareil nécessaire pour marquer les points des parties. On marque le plus souvent à l'aide de fiches rondes ou jetons de diverses couleurs, et de fiches carrées quadrangulaires nommées contrats. On peut aussi employer une marque découpée dans une carte. Les cartes se prêtent à une infinité de combinaisons que l'on peut diviser en deux classes principales : les jeux mixtes, dans lesquels le calcul et la chance jouent l'un et l'autre un rôle plus ou moins important ; et les jeux de *pur husard*, où le calcul n'entre pour rien. Tels sont le baccarat, le lansquenet, le trente-et-quarante, le pharaon, le brelan et autres jeux dangereux que la loi prohibe et que l'on ne se permet que dans les maisons qu'il est prudent d'éviter. Pour les jeux mixtes, comme le piquet, le whist, le boston et plusieurs autres, dont la situation est toute différente, ils donnent l'habitude de la réflexion, du calcul et de la pénétration ; ils exercent la mémoire, sans laquelle toute combinaison est impossible ;

ils servent, en quelque sorte, de gymnastique à l'intelligence, et à ce titre, nous les considérons comme formant une utile distraction, pourvu que l'on joue pour le plaisir du jeu lui-même et non pour l'appât d'un gain aléatoire. Quelques conseils aux jeunes gens qui entrent dans le monde où l'on joue : les cartes n'ayant, par elles-mêmes, comme nous l'avons dit, rien de contraire à la morale, un jeune homme qui se trouve dans un salon, s'il ne veut faire le puritain, en disant qu'il ne joue jamais, doit accepter de faire une partie ou deux, quand il y est invité par la maîtresse de la maison. Ayant accepté, il doit s'attendre à perdre et le faire avec bonne grâce ; il laissera aux personnes âgées ou les dames, s'il en a pour adversaires, fixer le taux des parties, et réservant intérieurement de ne pas recommencer le jeu et même de ne pas revenir dans la réunion si la manière de fixer les enjeux lui paraît exagérée ; dans tous les cas, il ne manifestera en rien son mécontentement : il adhérera purement et simplement. La partie étant engagée, il évitera de faire pressentir son jeu par ses paroles, ses gestes ou l'expression de sa physionomie. Le gain d'une ou de plusieurs parties doit le rendre défiant du hasard et, dans certaines circonstances, des adversaires ; dès que la chance tournera à sa défaveur, il conservera son calme et, après une ou deux parties perdues, il lui sera permis de se retirer, vu l'heure avancée, ou sous tout autre prétexte. Dans le cas où la chance lui resterait fidèle, il ne montrera pas une joie déplacée, se gardera de ramasser son gain avec un avide empressement, et surtout de faire *Charlemagne*, c'est-à-dire d'abandonner brusquement le jeu, sans une raison très importante ou sans avoir remis ses intérêts à un autre. S'il a, une seule fois, la faiblesse de se laisser entraîner à perdre une forte somme, il doit renoncer aux cartes et chercher, pour l'avenir, des excuses polies. Il est d'habitude que chaque joueur, lors de la première donne, salue ses partenaires d'un signe de tête en jetant sa première carte. Dans les salons où tout le monde se connaît, il est injurieux de mêler les cartes après le donneur, lorsqu'il offre à couper ; malheureusement cette mesure de défiance est excusable dans beaucoup de réunions parisiennes, aussi bien que la demande d'un jeu neuf après chaque partie. Il ne faut pas couper dans la longueur des cartes, ni appuyer sur le jeu avec l'index en coupant seule le pouce et le doigt du milieu. Que l'on gagne ou que l'on perde, il est toujours ridicule de compter l'argent que l'on a devant soi, et même de le mettre dans sa poche ; le mieux est de le relever seulement lorsque l'on quitte le jeu. Si un coup paraît contestable, il est grossier de disputer ; les gens bien élevés, pour éviter toute parole désagréable, consultent la galerie et se soumettent à sa décision. Le donneur, après avoir mêlé, donne à couper ordinairement à son voisin de gauche ; et celui-ci coupe en prenant un paquet qu'il place entre le donneur et le paquet restant ; ensuite le donneur réunit les deux tas en posant dessus celui qui était dessous, et il distribue en commençant par son voisin de droite et en finissant par lui-même. Mais au whist, par exemple, on fait couper à droite et on commence la distribution à gauche : c'est une exception. Pour les règles des différentes parties, voir chacune d'elles à son ordre alphabétique. — **Tours de cartes.** On doit au calcul la plupart des récréations qui s'exécutent avec des cartes. Il en est beaucoup, et il est vrai, qui ne dépendent que l'adresse des mains, ou dont toute la finesse consiste dans des jeux de cartes préparés, et il faut en convenir, les tours de cette espèce, exécutés avec dextérité, ne sont pas ceux qui causent le moins de surprise. Nous allons donner quelques instructions in-

dispensables à ceux qui voudraient s'exercer dans ce genre de récréations. 1° Il faut savoir faire *sauter la coupe*, c'est-à-dire faire venir sur le jeu une certaine quantité des cartes de dessous. Pour cet effet, on pose le jeu de cartes dans la main droite, et on le divise en deux parties, en introduisant au milieu le petit doigt. On met ensuite la main droite en, serrant le paquet inférieur entre le pouce et le doigt du milieu de cette main. Le paquet supérieur se trouve pressé entre le petit doigt de la main gauche et le doigt annulaire et celui du milieu de la même main. A l'aide de ces trois doigts, on tire et on élève le paquet supérieur, et, avec la main droite, on fait venir lestement sur le jeu paquet inférieur. 2° Il faut savoir exécuter rapidement les *faux mélanges*. On en distingue de plusieurs espèces. En voici trois. Le premier consiste à mêler réellement toutes les cartes, excepté une qu'on ne perd pas de vue. On pose cette carte sur le jeu, on la prend de la main droite en retenant le reste du jeu dans la main gauche. On fait glisser avec le pouce sur la carte réservée cinq à six autres cartes, et sur ces dernières encore cinq à six, et ainsi de suite jusqu'à ce qu'on ait fait passer le jeu entier dans la main droite. Il est sensible que la carte de réserve se trouve alors dessous. On peut recommencer la même manœuvre ; et lorsqu'on arrive à la dernière, on la laisse dessous et on la place dessus, suivant qu'on le désire. Le second faux mélange consiste à prendre de la main droite la moitié supérieure du jeu que l'on tient dans la main gauche, en remuant l'annulaire de la droite pour faire glisser cette moitié sous le jeu, sans déranger l'ordre des cartes ; après quoi on fait sauter la coupe, et le jeu se trouve comme il était. Le troisième faux mélange consiste à jeter rapidement sur la table les cartes par paquets, en observant de les placer dans l'ordre numéroté que voici 1, 3, 5, 4, 2. La carte que l'on ne veut pas perdre de vue, occupe seule le point 5. Si l'on pose ensuite avec vitesse le paquet 1 sur la carte 5, et successivement les paquets 2, 3, 4, on paraîtra avoir bien mêlé les cartes, quoiqu'en effet elles soient toujours dans le même ordre. 3° On *file* la carte en la tenant avec l'index et le doigt du milieu de la main droite ; le reste du jeu est posé entre l'index et le pouce de la main gauche. On fait dépasser un peu la carte supérieure que l'on veut substituer. Par ce moyen, le doigt du milieu, l'annulaire et le petit doigt de la main gauche sont libres ; et c'est avec ces doigts que l'on reçoit la carte qui est dans la main droite, lorsqu'on approche celle-ci pour enlever lestement la carte à substituer. 4° Pour *glisser* la carte, on tient le jeu dans la main droite, et l'on montre à la société de la carte de dessous, que nous supposons être le roi de cœur. On renverse le jeu ; on feint de tirer ce roi de cœur avec le doigt du milieu de la main gauche ; et l'on ne prend en effet que la carte qui le précède immédiatement, attendu qu'avec l'annulaire et le petit doigt de la main droite on a soin de faire couler en arrière le roi de cœur. — 5° *Forcer la carte*. Cette opération demande beaucoup de tact et de finesse et aussi une incoude peu commune, où le spectateur puise la plus agréable et la plus décevante distraction. Il s'agit en effet de faire prendre, en quelque sorte malgré lui, une carte connue à « quelqu'un de l'aimable société ». La *carte forcée* n'est pas seulement une manœuvre préparatoire, elle est, à elle seule, un tour des plus glorieux pour l'opérateur ; car il est clair qu'en forçant habilement, sans qu'il s'en doute, comme de raison, un spectateur à prendre dans un jeu que vous lui présentez, une carte qui vous est connue, rien ne vous sera plus facile que de *deviner* la carte *choisie* par cette personne. D'audacieux opérateurs vont même jusqu'à

prédire quelle sera cette carte, — non à haute voix, mais tout bas, — confiant au conduit auditif d'un autre spectateur bénévole ce secret peu terrible, mais très certainement merveilleux. Tout en battant vos cartes sans affectation, vous avez soin d'en remarquer une, celle de dessous, par exemple, que dès lors vous ne perdrez pas de vue; que vous retiendrez au besoin à l'aide de votre petit doigt, tout en battant les cartes de manière à être bien sûr, le moment venu, de la place qu'elle occupe; ou bien, si vous avez choisi la carte de dessous, faire sauter la coupe pour la faire venir au milieu du jeu, où vous la maintiendrez sûrement du petit doigt. Vous invitez alors quelqu'un de la société, dont l'attitude indique qu'il n'y mettra aucune malice et que vos exercices l'intéressent bonnement, à choisir une carte *au hasard* dans le jeu que vous lui présentez, ayant soin de lui glisser en quelque sorte la carte que vous connaissez entre ses doigts prêts à se fermer. —C'est, nous le répétons, une question de tact qu'un habile opérateur, s'inspirant des circonstances, ne manquera pas de résoudre à son avantage. La carte ainsi choisie, vous priez votre compère sans le savoir de la placer dans le jeu que vous lui mettez entre les mains, et de la battre à satiété lorsque la carte y aura été introduite par lui. Il est évident qu'il pourra .le battre pendant vingt-quatre heures sans pouvoir vous empêcher de deviner quelle est cette carte « choisie au hasard ». — Il est facile de varier les récréations, à l'aide de ces cinq points fondamentaux. — Voici quelques-uns des tours les plus connus. — *L'as de cœur changé en pique.* Votre carte doit être préparée d'avance; vous aurez enlevé proprement la première feuille, la plus mince, d'une carte représentant l'as de cœur; vous découpez l'as en laissant déborder tout autour une petite portion de papier blanc; vous frottez légèrement le dos de cette figure découpée avec un peu de savon, et vous l'appliquez sur un as de pique, de manière à ce qu'elle le cache entièrement. Lorsque vous montrez cette carte, chacun affirme que c'est un as de cœur. Vous passez la main sur la figure; le cœur se détache et le pique paraît. — *L'as de pique changé en cœur.* Sur un as de cœur, vous dessinez, avec un peu de savon, une fleur de pique. De la poudre de *jayet* ou *jais* tamisée dans un mouchoir et par conséquent presque impalpable, sera mise sur la carte et ne s'attachera qu'au savon, simulant de l'encre d'imprimerie. Chacun croira que votre carte est un as de pique. Lorsque vous frotterez cette carte sur le tapis la poudre se détachera et le cœur reparaîtra, — *Les deux cartes changeantes.* Prenez deux as de pique, dédoublez-les et les découpez; collez-les ensuite proprement sur le milieu du dos de deux rois de cœur. Vos deux cartes ainsi préparées, vous montrez d'une main, vers un bout de la table, le roi de cœur, et de l'autre main, à l'autre extrémité, l'as de pique. Vous annoncez qu'à cette distance, chaque carte va prendre mutuellement la place de l'autre. Vous vous faites couvrir chaque main d'un chapeau, et retournant les cartes, vous montrez ce que vous avez promis. — *La carte obéissante.* L'exécution de ce tour exige une petite préparation. Vous aurez un cheveu ou un fil de soie très fin, long de 60 centim., attaché par un bout au bouton de votre habit et dont l'autre bout est enveloppé d'un très petit morceau de cire jaune manié dans les doigts. Ce léger appareil n'est point visible pour les spectateurs les plus clairvoyants. Assis devant la table, vous présentez un jeu de cartes à une personne de la société en l'invitant à tirer une carte et à l'examiner. Vous reprenez cette carte, et en la replaçant dans le jeu, vous lui appliquez sur le dos le petit morceau de cire. Retournez le jeu et étalez-le sur la table, les figures à

découvert en annonçant que la carte choisie va sortir d'elle-même du jeu. En effet, lorsque vous reculerez votre corps, la carte se mettra en mouvement, comme poussée par une force invisible. Vous dissimulerez votre mouvement personnel de recul en agitant les bras comme si vous magnétisiez la carte. Le même fil de soie peut s'attacher à une pièce de monnaie, à un canif, etc., et produire une grande illusion. — *Les quatre as réunis.* Étalez un jeu de piquet sur la table, pour montrer que les cartes n'ont rien de particulier, mais d'abord vous avez eu soin de mettre en réserve trois cartes du jeu, n'importe lesquelles, pourvu que ce ne soient pas des as. Une personne de la société prend, sur votre prière, les quatre as dans le jeu, et les mêle et mêle le reste du jeu. Pendant ce temps, vous posez la main sur les quatre as; mais, dans la paume de la main, vous dissimulez les trois cartes mises en réserve et vous les placez sur les as. Vous prenez le jeu qui vient d'être mêlé et placez dessus le petit paquet de sept cartes qui est censé ne contenir que les quatre as. Alors vous annoncez que vous allez placer les quatre as en quatre endroits différents du jeu et que néanmoins ils se trouveront réunis. En effet, vous placez les trois cartes du dessus en trois endroits différents; quant à la quatrième qui est un as, vous la mettez dessus ou dessous; vous faites couper et vous étalez le jeu, vos as sont réunis. — *Autre.* Prenez un jeu de 32 cartes, rangez-le par as, roi, dame, valet, etc., et ainsi de suite jusqu'à la fin du jeu. Faites couper autant de fois que l'on voudra. Rangez ensuite vos cartes sur huit de file, les couleurs en dessous, en commençant à compter à droite. Les huit premières cartes ainsi posées, mettez-en encore huit autres par-dessus, en comptant toujours de la même manière, et ainsi jusqu'à la fin. Cela fini, vous trouverez infailliblement les as ensemble, et les autres parellement. — *Le chelem forcé.* « On met ensemble, dit Robert Houdin, 13 cartes d'une même couleur et pour le classement par faux mélange, on procède par l'opération suivante: 1° ayant pris les 13 cartes dans la main droite, faites-en glisser la dernière sur le paquet des autres que vous tenez dans la main gauche; 2° placez vous aussitôt cette carte avec les 3 suivantes sur le paquet de la main droite; 3° faites encore glisser la dernière de ce paquet sur celui de la main gauche et procédez comme précédemment pour le faire passer avec les 3 autres sur le dessus du jeu. Continuez ainsi jusqu'à épuisement du paquet de la main gauche. Ce faux mélange est d'une parfaite illusion. Fausse coupe et distribution. Avec 13 atouts en main, le donneur doit immanquablement faire le chelem. » Il le fait encore dans la partie suivante où chaque joueur a 13 cartes de la même couleur. « Toutes les cartes, dit Robert Houdin, devront être classées par pique, cœur, trèfle, carreau, sans qu'il soit utile de faire une distinction d'ordre dans leur valeur. Après un faux mélange et donnez à couper sans crainte de voir la combinaison dérangée. Après la distribution, faite carte par carte, chacun aura une séquence de 13 cartes; seulement celle du donneur aura l'avantage d'être en atout. » — *Coup de piquet pour faire son adversaire repic du premier coup.* Le moyen pour y parvenir consiste : 1° à préparer un jeu de manière qu'en paraissant battre les cartes, on les dispose pour le coup; 2° à avoir dans ce jeu une carte plus large qui détermine la coupe, en sorte que celui qui coupe complète lui-même la disposition des cartes nécessaire pour rendre maître du jeu celui qui donne. Voici dans quel ordre les cartes doivent se trouver avant d'entamer la partie :

1. Neuf de pique.	**4.** Sept de carreau.
2. Roi de pique.	**5.** As de pique.
3. Sept de pique.	**6.** Dix de trèfle.

7. Dix de carreau.	20. Valet de trèfle.
8. Dix de cœur.	21. Roi de cœur.
9. As de trèfle.	22. Dame de cœur.
10. As de cœur, carte large.	23. Neuf de carreau.
11. Huit de cœur.	24. Valet de carreau.
12. Huit de pique.	25. Huit de carreau.
13. Sept de cœur.	26. Roi de carreau.
14. Neuf de trèfle.	27. Dame de carreau.
15. Valet de carreau.	28. Valet de cœur.
16. Dix de pique.	29. Roi de trèfle.
17. Dame de trèfle.	30. As de carreau.
18. Neuf de cœur.	31. Sept de trèfle.
19. Dame de pique.	32. Huit de trèfle.

On met ce jeu dans la main gauche, et la manière de le battre consiste à prendre avec la main droite les deux premières cartes sans les déranger, de poser sur elles les deux suivantes, encore au-dessus les trois autres qui suivent, par-dessous les trois autres qui suivent, et toujours alternativement deux dessus et trois dessous. Ce mélange produira l'ordre ci-après :

28. Valet de cœur.	7. Dix de carreau.
29. Roi de trèfle.	10. As de cœur, carte large
23. Neuf de carreau.	11. Huit de cœur.
24. Valet de carreau.	12. Huit de pique.
18. Neuf de cœur.	15. Valet de pique.
19. Dame de pique.	16. Dix de pique.
13. Sept de cœur.	17. Dame de trèfle.
14. Neuf de trèfle.	20. Valet de trèfle.
8. Dix de cœur.	21. Roi de cœur.
9. As de trèfle.	22. Dame de cœur.
4. Sept de carreau.	25. Huit de carreau.
1. Sept de carreau.	26. Roi de carreau.
2. Roi de pique.	27. Dame de carreau.
5. As de pique.	30. As de carreau.
3. Dix de trèfle.	32. Huit de trèfle.

On donne ensuite à couper. Si la personne contre laquelle on joue ne coupait pas à l'as de cœur, qui est la carte large, il faudrait, sous quelque prétexte, faire couper une seconde fois, et même recouper encore, jusqu'à ce que l'on se soit assuré par le tact que cette carte large est sous le jeu. Il en résultera que les cartes seront ainsi rangées dans l'ordre qu'elles doivent avoir pour faire repic son adversaire, en lui laissant, même après avoir coupé, le choix de la couleur dans laquelle il désire d'être repic. Voici quel sera cet ordre :

11. Huit de cœur.	23. Neuf de carreau.
12. Huit de pique.	24. Valet de carreau.
15. Valet de pique.	18. Neuf de cœur.
16. Dix de pique.	19. Dame de pique.
17. Dame de trèfle.	13. Sept de cœur.
20. Valet de trèfle.	14. Neuf de trèfle.
21. Roi de cœur.	8. Dix de cœur.
22. Dame de cœur.	9. As de trèfle.
25. Huit de carreau.	4. Sept de carreau.
26. Roi de carreau.	1. Neuf de pique.
27. Dame de carreau.	2. Roi de pique.
30. As de carreau.	5. As de pique.
31. Sept de trèfle.	3. Dix de trèfle.
32. Huit de trèfle.	6. Dix de carreau.
29. Roi de trèfle.	10. As de cœur, carte large.

Demandez à votre adversaire dans quelle couleur il veut être repic. S'il veut que ce soit en trèfle ou en carreau, vous donnerez les cartes par trois, ce qui produira les jeux suivants :

Jeu du premier en cartes.	Jeu du second en cartes.
Roi de cœur.	As de trèfle.
Dame de cœur.	Roi de trèfle.
Valet de cœur.	Dame de trèfle.
Neuf de cœur.	Valet de trèfle.
Huit de cœur.	Neuf de trèfle.
Sept de cœur.	As de carreau.
Dame de pique.	Roi de carreau.
Valet de pique	Dame de carreau.
Huit de pique.	Valet de carreau.
Neuf de pique.	Neuf de carreau.
Huit de pique.	Dix de cœur.
Sept de pique.	Dix de pique.

Rentrée du premier.	Rentrée du second.
Sept du pique.	Dix de trèfle.
Sept de carreau.	Dix de carreau.
Neuf de pique.	As de cœur.
Roi de pique.	
As de pique.	

Le premier en cartes, qui est celui contre lequel on joue a demandé d'être repic en trèfle, et qu'il prenne ses cinq cartes de rentrée, il faudra alors écarter la dame, le valet

et le neuf de carreau ; et l'on aura par les trois cartes de rentrée une sixième majeure en trèfle et quatorze de dix. Si l'adversaire en laissait, il faudrait écarter tous les carreaux. S'il a demandé d'être repic en carreau, on écartera la dame, le valet et le neuf de trèfle, ou tous les trèfles s'il laissait deux cartes ; ce qui produirait le coup dans l'une ou l'autre de ces deux couleurs. Cependant si l'adversaire écartait ses cinq cœurs, il ferait manquer la partie, parce qu'alors il aurait une septième en pique. Elle serait manquée aussi s'il ne prenait qu'une carte et qu'il en laissât quatre. Mais ce n'est pas *son jeu* d'écarter ainsi : on n'aurait à craindre une pareille ruse que de quelqu'un qui connaîtrait de quelle manière se fait cette récréation. Si celui contre lequel on joue demande à être repic en cœur ou en pique, on donnera alors les cartes par deux ; ce qui produira les deux jeux suivants :

Jeu du premier en cartes.	*Jeu du second en cartes.*
Roi de carreau.	As de trèfle.
Valet de carreau.	Roi de trèfle.
Neuf de carreau.	As de carreau.
Huit de carreau.	Dame de carreau.
Dame de carreau.	Dame de pique.
Valet de trèfle.	Valet de pique.
Neuf de trèfle.	Dix de pique.
Huit de trèfle.	Roi de cœur.
Sept de trèfle.	Dame de cœur.
Huit de cœur.	Valet de cœur.
Sept de cœur.	Dix de cœur.
Huit de pique.	Neuf de cœur.

Rentrée du premier.	*Rentrée du second.*
Sept de pique.	Dix de trèfle.
Sept de carreau.	Dix de carreau.
Neuf de pique.	As de cœur.
Roi de pique.	
Dix de pique.	

Si l'adversaire a demandé d'être repic en cœur, on gardera la quinte au roi en cœur et le dix de pique, et on écartera de reste ce que l'on voudra : alors, quand même il en laisserait deux, on aura une sixième majeure en cœur et quatorze de dix, avec lesquels on fera repic. Si, au contraire, il a demandé d'être repic en pique, il faudra, après avoir donné, faire passer subtilement sur le talon les trois cartes qui sont sous le jeu, c'est-à-dire le dix de trèfle, celui de carreau et l'as de cœur, afin d'avoir dans la rentrée le valet, le roi et l'as de pique ; en sorte que gardant la quinte en cœur, et étant même obligé d'écarter quatre cartes si l'adversaire en laissait une, on ait en outre une sixième au roi de pique, avec laquelle on fera le repic. Si l'adversaire ne prenait que 3 cartes le coup serait encore manqué. — On peut aussi faire repic son adversaire avec cartes blanches ; alors les cartes doivent se trouver disposées dans un ordre différent ; voici quel est cet ordre :

1.	Dame de cœur.	17.	As de cœur.
2.	Roi de pique.	18.	Sept de cœur.
3.	Roi de pique.	19.	Sept de carreau.
4.	Roi de trèfle.	20.	Valet de pique.
5.	Dix de pique.	21.	Neuf de cœur.
6.	Dame de pique.	22.	Huit de trèfle.
7.	Valet de trèfle.	23.	Roi de carreau.
8.	Dix de trèfle.	24.	Dix de carreau.
9.	Huit de carreau.	25.	Dame de pique.
10.	Valet de cœur, carte large.	26.	As de carreau.
11.	As de pique.	27.	Huit de cœur.
12.	Sept de pique.	28.	Neuf de carreau.
13.	Neuf de pique.	29.	Neuf de trèfle.
14.	Valet de carreau.	30.	Huit de pique.
15.	Sept de trèfle.	31.	Dame de carreau.
16.	Dix de cœur.	32.	As de trèfle.

Les cartes ayant été battues de la manière que nous avons indiquée pour les coups précédents, et coupées à la carte large, on les donnera deux à deux. Il en résultera les jeux suivants :

Jeu du premier en cartes.	*Jeu du second en cartes.*
As de pique.	Dix de trèfle.
Dame de pique.	Neuf de trèfle.
Valet de pique.	Huit de trèfle.
Neuf de pique.	Sept de trèfle.
Sept de pique.	Dix de cœur.
As de carreau.	Neuf de cœur.

Rentrée du premier.	*Rentrée du second.*
Roi de carreau.	Huit de cœur.
Dame de carreau.	Sept de cœur.
Valet de carreau.	Neuf de carreau.
Dix de carreau.	Huit de carreau.
As de cœur.	Sept de carreau.
As de trèfle.	Huit de pique.

Les cartes distribuées, on proposera à celui contre lequel on joue, de jeter un coup d'œil sur chacun des deux jeux, et de choisir celui qu'il désirera, à condition qu'en gardant le jeu qui lui a été donné, il sera premier en cartes ; et que, préférant l'autre jeu, il sera en dernier. S'il s'en tient à son jeu, qui est en apparence bien meilleur que l'autre, il est vraisemblable qu'il écartera ses quatre piques, qu'il gardera sa quinte au carreau et son quatorze d'as, et qu'il laissera une carte. Le dernier en cartes lui montrera donc d'abord dix de cartes blanches ; et gardant ses deux quatrièmes en trèfle et en cœur, il écartera les quatre autres cartes, et aura une sixième en trèfle et une quinte en cœur, avec lesquelles il fera repic, pouvant compter 107 points, et gagnera la partie quoiqu'il soit capot. Si l'adversaire préférait le jeu du dernier en cartes, alors celui-ci écarterait la quatrième au roi en carreau et le sept de pique, ce qui lui procurerait, par la rentrée, une sixième majeure en pique et quatorze d'as. Si celui contre lequel on joue écartait ses carreaux, on manquerait la partie ; mais il n'est pas présumable qu'il écarte la quinte en carreau et le quatorze d'as, pour tirer les piques qui présentent bien moins d'avantage. Si l'on veut donner à son adversaire le choix des deux jeux, il faut que les cartes soient rangées comme il suit :

1.	Dame de cœur.	17.	As de trèfle.
2.	Sept de cœur.	18.	Valet de carreau.
3.	Roi de cœur.	19.	Sept de pique.
4.	Dame de cœur.	20.	Neuf de carreau.
5.	Dix de cœur.	21.	Huit de trèfle.
6.	As de cœur.	22.	Neuf de carreau.
7.	Dame de carreau.	23.	Roi de pique.
8.	Dame de cœur.	24.	Dame de pique.
9.	Neuf de pique.	25.	Dame de trèfle.
10.	Roi de carreau, carte large.	26.	Huit de carreau.
11.	As de pique.	27.	Sept de trèfle.
12.	Huit de pique.	28.	Valet de trèfle.
13.	Sept de carreau.	29.	Dix de carreau.
14.	Valet de pique.	30.	Dix de pique.
15.	Valet de trèfle.	31.	Dix de pique.
16.	Dix de trèfle.	32.	Huit de cœur.

Dans cet état, les cartes étant battues, coupées et données comme on l'a enseigné ci-devant, il viendra les jeux qui suivent :

Jeu du premier en cartes.	*Jeu du second en cartes.*
As de pique.	As de carreau.
Roi de pique.	Valet de carreau.
Dame de pique.	Dix de carreau.
Valet de pique.	Neuf de carreau.
Dix de pique.	Roi de trèfle.
Huit de pique.	Valet de trèfle.
As de trèfle.	Huit de trèfle.
Dame de cœur.	Sept de trèfle.
Neuf de cœur.	Neuf de trèfle.
Huit de cœur.	Neuf de pique.
Sept de cœur.	Sept de pique.

Rentrée du premier.	*Rentrée du second.*
Roi de cœur.	As de cœur.
Dame de cœur.	Roi de carreau.
Valet de cœur.	Dame de carreau.
Dix de cœur.	

On donnera ensuite à son adversaire le choix des deux jeux, sans lui laisser cependant la liberté de les regarder. S'il garde le jeu de premier en cartes, on écartera le roi de trèfle, le neuf de pique et le sept de pique, et on aura, pour la rentrée, une sixième en carreau, et le point, qui valent 22 ; ce qui, joint à la quinte en trèfle, produira 97 ; car il n'est pas probable que l'adversaire gardera son neuf et son huit de cœur. Si, au contraire, il a demandé le jeu de second en cartes, on écartera le valet, le dix et le huit de pique ; le huit et le sept de carreau : alors on aura, par la rentrée, une septième en cœur, une tierce majeure en pique et trois dames, qui feront 90 ; et on fera repic, quand même l'adversaire aurait écarté à son plus grand avantage. — On peut laisser à son adversaire non seulement le choix de la couleur dans laquelle il veut être repic, mais même celui des deux jeux ; on peut encore lui demander s'il préfère qu'on lui donne les cartes deux ou par trois. A cet effet, le jeu doit contenir quatre cartes larges, et être ainsi disposé :

1.	As de pique.	17.	Valet de carreau.
2.	Roi de pique.	18.	As de cœur.
3.	Huit de cœur.	19.	Roi de cœur.
4.	Sept de cœur, carte large.	20.	Dix de carreau.
5.	Valet de pique.	21.	Dame de carreau.
6.	Dix de pique.	22.	Neuf de carreau.
7.	Dame de pique.	23.	Huit de trèfle.
8.	Dame de cœur.	24.	Sept de trèfle, carte large.
9.	Neuf de pique.	25.	Huit de trèfle.
10.	Neuf de pique.	26.	Sept de carreau, carte large.
11.	Huit de pique.	27.	As de trèfle.
12.	Sept de pique, carte large.	28.	Dame de trèfle.
13.	Valet de cœur.	29.	Neuf de trèfle.
14.	Dix de cœur.	30.	Roi de trèfle.
15.	As de carreau.	31.	Valet de trèfle.
16.	Roi de carreau.	32.	Dix de trèfle.

Le jeu étant mêlé comme aux coups précédents, les cartes larges se trouvent les dernières de chacune des quatre couleurs, lesquelles sont toutes réunies, excepté une seule qui est divisée en deux parties égales, moitié dessus et moitié dessous. Si l'on coupe le jeu à une des quatre cartes larges, il y aura toujours au talon huit cartes de la même couleur. Si celui contre lequel on joue, demande à être repic en trèfle, on coupe soi-même à la première carte large, qui est le sept de trèfle, et l'on place par ce moyen les huit trèfles sous le jeu. On aura pour rentrée la quinte majeure en trèfle, il en sera de même de toutes les autres couleurs, en coupant au sept de chacune d'elles. On observera qu'il est nécessaire, dans cette partie, que l'adversaire soit le dernier en cartes. Lorsqu'on aura mêlé les cartes devant lui, on lui présentera, en lui recommandant de ne point les brouiller, et on lui demandera dans quelle couleur il veut être repic. Dès qu'il aura indiqué cette couleur, qu'on suppose être le trèfle, on coupera au sept de cette couleur ; on lui dira ensuite qu'il peut donner les cartes par deux ou par trois, et qu'il sera libre de choisir, à condition qu'il sera toujours dernier en cartes. S'il a donné les cartes par deux, et qu'il ait gardé son jeu, on écartera le neuf de cœur, celui de pique, celui de carreau, et deux dames quelconques, et la rentrée produira une quinte majeure en trèfle, quatorze d'as et de rois, avec lesquels on fera repic. Si, au contraire, il a choisi le jeu de premier en cartes, on écartera les sept de cœur, de pique et de carreau, plus deux huit quelconques ; et l'on aura, par la rentrée, la même quinte en trèfle, quatorze de dames et quatorze de valets ; qui produiront également le repic. Si l'adversaire, au lieu de donner les cartes par deux, préfère de les donner par trois, et qu'il garde son jeu, on écartera le huit et le sept de cœur, le neuf et le huit de pique, afin d'avoir, par la rentrée, la quinte majeure en trèfle, une tierce à la dame en carreau, trois as, trois dames, et trois valets. S'il choisit le jeu de premier en cartes, on écartera la dame et le neuf de cœur, le valet et le sept de pique, et l'as de carreau, et l'on aura par la rentrée, cette même quinte majeure en trèfle, une tierce au neuf en carreau, trois rois et trois dix, qui produiront vingt-neuf points ; et on fera seulement le soixante. — *Trouver la carte tirée.* Mêlez les cartes et

faites-les mêler. Dites à quelqu'un dé prendre quatre cartes dans le jeu à votre insu; recommandez-lui bien de les reconnaître. Feignant alors de les lui faire placer au hasard dans le jeu, vous comptez adroitement sept cartes, et vous lui faites placer sa première à la suite; vous comptez encore sept, et vous lui faites placer sa seconde, et ainsi des autres, de manière que sa quatrième carte se trouve placée sous le jeu. Vous faites couper et recouper, et vous posez ensuite vos cartes, par paquets comme il a été dit. Vous demandez qu'on vous nomme une des quatre cartes choisies; vous retournez les paquets, et celui où se trouve la carte nommée réunit les quatre cartes qu'on avait choisies dans le jeu. — DEVINER LA CARTE PENSÉE. Ce tour peut être exécuté d'un grand nombre de manières. Nous allons donner les plus simples et les plus amusantes. *Les trois tas.* Il faut que le nombre des cartes soit impair et divisible par trois; pour varier, si l'on fait plusieurs fois de suite le même tour, on commence par 15 cartes, et l'on continue par 21 cartes, puis par 27. Le résultat est le même. Supposons que nous ayans pris 15 cartes quelconques. On les dispose en trois tas de 5 cartes chacun. On prie une personne de penser une de ces cartes et de dire dans quel tas elle se trouve. On relève ensuite les trois tas, en ayant soin de mettre au milieu celui qui contient la carte pensée. On distribue les cartes en trois nouveaux tas, en observant qu'il faut en mettre une seule au premier tas, une au second, une au troisième, puis encore une au premier, une au second, une au troisième, et ainsi de suite, comme si l'on distribuait les cartes entre quatre à trois joueurs. La personne ayant désigné le nouveau tas dans lequel se trouve la carte pensée, on ramasse les tas comme ci-dessus, en plaçant toujours au milieu celui qui contient la carte pensée. On distribue de nouveau les cartes, une à une en trois tas, et on demande encore dans lequel elle se trouve : il est clair qu'elle est la 3e de ce tas, de quelque côté que l'on commence à compter, et que si on ramasse les trois tas en mettant au milieu celui dans lequel elle se trouve, elle sera la 8e du paquet, de quelque côté que l'on compte. Il sera donc facile de la trouver, quel que soit l'ordre dans lequel on aura relevé les trois tas. Si l'on prend 21 cartes, celle qui aura été pensée sera la 4e du tas désigné ou la 11e du paquet, quand le tas désigné sera placé au milieu. Si l'on prend 27 cartes, celle qui aura été pensée sera la 5e du tas ou la 14e du paquet, le tas désigné étant placé au milieu. — *Les quatre tas.* Le nombre des cartes doit être pair et divisible par 4; soit 16, 20, 24, 28 ou 32; on en fait 4 paquets, contenant chacun un nombre égal de cartes; on lève ces tas en plaçant second celui qui est désigné comme contenant la carte pensée; on distribue une à une les cartes en 4 tas; on lève de nouveau en prenant second le tas désigné comme contenant la carte choisie; on distribue encore les cartes une à une en 4 tas; celle que l'on a pensée sera la 3e du nouveau tas désigné, si l'on opère avec 16 cartes; elle en sera la 4e si l'on a pris 20 cartes; la 4e s'il y a 24 cartes; la 5e, s'il y en a 28 ou 32. Pour compléter l'illusion, on ne tire pas la carte du tas où elle se trouve; mais on lève les tas en un paquet, en plaçant second celui qui contient la carte; celle dernière se trouvera donc la 7e du paquet de 16 cartes; la 9e du paquet de 20; la 10e du paquet de 24; la 12e du paquet de 28; et la 13e si l'on a opéré avec le jeu de 32 cartes. — Quand on fait plusieurs fois de suite ce tour amusant, il faut changer le nombre des cartes; et l'on a l'air de faire un nouveau tour; pour mieux dépister la surveillance des spectateurs, on place quelquefois les cartes couleurs en dessous, en les faisant passer une à une devant les yeux de la personne qui a pensé la carte, ou l'on imagine

d'autres manœuvres qui ont l'air de compliquer le tour, mais qui n'en changent pas le résultat. — *Les seize cartes.* On prend les 12 figures et les 4 as d'un jeu de cartes; on les bat. en priant une personne de penser une quelconque de ces 16 cartes. On les place sur sa main gauche, figures en dessous et, de la main droite, on les fait passer une à une sous les yeux de la personne, de manière à ne pouvoir les regarder soi-même; puis on les dispose sur deux rangs parallèles chacun, ainsi qu'il est marqué sur la fig. AB. Les cartes doivent être placées la figure en dessous, et l'on a prié la personne de bien remarquer où l'on met la carte pensée pour être à même de dire ensuite dans laquelle des deux rangées elle se trouve. Sur nos figures, nous représentons ainsi ( ) la carte que nous supposons avoir été pensée. La personne ayant dit que la carte se trouve dans le rang A, on lève les cartes de cette rangée,

A	B		C	B		E	B	F		H	B	I
o	o		o	o		o	o	o		o	o	()
o	o		o	o		()	o	o		o	o	o
o	o		()	o	o		o	o	o		o	o	o
o	o		o	o		o	o	o		o	o	o
()	o		o			o			o			
o	o			o			o			o		
o	o			o			o			o		

on pose le paquet dans sa main gauche; et, de la main droite, on fait passer une à une les cartes devant les yeux de la personne; on dispose, au fur et à mesure, les cartes sur 2 lignes de 4 cartes chacun, aux deux côtés de la colonne B, comme on voit C et D. On demande encore dans quel rang se trouve la carte pensée. L'ordre dans lequel on pose ces cartes n'ayant rien de fixe, la carte pensée pourrait se trouver partout ailleurs qu'à la 3e place de la colonne de gauche, sans rien changer à la réussite, c'est-à-dire que l'on peut placer les cartes, tantôt à droite, tantôt à gauche de la colonne B. La personne ayant désigné la rangée dans laquelle se trouve la carte, on relève, toujours sans voir les cartes, d'abord la colonne D, dans laquelle ne se trouve pas la carte pensée; et on pose ces cartes sur celles de la colonne C, que l'on relève au son tour. de façon que la carté la plus rapprochée de C soit en dessous et les autres dans leur ordre relatif. On met les cartes dans la main gauche et, en commençant par celle du dessous, on les pose alternativement l'une à gauche, l'autre à droite de la colonne B; on a soin de les montrer à la personne, que l'on prie ensuite de désigner la colonne dans laquelle se trouve la carte pensée. Cette personne ayant répondu que la carte se trouve dans la rangée E, on relève les cartes F, de façon que la plus rapprochée de F se trouve dessous, comme précédemment. Enfin on dispose, avec les mêmes précautions, les cartes en H et I. La carte pensée sera la première de la rangée que la personne désignera. Alors on relève les cartes de façon que celle qui a été pensée se trouve la 4e, la 8e et la 9e, ou à une place quelconque qu'il sera facile de retrouver dans le paquet; ou bien on s'arrangera de manière à la voir adroitement en la relevant, et l'on surprend son public en la nommant ou en la laissant paraître d'une façon inattendue. On opérerait identiquement de la même façon si la carte pensée se trouvait dans la colonne B. — Quelques personnes font ce tour à carte découverte, c'est-à-dire couleur en dessus; alors, il faut lever et distribuer les cartes en sens inverse. — *La carte forcée.* Éparpillez les cartes dans votre main, de manière qu'elles soient toutes cachées les unes par les autres, excepté une, placée vers le milieu du jeu qui doit être bien découverte et bien visible, sans que les doigts ni les autres cartes y mettent le moindre obstacle; vous choisissez de préférence une figure remarquable; le roi de pique, par exemple. Vous montrez ce jeu à un spectateur en le

priant de penser une carte, et en même temps, vous avez soin de remuer un peu la main, en décrivant un arc de cercle de droite à gauche, afin que la personne à qui vous vous adressez, n'ait les yeux frappés que par le roi de pique, sans s'apercevoir que les autres cartes sont cachées les unes par les autres. Il est bien rare que cette personne, à moins qu'elle ne se défie du tour, pense une autre carte que celle que vous montrez si obstinément. Lorsqu'elle vous a dit qu'elle a pensé une carte, vous placez votre jeu dans la main gauche, la carte forcée en dessus, et vous faites semblant de battre les cartes, mais il faut toujours que la carte forcée reste sur le paquet. Posez alors le jeu sur la table, figures en dessous. Demandez à la personne quelle carte elle a pensée, tournez-la aussitôt pour la lui montrer sur le jeu. Si la personne nommait une autre carte forcée, vous ne pourriez vous en tirer qu'à l'aide de la prestidigitation. Vous demandez à la personne si elle n'a pas changé d'idée, causez, pour gagner du temps et feuilletez rapidement le jeu, comme par distraction; dès que vous avez vu la carte nommée par la personne, faites un *faux mélange* pour l'amener sur le jeu. Mais si vous n'êtes pas prestidigitateur, le tour est manqué. — Voici plusieurs tours qui permettent de reconnaître les cartes tirées ou pensées. — 1° Nous figurons, ci-dessous un carré *formé des 4 mots latins : mutus, nomen. dedit*, et *cocis.* Prenez 20 cartes et disposez-les de deux

M	U		T	U	S
N	O		M	E	N
D	E		D	I	T
C	O		C	I	S

en deux sur la table. Dites à quelqu'un d'en penser deux, à condition que les cartes qu'il pensera se trouveront ensemble; cela fait, vous relevez les cartes de deux en deux sans les mêler, et vous les disposez dans l'ordre indiqué par les quatre mots latins figurés ci-dessus, savoir, les deux premières à la place des deux MM, c'est-à-dire, la première du premier rang, et la troisième du second; vous mettez les deux cartes suivantes à la place marquée par les deux UU, c'est-à-dire, la seconde et la quatrième du premier rang, et ainsi de suite, en mettant toujours chacune des deux cartes à la place de chacune des deux lettres semblables. Vos cartes étant toutes disposées, vous demandez dans quel rang ou dans quels rangs les cartes pensées sont placées. Si l'on vous dit, par exemple, qu'elles sont dans le premier et le second rang, vous voyez, par le tableau, que la première du premier rang et la troisième du second rang sont les cartes pensées, ce qui est indiqué par les deux lettres semblables. Si l'on vous dit qu'elles sont dans le premier et le second rang, les deux SS vous font voir que lesdites cartes sont les dernières de chacun de ces rangs. On peut faire penser des cartes à plusieurs personnes; on les devinera aisément de la même manière. — 2° Un jeu de cartes en contient 32, dont 16 sont composées de nombres pairs, tels que le valet qui vaut 2, le roi qui vaut 4, les huit et les dix; les 16 autres sont composés de nombres impairs, telles que la dame qui vaut 3, l'as 1, les sept et les neuf. Mettant donc séparément les cartes de nombre pair et celles de nombre impair, vous faites tirer à quelqu'un une carte d'un de ces paquets, et à une autre personne une carte de l'autre paquet. Substituant alors adroitement un paquet à l'autre, vous présentez à la personne qui a tiré une carte du paquet à nombre pair, celui à nombre impair, et réciproquement, en leur disant d'y mêler la carte qu'ils auront prise. Il sera facile de la reconnai-

tre et de la montrer. — 3° Dites que l'on mette en un rang sur la table, et à votre insu, autant de cartes que l'on voudra, puis qu'on en fasse une autre rangée qui contiendra une carte de plus que la première. Dites ensuite que l'on enlève du premier rang le nombre de cartes que vous voudrez; cela fait, qu'on ôte du second rang autant de cartes qu'il en reste au premier, et enfin, qu'on enlève toutes les cartes qui restent au premier rang : Vous devez être sûr alors qu'il reste sur la table un nombre de cartes pareil à celui que vous avez dit d'enlever la première fois, et une de plus. L'on voit que la carte ajoutée au second rang ne sert qu'à couvrir le jeu, on pourrait en faire mettre deux ou trois si l'on voulait. Exemple : on a fait une rangée de dix cartes; la seconde rangée est de onze. Dites qu'on ôte six cartes à la première, il y en restera quatre; faites ôter du second rang autant de cartes qu'il en reste au premier, savoir quatre; puisqu'on enlève les quatre cartes du premier rang, il ne restera plus sur la table que sept cartes. Il en est de même pour les autres cas semblables. — 4° Plusieurs cartes étant pensées par différentes personnes, deviner laquelle chaque personne aura pensée. On suppose qu'il y ait quatre personnes qui veuillent penser des cartes : prenez 4 cartes, et les montrant à la première personne, dites-lui qu'elle pense celle qu'elle voudra; puis mettez à part ces quatre cartes : prenez-en quatre autres que vous présenterez à la seconde personne, puis quatre autres à la troisième, et quatre à la quatrième, en disant à chacune d'y penser une carte. Alors disposez sur quatre de front les cartes présentées à la première personne, et placez dessus, de la même manière, les cartes de la seconde personne, puis celles de la troisième, et enfin celles de la quatrième : ensuite présentant à chaque personne les quatre paquets, demandez-lui dans lequel se trouve la carte qu'elle a pensée. Il est visible que la carte pensée par la première personne sera la première du paquet, celle de la seconde personne la seconde du paquet, celle de la troisième personne sera la troisième, et celle de la quatrième, la quatrième du paquet où chaque personne aura déclaré qu'elle se trouve. On voit que la même chose peut se pratiquer avec un plus grand nombre de personnes. — 5° Prenez le nombre de cartes que vous voudrez, et les montrez l'une après l'autre à celui qui voudra en penser une, et qui se souvienne bien de la position de celle qu'il retiendra. En même temps que vous lui montrez les cartes, comptez-les vous même secrètement; et quand il aura pensé, continuez à compter tant qu'il vous plaira : puis prenez les cartes que vous avez comptées et dont vous savez le nombre; posez-les sur celles que vous n'avez pas comptées, de telle manière qu'en voulant les recompter, elles se trouvent en sens contraire, c'est-à-dire que la dernière devienne la première, que la pénultième soit la seconde, et ainsi des autres. Alors demandez la quantième était la carte pensée; et à coup sûr elle tombera sous le nombre des cartes que vous aviez secrètement comptées, en observant, comme nous l'avons dit, de compter à rebours, et en mettant sur la première carte; le nombre exprimant la quantième était la carte pensée. Exemple : vous avez pris les cartes A, B, C, D, E, F, G, H, I; 1, 2, 3, 4, 5, 6, 7, 8, 9. Supposons que la carte pensée soit la quatrième D, et que vous ayez continué à compter jusqu'à 9. Demandez la quantième était la carte pensée, on vous dira la quantième. Commencez donc à compter sur I ou la neuvième carte, vous dites 4 sur celle-ci, 5 sur H, 6 sur G, et ainsi jusqu'à 9 ou D, qui est la carte pensée. — 6° Disposez un jeu de cinquante-deux cartes selon l'ordre des deux vers suivants qu'il faut avoir soin de retenir par cœur :

Unus, quinque, novem, famulus, sex, quatuor, duo,
Un, cinq, neuf, valet, six, quatre, deux.
Rex, septem, octo, femina, trina, décem.
Roi, sept, huit, dame, trois, dix.

De plus, observez de les ranger suivant l'ordre des couleurs, pique, cœur, trèfle et carreau, comme ci-après :

1.	As de pique.	27.	As de trèfle.
2.	Cinq de cœur.	28.	Cinq de carreau.
3.	Neuf de trèfle.	29.	Neuf de pique.
4.	Valet de carreau.	30.	Valet de cœur.
5.	Six de pique.	31.	Six de trèfle.
6.	Quatre de cœur.	32.	Quatre de carreau.
7.	Deux de trèfle.	33.	Deux de pique.
8.	Roi de carreau.	34.	Roi de cœur.
9.	Sept de pique.	35.	Sept de trèfle.
10.	Huit de cœur.	36.	Huit de carreau.
11.	Dame de trèfle.	37.	Dame de pique.
12.	Trois de carreau.	38.	Trois de cœur.
13.	Dix de pique.	39.	Dix de trèfle.
14.	As de cœur.	40.	As de carreau.
15.	Cinq de trèfle.	41.	Cinq de pique.
16.	Neuf de carreau.	42.	Neuf de cœur.
17.	Valet de pique.	43.	Valet de trèfle.
18.	Six de cœur.	44.	Six de carreau.
19.	Quatre de trèfle.	45.	Quatre de pique.
20.	Deux de carreau.	46.	Deux de cœur.
21.	Roi de pique.	47.	Roi de trèfle.
22.	Sept de cœur.	48.	Sept de carreau.
23.	Huit de trèfle.	49.	Huit de pique.
24.	Dame de carreau.	50.	Dame de cœur.
25.	Trois de pique.	51.	Trois de trèfle.
26.	Dix de cœur.	52.	Dix de carreau.

Les cartes ainsi disposées, il suffit d'en connaître une quelconque pour savoir celle qui la suit, et successivement. On veut savoir, par exemple, quelle est la carte qui suit la dame de carreau. Le mot *trina*, qui suit celui *fœmina*, indique que c'est un trois; et la couleur qui suit le carreau étant un pique, ce roi doit être celui de pique. Il est sensible que l'on connaîtra de même toutes celles qui viennent après. Cette disposition de cartes peut devenir l'objet de différentes récréations. Faites tirer au hasard, mais de suite, un certain nombre de cartes, et ayant regardé subtilement quelle est la carte qui les précède, vous pourrez sans difficulté, les nommer toutes. — Par le même procédé, on peut deviner combien de points renferme un nombre quelconque de cartes qu'une personne aura tirées. Par exemple, si la personne a pris quatre cartes, et que celle qui les précède soit un valet qui vaut dix, on saura qu'elle a dans les mains un valet qui vaut dix, un six, un quatre et un deux, en tout 22 points. — Les cartes étant toujours disposées comme on l'a dit n° 1, on peut donner à couper autant de fois que l'on voudra. Remarquez ensuite adroitement quelle est la carte qui est sous le jeu, on pourra nommer successivement toutes les cartes de ce jeu, en commençant par celle de dessus. — 7° Au jeu de cartes qui soient plus larges d'une ligne par en haut que par en bas. Toutes les cartes paraissent égales lorsqu'elles sont dans le sens de leur coupe; mais si l'on en déplace quelques-unes pour les retourner de bas en haut, il est sensible qu'elles formeront des inégalités, et c'est à ces inégalités qu'on distingue les cartes que l'on a intérêt de connaître. Par exemple, faites tirer à quelqu'un une carte dans sa main. S'il la rend comme il l'a tirée, retournez le jeu, afin qu'en l'y plaçant il la remette en sens inverse. S'il l'a retournée dans sa main, présentez-lui le jeu dans le sens où il était lorsqu'il en a tiré la carte. Vous pouvez en faire tirer une seconde, une troisième, etc., en observant les mêmes précautions. Prenant ensuite le jeu du côté le plus large entre l'index et le pouce de la main gauche, tirez successivement ou tout ensemble avec ceux de la main droite, les cartes qui ont été choisies. — 8° Avec un pareil jeu, on peut d'un seul coup séparer les cartes rouges d'avec les noires, ou les figures d'avec les basses cartes, quoiqu'on ait bien fait mêler. Il s'agit seulement de disposer d'avance les cartes rouges ou les figures de manière que leur côté le plus large soit tourné du côté le plus étroit des autres cartes. Serrant le jeu

avec chaque main par ses deux extrémités, on en sépare d'un seul coup les deux espèces de cartes. — 9° *La carte reconnue à son poids.* Vous prenez dans un jeu de cartes quatre, cinq, six figures, plus ou moins; vous les étalez sur la table à découvert, et vous annoncez à la société, avec toute la solennité que comporte une pareille déclaration, que vous allez vous retirer dans la pièce voisine, pendant qu'une personne retournera une ou plusieurs des figures que vous venez de disposer, c'est-à-dire les changera de bout, mais en les laissant à découvert (ces cartes étant naturellement des figures à doubles têtes), et qu'à votre retour vous indiquerez celles qui auront été retournées, rien qu'à la différence du poids. Vous pouvez même offrir qu'on vous bande les yeux, pourvu qu'on vous rende l'usage de la vue quand l'opération sera terminée et qu'il vous restera à faire acte de divination. A votre retour, en effet, sans avoir vu s'opérer à coup sûr, en les soupesant avec affectation, les cartes qui auront été retournées. Ce tour n'exige pas une étude approfondie sur la pesanteur relative de chacune des figures d'un jeu de cartes; il suffit pour l'amener à bien de savoir que chaque figure est encadrée d'un filet noir, laissant *toujours* une marge plus large d'un côté de la carte que de l'autre. En conséquence, vous placez vos figures de manière que la marge la plus large, se trouve à toutes dans le même sens; et il est évident que dès qu'on en aura retourné une ou deux, la marge étroite de celles-ci se trouvera dans le sens de la marge large des autres. Mais il est préférable de dire que c'est à leur poids que vous les avez reconnues, ou à leur parfum, ou à telle autre particularité que vous pouvez prêter impunément à chacune de ces cartes en particulier, que d'avancer ingénument que c'est du premier coup d'œil. — 10° *Deviner le nombre de points additionnels de trois cartes formant le dessous de trois paquets différents.* Prenez un jeu de cartes, de trente-deux cartes, et, après avoir rappelé qu'au piquet l'as vaut 11 points, les figures, comme le dix, 10 points, et les autres les points qu'elles indiquent, vous priez une personne de la société de tirer de votre jeu trois cartes à son choix. Les trois cartes choisies, vous prierez la personne qui les a tirées de les placer isolément sur la table, la face cachée, bien entendu, après avoir compté le nombre de points représenté par chacune d'elles, d'après l'ordre de valeur précédemment indiqué. Cela fait vous lui remettez votre paquet de cartes, et lui demandez de vouloir bien placer sur chacune de ces trois cartes autant de cartes nouvelles, quelles qu'elles soient, qu'il en faut pour que leur nombre, ajouté au nombre de points de la carte qu'elles couvriront, forme quinze au total. Par exemple, en supposant que l'une de ces trois cartes soit un *sept*, on placera dessus huit cartes quelconques ($7 + 8 = 15$); la seconde étant un *roi*, il faudra la couvrir de cinq cartes; et la troisième un *as*, devra être couverte de quatre cartes seulement. Cela fait au total, remarquez-le, vingt cartes ôtées de votre jeu où il n'en doit plus nécessairement rester que douze. Vous les remuez, les battez, les retournez, les examinez, les interrogez — mais surtout les comptez avec soin. Lorsque vous en connaissez bien le chiffre exact, vous ajoutez à ce chiffre le nombre 16. Dans le cas que nous venons d'exemple, nous disons 12 et 16 font 28 ; 28 est donc le chiffre des points additionnels des trois cartes placées sous les trois paquets préparés comme nous venons de le dire. Ces trois cartes retournées nous donnent en effet :

Un sept	....	7 points.
Un roi	....	10 —
Un as	....	11 —
	Total...	28 points.

Vous pouvez varier ce tour à l'infini et vous assurer qu'il comporte toutes les combinaisons; et qu'il est immanquable dans toutes, aux conditions indiquées. — 10° *Faire sortir les cartes d'un paquet au commandement.* Jetez avec indifférence votre jeu de cartes sur la table et priez un de vos spectateurs de vouloir bien vous accorder sa garde pour le tour que vous annoncez : soit nommer d'avance toutes les cartes qu'il touchera une à une de votre baguette divinatoire, — que vous aurez soin de lui remettre : autrement, cela n'irait pas tout seul. Le spectateur, s'il est méfiant, pourra mêler, battre, manipuler à loisir ce jeu de cartes enchantées; — pourvu qu'il ne s'avise pas de les compter, c'est tout ce qu'il faut; car vous aurez eu soin d'en retirer préalablement une qui sera; si vous le voulez bien, le sept de trèfle et que vous garderez avec les plus grandes précautions collée à la paume de votre main gauche. Ces préparatifs achevés et votre innocent compère en garde, sa baguette à la main, vous le priez de toucher une carte au milieu du jeu disséminé sur la table, en appelant à haute voix : *sept de trèfle !* La carte touchée vous vous en emparez, sans la laisser voir aux spectateurs, et vous la placez prestement derrière le sept de trèfle qui est dans votre main gauche, et si bien réunie à celle-ci qu'il semble que les deux cartes ne font qu'une. Cette seconde carte sera, supposons, l'as de cœur. Vous appellerez donc, lorsque votre aide touchera une seconde carte, l'as de cœur, et vous enverrez la carte touchée, qui pourra être, par exemple, le valet de pique, rejoindre les deux autres dans votre main gauche, et ainsi de suite. Vous appelez ainsi, et faites sortir au commandement, six cartes, en continuant d'appeler pour le tour suivant la carte que vous venez de prendre sur l'indication de la baguette divinatoire et de la placer dans votre main avec les précédentes. La sixième carte, de cette façon, est non seulement inutile, mais gênante; vous la colloquez seule, comme précédemment le sept de trèfle, dans la paume de votre main gauche, bien cachée, et vous jetez les autres à découvert sur la table où les spectateurs peuvent s'assurer que ce sont bien les cartes que vous avez appelées et fait sortir du jeu. Comme il n'est pas possible que vous vous trompiez, mais comme il n'est pas moins qu'un spectateur malin puisse chercher à vous tromper vous-même ou à faire croire à ceux qui n'ont pas pris la peine de fatiguer leur mémoire à se rappeler les cartes nommées, que ce ne sont pas toutes celles qui sont en ce moment sous leurs yeux, il est de prudence élémentaire de prier quelqu'un de prendre par écrit, à mesure que vous les appelez, la désignation des cartes sorties du jeu. La vérification est alors facile et tout à votre gloire, — qui n'est pas mince. — *Autre procédé pour exécuter le même tour.* Cet autre procédé est au moins tout aussi simple et peut-être plus sûr; car vous ne gardez point de première carte qui vous guide pour appeler les suivantes, et n'en avez pas une dernière inutile qu'il vous faut soigneusement cacher. Il n'y a aucune préparation, pas d'autre précaution à prendre que de remarquer une carte avec l'endroit précis du jeu où elle se trouve. Votre carte remarquée, supposons que ce soit la dame de carreau, vous jetez négligemment — mais toujours sans perdre de vue votre carte — le jeu sur la table. Puis vous priez une personne obligeante d'en tirer une sans la regarder et de vous la remettre; vous prévenez cette personne que c'est la dame de carreau qu'elle va tirer et la priez de vouloir bien se la rappeler à l'occasion. La carte tirée vous étant remise, vous la prenez dans votre main, la face tournée vers vous. Supposons que cette carte est l'as de trèfle; vous priez une seconde personne de choisir une carte à son tour, en la prévenant que c'est l'as de trèfle qu'elle va choisir,

et ainsi de suite avec autant de personnes que vous pouvez le juger avantageux à votre gloire, en observant exactement les mêmes précautions qu'avec la première. Ce sera alors à votre tour de choisir une carte, et, en supposant que la dernière qui vous a été remise est le neuf de pique, vous annoncez que c'est le neuf de pique que vous allez prendre dans le jeu, — bien que ce soit en réalité la dame de carreau, que vous devez savoir où trouver. Vos cartes réunies dans votre main, vous commencez alors à interroger la première personne qui a choisi une dans le jeu, en lui demandant laquelle vous avez dit qu'elle allait prendre. Elle répond naturellement : *La dame de carreau.* — Et vous découvrez la dame de carreau. Vous agissez de même avec les autres, et finalement vous exhibez votre propre carte, — ou du moins celle qui doit passer pour telle, — et que tout le monde se rappellera vous avoir entendu nommer avant de porter la main sur le jeu. — *La carte devinée laissée dans la main de la personne même qui l'a tirée, tout en faisant sauter brusquement toutes les autres.* Vous faites prendre une carte forcée, ou une carte, en tout cas, que vous puissiez facilement reconnaître, de quelque façon que vous devez vous y prendre pour cela. Lorsque la personne que vous en avez priée a tiré cette carte, vous obtenez d'elle qu'elle la replace dans le paquet et le batte elle-même à satiété, — et le fasse battre, si elle le juge bon, par ses voisins. Quand votre paquet de cartes vous est revenu, votre premier soin est de retrouver la carte choisie, — et, au point où nous voilà, nous n'avons pas à vous indiquer comment. — Vous placez cette carte la dernière en dessous, puis vous divisez le paquet en deux, dont vous remettez, à la personne qui a choisi la carte à deviner, la moitié où cette carte se trouve, en la priant de la tenir entre le pouce et l'index, par l'un de ses coins extrêmes, et aussi serrée entre ses doigts qu'il lui sera possible. Cela fait, vous donnez sur le paquet ainsi maintenu un coup sec, qui fait tomber par terre toutes les cartes, excepté celle de dessous, que le spectateur n'est pas peu étonné de reconnaître pour celle qu'il a tirée du jeu un moment auparavant. On peut placer — et l'effet est peut-être encore plus merveilleux — la carte choisie en dessus du paquet au lieu de la placer en dessous, et faire tenir celui-ci en main, la face tournée vers le plafond; de sorte que lorsque vous frappez et faites tomber toutes les autres cartes, la carte choisie reste à découvert entre les doigts et sous les yeux mêmes de celui qui l'a choisie. — *Faire retourner, seule, la carte choisie, en jetant sur la table le paquet entier qui la contient.* Ce tour est une variété tout aussi curieuse que le précédent; il consiste, une carte choisie, forcée ou non, mais connue de l'opérateur, étant donnée, à ramener cette carte en dessus du jeu. Le paquet alors rassemblé, toutes les cartes doivent être bien égalisées sur les bords, sauf une, celle de dessus, qui dépassera le reste d'une manière en apparence insignifiante. Prenez votre paquet de cartes ainsi préparé entre le pouce et l'index, élevez-le à 60 centimètres environ du dessus de la table et laissez-l'y tomber : tandis que tout le reste des cartes tomberont la face contre le tapis, celle dont le bord dépassait un peu celui des autres, la carte choisie, en un mot, se tournera et se dévoilera. Ce dernier tour peut être exécuté comme terminaison d'un tour plus compliqué, où il s'agit de carte à deviner, et pour ajouter à l'illusion. Bien exécuté, il produit un grand effet, et la petite supercherie qui en forme le fond est précisément de celles qui, par leur simplicité, déroutent le plus complètement les faiseurs d'enquêtes. — *Indiquer le rang occupé dans un jeu par une carte choisie et replacée dans le paquet par la même personne.* Ayant fait tirer une carte par

une personne de la compagnie, vous priez cette personne de la replacer elle-même dans le jeu et de se rappeler à quel rang elle l'aura placée, à compter en commençant par les cartes de dessous. Vous faites alors glisser subtilement un certain nombre de cartes prises en dessus sous le paquet, ayant soin vous-même de vous en rappeler le nombre. Supposons que vous opérez avec un jeu complet de 52 cartes; la carte à découvrir, où qu'elle soit placée, vous faites passer sous le paquet 7 cartes qui seront à ajouter au chiffre de cartes qui la séparent de la dernière de dessous, mais que vous déduirez mentalement du chiffre total des cartes du jeu entier; soit, de 52 ôtez 7, il restera 45. Vous annoncez alors à la personne qui a choisi la carte, dont vous devez reconnaître le rang, que cette carte se trouvera la 45° du jeu, en comptant à partir du chiffre représentant le rang qu'elle occupe en dessous. Supposons encore que cette personne déclare qu'elle a placé sa carte la neuvième en dessous, vous prenez votre jeu, et vous comptez, en commençant par la première carte de dessus sur laquelle vous dites neuf, — et suivez ainsi : neuf, dix, onze, etc., jusqu'à quarante-cinq. Vous priez la personne de nommer la carte en question, et vous la retournez pour lui prouver qu'elle est bien la quarante-cinquième. — *Faire sauter une carte du milieu d'un jeu au commandement.* Faites tirer à quelqu'un une carte forcée — ou connue — et faites-la remettre ensuite dans le jeu. Vous aurez eu soin de vous munir préalablement d'un petit morceau de cire qui sera logé sous l'ongle du pouce de votre main droite, et d'un cheveu ou d'un fil d'une extrême finesse invisible pour les spectateurs. Alors vous fixez avec un peu de cire une extrémité de votre fil à la carte en question, l'autre extrémité à votre pouce par le même moyen; puis vous étendez le jeu de cartes sur la table, et, faisant une conjuration dont les termes vous seront inspirés par la gravité de la circonstance, faites sauter la carte choisie du paquet en tirant adroitement sur votre fil invisible. La véritable habileté dans l'exécution de ce tour réside évidemment dans la découverte de la carte choisie et non dans le moyen employé pour la faire sortir du jeu; mais l'effet produit par cette dernière partie de l'opération, si elle est bien exécutée, est immanquable. Hélas! ce ne sont pas toujours les actes les plus vraiment dignes d'admiration qui provoquent l'enthousiasme des foules qui les intéressent le plus; et si nous voulons intéresser, amuser, il nous faut avant tout offrir à ceux qui attendent de nous ce service, non ce que nous estimons le plus digne de leur être offert, mais ce qu'ils veulent accepter. Il est d'ailleurs dans notre nature d'aimer à être trompés quelquefois, — pourvu qu'on ne nous révèle pas la tromperie dans le moment même et sans préparation. — *Introduction dans un jeu d'une carte de dimension un peu plus grande que les autres.* Ce moyen, qui consiste à remplacer l'une des cartes d'un jeu par une carte de même valeur, mais un peu plus longue ou un peu plus large, afin de pouvoir la reconnaître sûrement, est très employé, et facilite beaucoup l'exécution de la plupart des tours que nous venons de passer en revue; sans compter qu'il donne lieu à des tours nouveaux, inexécutables sans ce secours puissant. Il est évident qu'une carte plus longue ou plus large, aisée en conséquence à reconnaître au tact, facilite le saut de la coupe, supprime nombre de difficultés inhérentes à la nécessité de découvrir et de deviner une carte choisie; celle-là, on la connaît, on sait toujours où la trouver sans la moindre peine; et il est beaucoup plus facile à faire prendre forcément au spectateur obligeant dont elle sollicite la main, pour ainsi dire, sans qu'il s'en rende bien exactement compte.

mais nous allons citer un cas, entre autres, où la carte longue devient tout à fait indispensable. — *Faire prendre la même carte à plusieurs personnes et leur persuader qu'elles en ont choisi chacune une différente.* Faites tirer à l'un de vos spectateurs la carte longue que vous avez placée dans votre jeu, de la manière déjà indiquée pour « forcer la carte ». Faites ensuite mêler le jeu à cette même personne, après qu'elle a replacé dedans la carte tirée, que vous la prierez de vouloir bien se rappeler. Cela fait, passez à une seconde, puis à une troisième, puis à une quatrième personne, et obtenez de chacune d'elles qu'elle agisse comme la première. Evidemment elles auront tiré la même carte, mais elles ne peuvent s'en douter, et si vous avez pris la précaution, très utile en pareil cas, de les choisir assez éloignées l'une de l'autre pour qu'elles ne puissent être tentées d'échanger leurs confidences, elles demeureront vraisemblablement dans cette erreur jusqu'à la consommation des siècles. Après avoir repris le jeu de cartes, on le bat avec affectation, accompagnant cette opération d'un discours approprié; il n'y a pas de mal non plus à le faire mêler et même couper par une ou plusieurs personnes de bonne volonté; ensuite on annonce que les cartes choisies vont être extraites du jeu *toutes ensemble* et, sur une dernière coupe, on enlève, en effet, la carte longue accompagnée d'autant d'autres cartes qu'il en faut pour compléter le nombre de personnes qui ont choisi, et auxquelles on va, à tour de rôle, présenter — si par exemple elles sont quatre — les quatre cartes à l'instant tirées du jeu, en leur demandant si la leur en fait bien partie. Chacune répond naturellement *oui*, puisque chacune reconnaît en effet la carte qu'elle a tirée sans soupçonner que les autres ont tiré la même; on lui indique d'ailleurs au besoin, en lui demandant si c'est celle-là, et elle ne manque pas cette fois encore de répondre affirmativement. — Et le tour est joué. Dans le cas — car il faut tout prévoir — où le premier spectateur sollicité ne choisirait pas la carte longue, le coup ne serait pas manqué, mais seulement modifié, et le secours de la carte longue resterait tout aussi utile que dans le tour précédent. La première personne ayant choisi une carte qui n'est pas la carte longue, il faut de toute nécessité que les autres ne la prennent pas davantage. A mesure qu'une carte est tirée, on bat soi-même les cartes, on coupe à la carte longue et l'on prie la personne de replacer sa carte à cet endroit; puis on mêle de nouveau, on coupe encore à la carte longue et la seconde personne place, comme la première et sur la carte de celle-ci, la carte qu'elle a elle-même choisie, et ainsi de suite. Toutes les cartes tirées replacées dans le jeu, vous coupez une dernière fois, toujours au bon endroit, et, vous approchant de la dernière personne qui a't choisi une carte, vous lui présentez cette carte qui se trouve naturellement dessus du paquet; vous faites le même manège avec les autres, en remontant de la dernière à la première.

CARYOCAR, s. m. (gr. *karuon*, noix). Bot. Genre de rhizobolées comprenant sept ou huit espèces de grands arbres à bois très dur, qui croissent dans les régions tropicales de l'Amérique du sud. L'une des espèces, le *caryocar butyracé*, produit les *gouari* ou *noix à beurre*, dont l'amande renferme une grande proportion d'huile grasse et épaisse que l'on emploie en guise de beurre, dans les Guyanes. C'est un grand arbre qui atteint jusqu'à 30 mètres de haut; son bois, qui est très durable, est employé dans la construction des navires. Ses feuilles se composent de trois longues folioles; ses fleurs, grandes et belles, sont d'une jolie couleur pourpre et portent des pétales et des sépales. Son fruit rond,

gros comme la tête d'un enfant, renferme, quand il est mûr, quatre noix réniformes, à coquille extrêmement dure, d'un brun rougeâtre, couverte partout de protubérances verruqueuses, et renfermant une grosse amande blanche, grasse et agréable au goût.

CARYOTE s. m. (gr. *karuon*, noix; *ous*, *otos*, oreille). Bot. Genre de palmiers comprenant sept ou huit espèces, originaires des parties équatoriales de l'Asie, et de l'île de Java. La couronne de feuilles qui termine sa tige élancée est remarquable par sa forme gracieuse. Chaque feuille se compose de petites folioles triangulaires ou en coin, attachées à la tige par le sommet du triangle; l'extrémité de ces folioles est irrégulièrement dentée, comme si elle avait été rongée ou mordue par un animal, de sorte que leur aspect général offre quelque ressemblance avec la nageoire caudale d'un poisson. Les branches florifères, longues de 2 à 5 mètres, portent des fleurs de différents sexes. Les fruits sont arrondis, charnus et contiennent une ou deux graines. L'espèce la plus connue est le *caryote brûlant* (*caryota urens*), beau palmier dont le tronc mesure un pied de diamètre et 60 pieds de haut. Son bois est si dur, qu'on le coupe difficilement. Son fruit, de la grosseur d'une prune, est entouré d'une peau mince et jaune: il est âcre au point de produire sur la peau une vive sensation de brûlure. La moelle de ce palmier est blanche et employée en guise de sagou; enfin, cette plante produit en abondance du vin de palmier.

CASIN s. m. [ka-zain] (ital. *casino*, maison de campagne). Se disait autrefois pour *casino*, lieu public d'amusement. — Au jeu de billard, bille ou quille que l'on place sur la mouche du milieu.

CASSANYES (J.), conventionnel régicide qui fut envoyé en mission près de l'armée des Pyrénées-Orientales, fut grièvement blessé à l'affaire de Payres, passa ensuite à l'armée d'Italie, entra au conseil des Cinq-Cents et ne fut pas réélu en 1797.

CASSE-TÊTE. Dans le sens primitif du mot, on entend par casse-tête un jeu d'enfant qui consiste à rapprocher les parties d'un dessin en bois ou en carton que l'on a découpé, et dont on a mêlé les morceaux. Casse-tête est alors synonyme de jeu de patience. Mais on étend aujourd'hui, par analogie, la signification du terme casse-tête à toute espèce de jeu d'une solution difficile, comme les questions et les problèmes dont nous donnons quelques exemples ci-dessous. — *Jeux de patience.* Les jeux de patience ou casse-tête proprement dits se composent ordinairement d'un certain nombre de morceaux de bois ou de carton découpés, dont l'assemblage forme une édifice, une scène militaire, une carte géographique, un paysage ou tout autre dessin. Ces jeux ont le don de plaire toujours aux jeunes enfants: ils constituent pour eux un amusement instructif, qui exerce leur mémoire et les familiarise tantôt avec les cartes de géographie, tantôt avec les mœurs des animaux, les armes de guerre, les plantes, les outils, les costumes de divers temps ou de différents pays, etc. Quand on veut se servir du jeu, on commence par bien brouiller les morceaux, après quoi, on cherche à les réunir, en les emboîtant les uns dans les autres et en les juxtaposant de telle sorte qu'ils reproduisent la carte ou le dessin. — *Casse-tête alphabétique.* On vend, chez les marchands de jouets, des boîtes contenant des carrés découpés dans le bois ou le carton; rien d'utile, pour apprendre l'orthographe aux jeunes gens, comme ces petits carrés portant chacun une lettre. Deux ou plusieurs enfants étant réunis, on prend les lettres nécessaires pour former un mot, on les mêle ensemble et les donne à l'un de ses camarades en le

priant de reconstituer le mot. Supposons, par exemple, un tas de 25 lettres. Comment les arranger pour qu'elles forment un seul mot? Le joueur apprend de son camarade que le dictionnaire français ne renferme qu'un terme de cette longueur, c'est *anticonstitutionnellement*. A ce jeu, les enfants étudient l'orthographe sans s'en douter, et tout en s'amusant beaucoup; ils y apportent bien plus d'application que sur les bancs de l'école. Ils recherchent avec une préférence marquée les mots peu usités ou ceux dont l'orthographe présente quelque difficulté, tels que *rhododendron*, *catarrhe*, *bizarrerie*, *pseudonyme*, *phylloxera*, *phosphore*, *hypothèse* et des centaines d'autres. Le casse-tête alphabétique peut donner lieu à une infinité de jeux. Quelquefois, un enfant ayant formé un grand mot, essaye de former un ou plusieurs autres mots avec les coupures du premier; d'autres fois, on cherche l'anagramme d'un nom propre, ou bien on forme des mots carrés. — *La question des cerises.* On prend une carte, et l'on y fait deux coupures longitudinales A B et C D, comme elles sont indiquées dans la figure 1; il en résulte une petite bande qui demeure attachée à la carte par ses deux extrémités. Près de l'une des extrémités de cette bande, on fait une petite ouverture ovale E, on tire

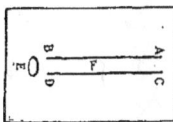

Fig. 1.

à soi la bande 'F, ce qui fait prendre à la carte une forme demi-circulaire; on introduit d'une main dans l'ovale E le milieu de cette bande que l'on saisit de l'autre main et que l'on tire doucement jusqu'à ce que toute la bande ait passé par l'ouverture. Dans cette position, la bande présente derrière la carte la figure d'un anneau. On a deux cerises unies par la queue, comme celles dont les enfants se font des boucles d'oreilles; on introduit l'une de ces cerises dans l'anneau, puis on fait passer les queues et la bande par l'ouverture E et l'on redresse bien la carte. On propose à quelqu'un de *sortir* de là ces cerises sans leur arracher la queue et sans déchirer la carte; s'il n'emploie pas le moyen dont on s'est servi pour les y placer, il n'en viendra certainement pas à bout. Au lieu d'une carte, on peut employer un carton et remplacer les cerises par deux boules placées aux extrémités d'un fil. — *Casse-tête de la ficelle et des boules.* Ayez une plaque de bois, d'os ou d'ivoire de la forme que montre notre figure. Percez cette plaque de 3 trous, un à chaque extrémité et le troisième au milieu. Dans le trou du milieu, passez une ficelle double qui y reste coulant, comme sur notre figure 2; dans chaque brin de la ficelle enfilez une boule ou un anneau et assujettissez, au moyen d'un nœud, chacun

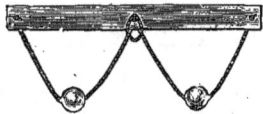

Fig. 2. — La ficelle et les boules.

de ces brins dans l'un des trous des extrémités. Il s'agit maintenant de faire passer du même côté les deux boules ou les anneaux sans faire sortir des trous les deux extrémités de la ficelle et sans défaire les nœuds. Pour exécuter ce tour, on commence par tirer l'extrémité du nœud coulant de manière à l'agrandir; ensuite on fait passer dans la boucle l'une ou l'autre des boules, que l'on

amène, le long de la ficelle, jusqu'au trou central, de l'autre côté de la plaque. Après cela, on tire, par derrière, les deux ficelles qui sortent du trou central, de manière à y faire passer la boucle du nœud coulant, qui se trouve former, en arrière, un double nœud coulant. On fait glisser la boule le long de sa ficelle jusqu'à ce qu'elle ait traversé ce double nœud; on retire la ficelle en avant pour former le nœud coulant simple, et dans celui-ci on fait glisser la boule, qui est maintenant du côté de l'autre boule, au lieu d'être du côté opposé. On agit de la même façon pour remettre la boule à sa première place. — *Les anneaux et les boules.* Cet ingénieux casse-tête, complication du précédent, se trouve aujourd'hui chez tous les marchands de jouets. Il se compose d'une couronne plate en bois, ayant à peu près 5 centimètres de large, sur un demi-centimètre d'épaisseur. Sur cette couronne, et à des intervalles réguliers, sont percés des trous entre lesquels sont placés des anneaux sur un côté et des boules sur l'autre. Ces an-

neaux et ces bou-les sont main-tenus par une ficelle qui passe à travers chaque anneau et cha-que boule, ainsi que dans tous les trous de la cou-ronne. Les extré-mités de la ficelle sont attachées en croix. Il s'agit de renverser la po-sition des an-neaux et des boules, de façon à les amener sur le côté de la cou-ronne opposé au

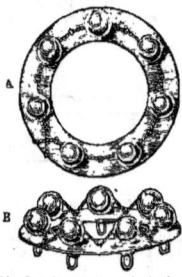

Fig. 3. — Les anneaux et les boules.
A, plan;
B, le casse-tête vu de profil.

côté qu'ils occupent. La clef de ce casse-tête et de tous ceux qui lui ressemblent se trouve dans une boucle de ficelle ordinairement cachée dans quelque partie du jouet. Il suffit, comme dans la *ficelle et les boules*, de pousser cette boucle hors de la couronne, ou à travers le bois et de la faire traverser par la boule la plus rapprochée d'elle. — *Les ciseaux détachés.* Un nœud coulant est formé autour de l'un des anneaux des ciseaux, et les deux extrémités du galon passent dans l'autre anneau, avant d'être réunis à un objet qu'on ne peut les détacher pour une raison quelconque. Comment détachera-t-on les ciseaux ? Rien de plus facile si l'on fait passer la boucle qui forme le nœud coulant d'abord dans le se-cond anneau et ensuite complètement autour des ciseaux. — *Les grenouilles.* Trois pions noirs et trois pions blancs sont en présence sur sept cases ou sur sept cartes, dans l'ordre suivant : Il s'agit de faire passer les pions

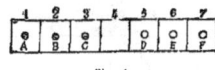

Fig. 4.

blancs à la place des noirs et les noirs à la place des blancs, en ne faisant avancer chaque pion que d'une case à la fois, sans qu'il puisse reculer ni sauter par-dessus plus d'une pièce en même temps, quand la case vide se trouve de l'autre côté de cette pièce. Ce tour suffit pour amuser une société pendant toute une soirée; la personne qui le connaît l'exécute une fois un peu vivement, devant tout le monde. Il semble si facile, que chacun de s'é-crier : — Je le ferai bien aussi. C'est une illusion : on peut donner 10 coups d'essai à chaque personne avec la certitude qu'elle ne réussira pas. Voici la marche des pièces, en

supposant que nous commencions par les blancs : 1° passons D en 4. — 2° C saute en 5. — 3° B passe en 3. — 4° D saute en 2. — 5° E saute en 4. — 6° F passe en 6. — 7° C saute en 7. — 8° B saute en 5. — 9° A saute en 3. — 10° D passe en 1. — 11° E saute en 2. — 12° F saute en 4. — 13° B passe en 6. — 14° A saute en 5. — 15° F saute en 3. Supposons maintenant que nous commencions par les noirs : 1° C passe en 4. — 2° D saute en 3. — 3° E passe en 5. — 4° C saute en 2. — 5° B saute en 4. — 6° A passe en 2. — 7° D saute en 1. — 8° E saute en 3. — 9° F saute en 5. 10° C passe en 7. — 11° B saute en 6. — 12° D saute en 4. — 13° C saute en 2. — 14° F saute en 3. — 15° A passe en 5. On peut aug-menter la difficulté en augmentant le nombre de pions, si l'on met, par exemple, 4 blancs et 4 noirs en présence sur 9 cases. La clef reste toujours la même : après avoir *avancé* un pièce, il faut la faire *sauter* par la pièce de la couleur contraire; et quand une pièce a *sauté*, il faut *avancer* ou faire *sauter* une pièce de sa même couleur. Cette règle est de rigueur pendant la première moitié de la partie : elle n'a d'exception que lorsque, les pièces étant toutes passées, il ne reste plus qu'à les mettre en place. Quand on a bien ap-pris la marche des pions et quand on ne ris-que plus de se tromper, on s'exerce au jeu suivant, qui est un peu plus compliqué. On prend un damier ; on place, sur 35 cases contiguës de l'un des angles, 17 pions noirs

Fig. 5

et 17 pions blancs, comme le représente notre figure, en laissant vide la case 18. Il s'agit de faire passer tous les pions blancs à la place des noirs et les noirs à la place des blancs, en profitant de la case vide, en ne faisant jamais sauter un pion sur plus d'un pion d'une autre couleur et en ne recu-lant jamais. Sur notre dessin, *a* représente les blancs, *b* les noirs. Voici la marche à suivre : On commence par faire passer de droite à gauche et de gauche à droite les six pions de la ligne horizontale 15—21, après quoi, on transpose sur la case libre 18 le pion a 23; la case 25 est vide et l'on passe les pions de la ligne 22—28. On fait sauter b 11 en 25 et la case 11 étant libre, on opère le tour sur la ligne 8—14. Ensuite on avance b 4 sur 11 et on profite du vide laissé en 4 pour mettre en ordre in-verse les pions de la ligne 1—17. Ceci fait, on porte 18 en 4 et 32 en 18. La case 32 étant libre, on change, comme pour les autres lignes, les pions de la ligne 29-35, et on ter-mine en amenant 25 à 32, 11 à 25 et 18 à 11. Il est facile, en opérant d'une manière ana-logue, de changer n'importe quelle quantité de pions, pourvu qu'il y ait, au milieu d'eux, une case vide. — *La partie décimale.* Sur une planchette, on pique dix épingles en ligne droite, et autour de chaque épingle, on passe un anneau. Le jeu consiste à réunir les an-neaux deux à deux, en cinq mouvements et en faisant passer, à chaque mouvement, un anneau sur deux épingles occupées. Voici, entre autres manières d'exécuter ce tour, comment on doit procéder. On porte l'an-neau du n° 10; puis le n° 6 en 3, le n° 4 en 9, le n° 8 en 2 et le n° 5 en 1. — Les changements

peuvent se faire en sens inverse, si l'on com-mence par porter le n° 4 en 1 au lieu de 7 en 10, et ainsi de suite. On peut faire cette partie

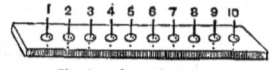

Fig. 6. — La partie décimale.

avec 10 jetons ou 10 pions posés en ligne droite sur les cases d'un damier ou tout sim-plement avec 10 cailloux alignés sur le sol. — *Le fossé du champ rectangulaire.* Un champ rectangulaire est entouré d'un fossé large de 3 mètres. Com-

Fig. 7. — Le fossé du champ rectangulaire.

ment établira-t-on une passerelle avec deux madriers longs chacun de 3 mètres? On pose l'un des madriers en diagonale sur le talus extérieur de l'un des angles du fossé et le se-cond madrier, per-pendiculairement au premier, sur le talus intérieur du même angle. (Voy. fig. 7). — *Problème de la marche du cavalier aux Echecs.* Des mathé-maticiens ont dépensé beaucoup de temps à résoudre le problème de la marche du cava-lier sur l'échiquier, en commençant par une case quelconque et en faisant parcourir au cavalier les 64 cases sans passer plus d'une fois sur la même. On a donné des centaines de solutions qui peuvent prendre chacune huit aspects différents, deux par chaque côté de l'échiquier, et produire une marche iden-tique. Les solutions les plus populaires sont celles de Moivre, de Mairan, de Montmort, d'Euler, de Monneron, du Malabare, du *Dic-tionnaire des Mathématiques*, de Vandermonde, de Collini, de Ciccolini, de Troupenas (dans le journal le *Palamède*, 1842), etc. Nous en donnons quelques-unes :

42	59	44	9	40	21	46	7
61	10	41	58	45	8	39	20
12	43	60	55	22	57	6	47
53	62	11	30	25	28	19	33
32	13	54	27	56	23	48	5
63	52	31	24	29	26	37	18
14	33	2	51	16	35	4	49
1	64	15	34	3	50	17	36

Fig. 8. — Solution d'Euler. — Mémoires de l'Académie de Berlin (1759).

1	6	51	8	11	60	57	54
50	13	2	61	52	55	10	59
5	64	7	12	9	58	53	56
14	49	62	3	16	47	36	31
63	4	15	48	35	30	17	46
24	21	26	41	44	39	32	37
27	42	23	20	29	34	45	18
22	25	43	40	19	38	33	

Fig 9. — Solution de Monneron. — *Encyclopédie* de Diderot, à l'article Échecs (supplément).

17	20	39	4	37	22	49	6
40	53	18	21	8	5	36	23
19	16	3	38	61	50	7	45
54	41	52	1	64	9	24	35
15	2	13	60	51	62	47	10
42	55	30	63	12	59	34	25
29	14	57	44	27	32	11	46
56	43	28	31	58	45	26	33

Fig. 10. — Solution du Malabare. — *Encyclopédie de Diderot, à l'article Écasos (supplément).*

— *Les patiences de dominos.* On appelle *quadrilles de dominos* des figures disposées avec l'ensemble des 28 dés, de manière à présenter 14 carrés dans chacun desquels le même point se trouve répété 4 fois. Il existe environ un demi-million de solutions affec-

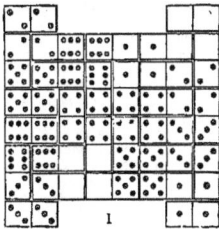

Fig. 11.

tant différentes formes plus ou moins régulières. Une première forme donne quatre solutions, qui servent de type à 342.720 quadrilles; nous donnons la 1ʳᵉ solution. Si on représente un carré de 4 blancs par 0, un carré de 4 as par 1, un carré de 4 deux par 2, etc., le premier type fournit les 8 solutions simples suivantes :

Dans chaque solution, on peut échanger un point quelconque avec un autre; d'où il résulte que chaque solution peut fournir une infinité d'autres quadrilles, dont le nombre égale le nombre de permutations rectilignes de 7 objets ou le produit des sept premiers nombres, soit 5.040. Les 34 solutions fournissent donc (34 × 5040) 171.360 quadrilles différents, nombre que l'on doit doubler, à cause des solutions obtenues par symétrie, soit 342.720. Les dominos donnent lieu à une autre espèce de patience, appelée *pyramide*, qui consiste à faire, avec les 28 dés, une pyramide telle que la somme des points sur toute ligne verticale ou horizontale soit toujours égale à autant de fois 3 que la ligne renferme de demi-dominos. Nous donnons ci-contre une solution. On remarquera que, dans cette figure, l'axe vertical coupe quatre dés; et que ces dés sont précisément ceux dont la somme vaut 6; et que, de plus, deux dés quelconques symétriques relativement à cet axe, fournissent ensemble un total de 12. On peut donc permuter ensemble deux des quatre dés à cheval

sur l'axe ou deux couples de dés symétriques autres que ceux qui forment les deux côtés inclinés de la pyramide. Ces couples sont

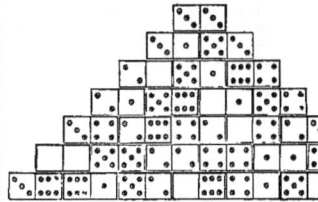

Fig. 12.

au nombre de 6 et notre figure est susceptible de fournir 17.280 solutions distinctes. — **Casse-tête chinois.** On appelle casse-tête chinois un jeu dans lequel on s'applique à reproduire, au moyen de morceaux de bois ou de carton découpés, divers dessins symétriques, ordinairement indiqués par un livret

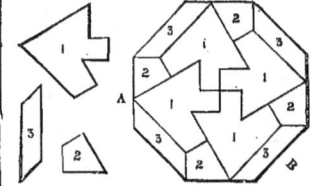

Fig. 13. — L'octogone magique. — A, les morceaux; B, l'octogone.

ou un tableau ou déterminés par le problème que le joueur désire résoudre. — *L'octogone magique.* C'est un jeu de patience que l'on peut fabriquer soi-même. Il suffit pour cela, de tracer un octogone régulier sur une feuille de carton ou de fort papier, et de le découper en morceaux comme on le voit sur la fig. 13, B. On mêle les morceaux et on les donne à un enfant pour qu'il s'amuse à les rassembler en octogone. Les morceaux marqués 1 (fig. 13, A) se mettent d'abord au centre; et autour de ces pièces assemblées, on arrange alternativement les morceaux marqués 2 et 3. — **La croix magique.** Ayez une croix de carton, découpez-la de manière qu'elle soit divisée en trois morceaux présentant la forme de la fig. 14 (A), un morceau de la forme de 2 et un autre de la forme de 3. On donne ces morceaux de carton à un enfant, pour qu'il rétablisse la croix, et cela constitue un jeu de patience à bon marché. — **Casse-tête du carré et des ronds.** Sur un morceau de carton se trouvent tracés 12 petits cercles comme le montre la fig. 15. Il s'agit de couper le carton en 4 parties égales et semblables, de façon que chaque partie contienne 3 petits cercles et sans

Fig. 14. — La croix magique. — A, les morceaux. B, la croix.

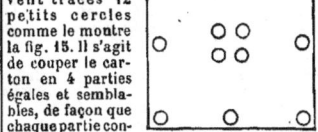

Fig. 15. — Le carré et les ronds. Problème.

qu'aucun cercle ne soit coupé. Pour résoudre le problème, on coupe la ligne A (fig. 16) à partir du quart supérieur du côté gauche, on mène cette ligne jusqu'au milieu du chemin qu'elle aurait à faire pour atteindre l'autre côté; alors on lui fait décrire un angle droit pour la mener jusqu'au point où elle est en face du quart inférieur de la ligne qui forme le côté droit; ici, on lui fait former un autre angle droit et on la mène jusqu'à la ligne. La ligne B suit une voie analogue, à partir du quart de gauche du côté inférieur jusqu'au quart de droite du côté supérieur. — **Partage de la ferme.** Un cultivateur mourut en laissant cinq fils. D'après son testament, sa propriété, sur laquelle il y avait 10 arbres, devait être partagée également entre chacun de ses enfants, sauf la maison, destinée à rester indivise entre eux. Chaque fils avait droit à 2 arbres et à un terrain égal à celui des autres, tant sous le rapport de la dimension que sous celui de la forme.

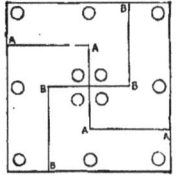

Fig. 16. — Le carré et les ronds. Solution.

Le domaine du cultivateur est représenté sur notre fig. 17, la maison indivise étant marquée par un carré ombré de lignes. La fig. 18 montre comment il faut établir les séparations entre les parcelles pour obéir au testament du défunt. — **Casse-tête du charpentier.** Un charpentier est chargé de boucher, dans un plancher, un trou de 20 centim. de large et de 1ᵐ,20 de long; il dispose seulement d'une planche large de 30 centim. et longue de 80 centim.,

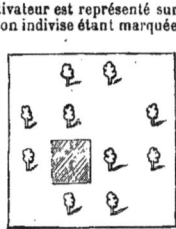

Fig. 17. — La ferme entière.

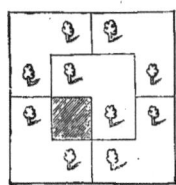

Fig. 18. — La ferme divisée.

et doit, avec ce morceau de bois, boucher entièrement le trou sans que la planche déborde d'aucun côté et sans la couper en plus de deux morceaux. Il parvient à résoudre ce problème en coupant la planche

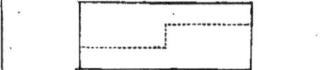

Fig. 19. — Casse-tête du charpentier. Problème.

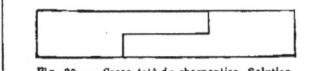

Fig. 20. — Casse-tête du charpentier. Solution.

comme le montrent les lignes ponctuées de notre fig. 19 et en les ajustant dans le trou comme on le voit sur la fig. 20. — **Le rectangle transformé en carré.** Un charpentier a besoin d'un morceau de bois carré de 6 mètres de côté. Il possède une planche rectangulaire de

4 mètres de large sur 9 mètres de long et entreprend de la transformer en un carré. Notre fig. 21 donne la forme de sa plauche

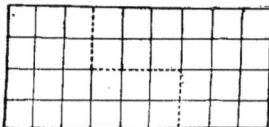

Fig. 21. — Le rectangle transformé en carré.

rectangulaire, et montre les lignes suivant lesquelles il doit la scier ; on voit, par notre fig. 22 comment il doit raccorder les deux morceaux pour avoir un carré. Nos lecteurs peuvent imiter ce problème en découpant un rectangle de 4 centim. sur 9 en deux morceaux qui forment un carré de 6 centim. de côté. On peut, de la même façon, transformer un carré en un rectangle

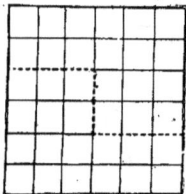

Fig. 22. — Le rectangle transformé en carré.

équivalent, mais il faut, dans ces transformations, que les sections soient toujours perpendiculaires à deux côtés, par conséquent parallèles aux deux autres, sinon on s'exposerait à des mécomptes, comme on va le voir. — HUIT FOIS HUIT FONT SOIXANTE-CINQ. Traçons un carré de 64 cases (8 sur 8) et divisons-le, au moyen

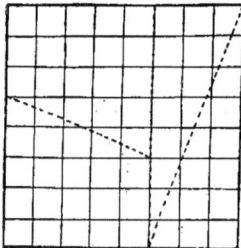

Fig. 23. — Huit fois huit font soixante-cinq.

d'une parallèle en deux rectangles, l'un de 3 cases sur 8 (24 cases), l'autre de 5 cases sur 8 (40 cases). Divisons le plus petit rectangle par une diagonale et le grand rectangle en deux trapèzes égaux, dont les deux côtés parallèles aient l'un la longueur de 5 côtés de cases et l'autre celle de 3 côtés. Nous avons

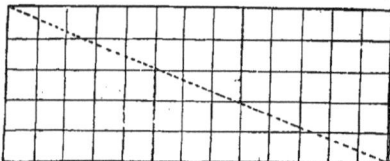

Fig. 24. — Huit fois huit font soixante-cinq.

alors deux triangles, valant chacun 12 cases ; et deux trapèzes mesurant chacun 20 cases : au total, toujours 64 cases. Juxtaposons maintenant ces quatre figures de manière à former le rectangle représenté fig. 24 ; comptons les cases de ce rectangle : 5 de hauteur ; 13

de largeur = 65. Ce résultat semble invraisemblable ; et pourtant quoi de plus vrai? L'erreur est due à cette circonstance que les fragments qui forment la diagonale du rectangle ainsi obtenu ne coïncident pas parfaitement et laissent entre eux un léger vide qui équivaut à une case. En opérant d'une manière analogue sur un carré de 9 cases de côté (= 81) la différence aurait été beaucoup plus considérable, car nous aurions obtenu un rectangle de 6 cases sur 15 (= 90). Plus on allonge la diagonale du rectangle, plus la différence devient grande. Ainsi dans notre premier exemple, de 8 sur 8, si nous avions formé sur le carré un petit rectangle de 2 sur 8 (au lieu de 3 sur 8) nous aurions été forcé de diviser le plus grand rectangle en deux trapèzes ayant pour base 2 et 5 et pour hauteur 6. La figure découpée nous aurait donné, par juxtaposition, un rectangle de 6 (au lieu de 5) sur 14 (au lieu de 13) = 84. Si nous avions voulu diminuer la longueur du rectangle à obtenir, toute diagonale serait devenue inutile : nous n'aurions eu qu'à diviser le carré en 2 rectangles égaux de 4 sur 8 et à porter ces deux rectangles bout à bout, pour avoir un nouveau rectangle de 4 sur 16 = 64. Alors la nouvelle figure aurait été équivalente à la première, ce que nous n'avons pu obtenir en faisant des sections obliques. — Les traversées EN BATEAUX. Ces petits problèmes amusants et quelquefois embarrassants paraissent être fort anciens ; quelques-uns ont été expliqués par Claude-Gaspard Bazet de Méziriac, dans son Recueil de problèmes plaisants et délectables qui se font par les nombres (Lyon, 1613, in-8°). 1° Ménager lu chèvre et le chou. Il s'agit de passer un loup, une chèvre et un chou successivement dans un bateau si petit que le batelier seul et l'un d'eux peuvent y tenir. Comment s'y prendra-t-on pour que le loup ne se trouve pas seul sur l'un des bords avec la chèvre qu'il dévorerait, et que celle-ci ne soit pas un instant seule avec le chou qu'elle n'épargnerait pas? Le batelier commencera par passer la chèvre sur la rive opposée ; revenu seul, il prendra soit le chou, soit le loup ; au retour de son second voyage, il ramènera la chèvre, la déposera sur la rive et la remplacera dans son bateau par le passager qu'il a laissé au précédent voyage (loup ou chou). Il reviendra seul et passera la chèvre qui, de cette façon, ne se sera jamais trouvée avec le loup ni avec le chou qu'en présence du batelier. 2° Traversée d'une compagnie d'infanterie dans un batelet. Un capitaine désirant faire traverser une rivière à une compagnie, aperçoit près du bord deux jeunes enfants qui jouent dans un batelet si petit qu'il ne peut porter plus d'un soldat. Comment s'y prendra-t-il pour faire passer la rivière à tous ses soldats. Il ordonne aux deux enfants de passer ensemble sur la rive opposée ; l'un d'eux y reste et l'autre ramène le batelet. Au second voyage, un soldat traverse la rivière et l'autre enfant traverse le bateau ; au troisième voyage, les deux enfants passent ensemble et l'un ramène le batelet, dans lequel passe ensuite un soldat et ainsi de suite jusqu'à la fin. 3° La dangereuse traversée. Trois gentilshommes voyageant avec leurs trois domestiques arrivèrent sur le bord d'une rivière qu'il fallait traverser dans un bateau ne pouvant contenir que deux passagers à la fois. Les gentilshommes savaient que les domestiques avaient comploté d'assassiner et de voler un ou plusieurs d'entre eux si deux domestiques se trouvaient avec un seul maître ou si les trois domestiques restaient avec deux maîtres. Comment ces six personnes pourraient-elles traverser la rivière de façon que le bateau pût revenir chercher les voyageurs

restés sur l'autre rive et de manière que jamais les domestiques ne pussent se trouver en majorité soit sur les rives, soit sur le bateau ?. Telle fut la question que les gentilshommes se posèrent. Il existe plusieurs moyens de trancher la difficulté. Les gentilshommes adoptèrent le suivant : deux domestiques traversèrent les premiers, l'un d'eux ramena le bateau ; au second voyage deux domestiques partirent encore et l'un ramena le bateau ; au troisième voyage deux gentilshommes traversèrent, et l'un deux revint avec un domestique ; au quatrième voyage, deux maîtres partirent de nouveau et le bateau fut ramené par un domestique ; les trois gentilshommes avaient donc heureusement traversé la rivière. Ensuite les domestiques traversèrent en deux voyages. 4° Traversée des trois ménages. Quelquefois, au lieu de trois maîtres et trois domestiques, on suppose trois maris jaloux se trouvant avec leurs femmes et ne voulant laisser aucune d'elles en la compagnie d'un ou deux hommes, quand le mari n'est pas présent. Au premier voyage, deux femmes passent et l'une ramène le bateau ; au second voyage, deux femmes passent encore et l'une ramène le bateau ; elle reste sur la rive avec son mari, pendant qu'au troisième voyage les deux hommes dont les deux femmes sont passées montent dans le bateau ; l'un descend sur la rive opposée, l'autre prend sa femme avec lui pour le retour ; au quatrième voyage, les deux hommes passent laissant leurs deux femmes sur la rive ; la troisième femme ramène seule le bateau ; au cinquième voyage deux femmes passent et l'une ramène l'embarcation ; au sixième, les deux dernières femmes passent. 5° Traversée des quatre ménages. Tartaglia, dans son Traité d'arithmétique, a essayé de résoudre le problème de quatre maris jaloux voyageant avec leurs femmes et voulant traverser une rivière dans un bateau ne contenant que deux personnes. Le passage, dans ces conditions, se trouve être impossible ; mais il peut être effectué si le bateau est assez grand pour contenir trois personnes. Trois femmes passent les premières : une femme ramène le bateau ; les deux femmes passent et l'une ramène le bateau ; elle reste avec son mari au troisième voyage, qui est effectué par les trois autres hommes ; un homme ramène le bateau et sa femme ; le quatrième voyage s'effectue par deux hommes et par la femme de l'un d'eux ; le bateau est ramené par une femme ou par le mari de la femme restée sur la première rive. Au cinquième voyage, la dernière femme passe avec la personne qui a ramené le bateau. — Les ponts et les îles. Euler et Leibnitz ont étudié les cas dans lesquels il est possible de franchir un fleuve en passant une seule fois sur chacun des ponts qui relient ses rives entre elles ou à des îles, ou qui relient des îles entre elles. Voici, en résumé, les conclusions d'Euler. On compte combien de ponts aboutissent sur chaque rive du fleuve ou sur chaque île ; on prend note des différents totaux ; et le problème est impossible quand on trouve plus de deux totaux impairs. Il est, au contraire, possible : 1° quand tous les totaux sont pairs ; et alors le point de départ peut se faire arbitrairement d'une région quelconque ; 2° lorsqu'il y a deux totaux impairs ; et alors le point de départ doit se trouver sur une région impaire et le point d'arrivée sur l'autre ou inversement. Dans ce dernier cas, pour trouver la route à suivre, on supprime, par la pensée autant qu'on le peut, les couples de ponts qui conduisent d'une région dans une autre ; et quand on a ainsi diminué le nombre des ponts, on cherche la course à effectuer avec ceux qui restent. Cela fait, on rétablit les ponts supprimés, ce qui est facile, avec un peu d'attention. Quelques exemples mettront nos lecteurs à même de résoudre toutes les

autres questions de ce genre. Nous débuterons par le fameux *Problème des ponts de Kœnigsberg*, qui fait l'objet d'un mémoire

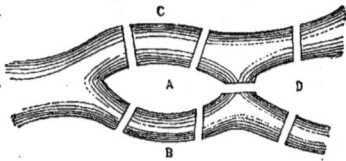

Fig. 25. — Les ponts de Kœnigsberg en 1739.

d'Euler. A Kœnigsberg, grande ville prussienne arrosée par le Pregel, ce fleuve était autrefois traversé par sept ponts, comme le montre notre fig. 25. Pouvait-on arranger son parcours de manière à passer sur chaque pont, mais à n'y passer qu'une seule fois? Telle est la question que se posait Euler. Et il arrivait à la négative par le calcul suivant :

Sur l'île A débouchent 5 ponts
— la rive B — 3 ponts
— C — 3 ponts
— l'île D — 3 ponts

Il y a plus de deux totaux impairs, donc le problème est insoluble. Prenons, comme deuxième exemple, les ponts qui aboutissent à l'île Saint-Louis et à l'île de la Cité (Paris); est-il possible de disposer un parcours de telle sorte qu'on puisse passer sur chacun d'eux, mais y passer une seule fois? Pour résoudre la question, nommons A la rive droite du fleuve,

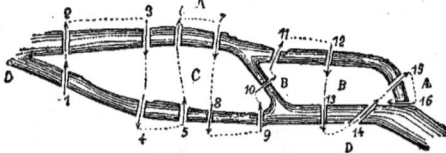

Fig. 26. — Les ponts de l'île Saint-Louis et de la Cité.

B l'île Saint-Louis, C la Cité et D la rive gauche de la Seine. Sur A débouchent, en partant de l'est : 1° l'estacade de bois qui continue le quai de Béthune; 2° la partie septentrionale du pont Sully; 3° le pont Marie; 4° le pont du 24 Février (Louis-Philippe); 5° le pont d'Arcole; 6° le pont Notre-Dame; 7° le pont au Change; 8° la partie septentrionale du Pont-Neuf. Sur B débouchent : 1° l'Estacade; 2° la partie nord du pont Sully; 3° le pont Marie; 4° le pont du 24 Février; 5° le pont Saint-Louis; 6° le pont de la Tournelle; 7° la partie sud du pont Sully. Sur C : 1° le pont Saint-Louis; 2° le pont d'Arcole; 3° le pont Notre-Dame; 4° le pont au Change; 5° le Pont-Neuf (nord); 6° le Pont-Neuf (sud); 7° le pont Saint-Michel; 8° le petit Pont; 9° le pont au Double; 10° le pont de l'Archevêché. Sur D : 1° pont Sully (Sud); 2° pont de la Tournelle; 3° pont de l'Archevêché; 4° pont au Double; 5° petit Pont; 6° pont Saint-Michel; 7° Pont-Neuf (sud). Nous avons donc : A = 8 (pair); B = 7 (impair); C = 10)pair); D = 7 (impair). — Il n'y a que deux régions impaires et par conséquent, le trajet est possible. Comme nous devons commencer en B ou en D (impairs), prenons la route qui nous parait la plus facile et suivons le chemin indiqué par nos flèches, sur la fig. 26, nous aurons ainsi traversé les 16 ponts, depuis le Pont-Neuf (sud) jusqu'à l'Estacade. La route inverse serait également bonne : de B, Estacade, à D, sud du Pont-Neuf. Il existe plusieurs autres solutions en débutant par d'autres ponts et en suivant d'autres itinéraires. Nos lecteurs les

trouveront facilement, pourvu qu'ils se souviennent que tout départ effectué en A ou en C (pairs) sera infructueux. Voici un exemple de départ en B et d'arrivée en D, en suivant l'itinéraire par les chiffres qui accompagnent nos flèches : 10, 9, 8, 5, 4, 1, 13, 11, 7, 6, 3, 2, 12, 15, 16, 14. Cet itinéraire est très long; en voici un beaucoup plus direct, également de B en D : 12, 11, 10, 7, 6, 3, 2, 1, 4, 5, 8, 9, 13, 16, 15, 14. — Supposons qu'il s'agisse d'ajouter le pont des Arts, à tous ceux que nous avons eu déjà à passer. Evidemment il n'y a rien de changé, sinon que le nombre impair passe d'une rive à l'autre et nous avons (fig. 27) A = 9 (impair); B = 7 (impair); C = 10 (pair); D = 8 (pair). Le trajet commencera par A ou par B et se terminera en B ou en A.

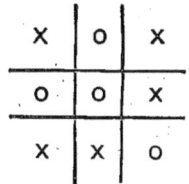

Fig. 27.

Notre fig. 27 montre le départ en A (suivez la direction des flèches et les numéros jusqu'en 17). Un trajet beaucoup plus direct serait le suivant, en partant en B pour finir en A : 1, 2, 17, 4, 3, 7, 6, 5, 9, 8, 11, 10, 13, 12, 15, 14, 16. Tout nouveau pont ajouté ne fait donc que changer la place du nombre impair sur l'une ou l'autre rive, d'où il résulte que l'on peut traverser tous les ponts de Paris, depuis le pont National jusqu'à celui du Point-du-Jour (les ponts de l'île des Cygnes étant en nombre pair). Mais il faudra toujours partir de l'île Saint-Louis ou bien y aboutir. On pourrait ainsi augmenter indéfiniment le nombre des ponts, en remontant vers la source de la Seine et en descendant vers son embouchure, tant que l'on ne rencontre pas une île formant une région impaire. — *Les figures d'un seul trait.* La théorie des figures d'un seul trait découle évidemment de celle des ponts. On peut dessiner une figure d'un seul trait chaque fois que tous les points de rencontre des lignes de cette figure sont formés par des nombres pairs de lignes, ou que la figure ne compte pas plus de deux points impairs. C'est pourquoi il est impossible de réussir d'un seul trait la figure formée par un rectangle et ses deux diagonales. Il y a 4 points impairs. Il en est de même pour les figures formées par les côtés et les diagonales d'un polygone convexe d'un nombre pair de côtés, comme le carré l'hexagone, l'octogone, etc. Au contraire, le problème est soluble pour les côtés et les diagonales d'un polygone convexe d'ordre impair, comme le pentagone, l'heptagone, etc. Toute figure contenant plus de deux points impairs ne peut être exécutée qu'en un certain nombre de traits, qui est toujours la moitié du nombre

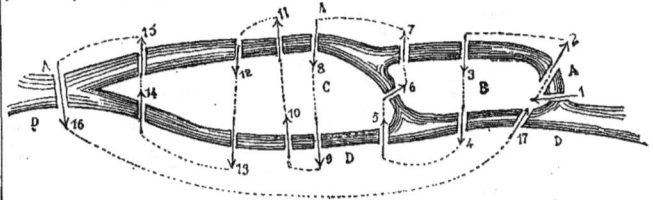

Fig. 28.

des points impairs. Ainsi, une figure ayant 12 points impairs, ne peut être décrite en moins de six traits. La prétendue signature de Mahomet, formée de deux croissants opposés(fig. 28) ne contient que des points d'ordre pair, et le prophète arabe pouvait fort bien la décrire avec la pointe de son cimeterre. — LES RONDS ET LES CROIX. On trace, sur le papier ou sur une ardoise, une figure formée de deux lignes

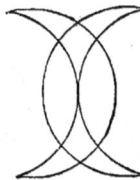

Fig. 29. — Les ronds et les croix.

verticales et de deux horizontales. Les joueurs, au nombre de deux, marquent alternativement sur cette figure, l'un une croix, l'autre un rond. Il s'agit pour gagner, d'obtenir une rangée verticale, horizontale ou diagonale de trois ronds ou de trois croix et d'empêcher l'adversaire d'arriver le premier à ce résultat.

CASSIS. — Econ. dom. Prenez 1 kilog. de baies de cassis égrenées, faites-les macérer environ trois semaines dans 3 litres d'eau-de-vie, contenus dans une cruche de grès exposée à la chaleur du soleil autant que possible (mais si cette chaleur est intense et continue, quinze jours de macération pourront suffire); ajoutez à votre cassis un peu de cannelle et de clous de girofle. Quand le tout est bien infusé, retirez votre cassis, écrasez-le et le tordez dans un torchon de grosse toile pour en exprimer le jus. Filtrez. Ajoutez 750 gr. de sucre fondu dans un peu d'eau.

CASTAGNARY (Jules-Antoine), critique et essayiste, né à Saintes (Charente-Inférieure) en 1831, mort le 11 mai 1888. Il fit son droit à Paris et devint maître clerc chez un avoué. En 1857, il rédigea, pour la *Revue moderne*, le compte-rendu du Salon de l'année et se fit l'ardent défenseur des théories naturalistes. Ses articles, très remarqués des connaisseurs, furent réunis sous le titre de *Philosophie du Salon de 1857*. — Castagnary collabora ensuite à plusieurs journaux, particulièrement au *Siècle*, dont il devint rédacteur en chef, pour la partie artistique. Pendant l'investissement de Paris, il dirigea le *Siècle* de province, et rentra ensuite au *Siècle* de Paris. Il laisse plusieurs ouvrages, parmi lesquels nous citerons : les *Artistes au XIXᵉ siècle*. Salon de 1861 (in-fol. illustré) ; les *Libres propos* (1864, in-12) ; les *Jésuites devant la loi française* (1877), etc.

CASTAIGNE (J.-F.-Eusèbe), savant bibliophile, né à Bassac (Charente) en 1804, mort à Angoulême en 1866. Nommé bibliothécaire de la ville d'Angoulême, il se voua exclusivement à des recherches historiques sur l'Angoumois, et acquit, à force de labeur, une érudition presque inépuisable. Il a publié, dans le *Bulletin de la Société historique et archéologique de la Charente*, des articles remarquables par la science profonde qui y est répandue. Il a laissé en outre : *Recherches sur*

Louis Guez de Balzac (1847, in-8°) ; *Essai d'une Bibliothèque historique de l'Angoumois* (1847, in-8°) ; *Entrées solennelles dans la ville d'Angoulême* (1856, in-8°), etc.

CASTELNAUDARICIEN, IENNE s. et adj. De Castelnaudary ; qui appartient à cette ville ou à ses habitants.

CASTILLON. Le 2 sept. 1888 eut lieu l'inauguration d'un monument commémoratif de la bataille de Castillon, où périrent Talbot « l'Achille anglais », son fils et l'élite de la chevalerie anglaise. Le monument s'élève à 1,500 mètres environ de Castillon, au bord de la route de Bordeaux à Bergerac, à peu de distance du pont de la Lidoire, au delà de laquelle s'étend la plaine de Colle, qui fut le théâtre de la phase décisive de la bataille. — L'emplacement du camp des Français est situé sur la rive opposée de la Lidoire, en face même du monument. Le monument, en pierre de Frontenac, a été construit sur les plans de M. Henri Mollo. Sa hauteur totale est de 5 mètres. Il se compose d'un obélisque, sur lequel est sculptée une épée, la pointe en l'air, et d'un piédestal avec inscriptions commémoratives. — Sur la face principale, on lit : « Dans cette plaine, le 17 juillet 1453, fut remportée la victoire qui délivra du joug de l'Angleterre les provinces méridionales de la France et termina la guerre de Cent Ans. » Sur la face ouest : « Commandaient l'armée française : Jean Bureau, trésorier de France, grand-maître de l'artillerie, et le comte de Penthièvre, chef des compagnies d'ordonnances. » Sur la façade est : « Érigé par l'Union patriotique de France sur l'initiative de l'Union patriotique de la Gironde en 1888. »

CASTRAIS, AISE, s. et adj. De Castres ; qui se rapporte à Castres ou à ses habitants.

CASUARINE, s. f. [ka-zu-a-] (lat. *casuarius*, casoar, parce que les feuilles ressemblent aux plumes de cet oiseau). Bot. Genre unique de la famille des casuarinées, comprenant une vingtaine d'espèces d'arbres qui croissent à Madagascar et dans les îles de la mer du Sud où ils habitent généralement les lieux humides près de la mer ou sur les bords des fleuves. La *casuarine à feuilles de prêles* (*casuarina equisetifolia*) originaire de Java, est acclimatée en Algérie.

CASUARINÉ, ÉE adj. Bot. Qui ressemble ou se rapporte à la casuarine. — S. f. pl. Petite famille de dicotylédones apétales, comprenant des plantes remarquables par l'absence de feuilles remplacées par des gaines entourant la tige ; fleurs femelles composées de bractées et d'un pistil qui devient un véritable caryopse à la maturité. Cette famille ne renferme que le genre casuarine.

CATABROSE s. f. (gr. *katabrosis*, action de manger avec avidité). Bot. Genre de graminées festucées, comprenant une dizaine d'espèces d'herbes gracieuses qui n'ont pas une grande valeur au point de vue agricole. L'espèce la plus répandue est la *catabrose aquatique* (*catabrosa aquatico*), répandue dans les régions tempérées.

CATAPULTE (Jeux). La catapulte est un petit jouet aussi dangereux que la fronde et le boumérang. Elle servait, avant l'emploi de la poudre à canon, à lancer des dards et des pierres ; celle dont les enfants font usage ne peut servir, fort heureusement, qu'à jeter, à une certaine distance, de petits cailloux ou des billes. On peut la fabriquer soi-même ; pour cela, il suffit de se procurer une lanière de caoutchouc et un morceau de bois rigide qui forme la fourche. Le morceau de bois doit mesurer environ 15 centimètres de long, pour 8 à 10 centimètres pour la fourche ; les extrémités de celle-ci doivent être séparées par une distance de 8 à 10 centimètres. On attache solidement les bouts de la petite la-

nière à la fourche, et l'on a l'appareil représenté par le dessin ci-contre. Pour s'en servir, on saisit le manche avec la main gauche et l'on tient verticalement l'instrument devant soi, l'ouverture des fourches en face des yeux. Le projectile, posé entre le pouce et l'index, se place au milieu de la bande de caoutchouc, du côté opposé au visage. On tire à soi le caoutchouc et on l'allonge autant que possible, en lui faisant former un angle droit

La Catapulte.

avec le bâton et en tenant toujours le projectile, comme il a été dit. Ensuite, on penche plus ou moins tout l'appareil, de façon que le caoutchouc, formant angle droit avec les fourches, soit sur la ligne qui va de l'œil au but que l'on veut atteindre. En lâchant soudain la lanière, on voit le projectile prendre la direction voulue. Les enfants éprouvent toujours un grand plaisir à poursuivre les petits oiseaux en leur donnant la chasse au moyen de la catapulte ; mais que messieurs les membres de la Société protectrice des animaux se tranquilisent : le projectile n'atteint jamais exactement le but.

CAUDEBÉQUOIS, OISE s. et adj. De Caudebec ; qui se rapporte à Caudebec ou à ses habitants.

CAUDEX s. m. [kô-dèkss] (lat. *caudex*, tige). Bot. Chacune des deux extrémités croissant en sens inverse dans la *plantule* au moment où l'embryon commence à se développer. Le *caudex ascendant* ou gemmule se dirige vers l'air et la lumière ; le *caudex descendant* ou radicule, au contraire, s'enfonce dans la terre.

CAULESCENT, ENTE adj. [kô-léss-san] (lat. *caulis*, tige). Bot. Qui a une tige, par opposition à *acaule*.

CAULINAIRE adj. (lat. *caulis*, tige). Bot. Qui appartient à la tige. — FEUILLE CAULINAIRE, feuille qui naît sur la tige.

CAULINATION s. f. Bot. Formation de la tige.

CAVAGNOLE s. m. [gn, mll.]. Espèce de biribi fort ennuyeux, si nous en croyons Voltaire :

> On croirait que le jeu console ;
> Mais l'ennui vient à pas comptés
> A la table d'un cavagnole
> S'asseoir entre deux Majestés.

Son nom vient de l'italien *cavajola* (nappe). Importé de Gênes, pendant le xviii° siècle, il jouit un instant d'une grande vogue chez nous. On le jouait avec de petits tableaux à 5 cases numérotées, sur lesquelles chaque joueur mettait son enjeu. Les mêmes numéros étaient répétés sur des boules que les joueurs tiraient tour à tour d'un sac. Il n'y avait pas de banquier, et quand on n'amenait pas les numéros de son tableau, on perdait la mise au profit des joueurs plus heureux.

CAVEROT (Louis-Marie-Joseph-Eusèbe), cardinal, né à Joinville (Haute-Marne, le 26 mai 1805, mort le 24 janvier 1887. Il fut vicaire à Besançon, puis évêque à Saint-Dié (16 mars 1849, ensuite archevêque de Lyon et Vienne (20 avril 1876), avec le titre de primat des Gaules, et enfin cardinal, le 12 mars 1877. Il a laissé des mandements et des instructions pastorales.

CAYENNAIS, AISE, s. et adj. De Cayenne, qui concerne Cayenne ou ses habitants.

CECCONI, archevêque de Florence, mort le 15 juin 1888. Son *Histoire du concile du Vatican de* 1869 détermina la proclamation du dogme de l'infaillibilité.

CÉIBA s. m. [sé-i-ba]. Nom indigène d'un grand arbre, le *fromager épineux* ou *fromager à cinq folioles* (*bombax ceiba*, lin.), qui habite l'Amérique méridionale et qui est armé d'aiguillons épineux. C'est de cette espèce de fromager qu'un poète a pu dire :

> Le puissant *ceiba*, tel qu'une immense tour,
> Ombrage cent arpents de son vaste contour.

CELANO (Thomasa da), moine italien du xiii° siècle, à qui l'on attribue la célèbre hymne latine : *Dies iræ, dies illa*. Il était ami de saint François d'Assise ; et l'on pense qu'il naquit dans les Abruzzes.

CENTIGRADE (lat. *centum*, cent ; *gradus*, degré). — Encycl. Dans le thermomètre centigrade, le point de congélation de l'eau marque 0° à l'échelle ; le point d'ébullition du même liquide marque 100°. L'espace compris entre ces deux extrêmes est divisé en 100 parties égales appelées degrés. Cette échelle thermométrique a été inventée par le savant Suédois Celse (Anders Celsius) ; elle est exclusivement employée chez presque toutes les nations civilisées pour les recherches scientifiques. — Pour traduire les degrés centigrades en degrés Réaumur, on les multiplie par 4, et on divise par 5. Ex. :

$$100° \text{ C.} = \frac{100 \times 4}{5} = 80 \text{ R.}$$

Si on désirait les réduire en degrés Farheinheit, il faudrait les multiplier par 9, diviser par 5, et ajouter 32. Ex. :

$$100° \text{ C.} = \frac{100 \times 9}{5} = 180 + 32 = 212 \text{ F.}$$

CÉPER v. a. Hortic. Couper un arbre ou une grosse branche à sa base.

CÉPHALASPIS s. m. [sé-fa-la-spiss] (gr. *képhalé*, tête ; *aspis*, bouclier). Icht. Singulier genre de poissons fossiles appartenant au groupe des ganoïdes. Il fut découvert par Agassiz dans des spécimens provenant du vieux grès rouge. Le céphalaspis avait le corps allongé en avant, couvert de fortes lames osseuses. Ce qu'il avait de particulier, c'était sa tête énorme dans laquelle le corps semblait s'insérer et qui était protégée par une large plaque osseuse.

CÉRATOPHYLLE s. m. [sé-ra-to-fl-le] (gr. *kéras, kératos*, corne ; *phullon*, feuille, parce que les ramifications fourchues des feuilles de ces plantes ressemblent à de petites cornes). Bot. Genre type de la petite famille des cératophyllées, comprenant plusieurs espèces de plantes submergées à feuilles verticillées, finement découpées. Les cératophylles vivent dans les eaux douces et les marais tourbeux. On en connaît deux espèces dans les environs de Paris : 1° le *cératophylle noyé* (*ceratophyllum demersum*) ou ornifle, à feuilles fortement denticulées, à fruit noirâtre muni de deux épines à la base ; 2° le cératophylle ou *cornifle submergé* (*ceratophyllum submersum*), à feuilles peu denticulées.

CÉRATOPHYLLÉ, ÉE adj. Bot. Qui appartient au cératophylle ; qui lui ressemble ou qui s'y rapporte. — s. f. pl. Famille de plantes aquatiques, herbacées vivaces, à feuilles verticillées, très découpées, à fleurs petites, sans calice ni corolle.

CERCEAU (Jeux). Le plus simple des cerceaux est un cercle de barrique que l'on frappe d'un bâton pour le faire rouler. On vend chez les marchands de jouets des cerceaux formés de deux ou trois cercles de bois léger cloués les uns par-dessus les autres, parfaitement unis ensemble, et dont le pourtour intérieur est quelquefois garni de clochettes ou de morceaux de métal auxquels le mouvement fait produire un véritable carillon. Il y a aujourd'hui des cerceaux tout en fer. Pour lancer le cerceau, on débute par le frapper à petits coups réguliers en le suivant pas à pas ;

on le redresse dès qu'il penche d'un côté ou de l'autre et on ne le frappe à grands coups que lorsqu'il est bien lancé. Ce jeu est pour les jeunes gens des deux sexes un jeu salutaire. Bien qu'il procure le moyen de s'amuser seul, il peut donner lieu à des parties agréables lorsque plusieurs joueurs se trouvent réunis. Tantôt ils joutent à qui arrivera le plus vite à un but, tantôt à qui ira le plus longtemps sans laisser choir son cerceau. Ou bien ils font la petite guerre en se divisant en deux troupes qui se mettent chacune en ligne vis-à-vis de l'autre, avec un intervalle de deux mètres entre chaque joueur. Au signal, les deux lignes s'avancent l'une vers l'autre et chaque joueur s'efforce de passer, avec son cerceau, dans l'intervalle laissé entre deux joueurs du camp adverse. Quand tous sont parvenus au camp opposé, ils font volte-face et recommencent le même mouvement.

CERCLE. — Législ. Une circulaire adressée le 10 juillet 1886 par le ministre de l'intérieur invite les préfets à exiger que les statuts des cercles renferment certaines dispositions ayant pour but notamment d'éviter que ces établissements ne deviennent des maisons de jeu ouvertes à tout venant. Aucune personne ne peut y être admise à titre temporaire, soit comme invité, soit comme visiteur. Nul failli ne peut en faire partie. Tous les membres du cercle doivent avoir des droits égaux dans le fonds social et tous doivent avoir la même responsabilité. Les jeux de hasard sont formellement interdits. Un décret du 12 juillet 1886 autorise la création de *cercles militaires* dans les villes de garnison ; un autre décret, en date du 5 juillet 1887, a constitué à Paris le *Cercle national des armées de terre et de mer*, lequel est administré par un conseil de neuf membres, nommés par le ministre de la guerre, sur la proposition du gouverneur militaire de Paris. Ce cercle est soumis aux règles générales d'administration et de comptabilité adoptées pour les corps de troupe. Les associations d'étudiants des facultés de l'Etat ne sont pas assujetties à la taxe sur les cercles, lorsque ces associations sont exclusivement scientifiques ou littéraires, et qu'elles sont en outre reconnues par les autorités préfectorale et universitaire (L. 30 mars 1888, art. 13). La taxe de 20 p. 100 due par les abonnés des cercles, et qui était calculée sur le montant de leurs cotisations, en vertu de la loi du 16 septembre 1871 a dû être basée, en vertu d'une loi du 17 juillet 1889 (art. 4), sur la totalité des ressources annuelles de ces sociétés ou lieux de réunion. Ladite taxe devait être réduite à 10 p. 100 lorsque les ressources annuelles étaient inférieures à 6,000 fr. ; mais la loi du 8 août 1890 a fixé des bases nouvelles pour l'assiette de cet impôt. La taxe est aujourd'hui réglée à la fois sur le montant des cotisations, y compris les droits d'entrée, et sur la valeur locative des bâtiments, locaux et emplacements affectés à l'usage de l'établissement. Le tarif est gradué de la manière suivante : 1re *catégorie*. Cercles dont les cotisations s'élèvent à 8,000 fr. et au-dessus, ou la valeur locative à 4,000 fr. et au-dessus : 20 p. 100 du montant des cotisations et 8 p. 100 du montant de la valeur locative. — 2e *catégorie*. Cercles dont les cotisations sont de 3,000 à 8,000 fr., ou dont la valeur locative est de 2,000 à 4,000 fr. : 10 p. 100 du montant des cotisations et 4 p. 100 du montant de la valeur locative. — 3e *catégorie*. Cercles dont les cotisations sont inférieures à 3,000 fr. et la valeur locative inférieure à 2,000 fr. : 5 p. 100 du montant des cotisations et 2 p. 100 de la valeur locative.

CERDAN, ANE s. et adj. De la Cerdagne; qui appartient à ce pays ou à ses habitants.

CERF-VOLANT (Jeux). — Introduit chez nous dès la plus haute antiquité, ce jouet,

d'origine orientale, passe de génération en génération sans subir de modifications, bien qu'il soit susceptible de recevoir de grands perfectionnements. Le cerf-volant constitue l'un des exercices les plus salutaires, parce

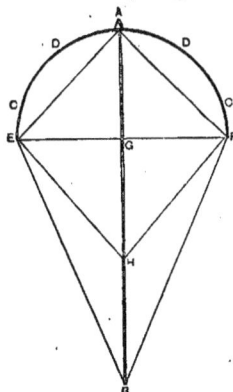

Fig. 1. — Squelette du cerf-volant.

qu'il exige la promenade ou la course en pleine campagne. Les marchands de jouets vendent des cerfs-volants, à tout prix et de toute grandeur ; mais ordinairement les enfants éprouvent le plus grand plaisir à fabriquer eux-mêmes ceux dont ils font usage et nous allons établir les principes qui doivent présider à cette fabrication. Il faut commencer avant tout par déterminer la grandeur et les proportions du jouet, pour que sa largeur soit en raison de sa hauteur. Les proportions habituelles sont que la largeur et la hauteur doivent être comme 4 est à 7 ; c'est-à-dire qu'un cerf-volant de 70 centimètres de haut mesurera, s'il est élégant, 40 centimètres de large ; plus large, il serait moins gracieux ; plus élancé, il se soutiendrait moins bien dans les airs. La grandeur étant choisie, on prépare d'abord le squelette (A B, fig. 1) de la manière suivante : On se procure une baguette ou une latte bien droite, d'un bois sec, léger, peu flexible et de la longueur requise pour l'épine du cerf-volant. A l'extrémité qui doit former la tête, on taille une petite coche pour recevoir l'arc ; celui-ci se compose d'un morceau de bois à cerceau, d'une baguette de frêne, de coudrier, de châtaignier ou d'une tige flexible quelconque, à défaut de jonc. On l'égalise en râclant la partie la plus grosse jusqu'à ce que la baguette soit à peu près d'un diamètre égal dans toutes ses parties. On cherche le milieu exact de l'arc, à l'aide d'un mètre, d'un compas ou d'une ficelle, et on attache solidement ce milieu de la baguette dans l'encoche de l'épine, comme cela est représenté en A de notre fig. 1. Ceci fait, à chaque extrémité (E et F) de l'arc, on taille une petite coche ; puis, après avoir attaché une ficelle à l'une d'elles (à la coche E, par exemple), on fait entrer cette ficelle dans une échancrure pratiquée au bas (B) de l'épine ; on remonte la ficelle de l'autre côté pour la rattacher à l'autre extrémité de l'arc (F) et l'on donne à cet arc, en tirant convenablement la ficelle, la courbure qu'il doit avoir (E C D A D C F). Avant de passer outre, il est prudent de vérifier si les deux ailes du cerf-volant sont en équilibre ; pour cela, on pose l'extrémité B sur le bout du doigt et on cherche à soutenir quelques instants la carcasse dans une position verticale ; on se rend facilement compte du côté qui l'emporte en

pesanteur et l'on y remédie pendant qu'il en est temps. On se rend encore mieux compte du défaut d'équilibre en posant la carcasse horizontalement sur le doigt placé vers le point G ; le côté le plus lourd penche de suite. Pour achever cette espèce de châssis, on fixe solidement la ficelle en F et on la fait passer d'un bout de l'arc à l'autre (F E), en ayant soin de la tourner une fois sur la latte en G ; arrivée en F, elle passe successivement en A, F, H et E et on la fixe sur chaque point en lui faisant faire un tour sur le bois. En H, on la fait généralement passer dans une coche. Dans notre figure, les deux baguettes de bois sont marquées par des lignes grasses : les différentes lignes que forme la ficelle sont représentées d'une manière plus fine. Une remarque très utile doit être faite relativement aux proportions. Notre figure mesure 70 centimètres de haut sur 40 centimètres de large ; pour arriver à ce résultat, nous avons employé, pour un seul arc, une baguette longue de 60 centimètres. Tout enfant ayant quelque idée des proportions, calculera facilement, d'après cette donnée, les longueurs relatives de l'épine et de l'arc. Enfin, la carcasse étant terminée à la satisfaction du jeune fabricant, reste à discuter la question de la garniture. Presque toujours, on habille le squelette avec une feuille de papier, et cette méthode est excellente pour les petits cerfs-volants, pourvu que le papier soit léger ; on peut, si l'on tient à de la légèreté encore, employer une forte feuille de collodion ; les feuilles de papier ont le désavantage d'être fragiles ; en compensation on peut facilement réparer le dommage quand elles viennent à se déchirer. Enfin, le grand avantage du papier, c'est de coûter très peu cher et même de ne rien coûter du tout, si l'on emploie de vieux journaux. Pour les grands cerfs-volants, il serait préférable de choisir le calicot ou la gutta-percha, et d'en garnir le châssis ; mais ces substances sont coûteuses , ce qui fait qu'on s'en sert peu pour cet usage. Ayant adopté le papier, on en prend un certain nombre de feuilles qu'on réunit bout à bout au moyen de colle de pâte, de façon à obtenir une surface suffisamment étendue. On applique le châssis sur cette surface, on découpe le papier parallèlement aux contours du châssis, en réservant une marge de 3 à 5 centim., que l'on replie en dessus et que l'on fixe avec de la colle; on colle aussi par derrière, des bandes de papier le long de l'épine et de la ficelle ; puis on laisse sécher le cerf-volant. Si l'on avait adopté l'usage du calicot, on le coudrait au lieu de le coller. Quand le tout est bien sec, on perce dans l'épine deux trous, l'un à environ le cinquième de la longueur totale de l'épine en partant du haut, l'autre aux deux tiers de cette même longueur, toujours à compter de l'extrémité supérieure. C'est dans ces deux trous que l'on passe et que l'on fixe, par un nœud fait aux deux bouts, la *corde ventrière* ou ficelle formant l'attache, dans laquelle on pratique le nœud coulant dans lequel passera la ficelle qui servira à retenir le cerf-volant et à l'élever dans les airs. Ce nœud coulant doit se trouver un peu plus haut que le milieu de l'attache, et comme sa position, d'une grande importance, ne peut pas toujours être bien déterminée, on préfère quelquefois ne pas faire le nœud à la corde ventrière, mais le mettre au bout de la ficelle, qui peut ainsi couler librement le long de la corde ventrière et s'arrêter à telle ou telle hauteur, suivant que la tête du cerf-volant est plus ou moins lourde. La machine n'est pas encore complète : il lui manque une queue, sans laquelle il lui serait impossible de prendre son vol. Ordinairement, la queue se compose d'une longue ficelle, attachée à la partie inférieure de l'épine et portant, à des intervalles réguliers de 7 à 10 centim., des morceaux de papier pliés en

4 ou en 6, longs de 5 à 10 centim., larges de 2 ou 3 centim. et attachés au moyen de nœuds coulants. Au bout de la ficelle se trouve une espèce de gros gland en papier découpé et frisé. La longueur et le poids de la queue dépendent de la grandeur du cerf-volant ; en règle générale, elle ne doit pas être moins de 12 fois aussi longue que lui ; plus elle est longue et mieux cela vaut, pourvu qu'il soit de grosseur à l'enlever. On ajoute encore à l'appareil une paire d'oreilles faites de la même façon que la queue, mais beaucoup moins longues et moins lourdes qu'elle. Ces appendices s'attachent chacun à l'un des deux points opposés de l'arc ; ils ajoutent à l'apparence gracieuse du cerf-volant ; mais ils diminuent sa puissance de vol ; ils ne sont utiles que pour rétablir l'équilibre de l'appareil dans le cas où sa construction laisserait à désirer. On peut décorer le cerf-volant en y collant des images coloriées et découpées. Quand on veut faire voler cette machine, on se rend en pleine campagne, lorsque le vent est modéré. Le meilleur moment de l'année se trouve être à la fin de l'été, après que les foins sont coupés et c'est ordinairement au mois de septembre que l'on voit planer le plus grand nombre de cerfs-volants. Ce que l'on doit redouter, c'est l'absence comme la trop grande abondance de vent. Pour lancer l'appareil, on se munit d'un gros peloton de bonne ficelle dont on attache solidement le bout à la corde ventrière, comme il a été dit ci-dessus. Après avoir développé la queue du cerf-volant, on saisit le peloton, on dévide une certaine quantité de ficelle et on prend rapidement sa course dans la direction opposée à celle du vent. Si le cerf-volant s'élève avec difficulté, c'est qu'il est trop chargé : il faut enlever les oreilles et, au besoin, alléger la queue. Si, au contraire, il donne des coups de tête et fait des plongeons, c'est qu'il a besoin d'être alourdi, et dans ce cas on ajoute des oreilles quand il n'en a pas, ou bien l'on attache au bout de la queue une pierre ou une touffe d'herbe munie de sa motte de terre, quand les oreilles ne suffisent pas. Quelquefois, pour lancer le cerf-volant on a recours à l'obligeance d'un camarade qui le prend par la partie postérieure et le soutient aussi haut qu'il peut. Quand on a dévidé un peu de ficelle et que l'on prend sa course dans la direction opposée à celle du vent, on crie « Lâche tout » au camarade, qui abandonne le cerf-volant, et si celui-ci est bien équilibré, ni trop lourd ni trop léger, et si la brise s'y prête, on le voit s'élever majestueusement pendant que sa grande queue ondule avec grâce, semblable à quelque gigantesque serpent aérien. Tant qu'il tire avec force, on lui fournit de la ficelle, si la tension se relâche, on roule la ficelle autour du peloton. Quand, parvenu à une grande hauteur, il se balance mollement, presque sans changer de place, on le laisse planer et l'on attache la ficelle à un pieu solidement planté en terre. C'est le moment d'envoyer des courriers : ces courriers se composent ordinairement de petites rondelles de papier ou de carton, percées d'un trou en leur milieu et que l'on enfile dans la ficelle. Poussés par le vent, ils montent en tournoyant jusqu'au cerf-volant. Une forme plus compliquée de courrier consiste en un léger tube de bois très mince, dont le diamètre est suffisant pour lui permettre de tourner facilement sur la ficelle quand il y est enfilé. A ce tube, on colle obliquement plusieurs ailettes de papier, qui, sous l'action du vent, font tourner le petit appareil. Il est bien entendu que pour enfiler ces messagers, il faut que le bout de la ficelle soit libre ; alors on est obligé de la couper si elle n'est pas arrivée au bout du rouleau. On ne doit pas abuser des courriers, parce qu'ils alourdissent le cerf-volant, et que leur grand nombre peut provoquer une descente prématurée de la machine. Quand on veut ramener à soi le cerf-volant, on enroule peu à peu la ficelle et l'on évite de le faire tomber sur un arbre ou sur une habitation, dont le voisinage est toujours dangereux, surtout pour la queue et pour les oreilles. — L'oiseau-volant. Nous venons de donner la manière de faire le cerf-volant ordinaire ; on peut varier la forme de ce jouet et lui donner un tout autre aspect ; on peut construire l'image d'un oiseau, d'un dragon, d'une immense chauve-souris, d'un chien, d'un homme ou d'un être fantastique quelconque. Le principe de la construction d'un oiseau-volant suffira pour faire comprendre comment on doit agir pour les autres espèces de machines du

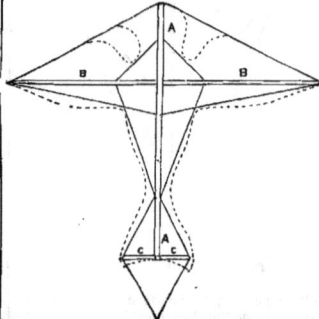

Fig. 2. Squelett. de l'oiseau-volant.

Fig. 3. L'oiseau-volant prêt à être lancé.

même genre. Le squelette (fig. 2) se compose d'une épine (A A) et d'une traverse (B E), fixée à peu près au tiers de la longueur de l'épine, à partir du sommet ; une autre traverse, beaucoup moins longue (C C) est solidement attachée à l'extrémité inférieure de l'épine, de manière à se trouver maintenue dans le même plan que B B. Les contours de la tête et du bec sont formés par du carton découpé ou par un brin d'osier fendu, que l'on maintient au sommet de l'épine en l'enfonçant dans une coche. Les ficelles étant placées comme le montrent les lignes fines de notre figure 3, le squelette est complet. On le couvre de papier destiné à former le corps, et après avoir fait usage de la colle pour unir les deux parties, on découpe le papier, non en suivant exactement les contours de la carcasse, mais en formant la figure d'un oiseau, comme on le voit par les lignes ponctuées de

notre dessin. Il ne reste plus qu'à établir la corde ventrière et la queue. Cette dernière peut se composer simplement d'une longue ficelle, au bout de laquelle on attache un petit oiseau de papier ou de carton. — On vend aujourd'hui, chez tous les marchands de jouets, d'élégants cerfs-volants qui présentent la forme générale d'un grand papillon aux ailes fortement bombées en dessus. Le moindre vent qui s'engouffre dans l'intérieur de ces ailes suffit pour élever l'appareil et pour le soutenir en l'air.

CERISES A l'eau-de-vie. — Prenez de belles cerises bien mûres, coupez-leur la moitié de la queue environ ; mettez-les dans des bocaux et remplissez avec de bonne eau-de-vie, environ 1 litre par demi-kilogramme de fruit, mélangé de sirop et de sucre dans la proportion du sixième. On peut également préparer les cerises à l'eau-de-vie en les passant préalablement au sirop bouillant pour les ranger ensuite dans des bocaux remplis de ce sirop mélangé d'eau-de-vie ; ou par le procédé employé pour les abricots, etc.

CERVELLES DE BŒUF. (Cuis.) Epluchez bien vos cervelles, en ôtant la peau, le sang coagulé et les fibres ; mettez-les dégorger une bonne heure. Faites-les cuire alors une demi-heure dans de l'eau avec bouquet garni, thym, carotte, laurier, une pointe d'ail, sel et poivre, un quart de verre de vinaigre. Egouttez-les bien. Vous pouvez alors les servir à la sauce au beurre noir ou à toute autre sauce piquante ; de même à la sauce à la poulette, et enfin les faire frire, après les avoir coupées en petits morceaux que l'on saupoudre de farine avant de les jeter dans la friture.

CÉSENA I (Amédée GAYET DE), journaliste et littérateur français, né à Sestri di Levante (Sardaigne) en 1810, mort le 15 oct. 1889. Son père, M. Gayet, avait épousé une Italienne, Mlle de Césena, dont le nom parut plus euphonique et plus noble au futur journaliste. Il débuta dans la carrière littéraire par un hymne sur la conquête d'Alger (1830), devint secrétaire du baron Taylor et fit paraître en 1842 une tragédie intitulée *Agnès de Méranie*. L'année suivante, il prit la direction de la feuille orléaniste le *Journal de Maine-et-Loire*. Aussitôt après la révolution de 1848, il se fit remarquer par l'exaltation de son républicanisme socialiste et collabora au *Représentant du peuple* de Proudhon. Sa conversion n'était pas bien sincère, sans doute, car il devint, du jour au lendemain, l'un des plus ardents partisans de Napoléon III. Il entra successivement à la *Patrie* (1850), au *Constitutionnel* (1852), au *Courrier du dimanche*, au *Figaro* (1869), à la *Presse* (1871). Il publia, pendant la période impériale, plusieurs ouvrages politiques qui portent le cachet de leur époque : les *Césars et les Napoléons* (1856), *l'Angleterre et la Russie* (1858), *l'Italie confédérée* (1859-1860, 4 vol.), *Campagne de Piémont et de Lombardie* en 1859 (1860), *la Papauté et l'adresse* (1862), *Histoire de la guerre de Prusse* (1871). Il a laissé, en outre, différents *guides* : de la France (1862, in-12) ; de Paris (1863, in-12) ; des environs de Paris (1854, in-12) ; et plusieurs romans : *une Courtisane vierge* (1873, in-12) ; les *Belles pécheresses*, etc. — Il Sébastien GAYET DE), poète et littérateur, frère du précédent, né à Beaujeu en 1815, mort en 1863. Sa traduction des œuvres de Dante (1843-1853, 5 vol. in-8°) est très estimée. Ses œuvres personnelles comprennent les *Chants du psalmiste* (1840) ; les *Divines féeries de l'Orient et du Nord* (1842, in-8°) ; la *Vision de Faustus à l'Exposition universelle* (1855) ; les *Stations poétiques* (1858), etc.

CÉSÉNATE s. et adj. De Cesena ; qui se rapporte à Cesena ou à ses habitants.

CETIWAYO (kètch-oua-io), roi des Zoulous ;

né dans le sud de l'Afrique vers 1840, mort en février 1884. Il était fils de Panda, roi des Zoulous. Sur les dernières années de Panda, le Zoulouland fut troublé par la rivalité de ses fils. En 1861, les Anglais envoyèrent dans ce pays sir Théophile Shepstone, qui détermina les indigènes à reconnaître Cetiwayo comme successeur de Panda, et ce jeune prince gouverna, comme une sorte de régent, jusqu'à la mort de son père, en 1873. Devenu roi, il agit avec la plus grande énergie et prit de suite les mesures pour soutenir contre les blancs une guerre inévitable. Il organisa une armée de 30,000 hommes, formée en deux groupes de régiments, les uns comprenant exclusivement des célibataires, et les autres des hommes mariés, organisation particulière qui avait été imaginée en 1813 par le roi Chaga, ancêtre de Cetiwayo. Un certain nombre de ses soldats étaient pourvus de fusils à aiguille achetés à des marchands anglais ; mais la plupart se servaient avec habileté de l'arme nationale, sorte de zagaie qui tient de la lance et du couteau. Plusieurs incursions victorieuses enflèrent le courage des Zoulous, au point qu'ils ne craignirent pas d'affronter la colère de l'Angleterre. Cette dernière puissance, appelée au secours des Boers, annexa le Transvaal, de sorte que la vieille querelle entre les Zoulous et les Boers, relative aux délimitations de la frontière, se trouva transférée aux Anglais. Un arbitre ayant été nommé, il reconnut, il est vrai Anglais, que la prétention des Zoulous était fondée ; mais l'Angleterre, au lieu d'abandonner purement et simplement le territoire en litige, y mit des conditions qu'elle savait être inacceptables. Elle ordonna au roi d'abolir son système militaire et de livrer à la répression britannique plusieurs noirs de la colonie du Cap réfugiés en Zoulouland après une insurrection infructueuse en 1878. Cetiwayo répondit qu'il était maître chez lui, qu'il conserverait son armée et ne livrerait pas les réfugiés. Sur quoi, les Anglais envahirent son pays. Ils formèrent trois colonnes de troupes ; celle du centre, commandée par lord Chelmsford, passa la frontière du Zoulouland le 15 janvier 1879, croyant que la campagne serait une simple chasse à l'homme. Mais Cetiwayo marcha courageusement à la rencontre de ses ennemis qu'il battit, le 22 janvier, à Isandoula, sur la rivière de Buffalo. Les vainqueurs ne firent pas de prisonniers ; tout ce qui ne tomba pas sous leur fer ne trouva le salut qu'en se précipitant du haut d'une falaise qui domine la rivière et en passant celle-ci à la nage. Les Anglais avouèrent qu'ils avaient perdu 1,000 soldats. Les survivants, poursuivis la zagaie dans les reins, essayèrent de se reformer ; mais après leur nouvelle défaite à Rorki, il ne leur resta plus qu'à se retirer. La colonne du Sud, commandée par le colonel Pearson, dut s'arrêter à Itchoul, en attendant du renfort ; et celle du Nord, sous les ordres de sir Evelyn Wood, ne fut pas plus heureuse, bien qu'elle remportât un semblant de succès à Kamboulakop. A la nouvelle de ces désastres, l'Angleterre envoya une puissante armée en Zoulouland. Le 2 avril, Cetiwayo attaqua l'armée anglaise dans son camp d'Ikooul ; mais cette fois il fut repoussé. Le 4 juillet, se livra à Ouloundi une bataille décisive. Le roi nègre, à la tête de 20,000 hommes, se précipita furieusement sur ses ennemis, au nombre de 5,000. Les canons Gatling eurent raison du nombre et du courage impétueux des indigènes, qui furent écrasés par les projectiles avant d'avoir pu arriver au combat à l'arme blanche où ils auraient été assurés de l'avantage. Le roi, abandonné de la plupart des soldats qui échappèrent à ce massacre, se réfugia dans les forêts, où il finit par être pris, le 28 août. Les Anglais l'emmenèrent à Cape-Town, déposèrent sa dynastie et divisèrent son royaume en treize principautés placées sous les ordres d'un résident anglais. Cetiwayo fut ensuite conduit en Angleterre où il devint l'objet de la curiosité publique. Ayant fait sa soumission entière, il reparlit pour l'Afrique en septembre 1882 et fut réinstallé, en 1883, dans une portion de son royaume, dont les Anglais avaient distrait une grande étendue pour en faire une réserve indigène gouvernée par un commissaire. Cetiwayo devait régner sous le contrôle d'un résident et s'engageait à ne plus entretenir d'armée. Malheureusement, ces conditions ne furent pas acceptées par le peuple zoulou qui se souleva. Cetiwayo essaya vainement de faire reconnaître son autorité. A la tête d'un contingent anglais, il attaqua les révoltés et fut repoussé par le prince Usibepou (1883). Il se réfugia dans le territoire de la réserve anglaise et y demeura en exil, sous la protection du résident, jusqu'au moment de sa mort, causée autant par ses habitudes d'ivrognerie que par les grands chagrins de son existence accidentée.

CETTAIS, AISE s. et adj. De Cette ; qui concerne cette ville ou ses habitants.

CEY (François-Arsène CHAIZÉ DE CAHAGNE), connu sous le pseudonyme d'*Arsène de*), romancier et auteur dramatique, né à Thiers en 1806, mort en novembre 1887. Il fut le collaborateur de Lockroy, de Laurencin et de Deforges père. Parmi ses romans, nous citerous : la *Fille du Curé* (1832, 4 vol.) ; *Jean le bon apôtre* (1883, 4 vol.) ; la *Jolie Fille de Paris* (1834) ; *Sagesse ou la Vie d'étudiant*, une. Voici le titre des principales pièces qu'il fit représenter sur différentes scènes parisiennes : *Le Grand-Papa Guérin* (2 a.) ; *Quand on n'a rien à faire* (2 a.) ; *l'Ami du roi de Prusse* (1852, 2 a.) ; *Bascule*, (1 a.) ; *Criminelle Conversation* (2 a.) ; *Madame la Duchesse et Monsieur le Duc* (2 a.) ; *Le Mari du Camargo* (1830, 2 a.) ; *Périne la Closière* (3 a.) ; *Wilhelmine* (3 a.) ; *Quand on n'a pas le sou* (1854, 2 a.) ; la *Fiancée du Prince* (1848), etc. Outre ses droits d'auteur, il toucha pendant longtemps des appointements comme employé supérieur au ministère des travaux publics. Il passa ses derniers jours dans une aisance que si rarement la compagne des gens de lettres devenus vieux. Il avait réuni une collection de dix-huit mille ouvrages littéraires et dramatiques qu'il vendit à la ville de Paris et qui furent brûlés avec l'Hôtel de Ville, en 1871.

CHAGOS (Archipel), vaste groupe d'îles madréporiques, éparpillées dans l'océan Indien, à 1,800 kilom. de Mauritius et à 1,200 kilom. de Ceylan. Cet archipel dépend de la colonie anglaise de Mauritius. Les principales îles du groupe sont *Oil Islands*, parmi lesquelles *Diego Garcia* est remarquable par sa grandeur et son importance ; elle possède un port spacieux qui sert de station pour les steamers de l'Australie et de la mer Rouge. Les îles Chagos sont fertiles : elles produisent en abondance des noix de coco, des porcs, de la volaille et des légumes.

CHAILLÉTIACÉ, ÉE adj. [cha-iè-ti-a-sé ; *ll* mil]. Bot. qui se rapporte à la chaillétie. — S. f. pl. Famille de plantes dicotylédones périgynes, ayant pour type le genre chaillétie et comprenant en outre, les genres leucosie, moacure et tapure.

CHAILLÉTIE s. f. [cha-iè-tl ; *ll* mll] (de Chaillet, n. pr.). Bot. Genre type de la famille des chaillétiacées, comprenant cinq ou six espèces d'arbuste ou d'arbrisseaux qui habitent les régions tropicales de deux continents. La *chaillétia toxicaria* est appelée *ratsbane* (mort aux rats), par les colons de Sierra-Leone, parce que son fruit passe pour vénéneux.

CHALEUR. — Les phénomènes de la chaleur donnent lieu à plusieurs expériences que l'on peut classer parmi les jeux. — LE SERPENT

ANIMÉ. Le serpent animé est un jouet que l'on peut fabriquer soi-même avec une mince feuille de cuivre ou un morceau de carton solide mais non très épais. On dessine sur cette plaque de métal une spirale. On découpe cette spirale avec la pointe d'un canif bien aigu ; on attache un fil à l'extrémité de la queue, au moyen d'un petit trou et d'un nœud, et l'on suspend l'appareil au-dessus d'une bougie (fig. 1), d'une lampe, d'un poêle ou d'une cheminée. Le poids du corps suffit ordinairement pour faire descendre cette partie au-dessous du point de suspension. Le courant d'air chaud qui s'élève continuellement imprime à la figure entière un mouvement de rotation plus ou moins rapide. Il est bon pour compléter l'illusion que le serpent soit pourvu d'une tête, qu'il soit rayé de vert,

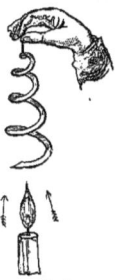

Fig. 1.

Fig. 2.

de noir et de jaune et que deux globules de verre représentent les yeux (fig.2). — LA POUPÉE ANIMÉE. C'est un autre jouet que l'on peut faire soi-même. On prend un morceau circulaire d'étain de 7 à 8 cent. de diamètre et on y

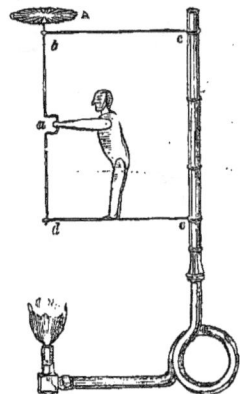

Fig. 3.

trace un cercle parallèle à sa circonférence (fig. 3, A) ; à l'aide de ciseaux, on coupe l'étain suivant les lignes de notre figure en ,A et l'on a une sorte de fleur, dont on tord un peu les pétales, de manière qu'à l'extrémité ils

soient inclinés d'un angle de 45° relativement à leur position primitive. On soude ensuite une tige de métal au centre du disque ainsi coupé; on fait faire à cette tige quatre coudes à angles droits, pour qu'elle forme une espèce de petite manivelle (fig. 3). Si deux fils de fer *b c* et *d e* réunissent la tige à un mur ou à un tuyau de gaz, de façon qu'elle puisse librement tourner sur son axe *b d*, sur un pivot *d*, l'appareil entrera en mouvement dès que l'on allumera un bec de gaz en dessous. On attache à la manivelle les bras d'un petit bonhomme en étain, dont les pieds reposent sur un fil de fer *d e* et qui a des articulations aux épaules et aux hanches. — Boulet rouge tenu dans la main. Les gaz sont très mauvais conducteurs de la chaleur. Pour tenir un boulet rouge dans la main sans se brûler, il suffit donc d'interposer entre le boulet et la peau une couche d'air; pour cela, on emploie un lit d'amiante et de laine que l'on étale sur la paume de la main. Par un procédé analogue, on peut transporter dans la main un morceau de braise d'une cheminée à une autre, en prenant une poignée de cendre froide, sur laquelle on pose la braise.

CHALKOPYRITE ou **CHALCOPYRITE** s. f. [kal-ko-pi-ri-te] (gr. *chalcos*, cuivre; franç. *pyrite*). Minér. Pyrite de cuivre, sulfure double naturel de cuivre et de fer, comprenant : pour 100 parties, 35,37 de soufre; 34,81 de cuivre et 29,82 de fer. Voy. Cuivre, dans le Dictionnaire.

CHÂLONNAIS, AISE s. et adj. De Châlons; qui concerne cette ville ou ses habitants.

CHALUMEAU portatif. Ce chalumeau se compose d'un tube de cuivre, long d'environ 25 centim., et muni, à son extrémité, d'un

Chalumeau portatif.

robinet pour régler l'arrivée de l'air. La flamme, fournie par de la benzoïne, peut atteindre une longueur de 20 centim. L'appareil peut être placé dans toutes les positions.

CHAMBÉRIEN, IENNE s. et adj. De Chambéry; qui appartient à cette ville ou à ses habitants.

CHAMBRE Noire minuscule. — Fabriquez un tube de fort carton, long d'environ 30 centim. et de 5 centim. de diamètre, en roulant une bande de carton autour d'un cylindre de bois semblable à un rouleau de pâtisserie; collez les bords du carton et retirez le cylindre. Noircissez l'intérieur du tube et fermez l'une de ses extrémités avec une feuille de papier à calquer. Faites un second tube de fort papier, en roulant ce papier autour du tube de carton et en le collant à la

gomme Après avoir noirci l'intérieur de ce nouveau tube, fermez une des extrémités par une feuille du même papier, que vous percez,

Chambre noire minuscule.

bien en son milieu, d'un petit trou d'épingle. Vous avez deux tubes, dont l'un glisse convenablement dans l'autre, de sorte qu'il est facile d'amener la fermeture de papier à calquer tout près du trou d'épingle du tube extérieur. Maintenant, si vous placez le trou d'épingle en face d'une bougie allumée ou de tout autre objet brillant, vous verrez, à l'autre extrémité du tube inférieur, une image renversée de la bougie ou de l'objet se projeter sur le papier à calquer. Ce phénomène résulte de la loi en vertu de laquelle la lumière se propage en ligne droite. Tout rayon lumineux de la flamme *c* se propageant en ligne droite dans le petit trou *p*, il est évident que ceux qui proviennent du sommet de *c*, iront, après avoir traversé *p*, se projeter dans la partie inférieure de l'écran *a*, tandis que les rayons provenant de la partie inférieure de *c*, se projetteront en ligne droite dans la partie supérieure de l'écran. On varie la grandeur de l'image en rapprochant ou en éloignant du trou d'épingle le papier à calquer, quand on fait glisser le tube intérieur dans le tube extérieur. L'image sera très petite si l'on pousse le premier tube jusqu'à amener l'écran en *b*. Au lieu d'un écran de papier à calquer, on pourrait employer du verre dépoli.

CHAMOUNIER, IÈRE s. et adj. De Chamounix; qui se rapporte à Chamounix ou à la vallée de Chamounix.

CHAMPAGNE (Vin de). En Angleterre, nous l'avons dit, on *imite* surtout notre vin de Champagne, et il nous souvient que l'armée de Crimée en but beaucoup, de la meilleure foi du monde, de cette provenance équivoque. Il y a divers procédés de fabrication de ce champagne d'outre-Manche, fort compliqués et dont le jeu, comme on dit, ne vaudrait pas la chandelle. En voici un, cependant, qu'il serait possible d'essayer sans profit : jetez dans un baquet ou un vase quelconque, pourvu qu'il soit assez grand, environ 16 à 18 litres d'eau distillée bouillante, ajoutez-y 7 kilogrammes de sucre, et laissez reposer deux heures en ayant soin de retirer de temps en temps l'écume qui se formera; puis faites dissoudre dans cette eau sucrée 35 grammes d'acide tartrique ou d'acide citrique. Ajoutez avant complet refroidissement 30 centilitres de levûre. Mettez dans un tonneau bien propre. Ajoutez alors 2 litres un quart de vin blanc ou le double de cidre poiré, 2 litres un quart d'eau-de-vie et 60 centilitres de jus de fraise récemment exprimé. Bondez hermétiquement et laissez reposer trois mois en lieu frais, mais sec. Mettez-le ensuite en bouteilles bien bouchées, pour en faire usage au bout de deux mois. Vous aurez un champagne excellent, qui trompera quiconque n'aura jamais goûté au véritable. — Mais gare la casse !... — Autre procédé. Celui-ci est français, aussi est-il infiniment plus simple : faites sirop au bain-marie, composé de poids égal de vin blanc bien clair et de sucre candi blanc. Ajoutez, froid, 2 centilitres de ce sirop par bouteille de vin blanc de bonne qualité, mais qui n'a jamais vu lever le soleil de la Champagne. Bouchez solidement vos bouteilles, et placez-les en bas, par exemple dans les trous d'une planche à bouteilles. Six semaines environ après, débouchez vos bouteilles avec précaution, sans les changer de position; laissez tomber quelques gouttes du liquide,

relevez vivement et bouchez de nouveau, et aussi solidement que le champagne, après avoir rempli avec un peu de vin blanc; puis replacez vos bouteilles dans leur position première. Au bout de peu de temps, vous en pouvez faire usage, et, si vous avez pris soin de parer vos bouteilles d'étiquettes convenables, on le prendra aisément pour du champagne mousseux. Cette préparation doit se faire au printemps.

CHAMBORD (Marie-Thérèse-Béatrice-Gaëtane, *archiduchesse d'Est, comtesse de*), épouse du comte de Chambord (voy. Henri V, dans le *Dictionnaire*), née à Modène, le 14 juillet 1817, morte à Gœrz, le 25 mars 1886. Fille de François IV, duc de Modène, elle épousa le prince Henri de Bourbon par procuration le 7 nov. à Modène, et en personne le 16 nov. 1846, à Bruck-sur-la-Mur (Styrie). Elle reporta sur les fils de Louis-Philippe le mépris et l'aversion qu'elle ressentait contre celui qu'elle appelait le traître et l'usurpateur. Elle s'opposa tant qu'elle put à la réconciliation *in extremis* du comte de Chambord et des princes d'Orléans. Après la mort de son époux, qui ne laissait pas d'enfants, elle se mit, plutôt que de reconnaître les droits du Comte de Paris, à la tête du parti des Carlistes français.

CHAMPFLEURY (Jules Fleury, dit) [chanfleu-ri], homme de lettres, né à Laon, le 10 sept. 1821, mort le 6 déc. 1889. Après avoir fait des études incomplètes au collège de Laon, il occupa un emploi subalterne à la mairie de la même ville. Ayant perdu sa place, il vint à Paris et se fit employé de librairie, se lia d'amitié avec les jeunes littérateurs de cette époque et mena une existence précaire en compagnie de Mürger et de la pléiade des bohèmes. Quelques articles, insérés dans les journaux littéraires, attirèrent l'attention, mais en 1847, une petite nouvelle, *Chien-Caillou*, histoire d'un pauvre artiste, proclamée chef-d'œuvre par Victor Hugo, fut considérée comme le premier manifeste de l'école réaliste. *Les Aventures de mademoiselle Mariette* est un chapitre exact et saisi sur le vif de l'ancienne vie de bohème. Champfleury publia ensuite, dans l'*Artiste* et dans le *Corsaire*, une série de contes : d'hiver, de printemps, d'automne, d'été. Ses pantomimes, qui obtinrent un grand succès et firent la réputation de Paul Legrand, lui valurent des droits d'auteur assez élevés ; quelques-unes ont été longtemps populaires, particulièrement *Pierrot pendu*, *Pierrot valet de la mort* et *Pierrot marquis*. Il publia ensuite un grand nombre de romans : *Confessions de Sylvius*; *Les Excentriques* (1852) ; *Les Bourgeois de Molinchart* (critique des mœurs provinciales, 1854); *Les Souffrances du professeur Delteil* (1856); *Monsieur de Boisd'hyver*; *Les Amis de la nature* (1859) ; *La Mascarade de la vie parisienne*; *Les Amoureux de Sainte-Périne*; *La succession Le Camus* (1860) ; *Ma tante Péronne*; *Monsieur Tringle*; *La Belle Paule*; *Les vies de Noël*, etc. Champfleury s'est aussi occupé des arts et y a déployé une grande érudition. Son *Histoire des Faïences* lui valut le titre de conservateur du musée céramique de la manufacture de Sèvres. Il avait la passion des chats et on lui doit la meilleure monographie de ces animaux.

CHAMPIGNY, village du canton de Charenton (Seine). Depuis près d'une vingtaine d'années, d'innombrables fouilles archéologiques sont pratiquées, par MM. Carbonnier, Le Rosy des Closayes et E. Rivière, sur le plateau de Champigny. L'ensemble de ces recherches a fourni le sujet d'une intéressante communication qui a vivement occupé l'Académie des sciences. Une période éloignée de nous de plus d'une vingtaine de siècles, cet endroit si pittoresque des environs de Paris était déjà devenu le séjour de nos ancêtres à l'époque

où ils ne connaissaient encore que le travail de la pierre polie, son application à la fabrication des ustensiles élémentaires de leur ménage primitif et au façonnement de leurs armes de chasse et de guerre. Dans les diverses découvertes entreprises sur le plateau de Champigny, on a trouvé de magnifiques objets : armes et instruments en silex, poteries, anneaux en pierre, casse-têtes appartenant tous à l'époque néolithique. Toutes ces précieuses richesses archéologiques se trouvaient, soit mises à jour, attestent qu'il y aurait eu déjà, à ces époques reculées, des sortes d'échanges commerciaux, car les comparaisons des divers objets recueillis avec ceux dont nous ont dotés de précédentes fouilles dans l'Est et le Centre, tendent à prouver que nombre de ces instruments seraient parvenus tout fabriqués des Vosges, du Puy-de-Dôme ou de Chiavenna, dans les Alpes, ou que leur matière propre, transportée jusque dans cet endroit de la banlieue de Paris, aurait été travaillée sur place par les industrieux habitants de cette région.

CHAMPLÂTREUX, village à 3 kil. S. de Luzarches (Seine-et-Oise). Château des XVIIe et XVIIIe siècles.

CHANTAGE s. m. *Exploitation de l'honneur du prochain, qui consiste surtout à extorquer de l'argent sous menace de révélations scandaleuses, vraies ou fausses*. Au moyen âge, *faire chanter* quelqu'un, c'était le mettre à la torture ; on disait : *je le ferai chanter* pour dire : *je le dénoncerai et je le ferai mettre à la torture*. Aujourd'hui, *faire chanter*, c'est extorquer de l'argent sous menace de révélations scandaleuses, tout fausses que vraies. *Le chantage est une invention de la presse anglaise, importé récemment en France* (Balzac).

CHANTELAUZE (R. de), historien, né en 1821, mort le 4 janvier 1888. Les plus connues de ses œuvres d'érudition sont : *Le cardinal de Retz et l'affaire du chapeau*, ouvrage couronné par l'Académie française, qui lui a décerné le grand prix Gobert ; *Le cardinal de Retz et ses Missions diplomatiques*, d'après les documents inédits du ministère des affaires étrangères ; *Louis XIV et Marie Mancini* ; *les Portraits historiques* de Philippe de France, du grand Condé, de Mazarin, de Frédéric II, de Louis XV et Marie-Thérèse, etc., etc. Il a donné encore : *Marie Stuart, son procès, son exécution*, d'après le journal inédit de Bourgoing (prix Bordin, de l'Académie française) ; *Louis XVII, son enfance, sa mort et sa prison au Temple*, d'après des documents inédits. Son dernier ouvrage, intitulé : *Derniers chapitres de mon Louis XVII*, est relatif à la découverte des ossements de Louis XVII dans le cimetière de Sainte-Marguerite.

CHANTEUR s. m. Filou qui pratique le vol au chantage. « Les *chanteurs* sont des gens placés de manière à disposer des journaux. Jamais un directeur de journal ni un rédacteur en chef n'est censé tremper dans le chantage ; on a des Giroudeau, des Philippe Bridau. Ces *bravi* viennent trouver un homme qui, pour une raison quelconque, ne veut pas qu'on s'occupe de lui !... On achète une lettre compromettante de cinq à six mille francs pour la revendre. » (Balzac).

CHANTILLY. Le magnifique domaine de Chantilly, évalué à plus de 25 millions de francs, a été légué à l'Académie, pour le peuple français, par le duc d'Aumale, qui en a hérité du fils donné en 1671 par Louis XIV, au grand Condé, qui y tint la cour-brillante dont parle Mme de Sévigné lors-

qu'elle raconte la mort de Vatel. Le château, restauré par le duc d'Aumale, sur les plans de Daumet, est un joli édifice du style Renaissance, avec flèche de chapelle, tour ronde, etc. Il renferme une riche bibliothèque (200,000 vol.) et des collections artistiques, entre autres des toiles de Raphaël, Delaroche, Decamp, Watteau, Van der Meulen, etc. A la suite de l'exécution du décret de bannissement des princes de la famille royale, le duc, expulsé de son domaine, en fit don à la France le 25 octobre 1886, et le 16 décembre 1886, le conseil d'État ratifia cette donation. Le 30 décembre, l'Académie française décida qu'une médaille serait frappée pour conserver le souvenir de cette libéralité.

CHANTILLY (Forêt de). La forêt de Chantilly mesure 2,450 hect. de superficie. On y visite les étangs de Commelle, sur le bord desquels s'élève une petite construction moderne de style gothique, dite le château de la *reine Blanche*, parce qu'il y eut jadis à cet endroit un château habité par la mère de saint Louis.

CHANVALON (Jean-Baptiste THIBAUT DE), savant, né à la Martinique vers 1725, mort en 1765. Chargé, en qualité de membre du conseil municipal de la Martinique, de dresser la statistique de cette île, il publia : *Voyage à la Martinique* (1763), ouvrage où il traite d'une manière savante de la météorologie, de la topographie et de la population de son pays natal.

CHARADE. — ENCYCL. Ce jeu d'esprit paraît avoir été imaginé par les gazetiers du XVIIIe siècle. C'est une espèce d'énigme consistant à diviser un mot en autant de parties qu'il renferme de syllabes ayant un sens complet, et à définir vaguement ces différentes divisions en les désignant successivement par les termes *mon premier... mon second... mon dernier*, pour terminer par la définition du mot lui-même, que l'on appelle *mon entier*, *mon tout* ou *mon total*. Les charades peuvent être présentées sous forme de prose ; mais elles ont beaucoup plus de prix quand elles revêtent la forme de vers faciles et gracieux. Les exemples de cette sorte de jeu sont tellement nombreux que nous n'avons que l'embarras du choix :

Mon premier fuit toujours avec soin mon dernier;
La fortune aujourd'hui jouit de mon entier.

Réponse : *chat, eau : château.*

Dépouillé mon premier
Pour avoir mon dernier
Qui pourrait, au besoin, servir à mon entier.

Réponse : *chat, peau : chapeau.*

Un marin prend mon deuxième
Pour éviter mon premier.
On prend pour soi mon dernier.
Quand on aime,
On ne prend pas mon entier.

Réponse : *cap, ris, se : caprice.*

Mon premier fait mon total,
Si mon dernier de l'un et de l'autre est l'égal.

Réponse : *fût, taille : futaille.*

Mon total est mon premier
Multiplié par mon dernier.

Réponse : *quatre, vingt : quatre-vingts.*

Mon premier sert à faire mon entier.
Ne cherche point, lecteur peu sage,
A t'... implorer mon premier,
Il est presque toujours écrit sur ton visage.

Réponse : *pot, age : potage.*

Au bois, à l'Opéra, mon premier fait tapage;
Il est bruyant, il cause au carnage.
Tu peux, adroit lecteur, briller à mon dernier.
Ne cherche point, pour te mettre en voyage,
Ce qui compose mon entier.

Réponse : *cor, billard : corbillard*

Quand mon premier est mon dernier,
Il a le goût de mon entier.

Réponse : *vin, aigre : vinaigre*

Au premier janvier, l'on aime
A recevoir m' deuxième.
Quand on souffre d'un cor au pied
On voudrait qu'il fût mon premier.
C'est un plaisir délectable
De trouver au retour du bal
Un ambigu confortable,
Servi chez soi sur mon total.

Réponse : *guéri, don : guéridon.*

L'avare a soin de cacher mon premier;
La femme a soin de cacher mon dernier;
Chacun se cache en voyant mon entier,
Qui plus encore est l'effroi du fermier.

Réponse : *or, âge : orage.*

Les chattes font leurs câlines
Quand elles veulent mon premier;
On fait des chemises fines
Au moyen de mon dernier.
Mon tout a, cher lecteur, des ailes en partage,
Et sans être marin,
Il aime quand le vent fait rage,
Et ne craint pas du tout le grain.

Réponse : *mou, lin : moulin.*

Mon premier est cruel quand il est solitaire;
Mon second, moins honnête, est plus tendre que vous.
Mon tout à votre cœur dès l'enfance a su plaire,
Et parmi vos attraits est le plus beau de tous.

Réponse : *ver, tu : vertu.*

Charade EN ACTION. Dans ce joli jeu de société qui fut longtemps en vogue, les assistants se divisent en deux groupes, l'un pour représenter la charade, l'autre pour la deviner. Les premiers choisissent un mot et le décomposent en syllabes ayant un sens propre; mais au lieu de définir de vive voix ces divisions et le mot lui-même, on en fait le sujet de différentes scènes pantomimes. Les acteurs se griment et se costument suivant les personnes qu'ils veulent représenter. Chaque syllabe fournit la matière d'un petit acte ou au moins d'une scène; et ensuite le mot entier forme l'acte ou la scène du dénouement. Supposons une charade en trois scènes, comme suit : 1º Des jeunes gens, voyageant à pied, sont arrivés dans un village élevé et racontent, par des gestes, les peines qu'ils ont eues à l'atteindre, en raison de la rapidité de la route; il a fallu escalader des rochers à pic, courir mille dangers, etc. 2º Mais ce n'est rien. Il s'agit maintenant de descendre dans un précipice, but de cette excursion. Les parois sont perpendiculaires. Comment fera-t-on ? Un paysan plante verticalement dans le sol deux solides morceaux de bois en face des bords du précipice. Ces morceaux de bois servent à retenir un cylindre de bois autour duquel on enroule une corde assez longue pour atteindre le fond. Le cylindre étant percé de trous à ses deux extrémités, on peut dérouler la corde au moyen de leviers, et chaque touriste, attaché à son tour, au bout de la corde, opère la dangereuse descente. 3º On se retrouve dans un village où l'on se régale de belles pêches; les personnages, par leurs gestes, expriment, qu'ils trouvent délicieux les fruits dont ils font ample provision en les achetant aux cultivateurs. Pendant que les personnages se livrent à cette mimique, les spectateurs cherchent à en deviner le sens pour découvrir le mot de la charade, qui est, dans le cas présent : *mont, treuil = Montreuil*. Quand le second groupe a deviné juste, c'est à son tour d'entrer en action et de mettre à l'épreuve la sagacité de l'autre groupe, devenu spectateur.

CHARBON (PIQUEUR HYDRAULIQUE DE), machine hydraulique destinée à casser le charbon dans les mines. Elle se compose d'une tige d'acier percée de trous. De petites dents, logées dans ces trous, sont projetées au dehors par la pression de l'eau, injectée dans la tige par une pompe foulante. Quand on veut se servir de l'appareil, on creuse un trou dans le charbon, au moyen du pic; on y introduit la tige, on met la pompe en mouvement et la

pression des dents brise le charbon. A chaque opération, on peut débiter de 15 à 20 tonnes.

Piqueur hydraulique de charbon.

CHARDONNERET. La base de la nourriture du chardonneret, c'est le chènevis; mais il semble qu'on ait un peu oublié qu'il doit son nom à son goût décidé pour le chardon; car nous ne voyons pas qu'on lui en donne aussi souvent qu'il le désirerait certainement, ce qui serait pourtant assez facile, en somme, et tout à fait sans danger : on peut s'en rendre compte en examinant comment les chardonnerets sauvages en agissent avec les chardons des champs. On donne aux jeunes chardonnerets en cage, d'abord de la pâtée composée d'amandes bien épluchées, de graine de melon et d'échaudé bien écrasés, mélangés, et mouillés d'un peu d'eau pour former une pâte épaisse dont on fait de petites boules un peu moins grosses qu'un grain de chènevis. On leur donne, à l'aide d'une brochette, quelques-unes de ces boulettes de temps en temps jusqu'à ce qu'ils les puissent prendre seuls. Ensuite on remplace cette pâtée par un mélange de graines de chènevis et de panis, auquel on peut ajouter encore de la graine de melon, le tout bien écrasé; et enfin on les nourrit avec du chènevis, et aussi à l'occasion de la navette. Le chènevis doit être toujours donné broyé au chardonneret. Les différentes variétés de verdure recommandées pour le serin sont également excellentes pour le chardonneret. Enfin, lorsqu'un chardonneret doit être accouplé avec une serine, dans le but d'obtenir des mulets de cet accouplement, on l'habitue de bonne heure à la nourriture spéciale des serins, c'est-à-dire qu'on lui donne surtout du millet, du chènevis très rarement, afin qu'il ne souffre pas du changement que lui occasionnerait son séjour auprès d'une femelle dont il ne peut être question de modifier l'ordinaire.

CHARLOTTE de pommes. Garnissez entièrement les parois intérieures d'un moule bien beurré de tranches minces de mie de pain. Remplissez de *marmelade de pommes* (voir ce mot) et recouvrez-la de tranches de mie de pain, de manière à la bien envelopper de pain de toutes parts. Placez sur un feu doux et couvrez du four de campagne bien chaud. Laissez prendre belle couleur (une petite demi-heure environ); renversez sur un plat et servez chaud. En substituant des tranches de biscuit aux tranches de pain, et en les couvrant intérieurement d'une couche de quartiers de pommes cuites au beurre, on obtient la *charlotte russe* la plus simple, qui se mange froide.

CHAROLAIS, AISE s. et adj. [cha-ro-lès]. De Charolles ou du Charolais : *race bovine charolaise.*

CHARPENTE s. f. Arboric. Ensemble des branches principales d'un arbre. — Dans les arbres abandonnés à la nature, la charpente s'étend des branches qui occupent les quatre premiers rangs; dans les arbres taillés en éventail, elle comprend les branches mères, sous-mères, secondaires et de ramification;

dans les arbres taillés en vases ou en gobelets, elle part des branches circulaires; enfin dans les pyramides et les quenouilles, elle englobe la tige et les branches latérales.

CHARS (LE), ancien petit pays du Vexin français, aujourd'hui compris dans le département de Seine-et-Oise, et dont les principales localités étaient Chars (canton de Marines) et Ouinville-en-Chars.

CHARSAIS, AISE s. et adj. De Chars ou du pays de Chars; qui concerne ce pays ou ses habitants.

CHASSE. — ÉQUIPEMENT DU CHASSEUR. Il y a beaucoup moins à dire, surtout en ce qui concerne l'équipement proprement dit, que ne semble à première vue le comporter un pareil sujet. Le point important, le seul qui vaille la peine qu'on s'y arrête, c'est de se pourvoir toujours d'un équipement commode, sous lequel on se trouve absolument à l'aise. Bien des accidents sont dus à la gêne résultant d'un vêtement de chasse, élégant sans doute, mais mal adapté. M. d'Houdetot, en fait de vêtement, préconise l'usage de la blouse, parce qu'elle est, en été, le vêtement le plus léger, et en hiver, passée par-dessus un épais vêtement de drap, le plus chaud surtout. On objectera à cela les manches flottantes de la blouse qui s'accrochent un peu partout, dans les branches, dans les chiens du fusil, au risque des embarras les plus fâcheux et des accidents les plus terribles; cependant nous n'avons rien de mieux à offrir. En tout cas, que le chasseur soit à l'aise dans ses vêtements, c'est là l'indispensable, toute précaution prise contre les accidents possibles, bien entendu, aussi bien que contre les vicissitudes atmosphériques. Une carnassière — d'aucuns disent *carnier,* trouvant le mot plus noble — bien ample, mais en même temps légère et peu embarrassante avec un rudiment de pharmacie portative dans quelque coin, composée d'un flacon d'alcali volatil ou de phénol, dont le maître peut avoir besoin aussi bien que le chien, dans le cas de morsure de vipère, de quelque vomitif à l'usage de celui-ci, que le hasard pourrait conduire sur les traces d'une boulette empoisonnée, à son adresse ou non, d'un peu de sparadrap pour les coupures ou écorchures, etc.; des ciseaux, du fil, une aiguille, de la ficelle, un chiffon pour essuyer le fusil; des provisions de bouche même, etc., etc. Une cartouchière, quelle qu'en soit la forme, mais une cartouchière : cela est indispensable. Je m'aperçois à temps que j'allais oublier un point essentiel de l'équipement des chasseurs: la chaussure. S'il s'agit de chasse au marais, la botte est la seule forme de chaussure admissible; la botte en cuir solide, à double semelle ferrée, — on glisse en passant sur une roche humide ou bourbeuse avec des semelles sans clous, — mais aussi peu lourde que possible et recouverte d'un enduit imperméable, devrait être la seule chaussure du chasseur en tout et partout; mais nous en avons perdu l'habitude. Choisissons donc, pour la chasse en plaine ou sous bois, de solides brodequins lacés, réunissant les qualités de la botte qui ne leur sont pas absolument antipathiques, etc., surmontés de guêtres en toile, également rendues imperméables. (Consulter VÊTEMENTS, LINGE DU CORPS, etc., sur différents procédés d'imperméabilisation.) S'il convient à un chasseur sérieux de se solidement chaussé, il ne lui convient pas moins de n'être pas ganté du tout. Nous n'avons pas besoin d'expliquer pourquoi; quiconque a jamais tenu un fusil de sa vie, autrement que pour la *pose*, nous comprendra sans peine.

— ARMEMENT. Quel est le meilleur fusil ? — En vérité, la question est toujours pendante et vraisemblablement le sera longtemps encore; et encore qu'elle fût résolue, l'heureux objet de cette préférence en acquerrait peut-être de ce coup un prix inabordable pour la plupart des bourses honnêtes et modérées des disciples de saint Hubert. Choisissez donc, en tout état de cause, un fusil bien maniable, à bascule, dont le système permette le changement facile et spontané de la cartouche et dont les deux canons soient indépendants l'un de l'autre et solidement établis : telles sont les principales conditions de salut. Maintenant, quant au calibre, il nous paraît que le 16 répond le mieux, en général, aux exigences et aux habitudes actuelles; nous recommanderons une arme aux canons bronzés, et non brillants, réfléchissant les rayons solaires et annonçant votre présence au gibier aussi sûrement et d'aussi loin que pourrait le faire un phare de première grandeur. Sur ces données, et en attendant que les inventeurs, que l'influence reconnue des systèmes actuels fait surgir de toutes parts, aient obtenu de la pratique la consécration de leurs brevets, prenez un Lefaucheux réunissant les conditions que nous venons d'indiquer, et payez-le 200 francs si vous le pouvez; et vous aurez la meilleure arme possible. Nous ajouterons toutefois à ce qui précède la profession de foi suivante : la meilleure qualité d'un fusil, la seule indispensable, selon nous, c'est sa solidité. Le cavalier fait le cheval; le chasseur, le chien; le tireur, le fusil. Une bonne vieille arme tant soit peu grossière et fantasque, pourvu qu'elle ait constamment été tenue éloignée des morsures funestes de la rouille, fera toujours merveille entre les mains de celui dont elle est depuis dix ans la fidèle compagne. Là est le secret du succès : l'identification aussi complète que possible du tireur et de son arme, et l'état de propreté méticuleuse et constante de cette dernière. — DU TIR. Nous ne ferons pas ici un cours de tir, n'admettant pas qu'un chasseur se mette en campagne sans avoir jamais tiré un coup de fusil sur n'importe quoi, ou tout au moins sans être accompagné d'un précepteur habile et prudent. En conséquence, nous pouvons mettre en garde contre un premier mouvement celui qui serait tenté de prêter une oreille favorable aux novateurs qui lui proposeront d'emporter un compas et un mètre afin de mesurer exactement la position de son fusil dans l'acte du tir, les dimensions de la crosse, etc. Tirez, et tirez juste. — Et rappelez-vous qu'on tire à *l'épaule* par toutes les faces du globe terrestre, et qu'il y a pourtant d'excellents tireurs partout. Une autre recommandation : un vrai chasseur fait lui-même ses cartouches; c'est le seul moyen d'être bien sûr de sa charge. — ENTRETIEN DU FUSIL. Point de discrétion avec une arme mal entretenue. Un fusil tout neuf, rouillé intérieurement, éclatera plus tôt qu'un vieux *flingot* tout usé, mais scrupuleusement propre. Il est donc de la dernière importance de savoir entretenir convenablement son arme, et principalement l'intérieur des canons. Au retour d'une journée de chasse, ou tout au moins avant de recommencer, il faut démonter son fusil et en laver les canons à grande eau, dans une eau courante si l'on peut. On prend une baguette dont on garnit une des extrémités de filasse et on l'introduit dans les canons, lequel on aspire et l'on refoule l'eau alternativement, comme par un jeu de pompe, jusqu'à ce qu'elle s'en écoule enfin tout à fait limpide; par conséquent, si l'on opère dans un baquet ou un vase quelconque, il faut changer l'eau plusieurs fois. Après cela, on repasse la baguette garnie de filasse sèche dans les canons pour les sécher. — Il n'est pas besoin de dire à quels signes on reconnaît que l'opération est terminée; toutefois, en y

lançant d'un coup sec la baguette, si celle-ci rend un son bien franc en heurtant le fond, c'est une garantie que l'opération est parfaite. Il ne reste plus qu'à passer un chiffon légèrement graissé de suif fondu et épuré, ou d'huile de pied de bœuf, si l'arme doit être accrochée au râtelier et ne plus servir de quelque temps; ce qui est inutile, si elle doit servir dès le lendemain. Apprendre à démonter son arme est la moindre des choses; avec un esprit quelque peu méthodique, une personne qui n'aurait jamais touché de fusil en viendrait à bout et, si elle a soin de placer en ordre les pièces démontées, parviendra sans peine à les remettre en bonne place. Du reste, il n'est que très rarement besoin de démonter la platine, il suffit de la faire une couple de fois chaque année; nous devons même insister sur ce point, que démonter trop souvent une platine, en fatiguant inutilement les vis, devient une opération plus nuisible qu'utile. Les culasses ne doivent jamais être démontées, — que par l'armurier, en cas de réparation urgente. Pièces intérieures et pièces extérieures, en somme, n'ont besoin le plus souvent — et ne devraient jamais en avoir d'autre — que d'un coup de chiffon gras et de quelques gouttes d'huile de pied de bœuf pour assurer l'aisance du jeu et prévenir le frottement. Si les pièces intérieures, pourtant, se trouvaient encrassées de manière à rendre inutiles les efforts du chiffon, il faudrait bien lui substituer la curette de bois blanc trempée dans l'huile grasse; et enfin, si la pluie, en y pénétrant, a déterminé de la rouille, faire usage de brique pulvérisée et tamisée, mouillée d'huile, et de la curette. Mais ce dernier cas est rare chez un chasseur soigneux. — DU PLOMB DE CHASSE. Le plomb de chasse le plus tendre, le plus facile à écraser et à couper par conséquent, le plus brillant à l'intérieur et en même temps le plus lourd, celui qui contient le moins d'alliage; c'est le meilleur. Nous ne dirons pas comment on le fabrique, parce qu'il serait moins coûteux de l'acheter tout fabriqué, mais nous allons donner des maintenant le tableau des divers numéros qui conviennent pour chaque espèce de gibier, suivant la nomenclature différente pour le plomb de Paris et pour celui de certaines régions de la province, — différence qui cause quelquefois de fâcheuses méprises aux chasseurs en déplacement.

PARIS

0.00. — Chevrotine, plomb moulé, pour loup et sanglier.
1. — Loup, renard, chevreuil.
2 et 3. — Renard, chevreuil, canard.
4. — Lièvre d'arrière-saison.
5. — Faisan et lièvre de primeur.
6. — Perdreau d'arrière-saison.
7. — Perdreau de primeur, lapin.
8. — Caille, bécasse, bécassine.
9. — Alouette.
10 et contrée. — Petits oiseaux.

LYON, ORLÉANS, etc.

1. — Petits oiseaux.
2. — Alouette.
3. — Caille, bécassine, bécasse.
4. — Perdreau de primeur, lapin.
5. — Perdreau d'arrière-saison.
6. — Faisan.
7. — Lièvre de primeur.
8. — Lièvre d'arrière-saison.
9. — Renard, chevreuil, canard.
10. — Loup, renard, chevreuil.
0.000. — Chevrotine, plomb moulé et coulé

CHAT. — Écon. dom. Le chien est l'ami de l'homme; le chat est l'ami de la maison, ou plus exactement du coin où il a pris l'habitude de se retirer, chaque jour, à une heure déterminée, et de celui où on lui distribue la provende quotidienne. Le chat pourtant aime à être cajolé et marque de la reconnaissance à qui le caresse; il rend même caresse pour caresse : il ne serait donc pas aussi ingrat que le disent ses ennemis, à qui son caractère indépendant porte sans doute ombrage. Il y a plusieurs races de chats domestiques : le

chat sauvage, qu'on pourrait appeler le tigre royal domestique, tant est riche sa fourrure et son port majestueux; le chat sauvage est tout aussi fidèle à la maison que les autres, et au moins aussi affectueux pour ses maîtres; mais c'est un vagabond fieffé, et il est bien rare qu'il ne fasse pas une fin tragique. C'est justement ce qui est arrivé au mien, non pas un tigre, mais un véritable lion de l'Atlas en miniature, qui me revint un jour les reins brisés et mourut à l'hôpital. Après le chat sauvage, nous citerons le *chat de gouttière* ou chat domestique proprement dit, dont les mœurs ressemblent beaucoup à celles du précédent, s'il est loin d'être aussi beau. Enfin il y a le *chat d'Angora* et le *chat d'Espagne*, le premier fort beau de pelage, mais assez connu pour qu'il soit inutile de nous appesantir sur son compte; le second, le plus répandu peut-être dans les appartements : poil court, robe tachetée de couleurs diverses, mœurs vulgaires. En somme, ces quatre espèces ont, dans leurs mœurs, une infinité de points de ressemblance; les soins qu'ils réclament, leur mode de nourriture, leur éducation même ne diffèrent pas. Quant à l'éducation, il est vrai de dire qu'ils n'y sont que peu accessibles les uns et les autres et ne font généralement usage que de celle qu'ils se donnent eux-mêmes, c'est-à-dire qu'ils reçoivent de leurs parents ou de la nature. On sait qu'il n'est pas besoin de leur apprendre, comme au chien, la propreté; ils poussent presque à l'excès; on sait encore quels services ils peuvent rendre dans une maison infestée de souris. Inutile donc d'insister là-dessus. Le chat est extrêmement prolifique; la femelle met bas ordinairement deux fois par an, au printemps et en automne, — quand ce n'est pas deux fois par saison. Elle porte cinquante-cinq jours et produit de quatre à six petits chaque fois, ce qui ne laisserait pas de constituer une fort nombreuse tribu à la longue si on n'en sacrifiait de temps en temps une couvée tout entière. La chatte prématurément privée de ses petits souffre du gonflement des mamelles et demande dans ce cas des soins intelligents : on lui fait porter le plus souvent un collier de bouchons de liège, ce qui lui produit exactement l'effet d'un cautère sur une jambe de bois. Le véritable remède à cet engorgement laiteux, c'est de faire boire à l'animal une décoction de *canne de Provence* ou roseau à quenouille (*Arundo donax*), qui d'ailleurs n'est pas administrée exclusivement aux chattes. En général, les chats sont sujets à peu de maladies et s'élèvent très facilement, sans doute parce que leur domestication n'est jamais absolue. Ils ont quelquefois des maladies intestinales : on les reconnaît à divers symptômes, notamment à leurs yeux qui deviennent ternes, aux frissons qui agitent leurs membres, et plus sûrement encore à la diarrhée. Un purgatif à l'huile de ricin a, le plus souvent, raison du mal. On traite leurs maladies de la peau par des lotions d'eau zinguée ou ferrée en leur administrant en même temps des lavements de cette eau. Couper la queue d'un chat pour le prémunir contre le *vertigo* éventuel, est un remède de la même famille que le collier de bouchons pour le dessèchement des mamelles, — sauf qu'il est beaucoup moins inoffensif. Les jeunes chats séparés de leur mère sont nourris avec du lait, puis avec de la mie de pain émiettée dans du lait; parvenus à un âge raisonnable, le mou et le foie cru ou bouilli forment le fond de leur nourriture. Là où le poisson est abondant et peu coûteux, nous conseillerons de leur en donner de temps en temps et, pour les chats d'appartement surtout, de ne jamais cesser absolument de les fournir de lait et de leur donner, le moins possible, de viande cuite et une ration raisonnable de mou ou de foie cru. Le chat chasse par penchant, non

par nécessité, excepté toutefois les chats qui pullulent en liberté dans certaines propriétés rurales et se pourvoient comme ils l'entendent, à la grande fureur des disciples de saint Hubert qui leur font une guerre acharnée. Il ne s'attaque pas volontiers, non plus, à un gibier qu'il juge de difficile accès et exigeant un déploiement de valeur au-dessus de son tempérament. C'est pourquoi, depuis quelque temps déjà, le bull-terrier et le griffon ont été substitués, dans les grandes villes, au chat insuffisant dans la chasse aux rats d'égout. — Chat coupé (JEUX). Les joueurs, en nombre indéterminé, forment un groupe peu serré. Celui que le sort a désigné pour être la souris, frappe sur l'épaule de l'un de ses camarades en lui disant : *poursuite*. Aussitôt il s'enfuit à toutes jambes, poursuivi par l'autre, qui est ainsi désigné pour jouer le rôle du chat. Si un troisième joueur parvient à les couper, en passant entre eux deux, c'est ce dernier qui devient souris à son tour, le poursuivant étant obligé d'abandonner le premier joueur pour se mettre à la poursuite du troisième. Le rôle de souris passe ainsi de joueur en joueur, le chat devant changer de direction et courir après toute nouvelle souris qui parvient à le couper. La poursuite se continue jusqu'à ce que le chat parvienne à toucher la souris sur laquelle il a prise. Le joueur touché dans ces conditions devient chat à l'instant et recommence la poursuite sur l'avant-dernière souris. — Chat perché. Le sort désigne, parmi les joueurs, dont le nombre n'est pas limité, celui qui poursuivra les autres, pour essayer d'en toucher un. Le joueur suivi de près, échappe au danger en se perchant, c'est-à-dire en montant sur une pierre, ou sur une poutre, ou en s'accrochant à une branche d'arbre, à un treillage, à une barrière, etc. Celui qui est atteint avant d'être perché devient patient à son tour.

CHÂTEAU mauresque (LE) Ce joli jouet se trouve chez les marchands, où on l'achète avec ses règles. Il se compose d'un château circulaire (fig. 1), que l'on place ordinairement au milieu d'une table de salle à manger. Les joueurs, au nombre de 2 à 6, se divisent en deux camps, qui s'établissent chacun d'un côté de la table. Chaque joueur est muni d'une petite balle bien ronde qu'il fait rouler vers la forteresse au moyen d'une queue longue de 30 à 70 centim. (fig. 2 A),

Fig. 1. — Le château.

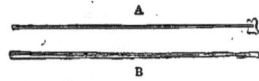

Fig. 2. — Masse et queue.

ou à l'aide d'une espèce de masse (fig. 2, B), quand la boule est un peu éloignée, la règle étant que nul ne peut, en jouant, poser ses mains ou ses bras sur la table. Le parti qui gagne est celui qui parvient le premier à faire entrer toutes ses balles dans le fort.

CHÂTELAIN (J.-B.) graveur à la pointe et au burin, né à Londres en 1710, mort en 1771. Il travailla surtout sur Vivarès, d'après Le Poussin et Pierre de Cortone. Ses planches sont recherchées.

CHÂTELLERAULTOIS, OISE, s. et adj. De Châtellerault; qui se rapporte à cette ville ou à ses habitants.

CHATRIAN (Alexandre), célèbre romancier, né à Soldatenthal, petit hameau forestier de la commune d'Abreschwiller, (Meurthe) le 18 déc. 1826, mort à Villemomble en sept. 1890. Il descendait d'une des familles italiennes qui avaient introduit en France l'industrie de

la verrerie, au XVIIᵉ siècle. Après avoir reçu une instruction très élémentaire d'un curé de campagne, il entra dans une verrerie de Belgique, puis revint à Phalsbourg, où il acheva de s'instruire. Devenu maître d'étude au collège de cette ville, il fit la connaissance d'un jeune écrivain, Emile Erckmann, avec qui il se lia d'une étroite amitié. Leur collaboration commença aussitôt. Ils mirent en commun leurs ébauches et surent fondre si parfaitement leurs idées, qu'il est à peu près impossible de distinguer, dans leurs œuvres, ce qui appartient à l'un ou à l'autre des deux écrivains. Leurs débuts furent modestes. Ils vinrent à Paris en 1848. La littérature produisant peu de bénéfices au début, Chatrian entra comme employé dans les bureaux du chemin de fer de l'Est; il y resta depuis, malgré sa fortune littéraire, et arriva au poste important de caissier des titres, qu'il conserva jusqu'à ses dernières années. Les deux amis publièrent en 1848 quelques nouvelles dans le *Démocrate du Rhin*, qui paraissait à Strasbourg, et firent jouer, la même année, sur le théâtre de la capitale alsacienne, un drame, l'*Alsace en 1814*, supprimé par le préfet dès la seconde représentation. Ils avaient déjà adopté le double nom d'*Erckmann-Chatrian*, accouplé d'une manière indissoluble par un trait d'union, comme s'il se fût agi d'un seul personnage. Ils donnèrent une série de contes fantastiques, dans lesquels ils s'attachèrent à peindre les mœurs de leurs compatriotes d'Alsace. Ces productions, écrites tantôt dans la manière sombre et terrible, qui distingue Hoffmann, tantôt avec des éclats d'une gaîté rabelaisienne, furent peu appréciées tout d'abord et trouvèrent difficilement à se faire éditer. Pourtant l'*Illustre docteur Mathéus* (1859, in-18), obtint un succès qui récompensa les auteurs de leurs dix années de persévérants efforts. Aussitôt, les éditeurs devinrent plus accessibles et firent successivement connaître au public les *Contes fantastiques* (1860, in-18), les *Contes de la Montagne* (1860, in-18); les *Contes des bords du Rhin*, les *Contes populaires* (1866, in-18), où l'on rencontre de véritables chefs-d'œuvre d'attendrissement, de naïveté et quelquefois de raillerie; qu'il nous suffise de rappeler l'*Ami Fritz*, les *Confidences d'un joueur de clarinette*, le *Juif polonais*, etc. Le succès donna plus de ressort et plus de puissance à leur manière d'écrire. Ils inaugurèrent, dans l'*Invasion*, leur seconde manière de traiter le roman, qu'ils mirent au service de l'histoire pour la rendre plus populaire. Il n'est pas de hameau reculé, pas de bourgade isolée où n'ait pénétré l'œuvre de leur collaboration. Ils ont, dans des récits simples et émouvants, sous le titre général de « Romans nationaux » retracé les actes héroïques des enfants de l'Alsace, pendant la période révolutionnaire et pendant l'époque impériale; ils ont dépeint, avec une exactitude rigoureuse et en même temps pittoresque, les mœurs des paysans et des bourgeois d'Alsace-Lorraine. Qui n'a lu *Madame Thérèse ou les Volontaires de 92* (1864, in-18)? Qui ne connaît l'*Histoire d'un Conscrit de 1813* (1864, in-18)? *Waterloo* (1865, in-18) a été traduit dans toutes les langues. — A la suite de ces romans nationaux, vinrent l'*Histoire d'un homme du peuple* (1865), la *Guerre* (1866), le *Blocus* (1867), l'*Histoire de la Révolution racontée par un paysan* (1868-'69), et plusieurs autres romans conçus dans un esprit radicalement républicain, et de nature à miner le second Empire. Le plébiscite, la troisième in-

vasion et la perte de l'Alsace-Lorraine donnèrent plus de vivacité au mépris des deux écrivains pour le régime napoléonien. Ils ajoutèrent, sous le titre de *Le citoyen Bonaparte*, une nouvelle partie à l'*Histoire d'un paysan* (1870, 2 vol. in-11) et flagellèrent le despotisme dans l'*Histoire du plébiscite* (1872). Ils eurent des pages émues dans l'*Histoire d'un Français chassé par les Allemands et les Deux Frères* (1873). Ils ont écrit pour le théâtre le *Juif polonais* (drame, 3 a., 5 tableaux, Cluny, 1869), et l'*Ami Fritz* (3 a., Théâtre français, 1877). Leur drame patriotique *Alsace!* interdit par la censure, fut la cause d'une rupture entre les deux collaborateurs, rupture d'abord dissimulée, puis rendue éclatante par un procès. Une réconciliation, ménagée par des amis communs, allait, pensait-on, les rapprocher, au moment où mourut Chatrian.

CHAUDIÈRE à vapeur AGRICOLE. L'appareil représenté par notre gravure sert à passer les

Chaudière à vapeur agricole.

grains à la vapeur pour les cuire et les conserver. Sous un cylindre de cuivre dans lequel se produit la vapeur, se trouve le fourneau. La vapeur est conduite par deux tubes munis de robinets à deux réservoirs contenant les grains. Ces réservoirs sont suspendus chacun sur deux tourillons, ce qui permet de les renverser sens dessus dessous pour introduire les grains par le fond, qui se dévisse.

CHAUFFAGE. — Econ. dom. Nous n'avons pas à faire une étude comparée des divers modes de chauffage et des différentes matières qu'on y emploie. L'immense majorité brûle aujourd'hui du coke ou du charbon de terre; et ceux qui préfèrent le coke à la houille sont guidés par des considérations de propreté, non d'économie. Toute notre attention doit donc être uniquement tournée vers l'économie du combustible. Cette question d'économie du chauffage est encore plus importante que celle de l'éclairage et est l'objet de la sollicitude constante de la ménagère. Le moyen le plus pratique d'économiser le charbon dans les foyers domestiques, consiste dans l'emploi de plaques de fer reposant sur les grilles. En posant une de ces plaques suffisamment larges au-dessous du combustible, la consommation peut diminuer de près de moitié; la fumée est beaucoup moins abondante et le feu est clair et animé. L'air qui entre par les intervalles des grilles antérieures suffit grandement; l'emploi du tisonnier devient inutile : le feu continue jusqu'à ce que tout le charbon soit consumé. Il ne se produit que peu de cendres; la combustion est beaucoup plus complète et, nous le répé-

tons, le système produit une économie d'au moins 30 p. 100. — LE COMBUSTIBLE A BON MARCHÉ. Le prix élevé du charbon de terre, et par suite de tout combustible, a fait rechercher, dans ces dernières années, à remplacer d'eau dans laquelle on a fait dissoudre du sel le charbon, devenu inabordable, aux pauvres gens tout au moins, par un combustible bon marché, jouissant toutefois de vertus calorifiquessuffisantes. On est arrivé au mélange suivant : une partie de charbon menu, deux parties de cendres, quatre de terre végétale arrosée de soude en quantité suffisante pour obtenir une pâte : on forme de cette pâte des boulettes ou des briquettes, lesquelles brûlent très bien et donnent une bonne chaleur. Un pharmacien de Tournai, M. Jules Laronde, considérant le prix relativement élevé du sel de soude, imagina de lui substituer le sel de cuisine qui coûte beaucoup moins... en Belgique... — En France, hâtons-nous de le dire, il n'y aurait aucune économie à cette substitution. Quoi qu'il en soit, voici la recette de l'honorable pharmacien belge : charbon, 500 grammes; terre, 1,000 grammes; chlorure de sodium (sel de cuisine brut) dissous dans de l'eau, 100 grammes. La substitution du gros sel de cuisine au sel de soude donne toutefois une flamme plus vive et évite la mauvaise odeur que dégage lesel de soude employé dans les feux ouverts. Le seul inconvénient de ce nouveau combustible est la quantité de cendres qu'il produit, mais les avantages dépassent de beaucoup ce léger inconvénient.

CHAULER v. a. Arboric. Enduire les arbres avec un lait de chaux.

CHAUMES, commune de l'arrond. et à 21 kilom. N.-E. de Melun (Seine-et-Marne), sur la rive droite de l'Yères, 1,900 hab. Céréales, fourrages, vins. Dans l'église, beau tableau dû à Philippe de Champaigne. Ruines du château royal de Viviers, où vécut Charles VI pendant sa démence.

CHAUMOIS, OISE s. et adj. De Chaumes, qui se rapporte à Chaumes ou à ses habitants.

CHAUMONTOIS, OISE s. et adj. De Chaumont, qui se rapporte à l'une des villes de ce nom ou à ses habitants.

CHAUSSURES. — Econ. dom. Les chaussures doivent être fréquemment nettoyées, encore qu'elles ne soient point crottées, ni même portées tous les jours. Il ne faut pas les laisser dans un endroit humide, ni les approcher trop du feu pour les faire sécher. Ne jamais se servir d'un couteau pour enlever la boue, principalement dans la région des coutures, autrement on couperait infailliblement les points. C'est à la « brosse à décrotter » à faire son office, et si elle le fait bien, le poli du cirage en sera d'autant plus brillant. — CIRAGE LIQUIDE. Prenez : noir d'ivoire, broyé aussi fin que possible, et mélasse, de chaque 500 grammes; huile à manger ou huile de lin, 125 grammes; faites un mélange parfait et ajoutez, en remuant bien, 125 grammes d'acide sulfurique (huile de vitriol) étendu de trois fois son poids d'eau. Laissez reposer trois heures. Ajoutez, toujours en remuant, 1 litre d'eau ou mieux de bière. Mettez en bouteilles. — *Autre*. Prenez : noir d'ivoire et mélasse, de chaque 500 grammes; indigo, 8 grammes; gomme arabique en poudre, 30 grammes. Ecrasez bien votre noir, votre indigo, votre gomme, et délayez dans la mélasse. Ajoutez : noix de galle, 16 grammes; sulfate de fer, 50 grammes, — l'un et l'autre finement pulvérisés; puis, tout en remuant le mélange obtenu et dans l'ordre indiqué, acide chlorhydrique, 50 grammes; acide sulfurique, 50 grammes. Enfin, éclaircissez votre composition avec 250 grammes de vinaigre. Mettez en bouteilles. — CIRAGE EN PATE. Coupez 1 litre de bière d'environ 75 centi-

litres d'eau; ajoutez : mélasse, 600 grammes; sucre candi, 1 kilogramme; noir d'ivoire, 2 kilogrammes. Remuez bien pour former une pâte homogène. Après quoi, vous mettrez dans des boîtes, que vous couvrez seulement quand votre pâte est tout à fait refroidie. — *Autre*. Noir d'ivoire, 1 kilogramme; mélasse, 500 grammes; huile d'olive, 125 grammes. Mêlez bien; ajoutez en remuant : acide sulfurique, 125 grammes. Mettez en boîte. — NOTA. L'acide sulfurique, employé isolément, est, comme on sait, un corrosif puissant; mais sa combinaison avec la chaux du noir d'ivoire neutralise en grande partie cette propriété funeste, et sa présence dans le cirage n'a pas sur le cuir les effets qu'on lui prête, tandis qu'il ajoute énormément à la qualité de celui-ci. — CHAUSSURES VERNIES. Mêlez, après avoir fait tiédir isolément, deux parties de la meilleure crème et une partie d'huile de lin. Ayant préalablement bien nettoyé vos chaussures vernies, frottez-les avec une éponge trempée dans le mélange indiqué, puis avec un morceau de drap bien sec, jusqu'à ce que le cuir soit devenu tout à fait brillant. — COMPOSITION POUR RENDRE LES CHAUSSURES IMPERMÉABLES. Faites fondre ensemble sur le feu une partie de résine et deux parties de suif; mêlez bien. Chauffez un peu vos bottes et appliquez la chaude préparation dessus, à l'aide d'une brosse de peintre, en barbouillant le dessus et le dessous, la semelle comme l'*avant-pied*, jusqu'à ce que le cuir refuse d'en absorber davantage. Si vous désirez que vos bottes prennent immédiatement un beau poli, faites fondre environ 25 centigrammes de cire avec une cuillerée à café de noir de fumée. Le lendemain du jour où les bottes ont été enduites du mélange de suif et de résine, frottez-les de cette cire fondue dans un peu d'essence de térébenthine, mais non devant le feu. L'extérieur seul aura alors une couche de cire, et brillera comme un miroir. Le suif, comme toute autre graisse, devient rance en vieillissant; et pourrit le fil aussi bien que le cuir; mais la résine lui donne une vertu antiseptique qui prévient ce danger. Une couche de verni copal, appliquée sur les semelles des chaussures, répétée, à mesure que la précédente est sèche, jusqu'à ce que les pores du cuir soient remplis et que la surface brille comme un panneau d'acajou verni, les rendra imperméables, et les fera durer trois fois plus que les semelles ordinaires, c'est-à-dire privées de cette préparation. Cette méthode est certainement la plus simple, la plus propre; elle est sûre et au demeurant peu coûteuse. Elle ne s'applique par exemple qu'à la semelle. On trouve le vernis copal chez tous les marchands de couleurs et vernis.

CHEMIN DE FER. — Les chemins de fer européens mesurent aujourd'hui 195,000 kilom. de longueur, dont 35,000 en France, 39.000 en Allemagne, 34,000 en Angleterre, 39,000 dans la Russie d'Europe et la Finlande, 26,000 en Autriche-Hongrie et 12,000 en Italie. Voici, d'après les *Annales industrielles*, l'ordre chronologique, avec date, des premiers chemins de fer ouverts dans les divers pays : *Angleterre*, 27 septembre 1825; *Autriche*, 30 septembre 1828 ; *France*, 1er octobre 1828; *Etats-Unis*, 28 décembre 1829 ; *Belgique*, 3 mai 1835 ; *Allemagne*, 7 décembre 1835; *Cuba*, 1837 ; *Russie*, 4 avril 1838 ; *Italie*, septembre 1839 ; *Suisse*, 15 juillet 1844; *Jamaïque*, 21 novembre 1845; *Espagne*, 24 octobre 1848; *Canada*, mai 1850; *Mexique* et *Pérou*, 1850; *Suède*, 1851 ; *Chili*, janvier 1852; *Inde*, 18 avril 1853; *Norvège*, juillet 1853; *Portugal*, 1854; *Brésil*, 21 avril 1854; *Victoria* (Australie), 14 septembre 1854; *Colombie*, 20 janvier 1855 ; *Nouvelle - Galles - du - Sud*, 25 septembre 1855; *Egypte*, janvier 1855; *Natal*, 26 juin 1860; *Turquie*, 4 octobre 1860. Il y a aux Etats-Unis 150,600 milles (232,315

kilom.) de voies ferrées. Ils ont coûté 45 milliards et font directement vivre plus d'un million de personnes. C'est le Métropolitain de New-York qui transporte le plus de voyageurs (525,000 par jour), et sur le total des voyageurs des Etats-Unis, en dépit de l'audace des ingénieurs yankees et de la construction aventureuse de leurs lignes, il ne meurt par accident qu'*un* voyageur par *dix millions*. Dans ces conditions, l'on comprend la boutade de l'humoriste américain qui demandait des *tickets* d'assurances, non pour les jours où il voyageait, mais pour les jours où il restait chez lui. — *Chemin de fer* GLISSANT, voie ferrée sur laquelle des véhicules sans roues glissent à l'aide d'une mince couche d'eau interposée

entre des patins et de larges rails. Ce système, qu'on a vu fonctionner à l'Exposition de 1889, dans la rue de Constantine (Esplanade des Invalides), sur une longueur de 150 mètres, a été imaginé vers 1852, par l'ingénieur-hy-

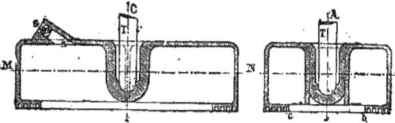

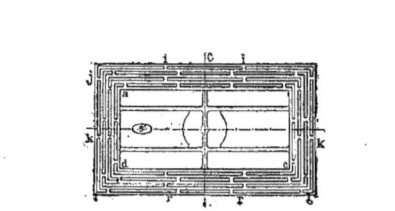

Chemin de fer glissant, Fig. 1. — S', orifice par lequel l'eau arrive dans le patin. — T, tige de suspension supportant le châssis du wagon — i, j, k, l, r, points d'interruption en chicane, des cannelures des gardes du patin. — M, N, plan passant par le centre de poussée du patin.

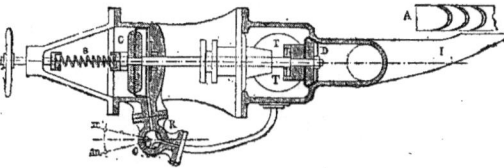

Chemin de fer glissant, Fig. 2. — Coupe longitudinale théorique d'un propulseur avec son robinet automatique. — A, turbine. — I, injecteur. — D, clapet. — M, manetton. — R, robinet de manœuvre. — C, piston. — S, ressort d'évacuation. — T, tuyau d'arrivée d'eau comprimée. — O, orifice.

draulicien D.-L. Girard qui, à l'aide des ressources mises à sa disposition par l'Empereur, réalisa, en 1860, un premier spécimen qui fonctionna pendant plusieurs mois à la Jonchère, près Bougival. Une ligne allait être établie entre Paris et Argenteuil, lorsque la guerre de 1870 éclata. L'inventeur fut tué par les Prussiens, en 1871, pendant l'armistice, dans des circonstance assez obscures, dont nous n'avons pas à nous occuper ici. Son idée fut reprise par M. Barre, son collaborateur, qui put, grâce au concours financier de quelques amis, en faire un nouvel essai en 1889. Dans cet appareil, les wagons roulent directement sur des rails très larges, au moyen de six patins, trois de chaque côté de la voiture. Les patins (fig. 1) sont rectangulaires, un peu creux sur la face en contact avec les rails, et portent de petites rainures. L'eau, emmagasinée dans le wagon de tête du train, et comprimée dans de petits tuyaux, débouche de chaque voiture et est lancée sous chaque

patin, qu'elle soulève de quelques millimètres avant de s'échapper. Le train glisse presque sans frottement, ce qui permet de réduire la force de traction. La locomotive des chemins de fer à vapeur est ici inutile. On obtient la propulsion à l'aide de l'eau. Pour cela, on installe, de place en place, au milieu de la voie, des ajutages communiquant avec une voie d'eau. Ces ajutages (fig. 2), en s'ouvrant lors du passage du train, lancent horizontalement des jets d'eau qui sont assez puissants pour faire avancer les voitures en frappant des palettes placées sous les wagons. Les ajutages, ouverts par un mécanisme très simple, à l'arrivée du train, se referment d'eux-mêmes quand il est passé. Les principaux avantages de ce système sont les suivants : économie des frais de traction, plus de fumée, plus de trépidation, plus de frais de graissage, arrêt immédiat en fermant brusquement les robinets ; légèreté du matériel et des travaux d'art; possibilité de réaliser de grandes vitesses. — **Chemin de fer** A CRÉMAILLÈRE, voy. *Crémaillère*, dans ce Supplément. — Législ. Aux termes de la loi du 30 décembre 1888, qui a modifié les articles 22 à 27 de celle du 13 mars 1875, le service des chemins de fer, en temps de guerre, relève tout entier de l'autorité militaire. Le ministre de la guerre dispose des chemins de fer dans toute l'étendue du territoire national non occupée par les armées d'opérations; et le commandant en chef de chaque armée ou groupe d'armées opérant isolément dispose des chemins de fer dans la partie du territoire assignée à ses opérations. Les commandants en chef des armées ont à cet effet sous leurs ordres, un personnel spécial comprenant 1° des sections de chemins de fer de campagne, organisées en tout temps avec le personnel des grandes compagnies de chemins de fer et celui du réseau de l'Etat; 2° des troupes de sapeurs de chemins de fer. — Le contrôle de l'exploitation technique et commerciale des six grands réseaux de chemins de fer d'intérêt général a été réorganisé par un arrêté ministériel du 20 juillet 1886. Pour chacun de ces réseaux, la direction du contrôle exercé par l'Etat est confiée à un inspecteur général des ponts et chaussées, lequel a sous ses ordres des ingénieurs en chef des ponts et chaussées et des mines, des ingénieurs ordinaires, des inspecteurs principaux, des inspecteurs particuliers, des conducteurs des mines et des commissaires de surveillance administrative. — Un décret du 7 septembre 1887 a réorganisé le *Comité consultatif des chemins de fer*, institué au ministère des travaux publics.

CHEMINÉE. — *Remède aux cheminées qui fument*. La connaissance exacte des causes qui font qu'une cheminée fume, c'est plus de la moitié du remède; ce sont donc ces causes qu'il faut découvrir avant tout. Si la fumée provient de l'insuffisance du courant d'air qui traverse le foyer, il faut l'accélérer, soit en perçant un trou dans la pierre du foyer, muni d'un ventilateur et protégé des cendres par le garde-feu; soit, si ce moyen est insuffisant,

en construisant un conduit d'air qui communique avec l'extérieur. Souvent le mal provient de ce que, l'ouverture étant trop large, la fumée retombe dans la pièce. Dans ce cas, le remède est facile; il consiste à rétrécir l'ouverture au moyen d'une plaque de tôle ou même d'une planche assujettie au manteau de la cheminée. Quelquefois, la fumée est causée par des obstructions provenant de suie, de débris de mortier ou de briques accumulés, ou de nids d'oiseaux qui lui font obstacle. Alors il suffit de débarrasser la cheminée; et le ramoneur est fait pour cela. Il faut d'ailleurs prendre soin de faire ramoner régulièrement ses cheminées; autrement on court le risque d'une assez forte amende, en cas de feu, sans parler des dégâts. Dans les maisons nouvellement bâties, on peut éviter cet inconvénient en construisant un second conduit dans la direction de la fumée. Un autre remède consiste à avoir un tuyau de cheminée pourvu de quatre portes, une de chaque côté, munies de baguettes qui en font mouvoir deux à la fois; de sorte que, le vent soufflant avec force d'un point quelconque, les portes de ce côté seront immédiatement fermées et les deux autres ouvertes au même moment. — FEUX DE CHEMINÉE (procédés d'extinction). Aussitôt qu'un feu de cheminée aura été découvert, jeter une poignée de fleur de soufre dans le foyer, non sur les flammes, mais sur les charbons à moitié noircis; il se produira aussitôt un dégagement d'acide sulfureux qui éteindra le feu immédiatement; à défaut de fleur de soufre, employer, mais avec précaution, du sel ammoniaque en poudre, ou de la potasse, ou de la soude commune; à défaut de ces ingrédients, du sel commun en grande quantité fera l'affaire. J'ai vu éteindre un feu de cheminée en jetant du vinaigre sur le feu du foyer. Il suffirait dans la plupart des cas de retirer le feu du foyer et de fermer hermétiquement, soit à l'aide du rideau, soit, à son défaut, avec une serviette ou un drap mouillé, de manière à intercepter complètement le courant d'air.

CHEMISE s. f. Hortic. Grande litière sèche dont on recouvre les couches à champignons.

CHERBOURGEOIS, OISE s. et adj. De Cherbourg; qui concerne cette ville ou ses habitants.

CHÉRONÉEN, ÉENNE s. et adj. De Chéronée; qui se rapporte à Chéronée ou à ses habitants.

CHESNEY (Charles-Cornwallis), littérateur anglais, né en 1829, mort le 19 mars 1876. Il entra dans le génie de l'armée anglaise et s'éleva au grade de colonel. Il occupa pendant plusieurs années la chaire d'art et d'histoire militaires au collège d'état-major de Sandhurst. Il publia en 1863 : *Compagnes dans la Virginie*; en 1868, *Conférences sur Waterloo*; en 1870, *Ressources militaires de la Prusse et de la France*, en collaboration avec Reeve; en 1870, *Biographies militaires*, comprenant plusieurs généraux américains de la guerre civile (réédités à New-York); et enfin, en 1871, son ouvrage le plus connu, celui qui fit pénétrer son nom dans tout le continent : *La conquête de l'Angleterre* en 1875, et *Bataille de Dorking*, ou *Réminiscences d'un Volontaire*, œuvre qui créa une immense sensation, en éveillant l'attention de ses compatriotes sur l'état de faiblesse où se trouverait l'Angleterre en face d'une invasion étrangère (voy. DORKING, dans le Dictionnaire).

CHEVAL FONDU. C'est un jeu qui ne convient qu'aux jeunes gens arrivés à un certain âge et qui sont assez vigoureux pour se livrer sans danger à un exercice un peu forcé. Ils se divisent en deux camps de 3, 4 ou 5 personnes, devant remplir alternativement les rôles de chevaux et de cavaliers. Le sort ayant dé-

signé quel camp fournira le premier les cavaliers, les autres joueurs se rangent à la file en courbant le dos. Le premier, qui est ordinairement le plus vigoureux, place ses mains et sa tête sur les genoux d'une personne n'appartenant à aucun des deux camps, et que l'on nomme *la mère*. La mère est solidement assise, le dos appuyé sur un objet qui ne puisse fléchir. Le second cheval appuie ses bras et sa tête sur l'extrémité du dos du premier, le troisième se place dans la même position derrière le second, et ainsi de suite. Le premier cavalier, qui est ordinairement le plus agile, ayant pris son élan, saute par-dessus tous les chevaux et doit venir tomber à califourchon sur le premier cheval; les autres cavaliers sautent à leur tour, en ayant soin de se serrer le plus possible les uns contre les autres, pour laisser de la place aux derniers. Dès que le dernier cavalier est en place, il frappe rapidement trois fois dans ses mains; après quoi, les sauteurs doivent descendre de leurs montures. Ils conservent leurs rôles de cavaliers si nul d'entre eux n'a touché du pied le sol avant les trois coups. Ils le conservent encore s'ils ont touché le sol parce que les chevaux ont fondu, c'est-à-dire se sont affaissés sous le poids des cavaliers. Dans le cas contraire, les rôles changent.

CHEVALIER (chasse). La nombreuse famille des chevaliers a des représentants dans les mêmes lieux que le bécasseau et se chasse de même. Beaucoup moins défiant, le chevalier peut être approché d'assez près pour être facilement tiré.

CHEVESNE (pêche). La chevesne, appelée aussi *meunier*, est le type du genre « poisson blanc ». Il y a toutefois entre l'*able*, autre poisson blanc, et le *meunier*, un véritable abîme, tant pour l'apparence que pour la saveur de la chair. La chevesne atteint parfois le poids de 5 kilogrammes; cela est rare à la vérité, mais les chevesnes de 2 et même 3 kilogrammes sont assez communes. Ce poisson se plaît dans les eaux courantes; la Seine, particulièrement, abonde en chevesnes. Ce poisson saisit tout aussi bien l'appât de fond que l'appât de surface; d'où il suit qu'on peut employer contre lui toute espèce de lignes. Le plus souvent, c'est la ligne à la volée, sans bouchon ni plomb, qu'on choisit. On l'amorce d'insectes vivants, tels que grosses et même petites mouches, hannetons, grillons des champs, etc.; ou encore d'une cerise ou d'un grain de raisin noir, suivant la saison; ou enfin de mouches artificielles. On recommande au pêcheur de ne pas se laisser voir par le poisson, qui prendrait peur et s'enfuirait; même quelques écrivains établissent en principe qu'il ne faut jamais prendre deux chevesnes dans un même endroit : c'est pure exagération. Il nous est arrivé d'en prendre, dans la Seine, jusqu'à dix au même endroit, représentant le poids respectable d'environ 15 kilogrammes, et nous n'en avons pas pris davantage parce que, dans un mouvement mal combiné, notre ligne se brisa dans notre main et fut emportée par le onzième poisson. Notre appât était simplement la cerise *tout entière*. Quant à se tenir caché de la proie convoitée, la recommandation est toujours bonne à suivre. Les autres appâts en usage pour la chevesne sont principalement les petits dés de sang caillé après qu'on a amorcé le fond d'avance de sang, de débris de boucherie et de pain de cretons; cet appât est préférable pour l'automne. Pour le printemps, avril et mai surtout, en attendant mieux, on choisira le ver rouge, dont on emploiera deux à la fois. Il est bien entendu qu'on se sert dans ce cas d'une flotte et au besoin de quelques plombs pour entraîner l'appât à peu de profondeur. Les autres, pour être bref, sont, après toutes les sortes d'insectes, chenilles, etc., et les fruits que nous avons indiqués, tous les vers

d'appât, asticots, blé et fèves cuits, fromage de Gruyère.

CHEVREUIL (cuis.). — *Gigot de chevreuil rôti*. — Piquez serré de lard fin; faites mariner au moins deux jours dans moitié vinaigre et eau avec oignons coupés, ciboules, ail, carottes, herbes aromatiques, épices, sel. Retirez de la marinade, faites égoutter; faites cuire à la broche devant un feu vif, en l'arrosant de sa marinade. Servez sur une sauce piquante. — *Côtelettes et filets*. Après les avoir parés et lardés, faites-les mariner comme le gigot, et faites cuire avec un peu de bouillon, carottes en tranches, oignons, bouquet garni, sel et poivre. Servez sur une sauce piquante. — *Civet de chevreuil*. Coupez par morceaux de la poitrine ou de l'épaule de chevreuil; mettez-les cuire dans un roux, avec des échalotes, thym et un peu de laurier hachés ensemble, sel et poivre. Mouillez avec du vin rouge. Dégraissez la sauce avant de servir. Le *cerf* et la *biche*, le *daim* et le *faon* se préparent comme le chevreuil.

CHEVREUL. I (Michel), médecin, né à Angers en 1754, mort à Paris, âgé de 91 ans, en 1845. Il fut professeur de chirurgie à l'école de sa ville natale pendant soixante ans et s'occupa surtout d'accouchements. Parmi les mémoires qu'il adressa à l'Académie de médecine, on remarque particulièrement ceux qui se rapportent aux cas anormaux des organes de la génération chez les femmes, à la section de la symphyse et à l'emploi de l'ergot de seigle. — II (Michel-Eugène), éminent chimiste, fils du précédent, né à Angers le 31 août 1786, mort à Paris le 10 avril 1889, dans la 103e année de son âge. Il termina ses études à l'école centrale d'Angers, vint à Paris en 1803, et entra aussitôt dans la fabrique de produits chimiques de Vauquelin, dont il dirigea le laboratoire. En 1810, Vauquelin le choisit comme préparateur du son cours de chimie appliquée, au Muséum d'histoire naturelle, et lui fit obtenir en 1813 la chaire de chimie au lycée Charlemagne. Travailleur infatigable, le jeune Chevreul se fit rapidement distinguer. En 1824, il passa aux Gobelins comme professeur de chimie et directeur des teintureries. En 1826, il remplaça Proust à l'Académie des sciences et, en 1830, son maître Vauquelin au Muséum; chargé à plusieurs reprises de l'administration du Jardin des Plantes, il fut nommé directeur du Muséum en 1864. Pendant le siège de Paris, il protesta[2] publiquement et énergiquement contre le bombardement qui ravagea les serres et les galeries du Jardin des Plantes. En 1879, c'est-à-dire quand il eut atteint l'âge respectable de 83 ans, M. Fremy prit la direction effective du Muséum; mais Chevreul conserva le titre de directeur honoraire. En 1883, il devint, aux Gobelins, directeur du « laboratoire supérieur des recherches sur la théorie et la constitution des couleurs » fondé spécialement pour lui, et il céda la direction de l'atelier de teintures à M. Decaux. — Le 1er sept. 1886, le centenaire de ce vénérable savant fut solennellement célébré par les ministres, les membres de l'Institut, les professeurs, les étudiants, des industriels, des délégués de toutes les facultés de France, et un grand nombre de personnes appartenant à la politique, à la science et au journalisme de toutes opinions. Cette fête eut lieu au Muséum d'histoire naturelle, où presque toute l'existence de Chevreul s'est écoulée. En recevant la jeunesse des écoles, il se glorifia modestement d'être le « doyen des étudiants »; il se plaisait à dire que le travail, joint à une vie simple, est le meilleur moyen de vivre longtemps. Après la réception, les assistants défilèrent devant la statue du vieillard, placée dans la grande salle des nouveaux bâtiments du Muséum. Cette statue, œuvre de Guillaume, mesure 1m,30 de haut, et représente le « doyen

des étudiants » assis dans un fauteuil; la tête est d'une ressemblance frappante. Chevreul s'éteignit lentement avec une grande sérénité d'esprit. On lui cacha le décès de son fils, Henri, qui le précéda de 20 jours dans la tombe. — Le nom de Chevreul est célèbre dans l'univers entier; ce savant a fait faire à la chimie des progrès qui lui donnent la première place. Il s'est particulièrement distingué par ses recherches sur les corps gras, sur les matières colorantes et sur l'harmonie des couleurs. Il fut le premier à donner une théorie exacte de la saponification; cette théorie le conduisit à la découverte des bougies stéariques, qui ont remplacé les chandelles dont on faisait un usage presque exclusif il y a un demi-siècle. Chevreul n'essaya jamais d'exploiter cette lumineuse invention, qui a enrichi des centaines d'industriels. Tout ce qu'elle lui produisit, en dehors d'une célébrité bien méritée, ce fut, en 1852, le grand prix de 12,000 fr. fondé par le marquis d'Argenteuil. La science lui doit une foule d'autres découvertes. Il a laissé un grand nombre d'ouvrages, parmi lesquels nous citerons : *Recherches chimiques sur les corps gras d'origine animale* (1823), dans lesquels il développe ses idées sur l'assimilation des corps gras aux éthers, sur l'action chimique des acides énergiques dans les corps gras en décomposition, sur la séparation de la glycérine lors de la saponification de toute matière graisseuse. Outre la découverte de la stéarine et des bougies, les idées de Chevreul conduisirent à l'emploi de l'acide oléique pour la préparation des laines employées à la fabrication des étoffes. Citons encore : *Considérations générales sur l'analyse et sur ses applications* (1824); *Leçons de chimie appliquée à la teinture* (1828-'34); *Loi du contraste simultané des couleurs et assortiment des objets coloriés, considérés d'après cette loi dans ses rapports avec la peinture* (1829, avec atlas); *Théorie des effets optiques que présentent les étoffes de soie* (1848); *De la baguette divinatoire, du pendule et des tables tournantes* (1854); *Lettres à M. Villemain, sur la méthode en général* (1855); *Des couleurs et de leur application aux arts industriels à l'aide de cercles chromatiques* (1864, avec planches); *Considérations sur l'histoire de la partie de la médecine qui concerne la prescription des remèdes* (1865); *Histoire des connaissances chimiques* (1866, et suiv. 4 vol.); *De la méthode à exercice expérimental et de ses applications* (1870, in-12); *D'une erreur de raisonnement* (1872, in-8°); *Guano du Pérou* (1874, in-8°); *Phénomènes de la vieillesse* (1875), etc. Son ouvrage sur les « Influences sanitaires » a introduit la pratique de purifier par le charbon les eaux destinées à l'alimentation. Il a, en outre, collaboré au *Dictionnaire des sciences naturelles*, au *Journal des savants* et à diverses autres publications scientifiques, ainsi qu'aux comptes rendus de l'Académie des sciences.

CHIEN. — Le chien est sincèrement l'ami de l'homme; il est bon, fidèle, il est d'un excellent secours pour déceler une visite importante, quelle que soit sa race. Le chien hargneux, querelleur, féroce, même le bouledogue si calomnié, doit ses défauts à l'éducation qu'il a reçue beaucoup plus qu'à la nature; mais il est en tout cas si accessible à l'éducation que, la nature fût-elle coupable en ceci, il est toujours possible de corriger ses écarts. Un proverbe familier en Angleterre dit : *Like master, like dog* (tel maître, tel chien); il est d'une grande vérité, c'est tout ce que nous en pouvons dire. En thèse générale, le chien doit être tenu dans un état de propreté méticuleuse; il n'est pas besoin d'insister sur la nécessité d'une telle précaution, puisque cet animal vit non seulement près de nos maisons, mais encore, et le plus souvent, dans l'appartement même. Chien d'appartement ou de garde, ce n'est pas assez

pourtant que de l'entourer de soins hygiéniques ; il faut encore l'habituer de bonne heure à se conduire lui-même avec propreté. La niche qui abrite une chienne nourrice et ses petits, dont l'éducation n'est naturellement pas près d'être faite, sera donc, si cette niche est dehors, foncée d'une planche trouée pour parer aux inconvénients de ce défaut d'éducation. Si la niche se trouve dans l'appartement, il serait convenable que cette planche du fond fût mobile, avec un petit rebord extérieur, et couverte de litière qu'on renouvellerait fréquemment. Il est des cas toutefois qu'on ne saurait prévoir, et dans lesquels une personne soucieuse de bien faire s'inspirera des circonstances plus heureusement que des conseils les plus sages. A vingt jours environ, on peut faire prendre aux petits chiens un peu de manne dans du lait, pour les purger légèrement, et on les sèvre à six semaines. On leur donne alors, comme nourriture de transition, du lait pur, puis un peu de pâtée claire, au lait d'abord, à l'eau bientôt après. On a soin, à ce moment, de les séparer de la mère, pendant le jour seulement ; ils s'accoutument ainsi peu à peu à leur nouvel ordinaire, et cherchent moins la mamelle, que la mère d'ailleurs ne tarde pas à leur refuser. Au bout de huit jours de cet exercice, la séparation de la mère et des petits doit être complète, ce qui, du reste, n'est déjà plus très difficile. — Nourriture. On continue dès lors à nourrir les chiens avec de la pâtée, sans viande, au moins jusqu'à l'âge de six mois; ni os, ni viandes, ni détritus de toute sorte ne leur seront offerts ni permis avant cette époque, à partir de laquelle ils pourront manger de tout presque impunément. Le chien d'appartement n'a souvent d'autre nourriture que les restes de la table; ces restes sont plus ou moins abondants, et leur principal inconvénient est justement de l'être trop ou trop peu. Bien que le chien s'accommode de toute espèce de nourriture, il est loin d'être indifférent de le nourrir d'une manière ou d'une autre. Un chien — surtout un chien d'appartement — doit avoir des repas réguliers et salubres : sa santé l'exige, et quand je dis sa santé, j'entends prendre celle de ses maîtres, car un chien galeux, infect, souffrant, est une peste pour un intérieur, et bien des personnes aimant leur animal ont regretté plus d'une fois de n'en avoir pas agi ou su agir avec lui prudemment, à une époque vers laquelle il est désormais impossible de rétrograder. Donnez donc *une fois* par jour, autant que possible à la même heure, une bonne pâtée à votre chien, et n'indique y ait cette bonne pâtée faite de pain d'orge, si vous estimez le pain de froment trop cher, pétri dans de l'eau bien pure ou coupée d'un peu de bouillon, avec très peu de viande cuite et salée. Il faut proscrire absolument de la pâtée des chiens le pain de seigle, qui leur donne des tranchées, et la viande de cheval, qui les jamais d'os, ni de pains de cretons, ni surtout de viandes avancées: mais bannir toute espèce de viandes de la nourriture du chien ne paraît exagéré, — d'autant plus que par les moyens que j'indique j'ai toujours obtenu les meilleurs résultats. — Maladies. Les chiens sont en butte à une foule de maladies, presque aussi nombreuses que celles dont l'humanité est elle-même affligée. Lorsqu'un chien est malade, il n'est pas difficile de s'en apercevoir: il est triste, refuse de manger, se tapit dans des coins solitaires; enfin il *pdlit*, — c'est-à-dire que son poil perd visiblement son lustre et devient terne. Pour toutes ou au début les mêmes symptômes. *La maladie*. On désigne simplement sous ce nom une affection qui atteint presque tous les jeunes chiens, avec un caractère plus ou moins grave, avant l'accomplissement de leur

première année. En prenant l'habitude de les purger de temps en temps avec de la manne fondue dans du lait, avant qu'ils n'aient accusé les premiers symptômes de la maladie, on peut espérer la prévenir ou du moins en atténuer beaucoup les effets. Sinon, la maladie une fois déclarée, si elle est simple, on mettra le malade à la diète, avec de l'eau miellée pour breuvage, et on lui administrera des lavements composés d'eau et de son additionnés d'huile d'olive. Si la fièvre est intense, la saignée et l'application de quelques sangsues sur l'estomac peuvent devenir nécessaires. Enfin on obtient souvent de bons effets en coupant la queue du chien affecté, ce qui provoque un écoulement de sang artériel. — On a vu l'administration d'un vomitif, composé de 15 centigrammes d'émétique dans un demi-verre d'eau, faire avorter la maladie. Dans le cas d'affection légère, on obtiendra souvent de très bons résultats de l'usage de la manne et du lait, dans la proportion de 15 grammes pour de très jeunes chiens et 45 grammes pour les plus gros; 30 grammes de sirop de nerprun, également mêlé avec du lait, constituent aussi un purgatif d'un usage excellent dans les mêmes circonstances. — *Coliques*. Les chiens qui vivent renfermés, privés d'exercice suffisant, sont sujets à des coliques ou tranchées sur la nature desquelles il est facile de s'édifier. En général, elles sont causées par le séjour et le durcissement des matières excrémentielles dans les intestins. Dans ce cas, le ventre de l'animal est gonflé, dur, douloureux; le malade reste couché, mais fait entendre des gémissements plaintifs qu'il accentue chaque fois qu'un mouvement un peu brusque lui cause une douleur plus sensible. Lui administrer des lavements émollients : eau de son, décoction de guimauve, de mauve, graine de lin, etc., avec addition de deux ou trois cuillerées d'huile d'olive; — ceci cinq ou six heures après qu'il a mangé, s'il a mangé, ce qui est peu probable. On le promène ensuite, non seulement par mesure de précaution et pour qu'il ne souille pas l'appartement, mais encore pour aider à l'évacuation. On peut encore, surtout si les coliques sont très violentes, faire prendre au malade un purgatif doux: sirop de nerprun et lait, de préférence, ou encore manne et lait, ou enfin huile de ricin dans le véhicule le plus convenable, qui est peut-être encore le lait. — *Gale*. Le meilleur remède contre la gale du chien est la benzine employée en frictions; une once de cette substance suffit ordinairement à empoisonner tous les animaux, les épizoaires de la gale répartis sur tout le corps d'un chien de taille moyenne. Et dans ce cas, morte la bête, mort le venin. On peut encore faire usage avec succès de l'huile de pétrole, ou encore employer une préparation composée de 125 grammes de sulfure de potasse et 16 grammes d'acide sulfurique dissous dans un demi-litre d'eau. En tout cas, ne faites jamais usage d'huile essentielle de térébenthine, et surtout d'onguent mercuriel, remèdes pires que le mal, principalement ce dernier. — *Rage*. Nous avons indiqué ailleurs les précautions à prendre en cas de morsure par un chien enragé; nous n'y reviendrons pas, nous bornant à examiner les symptômes par lesquels elle s'annonce chez le chien, les moyens, sinon de la guérir lorsqu'elle est déclarée, du moins de la prévenir par des moyens d'une sage et facile hygiène, et de la reconnaître sûrement, afin de pouvoir en éviter les terribles conséquences dans la mesure du possible. La rage, qu'elle soit communiquée ou spontanée, est caractérisée extérieurement par de la tristesse, de l'abattement chez l'animal atteint. Il est inquiet, recherche l'obscurité et la solitude; sa démarche est incertaine, en apparence fatiguante; il se laisse tomber au lieu de se coucher; il aboie fort peu dès le début, mais grogne sans

cause et fréquemment et refuse toute nourriture. Pendant quelques jours, il reconnaît encore son maître, obéit à sa voix et se rend, quoique lentement et en chancelant, à son appel; mais cela dure peu. Bientôt les symptômes prennent un caractère plus effrayant: l'animal a les yeux hagards, la tête basse, la gueule béante, souillée d'écume, laissant voir la langue pendante, noirâtre, infecte. Il fuit la maison si on ne l'y tient attaché: il erre, la queue entre les jambes, le poil hérissé, tantôt d'un pas rapide... mais arrivé à ce point, nous n'avons pas besoin d'insister sur les détails symptomatiques. D'ailleurs le spectacle des autres chiens, fuyant épouvantés à l'approche du malheureux, suffirait à nous instruire de son état et à nous rendre au moins prudents. Le pauvre animal atteint de cette épouvantable maladie, si on ne prend le parti de l'abattre, — seul remède vraiment efficace qu'on ait encore trouvé, — meurt dans de violentes convulsions, au bout d'environ trente-six heures, après trois ou quatre accès terribles, séparés par des intervalles d'assoupissement plus ou moins profond. La rage spontanée a sans doute pour cause une irritation due à des excès divers, mais principalement à une abstention trop prolongée de nourriture et de boisson, à une fatigue excessive, au chagrin causé par les mauvais traitements habituels, à une excitation poussée au delà de toutes limites; enfin une exposition prolongée à l'ardeur du soleil peut également déterminer la rage. C'est une erreur de croire que les cas de rage sont nécessairement beaucoup plus à craindre en été qu'en hiver. — Il n'y a, a la rage, que des moyens préventifs à opposer: les bons soins, une nourriture saine, de l'eau fraîche à discrétion, un exercice modéré, de la régularité dans les habitudes; déclarée, la rage est incurable, et l'animal qui en est atteint doit être sacrifié. — Otite. L'otite ou catarrhe auriculaire s'attaque de préférence aux chiens à longs poils et principalement aux épagneuls, aux griffons et aux terre-neuviens. Lorsque vous voyez un chien secouer fréquemment la tête, se gratter ou se frotter l'oreille avec obstination, examinez l'intérieur de l'oreille externe, et vous y trouverez également les traces d'un écoulement qu'il importe de soigner promptement, à peine de le voir devenir chronique. On recommande, en pareille occasion, une diète partielle, des purgatifs de sirop de nerprun, des injections d'eau de mauve, pour faire disparaître l'inflammation. Si l'écoulement persiste, tout en continuant la diète et les purgatifs, on fera des injections de sulfate de zinc dissous dans l'eau tiède, dans la proportion de 4 grammes pour un quart de litre d'eau. Si la guérison ne répond pas à ces soins, nous conseillerons de voir un vétérinaire. Mais prise à temps, ce qu'on ne fait pas toujours malheureusement, c'est-à-dire dès qu'on a surpris les symptômes dont nous avons parlé, l'otite est promptement guérie par les moyens élémentaires, et surtout inoffensifs, que nous venons d'indiquer. Ajoutons qu'on voit des chiens vivre fort bien, en bonne santé d'ailleurs, avec une otite chronique; mais leur état, dans ce cas, exige des soins quotidiens, quelquefois répugnants. La surdité n'est pas toujours une conséquence nécessaire de l'otite. — Chancre de l'oreille. Si l'otite est surtout une maladie des chiens à longs poils, en revanche le chancre de l'oreille ne s'attaque guère qu'aux chiens ras. Dans ce cas comme dans le précédent, l'animal trahit son état en secouant fréquemment la tête et en se frottant et se grattant l'oreille, qui se raie de gerçures suspectes aux extrémités. Cette affection est presque inguérissable. Tous les propriétaires de chiens, marchands, éleveurs, chasseurs, que nous avons consultés à ce sujet, n'y connaissent qu'un remède empirique, inventé par eux, qui a réussi une fois par

hasard, et même d'une manière incomplète, mais auquel il leur arrive quelquefois d'avoir confiance contre toute raison, — et un autre, dont les guérisons sont beaucoup plus sûres et plus répandues, mais radical en diable: couper le bout de l'oreille affectée, avec des ciseaux bien aiguisés, et cautériser la plaie au fer rouge. On combat ensuite l'inflammation, résultant de l'opération par des applications de beurre frais et de cérat. Quelques éleveurs anglais ont l'habitude de couper en rond les oreilles de leurs chiens, lorsqu'ils sont jeunes, et assurent qu'ils préviennent ainsi le développement ultérieur des chancres. Si votre chien a le nez frais et humide, c'est un signe de santé; le contraire est un signe certain de prédisposition à une maladie quelconque; — bien entendu, cette signification cesse si le chien vient de s'éveiller et de retirer son nez des profondeurs de sa fourrure. — CHOIX ET ÉDUCATION DU CHIEN. Beaucoup de chasseurs possèdent au moins un chien qu'ils ont acheté tout dressé, ce dont ils se trouvent on ne peut mieux, à ce qu'ils disent; mais un plus grand nombre encore ne peuvent se payer ce luxe et force leur est bien de dresser eux-mêmes leur futur compagnon de chasse, sans parler de ceux pour lesquels c'est une vive satisfaction que d'élever et d'instruire un animal qui partagera une partie de leur existence et dont ils se feront un auxiliaire et un ami tel que nul marchand de chiens ne pourrait leur en fournir à aucun prix: un vrai chien de vrai chasseur. En un mot. Nous nous occuperons spécialement du chien d'arrêt, parce que c'est celui dont l'éducation est le plus difficile, et aussi parce que c'est la chasse au chien d'arrêt qui fait surtout l'objet de ce petit traité plus que succint. La race dont on veut tirer un bon chien n'est sûrement pas indifférente, mais il y a d'autres points à considérer, et dont ils se feront un auxiliaire et un ami. Si, braque, épagneul, griffon, barbet, pointer ou autre, il est certaines conditions physiologiques qu'il doit remplir avant tout. « Si différentes que soient les aptitudes des diverses espèces, dit notre savant collaborateur à la Chasse illustrée, M. Honoré Pinel, il existe des caractères constants communs à chacune d'elles, qui, jusqu'à un certain point, peuvent servir à diagnostiquer les facultés de l'animal, en examinant chacune des parties de son être et en les comparant à son ensemble. Autant un nez fin et long, par exemple, est le présage d'un caractère rusé, indiscipliné, et d'un sens olfactif très restreint, autant un nez gros et long, aux narines ouvertes, mobiles et froides, perçoit à longue distance les plus faibles émanations. — Les babines minces et courtes sont un signe de distinction autant qu'elles indiquent la férocité lorsqu'elles sont grosses, charnues et surtout pendantes. — Les dents indiquent assez bien l'âge de l'animal. Blanches et fleurdelysées, elles se trouvent chez le chien de trois ans, tandis que jaunes et déchaussées, elles dénotent la vieillesse. — Plus la partie postérieure de la tête sera développée, plus on pourra bien augurer des qualités cynégétiques de l'animal. — Quant à l'œil du chien, c'est avec lui qu'il parle, il le faut grand et rond — et non ressorti, — d'une couleur noire et grenat foncé. L'œil jaune clair marque la franchise. Si l'oreille est longue et pendante, le chien est dit bien coiffé; peu développée et relevée à sa base, elle est l'apanage du chien assez indocile. — Si le cou est long et mince, il indique la vitesse; gros et court, il marque la force; plus élevé que les épaules, il indique un sens olfactif très fin; s'il est bas, au contraire, c'est que le nez a besoin de se rapprocher de la terre afin de percevoir plus facilement les émanations. Quant au corsage, qui comprend la poitrine, le corps proprement dit, le ventre et les reins, ses proportions ne sont pas indifférentes. La poitrine doit être large et profonde, le dos et les reins horizontaux, le ventre assez large pour con-

tenir facilement les boyaux. Certains chiens de vitesse présentent un dos relevé et les reins inclinés. Autant que possible, pour le chien de chasse, lorsqu'il ne touche pas la terre, le pied doit être une moyenne entre le pied rond des grosses races et le pied allongé des races rapides. Sur le sol, l'empreinte est toujours ronde. La queue du chien d'arrêt peut être considérée comme le complément de son odorat. C'est par sa position, par les mouvements qu'il lui imprime, que l'animal marque les impressions qu'il perçoit. » Cela est si vrai que certains chasseurs affirment reconnaître l'espèce et le nombre des pièces tenues en arrêt par leur chien aux mouvements qu'il imprime à son fouet (extrémité de la queue), que M. H. Pinel veut très fin et très délié, qu'il termine une queue soyeuse .ou rase. Cette prétention de quelques chasseurs à reconnaître aux ondulations de la queue de leur compagnon à quel gibier ils ont affaire et combien nombreux il est, n'est pas aussi exagérée qu'elle paraît et que certains écrivains tendraient à le faire croire. Un bon chasseur et un bon chien se comprennent certainement à des signes non seulement incompréhensibles, mais qui n'existent même pas pour le profane. Ils n'ont pas de secret l'un pour l'autre, s'entendent, comme on dit, à demi-mot. C'est ici, par exemple, le lieu de répéter le dicton anglais auquel nous avons déjà fait allusion : Like master, like dog; et aussi de remarquer que, de deux compagnons si bien unis, l'un a nécessairement fait l'éducation de l'autre. Notre confrère en saint Hubert et en littérature cynégétique attribue même au pelage du chien une influence, non pas précisément sur son caractère, mais sur son tempérament. Le fait est que la nuance du poil, affectant celle de la peau, ne peut être absolument indifférente. Ainsi, il est constant qu'un poil blanc, et le poil blanc seul, couvre une peau rose immaculée, et que sous toute autre nuance, c'est une peau noirâtre ou tout à fait noire qu'on découvre. Cette dernière nuance est préférable à l'autre, car elle annonce un tempérament énergique au lieu du tempérament lymphatique qu'indiquent inévitablement poil blanc et peau rose; un peu d'attention suffira à démontrer l'exactitude de cette observation. Quant aux pattes, la sole du chien blanc n'offre sûrement pas la résistance de celle du chien à peau noirâtre; et l'ongle blanc qui termine une patte blanche est lui aussi moins sûr, plus tendre enfin que l'ongle noir des autres chiens. Dans les chiens à pelage varié, ce n'est donc pas une chose indifférente que d'étudier la sole et les ongles; on ne tarderait pas à le reconnaître lorsque, par un temps de grande sécheresse, on aurait à traverser des chaumes et des terres labourées, où une sole rose se blesserait infailliblement au bout de peu de temps, quand la sole noirâtre résisterait aussi sûrement que si elle était protégée par une botte! Mais toutes ces conditions, nous dira-t-on, peuvent être remplies par un chien d'arrêt qui, le moment venu, se refusera obstinément à arrêter. Alors, à quoi me serviront toutes ces qualités physiologiques? « A de rares exception près, dit l'écrivain déjà cité, il est probable qu'un jeune chien, dont le père et la mère arrêtent, arrêtera lui aussi. Cependant, cette aptitude étant de première nécessité, on doit chercher à prévoir si cette qualité indispensable existera chez le sujet qu'on se donne la peine d'élever. — A ce propos, voici un signe qui ne m'a jamais trompé : quelque tardif qu'il doive être à se déclarer dans l'avenir, à trois mois, le jeune chien marquera sur les mouches qui se promènent à l'autre. On pourra m'objecter que les chiens qui naissent en automne ne trouvent pas de mouches à arrêter en hiver, alors qu'ils ont atteint l'âge de trois ou quatre mois. — A cela je répondrai: arrangez-vous pour

faire naître vos chiens au printemps ou au commencement de l'été, parce que l'époque de la naissance a une plus grande influence qu'on ne lui en accorde généralement, influence qui se manifeste à la fois sur le caractère aussi bien que sur le tempérament. — Élève et éducation proprement dite. L'éducation d'un chien ne commence jamais trop tôt; mais c'est à la mère qu'il convient de laisser diriger ses débuts, en se bornant à donner à celle-ci, que nous supposons choisie avec discernement, le plus de liberté possible. Laissez la mère et les petits errer partout, dans le jardin, dans la maison, au risque même de quelque dommage, et donnez-leur les moyens de se familiariser avec vous; de cette façon, ils contracteront, sans y penser, pour ainsi dire, une solide affection pour leur maître, ils apprendront la docilité qu'une trop grande contrainte empêcherait de se développer en eux; votre voix, vos gestes, vos habitudes, leur deviendront bientôt familiers: votre pensée, vos moindres désirs, n'auront bientôt plus de secrets pour eux; et il ne vous restera plus qu'à user avec mesure, qu'à tirer le meilleur parti possible de cette éducation première, faite naturellement, et qui vous donne la certitude d'être compris. Habituez vos jeunes chiens à la laisse de bonne heure, vers l'âge de trois mois au plus. S'ils regimbent ou tirent sur le collier, une légère secousse imprimée à la laisse, un coup de fouet pour rire, suffiront à réprimer ces tentatives de rébellion ou ces accès d'ardeur juvénile, et au bout de quelques jours, cette partie de l'éducation sera complète et portera ses fruits. Ne criez jamais après votre élève, ne faites point retentir le clic-clac de votre fouet, pour le rappeler s'il est trop éloigné de vous; mais appelez-le à mi-voix. Une bonne manière de rappeler votre chien, tout en lui démontrant que vous pouvez l'atteindre à distance, c'est de ramasser une motte de terre ou une poignée de sable et de la lui lancer; il reviendra certainement, et se souviendra à l'occasion, que la chasse vous offrira cent fois, que lorsque vous vous baissez pour ramasser des projectiles à lui nécessairement destinés, c'est qu'il faut qu'il suspende sa course et revienne à son maître. Ne courez jamais après votre chien, ce serait lui apprendre à fuir. S'il a commis une faute et que vous vouliez l'en punir, arrangez-vous d'abord pour qu'il réponde à votre appel, non pour qu'il contracte la déplorable et légendaire habitude du chien de Jean de Nivelle. De bonne heure aussi, et sans en avoir l'air, abordez la partie si importante de l'éducation du chien qui consiste à le faire rapporter. « Sans en avoir l'air, » répétons-nous: avec un grain de philosophie, on reconnaître que c'est là le secret d'une éducation prompte et facile et que le procédé n'est pas d'un excellent emploi seulement avec les chiens. Franklin, je crois, a dit quelque chose à peu près dans ce genre : « Apprenez aux gens ce qu'ils ignorent comme si vous supposiez qu'ils le savent, » en un mot, sans en avoir l'air. « En promenant vos chiens, dit à ce propos M. H. Pinel, faites-les jouer un instant avec un vieux gant de peau. Jetez-le à quelques pas. Dès que l'animal s'en sera emparé, prenez lentement une direction opposée à la route que vous suiviez. Il y a cent à parier contre un que votre élève sera près de vous en secouant le gant qu'il tient dans sa gueule. Prenez-le lui bien lentement et bien doucement en lui disant seulement le mot: Apporte ! lorsque le gant sera en votre possession. Renouvelez la leçon seulement trois ou quatre fois par promenade. Il importe surtout que le jeune chien ne lâche pas le gant avant que vous le lui ayez pris. Aussi ne saurait-on recommander trop de patience et de mutisme au dresseur. Dans la suite, lorsque l'élève sera bien confirmé, vous direz le mot: Apporte ! au moment où il prendra

le gant, et enfin, plus tard, avant qu'il s'en empare. » Bien des dresseurs méticuleux seront peu satisfaits de préceptes si simples : ils ne sauraient dresser un chien à rapporter sans le fameux chevalet classique, fabriqué d'un certain bois et non d'un autre, et ayant un diamètre et une longueur déterminés à un millimètre près. M. Pinel avoue qu'il s'est toujours contenté de la première chose qui lui est tombée sous la main et déclare avoir toujours obtenu les meilleurs résultats. Nous le croyons et pour cause. De même tous ceux qui, sous le soleil, s'occupent tant soit peu d'art et de littérature cynégétiques, vous diront qu'on ne peut habiter un jeune chien à marcher en laisse sans le secours du collier de force, cet instrument de torture aussi ridicule que cruel. Si, dans votre voisinage, il se trouve quelque braconnier audacieux, habile, connu pour ses campagnes fructueuses — non quelque lâche tendeur de lacets — et pourvu d'un chien digne de la plus haute renommée, demandez-lui s'il connaît seulement de nom ces bibelots grotesques. Nous n'avons pas parlé du nom qu'il convient de donner à son chien, ni des divers commandements, toujours brefs, impératifs, mais surtout, naturellement, sonores, auxquels il est utile de l'habituer de bonne heure à obéir. Nous n'y insisterons pas autrement. Nous avons dit qu'il était indispensable que le chien comprît clairement son maître, et suffisamment indiqué croyons-nous, aidé en ceci par un écrivain doublé d'un chasseur et d'un éleveur plein d'expérience qui nous pardonnera certainement nos emprunts, ce qu'il fallait faire pour atteindre ce but. Le reste s'entend de soi, et nous n'avons plus devant nous que des questions de détails où il nous est impossible de nous aventurer, par la raison que nous ne saurions plus trop à quelle limite nous arrêter. Nous ne nous sommes d'ailleurs que trop étendu déjà sur cette question de l'éducation du chien ; mais elle est si importante qu'il était bien difficile de faire autrement.

CHIFFLET (Laurent), jésuite et grammairien, né à Besançon en 1598, mort dans le couvent de son ordre, à Anvers, le 9 juillet 1658. Il était le 4ᵉ fils du médecin Jean Chifflet. Pendant le siège de Dôle par le prince de Condé, en 1636, ses prédications soutinrent le courage des habitants. Il a composé un certain nombre d'ouvrages ascétiques en français et en latin, souvent réimprimés et même traduits en espagnol et en italien. Il contribua à la revision du dictionnaire de Calepin, en huit langues. Son Essay d'une parfaite grammaire de la langue françoise, imprimé à Anvers par les soins de quelques-uns de ses confrères, a été analysé, par M. E. Martin, dans le Courrier de Vaugelas (6ᵉ année, 1875-'76).

CHICOTIER. s. m. Arboric. Mauvais tailleur d'arbres fruitiers.

CHIGI (Flavio), cardinal et diplomate italien, né à Rome le 31 mai 1810, mort en février 1885. Il était peu dans les ordres, lorsque le pape le choisit en 1855, pour le représenter au couronnement d'Alexandre II, empereur de Russie, et le nomma, à cette occasion, évêque de Mira. Il fut ensuite nonce du saint-siège à Munich, puis à Paris (1861); accomplit sa mission avec beaucoup de finesse et de prudence, reçut le chapeau de cardinal le 22 déc. 1873, fut remplacé, l'année suivante par M. Meglia et retourna à Rome.

CHILI. Depuis sa guerre victorieuse contre la Bolivie et le Pérou, la république du Chili s'est augmenté d'une superficie de 753,216 kil. carr., et renferme une population d'environ 2,550,000 hab. Ses recettes s'élèvent à 220 millions de fr. et ses dépenses à 260 millions; les succès militaires coûtent toujours plus qu'ils ne rapportent et la dette nationale peut être évaluée

à un demi-milliard; elle a quintuplé depuis la publication de notre Dictionnaire, c'est-à-dire en moins de dix ans. Autrefois, l'armée comptait à peine 4,000 hommes; il a fallu la porter à 60,000 soldats, y compris la garde nationale mobilisée. La marine consiste en trois cuirassés de haut rang, deux torpilleurs et une trentaine d'autres navires de guerre. Importation 250 millions; exportation 300 millions.

CHINE. On commence à mieux apprécier cet immense empire, que l'on avait considéré, pendant longtemps, comme une quantité négligeable. La Chine propre forme la nationalité la plus compacte de notre globe; sur une superficie de 4,025,000 kil. carrés vivent 382 millions d'habitants parlant la même langue, possédant les mêmes mœurs et réunis sous le même régime politique et militaire. Le surplus de l'empire (Mandchourie, Mongolie, Thibet, Zungarie, Turkestan oriental) couvre une superficie de plus de 7 millions de kil. carrés, avec une population de 27 millions d'hab. La civilisation de ce peuple, quoique ayant subi un temps d'arrêt, depuis plusieurs siècles, lui donne encore une des premières places dans la famille des nations, en dehors de l'étendue de son territoire et de la multitude de ses habitants. Les Occidentaux, habitués à ne considérer que la force brutale, cesseront de mépriser les Chinois dès que leurs myriades de soldats sauront se servir des fusils perfectionnés, des canons rayés, des cuirassés et des torpilleurs. C'est ce qu'ont parfaitement compris les hommes d'État de Pékin, et ils ont débuté, pour la régénération de leur pays, par l'armement et l'organisation de leur million de soldats actifs, par l'établissement d'arsenaux à Changhaï, à Tien-Tsin et dans diverses autres places. La marine de guerre ne comprend pas moins de 124 navires dont 3 vaisseaux cuirassés, 15 canonnières cuirassées, 12 torpilleurs, plusieurs frégates et corvettes, 5 béliers, 6 batteries flottantes, 33 chaloupes à vapeur, 13 transports, etc. Les villes principales ont été reliées par des fils télégraphiques; les téléphones fonctionnent dans plusieurs grandes cités. Après avoir prohibé les chemins de fer, le gouvernement a laissé établir deux lignes : celle de Kaiping à Lou-Taï, et celle de Lou-Taï à Tien-Tsin, qui sont en exploitation; plusieurs autres lignes sont en construction. Des insurrections et d'horribles famines arrêtent seules le développement de cet empire et l'empêchent de devenir le plus formidable de l'univers. La révolte des Tungani, qui succéda à celle du Yunnan et des Taï-ping, ne fut réprimée qu'en 1878. La soumission du Turkestan oriental fut, à la même époque, complétée par la restitution de la frontière par la Russie, en vertu du traité de Saint-Pétersbourg. Le jeune empereur Kouang-Sou, devenu majeur, prit les rênes du gouvernement en mars 1887. Son prédécesseur, Toung-Tchi, étant mort en janvier 1875, à l'âge de 17 ans, sans désigner de successeur, un conseil de régence, composé de l'impératrice douairière, — 7ᵉ femme de l'empereur Hieng-Foung, prédécesseur de Toung-Tchi, — et du prince Chun, son frère, choisit Kouang-Sou, fils de Hieng-Foung. — Pour la guerre des Chinois avec la France, voy. Tonkin, dans notre Dictionnaire, et Coubet, dans le 1ᵉʳ supplément.

CHINONNAIS, AISE. s. et adj. De Chinon; qui concerne cette ville ou ses habitants.

CHISLEU ou **KISLEU**. s. m. Neuvième mois de l'année juive, répondant à la fin de novembre et au commencement de décembre.

CHITON. s. m. [ki-ton] (gr. chiton, tunique). Moll. Genre de mollusques marins qui habitent des coquilles en forme de bateau. Ces coquilles se composent de huit ou dix pièces transversales repliées les unes sur les autres

sur leurs bords. Ce genre assez nombreux est représenté dans toutes les parties du monde. On en trouve plusieurs espèces sur nos côtes, où elles adhèrent aux roches et aux pierres près de la limite des basses eaux. Leur grosseur est variable, mais elle ne dépasse jamais deux pouces de long. Ces mollusques ont la faculté de se rouler en boule comme le cloporte. Les coquilles de quelques espèces, très brillamment colorées, sont recherchées par les collectionneurs.

CHLÉNACÉ, ÉE adj. [klé-na-sé] (gr. *chlaina*, tunique). Bot. Se dit des plantes qui ont l'involucre floral entouré d'une tunique extérieure. — S. f. pl. Famille de plantes dicotylédones, dont les fleurs ont un involucre persistant en forme de coupe. Cette famille, qui se rapproche des malvacées, comprend les cinq genres suivants, tous indigènes de Madagascar : sarcolène, leptolène, schizolène, rhodolène et venténaie.

CHLORANTHE s. m. [klo-ran-te] (gr. *chloros*, vert; *anthos*, fleur). Bot. Genre type de la famille des chloranthées, comprenant plusieurs espèces d'arbrisseaux toujours verts, dont les fleurs n'ont pas de corolle, avec un calice formé d'une seule écaille adhérente au côté de l'ovaire. Les racines de l'espèce nommée *chloranthe officinal* (*chloranthus officinalis*) sont employées à Java comme stimulantes et aromatiques, tous employés dans les cas de fièvre typhoïde et de petite vérole. Les Chinois font usage des fleurs d'une autre espèce pour parfumer certains de leurs thés de choix.

CHLORANTHÉ, ÉE adj. Qui se rapporte au chloranthe. — S. f. pl. Famille de plantes dicotylédones ayant pour type le genre chloranthe et comprenant plusieurs autres genres de petits arbres ou de sous-arbrisseaux qui se rapprochent des loranthacées et qui habitent les régions tropicales de notre globe. Genres : chloranthe, ascarine et hédiosme.

CHLORE. — La tendance de l'hydrogène à s'unir avec le chlore est si puissante que si deux quantités de ce gaz sont mélangées et exposées à l'action de la lumière diffuse, ils forment le gaz composé appelé acide hydro-

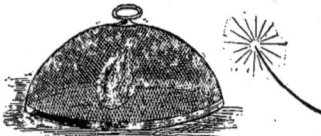

Combinaison de l'hydrogène et du chlore.

chlorique ou acide chlorhydrique. Si la lumière était très vive comme celle, par exemple, que l'on obtient quand on fait brûler un fil de magnésium, les deux gaz se combineraient avec une grande violence. Dans l'expérience représentée par la figure ci-contre, un récipient de verre peu épais, contenant le mélange des deux gaz, est placé sous une cloche de toile métallique, près de laquelle brûle un fil de magnésium. Le récipient vole en éclats, d'où la nécessité de le couvrir, pour éviter les accidents.

CHLORURE DE MÉTHYLE, produit du gaz acide hydrochlorique sur de l'alcol méthylique (ordinairement en présence du chlorure de zinc comme auxiliaire déshydratant). Formule, CH³Cl. A la température ordinaire, il se présente sous forme de gaz, mais à — 23° C., il devient liquide. A l'état gazeux, il est modérément absorbé par l'eau (quoiqu'il soit très facilement soluble dans l'alcool). Néanmoins, l'eau s'unit à lui à 6° et forme un hydrate. Condensé, il est devenu un article important de commerce; on le tire du trimé-

thylamine et il est employé comme agent réfrigérant. Se vaporisant avec une extrême vigueur dès qu'il arrive à l'air libre, il produit un froid intense que l'on peut porter en quelques instants de 20 à 30 degrés au-dessous de zéro. Cette propriété donne une grande importance médicale au chlorure de méthyle quand il s'agit d'amener une rapide congélation des tissus. (Voy. NÉVRALGIE.) Le chlorure de méthyle est aussi employé à la fabrication des produits méthylés et à l'extraction du parfum des fleurs.

CHOLER (Adolphe), connu aussi sous le nom de *Saint-Agnan* CHOLER, auteur dramatique, né à Paris en 1834, mort le 16 janvier 1889. Il fut, pendant plus de vingt ans, l'un des fournisseurs ordinaires des scènes de genre, auxquelles il donna des pièces écrites en collaboration avec des auteurs en vogue, tels que Lambert Thiboust, Siraudin, Clairville, Delacour, Marc Michel, Rochefort, Labiche, etc. La plupart de ces productions sont pleines d'esprit, de verve et de gaieté. Nous ne citerons que les plus populaires: *les Marquises de la fourchette* (1854); *un Cœur qui parle* (1855); *six Demoiselles à marier* (1857); *le Fils de la Belle au bois dormant* (1857); *le Méli-Mélo de la rue Meslay* (1859); *Fou-yo-Po* (1860); *Bébé actrice* (1864); *les Finesses de Bouchavannes* (1862); *la vieillesse de Brididi* (1863); *le Procès Van Korn* (1865); *un pied dans le crime* (1866); *Elle est bête* (1871); *Bobinette* (1874); *Tous dentistes* (1875), etc.

CHOLÉRA. Les savants se livrent aujourd'hui à de profondes recherches sur les causes du choléra. On a établi que le développement de cette maladie est dû à la multiplication d'un organisme vivant, qui est susceptible d'une longue existence en dehors du corps humain, dans les localités basses, mal drainées et qui, s'introduisant dans le corps de l'homme, est ensuite transporté à de grandes distances, où il se multiplie par myriades et se répand dans d'autres corps humains. Cet infiniment petit, découvert en Égypte par le docteur allemand Koch, en 1883, a reçu le nom de *bacille comma*, parce qu'il a la forme d'une petite bague recourbée; la maladie est due à sa présence dans le petit intestin; on n'est pas d'accord sur le point de savoir s'il s'y multiplie, ou si la multiplication a lieu en dehors du corps humain; ce qu'il y a de certain, c'est qu'on ne le rencontre jamais dans le sang et que, dans l'estomac, il est détruit par le suc gastrique. En 1885, une commission anglaise en arriva aux conclusions suivantes: 1° les organismes du choléra se trouvent ordinairement dans les déjections des cholériques, mais non dans leur sang ni dans la membrane muqueuse intestinale ou dans aucun autre tissu; 2° des organismes d'une apparence morphologique très voisine du bacille comma se trouvent ordinairement dans différentes parties du canal alimentaire chez l'homme en bonne santé et se développent d'une manière inusitée dans certaines maladies qui s'accompagnent d'une copieuse sécrétion intestinale, leur forme prédominante dépendant de la nature de la sécrétion; 3° des mesures sanitaires sont seules utiles pour prévenir les attaques de la maladie, pour restreindre sa propagation et pour atténuer sa gravité quand elle se déclare. — Les vivisectionnistes, se mettant de la partie, ont inoculé le choléra à des chiens, à des cochons d'Inde et à des lapins, en leur injectant dans le duodenum des déjections de cholériques. Ces expériences ont démontré que les animaux meurent du choléra aussi bien que l'homme. Le docteur Ferran, de Tortose (Espagne), prétend avoir découvert une méthode d'inoculation préservatrice du choléra; mais l'opération qu'il a inaugurée ne confère pas une immunité absolue, parce qu'une attaque de choléra n'est pas suffisante pour prévenir une

nouvelle attaque ni pour la rendre moins dangereuse, ainsi que l'ont démontré des expériences subséquentes. — Législ. et Hygiène publique. La loi draconienne du 3 mars 1882 inflige, selon les cas, diverses peines, même les plus sévères, y compris la peine de mort, à ceux qui ont violé les règlements sanitaires et qui ont ainsi amené ou facilité l'introduction en France d'une maladie épidémique. L'article 14 de cette loi punit seulement d'un emprisonnement de trois à quinze jours et d'une amende de 5 à 50 fr., quiconque, sans avoir commis l'un des délits spécifiés dans ladite loi, a contrevenu, en matière sanitaire, aux règlements généraux ou locaux, aux ordres des autorités compétentes. C'est sur l'article 14 qu'ont été fondés deux décrets du 18 juin, un troisième décret du 20 juin et un quatrième du 2 juillet 1890, rendus à la suite d'une apparition du choléra dans la province de Valence, en Espagne. En vertu de ces décrets, dont la mise en vigueur, quoique temporaire, peut être rétablie de nouveau en cas semblable, il fut enjoint à toute personne, aubergiste ou autre, logeant un ou plusieurs voyageurs venant d'Espagne, d'en faire la déclaration à la mairie de la commune dès l'arrivée du voyageur. La même déclaration devait être faite pour tout cas suspect survenu dans la maison et dès l'apparition des premiers accidents. Il fut interdit, jusqu'à nouvel ordre, d'importer d'Espagne en France, par les frontières de terre et de mer, des fruits et légumes poussant dans le sol ou à niveau du sol; et aussi d'importer, par la frontière d'Espagne, des drilles et chiffons, ainsi que des objets de literie. En outre, toute personne venant d'Espagne, devait être, au moment de son entrée en France, visitée par un médecin désigné par l'administration; elle devait ensuite, dans les douze heures de son arrivée à sa destination, en informer le maire de la commune, afin que celui-ci fît visiter le voyageur, pendant cinq jours au moins, par un médecin spécialement désigné. Enfin, on afficha, dans toutes les communes du territoire de la République, le texte des décrets ci-dessus mentionnés, ainsi que des instructions détaillées, fournies par le comité consultatif d'hygiène publique de France. Nous croyons utile de reproduire ci-après, les dites instructions. (CH. V). — **Instructions contre le choléra.** Le germe du choléra est contenu dans les déjections et les matières de vomissement des malades. Il se transmet surtout par l'eau, les linges et les vêtements. — I. PROPHYLAXIE PERSONNELLE. Suivre une hygiène sévère. Éviter toutes les causes de fatigue; les refroidissements, surtout lorsque le corps est en sueur; les excès de toute nature, de vin, de liqueurs alcooliques; l'usage exagéré de l'eau glacée. S'abstenir de fruits verts, de crudités. L'eau potable doit être l'objet d'une attention toute particulière; elle devra être bouillie si son origine inspire des doutes. Les eaux minérales naturelles, dites eaux de table, sont recommandées. — II. ISOLEMENT DU MALADE. Le malade atteint du choléra doit être isolé. Le malade est tenu dans un état constant de propreté. Les personnes appelées à lui donner des soins pénètrent seules auprès de lui. Elles s'astreignent aux règles suivantes : ne prendre aucune boisson ni aucune nourriture dans la chambre du malade; ne jamais manger sans s'être lavé les mains avec du savon et une solution désinfectante; se laver fréquemment la figure avec une solution désinfectante; se rincer la bouche de temps en temps et avant de manger, avec une solution désinfectante. — III. CHAMBRE DU MALADE. La chambre est aérée plusieurs fois par jour. Les rideaux, tentures, tapis et tous les meubles qui ne sont pas indispensables sont enlevés. Le lit est placé au milieu de la chambre. — IV. DÉSINFECTION. Les désinfectants principalement recommandés sont : le sulfate de cuivre, le

chlorure de chaux fraîchement préparé, le lait de chaux fraîchement préparé[1], le sublimé. On fera usage de deux solutions suivant les circonstances : l'une *forte* : sulfate de cuivre, chlorure de chaux 5 p. 100, c'est-à-dire 50 gr. de sulfate de cuivre, de chlorure de chaux dans un litre d'eau; lait de chaux 20 p. 100; l'autre *faible* : sulfate de cuivre, chlorure de chaux, 2 p. 100, c'est-à-dire 20 gr. de ces substances dans un litre d'eau; lait de chaux, 7 p. 100. La solution de sublimé sera employée à 1 p. 1,000 (*forte*) ou à un demi p. 1,000 (*faible*) suivant les cas. La solution de sublimé sera colorée avec la fuchsine ou l'éosine additionnée de 10 gr. d'acide chlorhydrique par litre. — *Lavage de la figure et des mains*. Pour le lavage des mains, se servir de la solution faible. — *Rinçage de la bouche*. Pour se rincer la bouche, employer une solution d'acide chlorhydrique 4 p. 1,000 (c'est, 4 p. d'acide chlorhydrique pour un litre d'eau). — *Déjections*. Toutes les déjections des malades (matières de vomissements et matières fécales) sont immédiatement désinfectées avec l'une des solutions fortes. Le lait de chaux est particulièrement recommandé. Un verre de l'une de ces solutions est versé préalablement dans un vase destiné à recevoir les déjections. Ces déjections sont immédiatement jetées dans les cabinets qui sont également désinfectés deux fois par jour avec l'une des solutions fortes. — *Cabinets d'aisances. Eviers*. Comme les cabinets d'aisances, les éviers sont lavés deux fois par jour avec une des solutions fortes. — *Linges de corps*. Les linges de corps *souillés* sont trempés immédiatement et restent pendant deux heures dans une des solutions fortes. Ils sont ensuite remis au blanchisseur qui les maintient dans l'eau réellement bouillante pendant une demi-heure avant de les soumettre à la lessive. Les linges non souillés sont plongés dans une solution désinfectante faible. Les mêmes précautions sont prises par le blanchisseur. Aucun de ces linges n'est lavé dans un cours d'eau. L'eau, pouvant être ensuite bue, deviendrait le point de départ d'une nouvelle épidémie. — *Habits*. Les habits des malades et des gardes-malades sont placés dans une étuve à désinfection par la vapeur sous pression pendant une demi-heure, ou bien dans l'eau maintenue bouillante pendant une demi-heure. Si ces deux procédés ne peuvent être employés, les habits sont désinfectés par l'acide sulfureux, de la façon qui est indiquée ci-après pour la désinfection du logement. Les habits souillés par les déjections des cholériques sont plongés pendant une heure dans l'une des solutions fortes. — *Planchers, tapis, meubles*. Les taches ou souillures sur les planchers, les tapis, les meubles, etc., sont immédiatement lavées avec l'une des solutions fortes. — *Matelas, literie, couvertures*. Ils sont placés dans une étuve à désinfection par la vapeur ou, à son défaut, soumis à la désinfection par l'acide sulfureux. — *Cadavres*. Les cadavres sont le plus promptement possible dans un cercueil étanche, c'est-à-dire bien joint et bien clos, et contenant une épaisseur de 5 à 6 centimètres de sciure de bois, de façon à empêcher la filtration des liquides. Ils seront immédiatement enterrés. — *Désinfection du logement infecté*. La chambre habitée par un malade atteint de choléra n'est habitée de nouveau qu'après désinfection complète. — A. *Désinfection par*

l'acide sulfureux. On procédera par la combustion de 40 gr. de soufre par mètre cube de l'espace à désinfecter, en opérant de la façon suivante. On colle quelques bandes de papier sur les fissures et joints qui pourraient laisser échapper des vapeurs sulfureuses. On fait bouillir sur un réchaud, pendant une demi-heure, une certaine quantité d'eau, de manière à remplir la chambre de vapeur. Du soufre concassé en très petits morceaux est placé dans des vases en terre ou en fer peu profonds, largement ouverts et d'une contenance d'environ un litre. Les vases en fer sont d'une seule pièce ou rivés sans soudure. Pour éviter le danger d'incendie, on place les vases contenant le soufre au centre de bassins en fer ou de baquets contenant une couche de 5 à 6 centimètres d'eau. Pour enflammer le soufre, on l'arrose d'un peu d'alcool, ou on le recouvre d'un peu de coton largement imbibé de liquide auquel on met le feu. Le soufre étant enflammé, on ferme les portes de la pièce et on colle des bandes de papier sur les joints. La chambre n'est ouverte qu'au bout de vingt-quatre heures. — B. *Désinfection par le sublimé*. La désinfection des murs crépis, blanchis à la chaux, couverts de papiers de tenture, sera faite méthodiquement sur toute la surface des parois de la chambre, à l'aide de pulvérisations avec la solution forte de sublimé. On commencera à pulvériser cette solution à la partie supérieure de la paroi, suivant une ligne horizontale, et l'on descendra successivement, de telle sorte que toute la surface soit couverte d'une couche de liquide en fines gouttelettes. Les planchers, carrelages, boiseries ou pisés sont lavés à l'eau bouillante, balayés, essuyés et arrosés avec la même solution. L'administration veillera à la désinfection et, au défaut des habitants, y procédera d'office. Il est de son devoir d'assurer un abri aux habitants du logement pour procéder à une purification sérieuse. La chambre n'est réhabitée qu'après avoir subi une ventilation d'au moins vingt-quatre heures. — V. HYGIÈNE PRIVÉE. *Eau potable*. On doit veiller avec un grand soin à la pureté de l'eau potable. En cas d'épidémie, boire de l'eau bouillie. L'eau provenant des puits susceptibles d'être souillés est prohibée. Les boulangers ne doivent jamais, dans la fabrication du pain, se servir de l'eau de ces puits. Sont interdits dans les cours d'eau le lavage des linges contaminés, ainsi que la projection de toute matière des déjections. — *Diarrhée prodromique*. Il y a lieu d'accorder une attention toute spéciale à l'état de la santé publique afin d'empêcher que les maladies accidentelles et peu graves par elles-mêmes, notamment celles des organes digestifs, ne créent des dispositions individuelles favorables au développement du choléra. Il est donc nécessaire d'instituer des visites *médicales préventives*. Les médecins désignés à cet effet exercent une surveillance sur la santé des habitants de leur quartier, et insistent près des familles sur la nécessité de traiter immédiatement les dérangements intestinaux. — *Déclaration obligatoire*. Tout cas de choléra ou suspect de choléra doit être immédiatement déclaré à la mairie. — *Isolement*. Le malade est immédiatement isolé. — *Inspection*. Dans toute maison où survient un cas de choléra, une inspection est faite immédiatement par un médecin délégué de l'administration municipale qui prend d'urgence toutes les mesures nécessaires pour l'isolement et la désinfection. — *Transport à l'hôpital ou dans une ambulance spéciale*. Lorsqu'un cas de choléra se déclare dans une chambre renfermant plusieurs habitants, le malade est transporté à l'hôpital ou dans une ambulance spéciale. Les chances de guérison sont alors plus grandes et la transmission n'est pas à douter. — *Voitures*. Les voitures dans lesquelles ont été transportés des malades atteints de choléra

doivent être désinfectées; elles sont lavées avec l'une des solutions fortes. — VI. HYGIÈNE PUBLIQUE. Toutes les causes d'insalubrité qui préparent le terrain à l'invasion des épidémies doivent être écartées lorsqu'il s'agit de choléra. Aussi les règles d'hygiène générale, applicables en tout temps, seront plus rigoureusement observées en temps de choléra, surtout en ce qui concerne : la pureté de l'eau potable; les agglomérations d'individus, les fêtes, les foires, les pèlerinages, la surveillance et l'approvisionnement des marchés; la propreté du sol; le contrôle minutieux des puits et la recherche des causes possibles d'infection; l'enlèvement régulier des immondices[1]; la propreté des habitations, la surveillance particulière des locaux, ateliers, chantiers, etc., destinés à la population ouvrière et industrielle; la propreté et la désinfection régulière des cabinets d'aisances publics et privés; la surveillance et la désinfection des fosses d'aisances; l'entretien et le lavage des égouts[2]; etc. La sollicitude de l'administration doit surtout porter sur la salubrité des quartiers et des habitations qui, lors des épidémies antérieures, ont été frappées par le choléra. — *Le rapporteur :* A. PROUST. — *Ces instructions ont été adoptées par le Comité consultatif d'hygiène publique de France, dans sa séance du 17 juin 1889. Le président :* P. BROUARDEL.

CHORAGIQUE adj. [ko-ra-ji-ke] (*gr. choragos; de choros, chœur; agô, je conduis*). Ant. Qui concerne un chorège ou ses fonctions. On dit aussi CHORÉGIQUE. — MONUMENTS CHORAGIQUES, monuments érigés à Athènes en l'honneur du chorège qui avait remporté un prix musical ou théâtral pendant les fêtes de Bacchus. Ce prix consistait ordinairement en un trépied d'airain artistement ciselé. Il y avait à Athènes une rue nommée la rue des Trépieds, parce qu'on y déposait ces monuments.

CHOUX *à la bourgeoise*. — Faites blanchir un chou dans de l'eau et du sel. Retirez-le; faites-le égoutter. Faites alors un roux léger dans une casserole, mouillez d'un verre de bouillon. Mettez-y votre chou, avec sel, poivre et bouquet garni. Après une heure de cuisson, ajoutez du lard de poitrine coupé en petits lardons et de petites saucisses que vous aurez fait revenir à part; laissez mijoter encore une heure. — *Choux farcis*. Prenez un chou dont vous enlèverez les feuilles extérieures et que vous ferez blanchir et égoutter comme ci-dessus. Cela fait, écartez-en avec précaution les feuilles du milieu et y introduisez de la chair à saucisses, mêlée à l'occasion de débris de rôti de la veille, hachés bien fin. Ficelez votre chou, couvrez de bardes de lard. Faites mijoter trois à quatre heures avec bouillon, carottes, oignons, sel et poivre, bouquet garni, girofle.

CHOUX DE BRUXELLES *à la bourgeoise*. — Jetez-les dans l'eau bouillante salée; laissez-les-y un quart d'heure. Retirez-les à l'eau froide pour les raffermir; égouttez-les. Faites sauter dans une casserole avec un bon morceau de beurre, sel et poivre.

CHOUX-FLEURS *à la sauce*. — Vos choux-fleurs bien épluchés et lavés, jetez-les dans l'eau salée bouillante et laissez-les-y cuire. Egouttez-les bien; dressez sur un plat et couvrez-les d'une *sauce blanche*, d'une *sauce toma-*

---

[1] Pour avoir le lait de chaux très actif, on prend de la chaux de bonne qualité, on la fait se déliter en l'arrosant petit à petit avec la moitié de son poids d'eau. Quand la déliquescence est produite, on met la poudre dans un récipient soigneusement bouché et placé dans un endroit sec. Comme 1 kilogr. de chaux absorbe 500 gr. d'eau pour se déliter et a acquis un volume de 2 lit. 200, il suffit de la délayer dans le double de son volume d'eau, soit 4 lit. 400, pour avoir un lait de chaux qui soit environ à 20 p. 100. Pour désinfecter les selles des cholériques, on verse dessus une proportion de lait de chaux égale à 2 p. 100.

---

[1] *Ordures ménagères*. — Les ordures ménagères, placées dans une caisse bien fermée, sont arrosées deux fois par jour avec l'une des solutions fortes en quantité suffisante. Quand la caisse a été vidée, on verse à l'intérieur un verre de solution désinfectante forte. — *Fumiers, amas d'immondices*. — Les fumiers et amas d'immondices ne sont enlevés qu'après avoir été largement arrosés avec une des solutions désinfectantes fortes.

[2] Si l'on craint l'invasion d'une épidémie, pendant la période qui peut précéder cette épidémie, les égouts, les canaux, etc., sont complètement curés, les fosses d'aisances vidées, de façon qu'il y ait le moins de mouvement de matières en putréfaction pendant l'épidémie.

tes, ou servez-les avec une sauce à l'huile et au vinaigre. — *Au gratin.* Cuits comme ci-dessus, dressez-les sur un plat allant au feu; couvrez-les de chapelure avec de petits morceaux de beurre; faites cuire avec feu dessus et dessous. — Celui-ci moins ardent que l'autre.

CHOUCROUTE (*écon. dom*). Lavez bien votre choucroute à trois ou quatre eaux (ne la mettez pas dessaler auparavant comme l'indiquent à tort quelques traités de cuisine); pressez-la pour l'égoutter ; foncez une casserole d'une barde de lard ; mettez-y votre choucroute avec du saindoux, des tranches minces de lard de poitrine et de petites saucisses; mouillez d'un peu d'eau chaude ou de bouillon. Faites cuire à très petit feu pendant quatre à cinq heures.

CHROMOCYANURE de potassium. Sel double analogue au ferrocyanure. Il est jaune, anhydre, de densité 1,71, et se présente sous forme de beaux cristaux.

CHROMOGRAPHE s. m. [kro-mo-gra-fe](gr. *chróma*, couleur; *graphein*, écrire, imprimer). Appareil à l'aide duquel on peut obtenir 40 ou 50 épreuves d'un manuscrit écrit avec une encre spéciale, sur du papier ordinaire. Le chromographe se compose d'une lame gélatineuse, que l'on amollit à l'aide d'une certaine quantité d'eau et de glycérine, ou de dextrine, en y ajoutant du kaolin ou du sulfate de baryte pour blanchir la préparation. Le mélange étant fondu à la chaleur, on le coule dans une caisse de zinc de 3 centimètres de profondeur. — La composition de l'encre varie suivant sa couleur; c'est ordinairement une solution un peu concentrée de méthylaniline ou de fuchsine. On écrit, avec cette encre, sur une feuille de papier glacé; on applique exactement l'écriture sur la lame gélatineuse; l'encre quitte le papier; et l'écriture renversée se trouve reportée sur la lame. Quand on applique sur la préparation ainsi obtenue une feuille de papier, en frottant plusieurs fois le revers avec la main étendue, l'écriture s'imprime sur la feuille.

CHRONOGRAPHE s. m. [kro-no-gra-fe] gr. *chronos*, temps; *graphein*, écrire, noter). Tout instrument qui sert à mesurer le temps. On donne particulièrement ce nom à des instruments extrêmement précis que l'on emploie

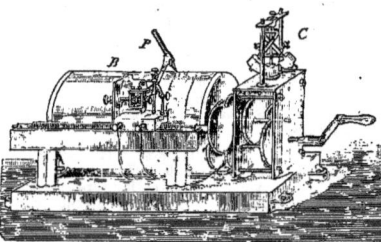

Chronographe à plume et à encre.

dans les observatoires. Nous donnons ici le dessin de l'appareil à plume et à encre qui se trouve à l'observatoire de Washburn (Wisconsin, Etats-Unis). Un cylindre B, recouvert de papier est mis en rotation par un mouvement d'horlogerie C. La plume P est actionnée par un système électro-magnétique, la pointe de cette plume porte, quand le courant électrique la fait abaisser, sur le papier enroulé autour du cylindre, et y fait une marque; dès que le courant vient à cesser, la plume se relève et cesse de marquer le papier qui tourne toujours avec le cylindre. L'encre dont on fait usage avec la plume, présente l'avantage

de ne pas geler par les plus grands froids ; elle est composée d'eau, d'alcool, d'aniline bleue et de glycérine.

CHUKCHI ou Tsaou-tchou, peuple de race kariaque qui habite l'extrême orient de la Sibérie, entre la rivière Anioui et le détroit de Béring. On suppose qu'ils descendent d'un mélange d'Esquimaux et d'une race aborigène.

CIBLE (JEUX). Ce jouet se compose d'une petite cible montée sur un piédestal et parsemée d'épingles que maintiennent des ressorts. Ceux-ci se détendent dès que l'épingle qu'ils retiennent vient à être heurtée par la petite balle suspendue par une ficelle ou une corde ainsi que le montre notre dessin. Les joueurs comptent à leur actif le nombre de points marqués par les numéros des épingles délogées.

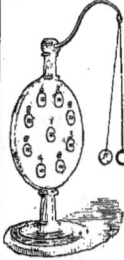

La cible.

CIDRE DE MÉNAGE. — Prenez des pommes bien saines et bien fermes, mais mûres, écrasez-les aussi bien que vous pourrez, — s'il est possible, à l'aide d'une presse à main. Ajoutez par hectolitre de pommes cinq à six betteraves rouges, cuites et coupées en morceaux, pour activer la fermentation et donner de la force au cidre, et 10 litres d'eau de source ou de pluie. Laissez macérer vingt-quatre heures au plus, en remuant de temps en temps avec un gros bâton. La pulpe acquerra une couleur brune et n'entrera pas en fermentation. Si vous employez des pommes amères seules, il faudra laisser macérer un peu plus longtemps; mais rappelez-vous toutefois qu'une trop grande macération a lieu aux dépens de l'alcool du cidre, dont le marc, devenu spongieux, s'empare avec une grande facilité. Mettez votre jus dans un tonneau de contenance suffisante, en posant légèrement la bonde sur le trou, pour ne l'enfoncer définitivement que lorsque la fermentation est achevée. Au bout d'un mois, soutirez votre cidre, soit pour le changer de tonneau, soit pour le mettre en bouteilles. Choisir des bouteilles fortes, et ne les boucher qu'après un peu de repos.

CIGOLI (Luigi CARDI DA), peintre florentin, né en 1559, mort en 1613. Voy. CARDI, dans le *Dictionnaire.*

CISELLEMENT s. m. Hortic. Opération par laquelle on éclaircit les grappes de raisin, en enlevant, avec des ciseaux, une certaine quantité de grains.

CISSAMPELOS s. m. [si-san-pé-oss] (gr. *kissos*, lierre ; *ampelos*, vigne). Bot. Genre de menispermées ayant les caractères grimpants du lierre et portant un fruit semblable au raisin. Les plantes de ce genre donnent des fleurs mâles et des fleurs femelles, présentant des caractères particuliers. Les mâles ont 4 pétales et 4 sépales combinés en forme de coupe; les femelles ont 2 sépales mariés en une espèce d'écaille charnue. L'espèce la plus importante est la *feuille de velours*, originaire des Antilles et des parties tropicales de l'Amérique. On extrait de ses racines le *Pereira brava* des pharmaciens, employé avec succès dans les maladies de la vessie et des organes urinaires. Plusieurs autres espèces servent comme toxiques et diurétiques et aussi contre les morsures des serpents.

CITOYENNETÉ s. f. [si-toua-iè-ne-té] (rad. *citoyen*). Néol. Droit du citoyen ; usage que

l'on fait du droit de citoyen : la *citoyenneté* appartient en France à tous ceux qui jouissent de leurs droits civils et politiques; droit de citoyenneté.

CLÉMENT (Charles), critique d'art, né à Rouen le 9 août 1821, mort en juillet 1877. Il fit ses études à Genève, à Berlin et à Tubingue, où il fut reçu docteur en philosophie en mars 1846, entra à la *Revue des Deux-Mondes* en 1850 et aux *Débats* en 1863. Il a fait connaître au public lettré les grands peintres sous un aspect tout nouveau, par des études écrites de main de maître : *Michel-Ange, Léonard de Vinci, Raphaël* (Paris, 1861, gr. in-18); *Etudes sur les beaux-arts en France* (1865, gr. in-18); etc.

CLERMONTOIS, OISE s. et adj. De Clermont, qui appartient à l'une des villes qui portent le nom de Clermont ou à ses habitants.

CLÉVOIS, OISE s. et adj. De Clèves ; qui appartient à Clèves ou à ses habitants.

CLISSONNAIS, AISE s. et adj. De Clisson, qui se rapporte à Clisson ou à ses habitants.

CLOCHE-PIED (à) JEUX. La partie à cloche-pied est un exercice d'enfants, qui consiste à sauter sur un seul pied, en luttant pour savoir quel sera celui qui arrivera le premier à un but déterminé ou qui marchera le plus longtemps pour l'autre pied sur le sol. On peut aussi engager une partie de « tu l'es » à cloche-pied.

CLOCHÉE s. f. Hort. Ensemble des plantes ou des boutures qui sont contenues sous une cloche.

CLOUÉ (Georges-Charles), marin, né à Paris, le 20 août 1817, mort dans la même ville, le 25 déc. 1889. Il entra à l'Ecole navale en 1832, fut nommé aspirant l'année suivante, s'embarqua sur l'*Oreste*, assista à la prise de Saint-Jean-d'Ulloa en 1839, devint enseigne, se distingua au bombardement de Tamatave en 1839 ; reçut le grade de lieutenant de vaisseau en 1846, celui de capitaine de frégate en 1855, de contre-amiral en 1867 et de vice-amiral en 1874. Son élévation aux plus hauts emplois de l'armée de mer est uniquement due à son intelligence et à son énergie, et nullement à la faveur. Fils d'un simple menuisier, il n'eut d'autre protecteur que son travail. Son nom restera attaché aux progrès de la science hydrographique. Ce fut lui qui commença les cartes des mers des Indes et des bancs de Terre-Neuve, qui rendent tant de services aux navigateurs. Son livre le *Pilote de Terre-Neuve* (1870, 2 vol, in-8°) est devenu le conseiller de tous ceux qui se livrent à la pêche de la morue sur les côtes d'Amérique.

COCAÏNE s. f. Alcaloïde que l'on extrait du coca. La cocaïne, à laquelle le coca doit ses propriétés actives, a été étudiée par le Dr Kellers, de Vienne; elle est aujourd'hui très employée comme anesthésique local, surtout dans les opérations ophtalmiques. Quelques gouttes d'une solution de cet alcaloïde, appliquées à d'fréquents intervalles sur la membrane muqueuse des paupières, produisent, en un quart d'heure, une insensibilité totale de 20 à 30 minutes, ce qui permet les opérations de la cataracte, du strabisme ou l'enlèvement de corps étrangers. La cocaïne est aussi utile dans plusieurs petites opérations de l'obstétrique; on l'injecte quelquefois sous la peau afin d'insensibiliser l'épiderme ; sous forme de pastilles, elle soulage les irritations de gorge.

COCCUS s. m. [kok-kuss] (lat. *coccus*, graine). Entom. Genre d'insectes dont le nom populaire est COCHENILLE. Voy. ce mot dans le *Dictionnaire.*

COCOS (Iles des), dépendance des établisse-

ments anglais de l'Indo-Chine (Straits settlements) à 1,100 kil. S.-O. de Java; 14 kil. carrés; 1,400 hab. Les principales îles sont Horsbing et Keeling. Elles produisent en abondance des noix de coco.

CŒLENTÉRÉS s. m. (gr. *koilos*, creux; *enteron*, entrailles). Hist. nat. Ordre d'animaux, ainsi appelés parce que leur corps ne contient qu'une simple cavité, où s'opère le travail de la digestion. Ils ne possèdent, par conséquent ni estomac distinct ni intestins; la nourriture, introduite dans une ouverture qui sert de bouche, passe immédiatement dans la cavité du corps; et quand elle a subi la digestion, les résidus non digérés sortent par la bouche même. Cet ordre se divise en deux classes : 1° *Hydrozoaires* (comprenant les hydres ou polypes d'eau douce et les acalèphes); 2° les *actinozoaires* (comprenant les anémones de mer et les coraux).

COINGS. — Écon. dom. Choisissez des coings très mûrs, essuyez-les, ôtez les pepins et râpez-les. Tordez plus un linge grossier pour en exprimer le jus que vous laisserez reposer quelques heures. Ajoutez quantité à peu près égale d'eau-de-vie, soit litre pour litre de liqueur obtenue. Laissez macérer six semaines; passez.

COLÉORHIZE s. f. (gr. *koleos*, étui; *rhiza*, racine). Bot. Sorte de gaine d'où sort la racine des plantes monocotylédones pendant l'acte de la germination.

COLIMAÇON. (Jeux). C'est une variante de la marelle à cloche-pied. La figure tracée sur le sol, au lieu d'avoir la forme ordinaire, présente celle d'un colimaçon, et est divisée en 16 compartiments, comme le montre le dessin ci-joint. Le joueur se place dans le but, situé au-delà du premier compartiment, et jette son palet dans le premier espace, puis dans le second et ainsi de suite, sans se reposer, jusqu'à ce qu'il ait atteint le paradis ou compartiment central. Là, il se repose un instant et recommence en sens inverse. Quand il se trompe, il cède sa place à un autre joueur. Toutes les règles de la marelle sont applicables au colimaçon.

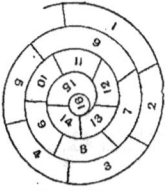

Plan du colimaçon.

COLIN-MAILLARD (Jeux). Dans ce jeu, qui convient à une nombreuse société, l'un des joueurs, désigné par le sort, a les yeux bandés avec un mouchoir et poursuit les autres qui courent autour de lui en le provoquant de la voix ou de la main. On l'avertit par les mots *casse-cou*, dès qu'il s'approche d'un arbre, d'un mur ou de tout autre objet qui pourrait occasionner un accident. Pour être relevé, le colin-maillard doit non seulement saisir l'un des joueurs, mais de plus deviner quel est ce joueur, en palpant ses cheveux, ses habits et ses traits; il est alors remplacé par le captif, qui devient colin-maillard à son tour. — Le *colin-maillard à la baguette* est tout aussi amusant. Voici comment il se joue. Les enfants font un cercle autour du patient, en se tenant par la main et en courant comme dans une ronde. Le colin-maillard touche l'un d'eux avec une baguette; aussitôt la ronde s'arrête, les cris ou les chants cessent, celui qui a été touché saisit le bout de la baguette et dit par trois fois : *bonjour* ou *c'est moi*, en dissimulant le son de sa voix. S'il est reconnu et nommé, il prend la place du patient; dans le cas contraire, il lâche la baguette et la course reprend son train. Dans le *colin-maillard en repos*, les joueurs prennent chacun un poste qu'ils ne doivent plus quitter; il leur est permis d'é-

changer telle partie de leurs vêtements qu'ils jugent à propos, ainsi que de s'accroupir, de s'asseoir et de prendre des poses susceptibles de dissimuler leur grandeur. Lorsque l'aveugle parvient à en trouver un et à le reconnaître, les rôles changent. — *Colin-maillard à la sonnette.* Tous les enfants connaissent le colin-maillard ordinaire; bien peu ont entendu parler de son amusante variété nommée la sonnerie. Les joueurs se réunissent dans un endroit clos, soit une cour, soit une grande salle non meublée. Chacun se fait bander les yeux, sauf le sonneur, armé d'une clochette aussi petite que possible, qu'il doit tenir dans un état perpétuel d'agitation afin de produire un carillon continu. Les colins-maillards, guidés par le bruit du tintement, se mettent à sa poursuite; mais il leur échappe dès qu'il les voit s'approcher et, tout en continuant d'agiter sa sonnette, il se sauve d'un autre côté. La plupart du temps, les aveugles se saisissent l'un l'autre, ce qui donne lieu à de risibles méprises. Mais lorsque, malgré tous ses tours de voltige, le sonneur vient à se laisser prendre, il cède son poste à l'heureux capteur, dont il prend la place parmi les colins-maillards.

COLLAGE. — Écon. dom, Vins rouges. Pour coller une barrique de vin rouge d'une contenance d'environ 225 litres, procédez de la manière suivante, en vous conformant aux proportions indiquées : faites fondre une poignée de sel dans un verre d'eau environ, versez cette eau salée dans un plat creux, ajoutez-y les blancs de six œufs et battez bien le tout. Après cela, examinez si votre barrique est trop pleine — cela arrive, quoique rarement — pour vous permettre de bien agiter le vin jusque dans les profondeurs du tonneau; dans ce cas, tirez-en une bouteille ou deux et versez le reste dans votre *collage* tout préparé. Introduisez alors un bâton par le trou de la bonde et remuez bien pendant quelque temps, puis remettez le vin que vous avez tiré dans le tonneau. Si celui-ci devait être plein jusqu'au ras de la bonde, il n'en vaudrait que mieux. — Faites détacher la mousse et fermez hermétiquement. Si votre vin, quoique d'un cru excellent et d'ailleurs de bonne qualité, vous paraît trop coloré à votre gré, ajoutez un jaune d'œuf aux six blancs dont la composition se compose, et ce défaut disparaîtra. Un vin naturellement clair, qualité qu'il devra sans doute à plusieurs soutirages, peut être mis en bouteille après six à huit jours de repos; autrement, il est prudent de le laisser reposer dix à douze jours. — Vins blancs. Prenez de la colle de poisson de la meilleure qualité, environ 25 à 30 gr. Cassez-la, réduisez-la en aussi petits morceaux que possible et mettez-la tremper dans un peu de vin tiède. Laissez-la reposer un ou deux jours; fouettez-la pourtant de temps à travers un linge avec une vergette; en un mot, réduisez ce mélange en une sorte de gelée; passez à travers un linge avec expression. Prenez 2 à 3 litres du vin qu'il s'agit de coller, versez ce vin dans un verre et y ajoutez votre gelée. Fouettez quelque temps, afin d'opérer un mélange bien intime. Versez alors dans la pièce et achevez comme pour le vin rouge. La clarification des vins blancs demande quelquefois plus de temps pour s'opérer que celle des autres. La meilleure précaution à prendre pour s'assurer que l'opération s'est bien faite, c'est d'en tirer une petite quantité. Si le vin n'est pas clair, on lui accorde un peu plus de repos. — Bière. On procède de la même façon à la clarification de la bière. — Les procédés indiqués plus haut, bien que visant les vins *naturels*, sont applicables à tous les vins factices, blancs ou rouges, en tenant compte de la recommandation d'examiner si le vin est bon à mettre en bouteilles avant de le soutirer. — Mise en bouteilles. Nous croyons inutile de nous étendre sur ce sujet, trop simple pour

que personne ne manque à le connaître d'instinct. Nous nous bornerons à dire, à propos du rinçage des bouteilles à la grenaille de plomb, qu'on a ridiculement exagéré les dangers de cette méthode. Pour éviter les dangers réels qui pourraient en résulter, il vous suffira de veiller à ce qu'il ne reste pas au fond des bouteilles lavées quelque grenaille fixée entre les parois, et de ne vous en servir que le plomb enfin délogé et la bouteille rincée ensuite à l'eau pure. Peu de choses pourraient être utilement dites sur le rangement des bouteilles dans la cave, surtout depuis que l'invention relativement récente des portebouteilles métalliques étant tombée dans le domaine public, on peut se procurer à un bon marché étonnant, qui les rend accessibles à tous, ces ingénieux et utiles appareils.

COLLECTEUR de poussière. Appareil d'invention américaine, qui a pour objet de recueillir les farines ou les poudres et les poussières quelconques. C'est une espèce de crible rotatif tournant autour de B. L'air entrant

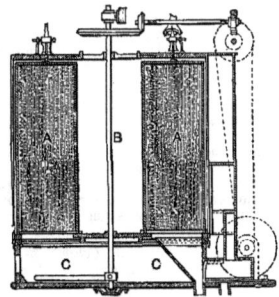

Collecteur de poussière.

par les cribles A tourne intérieurement le long des parois et, par l'effet de la force centrifuge, la poussière est déposée sur les côtés, puis tombe au fond, tandis que l'air s'échappe par la chambre C. Ce collecteur sert principalement à récolter des poudres utiles à étudier dans des préparations chimiques.

COLLIN DAMBLY (François), grammairien, né à Aubry-sur-Meuse en 1759, mort vers 1830. Il fut professeur de belles-lettres à Paris et écrivit plusieurs ouvrages, dont les principaux sont : *Grammaire française analytique et littéraire; De l'usage des expressions négatives dans la langue française* (Paris 1802) ; le *Flambeau des étudiants*, (1804) ; *Participes français* (1806); *Nouvelle méthode pour traduire le français en latin* (1805;) *des Prépositions* (1818), etc.

COLLINS (kol'-linns) (Anthony), écrivain anglais, né en 1676, mort en 1729. Son ouvrage intitulé : *Intrigues cléricales* (1709), dans lequel il attaquait le 29ᵉ article de l'Église anglicane, provoqua de nombreuses répliques. Son *Discours sur le libre pensée* (1713), cherche à démontrer que les hommes les plus sages et les meilleurs ont été, dans tous les siècles, les libres penseurs.

COLLINS (William), poète anglais, né à Chichester en 1721, mort en 1759. Méconnu de son vivant, il n'eut jamais l'idée de la gloire que ses œuvres devaient acquérir à son nom. Aujourd'hui ses compatriotes le considèrent comme le premier poète lyrique du XVIIIᵉ siècle, après Gray; ils admirent surtout son *Ode aux passions* (1746) et ses *Églogues* (1742).

COLLINS l (William), peintre anglais, né à Londres en 1747, mort dans la même ville en 1847. Il fut admis à l'Académie royale en 1807. Ses toiles, qui ont presque toutes été repro-

duites par la gravure lui acquièrent une immense réputation et une honorable aisance. — II, (William-Wilkie), célèbre romancier anglais, fils du précédent, né à Londres en 1824, mort le 22 septembre 1889. Il débuta par une admirable biographie de son père, en 1848, se voua, dès lors, entièrement à la littérature et publia de nombreux romans, dont les plus populaires sont : la *Femme en blanc*, (1860); *Sans nom* (1862) ; *la Pierre de la Lune;* (1868), et *Homme et Femme* (1870). Il a également écrit des drames vers la fin de 1873, il visita les Etats-Unis et y donna des lectures publiques de ses œuvres.

COLLOTYPIE s. f. [kol-lo-ti-pl] (gr. *kollôdès* glutineux; de *kolla*, colle; *tupos*, caractère). Nouveau système de planches pour l'impression, inventé par le professeur Hasnik, de Prague Pour fabriquer ces planches, on expose au soleil des feuilles de gélatine préparées au bichromate, puis fixées sur des plaques de zinc, et ensuite développées en opérant sur la partie exposée à la clarté au moyen d'un frottement avec une brosse trempée dans une solution d'acide chromique double. Le relief se présente en creux. Ce procédé offre l'avantage d'être plus rapide que la zincographie; il reproduit mieux qu'elle les détails de l'original.

COLOMBE (Michel), sculpteur français, né en Bretagne vers 1430, mort en 1512. Son œuvre principale est le tombeau de François II, dernier duc de Bretagne (autrefois dans l'église des Carmes, aujourd'hui dans la cathédrale de Nantes). Le Louvre possède quelques morceaux de ce sculpteur et son nom a été donné à l'une des salles du musée des sculptures de la Renaissance.

COLOMBE DE NOÉ (lat. *Columba Noachi*), constellation de l'hémisphère austral, classée par Royer en 1679. Elle est de peu d'étendue et ne comprend qu'un petit nombre d'étoiles. *Alpha Columbæ*, la plus brillante est de la 2ᵉ magnitude, et se voit, à Paris, très près de l'horizon méridional, quand elle est sur le méridien. La *Colombe* gît directement au-dessus du Lièvre et à l'ouest du Vaisseau et du Grand Chien. Elle se compose d'environ 26 étoiles visibles à l'œil nu.

COLOMBIDÉ, EÉ adj., (rad. *Colombe*). Ornith. Qui tient de la colombe. — s. m. p. Famille d'oiseaux qui a pour type le genre pigeon. Les colombidés sont distribués dans tout l'univers; mais ils sont plus abondants dans la région australienne que partout ailleurs. Le plumage de plusieurs espèces est très brillant et les classe parmi les plus beaux oiseaux de la création; ils s'associent invariablement par paires; et les deux parents couvent alternativement les œufs. Ils sont encore plus remarquables par la manière dont ils font manger leurs petits, qui naissent faibles et aveugles. Leur jabot est pourvu de nombreuses glandes, qui prennent un grand développement chez les deux sexes, pendant l'incubation; ces glandes sécrètent une sorte de substance laiteuse que les parents dégorgent dans le bec de leurs petits pour les nourrir.

COLOMBIE. A la suite d'une ruineuse révolution de plusieurs années, les Etats-Unis de Colombie ont adopté, le 4 août 1886, une nouvelle constitution et reçu un nouveau nom. La République a cessé d'être fédérale pour devenir centrale, et le pays porte aujourd'hui le titre de « République de Colombie », La souveraineté des 9 Etats est abolie; il n'y a plus que des départements dont les chefs, au lieu de recevoir le titre de présidents, ne sont que de simples gouverneurs, nommés directement par le président de la République. Ce dernier est installé pour six ans; le Sénat se compose de 27 membres (3 pour chacun des 9 départements). La chambre des représentants compte 66 membres élus par le suffrage uni-

versel, chaque département formant un collège électoral qui envoie un député par 50,000 habitants. Population : environ 4,500000 hab. Revenus en (1889) 107,500 000 fr. : Dépenses, 140 millions de fr. : Dette étrangère, 35 millions de fr.

COLOMBIER. — Législ. Les colombiers militaires comprennent : 1° les colombiers de Paris, où se font les études et expériences concernant l'emploi des pigeons voyageurs et l'instruction du personnel colombophile; 2° les colombiers installés dans les diverses places désignées par le ministre de la guerre. Les colombiers militaires relèvent directement de l'autorité locale du génie sur le territoire de laquelle ils sont installés. Ceux de Paris sont réunis sous l'autorité d'un des chefs du génie de cette place. Les colombiers sont pourvus en tout temps du personnel et du matériel nécessaires. Ils peuvent être inspectés, au point de vue technique, par des officiers ou agents délégués à cet effet par le ministre. (Décret du 13 octobre 1888). Voy. ci-après le mot PIGEON. — En ce qui concerne les pigeons de basse-cour, les préfets, après avis des conseils généraux, déterminent chaque année, pour tout le département, ou séparément pour chaque commune, s'il y a lieu, l'époque de l'ouverture et celle de la clôture des colombiers. Telle est la disposition contenue dans le code rural, titre VI, article 6 (Loi du 4 avril 1889).   (CH. Y.)

COLOMBIN, INE (lat. *Columbaria*, coulombiers). s. et adj. De Coulommiers; qui se rapporte à Coulommiers ou à ses habitants.

COLONAGE ou **COLONAT. — Législ.** Le *bail à colonat partiaire* ou *métayage*, dont nous avons parlé au *Dictionnaire* (T. II. p. 142), fait l'objet de la loi du 18 juillet 1889, laquelle loi constitue le titre IV du code rural. Les principales dispositions de ce titre sont les suivantes. — Les produits se partagent par moitié entre le bailleur et le preneur, s'il n'y a stipulation ou usage contraire. — Les droits de chasse ou de pêche restent au propriétaire. — Le bail est résolu par la mort du preneur; et, dans ce cas, il cesse à l'époque consacrée par l'usage des lieux pour l'expiration des baux annuels. — En cas de perte de la récolte par cas fortuit, le bailleur et le preneur supportent chacun sa part dans la perte commune. — A défaut de conventions ou de dispositions de la loi, les baux à colonat partiaire sont régis par l'usage des lieux. — Toute action résultant de ces baux se prescrit par cinq ans, à partir de la sortie du colon.
                 (CH. Y.)

COLONIES. Les nations européennes, à l'étroit sur leur territoire, possèdent toujours le grand déversoir de l'Amérique; mais l'émigration dans le nouveau monde ne peut plus produire de colonies aux mères patries; elle profite à des Etats qui ont proclamé leur indépendance et qui se montrent assez fortes pour la conserver. L'aventure française du Mexique a enlevé pour toujours aux puissances européennes l'idée de porter leur pavillon sur la côte américaine. Le reste du monde est encore assez vaste pour suffire aux conquérants. L'Allemagne a partagé avec l'Angleterre et la Hollande ce qui restait de terres prenables en Océanie; la France s'est pressée de mettre la main sur l'extrême orient de l'Asie (Annam et Tonkin); elle s'est arrêtée que devant la résistance inattendue de la Chine et a renoncé à l'île Formose. Enfin, il y a l'Afrique, immense continent peu connu, vers lequel se portent en ce moment toutes les convoitises. L'Angleterre et la France ont pris les deux extrémités méridionale et septentrionale de cette nouvelle terre promise et cherchent à pénétrer dans l'intérieur, où leur invasion semble devoir être assez facile. Les explorateurs anglais rencontrent peu de résistance de la part des nè-

gres et ils seraient bientôt maîtres de toutes les parties qu'ils convoitent, si l'Allemagne ne réclamait sa part et si la nationalité des Boers n'opposait quelque résistance. A l'ouest, il y a le climat; et de plus, les habitants, depuis longtemps en relation avec les blancs, commencent à se familiariser avec nos armes de guerre. Au nord, la France, maîtresse de l'Algérie et de la Tunisie, trouve devant elle le Sahara, à gauche, en Tripolitaine, la jalousie italienne, à droite, au Maroc, les convoitises espagnoles. L'Angleterre qui avait espéré, en s'emparant de l'Egypte, étendre en peu de temps, sa domination sur le bassin du Nil tout entier, a dû s'arrêter devant le soulèvement des peuples soudanais. A l'est, la France et l'Italie ont pris pied autour de l'Abyssinie, qui a fini par accepter le protectorat italien; l'Angleterre et l'Allemagne ont envahi plusieurs territoires musulmans, malgré les réclamations du Portugal, qui a été dépossédé. Enfin, au centre, l'empire du Congo a été fondé (voy. CONGO, dans ce *Supplément*). Des chefs de brigands, prenant le titre honorable d'explorateurs, ont parcouru le territoire en tous sens, ne laissant derrière eux que des ruines et jetant des populations entières dans le désespoir. Des congrès se sont réunis à Bruxelles, pour organiser sur une plus vaste échelle ce système de dévastation; mais comme les peuples dits civilisés ne peuvent avouer de si grands crimes, il a été résolu que le motif officiel des « explorations » sera, à l'avenir, l'abolition de l'esclavage, c'est-à-dire, en bon français, le droit pour les Européens de s'approprier les esclaves des indigènes. Déjà des missions allemandes et anglaises interviennent sur toute la côte orientale. Des expéditions à main armée vont réduire en esclavage des peuplades entières, sous prétexte de les délivrer. Les malheureux deviennent des « néophytes ». Ils périssent par centaines sous le poids du travail forcé; mais ils ont la consolation de penser qu'ils ne portent pas le titre d'esclaves. Disons, à l'honneur des peuples de race latine (France, Espagne, Italie et Portugal), qu'ils ont une autre manière d'envisager leur rôle civilisateur; ils n'emploient, pour étendre leur influence, aucun des moyens hypocrites qui amèneront quelque jour un invincible soulèvement des innombrables populations de l'Afrique centrale. — COLONIES FRANCAISES. Depuis quelques années, la France a repris avec vigueur l'agrandissement de son empire colonial. Elle a imposé, en 1886, son protectorat à l'archipel entier de Comores; elle a maintenu et fait adopter, lors des conférences de Berlin, ses droits sur le Gabon, l'Ogooué et la rive droite du Congo; elle a planté, en 1884, son drapeau sur plusieurs stations de la côte d'Ivoire et de la côte des Esclaves; elle a fait reconnaître son protectorat à l'île entière de Madagascar (1886); elle a resserré ses relations à l'est de la Sénégambie. En Asie, elle a pris possession de l'Annam. En Océanie, un traité avec l'Angleterre lui a abandonné la possession incontestée des îles de la Société, de l'archipel Touamotou et de Touboual. Les îles Uvéa ou Wallis ont été annexées en 1886; les îles Sous-le-Vent en 1888. Le tableau que nous avons publié en 1881 doit donc être modifié ainsi qu'il suit :

TABLEAU DES POSSESSIONS FRANÇAISES
au 1ᵉʳ janvier 1890.

COLONIES ET PROTECTORATS	KILOM. CARRÉS	HABITANTS
Algérie.	667.000	3.960.400
Sénégal et dépendances.	358.500	1.830.000
Côtes d'Or, d'Ivoire, etc.	24.000	185.000
Gabon-Ogooué-Congo.	670.000	500.000
Réunion.	2.512	175,271
A reporter	1.732.012	6.671.671

COLONIES ET PROTECTORATS	KILOM. CARRÉS	HABITANTS
Report...............	1.722.012	6.671.671
Sainte-Marie...............	165	7.444
Mayotte...............	366	9.776
Comores (protectorat).......	1.605	53.000
Nossi-Bé...............	293	10.705
Obock et Tadjoura.......	6.000	22.370
Tunisie...............	116.000	1.500.000
Madagascar...............	591.964	3.500.000
En Afrique.....	2.438.400	11.774.900
Établissements de l'Inde.....	508	277.266
Cochinchine...............	59.800	1.795.000
Cambodge...............	100.000	1.500.000
Annam...............	275.300	6.000.000
Tonkin...............	90.000	9.000.000
En Asie.....	525.600	18.572.000
Nouvelle-Calédonie et dépend[ces].	19.950	62.752
Établissements de l'Océanie.....	3.658	22.916
En Océanie.....	23.608	85.668
Saint-Pierre et Miquelon.....	235	5.920
Guadeloupe et dépendances ..	1.870	182.619
Martinique...............	988	175.755
Guyane française	121.413	26.905
En Amérique.....	124.506	391.203
TOTAUX GÉNÉRAUX	3.112.110	30.824.000

Les nouvelles acquisitions de la France lui *ont assigné le second rang parmi les puissances colonisatrices*, ainsi qu'il résulte du tableau suivant :

TABLEAU DES PRINCIPALES PUISSANCES COLONISATRICES EN 1890.

NATIONS	KILOM. CARRÉS	HABITANTS
Grande-Bretagne............	22.000.000	278.000.000
France...............	3.112.110	30.800.000
Hollande...............	1.900.000	28.500.000
Espagne...............	429.120	8.023.300
Portugal...............	3.500.000	7.500.000
Allemagne...............	1.500.000	1.400.000
Italie...............	500.000	3.000.000
Danemark...............	195.000	127.000

Législ. Depuis la publication du *Dictionnaire encyclopédique*, l'administration des colonies françaises a subi d'importantes modifications. l'Algérie constitue toujours un territoire français ayant sur certaines matières une législation spéciale. L'Indo-Chine forme aujourd'hui un gouvernement particulier, comprenant, en outre de la Cochinchine qui est directement administrée par les agents français, trois pays soumis au protectorat de la France, l'Annam, le Tonkin et le Cambodge, sur lesquels les rois héréditaires ont conservé des droits. Mais l'exercice de cette autorité royale, très restreinte, est contrôlé par des résidents. L'Indo-Chine est en outre placée tout entière sous la haute direction d'un résident général dont les attributions sont fixées par divers décrets (6 oct ; 21 oct; 14 nov. 1887, etc.). La Tunisie et l'île de Madagascar sont aussi sous le protectorat de la France ; et leurs rapports avec la France sont respectivement réglés par des traités. Les autres colonies sont divisées, au point de vue administratif, en deux groupes, par le décret du 2 février 1890. 1er *groupe* : la Martinique, la Guadeloupe, la Réunion, la Guyane, l'Inde, le Sénégal, le Gabon et le Congo, la Nouvelle-Calédonie, les établissements français de l'Océanie; 2e *groupe* : Rivières du sud du Sénégal et dépendances, Mayotte et dépendances, Saint-Pierre et Miquelon, Obock, Diego-Suarez et dépendances. Les gouverneurs de ces colonies sont répartis en quatre classes ; ils sont nommés et révoqués par décrets. Le commandant militaire de chaque colonie relève hiérarchiquement du gouverneur (Décret, 21 janvier 1888). Enfin l'administration des colonies est aujourd'hui rattachée, non plus au ministère de la marine, mais à celui du commerce et de l'industrie (Décret, 14 mars 1889). — L'*école coloniale*

établie à Paris, boulevard Montparnasse, 129, a un double but. Elle comprend : 1° une section indigène, formée de l'ancienne école cambodgienne, fondée en 1884, et dans laquelle section des Annamites, des Tonkinois et des Cambodgiens reçoivent une éducation française et une instruction primaire supérieure ; 2° une section française, créée par deux décrets du 23 novembre 1889, et qui prépare des élèves français aux carrières de l'administration ou de la magistrature dans l'Indo-Chine. Les cours de la deuxième section ont une durée de trois ans, laquelle est réduite à deux ans pour les licenciés en droit. A la fin des études, les élèves de cette section passent un examen à la suite duquel ils obtiennent, s'ils en sont dignes, un brevet donnant droit aux trois quarts des vacances dans l'administration centrale des colonies et dans diverses autres fonctions dépendant de la même administration. — La loi du 15 juillet 1889, relative au recrutement de l'armée française est applicable dans les colonies de la Guadeloupe, de la Martinique et de la Réunion, mais sous les mêmes réserves que celles que nous avons indiquées plus haut pour l'Algérie. — Une loi du 16 avril 1890 a réorganisé l'administration de la justice dans les colonies de la Guadeloupe, de la Martinique et de la Réunion. Dans chaque canton siège un tribunal de paix ; dans chaque arrondissement judiciaire, un tribunal de première instance ; et, dans chacune des trois colonies, une cour d'appel. Les conditions d'âge et d'aptitude déterminées par les lois pour le recrutement de la magistrature continentale sont applicables aux magistrats des trois colonies. — La justice civile et la justice criminelle, dans les possessions françaises de la Cochinchine, ont été réorganisées par un décret du 17 mai 1889, lequel détermine aussi la composition et la compétence de la cour d'appel de l'Indo-Chine française siégeant à Saïgon. La justice a été organisée au Tonkin, par décret du 1er mars 1890. (Voy. PROTECTORAT.) — Divers décrets, rendus en 1889 et 1890 ont pour objet l'organisation administrative, judiciaire et financière de plusieurs colonies ou protectorats. — D'autres règlements sont relatifs au régime des libérés astreints à résider dans les colonies françaises. (Voy. LIBÉRATION et RÉLÉGATION.) — Aux termes d'une résolution du 3 avril 1888, le Sénat a chargé une commission spéciale d'élaborer une proposition de loi afin d'introduire des modifications utiles dans la législation concernant les colonies françaises. On sait qu'en vertu des sénatus-consultes du 3 mai 1854 et du 4 juillet 1865, rendus conformément à l'article 27 de la Constitution du 14 janvier 1852, les colonies sont encore aujourd'hui soumises au régime des décrets pour beaucoup de matières qui, dans la métropole, sont exclusivement réglées par des lois. Il nous semble que le Sénat pourrait être investi du pouvoir de légiférer seul en ce qui concerne les colonies françaises. La commission sénatoriale dont nous venons de parler se borne à demander que l'administration générale des colonies soit rattachée définitivement au ministère de la marine, et non un conseil supérieur des colonies et protectorats soit institué à ce ministère ; mais elle propose de laisser aux lois ultérieures le soin de régler la législation spéciale à chaque groupe de colonies et à leur régime commercial. Ce régime serait réglementé par décrets dans les pays de protectorat, ainsi que dans les colonies qui ne sont pas représentées au Parlement. (CH. Y.)

COLOPHONIEN, IENNE s. et adj. De Colophon ; qui se rapporte à Colophon ou à ses habitants.

COMA BERENICES (mots gr. qui signifient *chevelure de Bérénice*). Petite constellation de l'hémisphère boréal, contenant une quaran-taine d'étoiles visibles à l'œil nu, dont plusieurs sont de la 4e et de la 5e magnitude. Elle est située au sud des Chiens (*canes venatici*), à l'ouest du Bouvier, au nord du Lion et de la Vierge et à l'ouest de la Grande-Ourse. Son nom est dû à la légende suivante : Bérénice, épouse du prince égyptien Ptolémée III (Evergète), avait, pendant que son mari guerroyait en Asie, offert sa chevelure à la déesse Vénus. Conformément à ce vœu, la chevelure de la princesse resta longtemps dans le temple de la déesse ; mais, un beau jour, un voleur l'enleva. Peu après, Conon, astronome de Samos, déclara qu'elle avait été enlevée au ciel et qu'elle formait une constellation ; et l'on appela chevelure de Bérénice, une agglomération d'étoiles qui présente, au premier aspect, une apparence laineuse, due à la concentration d'un grand nombre d'étoiles dans un espace limité.

COMAGÉNIEN, IENNE s. et adj. De la Comagène ; qui appartient à cette province ou à ses habitants.

CÔMASQUE s. et adj. De Côme ; qui se rapporte à Côme ou à ses habitants.

COMÈTE. — On discute aujourd'hui la question de savoir si la distribution des comètes peut être modifiée par l'influence de Jupiter, afin de décider si ces corps célestes sont formés de nébuleuses solaires condensées, ou de la matière dispersée parmi les espaces stellaires. La première hypothèse est due à Kant, la seconde à Laplace. — L'orbite des comètes diffère de celle des planètes en ce qu'elle forme des ellipses extrêmement allongées, quand la comète reparaît, ou des courbes qui ne reviennent pas sur elles-mêmes (hyperboles ou paraboles) quand la comète ne reparaît plus à nos yeux. — COMÈTE DE FAYE, comète aperçue pour la première fois le 22 nov. 1843, par M. Faye, membre de l'Institut. Elle gravite, entre les orbites de Mars et de Jupiter, à travers un groupe d'astéroïdes; *elle décrit une hélice très considérable*, sa distance la plus proche du soleil étant 1,738,140 fois celle de la terre à cet astre, tandis que, arrivée au point le plus éloigné du soleil, elle se trouve à une distance de 5,970,000 fois celle de la terre au soleil. Sa période ou durée d'une révolution sidérale est de 7 ans 556 millièmes ou 7 ans 217 jours. Cette comète fut visible du 28 nov. 1850 jusqu'au 4 mars 1851. Son noyau, très faible, ne dépassant pas 4', il fallut, pour l'observer, une minutie et une attention particulières. On la revit encore du 8 sept. au 16 oct. 1858 ; elle reparut le 22 août 1865; du 3 sept. au 23 déc. 1873; du 25 août 1880 au 30 mars 1883 et enfin dans les premiers jours de septembre 1888.

COMÈTE (JEUX). Le jeu de la Comète, appelé aussi *manille*, fut inventé pour distraire le roi Louis XIV et resta en grande faveur, dans les salons, jusqu'à l'introduction du boston, qui le supplanta en peu de temps. Le nom de comète lui fut donné à cause de la longue suite de cartes que l'on jette à chaque coup, par allusion à la longue traînée de lumière que forme la chevelure d'une comète. Quant au mot *manille* il est tiré du jeu de l'hombre et vient de l'espagnol *manilla*, bracelet. Le nombre des personnes qui peuvent y prendre part varie de deux à cinq. On se sert d'un jeu complet de 52 cartes, qui ont leur valeur ordinaire, depuis le roi qui est la plus forte carte jusqu'à l'as qui est la plus faible. Il n'y a d'exception que pour le neuf de carreau, que l'on appelle *manille* et auquel le joueur qui le possède donne la valeur qui lui plaît, aussi bien celle du roi que celle d'un as, d'une dame ou de toute autre carte qui fait lacune et qu'il faut représenter. Chaque joueur reçoit dix jetons, plus neuf fiches qui valent chacune 10 jetons : ce qui fait en tout

100 jetons destinés à faire les divers paiements. Comme il y a de l'avantage à être premier, on tire à qui fera; le donneur prend les cartes, les mêle et les donne à couper à sa gauche; après quoi, il les distribue trois à trois ou quatre à quatre, et partage ainsi toutes les cartes entre les joueurs, de manière que si c'est à deux personnes qu'on joue, elles en auront chacune vingt-six; si c'est à trois dix-sept, il en restera une; à quatre, treize; et à cinq, dix, et il en restera deux. Celles qui restent demeurent sur le tapis sans être vues. Les cartes étant données, chaque joueur les range dans l'ordre qui leur est naturel; savoir, l'as, qui ne compte que pour un; le deux, le trois, le quatre, et le reste, en montant jusqu'au roi; et lorsque chacun a son jeu, le premier commence à jouer par telle carte de son jeu qu'il veut; mais il est avantageux de commencer par celles dont le plus grand nombre se suivent; par exemple, si depuis le six il a des cartes qui se suivent jusqu'au roi, il les jette l'une après l'autre en disant *six, sept, huit, neuf, dix, valet, dame et roi*, mais s'il y manque une carte, par exemple un *neuf*, le joueur dirait : « *six, sept, huit sans neuf* »; si c'était le dix qui manquât il dirait: « *neuf sans dix* » et ainsi des autres : le joueur suivant qui aurait la carte joint l'autre manque continuerait en la jetant, et jouerait, ainsi que l'autre, jusqu'à ce qu'il manquât de quelque carte à la suite, ou qu'il eût poussé jusqu'au roi : auquel cas il commencerait par la carte de son jeu que bon lui semblerait. N'importe la couleur des cartes, pourvu qu'elles soient de suite. Lorsque le joueur qui vient après celui qui manque d'une carte, n'a pas le nombre manquant, le jeu continue par celui de droite, qui peut aussi ne pas les avoir; enfin celui qui l'a le premier continue de jouer, et si aucun des joueurs ne le possède, celui qui a manqué le premier reçoit un jeton de chaque joueur et recommence à jouer par la carte qu'il bon lui semble. Il est important de se défaire autant qu'on peut de ses plus hautes cartes, qui sont toutes les figures, qui valent dix chacune, les dix, les neuf, etc., parce qu'on doit donner à celui qui gagne, autant de jetons qu'il se trouve de points dans les cartes que l'on a dans son jeu à la fin du coup. Il est aussi avantageux de se défaire des as. Quand celui qui a la manille la joue, ordinairement pour combler une lacune, chacun doit lui donner une fiche, ou moins, si l'on en est convenu; s'il attend pour réclamer qu'elle soit couverte de quelque carte, il n'y a pas autant de perdu pour lui. Celui qui ayant la manille ne s'en défait pas avant qu'on des joueurs ait gagné la partie, est obligé de donner une fiche, ou moins si l'on en est convenu, à chaque joueur, et de payer, outre cela, à celui qui gagne, neuf jetons pour le nombre de points que contient la manille ou bien son jeu, il en paye seulement un point. Celui qui a des rois et qui les jette sur la table en jouant son jeu, gagne un jeton de chaque joueur, pour chaque roi joué. Si ces rois lui restent, il paye, pour chaque roi restant, un jeton à chaque joueur et dix jetons au gagnant pour chacun, si l'on paye par fiches. Celui qui a le plus tôt joué ses cartes gagne la partie, qui est d'une ou de deux fiches que chaque joueur a mises dans un corbillon, outre les marques qu'il retire des joueurs, pour les cartes qui restent en main. Il n'est pas permis de regarder dans le tas de cartes que l'on a jetées sur le tapis, sous peine de donner à chaque joueur un jeton, qui sera dû sitôt que la main du curieux aura touché les cartes : cette peine pourra n'avoir pas lieu ou sera plus grande, si les joueurs en conviennent entre eux.

COMMELIN. I. (Jean), botaniste hollandais, né à Amsterdam en 1629, mort en 1692. Il a laissé plusieurs ouvrages sur la flore des Pays-Bas. — II. (Gaspard), botaniste, neveu

du précédent, né à Amsterdam en 1667, mort en 1731. Il remplaça son oncle dans la chaire de botanique du jardin de sa ville natale et s'occupa de la description et de la classification des plantes provenant des colonies hollandaises.

COMMÉLINE s. f. (de *Commelin*, botaniste hollandais). Bot. Genre de commélinées, comprenant une trentaine d'espèces de plantes à racines vivaces, originaires de l'Amérique. La *comméline tubéreuse* (*commelina tuberosa*), du Mexique, et cultivée en France, donne, de juin à septembre, des fleurs d'un beau bleu, réunies dans une feuille en forme de spathe.

COMMÉLINÉ, ÉE adj. Bot. qui ressemble ou qui a rapport aux commélines. —s. f. pl. Famille de plantes monocotylédones, renfermant une douzaine de genres d'herbes à tige noueuse, arrondie, à feuilles alternes, engaînantes à la base. Ces plantes habitent ordinairement les régions tropicales du globe. Genres : Comméline, Pollie, Callisie, Murdamie, Tinnantie, Ephémérine, Spironème, Cyarotide, Campélie, Cartonème, Forrestie, Dichorisandre.

COMMERCE. — Le Commerce peut amuser une société de 3 à 12 personnes. On se sert, pour y jouer, d'un jeu de 52 cartes. L'as vaut onze points et lève le roi qui est supérieur à la dame, et celle-ci l'emporte sur le valet qui prime le dix. Les figures (roi dame et valet) comptent pour 10 points, ainsi que le dix; les autres valent les points dont elles sont marquées. Le donneur reçoit le nom de *banquier;* les autres joueurs sont des *commerçants.* Le talon se nomme *banque.* Chaque joueur dispose d'un certain nombre de jetons d'une valeur déterminée d'avance et chacun en met un à la *poule* en entrant au jeu. Après avoir tiré à qui donnera, celui qui doit mêler fait les cartes, et les fait couper par le joueur de sa gauche; ensuite il en donne trois à chaque joueur à la ronde, en commençant par sa droite; il est libre de les donner l'une après l'autre ou toutes les trois ensemble. Le but des joueurs, c'est de tirer au point ou bien d'avoir séquence ou tricon; et pour cela, on arrange ses cartes de manière qu'elles soient disposées à faire l'un ou l'autre de ces jeux, dont voici l'explication : Le *point* est deux vu trois cartes de même couleur; le plus fort emporte le plus faible : une seule carte ne fait pas point. On appelle *séquence* ce qu'on nomme tierce au piquet ; c'est-à-dire, as, roi et dame; roi, dame et valet; dame, valet et dix; valet, dix et neuf, et ainsi des autres, en observant toujours que la plus forte emporte celle qui l'est moins. Enfin, le *tricon*, c'est trois as, trois dames, trois valets, etc., le plus fort gagne. Il n'y ayant qu'une de ces trois chances qui puisse gagner, celui qui a le *point* le plus fort gagne lorsqu'il n'y a point de séquence dans le jeu, ni de tricon; de même celui qui a la plus forte *séquence*, s'il n'y a point de tricon : car le tricon gagne de préférence à la séquence, et la séquence de préférence au point. On ne tourne point, et il n'y a pas de triomphe ou atout. Quand les cartes sont données, le banquier met le talon devant lui, et dit : « *qui veut commercer ?* » Le premier en cartes, après avoir examiné son jeu, dit : « *pour argent* » ou « *troc pour troc.* » *Commencer pour argent*, c'est demander au banquier une carte du talon à la place d'une autre carte qu'on lui donne, et c'est mise sous le talon; on donne au banquier un jeton pour cette carte. *Commencer troc pour troc*, c'est changer une carte avec celui qui est à sa droite, et il n'en coûte rien. Ainsi, chacun des joueurs, l'un après l'autre, et suivant son ordre, commerce jusqu'à ce qu'il ait trouvé, ou que quelque autre ait trouvé ce qu'il cherche. Celui qui, le premier, a rencontré le point, la séquence ou le tricon, montre son jeu et fait cesser le commerce;

celui qui, dès le début, a un certain point auquel il veut se tenir, étend son jeu avant de commencer; ceux qui viennent après lui ne peuvent commercer, et s'en tiennent à leur jeu; et si celui-là était premier, personne ne commercerait. Lorsque l'un des joueurs a arrêté le jeu, celui de tous les joueurs qui a le plus fort point, la plus haute séquence, enfin le plus fort tricon gagne, et l'on recommence un autre coup, le joueur de la droite du banquier étant à son tour. Voici quels sont les privilèges du banquier, et en quoi il y a avantage à faire : 1º Il retire de ceux qui commercent pour argent un jeton que chaque carte qu'il donne du talon. 2º Le banquier ne donne rien à personne quoiqu'il commerce à la banque. 3º S'il arrive, entre le banquier et plusieurs joueurs, que le point, la séquence ou le tricon soient égaux le banquier gagne la poule de préférence aux autres. 4º Le banquier peut également, comme les autres joueurs, commercer au troc : il doit alors fournir au joueur de sa gauche, qui veut commercer au troc avec lui, une carte de son jeu, sans argent. Voici maintenant les désavantages propres à la situation de banquier : 1º Le banquier, quelque jeu qu'il puisse avoir en main, est obligé, lorsqu'il ne gagne pas la poule, de donner un jeton à celui qui la gagne. 2º Le banquier qui se trouve avoir point, séquence ou tricon, et qui avec cela ne gagne pas la poule, parce qu'un autre joueur a une chance plus élevée, donne un jeton à chacun des joueurs. On convient quelquefois que le banquier ne change pas à chaque tournée, mais que chacun restera banquier pendant un certain nombre de tours.

COMMUNE. — Législ. L'organisation communale, telle que nous l'avions exposée (Voy. *Dictionnaire*, t. II, p. 159), a été modifiée sur plusieurs points par la loi municipale du 5 avril 1884, que nous avons résumée en plusieurs endroits du *Dictionnaire*, et notamment au mot MAIRE (t. III, p. 713). Cette loi, qui comprenait 168 articles, en contient aujourd'hui 180, par suite de l'adjonction de douze nouveaux articles ajoutés par la loi du 22 mars 1890, dont nous aurons à parler ci après au mot SYNDICAT. — Les recettes des communes de France, y compris la ville de Paris, s'élèvent annuellement à un peu plus d'un milliard de francs, dont les trois quarts seulement constituent les recettes ordinaires. Le produit des centimes additionnels communaux, tant ordinaires qu'extraordinaires, est d'environ 170 millions; le produit des octrois de 283 millions; le revenu des biens approche de 170 millions; celui des emprunts et aliénations dépasse 100 millions, et les autres revenus s'élèvent à environ 287 millions. Les dettes de toutes les communes atteignent le chiffre de 3 milliards, dont les trois cinquièmes sont au passif de la ville de Paris.

(Cu. Y.)

COMMUTATEUR. — ENCYCL. Le commutateur est aujourd'hui très employé dans les bureaux télégraphiques pour interrompre ou pour changer le sens d'un courant électrique. Il se compose d'un épais disque de bois garni d'un certain nombre de lames métalliques à chacune desquelles est fixé un fil

Commutateur simple ou interrupteur électrique.

qui sert de tête de ligne ou se rend dans une région déterminée. Un manche isolant tournant sur un axe de métal, au centre du disque, fait tourner un ressort qui s'abat sur l'une des lames et y fait passer le courant du fil

de ligne. Quand le ressort ne touche aucune lame, le courant se trouve interrompu. Dans le commutateur simple, le ressort sert seulement à interrompre le courant.

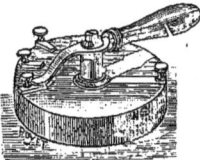

Commutateur interrupteur à trois directions.

COMORES (Les). Groupe d'îles volcaniques du détroit de Mozambique, entre la côte orientale d'Afrique et la côte N.-O. de Madagascar; 1,966 kilom. carr., 63,000 habitants. Le groupe se compose de quatre petites îles élevées : la Grande Comore, Mohilla (ou Petite Comore), Anjouan et Mayotte (366 kilom. car.; 9,800 hab.). Mayotte est une possession française ; les autres îles forment un protectorat français, depuis 1886. Au point de vue du commerce, la plus importante est Mohilla, qui fait un trafic important avec Madagascar, Zanzibar, Mozambique et les autres pays de la terre ferme. Les habitants sont musulmans et parlent arabe. Ils offrent une proche parenté avec les races mêlées de Zanzibar.

COMPÈRE-LORIOT. — Encyc. Le *Compère-Loriot* n'est autre chose qu'un clou ou furoncle de peu d'étendue, produit par une inflammation du bord de la paupière, quelquefois du bord extérieur, d'autres fois à l'intérieur, ce qui le rend douloureux et fort gênant. On le soigne comme le furoncle ordinaire, principalement par des cataplasmes de farine de lin ou de laurier-cerise. Lorsqu'il est mûr, on favorise la sortie du pus ou bourbillon par une légère pression entre les doigts. Le Compère-Loriot se présente souvent à l'état chronique, c'est-à-dire qu'une mauvaise disposition, un dérangement des voies digestives en occasionnera fréquemment le retour. Dans ce cas, une action dérivative sur le tube digestif est naturellement impliquée. Mais c'est au médecin surtout à prescrire un traitement interne, attendu que cette affection des voies digestives n'est pas l'unique cause de ces accidents.

COMPIÉGNOIS, OISE, s. et adj. De Compiègne; qui appartient à Compiègne ou à ses habitants.

COMPOSEUSE. — Nous avons, dans le *Diction-*

Composeuse.

naire, parlé de différentes machines à composer. Nous donnons ici la figure d'un appareil en

usage dans quelques bureaux de journaux américains. Quarante-deux de ces composeuses fonctionnent dans les bureaux de la *New-York Tribune.* Le compositeur joue sur un clavier dont les touches correspondent à des matrices de lettres. Ces matrices, tirées de leurs cases, se rangent en ligne et forment des mots, à la gauche de l'opérateur. Quand la ligne est formée, le compositeur presse une touche spéciale; les matrices sont entraînées vers un moule contenant le métal fondu. Celui-ci est versé automatiquement dans les lettres matrices. Au bout de quelques instants, le métal solidifié forme une barre portant en relief les caractères de la matrice. Un porte cette barre sur la table de mise en pages et on distribue les matrices. Elles peuvent durer très longtemps. — Par ce système, on évite l'inconvénient des anciennes composeuses, dans lesquelles le caractère qui a servi plusieurs fois se colle et n'obéit plus au clavier. Les matrices ne subissant aucun lavage, restent sèches et glissent bien. On leur reproche de ne pas produire un travail irréprochable au point de vue technique.

COMPTEUR. — En 1889, l'administration municipale de Paris a institué un concours

Compteur de voitures de place. — Système Quinche.

de compteurs à appliquer aux voitures de place, afin de réformer leur tarif défectueux et d'en établir un plus équitable, basé sur la distance, au moyen d'un compteur indiquant automatiquement le chemin parcouru. Il a été présenté au concours 129 systèmes, dont trois seulement, paraissant remplir les conditions requises, ont été choisis pour être mis à l'essai pendant deux mois: ce sont les systèmes Quinche, Bellussich et Chauffriat. Tous les trois sont *kilométriques* et marquent la distance parcourue pendant une *course,* ou pendant une *heure,* suivant les conditions du client. Le mouvement des roues de derrière se transmet à l'aiguille pendant la marche kilométrique, tandis que c'est un mouvement d'horlogerie qui la fait mouvoir sous le régime horaire. Les trois appareils enregistrent en la totalisant la recette de la journée, soit sur de petits cadrans accessoires (systèmes Quinche et Chauffriat), soit au moyen de courbes tracées sur un disque (Bellussich).

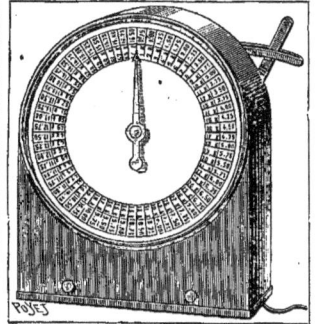

Compteur de voitures de place. — Système Bellussich.

Compteur de voitures place. — Système Chauffriat.

COMPTEUR A EAU. L'appareil, représenté par la figure ci-contre, peut servir avec ou sans réservoir. Quand il est établi au-dessus d'un réservoir, un flotteur, qui monte et qui

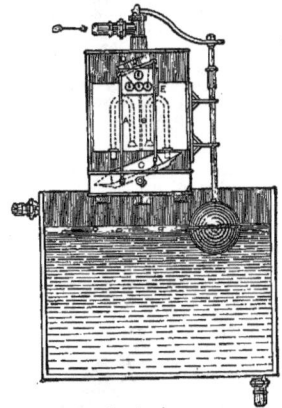

Compteur à eau.

descend avec le niveau de l'eau dans le bassin, ferme ou ouvre une soupape placée dans le tuyau d'introduction du liquide. L'eau pénètre dans le compteur par le tuyau supérieur et dans le sens indiqué par la flèche horizontale. L'entonnoir à bascule D la fait tomber

dans un des deux compartiments A ou B. Sur notre figure, il l'envoie dans le compartiment B. Chaque compartiment est muni d'un siphon qui s'amorce dès que le compartiment est plein et déverse l'eau dans une cuvette placée à l'extrémité d'un balancier C. Dès que cette cuvette est pleine, le balancier bascule et l'eau tombe dans la citerne. En même temps, le balancier transmet son mouvement à l'entonnoir, qui tourne son ouverture vers le compartiment A, et celui-ci s'emplit à son tour. Ce mouvement continue alternativement et les réservoirs s'emplissent et se vident tour à tour. A chaque changement, l'aiguille du compteur avance d'un cran, indiquant ainsi la quantité d'eau introduite dans la citerne.

CONCHES (Félix-Sébastien, baron Feuillet de), écrivain, né à Paris en 1798, mort le 6 fév. 1887. Il fut chef du protocole au ministère des affaires étrangères, puis, sous le second Empire, maître des cérémonies et introducteur des ambassadeurs. Il a fourni des articles à une foule de recueils et a publié : *Méditations métaphysiques de Malebranche* (1848, in-8°); *Léopold Robert* (1845, in-12); *Contes d'un vieil enfant* (1859, in-8°); *Causeries d'un curieux* (1861-64, 3 vol.); *Louis XIV, Marie-Antoinette et madame Élisabeth* (1864, 2 vol. in-8°), etc.

CONCEPTACLE s. m. [kon-sép-ta-kle] (lat. *conceptaculum*, lieu où une chose est conçue). Bot. Loge ou portion du péricarpe, ou enveloppe des graines. On dit plus ordinairement aujourd'hui péricarpe. — Les naturalistes appellent aussi conceptacle une sorte de fruit qui se rapproche de la silique, mais qui s'en distingue par l'absence de cloison, comme chez la chélidoine et plusieurs autres sortes de papavéracées. — On appelle encore conceptacle une sorte de sac ou poche close renfermant les organes de reproduction chez les cryptogames, et représentant, pour ainsi dire, l'ovaire des phanérogames.

CONCLUSUM s. m. [kon-klu-zomm] (mot latin qui signifie *résumé*). Diplom. Note qui résume les demandes et la puissance qui le signifie, comme point de départ pour les négociations à venir. Le conclusum ne doit pas être confondu avec l'ultimatum qui n'admet pas de réplique et qui est une menace de guerre.

CONCOMBRE mariné. — Coupez-le par rouelles, faites-le mariner vingt-quatre heures dans du vinaigre, sel et poivre. Servez dans sa marinade. — *A la poulette*. Pelez-le, faites-le cuire un quart d'heure dans l'eau.

CONCORDAT. — Législ. Nous avons parlé très succinctement, dans le *Dictionnaire*, du Concordat de 1801 qui, depuis près d'un siècle, règle les rapports entre l'État et l'Église catholique. Plusieurs propositions de lois, émanées de membres de la Chambre des députés, tendent à l'abrogation de ce traité, ainsi que des lois qui s'y rattachent. Beaucoup de personnes trouvent déraisonnable que l'État consacre une partie de ses ressources à salarier les prêtres qui ne sont pas des fonctionnaires, ni même des citoyens, puisque la plupart d'entre eux ne reconnaissent d'autre autorité que celle de leurs chefs étrangers, et qu'ils sont toujours disposés à sacrifier les intérêts de la nation française à ceux de l'Église romaine. Des esprits plus réfléchis font observer que cette Église, ennemie de nos institutions actuelles, s'est trouvée, pendant plusieurs siècles, seule en possession de la direction morale des populations, et que l'on ne pourrait pas, sans danger, rompre brusquement les liens qui modèrent encore, jusqu'à un certain point, ses tendances à la domination politique. Si l'État venait à supprimer le budget des cultes, il le renoncerait nécessairement au droit qui lui appartient de choisir les évêques et de nommer les curés de

canton. En outre, on doit craindre que la suppression des traitements du clergé ne soit exploitée de manière à ce que les contributions volontaires lui rapportent plus que ce qu'il aurait perdu; et la nation qui fournit déjà de tant de manières aux demandes incessamment variées de l'Église romaine, n'aurait pas gagné à la rupture du traité. Enfin il est absolument nécessaire, avant de dénoncer le Concordat, de faire des lois sur les associations religieuses, afin que, d'une part, la liberté qui est actuellement refusée à ces associations par le Code pénal de 1810, leur soit donnée dans de justes bornes, et que, d'autre part, elles ne puissent pas, par des captations ou d'autres moyens, accaparer de grands biens aux dépens de la fortune publique. L'État doit, par des mesures préventives, se mettre en garde contre des dangers qui, dans le passé, l'ont trop souvent ébranlé. (Voy. au *Dictionnaire* les mots : Congrégation, Religieux, Religion). — Un projet de loi présenté par M. Yves Guyot, député, et plusieurs de ses collègues, le 27 mai 1886, propose de dénoncer le Concordat et d'attribuer aux communes les sommes portées au budget de l'État pour le service des cultes. Les conseils municipaux seraient libres d'employer ces sommes au même but ou à d'autres besoins. Les associations religieuses seraient assimilées aux syndicats professionnels, et elles pourraient être subventionnées par les communes. — Une autre proposition de loi, présentée en 1887 par M. Boysset et par un grand nombre d'autres députés, tend à rétablir la liberté qui, dans le passé, aucune subvention de l'État, telle qu'elle existait avant le Concordat. Une pension viagère de 1,000 fr. par an serait accordée aux prêtres actuellement salariés et âgés de plus de cinquante ans. Il s'agirait donc seulement de revenir à l'état de choses qui a existé de 1795 à 1801, période pendant laquelle la paix religieuse était solidement établie sur les bases de la liberté. « On n'exigeait plus des prêtres qu'une promesse d'obéissance aux lois, et la fameuse distinction entre les assermentés ou constitutionnels et les non assermentés ou orthodoxes n'était plus qu'une question doctrinale, dans laquelle l'État n'avait rien à voir. Les constitutionnels, parmi lesquels se trouvaient des hommes qui avaient montré un grand caractère pendant les tourmentes de la Révolution, réunissaient le plus grand nombre de fidèles; ils comptaient cinquante évêques, dix mille prêtres salariés; ils occupaient la grande majorité des églises alors ouvertes dans trente-quatre mille communes. Le clergé non assermenté ne comptait que quinze évêques résidant en France, mais, si ses adhérents étaient moins nombreux, ils étaient plus zélés et plus remuants. A côté de ces deux catégories de catholiques, dont les dissensions étaient une sécurité au lieu d'être un danger pour l'État, vivaient en paix les églises protestantes, le culte israélite, enfin la secte inoffensive des théophilanthropes, débris des divers essais de propagande religieuse tentés sous la Révolution... Tous ces cultes ne recevaient aucun secours de l'État, et vivaient uniquement des contributions des fidèles. Quelle que fût encore l'insuffisance de ces dons volontaires, loin de se considérer comme opprimés par un tel régime, ils s'en déclaraient heureux et satisfaits. Les constitutionnels allaient jusqu'à repousser les ressources du casuel, les rétributions pour les bénédictions, les prières et les messes. » (Lanfrey : *Hist. de Napoléon I*[er] ; t. II, p. 7). — Le rétablissement de la liberté des cultes, telle qu'elle existait avant le Concordat est-il possible aujourd'hui? La séparation de l'Église et de l'État peut-elle s'opérer sans déchirement et sans un grand danger social? Gambetta exprimait ainsi son opinion à ce sujet, dans un discours prononcé le 4 mai 1877 à la Chambre des députés : « Quant à

moi, je suis partisan du système qui rattache l'Église à l'État. Oui, j'en suis partisan, parce que je tiens compte de l'état moral et social de mon pays; mais je ne veux défendre le Concordat et rester fidèle à cette politique, que tout autant que le Concordat sera interprété comme un contrat bilatéral qui vous oblige et vous tient comme il m'oblige et me tient... Le plus clair résultat du concile de 1870 a été d'ébranler le Concordat, de mettre en question ce traité synallagmatique qui règle les rapports des sacerdoces et de l'Empire, de l'État et de l'Église, en dehors duquel il n'y a que deux solutions : ou l'exclusion ou la séparation. Or nous estimons que tout vaut mieux que ces deux solutions. » — Depuis le moment où l'ont exprimé ce sage avis, l'ingérence du clergé dans la politique lui a aliéné une grande partie de la population, les manœuvres déloyales qu'il a employées, en abusant de son influence et en se servant de la religion, pour faire triompher ses partisans dans les élections législatives, ont tourné à son désavantage; mais si le moment approche où il sera possible de dénoncer le Concordat, ce moment n'est pas encore venu.   (Ch. Y.)

CONFITURE. — Confitures artificielles. La chimie ayant découvert la manière de faire du sucre avec du charbon, et d'imiter l'arome des fruits à l'aide de produits plus ou moins inoffensifs, il est devenu facile aux falsificateurs de fabriquer de la confiture à peu de frais. Voici comment ils opèrent. Ils prennent du silicate de potasse et y ajoutent un peu d'acide chlorhydrique pour que le silicate, qui est liquide, se transforme en une sorte de gelée sous l'influence de l'acide. A cette gelée, ils ajoutent l'arome qu'ils désirent. Par exemple, pour imiter le parfum de la poire, ils mélangent, dans 100 centimètres cubes d'alcool, les 3 corps suivants, dans les proportions indiquées : acétate d'éthyle (5); acétate d'amyle (10); glycérine (10). Il y a des formules pour l'ananas, la fraise, la framboise, la cerise, le citron, le miel, l'orange, la groseille, etc. L'arome étant ajouté à la gelée, on sucre au moyen de la saccharine et on colore à l'aide de la fuschine ou de ses dérivés.

CONGO (État libre du). L'embouchure du Congo fut connue des Portugais dès l'an 1485; mais on ne chercha pas à l'explorer avant 1816, époque où le gouvernement anglais organisa une expédition commandée par le capitaine Tuckey, pour visiter ces rivages encore peu connus. Cette expédition remonta le fleuve jusqu'à 275 kil. de son embouchure, et ce qu'elle nous apprit sur le *Congo* fut tout ce que les Européens en connurent pendant un demi-siècle. En 1867, Livingstone, explorant le territoire qui s'étend entre les lacs Nyassa et Tanganyika, découvrit une grande rivière qui prend sa source dans les collines Chiballé et l'appela *Chambèze*; il la descendit jusqu'au lac Bangouélo, dont elle sort sous le nom de Louapoula; elle se dirige ensuite vers le lac Moréo, après lequel on la nomme Loualaba; il la descendit vers le Nord jusqu'au lieu appelé Nyangoué, dans le pays de Nanyéma, à 2,300 kil. de sa source. Il crut que c'était le Nil. En 1876, le journal américain le *New-York Herald* et le journal anglais le *Daily Telegraph* organisèrent une expédition dont le commandement fut confié à Stanley. A cet intrépide voyageur est due l'exploration du fleuve à partir du point où Livingstone l'avait abandonné. Après avoir surmonté d'innombrables obstacles, après avoir affronté de terribles périls, il parvint au point où le fleuve devient le Congo, à 2,500 kil. de Nyangoué : et l'un des plus grands cours d'eau de l'univers fut ainsi décrit depuis sa source jusqu'à son embouchure. (voy. Stanley : *Through the dark continent*). — A la fin de 1878, un « Comité d'études du

Haut-Congo » se constitua à Bruxelles sous la présidence du colonel Strauch, avec l'assistance du roi Léopold II. Ce comité, qui avait un caractère international, chargea Stanley de continuer ses travaux, et forma une branche spéciale de l'Association africaine internationale, qui avait été fondée en 1876 par le roi Léopold et qui avait des comités chez la plupart des nations. Stanley partit pour Zanzibar, afin d'y organiser des expéditions; il y engagea des Zanzibariens et les conduisit, en août 1879, à l'embouchure du Congo, dans le but de remonter ce fleuve. Il était commissionné par « l'Association internationale du Congo » qui lui avait donné pour mission de tâcher de former un état libre du Congo sous la tutelle européenne. Outre les nègres, il était accompagné d'une troupe d'associés européens et commandait une flotille de petits steamers. Il établit la première station à Vivi, à 175 kil. de l'embouchure du fleuve et au point où cesse la navigation maritime. De là, il construisit des routes pour dépasser les cataractes de Yellala et de Livingstone, ayant à surmonter dans l'accomplissement de ce travail des difficultés presque surhumaines. Les steamers purent ensuite être transportés sur le cours du haut Congo. La station suivante fut celle de Léopoldville, établie sur le lac Stanleypool (1882). A partir de ce point jusqu'aux chutes de Stanley, à 1,700 kil. plus haut, les bateaux à vapeur naviguent sans interruption. Les grands affluents précédemment explorés donnaient un total de 10,000 kil. de voies navigables connues, décrites et prêtes à être mises à la disposition du commerce. — A force de tact et de persévérance, Stanley finit par triompher de l'hostilité des naturels qui devinrent en général très bienveillants pour les Européens. Il put créer plusieurs stations entre Léopoldville et Stanley-Falls.

TABLEAU DES DISTANCES LE LONG DU CONGO, D'APRÈS STANLEY.

De Banana (embouchure du fleuve) à Vivi, fleuve propre à la navigation maritime..................	175 kilom.
De Vivi à Isangila, par des routes permettant de passer les cataractes................	80 —
D'Isangila à Manyanga, eaux navigables...	120 —
De Manyanga à Léopoldville, par des routes qui ont eu des cataractes..........	130 —
De Léopoldville à Stanley-Falls, navigable...	1,700 —
De Stanley-Falls à Nyangoué, navigable....	500 —
Du Nyangoué au lac Moero................	675 —
Lac Moero...............................	110 —
Du lac Moero au lac Banguélo............	345 —
Le lac Banguélo........................	250 —
Du lac Banguélo aux sources du Chambèzc..	550 —
Longueur totale du cours du Congo....	4.740 —

En 1884-'85, l'Association devint, au moyen de traités signés avec les nations européennes, une puissance souveraine reconnue. En même temps, les frontières du nouvel Etat libre du Congo furent fixées par la Conférence de Berlin, sur l'excellente carte que Stanley avait dressée. — Un chemin de fer, qui doit réunir le haut Congo avec la mer, a été projeté et commencé; il doit avoir 375 kil. et coûter 25 millions de fr. Les Français, de leur côté, ont projeté de réunir par voie ferrée le cours navigable de l'Ogooué avec un affluent du Congo. Le gouvernement central du nouvel Etat est fixé à Bruxelles et se compose du roi des Belges comme souverain et de trois ministres. Le Congo est divisé en quatre provinces administratives, savoir: le Congo inférieur ou bas Congo, le Pool, le Congo équatorial et le haut Congo. Sur le Congo se trouve un administrateur général assisté de plusieurs administrateurs européens de stations et de districts. A Léopoldville, les indigènes (Bangalas) sont organisés et armés à l'européenne et forment un corps d'armée de 2,000 soldats-ouvriers commandés par des officiers blancs. — Bibliogr. Voy. The Congo, and the founding of its free state, par Stanley; Through the dark continent, par Stanley; Le Congo, par

Wauter. La partie orientale de l'état du Congo était, avant la conquête de l'Egypte par les Anglais, considérée comme une dépendance de ce dernier pays, qui avait des prétentions sur le cours entier du Nil et sur les lacs qui lui servent de source. Les Anglais voulurent faire valoir les droits du vice-roi, ce qui donna lieu à l'expédition d'Emin-Pacha, nommé, en 1878, gouverneur de la « province équatoriale d'Egypte ». (Voy. EGYPTE, dans ce Supplément).

CONGRÈS. On donne aujourd'hui ce nom, en France, à l'Assemblée nationale formée de la réunion du Sénat et du Corps législatif, soit pour élire un président de la République, soit pour reviser la constitution. C'est à Versailles que se réunit le Congrès. Nous avons déjà eu, depuis le vote de la loi constitutionnelle du 25 fév. 1875, cinq réunions du congrès, savoir: 1° le 30 janv. 1879, le Sénat et la Chambre s'assemblèrent à Versailles, pour élire un nouveau président de la République, en remplacement du maréchal de Mac-Mahon, démissionnaire; Jules Grévy fut élu par 563 suffrages sur 713 votants. — 2° Le 19 juin 1879, le deuxième congrès abrogea l'art. 9 de la Constitution, qui fixait à Versailles le siège du gouvernement. — 3° Le 4 août 1884, le congrès se réunit pour la troisième fois dans le but d'opérer une revision partielle de la Constitution. — 4° Le quatrième congrès eut lieu le 28 déc. 1885, pour la nomination du président de la République, les pouvoirs de M. Grévy étant arrivés à leur terme. M. Grévy fut réélu par 457 voix contre 68 suffrages donnés à M. Henri Brisson; 14 à M. de Freycinet; 10 à M. Anatole de la Forge, et 27 à divers autres personnages. — Un cinquième congrès, réuni à Versailles le 3 déc. 1887, eut pour mission d'élire un nouveau président de la République en remplacement de M. Jules Grévy, démissionnaire la veille. Au premier tour de scrutin, M. Sadi Carnot ayant obtenu 304 voix, deux de ses concurrents, M. Jules Ferry, (qui avait eu 212 voix), et M. de Freycinet (76 voix), se désistèrent et, au second tour, Sadi Carnot fut élu par 616 voix, contre le général Saussier, candidat de la droite, qui n'obtint que 188 voix. Jules Ferry avait encore eu 11 voix, de Freycinet 31, le général Appert 5, Félix Pyat 1, Floquet 1.

CONNECTER v. a. [konn-nèk-té] (lat. connectere; de cum; nectere, lier). Unir, assembler. — v. n. Se lier l'un à l'autre.

CONNECTIF, IVE adj. [konn-nèk-tif] (rad. connecter). Qui sert à unir. — Connectif s. m. Bot. L'une des parties de l'étamine, celle qui unit les deux loges de l'anthère.

CONSEIL. — Législ. Une modification à la loi du 10 août 1871 sur les conseils généraux a été apportée par celle du 31 mars 1886. Il était arrivé, en 1884 et en 1885, que le conseil général de la Corse n'avait pu délibérer, parce que le nombre des membres présents était inférieur à la moitié du total, et il fallait obvier à cette impossibilité. L'addition apportée à la loi de 1871 par la loi nouvelle porte que, si un conseil général ne réunit pas au jour fixé un nombre suffisant pour délibérer, la session est renvoyée de plein droit au lundi suivant, et que les délibérations sont alors valables, quel que soit le nombre des membres présents. Lorsqu'en cours de session, les membres présents ne forment plus la majorité du conseil général, les délibérations sont renvoyées au surlendemain, et alors elles sont valables, quel que soit le nombre des votants. — La loi du 22 juillet 1889 peut être appelée le Code de procédure des conseils de préfecture. Cette loi comprend 68 articles, répartis en six titres. Le premier est relatif à l'introduction des instances et aux mesures générales d'instructions; le second aux différents moyens de

vérification; le troisième aux demandes incidentes; le titre IV, aux décisions ou jugements; le titre V, aux oppositions et aux recours devant le conseil d'Etat; et le titre VI, aux dépens. Un décret, en date du 18 janvier 1890, fixe le tarif des frais des allocations, dans la procédure suivie devant les conseils de préfecture. — Rien n'est changé à la procédure en matière de contributions directes, ni en matière électorale. — Le conseil municipal de la ville de Paris, dont les tendances ultra-radicales se manifestent très fréquemment, a obtenu plusieurs fois gain de cause devant le Parlement, notamment sur deux points: 1° La liste électorale servant à l'élection des conseillers municipaux de Paris est aujourd'hui composée de la même manière que celle des autres communes (L. 29 mars 1886); 2° Les séances du conseil municipal de Paris, et celles du conseil général du département de la Seine sont publiques, dans les mêmes conditions que pour les autres conseils municipaux et les autres conseils généraux. (L. 5 juillet 1886). Mais l'assimilation complète de l'administration communale de Paris à celle des autres communes est impraticable; et cela a été reconnu pour les capitales de la plupart des grands pays, notamment aux Etats-Unis où les administrateurs de la ville de Washington sont choisis, non par le vote des citoyens, mais par le président de la République. (CH. Y.)

CONSERVATOIRE s. m. Hortic. Serre vitrée dans laquelle la température n'est jamais très élevée. On dit aussi JARDIN D'HIVER.

CONSTITUTION. — Législ. Nous avons déjà, au Dictionnaire, mentionné les modifications que le Congrès, réuni à Versailles le 9 décembre 1886, a apportées à la Constitution républicaine de la France. Divers projets de revision de la Constitution ont été présentés depuis cette époque, non seulement sur l'initiative de membres du Parlement, mais aussi par le gouvernement. Il sera, un jour, difficile, pour ceux qui n'auront pas présentes à la mémoire les intrigues des partis, de comprendre que la Chambre des députés, après avoir renversé le ministère Tirard, par un vote du 30 mars 1888, parce que ce ministère refusait de se prêter à la revision de la Constitution, ait ensuite renversé, le 14 février suivant, le ministère Floquet, parce que ce dernier, qui avait pris l'engagement de réaliser le vœu de la majorité du 30 mars 1888, proposait de réunir le Congrès pour statuer sur un projet de revision. Nous croyons qu'on lira avec intérêt quelques extraits du rapport de la commission chargée de l'examen de ce dernier projet; et l'on verra ainsi en quoi il consistait. — « Tous les auteurs de proposi tions reconnaissent que le grand défaut de la Constitution réside dans la lenteur apportée à l'élaboration au vote des lois. Les lois subissent la même préparation dans les deux Assemblées, et le renouvellement intégral de la Chambre des députés a pour résultat de remettre à néant les études, les projets, les rapports préparés pendant quatre ans et non encore soumis à l'examen du Sénat. Le ministère propose « comme remède de donner à la Chambre des députés, issue du suffrage direct, la tâche de faire la loi et de la voter définitivement; il propose aussi le renouvellement partiel de la Chambre, qui laisserait intacts les travaux commencés et rendrait inutiles le droit de dissolution et le droit d'ajournement, armes dangereuses entre les mains du président de la République. Le Sénat, issu du suffrage à plusieurs degrés avec des conditions particulières d'âge et d'éligibilité, n'aurait plus sur les lois qu'un droit de contrôle et la faculté d'ajourner leur promulgation jusqu'au prochain renouvellement partiel de la Chambre des députés.

« La loi de finances, qui doit être votée avant
« le 31 décembre, ferait exception et ne pour-
« rait être retardée par le Sénat. Afin d'é-
« viter les changements de ministères trop
« fréquents, la Constitution donnerait une
« durée légale au mandat que les ministres
« reçoivent du président de la République,
« fixerait, par exemple, cette durée à un
« temps correspondant à la période du re-
« nouvellement partiel. Les ministres seraient
« toujours libres de se retirer... Le ministère
« résume ainsi son projet : 1° Une Chambre
« des représentants élue par le suffrage uni-
« versel direct, ou renouvelée par tiers tous
« les deux ans, ce qui permettrait de suppri-
« mer le droit de dissolution et celui d'ajour-
« nement; 2° Un Sénat choisi par le suffrage
« universel à deux degrés, avec des condi-
« tions spéciales d'âge et d'éligibilité, ayant
« une autorité de contrôle sur l'ensemble des
« lois, et se renouvelant par tiers tous les
« deux ans, aux mêmes périodes que la
« Chambre des représentants; 3° Des ministres
« nommés par le président de la République
« pour la durée de la période de renouvel-
« lement législatif, et pouvant toujours être
« maintenus par lui dans leurs fonctions, —
« ces ministres étant responsables devant la
« Chambre des représentants, qui peut les
« mettre en accusation devant le Sénat et
« qui peut aussi réclamer leur renvoi par une
« déclaration formelle qu'ils ont perdu la
« confiance de la nation, conformément à la
« procédure prescrite par l'article 28 de la loi
« du 24 avril 1791; 4° Un conseil d'État dési-
« gné par le Sénat et la Chambre des repré-
« sentants, ayant un rôle consultatif dans la
« préparation, la discussion et la rédaction
« des lois au point de vue juridique, et ren-
« fermant des sections plus spécialement
« chargées d'éclairer les Assemblées par des
« avis officiels sur les grandes questions d'af-
« faires touchant aux intérêts du travail, de
« l'industrie, du commerce, des arts et de
« l'agriculture. » — Un grand nombre d'autres projets de revision ont été formulés, soit
dans le Parlement, soit dans les journaux.
Mais la plupart de ces propositions étaient
présentées par les partis extrêmes, voués au
rétablissement d'une monarchie ou au triomphe du socialisme pur ou l'anarchie. Leurs
auteurs avaient surtout pour but d'accaparer
les suffrages, au moment des élections générales, en 1889, et de susciter des mouvements
révolutionnaires, à l'aide desquels les hommes
qui sont le plus dévorés par l'ambition, espèrent s'établir au gouvernement de l'État,
sur les ruines de la prospérité publique. Ces
tentatives ont heureusement échoué; mais
elles ont eu pour effet de retarder tout autre
essai de revision des lois constitutionnelles.

(Ch. Y.)

CONTAGIEUX. — **Législ.** Nous avons à
compléter la liste des *maladies contagieuses
des animaux*, que nous avons donnée au *Dictionnaire* (t. II, p. 208) lorsque nous avons
résumé les dispositions de la loi du 21 juillet
1881 sur la police sanitaire des animaux. Un
décret du 28 juillet 1888 ajoute à la nomenclature de ces maladies : le *charbon sympto-
matique ou emphysémateux* et la *tuberculose*,
dans l'espèce bovine; le *rouget* et la *pneumo-
entérite infectieuse*, dans l'espèce porcine. Un
arrêté du ministre de l'intérieur, en date du
même jour, indique les mesures administratives qui doivent être prises à l'effet de combattre les maladies ci-dessus indiquées et d'en
arrêter la propagation. Dans le cas où une
affection charbonneuse s'est déclarée dans
une commune, le préfet doit prendre un arrêté pour mettre sous la surveillance du vétérinaire sanitaire les animaux parmi lesquels
la maladie a été constatée, ainsi que les locaux,
cours, enclos, enclos et pâtures où ils se
trouvent. Cette surveillance cesse quinze jours
après la disparition du dernier cas de ma-

ladie. Pendant toute la durée de cette surveillance, les animaux sains qui ont été exposés à la contagion ne peuvent être vendus
que pour la boucherie. Le maire prescrit
d'urgence les mesures suivantes dont il surveille l'exécution : 1° destruction des cadavres
ou leur enfouissement dans les conditions
prescrites par les règlements; 2° destruction
des litières, fourrages, etc., qui ont été
souillés par les animaux malades; 3° désinfection des locaux et de tous emplacements
où ont séjourné les animaux malades, ainsi
que des objets qu'ils ont pu souiller. Dans le
cas de tuberculose constatée, les animaux
doivent être isolés et séquestrés, puis abattus
sous la surveillance du vétérinaire sanitaire;
les viandes de ces animaux doivent être exclues de la consommation et détruites, lorsque
les lésions tuberculeuses ont envahi la plus
grande partie d'un viscère. Les peaux doivent
être désinfectées, Il est interdit de vendre le
lait provenant de vaches tuberculeuses. Lorsque la tuberculose est constatée sur un champ
de foire ou sur un marché, les animaux malades sont renvoyés dans leur commune d'o-
rigine, à moins que le propriétaire ne préfère
les faire abattre. S'il s'agit du charbon, du
rouget, etc., les animaux malades sont mis
en fourrière et séquestrés. Les propriétaires
qui veulent faire usage de l'inoculation préventive contre le charbon ou contre le rouget
doivent en faire préalablement la déclaration
au maire de leur commune, et lui remettre
ensuite un certificat du vétérinaire opérateur.
Le maire informe simultanément le préfet et
le vétérinaire sanitaire; celui-ci exerce pendant quinze jours sa surveillance sur les animaux inoculés; et, pendant la durée de cette
surveillance, il est interdit au propriétaire
desdits animaux de s'en dessaisir.— En ce qui
concerne les maladies contagieuses qui frappent sur les humains et qui causent tant de
morts prématurées, nous ne trouvons, dans
la législation française, que des moyens préventifs incomplets. Nous avons fait connaître
ci-dessus, au mot CHOLÉRA, les mesures qui
ont été prises par le gouvernement, en 1890,
pour empêcher l'introduction de cette épidémie en France par les frontières de terre et
de mer. Mais quelles précautions a-t-on rendues obligatoires pour arrêter le développement de la variole, de la diphtérie, de la
fièvre typhoïde, etc., maladies plus désastreuses que le choléra? En Angleterre, une
législation rigoureuse a donné, en cela, d'excellents résultats. A Paris on a, depuis quelques années seulement et à l'imitation de ce
qui se fait à Bruxelles, établi un service gratuit de voitures spécialement construites pour
le transport des contagieux à l'hôpital. Ces
voitures sont réparties dans plusieurs dépôts,
dont les principaux sont à l'Hôtel-Dieu, à l'hôpital Saint-Louis et rue Staël. Dans chaque
dépôt, une voiture est toujours prête à partir;
et il suffit d'une demande verbale ou écrite, et
même d'un appel télégraphique ou téléphonique pour que cette voiture se rende immédiatement au lieu indiqué, avec une infirmière qui doit accompagner le malade jusqu'à l'hôpital. Après chaque voyage, la voiture est désinfectée; et l'infirmière elle-même
doit quitter la blouse dont elle était revêtue
et procéder à son propre nettoyage. Ces mesures sont excellentes, et elles devraient être
généralisées autant qu'il est possible de le
faire. On devrait infliger des peines sévères à
tous ceux qui ne se conformeraient pas aux
règlements. On pourrait même, en invoquant
le droit commun, faire déclarer les contrevenants *civilement* responsables des conséquences de leur négligence. Lorsqu'il s'agit
de combattre la contagion, les deux mesures
les plus efficaces, comme moyens préventifs
sont indubitablement l'isolement et la désinfection.—Aujourd'hui l'isolement est appliqué
dans beaucoup d'hôpitaux; il est plus diffici-

lement réalisable à domicile. Il en est de
même de la désinfection des literies, des vêtements, etc. La ville de Paris a fait installer
un certain nombre d'étuves à désinfection, où
l'on emploie la vapeur d'eau sous pression.
On a même commencé à mettre ces étuves à
la disposition du public. Des voitures spéciales
se rendent à domicile, avec des étuvistes; et
ceux-ci emportent dans des toiles impermé-
bles les objets à désinfecter. Les objets de
pansement sont brûlés dans un appareil, ainsi
que les détritus provenant du nettoyage des
chambres. La désinfection d'une literie complète doit être payée 15 francs; mais le maire
de l'arrondissement peut exonérer les familles
pauvres de tous frais. Le gouvernement a dû,
en 1890, faire installer, sur différents points
des frontières du midi de la France, plusieurs
étuves semblables à celles de la ville de
Paris, afin de désinfecter les effets des voyageurs venant d'Espagne, où le choléra sévissait. — En Angleterre, un *act* du 30 août 1889,
oblige les chefs de maison à prévenir l'officier
de santé du district, aussitôt que l'une des
maladies infectieuses prévues dans l'*act* est
soupçonnée chez un habitant. A New-York et
dans plusieurs autres villes des Etats-Unis, les
logeurs et les médecins doivent déclarer au
bureau de santé tous les cas de maladie infectieuse, sous peine d'une amende qui varie
de 250 à 1,150 francs. A Brooklyn, le juge
peut infliger en outre trente jours de prison,
en cas d'omission de la déclaration. — Un
projet de loi présenté par le gouvernement à
la Chambre des députés, et dont nous parlerons plus loin (Voy. MÉDECINE), obligerait
tout docteur, officier de santé ou sage-femme,
à faire à l'autorité publique, dans un délai
de vingt-quatre heures, la déclaration des
cas de maladies transmissibles tombés sous
son observation et n'engageant pas le secret
professionnel. Le défaut de déclaration donnerait lieu à une amende de 100 à 500 francs.

(Ch. Y.).

CONTRE s. m. Au jeu de billard. Choc double
de deux billes revenues par contre-coup l'une
sur l'autre.

CONTRE-PLANTER v. a. Faire une nouvelle
plantation dans un terrain déjà planté, entre
les anciennes plantes : on *contre-plante principalement dans la culture maraîchère*.

CONTRIBUTION. — **Législ.** Nous allons résumer très succinctement les principaux changements apportés, depuis la publication du
Dictionnaire, à la législation concernant les
contributions, sauf en ce qui regarde les patentes, dont nous parlerons à leur place. —
Contributions DIRECTES. I. Les chantiers, lieux
de dépôt et autres emplacements de même
nature doivent être cotisés à la contribution
foncière, non seulement à raison de leur superficie et sur le même pied que les terrains
environnants, mais en outre d'après leur
valeur locative, déduction faite de l'estimation
donnée à la superficie. — II. Dans le cas où,
par suite de faux ou double emploi, des cotes
seraient indûment imposées, sur les rôles
des contributions directes, le délai de trois
mois pour la présentation des réclamations
au préfet, au lieu de dater de l'époque de la
publication des rôles, ne doit compter que
du jour où le contribuable a eu connaissance
des poursuites dirigées contre lui par le percepteur. — III. Dans les cas d'expertise faite
sur réclamation, s'il y a désaccord entre l'expert de l'administration et celui du réclamant, ce dernier ou l'administration peut
demander, sans frais, au juge de paix du
canton, de désigner un tiers-expert dont le
rapport devra être déposé dans la quinzaine
(L. 29 déc. 1884). — IV. Dans les villes et
communes de plus de 5,000 âmes, le chiffre
de la population servant de base au tarif de
l'impôt des portes et fenêtres ne doit plus
être le total des habitants compris dans le

périmètre de l'octroi, mais seulement celui de la population agglomérée, tel que ce chiffre est fixé par le dernier décret de dénombrement. Les conseils municipaux ont la faculté de demander que les portes et fenêtres de la partie non agglomérée soient, en ce qui concerne la répartition individuelle, taxées d'après le tarif de la population totale ; le conseil général statue sur cette demande, après avis du directeur des contributions directes (L. 30 juillet 1885). — V. Les vacances de maisons ou de parties de maisons ne donnent plus lieu à remise ou modération de l'impôt foncier que lorsque l'inhabitation a duré une année au moins (L. 8 août 1885). — VI. Tout contribuable qui se croit imposé à tort ou surtaxé peut en faire la déclaration à la mairie, dans le mois qui suit la publication des rôles, et ce sans frais, sur un registre particulier. Cette déclaration doit être signée par le réclamant ou par son mandataire. Dans le cas où le conseil de préfecture ne prononcerait pas le dégrèvement réclamé, le contribuable a encore la faculté de présenter une nouvelle demande, dans les formes ordinaires, et dans le délai d'un mois à partir du jour où le rejet de la première réclamation lui a été notifié (L. 24 juillet 1887). — VII. Les père et mère de sept enfants vivants, légitimes ou reconnus, sont exempts de la contribution personnelle-mobilière (L. 17 juillet 1889, art. 3). Mais cette exemption d'impôt a été, en vertu de la loi du 8 août 1890, exclusivement réservée aux père et mère de sept enfants, dont la contribution personnelle-mobilière est égale ou inférieure à 10 francs en principal. L'exonération doit être faite d'office, sans qu'il soit besoin d'une réclamation. — VIII. Nous arrivons à la loi la plus importante, celle du 8 août 1890, qui a modifié profondément les bases de la contribution foncière et qui a commencé d'accomplir la péréquation de cet impôt. En vertu de cette loi, la contribution foncière des propriétés bâties a cessé d'être un impôt de répartition, et elle est devenue un impôt de quotité à dater du 1er janvier 1891. Le taux en a été fixe, pour 1891, à 3,20 p. 100 de la valeur locative desdites propriétés bâties; et il est calculé sous la déduction d'un quart de cette valeur pour les maisons et d'un tiers pour les usines, en considération du dépérissement et des frais d'entretien et de réparation. Le propriétaire est admis à réclamer contre l'évaluation attribuée à son immeuble, pendant six mois à dater de la publication du premier rôle ; mais il ne peut être admis, les années suivantes, à obtenir décharge ou réduction que dans le cas où l'immeuble aurait subi une dépréciation et dans celui où il serait en tout ou en partie détruit ou converti en bâtiment rural. Les évaluations servant de base à cet impôt de quotité sur les propriétés bâties doivent être révisées tous les dix ans. Toutefois, dans l'intervalle de deux revisions, le conseil municipal a la faculté de demander qu'il soit procédé, aux frais de la commune, à une nouvelle évaluation des propriétés bâties, dans le cas où il s'est produit une dépréciation desdites propriétés dans l'intégralité ou dans une fraction notable de la commune. Les constructions nouvelles, les reconstructions et les additions de constructions ne sont soumises à la contribution foncière que la troisième année après leur achèvement; mais, pour jouir de cette exemption temporaire, le propriétaire doit faire à la mairie, dans les quatre mois à partir de l'ouverture des travaux, une déclaration indiquant la nature des travaux, leur destination, et la désignation de la parcelle de terrain sur laquelle il doit être construit. — La contribution foncière des propriétés non bâties continue à être, comme par le passé, un impôt de répartition ; mais cette contribution a été réduite, dès l'année 1891 et pour 82 départements, au moyen d'un dé-

grèvement de 15,267,977 francs, ce qui a ramené le taux de ladite contribution à la moyenne de 4,50 p. 100 du revenu cadastral (Voy. ci-après, les mots IMPOT et PÉRÉQUATION). Pour le calcul du produit total des centimes départementaux et communaux, lequel produit ne peut subir la réduction ou le dégrèvement accordés sur le principal des deux contributions foncières, la loi de 1890 a prescrit de prendre pour base le montant du principal inscrit aux rôles de 1890, et de faire ensuite la répartition de ces centimes en raison du principal établi selon la nouvelle loi. — Le produit total de la contribution foncière a été, en 1888, de 385,900,985 francs; et, dans ce chiffre, le principal, revenant à l'Etat, ne constitue pas la moitié : il s'élève seulement à 184,366,458 fr.; le surplus est le produit des centimes départementaux et communaux. Le produit de la contribution des portes et fenêtres, pour la même année, est de 82,225,159 fr., dont la portion afférente à l'Etat est de 49,301,098 fr. La contribution personnelle-mobilière a produit 176,463,624 fr. dont 108,083,883 fr. pour l'Etat. Enfin le produit des quatre contributions indirectes, en y comprenant celui des patentes (Voy. ce mot), s'est élevé à la somme de 787,049,486 fr. dans laquelle le principal, affecté aux dépenses de l'Etat, est de 416,942,051 fr. (*Bulletin de statistique et de législation comparée*, juillet 1889). — **Contributions** INDIRECTES. L'article 463 du Code pénal est aujourd'hui applicable aux délits et contraventions prévus par les lois sur les contributions indirectes : c'est-à-dire que les tribunaux ont la faculté de réduire les peines infligées par ces lois, s'ils admettent des circonstances atténuantes (L. 30 mars 1888, art. 42). — Le produit des contributions indirectes, y compris les douanes, les sels, les sucres et les monopoles, a atteint, en 1889, près de deux milliards et demi. (CH. Y.).

CONTRÔLEUR. — **Législ.** Le titre de garde-mines ayant donné lieu à de fréquentes méprises, a été remplacé par celui de *contrôleur des mines*, en vertu d'un décret du 13 février 1890. Ce décret répartit en quatre classes les contrôleurs des mines, au-dessus desquels sont placés les contrôleurs principaux. Les traitements varient de 1,700 fr. à 3,600, non compris les indemnités de résidence qui peuvent être allouées par le ministère des travaux publics. (CH. Y.)

COOPÉRATION. C'est en France que la production coopérative atteint aujourd'hui son plus grand développement. A Paris, des maisons industrielles se formèrent en société coopérative dès 1848. Il en existait 107 en 1850, et leur capital était évalué à 360.000 francs. Elles n'occupaient que leurs actionnaires, consacrant deux cinquièmes de leurs bénéfices à payer le dividende annuel et les trois autres cinquièmes pour les bonis des travailleurs. Une association de ce genre fut établie dans plusieurs corps de métiers, particulièrement par les fabricants de piano. Le *familistère* de Guise est peut-être l'association coopérative la plus complète qui ait jamais été réalisée. (Voy. *Familistère*, dans ce *Supplément*).

COPAÏS (drainage du lac). Le fameux lac Copaïs, qui s'étend au nord de Thèbes, sur une longueur de 30 kilom., apparaît aux regards comme un grand espace verdâtre, pal comme une glace. C'est un marais insalubre, couvert de roseaux et alimenté par des torrents qui descendent du Parnasse ainsi que des autres montagnes voisines. Le projet de drainer cette plaine fertile mais insalubre, à cause de la malaria, date de la plus haute antiquité, et l'on trouve, sur le côté le plus rapproché de la mer, une ligne de puits et de galeries creusés il y a des siècles. En 1846, l'ingénieur français Sauvage entreprit ce travail, mais il dut l'abandonner faute d'argent. En 1881, une société de Français se forma, dans le même

but, avec le concours de capitalistes grecs. Les travaux, dirigés par l'ingénieur français Pochet, se poursuivent activement. Le 12 juin 1886, l'ouverture du canal de drainage, auquel on travaillait depuis 5 ans, fut célébrée à Athènes, en présence du ministre de France et d'un grand nombre de personnages distingués de la ville d'Athènes. La compagnie française céda ses droits à une compagnie anglaise, qui, en février 1888, émit un emprunt de 3.750.000 francs, à 6 p. 100. La compagnie française ayant déjà fait le plus gros de la besogne, au prix de 10 millions de francs, reçut des actions de la nouvelle Société, pour se désintéresser.

COPRAH s. m. Nom que l'on donne en Océanie à l'amande du cuco lorsqu'elle est séchée et concassée pour l'extraction de l'huile.

COQUELINER v. n. (rad. *coq*). Chanter, quand on parle du coq.

COQUERIQUER v. n. (rad. *coq*). Chanter, en parlant du coq.

COR. Méd. Nous ne répéterons pas les conseils si souvent et si libéralement donnés sur les moyens de prévenir la formation des cors sur ou sous les pieds, parce que tout le monde ne peut pas les suivre. Une chaussure mal faite produit aussi bien des cors qu'une chaussure portée seulement trop étroite ou trop large. Disons cependant que les talons trop hauts sont proprement les bourreaux des pieds les mieux faits, qui leur devront, entre autres maux, les cors et les durillons les plus variés et les plus douloureux. Le traitement des cors débute invariablement par l'enlèvement de la partie dure et saillante soit avec un coupe-cors, soit avec un rasoir, soit avec un simple canif. Un bon moyen consiste à prendre préalablement un bain de pieds chaud, ce qui amollit les cors et facilite l'opération. Si le cor est de formation toute récente, il suffira même, en sortant du bain, de le gratter légèrement avec l'ongle jusqu'à extirpation, ce qui ne tardera guère, la racine étant peu profondément enfoncée. Dans le cas contraire, on opère comme nous venons de dire, en prenant bien soin de ne pas faire couler de sang, car alors ce ne serait plus le cor, mais la chair environnante qui serait atteinte, et une plaie nouvelle qui serait faite. L'opération terminée, panser avec un emplâtre composé de :

Oxyde noir de cuivre...... } de chaque 15 grammes.
Saindoux.................. }

Mêlez bien. Appliquez sur le cor à l'aide d'une petite bande de toile. Renouvelez tous les jours. — *Autre*. Trempez un peu de charpie ou de ouate dans la solution suivante :

Sulfate de cuivre........... 50 grammes.
Eau...................... 30 grammes.

Placez sur le cor ; bandez. Renouvelez tous les jours. Un autre moyen consiste à frotter le cor avec une pierre ponce aussi longtemps que la douleur ne vous indiquera pas qu'il est temps de cesser. On recommence l'opération chaque jour, jusqu'à ce que le cor ait complètement disparu. Enfin il y a l'extirpation violente, que nous ne conseillerons à personne de tenter. Un habile pédicure, un chirurgien peut seul offrir assez de confiance pour qu'on lui confie cette tâche délicate. Quant aux nombreux remèdes du charlatanisme, on comprend que nous n'y insistions pas, non plus que sur l'emploi dangereux des caustiques, remèdes sûrs quelquefois, mais pires que le mal dans la plupart des cas.

CORBEILLIEN, IENNE s. et adj. De Corbeil, qui appartient à cette ville ou à ses habitants.

CORBINEAU. I. (Claude-Louis-Constant-Esprit-Gabriel), général de cavalerie, né à Laval (Mayenne) en 1772, tué à Eylau le 8 février 1807.

Son nom est inscrit sur l'Arc-de-triomphe. — II. (Jean-Baptiste-Juvénal, comte de), général de cavalerie, frère du précédent, né à Marchiennes (Nord) en 1776, mort en 1848. Il se signala à Eylau, en Espagne, à Wagram et surtout pendant la retraite de Russie ; devint aide-de-camp de l'empereur, s'illustra lors des campagnes de Saxe et de France, et rentra dans la vie privée sous la Restauration. Nommé pair de France après la Révolution de juillet, il rentra dans l'armée et fit arrêter à Boulogne le prince Louis-Napoléon en 1840. — III. (Marie-Louis-Hercule-Hubert, baron), major-colonel des chasseurs de la garde impériale, frère des précédens, né à Marchiennes en 1780, mort en 1823. Il perdit une jambe à Wagram et acquit le grade de baron.

CORDE (Jeux). Pris dans une certaine mesure, le saut à la corde est pour les jeunes gens des deux sexes un excellent exercice qui développe les muscles de la poitrine, des bras et des jambes. On distingue la *petite corde* ou corde à un seul joueur et la *longue corde*, à trois ou plusieurs joueurs. La petite corde permet d'exécuter des mouvements et des pas très variés. Le joueur la fait mouvoir lui-même en tenant une de ses extrémités dans chaque main ; il la fait passer sous ses pieds soit en marchant, soit en courant à grands pas ou à petits pas, soit en sautant sur place. Tantôt il la fait tourner en avant, tantôt en sens inverse, de manière qu'elle passe d'abord sous ses talons et non plus sous la pointe de ses pieds. Il exécute des doubles et des triples tours en faisant passer deux ou trois fois la corde sous ses pieds pendant un seul saut. En croisant les bras sur la poitrine au moment où la corde passe sous ses pieds, puis les développant et les refermant avec vitesse, il imprime à la corde un mouvement que l'on appelle croix de Malte ou du Chevalier. Plusieurs joueurs qui veulent lutter d'adresse et d'agilité partent ensemble d'une même ligne et courent vers un même but. Le vainqueur est celui qui y arrive le premier sans avoir arrêté le mouvement de sa corde. Pour la *longue corde*, deux personnes tiennent chacune l'une des extrémités d'une corde de 8 à 15 mètres de long ; elles font tourner régulièrement cette corde, en la tenant assez lâche pour qu'en tournant elle décrive un ovale dont la partie inférieure effleure le sol, tandis que la partie supérieure passe à une certaine distance de la tête des autres joueurs. Un premier joueur, saisissant le moment où la corde est au plus haut de sa course, entre dans le jeu et saute, soit sur les deux pieds, soit sur un pied, puis sur l'autre alternativement. Un second joueur imite son exemple, et bientôt les joueurs se trouvent être trois ou quatre à sauter en même temps. Quand on veut s'enfuir, il faut profiter du moment où la corde vient de passer sous les pieds, pour s'enfuir du côté opposé par lequel on est entré. Tout joueur qui arrête maladroitement la corde en entrant, en sortant ou en sautant, soit avec ses pieds, avec toute autre partie de son corps ou avec ses vêtements, est condamné à prendre la place de l'une des personnes qui font tourner la corde. Souvent, plusieurs joueurs entrent ensemble dans le jeu, et, après un nombre déterminé de tours, doivent sortir en même temps pour faire place à de nouveaux rentrants. D'autres fois, on gage à qui fera le plus grand nombre de tours sans commettre de faute, les plus faibles ayant droit à l'*huile* (lenteur de la corde), les plus agiles se faisant un point d'honneur de réclamer du *vinaigre* (beaucoup de rapidité).

CORDER (se). Au jeu de billard, rentrer sa bille dans le quartier.

CORDON de la Légion d'honneur (Grand), collier porté par le chef de l'Etat en qualité de grand maître de la Légion d'honneur. Ce grand collier a été fabriqué en 1880. Il porte

dix-sept médailles en or, et un grand médaillon en émail bleu où se trouvent les lettres R. F. ; c'est à ce médaillon qu'est attachée la croix du grand collier. C'est M. Jules Grévy qui, le premier, a porté ce collier ; et son nom est gravé derrière le médaillon du haut avec le nom du grand-chancelier de l'Ordre, le général Faidherbe ; les autres médaillons doivent porter plus tard les noms des présidents qui se succéderont et seront de droit grands maîtres de l'Ordre. Il n'y a eu jusqu'ici que trois grands colliers ; l'un qui a été porté par Napoléon III, le second qui a appartenu à la famille Murat et qui a disparu, à moins qu'il ne soit encore entre les mains d'un membre de cette famille qui le conserve comme une relique. On ignorait ce qu'était devenu le troisième grand colier quand on fut tout surpris de le voir porter par l'Empereur d'Autriche en 1867. C'était, en effet, à François Ier, père de Marie-Louise, qu'il avait été donné par Napoléon Ier, lors de son mariage avec Marie-Louise ; il est resté depuis ce temps dans la famille impériale d'Autriche.

CORDON s. m. Hortic. Toute branche d'arbre sur laquelle on développe de petites branches à fruit. On dit qu'un arbre est taillé en *cordon*, quand il se compose d'une tige garnie de brindilles fruitières, sans aucune branche

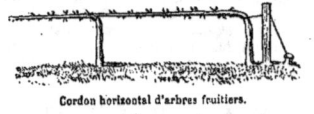

Cordon horizontal d'arbres fruitiers.

latérale de charpente ; il est alors réduit à sa plus simple expression. Le cordon est dit vertical, horizontal, oblique ou en serpent, suivant la direction de la tige. Le cordon convient surtout au pommier et le poirier.

CORIARIA s. f. (lat. *corium*, cuir, à cause des propriétés tannantes du suc de ces plantes). Bot. Genre unique de la famille des coriariées, comprenant plusieurs espèces d'arbrisseaux à rameaux carrés, que l'on appelle aussi *coriaires* ou *redouls*. La *coriaria à feuilles de myrte* (coriaria myrtifolia), cultivée sous le nom vulgaire de *corroyère*, produit un suc astringent employé par les teinturiers et les tanneurs. Les fraudeurs mêlent au séné ses feuilles qui renferment un principe narcotique. La *coriaria sarmenteuse* (coriaria sarmentosa) est originaire de la Nouvelle-Zélande.

CORIARIÉ, EÉ adj. Bot. Qui ressemble ou se rapporte à la coriaria. — s. f. pl. Petite famille de plantes géranoïdées, comprenant le seul genre coriaria.

CORINTHE (Canal de). L'isthme de Corinthe large d'environ 6 kil., est traversé par une ligne de collines hautes de 40 à 75 mètres, qui s'abaissent de chaque côté en une plaine qui descend à la mer. On a entrepris d'y creuser un canal navigable ; et le premier coup de pioche fut donné par le roi de Grèce en 1882. On emprunta 30 millions de francs, qui furent vite dépensés, et au commencement de 1888, il fallut émettre 60.000 nouvelles actions de 500 fr., à 6 p. 100.

CORNICHONS confits. (Econ. dom.) prenez des cornichons à peu près de la grosseur du petit doigt, brossez-les bien, saupoudrez-les de sel et laissez-les dans de sel deux jours, dans les bocaux ou pots de grès où ils doivent être conservés ; versez dessus du bon vinaigre *froid*, que vous renouvelez au bout de quinze jours à trois semaines une première fois, et une seconde fois après un temps égal ; ajoutez poivre long, estragon, clous de girofle, muscade concassée et de petits oignons. Bouchez bien des bouchons de liège, recouverts de par-

chemin, vos pots ou bocaux remplis aussi près du bord que possible.

CORNU (Sébastien-Melchior), peintre français, né à Lyon en 1804, mort en 1875. Elève de Richard, de Bonnefont et d'Ingres il acquit le grand style de ses maîtres, voyagea en Italie et en Orient et revint à Paris en 1836. Ses toiles ornent aujourd'hui nos édifices publics et nos musées. Les principales sont : *Repos du moissonneur* (1833) ; le *Pifferaro malade; Saint-Louis faisant ses adieux à sa mère; Jésus au milieu des docteurs; Combat d'Oued-Halleg* (Versailles), etc.

COROLLE. Parmi les corolles polypétales régulières on distingue : 1° la *corolle rosacée*, à 5 pétales, couverts, arrondis et concaves (rosier, pêcher, poirier, etc.) ; 2° la *corolle crucifère* ou *cruciforme*, à 4 pétales opposés deux à deux

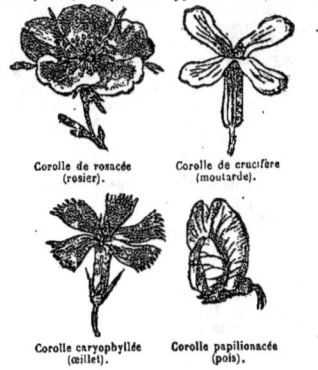

Corolle de rosacée   Corolle de crucifère
(rosier).   (moutarde).

Corolle caryophylée   Corolle papilionacée
(œillet).   (pois).

en forme de croix, (girofflée, choux, moutarde, etc.) ; 3° la *corolle caryophyllée*, à 5 pétales, comme la rosacée, mais munie d'un onglet bien développé et d'un limbe réfléchi à angle droit sur l'onglet (œillet, lychnide, etc.) ; les corolles polypétales irrégulières se divisent en *papilionacée*, à 5 pétales, dont un plus grand comme étendard, surmonte la fleur ; deux autres forment une carène ; les deux derniers constituent les ailettes (pois, haricot, trèfle, etc.) ; et *corolles anomales* (pensée, violette, aconit, pied d'alouette, balsamine, capucine, etc.).

COROLLIFLORE adj. [ko-rol-li-flo-re] (franc. *corolle* ; lat. *flor, floris*, fleur). Bot. Se dit des plantes ayant les pétales soudés en une corolle monopétale, hypogyne ou non, attachée au calice. — s. f. pl. Grande classe de plantes, comprenant les familles à corolle monopétale hypogyne. —De Candolle distribue les corolliflores entre les 28 familles suivantes :

Primulacées.	Polémoniacées.
Myrsinées.	Convolvulacées.
Sapotées.	Hydrophyllées.
Ebénacées.	Borraginées.
Oléacées.	Hydroléacées.
Jasminées.	Labiées.
Strychnées.	Verbénacées.
Apocinées.	Acanthacées.
Asclépiadées.	Sélaginées.
Loganées.	Globulariées.
Gentianées.	Myoprinées.
Bignoniacées.	Solanées.
Pédalinées.	Personées.
Cobœacées.	Lentibulariées.

COROLLIFORME adj. [ko-rol-li-forme] (franç. *corolle* et *forme*). Bot. Qui a la forme d'une corolle.

CORNICANT. Petit bossu qui, d'après les contes de Bretagne, fait danser les paysans attardés. Quand il rencontre un bossu, il le transforme en homme superbe, après l'avoir fait danser. Tous ceux qui lui résistent deviennent bossus.

CORRUPTION. — Législ. La loi du 3 juillet 1889 a complété l'article 177 du code pénal, relatif à la *corruption des fonctionnaires*, en y ajoutant les dispositions suivantes : « Sera « punie des mêmes peines (*dégradation civi-* « *que; amende double de la valeur des offres* « *agréées, non inférieures à 200 fr.*) toute per- « sonne investie d'un mandat électif, qui « aura agréé des offres ou promesses, reçu « des dons ou présents, pour faire obtenir ou « tenter de faire obtenir des décorations, « médailles, distinctions ou récompenses, des « places, fonctions ou emplois, des faveurs « quelconques, accordées par l'autorité pu- « blique, des marchés, entreprises, ou autres « bénéfices résultant de traités conclus égale- « ment avec l'autorité publique, et aura ainsi « abusé de l'influence, réelle ou supposée, « que lui donne son mandat. — Toute autre « personne qui se sera rendue coupable de « faits semblables, sera punie d'un emprison- « nement d'un an au moins et de cinq ans au « plus, et d'une amende égale à celle pronon- « cée par le premier paragraphe du présent ar- « ticle. — Les coupables pourront en outre « être interdits des droits (*civiques, civils et* « *de famille*) mentionnés dans l'article 42 du « présent code, pendant cinq ans au moins « et dix ans au plus, à compter du jour où « ils auront à subir leur peine ». (CH. Y.)

CORTOT (Jean-Pierre), statuaire, né à Paris, en 1787, mort dans la même ville le 2 août 1843. Il eut Bridan fils pour maître et remporta le grand-prix de sculpture en 1809. Il remplaça Dupaty à l'Institut et devint professeur à l'École des beaux-arts. Ses plus belles œuvres, qui se distinguent par la pureté du dessin et la simplicité de la composition, sont le *Soldat de Marathon* (jardin des Tuileries), le *Couronnement de Napoléon*, (Arc-de-Triomphe), *Marie-Antoinette soutenue par la religion* (chapelle expiatoire), *Daphnis et Chloé;* le fronton de la Chambre des députés, la statue de Casimir Périer (Père-Lachaise), celle de Corneille (Rouen), etc.

CORYMBIFORME adj. Qui ressemble à un corymbe; qui a la forme d'un corymbe.

COTE. — Législ. Dans les bourses de commerce comportant au moins six offices d'agent de change, et lorsqu'un parquet s'y trouve établi par décret, la *cote des cours* pour les valeurs, le change et les matières métalliques est arrêtée chaque jour, à l'issue de la bourse, par la réunion des agents de change. Le bulletin de la cote est signé par le syndic, affiché dans l'intérieur de la bourse, et publié par les soins de la chambre syndicale. Ce bulletin indique au moins le premier et le dernier cours, ainsi que le plus haut et le plus bas des cours auxquels les marchés ont été conclus. Il peut également mentionner le cours moyen des effets cotés au comptant. Ce cours moyen est établi en prenant la moyenne entre le cours le plus haut et le cours le plus bas. Le bulletin de la cote comporte une partie dite « officielle », comprenant les fonds d'État français et les autres valeurs que la chambre syndicale a reconnues pouvoir donner lieu à un nombre suffisant de transactions. Les valeurs non comprises dans cette partie officielle figurent dans la seconde partie de la cote. (Décr. du 7 octobre 1890, art. 77 et suiv.). (CH. Y.)

CÔTELETTE (écon. dom.). COTELETTES DE PORC FRAIS GRILLÉES. Coupez et parez vos côtelettes, comme les côtelettes de veau; aplatissez-les et faites-les griller à feu doux. Servez avec sauce piquante ou une sauce tomates. — COTELETTES SAUTÉES. Faites-les cuire dans une poêle avec un peu de beurre, saupoudrez-les de mie de pain et fines herbes hachées, pendant qu'elles cuisent; mouillez avec du bouillon; ajoutez échalotes, sel, poivre, un peu de moutarde. Liez votre sauce au moment de servir, avec un peu de beurre manié de farine. En supprimant les échalotes et la moutarde et en ajoutant des oignons et des pommes de terre en tranches, on obtient un *ragoût de côtelettes aux pommes de terre.* — COTELETTES DE VEAU PANÉES. Assaisonnez vos côtelettes de sel et de poivre, répandez dessus du beurre fondu, saupoudrez-les de mie de pain; faites-les griller une demi-heure environ à un feu peu ardent. Servez avec une sauce piquante. — COTELETTES A LA VINAIGRETTE. Assaisonnez de sel et de poivre, mettez sur le gril; laissez cuire à petit feu pendant vingt-cinq minutes. Servez avec une vinaigrette froide, composée de persil et échalotes hachés très fin, huile, vinaigre, sel et poivre. — COTELETTES EN PAPILLOTE. Coupez vos côtelettes un peu minces; couvrez-les entièrement de mie de pain manié de beurre, fines herbes, persil, ciboules hachés menu, sel et poivre. Enveloppez d'une feuille de papier huilée, laissant sortir le manche de la côtelette, faites cuire à petit feu sur le gril pendant une demi-heure environ. Servez avec le papier. — COTELETTES DE VEAU AU LARD. Mettez dans une casserole du petit lard coupé en tranches et un peu de beurre; placez vos côtelettes dessus et faites cuire à petit feu. Dressez alors vos côtelettes avec les lardons dessus; puis mettez dans votre casserole trois jaunes d'œufs, avec du bouillon, persil et échalotes hachés, faites lier sur le feu; ajoutez filet de vinaigre ou du jus de citron, un peu de gros poivre, du sel si besoin est. Servez sur vos côtelettes. — COTELETTES GRILLÉES. Aplatissez vos côtelettes, saupoudrez-les de sel et poivre et faites cuire sur le gril, à feu vif, pendant cinq à six minutes. — COTELETTES SAUTÉES A LA CASSEROLE. Foncez de beurre votre casserole, mettez-y vos côtelettes après les avoir aplaties. Retournez-les en veillant à ce qu'elles ne se dessèchent pas. Servez avec le jus, filet de vinaigre et échalotes hachées. — COTELETTES A LA JARDINIÈRE. Faites cuire vos côtelettes à la casserole avec du beurre. Faites cuire en même temps, dans du bouillon, des haricots nouveaux; des petits pois, carottes, navets, etc., en tenant compte du temps exigé pour la cuisson de chacun de ces légumes, et des champignons. Préparez un roux dans une autre casserole et jetez-y vos légumes cuits; puis vous les y laissez mijoter quelque temps. Dressez vos côtelettes en couronne sur un plat et dressez vos légumes au milieu. — COTELETTES A LA MARINIÈRE. Faites-les rissoler dans une casserole avec un peu de beurre. Mouillez avec du bouillon et un peu de vin blanc. Ajoutez d'abord des oignons blancs, et vingt minutes après une carotte moyenne, un panais, du lard coupé en filets, persil haché, sariette, un filet de vinaigre, sel et poivre, et laissez cuire à petit feu. Servez avec la sauce en parant avec le lard et les légumes. — COTELETTES A LA PURÉE. Passez vos côtelettes au beurre; mouillez de bouillon, ajoutez bouquet garni, sel et poivre. Faites cuire une demi-heure. Dressez en couronne sur un plat le bouquet garni enlevé, et versez au milieu une purée de pommes de terre, pois, lentilles, tomates, oignons ou toute autre. — COTELETTES SOUBISE. Piquez de lard vos côtelettes; mettez-les dans une casserole foncée de bardes de lard; ajoutez bouquet garni, clou de girofle, carottes et oignons; mouillez de bouillon, recouvrez de bardes de lard et faites cuire entre deux feux. Dressez en couronne avec cordon d'oignons et purée d'oignons au milieu.

COTENTINOIS, OISE s. et adj. Du Cotentin; qui concerne le Cotentin ou ses habitants.

COUCHAGE s. m. Hortic. Action d'abaisser une ou plusieurs des branches inférieures d'une plante et d'enterrer une portion moyenne, qu'on maîtrise souvent au moyen d'un pieu crochu. Cette opération, appelée aussi *mar-* *cottage*, a pour but de faire développer des racines dans la partie enterrée et de former ainsi une nouvelle plante.

COUCHE s. f. Hortic. Amas de fumier ou mélange de feuilles sèches recouvert d'une certaine épaisseur de terre ou de terreau, et qui, par la fermentation, fournit une chaleur plus forte que celle du sol naturel.

COUCOU (JEUX). On peut jouer à ce jeu, depuis cinq ou six jusqu'à vingt personnes. Lorsqu'on est en grand nombre, on joue avec un jeu entier de 52 cartes; autrement, on se sert d'un jeu de piquet, en observant que les as sont les dernières cartes du jeu. Comme il y a un grand avantage à faire, on tire à qui fera, après avoir pris chacun huit ou dix marques dont on fixe la valeur : celui qui mêle ayant fait couper à sa gauche, donne une carte, sans la découvrir, à chaque joueur qui, l'ayant regardée, dit, si la carte est bonne : « *je suis content;* » et si la carte est un as ou une autre carte basse, il dit « *contentez-moi* » à son voisin de droite, qui est obligé de changer de carte avec lui, à moins qu'il n'ait un roi, auquel cas il dit « coucou »; et celui qui demandait à se faire contenter est obligé de garder sa mauvaise carte : les autres continuent à se faire contenter de la même manière, c'est-à-dire à changer de carte avec le voisin de droite et de gauche une seule fois, jusqu'à ce que l'on soit venu à celui qui a mêlé; celui-ci, lorsqu'on lui demande à être contenté, doit donner la carte de dessus le talon, à moins que, comme il a été déjà dit, ce soit un roi. Enfin la règle générale, c'est que chaque joueur peut, lorsqu'il le croit avantageux et que c'est à son tour de parler, forcer son voisin de droite à changer de carte avec lui, à moins qu'il n'ait un roi. Après que le tour est ainsi fait, chacun étale sa carte sur table, et celui ou ceux qui ont la plus basse carte paient chacun un jeton qu'ils mettent dans un corbillon placé au milieu de la table : il peut se faire que quatre joueurs paient à la fois, et c'est lorsqu'ils ont la même espèce de carte qui paie; les as paient toujours quand il y en a sur le jeu : à défaut des as, les deux; à défaut des deux, les trois, et ainsi des autres. Chacun mêle à son tour. Lorsque quelque joueur a perdu tous ses jetons, il se retire du jeu. Celui qui est le dernier à avoir des jetons gagne la partie, quand il n'aurait qu'un jeton, si aucun des autres n'en a plus, et il tire ce que chacun a mis au jeu.

COULANT s. m. Rejeton qui naît de la tige principale d'une plante et qui s'enracine de distance en distance. On dit aussi *courant* ou *stolon.*

COULÉ, ÉE adj. Hortic. Se dit en parlant des fruits qui n'ont pas noué ou qui ne sont pas formés.

COULURE s. f. Hortic. Chute d'un ovaire qui n'a pas été fécondé.

COUNANI (République de). Entre l'Oyapok, frontière orientale de la Guyane française, et l'embouchure de l'Amazone, s'étend un district neutralisé par un traité intervenu le 3 juillet 1841 entre la France et le Brésil. La ligne côtière mesure environ 290 kilom. et le territoire entier n'a pas moins de 60,000 kilom. carrés. Dans ce vaste espace vivent à peine 700 hab., nègres pour la plupart, et anciens esclaves qui ont fui le Brésil. En 1883, les Counaniens, comme on les appelle aujourd'hui, à cause du fleuve Counani qui arrose leur pays et à cause de leur unique village, qui porte le nom de ce fleuve, sur les bords duquel il est bâti, les Counaniens, disons-nous, firent des démarches pour être annexés à la Guyane française; mais la France dut décliner cette offre, pour rester fidèle à ses engagements envers le Brésil. Désappointés, les Counaniens se proclamèrent en Répu-

blique indépendante et offrirent la présidence de leur gouvernement à un journaliste français, M. Jules Gros, qui accepta (juillet 1886). Mais au lieu de se rendre au milieu de ses administrés, le président resta à Paris. Ses premiers actes furent : La création de l'ordre de l'*Etoile de Counani*, avec accompagnement de dignités et de décorations, mises à la disposition de ceux qui rendraient des services au président, et la fondation, à Paris d'un journal intitulé : *Les Nouvelles de France et des colonies, journal officiel de la république de Counani.* La discorde ne tarda pas à régner parmi les membres de ce nouveau gouvernement tout parisien. Les ministres, que le président avait choisis pour les remercier du concours prêté à son élection, finirent par blâmer sa conduite ; il voulut les destituer, mais ils prononcèrent sa déchéance ; il s'ensuivit une polémique, aucun d'eux ne voulant abandonner le pouvoir qu'ils exerçaient en rêve. Pendant ce temps, le petit peuple counanien, las de vivre libre, loin de ses gouvernants, se démèna afin de posséder un roi pour de bon ; il a, dit-on, offert la couronne à un Français établi à Counani. Le territoire counanien, aussi appelé *Guyane indépendante*, produit en quantité le coco, le coton, le caoutchouc, la salsepareille, le tabac, la vanille, le café, du bois de construction ; il renferme de nombreux cours d'eau, entres autre l'Ouassa, le Cachipour, le Counani, le Carsevenne, le Mapa, etc., qui sont des fleuves larges comme la Seine et que les navires peuvent remonter jusqu'à une grande distance.

COUPEUR D'EAU (Jeux). On découpe une plaque de métal de 10 centim. de diamètre, en lui donnant la forme d'une scie circulaire; on perce deux trous sur le diamètre, à égale distance du centre et séparés d'environ 3 cen-

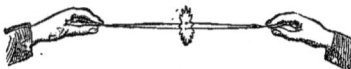

Le coupeur d'eau.

tim. l'un de l'autre ; on passe une ficelle dans les trous, puis on noue ensemble les bouts de la ficelle et le jouet est terminé. Pour s'en servir, on saisit dans chaque main l'une des extrémités de la double ficelle, on amène, bien au milieu, la scie que l'on fait tourner sur son axe jusqu'à ce que la ficelle soit bien tordue. Alors, en tirant fortement la ficelle, on la fait détordre et on imprime à la scie un rapide mouvement de rotation en sens inverse. Dès qu'elle tourne très vite, on rapproche les mains l'une de l'autre pour permettre à la scie de continuer, en vertu de la force acquise, sa rotation jusqu'à ce que la ficelle soit cordée dans la direction opposée. On la fait ensuite détordre de nouveau un la tirant et on la laisse se retordre comme précédemment ; on continue ainsi le mouvement de va-et-vient des mains pour imprimer à la scie un mouvement circulaire alternatif. Ce jouet doit son nom de coupeur d'eau à l'habitude où l'on est de faire plonger dans l'eau les dents de la scie rapidement lancée. On voit alors de fines gouttelettes de liquide jaillir sur le joueur et en sens inverse, suivant la direction de la scie. Ce jouet présente de graves inconvénients : si la ficelle vient à casser, la scie est projetée et peut blesser le joueur ou les spectateurs ; il est moins dangereux de le fabriquer en bois et de ne pas découper de dents circulairement autour de lui ; on peut alors employer tout simplement un large bouton de pantalon dans les deux trous opposés duquel on passe un brin de gros fil.

COUR. — Législ. L'article 12 de la loi constitutionnelle du 16 juillet 1875 porte que le Sénat peut être constitué en *cour de justice*,

par un décret du président de la République, rendu en conseil des ministres, pour juger toute personne prévenue d'attentat contre la sûreté de l'Etat. Le même article ajoute qu'une loi devra déterminer le mode de procéder contre cette haute cour, pour l'accusation, l'instruction et le jugement. La loi de procédure n'existait pas encore lorsque en 1889, le Sénat eut à juger Boulanger, Rochefort et Dillon, inculpés d'attentat contre la sûreté de l'Etat. Le Parlement fut immédiatement saisi d'un projet qui a été voté sans retard, et cette loi (10 avril 1889) règle les détails de l'installation du Sénat en cour de justice, de l'instruction qui doit être confiée à une commission de neuf sénateurs, de la mise en accusation et du jugement. La peine est appliquée selon les dispositions du code pénal.   (Ch. Y).

COURCY (Philippe-Marie-Henri Roussel de), général français, né à Orléans en 1827, mort à Paris en nov. 1887. Sorti de Saint-Cyr en 1846, il débuta aux chasseurs à pied et fut cité trois fois à l'ordre du jour pendant la guerre du Mexique. En 1870, colonel au 90e de ligne, il se distingua à Borny et fut presque aussitôt nommé général de brigade et commanda, en cette qualité, dans l'armée de Versailles; fut désigné en 1877 pour suivre les opérations du grand-duc Michel dans l'Asie-Mineure, prit part à la lutte au milieu des grenadiers russes et fut décoré pour le grand-duc devant tout le corps d'armée russe. A son retour en France, il passa général divisionnaire (8 janv. 1878). Après la malheureuse affaire de Lang-Son, il fut nommé, le 14 avril 1885, commandant du corps expéditionnaire du Tonkin, en remplacement du général Brière de l'Isle. Il quitta la France le 30 avril et entreprit de soumettre le Tonkin et l'Annam. Des obstacles imprévus, le climat, les difficultés d'un triple pouvoir militaire, politique et diplomatique, le soin d'assurer les subsistances à son armée et toute foule d'autres causes épuisèrent son activité. Au mois de juillet eut lieu le guet-apens de Hué, dans lequel le général de Courcy et ses troupes faillirent trouver la mort. Quelques semaines plus tard, il fut rappelé en France, sans avoir pu réussir dans sa mission pacificatrice. Il rentra découragé, exténué, discuté, amoindri, et, de plus, atteint de fièvres dont il ne put se guérir. Il obtint un commandement sur la frontière de l'Est. Une pneumonie purulente l'enleva au bout de trois mois d'horribles souffrances et après une douloureuse opération.

COURIL. Démon des légendes bretonnes. Les courils visitent pendant la nuit les fermes et les maisons; quand ils n'y trouvent pas tout en bon ordre, ils dérangent les meubles et font tomber les enfants du berceau.

COURNET (Frédéric), homme politique, né à Lorient (Morbihan), en 1838, mort en mai 1885. Il était fils d'un officier de marine mis à la retraite en 1847, exilé en 1851 et tué en duel à Londres en 1852. Frédéric Cournet se signala dans toutes les manifestations qui précédèrent la chute du second empire, entra à la rédaction du *Réveil* et se fit arrêter plusieurs fois. Pendant le siège de Paris, il fut nommé commandant d'un bataillon de marche du xviiie arr.; Paris l'élut le 8 février 1871; à Bordeaux il vota contre les préliminaires de la paix. Le 26 mars les électeurs du xixe arr. l'envoyèrent siéger à la Commune; il donna sa démission de député le 30 du même mois. Il fit partie de la commission de sûreté publique, de la commission exécutive et sur la direction de la commission civile et fut la direction de la commune de Paris du 24 avril au 4 mai. Il se réfugia en Angleterre après la chute de la Commune, et assista, en qualité de délégué, au Congrès internationaliste de la Haye (1872).

COURONNE s. f. Bot. Nom donné au calice persistant qui couronne certains fruits, à certains organes accessoires de la fleur, comme dans le narcisse. — Hortic. Réunion de plusieurs branches insérées à la même hauteur, ou à peu près, autour de la tige; base élargie (empâtement) d'un rameau supprimé.

COURONNÉ adj. m. Se dit d'un arbre qui à perdu sa flèche et ne se développe plus en hauteur.

COURSE. Voici quels ont été, jusqu'à ce jour, les vainqueurs du grand prix de Paris :

ANNÉES	CHEVAUX	NATIONALITÉ	ÉCURIE
1863	The Ranger.	Anglais.	Saville.
1864	Vermout.	Français.	Delamarre.
1865	Gladiateur.	Français.	De Lagrange.
1866	Ceylon.	Anglais.	Duc de Beaufort.
1867	Fervacques.	Français.	De Montgomméry.
1868	The Earl.	Anglais.	Marquis d'Hastings.
1869	Glaneur.	Français.	Lupin.
1870	Sornette.	Français.	Major Fridolin.
1872	Cremorne.	Anglais.	Saville.
1873	Boïard.	Français.	Delamarre.
1874	Trent.	Anglais.	Marschall.
1875	Salvator.	Français.	Lupin.
1876	Kisber.	Hongrois.	Baltazzi.
1877	Saint-Christophe	Français.	De Lagrange.
1878	Thurio.	Anglais.	Soltikoff.
1879	Nubienne.	Français.	E. Blanc.
1880	Robert the Devil.	Anglais.	C. Browers.
1881	Foxhall.	Américain.	Keen.
1882	Bruce.	Anglais.	Keen.
1883	Frontin.	Français.	De Castries.
1884	Little-Duke.	Français.	De Castries.
1885	Paradox.	Anglais.	Brodrick.
1886	Minting.	Anglais.	Winer.
1887	Ténébreuse.	Français.	Aumont.
1888	Stuart.	Français.	Lane.
1889	Vasistas.	Français.	Delamarre.

Sur vingt-six fois où le grand prix de Paris a été couru, les Français l'ont gagné 14 fois, et les Anglais 10 fois. Les deux autres fois, ce prix a été gagné par un cheval hongrois et par un cheval américain.

COURT (Joseph-Désiré), peintre français, néà Rouen en 1798, mort en 1865. Elève de Gros, il obtint, en 1827, le premier grand prix de Rome, par sa belle toile *Samson livré aux Philistins.* En 1821, la *mort de César* fut considérée comme l'un des meilleurs tableaux du salon. *Boissy d'Anglas saluant la tête de Féraud* fut encore plus admiré en 1833. Court a laissé plusieurs autres toiles qui témoignent d'un grand mérite.

COUSSINET s. m. Bot. Petit renflement situé à la base de la feuille, et qu'on désigne aussi sous le nom de *nœud vital.*

COUVEUSE ARTIFICIELLE. Appareil employé pour l'incubation artificielle des œufs

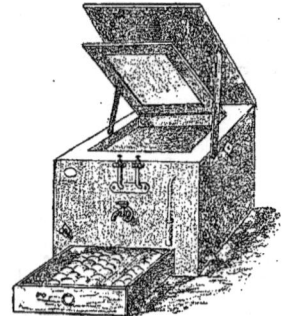

Couveuse artificielle

de poule, de cane, de perdrix, de caille, de faisane, etc. (voy. INCUBATION ARTIFICIELLE, dans le *Dictionnaire*). Il existe un grand

nombre de systèmes de couveuses ou couvoirs; presque tous ceux que l'on emploie aujourd'hui se composent d'une caisse de bois à tiroirs dans lesquels les œufs sont déposés sur un lit de coton ou de foin très menu. Le chauffage se fait au moyen de la vapeur d'eau ou de l'eau chauffée à 50° C., pour que la température, à l'intérieur de l'appareil, soit toujours de 40°. Après l'éclosion, le petit exige encore les plus grands soins, jusqu'à ce qu'il ait acquis assez de force pour résister au froid. On remplace donc la chaleur maternelle par celle d'un appareil chauffé, dans lequel les petits se tiennent blottis sous une peau d'agneau. Cette *poussinière*, comme on l'appelle, est le complément obligé de toute couveuse artificielle.

COUVEUSE D'ENFANTS. Le plus grand ennemi des nouveau-nés, surtout de ceux qui sont venus avant terme, c'est le froid qui les fait périr en grand nombre. Déjà en 1857, Dencé, avec son berceau incubateur, et en 1884, Credé, avec sa baignoire, avaient essayé de fournir au nouveau-né débile la chaleur qui lui est indispensable; mais c'est M. Tarnier qui a réalisé, en 1883, l'appareil le plus pratique. Sa couveuse se compose d'une caisse en bois formée de deux compartiments superposés. Dans celui du dessous, un place les *moines* ou bouteilles d'eau chaude, que l'on renouvelle aussitôt que la température baisse; dans celui du haut repose l'enfant sur du coton ou sur un matelas; ce compartiment est vitré, pour permettre de surveiller l'enfant. Des orifices spéciaux règlent la circulation de l'air pur et chaud dont ils assurent le renouvellement. Le gavage, imaginé en 1851 par Marchant, est le moyen complémentaire pour les enfants nés avant terme, quand ils ne peuvent prendre le sein. On le fait à l'aide d'une sonde œsophagienne, surmontée d'un vase en verre gradué, qui permet de graduer facilement la quantité de lait donnée au nourrisson, lait qui est, autant que possible, fourni par les nourrices. L'usage de cette couveuse d'enfants produit des résultats merveilleux. Il mourait autrefois à la Maternité 60 p. 100 des enfants pesant moins de 2 kilogr.; grâce à la couveuse, on n'en perd plusque 36 p. 100; tous les enfants nés à son poids succombaient; on en sauve aujourd'hui 30 p. 100.

CRAILLER v. n. [Il *mll.*]. Crier, en parlant du corneau, de la corneille.

CRAPAUD. Art vétér. Décomposition des tissus qui composent le pied du cheval; particulièrement hypertrophie de la fourchette, accompagnée de l'hypertrophie de tous les tissus. Le traitement consiste à enlever les fers et à lier le paturon avec une grande corde de la grosseur d'un porteplume pour empêcher le sang de couler; appliquer des caustiques sur les parties où les ravages sont les plus violents: alun calciné ou sulfate de cuivre. Les chevaux atteints de crapauds sont fortement dépréciés.

CRAQUER v. n. Crier en parlant de la grue, de la cigogne et d'autres oiseaux de la même famille. On dit aussi CRAQUETER.

CRÉMAILLÈRE (chemin de fer à). Chemin de fer dans lequel on fixe une sorte d'échelle de fer sur la voie, entre les rails. Une roue dentée dont la machine est pourvue engrène sur ces échelons. Ce système est employé quand il s'agit de franchir des pentes rapides, comme sur le flanc du Righi, à Langres, etc.

CRÉMATION. Encycl. L'incinération des cadavres a été généralement pratiquée dans l'antiquité, sauf en Égypte où l'on embaumait les corps, en Judée où on les déposait dans des sépulcres, et en Chine où on les a de tout temps enfouis dans la terre. Mais jusqu'au IVe siècle de notre ère, les Grecs et les Romains n'eurent pas d'autre manière de traiter les cadavres humains. Le même système est encore pratiqué dans une grande partie de l'Asie et dans les contrées non christianisées de l'Amérique. On proposa, en France, pendant la Révolution, de le faire revivre. Cette idée fut abandonnée; mais on l'a reprise de nos jours. Ses partisans font valoir, entre autres raisons dignes de la faire adopter, que la crémation est économique, qu'elle ne nuit pas à la santé des vivants comme l'horrible et lente décomposition des corps dans le sol. Ses adversaires font remarquer qu'il sera difficile de changer les habitudes séculaires des peuples chrétiens. D'ailleurs, la crémation fait disparaître toute trace de mort violente, tandis que le cadavre abandonné à la terre peut encore servir longtemps de témoin. Enfin la doctrine de la résurrection du corps est favorable à l'inhumation. Ces considérations n'empêchèrent pas différents médecins italiens de faire des essais de combustion à l'aide de fours disposés spécialement pour cet usage. Le docteur Poli, à l'usine à gaz de Milan, employa du gaz mélangé avec de l'air atmosphérique, dans un appareil cylindrique en argile réfractaire. Le docteur Brunetti, de Padoue, père de la crémation moderne, employa un four oblong de brique, réfractaire, avec des portes sur les côtés, pour régler le tirage, et un dôme de fonte, muni d'une ouverture. On put voir à l'Exposition de Vienne, en 1873, les résultats de ses expériences. Dans le fourneau régénérateur de Siemens, on n'emploie qu'un courant d'air brûlant et le corps fournit l'hydrogène et le carbone. Un congrès relatif à la crémation se réunit à Dresde en juin 1876; les Sociétés des différents pays d'Europe s'y firent représenter, et l'on y étudia le plan d'un temple crématoire, contenant une chapelle, d'où le corps serait élevé jusqu'à une salle d'incinération. Une troisième salle devait contenir les urnes destinées à recevoir les cendres. Toute satisfaction ayant été donnée à la religion, les peuples protestants étudièrent la question et firent de nombreux essais. Une Anglaise, Mme Charles Dilke, attacha son nom à la nouvelle méthode, en subissant la première, d'après sa volonté, la crémation. Le baron de Palm, ancien chambellan du roi de Bavière, étant mort à New-York en mai 1876, fut incinéré, en vertu d'un vœu exprimé dans son testament. A partir de ce moment, la crémation devint assez commune pour permettre la construction de fours crématoires dans plusieurs villes d'Italie, à Breslau, à Dresde, etc.; des sociétés de crémation se sont formées dans presque toutes les contrées de l'Europe et l'on a construit des fours à Londres, à Paris, et dans les environs de New-York. La pratique de l'incinération a été recommandée par le conseil municipal de Berlin, approuvée par celui de Paris et rendue légale par les gouvernements d'Italie, de Suisse, et par les municipalités de Vienne, de Gotha et de diverses autres villes d'Allemagne. Plus de 500 cadavres ont déjà été brûlés dans les seuls fours d'Italie. Il existe plusieurs systèmes crématoires. Dans les uns comme les autres, l'incinération d'un adulte ne dure pas plus d'une heure et demie, et les cendres, qui sont parfaitement blanches, pèsent environ 2 kilogr. Le corps est réduit à ses éléments composants. Le prix de cette réduction ne dépasserait pas 40 francs, si la crémation était pratiquée sans interruption, mais elle coûte beaucoup plus cher quand il faut chauffer le four à chaque opération.

— Législ. Un décret du 27 avril 1889, portant règlement d'administration publique, et rendu en exécution de la loi du 15 novembre 1887 (art. 3), détermine les conditions applicables aux divers modes de sépultures. Il décide qu'aucun appareil crématoire ne peut être mis en usage sans une autorisation du préfet, accordée après avis du conseil d'hygiène. Toute incinération est faite sous la surveillance de l'autorité municipale, et elle doit être préalablement autorisée par l'officier de l'état civil du lieu du décès, lequel ne peut donner cette autorisation que sur le vu : 1° de la demande faite au nom de la famille, 2° du certificat du médecin traitant, affirmant que la mort est le résultat d'une cause naturelle, et 3° du rapport d'un médecin assermenté, commis par l'officier de l'état civil pour vérifier les causes du décès. Les cendres ne peuvent être déposées que dans des lieux de sépulture et elles ne peuvent être déplacées qu'en vertu d'une permission de l'autorité municipale. — Les communes dans lesquelles sont installées des chambres funéraires ou des appareils crématoires peuvent percevoir des droits pour le dépôt et pour l'incinération des corps. Les tarifs de ces droits sont délibérés par les conseils municipaux et soumis à l'approbation du préfet (L. 17 juillet 1889, art. 29). La coutume d'incinérer les corps des personnes décédées était assez répandue chez les peuples anciens, dans les classes les plus élevées. Elle semble devoir revivre de nos jours, malgré l'opposition de l'Église romaine qui, si souvent elle-même, s'est servie du bûcher pour anéantir ceux qui refusaient de se soumettre à son autorité. C'est à Milan qu'a été construit, en 1876, le premier appareil crématoire; et, bientôt après, les principales villes d'Italie ont suivi cet exemple. Il en existe aussi en Angleterre et en Suisse. La législation française s'opposait implicitement à l'emploi de ce mode de sépulture; car tous les corps des décédés devaient être inhumés. La loi du 15 novembre 1887, dont nous venons de parler, a mis fin à cette interdiction. Déjà, en 1884, on avait installé, à Paris, dans le cimetière de l'Est, un four crématoire, destiné à brûler les restes humains sortant des amphithéâtres de dissection. Un appareil public a été construit, dans le même cimetière, en 1887; mais la combustion au bois était incomplète et de très longue durée. On emploie aujourd'hui, avec succès, le gaz oxyde de carbone, produit par un foyer au coke. Les résidus de chaque crémation, réduits au poids d'un à deux kilogrammes environ, sont recueillis dans un petit coffre en grès, lequel, après avoir été scellé aux armes de la ville de Paris, doit être ensuite déposé dans une sépulture. Le tarif adopté par le Conseil municipal fixe à 50 fr. la redevance à payer par les familles pour l'usage de l'appareil crématoire. Les indigents sont incinérés gratuitement. Dans une circulaire adressée aux préfets le 25 mai 1890, le directeur de l'assistance et de l'hygiène publiques a fixé les conditions auxquelles doivent satisfaire les cercueils renfermant les dépouilles mortelles destinées à être incinérées. — La crémation présente certains avantages, surtout lorsque le décès a été causé par une maladie contagieuse; mais il est très douteux que cette pratique se substitue aux habitudes anciennes des populations.

. (CH. Y.)

CRÉMATOIRE adj. Qui sert à la crémation. — Four CRÉMATOIRE, édifice dans lequel on procède à l'incinération des cadavres; le *four crématoire* de Paris a été commencé en 1887 et terminé l'année suivante. C'est une élégante construction qui s'élève au cimetière du Père-Lachaise, derrière le cimetière israélite. Il est dominé par 2 cheminées d'appel en pierre blanche et par 3 dômes qui abritent 3 chambres crématoires. Le four est du même système que celui de Milan.

CRÈME (de fraises ou de framboises glacée). Prenez un demi-litre de fraises ou de framboises bien mûres, un demi-litre de crème, 500 grammes de beau sucre blanc en poudre. Exprimez le jus de vos fruits à travers un tamis; ajoutez le sucre et la crème, le jus d'un citron ou un demi-bâton de vanille, et

glacez. — Un peu de lait nouveau ajouté au moment de glacer rend l'opération plus rapide. — On peut préparer de cette façon toute espèce de fruits, en choisissant de préférence ceux qui ont un parfum agréable et prononcé. Il suffit de prendre soin de ne se servir que de fruits de bonne qualité et bien mûrs. On peut également se servir de fruits conservés, ou de moitié de ceux-ci mêlés à des fruits secs. — Naturellement, la quantité de sucre sera diminuée en proportion des conserves. — CRÈME AROMATISÉE POUR GLACES. Délayez des jaunes d'œufs dans du lait, en proportions convenable; ajoutez du sucre en poudre; mêlez bien. Faites épaissir au feu, en tournant incessament, et sans laisser bouillir. Retirez du feu, passez au tamis de crin. Aromatisez alors au citron, à la vanille, aux pistaches, au café, au chocolat, — et glacez.

CRÉOLINE s. f. Substance liquide, d'un brun noirâtre, sirupeuse, ayant l'odeur du goudron et qui est l'un des produits de la distillation sèche de la houille. Densité à 17° 1066. On l'a employée comme antiseptique des plaies dans plusieurs cas d'érésipèle.

CRÊPES. Prenez une demi-livre de farine, trois œufs entiers, une bonne pincée de sel fin; délayez avec un mélange d'eau et de lait par portions égales; ajoutez une cuillerée et demi d'eau-de-vie et un peu de fleur d'oranger : mêlez bien. Laissez reposer au moins deux heures avant de vous en servir. — Nous n'avons pas besoin de donner ici des instructions pour faire cuir les crêpes et les faire sauter par la cheminée : tout le monde le sait d'instinct.

CRIAILLER v. n. Crier, en parlant du corbeau, de la corneille et d'autres oiseaux de la même famille.

CRIBBAGE s. m. (angl. crib., crèche). Jeu anglais plein de variété et considéré comme utile à la jeunesse pour développer en elle les facultés du calcul. On y joue à deux, à trois, à quatre personnes, avec un jeu de 52 cartes; chaque joueur en reçoit ordinairement cinq, rarement six ou huit. Le vainqueur est celui qui arrive le premier à compter soixante et un points. Les points se marquent sur une tablette particulière, comme celle qui est représentée ci-contre :

Cette tablette se place en long ou en large. Un joueur doit commencer de marquer à partir de l'extrémité où se trouve son soixante et unième point et par la rangée extérieure de trous. Chacun est pourvu de deux fiches dont on se sert de la manière suivante : Supposons que l'on compte d'abord quatre, on placera une fiche dans le 4e trou; si l'on compte ensuite trois, on comptera trois trous à partir de la position de cette fiche, et l'on enfoncera la seconde fiche dans le 3e trou. Si le point suivant est huit, on comptera huit trous à partir de la 2e fiche et l'on portera la 1re fiche dans le 8e trou. Par cette méthode, on évite toute espèce de confusion, et les joueurs sont à même de vérifier réciproquement leurs points. Ordinairement, les fiches d'un joueur sont d'une couleur, et celles de son adversaire d'une autre couleur; mais cette différence n'est pas indispensable, parce qu'un joueur ne doit jamais porter la main sur la demi-tablette de son adversaire. A ce

jeu, les figures et les dix tiennent le même rang; les autres cartes se suivent dans l'ordre de leurs points et les as sont les derniers. — MARCHE DU JEU A CINQ CARTES. Celui qui coupe la plus basse carte a la donne. Le donneur ayant battu les cartes, son adversaire coupe le paquet. Ensuite on ne place pas le demi-paquet inférieur sur le demi-paquet supérieur, comme cela se pratique dans les autres jeux. On laisse sur le tapis le paquet divisé en deux parts. Du demi-paquet inférieur, le donneur distribue 5 cartes à son adversaire et 5 à lui-même, une à une alternativement, en commençant par son adversaire. Les cartes restantes se déposent sur le demi-paquet supérieur, et ce tas reste ensuite intact, jusqu'à ce que l'on ait écarté. Dès le début d'une tournée, celui qui n'a pas la donne compte trois points d'emblée, comme une sorte de compensation à la possession du crib par le donneur. Chacun des joueurs examine alors ses cartes; le donneur en écarte deux, qu'il pose, face en dessous, sur le tapis; son adversaire en écarte également deux, qu'il place sur celles du donneur. L'adversaire coupe de nouveau les cartes; le nombre des cartes qu'il enlève dans sa main et de celles qu'il laisse sur le tapis doit être supérieur à deux. Le donneur prend la première carte du demi-paquet inférieur, l'autre joueur remet sur le demi-paquet inférieur celui qu'il a dans la main, et le donneur, retournant la carte qu'il a prise, la pose sur le tas. Les quatre cartes de l'écart et la carte retournée constituent le crib, qui appartient au donneur. Si la carte retournée est un valet, le donneur compte « deux points pour son talon ». La retourne se marque en comptant le point de chaque joueur aussi bien que le crib. Le premier en main débute par jouer une carte, dont il annonce la valeur à haute voix. Pour donner un exemple, supposons que le premier à jouer ait une dame, un valet et un cinq; que l'adversaire ait un sept, un huit et une dame; et que la retourne soit un quatre. Le premier, en main jette sa dame et crie : Dix ! Le donneur joue également sa dame en disant : Vingt ! Le premier compte deux pour une paire ou deux cartes pareilles, parce que toute figure vaut dix. Le premier joueur réplique par son valet, et dit : Trente. Comme il est le plus rapproché de trente et un, le donneur, qui n'a pas d'as pour faire exactement trente et un, lui dit : Allez. Et le premier marque un trou. Alors on calcule le point contenu dans chaque jeu. Le premier compte quatre — deux pour chaque quinze; et le donneur compte deux pour son quinze, obtenu par un sept et un huit. Si le valet de l'un des jeux est de la couleur de la retourne, celui qui le possède compte un. Ensuite le donneur compte et marque les points contenus dans le crib, et la partie continue par une nouvelle tournée. Si, en essayant de se rapprocher de trente et un, au commencement, un joueur peut faire quinze, il compte deux. Celui qui fait exactement trente et un compte deux. Les jeux se comptent comme suit :

Pour un valet de retourne.	2 points.
Pour une séquence de 3 ou de 4 cartes.	3 ou 4 —
Pour un flux (3 cartes de la même couleur)	3 —
Pour un grand flux (3 cartes en main et la retourne de la même couleur). . .	4 —
Pour chaque quinze, comme 6 et 9 ; 10, 2 et 2 ; 7 et 8, une figure et 5 ; etc.	2 —
Pour une paire (deux cartes pareilles, comme 2 trois, 2 quatre, etc.). . . .	2 —
Pour une paire royale (trois cartes pareilles)	6 —
Pour une double paire royale (quatre cartes pareilles)	12 —
Pour le valet de la couleur de la retourne.	1 —

Si un joueur possède un six, un sept et un huit et si la retourne est un huit, il comptera séparément les deux séquences et marquera trois pour chacune d'elles. Le premier à jouer compte toujours le premier, ce qui est très importante à la fin d'une partie, parce que c'est celui qui arrive le premier à 31 qui a gagné. Le donneur, quand il arrive au 61, ne peut donc le compter si son adversaire vient d'y arriver également. Le but du second joueur est d'abattre sur la carte du premier une carte qui s'appareille avec elle. S'il ne peut faire une paire, il répond par une carte dont le point, additionné avec celui de la première, arrive à quinze. Alors le but du premier joueur est de poser, sur les deux cartes déjà abattues, une troisième carte qui fasse soit une paire, soit une paire royale, soit un flux; et cherche à atteindre le nombre 15, si cela n'est déjà fait. Les joueurs abattent ainsi alternativement une carte sur les autres, jusqu'à ce que les points des cartes abattues fassent 31 ou approchent le plus possible de ce nombre. Celui qui se voit forcer de dépasser 31 et qui ne peut s'en approcher de plus près que n'en est son adversaire dit alors : Allez. Il n'abat aucune carte et son adversaire compte un et a le droit de jouer une nouvelle carte; si l'adversaire peut faire exactement 31, il compte deux, de plus, il a souvent l'occasion de faire des paires et des séquences. Ensuite, on abat les jeux, et l'on ajoute aux points déjà gagnés en jouant, ceux que l'on peut avoir quand on arrange ses cartes de toutes les manières possibles pour leur faire donner des paires, des paires royales, des séquences, etc. Le donneur a l'avantage de pouvoir arranger ses cartes avec celles du crib. A toute nouvelle tournée, le premier en main de la tournée précédente devient donneur à son tour. — RÈGLEMENT GÉNÉRAL. 1. Quand le donneur fait voir ses cartes, tant pis pour lui. 2. Quand le donneur laisse voir les cartes de son adversaire, celui-ci marque deux points et peut exiger une nouvelle donne. 3. Quand le donneur se trompe et ne découvre pas son erreur avant que l'un ou l'autre joueur ait vu ses cartes, l'adversaire compte deux et recommence la distribution. 4. Si, pendant la distribution, le premier à jouer fait voir une de ses cartes, le donneur a le droit de recommencer la donne, pourvu qu'il n'ait pas vu ses propres cartes. 5. Quand le donneur distribue plus ou moins de cinq cartes, son adversaire compte deux et fait recommencer. 6. Si un joueur touche les cartes de la donne, avant de couper pour la retourne, l'adversaire compte deux points. 7. Si un joueur compte plus qu'il n'a le droit de compter, l'adversaire le force à effacer les points marqués en trop et marque pour lui-même un nombre égal de points. 8. On peut adouber les fiches, quand elles se trouvent dérangées par accident; mais alors il faut dire : « j'adoube », sinon, l'acte de toucher les fiches sans nécessité donne droit à l'adversaire de compter deux points. Si un joueur dérange la fiche la plus avancée, on peut l'obliger à la poser derrière la seconde. 9. Le joueur qui a oublié de marquer son point ou qui s'est trompé à son désavantage, ne peut plus réparer son oubli ou son erreur après la coupe de la tournée suivante. — CRIBBAGE A TROIS. La théorie du cribbage à trois joueurs est semblable à celle du cribbage à deux. La tablette dont on se sert est triangulaire et porte trois séries de 60 trous, avec le trou de partie au milieu. Chaque joueur agit pour son propre compte et, par conséquent, deux adversaires au lieu d'un. Chacun reçoit cinq cartes, une à une, et le donneur pose la seizième, couleur en dessous, sur le tapis, pour former le commencement du crib. A cette carte, chaque joueur en ajoute une, prise dans son jeu, ce qui fait que les seize cartes se trouvent également distribuées entre les

trois joueurs et le crib. Celui qui réussit à atteindre le premier le 61e trou gagne la partie et les enjeux de ses deux adversaires. — CRIBBAGE A QUATRE. Dans cette variété de cribbage, deux personnes forment une association contre deux autres joueurs qui sont également associés. Soixante et un points forment ordinairement la partie ; mais on convient quelquefois de faire deux fois le tour de la tablette et d'arrêter la partie à cent vingt et un points. Avant de commencer, deux des quatre joueurs sont désignés pour être chargés des comptes et de la marque ; on pose la tablette entre eux deux ; les deux autres joueurs n'ont pas le droit de dire un mot relativement aux comptes ou à la marque. Après la coupe et la distribution des cinq cartes à chaque joueur, le donneur place le reste du paquet à sa main gauche. Chacun donne alors une carte, pour former le crib, qui appartient au donneur. Le choix de la carte que l'on donne au crib dépend naturellement du parti auquel appartient ce crib. On donne de préférence un cinq lorsque le crib appartient à l'association dont on fait partie. On évite de donner un cinq au camp adverse. On joue alors jusqu'à ce que les seize cartes soient abattues. Les quinze, les séquences, les paires, etc., se comptent comme dans une partie à deux. Quand un joueur voit qu'il lui est impossible d'atteindre exactement trente et un ou un point moindre, il dit : « allez » et la main passe à son voisin de gauche. Le premier à jouer doit abattre, autant que possible, tout point moindre. Le second cherche à faire une paire ; il évite de jeter une carte du point immédiatement inférieur ou supérieur à la carte jouée, par le premier, parce que le troisième trouverait l'occasion de faire une séquence. Quand il peut faire quinze, cela est préférable à la paire. Le but du troisième joueur est d'atteindre le nombre inférieur à trente et un, pour permettre à son partenaire de gagner un point après que le quatrième joueur aura dit : « allez » ; le partenaire peut même gagner deux points, s'il arrive exactement à trente et un. Le quatrième joueur étant le dernier à jouer pendant la première tournée, aura donc agi sagement en se conservant des as ou de basses cartes, pour atteindre trente et un. Dès que les jeux sont abattus, on compte, en y comprenant le crib, et l'on marque. Le premier à jouer marque le premier.

CRICKET s. m. [kri-kett]. (angl. *cricket*, criquet). Encycl. Il est évident que le *cricket* anglais n'est qu'une modification de notre ancien jeu français nommé *criquet* ou *crosse*. Mais pendant un long voyage outre-Manche, où il a dû être introduit par les compagnons de Guillaume le Conquérant, il a changé de physionomie, tant sous le rapport de l'ortographe de son nom que sous celui de ses règles. Il y a deux siècles à peine, on le jouait encore en plantant dans le sol deux petits poteaux ou *stumps* (guichets) hauts d'un mètre, éloignés de 8 à 10 cent. et réunis à leur partie supérieure par une baguette (wicket [ouik-ètt]). Un joueur, placé à une certaine distance et armé d'une solide balle de cuir, essayait de renverser cet édifice ou tout au moins de lui imprimer une secousse qui fit tomber le wicket. Un autre joueur, placé près des poteaux et pourvu d'un bâton aplati nommé crosse ou batte, défendait le wicket en repoussant la balle. Plus était grande la distance que la balle avait à parcourir, plus il était facile pour le défenseur ou crosseur de se précipiter entre le wicket et l'assaillant. Tel était le wicket simple, que l'on ne joue guère aujourd'hui, et qui a fait place au wicket double. Le wicket simple n'est, comme nous l'avons dit, qu'une modification de notre ancien *criquet* ou *crosse* qui se jouait de la manière suivante : L'un des deux joueurs, désigné par le sort, s'armait d'un bâton recourbé nommé criquet ou crosse, et se portait près d'un but formé de deux pierres éloignées d'environ 40 cent. l'une de l'autre, ou de deux piquets plantés en terre à la même distance. L'autre joueur, placé à une distance convenue, lançait une balle et cherchait à la faire passer entre les deux pierres ou les deux piquets. Le premier, nommé *crosseur*, s'efforçait, au contraire, de repousser la balle avec la crosse et de la chasser le plus loin possible ; puis tandis que son adversaire courait après elle pour la ramasser, il se précipitait vers un autre but marqué d'avance, la frappait de sa crosse et faisait son possible pour revenir à son premier poste avant que le second eût eu le temps de ramasser la balle et de la faire passer entre les pierres ou les piquets. Il conservait son rôle de crosseur qu'il réussissait à repousser la balle ; mais si elle trompait sa surveillance et passait entre les pierres ou les piquets, soit au premier coup, soit aux coups suivants, il cédait sa place et sa crosse à l'adversaire, qui devenait crosseur à son tour. Le vainqueur était celui qui, le premier, parvenait à repousser la balle un nombre convenu de fois. Ce jeu si simple et si agréable est abandonné depuis longtemps ; on l'a remplacé par le cricket simple, qui a lui-même fait place, depuis plusieurs années, au cricket double, ainsi nommé parce qu'il exige l'emploi de deux balles et de deux guichets placés chacun dans un camp. Aujourd'hui les guichets se composent de trois bâtons verticaux (stumps) ordinairement en bois de frêne, solide et sans nœuds. Sur ces bâtons, on place transversalement deux *bails* ou baguettes de bois sculptées et tournées, posées de façon que les extrémités de chacune d'elles reposent sur deux des trois stumps, les rainures du sommet de chaque stump servant à main-

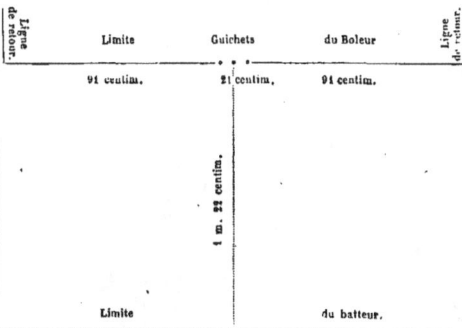

Fig. 1. — Terrain du double cricket.

tenir les extrémités de chaque bail. Tel est le guichet contemporain. Les deux guichets nécessaires à la partie dite « double wicket » se placent en face l'un de l'autre à une distance de 22m,80. Quand on se prépare pour un match, on arrange le terrain de chaque guichet comme le montre notre fig. 1. Le *bowling crease* [bôl'-inng-kri-se] ou limite du boleur (bowler) est la limite qui empêche le boleur de courir au delà des guichets ; s'il lui arrive, en délivrant une balle, de placer ses deux pieds en dehors du bowling crease (c'est-à-dire vis-à-vis des stumps), la balle est dite « perdue » et cette faute vaut un point au camp adverse. La ligne de retour limite, de chaque côté, le camp du boleur. Il y a aussi la limite du batteur ; si celui-ci n'a pas un pied toujours dans l'intérieur ou sur la ligne, le garde-guichet (wicket-keeper [ouik-èlt-kipeur]) peut renverser le guichet avec la balle et ainsi mettre hors le batteur. C'est pourquoi le frap-

peur (striker [straï -keur]) aura grand soin de ne jamais sortir de son territoire. Avant de se mettre en face du boleur, le batteur prend ordinairement block de l'arbitre. Le block est un point à une longueur de batte du guichet du milieu, avec lequel il est supposé former exactement une ligne, dans le but de garantir le guichet de l'attaque du boleur. La longueur et la largeur de la batte sont établies par l'article 2 des règles ci-dessous ; quant à son épaisseur et à son poids, le joueur consulte ses forces. Le bois de la batte doit être sec, uni, taillé dans le sens du fil ; le service augmente sa qualité et quand elle n'a pas servi, on doit l'imprégner d'huile. Les cricketeurs, surtout le wicket keeper, se trouvent toujours bien d'employer des gants spécialement manufacturés pour cet usage. Ceux du wicket keeper sont en solide peau de daim et perforés de manière à permettre la ventilation des mains, sans mettre obstacle à la résistance opposée à la balle. Faute d'en faire usage, on exposerait ses mains et ses doigts à de graves blessures. Pour le batteur, on fabrique des gants de daim, découpés sous la paume de la main, ce qui permet de saisir solidement le manche de la batte ; une bande élastique maintient sur le poignet chaque côté du gant au moyen d'un bouton. Sur le dos de la main, le long de chaque doigt, sont d'épaisses bandes tubulaires de caoutchouc, qui fait que les doigts ne risquent pas d'être écrasés par le choc de la balle. L'arangement n'est pas le même pour les deux mains : presque tout le dos de la gauche est couvert ; le pouce étant garanti par la batte n'exige aucune protection particulière. Pour la main droite, ce sont les doigts, plus exposés, qui demandent à être garantis. Les chaussures des cricketeurs ne sont pas indifférentes et l'on ne peut se dispenser d'avoir des souliers ferrés ; on donne la préférence aux chaussures lacées, en cuir de chamois, comme soutenant mieux que les autres, le pied et la cheville. Il serait superflu de mentionner la nécessité des jambières, sans lesquelles le jeu deviendrait très dangereux. Elles sont garnies de joncs ou de cannes et montent au-dessus du genou, garantissant ainsi toute la parie inférieure de la jambe. Dans les matchs, on se munit en outre d'un appareil de signaux pour annoncer les marques, des matchs. Enfin, quand on veut s'exercer sans réunir un grand nombre de personnes, on doit faire usage d'un filet que l'on place en arrière du guichet pour arrêter la balle (fig. 2). Le cricket

Fig. 2. — Le filet.

demande une longue étude et il ne faudrait pas s'imaginer que l'on devient bon cricketeur, soit comme batteur, boleur ou fieldsman [fids'-

mann] si l'on ne pratique longtemps l'emploi que l'on veut remplir; ce n'est pas un art que l'on apporte en naissant et la difficulté que l'on éprouve à l'apprendre, le temps qu'il exige pour être étudié sont autant de difficultés qui empêcheront le cricket de remplacer définitivement nos jeux français d'exercice; il faut ajouter que cet amusement, comme la boxe et plusieurs autres exercices anglais, n'est pas sans danger, malgré toutes les précautions que l'on prend pour n'être pas

Fig. 3. — Le batteur se prépare à l'action.

estropié ou douloureusement blessé. — **Du batteur.** Le batteur, *batsman* [bats-mann], appelé aussi *striker* [straïk-eur] (frappeur) est le joueur armé de la batte; il se tient en avant de l'un des wickets, vis-à-vis du batteur ou

Fig. 4. — Mauvaise position de la batte

lanceur de balle, qui est devant l'autre wicket. Il est indispensable que ses jambes soient garanties par les jambières dont il a été parlé plus haut. Son service n'est pas seulement le plus dangereux, il est aussi le plus difficile et

Fig. 5. — Position correcte (vue de côté).

demande une longue étude. Nos fig. 3, 4 et 5 le représentent dans ses diverses attitudes quand il attend la balle. La première manière (fig. 3) est assez recommandable; mais la seconde (fig. 4) est tout à fait condamnée par l'expérience. On ne doit jamais poser la batte devant soi, il faut, au contraire, l'appuyer vers la droite du joueur et la placer devant le guichet (fig. 5). Quelle que soit la position de la batte, on doit la tenir solidement avec les deux mains; le dos de la main gauche est tourné du côté du boleur, les doigts et le pouce de la main droite sont du même côté.

Le frappeur en position pour attendre la balle, doit se tenir ferme sur la jambe droite, l'épaule gauche en avant, le pied gauche à 30 centimètres du pied droit, l'œil gauche un peu au-dessus du niveau de l'épaule gauche

Fig. 6.

(fig. 5). Quand le joueur sait se tenir correctement et solidement devant son guichet, il doit étudier la manière de recevoir la balle. C'est ici que se présentent les véritables difficultés. Dans quel cas doit-il jouer en arrière

Fig. 7.

ou en avant? Comment suivra-t-il à la volée la balle comme il le désire? Pour réussir, il faut une grande pratique, et encore les joueurs les plus habiles se trompent-ils fort souvent. *Comme principe*, on doit prendre une rapide

Fig. 8.

détermination, et quand on a le moindre doute sur l'opportunité de jouer en se penchant en avant ou en arrière, on se décide pour cette dernière manœuvre (fig. 6). La moindre hésitation peut faire perdre, parce qu'il arrive souvent que si l'on se jette en avant après un instant de retard, on ne reprend pas exactement la balle et on la retourne doucement entre les mains du boleur, à la grande joie des adversaires. Chaque stump du wicket porte un nom particulier. Le plus éloigné du batteur en position est appelé

off stump; celui du milieu *middle stump* et le plus rapproché est le *leg stump*, parce qu'il est le plus contigu aux jambes du batteur par le fait que celui-ci se met en garde près des stumps pour éviter de placer son corps en face du guichet. La défense du leg stump est la plus difficile, elle exige un rapide mouvement du corps en côté (fig. 7). Le coup en arrière, moins compliqué, consiste à porter la batte entre le corps et le guichet; on est à peu près sûr, de cette façon, de ne pas manquer la balle. Enfin, le coup en avant (fig. 8), plus difficile à exécuter que le précédent, est indispensable quand la balle arrive très bas; alors le batteur avance le corps et porte la balle en avant. Il y a aussi le coup dur ou

Fig. 9.

coup violent, appelé *drive* [draï-ve,] pour lequel on lève presque horizontalement la batte à la hauteur des hanches pour frapper rudement la balle. Enfin le *cut* [keutt] est un autre

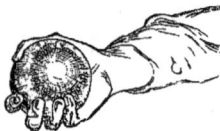

Fig. 10.

coup violent que l'on donne en s'appuyant d'aplomb sur la jambe droite et en levant verticalement la batte pour l'abaisser ensuite vivement à la rencontre de la balle (fig. 9). Le jeu du batteur ne consiste pas seulement à protéger son guichet. Il doit aussi faire des courses, et en faire le plus possible d'un guichet à l'autre quand il a repoussé la balle au loin; chaque course lui compte pour un point. Le batteur adverse essaie de réduire le nombre de ces courses en arrêtant la balle le plus tôt possible et en la renvoyant au garde-guichet. — **Du boleur.** Ce serait une grande erreur de croire que l'on fera un excellent boleur parce que l'on a acquis une certaine précision mécanique à diriger une balle. Il faut joindre d'autres qualités à l'adresse; la principale est la promptitude à découvrir exactement le point faible des adversaires. — Le boleur doit saisir la balle à pleine main, de manière que ses doigts la contournent, les bouts touchant la couture (fig. 10). Il est permis de boler (lancer la balle) soit *en dessous*, c'est-à-dire en la jetant comme une boule, quand on a le bras levé vers les jambes, soit *en dessus*, comme une pierre, en portant la main à la hauteur des épaules, ou même en l'élevant au-dessus de la hauteur de la tête. Le *bowling* est fatigant, il demande beaucoup de précision, surtout si le boleur désire faire des *effets*, qui va-

rient suivant sa manière de tenir la balle. S'il la tient la paume de la main tournée vers le ciel, il obtiendra un effet *en dedans*; si la paume de la main est tournée vers le sol, l'effet sera *en dehors* et le projectile, dès qu'il aura touché terre, se rapprochera du centre des guichets ou s'en éloignera. — *Du champ*. La plupart des traités élémentaires qui s'occupent du cricket parlent à peine du champ ou *fielding* [fil-dinng], qui est pourtant d'une importance capitale. Les meilleurs boleurs, les plus habiles batteurs ne

Fig. 11.

font rien de bons s'ils ne sont vaillamment soutenus par d'excellents joueurs en dehors ou *fieldsmen*. Le rôle de ceux-ci consiste à arrêter et à renvoyer les balles frappées par le batteur. Leur fonction exige une grande activité et beaucoup de sang-froid. Sans cesse en course après la balle, ils doivent, quand ils l'ont attrapée à la volée, la lancer en droite ligne. Pour attraper la balle, le coup d'œil les guide. Ils se placent sous le projectile, à l'endroit précis où il doit tomber et le saisissent, soit d'une seule main, soit dans les deux mains adroitement amenées à la hauteur du menton (fig. 11). Les places les plus importantes dans le champ, après celle de boleur, sont celles de garde-guichet, de long-stop, de pointe, de couvre-pointe de long-leg (grande jambe). Il n'est pas de position où un bon joueur ne puisse se distinguer. — La place de *garde-guichet* n'est pas seulement honorable, elle est dangereuse, parce qu'il peut être blessé par une balle violente, lancée avec maladresse. L'art, pour lui, est de savoir bien prendre les *legs balls* (balles de jambe); et il lui est impossible d'y arriver

Fig. 12. — Le garde-guichet prenant un leg-balle.

s'il ne se place dans une position correcte. Son pied gauche ne doit pas être placé en face du pied droit, mais à environ 30 centimètres en arrière, et à 1 mètre de distance (fig. 12). En plaçant son pied droit près du guichet, avec la jambe gauche dans la position sus-indiquée, le garde, ayant le corps penché, surveille aisément le trajet de la balle, et il peut l'arrêter quand elle passe assez près de lui pour lui permettre de l'atteindre sans changer beaucoup la position de son pied; il doit éviter de faire des appels perpétuels à l'ar-

bitre pour des sujets frivoles. — La *pointe* est une position qui exige du coup d'œil et du sang-froid. Le cricketeur en pointe se tient assez prêt du guichet pour les bowlings rapides; il s'en rapproche pour un bowling fait avec lenteur. Le *couvre-pointe* se place plus loin du guichet; il a les mêmes fonctions. Le *long-stop* (long arrêt) se met en arrière du garde-guichet; son devoir est d'empêcher les *byes* ou courses obtenues sans que la balle ait été touchée par la batte. — Le *long-leg* (grande jambe) occupe souvent la place la plus dure à remplir. Il se met sur le côté du guichet, quelquefois à angle droit; ou bien un peu sur le devant, pour les bowlings peu rapides et change de position dans la direction du grand-arrêt, suivant la marche du boleur. Le *long-slip*, de même que le couvre-pointe, est du côté du long-stop. Le *short-leg* (courte-jambe) est dans la même direction. — Le devoir de *l'arbitre* (umpire) est de décider sur toutes les questions. Il y a deux arbitres, l'un près de chaque guichet. Ils jugent si la partie est jouée d'après les règles, si le terrain est en état, etc. Quand ils ne sont pas d'accord, la partie continue sans changement. Dans les cas de prise de la balle (catch), c'est l'arbitre du côté du boleur qui décide; s'il s'agit d'un *stump* ou mise dehors du batteur, c'est l'arbitre du côté du batteur qui juge; quand un guichet est renversé, toute contestation est soumise, à ce sujet, à l'arbitre qui se trouve du côté de ce guichet. Celui qui est placé près du guichet du boleur déclare *nulle* (no ball), toute balle mal lancée; il doit avoir soin de faire cette déclaration dès que la balle

Fig. 13. — Analyse d'un bowling.

a quitté la main du boleur; il déclare un *écart* (wide ball), sitôt que la balle a passé le batteur. Il crie *course nulle* (one short) quand l'un des batteurs ne parcourt pas la distance entière du guichet à l'autre. Dès que l'arbitre a annoncé *reprise* (over), la balle est morte; mais il peut être fait appel de sa décision quand l'un des batteurs a été mis dehors. L'arbitre annonce au marqueur (scorer), le *bye* ordinaire, obtenu quand une balle bien lancée passe le batteur sans qu'il l'ait touchée, et quand, faute d'avoir été arrêtée, les batteurs obtiennent des courses; mais si la balle touche une partie quelconque de la personne du batteur (sauf ses mains), l'arbitre annonce un *leg-bye*. — Au début de chaque partie et de chaque reprise, l'arbitre placé au guichet du boleur ouvre le jeu en

Fig. 14. — Champ pour le bowling rapide.

criant : « Jouez! » Il y a ordinairement deux marqueurs (scorers). Ils ont pour fonction d'ins-

crire sur un registre les points gagnés, les courses faites, les fautes commises, etc. Près d'eux se trouve un *télégraphe* ou tableau qui indique les points gagnés : c'est un poteau qui porte des plaques indiquant le total des courses, le nombre des guichets renversés et le nombre de points acquis par le dernier batteur sorti. On appelle *analyse du bowling* le détail de chaque balle bolée. Une balle qui n'est pas courue est marquée d'un point; celle qui est courue est représentée par un chiffre qui fait connaître le nombre inscrit; enfin celle qui a pris un guichet est marquée W (fig. 13). N. B. signifie balle nulle (no ball). D'après cette figure, on voit que Louis a aboli à trois reprises; la première a produit 6 courses, c'est-à-dire 3 de la seconde balle, une de la

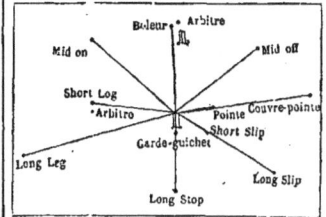

Fig. 15. — Champ pour le bowling moyen.

4e et 2 de la 5e. Sa seconde reprise, commencée par un écart (wide) est marquée d'un petit w; sa seconde balle n'a produit aucune course; ensuite il y a eu une course, puis 2 points et enfin un guichet (marqué par un W majuscule). Sa troisième reprise est *vierge* (maiden), aucune course n'ayant été marquée.

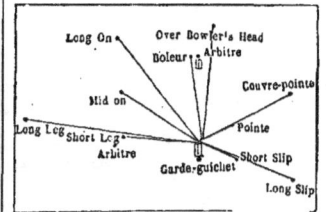

Fig. 16. — Champ pour le bowling.

Emile a débuté par une reprise nulle ou « vierge ». La première balle de sa seconde reprise est nulle et marquée n. b. (no ball); à la seconde balle il n'y a pas eu de course; à la troisième, une course; les trois balles restantes n'ont produit ni courses ni guichets. Les écarts et les balles nulles ne comptent pas dans le calcul d'une reprise, de sorte que, dans une reprise à 5 balles, le boleur qui fait un écart ou une balle nulle, lance 6 balles au lieu de 5 pendant cette reprise. — Les places dans le champ étant indépendantes de la manière dont jouera le boleur, nous donnons trois plans qui représentent la disposition du champ pour le bowling rapide (fig. 14), moyen (fig. 15) et lent (fig. 16). — *De la partie*. Ceci établi, voyons comment a lieu une partie. Les guichets sont plantés. On a tracé, à la classe, la limite du boleur, sur laquelle le boleur doit poser un pied, pour lancer la balle au guichet opposé, si, *en bolant*, ses deux pieds dépassaient cette ligne, l'arbitre annoncerait une partie nulle

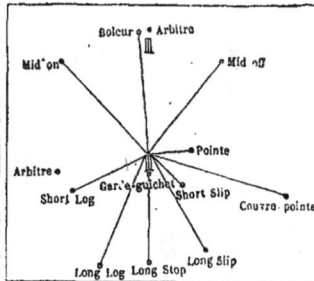

ou perdue (no ball); et cette faute compterait pour un point au camp adverse. D'autre part, si la balle, en roulant, dépasse les extrémités de la ligne du boleur, c'est un *écart* (wide), qui compte également pour un point à l'adversaire. — En avant du boleur, à 1m,22, sur une seconde ligne appelée ligne du batteur, se place le batteur, un pied en dedans de la ligne. — Les deux camps adverses tirent au sort à qui commencera. Le sort désigne le club A, composé de 12 membres; chacun de ces membres défendra tour à tour le guichet jusqu'à ce qu'ils aient été *dehors* les uns après les autres. Ils sont mis dehors dans chacun des quatre cas suivants : 1° quand la balle, lancée par le boleur, atteint les guichet et renverse les bails; 2° quand la balle, repoussée par la batte, est attrapée de volée par l'un des membres du camp opposé; 3° quand une partie du corps du batteur, se trouvant dans la ligne des guichets, est atteinte par la balle lancée par le boleur; 4° quand, la balle étant en jeu, le batteur ne se trouve pas sur son terrain au moment où l'un des membres du camp opposé renverse ses bails avec la balle. — Le club B, adversaire de A se distribue dans le champ. Deux membres sont chargés de boler; 9 autres sont répartis dans toutes les directions et deviennent *fieldsmen*, comme le représentent nos fig. 14, 15 et 16. Ils reçoivent, suivant leurs positions, les noms de short-leg, mid-on, mid-off, pointe, couvre-pointe, short-slip, long-slip, long-stop et long-led. Ces points correspondent aux directions que peut prendre la balle repoussée par le batteur; ils pourront être changés pendant la partie, selon la force des batteurs. — Les arbitres ayant placé les bails sur les stumps, tous les joueurs se mettent à leur poste. Un batteur se place devant le guichet sur lequel doit viser le boleur; le garde-guichet est derrière : à l'autre guichet se trouvent, un peu à gauche, en arrière, le boleur, à droite en avant, derrière, l'arbitre. Il y a aussi un arbitre au premier guichet, un peu à gauche. Il donne sa garde au batteur, en disant « gauche » ou « droite » jusqu'à ce que la batte couvre le stump du milieu. Le boleur lance une première balle d'essai sur le côté des guichets; l'arbitre crie : « Jouez! » et la partie commence. Le boleur lance une balle; si celle-ci abat les guichets, le batteur est *dehors*, sans avoir obtenu sa course. L'arbitre crie : « bolé » et les marqueurs inscrivent *bolé*, en face du nom du batteur. Le télégraphe annonce aussitôt le résultat. Le batteur cède sa place à un autre du même camp. Le même boleur lance une nouvelle balle (car il en a 4, 5 ou 6, suivant les conventions). Lorsqu'il aura épuisé le nombre fixé de balles, il y aura un *over* (reprise). Donc le boleur jette une nouvelle balle. Si le batteur qui vient de remplacer celui qui a été mis dehors, arrête net la balle avec sa batte au lieu de la frapper, elle est dite *bloquée*. Le boleur lance sa troisième balle. Supposons que le batteur renvoie celle-ci d'un coup vigoureux par-dessus la tête du boleur; pendant que les fieldsmen, qui la rattrapent se la font passer l'un à l'autre, les deux batteurs courent du guichet à l'autre, une fois, deux fois et même trois fois, s'ils en ont le temps, cela leur compte pour une, deux ou trois courses, mais quand la balle, repoussée par les fieldsmen, arrive au garde-guichet, les batteurs ne doivent pas entreprendre une nouvelle course, car ils se trouveraient en dehors de leur terrain et le garde-guichet les mettrait *dehors* en renversant les bails. Les marqueurs ayant inscrit le nombre de courses, le boleur lance sa 4°, puis sa 5° balle. Les marqueurs inscrivent le point ou les points produits par ces balles, après quoi, l'arbitre crie : « Reprise ! » Un nouveau boleur remplace le précédent, mais au guichet opposé, ce qui force le garde-guichet de changer de place et les fielders à intervertir leurs positions. Le nouveau boleur lance le nombre convenu de balles, et l'on passe à une nouvelle reprise. La partie continue. — **Définitions.** Match, partie jouée entre deux camps de 11 joueurs chacun. Chaque camp a deux tournées (innings). — Run, course. Pour qu'un batteur gagne une course, il faut qu'après avoir frappé la balle, il ait le temps de parcourir, d'une limite à l'autre, le terrain limité par les deux guichets quand même la balle serait nulle.— Balle nulle (no ball), balle lancée ou jetée avec secousse.—Écart (wide), balle lancée trop haut ou trop au large et hors d'atteinte du batteur. — Reprise (over), jet de 4, 5 ou 6 balles consécutives, suivant la convention. On change de guichet à chaque reprise.— Bye [baÏ], toute balle qui n'étant ni nulle ni écart passe le batteur sans que celui-ci l'ait frappée ou touchée de sa batte ou de sa personne quand les batteurs obtiennent des courses. — Leg-bye, balle, quand le batteur l'a touchée de sa personne (sauf de sa main) et obtient des courses.— Bolé (bowled), Le batteur est bolé et mis dehors quand le guichet est atteint et renversé par la balle, quand même celle-ci aurait touché antérieurement le batteur ou sa batte. — Attrapé (Caught). Le batteur est dehors quand la balle, frappée par sa batte ou sa main (sauf par le poignet), est attrapée de volée par un des joueurs dehors. — Stumped. Le batteur est stumpé et mis dehors quand il fait un faux mouvement en cherchant à atteindre la balle et quand le gardien, arrêtant celle-ci, renverse les bail avec la batte, les mains ou le bras, la balle étant en main. — **Nouvelles règles du cricket** (revues par le club Marylebone). 1° La balle ne doit pas peser moins de 175 grammes, ni plus de 183 grammes; elle ne doit pas mesurer moins de 22 centimètres ni plus de 24 centim. de circonférence. Au commencement de chaque manche, chaque parti a le droit de demander une nouvelle balle ; 2° La batte ne doit pas mesurer plus de 10 centim. et demi dans sa partie la plus large ni plus d'un mètre de longueur; 3° Les stumps seront au nombre de trois à chaque guichet, ils s'élèveront à 675 millim. au-dessus du sol; les bails mesureront 10 cent. de long, ils seront posés bout à bout, de manière à faire une longueur totale de 21 cent. Les trois stumps qui les supportent seront d'une épaisseur bien égale et suffisante pour que les espaces laissés entre eux ne permettent pas le passage de la balle ; 4° La limite du boleur formera, avec les 3 stumps, une ligne droite de 1m,93 centim., dont 1 mètre d'un côté des stumps et 1 mètre de l'autre côté. A chaque extrémité du bowling crease, il y aura un return crease à angle droit avec le côté du boleur ; 5° La limite du batteur se trouvera en avant du guichet, à 1m,22, et parallèlement au bowling crease ; sa longueur n'est pas déterminée, pourvu qu'elle ne soit pas plus courte que le bowling crease ; 6° Les guichets seront fixés en terre par les arbitres, l'un en face de l'autre, à une distance de 22 m. 80; 7° Il n'est pas permis à un parti de changer, sans le consentement de l'autre, la surface du sol en l'aplanissant avec un rouleau, en l'arrosant, en la recouvrant, en la remuant ou en battant : mais, au commencement de chaque manche, on peut balayer et aplanir le sol, si le parti qui entre ne s'y oppose pas. Cette règle n'a pas pour but d'empêcher le batteur de battre le sol avec sa batte près du lieu où il se tient pendant la manche, ni d'empêcher le boleur de remplir les trous avec de la sciure de bois, etc., quand le sol est humide; 8° Après la pluie, les guichets seront changés, du consentement des deux partis; 9° Le boleur délivrera la balle avec un pied en arrière du bowling crease (limite du boleur) entre les deux lignes du return crease (ligne de retour) et fera une reprise avant de changer de guichets, ce qu'il est autorisé à faire deux fois dans la même manche ; nul boleur ne fera plus de deux reprises en succession ; 10° La balle doit être bolée ; quand elle est mal lancée, l'arbitre doit dire : « balle nulle » ; 11° Le boleur peut exiger que le frappeur du guichet où il tire la balle se tienne sur le côté de ce guichet, de sorte qu'il puisse diriger la balle ; 12° Si le boleur lance la balle par-dessus la tête du batteur, ou, s'il l'a fait rouler si largement que, dans l'opinion de l'arbitre, elle ne soit pas à la portée du batteur, il adjugera une « course » au parti qui reçoit la manche, avec ou sans appel, un écart n'étant pas reconnu pour l'une des quatre balles. Mais si le batteur s'est mis, par un mouvement quelconque, à portée de la balle, la course ne sera pas adjugée ; 13° Si le boleur délivre une balle nulle ou un écart, on accorde au batteur autant de courses qu'il peut en acquérir, et il ne sera mis dehors que par run out (hors limite). Dans le cas où nul course ne serait obtenue par n'importe quel autre moyen, une course sera ajoutée à la marque balles nulles ou écarts quand le cas se présentera. Toutes les courses obtenues pour écarts seront marquées aux écarts. Les noms des boleurs qui ont fait des écarts ou des balles nulles seront placés sur la marque, pour montrer les partis par lesquels son faits les points. Si une balle touche d'abord une partie des vêtements ou de la personne d'un batteur, sauf ses mains, l'arbitre criera : « leg bye » [lègg-baÏ] ; 14° Au commencement de chaque manche l'arbitre dira : « jouez ! » ; à partir de ce moment jusqu'à la fin de la manche, il ne sera plus permis aux boleurs d'essayer leurs balles ; 15° Le batteur est dehors quand un bail est jeté bas par la balle ou quand un stump est renversé par la balle ; 16° Ou quand la balle, frappée par la batte ou la main (et non par le poignet) est arrêtée avant de toucher le sol, quand même celle serait arrêtée par le corps de celui qui l'attrape ; 17° Ou, quand, en frappant ou à tout autre moment pendant lequel la balle est en jeu, les deux pieds du batteur sont sur le popping crease et sont jeté bas, excepté si sa batte est posée à l'intérieur ; 18° Ou si, en frappant la balle, il renverse son guichet ; 19° Ou si, sous prétexte de courir ou pour tout autre cause, l'un des batteurs empêche la balle d'être arrêtée, le batteur de la balle est dehors; 20° Ou la balle est frappée et qu'il la frappe de nouveau avec intention ; 21° Ou si, en courant, ou renverse le guichet soit par un coup, soit par la main ou par le bras (avec balle en main), avant que la batte (en main) ou toute autre partie de sa personne soit appuyée sur le popping crease. Mais si les deux bails sont tombés, un stump peut être renversé ; 22° Ou si une partie quelconque du batteur fait tomber le guichet ; 23° Ou si le batteur touche ou relève la balle en jeu, à moins que ce soit à la requête du parti opposé ; 24° Ou si, avec une partie quelconque de sa personne, il arrête la balle qui, dans l'opinion de l'arbitre du guichet du boleur, avait été lancée en droite ligne de ce guichet à celui du batteur qu'elle aurait atteint ; 25° Si les joueurs se sont croisés, celui qui court vers le guichet renversé est dehors ; 26° Une balle étant attrapée, aucune course ne sera comptée; 27° Un batteur étant hors limite (run out) la course que son partenaire et lui essayaient ne sera pas complétée ; 28° Si on accuse une balle perdue, on accordera six courses au batteur, mais si plus de six courses ont été marquées avant que la balle perdue ait été appelée, le batteur aura toutes les courses qui auront été marquées ; 29° Après que la balle aura fini par être arrêtée dans la main du garde-guichet ou du boleur, elle sera dite « morte » mais quand le boleur est sur le point de délivrer la balle si le batteur à son wicket va en dehors du popping crease avant

que la balle soit lancée, ledit boleur peut le mettre dehors, à moins que (conformément à l'art. 21) sa batte, qu'il tient à la main, ou une partie de sa personne se trouve dans l'intérieur du popping crease; 30° Le batteur ne se retirera pas de son guichet et n'y retournera pas pour terminer sa manche après qu'un autre y a été, sans le consentement du parti adverse; 31° Aucun remplaçant ne sera jamais autorisé à se tenir en dehors des guichets ou à courir entre eux pour une autre personne sans le consentement du parti adverse; et dans le cas où un remplaçant serait autorisé à courir pour un joueur, le batteur sera mis dehors si lui-même ou son remplaçant se trouve sur le terrain de la manière énoncée aux art. 17 et 21 pendant que la balle est en jeu; 32° Dans tous les cas où un remplaçant est autorisé, il faut aussi le consentement du parti adverse pour la personne même qui doit servir de substitut, pour l'emploi qu'elle doit tenir et pour la place qu'elle doit occuper; 33° Si un fieldsman arrête la balle avec sa batte, la balle sera considérée comme morte, et le parti adverse ajoutera cinq courses à sa marque; si ce parti fait des courses, cela lui fera cinq en tout; 34° La balle ayant été lancée, le batteur peut garantir son guichet avec sa batte ou avec une partie quelconque de son corps (sauf ses mains), c'est-à-dire que l'on ne peut violer l'art. 23; 35° Le garde-guichet ne prendra pas la balle pour stumper avant qu'elle ait dépassé le guichet; il ne bougera pas avant que la balle soit partie de la main du boleur; il ne fera aucun bruit de nature à incommoder le batteur; et si une partie quelconque de sa personne se trouve au-dessus ou au devant du guichet, le batteur ne sera pas dehors quand même la balle toucherait le garde-guichet; 36° Les arbitres sont les seuls juges d'un coup bon ou mauvais; ils mettent fin à toute dispute, chacun à leur guichet; mais en cas de balle attrapée, que l'arbitre au guichet d'où part la balle ne pourrait voir suffisamment pour éclairer son opinion, il aura recours à l'autre arbitre, dont la décision sera sans appel; 37° A chaque match, les arbitres dresseront de bons guichets; les partis tireront au sort le choix des tournées. Les arbitres changeront les guichets après que chaque parti aura eu une tournée; 38° Ils accorderont deux minutes pour que chaque batteur puisse entrer et dix minutes entre chaque tournée. Quand l'arbitre a crié : « jouez! » le parti qui refuse de jouer a perdu le match; 39° Les arbitres n'ont pas à ordonner qu'un batteur soit mis dehors si les adversaires ne le réclament pas; 40° Mais si l'un des pieds du boleur n'est pas sur le sol en arrière du bowling crease et dans le return crease quand il délivre la balle, l'arbitre de son guichet doit crier, sans y être provoqué : « balle nulle »; 41° Si l'un ou l'autre des batteurs ne parcourt pas la distance entière du guichet à l'autre, l'arbitre déclare la course nulle en criant « short »; 42° Il n'est pas permis aux arbitres de parier; 43° Nul arbitre ne peut être changé pendant un match, sauf du consentement des deux partis : dans le cas de violation de l'art. 42, la volonté d'un seul parti suffit pour la révocation du transgresseur; 44° Après que les balles ont été délivrées, l'arbitre doit crier « reprise ! » mais non avant que la dernière balle soit définitivement arrêtée dans la main du garde-guichet ou du boleur et la balle est alors dite « morte ». Cependant, si l'on pense que l'un des batteurs est dehors, on doit poser la question avant que la balle suivante soit délivrée et non après ; 45° L'arbitre doit prendre un soin particulier de crier : « balle nulle! » instantanément dès que la balle est partie et « écart ! » dès qu'elle a dépassé le batteur ; 46° Les joueurs qui viennent en second doivent reprendre leur seconde tournée aussitôt

la première tournée, s'ils ont obtenu 80 courses de moins que leurs antagonistes, sauf dans tous les matchs, limités à une journée de jeu seulement ; alors le nombre sera limité à 60 au lieu de 80 ; 47° Quand l'un des batteurs aura été mis dehors, l'emploi de la batte ne sera permis à personne avant que le batteur suivant soit entré. — Règles du wicket simple. 1° Quand il y aura moins de cinq joueurs par côté, les limites seront placées à 20 mètres l'une de l'autre, et formeront deux lignes qui auront pour milieu les deux stumps; 2° Pour que le batteur ait droit à compter une course, il faut que la balle ne passe pas les limites et que, de plus, le batteur parcoure l'espace entre le guichet et le stump ou limite du batteur et le touche l'un et l'autre de sa batte ou de sa personne et s'il ne rentre dans le terrain du batteur; 3° Quand le batteur frappe la balle, il doit avoir un pied en dedans de la limite du batteur, autrement l'arbitre criera : « Coup nul! » (no hit!) et aucun point ne sera marqué; 4° S'il y a moins de cinq joueurs de chaque côté, on ne comptera ni les byes, ni les leg-byes, ni les overthrows; le batteur ne pourra être stumpé et la balle ne pourra être attrapée au vol; 5° Les joueurs dehors (fieldsmen) retourneront la balle de manière qu'elle traverse l'espace entre le guichet et le stump ou entre le stump et les limites; le batteur pourra faire des courses jusqu'à ce que la balle soit revenue; 6° Après que le batteur aura fait une course, s'il veut en obtenir une seconde, il devra toucher le stump ou la limite du boleur et revenir avant que la balle ait traversé le terrain ; 7° Le batteur a droit à 3 courses pour chaque balle perdue et autant de courses pour toute balle arrêtée par le champ opposé, dans les cas prévus par les art. 28 et 33 du double wicket; 8° Quand il y aura plus de 4 joueurs de chaque côté, il n'y aura pas de bornes. On comptera les byes, leg-byes et overthrows; 9° Le boleur est soumis aux mêmes lois que pour le wicke double ; 10° On n'accordera pas plus d'une minute entre chaque balle.

CRISPÉ, ÉE part. pass. du verbe CRISPER. — Bot. Qui est crêpu, dont les bords sont ridés et plissés.

CROCÉ-SPINELLI (Joseph-Eustache), célèbre aéronaute, né à Montbazillac, près de Bergerac, en 1843, mort dans le ballon le Zénith le 15 avril 1875. Après avoir terminé ses études au lycée Bonaparte et à l'Ecole centrale, il s'éprit de la navigation aérienne, et fit plusieurs ascensions scientifiques dont nous avons parlé en détail dans notre Dictionnaire, au mot ASCENSION ; nous avons également décrit, dans le même article, la façon dont il mourut, avec son associé Sivel, à 8,600 m. de hauteur. Quelque temps après les avoir vainement appelés, leur compagnon de voyage, M. Tissandier, qui avait été bien près de mourir, lui aussi, jeta l'ancre au Nérault, commune de Ciron, près du Blanc (Indre). Les restes de Sivel et de Crocé-Spinelli reposent côte à côte, dans le cimetière du Père-Lachaise, où on leur a élevé un beau monument inauguré le 25 mars 1881. Une souscription publique, ouverte en faveur des familles de ces deux victimes de la science, produisit 91.949 fr.

CROCHET (JEUX). — L'appareil du jeu de crochet se compose d'une sorte de châssis à trois pieds sur lequel se dresse une perche de 1m,75 de haut. Cette perche est munie d'un bras horizontal, à l'extrémité duquel pend un cordon terminé par un anneau. Le châssis porte trois cibles à chacune desquelles est fixé un crochet. Chaque joueur se place à environ 1 mètre de l'appareil, saisit le cordon, l'attire à lui en le tenant tendu, et le lance en le dirigeant de manière que, dans son mouvement de retour, l'anneau reste suspendu à

l'un des crochets. Chacun des crochets extérieurs vaut un point ; celui du milieu en vaut deux. Il est bien entendu que l'on ne compte

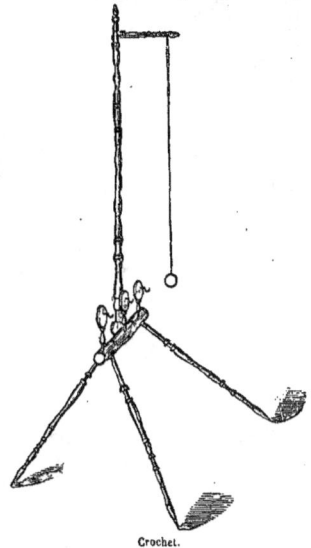

Crochet.

rien quand l'anneau ne s'accroche pas. Chaque joueur renouvelle l'expérience trois ou quatre fois, suivant les conventions, et celui qui a compté le plus de points gagne la partie.

CROISER v. a. Au jeu de billard. Pousser, avec une bille, une autre bille contre une bande d'où elle revient vers la bande opposée, tandis que la bille choquante va frapper la bande adjacente et croise, en revenant, la ligne suivie par l'autre bille.

CRONSTEDT (Alex.-Frédéric), chimiste et minéralogiste, né dans la Sudermanie (Suède) en 1722, mort en 1765. A sa sortie de l'université d'Upsal, il fut nommé maître de mines. En 1751, il découvrit qu'un minerai, considéré jusqu'alors comme sans valeur et appelé, pour cette raison, kupfer-nickel ou cuivre trompeur, contenait en grande proportion un métal nouveau qu'il appela nickel et qui a pris depuis cette époque une importance capitale. En 1758, il ouvrit une voie nouvelle à la minéralogie en publiant son Essai de classification du règne minéral, dans lequel il base sa classification sur les propriétés chimiques des minéraux et non sur leurs caractères extérieurs, comme l'avaient fait ses devanciers. Cet ouvrage eut l'honneur d'être traduit en plusieurs langues. Une traduction française fut donnée par Dreux, sous le titre de : Essai d'une nouvelle minéralogie (Paris, 1771, in-8°).

CROQUER v. a. Au jeu de croquet. Relever sa boule et la porter en contact avec une boule que l'on vient de roquer, sur un côté quelconque, au choix, suivant qu'on veut l'éloigner ou la rapprocher, et frapper la boule ainsi transportée dans la direction voulue.

CROQUET s. m. [kro-kè]. Sorte de jeu de pelouse d'origine française qui se joue avec des boules et un maillet. Il fut introduit du midi de la France en Irlande, puis en Angleterre. Autrefois on jouait en France une espèce de croquet nommé paille-maille, d'où est venu notre mot pêle-mêle. Ce jeu, men-

tionné par les écrivains du xvi° siècle, était alors populaire dans toute l'Europe, particulièrement en Angleterre sous le nom de *pall-mall*, qui est devenu celui d'un quartier de Londres, où les joueurs se réunissaient en grand nombre. Plus tard, on l'oublia et il ne resta plus guère en faveur que chez les Irlandais, où il subit des modifications qui en ont fait le jeu particulier nommé croquet. Vers 1860, il reparut en Angleterre et y fit fureur un instant, comme étant le premier jeu de pelouse auquel pussent prendre part des personnes des deux sexes ; mais sa popularité décrut aussi rapidement qu'elle s'était élevée, et les Anglais se fatiguèrent du croquet lorsque les autres peuples commencèrent à le pratiquer, en raison des réels avantages qu'il présente. C'est un jeu d'adresse qui ne demande pas un grand déploiement de forces ; et cela suffit pour qu'il soit admis pour les dames (fig. 1) et même pour les enfants, qui

Fig. 1. — Dame jouant au croquet.

peuvent parvenir à y exceller aussi bien que les hommes. De plus, l'émulation qu'il excite chez les joueurs le rend extrêmement intéressant, et l'on doit souscrire au jugement des Anglais, qui l'ont déclaré le roi des jeux de pelouse. Pendant la période d'engouement qui suivit son introduction en Grande-Bretagne, il se créa des milliers de clubs où l'on se livrait exclusivement à la pratique du croquet. Les vainqueurs en recevaient des prix d'une grande valeur, et les joueurs d'élite y acquéraient le titre envié de champions. Chez nous, la faveur du croquet fut beaucoup plus modérée ; on peut même dire que ce jeu n'a jamais été populaire parmi les Français ; il mérite pourtant d'être pris en sérieuse considération. La partie la plus simple se joue par un nombre pair de personnes divisées en deux camps égaux ; le nombre de huit joueurs ne doit pas être dépassé, car la partie deviendrait languissante et même ennuyeuse par le trop long intervalle de temps que l'on mettrait à jouer. Si l'on est deux ou trois seulement, chacun joue pour son compte ; au delà de trois, il est mieux de se diviser en deux camps de deux, de trois ou de quatre partenaires contre le même nombre d'adversaires. Quand on se trouve en nombre impair, soit trois, cinq ou sept, l'un des joueurs prend deux fois pour égaliser les deux camps. On choisit une pelouse fine ou, à son défaut, un terrain sablé et battu, bien nivelé et assez étendu. Le matériel du jeu se compose de dix arches de fer que l'on fixe en terre, suivant un plan déterminé ; de deux piquets, l'un pour marquer le point de départ, l'autre

le point d'arrivée ; d'un marteau et d'un foret, pour aider à enfoncer dans un sol dur les arches et les piquets ; enfin, de boules, de maillets à double tête et d'étiquettes, ordinairement au nombre de huit, et peints de couleurs différentes ou portant des rayures diversement colorées. La couleur ou les rayures d'un maillet correspondent à celles d'une boule ou d'une étiquette, qui doivent appartenir au même joueur. La possession d'une couleur n'est pas indifférente, parce que les couleurs déterminent l'ordre des joueurs, marqué sur le piquet de départ au moyen de cercles colorés, que l'on compte à partir du sommet. Les camps peuvent se former librement ; mais alors les plus habiles joueurs se liguent ordinairement ; l'équité veut que le sort préside à la répartition des joueurs. Pour éviter toute discussion dans la distribution des couleurs, voici comment on procède ordinairement. On choisit un arbitre parmi les joueurs ; cet arbitre prend un nombre d'étiquettes égal au nombre des joueurs, les place dans un chapeau et les fait tirer, en se réservant celui qui reste la dernière. Chacun garde son étiquette et prend le maillet et la boule qui lui correspondent. Si la partie est simple, c'est-à-dire formée de deux adversaires seulement, ils peuvent prendre deux, trois ou quatre boules et tenir ainsi la place de deux, trois ou quatre joueurs, dans l'ordre indiqué par le tirage des couleurs. Le dessin à adopter pour l'établissement des arcades dépend de l'espace réservé au jeu. Supposons un terrain long de 30 mètres et large de 20 mètres. On plante dans le sol les deux piquets, à une distance de 25 mètres dans le sens de la longueur. A 3 mètres du piquet de départ (A, fig. 2) on

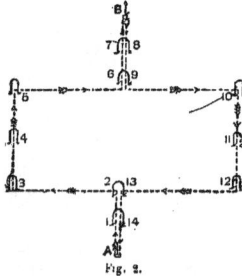

Fig. 2.

enfonce la première arche sur la ligne droite qui va d'un piquet à l'autre. Sur cette même ligne, et à 3 mètres, on place la deuxième arche. Les ouvertures des deux arches doivent faire face aux piquets. On agit de même du côté du piquet d'arrivée (B), en face duquel on place la sixième et septième arches, à trois mètres de distance. Les six autres arches se mettent trois par trois, toujours à trois mètres de distance, sur deux lignes parallèles tracées à gauche et à droite de celle qui va d'un piquet à l'autre. Ces lignes peuvent être à 4 ou 5 mètres de la ligne du milieu. Les arches de gauche portent les numéros 3, 4, 5, celles de droite, à partir du poteau d'arrivée, sont numérotées 8, 9 et 10. Si le terrain est plus petit, on place les arches à deux mètres seulement, ce qui rend la partie plus facile. D'ailleurs on pourrait établir les arches et les piquets de toute autre façon : en cercle, en losange, en triangle, etc., mais aucun changement ne doit être fait dans le courant du jeu. Tout étant disposé et chaque joueur ayant pris la boule et le maillet qui lui reviennent, la partie commence ainsi : Le premier pose sa boule à un but marqué à mi-chemin entre le piquet et la première arche. D'un coup de maillet, il la pousse vers cette arche, sous laquelle il

faut qu'elle passe pour que le coup soit bon. Ayant réussi, il la fait, d'un second coup de maillet, passer sous la deuxième arche. Le troisième coup est beaucoup plus difficile, bien que l'arche soit plantée obliquement en terre et non parallèlement aux autres. Pour peu que la boule ait roulé un peu trop loin, on ne peut la faire passer d'un seul coup, et quand même elle se serait arrêtée au point désirable, il faut la pousser avec une grande précision, sinon on la voit heurter l'une des branches de l'arcade ou passer à droite ou à gauche. Supposons que le joueur réussisse, il lui est plus facile de passer sous les quatrième et cinquième arcades. Le numéro six est aussi malaisé que le numéro trois ; mais quand on l'a passé, on arrive sans difficulté à passer la septième arche ; il faut, du même coup, pousser la boule contre le piquet d'arrivée B ; au huitième coup, on passe sous la septième arche ; au neuvième sous la sixième ; au dixième sous la huitième, et ainsi de suite jusqu'au quatorzième coup, pour la réussite duquel la boule doit passer sous l'arche numéro un et, de plus, frapper le piquet de départ. Chaque fois que la boule fait une arche, le joueur prend son étiquette et la place sur cette arche pour indiquer qu'elle est faite par sa couleur ; de cette façon quand il ne réussit pas un coup, et qu'il cède, par conséquent, la place à un autre joueur, sa dernière arche est marquée, pour que les joueurs subséquents cherchent à éloigner ou à rapprocher sa boule, suivant qu'ils ont des adversaires ou ses partenaires. Il est rare qu'un joueur, quelque habile qu'il soit, parvienne à faire complètement, sans désemparer, le tour du jeu dans l'ordre, en ne frappant toujours qu'un seul coup de maillet pour faire une arche. Quand une boule a passé sous toutes les arches et quand elle a frappé les piquets dans l'ordre indiqué, elle est dite *morte*, et le joueur peut la relever pour se retirer de la partie, car il a gagné. Mais il peut continuer de jouer, s'il le désire, pour favoriser ses partenaires ou nuire à ses adversaires ; dans ce cas, il reçoit le nom de *revers*. Nous nous occuperons plus loin de sa manière de jouer ; nous avons à parler d'abord de la continuation de la partie, dans le cas plus fréquent où un joueur manque le deuxième ou le troisième coup. Il laisse son étiquette sur la dernière arche passée et sa boule au point où elle s'arrête. Son successeur commence de la même manière, en poussant sa boule à partir du but sous la première arche. Celle-ci passée, il peut, à son gré, continuer successivement par les autres arches, tout coup réussi donnant droit d'en jouer un autre. Mais il préfère souvent essayer de *roquer*, c'est-à-dire d'envoyer sa boule contre une autre boule, non en contact avec la sienne, soit pour l'éloigner, soit pour la rapprocher de l'arche qu'elle doit faire suivant qu'elle appartient à un adversaire ou à un partenaire. S'il réussit à atteindre la boule qu'il a visée, il a ensuite le privilège de *croquer*, c'est-à-dire de relever sa boule et de la porter en contact avec la boule roquée, sur un côté quelconque, à son choix, suivant qu'il veut l'éloigner ou la rapprocher. Ceci fait, il frappe sa boule dans la direction qu'il lui plaît. On a admis en France l'habitude d'appuyer la plante du pied gauche sur la boule au moment où on la frappe. De cette façon, elle reste immobile tout en chassant sa voisine par le contre-coup. Si le joueur qui croque ne fait pas remuer l'autre boule, il perd son tour de jouer ; mais s'il la fait bouger, ne fût-ce que d'une ligne, il a réussi, et, en conséquence, il joue de nouveau. On conçoit l'avantage que donne ce privilège de roquer et de croquer ensuite, quand c'est un joueur habile qui est appelé à en profiter. Conservant le droit de jouer tant qu'il réussit, il éloigne un adversaire, ou bien en croquant

un partenaire, il fait passer la boule de ce dernier sous l'arche qu'elle n'avait pas encore franchie, ou vers le piquet, si elle doit le toucher ; et le partenaire porte aussitôt son étiquette sur cette arche, ou sur ce piquet qui est considéré comme s'il l'avait fait lui-même. C'est surtout lorsque toutes les boules sont sur le jeu que le *croquet* prend de l'importance et que la partie devient animée. On était d'accord autrefois qu'un joueur ayant fait croquet sur une boule pouvait la croquer de nouveau, pourvu qu'il fit une arche entre les deux croquets ; cette méthode avait pour résultat d'éterniser les parties dès qu'un joueur habile s'acharnait sur un adversaire. Aujourd'hui, il est admis que, tout en ayant le droit de croquer entre chaque arche ou piquet, on ne peut croquer deux fois la même boule. Ce privilège de faire croquet augmente la facilité de gagner pour le camp où se trouvent les plus habiles joueurs ; et dans le but de remédier, autant que possible, à cette inégalité, on a changé la forme du plan sur lequel on place les arches, et l'on admet surtout le dessin représenté sur notre figure 3,

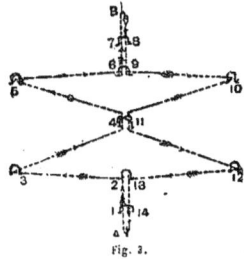

Fig. 3.

comme offrant la presque impossibilité de faire toutes les arches sans s'arrêter, ou de faire une arche tout en roquant. De plus, on a diminué la largeur des arches. On remplace quelquefois le piquet d'arrivée par une arche double à sonnette ; alors on pique deux arches en face du piquet de départ, sept arches en cercle et l'arche double au milieu. L'ordre est de partir du piquet de départ, de passer les deux arches, de tourner à gauche, de faire le tour du cercle sous les arches, de revenir au piquet de départ et de recommencer le même chemin pour aboutir à l'arche double, quand on a fait une seconde fois le tour du cercle. Il faut que la boule touche la sonnette et la fasse sonner, sans quoi le coup est manqué. *Archer*, c'est avoir sa boule placée de telle sorte que l'arche empêche de la frapper avec le maillet pour l'envoyer dans la direction de l'arche qu'elle doit faire. Un joueur devenu *archer*, devant jouer quand même à son tour, pousse sa boule dans une autre direction ou essaie de roquer un voisin pour se tirer de sa fâcheuse position. On appelle *piquer* l'action de frapper un piquet avec sa boule. Une boule est dite *en main*, depuis le moment où elle a fait un roquet jusqu'à celui où elle a croqué ; elle est *vagabonde* depuis l'instant où elle a frappé le piquet d'arrivée jusqu'à celui où, ayant touché le piquet de départ, elle devient *morte*. La *position* est la meilleure situation que l'on puisse choisir pour passer une arche dans l'ordre. Les termes suivants ne sont relatifs qu'à l'usage du maillet et s'appliquent à la manière de frapper, dont l'élégante exécution constitue l'une des principales beautés du croquet. La *promenade* consiste à frapper rudement une boule, de façon que lorsqu'elle rencontre une autre boule, elle la pousse devant elle vers un point déterminé, où le croquet suivant se trouve très avantageux. Supposons que A (fig. 4) doive passer l'arche 3

dans la direction indiquée par la flèche. Pour y réussir elle promène la boule B, en la frappant de telle sorte que cette dernière vienne

Fig. 4. — La promenade.

s'arrêter au point 2. Quand elle a ensuite croqué la boule B, la boule A se trouve en position de passer l'arche dans l'ordre. Le *coup de finesse* se fait dans des conditions plus difficiles. Il consiste à frapper, en roquant, la bille très fin, pour la faire repousser de côté et non devant. Par exemple, A (fig. 5) ayant à passer l'arche 4 dans le sens de la flèche, roquera *en finesse* la boule B, de façon à la pousser au point 1, où le croquet suivant sera fait dans une situation avantageuse.

Fig. 5. — Le coup de finesse.

Quand on croque suivant la méthode primitive, c'est-à-dire sans poser la plante du pied sur la boule qui fait croquet, cette manière de jouer donne lieu à plusieurs coups intéressants. Il y a d'abord le *split* (fig. 6) qui consiste à faire courir les deux boules à une certaine distance. La position de la boule qui croque détermine si elles courront aussi loin

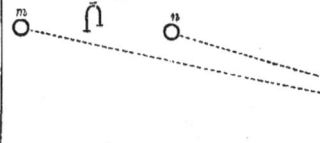

Fig. 6. — Le split.

l'une que l'autre ou si l'une fera plus de chemin que l'autre. Si A et B doivent être frappées dans la direction C, il faut placer A *demi-plein* derrière B, comme sur notre gravure. Si le coup de maillet est donné sur A dans la direction C, les deux boules se sépareront et courront à des distances égales. Plus on porte A vers *b*, et plus B dépassera A ; plus on porte A vers *a*, plus elle dépassera B ; la pratique démontre l'évidence de ce que nous venons de dire. Il y a donc au croquet, comme au billard, des coups pleins, demi-pleins, fins, demi-fins, etc. Le *roulement* est

Fig. 7. — La passe.

Fig. 9.

le coup par lequel on envoie, en croquant, sa boule plus loin que l'autre. Sa variété la plus difficile est la *passe*, qui consiste (fig. 7) à frapper A de façon à l'envoyer à *a*, pendant que B ira au point *b*. Le *coulé* a pour but de faire suivre la boule croquée par celle qui la croque : il se fait comme au billard. Notre fig. 8 donne un exemple de demi-coulé. Il s'agit de pousser la boule croquée *m* au delà de l'arche, tout en laissant en deçà de cette arche la boule *n* qui fait croquet. La figure 9 donne un autre exemple de demi-coulé. Pour réussir ce coup, on frappe la boule aussi bas que possible avec la tête du maillet et l'on envoie B au point 2 tandis que A s'arrêtera au point 1. Comme on le voit, le croquet, lorsque l'on ne maintient pas la boule avec le pied, est à l'avantage du joueur habile ; il permet des coups inattendus et exige une étude des lois invariables qui président au placement de la

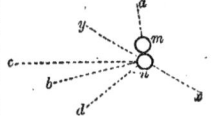

Fig. 10.

Fig. 11.

boule et à la manière de la frapper pour produire l'effet désiré. Supposons que *m* soit la boule croquée et *n* la boule qui fait croquet. Si nous frappons dans la direction xy (fig. 10 et 11) *m* ira dans la direction de *a*. Pour déterminer la direction de *n*, traçons, de *nb* une ligne qui forme l'angle *bny*, égal à *any*. Cette ligne (*nb*) sera suivie par la boule qui fait croquet, si on frappe cette boule assez fort pour qu'elle aille à peu près aussi loin que la boule croquée ; mais suivant la force du coup, et la position de la boule où frappera le maillet, *n* pourra se diriger vers *c* ou vers *d*. C'est, ici comme au billard, une question d'habitude. Si l'on désire faire à peine bouger dans la direction *a* la boule croquée et pousser la boule *n* (fig. 12) en *c*, on la frappe dans la direction *x y*. Si on avait voulu la mener dans la direction *d*, il aurait fallu la frapper d'un petit coup sec, en reculant immédiatement le maillet ; mais la boule *n* serait alors poussée plus loin. Un mot du *revers*, avant de terminer. On appelle ainsi celui qui, ayant gagné la partie, use du droit exorbitant de continuer de jouer, non pour recommencer à faire les arches et les piquets, mais avec le seul but d'envoyer sa boule dans n'importe quelle direction du jeu et de roquer, puis croquer partenaires et adversaires. Ce droit ne cesse que lorsqu'il a manqué un roquet. Il ne lui est pas permis d'atta-

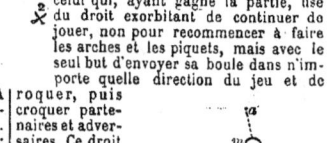

Fig. 8. — Le coulé.

Fig. 12.

quer deux fois la même boule, ni même de roquer une boule qu'il aurait déjà roquée et croquée dans le courant de la partie. Il doit croquer toute boule qu'il roque. Dès qu'il attaque indûment une boule, il perd tous ses droits et on remet en place la boule dérangée. S'il lui arrive de roquer deux ou plusieurs boules du même coup, il conserve ses droits, mais il ne peut croquer que la première touchée ; on remet les autres en place et il ne peut plus les roquer. — Lois du croquet. Tous les joueurs n'admettant pas les mêmes règles, il y eut, en janvier 1870, une conférence générale des clubs anglais ; un comité a été nommé, parmi les principaux joueurs, et l'on établit des lois qui ont été amendées et modifiées en France. Voici comment nous les rétablissons à l'usage des joueurs français : 1° Un arbitre, nommé par les joueurs et pris parmi eux, procède à la distribution des couleurs, par vote de tirage au sort, et décide si les coups sont faits dans l'ordre. Il décide les points disputés, mais seulement quand il y est invité. Il peut être chargé de marquer, avec les étiquettes, les arches passées par chaque joueur. Il replace les arches et les piquets lorsque ceux-ci ont été déplacés ; il replace également les boules sorties des limites du jeu. Ses décisions sont sans appel. Quand il lui arrive d'arrêter ou de détourner une boule lancée, il a le droit de la replacer où il pense qu'elle se serait arrêtée. 2° Si, par mégarde, un joueur frappe une boule autre que la sienne, on replace la boule dérangée et le joueur joue celle qui lui appartient. 3° On ne doit apporter aucune restriction à la manière de saisir le maillet et de s'en servir, pourvu que l'on ne se serve pas du manche comme d'une queue de billard et que l'on frappe, au contraire, avec l'une des deux têtes, n'importe laquelle. Il est même permis de jouer avec le côté du maillet et non avec l'une de ses têtes, quand le coup est impossible autrement. Quelquefois les règles françaises n'accordent au joueur que la moitié du manche pour placer sa main ou ses mains ; c'est une restriction inutile. 4° Un joueur peut demander avis à n'importe lequel de ses partenaires, relativement à l'opportunité de jouer sur telle ou telle boule ou de faire une arche ; les partenaires ont le droit de le conseiller, mais non de prendre le maillet pour jouer à sa place. 5° Une boule est frappée quand on entend le coup de maillet ; si on la pousse sans la frapper, le coup est manqué. 6° Il faut faire les arches dans l'ordre, c'est-à-dire les passer dans le sens indiqué par les flèches de nos gravures ; une arche passée en sens inverse ne compte pas. Quand une arche est passée, le coup est bon, quand même la boule reviendrait sur elle-même par la pente du terrain. Si un joueur passait une arche avant d'avoir fait celle du numéro précédent, l'arche faite ne compterait pas et le coup serait manqué, c'est-à-dire que le joueur céderait au joueur suivant son tour de jouer. 7° On ne peut croquer une boule sans la roquer préalablement. Pour roquer une boule, il faut qu'elle se trouve à distance de celle du joueur et non en contact avec elle ; de même, si les deux boules sont en contact après le roquet, on ne peut reprendre le croquet. D'après la méthode admise en France, la boule qui croque étant portée en contact avec celle que l'on veut croquer, on la maintient sous la plante du pied gauche et on la frappe avec le maillet, de manière à chasser l'autre par le contre-coup. Si la boule du croqueur glisse de dessous son pied, le coup est manqué. Cette restriction a été faite pour atténuer les avantages du croquet ; une atténuation encore plus importante consiste à ne plus permettre au même joueur de croquer deux fois de suite la même boule. Un joueur a seulement le droit de croquer

une nouvelle boule entre chaque arche ou chaque piquet qu'il passe. En Angleterre, il est absolument défendu de poser son pied sur la boule qui croque. 8° Si, en roquant, on fait faire à la boule roquée l'arche ou le piquet qu'elle devait faire dans l'ordre, le coup compte bon pour elle et le joueur à qui elle appartient place son étiquette sur l'arche ou le piquet. Cela ne porte aucun préjudice au droit que l'on a de la croquer immédiatement. Si, en roquant, on fait passer les deux boules ensemble sous l'arche, les deux joueurs comptent cette arche, quand elle est faite dans l'ordre pour l'un et pour l'autre. 9° Aucune boule ne doit être roquée avant d'avoir fait la première arche ; et pour éviter que les joueurs subséquents soient gênés par les boules qui n'ont pas encore passé cette arche, on les enlève au fur et à mesure qu'elles s'arrêtent dans la direction de l'arche ou même sous cette arche, et on marque leur place, de manière à pouvoir les y remettre à leur tour d'être jouées. Les boules qui ont passé la première arche ne doivent plus être dérangées, sinon par un roquet. 10° Une arche n'est faite que lorsque la boule l'a complètement passée. En cas de contestation l'arbitre est juge. Il se baisse et, fermant un œil, il forme une ligne droite avec son autre œil et les deux branches de l'arche, regardées du côté de la sortie. Si un point de la boule se trouve encore sur cette ligne, l'arche n'est pas complètement passée et le joueur doit attendre que son tour de jouer soit revenu. 11° Quand une boule se trouve chassée en dehors de l'enceinte du jeu, on la replace à cinquante centimètres en dedans des limites, soit sur la ligne même qu'elle a suivie pour sortir, soit sur le prolongement de la perpendiculaire même du point où elle s'est arrêtée à la ligne droite de l'enceinte. 12° Pour que le croquet soit réussi, il faut que la boule croquée remue, ne fût-ce que d'une ligne. La boule qui fait croquet devrait remuer aussi ; mais d'après la méthode qui consiste à la maintenir sous le pied, elle doit, au contraire, rester immobile. 13° Le joueur entreprend un nouveau coup lorsqu'il réussit le coup précédent ; il cède le jeu au joueur suivant dès qu'il a manqué un coup. Les coups sont manqués dans les cas suivants : lorsque le joueur frappe deux ou plusieurs boules avec son maillet ; quand il frappe deux fois sa boule, c'est-à-dire, à l'aller et au retour de son maillet ; quand il touche du pied, de la main, du maillet ou autrement une boule de manière à la déranger ; quand il fait rebondir sa boule sur son maillet ou sur son corps une boule qu'il a poussée sur une branche de l'arche ou contre un piquet ; si, en frappant ou simplement en touchant une arche ou un piquet, il fait bouger une boule en contact avec cette arche ou ce piquet ; quand le joueur ne réussit ni à faire une arche dans l'ordre, ni à roquer ni à croquer. 14° Quand on ne s'aperçoit pas de suite qu'un joueur joue hors de son tour ou qu'il joue avec une boule qui ne lui appartient pas, et quand il devient, par conséquent, impossible de rétablir les boules dans les positions qu'elles occupaient avant cette erreur, le joueur fautif est considéré comme ayant perdu sa partie et entraîne ses partenaires à la même peine. — Croquet d'appartement. Les règles de ce jeu sont les mêmes que celles du croquet de pelouse ; seulement les maillets, les boules et les arches sont de petite dimension. Les joueurs doivent être huit au plus. S'ils se trouvent en nombre impair et qu'ils veuillent former deux camps, l'un des joueurs du camp le moins nombreux prend deux boules pour égaliser les forces. Chaque joueur, en commençant, place sa boule à 10 centimètres du piquet de départ. On distingue le croquet de tapis, dans lequel les piquets sont enfoncés dans un socle plat de métal sur lequel les boules peuvent rouler

sans obstacle. Dans le croquet de salon, on joue sur un parquet revêtu de drap, bien uni et bien de niveau. Le croquet de table peut se jouer soit sur une table entourée d'un rebord, soit sur une table de billard.

CROS (Charles), poète et savant, né en 1844, mort en août 1888. Comme littérateur, il a laissé un certain nombre de monologues que débitait d'une manière fantaisiste Coquelin cadet : le Hareng saur, le Bilboquet, le Capitaliste, la Bonne, l'Obsession et plusieurs autres d'une gaieté quelque peu macabre. Comme savant, il a découvert plusieurs perfectionnements photographiques d'une grande importance et produit de nombreuses études astronomiques. Il disputa à Edison l'honneur d'avoir découvert le phonographe, qu'il nommait paléophone, et dont il avait donné la description, sous pli cacheté, à l'Académie des sciences en 1876, un an avant que l'inventeur américain ne prît son brevet.

CROSNES s. m. Nom donné à une plante tuberculeuse et alimentaire nouvellement introduite en France. Le crosnes, que les Japonais appellent Chora-pi, a reçu le nom scientifique de Stachys tuberifera. Un agronome français, M. Pailleux, qui l'a cultivé dans son jardin de Crosnes (Seine-et-Oise), a proposé de lui donner le nom usuel de Crosnes du Japon. La partie extérieure de la plante a l'aspect d'un pied de pommes de terre, et les fleurs sont analogues à celles des haricots. La partie comestible consiste en tubercules, formés par les racines comme dans la pomme de terre ou la patate. Dans de bonnes conditions de culture, une seule souche peut fournir plus de cent de ces tubercules. Le tubercule comestible a environ le volume du pouce d'un homme, la pulpe est d'un blanc nacré. Le goût, peu accentué mais agréable, rappelle à la fois celui de l'artichaut, du salsifis et de la pomme de terre. D'après M. Pailleux, les crosnes se préparent soit confits au vinaigre, soit frits dans la pâte où, préparés comme les flageolets, à la maître d'hôtel ou au jus ; on peut s'en servir comme garniture de ragoût. L'eau de cuisson doit être plus salée que pour les flageolets. Bref, ils peuvent être accommodés comme les salsifis et les pommes de terre, qu'ils peuvent remplacer dans certains cas. La culture de ce nouveau légume est facile. On plante, en février, deux ou trois tubercules à la touffe, à quarante centimètres en tous sens. Si la terre est bonne et bien fumée, la récolte est considérable. On surcle pour enlever les mauvaises herbes. Il ne faut arracher que fin novembre ou commencement de décembre. Il faut arracher au fur et à mesure des besoins, car une fois hors de terre, les tubercules se flétrissent, noircissent au bout de douze à quinze jours. Dans le sable on peut les conserver indéfiniment. Dès les premiers jours de mars, les tubercules recommencent à végéter ; on en cessera donc la consommation. On voit que les crosnes sont un légume d'hiver, époque où les légumes frais font le plus défaut.

CROSSE s. f. Sorte de jeu athlétique, originaire de l'Amérique du Nord. C'est l'un des grands jeux imaginés par les tribus barbares que les Européens ont détruites dans le nouveau monde. La crosse était le passe-temps favori des Indiens qui habitaient les plaines et les prairies de l'Amérique septentrionale. Les colons français du Canada l'adoptèrent et le firent ensuite adopter par les Anglais, devenus possesseurs du bassin du Saint-Laurent. Vers 1866, on l'introduisit en Angleterre, mais il y obtint d'abord peu de succès, avant 1867, époque où il se forma une Association générale, pour le répandre. Cette association fit venir du Canada une troupe de 18 joueurs appartenant à la tribu des Iroquois, et leur fit engager de longs matchs, pendant lesquels les amateurs purent admirer leur

adresse et leur agilité. Le jeu national des Canadiens devint alors à la mode, sous une forme un peu moins sauvage, et avec un règlement qui le rend sans danger. — TERRAIN. La crosse se joue sur une pelouse unie, qui peut mesurer de 100 à 500 mètres de long sur 80 mètres de large, plus ou moins, suivant la force et le nombre des joueurs. Les Indiens ne mettent pas moins d'un demi-kilomètre d'un but à l'autre ; mais en Europe, on se contente d'une centaine de mètres. La qualité principale du terrain est de présenter une surface horizontale bien unie, sans arbres ni broussailles. — BUTS. Les buts, plantés en face l'un de l'autre, sont formés chacun de deux poteaux de six pieds de haut, placés à une distance de six pieds. Il est nécessaire que la balle lancée par la crosse passe entre les poteaux, ou, pour mieux dire, dans le rectangle formé par les poteaux et le sol. Si la balle passait *au-dessus* de ce rectangle, il ne pourrait être compté de but. — ACCESSOIRES. La balle est pleine et en éponge de caoutchouc, presque aussi grosse que celle du cricket, c'est-à-dire d'environ 23 centimètres de circonférence. La *crosse* est une sorte de raquette représentée par notre figure 1. Elle est formée d'un bâton long de 1ᵐ,20 à 1ᵐ,50, recourbé par le haut et fortement rattaché au manche par une lanière ou une cordelette de boyau de 70 centimètres. De la courbure, on tend quatre lanières qui se réunissent au manche vers le point où la première est attachée. D'autres lanières sont tendues transversalement du dos à la première lanière, de manière à former un filet, à travers les mailles duquel la balle ne pourra passer. Les dimensions de la crosse ne sont pas fixées, elles varient suivant l'âge et la force du joueur. Les cordelettes doivent être tendues assez pour que le filet ne forme pas une poche où le projectile resterait. L'usage de la crosse exige une grande adresse qui ne s'acquiert que par l'exercice. Le joueur doit étudier la manière de relever et de porter la balle. Pour relever la balle au repos, il doit couvrir la balle du bout de la crosse et la tirer vivement pour que la balle roule d'elle-même dans le filet. Pour retenir la balle sur ce filet, il donne à la crosse un léger tour de poignet en la relevant, pour que la balle roule et s'assujettisse

Fig. 1. Crosse.

contre le bois. Il peut maintenir la balle sur le filet, en imprimant à la crosse un mouvement de droite à gauche. Pour relever en courant une balle au repos, il la fait sauter d'un rapide mouvement avec le bout de la crosse et la rattrape au vol. Pour courir avec la crosse sur le filet, il la maintient contre le bois, en l'inclinant légèrement vers la terre (fig. 2). Le joueur doit, en outre, s'exercer à recevoir sur le filet la balle lancée et à l'y immobiliser ; il lui suffit, au moment où la balle va atteindre le filet, de baisser légère-

Fig. 2. — La crosse.

ment la crosse, tout en lui faisant suivre la direction dans laquelle arrive la balle, et aussitôt d'imprimer à la crosse un mouvement qui assujettira la balle contre le bois. Il s'habitue aussi à lancer la balle, soit par-dessus le bras, en tenant la crosse à la hauteur de la hanche, soit de côté, soit par-dessus l'épaule ou par-dessus la tête. — DES JOUEURS. La partie réglementaire se joue par *deux* équipes, composées chacune, autant que possible, de 12 personnes. Chaque camp est dirigé par un capitaine qui prend part au jeu et qui est choisi parmi les 12 joueurs. Il y a aussi un arbitre pour chaque camp ; mais celui-ci se tient derrière le but et, ne participant pas au jeu, ne compte pas parmi les joueurs. Sur notre figure 3, nous avons représenté les joueurs d'un camp par de petits

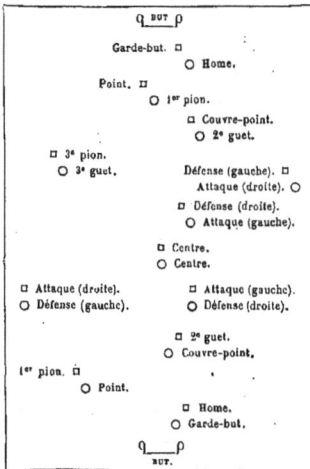

Fig. 3. — Position des joueurs.

carrés, et leurs adversaires par de petits cercles. — Le capitaine choisit le joueur qui doit se porter un peu en avant du but, afin de le protéger ; c'est le *garde-but* ; chaque camp a le sien, placé devant le but de ce camp. Un peu en avant du garde-but, est un joueur appelé *point* et plus loin, de l'autre côté, se tient le *couvre-point* ; ce sont des sortes de sentinelles avancées qui défendent les approches. Ces trois joueurs sont ordinairement choisis parmi les plus solides et les plus habiles. Ils se tiennent sur la défensive, tandis que les autres joueurs ont plutôt pour mission d'attaquer la forteresse ennemie. Exactement au milieu du terrain, souvent marqué par un petit drapeau, chaque parti place un homme. Les autres joueurs sont distribués sur divers points du champ. Les joueurs des deux camps sont disposés de façon que partout où il y a un joueur d'un parti, celui-ci est surveillé par un adversaire, et *vice versa*. La tactique consiste à passer la balle d'un homme à l'autre du même parti ; au lieu de placer les deux adversaires chacun dans leur camp, on a adopté le mélange des joueurs pour permettre aux adversaires d'arrêter la balle au passage et de s'en saisir pour lui faire prendre une direction inverse. Dans notre figure 3, le vent est supposé souffler du but dont nous représentons les joueurs par de petits cercles, de sorte que la plus grande partie des forces s'est massée du côté opposé pour la défense de la partie par un *croisé*. — DU JEU. On commence la partie par un *croisé*, en plaçant la balle sur le sol, entre les deux joueurs nommés *centres*.

Ceux-ci se placent entre leur but et la balle en alignant parallèlement leur crosse à terre comme le représente la figure 4. Ils restent dans cette position jusqu'à ce que le capitaine crie : « Allez ! » Aussitôt, chacun d'eux s'ef-

Fig. 4. — Le croisé.

force de saisir la balle, en amenant rapidement la crosse à lui. Celui qui y parvient enlève la balle sur le filet et court vers le but ennemi. L'autre joueur le poursuit en cherchant, au moyen de sa crosse, à lui enlever la balle en la faisant choir. Quand le joueur en possession du projectile se sent serré de près, il jette sa balle à un joueur de son camp. Celui-ci la prend sur sa crosse et court à son tour vers le camp ennemi. Le joueur placé près de lui pour le surveiller le poursuit vivement, comme a fait le précédent. Dans ces poursuites, il est permis de frapper, de la crosse, l'adversaire, mais il est défendu de l'arrêter ou de le faire tomber. La balle passe ainsi de joueur en joueur : celui qui se sent poursuivi de trop près la jetant à un ami bien placé, soit de côté, soit en arrière par-dessus la tête (fig. 5). — Pour se distinguer entre eux, les joueurs de chaque camp portent un costume qui diffère, pour la couleur, de celui des adversaires. Ce costume se compose d'un jersey, de bas de laine, d'une culotte courte,

Fig. 5. — Balle lancée en arrière, par-dessus la tête.

d'une casquette ou d'un bonnet de laine, avec des souliers à semelle de caoutchouc, dits bains de mer. — RÈGLES. 1. Les limites du terrain sont fixées par les capitaines. — 2. Un match est ordinairement décidé par le gain de trois buts sur cinq. — 3. Un but est gagné quand un joueur a lancé la balle avec la crosse dans le but du camp adverse, entre les deux poteaux. Aussitôt l'arbitre crie « but! » en levant la main ; et la partie recommence par un croisé. — 4. Les *arbitres* doivent être désintéressés de la partie ; ils se tiennent derrière chaque but et non dans le champ. Ils surveillent les croisés ; ils arrêtent le jeu dès que la balle est sortie des limites du jeu ou quand une faute est commise. Ils infligent les pénalités ; ils décident si un but a été gagné ou non. Leurs décisions sont sans appel. — 5. Les capitaines tirent au sort le choix des buts,

avant la partie ; ensuite les joueurs changent de camp après qu'un but a été gagné ou à la moitié du match, si cela est convenu. — 6. Il y a croisé : au début de la partie ; chaque fois qu'un but a été gagné, chaque fois que la balle est sortie des limites, ou quand elle est bloquée. — 7. La balle est *bloquée* quand elle se loge dans un endroit inaccessible à la crosse ; alors on la déloge avec la main et on la remet en jeu par un *croisé* des deux adversaires les plus rapprochés du lieu où la balle est bloquée. — 8. Si la balle est envoyée dans le but par l'un des joueurs à qui appartient ce but, les adversaires comptent un but. — 9. On commet une *faute* chaque fois que l'on touche une balle avec la main ou avec le pied, sauf quand il s'agit de la débloquer. — 10. Cependant, le garde-but peut l'arrêter avec la main ou avec toute autre partie de sa personne dans l'emplacement dit *limite du gardien.* — 11. La limite du gardien est formée d'un carré de 1ᵐ,80 de côté, à angle droit des poteaux ; on la trace avant de commencer la partie. — 12. Si la balle se prenait dans le filet, le joueur devrait aussitôt la dégager en frappant la crosse sur le sol. — 13. Tout joueur du camp attaquant est *hors de jeu* dès qu'il se trouve à 1ᵐ,80 du but du camp adverse, à moins que la balle n'ait dépassé le couvre-point, c'est-à-dire 10 mètres du but. — 14. Il y a *infraction* : 1° quand on lance la crosse après un joueur ou après la balle ; quand on saisit des mains la crosse d'un adversaire ; quand on retient l'adversaire par les bras ou par les jambes avec la crosse ; quand on frappe l'adversaire ou quand on le pousse avec la main ou avec la crosse ; quand on charge l'adversaire après que celui-ci n'est plus en possession de la balle ; quand il y a du métal, soit en plaque, soit en fil, en vis ou en clous sur la crosse ; quand on porte des pointes à ses souliers. — 15. Dès que l'arbitre crie *faute* ! le jeu doit cesser ; la balle sera remise à l'endroit où la faute a été commise. — 16. La balle entrée dans le but après que l'arbitre a crié : faute ! il ne peut y avoir de but gagné. — 17. Après toute faute, on a recours à un nouveau *croisé* du point où la faute a été commise, pourvu que ce croisé n'ait pas lieu à moins de 10 mètres du but, à moins que la faute n'ait été commise dans le camp défendant. — 18. L'expulsion sera prononcée contre tout joueur, à la demande du capitaine, quand ce joueur aura commis une des infractions suivantes : lancer sa crosse après un joueur ou après la balle ; saisir des mains la crosse d'un adversaire ; retenir un adversaire par les bras ou par les jambes avec la crosse ; frapper un adversaire ou le pousser avec la main ou avec la crosse ; charger un adversaire après que celui-ci n'est plus en possession de la balle. Le joueur expulsé ne peut être remplacé par un autre joueur. — 19. Après chaque but gagné, chaque camp peut demander un temps d'arrêt de 5 à 10 minutes. — 20. Si l'un des joueurs se retire du jeu par suite d'accident, après avis de l'arbitre, comme incapable de continuer la partie, un des joueurs de l'autre camp devra se retirer. — 21. Un joueur est *hors de jeu* quand il laisse tomber sa crosse ; il ne peut jouer la balle ni arrêter un adversaire tant qu'il n'a pas relevé sa crosse.

CTÉNOIDE, adj. (gr. *kteis, ktenos,* peigne ; *eidos,* apparence). Hist. nat. Qui ressemble à un peigne : *écaille cténoïde.*

CUCULLÉ, ÉE, adj. (rad. *cuculle*). Bot. Se dit d'un organe dont les bords sont relevés, et qui ressemble alors à une cuillère ou à un capuchon.

CUGNOT (Nicolas-Joseph), ingénieur, né à Void (Lorraine) en 1725, mort à Paris en 1804. Il inventa un nouveau fusil que le maréchal de Saxe adopta pour les uhlans. En 1769, il essaya, devant le duc de Choiseul et le général Gribeauval, une voiture à vapeur qu'il avait construite, et deux ans plus tard il exécuta une machine plus considérable qui est conservée au Conservatoire des Arts et Métiers. Tombé dans la misère, il reçut de Bonaparte, premier consul, une pension de 1,000 francs. Cugnot a laissé : *Eléments de l'art militaire ancien et moderne* (1766, 2 vol. in-12) ; *Fortifications de campagne* (1769, in-12) ; *Théorie de la fortification* (1778, in-12).

CULASSE s. f. Bot. Le plus gros bout du ballot d'arbres, la partie où sont les racines.

CULÉE s, f. Partie inférieure d'un arbre abattu et qui est à terre.

CULOTTE s. f. Au jeu de dominos. Coup de trente et au-dessus. —FAIRE LE COUP DE CULOTTE, fermer le jeu du premier coup en posant un domino que l'on n'est pas en état de couvrir et sur lequel l'adversaire se trouve lui-même incapable de jouer.

CUPULE (Jeux). L'appareil de ce petit jeu d'adresse se compose d'une planche creusée de cupules portant des numéros ; dans chaque cupule on place une bille. D'un côté de la planche s'élève une potence mobile, qui sup-

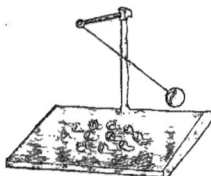

* Les cupules.

porte, au bout d'une ficelle, une bille plus grosse et plus lourde que les autres. Les joueurs mettent, à tour de rôle, le bras de la potence dans la position qui leur paraît la meilleure, prennent la grosse bille entre les doigts, tendent la corde à un certain angle et lâchent le tout pour que la grosse bille, en formant dans sa chute un arc de cercle, fasse sortir des cupules une ou plusieurs des petites billes. Chaque bille sortie vaut un point ; si elle entre dans une autre cupule, elle vaut le nombre de points indiqués par le numéro de la cupule ; mais si elle roule hors des limites de la planche, elle ne compte pour rien. Ordinairement, chaque joueur joue 4 fois de suite ; chaque nouveau joueur replace les billes dans leurs cupules respectives. La partie se compose de 61 ou de 101 points, suivant le nombre des joueurs, qui peuvent se diviser en plusieurs camps.

CURAÇAO (Econ. dom.). Faites infuser pendant huit ou dix jours 100 grammes d'écorces d'oranges amères sèches, bien épluchées, dans 2 litres de bonne eau-de-vie, avec un peu de canelle et 2 clous de girofle. Vous placerez la cruche où vous aurez préparé cette infusion au soleil ou à la chaleur du foyer, ayant soin de l'agiter vivement une fois ou deux chaque jour. Faites fondre alors 1 kilogramme de sucre blanc dans un demi-litre d'eau, ajoutez à votre liqueur que vous aurez préalablement passée. On peut ajouter à l'infusion 50 à 60 grammes de bois de Fernambouc, ou un peu de teinture, en même temps que le sirop de sucre, pour donner couleur. — *Curaçao de ménage.* Faites infuser pendant une heure ou deux l'écorce de deux belles oranges fraîches dans un litre de bonne eau-de-vie ; passez et sucrez d'environ 200 grammes de sucre et de l'eau strictement nécessaire pour le faire fondre.

CURETTE s. f. Petit instrument en forme de lame, qui sert à nettoyer, à curer les outils auxquels adhère de la terre ou des malpropretés quelconques.

CURIAL I **(Philibert-Jean-Baptiste-François-Joseph,** COMTE), général, né à Saint-Pierre-d'Albigny (Savoie), en 1774, mort à Paris en 1829. Au moment de la Révolution, il fut élu capitaine dans la légion des Allobroges, devint chef de bataillon après la campagne d'Egypte, colonel en 1804, colonel-major des chasseurs à pied de la garde impériale après Austerlitz, colonel-commandant après Eylau, général de brigade après Friedland, général de division au début de la campagne de Russie, organisa 12 bataillons de jeune garde, se couvrit de gloire à Wachau et à Hanau, fut nommé pair de France pendant la 1ʳᵉ Restauration, combattit à Waterloo et en Espagne (1823). Ayant trouvé grâce devant la seconde Restauration, il fut nommé gentilhomme de Louis XVIII et mourut d'une chute qu'il fit au sacre de Charles X. — II **(Napoléon-Joseph),** fils du précédent, né en 1810, mort en 1861. L'Empereur Napoléon Iᵉʳ lui avait servi de parrain ; il devint page de Louis XVIII, fut officier de cavalerie sous la Restauration, réclama la pairie en 1835 par droit d'hérédité et l'obtint ; mais révoqué de ses fonctions de maire d'Alençon en 1848, il se déclara plus républicain que n'importe qui, et fut élu député de l'Orne. Il fit partie de la droite à la Constituante et à la Législative, et appuya ensuite la politique de Louis-Napoléon. Son habileté lui valut un siège sénatorial en 1852.

CUVILLIER-FLEURY (Alfred-Auguste), académicien, né et mort à Paris (17 mars 1820-18 octobre 1887). D'une famille sans fortune, il fit ses études, en qualité de boursier, au collège Louis-le-Grand. A dix-sept ans, il remporta le prix d'honneur en rhétorique au concours général (1819). Louis-Bonaparte, ancien roi de Hollande, le prit pour son secrétaire particulier et l'emmena à Rome et à Florence. Rentré en France (1823) il fut nommé préfet général des études à Sainte-Barbe. En 1827, le duc d'Orléans l'appela auprès de son quatrième fils, le duc d'Aumale, en qualité de précepteur. Plus tard, le jeune duc le garda près de sa personne, avec le titre de secrétaire des commandements. Cuvillier-Fleury, profitant des loisirs que lui laissait cette agréable sinécure, publia dans le *Journal des Débats,* un grand nombre d'articles de critique historique et littéraire, qui furent réunis en volumes sous divers titres : *Portraits politiques et révolutionnaires* (2 vol., 1851) ; *Voyages et voyageurs* (1 vol., 1854) ; *Etudes historiques et littéraires* (2 vol., 1854) ; *Nouvelles études historiques et littéraires* (2 vol., 1859) ; *Dernières études historiques et littéraires* (2 vol., 1859) ; *Historiens, poètes et romanciers* (2 vol., 1863) ; *Etudes et portraits* (2 vol., 1865-68) ; *La duchesse d'Aumale* (1870) ; *Réforme universitaire* (1872) ; *Posthumes et revenants* (1879). En 1866, Cuvillier-Fleury entra à l'Académie française ; le 3 avril 1873, il fut chargé de répondre au discours de réception du duc d'Aumale, son ancien élève. Pendant la période du Seize Mai, il ne cessa de combattre violemment le maréchal de Mac-Mahon, dans les *Débats,* dont il resta, jusqu'à sa mort, l'un des principaux rédacteurs.

CYATHIFORME, adj. Qui a la forme du petit gobelet antique appelé cyathe. — Bot. Se dit d'une corolle très évasée dont le tube se rétrécit graduellement, de manière à simuler un entonnoir en verre.

CYNOMORIUM ou Cynomoir s. m. (gr. *kúon, kunos,* chien, *morion.* pénis). Plante parasite formant un genre de balanophorées et qui

croît sur les racines d'autres plantes. Dépourvue de feuilles, elle est représentée seulement par une tige herbacée, rouge, charnue, haute de 30 centimètres et couverte d'écailles. Elle donne des fleurs uni-sexuelles, c'est-à-dire les unes mâles, les autres femelles. Cette plante est originaire de Malte et de la région méditerranéenne. On la considérait jadis comme styptique et astringente et on l'estimait tellement comme remède contre la dysenterie, que les chevaliers de Malte gardaient avec la plus grande vigilance les lieux où elle se rencontrait. Aujourd'hui, le cynomorium n'est plus considéré que comme une curiosité botanique.

D

DAHO

DACTYLES, êtres fabuleux, associés, dans l'ancienne Phrygie, au culte de Cybèle ou Rhéa. Le mont Ida était, disait-on, leur séjour primitif, d'où le nom de *Dactyles Idæens* qu'on leur donnait généralement. On les confondait quelquefois ou on les identifiait avec les Corybantes et les Curètes. On leur attribuait la découverte du fer et l'art de travailler ce métal à l'aide du feu.

DADI-GOGO s. m. Nom africain d'une plante amomacée dont le rhizome est utilisé comme ténifuge par les indigènes de la Sénégambie. Le nom scientifique de cette plante est *phryniúm beaumetzii*.

DAGO. — Petite île de la Baltique, près de l'entrée du golfe de Finlande, et faisant partie du gouvernement russe d'Esthonie. Elle est séparée par un étroit canal de la grande île d'Œsel; elle mesure environ 60 kil. de long sur 25 de large et renferme une population de 10,000 hab., en majorité bergers et pêcheurs.

DAGOBERT de Fontenille (Luc-Siméon-Auguste), général, né à la Chapelle, près de Saint-Lô, en 1770, mort à Puycerda le 18 avril 1794. Entré au service en 1765 comme sous-lieutenant, il fit la campagne de la guerre de Sept ans, et servit en Corse. Il se signala, comme maréchal-de-camp en Italie au début des guerres de la Révolution, fut nommé général de division et reçut en 1793, le commandement de l'expédition de Cerdagne, sur la frontière espagnole des Pyrénées-Orientales. Il emporta Puycerda et Belver; mais, à la suite de quelques insuccès, il dut venir à Paris expliquer sa conduite devant le Comité de Salut public, qui lui donna son approbation. Il reprit le commandement de ses troupes et fut presque aussitôt emporté par une fièvre qui le minait depuis longtemps. Il a laissé: *Nouvelle méthode de commander l'infanterie* (1793, in-8°).

DAHOMEY. — Les Français ayant fondé plusieurs comptoirs sur la côte des Esclaves, se trouvèrent bientôt obligés de faire de grandes concessions à Behazin Aïdjéré, souverain du Dahomey, pour obtenir de lui l'autorisation de faire du commerce sur toute cette côte et d'y créer des factoreries. Vers la fin de 1889, des bruits de guerre circulèrent tout à coup, à la résidence française de Porto-Novo, à la factorerie de Whidah, et à l'établissement de Kotonou. Le 18 février 1890, la factorerie de Whidah, défendue par 12 blancs et 11 croumans ou employés à l'échiquier, fut attaquée par une bande d'indigènes, qui l'entourèrent au son du tam-tam et de chants guerriers. Déjà le roi de Dahomey avait lancé ses amazones contre Kotonou. On se battait sur toute la côte. Plusieurs Français, particulièrement des

DAME

missionnaires, tombèrent au pouvoir des nègres, qui les traitèrent avec une grande cruauté. Le gouvernement français envoya des troupes sénégalaises au secours de ses établissements et la paix finit par se rétablir. (Voy. **France**.)

DALHOUSIE (James-Andrew-Brown-Ramsay, marquis de), homme d'État anglais, né au château de Dalhousie, près d'Édimbourg, en 1812, mort au même lieu en 1860. Il entra à la Chambre des communes en 1837 et à la Chambre des lords comme successeur de son père, le comte Dalhousie, en 1838. Il fut envoyé dans l'Inde, avec le titre de gouverneur général en 1847. Il fit envahir le N.-O. de l'Hindoustan, subjugua le Pendjaub et l'annexa d'une manière permanente à l'empire britannique en 1849. Sous son administration, le Pégou fut également annexé en 1852 et les Anglais prirent possession d'Oude et de plusieurs districts indigènes. Dalhousie quitta son gouvernement général en 1855.

DAMARAS (Terre des), territoire allemand de l'Afrique occidentale, s'étendant du cap Frio au N., jusqu'à la baie de la Baleine au S.; et dans l'intérieur jusqu'à 18° long. E.: environ 250,000 kilom. et 120,000 hab. C'est une région infertile et désolée; mais dans l'intérieur on rencontre quelques régions cultivables. Il y a plusieurs années, le pays fut colonisé par un parti de Doppers, secte extrêmement religieuse de la race des Boers. Les nouveaux venus formèrent un établissement à Upingtonia; mais les exactions et l'inexorable oppression des Boers causèrent le soulèvement général des tribus nègres Ovampos. Sur ces entrefaites intervinrent les Allemands, qui firent céder à leur compagnie de l'Afrique occidentale les droits que les chefs indigènes avaient accordés à ces envahisseurs.

DAMES s. f. pl. L'origine de ce jeu nous est inconnue et n'a des preuves qu'il fut pratiqué de toute antiquité par les peuples orientaux. On a retrouvé des représentations de damiers dans les tombeaux égyptiens de l'époque pharaonique, et nos musées en possèdent plusieurs exemplaires. Les Grecs se firent honneur de cette invention, qu'ils attribuèrent à Palamède; d'autres à Mercure (Hermès) qui, ayant gagné une partie à Séléné (la lune), obtint d'ajouter cinq jours à l'année de 360 jours ou année vague. Les dames eurent une grande faveur pendant le moyen âge; on les appelait alors *jeu des tables*. On les jouait sur un damier de 64 cases, semblable à l'échiquier; mais ce damier, dit *à la française*, a été abandonné au XVIIIe siècle; on l'a remplacé, en France du moins, par le *jeu à la polonaise*, inventé à Paris, suivant La Condamine, par un officier du Régent qui jouait habituellement avec un Po-

DAME

lonais. L'ancien jeu, dont les combinaisons sont de beaucoup inférieures à celles du nouveau, fut bientôt oublié en France; on

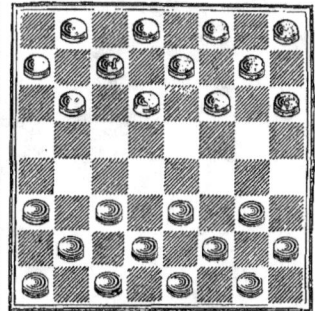

Fig. 1. — Damier à la française.

l'a conservé en Angleterre et dans beaucoup d'autres pays. Nous ne nous occuperons ici que du jeu à la polonaise. Le damier est un carré divisé en cent cases ou cellules alternativement blanches ou noires. On le place entre les deux joueurs, de telle sorte que la grande diagonale de cases, appelée *polonaise*, soit à la gauche de chacun des joueurs; cette

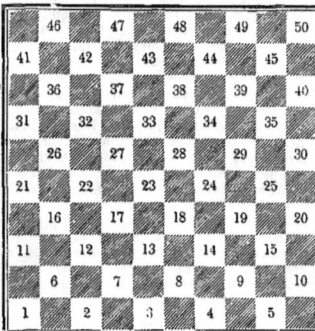

46		47		48		49		50	
	41		42		43		44		45
36		37		38		39		40	
	31		32		33		34		35
26		27		28		29		30	
	21		22		23		24		25
16		17		18		19		20	
	11		12		13		14		15
6		7		8		9		10	
	1		2		3		4		5

Fig. 2. — Damier à la polonaise.

diagonale est blanche quand on joue sur les cases de cette couleur; elle est noire si l'on met ses pions sur les cases noires. Ordinaire-

ment on joue sur les cases noires et l'on place, par conséquent, à sa gauche la diagonale de cases noires ; mais pour la facilité de la notation des problèmes, les auteurs n'admettent que le jeu sur les cases blanches, parce qu'il est bien plus aisé de noter les coups sur ces cases que sur les noires ; c'est pour cette raison que nous suivrons leur exemple (fig. 1). Chaque joueur dispose de 20 pions, qui sont noirs pour l'un des adversaires et blancs pour l'autre ; ces pions passent d'un joueur à son adversaire à la partie suivante. Les joueurs, étant assis en face l'un de l'autre et ayant le damier entre eux deux, placent chacun leurs pions sur les quatre premières lignes horizontales de cases de la couleur adoptée. Supposons que l'on ait adopté les cases blanches. Le joueur ayant les pions blancs doit les disposer sur les 20 premières cases blanches à partir du côté où il se trouve ; celui qui a les pions noirs les place sur les 20 premières cases blanches situées de son côté. Il reste ensuite, entre les camps, deux lignes horizontales de cases vides : c'est le champ sur lequel commence la manœuvre. Notre fig. 3 montre le jeu disposé pour commencer une

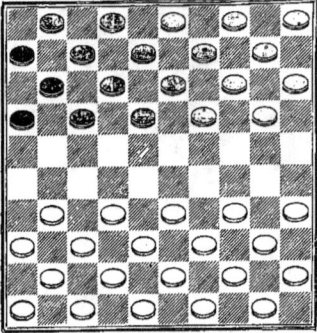

Fig. 3. — Jeu de dames disposé pour commencer une partie.

partie. Le sort décide quel est celui qui a le désavantage de jouer le premier. Les pions se meuvent diagonalement, de case en case, soit à droite, soit à gauche, en avant, jamais en arrière, sauf pour prendre. Ils prennent lorsqu'ils se trouvent diagonalement en contact avec un pion ennemi de l'autre côté duquel se trouve une case vide ; le pion preneur saute par-dessus le pion non défendu et se place sur la case vide ; le joueur qui a pris enlève sa prise, qui disparaît du damier. Le preneur peut faire deux, trois ou quatre sauts successifs, tant qu'il se trouve en avant ou en arrière, à droite ou à gauche, en contact immédiat avec des pions non soutenus diagonalement par un autre pion. Il se place à la dernière case vide et enlève tous les pions par-dessus lesquels il a sauté. On convient ordinairement que, lorsqu'il y a plusieurs pions à prendre, on ne doit en enlever aucun avant que le pion preneur soit arrivé sur la case où il doit s'arrêter. Quand un pion, pénétrant dans le camp ennemi, est parvenu à une case de la première ligne horizontale adverse, il devient *dame* ou *pion damé*. Pour le distinguer, on le couvre d'un autre pion de sa couleur. Les privilèges de la dame sont très grands. Au lieu de marcher pas à pas, comme le pion, elle peut sauter, diagonalement bien entendu, d'une extrémité du damier à l'autre, si le passage est libre ; elle prend tout pion ou toute dame non défendue qui se trouve sur l'une des diagonales qu'elle commande, de sorte que, dans la liberté de ses mouvements, elle fait quelquefois le tour

du damier, en prenant, à droite, à gauche, en avant, en arrière, toute pièce derrière laquelle se trouve une case vide. On conçoit facilement que la dame, favorisée de telles prérogatives, possède une grande valeur et contribue beaucoup au gain de la partie. La partie est gagnée par celui des deux joueurs qui réussit à s'emparer de tous les pions et dames de son adversaire, ou qui met celui-ci dans une telle position qu'il ne peut plus faire usage de ses pions ou de ses dames. — Observations sur la manière de jouer. La première condition pour le joueur est d'être extrêmement attentif, afin de ne commettre aucune faute et de profiter des moindres erreurs de son adversaire. L'habileté consiste d'abord à tenir bien serrés les rangs des pions, car tout pion qui n'est pas soutenu se trouve exposé à être pris. Ensuite, on doit chercher, autant que possible, à occuper le centre du damier, en poussant continuellement ses pions de droite et de gauche vers le milieu. On laisse les commençants et les joueurs médiocres partager leurs forces sur les côtés et s'emparer des coins, espérant être ainsi mieux exposés aux coups de l'ennemi. Si l'on incline vers un côté, ce sera toujours vers le côté droit de l'adversaire où l'on parvient plus facilement à dame que du côté de la grande diagonale. On ne jouera pas légèrement le pion du milieu de la première ligne (3 ou 48) ; déplacé dès les premières évolutions, il donne ouverture aux coups de dame et affaiblit en tous cas les moyens de défense ; il est préférable de jouer son voisin de droite ou son voisin de gauche ; quant aux pions des extrémités de la première ligne, il est très important de les conserver, eux aussi, le plus longtemps possible, dans leur position initiale. On doit éviter de *pionner*, c'est-à-dire de donner un pion pour en prendre un autre ; le pionnage n'est utile que lorsqu'il s'agit de parer un coup, d'en préparer un, de conserver ou de prendre une position. Le talent des grands joueurs consiste à se faire prendre successivement un ou plusieurs pions afin d'amener l'adversaire dans une position qui le fasse perdre ; mais de telles conceptions ne sont pas du ressort de tous les joueurs ; et il est souvent préférable de se tenir sur la défensive. Avant de s'engager dans une lunette (deux pièces isolées de même couleur, séparées par une seule case), il faut bien examiner l'état du jeu ; car si l'on gagne nécessairement une pièce, on donne un temps de repos à son adversaire, et même deux si on a joué une dame ; et un seul coup de repos donné à un joueur habile lui suffit souvent pour sauver sa partie compromise, comme on le verra par nos exemples. Si, à la fin d'une partie, on reste avec une dame et un pion contre trois dames, il faut se débarrasser du pion, parce que sa présence est dangereuse dans ce cas. Le joueur qui n'a qu'une dame contre une dame et deux pions, ayant le droit de damer immédiatement les deux pions de l'adversaire pour compter aussitôt les quinze coups de rigueur, doit, avant de le faire, reconnaître si les trois dames ne se trouveront pas à l'instant même en position de gagner. — Règles. 1° Chaque joueur joue à son tour le premier, à moins de conventions contraires. Quelquefois on convient que celui qui a gagné une partie joue le premier à la partie suivante ; et il est toujours entendu que celui qui fait avantage d'un ou de plusieurs pions à son adversaire doit jouer le second. 2° Toute pièce touchée doit être jouée, à moins d'impossibilité. On échappe à cette obligation lorsque l'on touche une pièce mal casée pour la remettre en place ; alors il faut avoir soin de dire : « *J'adoube* » en touchant la pièce. 3° Si un joueur touche plusieurs pièces sans avoir dit : « *J'adoube* », son adversaire peut lui désigner celle qu'il désire le forcer de jouer. Un pion est touché

dès qu'on a mis le doigt dessus ; le joueur est maître de le jouer où il veut ; et il peut, après l'avoir joué d'une façon, le remettre en place pour le pousser d'une autre manière, tant qu'il ne l'a pas quitté du doigt. Dès qu'il l'a lâché, il l'a joué irrévocablement. 4° Quand un joueur fait une fausse marche, c'est-à-dire lorsqu'il place son pion sur une case autre que celle sur laquelle il aurait dû le mettre, l'adversaire peut, à son gré, faire redresser l'erreur ou la laisser subsister. Rigoureusement, si un joueur, en prenant, enlève par erreur une de ses pièces au lieu d'une pièce adverse, on peut l'empêcher de réparer sa faute. 5° Le joueur en *prise* peut forcer l'adversaire à prendre : mais celui-ci a le choix de la pièce ou des pièces qu'il prend quand elles sont en nombre égal d'un côté ou de l'autre ; sinon il est forcé de prendre du côté du plus fort. A ce sujet les avis sont partagés. D'après les uns, la valeur de la pièce n'est pas à considérer, et le joueur peut choisir indifféremment un pion ou une dame, pourvu qu'il fasse un même nombre de prises. Mais cette opinion pêche contre la logique ; on doit considérer la prise des dames comme obligatoire quand il y a le choix entre une dame et un pion, entre deux dames et deux pions. A nombre égal de pièces, on doit prendre du côté où il y a des dames ou le plus de dames. On peut faire passer plusieurs fois la pièce qui prend sur une même case vide, mais non sur la même pièce ou sur la même dame. 6° Le preneur n'enlève ses prises qu'après avoir fait son trajet, mais il doit les faire disparaître aussitôt, car l'adversaire peut non seulement empêcher de les enlever après coup, mais de plus souffler la pièce qui a manqué les temps de prises ; 7° On *souffle*, c'est-à-dire on enlève du damier une pièce adverse (dame ou pion) qui n'a pas pris lorsqu'elle devait le faire ou qui n'a pas marqué et pris tout ce qui devait l'être. Pour peu que l'on ait un avantage à se faire prendre, on ne souffle pas et on force l'adversaire à recommencer de jouer, pour prendre suivant les règles. 8° *Souffler n'est pas jouer*, c'est-à-dire que lorsque l'on a confisqué une pièce adverse, par suite d'une faute commise par elle, on n'en a pas moins le droit de jouer comme si rien de particulier ne s'était produit. 9° Il ne suffit pas qu'un pion passe sur l'une des cinq cases de la première ligne du camp adverse pour qu'il devienne dame ; il faut qu'il y reste placé : ainsi un pion qui, en prenant, serait arrivé à cette case mais qui aurait encore à prendre, serait obligé de continuer son chemin et de rester pion ; 10° *Qui quitte la partie la perd*. Celui qui abandonne le jeu pour une cause quelconque est considéré comme ayant perdu la partie. Refuser de prendre ou de jouer une pièce touchée, c'est quitter la partie. 11° *La partie est nulle* quand deux joueurs de force égale restent l'un avec trois dames et l'autre avec une dame sur le grand rang ou diagonale ; mais si le joueur qui n'a qu'une seule dame est moins fort que son adversaire, il peut tomber dans les pièges que celui-ci ne manquera pas de lui tendre ; comme il est difficile de savoir s'il ne les évitera pas, on compte quinze ou vingt coups, suivant que le joueur qui possède trois dames n'a pas fait ou a fait avantage à son adversaire ; après quoi la partie est remise. Quand l'un des joueurs n'a qu'une seule dame contre une dame et deux pions, on a le droit de damer les deux pions sur les cases où ils se trouvent et de commencer immédiatement à compter les 15 ou 20 coups de

rigueur. La partie est nulle de droit quand il y a dame contre dame ou une dame contre deux dames, à moins que l'un des joueurs ne gagne forcément en cinq coups au plus. Quand une dame ne possédant pas le grand rang se trouve contre trois dames, on compte 15 ou 20 coups, après quoi la partie est nulle si la dame unique n'est pas prise. — RECUEIL DE COUPS. L'étude de ces coups est indispensable pour les commençants. Dans le but de les exécuter, on marquera au crayon les 50 cases blanches d'un damier comme sur notre fig. 1. — *Le coup de mazette.* C'est un coup d'ouverture de partie qui se présente quand le premier joueur avance mal son coup au plus. En général, au début de la partie, on doit éviter de jouer un pion sur la même diagonale et de le pousser dans le même sens que le pion précédent; faute de tenir compte de cette observation, on s'expose au coup de mazette, dont voici la notation. Les blancs commencent.

Blancs.	Noirs.
1. 17 à 23	33 à 28
2. 12 à 17	28 à 24
3. 18 à 29	35 à 24
4. 19 à 28	32 à 27
5. 23 à 32	34 à 23, 12 et 21

De plus, les blancs perdront le pion 32 au coup suivant. — *Coup simple.* Blancs, 3 pions, en 10, 15, 19; noirs, 4 pions, en 28, 30, 36, 37. Les blancs gagnent en faisant un jeu donnant à prendre le pion 19 porté en 25. Le pion noir 30 vient en 19 et le pion blanc prend les 4 noirs. — *Coup composé.* Blancs, 7 pions en 10, 13, 15, 17, 19, 21, 22; noirs, 7 pions, en 28, 30, 31, 33, 36, 37, 41.

Blancs.	Noirs.
1. 22 à 27	33 à 21
2. 17 à 26	31 à 22
3. 10 à 25	30 à 19
4. 15 à 31 (prend 4)	Les noirs ont perdu.

Le coup d'épicier. — Blancs, 5 pions, en 7, 13, 17, 18 et 26; noirs, 5 pions, en 28, 36, 38, 39 et 45. Les blancs gagnent.

Blancs.	Noirs.
1. 26 à 32	36 à 27
2. 18 à 23	27 à 18
3. 13 à 35 (prend 4).	

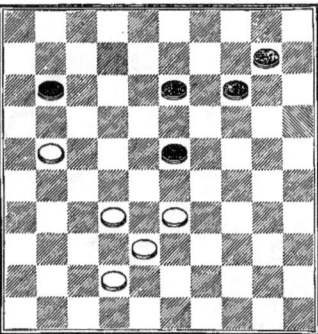

Fig. 4. Le coup d'épicier.

La promenade. — Blancs, 6 pions en 7, 13, 17, 18, 27, 37; noirs, 6 pions, en 28, 38, 39, 43, 47, 50. Les blancs gagnent.

Blancs.	Noirs.
1. 27 à 42	47 à 36
2. 37 à 32	36 à 27
3. 18 à 23	27 à 18
4. 13 à 35 (prend 4).	

La résurrection. — Cinq blancs, en 12, 14, 18, 22 et 31, ont à combattre 3 noirs, en 21, 37

et 40 et une dame noire en 25. Ils vont gagner.

Blancs.	Noirs.
1. 22 à 26	25 à 16
2. 26 à 32	37 à 26
3. 31 à 11	40 à 35
4. 18 à 24	35 à 30
5. 24 à 29	Ne peuvent jouer sans se mettre en prise.

L'impromptu de Paris. — Cinq pions blancs paraissent perdus en 17, 20, 29, 39 et 44, contre cinq pions noirs en 31, 40, 41, 43 et 50, et une dame noire sur la grande diagonale, en 1. Un trait de génie va les sauver.

Blancs.	Noirs.
1. 29 à 35	1 à 45
2. 44 à 49 (dame)	40 à 29
3. 49 à 40 et 24.	50 à 45
4. 24 à 29	45 à 40
5. 29 à 34	43 à 37
6. 34 à 25	37 à 32
7. 28 à 24	31 à 26
8. 24 à 13	26 à 21
9. 13 à 7	32 à 27
7. 3 à 18	27 à 22
9. 18 à 13	22 à 16
10. 18 à 2	41 à 36
11. 2 à 18	36 à 31
12. 18 à 2	40 à 35
13. 20 à 25	35 à 30
14. 25 à 29	

Les noirs perdent forcément un pion au coup suivant. — *Coup double.* Blancs 13 pions en 3, 4, 8, 10, 11, 12, 13, 14, 17, 18, 19, 23, 25; noirs, 13 pions, en 21, 30, 31, 33, 37, 38, 40, 42, 43, 44, 47, 48, 50. Les blancs vont à dame en 4 coups.

Blancs.	Noirs.
1. 19 à 24	30 à 28
2. 23 à 34	38 à 29
3. 25 à 30	21 à 23
4. 18 à 49	

Coup du chapelet. — Blancs, 11 pions en 2, 4, 12, 14, 15, 19, 20, 22, 23, 25, 30; noirs, 11 pions en 29, 32, 34, 35, 39, 40, 43, 45, 48, 49, 50. Les blancs vont à dame en 5 coups.

Blancs.	Noirs.
1. 23 à 28	34 à 23
2. 25 à 34	39 à 28
3. 30 à 39	45 à 34
4. 19 à 28	23 à 25
5. 20 à 47	

Coup de la mortellerie. — Blancs, 8 pions en 5, 9, 12, 14, 16, 21, 23, 24; noirs, 10 pions en 25, 30, 32. 33, 35, 39, 40, 43, 45, 50. Les blancs vont à dame en 6 coups.

Blancs.	Noirs.
1. 24 à 28	33 à 24
2. 23 à 34	24 à 33
3. 21 à 26	32 à 21
4. 12 à 17	21 à 23
5. 14 à 19	25 à 14
6. 9 à 47	

Sept contre neuf. — Sept pions blancs se trouvent en 6, 9, 10, 13, 18, 19, 14; neuf pions noirs en 11, 26, 32, 35, 42, 43, 44, 45, 50. Comment les blancs gagneront-ils? Voici la réponse.

Blancs.	Noirs.
1. 13 à 17	11 à 2 (dame)
2. 14 à 29	2 à 24, 15, 4 et 22
3. 29 à 40, 49, 38, 47, 30, 27, et 16	

Le pion noir 26 ne peut échapper. — *Six contre sept.* Six pions blancs se trouvent dans la situation désavantageuse suivante : 3, 9, 12, 19, 38; un coup d'audace peut seul les faire gagner contre sept noirs en 22, 23, 32, 44, 45, 47, 49.

Blancs.	Noirs.
1. 12 à 17	23 à 12
2. 3 à 7	12 à 3 (dame) ou A
3. 3 à 21	3 à 43
4. 12 à 26, 37, 48, 39	

Les blancs gagnent.

Blancs.	Noirs.
2.	41 à 23
3. 7 à 16, 37 et 36	

Les blancs gagnent encore.

Cul-de-sac. — Blancs, 3 pions en 2, 4, 7, 14, 28; noirs, 4 pions en 6, 11, 37, 49. Les blancs gagnent.

Blancs.	Noirs.
1. 14 à 18	6 à 1 (dame)
2. 28 à 33	37 à 28
3. 28 à 17	28 à 17
4. 7 à 12	1 à 6

Les blancs gagnent parce que 4, jouant en 9, a le coup sur le pion 49 des noirs. On a le coup sur son adversaire quand on a placé un pion en face de celui de l'adversaire, à quelque distance que ce soit. Que 49 joue comme il voudra, le pion blanc n'a qu'à se placer en face de lui en chaque coup, pour arriver à le prendre en 4 coups au plus. — *Coup renversé.* Blancs, 11 pions en 4, 11, 12, 15, 16, 17, 21, 22, 23, 27, 31; noirs, 11 pions en 24, 32, 36, 38, 41, 42, 43, 44, 45, 46, 47. Les blancs vont à dame en 4 coups.

Blancs.	Noirs.
1. 21 à 26	32 à 21
2. 23 à 28	24 à 33
3. 22 à 28	21 à 23
4. 17 à 50	

Le coup fatal. — Dix pions blancs sont dans la situation 2, 3, 6, 10, 11, 13, 19, 30, 34, 38, contre 2 dames en 9 et 25 et six pions en 22, 27, 29, 36, 47 et 48. Ils gagneront comme suit:

Blancs.	Noirs.
1. 33 à 37	25 à 8 et 17
2. 10 à 15	9 à 20
3. 30 à 35	29 à 4 40
4. 7 à 12	20 à 43, 21 et 7
5. 3 à 12, 23, 32, et 14	

Les noirs ne pourront plus damer si les blancs continuent de jouer avec la même intelligence. — *Coup du fondeur de cloches.* Blancs, 5 pions en 2, 3, 6, 11, 40; noirs, une dame en 39 et un pion en 35. Malgré leur apparente infériorité, les blancs gagnent.

Blancs.	Noirs.
1. 40 à 45	39 à 50 ou A
2. 6 à 12	50 à 1 ou B
3. 11 à 16	21 à 12
4. 2 à 6	12 à 7
5. 3 à 12	Ne peuvent plus jouer.

Blancs.	Noirs.
1. 40 à 45	39 à 1
2. 45 à 50	Ne peuvent plus jouer sans être pris.

Blancs.	Noirs.
3. 11 à 16	21 à 12
4. 2 à 11	Le pion noir ne peut jouer sans être pris.

Coup de repos. — Blancs, 10 pions en 7, 8, 10, 12, 16, 17, 19, 20, 26, 40; noirs, 10 pions en 9, 21, 28, 30, 32, 34, 37, 38, 39, 42. Les blancs gagnent.

Blancs.	Noirs.
1. 8 à 14	9 à 18
2. 17 à 23	28 à 19
3. 40 à 45	21 à 3 (dame).
4. 45 à 49 (dame).	32 à 21
5. 49 à 11, 2, 35 et 44.	3 à 25
6. 20 à 38	

Le bouquet ou coup de marchand. — Blancs, 17 pions en 5, 9, 11, 12, 13, 15, 16, 18, 22, 27, 28, 32; noirs, 12 pions en 21, 25, 30, 35, 38, 41, 42, 44, 45, 46, 50. Les blancs gagnent.

Blancs.	Noirs.
1. 28 à 34	38 à 29
2. 18 à 24	29 à 7
3. 32 à 38	21 à 12
4. 32 à 36	41 à 23
5. 11 à 16	12 à 21
6. 22 à 26	21 à 32
7. 15 à 19	25 à 14
8. 9 à 19 (prend 8 pions).	

Coup de clinquant. — Blancs, 17 pions en 1, 2, 3, 4, 7, 8, 10, 11, 13, 15, 17, 20, 21, 25, 30, 31, 32; noirs, 15 pions en 24, 28, 33, 34, 38, 39, 40, 41, 42, 43, 44, 45, 46, 48, 49. Les blancs vont à dame en 9 coups.

	Blancs.		Noirs.
1.	30 à 35	...	X9 à 10
2.	13 à 18	...	24 à 22
3.	15 à 24	...	28 à 19
4.	31 à 26	...	42 à 31
5.	11 à 16	...	22 à 11
6.	21 à 26	...	31 à 22
7.	32 à 36	...	41 à 32
8.	2 à 6	...	11 à 13
9.	8 à 50 (dame).		

Le coup de Jarnac. — Blancs, 9 pions en 4, 5, 8, 12, 13, 14, 17, 22, 23; noirs, 14 pions en 15, 21, 24, 26, 29, 31, 32, 36, 39, 31, 42, 43, 46, 47.

	Blancs.		Noirs.
1.	13 à 18	...	24 à 13
2.	14 à 19	...	15 à 34
3.	12 à 18	...	21 à 23
4.	12 à 16	...	21 à 23
5.	8 à 48 (dame)	...	26 à 17
6.	48 à 26, 13, 35 et 48	Ne peuvent plus jouer sans être pris.	

Le coup d'assommoir. — Sept pions blancs sont en 3, 21, 22, 23, 26, 28 et 38; ils ont pour adversaires sept noirs en 32, 37, 40, 44, 45, 47 et 49, plus une dame noire en 2.

	Blancs.		Noirs.
1.	28 à 33	...	37 à 28 et 17
2.	22 à 13	...	2 à 29 et 43
3.	26 à 37, 48, 39 et 50.	Ont perdu.	

L'enfilade. — Blancs, 6 pions en 8, 12, 17, 18, 23, 24; noirs, trois dames en 1, 44, 45, et un pion en 25. Les blancs gagnent en 3 coups.

	Blancs.		Noirs.
1.	24 à 29	...	25 à 34
2.	23 à 27	...	44 à 16, 3, 14 et 23
3.	17 à 50 (dame)	...	Ne peuvent plus jouer.

Le coup russe. — Six pions blancs en 8, 9, 22, 23, 24 et 27, se trouvent en présence de cinq pions noirs en 29, 31, 35, 36, 37 et d'une dame en 38.

	Blancs.		Noirs.
1.	8 à 14	...	29 à 18
2.	27 à 32	...	37 à 26, 17 et 38
3.	14 à 43	...	36 à 42
4.	43 à 47	...	32 à 37
5.	47 à 34	...	Ne peuvent damer.

Le coup normand. — Six pions blancs en 9, 17, 18, 19, 24 et 31, sont en présence de cinq pions noirs en 29, 48, 39, 41 et 42 et d'une dame noire en 33. Les blancs gagnent en 11 coups.

	Blancs.		Noirs.
1.	14 à 24	...	29 à 18 et 27
2.	17 à 22	...	33 à 16, 4 et 26
3.	31 à 22, 44 et 35.	...	42 à 37
4.	9 à 25	...	37 à 33
5.	39 à 43	...	33 à 28
6.	43 à 50 (dame)	...	28 à 24
7.	5 à 23	...	24 à 19
8.	23 à 9	...	41 à 36
9.	9 à 41	...	42 à 15
10.	41 à 14	...	15 à 10
11.	14 à 5	...	Bloqué.

Le coup trompeur. — Blancs, 6 pions en 6, 8, 22, 27, 32 et 34; noirs, 5 pions en 35, 41, 42, 47, 48 et une dame en 40.

	Blancs.		Noirs.
1.	34 à 39	...	35 à 44
2.	8 à 13	...	40 à 2 et 11
3.	32 à 37	...	42 à 33
4.	27 à 49 (dame)	...	11 à 27
5.	49 à 22	...	Ont perdu.

Le coup de tonnerre. — Blancs, une dame en 15 : noirs, 1, 30, 39, 40 : noirs, une dame en 38 et 5 pions en 12, 13, 48, 49, 50. Les blancs gagnent.

	Blancs.		Noirs.
1.	40 à 45	...	49 à 40
2.	30 à 35	...	40 à 29
3.	1 à 6	...	12 à 1 (dame)
4.		...	1 à 45
5.	4 à 24 en prenant 2 dames et 2 pions.		

La souricière. — Blancs, 2 dames en 21 et 40; et 3 pions en 5, 7 et 10; noirs une dame en 1 et 2 pions en 6 et 19. Les blancs gagnent en 4 coups.

	Blancs.		Noirs.
1.	7 à 12	...	6 à 17
2.	21 à 42	...	17 à 6
3.	10 à 15	...	19 à 10
4.	40 à 2		

Les noirs ont perdu parce qu'ils ne peuvent plus jouer. — *Le coup turc.* Blancs, 8 pions, en 4, 8, 12, 17, 18, 22, 32, 36; noirs, 2 dames en 38 et 45; et 4 pions en 34, 44, 48 et 49. Les blancs vont à dame au second coup et gagnent la partie. Ils n'ont qu'à pousser 22 en 27; la dame noire, 38, forcée de prendre 4 pions, s'arrête sur la case 23. Le pion 17 prend 3 et va damer en 50. — *La lunette dangereuse.* Il est quelquefois très dangereux de se mettre entre deux pièces ennemies pour être sûr d'en prendre au moins une; en voici un exemple. Les blancs, au nombre de 3 pions en 12, 23 et 34 et d'une dame en 30, ont pour adversaires 2 pions noirs en 14 et une dame en 31. La partie semblerait égale si la dame noire ne venait se mettre en 17, entre les deux pions blancs; c'est sa perte; aussitôt la dame blanche se met en 39 et la dame noire est forcée de prendre d'un côté ou de l'autre; si elle vient en 28, elle est perdue de suite; pour tâcher d'éviter ce sort, elle saute en 6; la dame blanche va de 39 à 50; la noire prend les deux pions blancs et tombe en 39 ou 43; la blanche prend tout ce qui se trouve sur le damier. Nous allons donner un autre exemple de lunette dangereuse. Cinq pions blancs se trouvent en 2, 7, 9, 15, 24, une dame blanche est en 33; un pion noir est venu s'engager dans la lunette 28; il est soutenu par une dame sur le grand rang, en 50. Les blancs gagnent en 5 coups.

	Blancs.		Noirs.
1.	33 à 46	...	28 en 10
2.	2 en 5	...	50 en 1
3.	7 en 12	...	1 en 17 et 5
4.	46 en 41	...	5 n'importe où.
5.	41 en 5	...	Bloqué.

Troisième exemple de lunette dangereuse analogue au précédent. Sept pions blancs se trouvent en 6, 9, 13, 15, 24, 33, 42. Un pion noir est venu dans la lunette 28, un autre noir est en 40 et une dame noire se tient sur la grande ligne, en 50.

	Blancs.		Noirs.
1.	15 à 20	...	23 à 46
2.	24 à 28	...	50 à 17, 4 et 15
3.	20 à 9	...	46 à 42
4.	6 à 12	...	42 à 37
5.	12 à 17	...	37 à 33
6.	17 à 33	...	40 à 33
7.	9 à 15	...	35 à 20
8.	13 à 19	Ne peuvent bouger sans se mettre en prise.	

La surprise. — Blancs, 3 dames en 5, 13 et 32, et un pion en 36; noirs, 2 dames, en 41 et 47, et un pion en 20. Les blancs gagnent en cinq coups.

	Blancs.		Noirs.
1.	13 à 20	...	47 à 25
2.	32 à 14	...	41 à 9
3.	5 à 14 et 30.	...	20 à 15
4.	30 à 14	...	15 à 10
5.	14 à 5	...	Ne peuvent plus jouer.

Quatre contre cinq. — Quatre pions blancs sont en 14, 24, 26, et 30; cinq pions noirs sont en 23, 24, 36, 39 et 41. Les blancs ne peuvent gagner que par l'habile manœuvre suivante :

	Blancs.		Noirs.
1.	24 à 19	...	23 à 14
2.	24 à 20	...	14 à 25
3.	30 à 8	...	36 à 31
4.	26 à 32	...	31 à 26
5.	32 à 21	...	41 à 36
6.	21 à 26	...	36 à 31
7.	26 à 32	...	39 à 44
8.	8 à 14	...	34 à 23 / Ne peuvent jouer sans se mettre en prise.

Quatre contre quatre. — Damer et empêcher l'adversaire d'en faire autant, voilà le grand point. Exemple : quatre pions blancs sont en 17, 28, 30 et 45; quatre noirs se trouvent en 14, 16, 31 et 41.

	Blancs.		Noirs.
1.	17 à 22	...	16 à 27
2.	28 à 33	...	27 à 33
3.	45 à 49 (dame)	...	38 à 34
4.	49 à 43	...	34 à 29
5.	43 à 40	...	31 à 26
6.	40 à 18 et 9	...	26 à 22
7.	9 à 23	...	Ne peuvent plus traverser la grande ligne.

Trois contre deux. — Dans ces sortes de fins de partie, c'est ordinairement les pions les plus rapprochés de dame qui gagnent. Supposons 3 blancs en 39, 44 et 45 et 2 noirs en 16 et 26. Les noirs ne peuvent, quoi qu'ils fassent, rendre nulle la partie, parce que les blancs vont de suite à dame. Exemple :

1re manière

	Blancs.		Noirs.
1.	44 à 49 (dame)	...	26 à 21
2.	45 à 50 (dame)	...	22 à 17
3.	49 à 11	...	17 à 22
4.	11 à 2	...	13 à 8
5.	2 à 14	...	8 à 3 ou 4 (dame)
6.	18 à 7 ou 13	...	3 ou 4 à 45
7.	50 à 39		

2e manière

	Blancs.		Noirs.
1.	44 à 40 (dame)	...	16 à 12
2.	49 à 16	...	12 à 21
3.	45 à 50 (dame)	...	N'importe quoi.
4.	39 à 44	...	Ne peuvent plus jouer sur la grande ligne.

3e manière

	Blancs.		Noirs.
1.	44 à 40 (dame)	...	16 à 11
2.	49 à 16	...	11 à 22
3.	39 à 44	...	22 à 17
4.	45 à 50 (dame)	...	17 à 13
5.	50 à 44	...	13 à 22
6.	44 à 43	...	22 à 17 ou A
7.	43 à 21	...	17 à 13
8.	21 à 3	...	A perdu.

Variante A

	Blancs.		Noirs.
6.		...	26 à 21
7.	48 à 39	...	Ne peuvent plus traverser la grande ligne.

Deuxième exemple. Blancs, 3 pions en 29, 35 et 39. Noirs, 2 pions en 21 et 40.

	Blancs.		Noirs.
1.	39 à 44	...	21 à 16
2.	44 à 49 (dame)	...	16 à 1 ou A
3.	49 à 22	...	11 à 6
4.	22 à 17	...	6 à 2 (dame)
5.	17 à 45	...	40 à 49
6.	45 à 40	...	2 à 35
7.	40 à 29	...	49 à 44 ou 45
8.	29 à 34 ou 35	...	Ne peut jouer sans se faire prendre.

Variante A

	Blancs.		Noirs.
2.		...	16 à 12
3.	29 à 34	...	40 à 38
4.	49 à 7		

Troisième exemple. Les 3 pions blancs se trouvent en 19, 29, 42; les 2 pions noirs en 11 et 40.

	Blancs.		Noirs.
1.	42 à 47 (dame)	...	11 à 6
2.	47 à 34	...	6 à 2 (dame)
3.	19 à 25	...	2 à 35
4.	25 à 30	...	35 à 48 ou A
5.	34 à 39	...	48 à 35
6.	39 à 39	...	Ne peuvent jouer sans se mettre en prise.

Variante A

	Blancs.		Noirs.
4.		...	35 à 2
5.	34 à 29	...	2 à 35
6.	Comme précédemment.		

Quatrième exemple. La fin de la partie suivante est beaucoup plus simple. Les 3 blancs se trouvent en 2, 23 et 36; les noirs en 11 et 21; ils peuvent espérer passer le pion 21 dans la lunette 6 pour faire dame en 1, sur la grande

ligne. Il faut déjouer leur calcul en faisant dame de suite ; voici ce qui se passe :

Blancs.			Noirs.
1.	36 à 42	. . . .	21 à 16
2.	42 à 46 (dame)	. . . .	16 à 12
3.	46 à 24	. . . .	12 à 6
4.	24 à 23	. . . .	6 à 1
5.	23 à 50	. . . .	1 à 28
6.	50 à 1	. . . .	

Trois contre un. — Quand un pion se trouve seul contre trois, il cherche à faire dame pour rendre la partie nulle ; les adversaires s'évertuent à l'empêcher d'arriver à dame. Voici un exemple de ce genre de lutte. Le pion noir unique se trouve en 23. Les 3 pions blancs sont en 20, 28 et 39.

Blancs.			Noirs.
1.	39 à 45	. . . .	23 à 17 ou A
2.	45 à 49 (dame)	. . . .	17 à 12 ou B
3.	49 à 45	. . . .	12 à 7
4.	45 à 12	. . . .	7 à 16
5.	11 à 12	. . . .	
6.	27 à 23	. . . .	

La dame blanche se pose en 12 ou en 9, suivant que le pion va à dame en 3 ou en 4.

Variante A

Blancs.			Noirs.
1.	39 à 45	. . . .	23 à 18
2.	45 à 49 (dame)	. . . .	18 à 14
3.	41 à 27	. . . .	14 à 8

Variante B

Blancs.			Noirs.
1.	39 à 45	. . . .	23 à 17
2.	45 à 49 (dame)	. . . .	17 à 13
3.	49 à 45	. . . .	13 à 8
4.	45 à 23	. . . .	8 à 2 ou 4 (dame)
5.	23 à 12 ou 9	. . . .	3 à 16 ou 12 à 15

Supposons maintenant que le pion noir se trouve en 21, et les 3 blancs en 34, 37 et 38 ; voici comment il faudrait jouer, pour gagner, dans l'impossibilité d'empêcher le pion de damer.

Blancs.			Noirs.
1.	38 à 43	. . . .	21 à 16
2.	43 à 47 (dame)	. . . .	16 à 12
3.	37 à 42	. . . .	12 à 6
4.	42 à 46 (dame)	. . . .	6 à 1 (dame) ou A
5.	46 à 28	. . . .	Ne peut jouer sans prise

Variante A

Blancs.			Noirs.
4.		. . . .	6 à 2
5.	46 à 24.	. . . .	2 à 38
6.	47 à 34	. . . .	

Utilité de la grande ligne. — Deux pions blancs se trouvent en 29 et 30 ; ils sont soutenus par une dame en 50 et ont à combattre quatre pions noirs en 11, 16, 22 et 40. Il s'agit d'empêcher les noirs de rendre nulle la partie.

Blancs.			Noirs.
1.	50 à 1	. . . .	16 à 12 ou A
2.	1 à 26	. . . .	11 à 6
3.	26 à 17	. . . .	6 à 2 (dame)
4.	17 à 1	. . . .	2 à 35
5.	30 à 39	. . . .	Ne peut jouer sans être pris.
2.	29 à 43	. . . .	6 à 2 (dame) ou B
3.	43 à 48	. . . .	2 à 44
4.	48 à 39	. . . .	

Variante A

Blancs.			Noirs.
1.	50 à 1	. . . .	40 à 35
2.	30 à 39	. . . .	16 à 12
3.	1 à 26	. . . .	11 à 6

Variante B

Blancs.			Noirs.
4.		. . . .	6 à 1 (dame)
5.	29 à 34	. . . .	

La dame noire est forcée de quitter la grande ligne et les blancs gagnent.

Trois pions et une dame contre un pion et une dame. — Trois pions blancs sont en 10, 18 et 29 : une dame blanche en 16 ; un pion noir en 40 et une dame noire en 2. La partie semble devoir être nulle ; il n'en est rien.

Blancs.			Noirs.
1.	29 à 35	. . . .	40 à 29
2.	16 à 3	. . . .	2 à 24
3.	3 à 19	. . . .	24 à 13
4.	10 à 19	. . . .	29 à 24 ou 25
5.	19 à 28 ou 30	. . . .	

Deux pions et une dame contre quatre pions. — Blancs, 2 pions en 5 et 14, et une dame en 9 ; noirs, 4 pions en 27, 31, 41 et 50.

Blancs.			Noirs.
1.	9 à 20	. . . .	31 à 26
2.	20 à 24	. . . .	41 à 36
3.	14 à 18	. . . .	38 à 31
4.	5 à 9	. . . .	26 à 22
5.	34 à 12	. . . .	50 à 45
6.	12 à 50	. . . .	22 à 18
7.	9 à 14	. . . .	16 à 11
8.	50 à 45	. . . .	31 à 26
9.	45 à 50	. . . .	26 à 22
10.	50 à 45	. . . .	29 à 16
11.	45 à 50	. . . .	27 à 22
12.	50 à 45	. . . .	22 à 18
13.	45 à 21	. . . .	11 à 6
14.	21 à 12	. . . .	6 à 17
15.	12 à 23	. . . .	17 à 28
16.	14 à 18	. . . .	28 à 23 ou 24
17.	18 à 27 ou 29	. . . .	

Une dame contre quatre pions. — Une dame peut-elle gagner contre 4 pions postés dans 4 coins différents ? Non. — Supposons une dame blanche en 18 et 4 pions noirs en 21, 30, 31, 40. Que la dame joue comme elle voudra, les pions passeront. Supposons qu'elle se mette en 7, le pion noir 30 viendra en 25 ; qu'elle joue en 3, le pion va en 20 ; qu'elle arrive en 19, c'est le pion 21 qui déloge à son tour et vient en 16 ; la dame est ainsi débordée. Si elle tient la grande diagonale et que les 4 pions se trouvent à la gauche de cette diagonale, elle ne peut les empêcher de passer s'ils ont la faculté de se porter en 11, 16, 22 et 31. Les noirs la prendront facilement en faisant un sacrifice de 2 pions si elle est en 1, ou de 3 pions si elle est en 23 ou dans une case supérieure. La même chose arrivera si elle tient la diagonale de 10 à 46 et si les pions ont la faculté de s'établir en 20, 25, 29 et 40. Elle peut gagner quand elle tient une ligne derrière laquelle quatre pions sont massés dans un angle du damier. Supposons qu'elle tienne la ligne de 30 à 48 et que les pions soient de 30 à 48 et que les pions soient en 40, 45, 49 et 50, elle les prendra les uns après les autres parce qu'ils ne peuvent se secourir mutuellement. — *Quatre dames contre deux pions et une dame sur le grand rang.* Les 4 dames peuvent gagner, quand elles poussent les 2 pions de chaque côté du damier. Supposons que les dames soient blanches et les pions noirs ; un pion noir arrivera en 10 ; une dame blanche se portera en 2 ; l'autre pion, arrivé en 10, sera arrêté par une dame blanche en 5. Pendant que la dame noire fera la navette sur la grande ligne, les deux autres dames blanches se posteront en 4 et 9, puis la dame 2 viendra en 18. Si, en ce moment, la dame noire est en 1 ou en 12, ce qu'elle a de mieux à faire, c'est de remonter, sur la grande ligne, au-dessus de 23 ; si elle reste sur l'une des cases du bas, la dame blanche 4 viendra en 17 ; il faudra prendre 2 dames blanches et venir périr en 14 ; la dame blanche 9, en prenant, se postera en 23 et gagnera forcément. Si, la dame noire étant en 1, le pion 11 avance devant elle en 6, la dame blanche 18 reviendra en 2 et les noirs ne pourront plus jouer. D'un autre côté, si la dame blanche était en 12 et remontait en 16 ou en 21, elle n'éviterait pas le danger, car la dame 4 la suivrait en 22 ou en 26, et il lui faudrait quand même venir mourir en 14. Elle remonte donc sur la case 50. La dame blanche joue en 41, pour inviter le pion 11 à bouger. S'il vient en 6, les noirs ont perdu ; la dame blanche 9 passe en 15 ; le pion noir remonte en 19 ; la dame 41 redescend en 14 et quand le pion en la prenant arrive en 8, la dame 4 le prend ainsi que le pion 6 et se porte en 1. La dame noire se fait prendre au coup suivant. De ce que les noirs ont de mieux à faire c'est de porter la dame de 50 à 1. — 41 se hâte de revenir en 18. Si les noirs n'ont plus que la case 50 ; la dame y va. — La dame blanche 9 tend un dernier piège ; elle se porte en 20 ; la dame

noire y échappe en revenant à 1 ; la dame blanche 20 revient en 9. La partie est nulle. Il n'en serait pas de même si, au moment où la dame 2 vient se poster en 18, la dame noire se trouvait en 50 ; elle serait alors forcée, pour éviter les différents coups dont nous avons parlé, de se placer en 34, 39 ou 43 ; et alors les deux dames 9 et 18 se feraient prendre successivement par le pion noir 10, et la dame blanche 4, prenant pion et dame, se porterait sur la grande ligne, empêchant ainsi le pion 11 de passer. — *Trois dames et un pion contre une dame.* Nous allons donner l'exemple d'un cas assez embarrassant dans lequel se trouvent 3 dames et 1 pion, tenus en échec par une seule dame. — Blancs, 3 dames en 3, 21, 35, un pion en 16 ; noirs, une dame en 27.

Blancs.			Noirs.
1.	35 à 13	. . . .	27 à 11
2.	21 à 12	. . . .	11 à 27 ou toute autre case de la même ligne, ou A.
3.	13 à 22	. . . .	27 à 7
4.	3 à 16	. . . .	

Variante A

Blancs.			Noirs.
2.		. . . .	11 à 2
3.	13 à 40	. . . .	2 à 11
4.	12 à 6	. . . .	11 à 2
5.	40 à 29	. . . .	2 à 13
6.	40 à 2	. . . .	

Une dame et deux pions contre deux pions. — Si un des pions va à dame, la partie peut être nulle, ce qu'il faut éviter. Exemple : blancs, une dame en 20 ; deux pions en 29 et 35 ; noirs, deux pions en 17 et 40.

Blancs.			Noirs.
1.	20 à 4	. . . .	17 à 21
2.	4 à 13	. . . .	12 à 6
3.	13 à 17	. . . .	12 à 4 (dame)
4.	17 à 45	. . . .	40 à 49
5.	35 à 40	. . . .	2 à 35
6.	40 à 29	. . . .	40 à 44 ou 45
7.	29 à 34 ou 35	. . . .	Le pion noir est arrêté.

Une dame et un pion contre deux pions. — Blancs, une dame en 20 et un pion en 39. Noirs, 2 pions en 16 et 48,

Blancs.			Noirs.
1.	39 à 45	. . . .	16 à 12
2.	20 à 34	. . . .	12 à 7
3.	34 à 12	. . . .	7 à 2
4.	45 à 50	. . . .	Ne peuvent passer le grand

Cinq dames contre deux. — Cinq dames blanches sont en ordre de bataille sur les cases 1, 2, 11, 13 et 22 ; les deux dames noires se sont établies sur la double diagonale de droite ; au moment où nous prenons la partie, l'une est en 5, l'autre en 46.

Blancs.			Noirs.
1.	1 à 23 ou A	. . . .	4 à 12, 17, 23 ou A
2.	11 à 33	. . . .	50 à 28 et 15
3.	2 à 13	. . . .	

Variante A

Blancs.			Noirs.
1.	1 à 28	. . . .	46 à 24 et 7
2.	2 à 18	. . . .	5 à 37 et 16
3.	11 à 22	. . . .	

Cinq dames contre deux sur la grande ligne. — Cinq dames blanches sont en 10, 11, 37, 48 et 49 ; les deux noires se tiennent en 1 et 50.

Blancs.			Noirs.
1.	37 à 19	. . . .	5 à 37 et 16
2.	49 à 43	. . . .	46 à 24 et 7
3.	10 à 28 et 1	. . . .	

Variante A

Blancs.			Noirs.
1.	37 à 19	. . . .	1 à 34
2.	11 à 33	. . . .	34 à 45
3.	40 à 50	. . . .	Perdu

Variante B

Blancs.			Noirs.
1.	37 à 19	. . . .	50 à 34
2.	11 à 6	. . . .	1 à 28 et 15
3.	10 à 28 et 50	. . . .	

Variante C

Blancs.		Noirs.
1. 37 à 19	. . .	58 à 23 ou 17
2. 11 à 6	. . .	1 à 12 ou 17
3. 49 à 45	. . .	17 ou 23 à 50
4. 48 à 39	. . .	50 à 28 et 15
5. 10 à 28 et 1		

Variante D

Blancs.		Noirs.
1. 37 à 19	. . .	50 à 12
2. 49 à 16	. . .	12 à 21
3. 11 à 6	. . .	1 à 28 et 15
4. 10 à 37	. . .	21 à 43
5. 48 à 37		

Quatre dames contre deux. — On pourrait croire que les quatre dames gagneront, quand même l'une de leurs adversaires ou toutes les deux, tiendraient la diagonale ; cela n'est pas toujours vrai. Supposons qu'elles tiennent toutes les deux le grand rang, on se case en 2, 32, 41, et 49. Quand l'une des dames est sortie d'un coin, on donne à prendre deux dames à l'autre, en jouant 2 ou 49 suivant le cas. La dame prenante vient en 36 après avoir fait deux prises. Aussitôt la dame 41 prend les deux dames adverses. Mais le coup est impossible si la dame qui quitte le coin vient se poser du côté de l'autre dame, par exemple si la dame 50 vient en 17 ou 12, ou bien si la dame 1 vient en 28, 34 ou 39. Les dames peuvent ainsi faire la navette et il faut changer de batteries. On se case en 2, 38, 47 et 49, pour attendre que 1 vienne en 12, 17, 23 ou 28, ou bien que 50 se pose en 39, pour sacrifier deux dames et en prendre deux. Si l'adversaire ne tombe pas dans le piège, la partie est nulle, parce que l'on ne peut faire qu'un échange d'une dame pour une, et qu'il en restera toujours une de l'adversaire sur la grande diagonale. Si une seule dame adverse se tient sur la grande diagonale, on case deux dames en 32 ou 41 ou dans une position similaire en haut ou en bas de la double diagonale de droite, et avec les deux autres dames on poursuit celle qui n'est pas sur le grand rang et prise aux coins. Si elle s'acharne à garder les coins, on l'enferme sur les cases 2, 11, 40 ou 49, et on la fait tourner jusqu'à ce que la dame du grand rang se trouve dans le coin de son côté. Alors on porte sur le grand rang la dame assaillante la plus voisine, qui se trouve en prise de deux côtés ; la dame du grand rang est forcée de prendre deux dames et de se poser en 36 ; la dame 41 la prend et se met en face de l'autre dame adverse, qui la prend et est prise immédiatement. Voici un exemple : une dame noire est bloquée dans les conditions ci-dessus, et l'autre dame noire se trouve en 50 ; c'est à elle de jouer après que la blanche 48 est venue en 32 ; il lui est défendu d'aller ailleurs que dans le coin 1 ; si elle venait en 39, 34, 28 ou 47, la dame blanche 49 viendrait à 16 ; la dame noire 11 prendrait deux blanches jusqu'en 36, et la dame blanche 41 enlèverait les deux noires. Si elle venait en 12 ou en 6, la blanche 49 se poserait en 22 et le même coup se renouvellerait. On ne peut donc venir qu'en 1. Alors la dame blanche 2 vient en 6 ; la noire est forcée de prendre 2 dames et de venir en 36. La dame blanche 41 la prend et s'arrête en 27, en face de la noire 11 qui prend et est reprise par 49. Mais on comprend que le joueur prévenu, comme le seront nos lecteurs, ne se laissera pas prendre par une case ci-dessus ; ou bien il s'arrangera de manière que sa dame du grand rang ne soit pas forcée, au coup suivant, de se trouver à côté de l'autre dame, et la partie sera nulle, s'il ne commet pas la faute de quitter les coins quand les deux dames poursuivantes s'y trouvent. Nous arrivons au cas où nulle des deux dames ne se trouve sur le grand rang. Ici, les coups sont trop variés pour que nous puissions les donner tous ; voici seulement quelques exemples. Supposons que les 4 blan-

ches se trouvent en 3, 5, 19, 47 et les noires en 20 et 31 ; les blanches jouent de 19 à 15 ; la dame noire 20 prend et s'arrête en 9 ou en 4 ; si elle s'arrête en 9, la dame blanche 5 prend et va en 36, pour se faire prendre par 31 qui est reprise par 47. Si la dame noire vient en 4, la blanche 3 se met en prise en 8 ; la noire 4 se pose n'importe où sur la ligne ; la blanche 5 se met en prise en 36 et la noire 31, sautant en 42, laisse en prise les deux noires. Supposons maintenant que, dans la chaleur d'une poursuite, les quatre blanches se trouvent en 23, 28, 30, 34 et les noires en 3 et 21. Voici comment se notent les coups qui font gagner les blancs :

Blancs.		Noirs.
1. 34 à 25	. . .	3 à 7 ou A, B, C.
2. 23 à 13	. . .	7 à 16
3. 25 à 43	. . .	21 à 48
4. 28 à 39	. . .	48 à 35
5. 30 à 11		

Variante A

Blancs.		Noirs.
1. 34 à 25	. . .	3 à 16
2. 25 à 43	. . .	21 à 48
3. 28 à 39	. . .	48 à 35
4. 30 à 11		

Variante B

Blancs.		Noirs.
1. 34 à 25	. . .	21 à 26
2. 25 à 19	. . .	3 à 25
3. 30 à 31		

Variante C

Blancs.		Noirs.
1. 34 à 25	. . .	21 à 48
2. 28 à 39	. . .	48 à 35
3. 30 à 48	. . .	3 à 30
4. 23 à 39	. . .	30 à 44
5. 48 à 39		

Trois dames contre une. — Les coups de trois dames contre une sont très fréquents à la fin des parties. Si la dame unique possède la grande ligne diagonale, la partie est nulle ; dans le cas contraire, elle est nulle seulement après 15 ou 20 coups, ainsi qu'il a été dit plus haut. Voici un exemple de dame unique ne possédant pas la grande ligne. — Blancs, 3 dames en 12, 16, 45. Noirs, une dame en 35.

1re manière

Blancs.		Noirs.
1. 45 à 40	. . .	35 à 30
2. 40 à 13	. . .	30 à 19
3. 13 à 8	. . .	19 à 3
4. 16 à 21	. . .	3 à 16
5. 21 à 12		

2e manière

Blancs.		Noirs.
1. 45 à 40	. . .	35 à 30
2. 40 à 13	. . .	30 à 48
3. 13 à 26	. . .	48 à 21
4. 12 à 3	. . .	21 à 7
5. 3 à 12		

3e manière

Blancs.		Noirs.
1. 45 à 40	. . .	35 à 48
2. 40 à 13	. . .	48 à 30
3. 13 à 18	. . .	30 à 3

Comme ci-dessus.

Autre exemple. Les dames blanches se trouvent en 9, 31 et 39, la dame noire en 43 ; il s'agit de la prendre en moins de 15 coups.

Blancs.		Noirs.
1. 39 à 48	. . .	43 à 34
2. 48 à 43	. . .	34 à 47
3. 9 à 20	. . .	Ne peut jouer sans être prise.

Troisième exemple. Supposons trois dames blanches sur la grande ligne en 34, 39 et 45, et une dame noire en 2. Le moyen le plus rapide de gagner consiste à enfermer la dame noire en 11 ou 48. Voici le moyen de réussir ; si elle résiste on sacrifie 2 dames pour la prendre :

Blancs.		Noirs.
1. 45 à 40	. . .	2 à 11
2. 34 à 29	. . .	11 à 49 ou A
3. 39 à 2	. . .	49 à 11 ou B
	. . .	Enfermée.
3. 39 à 12, 17, 23 ou		
28	. . .	X à 35
4. 40 à 19		

Variante A

Blancs.		Noirs.
2.		11 à 16, 22, 27 ou 32

Variante B

Blancs.		Noirs.
		49 à 38, 33, 27, 22, ou 16
4. 39 à 44	. . .	X à 49
5. 2 à 11	. . .	Enfermée.

Quatrième exemple. Les dames blanches sont en 10, 17, 46 ; la noire en 31. Cette fin de partie est compliquée.

Blancs.		Noirs.
1. 17 à 4	. . .	31 à 47 ou A
2. 10 à 19	. . .	47 à 31 ou D, C
3. 19 à 24	. . .	31 à 47
4. 4 à 20	. . .	47 à 31
5. 46 à 42	. . .	31 à 47
6. 24 à 29	. . .	47 à 25
7. 20 à 29		

Variante A

Blancs.		Noirs.
1. 17 à 4	. . .	31 à 36
2. 4 à 9	. . .	36 à 5
3. 46 à 41	. . .	Enfermée.

Variante B

Blancs.		Noirs.
2.	. . .	47 à 34
3. 19 à 25	. . .	34 à 20
4. 46 à 15	. . .	20 à 9
5. 4 à 15		

Variante C

Blancs.		Noirs.
2.	. . .	47 à 20
3. 19 à 15	. . .	20 à 9
4. 4 à 15		

Cinquième exemple. Les dames blanches en 6, 12, 16, la noire en 48.

Blancs.		Noirs.
1. 12 à 34	. . .	48 à 35 ou A
2. 6 à 1	. . .	35 à 48
3. 16 à 21	. . .	48 à 44
4. 1 à 45	. . .	44 à 35
5. 11 à 44	. . .	35 à 48
6. 34 à 43	. . .	48 à 37
7. 21 à 48		

Variante A

Blancs.		Noirs.
1. 12 à 34	. . .	48 à 37, 32 ou 26 ou B
2. 16 à 33, 27 ou 22	. . .	X à 1 ou 50
3. 6 ou 34 à 1 ou 50	. . .	Enfermée sur la grande ligne

Variante B

Blancs.		Noirs.
1.	. . .	48 à 21
2. 34 à 39	. . .	Comme au 2e coup de la variante A.

Sixième exemple. Les dames blanches se trouvent en 22, 23, 37 ; la noire en 30. Fin de partie très compliquée.

Blancs.		Noirs.
1. 37 à 21	. . .	30 à 35 ou A, B, C.
2. 22 à 44	. . .	35 à 48
3. 23 à 32	. . .	48 à 26
4. 21 à 32		

Variante A

Blancs.		Noirs.
1. 37 à 21	. . .	30 à 48
2. 22 à 38	. . .	48 à 25 ou 30
3. 23 à 44	. . .	35 ou 30 à 48
4. 23 à 32	. . .	48 à 26
5. 21 à 32		

Variante B

Blancs.		Noirs.
1. 37 à 21	. . .	30 à 25 ou 19
2. 22 à 8	. . .	25 ou 19 à 3
3. 23 à 12	. . .	3 à 16
4. 21 à 12		

Variante C

Blancs.		Noirs.
1. 37 à 21	. . .	30 à 3
2. 22 à 17	. . .	3 à 19 ou X
3. 17 à 8	. . .	19 ou X à 3
4. 23 à 12	. . .	3 à 16
5. 21 à 12		

Une dame contre trois pions et une dame. — La partie n'est nulle que dans l'une des deux positions suivantes : 1° la dame unique tient la grande diagonale et les trois pions se trouvent en 11, 16 et 21, l'autre dame étant où

l'on voudra; 2° la dame unique tient la diagonale de 10 à 46 et les trois pions se trouvent sur les cases 20, 25 et 30, l'autre dame étant où l'on voudra; il faudra que l'autre dame n'occupe les cases 10 et 46 que lorsque la dame unique se mettra en 5 ou 11. Dans toutes les autres positions, celui qui a trois pions et une dame peut espérer de gagner. — *Qui perd gagne.* Partie de dames dans laquelle, tout en appliquant les règles ordinaires du jeu, on convient que celui qui gagnerait au jeu ordinaire se trouvera avoir perdu. Le but des joueurs devient alors de faire prendre tous leurs pions ou de les faire bloquer, pour avoir perdu, c'est-à-dire gagné. La partie se joue sur le même casier et avec le même nombre de pions qu'au jeu de dames ordinaire et les règles sont les mêmes. Pour ce jeu, qui n'est pas aussi simple qu'on le croit généralement, les préceptes sont inutiles. Nous allons donner l'exemple le plus compliqué, qui est celui de vingt contre un. C'est une singulière partie de qui perd gagne, dans laquelle vingt pions d'une couleur luttent contre un seul pion adverse et finissent par se faire prendre jusqu'au dernier. Ce problème a été résolu par Lamarle dans les *Mémoires de l'Académie des Sciences de Belgique* (t. XXVII, Bruxelles), sous le titre de *Solution d'un coup singulier du jeu de dames* (1852). Les vingt pions se placent sur le damier comme au début d'une partie ordinaire; le pion adverse occupe une case quelconque des deux premières lignes de son camp. S'il est placé sur l'une des cases de sa première ligne, il peut jouer le premier; dans le cas contraire, le succès de ses adversaires n'est assuré que si c'est eux qui attaquent. — *Première partie.* Le pion noir se trouve sur n'importe quelle case de la 1ʳᵉ ligne horizontale, soit en 46, en 47, en 48, en 49 ou en 50, que nous désignons par X^1; après le premier coup, il occupera une case quelconque de la 2ᵉ ligne horizontale (41, 42, 43, 44 ou 45), c'est-à-dire X^2; au 3ᵉ coup il sera en X^3, après quoi, la partie se subdivisera suivant les cases qu'il peut occuper. Les blancs commencent.

Blancs.		Noirs.
1. 17 à 22	. . . .	X^1
2. 18 à 23	. . . .	X^2
3. 20 à 25	. . . .	X^3 à 31, 32 ou A, B, C
4. 22 à 27	. . . .	31 ou 32 à 26
5. 16 à 22	. . . .	26 à 28
6. 13 à 24	. . . .	28 à 30
7. 14 à 18	. . . .	30 à 25
8. 18 à 29	. . . .	25 à 16
9. 20 à 25	. . . .	19 à 30
10. 10 à 15	. . . .	30 à 25
11. 15 à 20	. . . .	25 à 19
12. 20 à 26	. . . .	10 à 30
13. 21 à 27	. . . .	30 à 25
14. 17 à 22	. . . .	25 à 19 ou 20
15. 9 à 14	. . . .	19 ou 20 à 15
16. 5 à 10	. . . .	15 à 10
17. 14 à 19	. . . .	10 à 5 (dame)
18. 6 à 14	. . . .	5 à 10
19. 9 à 15	. . . .	10 à 5
20. 4 à 9	. . . .	5 à 10

Pendant que la dame noire voyage consécutivement de 5 à 10 et de 10 à 5, on amène à dame tous les blancs autres que les quatre qui maintiennent la dame noire (pions 9, 14, 15, 19) et on dispose les dames comme suit : la première en 42 ou en 37, la seconde en 1, la troisième en 6, la quatrième en 2, la cinquième en 11, et les autres successivement en 3, 7, 12, 16, 21. Ceci fait, la dame noire étant en 10, on joue de 19 en 24; forcée de prendre 2 pions et la dame blanche, elle vient se poster en 42 ou 46, suivant la position de la dame blanche; on joue de 14 en 19; la dame noire vient en 4, et on lui donne à prendre successivement chaque dame, en lui offrant toujours la plus éloignée de la case où elle se trouve. De 21 à 26, par exemple, pour le premier coup, puis, la dame noire, se trouvant en 31, on lui offrira une dame de 3 à 8, ou toute autre placée le plus loin possible.

Variante A

Blancs.		Noirs.
3.	. . . .	X^3 à 33
4. 23 à 27	. . . .	33 à 28
5. 19 à 24	. . . .	28 à 30
6. 14 à 18	. . . .	30 à 25
7. 15 à 20	. . . .	25 à 19

La suite comme au 9ᵉ coup de la première partie.

Variante B

Blancs.		Noirs.
3.	. . . .	X^3 à 34
4. 23 à 28	. . . .	34 à 23
5. 12 à 17	. . . .	23 à 21
6. 14 à 18	. . . .	21 à 16
7. 13 à 17	. . . .	16 à 27
8. 17 à 23	. . . .	27 à 22
9. 23 à 27	. . . .	22 à 33
10. 11 à 16	. . . .	33 à 28 on D
11. 19 à 24	. . . .	28 à 30
12. 6 à 12	. . . .	30 à 25
13. 15 à 20	. . . .	25 à 19

La suite comme au 9ᵉ coup de la première solution.

Variante C

Blancs.		Noirs.
3.	. . . .	X^3 à 35
4. 25 à 30	. . . .	35 à 29
5. 30 à 35	. . . .	29 à 40
6. 12 à 17	. . . .	40 à 35
7. 12 à 17	. . . .	35 à 29 ou 30
8. 19 à 24	. . . .	29 à 27 ou E
9. 26 à 32	. . . .	27 à 36
10. 15 à 19	. . . .	36 à 31 ou A 31
11. 10 à 15	. . . .	31 à 26 ou F
12. 16 à 32	. . . .	26 à 21
13. 11 à 16	. . . .	21 à 32
14. 14 à 18	. . . .	23 à 25
15. 15 à 20	. . . .	25 à 19
16. 20 à 25	. . . .	19 à 30
17. 13 à 18	. . . .	30 à 25
18. 6 à 12	. . . .	25 à 19 ou 20

La suite comme au 15ᵉ coup de la première solution.

Variante D

Blancs.		Noirs.
10.	. . . .	33 à 27
11. 16 à 22	. . . .	27 à 16
12. 6 à 12	. . . .	16 à 11
13. 12 à 16	. . . .	11 à 22
14. 3 à 6	. . . .	22 à 16 ou G
15. 6 à 12	. . . .	16 à 11
16. 18 à 23	. . . .	11 à 6
17. 19 à 24	. . . .	6 à 16
18. 8 à 13	. . . .	30 à 25
19. 15 à 20	. . . .	25 à 19
20. 10 à 15	. . . .	19 à 30
21. 10 à 15	. . . .	30 à 25
22. 15 à 20	. . . .	25 à 19
23. 20 à 25	. . . .	19 à 30
24. 3 à 4	. . . .	30 à 25
25. 1 à 6	. . . .	25 à 19 ou 20

La suite comme au 15ᵉ coup de la première solution.

Variante E

Blancs.		Noirs.
8.	. . . .	30 à 25
9. 14 à 18	. . . .	25 à 30
10. 19 à 25	. . . .	20 à 27
11. 26 à 32	. . . .	27 à 36
12. 15 à 19	. . . .	36 à 31 ou 32
13. 15 à 19	. . . .	31 à 26 ou 31
14. 11 à 16	. . . .	26 à 21
15. 11 à 16	. . . .	21 à 23
16. 14 à 18	. . . .	23 à 25
17. 13 à 18	. . . .	25 à 19 ou 20

La suite comme au 15ᵉ coup de la première solution

Variante F

Blancs.		Noirs.
11.	. . . .	32 à 27
12. 17 à 22	. . . .	27 à 23
13. 14 à 18	. . . .	23 à 25
14. 15 à 20	. . . .	15 à 19
15. 20 à 25	. . . .	19 à 30
16. 13 à 18	. . . .	30 à 25
17. 7 à 13	. . . .	25 à 20 ou 19

La suite comme au 15ᵉ coup de la première solution.

Variante G

Blancs.		Noirs.
14.	. . . .	22 à 17
15. 18 à 23	. . . .	17 à 28
16. 19 à 24	. . . .	28 à 30
17. 7 à 13	. . . .	30 à 25
18. 15 à 20	. . . .	25 à 19
19. 20 à 25	. . . .	19 à 30
20. 10 à 15	. . . .	30 à 25
21. 15 à 20	. . . .	25 à 19
22. 20 à 25	. . . .	19 à 30
23. 7 à 13	. . . .	30 à 25
24. 13 à 18	. . . .	25 à 19 ou 20

La fin comme au 15ᵉ coup de la première solution.

Variante H

Blancs.		Noirs.
13.	. . . .	32 à 27
14. 17 à 21	. . . .	27 à 21

15. 14 à 18 . . . . 23 à 25
16. 7 à 13 . . . . 27 à 19 ou à 20

La suite comme au 15ᵉ coup de la première solution.

Lamarle a donné la solution quand l'unique pion se trouve en 41, 42, 43, 44 ou 45. Edouard Lucas y a ajouté celle de 8 autres positions (29, 31, 32, 34, 36, 37, 38 et 40). Nous allons donner la solution de la partie dans laquelle le pion unique se trouve en 29.

Deuxième partie

Blancs.		Noirs.
1. 20 à 25	. . . .	29 à 20
2. 19 à 25	. . . .	20 à 29
3. 18 à 23	. . . .	29 à 20 ou A
4. 23 à 28	. . . .	24 à 23
5. 15 à 20	. . . .	33 à 27 ou à 28
6. 17 à 22	. . . .	27 à 23 ou 11
7. 12 à 17	. . . .	23 à 21
8. 22 à 26	. . . .	21 à 32
9. 11 à 16	. . . .	32 à 26 ou 27
10. 16 à 21	. . . .	26 à 23 ou C
11. 21 à 26	. . . .	22 à 31
12. 13 à 17	. . . .	31 à 26
13. 17 à 22	. . . .	26 à 17
14. 14 à 18	. . . .	17 à 19
15. 20 à 25	. . . .	19 à 30
16. 10 à 15	. . . .	30 à 25
17. 15 à 20	. . . .	25 à 19
18. 20 à 26	. . . .	19 à 30
19. 3 à 8	. . . .	30 à 25
20. 7 à 13	. . . .	25 à 19 ou 20

Ensuite comme pour la première partie, depuis le 15ᵉ coup inclusivement.

Variante A

Blancs.		Noirs.
3.	. . . .	29 à 25
4. 15 à 19	. . . .	25 à 29
5. 16 à 19	. . . .	29 à 29
6. 10 à 15	. . . .	29 à 24 ou D
7. 23 à 28	. . . .	24 à 33
8. 15 à 20	. . . .	33 à 27 ou à 28

La suite comme au 6ᵉ coup de la partie précédente.

Variante B

Blancs.		Noirs.
6.	. . . .	28 à 24
7. 18 à 23	. . . .	24 à 19
8. 20 à 25	. . . .	19 à 30
9. 10 à 15	. . . .	30 à 25
10. 15 à 20	. . . .	25 à 19
11. 22 à 26	. . . .	19 à 30
12. 12 à 17	. . . .	25 à 19 ou 30
13. 9 à 14	. . . .	19 ou 20 à 15

La suite comme au 16ᵉ coup de la première partie.

Variante C

Blancs.		Noirs.
10.	. . . .	27 à 23
11. 13 à 18	. . . .	23 à 17
12. 18 à 13	. . . .	17 à 19
13. 20 à 25	. . . .	19 à 30
14. 10 à 15	. . . .	30 à 25
15. 15 à 20	. . . .	25 à 19
16. 20 à 25	. . . .	19 à 30
17. 3 à 8	. . . .	30 à 25
18. 7 à 13	. . . .	25 à 19 ou 20
19. 9 à 14	. . . .	19 à 15

Ensuite comme au 16ᵉ coup de la première partie.

Variante D

Blancs.		Noirs.
6.	. . . .	29 à 25
7. 15 à 19	. . . .	25 à 30
8. 19 à 25	. . . .	29 à 24
9. 16 à 25	. . . .	29 à 24 ou 25
10. 14 à 18	. . . .	24 ou 25 à 19 ou 20
11. 9 à 14	. . . .	19 ou 20 à 15
12. 5 à 9	. . . .	15 à 10

La suite comme au 17ᵉ coup de la première partie.

Cinq contre un. — Cette partie, nommée aussi *les chiens et le loup* ou *bataille de renards*, se joue à deux de la manière suivante. L'un des joueurs place 5 pions blancs autres que les pions de sa première ligne (cases 1, 2, 3, 4, 5), l'autre joueur pose un pion noir sur une autre case quelconque. Le but des cinq pions est de poursuivre le noir, de le faire reculer et de l'enfermer de manière à l'empêcher de bouger. Le but du noir est de traverser la ligne des blancs. Les uns et les autres vont de case en case, comme pour une partie ordinaire; mais le noir a le privilège d'avancer ou de reculer. Cette partie n'est pas moins compliquée que celle de vingt contre un; la moindre faute des blancs permet au noir de traverser leur ligne. La grande question pour les blancs est donc de reformer continuellement leur ligne après qu'un de leurs pions a passé sur la ligne suivante. Voici comment il faut procéder pour être as-

suré de gagner : 1° Le noir est en 6. Jouez de 3 à 7, puis de 1 à 6 ; après quoi, le noir est en 16 ou 17. S'il est en 16, avancez de 7 en 12 et reformez la ligne de 11 à 15. S'il vient en 17, jouez 7 à 13 ; puis 2 à 7, si le noir s'est embusqué à 17 ou 22, ou de 4 à 8 s'il est venu en 23 ; et reformez la ligne de 11 à 15. 2° Le noir est en 7. Jouez de 4 à 8 ; ensuite deux cas se présentent suivant que le noir va en 12 ou en 13. — A. S'il va en 12, poussez de 1 à 6, puis de 2 à 7 et de 8 à 13 si le noir est venu en 16 ; mais après avoir joué 1 en 6, allez de suite de 8 à 13, s'il est venu de 12 en 7 ou en 17. S'il se trouve ensuite en 12 ou en 22, avancez 2 en 7 ; s'il est en 23, avancez 3 à 8, puis 8 à 14, s'il vient en 18 ; ou bien 2 à 7 s'il se trouve en 17, 27 ou 28 ; reformez ensuite la ligne de 11 à 15. — B. Si au premier coup, le noir était venu de 7 à 13, on jouerait de 2 à 7 ; ensuite s'il va en 17, on ira de 8 à 13 ; s'il vient en 18, on jouera de 8 à 14, pour avancer ensuite de 3 à 8 ou de 5 à 9 suivant qu'il joue en 13 ou en 24. La ligne est facile à former de 11 à 15. 3° Le noir est en 8. Jouez de 2 à 7. S'il recule en 13, reformez votre ligne, de 6 à 10, en jouant d'abord de 3 à 8. S'il

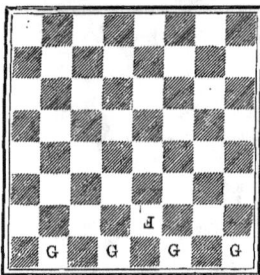

Fig. 5. — Le chien et le loup.

vient en 14, jouez de 3 à 8 ; s'il remonte ensuite en 18, passez de 4 à 9 et reformez la ligne ; mais si, au second coup, il descendait en 9, avancez de 4 à 6, puis de 4 à 9 ; s'il commettait l'imprudence de se mettre en 10, enfermez-le en poussant de 9 à 15. 4° Le noir est en 9. Reprenez la tactique précédente, en débutant de 3 à 8 au lieu de 2 à 7. 5° Le noir est en 10. Jouez de 4 à 9 et reformez votre ligne de 6 à 10. 6° Le noir est en 11. Jouez de 1 à 6, puis de 2 à 7, etc., jusqu'à ce que vous ayez reformé la ligne de 6 à 10. 7° Le noir est en 12. Avancez de 4 à 8 ; ensuite considérez les 4 cas suivants. — A. Le noir vient en 6 ; avancez de 3 à 7, puis de 1 à 6. S'il se trouve alors en 10, jouez de 7 à 13 ; s'il est en 17, jouez de 7 à 13, puis de 2 à 7 et de 8 à 14 ; après quoi, il vous sera facile de reformer votre ligne sur la 3ᵉ ligne, de 11 à 15. — B. Si, après que vous avez joué de 4 à 8, le noir vient en 7, avancez de 8 à 13, puis de 1 à 6, de 5 à 9, de 2 à 7 ou de 3 à 8, suivant que le noir se trouve en 12 ou en 23 et reformez la ligne. — C. Si, quand vous avez joué de 4 à 8, le noir vient en 16, jouez de 1 à 6, de 2 à 7, de 8 à 13 et reformez la ligne de 11 à 15. — D. Si, après votre premier coup de 4 à 8, le noir vient en 17, avancez 8 en 13 ; s'il passe ensuite en 12 ou 22, jouez de 1 à 2. S'il a l'audace de passer de 12 à 7, enfermez-le en passant de 6 à 12 ; il est insupportable qu'il ira de 12 à 16.ou 17 ; jouez alors de 2 à 7, puis de 3 à 8 et reformez la ligne de 11 à 15. Mais si le loup passe de 17 en 23, faites avancer 3 à 8 et reformez la ligne de 11 à 15, suivant la manière de jouer de l'adversaire. 8° Le noir est en 13. Reprenez la tactique précédente, en débutant par 5 à 9 au lieu de 4 à 8. 9° Le pion noir est en 14. Jouez de 3 à 8. S'il recule de 14 à 18 jouez de 2 à 7 ;

s'il va, au contraire, de 14 à 19 avancez de 4 à 9. Mais s'il venait de 14 en 9, jouez de 2 à 7, et alors il reculera à 14 ou à 15, et on avancera de 4 à 9, pour reformer la ligne, de 6 à 10, si le noir ne se fait bloquer en 10. 10° Le pion noir est en 15. Jouez de 4 à 9, puis de 5 à 10 et reformez la ligne, de 6 à 10, si le noir ne se fait bloquer en 10. 11° Le noir se trouve à 16. Jouez de 1 à 6, de 2 à 7, de 3 à 8, de 4 à 9 et de 5 à 10. 12° Le noir est en 17. Jouez de 2 à 7, puis de 1 à 6 ou de 3 à 8, suivant qu'il vient en 12 ou en 13, et reformez la ligne de 11 à 15. 13° Le noir est en 18. Jouez de 3 à 8, puis de 2 à 7 ou de 4 à 9 suivant qu'il vient en 13 ou en 14, et reformez la ligne. 14° Le noir est en 19. Jouez de 4 à 9, puis de 3 à 8 et reformez la ligne. 15° Le noir est en 20. Jouez de 4 à 9 et reformez la ligne. Ces explications suffisent amplement pour tous les coups sur n'importe quelle ligne.

DAMMAR ou DAMMARA s. m. (malais, *dammar*, même sens). Bot. Genre de conifères abiétinées, consistant en plusieurs espèces de grands arbres qui portent des feuilles coriaces et que l'on trouve dans les îles des Indes orientales, dans la Nouvelle-Zélande et dans la Nouvelle-Guinée. Le *pin faux* de la Nouvelle-Zélande est l'une des principales espèces de ce genre ; il atteint de 150 à 200 pieds de haut et produit une résine dure et cassante qui ressemble au copal. Le *pin d'Amboine* des Moluques, atteint 100 pieds de haut, et donne la résine fine et transparente nommée *dammar*.

DANAÏNE s. f. Alcaloïde obtenu de la racine d'une plante rubiacée, le *Danaïs fragrans*.

DANDRÉ-BARDON (Michel-François), peintre, né à Aix (Provence), en 1700, mort en 1783. D'abord avocat, il se sentit entraîné vers la peinture et étudia sous la direction de J.-B. Vanloo. Ses toiles principales sont : le *Christ*, du musée de Marseille ; *Tullie faisant passer son char sur le corps de son père* (Montpellier) ; *Auguste faisant précipiter dans le Tibre les personnes accusées de péculat*, etc. Il fut professeur d'histoire à l'école de peinture de Paris et ensuite directeur de l'Académie de Marseille. Il a publié différents ouvrages d'esthétique et d'enseignement : *Principes à dessiner* (1754) ; *Traité de peinture* (Paris, 1765, 2 vol. in-12) ; *Histoire universelle des arts de peindre et de sculpter* (1769, 3 vol. in-12) ; *Vie de Carle Vanloo* (Paris, 1765, in-12). Il s'est aussi essayé dans la poésie et a écrit un poème historique, le *Passage du Var* (Marseille, 1750).

DAPPER (Olivier ou Olfert), médecin et géographe hollandais, mort en 1690. Presque tous ses ouvrages, accompagnés de planches, ont été traduits en français ; ce sont : *Description d'Amsterdam* (1663, in-fol.) ; *Description des pays africains* (1668, in-fol.) ; *Expédition mémorable des Néerlandais dans l'empire de Chine* (1670, in-fol.) ; *Description de la Perse* (1672) ; *Description de l'Amérique* (1673) ; *Description des îles d'Afrique* (1676) ; *Description de l'Asie* (1680, in-fol.) ; *Iles de l'Archipel* (1688) ; etc.

DARJILING ou DARJEELING, district de l'Inde anglaise, formant la portion la plus septentrionale du Rajshani Kuch-Behar, sous la juridiction du lieutenant gouverneur du Bengale. Ce district s'étend sur le flanc et au pied de l'Himalaya. Les Anglais y ont fondé un établissement civil remarquable par sa salubrité et par la beauté de ses paysages. Dans les terrains les moins élevés, le riz constitue la principale récolte ; mais sur les collines, on cultive le maïs indien, le millet, le froment, les pommes de terre et les cardamomes. L'arbre à thé donne chaque année plus de 4 millions de livres de thé. La population compte 95,000 hab. Cap. *Darjiling* (3,500 hab.),

acquis en 1835 par les Anglais, qui y établirent un *Sanitarium*. Le lieutenant gouverneur du Bengale y passe ordinairement plusieurs mois chaque année.

DAUBAN (Charles-Aimé), historien, né à Paris en 1820, mort en 1876. Il fut professeur d'histoire et, à partir de 1858, conservateur-sous-directeur des estampes à la bibliothèque impériale. Ses ouvrages ont fait peu de bruit, mais on y trouve beaucoup de renseignements peu connus. Les principaux sont : *Médailles de Louis XII* (1856) ; *Nicolas Bricot et la Cour des monnaies* (1857) ; *Mᵐᵉ Roland et son temps*, (1864, in-8°) ; *La Démagogie en 1793, à Paris* (1867, in-8°) ; *Hist. de la rue, du club, de la famine*, etc. (1869, in-8°) ; *Les Prisons de Paris sous la Révolution* (1870, in-8°) ; *Hist. du règne de Louis-Philippe Iᵉʳ et de la seconde République* (1872, in-12) ; *Le Fond de la société sous la Commune* (1873, in-8°) , *Mémoires inédits de Pétion, de Buzot et de Barbaroux* (1866, in-8°) ; *Lettres de Mᵐᵉ Roland*, etc.

DÉ (Jeux). On appelle *dé* un petit cube de l'os ou d'ivoire dont chacune des six faces est marquée d'un différent nombre de points, depuis un jusqu'à six. Des cubes ainsi marqués furent employés par les joueurs indous bien longtemps avant d'être connus des Grecs et des Romains. Les parties auxquelles ils donnent lieu firent fureur à Rome pendant la décadence de la République et surtout pendant l'Empire. Néron risquait jusqu'à quatre mille sesterces sur un coup de dés. Le moyen âge hérita de cette passion, malgré les lois sévères qui prohibaient les jeux de hasard. La fabrication des dés prit une telle importance qu'elle donna naissance à la corporation particulière des *déciers* ; et pendant un moment, il exista dans Paris des écoles de jeux de dés (*scholæ deciorum*). L'adoption des jeux de cartes a porté à ceux de dés un coup dont ils ne se sont guère relevés. De même que les cartes, les dés sont susceptibles de fournir amplement aux tricheries des joueurs malhonnêtes. L'une des fraudes les plus répandues consiste à *charger* ou *piper* les dés en rendant une de leurs faces plus pesante que les autres, pour amener à discrétion un point faible ou un point fort. On charge les dés en emplissant les points même de quelque matière plus lourde, à volume égal, que la quantité d'ivoire que l'on enlève. Quelquefois les dés sont chargés naturellement, quand ils ont été taillés dans l'ivoire ou dans l'os dont une région est plus dense que l'autre ; alors le centre de gravité ne se trouve pas bien au milieu et les dés ont toujours une tendance à s'arrêter sur la face rapprochée du centre de gravité plus souvent que sur les autres faces. Cette petite différence donne un avantage certain à celui qui la connaît. Dans l'antiquité, pour prévenir les tours de main, on ne jetait pas les dés directement sur la table. On les faisait passer dans une espèce de cornet en cône tronqué, ouvert aux deux bouts et à col étroit. Dans l'intérieur de ce cornet appelé *tour*, se trouvaient plusieurs degrés qui faisaient faire aux dés différentes cascades avant de les laisser tomber. Aujourd'hui on se sert d'un *cornet*, sorte de gobelet que l'on fit d'abord en corne, mais qui est plus communément en cuir. Il a la forme d'un cône tronqué dont le bout le moins large est fermé. On y place les dés ; on les agite et on les renversant vivement le cornet, après quoi on nomme à haute voix les points amenés, en commençant par le plus élevé. Les anciens se servaient de trois dés, ce qui donnait lieu à 316 combinaisons différentes. Dans les jeux modernes on emploie ordinairement deux dés produisant 36 coups, ainsi que nous le démontrerons un peu plus loin en nous occupant du *trictrac*. On trouvera dans le même article les différents termes que l'on emploie dans les coups de dés et la définition des mots *doublet*, *beset*,

terne, quaterne, quine, sonnz, etc. Il y a des espèces de dés taillés à douze faces pentagonales qui sont chargées chacune d'un nombre différent de points ou d'un chiffre différent; depuis un jusqu'à douze ; on les appelle *cochonnets* et on y joue comme aux dés. Les dés donnent lieu à un grand nombre de jeux. Nous ne parlerons ci-dessous que des *jeux de dés purs,* renvoyant pour le trictrac à notre chapitre des jeux de combinaisons. Les points sont marqués sur les dés de façon qu'en ajoutant ceux d'une surface à ceux de la surface opposée, on arrive toujours au nombre sept pour total. — L'ESPÉRANCE. Cette partie se joue entre plusieurs personnes. On forme une poule avec 1 ou 2 jetons de chaque joueur et l'on tire au sort à qui aura les dés. Si celui que le sort a désigné pour tenir le cornet amène un as, il donne un jeton à son voisin de gauche ; s'il amène un 6, il met un jeton à la poule ; s'il amène as 6, il donne par conséquent un jeton à son voisin de gauche et en met un à la poule ; s'il amène un doublet, il jette une seconde fois les dés ; et s'il l'amène encore, il gagne la poule. Les autres points sont indifférents. Le cornet passe de main en main, de gauche à droite, tant que la poule n'est pas gagnée. Quand un joueur n'a plus de jetons, c'est-à-dire quand il a épuisé le nombre déterminé de jetons qui, selon les conditions de la partie, forment la masse de chaque joueur; il est *mort* et ne prend pas le cornet à son tour de jouer. Mais il lui reste l'*espérance* de ressusciter, pour le cas où son voisin de droite, amenant un as, serait forcé de lui donner un jeton. Celui qui possède encore un ou plusieurs jetons quand les autres joueurs ont tout perdu, gagne la partie. — LE HASARD. C'est une partie qui peut être jouée par un nombre indéterminé de personnes, qui sont censées n'être que deux : un joueur, qui est le banquier, joue pour son propre compte, les autres représentent un personnage collectif, dont ils partagent la bonne et la mauvaise fortune, et chacun est banquier à son tour, le banquier qui perd étant tenu de céder le gobelet à son voisin de droite. Les enjeux étant faits, le banquier jette les dés pour connaître les deux chances. Il jette d'abord les dés jusqu'à ce qu'il amène un des points cinq, six, sept, huit ou neuf; celui de ces points qui sort le premier sert de chance à l'adversaire ; ensuite il se donne lui-même une chance en jetant les dés jusqu'à ce qu'il amène un des nombres quatre, cinq, six, sept, huit, neuf ou dix. Les chances des deux adversaires étant ainsi déterminées, le banquier jette de nouveau les dés. Si la chance donnée à l'adversaire est six ou huit, le banquier gagne quand il amène cette chance ou le point douze ; mais il perd dans ce cas quand il amène deux as, ou trois ou onze. Si la chance de l'adversaire est cinq ou neuf, le banquier *gagne* quand il amène cette chance; mais il perd, dans ce cas, quand il amène deux as ou trois ou onze. Si la chance de l'adversaire est sept, le banquier gagne quand il amène cette chance ou onze ; il perd s'il amène deux as, ou trois ou douze. Le banquier gagne encore si, ayant une chance différente de celle de l'adversaire, il amène cette chance avant celle de ce dernier. Dans tous les autres cas, le banquier perd. — LE KRABS ou CREPS. Ce jeu, d'origine anglaise, est prohibé en France. Voici ses règles les plus ordinaires. On tire à qui jouera le premier, jusqu'à ce que l'un des joueurs amène un nombre pair et l'autre un nombre impair; celui qui a le nombre pair est le premier. Il annonce à haute voix quel point il désire prendre et que l'on appelle *point de chance;* il ne peut choisir que l'un des nombres 5, 6, 8 ou 9. Si du premier coup, il amène le point de chance, il gagne la partie; mais s'il amène un *krabs,* il perd. Les krabs changent suivant le nombre choisi ; s'il a pris 5 ou 9, les krabs sont 2, 3,

11 et 12 ; s'il a pris 6 ou 8, les krabs sont 2, 3 et 11. Si, au premier coup il n'amène ni le point de chance ni un krabs, il passe les dés à son adversaire, et, à partir de ce moment, les krabs ne comptent plus. Le second joueur jette les dés ; s'il amène le point de chance, il a gagné ; s'il amène un autre nombre, il passe les dés et ainsi de suite jusqu'à ce que l'arrivée du point de chance décide la partie. — PAIR ET IMPAIR. Cette partie se joue avec trois dés ; le nombre des personnes qui y prennent part est indéterminé. D'un côté de la table autour de laquelle les joueurs sont assis, on inscrit le mot *pair ;* de l'autre, le mot *impair.* Chaque joueur devient banquier à son tour. Le banquier ne verse pas de mise ; les autres joueurs mettent sur l'une des deux chances. Quand chacun a mis, le banquier lance les dés, et suivant que le nombre qu'il amène est pair ou impair, il paie les joueurs qui ont ponté sur cette chance et ramasse les enjeux qui se trouvent sur l'autre. Il y a exception pour les nombres 4 et 17. Quand le banquier amène 4, il ramasse les mises de l'impair et ne paie pas celles du pair ; quand il amène 17, il gagne les mises du pair et ne paie pas celles de l'impair. Sans cette exception, les chances du banquier seraient égales à celles des joueurs. — PARTIE SIMPLE. La partie simple se joue à deux personnes. Celui que le sort a désigné pour *avoir le dé,* c'est-à-dire pour jouer le premier, agite deux dés dans le cornet, dit à haute voix le nombre qu'il désire amener et jette les dés sur la table. Quand il n'amène pas ce nombre, il augmente l'enjeu en y versant une amende convenue ; si, au contraire, le hasard le favorise, il gagne une portion déterminée de l'enjeu. Chaque joueur jette les dés à son tour, et la partie se continue jusqu'à ce que l'enjeu soit épuisé. — LE PASSE-DIX. Le joueur désigné par le sort pour jouer le premier, reçoit le titre de banquier. Il agite trois dés un cornet et les lance. Quand le point dépasse dix, il ramasse les enjeux que les pontes ont déposés devant eux et continue de tenir les dés ; quand le point est dix ou inférieur à dix, il double l'enjeu de chaque ponte et passe le cornet à son voisin de droite, qui devient banquier à son tour. On joue quelquefois au passe-dix avec deux dés seulement; les chances sont alors tout à fait défavorables au banquier; avec trois dés, les chances lui sont favorables. — LE QUINQUENOVE. Quelques personnes disent *quiquenove,* ce qui est pécher contre l'étymologie de ce mot: *quinque,* cinq ; *novem,* neuf. Dans le quinquenove, le joueur que le sort a désigné pour tenir le premier gobelet reçoit le nom de banquier; les autres joueurs sont des pontes. Chacun est banquier à son tour, en suivant de gauche à droite. Tant que le banquier gagne, il conserve le gobelet. Les pontes ayant mis sur le tapis les sommes qu'ils veulent exposer, le banquier commence par couvrir d'une somme égale chacune de ces mises; ensuite, il jette les dés. S'il amène un doublet ou bien un des nombres cinq ou onze, que l'on nomme *hasards,* il gagne toutes les mises. S'il amène cinq ou neuf, que l'on appelle les *contraires,* il perd tout ce qu'il a mis au jeu, et les pontes se le partagent. S'il amène quatre, six, sept, huit ou dix, le coup est à recommencer; mais le point qu'il vient d'amener lui est acquis et s'il amène de nouveau avant cinq ou neuf, il gagne, tandis qu'il perd s'il amène plutôt l'un de ces derniers. Il passe alors le gobelet à son voisin de droite, qui devient le banquier. — LA RAFLE. Le mot *rafle,* synonyme de *doublet,* veut dire que le même point est amené par les deux dés. Dans la partie de rafle, on ne compte que les doublets. Chaque joueur commence par déposer une somme déterminée, qui forme une masse ; puis chacun jette les dés à son tour, en passant le gobelet de gauche à droite. Chaque fois qu'un joueur amène un doublet,

il prélève sur la masse une somme convenue, qui est proportionnée à l'importance des mises. Chaque fois qu'un joueur ne fait pas rafle, il verse à la masse une amende fixée d'avance. Le jeu continue ainsi jusqu'à ce que le fonds des mises, augmenté des amendes, soit complètement épuisé.

DÉCADENT, ENTE adj. Néol. Qui tient de la décadence ; qui se rapporte à la décadence.

DÉCALCOMANIE. — ENCYCL. Ainsi que la potichomanie, la décalcomanie est un art décoratif de société qui a été inventé récemment, et qui, après avoir joui d'une grande vogue, a considérablement baissé dans la faveur du public. La décalcomanie présente sur la potichomanie l'avantage de ne pas exiger une grande habileté et de s'appliquer à tous les objets de bois, de verre, de terre, de cire, de soie, etc., de sorte qu'elle permet de décorer une assiette comme un verre à boire, une bougie comme une lampe en verre. Toute l'opération consiste à coller sur l'objet un dessin colorié qui y laisse ses couleurs. La manière d'agir est très simple. On achète une feuille fabriquée exprès, sur laquelle sont imprimés en couleur différents sujets: que des fleurs, oiseaux, chimères, dessins bizarres et quelquefois des hommes, des groupes ou des scènes historiques. On découpe ces sujets, on les trempe pendant quelques instants dans l'eau froide et on les porte délicatement sur l'objet à décorer: presse-papier, bougie, assiette, tasse à café, soucoupe, écritoire, etc. Un fait adhérer exactement la couleur à l'objet et l'on soulève le papier en saisissant avec les ongles du pouce et de l'index la petite marge blanche que l'on a eu soin de laisser autour du dessin. Le papier se sépare de la couleur qui reste adhérente à l'objet et qui s'y attache assez fortement pour résister aux lavages à l'eau froide. La décalcomanie fut inventée à Paris vers 1860 : ellle ne tarda pas à se répandre dans toute l'Europe.

DÉCAPITATIONS (Jeux). Nous avons en français une foule de mots qui forment d'autres mots de différentes significations quand on enlève leur première lettre ou leur première syllabe : *amer,* décapité d'une lettre, fait *mer ; orage,* décapité d'une lettre, produit *rage; diminué* de deux lettres, il fait *âge; carlin,* décapité de trois lettres, donne *lin,* etc. La personne qui saura tirer parti de cette propriété des mots, en proposant des énigmes en prose, ou mieux en vers, est assurée d'obtenir un grand succès et d'amuser une nombreuse société qui lui sera très obligée de lui avoir procuré un agréable passe-temps. Comme exemple de décapitation, nous ne pouvons mieux faire que de citer les vers suivants :

Je suis fort triste avec ma tête,
Et souvent fort gai sans ma tête.
Je te détruis avec ma tête,
On me fait tous les jours sans tête
Et qu'une fois avec ma tête.

Dans ces sortes de jeux, on donne le nom de tête à la première lettre d'un mot. Ici, le mot entier est *trépas;* décapité, il fait *repas.*

Je brille avec six pieds; avec cinq je te couvre.

Pied est synonyme de lettre. La réponse est *étoile, toile.*

Par cinq pieds l'on se quitte et par quatre on m'adore.

Réponse : *Adieu, Dieu.*

DECAZES (Louis-Charles-Elie-Amanieu, DUC), homme politique, né à Paris, le 29 mai 1819, mort le 16 septembre 1886. Fils du favori de Louis XVIII, il avait sa place marquée dans les agréables sinécures de la diplomatie. Il débuta par un secrétariat d'ambassade à Londres, et fut ensuite nommé, sous le ministère Guizot, plénipotentiaire près des cours d'Espagne et de Portugal. En 1846, à la suite

d'on ne sait quels services secrets, le roi de Danemark lui conféra le titre de duc de Glücksberg. La révolution de 1848 le fit sortir de la vie politique ; il essaya vainement d'y rentrer sous l'Empire ; les électeurs de la Gironde lui refusèrent tout mandat législatif, en 1863 et en 1869. Mais en 1871, dans un moment d'affolement, ils l'élurent, le 8 février, sur ses déclaration républicaines. Il siégea au centre droit, parmi le groupe orléaniste. Il vota pour les préliminaires de paix qui jetaient la France, trahie plutôt que vaincue, aux pieds d'un impitoyable envahisseur ; pour l'extermination des républicains de Paris ; pour la rentrée des Bourbons et des princes d'Orléans ; pour les prières publiques. En 1872, il reçut dans son château, près de Coutras, le comte de Paris et les notabilités orléanistes ; il organisa la conspiration qui devait ramener la monarchie. Il triompha un instant, au 24 mai 1873, fut nommé ambassadeur à Londres et ministre des affaires étrangères le 26 novembre suivant. Il vota la Constitution du 25 février 1875 et conserva son portefeuille. Une nouvelle évolution vers la République le fit élire à Paris (VIIIe arrondissement), contre le bonapartiste Raoul Duval, le 5 mars 1876. Mais aussitôt à la nouvelle Assemblée, il redevint lui-même et conserva son portefeuille dans le ministère réactionnaire de Broglie-Fourtou. Après le coup d'État du 16 mai 1877, il n'osa plus se présenter à Paris et se fit élire dans l'arrondissement de Puget-Théniers. Dès l'ouverture des Chambres, accablé de son impopularité, il donna sa démission de ministre des affaires étrangères. Il disparut de la vie politique avec le maréchal de Mac-Mahon.

DÉCEMBRE. — (*Calendrier horticole*). Dans ce mois, il n'y a plus ni verdure, sauf celle des arbres toujours verts, ni fleurs, excepté peut-être, en des endroits bien abrités, la rose de Noël et la violette. Les travaux se bornent presque, au dehors, à des soins d'entretien et de propreté, et, dans les appartements, à ceux que nous avons déjà indiqués pour les autres mois d'hiver, en redoublant encore de précautions et de régularité. Les jacinthes et les tulipes commencent à donner soit sous châssis, soit dans l'appartement. Au jardin, on met en place la saxifrage de Sibérie, dont le nom dit assez les dispositions à résister aux froids de l'hiver et, dans les lieux abrités, le tussilage d'hiver, et l'on multiplie les touffes de perce-neige et d'ellébore dans le parterre. Cela, avec la tonte des palissades, l'élagage des arbres qui bordent les allées, constitue à peu près tout ce qui peut être utilement fait au jardin pendant le mois de décembre. On peut toutefois procéder à la taille des rosiers, mais à la condition qu'il ne gèle pas. On comprend qu'il ne puisse être question de semis à cette époque de l'année. Quelques graines, favorisées par une humidité passagère, pourraient certainement réussir, c'est-à-dire germer ; mais alors, ce serait au jeune plant que les gelées s'en prendraient et les détruiraient infailliblement.

DÉCIDU, UE adj. (lat. *deciduus*, qui tombe.) Bot. Se dit d'un organe qui tombe peu après son apparition : *calice décidu, feuille décidue.* — Se dit par opposition à PERSISTANT. — Décidu n'est pas synonyme de CADUC, qui se dit des organes qui tombent de bonne heure en se désarticulant à la base.

DÉCLINAISON. Phys. L'aiguille aimantée ne se dirige pas exactement vers le pôle nord ; elle forme avec lui un angle oriental ou occidental que l'on nomme angle de déclinaison. On a cru pendant longtemps que l'axe de l'aiguille librement suspendue coïncidait avec le méridien géographique du lieu occupé par cette aiguille. En effet, si l'on pose un aimant sur une table, et si l'on suspend au-dessus de lui une aiguille magnétisée, l'aiguille s'éta-

blira très parallèlement à l'aimant ; et si la tête des flèches représentées fig. 1 marque le pôle nord de l'aiguille, celle-ci reviendra exac-

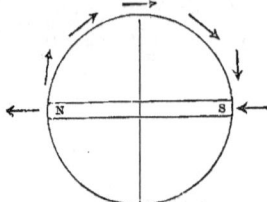

Fig. 1. — Effet d'une barre aimantée sur une aiguille aimantée.

tement dans les positions marquées par les flèches, dès que l'opérateur fait tourner l'aimant pour changer les pôles de position au-dessous de l'aiguille. Mais il n'en est plus de même quand il s'agit de magnélisme terrestre. L'aiguille librement suspendue forme,

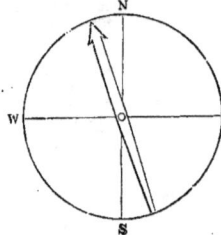

Fig. 2. — Déclinaison.

avec la méridienne du lieu, c'est-à-dire avec la ligne qui joint les points cardinaux nord et sud, un angle que l'on appelle *déclinaison* et qui varie suivant les lieux du globe, suivant les heures du jour (variations diurnes), suivant les jours de l'année (variations mensuelles), suivant les saisons (variations annuelles) et suivant les siècles (variations séculaires). Le plan dans lequel se trouve l'aiguille est nommé méridien magnétique du lieu. Si la pointe nord de l'aiguille est entre le nord et l'ouest (fig. 2), la déclinaison est dite occidentale ; si cette pointe se dirige entre le nord et l'est, la déclinaison est orientale ; si la direction coïncidait avec la ligne nord-sud, la déclinaison serait nulle. — De 1660 à 1663, la déclinaison fut nulle ; depuis cette époque, la position de l'aiguille change légèrement chaque année. En 1814, par exemple, l'aiguille se dirigeait à environ 22° 1/2 vers l'ouest du vrai nord, et en 1851, elle ne formait plus qu'un angle de 20° 25'. On suppose que la phase de décroissement la ramènera à 0° vers 1967, elle continuera ensuite son excursion vers l'est, pendant une période probablement égale au temps de l'excursion occidentale.

DÉCORATION. Les décorés au titre civil ne reçoivent aucun traitement ; non plus que les militaires de la réserve ou de la territoriale décorés en temps de paix. Les civils paient même l'objet matériel, insigne de l'ordre : 15 fr. les chevaliers ; 74 fr. les officiers ; 169 fr. les commandeurs et 328 fr. les grands-croix. — Divers décrets prescrivent qu'aucun ordre dont le ruban est rouge ou partiellement rouge, ne peut être porté sans une décoration d'un diamètre égal à la largeur du ruban. Le décret de 1882 interdit de porter seul et sans croix le ruban pontifical de *Saint-Grégoire*, le

ruban turc du *Médjidié*, le ruban tunisien du *Nicham*, le ruban italien de la *Couronne*, le ruban belge de *Léopold*, le ruban portugais du *Christ*, le ruban monégasque de *Saint-Charles*, le ruban serbe de l'*Aigle-blanc*, le ruban russe de *Sainte-Anne*, et plusieurs autres. Ceux qui violent ces défenses s'exposent, pour la première infraction, au retrait de l'autorisation de porter la croix ; et, en cas de récidive, à subir les pénalités du Code : six mois de prison au minimum. Pour empêcher des industriels de se servir des insignes de l'ordre en guise de réclames ou même de marques commerciales, il a été interdit, en 1879, de faire figurer la croix dans les vitrines ou sur les affiches, ou d'accoler la croix à aucune raison sociale.

DÉCOUPAGE. — **DÉCOUPAGE DU MOUTON.** La tête est de toutes les parties celle qui exige le plus de méthode pour sa division. On la sert enveloppée de sa peau, mais débarrassée de tous les os du crâne. L'épaule se désarticule

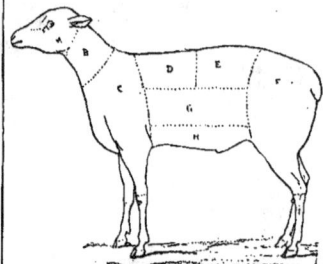

Découpage du mouton.

de la même manière que le gigot. Pour découper le carré, on commence par détacher le filet et le rognon, que l'on coupe par portions égales ; on découpe ensuite chaque côte, en laissant de la chair autour de chacune d'elle. Le gigot se sert par petites tranches que l'on coupe obliquement sur la partie la plus charnue, en commençant par l'extrémité opposée au manche que l'on tient de la main gauche. — **DÉCOUPAGE DE L'AGNEAU ET DU CHEVREAU.** On le sert presque entiers à la broche ; on les divise ensuite en deux parties égales, depuis l'extrémité antérieure jusqu'à la queue, en passant le couteau entre la jonction des os depuis l'épine du dos ; on divise chaque quartier par côtelettes ou par doubles côtelettes prises par tranches. — **DÉCOUPAGE DU PORC.** La dissection de l'échinée se pratique comme il vient d'être dit pour le carré du

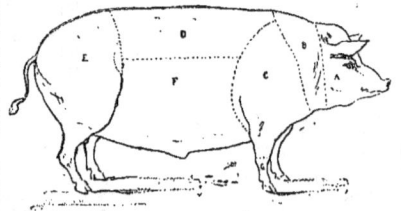

Découpage du porc.

mouton. Le jambon, servi en rôti, se découpe comme le gigot de mouton ; après avoir servi la quantité désirable de tranches, on recouvre avec de la couenne, qui conserve le jambon frais.

DÉCUSSÉ, ÉE adj. (lat. *decussatus*, croisé.) Bot. se dit des feuilles et des organes opposés qui se superposent en formant la croix.

DE FACTO, loc. lat. qui signifie *par le fait, actuellement, en réalité.* On la distingue quelquefois de *de jure* ou par droit. Un chef d'État qui est au pouvoir s'y trouve de *facto*, quoiqu'il puisse fort bien n'y pas être *de jure.*

DÉFLEURI, IE adj. État d'une plante qui a perdu ses fleurs. — État d'un fruit qui a perdu la fine poussière nommée fleur.

DÉFINITION (Jeux). Le mot définition indique assez que ce jeu d'esprit consiste à trouver un mot dont on a donné une définition plus ou moins ambiguë. Si nous disons, avec Brébeuf :

C'est l'art ingénieux,
De peindre la parole et de parler aux yeux,
Et par des traits divers de figures tracées,
Donner de la couleur et du corps aux pensées,

nous aurons donné la définition de *l'écriture;* et lorsque Racine a dit :

Celui qui met un frein à la fureur des flots
Sait aussi des méchants arrêter les complots,

tous les spectateurs comprirent qu'il s'agissait de Dieu ; mais ordinairement, on masque l'objet de la définition par des figures qui rendent plus difficile de le reconnaître, et alors ce jeu d'esprit reçoit le nom d'*énigme.*

DELAGOA (Baie de). Ce petit golfe de l'Afrique orientale serait admirablement à la convenance de l'Angleterre, qui pourrait, surveiller le Transvaal et s'emparer de tout le commerce des Boers. C'est pourquoi le gouvernement britannique tenta de l'annexer en 1873 ; mais, pour cela il était nécessaire d'évincer les Portugais, qui depuis longtemps y sont établis et y possèdent entre autres le port de Lourenzo Marquez. Les Portugais ayant absolument refusé de se laisser déposséder, le différend fut porté devant le maréchal de Mac-Mahon, alors président de la République française. Le maréchal, agissant en qualité d'arbitre, prit une décision en vertu de laquelle les Portugais restent seuls maîtres de la baie de Delagoa. Jusqu'à ce moment, les Anglais ont avec cette colonie les rapports du plus mauvais voisinage. Ils ont fait avorter, en 1883, un projet de chemin de fer qui devait relier la baie à Prétoria, dans le pays des Boers. Ce chemin de fer, en attirant vers la côte le commerce des Boers, pourrait, à ce que prétendit lord Derby, nuire considérablement aux intérêts des Anglais dans la colonie du Cap. Pourtant une compagnie portugaise entreprit la construction d'une ligne qui doit traverser la région aurifère et continuer jusqu'à Pretoria. Le gouvernement anglais envoya des cuirassés dans la baie, et les travaux durent momentanément cesser.

DÉLÉGUÉ.—Législ. Nous avons omis, dans le *Dictionnaire,* en mentionnant diverses sortes de délégations, de parler des *délégations cantonales.* Il est d'autant plus à propos de réparer cet oubli que les attributions des membres desdites délégations ont été fixées à nouveau par la loi du 30 octobre 1886 (art. 52), laquelle est relative aux établissements et au personnel de l'enseignement primaire. — Dans chaque canton, un ou plusieurs *délégués,* choisis par le conseil départemental, ont pour mission de surveiller les écoles publiques ou privées, en ce qui concerne l'état des locaux et du matériel, l'hygiène, la tenue des élèves, etc., mais à l'exclusion de ce qui regarde l'enseignement. (Décr. 18 janvier 1887, art. 136 à 140). Les délégués sont nommés pour trois ans, ils sont rééligibles et toujours révocables. Chaque délégué est investi de la surveillance d'un certaines écoles désignées par le conseil départemental ; il adresse des rapports à ce conseil, et il peut assister à ses séances, avec voix consultative, mais seulement pour les affaires qui intéressent les écoles de sa circonscription. La *commission municipale scolaire,* instituée dans chaque commune en exécution de la loi du 28 mars 1882 (art. 5), doit comprendre parmi ses membres le délégué du canton, et, dans les communes comprenant plusieurs cantons, autant de délégués qu'il y a de cantons. S'il y a plusieurs délégués pour un seul canton, l'inspecteur d'académie désigne celui qui doit faire partie de la commission scolaire. — Les *délégués-mineurs* ont été institués par la loi du 8 juillet 1890. Ils ont pour mission de visiter les travaux souterrains des mines, minières ou carrières, dans le but exclusif d'en examiner les conditions de sécurité pour le personnel qui y est occupé, et, en cas d'accident, de constater dans quelles conditions cet accident se serait produit. Chaque délégué doit visiter deux fois par mois les exploitations de sa circonscription. Un délégué et un délégué suppléant sont élus, pour chacune des circonscriptions déterminées, par arrêté du préfet. Sont électeurs les ouvriers français jouissant de leurs droits politiques et travaillant *au fond* dans l'étendue de la circonscription, pourvu qu'ils figurent sur la dernière feuille de paye. Sont éligibles, les électeurs ci-dessus désignés, âgés de vingt-cinq ans au moins, travaillant au fond depuis cinq ans dans la contrée, ainsi que les anciens ouvriers remplissant les mêmes conditions. Les délégués sont élus pour trois ans. Le préfet convoque les électeurs par un arrêté, et il fixe à l'avance, pour chaque année et pour chaque circonscription, le nombre maximum des journées que le délégué doit employer à ses visites, ainsi que le prix de sa journée. La somme due à chaque délégué lui est payée par le Trésor public, comme les journées de travail, sur la production d'un état mensuel dressé par lui, sur un mandat délivré par le préfet. L'indemnité ne peut être inférieure à dix journées de travail pour les circonscriptions comprenant plus de 120 ouvriers. Pour les autres, le minimum de l'indemnité mensuelle est fixé par le préfet. Ces frais sont seulement avancés par le Trésor, et ils sont ensuite recouvrés sur les exploitants de mines ou carrières, comme en matières de contributions directes. Les exploitations à ciel ouvert peuvent être, en raison des dangers qu'elles présentent, assimilées aux exploitations souterraines ; et, dans ce cas, les ouvriers attachés à l'extraction doivent être considérés comme ouvriers du fond, pour l'électorat et l'éligibilité. — En vertu de la loi du 8 août 1890 (art. 34) et pour l'exécution de celle du 8 juillet précédent, concernant les délégués-mineurs, il est ajouté au montant des redevances à recouvrer sur les exploitants de mines 5 centimes par franc pour couvrir les décharges, remises, frais de confection des rôles et frais de perception.   Ch. Y.

DE LONG (George-Washington), explorateur américain, né à New-York en 1844, mort en Sibérie le 30 oct. 1881. Lieutenant de marine, il obtint, en 1860, un congé de deux ans et entra au service d'une compagnie française de transatlantiques. En 1874, il entreprit des explorations dans les régions arctiques, laissa son navire à Upernavik (Groënland) et s'avança au milieu des glaces, avec quelques hommes, jusqu'aux environs du cap York. Il prit ensuite le commandement de la *Jeannette,* qui devait traverser le détroit de Behring. Parti de San Francisco le 8 juillet 1879, il s'avança continuellement jusqu'au 12 juin 1881. Le navire périt dans les glaces ; et les hommes que le montaient se retirèrent vers le sud, en trois groupes, pour tâcher d'atteindre l'embouchure de la Léna. Ceux qui accompagnaient de Long débarquèrent sur le delta de cette rivière et y périrent jusqu'au dernier, laissant un journal de leur exploration, journal qui fut retrouvé avec leurs cadavres.

DELPHINE s. f. Alcaloïde obtenu de la staphisaigre (*delphinium staphisagria*). C'est un corps incolore presque insoluble dans l'eau, soluble dans 25 parties d'alcool, 12 d'éther et 16 de chloroforme. On l'emploie en médecine aux mêmes usages que la vératrine ; mais la delphine provoque moins de vomissements.

DEMI-FLEURON s. m. Fleur dont le limbe ressemble à une languette en ligule, comme celle des chicorées : *des demi-fleurons.*

DÉMOTTER v. a. Enlever une partie de la terre qui entoure les racines d'une plante arrachée.

DEMOURS (Pierre), chirurgien, né à Marseille en 1702, mort à Paris en 1795. Il fit ses études à Paris, mais il fut reçu docteur à Avignon, devint l'aide de Duverney, à Paris, fut nommé démonstrateur au cabinet d'histoire naturelle du jardin du roi, collabora aux travaux anatomiques d'Ant. Petit et obtint une grande réputation dans la spécialité des maladies des yeux. Ses *Observations sur l'histoire naturelle et les maladies des yeux* (Paris, 1740, 7 vol. in-12) donnent le résultat de ses travaux sur la mydriase. Il a traduit de l'anglais les *Transactions philosophiques,* de 1736 à 1746. Il a laissé, en outre : *Nouvelles réflexions sur la lame cartilagineuse de la cornée* (1770, in-8°). — II. (Antoine-Pierre), célèbre oculiste, fils du précédent, né à Paris en 1762, mort en 1836. Il fit la première opération de la pupille artificielle et a laissé un *Traité des maladies des yeux* (Paris, 1818, 3 vol. in-8°).

DÉNISATION s. f. Obtention de certains droits civils et politiques dont les étrangers peuvent jouir en Angleterre.

DENNER (Balthazar), peintre allemand, né à Hambourg en 1685, mort en 1747. Ses portraits, d'une exactitude méticuleuse, sont aujourd'hui très recherchés. Il visita les principales cours du Nord et vit poser devant lui un grand nombre de souverains et de princes.

DENTICULÉ ÉE adj. Garni de très petites dents.

DÉPALISSER v. a. Détacher les branches d'arbres des supports sur lesquels elles étaient fixées.

DÉPANNEAUTER v. a. Hortic. Enlever les châssis ou panneaux des serres, des coffres, etc.

DÉPUTÉ. — Législ. Nous avons donné dans le premier supplément du *Dictionnaire* (t. V, p. 674) le texte de la loi du 16 juin 1885, relative à l'élection des membres de la Chambre des députés. Le scrutin de liste, rétabli par cette loi, a été à son tour aboli par celle du 13 février 1889, et, par suite, le scrutin individuel est encore une fois remis en pratique. Chaque arrondissement administratif dans les départements, nomme un député ; et il en est de même de chaque arrondissement municipal des villes de Paris et de Lyon. Tout arrondissement dont la population dépasse 100.000 habitants nomme un député de plus par 100.000 ou fraction de 100.000 hab. en excédent. Les arrondissements qui se trouvent dans ces conditions sont divisés en circonscriptions dont le tableau annexé à la loi ne peut être modifié que par une loi. Il est attribué un député au territoire de Belfort, six à l'Algérie, et dix aux colonies, conformément aux indications du tableau. Une loi postérieure (17 juillet 1889) porte que nul ne peut être candidat dans plus d'une circonscription. Tout citoyen qui se présente aux élections générales ou partielles doit avoir déposé à la préfecture, cinq jours au plus tard avant le scrutin, une déclaration signée par lui, dûment légalisée, et faisant connaître dans quelle circonscription il entend être candidat. Si des déclarations de candidature sont déposées par le même citoyen dans plus d'une circonscription, la première en date est seule valable ; et si elles portent la même date,

toutes ront nulles. Il est interdit de signar ou d'apposer des affiches, d'envoyer ou de distribuer des bulletins, circulaires ou professions de foi dans l'intérêt d'un candidat qui ne s'est pas conformé aux prescriptions ci-dessus. Les bulletins portant le nom de ce candidat sont nuls; les affiches. placards, professions de foi et bulletins de vote concernant cette candidature sont enlevés et saisis. En outre, une amende de dix mille francs est infligée au candidat contrevenant, et une amende de mille à cinq mille francs à toute personne qui aura agi en violation de la loi.

Ch. V.

DEPRETIS (signor Agostino), journaliste, orateur et premier ministre italien, connu en politique sous le nom de « l'Indispensable », né à Stradella (Piémont) en 1811, mort le 29 juillet 1887. Il fit ses études à l'université de Turin et se fit connaître comme jurisconsulte de premier ordre. Collaborateur de plusieurs journaux piémontais, il se fit le champion de l'unité et de l'indépendance italiennes. A la suite des troubles de 1848, il fut nommé gouverneur de Brescia (1846) et élu membre du parlement piémontais l'année suivante. Cavour l'appointa prodictateur de Sicile en 1861; et ce fut lui qui proclama la nouvelle constitution italienne au mois d'août de la même année. Il occupa différents postes dans les ministères Ratazzi (1862) et Ricasoli (1866). En mars 1876, il devint, comme chef des progressistes, ministre des finances et président du Conseil; et en cette qualité il inaugura d'importantes réformes. De mars à décembre 1878, son ministère fut remplacé par un cabinet Cairoli; mais « l'Indispensable » reprit le pouvoir. Il ne put réprimer l'agitation irrédentiste, mais il forma la Triple Alliance avec l'Allemagne et l'Autriche. Il tomba en juillet 1879, sur la question des taxes et de la réforme électorale, et reprit en 1881 le pouvoir, pour ne plus le quitter jusqu'à sa mort. Il s'attacha surtout à entraîner son pays vers la politique coloniale.

DERCETIS ou **DERCETO**, déesse syrienne que l'on croit être la même que le Dagon de l'Ancien Testament. Les statues la représentaient comme une belle personne dans la partie supérieure du corps, tandis que la partie inférieure se terminait en queue de poisson.

DERMATIQUE adj. (gr. *dermatikos*, cutané, qui est relatif au cuir ou à la peau). Méd. cutané, qui se rapporte à la peau. — Médicament dermatique, médicament employé contre les maladies de la peau.

DESEINE (Louis-Pierre), sculpteur français, né à Paris en 1759, mort en 1822. Ses statues de *L'Hôpital* et de *Daguesseau* se trouvent devant la Chambre des députés. Il a laissé des bustes de Louis XVI, de Louis XVII et de Pie VII, ainsi que différents sujets religieux et des statues des dieux de la mythologie. Il a écrit des *Lettres sur la sculpture catholique* (1802); des *Notices sur les anciennes académies de peinture, sculpture et architecture* (1814) et des *Mémoires sur la nécessité de rétablir les maîtrises et corporations* (1815).

DESJARDINS (Ernest), paléographe, né à Noisy-sur-Oise en 1823, mort le 24 oct. 1886. Il fut successivement professeur à Angers, à Dijon, au lycée Bonaparte et à l'École normale; voyagea en Italie et en Égypte, et publia : *Atlas de la géographie ancienne de l'Italie* (1852); *Voyage d'Horace à Brindes* (1855); *Parme, ses antiquités, le Corrège*, etc. (1855); *Le Pérou avant la conquête espagnole* (1858); *Le grand Corneille historien* (1864. in-8°); *Essai sur la topographie au Latium* (1855, in-4°); *Lettre sur l'Alésia de César* (1858, in-12); *Alésia*, 7ᵉ campagne de César (1859, in-8°); *Notice sur le musée Napoléon III* (1862, in-12); *Du patriotisme dans les arts* (1862, in-8°); *Les Juifs de Moldavie* (1867, in-8°); *Embouchures du*

Rhône, travaux anciens et modernes, *Excursion dans l'Egypte et au canal de Suez* (1869, in-12); *Rhône et Danube* (1869, in-4°); *Table de Peutinger* (1869-76, in-fol.); *Géographie de la Gaule, d'après la table de Peutinger* (1870, in-8°); *Monuments géographiques de Bavai et du musée de Douai* (1874, in-8°); *Les Antonins* (1875, in-8°); *Géographie de la Gaule romaine* (1876, in-8°); etc.

DESJARDINS (Martin van den Bogaert dit), sculpteur (1640-94). Ses travaux les plus connus étaient le Louis XIV de la place des Victoires et celui de la place Bellecourt à Lyon.

DÉSONGLETTER v. a. Hortic. Supprimer l'onglet ou petit bout de rameau qui a été laissé au moment de la taille du rameau.

DETTE (Statistique). — Quel est le montant de la dette publique de la France? Les uns l'évaluent à 25 milliards en calculant selon le taux de remboursement de la dette inscrite au 31 décembre 1890; d'autres disent 34 milliards; quelques-uns même vont jusqu'au chiffre fabuleux de 40 milliards. Si l'on ne peut abaisser cette évaluation au-dessous de ce que constatent les budgets de l'État, il est facile de la grossir *ad libitum*, en y comprenant à la fois le passé et l'avenir. D'habiles prestidigitateurs de chiffres ne se contentent pas de joindre à la dette de l'État les dettes départementales (environ 500 millions), les dettes de la ville de Paris (1,800 millions) et celles des autres communes (1,300 millions); ils capitalisent la dette viagère, ils cumulent tous les engagements pris par l'État et auxquels il n'aura à faire face que dans le cours d'une période assez longue, au moyen de ses revenus ultérieurs. Ils se gardent bien de dresser un bilan complet; car ils ne veulent tenir aucun compte de la transformation d'une partie des emprunts contractés en un autre capital très productif : chemins de fer, canaux, ports de commerce, etc. Un industriel, qui établirait ainsi son inventaire annuel, se verrait dans la ruine, puisqu'il ne tiendrait compte que du passif et qu'il omettrait de placer en regard ses immeubles, son outillage et ses autres valeurs actives. — Quoi qu'il en soit, on ne peut nier que la dette de la France ne soit énorme. Mais elle est certainement moins lourde à porter que la dette plus faible de certains pays dont la force contributive est en même temps beaucoup moindre. — Il importe aussi de rechercher à quels gouvernements on doit imputer la majeure partie de la dette publique de la France. « C'est, dit M. Jules Roche, une grave erreur, fréquemment commune, d'établir la responsabilité, au moins apparente, de la création des rentes d'après la date de leur inscription au Grand-Livre. Le gouvernement vraiment responsable de la dette n'est pas celui qui émet la rente, mais celui qui a rendu nécessaire cette émission en créant la charge de la rente est destinée à payer. On voit ainsi que la troisième république a reçu réellement en héritage une dette consolidée de près de 20 milliards, exigeant pour le service des arrérages 748 millions et demi par an, et que, dans cet énorme total, la part de la 1ʳᵉ Révolution et de la République de 1848 est seulement de 95 millions d'arrérages et 2 milliards de capital. Tout le reste représente les dettes des monarchies, depuis et y compris le premier Empire, dont la part est de 158.739.000 fr. dans les arrérages et de 3.174.792.080 fr. dans le capital. La part du second Empire est de 448.860.499 fr. dans les arrérages et de 12.713.444.200 fr. dans le capital. » (*Rapport fait à la Chambre des députés, au nom de la commission du budget* de 1885). L'*Economiste français*, dont les renseignements sont toujours exactement contrôlés, évalue à 14 milliards 638 millions les

charges que la guerre, imprudemment déclarée par Napoléon III en 1870, ont coûtées à la France. — En parlant de la dette, il est à propos de constater que, dans l'espace de vingt années, de 1871 à 1890, les amortissements opérés ont excédé trois milliards de francs, suivant le rapport présenté le 23 mars 1889 à la Chambre des députés par M. Burdeau, au nom de la commission du budget de 1890. Pendant ces vingt années, les dettes publiques des divers pays de l'Europe se sont accrues de 45 milliards. Elles s'élevaient, en 1870, à 75 milliards, et en 1890 à 120 milliards. Ces dettes des Etats européens exigent une dépense annuelle de 5 milliards, pour le service désintérêts et l'amortissement, et une telle situation est due en grande partie à l'émulation progressive qui entraîne toutes les nations à faire des dépenses d'armement et des préparatifs de guerre. — Au contraire, les Etats-Unis de l'Amérique du Nord ont pu réduire leur dette, du chiffre de 15 milliards auquel elle s'élevait à la fin de la guerre de sécession, à moins de 7 milliards, en 1890. La grande République est même, aujourd'hui, dans un embarras singulier, causé par des excédents de 6 à 700 millions que présente chaque exercice financier. Ces excédents sont dus à des droits de douane excessifs, établis dans le but de favoriser la fabrication à l'intérieur. Si l'on réfléchit, on voit clairement que ces droits de douane sont payés par les citoyens des Etats-Unis; car ils ont pour effet d'exagérer le prix des denrées, aux dépens du consommateur. Néanmoins, cette situation du Trésor américain doit être fortement enviée, non seulement par les vieilles nations de l'Europe qui sont trop surchargées, mais aussi par les jeunes républiques de l'Amérique du Sud, dont les dettes publiques s'accroissent dans une proportion qui n'est en rapport, ni avec le chiffre de leur population, ni avec leurs moyens de production.

Ch. V.

DI (du gr. *dis*, deux fois. double). Préfixe qui marque duplication et qui entre dans la composition des mots pour faire connaître le nombre de parties dont le tout se compose : *dicotylédon*, qui a deux cotylédons; *didactyle*, qui a deux doigts; *diptère*, *diphtongue*, etc. Quand le mot dont on veut indiquer la duplication commence par la lettre S, on emploie le préfixe *dis* au lieu de *di* : ex.: *dissyllabe*, qui a deux syllabes.

DIABLE. Jeu chinois ou indou que les Anglais introduisirent en Europe vers la fin du xviiiᵉ siècle et qui devint à la mode. en France, pendant la Restauration. Il se compose de deux boules ou de deux cônes creux,

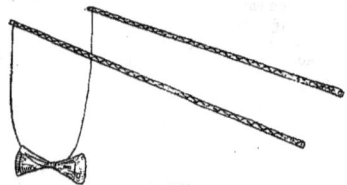

Le diable.

réunis par une tige. La matière employée à leur confection est le bois, le fer-blanc ou quelquefois le cristal. Chaque boule ou chaque cône est percé d'un trou dans lequel s'engage l'air et d'où il sort ensuite quand l'instrument tourne avec rapidité; il en résulte un bourdonnement semblable à celui de la toupie d'Allemagne. Pour faire tourner le diable, on le place en équilibre par sa tige sur une corde dont les deux bouts sont attachés chacun à l'extrémité d'un bâton. Le joueur, tenant ces bâtons, un dans chaque main, par l'extrémité opposée à celle où la

corde est attachée, imprime au diable un mouvement de rotation en élevant alternativement les mains, la gauche moins haut que la droite, qui doit aussi fouetter plus vivement. Quand le jouet tourne avec vitesse, on peut montrer son adresse en le faisant sauter pour le recevoir tantôt sur une baguette, tantôt sur une autre ; ensuite on le laisse glisser sur la corde pour y activer son mouvement de rotation quand il s'est affaibli ; on peut l'envoyer à un autre joueur muni d'une corde attachée à deux bâtons. Mais dans ces exercices, le pauvre diable est exposé à des chutes auxquelles il ne survit pas longtemps.

DIALLAGE s. f. [di-a-la-je] (gr. *diallagé*, différence). Minér. Silicate double de chaux et de magnésie. C'est une variété d'augite que l'on trouve disséminée, en lames minces quelquefois pliées ou plissées, de couleur verdâtre ou brune, dans les Vosges, en Italie et en Corse.

DIASPORE s. m. (gr. *diaspora*, dispersion). Minér. Minéral que l'on trouve en cristaux minces, lamelleux, ordinairement blancs, d'un bleu pâle ou grisâtre. Il se compose d'alumine et d'eau ; il est ordinairement associé au corindon, à l'émeri et à d'autres minéraux alumineux.

DICÉE s. m. (lat. *dicenus*, nom d'un tout petit oiseau de l'Inde). Zool. Genre de passereaux ténuirostres, à bec presque aussi long que la tête, finement dentelé à la pointe, large et triangulaire à la base. Les oiseaux de ce genre sont généralement petits et habitent les archipels de l'Asie et de l'Océanie.

DICOTYLÉDON s. m. (préf. *di* ; franç. *cotylédon*). Bot. Embryon qui a deux cotylédons.

DIDEROT. En 1884 fut célébré le centenaire de ce philosophe, devant sa statue, érigée place Saint-Germain-des-Prés et due au sculpteur Gautherin.

DIEGO GARCIA (île), la principale des *Oil islands* (îles de l'huile), dans l'archipel des Chagos (océan Indien). Elle possède un port spacieux où relâchent, pour faire de l'eau, les bateaux à vapeur qui se rendent en Australie ou qui en reviennent.

DIÉGO-SUAREZ (baie de), baie qui se trouve au nord de l'île de Madagascar, où elle découpe la côte d'une large et profonde échancrure. Elle forme intérieurement 5 grandes rades. Par le traité de décembre 1885, le gouvernement madécasse a abandonné cette baie à la France qui y a établi une station navale.

DIFFAMATION. — Législ. On sait que la loi sur la presse (29 juillet 1881) ne s'occupe pas seulement de la répression des crimes, délits et contraventions commis au moyen de publications imprimées ; elle atteint également les auteurs de diffamations ou d'injures proférées verbalement par des discours, cris ou menaces. On sait aussi que : si ces offenses s'adressent à des corps constitués, ou à des fonctionnaires à raison de leurs fonctions, la poursuite a lieu devant la cour d'assises ; que, s'il s'agit de diffamations ou d'injures proférées dans un lieu public, le délit est déféré au tribunal correctionnel ; et que, dans le cas où l'injure n'a pas été publique, c'est le tribunal de simple police qui est compétent. (Voy. Dictionnaire, t. II, p. 246). Les fonctionnaires sont donc obligés, pour se défendre de diffamations et d'injures concernant l'exercice de leurs fonctions, d'avoir recours à la procédure solennelle des cours d'assises ; et ils se trouvent exposés à subir de nouvelles attaques, par suite du droit qui appartient à l'inculpé de tenter d'établir la vérité des faits diffamatoires. Il en résulte que des journaux, soldés par les partis hostiles au gouverne-

ment de la République, ont pu verser à flots l'injure et la diffamation sur d'honorables fonctionnaires, lesquels ont souvent dédaigné ces attaques ou ont craint d'accroître la renommée des calomniateurs en réclamant des poursuites. C'est surtout à la veille d'élections générales ou partielles que ces débordements d'outrages se sont produits. Un certain nombre d'hommes, des plus méritants, ont refusé de briguer les fonctions électives, dans la crainte de se trouver exposés à des accusations injurieuses. La loi devrait donc être revisée sur ce point. Il ne peut être question de faire revivre l'article 75 de la constitution de l'an VIII qui, depuis le Consulat, pendant la durée des monarchies, et jusqu'en 1870 (Décr. 19 sept.) plaçait les fonctionnaires à l'abri des poursuites, derrière le rempart de l'autorisation préalable du conseil d'Etat; mais, si les fonctionnaires doivent rester responsables de leurs actes, ils ne doivent pas être calomniés impunément. Il est donc nécessaire que la répression des attaques dirigées contre eux par la voie de la presse soit rendue aux tribunaux de police correctionnelle, et ne dépende pas des mouvements de l'opinion publique, par lesquels les jurys d'assises sont trop facilement impressionnés. La cour de cassation a jugé, par un arrêt du 29 novembre 1888, que toute personne injuriée par la voie de la presse, à la fois dans sa vie publique en tant que fonctionnaire, et dans sa vie privée, peut se borner à déférer à la juridiction correctionnelle les injures qui l'atteignent dans sa vie privée. — Afin d'empêcher que les diffamations ou des injures soient, comme cela arrivait fréquemment, adressées par des correspondances postales ou télégraphiques, circulant à découvert, une loi du 11 juin 1887 punit l'auteur de ces correspondances et défère la répression du délit aux tribunaux correctionnels. S'il s'agit d'une diffamation, commise de cette manière, la peine est un emprisonnement de cinq jours à six mois et une amende de 25 fr. à 3,000 fr., ou l'une de ces deux peines seulement. Et, s'il s'agit d'injures, la peine est un emprisonnement de cinq jours à deux mois et une amende de 16 fr. à 300 fr., ou l'une de ces deux peines seulement. Le tout sans préjudice des dommages intérêts qui peuvent être réclamés par la personne diffamée ou injuriée.

CH. Y.

DILLÉNIACÉ, ÉE adj. [dil-lé-ni-a-sé]. Bot. Qui se rapporte ou qui ressemble au genre dillénie. — s. f. pl. Famille de plantes dicotylédones dialypétales hypogynes, voisine des renonculacées, et comprenant plusieurs genres qui habitent les régions chaudes de l'Australie : tétracère, dillenia, colbertia, etc.

DILLÉNIE s. f. [dil-lé-ni] (de *Dillenius*, botaniste allemand). Bot. Genre de dilléniacées comprenant plusieurs espèces de grands arbres qui croissent dans les Indes orientales. On distingue particulièrement la *dillénie élégante* (dillenia speciosa), à fleurs dentées, persistantes, d'un beau vert : à grandes fleurs blanches et solitaires ; et la *dillénie à feuilles entières* (dillenia integra), originaire de Ceylan.

DIMORPHISME s. m. (gr. *dis*, deux ; *morphé*, forme). Chim. Différence de forme entre deux corps identiques sous le rapport de la composition chimique, mais dissemblables en ce qui concerne leur mode de cristallisation. Les deux formes cristallines (ou les trois formes dans les rares cas de trimorphisme) peuvent appartenir au même système de cristaux et présenter néanmoins des différences dans leurs angles correspondants; ou bien elles peuvent appartenir à deux ou à trois systèmes différents. Ces dissemblances de formes, quand il y a identité de composition chimique et ordinairement de propriétés chimiques, sont associées à des dissemblances dans les propriétés physiques, comme gravité spécifique, couleur

et dureté. — Bot. Différence de longueur dans les organes de reproduction d'une même fleur; les mâles ou étamines étant plus longs ou plus courts que les styles ou femelles. Le mot HÉTÉROSTYLISME (*héteros*, différent) a été employé comme synonyme de dimorphisme. Les primulacées (primerose, etc.) et les plantes de la famille du lin présentent les exemples de dimorphisme les plus remarquables.

DINDON. *Dindon rôti.* Le dindon se cuit à la broche, surtout quand il est gras et jeune. Rôti de la sorte, il doit rester au feu au moins une heure et demie pour être cuit à point. Le lendemain, ses débris servent à faire diverses entrées. On le farcit ordinairement de hachis de viande mélangé à de la chair à saucisse, persil, ciboules, épices; ou de marrons; ou enfin de truffes. Les chairs de dindon rôti, levées, se servent également en *blanquette, en escalopes*, etc. — *Abatis de dindon en fricassée de poulet.* Même préparation que la fricassée de poulet. — *Abatis à la bourgeoise.* Mettez un ou deux abatis de dindon dans une casserole avec beurre, bouquet de persil, ciboule, gousse d'ail, deux clous de girofle, thym et laurier, des champignons; passez sur le feu et mettez une bonne pincée de farine; mouillez de bouillon ; ajoutez sel, gros poivre, quelques navets passés à la poêle, d'une belle couleur; faites cuire, dégraissez de temps en temps et veillez à ce que la sauce soit peu abondante Les *restes du dindon* rôti s'accommodent comme ceux du poulet.

DIORITE s. f. (gr. *dia*, à travers ; *orad*, je vois). Minér. Roche compacte ou granulaire, d'un vert profond ou d'un gris verdâtre ; elle se compose d'un mélange de hornblende et de labradorite ou oligoclase.

DIPÉRIANTHÉ, ÉE adj. (préf. *di*, franc. *périanthe*). Bot. Se dit d'une fleur qui a deux enveloppes appelées périanthe.

DIPSOMANIE, s. f. (gr. *dipsa*, soif ; *mania*, fureur). Pathol. Folie de la soif, forme d'insanité qui cause un besoin insatiable et morbide d'absorber des stimulants. Elle est le plus souvent la suite de l'intempérance, les ivrognes ayant toujours soif; mais elle peut être héréditaire ou la conséquence d'un coup de soleil, d'une blessure à la tête ou d'une maladie du cerveau. Elle diffère de l'ivrognerie habituelle en ce que les attaques ou les périodes de besoins irrésistibles ont des intervalles de rémission, pendant lesquels le malade n'a plus de désirs et espère qu'à l'avenir il pourra résister à la tentation. Les attaques répétées produisent la dégradation permanente de tout sens moral et conduisent quelquefois à la démence. Le seul traitement qui puisse produire un bon résultat est l'abstinence, un régime tonique et des exercices corporels.

DIPTÉROCARPE s. m. (gr. *dipteros*, à deux ailes; *karpos*, fruit). Bot. Genre type de la famille des *diptérocarpées* (autrefois diptéracées), comprenant une vingtaine d'espèces d'arbres qui croissent dans l'Asie tropicale. Plusieurs espèces produisent le *gurjun* (*balsamum dipterocarpi*), appelé aussi huile de bois. Voy. GURJUN. Une autre espèce, qui atteint 120 pieds de haut, fournit le camphre dur de Sumatra. Cette substance existe à l'état solide dans l'intérieur de la tige, quelquefois en morceaux qui pèsent de 10 à 12 livres. Il donne aussi, par incision, une huile résineuse appelée camphre liquide de Bornéo.

DIPTÉROCARPÉ, ÉE adj. Bot. Qui se rapporte au genre diptérocarpe. — s. f. pl. Nom donné aujourd'hui à l'ancienne famille des diptéracées, comprenant de grands arbres résineux qui croissent dans l'Inde tropicale et dans les îles de l'archipel indien. Cette famille, voisine des guttifères ou clusiacées, comprend les genres diptérocarpe, dryobalanops, vatérie, vatique et hoppée.

DISTILLATION (Écon. dom.). Bien que nous n'entendions pas entrer dans de grands détails, où il serait d'ailleurs impossible de nous suivre pratiquement, relativement à l'art de la distillation, nous ne pouvons nous dispenser de donner ici quelques indications sommaires utiles, et surtout faciles à mettre en pratique sans peine, danger ni grands frais. La distillation, tout le monde sait cela, est l'art d'extraire les parties spiritueuses, aqueuses, huileuses ou salines d'un corps composé, de les recueillir et de les condenser au moyen du froid en un corps liquide nouveau. L'eau-de-vie, par exemple, est un produit de la distillation; mais comme il serait infiniment trop coûteux et embarrassant de distiller soi-même le peu d'eau-de-vie dont on pourrait avoir besoin, — et très dangereux de le tenter avec les appareils élémentaires qu'il est possible d'admettre dans un laboratoire domestique,— il ne saurait en être question ici. Nous bornerons donc à décrire les procédés de distillation domestique convenables pour la préparation des parfums, de certains médicaments, etc. Pour cette sorte de distillation, si l'action de la chaleur directe est sans inconvénient, la très simple, très maniable et peu coûteux *alambic* dont nous avons donné le dessin dans le *Dictionnaire* est parfaitement suffisant. C'est un alambic, ou plutôt une espèce de matras en verre, à col recourbé, dont la panse repose au-dessus de la flamme d'une lampe à esprit-de-vin, tandis que l'extrémité du col est lutée dans la bouche d'un *rafraîchissoir* également en verre, lequel baigne dans l'eau froide qui doit être souvent renouvelée, c'est-à-dire à mesure qu'elle s'échauffe. — La distillation domestique a deux objectifs : 1° la préparation des parfums et celle des diverses eaux médicinales faites en recueillant la vapeur d'une décoction bouillante de plantes, d'herbes, de fleurs, de graines, etc.; 2° la distillation de mélanges d'huiles essentielles et d'alcool. — Dans le premier cas, les feuilles ou les fleurs des plantes seront introduites dans l'alambic, avec juste assez d'eau pour empêcher le feu de les brûler; on les fait bouillir, et on recueille la vapeur jusqu'à ce que cette vapeur cesse d'être saturée du parfum de la plante. — On rejette d'abord le produit des trois ou quatre premières minutes de l'opération, parce qu'il est faible, pour ne pas dire absolument nul. — Certaines plantes donnent, à la distillation, une grande quantité relative d'huile essentielle, qui surnage, comme de raison, et qu'on peut en conséquence mettre à part si l'on veut; il est facile de l'enlever avec une cuiller. C'est d'ailleurs de cette manière que l'on obtient de la distillation des fleurs l'eau et l'essence de roses en même temps, et on n'en sépare pas l'huile essentielle de l'eau par un procédé plus compliqué que l'emploi d'une sorte de cuiller à bec en douille d'entonnoir. Pour la distillation domestique, par exemple, il est fort rare que cette division soit d'une grande utilité. — Si l'on voulait tirer des plantes, non de l'eau, mais de l'alcool, il faudrait d'abord brûler de l'esprit-de-vin aussi inodore que possible et ensuite placer l'alambic non en contact immédiat avec le feu, mais dans un bain-marie. De même pour la distillation des huiles essentielles, lesquelles, ainsi traitées, se distillent très lentement et coulent dans le *rafraîchissoir* non à l'état de courant continu, mais goutte à goutte. — Pour la distillation des plantes et des fleurs de toute sorte, il est nécessaire d'observer les conditions suivantes : Les feuilles doivent être fraîches; les fleurs auront été cueillies le matin même, si c'est possible; en tous cas, avant le lever du soleil. La quantité d'eau employée ne devra jamais être plus considérable qu'il ne le faut strictement pour empêcher les feuilles ou les fleurs de brûler. — Le premier produit de la distillation, dans lequel on aura ajouté une quantité nouvelle de fleurs

ou de feuilles et une très petite quantité d'eau, sera remis sur le feu et soumis sur nouveaux frais à la distillation. Cette répétition de l'opération pourra même être reproduite presque indéfiniment, suivant le degré de force désiré. — On obtient généralement fort peu d'huile essentielle des plantes par une première distillation, et comme c'est précisément cette huile essentielle qui constitue la vertu principale du produit distillé, la redistillation devient indispensable. On peut impunément enlever ensuite l'huile essentielle, l'eau qui est au-dessous en sera suffisamment saturée pour constituer un parfum, — s'il s'agit de parfum, — très pénétrant, et en tout cas, contiendra en principe toutes les vertus de la plante dont on l'aura extraite. — Nous le répétons, la grande distillation industrielle n'emploie pas d'autres procédés que ceux que nous venons d'indiquer, et les marchands d'essence de roses d'Andrinople obtiennent leurs délicieux parfums par les mêmes moyens que l'on pourriez prendre pour extraire le principe subtil qui constitue le parfum d'un bouquet de violettes ou de réséda. La force et la dimension des ustensiles seules diffèrent. — Ainsi les distillateurs de roses orientaux dont nous venons de parler se servent d'alambics contenant un peu plus de 60 litres d'eau et 20 à 25 kilogrammes de roses, — et, naturellement, ils ne sont pas en verre.

DISTIQUE s. m. (préf. *di*; gr. *stichos*, vers). Bot. Disposition dans laquelle les feuilles alternes sont disposées sur deux rangées parallèles.

DIVARIQUÉ, ÉE adj. (lat. *divaricare*, enjamber). Bot. se dit d'une ramification dans laquelle les rameaux s'écartent de leur point d'insertion et font presque un angle droit avec la branche qui les porte.

DIVORCE. —;Législ. Nous avons déjà parlé, dans le *Dictionnaire*, au mot MARIAGE (t. III, p. 756 et 757), de la loi du 27 juillet 1884, qui a rétabli en France le divorce légal, aboli en 1816. Une autre loi, celle du 18 avril 1886, est venue compléter la précédente, en modifiant les articles 234 à 252, 307, 310 et 313 du Code civil, qui réglaient la procédure des instances en divorce. En outre, les articles 253 à 274 du Code civil, les articles 881 du Code de procédure civile, et les articles 2, 3 et 4 de la loi du 27 juillet 1884 sont abrogés. Les changements apportés à la législation antérieure par la loi de 1886 se bornent, sauf sur quelques points, aux formes de la procédure. La jurisprudence des tribunaux avait déjà reconnu que la séparation de corps peut être demandée par le tuteur d'une personne interdite, pourvu qu'il y ait été autorisé par le conseil de famille : le nouvel article 307 confirme cette faculté; et le nouvel article 234 porte que « en cas d'interdiction légale résultant d'une condamnation, la requête à fin de divorce ne peut être présentée par le tuteur que sur la réquisition ou avec l'autorisation de l'interdit. » Enfin, dans l'article 313 qui concerne le désaveu de paternité, intenté après la séparation de corps, le paragraphe modifié n'est, sauf l'intercalation du mot divorce, que la reproduction du texte antérieurement adopté par la loi du 6 décembre 1850. — Depuis le rétablissement du divorce en France jusqu'au 31 décembre 1889, 21,906 divorces ont été inscrits sur les regis-

tres de l'état civil, savoir : 1.657 pendant les quatre derniers mois de 1884, 4,277 en 1885 2,950 en 1886, 3,636 en 1887, 4,708 en 1888, et 4,786 en 1889. La proportion est, pour chacune de ces deux dernières années, de 6,1 pour 10,000 ménages; et la durée moyenne des mariages dissous a été de douze ans. C'est à Paris, Troyes, Marseille, Lyon et Bordeaux que les divorces sont les plus nombreux. C'est en Auvergne et en Bretagne que l'on en compte le moins. Le divorce est beaucoup moins fréquent chez les agriculteurs que parmi les rentiers et les commerçants. (Cн. Y.)

DIX-DENTS s. m. sing. [di-dan]. Râteau en fer, employé pour herser et diviser la terre.

DOG-CAR ÉLECTRIQUE. — Pour l'étymologie et la signification de *Dog-car*, voy. ce

Dog-car électrique.

mot dans le *Dictionnaire*. — L'ingénieur anglais Magnus Volk a appliqué l'électricité à la propulsion d'un dog-car. Six accumulateurs, cachés sous les banquettes, produisent un courant capable de servir de force motrice pendant six heures. Le moteur est déposé sous les banquettes. Sur un terrain bien uni, cette voiture peut parcourir environ 12 kilomètres à l'heure.

DOLBEAU (Henri-Ferdinand), chirurgien, né à Paris, le 2 avril 1830, mort dans la même ville, le 10 mars 1879. Il fut nommé professeur de pathologie chirurgicale (1868), après avoir publié de nombreux travaux sur les maladies chirurgicales du bassin, du foie, de la parotide, etc. Son *Traité de la pierre dans la vessie* (1864), couronné par la Faculté, fut complété par ses ouvrages sur la *lithotritie périnéale* (1866 et 1874). En 1872 il fut nommé président de la Société de chirurgie et membre de l'Académie de médecine. Ses dernières années furent affligées par une atroce accusation contre laquelle il ne cessa de protester. Il avait, disait-on, livré en mai 1871, à l'autorité militaire, un fédéré qui se trouvait à l'hôpital Beaujon et qui fut passé par les armes. Le 20 mars 1872, les étudiants du cours de pathologie externe à l'École de médecine firent, à ce sujet, contre lui, une violente manifestation, à la suite de laquelle l'école fut fermée pendant un mois.

DOLÉRITE s. f. (gr. *doleros*, trompeur). Minér. Grossière variété cristalline de basalte, dans laquelle les différents minéraux peuvent être distingués à l'œil nu.

DOLICHOCÉPHALE adj. [do-li-ko-sé-fa-le] (gr. *dolichos*, allongé; *képhalé*, tête). Ethno. Se dit de la tête allongée de certaines races d'hommes : « *La tête dolichocéphale des Éthiopiens est recouverte de cheveux légèrement frisés.* » (Élisée Reclus.)

DOLOROSO adv. (mot. ital.) Mus. D'une manière pathétique.

DOLORIFIQUE adj. (lat. *dolor, doloris,* douleur; *facio,* je fais). Qui produit la douleur.

DOLORIFUGE adj. (lat. *dolor, doloris,* douleur; *fugo,* je mets en fuite). Qui chasse la douleur.

DOLOSIF, IVE adj. (rad. *dol*). Qui offre le caractère du dol : *clause dolosive.*

DOMAIRON (Louis), littérateur et grammairien, né à Béziers en 1745, mort en 1807. Il fut professeur à l'École militaire, de 1778 à 1798, puis principal au collège de Dieppe après la Révolution et ensuite inspecteur de l'instruction publique. Il a laissé : *Recueil de faits mémorables pour servir à l'histoire de la marine et des découvertes* (1777 et 1781, 2 vol.); *Principes des belles-lettres* (1785, 2 vol. et 1802, 3 vol., 3e édit., Paris 1817) ; *Atlas moderne* (1786, in-8°); les *Rudiments de l'histoire* (1804, 4 vol. in-12).

DOMESTIQUE. — CONDUITE A TENIR ENVERS LES DOMESTIQUES. Évitez dans vos rapports avec vos serviteurs toute attitude exagérée ; ne soyez, en d'autres termes, ni trop sévère ni trop familier. Conduisez-vous toujours envers eux avec la courtoisie et la douceur qui engendrent le respect aussi bien que l'affection. S'ils vous servent avec zèle et font plus que vous n'avez le droit, en bonne justice, d'exiger d'eux, donnez-leur au moins la satisfaction de savoir qu'ils vous ont obligé. S'ils sont malades, donnez-leur les soins qu'exige leur état; faites cela avec cordialité. Évitez avec soin la moindre velléité de favoritisme : accorder d'injustes distinctions à l'un de vos serviteurs, c'est risquer de soulever l'envie et la haine des autres, — et le service ne souffre notablement. Payez les gages de vos gens ponctuellement. Enfin rappelez-vous que la nature humaine est partout sensiblement la même, qu'elle revêtisse les dehors d'une princesse ou ceux d'une laveuse de vaisselle. Une maîtresse imbue de cette grande vérité sera une bonne maîtresse, aimée de ses gens et servie avec zèle et dévouement. — LA BONNE A TOUT FAIRE. Si votre position, malgré un budget restreint, exige toutefois les services d'une bonne à tout faire, rappelez-vous que c'est une fausse économie de prendre une jeune fille incapable, gauche, sans aucune expérience, mais *bon marché*, où il vous faudra dégrossir, Dieu sait à quel prix ! Laissez cette éducation à faire à des gens qui ont plusieurs domestiques et chez lesquels elle entrera en sous-ordre, proprement en apprentissage. Mieux vaut donner de bons gages à une servante capable. Celle que vous serez forcé d'instruire en faisant littéralement sa besogne, non seulement ne vous aura rendu aucun service pendant le temps qu'elle aura passé près de vous, mais encore vous quittera précipitamment dès qu'elle se trouve quelque habileté, ne vous laissant d'autre alternative que de recommencer l'expérience. Il y a des exceptions, certes; et vous pouvez accepter les services d'une fillette de quatorze à seize ans dont l'intelligence et la bonne volonté vous seront connues. Elle apprendra bientôt, dans ce cas, sous une maîtresse bonne et active, à remplir les devoirs habituels d'une servante, acquerra quelques notions de cuisine et la pratique des menus travaux divers d'un petit ménage. Dès le moment où elle se lève jusqu'après le repas du soir, il n'est pas probable que sa besogne lui laisse un moment de repos, sans prévoir même l'éventualité assez commune d'une couple d'enfants à soigner. Mais si la maîtresse est une bonne ménagère, elle aidera à faire son propre lit, s'occupera de la confection de quelques plats favoris, époussètera le salon, se livrera, en somme, aux moins durs travaux de ceux qui, dans une maison plus importante, incomberaient à

la femme de chambre. De cette manière, certains jours pourront être réservés pour les nettoyages à fond, les savonnages, etc.; la régularité dans la distribution du travail l'allège incroyablement, et l'on fait plus et mieux lorsqu'on agit avec méthode. Il est indispensable qu'une bonne ait quelque loisir dans la soirée, afin de pouvoir se livrer à des travaux d'aiguille nécessaires; encore qu'elle employât le temps à la lecture, sa maîtresse ferait sagement de l'y encourager, pourvu que la lecture soit bonne. — TRAVERS DES DOMESTIQUES. Si peu qu'on ait de domestiques, et si honnêtes qu'ils soient d'ailleurs, une surveillance attentive ne laisse pas d'être nécessaire, car leurs travers sont souvent plus coûteux que leur négligence ou leur mauvaise foi. J'en trouve une preuve nouvelle dans l'anecdote suivante, qu'on est pas moins instructive pour avoir passé le détroit : « Avez-vous remarqué, dit le Révérend Sidney Smith, quelle aversion éprouvent les domestiques pour tout ce qui est bon marché, et comme ils détestent épargner l'argent de leurs maîtres ? J'en fis l'expérience l'autre jour et avec le plus grand succès : trouvant que nous dépensions énormément pour le savon, je m'assis tout pensif et, prenant en considération cette question importante, j'arrivai à la conclusion que nous employions un article fort coûteux où un bien meilleur marché remplirait certainement mieux l'office. Certain de ne pas me tromper, j'en voulus pourtant avoir le cœur net : je commandai donc une demi-douzaine de livres de savon de chaque sorte, mais je pris la précaution de changer les notes sur lesquelles les prix étaient marqués, avant de les remettre aux mains de Betty. « Eh bien, Betty, « demandai-je, quel savon trouvez-vous qui « lave le mieux ? — Oh ! s'il vous plaît, Mon- « sieur... le plus cher : celui qui est enveloppé « de papier bleu. — Très bien, Betty, vous en « aurez toujours de celui-là à l'avenir. » Et c'est ainsi que l'innocente Betty m'épargne annuellement quelques livres et que le linge est mieux lavé ! »

DOMINO (JEUX). — On appelle dominos des espèces de dés ayant la forme d'un prisme rectangle dont la largeur est double de l'épaisseur et dont la longueur est double de la largeur. La partie inférieure est ordinairement en ébène ou en un bois noirci; la face supérieure, en ivoire ou en os, est divisée, au moyen d'une ligne, en deux carrés qui sont blancs ou marqués chacun d'un certain nombre de gros points teints en noir. Le jeu se compose ordinairement de 28 dominos formant les combinaisons complètes de 8 blancs (zéros), 8 as (un), 8 deux, 8 trois, 8 quatre, 8 cinq et 8 six, pris deux à deux. Quand les numéros sont égaux, le domino s'appelle *double*. Voici la notation d'un jeu de domino ordinaire, depuis le double blanc jusqu'au double six :

On a aussi employé des jeux de 45 dominos allant jusqu'au double huit, et même des jeux de 91 dominos dont le plus élevé était le double douze. Mais ces jeux ne se trouvent plus guère chez les marchands et l'on fait usage exclusivement du jeu de 28 dés, formant ensemble 168 points; somme qui, divisée par 28, donne six points pour moyenne de chaque dé. Cette moyenne reste la même

si l'on enlève tous les doubles. La particularité qui caractérise ces dés et le jeu même des dominos, c'est la propriété que possèdent les jetons de former un cercle ininterrompu, quand on place sur une table un dé quelconque et ensuite les autres, soit à sa droite soit à sa gauche, en les accouplant de façon que la moitié d'un dé porte le même nombre de points que la moitié adjacente du dé voisin. C'est sur cette propriété des dés que sont basées les combinaisons du jeu. On remarquera que le résultat serait le même, si l'on avait retranché les doubles. — Les dominos paraissent avoir été connus des anciens Grecs, des Hébreux et des Chinois. L'usage s'en répandit à Paris vers le milieu du XVIII siècle. Quant à l'étymologie de leur nom, les savants ne sont pas d'accord. Les uns pensent que ce jeu, étant autrefois permis dans les couvents d'Italie, quand un religieux gagnait la partie, il s'écriait en posant son dernier dé : *Domino gratias* (merci, mon Dieu!), d'où vint le mot domino. Voici d'autres opinions qui ne sont pas moins fantaisistes : « Parmi les joueurs de dominos, il y a un proverbe qui attribue l'invention de ce jeu à un abbé qui portait le nom de *Domino*, et qui l'aurait donné à sa merveilleuse découverte; d'autres prétendent que ce mot vient du nom du camail de chœur des chanoines (noir doublé de blanc), lesquels appelaient ce vêtement du troisième mot du premier psaume des vêpres : *Dixit dominus domino*... parce que c'était surtout aux offices du soir que l'on portait cette partie du costume. Quelques-uns affirment que les dés mi-parti noir et blanc rappelaient tellement l'aspect de l'habit des chanoines dans leurs stalles qu'on leur décerna le nom du camail lui-même. Quoi qu'il en soit, ce fut de l'Église que sortirent et le nom du jeu et le nom d'un costume de bal. — Le jeu de dominos a une allure peu élégante; la simplicité de son attitude prévient mal en sa faveur, et on éprouve quelque surprise à le trouver si séduisant et si rempli de hautes passions. Il est loin de la cupidité : il aime les petits enjeux; il joue avec économie; et, pourtant, c'est le jeu qui soulève les plus fougueuses tempêtes, les altercations les plus vives; il va jusqu'à la *vendetta.* Son nom est vénitien, son caractère est corse. Il vit surtout par le point d'honneur. Le jeu de dominos a vu naître, mourir et renaître tous les jeux; il vivra autant que le café, et le café vivra autant que Racine... c'est l'immortalité. »
Eugène Briffaut. Revue mensuelle le Palamède (15 mars 1843). Les dominos peuvent se jouer à 2, à 3, à 4, à 5 et même 6 personnes. On y joue séparément ou associés deux à deux; quand on est en nombre impair, on peut convenir qu'il y aura un *mort*, comme au Whist. — VOCABULAIRE DU DOMINO. *Avancer un dé*, appliquer à l'un des dés posés un autre dé qui s'y adapte; par exemple, si le premier joueur a joué le double six, le second doit avancer un autre dé qui s'adapte au six; s'il a, entre autres, le 6/3, et s'il veut le jouer, il l'appliquera de telle sorte que ce soit le bout de 6 qui se trouve en contact avec le double six. Le joueur qui vient ensuite doit avancer un domino dont l'un des bouts s'adapte soit au 6 soit au 3; supposons qu'il ait le 6/5, et qu'il veuille le jouer, il y aura 5 à l'une des extrémités et 3 à l'autre; le joueur

suivant doit avancer un domino dont l'un des bouts s'adapte soit au 3 soit au 5, et ainsi de suite. — *Boucher la couleur* ou *forcer la couleur*, appliquer un dé composé contre une couleur ouverte. — *Bouder*, ne pouvoir jouer, faute d'un dé qui s'adapte au jeu. — *Bouts ouverts*, points situés aux extrémités du jeu. — *Composé*, se dit de tout dé qui n'est pas double. — *Compter*, retourner ses dés pour en compter les points, quand le jeu est fermé. — *Couleurs*, les différents points des dés : blanc, as, deux, trois, etc. — *Couvrir un dé*, placer un dé composé contre un autre. — *Cuisine (faire la)*, mêler les dominos. — *Culotte*, coup de trente et au-dessus. — *Culotte (faire le coup de)*, fermer le jeu du premier coup en posant un domino que l'on n'est pas en état de couvrir et sur lequel l'adversaire se trouve lui-même incapable de jouer. C'est un coup que l'on ne doit pas hasarder, quand on joue à bouder, à moins que l'on ait très peu de points et que l'on espère gagner en comptant. — *Dé de contact* ou *de correspondance*, dé qui, après avoir été couvert par l'adversaire, peut être immédiatement ouvert du côté opposé. — *Dé de repos*, double qui reste seul avec un autre de la même couleur, quand cinq dés de cette couleur ont été posés. — *Dernier dé*, dé qui reste seul quand les six autres dés de sa couleur ont été posés. — *Double*, tout domino qui porte deux fois le même nombre de points ; se dit par opposition à *composé*. — *Faire domino*, arriver le premier à poser tous ses dés. — *Fermer le jeu*, poser un dé qu'il est ensuite impossible de couvrir. — *Fermeture* ou *dé de fermeture*, dé avec lequel on peut fermer le jeu. — *Homme*, nom que l'on donne quelquefois à son partenaire. — *Main (avoir la)*, on dit qu'un joueur a la main quand c'est à son tour de jouer. — *Ouvrir une couleur*, poser un domino dont le point paraît pour la première fois. — *Partout*, se dit quand les deux extrémités du jeu présentent le même point : quatre, par exemple ; on dit alors : *Quatre partout*. — *Pêcher* ou *piocher*, se dit, dans certaines parties, lorsque l'on est forcé de puiser au talon un ou plusieurs dominos, quand on ne possède pas le point nécessaire ; on dit aussi : *Aller à la pêche*. — *Posé*, premier dé posé par le premier joueur. — *Pose (avoir la) sur son partenaire*, avoir moins de dés que lui. — *Rentrer dans la pose* ou *dans la couleur*, poser un domino qui présente à son extrémité libre l'un des points de la pose, ou la couleur favorite du partenaire. — *Tableau (demander le)*, demander les derniers dés posés par les joueurs. — *Triple perspective (coup à)*, coup qui se présente quand trois joueurs sur quatre n'ont plus qu'un seul dé en main, et quand le quatrième joueur, qui a plusieurs dominos, est forcé de chercher à deviner quel dé il doit jouer pour faire faire domino à son partenaire. — LE TÊTE-A-TÊTE EN BOUDANT. Si l'on n'a pas décidé que le plus fort double sera posé le premier, c'est le sort qui désigne quel joueur aura l'avantage de la *main* ou de la *pose*. Pour cela, on étale les dominos sur la table, la surface noire en-dessus, on les mêle par quelques tours de main, et chacun des deux joueurs prend un dé au hasard ; la pose appartient à celui qui lève le plus grand nombre de points. Si les points étaient égaux, on renouvellerait l'épreuve. Ceci fait, le joueur qui a la pose mêle de nouveau les dés ; son adversaire se sert le premier, en prenant d'un seul coup et non un à un, le nombre déterminé de dominos : ordinairement sept. Le premier se sert ensuite de la même manière. Les dominos restent forment ce que l'on appelle le *talon* ou *cuisine*. Dans les parties intéressées, on adopte quelquefois une autre manière de se servir. Les dés étant mêlés, celui qui a la pose les range tous de front sur une même ligne, son adversaire coupe cette ligne où il veut ; c'est-à-dire qu'il

prend, à sa droite, en tête de la ligne, deux dominos au moins, et qu'il les conduit sur la queue de la ligne à gauche. Après quoi, il prend pour lui le premier domino en tête de la ligne ; le premier en main prend le second, et l'on continue ainsi alternativement, jusqu'à ce que chaque joueur ait le nombre de dés avec lequel on est convenu de jouer. Si un dé se retourne pendant que les joueurs se servent, on doit mêler de nouveau, quand l'un des joueurs le désire. La manière de tenir les dominos n'est pas indifférente, parce qu'il est essentiel de ne pas montrer son jeu à l'adversaire. Ordinairement on les range en demi-cercle sur la table, en face de soi ; il paraît préférable de les tenir dans la main. Le joueur qui a la pose place sur la table un dé à son choix, ordinairement son plus fort double (6/6, 5/5 ou 4/4) ; à défaut de double, il se débarrasse d'un 5/6, d'un 4/6 ou de tout autre domino formant un total élevé. Il n'y a pas de règle pour cela et l'on doit agir suivant les probabilités. Si l'on a un petit jeu, on doit supposer que celui de l'adversaire est fort ; si l'on a, par exemple, plusieurs 2, les 2 doivent être rares dans le jeu opposé ; si l'on est, en même temps fort en 4, on jouera le 2/4, dans l'espoir que l'adversaire n'aura ni l'un ni l'autre, ce qui arrive quelquefois. Cet embarras cesse quand on est convenu que le premier à jouer sera celui qui possédera le plus haut double ; mais alors le hasard prend la place du calcul et les chances sont moins en faveur du plus habile. Quelle que soit la méthode employée, le second joueur pose à son tour, à côté du domino qui vient d'être placé, un dé à son choix, offrant dans l'une de ses moitiés l'un des deux nombres que porte le dé précédent. Quand un joueur a dit « Je boude », l'autre joueur continue de jouer jusqu'à ce qu'une nouvelle combinaison permette à son adversaire de faire usage de ses dés ou jusqu'à ce qu'il fasse lui-même domino. Il arrive qu'un joueur après avoir boudé un ou plusieurs coups, voie rouvrir de nouveau le jeu pour lui et trouve moyen de le fermer à son adversaire. — La partie se joue ordinairement en 100 ou 150 points. Après le premier coup, la pose appartient à tour de rôle à chaque joueur. Celui qui a eu la main au coup précédent fait le *ménage*, c'est-à-dire qu'il mêle les dominos, se sert le second et pousse le talon à sa droite. On convient quelquefois que le gagnant sera celui qui fera domino ou qui, le jeu étant fermé, possédera le plus petit nombre de points. — L'ALLER-ET-RETOUR. La partie précédente peut se jouer en deux coups seulement, après lesquels le joueur qui a réalisé le plus de points a gagné. C'est ce qu'on appelle aller-et-retour. — LE TÊTE-A-TÊTE EN PÊCHANT. La manière de jouer est la même que dans la partie précédente, avec cette seule différence que lorsque l'un des joueurs ne peut fournir l'un des deux nombres qui forment les extrémités du jeu, il *pêche* ou *pioche*, au lieu de *bouder*. Pêcher ou piocher, c'est puiser un dé au talon ; on pêche une ou plusieurs fois, jusqu'à ce que l'on ait trouvé un dé marqué de l'un des nombres voulus ; on doit bouder, avec ses propres dés, dont ils augmentent le nombre, tous ceux qui ne satisfont pas à cette condition. Si l'on arrive à épuiser le talon sans avoir trouvé un domino qui permette de jouer, on boude et l'adversaire continue le jeu. Cette partie, tout en exigeant une grande attention et des calculs assez compliqués, donne lieu à des coups inattendus, qui lui prêtent beaucoup de piquant. Un joueur qui n'a plus qu'un dé en main et qui se croit assuré de faire domino au coup suivant, est quelquefois obligé de pêcher tous les dés qui restent au talon. Si les joueurs ont admis la méthode de couper, on laisse le talon en ligne et celui qui manque de point pêche le premier domino en tête de ligne, et continue ainsi jusqu'à ce

qu'il en ait pris un qui aille sur l'un des bouts du jeu. On peut jouer en 100 ou 150 points, ou bien convenir que le gagnant sera celui qui aura fait domino ou qui comptera le moins de points si le jeu est fermé pour les deux adversaires. — LA POULE. La poule se joue entre trois ou quatre personnes. Chaque joueur verse une somme convenue dont le total constitue la poule, destinée à appartenir à celui qui, le premier, complétera le nombre déterminé de points, ordinairement chaque joueur prend sept dés. — PARTIE A TROIS OU QUATRE, CHACUN POUR SOI. Chaque joueur met au jeu une somme convenue et prend 5 ou 6 dés. Celui qui fait domino ou qui a le moins de points quand le jeu est fermé, retire du jeu une somme égale à celle qu'il y a mise. Ensuite on remêle les dés pour un nouveau coup, et le joueur placé à droite du gagnant pose le premier. On continue ainsi jusqu'à ce que les 3 ou 4 enjeux soient gagnés. — LE DOMINO VOLEUR OU DOMINO WHIST. Cette partie se joue à quatre, deux personnes contre deux autres, ayant chacune 6 dés, au plus tôt cent points. S'il n'y a que trois joueurs, l'un d'eux dirige le jeu du mort sans son partenaire. La partie se joue avec 28 dés. 1° On fixe d'abord la valeur de l'enjeu et la nature de la tournée ou nombre égal de parties faites alternativement avec chaque joueur. La tournée est simple, double ou triple, c'est-à-dire qu'elle se compose de trois, de six ou de neuf parties ; on ne peut faire moins d'une tournée simple. 2° La partie se compose de 100 ou 150 points. Le côté qui les atteint le premier gagne la partie. Si les points sont faits sans que les adversaires en aient pris un seul, la partie est *grande bredouille* et se paie triple ; s'ils sont faits sans interruption, les adversaires en ayant déjà pris, la partie est *petite bredouille* et se paie double ; si les cent points sont pris alternativement, la partie est simple. 3° Le sort associe les partenaires et décide de la pose et des places. Quatre dés, de nombre différent, sont retirés du jeu et mêlés ensemble, chaque joueur en prend un, celui qui a mêlé se sert le dernier. Les deux plus forts sont associés contre les deux plus faibles. Le plus fort à l'avantage de la pose et le choix des places ; le plus faible se place à la gauche du poseur. Les partenaires se mettent en face l'un de l'autre. 4° Celui qui a la pose est chargé du soin du *ménage* : il relève, mêle les dés, fait la part du talon. A chaque coup, les joueurs ont la faculté de remêler les dés chacun une fois ; mais le poseur a toujours le droit d'y retoucher en dernier ressort. Le dernier qui a mêlé les dés doit se servir après les autres. Le poseur pose le talon à sa droite. 5° Chaque joueur prend six dés et les quatre dés restants forment le talon. — Sur la demande de deux des quatre joueurs, les dés, pour le restant de la partie engagée, devront se prendre de la manière suivante : Le poseur, après que les dés auront été mêlés, les placera verticalement sur une seule rangée ; il fera couper par le joueur à sa gauche, et les dés seront pris un à un par chaque joueur alternativement, en commençant à la droite du poseur. 6° Le dé de pose placé, la main passe de gauche à droite et arrive successivement à chaque joueur jusqu'à terminaison du coup. Si la main arrive à un joueur qui n'ait pas du dé ou des dés formant les extrémités, il doit annoncer qu'il *boude* et la main passe à l'adversaire qui suit. 7° Un coup se termine de deux manières : 1° Si l'un des joueurs, plaçant son dernier dé, fait domino ; et alors le côté gagnant marque les points restant en main des adversaires ; 2° Si tous les joueurs boudent et que le jeu soit fermé ; alors chacun abat son jeu et le côté qui a le moins de points, gagne et marque les points réunis des dés de l'adversaire. Si le point était égal de part et d'autre, le coup serait nul et la pose suivrait. 8° Chaque coup, la pose tourne de

gauche à droite et passe successivement à chaque joueur jusqu'à la fin de la partie. 9° La partie achevée, si on change de partenaire, un nouveau tirage au sort a lieu, décidant de la pose et des places, et réglant encore l'association; mais avec cette modification que ceux qui ont été partenaires ne pourront plus l'être de la tournée; ainsi, au dernier tiers de la tournée, le tirage règle seulement la pose et les places. Si on ne change pas de partenaires, la pose appartient au côté qui vient de perdre la dernière partie, et à celui des partenaires dont le tour était le plus rapproché. — *Irrégularités et pénalités.* 10° Les partenaires sont solidaires l'un envers l'autre, et responsables des fautes individuelles. 11° Dans le cours de la partie, un joueur ne peut se retirer qu'en payant simples toutes les parties qui resteraient à jouer. Les trois autres joueurs ont droit à cette somme par égales portions. 12° Si un joueur n'ayant plus qu'un dé, le joue indûment, lui-même et celui de son partenaire seront immédiatement abattus, et leurs dés seront appelés par l'adversaire placé à la gauche de celui qui a commis la faute. Mais cette erreur serait sans conséquence, si le partenaire n'avait pareillement qu'un dé. 13° Si un joueur, annonçant faussement *domino*, montre l'un de ses dés, à l'instant tous les jeux seront abattus et les dés appelés comme ci-dessus; de même la faute sera sans conséquence si le partenaire n'a qu'un dé. 14° Toute parole ou tout geste pouvant éclairer le partenaire donne aux adversaire le droit de mêler de nouveau. 15° Le côté qui vient en petite bredouille doit faire retourner immédiatement le jeu des adversaires sous peine de n'avoir droit qu'à la partie simple. Pour les règles et les pénalités qui ne sont pas spéciales au domino voleur, mais qui lui sont communes avec les autres parties, voir, plus bas, les règles générales. — DOMINO A QUI PERD GAGNE. C'est une partie intéressante qui consiste à s'efforcer de conserver en main le plus grand nombre de points. A ce jeu, le coup est arrêté quand l'un des joueurs ferme ou fait domino, alors chacun compte ses points et celui qui en a le plus la marque à son actif. — LES COUPS MAXIMA. Dans la partie de domino à quatre chacun pour soi, si chacun des joueurs prenait sept dés, et s'il n'y avait plus, par conséquent, de talon, il existerait plusieurs dispositions curieuses dans lesquelles le premier joueur gagnerait nécessairement la partie, pendant que le deuxième et le troisième joueur ne pourraient poser un seul dé. Supposons par exemple que le premier joueur ait quatre blancs et 3 as, et que le quatrième joueur ait autant blancs et les trois autres as, plus un domino quelconque, les deux autres joueurs ne pourront poser un seul dé. Voici la notation de la partie, le jeu de A étant de 0/4, 0/1, 0/2, 0/3, 1/4, 1/5, 1/6; celui de D 0/4, 0/5, 0/6, 1/1, 1/2, 1/3, et un domino quelconque.

```
A,   B,      C,      D.    A,   B,      C,      D.
0/0, boude   boude   0/4.  4/1, boude   boude,  1/1.
A,   B,      C,      D.    A,   B,      C,      D.
1/0, boude,  boude,  0/5.  5/1, boude,  boude,  1/2.
A,   B,      C,      D.    A,   B,      C,      D.
2/0, boude,  boude,  0/6.  6/1, boude,  boude,  1/3.
A.
3/0 (domino).
```

Le jeu est fermé, tous les blancs étant passés et formant les deux extrémités de la ligne. A compte 120 points qui restent aux autres joueurs : c'est le maximum de points que l'on puisse compter. On aurait pu supposer que A et D ont la somme complète de deux numéros autres que blanc et as; mais, en pratique, de pareilles rencontres sont tellement rares, que leur probabilité ne doit pas être prise en considération. Nous en dirons autant du point maximum de 106 points que deux associés pourraient atteindre au domino voleur. Ce coup, fourni par les 12 plus gros dés, pourrait se présenter de la façon suivante : Le premier joueur possède trois blancs et les autres blancs restent au talon. Les trois blancs du premier joueur sont : 0/0, 0/1 et 0/2; le deuxième joueur ne possède pas d'as et le quatrième n'a pas de deux; voici la notation du coup :

```
A,   B,     C,     D,     A,   B,     C,     D.
0/0. boude, boude, boude, 0/1, boude, 1/2,  boude,
A.
2/0.
(le jeu est fermé).
```

On compte et les deuxième et quatrième joueurs se trouvent avoir en main douze plus gros dés. Dans la partie à deux personnes, le coup maximum de 69 points se produit quelquefois, quand l'un des joueurs compte avec ses sept dés et que ceux-ci sont les plus gros de tous. — RÈGLES GÉNÉRALES. Ce qui suit s'applique à toute espèce de parties. Nous donnons, à chaque partie, les règles qui lui sont particulières. 1° On a le droit de demander quel est le dé de pose tant que la main n'est pas revenue au poseur; mais après que chaque joueur a posé un dé, il est trop tard pour s'enquérir de la pose. 2° Quand on abat pour compter, chaque joueur doit garder ses dés devant lui. Le résultat du coup, reconnu de part et d'autre, et si les dés ont été déplacés et que la plaine en soit comprise, il y aura prescription à l'égard de toute irrégularité, de quelque nature qu'elle soit. 3° Le soin de la marque est confié à un joueur, qui annonce les totaux à chaque coup et rectifie immédiatement les erreurs, s'il y a lieu. Les points résultant d'une pénalité se marquent immédiatement. — *La marque fait foi*, et c'est aux joueurs à la faire rectifier, dès qu'elle est annoncée. — *Irrégularités et pénalités.* 4° Il arrive qu'un joueur, se trompant, avance un domino faux, par exemple, un cinq sur un quatre; ou bien qu'il se trompe de bout et place mal son dé; il faut le faire recommencer immédiatement ou quand on s'aperçoit de l'erreur. Si plusieurs coups ont été joués depuis l'erreur et si l'on ne peut rétablir la partie, les joueurs sont libres de continuer ou de mêler de nouveau. Cette faute est beaucoup plus grave à la fin d'une partie, parce que le joueur peut l'avoir commise avec intention. Il faut alors trouver le coupable et rejouer à partir du coup fautif, chacun reprenant ses dés. Le mauvais joueur doit être alors puni d'une amende équivalente à la mise. De plus, toute la partie peut être nulle, si l'adversaire ou les adversaires le désirent. Cette faute, ayant pour résultat, quand elle n'est pas reconnue de suite, de faire voir un certain nombre de dés, ce qu'il y a de mieux à faire, c'est de recommencer la partie, dans ce cas, ou d'exiger, si le coupable peut être retrouvé, qu'il ne puisse marquer les points qu'il ferait sur le coup. 5° Comme principe, l'adversaire peut exiger que si un joueur laisse voir un dé, l'adversaire peut exiger la nullité de la partie. 6° Le poseur est responsable du talon. Il doit donc compter les dés qui en font partie aussitôt que tout le monde a servi. S'il ne s'aperçoit d'une erreur, le coup est nul dès qu'un premier domino est posé, et la pose passe. S'il s'aperçoit d'une erreur, tout joueur a le droit de dire : « Dés sur table »; et alors chacun doit renverser ses dés, blanc en dessous. On compte les dominos pour retrouver l'erreur. Si un joueur est trouvé avec un ou plusieurs dés de moins, il reprend au talon ce qui lui manque; s'il a un ou plusieurs dés de trop, un adversaire tire au hasard dans son jeu le dé ou les dés excédants les remet au talon, sans les retourner. S'il manque un ou plusieurs dés et si chacun a son compte, il faut chercher et retrouver le ou les dés manquants, les ramasser s'ils sont à terre sans qu'on sache comment, et les remettre au talon en les retournant blanc en dessous. Le talon étant exact et déjà placé, si un joueur s'aperçoit qu'il lui manque un ou plusieurs dés, il devra compléter son jeu avec le ou les dés égarés ou tombés à terre, tournés ou non tournés. Lorsque le dé de pose est placé, la situation change. Si, le talon étant exact, un joueur n'a pas son compte, qu'il ait trop ou pas assez de dés, il est trop tard pour se livrer à des recherches; il devra continuer avec le nombre de dés qu'il possède, laissant aux adversaires l'option, *après le coup*, de le maintenir ou de l'annuler, la pose passant. Néanmoins quand deux joueurs n'ont pas leur compte, et que l'un a pris en trop ce qui manque à l'autre, le coup est nul et il faut recommencer sans que la main passe. 7° Dès qu'un joueur dont le tour est venu de poser, montre un dé, ce dé est considéré comme joué, si l'adversaire peut dire quel est son point ou seulement le point de l'un des côtés. Il y a exception si le joueur s'est trompé en montrant un dé qui ne peut s'adapter à aucune extrémité du jeu. 8° Quand un dé est posé exactement à un bout du jeu, on ne peut plus le relever pour le porter à l'autre bout, dans le cas où il s'y adapterait également. 9° Quand un joueur ayant encore plusieurs dés en laisse indûment voir un, soit en jouant hors de son tour, soit en plaçant un domino qui ne s'adapte à aucun bout, soit en le renversant, ou enfin de toute autre manière, le dé restera étalé pour être placé régulièrement à la première occasion qui se présentera; et l'adversaire aura le choix du bout, si, l'occasion étant arrivée, le dé peut s'adapter aux deux bouts du jeu. 10° Quand un joueur prétendra avoir vu le domino d'un adversaire, il sera tenu de le dénommer, au moins d'un bout. Si la dénomination est fausse, le dé mis un instant à part, sera montré, et le joueur qui s'est trompé perdra 10 points. 11° Il est à peine utile de dire que nul joueur n'a le droit de consulter le talon. 12° Si un joueur prend la pose hors de son tour, l'adversaire ou les adversaires ont le droit de réclamer, jusqu'à ce que le poseur ait joué une seconde fois ou déclaré bouder; passé ce délai, la pose est valable et le coup continue; mais si la réclamation est faite en temps, le véritable poseur reprend la pose, et le dé joué par celui qui l'a usurpée, reste étalé pour subir les exigences de l'article 8. 13° On ne doit pas nommer le dé que l'on joue; il faut le poser sans mot dire; on ne doit pas davantage, quand un adversaire ou un partenaire pose un dé, s'écrier : « J'en ai ». Ce serait une manière d'éclairer le partenaire, et alors les adversaires pourraient exiger la nullité de la partie. — *De la renonce.* 14° Il y a renonce quand un joueur, possédant un dé qui s'adapte à un bout ou à l'autre du jeu, n'en fournit pas, déclare bouder et ne revient pas sur sa détermination avant que le joueur suivant ait montré un dé ou déclaré bouder. La renonce d'un joueur qui n'a plus qu'un dé n'entraîne aucune pénalité que celle de ne plus pouvoir poser qu'à son tour. Toute autre renonce prive celui qui l'a faite de marquer les points qu'il pourrait gagner sur le coup; elle entraîne, en outre, une amende de 20 points que marque l'adversaire, si celui qui a renoncé a eu occasion de rejouer ou de bouder depuis sa renonce faite. En cas de renonce réciproque, le coup est nul et on remêle. — *De la marque.* 15° Quand un coup est commencé, on n'est plus admis à marquer les points gagnés au coup précédent. — *De la galerie.* 16° La galerie peut toujours être appelée par l'un des joueurs à intervenir comme jury dans une discussion de fait. Son rôle se borne alors à constater le fait à la majorité, pour que la règle soit appliquée, s'il y a lieu. 17° La galerie a, de plus, le droit d'intervenir d'elle-même, sans y être appelée, quand l'un des joueurs marque des points qu'il n'a pas acquis. 18° Mais il lui est absolument interdit, pendant la durée d'un coup, de parler d'une faute que l'un des joueurs est en train de commettre, de relever

les oublis, enfin de rien dire ou de rien faire qui puisse nuire aux joueurs ou les favoriser. — **Le matador**. On appelle matador un jeu particulier auquel peuvent donner lieu les jetons des dominos. Le principe du ce jeu est qu'un domino étant posé, il faut que le dé suivant complète le nombre de sept points, au moyen de sa moitié avancée à côté de la moitié du dé précédent. Par exemple, si le premier joueur abat 4/5, il faut que le joueur suivant avance soit un 2 (à droite) soit un 3 (à gauche), de manière que les deux adjacents des deux jetons forment ensemble un total de sept points. Cette somme est facile à obtenir avec les dominos marqués de points; mais il y a les blancs, avec lesquels aucun dé ne pourrait faire sept points, si l'on n'avait admis que, pour ne pas fermer le jeu, il y aurait quatre *matadors* ayant le pouvoir de le rouvrir et de faire passer les blancs. Ces matadors sont, pour le jeu de 28 dés : le 6/1, le 5/2, le 4/3 et le double blanc, que l'on ne saurait employer autrement. Si l'on admet qu'après un blanc, on puisse jouer un matador, et qu'après ce dernier on puisse avancer un blanc, les 28 dés possèdent la propriété de former un cercle ininterrompu de dés. Cette propriété des dominos n'existe plus dès que l'on n'admet la pose d'un blanc après un matador que lorsque ce matador est le double blanc. Dans ce cas il reste toujours un blanc, après lequel le jeu est fermé. En jouant convenablement on peut arriver à poser presque tous les jetons, si l'on a soin de se réserver un blanc pour la fin; mais le cercle des nombres *sept* n'est pas complet. Étant donné ces propriétés du jeu à 28 dominos, on a établi les règles suivantes pour le matador. Chaque joueur commence par tirer un domino, et la pose appartient à celui qui a levé le point le plus élevé. Il mêle et prend trois dés, quand les autres se sont servis. Il avance un dé et chacun doit couvrir en formant sept points comme il a été dit. Quand un joueur ne peut fournir le point convenable, il peut jouer un matador, s'il en possède dans son jeu; s'il n'en possède pas, il pêche jusqu'à ce qu'il ait tiré au talon le point ou un matador. On peut donc placer le matador où l'on veut. On ne peut couvrir un matador par un blanc (sauf quand il s'agit du double blanc); on doit le couvrir en complétant le nombre sept avec les points de l'un de ses carrés. Pour donner plus de valeur encore au matador, on convient quelquefois que celui qui l'avance, au lieu de le poser verticalement, le posera dans le sens qu'il voudra, et que le joueur suivant sera forcé de couvrir sur le bout reste libre. La possession d'un matador est indispensable pour ouvrir le jeu fermé par un blanc. Le droit de jouer un matador n'est pas limité; on peut même couvrir un matador par un autre; et l'on a le droit de conserver un matador pour ne pas rouvrir un jeu que l'on croit avoir avantage à laisser fermé. Le matador se joue ordinairement à deux; mais trois ou quatre joueurs peuvent y prendre part. On peut convenir que le vainqueur sera celui qui fera le premier domino ou qui aura le moins de points quand le jeu sera fermé; ou bien on joue en 100 ou 150 points. Pour tout le reste, les règles, les fautes et les pénalités sont les mêmes que dans le jeu ordinaire. A moins de convention contraire, on joue des deux côtés du jeu; quelquefois on préfère ne jouer que d'un côté, soit de droite à gauche, soit de gauche à droite. Les conseils à donner aux joueurs sont les suivants : 1° Puisqu'il est impossible de poser contre un blanc autre chose qu'un matador, on doit s'efforcer de faire jouer l'adversaire sur les blancs pour diminuer ses chances de posséder ensuite des matadors; 2° Quand on suppose que l'adversaire possède des blancs, on tâche, aussi longtemps que possible, de l'empêcher de les poser; 3° On ne pose soi-même de

blanc que lorsque l'on possède un matador. On joue quelquefois le matador avec un jeu de 55 dominos, dont le double neuf est le plus élevé; alors le double sept forme un cinquième matador, sur lequel l'adversaire doit en jouer un autre. — **Cinq partout ou muggins.** C'est un jeu très populaire en Angleterre; il exige beaucoup de pratique et de calcul parce que l'habileté y tient plus de place que le hasard. Deux, trois ou quatre joueurs peuvent y prendre part en même temps et reçoivent le même nombre de dominos, pourvu qu'il en reste toujours au moins deux au talon et que les joueurs n'en aient jamais plus de sept. Les dominos se mêlent et se servent comme dans les autres jeux. Le principe du muggins est de poser de façon que les deux extrémités du jeu forment un total de cinq points ou d'un multiple de cinq. Les doubles se posent transversalement; cette position, qui est facultative dans la plupart des autres parties, est ici absolument obligatoire, pour des raisons que l'on comprendra lorsque nous aurons expliqué la manière de compter. Chaque cinq ou multiple de cinq que l'on fait en posant un domino de façon que le total des points que présentent les deux extrémités du jeu forme cinq ou un multiple de cinq, vaut un point à celui qui vient de jouer. Chaque joueur doit avoir à son tour le droit de jouer le premier, en allant de droite à gauche, à chaque partie. Le vainqueur est celui qui atteint le premier le nombre de 31 points. Voici un exemple qui fera comprendre la marche d'une partie. Le premier joueur, par exemple, joue le double cinq et marque deux points. Ce domino est le meilleur qu'un joueur puisse posséder quand il est le premier à jouer; outre qu'il produit deux points, il empêche de compter le joueur suivant, si celui-ci n'a pas le cinq blanc. Supposons que le deuxième joueur ne puisse jouer que 5/6, les deux extrémités du jeu formeront un total de 16, savoir : 6 plus double cinq. Le domino suivant étant du 5/4 posé du côté du double cinq, le joueur qui l'a posé comptera deux points, parce que les extrémités du jeu seront 4 + 6 = 10. Le joueur suivant n'ayant pas de 4, sans doute, se voit forcé de poser le double six (transversalement); ce double six vaut 12; ce qui ajouté au 4 de l'autre extrémité, fait 16, et ce joueur ne compte rien. Mais si celui qui vient après lui le double quatre, il le pose transversalement, ce qui fait 8 points à un bout et 12 à l'autre : total 20 points. Le joueur marque 4 points : autant de points qu'il y a de fois cinq dans le total des deux extrémités; c'est ici le plus grand nombre de points qu'un joueur puisse faire d'un seul coup. On continue ainsi jusqu'à épuisement des dominos. Tout ce qui produit un ou plusieurs points quand on le pose doit être nommé à haute voix par le joueur, sinon celui-ci perdrait sa marque. — **Trois partout.** Dans cette modification du muggins, il faut, pour gagner un ou plusieurs points, que le total des extrémités soit trois ou un multiple de trois. Pour gagner la partie, il faut arriver à 50 points. On peut marquer 1, 2, 3, 4, 5 ou 6 points à la fois, suivant que les extrémités forment un total de 3, 6, 9, 12, 15 ou 18. Le trois peut être obtenu quand il y a double as à un bout et as à l'autre, ou quand on a blanc à une extrémité et 3 à l'autre. Le point le plus élevé que l'on puisse marquer d'un seul coup est 6, que l'on obtient quand il y a double six d'un bout et six ou un double trois de l'autre. — **Tours de dominos.** *Deviner les deux derniers dominos terminant à chaque bout un jeu entièrement développé.* Les dominos étant renversés sur la table, leur face blanche et ponctuée cachée à tous les yeux, vous les faites bien mêler par quelqu'un de la compagnie, en annonçant que vous allez vous retirer, — au besoin à la cave, d'où vous ne

reviendrez que lorsqu'on vous y invitera — au besoin les yeux bandés d'un triple bandeau. Pendant votre absence, on aura formé une ligne de dominos, en y employant tout le jeu, par la réunion rationnelle des dés. Cette ligne de dominos fermée, vous vous faites fort de pressentir, de lire à travers tous les obstacles et toutes les distances les points qui la terminent à chaque bout. Vous n'avez pas besoin d'autre chose, pour réussir dans ce tour merveilleux, que d'un des dés, n'importe lequel — excepté toutefois les doubles — que vous aurez subtilement enlevé au jeu dont il s'agit, et dont les deux points s'adapteront exactement aux deux bouts de la ligne une fois formée. Ainsi, si le domino que vous avez mis dans votre poche, au moment de prendre le chemin de l'exil est un cinq deux, vous pouvez prédire à coup sûr que l'un des bouts de ligne de dominos formée avec le reste du jeu est un cinq et que l'autre est un deux. — et ainsi des autres. Par exemple, si l'on des spectateurs s'avisait de vérifier le compte des dés, adieu le tour! Mais c'est une bien rare déception. — *Le nombre des dés retirés de l'extrémité d'une ligne de dominos et reportés à l'autre, révélé par les points d'un dé choisi avec discernement, quoique tous soient tournés la face noire en dehors.* Retournez tous les dés d'un jeu de dominos la face noire en dehors, et alignez-les côte à côte. Cela fait, offrez, comme pour le tour précédent, de vous enfoncer dans les entrailles de la terre, de vous faire crever les yeux, etc., pendant que l'une des personnes de la société fera passer un certain nombre de dés de droite à gauche; vous engageant malgré tout, non seulement à lui en dire le nombre exact, mais encore à lui faire dire par un dé que vous choisirez et dont les points additionnés donneront le chiffre de ceux qui auront subi la mutation convenue. — Et vous pouvez ajouter que vous ferez tout cela, au besoin sans cesser d'avoir les yeux bandés. L'exécution de ce tour est très facile et sa réussite tient à peu de chose en somme. Lorsque vous avez aligné vos dominos renversés, il faut que vous ayez toutefois pris la précaution de commencer par ranger les premiers dés de gauche de manière que l'addition des points du premier donne au total le chiffre 12, ceux du second le chiffre 11, et ainsi de suite : 10, 9, 8, etc., jusqu'à 1, ou plutôt double blanc qui sera le treizième dé. Ceux qui suivent sont placés au hasard. Les dés ainsi disposés, avec assez d'habileté et de promptitude pour que personne n'ait pu vous soupçonner de les choisir lorsque, les yeux bandés, vous vous préparez à donner le chiffre de dominos retirés à l'extrémité droite et ajoutés à l'extrémité gauche, vous comptez du bout des doigts, en commençant par la gauche, treize dés; vous vous arrêtez sur ce treizième, vous le retournez ; les points additionnés de ce domino donnent exactement et sûrement le nombre de dominos changés de bout.

DONDERS (François-Cornelis), célèbre physiologiste hollandais, né à Tilbourg (Brabant septentrional) le 27 mai 1818, mort en mars 1889. Après avoir fait ses études médicales à Utrecht, il entra en 1840 dans le service de santé de l'armée. De 1841 à 1847, il enseigna l'anatomie et la physiologie à l'école militaire d'Utrecht et fut ensuite appelé à une chaire de l'Université de cette ville, où il fonda un hôpital spécial pour les maladies des yeux. Ses travaux sur l'ophtalmologie attirèrent l'attention du monde savant; il s'occupa surtout de la réfraction et de l'accommodation et ses travaux concernant naissance à des théories nouvelles, dites *lois de Donders*, sur les mouvements de l'œil. Ses principaux ouvrages sont : *Histoire naturelle de l'homme; Anomalies de l'accommodation et de la réfraction* (d'abord publiées en anglais); *Échanges de subs-*

tance et chaleur animale; *Recherches microchimiques sur les tissus animaux* (en collaboration avec Milden); *Nature des voyelles*, etc.

DORMANS. — A Dormans, le duc de Guise, avec 280 gentilshommes et autant d'arquebusiers, mit le désordre parmi 1,500 cavaliers allemands. En poursuivant les fuyards, il reçut à bout portant un coup de pistolet qui lui emporta une grande partie de la joue et de l'oreille gauches. C'est de là que vint le surnom de *Balafré* sous lequel il fut ensuite connu.

DORSTÉNIE s. f. (de Dorsten, nom d'un botaniste allemand du XVIᵉ siècle). Bot. Genre de morées, caractérisé par la réunion des fleurs sur un réceptacle évasé, un peu concave, dans lequel elles sont à demi plongées. Les fleurs ont pour enveloppes florales quatre écailles peu distinctes; le fruit est un sycone. La *dorsténie contrepoison* (*dorstenia contrayerva*) de l'Amérique tropicale est vivace, à rhizome charnu, à feuilles longuement pétiolées, naissant du rhizome au nombre de 5 à 9. Sa racine, ainsi que celle de la *dorsténie du Brésil* (*dorstenia Brasiliensis*) est appelée *contrayerba* (herbe contraire) et passe pour neutraliser les venins. Sa couleur est brune en dessus, blanche en dedans; elle est longue de 5 à 6 centimètres, d'une odeur aromatique et d'un goût un peu amer. On l'emploie comme excitante, diaphorétique et antiseptique, en poudre, en infusion, en sirop et en teinture alcoolique.

DOUANE. — **Législ.** Dans le premier *Supplément de ce Dictionnaire* (Voy. t. V; p. 671), nous avions fait connaître les modifications apportées au tarif général des douanes de 1881 par la loi du 28 mars 1885, qui a relevé les droits d'importation sur quelques céréales et sur les viandes de boucherie. Ces droits ont été accrus de nouveau en 1887, et ils ont été fixés de la manière suivante, décimes et 4 p. 100 compris, savoir : *Blé*, en grains, 5 fr. les 100 kilog., en farine, 12 fr.; *avoine*, 3 fr.; *biscuits de mer, gruaux, pâtes, semoules, fécules exotiques*, 8 fr. (L. 29 mars 1887). *Bœufs*, par tête, 28 fr.; *Vaches*, ·d., 20 fr.; *Veaux*, id., 8 fr.; *moutons*, id. 5 fr ; *viandes fraîches*, les 100 kilog., 12 fr. (L. 5 avril 1887). — En rehaussant ainsi les tarifs d'importation sur les denrées les plus nécessaires à l'alimentation publique, le Parlement français a obéi aux réclamations incessantes des possesseurs de terres et aux plaintes, quelquefois exagérées, des cultivateurs. Ce ne sont pas là des droits fiscaux, établis dans le but d'accroître les recettes de l'État. On a voulu surtout mettre obstacle à l'avilissement des prix sur les marchés de l'intérieur et à la ruine de l'agriculture française. La culture rendue intensive au moyen de l'emploi raisonné des engrais minéraux, étant trop peu répandue dans notre pays, il est encore impossible de lutter, sans droits protecteurs, contre la production si abondante des blés de la Russie, de l'Inde et de l'Amérique du nord, ainsi que contre l'importation menaçante des viandes de l'Allemagne, de l'Autriche-Hongrie, de l'Amérique du sud et de l'Australie. — Mais il nous paraît regrettable que, par suite d'un entraînement excessif vers le protectionnisme, le Parlement ait voté la loi du 8 juillet 1890, dont l'agriculture doit tirer peu de profit, et qui porte un grand dommage, non seulement à plusieurs industries, telles que l'amidonnerie et la fabrication de l'alcool, mais aussi à l'élevage des porcs et aux entreprises de transport qui entretiennent beaucoup de chevaux. Cette loi a élevé les droits de douane : sur les maïs en grains à 3 fr. par 100 kilog., et sur les farines de maïs à 5 fr.; sur les riz à 3 fr., 6 fr. ou 8 fr., suivant qu'ils sont en paille, en brisures ou en farine; sur le daris et le millet, à 3 fr. pour les grains et à 4 fr. 50 pour la farine. Les droits sont encore plus élevés pour les produits d'origine extra-européenne, importés des entrepôts d'Europe. — En ce qui concerne le blé et la farine de blé, la loi du 27 mars 1887 a prévu les cas de cherté excessive, et elle porte que « dans des circonstances exceptionnelles et quand le prix du pain s'élèvera à un taux menaçant pour l'alimentation publique, le gouvernement pourra, en l'absence des Chambres, suspendre en tout ou en partie les effets de la présente loi, par un décret du président de la République, rendu en conseil des ministres. Dans ce cas, la mesure prise par le gouvernement devra être soumise à ratification aussitôt les Chambres réunies. » — Nous avons déjà dit plus haut (voy. ALCOOL) que la loi du 5 juillet 1887 a relevé de 30 fr. à 70 fr. le droit de douane sur les alcools étrangers. — Les droits sur les mélasses étrangères destinées à la distillation ont été également accrus par une loi du 11 juillet 1890. Nous mentionnerons plus loin le nouveau tarif concernant les huiles minérales (voy. HUILE) et celui qui s'applique aux sels étrangers (voy. SEL). — Une loi du 27 février 1888 a modifié les droits inscrits au tarif général, en ce qui concerne l'importation d'Italie en France d'un certain nombre de produits. Cette dernière mesure a été rendue nécessaire par la conduite du gouvernement italien qui, après avoir dénoncé avant son terme le traité de commerce conclu avec la France en 1882, avait, de plus, surtaxé divers produits français à leur entrée en Italie. Nous ne pouvons donc pas désapprouver tous les relèvements de tarifs dont il vient d'être parlé. Les exemples donnés par plusieurs nations ont entraîné la nôtre et l'ont contrainte à faire quelques pas en arrière dans la voie de la liberté des échanges. Mais il est à craindre que ces tendances protectionnistes se bornent pas à donner à l'agriculture et à quelques industries un soutien temporaire, et que l'on se saisisse du moment où la plupart des traités doivent prendre fin, en 1892, pour établir des droits excessifs à l'importation d'un grand nombre de produits. Il y a toujours injustice à sacrifier aux intérêts de quelques-uns ceux du plus grand nombre, ou à décréter la ruine d'une industrie dans le seul but d'accroître la prospérité d'une autre. — Les tarifs de douane peuvent être modifiés à toute époque, et cette instabilité paralyse les affaires à long terme; tandis que les traités de commerce, en donnant une certaine fixité aux droits conventionnels, présentent des avantages non contestables. Mais, en vertu de l'article 11 du traité de Francfort (10 mai 1871), la France est tenue d'accorder à l'Allemagne, pendant un laps de temps indéfini, le traitement de la nation la plus favorisée. Il en résulte que tout traité conclu par la France avec l'une des nations européennes indiquées dans cet article (Angleterre, Belgique, Pays-Bas, Suisse, Autriche, Russie), profite en même temps à l'Empire allemand, ce qui doit faire hésiter le gouvernement français à conclure de nouveaux traités de commerce.   Ch. Y.

DOULS (Camille), explorateur français, né en 1864, mort en août 1889. Il fit en Afrique plusieurs voyages très audacieux. Débarqué près du cap Gornet en 1886, il fut fait prisonnier par Oulad Delini, se joignit aux tribus nomades et explora le Sahara occidental, traversa l'Atlas marocain, fut emprisonné par le sultan du Maroc, relâché grâce à l'intervention du ministre britannique, et rentra en France en 1887. Il quitta de nouveau Paris en juin 1888 pour atteindre Tombouctou par le Sahara. On suppose qu'il a été assassiné en route.

DOV ou **DOU** (Gérard), célèbre peintre hollandais, né à Leyde en 1598, mort dans la même ville vers 1675. Il fut d'abord graveur, puis peintre sur verre et finit par entrer dans l'atelier de Rembrandt. Le musée du Louvre possède 11 de ses toiles, qui se distinguent par la délicatesse du coloris et le fini des détails. On admire particulièrement son *Peseur d'or*, sa *Femme hydropique* et l'*Épicière de village*.

DRELINCOURT (Charles), théologien calviniste, né à Sedan en 1595, mort à Paris en 1669. Appelé à Charenton comme pasteur en 1620, il y acquit rapidement une grande réputation de prédicateur et d'écrivain. Parmi ses œuvres, très volumineuses, nous ne citerons que ses *Consolations contre les frayeurs de la mort* (Charenton, 1651, in-8°; 41ᵉ édit. Nîmes, 1819, in-8°); et son *Sommaire des erreurs de l'Église romaine* (Genève, 1630, in-8°), réimprimé plus de vingt fois.

DRÉOLLE I (Jean-André), publiciste, né à Libourne, le 7 octobre 1797. Il était bibliothécaire dans sa ville natale lorsqu'il fut appelé en 1830 à la rédaction du *Constitutionnel*, puis à la chaire d'histoire religieuse à l'Athénée royal. Après 1848, il fonda à Libourne le journal le *Peuple*, organe réactionnaire qui n'eut que quelques numéros. Il a donné un grand nombre d'articles au *Dictionnaire de la Conversation*, à l'*Encyclopédie du XIXᵉ siècle*, etc. Il a publié une étude intitulée : *De l'influence du principe religieux sur l'homme et sur la société*. — II (Ernest), publiciste et homme politique, fils du précédent, né à Libourne le 1ᵉʳ juillet 1829, mort à Ermont (Gironde), le 13 novembre 1887. Il fut attaché en 1846 au cabinet du duc Decazes et débuta dans le journalisme par des articles publiés dans la *France théâtrale*, entra au *Pays* en 1849, fonda l'*Echo de la marine* en 1850, prit la direction du *Journal de Saint-Quentin* en 1852, fut attaché en 1857 au *Constitutionnel*, comme principal rédacteur, passa à la *Patrie* en qualité de rédacteur en chef en 1860, fonda en 1866, le *Public*, patronné par Rouher. Candidat officiel en 1869, il fut élu dans la quatrième circonscription de la Gironde (Blaye); siégea à la droite gouvernementale du Corps législatif, combattit vivement le tiers-parti libéral et son représentant, le ministre Ollivier; fut l'un des membres les plus actifs du comité de la rue de l'Arcade, ne fut pas réélu en 1871, mais obtint une grande majorité dans l'arrondissement de Blaye comme candidat bonapartiste, aux élections du 20 février 1876, et siégea sur les bancs de l'appel au peuple. Il eut le même succès dans le même arrondissement, le 14 octobre 1877 et siégea jusqu'en 1885, mais ne put alors faire renouveler son mandat. Il occupait à la Compagnie transatlantique une situation importante. Il a publié un *Eloge biographique de M. A. de la Tour*, peintre du roi Louis XV, avec notes et documents historiques (1856); une *Etude biographique sur M. Billault* (1863, in-12); la *Journée du Quatre Septembre au Corps législatif* (1871, in-12); les *Jeux publics en France* (1872, in-12); *Napoléon IV; souvenir de Chiselhurst* (1873, in-32); *Guide de l'électeur bonapartiste* (1875, in-32), et un certain nombre de petites brochures bonapartistes (1871 et suiv.).

DREVET I (Pierre), graveur, né à Lyon en 1664, mort en 1739. Il eut pour maître Gérard Audran et entra à l'Académie des beaux-arts en 1807. Il a gravé les portraits de la plupart de ses contemporains célèbres : Villars, Philippe V, Boileau, Louis XIV, le cardinal Fleury, etc. — II (Pierre), graveur, fils du précédent, né à Paris en 1677, mort en 1739. De même que son père, il a laissé de nombreux portraits : Mlle Lecouvreur, le cardinal Dubois, Bossuet (l'un des chefs-d'œuvre de la gravure), etc. On lui doit aussi des sujets historiques estimés : *Adam et Eve*; *Rebecca*, d'après Coypel; *Jésus au jardin des Oliviers*, d'après Restaut; la *Présentation au Temple*, d'après Boullongne, etc.

DROLLING I (Martin), peintre français de genre, né à Oberhergheim (Haut-Rhin), en 1752, mort à Paris en 1817. Ses jeux d'enfants et ses scènes d'intérieur le firent remarquer pendant la Révolution et lui valurent une grande notoriété sous l'Empire et sous la Restauration. — **II** (Michel-Martin), peintre, fils du précédent, né et mort à Paris (1786-1851); élève de son père, puis de David, il obtint le grand prix de Rome en 1800. Parmi ses toiles, répandues dans nos musées, on remarque la *Mort d'Abel*; le *Bon Samaritain* (1824, musée de Lyon); *Richelieu mourant*; *Communion de Marie-Antoinette* (chapelle expiatoire de la Conciergerie); *La Loi* (plafond du Louvre); etc.

DUALINE s. f. Substance explosive, préparée en mélangeant de la nitroglycérine, de la sciure de bois et du salpêtre.

DUBOISIA s. n. (de F.-N.-A. *Dubois*, botaniste français du XIXe siècle). Bot. Genre de scrofulariées, comprenant une seule espèce, le *duboisia myoporoides*, arbuste d'Australie, glabre, à feuilles alternes et entières, articulées sur le rameau qui les porte; à fleurs blanches, en panicules axillaires. On retire de ses feuilles un alcaloïde nommé *duboisine*.

DUBOISINE s. f. Chim. Alcaloïde, extrait des feuilles de la *duboisia*, et qui présente une grande analogie avec l'atropine. On l'emploie, comme succédané de l'atropine pour combattre les phénomènes nerveux dans certaines maladies. On n'en fait usage qu'à doses infinitésimales, parce que son action est plus énergique que celle de l'atropine.

DUCLERC (Eugène-Charles-Théodore), homme politique, né à Bagnères-de-Bigorre (Hautes-Pyrénées) en 1812, mort le 21 juillet 1888. Il fut d'abord correcteur d'épreuves, collabora à plusieurs recueils et devint rédacteur du *National* en 1840. Le département des Landes l'envoya siéger à l'Assemblée constituante en 1848. Nommé ministre des finances le 10 mai, il prit des mesures énergiques contre l'insurrection du mois de juin et donna presque aussitôt sa démission. Il ne tarda pas à rentrer dans la vie privée et ne s'occupa plus que d'opérations industrielles.

DUEL ÉLECTRIQUE, ingénieuse création théâtrale de l'électricien Trouvé. Les cuirasses et

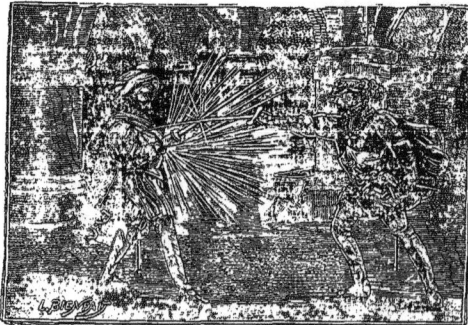

Duel électrique.

les épées des duellistes communiquent avec une pile électrique dissimulée dans les vêtements des acteurs. A chaque fois que les épées se rencontrent ou frappent les cuirasses, il jaillit des étincelles, au grand effroi et à la grande stupéfaction des spectateurs.

DUHESME (Guillaume-Philibert), général, né à Bourganeuf (Saône-et-Loire) en 1760, mort à Waterloo en 1815. Capitaine d'une compagnie de volontaires qu'il avait équipée à ses frais en 1790, il servit sous les ordres

de Lafayette, devint rapidement chef de bataillon, puis colonel, gagna le grade de général de brigade à Villeneuve, où, blessé de deux coups de feu, il se traîna encore à la tête de ses grenadiers et repoussa l'ennemi. Il contribua à la victoire de Fleurus, succéda à Kléber dans l'investissement de Maestricht et fut élevé au grade de général de division, le 18 novembre 1794. Il passa ensuite sous les ordres de Hoche en Vendée, et Pichegru et de Moreau en Allemagne. Il s'illustra à Biberach et à la défense de Kehl (1796), accompagna Championnet à Naples (1799), assista aux batailles de Rivoli et de Lodi (1800), retourna à Naples en 1806, surprit Barcelonne en 1808, commanda la Catalogne de 1808 à 1810, fut disgracié pour n'avoir pu empêcher le peuple espagnol de se soulever, rentra dans l'armée active au commencement de la campagne de 1814, assista aux combats de Saint-Dizier, de la Rothière et de Montereau, se rallia à Louis XVIII, qui le nomma pair de France, acclama le retour de Napoléon, reçut le commandement de la jeune garde, fut blessé à Waterloo, se réfugia dans une maison de Genape et y fut surpris par les hussards de Brunswick. Il se rendit et tendit son épée à un officier prussien qui la prit et lui passa la sienne au travers du corps.

DULAC I (Jean-Baptiste SONYER), jurisconsulte, né à Saint-Dizier, Velay, en 1708, mort en 1792. Il fut conseiller du roi (1768). Il a laissé : *Hist. des grands hommes du Forez* (1781, in-12); *Dict. de quelques questions de droit* (2 vol, in-4°). — **II** (Joseph). officier d'artillerie, né à Chambéry vers 1706, mort à Alexandrie en 1757. Il introduisit la science de l'artillerie dans les États sardes. Il a laissé : *Théories nouvelles sur le mécanisme de l'artillerie* (Paris, 1741, in-4°); *Nouveau système d'artillerie sur mer et sur terre* (1763).

DUMAS (Jean-Baptiste).— La biographie de ce célèbre chimiste se trouve dans notre premier *Supplément*. Nous y ajouterons quelques mots. Fils d'un ouvrier et d'une sage-femme, Dumas naquit à Alais dans une bicoque assez mal bâtie, située au milieu d'une ruelle tortueuse et sombre. Comme la plupart des chimistes, il débuta par la pharmacie. Sa vocation lui fut révélée, de bonne heure, dans le laboratoire d'un apothicaire du cru. Il quitta Alais pour Genève, gagnant toujours sa vie comme élève ou apprenti pharmacien. C'est de Genève que datent les premiers travaux qui le mirent en lumière et attirèrent sur lui les dignités ou les distinctions scientifiques et politiques. Il n'oublia jamais son humble origine et se montra toujours bienveillant envers ceux que le sort avait moins favorisés. Ce fut ainsi qu'il se fit le protecteur de Daguerre, plus que méconnu, dans les premiers temps. — Il préconisa l'emploi du sulfo-carbonate de potassium, dont la décomposition, sous l'influence de l'eau et d'un acide, produit, d'un côté, des vapeurs toxiques pour l'insecte, de l'autre la potasse très favorable à la vigne. On lui a élevé, sur la place Saint-Sébastien, à Alais, sa ville natale, une statue qui est l'œuvre d'un artiste méridional, le sculpteur Pech. Le savant est représenté de-

Statue de J.-B. Dumas, inaugurée à Alais, le 21 octobre 1889.

bout, indiquant par un geste qui lui était familier (le bras droit à moitié levé, la main fermée, sauf l'index qui reste ouvert), les résultats d'une expérience scientifique.

DUMNACUS, l'un des derniers héros de la Gaule, lors de la conquête de ce pays par Jules César. Chef des *Andecaves* (Angevins), il prit la défense de toute la confédération armoricaine après la chute de Vercingétorix (51 av. J.-C.), et vint mettre le siège devant *Lemonum* (Poitiers); mais il fut écrasé par Fabius, lieutenant de César. Vaincu sans espoir de se relever, le héros se réfugia dans les sauvages forêts de l'Armorique, évitant ainsi d'orner le triomphe de César. En 1887, on lui a érigé une statue aux Ponts-de-Cé.

DUMONT (Jacques-Edme), sculpteur français, né à Paris en 1761, mort en 1844. Élève de Pajou, il remporta le grand prix pour un bas-relief représentant la *Mort de Tarquin*. Ses statues les plus célèbres sont celles de *Marceau* (1804, grand escalier du Luxembourg); de *Malesherbes* (1829, palais de Justice); de *Pichegru* (1829, à Arbois), etc.

DUPETIT-THOUARS (Louis-Marie-Aubert), botaniste, né à Saumur en 1760, mort en 1831. Frère aîné du marin Dupetit-Thouars, il voulut le rejoindre lors de son voyage à la recherche de Lapérouse; mais faute de ressources, il dut s'arrêter à l'Ile de France, où il demeura deux ans (1792-'94). Pendant ce séjour, il étudia la flore de ce pays; il passa ensuite à Madagascar, puis à l'Ile Bourbon, où il resta quatre ans, et rentra en France en 1802, avec un herbier d'environ 2,000 plantes et une foule de dessins. De 1806 à 1826, il fut directeur de la pépinière du Roule; il entra à l'Institut en 1820. Il a publié : *Hist. des végétaux recueillis dans les îles de France, de Bourbon et de Madagascar* (1806); *Mélanges de botanique et de voyages* (1809); le *Verger français* (1817).

DUPIN (Jean-Henri), surnommé le « père des dramaturges français », cousin du baron Dupin, né à Paris en 1791, mort le 5 avril 1887. Il débuta en 1807 par un vaudeville intitulé le *Voyage à Chambord* et produisit ensuite plus de 200 pièces, dont 50 en collaboration avec Scribe. Nous citerons, parmi celles qui ont obtenu le plus de succès : *Michel et Christine* (1826, Gymnase); l'*Ange gardien* (1831); le *Délit politique*, etc.

DUPRÉ (Jules) peintre paysagiste, né à Nancy, en 1812, mort le 7 oct. 1889. Sa vocation pour le pinceau lui fit abandonner l'industrie de la fabrication de la porcelaine où la position de sa famille lui assurait un bel avenir. Il débuta au salon de 1831 par cinq études *d'après nature* qui furent remarquées et lui valurent des encouragements. Il se mit au travail avec ardeur et produisit des toiles qui ont fait l'admiration des amateurs : *Vue des environs d'Abbeville* ; *Intérieur d'une cour rustique* (1835) ; *Paysages du Limousin*, de la *Creuse* et de la *Corrèze* ; *Vues prises en Angleterre* ; un *Pacage* ; *Entrée d'un hameau dans les Landes* ; *Soleil couchant*. Après une dizaine d'années d'abstention, il reparut à l'exposition universelle de 1867, avec 12 remarquables paysages : *Passage d'animaux sur un pont dans le Berri* ; la *Gorge des Eaux-Chaudes* (Basses-Pyrénées) ; la *Forêt de Compiègne* ; une *Bergère dans le Berri* ; la *Vanne* ; la *Route tournante de la forêt de Compiègne* ; un *Marais dans la Sologne* : *Route dans les Landes* ; la *Saulée* ; *Cours d'eau en Picardie* ; *Retour du troupeau* ; *Souvenir des Landes*.

DURAMEN s. m. [du-ra-mènn ; quelques-uns prononcent du-ra-main] (lat. *duros*, dur). Bot. Partie centrale d'un tronc d'arbre dont les tissus ont acquis leur complète maturité et leur plus grande dureté. Son nom populaire est *cœur de bois*, par opposition à *aubier*.

DURANTI (Jean-Etienne), l'une des victimes de la Ligue, né à Toulouse en 1534, assassiné dans la même ville le 10 février 1589. Il appartenait à une famille de magistrats, devint capitoul en 1563, et premier président du parlement de Toulouse en 1581. Les Guises, dont il combattait les menées, firent éclater, dans la ville, des troubles qu'il parvint à étouffer par son sang-froid, son courage et son attitude énergique. Le 24 janvier 1589, la salle où siégeait le parlement fut envahie tout à coup par une nuée de ligueurs en armes. Duranti se réfugia au Capitole, fut arrêté, emprisonné dans le couvent des jacobins et massacré sous les yeux de sa femme et de ses enfants. Son cadavre, traîné dans les rues, fut ensuite attaché au pilori avec le portrait du roi Henri III. Plus tard, les Toulousains lui élevèrent une statue. Paul Delaroche, dans une de ses toiles les plus saisissantes a reproduit la *Mort du président Duranti*, pour le conseil d'Etat, en 1827. Duranti a laissé plusieurs ouvrages, dont le principal est intitulé : *De ritibus ecclesiæ catholicæ* (Rome, 1591, in-fol. et in-8°).

DURET (Francisque-Joseph), sculpteur français, né à Paris en 1804, mort dans la même ville en 1865. Elève de Bosio, il remporta le grand prix à l'âge de 18 ans. Ses œuvres les plus connues sont : la *France protégeant ses enfants* (au fronton du nouveau Louvre) et la *Fontaine Saint-Michel*.

DUROCASSIEN, IENNE s. et adj. (lat. *Durocasses*, Dreux). De Dreux, qui appartient à cette ville ou à ses habitants.

DURU (Henri-Alfred), auteur dramatique, né à Paris en 1829, mort le 30 décembre 1889. Il s'occupa d'abord de gravure et débuta au théâtre, en 1857, par l'*Histoire d'un gilet*, drame-vaudeville en 3 actes, en collaboration avec Henri Chivot. A partir de ce moment, les deux collaborateurs donnèrent un certain nombre de pièces. Duru produisit seul *Deux Noces de Bois-Joli* (1872), l'*Homme du Lapin Blanc* (1875). Il travailla aussi avec Labiche pour la comédie *Doit-on le dire ?* (1872). Il a donné, soit seul soit en collaboration : *Samedis de Madame* (comédie, 3 act., 1874), *Madame est trop belle* (comédie, 3 act.), la *Clef* (comé-

die, 4 act., 1877), les *Mirlitons*, la *Fille du clown*, la *Botte à Bibi*, *Madame Favart*, etc.

DUTOT, économiste du xviii° siècle, caissier de la Compagnie des Indes fondée par Law. On ne possède aucun détail sur sa vie. Il est célèbre comme auteur d'un ouvrage remarquable intitulé : *Réflexions politiques sur les finances et le commerce*. Dans ce travail, qui fut d'abord publié sous forme de lettres, en 1735, puis en 2 vol. in-12 (La Haye, 1738), il ramène les esprits aux véritables principes économiques, en établissant que le numéraire possède une valeur fixe et que les souverains ne peuvent modifier cette valeur pour rétablir l'équilibre financier. C'était la condamnation du système de Colbert et de Law. Cet ouvrage a été réimprimé dans la *Collection des Economistes financiers* (Paris, 1843).

DUTREMBLAY DE RUBELLES (Antoine-Pierre, baron), fabuliste français, né à Paris en 1745, mort en 1819. Il appartenait à la magistrature et charmait ses loisirs en cultivant la poésie comme son ancêtre La Fontaine, dont l'une de ses aïeules avait épousé le fils unique. Ses *Apologues*, publiés en 1806, ont été plusieurs fois réimprimés. Il travailla aussi pour le théâtre et l'on cite de lui : *A bas les diables !* (comédie-vaudeville, 1799), le *Bureau d'adresses* (1800), *Deux et deux font quatre* (1805), etc.

DUVAL (Raoul-Edgar), homme politique, né à Laon le 9 avril 1832, mort le 11 février 1887. Fils d'un juge de commissions mixtes, il entra, lui aussi, dans la magistrature impériale et y occupa des postes importants. Après la révolution du Quatre Septembre, il donna sa démission d'avocat général à Rouen et fut élu député de la Seine-Inférieure, le 2 juillet 1871. A l'Assemblée nationale, où il siégeait au centre droit, il se distingua par la violence de ses motions contre les vaincus de la Commune, par son opposition au gouvernement de M. Thiers et par sa lutte contre les tendances orléanistes ou légitimistes du maréchal de Mac-Mahon. Il fonda, à Paris, un nouvel organe bonapartiste, *la Nation*, dont le premier numéro parut le 25 octobre 1876. Repoussé par les électeurs de la Seine-Inférieure et par ceux de la Seine, il fut réélu en 1876 à une faible majorité par ceux du département de l'Eure (arrondissement de Louviers). Mais, en 1877, après la dissolution de l'Assemblée, il dut rentrer dans la vie privée. En 1885, ayant su exploiter l'impopularité de l'expédition du Tonkin, il profita du scrutin de liste pour se faire nommer député du département de l'Eure. Précurseur du général Boulanger, il imagina le parti républicain conservateur, et essaya de former, parmi les députés de la droite, un groupe qui aurait affecté de reconnaître la République, afin de s'emparer du gouvernement et d'étrangler la « Gueuse. »

DUVAL LE CAMUS (Jules-Alexandre), peintre français, né à Paris en 1817, mort en 1877. Fils du peintre Pierre Duval Le Camus, et élève de Delaroche et de Drolling, il fit d'abord peu de progrès et chercha le succès dans un genre bizarre et maniéré. Mais en 1855, il en revint au bon sens et au bon goût. Ses toiles représentent surtout des sujets religieux, bibliques ou mythologiques.

DYNAMIQUE. — L'électricité *dynamique* ou en mouvement est celle qui est produite par les piles électriques, par les accumulateurs et par les machines dynamo-électriques. Elle est ainsi nommée par opposition à l'*électricité statique*, produite par les machines électro-statiques. — De toutes les piles destinées à produire l'électricité dynamique, la plus simple est la pile Grenet, représentée par notre figure 1. Les piles Grenet se trouvent aujourd'hui entre les mains de toutes les personnes qui s'occupent d'électricité. Les charbons C, C' (fig. 2) plongent dans le liquide au

hichromate de potasse. En appuyant sur la

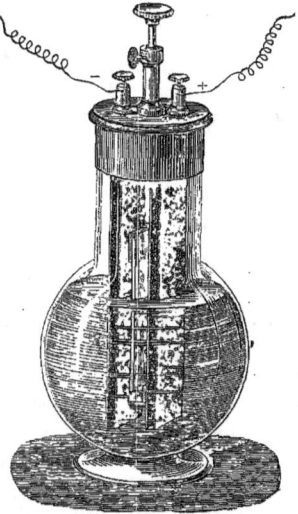

Dynamique. — Pile Grenet. **Fig. 1.**

tige T, on immerge une plaque de zinc Z et

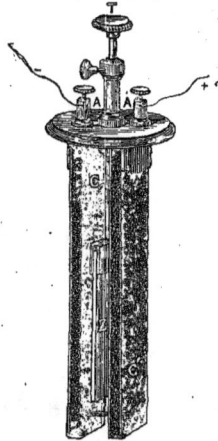

Dynamique. — Pile Grenet. **Fig. 2.** — C, C', charbon. Z, zinc. — A, A', bornes. — T, tige pour retirer le zinc du liquide.

l'on obtient aussitôt un courant électrique qui forme un circuit entre les bornes A et A'.

DYNAMITE. L'usage de ce mélange explosif a été proposé, en France et en Allemagne, pour remplacer la poudre à canon, sa force étant dix fois aussi grande que celle de la poudre. La *nitroglycérine*, qui sert à composer la dynamite, est formée par l'action d'un mélange de deux parties en poids d'acide sulfurique et de deux parties en poids d'acide nitrique, sur une partie en poids de glycérine ; on obtient ainsi un liquide jaune clair, huileux et inodore, que l'on mélange avec une matière absorbante ou avec une substance que l'explosion décompose facilement. Parmi les matières absorbantes, on préfère la silice, la cendre minérale, le tripoli et la terre d'in-

fusoires ; ces deux dernières substances sont formées des innombrables enveloppes siliceuses d'une plante microscopique, la diatomée. Mais l'absorbant le plus employé est le *kieselgühr*, terre siliceuse poreuse, formée, elle aussi, de cases de diatomées. Les proportions en poids de nitroglycérine et de kieselgühr sont trois de la première pour une du second ; et l'on obtient la dynamite n°1. Parmi les substances qui se décomposent par l'effet de l'explosion, on distingue la résine, le charbon de bois, le soufre, les nitrates de potasse et de soude ; on emploie de préférence le charbon de bois et le nitrate de potasse, que l'on mélange concurremment avec la nitroglycérine, et l'on obtient la dynamite n° 2. La dynamite ne possède pas, comme la nitroglycérine, la dangereuse propriété de faire spontanément explosion. — ASSÈCHEMENT PAR LA DYNAMITE. La dynamite vient de trouver dans la construction un nouvel emploi bien inattendu. M. Bonnefont, capitaine du génie, a imaginé d'utiliser sa force d'expansion pour assécher instantanément les infiltrations du sol dans lequel on veut établir des fondations. Voici comment on opère : à l'aide d'une barre à mine, on fore, au fond de l'excavation inondée destinée aux fondations, un trou d'une profondeur de trois à quatre mètres et d'un diamètre de quatre centimètres, puis l'on y fait éclater un chapelet de cartouches de dynamite. L'eau d'infiltration est immédiatement refoulée par l'explosion à plus de un mètre des parois ; elle ne recommence à suinter qu'au bout d'une demi-heure. Ce temps suffit pour permettre aux ouvriers de couler du béton dans la cavité, après l'avoir nettoyée. Quand l'eau revient, elle ne peut plus nuire à la fondation complètement placée. — Législ. La loi du 8 mars 1875 et plusieurs décrets ont réglementé les conditions auxquelles sont soumis la fabrication, le transport et l'emploi de la dynamite (Voy. *Dictionnaire*, t. II, p. 504). Un décret du 26 juillet 1890 exige que toute cartouche de dynamite mise en vente porte, sur son enveloppe, l'indication de la nature et du dosage des substances constituant l'explosif, de façon à permettre le calcul de la température à laquelle la détonation devra avoir lieu. — En vertu du pouvoir qui a été attribué au gouvernement par la loi du 8 mars 1875, le droit intérieur à percevoir sur la dynamite fabriquée en France ou en Algérie, a été abaissé à un franc par kilogramme (Décr. 12 juin 1890).

CH. Y.

DYNAMO s. m. (gr. *dynamis*, force). Phys. Nom que l'on donne, par abréviation, à toutes les formes de machines dynamo-électriques. Ces machines sont basées sur les recherches de Faraday relativement aux phénomènes de l'induction. C'est Faraday qui démontra que lorsque un courant électrique circule dans un fil de fer formant une portion de circuit, des courants secondaires sont induits temporairement dans un fil voisin. Ces courants secondaires, appelés courants d'induction, peuvent devenir plus intenses que le courant primaire quand on augmente le nombre de circonvolutions des deux fils. Pixii construisit la première machine électro-magnétique, dans laquelle un aimant composé, en fer à cheval, produisait par ses révolutions, des courants d'induction semblables dans des bobines de fils enroulés autour de son armature. En 1857, Siemens perfectionna la forme de ces bobines, en adoptant l'idée de Clarke, qui consiste à faire tourner de légères armatures en face d'un aimant stationnaire. Dans les machines dynamo-électriques contemporaines, les aimants inducteurs ont des noyaux en fer doux ; ils possèdent, quand on met la machine en mouvement, une puissance électrique peu considérable ; mais cette trace de puissance suffit pour induire un faible courant dans les bobines de l'armature, dès qu'on fait tourner celles-ci ; le courant est conduit autour des noyaux de fer doux, qui sont alors plus fortement magnétisés et qui produisent un nouveau courant plus puissant dans les bobines de l'armature. La machine de Siemens fut le premier dynamo construit sur ce principe et toutes les machines plus récentes n'en sont que des perfectionnements ou des modifications. Les dynamos peuvent être fabriqués pour produire des courants *alternatifs* ou des courants *continus*. La première grande machine alternative fut construite par la compagnie l'Alliance, qui en a fabriqué de très puissantes pour la production de la lumière électrique dans les phares. Parmi les machines à courant alternatif, on distingue la machine Brush, construite de façon que pendant chaque révolution complète, chaque paire de bobines fournit un courant aux aimants. Une machine qui fournit l'électricité à 16 ou 18 lampes à arc voltaïque, fait une moyenne de 750 révolutions à la minute et présente une résistance d'environ 4 ohms. Une machine Brush plus grande a été construite pour 40 lampes ; et quand elle est actionnée par une machine à vapeur de 30 chevaux, elle donne un courant de 10 ampères et une force électro-motrice de 1,800 volts. Dans le dynamo de Ferranti, un ruban de cuivre en zigzag est substitué au fil de fer de l'armature et on se passe de noyaux de fer doux : ce qui nécessite l'emploi d'un petit dynamo séparé pour exciter les aimants.

Les générateurs de Gordon et d'Edison sont très remarquables ; la machine de Parsons est un dynamo très rapide qui fait de 15.000 à 24.000 révolutions à la minute. A la tête des appareils produisant des courants continus ; elle a une armature en forme d'anneau ; autour de cette armature sont enroulées plusieurs hélices de fils de cuivre qui communiquent à leurs points terminaux avec le commutateur ou le collecteur. Ce commutateur se compose d'un nombre de bandes de cuivre égal au nombre des hélices, chacune étant reliée séparément à une hélice. Les bandes sont parfaitement isolées les unes des autres et arrangées en un cylindre creux dans lequel passe l'arbre de la machine. — Les dynamos ne servent pas seulement à la production de la lumière électrique ; ils sont employés pour la transmission électrique de la force motrice et pour la préparation des métaux purs. Dans les fonderies d'Oker, de 5 à 6 quintaux de cuivre sont précipités chaque jour, par 3 machines Siemens consommant de 8 à 12 chevaux-vapeur.

DYNAMOMÈTRE. — Appliqué à la comparaison des force humaines, le dynamomètre est ordinairement un objet d'amusement que l'on ne rencontre guère que dans les foires. Il y a

Dynamomètre.

les *têtes de Turc*, sur lesquelles on frappe un grand coup de poing ; un ressort, caché dans l'appareil, fait tourner une aiguille qui indique, sur un cadran, la pesanteur du coup. Notre figure représente l'appareil au moyen duquel on mesure la force des coups de poing du pugilat ou coups horizontaux.

E

E, préfixe qui correspond au lat. *e* ou *ex* (hors de), et qui ajoute au radical une idée d'extraction, de sortie ou même de suppression : *écosser*, faire sortir de la cosse ; *écheniller*, *énervé*, *édenté*, *échoir*, etc. Devant la lettre *f*, *e* se change en *ef* : *effectuer* ; devant *s*, il devient *es* : *essouffler* ; devant certains mots tirés du grec, il se change en *ec* ou en *ex* : *ecclésiastique*, *exhumer*.

EAU. Chim. On démontre facilement que l'eau est produite par la combustion de l'hydrogène. Pour cela, on se sert de l'appareil représenté par notre figure 1. Dans le vase A, on met du zinc, de l'eau et de l'acide hydrochlorique. Aussitôt le gaz hydrogène se dé-

gage et passe, par le petit tube B, dans le gros tube C, qui contient des fragments de chaux. Au contact de la chaux, il se débarrasse de toute humidité et arrive, très sec, à l'extrémité du tube C, d'où il se précipite en

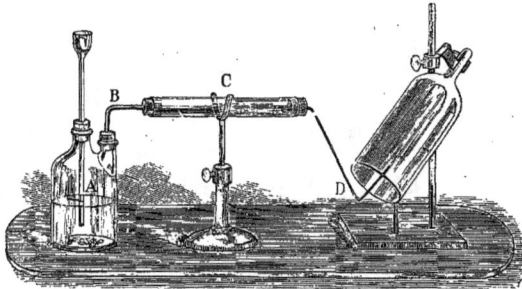

Fig. 1. — Formation de l'eau par la combustion de l'hydrogène.

brûlant avec un peu de chaleur mais sans aucune flamme lumineuse. Si on a soin de l'allumer, il se combine en brûlant, avec l'oxygène de l'air et forme de l'eau. On peut le prouver de la manière suivante : sur l'extrémité du tube D, on place un récipient bien propre et bien sec; on ne tarde pas à voir ses parois intérieurs se couvrir d'une rosée de vapeur d'eau condensée. Cette expérience doit être faite avec précaution. On doit attendre, pour allumer le gaz, qu'il sorte avec force; allumé trop tôt, il produirait une explosion. Cette manière de produire de l'eau en brûlant de l'hydrogène en contact avec l'oxygène est nommée *synthèse* par les chimistes. La composition de l'eau se démontre de plusieurs manières; on peut, par exemple, la décomposer par l'électricité (fig. 2). Un vase A contient de l'eau acidulée par de l'acide sulfurique. Deux lames de platine plongent dans le liquide, de chaque côté de A. Sur chaque lame de platine, on renverse une éprouvette entièrement pleine de l'eau acidulée. Les deux lames sont mises en communication avec les pôles d'une batterie, à l'aide de fils qui traversent les parois du vase. Dès que le courant est établi, on voit des bulles de gaz se former à chaque pôle et monter dans les éprouvettes. Celles-ci se remplissent pas de gaz dans la même proportion; et l'on ne tarde pas à s'apercevoir que le gaz contenu dans l'une d'elles forme deux fois le volume du gaz contenu dans l'autre. Quand on vérifie la nature des gaz, on acquiert la preuve que celui qui a été produit en moindre quantité est de l'oxygène et que l'autre est de l'hydrogène. Cette expérience nous apprend non seulement que l'eau se compose d'hydrogène et d'oxygène, mais encore les proportions de chacun de ces gaz, c'est-à-dire 1 d'oxygène pour 2 d'hydrogène. — **Réservoir à eau de pluie.** La figure 3 représente un régulateur analogue pour réservoir à eau de pluie. Les eaux de pluie tombent par le tuyau M, traversent un filtre N et coulent vers le tuyau à eau sale par-dessus la cloison E. En même temps, une partie de

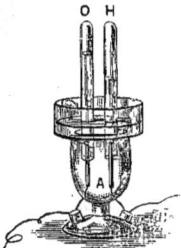

Fig. 2. — Décomposition de l'eau par l'électricité.

l'eau se déverse dans la citerne A par le petit tube C, et s'écoule ensuite par le tube H, dont le débit est moins fort. L'eau monte lentement dans la citerne A et soulève peu à peu le flotteur B. Ce dernier, en montant, fait fermer la soupape C. L'eau claire emplit le tuyau et vient ensuite couler par un tube relié au réservoir. — **Eaux de toilette.** Les eaux de toilette sont nombreuses et se composent ordinairement d'infusions de substances parfumées dans l'alcool ou le vinaigre; elles sont destinées simplement à aromatiser l'eau et

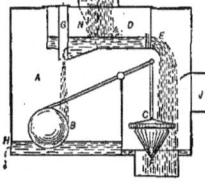

Fig. 3. — Réservoir à eau de pluie.

ne peuvent avoir par elles-mêmes qu'une action plutôt funeste qu'efficace à la peau. Cependant nous ne laisserons pas de donner la composition des plus populaires, sinon des meilleures, tout en commençant par indiquer les véritables eaux de toilette bienfaisantes. — *Eau de fleurs de sureau.* Prenez une bonne quantité de fleurs de sureau que vous mettrez dans un vase convenable; jetez dessus quantité suffisante d'eau bouillante ; laissez infuser et refroidir ; alors passez à travers un linge et servez-vous-en. Cette eau est excellente pour se laver le visage; elle disparaître les taches de rousseur qui n'ont d'autres causes que l'action du soleil d'été. Pour ce dernier objet, on peut faire l'infusion plus forte et en user aussi fréquemment qu'on le voudra; toutefois une ou deux applications par jour sont ordinairement suffisantes. — *Eau ammoniaquée.* Jetez dans une cuvette d'eau une cuillerée ou deux d'esprit composé d'ammoniaque, et lavez-vous de ce mélange le visage, les mains, les bras. Il fait disparaître les désagréables effets de la transpiration et laisse la peau propre, douce et fraîche. — *Eau de lavande.* Prenez : essence de lavande, 7 gr.; essence de girofle, 85 centigr.; musc, 30 centigr.; alcool à 36°, 170 gr.; eau, 30 gr. Mêlez l'essence de lavande avec un peu d'alcool, d'abord; puis ajoutez les autres ingrédients; mettez dans une bouteille bien bouchée, et laissez reposer pendant au moins deux mois avant d'en faire usage, — en secouant toutefois la bouteille assez fréquemment. — *Autre.* Prenez 1 litre d'alcool de bonne qualité; mettez-y environ 65 gr. de fleurs de lavande récemment cueillies; laissez infuser au moins un mois. Filtrez. Distiller cette infusion (au bain-marie) donnerait un produit bien supérieur.— *Eau de roses.* Prenez 3 kil. de feuilles fraîches de roses de Damas, et juste ce qu'il faudra d'eau pour empêcher que l'action du feu ne le brûle. Mettez dans l'alambic et distillez comme nous l'avons indi-

qué au commencement. — *Eau de Cologne.* Prenez : feuilles de sauge et de thym, de chaque, 2 gr.; menthe verte et menthe sauvage, de chaque, 30 gr.; calamus aromaticus, racine d'angélique, camphre, de chaque, 2 gr., pétales de roses et de violettes, de chaque, 7 gr.; fleurs de lavande, 3 gr. et noix; fleurs d'oranger, 2 gr.; absinthe, muscade, girofle, quassie, gayac, macis, de chaque, 2 gr. Faites macérer le tout pendant vingt-quatre heures dans 5 litres d'alcool; réduisez par la distillation au bain-marie à un demi-litre environ. Ajoutez au produit de l'opération : essence de citron, de lavande, de menthe sauvage, de cédrat, de néroli, de semence d'anthotie, de jasmin, de bergamote, de chaque, 2 gr. Filtrez. Mettez en flacons. — *Autre.* Prenez : alcool à 36°, 2 litres; essence de néroli, de cédrat, d'orange, de citron, de bergamote, de romarin, de chaque, 24 gouttes; petites semences de cardamome, 3 gr. et demi. Distillez à l'alambic de verre et au bain-marie à 1 litre et demi. Filtrez, etc. — *Eau de Cologne à froid.* Prenez : essence de bergamotte et de cédrat, de chaque, 12 gr.; essence de citron, 15 gr.; essence de lavande et de romarin, de chaque, 6 gr.; teinture de benjoin, 8 gr.; essence de néroli, 4 gr.; alcool à 36°, 2 kil. Mêlez bien et ajoutez: musc, 30 centigr., ou alcoolat de jasmin, 30 gr. — *Autre.* Ajoutez à la précédente : essence de Portugal, 2 gr.; essence de thym, 10 gouttes; eau de mélisse, 30 gr. Mêlez. — *Autre.* Essence de citron et de bergamotte, de chaque, 4 gr.; essence de cédrat, 2 gr.; essence de lavande, 1 gr.; essence de fleurs d'oranger et teinture d'ambre gris, de chaque, 10 gouttes; teinture de musc, 1 gr. teinture de benjoin, 6 gr.; essence de roses, 2 gouttes. Alcool à 36°, 1 litre. Mêlez et filtrez. — *Eau chlorurée.* Prenez : chlorure de chaux sec, 2 gr.; eau, 50 gr. Faites dissoudre. — *Autre.* Chlorure de soude, 10 gr.; eau, 100 gr. Dissolvez. Se laver les gencives trois ou quatre fois par jour de l'une ou de l'autre de ces deux préparations. — *Eau dentifrice.* Prenez : bonne eau-de-vie et eau de menthe, de chaque, 125 gr.; chlorure de soude, 25 gr. — *Autre.* Essence de savon, 20 gr.; teinture de pyrèthre, 5 gr.; eau-de-vie, 10 gr. — *Autre.* Essence d'anis, 60 centigr.; essence de citron, 30 centigr. créosote, 1 gr. 60 centigr. — *Autre.* Prenez : alcool, 125 gr.; huile volatile de menthe, 20 centigr.; huile volatile de roses, 80 centigr.; cochenille, sel de tartre, de chaque, 50 centigr. Faites macérer 48 heures. Filtrez. Quelques gouttes dans un verre d'eau pour nettoyer la bouche. — *Eau de Botot.* Prenez : anis, 3 gr.; girofle, cannelle, de chaque, 1 gr.; huile essentielle de menthe, 50 centigr.; eau-de-vie, 60 gr. Faites infuser pendant six jours. Filtrez, et ajoutez : teinture d'ambre, 50 centigr. Quinze à vingt gouttes dans un verre d'eau. — *Eau d'O'Méara.* Vétivert, 4 gr.; pyrèthre, 15 gr.; girofle, 30 centigr.; iris, coriandre, urcanette, essence de menthe, de chaque, 70 centigr.; essence de bergamote, 30 centigr.; alcool, 60 gr. — *Eau de madame de La Vallière.* Prenez : cochléaria frais, 200 gr.; cannelle concassée, 50 gr.; épicarpe de citron, 40 gr.; feuilles de roses rouges sèches, 30 gr.; girofle, 20 gr. Faites macérer cinq ou six jours dans alcool à 22°, 2 kil. Distillez au bain-marie. Quelques gouttes dans une demi-verrée d'eau. — *Teinture gencivale.* Teinture de baume du Pérou et teinture de racine de gayac, de chaque, 4 gr.; teinture de myrrhe, 8 gr.; esprit de cochléaria, 45 gr. Quatre ou cinq gouttes dans une verrée d'eau. — *Eaux pour la tête.* Ces eaux peuvent être employées sans danger pour nettoyer le cuir chevelu, en faire disparaître les souillures et les pellicules, etc. — *Eau de romarin.* Prenez : eau de romarin, 1 litre; alcool rectifié, 6 centilitres; potasse pearlash, 7 gr. et demi. Mêlez. — *Eau athé-*

nienne. Prenez : eau de roses. 1 litre ; alcool, 12 centilitres et demi ; bois de sassafras, 30 gr.; potasse pearlash, 8 gr. Faites bouillir le bois de sassafras avec l'eau de roses, dans un vaisseau de verre ; lorsque le mélange sera refroidi, ajoutez la potasse et l'alcool. Cette eau est même supérieure à la précédente pour nettoyer parfaitement les cheveux. — *Eau pour faciliter l'action du fer dans la frisure.* Prenez : borax, 60 gr.; gomme arabique, 1 gr. et demi; eau chaude (non bouillante), 1 litre. Remuez bien, et, aussitôt les divers ingrédients dissous, ajoutez 3 cuillerées à bouche de fort alcool camphré. Le soir, avant de vous coucher, humectez les cheveux de cette préparation et tortillez-les dans des papillotes de papier.

ÉBLÉ (Jean-Baptiste), célèbre général d'artillerie, né à Saint-Jean-de-Rohrbach (Lorraine) en 1758, mort à Kœnigsberg en 1812. Lieutenant d'artillerie à l'âge de 27 ans, il fut envoyé à Naples, pour y reformer l'artillerie, revint en 1789, fut employé à l'armée du Nord, devint général de brigade en 1793 et prit une part importante à la conquête des Pays-Bas. En 1797, enfermé dans la forteresse de Kehl, il résista à l'armée autrichienne, fit la campagne de Naples sous Championnet, prit part aux guerres d'Allemagne, assista à Iéna, fut ministre de la guerre en Westphalie, fut envoyé en Portugal avec Masséna, commanda les équipages du pont pendant la campagne de Russie, et mourut de fatigue et de froid après le passage de la Bérésina.

ÉBONITE s. f. Nom donné par les électriciens à du caoutchouc mélangé avec une grande proportion de soufre et chauffé à une température de +200°C. Ce caoutchouc durci, appelé aussi *vulcanite*, est dur, noir ou d'un brun rougeâtre ; il offre l'aspect d'une substance cornée ; il est moins soluble que le caoutchouc vulcanisé ordinaire et présente une grande résistance au passage de l'électricité ; c'est pourquoi on l'emploie beaucoup comme isolateur électrique. Il a pris une grande importance dans la fabrication des téléphones, des sonneries et de différents autres appareils électriques.

ÉBOUCTER v. a. Synon. d'ÉBOUTER.

ÉBOUDINER v. a. (rad. *boudin*). Serrer étroitement, en parlant des vêtements, surtout des corsets. — S'éboudiner v. pr. Se serrer outre mesure : *cette dame s'ébaudine dans son corset.* (Pop.)

ÉBOURGEONNAGE s. m. Hortic. Suppression des bourgeons qui ne sont pas nécessaires ou qui font confusion sur un arbre fruitier.

ÉBOUTER v. a. Hortic. Couper les extrémités des rameaux ou des tiges. On dit aussi *éboucter* et *pincer.*

ÉBOUTONNAGE s. m. Hortic. Suppression de certains boutons à fruit avant leur épanouissement.

ÉBOUTONNER v. a. Pratiquer l'éboutonnage.

ÉBULLITION. Sous la pression atmosphérique ordinaire, l'eau entre en ébullition à 100° C. Mais la pression a une grande influence sur ce point d'ébullition, ainsi que l'on peut s'en assurer par l'expérience suivante. Dans une éprouvette de verre, on verse de l'eau bouillante ; on bouche ensuite hermétiquement le goulot de l'éprouvette. Au bout de quelques secondes, l'eau cesse de bouillir dans l'éprouvette, où il n'y a plus d'air. Mais si l'on plonge le flacon d'expérience dans un vase contenant de l'eau très froide, on voit l'eau de l'éprouvette se remettre à bouillir, en

conséquence de la diminution de pression causée par la condensation de la vapeur refroidie.

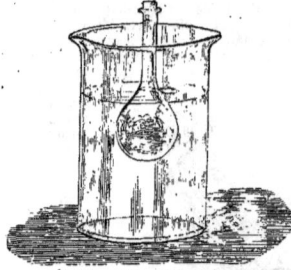

Ébullition de l'eau par le froid.

ÉCARTÉ. — Encycl. L'écarté est un jeu aussi français et aussi populaire chez nous que le piquet. C'est l'amusement préféré des personnes qui ne tiennent pas à fatiguer leur esprit dans de hautes combinaisons ou dans de profonds calculs ; ce qui ne veut pas dire que l'écarté, quoique simple dans sa marche, n'a pas ses finesses et ses adroites conceptions. L'écarté se joue entre deux personnes, avec un jeu de piquet ou de 32 cartes ainsi classées relativement à leur valeur nominale : roi, dame, valet, as, dix, neuf, huit et sept. Une partie est ordinairement de cinq points, à moins de conventions contraires. Quand on joue de l'argent, on le met toujours sur table ; les points se marquent du côté de l'argent. Celui qui fait 3 levées gagne un point ; celui qui tourne les levées de la tournée gagne deux points (ce qui s'appelle faire la vole). Celui qui tourne le roi marque un point, indépendamment de celui ou de ceux qu'il pourra faire par ses levées ou par la vole ; celui qui possède le roi d'atout marque également un point, pourvu qu'il l'annonce avant d'abattre sa première carte. On peut jouer en partie liée ; le vainqueur est alors celui qui gagne deux parties sur trois. Le gagnant ne peut refuser la revanche ; le perdant peut ne pas l'exiger. Il est d'usage d'avoir deux jeux de cartes, sur lesquels on alterne à chaque partie, et pour éviter de les mêler ensemble, il est prudent d'en avoir un taroté ou de couleur. — MARCHE DU JEU. Supposons deux joueurs, A et B ; nous allons les suivre pendant une tournée, en établissant, au fur et à mesure, les règles du jeu. — *De la main.* Ayant fait leurs conventions et versé leurs mises, A et B placent entre eux deux un jeu de piquet bien battu, et disent : « *A qui fera* ». Faire, c'est battre et distribuer les cartes : on dit aussi avoir la main. L'avantage d'avoir la main est considérable parce qu'il y a un à parier contre sept que l'on retournera le roi et que l'on gagnera ainsi un point avant même d'avoir joué. De plus, celui qui donne voit venir son adversaire, qui est le premier à jouer ; si cet adversaire *propose* (nous verrons plus loin ce que nous entendons par ce mot), le donneur est averti qu'il a un jeu faible et il peut en profiter pour refuser, tandis que le premier, s'il joue sans écarter, n'a aucune donnée sur le jeu de son adversaire. Pour savoir qui aura la main, chaque joueur prend un petit paquet des cartes du jeu et le retourne couleur en dessus ; celui qui retourne ainsi la plus forte carte a la main. Si les deux cartes sont de même valeur, on recommence. Si, en tirant la main, on découvre plusieurs cartes, la plus basse est celle qui compte. Celui qui ne fait pas voir la carte de sa coupe est censé avoir coupé la plus basse. On ne peut couper pour une seule carte. La main est bien tirée même avec un jeu faux. Quand un jeu de cartes est reconnu faux, tous

les coups qui précèdent, même celui où l'on s'en aperçoit, s'il est consommé, sont bons. — *De la coupe.* A ayant la donne, prendra toutes les cartes, les mêlera, les battra, les mettra en pile et les présentera à son adversaire, en disant : « Coupez ». B coupera en enlevant une partie de la pile des cartes et en posant cette portion à côté de celle qui reste ; A prendra la partie non enlevée et la portera sur la pile que B a posée. De cette manière, les cartes ne seront plus dans l'ordre où elles se trouvaient avant l'action de couper. On ne peut couper à moins de deux cartes. — *De la donne.* Le joueur A prend le jeu entier dans une de ses mains, faces en dessous, et donne à son adversaire les trois cartes supérieures ; après quoi, il prend les trois suivantes pour lui ; il donne ensuite les deux qui suivent à B et prend pour lui les deux qui se trouvent immédiatement au-dessous de celles-ci. Chaque joueur reçoit donc cinq cartes. Il est permis de distribuer suivant l'ordre 2, 2, puis 3, 3 ; mais ensuite tant que dure la partie, on est obligé de donner suivant l'ordre adopté d'abord. On ne peut en changer que lorsque la partie est terminée, pourvu qu'on ait l'attention d'en prévenir son adversaire. Si l'adversaire, avant d'avoir regardé son jeu, s'aperçoit que le donneur change l'ordre suivant lequel il a donné jusqu'alors, il a le droit de faire donner de nouveau ; mais il n'a plus cette faculté dès qu'il a pris connaissance du jeu qu'il vient de recevoir. Celui qui donne doit toujours mêler les cartes ; l'adversaire doit toujours les couper ; mais ce dernier peut aussi mêler avant de couper ; alors le donneur les mêle de nouveau et le second doit les couper une seconde fois sans les mêler. Quand un joueur donne hors de son tour, on recommence le coup si l'on s'aperçoit de l'erreur avant que la retourne soit connue. Si l'erreur n'est relevée que lorsque la retourne est connue, on met de côté le jeu, qui se trouvera bien donné pour le coup suivant. Si l'on s'aperçoit de l'erreur après avoir joué, le coup est bon. — *De la retourne.* A ayant pris 10 cartes sur le paquet, 5 pour son adversaire et 5 pour lui, retourne la onzième et la pose sur la table, où elle reste dans cette situation. Cette carte indique l'atout, dont la couleur doit dominer pendant toute la tournée. Si, par exemple, l'atout appartient à l'ordre des *cœurs*, toutes les cartes de cette couleur, quelle que soit leur valeur nominale, l'emporteront sur n'importe quelle carte d'une autre couleur ; c'est-à-dire que le sept de cœur pourra prendre le roi de carreau, celui de trèfle ou celui de pique, et il l'y prendra, par conséquent, toute carte appartenant à l'ordre des carreaux, des trèfles ou des piques. Les atouts conservent leur valeur relativement aux autres atouts, c'est-à-dire que le roi d'atout prend la dame d'atout, la dame prend le valet, etc. — *Du talon.* On appelle talon le paquet de cartes qui reste quand chaque joueur a reçu cinq cartes et quand l'atout est retourné. Le talon se place à la droite de celui qui donne, les écarts à la gauche, pour ne pas confondre le talon avec les écarts, ou pour se rappeler, au besoin, quel est celui des joueurs qui vient de donner. — *Du roi.* Si la onzième carte que le donneur retourne est un roi, il marque un point de droit. Celui des deux joueurs qui possède dans ses cartes le roi d'atout marque également un point, à la condition de l'annoncer avant de jouer sa première carte. Pour cela, on dit : « *Le roi* », et l'on marque le point. Si l'on est le premier à jouer, et l'on joue le roi d'abord, on peut l'annoncer en le jetant sur la table ; il ne donne plus de point si on l'annonce, dans ce cas, après qu'il est couvert par la carte de l'adversaire. Dans tous les cas où un joueur jette sa première carte sans annoncer qu'il a le roi, quand il l'a, il perd droit de marquer le point. — *Des écarts.*

Quand le joueur A a donné, et que le joueur B craint d'avoir du désavantage en gardant le jeu qui vient de lui échoir, il propose au donneur de l'échanger, en tout ou en partie, en disant : « *J'écarte* » ou « *Je propose* ». A peut accepter ou refuser, selon qu'il est mécontent ou satisfait de son jeu. S'il accepte la proposition d'écarter, il dit : « *Combien ?* » en jetant lui-même à bas, figures en dessous, toutes les cartes de son jeu qui lui semblent faibles ou mal assorties. B, jetant de la même façon les cartes dont il désire se défaire, répond en disant le nombre de cartes qu'il rejette. A, prenant le talon, donne d'abord à B, *en une seule fois*, autant de cartes que ce dernier en a demandé; après quoi, il en prend pour lui autant qu'il lui en faut pour remplacer celles qu'il a écartées lui-même. Si B, content de son jeu, joue *d'autorité*, c'est-à-dire sans proposer, il perdra deux points s'il ne fait pas trois levées dans la tournée; et il ne gagnera qu'un seul point s'il fait trois levées. De même, A, s'il repousse la proposition de B, risque de perdre deux points, en ne faisant pas trois levées, et ne gagnera qu'un point s'il fait trois levées. Si B joue d'autorité, A, faisant la vole, marquera trois points. Si A repousse la proposition d'écarter, B, faisant la vole, marquera trois points. Le roi d'atout ne s'annonçant qu'après les écarts terminés, il en résulte qu'un joueur qui a agi d'autorité, sans posséder le roi, risque de voir son adversaire gagner quatre points en une seule tournée, si cet adversaire le roi et fait la vole. Dès qu'on a demandé ou refusé d'écarter, on ne peut plus se rétracter. De même, dès qu'on a demandé un certain nombre de cartes, on ne peut plus le changer. Le joueur B, quand il n'est pas satisfait des nouvelles cartes qui viennent de lui être données, peut proposer d'écarter encore; et A peut accepter ou refuser, comme précédemment; mais l'absence de proposition ou le refus sont sans influence sur la marque subséquente. B peut proposer autant de fois que son adversaire consentira à modifier son jeu, et cela jusqu'à l'extinction des cartes du talon. Après plusieurs écarts, A a l'inadvertance d'accepter d'écarter quand il ne reste pas au talon assez de cartes pour remplacer celles que les deux joueurs viennent d'écarter, il servira B, après quoi, il complètera ses cinq cartes, en tirant au hasard, dans son dernier écart, sans le retourner, autant de cartes qu'il lui en manque. — *Du jeu.* B joue le premier, en abattant une carte de son jeu, après avoir annoncé le roi d'atout, s'il le possède. A abat une carte de la même couleur, plus forte, s'il en a, plus faible, s'il n'en a pas de plus forte; s'il n'a pas de cette couleur, il prend avec un atout, ou, à défaut d'atout, il joue une carte quelconque. Celui qui a abattu la plus forte des deux cartes, les retourne et les place près de lui; il a fait une levée, et c'est à son tour de jouer le premier. Un joueur qui joue avant son tour n'est tenu qu'à reprendre sa carte; mais si elle a été couverte, le coup est bon. — *De la marque.* Celui des deux joueurs qui fait trois ou quatre levées sur cinq, marque un point; s'il fait la vole, c'est-à-dire les cinq levées, il marque deux points. Il marquerait deux points s'il faisait trois ou quatre levées après que son adversaire a joué d'autorité ou refusé d'écarter; et dans le même cas, il marquerait trois points s'il faisait cinq levées. De plus, il marque au début le roi d'atout comme il a été dit, soit qu'on le retourne, soit qu'on le possède dans son jeu. On admet aujourd'hui, dans la plupart des cafés de Paris, que l'on ne peut marquer plus de *trois* points par tournée, sous aucun prétexte, quand même on en aurait gagné *quatre*. La partie la plus ordinaire se joue en cinq ou en sept *points secs*, ce qui veut dire que le vainqueur définitif est celui qui le premier a marqué cinq ou sept points. La partie est dite *liée*, quand on convient que le vainqueur

sera celui qui le premier aura gagné deux parties du nombre déterminé de points. — DES FAUTES ET DES PÉNALITÉS. Celui qui touche *les écarts* et regarde les cartes dont ils se composent est condamné à jouer à jeu découvert, étant censé connaître l'écart de son adversaire. Celui qui annonce une couleur et en joue une autre, est tenu, si l'adversaire l'exige, de reprendre sa carte et jouer la couleur annoncée, ou s'il n'en a pas, toute couleur indiquée par l'adversaire. Si l'adversaire trouve que la carte jouée lui est plus favorable que la couleur annoncée, il peut s'opposer à ce qu'elle soit retirée. Si un joueur dit : « *J'ai le roi* » quand il n'a pas le roi d'atout, son adversaire, l'erreur une fois reconnue, fait démarquer le point indûment marqué et marque le point à la place du délinquant, sans préjudice du point que lui rapporte le roi, s'il a lui-même. Le coupable échappe à cette pénalité quand il revient sur son erreur avant de commencer le coup. Celui qui regarde les levées de son adversaire est condamné à jouer à jeu découvert, Quiconque, par erreur ou autrement, jette ses cartes sur la table, perd un point s'il n'a déjà fait une levée et deux points s'il n'en a pas encore fait. On est censé avoir jeté ses cartes sur la table si on les abaisse de manière que l'adversaire puisse les voir. Qui quitte la partie la perd. Une carte retournée dans le jeu annule le coup si on l'aperçoit pendant la distribution; à moins que cette carte soit la 11e, parce que cela ne change rien à son sort, qui est d'être retournée. Si l'on ne s'aperçoit de la carte retournée qu'après avoir écarté, et qu'elle vienne dans la main de celui qui reçoit les cartes, il peut la garder ou recommencer le coup et prendre la main, la faute étant du fait de celui qui donne. Mais si cette carte vient à celui qui donne, le coup est bon. Si l'on ne s'aperçoit de la carte retournée qu'après que les deux joueurs ont cessé de recevoir les cartes, le coup est bon. — DE LA RENONCE ET DE LA SOUS-FORCE. Il est défendu de renoncer et de sous-forcer. *Renoncer*, c'est ne pas fournir de la couleur demandée par l'adversaire. Par exemple, si A joue du trèfle, B renonce si, ayant du trèfle, il joue d'une autre couleur. Il n'y a pas *renonce* quand on ne possède pas de la couleur demandée; alors on peut jouer de l'atout, si l'on en possède et si la couleur demandée n'en est pas. A défaut d'atout, on peut jouer une carte quelconque. *Sous-forcer*, c'est fournir la couleur demandée, mais jeter une carte inférieure à celle de l'adversaire, quoique l'on en possède une plus forte dans son jeu. Par exemple, A ayant joué un dix de trèfle, B sous-force si, possédant un as de trèfle, il abat un neuf de cette couleur. Le joueur qui renonce ou qui sous-force est obligé de reprendre sa carte et de rejouer. Cette faute, quand elle n'est pas immédiatement remarquée, enlève, au délinquant, si l'adversaire s'en aperçoit dans la suite de la même tournée, le droit de marquer le point qu'il ferait; elle lui laisse le droit de marquer un point s'il fait la vole. — DE LA MALDONNE EN GÉNÉRAL. Il y a une maldonne quand le donneur se trompe dans le nombre des cartes qu'il donne à son adversaire ou qu'il se donne à lui-même. Si le donneur retourne plus d'une carte, l'adversaire a le droit de rétablir la retourne telle qu'elle doit être: il peut mettre à l'écart les cartes qui ont été vues. Il a le droit de prendre la main et de recommencer le coup, pourvu qu'il n'ait pas encore vu le jeu qu'on lui a distribué. Si le donneur retourne ou fait voir une ou plusieurs cartes de celles qu'il distribue à son adversaire, ce dernier est libre de tenir la distribution pour bonne ou de faire recommencer le coup en prenant la main. Le coup est bon si l'un des joueurs laisse voir ses propres cartes. Si la faute a lieu après écart, l'adversaire du donneur qui a laissé voir une ou plusieurs

cartes, est seulement en droit d'en exiger une ou plusieurs autres; mais il ne peut faire recommencer le coup. Si, après écart, le donneur retourne une carte comme quand il donne pour la première fois, il ne peut refuser un nouvel écart à l'adversaire, qui a ainsi le privilège de devenir possesseur de la carte vue. — DE LA MALDONNE D'EMBLÉE. Le joueur qui reçoit du donneur plus de cinq cartes, a le droit d'écarter la ou les cartes excédentes à son choix, en les faisant voir avant de les jeter, ou de recommencer le coup en prenant la main. Le joueur qui reçoit moins de cinq cartes a également le droit de recommencer en prenant la main ou de prendre sur la table le nombre de cartes qui lui manque, sans changer la retourne. Si, au contraire, celui qui fait se donne trop de cartes, l'adversaire peut recommencer en prenant la main, ou, s'il l'aime mieux, retirer au hasard les cartes excédentes du jeu du donneur. Si celui qui se donne moins de cinq cartes, l'adversaire peut prendre la main ou l'autoriser à prendre sur le talon le nombre manquant de cartes, sans toucher au talon. Le joueur qui, ayant trop ou trop peu de cartes, n'en préviendra l'adversaire qu'après avoir écarté, perdra deux points et le droit de marquer le roi, même s'il l'eût retourné. — DE LA MALDONNE APRÈS ÉCART. Si celui qui distribue donne plus ou moins de cartes qu'on ne lui en demande, il perd le point et le droit de marquer le roi s'il l'a dans son jeu; mais il conserve la marque du roi s'il la retourné. Si celui qui distribue se donne plus de cartes qu'il n'en a écarté, il perd le point et le droit de marquer le roi, s'il l'a dans son jeu. S'il se donne moins de cartes qu'il n'en a écarté, il complète son jeu en prenant dans les premières du talon, sans éprouver de punition. S'il ne s'aperçoit de son erreur qu'après avoir joué, son adversaire fait autant de levées qu'il a pris de cartes de moins. Si la faute ne vient pas de celui qui donne, comme dans le cas où le premier à jouer aurait demandé plus ou moins de cartes qu'il n'en aurait écarté, alors le coupable perd un point et le droit de marquer le roi, s'il a demandé plus de cartes qu'il ne lui en faut; mais il perd seulement un point et conserve le droit de marquer le roi s'il a demandé moins de cartes qu'il n'en a écarté. Celui qui, après écart, joue avec plus de cinq cartes, perd un point et le droit de marquer le roi. Tous les cas dont il n'est pas fait mention dans les règles qui précèdent doivent être décidés contre le joueur qui a commis la faute. — DES PARIS. Il est permis de parier pour l'un des joueurs, et l'on peut alors voir le jeu de celui pour lequel on parie, et lui donner des conseils; mais ces avis et toutes les observations faites à haute voix ne sont comptés pour rien par l'adversaire tant que le joueur n'a pas parlé. Pour donner un exemple, si un parieur dit : « *Le roi* », le joueur, pour pouvoir le marquer, doit annoncer lui-même son roi suivant les règles ordinaires. Les joueurs ont le droit de tenir tous les paris, de préférence à la galerie qui ne peut tenir que l'excédent de ce que veut jouer l'adversaire de celui pour qui elle parie. Il est absolument interdit de regarder le jeu de l'adversaire contre lequel on parie et de conseiller à haute voix le partenaire; quand on veut indiquer le à ce dernier une carte à jouer, on ne doit pas la nommer, ni même en faire connaître la couleur. On peut parier à la partie, au point, aux deux, aux trois, aux quatre premiers points, au roi, à la belle d'atout et à la couleur de la retourne. La galerie a le droit d'avertir de toutes les erreurs qui pourraient être considérées comme des fraudes. Un parieur a le droit de prendre et de continuer la partie du joueur qui la quitte, si c'est pour lui qu'il parie. A la fin de chaque partie, le joueur qui a gagné prend d'abord

pour lui la part d'argent qui lui revient, et distribue le reste aux parieurs suivant ce qui revient à chacun ; il n'est pas responsable des erreurs qui pourraient résulter de l'inexactitude des comptes. Le déficit, s'il y en a, doit être supporté par les parieurs. — JEUX DE RÈGLES. On appelle jeux de règles ceux que l'on peu jouer d'autorité, quand on est premier, ordinairement parce qu'il y a deux à parier contre un que le jeu permettra de faire trois levées. Il y a 9 espèces de jeux de règles : 1° Ceux qui ne peuvent se perdre qu'en trouvant deux atouts d'emblée dans le jeu de l'adversaire ; par exemple, si l'on a un atout, même inférieur, et une tierce majeure avec une petite carte, dans une couleur quelconque, il y a plus de deux à parier contre un que l'adversaire n'aura pas deux atouts et que l'on fera le point ; 2° Deux atouts et une dame seconde avec une basse carte. Il n'y a pas deux à parier contre un, mais ce jeu doit se jouer, quand on est premier, parce qu'il est à peu près certain que l'adversaire ne jouera pas dans votre couleur quand il rentre en main ; 3° Deux forts atouts, un valet et un as de même couleur, et un autre valet ; 4° Deux rois et une dame seconde sans atouts. On a nécessairement un roi second et l'on commence par lui ; 5° Un atout, un roi seul et une dame troisième. Ne pas écarter est audacieux ; mais on a des chances de gagner en débutant par la dame et en continuant la couleur si elle passe ; 6° Un atout et un roi quatrième. Ce coup est très audacieux et ne se tente guère que lorsque l'on est à trois points et l'adversaire à quatre. Alors on joue son roi quatrième et l'on ne risque de perdre que si l'adversaire est très fort en atouts ; ou s'il a deux fortes cartes de la couleur dont on a le roi, ce qui est peu probable ; 7° Deux atouts et trois cartes d'une même couleur. On commence par jouer la plus haute des 3 cartes de même couleur ; si l'adversaire à la coupe, il lui faut encore deux atouts pour gagner ; 8° Quatre couleurs par des figures autres que les quatre valets ; on peut même jouer ce jeu quand c'est le valet d'atout qui est second. On débute par atout (fût-il seul) ; 9° Tout jeu qui met dans le cas de n'écarter que deux cartes. Si l'on a deux atouts et un roi non gardé, on débute par une basse carte ; on rentre par un atout ; on joue l'autre pour protéger le roi ; après quoi, on passe ce dernier. Si l'on a trois atouts, on commence par l'un d'eux. — VOCABULAIRE DE L'ÉCARTÉ. *Abattre,* baisser ses cartes et les montrer. — *Atout,* couleur de la retourne. — *Avoir la main,* donner, distribuer les cartes. — *Battre,* mêler les cartes. — *Cartes gardées ou doublées,* deux cartes de la même couleur. — *Couper,* séparer en deux le jeu de cartes, après qu'il a été battu. — Jouer un atout sur une autre couleur. — *Défausser,* jeter une couleur sur une autre. — *Devine* (être à la), être embarrassé pour garder une couleur. — *Donner,* distribuer les cartes aux joueurs après qu'on les a mêlées et qu'on les a fait couper. — *Ecart,* carte que l'on jette de côté. — *Faire,* synonyme de donner. — *Faire une main,* faire une levée. — *Forcer,* jouer une carte supérieure sur celle qui est inférieure. — *La belle,* la plus haute carte d'une couleur quelconque. — Gain d'une troisième partie, lorsque chaque joueur a déjà gagné une manche. — *La vole,* toutes les levées d'une tournée faites par le même joueur. — *Levée,* main faite en jouant. — *Manche,* une partie gagnée, quand on joue en partie liée. La troisième manche reçoit le nom de *belle.* — *Proposer,* demander de nouvelles cartes. — *Refaire,* recommencer à distribuer les cartes. — *Renoncer,* ne pas fournir de la couleur demandée. — *Retourner,* découvrir la première carte du talon, après la distribution des dix cartes des jeux. — *Sousforcer,* jeter une carte inférieure à d'autres de la même couleur que l'on a dans son jeu

et que l'on devrait jouer. — *Talon,* ce qui reste des cartes quand on a distribué à chaque joueur celles qu'il lui faut. — *Tournée,* jet de cinq cartes qui composent le jeu de chaque joueur, un, deux, trois et même quatre points.

ÉCHASSES. — Encycl. Tous les bergers et les bergères du pays quand les cartes a distribué qui constitue les Landes de Gascogne, entre l'embouchure de l'Adour et celle de la Gironde, sont obligés, pour suivre leurs bêtes sans trop de fatigue, de se jucher sur de très hautes échasses, en tenant à la main un long bâton qui leur sert de troisième point d'appui, lorsqu'ils veulent rester immobiles ou quand ils sont en danger de tomber. Cette manière de marcher, adoptée autrefois dans différents pays, particulièrement par les paysans des environs de Namur, pour voyager dans leurs campagnes marécageuses lors des débordements de la Sambre et de la Meuse, est pratiquée comme exercice de gymnastique par les enfants et par les jeunes gens, dont elle développe la hardiesse et qu'elle habitue à tenir le corps dans un parfait équilibre. Les échasses se composent de deux grands bâtons carrés dont la longueur est déterminée par la volonté de

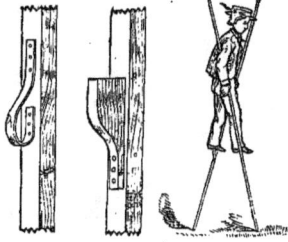

Fig. 1.   Fig. 2.   Fig. 3.

la personne qui doit s'en servir. Sur l'un des côtés de ces bâtons, on cloue, à une même hauteur pour chacun d'eux, une lanière de cuir comme sur notre fig. 1, ou un étrier de bois représenté par la fig. 2. Le gymnasiarque ayant posé un pied dans chaque étrier de cuir ou sur chaque fourchon de bois, maintient les échasses en les tenant dans ses mains (fig. 3). Quand il a acquis une certaine habileté comme équilibriste, il se sert d'échasses dont le prolongement supérieur ne monte pas au-dessus de la hanche et qu'il attache à sa jambe un peu au-dessous du genou, par de solides jarretières de cuir ; alors il est prudent pour lui d'avoir un grand bâton comme les bergers landais. L'usage des échasses demande une certaine habitude, et il serait dangereux d'essayer d'abord de se servir d'appareils très élevés. C'est pourquoi les marchands de jouets vendent des échasses dont les fourchons peuvent se visser à différentes hauteurs, ce qui permet aux commençants de débuter par les premiers degrés, et d'augmenter l'élévation à mesure que leur habileté se développe. Il existe plusieurs manières de monter sur des échasses. La plus simple est de s'adosser à un mur, de poser le pied droit sur un étrier, et de s'élever d'un bond pour placer le pied gauche sur l'autre étrier. Mais quand les échasses doivent être attachées à la jambe et n'ont pas un long manche, l'opération présente un peu plus de difficulté. On peut alors s'aider, pour monter, du long bâton dont nous avons parlé et s'adosser à une muraille comme ci-dessus. Devenu très habile à la marche, on s'exerce à courir, à sauter, à monter et à descendre des escaliers, à danser la valse, la polka, etc., à grimper le long d'une échelle, à tourner sur une seule échasse et à accomplir une foule d'autres tours d'équilibre.

ÉCHECS. — Encycl. Autrefois on attribuait l'invention des échecs au célèbre héros grec qui, pendant le siège de Troie, périt victime des artifices d'Ulysse, d'où vint le nom de *jeu de Palamède* que l'on donne encore quelquefois à ce jeu, qui est le plus attrayant, le plus captivant en même temps que le plus savant de tous. Les maîtres qui l'ont étudié ne se sont jamais flattés d'arriver à une connaissance complète, absolue de toutes ses difficultés, parce que ses ressources sont tellement infinies que l'on n'a pas l'exemple d'une seule partie dans laquelle, à côté des plus sublimes conceptions, il n'y ait pas quelque mouvement blâmable ou tout au moins contestable. Comment se fait-il donc que les joueurs, les plus habiles comme les plus médiocres, les maîtres comme les débutants, s'y passionnent et éprouvent à l'étudier encore et toujours un charme que les autres jeux ne procurent pas ? C'est là un phénomène psychologique qui paraît inexplicable aux sceptiques profanes, et qui est pourtant des plus naturels, si l'on songe que la partie d'échecs est une véritable bataille, où le joueur, s'identifiant avec son Roi, dont il est, en réalité, le général en chef, éprouve, en poussant vers l'ennemi ses bataillons, ses escadrons, ses machines de guerre, toutes les émotions de la lutte acharnée, suivie de la victoire ou de la défaite. Une compensation à la difficulté des échecs, c'est la possibilité où l'on est de les apprendre presque absolument avec les livres ; tout d'intelligence, ils empruntent leur valeur à la théorie, et chez eux la pratique n'est qu'un élément subsidiaire, à l'inverse du billard et des autres jeux où l'adresse est la qualité dominante. Il suffit, pour apprendre à jouer aux échecs, de les étudier à l'aide de notre méthode, en suivant les explications sur un échiquier, et en dirigeant soimême les deux camps, comme joueur et comme adversaire, pour connaître d'abord la marche des pièces, et pour suivre ensuite les parties sur lesquelles nous donnons des explications relatives à l'ouverture, à la continuation et à la terminaison. Tout commençant qui aura consacré quelques heures à l'étude de notre méthode sera en état de pratiquer le jeu et d'éprouver, en face d'un rival, les émotions d'un chef d'armée qui conduit ses troupes au combat. Les premières expériences pratiques seront peut-être défavorables ; mais la défaite n'a rien d'humiliant pour un débutant ; il a toujours la consolation de penser qu'il se trouve en présence d'un maître, et l'espoir d'arriver à l'égaler. Un maître ! Et pourquoi nos lecteurs n'aspireraient-ils pas à mériter ce titre ! Est-ce que les plus célèbres joueurs : Greco, dit le Calabrais, Philidor, qui eut la gloire de vaincre les Anglais, La Bourdonnais, qui fut sans rival, Morphy, qui étonna l'ancien monde après avoir surpris le nouveau, Wisker, surnommé le champion anglais, est-ce que tous ces hommes, qui furent la gloire des échecs n'ont pas débuté à la réflexion et au calcul a fait ensuite leur supériorité. La méthode que nous mettons au service des personnes désireuses d'apprendre à jouer aux échecs est le résumé de tout ce qui a été écrit sur ce sujet depuis un siècle ; nous y avons condensé, sous une forme nouvelle, les ouvrages dont voici les titres : *Analyse du jeu des échecs,* par Philidor (Londres, 1777, in-8°) ; *Nouvelle notation,* par le même (Paris, 1823, in-8°) ; *Nouveau traité du jeu des échecs,* par La Bourdonnais (Paris, 1833-34, in-8°) ; *Introduction pratique au jeu des échecs,* par Poirson-Prugneaux (Commerci, 1849, in-8°) ; *Encyclopédie des échecs,* par Alexandre (Paris, 1837, in-fol.) ; les *Echecs simplifiés,* par Robiano (Bruxelles, 1848, in-8°) ; *Collection des plus beaux problèmes d'échecs,* par Alexandre (Paris, Dufour, 1846, in-8°) ; *Application de l'analyse mathématique au jeu des échecs,* par de Jœnisch

(Saint-Pétersbourg, 1862, 2 vol. gr. in-8°); *Traité du jeu des échecs*, par W. Lewis, traduit de l'anglais par H. Witcomb (Paris, 1846, in-8°). — DESCRIPTION GÉNÉRALE. Tout le monde sait que l'on appelle *échiquier* la table sur laquelle on joue aux échecs. C'est un champ de bataille qui se divise en deux camps rivaux, celui du *blanc*, qui a les pièces blanches, et celui du *noir* qui a les pièces noires. Chacun de ces camps est composé de 32 cases, distribuées en quatre rangs horizontaux de cases alternativement blanches et noires. L'échiquier complet est donc divisé en 64 cases blanches et noires, alternant et formant des diagonales. Les pièces sont au nombre de 32, savoir : 16 pièces blanches pour un camp et 16 pièces noires pour le camp rival. Ces 16 pièces sont, dans chacun des deux camps : 8 pions, 2 cavaliers, 2 fous, 2 tours, 1 dame, 1 roi. Chaque joueur dispose horizontalement ses pièces de la manière suivante, quand l'échiquier est placé devant lui de façon que la dernière case blanche se trouve à droite (fig. 1) : 1° une tour sur cette case blanche de droite; 2° en allant horizontalement vers la gauche, un cavalier sur la case noire suivante; 3° un fou (case blanche); 4° la dame si elle est noire ou le roi s'il est blanc (case noire); 5° le roi s'il est noir ou la dame si elle est blanche (case blanche); 6° un fou (case noire); 7° un cavalier (case blanche); 8° une tour (case noire); enfin les 8 pions sur la seconde ligne, chacun devant une des grosses pièces dont il emprunte le nom. On voit, par ce qui précède, que la dame se place sur une case de la couleur opposée à la sienne et le roi sur une case de la couleur opposée à la sienne. Les deux rois sont donc en face l'un de l'autre, ainsi que les deux dames; de même deux fous, deux cavaliers et deux tours se font vis-à-vis. Pour distinguer les pièces, on leur donne des dénominations relatives à leur proximité du roi ou de la dame et l'on dit : *Tour du Roi, Cavalier du Roi, Fou du Roi* en parlant de celles de ces pièces qui sont placées du côté du roi; *Tour de la Dame, Cavalier de la Dame, Fou de la Dame* pour désigner celles de ces pièces qui sont du côté de la dame. Chaque pion prend sa désignation de la pièce devant laquelle il se trouve, et l'on dit : *Pion du Roi* (devant le roi), *Pion de la Dame* (devant la dame), *Pion du Fou du Roi* (devant le fou du roi), *Pion du Fou de la Dame* (devant le fou de la dame), *Pion du Cavalier du Roi* (devant le cavalier du roi), *Pion du Cavalier de la Dame* (devant le cavalier de la dame), *Pion de la Tour du Roi* (devant la tour du roi), *Pion de la Tour de la Dame* (devant la tour de la dame). Chacune des 32 cases de chaque camp est distinguée par un nombre qui indique auquel des quatre rangs horizontaux elle appartient; on y ajoute une désignation relative au rang vertical dans lequel elle se trouve, et l'on dit : *première case du Roi* (case sur laquelle se trouve le roi), *deuxième case du Roi* (case du pion du roi), *troisième case du Roi* (case placée devant le pion du roi, sur la 3° rangée horizontale), *quatrième case du Roi* (case qui se trouve perpendiculairement en face du roi, sur la 4° rangée horizontale). Il y a, de même, dans chaque camp, une 1re, une 2°, une 3° et une 4° case de chacune des 8 grosses pièces. Leurs positions, relativement à ces pièces, étant semblables à celles des cases du roi, il nous paraît inutile d'entrer dans plus de détails à leur sujet. — MARCHE. Le pion avance perpendiculairement et ne fait qu'un pas à la fois; néanmoins, au premier coup qu'il joue, il a la liberté de faire deux pas, si le joueur le trouve opportun. Jamais il ne peut aller en arrière. Sa manière de prendre est particulière : par une anomalie qui n'existait pas autrefois et qui est admise aujourd'hui partout, il ne prend pas sur sa ligne de marche, mais diagonalement, lorsqu'une pièce ou un pion

adverse se trouve devant lui, à droite ou à gauche. Il marche donc comme une tour et prend comme un fou; seulement il va de case en case sans reculer. De même que toutes les pièces, il occupe la case de la pièce ou du pion qu'il prend; dans ce cas il change de file; et l'on peut avoir deux et même trois pions sur la même file; le pion qui a ainsi passé d'une ligne verticale à une autre ligne verticale adjacente est dit *pion doublé*. Dans notre fig. 1, les pions ennemis placés à gauche sont en face l'un de l'autre, sur la même ligne verticale, après avoir franchi chacun deux pas. Ils ne peuvent pas se prendre mutuellement, étant sur la même file et le pion ne pouvant prendre sur sa ligne de marche. A droite, se trouvent deux pions ennemis sur deux files différentes. Celui auquel le tour est venu de jouer peut prendre l'autre, c'est-à-dire se mettre à la place de l'autre, sur la case occupée par ce dernier. Quant au pion pris, on l'enlève de l'échiquier et il n'y reparaît plus. C'est le sort de toute pièce prise; elle est morte et disparaît du champ de bataille. Un mode original de prendre, également particulier au pion, est appelé *prendre en passant*. Passer prise est un mouvement peu apprécié et pourtant d'une grande importance; nous allons l'expliquer en détail.

BLANC
Fig. 1.

Supposons que le pion du fou de la dame noire (fig. 2) soit arrivé jusqu'à la 4° case du fou de la dame adverse; que le pion du cavalier de la dame blanche fasse un pas seulement : les deux pions se trouvent en diagonale, c'est-à-dire en prise l'un relativement à l'autre, et le noir, à qui c'est le tour de jouer, peut prendre le blanc et occuper sa case. Supposons maintenant que le pion blanc, au lieu d'avancer d'une seule case, avance de deux pas, comme c'est son droit : le noir peut le prendre et se placer comme si le blanc n'avait fait

qu'un pas. C'est-à-dire que le pion preneur ne s'installe pas dans la case occupée par le pion qui a sauté deux cases, mais à la place que ce dernier aurait occupée s'il n'avait fait qu'un pas. A droite de notre fig. 2, nous avons représenté le pion du cavalier du roi noir arrivé à la 4° case du cavalier du roi blanc et le pion du fou du roi blanc dans sa position première; si ce pion, au lieu de faire

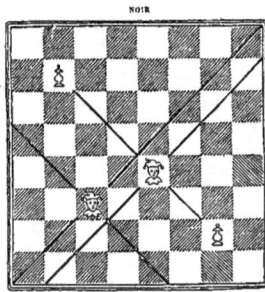

BLANC
Fig. 3.

un seul pas, en fait deux et se place sur la case noire, côte à côte avec le pion noir, celui-ci pourra le prendre en passant, c'est-à-dire en se mettant sur la case blanche (3° case du fou du roi blanc). Au début de la partie, il est impossible ou tout au moins très difficile que le pion puisse pénétrer dans les rangs serrés de l'armée ennemie; rarement, et seulement dans des circonstances exceptionnelles, il s'avance très loin tant que l'échiquier est couvert de pièces; mais à la fin de la partie, il arrive fréquemment à l'extrême limite du casier et, comme le soldat qui se distingue par des actions d'éclat, il monte aux honneurs. Dès qu'il atteint la première rangée horizontale du camp ennemi, le joueur doit l'échanger contre la pièce qu'il veut, quand même il aurait déjà cette pièce. On peut, par conséquent, avoir plusieurs dames, plusieurs tours, etc. C'est ce que l'on

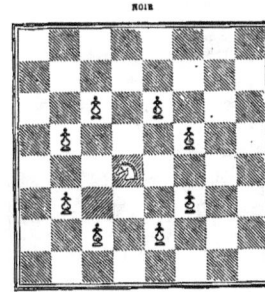

NOIR

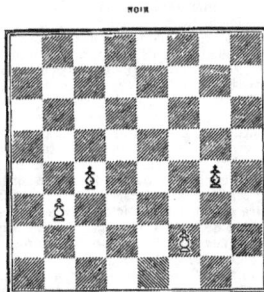

BLANC
Fig. 4.

appelle un *pion à dame*. La pièce qui remplace le pion à dame se met sur la case occupée par ce pion sur la 1re ligne horizontale du camp adverse. Ordinairement, on transforme en dame le pion à dame; mais il se rencontre des circonstances où l'acquisition d'un cavalier ou d'une autre pièce peut précipiter la victoire, éviter un pat ou rétablir une situation compromise, et l'on voit des exemples, singuliers en apparence, du choix d'une pièce inférieure à la dame. On appelle *pion passé* le pion dont la marche n'est entravée

par aucun autre pion placé devant lui, soit en face, soit à droite, soit à gauche. Nous dirons un mot des pions passés dans notre chapitre traitant des fins de partie. Le *pion isolé* est celui qui reste seul, sans être soutenu par aucun autre; tandis que le *pion lié* est soutenu par un autre pion. — Chaque *fou* court en diagonale sur une ou plusieurs cases, en avant ou en arrière, tant qu'il trouve du vide, sans pouvoir changer de couleur de case; il peut prendre tout ce qui se trouve dans l'une des diagonales sur lesquelles il rayonne, pourvu qu'aucune autre pièce ne le sépare de la prise à faire; il se met à la place de la prise. Dans chaque camp, il y a un fou sur les cases noires et un fou sur les cases blanches. Placé au milieu de l'échiquier, le fou commande aux quatre lignes diagonales qui partent de la case sur laquelle il se trouve. Sur notre fig. 3, la diagonale du fou des cases blanches est barrée par un pion blanc et par un pion noir (adverse). Il peut prendre ce dernier et occuper sa place. Le fou placé sur la diagonale noire ne rencontre nul obstacle jusqu'aux bords de l'échiquier. — Les mouvements du *cavalier* sont assez difficiles à décrire. Il va de deux cases en deux cases, de blanc en noir et de noir en blanc, dans tous les sens, et peut prendre toute pièce ou pion placé à l'une des cases sur lesquelles il rayonne. Il ne peut allonger ni diminuer sa caracole, mais par compensation, il peut sauter par-dessus la tête des amis ou des ennemis qui se trouvent entre son point de départ et son point de chute. Il se met à la place de la prise. Placé au milieu de l'échiquier, il commande à huit cases d'une couleur autre que celle de la case qu'il occupe. Dans la fig. 4, le cavalier blanc, s'il veut partir du point qu'il occupe, doit forcément prendre l'un des huit pions noirs qui l'entourent et occuper ensuite la case de sa victime. — La *tour* se dirige verticalement ou horizontalement, en avant ou en arrière, à droite ou à gauche de son point de départ; elle peut sauter une ou plusieurs cases à la fois, à la volonté du joueur, tant que la ligne est libre, c'est-à-dire tant qu'elle ne rencontre pas d'autre pièce sur son chemin. Elle peut prendre, si le joueur le trouve utile, toute pièce adverse qui se trouve devant elle, sur l'une des lignes qui lui appartiennent actuellement et qui ne sont séparées de la tour par aucune autre pièce placée sur la même ligne; elle occupe la place de la pièce prise. Placée au milieu de l'échiquier elle commande, à quatre des li-

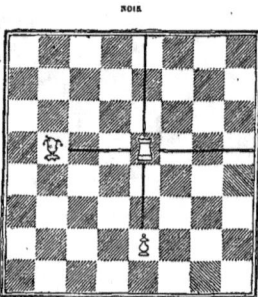

Fig. 5.

gnes de cases qui l'entourent (2 verticales et 2 horizontales). Notre fig. 5 montre le mode d'action de cette pièce; sa course est bornée seulement par les bords de l'échiquier ou par l'interposition d'une pièce quelconque, amie ou ennemie. Dans cette figure, la tour blanche ne peut arriver, en descendant, que dans

la case qui précède celle du pion blanc; il est bien entendu qu'elle ne peut prendre ce compagnon d'armes. Elle ne peut non plus sauter par-dessus une pièce qu'elle rencontre et c'est là une règle qui s'applique à toutes les

Fig. 6.

pièces, sauf au cavalier. A gauche de la tour blanche se trouve un fou noir; la tour peut se placer dans la case qui la précède en s'emparer de sa case en le faisant prisonnier. — La *dame*, qui est, de beaucoup, la plus forte pièce, se meut diagonalement, horizontalement ou verticalement, dans tous les sens; elle multiplie la puissance du fou par celle de la tour. Placée au milieu de l'échiquier, elle commande aux huit lignes de cases qui l'entourent (2 verticales, 2 horizontales, 4 diagonales de la couleur de la case qu'elle occupe). Sa sphère d'action est immense, puisqu'elle rayonne sur presque la moitié d'un échiquier vide. Notre fig. 6 nous dispense de toute autre explication; nous ajouterons seulement que la course de la dame est toujours arrêtée par la rencontre d'une pièce amie; elle peut prendre toute pièce adverse qu'elle trouve devant elle et dont elle occupe ensuite la place. — Le *roi*, pièce principale et pour ainsi dire âme du combat, n'a pourtant que des mouvements simples et limités. Il ne peut jouer que d'une case à l'autre, dans toute direction; comme la dame, il peut avancer ou reculer, aller en avant, en arrière, à droite, à gauche, verticalement ou en diagonale. Placé au centre de l'échiquier, il commande chacune des 8 cases qui l'entourent. Il peut prendre toute pièce placée à sa portée et non défendue. Mais son rôle n'est pas de prendre; il consiste au contraire à se préserver et à se faire préserver par toutes les autres pièces de son camp; car le roi est l'objectif de l'ennemi; c'est pour l'attaquer et pour le défendre que chaque joueur dirige les opérations; celui qui a pu tuer (mater) le roi adversaire a remporté la victoire, quel que soit le nombre des pièces restantes. « On ne prend pas le roi aux échecs » est un vieux proverbe devenu populaire par la réponse que fit le roi Louis le Gros à un archer anglais qui croyait l'avoir fait prisonnier pendant la bataille de Brenneville. On ne prend pas le roi; mais on peut l'attaquer et le tuer. L'attaquer, c'est le mettre en *échec*; le tuer, c'est le *mater*. Ce sont là deux expressions dont nous développerons le sens un peu plus loin. Pour augmenter la puissance défensive du roi, on a imaginé la manœuvre que l'on appelle roquer, du nom de roc jadis porté par la tour. Elle consiste à amener la tour à côté du roi, et le roi à droite ou à gauche de la tour, suivant qu'il roque avec la tour du roi ou avec celle de sa dame. Pour pouvoir roquer, il faut : 1° que la ligne du roi à la tour soit libre; 2° que le roi et la tour aient conservé leurs positions initiales, c'est-à-dire qu'on n'ait encore joué

ni l'un ni l'autre; 3° que le roi ne soit pas en échec au moment où il roque; 4° qu'il ne se mette pas en échec en roquant; 5° que la tour ne se mette pas en prise. On ne doit pas oublier que *roquer c'est jouer*. Le roi peut

Fig. 7. — Le roi blanc a roqué avec sa tour.

roquer avec une tour que le joueur a rendue à son adversaire et qui, par conséquent, ne se trouve pas réellement sur sa case; pour roquer de cette façon, le roi se déplace horizontalement de deux cases du côté de la tour absente. Telles sont les règles admises en France pour roquer. Mais ailleurs, cette manœuvre s'exécute de plusieurs autres façons : chez les Italiens, on amène le roi près de la tour et l'on porte celle-ci de l'autre côté du roi. Le roi prend même quelquefois la place de la tour et la tour celle du roi; elle se met sur n'importe quelle autre case comprise entre la case initiale du roi et celle de la tour. D'autres fois, on place le roi sur n'importe quelle case initiale comprise entre la sienne et la course de la tour de l'autre côté du roi, sur n'importe quelle case comprise entre le roi et la case initiale du roi. Mais ces manières de roquer, quoique très favorables à la défense du roi, n'ont pas été admises chez nous, où l'on roque seulement d'une seule façon, comme il a été dit plus haut. La fig. 7 fait mieux comprendre la manière de roquer. Les jeux sont développés; toutes les pièces des deux côtés sont en action et, pour rendre tout à fait complet le développement des forces en présence, il ne s'agit plus que d'avoir la coopération des tours. — On dit que le roi est *en opposition* quand il est placé dans une ligne perpendiculaire ou horizontale relativement à l'autre roi, et qu'il n'en est séparé que par une case. — ÉCHEC, MAT, PAT. Nous avons dit que l'attaque du roi adverse et la défense du roi ami forment le double objectif de la partie. Quand une pièce trouve moyen de placer le roi adverse dans sa ligne d'action, elle met Sa Majesté en échec; le joueur dit alors : *Échec* ou *Échec au roi*, pour avertir l'adversaire de se défendre du mat. Le roi ainsi averti ne peut rester sous le coup de la mort; il faut qu'il se tire de cette position, et il peut y arriver de trois manières différentes : soit en sortant de la ligne commandée par la pièce ennemie, soit en interposant l'une de ses pièces pour se couvrir et intercepter la voie de l'ennemi, soit enfin en faisant prendre la pièce menaçante. Dans l'exemple donné ci-dessus, le roi n'a qu'à se retirer à droite ou à gauche sur l'une des files adjacentes pour s'affranchir de l'échec; ou bien le fou noir peut être amené en face de son roi pour le *couvrir* en interceptant la voie de la tour. Comme le roi doit toujours être immédiatement délivré de l'échec, il s'ensuit qu'il ne peut se mettre lui-même en échec en se plaçant sur la ligne d'une pièce ennemie ou on jouant une pièce qui le cou-

vrait. Le cercle d'action du roi s'étendant autour de lui sur une case dans chaque direction, il en résulte que les rois ne peuvent s'approcher l'un de l'autre. Il faut qu'ils soient toujours séparés au moins une par une case. Une observation doit être faite au sujet de l'échec par le cavalier. Cette pièce pouvant sauter par-dessus la tête des autres, nulle ne peut couvrir l'échec qu'elle a fait; il n'y a que deux moyens de s'en délivrer : c'est quitter la case attaquée ou de prendre le cavalier assaillant. L'échec à la découverte a lieu quand une pièce se trouve donner échec non après qu'elle a fait un mouvement, mais quand elle est tout à coup démasquée par une autre pièce qui se déplace. C'est une manœuvre importante, dont un exemple intéressant se trouve plus loin dans la dernière de nos fins de partie; on remarquera dans la même partie un échec double, sorte d'échec à la découverte qui a lieu lorsque la pièce qui se déplace fait échec en même temps que celle qui est démasquée. Un échec est dit perpétuel, lorsque le roi attaqué ne peut le couvrir qu'en changeant de place et que l'assaillant le poursuit incessamment de l'échec en échec, sans interruption et sans parvenir à le faire mat. La partie est remise au bout de 50 attaques infructueuses, Un roi est mat quand il ne peut se défendre, par les moyens susindiqués, de l'échec qu'il a reçu, ou quand il ne peut quitter la case sur laquelle il est en échec que pour se placer sur une autre case également en échec. Le vainqueur doit alors annoncer son triomphe par les mots Échec et mat, qui sont les derniers de la partie. L'échec et mat, élément de la victoire, consiste donc à placer en échec la pièce principale dans une situation d'où il lui est impossible de se retirer. Dans certains cas, l'un des joueurs, se voyant dans une position désespérée ou dans une grande infériorité de forces se détermine à abandonner le jeu; mais ordinairement la partie se termine par un échec et mat. Il arrive souvent qu'un échec et mat se donne quand le roi se trouve bloqué ou environné par ses propres pièces, l'échec est alors un mat, dit étouffé. On appelle mat aveugle celui qui se fait sans être annoncé. On est pat quand on ne peut jouer sans mettre son roi en échec. Pour qu'il y ait pat, il faut que le roi ne soit pas en échec, mais qu'il ne puisse bouger sans s'y mettre, qu'aucune de ses pièces ne puisse jouer sans la laisser en échec ou qu'il n'y ait pas d'autre pièce à jouer que le roi. La partie qui se termine par un pat étant remise c'est-à-dire nulle, l'art d'un joueur qui se voit perdu consiste souvent à se mettre dans cette situation, et l'habileté de son adversaire se montre dans la manière dont il évite de l'y placer. Il ne peut bouger sans s'y mettre; il ne peut s'approcher du roi blanc, et la case du cavalier étant commandée par la tour; le pion noir se trouve dans l'impossibilité de jouer; le roi est pat, et la partie est remise. — VALEUR RELATIVE DES PIÈCES. Il est inutile de dire que le pion est la plus humble des pièces,

Un soldat inconnu, sans blason dans l'histoire.

MÉRY.

Et pourtant on ne doit pas le sacrifier impunément, cet obscur fantassin, car il peut coopérer à un mat: et d'ailleurs

.... Il arrive
Qu'un d'eux, soldat heureux, aborde l'autre rive,
Alors il se grandit. Ce soldat parvenu
Des dépouilles d'un chef habille son corps nu.
Il se métamorphose en Tour; il devient Reine;
Il choisit, dans les morts étendus sur l'arène,
Un chef de sa couleur, par sa force cité;
L'heureux pion le touche, il l'a ressuscité.

MÉRY.

En d'autres termes, le pion peut arriver à

dame; il a donc sa valeur et on doit le défendre avec sollicitude. C'est surtout à la fin de la partie qu'il prend de l'importance, et l'on a de nombreux exemples de parties gagnées par le sacrifice d'une pièce donnée en échange d'un pion. (Voy, plus loin notre chapitre des Fins de partie.) La conduite des pions est la branche la plus abstruse du jeu des échecs, celle où les maîtres eux-mêmes n'excellent pas toujours. Un pion bien ou mal joué, surtout à la fin de la lutte, décide de la victoire ou de la défaite. Dès le début, les bons joueurs font un emploi judicieux de leurs pions; ils savent ensuite s'en servir pour l'attaque, en les sacrifiant à propos, ou en les jetant sur les retranchements ennemis pour les briser. On doit éviter autant que possible de doubler les pions, c'est-à-dire de porter un pion sur la ligne d'un autre pion; mais quand on est forcé de prendre cette position pour capturer une pièce adverse, il faut tâcher de soutenir le pion doublé, si cela ne retarde pas la marche du jeu. On calcule que le cavalier vaut trois pions et quart; le fou est évalué à trois pions et demi; c'est-à-dire que le cavalier et le fou sont considérés comme ayant à peu près la même valeur; et que, dans la partie, on ne doit pas hésiter à sacrifier l'une de ces pièces pour prendre l'autre, dès que l'on a l'espoir d'occuper ensuite une meilleure position. Néanmoins, un bon joueur fait tous ses efforts pour conserver ses deux fous jusqu'à la fin de la partie; parce que deux fous sont bien supérieurs, pour coopérer à un mat, à deux cavaliers ou à un fou et un cavalier. Si, à la fin d'une partie, deux fous valent mieux que deux cavaliers, en revanche, un seul fou est inférieur à un seul cavalier, parce que le premier peut attaquer le roi sur les deux couleurs, tandis que le fou doit rester sur la sienne, pendant que le roi adverse le nargue en prenant l'autre couleur. La tour vaut à peu près un cavalier et deux pions, ou cinq pions et demi au commencement de la partie; elle vaut davantage à la fin, car elle aide puissamment au mat en tenant le roi prisonnier dans un certain nombre de lignes, nombre qu'elle diminue peu à peu dès qu'elle est secondée par une autre pièce. Son infériorité au début tient à ce qu'elle est bloquée par son pion et les pièces, de sorte qu'elle ne peut se précipiter de suite dans la mêlée, et que le sort du combat est souvent décidé avant qu'elle ait donné. Dans une pareille situation, le sacrifice d'une tour pour un cavalier ou pour un fou peut paraître avantageux, quand ce sacrifice est compensé par la prise d'une bonne position. Au commencement d'une partie, la dame vaut largement deux tours et un fou et l'on ne doit la sacrifier à aucun prix, à moins d'un mat imminent à faire ou à éviter. Elle perd un peu de sa valeur lorsque les tours peuvent agir; sa puissance équivaut alors à celle de deux tours; et vers la fin, quand les autres pièces ont disparu, si l'on sacrifiait les deux tours pour prendre la dame adverse, on perdrait au change. Au commencement de la partie, le roi ne possède presque aucun pouvoir offensif; il cherche, au contraire, à se tenir à l'écart. Mais à la fin, quand il ne reste que quelques pièces sur l'échiquier, il prend de l'importance et joue un rôle actif, surtout en conjonction avec les pions. (Voy. plus loin nos exemples.) — NOTATION. Pour indiquer les mouvements des pièces, les auteurs ont imaginé différents systèmes de notation, afin de remplacer les phrases qui remplissent trop d'espace dans les livres. Voici le système que nous avons adopté comme étant à la fois le plus simple et le plus facile à interpréter. Chaque pièce est représentée par une ou plusieurs lettres; la première est la lettre initiale de son nom; la seconde et la troisième indiquent sa position relative; ainsi :

R signifie Roi.
D — Dame.
FR — Fou du Roi.
FD — Fou de la Dame.
CR — Cavalier du Roi.
CD — Cavalier de la Dame.
TR — Tour du Roi.
TD — Tour de la Dame.
PR — Pion du Roi.
PD — Pion de la Dame.
PFR — Pion du Fou du Roi.
PFD — Pion du Fou de la Dame.
PCR — Pion du Cavalier du Roi.
PCD — Pion du Cavalier de la Dame.
PTR — Pion de la Tour du Roi.
PTD — Pion de la Tour de la Dame.

Nous désignons par les chiffres 1, 2, 3 et 4 les lignes horizontales de cases composant le camp de chaque adversaire. Le mouvement d'un pion ou d'une pièce est marqué par la désignation de ce pion ou de cette pièce suivie du numéro de la case où il faut placer l'un ou l'autre. Afin de mieux faire comprendre notre manière de désigner les cases, nous donnons la fig. 8 qui montre les numéros et les signes des cases. La première ligne horizontale de chaque camp se compose des cases initiales ou 1res cases de chaque pièce;

NOIR.

TD	CD	FD	D	R	FR	CR	TR
2TD	2CD	2FD	2D	2R	2FR	2CR	2TR
3TD	3CD	3FD	3D	3R	3FR	3CR	3TR
4TD	4CD	4FD	4D	4R	4FR	4CR	4TR
4TD	4CD	4FD	4D	4R	4FR	4CR	4TR
3TD	3CD	3FD	3D	3R	3FR	3CR	3TR
2TD	2CD	2FD	2D	2R	2FR	2CR	2TR
TD	CD	FD	D	R	FR	CR	TR

BLANC.

Fig. 8.

on peut dire 1 D, ou plus simplement D, pour désigner la case initiale de la dame; 1 F D ou F D pour la case initiale du fou de la dame; dans la 2e rangée horizontale de chaque camp, à partir de la ligne de cases initiales, il y a les 2es cases des pièces; et nous disons : 2 R pour la 2e case du roi, celle qui suit la case initiale du roi; 2 C R pour la 2e case du cavalier du roi, celle qui vient après celle du cavalier du roi; de même pour les 3es et les 4es cases. Nous attirons l'attention des débutants sur l'importance de notre notation, sans la connaissance de laquelle il leur serait impossible de suivre les développements qui suivent. Quelques exemples les mettront à même de bien la comprendre. L'apostrophe (') placée à la droite de la représentation d'un pion, d'une pièce ou d'une case, indique que ce pion, cette pièce ou cette case appartient au camp adverse et nous disons : R', roi adverse; P F R' pion du fou du roi adverse; T D', tour de la dame adverse; C D à 3 F R', le cavalier de la dame à la case 3 du fou du roi adverse. Pour nos exemples, nous plaçons dans la colonne de gauche le jeu qui a le trait, c'est-à-dire le premier à jouer, sans nous occuper de savoir s'il est blanc ou noir. L'attaque contre le roi se figure par le signe † placé à la droite de la pièce dirigée contre le roi adverse : on dit alors Échec ou Échec au roi. L'échec à la découverte se marque par le signe ‡ suivi de la désignation de la pièce qui donne l'échec. Les doubles échecs se marquent ††, en mettant à droite de ces signes la désignation de la pièce qui donne l'échec à la découverte. Les deux points (:) placés entre deux désignations de pièces indiquent que la première pièce,

placée à gauche du signe, prend la pièce adverse désignée à droite. Quand le roi roque, nous indiquons ce mouvement par le signe ×. Les autres signes sont : = Devient (quand un pion, passant sur une nouvelle file, change de dénomination). D N, dame nouvelle. *d* (à la droite d'un pion), pion doublé. ╱ signifie *a prise sur*. Ainsi P R à 4 D' : P D' = P D *d* ╱ sur D', se lit : Le pion du roi avance sur la 4e case de la dame adverse en prenant le pion de la dame adverse, devient le pion de la dame *doublé* et met en prise la dame adverse. Pour bien faire comprendre l'avantage de ce mouvement, nous allons donner un exemple très court, celui du mat en 2 coups, en expliquant d'abord la partie au moyen de phrases non abrégées, et ensuite au moyen de la notation.

LE MAT EN DEUX COUPS, EXPLIQUÉ EN PHRASES NON ABRÉGÉES.

1
Noir. Le pion du cavalier du roi, deux pas; *Blanc.* Le pion du roi, un pas ou deux pas.

2
Noir. Le pion du fou du roi, un pas; *Blanc.* La dame, à la 4e case de la tour du roi noir, fait échec et mat.

LE MÊME EXPLIQUÉ PAR LA NOTATION.

1. PCR à 4 CR.   PR à 3 ou 4 R.
2. PFR à 3 FR   D à 4 TR'† et mat.

LE COUP DU BERGER. — L'invention de cette combinaison, qui a lieu dans les trois premiers coups de la partie, a été facétieusement attribuée par *Méry* (*Portrait du joueur d'échecs*) au berger Pâris, pendant le siège de Troie. Nous donnons ce coup en phrases non abrégées et ensuite au moyen de la notation.

1
Noir. Le pion du roi, deux pas. *Blanc.* Le pion du roi, deux pas.

Noir. Le fou du roi à la 4e case du fou de la dame. *Blanc.* Le fou du roi à la 4e case du fou de la dame.

3
Noir. La dame, à la 3e case du fou du roi (voy. ci-dessous la variante). *Blanc.* Ce qu'il voudra, excepté la dame sur la 2e case du roi, sur la 3e case du fou du roi, ou le cavalier sur la 3e case de la tour du roi.

4
Noir. La dame, à la 2e case du fou du roi, prend le pion du fou du roi, fait échec et mat.

Variante
3
Noir. La dame, à la 4e case de la tour du roi blanc. Le cavalier du roi à la 3e case du fou du roi, a prise sur la dame noire; ou tout ce qu'il voudra, sauf le cavalier du roi à la 3e case de la tour du roi, ou la dame à la 2e case du roi ou à la 3e case du fou du roi.

4
Noir. La dame, à la 2e case du fou du roi blanc, prend le pion du fou du roi, fait échec et mat.

NOTATION
1. PR à 4 R.   PR à 4 R.
2. FR à 4 FD   FR à 4 FD
3. D à 3 FR (ou variante)   ce qu'il voudra, sauf D à 2 R ou à 3 FR ou CR à 3 TR.
4. D à 2 FR': PFR'†et mat.

Variante
3. D à 4 TR'   CR à 3 FR/D'; ou ce qu'il voudra sauf CR à 3 TR, ou D à 2 R ou à 3 FR.
4. D à 2 FR': PFR'†et mat.

DÉBUT DE LA PARTIE. La règle générale pour débuter est de développer de suite toutes ses forces, en faisant prendre position à ses fous et à ses cavaliers et en roquant le plus tôt possible pour permettre aux tours d'entrer en action. Les débutants et les joueurs médiocres ont une tendance à se lancer de suite à l'attaque avant d'être prêts. Comment peuvent-ils espérer remporter la victoire pendant que leurs principaux officiers restent dans l'inaction ? Il est, sans doute bien tentant de prendre un ou deux pions et cela peut effrayer un adversaire inexpérimenté. Mais un ennemi habile ne se laisse pas décontenancer; il procède avec calme au développement de son armée et quand il est prêt, il repousse tranquillement une attaque mal préparée; ensuite il prend, à son tour, l'offensive et ne recule plus. Quand les pièces sont prêtes à agir, l'action doit commencer par une attaque combinée sur le roi et sur les retranchements qui le protègent. Il y a d'excellents joueurs qui ouvrent les opérations du côté de la dame ou sur le centre de l'adversaire; mais ils n'agissent ainsi que lorsque l'assaut contre le roi leur paraît immédiatement impossible, en raison des dispositions prises par l'ennemi. On ne doit pas sortir trop tôt la dame, parce qu'elle est sujette à être attaquée par des pièces inférieures qui la font battre en retraite avec perte de temps. C'est une pièce trop importante pour la compromettre au milieu des rangs serrés de l'ennemi; elle doit seulement soutenir les mouvements des pièces amies pour intervenir au moment décisif et se tenir près du centre de l'action sans se lancer au premier rang. — OUVERTURES RÉGULIÈRES. On appelle ouverture régulière tout début dans lequel les deux joueurs poussent d'abord de deux pas leur pion du roi. Ensuite le premier joueur a plusieurs manières de débuter. La plus favorable est de porter, au 2e coup, le cavalier du roi sur la 3e case du fou; c'est ce que l'on appelle *ouverture du cavalier du roi*. En réponse à cette attaque, le deuxième joueur a le choix des mouvements ou défenses. Plusieurs mouvements sont recommandables; le premier consiste à porter le cavalier du roi sur la 3e case du fou, puis à avancer d'un pas le pion de la dame et ensuite à placer le cavalier de la dame sur la 3e case du fou. Cette manière de jouer se nomme *défense de Petroff* ou *jeu russe*; voici la notation de cette ouverture, en supposant que le blanc ait le trait :

Blanc	Noir
1. PR à 4 R'	PR à 4 R
2. CR à 3 FR	CR à 3 FR
3. CR à 4 R' : PR'	PD à 3 D
4. CR à 3 FR	CR à 4 R' : PR'
5. PD à 4 D	PD à 4 D
6. FR à 3 D	FR à 2 R
7. R à CR × T à FR	R à CR × T à FR

Chaque parti peut ensuite procéder au développement des pièces de la dame, et la situation est équivalente des deux côtés. La seconde défense recommandable est appelée *défense de Philidor*; nous la notons ainsi :

1. PR à 4 R   PR à 4 R
2. CR à 3 FR   PD à 3 D
3. PD à 4 D   FR à 2 D
4. D à 4 D : PD'd   CD à 3 FD/D'
5. FR à 4 CD'   FD à 2 D
6. FR à 3 FD': CD'   FD à 3 FD : FR'
7. CD à 3 FD   CR à 3 FR

Dans cette ouverture la position du premier joueur est un peu meilleure que celle du se-cond joueur. La troisième défense est la plus fréquemment usitée; en voici la notation :

1. PR à 4 R   PR à 4 R
2. CR à 3 FR   CD à 3 FD
3. FR à 4 FD   FR à 4 FD

C'est ce qu'on appelle le *giuoco piano* (*jeu uni*); chaque adversaire a conservé ses pièces et les chances sont les mêmes. La quatrième défense, appelée *jeu de Ruy Lopez*, se note ainsi :

1. PR à 4 R   PR à 4 R
2. CR à 3 FR   CD à 3 FD
3. FR à 4 CD'   PTD à 3 TD
4. FR à 4 TD   CR à 3 FR
5. PD à 3 D   PD à 3 D
6. PTR à 3 TR   PHC à 4 CD
7. FR à 3 CD   FR à 2 R

Les positions sont à peu près les mêmes. Le *gomito* a lieu quand, au second mouvement, on défend le pion du roi, joué à la 4e case du roi, et attaqué par le cavalier de l'adversaire, en poussant d'un pas le pion du fou du roi que l'on place ainsi à la 3e case du fou du roi. L'attaque commence donc dès le second coup; elle se poursuit très vivement ensuite, si l'assaillant, sacrifiant son cavalier, prend le pion du roi et si l'attaqué perd un coup à prendre ce cavalier. On attribue l'invention du *gomito* au Portugais Damiano, le plus ancien auteur qui ait publié un traité sur le jeu des échecs. Cette ingénieuse combinaison a été décrite par Lolli, par l'Espagnol Ruy Lopez, par Gréco, dit le Calabrais, par Cozio, etc. — Nous notons ci-dessous le gomito de *Damiano* :

1. PR à 4 R   PR à 4 R
2. CR à 3 FR/BR'   PFR à 3 FR
3. CR à 3 FR' : PR'   PFR à 4 R : CR'=PR
4. D à 4 TR'†

On le voit, le premier joueur a gagné l'avantage de la situation en sacrifiant son cavalier. On trouvera plus loin, dans notre chapitre des *Parties entières*, diverses variantes de gomito. On appelle *gambit* toute ouverture dans laquelle le premier joueur met lui-même en prise, au début l'un de ses pions, pour tenter son adversaire et occuper ensuite une meilleure position. Les gambits donnent naissance à des coups très intéressants, mais extrêmement hasardeux. Plusieurs gambits appartiennent à la classe des ouvertures régulières; le plus connu est le *gambit du roi*, dans lequel le premier joueur avance de deux pas, au second coup, son pion du fou du roi. Ce pion, le second joueur peut le prendre ou le refuser. S'il le prend et que le premier joueur porte ensuite son cavalier du roi sur la 3e case du fou du roi, pour empêcher l'échec subséquent par la dame adverse, l'ouverture se nomme *gambit du cavalier du roi*; en voici un exemple :

1. PR à 4 R   PR à 4 R
2. PFR à 4 FR   PR à 4 FR' : PFR'=PFRd'
3. CR à 3 FR (pour prévenir † par D')   PCR à 4 CR
4. PTR à 4 TR ou variante n°1   PCR à 4 CR'
5. CR à 4 R'   PTR à 4 TR
6. PD à 4 D   CR à 3 FR
7. PFD à 3 FD ou variante n° 2   PD à 3 D
8. CD à 3 D   FR à 3 TR
9. D à 2 R   CR à 2 R
10. D à 2 R   CR à 3 CR, défendant ainsi le PFR qui doit le faire gagner.

On voit que le gambit ne réussit pas toujours, quand on a affaire à un adversaire qui tient bien son jeu.

Variante n° 1.
4. FR à 4 FD   PCR à 4 CR'
5. CR à 4 R'   D à 4 TR'†

6.	R à 1 FR	CR à 3 TR (défend
		les deux pions)
7.	PD à 4 D	PD à 3 D/CR'
8.	CR à 3 D/PF'd	PFRd à 3 FR'
9.	PCR à 3 FR : PFR'	PCR à 3 FR': PFR' =
	= PFR	PFR d
10.	D à 3 FR:PFR'd	FD à 3 TR'†
11.	R à 2 R (pour	
	éviter le mat im-	
	médiat par la TR'	
	si le roi s'était	
	placé à t CR)	FD à 4 CR'/D'
12.	La dame est perdue	
	et la partie aussi.	

Variante n° 2

7.	FR à 4 FD	CR à 3°TR
8.	PFD à 3 FD	FR à 3 D
9.	CR à 3 D	PFRd à 3 FR'
10.	PCR à 3 FR : FR'	FR à 3 CR' †, gagne
	= FR	PTR et une excel-
		lente situation.

Si après la prise de son pion, le premier joueur avance son fou du roi à la 4° case du fou de la dame, c'est ce que l'on appelle *gambit du fou du roi*. Mais il arrive que le second joueur refuse de prendre le pion qui s'offre à ses coups, et voici alors comment s'ouvre souvent la partie :

| 1. | PR à 4 R | PR à 4 R |
| 2. | PFR à 4 FR | FR à 4 FD |

C'est la meilleure manière de décliner le gambit.

| 3. | CR à 3 FR | PD à 3 D |

Si le premier joueur avait été tenté de prendre, avec son pion du *fou du roi*, le pion du roi adverse, il aurait immédiatement reçu un échec fatal pour la dame qui se serait portée sur la 4° case de la tour du roi du premier joueur.

4.	FR à 4 FD	CR à 3 FR
5.	CD à 3 FD	CD à 3 FD
6.	PD à 3 D	

La position du premier joueur se trouve un peu supérieure à celle du second. Ces exemples auront suffi pour montrer que le gambit du roi est une ouverture délicate qui demande une grande habileté. Quelques professeurs le condamnent absolument comme trop dangereux. Quoi qu'il en soit, ce n'est pas une manière de jouer bonne pour un débutant. Une autre ouverture régulière est le *gambit écossais*, ainsi nommé parce qu'il fut mis en vogue lors d'un match entre Londres et Edimbourg, en 1829. Ce gambit paraît moins dangereux que celui du roi. Le voici :

| 1. | PR à 4 R | PR à 4 R |
| 2. | CR à 3 FR | CD à 3 FD |

On débute donc comme dans le *jeu uni* (*giuoco piano*) dont nous avons déjà parlé, et le gambit est offert au 3° coup seulement en jouant le pion de la dame.

3.	PD à 4 D	PR à 4 D' : PD = PDd
4.	CR à 4 D : PD'd	FR à 4 FD/CR'
5.	FD à 3 R	D à 3 FR
6.	PFD à 3 FD, etc.	

Le gambit suivant se nomme *jeu du pion du ou de la dame* :

1.	PR à 4 R	PR à 4 R
2.	CR à 3 FR	CD à 3 FD
3.	PFD à 3 FD	CR à 3 FR
4.	FR à 4 CD'	PD à 4 R' : PR' = PRd
5.	CR à 4 R' : PR'	D à 4 D

Le début suivant est appelé *gambit d'Evans*, du nom de son inventeur; c'est l'une des plus célèbres ouvertures.

| 1. | PR à 4 PR | PR à 4 PR |
| 2. | CR à 3 FR | CD à 3 FD |

Le début ressemble à celui du jeu uni, mais on va changer la marche au 4° coup.

3.	FR à 4 FD	FR à 4 FD
4.	PCD à 4 CD	FR à 4 CD' : PCD'
5.	PFD à 3 FD	FR à 4 TD ou à 4 FD

Le premier joueur roque de suite et se trouve dans la position la plus avantageuse, parce qu'il peut porter rapidement sa dame et ses fous à l'assaut du roi adverse. La perte d'un pion est donc largement compensée dans le gambit d'Evans. — OUVERTURES IRRÉGULIÈRES. On nomme ainsi les débuts dans lesquels un joueur ou les deux joueurs ne commencent pas par avancer de deux pas le pion du roi. Ces ouvertures donnent lieu à des parties très variées. La plus populaire est le *gambit français*, qui débute ainsi :

1.	PR à 4 R	PR à 4 R
2.	PD à 4 D	PD à 4 D (gambit)
3.	PR à 4 D' : PD'	PR à 4 D: PD'd = PD
	= PDd	

Les deux rois sont découverts et pourraient être mis en échec par la dame adverse jouant sur la 2° case de son roi; mais cet échec serait inutile; le joueur attaqué placerait son fou du roi à la 2° case de son roi, et il n'y aurait rien de fait.

| 4. | CR à 3 FR | CR à 3 FR |
| 5. | FR à 3 D | FR à 3 D |

Les deux rois roquent et les forces sont égales des deux côtés. — La *défense sicilienne* consiste à répondre à un premier joueur, qui a placé son pion du roi sur la 4° case du roi, par le pion du fou du roi ou de la dame avançant de deux pas :

1.	PR à 4 R	PFD à 4 FD
2.	CD à 3 FD	PR à 3 R
3.	CR à 3 FD	CD à 3 FD
4.	PD à 4 D	PFD à 4 D' : PD' = PDd

Le premier joueur a l'avantage de pouvoir sortir immédiatement toutes ses pièces. — Dans le *fianchetto*, le premier joueur ayant fait avancer deux pas à son pion du roi, l'adversaire avance d'un pas seulement son pion du cavalier de la dame :

1.	PR à 4 R	PCD à 3 CD
2.	PD à 4 D	FD à 2 CD
3.	FR à 3 D	PR à 3 R
4.	PFR à 4 FR, etc.	

Le premier joueur occupe rapidement le centre de l'échiquier. — En adoptant le *contre-gambit du centre* le second joueur arrive à occuper une position inférieure :

1.	PR à 4 R	PD à 4 D (contre-gam-
		bit)
2.	PR à 4 D' : PD'	D à 4 D : PD'd
	= PDd	
3.	CD à 3 FD/D'	D à D
4.	PD à 4 D	

Et le premier joueur peut ensuite développer rapidement ses forces. La seconde classe des ouvertures irrégulières comprend celles dans lesquelles aucun joueur ne débute par avancer de deux pas le pion du roi. La principale, appelée *gambit de la dame*, se note ainsi :

1.	PD à 4 D	PD à 4 D
2.	PFD à 4 FD	PD à 4 FD' : PFD =
		PFRd
3.	PR à 3 R	PCD à 4 CD
4.	PTD à 4 TD	PCD à 4 TD' : PTD'ou
		variantes 1, 2 et 3
5.	FR à 4 FD:PFR'd	FD à 3 D (pour défen-
		dre PTDd)
6.	D à 3 FR	Est forcé de perdre sa
		tour pour parer le
		mat.

Variante n° 1

| 4. | . . . . . . | PFD à 3 FD |

5.	PTD à 4 CD': PCD'	PFD à 4 CD : PCD' =
	= PCDd	PCD
6.	D à 3 FR et ga-	
	gne forcément une	
	pièce.	

Variante n° 2

4.	. . . . . .	FD à 3 TD
5.	PTD à 4 CD':PCD'	PFD à 4 CD : PCD'd
	= PCDd	FD à 3 TD
6.	CD à 3 FD	CD à 3 TD : TD'
7.	TD à 3 TD' : FD'	Perd forcément une
8.	D à 4 TD †	pièce pour parer le
		mat.

Variante n° 3

4.	. . . . . .	FD à 2 D
5.	PTD à 4 CD':PCD'	FD à 4 CD : PCD'd
6.	PCD à 3 CD	D à 4 D
7.	PCD à 4 FD : PFD'	FD à 4 FD' : PFD'
8.	D à 4 TD †	Perd une pièce pour
		parer le mat.

Le gambit de la dame, quand il est accepté par le second joueur, étant toujours avantageux pour le premier, il en résulte qu'un bon joueur doit le décliner. Voici alors ce qui arrive :

1.	PD à 4 D	PD à 4 D
2.	PFD à 4 FD (gam-	PR à 3 R (refuse le
	bit)	gambit)
3.	PR à 3 R	CR à 3 FR
4.	CR à 3 FR	PTD à 3 TD
5.	PTD à 3 TD	PFD à 4 FD (gambit)

Il est indispensable pour les deux joueurs d'avancer, dès le commencement, le pion de la tour de la dame, à la 3° case de cette tour. D'autres débuts irréguliers sont : PFD à 4 FD ou PFR à 4 FR; auxquels le second joueur répond par les mêmes mouvements ou de la façon suivante :

1.	PFD à 4 FD	PFR à 4 FR .
ou encore		
1.	PFR à 4 FR	PFD à 4 FD .
ou		
1.	PD à 4 D	PR à 3 R

Aucune direction précise ne peut être donnée pour la conduite d'ouvertures de ce genre; la règle générale est que chaque joueur sorte ses pièces aussi vite que possible et évite d'attaquer prématurément. Voici un exemple d'ouverture irrégulière :

1.	PFD à 4 FD	PFR à 4 FR
2.	PR à 3 R	PR à 3 R
3.	CD à 3 FD	CR à 3 FR
4.	PDT à 3 TD	FR à 2 R
5.	PD à 4 D	PCD à 3 CD
6.	FR à 3 FR	FD à 2 CD
7.	FR à 2 R	Roque
8.	Roque.	

PARTIES ENTIÈRES EXPLIQUÉES. — Nous sommes assez avancés maintenant pour entreprendre de jouer une partie entière et essayer nos forces contre un adversaire imaginaire, avant d'entreprendre la lutte contre un joueur habile. Commençons par placer devant nous l'échiquier dans la position légale, c'est-à-dire de façon que la dernière case de la première ligne horizontale soit une case blanche à notre droite. Tout autre position aurait pour résultat de changer la situation relative du roi et de la dame des deux joueurs. Etablissons les pièces dans l'ordre indiqué et étudions la stratégie des échecs, les principes dirigeants à respecter, et les fautes à éviter. Posons d'abord comme premier principe que tout joueur ressemble à un général qui remet au hasard le sort d'une bataille. Tirons [au sort à qui aura le jeu blanc. Et d'abord, quel avantage y a-t-il à posséder ce jeu ? — Aucun, sans doute; mais il est à remarquer que beaucoup de commençants préfèrent le blanc, les méthodes qu'ils ont étudiées leur ayant donné la plus fausse idée du jeu, par la coutume absurde et défectueuse où elles sont de

fournir des exemples où le blanc jouit presque exclusivement du privilège de faire échec et mat. Le meilleur moyen, pour un débutant, de vaincre le préjugé que le blanc vaut mieux que le noir, est de jouer les parties suivantes avec une couleur d'abord et de les recommencer ensuite avec l'autre couleur; il agira de la même façon pour la partie de Philidor, que nous donnons plus loin. Quand on tire au sort, le plus jeune des champions prend dans chaque main un pion de couleur différente et présente les deux mains fermées à son adversaire, qui touche l'une des mains en nommant la couleur de son choix. Si cette couleur sort de la main indiquée, elle appartient à l'adversaire; sinon le plus jeune a le choix. Tirons ensuite à qui aura le *trait*, le droit de jouer le premier donnant un avantage réel, puisque le premier joueur est l'assaillant, tandis que le second se trouve en état de défense et y reste tant que le premier ne s'attarde pas à une fausse manœuvre. Pour tirer le trait au sort, le plus jeune des champions présente à son adversaire les mains fermées dans chacune desquelles se trouve un pion de couleur différente. L'adversaire touche une main sans mot dire. Si la couleur du jeu de l'adversaire sort de la main, il a le trait. Supposons que le sort nous a favorisé et débutons de la façon suivante :

Blanc	Noir
1. PR à 4 R	PR à 4 R.

C'est l'ouverture régulière du jeu, celle que l'on doit recommander aux commençants. La marche du pion du roi présente l'avantage de dégager la dame et le fou du roi, ce qui permet aux forces de se développer rapidement.

| 2. CR à 3 FR | CD à 3 FD. |

En portant notre cavalier du roi sur la 3e case du fou du roi, nous attaquons le pion du roi de notre adversaire; celui-ci se met prudemment en défense en sortant le cavalier de sa dame.

| 3. FR à 4 FL | FR à 4 FD. |

C'est la meilleure position des *fous du roi*. Ainsi placés ils menacent le pion du fou du roi adversaire, et ce pion, défendu seulement par le roi, est le point le plus faible de toute la ligne. Cette manière d'ouvrir le jeu est l'une des plus populaires, n'entraîne ni pertes, ni risques, permet un rapide développement des pièces, et produit généralement une partie intéressante.

| 4. PD à 3 D | CR à 3 FR. |

Maintenant notre jeu est ouvert, ainsi que celui de notre adversaire; nous pouvons roquer ou bien sortir notre cavalier de la dame, ou avancer d'un pas le pion du fou de la dame dans le dessein d'amener ensuite le pion de la dame sur la 4e case de la dame et d'établir ainsi nos pions au milieu. L'adversaire s'est empressé de sortir son cavalier du roi.

| 5. R à CR×TR à FR | PD à 3 D. |

Nous roquons en amenant le roi sur la case de son cavalier et en portant sa tour sur la case de son fou. Cette manœuvre est prudente. Les débutants sont toujours portés, à ce coup ou au précédent, à jouer leur cavalier du roi et à le porter en 4 CR'; c'est une perte de temps et une attaque prématurée, parce que l'adversaire roque aussitôt, et que si nous prenons son pion du fou du roi, nous sacrifions deux pièces (cavalier et fou) pour une tour et un pion, ce qui est un mauvais calcul, les deux pièces que nous perdons ayant une

bien plus grande valeur que celles que nous prenons.

| 6. PTR à 3 TR | PTR à 3 TR. |

Chaque adversaire avance d'un pas le pion de la tour du roi pour empêcher le fou de la dame de son adversaire de venir en 4 CR' pour mettre en prise son cavalier; c'est une mesure de précaution.

| 7. CD à 3 FD, | R à CR×TR à FR. |
| 8. CD à 2 R | FD à 3 R. |

Il est généralement bon d'amener le cavalier de la dame sur la 2e case du roi, pour pouvoir, le coup suivant, le porter sur la 3e case du cavalier du roi, position formidable d'où il rayonnera chez l'adversaire, ainsi que notre autre cavalier. Notre adversaire, ayant conçu le projet de prendre notre fou du roi avec son fou de la dame, a sorti ce dernier et l'a placé en face du nôtre. Ne nous en préoccupons pas, car son attaque n'est pas adroite, comme nous allons le lui montrer.

| 9. CD à 3 CR | FD à 4 FA' : FR'. |
| 10. PD à 4 FD : FD' | CD à 4 D' |

Il est d'usage, quand notre fou du roi se trouve en face du fou de la dame de l'adversaire, de l'amener sur la 3e case du cavalier de la dame; mais nous ne l'avons pas fait parce que cette manœuvre nous aurait fait perdre un mouvement; nous avons donc laissé notre fou sur la 4e case du fou de la dame; aussitôt notre adversaire l'a pris et nous lui avons pris son fou de la dame; c'est un échange; mais cet échange est à notre avantage puisqu'il nous ouvre une colonne verticale de cases dans laquelle notre dame et nos tours pourront agir au besoin; cela compense bien le désavantage d'avoir doublé un pion. Notre adversaire, au 10e mouvement, nous offre l'échange des cavaliers; mais nous n'y gagnerions rien et nous refusons en retirant notre cavalier du roi sur la 2e case de la tour, où il occupe une excellente position.

| 11. CR à 2 TR | PFD à 3 FD |

Notre adversaire s'aperçoit que nos pions pourraient attaquer son cavalier et son fou : il ouvre une retraite à ce dernier.

| 12. PFD à 3 FD | CD à 3 R |
| 13. PCD à 4 CD | FR à 3 CD |

Il est évident que notre adversaire a perdu son temps lorsque, au 10e mouvement, il a amené son cavalier sur la 4e case de notre dame : nous l'avons repoussé et nos pions sont devenus menaçants.

| 14. PTD à 4 TD | PTD à 4 TD |

Il nous réplique ainsi pour empêcher nos pions d'avancer davantage.

| 15. TD à 2 TD | F à 2 FD. |

L'objet de ce mouvement de notre tour doit être soigneusement expliqué. Nous avons pour but d'amener la tour en face de la dame pour attaquer le pion de la dame ennemie; si l'adversaire défend ce pion avec son cavalier et son fou, nous pousserons notre pion du fou de la dame sur la 4e case du pion du fou de la dame. Nous sommes sûrs qu'il ne tentera pas de prendre notre pion avec le sien, car il découvrirait sa dame qu'il échangerait ainsi contre une de nos tours. S'il avance d'un pas son pion de la dame, il affaiblit son centre; il prendra une autre détermination et fera bien. Notons qu'il serait inutile pour lui d'échanger son pion de la tour de la dame contre notre pion du cavalier de la dame, puisque tous nos pions sont défendus.

| 16. TD à 2 D | D à CD. |

Nous avons amené notre tour devant la dame. Comme nous l'avions prévu, l'adversaire a renoncé à nous prendre une pièce quelconque; il a garanti sa dame en la portant près de la tour. Il aurait pu jouer autrement pour défendre son pion de la dame, il aurait pu amener son cavalier dans la case du roi; mais aussitôt nous aurions porté notre cavalier dans la 4e case du fou de son roi et notre dame dans la 4e case du cavalier de notre roi, ce qui nous aurait donné une écrasante supériorité. Il aurait pu encore placer sa dame dans la 2e case du roi, mais nous l'aurions de suite attaqué avec notre cavalier. Il s'est donc déterminé à la conduire près de sa tour. Dans cette position, Sa Majesté se trouve tellement éloignée du centre de l'action qu'il vaudrait presque autant avoir abandonné le pion de la dame à son sort. Maintenant nous avons beau jeu et, si nous savons en profiter, il est évident que nous allons gagner la partie.

| 17. TR à 1 R | PTD à 4 CD' : PCD |
| 18. PFD à 5 CD : PCD' | C à 4 CD'. |

Nous défendons notre pion du roi avec notre tour du roi, afin de rendre la liberté à notre cavalier dont nous aurons peut-être besoin pour la 4e case du fou du roi de notre adversaire. L'ennemi fait un échange de pions, espérant pouvoir ensuite capturer facilement notre faible pion de la tour de la dame. Par son 18e mouvement, il a pour but non seulement d'arrêter notre attaque sur son pion de la dame, mais aussi d'empêcher notre cavalier de se placer sur la 4e case de son fou du roi.

| 19. C à 4 CR | C à 4 CR' : C' |
| 20. C à 5 : C' | TD à 4 TD' : TD' |

Cette attaque de notre adversaire va nous donner un exemple du danger de perdre son temps à des mouvements inutiles. Pendant qu'il s'occupe à nous enlever un pion avec sa tour, il laisse son roi dans une position critique et ne prend pas les mesures nécessaires pour le garantir. Ce pion va lui coûter cher.

| 21. TD à 4 D : C' | PR à 4 D' : T' |

Nous avons fait le sacrifice d'une tour dans le but de rendre libre notre fou de la dame sans perdre de temps. Nous allons voir de suite la puissance de ce fou pour l'attaque.

| 22. C à 4 TR' | PCR à 3 CR. |

Nous allions faire mat notre adversaire en prenant son pion du cavalier par notre dame que notre cavalier aurait défendue. Il s'est garanti en avançant ce pion. Nous remarquerons que si nous n'avions pas pris son cavalier le coup précédent, ce cavalier aurait pu sauver la situation en reculant sur la 3e case du roi. Le sacrifice de notre tour n'a donc pas été inutile.

| 23. FD à 3 TR' : PTR' | TR à 1 D. |

L'adversaire ne peut prendre notre cavalier, à cause de la position de notre dame. Il perd sa dernière chance en voulant sauver sa tour. Il aurait mieux fait d'amener son fou sur la 1re case de la dame; il aurait ainsi prévenu l'échec que nous allons lui faire par notre premier mouvement suivant :

| 24. C à 3 FR' † | R à 1 T. |
| 25. D à 4 TR | PCR à 4 CR/D'. |

L'adversaire ne peut éviter l'échec à la découverte et le mat; il joue n'importe quoi.

| 26. F à 1 FR' † à la | découverte par la D et mat. |

DEUXIÈME PARTIE. La partie que nous allons expliquer a été jouée entre MM. Rousseau et Stanley, ce dernier ayant le blanc et le trait.

Blanc   Noir
1. PR à 4 R   PR à 4 R.
2. FR à 4 FD.

Ici le blanc sort son fou du roi, avant de jouer deux pions. Ce mouvement est sans importance et le jeu reste le même.

2.   CR à 3 FR.
3. CD à 3 FD   FFR à 4 FD.

C'est l'ouverture appelée *jeu uni* (*giuco piano*). Le blanc aurait pu aussi pousser sa dame sur la 2ᵉ case du roi, ou le cavalier du roi sur la 3ᵉ case du fou du roi.

4. CR à 3 FR   PD à 3 D.
5. PTR à 3 TR   Roque
6. PD à 3 D   FD à 3 R.
7. FR à 2 CD   CD à 3 FD.
8. CD à 2 R   D à 2 R.

Mal joué. La dame portée sur la seconde case du roi ne sert pas à grand'chose : c'est un coup perdu, pendant que l'adversaire se développe.

9. CD à 3 CR.

Ce mouvement du cavalier mérite d'être expliqué. Si l'adversaire tente un échange de fous, le blanc gagnera du temps en attaquant la dame par son cavalier porté sur la 4ᵉ case du fou du roi adverse.

9. . . . . . .   CD à 4 D'.

Encore un mauvais mouvement. Pourquoi offrir sans nécessité l'échange des cavaliers ? En prenant le cavalier adverse, le blanc gagne encore du temps et peut porter son fou de la dame sur la 4ᵉ case du cavalier du roi adverse.

10. CR à 4 D:CD'   PR à 4 D':CR'= PDd
11. PFD à 3 FD   FR à 3 CD.
12. Roque   PD à 4 D.

Le noir aurait dû prendre des précautions pour empêcher le fou de la dame de venir sur la 4ᵉ case du cavalier du roi adverse ; pour y arriver il n'avait qu'à avancer, d'un pas le pion de la tour du roi. Sa négligence aura des suites funestes.

13. FD à 4 CR'   PFD à 3 FD.

Ici encore le noir joue fort mal ; il aurait dû avancer d'un pas le pion de la tour du roi, pour mettre en fuite le fou adverse et le garantir d'une attaque imminente.

14. C à 4 TR'

Par ce mouvement, le blanc se dispose à prendre le cavalier adverse sans que la dame puisse intervenir ; le pion noir du cavalier du roi va passer sur la ligne du fou et laissera en face de son roi une plaie béante.

14. . . . . . .   FD à 4 R' : PR' : PR.
15. PD à 4 R : PR' =   FD à 3 CD' : FR'.
    PR

Le noir se doute peu du danger qui le menace.

16. D à 3 FR.

Magnifique mouvement qui mérite d'être étudié. Le blanc abandonne le fou adverse qui vient de lui enlever un fou ; il procède à une attaque qui va devenir irrésistible. S'il s'amusait à prendre le fou, cela donnerait au noir le temps de rétablir son jeu.

16. . . . . . .   PD à 4 FD'.
17. FD à 3 FR' : C'/D'   D à 3 R.

Le blanc a regagné la pièce prise par le fou noir ; le noir ne peut prendre le fou blanc avec son pion du cavalier, parce qu'il laisserait son roi à découvert, et que la dame

---

blanche n'aurait qu'à se mettre sur la 4ᵉ case du cavalier de son roi pour faire échec ; le roi noir, forcé de se réfugier sur la case de la tour, serait mat le coup suivant par la dame placée sur la 2ᵉ case du cavalier adverse.

18. C à 2 CR' : PCR'/D'   FD à 2 R'/D'

ᵒLes deux dames sont donc en prise ; si la dame blanche prend le fou noir, immédiatement la dame noire prendra le fou blanc et le fou noir est débarrassé d'un mat immédiat ; mais le blanc va déjouer ce calcul.

19. C à 3 R' : D'   FD à 3 FR' : D'
20. C à TR' : TR'

Le noir ayant perdu dans le combat une tour de plus que son adversaire, abandonne la partie.

PREMIÈRE PARTIE DE PHILIDOR

1. PR à 4 R   PR à 4 R.
2. FR à 4 FD   FR à 4 FD.
3. PFD à 3 FD   CR à 3 FR.
4. PD à 4 D   PR à 4 D' : PD = PDd
5. PFD à 4 D:PD'=PD   PR à 3 D.
6. CD à 3 FD   R à 1 CR × TR à
    1 FR.
7. CR à 2 D   PFD à 3 FD.
8. FR à 3 D   PD à 4 D.
9. FR à 4 R'   CR à 1 R.
10. FD à 3 R   PFR à 3 FR.
11. D à 2 D   PFR à R : PR' = PR.
12. PD à 4 R' : PR' =   FR à 3 R' : FD'
13. D à 3 FR' : FD'   FD à 3 R.
14. CR à 4 FR   D à 2 R.
15. CR à 3 R' : FD'   D à 3 R : CR'
16. R à 1 CR × TR à   CD à 2 D.
    1 FR
17. PFRà 4 FR   PCR à 3 CR.
18. PTR à 3 TR   CR à 2 CR.
19. PCR à 4 CR   PFD à 4 FD.
20. D à 2 R   PD à 4 D'/D'
21. D à 2 D   CD à 3 CD
22. CD à 3 CR   CD à 4 D
23. TD à 1 R   CD à 3 R'
24. TD à 3 R : CD'   PD à 3 R' : TD'=PR.
25. D à 3 R : PR'   D à 2 TD' : PTD.
26. PFRà 4 FR'   D à 2 CD' : PCD'
27. PFR à 3 FR'   CR à 1 R.
28. PFR à 4 FR'   D à 4 D'
29. D à 4 D : D'   PFD à 4 D' : D' = PD.
30. FR à 3 R'   CR à 3 D.
31. C à 4 R   C à 4 FR
32. C à 4 FR' : C'   PCR à 4 FR' : T' = PFR
33. C à 3 D'   PFR à 4 FR' ou n'importe quoi
34. PR à 2 R'   TR à CD.
35. FR à 4 T'   R à 1 T.
36. C à 2 FR †   R à 1 C.
37. C à D' † par FR   R à 1 T.
38. PR à 1 R' = Dɴ †   et mat

GOMITO DE LOLLI

1. PR à 4 R   PR à 4 R
2. CR à 3 FR/PR'   PFR à 3 FR
3. CR à 4 R'/: PR'   PFR à 4 R: C R'=PR ou variante n° 1.
4. D à 4 TR'   R à 2 R ou variante n° 2.
5. D à 4 R':PR'†   R à 3 CR
6. FR à 4 FD†   R à 3 CR
7. PD à 4 D+ par FD   R à 3 TR
8. PD à 4 D+ par FD   PCR à 4 CR, couvre
9. PTR à 4 TR   R à 4 TR ou variantes n° 3, 4, 5, 6, 7, 8.
10. PTR à 4 C'   PC' †
par la tour du roi
et mat.

Variante n° 1

3.   D à 2 R
4. CR à 3 FR   D à 4 R' : PR'†

Ce coup montre le danger du gomito quand l'attaque a manqué par suite du refus de l'adversaire de prendre le cavalier.

Variante n° 2

4.   PCR à 3 CR' couvre
5. D à 4 R':PR!‡   D à 2 R' couvre

---

6. D à 1 T':T'   D à 4 R' : PR'†
7. R à 1 D   D à 3 R
8. D à 2:TR':PTR'   PTR':PTR'

Le premier joueur a obtenu l'avantage d'une tour en échange de son cavalier du roi, avec deux pions de plus.

Variante n° 3

9.   PD à 4 D/FR', découvre
FD qui / D'
10. D à 2 FR'   ce qu'il veut ; sa perte est inévitable.
11. PTR à 4 CR' : PCR'   mat.
† à la découverte par TR et

Variante n° 4

9.   R à 2 CR
10. D à 2 FR' †   R à 3 TR
11. PTR à 4 CR' : PCR'   mat.
†† par la tour et mat.

Variante n° 5

9.   D à 3 FR
10. PTR à 4 CR':PCR'   R à 2 CR
†† par TR
11. PCR à 3 FR':D†   CR à 3 FR:PFR'
12. FD à 3 TR' et   mat
ou D à 4 CR' † et mat

Variante n° 6

9.   FR à 2 FR
10. PTR à 4 CR' : PCR'   R à 2 CR
†† par TR
11. D à 2 FR † et   mat

Variante n° 7

9.   CR à 3 FR
10. PTR à 4 CR:PCR††   R à 2 CR
par TR (on pourrait mater par D à 4 PCR')
11. PCR à 3 FR' : CR'†   D à 3 FR : PFR'
12. FD à 3 TR'   D à 3 TR : FD'
13. D à 2 FR' † et   mat

Variante n° 8

9.   FD à 2 R
10. FD à 4 CR':PCR/D'   D à 4 CR: FR', couvre
†
11. D à 4 CR : FR' † et   mat

Chacune de ces variantes peut donner naissance à une ou plusieurs autres qui changent souvent le sort de la partie. — MATS SIMPLES. Il est souvent embarrassant de terminer une partie quand il ne reste plus que quelques pièces sur l'échiquier ; les commençants perdent un temps précieux à poursuivre maladroitement le roi adverse. Nous allons indiquer, à l'aide d'exemples, la meilleure stratégie pour conduire rapidement un roi au mat, sans subir l'humiliation de voir annuler la partie après 50 coups infructueux ou de voir l'adversaire réussir un pat qui rend inutiles les efforts d'un joueur peu habile. On peut gagner avec les forces suivantes, quand le roi adverse est seul : 1° roi et dame ; 2° roi et tour ; 3° roi et deux fous ; 4° roi, cavalier et fou. Le mat n'est pas assuré avec un roi et un ou deux cavaliers, ou avec un roi et un seul fou, contre un roi seul ; et, à moins de circonstances exceptionnelles dues à une fausse position du roi adverse, il est inutile de perdre son temps à chercher alors un mat impossible ; le mieux est de déclarer que la partie est nulle. Un roi et un pion gagnent généralement contre un roi seul, parce que le pion peut presque toujours passer à dame. Pour faire mat avec un roi et une tour contre un roi seul, il faut un peu plus de temps qu'avec le roi et la dame ; mais la victoire est assurée pour peu que l'on s'acharne à pousser le roi adverse vers l'un des côtés de l'échiquier et que l'on s'arrange de manière à ne pas le laisser passer. Pour réussir rapidement ce mat, il est nécessaire de pousser le roi adverse vers l'un des côtés de l'échiquier et de le forcer ensuite à se placer en face de l'autre roi. Dans le cas où le roi poursuivi se réfugie sur la case de l'une des tours, c'est-à-dire

dans un angle, quand le roi poursuivant se trouve en 3 C, on porte la tour sur la dernière ligne pour faire échec et mat. Un roi et deux fous contre un roi seul arrivent à la victoire pourvu qu'ils aient l'habileté de confiner l'adversaire sur l'une des quatre dernières lignes de cases et de le faire poursuivre par l'autre roi jusque sur une case des angles ou sur une case adjacente à l'une des cases des coins. Il est très rare que l'on ait à terminer une partie avec un fou, un fou ou un cavalier contre un roi seul. Quand le cas se présente, le mat est très difficile, si bien qu'un débutant ne le peut faire en cinquante coups. Nous avons parlé de l'utilité des pions à la fin d'une partie et du danger de les gaspiller au commencement. Pour faire arriver le pion jusque sur l'une des cases des pièces ennemies, une grande habileté est nécessaire et le succès dépend absolument d'une manœuvre dite : *gagner l'opposition*, ce qui signifie que l'on doit jouer à la fin de la partie, le roi de telle sorte que le roi adverse se trouve forcé d'abandonner certaines cases importantes. Il suffit d'un mouvement pour faire gagner ou perdre la partie. Un roi et deux pions gagnent toujours contre un roi seul, à moins que les pions soient doublés sur la file de l'une des tours. Un roi et deux pions contre un roi et un seul pion gagnent généralement; mais le résultat dépend alors de la situation du jeu, qui peut donner lieu à une infinité de mouvements. La dame gagne contre une seule pièce parce que le cavalier, le fou ou la tour ne peuvent éviter de se trouver dans un moment ou dans l'autre en prise en même temps que le roi est en échec. La dame peut aussi, dans presque tous les cas, gagner contre une pièce et un pion, sauf si ce dernier est très avancé et ne peut être arrêté. Il arrive souvent que la dame gagne contre deux cavaliers, contre deux fous et contre un cavalier et un fou; mais elle ne peut prétendre qu'à une partie nulle quand elle se trouve en face d'une tour et d'un fou ou un cavalier, ou quand elle doit combattre deux tours ou trois pièces telles que tour, fou et cavalier, deux fous et un cavalier, etc. Ces pièces peuvent même gagner quand elles sont soutenues par un pion. La dame gagne facilement lorsque le roi adverse n'est soutenu que par un pion; néanmoins la victoire est difficile à obtenir si le pion se trouve sur le point d'arriver à dame, près du son roi, tandis que l'autre roi est éloigné. Un fou ou un cavalier contre une tour annulent ordinairement la partie, à moins que la position des pièces d'un jeu lui donne la supériorité. — Une tour et un cavalier ou une tour et un fou l'en remportent pas toujours la victoire sur une tour. Trois petites pièces battent une tour, si toutefois deux de ces pièces sont des cavaliers et si la position permet à la tour de faire un échange avec le fou; dès lors, la partie peut être considérée comme nulle. Un seul pion peut rendre la partie nulle contre la tour, si le roi adverse n'arrive à temps pour l'empêcher de passer à dame; deux pions unis contre une tour gagnent sûrement, pour peu que le roi adverse soit éloigné, parce que la tour est forcée de faire un échange avec l'un d'eux et que l'autre va à dame. Trois pions unis, c'est-à-dire se défendant mutuellement gagnent sur une tour quand même le roi adverse serait devant eux. Il est bien entendu que, dans tous les cas ci-dessus, les pions doivent être soutenus par leur roi. Une dame seule contre une dame et un pion peut faire partie nulle, parce qu'elle peut donner l'échec perpétuel pendant plus de 50 coups. Une tour et un pion contre une tour seule peuvent gagner ou faire partie nulle, suivant la position des rois. Cette fin de partie se présente fréquemment. — RÈGLEMENT GÉNÉRAL. — 1. *Position de l'échiquier.* L'échiquier doit être placé, comme nous avons déjà dit, de façon

que la case angulaire à la droite de chaque joueur soit une case blanche. Si, pendant une partie, l'un des joueurs s'aperçoit que cette condition n'a pas été observée, il peut faire recommencer la partie, pourvu qu'il n'ait pas encore joué son quatrième coup. Après le quatrième coup joué de part et d'autre, la partie doit se continuer. — 2. *De la couleur et du trait.* On tire au sort, avant la première partie, la couleur que doit avoir chaque joueur. Le sort désigne aussi quel sera le joueur ayant *le trait*, c'est-à-dire devant jouer le premier. Ensuite, la couleur et le trait alternent de partie en partie entre chaque joueur, à moins de conventions contraires. — Après une partie nulle, la couleur et le trait restent comme au commencement de cette partie, qui est considérée comme n'ayant pas été jouée. — Sauf convention contraire, celui qui fait avantage d'un pion ou d'une pièce, a, de droit, le trait et le choix de la couleur. — 3. *Mauvaise position ou oubli d'une pièce.* Une partie est nulle et considérée comme si elle n'avait pas été commencée, lorsque l'un des joueurs prouve, à n'importe quel moment de la partie, qu'une pièce quelconque avait été mal placée au début, ou qu'elle avait été oubliée. — 4. *Commencer sans droit.* Quand un joueur commence le premier sans avoir le trait, le coup est nul et les coups suivants sont nuls jusqu'au quatrième. Si l'on ne s'aperçoit de cette erreur que lorsque chaque joueur a fait quatre mouvements, la partie continue. — 5. *Jouer deux fois de suite.* Si, dans le cours de la partie, un joueur fait un second mouvement avant que son adversaire ait joué à son tour, la pièce indûment jouée doit revenir à la place qu'elle occupait. Ensuite, lorsque le second joueur a fait son mouvement, il peut forcer son adversaire à jouer la pièce indûment dérangée et à la placer sur la case où elle avait été mise indûment, à moins qu'elle ne puisse être dérangée sans laisser son roi en échec ou qu'elle soit légalement immobilisée. Le second joueur a le droit de faire jouer la même pièce au premier joueur, si lui-même avait touché une de ses pièces avant de s'apercevoir de l'erreur. Le double mouvement de l'un des adversaires peut toujours se rétracter à la volonté du second joueur, quand même il y aurait eu plusieurs coups joués ensuite; alors on rectifie la partie par un *giuco a monte*, c'est-à-dire que l'on rétablit le jeu au point où l'erreur a eu lieu. — 6. *Pièce touchée, pièce jouée.* Le joueur qui touche l'une de ses pièces, lorsque son tour est venu de jouer, est ensuite forcé de la jouer, à moins qu'elle ne puisse bouger sans laisser le roi en échec ou qu'elle soit légalement immobilisée par toute autre raison. Le joueur qui touche une pièce au moment de jouer échappe à l'obligation de mouvoir cette pièce, s'il a la précaution de dire : *J'adoube*; ou bien : *Je remets en place* (adouber une pièce, c'est la remettre en place). — De même, un joueur qui, au moment où son tour est venu de jouer, touche, sans dire *J'adoube* ou *Je remets en place*, l'une des pièces de son adversaire, est obligé de la prendre, à moins d'impossibilité légale. — Lorsque le coupable se trouve dans l'impossibilité légale de jouer ou de prendre la pièce touchée par lui, son adversaire peut le contraindre à mouvoir son roi; et si le mouvement du roi est impossible, l'adversaire peut désigner toute autre pièce, qui doit être jouée, à moins d'impossibilité légale. Le joueur qui touche une pièce échappe à toute obligation lorsqu'il joue en conséquence d'un échec faussement annoncé ou lorsque, après avoir touché une pièce, il s'aperçoit d'un échec que son adversaire n'a pas annoncé; il peut même, dans ces deux cas, remettre en place la pièce, qu'il l'a jouée; et l'adversaire ne doit réclamer aucune pénalité. — 7. *Pièce*

jouée. Une pièce est irrévocablement jouée dès que le joueur cesse de la toucher du doigt; mais tant qu'il la touche, il peut l'enlever de la case où il l'avait mise pour la placer sur n'importe quelle autre des cases qu'elle commande. Un joueur qui a fait faire à une pièce un mouvement illégal, comme, par exemple, de mettre son roi en échec, a toujours le droit de recommencer le coup; mais il faut qu'il le joue un mouvement, si cela est possible légalement. — 8. *Faux mouvement.* Si un joueur, manœuvrant mal une pièce, la place sur une case où elle ne pouvait légalement arriver, ou si, par un mouvement illégal, il prend une pièce adverse, il est passible de l'une des trois pénalités suivantes, au choix de l'adversaire : 1° jouer la pièce légalement ou prendre légalement la pièce adverse; 2° perdre son tour de jouer; 3° jouer ou prendre n'importe quelle pièce qu'il plaît à l'autre joueur, pourvu que cette pièce puisse légalement être jouée ou prise. Mal roquer est un faux mouvement. — Si l'adversaire a joué après le faux mouvement, il est ensuite trop tard pour réclamer, et le coup illégal est considéré comme juste. — 9. *Toucher plus d'une pièce.* Quand le joueur dont c'est le tour de jouer touche du doigt plus d'une de ses pièces, il est tenu de jouer celle des deux qui désigne son adversaire, à moins d'impossibilité. S'il touche plus d'une pièce adverse, il est forcé de prendre celle qu'il plaît à l'autre joueur, à moins d'impossibilité. Si aucune des deux pièces touchées ne peut être jouée ou prise, le coupable est condamné à jouer son roi; et si le roi est dans l'impossibilité de se mouvoir, la pénalité consiste à jouer une pièce quelconque, au choix de l'adversaire. — 10. *Pénalités.* Une pénalité ne peut être prononcée contre un délinquant, si l'adversaire a joué ou seulement touché une de ses pièces après le délit. L'illégalité n'est en plus vue dès que l'adversaire a joué ou touché une de ses pièces; il subit alors la pénalité de rétracter l'erreur en rectifiant le jeu, c'est-à-dire en remettant les pièces dans l'état où elles étaient immédiatement avant la faute. — Dans certains cas, on ne peut découvrir la source de l'illégalité, quand plusieurs coups ont été joués depuis qu'elle a été commise : alors la partie est nulle. — Lorsque le délinquant est condamné à jouer son roi, il ne peut en profiter pour roquer. — 11. *Échec.* Tout joueur qui attaque le roi adverse doit dire à haute et intelligible voix : *Échec*, ou : *Échec au roi*, ou encore : *Au roi*. Cet avertissement n'est pas une obligation pour lui de faire échec; mais s'il se trouve que le coup annoncé par lui ne donne pas échec, l'adversaire peut le forcer de remettre en place la pièce jouée et d'en jouer une autre. — Un joueur devient passible des pénalités édictées dans l'art. 6, dans les cas suivants : 1° quand il met lui-même son roi en échec; 2° quand il joue une pièce dont le départ livre son roi à l'échec; 3° si, son roi étant en échec, il touche une pièce qui ne peut couvrir cet échec. — L'annonce de l'échec n'est obligatoire que pour le roi; mais, par courtoisie, on annonce aussi quelquefois l'échec à la dame, à la tour, etc., quand l'une de ces pièces se trouve en prise. — 12. *Roi demeurant en échec.* Il arrive que l'échec au roi n'est pas aperçu et, par conséquent, n'est pas annoncé ni que l'on fait un ou plusieurs mouvements. C'est ce que l'on appelle un échec aveugle. Tous les mouvements faits après l'échec aveugle sont nuls de plein droit, et le joueur qui a manqué d'annoncer l'échec peut être forcé, si son adversaire le désire, de jouer avec une autre pièce que celle qui a attaqué le roi. — Si, au contraire, un joueur a annoncé l'échec et que l'adversaire ait négligé de le parer, les coups subséquents sont nuls jusqu'à celui où a été donné l'échec, qui conserve son effet;

et, de plus, le premier joueur a le droit de punir son adversaire en désignant lui-même la manière dont il veut que l'échec soit réparé. — Dans les deux cas, si l'on ne peut se souvenir des coups joués après l'échec non annoncé ou non garanti, et si l'on ne peut rétablir le jeu, la partie est nulle. — 13. *J'adoube.* Nous avons dit (art. 6) ce que l'on entend par le mot *adouber*. On doit employer cette expression lorsqu'on touche une pièce pour la remettre en place; mais il est trop tard quand on a touché la pièce, et dans ce cas, la pièce doit être jouée ou prise. (Voy. art. 6). — 14. *Les cinquante coups.* Si, à n'importe quel moment de la partie, l'un des joueurs persiste à répéter un échec particulier ou une série d'échecs toujours les mêmes, ou si, pour préparer un échec, il s'acharne à répéter un ou plusieurs mouvements, toujours les mêmes, l'adversaire a le droit de demander que ces échecs ou ces mouvements soient limités au nombre de cinquante, à partir du moment où il fait sa réclamation; et si, dans cette limite, ni l'un ni l'autre n'a gagné, la partie est nulle. Tout joueur qui ne possède plus que le roi peut exiger que son adversaire ne le poursuive pas plus de cinquante coups, après quoi la partie est remise si le mat n'a pas été fait. — Un joueur qui ne possède plus que son roi et sa dame, son roi et une tour, son roi et un fou, ou son roi et un cavalier, contre une force égale ou supérieure, peut exiger que le jeu se terminera en cinquante coups; et alors, s'il n'y a pas eu de mat, la partie est remise. Néanmoins, la limite des cinquante coups n'est pas de rigueur, si l'un des joueurs, opposé à cette limitation, en appelle à la galerie qui lui donne raison. En cas de contestation sur ce point, l'on doit avoir recours à des arbitres. — 15. *Bouleversement du jeu.* Il arrive que l'un des joueurs remue un peu vivement l'échiquier et renverse ainsi une ou plusieurs pièces, ou bien qu'il renverse ou déplace des pièces en jouant. On répare cet accident en remettant les pièces en place. En cas de contestation sur la position des pièces, l'opinion du second joueur doit prévaloir sur celle du maladroit qui a causé le dérangement du jeu. — Le bouleversement volontaire du jeu équivaut à l'abandon de la partie, et l'adversaire est considéré comme ayant gagné. — 16. *Pièce tombée.* Si une pièce tombe de l'échiquier, on doit la replacer. Dans le cas où l'on ne s'apercevrait de sa disparition que lorsque plusieurs coups auraient été joués, il faudrait rétablir la partie comme elle était au moment de sa chute. Quand il y a contestation sur la restauration du jeu, la partie est nulle. — 17. *De la galerie et des arbitres.* Toute contestation sur l'interprétation des lois peut être soumise aux spectateurs, sur la demande de l'un des adversaires. La galerie peut intervenir d'elle-même quand les règles fondamentales du jeu sont violées par l'un des joueurs. Si les avis des spectateurs sont partagés, on peut avoir recours à des arbitres, dont le jugement est sans appel. — OBSERVATIONS DE PHILIDOR SUR LES FINS DE PARTIE. Un pion seul ne doit pas gagner si le roi adverse se trouve en opposition. Un pion seul doit gagner si son roi se trouve en avant de lui. Deux pions contre un seul doivent gagner dans presque tous les cas, mais il faut que celui qui a les deux pions évite d'échanger l'un de ses pions contre celui de l'adversaire. Un pion et une pièce quelconque doivent gagner : excepté si le pion se trouve sur la file de l'une des tours. Il faut alors que la pièce soit un fou, et qui ce fou règne sur la case où le pion doit faire dame, auquel cas la partie est remise. Deux cavaliers seuls ne peuvent faire mat. Deux fous seuls peuvent faire mat. Une tour contre un cavalier fait partie remise. Une tour contre un fou fait partie remise. Une tour et un cavalier contre une tour, partie remise. Une

tour et un fou contre une dame, partie remise. Une tour et un cavalier contre une dame, partie remise. Une tour contre un fou et deux pions, partie remise. Une tour contre un cavalier et deux pions, ou contre un fou et deux pions, partie remise, parce que la tour peut toujours se sacrifier pour faire prendre les deux pions. Une dame contre une tour et deux pions, partie remise. Une dame peut gagner contre un fou et un cavalier. — NOTICE HISTORIQUE. Pour employer une expression consacrée, l'origine des échecs se perd littéralement dans la nuit des temps, et l'obscurité est encore augmentée par l'érudition grecque et latine que les écrivains ont répandue à profusion sur ce sujet. Les hellénistes surtout se sont montrés ingénieux pour attribuer une si belle invention aux compatriotes d'Homère. Ayant lu dans nous ne savons quelle histoire fabuleuse que Palamède occupait ses loisirs, pendant le siège de Troie, à jouer devant sa tente, au moyen de petits cailloux qu'il faisait manœuvrer dans une figure carrée, tracée sur le sable, ils en ont conclurent de suite que ce prince des Abantes avait imaginé le jeu sublime des échecs. Les héros de l'*Iliade* étaient, sans doute, de braves guerriers, mais leurs conceptions, en fait de jeux, ne devaient guère s'élever au-dessus de l'enfantine marelle. Et d'ailleurs, les échecs étaient déjà populaires sur les bords du Gange mille ans avant les événements plus ou moins mythiques qui suivirent l'enlèvement de la belle Hélène; et tous les peuples orientaux, même les Chinois, s'accordent à attribuer l'invention aux habitants de l'Inde. Les écrivains arabes, dont l'imagination a toujours brillé par sa fécondité, nous font connaître par l'historiette suivante, dans quelles circonstances ce jeu fut créé et c'est surtout ici le cas de dire : — *Si non e vero...* Environ trois mille ans avant l'Hégire, régnait sur les États situés à l'embouchure du Gange un jeune monarque enivré de sa puissance, qu'il croyait inébranlable. Méprisant les sages conseils des hommes vertueux, et poussé par les flatteries pernicieuses de ses courtisans, il commit toutes sortes d'excès, accabla le peuple sous le poids de la tyrannie et se rendit tellement odieux que ses sujets conspirèrent de le renverser. C'est alors qu'un nommé Sissa, brahmane ou prêtre du brahmanisme, entreprit de faire ouvrir les yeux au prince sur les funestes effets que sa conduite allait produire. Mais redoutant le sort de plusieurs honnêtes personnages mis à mort pour avoir dit au roi la vérité un peu crûment, il pensa que sa leçon ne deviendrait utile que si le monarque se la donnait lui-même, sans croire la recevoir d'un autre. Dans ce but, il imagina le *jeu du roi* (schah trak, dont nous avons fait *échecs*), dans lequel le roi (*schah*), quoique la plus importante des pièces, est impuissant pour l'attaque et même pour sa propre défense sans le secours de ses officiers et de ses soldats. Le nouveau jeu ne tarda pas à devenir célèbre; et le jeune souverain voulut l'apprendre Le brahmane Sissa, sous le prétexte de lui en enseigner les règles, lui fit goûter des vérités importantes qu'il avait toujours refusé d'entendre. Le prince, comprenant que l'amour du peuple fait toute la force d'un roi, changea de conduite et prévint, par là, les malheurs qui le menaçaient. Touché de reconnaissance, il dit au prêtre ingénieux : — « Je te laisse le choix de la récompense; demande-moi tout ce que tu voudras et je te l'accorderai. — Seigneur, répondit le savant, je vous demande de me donner le nombre de grains de blé que produira le nombre des cases de l'échiquier, un seul pour la première, deux pour la seconde, quatre pour la troisième et ainsi de suite jusqu'à la soixante-quatrième. » Le roi, étonné de la modicité apparente de cette demande, l'accorda sur-le-champ ; mais quand les tré-

soriers eurent calculé, ils trouvèrent que l'Inde entière ne saurait produire en vingt ans le blé promis au brahmane; il faudrait, pour contenir la somme des grains, 16.384 villes, ayant chacune 1.024 greniers, dans chacun desquels il y aurait 174.762 mesures et dans chaque mesure 32.768 grains. Le prêtre, profitant de l'occasion, fit sentir au souverain combien il est dangereux pour les rois de s'engager dans des entreprises inconsidérées dont ils ne peuvent prévoir l'issue. L'histoire des transformations du jeu des échecs peut se diviser en trois périodes : 1° âge du *schah touranga* ou jeu primitif, s'étendant depuis l'origine des échecs jusque vers le vi° siècle après J.-C. Dans le schah touranga, on jouait à quatre personnes, et les adversaires déterminaient, en jetant un dé, quelle pièce devait être déplacée. C'était le vrai jeu indou, celui dans lequel le *fierz*, dont nous avons fait *vierge*, puis *dame*, ne faisait qu'un seul pas, comme le roi. Le *fil* ou éléphant (transformé en *fol* puis en *fou*), ne faisait également qu'un seul pas, en diagonale. Il est même probable que le *rokh* ou *chameau* (dont nous avons d'abord fait *roc*, puis *tour*) n'avançait pas plus vite dans sa ligne verticale ou horizontale. Quant aux *cavaliers*, qui ont toujours porté le même nom, ils ont conservé dans tous les temps leur marche bizarre et savante, qui est le trait le plus caractéristique du jeu des échecs. Les pions ou fantassins prenaient devant eux et non en diagonale, et la prise en passant était inconnue; 2° âge du *schah tranj*, ou jeu moyen, embrassant la période entre le vi° et le xvi° siècle; la lutte n'est plus lieu qu'entre deux adversaires et l'abandon du dé fit disparaître tout effet du hasard. C'est au début de cette période que ce jeu se répandit en Chine, au Japon et en Europe (par la Perse et Constantinople) ; 3° période du jeu *moderne*, depuis le commencement du xvi° siècle jusqu'à nos jours. Cette période se distingue par de profondes modifications dans les lois fondamentales des échecs, telles que l'augmentation du pouvoir de la dame et du fou, l'introduction du *roquage* (d'aucuns disent le *roque* ou le *roquer*), la manière de prendre adoptée pour les pions, surtout la prise en passant, qui, de sorte que ce jeu, en devenant beaucoup plus savant, devint beaucoup plus compliqué.

ÉCLAIRAGE. — Encycl. Les premiers hommes, contraints de s'éclairer, pendant la nuit, au moyen de bois résineux, durent chercher une autre méthode, quand les forêts devinrent plus rares. On inventa les lampes à l'huile, dont toutes les civilisations primitives nous ont laissé des spécimens. Ces lampes se composaient d'un récipient peu élevé, muni d'un ou plusieurs becs et d'un crochet qui servait à le suspendre. On l'emplissait d'huile dans laquelle trempait une mèche qui brûlait à l'une de ses extrémités sortie du bec. Des jeunes filles étaient chargées de veiller nuit et jour à la conservation du feu, car il était très difficile de rallumer les lampes éteintes. Dans plusieurs pays, ces jeunes filles avaient le rang de prêtresses, et les lois cruelles les frappaient lorsqu'elles ne remplissaient pas exactement leur office. L'histoire légendaire de la fondation de Rome nous en fournit un exemple. — Plus tard, le cierge devint l'éclairage des riches, et, pendant la nuit, au commencement du moyen âge, on laissait brûler une torche de cire dans les habitations des nobles. Les jours de fête, on plaçait des luminaires aux quatre coins des salles de festin; des mortiers de cire brûlaient dans les chambres à coucher. Les pauvres employaient des chandelles de suif. Plus tard encore, sous Philippe le Bel, les lois somptuaires réservèrent la cire à l'usage des personnages élevés en dignité; bientôt même les cierges ne furent plus employés que dans les églises; les riches

eurent recours aux torches, les pauvres aux chandelles. La bourgeoisie des villes connut les bougies dès le xie siècle. Au xviiie siècle seulement on songea sérieusement à perfectionner les lampes et l'huile à brûler : ce fut une véritable révolution dans l'éclairage domestique. Le quinquet régna dans toutes les maisons de personnes aisées. Mais déjà les Anglais, trouvant ce moyen insuffisant, en cherchaient un autre : ils trouvèrent le gaz, qui a été le mode d'éclairage public le plus répandu pendant une grande partie du xixe siècle. Aujourd'hui, les recherches et les perfectionnements se tournent vers l'électricité. — L'éclairage des rues est moderne. Au xvie siècle, les propriétaires des maisons devaient placer, après neuf heures du soir, une lanterne allumée sur la fenêtre du premier étage. — Econ. dom. Si vous pouvez avoir le gaz dans toutes les pièces de votre appartement, c'est encore le système le plus sûr, le plus convenable et le moins cher, la dépense d'installation exceptée, naturellement. Mais partout où vous emploierez la lumière du gaz, ayez soin d'assurer une ventilation plus considérable, car non seulement le gaz dégage une chaleur parfois insupportable, mais encore il exhale une vapeur méphitique, et prenez les précautions les plus minutieuses pour éviter les fuites ou plutôt pour les arrêter à temps. N'employez pas de becs mal construits, donnant passage à une certaine quantité de gaz non brûlé, dont le moindre désagrément est de provoquer des migraines et des nausées. Une fuite de gaz sans importance est facilement découverte à l'odeur nauséabonde qu'elle répand aussitôt et n'offre pas d'ailleurs un danger sérieux ; mais si la fuite est abondante, la quantité de gaz répandue forme avec l'air ambiant un mélange éminemment explosible et les plus grands malheurs sont à craindre, si l'on n'apporte pas à la recherche de cette fuite tous les soins commandés par la prudence. — Fuite de gaz; moyen d'y remédier sans danger. Toutes les fois qu'il y a lieu de redouter une fuite de gaz dans une pièce, il faut s'y rendre sans lumière, ouvrir dans toute leur largeur les portes et les fenêtres et les laisser ainsi assez longtemps pour que l'air saturé de gaz de l'intérieur ait été renouvelé par l'air relativement pur du dehors, ce qu'on peut reconnaître par une diminution notable de l'odeur de gaz dans la pièce où la fuite s'est déclarée. Un peu de graisse épaisse ou un chiffon trempé d'huile appliqué sur l'endroit percé du conduit lui constituera un pansement suffisamment efficace.—Le gaz est encore employé comme chauffage et pour la cuisson des aliments. Son emploi, dans les deux cas, est plutôt un élément de propreté que d'économie; à la cuisine cependant, je crois qu'il y a économie certaine, sans parler de l'avantage de pouvoir régler exactement le degré de chaleur que réclame telle ou telle préparation culinaire, ce qu'on ne peut faire avec aucune autre matière combustible, et d'obtenir du feu instantanément. Cet avantage est surtout appréciable lorsqu'on a des malades chez soi. Mais c'est en pareil cas surtout qu'il faut veiller aux fuites possibles et y remédier promptement. Outre le danger menaçant, il y a encore à craindre que l'infection n'atteigne, pour si peu que ce soit, les aliments en train de cuire, car tout aliment imprégné d'odeur de gaz est radicalement perdu. — Eclairage à l'huile. Commençons par les préceptes fondamentaux. La meilleure huile à brûler est claire et presque incolore. Il faut avoir soin de tenir l'huile à l'abri de toute exposition à l'air atmosphérique, à raison de sa grande affinité pour l'oxygène de l'air dont elle absorbe une quantité énorme, en d'autres termes, à raison de sa facilité à s'éventer. Si votre huile est devenue épaisse et visqueuse et que vous ne vouliez néanmoins pas renoncer à vous en servir, vous y ajouterez quelques gouttes de térében-

thine. — Lampes à l'huile. Il y a quelques considérations à observer, en apparence insignifiantes, mais dont on ne s'écarte pas impunément, dans le maniement d'une lampe. Si la mèche est trop montée, l'huile ne montera que lentement, de même si elle est trop serrée sur le bec de la lampe; si elle est trop lâche, trop large, la puissance d'attraction capillaire en sera augmentée et il montera'trop d'huile; une mèche taillée inégalement ou insuffisamment produira une lumière inégale, tremblotante, la lampe filera et fumera. — Pour prévenir la fumée des lampes. Indépendamment d'une taille imparfaite de la mèche et de la mauvaise qualité de l'huile, une lampe peut fumer, si la mèche elle-même n'est pas de qualité irréprochable. Dans ce cas, trempez votre mèche dans du vinaigre fort, faites-la bien sécher, puis employez-la comme à l'ordinaire. Elle donnera alors une lumière claire et brillante qui vous dédommagera de l'embarras insignifiant résultant de cette préparation fort simple. — Economie dans la combustion de l'huile. Dans les maisons laborieuses, où l'on veille tard l'hiver, l'huile d'éclairage constitue une dépense fort lourde, que bien des ménagères se désolent de ne pouvoir diminuer par quelque moyen. Voici ce moyen : faites dissoudre du sel de cuisine dans de l'eau, filtrez cette dissolution et plongez-y votre mèche de lampe, que vous ferez naturellement bien sécher ensuite. Après cela, mélangez avec la solution une quantité d'huile équivalente, agitez quelque temps, puis laissez reposer; l'huile reviendra à la surface; décantez pour recueillir facilement cette huile. La mèche préparée de cette manière donnera une flamme brillante et sans fumée; et l'huile, ainsi traitée, durera beaucoup plus longtemps, c'est-à-dire brûlera beaucoup plus lentement, sans préjudice pour la lumière, que l'huile non préparée. — Huiles minérales. — Danger de l'emploi des huiles minérales. Toutes les huiles minérales dégagent un gaz extrêmement inflammable lorsqu'elles sont exposées à la chaleur. Certaines de ces huiles émettent, ce gaz même à une température relativement basse, et il arrive parfois, dans ce cas, que l'huile, s'échauffant à la flamme de sa propre lampe, dégage son gaz, lequel arrivant en contact avec la flamme provoque aussitôt l'explosion. C'est pour éviter ce danger qu'on a construit, pour l'emploi du pétrole, des lampes spéciales, à long col, isolant la flamme du récipient à huile. Malgré ces précautions, des explosions se produisent encore assez souvent, que la prudence des personnes qui emploient cette substance dangereuse suffirait à éviter. — Il ne faut jamais, sous aucun prétexte, remplir sa lampe d'huile minérale à la lumière ou près d'un feu ouvert. Le gaz extrêmement volatil de l'huile minérale s'enflamme aussitôt et l'incendie s'empare au moins de la malheureuse imprudente dont la vie est dès lors en danger. Un accident de ce genre est arrivé chez moi où, malgré mon aversion pour toutes les huiles minérales, j'avais dû consentir à ce que l'on fût brûlé à la cuisine. Un soir, la satanée lampe (une de ces petites lampes de cuisine fort ingénieuses où l'huile est recueillie par une éponge qui alimente la mèche) étant à sec, malgré mes recommandations expresses, la cuisinière se dispose à la remplir, à plus d'un mètre et demi de sa table, sur laquelle brûlait une bougie; la première goutte était à peine sortie de la burette que le gaz prend feu et que la malheureuse a les deux mains enveloppées de flammes. — Elle en fut quitte pour quelques brûlures, ayant eu l'incroyable fortune que ses vêtements ne prissent pas feu à leur tour; mais ce fut là, j'espère, une leçon profitable. — Economie. Comme, somme toute, l'économie de l'éclairage est une nécessité souvent impérieuse, au point

que l'huile de pétrole elle-même peut devenir coûteuse à de trop petites bourses, nous donnerons la recette suivante, expérimentée en Belgique l'an passé, et qui donne un liquide éclairant dont le prix est d'environ 7 centimes le litre : faites dissoudre 60 grammes de sel de soude dans un litre d'eau de pluie; ajoutez à cette solution 14 gouttes de naphte; agitez. Cette composition brûle avec un pouvoir éclairant aussi grand que l'huile minérale, donne une lumière aussi blanche et son emploi est absolument sans danger. — Nettoyage des lampes et bidons à pétrole. On prépare un lait de chaux avec de la chaux éteinte et de l'eau, et l'on lave avec ce lait de chaux qui, se combinant avec le pétrole, forme une sorte de savon. Si l'on veut obtenir une netteté plus grande, enlever jusqu'à la moindre trace d'odeur, ce qui peut être indispensable, par exemple, lorsqu'il s'agit d'un vase que l'on veut employer à un autre usage, — on lave une seconde fois dans un lait de chaux où l'on a jeté une petite quantité de chlorure de chaux. En chauffant le lait de chaux, on rend l'opération plus rapide. — Eclairage électrique. Depuis quelques années, on s'occupe

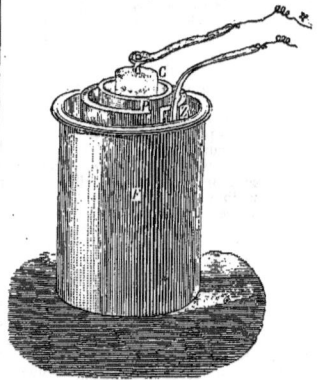

Eclairage électrique. — Pile de Bunsen.

de l'éclairage électrique domestique, avec deux ou trois lampes de 10 bougies d'intensité, pouvant être allumées ensemble ou séparément. On a essayé, pour cet usage, la pile-bouteille de Grenet; mais elle s'affaiblit trop rapidement. La pile de Bunsen pourrait suffire, mais on lui préfère l'appareil de G. Trouvé, composé de six éléments formés chacun d'une auge en verre ou en ébonite, qui renferme deux lames de charbon serrées par une pince, et une lame de zinc amalgamé. Le liquide dans lequel plongent les lames est formé de 150 gr. de bichromate et de 450 gr. d'acide sulfurique par litre d'eau. Deux batteries de ce système maintiennent allumées pendant 5 heures 10 lampes à incandescence. Un treuil, mû par une manivelle, plonge à volonté ou retire les zinc et le charbon. — Deux fil d'assez fort diamètre partent des pôles de la pile et aboutissent à la dernière lampe du circuit. Des fils plus petits portent le courant aux autres lampes. Le choix de ces dernières n'est pas indifférent. On préfère toujours les lampes à incandescence comme celle d'Edison ou celle de Maxim. — Eclairage électrique des villes. New-York a été la première ville qui fit usage de l'électricité pour l'éclairage de ses rues. Dès 1882, le célèbre inventeur américain Edison y créa la première station centrale. Cette station, colossal réservoir de force puisqu'on y produit des milliers de chevaux-vapeur, sert à l'éclairage de tout un quartier entre Wall-Street, la grande artère commer-

ciale de New-York et le quai du Sud, qui fait face au port. Ce quadrilatère a plusieurs kilomètres carrés de superficie. De l'usine rayon-

Éclairage électrique. — Pile électrique Trouvé.

nent en tous sens des fils conducteurs qui se bifurquent à droite et à gauche pour longer toutes les rues. Chaque maison est reliée par

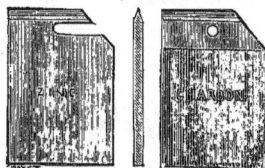

Zinc et charbon de la pile Trouvé.

un fil spécial qui aboutit à un compteur. De 12,000 lampes qu'elle comptait en 1884, cette station en alimente maintenant 27,000 envi-

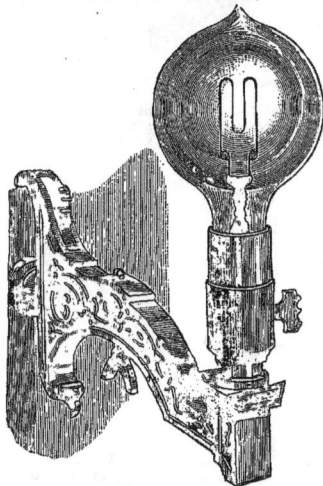

Éclairage électrique. — Lampe à incandescence de Maxim.

ron ; c'est dire quel succès elle a obtenu. Aussi, depuis cette époque, des capitalistes, des groupes de citoyens, ont, avec l'initiative qui caractérise les Américains, créé dans presque toutes les villes du nouveau monde de semblables stations. Pour se rendre compte de l'importance que cette industrie a prise aux États-Unis, il suffit de jeter un coup d'œil sur le tableau des valeurs d'électricité publié chaque semaine par les revues spéciales; on est véritablement surpris de voir le nombre considérable de Compagnies qui s'y sont fondées, ainsi que les énormes capitaux dont elles disposent. L'Europe suivit l'exemple de l'Amérique. Londres possède plusieurs stations dont la principale éclaire le quartier de Paddington, 24 hectares environ. La lumière totale de cette station équivaut à 30,000 becs de gaz. A Milan, l'usine centrale de Sainte-Radegonde, qui a été construite sur le modèle de la station de New-York, est une des plus remarquables. Son développement a été très rapide. En 1883, elle comptait 5,500 lampes. Aujourd'hui, elle a 8,921 lampes à incandescence et 141 lampes à arc d'installées. Ces lampes sont distribuées dans les quartiers du centre de la ville; le théâtre de la Scala, le théâtre Manzoni, l'Hôtel de Ville, etc., reçoivent leur éclairage de cette station. De plus, cette usine s'agrandit d'une manière considérable en ce moment par l'emploi du système Zipernowsky, électricité à grande distance. Les usines centrales de Vienne, de Rome, de Berlin, de Munich, de Breslau, de Stuttgard, de Lucerne et de Lausanne sont également remarquables à des titres divers, mais la France est restée singulièrement en retard, et c'est avec modestie que nous devons parler des établissements de Saint-Étienne, de Dijon, de Tours, etc. — Paris occupe le dernier rang parmi les grandes villes de l'Europe, au point de vue de l'éclairage électrique. Notre capitale s'est même laissée devancer par une petite ville de la Lozère, Mende, qui n'avait jamais été éclairée au gaz et qui vient d'échanger tout à coup ses fumeuses lanternes contre la lueur éclatante de l'électricité. L'usine centrale est installée dans une très curieuse maison qui date de la Renaissance. La canalisation est aérienne : les câbles principaux sont fixés aux maisons, suspendus aux cheminées, ou cachés sous les auvents; de ces câbles partent des « dérivations » sous plomb qui amènent le courant aux lanternes municipales. La distribution se fait par le système Edison, à 100 volts, avec des lampes de Khotinsky; la plus grande distance depuis l'usine est d'environ 850 mètres. Toutes les rues et une partie des boulevards sont éclairés par des lanternes au nombre de 160, placées aux carrefours, sur les fontaines et devant les bâtiments publics : la préfecture, l'Hôtel de Ville, le tribunal, qui, tous, sont éclairés à l'électricité; il en sera de même des casernes, d'après une décision du ministère de la guerre. L'éclairage public commence à la chute du jour et finit à minuit; à partir de ce moment, les abonnés qui sont du courant sont servis par une batterie d'accumulateurs chargés pendant la soirée. — Éclairage électrique des édifices. A la suite de la catastrophe de l'Opéra-Comique, le

25 mai 1887, la préfecture de police prescrivit un ensemble de mesures destinées à assurer la sécurité des spectateurs, mais elle n'imposa pas aux directeurs l'obligation de faire usage de l'éclairage électrique. Les directeurs, mieux inspirés que l'administration, ont fait, de suite, installer des appareils électriques sur leurs scènes et dans leurs salles. En cela, ils ne firent qu'imiter l'exemple des principaux directeurs de province, tels que ceux de Lyon, de Marseille, de Bordeaux, etc. La catastrophe du théâtre d'Exeter (Angleterre), peu de temps après l'incendie de l'Opéra-Comique, donna une nouvelle force à l'opinion de ceux qui voient dans l'éclairage électrique le seul moyen de préserver du feu les salles de spectacle. Tous les théâtres, les grands cafés et les grands magasins de Paris sont aujourd'hui éclairés par des becs électriques. La plupart de ces établissements possèdent des appareils particuliers, ordinairement installés dans les sous-sols. L'immense salle de l'Hippodrome est pourvue de 20 lampes voltaïques à régulateur Serrin et de 60 bougies Jablochkoff, disposées en deux lignes sur le pourtour, avec quatre corbeilles couronnant les colonnes centrales. L'électricité est produite à l'aide de deux machines à vapeur, système *Compound*, de la force de 100 chevaux chacune et alimentées par trois vastes chaudières à retour de flamme. Le volant de la machine à vapeur met en mouvement quatre rangées de machines dynamo-électriques Gramme, à sept machines par rangées. Les fils conducteurs, qui amènent l'électricité aux différents brûleurs disséminés dans la salle, sont rattachés à 50 commutateurs. Le théâtre des Variétés, éclairé à l'électricité depuis 1887, fait usage d'une machine dynamo-électrique qui sert, en même temps, à éclairer quelques boutiques du passage des Panoramas, soit un ensemble de près de

Éclairage électrique. — Machines Compound.

600 lampes à incandescence Woodhouse et Rawson de 98 volts. Le courant électrique est produit par des générateurs de vapeur du système Collet (Belleville). La vapeur passe dans deux machines à condensation *Compound*, de la force de 75 chevaux chacune. Chaque machine à vapeur actionne directement, par une courroie, une machine dynamo-électrique Gramme de 400 ampères et 110 volts, tournant à 625 tours par minute. Tout l'appareil est installé dans les caves d'une maison de la rue Montmartre. — L'installation électrique du Palais-Royal peut être considérée comme un modèle en son genre.

Tous les appareils, soit à vapeur, soit électriques, sont en double, la moitié d'entre eux étant toujours gardée en réserve, prête à

Éclairage électrique — Machines dynamo-electriques Édison.

remplacer l'autre, le cas échéant. On les a placés dans le sous-sol, au-dessous du péristyle. Ils se composent de deux machines dynamo-électrique Édison, marchant à 900 tours et produisant chacune 55 volts et 450 ampères. Ces machines sont respectivement actionnées par deux machines à vapeur à condensation *Compound*, d'une force de 35 chevaux ; elles font 300 tours par minute et sont alimentées par des chaudières inexplosibles Belleville. L'installation comporte 430 lampes à incandescence, dont 285 de 10 bougies et 145 de 20 bougies. — Depuis 1880 jusqu'en 1888, on n'a cessé de faire des essais multipliés d'éclairage électrique pour le vaste édifice de l'Opéra. Après de nombreux changements et des modifications répétées, on a fini par adopter l'éclairage par incandescence. Les gigantesques sous-sols de cette vaste construction ont reçu 3 chaudières inexplosibles Belleville, fournissant par heure 2,450 kilogrammes de vapeur chacune. Le service d'éclairage journalier est assuré par 2 machines à vapeur Corliss, jumelles, de 150 chevaux chacune et à condensation. Elles font 65 tours à la minute, et actionnent, à 200 tours, une transmission principale commandant 5 machines dynamo-électriques Édison, de 500 lampes. Une machine Gramme, à courants alternatifs, alimente les foyers Jablochkoff de la façade. — **Eclairage électrique sous-marin.** On a tenté, ces dernières années, beaucoup d'expériences d'éclairage électrique sous-marin, pour la pêche ou pour les travaux qui se font sous l'eau. Le *Scientific american* a fait connaître dernièrement un projet d'éclairage électrique sous-marin pour la défense des navires cuirassés qui peuvent être menacés, en temps de guerre, par les torpilles. Ce projet est de M. Celis, qui propose de ménager dans la carène des navires, au-dessous de la ligne de flottaison, des postes de défense qui comprendraient trois ouvertures. La première, garnie d'un verre lenticulaire, laisse passer les rayons d'une lampe électrique projetés par un fort réflecteur et illumine la masse des eaux autour du navire. Derrière la seconde, fermée d'une glace puissante, se tient en permanence un veilleur qui inspecte cet horizon sous-marin. La troisième est la bouche d'un tube lance-torpille, dans lequel est logée une torpille toujours

prête à partir, et qui, munie des appareils de direction connus, se trouve sous la main du veilleur. Un bateau sous-marin se montre-t-il dans le champ illuminé, tous les veilleurs dirigent sur lui les torpilles dont ils disposent et le détruisent à une distance telle que cette opération n'a aucune influence sur le navire qu'ils sont chargés de sauvegarder. Ce projet de vigies sous-marines nous semble, en dehors du cas des navires de guerre, pouvoir être aussi appliqué aux navires de commerce, dans les parages dangereux. Enfin, et ceci serait à expérimenter, en temps de brouillard, la vision à travers l'eau éclairée permettrait-elle de voir un second navire muni aussi d'un fanal sous-marin? Cette question est importante, bien nombreux sont les sinistres arrivés par l'abordage de navires pendant la nuit et en temps de brouillard.

ECLIPSE. — Les éclipses de soleil ont une grande importance pour les astronomes, à qui elles permettent d'étudier les panaches lumineux d'autant plus brillants que l'obscurité est plus complète. On croyait autrefois que ces magnifiques jeux de lumière étaient uniquement produits par des illusions d'optique ; mais Arago comprit que l'on se trompait et il engagea les astronomes à étudier soigneusement des phénomènes qu'ils avaient dédaignés jusqu'alors. Depuis cette époque, les éclipses

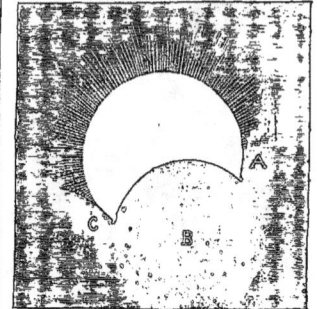

Fig. 2. — Eclipse du 12 juin 1890, telle qu'elle fut visible à Paris, au lever du soleil.

n'en a que 49 sur 341 éclipses. Parmi ces 49 nous comptons celles de 1891, de 1894, de 1895 et de 1898. L'Académie des sciences de Vienne a récemment publié un volume rédigé par Oppolzer, et qui renferme le canon de 8,000 éclipses de soleil, survenues depuis l'an

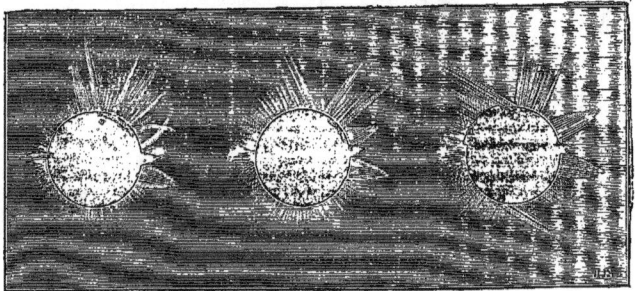

Fig. 1. — Variations des protubérances solaires pendant une éclipse totale.

totales ont été observées avec le plus grand soin. C'est à l'occasion de l'une d'elles que Janssen découvrit une méthode pour explorer les environs du soleil à l'aide d'un spectroscope, et que Laussedat appliqua pour la première fois l'instrument perfectionné par Léon Foucault, sous le nom de sidérostat. Enfin, c'est encore à l'occasion des éclipses de soleil qu'on a appliqué, pour la première fois, la photographie à l'étude des phénomènes célestes. — On est d'accord aujourd'hui que les protubérances et les rayons extraordinaires, qui se montrent lorsque le disque de la lune cache complètement le soleil ne sont pas de simples illusions. Mais la rapidité avec laquelle les formes de ces singuliers objets sont modifiés est si grande, qu'il est impossible de ne pas se demander s'il est bien vrai qu'ils fassent, en réalité, partie du soleil. La figure 1 montre combien sont différentes les formes aperçues à peu près au même instant, par divers observateurs. — A tous les progrès qu'il faut inscrire à l'actif des éclipses, on doit ajouter la fondation de la chronologie scientifique. C'est, en effet, une éclipse totale, survenue 776 années avant la naissance du Christ qui a permis aux savants modernes de fixer d'une manière authentique la première date de

l'histoire grecque. Grâce à cette éclipse, on établit la concordance de l'ère des Olympiades avec l'ère chrétienne, et l'on eut l'époque exacte des jeux dans lesquels fut décerné le premier prix dans la course du stade. — Les éclipses totales sont assez rares : le XIXe siècle

1707 avant J.-C. jusqu'à nos jours, et celles qui se succéderont jusqu'en 2161. Cette période de 3,868 années ou 1.021.185 jours ne

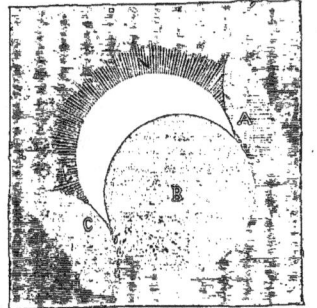

Fig. 3. — Eclipse du 12 juin 1890, telle qu'elle fut visible à Paris, lors de sa plus grande phase.

contient que 1,000 éclipses totales. — Le volume d'Oppolzer contient également un canon de 5,200 éclipses de lune, pendant la

même période de 3,868 ans. — L'éclipse annulaire de soleil du 12 juin 1890 a été visible dans une grande partie de l'Afrique boréale, de la Méditerranée, de l'Asie Mineure, de la Perse et de l'Inde. A Paris, l'observation de cette éclipse ne put avoir lieu que dans des conditions assez mauvaises. En effet, elle était commencée depuis longtemps lorsque le soleil se leva, et elle cessa avant que le disque de la lune eût recouvert la moitié du disque solaire.

ÉCOUFFE s. m. Ancien nom du cerf-volant; rue des Écouffes. — On disait aussi Écoufles :

« La rue de l'Écoufle est près
Et la rue des Rosiers près... »
GUILLOT.

ÉCREVISSES. (Écon. dom.). Enlevez la nageoire du milieu, avec laquelle suivra un petit boyau noir; lavez à grande eau, en changeant plusieurs fois; faites cuire dans un court-bouillon; laissez bouillir un quart d'heure, la casserole couverte. Retirez-les du feu, faites égoutter. Servez sur une serviette, disposées en buisson et parées de persil vert.

ÉDUCATION. Le tableau que nous publions ci-dessous fait connaître le nombre des illettrés qui n'ont pu signer leur acte de mariage depuis quelques années, dans certains pays où existe la statistique :

PAYS	ANNÉES	NOMBRE DE PERSONNES QUI N'ONT PU SIGNER LEUR ACTE DE MARIAGE (pour 100 mariés)		
		Hommes	Femmes	Moyenne
Prusse	1884	3.31	5.11	4.21
Écosse	1886	4.65	8.28	6.46
Angleterre et Galles	1887	9.10	10.60	9.85
Hollande	1877	7.53	14.83	11.18
France	1882	14.30	22.62	18.50
Irlande	1887	22.20	24.80	23.50
Italie	1886	21.58	31.73	26.65

— Encycl. Dans l'éducation de la jeunesse de notre pays, on a pendant longtemps négligé le développement du corps, qui doit toujours marcher de pair avec le développement intellectuel. On commence à peine à reconnaître aujourd'hui que cette partie de l'éducation n'est pas la moins importante. La nécessité où l'on se trouve de faire passer tous les hommes valides sous les drapeaux fait ressortir la faiblesse physique de la plupart des jeunes gens élevés dans les villes. En Angleterre et en Allemagne, on attache une grande importance aux exercices corporels; mais c'est depuis peu d'années seulement que l'on se préoccupe, en France, de prescrire ces exercices dans les écoles. — Grâce à l'initiative de M. Paschal Grousset, écrivain de grand mérite, il s'est produit enfin un mouvement général de l'opinion, et la Ligue nationale de l'Éducation physique a été fondée à Paris, en 1888. Cette association est reconnue d'utilité publique; et, aux termes de ses statuts, la Ligue a pour objet : 1° de développer gratuitement dans les écoles de tout ordre, la force et l'adresse de ceux qui devront un jour le service militaire au pays, ainsi que la santé vigoureuse, d'où dépend l'équilibre intellectuel et moral; 2° à cet effet, d'élargir et de rehausser à sa dignité véritable la culture pédagogique du corps humain; 3° d'introduire, dans les établissements d'instruction primaire, secondaire et supérieure, à côté des exercices méthodiques de la gymnastique classique, les jeux de plein air et les récréations qui en sont le complément nécessaire; 4° d'intervenir auprès des pouvoirs publics pour qu'un nombre d'heures suffisant soit consacré à ces exercices ou à ces jeux, dans la vie scolaire de tous les âges; 5° d'étudier, de formuler ou de

faire connaître les moyens pratiques pouvant conduire à ces résultats; de déterminer dans quelle mesure ils doivent être appliqués à l'éducation des jeunes filles; 6° d'amener les communes à ouvrir, pour l'usage de la population scolaire, des terrains appropriés aux jeux et exercices publics, et à les pourvoir du matériel peu coûteux que comportent ces exercices; 7° d'instituer tous les ans un grand concours de force et d'adresse entre les champions des écoles de France, désignés par voie de sélection régionale, et de constater ainsi périodiquement la condition physique des générations qui se succèdent. » La Ligue a son siège à Paris, rue Vivienne, 51. La cotisation annuelle des adhérents est de trois francs, au minimum. — Le plus grand nombre des recteurs et des inspecteurs d'Académie, des proviseurs de lycée et des principaux de collège ont adhéré aux statuts de la Ligue; il en est de même des directeurs des principales maisons d'éducation. Le grand concours national a lieu chaque année au mois de juillet; des prix sont décernés aux lauréats pour chaque genre d'exercices (marche, course, saut, bicycle, aviron, natation, équitation, escrime, boxe, tir, etc.). Une coupe en argent, offerte par le Président de la République, est donnée en dépôt, pour un an, à l'institution dont les élèves ont obtenu, au concours annuel, la plus grande somme de récompenses.   CH. Y.

ÉGRAIN s. m. (préf. é; franç. grain). Plant d'arbre fruitier qui provient de graines et qui sert le plus souvent de sujet pour greffer les bonnes variétés. Pour le poirier, on dit qu'il est greffé sur franc, quand la greffe a été appliquée sur un plant de poirier ou égrain.

ÉGYPTE. — La superficie et la population de l'Égypte ont beaucoup diminué depuis que la Grande-Bretagne s'est donné la tâche de régénérer ce pays. La domination anglaise s'étend jusqu'à Ouady-Hallah (2ᵉ cataracte du Nil). En dehors de la vallée du Nil et de son delta, l'Égypte comprend, à l'E. plusieurs provinces sur la mer Rouge, en Syrie, dans l'isthme de Suez; à l'O., les oasis du désert libyque; au S., une partie de la Moudirieh de Dongola. Elle a perdu ses anciennes possessions du Soudan et ses prétentions sur l'Afrique centrale.

TABLEAU STATISTIQUE DE L'ÉGYPTE

DIVISIONS ADMINISTRATIVES	KIL. CARRÉS	POPULATION d'après le recensement du 3 mai 1882	HAB. par KIL. C.
Basse-Égypte.			
Gouv. Caire	15,7	374.838	»
— Alexandrie	180,4	231.396	»
— Damiette	11,7	43.616	»
— Rosette	63,5	19.378	»
Moud. Béhérah	2.413,8	398.855	165
— Charkieh	2.344,3	464.655	198
— Dakahlieh	2.411,8	586.033	243
— Gharbieh	6.062,5	936.276	155
— Kalioubieh	912,4	271.391	298
— Menoufieh	1.654,8	646.013	390
Haute-Égypte.			
Gouv. Kosseir	0,4	2.430	»
Moud. Assiout	2.174,6	583.596	278
— Beni-Souêf	1.220,9	219.573	180
— Fayoum	1.277,0	234.591	184
— Guizeh	956,4	283.833	297
— Minia	1.999,7	314.818	157
— Esna	1.661,6	237.961	276
— Guergueh	1.688,6	521.443	389
— Kena	1.409,9	406.858	289
Isthme.			
Gouv. Isthme de Suez	27,7	32.471	»
Est.			
Gouv. El-Arich	0,5	3.923	»
Oasis.			
Oasis Sioua	?	3.346	»
Égypte	27.687,4	6.817.265	246

La population de l'Égypte ne compte pas moins de 90,000 étrangers, dont 37,000 Grecs, 19,000 Italiens, 16,000 Français, 8,000 Austro-Hongrois, 6,000 Anglais ou sujets britanniques, 1,000 Allemands, etc. — Capitale, le Caire, 374,000 hab. (dont 22,000 étrangers). Villes principales : Alexandrie, 227,000 hab. (dont 48,000 étrangers) ; Damiette, 34,000 ; Tanta, 33,000 ; Assiout, 32,000. — Recettes (en 1889), 9,690,000 livres égyptiennes; dépenses, 9,682,000 livres; excédent de recettes, 8,000 livres. — Dette publique, 106,012,306 livres sterling. — Commerce, importation, 7,021,000 livres égyptiennes; exportation, 11,933,000 livres. Transit, 749,568 livres. La plus grande partie du commerce se fait avec l'Angleterre, la Turquie et la France. — Chemins de fer, 2,012 kilom. — Télégraphes, 5,841 kilom. de lignes, 10,727 kilom. de fils. — Armée, 10,790 officiers et soldats, sous les ordres d'un major général anglais et de 60 officiers anglais : 745 chevaux, 307 chameaux, 236 mulets et 14 pièces de campagne. On doit ajouter à l'armée 6,250 hommes de police. — Marine, 2 bateaux à vapeur armés de canons et plusieurs petits croiseurs. Le yacht khédival El Mahroussa est également considéré comme bâtiment de guerre. — Notice historique. Jusqu'à ces dernières années, l'Égypte put être considérée comme un champ ouvert à l'expansion colonisatrice de la France, comme une sorte de protégée, d'alliée, et, pour ainsi dire, de cliente de notre pays. Cette influence de la France portait naturellement ombrage à l'Angleterre, pour qui la possession de Gibraltar, de Malte et ensuite de Chypre, semblait insuffisante pour contre-balancer notre prépondérance sur la Méditerranée, surnommée le « lac français ». Dès 1841, la Grande-Bretagne prit une position hostile en imposant à l'Égypte une espèce de condominium, où elle partagea l'influence avec la France, en vertu du traité de Londres, qui rendit la Syrie à la Porte et assura à Méhémet-Ali et à ses héritiers la souveraineté de l'Égypte, avec le titre de vali ou vice-roi : Ismaïl-Pacha, qui arriva au trône en 1863, vit s'accroître d'une manière énorme les produits du sol et les revenus de son gouvernement, en raison du haut prix du coton, que l'Amérique du Nord, plongée dans la guerre civile, ne pouvait plus fournir à l'Europe. Croyant, ainsi que beaucoup d'autres hommes politiques, que l'émancipation des esclaves allait mettre fin à la production du coton aux États-Unis, il se lança dans d'immenses entreprises : création de canaux de drainage et d'irrigation, agrandissement du port d'Alexandrie, construction de chemins de fer et de télégraphes, établissement d'écoles publiques, de banques, de factoreries de sucre, érection de palais, de théâtres; il dépensa des sommes énormes pour obtenir du sultan le droit de prendre le titre de khédive (roi) et d'introduire dans sa dynastie l'ordre de succession comme chez les nations européennes. Escomptant l'avenir dont il se croyait assuré, il emprunta à gros intérêt et emprunta de nouveau pour terminer ses travaux et payer l'intérêt de sa dette. Le travail reprit aux États-Unis, si bien que le coton diminua de prix; en 1879, le khédive devait 2 milliards et demi, à 7 p. 100. La corruption administrative fit qu'il paya les travaux le double de leur valeur. C'était l'instant psychologique attendu par l'Angleterre qui, par ses capitalistes, s'était déjà rendue maîtresse d'une grande partie de la créance sur l'Égypte. Elle acheta au khédive sa part d'actions du canal de Suez, montant à 100 millions de francs; et à partir de ce moment la diplomatie européenne considéra l'annexion de l'Égypte à l'empire britannique, comme devant être la conséquence inévitable de la dislocation de l'empire ottoman. Faute d'argent, le khédive ne put satisfaire aux exigences de ses troupes qui se mutinèrent en février 1879. Pour sauver

la vie aux résidents européens, Ismaïl dut dissoudre son ministère, composé d'étrangers; sur quoi les gouvernements anglais et français poussèrent le sultan à déposer Ismaïl et à le remplacer par son fils, Méhémet-Tewﬁk; ce qui fut fait. Une commission internationale de liquidation, composée des représentants des grandes puissances, établit la dette nationale (1880) et nomma contrôleurs-généraux sir Rivers Wilson et M. de Blignières, chargés d'exécuter la liquidation, avec voix consultative au conseil du cabinet. L'intérêt de la dette fut réduit à 4 et 5 p. 100. M. de Blignières, prenant la direction du contrôle, nomma à tous les offices des administrateurs français et anglais, pour la plupart très capables, mais dont les deux principaux défauts étaient de ne connaître pas un mot de la langue du pays et de se faire payer très cher. Pendant que les Européens favorisés s'enrichissaient, le paysan était plongé dans la dernière des misères. Plusieurs dénis de justice, commis en faveur des chrétiens, mirent le comble à l'exaspération populaire. A ces causes de colère, des fanatiques surent joindre des motifs religieux. Pour que rien ne manquât à cette dissolution de la puissance égyptienne, le sultan, avec l'espoir que les nations européennes rétabliraient sa domination dans le pays, travaillait, en dessous, à détruire le prestige de son vassal. L'étincelle partit de l'armée, dont les officiers arabes avaient été mis en demi-solde, ou remplacés, soit par des Européens, soit par des Circassiens. Trois colonels présentèrent au khédive les griefs de leurs collègues; ce fut Arabi-Bey qui se chargea de prendre la parole, dans l'entrevue qui eut lieu le 1ᵉʳ février 1881. Il dit des vérités qui déplurent et les trois délégués furent mis aux arrêts pour insubordination. Une insurrection militaire les remit en liberté, et l'anarchie régna au Caire. — **Arabi-Ahmed-Pacha** était un officier égyptien, né dans la province de Charkieh (Basse-Egypte), vers 1845. Il appartenait à une famille de fellahs et était parti comme conscrit pour l'armée, sous Saïd-Pacha. Ce commandant ayant remplacé les officiers étrangers par des indigènes, Arabi obtint un rapide avancement. Pendant quelque temps, il fut écarté de l'armée et étudia les sciences à l'Université du Caire. Il entra dans l'intimité d'Ali-Pacha et organisa avec lui, vers 1877, une société secrète, dans laquelle entrèrent nombre d'officiers indigènes, pour renverser le gouvernement ottoman. Le khédive s'étant coalisé avec eux, ils reçurent des secours pécuniaires de plusieurs banquiers européens, et en 1879 le ministère européen tomba. Arabi fut alors nommé colonel et placé à la tête d'un régiment, et, peu après, il devint ministre de la guerre et de la marine. La société secrète, devenue très hostile aux étrangers, avait pris pour devise : « L'Egypte aux Egyptiens ». Ce sentiment fut même poussé à l'extrême et ils en arrivèrent à demander la répudiation de la dette contractée par Ismaïl-Pacha envers des créanciers européens. Arabi, élevé au grade de général, avec le titre de pacha, projeta la création d'un arsenal, à Suez, et de fortifications côtières pour prévenir le débarquement de troupes européennes. Des officiers de Circassie et d'autres nationalités étrangères furent arrêtés et exilés, ce dont le sultan se trouva offensé, et le conflit des autorités produisit le désordre dans toutes les affaires de l'Etat. Arabi se mit en relation avec les chefs politiques et religieux et annonça l'intention de délivrer l'Egypte de la domination étrangère. Le 9 sept. les troupes mutinées se rendirent devant le palais et réclamèrent une augmentation de l'armée, qui devait être portée de 12,000 à 18,000 hommes, la démission du ministère, la nomination de Shérif-Pacha comme premier ministre et la convocation d'un parlement égyptien. Tewﬁk céda. Une chambre des notables se réunit le 26

déc. et entra de suite en lutte avec le pouvoir en réclamant, entre autres réformes, le droit de surveiller l'administration et de voter le budget. C'était un commencement de révolution; mais la France et l'Angleterre envoyèrent leurs cuirassés dans les eaux égyptiennes, en octobre, soi-disant pour protéger les droits du sultan et pour empêcher le peuple de proclamer son indépendance. Gambetta se déclara partisan d'une intervention immédiate; mais Gladstone voulait écarter la France, et d'obscures négociations embrouillèrent la situation. Plutôt que de voir la France en Egypte, le cabinet anglais en appela à l'intervention turque; la France s'y opposa et se trouva en opposition avec l'Allemagne, la Russie, l'Italie et l'Autriche. Sur ces entrefaites, le ministère Gambetta fut forcé de se retirer; le ministère Freycinet arriva au pouvoir avec des intentions beaucoup plus pacifiques. Le 3 févr. 1882, le khédive fut forcé d'admettre un ministre de résistance, dans lequel le portefeuille de la guerre était donné à Arabi. Des mesures militaires furent prises pour repousser une intervention européenne; 40 officiers circassiens furent arrêtés et convaincus d'avoir comploté l'assassinat d'Arabi; les réserves furent appelées et les côtes furent fortifiées, au moment où une escadre anglo-française arrivait dans les eaux égyptiennes, le 20 mai. Les consuls généraux de France et d'Angleterre demandèrent formellement l'exil d'Arabi. Le khédive céda, puis revint sur sa détermination. Les haines religieuses attendirent l'instant de se manifester, le 11 juin 1882, un pugilat entre un Arabe et un matelot maltais, provoqua à Alexandrie une véritable émeute, dans laquelle périrent 70 Européens et 600 musulmans. Les troupes eurent beaucoup de peine à rétablir l'ordre. A la suite de cette grave affaire, une conférence des nations européennes se réunit à Thérapia, sur le Bosphore, le 23 juin 1882; mais on ne prit aucune détermination, parce que la Porte refusa de s'y faire représenter. Le khédive confia à Arabi le soin de maintenir l'ordre dans la ville d'Alexandrie, ce qui consterna la population européenne et la poussa à s'enfuir. Pendant que les cuirassés anglais se trouvaient dans la rade et que des négociations se poursuivaient pour la protection des étrangers, Arabi accrut et exerça ses troupes. Tout à coup, le 6 juillet, sir Beauchamp Seymour, l'amiral anglais, notifia à Toulba-Pacha, commandant à Alexandrie, d'avoir à évacuer la place. Cet ordre n'ayant pas été exécuté, le bombardement commença le 10, à sept heures du matin et se termina à cinq heures de l'après-midi. La flottille anglaise se composait de 13 cuirassés portant 3,539 hommes et 102 canons. La ville n'était pas en état de résister; mais les soldats égyptiens déployèrent un grand courage et se firent bravement tuer sans songer à fuir. Le lendemain, Arabi et Toulba-Pacha évacuèrent la place qui resta entre les mains d'une troupe de pillards; le quartier européen fut livré aux flammes. Le 13, les troupes anglaises débarquèrent dans la ville; le khédive vint de lui-même se placer sous leur protection. Le cabinet français, qui se proposait de prendre part à l'occupation de l'Egypte, tomba sous un vote de la Chambre et M. de Freycinet céda la place à M. Duclerc : la politique de paix à tout prix et d'effacement, eut le dessus. L'Angleterre en profita pour hâter l'invasion de l'Egypte. M. Gladstone obtint un crédit le 18 juillet et donna aux troupes anglaises l'ordre d'agir contre Arabi, qui avait pris position à Kafr-Daouar, entre les lacs de Mariotis et d'Aboukir, où ses soldats avaient élevé un triple rang de formidables fortifications commandant la route du Caire. Les Egyptiens s'y trouvaient au nombre de 70,000 soldats, armés de fusils rayés Remington et

de 150 canons Krupp, avec des munitions suffisantes. Des renforts portèrent les troupes britanniques à 50,000 hommes, dont 8,000 Indous. Avant d'attaquer, on empêcha Arabi de fermer le canal de Suez, en lui faisant donner, par M. de Lesseps, l'assurance que les Anglais en respecteraient la neutralité, tandis qu'en réalité, le général Garnet Wolseley avait résolu d'en faire la base de ses opérations. Pour mieux tromper Arabi, les Anglais eurent l'air de vouloir attaquer Aboukir, le 19 août; mais pendant la nuit suivante, ils remontèrent le canal, dont ils violèrent ainsi la neutralité et leurs troupes débarquèrent sur la gauche d'Arabi, qui, pendant ce temps, portait toutes ses forces à droite. Dès l'aube, Port-Saïd, Kantura et Ismaïla étaient entre les mains des assaillants. Une colonne prit, le lendemain, le camp de Tel-el-Mahuta, qui avait été évacué. Le 26 août, après quelques engagements, le lac Kassassin fut occupé. Une vraie bataille s'engagea le 28, en avant de Tel-el-Kebir, où Arabi s'était retranché. Pendant un moment, les Egyptiens prirent l'offensive, mais ils furent forcés de rentrer dans leur camp. Une autre bataille, livrée le 9 sept., leur fut fatale. Le 12 sept., après le coucher du soleil, 14,000 soldats anglais de toutes armes, se mirent en marche contre le camp de Tel-el-Kebir. La lutte fut sanglante; mais la discipline anglaise eut raison du courage furieux des musulmans. Au bout d'une heure, tout était terminé; les Egyptiens étaient écrasés. Arabi, trahi de tous côtés, fut arrêté au Caire par le préfet de police, qui le livra aux Anglais, lorsqu'ils entrèrent dans la ville, le 14 sept. Ainsi se termina la conquête de l'Egypte; Arabi, Toulba et Mahmoud Sahmi, accusés de rébellion, furent jugés par un tribunal militaire. Arabi, condamné à mort, vit commuer par le khédive sa sentence en un bannissement perpétuel. Ceylan lui fut désigné comme lieu d'exil, et il y fut transporté avec ses deux co-accusés. — Après la chute d'Arabi, il n'y eut plus de résistance contre l'invasion anglaise et tout le pays fut occupé. Des officiers anglais furent placés à la tête des troupes nationales; les emplois devinrent le partage des nouveaux dominateurs, qui évincèrent les Français de toutes les administrations; et le 18 janvier 1883, le double contrôle fut formellement aboli, l'Angleterre restant seule chargée de la surveillance de l'Etat. Jamais la misère n'avait été si grande, le budget de 1883 présenta un déficit de 200 millions de fr. Eu mai 1884, le choléra décima la population; une conférence des nations européennes demeura sans résultat (28 juin 1884), par suite de la divergence d'opinion entre la France et l'Angleterre. Néanmoins, les négociations subséquentes amenèrent une convention conclue entre les puissances pour un emprunt de 225 millions à 3 p. 100, garanti par les nations européennes. Cette garantie fut le dernier triomphe de l'Angleterre. Déjà, en nov. 1882, le Soudan s'était soulevé; le Mahdi avait exterminé une armée anglo-égyptienne, commandée par le général Hicks. Presque simultanément, Osman Digma, autre chef soudanais, anéantissait, près de Soukim, une armée sous les ordres de Moncrieff; les villes de Sinkat et de Tokar étaient étroitement investies. Baker-Pacha, parti pour dégager ces deux places, fut complètement battu à El-Teb, le 5 févr. 1883, et perdit la plus grande partie de son armée, et Sinkat ne tarda pas à tomber entre les mains des Soudanais. — Le 26 janv. 1884, un autre officier anglais, le fameux Gordon, nommé gouverneur général du Soudan, partit pour secourir les garnisons. Une puissante armée, placée sous les ordres du général Graham, opéra autour de Soukim et repoussa Osman Digma à la bataille d'El-Teb, le 29 févr. 1884; mais déjà Tokar était tombé au pouvoir des indigènes. Gordon, arrivé à Khartoum, le 8 févr.,

vit de suite que la partie était perdue; il proposa d'évacuer cette place, mais il dut obéir à un ordre formel de se maintenir jusqu'à l'arrivée d'une grande armée, qui se disposait à marcher à sa délivrance. En août 1884, lord Wolseley, à la tête de 9,000 combattants, se mit en marche vers Khartoum, qui était alors étroitement investi; il remonta le Nil, dans des bateaux qu'il fallut traîner sur terre pour passer les cataractes. Après avoir accompli ce travail, Wolseley atteignit Korti, le 16 déc. De là, il dépêcha à travers le désert, une colonne volante de soldats, montés sur des chameaux. Cette colonne, commandée par sir Herbert Stewart, se dirigea vers Metemneh; le 17 janv. 1885, elle rencontra les indigènes à Abou-Kli, où se livra une bataille pendant laquelle Stewart fut mortellement blessé. Son successeur, sir Charles Wilson, parvint à repousser ses ennemis à établir un camp retranché à Goubat, sur le Nil. C'est là qu'il reçut trois bateaux à vapeur, envoyés de Khartoum par Gordon. Embarquant ses troupes dans deux de ces bateaux, il remonta le fleuve et n'arriva devant Khartoum que pour y apprendre la mort de Gordon et la prise de la place par le Mahdi. — La saison n'étant pas favorable aux opérations militaires, l'expédition revint à Dongola. Une armée de troupes indoues et de volontaires australiens, se forma à Souakim, sous les ordres de Graham, dans le but de marcher vers Khartoum à l'automne suivant. En même temps, les Anglais commencèrent un chemin de fer, destiné à relier Souakim à Berber. A cette nouvelle, les indigènes de la Côte se soulevèrent comme un seul homme et le gouvernement anglais prit le sage résolution d'évacuer le Soudan, en laissant seulement une garnison à Souakim. La colonne du Nil battit donc en retraite jusqu'à Ouadi-Halfa, frontière de l'Egypte. — En avril 1885, la suppression du *Bosphore égyptien*, journal français du Caire, fut un nouveau défi jeté à la France, qui sut se faire rendre justice. — En conséquence de la mort du Mahdi et de la délivrance de la ville de Kassala, par les troupes abyssiniennes, alliées des Anglais, tout danger semblait avoir disparu, lorsque les Arabes, soulevés par les prédications religieuses, formèrent des réunions hostiles, au sud de Ouadi-Halfa, vers la fin du mois de novembre 1885. Après plusieurs escarmouches, les Anglais finirent par les repousser en leur enlevant 4 canons, le 30 déc. Depuis cette époque, la tranquillité n'a plus été troublée, que par quelques incursions et plusieurs attaques des Arabes. Osman Digma, qui avait passé pour mort, a donné plusieurs fois signe de vie, mais il n'osa porter la guerre en Egypte et dut se contenter de rester libre au milieu de ses Arabes. — Les événements les plus importants de 1887 furent les négociations infructueuses pour l'évacuation de l'Egypte au bout d'un nombre déterminé d'années, quand le pays sera réorganisé, et la neutralisation du canal de Suez, en vertu d'une convention qui assure, en temps de guerre comme en temps de paix, le libre passage de cette voie navigable à tout navire de commerce ou de guerre. — Pendant l'année 1888, les derviches, alliés du kalife Abdalah (successeur du Mahdi), attaquèrent plusieurs fois la frontière égyptienne, du côté de Ouadi-Halfa; mais ils furent repoussés sans difficulté. — Au mois de février 1889, le gouvernement anglais ouvrit des négociations pour la conversion de la dette égyptienne, qu'il s'agissait de réduire de 5 à 4 p. 100. Plusieurs grandes puissances y accédèrent. Mais cette mesure était surtout dirigée contre les créanciers français, et le cabinet de Paris refusa d'y souscrire avant que la Grande-Bretagne eût fixé la date de l'évacuation de ses troupes. Le 8 novembre, les régiments de nègres reçurent l'ordre de quitter Assouan pour se rendre à Souakim. Des régiments les remplacèrent à

Assouan. Les derviches, qui assiégeaient Souakim, furent mis en déroute. A la même époque, Emin-Pacha fut délivré. — Eduard Schnitzler, si célèbre sous le nom d'Emin-Pacha, est un juif Allemand, né à Oppeln (Silésie), le 28 mars 1840. Deux années après sa naissance, la famille Schnitzler se fixa à Neisse, où habitent encore la mère et une sœur de l'aventureux explorateur. Il fit son éducation au gymnase de Neisse et aux écoles de médecine de Breslau et de Berlin, où il prit ses derniers grades en 1864. Il étudia ensuite à fond plusieurs langues européennes et asiatiques. En 1865, il émigra en Turquie, où il fit la connaissance de Hakki-Pacha, qu'il accompagna dans ses voyages officiels à travers l'Arménie, la Syrie et l'Arabie. Fixé à Scutari, en 1868, il devint l'intime ami du gouverneur Ismaïl. Lors de la disgrâce de celui-ci, il le suivit dans son exil à Trébizonde. Ismaïl étant rentré en faveur, Emin partagea sa bonne fortune et épousa ensuite sa veuve, sous l'influence de laquelle il abjura le judaïsme pour se convertir à l'islamisme. Il revint dans son pays natal en 1875, mais il n'y resta que peu de mois, car nous le voyons, l'année suivante, prendre part à l'expédition d'Egypte, en qualité de chirurgien et sous le nom d'*Emin-Effendi*. Envoyé à Khartoum, il fut nommé, en 1878, gouverneur des *Provinces équatoriales* d'Egypte, lorsque le général Gordon devint gouverneur du Soudan. Il partit, avec une poignée d'Européens, croyant prendre facilement possession de l'Afrique centrale, mais le soulèvement des Mahdistes fit avorter ses projets. Ses communications avec l'Egypte se trouvèrent coupées; on le crut perdu. Au bout de sept ans seulement, c'est-à-dire en 1886, on reçut de ses nouvelles et l'on apprit, non sans surprise, qu'il avait conservé sa province, à l'aide de sa faible armée. Comme il demandait du secours, les Anglais organisèrent de suite une expédition dont ils confièrent le commandement à Stanley, et qui ne devait pas durer moins de trois ans. On savait que le principal établissement d'Emin-Pacha se trouvait à Ouadelaï, sur le lac Albert-Nyanza, et qu'il possédait deux bateaux à vapeur sur ce lac. On pouvait donc le secourir en traversant l'Etat du Congo, et ce fut cet itinéraire que choisit Stanley, avec l'assentiment du gouvernement belge et l'assistance de l'administration du Congo. Il prit avec lui le major M. Barttelot et plusieurs autres officiers européens, avec une escorte de plusieurs centaine de Zanzibari et de Soudanais, les uns soldats, les autres porteurs. Parti au commencement de janvier 1887, il remonta le Congo et son grand tributaire l'Arououimi. A 150 milles au-dessus du confluent de cette rivière, il établit un camp, dont il confia la garde au major Barttelot. De là, il se mit en marche, avec le gros de ses forces, vers l'Albert-Nyanza. En même temps, Tippoo-Tip, traitant arabe très influent, qu'il avait attaché à l'expédition, fut envoyé sur le Haut-Congo, vers Stanley-Falls. Ces marches s'exécutèrent au milieu de grands périls. Le bruit se répandit même un instant, en Europe, que Stanley avait péri assassiné. Le major Barttelot partit au secours de son chef, mais il fut tué par les indigènes qui l'accompagnaient. En novembre 1888, une expédition, dirigée par le lieutenant Wissmann, se mit à la recherche du courageux explorateur. Ce fut seulement le 2 avril 1889 que l'on reçut des nouvelles de Stanley et d'Emin-Pacha. Pour arriver au lac Albert-Nyanza, la colonne de Stanley avait eu à traverser d'immenses forêts tropicales. Le 28 juin 1887, elle comptait encore 387 hommes; le 31 août suivant, elle en avait perdu 66 par suite de désertions et de combats avec les Arabes. Jusqu'au 12 novembre, son histoire est celle d'une marche pénible, au milieu de tribus ennemies, dans un pays dévasté par les Arabes. Réduite à 174 « squelettes », elle atteignit, au mois de

novembre, un territoire fertile, où elle s'arrêta plusieurs jours. Le 14 novembre, après un combat livré aux naturels, elle arriva sur les bords de l'Albert-Nyanza; mais il fallut encore parcourir 190 milles pour atteindre le lieu où se trouvait Emin. En janvier 1888, Stanley fut malade d'une gastrite pendant un mois. Le 26 avril, il reçut des nouvelles d'Emin qui le rejoignit le 29. Laissant Emin avec les Européens, Stanley retourna à Yambouia, pour y chercher son arrière-garde et ses provisions, restées avec Barttelot. En route, il apprit que les soldats d'Emin s'étaient révoltés et que ce chef avait été pris le 18 août 1888, par les Mahdistes, ainsi que son lieutenant Jephson. Il revint en toute hâte sur ses pas, dans l'espoir de sauver les survivants. Arrivé de nouveau sur le bord de l'Albert-Nyanza, il y attendit du 4 février au 8 mai 1889. Il reprit alors sa marche vers la côte, en longeant la base de la chaîne neigeuse des monts de Roujenzori et en suivant la route de l'Albert-Edouard-Nyanza, qu'il explora. Emin l'avait rejoint au camp de Kavallis, le 13 février, et ils ne tardèrent pas à arriver ensemble sur le territoire allemand de Mpouapoua.

ÉGYPTOLOGIE s. f. (gr. *Aiguptos*, Egypte; *logos*, discours, traité). Science qui traite des antiquités égyptiennes; partie de l'archéologie qui s'occupe spécialement des monuments, de l'écriture et de la langue des anciens peuples égyptiens. L'égyptologie fut d'abord une science toute française, créée par nos officiers, lors de l'expédition de Bonaparte (voyez EGYPTE, dans le 11ᵉ volume de notre *Dictionnaire*). A cette époque, les hiéroglyphes étaient considérés comme un problème insoluble. De trente siècles échappaient ainsi aux investigations des savants, lorsque dans l'année 1799, l'ingénieur français Boussard découvrit la fameuse *pierre de Rosette*, aujourd'hui déposée au British-Museum. C'est une grande pierre de basalte noir qui se trouvait dans le temple du dieu Toun (soleil couchant), non loin de Rosette, à 10 kilom. de l'embouchure du Nil. Lors de la capitulation d'Alexandrie, en 1801, le général anglais Hutchinson s'empara de cette pierre et la donna au British-Museum. Elle contient une inscription trilingue : l'une en hiéroglyphes, la seconde en caractères démotiques et la troisième en grec. Cette inscription est imparfaite, mais le texte grec fut assez facilement déchiffré et traduit, et les parties défectueuses furent restaurées par les hellénistes. C'est un décret solennel des prêtres assemblés en synode à Memphis, pour des actions de grâces à Ptolémée V (195 av. J.-C.). En 1822 seulement, Champollion trouva la clé de cette inscription, résolut le problème posé aux savants et prouva la nature mixte de la langue, écrite en signes qui représentent en partie des sons et en partie des idées. Le copte ou langage populaire d'Egypte fut parlé jusqu'au xvɪᵉ siècle de l'ère chrétienne, et une littérature considérable, principalement ecclésiastique, produite depuis l'introduction du christianisme, avait été transmise et conservée. Il restait trois dialectes parlés, qui ressemblaient suffisamment à l'ancien égyptien pour permettre d'examiner avec succès toutes les formes grammaticales, la structure et une portion considérable des inscriptions. La science égyptologique, d'abord tenue en suspicion, est aujourd'hui considérée comme très exacte. En 1863, elle reçut une indiscutable confirmation, lors de la découverte faite par le professeur Lepsius d'une tablette bilingue (grec et hiéroglyphique) à San, l'ancienne *Zoan* ou *Tanis*. Cette seconde inscription, si confirmative des recherches précédentes, est un *décret* en l'honneur de Ptolémée-Evergète Iᵉʳ, par les prêtres de Canope (239 av. J.-C.), rendu en vertu des ordres du sacerdoce du temple de Tanis, contenant une inscription de 37 lignes de hiéroglyphes, traduites en 96 lignes d'écriture grecque et four-

nissant une quantité considérable d'informations nouvelles, particulièrement relatives à des noms géographiques. Les savants sont aujourd'hui capables de lire les importantes inscriptions historiques trouvées au mont Sinaï et dans toutes les parties de la terre d'Egypte. L'histoire mythologique, la science, la littérature des anciens Egyptiens se développent devant nos yeux comme dans un livre ouvert. Les lumières, augmentées par des recherches continuelles, permettront probablement avant peu d'étudier tous les points, sauf peut-être certains détails de philologie. — Ce qu'il y a de merveilleux dans la civilisation égyptienne, c'est qu'elle paraît s'être développée spontanément dans la vallée du Nil, sans avoir eu pour modèle aucune autre civilisation antérieure, et l'on se demande comment un peuple a pu atteindre de lui-même un si haut développement de langage, de peinture et de sculpture. Il n'est aucune nation qui puisse lui être comparée dans l'antiquité, excepté peut-être les Babyloniens. — Les arts égyptiens ont exercé une influence toute puissante sur l'ancien monde. Les Phéniciens imitèrent leurs caractères; les Grecs adoptèrent leur style d'architecture, car le style d'Orient vient d'Egypte, l'Ionien d'Assyrie et le Corinthien d'Egypte. Si la Phénicie a fourni un alphabet aux Grecs, l'emploi de cet alphabet avait été suggéré aux Phéniciens par les Egyptiens. — La philosophie égyptienne, — la doctrine de transmigration de Pythagore et l'immortalité de l'âme de Platon, — sortirent des collèges de Thèbes et pénétrèrent dans le pays des Hellènes. La sagesse des Egyptiens avait pris corps dans les ouvrages moraux de proverbes et de maximes aussi anciens que les Pyramides. Le frêle papyrus, la roche presque impérissable, le temple et la tombe ont conservé jusqu'à nous des monuments de littérature comme on n'en trouve nulle part ailleurs. Le psaume national de *Pentaur* se trouve sur les murailles de Thèbes et sur le papyrus de Sallier. Le *Livre des morts* était sculpté sur les tombes et écrit sur les rouleaux. Les Champs-Elysées, les torrents du Styx, la légende de Phlégéton, les juges des morts, sont autant de conceptions égyptiennes, ainsi que le culte du Soleil. La littérature de ce peuple comprend de nombreux documents ayant trait à la médecine, à l'astronomie, à la géométrie, à l'histoire et aux fictions romantiques. — Plusieurs dogmes et des pratiques d'origine égyptienne se sont perpétués jusqu'à nos jours et exercent plus d'influence qu'on ne le suppose sur les opinions religieuses modernes. — Un trésor extraordinaire de reliques sépulcrales a été découvert pendant l'année de 1881, grâce aux efforts du professeur Maspero. Depuis quelques années, de curieuses antiquités paraissaient de temps en temps sur les marchés, ce qui fit penser que les Arabes avaient trouvé une tombe royale qu'ils pillaient secrètement. Les soupçons de Maspero furent confirmés quand il eut déchiffré une copie photographique et quand il eut découvert que ce rituel était le papyrus funéraire de Pinotem Ier. Ayant été nommé conservateur des collections khédivales, il se rendit à Thèbes et arrêta un Arabe porteur de reliques; c'était l'un des trois frères qui possédaient seuls le secret. Cet homme, après plusieurs semaines de silence ou de réticences obstinées, révéla le lieu du trésor; les objets qui le composaient furent enlevés par Emile Brugsch et transportés au Caire. Ce lieu était un caveau qui avait servi de cachette pour y mettre en sûreté le contenu des sépulcres royaux. On suppose que le transport de ce contenu avait eu lieu soit au moment où les tombes de la 20e dynastie avaient été violées, soit lors du sac de Thèbes par les Assyriens. Les momies et les trésors qui les accompagnaient étaient amoncelés dans le plus grand désordre, et il était évident que

ce lieu avait été déjà pillé. Environ 6,000 objets y restaient encore et furent enlevés; ils comprenaient 29 momies de rois, de reines, de princes et de grands prêtres, 5 papyrus, dont un était le papyrus funéraire de la reine Makera, appartenant à la 20e dynastie, et deux plaques du genre de celles que Maspero avait précédemment décrites d'après des spécimens provenant sans doute du même endroit. Les sarcophages, qui étaient tous enfermés dans une chambre de 23 pieds sur 13, avaient été ouverts par les Arabes; ceux-ci, après avoir enlevé les momies, s'étaient ensuite trompés pour les replacer, de sorte que les noms sur les bandages ne correspondent pas à ceux des cercueils. Les momies des gens des 18e et 19e dynasties paraissent avoir été enlevés de la vallée des Tombes et transportées en ce lieu pendant le règne du premier prêtre-roi, Her-Hor. Plusieurs statuettes, des tablettes portant des inscriptions, des scarabées, des momies et d'autres objets vendus pendant les années précédentes, à différents voyageurs, provenaient, sans aucun doute, de cette cachette découverte par les Arabes environ 20 ans auparavant. Le caveau se trouve sous un rocher, à peu de distance de Deir-el-Bahari, près de Thèbes. L'entrée se compose d'un puits perpendiculaire, profond de 12 mètres, dont l'ouverture est à 60 mètres au-dessus de la plaine. Du fond de ce puits, une galerie, longue de 74 mètres, conduit à la chambre, qui mesure 7 mètres sur 4. — Au commencement de 1882, les pyramides de Méréna et de Pépi qui datent de la 6e dynastie, et celles d'Uners de la 5e dynastie, et de Senefrou de la 3e, furent visitées sous la direction de Maspero. Les inscriptions et les reliques que l'on y trouva présentent le plus vif intérêt à cause de leur extrême antiquité. Celle de Senefrou, communément appelée Meydoun, est le plus ancien des monuments égyptiens auxquels on puisse assigner une date précise et qui aient été visités. En février et mars 1883, M. Naville explora les ruines de Tel-el-Machkouta, près de Ramsis, sur le chemin de fer du Caire à Ismalleh, et pensa que ce lieu devait être identifié avec la cité-trésor Pithom, que les Hébreux construisirent pour Pharaon, ainsi qu'avec la Succoth, d'où ils partirent pour quitter l'Egypte, et avec la ville que les Grecs nommaient Heroæpolis. Il crut aussi avoir établi que Ramsès II est le Pharaon qui opprima les Hébreux. Parmi les inscriptions, s'en trouve une qui est relative à une place nommée Pi-Keheret, appartenant au même nome. On pense que Pi-Keheret a la forme égyptienne du nom biblique de Pi-Habiroth, lieu où les Israélites campèrent avant de traverser la mer Rouge. Une grande partie des inscriptions des monuments que l'on a découverts dans ces dernières années sont relatifs aux dernières dynasties. — En 1883, les Anglais fondèrent une société pour l'exploration scientifique des monuments égyptiens et pour entreprendre des fouilles sur une vaste échelle, mais l'égyptologie reste encore une science française, grâce aux savants travaux de Maspero, qui a publié, en 1887, un livre richement illustré, intitulé *Archéologie égyptienne* et qui fait partie de la *Bibliothèque de l'enseignement des Beaux-Arts*, publiée sous la direction de Jules Comte. Maspero a donné également deux travaux moins volumineux : *Rituel du sacrifice funéraire, Bulletin critique de la religion égyptienne* (Paris, 1887), et la *Syrie avant l'invasion des Hébreux, d'après les monuments égyptiens, conférence faite à la Société des études privées le 26 mars 1887*. L'année suivante, les productions égyptologiques ne furent ni moins nombreuses, ni moins intéressantes. M. Groff donna, en français, une remarquable *Etude sur le Papyrus d'Orbiney*, texte en hiéroglyphes, avec traduction et glossaire de l'*Histoire des deux frères*. M. Amélineau publia *Monuments pour servir à l'Histoire*

de l'Egypte chrétienne aux *IVe et Ve siècles*, ouvrage qui forme le 4e volume des *Mémoires publiés par les Membres de la Mission archéologique française au Caire*. Les mêmes mémoires renferment un volume de Maspero sur les textes funéraires, d'après les tombes de Memphis et de Thèbes. — A l'appui des travaux du professeur Amélineau, un autre ouvrage a paru, sous les auspices du ministère de l'instruction publique. C'est une magnifique publication d'Eugène Lefébure, *Les Hypogées royaux de Thèbes*, dans laquelle sont reproduites, à l'aide de brillantes illustrations, les peintures et les inscriptions que l'on trouva dans la tombe de Séti Ier, monarque de la 19e dynastie. Le docteur Willem Pleyte, auteur des *Etudes égyptologiques*, traducteur et commentateur de quelques *Chapitres supplémentaires des Per-m-Hru ou Livre des morts*, a soulevé une polémique avec sa brochure sur l'*Oracle d'Amon*. — De récentes découvertes de tablettes cunéiformes, dans la vallée du Nil, ont soutenu la réputation de l'Egypte comme « terre des surprises archéologiques ». Ce n'est pas le premier monument de ce genre que l'on y trouve. Il y a cinq ans, Maspero déposa au musée de Boulaq, trois cylindres d'argile marqués de caractères cunéiformes babyloniens, achetés d'un Arabe qui disait qu'on les avait trouvés dans le voisinage du canal de Suez. On en conclut que ces cylindres provenaient de Tel-Defenneh, la Daphne Pélusiaque des anciens, qui gardait la frontière d'Egypte à l'Est. — En 1889, Maspero publia le résultat d'une excursion dans les anciens tombeaux, *Momies royales de Deir-el-Buhari*. Ses descriptions, remarquables par leurs détails minutieux, sont dignes de partager la faveur que l'on accorde aux nouvelles parties (pour 1889) des *Mémoires* publiés sous les auspices du ministère français de l'*instruction publique*, par les soins de M. Bouriant, directeur de la *Mission archéologique au Caire*, et avec la collaboration des membres de cette mission. En continuation de ses descriptions des *Hypogées royaux de Thèbes*, Eugène Lefébure a donné les illustrations et les inscriptions du *tombeau de Ramsès IV*, pendant que Philippe Virey faisait connaître le *tombeau de Rekhmara*, fonctionnaire qui était gouverneur général de Thèbes au temps de Tothmès III. Le professeur Maspero fit paraître dans le *Journal asiatique*, une traduction qu'il avait préparée pour ses lectures publiques au Collège de France, d'après un papyrus du British-Museum, qui forme un manuel de la hiérarchie égyptienne, sous le rapport de la vie sociale, ecclésiastique, militaire, etc. Il donna aussi un article sur la mythologie égyptienne, dans la *Revue de l'histoire des Religions*.

EIFEL (l') [al-feul]. *Eiflia*, plateau de la Prusse rhénane, qui s'étend sur une longueur de 90 kilom., entre le Rhin, la Moselle et la Roër, et qui donne naissance à la Roër, à l'Uhr, à l'Ahr, à l'Elz, à la Lieser, à la Nèthe, à la Kyll, à l'Erft, etc. Hauteur moyenne : 400 m.; point culminant : Hohen Eifel (760 m.). On y rencontre des vestiges de volcans, dont les cratères sont devenus des lacs. Ce pays forma jadis l'*Eifelgau*, qui fut plus tard englobé dans l'archevêché de Trèves.

EIFFEL (La tour), célèbre tour de 300 mètres, élevée sur le Champ-de-Mars, à Paris, pour être la principale attraction de l'exposition universelle de 1889. Dès le début, il entra dans les vues des organisateurs de cette exposition que l'on érigerait une tour en fer qui serait la plus haute que l'on eût jamais vue. La construction de cette tour fut confiée à M. Gustave Eiffel, ingénieur déjà connu par l'établissement du pont de Bordeaux et du fameux viaduc de Garabit : « J'ai voulu, a-t-il déclaré, élever à la gloire de la science moderne et pour l'honneur de l'industrie française, un arc de triomphe qui fût aussi

saisissant que ceux qui furent élevés aux conquérants par les nations qui nous ont précédés ». Il fut convenu que la tour aurait 300 mètres de hauteur. En tenant compte de l'altitude du Champ-de-Mars, son sommet, en haut de la lanterne, est à 333 mètres au-dessus du niveau de la mer (341 mètres, en y joignant les 8 mètres du paratonnerre). — Il fut calculé que cette construction coûterait environ 5 millions de fr. En novembre 1886, l'Assemblée vota un million et demi, le surplus devant être fourni par les entrepreneurs, lesquels, en raison de cette avance, doivent conserver pendant vingt ans la possession de la tour et des bénéfices qu'elle ne peut manquer de produire. D'après M. Eiffel, cette immense colonne, haute comme six fois l'arc de triomphe de l'Etoile, ne doit pas être seulement un objet de curiosité; elle sera d'une grande valeur pour les observations astronomiques et météorologiques. La forme du monument est un carré de quatre arches dont chaque pied repose sur un socle de granit. Au-dessus des arches s'étend une première plate-forme carrée, dont le contour n'a pas moins d'un demi-kilomètre, et sur laquelle on installa un petit village de châlets, de restaurants et de buvettes. Au-dessus se dresse une élégante colonne de fer, qui va s'amincissant, en forme de phare. — Les quatre pieds de la tour sont à 100 mètres de distance les uns des autres; la surface couverte est donc d'un hectare. Le poids total est de 6.500.000 kilogrammes, indépendamment de la charge de maçonnerie sur laquelle reposent les quatre pieds. Les travaux de construction ont coûté 4.900.000 fr. — Comme il fallait s'y attendre l'érection d'un monument élevé à la gloire de la métallurgie rencontra des résistances. En février 1887, M. Alphand, directeur des travaux de l'exposition, reçut les remontrances extraordinaires d'un certain nombre d'artistes et de gens de lettres, qui pensaient que la tour projetée n'aurait aucun caractère architectural et qui considéraient sa construction comme « un acte de vandalisme ». Le ministre Lockroy se chargea de leur répondre et il le fit dans une lettre mordante et sarcastique, où l'on rencontre la plume du journaliste bien plus que celle de l'homme d'État. Il s'ensuivit des explications entre ce ministre et M. Garnier, l'un des architectes de l'exposition et l'un des adversaires de la tour. Pendant les travaux, d'autres difficultés surgirent. Au mois de mai 1888, après l'achèvement des quatre grandes arches et de la première plate-forme, on eut des craintes : les fondations étaient douteuses; plusieurs ouvriers se plaiguirent de vertiges; les dévots affirmaient que Dieu ne permettrait pas l'achèvement de cette nouvelle tour de Babel. L'ingénieur Eiffel entreprit une véritable campagne en faveur de son œuvre; le 4 juillet, il offrit un déjeuner aux journalistes sur la première plate-forme. Il fit publier des descriptions techniques sur les travaux. Les exigences des ouvriers augmentèrent les difficultés. Le 18 septembre les travailleurs se mirent en grève. Ils voulaient une augmentation de 20 centimes par heure pour les 160 d'entre eux qui opéraient à une hauteur de plus de 140 mètres. MM. Eiffel et Compagnon reçurent leurs délégués et offrirent une augmentation générale de 5 centimes de l'heure, suivie d'une nouvelle augmentation de 5 centimes au bout d'un mois; et, en outre, l'établissement, sur la première plate-forme, d'une cantine à 50 p. 100 meilleur marché qu'en bas. Il est à observer que le temps du travail, fixé à onze heures, était réduit à dix heures pour la montée au second étage et pour la descente, qui ne demandaient pas moins de vingt-cinq minutes par voyage. Le 20 septembre 1888, la discussion se termina. On donna 5 centimes de plus par heure et l'on promit 10 fr. de gratification à tous les ouvriers qui

atteindraient la troisième plate-forme. Les travaux allaient lentement; les adversaires de cette œuvre gigantesque continuaient de dire qu'on ne l'achèverait pas. Le 30 novembre elle n'atteignait encore que 200 mètres; mais on la continua avec une fiévreuse activité, et le 31 mars 1889, M. Eiffel fit arborer, au sommet, un drapeau tricolore de 7 mètres et demi sur 4 mètres et demi de large. L'apparition de cet étendard fut salué de 20 coups de canon. Cette cérémonie fut suivie d'un banquet auquel assistèrent plus de 200 ouvriers. Les journaux donnèrent de longues descriptions de cette nouvelle merveille; et le public apprit que, du haut de la tour, la vue plane sur un rayon de plus de 60 kilomètres et embrasse le panorama qui s'étend jusqu'à Fontainebleau, Mantes et Pontoise. Mais cette superficie n'est visible que par des temps exceptionnellement clairs. Le 7 mai, lendemain de l'ouverture de l'exposition, les ouvriers qui avaient pris part à la construction de la tour furent présentés au président Carnot, avec un modèle de l'édifice en bronze, en fer et en acier, un drapeau de soie et un album sur lequel chaque ouvrier avait inscrit son nom. Le 29 mai, on fit l'essai de l'ascenseur de la deuxième plate-forme. Même détaché de ses câbles de fils d'acier, il descendrait si doucement que pas un de ses vitraux ne serait brisé. Son poids est de 11,000 kilos, et lors de l'expérience on l'alourdit de 3,000 kilos de plomb. Pour la 3e plate-forme, on avait adopté un ascenseur Edoux. — Un réflecteur très puissant, à deux branches, et un phare qui donne successivement les trois couleurs françaises et dont la portée est de 97 kilom., couronnent l'édifice. — Plusieurs systèmes d'ascenseurs ont été admis. Pour le bas de la tour, on plaça, pour les piles est et ouest, les appareils Roux-Combaluzier-Lepape, qui élèvent 100 personnes à la fois avec une vitesse de 1 mètre par seconde. Pour les piles nord et sud, on choisit les ascenseurs américains Otis, dont le principe est le même que celui de la grue hydraulique Armstrong. Ces ascenseurs fonctionnent du 1er au 2e étage, avec une vitesse de 2 m. par seconde et emportant 50 personnes à la fois. Ils ne mettent qu'une demi-minute pour accomplir ce trajet. — L'appareil Edoux, qui va du 2e étage à la plate-forme supérieure, est un ascenseur vertical hydraulique à piston plongeur. — Le succès de la tour Eiffel donna lieu à de nombreux articles de journaux. Le 30 avril 1889, le Times donna une description populaire de cet édifice, et en attribua la véritable paternité à M. Nouguier, employé d'Eiffel, qui en aurait conçu l'idée et dressé le plan avec la collaboration d'un architecte de ses amis. — La tour était debout, mais des personnes croyaient pouvoir affirmer qu'elle n'y resterait pas longtemps, étant incapable, disait-on, de résister à une tempête violente. Le 20 août, un orage extraordinaire passa sur Paris; on pensa que c'en était fait de l'immense construction; mais le lendemain matin, on l'aperçut fière et immobile sur ses quatre pieds de fer et de granit; seul, son paratonnerre avait été tordu. — A la fin de l'exposition, les recettes de la tour étaient de 6,500.000 fr. Les ascensions cessèrent le 1er décembre 1889.

ÉLABORÉ, ÉE, part. pass. d'élaborer. Hortic. Se dit de la sève qui aurait été purifiée par les feuilles.

EL-DJOUFF. — Vaste dépression du Sahara (Afrique occidentale), s'étendant depuis les pentes méridionales de l'Atlas jusqu'aux environs de Tombouctou. On pense que cet emplacement était jadis occupé par un grand lac ou par une mer, qui communiquait avec l'Atlantique par un étroit canal, vis-à-vis les îles Canaries et appelé rivière Belta. Des dépôts de sable ayant obstrué ce canal, la mer inté-

rieure ne fut plus alimentée et disparut peu à peu. On a proposé récemment d'enlever ces dépôts, de manière à livrer passage aux eaux de l'océan et d'ouvrir ainsi des communications maritimes avec Tombouctou et avec les districts fertiles et populeux qu'arrose le Niger.

ÉLECTION. — Législ. Nous avons déjà fait connaître plus haut les modifications qui ont été apportées depuis la publication du 1er Supplément de ce Dictionnaire, au mode d'élection des députés (voy. ce mot). Il nous reste à parler de lois nouvelles qui sont relatives à la capacité électorale. — Le commerçant, dont la liquidation judiciaire (voy. plus loin Liquidation) a été prononcée par le tribunal de commerce, ne peut exercer aucune fonction élective, mais il conserve le droit de vote dont le failli est déchu (L. 5 mars 1889, art. 21). — Le failli conserve aussi ses droits d'électeur, s'il a obtenu un concordat, ou si le jugement le déclare excusable, mais il reste inéligible (id., art. 25). — Une loi du 24 janvier 1889 a modifié les articles 15 et 16 du décret dictatorial du 2 février 1852. En vertu de cette loi, certaines catégories de condamnés recouvrent leurs droits de vote et d'éligibilité au moment de l'expiration ou de la remise de leur peine, au lieu d'en rester déchus à perpétuité. Cette faveur s'applique notamment aux individus qui ont été condamnés, à des peines de courte durée, pour falsification de substances alimentaires ou médicamenteuses, pour vente faite à faux poids. Le législateur a eu surtout en vue les débitants de vin qui ont été convaincus de pratiquer le mouillage. En résumé, voici quels sont les effets de la loi du 24 janvier 1889 : 1o aucune déchéance de droits de vote et d'éligibilité n'est encourue, lorsque l'emprisonnement prononcé par application de la loi du 27 mars 1851 est d'une durée d'un mois au plus (voir au Dictionnaire le mot Boisson); 2o cette déchéance a lieu et elle dure pendant cinq ans à partir de l'expiration de la peine, lorsque l'emprisonnement prononcé pour les mêmes causes était d'une durée de 3 à trois mois; 3o la déchéance du droit électoral est perpétuelle lorsque la condamnation prononcée pour les mêmes motifs comportait au moins trois mois d'emprisonnement, ou encore lorsque cette peine, quelle qu'en fut la durée, avait été prononcée par application de l'article 2 de ladite loi du 27 mars 1851, c'est-à-dire lorsque le coupable avait fabriqué ou vendu sciemment des substances nuisibles à la santé.   Cu. Y.

ÉLECTRICITÉ. — Les progrès de la science électrique sont extrêmement rapides. On cherche surtout à perfectionner les petits ap-

Fig. 1. — Pile Daniel pour galvanoplastie.   Fig 2 — Pile Bunsen pour lumière.

pareils domestiques pour allumoirs, sonneries, serrures, avertisseurs, galvanoplastie, etc. Nos fig. 1, 2, 3, 4, montrent les différentes piles que l'on emploie aujourd'hui et que l'on se procure facilement chez les marchands, avec les substances dont il faut faire usage. — M. W. Mordey a construit une nouvelle machine électrique à courants alternatifs. Contrairement à la méthode en usage, dans cette

machine l'armature est fixe et les aimants tournent. La figure 5 donne une vue en pers-

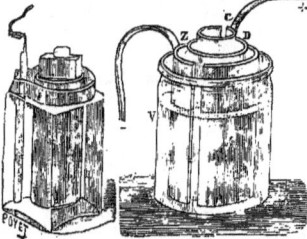

Fig. 3. — Pile Leclanché pour sonnerie électrique.
Fig. 4. — Pile Callaud pour télégraphie.

pective de la machine entière, la figure 6 montre l'armature, et les aimants sont représentés dans la figure 7. L'armature consiste en de minces rubans de cuivre C, pliés autour

Fig. 5. — Machine électrique Mordey.

d'un axe non conducteur et fixés sur un cercle métallique R. Les extrémités de ces rubans sont reliées, par des conducteurs isolés, aux bornes T, d'où part le courant engendré par la rotation des aimants. Ces aimants MM (fig. 7) sont des masses de fer doux montées sur un axe S P, et placées de telle façon que les replis de l'armature sont compris entre leurs pôles. Ils sont excités par le courant d'une petite machine électrique indépendante que nous ne décrirons pas. Ce courant traverse un fil de cuivre enroulé autour de l'axe qui supporte les aimants et détermine le magnétisme des masses de fer doux, de telle façon que les pôles opposés N S (fig. 7) soient de nom contraire nord et sud, et que les séries de

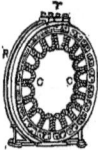

g. 6. — Machine électrique Mordey.

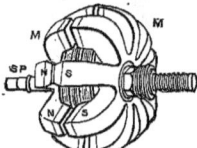

Fig. 7. — Machine électrique Mordey.

pôles adjacents S S soient de même nom. Les aimants sont en partie recouverts par les calottes métalliques C C (fig. 4), pour diminuer l'action de l'air lorsque la machine est en mouvement. Une poulie P porte un ru-

ban qui actionne l'axe S P. La machine est destinée à fournir des courants d'une grande force électromotrice. Elle donne un courant de 17 1/8e ampères pour une force électromotrice de 2,000 volts quand la machine fait 650 tours par secondes. — **Bijoux électriques.** Depuis longtemps on a imaginé de rendre lumineuses des pierres précieuses ou des imitations, auxquelles on donne un éclat incom-

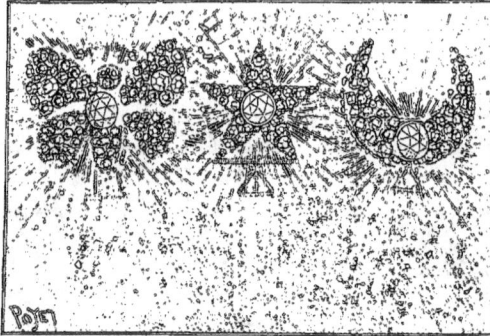

Bijoux électriques.

parable à l'aide d'un courant établi par une petite lampe électrique qu'il est facile de dissimuler dans une poche de gilet. Notre figure représente une étoile, un croissant et un papillon électro-lumineux, qui ont obtenu un véritable succès, lors de leur apparition. — **Mort par l'électricité.** — C'est d'Amérique que nous vient ce nouveau procédé d'exécution capitale. En 1888, une loi prescrivit l'emploi de l'électricité pour la mise à mort des condamnés dans l'état de New-York. Des expériences furent faites d'abord sur des animaux. On soumit un veau de 75 kilogrammes à un courant alternatif d'environ 50 volts. L'animal, renversé par le courant, se remit sur pied

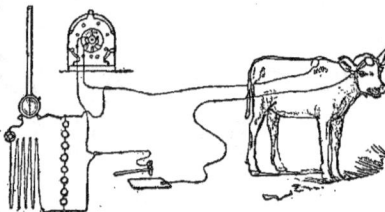

Mort par l'électricité. — Expérience faite sur un veau.

9 minutes après l'opération, et il fallut, pour le tuer, un courant de 770 volts. Un cheval de 615 kilogrammes périt également d'un courant de 700 volts, maintenu pendant 25 secondes. On en conclut que cette méthode d'exécution était praticable, et même infaillible, pour produire une mort instantanée et sans douleur. Le 6 août 1890, on y soumit un assassin nommé Kemmler. On l'assujettit solidement dans un fauteuil, on adapta à sa tête une calotte de caoutchouc contenant une éponge imbibée; l'un des fils aboutissait au sommet de la tête, l'autre à la base de l'épine dorsale, ce qui formait un circuit complet. Le patient fut soumis, pendant 18 secondes, à un courant de 1,000 volts. Quand le courant fut interrompu, on s'aperçut, avec horreur, que le condamné respirait encore. Il fallut recommencer. Après cette seconde expérience, Kemmler n'était pas encore mort; on rétablit le courant pendant 6 minutes, après quoi on

put affirmer que le condamné était décédé cette fois. Les affreux détails donnés par les journaux sur cette exécution font qu'il ne sera plus question de longtemps de recourir à de pareils procédés. — **Législ.** « Quelques accidents, dont certains ont été malheureusement suivis de mort d'hommes, ont mis en évidence les dangers que présente le contact du corps humain avec les conducteurs traversés par de puissants courants. D'autre part, l'expérience prouve que l'éclairage électrique, considéré à juste titre comme propre à diminuer les chances d'incendie, peut, au contraire, les augmenter, si l'installation des fils n'est pas faite avec les précautions qu'elle comporte. » Ainsi s'exprime le rapport qui précède le décret du 15 mai 1888. Suivant les prescriptions de ce décret, les conducteurs électriques, destinés au transport de la force ou à la production de la lumière, ne peuvent être établis, ni subir de changements d'installation, que deux mois après la remise au préfet d'une déclaration, accompagnée d'un projet détaillé. Sont dispensées de cette formalité les installations faites à l'intérieur d'une même propriété, lorsque la force ne dépasse pas 60 volts pour les courants alternatifs et 500 volts pour les courants non alternatifs. Les machines génératrices doivent être isolées et elles doivent être placées dans un local où les conducteurs soient bien en vue. Si les courants émis sont de nature à créer des dangers pour les personnes admises dans le local, les conducteurs doivent être placés hors de la portée de la main ou être garnis d'enveloppes isolantes. Une affiche apposée dans la salle des machines indique les précautions dont les ouvriers doivent user, telles que l'emploi de gants en caoutchouc si cela est nécessaire. On ne doit se servir ni du sol, ni des conduites d'eau ou de gaz, pour compléter le circuit, et les fils doivent être suffisamment éloignés de ces conduites. Le diamètre des conducteurs doit être partout en rapport avec l'intensité des courants. Les fils doivent toujours être recouverts d'une enveloppe isolante, lorsqu'ils sont à la portée de la main, même sur les toits, lorsqu'ils sont posés sur des appuis supportant des communications télégraphiques ou téléphoniques à fil nu, et dans toutes les parties où ils passent, soit à une distance de moins de deux mètres d'une de ces lignes, soit à moins d'un mètre de masses conductrices, telles que tuyaux d'eau ou de gaz. Les fils doivent être recouverts, au passage des toits, planchers, murs et cloisons. Dans les parties où ils sont exposés à des frottements ou à d'autres causes de détérioration, ils doivent être en outre encastrés dans une matière dure. Les appareils générateurs ou récepteurs d'électricité doivent être munis d'organes permettant de les isoler rapidement les uns des autres ou du centre de production. Les ingénieurs et agents des postes et télégraphes sont chargés, sous l'autorité des préfets, de la surveillance des conducteurs électriques. Ils vérifient les installations, et ils

s'assurent, au moins une fois par an, si toutes les conditions prescrites par les règlements sont exactement observées.   **Ch. Y.**

ELIXIR *anti-odontalgique*. (Écon. dom.) Racine de pyrèthre, 20 grammes ; alcool, 250 grammes. Faites infuser pendant dix jours. Ajoutez : camphre, 15 grammes ; teinture d'opium, 8 grammes ; teinture de girofle, 5 grammes. — *Autre*. Prenez : racine de pyrèthre, 30 grammes ; esprit de romarin, 250 grammes. Faites macérer et filtrez. — *Elixir dentifrice de Lefoulon*. Raifort frais, cochléaria frais, menthe, gaïac, quinquina, pyrèthre, de chaque, 2 grammes et demi ; acore, ratanhia, de chaque, 2 grammes ; alcool à 80°, 90 grammes. Les uns et les autres étendus de trois ou quatre fois leur volume d'eau pour nettoyer la bouche. — *Elixir à la rose*. Prenez : girofle, 80 centigrammes ; cannelle, 2 grammes et demi ; gingembre, 5 grammes et demi ; alcool, 60 centilitres ; huile d'écorces d'oranges, 12 gouttes ; huile de roses, 3 gouttes ; essence de menthe poivrée, 2 grammes 65 centigrammes. Mêlez ; laissez macérer quinze jours. Filtrez. Étendu d'eau dans la proportion des précédents.

ELSMÉRITE s. (de Robert *Elsmere*, personnage imaginaire.) Nouvelle secte religieuse, fondée à Londre en 1890 et qui a son temple à Gordon-Square. Les elsmérites prennent pour règle de conduite les idées, les principes et la théologie du héros de roman *Robert Elsmere*, créé par une femme de lettres, mistress Humphry Ward.

EMBOLIE. — Encycl. L'embolie est un fragment extrêmement ténu d'un caillot sanguin que la circulation chasse dans les artères. Les désordres causés par l'arrivée de ce caillot dans la grande ou dans la petite circulation sont extrêmement variables ; mais ils ont au milieu d'une différence absolue de symptômes, un caractère commun, c'est une action mortifiante sur les tissus situés au-dessous du point où l'embolie a eu lieu. Le siège des embolies est toujours le système artériel. Ce sont tantôt les artères de la circulation générale, tantôt l'artère pulmonaire qui sont envahies. Dans le premier cas, les arrêts de nutrition et de la gangrène des membres, les abcès des viscères indiquent qu'un caillot fibrineux a été lancé dans les voies artérielles. Dans le second cas, le caillot embolique est considérable et provoque la mort subite.

ÉMIGRANT s. m. (Jeux.) L'*émigrant*, appelé aussi *coblentz*, fit fureur pendant les premières années de la Révolution, et il le méritait, abstraction faite de toute idée politique, à cause du mécanisme singulier, quoique fort simple, qui le fait remonter de lui-même le long de la corde d'où il est descendu. Ce petit jouet se compose de deux disques en bois, en ivoire ou en métal, réunis, en leur centre, par un boulon de même matière et ne formant, par conséquent, qu'une seule pièce. Le boulon est percé d'un trou dans lequel passe un cordonnet assez long, qui y est retenu, par l'un de ses bouts, au moyen d'un nœud. Après avoir roulé le cordonnet autour du boulon dans la rainure profonde et circulaire formée par la réunion des deux disques, on saisit le bout du cordonnet resté libre et on abandonne les disques à eux-mêmes. Ils tombent verticalement par leur propre poids tant que le cordonnet se déroule et, dans ce mouvement, ils acquièrent une force de rotation qui les oblige ensuite de se rouler en sens inverse autour du fil et de remonter d'eux-mêmes presque jusqu'à leur point de départ. Le double disque reviendrait tout seul dans la main qui l'a lancé, si une partie de l'impulsion n'était détruite par le frottement du cordonnet et par la résistance de l'air, et il continuerait ainsi indéfiniment son mouvement de descente et d'ascension. Pour rétablir la force d'impulsion, on seconde

le mouvement des disques par le jeu de la main, que l'on abaisse et que l'on élève tour à tour, tout juste au moment où le disque vient de monter ou de descendre et à la fin de sa course. Il faut opérer avec douceur et précaution, afin de ne pas déranger le mouvement des disques par le jeu de la main, que l'on abaisse et que l'on élève tour à tour, à moins qu'il ne se dérange par la sortie du cordonnet hors de l'ornière où il est engagé. On peut aussi faire aller l'émigrant dans un sens oblique ou horizontal ; mais alors si le fil vient à casser, il peut blesser les personnes qui entourent le joueur ou briser les glaces et les porcelaines.

ÉMIGRATION. L'Europe continue d'envoyer de grandes quantités de ses enfants dans les autres parties du monde. Les chiffres que nous avons publiés dans notre *Dictionnaire* sont modifiés ainsi qu'il suit par la statistique des dix dernières années. — *Angleterre*, moyenne, 130.000 émigrants (163.000 en 1889) ; *Écosse*, moyenne, 25.000 ; *Irlande*, moyenne, 70.000 ; *Norvège*, 25.000 ; *Suède*, 35.000 (50.000 en 1887) ; *Empire d'Allemagne*, 95.000, dont 90.000 aux États-Unis d'Amérique ; *Hollande*, 6.000 (5.000 en 1888) ; *Belgique*, 16.000 ; *France*, 8.000 (23.000 en 1888) ; *Espagne*, 50.000, dont 22.000 dans l'Amérique centrale, 10.000 dans l'Amérique du Sud et 18.000 en Afrique. *Italie*, 80.000 (208.000 en 1888, dont 34.000 aux États-Unis et au Canada, 97.000 au Brésil et 66.000 dans les autres pays de l'Amérique du Sud) ; *Autriche-Hongrie*, 40.000, dont 35.000 à l'Amérique du Nord ; *Suisse*, 10.000, dont 9.000 dans l'Amérique du Nord. Voici le tableau de l'émigration française dans ces dernières années :

1880....................	4.612
1881....................	4.456
1882....................	4.858
1883....................	4.011
1884....................	6.100
1885....................	6.063
1886....................	7.314
1887....................	11.170
1888....................	23.839

EMMÉTROPE s. (*émm-mé-tro-pe*) (gr. *en*, dans ; *metron*, mesure ; *ops*, vue). Méd. Celui, celle qui a une vue moyenne, portant à une distance ordinaire ; celui, celle dont l'œil a des conditions normales.

EMMÉTROPIE s. f. Qualité de l'œil normal et d'une vue moyenne, qui a la portée ordinaire.

EMMÉTROPIQUE adj. Qui est normal, en parlant de l'œil ou de la vue : *œil emmétropique ; vue emmétropique*.

ÉMONDOIR s. m. Jardin. Instrument qui sert à émonder.

EMPÂTEMENT s. m. Base d'un rameau ou d'une branche, quand cette base forme un renflement à son point d'insertion.

EMPILAGE s. m. (Pêche). Dernier morceau du bas de la ligne. On dit aussi **EMPILE**, s. m. — **Empiler** un hameçon, c'est l'attacher au moyen d'un nœud particulier dit *nœud d'empile*, au fil qui doit lui servir de monture. Il importe que la ligature soit à la fois solide et

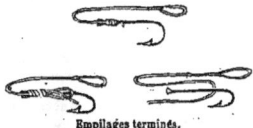

Empilages terminés.

peu volumineuse. Il existe plusieurs manières de faire le nœud : 1° faites à 6 ou 7 centim. de l'extrémité de l'empile, un nœud simple non fermé ; passez une seconde fois le bout le plus court dans la boucle. Un 8 se dessine, tirez légèrement les deux bouts ; il s'accentue ; passez alors la palette de l'hameçon dans les deux boucles du 8 ; tirez ferme ; l'hameçon est empilé. 2° Prenez l'hameçon par la courbure, entre le pouce et l'index de la main

droite ; posez sur la tige, en dehors pour plus de facilité, un bout de l'empile dépassant vers la courbure assez pour serrer ensuite, soit 4 ou 5 centimètres. Du pouce et de l'index de la main droite, pressez l'autre extrémité de l'empile, ramenez-la vers la palette et pincez-la avec les deux doigts de la main

Empilages divers.

gauche : un cercle se produit ; le bout dépasse, lui aussi, de 3 à 4 centim. ; il va à droite au lieu d'aller à gauche. Prenez de la main droite l'empile par le cercle près de la palette et faites un tour sur la tige, puis un second, un troisième, jusqu'à 5 ou 6, en revenant toujours vers la gauche. Arrêtez de

Empilages divers.

la main gauche ; tirez, de la main droite, le bout qui est du côté de la palette ; tirez ensuite les deux bouts un peu fort. — Deux sortes de nœuds suffisent à toutes les opérations : le nœud à guillotine ou nœud anglais et le double nœud. — Pour le premier, on fait à l'extrémité de l'un des deux brins à rattacher, un nœud simple non fermé ; on passe dans la boucle de ce nœud l'autre brin auquel on fait aussi un nœud simple, mais en prenant dans la nouvelle boucle le brin qui a déjà un nœud. On serre les deux nœuds ; on tire les

Empilages. Nœuds à guillotine.

brins ; alors les nœuds se rejoignent, se juxtaposent. — Le double nœud n'est pas plus difficile. On juxtapose parallèlement l'extrémité des deux brins sur une longueur de 10 centimètres. On tourne, sur l'index, les deux brins mis à plat et l'on fait un nœud simple. On refait passer l'un des brins complètement dans le nœud pour le doubler ; on tire et le nœud est terminé.

EMPOISONNEMENT. — *Premiers secours en attendant l'arrivée du médecin.* Une personne étrangère à la science peut confondre les caractères de l'empoisonnement avec les symptômes de certaines maladies qui s'en rapprochent en effet ; mais un médecin ne peut s'y tromper. D'ailleurs les effets de l'empoisonnement sont trop soudains, il est trop rare que la personne empoisonnée ignore absolument ou cache longtemps son état et sa cause, pour que nous insistions sur les caractères symptomatiques de l'empoisonnement. Chaque espèce particulière d'empoisonnement exige un traitement particulier, mais le traitement est l'affaire du médecin ; ce n'est qu'en attendant son arrivée, plus indispensable en pareil cas que dans aucun autre peut-être, que la médecine domestique peut agir et que nous lui indiquerons le moyen de le faire efficacement. Cela est très important, car si les premiers secours manquent à une personne frappée d'empoisonnement, les caractères du mal subissent une prompte modification, exigeant une modification correspondante dans la nature du traitement. Rele-

vons tout d'abord l'erreur populaire qui consiste à croire que le lait est l'antidote par excellence de tous les genres de poisons. Le lait est utile, en effet, pour combattre l'action des poisons irritants qui altèrent la composition des tissus, mais il est *nuisible* dans le cas d'empoisonnements par les substances narcotiques, contre lesquelles les substances acidules ou stimulantes sont seules employées. — *Mesures préliminaires.* Se hâter, dans tous les cas, de faire vomir abondamment le malade, en lui fourrant les doigts dans la bouche ou en lui chatouillant la luette avec la barbe d'une plume, ou encore en lui faisant boire de l'eau tiède. Si ces moyens sont insuffisants, on fera prendre au malade 10 à 15 centigrammes d'émétique dans trois verres d'eau, et l'on répétera l'expérience deux ou trois fois s'il est nécessaire, afin de produire des vomissements et des selles suffisamment abondants pour entraîner la prompte expulsion du poison. Enfin, on agira d'après les instructions ci-après, suivant l'espèce de poison ingérée. — *Empoisonnement par les champignons.* Ce n'est guère que sept à huit heures après avoir mangé des champignons vénéneux que les premiers symptômes de l'empoisonnement se produisent : anxiété, défaillances, nausées, vomissements ; le ventre se tend, les extrémités deviennent froides, le pouls est petit, intermittent. Il faut, dès qu'on s'aperçoit de ces symptômes, envoyer chercher le médecin en toute hâte et, en attendant son arrivée, on cherchera à provoquer des vomissements tout d'abord, par les moyens élémentaires que nous venons d'indiquer et en administrant au malade 10 à 15 centigrammes (5 centigrammes seulement pour un enfant en bas âge) d'émétique qu'on fera fondre dans un verre d'eau tiède. Les vomissements obtenus, on fera prendre au malade la préparation suivante : délayez un jaune d'œuf dans 40 grammes d'huile à manger, ajoutez, en remuant, 60 grammes d'eau sucrée. Cette potion devra être bue en une seule fois et répétée d'heure en heure, jusqu'à effet purgatif. À défaut d'huile, on peut prendre 40 à 50 grammes de sulfate de magnésie ou de soude dans quatre verres d'eau, de dix minutes en dix minutes. Quelques gouttes d'éther sulfurique sur un morceau de sucre, ou dans de l'eau sucrée, ou enfin quelques demi-cuillerées de sirop d'éther pourront être prises après les évacuations. L'empoisonnement par les champignons étant d'ailleurs l'un des empoisonnements accidentels les plus fréquents, il nous paraît utile de reproduire en entier les considérations suivantes, par lesquelles M. le docteur Louis Monier, médecin en chef de l'hôpital d'Avignon, terminait récemment un mémoire sur un cas de cette sorte : « 1° Les champignons vénéneux sont, de tous les poisons, les plus dangereux, car leur action nuisible ne se manifeste qu'à un moment très éloigné de leur ingestion, alors que le principe toxique se dérobe à l'influence des agents thérapeutiques ; 2° il n'existe aucun caractère botanique bien tranché qui permette de distinguer les champignons vénéneux de ceux qui sont comestibles ; 3° les champignons desséchés sont aussi dangereux qu'à l'état frais, et si leur ingestion n'est pas généralement suivie d'accidents, c'est que l'art culinaire intervient et les prive de leur principe toxique ; 4° le principe toxique des champignons, dont l'analyse chimique n'a pu jusqu'à ce jour préciser la nature, a la propriété d'être soluble dans l'eau acidulée ou salée, mais surtout dans l'eau portée à l'ébullition ; 5° tout champignon vénéneux devient inoffensif quand, après avoir été macéré pendant deux heures dans l'eau vinaigrée, il est soumis à une ébullition d'une demi-heure à une heure de durée. » — *Empoisonnement par les sels de cuivre (vert-de-gris).* Après les champignons vénéneux, le vert-de-gris produit par

des ustensiles de cuivre mal entretenus constitue certainement une des causes les plus fréquentes d'empoisonnement accidentel. Dans le cas actuel, faire boire abondamment de l'eau tiède albumineuse, c'est-à-dire mêlée de blancs d'œufs bien battus, dans la proportion de trois à quatre blancs d'œufs pour un litre d'eau. Exciter les vomissements, et faire boire de l'eau albumineuse après chaque vomissement. Ensuite, huile de ricin, à la dose de 45 grammes pour un adulte (toujours moitié ou quart de la dose pour un enfant, suivant l'âge), afin de provoquer des selles abondantes. L'eau sucrée peut également être administrée avec avantage. Enfin, dans le cas de douleurs très vives, faire prendre au malade de la décoction de têtes de pavot, ou une cuillerée à café de sirop diacode d'heure en heure. — *Empoisonnement par les sels de plomb (extrait de saturne, blanc de céruse, litharge, etc.).* 15 grammes de sulfate de soude ou de magnésie par litre d'eau tiède, bue en abondance, afin de provoquer des vomissements et l'action purgative. Eau de Sedlitz, d'Epsom, etc. ; limonade sulfurique. À défaut : eau sucrée, — en attendant mieux. — *Empoisonnement par les moules (poisson gâté,* etc.). Faire vomir et évacuer par les procédés élémentaires indiqués. Quelques gouttes d'éther dans un verre d'eau sucrée ou sur un morceau de sucre. Limonade. — *Empoisonnement par les sels d'argent (pierre infernale,* etc.). Eau salée en abondance. — *Empoisonnement par l'eau de javelle.* Faire vomir. Eau albumineuse (trois ou quatre blancs d'œufs battus dans un litre d'eau) ; eau vinaigrée ou additionnée de jus de citron (une cuillerée à bouche par verre). — *Empoisonnement par l'arsenic.* Provoquer les vomissements. Donner de la magnésie dans de l'eau ; de l'eau de chaux. — *Empoisonnement par les acides (huile de vitriol, eau-forte, sel d'oseille,* etc.). Provoquer en toute hâte les vomissements et faire prendre au malade de la magnésie calcinée en grande quantité, délayée dans de l'eau (15 grammes de magnésie calcinée dans 125 grammes d'eau) ; ou de l'eau de savon préparée avec 15 grammes de savon blanc dans 1 litre d'eau ; ou encore de la craie en poudre aussi délayée dans de l'eau. — *Empoisonnement par les alcalis.* Vomissements. Eau vinaigrée : 100 grammes vinaigre par litre d'eau. Limonade en quantité. — *Empoisonnement par le phosphore.* Vomissements. Emétique : 15 centigrammes dans deux verres d'eau tiède à avaler coup sur coup ; ou 10 centigrammes de sulfate de cuivre (couperose bleue) fondu dans un peu d'eau tiède, à action, en attendant le médecin qui, seul, peut prescrire avec certitude le traitement régulier qui doit amener le rétablissement complet du malade.

EMPOTAGE. — L'*empotage* est une opération toute simple, qui consiste à planter dans un pot rempli de terre convenable une plante quelconque toute venue. On prend un pot bien proportionné, on couvre d'un tesson le trou du fond, destiné à laisser échapper l'eau surabondante, et l'on remplit le pot de terre préparée, jusqu'aux trois quarts environ de sa profondeur ; on tasse légèrement cette terre tout autour de la plante que l'on a placée au milieu, afin de prévenir un affaissement trop considérable, et le tour est fait. — S'il s'agit d'une caisse, il convient de couvrir préalablement le fond d'un lit de petits plâtras sur lequel on verse la terre. Le *rempotage*, ne pouvant avoir lieu que comme conséquence d'un *dépotage* préalable, est par cela même une opération beaucoup plus compliquée. Les plantes que l'on cultive en caisses ou en pots ont vite épuisé la terre où elles végètent, et

souvent leurs racines finissent par remplir presque exclusivement le vase. Force est donc de les en extraire, de tailler les racines envahissantes et de les rempoter ensuite. Cette opération doit se faire plus ou moins fréquemment, suivant la nature de la plante que l'on traite. Il en est qui exigent un rempotage annuel ; d'autres, tous les deux ans ; d'autres, comme le laurier-rose, par exemple, tous les trois ans ; par contre, les orangers restent fort bien, sans en éprouver aucune gêne, huit à dix ans dans la même caisse. Pour ces grandes plantes qu'il faut dépoter, tailler par en bas et rempoter ensuite, elles occasionnent une besogne véritablement peu récréative, il est vrai, mais, d'un autre côté, elles offrent généralement l'avantage d'être peu délicates, fût-elle accomplie avec une sage quoique excessive lenteur et sans trop de ménagement. On enlève donc l'arbuste de sa caisse, on taille ses racines aussi ras que possible, tout en ayant soin de laisser quelques appendices qui lui permettent de reprendre aussitôt, et on le replace le plus souvent dans la même caisse remplie de terre nouvellement préparée, qu'on foule vigoureusement et qu'on arrose sans excès. — Cette besogne devant forcément se faire à une époque de repos de la sève, laissez quelques jours l'arbuste parfaitement abrité. Pour les plantes de peu de développement qu'il s'agit de rempoter parce qu'elles se trouvent à l'étroit dans leur premier domicile, voici d'abord comment on opère le dépotement : on place sa main gauche à plat sur l'orifice du pot, l'index et le médius écartés, laissant passer la tige de la plante, la main bien tendue couvrant autant que possible toute la surface de la terre. Dans cette position, on renverse brusquement le pot, en le maintenant par le fond de la main droite ; on le heurte alors par le côté, ou l'on frappe de la main droite sur le fond, la motte de terre se détache facilement et la plante avec elle. Alors on examine cette motte ; on retranche de la racine de la plante les parties surabondantes ou pourries, et comme on a préalablement préparé le pot destiné à recevoir la plante, d'après les indications que nous avons données plus haut, d'après ces mêmes indications, on la rempote aussitôt.

EMPREINTE. — Encycl. Le Dr Flint a découvert dans le Nicaragua des empreintes de

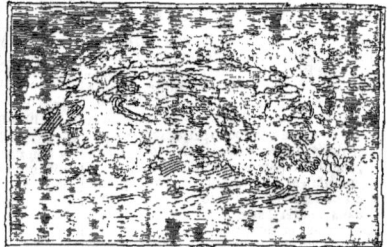

Empreintes de pieds des temps préhistoriques.

pied humain, mesurant environ 23 cent. de long sur 11 de large. Des recherches ont fait arriver à cette conclusion que ces empreintes ne peuvent remonter au delà de l'époque quaternaire.

EMPRUNT (JEUX). Ce jeu est ainsi nommé parce qu'on n'y fait qu'emprunter. Après être convenu de ce qu'on veut jouer à chaque partie, comme au hoc, et avoir vu à qui mêlera, celui qui doit mêler donne à couper à sa gauche, et distribue à chacun le nombre de cartes qu'il lui faut. Lorsque l'on joue à six personnes, le nombre est de huit cartes par joueur ; lorsque l'on n'est que cinq ou quatre,

chacun aura dix cartes; mais on lèvera les deux dernières cartes de chaque couleur, comme les as et les deux; à trois, chac un aura douze cartes; on lèvera de ce cas encore les basses cartes d'une couleur, qui seront les trois; des cinquante-deux cartes dont ce jeu est composé, il n'en restera donc que quarante. Quand celui qui est le premier en carte a jeté celle qu'il a jugé à propos, le second est obligé de jouer celle qui suit de la même couleur; s'il ne l'a pas, il l'emprunte de celui qui l'a, en lui payant un jeton; le troisième est obligé de jouer aussi la carte suivante, ou de l'emprunter; le quatrième fait de même, et ceux qui suivent aussi, en allant toujours par la droite jusqu'à ce qu'il n'y ait plus de cette couleur. Celui qui est à la droite du joueur qui a joué la carte, soit en empruntant, soit de son jeu, recommence à jouer une carte de la couleur qu'il lui convient. On observe la même manière de jouer jusqu'à ce que l'un des joueurs se soit entièrement défait de toutes ses cartes. Le premier qui s'en est défait gagne la partie, et tire par conséquent tout ce qu'on a mis au jeu, et se fait payer de plus ce dont on est convenu pour les cartes qui restent en main aux autres joueurs. S'il y avait au talon quelques carte de la couleur jetée, et qu'on ne pût par conséquent l'emprunter d'aucun joueur, on la prendrait au talon en payant au jeu ce qu'on aurait payé au joueur qui l'aurait euc. Il y a un grand avantage à être premier à jouer, puisqu'on commence par la couleur la plus avantageuse à son jeu, à laquelle il faut absolument que les autres répondent.

EN [an] (lat. *in*, même sens). Préfixe qui donne le sens d'introduction *dans* : ENAMOURER, mettre en l'amour. — Devant *b*, *p* ou *m*, on écrit *em* : EMBARRASSER; EMPRISONNER; EMMAGAsiner.

ENCRES SYMPATHIQUES. — 1° Servez-vous, au lieu d'encre ordinaire, d'une solution faible de muriate ou de nitrate de cobalt: ce que vous écrirez sera invisible, mais faites-le chauffer en le tenant devant le feu, alors l'écriture apparaîtra en bleu. Si le cobalt est mélangé de fer, la couleur de l'écriture sera verte. Lorsque le papier aura été éloigné du feu, l'écriture redeviendra de nouveau invisible. — *Le tableau inachevé.* A l'aide des deux sortes de solutions dont nous venons de parler, on produit quelquefois une illusion curieuse, qui ne laisse pas d'intriguer. On prépare le dessin en couleurs ordinaires d'un paysage quelconque, avec de feuilles, des arbres et du gazon, que l'on *peint* avec une solution de muriate de cobalt additionnée de fer, et du ciel, que l'on couvre d'une couche de cobalt dissous; ce qui revient à dire que, pour tout examinateur non prévenu, le ciel et la verdure auront été négligés par le coloriste, tandis que celui-ci, en exposant son paysage au feu, prouvera que l'examinateur ne sait pas ce qu'il dit, attendu que le ciel apparaîtra du plus beau bleu et les feuilles et l'herbe des prairie du vert le plus tendre. 2° Écrivez avec une faible solution de muriate de cuivre; l'écriture, invisible lorsqu'elle est froide, exposée au feu comme dans le cas précédent, apparaîtra jaune sur le papier. Si dans le paysage dont nous avons parlé ci-dessus vous faites figurer, par exemple, un champ de blé mûr, rien ne s'oppose à ce que vous le peigniez, ainsi qu'une foule de petits détails sur lesquels il est inutile d'insister, avec cette solution; votre dessin n'en paraîtra que plus incomplet, jusqu'au moment où, chauffé à la flamme du foyer, il se revêtira comme par enchantement des plus brillantes couleurs de la nature dans la saison d'été! 3° Faites une légère solution d'alun dans du jus de citron; les caractères que vous tracerez avec cette solution resteront invisibles jusqu'à ce que vous les mouilliez d'eau,

ce qui les fera apparaître de couleur grisâtre et transparente. 4° Si vous employez une solution d'alun de roche seul, et si, lorsque l'écriture aura séché, vous l'arrosez d'un peu d'eau, vous ferez apparaître les caractères plus blancs que le papier sur lequel ils sont écrits. 5° Écrivez avec une légère solution de sulfate de fer (couperose verte); quand l'écriture sera séchée, elle sera invisible; mouillez-la alors avec une brosse douce trempée dans une forte décoction d'écorce de chêne ou dans de la teinture de noix de galle, et vous la ferez paraître noire. 6° Employez la solution de sulfate de fer ci-dessus indiquée; seulement, quand l'écriture sera séchée, lavez-la avec une solution de prussiate de potasse. Votre écriture apparaîtra alors sur le papier d'une couleur bleue magnifique. 7° Écrivez avec de l'eau de riz; je n'ai pas besoin de grands efforts pour vous faire entendre que les caractères tracés avec cette eau sur du papier blanc ne seront pas visibles; mais si vous les mouillez avec une solution d'iode, aussitôt ils apparaîtront en couleur violette. Cette encre sympathique a été mise en usage, et cela avec un très grand succès, pendant la dernière guerre des Indes, par l'armée anglaise. La première lettre écrite ainsi fut envoyée à Jellalabad, cachée dans le tuyau d'une plume. On n'y trouva naturellement qu'une feuille de papier immaculée ou à peu près, car, à la vérité, le mot *iodine* y était tracé ostensiblement. On comprit ce que cela voulait dire, on lava le papier d'une solution d'iode, et il se trouva contenir, en effet, une importante dépêche de sir Robert Sale. Dans tous les procédés employés pour rendre invisibles les caractères tracés à « l'encre sympathique », il y a naturellement décomposition chimique. Les exemples les plus frappants de ce phénomène se trouvent dans les procédés que nous avons inscrits sous les numéros 5 et 6, dans le premier desquels l'acide galique s'unissant au fer forme le noir; ce sont d'ailleurs les deux substances qui forment la base de l'encre commune, — tandis que, dans le second, l'acide prussique, en s'unissant au fer, produit un bleu dû au prussiate de fer.

ENDOSPERME s. m. (gr. *endon*, en dedans; *sperma*, graine). Bot. Masse cellulaire au milieu de laquelle se trouve ordinairement l'embryon. On dit aussi ALBUMEN ou PÉRISPERME.

ENFANT. — **Législ.** Nous allons compléter ici ce que nous avons écrit dans le *Dictionnaire* (t. II, page 586) sur les diverses catégories d'enfants dont le législateur s'est spécialement occupé. — **ENFANTS ASSISTÉS.** Un décret du 8 mars 1887, abrogeant celui du 31 juillet 1870, réorganise le personnel chargé, sous l'autorité des préfets, de la surveillance du service des enfants assistés. Ce personnel, dont la nomination est réservée au ministre de l'intérieur, comprend des inspecteurs, des sous-inspecteurs, des inspectrices et des sous-inspectrices. — L'instruction ministérielle du 8 février 1823 portait que les enfants abandonnés ne peuvent être admis dans un hospice dépositaire, au titre d'enfants assistés, après l'âge de douze ans. Cette disposition est rapportée par une circulaire du ministre de l'intérieur, en date du 21 janvier 1889. — **ENFANTS MORALEMENT ABANDONNÉS.** La loi du 24 juillet 1889, due à l'initiative de M. Théophile Roussel, sénateur, indique les cas où les parents indignes sont déchus de la puissance paternelle et des droits qui s'y rattachent, sauf du droit réciproque relatif aux aliments. Sont déchus de plein droit, les père, mère et ascendants : 1° sont condamnés pour avoir excité ou favorisé la prostitution ou la corruption de leurs enfants; s'ils sont condamnés comme auteurs ou complice d'un crime commis sur la personne de

leurs enfants ou d'un crime commis par ceux-ci; s'ils sont condamnés deux fois, soit comme auteurs ou complices d'un crime commis sur la personne de leurs enfants, soit pour excitation habituelle de mineurs à la débauche. Peuvent être déclarés déchus de la puissance paternelle : le père et mère condamnés aux travaux forcés ou à la réclusion, pour un crime autre que celui contre la sûreté de l'État; les père et mère condamnés deux fois, soit pour séquestration, suppression, exposition ou abandon d'enfant, soit pour vagabondage : les père et mère condamnés, soit en seconde récidive pour ivresse, soit pour infraction à la loi du 7 décembre 1874, qui interdit de faire mendier des enfants de moins de seize ans ou de les employer dans des représentations de saltimbanques; les père et mère condamnés une première fois pour excitation habituelle de mineurs à la débauche; les père et mère dont les enfants, accusés d'un crime ou délit et acquittés comme ayant agi sans discernement, ont été, en vertu du jugement, conduits dans une maison de correction; enfin, les père et mère qui, par leur ivrognerie habituelle, leur inconduite notoire et scandaleuse, ou par de mauvais traitements, compromettent, soit la santé, soit la sécurité, soit la moralité de leurs enfants. Dans les cas où les père et mère ne sont pas déchus de plein droit, l'action en déchéance est intentée devant la chambre du conseil du tribunal du domicile ou de la résidence du père ou de la mère, soit par un ou plusieurs parents du mineur, au degré de cousin germain ou à un degré plus rapproché, soit par le ministère public. Dans tous les cas, un mémoire doit être présenté au président du tribunal. Ce mémoire énonce les faits et il est accompagné des pièces justificatives. Il est notifié au père, mère ou ascendant dont la déchéance est demandée. En cas de déchéance du père et de la mère, le tribunal décide si la tutelle sera constituée suivant le droit commun, sans qu'il y ait obligation pour la personne désignée d'accepter cette charge; et, si elle l'accepte, les biens du tuteur ne sont pas grevés de l'hypothèque légale du mineur. Si la tutelle n'est pas ainsi constituée, elle est exercée par l'assistance publique, laquelle est représentée, dans ce cas, par l'inspecteur départemental des enfants assistés, et à Paris par le directeur de l'administration générale de l'assistance publique. Les enfants sont confiés soit à des particuliers, soit à des associations de bienfaisance. (Voy. ci-après SAUVETAGE.) Les charges concernant les enfants moralement abandonnés incombent au département; mais, lorsque le conseil général s'est engagé à assimiler ce service à celui des enfants assistés, l'État fournit une subvention égale au cinquième des dépenses, et cette subvention s'applique alors non seulement aux dépenses extérieures, mais aussi aux dépenses intérieures des deux services. En outre, le contingent des communes constitue, dans le cas, une dépense obligatoire pour celles-ci. Malheureusement les dépenses concernant les enfants moralement abandonnés ne sont pas obligatoires pour les départements; et, quelques conseils généraux ayant refusé d'assimiler ce service à celui des enfants assistés, la loi Roussel n'a pas encore pu être appliquée intégralement dans toute la France. — Les père et mère déchus de la puissance paternelle ont la faculté, dans certains cas, de demander au tribunal de la leur restituer; mais l'action ne peut être introduite qu'après la réhabilitation, et seulement trois ans après le jour où le jugement qui a prononcé la déchéance est devenu irrévocable. — **ENFANTS EMPLOYÉS DANS L'INDUSTRIE.** Les ouvroirs ou ateliers tenus par des congrégranistes ou par des associations religieuses s'étaient toujours soustraits aux règles protectrices de l'enfance et à la surveillance admi-

nistrative instituées par la loi du 19 mai 1874; mais il a été décidé par un arrêt de la cour d'appel d'Angers, confirmé le 2 août 1888, par la cour de cassation, que la loi est applicable à ces ouvroirs, lorsque les travaux que l'on y exécute n'ont pas pour but principal d'enseigner un métier aux enfants, mais de confectionner des marchandises destinées au commerce. — ENFANTS DE TROUPE. Les six écoles d'enfants de troupe, créées sous le nom d'écoles militaires préparatoires, en vertu de la loi du 19 juillet 1884, qui a supprimé les enfants de troupe dans tous les régiments, ont été ouvertes successivement. Chacune de ces écoles est organisée pour recevoir 500 élèves. Celles de Rambouillet, de Montreuil-sur-Mer, de Saint-Hippolyte-du-Fort et des Andelys sont des écoles préparatoires à l'arme de l'infanterie; l'école d'Autun prépare ses élèves à la cavalerie; et l'école de Billon, au génie, à l'artillerie et au train des équipages. Tous les ans, 600 enfants de ces écoles, arrivés à l'âge de dix-huit ans, entrent dans l'armée, après avoir, de treize à seize ans, complété leur instruction élémentaire, et avoir reçu ensuite, pendant deux ans, l'instruction militaire. Les écoles d'enfants de troupe sont donc d'excellentes pépinières de sous-officiers, et même d'officiers pour notre armée. Ne peuvent être admis dans ces écoles que les fils de soldats, caporaux ou brigadiers, sous-officiers, officiers, jusqu'au grade de capitaine, en activité ou jouissant d'une pension soit de retraite, soit de réforme, et ceux dont le père a contracté un rengagement de cinq ans au moins. Sont également admis les fils d'officiers supérieurs décédés. Le ministre de la guerre fixe le nombre de places réservées dans ces écoles aux enfants de troupe de la marine. Des allocations annuelles sont payées aux familles des enfants de troupe de 2 à 13 ans, inscrits sur les contrôles des corps, savoir : cent francs pour les enfants de 2 à 5 ans; cent cinquante francs pour ceux de 5 à 8 ans, et cent quatre-vingts francs pour ceux de 8 à 13 ans. (Décret du 3 mars 1885).   (CH. Y.)

ENGELURES. — Il serait quelquefois possible de prévenir cette affection inflammatoire des extrémités, souvent si douloureuse, et qui peut même devenir assez grave pour déformer à jamais les doigts auxquels elle s'attaque. En effet, l'engelure est généralement le produit d'un refroidissement de la peau, ou du son réchauffement inconsidéré après un refroidissement considérable. Par exemple, nous voyons souvent les personnes exposées, en hiver, à avoir les mains dans l'eau froide ou en contact avec des matières humides souffrir, toute la saison d'engelures douloureuses. — Pour ma part, j'en suis encore à découvrir un garçon épicier ou une cuisinière dont les mains soient absolument vierges d'engelures. Une précaution à prendre contre ce mal serait d'avoir bien soin, en hiver, lorsqu'on s'est lavé les mains, de les sécher parfaitement en les essuyant avec une serviette; car l'eau, en se refroidissant jusqu'au point de congélation, produira presque inévitablement des engelures; de même, lorsqu'on a très froid, lorsqu'on a l'onglée, il ne faut se réchauffer les pieds ou les mains que graduellement, sous peine d'obtenir le même fâcheux résultat. Quant aux personnes qui ont déjà eu des engelures et en craignent le retour, elles pourront l'éviter en lotionnant, dès le milieu de l'automne, les parties menacées de vin ou d'eau-de-vie camphrée étendus d'eau, ou en les baignant matin et soir pendant un bon quart d'heure dans un bain composé de 5 grammes de tan et autant d'alun par litre d'eau. Au début des engelures, on peut également faire usage de ces bains, tant qu'elles ne sont pas ulcérées. On recommande également, dans les mêmes conditions, les frictions avec de la neige, de la

glace pilée ou de l'eau froide sinapisée ou dans laquelle on a fait fondre du sel ammoniaque dans la proportion de 50 grammes pour un demi-litre d'eau. On peut panser enfin les engelures déjà développées, mais sans ulcérations, avec des compresses d'eau salée ou d'eau ,végéto-minérale composée comme suit :

Eau distillée.....................	48 grammes.
Extrait de saturne...............	1 —
Alcool..........................	4 —

Le liniment suivant est également d'un bon usage dans ce cas :

Glycérine.......................	50 grammes.
Acide chlorhydrique.............	1 —

On l'étend le soir, en se couchant, sur la partie malade qu'on enveloppe d'un linge. Le lendemain matin, on lave à l'eau vinaigrée pour recommencer le soir. — Autre liniment contre les engelures et aussi contre les gerçures ou crevasses :

Axonge et huile d'amandes amères du chaque...................	30 grammes.
Cire jaune........................	10 —

Faites fondre à feu doux, laissez refroidir et ajoutez :

Ammoniaque liquide (alcali volatil)............................	6 grammes.
Huile de lavande................	8 —
Camphre dissous dans la teinture de moutarde....................	3 —

Employez en friction sur les engelures non ulcérées, ainsi que sur toute espèce de gerçures ou crevasses — excepté pourtant celles des bouts des seins et celles des lèvres. Lorsqu'il y a ulcération, on panse avec l'onguent rosat composé, l'onguent populeum ou le cérat saturné, ou simplement avec de la glycérine pure. Les ulcérations graves, nous l'avons dit, peuvent amener des complications dangereuses. Le recours au médecin est donc naturellement prescrit en pareil cas. Nous disions en commençant qu'il est seulement quelquefois possible de prévenir l'invasion des engelures. C'est qu'en effet cette affection est souvent due à une prédisposition organique et annonce un tempérament lymphatique. Les engelures s'attaquent de préférence à la jeunesse; il ne faut pas perdre de vue cette origine constitutive et, si malade est un enfant, s'efforcer de modifier sa constitution par un bon régime; faire usage en tout cas de bains salés, de bains de mer dans la saison, si possible.

ENGRAIS. — Législ. La loi du 27 juillet 1867 ayant été reconnue insuffisante pour assurer la répression des falsifications commises dans le commerce des engrais et amendements, le conseil supérieur de l'agriculture a demandé la révision de cette loi, afin de mieux préciser les diverses fraudes et de fournir aux acheteurs les moyens de combattre la mauvaise foi. La loi du 4 février 1888, qui abroge la précédente, édicte des pénalités moins rigoureuses que la précédente, tout en assurant plus complètement la répression des délits. Aux termes de cette dernière loi sont « punis d'un emprisonnement de six jours à « un mois et d'une amende de 50 à 2,000 fr., « ou de l'une de ces deux peines seulement : « ceux qui, en vendant ou en mettant en « vente des engrais ou amendements, auront « trompé ou tenté de tromper l'acheteur, « soit sur leur nature, leur composition ou le « dosage des éléments utiles qu'ils contien- « nent, soit sur leur provenance, soit par « l'emploi, pour les désigner ou les qualifier, « d'un nom qui, d'après l'usage, est donné à « d'autres substances fertilisantes. En cas de « récidive dans les trois ans qui ont suivi la « dernière condamnation, la peine pourra « être élevée à deux mois de prison et 4,000 fr. « d'amende. » Le vendeur est tenu, sous peine d'une amende de 11 fr. à 15 fr., d'indi-

quer, soit dans le contrat de vente, soit dans le double de commission délivré à l'acheteur au moment de la vente, soit dans la facture remise au moment de la livraison, la provenance naturelle ou industrielle de l'engrais et sa teneur en principes fertilisants.
— Un décret du 10 mai 1889, contenant les prescriptions de détail nécessaires à l'application de la loi, porte que les indications que le vendeur est tenu de fournir doivent exprimer les poids des principes fertilisants contenus dans 100 kilog. de la marchandise facturée. Lorsque la vente est faite avec stipulation du règlement du prix d'après l'analyse à faire sur échantillon prélevé au moment de la livraison, l'indication de la composition de l'engrais n'est pas obligatoire, mais le vendeur est tenu de mentionner le prix du kilogramme de chacune des substances qui doivent le constituer. Les échantillons sont pris en trois exemplaires, en présence des deux parties. Si le vendeur refuse de se faire représenter à cette prise, elle est faite par le maire ou par le commissaire de police, soit dans les magasins ou entrepôts, soit dans les gares ou ports de départ ou d'arrivée. Chacun de ces trois échantillons est enfermé dans un vase en verre ou en grès verni, immédiatement bouché avec un bouchon de liège sur lequel le magistrat qui a présidé à la prise d'échantillon attache une bande de papier qu'il scelle de son sceau. Une étiquette, engagée dans l'un des cachets, porte le nom de l'engrais, la date de la prise de l'échantillon et le nom de la personne qui requiert l'analyse. Il est dressé procès-verbal de chaque prise d'échantillon. Des trois exemplaires, l'un est remis au vendeur, un autre à un chimiste expert pour servir à l'analyse, et le troisième est conservé en dépôt au greffe du tribunal de l'arrondissement, pour servir, s'il y a lieu, à de nouvelles vérifications ou analyses. L'expertise est faite par l'un des chimistes experts désignés par le ministre de l'agriculture, et les frais de l'expertise sont réglés d'après un tarif arrêté par le ministre. L'analyse doit être effectuée dans un délai de dix jours et d'après les procédés qui sont indiqués en détail par l'article 12 du décret réglementaire, pour le dosage de chacun des éléments utiles, azote, acide phosphorique, potasse soluble. Le rapport du chimiste expert est déposé au greffe du tribunal qui a procédé à la nomination dudit expert. Si le vendeur conteste l'analyse, le troisième échantillon est soumis à la contre-expertise d'un chimiste expert, lequel est désigné par le président du tribunal de l'arrondissement où il a été procédé à la prise des échantillons. Le chimiste chargé de la contre-expertise fait l'analyse dans le délai de huit jours et dépose son rapport au greffe du tribunal. Les rapports des experts sont ensuite transmis, ainsi que les procès-verbaux de prise d'échantillon, au procureur de la République, pour qu'il y soit donné telle suite de droit. CH. Y.

ENJAUGER v. a. Jardin. Mettre des plantes en jauge.

ENSEIGNEMENT. — Législ. Les divers ordres de l'enseignement public ont progressé depuis quelques années; mais c'est de l'enseignement primaire que le législateur s'est occupé le plus souvent. — ENSEIGNEMENT AGRICOLE. Cet enseignement est encore bien peu répandu en France, malgré les efforts persévérants de l'administration. Sa dotation au budget de l'État dépasse quatre millions sur lesquels : 160,000 fr. sont affectés aux champs de démonstration; 145,000 fr. aux stations agronomiques et aux laboratoires; un million aux écoles vétérinaires; 300,000 fr, à l'Institut agronomique; 1,600,000 fr. aux écoles d'agriculture et aux fermes-écoles, etc. Dans un rapport lu par M. Tisserand au congrès international agricole tenu à Paris en 1889, nous

trouvons cette appréciation optimiste des progrès qui ont été réalisés en France, depuis 1878, grâce à la diffusion de l'enseignement agricole : « L'esprit scientifique pénètre davantage dans les fermes; la jeunesse intelligente commence à s'attacher à la vie rurale, la confiance dans l'avenir renaît, la production animale et végétale s'est déjà accrue de plusieurs centaines de millions; nos importations en machines, en denrées agricoles, en bétail, ont beaucoup diminué tandis que nos exportations ont sensiblement augmenté.» — ENSEIGNEMENT PRIMAIRE. Ici, nous sommes en présence d'un grand nombre de textes législatifs récents : lois, décrets, arrêtés ministériels, qui sont relatifs, soit aux diverses écoles classées dans l'enseignement primaire, soit au personnel de cet enseignement, soit à la répartition des dépenses. Quant aux programmes, ceux qui sont annexés à l'arrêté ministériel du 27 juillet 1882 approchent tellement de la perfection qu'ils ont été conservés presqu'intégralement. — Un décret du 27 juillet 1883 indique les conditions que doivent remplir les communes, pour obtenir le concours de l'Etat dans les dépenses de fondation ou d'entretien d'une *école primaire supérieure* ; et un arrêté ministériel du même jour complète les dispositions de ce décret. — La loi organique du 30 octobre 1886 fixe à nouveau les bases de tout l'ensemble de l'enseignement primaire, public ou privé; elle s'occupe de l'établissement des écoles publiques, des conditions requises pour le recrutement de leur personnel, de l'inspection des écoles primaires, des conseils départementaux, des commissions scolaires, etc. Toute commune doit être pourvue d'une école primaire publique. Toutefois, le conseil départemental peut, sous réserve de l'approbation du ministre, autoriser une commune à se réunir à d'autres pour l'établissement et l'entretien d'une école. Lorsque la commune ou la réunion de commune compte 500 habitants ou davantage, elle doit avoir une école spéciale de filles, à moins d'être autorisée par le conseil départemental à remplacer cette école par une école mixte. Un décret du 18 janvier 1887 et un arrêté ministériel du 20 du même mois complètent les dispositions de la loi de 1886. Ces trois documents contiennent ensemble plus de 500 articles; et ils sont l'application des lois du 16 juin 1881 et du 28 mars 1882, qui ont fondé en France l'instruction gratuite, laïque et obligatoire. — La loi de finances du 26 février 1887 (art. 3) soumet les candidats au brevet élémentaire pour l'enseignement primaire à un droit d'examen fixé à 10 fr.; et les candidats au brevet supérieur à un droit de 20 fr. — Les règles de procédure administrative à suivre pour la création d'écoles publiques, soit sur la demande des communes elles-mêmes, soit d'office, sont posées dans un décret du 7 avril 1887. Un autre décret, du 4 février 1888, indique les conditions nécessaires pour obtenir le concours de l'Etat dans les dépenses de fondation ou d'entretien d'écoles publiques établies à titre facultatif par les communes. — Deux décrets, l'un du 17 mars et l'autre du 28 juillet 1888, concernant les *écoles manuelles d'apprentissage*, et les écoles publiques d'enseignement primaire qui comprennent des *cours professionnels*. Ces écoles sont ou nationales, ou départementales, ou communales, et toutes sont placées sous l'autorité à la fois du ministre de l'instruction publique et du ministre du commerce et de l'industrie; les écoles privées du même genre sont soumises à la double surveillance des deux ministères. — La loi du 19 juillet 1889 est venue mettre fin à la confusion inextricable qui existait depuis plusieurs années dans le partage des dépenses du service de l'enseignement primaire. Les quatre centimes départementaux et les quatre centimes communaux qui étaient af-

fectés à ces dépenses par les lois des 10 avril 1867, 19 juillet 1875 et 16 juin 1881, et dont le produit était reversé au Trésor, sont supprimés depuis le 1er janvier 1890, et ils sont transformés en huit centimes additionnels généraux, portant sur les quatre contributions directes et inscrits au budget de l'Etat. Est également supprimé le prélèvement obligatoire du cinquième des revenus ordinaires, lequel était opéré dans les communes ou le centime additionnel était d'un produit supérieur à 20 francs. En conséquence, a été supprimée également la subvention annuelle de 14 millions que l'Etat allouait aux communes pour combler en partie le vide que le prélèvement faisait dans leur caisse. La répartition des dépenses ordinaires de l'enseignement primaire est faite aujourd'hui de la manière suivante. Sont *à la charge de l'Etat :* les traitements du personnel enseignant, l'allocation annuelle de 100 fr., afférente à la médaille d'argent décernée aux instituteurs, l'entretien des élèves dans les écoles normales et les frais de tournée des inspecteurs. Sont *à la charge des départements :* l'indemnité allouée aux inspecteurs primaires, la location des bâtiments des écoles normales primaires, leur entretien, la fourniture et l'entretien du mobilier de ces écoles et les frais de bureau du service départemental de l'instruction publique. Sont *à la charge des communes :* l'entretien des bâtiments des écoles primaires, le chauffage et l'éclairage des classes, l'acquisition et l'entretien du mobilier scolaire, le logement des instituteurs et l'indemnité de résidence qui leur est attribuée, la rémunération des gens de service, etc. Les instituteurs et institutrices sont stagiaires ou titulaires. Ces derniers sont répartis en cinq classes dont le traitement est ainsi fixé, savoir : pour les instituteurs : 1,000 fr., 1,200 fr., 1,500 fr., 1,800 fr., 2,000 fr.; et pour les institutrices, 1,000 fr., 1,200 fr., 1,400 fr., 1,500 fr., 1,600 fr. L'indemnité de résidence varie de 50 fr. à 800 fr., selon le titre et la fonction des maîtres et selon la population de la commune; elle est de 2,000 fr. à Paris. Un décret réglementaire, en date du 30 janvier 1890, fixe pour toutes les communes auxquelles cette charge incombe, le chiffre des indemnités de résidence dues au personnel enseignant des écoles. — La loi du 19 juillet 1889 attribue aux écoles normales la personnalité civile. En conséquence, chacune de ces écoles peut avoir un patrimoine distinct et jouir de revenus particuliers. — Un règlement d'administration publique, en date du 29 janvier 1890, détermine les objets qui doivent composer le matériel obligatoire, à fournir par la commune, dans les écoles maternelles, dans les écoles primaires élémentaires et dans les écoles primaires supérieures. Ce décret indique aussi quel est le matériel d'enseignement collectif qui doit être fourni par les départements aux écoles normales primaires, et il fixe le minimum du matériel individuel que doit avoir chaque élève d'une école normale. Toute école normale d'instituteurs ou d'institutrices doit être pourvue d'une école primaire annexe où les élèves maîtres et les élèves maîtresses s'exercent à tour de rôle à la pratique de l'enseignement. Cette école prend le nom *d'école d'application.* Elle peut être une école publique située en dehors des bâtiments de l'école normale. Les écoles normales d'institutrices doivent être, en outre, pourvues d'une école maternelle d'application (décret, 31 juillet 1890). L'administration et la comptabilité des écoles normales primaires sont l'objet d'un règlement d'administration publique en date du 29 mars 1890. Chacune de ces écoles doit avoir un budget particulier. La comptabilité en deniers et la comptabilité-matières sont tenues par l'économe, sous le contrôle du directeur et du conseil d'administration. — ENSEIGNEMENT SE-

CONDAIRE. Nous devons constater à regret que les progrès se réalisent avec une extrême lenteur dans l'enseignement secondaire. Les programmes du 2 août 1880 sont encore trop chargés et les résultats sont toujours mauvais, les méthodes en usage ne pouvant en donner d'autres, et le régime de caserne qui est en vigueur dans les lycées et les collèges étant absolument contraire au développement physique, intellectuel et moral des jeunes gens. Une réaction s'est produite, depuis 1889, contre ce régime détestable et l'Université a cherché à donner plus de satisfactions aux besoins de l'éducation physique; mais le défaut de temps, le défaut d'espace, les règles disciplinaires de l'internat, les habitudes prises par les maîtres et les surveillants s'opposent à une réforme complète. En outre, les programmes encyclopédiques des baccalauréats, ceux des examens et des concours imposés, à un âge limité, pour l'admission dans les diverses écoles spéciales, exigent des efforts rapides, un surmenage excessif, dont le profit est un savoir superficiel ou nul. L'enseignement secondaire voit s'entasser dans ses programmes de nouvelles sciences, devenues indispensables, sans que l'on se décide à reporter à la licence ès lettres l'étude approfondie des langues mortes, ce à quoi il faudra bien se résigner, un jour, devant les conséquences déplorables de cette pléthore. — Un décret du 8 août 1886 a réorganisé l'*enseignement secondaire spécial.* — Par deux décrets du 1er octobre 1887, le taux des pensions et celui des frais d'études dans les lycées a été relevé. — Les *lycées et collèges de jeunes filles* se sont multipliés en France, et dans la plupart se trouvent des internats qui sont annexés par les municipalités. Nous parlerons plus loin de la réorganisation de l'école secondaire qui porte le nom de *Prytanée.* — ENSEIGNEMENT SUPÉRIEUR. Cet ordre d'enseignement a réalisé de grands progrès en quelques années. Grâce aux sacrifices libéralement consentis par l'Etat et par les villes, les bâtiments des facultés et ceux des hautes écoles ont été reconstruits ou agrandis, les aménagements et le matériel ont été mis au niveau des besoins de la science, des chaires nouvelles ont été fondées; enfin des foyers actifs d'instruction se constituent dans la plupart des chefs-lieux d'académie. (Voy. ci-après les mots FACULTÉ et UNIVERSITÉ.) — Deux décrets en date du 18 juillet 1890, ont réorganisé l'*école nationale des ponts et chaussées* et l'*école nationale supérieure des mines.*   CH. Y.

ENTOMOSTRACÉ, ÉE adj. (gr. *entomos*, *ostrakon*, coquille). Crust. Se dit des animaux articulés qui ressemblent à des insectes. — S. m. pl. Grande division des crustacés, renfermant des animaux d'un test mince et transparent. Les représentants existants de cette division sont de toutes petites créatures qui vivent dans les eaux douces stagnantes et dans l'eau de mer. On a découvert un grand nombre d'espèces fossiles, telles que le *trilobite*, l'*eurypterus* et le *ptérygote*, qui atteignent souvent des dimensions gigantesques. Toutes les espèces sont recouvertes d'une carapace formée d'une ou de plusieurs pièces; dans les unes cette carapace ressemble à une cuirasse, dans d'autres, à une coquille bivalve, qui enveloppe entièrement le corps ou une grande partie du corps, quelquefois elle est multivalve. La plupart de ces animaux changent de coquille à mesure qu'ils grossissent.

ENTOPHYTE adj. [an-to-fi-te] (gr. *entos*, dedans, *phuton*, plante). Bot. Qui croît à l'intérieur des plantes ou des animaux. — S. m. pl. Terme appliqué à des végétaux parasites qui vivent dans le corps des animaux ou dans les tissus de certaines plantes. Ils appartiennent presque exclusivement aux ordres les plus bas du règne animal, comme les algues et les champignons. Un intérêt considérable

est attaché à l'étude de ces parasites, depuis que le microscope a permis de les découvrir dans les organismes atteints de certaines maladies. Telle est, par exemple, la *sarcina ventriculi*, champignon que l'on trouve fréquemment dans les matières vomies par les personnes qui souffrent de désordres de l'estomac.

ENTRE-CUEILLIR v. n. Hortic. Recueillir un fruit avant sa complète maturité.

ÉPAULE, ÉE adj. Hortic. Se dit des plantes en espalier dont un côté est privé de branches.

EPERLAN. (Écon. dom.). On ne mange guère les éperlans que frits ; on les vide, on les lave, on les essuie bien (quelques personnes ne les vident pas), on les enfile dans une brochette, on les saupoudre de farine et on les plonge dans la friture bien chaude.

EPHESTIA s. f. (gr. *ephestia*, foyer). Phylloxera de la farine, tout récemment observé dans un ballot de farine expédié de New-York. C'est un insecte du genre coléoptère. A l'état de chenille, il dépose ses œufs dans la farine, et aussitôt leur éclosion, des milliers de petits vers dévorent la pure fleur de froment qui les abrite, et y construisent de véritables nids en agglomérant par place les molécules farineuses. La science, qui trouve rarement le remède à ces sortes de maux, ne manque jamais, en revanche, de mots pour la qualifier : aussi a-t-elle, sans hésiter, dénommé ce parasite *Ephestia ruehniella*.

ÉPIDÉMIE. — Législ. Nous avons déjà parlé au Dictionnaire (voyez le mot CONTAGIEUX ; t. II, p. 209) de la loi du 3 mars 1822 et du décret du 22 février 1876, qui ont surtout pour but d'empêcher l'importation des maladies épidémiques par navires. Nous avons en outre fait connaître, au présent *Supplément*, les mesures que le gouvernement français a cru devoir appliquer, en 1890, afin de mettre obstacle à l'introduction en France, de l'épidémie de choléra qui s'était manifestée en Espagne. Ces mesures semblables pouvant être employées pour toutes les épidémies, nous renvoyons le lecteur à l'article ci-dessus relatif au CHOLÉRA.   CH. Y.

ÉPIDOTE adj. (gr. *epidôtès* ; de *epi* sur ; *dotès*, qui donne). Mythol. Bienfaisant, qui donne : *Jupiter epidote*. — S. m. Minér. Minéral qui contient de la silice, de l'alumine, de l'oxyde de fer, de la chaux et de la magnésie. L'épidote forme de longs cristaux prismatiques, ordinairement d'une couleur particulière vert jaunâtre ; mais quelques variétés affectent des couleurs obscures. On trouve quelquefois l'épidote en grandes masses ou bien disséminé dans les roches. Les localités françaises qui en fournissent les plus beaux échantillons, sont le Bourg-d'Oisans et les environs de Barèges.

ÉPIGRAMMES D'AGNEAU. — (Cuis.). Coupez en trois parties un quartier d'agneau de devant : épaules, poitrine, côtelettes. Faites cuire votre poitrine, par exemple, dans le pot-au-feu ; applatissez-la entre deux couvercles, étant bien assaisonnée de sel et de poivre ; coupez-la en morceaux un peu plus gros que les côtelettes, trempez ces morceaux dans du beurre tiède ou des œufs battus, panez et faites frire. Coupez vos côtelettes, assaisonnez-les de sel et de poivre et faites-les sauter dans du beurre. Faites rôtir les épaules à la broche, émincez-en les chairs et mettez en blanquette. — Ces trois opérations doivent avoir lieu simultanément. — Dressez sur un plat, en couronne, vos côtelettes entremêlées de morceaux de poitrine et versez votre blanquette au milieu.

ÉPILATOIRE. — La plupart des préparations vantées pour débarrasser le cou ou quel-

que partie du visage de cheveux ou de poils superflus et gênants, sont généralement d'un emploi assez dangereux. En voici une cependant qui, employée avec précaution, peut être considérée comme à peu près inoffensive. Prenez 15 grammes de chaux vive finement pulvérisée et 1 gramme d'orpin également en poudre. Mêlez avec blanc d'œuf. On commence par s'enduire la peau d'huile d'olive, qu'on y laisse une heure ; ensuite on l'essuie bien, et on applique alors le mélange sur l'endroit qu'il s'agit d'épiler.

ÉPILOBE s. m. (gr. *epi*, sur ; *lobos*, gousse). Bot. Genre d'onagrariées, renfermant une soixantaine d'espèces.

EPINER v. n. Entourer la tige des jeunes arbres avec des branches épineuses.

EPIPHRAGME s. m. (é-pi-frag-me) (gr. *epiphragma*, couvercle), Moll. Opercule calcaire au moyen duquel plusieurs espèces de mollusques des genres voisins du colimaçon, bouchent l'ouverture de leur coquille en certains cas, mais qu'ils perdent après s'en être servis.

ÉPONGE. Art. vétér. Tumeur qui se manifeste chez les chevaux quand ils se couchent en vache. La pression du fer détermine un gonflement qui atteint quelquefois des dimensions démesurées. On est forcé de faire la ponction de la tumeur et d'y injecter de la teinture d'iode étendue de cinq parties d'eau.

ÉQUIDÉ, ÉE adj. (lat. *equus*, cheval ; gr. *eidos*, aspect). Mamm. qui ressemble ou se rapporte au cheval. — S. m. pl. Famille de mammifères pachydermes ayant pour type le genre cheval qui comprend le cheval, l'âne, l'hémione, le zèbre et autres solipèdes. Les quadrupèdes de cette famille sont caractérisés par l'unique sabot qui constitue leur pied et par la crinière qui forme une ligne longitudinale sur le cou.

ÉQUILIBRE s. m. Arboric. Etat des branches qui se développent également. Quand certaines branches prennent plus de développement que les autres, l'arbre perd son équilibre et il faut le rétablir en abaissant les branches plus vigoureuses, en les palissant rigoureusement et en dressant et en dépalissant au contraire les branches faibles. Il faut aussi équilibrer la sève par des pincements et des tailles qui doivent être courts ou longs suivant la vigueur des branches.

ÉQUILIBRE (petits tours d'). — Le Seau. Il semble presque impossible de faire tenir un seau en équilibre hors de son centre de gravité en le suspendant à un bâton par sa poignée. Voici comment on peut y parvenir : prenons un bâton CD (fig. 1) sur lequel passe la poignée du seau ; plaçons le bâton en long sur une table AB dont il dépasse le

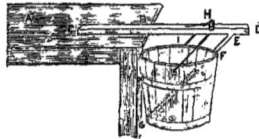

Fig. 1. — Équilibre du seau.

bord. Poussons le seau vers la table, de manière à incliner la poignée dans la direction HI et que les parois du seau touchent le bord ou le pied de la table. Pour forcer le seau à conserver sa position, une baguette EFG est nécessaire. L'extrémité G de cette baguette appuie sur le fond du seau, tandis que l'autre extrémité s'engage dans une encoche taillée sur le bâton, au point E. Le seau pourra être balancé et même rempli d'eau, si les bâtons sont assez solides. — Le matelot en équilibre. On habille une poupée articulée en bois lé-

ger. On colle le pied de cette figure sur une balle de liège que traverse un fil de fer recourbé en fer à cheval. A chaque extrémité de ce fil de fer, dont les deux branches doivent être égales, on fixe une balle de plomb pour faire descendre le centre de gravité. L'appareil se tiendra en équilibre sur la pointe d'une aiguille. — La pièce de monnaie. On peut faire tourner sur la pointe d'une aiguille une pièce de monnaie posée verticalement. Pour cela, on prend une bouteille hermétiquement fermée par un bouchon de liège. Dans le bouchon que nous nommerons B, on pique une aiguille. On prend ensuite un autre bouchon de liège que nous désignerons par la lettre X, et sur une de ses extrémités on fait une fente dans laquelle puisse pénétrer le côté de la pièce de monnaie. La pièce se trouvant ainsi au dessous du bouchon, on pique dans celui-ci deux fourchettes qui descendent obliquement plus bas que la pièce, de manière que le centre de gravité se trouve au-dessous du point d'appui. On peut alors poser le côté de la pièce sur l'aiguille et la faire tourner ; elle ne tombera pas. — L'aiguille tournant sur une tête d'épingle. On enfonce la pointe de l'épingle sur le bouchon d'une bouteille et l'on pique l'aiguille sous l'extrémité d'un autre bouchon, muni comme ci-dessus de deux fourchettes opposées et obliques. On peut ensuite poser délicatement le bout de l'aiguille sur la tête de l'épingle et la faire tourner. — Le bouchon. On fait tenir en équilibre un bouchon sur le goulot d'une bouteille, en piquant obliquement une fourchette de chaque côté de ce bouchon, de façon que le centre de gravité se trouve au-dessous du goulot. Le bouchon reste en équilibre, même lorsque l'on penche beaucoup la bouteille pour en vider le contenu. — La bouteille obéissante. Taillez en forme de

Fig. 2. — La bouteille obéissante.

Fig. 3. — La figure magique.

Fig. 4. — Le soldat obéissant.

petite bouteille un morceau de liège ou de moelle de sureau, et à la base, collez une moitié de balle de fusil (a). Au centre de la bouteille, creusez un trou qui la traverse, du goulot jusqu'à la moitié de balle ; et dans ce trou enfoncez une cheville d'acier (a b). La bouteille ainsi faite obéira au commandement de son possesseur. Quand on veut la faire revenir constamment dans la position verticale, on n'a qu'à enlever la cheville : si l'on veut, au contraire, qu'elle reste penchée, en dépit des efforts que l'on fait pour la faire tenir verticalement, on enfonce la cheville, dont le poids fait varier à celui de la moitié de balle. — La figure magique. La construction de ce jouet est basée sur le même principe que celle de la bouteille obéissante. On colle sur une moitié de balle de plomb (voir la figure), une petite poupée ou un bonhomme taillé dans le liège ou dans la moelle

de sureau ; on habille la petite figure, en collant autour d'elle un léger vêtement de soie ou de calicot. Le poids du piédestal de plomb suffit pour ramener la poupée ou le bonhomme dans la position verticale, chaque fois qu'on renverse la figure d'un côté ou d'un autre. — *Le soldat obéissant.* C'est un jouet identique à la bouteille obéissante. Un soldat de liège, ayant pour socle une moitié de balle de fusil, reprend la position verticale après qu'on l'a penché sur un côté quelconque. Quand on place secrètement, dans le canon de son fusil, une tige d'acier, cette dernière forme un contrepoids qui le fait obéir à l'ordre de se pencher. — *Les élans de Pégase.* Ce jouet, facile à fabriquer soi-même, étonne toujours les personnes qui ne sont

pas familiarisées avec les lois physiques de l'équilibre des corps. Il fournit la solution la plus populaire et la plus simple du problème paradoxal mécanique suivant : *Comment prévenir la chute d'un corps en augmentant son poids du côté même où il tend à tomber ?* Pour représenter Pégase près de s'élancer, on prend un petit cheval de bois comme on en trouve dans certaines bergeries et dans d'autres boîtes de joujoux. On lui colle au-dessus des épaules, *deux ailes* de papier que l'on a plissé et découpé sur les bords, comme le montre notre gravure ; on peut les colorer en gris, en noir ou en toute autre couleur. En posant le ventre du cheval sur le tranchant d'une lame de couteau, on cherche quel est son centre de gravité, c'est-à-dire le point sur lequel la petite figure reste en équilibre. Ce calcul, quoique simplement approximatif, doit néanmoins être fait avec une certaine exactitude. Vis-à-vis de ce point, sous le ventre du cheval, on perce un petit trou dans lequel on fixe l'extrémité d'un fil de fer courbé en arrière, comme le montre notre dessin. L'autre extrémité du fil de fer est engagée dans le diamètre d'une balle de plomb. Les pieds de derrière de l'animal étant posés sur le bord d'une table, on verra Pégase se balancer de haut en bas, et de bas en haut, sans risquer de tomber, pourvu que la balle de plomb se trouve à une certaine distance en arrière de la verticale tombant du bord de la table. Plus le fil de fer est long, c'est-à-dire plus il porte loin la balle au-dessous de la table, et plus les élans de Pégase peuvent être prodigieux. Ce jouet a été quelquefois décrit sous le nom de Bucéphale mécanique et sous celui de cheval cabré.

ÉQUITATION. — Encycl. L'équitation est un noble exercice que l'on considère, avec raison, comme l'un des plus salutaires pour

l'homme, parce qu'il développe les muscles et donne de la grâce au corps. Pratiqué à l'excès, surtout dans la jeunesse, il déforme les jambes et risque de produire une voussure des épaules, comme cela se voit chez les jockeys. Nous ne nous attarderons pas à donner une description détaillée de toutes les parties du cheval, de ses qualités, de ses défauts, ni de son dressage. Nous supposons un cheval bien dressé, et nos conseils ne s'adresseront qu'au cavalier ayant déjà quelques notions. — *Inspection préalable du cheval.* Le cheval, sellé et bridé (fig. 1), amené sur le terrain, avant de le monter, le cavalier en passe minutieusement l'inspection en tournant autour de lui, le caressant de la main et lui adressant des paroles engageantes. Il s'assure que chaque partie du harnachement est bien à sa place, solidement fixée, en bon état. Comme la selle anglaise est à peu près exclusivement adoptée aujourd'hui, nous rappellerons qu'elle doit être placée bien d'aplomb sur le dos du cheval et de manière à dégager complètement le garrot, ce qui a non seulement l'avantage de faire ressortir l'encolure, mais encore celui, plus important, de placer le cavalier au point

Fig. 1. — Cheval sellé et bridé. — S. bridon. — C. rênes.

exact où il convient qu'il soit pour sa propre tenue et pour la direction de sa monture : plus en avant, il ne serait pas maître des mouvements de celle-ci, dont la moindre fantaisie pourrait alors devenir un danger. La partie antérieure des quartiers de la selle, dans une bonne position, doit se trouver à une distance d'environ dix centimètres de la partie postérieure de l'épaule du cheval. Il faut s'assurer que les sangles sont bien serrées, pas trop, cependant, pas de manière à gêner la respiration du cheval ; il est bon de pouvoir, en forçant un peu, glisser la main à plat entre le ventre du cheval et la sangle. Mais c'est une vérification très importante à faire, car, souvent, et si vous montez un cheval inconnu, le fait se produira au moment où vous vous y attendrez le moins, l'animal, qui n'aime pas à être serré, se gonfle au moment où on le sangle, et alors tous les efforts d'un homme ne parviendraient pas à serrer la sangle au degré voulu ; aussitôt la besogne achevée, l'animal se dégonfle, mais si on s'avise de lui toucher le ventre pour vérifier à ce moment la position de la sangle, il a la malice de se gonfler sur nouveaux frais. Ce n'est qu'après avoir fait quelques pas pour venir sur le terrain que, persuadé qu'on n'y reviendra pas, il reprendra tranquillement ses aises, et qu'on pourra serrer les sangles convenablement ; faute de quoi, la selle tournera infailliblement à un moment ou à un autre, au moment, par exemple, où il vous prendra fantaisie de quitter un étrier, — et le cavalier suivra la selle : c'est là tout justement ce qui advint à votre serviteur, le jour mémorable auquel il fait allusion plus

haut. Enfin le mors de la bride sera plutôt haut que bas et de la largeur exacte de la bouche du cheval ; la gourmette sera assez longue pour qu'il soit possible d'introduire deux doigts de champ entre elle et la barbe ; la sous-gorge doit toujours être tenue lâche ; les étrivières de longueur convenable et égale. Il ne faut pas non plus oublier d'examiner la ferrure de son cheval avant de le monter : cheval déferré, cavalier démonté. Outre cette éventualité qu'un clou placé à propos suffit à prévenir, il faut se méfier des fers usés, qui peuvent faire glisser le cheval sur le pavé ou la pierre, et provoquer des écarts dangereux autant pour le cavalier que pour lui. Quelques professeurs enseignent d'abord à leurs élèves l'art de monter à che-

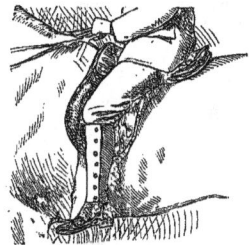

Fig. 2. — En selle sans étrier.

val sans étriers, pendant quelques jours, afin, disent-ils, de mettre en action les muscles de la jambe qui doivent tenir le cavalier en selle. — *Leçon du montoir.* Son inspection terminée, le cavalier, faisant face à l'épaule gauche de sa monture, saisit de la main droite, qui tient la cravache par la poignée, mèche en bas, les rênes de la bride bien également *tendues et les place dans* la main gauche, le petit doigt de cette main entre les deux rênes. Il prend ensuite, avec la main droite, une poignée de crins, le plus en avant possible de la tête du cheval, et les place dans la main gauche, de manière que leurs extrémités libres sortent du côté du petit doigt ; il fait passer enfin la cravache dans la main gauche, toujours mèche en bas. Prenant alors l'étrivière de la main droite restée libre, il la tourne à plat, l'étrier s'offrant naturellement au pied gauche qui s'y engage le plus en avant possible ; le genou appuyé sur le quartier de la selle, il place la main droite sur le troussequin, s'enlève d'aplomb sur la jambe gauche, ayant soin d'éviter de toucher le cheval avec la pointe du pied gauche en avant les deux jambes à même hauteur, le corps droit. Alors, après un temps d'arrêt à peine marqué, on passe vivement la jambe droite tendue par dessus la croupe du cheval, sans le toucher, et l'on tombe légèrement en selle, en portant, de peur de se blesser, la main droite sur le côté droit du pommeau, et en abandonnant du même coup les crins retenus jusque-là dans la main gauche. On sépare alors les deux rênes, dont on prend une dans chaque main, l'extrémité supérieure sortant du côté du pouce, on chausse l'étrier droit et l'on s'empare de la cravache avec la main droite : la cravache a, cette fois, la mèche en l'air dans la direction et au-dessus de l'oreille gauche du cheval. — *Position du cavalier en selle.* Le vrai, l'unique principe de la position à cheval pourrait se résumer ainsi : Soyez sur votre cheval comme s'il était en carton et dans la position la plus naturelle. Le défaut d'aplomb à cheval résulte souvent, du moins au début, de la préoccupation de savoir si l'animal s'emportera ou non, ira où nous le conduirons ou selon sa fantaisie, et nous le conduirons selon sa fantaisie, en ce

sens que des élèves déjà vieux ne peuvent s'en défaire encore, de savoir l'exacte signification des mots employés dans la formule des divers principes classiques, tels que : « La tête droite, sans roideur ; les cuisses tournées

Fig. 3. — Pied enfoncé dans l'étrier.

sur leur plat, les genoux fixés à la selle, etc., etc. » Ces formules ne sont que des constatations de faits naturels, et non des principes; si les élèves le savaient, ils ne feraient pas des *efforts* inouïs pour tenir la tête droite *sans roideur*, etc., efforts qui vont absolument contre le but proposé. Il est peu recommandable d'enfoncer le pied dans l'étrier, comme on le voit sur notre fig. 3. On doit placer l'étrier un peu en arrière des premières phalanges des doigts. Cette manière devrait être la seule admise quand le cheval est lancé au trot (fig. 5). Pour nous résumer, nous dirons ceci : il faut être assis d'aplomb sur sa selle,

Fig 4. — En selle avec étriers.

les pieds reposant sur les *étriers*, arrangés de façon que le talon se trouve un peu plus bas que la pointe, laquelle ne doit pas être tournée en dehors. Cela étant, vos fesses porteront également, à n'en pas douter, sur la selle, aussi en avant qu'il sera nécessaire ; vos reins se soutiendront d'eux-mêmes, vous aurez nécessairement les épaules effacées, la

Fig. 5. — Tenue sur les étriers pendant le trot.

poitrine découverte et les coudes au corps, quoique tombant naturellement, car c'est justement pour les empêcher de rester attachés au corps, ou à peu près, qu'il vous faudrait mettre de la roideur et ainsi, par conséquent, détruire tout l'équilibre de la partie supérieure du corps. De même, vos jambes tombant naturellement, vos pieds engagés dans l'étrier, comme nous avons dit, il est impossible que vos cuisses ne se trouvent pas tournées sur leur plat *sans effort* et que les genoux ne soient pas collés à la selle, quoique *sans roideur*. Enfin le cavalier ainsi

posé, s'il a conscience de l'excellence de son assiette, est sûr de lui, sentiment qui constitue la moitié de l'élégance et qui est une garantie de sécurité. Il a, en conséquence, la tête droite, suivant l'esprit de la théorie, qui est fort nuageux, et n'a pas besoin d'efforts pour la rendre telle. — *Pied à terre.* Nous ferons peut-être bien, avant d'aller plus loin, de démonter notre cavalier, pour ne pas l'oublier. Pour mettre pied à terre, on repasse la cravache de la main droite, où a la mèche en l'air, dans la main gauche, où elle doit l'avoir en bas ; les rênes passent à leur tour dans la main gauche ; puis la main droite s'appuie sur le côté droit du pommeau de la selle, on saisit de la main gauche une poignée de crins en avant de la tête du cheval, — prenant bien garde de ne pas se pencher en avant, mais de conserver le corps droit, de peur de descendre trop vite, — et l'on déchausse l'étrier droit. Alors, s'appuyant de la main droite sur le pommeau et tirant à soi les crins, on passe la jambe droite tendue par dessus la croupe du cheval, on joint les deux jambes en se tenant d'aplomb sur la gauche ; marquer un léger temps d'arrêt, le corps droit ; poser la main droite sur le troussequin, déchausser l'étrier gauche et arriver légèrement à terre des deux pieds à la fois. Prendre alors dans la main droite les rênes à environ seize centimètres de la bouche du cheval, en se plaçant à la hauteur de sa tête. — *Des aides.* Les moyens employés par le cavalier pour transmettre ses ordres à son cheval ou, pour mieux dire, pour le diriger, s'appellent *aides* : ainsi les jambes, qui donnent l'impulsion, la main, qui règle le mouvement, sont les aides naturelles du cavalier ; la parole, l'appel de la langue ou des lèvres, sont aussi des aides auxquelles il est bon, excellent même, de recourir assez souvent pour y habituer le cheval et l'y faire obéir. — *Action des jambes.* Les jambes agissent simultanément ou isolément ; simultanément, pour agir avec le secours de la main, afin de concentrer les forces de l'animal : c'est ce qu'on appelle *rassembler* les forces et, pour le déplacer et le rejeter d'un côté ou de l'autre. L'action simultanée des jambes dirige le cheval en avant quand la main, s'abaissant, ne s'oppose plus au mouvement; la pression de la jambe sur le flanc du cheval force celui-ci à fléchir en obéissance à cette pression et à régler ses mouvements en conséquence. — *Action des rênes.* L'action des mains sur les rênes doit toujours être précédée par l'action des jambes et se trouver d'accord avec celle-ci dans le mouvement à exécuter. Les rênes agissent diversement sur la bouche du cheval et y produisent des effets divers, isolés ou simultanés. — *Effets isolés.* 1° En élevant le poignet droit et le rapprochant du corps, on exerce sur la rêne droite une traction directe provoquant le pli de l'encolure, sans déplacer l'avant-main ; 2° en portant le poignet à droite en même temps qu'en opérant cette traction, le déplacement de l'avant-main à droite vient se joindre à l'effet du pli de l'encolure; 3° le déplacement de l'encolure à gauche se produit en appuyant la rêne droite sur l'encolure et en portant la main droite à gauche ; 4° lorsqu'on tire sur la rêne droite diagonalement, de l'épaule droite à la hanche gauche du cheval, on produit le déplacement des hanches à gauche et le pli de l'encolure à droite; 5° on détruit le déplacement des hanches à droite et le pli de l'encolure à gauche par le mouvement inverse. — *Effets de l'action simultanée des rênes.* 1° En élevant les poignets et en les rapprochant du corps, on élève la tête et l'encolure; 2° en augmentant cet effet des poignets on rejette la masse en arrière, en augmentant plus encore on provoque le reculer; 3° en portant les deux poignets parallèlement à droite, la rêne gauche s'appuie sur l'enco-

lure, la rêne droite produit une légère traction, et l'avant-main est déplacée à droite; 4° l'effet contraire est naturellement obtenu des moyens contraires. — *Résumé.* 1° En élevant un peu la main et en fermant les jambes,

Fig. 6. — On ne doit pas se pendre sur les rênes

on grandit l'encolure, on engage la partie postérieure sous la masse : on *rassemble* son cheval; 2° si l'on porte la main à gauche, mouvement qui, en faisant appuyer la rêne droite sur l'encolure, provoque le pli à gauche, on détermine le cheval à tourner à gauche ; 3° on le détermine à tourner à droite par les moyens contraires; 4° en augmentant l'effet de la main, le cheval rassemblé, on diminue son allure : on l'arrête; 5° si l'on augmente encore cet effet, en s'aidant des jambes, on le fait reculer. — Les effets des rênes se réduisent à ceux que nous venons d'indiquer, avec des nuances, des gradations qu'une plus ou moins grande force de main leur communique, suivant les circonstances et les besoins. — En règle générale, on ne doit pas se pendre sur les rênes (fig. 6); il faut, au contraire, les tenir aussi légèrement que possible, afin de ménager la bouche de l'animal. — *Tenue des rênes à la française.* Placer les rênes dans la main gauche, le petit doigt entre les deux, les doigts vis-à-vis du corps, le pouce sur la deuxième phalange de l'index pressant les rênes, l'extrémité de celles-ci retombant à droite. On ajuste les rênes en les prenant de la main droite au point où elles se trouvent de cette main au-dessus du pouce gauche, les ongles en dessous. Les rênes tenues de la main gauche, on peut tenir les rênes du filet avec la main droite de la même manière que cette main vient d'être indiquée comme devant tenir les rênes de la bride, c'est-à-dire à pleine main, ou bien les placer réunies sous le pouce gauche, le reste dans la main. — *Tenue des rênes à l'anglaise.* La tenue des

Fig. 7. — Tenue de la rêne simple à l'anglaise.

rênes dite *à l'anglaise* consiste à tenir deux rênes dans chaque main, le petit doigt entre elles; les rênes du filet se trouvant au-dessous du petit doigt, le cavalier possède une grande puissance pour tenir son cheval droit, surtout au moment de franchir un obstacle, ou pour l'appuyer sur le mors au galop allongé.—Pour la tenue des rênes simples à l'anglaise, on les prend dans la main gauche, on les divisant comme le montre notre fig. 7.—*Allonger les rênes.* Pour allonger la rêne droite, rapprocher les deux poignets, saisir avec le pouce et l'index de la main gauche la rêne droite au-dessus du pouce, à distance

convenable; rapprocher ensuite les pouces en entr'ouvrant la main droite pour laisser glisser la rêne. — Replacer les poignets à distance réglementaire. — *Raccourcir les rênes.* Pour raccourcir la rêne gauche, rapprocher les poignets comme ci-dessus; saisir avec le pouce et le premier doigt de la main droite la rêne gauche, de manière que les pouces se touchent; entr'ouvrir la main gauche, élever la droite et laisser glisser la main gauche jusqu'à ce que les pouces se trouvent éloignés de toute la distance dont la rêne doit être raccourcie. — Replacer les poignets à distance réglementaire. — *Croiser les rênes dans la main gauche.* Amener la main gauche, le poignet renversé, les ongles en dessous, vis-à-vis le milieu du corps; entr'ouvrir cette main, y passer la partie de la rêne qui se trouve dans la main droite; refermer la main gauche et placer la droite à même hauteur, — ou bien laisser pendre cette dernière, la cravache ayant été passée dans la main gauche qui la tiendra en travers du pommeau. — DE LA MARCHE. — *Le pas.* Pour engager le cheval à se porter en avant, le cavalier ferme les jambes de manière égale et progressivement, c'est-à-dire sans brusquerie, un peu en arrière des sangles; puis, portant légèrement le corps en arrière, pour bien s'asseoir, il baisse les poignets, afin que le cheval, ne sentant plus les rênes tirer sur son mors, puisse se porter en avant sans obstacle. Pour régulariser le mouvement de l'animal, après quelques pas, on le *grandit,* suivant l'expression admise, afin de le mieux placer. Pour cela, on augmente la pression des jambes, on assure les poignets, qu'on tient un peu élevés, en serrant les doigts, et lorsque le cheval a pris une allure aisée, bien d'aplomb, on relâche insensiblement mains et jambes, tout en conservant strictement le degré de soutien. Le cheval marche alors franchement, au besoin rappelé à l'ordre par une répétition opportune de la leçon, et le cavalier se lie à ses mouvements, sans toutefois troubler en rien sa propre position. — *Arrêter et repartir.* Pour arrêter, le cavalier dresse le haut du corps, rapproche graduellement les jambes, serre les doigts par un mouvement de traction sur la bouche du cheval, augmentant progressivement l'effet des deux mains jusqu'à ce que le cheval s'arrête bien d'aplomb. Relâcher alors les jambes, tout en les tenant près pour l'empêcher de se porter de nouveau en avant ou de reculer. Pour repartir, agir comme nous avons expliqué précédemment, en ayant soin de toujours reprendre son cheval par degrés, presque insensiblement, en un mot, sans brusquerie, sans à-coup. Pour cela, il ne faut pas avoir les rênes flottantes; on sent pourquoi. De même, il faut se garder de tenir les rênes trop tendues; dans ce cas, le cheval perd la sensibilité de la bouche et ne saisit le commandement qu'après répétition. Si un cheval n'obéit pas sur-le-champ au signal de l'arrêt, on l'y contraint en lui faisant sentir alternativement l'effet de chaque rêne, ce qu'on appelle lui scier la bouche : mais c'est un triste moyen. — *Tourner à droite et à gauche.* Pour faire tourner à droite son cheval marchant en ligne directe, porter le poignet droit dans sa position norma e, plus ou moins à droite; appuyer en même temps la rêne gauche sur l'encolure; fermer les deux jambes, la jambe gauche un peu en arrière des sangles. Faire tourner le cheval sur un arc de cercle proportionné à la longueur de sa taille, et, à mesure de l'exécution du mouvement, reprendre la position première des mains et des jambes, afin d'être prêt à régler à nouveau le mouvement en ligne directe. Les mêmes principes sont applicables au mouvement de tourner à gauche — avec l'emploi des moyens inverses, bien entendu. — *Passer du pas au trot.* Assurer les poignets, prendre bien son assiette, fermer progressivement les jambes; baisser les poignets pour

faire mollir les rênes, Le cheval ayant obéi, reprendre la position des jambes et des poignets, toujours progressivement. — *Marche au trot.* Le cheval étant au trot, le cavalier doit, en quelque sorte, identifier ses mouvements à ceux de sa monture, fléchissant légèrement les reins, pour prévenir autant que possible les réactions. Il doit y avoir adhérence parfaite entre les cuisses, les genoux et la selle, en un mot, suivant une expression un peu *cavalière,* mais exacte, le cavalier doit être collé sur le dos de son cheval *comme un emplâtre.* Dans cette allure qui est, en somme, la plus laborieuse pour le cheval et surtout pour le cavalier, le naturel de la position de celui-ci est encore plus nécessaire que dans aucune autre; du moins son défaut serait plus sensible, plus dangereux. — *Marche au trot à l'anglaise.* Les chevaux à trot dur, à « grandes actions », comme on dit, fatiguent le cavalier et se fatiguent extrêmement eux-mêmes à cette allure, quand on ne substitue un peu *cavalière,* mais exacte, le cavalier doit le trot à l'anglaise, qui fatigue beaucoup moins l'homme et la bête. Lié parfaitement au cheval avec les genoux, le cavalier, légèrement appuyé sur les étriers, porte le haut du corps un peu en avant, et se laisse enlever par la réaction du trot, de manière à quitter la selle à chaque deux temps; il doit, pour y bien réussir, se régler sur la cadence des foulées, de manière à arriver en selle lorsque les deux pieds du cheval, antérieurs ou postérieurs, touchent le sol, et à la quitter quand c'est le tour des deux autres. Dans cette allure spéciale, pour rester gracieux, le cavalier doit éviter avec soin toute contraction inopportune du haut du corps; il faut de la souplesse, de l'aisance, de la *nature* enfin; car ici il n'y a pas de milieu : un cavalier qui trotte à l'anglaise est extrêmement gracieux ou abusivement ridicule. Les coudes doivent être tenus rapprochés du corps, la main basse, donnant au cheval un point d'appui solide, tout en restant légère. — *Passer du trot au pas.* Se grandir du haut du corps, en prenant un point d'appui bien fixe par les genoux; élever progressivement les poignets, jusqu'à ce que le changement d'allure soit effectué. Conserver les jambes près, pour prévenir l'arrêt possible. Pour les repris, relâcher mains et jambes. Pour passer du trot *à l'anglaise* au pas, on ramène naturellement le corps à sa position première, la main bien soutenue, et l'on procède comme d'ordinaire pour le reste. — *Arrêter étant au trot.* Mêmes principes que pour passer du trot au pas, en augmentant toutefois les effets des poignets et des jambes et soutenant le cheval dans les aides, afin de l'arrêter bien d'aplomb. Nous n'insisterons pas sur les *à droite* et les *à gauche* au trot, qui ne diffèrent pas des mêmes mouvements exécutés dans la marche au pas. — *Marche au galop (passer du trot au galop).* Allonger l'allure du trot autant que possible et fermer vivement les jambes en rendant un peu la main pour déterminer le cheval à prendre le galop. Se lier alors à tous ses mouvements en se grandissant du haut du corps et en cherchant la selle. Après quelques tours au galop, on fait passer son cheval au trot en élevant progressivement les poignets et en tenant les jambes près; puis on passe du trot au pas en suivant toujours les mêmes principes. Cet exercice est bon à répéter. Soit au galop, soit au trot, jamais le cavalier ne doit remonter les genoux sous aucun prétexte; il faut, au contraire, allonger le plus possible les cuisses, ce qui tendrait à baisser les genoux plutôt, afin d'embrasser plus intimement son cheval. — *Les départs au galop.* Le galop s'exécute en trois *foulées,* ou en trois temps : le premier est marqué quand l'un des pieds de derrière du cheval pose à terre, le second quand l'autre pied de derrière et le pied de devant, correspondant diagonalement, opèrent leur foulée simultanée, et le

troisième quand le pied de devant, diagonalement opposé au pied de derrière qui a fait la première foulée, pose à terre à son tour. Quelques chevaux usés marquent quatre temps distincts, un par chaque jambe opérant isolément sa foulée. Quand, dans la marche au galop, les jambes antérieure et postérieure droite du cheval devancent les deux autres, on dit que le cheval galope à droite; dans l'hypothèse contraire, il galope à gauche. Dans le premier cas, c'est donc la jambe gauche de derrière qui pose la première à terre, puis la jambe droite de derrière et la jambe gauche de devant simultanément, et enfin la jambe droite de devant. Si cet ordre n'est pas suivi, le cheval galope à droite de devant et à gauche de derrière et vice-versâ, le cheval galope est *désuni.* — *Départ au galop sur tel ou tel pied.* Faire partir un cheval au galop sur tel ou tel pied est une manœuvre qu'on obtient de diverses manières, sur la théorie desquelles les écuyers les plus célèbres diffèrent d'opinion. En réalité, un cavalier habile obtiendra facilement d'un cheval dressé qu'il parte sur le pied droit ou sur le pied gauche; il en sera autrement si le cavalier est un maladroit ou si le cheval en est encore aux rudiments de l'éducation. Nous trouvons dans une courte notice sur ce sujet, émanant d'un officier de cavalerie, les considérations suivantes, qui nous semblent, sinon absolument nouvelles, du moins fort ingénieusement présentées : « Il est notoire cependant, d'une manière générale, que pour disposer un cheval à partir au galop à la volonté du cavalier, il doit être d'abord parfaitement rassemblé. Chez un cheval dressé, le rassemblé, demandé et obtenu par une pression des jambes et une juste opposition de la main, permet au cavalier de déplacer facilement la masse et, après l'avoir rejetée d'un côté ou de l'autre, de lui donner l'impulsion nécessaire en avant pour que l'allure du galop se produise sur le pied qu'on désire. En rejetant la masse d'un côté, on allège l'autre, et alors ce dernier a plus de facilité pour se mouvoir; ainsi, pour le galop à droite, si la masse est en partie rejetée à gauche, l'épaule droite se trouve libre et le mouvement produit par la force venant de la partie postérieure gauche, sur laquelle la masse aura été momentanément rejetée par une opposition de la main, aura lieu lorsque la main la permettra. Il est donc nécessaire de voir, pour obtenir le galop à droite, de quelle manière nous pouvons rejeter la masse en arrière à gauche pour avoir la légèreté de la partie droite. En fermant les deux jambes, le cheval est disposé à se porter en avant; en opposant les mains, qui empêchent le mouvement de se produire, le cheval s'équilibre, devient léger, se rassemble; en faisant primer la jambe gauche, on porte le poids en arrière à gauche, et pour étayer la masse, la jambe gauche du cheval s'engage; en faisant sentir en même temps la rêne droite comme opposition, diagonalement de devant à droite en arrière à gauche, on reporte le poids de l'avant-main de la droite en arrière à gauche : le cheval est placé. Si, profitant alors de cette position, le cavalier rend progressivement au cheval, en opérant une plus forte pression des deux jambes et en baissant la main, celui-ci partira nécessairement au galop à droite, car il s'est trouvé dans les conditions prescrites pour obtenir le galop : il a été rassemblé et placé. » Inutile d'ajouter que pour obtenir le galop à gauche, la méthode précédente, admise comme *excellente* en pratique et en théorie, ce qui est notre opinion, il suffit d'appliquer les mêmes principes par l'emploi des moyens inverses. — *Galop allongé et soutenu. Galop de course.* Le galop allongé et soutenu pendant quelque temps est une allure qui fatigue promptement le cheval; mais comme il peut arriver qu'on ait besoin de cette allure,

il importe d'étudier les moyens les plus propres à en diminuer les conséquences, en ménageant les forces de sa monture. Le cavalier, en pareille circonstance, est donc tenu à une grande dépense de force musculaire, car il est obligé de soutenir son cheval, de le pousser, et souvent même, en quelque sorte, de le porter, c'est-à-dire de le soulever. Il ne doit rien y avoir de précipité dans cette allure; le galop doit être simplement allongé et se produire presque en deux foulées seulement. Le cavalier, prenant un solide point d'appui sur les genoux, penche en avant le haut du corps, en levant légèrement l'assiette, et évitant le choc brusque des fesses sur la selle, qui harcèle le cheval par sa répétition, il soutient ses deux poignets appuyés de chaque côté du garrot. Prenant alors un solide point d'appui sur le mors, le cheval allonge son encolure et, sollicité au besoin par les jambes, qui conservent leur position, donne toute leur extension à tous ses membres. Les foulées, par suite, deviennent très étendues, et le cheval a pris ce qu'on appelle le galop de course. Même au point de vue de l'instruction pure, il est utile de familiariser un cheval avec cette allure rapide et allongée; mais la prudence exige de ne pas trop prolonger les séances. — *Extension des autres allures : pas et trot.* Il importe tout autant d'obtenir l'extension du pas et du trot que celle du galop. Pour cela, le cavalier, étant au pas ou au trot, allure dont il veut obtenir la plus grande extension, soutient son cheval de la main, lui donne un point d'appui suivant sa sensibilité, ferme les jambes progressivement jusqu'à ce que l'allure soit devenue la plus allongée possible, sans être dépassée, résultat facile à prévenir. Le pas et même le trot allongés sont des allures qui peuvent se soutenir sans trop de fatigue beaucoup plus longtemps que le galop; le cavalier revient de temps en temps aux allures ordinaires, c'est-à-dire raccourcit et ralentit l'allure allongée, qu'il fait reprendre ensuite au cheval, lequel prend ainsi l'habitude du mouvement, en même temps que celle d'obéir sans hésitation. — *Saut des obstacles.* Les obstacles qui se présentent au cavalier, à la promenade ou en chasse, sont de trois sortes : les obstacles en hauteur, les obstacles en largeur qu'il s'agit de faire franchir au cheval, et les haies peu épaisses, mais trop élevées pour être franchies, et qu'il faut nécessairement lui faire traverser, Nous emprunterons à l'auteur militaire déjà cité l'examen des trois cas que nous venons de signaler : « Les obstacles en hauteur peuvent se présenter sous plusieurs aspects : une barrière ou claie, une haie, un mur en pierre, un talus, les obstacles en largeur sont des fossés, ou douves, pleins d'eau, secs ou couverts de ronces. Il est important que les cavaliers jugent la hauteur et la largeur des obstacles à première vue, et communiquent à leurs chevaux la hardiesse et la force nécessaires pour les franchir, car les chevaux à peu près bons se ressentiront nécessairement de la vigueur avec laquelle le cavalier leur fera aborder ces obstacles. Comme principe, soit à la promenade, soit à la chasse, il ne faut jamais faire sauter son cheval à une allure trop vive, mais bien l'amener sur l'obstacle franchement et bien encadré dans les rênes et dans les jambes, car nous prescrivons pour le saut la tenue des rênes dite à l'anglaise. (Voir ci-dessus *Tenue des rênes à l'anglaise.*) — *Saut des obstacles en hauteur.* Au moment où le cavalier découvre l'obstacle, si celui-ci se présente en hauteur, il doit rassembler son cheval avec vigueur (fig. 8) et, dans cette position, il le maintient droit, en l'activant au besoin, pour qu'au moment du saut il gagne en élévation, en sentant les mains qui le soutiennent; car si les rênes étaient flottantes, le cheval se déroberait à droite ou à gauche, n'ayant pas la con-

fiance nécessaire et la certitude d'être soutenu tout à coup au moment où il arriverait à terre. Après le saut, quelques chevaux sont sujets à précipiter l'allure; c'est un défaut qu'il faut combattre en les calmant et en ayant

Fig. 8. — Arrivée à la haie.

soin de bien les asseoir après avoir sauté et après quelques foulées. — *Saut des obstacles en largeur.* « Le saut des obstacles en largeur n'est, pour ainsi dire, qu'un temps de galop plus allongé; il faut donc se donner garde de rassembler le cheval qui va franchir un obstacle en largeur, mais bien employer les moyens prescrits pour lui faire allonger l'allure sans la précipiter, en le laissant s'appuyer sur la main, et lorsqu'il arrive franchement, activer l'arrière-main et suivre dans le saut avec les mains, pour qu'il sente un appui au moment où il arrive à terre. » — *Traverser une haie.* « Pour faire traverser au cheval une haie peu épaisse, il faut éviter qu'il s'enlève, mais bien le pousser franchement en avant, pour qu'il fasse sa trouée. Néanmoins, les branches du haut étant plus flexibles, et donnant par conséquent un passage plus facile, il sera utile de régler l'allure, pour qu'au besoin le cheval puisse s'enlever légèrement à la volonté du cavalier. Dans tous les cas, le cavalier doit bien se pénétrer de ceci : c'est que, s'il veut sauter, le cheval sautera, et que lorsqu'il n'y a pas d'hésitation de la part du cavalier, il est bien rare qu'il y en ait de celle du cheval. Les sauts

Fig. 9. — Le corps en arrière pendant le saut.

sont très fatigants pour les chevaux; aussi, pour les soulager, le cavalier doit s'identifier avec le cheval qu'il monte, et sauter pour ainsi dire avec lui. Lorsque le cheval s'enlève, le corps suit le mouvement (fig. 9) et porté le corps un peu en arrière pendant le saut pour que, en arrivant à terre, il se trouve bien assis, la tête droite, la poitrine ouverte et les reins soutenus pour que les fesses aillent bien chercher le fond de la selle, et pour permettre aux jambes de bien embrasser le cheval. » — *Changements d'allure.* Nous n'avons pas parlé des changements d'allure du galop au trot et au pas, ni de l'arrêt au galop. Il nous paraît en effet inutile d'y insister, les mêmes principes posés pour le changement du trot au pas et pour l'arrêt au pas étant applicables en cette circonstance, avec la simple différence d'une force plus ou moins considérable à employer suivant le cas, évitant toujours la brusquerie, le *à-coup* dans les mouvements. — *Reculer.* Nous ne pouvons pas, par exemple, négliger de parler de la

théorie de ce mouvement important. En principe, pour obtenir le *reculer*, on doit agir comme pour faire porter le cheval en avant, mais en employant les moyens inverses. Ainsi, le cheval étant en place, et le cavalier en contact avec lui par les mains et les jambes, après avoir préparé la masse à se déplacer, au lieu de permettre au cheval de se porter en avant, ce qui aurait inévitablement lieu si on lui en laissait la liberté, on lui fait sentir davantage les poignets. L'équilibre préalablement détruit, le cheval se portait naturellement en avant; mais, rencontrant l'obstacle que le mors lui oppose, il ne le peut, et, comme il faut qu'il se meuve, ne pouvant avancer, il recule nécessairement. Dans l'exécution de ce mouvement, ce sont les membres postérieurs, on le comprend, qui doivent être déplacés les premiers. Le cheval doit ensuite marcher en arrière, pas à pas, — comme il le ferait en avant si l'impulsion lui avait été donnée inversement. Les poignets se relâchent progressivement à mesure que se produit le mouvement de recul, pour ne pas le précipiter, et les jambes doivent rester près afin de pouvoir, par une pression opportune, reporter le cheval en avant au moment voulu. — Le cheval ne doit jamais être laissé sur ce mouvement une fois produit : son cavalier doit le reporter au moins d'un pas en avant avant de l'arrêter. Le mouvement rétrograde doit être réglé par la pression des jambes : si, en l'exécutant, le cheval jette ses hanches à droite ou à gauche, au lieu de reculer bien droit, une pression de la jambe gauche ou de la droite doit aussitôt corriger cette imperfection en redressant l'allure du cheval. Nous n'irons pas plus loin sur ce sujet si intéressant de l'équitation, que nous nous proposons traiter, ainsi que nous l'avons dit au début, que d'une manière très élémentaire. Beaucoup de choses ont dû être négligées, mais d'autres, les plus indispensables, croyons-nous, ont été presque approfondies, et nous avons la conscience qu'il était difficile de mieux faire dans un cadre aussi restreint. Nous n'avons pu, notamment, diviser notre traité suivant la règle classique; par exemple, nous n'avons pas indiqué la différence du travail au bridon, dont nous ne nous sommes même pas occupé, avec le travail en bride. Mais, même si nous avions à écrire un traité étendu sur cette matière, nous hésiterions à nous occuper du bridon, qu'à notre avis il convient de laisser, avec son camarade le licol, à la disposition du palefrenier. J'ai toujours pensé que le travail au bridon n'était autre chose qu'une réminiscence de l'armée, où une préoccupation louable d'économiser les brides a généralisé l'emploi dans les premières leçons, où l'usage de la bride n'est pas indispensable.

EQUULEUS s. m. [é-ku-u-lé-us] (mot lat. qui signifie petit cheval; de *equus*, cheval. Astron. Petite constellation située au nord de l'équateur céleste. C'est l'une des 48 constellations primitives connues des anciens. Elle a Pégase à l'E.; le Dauphin et l'Aigle à l'O.

ÉRASISTRATE, célèbre médecin d'Alexandrie, qui florissait au IIIe siècle av. J.-C. Il fut le premier qui se livra à la dissection systématique du corps humain; c'est pourquoi on le considère comme le père de l'anatomie.

ERGOT s. m. Hortic. Petit chicot ou petit bout de rameau qu'on laisse au-dessus d'une greffe ou écusson ou d'un œil au moment de la taille, et qui, après le développement du bourgeon, se dessèche.

ÉRIGÉ, ÉE adj. Bot. Se dit d'un organe qui se dirige perpendiculairement vers le ciel. On dit aussi DRESSÉ.

ÉRINACÉ, ÉE adj. (lat. *erinaceus*, hérisson). Mamm. Qui ressemble au hérisson. — S. m. pl. Nom zoologique du genre hérisson.

ÉRINNE, femme poète grecque, née vers 630 av. J.-C.; contemporaine et amie de Sapho. Elle mourut à l'âge de 19 ans. Ses poèmes, dont il nous reste quelques fragments, étaient considérés comme dignes de rivaliser avec ceux d'Homère.

ÉRIODENDRON s. m. [é-ri-o-den-dron] (gr. *erion*, laine; *dendron*, arbre). Bot. Genre de sterculiacées, bombacées. Voisin du genre bombax et comprenant plusieurs espèces d'arbres qui habitent l'Asie et l'Amérique tropicales.

ÉRIS. Mythol. gr. Déesse de la Discorde, identique à la Discordia des Latins. Elle était sœur d'Ares (Mars). Dans la légende de la guerre de Troye, c'est elle qui jeta sur la table la fameuse pomme d'or, cause de tant de querelles et de tant de malheurs.

ÉROSÉ, ÉE adj. (lat. *erosus*, rongé). Bot. Se dit d'un organe dont les bords sont comme mordillés ou rongés.

ESCALOPES. (Econ. dom.) Faites couper et aplatir par le boucher des tranches de rouelles de veau d'un centimètre d'épaisseur, sur environ cinq de largeur. Mettez dans une casserole de l'huile d'olives, placez sur un feu ardent et faites-y bien saisir vos tranches de veau; ajoutez un peu de sauce aux tomates, sel et poivre; laissez cuire alors doucement pendant environ dix minutes.

ESCARGOTS (Econ. dom.) — Choisissez des escargots de vigne, mettez-les jeûner pendant deux mois dans un vase que vous placerez en lieu frais, mais sec. Après ce temps, jetez-les dans une casserole d'eau bouillante, avec une poignée de cendre et autant de sel, et les y laissez bouillir un quart d'heure. Retirez-les alors à l'eau froide, enlevez-les de leur coquille et mettez-les à mesure dans de l'eau tiède, puis vous les faites bouillir ainsi, à nu, environ dix minutes. Faites-les égoutter. — *A la bourguignonne*. Lavez bien les coquilles de vos escargots: faites un hachis de champignons, persil, ciboule, ail, échalottes, sel et poivre, que vous maniez d'un peu de bon beurre frais. Introduisez dans vos coquilles un peu de ce hachis pour boucher l'orifice. Faites cuire dans un plat allant sur le feu, avec un verre de vin blanc, feu dessus et dessous. Servez dans ce même plat. — *A la poulette*. Préparez comme ci-dessus, mettez vos escargots dans une casserole avec un morceau de beurre, champignons, bouquet de persil, gousse d'ail, clous de girofle, tym et laurier; ajoutez une pincée de farine, mouillez de bouillon et vin blanc par moitié; liez avec des jaunes d'œufs. Servez avec jus de citron.

ESCRIME. — **Encycl**. Si l'escrime n'avait pour but que de produire des spadassins, ce serait un art à proscrire de l'éducation des jeunes gens; mais son utilité est incontestable. Elle habitue l'homme à la hardiesse;

Fig. 1. — Masque à mailles hexagonales.   Fig. 2. — Mailles du filet anglais.

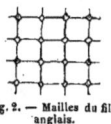

elle développe les muscles de tout son corps; elle lui donne les moyens de se défendre quand il est attaqué et d'attaquer quand il est offensé. On doit donc la considérer comme le complément indispensable de toute éducation. — C'est une science qui ne s'acquiert que par la pratique, avec les soins d'un bon professeur, et nous n'avons pas la prétention de l'enseigner ici. Nous ne pouvons donner que

quelques règles générales, non sur les habitudes du duel, mais simplement sur la manière technique de tenir une épée dans une salle d'armes. — L'appareil de l'escrime n'est pas très compliqué. Il se compose d'une chemise et d'un pantalon de flanelle sous le vêtement défensif. Celui-ci est formé d'un masque, d'une veste, d'un gant à gantelet et d'un plastron. On emploie deux sortes de masques. L'un, dit français, est à mailles hexagonales; l'autre, appelé anglais, est dangereux, parce que si le fleuret se casse vers la pointe, il peut ensuite entrer entre les mailles (fig. 2). Pour la veste, quelques-uns la préfèrent en cuir doux, bien rembourré; d'autres la choisissent en cuir dur et rigide, qui n'exige aucune doublure; quelle qu'elle soit, il faut qu'elle garantisse la poitrine et le cou (fig. 3). Le gant doit être bien rembourré sur

Fig. 3. — Veste.

le dos des doigts; il doit protéger parfaitement le pouce et les ongles. La paume sera de cuir très souple, de manière à permettre de saisir facilement la poignée de l'épée. Le gantelet sera long pour garantir le poignet. On recommande de porter un tablier de cuir, ou ce qui vaut mieux un cuissard sous le pantalon; c'est une pièce d'étoffe attachée en haut à la ceinture par un cordon et, en bas de la cuisse,

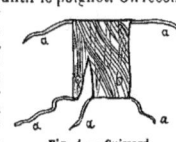

Fig. 4. — Cuissard.

par un autre cordon (fig. 4). Le professeur devant recevoir perpétuellement les bottes de ses élèves, ajoute à son costume un épais plastron, souvent orné d'un petit cœur d'étoffe rouge, cousu au centre, afin de diriger le coup. Les chaussures seront souples; on ne recommande pas les semelles de caoutchouc, parce qu'elles échauffent le pied. On doit toujours refuser de tirer des armes avec un joueur qui n'est pas garanti par un masque, des gants et un gilet ou un plastron, parce qu'il faut toujours craindre des accidents. Quand un fleuret est courbé, on peut facilement le redresser, en l'étendant sur le sol, en plaçant le pied sur l'arme et en relevant celle-ci dans le sens opposé à la courbure. — Le fleuret est une tige quadrangulaire mesurant environ 1 mètre de la pointe à la poignée. On doit se garder d'employer un fleuret plat, aussi flexible qu'une cravache. La poignée, longue d'environ 20 centimètres, sera carrée, légèrement courbée, d'une grosseur uniforme d'un bout à l'autre, et sera couverte de fils entrelacés. Le pommeau sera peu large et d'un poids suffisant pour balancer le fleuret quand on le place sur le doigt, à 7 ou 8 centimètres en avant de la garde. Celle-ci sera en fer évidé, formant deux grands œillets, en dessus et en dessous, afin de protéger le pouce et les doigts; elle sera munie d'une bande de cuir solide ou de peau de buffle, sur le côté de la poignée. Le bouton, placé à la pointe, est souvent revêtu d'un morceau de carton, sur lequel se trouve de la peau de chamois; mais le caoutchouc convient beaucoup mieux. — DE LA POSITION. L'attitude n'est pas sans importance et l'élève s'étudiera à se placer correctement dès les premières leçons, de manière à s'y remettre ensuite instinctivement. Il se placera devant son adversaire, le côté droit un peu en avant et en face du côté droit de l'antagoniste; les yeux fixés sur les siens, le pied droit dirigé en avant, le pied gauche formant un angle presque droit avec le précédent; le talon droit en face de la cheville gauche; le corps d'aplomb; les hanches un peu en arrière, mais sans contrainte;

la tête relevée, sans raideur et sans être rejelée en arrière; les mains tombant de chaque côté, avec aisance; la gauche tenant le fleuret, comme si c'était une épée dans son fourreau, le côté convexe de la poignée en

Fig. 5. — Attitude correcte, première position.   Fig. 6. — Attitude correcte, seconde position.

dessus (fig. 5). On relève la main droite devant le corps, à la hauteur de la tête, paume en dessus et on l'amène à la poignée du fleuret, qu'elle saisit légèrement. On élève les deux mains au-dessus de la tête en les éloignant de manière que la gauche arrive vers la pointe de l'arme (fig. 6). On abaisse le bras droit, avec l'épée, jusqu'à ce que le coude soit à peu près au niveau et à quelques centimètres en avant de la ceinture; le pouce le long de

Fig. 7. — Attitude correcte, en garde.

la surface de la poignée; l'index sous le pouce; la pointe du fleuret à la hauteur du menton; l'avant-bras et le fleuret en ligne presque droite; le bras gauche conservant la position qu'il avait lorsqu'il portait la pointe de l'arme au-dessus de la tête, sauf que la paume de la main est tournée vers la tête. Alors, sans remuer le corps, la tête ni le cou, on plie les deux genoux, afin de descendre le corps autant que possible; on avance le

Fig. 8. — Manière de tenir la poignée.

pied droit d'environ 30 centimètres, de manière que le bas de la jambe soit à peu près perpendiculaire au sol (fig. 7). On est en garde, ce qui est la position de la défensive comme celle de l'offensive. Les hommes de petite taille auront la garde à la hauteur du cou; ceux de moyenne taille, un peu au-dessus du milieu de la poitrine; ceux de haute taille, exactement au milieu de la poitrine. Comme règle générale, on doit régler la hauteur de la garde sur celle de l'adversaire. — De la manière dont on saisit la poignée dépend la souplesse du poignet, sans laquelle on ne peut accomplir convenablement les différents mouvements de l'escrime. La main doit envelopper la poignée; et les doigts une fois en place ne doivent plus bouger. On tiendra l'épée avec fermeté, mais sans raideur; le pouce allongé sur la partie supérieure de la poignée, l'ongle tout près de la garde; l'index exactement sous le pouce; les autres doigts en arrière de l'index et non séparés les uns des autres. — Après la *garde*, le premier mouvement est le

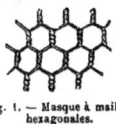

départ. On avance rapidement le pied droit, en le faisant glisser sur le sol, et sans le lever; on avance aussitôt le pied gauche de la même distance, de manière que les deux pieds conservent leur position respective, c'est-à-dire qu'ils soient à angle droit, et que le talon droit se trouve en face de la cheville gauche. — La *retraite* s'opère en faisant un petit pas en arrière avec la jambe gauche; et dès que celle-ci a terminé ce mouvement, on retire le pied droit et on le pose solidement sur le sol. — On appelle *coup* l'ensemble des mouvements que l'on fait dans l'intention de frapper l'adversaire. Le coup peut être simple ou composé. Le coup simple ou *botte* est celui qui se fait d'un seul mouvement. Le *coup composé* est l'ensemble d'une ou plusieurs feintes avec une botte. — Pour porter une *botte,* on allonge le bras droit en élevant la main, et en portant l'épée en avant de manière que le bras et l'arme forment une ligne horizontale; on a soin de tourner le poignet de manière que les ongles se trouvent en dessus; on fait en avant un pas d'environ 50 centimètres avec le pied droit, le pied gauche immobile, la jambe gauche tendue et solidement posée sur le sol; le bras gauche

Fig. 9. — La botte.

tendu en arrière, à quelque distance du corps et de la cuisse (fig. 9). Avec un peu de pratique ces actions s'accomplissent simultanément. Il est d'une grande importance que les ongles soient placés en-dessus (fig. 10). Le

Fig. 10. — Position de la main quand on porte une botte.

mouvement du corps dans la botte est dit *se fendre.* Pour reprendre ensuite la position de la garde, on presse le sol du pied droit en le ramenant en arrière. — La moitié du fleuret qui se trouve du côté de la poignée se nomme le *fort;* l'autre moitié, jusqu'au bouton reçoit le nom de *faible.* L'art de l'escrime consiste à opposer constamment le fort de son épée au faible de l'épée adverse; c'est pourquoi on doit s'évertuer à tenir le poignet plus élevé que celui de l'adversaire, pour le dominer dans ses lignes supérieures; mais dans les lignes inférieures, on tiendra le poignet un peu au dessous du sien. — On appelle *ligne* la direction que doit prendre le fleuret soit pour l'attaque, soit pour la défense. Les lignes servent à distinguer le dessus, le dessous, le dedans, le dehors et à qualifier la botte et la parade de quarte et de tierce. — On a le *dessus* quand la main et l'épée dominent celles de l'adversaire; dans le cas opposé, on a le *dessous.* — DE LA PARADE OU DÉFENSIVE. La parade ou défensive consiste à empêcher, par le froissement, le battement ou l'opposition, que l'épée de l'adversaire n'arrive au corps. Le *froissement* consiste à frapper avec force en quarte ou en tierce, en glissant sur la lame de l'adversaire du faible au fort avec le même tranchant; le *battement* se fait en donnant un coup sec avec le côté de la lame; et l'*opposition,* en écartant l'épée, sans choc ni froissement, dans le haut ou dans le bas

d'une des deux lignes, en avançant ou en retirant la main. Le tireur peut être attaqué dans l'une des quatre directions suivantes, appelées lignes de défense :

A gauche et en dessous de la poignée. .... }.... Ligne de dessous en dedans.
A droite et en dessous........ Ligne de dessous en dehors.
A droite et en dessus........ Ligne de dessus en dehors.
A gauche et en dessus........ Ligne de dessus en dedans.

Avec une épée de grandeur ordinaire, on ne peut défendre qu'une seule ligne à la fois, et par conséquent les trois autres lignes restent ouvertes à l'attaque. — Pour la défense de chaque ligne, il y a deux parades. Dans chaque parade, l'épée est placée dans une position semblable, les parades elles-mêmes ne différant que dans la position du tranchant, suivant que l'on tient la poignée en *supination* (les ongles en dessus) ou en *pronation* (les ongles en dessous). On compte donc en tout huit parades, savoir :

1. La prime.   5. La quinte.
2. La seconde.   6. La sixte.
3. La tierce.   7. La septième (ou demi-cercle).
4. La quarte.   8. L'octave.

La distribution de ces huit parades entre les quatre lignes de défense est ainsi faite :

1. Prime et 7. septième (ou demi-cercle).	La main dirigée vers la gauche, la pointe abaissée et inclinée vers la gauche, les ongles en dessous. Même position, mais les ongles en dessus et le bras allongé.	Parade de l'attaque dirigée contre la ligne de dessous en dedans.
2. Seconde et 8. octave.	La main dirigée vers la droite, le bras raidi, la pointe abaissée et inclinée à droite, ongles en dessous. Même position avec les ongles en dessus.	Parade de l'attaque dirigée contre la ligne de dessous en dehors.
3. Tierce et 6. Sixte.	La main vers la droite; la pointe élevée et inclinée à droite; les ongles en dessous. Même position, mais les ongles en dessus.	Parade de l'attaque contre la ligne de dessus en dehors.
4. Quarte et 5. Quinte.	La main dirigée vers la gauche; la pointe élevée et inclinée à gauche; les ongles légèrement en dessus. Même position, mais les ongles en dessous.	Parade de l'attaque dirigée contre la ligne de dessus en dedans.

Pour exécuter ces différentes parades, on tient ordinairement le poignet à la hauteur du creux de l'estomac; le fort de l'épée sur le faible de l'adversaire, soit par battement ou par pression (action de presser plus ou moins fort sur l'épée de l'adversaire). — Il y a *engagement* chaque fois que l'on passe l'épée d'une ligne à l'autre, en joignant celle de l'adversaire, de pied ferme ou en marchant. Il y a *dégagement* quand on change de ligne en passant l'épée par-dessous ou par-dessus le poignet de l'adversaire, en tirant au corps. — Les simples parades se font quand l'adversaire, opérant un dégagement, on pousse la pointe directement de tierce en quarte ou de quarte en tierce (lignes supérieures); de septième en seconde ou de seconde en septième (lignes basses); ou quand on élève et abaisse aussitôt la pointe de quarte à septième et de septième au corps. La *contre-parade* a lieu pour parer un dégagement, en décrivant avec la pointe un cercle autour de l'épée adverse, jusqu'à ce qu'on la rencontre dans la ligne de l'engagement primitif, pour repousser l'attaque sur la ligne opposée de celle dans laquelle elle était dirigée. — Ce mouvement circulaire, — obtenu par l'action des doigts bien plus que par celle du poignet, — commence sous l'épée adverse en haute ligne ou sur l'épée adverse en basse ligne. De sorte que dans l'engagement de quarte (les épées jointes en dedans), lors du dégagement de l'adversaire, le cercle est décrit en abaissant la pointe, en la passant sous l'épée, vers la droite, en la retournant vers le haut et en

reprenant la position de quarte. Pour l'engagement des autres lignes, on pare les dégagements d'après le même principe. La contre-parade ou parade circulaire peut aussi être employée contre un coup droit, sans dégage-

Fig. 11. — Tierce.

ment; en quarte en baissant la pointe sous l'épée adverse. — Toutes les parades n'ont pas la même importance; on emploie presque exclusivement la tierce avec le cercle extérieur et la quarte avec le cercle intérieur (fig. 11

Fig. 12. — Quarte.

et 12). — DE L'ATTAQUE. Les bottes sont nommées, comme les parades, quarte, tierce, etc. Il en est de même des engagements. Quand les épées se joignent en haut et en dedans, elles sont engagées en quarte; en haut et en dehors, elles le sont en tierce, et ces deux engagements sont à peu près universellement adoptés, bien qu'il n'y ait aucune règle à ce sujet. La position de quarte est celle dans la-

Fig. 13. — Botte en quarte.

quelle on tombe naturellement en se mettant en garde. — Supposons que nous sommes engagés en quarte, alors que l'épée de l'adversaire se trouve en ligne exacte, il est évident qu'un très léger mouvement de sa main à gauche lui permettra de tenter un coup droit, ou s'il étend le bras au moment de notre botte, nous nous jetterons sur la pointe de son épée. C'est pourquoi nous devons essayer de presser, avec le fort de notre arme sur le faible de la sienne, afin de la rejeter de la ligne. S'il nous permet de le faire, sa poitrine

se trouvera entièrement exposée à notre attaque et nous pourrons réussir un coup droit sans risque pour nous-même, sa pointe n'étant pas dirigée vers notre corps; de sorte que s'il tente une botte en ce moment, il la manquera,

Fig. 14. — Botte en tierce.

et comme l'explique si bien le maître d'armes dans le *Bourgeois gentilhomme*, l'art de l'escrime se compose de deux seules choses : frapper et ne pas se laisser frapper (fig. 13). Supposons, au contraire, que l'adversaire obtienne l'avantage dans l'engagement et que son épée commande la nôtre, le coup droit devient impossible et nous devons nous dégager. Plus la ligne en dedans est complètement garantie, plus on est exposé sur la ligne en dehors. La rapidité est le point principal pour le dégagement; il faut avoir soin de ne pas porter la pointe de son épée en arrière, au lieu de la baisser légèrement et de ne pas faire un grand demi-cercle autour de l'arme adverse. Notre fleuret doit glisser de quarte en tierce près de celui de l'adversaire par le seul effet des doigts (fig. 14). — Le *liement* est l'action de tourner l'épée tout autour de celle de l'adversaire, comme pour la lier. Cette pression continuelle permet de reprendre la ligne de l'engagement dans le haut ou dans le bas de la ligne, en tirant au corps sans abandonner l'épée. On appelle *flanconade* une botte de quarte forcée, qu'on porte dans le flanc de son adversaire. C'est un liement en quarte. Il y a aussi un liement en tierce. — L'*opposition*, déjà mentionnée, a lieu quand les deux épées sont l'une contre l'autre. Tant que les armes ne sont pas en opposition, on ne peut présager une attaque. Le *changement d'engagement* diffère du dégagement en ce que c'est un simple expédient de l'épée qui passe d'un côté à l'autre de l'arme adverse sans allonger le bras; c'est une attaque sur l'arme seulement. Les *feintes* sont employées pour forcer à un engagement un adversaire qui cherche un avantage en refusant son épée, ou pour le rejeter de sa ligne de défense; on peut faire les feintes soit par coups droits, soit par des dégagements sans bottes. Dans la *feinte de droite*, on feint de tirer la botte droite par une extension du bras. La *feinte de dégagement* a lieu quand on feint de tirer une botte de dégagement, par une extension du bras; la *feinte du coupé*, quand on feint de tirer la botte par le coupé en étendant le bras (on appelle *coupé* un changement de ligne en passant l'épée par-dessus la pointe de celle de l'adversaire en tirant au corps). La *feinte de seconde* a lieu quand on feint de tirer la botte de seconde par une extension du bras; la *feinte d'un tour d'épée* quand on feint de tirer la botte par un tour d'épée, avec extension du bras; la *feinte du liement* quand on feint de tirer la botte par le liement, avec extension du bras et sans quitter la première position. Le *changement* est une feinte de dégagé sans extension du bras et sans avancer la pointe de l'arme. On appelle *une-deux*, la feinte de dégagé et le dégagement; *une-deux-trois*, la feinte de deux dégagés et le dégagement ou deux changements et le dégagement. Le *battement* est un coup violent frappé sur l'arme de l'adversaire, pour le troubler ou pour éloigner son arme de la ligne préparatoire à une feinte ou à une attaque, mais il faut éviter une fréquente extension du bras droit, quand on ne porte pas de botte. — On appelle *riposte*, le coup que l'on porte après avoir paré celui de l'adversaire. Avant de riposter, il faut faire attention, en parant, si le coup est renvoyé par la parade et quelle est la position de l'adversaire. Si la parade a renvoyé l'épée adverse, on ripostera de suite par le coup droit, en étendant le bras dans la position où la parade a été donnée : c'est la riposte *du tac*. — La rapidité est le grand élément de succès de la riposte, parce que si l'on accorde à l'adversaire un répit d'une fraction de seconde, il se remettra. La riposte est ordinairement accomplie avec la main en supination (fig. 15), mais quelquefois, lorsqu'on

Fig. 15. — Main en supination (ongles en dessus).

l'exécute après une parade dans laquelle les ongles sont tournés en dessous, comme pour la prime et la seconde, il y a avantage à laisser la main en pronation (fig. 16). La riposte

Fig. 16. — Main en pronation.

au moyen d'une simple extension de bras n'est pas toujours exécutable; l'adversaire, sentant que sa botte est parée, se remet vite en position. — REMISE. On fait une remise quand, après avoir passé le corps de l'adversaire, on retire le bras pour le frapper dans la même ligne, sans faire aucune feinte et sans bouger le haut du corps. Les remises doivent être exécutées avec une grande vitesse, afin de ne pas donner à l'adversaire le temps de riposter. — La *reprise* est une sorte de remise qui a lieu quand on retire le bras, après avoir passé le corps de l'adversaire, en laissant un petit intervalle de temps pour faire un coup, quelqu'il soit, en frappant sans être relevé. — Le *coup d'arrêt* est celui dans lequel on em-

Fig. 17. — Coup de temps au-dessus du bras.

pêche d'arriver au corps le coup de l'adversaire, ou par lequel on empêche l'adversaire d'avancer. Les *coups de temps* sont ainsi nommés, parce que leur succès dépend uniquement de leur rapide exécution pendant le temps que l'adversaire prépare ou entreprend une attaque. Ce sont des coups savants qui exigent une grande précision, de la hardiesse et de l'assurance; on les fait avec ou sans opposition. En opposition, on est moins exposé au danger d'un *coup pour coup* (coup frappé par l'adversaire au moment même où vous le frappez). Il y a deux sortes de coup de temps en opposition : le coup au-dessus du bras et le coup en octave. Le coup au-dessus du bras

(fig. 17) est applicable à tous les coups, lorsque la botte est portée en dehors. Le coup en octave est employé quand la botte est dirigée vers le dedans du corps ou sous le bras (fig. 18). Les coups de temps en opposition ne

Fig. 18. — Coup de temps en octave.

sont utiles que lorsque l'adversaire s'expose, soit par l'excessive irrégularité de son attaque, soit par des bottes portées sans allonger suffisamment le bras. — *Joindre l'épée*, c'est sentir le fer de l'adversaire contre le sien, sans changer de ligne. La *marche* a lieu quand on porte le pied droit en avant, en le remplaçant par le gauche. On *rompt* ou *recule*, quand on porte le pied gauche en arrière, en le remplaçant par le pied droit. La *mesure* est la distance convenable pour atteindre l'adversaire. — Le *but* est le point où repose la pointe de l'épée, à la finale du coup tiré sur l'adversaire. — On se *fend* quand on porte le pied droit en avant, à une distance du gauche double de celle qu'il doit y avoir dans la position de la garde, sans que le pied gauche change de position. Inversement, on se *relève* en reprenant la position que l'on avait avant de se fendre. L'*appel* a lieu quand on frappe la terre avec le pied droit dans la même place. — Le SALUT. Le salut a lieu dans les salles d'armes; il diffère suivant les pays et même suivant les professeurs. Dans la méthode la plus ordinaire,

Fig. 19. — La pointe du fleuret tournée vers le corps.

les tireurs sont revêtus du costume complet, sauf les masques jetés à leurs pieds; ils se placent en face l'un de l'autre. Ils saisissent leurs armes et exécutent divers mouvements, se mettent en garde, simulent des feintes, des

Fig. 20. — La pointe sur l'épaule droite.

appels, des provocations. Ordinairement chaque tireur exécute le salut à son tour, mais quelquefois les deux tireurs le font en même temps; alors, il faut que leurs mouvements soient identiques et simultanés. Ils exécutent

des quartes, des tierces, des croisements, des battements : tout cela est de pure convention. Quelquefois les jouteurs, renversant leurs

Fig. 21. — Main et poignée pendant le salut.

doigts, tournent la pointe de l'arme vers leur corps et demeurent un instant dans cette position (fig. 19). D'autres fois, la pointe vient se

Fig. 22. — Main et poignée pendant le salut.

placer sur l'épaule droite (fig. 20). Les deux diagrammes 21 et 22 représentent les positions de la main et de la poignée dans ces exercices.

ESÈRE s. f. [é-zè-re] Syn. de *Drosère*.

ÉSÉRIDINE s. f. [rad. *ésère*]. Alcaloïde découvert par C. Barhinger dans la fève de Calabar. C^{15} H^{23} N^2 O^3 L'éséridine a une action puissante sur l'intestin ; elle provoque une sécrétion muqueuse abondante.

ÉSÉRINE s. f. [rad. *ésère*]. Alcaloïde retiré de la fève de Calabar. On l'emploie surtout dans les affections des yeux, comme myosique et antagoniste de l'atropine, sous forme de sulfate, à la dose de 5 à 10 milligrammes.

ESHERBER v. n. [é-zer-bé] Hortic. Arracher avec la main les mauvaises herbes.

ESPAGNE. — La population de l'Espagne continentale est aujourd'hui de 17 millions d'hab. ; celle des Iles Baléares et des Canaries de 600.000 ; total 17.600.000, ou augmentation d'un million d'hab. en 10 ans. La densité est de 35 hab. par kilom. carré. Revenus (pour 4890'91), 803.349.277 pesetas ; dépenses, 803.332.591 pesetas. Dette publique, 6 milliards, 257 millions, 268,482 pesetas. — Importation, 745 millions de pesetas ; exportation, 710 millions de pesetas. La plus grande partie du commerce se fait avec la France et l'Angleterre. Le pays importe surtout du coton, du froment, de la houille, du bois, du sucre, de la morue, des lainages, des machines, du tabac, du fer, etc. Il exporte du vin, du cuivre, du fer, du plomb, du liège, des oranges, des raisins secs, des huiles, etc. La marine marchande compte 1,450 navires à voiles jaugeant 270.000 tonneaux et 356 navires à vapeur (26.000 tonneaux). Le service des postes coûte 12.380.000 pesetas et rapporte 19.750.000 pesetas. Télégraphes : 17,879 kil. de lignes, 43.301. kilom. de fils ; 3.325.000 dépêches en 1885. Armée : 118.753 hommes sur le pied de paix ; 805.400 sur le pied de guerre, sans compter les troupes des colonies. — Flotte : 25 navires armés (217 canons ; 35.000 chevaux) ; 82 embarcations de de 35 hab. à voiles (190 canons ; 38.000 chevaux) ; 13 navires de la 2e réserve (87 canons ; 13.918 chevaux).

COLONIES.	KILOM. C.	HABITANTS.
1. Cuba....................	118.833	1 521.684
Puerto-Rico..............	9.620	810.394
2. Philippines...............	293.726	5.559.020
Iles Sulu (Joló)........	2.456	75.000
Iles Mariannes..........	1.140	8.665
Iles Carolines...........	700	22.000
Iles Palaos..............	750	14.000
3. Côte occidentale de l'Afrique		
territoire d'Ifni.......	40	1.000
Territoire de Rio de Oro et		
Adrar...............	700.000	100.000
Guinée : Fernando-Po, Corisco,		
Elobey et Annobon....	2.105	45.106
Total...	1.127.370	8.156.900

L'Espagne a, de plus, des prétentions sur un vaste territoire de la côte occidentale d'Afrique, entre la baie du Monni et le fleuve Campo (environ 180.000 kilom. carrés ; 500.000 hab.) ; mais ce territoire fait l'objet d'un litige avec la France. — Poids et mesures. Le décret du 19 octobre 1868 établit la *peseta* comme unité monétaire. La peseta vaut un *franc*. Les monnaies réelles sont : en *or* l'Alphonse de 25 fr. et des pièces de 100, de 50, de 10 et de 5 pesetas ; en *argent*, des pièces de 5, de 2, de 1, de 1/2 peseta (2 reales) et de 1/4 peseta (reale) ; en *bronze* de 10 cent. de 5, de 2 et de 1 cent. — Depuis le 1er janvier 1859, le système métrique décimal français est adopté, en donnant aux unités les dénominations espagnoles suivantes : metroarea, litro, stero, gramo, kilogramo. — NOTICE HISTORIQUE. Lorsqu'il eut victorieusement terminé la guerre civile des carlistes, après la fuite de don Carlos (mars 1876), le roi Alphonse XII, définitivement reconnu dans toutes les parties de l'Espagne, débuta par une amnistie et par diverses mesures populaires. Malheureusement le royaume se trouvait dans un état déplorable : les finances avaient été ruinées par les guerres intestines, le commerce était languissant, l'industrie n'existait plus, l'agriculture mal rétribuée, restait stationnaire, la population avait cessé de s'accroître ; il semblait que l'Espagne entrait dans une seconde période de décadence, comparable à celle qui avait marqué le règne des successeurs de Charles-Quint. L'insurrection cubaine, qui paraissait apaisée en 1878, renaquit dès que le général pacificateur Martinez Campos (Voy. CUBA, dans le *Dictionnaire*), devenu chef du cabinet libéral, eut fait voter par les cortès, l'abolition de l'esclavage ; il fallut de nouveaux efforts et de nouvelles dépenses pour y mettre fin, et le ministère libéral céda la place à un ministère conservateur, dirigé par Canovas del Castillo. En 1881, un nouveau cabinet, composé de fusionnistes et ayant pour chef Sagasta, proclama une amnistie générale et régla avec le gouvernement français la question irritante des indemnités à accorder mutuellement tant pour les Français, victimes des guerres cubaines et carlistes, que pour les Espagnols massacrés en Algérie lors de l'insurrection de Bou-Amena. Le pays commençait à respirer, lorsque différentes causes, parmi lesquelles il faut compter l'inconduite personnelle du souverain, produisirent un grand mécontentement parmi le peuple. En juillet 1883, il y eut à Badajoz et à Logrono des pronunciamientos significatifs ; Zorilla, chef des républicains, entreprit une propagande active qu'il fut difficile d'enrayer. Ces conspirations étaient à peine étouffées, que le roi, atteint de phtisie, dut entreprendre des voyages et visita la province de Valence, le nord de l'Espagne, puis Vienne, Berlin, Munich et Bruxelles ; ayant accepté le grade honoraire de colonel du régiment des uhlans de Strasbourg, il fut sifflé par le peuple de Paris, lors de son passage dans cette ville, exigea des excuses du gouvernement français, refusa, comme insuffisantes, celles qui lui furent faites et entama, à ce sujet une discussion qui hâta la chute du cabinet Sagasta, remplacé par un ministère constitutionnaliste Herrera ; après quoi, les excuses furent agréées. L'année 1884, fut presque entièrement remplie par l'insurrection agraire d'Andalousie, par la répression qui en fut la conséquence et par l'arrivée au pouvoir d'un cabinet conservateur Canovas. L'année suivante fut encore plus tourmentée, en raison de la violente dispute qui s'éleva avec l'Allemagne relativement à la possession des Iles Carolines (Voy. CAROLINES dans ce *Supplément*). Le roi mourut le 25 nov., au moment où cette affaire était réglée par l'arbitrage du pape. (Pour d'autres détails, voy. ALPHONSE XII, dans notre 1er *Supplément*).

Il laissait deux filles, dont l'aînée, Maria de las Mercedes, était âgée de cinq ans ; la reine mère, Marie-Christine, assuma la régence, au milieu des plus grandes difficultés. Le ministère libéral Sagasta, qui remplaça le ministère Canovas, eut de suite à réprimer une révolte militaire à Carthagène (10 janv. 1886), à régler une question financière embrouillée qui ne put être résolue que par un emprunt de 626 millions de pesetas (12 mai) et à mettre fin à l'esclavage dans les colonies, au moyen d'un compromis qui laisse pendant quatre ans les nègres émancipés au service de leurs maîtres en qualité d'apprentis (30 juillet). Le 17 mai 1886, la reine régente mit au monde un enfant mâle, qui reçut le nom d'Alphonse XIII. A la suite d'une insurrection militaire, organisée à Madrid par le général Villacampa (20 sept.), le général Castillo fut autorisé à introduire dans l'armée des réformes destinées à la tenir à l'écart de la politique.

ESPIONNAGE. — Législ. Il existait, dans notre législation pénale, une lacune que la loi du 18 avril 1886 est venue combler. Le Code pénal (art. 76 et s.) punit de mort ceux qui ont entretenu des intelligences avec l'ennemi, ceux qui lui ont communiqué les plans d'une place, les secrets d'une expédition ou d'une négociation, et ceux qui ont excité une puissance étrangère contre la France. D'un autre côté, le Code militaire (L. 9 juin 1857, art. 205 et s.), inflige la même peine aux militaires et aux ennemis qui sont convaincus d'espionnage. Mais cela ne vise pas l'espionnage en temps de paix ni toutes les indiscrétions nuisibles à la sûreté de l'État. La loi du 18 avril 1886 n'applique à ces derniers faits que des peines correctionnelles. Est puni d'un emprisonnement de deux à cinq ans et d'une amende de 1,000 à 5,000 fr. tout fonctionnaire public ou agent du gouvernement ou tout individu qui, abusant de ses fonctions ou d'une mission dont il était chargé, a livré ou communiqué à une personne non qualifiée ou a divulgué les plans, écrits ou documents secrets intéressant la défense du territoire ou la sûreté intérieure de l'État. Toute autre personne qui, s'étant procuré lesdits plans, écrits ou documents, les a livrés, communiqués, publiés ou reproduits, est punie d'un emprisonnement d'un à cinq ans et d'une amende de 500 fr. à 3,000 fr. La peine d'un emprisonnement de six mois à trois ans et d'une amende de 300 fr. à 3,000 fr. est appliquée à toute personne qui, sans qualité pour en prendre connaissance, s'est procuré lesdits plans, écrits ou documents. Celui qui, par négligence ou par inobservation des règlements, a laissé soustraire, enlever ou détruire les documents secrets qui lui étaient confiés, est puni d'un emprisonnement de trois mois à deux ans et d'une amende de 100 fr. à 2,000 fr. Est puni d'un emprisonnement de un à cinq ans et d'une amende de 1,000 à 5,000 fr., toute personne qui, à l'aide d'un déguisement ou d'un faux nom, ou en dissimulant sa qualité, sa profession ou sa nationalité, s'est introduite, soit dans une place forte ou un poste, soit dans un navire de l'État, soit dans un établissement militaire ou maritime, ou qui a, de la même manière, levé des plans, reconnu des voies de communication ou recueilli des renseignements intéressant la défense du territoire ou la sûreté extérieure de l'État. Celui qui, sans autorisation de l'autorité militaire ou maritime, a exécuté des opérations de topographie dans un rayon d'un myriamètre autour d'une place forte, d'un poste ou d'un établissement militaire ou maritime, à partir des ouvrages avancés, est puni d'un emprisonnement d'un à 1,000 fr. Enfin la peine d'un emprisonnement de six jours à six mois et d'une amende de 16 fr. à 100 est appliquée à celui qui, pour reconnaître un ouvrage de défense, a franchi

les barrières, palissades ou autres clôtures établies sur le terrain militaire, ou qui a escaladé les revêtements et les talus des fortifications. Indépendamment des peines édictées pour chacun de ces délits, le tribunal peut prononcer, pour une durée de cinq à dix ans, l'interdiction de tout ou partie des droits civiques, civils et de famille, ainsi que l'interdiction de séjour. Par une assimilation exceptionnelle aux faits qualifiés crimes, toute tentative de l'un des principaux délits dont la nomenclature précède est considérée comme le délit lui-même. Est exempt de la peine qu'il aurait encouru, l'individu coupable de l'un de ces délits et qui, avant la poursuite commencée, en a donné connaissance aux autorités administratives ou de police judiciaire, ou qui, même après les poursuites commencées, a procuré l'arrestation des coupables, ou de quelques-uns d'entre eux. L'expérience ayant démontré que la loi du 18 avril 1886 est insuffisante et qu'elle manque de précision dans la définition de certains délits, un projet présenté par le gouvernement le 20 octobre 1890 a pour but de refondre cette loi, et notamment d'aggraver, en les portant au double, les peines d'emprisonnement et d'amende, lorsque les délits concernant la livraison ou la publication de renseignements intéressant la sûreté de l'État ont été commis soit par une personne faisant partie ou ayant fait partie des armées de terre ou de mer, soit par un fonctionnaire ou préposé du gouvernement auquel lesdits renseignements ont été confiés à raison de sa fonction.   Cʜ. Y.

ÉTABLISSEMENT. — Législ. *Établissements insalubres, dangereux ou incommodes.* — Tous les tableaux qui avaient été annexés à des décrets antérieurs au 3 mai 1886 sont annulés. Ils ont été refondus, avec de nombreuses modifications, dans un nouveau tableau de classement, qui présente la nomenclature par ordre alphabétique des trois classes d'établissements insalubres, dangereux ou incommodes. Cette nomenclature a déjà reçu des additions nouvelles et de multiples, notamment par les décrets du 5 mai 1888 et du 15 mars 1890.   Cʜ. Y.

ÉTALÉ, ÉE, adj. Bot. Se dit d'un organe qui forme un angle droit avec l'organe sur lequel il est inséré.

ÉTATS-UNIS de l'Amerique du Nord. — Le nombre des États est aujourd'hui de 44, par suite de l'annexion des six États suivants, qui étaient précédemment classés parmi les territoires organisés :

	ᴋɪʟᴏᴍ. ᴄ.	ʜᴀʙɪᴛᴀɴᴛs.
1. Dakota du Nord....	} 385.153	182.425
2. Dakota du Sud....		327.843
3. Idaho...............	219.625	84.229
4. Montana...........	378.331	131.769
5. Washington.......	179.169	349.516
6. Wyoming..........	253.525	60.589

— Des anciens territoires organisés, il ne reste donc plus que l'Arizona, le Nouveau-Mexique et l'Utah; on y a ajouté le nouveau territoire d'Oklahoma (7.640 kilom. carr.; 61.701 hab.). — Le recensement décennal de 1890 a fait constater l'existence d'une population de 62.500.000 hab. (augmentation de 12.000.000 d'hab. en dix ans). Malgré cet accroissement extraordinaire, la densité générale de la population n'est encore que de 8 hab. par kilom. carr.; et il reste encore de la place pour de nouveaux arrivants. — Revenus : 400 millions de fr. — Dépenses : 350 millions. Dette publique 1 milliard. — Importation : 700 millions; exportation : 650 millions. — Notre tableau des présidents doit subir les modifications suivantes : Ulysse Grant est mort le 23 juillet 1885; Arthur est mort le 18 nov. 1886. Il a eu pour successeurs Grovers *Cleveland* en 1885, et le général Benjamin Harrisson en 1889. — Nᴏᴛɪᴄᴇ ʜɪsᴛᴏʀɪǫᴜᴇ. L'histoire des États-Unis continue d'être celle d'un

peuple qui grandit avec une rapidité sans exemple, qui développe ses forces industrielles et qui prépare son avenir par l'étude et l'extension de toutes les sciences. Les seuls événements importants de ces dernières années ont été l'élection de Garfield (1880), l'assassinat de ce président, par le Canadien Guiteau (Voy. Gᴀʀғɪᴇʟᴅ, dans le *Dictionnaire*), la présidence du général Arthur, l'accroissement du parti des démocrates, qui finirent par remporter la victoire, lors des élections présidentielles de 1884; l'administration démocratique du président Cleveland; la mort de l'ex-président Grant (Voy. Gʀᴀɴᴛ, dans notre premier *Supplément*), la suspension de toute immigration chinoise pendant dix ans (mars 1882), l'accumulation du numéraire dans les caisses publiques, les émeutes socialistes de Chicago, pendant lesquelles 80 personnes furent tuées (25 mai 1886), la mort de l'ex-président Arthur (Voy. Aʀᴛʜᴜʀ, dans ce *Supplément*), etc. Le grand événement politique de l'année 1888 a été l'élection du général Benjamin Harrisson, comme président de la République, par 233 voix républicaines, contre 163 suffrages obtenus par M. Cleveland, candidat des démocrates (1888). M. Benjamin Harrisson, président des États-Unis, est né à Cincinnati (Ohio), le 20 août 1833. Il descend, à ce que l'on affirme, du fameux major-général Harrisson, l'un des juges de Charles Iᵉʳ, exécuté en 1660, en présence de Pepys, qui nota dans son journal qu'il n'avait vu un homme marcher avec un calme si souriant au supplice. Le grand-père de *Ben* Harrisson fut président des États-Unis pendant un mois, en 1841, et mourut subitement. M. Harrisson, avocat de profession, a exercé un commandement et est devenu brigadier-général pendant la guerre de Sécession. Il a été gouverneur, député et sénateur de l'Indiana.

ÉTEINT, EINTE, adj. Hortic. Se dit d'une couche qui ne produit plus de chaleur ou qui en produit peu.

ÉTEX (Antoine), artiste français, né à Paris le 20 mars 1808, mort à Chaville le 5 juillet 1888. D'une famille d'artistes, il reçut les premiers éléments de la sculpture; ensuite il fréquenta les ateliers de Dupaty, de Pradier, d'Ingres et de Duban. Second grand prix de Rome en 1829, il obtint une pension et visita les musées d'Italie pendant deux ans, puis l'Algérie, la Corse, l'Espagne, l'Allemagne et l'Angleterre. Il a brillé et souvent excellé comme sculpteur, comme peintre, comme graveur et comme architecte; plusieurs de ses conceptions peuvent être considérées comme des chefs-d'œuvre de l'art français. Ses œuvres principales sont en sculpture : *Le jeune Hyacinthe tué par Apollon*, groupe, sujet du concours de 1828, qu'il exécuta ensuite en marbre pour le cabinet du comte Turpin; *Caïn et sa race maudits de Dieu*, groupe colossal, musée de Lyon (1839), les statues de *Léda*, d'*Olympia*, à Trianon; et de *Rossini*, à l'Opéra; le *Choléra*, et *Blanche de Castille*, au musée de Versailles; *Héro et Léandre*, au musée de Caen; *Charlemagne*, au Luxembourg; *Saint Augustin*, à la Madeleine; le *Général Lecourbe*, à Lons-le-Saulnier; *La Résistance contre les Envahisseurs* (1814) et *Les Bienfaits de la Paix* (1815), à l'Arc de Triomphe de l'Étoile; le *Tombeau de Géricault*; le monument de Vauban, aux Invalides; la statue de *Saint Louis*, à la place de la Nation (ancienne barrière du Trône); *François Iᵉʳ*, groupe animé qui décore une des places de la ville de Cognac; des bustes de contemporains célèbres : *duc d'Orléans*, *Thiers*, *Louis Blanc*, *Dupont* (de l'Eure), *Chateaubriand*, *de Lesseps*, *Cavaignac*, *Emile Chevé*, *Antonelli*, *Mérode*, *Veuillot*, *Dumas père*, *Berryer*, *Ingres*, *Proud'hon*, *Cavaignac*, et une foule de statues, de bas-reliefs, dont la nomenclature serait trop longue : qu'il nous suffise de rappeler :

le *Bonheur maternel*, statue (1886); l'*Amour piqué par une abeille*; le *Génie du XIXᵉ siècle*; les *Naufragés*; *Suzanne surprise au bain*, statue en marbre (1875), etc. — En peinture, Étex a laissé : *Les Médicis*; *Saint Sébastien*, *martyr*; *Joseph expliquant les Songes à ses frères* (1844); *Sapho*; *Roméo et Juliette*; *Dante et Béatrix*; *Faust et Marguerite*; les *Grands hommes des États-Unis* (à l'Hôtel de Ville de New-York); *Jacob allant trouver Joseph en Egypte*; *Les deux fils de Joseph bénis par Jacob*; *Funérailles de Jacob*; *la Fuite en Egypte* (1864); *Mort de l'enfant Ieodatus* (1875), projet de décoration. — Comme architecte, il a construit le tombeau de Mᵐᵉ Raspail, au Père-Lachaise; ceux de Mᵐᵉ *Scholcher*, d'*Armand Marrast*, de *Géricault*, de *Brizeux*, etc. — Comme littérateur, il a publié : la *Grèce tragique* (1847, 40 planches avec texte); *Dante illustré* (1853); *Revue synthétique de l'Exposition de 1855*, suivi d'un *Coup d'œil jeté sur l'état des beaux-arts aux États-Unis*; *Notice sur Paul Delaroche* (1857); *Étude sur la vie et les ouvrages d'Ary Scheffer* (1859); *Étude sur la vie et les ouvrages de J. Pradier* (1859); l'*Institut et l'Académie des beaux-arts* (1860); *A propos de l'Exposition de 1863*; *Cours élémentaire de dessin* (1851; 3ᵉ éd. 1859; 50 planches lithographiées); *Cours public fait à l'Association polytechnique pour les élèves des écoles et les ouvriers* (1861).

ÉTHÉROMANIE, s. f. Passion de boire de l'éther; manie analogue à l'alcoolisme et qui règne dans les pays anglais, particulièrement en Irlande. Dans certaines villes de ces pays, l'épicier et le débitant vendent de l'éther à très bas prix. Les marchands en gros et en demi-gros le livrant à un sou l'once, il est facile aux détaillants de réaliser de jolis bénéfices en le faisant payer un sou le petit verre. La population de certains villages, hommes, femmes, enfants en font une consommation effrayante. Nous empruntons les détails suivants à un article intéressant publié dans la *Nature*, par le Dʳ A. Carton :—
« Les buveurs d'éther commencent, comme les alcooliques, par de petites doses, et il est besoin d'un certain apprentissage pour tolérer la saveur âcre et brûlante du liquide. Aussi d'habitude on commence par ingurgiter un peu d'eau, puis on avale l'éther et une seconde gorgée d'eau pour finir. Le buveur évite ainsi l'irritation buccale causée par ce breuvage. Mais les buveurs invétérés ne mettent pas tant de précaution et l'avalent tel quel. Du reste, la façon de procéder varie un peu suivant les districts : ici on le prend soulagé d'eau, au tiers, à moitié; là, absolument pur ou après en avoir inhalé une partie. La dose ordinaire est de 8 à 15 grammes, et il n'est pas rare de voir des consommateurs y revenir à cinq ou six reprises dans la journée. Les jours de marché, les rues, les places du village sont infectées par l'odeur de l'éther. L'ivresse produite par l'éther est beaucoup plus rapide qu'avec l'alcool et varie, on le comprend, suivant l'âge, la complexion du buveur et suivant son degré d'habitude éthérique. Elle se dissipe aussi beaucoup plus rapidement; d'où le retour fréquent au comptoir de l'épicier. Dans les premiers temps, ce sont les simples phénomènes de l'ivresse et d'une ivresse gaie que l'on observe; excitation rapide, exubérance de paroles vives, puis rapidement aussi l'inertie musculaire et le collapsus. Mais à la longue, l'éther amène en dehors des troubles dyspeptiques, de véritables actions maniaques. Les buveurs rient comme des fous, sont pris de convulsions épileptiformes et tombent dans un état de prostration nerveuse, qui est presque une caractéristique de cette intoxication et qui peut conduire vite à l'aliénation mentale. Les uns ont voulu attribuer les causes originelles de cette dangereuse habitude aux prédications du père Mathews sur les dangers de l'alcoolisme;

d'autres à des ordonnances médicales ; d'autres, enfin, aux ordonnances fiscales sur la distillation et la vente d'un produit bon marché comme l'éther méthylique. »

ETNA. — Le couvent du Grand-Saint-Bernard, construit à 2,474 mètres au-dessus du niveau de la mer, a passé, jusqu'à nos jours, pour le lieu habité le plus élevé de l'Europe ; mais il n'a plus droit à cette réputation. En 1881, les autorités municipales de Catane ont ordonné l'érection d'un observatoire astronomique sur le sommet du mont Etna, à 2,943 mètres au-dessus de la mer, c'est-à-dire à près de 500 mètres plus haut que le couvent du Saint-Bernard. Cet observatoire, de forme circulaire se compose de deux étages. En bas, se dresse un gros pilier sur lequel est posé le grand télescope à réfraction ; cet étage est divisé en salle à manger, cuisine et magasin. A l'étage supérieur, se trouvent trois chambres pour les astronomes et pour les touristes qui visitent l'établissement ; la toiture est formée d'une coupole mobile. Des balcons qui couronnent l'étage supérieur, la vue jouit d'une immense perspective ; le spectateur peut apercevoir plus de la moitié de l'île de Sicile, toute l'île de Malte, les îles Lipari et la province de Calabre sur le continent. L'observatoire est érigé sur un petit cône, qui serait capable, en cas d'éruption du volcan, de protéger complètement l'édifice contre les torrents de lave qui se précipitent toujours sur les flancs de la montagne.

ÉTOILE (Jeux). — Le matériel de ce jeu est une large étoile à huit grands rayons, peints de différentes couleurs, et huit balles de bois, peintes de couleurs qui correspondent à celles des rayons. Les rayons ne font pas corps avec l'étoile ; leur base est seulement glissée dans une rainure, de sorte qu'ils tombent au moindre choc. Cha-

L'étoile.

que joueur prend alternativement les huit balles et, se plaçant à une distance déterminée, il les jette, les unes après les autres, vers l'étoile. Si une de ses balles fait tomber un rayon de sa couleur, il compte deux points ; si elle fait tomber un rayon d'une couleur autre que la sienne, il ne compte au point. Toutes les fois qu'une balle ne touche ni rayon, ni étoile, le joueur perd deux points. Le premier joueur, ayant jeté ses huit balles, on relève les rayons tombés et on les remet en place ; le second joueur prend ses huit balles et imite l'exemple de son prédécesseur, et ainsi de suite, jusqu'à ce que l'un des joueurs ait atteint le nombre convenu. Il est prudent de placer derrière l'étoile un paravent ou un rideau.

ÉTRANGERS. — Le recensement de 1886 établit que le nombre des étrangers s'élève à 1,126,531, sur une population totale de 37,930,759 âmes. Soit 3 p. 100 environ. — En 1851, sur une population de 35,783,170 âmes, on n'en comptait que 380,831 ; leur nombre a donc triplé. — Ce sont les Italiens qui tiennent le premier rang : en 1886, on a recensé 264,568 Italiens sur notre sol. Les départements où l'on en compte le plus sont les suivants : Bouches-du-Rhône, 70,088 ou 12 p. 100 de la population totale ; les Alpes-Maritimes, 39,166 ; la Seine, 28,531 ; le Var, 23,103 ; la Corse, 16,087 ; le Rhône, 10,154 ; la Savoie, 8,101 ; l'Hérault, 5,187 ; l'Isère, 3,375. — Les Belges fixés en France, représentent un effectif de 482,261 âmes. Les départements où les Belges dominent sont : le Nord, 298,991, soit 18 p. 100 de la population totale ; la Seine, 57,649 ; les Ardennes, 32,871 ; le Pas-de-Calais, 18,545 ; l'Oise, 12,731 ; Seine-et-Oise,

9,903 ; l'Aisne, 9,313 ; la Marne, 6,137 ; la Meuse, 3,325. — Le nombre des Allemands recensés dépasse 100,000. Plus du tiers des Allemands résident dans le département de la Seine (35,718 dans la Seine, dont 30,229 à Paris) ; dans la Meurthe-et-Moselle, on en compte 20,683 ; dans les Vosges, 4,947 ; à Belfort, 4,807 ; dans la Marne, 3,345 ; en Seine-et-Oise, 2,650 ; dans la Gironde, 1,455 ; dans le Rhône, 1,360. — Le nombre des Hollandais et Luxembourgeois résidant en France est de 37,149, dont 19,227 habitent le département de la Seine. — Les Suisses sont au nombre de 78,584, dont 27,233 habitant Paris ; les autres résident dans le Doubs, le Rhône, Seine-et-Oise et dans les Bouches-du-Rhône. — Les Espagnols habitant la France sont au nombre de 79,550. Il y a, en plus, 1,292 Portugais. Ils résident presque tous dans les départements qui se rapprochent de leur pays, sauf 3,832 qui habitent Paris. — On compte 96,134 Anglais, dont 14,701 dans le département de la Seine. — Enfin, sur les 10,253 Américains du Nord et du Sud recensés, 6,915 habitent Paris et ses environs. — L'accroissement continuel du nombre des étrangers ayant inquiété le gouvernement français, le Président de la République a signé, le 2 octobre 1888, le décret suivant : «Article premier. Tout étranger non admis à domicile qui se proposera d'établir sa résidence en France devra, dans le délai de quinze jours, à partir de son arrivée, faire à la mairie de la commune où il voudra fixer cette résidence une déclaration énonçant : 1° ses nom et prénoms, ceux de ses père et mère ; 2° sa nationalité ; 3° le lieu et la date de sa naissance ; 4° le lieu de son dernier domicile ; 5° sa profession ou ses moyens d'existence ; 6° le nom, l'âge et la nationalité de sa femme et de ses enfants mineurs, lorsqu'il sera accompagné par eux. Il devra produire toutes pièces justificatives à l'appui de sa déclaration. S'il n'est pas porteur de ces pièces, le maire pourra, avec l'approbation du préfet du département, lui accorder un délai pour se les procurer ; le récépissé de sa déclaration sera délivré gratuitement à l'intéressé. — Art. 2. Les déclarations seront faites à Paris au préfet de police et, à Lyon, au préfet du Rhône. — Art. 3. En cas de changement de domicile, une nouvelle déclaration sera faite devant le maire de la commune où l'étranger aura fixé sa résidence. — Art. 4. Il est accordé aux étrangers résidant actuellement en France et non admis à domicile, un délai d'un mois pour se conformer aux prescriptions qui précèdent. — Art. 5. Les infractions aux formalités édictées par le présent décret seront punies des peines de simple police, sans préjudice du droit d'expulsion qui appartient au ministre de l'intérieur en vertu de la loi du 3 décembre 1849, article 7. — Art. 6. Le président du conseil, ministre de l'intérieur, est chargé de l'exécution du présent décret. — Législ. En vertu du décret du 2 octobre 1888, tout étranger non admis à domicile qui se propose d'établir sa résidence en France est tenu dans le délai de 15 jours, à partir de son arrivée, de faire à la mairie de la commune où il entend faire cette résidence une déclaration énonçant : 1° ses nom et prénoms et ceux de ses père et mère ; 2° sa nationalité ; 3° le lieu et la date de sa naissance ; 4° le lieu de son dernier domicile ; 5° sa profession ou ses moyens d'existence ; 6° le nom, l'âge et la nationalité de sa femme et de ses enfants mineurs, s'il est accompagné par eux. Il doit produire toutes les pièces justificatives nécessaires à l'appui de sa déclaration ; et, s'il n'est pas porteur desdites pièces, le maire peut, avec l'approbation du préfet, lui accorder un délai pour se les procurer. En cas de changement de résidence, une nouvelle déclaration doit être faite par l'étranger dans la commune où il s'est transporté. Les déclarations sont faites, à Paris,

au préfet de police, et à Lyon, au préfet du Rhône. — Les dispositions qui précèdent ne s'appliquent qu'aux étrangers qui font un séjour prolongé en France, et ne concernent pas les voyageurs de passage. Elles ont été jugées nécessaires à la suite du dénombrement de la population fait en 1886, et qui a constaté un accroissement rapide du nombre des étrangers séjournant en France. Ce nombre s'élevait alors à 1,126,531 individus, dont 214,930 habitant à Paris. La plus grande partie de ces étrangers ont leur résidence dans les départements frontières. (Voy. ci-après, les mots NATIONALITÉ et NATURALISATION.) — En ce qui concerne l'Algérie, où le nombre des étrangers est presque égal à celui des Français, un décret du 21 juin 1890 oblige tout étranger arrivant sur le territoire algérien, à faire, dans le délai de trois jours à partir de son arrivée, à la mairie de la commune où il doit séjourner, une déclaration semblable à celle qui est prescrite par le décret du 2 octobre 1888. Sont dispensés de cette formalité : les étrangers venant hiverner en Algérie et résidant notoirement chez des hôteliers ; ainsi que les étrangers musulmans arrivant par les frontières de terre et munis de permis réguliers. A l'égard des étrangers qui au moment de la promulgation du décret étaient fixés en Algérie, ceux qui y résidaient depuis moins de trois ans étaient seuls tenus à faire la même déclaration que celle imposée aux arrivants.   CH. Y.

ÉTUDIANTS. — A la fin de l'année scolaire 1890, le nombre des étudiants de toute espèce et de toute nationalité s'élevait à 16,587, dont 15,316 Français et 1,271 étrangers. En 1875, l'effectif était de 9,863 seulement. En quinze ans, le nombre des étudiants s'est donc accru de 6,600. Voici comment les 16,587 étudiants se répartissent entre les Facultés et Ecoles des divers ordres :

Faculté de médecine	5,842
Faculté de droit	4,570
Faculté des sciences	1,278
Faculté des lettres	1,834
Ecoles supérieures de pharmacie et de Facultés mixtes	1,590
Ecoles secondaires de médecine et de pharmacie	1,371
Faculté de théologie protestante	101

Dans les Facultés et Ecoles de Paris, il y a 8,653 étudiants, soit 52 p. 100 de l'effectif. Voici, au surplus, le détail pour les diverses Facultés de Paris :

Faculté de médecine	4,019
Faculté de droit	2,992
Faculté des sciences	442
Faculté des lettres	70
Faculté de théologie protestante	32
Ecole supérieure de pharmacie	1,098

Les 1,271 étudiants étrangers fréquentent pour la plupart les Facultés de Paris ; sur ce nombre, il y en a, en effet, 1,078 à Paris, soit 85 p. 100 environ. La statistique révèle qu'il y a : 989 Européens, dont 313 Russes ; 150 Roumains et 122 Turcs ; 201 Américains, dont 73 venant des Etats-Unis ; 68 Africains, dont 51 Egyptiens et 13 Mauriciens ; 12 Asiatiques ; 1 Australien. 907 suivent les Facultés de médecine, 240 les Facultés de droit, 58 les Facultés de sciences, 24 les Facultés des lettres, 39 les Ecoles de pharmacie ou les Facultés mixtes, 3 les Facultés de théologie protestante.

EUCRE (Jeux). — C'est une espèce d'écarté très populaire aux Etats-Unis. Deux, trois ou quatre personnes peuvent y prendre part. On se sert d'un jeu de piquet ordinaire ; la valeur des cartes est la même qu'à l'écarté, sauf que le valet d'atout et l'autre valet de la même couleur sont supérieurs à tous les atouts. Le valet d'atout se nomme bosquet de droite ; le valet de la même couleur est le bosquet de gauche. Si, par exemple, le pique est l'atout, les cartes se rangeront dans l'ordre suivant, pour la valeur respective : valet

de pique, valet de trèfle, as, roi, dame, etc de pique. Si les trèfles étaient l'atout, alors le valet de trèfle serait la plus forte carte et le valet de pique viendrait après. Les valets qui ne sont ni bosquets de droite ni bosquets de gauche, conservent la même valeur qu'à l'écarté. — EUCHRE A DEUX. On distribue d'abord 2 cartes, puis 3 cartes à chaque joueur; on tourne la onzième et elle désigne l'atout. On joue en cinq points. Si un joueur fait 3 levées, il gagne un point; il en gagne un seul, s'il fait 4 levées; mais il en compte deux, s'il fait la vole, comme à l'écarté. La distribution et la retourne faites, le premier à jouer commence par examiner son jeu, pour s'assurer si, d'après son estimation, il est assez fort pour compter, c'est-à-dire pour faire 2, 4 ou 5 plis. Quand il se croit assez fort, il dit : « Je commande ». Et l'adversaire a le droit d'écarter une de ses cartes pour la remplacer par la retourne. Dans le cas où il n'a pas l'espérance de faire le point, il dit : « Je passe ». Quand le premier joueur a commandé, il ouvre le jeu en abattant une carte; le donneur fait à son tour et la plus forte fait le pli. Si le donneur peut fournir de la couleur demandée, il est obligé de couper comme à l'écarté; il ne renonce que s'il ne peut faire autrement. Celui qui fait la levée joue ensuite le premier et l'on continue jusqu'à ce que les dix cartes soient abattues. Si l'on ou l'autre joueur joue d'autorité et ne fait pas au moins trois plis, il est euchré, c'est-à-dire que son adversaire compte deux points au lieu d'un, ou trois points au lieu de deux (en cas de vole). Pour bien expliquer ce qui précède, un exemple est nécessaire. Si le premier à jouer dit : « Je passe, » parce que son jeu ne lui semble pas assez fort, et si le donneur prend, comme c'est son droit de le faire, la retourne, et écarte une carte, ce dernier est euchré lorsqu'il ne marque pas. Si les deux joueurs passent, le premier peut faire l'échange de la carte d'atout qui se trouve à la retourne; et le donneur est forcé de jouer le premier; mais si le premier est euchré quand ce n'est pas lui qui marque. Quand les deux joueurs ont déclaré passer, si le premier ne fait pas l'échange, le donneur peut le faire, au risque d'être euchré; et alors l'adversaire dira au premier à jouer; c'est-à-dire que l'on peut passer deux fois. Le premier dit : « Je passe ». Le second, satisfait de son jeu, dit également : « Je passe ». Le premier peut jouer de suite après avoir fait l'échange, ou dire : « Je passe ». Et le donneur, qui a encore le droit de prendre la retourne, peut dire : « Je passe »; après quoi, le premier joue et nul ne risque d'être euchré. Le bosquet de gauche compte comme atout et prend tous les atouts, sauf le valet. — EUCHRE A TROIS. A ce jeu, on distribue 15 cartes (5 à chaque joueur); mais les règles sont identiquement les mêmes qu'à l'euchre à deux, il n'y a de différence que pour la tactique. Si l'un des joueurs a compté 4 points et les deux autres ont compté chacun 2 points, il est permis à ces deux derniers de s'entr'aider pour empêcher le premier de gagner. — EUCHRE A QUATRE. Dans cette partie, les joueurs se divisent en deux camps, et le parti vainqueur est celui dont les levées combinées arrivent à former la valeur de 5 points. Quand les quatre joueurs ont déclaré passer, le premier peut changer la carte d'atout; s'il ne le fait pas, le second peut le faire, puis le troisième et enfin le quatrième. Si le joueur qui a commandé ne fait pas le point, le parti adverse compte deux. Si un joueur possède un jeu extrêmement fort, il peut dire : « Je joue seul ». Sur quoi, son partenaire jette son jeu, et le solitaire joue contre deux. Alors s'il fait les cinq levées, il compte trois; s'il fait trois ou quatre levées, il marque un seulement; s'il ne fait pas trois levées, il est

euchré. Ce jeu subit quelquefois la modification suivante : on choisit une carte blanche, sur laquelle on écrit « Joker ». Cette carte compte ensuite comme la plus haute de l'atout, quelle que soit la couleur de celui-ci. Quand le joker se trouve être la carte de retourne, le donneur a le privilège de choisir l'atout dans n'importe quelle couleur.

EUDES (Désiré-Emile), général de la Commune de Paris, né à Roncey (Manche), en 1844, mort à Paris le 5 août 1888. Venu jeune à Paris pour y étudier la pharmacie, il ne tarda pas à adopter les doctrines de Blanqui et se fit connaître par ses hardiesses de plume dans le *Candide*, petite feuille littéraire qui fut supprimée pour s'être occupée de questions sociales, puis dans le *Libre-Pensée*, qui eut le même destin, et dans la *Pensée nouvelle* où ses articles lui valurent plusieurs mois de prison. Sa participation à l'échauffourée du 14 août 1870 contre la caserne des pompiers de la Villette, motiva sa condamnation à mort. Il devait être fusillé le matin du 4 septembre, au moment où l'on allait le conduire devant le peloton d'exécution, la Révolution éclata ; il fut mis en liberté le lendemain. Après la journée du 31 octobre, à laquelle il avait pris part, en envahissant l'Hôtel de Ville, il se cacha jusqu'à l'armistice, puis se réfugia à Bruxelles. Il revint à Paris en mars, peu de jours avant la proclamation de la Commune, dont il fut élu membre par 17,392 voix dans le XI° arrondissement, le 26 mars. Il ne tarda pas à être nommé (1er avril), avec Duval et Bergeret. Chargé, en cette qualité, de diriger les opérations militaires, il donna le grade de général, que le Comité central lui avait déjà conféré. Ses débuts furent malheureux. L'incapacité des délégués fut mise en relief par les difficultés de la situation. Ils lancèrent Flourens en avant sans troupes suffisantes et même sans artillerie (2 avril). Le lendemain, ils mirent en marche sur Versailles une armée de 75,000 hommes, divisée en trois corps, avec quelques pièces d'artillerie seulement et des projectiles qui n'étaient pas de calibre. La débandade de cette cohue fit présager le sort destiné à la Commune. Eudes, qui commandait au centre, tandis que Duval dirigeait l'aile gauche et Bergeret l'aile droite, attaqua vigoureusement le château de Meudon, et fut repoussé ; mais il ne perdit pas ses positions, s'y fortifia et le défendit avec bravoure. Remplacé aussitôt à la délégation de la guerre par le général Cluseret, qu'il ne tarda pas à accuser de trahison, Eudes conserva le grade de général et fut nommé, le 20 avril, inspecteur des forts du Sud ; il transféra ses quartiers de Montrouge au palais de la Légion d'honneur. Le 30 du même mois, il prit le commandement du fort d'Ivry, dont la situation paraissait désespérée, mais il dut bientôt évacuer cette place devenue intenable et les troupes de Versailles y entrèrent le 10 mai ; c'était un coup mortel porté à la Commune. Eudes, décidé à résister jusqu'à la mort, entra au Comité de Salut public, le 10 mai, et présida aux derniers efforts de la lutte. Quand l'écrasement de la Commune fut définitif, il abandonna l'Hôtel de Ville où le Comité de Salut public était en permanence, et se retira à la mairie du XI° arrondissement, le 24 mai ; puis il disparut et parvint à gagner l'Angleterre, pendant que sa jeune femme, tombée entre les mains des vainqueurs, était ignominieusement traînée devant un tribunal militaire de Versailles, après avoir subi mille outrages. Rentré en France après l'amnistie, il reprit la plume dans le journal *Ni Dieu ni Maître*, dirigé par Blanqui, se multiplia dans les réunions, et posa inutilement sa candidature à Charonne, lors des élections au conseil municipal de Paris. Aux élections législatives de 1885,

Rochefort l'ayant maintenu sur sa liste, en compagnie de Vaillant, il en résulta une séparation bruyante et définitive des groupes intransigeant révolutionnaire et radical de gouvernement. Le 3 décembre 1887, il se fit remarquer parmi les révolutionnaires qui menacèrent de prendre les armes et de proclamer la Commune si M. Jules Ferry était élu à la présidence de la République. Peu de temps après avoir fondé le journal *L'Homme-Libre*, il mourut d'une embolie, à la salle Favié, en pleine réunion publique, au moment où il commençait un discours en faveur des terrassiers grévistes. Ses obsèques, qui eurent lieu le 8, furent accompagnées de troubles.

EUOMPHALE, s. m. [eu-on-fa-le] (gr. en, bien ; omphalos, ombilic). Moll. Genre de gastéropodes fossiles, dont les nombreuses coquilles caractérisent les roches stratifiées que les géologues nomment paléozoïques. Ces coquilles sont aplaties, en forme de disque, enroulées en spirale oblique et profondément creusées sur un côté.

EUPHROSYNE, l'une des trois Grâces. Son nom signifiait *joie, gaîté*.

EURASIEN, IENNE, adj. (Contract. de *Europe* et *Asie*), qui appartient à la fois à l'Europe et à l'Asie. — PLAINE EURASIENNE, nom donné par les ethnologistes au grand plateau central de l'Europe et de l'Asie. — S. masculin dans l'Indoustan aux métis nés d'un Européen et d'une Asiatique.

EUTERPE, s. f. (nom d'une Muse). Bot. Genre de palmiers arécinés, dont les dix espèces connues sont indigènes des forêts de l'Amérique tropicale du Sud. Ces arbres, extrêmement gracieux, ont une tige élancée, cylindrique, élevée de 60 à 90 pieds de haut, surmontée d'une touffe de feuilles pennées, dont les folioles étroites, régulières et serrées les unes contre les autres, sont généralement pendantes. Les fruits présentent une couleur pourpre foncée ; ils ont une écorce fibreuse et charnue qui enveloppe une graine simple. C'est à ce genre qu'appartient le palmier *assaï* du Brésil, qui fournit aux habitants le breuvage nommé assaï. Une espèce d'euterpe se rencontre quelquefois dans nos serres, où elle atteint de 18 à 20 pieds de haut.

EVANS (Marian ou MARIE-ANNE), femme de lettres anglaise, connue sous le pseudonyme de George Eliot, née vers 1820, morte le 22 déc. 1880. Elle était fille d'un pauvre pasteur de campagne, mais elle reçut une brillante éducation, grâce à la générosité d'un riche ecclésiastique qui l'adopta toute jeune. Elle débuta dans la littérature par une traduction de la *Vie de Jésus* de Strauss, et continua par les *Scènes de la vie cléricale*, qui parurent d'abord dans le *Blackwood's Magazine*, en 1857, et sous forme de volume, l'année suivante. Son roman intitulé *Adam Bede* (1859) la classa parmi les écrivains de premier ordre ; c'est une peinture exacte et bien étudiée de la vie populaire anglaise. Ses principaux écrits furent ensuite : le *Moulin sur le Floss* (1860) ; *Silas Marner* (1861) ; *Romola* (1863) ; *Felix Holt, le Radical* (1866) ; *Middlemarch* (1871) ; *Daniel Deronda* (1876), et les *Impressions de Theophraste Such* (1879). Nous devons encore citer sa traduction de l'*Essence du Christianisme* de Feuerbach (1854). Ses œuvres poétiques comprennent : la *Gypsie espagnole* (1868), la *Légende de Jubal* (1874) et plusieurs autres poèmes. Pendant quelque temps elle collabora à la Revue de Westminster. Elle se maria deux fois : la première fois avec M. George-Henry Lewes, écrivain anglais d'un grand talent et, en 1878, avec M. J.-F. Cross.

ÉVAPORATION. Conversion en vapeur d'une substance, par l'action de la chaleur. Si on laisse, pendant quelque temps, un verre plein

d'eau dans une chambre chauffée, on s'apercevra que le liquide diminue et même disparaît entièrement. Elle se convertit graduellement en vapeur, qui se répand dans l'air de la chambre. La rapidité de l'évaporation dépend de la nature de la substance, de la chaleur, de la surface exposée, du degré de saturation de l'atmosphère ambiante. L'évaporation diffère de la distillation, en ce que la vapeur, dans le premier cas, n'est pas recueillie et condensée.

ÉVAPORATION. —Bot. Dégagement, à l'état de vapeur ou de gaz, de la sève contenue dans le tissu des plantes et notamment dans les feuilles.

ÉVENTAIL MAGIQUE (Jeux). De tous les petits jouets de papier, l'éventail magique est le plus ingénieux, et pourtant l'un des moins populaires, en raison de l'adresse exigée pour sa fabrication. On prend une feuille de papier difficile à déchirer, long de 60 centim. sur une largeur de 48 centim. Qu'il soit plus grand ou plus petit, ses proportions doivent rester les mêmes. Sur les bords, du côté de la largeur, on marque des points qui divisent

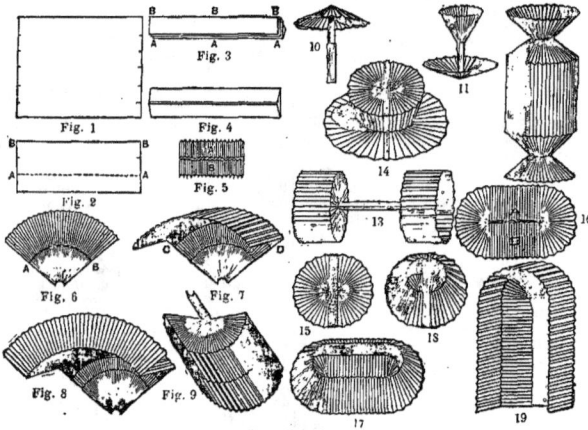

L'éventail magique.

le papier en 6 parties égales (fig. 1). En supposant qu'il ait 48 centim. de large, chaque division mesurera 8 centim. Ensuite on plie la feuille en deux, comme on le voit sur la fig. 2. On replie extérieurement la moitié supérieure, de façon que le pli se trouve comme on le voit en *AA* (même figure); on retourne le papier sens dessus dessous, afin de plier de la même manière l'autre moitié, et la feuille se trouve ensuite comme nous la représentons sur la fig. 3. Si nous l'examinons du côté AAA, nous voyons deux ouvertures entre les plis, tandis que du côté BBB il y a trois ouvertures. C'est de ce dernier côté que nous allons opérer. On passe la main dans l'ouverture du milieu et on rabat le papier à droite et à gauche, de manière qu'en le retournant on le voie comme dans la fig. 4. Ensuite, on le plisse d'un bout à l'autre, comme une ancienne fraise de collet, les plis se trouvant à 1 centim. les uns des autres; et, l'on a, sur une plus grande échelle, ce qui est représenté par notre fig. 5. L'éventail magique est terminé; il ne reste plus qu'à étudier la manière de lui faire produire sa merveilleuse diversité de formes. On prétend qu'on peut lui donner de 60 à 70 formes différentes. Nous nous contenterons d'indiquer les plus intéressantes. Établissons d'abord la règle qu'à chaque fois que l'on change la forme de

l'éventail, on doit serrer fortement le papier sur ses plis, afin qu'il en conserve l'empreinte bien marquée. Faute de cette précaution, le jouet ne peut plus être travaillé proprement. On lui conserve cette empreinte en le pressant par un mouvement des mains, assez semblable au mouvement que l'on fait en battant les cartes. Pour produire la première forme, on saisit le papier plissé (fig. 5) par en bas, avec les deux mains; on rapproche les deux extrémités du bas; et on étale, au contraire, la partie supérieure, pour avoir un éventail proprement dit (fig. 6). Pour obtenir la fig. 7, on passe les doigts en *a* entre les plis, et on les fait courir jusqu'en *b*, afin de relever le papier. Si l'on insère les doigts en *c*, dans le dernier pli supérieur, et qu'on les amène jusqu'en *d*, on aura une troisième forme, que l'on peut appeler éventail à double action (fig. 8). Pour transformer cet éventail en une pelle (fig. 9), on saisit le papier par la partie supérieure très serré, et le reste se développe de lui-même. Il faut maintenant ramener l'éventail à sa première forme (fig. 5), afin de travailler à obtenir la fig. 10. Après avoir bien rétabli les plis par la pression, on soulève la partie supérieure *a*, et l'on rassemble, au contraire, les plis inférieurs *b*, pendant que, d'une main, on arrange le dessus pour l'amener à former le chapeau du champignon. Renversons le papier de manière à placer en dessous le chapeau; relevons le pli qui se trouve maintenant en dessus, et nous aurons le verre à boire (fig. 11). Ouvrons tous les plis et faisons former un cylindre au papier, il prendra facilement la forme d'une lanterne chinoise (fig. 12). Prenons la lanterne par le milieu; comprimons les petits plis du centre, nous produirons l'aube de bateau à vapeur (fig. 13). Ouvrons de nouveau les petits plis et aplatissons les deux extrémités, nous donnerons au papier la forme d'un chapeau (fig. 14). Replions le papier pour le ramener à sa forme primitive d'éventail (fig. 5), pressons-le, et développons les deux extrémités : il représentera une cocarde (fig. 15). — Ouvrons les petits plis du milieu, la cocarde s'allongera et deviendra l'imitation d'une natte de table (fig. 16). — Relevons A et B de la natte et celle-ci se transformera en plat ou en plateau (fig. 17). En arrondissant cette dernière figure, on obtient l'encrier (fig. 18). En allongeant cet encrier et en le laissant ouvert par le bas, nous avons la guérite (fig. 19). On peut, par des

procédés analogues, amener le papier à représenter une cage d'escalier, un fauteuil, un sofa, un pot de fleurs, une épaulette, un bonnet plissé, etc.

EVENTÉ, ÉE adj. Arboric. Se dit d'un œil sur lequel on a établi la taille, et dont la coupe de rameau a été faite un peu au-dessus de l'insertion de cet œil, mais du côté opposé, de manière à le priver d'une partie de la sève qu'il devrait recevoir, si la coupe était faite au-dessus de son point d'insertion.

ÉVIDÉ, ÉE adj. Hortic. Se dit de l'écusson dont la base interne de l'œil a été arrachée.

EWALD (Heinrich-Georg-August von), orientaliste et théologien allemand, né à Gœttingen (Hanovre) le 16 nov. 1803, mort le 4 mai 1875. Il fut successivement professeur aux universités de Tübingen et de Gœttingen. Il a laissé de nombreux ouvrages relatifs à la Bible, aux Évangiles et à la langue hébraïque.

EXALBUMINÉ, ÉE adj. [èg-zal-bu-mi-né] (préf. *ex;* franc. *albumine*). Bot. Se dit d'une graine qui n'a pas d'albumen.

EXALGINE s. f. [ég-zal-ji-ne] (gr. *ex,* hors; *algos,* douleur). Composé chimique qui répond à la formule C⁹ H¹¹ Az O, et que l'on emploie, à petite dose, pour insensibiliser la douleur.

EXEMPLI GRATIA, loc. lat. qui signifie : *pour l'exemple.* On écrit, quelquefois, par abréviation, *Ex. gr., E. g.*

EXIT : Exeunt, [ég-zitt ; ég-zéontt], mots lat. que l'on emploie quelquefois dans le manuscrit et dans l'impression des pièces de théâtre, pour dire : *il sort, ils sortent,* quand l'auteur veut indiquer que l'acteur ou les acteurs doivent quitter la scène.

EXOSTOSE s. f. Bot. Excroissance ligneuse qui se forme sur le tronc ou sur les racines des arbres.

EX PARTE [èkss-par-té], loc. lat. qui signifie : *sur une partie.*

EXPOSITION. — Le succès de l'*Exposition universelle* de 1889 a dépassé toutes les espérances. — Dès le mois de juin 1883, un petit groupe de députés entretint le gouvernement d'un projet d'exposition *nationale.* L'idée fut ensuite élargie, et l'on pensa que le centenaire de 1789 offrirait l'occasion d'une grande exposition *universelle,* à laquelle tous les peuples seraient conviés. En 1884, M. Jules Ferry, président du conseil, fit une grande distinction entre les principes de 1789 et ceux de 1793. Il crut que les gouvernements monarchiques de l'Europe feraient la même différence entre deux dates, dont l'une fut la conséquence de l'autre; et le 8 novembre 1884, le président de la République, M. Jules Grévy, signa un décret portant que l'Exposition universelle s'ouvrirait à Paris, le 5 mai 1889 et serait close le 31 octobre suivant. Mais les rois, qui n'ont jamais été opportunistes et n'ont jamais capitulé avec la Révolution, refusèrent, à l'unanimité, de s'associer à une manifestation qui éveillait le souvenir du cauchemar de leurs ancêtres. En réponse à l'invitation de M. Berger, directeur général de l'Exposition, presque tous les gouvernements monarchiques de l'univers (sauf quelques petits royaumes nègres de l'Afrique), refusèrent de se faire représenter officiellement. Pour échapper au ridicule, ils laissèrent établir dans leurs États des commissions exécutives chargées de s'occuper du détail de l'organisation pour les exposants de leurs nationalités ; car on n'osa pas aller jusqu'à défendre aux sujets des rois de venir à Paris. Le caractère universel de l'Exposition resta donc indiscuté ; et l'univers entier put y être représenté, sauf les têtes couronnées. Ce fut, en réalité, le triomphe de la Révolution, et l'abdication des rancunes monarchiques. Tous les peuples se donnèrent

la main, dans une étreinte pacifique et l'on n'aperçut que dans le lointain, derrière nos frontières, le spectre de la monarchie et de la guerre. — L'Exposition de 1889 occupa un espace beaucoup plus considérable que les précédentes. Ses bâtiments et ses jardins ne couvrirent pas moins de 843,530 mètres carrés. La somme totale des dépenses fut arrêtée à 43 millions, dont 18 millions fournis par la société de garantie, le reste par l'Etat et par la Ville de Paris. — L'Exposition était divisée en quatre parties : le Trocadéro, le Champ-de-Mars, les Annexes des quais et l'Esplanade des Invalides. — 1° Le jardin du *Trocadéro*, rempli de plantes exotiques, renfermait les pavillons des Eaux-et-Forêts et des Travaux publics. On avait installé dans le palais un musée rétrospectif de céramique, d'émaillerie, de sculpture, d'orfèvrerie, etc. ; dans le jardin, une exposition d'horticulture, un parc d'horticulture japonaise, où l'on admirait l'art avec lequel les jardiniers de l'Extrême-Orient savent rabougrir la nature et maintiennent dans des proportions lilliputiennes des essences ordinairement colossales.

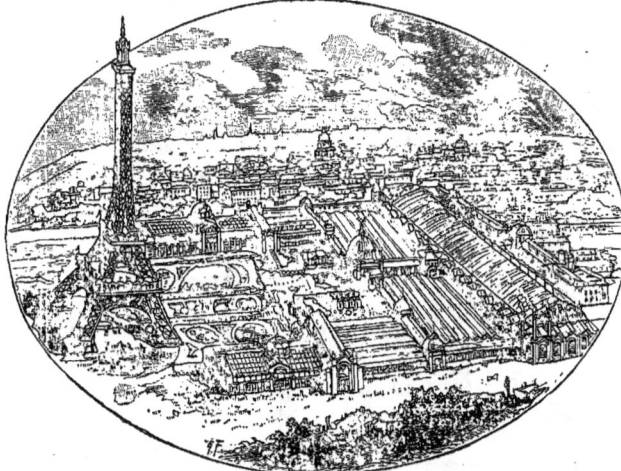

Exposition de 1889. — Vue du Champ-de-Mars, à vol d'oiseau.

Dans le parc, on visitait le palais du Maïs, l'exposition d'aviculture et l'aquarium. — 2° Le *Champ-de-Mars*, partie principale de l'Exposition, renfermait un ensemble grandiose de vastes constructions. Sur la berge, de chaque côté du pont d'Iéna, s'élevaient à droite : les annexes de la mécanique générale, les machines élévatoires, les bâtiments de la société centrale d'électricité ; ceux de l'industrie du pétrole ; à gauche : un autre bâtiment de l'industrie du pétrole, l'exposition de navigation et de sauvetage et le Panorama de la Compagnie transatlantique, vaste construction dans laquelle les visiteurs avaient l'illusion d'un voyage du Havre à Saint-Nazaire, à New-York, à Marseille, à Alger. — Un peu plus loin, et parallèlement au cours de la Seine, on rencontrait l'histoire rétrospective de l'habitation, depuis l'époque des Troglodytes jusqu'au moyen âge et à la Renaissance. Au delà, à droite, les pavillons de Suez, de Panama, de la République Argentine et du Mexique ; à gauche ceux de la manufacture des tabacs, de la Finlande et de la taillerie de diamants. Immédiatement après, on se trouvait entre les quatre piliers gigantesques de la tour Eiffel (voy. EIFFEL, dans ce *Supplément*), entre lesquels on remarquait la Fon-

taine *des Nations*, formée de 5 figures représentant les parties du monde ; au centre, sur un globe, la Nuit cherchait vainement à retenir le Génie de la lumière. En face de la tour, s'étendaient de magnifiques pelouses terminées par un lac, d'où jaillissaient des fontaines lumineuses. — A gauche, le palais des beaux-arts renfermait l'exposition décennale des artistes français, l'exposition centenale des artistes français et une exposition des artistes étrangers. — En face de ce palais se trouvait celui des arts libéraux, contenant seize sections. — Entre le palais des beaux-arts et celui des arts libéraux étaient installés les deux pavillons de l'exposition de Paris, l'un consacré aux services des travaux urbains (architecture, pavage, logements, plans, etc.); l'autre renfermant l'exposition municipale des beaux-arts, l'exposition de l'Observatoire de Montsouris, etc. — Le palais central, devant lequel on arrivait ensuite, une magnifique construction, dans laquelle on pénètre, soit sous un dôme de 65 mètres de haut et de 30 mètres de diamètre, soit sous deux pavillons latéraux. Sur le sommet de l'édifice se dresse une élégante statue de la France distribuant des couronnes. Dans l'intérieur de la coupole étaient exposées des tapisseries de haute lice, provenant des Gobelins. Au delà, s'ouvrait une longue galerie, large de 30 mètres et conduisant au palais des machines. Dans cette galerie, on remarquait des collections de meubles, de tentures, d'étoffes de luxe, une pyramide de cuivre, une statue équestre d'Etienne Marcel, etc. Dans le palais central et dans ses deux ailes, on rencontrait les expositions de la plupart des nations étrangères. Etaient représentés à titre officiel : la Grèce, la Norvège, la Serbie, la Suisse, le Luxembourg, la république de Saint-Marin, la principauté de Monaco, le Maroc, la République Sud-Africaine, la Perse, le Japon, le royaume de Siam, les Etats-Unis du Nord de l'Amérique, le Mexique, Haïti, la République Argentine, la Bolivie, le Chili, la Colombie, l'Equateur, le Guatémala, le Nicaragua, le Paraguay, Saint-Domingue, le Salvador, l'Uruguay et le Vénézuéla. N'étaient représentés qu'à titre privé : l'Autriche-Hongrie, la Belgique, la Grande-Bretagne, le Danemark, les Pays-Bas, la Russie, l'Italie, la Roumanie, l'Espagne, le Portugal, l'Egypte, le Brésil, etc. — A la suite des expositions étrangères, on arri-

vait aux sections françaises, et enfin à l'admirable palais des machines, merveille élevée, comme la tour Eiffel, à la glorification du fer. C'est le chef-d'œuvre de la construction métallurgique et de l'art de l'ingénieur. — L'immense vaisseau, d'une grandeur incomparable, ne mesure pas moins de 420 mètres de long sur 115 de large. Il est composé de 20 fermes métalliques d'une portée et d'une hauteur de 43m,50 à la clef. Les fermes sont d'une forme nouvelle et hardie ; et toutes les parties de l'édifice conservent entre elles une harmonie telle que l'œil n'est pas effrayé par les gigantesques dimensions de l'ossature métallique. La superficie totale du palais est de 48,300 mètres carrés, c'est-à-dire de près de 5 hectares. Une petite partie de la toiture a été plafonnée ; le reste est vitré. Les constructeurs de cette salle, la plus vaste du monde, sont MM. Dutert et Contamin. Dans la galerie des machines étaient exposées toutes les merveilles de la mécanique contemporaine. L'esprit restait stupéfié devant ce monde prodigieux d'engins les plus divers, d'outils, d'appareils, de métiers, mus par la vapeur ou par l'électricité. Dans deux galeries souterraines, on avait installé la canalisation des eaux et de la vapeur. —Au-dessus des machines, à la hauteur du premier étage, circulaient deux ponts roulants de 18 mètres de portée, pouvant recevoir 120 personnes à la fois. Quatre ascenseurs montaient au premier étage. — En dehors de la galerie, du côté de l'avenue de Suffren, se trouvait l'exposition du matériel roulant (locomotives et wagons). Derrière le palais, étaient les générateurs à vapeur. Le Champ-de-Mars contenait plusieurs autres constructions intéressantes à visiter. Du côté de l'avenue de Suffren, le pavillon de Suez et de Panama, le palais de la mer, renfermant des bateaux mécaniques ; le palais des enfants, théâtre enfantin de marionnettes, de pantomimes, de chant, etc. ; le palais de la Grande-Bretagne (pour la pratique des jeux et des amusements anglais) ; le pavillon du globe terrestre, exposition au dix-millionième de la terre ; le pavillon de Lota, consacré aux mines du Pérou ; les bazars marocains, la fameuse rue du Caire, que nul n'aurait voulu se dispenser de visiter — Du côté de l'avenue de La Bourdonnaie, se trouvaient : le pavillon Goldenberg (outils en fer pour les industries de MM. Goldenberg, de Saverne); les expositions de la Société des Asphaltes, des Forges de Saint-Denis, de la Tuilerie de Montchanin, de l'Union céramique et chauffournière, des dentelles de Dillemont, des forges du Nord, le pavillon Edison, l'élégant pavillon de la presse, le pavillon des aquarellistes, celui des pastellistes, celui de la Régie ottomane des tabacs, le pavillon Destel, le théâtre des Folies-Parisiennes, la taillerie des diamants Boas, la tuilerie Brault, l'Isba russe, le chalet suédois, la Société du gaz, la manufacture des tabacs, le chalet finlandais et les pavillons de la Ménagère, de la marbrerie Daval, Eiffel, Norvégien, Humphrey, etc. — Du côté de l'avenue de La Motte-Piquet, on trouvait deux restaurants de la maison Duval et les générateurs de la force motrice nécessaire aux machines. — 3° Les *Annexes des quais* commençaient près du pont d'Iéna et finissaient à l'Esplanade des Invalides, sur une longueur d'environ un kilomètre et demi. Elles comprenaient les expositions de l'agriculture et des produits alimentaires, le matériel agricole et viticole, les produits farineux, la boulangerie, la pâtisserie, les viandes, poissons, légumes, les fruits, les sucres, les boissons fermentées, les vins, les eaux-de-vie, les bières, les liqueurs, etc. On admirait, dans cette classe, plusieurs tonneaux énormes, dont l'un pouvait contenir la valeur de 200,000 bouteilles. On passait ensuite dans l'écurie modèle, la czarda hongroise, le palais portugais, les

galeries consacrées au matériel des exploitations rurales et forestières, aux produits agricoles, etc. On franchissait la place de l'Alma par une passerelle, et l'on arrivait à la machinerie agricole en mouvement, aux produits agricoles, aux insectes nuisibles et utiles, au palais espagnol, et aux différentes expositions agricoles des pays étrangers. Une deuxième passerelle, franchissant le boulevard de La Tour-Maubourg, conduisait à une laiterie anglaise, à une boulangerie hollandaise et à la beurrerie suédoise; ensuite venait l'original pavillon des Boërs, renfermant des minerais, des pépites d'or et d'argent, des fourrures, des plumes, etc. — 4° L'exposition de l'*Esplanade des Invalides*, quoique beaucoup moins vaste que celle du Champ-de-Mars, était peut-être plus animée, parce qu'elle renfermait des palais bien dignes d'attirer la foule. Du côté droit, en montant, se trouvaient d'abord les pavillons des postes et télégraphes, celui de l'aérostation et les modèles des poudreries; ensuite le palais du ministère de la guerre, long de 150 mètres sur 23 mètres de largeur et pou-

tant trop étroit pour contenir la multitude des visiteurs. Ce n'étaient partout que canons, fusils, obus, engins de toute sorte, armes offensives et défensives de tous les temps, souvenirs militaires, portraits de guerriers illustres, mannequins représentant des soldats d'aujourd'hui et d'autrefois, des cavaliers, des fantassins, des groupes d'officiers, de sous-officiers, de soldats, etc. — L'exposition d'hygiène comprenait un bâtiment central et des annexes; celle de l'économie sociale était relative aux principales applications des lois de l'économie sociale. On trouvait encore, du même côté, les pavillons des eaux minérales, de la Vieille-Montagne, de la Société de Participation aux bénéfices de la compagnie d'assurances l'*Urbaine*, de la maison Leclaire, des cercles ouvriers, etc. — Du côté droit en descendant, le panorama de Tout-Paris représentait un certain nombre de personnalités politiques, littéraires ou artistiques. L'exposition coloniale renfermait de bizarres installations exotiques, des villages de peuplades non européennes : kampong Javanais, pagode d'Angkor, théâtre annamite, village cochinchinois,

pavillon de la Cochinchine, palais central des colonies, pavillon de l'Annam et du Tonkin, pagode de Villenour, pavillon de Madagascar, village néo-calédonien, village pabouin, village afourou, village sénégalais; exposition de Tunisie; superbe palais algérien; maisons kabyles, tentes des Touaregs, etc. — Le Champ-de-Mars et l'Esplanade des Invalides étaient réunis par un chemin de fer Decauville. — La fermeture de l'Exposition eut lieu le 6 novembre; le nombre total des visiteurs payants avait été de 28 millions. — Indépendamment des centaines de mille personnes qui avaient trouvé un asile chez des parents ou des amis, la statistique fournie à la police par les hôtels meublés, montra que plus de cinq millions de provinciaux avaient visité Paris pendant la période de l'Exposition. En calculant que chacun avait dépensé une moyenne de 100 francs, le total de l'argent apporté dans la capitale par les habitants des départements ne fut pas inférieur à 500 millions de francs. De plus, un million et demi d'étrangers visitèrent l'Exposition et dépensèrent en moyenne 500 francs chacun, ou un total de 750 millions. Le total général des sommes dépensées à Paris par les visiteurs a donc été de 1 milliard 250 millions de francs. La statistique de la police montre que, parmi les étrangers, il y avait environ 225,400 Belges; 380,000 Anglais; 160,000 Allemands; 52,000 Suisses; 56,000 Espagnols; 38,000 Italiens; 7,000 Russes; 2,500 Suédois et Norvégiens; 50,000 Grecs, Roumains et Turcs; 32.000 Autrichiens; 3,500 Portugais; 8,250 Asiatiques; 12,000 Africains (en majorité Algériens); 90,000 Américains des États-Unis du Nord; 25,000 Américains du Sud; 3,000 Océaniens, etc. — Sur 60,000 exposants, 903 ont gagné des grands prix; 5,153 des médailles d'or; 9,690 des médailles d'argent; 9,323 des médailles de bronze et 8,070 des mentions honorables. Total : 33,139 récompenses.

TABLEAU DES GRANDES EXPOSITIONS UNIVERSELLES, DEPUIS 1851.

VILLES	ANNÉES	NOMBRE D'EXPOSANTS	NOMBRE DE VISITEURS	DURÉE DE L'OUVERTURE	RECETTES D'ENTRÉES
Londres............	1851	13.937	6.039.195	141 jours. 1er Mai — 11 Octobre.	11.000.000
Paris..............	1855	20.839	5.162.330	200 jours. 15 Mai — 30 Novembre.	3.300.000
Londres............	1862	»	6.211.103	171 jours. 1er Mai — 15 Novembre.	12.000.000
Dublin.............	1865	»	900.000	6 mois.	»
Paris............ »	1867	50.226	8.805.959	217 jours. 1er Avril — 3 Novembre.	10.000.000
Londres............	1871	»	1.142.154		1.700.000
Vienne............	1873	environ 50.000	6.740.500	186 jours. 1er Mai — 2 Novembre.	6.000.000
Philadelphie.......	1876	»	10.164.489	159 jours. 10 Mai — 10 Novembre.	17.000.000
Paris..............	1878	53.000	16.032.725	194 jours.	15.000.000
Sydney............	1879	9.345	1.117.536	Septembre à Avril.	1.000.000
Melbourne.........	1880	»	1.330.279	1er Oct. 1880 au 30 Avril 1881.	700.000
Adelaide..........	1887	»	789.672	172 jours. 21 Juin 1887 — 7 Janv. 1888.	1.500.000
Pêcheries (Londres).....	1883	environ 3.000	2.703.051	147 jours. 14 Mai — 31 Octobre.	2.000.000
Hygiène (Londres).......	1884	»	4.153.390	151 jours. 8 Mai — 30 Octobre.	1.900.000
Inventions (Londres).......	1885	»	3.760.581	163 jours.	5.000.000
Coloniale et Indienne (Londres)....	1886	»	5.550.745	164 jours. 4 Mai — 10 Octobre.	1.300.000 «
Edinburgh.........	1886	»	2.769.632	»	»
Liverpool.........	1886	»	2.568.118	»	»
Newcastle-on-Tyne..	1887	»	2.002.273	»	»
Manchester........	1887	»	4.765.137	»	»
Glasgow...........	1888	environ 60.000	5.748.379	161 jours. 8 Mai — 10 Novembre.	3.000.000
Paris..............	1889	»	28.000.000	185 jours. 6 Mai — 6 Novembre.	30.000.000
Edinburgh.........	1890	»	2.414.129		1.000.000

EX POST FACTO, loc. lat. qui signifie : *fait après autre chose.* Une loi *ex post facto* est celle qui rend un acte responsable de conséquences dont il ne semblait pas responsable au temps où il fut commis.

EX TEMPORE, loc. lat. Sans préparation.

EXTRA-AXILLAIRE adj. Bot. Se dit d'un bourgeon ou d'une inflorescence placée en dehors de l'aisselle de la feuille.

EXTRORSE adj. [ek-stror-se] (lat. *extrorsum,* en dehors). Bot. Se dit de l'anthère dont les loges s'ouvrent en dehors, c'est-à-dire du côté des pétales, par opposition à *introrse.*

F

FACH

FABRICIEN, IENNE adj. Qui concerne les fabriques des paroisses : *administration fabricienne.*

FABULOSITÉ s. f. (lat. *fabulositas,* fiction). Néol. Caractère fabuleux.

FACHES, commune du cant. et à 6 kil. de Lille (Nord); 800 hab.

FACT

FACIENDAIRE s. m. [fa-si-an-dè-re]. Celui qui joue un rôle actif dans une facienda.

FACILITATION s. f. Action de faciliter.

FAC-SIMILER v. a. [fak-si-mi-lé]. Reproduire à l'aide du fac-similé.

FACTICEMENT adv. D'une manière factice.

FACU

FACTIEUSEMENT adv. D'une manière factieuse.

FACULTÉ. — Législ. Deux décrets, en date du 25 juillet 1885, ont fait progresser sensiblement la transformation des *facultés universitaires.* Leur personnalité civile était déjà reconnue par les lois, mais la gestion de leur patrimoine a été réglementée par les décrets

précités. Chaque faculté peut posséder des immeubles, des revenus propres, et recevoir directement des dons et legs, ainsi que des subventions. Un décret du 28 décembre 1885, faisant suite aux précédents, organise les trois conseils ou assemblées dont nous allons parler. Le conseil général des facultés, déjà institué par l'un des décrets du 25 juillet 1885, au chef-lieu de chaque académie, comprend : le recteur, président, les doyens des diverses facultés, le directeur de l'école de plein exercice ou préparatoire de médecine et de pharmacie, deux délégués de chaque faculté, élus pour trois ans par l'assemblée de la faculté parmi les professeurs titulaires, et un délégué de l'école de médecine et de pharmacie, élu dans les mêmes conditions. Le conseil de la faculté se compose des professeurs. L'assemblée de la faculté comprend en outre les agrégés chargés d'un enseignement rétribué sur les fonds du budget, ainsi que les chargés de cours et maîtres de conférences pourvus du grade de docteur. « Celle-ci, dit M. Liard, c'est l'assemblée de la faculté : elle comprend tous ceux qui, sous un titre ou sous un autre, prennent part à l'enseignement. L'autre est le conseil de la faculté : il se compose exclusivement des professeurs titulaires et des professeurs adjoints. L'assemblée, c'est la faculté enseignante, la faculté savante. Le conseil, c'est l'établissement public, la personne morale : aussi ne comprend-il que les éléments fixes et permanents de la faculté. Assemblée et conseil ont des attributions différentes. A l'assemblée, tout ce qui regarde l'enseignement et la science; au conseil, tout ce qui se rapporte aux intérêts matériels et moraux du corps constitué. L'assemblée délibère sur toutes les questions d'enseignement. Chaque année, elle arrête les programmes des cours et distribue les enseignements. Les attributions du conseil sont plus complexes. Il délibère sur l'acceptation des dons et legs, sur l'emploi des revenus et subventions, sur le budget ordinaire de la faculté, sur les comptes administratifs du doyen, sur le maintien, la suppression ou la transformation des chaires vacantes; il présente aux chaires dont la vacance a été déclarée; il fait les règlements destinés à assurer l'assiduité des étudiants; il règle les conditions des concours entre les étudiants de la faculté; enfin, il statue sur les affaires de la scolarité. Assemblée et conseil font leurs règlements intérieurs et se réunissent soit sur la convocation du doyen, soit sur la demande du tiers de leurs membres.» (Revue des Deux-Mondes; 15 février 1890.) Ajoutons quelques renseignements sur les attributions du conseil général des facultés, dont nous avons donné plus haut la composition. En matière d'enseignement, le conseil général est chargé de veiller au maintien des règlements d'études et d'établir la coordination nécessaire entre les cours des différentes facultés. Il délibère sur les projets de budgets présentés par chaque faculté où école, sur les comptes administratifs des doyens ou directeurs. Il exerce, en ce qui concerne les étudiants, les attributions disciplinaires précédemment conférées aux facultés elles-mêmes. Il adresse, chaque année, au ministre un rapport sur la situation des établissements d'enseignement supérieur et sur les améliorations qui peuvent y être introduites. Le doyen de chaque faculté est nommé pour trois ans, par le ministre, parmi les professeurs titulaires, sur une double liste de deux candidats, dont l'une est présentée par l'assemblée générale de la faculté et l'autre par le conseil général des facultés. — La loi de finances du 26 février 1887 a rétabli les droits d'inscription que la loi du 18 mars 1880 avait supprimés. Les étudiants inscrits dans les facultés et dans les établissements d'enseignement supérieur de l'Etat sont donc soumis à un droit d'inscription de 30 fr. par trimestre. Sont dispensés de ce droit, les boursiers, les maîtres répétiteurs et maîtres d'études des établissements publics d'enseignement secondaire. Peuvent, en outre, en être dispensés, un dixième des étudiants astreints au droit d'inscription dans chaque faculté ou établissement. Ces dernières dispenses sont accordées pour une année scolaire et peuvent être renouvelées (décret et arr. min. du 30 mars 1887). La dispense des droits d'inscription est étendue, en vertu de la loi de finances du 30 mars 1888, à tous les fonctionnaires des établissements d'enseignement secondaire, ainsi qu'aux élèves de l'école normale d'enseignement secondaire spécial et aux fonctionnaires de l'enseignement primaire. Tous ces fonctionnaires de l'université profitent aussi de la dispense des droits de bibliothèque, d'examen, de certificat d'aptitude et diplôme afférents aux grades de licencié ès lettres ou ès sciences. Enfin, les associations d'étudiants des facultés de l'Etat sont, sous certaines conditions, dispensées de la taxe à laquelle les cercles sont assujettis (voy., plus haut, CERCLE). — Les facultés de théologie catholique ont cessé de faire partie de l'Université. Les traitements des professeurs ont été supprimés, par prétérition, au budget de 1886. Cette suppression est très justifiée, puisque l'Église romaine refuse de reconnaître les grades conférés par les facultés françaises, et c'est là une nouvelle étape dans la voie qui mène à la séparation définitive des Eglises et de l'Etat. — Nous ferons connaître plus loin la proposition de loi élaborée par le Gouvernement et tendant à la reconstitution en France de plusieurs centres d'enseignement supérieur, sous le nom d'Universités (voy. ce mot). — Il peut être utile de connaître quel est le nombre des étudiants inscrits dans les facultés de l'Université de France; ce renseignement présente un certain intérêt, au moment où il est question de reconstituer des universités provinciales. Le nombre total des étudiants, relevé au 15 avril 1890, s'élève à 16,391, dont 15,120 français et 1,271 étrangers. Ces étudiants français se subdivisent en 14,980 étudiants et 140 étudiantes; les étrangers, en 1,122 hommes et 149 femmes. Les 16,391 étudiants, des deux sexes et de toute nationalité, se répartissent ainsi entre les Facultés et les Ecoles des divers ordres : Faculté de médecine (doctorat et officiat), 5,649; Faculté de droit (licence et doctorat), 4,502; Faculté des sciences (licence et agrégation), 1,299; Faculté des lettres (licence et agrégation), 1,876; écoles supérieures et Facultés mixtes de pharmacie (pharmaciens de 1re et 2e classes), 1,533; Ecoles de plein exercice et Ecoles préparatoires de médecine et de pharmacie (docteurs, officiers de santé, pharmaciens de 1re et 2e classes), 1,385; théologie protestante, 96. 8,527 étudiants et étudiantes, c'est-à-dire environ les 52/100e du nombre des étudiants inscrits, suivent les cours des Facultés de Paris : 4,235 à la Faculté de médecine, 2,005 à la Faculté de droit, 462 à la Faculté des sciences, 744 à la Faculté des lettres, 1,052 à l'Ecole supérieure de pharmacie, 29 à la Faculté de théologie protestante. Voici, classées d'après le nombre de leurs étudiants, la liste des villes qui possèdent des Facultés ou des Ecoles supérieures : 1° Bordeaux (Faculté mixte de médecine et de pharmacie, Facultés de droit, des sciences et des lettres) : 1,024 étudiants; 2° Lyon (Faculté mixte de médecine et de pharmacie, Facultés de droit, des sciences, des lettres) : 998 étudiants; 3° Toulouse (Facultés des sciences, des lettres, de droit, Ecole de plein exercice de médecine et de pharmacie) : 960 étudiants; 4° Montpellier (Facultés de médecine, de droit, des sciences, des lettres, Ecole supérieure de pharmacie) : 756 étudiants; 5° Lille (Faculté mixte de médecine et de pharmacie, Facultés de droit, des sciences, des lettres) : 636 étudiants; 6° Caen (Facultés de droit, des sciences, des lettres), Ecole de plein exercice de médecine et de pharmacie) : 387 étudiants; 7° Nancy (Facultés de médecine de droit, des sciences, des lettres, Ecole supérieure de pharmacie) : 376 étudiants; 8° Rennes (Facultés de droit, des sciences, des lettres, Ecole de plein exercice de médecine et de pharmacie) : 365 étudiants; 9° Poitiers (Facultés de droit, des sciences, des lettres, Ecole de plein exercice de médecine et de pharmacie) : 282 étudiants; 10° Alger (Facultés de droit, des sciences, des lettres, Ecole de plein exercice de médecine et de pharmacie) : 281 étudiants; 11° Grenoble (Facultés de droit, des sciences, des lettres, Ecole de plein exercice de médecine et de pharmacie) : 235 étudiants; 12° Aix (Facultés de droit et des lettres) : 208 étudiants ; 13° Marseille (Faculté des sciences, Ecole de plein exercice de médecine et de pharmacie) : 205 étudiants; 14° Dijon (Facultés de droit, des sciences, des lettres, Ecole de plein exercice de médecine et de pharmacie) : 200 étudiants; 15° Besançon (Facultés des sciences et des lettres, Ecole de plein exercice de médecine et de pharmacie) : 180 étudiants; 16° Clermont (Faculté des sciences, des lettres, Ecole de plein exercice de médecine et de pharmacie) : 137 étudiants. Viennent ensuite les villes ne possédant qu'une Ecole de plein exercice ou une Ecole préparatoire de médecine ou de pharmacie: Nantes, 145 étudiants; Amiens, 114; Angers 82 ; Limoges, 70 ; Rouen, 68 ; Tours, 53 ; Reims, 44 ; et Montauban qui possède seulement une Faculté de théologie protestante dont les cours sont suivis par 67 étudiants. Voici comment se répartissent les 1,271 étudiants et étudiantes étrangers : 1,078, c'est-à-dire 85 p. 100 suivent les cours des Facultés de Paris, 67 suivent ceux des Facultés de Montpellier ; le reste, c'est-à-dire 126, se partage entre les Facultés des autres villes de province. Parmi ces étudiants, 907 sont inscrits dans les Facultés de médecine, 240 dans les Facultés de droit, 58 dans les Facultés des sciences, 24 dans les Facultés des lettres, 21 dans les Ecoles supérieures de pharmacie et les Facultés mixtes, 12 dans les Ecoles de plein exercice et les Ecoles préparatoires, 4 dans les Facultés de théologie protestante. Voici, en outre, à quelles nationalités appartiennent ces 1,271 étrangers et étrangères : 989 sont Européens; l'Allemagne en fournit 21, l'Angleterre 71, l'Autriche 10, la Belgique 17, la Bulgarie 34, l'Espagne 45, la Grèce 55, la Hollande 8, la Hongrie 1, l'Italie 21, le Luxembourg 1, Monaco 2, la Norvège 3, le Portugal 19, la Roumanie 159, la Russie 313, la Serbie 33, la Suède 3, la Suisse 44, la Turquie 122. 12 sont Asiatiques : Annam 1, Chypre 2, Indes anglaises 1, Japon 4, Perse 2, Syrie 2. 68 sont Africains : Egypte 51, Madagascar 1, Ile Maurice 13, Tunisie 3. 201 sont Américains : Brésil 11, Bolivie 1, Chili 3, Colombie 1, Cuba 2, Etats-Unis 173, Haïti 4, Mexique 1, République Argentine, 5. Un seul est Océanien. Les 140 étudiantes françaises sont inscrites : 1 à la Faculté de droit de Paris; 20 aux Facultés de médecine, dont 18 à Paris ; 15 aux Facultés des sciences, dont 6 à Paris et 5 à Grenoble ; 100 aux Facultés de lettres, dont 31 à Paris, 33 à Lille, 12 à Lyon, 7 à Bordeaux, 6 à Besançon et 4 aux Ecoles de plein exercice ou aux Ecoles préparatoires de médecine et de pharmacie. Les 149 étudiantes étrangères, presque toutes de nationalité russe, sont inscrites, 2 à la Faculté de droit de Paris ; 124 aux Facultés de médecine, dont 122 à celle de Paris ; 9 aux Facultés des lettres, dont 5 à Paris, 2 à Lille et 2 à Lyon, et 15 aux Facultés des sciences, dont 13 à celle de Paris.   Ch. Y.

FÆSULÆ, ancienne ville d'Etrurie, aujourd'hui Fiésole, sur une colline, à 5 kil. N.-E. de Florence. Sylla y établit une colonie militaire ; et Catilina en fit le quartier général de son armée.

FAIDHERBE (Louis-Léon-César), général

français, né à Lille le 3 janvier 1818, mort le 28 sept. 1889. Élève de l'école Polytechnique en 1838, il entra à l'école d'application de Metz, en 1840, puis au 1er régiment du génie en 1842, comme lieutenant, servit dans la province d'Oran, fit la campagne de Kabylie (1831-'52), fut envoyé au Sénégal, en qualité de sous-directeur du génie (1852) et devint gouverneur de cette colonie en 1854. Il entreprit de soumettre plusieurs peuplades indigènes, fit des guerres vigoureuses, prit des villes, construisit des forts, ouvrit des comptoirs et poussa les frontières françaises du Sénégal jusque sur le haut du fleuve. En 1865, l'état de sa santé le força de demander son rappel. Il était général de brigade et fut nommé au commandement de la subdivision d'Oran, puis de la division de Constantine. Après le 4 Septembre 1870, Gambetta lui confia le commandement en chef de l'armée du Nord, en formation. Nommé général de division le 23 novembre, Faidherbe brûlait de se distinguer. Il prit l'offensive à la tête d'environ 50,000 hommes et livra au général Manteuffel la bataille de Pont-Noyelles, près d'Abbeville, puis celle de Bapaume (3 et 4 janvier 1871) et enfin, le 19 janvier, celle de Saint-Quentin, après laquelle il dut se retirer sur Lille et Cambrai. Élu député du Nord en 1871, il siégea à gauche de l'Assemblée nationale et démissionna dès qu'il fut prouvé que cette Assemblée « s'attribuait d'autres droits que ceux qui lui avaient été conférés par les électeurs ». Il fut longtemps disgracié. Dans les dernières années, il stigmatisa plusieurs fois le boulangisme. Il a écrit plusieurs ouvrages : *Notice sur la colonie du Sénégal et sur les pays qui sont en relation avec elle* (1859) ; l'*Avenir du Sahara et du Soudan* (1863, avec cartes) ; *Chapitre de géographie sur le Nord-Ouest de l'Afrique, avec une carte de ces contrées, à l'usage des écoles de la Sénégambie* (1865) ; *Recherches anthropologiques sur les dolmens d'Algérie* (1868) ; la *Campagne de l'armée du Nord*, etc.

FAILLANCE s. f. Défaillance (vieux).

FAILLITE. — Législ. La législation sur la faillite a reçu, par la loi du 5 mars 1889, les modifications que réclamaient depuis longtemps les chambres de commerce. Le commerçant qui cesse ses paiements peut échapper à la plupart des conséquences déshonorantes de la faillite, s'il obtient du tribunal de commerce le bénéfice de la *liquidation judiciaire* (voy. plus loin LIQUIDATION). Mais, alors même qu'il a été admis à ce bénéfice, il *peut* encore, dans deux cas, être déclaré en état de faillite, savoir : 1° s'il est reconnu que la requête à fin de liquidation judiciaire n'a pas été présentée dans le délai de quinze jours depuis la cessation des paiements ; 2° si le concordat n'est pas obtenu. Dans ces deux cas, le tribunal apprécie s'il y a lieu de déclarer la faillite. Dans d'autres, il *doit* la déclarer à toute époque de la liquidation judiciaire, notamment : si le débiteur a fait des actes ou des paiements qui lui étaient interdits ; s'il a exagéré l'actif ou le passif ; s'il a commis une fraude quelconque ; si le concordat est annulé ou résolu ; enfin si le débiteur est condamné pour banqueroute simple ou frauduleuse. En cas de faillite, le délai de trois jours fixé par l'article 438 du Code de commerce pour le dépôt du bilan au greffe du tribunal de commerce est étendu à quinze jours par la nouvelle loi, de même que pour la liquidation judiciaire. — Il a été jugé par la cour de cassation (arr. du 22 juin 1887) qu'un failli non réhabilité ne peut être gérant d'un journal.   (CH. Y.

FAIM-VALLIER, IÈRE s. Celui, celle qui a la faim-valle.

FAIRFAX (Edward), gentilhomme du Yorkshire qui vivait au temps de la reine Élisabeth

et qui a donné l'une des meilleures traductions anglaises de la *Jérusalem délivrée* du Tasse (1600).

FAISAN. — Les doigts demi-palmés du faisan indiquent suffisamment que la nature l'avait créé pour être gibier d'eau, et tel il est sans doute, en son pays d'origine, mais non chez nous, où l'éducation a complètement changé sa nature et ses habitudes. C'est, en somme, un gibier rare ; on le trouve —quand on le trouve — dans des forêts au sol humide ou traversées de rivières et de nombreux ruisseaux, abondantes en taillis qui lui offrent un sûr refuge pendant le jour et en baliveaux élevés pour se brancher et passer la nuit, sans parler du voisinage nécessaire de plaines cultivées, gagnage facile et sûr. Deux fois par jour, à l'aurore et un peu avant le crépuscule du soir, il gagne la plaine pour y chercher sa nourriture. Le faisan mange les graines de toutes les céréales, les baies d'une foule d'arbustes : sorbier, cornouiller, sureau, nerprun, viorne, etc., etc., le raisin, des larves d'insectes et principalement celles de la fourmi. Le soir venu, il rentre en forêt, se branche soit isolément, soit en compagnie, sur quelque arbre très élevé, jette plusieurs fois dans l'espace son cri peu harmonieux, puis s'endort à la merci du braconnier qui peut-être le guette et auquel il indique son refuge. Nous ne nous appesantirons pas sur les mœurs et le caractère du faisan ; ce que nous en avons dit suffit à l'édification du chasseur. Nous y ajouterons que le faisan a les ailes courtes et que son vol est pesant. Il fuit quelquefois longtemps à pattes devant le chien ; puis il part en montant, ayant eu préalablement soin de choisir, s'il lui est possible, un endroit touffu, où sa retraite est dissimulée par le feuillage ; d'ailleurs, l'essor une fois pris, son vol acquiert promptement une grande vélocité. Malgré sa taille respectable, le faisan est un gibier qu'on n'abat pas toujours facilement ; il y a plusieurs raisons à cela : la plus principale, c'est qu'on n'atteint le plus souvent que la queue de l'oiseau, qui est fort longue ; et le coup, dans ce cas, n'a aucun résultat. Il n'est pas besoin d'expliquer à un bon tireur ce qu'il faut faire pour éviter une déception ; toutefois la recommandation suivante ne sera peut-être pas inutile : c'est, excepté en temps de pluie, dans les hautes herbes, dans les halliers épais, dont le rempart intercepte ses émanations, que le faisan se blottit ; un bon chien, d'une finesse d'odorat exceptionnelle, d'une patience, d'un sang-froid inébranlables, un vieux chasseur en un mot, est donc un auxiliaire indispensable dans la chasse du faisan. Ces qualités exigées du chien, il faut qu'elles se retrouvent chez le maître. Attendre que l'oiseau s'élève, puis file, étalant son riche plumage, pour le tirer en toute sûreté, est encore le mieux qu'il ait à faire, — à moins d'empêchement absolu émanant de la nature même du site. Mais, dans ce cas-là, nous avouons être fort embarrassé de donner un conseil plus pratique que celui de s'inspirer des circonstances et d'agir avec calme et sang-froid. Quant à la poule faisane, elle fuit moins loin que le mâle devant le chien, mais elle a une habileté particulière pour se fourrer dans le premier trou qu'elle rencontre sur son chemin. En tout cas, une poule faisane doit être sacrée pour un disciple de saint Hubert soucieux de sa réputation ; et comme il est bien facile de la reconnaître, à son plumage bien moins brillant que celui du mâle, à sa taille plus petite, et enfin à cette particularité que, si, au lieu de fuir et de se cacher comme nous venons de le dire, elle part, c'est sans le moindre cri, contrairement au coq qui pousse, en s'élevant, une sorte de cri d'alarme ; il s'ensuit que, sans le braconnage, peu de poules faisanes termineraient

d'une façon tragique leur existence. Les faisandeaux restent en compagnie, ordinairement blottis dans une touffe d'herbe ou un buisson, où il peut arriver qu'on les immole l'un après l'autre sans autre difficulté ; ou bien, l'un d'entre eux ayant donné le signal, ils partent successivement, prêtant le flanc au fusil du chasseur, qui ne peut faire moins que d'en abattre deux de ses deux coups, s'il est adroit. Toutes les variétés du faisan qu'on rencontre dans nos contrées ne présentent entre elles aucune différence, ni dans les mœurs, ni dans la manière de les chasser, qui nous autorise à les passer successivement en revue.

FAISANDAGE s. m. Action de faisander ; résultat de cette action.

FALBALASSER v. a. Orner de falbalas.

FALSETTO (mot ital. qui paraît venir du lat. *falsus*, faux). Synon. du mot *fausset*, employé dans la musique vocale.

FAMILISTÈRE s. m. Vaste édifice dans lequel logent les ouvriers d'une fabrique et leurs familles. — Le familistère de Guise est le seul essai de ce genre qui ait réussi ; il a été créé par M. Godin (mort en 1887), en réalisation du plan de Fourier, pour le relèvement des masses et pour harmoniser le travail et le capital. Il y a quarante et quelques années, M. Godin débuta, avec quatre ouvriers, par fabriquer des poêles et des fourneaux de cuisine ; il s'enrichit rapidement et s'occupa de suite à exécuter l'expérience qu'il avait rêvée et qui consistait à rassembler autour de lui tous ses ouvriers dans un vaste bâtiment et de leur accorder, dans les bénéfices de son entreprise, une part proportionnée à la valeur de leur travail. Le familistère, tel qu'il existe aujourd'hui, se compose d'un pavillon central de 70 m. de long sur 40 m. de large et de deux ailes de dimensions à peu près semblables : il renferme des logements en assez grand nombre pour que 400 familles puissent y habiter à l'aise. Les chambres n'ont pas moins de 3 m. de hauteur à tous les étages et M. Godin en habitait un avec sa famille. Le coût de l'édifice s'élève à environ 1,000 fr. par habitant ; et le loyer, compté à 10 fr. par mois, pour deux chambres, donne un intérêt de 3 p. 100 du capital déboursé. Les chambres des trois corps de bâtiment prennent jour sur une cour intérieure dont le sol est revêtu de ciment et qui est recouverte d'un vitrage. Une galerie court le long du bâtiment, à chaque étage, et la cour sert de lieu de récréation aux enfants pendant les mauvais temps. — En face de ce palais se trouvent la fonderie et les ateliers, avec environ 8 kil. de tramways : on y occupe 1,200 ouvriers, dont 550 logent dans le familistère et le surplus dans la ville comme les ouvriers des usines ordinaires. La règle est d'accorder un repos aux ouvriers après un travail de trois heures et demie au plus ; la journée est partagée en trois parties : l'une de 6 à 9 heures du matin ; la seconde de 10 heures à 1 heure 1/2 ; la dernière de 3 heures à 6 heures 1/2 du soir ; ce qui fait un total de 10 heures de travail. La paie des ouvriers se monte à une moyenne de 26 francs par semaine ; mais elle ne constitue pas la seule source de revenus pour les ouvriers ; presque tous sont actionnaires de « l'association coopérative du capital et du travail ». Le capital social est de 4 millions et demi de francs. L'association payait M. Godin 5 p. 100 d'intérêt sur son capital, ou 225,000 fr. par an, et, en outre, des appointements de 15,000 fr. comme directeur-gérant ; il reste un bénéfice d'environ 8 p. 100 à la Société qui compte 820 membres actifs. Elle a un fonds pour l'assurance, un fonds médical et un fonds pour les enterrements. Au palais se trouvent des écoles, dans lesquelles les enfants reçoivent une instruction qui dépasse la moyenne

de celle que l'on donne dans les meilleurs établissements de France ; il y a des magasins où l'on vend tous les articles de la consommation journalière et dont les bénéfices sont divisés par parties égales entre l'association et les acheteurs. Il y a, de plus, une crèche divisée en deux parties : l'une pour les enfants au berceau ; l'autre pour ceux qui commencent à marcher ; les mères peuvent les y conduire en toute sécurité pendant qu'elles font leur ménage ou qu'elles sont occupées soit au magasin, soit à la buanderie. L'association publie un journal bi-hebdomadaire intitulé *Le Devoir*. — Il paraît singulier que cette entreprise, qui a si bien réussi et qui est aujourd'hui connue dans le monde entier, n'ait pas encore été imitée.

FAMOSITÉ s. f. (lat. *famositas*, mauvaise renommée). Néol. Renommée de mauvais aloi : *il cherchait un tremplin à son ambition de famosité et de pouvoir* (L. Fiaux).

FANFARISTE s. m. Musicien appartenant à une fanfare.

FANTASMAGORIE. On a donné ce nom à différents spectacles du même genre que la lanterne magique, dans lesquels, au moyen de certains artifices, on fait apparaître, dans un lieu obscur, des images qui semblent être des ombres, des fantômes que l'on évoque. Dans ce genre de spectacle ingénieux et attrayant, les objets sont éclairés et amplifiés par des verres, comme dans la lanterne magique ; mais tandis que pour les représentations au moyen de celle-ci, les spectateurs sont placés du même côté que la lanterne, c'est-à-dire devant la toile qui reçoit les images, quand il s'agit de fantasmagorie, la toile est tendue entre les spectateurs et l'instrument. On fait usage d'une toile en taffetas gommé, tendue dans un cadre de bois ou dans l'embrasure d'une porte qui sépare deux chambres. Les spectateurs se mettent d'un côté ; l'opérateur se tient de l'autre ; tous sont plongés dans l'obscurité. Sur une table est placée une lanterne magique ordinaire montée et disposée de façon à pouvoir s'éloigner ou se rapprocher sans bruit de la toile. En avant de cette lanterne, se trouve un verre lenticulaire indépendant, qui s'éloigne quand elle se rapproche de la toile et qui se rapproche quand elle s'éloigne, de sorte que l'image reste toujours visible et bien distincte. Suivant que l'opérateur avance ou recule son appareil, qui repose sur des roulettes garnies de drap pour étouffer le bruit, les objets paraissent plus petits ou plus grands. Quand il débute à une très petite distance, en s'éloignant autant que possible le verre lenticulaire indépendant, l'image paraît dans l'éloignement comme un point presque imperceptible. A mesure que la lanterne s'éloigne et que le verre lenticulaire se rapproche, la figure prend des proportions de plus en plus grandes ; s'il recule avec rapidité la lanterne, le fantôme paraît se précipiter sur les spectateurs. On peut, en modifiant la disposition de l'appareil, produire des images d'une grandeur fixe, mais qui se meuvent et paraissent animées. On a soin de ne faire apparaître que des figures effrayantes, des fantômes, des démons, des tigres à la gueule enflammée, des serpents qui, après s'être approchés lentement, bondissent et semblent vouloir se jeter sur les spectateurs. On peut aussi évoquer des morts ou faire apparaître des divinités infernales, à la façon de Cagliostro, dont tout l'art magique consistait à faire, en face d'un public crédule, l'application de sciences encore peu connues. Le premier théâtre de fantasmagorie fut ouvert à Paris, en 1798, par Robertson, inventeur du *fantascope*, perfectionnement de l'appareil dont nous venons de donner la description. Le fantascope se composait d'une caisse ou grande boîte de 60 à 70 centim. en

tous sens, montée sur une table à roulettes et renfermant une lampe munie d'un réflecteur parabolique. La lumière, après avoir traversé le tableau représentant le sujet, tombait sur un verre plan-convexe de 10 à 12 centim. de diamètre et autant de foyer, et dont le côté plan était tourné du côté du foyer. La lumière rencontrait ensuite un puissant objectif et arrivait à un rideau de percale bien tendu et rendu diaphane par un vernis composé d'amidon blanc et de gomme arabique. De l'autre côté de ce rideau, sur lequel venaient se peindre les images, se trouvait le public, dans une salle peinte en noir et entièrement obscure. Cet appareil, dont les effets parurent prodigieux à l'époque du Directoire, semblerait bien primitif aujourd'hui que l'électricité joue un grand rôle dans ces sortes de représentations.

FAQUIN (Jeux). Le faquin ou quintan est un jouet ingénieux. Il se compose d'une tête masculine, posée sur un buste, dont le bras droit étendu est armé d'un sabre de bois, tandis que le bras gauche porte un bouclier ouvert, en son milieu, d'un grand trou dans lequel pend une sonnette. La base de la figure est lestée d'un disque de plomb et tourne sur une pointe de métal qui lui sert de pivot. Il faut que la sensibilité du jouet soit telle, qu'il tourne dès qu'on le touche et même quand on souffle sur le bouclier. Quand on fait tinter la sonnette, en la frappant du bout du doigt, si on ne retire pas assez vivement la main, la figure en tournant donne un coup de plat de sabre sur les doigts du joueur peu agile.

FARADIQUE adj. Qui se rapporte aux théorie de Faraday sur l'électricité.

FARAUDER v. n. Faire le faraud.

FARCIN (Art vétér.) Maladie à peu près inguérissable et contagieuse même à l'homme, ayant beaucoup d'analogie avec les scrofules. Elle est caractérisée par l'inflammation des ganglions et des vaisseaux lymphatiques, des boutons sur la peau, des ulcérations, des tumeurs allongées ou *cordes*. Le farcin volant est curable, bien que les soins d'un vétérinaire soient indispensables ; mais le farcin *cordé*, le farcin *cul-de-poule*, qualifications indiquant la gravité du mal aussi bien que la forme des boutons qui le caractérisent, sont guéris bien rarement. Nous avons vu martyriser sans le moindre succès de pauvres animaux, en leur promenant un fer rouge entre cuir et chair. — Habitation sèche, bien aérée, nourriture bien saine, soins de propreté méticuleuse, tels sont les premières conditions de traitement d'un cheval farcineux.

FAR-WEST s. m. [fàr-ouèst](angl. *far*, lointain ; *West*, occident). Nom donné, par les Américains des États-Unis, aux contrées qui forment l'extrême occident de leur territoire.

FASCICULAIRE adj. Anat. Qui se rapporte aux faisceaux musculaires.

FATALISER v. a. Marquer d'un caractère fataliste.

FATIDIQUEMENT adv. D'une manière fatidique.

FATUM s. m. [fa-tomm] (mot lat. qui signifie *destin*, oracle). Destin.

FAUCHABLE adj. Qui peut être fauché.

FAUCHAILLES s. f. pl. [*ll* mll.]. Action de faucher les foins.

FAUCHURE s. f. Action de faucher.

FAUCILLER v. a. Couper avec la faucille.

FAUCILLEUR, EUSE s. Celui, celle qui coupe à l'aide de la faucille.

FAUSSETIER s. m. Ouvrier qui travaille les pierres fausses.

FAVORINUS, philosophe et sophiste latin du règne d'Adrien, né à Arles, vers la fin du Iᵉʳ siècle de notre ère, mort en 135. A certaines périodes de son existence, il habita Rome, la Grèce et l'Asie-Mineure. On raconte que dans une discussion philosophique qu'il eut avec Adrien, il s'écria qu'il est inutile de discuter avec le maître de trente légions. Il ne nous est resté que des fragments de ses écrits.

FÉCATION s. f. Séparation des fèces (vieux).

FÉCULITE s. f. Substance pulvérulente qui forme le principe immédiat de certains végétaux.

FEIL (Charles), opticien et verrier, né à Paris en oct. 1824, mort à Choisy-le-Roi en janv. 1887. Petit-fils de Guinand, qui dota le monde d'une industrie nouvelle, la fabrication de la verrerie pour optique, il continua les travaux de son ancêtre en trouvant successivement un flint blanc pour la photographie, un flint extra-lourd propre aux études scientifiques, les verres de thallium, de didyme et un strass dur pour la bijouterie ; il fabriqua de grandes lentilles en flint et en crown pour télescopes d'une grandeur et d'une puissance inusitées : tels sont ceux des observatoires de Vienne, de Pulkowa et de Nice. Son chef-d'œuvre en ce genre est la plus grande lentille connue (97 centim. de diamètre), qui est entrée dans la construction du gigantesque télescope du mont Hamilton (Californie). Feil s'occupa aussi de recherches par la voie sèche sur les métaux terreux ; il produisit des minéraux artificiels, des rubis, des saphirs, des émeraudes et du diamant de bore. En 1872, il trouva la formule des applications du rouge flammé des Chinois ; en 1881, il créa des émaux de couleur à la faïencerie de Choisy-le-Roi ; en 1883, il découvrit un émail sans plomb, joignant le brillant à l'inaltérabilité et faisant disparaître les dangers de l'usage du plomb dans la fabrication des émaux. L'âge et la maladie ne purent ralentir ses travaux ; dans les dernières années de sa laborieuse existence, il arriva à reproduire artificiellement et à bon marché des marbres d'une beauté et d'une dureté exceptionnelles. En exécution de sa dernière volonté, Mᵐᵉ veuve Ch. Feil a offert au Conservatoire des Arts et Métiers la précieuse collection, unique en son genre, des spécimens des intéressants travaux par la voie sèche que le savant verrier avait entrepris.

FÉLIBRE s. m. [fé-li-bré] (prov. *fé*, foi ; *libré*, libre). Nom que s'appliquent les poètes de la nouvelle école provençale.

FELIBRIGE s. m. Association de félibres.

FÉLINITÉ s. f. Caractère félin.

FÉMINÉITÉ s. f. Caractère féminin ; nature féminine.

FEMME. — Législ. Une proposition de loi présentée en 1887 à la Chambre des députés, et une proposition semblable présentée au Sénat en 1890, ont tous les deux pour objet : 1º de permettre aux femmes d'être témoins dans les actes publics et authentiques ; 2º de leur permettre d'être tutrices ou membres des conseils de famille, en dehors des cas où le Code civil leur attribue déjà ce droit. Le premier point pourrait être accordé sans danger ; nous ne pensons pas qu'il en soit de même du second, car la tutelle légale dont la veuve est investie sur ses propres enfants est souvent pour elle un trop lourd fardeau. Les droits civils que la loi reconnaît aux femmes ont été étendus peu à peu, au fur et à mesure que les mœurs primitives se sont adoucies ; mais il faut toujours tenir compte

de la constitution physique et morale de la femme. Ceux qui réclament sans cesse contre l'état d'infériorité dans lequel la femme se trouve maintenue par les lois, oublient qu'en lui attribuant de nouveaux droits, on lui imposerait des devoirs et une responsabilité qui excéderaient ses forces. Chez les anciens Romains, la femme était en tutelle perpétuelle (Loi des *Douze Tables* : tit. XVIII, § 6). Avant tout, la femme a besoin d'être protégée. La sensibilité morale dont la nature l'a douée la rend souvent victime de l'intrigue. Elle se laisse aisément tromper et conduire par ceux qui la flattent, surtout s'ils sont revêtus d'un caractère religieux. Accroître les droits civils des femmes, ce serait dont favoriser la domination que le clergé exerce sur elles et dont il abuse. Il serait plus sage d'étendre la protection que la loi accorde et de les considérer comme mineures lorsqu'elles ne sont pas mariées, de même qu'elles le sont légalement pendant le mariage. La loi moderne a aussi oublié de réserver aux veuves le douaire qui leur était attribué autrefois (voy. au *Dictionnaire* le mot Douaire); mais c'est là un avantage qui devrait être assuré réciproquement à celui des conjoints qui survit à l'autre, et qui consisterait dans l'usufruit d'une partie de la succession du prédécédé. — Le Parlement a été saisi de diverses propositions de loi réclamant pour les femmes des droits politiques plus ou moins étendus. On a cité, comme exemples à suivre, le droit de vote et celui d'éligibilité qui leur ont été attribués en Angleterre, et qui sont limités à la composition de quelques conseils locaux. Il y a loin de là aux droits politiques que l'on demande d'octroyer aux femmes et qui sont elles-mêmes, en très grande majorité, disposées à repousser comme étant incompatibles avec leurs aptitudes naturelles. La femme est douée d'admirables vertus; mais elle doit rester femme et non vouloir *émuler* l'homme, selon l'expression de Joseph de Maistre. Nos pères avaient sagement adopté le principe de la loi salique qui ne permettait pas qu'une femme pût occuper le trône de France. La reine Victoria reconnaît cette loi naturelle, lorsqu'elle écrit dans son *Journal*, le 3 février 1852 : « Nous autres femmes, « nous ne sommes pas faites pour gouverner ; « si nous sommes de vraies femmes, nous ne « pouvons que haïr ces occupations. » M. Jules Simon a dit aussi, dans son beau livre, *La Liberté* (Iᵉʳ vol., p 234) : « Tout retient la femme dans la soumission : ses fréquentes maladies, ses grossesses, les soins que réclament d'elle ses enfants, son aptitude au travail évidemment moindre, sa sensibilité exquise qui ne lui permet pas de se gouverner toujours par la raison, sa pudeur qui lui interdit de paraître au dehors et de se mêler de la discussion des affaires, sa nature qui la porte au dévouement, au renoncement, à la crédulité, à l'obéissance. S'il y a une vérité évidente, c'est celle-là. » Il serait dangereux pour la société humaine de donner à la femme des devoirs qu'elle ne peut pas remplir convenablement. Ce serait là un signe de décadence sociale. Les peuples qui veulent conserver leurs qualités viriles ne doivent pas permettre aux femmes d'occuper la place des hommes. Elles y perdraient leurs vertus propres sans acquérir celles de l'autre sexe. N'oublions jamais que, chez la femme, les facultés affectives dominent, aux dépens des qualités réflectives. C'est chez elle que « l'esprit est souvent la dupe du cœur ». Émanciper la femme, ce serait l'abandonner à sa faiblesse naturelle, à son imprévoyance; ce serait aussi la livrer plus complètement aux mains de ceux qui l'exploitent et chez qui elle irait chercher, par instinct, sans discernement, l'appui et la direction dont elle éprouve le besoin.   Ch. Y.

FENCE s. m. [fènn-se] (mot angl. qui signifie:

clôture de bois). Sport. Obstacle de steeple-chase, formé d'une clôture en planches.

FÉODALISATION s. f. Action de soumettre au régime féodal.

FÉRAUD (Jean-François), lexicographe, né à Marseille en 1725, mort en 1807. Il appartenait à l'ordre des Jésuites. Son *Nouveau Dictionnaire des Sciences et des Arts* (1753, in-8°), contient la plupart des termes scientifiques alors usités. Son *Dictionnaire grammatical de la langue française* (1761, in-8°) donne le résumé des observations des premiers grammairiens français. Il a laissé, en outre, un *Dictionnaire critique de la langue française* (Marseille, 1787-'88, 3 vol. in-4°), qui est encore estimé.

FÉRIER v. a. Célébrer comme jour de fête.

FERME (Jeux). Cet ancien jeu de famille est d'autant plus amusant qu'il y a plus de personnes qui y participent, et l'on peut y jouer jusqu'à 10 ou 12 à la fois. On se sert d'un jeu de 52 cartes dont on enlève les 8, afin que le nombre seize n'arrive pas trop fréquemment et que le fermier ne soit pas dépossédé trop tôt. Pour la même raison, on ne laisse que le six de cœur, appelé *le brillant*, et on supprime les trois autres six, dont la rencontre avec les dix amènerait trop souvent le nombre seize. Les cartes valent les points qu'elles portent : l'as compte pour un point et chaque figure compte pour dix. Chaque joueur reçoit un certain nombre de jetons auxquels on assigne une certaine valeur. Ensuite on met la *ferme* aux enchères et on l'adjuge à celui qui en offre le prix le plus élevé, prix qui varie ordinairement entre cinquante centimes et un franc. Il dépose dans une corbeille soit en argent, soit en jetons, la somme pour laquelle la ferme lui a été adjugée : c'est l'enjeu que doit gagner celui qui dépossédera le fermier; de plus, chaque joueur verse un jeton à la ferme. Le fermier ayant mêlé et fait couper à sa gauche, donne, à partir de sa droite, une carte à tous les joueurs, sauf à lui-même. Arrivé à lui, il s'arrête et tenant toujours le talon à la main, il regarde le premier joueur placé à sa droite. Si celui-ci demande : « Carte », le fermier lui en donne une qu'il prend *sous* le talon; si ce joueur n'est pas encore satisfait, il peut demander ainsi successivement et une à autant de cartes qu'il le désire, et le fermier lui obéit en servant toujours la carte qui se trouve sous le talon. Quand le joueur est satisfait, il dit : « Je m'y tiens », et le fermier passe au joueur suivant, qu'il satisfait de la même façon; il faut servir ainsi tous les joueurs à la ronde. La distribution terminée, tout le monde abat son jeu et l'on compte les points formant le jeu de chacun. Ceux qui ont plus de seize points paient au fermier autant de jetons qu'ils ont de jetons au-dessus de 16; c'est le bénéfice du fermier, qui, sans cela, ne risquerait qu'à perdre le prix de sa ferme, sans aucun avantage. Celui qui a moins de 16 points ne perd rien. Celui qui fait exactement 16 points a gagné et s'empare de la ferme entière, y compris les jetons que les joueurs y ont mis, mais non les bénéfices du fermier. Celui qui fait seize, par le moyen du six de cœur, gagne de préférence à tout autre, à cartes égales; car celui qui gagnerait en deux cartes, gagnerait au préjudice de celui qui gagne avec trois cartes; par exemple, un neuf et un sept gagneraient sur un sept, un six et un trois; mais lorsque le nombre de cartes est égal, celui qui a la prime gagne, à moins que, comme nous avons déjà dit, on ne fît les seize à cartes égales par le six de cœur, qui gagne la primauté. Celui qui a dépossédé le fermier devient fermier lui-même, à moins que l'on ait convenu que le même joueur restera toujours fermier ou que chacun le sera à tour de rôle. Celui qui devient fermier prend

les cartes et chacun fait son versement à la ferme, comme il a été dit. Comme il faut un gagnant à chaque tournée, si personne ne possède exactement 16 points, c'est celui dont le point se rapproche le plus de ce nombre, tout en lui étant inférieur, qui gagne les enjeux; mais il ne gagne pas le prix de la ferme et ne dépossède pas le fermier, qui prend pour lui ce prix et qui conserve son titre pour la tournée suivante; à égalité du point le plus élevé, entre deux ou plusieurs joueurs, quand il n'y a pas de point seize, les enjeux appartiennent au joueur le plus rapproché de la droite du fermier.

FERME-CIRCUIT s. m. Phys. Mécanisme qui sert à fermer un circuit électrique : *des ferme-circuit*.

FERMENTABLE adj. Qui peut entrer en fermentation.

FERMIER SANS DOT (Jeux). C'est le jeu de la ferme, dans laquelle le sort désigne le fermier. Alors, au lieu de payer pour la ferme, il verse un seul jeton dans la corbeille et chaque joueur en verse un pareillement. Le fermier mêle, fait couper et distribue : il prend une carte, comme les autres, et après avoir obéi aux ordres des joueurs comme dans une partie de ferme, il se sert lui-même. Quand on abat les cartes, ceux qui ont plus de 16 points, versent l'excédent à la corbeille au lieu de le donner au fermier et celui qui fait exactement 16 points prend tout ce qui se trouve dans la corbeille, si bien que le joueur fermier n'a aucun avantage. Quand personne ne compte exactement 16, le prix de la ferme appartient à celui qui s'en rapproche le plus, par un point inférieur à ce nombre. En cas d'égalité, celui qui a la primauté l'emporte.

FÉRON (Firmin-Éloi), peintre d'histoire, né à Paris en 1802, mort en 1876. Élève de Gros et de l'École des Beaux-Arts, il remporta à 21 ans le second grand prix, et, deux ans plus tard, son tableau de *Damon et Pythias* lui valut le premier grand prix. A son retour de Rome, il exposa *Annibal aux Alpes*, toile savante mais froide qui fut peu remarquée. En 1835, il donna la *Résurrection de Lazare* et la *Promenade du roi à Pierrefonds*, où il déploya un certain talent, à défaut d'originalité. Il produisit ensuite le *Christ arrêté par Judas*; les *Funérailles de Kléber*; une *ambuscade d'Arabes*, etc. Louis-Philippe, qui l'avait en haute estime, lui commanda de nombreux tableaux pour le musée de Versailles; nous citerons, entre autres : la *Bataille d'Arthur*, la *Prise de Rhodes*; l'*Entrée de Charles VIII à Naples*, la *Bataille de Fornoue* ; le *Duc d'Orléans à l'Hôtel de Ville en juillet 1830*, etc.

FÉROU (Étienne), procureur du XVIᵉ siècle, qui a laissé son nom à une rue de Paris.

FERRO-CYANOGÈNE s. m. Chim. Radical contenant du fer, de l'azote et du carbone et que l'on trouve dans le prussiate jaune de potasse, dans le bleu de Prusse et dans d'autres composés de même nature.

FESTOIEMENT s. m. Action de festoyer.

FÊTE. — Législ. Le lundi de Pâques et le lundi de la Pentecôte ont été déclarés jours fériés légaux par une loi du 8 mars 1886, laquelle n'a fait que consacrer un usage généralement suivi en France, en donnant satisfaction aux vœux des commerçants et des gens de loi.   Ch. Y.

FEUILLE. Sous le rapport de leurs formes, les feuilles des plantes peuvent être 1° *simples*, quand le limbe d'une seule pièce et réunit les nervures en une seule lame foliacée. Les feuilles simples sont *entières* quand leur bord, droit et simple, ne présente aucune échan-

crure (nénuphar, lilas, tabac. belladone); *dentées* quand elles sont légèrement échancrées entre les nervures et offrent des angles saillants, aigus, au niveau de chacune d'elles (tilleul, orme, châtaignier): *crénelées*, quand ces saillies ou dents sont émoussées ou arrondies (chêne, lierre, bétoine); *fendues* (trifides, quadrifides, quinquéfides, multifides), quand, au niveau des interstices des nervures, le limbe est échancré de fentes qui ne s'avancent pas au delà de la moitié de sa largeur. Les feuilles fendues sont dites *lobées* (érable, vigne), *tripartites, quinquépartites, multipartites* quand les découpures sont plus avant dans le limbe (aconit, coquelicot, valériane);

DIFFÉRENTES FORMES DE FEUILLES

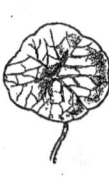

Feuille simple et dentée du tilleul. — Feuille peltée de la capucine. — Feuille sagittée du sagittaire. — Feuille palmée du ricin. — Feuille ailée de l'acacia.

triséquées, quadriséquées, multiséquées, si ces découpures atteignent jusqu'à la nervure et divisent le limbe en segments presque séparés (fraisier, cresson d'eau). Dans certaines feuilles, le pétiole s'insère au milieu du limbe, qui est plus ou moins arrondi; il y distribue ses nervures en rayonnant. Ces feuilles sont alors dites *peltées* (capucine); — 2º les feuilles *composées* sont celles dans lesquelles chaque lobe du limbe qu'entourent les nervures secondaires ne s'étend pas jusqu'à la nervure primaire. Le limbe est divisé en plusieurs feuilles distinctes que l'on nomme *folioles*. Ces feuilles sont *pennées*, quand la nervure médiane (*rachis*) est commune aux folioles (faux-acacia); elles sont *palmées* dans le cas contraire (marronier d'inde, vigne vierge, ricin); *sagittées*, quand elles présentent la forme d'un fer de flèche (sagittaire, liseron des champs); *réniformes* en forme de rein (asaret, arbre de Judée); *hastées* en fer de pique (petite oseille, pied-de-veau); *ailées* quand les folioles sont disposées sur les parties latérales du pétiole commun, comme les plumes d'une aile (acacia).

FEUILLET (Octave), célèbre écrivain, né à Saint-Lô le 11 août 1822, mort à Paris, dans son domicile de la rue Gounod, le 28 décembre 1890. Il était fils du secrétaire général de la préfecture de la Manche et fit de brillantes études au lycée Louis-le-Grand, à Paris. Il débuta dans la carrière littéraire par un roman : *Le Grand Vieillard,* publié en 1845, comme feuilleton, par le *National,* et écrit en collaboration avec Paul Bocage et Albert Aubert. A partir de ce moment, il donna dans différentes publications périodiques un certain nombre de romans-feuilletons, tels que : *Alix* (1848); *Rédemption* (1849); *Bellah* (1850); la *Partie de Dames* ; la *Clef d'or* (1853); l'*Hermitage,* la *Village* (1852); le *Cheveublanc* (1853); la *Petite Comtesse* (1856); *le Roman d'un jeune homme pauvre,* son œuvre la plus personnelle et la plus originale (1858) ; *Histoire de Sibylle* (1862); *Monsieur de Camors* (1867); *Julia de Trécœur* (1872) ; *Un Mariage dans le Monde* (1875), etc. — Octave Feuillet a également travaillé pour le théâtre. Il convient de citer, parmi les pièces : la *Nuit terrible* (Palais-Royal, 1846); le *Bourgeois de Rome* (Odéon, 1847) ; la *Crise ; le Pour et le Contre* (Gymnase 1854) ; *Péril en la demeure* (1855) , le *Village* (Théâtre-Français 1856) ; la *Fée.* le *Cheveu blanc* (1856) ; *Dalila*(1857) ; le *Roman d'un jeune homme pauvre* (1857); la *Tentation,*

la *Rédemption* (Vaudeville 1860 ; le *Cas de Conscience* (Français, 1867) ; *Julie* (Vaudeville, 1869) ; la *Clef d'Or* (Opéra-Comique, musique d'E.Gautier); l'*Acrobate* (Français, 1873); un *Roman parisien* (1882); *Chamillac* (1886). La plupart de ces pièces, surtout les proverbes, avaient valu à leur auteur le surnom de « Clair de lune d'Alfred de Musset ». Feuillet fut élu membre de l'Académie française le 3 août 1862, en remplacement de Scribe.

FEUILLIR v. n. Se couvrir de feuilles en parlant des arbres.

FEUILLU, UE adj. Redondant, en parlant du style.

FEUTRIER (Jean-François-Hyacinthe), prélat, né à Paris en 1785, mort en 1830. Après avoir été secrétaire général de la grande aumônerie, il passa vicaire général du diocèse de Paris, puis curé de la Madeleine (1823) et évêque de Beauvais (1826). Ministre des affaires ecclésiastiques en 1828, il indisposa le clergé en restreignant le nombre des élèves dans les petits séminaires et en fermant les écoles des jésuites. Il conserva son portefeuille sous le ministère Martignac et l'abandonner en 1829. Il a laissé : *Oraison funèbre du duc de Berry* (1820) ; *Oraison funèbre de la duchesse d'Orléans* (1821) ; *Panégyrique de saint Louis* (1822) ; *Eloge de Jeanne d'Arc* (1823).

FÉVAL (Paul-Henri-Corentin), romancier et auteur dramatique, né à Rennes le 28 novembre 1817, mort le 6 mars 1887. Après avoir fait d'assez bonnes études au lycée de Rennes, il vint à Paris et entra dans une imprimerie comme correcteur d'épreuves. S'étant fait connaître par quelques nouvelles intéressantes, il fut chargé d'écrire un roman sous le titre de *Mystères de Londres,* pour faire concurrence aux *Mystères de Paris* d'Eugène Sue. Cet ouvrage, qu'il signa du nom de sir Francis Trolopp, obtint un succès fabuleux et ne remplit pas moins de 11 volume (1843-44)). A partir de ce moment Paul Féval produisit, avec la facilité qui caractérise son talent, un grand nombre de romans dont les plus connus sont : le *Fils du Diable* (1847), le *Capitaine Fantôme,* les *Amours de Paris* (8 volumes), les *Compagnons du Silence,* le *Bossu* (1857), roman de cape et d'épée, très émouvant ; *Cœur d'Acier,* les *Nuits de Paris,* l'*Avaleur de sabres,* le *Château de velours,* les *Revenants.* le *Fils du Diable* (12 vol.) ; les *Belles de Nuit* (8 vol.); les *Tribunaux secrets* (8 vol.) etc.

FÉVRIER (calendrier horticole). Dans ce mois, le froid est déjà moins rigoureux, le soleil a pris de la force, et il fait bon profiter des bonnes dispositions de la nature, en tant qu'elles sont bien manifestes. Il convient donc de tenir les fenêtres ouvertes quelques plantes jouissent de ces premières influences favorables. Mais il faut prendre bien garde de les laisser saisir par le froid des matinées et des soirées, qui ne manqueraient pas de leur être très préjudiciable. Il faut aussi, par les journées brumeuses, ne donner de l'air aux plantes d'appartement qu'avec circonspection.

Les arrosements continueront à leur être distribués avec de l'eau à la température ambiante ; enfin les soins de propreté recommandés pour le mois précédent seront continués ; on pratiquera, en outre, quelques binages superficiels qui préparent le sol aux influences vivifiantes d'une atmosphère plus douce. Dans les serres les travaux ont telle ment d'analogie avec ceux que réclament les fleurs d'appartement qu'il n'y a pas lieu de s'y étendre davantage. Dans les jardins, on commence à voir fleurir quelques plantes, les violettes, les perce-neige, quelques primevères, les pâquerettes, la giroflée jaune simple, les hépathiques, etc. On sème en place les pavots, les silènes, le thlaspi, le réséda, les pieds-d'alouette, la julienne de Mahon, les pois de senteur, et sur couche les amarantes, les giroflées quarantaine, l'œillet de Chine, la pervenche de Madagascar, la sensitive. On peut aussi placer en terre, dans ce mois, les oignons de tulipe et de jacinthe

FIDE. Bot. Suffixe qui veut dire *fendu* et qui entre dans la composition de certains mots, comme *pennatifide,* etc.

FIDÉEN, ÉENNE s. et adj. De Sainte-Foix (Gironde), qui appartient à cette ville ou à ses habitants.

FIEL de bœuf (*moyen de l'épurer et de le rendre inodore*). Le fiel de bœuf est un des meilleurs auxiliaires qu'on puisse trouver pour le nettoyage des étoffes de laine et même d'autre nature ; il se combine instantanément avec toutes les substances grasses qu'il y rencontre et aide puissamment à l'action détersive du savon, même il le supplée entièrement dans beaucoup de cas ; on peut l'employer avec succès même pour la soie et d'autres articles des couleurs les plus délicates. Mais il répand une odeur désagréable, — que l'on peut éviter par le moyen suivant : Faites bouillir 1 litre de fiel de bœuf en l'écumant fréquemment; ajoutez-y, lorsqu'il est écumé, 25 grammes d'alun en poudre ; laissez sur le feu jusqu'à incorporation complète. Laissez ensuite refroidir ce mélange et mettez-le en bouteilles bien bouchées. Cela fait, vous prenez un second litre de fiel de bœuf que vous traitez de même, excepté que vous remplacez l'alun par le sel commun. Les deux bouteilles, bien bouchées, devront être mises de côté pendant trois mois, dans une pièce de température modérée. Il se formera au fond un dépôt épais; mais une bonne partie de matière jaunâtre restant, le contenu de chaque bouteille, tiré à clair, sera en outre filtré séparément, puis mélangé l'un à l'autre par portion égale et en procédant par petites quantités à la fois. Le mélange entièrement opéré, on le filtrera de nouveau ; puis il sera mis en bouteilles bien bouchées, et enfin placé au frais pour en faire usage quand besoin sera. Dans cet état, le fiel de bœuf, tout en conservant ses propriétés détersives, sera parfaitement incolore, inodore, et pourra être conservé longtemps sans se gâter.

FIGNOLAGE s. m. Action de fignoler.

FIGUIG. Oasis ou, pour mieux dire, archipel d'oasis, au S.-E. de l'empire du Maroc sur l'Oued-el-Hallouf et l'Oued-Zoubaja, qui lui sert de frontière du côté de l'Algérie. Les principales oasis sont celles d'El-Maiz, d'El-Ouarir, de Bou-Yala, de Bouda, d'El-Hammam et de Zénagua. La population se compose de Zénagas, tribu intelligente et énergique qui a su conserver l'indépendance de son territoire. Elle s'est grossie de plus de 20,000 individus de la tribu des Hamour, qui ont fui le territoire algérien. De plus, le Figuig a accepté un grand nombre de déserteurs français, a qui l'on a imposé une résidence perpétuelle dans l'une de leurs oasis. C'est au Figuig que s'est réfugié l'agitateur Bou-Amena, qui lance incessamment des missionnaires sur notre ter-

ritoire, pour prêcher la guerre sainte... Vers la fin de l'Empire, un officier du génie s'enfuit au Figuig avec une quarantaine d'hommes, et depuis ce temps, la petite république possède une armée bien disciplinée, avec des fusils remington et des canons d'acier. Tous les citoyens, dès qu'ils peuvent porter les armes, font deux heures d'exercice par jour, une heure à cheval et une heure à pied.

FIL à couper la glace. Les savants se sont souvent demandés comment il se fait qu'un glacier ne descend pas positivement d'un seul bloc vers la vallée. Il coule dans un canal quelquefois sinueux et s'adapte complaisamment à toutes les irrégularités de son lit. On

Fil à couper la glace.

attribue généralement ce phénomène à l'élévation de température produite par le frottement de la glace sur les parois du canal. La glace fond sur les points où s'exerce la pression ; et quand celle-ci a cessé d'agir, l'eau provenant de la fusion gèle de nouveau sur les bords du glacier, qui prend ainsi une nouvelle forme. L'expérience suivante vient à l'appui de cette théorie. On prend un bloc de glace ; on le dispose sur deux supports qui laissent un vide entre eux, comme deux tréteaux ou les dossiers de deux chaises. On forme, à l'aide d'un fil de fer une ceinture au bloc ; en dessous, on suspend au fil de fer un poids assez lourd. Peu à peu, le fil de fer pénètre dans la glace, descend et finit par tomber, sans que la glace porte aucune trace de son passage. On en conclut que la pression du fil, en élevant la température de la glace l'a fait fondre sur son passage ; et que, le fil passé, la pression ne s'exerçant plus, l'eau de fusion a gelé de nouveau et a comblé la fente produite par le passage du fil.

FILIALITÉ s. f. Qualité de fils ou de fille.

FILLAN (Saint), ecclésiastique écossais, probablement du VIIIe siècle. Il avait une église à Strathfillan (qui doit son nom à Fillan), dans le Perthshire. Un monastère dédié à ce saint fut érigé ou restauré à Strathfillan au XIVe siècle, avec l'assistance du roi Robert Bruce, qui attribuait sa victoire de Bannockburn à la possession d'une relique de Fillan.

FILOCHER v. n. Faire le tissu appelé filoche.

FILONIEN, IENNE adj. Qui forme ou qui contient des filons.

FILTRATION à chaud. Il est avantageux de chauffer le liquide dont on veut filtrer, quand il faut accélérer l'opération ou quand il y a nécessité de maintenir solubles certaines substances qui se déposent par le refroidissement. On se sert alors d'un entonnoir de métal à double enveloppe, dans lequel on introduit l'entonnoir de verre portant le filtre. A l'aide d'un tuyau S, fixé vers la partie inférieure du double entonnoir métallique, on introduit entre les deux enveloppes de celui-ci un liquide chauffé au degré voulu (eau ou

huile). Quelquefois, une autre tubulure e, adaptée en haut de la boîte, du côté N de l'enveloppe extérieure, introduit entre les

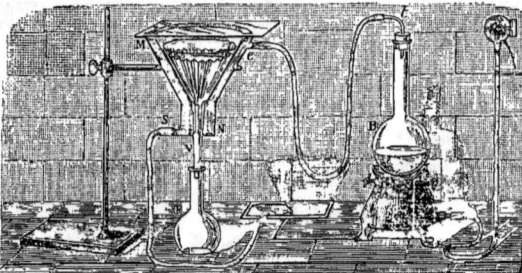

Filtration à chaud.

deux parois métalliques, un courant de vapeur d'eau produite dans un ballon B ; alors cette vapeur, en se condensant, descend et sort par la tubulure inférieure S. Le liquide filtré tombe dans le récipient F par le tube de verre V.

FILTRE à bon marché. Prenez un pot à fleur ordinaire avec une ouverture au fond, fixez aussi ferme que possible un morceau d'éponge bien propre dans cette ouverture : votre filtre est construit ; l'eau en sortira, après avoir traversé l'éponge, sera débarrassée de ses impuretés et excellente à boire. En répandant sur le fond du pot une légère couche de sable fin ou de charbon en poudre, on obtiendra le résultat le meilleur.

FILTREUR, EUSE adj. Qui filtre, qui sert à filtrer. — S. Celui, celle qui filtre.

FIMBRIÉ, IÉE adj. (lat. *fimbria,* frange.) Bot. Se dit des pétales ou des stigmates dont les lacinures sont très ténues.

FINETIER s. m. Ouvrier lapidaire qui ne travaille que les pierres fines.

FIORD s. m. [fi-eurd] (mot norvégien). Bras de mer en Norvège ; profond golfe.

FITZ. Vieux mot français qui voulait dire *fils* et qui se retrouve dans plusieurs noms anglais, où il signifie descendance ; ex. : *Fitzherbert, Fitzgerald,* etc. — On le rencontre dans les noms des fils naturels des rois d'Angleterre ou dans ceux de leurs descendants, comme *Fitzroy, Fitzjames, Fitzclarence.*

FIXIBILITÉ s. f. Propriété de pouvoir être fixé.

FLABIN, INE adj. Flatteur, flatteuse.

FLAGRANTE BELLO. Loc. lat. qui signifie : *pendant la fureur de la guerre.*

FLAN. Encycl. Battez six œufs ; ajoutez à ces œufs battus, en remuant bien pour opérer un parfait mélange, un lit.e de lait nouveau ; ajoutez un peu de sel et mettez dans un plat creux, garni ou non de pâte. Saupoudrez de cannelle ou de muscade râpée. Faites cuire au four, à feu très doux, au moins une demi-heure, — le temps nécessaire pour qu'il soit bien ferme au milieu, en tout cas. — Un flan bien fait et bien cuit se coupera parfaitement net et ne laissera pas couler une sorte de petit lait au fond du plat.

FLANELLE. — Encycl. C'est surtout quand on se livre à un exercice violent qu'on peut se rendre bien compte des effets de ces substances diverses sur la peau. Si l'on porte une chemise de flanelle, malgré l'accroissement de la transpiration, la matière secrétée, traversant le tissu, laisse la peau sèche et chaude. Il en est autrement avec la toile : la trans-

piration demeure et cause une sensation désagréable, sans parler du danger. Il en résulte qu'avec de la flanelle sur le dos, on peut impunément passer d'un milieu très chaud à un endroit frais, ce qu'il serait au moins bien imprudent de faire avec une simple chemise de batiste. car vous ne tarderiez guère à être pris de frissons qui ne passeraient peut-être pas sans peine et sans secours. Au début, la flanelle irrite un peu la peau, qui ne laisse pas d'agacer certainement ; mais cette sensation désagréable passe aussitôt qu'on s'en aperçoive, et l'on n'a bientôt plus qu'à s'applaudir de l'avoir adoptée. En tout cas, la flanelle est indispensable aux personnes menacées de maladies de poitrine, aux rhumatisants, aux vieillards même robustes, ainsi qu'aux personnes exerçant des professions qui les exposent à de brusques changements de température, — étant admis que ces personnes tiennent à la vie. Ajoutons que les bas de laine en tout temps seraient ce qu'on pourrait porter de préférable, en se bornant à les varier de grosseur suivant les saisons. — *Préparation des lainages et de la flanelle avant la mise en œuvre.* Dépliez et secouez bien votre flanelle ou toute autre sorte de lainage et placez-là dans un baquet vide. Faites dissoudre environ 25 grammes de bon savon jaune dans 4 litres d'eau douce bouillante, que vous jetez immédiatement sur les lainages et tenez ceux-ci bien immergés jusqu'à ce que l'eau soit refroidie. Tordez et étendez à l'air libre. La flanelle ou les laines ainsi traitées avant d'être mises en œuvre ne se rétréciront plus d'une manière sensible. — Avant de faire usage de la flanelle, il faut la tremper dans l'eau froide d'abord, puis dans l'eau chaude, afin de la resserrer, — afin qu'elle fasse « son effet », comme on dit, et ne se resserre pas quand, le vêtement étant fait, ce rétrécissement ne ferait une chose informe et inutile désormais. — *Blanchissage.* La flanelle doit toujours être blanchie au savon blanc première qualité et à l'eau chaude, mais non bouillante ; on la frotte le moins possible : mieux vaudrait la brosser. Pour la rincer, l'eau douce, de rivière ou de pluie, est indispensable. La repasser avec des fers modérément chauds avant qu'elle soit tout à fait sèche.

FLORIBOND, ONDE adj. (contract. du lat. *floribundus,* qui donne beaucoup de fleurs.) Bot. Se dit des plantes dont les fleurs sont abondantes.

FLORICULTEUR s. m. Horticulteur qui s'adonne à la culture des fleurs. On dit aussi FLEURISTE.

FLORICULTURE s. f. (lat. *flos, floris,* fleur, franc., *culture.*) Culture des plantes à fleurs. — Par ext. Culture de toutes les plantes d'ornement.

FLUORESCENCE. — Encycl. La substance fluorescente par excellence est la *fluorescéine,* poudre cristalline d'un rouge brique, facilement soluble dans l'eau additionnée d'ammoniaque. Sa formule est $C^{40} H^{12} O^5.$ Si l'on prend un peu de cette poudre sur la pointe d'un canif et on la jette sur de l'eau additionnée de quelques gouttes d'ammoniaque (fig. 1), il se forme aussitôt une petite tache brune à la surface de l'eau, et de cette tache

descendent de petits filaments verts. Dans le cas où la fluorescéine qui forme ces filaments serait dissoute avant d'atteindre le fond du

Fluorescence. Fig. 1.

verre, il se formerait à l'extrémité inférieure de chaque filament un petit anneau d'un brun jaunâtre. Si l'on remue le verre, les filaments

Fluorescence. Fig. 2.

disparaissent et toute l'eau paraît verte. Si l'on porte ensuite le verre devant une fenêtre (fig. 2. a), de façon que la lumière traverse la solution avant d'arriver à l'œil, l'eau paraît jaune, couleur propre de la solution de fluorescéine, la couleur verte primitivement observée étant due à la fluorescence. Si l'on pose enfin la solution sur une table, au-dessus de la fenêtre, en interposant un livre ou tout autre objet, de manière

Fluorescence. Fig. 3.

qu'aucun rayon de lumière ne traverse horizontalement la solution, mais que le jour plonge, pour ainsi dire, dans le verre (fig. 2, b), on observera une couche mince de couleur verte à la surface de l'eau, quand l'œil sera placé au niveau de cette surface (fig. 3).

FŒHR, île allemande de la mer du Nord, à l'ouest de la prov. de Schlewig, par 54° lat. N. et 6° long. E. 180 kilom. carr.; 5,000 hab., v. princ. Wyk, station balnéaire maritime très fréquentée.

FOIE de veau sauté. Coupez votre foie par tranches, mettez-le dans du beurre, poivre et sel; faites cuire sur un feu vif en retournant fréquemment. Dressez, en laissant sur le feu la sauce à laquelle vous ajoutez un peu de vin; mêlez bien cette sauce, versez sur le foie et servez. — Foie de veau à la bourgeoise. Piquez le foie de gros lard et mettez dans une casserole avec un morceau de beurre, écha-lote, persil et ciboule hachés; passez sur le feu et ajoutez une pincée de farine : mouillez d'un verre de vin blanc, avec sel et poivre. Au moment de bouillir, retirez du feu et liez la sauce avec jaunes d'œufs. — Foie de veau à la broche. Piquez de petit lard, faites marinez

dans l'huile et embrochez; arrosez avec soin et servez avec une sauce piquante additionnée du contenu de la lèche-frite. — Foie de veau frit. Coupez en tranches minces, trempez dans des œufs battus, puis dans la farine, dressez et versez dans une sauce à l'italienne (voyez ce mot). — Foie de veau à l'italienne. Faites revenir des tranches minces de foie de veau : faites une sauce à l'italienne, mettez-y votre foie et laissez cuire une demi-heure. On prépare de même le foie de veau à la maître d'hôtel, etc.

FOLEY (John-Henry), sculpteur anglais, né à Dublin, le 24 mai 1818, mort à Hampstead, le 27 août 1874. Il étudia à l'académie royale de Londres et produisit des œuvres nombreuses qui décorent les principales villes d'Angleterre. On cite comme des chefs-d'œuvre : Ino et Bacchus enfant; la Mort du roi Lear; Vénus délivrant Enée (1843); les statues d'Hampden et de Selden, qui se trouvent aux Chambres du Parlement, à Westminster; et la statue du prince consort, qui fait partie du monument d'Albert, à Hyde-Park.

FOLIATION s. f. [fo-li-a-si-on] (lat. folium, feuille). Bot. Développement des feuilles; époque de l'année où ce développement a lieu. — Manière dont les feuilles sont disposées sur la tige.

FOLIIFÈRE adj. [fo-li-i-fè-re] (lat. folium, feuille; je porte). Bot. qui porte des feuilles.

FOLIIFORME adj. [fo-li-i-for-me] (lat. folium, feuille; franc., forme). Bot. En forme de feuilles.

FOLIIPARE adj. [fo-li-i-pa-re] (lat. folium, feuille; pario, j'enfante). Bot. Se dit des plantes dont les feuilles sont susceptibles de former des bourgeons.

FONTAINE AUTOMATIQUE, fontaine jaillissante dans laquelle on fait jaillir de l'eau au moyen d'une lampe qui chauffe l'air contenu au-dessus de la nappe d'eau d'un réservoir. L'air en se dilatant, presse l'eau et détermine le jet. Dans la figure ci-contre le réservoir d'eau est dissimulé par le support de la fontaine. — ROBINET DE FONTAINE AUTOMATIQUE.

Fontaine automatique.

On a inventé dernièrement une soupape automatique destinée à arrêter le débit d'une pompe, quand le récipient est plein et que la pompe doit s'arrêter. L'eau entre dans la soupape A, monte dans le tube B et sort par les orifices CC tant que le récipient n'est pas empli. Mais dès que le niveau de l'eau atteint la moitié de la sphère F, liée au cylindre D, cette sphère se soulève légèrement au-dessus du plateau E, ferme partiellement les ori-

fices CC, et l'eau entre dans le cylindre D en passant entre B et D. Ce mouvement de l'eau force la sphère et le cylindre D à se coller sur la plaque H et à fermer les orifices CC. La pression de l'eau agit ensuite entre le cylindre

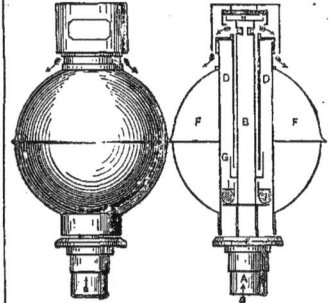

Robinet de fontaine automatique.

et le collier I, qui repose sur un coussin de caoutchouc J, et ferme la partie basse du cylindre D, ce qui arrête l'entrée de l'eau. La soupape se ferme donc d'elle-même et est utile pour un service intermittent dans lequel on a besoin d'une quantité d'eau déterminée.

FONTAINE LUMINEUSE. Des mille merveilles dont les visiteurs de 1889 ont conservé l'ineffaçable souvenir, l'une des plus inoubliables sera, sans doute, ces prestigieuses fontaines que le sculpteur Coutan avait érigées entre le dôme central et la tour Eiffel et d'où jaillissaient, chaque soir, 300 jets d'eau incandescents, projetés en gerbes de feu et retombant en pluie d'étincelles, tour à tour jaunes, rouges, vertes, bleues ou affectant vingt nuances qui se fondaient et se transformaient, à la grande admiration des spectateurs. Le principe de ces fontaines a été découvert, en 1841, par le physicien suisse Colladon, qui imagina l'appareil représenté par notre fig. 1. Le vase A, renfermant de l'eau, a les parois opposées percées de deux ouver-

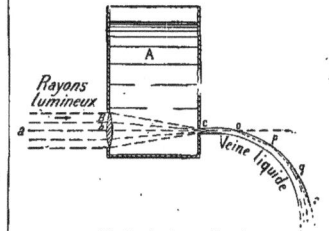

Fontaine lumineuse. Fig. 1.

tures; dans l'une coule le liquide, dans l'autre se loge un verre grossissant. Quand on approche une lampe du verre grossissant, les rayons lumineux rendus convergents par la lentille, sont absorbés par le liquide, qu'ils illuminent et dont ils transforment les moindres gouttelettes en autant d'étincelles. Par exemple, le rayon a b, au lieu de sortir du vase par la ligne c o, qu'il suivrait forcément si le vase était vide, est successivement réfléchi suivant les lignes op, pq, qr, etc.; il suivra par conséquent une réflexion totale. Le phénomène est identiquement le même si le jet liquide, au lieu d'être projeté horizontalement, est lancé verticalement, pourvu que l'on place le foyer lumineux sur l'ajutage, de manière à projeter des rayons verticaux, que l'on interpose une lame de verre entre le jet et le foyer; et enfin qu'au dessous de

cette lame de verre incolore on glisse une

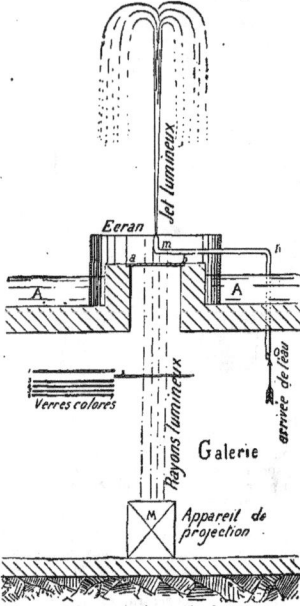

Fontaine lumineuse. Fig. 2.

A, A, Bassin. — a b, Glace isolant l'appareil lumineux du jet d'eau. — m n, Tuyau d'arrivée de l'eau (un écran, masqué par des touffes de roseaux, cache l'appareil lumineux au spectateur).

lame colorée en rouge, en bleu, etc. Le jet

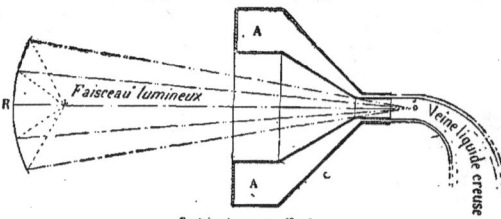

Fontaine lumineuse. Fig. 3.

d'eau se teintera de rouge, de bleu, etc., ou

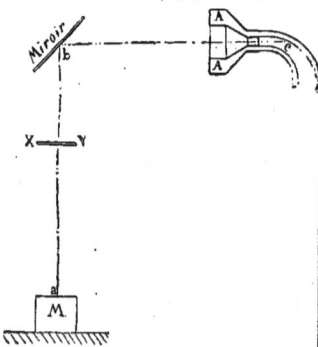

Fontaine lumineuse. Fig. 4.

de violet si les verres rouge et bleu sont su-

perposés. Si au lieu d'une lampe, on fait usage d'un puissant foyer électrique enfermé dans un projecteur M, on pourra éclairer des jets de 20 mètres de hauteur, comme à l'Exposition (fig. 2). Des verres de différentes couleurs sont mis en mouvement par des leviers et viennent s'interposer entre le foyer lumineux et le tuyau m d'arrivée de l'eau. Ces verres peuvent entrer en jeu séparément ou en même temps. Certains d'entre eux ont une position inclinée qui permet de ne colorer que la partie supérieure du jet, dont la base est d'un ton différent. L'opérateur se trouve dans un kiosque vitré, situé à peu de distance de la fontaine. Les leviers qu'il manœuvre sont munis de fils qui mettent en mouvement les glaces colorées. Ce n'était pas la première fois que l'invention de Colladon recevait une application industrielle. Dès 1884, le colonel anglais Bolton avait fait fonctionner à Londres, puis à Manchester et dans d'autres villes, un appareil dans lequel le faisceau lumineux traversait directement le liquide. Son système fut aussitôt perfectionné. On fit passer les rayons dans le vide formé au centre du jet par un entonnoir à parois réfléchissantes, AA (fig. 3), où les renvoie un miroir concave R. — Quand la réflexion ne peut se faire directement, on a recours au projecteur M (fig. 4), situé dans le sous-sol. Les rayons qui en émanent sont projetés verticalement à travers les glaces colorées XY, puis détournées à angle droit par le miroir b, pour entrer sur l'entonnoir AA et dans le jet C. — A l'Exposition de Paris, il fallut plus de 200 chevaux-vapeur pour fournir l'électricité nécessaire aux 48 appareils qui illuminaient les jets et pour transformer en une pluie incandescente les 1,260 mètres cubes d'eau qu'ils débitaient à l'heure. Le succès de ces fontaines ne pouvait manquer d'exciter les ingénieurs à en faire de nouvelles applications. L'une des plus ingénieuses a été imaginée par un grand industriel parisien, M. Gaston Menier, qui a installé une fontaine sur la table même de sa salle à manger. Une heureuse innovation a été faite par les ingénieurs Calvé et Vauzelle, dans un grand café du XXe arrondissement. Cette innovation consiste à éclairer le liquide de haut en bas et non de bas en haut. Les foyers lumineux sont placés chacun dans une ouverture circulaire ménagée

dans le plafond au-dessus du bassin. Dans ce

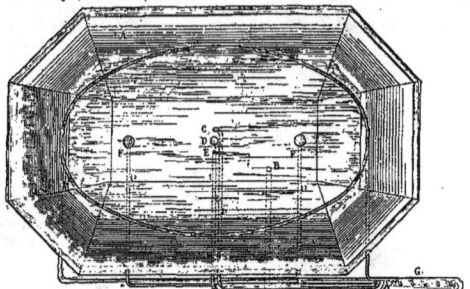

Fontaine lumineuse. Fig. 5.

bassin (A fig. 5) se trouvent implantés les ajutages des gerbes et des jets d'eau ; il est pourvu d'un tuyau de décharge B, placé de manière à ne laisser s'écouler que la quantité

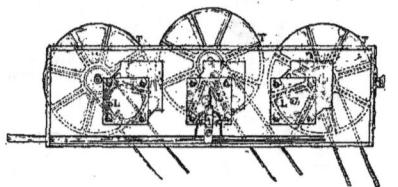

Fontaine lumineuse. Fig. 6.

de liquide nécessaire pour que le niveau de liquide reste constant dans le bassin. Les cinq jets principaux sont : l'un droit (C), un autre en grande gerbe (D), un troisième en gerbe éventail (E) et deux gerbes symétriques (FF) ; il y a en outre plusieurs jets disposés plus près des bords. Tous sont alimentés par des tuyaux distincts t, t^1, t^2, t^3, t^4, piqués dans l'appareil, sur une nourrice en cuivre G, se reliant (par l'intermédiaire du tuyau R [fig. 7], muni d'un robinet S), à la conduite de la Ville qui amène l'eau dans l'établissement. Les robinets r, r^1, r^2, r^3, r^4, règlent la force de projection de l'eau, pour varier la hauteur des gerbes. En haut de la fig. 7, on voit la boîte à lumière formée d'une caisse prismatique qui contient trois chalumeaux oxydriques. Au dessous se trouvent les disques T (fig. 6) fixés horizontalement sur le fond inférieur de la boîte (notre

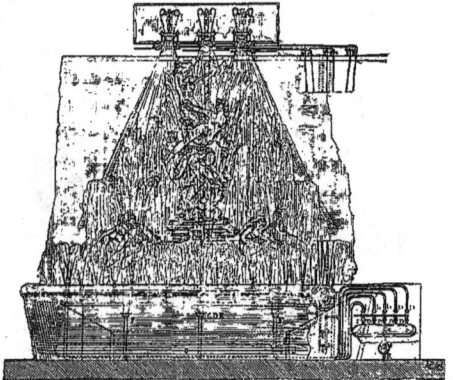

Fontaine lumineuse Fig. 7.

figure les représente verticalement, pour mieux montrer le mécanisme).

FONTAINEBLEAUSIEN, IENNE s. et adj. De Fontainebleau; qui se rapporte à cette ville ou à ses habitants.

FONTINALES s. f. pl. (lat. *fontinalis*; de *fons*, fontaine). Bot. Genre de mousses comprenant un petit nombre d'espèces qui habitent toutes les eaux courantes ou stagnantes des régions tempérées de l'hémisphère septentrional. Les feuilles de ces mousses sont comprimées d'une manière curieuse, de sorte que les tiges semblent être triangulaires. Une espèce est commune sur les roues de moulins, sur les pierres, sur les racines, etc., dans les eaux courantes. La fécondation se fait à l'air, quand les sommets dépassent un peu la surface de l'eau; ensuite elles s'enfoncent dans le liquide pour mûrir leurs spores ou graines. Ces mousses étant presque incombustibles, on s'en sert, chez les Lapons, pour remplir les espaces entre les cheminées et les parois voisines; afin de prévenir les incendies.

FORAGE du fer. Le procédé suivant permet de percer une épaisse lame de fer forgé. On commence par mouler un bâton de soufre, soit cylindriquement comme un crayon, soit en carré comme une règle, soit en forme

Forage du fer.

prismatique, soit de toute autre façon, suivant la forme que l'on veut donner au trou. On fait ensuite rougir au feu la lame de fer A ; on applique le bâton de soufre B sur le point que l'on veut percer, et il entre, à proprement parler, comme dans du beurre. Le trou a exactement la forme du soufre.

FORCÉ, ÉE adj. Hort. Se dit de la culture dans laquelle on soumet des plantes à une température élevée, ou à toute autre condition d'excitation, pour en obtenir des produits dans une saison qui n'est pas la leur: *culture forcée.* — Se dit aussi des plantes soumises à ce genre du culture : *plante forcée.*

FORÊTS. — Législ. L'administration forestière a été réorganisée par plusieurs décrets (29 octobre et 26 décembre 1887, 14 janvier 1888). Elle dépend aujourd'hui du ministère de l'agriculture, où se trouvent le directeur et les trois membres du conseil d'administration des forêts. Les inspecteurs généraux sont supprimés, et le contrôle qu'ils exerçaient est confié aux inspecteurs des finances et aux trois administrateurs des forêts. L'école forestière de Nancy a été aussi réorganisée par un décret du 9 janvier 1888. Cette école se recrute exclusivement parmi les élèves diplômés de l'Institut agronomique; sauf l'exception établie au profit des jeunes gens sortant de l'École polytechnique. Le nombre des élèves reçus chaque année à l'école forestière est limité à douze. Il est accordé annuellement dix bourses qui sont de 1,500 fr. chacune et qui peuvent être divisées en demi-bourses. Le décret du 14 janvier 1888 institue au domaine des Barres-Vilmorin, situé à Nogent-sur-Vernisson (Loiret) une *école pratique de sylviculture*, destinée à former des gardes particuliers et des régisseurs agricoles et forestiers. Cette école reçoit des élèves internes et des demi-pensionnaires. Les conditions d'admission et le régime de l'école sont

fixés par un arrêté ministériel du 15 janvier 1888. — La division territoriale de la France en conservations forestières a été arrêtée, en dernier lieu, par un décret du 9 avril 1889, et conformément au tableau qui est annexé à ce décret.   Ch. Y.

FORTH (Pont du), pont métallique de 2,462 mètres de long, jeté récemment sur le Forth, non loin de Queensferry, au N.-O. d'Edimbourg, afin de livrer passage à une voie ferrée. Ce chef-d'œuvre de la construction métallique, commencé en 1883, fut terminé en 1889, au moment même où l'on admirait la tour Eiffel à Paris. Mais il faut avouer que les ingénieurs anglais ont produit un tra-

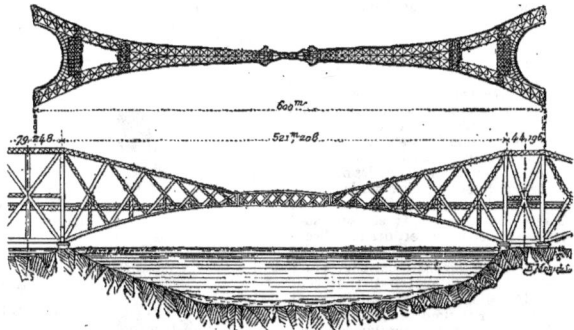

Pont du Forth. — Dimensions comparatives de la grande arche et de la tour Eiffel.

vail autrement colossal que celui de leur collègue français. Le pont se compose de deux grandes travées de 521m,23 de portée chacune. Les piles, d'une hauteur de 109m,70 sont formés de grands pilônes en acier, composés de 4 piliers tubulaires, reposant chacun sur un monolithe en granit. Le pont proprement dit ne mesure pas plus de 1,600 mètres, mais il est terminé à chaque extrémité par un viaduc d'accès, à travées espacées de 50 mètres. La construction de cette colossale construction n'a pas coûté moins de 50 millions de francs. Chacune des deux piles avec ses énormes bras est presque l'équivalent de deux tours Eiffel, posées horizontalement, et appliquées l'une contre l'autre par le sommet, comme l'indique le diagramme ci-dessus. L'exécution de ce géant des ponts a présenté des difficultés presque insurmontables. A la hauteur prodigieuse où devait être placé le tablier, on pouvait atteindre par des échafaudages presque aussi difficiles à construire que le

pont lui-même. On dut, sur les fondations en maçonnerie des piles et sur l'ossature verticale des pilônes, ajouter symétriquement et simultanément, à droite et à gauche, les parties des grands bras, de manière à équilibrer jusqu'à la fin du travail les portions terminées ou en cours d'exécution. Le pont constitua ainsi son propre échafaudage et l'on put progresser petit à petit s'aidant des portions déjà construites comme point d'appui ou comme plate-forme pour aller plus avant. — Un point particulièrement délicat fut la mise en place de la poutre centrale qui relie le bras de l'un des balanciers au balancier suivant et qui constitue, pour ainsi dire, la clef de voûte de chaque travée. Le travail terminé, on put comparer les piles et les balanciers à des Titans qui, assis dans le fleuve, tendraient les bras obliquement de part et d'autre, pour soutenir, en s'aidant de barres rigides arcboutées contre le siège, la poutre indépendante placée au milieu de la travée.

FORTITER IN RE [for-ti-ter-inn-ré], loc. lat. qui signifie : *résolument à l'action.*

Pont du Forth. — Démonstration expérimentale de la construction des arches.

FORZANDO adv. Mus. Terme italien que l'on emploie quelquefois pour indiquer qu'il faut frapper les notes hardiment et les tenir.

FOSSETTE (Jeux). La fossette est un petit trou de 5 à 6 centimètres de diamètre, creusé en terre, ordinairement au pied d'un mur. Les joueurs, au nombre de deux, mettent en commun un égal nombre de noyaux, de noisettes ou d'amandes, et tirent à qui jouera le premier. Celui que le sort a désigné prend dans sa main autant de noyaux qu'elle peut en tenir, se place au but tracé à une certaine distance et lance les noyaux dans la fossette.

S'il les y fait tous entrer, il les a gagnés ; s'il y fait entrer un nombre pair de noyaux, il a gagné ceux qui sont dans le trou et il a le droit d'y glisser les autres, un à un, en les calant comme des billes ; dès qu'il manque d'en envoyer un dans la fossette, l'adversaire joue à son tour. Si le joueur envoie dans la fossette un nombre impair de noyaux, ils appartiennent à l'adversaire, qui a aussi le droit de jouer les autres en les calant.

FOUQUÉ (Friedrich-Heinrich-Karl, BARON DE LA MOTTE), écrivain populaire allemand, né à Brandebourg-sur-le-Havel, en 1777, mort à Berlin, en 1843. Ses œuvres comprennent des romans, des poèmes et des pièces de théâtre. Parmi elles, on distingue le charmant roman intitulé : *Undine*. Sa femme, la baronne de la Motte-Fouqué, fut également un écrivain de renom.

FOURBURE (Art vétérinaire). Inflammation générale du tissu réticulaire du pied, produisant une grande chaleur et une douleur très vive, qui force l'animal à s'appuyer sur les membres non atteints, pour soulager celui ou ceux qui souffrent ; cette attitude est un des indices les plus sûrs du mal. Nous n'insisterons pas sur la gravité que peut acquérir la fourbure, nous bornant à indiquer les moyens de la combattre. Il faut recourir dès le début à la diète, aux saignées, aux délayants, aux topiques résolutifs astringents ; et l'on frictionne les genoux et les jarrets des membres malades avec de l'huile essentielle de lavande ou de l'essence de térébenthine, pour provoquer une inflammation dérivative de ces parties. — Un traitement de la fourbure, qui se recommande par sa simplicité, est celui-ci : saignée abondante, aspersion prolongée des pieds malades avec de l'eau salée très froide, bains répétés dans l'eau courante ; cataplasme de terre glaise, bouse de vache et suie, délayées dans du vinaigre, avec addition d'une bonne pincée de couperose verte préalablement dissoute dedans.

FOURCY (Henri de), prévôt des marchands de Paris au XVIIᵉ siècle ; en 1684, il ouvrit une voie qui porte son nom.

FOUR DE CAMPAGNE, four mobile, destiné à pourvoir de pain frais une armée en campagne. Lors de la guerre 1870-71, les Français faisaient déjà usage du four Lespinasse, composé de 202 pièces de tôle. Pour monter cet appareil, on pose sur le sol des travées de tôle et on les maintient les unes à côté des autres, au moyen d'un serrage de chaînes et de vis à oreilles. La sole du four est formée

Four de campagne

de briques réfractaires dont les panneaux sont encastrés dans la tôle. Devant la bouche du four, on creuse un trou d'un mètre de côté, dans lequel se place le militaire chargé d'enfourner. La terre provenant de ce trou sert à recouvrir le four. Cet appareil présente l'inconvénient d'exiger beaucoup de temps pour être monté et démonté, et d'ailleurs il est incommode et d'un transport difficile. On lui préfère aujourd'hui le four locomobile, monté sur un fourgon à quatre roues, que

traînent des chevaux. Il est également en tôle ; mais, à l'intérieur, il se divise en deux compartiments superposés dans chacun desquels peuvent cuire 40 pains de deux rations ; ce qui fait qu'à chaque cuisson l'on obtient 160 rations ; en comptant 12 fournées par 24 heures (en travaillant jour et nuit), on voit que chaque four peut donner 1,920 rations de 750 grammes par jour. Lors de l'expérience de mobilisation faite dans le 16ᵉ corps d'armée, en 1887, une boulangerie de campagne, installée sur la place d'Armes, à Carcassonne, comptait 8 fours Lespinasse et 18 fours locomobiles, dont le fonctionnement n'a rien laissé à désirer.

FOURCROYA s. m. [four-kroi-ia] (de *Fourcroy*, chimiste français). Bot. Genre d'amaryllidées, voisin des agaves, comprenant plusieurs espèces de plantes qui croissent dans l'Amérique du Nord. Le *fourcroya gigantesque*,

Fourcroya cubensis.

appelé aussi *aloès pitte*, a été introduit en France au XVIIIᵉ siècle. Le *fourcroya cubensis* se déforme quand on fait une blessure à la tige, au moment de sa croissance. Le spécimen représenté par notre gravure, a été observé à Caracas. Sa tige s'est nouée et tordue. Les bords de la tige sont couverts de petites feuilles, tandis que le sommet porte des fleurs.

FOURMIS. — En 1887, sir John Lubbock fit des expériences intéressantes, tendant à savoir si les fourmis communiquent entre elles et jusqu'où va la complication de l'idée qu'elles peuvent émettre. Sir John Lubbock disposa trois verres, en les espaçant de six pouces, puis les relia à un nid de fourmis au moyen de rubans parallèles. Les œufs, ou plutôt les larves de fourmis, sont une chose très précieuse pour elles ; l'expérimentateur mit de trois cents à six cents larves dans l'un des verres, trois ou quatre seulement dans un autre, rien dans le troisième. Cela fait, il mit une fourmi dans chacun des verres à larves. Elles en prirent chacune une, la portèrent dans le nid, revinrent à la charge et ainsi de suite. Après chaque voyage, une larve était remise dans le verre qui n'en contenait que trois ou quatre, afin de remplacer celle qui venait d'être emportée. Or, si les fourmis venaient au hasard, ou si, ayant vu

leurs amies chargées de larves, elles en avaient tout simplement conclu qu'elles pourraient aussi en trouver au même endroit, il est clair que les deux verres auraient dû les attirer en nombre égaux ou à peu près. Si, au contraire, les deux premières venues avaient indiqué l'importance respective des deux dépôts, les travailleuses devaient se rendre en plus grand nombre au plus important. C'est ce que l'expérience confirma : le nombre de fourmis mises en réquisition pour le verre rempli de larves et de quatre-vingt-deux seulement pour celui qui n'en contenait-que deux ou trois. Le verre vide ne fut pas visité une seule fois. Cette expérience semble démontrer que la communication compliquée existe chez ces insectes. D'autres expériences, que nous ne relaterons pas, démontreat qu'en revanche elles ne peuvent indiquer un endroit à leurs compagnes, et qu'il faut qu'elles les y conduisent elles-mêmes. Le son ne joue aucun rôle dans le langage des fourmis ; on peut appeler ainsi la façon dont elles communiquent.

FOURRURES (Préservation des). Prenez clous de girofle, graines de carvi, coriandre, macis, cannelle et fève du Tonka, de chaque parties égales ; ajoutez autant de racines d'iris de Florence qu'il y a d'autres ingrédients. Faites une poudre fine, et placez dans de petits sacs parmi vos vêtements et vos fourrures. Vous les retrouveriez intacts au bout de dix ans. — Prenez : coriandre en poudre, iris de Florence, feuilles de roses, racines de glaïeul également en poudre, de chaque 50 grammes ; fleurs de lavande en poudre, 100 grammes ; musc, 1 gramme ; poudre de bois de santal, 3 grammes. Mêlez et employez comme le précédent. — Résultat identique. — Il serait peut-être plus simple et presque aussi efficace de visiter très souvent vêtements et fourrures, de les secouer, de les battre avec précaution et de les réinsérer dans leurs cartons ou leurs tiroirs. Mais on peut les oublier et la *teigne* est vigilante autant que peu scrupuleuse : il faut de toute nécessité tenir cette peste éloignée, car elle rongerait le poil des fourrures et les étoffes de laine de la façon la plus pitoyable. L'emploi des deux recettes ci-dessus serait donc, en tout état de cause, une excellente précaution. Si on les trouve trop compliquées, qu'on saupoudre au moins de camphre et de poivre pulvérisés les objets qu'il s'agit de conserver ; mais qu'on se souvienne que cela n'empêche pas de les battre de temps en temps. — Voici une composition dont on vante l'efficacité pour la conservation des fourrures : faites dissoudre 5 grammes de bichlorure de mercure et 10 grammes de camphre dans 100 grammes d'alcool à 90 degrés. Humectez de cette composition la surface de votre fourrure, laissez sécher, brossez ensuite légèrement. Vous pouvez alors les serrer et les laisser sans inquiétude dans leurs boîtes ou leurs cartons jusqu'à l'hiver prochain. — Quelques personnes emploient de la même manière l'essence de térébenthine avec succès ; mais la plupart n'en peuvent supporter l'odeur. — Enfin un de mes amis, officier de l'armée d'Afrique en congé, me souffle à l'oreille que le seul moyen de tenir les *teignes* à distance, c'est d'enfermer avec les objets qu'elles menacent de leurs déprédations une... bonne vieille pipe bien *culottée*, et je le crois, — mais je suis presque honteux de vous donner ce moyen. — *Nettoyage*. L'agent le meilleur pour le nettoyage de l'*hermine* et du *petit-gris*, c'est un morceau de flanelle douce. Vous commencez par rebrousser le poil de votre fourrure ; puis, trempant dans la farine commune votre flanelle, vous l'en frottez bien jusqu'à ce qu'elle soit propre. Secouez votre fourrure, et frottez-là de nouveau, avec une autre flanelle douce

bien propre, jusqu'à disparition du dernier grain de farine. Par ce procédé, la blancheur de l'hermine est restaurée sans qu'il ait été besoin de retirer la doublure. — La *zibeline*, le *chinchilla*, l'*écureuil*, etc., sont nettoyés avec du son frais qu'on a fait chauffer avec très grand soin dans une casserole bien propre, en veillant bien à ce qu'il ne brûle pas, résultat qu'on obtient d'ailleurs facilement en le remuant sans cesse pendant qu'il chauffe. Frottez bien le son chaud dans les poils de la fourrure pendant un certain temps, secouez-le, puis brossez pour le faire entièrement disparaître. Les fourrures se nettoieront plus facilement si l'on a pris soin de retirer les doublures et, à l'occasion, l'étoupe dont elles peuvent être rembourrées, et si on les couche sur une table ou sur une planche, aussi bien aplaties et aussi étroitement collées dessus que possible. — Une excellente précaution serait de bien brosser la fourrure avant d'y appliquer le son, et de réparer, s'il y a lieu, les endroits mangés des vers, en y cousant des morceaux. — Une autre méthode de nettoyer l'hermine et les fourrures de nuances claires consiste à les étendre bien à plat sur une table et à les frotter de son humecté d'eau chaude ; on les en frotte jusqu'à ce que le son devienne sec, puis avec du son non mouillé. Vous vous servez de flanelle douce, bien propre, pour frotter avec le son humide, et de mousseline pour frotter avec le son sec. Ensuite vous frottez vos fourrures — blanches ou légèrement nuancées — de magnésie calcinée à l'aide d'un tampon de mousseline. — *Moyen d'accroître l'étendue des fourrures.* Pour étendre vos fourrures et leur donner plus d'apparence, faites dissoudre environ 80 gr. de sel dans un demi-litre d'eau douce ; trempez une éponge dans cette solution et promenez-la à l'intérieur de la peau (non pas du côté de la fourrure, bien entendu) jusqu'à ce qu'elle en soit parfaitement saturée. Ensuite placez votre fourrure sur une planche, le poil en dedans, tendez-la autant qu'elle pourra s'y prêter et fixez-la à l'aide de petits clous-épingles, sur la planche. — La peau sèchera plus vite si elle est placé dans une pièce où il y a du feu; il ne faut pourtant pas la faire sécher trop vite et en l'approchant du feu.

FOVÉOLE s. f. (diminut. du lat. *fovea*, fosse). Hist. nat. Dépression que présentent certains organes. — Bot. Sorte d'alvéole qu'on observe sur le réceptacle de certaines fleurs et sur d'autres organes des plantes.

FOVÉOLÉ, EE adj. Qui présente des fovéoles.

FOYATIER (Denis), sculpteur français, né à Bussière (Loire) en 1793, mort en 1863. Berger, dans son enfance, il taillait, en gardant son troupeau, des figurines qui furent remarquées par le curé de l'endroit. Le jeune statuaire fut envoyé à Lyon, où il perfectionna son talent. En 1816, il obtint le prix de sculpture à l'école des beaux-arts de Lyon, et vint à Paris, où il entra dans l'atelier de Lemot. En 1819, une statue de *Faune*, exposée au Salon, lui valut une médaille d'or. Il exécuta ensuite un *Saint Marc* en pierre, pour la cathédrale d'Arras et plusieurs autres œuvres religieuses. Son *Spartacus* (1827), considéré comme un chef-d'œuvre, fut sculpté en marbre et placé dans le jardin du Luxembourg.

FRAISES glacées. — Prenez une bonne quantité de belles fraises rouges, au moins 1 kilogramme; écrasez-les sur un tamis; mêlez au jus de vos fraises le jus d'un citron, 500 grammes de sucre mouillé d'un quart de litre d'eau, ou mieux, un demi-litre de sirop très fort. — Mêlez intimement. — Glacez.

FRAMBROISES glacées. Se préparent de la même manière que les fraises. — De même peuvent être préparées des purées d'ananas, de pêches, de groseilles, etc. — **Framboises en pots.** Prenez des framboises qui ne soient point trop mûres, épluchez et placez-les avec une égale quantité de sucre au petit boulé, faites-leur subir cinq ou six bouillons, écumez et jetez le tout dans une terrine. Le lendemain faites égoutter et mettez dans des pots; jetez alors dans le jus où les framboises ont cuit, un verre de sirop de cerises, faites-les réduire à la nappe et versez sur les framboises; laissez refroidir avant de boucher.

FRANCE. Le recensement de 1881 avait déclaré l'existence d'une population de 37,670,000 hab.; celui de 1886 a fait connaître que la France nourrit 38,200,000 hab., ce qui donne une augmentation de 530,000 hab. en cinq ans. La densité est aujourd'hui de 72 hab. par kilom. carré. Peuplée comme l'Italie (101 hab. par kilom. carré), la France renfermerait 53 millions d'hab.; comme la Belgique (200 hab. par kilom. carré), elle en compterait 105 millions. Mais ces chiffres ne sont pas près d'être atteints. La population tendrait au contraire à diminuer, si l'immigration de nombreux étrangers ne rétablissait un équilibre factice. — Nous ne rechercherons pas les causes du dépeuplement de la France; elles sont complexes, et les statisticiens peuvent, suivant le point de vue auquel ils se placent, en accuser le célibat des religieux, l'émigration des paysans qui quittent la charrue pour chercher dans les villes une existence plus facile, l'abolition du droit d'aînesse et du droit de tester librement; l'injuste répartition des impôts, qui frappent le pauvre beaucoup plus que le riche; la construction défectueuse des maisons nouvellement bâties; la falsification des aliments, le travail des femmes dans les ateliers; les lois, qui semblent rédigées contre le mariage beaucoup plus qu'en sa faveur et qui s'appliquent au bourgeois seulement, à l'exclusion du pauvre. Chacune de ces causes peut avoir son influence. Le chiffre des naissances fléchit d'année en année, excepté dans les villes, où l'appoint considérable des naissances illégitimes relève d'une façon très sensible la natalité. La diminution des mariages est générale. La mortalité des enfants en bas âge prend des proportions effrayantes. Ce sont là les symptômes d'une foule de maux qui appellent les soins du moraliste et du législateur autant que ceux du médecin. Les tableaux suivants font connaître le mouvement de la population en France. Le total de la population résidente est de 37.103.689; celui de la population de passage est de 1.115.814. En 1886, la France nourissait 1.126.531 étrangers non naturalisés, savoir :

Belges	482.261
Italiens	264.568
Allemands	100.114
Espagnols	79.550
Suisses	78.584
Hollandais, Luxembourgeois	37.149
Anglais	36.134
Russes	11.980
Austro-Hongrois	11.817
Américains	10.253
Suédois, Norvégiens, Danois	2.423
Portugais	1.292
Autres étrangers	7.043
De nationalité inconnue	3.363

MOUVEMENT DE LA POPULATION

ANNÉES	MARIAGES	NAISSANCES (Mort-nés compris)	DÉCÈS (Mort-nés compris)	MORT-NÉS	EXCÉDENTS des NAISS.
1885	283.170	968.516	880.855	43.958	87.661
1886	283.208	956.461	903.845	43.623	52.616
1887	277.060	942.263	885.727	42.930	56.536
1888	276.848	924.709	879.937	42.070	44.772
1889	272.934	923.028	837.382	42.449	85.646

Dans 37 départements les décès sont, presque chaque année, en excès sur les naissances; particulièrement dans les Bouches-du-Rhône, le Calvados, l'Eure, le Lot-et-Garonne, la Manche, l'Orne, le Var, la Somme, Seine-et-Oise, etc. Les suicides, dont le nombre s'élevait déjà à 6.751 en 1861, arrivent aujourd'hui à près de 8.000 chaque année.

TABLEAU DE LA POPULATION PAR DÉPARTEMENTS

Les noms en *italiques* indiquent les départements où la population diminue.

DÉPARTEMENTS	POPULATION Mai 1872	31 Déc. 1876	18 Déc. 1881	30 Mai 1886
Ain	363.290	365.463	363.472	364.408
Aisne	552.439	560.427	556.891	555.928
Allier	390.812	405.783	416.759	424.582
Alpes (Basses-)	139.334	136.166	131.918	129.494
Alpes (Hautes-)	118.898	119.094	221 787	122.024
Alpes-Maritim.	199.037	203.604	226.621	238.057
Ardèche	380.277	384.378	376.867	375.472
Ardennes	330.217	326.782	333.675	332.759
Ariège	246.298	244.795	240.601	237.619
Aube	255 687	255,217	255.326	257.374
Aude	285.927	300.065	327.942	332.080
Aveyron	402.474	413.826	415.075	415.826
Belfort (Ter. de)	56.781	68.600	74.244	79.758
Bouches-du-Rh.	554.911	556.379	589.028	604.857
Calvados	454.012	450.220	439.830	437.267
Cantal	231.867	231.086	236.190	241.743
Charente	367.520	373.950	370.822	366.408
Charente-Infre	465.653	465.628	466.416	462.803
Cher	335.392	345.613	351.405	355.349
Corrèze	302.746	311.525	317.066	326.494
Corse	258.507	262.701	272.639	278.501
Côte-d'Or	374.510	377,663	382.819	381.574
Côtes-du-Nord	622.295	630.957	627.585	628.256
Creuse	274.663	278.423	278.782	284.942
Dordogne	480.141	489.848	495.037	492.205
Doubs	291.251	306.094	310.827	310.963
Drôme	320.417	321.756	313.763	314.615
Eure	377.874	373.629	364.291	358.829
Eure-et-Loir	282.622	283.075	280.097	283.719
Finistère	642.963	666.106	681.564	707.820
Gard	420.131	423.804	415.629	417.099
Garonne (Hte-)	479.362	477.730	478.009	481.169
Gers	284 717	283.546	281.532	274.391
Gironde	705.149	735.242	748.703	775.845
Hérault	429.878	445.053	441.527	439.044
Ille-et-Vilaine	589.532	602.712	615.480	621.384
Indre	277.693	281.248	287.705	296.147
Indre-et-Loir	317.027	324.875	329 160	340.921
Isère	575.784	581.099	580.271	581.680
Jura	287.634	288.823	285.263	281.292
Landes	300.528	303,508	301.143	302.266
Loir-et-Cher	268.801	272.634	275.713	279.214
Loire	550.611	590.613	599.833	603.384
Loire (Haute-)	308.732	313.721	316.461	320.063
Loire-Infre	602.706	612.972	625,625	643.884
Loiret	353.021	360.903	368.526	374.875
Lot	281.404	276.512	280.269	271.514
Lot-et-Garonne	319.289	316.920	312.081	307.437
Lozère	135.190	138.319	143.565	141.264
Maine-et-Loire	518.471	517.258	523.491	527.680
Manche	544.776	539.910	526.377	520.865
Marne	386.157	407.780	421.800	429.494
Marne (Haute-)	251.196	252.448	254.876	247.781
Mayenne	350.636	351.933	344.881	340.063
Meurthe-et-Mlle	365.137	404.609	419.317	431.693
Meuse	284.725	294.055	289.861	291.971
Morbihan	490.352	506.573	521.614	535.256
Nièvre	339.917	346.822	347.576	347.645
Nord	1.447.764	1.519,585	1.603.259	1.670.184
Oise	396.804	401.618	404.555	403.146
Orne	398.250	392.526	376.126	367.248
Pas-de-Calais	761.158	793.140	819.022	853.526
Puy-de Dôme	566.463	570.207	566.064	570.964
Pyrénées (B.-)	426.700	431.525	434.366	432.990
Pyrénées (H.-)	235.156	235.037	236.474	234.825
Pyrénées-Orles	191.856	197.040	208.855	211.187
Rhône	670.247	705.131	741.470	772.912
Saône (Haute-)	303.088	304.052	295.905	290.954
Saône-et-Loire	598.344	614.309	625.589	625.885
Sarthe	446.603	446.239	438.917	436.111
Savoie	267.958	268.361	266.438	267.428
Savoie (Haute-)	273.027	273.801	274.087	275.018
Seine	2 220.060	2.410.849	2.799.329	2.961.089
Seine-Inférieure	790.022	798.414	814.068	833.386
Seine-et-Marne	341.490	347.323	348.991	355.136
Seine-et-Oise	580.180	561.990	577.140	618.089
Sèvres (Deux-)	331.243	336.655	350.103	353.766
Somme	557.015	556.641	550.837	548.982
Tarn	352 718	359.232	359.223	358.757
Tarn-et-Garonne	221.610	221.364	217.056	214.046
Var	293.757	295.763	288.577	283.689
Vaucluse	263.451	255.703	244.149	241.787
Vendée	401.446	411.781	421.642	434.808
Vienne	320.598	330.916	340.295	342.783
Vienne (Haute-)	322.447	336,061	349.332	363.182
Vosges	392.988	406.082	406.862	413.707
Yonne	363.608	359.070	357.029	355.364
Total	36.102.921	36.905.788	37.672.048	38.218.903

POPULATION D'APRÈS LA PROFESSION (1886).

PROFESSIONS	INDIVIDUS exerçant directement les professions		FAMILLE		DOMESTIQUES attachés à la personne		TOTAL GÉNÉRAL		
	Hommes	Femmes	Hommes	Femmes	Homm.	Femmes	Hommes	Femmes	Total
Agriculture............	4.777.720	2.138.236	3.629.548	6.281.642	417.114	454.133	8.824.391	8.874.011	17.698.402
Mines et usines.........	329.487	42.502	193.543	385.375	4.702	9.307	527.726	437.284	965.010
Industrie, grande et petite.	2.626.499	1.299.040	1.484.597	2.717.246	52.531	144.283	4.163.627	4.160.569	8.324.196
Transports.........	362.488	35.943	207.516	390.259	5.407	19.108	575.411	445.310	1.020.721
Commerce..........	1.224.376	668.161	749.415	1.308.983	71.486	215.343	2.055.277	2.192.487	4.247.764
Force publique......	486.733	»	39.752	77.224	4.718	7.035	523.203	85.159	613.362
Administration publique..	234.367	20.480	140.950	270.624	10.265	34.141	385.782	325.245	711.027
Cultes et ordres religieux..	74.406	74.241	8.562	26.191	6.371	32.797	89.428	135.229	224.657
Profession judiciaire.....	68.865	783	34.124	67.890	6.416	29.323	109.405	97.996	207.401
Profession médicale......	37.048	16.872	28.842	49.273	7.294	22.303	73.184	88.448	161.632
Enseignement..........	89.709	77.750	54.626	102.640	4.616	19.184	148.953	199.574	348.527
Sciences, lettres et arts...	53.720	9.738	24.223	46.086	2.590	15.659	80.533	71.483	152.016
Personnes vivant exclusivement de leurs revenus...	542.331	545.838	282.083	569.532	92.632	263.550	917.046	1.378.920	2.295.966
Total......	10.918.041	4.929.648	6.877.783	12.294.965	683.142	1.267.066	18.478.966	18.491.715	36.970.681
Sans professions, individus non classés, professions inconnues............	»	»	»	»	»	»	421.346	538.732	960.078
Total général.................................							18.900.312	19.030.447	37.930.759

VILLES DE PLUS DE 30.000 HABITANTS EN 1886.

Paris...........2.344.550		Montpellier.......	56.765
Lyon...........	401.930	Besançon........	56.511
Marseille.......	376.143	Grenoble........	52.484
Bordeaux......	240.582	Versailles........	49.852
Lille...........	188.272	Saint-Denis......	48.009
Toulouse.......	147.617	Saint-Quentin....	47.393
Nantes........	127.482	Troyes.........	48.072
Saint-Étienne...	117.875	Clermont-Ferrand..	46.718
Le Havre......	112.074	Boulogne.......	45.916
Rouen........	107.163	Caen.........	43.809
Roubaix......	100.297	Bourges........	42.859
Reims........	97.903	Béziers........	42.785
Amiens.......	80.288	Avignon.......	41.007
Nancy.......	79.038	Lorient.......	40.055
Nice........	77.478	Dunkerque.....	38.025
Angers.......	70.778	Cette........	37.058
Brest........	70.778	Cherbourg.....	37.013
Toulon.......	70.122	Poitiers.......	36.874
Nîmes.......	69.898	Levallois-Perret..	35.649
Limoges.....	68.477	Angoulême.....	34.647
Rennes......	66.139	Perpignan.....	34.183
Dijon.......	60.855	Rochefort.....	31.256
Orléans.....	60.826	Laval........	30.627
Tours.......	59.585	Pau.........	30.626
Calais......	58.969	Roanne......	30.402
Tourcoing...	55.008	Boulogne.....	30.084
Le Mans....	57.594	Douai.......	30.030

FINANCES. Dépenses, d'après le budget général de 1890 (loi du 17 juillet 1889, 4.046.020.874 fr.; recettes, 3.046.417.120 fr. Dépenses pour la dette, 1.318.248.408 fr.

CAPITAL DE LA DETTE.

Dette consolidée....................	21.251.700.000
Rentes amortissables...............	7.185.700.000
Dette flottante au 1er janvier 1887....	998.600.000
Dette viagère...................	1.765.821.000
Avances de la Banque de France et capitaux de cautionnement...............	444.000.000
Total..,.......	31.645.821.000

COMMERCE (en millions de fr.).

		1883	1884	1885	1886	1887
Commerce général...	Importation.	5.887	5.239	4.930	5.116	4.943
	Exportation.	4.562	4.218	3.956	4.245	4.238
Commerce spécial....	Importation.	4.804	4.344	4.088	4.208	4.026
	Exportation.	3.452	3.233	3.088	3.249	3.246

COMMERCE DES VINS ET DES CÉRÉALES.

ANNÉES	CÉRÉALES		VINS	
	Importation	Exportation	Importation	Exportation
	francs.	francs.	francs.	francs.
1883	375.000.000	57.600.000	376.684.000	236.500.000
1884	360.200.000	44.900.000	344.800.000	237.300.000
1885	232.500.000	34.000.000	368.500.000	255.500.000
1886	262.376.000	24.947.000	517.700.000	359.600.000
1887	389.200.000	18.900.000	443.700.000	233.700.000

MARINE MARCHANDE.

Au 1er janvier	Navires à voiles		Vapeurs		Total		Équipages
	Nomb.	Tonn.	Nom.	Tonn.	Nomb.	Tonn.	
1890	14.128	440.051	1.066	492.694	15.194	932.745	83.098
1889	14.263	451.272	1.015	509.801	15.278	961.073	83.499
1888	14.653	465.873	984	506.652	15.237	972.525	»
1887	14.400	492.807	951	500.484	15.351	993.291	»
1886	14.329	507.819	937	492.396	15.266	1.000.215	93.577

Chemins de fer: 33.194 kilom. de lignes principales et 2.976 kilom. de lignes d'intérêt local (31 déc. 1889). — *Postes* (y compris l'Algérie): 7.420 bureaux de poste et 5.000 bureaux de télégraphe produisant 185.102.670 fr. et coûtant 137.294.946 fr. — 89.483 kilom. de lignes télégraphiques; 287.674 kilom. de fils. Le nombre des dépêches à l'intérieur du territoire est de 30.787.302; celui des dépêches internationales de 5.441.419, celui des dépêches de transit, de 4.035.441 et celui des dépêches de service, de 365.200. — COLONIES. Voy, le mot COLONIES dans ce *Supplément.* — ARMÉE. *Effectif de paix* en 1891: officiers, 26.734; hommes, 520.548; total, 547.582. — 142.870 chevaux. — 2.880 pièces d'artillerie de campagne et 1.440 prolonges. Armée territoriale (sans compter les officiers), 155.588 hommes. — *Effectif de guerre,* 4.190.000 hommes, dont 90.000 officiers et les dépôts hors cadre.

NOTICE HISTORIQUE. — Depuis la publication de notre article FRANCE, dans le *Dictionnaire,* le gouvernement républicain eut à continuer la lutte contre ses adversaires de l'intérieur, tout en surveillant la réorganisation de son armée et l'application des lois sur l'instruction publique. Gambetta étant mort le 31 déc. 1882, on put croire un instant que la République était en danger, et les prétendants se disposèrent à l'action. Le prince Jérôme Napoléon lança un manifeste qui motiva son arrestation; mais il fut bientôt relâché (9 févr. 1883). Une loi pour l'expulsion des princes ayant été repoussée par le Sénat, le ministère Duclerc démissionna et fut remplacé par un cabinet Ferry, qui débuta en enlevant leurs commandements militaires aux princes d'Orléans, devenus d'autant plus redoutables que le comte de Paris se trouvait hériter des prétentions légitimistes du comte de Chambord. M. Jules Ferry, reprenant avec une nouvelle énergie ses projets de politique coloniale, qu'il avait précédemment appliqués à la Tunisie, (voy. ce mot dans le *Dictionnaire*), engagea les hostilités avec Madagascar, dans le but avoué de soumettre cette grande île à notre protectorat. Le bombardement de Tamatave par l'amiral Pierre fut suivi de complications diplomatiques avec l'Angleterre, relativement à un missionnaire que les Français avaient arrêté et qu'ils durent relâcher, puis indemniser. Pour d'autres détails sur cette expédition, voy. MADAGASCAR dans ce *Supplément.* L'attention fut presque aussitôt détournée par une autre guerre beaucoup plus ruineuse ayant pour but la conquête du Tonkin (voy. TONKIN dans le *Dictionnaire*). L'Assemblée nationale formée des deux Chambres, se réunit à Versailles, le 4 août 1884, pour réviser la Constitution; elle abolit le droit que voulait s'arroger le Sénat de voter le budget; déclara inéligibles à la présidence les membres des familles ayant régné en France; détruisit l'inamovibilité sénatoriale, en réservant néanmoins les droits des sénateurs inamovibles, qui ne purent être remplacés qu'après décès, et régla quelques changements de détail dans l'élection des sénateurs. Presque en même temps, le Sénat adoptait la loi relative au divorce. Le désastre de Lang-Son, connu à Paris le 30 mars 1885, fut immédiatement suivi de la chute du ministère Ferry. — Le ministère Brisson-de Freycinet prit des mesures rapides pour continuer la conquête du Tonkin et pour obtenir une paix honorable de la Chine. La mort de Victor Hugo (voy. HUGO, dans notre premier *Supplément*) et la manifestation nationale qui eut lieu à ses obsèques détournèrent à peine les esprits

EFFECTIF DE LA FLOTTE EN 1890.

BÂTIMENTS	PÉRIODE de construction	TONNEAUX (à 1.000 kilog.)	FORCE en chevaux	FILANT nœuds à l'heure
17 cuirassés d'escadre de 1re classe...........	1865-76	5.800—11.500	3.200—12.000	13—16
9 — 2e classe............	1867-83	3.000— 6.400	1.700— 4.600	11—14,5
15 — garde-côtes.........	1863-85	2.600— 7.700	670— 6.200	7—15
5 croiseurs blindés.............		3.200— 9.300	2.700—12.400	13—19
10 — de 1re classe...........	1866-89	3.200— 4.100	2.300— 8.500	14—19
15 — de 2e classe...........		1.550— 3.000	1.440— 9.000	12—20
16 — de 3e classe...........		1.200— 1.900	720— 6.000	12—20
43 avisos............	1842-89	900— 1.900	500— 4.100	8—18
6 canonnières cuirassées......	1842-89 récemment construites à moitié	1.050— 1.640	1.500— 1.700	13
16 — non-cuirassées......	récemment construites	450— 550	220— 620	9—12
32 chaloupes canonnières.......		30— 200	50— 300	5,5—9
4 croiseurs-torpilleurs.......	1885-89	1.210— 1.350	3.200— 3.600	17—17,7
8 avisos-torpilleurs..........	1885-86	320— 440	2.000— 2.050	18—19
9 torpilleurs de haute mer.......	1887-89	100— 150	1.350— 1.700	20—24
11 — de 1re classe...........	1884-85	49— 80	500— 700	20
74 — de 2e classe...........	1878-89	44— 79	500— 700	20
41 — de 3e classe...........		34	400	19
6 — de garde...	1877-82			16
8 transports de 1re classe......	1879-82	12		16
10 — de 2e classe...........		5.400— 5.800	2.300— 2.600	13—14
5 — de 3e classe...........		3.200— 4.000	800— 2.000	9—13,5
11 — de 3e classe...........		1.600— 2.200	480— 1.160	9,5—11
16 avisos-transports..............		1.200— 2.000	500— 700	9—12

Total: 378 bâtiments, 10 navires-école, 14 navires à voile (vaisseaux, etc., coutraux) et 28 garde-pêches.

des préoccupations politiques. Les monarchistes, profitant de l'impopularité des guerres coloniales et du mécontentement causé par le désordre des finances dû en partie à ces ruineuses expéditions, relevaient la tête et faisaient une active propagande en prévision des élections générales qui eurent lieu le 4 oct. 1885. Une loi du 16 juin 1885, réglait qu'à l'avenir les députés seraient élus au scrutin de liste par départements, et ce nouveau mode d'élection accrut encore les chances des conservateurs. Au premier tour, le parti opportuniste fut écrasé au profit des monarchistes et des radicaux. Telle fut l'ardeur de la lutte que c'est à peine si les deux tiers des candidats obtinrent la majorité nécessaire, et un second tour de scrutin fut un peu plus favorable aux opportunistes (18 octobre). Les députés monarchistes qui étaient au nombre de 88 seulement dans l'ancienne Chambre se trouvèrent être plus de 200 royalistes et bonapartistes dans la nouvelle Assemblée; mais leur chef incontesté, M. le duc de Broglie, n'avait pas été élu. D'un autre côté, l'extrême gauche ne comptait pas moins de 150 membres; et l'union, sur certaines questions, des extrémités de droite et de gauche, enlevait la majorité aux groupes du centre et de la gauche opportuniste. Dans ces conditions nouvelles, le gouvernement, devenu très difficile, exigeait une habileté qui faisait défaut au ministère Brisson. Avant de se retirer, il repoussa un projet de loi relatif à l'évacuation du Tonkin (15 déc. et jours suiv.) et présida à la réélection de M. Jules Grévy (voy. Congrès, dans ce Supplément); après quoi il démissionna le 29 déc. 1885 et fut remplacé (7 janv. 1886) par un ministère Freycinet qui, inclinant un peu plus vers la gauche, pouvait espérer que M. Clémenceau et son groupe important lui seraient favorables. Ce cabinet débuta par nommer Paul Bert résident général au Tonkin (13 janv. 1886) et par accorder la grâce à toutes les personnes ayant subi une condamnation politique depuis 1870; parmi les amnistiés se trouvaient le prince Kropotkine et Louise Michel. Des élections complémentaires, causées par de nombreuses invalidations et par quelques décès, réduisirent de 202 à 184 le nombre des membres de la droite et donnèrent décidément la majorité aux républicains de toute nuance, qui occupèrent 400 sièges dans l'Assemblée. Après une longue discussion, la Chambre repoussa un projet d'expulsion immédiate des princes, mais laissa à la discrétion du Président le droit de les faire conduire à la frontière s'ils continuaient d'entretenir l'agitation dans le pays (4 mars). Le 22 mars, elle vota une loi pour l'admission du public aux séances du conseil municipal de Paris; le 30, le Sénat adopta une loi enlevant aux congréganistes des deux sexes le droit de diriger des écoles municipales. Le 11 mai fut ouvert un nouvel emprunt de 500 millions de fr. — Parmi les membres les plus actifs du cabinet Freycinet, on remarqua le ministre de la guerre, M. le général Boulanger qui, nouveau venu parmi les républicains, affirmait, par ses paroles et par ses actes, les opinions les plus radicales. Il avait débuté par changer la résidence des régiments notés pour leur hostilité envers le gouvernement républicain. Ayant ainsi fait disparaître différents foyers d'agitation, il soumit au silence passif les généraux qui n'étaient pas partisans de ses mesures. C'est ainsi qu'il priva son commandement le général Schmitz, du IXe corps d'armée (Tours), pour avoir signé quelques mots dans un journal. En même temps, le ministre de la guerre se rendait populaire en adoptant des mesures pour améliorer le sort du soldat, en activant la fabrication des fusils à répétition Lebel, dont l'adoption donna à notre armement une avance sur les armées étrangères, enfin et

surtout en donnant confiance aux troupes, en rassurant le pays sur l'issue d'une guerre avec l'Allemagne, en répandant l'opinion que nous étions prêts, cette fois, et que, si nous étions attaqués, nous saurions nous défendre. — A la suite du mariage de la princesse Amélie d'Orléans avec le prince de la couronne de Portugal (23 mai), le gouvernement crut devoir prendre les mesures définitives contre les princes. Une loi fut présentée à la Chambre : l'art. 1er, bannissant les chefs des familles ayant régné en France, fut voté par 315 voix contre 255; l'art. 2, accordant au ministère le droit d'expulser au besoin les autres membres de ces familles, obtint une majorité de 324 voix contre 235. Le Sénat ayant confirmé cette loi le 22 juin, par 141 voix contre 107, le prince Victor-Napoléon se retira à Bruxelles le 23, et le comte de Paris partit pour l'Angleterre le 24. Le nom du duc d'Aumale fut rayé des cadres de l'armée le 12 juillet; et sur une lettre hautaine qu'il écrivit au Président de la République, il dut évacuer le territoire français, en vertu d'un ordre que la Chambre approuva par 375 voix contre 168. Le général Boulanger, chargé, en sa qualité de ministre de la guerre, d'appliquer les décisions rigoureuses du ministère, devint immédiatement le bouc émissaire des nombreux mécontents. Le duc d'Aumale lui porta un coup droit, en livrant à la publicité des lettres que M. Boulanger, alors son subordonné, lui avait écrites pour lui demander sa bienveillance et pour le remercier de la lui avoir accordée en le faisant nommer général de brigade. A quelque temps de là, le duc se vengea d'une manière bien plus noble en abandonnant à la nation française ses terres et son château de Chantilly, moyennnant une réserve viagère. (Voy. Chantilly, dans ce Supplément.) La mort de Paul Bert, victime du climat meurtrier de notre nouvelle colonie dans l'extrême Orient (11 nov.), fut suivie d'un soulèvement des indigènes et de la réorganisation d'une troupe de Pavillons Noirs près de la frontière chinoise. La Chambre s'empressa de voter, par 278 voix contre 249, les crédits tonkinois, montant à 38 millions de fr. (39 nov.). Les déficits du budget s'accentuant d'année en année, M. Carnot, ministre des finances, proposa de recourir à un nouvel emprunt et d'accroître les droits sur les esprits; mais ces propositions furent repoussées, la première par la commission du budget, la seconde par la Chambre, qui se montra disposée à rétablir l'équilibre au moyen de réductions sur les dépenses publiques. Le ministère projeta d'abolir les sous-préfectures, ce qui eût produit une économie annuelle de 3,500,000 fr. et, de plus, une somme immédiate de 37 millions de fr. résultant de la vente du mobilier des offices détruits. Ce projet fut repoussé le 4 déc. et le ministère, mis dans l'impossibilité d'établir un budget, démissionna le 5. Il fut remplacé le 13, par un ministère nettement radical, ayant à la tête M. Goblet, et conservant à la guerre le général Boulanger. Ce cabinet débuta par demander à la Chambre deux crédits provisoires, qui furent accordés le 15, par 528 voix contre 12. L'année 1887 fut entièrement remplie par la question Boulanger, par des incidents de frontière, des menaces de guerre, des scandales extraordinaires et un changement de Président. Néanmoins, au milieu de tous ces événements, la forme républicaine n'a pas été mise en question. Le général Boulanger, qui avait conservé le portefeuille de la guerre dans le ministère Goblet, prit de suite une attitude hostile envers ses collègues du gouvernement. Un journal, la Revanche, écrit spontanément, flattait d'un côté les sentiments populaires et développait le chauvinisme par ses attaques quotidiennes contre l'empire d'Allemagne, tandis que, d'un autre côté, il minait l'influence des ministres en dé-

nigrant chacun de leurs actes. D'autres journaux, également à la dévotion du général, du brave général, comme on disait, suivaient identiquement la même ligne de conduite et avaient plus d'influence, en raison de leur passé républicain : c'étaient la Lanterne, l'Intransigeant, etc. Chaque jour, ces feuilles dressaient un nouveau piédestal à l'idole populaire, représenté comme la personnification de l'honneur national. Chaque jour, les hommes politiques de France étaient traînés aux gémonies et offerts en pâture à l'impopularité. Des chansons où la rime n'était pas plus respectée que la morale, volèrent des cafés-concerts et des boulevards jusqu'au fond des campagnes et y portèrent le culte du Père de la Victoire. La fièvre boulangiste dégénéra, chez beaucoup de gens du peuple, en véritable démence. Cet étrange manie décadente n'était pas seulement ridicule, elle devenait dangereuse. L'Allemagne, journellement insultée et menacée, rendit insulte pour injure, voie de fait pour menace. Le gouvernement de Berlin, devenu agressif, résolut d'augmenter son armée, fit répondre aux articles de M. Rochefort par des articles non moins violents des journaux reptiliens et fit répliquer aux discours chauvins de M. Déroulède par une harangue belliqueuse de M. de Bismarck au Reichstag. (V. Allemagne, dans ce Supplément.) A la suite des élections du 24 février 1887, le gouvernement allemand, battu en Alsace-Lorraine, ne manqua pas d'accuser le ministère français d'avoir causé cette défaite par ses intrigues. M. Schnæbel, commissaire à Pagny-sur-Moselle, et l'un des principaux agents d'agitation en Alsace-Lorraine, fut attiré dans un guet-apens et arrêté. C'était donner à la République l'occasion de recommencer la folie du second Empire en déclarant la guerre. Heureusement que le chauvinisme qui nous a valu tous ces démembrements ne prévalut pas en cette circonstance. Le cabinet français, prudent sans faiblesse, obtint la mise en liberté de son agent, et il n'en résulta que la confusion de ceux qui l'avaient attiré dans un piège. Cela n'empêcha pas les journaux boulangistes de répandre dans le public l'opinion que le gouvernement français s'était aplati devant le chancelier d'Allemagne. La situation devenait intolérable pour les membres du gouvernement. Ils ne pouvaient mettre le pied hors de chez eux sans être poursuivis, dès qu'ils étaient reconnus, par le cri de : « Vive Boulanger ! » ou par le refrain d'une ignoble chanson intitulée : « En revenant de la revue ». Les généraux, les députés, les sénateurs et le Président de la République lui-même, n'échappaient pas plus que les ministres à cette scie parisienne, qui rappelait, mais dans de grandes proportions, le fameux Ohé, Lambert! d'il y avait quelque vingt ans. Pour mettre fin à cette situation grotesque à l'intérieur et dangereuse à l'extérieur, la Chambre profita de la première occasion et renversa le ministère. Sur une question de finances, le groupe clémenciste, qui avait, dit-on, mis trois ans à préparer l'avènement du général Boulanger, mit moins de trois heures à le laisser choir. Après une crise ministérielle de quelques jours, le président Grévy parvint à constituer un cabinet Rouvier, avec le général Ferron à la guerre. M. Boulanger, qui avait refusé l'ambassade de Russie, accepta le commandement du 13e corps d'armée. Son départ pour Clermont-Ferrand devint l'occasion d'une manifestation à laquelle prirent part plus de trente mille de ses partisans. Son éloignement n'apaisa pas la polémique boulangiste et ne mit pas fin à l'agitation. La Revanche disparut, mais la Lanterne, l'Intransigeant et autres journaux populaires servirent quotidiennement à leurs lecteurs, un éreintement en règle des membres du gouvernement, de la Chambre, du Sénat, du Président et de tout

ce qui touchait à quelque chose, avec le contraste d'une éloquente apologie du brave de Clermont, posé en victime des intrigues parlementaires et de l'influence allemande. Un nouvel incident de frontière, pour lequel le gouvernement français obtint des excuses et une réparation (voy. ALLEMAGNE), détourna à peine les esprits quand éclata tout à coup le scandale des décorations (sept. 1887). Le général Ferron ayant eu des preuves que le général Caffarel avait abusé de sa position pour faire obtenir, à des gens qui n'y avaient aucun titre, le ruban convoité de la Légion d'honneur, ordonna l'arrestation de cet officier. Cette capture conduisit immédiatement à celle d'une aventurière nommée Limousin et de plusieurs autres femmes d'une réputation plus que douteuse, qui servaient d'intermédiaire entre le général et les personnes désireuses d'être décorées. Bientôt il fut démontré que le commerce des décorations se faisait d'une manière régulière sur une vaste échelle. Les journaux abondèrent en détails ; l'un d'eux ayant annoncé que l'on pensait que le général B... serait impliqué dans cette affaire, le commandant du 13e corps, qui venait de faire parler de lui relativement à un discours dans lequel M. Ferry l'avait traité de Saint-Arnaud de café-concert, ne laissa pas échapper une si belle occasion de se mettre en évidence. Il fit imprimer dans un journal que l'affaire Caffarel n'avait été soulevée par son successeur au ministère que dans l'espoir de le compromettre. Cette attaque contre son supérieur lui valut une punition de 30 jours d'arrêts de rigueur (octobre 1887). Pendant qu'il subissait sa peine, les journaux à sa dévotion le représentaient, non plus comme une victime, mais comme un véritable martyr, et sa popularité s'en accrut. La Limousin, furieuse d'être en prison, accusa Wilson, gendre du président Grévy, et prétendit que c'était véritablement lui le chef de bande des marchands de faveurs. Le vieux général sénateur d'Andlau, également compromis, n'attendit pas les agents chargés de l'arrêter ; il disparut. Quant à M. Wilson, il conserva sa liberté, malgré les charges accablantes qui s'élevaient contre lui. Il fut prouvé qu'abusant de sa position à l'Elysée, où il vivait, il avait fait usage, dans son intérêt personnel, de la franchise postale accordée au Président ; il s'empressa de faire disparaître ce motif d'action judiciaire en remettant de lui-même à l'administration des postes la somme de 40,000 francs pour le dommage qu'il lui avait causé. Des propositions furent faites à la Chambre pour qu'elle ordonnât une enquête relativement aux charges qui pesaient sur l'un de ses membres, M. Wilson ; le gouvernement s'y étant opposé, il en résulta une crise, qui après avoir été d'abord ministérielle, ne tarda pas à devenir présidentielle et fut sur le point de dégénérer en révolution. Le président Grévy, au lieu de désavouer son gendre et même de le désavouer, crut devoir le couvrir de son autorité, se fortifia les présomptions que ce vieillard, poussé par son avarice, n'avait pas ignoré les tripotages de M. Wilson. L'homme qui laissait peser sur lui de tels soupçons n'était pas digne de conserver la première magistrature de la France. Aussi, quand le ministère Rouvier eut donné sa démission, c'est en vain que le vieux président essaya de former un cabinet. Les différents hommes politiques qu'il consulta refusèrent d'entrer dans des combinaisons mort-nées ; et sur un vote impérieux de la Chambre, M. Grévy démissionna le 2 décembre 1887. Cette crise avait été accompagnée de troubles dans la rue. Des mesures militaires avaient dû être prises en cas de soulèvement populaire, et plusieurs fois la troupe chargea la foule pour l'empêcher de marcher soit sur le palais Bourbon, soit sur l'Elysée. Après la démission, le danger augmenta,

quand le bruit se répandit que, dans le congrès réuni à Versailles le 3 décembre pour élire un autre président, M. Jules Ferry était assuré de la majorité. Radicaux, boulangistes et blanquistes, alliés pour la circonstance, ne cachèrent pas qu'une prise d'armes répondrait à une pareille élection ; le conseil municipal, siégeant en permanence à l'hôtel de ville, prépara l'avènement d'une nouvelle Commune ; le peuple, descendu dans la rue, remplit la ville de ses rumeurs, de ses cris et de ses menaces. Ce fut avec un véritable soulagement que l'on apprit l'élection inattendue de M. Sadi Carnot, petit-fils de l'illustre « Organisateur de la victoire ». Cette nouvelle produisit une détente immédiate et le calme se rétablit de lui-même en un instant. Le nouveau Président éprouva quelque difficulté à former un ministère ; il réussit, le 12 décembre, à établir le cabinet Tirard, avec le général Logerot à la guerre. La constitution de 1875 avait vécu déjà treize années ; c'est la seule qui ait parcouru une si longue carrière. Elle fut en butte à des attaques qui menaçaient d'abréger son existence. L'année 1888, qui s'ouvrit au bruit des scandales causés par l'affaire Wilson, se continua au milieu de l'agitation produite par la question Boulanger. Le ministère Tirard, sans prestige, n'avait aucun appui dans le pays. Le mécontentement général se manifesta dès le 5 janvier, époque où des élections sénatoriales eurent lieu dans 29 départements : 60 républicains et 21 réactionnaires furent élus ; les républicains gagnèrent 3 sièges et en perdirent 6. Le 12, la Chambre jeta un défi aux partis avancés en repoussant l'urgence d'un projet d'amnistie déposé par M. Basly. La nation, travaillée par les incessantes prédications des journaux boulangistes, devint nerveuse et prête à se jeter dans n'importe quelle aventure qui pût la débarrasser d'un gouvernement pour lequel elle n'avait plus d'estime. Sur ces entrefaites, le 22 février, M. Thiébaud (bonapartiste) lança la candidature du général Boulanger dans les départements de la Côte-d'Or, de la Loire, du Loiret, de la Marne et de Maine-et-Loire ; et le général, en même temps qu'il télégraphiait au ministre de la guerre, Logerot, pour lui demander l'autorisation de protester contre l'emploi que les bonapartistes faisaient de son nom et pour affirmer qu'il était étranger à la campagne électorale, envoyait à son confident, M. le comte Dillon, des télégrammes dans lesquels il lui disait : « J'approuve tout » (Dépêche du 26 février), et « Il faut travailler fortement la presse et l'opinion » (27 février). Le général ne fût élu nulle part, mais ses journaux additionnèrent les nombreux suffrages égarés sur son nom. Le ministère, qui se sentait impuissant, n'eut pas la franchise d'agir avec vigueur contre un officier conspirateur. Il se contenta, le 17 mars, de demander la mise en non-activité du général, accusé d'être venu trois fois à Paris sans permission, les deux dernières fois sous un déguisement. Le conseil d'enquête chargé de donner son avis sur la proposition du ministre, ordonna la mise à la retraite de M. Boulanger, reconnu coupable d'avoir quitté son poste et d'avoir livré à la publicité une lettre adressée au ministre de la guerre. Le général, devenu éligible, prit avantage de sa popularité grandissante pour entreprendre de renverser le Président de la République, la Constitution, la Chambre, le Sénat, tout le gouvernement en un mot, et de le remplacer à lui tout seul. Son mot d'ordre acclamé de tous côtés, fut : « Révision, Dissolution, plus de Sénat, plus de Président de la République. » M. Wilson, condamné, le 10 mars, par la chambre correctionnelle à 2 ans de prison, s'empressa de faire appel de ce jugement et fut acquitté, le 26 mars, ainsi que ses complices Ribaudeau, Dubreuil et Hébert. Mais le général Caffarel

fut condamné le 19, par la 10e chambre correctionnelle, à 3,000 francs d'amende, et la femme Limousin à six mois de prison. Le 30 mars tomba le ministère Tirard sur une proposition de revision, déposée par Camille Pelletan et dont l'urgence, combattue par le gouvernement, avait été votée par la Chambre. Après quelque hésitation, le Président de la République se vit forcé de former un cabinet entièrement radical, avec M. Floquet pour chef, M. Goblet aux affaires étrangères et M. de Freycinet à la guerre. Ce nouveau ministère, absorbé par la question Boulanger, abandonna de suite la réalisation du programme radical et ne s'occupa uniquement que de réunir en un seul faisceau les différents groupes républicains, que le ministère Ferry avait précédemment divisés. La situation était pleine de difficultés ; M. Floquet entra corps et âme dans la lutte contre l'idole. Le début fut peu encourageant pour lui. Par suite de vacances dans la représentation de la Dordogne et dans celle du Nord, M. Boulanger appela le peuple à plébisciter de son nom, contre les 580 rois fainéants de l'Assemblée. Le 8 avril, il fut élu dans la Dordogne, par 59,500 voix, contre 35,750 suffrages obtenus par le candidat opportuniste. Le 15, dans le Nord, où il mena personnellement la campagne, son triomphe fut encore beaucoup plus complet, puisqu'il obtint 172,528 voix, contre 75,901 données à M. Foucart, et 9,647 à M. Moreau. Il lança aussitôt un manifeste pour déclarer que le jour de son élection resterait dans les annales du pays comme une date de véritable délivrance. Après son retour à Paris, il devint le héros de diverses manifestations et reçut des ovations dans tous les lieux où il se montra. Il était représenté par ses amis comme l'homme de l'avenir, celui qui doit sauver la France de l'inertie d'un gouvernement incapable, des fraudes et des combinaisons politiques immorales, et comme le chef qui doit conduire nos drapeaux à la victoire dans une guerre de revanche. Mais son immense orgueil fut presque immédiatement humilié par des manifestations anti-boulangistes dans les rues de Paris, de Nancy, de Toulouse, et par son échec dans l'Isère (29 avril), dans l'Ardèche et surtout dans la Charente ou son candidal, M. Paul Déroulède fut piteusement battu (17 juin). Son incroyable popularité commença à décliner, lorsqu'il se couvrit de ridicule en se faisant conduire à la Chambre comme un triomphateur, dans un char pavoisé que traînaient des chevaux couverts de cocardes et de rubans, et en paradant avec ostentation autour de la place de la Concorde, pour donner le temps à son escorte de lui faire une ovation qui n'avait rien de spontané. Arrivé au palais Bourbon, il s'y présenta avec l'arrogance d'un Louis XIV traitant le Parlement comme un ramassis de valets (9 avril). A sa demande de revision (4 juin), M. Floquet répondit, au milieu du tumulte, par une première catilinaire qui montra que l'aspirant dictateur avait enfin trouvé son homme. Il ne s'y attendait pas ; il fut atterré. Ecrasé par les vigoureuses paroles de son adversaire, il courba la tête et se retira, après un vote où il ne vota rien de favorable, sauf pour les partisans des députés monarchistes (359 voix contre la proposition Boulanger ; 181 pour). A partir de ce moment M. Floquet devint le bouc émissaire des journaux boulangistes, des agents secrets et des camelots soudoyés par une caisse mystérieuse et suspecte. Le 12 juillet, deux jours avant la fête nationale, M. Boulanger se rendit à la Chambre pour y défendre sa proposition de dissolution. A ses paroles hautaines, M. Floquet répliqua par une seconde catilinaire qui démasqua définitivement son adversaire : « Pendant que nous combattions pour la République, où étiez-vous ? vous passiez de la sacristie à l'antichambre ». Sur un démenti

du général, le ministre lui envoya deux té-moins. La rencontre eut lieu à Neuilly le 13 juillet, dans le parc d'une propriété appar-tenant à M. Dillon. L'arme choisie était l'epée. A la seconde reprise, l'Achille se précipitant furieusement sur son adversaire, s'enferra et reçut une grave blessure, mais à la gorge. Ses partisans consternés n'osèrent pas troubler la fête du 14 juillet ; mais leur acharnement redoubla contre M. Floquet. L'argent, jeté à pleines mains, fit naître des grèves et des troubles dans la rue. A l'enterrement de l'ex-général de la Commune, Eudes, le drapeau rouge fut déployé et le sang coula (8 août). Au milieu de l'agitation qui suivit ces événe-ments, M. Boulanger fut élu, grâce à l'appui des bonapartistes, dans la Charente-Inférieure, dans le Nord et dans la Somme, le 19 août. On remarqua qu'il obtint, dans le Nord, 40,000 voix de moins que lors de l'élection du 15 avril. Il opta pour le Nord, mais rendu plus circonspect, il se conduisit désormais à la Chambre comme un député quelconque. Ses journaux seuls continuèrent avec audace la campagne d'insinuation plus ou moins diffamatoire contre les membres du gouver-nement et du Parlement. Ces insinuations renouvelées sans cesse, sous une forme ou sous une autre, devaient finir tôt ou tard par prendre corps et par trouver leur expression définitive dans la bouche de quelqu'un. Lors d'un discours prononcé à Alais le 3 septembre 1888, le député Numa Gilly, maire de Nîmes, affirma que sur 36 membres de la commis-sion du budget, il y avait au moins 20 Wil-sons. La commission du budget ayant cru devoir s'abstenir de poursuivre M. Gilly, un de ses membres, M. Andrieux, se décida à porter plainte au garde des sceaux. M. Gilly fut donc déféré aux assises du Gard et son procès en diffamation fut jugé le 27 novem-bre. Dès le début, il déclara n'avoir pas visé M. Andrieux. La cour lui ayant refusé le droit de faire la preuve de faits étrangers à la cause, il cessa de se défendre et laissa au jury le soin de se prononcer ; M. Andrieux retira sa plainte parce que les débats n'étaient pas contradictoires et l'accusé fut acquitté. Presque aussitôt, il publia sous le titre de *Mes Dossiers* un livre dont il n'avait même pas lu le contenu, où l'on trouvait, à défaut de faits précis, la réunion des mille racontars calomnieux avec lesquels les journaux à scan-dales faussent l'opinion de leurs lecteurs. L'effet produit par cette publication fut si désavantageux pour M. Gilly, qu'il ne tarda pas à le désavouer et à affirmer qu'il ne l'avait pas autorisée. Entre temps, et pour ne pas laisser oublier le général, les journaux à sa dévotion, inventaient quelque conspiration du gouvernement ou d'autres balivernes que des millions de badauds répétaient le lende-main comme d'incontestables vérités. Le 2 décembre, le général prononça à Nevers une apologie du coup d'Etat, pendant que cent mille habitants de Paris protestaient sur la tombe de Baudin. A l'extérieur la politique française est restée la même. Tenue en sus-picion par les gouvernements d'Allemagne, d'Autriche et d'Italie, la République avec la cour de Saint-Pétersbourg. Au mois de jan-vier éclata l'incident de Damas, causé par la violation du consulat français, qu'envahi-rent des soldats turcs à la recherche de deux Algériens protégés de la France ; cette affaire se termina à l'amiable au mois de mars. L'ac-croissement des forces militaires en Alle-magne eut pour conséquence, en avril, le vote de 62 millions de francs pour la cons-truction d'ouvrages défensifs à Cherbourg, Brest et Toulon. En avril, le gouvernement présenta aux Chambres un projet de loi mili-taire fixant la durée du service militaire à 25 ans, dont 3 ans dans l'armée active, 6 1/2 dans la réserve, 6 ans dans l'armée territo-

riale et 9 1/2 dans la réserve de la territoriale. Au mois de mai (28), le ministre hongrois Tisza crut devoir, dans un discours prononcé devant la Chambre des députés de Hongrie, avertir ses compatriotes qu'il serait dange-reux de se rendre à Paris pendant l'Ex-position de 1889. A cette attaque injustifiable, M. Goblet, ministre français des affaires étrangères, répondit par un langage modéré mais ferme, qui produisit un grand effet (31 mai) et qui amena une rétractation du ministre hongrois. Les rapports avec le gou-vernement italien se tendirent, et l'on put craindre une rupture. Le traité de commerce avec l'Italie ne fut pas renouvelé ; la question de Massouah produisit des froissements de mauvais augure. M. Goblet, ministre des affaires étrangères, contesta la légalité de l'occupation italienne et ne voulut pas recon-naître à l'Italie le droit d'imposer des taxes municipales sur les étrangers ou sur les pro-tégés français établis à Massouah. Il en résulta un échange de notes circulaires dans les-quelles signor Crispi déploya une acrimonie qui n'est pas dans les usages de la diplomatie. Peu après, des malfaiteurs, restés inconnus, enlevèrent les armes impériales du consulat d'Allemagne au Havre et les traînèrent dans le ruisseau. Cet incident malheureux ne com-portait aucune suite ; la France devait des excuses ; elle les fit de bonne grâce (octobre). Les boulangistes annonçaient dans leurs dis-cours et dans leurs journaux que le général présiderait à l'ouverture de l'Exposition ; une élection justifia leurs espérances. Un député de la Seine, M. Hude, étant mort, la date fixée pour son remplacement fut le 27 jan-vier 1889. Les républicains choisirent pour candidat le président du conseil général de la Seine, M. Jacques. Le général Boulanger, son adversaire, obtint 245.236 voix, contre 162.875 accordées à M. Jacques et 17.039 ac-cordées à M. Boulé, candidat socialiste. Le résultat était la condamnation du vote au scrutin de liste. Le ministère Floquet pré-senta aussitôt un projet de loi qui fut adopté et qui rétablissait le scrutin uninominal. En même temps, M. de Freycinet, ministre de la guerre, envoya une circulaire aux comman-dants de corps d'armée pour leur enjoindre de tenir la main à ce que les officiers et les soldats placés sous leurs ordres s'abstinssent de s'occuper de politique. La Chambre, qui, sur la demande du cabinet, avait mis la ques-tion de revision à l'ordre du jour de sa séance, du 14 février 1889, ayant décidé sur la pro-position de M. de Douville-Maillefeu et à la majorité de 307 voix contre 218, qu'il y avait lieu d'ajourner indéfiniment la revision des lois constitutionnelles, M. Floquet déclara que le cabinet qu'il présidait était démission-naire. Les ministres conservèrent la direc-tion des affaires pendant que le Président de la République cherchait à former un nouveau cabinet. Ce fut pendant cet intérim qu'éclata l'incident Atchinoff (voy. SAGALLO, dans ce Supplément). Une troupe d'aventuriers russes ayant envahi, à main armée, le territoire français d'Obock, fut repoussée à coups de canon, avec l'assentiment du gouvernement de Saint-Pétersbourg. Les boulangistes, qui avaient la prétention de personnifier le pa-triotisme, firent un crime au gouvernement d'avoir fait respecter les droits de la France. La Ligue des Patriotes lança une proclama-tion incendiaire pour appeler le peuple aux armes. Le but secret des boulangistes était de tenter un grand mouvement, de s'empa-rer de l'Elysée et de faire sanctionner leur usurpation par un plébiscite. Sur ces entre-faites, le ministère Tirard s'installa, le 21, avec Rouvier aux finances, Spuller aux affaires étrangères, Thévenet à l'instruction publique, Ferrouillat à la justice, Montaud aux travaux publics, Legrand au commerce, de Freycinet à la guerre, et Viette à l'agriculture. La

Ligue des Patriotes fut dissoute et l'on saisit les papiers de cette société. A la suite de dé-bats à la Chambre, il fut décidé, par 334 voix contre 162, de poursuivre Déroulède et les députés Laguerre, Laisant, Turquet, ainsi que plusieurs autres boulangistes pour avoir fait circuler la proclamation de Déroulède, datée du 16 février. Il en résulta plusieurs condamnations à 100 fr. d'amende pour affi-liation à une société non autorisée. Sur ces entrefaites, le général Boulanger disparut, dans les premiers jours d'avril. Le public, qui n'était pas dans les confidences des hommes politiques, s'étonna de la fuite d'un ambitieux que l'on croyait sur le point d'ar-river au pouvoir. Ses amis Dillon et Roche-fort l'avaient suivi. On apprit, dans la suite, que les républicains, las de s'entendre traiter de voleurs, avaient menacé le chef boulan-giste de le poursuivre, après s'être aperçu que 242.000 fr. avaient disparu du ministère de la guerre et que le général les avait employés à sa propagande. Le Sénat se constitua en haute cour de justice le 12 avril. Le procu-reur général Quesnay de Beaurepaire, vio-lemment injurié par la presse boulangiste, soutint l'accusation. La haute Chambre rendit son arrêté le 13 août. Boulanger, reconnu cou-pable d'avoir volé 242,000 francs, fut con-damné par contumace, à la déportation dans une enceinte fortifiée. Dillon et Roche-fort, poursuivis comme complices de sa cons-piration contre la sûreté de l'Etat, en furent quittes pour une condamnation à la déporta-tion simple. Déjà, le président Carnot avait ouvert l'Exposition universelle (voyez EXPOSI-TION), et le calme se fit un peu dans les es-prits. Le général, qui de Londres, où il s'était provisoirement réfugié, dirigeait encore une active campagne contre la République et po-sait sa candidature un peu partout, fut battu à Sainte-Foix (près Bordeaux), au Vigan (Gard) et à Briey (Meurthe-et-Moselle). Les tiens des trois condamnés furent recherchés et saisis, tandis que les tribunaux faisaient justice de leur adepte, Numa Gilly, en le condamnant, comme calomniateur, à six mois de prison et à 1,000 francs d'amende. Le boulangisme sem-blait abattu, mais les orléanistes croyant pas-ser par la brèche qu'il avait faite, entrepri-rent dès le mois de mai, une active propa-gande en faveur du comte de Paris. Mais les esprits étaient ailleurs ; on s'occupait de l'Ex-position, et tant qu'elle dura, il fut impossible d'agiter le pays. Boulangistes, orléanistes, bonapartistes alliés ensemble, attendirent avec impatience les élections générales, cer-tains qu'ils étaient d'obtenir une grande majorité à la Chambre des députés. Il se contentèrent de signer et de répandre des manifestes. M. Mermeix, accusé de complicité dans la soustraction d'importants documents relatifs au procès Boulanger, fut condamné à 4 mois de prison et à 500 francs d'amende, le 4 septembre. Le lendemain, M. Tirard, président du conseil, reçut une lettre du géné-ral Boulanger, réclamant le droit d'être jugé par un conseil de guerre. La liste des candidats pour la prochaine élection au Corps législatif fut close le 17 septembre. Le général, quoique inéligible, s'obstinait à se présenter à Montmartre. Dans presque toutes les autres circonscriptions, il eut des candidats officiellement *investis* et pour les-quels ses partisans devaient voter comme pour lui-même. La plupart de ces candidats appar-tenaient à l'orléanisme ou au bonapartisme, et avaient secrètement pris l'engagement de ré-tablir la monarchie dès qu'ils seraient en majorité à la Chambre. Les élections eurent lieu le 22 septembre. Paris élut 22 républi-cains et 14 boulangistes. Le résultat général du second tour de scrutin (7 octobre) fut la nomination de 325 républicains, 112 monar-chistes, 62 bonapartistes, 41 boulangistes et 32 libéraux d'opinion incertaine. La propa-

gande boulangiste avait délié la langue à beaucoup de prêtres, qui avaient transformé en clubs leurs églises ; 55 d'entre eux furent suspendus de leurs fonctions le 31 octobre. Dès l'ouverture des Chambres, le 12 novembre, M. Floquet fut élu président du Corps législatif (17). La proposition faite par M. Maujan, de reviser la constitution, fut repoussée par 345 voix contre 123. L'élection de Boulanger à Montmartre fut cassée comme illégale, et Joffrin, sur qui il avait obtenu une grande majorité, fut déclaré élu, les voix données au général ne comptant pas, en vertu de la loi. Des élections complémentaires eurent lieu le 16 février 1890, elles eurent pour résultat le triomphe de presque tous les boulangistes de la Chambre avait précédemment invalidés. Les partis se trouvèrent ainsi représentés à la nouvelle Assemblée élue : 1° monarchistes, 104 ; 2° bonapartistes, 60 ; boulangistes, 47. Le surplus des 576 députés se composa de républicains appartenant aux diverses nuances, mais ressortés par l'imminence du danger qu'ils venaient de courir, et cherchant à former un nouveau groupe dit de concentration. Des discussions entre MM. Tirard et Constans amenèrent la démission de ce dernier, qui fut remplacé à l'intérieur par M. Bourgeois (2 mars 1890). Peu de jours après, le 14 mars, le ministère Tirard tout entier tomba sous un vote hostile du Sénat, relatif au renouvellement du traité commercial franco-turc. Le 17, on annonça un nouveau gouvernement, présidé par M. de Freycinet, ministre de la guerre, avec Constans à l'intérieur, et Ribot aux affaires étrangères. En avril, 82 candidats boulangistes se présentèrent aux élections municipales de Paris, 3 seulement furent élus. A la suite de cet échec, le général écrivit à ses amis une lettre pour reconnaître que c'était fini, et qu'il ne fallait plus troubler le pays (18 mai). Retiré à Sainte-Brelade (Jersey), il y menait comme à Londres une existence princière. A partir de ce moment il fit peu parler de lui. Un seul incident de son existence fut relevé par la presse anglaise : un chandelier ayant failli le tuer en lui tombant sur la tête, le Punch publia que la gloire du général venait de recevoir un nouveau lustre. Le 27 juillet 1890, le gouvernement français reconnut, par un traité, les prétentions de l'Angleterre sur le territoire de Zanzibar. De son côté, la Grande-Bretagne reconnut le protectorat français à Madagascar et s'engagea à ne pas contrarier notre influence dans le nord de l'Afrique, depuis le Sénégal et l'Algérie jusqu'au lac Tchad. Une expédition envoyée au Dahomey mit fin aux actes d'hostilité que le roi de ce pays commettait sur nos possessions. Le 5 octobre intervint un traité, vivement critiqué, en vertu duquel la France obtint le port de Kotonou et le protectorat de Porto-Novo ; mais Widdah resta au Dahomey. Les boulangistes étaient écrasés ; leur parti existait encore néanmoins. Ce fut un de ses adeptes qui lui porta le dernier coup. M. Mermeix publia les Coulisses du Boulangisme et dévoila les secrets dont on se doutait. Il résulta de ses révélations que, sur environ 15 millions qu'avait coûté la propagande du parti, trois millions étaient dus à la générosité de l'orléaniste duchesse d'Uzès ; et que toute la campagne conduite par le général n'avait eu d'autre but que de ramener au pouvoir les princes d'Orléans. Le comte de Paris reconnut, dans une lettre, l'exactitude de ces faits. Reste encore à connaître l'origine des autres millions. Les Coulisses du Boulangisme fixèrent la justice sur un point ignoré de la police. Le général, alors à la tête du corps d'armée de Clermont-Ferrand, s'était absenté sous un travestissement et avait été conspirer à Prangins (Suisse) avec le prince Jérôme. Si ce détail eût été connu de la Haute-Cour, la condamnation de

Boulanger aurait dû être celle de la peine de mort.

FRANCO-ALLEMANDE (Guerre). — Voici, d'après les récents travaux des statisticiens, ce que la guerre 1870-71 a coûté aux deux nations belligérantes. Le savant directeur de la statistique du royaume d'Italie, M. L. Bodio, membre correspondant de l'Institut de France, a voulu se rendre compte de ce qu'avait coûté, en hommes et en capitaux, la guerre de 1870-'71. Il a puisé aux meilleures sources et interrogé les ouvrages les plus autorisés. Les résultats auxquels il est arrivé ne sont encore qu'approximatifs : tels qu'il les expose dans son travail, qu'il ne considère pas comme définitif, ces résultats suffisent à montrer quel effroyable fléau est la guerre. — I. Perte d'hommes. — FRANCE. D'après le docteur Jules Rochard, inspecteur général de la marine française .(conférence tenue en 1888 devant l'Union des Femmes de France), les pertes subies par l'armée française dans la guerre franco-allemande sont les suivantes :

	Hommes
Morts en France	60.000
Morts en France, de maladies, accidents, suicides, etc.	36.000
Morts en Allemagne, prisonniers	20.000
Total des morts	**135.000**
Blessés sur le champ de bataille qui ont survécu	138 000
Blessés par les marches, accidentellement, contusionnés, etc.	11.421
Malades de maladies communes, d'exténuation, de froid, etc.	328.000
Total des blessés et des malades	**473.421**

Le docteur Puget évalue à 155.000 le nombre des Français morts ou devenus invalides pendant la campagne ou de ses suites. Le docteur Chenu, dans une étude intitulée : Aperçu historique, statistique et clinique sur le service des ambulances pendant la guerre de 1870--'71 (Paris 1874), donne des chiffres quelque peu différents. Il évalue à 138.871 le nombre des Français morts de blessures ou de maladies ; à 143.066 le nombre des blessés dans les combats ayant survécu ; à 11.421 le nombre des blessés dans les marches, à 328.000 le nombre des malades. Enfin, M. Giffen, dans un article publié sous le titre The cost of the franco-german war of 1870-71, réduit le nombre des morts à 30 000 ; celui des invalides au même chiffre ; celui des malades, blessés, rendus plus tard à la vie ordinaire et au travail, à 90.000. Les chiffres de l'austère Anglais sont malheureusement inférieurs à la vérité. — ALLEMAGNE. D'après les docteurs Roch et Lu, qui ont tiré leurs données des rapports officiels de l'état-major de Berlin, il est mort, du côté des Allemands, en tant qu'officiers, soldats et employés dépendant de l'administration militaire, 40.897 hommes. De ce nombre 17.255 ont péri sur les champs de bataille ; 11.023 sont morts dans les ambulances et les hôpitaux, des suites de blessures : 12.599 sont morts des suites de maladies contractées pendant la campagne. Ont été blessés plus ou moins gravement et ont survécu, 88.543 hommes. D'après le docteur Engel, le nombre des Allemands morts ou devenus invalides se monte au chiffre de 60.000. — II. Perte des capitaux. — ALLEMAGNE. Ici aussi, les auteurs qui ont étudié la question sont loin de se trouver d'accord. Tandis que M. Blenck est d'avis que l'indemnité de 5 milliards payée par la France dépasse de beaucoup les frais supportés par l'Allemagne, soit du fait de la guerre, soit par la réorganisation de l'armée qui a suivi la campagne, le professeur A. Meizen, de l'Université de Berlin, évalue à 8 milliards de francs les pertes directes et indirectes subies par l'Allemagne. L'indemnité payée par la France aurait donc encore laissé un déficit de 3 milliards. — FRANCE. M. Bodet,

ancien ministre des finances, a évalué les pertes subies par la France, du fait de la guerre de 1880-'71 de la manière suivante :

Dépenses militaires	2.386.412.533
Sommes payées à l'Allemagne	5.742.937.824
Emprunts et primes	1.156.327.955
Travaux publics occasionnés par la guerre	207.239.800
Indemnités payées par l'État aux départements et aux particuliers	604.622.424
Pertes subies par l'État	2.033.939.000
Dommages supportés par les communes et non remboursées par l'État	535.007.000
Total	**Fr. 12.666.516.536**

Le professeur Meitzen évalue les pertes sèches pour la France à 17 milliards. M. D. Giffen, se plaçant à un point de vue humanitaire et cosmopolite, ne considère pas l'indemnité de 5 milliards comme une perte, puisque l'Allemagne a acquis ce que la France a payé. Mais il évalue les pertes dérivant de l'arrêt de la production du capital homme ou de l'incapacité au travail des blessés et des invalides à 14.650.000.

FRANGIPANE (Écon. dom.) — Mettez dans une casserole deux ou trois œufs, assez de farine pour obtenir une pâte épaisse, que vous délayerez avec du lait. Faites cuire, en tournant jusqu'à ce qu'elle bouille, pendant à peu près un quart d'heure. Retirez du feu et assaisonnez de sucre en poudre, macarons écrasés et fleur d'oranger pralinée également en poudre.

FRANKÉNIACÉ, ÉE, ad. (de Jean Frankénius, botaniste suédois du XVIIe siècle). Bot. Qui ressemble ou qui se rapporte à la frankénie. — s. f. pl. Famille de violinées ayant pour type le genre frankénie et comprenant en outre les genres nothria et bealsonia.

FRÉDÉRIC III (Frédéric-Guillaume-Nicolas-Charles DE HOHENZOLLERN), empereur d'Allemagne et roi de Prusse, le second empereur de la maison de Hohenzollern, né à Berlin, le 18 octobre 1831, mort à Potsdam le 15 juin 1888. Fils aîné du prince Guillaume, qui devint roi de Prusse puis empereur d'Allemagne, il fut, comme tous les princes allemands, destiné au métier des armes et élevé au grade de sous-lieutenant dès l'âge de dix ans. Aimant les lettres et les arts, d'un caractère doux et simple, il s'attira l'affection de tous ceux qui l'approchaient. Après s'être mûri par des voyages dans les divers pays de l'Europe, il épousa, en 1858, la princesse Victoria, fille aînée de la reine d'Angleterre. Promu lieutenant général en 1860, il fit, en cette qualité la campagne du Danemark (1864), dans l'état-major du feld-maréchal Wrangel. Nommé général d'infanterie en 1866, il prit part à la campagne d'Autriche, comme commandant de la 2e armée, dite armée de l'Oder. On sait la part qu'il prit à la victoire de Sadowa, le 3 juillet 1866. La bataille s'était engagée dès le matin entre la première armée prussienne et l'armée austro-saxonne. La lutte fut charnée de part et d'autre. Vers le milieu de la journée, la puissante artillerie des Autrichiens commençait à faire reculer les Prussiens et la victoire se dessinait en faveur des premiers, lorsque survint l'armée du prince Frédéric-Guillaume, qui était en route depuis le matin. Les choses changèrent aussitôt de face. Le fils du roi de Prusse se porta vigoureusement sur Chulm, la clef de la position, et en délogea les Autrichiens après un combat des plus sanglants. L'année suivante, au mois de juin, il vint à Paris pour visiter l'exposition universelle et le plus brillant accueil de Napoléon III. Il accompagnait le roi de Prusse et M. de Bismarck. En 1870, placé à la tête de la troisième armée allemande, composée de troupes prussiennes, bavaroises, wurtembergeoises et badoises, il quittait son quartier général de Landau le

4 août pour se porter sur Wissembourg, où campait le général Abel Douay, qu'il attaquait avec 80,000 hommes. Le général Douay, n'ayant à lui opposer que 10,000 soldats, fut écrasé sous le nombre, malgré une héroïque résistance. Le 6 août, Frédéric-Guillaume, qui avait poursuivi sa marche en avant, rencontrait à Frœschwiller, près de Reichshoffen, le corps d'armée de Mac-Mahon. Il avait avec lui 100,000 hommes et une artillerie formidable à opposer aux 40,000 soldats de Mac-Mahon. La bataille dura de sept heures du matin jusqu'à quatre heures du soir. Comme à Wissembourg, la France fut encore vaincue. On raconte à ce propos que le prince, en voyant défiler devant lui des Français faits prisonniers dans cette lutte héroïque, se découvrit respectueusement et, se tournant vers son état-major, il dit : « Saluez le courage, messieurs ; je n'ai, de ma vie, rien vu d'aussi brave que ces soldats que la fortune a trahis. » Après avoir fait investir Strasbourg par les corps badois et wurtembergeois, sous le commandement du général de Werder, le prince royal sortit de l'Alsace et traversa les Vosges pour se rallier à l'aile gauche du prince Frédéric-Charles; mais, apprenant la retraite des généraux de Mac-Mahon et de Failly vers le sud, il se dirigea sur Nancy et occcupa successivement Vitry-le-François, Châlons et Epernay. Pendant ce temps, le maréchal de Mac-Mahon, dont l'armée avait été reformée, se dérobait et quittait la vallée de la Marne pour marcher sur Metz. A cette nouvelle, Frédéric-Guillaume opéra une immense conversion à droite, et, malgré les quatre jours d'avance que Mac-Mahon avait sur lui, l'atteignit sous les murs de Sedan. Le prince Frédéric-Guillaume contribua avec le prince royal de Saxe à nous infliger l'immense désastre du 1er septembre 1870, la plus effroyable catastrophe dont fassent mention nos annales militaires. Immédiatement après cette victoire, qui détermina la révolution du 4 Septembre et la proclamation de la République en France, la 3e et la 4e armées allemandes se dirigèrent sur Paris. Le prince de Prusse investit la rive gauche et le prince de Saxe la rive droite. Le 26 janvier 1871, Paris capitula, faute de vivres. Le 28 octobre, le roi de Prusse, dans une lettre datée de Versailles, rappelant les victoires du prince royal, lui disait : « Tout cela, dans son ensemble, signale en toi le grand capitaine favori de la fortune. Aussi mérites-tu d'occuper le rang le plus élevé dans la hiérarchie militaire, et je te nomme, par la présente, général-feld-maréchal. C'est pour la première fois que cette distinction, que je confère également au prince Frédéric-Charles, échoit en partage à des princes de notre maison. » Il convient du reste de rendre hommage au caractère de ce prince, qui fit tout ce qui était en son pouvoir pour atténuer les horreurs de la guerre. Il blâma, dit-on encore, en des termes très vifs, les pillages et les incendies, et on rapporte qu'il aurait dit un jour à de Moltke : « Vous faites de ceci une guerre, non contre la France, mais contre la civilisation ». Plus d'une fois, il a laissé libres des officiers français pris dans le combat et dont il avait pu remarquer l'héroïsme. On rappelle aussi, à sa louange, qu'il fit toujours rendre les honneurs militaires aux officiers généraux de notre armée trouvés morts sur le champ de bataille, ou décédés dans les ambulances allemandes. Après la guerre francoallemande, le prince Frédéric-Guillaume se tint à l'écart des affaires tant politiques que militaires. Il resta, néanmoins, président de la commission pour la défense du territoire et inspecteur général de l'armée. Le prince passait son temps à voyager en Angleterre et en Italie. Il avait pour ce dernier pays une affection particulière. Il fit de fréquents et longs séjours à Rome. Un des derniers inci-

dents de sa vie de prince a été son voyage en Espagne, en 1883. Au mois de novembre de cette année, il fut chargé d'une mission spéciale près du roi Alphonse XII. En 1887, la condition critique de la santé du kronprinz causa la plus grande anxiété dans l'empire. Les meilleurs médecins allemands, réunis en conseil, trouvèrent dans sa gorge une formation qu'ils pensèrent être une excroissance cancéreuse. Le prince Frédéric-Guillaume était depuis longtemps malade de cette affection ; le Tagblatt de Berlin rapporte que le prince fut atteint, en 1872, d'une grave maladie qu'on a tenue secrète. Il était soigné à Carlsruhe, par sa sœur, la grande-duchesse de Bade, parce que tout transport à Berlin avait été jugé impossible. On ne sut jamais quel était le genre de cette maladie, et on l'attribua aux fatigues de la campagne de 1870-71, mais on sait pourtant que le prince était enroué au point d'être devenu aphone. Ce n'est qu'en 1874 que le prince recouvra la voix. « On sait du reste, ajouta le Tagblatt, que le manque de voix est un trait caractéristique dans la famille impériale. L'impératrice et la grandeduchesse de Bade, sa fille, parlent si bas, qu'il est parfois difficile, à ceux qui les écoutent, de les comprendre. » Au grand déplaisir des médecins allemands, la princesse Victoria, épouse du kronprinz, appela auprès du malade un de ses compatriotes, le docteur MorellMackenzie, qui s'était fait une célébrité dans la spécialité des maladies de la gorge. Mackenzie, considérant que les symptômes alarmants qui accompagnaient le mal, n'annonçaient pas un cancer, se prononça pour l'enlèvement de la portion qui était atteinte. Les médecins allemands se récrièrent ; mais le prince se soumit à l'ablation qui, faite avec habileté par le médecin anglais, fut suivie d'un soulagement immédiat. Mackenzie, triomphant, fut récompensé par le titre de baron. Le prince suivit un instant ses soins à Norwood, et quand il rentra en Allemagne il était presque guéri. Il se rendit en Italie dans l'intention de passer l'hiver à San-Remo. Presque aussitôt son arrivée dans cette station hivernale, une nouvelle formation apparut au larynx, et les médecins allemands, aussitôt appelés, déclarèrent qu'elle était de nature cancéreuse. La position du prince semblait donc désespérée, quand tout à coup, au bout de quelques semaines, une remarquable modification de l'excroissance, changea l'opinion de la plupart d'entre eux. L'opération de la trachéotomie, subie par le patient, apporta quelque soulagement à ses souffrances. C'est à San-Remo, le 9 mars, qu'il apprit la mort de son père. Il rentra à Berlin et, le 12 du même mois, il lançait sa proclamation au peuple allemand ; on y remarquait le passage suivant : « Je suis convaincu que je suis appelé à être, et j'en prends l'engagement, un roi juste et fidèle dans la joie comme dans la douleur. » Et dans son fameux rescrit au prince de Bismarck se trouvent ces paroles : « Si nous parvenions à asseoir fortement les bases de la vie politique et sociale, j'éprouverais ensuite une satisfaction particulière à pouvoir donner son plein épanouissement à la floraison déjà si richement établie dans tout l'empire, de la science et de l'art allemand... Puisse-t-il m'être donné de conduire, dans un développement pacifique, l'Allemagne et la Prusse à de nouveaux honneurs ! Indifférent à l'éclat des grandes actions qui apportent la gloire, je serais satisfait si, plus tard, on dit de mon règne qu'il a été bienfaisant pour mon peuple, utile à mon pays et une bénédiction pour l'empire. » Mais le mal le terrassa bientôt, malgré la vaillance de l'impératrice qui ne le quittait pas, il ne put se consacrer tout entier, comme il l'avait promis, à l'œuvre qu'il voulait accomplir. Il eut assez de force pour faire respecter quelques-unes de ses volontés, aidé dans cette tâche

par sa courageuse épouse, qui avait eu à supporter les méfiances et même les grossièretés de M. de Bismarck. Il destitua le ministre de l'intérieur, M. de Puttkamer, qui avait fait de la pression électorale en dépit des ordres formels qu'il avait reçus. Mais il dut céder au chancelier pour les mesures à prendre contre l'Alsace-Lorraine, il dut même abandonner un projet de mariage entre sa fille et le prince Alexandre de Battenberg. Au milieu de ces tiraillements politiques, le puissant et infortuné souverain, qui ne respirait plus qu'à l'aide d'une canule placée dans sa gorge, montrait une patience qui, seule, lui permettait de surmonter ses souffrances. La mort seule pouvait le soulager ; il l'appelait, elle le délivra, de ses maux le 15 juin. La princesse Victoria eut toujours sur lui une profonde influence, et c'est en grande partie à sa femme que Frédéric-Guillaume dut cet esprit libéral par lequel il se distingua des autres membres de sa famille. L'empereur Frédéric III a eu six enfants : 1° Le prince Guillaume, empereur actuel d'Allemagne, né à Berlin le 27 janvier 1859, marié le 27 février 1881 à la princesse Victoria, fille du duc Frédéric de Slesvig-Holstein ; 2° la princesse Charlotte, née en 1860, mariée en 1878 au prince Bernard de Saxe-Meiningen, officier d'état-major allemand ; 3° le prince Henri, né en 1862, officier de marine ; 4° la princesse Victoria, née en 1866 ; 5° la princesse Sophie, née en 1870; 6° la princesse Marguerite, née en 1872. Les médecins allemands donnèrent les rapports officiels qui ont été traduits en français sous le titre de La Maladie de l'Empereur Frédéric III ; en réponse, le docteur Morell-Mackenzie publia aussitôt La dernière Maladie de Frédéric le Noble.

FRÈRE-BEY (Charles-Théodore FRÈRE, ordinairement appelé), peintre orientaliste, né à Paris le 14 juin 1815, mort le 24 mars 1888. Après avoir étudié dans les ateliers de J. Coignet et de Roqueplan, il donna au Salon de 1834, une Vue de Strasbourg. Il donna l'année suivante une Ecurie dans le Loiret, puis en 1836, le Pont de Saint-Ouen et le Pont des Carmes. Etant parti pour l'Algérie, il assista à la prise de Constantine, parcourut le désert, visita les trois provinces algériennes et y prit une foule de croquis dont il se servit plus tard pour exécuter ses tableaux les plus recherchés: Faubourg Bab-Azoun, le Bab-el-Oued, le Marché de l'Arva, la Rue des Juifs et le Marché de Constantine, etc. Frère explora ensuite la Grèce, la Turquie d'Europe, la Turquie d'Asie, l'Egypte, accompagna en 1869, l'impératrice Eugénie dans son voyage sur le Nil et exécuta, pour elle, un album d'aquarelles représentant surtout les principaux sites parcourus dans cette occasion. Les toiles les plus remarquables furent : la Caravane au gué, le Bazar de Janina, Halte d'Arabes (1850), Mosquée à Beyrouth, une Rue à Constantinople, un Bazar à Damas, une Cour à Tauthat (1855), Bazar à Beyrouth, une Halte à Giseh (1857), un Harem au Caire, Anes et Aniers du Caire, le Café Mohammed au Caire (1853), Halte du soir à Minieh, un Arabe buvant à une fontaine (Caire), Restaurant arabe à la porte de Choubrah (1860), Une fête chez un Uléma à Constantinople (1861), Ruines de Karnac à Thèbes (1862), un Bazar à Girgeh, un Potier à Esné (Haute-Egypte, 1863), Ô Kale, le Matin (1854), le Café de Galata à Constantinople, l'Ile de Philæ (Nubie, 1865), Noce arabe au Caire, Prière du soir (1866), le Théâtre de Karaghœuz, etc., etc.

FRIGOTTER v. n. (lat. frigutire, pousser de petits cris).— Pousser des petits cris, en parlant du serin, du pinson et des oiseaux de la famille des fringillidées.

FROMAGE de cochon. — Désossez une tête de cochon. Coupez-en la chair et le lard en filets minces, sans entamer la couenne ; ajoutez

les oreilles et la langue coupées de même ; assaisonnez de sel, poivre, thym, laurier, basilic, clous de girofle, coriandre, deux gousses d'ail, la moitié d'une muscade, le tout haché, et une poignée de persil en feuilles. Mettez dans une casserole ronde la peau de la tête et arrangez dessus vos filets de chair et de lard entremêlés. Emplissez la peau, retroussez-la et cousez-la, elle présentera ainsi la forme d'une boule aplatie que vous mettrez dans une marmite avec du vin blanc, carottes, thym, gousses d'ail, bouquet garni, sel et poivre. Faites cuire pendant six à sept heures. Mettez alors votre fromage dans un vase qu'il remplisse exactement, couvrez ce vase et chargez le couvercle d'un poids assez lourd. Servez froid.

FROMENTEL (lat. *Frigidum Mantellum*, froid manteau). — Nom donné au XVIIe siècle à une petite rue de Paris.

FRONDAISON s. f. [fron-dè-zon] (lat. *frons, frondis*, feuille). — Époque où paraissent les feuilles. — Le feuillage lui-même.

FRONDE (Jeux). Cette arme, si populaire avant l'invention de la poudre à canon, n'est plus connue que comme un jouet dangereux, dont on doit interdire l'usage dans les lieux habités et dont il serait prudent de surveiller l'emploi en rase campagne. Pour fabriquer une fronde, on arrondit les bouts d'un morceau de cuir large d'environ 5 centim.,

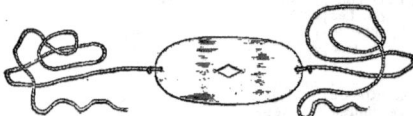

La fronde.

long de 10 à 12 centim. Au centre, on perce un petit trou qui servira à fixer le projectile. A chaque extrémité, on attache une ficelle ou une lanière de cuir d'inégale longueur ; et la fronde est prête à servir. Pour en faire usage, on place une pierre ou une balle au centre du cuir, on enroule la plus longue ficelle deux ou trois fois autour de la main ; on tient l'extrémité de l'autre ficelle entre le pouce et l'index et on fait le moulinet jusqu'à ce que le mouvement de rotation soit bien imprimé à la fronde. On lâche alors la plus petite corde, et le projectile, violemment lancé, parcourt une distance considérable. Au lieu d'enrouler la plus grande ficelle autour de la main on pourrait la terminer par un œillet, dans lequel on passerait le médius de la main droite. Par l'exercice, on peut obtenir une certaine habileté à lancer le projectile.

FROUARD, petite ville du canton et à 10 kil. nord de Nancy (Meurthe-et-Moselle), sur la Moselle, un peu au-dessus du point où elle reçoit la Meurthe et près du canal de la Marne au Rhin ; 2,000 habitants. Beau pont de 7 arches, construit en 1781.

FRUMENCE (Saint) ou FRUMENTIUS, apôtre de l'Éthiopie et fondateur de l'Église abyssine, né à Tyr, mort vers 360. Ayant gagné la confiance du roi d'Éthiopie, il devint ministre de ce prince, puis tuteur de son fils ; il profita de sa haute position pour propager le christianisme parmi les Éthiopiens. Lors d'un voyage qu'il fit à Alexandrie, il reçut l'épiscopat de saint Athanase en 331, et s'établit à Axoum. Fête le 27 octobre.

FRUTICULEUX, EUSE adj. (lat. *fruticulus*, diminutif de *frutex*, arbrisseau). Bot. Synon. de sous-arbrisseau.

FUNÉRAILLES. — Législ. La liberté des funérailles est définitivement assurée par la

loi du 15 novembre 1887, qui est venue mettre fin, soit à des refus de concours des autorités administratives ou militaires, soit à la violation par les familles elles-même des volontés des défunts avaient exprimées. Aux termes de cette loi, toutes les dispositions légales relatives aux honneurs funèbres doivent être appliquées, quel que soit le caractère civil ou religieux des funérailles. Tout majeur ou mineur émancipé, en état de tester, peut régler les conditions de ses funérailles, soit dans un testament, soit par une simple déclaration faite en forme testamentaire pardevant notaire ou sous signature privée. En cas de contestation sur les conditions des funérailles, il est statué, dans le jour, sur la citation de la partie la plus diligente, par le juge de paix du lieu du décès, sauf appel devant le président du tribunal de l'arrondissement, qui doit statuer dans les vingt-quatre heures. La décision est notifiée au maire, qui est chargé d'en assurer l'exécution. Toute personne qui, ayant reçu notification de l'acte constatant la volonté du défunt ou la décision du juge, aura donné aux funérailles un caractère contraire à cette volonté ou à cette décision, sera punie d'une amende de 16 fr. à 100 fr., pour la première fois, et de peines plus rigoureuses en cas de récidive. — Un décret rendu le 27 avril 1889, en exécution de la loi précitée, détermine les conditions applicables aux divers modes de sépulture. (Voy. au *Supplément* les mots CRÉMATION et SÉPULTURE.)   CH. Y.

FUNICULE s. m. (lat. *funiculus*, cordon). Bot. nom donné au cordon ombilical de l'ovule qui l'unit au placenta.

FURET (Jeux). On enfile un anneau dans un long ruban ou dans une ficelle que l'on noue ensuite par les bouts. Chacun saisit des deux mains le ruban, de distance en distance, et il se forme par ce moyen un cercle, au milieu duquel se place une personne de bonne volonté. On fait alors une ronde autour d'elle en chantant le refrain suivant :

> Il court, il court le furet.
> Le furet du bois, mesdames ;
> Il court, il court le furet,
> Le furet du bois joli.
> Il a passé par ici,
> Il court du bois joli.
> Il court, etc.

Pendant cette ronde, l'anneau passe de main en main. Le refrain terminé, on fait une pose : celui qui est dans le cercle doit deviner quelle est la personne qui tient l'anneau. S'il se trompe, la ronde recommence ; s'il rencontre juste, celui qui est découvert prend sa place.

FURSTENBERG (Frédéric-Guillaume-François, BARON DE), homme d'État, né en 1729, mort en 1810. Chargé de l'administration de la principauté de Munster en 1763, il rendit le bien-être à son pays. Il fonda l'université catholique de Munster. La ville de Paris a donné son nom à une de ses rues.

FUSÉE photographique, fusée de nouvelle invention, à l'aide de laquelle on peut photographier un paysage. L'appareil (fig. 1) reste attaché à terre par une corde. Il se compose d'une fusée qui s'élève, en portant une chambre noire cylindrique, avec 12 lentilles disposées sur la paroi à des intervalles réguliers. Les rayons lumineux qui traversent chacune d'elles sont protégés par des cloisons A (fig. 2). Une plaque sensible C est placée au milieu de la chambre. Une enveloppe circulaire B, percée d'ouvertures, munies de volets, protège les

lentilles. Les volets sont disposés de telle façon qu'au moment où la fusée, au bout de sa

Fig. 1.   Fig. 2.
Fusée photographique.

course, commence à tomber, les volets s'ouvrent, puis se ferment, permettant ainsi à la plaque sensible C d'être impressionnée.

FUSIL à ressort. — Les enfants trouvent, chez les marchands, des imitations du fusil à aiguille, dans le canon duquel on peut mettre un petit projectile ; cette arme en miniature n'est pas sans danger, ainsi que le fusil à res-

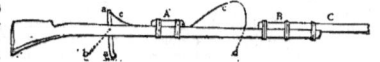

Fusil à ressort.

sort de montre, représenté par notre gravure. Le ressort, en se détendant, pousse au loin un projectile.

FUSIL à répétition. — Fusil dans la crosse duquel est emmagasinée une série de cartouches, lesquelles viennent se placer successivement d'elles-mêmes, à la volonté du tireur, en contact avec le mécanisme qui les fait partir. Depuis longtemps, on a signalé les avantages de cette arme de guerre ; mais c'est en 1884 seulement que les grandes puissances résolurent de l'adopter pour leurs troupes. L'Allemagne choisit le fusil Mauser ; l'Autriche le fusil Mannlicher, et la France le fusil Lebel. Voici, au sujet de ces trois armes, les renseignements comparatifs que nous fournit le journal viennois, la *Militär Zeitung* (1888) : « Le fusil Mauser porte, au plus, à 3,000 mètres ; le fusil Mannlicher à 3,800 mètres ; le fusil Lébel à 4,200 mètres. La zone dangereuse du fusil Lebel est également supérieure à celle du Mauser et à celle du Mannlicher. La justesse du tir est extrêmement défectueuse dans le Mauser, qui est mal équilibré, ayant son centre de gravité trop en avant. La force de pénétration de la balle du Mannlicher est deux fois plus grande ; et celle du Lebel deux fois et demie plus grande que celle du projectile prussien. » Pour des détails sur le fusil LEBEL, voyez LEBEL dans ce *Supplément*. — En 1888, la commission anglaise d'armement adopta, pour l'infanterie britannique, le système du major Hursford, par lequel le fusil Martini est transformé en arme à répétition. Dès que la France se trouva en possession du fusil Lebel, considéré comme l'arme la plus perfectionnée et la plus sûre qu'il y ait au monde, l'Allemagne mit à l'étude un système qui pût lui être opposé. Le nouveau fusil allemand, dit Mauser perfectionné, est le Mauser de 1871-1884, dont la fermeture est rendue symétrique par deux tenons placés de chaque côté à l'avant du cylindre de fermeture, et qui viennent, au moment du départ du coup, se placer dans les deux logements ménagés à

l'avant de la boîte de culasse. Le chargement, au lieu de se faire dans un magasin, comme | comme dans le Mannlicher. Les cartouches sont réunies, par paquet de cinq, dans la | licher, adopté par l'Autriche en 1886, est également à chargeur. De tous les fusils à répétition, c'est le plus rapide. Le mécanisme d'obturation est un verrou, un cylindre métallique qui se meut d'avant en arrière, et réciproque-

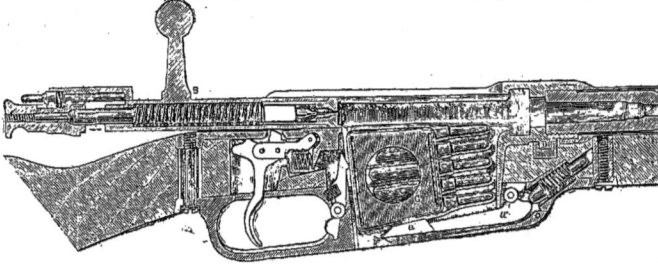

Nouveau fusil allemand. — Coupe de l'arme, quand le chargeur est placé, et la culasse mobile ouverte.

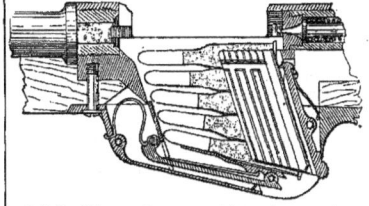

Fusil Mannlicher. — Chargeur muni de ses cinq cartouches.

dans le Lebel, se fait par des *boîtes-chargeurs*, |

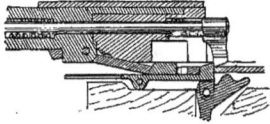

Fusil Mannlicher. — Position du chien avant le coup.

boîte-chargeur G, dont les parois sont formées d'une tôle emboutie très mince. L'élévateur V pousse les cartouches de bas en haut, la plus élevée de celles-ci se logeant dans la chambre, et ainsi de suite jusqu'à épuisement de la provision. Dès qu'elle est vide, la boîte-chargeur tombe d'elle-même, n'étant plus arrêtée par le doigt de l'élévateur; et on la remplace par une autre. Le fusil allemand est donc à *chargeur* et non à *magasin*, comme le Lebel et comme l'ancien Mauser. Le Mann- | ment, au moyen d'un levier-poignée, fixé à son extrémité. Un ressort en forme de Z, fixé au fond du récipient, pousse les cartouches dans la culasse. En 1887, l'Italie a muni ses fusils Vetterli d'un chargeur inventé par le capitaine Vitali. Chaque chargeur est muni de quatre cartouches.

FUXIEN, IENNE s. et adj. (lat. *Fuxium*, Foix). De Foix ; qui appartient à cette ville ou à ses habitants.

G

GAGE

GAGES et PUNITIONS (Jeux). — Dans la plupart des jeux de société, celui qui commet une faute ou une méprise est condamné à payer un gage, composé d'un objet quelconque, que le délinquant dépose entre les mains de la personne qui dirige le jeu. La partie étant terminée, et les gages étant réunis dans un foulard ou dans un châle, on procède à leur tirage. Chacun d'eux, à mesure qu'il est tiré, impose une pénitence au joueur à qui il appartient. Le droit de tirer les gages est ordinairement confié au joueur qui a commis le moins de fautes ; la personne qui dirige le jeu impose la pénitence, en tenant le gage dans la main, avant de le mettre en évidence. La peine prononcée, on montre le gage, et on ne le rend au joueur que lorsqu'il a accompli sa punition. Le choix des pénitences n'est guère embarrassant : il y en a de toute espèce, et presque toutes sont très douces, aux jeux dits innocents. On peut condamner un coupable à réciter un morceau de poésie, à déclamer un passage, à chanter un couplet, suivant son âge et le degré de son instruction. On peut lui faire conjuguer un temps d'un verbe, nommer les capitales de certains pays, ou chercher à l'embarrasser par une question inattendue ; mais on doit éviter de blesser son amour-propre en faisant allusion à ses travers ou à ses défauts et la punition ne doit pas dégénérer en supplice. Voici, du reste, une liste des principales punitions que l'on peut prononcer avec discernement, de manière que le paiement des gages soit, en quelque sorte, une agréable continuation de la partie. — *S'asseoir sur le feu*. On écrit *le feu* sur une feuille de papier et on s'asseoit dessus. — *L'aumône*. Un cavalier, s'agenouillant devant une dame se tient dans une attitude de suppliant, et lui frappe légèrement sur les genoux avec ses deux mains. La dame l'interroge aussi longuement qu'il lui plaît sur ce qu'il désire, elle lui demande par exemple : « *Voulez-vous du vin? Voulez-vous du pain?* » etc. Cependant le cavalier continue à frapper jusqu'à ce qu'on lui dise : « *Voulez-vous un baiser?* Comme c'est là l'aumône qu'il attendait, il s'empresse de la recevoir, — *Les aunes d'amour*. On prend les mains d'une dame et on les réunit ; puis on embrasse. C'est là *une aune d'amour*. On peut ordonner de prendre deux, trois, quatre *aunes* de ce genre, et même davantage ; mais on ne peut excéder le nombre que prescrit la pénitence. — *Le baiser à la capucine*. Le pénitent choisit une dame. L'un et l'autre se mettent à genoux dos à dos. La dame tourne la tête à droite, et son cavalier, penchant la sienne sur l'épaule gauche, ploie son corps du mieux qu'il peut sans qu'il lui soit permis de déranger ses genoux ; il va; dans cette position gênée, cueillir le baiser qu'on lui offre. — *Le baiser au hasard*. On prend les quatre rois et les quatre dames d'un jeu de cartes; on les mêle et on les distribue au hasard à quatre dames et quatre cavaliers. On ordonne ensuite au roi de carreau d'embrasser la dame de carreau et ainsi des autres. — Le | *baiser de lièvre*. Un cavalier et une dame prennent par chaque bout une longue aiguillée de fil, et la retirent en la mâchant jusqu'à ce que les deux bouches se rencontrent. — *Le baiser trompeur*. Une dame accourt vers un cavalier comme pour lui offrir un baiser. Celui-ci s'avance pour le recevoir; mais elle le repousse, et va le donner à son voisin. — *Le berceau d'amour*. Celui ou celle qui doit exécuter cette pénitence, choisit une personne du sexe différent du sien. Elles se prennent les mains, et figurent un berceau en les tenant élevées. L'un désigne ensuite une dame, et l'autre un cavalier, qui se présentent pour passer sous le berceau. A peine sont-ils entrés que les bras s'abaissent et les retiennent prisonniers. Chacun d'eux paie un baiser pour sa rançon. Ce nouveau couple se place à côté du premier, et dans une semblable position. Un troisième couple est appelé ; et l'on conçoit que celui-ci a un double tribut à acquitter avant d'avoir traversé le berceau ainsi agrandi. Toutes les personnes de la société viennent se ranger à la suite les unes des autres. Si les dames et les cavaliers ne sont pas en nombre égal, ceux qui restent passent un à un, et paient leur tribut à qui de droit. — *Bouder*. Le pénitent va se mettre derrière une porte ou dans un coin, et chacun, à tour de rôle, lui demande en déguisant sa voix : « Voulez-vous que je vous déboude ? » Mais il répond « Non » jusqu'à ce qu'il ait reconnu la voix de la personne qu'il veut embrasser. Quelquefois, on exige que le bouder déclare tout bas au dépositaire des

gages, le nom de la personne qui doit le déhouder et qu'il doit reconnaître. — *C'était moi.* Le pénitent se place successivement devant chaque assistant et lui demande ce qu'il a vu de plus extraordinaire dans la matinée. Quelle que soit la réponse, il doit répliquer : « C'était moi ». Sa situation est parfois très humiliante, car si des personnes disent qu'elles ont vu un gentil garçon, un jeune homme spirituel, etc., il y a des gens qui n'ont remarqué qu'une grosse bûche, un âne bâté, un dindon, un malotru, et le malheureux est forcé de reconnaître à chaque fois que c'était lui ; les compliments ironiques ne sont pas moins désagréables, et on doit les éviter. — *Le cheval d'Aristote.* Celui à qui cette pénitence est imposée, se met à quatre pattes sur le parquet. Une dame s'assied sur son dos, et il va la présenter dans cette position, à tous les cavaliers, qui l'embrassent chacun à leur tour. — *Le chevalier de la triste figure.* Celui à qui cette pénitence est ordonnée fait asseoir une dame sur ses genoux. Celle-ci appelle un autre cavalier qui vient l'embrasser. — *Le colin-maillard à la bougie.* C'est une punition qui a le don d'amuser une société aux dépens du patient. On place celui-ci en face d'une bougie posée sur une table, on lui bande ensuite les yeux, on lui ordonne de faire trois pas en arrière, trois tours sur lui-même et trois pas en avant, puis de souffler la bougie. Cette pénitence s'exécuterait facilement si le patient faisait des tours complets sur lui-même, mais il se trompe toujours plus ou moins, et il lui arrive de marcher ses trois pas en avant dans une direction diamétralement opposée à celle de la bougie. Ses efforts pour éteindre, en la soufflant, une bougie imaginaire, égayent toujours la société. Quand on a reconnu qu'il lui est impossible d'obéir à l'ordre donné, on le livre à un nouveau genre de supplice qui consiste à se tenir immobile et à souffler devant lui jusqu'à ce qu'il ait éteint la bougie que l'on passe rapidement en face de sa bouche, à une distance de 25 à 30 centimètres. Inutile d'ajouter que si l'on a soin de ne présenter la bougie devant lui que dans les moments où il reprend son haleine, la torture peut durer longtemps. — *Le concert des chats.* Pour terminer une soirée, on prend le reste des gages, on fait former le cercle aux pénitents et on leur ordonne d'imiter tous ensemble les différents cris du chat, de sorte que l'un feule, pendant que l'autre miaule, rugit ou ronronne. Après une minute ou deux de cette singulière cacophonie, on peut lever la séance. — *La confession.* On se choisit un confesseur. Celui-ci fait à son pénitent toutes les questions qui lui viennent à l'idée ; et le pénitent doit y répondre d'une manière satisfaisante ou évasive. — *La confidence.* On fait à l'oreille de quelqu'un une confidence quelconque. — *Les conseils.* Cette pénitence consiste à donner tout bas un conseil quelconque à une personne, ou même à chaque personne de la société, selon qu'on l'a déterminé. Pénitence à éviter. — *La danse des colins-maillards.* Quand il se fait tard et que l'on veut se débarrasser de plusieurs gages à la fois, on en tire huit, on bande les yeux aux huit pénitents, on les place comme pour danser un quadrille, et on leur ordonne d'exécuter la première figure de cette danse. — *Ecrire sans plume ni encre.* Cette pénitence paraît bien embarrassante... Le condamné cherche et déclare que c'est impossible. Pourtant quoi de plus simple que d'écrire avec un crayon ? — *Embrasser un livre en dedans et en dehors sans l'ouvrir.* Encore un jeu de mots : il suffit de prendre un livre, de l'embrasser *en dedans* de la salle où l'on se trouve et de sortir *en dehors* pour l'embrasser de nouveau. — *Embrasser son ombre.* La pénitence est agréable si l'on a soin de se placer entre la lumière et une gentille personne, sur le visage de qui

l'on fait projeter son ombre. — *Embrasser le dessous du chandelier.* C'est prendre un chandelier et le porter sur la tête d'une personne que l'on embrasse. — *Le baiser de la religieuse,* consiste à se mettre à genoux devant une chaise et à désigner une personne qui doit se mettre à genoux de l'autre côté du siège et que l'on embrasse, à travers les barreaux. — *Embrasser la personne que l'on aime le mieux sans que personne le sache.* Un jeune homme, quand il est condamné à cette douce pénitence, embrasse toutes les jeunes filles de la société ; une jeune fille embrasse tous les jeunes gens : de cette manière personne ne sait quel est la ou le préféré. — *S'étendre de tout son long sur le tapis ou sur le plancher et se relever sans faire usage des mains ni des bras.* Pénitence de jeune homme fort en gymnastique. — *Etre professeur d'histoire naturelle.* Il faut passer de place en place et demander à chaque joueur quel est son animal favori, puis imiter le cri ou le chant de cet animal, fût-ce un âne. — *Etre à la discrétion.* C'est être obligé d'obéir ponctuellement aux ordres d'une personne, ou de la société entière selon qu'on l'a déterminé. *L'exil.* On ordonne à une personne d'aller se placer dans un coin de la chambre, et d'y rester pendant tout le temps que l'on détermine. — *Faire ce que la société ne veut pas.* Le titre de cette pénitence en donne suffisamment l'explication. Ainsi, par exemple, lorsqu'une personne dit : « Je ne veux pas que vous m'embrassiez », cela doit signifier : « Embrassez-moi ». — *Faire des comparaisons.* Celui qui exécute la pénitence, doit comparer chaque personne à quelqu'un ou à quelque chose. Pour que la comparaison soit suivant les règles, il faut qu'elle offre une différence avantageuse ou défavorable à la personne que l'on compare. Par exemple, on peut dire à une dame : « Vous ressemblez à une rose ; mais vous ne passez pas comme elle » ; à un cavalier : « Vous ressemblez au tourtereau, mais vous n'en avez pas la fidélité, » etc., etc. — *Faire le muet* (ou *la muette).* Le condamné passe devant chaque assistant et répète à l'aide de signes un discours ordonné par celui-ci : « Dites-moi que vous m'aimez, ou que vous me détestez, que vous êtes laid, que vous êtes méchant, qu'il pleut, » etc. — *Faire le perroquet.* Le pénitent fait le tour de la société en demandant à chacun : « Si j'étais perroquet, que m'apprendriez-vous à dire ? » et il doit répéter la réponse, tant ridicule soit-il, avant de poser une nouvelle question. — *Faire le sourd.* Cette cruelle punition consiste à se placer au milieu de la salle et à répondre toujours « Je n'entends pas » lorsque quelqu'un vous pose une question. Il est pénible de dire ces mots à une demoiselle qui vous demande : « Voulez-vous m'embrasser ? » ou à toute autre personne qui fait des offres séduisantes. Lorsque chaque joueur a posé son invitation agréable, la personne qui ordonne les condamnations peut faire cesser le supplice en déclarant que le pénitent a payé son gage, ou aggraver la condamnation en lui faisant une invitation désagréable à laquelle il est forcé de répondre : « J'entends, et je veux bien ». — *Faire son testament.* On lègue à chaque personne de la société quelque chose que l'on possède moralement ou physiquement. On donne à l'un son chapeau, à l'autre sa langue, à l'autre sa discrétion, à une dame son amour, sa tendresse, etc. — *Faire tomber de son front une pièce de cinquante centimes.* C'est étonnant à quel point l'enfant, même le plus fin, quand il n'est pas prévenu, se laisse tromper par l'imposition de la pièce de monnaie. La personne qui ordonne les pénitences, tenant dans sa main une pièce de cinquante centimes, procède, avec un air de grande importance, à l'action de la fixer sur le front de la victime, en la pressant assez fortement un peu au-dessus des yeux, après l'avoir mouillée. Dès

que la pièce est considérée comme solidement collée au front, l'opérateur retire ses mains, et la pièce aussi. On dit alors à l'enfant de faire choir cette pièce sur le plancher, sans s'aider de ses mains, et il se penche en secouant le tête. Il est tellement persuadé que la pièce est collée à son front, qu'il fronce les sourcils et plisse la peau de son visage pendant longtemps avant de découvrir la tromperie. — *Faire une Vénus.* On fait deux espèces de Vénus, l'une morale, l'autre physique. La première se forme des qualités du cœur et de l'esprit que l'on emprunte à chacune des dames de la société : on prend à celle-ci sa modestie, à celle-là sa sagesse, à une autre sa douceur, etc. Quant à la Vénus physique, on la compose à l'aide des attraits extérieurs ; les yeux d'une dame, la bouche d'une autre, etc., sont successivement désignés pour sa formation. — *La franchise.* Cette pénitence consiste à dire à une personne désignée ce que l'on pense d'elle. — *Jean souffle la chandelle.* Cette pénitence consiste à prendre une chandelle allumée, à la passer rapidement devant son visage en la soufflant, et faire ce manège jusqu'à ce qu'on soit parvenu à l'éteindre. — *Juger en aveugle.* Ici, juger en aveugle ne se dit pas comme figure de rhétorique ; le condamné, dont les yeux sont bandés d'un mouchoir, doit reconnaître les assistants, qui passent, les uns après les autres, à sa portée ; il doit, non seulement les nommer, mais porter sur chacun d'eux un jugement agréable ou non, et il faut que ce jugement soit reconnu véridique par l'assemblée. Faute de remplir cette double condition de reconnaître le joueur et de porter sur lui un jugement équitable, le patient reste aveugle et juge jusqu'à ce qu'il reconnaisse mieux les justiciables et se trompe un peu moins sur leur compte. Tant que siège ce juge, nul ne doit rire ni rien dire et chacun passe à son rôle à portée de sa main, pour se faire palper et entendre dire des vérités qui s'adressent le plus souvent à un autre. — *Le mannequin ou la statue.* L'infortuné qui doit payer son gage en faisant le mannequin se tient droit et immobile devant les assistants ; l'un lui tourne la tête à gauche et il doit conserver cette position jusqu'à ce qu'il plaise à un autre de la lui tourner à droite, ou en avant ou en arrière, ou penchée sur une épaule. On lui fait tendre le jarret, plier les genoux, placer les bras dans toutes les directions et fléchir le corps dans toutes les attitudes. — *Mettre trois chaises en une rangée, se débarrasser de sa cravate* (de son fichu ou de tout autre objet de toilette, quand on parle à une jeune fille ou à une dame) *et sauter par-dessus.* Cette pénitence paraît toujours formidable, surtout quand elle est appliquée à une demoiselle ; mais on explique ensuite au condamné qu'il s'agit de sauter par-dessus sa cravate, si c'est un garçon, ou par-dessus son fichu, si c'est une jeune fille. — *Mordre le tisonnier..... à distance.* Le condamné prend le tisonnier ou tout autre objet suivant l'ordre qui lui en est donné, l'approche à quelques centimètres de sa bouche et fait semblant de le mordre. — *Le muet.* Cette pénitence consiste à exécuter sans mot dire les ordres que chaque personne donne par signes. — *Le pèlerinage.* Un cavalier conduit une dame par la main et la présente alternativement à toutes les personnes de la salle. Lorsqu'il arrive devant un cavalier, il lui dit : « Un petit morceau de pain pour moi, un baiser pour ma sœur, » et à une dame : « Un petit morceau de pain pour ma sœur, un baiser pour moi ». — *La pendule.* Celui qui exécute cette pénitence, se tient debout devant la cheminée, et appelle une personne de sexe différent du sien. Celle-ci s'approche, et lui demande : « Quelle heure est-il ? » Si la pendule répond qu'il est douze heures, le questionneur doit lui donner ou recevoir douze baisers. — *Petit papier.* On demande à chaque personne de la société : « Si j'étais petit papier, que

feriez-vous de moi ? » et chacun répond ce que bon lui semble. — *Passer soi-même par le trou de la serrure.* Ce n'est pas bien difficile : on écrit le mot *soi-même* sur un petit morceau de papier que l'on roule en flèche et que l'on fait passer par le trou de la serrure. — *Placer sa main gauche dans un endroit où la main droite ne puisse la toucher.* La personne à qui cette pénitence est infligée se tient debout le dos appuyé contre une porte. Elle appelle une autre personne de sexe différent du sien, qui vient se placer vis-à-vis d'elle ; celle-ci en appelle une troisième, qui se place dos à dos. Alors on ordonne de faire volte-face et d'embrasser la personne que l'on a devant soi. — *Poser une question à laquelle il soit impossible de répondre autrement que par l'affirmative.* La question la plus simple est la suivante : « Comment s'écrit le mot *oui* ? » On ne peut répoudre que par : « o-u-i, oui ». — *Poser une question à laquelle on ne puisse répondre que par la négative.* « Comment s'écrit le mot *non* ? » On ne peut répondre que : « n-o-n, non ». — *Le pont d'amour.* La personne qui, les mains posées à terre, reçoit sur son dos une dame et un cavalier, qui s'y embrassent. — *Le portier.* Celui qui fait la pénitence se place à la porte d'une pièce voisine dans laquelle il enferme une dame. Celle-ci frappe un instant après ; le portier ouvre, elle lui nomme à voix basse le frère qu'elle demande et il crie : « La sœur N... attend le frère N... » Le frère entre aussitôt qu'elle et le portier referme sa porte. La sœur revient ensuite ; et l'on se doute bien que ce n'est pas sans avoir reçu un baiser. Le frère frappe à son tour et demande une sœur. Enfin, tout le monde, excepté le portier, se rend ainsi au parloir. — *Poser sur le plancher un bout d'allumette par dessus lequel nul ne puisse sauter.* Le condamné n'a qu'à poser le bout d'allumette le long du mur, près d'un coin. Au lieu d'allumette, on peut employer une plume, un crayon, un brin de paille ou tout autre objet de petite dimension. — *Quitter la salle avec deux pieds et y rentrer avec six.* Le condamné sort seul de la salle et y rentre en portant une chaise. — *Le roi de Maroc.* Celui qui exécute la pénitence prend une bougie allumée ; il invite une autre personne à en prendre une aussi. Ils se placent chacun à une des extrémités de la salle ; et d'un air triste, les yeux baissés, ils s'avancent lentement l'un vers l'autre. Lorsqu'ils se rencontrent, ils lèvent les yeux, soupirent, font l'exclamation prescrite, et continuent leur marche jusqu'à l'extrémité opposée. Ces allées et venues ont lieu jusqu'à ce qu'ils aient achevé le dialogue que voici :

1ʳᵉ RENCONTRE

A. Ah ! quelle nouvelle !
B. Hélas !

2ᵉ RENCONTRE

A. Le roi de Maroc est mort !
B. Hélas ! Hélas !

3ᵉ RENCONTRE

A. Il est enterré.
B. Hélas ! Hélas ! Hélas !

4ᵉ RENCONTRE

A. Il s'est coupé le cou d'un coup de couteau.
B. Hélas ! Hélas ! Hélas ! et quatre fois hélas !

— *Le secret.* On fait tout bas une confidence à une personne ; celle-ci la répète à l'oreille de son voisin, qui n'est pas plus discret ; et la confidence fait ainsi le tour du cercle. Le dernier qui la reçoit la publie alors à voix haute. — *La sellette.* C'est une pénitence à ne pas ordonner. Le patient assis sur un siège élevé, entend les assistants lui dire à tour de rôle : « Vous êtes sur cette sellette pour telle ou telle raison ». Les raisons ne manquent jamais. Le condamné est trop aimable avec les dames ou trop désagréable avec elles ; il est gourmand, maussade, méchant ; il a tel défaut ou porte à l'excès telle qualité. Son supplice dure jusqu'à ce qu'une personne, touchée de son infortune, lui dise : « Vous êtes sur cette sellette parce que vous ne m'avez pas embrassée ; » et la punition finit par uu baiser. — *Soupirer.* La personne que l'on envoie soupirer se place dans un coin. On lui demande : « Pour qui soupirez-vous ? » Elle nomme une personne du sexe différent du sien qui va l'embrasser. Celle-ci soupire à son tour pour une autre, et successivement tous les cavaliers et toutes les dames de la société soupirent à leur tour. Tout le monde se trouve alors rangé sur une file : le premier qui a soupiré revient alors à sa place en embrassant toutes les personnes du sexe différent qu'il trouve sur son passage ; le second en fait autant, et ainsi jusqu'au dernier. — *Le tracas de Polichinelle.* La dame à qui l'on ordonne cette pénitence se choisit une bonne amie ; celle-ci reste assise et l'autre va successivement embrasser tous les messieurs. À chaque baiser qu'elle reçoit, elle vient le rendre à sa bonne amie. — *La troupe d'Allemands.* Dans ce divertissement, trois ou quatre personnes peuvent payer leur dette en même temps. On donne à chacune d'elles un instrument imaginaire, en choisissant de préférence les cuivres, tels que trombone, cornet à piston, saxhorn, etc. Il faut que les condamnés jouent de leur mieux un air quelconque en imitant le son de leurs instruments et les gestes des exécutants. — *Les vœux.* On donne au pénitent le nom de trois objets, et il doit déclarer quel usage il en ferait. — *Le voyage à Corinthe.* Un cavalier, tenant une bougie allumée, donne un mouchoir blanc à celui qu'il choisit pour l'accompagner dans son voyage : puis il le prend par la main et le conduit à toutes les dames de la société. Le compagnon de voyage les embrasse successivement ; et à chaque fois il essuie avec le mouchoir la bouche de son conducteur. — *Le voyage à Cythère.* Le voyageur choisit une dame pour compagnon de route. Ils partent ensemble et vont dans une pièce voisine. Là, les deux voyageurs s'embrassent ; le cavalier touche une partie du vêtement de sa dame ; et, revenant ensuite avec elle, il demande ce qu'on pense qu'il a touché. Chacun dit son opinion ; celui qui devine, baise la chose désignée. Si personne ne devine juste, le voyageur la baise lui-même.

GALET (Jeux). — C'est un jeu très ancien qui se joue sur une table longue de 7 à 8 mètres et large d'un mètre ou davantage. À 8 ou 10 centimètres de l'une des extrémités de la table et parallèlement à elle, on trace une ligne, et à un mètre de celle-ci on en trace une autre, au delà de laquelle on doit faire

Le galet.

tomber les galets quand on les jette. Les joueurs se tiennent à l'autre extrémité de la table ; chacun d'eux est muni de quatre galets ou de quatre poids de métal en forme de galets, qu'ils lancent alternativement un à un. Leur but est de leur donner une impulsion qui les porte jusqu'au bout de la table, au delà de la première ligne, mais non au delà du bord. Si le galet est poussé ou jeté de façon à se loger sur le bord à s'y tenir en équilibre sans tomber de l'autre côté de la table, le joueur compte trois points ; s'il s'arrête entre le bord et la première ligne, sans dépasser le bord, on compte deux points ; s'il

est sur la ligne, on compte un point ; entre les deux lignes, on ne compte rien. Le vainqueur est celui qui atteint le premier le nombre de 11 points, quand on joue à deux ; le nombre des points augmente si les joueurs sont plus nombreux et partagés en deux camps.

GALLICISMES. — ENCYCL. Toutes les langues paraissent construites sur un plan uniforme dans leurs parties essentielles ; elles offrent cependant des particularités, soit dans l'emploi des mots, soit dans la manière de les arranger ; ces particularités, s'écartant des règles ordinaires, distinguent une langue de toutes les autres. Les locutions adverbiales s'appellent *idiotismes*. Lorsqu'on a voulu distinguer les idiotismes propres à une langue en particulier, on leur a donné un nom analogue à celui de cette langue. Les idiotismes de la langue française s'appellent *gallicismes*, comme ceux du grec s'appellent *hellénismes*, ceux du latin *latinismes* ; ceux de l'anglais *anglicismes* ; celles de l'allemand *germanismes*. Ainsi, idiotisme désigne le genre dont les autres mots sont les espèces. Le gallicisme étant une façon de s'exprimer particulière à notre langue, cette particularité d'expression peut se trouver : 1° dans le sens d'un mot simple ; 2° dans l'association de plusieurs mots ; 3° dans l'emploi d'une figure ; 4° dans la construction de la phrase. — I. Il ne peut y avoir de gallicisme de la première espèce que dans les mots qui, étant communs à plusieurs langues, ont pris dans la langue une signification toute particulière et éloignée de celle du mot primitif. Ainsi, nos langues modernes ont adopté le mot SENTIMENT, dérivé du primitif latin *sentire*; mais ce mot a pris, dans chacune d'elles, des nuances d'acception particulières à chacune d'elles. En italien, *sentimento* exprime deux idées différentes : 1° l'opinion qu'on a sur un objet ou sur une question ; 2° la faculté de sentir. En anglais, *sentiment* ne signifie que le premier de ces deux sens, celui d'opinion. En espagnol, *sentimento* signifie souffrance, comme le verbe *sentir* a le sens du mot latin, *pati* (souffrir). En français, le mot *sentiment* a pris beaucoup plus d'extension ; non seulement il désigne en général toutes les affections de l'âme : mais il exprime plus particulièrement la passion de l'amour. « Son *sentiment* était si profond, dit l'auteur de la *Princesse de Clèves*, que rien au monde ne pouvait la distraire des objets qui servaient à la nourrir. » Traduisez cette phrase en toute autre langue en conservant le mot sentiment, et vous ferez un gallicisme, Les Anglais en ont fait un en créant le mot *sentimental*, qui a un sens plus étendu que leur substantif *sentiment*, maisqui est parfaitement analogue à l'usage que nous avons fait du mot sentiment, et qui ne pouvait, par conséquent, manquer d'être adopté par nos écrivains à sentiment. Les altérations du sens de beaucoup de mots, dues à la frivolité, aux caprices de la mode, sont inconcevables et produisent souvent des gallicismes ; c'est ainsi que nous disons : *un homme de condition*, pour désigner un gentilhomme ; et, dans le langage populaire : *un homme en condition*, pour désigner un domestique. Nous donnons dans le langage familier, aux termes *honnête* et *honnêtement*, *raisonnable* et *raisonnablement*, des acceptions aussi bizarres qu'éloignées du sens primitif et naturel de ces mots. Lisette dit à Géronte, dans le *Méchant* de Gresset : « Et vous vous fâchez même assez honnêtement. » On dit, dans le nôtre style, qu'un homme est *raisonnablement* ennuyeux. Molière a fait un usage plaisant de l'adjectif *raisonnable*, dans *Les Fourberies de Scapin* : « Il me faut un cheval de service, et je n'en saurais avoir un tant soit peu *raisonnable* à moins de soixante pistoles. » — II. *Les associations singulières de mots*, en changeant tout à fait le sens des termes, produisent souvent des gallicismes. Ainsi, le même adjectif, mis avant

ou après son substantif, exprime des idées différentes ; il y a loin d'un *bon homme* à un *homme bon* ; d'un *galant homme* à un *homme galant* ; d'une *sage-femme* à une *femme sage* ; d'une *certaine nouvelle* à une *nouvelle certaine*. Le mot *autre* perd sa signification étant joint à *nous* ou à *vous* : *vous autres, nous autres*. Géronte dit dans le *Méchant* de Gresset :

> Vous autres, fortes têtes,
> Vous voilà ! vous prenez tous les gens pour des bêtes
> Acte II, sc. IV.

Il y a deux gallicismes dans ce peu de mots : *vous autres*, et *vous voilà*. — *A cela près*, pour dire *excepté cela*, est aussi un gallicisme. « A une grande vanité près, les héros sont faits comme les autres hommes, » dit La Rochefoucauld. *Mauvaise grâce* présente l'association de deux mots qui semblent se repousser. — III. Les *gallicismes de figures* sont très nombreux, quoiqu'on ne doive y comprendre que les expressions figurées employées dans l'usage commun de la langue, et non celles qui pourraient être autorisées seulement par des exemples particuliers. C'est une figure bien hardie et particulière à notre idiome que celle qu'on emploie tous les jours, en disant : *Comment vous portez-vous ? il se porte mal* ; pour dire : *comment est votre santé ? sa santé est mauvaise*. Les Anglais sont encore plus bizarres dans leur formule ordinaire : *how do you dou do ?* signifie littéralement, *comment faites-vous faire ?* pour dire *comment vous portez-vous ?* Dans leur langue, le mot *do* (faire) se met avant les autres verbes, comme purement explétif, sans en changer le sens. Toutes les phrases où on l'emploie sont des anglicismes. Les expressions figurées qui forment des gallicismes sont tirées plus généralement d'anciens usages qui nous étaient vraisemblablement plus familiers qu'aux autres nations ; comme les tournois, la chasse, le jeu de paume, etc. Ainsi, on dit *rompre en visière* à quelqu'un pour dire l'attaquer, le contredire avec aigreur et avec emportement sur ses opinions, ses prétentions, etc. ; parce qu'il n'était pas permis, dans les joutes ni dans les tournois, de frapper à la visière de son adversaire. *Être à bout*, à *bout de voie*, sont des termes de chasse. *Servir sur les deux toits, donner dans le travers, friser la corde*, sont des termes de la paume. C'est de ce jeu que sont venues aussi ces locutions : *il me la donne belle* ; *vous me la baillez bonne*. C'est une ellipse où le mot *balle* est sous-entendu. *Empaumer quelqu'un, empaumer une affaire* est de la même source. Il y a des figures, même très hardies, dont l'emploi, dans la langue commune, ne peut s'expliquer. Nous en avons surtout tiré un grand nombre des verbes qui sont d'un usage plus ordinaire : tels que : *être, avoir, faire, aller, venir, entrer, sortir, perdre, gagner*, etc. Nous ne citerons que les expressions suivantes : être *au fait* des usages, d'une *aventure* ; il s'est *tué*, il *s'est* mourir, je me *suis trouvé* mal, quand le médecin est venu, elle *s'est trouvée morte* ; faire *la barbe* ; faire les *ongles*, pour ôter la barbe, couper les ongles ; nous allons *rester* ; il *vient* de *s'en aller* ; je *sors* de maladie : perdre un objet de vue ; gagner une maladie ; se mettre à rire, à dormir : se *louer de* quelqu'un, de quelque chose, etc. C'est une image assez hardie que d'appeler une chose *en l'air*, une chose *sans fondement* ; que de dire, *un conte en l'air*, parler *en l'air*. On trouve dans les PLAIDEURS :

> Et d'une cause en l'air, il le faut bien *leurrer*.
> Acte III, sc. II.

S'oublier, pour *oublier ce qu'on est* est encore un gallicisme ; comme, *se mettre en quatre*, pour dire *faire tous ses efforts*. — IV. Les *gallicismes de construction* sont aisés à reconnaître, parce qu'ils sont presque tous, dans certaines constructions, contraires aux

règles ordinaires de la syntaxe ; d'autres sont des ellipses ; quelques-uns ne peuvent être attribués qu'aux inexplicables bizarreries de l'usage. *Il y a*, pour dire, *il est, il existe*, est un gallicisme qui se reproduit dans beaucoup de phrases. *Il y avait, Il y a deux ans que je ne l'ai vu* ; *il y a à* parier que cela *n'arrivera* pas, etc., etc., sont autant de gallicisme. *Il y en a deux* dans la phrase suivante : *Il n'y a pas jusqu'aux enfants qui ne s'en mêlent.* Il n'est rien moins que généreux, pour dire : Il n'est point généreux. *On ne laisse pas de s'amuser malgré les calamités publiques* ; *vous avez beau dire*, sont encore des gallicismes. L'usage bizarre que nous faisons du mot *en*, dans un grand nombre de phrases, est une source de gallicismes ; comme, à qui *en* avez-vous ? où veut-il *en* venir ? *en* vouloir à quelqu'un, en user mal, *en* mal agir avec lui ; on *en* vint aux mains. Si *j'étois que de vous*, est un gallicisme employé par Molière, dans les *Femmes savantes* :

> Je ne souffrirais pas, si *j'étais que de vous*,
> Que jamais d'Henriette il pût être l'époux.
> Acte IV, sc. II.

On disait à un homme qui avait fait une sottise : « Si j'étais que de vous, j'irais me prendre tout à l'heure. Eh bien, soyez *que de moi* », rédondit-il au donneur d'avis. « La raillerie de Cicéron, dit Gédoyn (trad. de Quintilien, livre VI), a je ne sais quoi d'honnête, et *qui sent son bien*. » Cette dernière expression est un vrai gallicisme, qui ne sera bientôt plus qu'un barbarisme. De plus longs détails nous paraissent inutiles. C'est aux maîtres à faire connaître les gallicismes, lorsqu'ils se présentent. Cependant nous finirons ce chapitre par quelques réflexions sur l'emploi des gallicismes. On doit distinguer, relativement au style, trois sortes de gallicismes. La première est celle des gallicismes que le genre noble et élevé admet, parce qu'ils communiquent au style de l'énergie, de la grâce et de la variété. La deuxième est celle des gallicismes qui ne conviennent qu'au style léger, familier et badin. La troisième enfin est celle des gallicismes que la bonne compagnie proscrit, et qu'on ne trouve employés que dans le style burlesque, bas et populaire. C'est des deux premières sortes de gallicismes que M. de Rivarol a dit : « Les tournures particulières d'une langue qu'on appelle idiotismes, si embarrassantes pour les étrangers, sont pourtant ce qui donne éminemment de la grâce au langage ; Pascal, Molière et Mme de Sévigné, Voltaire en fourmillent. Les Français trouvent aux gallicismes le charme que les Grecs trouvèrent aux hellénismes. Mais tout dépend de leur heureux emploi : ils constituent le bon goût chez nous ; ils constituaient l'urbanité chez les Latins, et l'atticisme chez les Grecs. On sent que je ne parle pas ici du jargon du petit peuple, mais de la langue nationale, parlée par le public, et cultivée par les gens de goût. » L'heureux emploi des gallicismes de la première classe est réservé au génie. Un esprit fin et délicat fait usage de ceux de la seconde. L'homme bien élevé se sert rarement de ceux de la troisième : ils sont le signe d'un esprit bas et rampant. De ce genre sont une infinité d'expressions proverbiales, qui sont de vrais gallicismes. Pour le langage du peuple, on ne les trouve comme le fait observer Rivarol, ni dans les livres, ni dans le monde. L'emploi des gallicismes est moins fréquent à mesure que le genre est plus élevé : on n'en trouve qu'un très petit nombre dans le poème épique, dans la tragédie, et dans le discours sur de grands objets. Corneille, Racine, Fléchier, Bossuet, etc., en ont très peu. Mais on les trouve en abondance dans la comédie, dans les poèmes sur des sujets plaisants, et dans tout ce qui a rapport au style simple et familier. Voltaire,

Gresset, La Fontaine, Mme de Sévigné, etc., en sont pleins. Mais ici il y a une grande distinction à faire. L'emploi des gallicismes donne de la grâce et de la légèreté au style de Voltaire, de la finesse et le ton du jour à celui de Gresset ; de l'enjouement et de la plaisanterie à celui de Pascal ; de la délicatesse, de la naïveté, et une grâce inexprimable à celui de La Fontaine et de Mme de Sévigné ; mais il ne donne qu'un ton lourd et pédant à celui de l'abbé d'Olivet : et la raison en est que ce dernier n'ayant reçu qu'une éducation de collège, n'a pu faire prendre à ses locutions ce qu'elles ont contracté de bas en passant dans les bouches, au lieu que les premiers les ont ennoblies par le goût qui les a dirigés dans le choix qu'ils en ont fait, et par la manière dont ils les ont amenées dans le discours, (Beauzée, Douchet, Lévizac, Suard, Girault-Duvivier).

GALVANOMÈTRE. — Nous avons donné dans le *Dictionnaire*, la théorie du galvanomètre. La fig. 1, ci-contre, en fait mieux comprendre le principe. Au milieu d'un cercle formé par des fils conducteurs enroulés au-

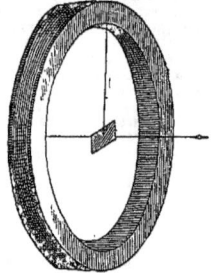

Fig. 1. — Principe du galvanomètre.

tour d'un support quelconque, on suspend une aiguille aimantée dont la longueur ne dépasse pas le douzième du diamètre du

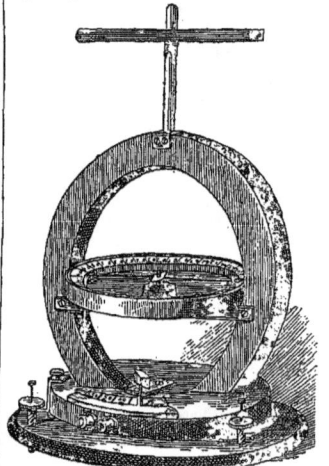

Fig. 2. — Galvanomètre.

cercle. Deux petits index, joints à l'aiguille, sont placés à l'extrémité de deux rayons perpendiculaires. Tout courant électrique passant dans le fil qui entoure l'aiguille, fera dévier celle-ci, à droite ou à gauche, suivant la direction du courant ; la grandeur de

l'angle de déviation dépendra de la force électro-motrice de ce courant. Il existe une foule de systèmes de galvanomètres. Notre fig. 2 en montre un qui est très pratique. Il se compose d'un anneau de bois de 22 centimètres de diamètre, creusé d'une rainure large de 15 millimètres et profonde de 25 millimètres. Cet anneau est monté sur un pied circulaire qui peut pivoter sur sa base. Ce pied est muni de trois vis qui permettent d'assurer son horizontalité parfaite. Les vis

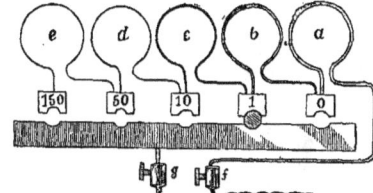

Fig. 3. — Figure théorique montrant les différentes sections du fil.

sont percées, suivant leur axe, d'un petit trou dans lequel passe une aiguille. Quand l'appareil est réglé et mis en place sur une table, on appuie sur la tête des aiguilles, dont les pointes s'enfoncent légèrement dans la table afin d'empêcher tout glissement. Le pied est composé de deux disques en bois; l'inférieur se trouve fixé par les aiguilles; le supérieur, un peu moins large, peut tourner autour de son centre. Le disque inférieur porte une lame de cuivre coudée dont la branche horizontale passe au dessus du disque supérieur et permet de l'immobiliser à l'aide d'une vis de pression. Le fil enroulé autour de l'anneau est divisé en cinq sections de résistances différen-

Fig. 4. — Galvanomètre de poche.

tes; de telle sorte que, par le simple déplacement d'une cheville, la résistance du galvanomètre est de 1, 10, 50 ou 150 ohms. Notre fig. 3 montre comment les communications s'établissent au moyen de la cheville mobile. La première section *a* est formée d'une lame de cuivre large de 15 millimètres, épaisse de 15 millimètres, et n'opposant aucune résistance au courant. Les autres sections sont en fer. Les sections *a* et *b*, réunies offrent une résistance de 1 ohm; les sections *a*, *b* et *c* une; résistance de 10 ohms; *a*, *b*, *c*, *d*, 50, ohms *a*, *b*, *c*, *d*, *e*, ensemble 150 ohms. Les conducteurs sont en communications avec les bornes *f* et *g*; le courant passe successivement dans les différents circuits, jusqu'à ce qu'il rencontre une des petites chevilles qui le fait communiquer avec la plaque A. Sur notre figure 3, la cheville est enfoncée entre le circuit marqué 1 et la plaque 1, de sorte que le courant est forcé de passer de la borne de départ *f* à travers les circuits *a b* et la plaque, pour arriver au poste de retour *g*. La résistance du galvanomètre est alors 1 ohm. Au centre de l'anneau, se trouve l'aiguille aimantée, délicatement placée sur une pointe d'acier. À côté d'elle sont attachées des index dont l'extrémité est aplatie. Chaque extrémité des index porte une fine marque indiquant la ligne centrale de l'index. À la partie supérieure de l'anneau, une tige verticale en cuivre porte une barre aimantée, qui sert de méridien artificiel et qui peut être inclinée, montée ou enlevée à volonté. Quand on enlève cet aimant, cela

permet de disposer le galvanomètre dans le méridien magnétique, de façon qu'un courant déviant d'un certain angle l'aiguille aimantée, ce courant, dès qu'il passe dans le sens opposé, la dévie du même angle dans la direction opposée. L'angle maximum de déviation est de 45°. Pour mesurer au moyen de cet appareil, une force électro-motrice, on emploie une pile Daniell d'une force électromotrice connue; on la relie au galvanomètre et on note la déviation de l'aiguille. Après quoi on remplace la pile Daniell par celle dont on veut mesurer la force électro-motrice. On fait varier la résistance du galvanomètre jusqu'à ce que l'on obtienne la même déviation de l'aiguille. Ensuite, on obtient la force électro-motrice cherchée par une opération courante, une règle de trois simple. — GALVANOMÈTRE DE POCHE. Ce petit appareil, représenté par notre fig. 4, peut servir à mesurer des courants de l'intensité d'un ampère ou davantage. Sa construction n'offre rien de particulier. C'est, comme toujours, un fil circulaire entourant un système de deux aiguilles aimantées. Le courant lancé dans ce fil fait parcourir à l'aiguille les divisions du cadran. La seule particularité que présente ce galvanomètre est la petitesse de son volume, qui permet de le porter dans une poche de gilet, comme une montre.

GAMBEY (Henri-Prudence), mécanicien, né à Troyes en 1789, mort en 1847. Il fut d'abord contremaître à Châlons et à Compiègne, obtint une médaille d'or à l'exposition des produits de l'industrie (1819) et porta ensuite à un haut degré. la construction des instruments de précision: théodolite, cathétomètre, boussole, héliostat, équatorial, cercle mural, etc. Il entra au Bureau des Longitudes et à l'Académie des sciences.

GAMBON (Charles-Ferdinand), homme politique français, né à Bourges, le 19 mars 1820, mort à Cosnes (Nièvre), le 16 septembre 1887. Reçu avocat au barreau de Paris, en 1839, il se jeta de suite dans l'opposition républicaine et fut l'un des fondateurs du *Journal des Écoles*. Éloigné de la capitale par une nomination au poste de juge suppléant près du tribunal de Cosnes, il profita de sa présence dans la Nièvre pour combattre la candidature de M⁰ Delangle, candidat officiel. L'année suivante, il fut suspendu, pour un an, de ses fonctions judiciaires, à la suite d'un banquet démocratique qu'il avait organisé et dans lequel, après avoir refusé de porter un toast au roi, il avait proclamé la souveraineté du peuple. Envoyé en 1848 à la Constituante par les électeurs de la Nièvre, il prit place au sommet de la Montagne, combattit violemment la politique de l'Élysée et attaqua la demande de mise en accusation du prince président et de ses ministres, au sujet de l'expédition romaine. Il fut réélu, le premier de la liste des représentants de la Nièvre, à l'Assemblée législative, siégea à l'extrême gauche, fit partie de la « Solidarité républicaine», accompagna Ledru-Rollin aux Arts et Métiers, le 13 juin 1849, fut arrêté, condamné à la déportation par la haute cour de Versailles et transporté à Belle-Isle, puis à Corte, d'où il ne revint que lors de l'amnistie de 1859. Il retourna dans la Nièvre et parut, pendant quelque temps, ne s'occuper que du soin de la petite ferme qu'il possédait non loin de Cosnes. Mais en 1868, sortant de l'obscurité où il avait semblé se complaire, il fut l'un des premiers à attaquer le régime impérial. Il conseilla comme forme pratique d'opposition de refuser le paiement des impôts; et, prêchant d'exemple, il laissa saisir, à la requête du fisc. sa petite ferme et une vache, qui fut vendue par autorité de justice.

Aussitôt un journal de Paris, la *Marseillaise*, organisa une souscription qui produisit plusieurs milliers de francs, pour indemniser le propriétaire dépossédé, pendant que les journaux du gouvernement faisaient des gorges chaudes de cet incident burlesque et tournaient en ridicule la « vache à Gambon » qui, popularisée par la caricature et par la chanson, devint bientôt légendaire. Gambon, envoyé à l'Assemblée de Bordeaux par les électeurs du département de la Seine, s'opposa vainement à l'acceptation de la paix et donna sa démission, lorsque les électeurs parisiens du X⁰ arrondissement l'eurent nommé membre de la Commune, le 26 mars 1871. Il prit place dans cette assemblée, parmi les membres les plus violents que la minorité qualifiait de « fous frénétiques ». Il fut successivement adjoint à la commission de justice, délégué aux prisons et membre du second comité de Salut public. Lorsque l'insurrection, refoulée de toutes parts, concentra ses derniers efforts, il prit un fusil et combattit, le 28 mai à la barricade de la rue Fontaine-au-Roi, qu'il défendit, presque seul, pendant le dernier moment, les gardes nationaux refusant de continuer une lutte devenue inutile. Quelques amis l'arrachèrent à ce danger, le cachèrent et parvinrent à lui faire gagner la Suisse qu'il habita jusqu'à l'amnistie de 1879. Les républicains de Cosnes l'élurent député en 1882; mais il échoua avec un programme nettement socialiste, en 1885.

GARABIT, lieu de l'arrondissement de Saint-Flour (Cantal), à la limite du Cantal et de la Lozère, célèbre par le plus haut viaduc de l'univers, qui a été jeté sur la vallée de la Truyère. Ce chef-d'œuvre de l'architecture contemporaine, a été construit par l'ingénieur français Eiffel, pour faire franchir à la nouvelle ligne de Marvejols à Neussargues, la gorge profonde et étroite au fond de laquelle coule la rivière la Truyère. La hauteur de la vallée est de 125 m. au-dessus du lit du torrent et la distance d'un versant à l'autre est de 550 m. Une arche métallique colossale de 124 m. en son point le plus élevé enjambe la partie la plus profonde de la vallée; elle mesure 22 m. de plus que la grande arche du pont de Kuizna, sur le chemin de fer de Buffalo à Pittsburg (États-Unis). L'accès au sommet de la grande arche de Garabit a lieu par des travées métalliques de 52 à 53 m. de portée, reposant sur des piles en métal avec soubassement en maçonnerie. Les piles sont au nombre de 5, dont 4 du côté de Marvejols et une du côté de Neussargues. Les soubassements des piles 4 et 5 supportent les retombées du grand arc. En outre, deux palées, montées sur l'arche, servent de point d'appui au tablier. (Voir la figure ci-après.)

GARANGUET, s. m., espèce de jeu de trictrac dans lequel on fait usage de trois dés. On joue les talons comme au trictrac et l'on joue les dames de manière à les amener dans la région où se trouve le talon de l'adversaire. Celui qui a sorti le premier gagne un, ou deux trous, si la partie double a été convenue. Quand il se trouve un doublet dans les trois dés, on le joue double, pourvu que l'un des nombres qui le composent soit plus fort que le troisième dé; dans le cas contraire, on le joue comme un autre nombre. Ainsi lorsque nous amenons 2, 2 et 3, nous jouons 7 points, en une, deux ou trois fois; mais si nous amenons 4, 4 et 3, nous jouons 16 points ou des carmes et 3 pour le 3⁰ dé. Quand on amène trois nombres égaux, ce qui forme un triplet, on les joue trois fois.

GARDON (pêche). — Ce poisson est très répandu dans nos cours d'eau; on le trouve également dans beaucoup d'étangs, à la condition, toutefois, que ceux-ci soient en communication avec les eaux courantes; car il préfère les courants même un peu rapides et

— Le gaz ayant rencontré dans l'électricité une rivale redoutable, il a fallu chercher de nouveaux appareils de nature à lui permettre de lutter sans désavantage. On a imaginé des lampes dites *intensives* (à grand débit), et on a perfectionné les becs, de ma-

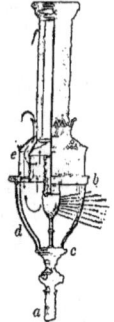

Bec à gaz multiplex

nière à leur faire produire une clarté supérieure sans augmenter la dépense. Le bec *multiplex*, inventé par A. Bandsept, ingénieur à Bruxelles, se compose, comme on le voit par le dessin ci-joint, d'un petit brûleur vissé sur une colonnette qui se fixe dans la douille du porte-bec. Une couronne métallique *b*, supportée par trois tigelles, présente une saillie circulaire sur laquelle repose la coupe en cristal *d*, dont le col s'engage librement dans la douille inférieure *c*. La même couronne porte le distributeur d'air *e*, surmonté de sa cheminée *f*. Sous l'action combinée des courants d'air intérieur

Nouveau fourneau à gaz.

et extérieur, la flamme se développe en tulipe; elle a une grande fixité. Ce système de bec a obtenu une médaille d'or à l'exposition de 1889. — La sollicitude des gaziers s'est également portée vers le perfectionnement des appareils servant à employer le gaz pour le chauffage et pour la cuisson des aliments. Notre gravure représente un nouveau four-

---

Le viaduc de Garabit.

les fonds clairs, c'est-à-dire caillouteux ou sablonneux, mais non vaseux. La ligne convenable pour la pêche du gardon sera de force moyenne; canne légère, hameçons nᵒˢ 10 ou 11, même 12, pour prendre des poissons dont le poids n'excède pas une demi-livre. Pour les gros gardons, la canne sera un peu plus forte, la ligne composée de 6 à 8 crins; les hameçons pourront être les mêmes, c'est-à-dire ceux du nᵒ 10; et dans les deux cas il importe qu'ils soient montés sur une très fine racine, si l'on croit qu'un crin ne soit pas assez fort, ce qui est probable. Il faut enfin faire tout le possible pour ne pas effrayer le poisson, non seulement le plus méfiant, mais encore le plus pultron peut-être de tout l'univers aquatique, et dont on peut bien dire sans exagération que son ombre proprelniait peur. La flotte de la ligne doit être aussi très légère; car le gardon mort rapidement, mais légèrement, — nous pourrions dire furtivement. Au moindre mouvement de la flotte, en conséquence, il faut piquer d'un petit coup sec du poignet seulement, suffisant pour ferrer, tandis qu'un violent coup emporterait la bouche du poisson. Cette morsure presque insensible du gardon, surtout des plus gros, n'en permet pas la pêche dès qu'il fait le moindre vent; car l'agitation constante de la flotte, égale à peu près à celle que lui imprime le poisson quand il *mord*, déroute absolument le pêcheur, qui ne peut plus piquer qu'au hasard. Les appâts qui conviennent au gardon sont les vers rouges, asticots, vers de farine, mouches communes, sauterelles, libellules, etc.; en été principalement, le ver d'eau et le blé cuit; au printemps, surtout en mai, la meilleure amorce pour le gardou, c'est l'asticot à l'état de chrysalide, dont l'aspect et la couleur, assez semblables à ceux du fruit de l'*épine-vinette*, le font souvent désigner par ce nom. L'*épine-vinette* est une amorce sûre, mais il faut beaucoup de précautions pour la fixer sur

l'hameçon, car elle est très fragile. On amorce le fond comme pour le *barbeau* (voir ce mot), de pelotes de terre bourrées d'asticots ou d'épines-vinettes que l'on jette à quelques mètres en amont de l'endroit où l'on s'installe. On peut encore jeter de la même manière quelques poignées de blé cuit, surtout si l'on pêche au blé cuit; ou bien des pelotes de terre grasse mêlées de son ou de crotin de cheval.

GATTEL (Claude-Marie), lexicographe, né à Lyon en 1743, mort en 1812. Il fut professeur de philosophie au séminaire de Lyon, puis professeur de grammaire générale à l'École centrale de Grenoble et, ensuite, proviseur du lycée de Grenoble. Il a laissé un *Dictionnaire espagnol-français et français-espagnol, avec l'interprétation latine* (2 vol. in-4ᵒ, 1790-1801-'03); nn *Dictionnaire universel portatif de la langue française* (Paris, 1797, 2 vol. in-8ᵒ; 1819, 2 vol. in-4ᵒ); *Grammaire italienne de Veneroni*, entièrement refondue (1800); *Dictionnaire espagnol-anglais et anglais-espagnol* (1803).

GAUTHEY (Emilian-Marie), ingénieur, né à Châlons-sur-Saône en 1732, mort en 1806. On lui doit la construction du canal du Centre (1783-'91), du canal de Dijon à Saint-Jean-de-Losne, du canal de la Saône au Doubs, des quais de Châlons-sur-Saône, du pont de Navilly, sur le Doubs. Il fut, en 1791, nommé inspecteur général des ponts et chaussées. Il a laissé divers mémoires : *Sur l'application de la mécanique à la construction des voûtes* (1772); *Expériences sur la charge que les pierres peuvent supporter* (1774); *Sur les écluses et le canal du Centre* (1780); *Dégradations survenues aux piliers du dôme du Panthéon* (1798); *Projet de dérivation jusqu'à Paris des rivières d'Ourcq, Thérouenne, Beuvronne, d'Essonne, Juigne, Orge, Yvette, Bièvre* (1803); *Construction des ponts et des canaux navigables* (1809-'13, 2 vol. in-4ᵒ).

neau, qui sert à la fois de gril et de four ; et il est disposé de telle sorte que les mets ne prennent jamais l'odeur du gaz. Il se compose d'un four, muni de trois plaques de tôle et d'un sol en briques. Au-dessus du fourneau se trouve la rangée de becs de gaz placés sous le gril. L'air chauffé par le gaz est renvoyé à l'intérieur du four pour y cuire les aliments. Ce fourneau peut aussi servir au chauffage d'une pièce.

GEAI. (Econ. dom.) — Geais et pies sont un peu de même famille. Comme la pie, le geai est pétulant, vorace ; il cache comme elle la nourriture qu'il a de trop, dévore les œufs et les petits des autres oiseaux, etc., etc. Le geai, pris jeune, s'élève facilement ; on peut lui apprendre à siffler, à parler. Il est très porté à contrefaire les cris des animaux qui l'entourent. Enfin, il a toute sorte de qualités de ce genre où brille plus ou moins sa commère la pie, On le nourrit, jeune, de mie de pain trempée de lait ou d'eau ; adulte, de glands, de vesces, et, pendant la saison, de pois verts, de groseilles, cerises, etc.

GELÉE de groseilles. — Prenez des groseilles en grappes, deux tiers rouges, un tiers blanches ; mettez-les, égrenées ou non, dans un torchon de toile claire, tordez pour exprimer le jus que vous faites tomber dans un vase quelconque ; mettez ce jus dans une bassine avec poids égal de sucre en morceaux. Faites bouillir à grand feu pendant vingt à vingt-cinq minutes, ayant soin de bien écumer. On ajoute ordinairement du jus de framboises au jus de groseilles, dans la proportion de 1 kilogramme pour 10. On exprime le jus à part et on le mêle bien au jus des groseilles avant de mettre au feu. Ce procédé ne donne peut-être pas une gelée parfaitement transparente, mais la gelée ainsi obtenue a l'avantage de se conserver beaucoup mieux.

GELÉE de pommes. — Faites cuire presque en marmelade de belles pommes reinettes bien mûres, dans de l'eau, avec jus de citron. Quand elles sont cuites, on les 'verse sur un tamis de crin et on laisse couler le jus sans presser. Ajoutez à ce jus poids égal de sucre, mettez sur le feu, faites bouillir environ dix minutes et mettez en pots. — La gelée d'abricots se fait de la même manière, les noyaux préalablement enlevés, en se gardant bien toutefois de les assaisonner du jus de citron.

GÉLINOTTE (Chasse). — On donne à la gélinotte le nom de poule des bois et aussi quelquefois le nom de petit coq de bruyère. La gélinotte se nourrit, comme ce dernier, de sommités d'arbres résineux et de baies sauvages, et habite de préférence les collines boisées. La gélinotte est un peu plus grosse que la perdrix ; ses mœurs se rapprochent beaucoup de celles du faisan : comme lui, elle a le vol lourd et se branche pour la nuit sur la cime d'arbres élevés, surtout des pins et des sapins, mais quelquefois elle y reste même tapie tout le jour sans bouger. Sa chasse offre d'autant moins de difficulté, ses mœurs étant connues, qu'elle ne fuit pas toujours lorsqu'elle se voit ajustée par le chasseur, même après avoir essuyé son premier coup de feu, tiré sans résultat ; de sorte qu'on peut ainsi abattre toute une compagnie avant que la pensée de la fuite soit venue aux survivants.

GENDARMERESQUE adj. Néol. Qui tient du gendarme ou de la gendarmerie, du militarisme policier ; ne s'emploie qu'en mauvaise part : depuis l'autocratie gendarmeresque de la Russie jusqu'à l'oligarchie bourgeoise de la Suisse. (Kropotkine.)

GÉNÉRATEUR SERPOLLET. — Générateur où la chaudière produit immédiatement la vapeur surchauffée, ce qui permet de l'employer dans les petites installations qui ne possèdent pas assez de place pour installer une grande machine à vapeur. La chaudière de ce générateur est une spirale métallique (en cuivre ou en fer), représentée dans le coin de notre gravure. Cette spirale est composée de deux lames accolées l'une à l'autre et ne

Générateur Serpollet.

laissant entre elles qu'un très petit canal. L'eau qui entre dans ce canal est immédiatement vaporisée ; et la vapeur, en parcourant le reste de la spirale, est surchauffée et devient propre à actionner des moteurs. La spirale est plongée directement au milieu du brasier.

GÉNIAL, ALE, ALS, adj. Néol. Qui se rapporte au génie, qui tient du génie : il eut une idée géniale.

GÉOCENTRIQUE adj. (gr. gé, terre.; franç., centre). Astron. Qui se rapporte au centre de la terre, comme point de comparaison ; littéralement qui a la terre pour centre. Ce terme s'applique au mouvement de la lune et aux mouvements apparents des planètes vues de la terre. Géocentrique est donc opposé à héliocentrique (c'est-à-dire qui a le soleil pour centre). — LATITUDE GÉOCENTRIQUE D'UNE PLANÈTE, angle formé par la ligne menée de cette planète à la terre et le plan de l'orbite terrestre. — LONGITUDE GÉOCENTRIQUE D'UNE PLANÈTE, angle formé à la surface de la terre entre une ligne abaissée du premier point de la constellation d'Ariès et une ligne menée du point de l'écliptique qui est coupé pas un cercle perpendiculaire dont le plan passe à la fois par la terre et par la planète.

GERBILLON (Jean-François), jésuite missionnaire, né à Verdun en 1654, mort en 1707. Il fut l'un des missionnaires que Louis XIV envoya à la cour de Siam en 1685. Il passa en Chine, devint maître de mathématiques de l'empereur Kang-Hi, dirigea le collège français à Pékin et publia une Géométrie en chinois et en tartare. L'abrégé de ses voyages en Tartarie (1688-'98) se trouve dans les tomes VII et VIII de l'Hist. générale des voyages.

GERMANIUM s. m. [gèr-ma-ni-omm]. Chim. Corps simple ou élément découvert depuis la publication de notre Dictionnaire. Symbole : Ge; poids atomique : 72,3, on l'extrait de l'argyrodite.

GERMES (Théorie des), DANS LES MALADIES. Doctrine en vertu de laquelle les maladies infectieuses sont causées par des organismes vivants microscopiques, dont les germes s'introduisent dans la structure animale au moyen de l'air, de la nourriture, du breuvage ; ou bien y pénètrent par les blessures ou par toute autre voie, ensuite se multiplient dans le corps au point de se mêler à tous les principes vitaux et de détruire la substance des fluides ou des tissus ou d'en empêcher la saine formation. La découverte des infusoires par Lecu-

wenhœk, suivie de celle des spermatozoaires, fit renaître et accepter le théorie des germes, qui avait été avancée mainte et mainte fois pendant le moyen âge. Parmi les savants qui se firent ensuite les défenseurs de cette théorie, il faut citer Kircher, Lancisi, Vallisnieri, Réaumur et Linné. Pendant la première moitié du XIXe siècle, les erreurs répétées des chercheurs qui annoncèrent plusieurs fois avoir découvert les animalcules de la petite vérole, du choléra et de différentes autres maladies épidémiques, tandis qu'ils avaient seulement entrevu la bactérie de la putréfaction, fit tomber dans le ridicule la théorie des germes, ou des petites bêtes, comme disaient alors plaisamment les savants officiels. Il fallut un certain courage pour soutenir cette opinion, que Raspail fut à peu près seul à conserver en France. En Allemagne, un physiologiste distingué, nommé Henle, soutint dès 1840, la doctrine d'un contagium vivum, théorie qu'il développa, en 1853, avec une grande habileté. Malheureusement, les rares adeptes de ce contagium en devinaient la cause, mais ils ne la voyaient pas. L'extension indéfinie de l'action d'un poison infectieux qui s'étend dans tout l'organisme après qu'une seule particule des tissus ou des fluides a été contaminée et qui peut être communiquée par inoculation d'un organisme à un autre et d'un sujet à des milliers d'autres sujets, sans perdre sa vigueur destructive, ne rencontre que deux analogies dans les autres procédés de la nature : 1° certains phénomènes chimiques, tels que la combustion ; 2° la croissance et la reproduction des organismes vivants. A l'époque où la doctrine du contagium vivant était la plus discréditée, il fallut avoir recours à la théorie chimique comme à une alternative nécessaire. Les phénomènes pathologiques des maladies contagieuses furent considérés comme strictement analogues aux procédés de la fermentation: d'où l'expression maladies zymotiques, ou maladies à ferment. L'évidence convaincante obtenue dans les expériences de Pasteur et de Schwann, relativement à la nature organique des différentes espèces de fermentation laissa les adversaires de la théorie des germes sans aucune hypothèse étiologique ; faute de toute preuve directe qu'il se trouve des animalcules dans le corps affecté de symptômes morbides, on n'en revint pas tout d'abord à l'ancienne explication naturelle du contagium vivum, qui resta dans la situation de défaveur où elle avait été plongée depuis près d'un siècle. Mais ensuite, en quelques années les découvertes de Pasteur, de Davaine, de Koch, de Cohn et de Klein, relativement à certaines formes bactériennes spécifiques, compagnes inévitables de plusieurs affections classées parmi les maladies zymotiques, donnèrent à la théorie des germes dans les maladies un crédit comme elle n'en avait pas encore jamais eu. La tendance à revenir vers cette théorie reçut une puissante impulsion des découvertes faites dans l'histoire naturelle de certains parasites entozoaires, — particulièrement l'identification du ver solitaire avec le cysticerque, la découverte du développement sexuel de la trichine et de la manière dont ces deux organismes trouvent leur

chemin dans le corps des grands animaux. La brillante dialectique de Pasteur et de Tyndall, et la chaude controverse qu'ils eurent à soutenir comme champions de la théorie des germes de la fermentation et de certaines maladies, contre les défenseurs de la génération spontanée, ont excité le plus vif intérêt, non seulement pour cette question, mais encore pour toutes celles qui s'y rattachent d'une manière quelconque. La théorie des germes, qui avait été renouvelée sous sa forme moderne par des pathologistes comme une explication conjecturale des épidémies, lors de l'apparition du choléra en 1832 et en 1849, reçut un renfort des découvertes que fit Pasteur sur l'origine parasitique de la maladie des vers à soie et de celle du raisin. Peu après l'ardente controverse soutenue par Davaine contre Sanson, Leplat et autres adversaires, au sujet de la nature organique du poison de l'anthrax charbonneux, la notion du contagium vivum entra de plus en plus dans l'esprit des principaux biologistes et des pathologistes de l'Europe. En 1863 Davaine annonça que les corps microscopiques filiformes observés par Pollender en 1855 et par Brauell en 1857 dans le sang d'animaux et d'hommes victimes du charbon ou anthrax malin, sont de véritables bactéries ou *bactéridies*, comme il les nomma plus tard, afin de les distinguer des bactéries de la putréfaction. Depuis ce moment le nombre des adhérents de la théorie des germes ne fit que s'accroître jusqu'au jour où elle devint la doctrine prévalente. On ne tarda pas à démontrer que d'autres maladies considérées comme infectieuses sont dues à la propagation de germes vivants dans les tissus; et pourtant, malgré la constante accumulation de preuves, la doctrine du parasitisme ne reposa que sur une base théorique dès qu'on voulut l'appliquer aux affections miasmatiques ou aux maladies contagieuses les plus importantes. On applique le terme « infectieuse » à la classe des maladies que l'on suppose envahir le corps au moyen d'organismes vivants, parce qu'elles sont dues à un principe spécifique vénéneux introduit de l'extérieur à l'intérieur du système. Ces affections excèdent collectivement d'une manière incommensurable, tant pour l'étendue de leurs ravages que pour l'implacabilité de leurs effets, toutes les autres maladies qui affligent l'humanité et l'emportent de beaucoup sur les autres causes de mort. La constante uniformité de leurs symptômes, leur caractère spécifique et le fait qu'elles sont invariablement dues à des causes spécifiques, chaque contagium produisant sa maladie particulière, qui se conforme toujours à un type et qui suit la même série de symptômes, fournissent non seulement les caractéristiques distinctives suivant lesquelles les maladies infectieuses sont classées, mais encore en connexion avec leur nature contagieuse et les propriétés que possèdent la plupart d'êtres inoculables et propageables à l'infini, la principale base théorique sur laquelle on puisse s'appuyer pour les attribuer à des créatures vivantes qui se multiplient dans l'intérieur des fluides ou des fibres du corps. L'idée de *contagia* vivants trouva d'abord en Allemagne un appui qu'elle ne rencontrait pas ailleurs; elle y reçut un vaste développement et on chercha à l'appliquer à une foule de maladies, si bien que les autorités médicales les plus éminentes de ce pays ont été jusqu'à prétendre que la tuberculose est d'origine bactérienne, et l'efficacité d'un nouveau traitement de la phtisie, qui consiste dans l'inhalation de vapeurs de benzoate de sodium en grande quantité, est attribuée aux effets mortels de cette substance sur la bactérie spécifique de l'affection dont le développement producteur de la tuberculisation dans le tissu du poumon, est arrêté, pense-t-on, dès que les bactéries sont détruites par les vapeurs benzoïques. Cette opinion a été entretenue par les résultats d'expériences faites sur

des lapins confinés dans une atmosphère imprégnée de vapeur de benzoate de sodium; l'affection refusa de se développer, bien que ces animaux soient ordinairement sujets d'une manière toute particulière à la consomption tuberculaire et sont invariablement infectés par inoculation. Les bactéries ou microdèmes, comme on les nomma plus tard, considérées comme la cause d'une infinité de maladies chez les hommes et chez les animaux, furent d'abord classées par de Bary, Nægeli, Cohn et, en général, par les biologistes allemands, parmi les *fungi* ou champignons; mais le Dr Burdon Sanderson les mit dans le règne animal. Hæckel leur donne, avec les zoophytes, une place intermédiaire entre les deux règnes qui constituent la nature organique. Il est prouvé que l'anthrax malin ou charbon — qui naît sur les animaux herbivores, mais qui se communique à l'homme et qui a quelquefois exercé des ravages comme une épidémie en Asie et dans l'Europe orientale, principalement en Russie, où il fut connu en 1866 sous le nom de peste sibérienne — est causé par des bactéries filamenteuses qui se multiplient dans le sang avec une stupéfiante rapidité. Cette affection est très proche parente de la pustule maligne. — La bactéridie ou schizomycète, qui constitue le poison spécifique de l'anthrax, est connue aujourd'hui sous le nom de *bacillus anthracis*; on suppose qu'elle entre dans le corps avec le breuvage. En quantités innombrables, elle emplit les plus petits globules du sang, mais elle disparaît entièrement avec la complète putréfaction du sang. Le fait que le sang des animaux morts de maladie infectieuse perd ses propriétés contagieuses presque aussitôt après le décès, pendant que la maladie reste sans violence dans une localité et réapparaît dans la même étable après plusieurs années d'intermission, embarrassa longtemps les investigateurs jusqu'à ce que les recherches de Koch jetèrent une vive lumière sur cette difficulté. Koch appliqua au *bacillus anthracis*, nom qu'il avait été le premier à donner à ce microphyte, la méthode de culture qui avait été employée, le plus grand succès, par Pasteur et par d'autres observateurs. Il découvrit que si les formes bactéroïdiennes observées dans le sang perdent leur vitalité dans l'espace d'environ cinq semaines, leurs spores ou semences restent fertiles pendant au moins cinq ans — ce qui explique suffisamment la mystérieuse ténacité avec laquelle la maladie s'attache à des lieux particuliers et reparaît après des années de disparition. Ce bacillus ne se distingue du *bacillus subtilis* sur parce que ce dernier est très actif, tandis que le premier est sans mouvement; néanmoins, le Dr Ewart a observé qu'il passe par des stages de mobilité à des intervalles rares et irréguliers. La similarité entre ces deux bactéries a suggéré l'opinion que le *bacillus anthracis* n'est qu'une forme du *bacillus subtilis* ordinaire, développée sous certaines circonstances: hypothèse qui se base aussi sur le fait que d'irruptions soudaines et inexplicables de charbon ont lieu quelquefois chez le bétail nourri surabondamment. Dans une solution chaude de l'humeur aqueuse de l'œil d'un bœuf, Koch observa la croissance remarquablement rapide du bacillus de l'anthrax. Les petits bâtonnets qui constituent cet animalcule, atteignirent en trois ou quatre heures une longueur de dix à vingt fois plus grande que celle qu'ils avaient avant l'expérience; quelques-uns même s'accrurent de cent fois leur longueur primitive; dans quelques cas, ils couraient en ligne droite, dans d'autres ils décrivaient de belles courbes; ou bien ils s'entrelaçaient entre eux et formaient une masse nattée. Au bout de quelque temps arriva la formation des spores, qui naquirent dans les téguments des filaments, sur toute leur longueur, et après un laps de temps les

bâtonnets tombèrent en morceaux, abandonnant les germes ovoïdes infinitésimaux. — Une autre des maladies infectieuses auxquelles sont sujets les animaux, le choléra du porc ou fièvre typhoïde du cochon, a été étudiée par le Dr Klein, qui lui a donné le nom de pseudo-entérite infectieuse, et qui ayant découvert le microphyte caractéristique de l'affection, parvint à le cultiver dans des infusions. C'est encore un bacillus, mais plus délicat que celui de l'anthrax; il a une période de mobilité comme le bacillus subtilis, et il émet des spores et des filaments comme les autres bacilli. Le charbon et la pneumo-entérite peuvent l'un et l'autre être communiqués par inoculation à des souris et à des lapins; mais cette dernière s'inocule plus difficilement. — En 1867, le Dr Obermeier fit l'importante découverte des *spirilla* dans le sang des personnes atteintes de fièvres intermittentes du nord de l'Europe. Ces animalcules apparurent en nombre immenseau moment où approchait le paroxysme, mais on n'en trouvait plus aucune trace dès que l'accès était terminé. Cet organisme, le *spirochæte Obermeiri* de Cohn, a été observé pendant sa phase de développement dans le sang d'un sujet malade, par le Dr Heydenreich, mais on ne l'a pas vu à l'état de spore. Le sang dans lequel se spirillum a été trouvé était infectieux, mais seulement pendant le paroxysme; à cette période, les microphytes pullulent dans le sang, mais disparaissent entièrement pendant la rémission des attaques. Ce bactérium ne peut être distingué dans sa forme des organismes inoffensifs. Ce fait, qui se trouve être également vrai pour le *bacillus anthracis* et, en outre, l'analogie que cette maladie éclate en temps de famine, tandis que l'anthrax accompagne fréquemment la réplétion, ont permis de supposer que ces agents morbides ne sont que des formes spéciales d'espèces communes développées sous des conditions particulières. — Davaine fut le premier qui découvrit, en 1860, les bactéries dans des cas de pustule maligne; il les trouva, en groupes considérables, au centre des pustules, entre les cellules épithéliales, et en groupes moins importants, séparés par des cellules épithéliales, dans la périphérie des pustules, d'où ils pénètrent dans les vaisseaux sanguins et dans les vaisseaux lymphatiques de la peau. — Une affection parente de l'anthrax est la maladie nouvellement découverte, appelée *mycosis intestinalis*, qui est caractérisée par la présence d'un nombre immense de bactéries et de vibrions dans le sang et par une inflammation purulente des enveloppes muqueuses de l'estomac et des intestins, avec de nombreux schizomycètes, comme ces agents bactériens d'infection ont été appelés. — On a entrepris des investigations étendues pour les bactéries spécifiques de la diphtérie de la gorge; on a trouvé des microcoques et des bactéries de différentes espèces et en nombre plus ou moins grand, non seulement dans l'épithélium de la gorge, mais encore dans les enveloppes muqueuses et sous-muqueuses, dans les vaisseaux lymphatiques, dans les poumons, dans le sang, dans l'urine, etc. Le caractère infectieux de cette maladie est bien établi: en inoculant des lapins avec la matière diphtérique on produit des symptômes particuliers et spécifiques. On a observé que les microcoques consomment, dans l'espace de vingt-quatre heures, tout le contenu azoteux d'une cellule. En raison de la présence constante, dans cette maladie, des bactéries de la putréfaction, il est probable que le bactérium caractéristique de la diphtérie, s'il en existe un, n'a pas été distingué à moins que, ainsi qu'on l'a plusieurs fois avancé, le vibrion ordinaire de la fermentation putride soit le véritable agent toxique dans cette maladie. Ewart et Simpson, médecins de Londres, identifient le microphyte spécifique de la diphtérie avec une spore ex-

trêmement minuscule, observée par eux, et qui, dans un milieu favorable, germe en bâtonnets longs et très déliés. Quand ces spores sont mises en contact avec de la chair dépouillée de sa peau, elles donnent rapidement lieu à la formation d'une membrane diphtérique. Oertel, Klebs et plusieurs autres médecins allemands pensent que la diphtérie est due à des bactéries. Les Drs Curtis et Satterthwaite affirment d'un autre côté que l'inoculation des lapins, au moyen de membrane diphtérique, produit seulement les mêmes effets que causeraient les infusions putréfiantes. La septicémie a été également attribuée à des organismes vivants. Les découvertes faites par Burdon Sanderson, Tyndall et plusieurs autres, relativement à l'origine des affections pyémiques et traumatiques, ont amené, dans les pratiques des hôpitaux, d'importantes réformes, qui font présager que l'on arrivera à obvier entièrement aux diverses formes d'empoisonnement du sang, qui constituent le danger le plus sérieux de la chirurgie dans les hôpitaux. On a imaginé deux méthodes pour prévenir la propagation du poison septique ; l'une et l'autre reposent sur la théorie que les principes malfaisants sont introduits dans les blessures par des microdèmes. La méthode de Lister qui, modifiée et perfectionnée de plusieurs façons, a été adoptée dans un grand nombre d'hôpitaux, a pour but, en répandant dans l'atmosphère de l'acide phénique qui est mortel pour les microphytes, d'empêcher les germes vivants de venir en contact avec les surfaces blessées. L'autre méthode, un traitement en plein air, a pour objet la plus grande dispersion possible des organismes infectieux. On admet que l'invasion du tissu par des bactéries, supposées être les bactéries communes de la putréfaction ou le bactérium du foin (bacillus subtilis), est la cause de la fièvre des blessures, de leur suppuration, de la mortification des chairs, etc. Pourtant, ces animalcules ne produisent pas ces progrès du mal en attaquant les fibres ou les fluides, ou en se multipliant au point de nuire à l'activité fonctionnelle. La dégénération, dans ces cas, est l'effet d'un poison spécifique développé par les microphytes, comme cela est prouvé par le fait que le poison septique, obtenu libre de tous germes et d'organismes dans un liquide pur, conservé même après avoir été filtré, après avoir bouilli et avoir été soumis à des épreuves certifiant l'absence de germes vivants, conserve ses qualités virulentes, avec cette différence qu'il agit alors comme un poison chimique ordinaire, les effets nuisibles étant proportionnels à la quantité absorbée. Le Dr Sanderson a démontré que tandis que les formes bactéroïdes ordinaires ne possèdent pas normalement, à un degré marqué, la propriété de produire le poison septique quand elles viennent en contact avec le tissu vivant ou même avec un tissu malade dans le corps vivant, néanmoins elles peuvent se développer avec une puissance croissante par l'injection d'infusions dans la cavité péritonéale d'un cochon d'Inde, en reprenant du liquide épanché pour l'injecter de nouveau à un autre animal et ainsi de suite. Le résultat de cette expérience présente une frappante analogie avec le développement de la contagion pendant le cours des épidémies. En 1876, Tyndall ouvrit des infusions hermétiquement fermées dans une chambre de l'Oberland bernois, où il avait pansé, quelques années auparavant, une légère blessure suivie d'abcès ; il trouva que l'air était encore fortement imprégné de bactéries putréfactives. En 1878 et en 1879, Koch soumit la septicémie à une longue série d'expériences. Il découvrit que le sang putride, injecté sous la peau d'une souris, produisit peu d'heures la mort de ces animaux ; bien que le sang des malades ne présente aucune trace de formations

bactériennes et se trouve incapables de produire des symptômes de maladies chez d'autres animaux : les bactéries injectées restent donc enfermées dans le tissu cellulaire sous-cutané. Le fait qu'il est indispensable d'introduire une certaine quantité de liquide pour produire la maladie, le conduisit à penser que l'effet est dû à l'action chimique du poison engendré par les bactéries putréfactives, auxquelles on donne le nom de septine ou sepsine. Néanmoins, chez environ le tiers des sujets, un véritable désordre infectieux se produisit, présentant la forme particulière de la septicémie. La maladie passa par un ordre régulier de symptômes caractéristiques et fut suivie de mort, après une certaine période. Après quoi, il transporta l'infection à dix-sept sujets successifs ; et il trouva que le sang malade fourmillait de bacilles d'une forme et d'une grandeur bien définies. Aucune autre bactérie injectée avec ces bacilles ne peut se répandre dans le tissu vivant, sauf un microcoque qu'il rencontra quelquefois et qui se multipliait avec une grande rapidité dans le tissu sous-cutané. Ce microphyte, injecté dans l'oreille d'une souris, produisit une névrose progressive des tissus de cet organe et finit même par les détruire complètement en peu de temps. L'injection de sang putride faite sur les lapins produisit des effets très différents ; elle causa, dans le tissu sous-cutané, des abcès qui grossirent graduellement et amenèrent la mort en peu de jours. L'examen de ces abcès les montra entourés d'une même couche de microcoques à l'état de zooglœa. Une infusion de la matière des abcès causa invariablement les mêmes symptômes chez les animaux sains, mais l'injection du sang des lapins morts restait sans effet. Dans la pyémie artificiellement produite chez les lapins, on observa dans le sang, des microcoques, que l'on rencontrait séparément ou par paires, mais jamais en chaînes, ni en membranes ; leur forme et leur grosseur différait de celles des animaux qui accompagnent les autres maladies. Il infecta aussi des lapins à la fois de septicémie et d'érésipèle par des infusions putréscentes. La première s'accompagna d'une forme distincte de microcoque, et elle était capable de transmission ; la seconde était caractérisée par un petit bacillus et n'était pas communicable. — En 1879, Pasteur annonça qu'il avait découvert les mycrophytes qui sont les agents toxiques de la pustule maligne et de la fièvre puerpérale, il se convainquit par ses recherches que le bactérium découvert par Davaine est la véritable cause de la pustule maligne. Il obtint les organismes par le procédé de culture imaginé par lui dès 1857. Répandant sur de l'écume de levure de bière une goutte de sang prise à une pustule maligne et infectant à plusieurs reprises de nouvelle écume avec les organismes, il en eut pour des années une provision constante. Ce liquide inoculé à des cochons d'Inde, à des moutons et à d'autres animaux, produisit des pustules malignes. De la même manière, il cultiva les germes du choléra des basses-cours et en infecta des poules. Il décrivit l'organisme microscopique qui produit la fièvre puerpérale comme étant un entozoaire qui contient deux, quatre, six cellules réunies ; les cellules ont un diamètre moyen de deux millièmes de millimètre. Une chaude controverse entre les adeptes et les adversaires de l'hypothèse bactérienne s'éleva, relativement aux particules germinales transportant le virus de la variole et du vaccin, observées par Cohn, par Beale et par plusieurs autres microscopistes dans l'humeur de la petite vérole et dans celle de la vaccine. Tandis que Cohn, Klebs et Sanderson déclarèrent que ces granules sont des microcoques, Beale affirmait qu'ils n'ont aucune forme structurale. — D'autres savants se vouèrent à l'étude

de la classe des germes organiques de maladies miasmatiques et de celles que l'on a appelées miasmatico-contagieuses, telles que le choléra et la fièvre jaune. La théorie bactérienne, appliquée au contagium miasmatique, a été développée par Nægeli. D'après ce savant, les germes, qui sont inoffensifs en temps ordinaire, acquièrent leur puissance délétère dans un développement spécial, sous des conditions anormales. Le Dr Eklund, de la marine suédoise, fit savoir, en 1878, qu'il avait découvert le microdème spécifique de la fièvre paludéenne. Il nomma lymnophysalis hyalina l'organisme auquel il attribue les miasmes de la malaria. Klebs, professeur à Prague, et Tommasi, professeur à Rome, passèrent plusieurs semaines du printemps de 1879, dans l'Agro Romano, partie de la Campagne Romaine où règne particulièrement la malaria ou fièvre intermittente des marais. Leur but était de rechercher la cause de cette maladie. L'organisme qu'ils réussirent à décrire et qu'ils appelèrent un fungus (champignon) ressemble, par la structure, à un bacillus, avec des caractères particuliers. Il montre plusieurs spores mobiles, brillants et d'une forme allongée. Ils lui donnèrent le nom particulier de bacillus malariæ. Cet organisme est très répandu dans le sol et dans l'air près du sol ; ils le cultivèrent artificiellement dans différentes espèces de sol. Les parties solides du résidu des bactéries, après que la matière soluble a été plusieurs fois lavée et filtrée, engendre, quand on l'injecte sous la peau d'un chien, une maladie qui passe par tous les symptômes caractéristiques dans leur ordre régulier. — Nous devons dire quelques mots des autres hypothèses avancées pour expliquer les phénomènes des maladies épidémiques et contagieuses, en opposition à la théorie des germes. La principale est la théorie bioplastique dont le propagateur le plus éminent est le Dr Lionel-S. Beales, de Londres. D'après elle, la matière infectieuse est le bioplasme, matière protoplastique vivante qui se développe d'une manière anormale. Les maladies consistent dans la croissance de ce bioplasme dégradé à la place des cellules saines. On a aussi expliqué les épidémies périodiques par une absence ou par une surabondance d'ozone ou d'électricité atmosphérique dans l'air, ou par des conditions astronomiques, et par d'autres hypothèses cosmo-telluriennes ; opinions qui ont perdu beaucoup de terrain, mais qui ont encore leurs adeptes. Enfin, il y a différentes théories, avancées par Dougall, Bastian et plusieurs autres, qui voient dans la dégénération du tissu, qui accompagne les maladies contagieuses, le résultat de changements chimiques. L'exposé le plus complet de la théorie des germes dans les maladies contagieuses et miasmatiques se trouve dans l'ouvrage allemand de Nægeli, *Die niederen Pilze in ihren Beziehungen zu den infectionskrankheiten und der Gesundheitspfleg.* (Munich, 1877).

GIÉNOIS, OISE s. et adj. De Gien ; qui appartient à Gien ou à ses habitants.

GIFFARD s. m. Nom d'un fusil à gaz liquéfié, inventé en 1890, par M. Paul Giffard. Cette arme nouvelle paraît devoir produire une révolution dans la balistique. Elle possède une cartouche ou récipient contenant du gaz liquéfié. Chaque fois que l'on tire, une goutte de ce gaz liquide sort du récipient et pousse le projectile, sans aucun danger d'explosion, d'échauffement, de fumée ou d'encaissement. La masse de gaz contenue dans la cartouche a été liquéfiée au moyen d'une énorme pression et enfermée, sous forme liquide, dans un réservoir qui s'adapte au fusil. Ce réservoir est un petit tube d'acier très résistant contenant quelques centaines de gouttes de gaz liquéfié.

On pense que ce gaz est de l'acide carbonique, qui se liquéfia sous une pression de 200 atmosphères, à la température de 11°; mais l'inventeur n'a rien fait connaître de positif à ce sujet. Le jeu d'une détente laisse arriver, derrière le projectile, une goutte de gaz liquéfié, qui se détend aussitôt et, reprenant sa forme de gaz, c'est-à-dire un volume des milliers de fois plus grand, chasse violemment le projec-

dent, sauf qu'au lieu de bouillon on le mouille d'eau, que l'assaisonnement se réduit à deux ou trois carottes, autant d'oignons et de gousses d'ail, et que les bardes de lard sont remplacées par du beurre. — ÉMINCÉS DE GIGOT. Coupez en tranches minces les restes de votre gigot rôti et passez ces tranches dans un roux; mouillez avec du bouillon et une cuillerée de vinaigre; ajoutez échalotte, gousse

députés en 1848. Ses œuvres poétiques complètes, publiées à Florence sous le titre de *Versi editi et inediti* (1852, 1 vol.), comprennent, entre autres poèmes, le *Brindisi di Girella*, le *Couronnement*, le *Roi Soliveau*, etc. Giusti avait été surnommé le Béranger de l'Italie.

GIUSTO adj. [djious'-to]. Mus. Expression qui signifie *modéré*. — *A tempo giusto*, avec une rapidité modérée.

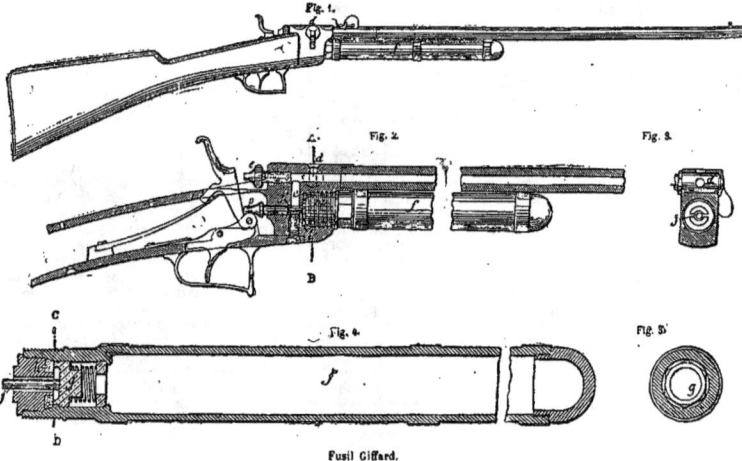

Fusil Giffard.

Fig. 1. Élévation du côté droit de l'arme (d, ouverture par laquelle on introduit les projectiles; f, cartouche ou récipient de l'acide carbonique). — Fig. 2. Coupe longitudinale (c, conduit; d, ouverture; f, cartouche; i, garniture en caoutchouc; j, tige; l, caoutchouc durci; m, tôt; p, extrémité de la tige). — Fig. 3. Coupe de la crosse A et B (d, cartouche; g, soupape). — Fig. 4. Coupe de la cartouche ou récipient de l'acide carbonique (g, soupape; h, caoutchouc durci; j, tige. Fig. 5. Coupe de C à D (g, soupape).

tile, sans élévation de température. — Le fusil Giffard porte à 50 ou 100 mètres au plus, ce qui l'empêchera d'être admis au nombre des armes de guerre. Il peut tirer 300 coups de suite sans aucun encrassement. Les 300 coups emmagasinés dans le récipient peuvent se tirer de suite ou en plusieurs mois, sans qu'il se produise la moindre altération. Quand le gaz du récipient est consommé, on remplace la cartouche vide par une autre pleine de gaz liquéfié, qui s'ajuste à la même place. Le prix de ce récipient rempli de gaz est très réduit.

GIGOT rôti. (Cuis.) Pour qu'il soit bien tendre, le gigot ne doit être mis à la broche que deux ou trois jours après que le mouton a été tué. Piquez-le de quelques gousses d'ail près du manche et, si vous l'aimez, dans le milieu des chairs. Placez-le devant un feu très vif, qui le saisisse brusquement, et entretenez ce même feu vif. Arrosez fréquemment avec le jus qui tombe dans la lèchefrite. Un gigot de moyenne grosseur demande une heure et demie environ de cuisson; mais il faut bien veiller à ce qu'il ne soit pas trop cuit, car à trop cuire le gigot se dessèche et durcit. Un quart d'heure avant de le retirer de la broche, saupoudrez-le bien de sel blanc. Avec le jus de la lèchefrite on peut préparer des haricots blancs; des épinards, etc., dont on accompagne souvent le gigot; dans le cas contraire, ce jus est servi dans une saucière. — GIGOT braisé. Après avoir désossé votre gigot jusqu'à moitié du manche, vous le lardez intérieurement et le ficelez. Mettez alors des bardes de lard dans le fond d'une casserole, placez-y votre gigot et ajoutez oignons, carottes, bouquet garni, thym, laurier, girofle, sel et poivre; mouillez d'un demi-verre de bouillon et couvrez le gigot de bardes de lard. Faites cuire environ sept heures. Servez, après avoir ôté la ficelle, dans son jus passé au tamis avec expression. — GIGOT à l'eau. Se prépare comme le précé-

d'ail, sel et poivre. Faites bouillir pendant une bonne heure, sous peine de faire durcir. Liez avec un peu de beurre. Toutes les sauces piquantes conviennent aux émincés de gigot.

GINGERADE s. f. (angl. *ginger*, gingembre). Écrasez trente grammes de racines de gingembre de la Jamaïque, et faites infuser quatre heures dans un demi-litre d'eau bouillante; passez. Ajoutez 750 grammes de sucre; faites chauffer, écumez; quand le sucre est bien fondu; retirez du feu, ajoutez 55 à 60 grammes d'acide citrique. Laissez refroidir.

GIRARD (l'abbé Gabriel), académicien et grammairien, né à Clermont-Ferrand vers 1677, mort en 1748. Il fut secrétaire interprète du roi pour les langues esclavonne et russe, chapelain de la duchesse de Berri. Il a laissé: *l'Orthographe française sans équivoque et dans ses principes naturels* (1713, in-12); *la justesse de la langue française ou les différentes significations des mots qui passent pour synonymes* (1708); ouvrage réimprimé en 1736, sous le titre de *Synonymes français*, et plus tard augmenté par Beauzée, Roubaud et Guizot : *Vrais principes de la langue française* (Paris, 1747).

GIUSTI (Giuseppe) [djouss'ti], poète satirique florentin, né au Val de Nievole (près de Florence) en 1809, mort à Florence le 30 mars 1850. S'attachant à miner la puissance autrichienne en Italie, il se rendit célèbre par *Il Dies Iræ*, facétieuse oraison funèbre de l'empereur François 1er, en 1835, poème dont les vers manuscrits coururent de main en main jusqu'aux limites de l'Italie. Un autre de ses chefs-d'œuvre, lo *Stivale ou Histoire d'une botte* (1836), est l'histoire piteuse et comique à la fois d'une botte (l'Italie) placée entre les mains de cordonniers maladroits et chaussée tour à tour par qui veut la prendre. Giusti fut élu trois fois à la chambre toscane des

GLAÇAGE des vins. — Pour glacer les vins, il faut se servir de seaux à glace les plus étroits possible, afin de prévenir la déperdition de puissance frigorifique qui se produirait inévitablement dans un vase trop large. — *Procédé sans glace ni acide.* Préparez à part deux poudres : la première composée *d'une partie*, en poids, de muriate d'ammoniaque (sel ammoniaque du commerce) et de *deux* parties de nitrate de potasse ou *salpêtre*. Cette proportion est rigoureuse pour que les deux sels, réagissant l'un sur l'autre, se combinent et donnent, au lieu du muriate d'ammoniaque et du nitrate de potasse que nous avons mis dans le seau, du nitrate de potasse et du nitrate d'ammoniaque; on est arrivé par ce moyen à produire à bon marché le nitrate d'ammoniaque, accompagné d'un autre sel, le muriate de potasse, lequel possède également, étant dissous, une grande puissance frigorifique. Mais ce mélange, quoique réfrigérant puissant, ne saurait produire la glace : il faut y ajouter une seconde poudre, formée simplement de la meilleure soude d'Écosse broyée dans un mortier. Ces deux poudres, ainsi préparées, doivent être tenues isolément dans des vases bien clos, dans un lieu aussi froid que possible; car si la soude broyée est exposée à l'air, elle y perdra l'eau qu'elle contient et sa puissance diminuera d'autant; et l'autre poudre, dans les mêmes conditions, s'imprégnera de l'humidité de l'air et sera hors d'usage. — *Emploi.* Pour employer ces mélanges, prenez portion égale de chacun et mêlez ensemble en remuant, puis introduisez vivement dans votre seau à glace, et versez dessus de l'eau aussi froide que possible, pour dissoudre le tout : soit, pour une litre de chacun des mélanges pulvérisés (1 litre au total), environ un demi-litre d'eau. — Prendre bien soin de ne pas mettre plus d'eau qu'il est nécessaire, autrement la puissance frigorifique s'exercerait sur cette eau et non sur la substance à glacer, et l'opération échouerait. Les quantités que nous venons d'indiquer : 1 litre de mélange complet et un demi-litre d'eau, suffisent pour glacer deux bouteilles de vin d'une après l'autre par le temps le plus chaud, pourvu qu'on se serve d'un vase convenablement étroit. Tous les accessoires employés à cette opération, vases, eau, etc., doivent toujours être le plus froids possible.

GLACE au citron (Écon. dom.) Prenez jus de citron et eau, de chaque 25 centilitres; sirop concentré, un demi-litre. Vous aurez râpé, avant expression, la peau des citrons avec un morceau de sucre que vous y ajouterez. Mêlez le tout; laissez reposer une heure; passez et glacez. — Battez ensuite, avec un peu de sucre en poudre, le blanc de deux ou trois œufs et quand la congélation commencera à se produire, ajoutez-y vos œufs battus et travaillez votre glace à la spatule. Cette addition donnera une plus grande consistance

et ajoutera à la saveur. — A l'orange. Même procédé.

GLACE d'été. (Jeux). C'est un jeu anglais que l'on pourrait appeler le *palet de salon*. On y joue sur une planche d'acajou posée sur le plancher. A l'une des extrémités de cette planche se trouve tracé un cercle. Les joueurs peuvent être au nombre de deux ou divisés en deux camps, s'ils sont plus nombreux. Chacun est

La glace d'été.

armé d'un poids ou d'une pierre munie d'une sorte de manche et chacun pousse ce poids à tour de rôle, de façon à le faire glisser sur le cercle. Après que tous les poids sont poussés, le parti qui a le plus grand nombre de poids placés plus près du centre, compte un point par chaque poids ainsi placé. Si le parti A, par exemple, a deux poids plus rapprochés que tout autre poids du parti B, il comptera deux points.

GLAUCESCENCE s. f. (gr. *glaukos*, glauque), Bot. Efflorescence blanchâtre, de nature cireuse que l'on remarque sur certains fruits et à la face inférieure des feuilles de certaines plantes.

GLAUCESCENT, ENTE adj. Qui tire sur la couleur glauque.

GLINKA (Michel), compositeur russe, né près de Smolensk en 1804, mort à Berlin le 3 février 1867. Il appartenait à la moyenne noblesse et reçut une excellente éducation. il ne s'occupa de musique qu'en qualité d'amateur. Quelques-unes de ses méthodes ayant révélé un talent plein de sève et d'originalité, il résolut de développer ses aptitudes en visitant l'Italie. Il parcourut ce pays en 1834, et rentra à Saint-Pétersbourg en 1836. Son premier opéra, *La Vie pour le Czar*, (5 actes) représenté en 1837, fut le premier exemple de la musique nationale russe: on célébra sa 500ᵉ représentation en 1887. Il a été joué, en Italie, en Angleterre et à Berlin, où il a obtenu un grand succès. Un second opéra, *Rousslann et Ludmila*, ne fut pas aussi bien accueilli. Venu à Paris en 1844, Glinka y organisa un concert dans la salle Hertz et y fit entendre des fragments de ses opéras; il visita l'Espagne en 1845 et y réunit quelques airs. Rentré à Saint-Pétersbourg en 1852, il fut nommé directeur de la chapelle impériale de l'opéra. Il se rendit à Berlin, pour y composer une messe avec orchestre; la mort le surprit avant l'achèvement de cet ouvrage. Ses autres œuvres, qui se distinguent par la souplesse et la variété, sont: la *Sota aragonesa* et *Souvenir d'une nuit à Madrid*, deux fantaisies classées, parmi les chefs-d'œuvre symphoniques; le *Chant de l'alouette*, la *Cavatine*, le *Boléro*, le *Dante*, romance; la *Berceuse*, etc. Les dilettanti allemands placent Glinka au même rang que Wagner; les Russes le considèrent comme le fondateur de leur opéra national.

GOA (Poudre de). Produit d'un arbre dont le nom botanique n'est pas fixé, mais que l'on suppose appartenir au genre césalpinie, ordre des légumineuses. Cet arbre croît au Brésil et renferme la poudre dans des crevasses qui courent généralement dans presque toute la longueur des portions ligneuses de son tronc.

Pour faire la récolte de cette poudre, on abat les arbres, on les coupe en plusieurs sections et on brise les fissures; ensuite on gratte la poudre. Cette substance (*araroba araríba* ou, comme on l'appelle quelquefois, *po' de Bahia*) se présente sous la forme de petits grumeaux irréguliers; d'abord d'un jaune pâle, elle devient plus sombre quand on l'expose à l'air ou quand elle subit les atteintes de la moisissure, et finit par affecter une couleur brune plus ou moins sombre. Depuis 1874, on a étudié, dans l'Inde anglaise, ses effets contre certaines maladies chroniques de la peau. On prétend qu'elle jouit d'une grande efficacité, en raison de la quantité d'acide chrysophanique qu'elle contient (84 p. 100 dans quelques spécimens). — Cette poudre est devenue la source la plus productive de l'acide chrysophanique. La benzine chaude dissout l'acide, le séparc de la poudre et le dépose à l'évaporation. — De nombreuses expériences ont démontré la valeur de la poudre de goa contre certaines maladies de la peau, surtout contre celles qui sont de nature parasitiques; les dartres du cuir chevelu cèdent rapidement à son influence quand on l'emploie avec succès dans la mentagre, le lichen chronique, le psoriasis, etc. Le mode originaire d'application consistait à humecter un peu de poudre avec du vinaigre ou du jus de citron et à s'en enduire la partie affectée une fois par jour pendant quelques jours. On préfère aujourd'hui faire un onguent avec de 10 à 40 grains de la poudre pour 10 gouttes d'acide acétique et 30 grammes d'axonge. La poudre possède des propriétés émétiques et cathartiques.

GO BANG s. m. Jeu nommé aussi dames japonaises. Ce jeu, d'une grande antiquité dans l'extrême Orient, fut introduit en Europe par un amateur anglais nommé Cremer, et prôné partout comme supérieur aux dames et même aux échecs, qu'il remplace chez les lettrés japonais. On le joue sur un damier de 400 cases, c'est-à-dire ayant 20 cases de côté. Chacun des deux joueurs a 200 pions d'une couleur différente; si l'on admet quatre joueurs chacun a 100 pions d'une couleur particulière. Les joueurs posent alternativement un pion sur une case inoccupée quelconque; et la victoire appartient à celui qui arrive le premier à mettre cinq pions sur cinq cases consécutives en ligne droite, soit horizontalement, soit verticalement ou diagonalement. Ce jeu d'une grande simplicité, mais qui exige un tact considérable, a reçu plusieurs modifications. Voici, par exemple, une manière assez ingénieuse de le jouer. Chaque adversaire pose à son tour un pion en se donnant pour but d'envelopper complètement un pion adverse; le pion enveloppé est enlevé du jeu; et la victoire appartient à celui des deux ou des quatre joueurs qui a fait le plus de prises pendant le temps qu'il a fallu pour poser tous les pions sur le damier.

GOLF s. m. Jeu national écossais, aujourd'hui répandu en Angleterre, en Irlande et dans plusieurs colonies britanniques. — On creuse une série de trous circulaires, placés à une centaine de mètres les uns des autres, sur un terrain uni. Les joueurs sont au nombre de deux ou de quatre (alors deux contre deux); dans le dernier cas, les deux partenaires lancent la balle de leur côté alternativement. Le but des joueurs est de conduire la balle de trou en trou, en la frappant au moindre nombre possible de coups, le joueur ou le couple de joueurs qui ont réussi à faire entrer leur boule dans un trou après un nombre limité de coups ayant *gagné* ce trou. Celui qui a gagné le plus grand nombre de trous est le vainqueur de la partie. Chaque joueur est muni d'une série de *clubs* ou massues, de différentes formes et de diverses longueurs, pour en faire usage suivant la position de la balle

ou la distance à lui faire parcourir. Sur une pelouse, et quand on a une grande distance a franchir (fig. 1), on fait ordinairement usage

Fig. 1. — La course.

du *conducteur* qui, en frappant la balle, la force à parcourir une grande course. Cette massue doit frapper un grand coup. Chaque club a sa spécialité que les joueurs s'habituent rapidement à connaître. Ainsi, le cleek [klik] sert à

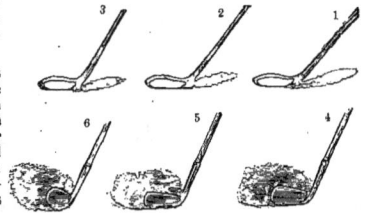

Fig. 2. — Les clubs ou massues.
1. — Conducteur. — 2. Placeur. — 3. Cuiller. — 4. Fer de sable. — 5. Cleck. 6. Nibblick.

tirer la balle d'un endroit plein de gravier ou de broussailles. Le fer de sable est préférable dans les endroits sablonneux. Quand la balle s'est approchée d'un trou (fig. 3), on se sert du placeur, pour la conduire doucement dans ce

Fig. 3. — Mise en place.

trou. Ces différentes opérations donnent lieu à des règles que l'on n'apprend guère que par la pratique. — Le costume du *golfer* est simple. Il est coiffé d'une casquette ronde et est revêtu d'un paletot, d'un pantalon et de solides souliers.

GOMITO s. m. (mot ital. qui signifie *coup de coude*). Sorte d'ouverture régulière, au jeu des échecs. Le gomito a lieu quand au second mou-

vement, pour défendre le pion du roi, joué à la 4e case du roi, et attaqué par le cavalier de l'adversaire, on pousse d'un pas le pion du fou du roi, que l'on place ainsi à la troisième case du fou du roi : *gomito de Lolli* — On attribue l'invention du gomito au Portugais Damiano, le plus ancien auteur qui ait publié un traité sur le jeu des échecs. Cette ingénieuse combinaison a été décrite par Lolli, par l'Espagnol Rui Lopez, par Greco, dit le Calabrais, par Cozio, etc.

GONDINET (Edmond), auteur dramatique, né à la Laurière (Haute-Vienne), le 7 mars 1829, mort de l'épuisement causé par l'albuminurie en novembre 1888. Fils d'un directeur de l'enregistrement, il entra au ministère des finances, devint sous-chef de bureau et ne quitta cette position que lorsque ses succès littéraires l'eurent mis au-dessus du besoin. Ses pièces les plus connues sont : *Trop curieux* (comédie, 1 acte, 1863 ; Français) ; Les *Victimes de l'argent* (1865, 3 actes ; Gymnase) ; les *Révoltées* (1 acte, vers ; Gymnase) ; la *Cravate blanche* (1867) ; le *Comte Jacques* (3 actes, vers, 1868) ; les *Grandes Demoiselles* (Gymnase, 1868) ; *Christiane* (1872 ; Français) ; *Gavaut, Minard et C*ie (3 actes ; 1869) ; le *Plus heureux des trois* (3 actes ; Palais-Royal, 1870, en collaboration avec Eugène Labiche) ; *Paris chez lui*, (3 actes, Gymnase, 1872) ; le *Roi l'a dit* (opéra-comique ; musique de Delibes) ; *Panazol* (comédie, 1 acte, vers ; 1873) ; le *Chef de division* (comédie, 3 actes ; Palais-Royal, 1874) ; *Libres*, (Drame, 5 actes, 1874) ; le *Homard* (1 acte ; Palais-Royal, 1874) ; le *Panache* (1875) ; *Dada* (vaudeville, 1876) ; le *Tunnel* (1877) ; le *Professeur pour dames* (1877), etc.

GONGYLE s. m. [gon-gi-le] (gr. *gogulos*, rond). Bot. Nom que plusieurs botanistes donnent à des corpuscules ordinairement globuleux, qui sont les organes reproducteurs des cryptogames. Le mot gongyle peut donc être considéré comme synonyme de *sore* ou de *spore* ; on l'emploie surtout pour désigner les corpuscules reproducteurs des algues.

GONOPHORE s. m. [-fo-re] (gr. *gonos*, semence ; *phoros*, qui porte). Bot. Prolongement de l'axe qui porte certains fruits.

GONZALÈS, famille espagnole anoblie par Charles-Quint dans la principauté de Monaco et qui a fourni plusieurs personnages célèbres. — I. (Tirso ou Thyrus), général des jésuites, mort à Rome en 1705. Il était professeur à l'université de Salamanque lorsqu'il fut élu général des jésuites en 1687. Adversaire déclaré du probabilisme que soutenait la majorité des membres de son ordre, il publia un ouvrage fameux intitulé *Fundamentum theologiæ moralis, id est Tractatus theologicus de recto usu opinionum probabilitium.* (Dillingen, 1689, in-4o), dans lequel il cherche à prouver que cette doctrine, qu'il qualifie d'immorale, n'a pas été inventée par les jésuites, mais qu'il faut l'attribuer à Michel Salonius, religieux Augustin qui vivait à la fin du xvie siècle. Gonzalès s'est fait l'avocat de l'infaillibilité pontificale dans *De infaillilitate romani pontificis.* (Rome, 1687, in-4o). — II. (Jean-Emmanuel-Charles), médecin français, né en 1766, à Monaco, mort à Paris, en 1843. Il fit, en qualité de médecin principal, les campagnes d'Italie, d'Égypte, d'Allemagne, d'Espagne et de Dalmatie. Après la chute de Napoléon, il fut directeur des hôpitaux militaires de Saintes (1815) et de Nancy, puis médecin en chef de l'armée de Marmont en Espagne (1823) et de celle de Gérard en Belgique (1832). — III. (Louis-Jean-Emmanuel), littérateur français, fils du précédent, né à Saintes, le 25 octobre 1815, mort à Paris, le 15 oct. 1887. Après avoir fait ses études à Nancy, il vint à Paris, dans le but ostensible d'y faire son droit, mais avec le dessein caché de se créer des ressources dans la littérature.

Il fonda la *Revue de France*, qui n'eut que peu de numéros, écrivit sous différents pseudonymes les journaux de l'époque, entra un instant à la *Presse*, pour y signer des articles sur l'Espagne, articles auxquels son nom authentique semblait donner une véritable couleur locale, puis il passa au *Siècle*, où il devint, plus tard, directeur de la partie littéraire. Ayant trouvé son chemin de Damas dans l'inépuisable champ du roman-feuilleton, il régna un instant au rez-de-chaussée du *Siècle*, de la *Patrie*, du *Courrier Français*, etc., et produisit avec une fécondité merveilleuse, une foule de romans presque toujours écrits avec soin et d'une manière consciencieuse. Nous citerons : *Souffre-douleur* (1838) ; les *Mignons de la Lune* (1839) ; le *Livre d'amour* (1840) ; les *Frères de la Côte ou les Pêcheurs de perles* (1841), peinture énergique de la vie et des aventures des anciens boucaniers de l'île de la Tortue ; cet ouvrage a été traduit ou imité dans toutes les langues ; les *Francs-juges* (1847) ; les *Mémoires d'un ange* ; les *Sept baisers de Buckingham* (1848), en collaboration avec Moléri ; les *Gardiennes du Trésor* (1850) ; *Esaü le Lépreux* (1850-51) ; le *Vengeur du mari* (1851) ; la *Mignonne du roi*, l'*Heure du Berger* (1852-60) ; le *Chasseur d'hommes* (1853) ; la *Fille de l'aveugle* (1854) ; la *Princesse russe*, le *Serment de la Veuve* (1856) ; les *Amours du Vert-Galant*, le *Prince Noir*, les *Chercheurs d'or* (1857) ; la *Table d'or* (1859) ; les *Trois fiancés* (1860) ; les *Sabotiers de la Forêt-Noire* ; le *Maréchal d'Ancre* (1861) ; la *Maitresse du proscrit* (1862) ; l'*Hôtesse du connétable* (1863), l'*Épée de Suzanne*, les *Proscrits de Sicile* (1865) ; la *Fiancée de la Mer* (1867) ; *Voyages en pantoufles* (1869) ; les *Gardiennes du Trésor* (1872) ; les *Danseuses du Caucase* (1875), etc. Il voulut aussi essayer du théâtre ; mais le peu de succès obtenu par le drame tiré de son roman les *Frères de la Côte*, avec la collaboration de Henri de Kock (1856), ne l'engagea pas à persévérer dans cette voie. Elu président de la Société des gens de lettres, en 1864, il resta jusqu'à sa mort président honoraire de cette association.

GORDON (Charles-George), major général, officier anglais, né à Woolwich en 1833, mort à Khartoum, le 26 janvier 1885. Il était le quatrième fils du lieutenant général Henry-William Gordon. Au sortir de l'Académie militaire royale de Woolwich, où il fut du service dans le génie, se distingua en Crimée, et fut, après la signature de la paix avec la Russie, attaché à la commission chargée de délimiter les frontières de la Bessarabie ; il fut ensuite employé en Arménie, puis commissaire spécial au Caucase (1858), fit la campagne de Chine (1860) et s'engagea dans les troupes chinoises contre les Taïping, en qualité d'ingénieur en chef (1862), tout en conservant, dans l'armée anglaise, le grade de major. C'est lui qui, en réalité, dirigea les opérations des troupes impériales chinoises contre les rebelles et c'est à lui qu'est due la fin de la formidable insurrection des Taïping ; d'où le sobriquet sous lequel il fut connu pendant longtemps : « Gordon le Chinois. » Rentré dans son pays natal en 1864, il fut nommé ingénieur en chef à Gravesend (1865-71), puis consul anglais à Galatz (1871) et enfin il entra volontairement au service de l'Égypte (1873). Après la démission de Samuel Baker, le khédive désigna Gordon pour le remplacer comme gouverneur des tribus du Nil supérieur ; plus tard (1874-79), il le nomma gouverneur général du Soudan. Gordon fut ensuite, pour un instant, secrétaire de lord Ripon (1880). Sur l'invitation de Li Hong Chang, il se rendit en Chine (1881), où il aida de ses conseils le gouvernement chinois pour la réorganisation de son armée, lors de sa querelle avec la Russie. Il entra ensuite au service du gouverneur général de Mauritius et démissionna, quand il eut atteint le rang

de major général, pour faire avec les troupes anglaises, la guerre du Basoutoland. Il accepta, en 1883, un commandement dans l'armée que le roi des Belges destinait à opérer au Congo, mais il abandonna ce projet pour répondre, en 1884, à l'appel du gouvernement égyptien. Il entreprit de secourir la garnison du Soudan et s'enferma dans Khartoum, où il tint pendant près d'une année, contre des nuées d'indigènes. La ville finit par être prise par les Soudanais et Gordon fut tué pendant le tumulte du dernier assaut. En 1886, le parlement anglais vota des fonds pour lui ériger une statue.

GORGE s. f. Bot. Entrée du tube des corolles gamopétales ou des calices gamosépales

GORGONZOLA, ville de l'Italie septentrionale à 19 kilom. N.-E. de Milan ; 5,000 hab. Elle est connue surtout par son fromage de brebis, dont une grande quantité est exportée en Angleterre.

GOUJON (Pêche). — Ce poisson affectionne particulièrement les eaux courantes sur fond sablonneux. — Une remarque importante : le goujon reste presque constamment au fond, le nez tourné vers le sol, comme s'il y cherchait sa nourriture : cette remarque nous indique clairement la manière dont il nous faut disposer notre ligne, puisque l'appât pour attirer sûrement le poisson, doit à peu près traîner sur le fond. La ligne à choisir pour cette pêche sera formée de trois ou quatre brins de crins tordus, pour le corps ; un simple crin peut suffire comme monture à un hameçons qui seront des nos 10 à 12, si l'amorce est un ver rouge, et seulement 14 ou 15 pour l'asticot, ou mieux le ver de terreau; la flotte sera formée d'une simple plume, disposée de manière à laisser un bout de ligne suffisant pour que l'appât traîne sur le fond, comme nous l'avons dit plus haut. — Il va sans dire qu'un ou deux grains de plomb, suivant la profondeur de l'eau et la force du courant, sont ici nécessaires. La manière d'amorcer le fond pour la pêche du goujon est des plus élémentaires : elle consiste à le troubler, c'est-à-dire à le remuer fortement avec une perche. Alors le poisson accourt de toute part vers le point où l'eau est troublée comptant que du sol bouleversé quelque ver surgira dont il fera sa proie, — et il ne manque pas, naturellement, de happer au passage le ver que vous lui offrez. Il n'y a pas à se presser de ferrer: le goujon attaque l'appât avec avidité, et ne le lâche plus — que vous ne le décrochiez de l'hameçon.

GOUJONS frits (Cuis.). — Videz-les, essuyez-les avec soin, enfarinez et jetez dans une friture bien chaude. Retournez-les fréquemment avec une écumoire. Servez accompagnés de persil frit. On mêle quelquefois aux goujons, dans la friture, d'autres petits poissons tels que des *ablettes*, de petits *gardons*, etc. ; le goujon est bien préférable, et une friture d'ablettes seules est détestable.

GRAMMOPHONE s. m. [gra-mo-fo-ne] gr. *gramma*, ligne, trait; *phoné*, son, voix). Appareil nouvellement inventé par Émile Berliner (de Washington), pour enregistrer et reproduire les sons et particulièrement les sons de la voix humaine. Le phonographe d'Edison n'ayant pas produit les résultats pratiques que l'on avait espéré, différents inventeurs américains se mirent à perfectionner cette machine, dont le grammophone n'est qu'une amplification ou pour mieux dire, une simplification. Cet appareil se compose essentiellement d'un disque de verre circulaire A, qui forme la surface enregistrante et qui est recouvert d'une couche de matière plastique, telle que du noir de fumée. Un style de bronze phosphoré ou de laiton CC, attaché au centre d'une membrane vibrante, appuie légèrement sur la surface enfumée du disque de verre.

Enfin un tuyau acoustique B transmet à la membrane vibrante les sons qu'on lui confie; cette membrane entre alors en vibration, et le style, obéissant à son impulsion, trace à la surface du disque, qui tourne sur son centre, un léger sillon onduleux dans le noir de fumée. Un moteur électrique D, alimenté par une batterie E, fait tourner le disque et lui imprime, en même temps, un mouvement de translation, de sorte que le style décrit sur lui une ligne en spirale. Quand le disque tourne, la pointe du style trace sur le noir de fumée une ligne spirale transparente;

Le grammophone. — Fig. 1.

mais dès que le style subit les impressions des ondes sonores, quand on parle dans le cornet acoustique, la ligne devient irrégulière et ondulée. L'inscription phonautographique ainsi obtenue ne sert pas directement à la reproduction des sons qu'elle représente. On commence par la fixer dans le noir de fumée par une couche de vernis photographique, puis on en prend copie en la reproduisant sur une

Le grammophone. — Fig. 2.

surface résistante, par les procédés de la photogravure; on peut même faire autant de copies que l'on veut. Pour reproduire les sons, on place l'un de ces clichés dans un grammophone, à la place du disque de verre; on met la machine en mouvement, et la pointe du style, placée sur la ligne qui a reçu les impressions, suit cette ligne et parcourt toutes les sinuosités du tracé. Il en résulte une légère trépidation qui fait vibrer le diaphragme auquel le style est attaché; le diaphragme répète exactement les sons originaux. Le nouvel appareil est donc bien un phonographe; le perfectionnement consiste dans l'emploi d'un disque au lieu d'un cylindre, ce qui permet de photographier l'inscription. Il s'écoulera sans doute beaucoup de temps avant que l'on puisse obtenir des résultats pratiques satisfaisants de ces expériences; mais il faut reconnaître, avec Emile Berliner, que son invention a fait faire un pas à la question. Le principal défaut du grammophone, c'est de ne pouvoir enregistrer qu'un nombre restreint de mots, le nombre, par exemple, qu'une personne peut prononcer en 4 ou 5 minutes; un autre défaut encore plus grave, c'est que l'appareil n'enregistre que les sons produits à l'embouchure du cornet.

GRANATÉ ÉE, adj. (lat. *granatum*, grenadier) Bot. Qui ressemble ou qui se rapporte au grenadier. — s. f. pl. Petite famille formée aux dépens des myrtacées et ayant pour type le genre grenadier.

GRANDE-BRETAGNE (Royaume-Uni de) et d'Irlande. — La population des Iles-Britanniques, évaluée à 34 millions d'hab., lorsque fut rédigé notre article Britannique, et à 35 millions d'hab. lorsque parut l'article Grande-Bretagne dans le *Dictionnaire* (recensement de 1881), s'élève aujourd'hui à 37,160,000 hab. en y comprenant l'île de Man et les îles Normandes. L'augmentation a donc été de 2 millions d'hab. en cinq années. La densité de la population est aujourd'hui de 118 hab. par kilom. carré. Nous ferons remarquer que cette augmentation se manifeste surtout en Angleterre, dans le pays de Galles et en Écosse, tandis que l'Irlande se dépeuple lentement et compte moins de 5 millions d'hab. A notre résumé de l'histoire d'Angleterre, il faut ajouter les événements suivants, survenus dans ces dernières années : en 1878, l'acquisition de l'île de Chypre, en vertu d'une convention secrète signée avec la Porte, le 4 juin (voy. Berlin, Chypre, etc. dans le *Dictionnaire*) : la guerre avec l'Afghanistan (voy. ce mot dans le *Dictionnaire* et dans ce *Supplément*) ; en 1879, l'invasion du Zoulouland (voy. Cetiwayo, dans ce *Supplément*); en 1880 les troubles en Irlande et la formation de la Land-league ; l'extension du boycottage (voy. ce mot dans notre premier *Supplément*) ; le règne de la terreur établi en Irlande; en 1881, l'insurrection du Transvaal, qui parvint, après une longue lutte, à faire reconnaître son indépendance; en 1882, l'intervention en Égypte (voy. ce mot dans ce *Supplément*); en 1873, les explosions de dynamite attribuées à des conspirateurs irlandais ; une recrudescence d'assassinats politiques dans l'île sœur; l'agitation socialiste provoquée par Bradlaugh; les contestations avec la France, relativement aux Nouvelles-Hébrides et à Madagascar; les premières tentatives d'annexion de la Nouvelle-Guinée ; l'annexion du Basoutoland ; en 1884, la reconnaissance de l'indépendance limitée du Transvaal, après une guerre désastreuse ; l'invasion et la destruction des nouvelles républiques du Stellaland et de Goshen, fondées par des Boers dans l'Afrique méridionale ; en 1885, la panique causée par la victoire des Russes sur les Afghans, à Pendjeh (30 mars); l'insurrection des métis canadiens, sous la conduite de Riel, qui fut exécuté en novembre; les désastres dans le Soudan ; l'invasion et l'annexion de la Birmanie (Burmah supérieur); en 1886, l'autorisation donnée à Bradlaugh de siéger à la chambre, sans prêter le serment d'usage (15 janv.); les émeutes socialistes de Trafalgar-Square (8 fév. et jours suivants); l'annexion définitive de Socotra, etc.

GRAPHOPHONE s. m. [gra-fo-fo-ne] (gr. *grapho*, j'écris ; *phoné*, son). Nom donné par M. Graham Bell à un phonographe perfectionné dont il est l'inventeur avec M. Summur Tainter. De même que le phonographe, le graphophone inscrit la voix, la musique et autres sons sur des cylindres de cire, et les reproduit par des plaques vibrantes sous l'action d'un stylet. L'appareil présente l'aspect d'une machine à coudre; le mécanisme, au lieu d'être mu par un électro-aimant, comme dans le phonographe, est actionné à l'aide d'une pédale. Une cire noire est étendue sur la surface des cylindres en carton, D, qui glissent sur un axe tournant. Un stylet tranchant, actionné par les vibrations du diaphragme, affleure à la surface de la cire et y grave la parole, en une spirale, dont la trace est plus ou moins profonde, suivant l'intensité du ton. Quand un autre stylet parcourt cette ligne, il est forcé d'en suivre les ondu-

lations et de reproduire le son original en faisant vibrer le diaphragme auquel il est lié. A est le diaphragme disposé sur le cylindre de cire. Deux tubes flexibles, terminés par des embouchures B, transmettent le son au dia-

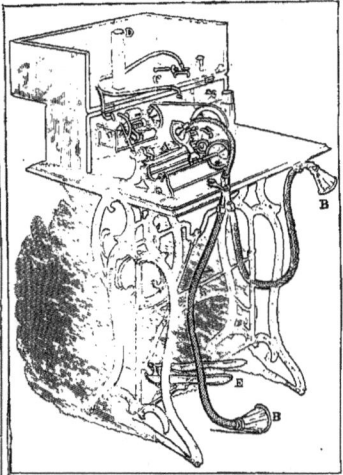

Le Graphophone.

phragme qui se met à vibrer. Les pédales E servent à faire tourner le cylindre inscripteur. Quand il s'agit de faire répéter au cylindre de cire ce qu'on lui a confié, on enlève le diaphragme A, et on le remplace par un second diaphragme reproducteur, muni d'un tube bifurqué C, dont on applique les deux branches aux oreilles.

GRATIOLET (Louis-Pierre), physiologiste, né à Sainte-Foy (Gironde) en 1815, mort en 1865. — En 1863, il remplaça M. Geoffroy-Saint-Hilaire dans la chaire de physiologie comparée à la Sorbonne. Ses principaux ouvrages sont : *Mémoires sur les plis cérébraux de l'homme et des primates* (1854); *Plans fibreux de l'hémisphère cérébral*; le deuxième volume de l'*Anatomie comparée du système nerveux*, commencée par Leuret (1858, in-8). L'*Eloge de Gratiolet* a été prononcé par Paul Bert (1865).

GRÈCE (archéologie).— Les excavations que l'on a entreprises à Olympie, depuis 1875, avec les fonds fournis par le gouvernement allemand, ont révélé tout le plan de l'antique cité. L'enceinte murée appelée le bosquet sacré et dans laquelle se trouvait le temple de Zeus avec d'autres autels, des sanctuaires et les édifices officiels relatifs aux jeux olympiques, mesurait 4,000 pieds de long et s'étendait depuis le bord du fleuve jusqu'au pied de la montagne. Le temple de Zeus était un édifice plus simple, plus massif et plus imposant que le Parthénon, construit dans le style dorique le plus pur. Le groupe de 21 colossales figures par Paionios, représentant le combat que se livrèrent Oinomaos et Pélops, avec Zeus comme arbitre au milieu, groupe qui ornait le fronton oriental du temple, a été entièrement déterré; les figures ne sont pas toutes aussi bien conservées les unes que les autres. Les statues des dieux-fleuves, Alpheios et Kladeios flanquaient le fronton. La façade occidentale contenait un groupe par Alkmenes, représentant une lutte qui eut lieu aux noces de Peirithoœs, lutte qui fut arrêtée par l'intervention du jeune Apollon; ce groupe montrait des centaures ivres en train d'enlever des femmes; Hélène accourant au se-

cours de ces dernières et des esclaves éplorées dans le fond. Cette composition, comme la précédente, se compose de 21 figures, dont 13 ont conservé leurs têtes. Aux deux extrémités du temple, on voit des sculptures en relief représentant les travaux d'Héraklès. Curtius prétend qu'elles appartiennent à la même école de sculpture que les frontons. — Les frontons, que l'on a pu restaurer d'une manière intelligible, surpassent tous ceux que l'on avait construits auparavant. Curtius attribue les sculptures du temple à l'école de Kalamis, qui précéda immédiatement le plus haut développement de l'artantique au temps de Phidias. Dans la réprésentation d'Apollon, on a admis les conventions traditionnelles, tandis que dans les formes des humains et des centaures, l'artiste a conservé le plus entière liberté. L'Héraion qui, pour la grandeur, vient immédiatement après le temple de Zeus, date d'une époque plus reculée. On a aussi découvert les fondations d'un autre temple entouré de piliers; c'est le Metrœn ou sanctuaire de la mère des dieux. Des trésoreries ont été mises à nu dans la partie septentrionale de l'Altis ou enceinte sacrée; elles ressemblent à celles des temples. La position des deux plus vastes, les thesauri des Syracusains et des Mégariens, a été parfaitement reconnue. La trésorerie des Mégariens contient des sculptures représentant la guerre des géants et datant d'une époque antérieure aux Eginètes. L'un des plus intéressants monuments de l'époque classique est la figure colossale de Nike, par Paionios. Le temple circulaire construit par Philippe de Macédoine, après la bataille de Chéronée, se trouve dans un état de conservation très satisfaisant à l'ouest de l'Heraion. Les constructions de la période romaine consistent en rotondes, canaux, etc., érigés par Antonin le Pieux, et Hérode Atticus. Un édifice, composé d'une cour quadrangulaire enveloppée de deux colonnades, paraît dater de la même époque que le temple de Zeus; on suppose que c'était le lieu de réunion du conseil olympique. Une suite de jolis bâtiments se trouvaient entre le Kladeos et l'Altis, à l'O., une construction circulaire contenait un autel avec des inscriptions au « héros », ce qui désignait probablement Janos et plus tard Klytias, fondateur des familles sacerdotales de devins qui donnèrent les premiers de l'importance à Olympie. A l'E. de l'église byzantine se trouvait une cour entourée de colonnes; c'est le grand gymnase, probablement le plus vaste et le plus splendide édifice d'Olympie. On y a trouvé plus de 400 inscriptions, dont plusieurs ont rapport aux visiteurs des jeux et fournissent des détails intéressants sur la manière dont se donnaient ces jeux. Les explorateurs allemands ont aussi exhumé des restes importants de l'acropole de Pergamon, ville qui eut une grande importance après la période macédonienne. Les ornements sculptés sur le grand autel mentionné par les anciens écrivains, ont été retrouvés dans un bon état de conservation. La frise principale représente la bataille des dieux et des géants et date d'environ deux siècles av. J.-C. Les figures, d'un port héroïque, sont exécutées d'un style libre et hardi. Quelques-unes offrent le type parfait de la force et de la beauté chez l'homme; d'autres mélangent les formes humaines à des formes monstrueuses. Athéné est représenté traînant un géant par les cheveux; Hécate à trois têtes, trois bustes et six bras. La charmante représentation d'une femme en train de jeter à un géant un vase entouré de serpents, a mis à la torture l'esprit des archéologues, qui n'ont pu lui donner un nom. On a déterré et envoyé à Berlin 94 plaques des frises, environ les trois cinquièmes de toutes celles qui existaient, plus 34 plaques d'une frise plus petite représentant des scènes de la légende de Telephus, des inscriptions, des

statues et de nombreuses reliques de toute sorte.

GRENOUILLE. — La pêche de la grenouille peut se faire à la ligne, mais plutôt comme divertissement qu'avec le projet d'en tirer un bénéfice considérable. On peut amorcer sa ligne d'un insecte vivant, mais on se contente généralement d'un chiffon de drap écarlate dans lequel on enfile l'hameçon, et le résultat est identique. La ligne préparée, le chiffon rouge attaché, on amène ce dernier près de la surface de l'eau, sans qu'il y baigne, de manière qu'il semble un brillant papillon voltigeant imprudemment à deux doigts du danger. Les grenouilles qui l'aperçoivent se précipitent aussitôt vers cet appât, s'élancent pour le saisir, et il en reste toujours quelqu'une dont la large bouche a tout englouti et est restée accrochée à l'hameçon. Comme nous l'avons déjà dit, cette pêche à la grenouille n'est pas ordinairement très profitable et ne peut compter que comme un amusement. On pêche encore ces batraciens, aux flambeaux, la nuit. Les flambeaux en question sont généralement des lanternes d'écurie, bien entendu. — Frappées par la lumière, les grenouilles éblouies se laissent prendre à la main sans la moindre tentative pour y échapper. En Bretagne, on chasse la grenouille avec une longue arbalète, dont la flèche, fixe, est faite d'un fleuret, à la pointe façonnée en fer de flèche et emmanchée dans une baguette de bois glissant dans une coulisse. Le chasseur, à plat ventre à l'ombre d'un saule, tend son arbalète, dans la direction de la mare ou du cours d'eau où la présence des grenouilles est certaine. Chaque grenouille qui apparaît, il la vise bien, lâche la détente, la traverse de sa flèche, l'emporte — et recommence aussitôt. Quelques-uns de ces chasseurs intrépides ne dédaignent pas de s'emparer de la même manière du rat d'eau, à l'occasion, et affirment que cette sorte de gibier, n'est pas sans qualités sérieuses. — CUISINE. *Cuisses de grenouilles à la poulette.* Les cuisses de grenouilles toutes préparées, c'est-à-dire dépouillées, sont aujourd'hui l'objet d'un assez grand commerce; on se les procure donc facilement au prix de 50 à 70 c. la brochette de douze cuisses. Faites-les dégorger dans de l'eau; égouttez-les; mettez-les dans une casserole; faites sauter dans le beurre en saupoudrant de farine, mouillez de vin blanc; ajoutez sel, poivre, échalotes hachées; liez la sauce de jaunes d'œufs et servez. On les fait également frire, trempées dans une pâte légère. — *Grenouilles entières.* Dépouillez et videz vos grenouilles en conservant cependant le frai; coupez les têtes et mettez dans une casserole avec bouquet garni, sel, poivre en grains, clous de girofle, petits oignons et champignons. Mouillez de vin rouge et de vin blanc par parties égales. Faites cuire à feu vif. Au moment de servir, liez votre sauce avec un morceau de beurre manié de farine. Vous pouvez ajouter un verre de madère ou de vin blanc sec. Dressez sur des croûtons frits. Ce mets est délicieux, mais nous n'avons vu ainsi préparer la grenouille que dans le Midi, et il nous reste des doutes sur la question de savoir s'il serait du goût des Parisiens.

GREPPO (Louis), homme politique, né à Pouilly (Rhône), le 8 janvier 1810, mort en août 1888. Ouvrier, puis chef d'atelier dans une manufacture de soieries de Lyon, il s'affilia, sous le règne de Louis-Philippe, à plusieurs sociétés secrètes. Élu à la Constituante par le département du Rhône, en 1848, il siégea dans les rangs de la Montagne, fut réélu à la Législative, fit une vive opposition à la politique de l'Elysée, signa, le 13 juin 1849, la mise en accusation du président de la Ré-

publique et de ses ministres, fut arrêté au 2 décembre, emprisonné, puis expulsé du territoire français, se réfugia en Belgique, ensuite en Angleterre et rentra en France après l'amnistie de 1859. En 1862, il fut poursuivi, avec Jules Miot et 50 autres personnes, sous l'inculpation de société secrète et fut condamné à la prison. Après le 4 Septembre, il fut nommé maire du IVe arrondissement de Paris et donna sa démission à la suite des événements du 31 octobre. Élu par le département de la Seine, le 8 février 1871, il siégea à l'extrême gauche de l'Assemblée nationale. Il fut élu le 20 février 1876, dans le XIIe arrondissement de Paris, réélu le 14 octobre 1877, dans le même. arrondissement qu'il représenta jusqu'aux élections de 1885. Dans ses dernières années, il se rallia à l'opportunisme.

GRINDÉLIE s. f. Bot. Genre de plantes herbacées ou de sous-arbrisseaux de l'ordre des composées, indigènes de la partie occidentale de l'Amérique du Nord. On a découvert d'importantes vertus médicinales à plusieurs espèces. Les plus connues sont la *grindelia robusta* et la *grindelia squarrosa*. L'une et l'autre produisent une résine visqueuse, d'où vient leur nom de plantes à gomme; elles émettent une odeur balsamique et possèdent une saveur aromatique, amère et piquante. On lui a trouvé de grandes propriétés comme remède contre l'asthme spasmodique, la coqueluche, etc. La meilleure préparation, en l'absence de plante fraîche, est l'extrait liquide, qui peut être administré à la dose de 10 à 60 gouttes toutes les deux heures. Cet extrait a été recommandé également en application locale dans le cas d'empoisonnement par le sumac vénéreux (*rhus toxidendron*). Son effet, dans ce cas, est probablement dû à ce qu'il forme une couche qui garantit la peau enflammée contre le contact de l'air.

GRISE s. f. Agric. Maladie des plantes occasionnée par certains insectes ou simplement par un état maladif de la plante.

GROMMELER v. n. Crier, en parlant du sanglier.

GROTENBERG ou **GROTENBURG**, colline de la forêt de Tentoburg, au sud de Detmold (Allemagne), haute de 388 m. Sur son sommet on a élevé une statue colossale d'Arminius, inaugurée le 16 août 1875. (Voy. BANDEL, dans le *Dictionnaire*.)

GRUE ÉLECTRIQUE. — Il est quelquefois dangereux d'employer les grues à vapeur dans les milieux où l'on travaille le bois. Il est alors avantageux de faire usage de la grue électrique, adoptée aujourd'hui en Angleterre. Le courant qui met la grue en mouvement,

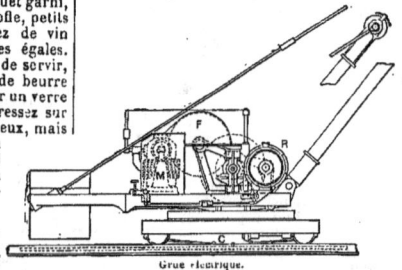

Grue électrique.

pour avancer, tourner et enlever le fardeau, est fourni par un électro-aimant qui éclaire l'usine en même temps. Ce courant passe par des lames de cuivre disposées le long des rails sur lesquels marche la grue, et est ainsi amené à l'électro-moteur attaché sur la machine. Un courant de 50 ampères peut élever de 15 à 18 tonnes; un courant de 35

ampères suffit pour faire tourner la grue; un courant de 23 à 35 ampères peut la faire avancer. — L'électro-moteur M fait, par l'intermédiaire des roues dentées F, tourner le tambour R, sur lequel est enroulée la chaîne. Les contacts avec le conducteur se trouvent en C. Le poids total est d'environ 4 tonnes. Un seul homme peut manœuvrer tout l'appareil à l'aide de différentes manettes.

GRULLOTER v. n. (gr. *grullos*, grillon). Crier, en parlant du grillon et de la sauterelle. On dit aussi GRYLLOTER.

GUÉNÉGAUD (Henri de), comte de Montbrison, marquis de Plancy, etc., financier et ministre, né en 1609, mort à Paris en 1676. Il succéda à son père, Gabriel de Guénégaud, comme trésorier de l'épargne, en 1638, fut nommé garde des sceaux en 1656 et disgracié en 1669. Il a donné son nom à une rue de Paris, ouverte en 1641, et dans laquelle Mansart lui avait élevé un hôtel magnifique.

GUÉPIN, INE s. et adj. (étymol. encore mal expliquée; vient probablement du lat. *vespa* ou *quespa*, guêpe). De l'Orléanais; qui concerne ce pays ou ses habitants. Ce mot paraît dater de la fin du moyen âge. En parlant d'eux (les Orléanais), Valois a dit : « C'est aux guêpes qu'ils doivent leur nom, car lorsque les vapeurs de leur vin leur montent à la tête, ils rappellent par leurs cris, leurs querelles et leurs injures, les attaques incommodes de leur aiguillon. » (Dupuis, *Mémoires de la Société d'Agriculture d'Orléans*, 1863).

> *Aurelios vocare vespas suevinus,*
> *Ut dicere olim mos erat nasum atticum.*
> *Nous disons aujourd'hui les guêpes d'Orléans,*
> *Comme on disait jadis le piquant sel attique.*
>
> THÉOUVERS DE BÈZE.

« Un esprit fin, piquant, railleur, prêtant à la raison la pointe de l'épigramme, à l'ironie, la grâce de l'enjouement, lançant vivement le brocard et prêt à la répartie, ayant son franc parler, mais sans fiel et sans noirceur, attaquant rarement, mais sachant se défendre et faire repentir de l'attaque; tel est le vrai, le franc *Guépin*; telle est même, quand elle veut s'en mêler, la fine et malicieuse *Guépine*. » (Dupuis.) — CONTES GUÉPINS, par un Braque, petit recueil d'historiettes en vers, publié à Évreux, 1880, petit in-64, en caractère sédanaise, tiré à 50 exemplaires; 2e édit. Orléans, 1881, in-64. C'est une curiosité bibliographique.

GUÉRIDON ÉLECTRIQUE. Cet élégant petit

Guéridon électrique.

meuble, inventé par l'ingénieux électricien Aboilard, contient une batterie électrique qui actionne à volonté une lampe à incandescence placée dans un globe au-dessus de lui.

GUILLAUME Ier (Friedrich-Ludwig), empereur d'Allemagne et roi de Prusse, né le 22 mars 1797, mort à Berlin le 9 mars 1888. Il était fils du roi Frédéric Guillaume III et de la princesse Louise de Mecklembourg-Strélitz. Tout enfant, il fut témoin des larmes et du deuil causés à sa famille par l'écrasante défaite d'Iéna, qui porta un coup formidable à la monarchie prussienne et mit l'Allemagne entière à la merci de Napoléon Ier. Il grandit dans l'aversion pour la France et pour l'esprit libéral moderne, double haine qu'il nourrit jusqu'à la mort et qui devint le principal sinon l'unique mobile de toute sa vie. Robuste, ardent, audacieux, enflammé par la passion de la vengeance, il entra dans l'armée prussienne en 1813 et eut l'immense joie d'assister à l'écrasement de nos armées, de fouler en vainqueur le sol français en 1815, d'assister au retour des Bourbons et au rétablissement du droit divin, dont il était si fortement imbu, et enfin de voir la Prusse recevoir la plus riche part de la France démembrée sur les bords du Rhin. Sa passion belliqueuse étant ainsi satisfaite, mais sa vengeance n'étant pas complètement assouvie, il prépara l'avenir de sa patrie en exerçant toute son aptitude, toutes les ressources de sa volonté et son expérience sur la réorganisation de l'armée, qu'il voulut faire absolument nationale. Tout puissant, en sa qualité de lieutenant-général du royaume, il accrut les forces prussiennes, développa l'instruction, perfectionna l'avancement et donna à l'armée une supériorité que les nations voisines ne soupçonnèrent pas jusqu'au jour où elle se manifesta d'une manière éclatante sur les champs de bataille. Depuis vingt-cinq années il s'occupait avec une lenteur systématique à ces travaux difficultueux qui devaient finir par transformer l'Allemagne en un vaste camp retranché, lorsque la mort frappa son père en 1840. Le trône devenu vacant fut occupé par son frère aîné, Frédéric-Guillaume IV, prince qui le nomma gouverneur de Poméranie. Deux courants d'opinion très accentués se manifestèrent : une partie de la nation, la plus nombreuse, adopta les idées libérales, tandis que l'administration et la noblesse soutinrent les principes féodaux et absolutistes. Le roi, anxieux d'éviter une révolution, se montrait disposé à céder au courant des idées modernes; mais Guillaume, fidèle aux principes de son éducation, prit place dans les rangs des féodaux et fit une opposition très vive à son frère. Quand, en 1847, sous la pression irrésistible du courant libéral, le roi de Prusse se résigna à convoquer les États-Généraux, Guillaume, qui y siégeait, devint le chef de la réaction, se taillant ainsi un rôle conservateur au mépris de la popularité, qu'il espérait bien ramener à lui quand l'occasion se présenterait favorable. N'ayant jamais perdu une occasion de faire éclater ses sentiments antilibéraux, il jouissait d'une impopularité qui le grandissait aux yeux du parti féodal, mais qui pouvait devenir dangereux à un moment donné. Ce moment arriva en 1848. La Révolution de Février eut une répercussion profonde en Allemagne. Berlin se souleva, et après une lutte acharnée, qui dura quatre jours, le roi de Prusse fut contraint de proclamer une amnistie et de choisir un ministère libéral. A la fin de la lutte, Guillaume s'enfuit en Angleterre; mais la réaction eut bientôt le dessus : le ministère Camphausen fut rappelé au pouvoir et une nouvelle assemblée fut convoquée. Guillaume accourut, se fit élire par le parti de la Croix et apparut dans l'assemblée le 8 juin 1848. Chef de l'opposition absolutiste, il acquit une influence prépondérante. Plein de rancune contre le parti populaire

dont il avait failli être victime, il prit une éclatante revanche, quand il fut chargé, en juin 1849, d'aller écraser les Badois qui avaient chassé leur grand-duc. L'insurrection, étouffée dans des torrents de sang, fut suivie d'une terrible réaction. L'année suivante, le parti patriote allemand offrit l'empire au roi de Prusse au prix d'une guerre avec l'Autriche, mais le prince Guillaume, plutôt que de gouverner le pays par la volonté du pays, conseilla et fit adopter l'alliance avec l'Autriche contre la Révolution. Nommé gouverneur des provinces du Rhin, il établit sa résidence à Coblentz. L'organisation de l'armée prussienne semblant lui permettre d'agir d'une manière prépondérante en Europe, il protesta, pendant la guerre d'Orient, contre l'attitude passive de son pays qu'il aurait voulu engager contre la France. Mais la faiblesse et l'indécision du roi son frère l'obligèrent de remettre à d'autres temps la réalisation de ses rêves de gloire militaire. Lorsque la faible raison de roi eut fait place à une double folie, Guillaume prit en main le pouvoir en 1857 et fut déclaré régent en 1858. Forcé de se plier aux exigences de la politique, il eut l'habileté de transiger un instant avec le parti libéral, en décrétant une amnistie dont il arrêta ensuite sourdement les effets. Puis il reprit ses préparatifs de guerre. L'armée ayant été organisée par Van Roon, il s'occupa de la marine et créa des ports et des arsenaux sur la Baltique. La mort de son frère, le 2 janvier 1861, le fit roi de Prusse. Avant d'être couronné, il vint, au mois d'octobre, visiter, à Compiègne, l'empereur Napoléon III, dont il feignit d'accepter les conseils. Le 18 octobre, il se couronna lui-même à Kœnigsberg, en insistant sur le droit divin des souverains et en déclarant qu'à Dieu seul il devait le diadème qu'il plaçait sur sa tête. Un discours analogue, prononcé devant le Reichstag, souleva une violente tempête et révolta les sentiments libéraux de la nation, qui avait la prétention de compter pour quelque chose. Le budget, secrètement préparé en vue des événements européens, fut rejeté; le ministère démissionna et le roi, refusant d'accepter cette démission, en appela à leurs électeurs (11 mars 1862). Le peuple, mécontent, le réélut et renforça l'opposition par l'élection de nouveaux révolutionnaires. La Chambre, ainsi composée, repoussa à une imposante majorité les demandes de crédit du gouvernement pour la réorganisation militaire. C'est alors que le roi, craignant d'être débordé, nomma comme premier ministre, avec le portefeuille des affaires étrangères, un homme à la poigne de fer, le célèbre von Bismarck, qui s'était distingué naguère comme révolutionnaire ardent et qui, rallié à la politique de compression, avait été nommé ambassadeur à Paris. Bismarck, appuyé par la Chambre des seigneurs, commença par renvoyer les députés dans leurs provinces, par poursuivre les journalistes indépendants, par supprimer les journaux non reptiliens et par destituer les fonctionnaires et les magistrats récalcitrants. — D'autre part, les tendances d'unification qui travaillaient le peuple allemand devenaient un danger pour la Prusse, tant que l'empereur d'Autriche était prépondérant. Bismarck se donna pour but d'éliminer l'Autriche et de faire l'unité sous l'hégémonie prussienne. Une association nationale, réunie à Berlin, le 13 mai 1862, recommanda la formation d'un gouvernement fédéral uni, avec un pouvoir exécutif central, sous la direction de la Prusse. L'agitation, entretenue par la crainte d'une guerre avec la France, amena les États à déléguer des députés à Weimar, où il fut déclaré que l'Allemagne avait besoin de se former en un État fédéral (28-29 septembre 1862). L'Autriche, qui sentait que son empire allait encore être amoindri du côté de l'Italie et qui voulait des com-

pensations en Allemagne, convoqua les souverains allemands à un congrès qui devait se réunir à Francfort; mais le roi de Prusse, qui ne voulait de l'unité allemande qu'à la condition qu'elle se ferait à son profit, refusa de se rendre à ce congrès ni de s'y faire représenter (4 août 1863); presque tous les autres souverains allemands répondirent à l'appel de l'empereur d'Autriche; le congrès se réunit le 16 août et approuva le plan autrichien de réforme fédérale, le 1er septembre, approbation suivie de la protestation de la Prusse en date du 22 septembre. Les affaires prussiennes semblaient donc très compromises, une guerre parut indispensable à Bismarck, pour mettre dans la balance politique le poids de l'armée prussienne, dont l'organisation particulière était un gage de succès. Dans le but de faire entrer en ligne cette armée, de grands efforts furent tentés par la diète, que l'on parvint à persuader de l'utilité d'une exécution fédérale dans le Holstein, si le Danemark ne remplissait pas ses obligations (1er octobre 1863). Le roi Frédéric VII de Danemark étant mort le 15 novembre, une expédition fut préparée; l'Autriche, pour ne pas se laisser distancer par sa rivale, résolut d'y prendre part. La guerre de Danemark, faite sans péril et sans gloire, devait pourtant avoir d'immenses résultats. Elle allait détourner les esprits de la politique intérieure et faire naître un conflit définitif entre la Prusse et l'Autriche. Après bien des pourparlers pour le partage du Sleswig-Holstein, intervint la convention de Gastein (14 août 1865), en vertu de laquelle l'Autriche gardait le gouvernement temporaire du Holstein et la Prusse celui de Sleswig; Kiel fut proposé par la Prusse pour l'établissement d'un port destiné à la flotte fédérale; Lauenbourg était définitivement abandonné à la Prusse, dont le roi devait payer à l'Autriche une somme de 2.500.000 dollars danois, à titre de compensation. Cette convention avait été faite sans l'assentiment de la diète, qui, désirant l'autonomie des duchés, refusa de la ratifier (1er octobre 1865), et qui ordonna à l'Autriche et à la Prusse de désarmer immédiatement (19 mai 1866). Se riant des décisions de la diète, Bismarck fit envahir le Holstein (7 juin 1866); aussitôt l'Autriche déclara que la convention de Gastein était violée (9 juin), et la diète s'étant mise du côté de l'Autriche, le représentant prussien déclara que la confédération germanique avait cessé de vivre et invita les membres à en former une nouvelle dont l'Autriche serait exclue (14 juin). Le lendemain, l'armée prussienne entrait en Saxe et la guerre commençait. La diète, relevant le gant, donna au prince Charles de Bavière le commandement général des troupes de la confédération (27 juin). Il était déjà trop tard. Le Hanovre, Hesse-Cassel et Nassau étaient occupés par les Prussiens. L'Autriche, de son côté, voulut prendre l'offensive et jeta une armée sur la Silésie, qu'elle rêvait encore de reprendre à sa rivale (13 juin). Pendant ce temps l'armée saxonne se réfugiait en Autriche, dont elle augmentait les forces. Presque tous les États du nord de l'Allemagne s'étaient déclarés pour la Prusse. L'armée prussienne, divisée en deux corps, le premier sous les ordres du prince Frédéric-Charles, le deuxième, commandé par le Kronprinz, entra en Bohême le 22 juin et, après une série de victoires partielles, opéra sa jonction à Sadowa, où les fusils à aiguille mirent à néant la stratégie de Benedek (3 juillet). Quoique sans prétention au titre de grand conquérant, le roi Guillaume avait pris, pour la forme, le commandement général des troupes en Autriche. La Hesse et la Bavière furent soumises par la force des armes, après plusieurs combats; et la diète s'enfuit à Augsbourg, le 13 juillet, abandonnant Francfort aux Prussiens qui y entrèrent le 16. Toute l'Allemagne étant domptée et

l'Autriche étant envahie jusqu'aux environs de Vienne, Bismarck offrit la paix, qui fut signée à Prague le 23 août. L'Autriche consentit à la formation d'une confédération germanique dont elle serait exclue, à l'annexion par la Prusse du Hanovre, de la Hesse-Cassel, de Nassau, de Francfort et du Holstein; Quant au peuple du Sleswig, il devait être appelé à choisir par un vote universel, entre la Prusse et le Danemark: inutile d'ajouter que cette dernière clause ne fut pas exécutée et que la Prusse conserva toutes ses conquêtes sans autre forme de procès. — Déjà, le 4 août, la diète d'Augsbourg avait reconnu la dissolution de la confédération de l'Allemagne du Nord. Pour mieux dire, toute l'Allemagne du Nord s'annihila dans la Prusse. — A partir de ce moment, Bismarck, von Roon et de Moltke passèrent, aux yeux de la masse du peuple, pour des génies tutélaires qui avaient préparé l'unité de l'Allemagne et auxquels il eût été criminel de résister. Avec les annexions, la Prusse eut alors 23,590,000 sujets au lieu de 10,305,000. Pour régulariser cette situation amenée par tant de violences, le roi, qui avait dissous la Chambre avant la guerre, fit procéder à de nouvelles élections. Comme il l'espérait, le pays envoya à la Chambre une majorité gouvernementale, qui vota un bill d'indemnité pour tous les actes illégaux commis par le pouvoir depuis quatre ans. Depuis cette époque, le roi Guillaume put continuer sans entraves son système d'armement, et se préparer à être en mesure d'entrer en lutte avec la France. Jamais à aucune époque, ni dans l'antiquité et dans l'histoire moderne on ne vit un despotisme militaire comparable à celui que la Germanie se laissa imposer. Le chauvinisme, ridiculisé en France, trouva son refuge sur l'autre côté du Rhin. Un tel édifice n'était pas encore assez solidement établi; le vieux levain libéral pouvait encore fermenter; l'annexion du Hanovre rencontrait de l'opposition. Bismarck pensa que de nouvelles victoires étaient indispensables: il tourna ses provocations du côté de la France qui venait de perdre, au Mexique, ses forces et son prestige. L'affaire du Luxembourg, qui aiguillonna vivement le chauvinisme allemand, aurait fait éclater une guerre désirée, si le roi de Prusse, qui en redoutait l'issue, malgré l'immense supériorité numérique de ses troupes, n'eût fait une concession en évacuant le grand-duché, le 9 septembre 1867. Mais après la mort de Maximilien, fusillé au Mexique, le roi de Prusse, assuré du concours moral de l'univers entier, d'où s'élevait un concert de malédictions contre Napoléon III, n'hésita pas à chercher une sournoise querelle d'Allemand, au sujet du trône d'Espagne, afin de se faire déclarer la guerre. La candidature du prince Léopold de Hohenzollern à la couronne espagnole et le refus du roi d'accorder une nouvelle audience à l'ambassadeur français, le comte Benedetti, qui l'avait plusieurs fois importuné à Ems (juillet 1870), tels furent les prétextes invoqués par Napoléon IX pour déclarer une guerre à laquelle il n'était pas préparé. Le 28 juillet 1870, le roi Guillaume quitta Berlin, après l'avoir déclaré en état de siège, en même temps qu'il proclamait une amnistie politique, supprimait les journaux et rétablissait l'ordre de la Croix de fer pour les héros qui allaient se signaler. Il prit le commandement en chef de ses armées, et réunit contre nous les forces de l'Allemagne du Nord à celles de l'Allemagne du Sud, c'est-à-dire plus d'un million de soldats. Il avait eu soin de s'assurer l'alliance du roi d'Italie, qui brûlait d'entrer à Rome, de gré ou de force. Après les prodigieuses victoires qui furent suivies de la stupéfiante capitulation de Sédan (2 septembre 1870), Guillaume oublia qu'il avait déclaré au début des hostilités faire la guerre non au peuple mais au gou-

vernement français. Lorsque pour mettre un terme à l'effusion du sang, Jules Favre se rendit auprès de M. de Bismarck, à Ferrières, le ministre du roi de Prusse montra des exigences tellement inacceptables que les négociations furent rompues aussitôt qu'entamées. La guerre continua donc. Tout en poursuivant le siège de Paris et la dévastation du territoire français, Guillaume, s'occupant de réaliser ses projets de domination en Allemagne, adressait le 24 novembre, à l'ouverture du Parlement allemand, un discours où il parlait de la nécessité d'écraser la France et de la nécessité de l'unité des États de l'Allemagne. Aussitôt, le roi de Bavière, dans une lettre écrite le 4 décembre au roi de Saxe, proposa de nommer empereur le roi Guillaume; et le Parlement, dans une adresse votée le 10 décembre à 188 voix contre 6, pria ce prince d'accepter la couronne impériale. Cette adresse, portée à Versailles par un membre du Parlement, y fut lue solennellement, le 18 décembre dans le salon des Glaces, en présence de tous les princes allemands, qui l'accueillirent avec des acclamations. L'empire fut proclamé le 18 janvier 1871, et le lendemain, comme par une sorte de courtisanerie, le gouvernement parisien de la Défense nationale offrit au nouvel empereur une ample et facile moisson de lauriers sur les hauteurs de Buzenval. Huit jours plus tard, la capitulation de Paris mettait un terme aux sanglants exploits du nouveau César. Implacable jusqu'au bout, il exigea, lors de la signature des préliminaires de paix, deux de nos provinces et une indemnité de cinq milliards pour achever notre ruine. Le 1er mars, il se rendit au bois de Boulogne pour y passer la revue de 30,000 Allemands, qui étaient venus camper aux Champs-Élysées. Le 16 juin, entouré de tous les princes allemands, il assista à l'entrée solennelle, à Berlin, des troupes prussiennes et des députations des armées allemandes qui avaient pris part à la guerre. Le 6 septembre 1871, il eut à Salzbourg une entrevue avec l'empereur d'Autriche: l'année suivante, il invita les empereurs de Russie et d'Autriche à venir le visiter à Berlin, où il donna, en leur honneur, du 5 au 10 septembre, des fêtes militaires d'un grand éclat, auxquelles assistèrent presque tous les princes allemands inféodés. La triple alliance était dès lors signée contre la France. La politique prussienne essaya même d'englober l'Italie et l'Espagne parmi nos ennemis. L'amitié des trois empereurs devint des plus étroites. Guillaume fut reçu avec de grands honneurs à Saint-Pétersbourg (27 avril-11 mai 1873) et à Vienne (17 octobre). Toute opposition républicaine était devenue impossible en face de l'enthousiasme des masses populaires; mais le parti catholique ne cessait de s'agiter sourdement contre une monarchie protestante. Une loi prohibant l'ingérence des prêtres dans le domaine politique fut le signal de la lutte contre le parti catholique (26 novembre). L'agitation augmenta aussitôt et se répandit rapidement parmi le clergé polonais; le pape refusa de recevoir comme ambassadeur le cardinal Hohenlohe; et le parlement d'Allemagne répliqua par la loi d'expulsion des jésuites (5 juillet 1872). Ces événements coïncident avec une immense émigration de jeunes gens qui se rendirent en Amérique pour éviter la conscription. Il y avait là diverses causes d'affaiblissement pour l'œuvre que Guillaume considérait comme providentielle, aussi bien que l'avaient fait Charles-Quint et Napoléon. Une guerre devenait désirable et l'on se prépara à la soutenir victorieusement. C'était encore la France qui devait être la victime de ce besoin où se trouvait M. de Bismarck de donner la parole aux canons pour l'enlever à ses adversaires. Les journaux reptiliens commencèrent une cam-

pagne dans laquelle ils montraient la France, après avoir fini de payer son énorme rançon, s'armant et prête à demander sa revanche. Ces bruits mensongers, répandus par les chauvins, firent obtenir au gouvernement une loi portant à 401.659 hommes (au lieu de 360.000) le chiffre de l'armée permanente. En même temps, l'empereur ordonnait de frapper cents millions de monnaie aux armes de l'empire, augmentait la flotte et fortifiait les ports de la Baltique. Au commencement de 1875, l'invasion de la France, incapable de résister, était décidée et Bismarck ne cherchait qu'un prétexte avouable, lorsque la Russie, la seule grande nation qui pût contrecarrer ses ténébreuses visées, se déclara opposée à cette œuvre de lâcheté. Le czar Alexandre II se rendit même à Berlin (11 mai) pour donner plus d'autorité à l'attitude de ses diplomates. L'empereur de Russie ne quitta Berlin que lorsqu'il fut certain que la France ne serait pas attaquée ; mais cette démarche jeta un premier froid entre les deux empires, qui n'allaient pas tarder à devenir rivaux. Le 18 octobre de cette même année 1875, l'empereur Guillaume alla à Milan voir Victor-Emmanuel. On attacha à l'époque une grande importance à cette visite. Ce fut en 1876 que l'empereur Guillaume se rencontra avec le czar pour la troisième fois. Ils s'entendirent au sujet de la question d'Orient. — En 1877, il visita l'Alsace et la Lorraine où il reçut l'accueil le plus glacial, malgré toutes les précautions prises par les autorités. Pendant la guerre russo-turque, l'Allemagne conserva une neutralité bienveillante pour la Russie ; mais après les hostilités, Bismarck fit tous ses efforts pour empêcher la Russie de profiter de sa victoire. L'Autriche, que le chancelier avait résolu de pousser vers l'Orient, eut deux provinces de l'empire turc, en vertu du traité de Berlin (1878), l'Angleterre eut Chypre et l'Egypte, la France prit la Tunisie ; la Russie n'eut rien. Le 11 mai 1878, un ouvrier socialiste, nommé Hœdel, tenta d'assassiner l'empereur Guillaume tandis qu'il passait en voiture sur une promenade de Berlin. Il tira sur lui deux coups de revolver, mais sans l'atteindre. Trois semaines plus tard, le 2 juin, il était encore victime d'un autre attentat : le Dr Karl-Edouard Nobiling, professeur de philosophie, tira sur lui deux coups de fusil chargé à plomb. Il fut atteint, mais légèrement, à l'épaule et au bras droit. La convalescence fut néanmoins assez longue et l'empereur, un moment épouvanté de la responsabilité qui pesait sur lui, fit nommer régent le prince Frédéric-Guillaume. Hœdel fut décapité à Berlin le 16 août. Nobiling mourut en prison des blessures qu'il s'était faites lui et sans désigner ses complices. On accusa le parti socialiste. Guillaume profita de cet événement pour faire en Allemagne une sorte de voyage triomphal. Il passa des revues, donna des fêtes, et lorsqu'il rentra à Berlin il signala sa guérison par de nombreuses cérémonies religieuses. Ces attentats eurent pour conséquence des lois terribles contre les socialistes et des restrictions à ce que le peuple allemand avait encore conservé d'ombre de liberté. Pendant ses dernières années, Guillaume contrecarra maintes fois les tendances belliqueuses de M. de Bismarck et du parti militaire, désireux qu'il était de mourir en paix, et trop préoccupé des malheurs de sa famille pour songer à lancer son pays dans une nouvelle guerre. Il conserva presque jusqu'au dernier jour sa vigueur et la plénitude de son intelligence. Guillaume épousa, le 11 juin 1829, la princesse Augusta, fille du grand-duc de Saxe-Weimar. Il en eut deux enfants : 1º Frédéric-Guillaume, prince impérial, puis empereur d'Allemagne sous le nom de Frédéric III, né le 13 octobre 1831, qui épousa, en janvier 1858, la princesse Victoria, fille de la reine d'Angleterre, âgée alors de dix-huit ans

et qui a eu cinq enfants ; 2º la princesse Louise, née le 3 décembre 1838 et qui a été mariée, le 20 septembre 1866, au grand-duc de Bade, Frédéric-Guillaume.

GUILLAUME (Terre de l'Empereur), nom que l'on donne aujourd'hui à la partie allemande de la Nouvelle-Guinée ou Papouasie (Océanie). Cette portion comprend la côte orientale de cette grande île et n'est bornée au nord que par les possessions hollandaises et au sud que par la colonie que les Anglais se sont hâtés de fonder ; elle s'étend de 6º à 8º lat. S. et de 143º à 145º long. E. ; elle embrasse environ 175,000 kilom. carrés et nourrit 110.000 hab. Les frontières de cette colonie ont été fixées en 1884.

GUIMBARDE s. f. Ancienne danse où l'on prenait des postures variées. — Sorte de jeu de cartes plein de diversité et appelé aussi *mariée*, parce qu'un mariage y joue un grand rôle. On peut y jouer depuis cinq jusqu'à huit ou neuf personnes ; et dans ce dernier cas, le jeu de cartes avec lequel on joue est de 52 cartes : mais si l'on n'est que cinq ou six, on en ôte toutes les petites cartes jusqu'au six ou au sept, pourvu qu'il en reste assez pour faire un talon raisonnable. On prend un certain nombre de jetons d'une valeur déterminée. On a cinq petites boîtes carrées, dont l'une sert pour la *guimbarde*, qui est la mariée, l'autre pour le *roi*, l'autre pour le *fou*, la quatrième pour le *mariage*, et la dernière pour le *point* : ces boîtes sont rangées sur la table comme ci-dessous :

FIGURES DES BOITES.

Le Point.   Le Mariage.   Le Fou.   Le Roi.   La Guimbarde.

Chacun des joueurs met un jeton dans chaque boîte, ensuite on voit à qui fera. Le donneur ayant battu les cartes, fait couper à sa gauche, et donne à chaque joueur cinq cartes, par trois et deux : après quoi, il tourne la carte de dessus le talon, et c'est la triomphe. Le *point* c'est trois, quatre ou cinq cartes d'une même couleur ; le plus haut point emporte le plus bas ; à point égal, celui qui a la main gagne le point. Le *mariage* est le roi et la dame de cœur en main : c'est un très grand avantage. On appelle *fou*, le valet de carreau. Le *roi*, c'est le roi de cœur, époux de la *guimbarde* (dame de cœur). Après chacun a reçu cinq cartes, et a la tourne est faite, chacun regarde dans son jeu s'il n'a point quelqu'une des chances dont nous avons parlé, comme le roi, la guimbarde ou le fou ; ces chances peuvent arriver toutes en un seul coup à un joueur ; s'il avait le roi, la dame de cœur, le valet de carreau, et un ou deux autres cœurs pour faire le point, il tirerait pour ses cœurs, si son point était bon, la boîte du point ; pour le valet de carreau, la boîte du fou ; pour le roi de cœur, celle du roi ; et pour la dame, celle de la guimbarde ; et enfin pour ces deux derniers ensemble, celle du mariage, et lorsqu'on les tire à proportion, en observant de les étaler sur la table avant que de les tirer ; ensuite chacun accuse son point, et le plus haut l'emporte, comme il a été dit. Quand le point est levé, on met chacun un jeton dans la même boîte dont celui qui lèvera le plus de mains. Il faut au moins faire deux mains pour l'emporter ; car, si les joueurs n'en font que chacun une, le fond de mise demeure dans la boîte, pour servir de point au coup suivant ; si deux joueurs avaient fait deux mains chacun, celui qui les aurait faites le premier gagnerait. La guimbarde est toujours la principale triomphe du jeu, en quelle couleur que soit la triomphe ; le roi de cœur en est la seconde, et le valet de carreau la troi-

sième, qui ne change jamais ; les autres cartes valent leur valeur ordinaire, et les as sont inférieurs aux valets et supérieurs aux autres cartes, comme dix, neuf, etc. Le premier à jouer, commence à jouer par la carte qu'il veut, et le jeu se continue comme à la triomphe, chacun pour soi, en tâchant, autant que possible, de faire deux mains ou davantage, afin d'emporter le fond de mise. Outre le mariage de la guimbarde, il y en a encore d'autres, comme lorsqu'on joue un roi de carreau, de trèfle ou de pique, et que la dame c'est un mariage, ainsi que lorsque le roi et la dame se trouvent tous deux dans une même main. — Règles : 1. S'il arrive un mariage en jouant, celui qui le gagne tire un jeton de chaque joueur, hors de celui qui a jeté la dame : si on a ce mariage en main, personne n'est excepté de payer ce jeton ; 2. Celui qui gagne un mariage par triomphe, ne gagne qu'un jeton de ceux qui ont jeté le roi et la dame ; 3. Il n'est pas permis de couper un mariage avec le roi de cœur, ni avec la dame, ni avec le roi de carreau ; 4. Qui a le grand mariage en main, c'est-à-dire, le roi et la dame de cœur, reçoit deux jetons de chaque joueur, en jouant les cartes, outre les boîtes qu'il a gagnées. Quand on fait le grand mariage sur la table, c'est-à-dire, lorsque le roi de cœur est levé par la guimbarde qui, par un privilège à elle seulement accordé, enlève le roi de cœur, ce mariage ne vaut qu'un jeton ; 5. On paye un jeton pour le fou ; mais, si ce fou s'embarque dans le jeu, et qu'il soit pris par le roi ou par la dame de cœur, il ne gagne rien ; au contraire, il le paye un jeton à celui qui l'emporte ; 6. Pour faire un mariage en jouant les cartes, il faut que le roi et la dame de la même couleur tombent immédiatement après, sinon le mariage n'a pas lieu ; 7. Celui qui ayant la dame d'un roi qui vient d'être joué, doit jouer immédiatement après, est obligé de la mettre pour faire le mariage ; autrement il payerait un jeton à chacun pour avoir rompu le mariage ; 8. Celui qui renonce paye un jeton à chaque joueur ; 9. Celui qui, pouvant forcer, ou couper sur une carte jouée, ne le fait pas, paye un jeton à chaque joueur ; 10. Celui qui donne mal paye un jeton à chaque joueur et mêle de nouveau ; 11. Lorsque le jeu est faux, le coup où il est découvert faux ne vaut pas, s'il n'est achevé de jouer ; mais s'il est achevé de jouer, il est bon, de même que les précédents ; 12. On ne doit pas jouer avant son tour, et celui qui le fait paye un jeton à chacun.

GUINÉE (Nouvelle-) ou Papouasie. Cette grande île océanienne, dont nous avons parlé à notre article Papouasie, dans le *Dictionnaire*, a été divisée en 1884, entre la Hollande, l'Angleterre et l'Allemagne. On évalue sa superficie à 750,000 kilom. carrés. La partie hollandaise, située à l'O. de 141º de l'observatoire de Greenwich, comprend la moitié de l'île (370 kilom. carrés) ; la portion allemande appelée *Terre de l'Empereur Guillaume* (voy. Guillaume, dans ce *Supplément*), se trouve au milieu de l'île ; elle mesure 175,000 kilom. carrés et renferme environ 110,000 hab. ; enfin la possession anglaise, au S. de l'île, n'a pas moins de 225,000 kilom. carrés avec une population de 138,000 hab., en y comprenant plusieurs îles voisines.

GUINGUETTE (Jeux). On peut y jouer depuis trois jusqu'à huit personnes. Pour cela, on prend un jeu de 52 cartes : si l'on ne jouait que trois ou quatre, on ne prendrait que trente-six cartes, en ôtant les petites jusqu'aux cinq : les as ne valent qu'un point, et sont les moindres cartes du jeu. Chacun prend une prise de trente à quarante jetons d'une valeur déterminée. La *guinguette* est la dame de carreau. Le *cabaret* est composé d'une tierce au valet, au dix, au neuf, etc., en des-

cendant, les rois ni les dames ne faisant de tierce. On appelle *cotillon* le talon que l'on met au milieu de la table, après que chacun a reçu ses cartes. Tous les joueurs peuvent le remuer chacun à son tour. Comme il y a un avantage considérable à avoir la main, puisque le premier à jouer est en droit de faire le triomphe de la couleur la plus avantageuse à son jeu, l'on tire à qui mêlera; et celui qui doit faire ayant battu les cartes et fait couper le joueur de sa gauche, en donne quatre à chaque joueur par deux fois deux, et ensuite met le talon au milieu de la table. Il y a au milieu de la table trois petites boîtes : l'une pour la *guinguette*, l'autre pour le *cabaret*, et la troisième pour le *cotillon*. Après que chacun a reçu ses quatre cartes, il examine s'il n'a point la *guinguette*, c'est-à-dire la dame de carreau ; et celui qui l'a, après l'avoir montrée, tire les jetons que chacun a mis dans la boîte marquée *guinguette;* lorsque la *guinguette* n'est pas dans le jeu, si elle vient ensuite à l'un des joueurs en remuant le *cotillon*, elle reste, et est ainsi double pour le coup suivant. Après que la *guinguette* a été tirée, ou laissée pour le coup suivant, on cherche le *cabaret;* ceux qui l'ont, quelque petit qu'il soit, doivent l'annoncer sans en dire la qualité ; mais ils peuvent renvier d'un demi-setier, d'une chopine ou d'une pinte : le demi-setier est un jeton que l'on met au *cabaret*. C'est un renvi qu'on fait sur ce qui y est déjà; la chopine est deux jetons, et la pinte quatre; le plus fort cabaret emporte le plus petit, et s'il s'en trouve deux, trois ou davantage qui soient égaux, celui qui est le premier l'emporte. On peut, au *cabaret*, renvier de tant de demi-setiers, de pintes et de chopines qu'on voudra, et celui qui fait le dernier renvi gagne, si les autres ne le tiennent point, eût-il un cabaret plus bas qu'eux. Lorsqu'on ne lève point le *cabaret*, il double pour le coup suivant. Après avoir observé ce que l'on vient de dire, on passe de la *guinguette* et du *cabaret* au *cotillon* : celui qui a mêlé dit : « *Au cotillon* », et chaque joueur met un jeton dans la boîte destinée pour le *cotillon*. Le premier en carte nomme la couleur qu'il veut pour triomphe, sans que cela oblige à jouer ; il dit : « *Je joue* », et met un second jeu au *cotillon*. Si un autre n'a pas jeu de jouer, et que cependant il puisse espérer par la rentrée de faire beau jeu, il écarte telle de ses cartes qu'il veut et qu'il met au milieu de la table, en disant : « *Je remue le cotillon* », et il lui en coûte deux jetons qu'il met au *cotillon;* puis ayant pris le talon et l'ayant bien battu, il coupe net et tire pour lui la carte de dessous la coupe qu'il a faite, sans tourner les cartes qu'il tient, ni montrer celle qui lui vient. On peut tour à tour renvier le *cotillon* jusqu'à deux fois, c'est-à-dire, quand on l'a remué une première fois, il faut attendre que les autres aient parlé, et alors qu'ils l'aient renvié ou non, quand son tour de parler revient, on dit : « *Je remue le cotillon* », comme auparavant, et on y met deux jetons. Celui qui remue le *cotillon* est censé avoir dit « *Je joue*. » Quand on a remué le *cotillon*, ou qu'on a dit: « *Je joue* », sans le remuer, on joue les cartes comme à la bête, en se couvrant de la triomphe que le premier en carte a nommée, et que l'as ne vaut qu'un, et est inférieur aux deux et à toutes les autres cartes. — RÈGLES. 1. Celui qui joue au cotillon et lève deux mains, le gagne, si les deux autres mains sont séparées; 2. S'il n'en prend qu'une et qu'un autre joueur en ait deux ou trois, il doit deux jetons pour le *cotillon;* 3. S'il n'en prend point du tout, il doit tout le *cotillon*, de sorte que bien souvent on a le plaisir de voir qu'il est dû plusieurs *cotillons*. Ces *cotillons* sont comme les *bêtes* qui se mettent sur le jeu l'une après l'autre, quoique faites sur le même coup; 4. Quand il est dû un cotillon personne n'y met que celui qui le doit; 5. Si

deux de ceux qui sont du *cotillon* font chacun deux levées, celui qui les a le premier, l'emporte, et l'autre lui doit les deux jetons du *cotillon;* 6. Qui accuse la *guinguette*, doit la montrer avant de la lever, sinon il paie deux jetons à la *guinguette*, qui, outre cela, est double pour le coup suivant; 7. Celui qui, ayant le *cabaret* supérieur, après l'avoir accusé, ne le montre pas avant que de le lever, doit également deux jetons au profit du *cabaret*, qui est double pour le coup suivant; 8. Celui qui, en mêlant, donne trop de cartes, doit un jeton pour le *cotillon*, et on doit rebattre, et celui à qui on les donne le souhaite; 9. Celui qui renonce perd le jeu, et est obligé de reprendre sa carte, si bon lui semble aux joueurs; 10. Il n'est pas permis, sous la même peine, de ne point couper une carte quand on peut le faire; on doit forcer à ce jeu; 11. Si celui qui est le premier en cartes oublie de nommer la triomphe, et remue le *cotillon*, et si celui qui vient après lui le prévient, en le nommant, elle est bien nommée, et il est obligé de jouer: 12. Celui qui fait la vole tire un jeton de chaque joueur, outre le *cotillon;* et gagne tous les *cotillons* qui sont dus.

GURJUN, s. m. [gor-djoūnn]. Baume fourni par plusieurs espèces de diptérocarpes, grands arbres résineux qui croissent dans l'Indoustan et dans les îles orientales de l'archipel Indien. Ce baume (balsamum dipterocarpæ), appelé aussi huile de bois, est obtenu en creusant une cavité dans le tronc d'un arbre vivant, et en y mettant le feu jusqu'à ce que le bois soit un peu carbonisé. Alors le baume se met à exsuder et on le reçoit dans des vaisseaux de bambou. Un seul arbre fournit parfois de 120 à 150 litres pendant une saison, et on recommence l'opération d'année en année. Le gurjun étant produit par différentes espèces du genre botanique des diptérocarpes présente naturellement de grandes différences pour la qualité et pour l'aspect. C'est un liquide épais et visqueux, qui paraît opaque et d'un gris sombre, quand on le voit à la lumière réfléchie. Placé entre l'observateur et une forte lumière, il paraît transparent et d'un brun rougeâtre. Son goût est amer, aromatique et un peu âcre; il ressemble à celui du copalba; mais il est moins désagréable. On l'emploie à la place du copalba dans l'inflammation catarrhale spécifique du conduit urinaire, à la dose de 10 à 25 cent., trois fois par jour, en émulsion avec de la gomme d'acacia et avec une eau aromatique quelconque. Dans son pays de production, on en fait un grand usage comme vernis, ou en guise de goudron pour les joints des bateaux et encore pour préserver le bois contre les attaques des fourmis blanches.

GUYANE INDÉPENDANTE, voy. COUNANI, dans ce Supplément.

GYMNASTIQUE. — Tous les exercices de corps sont, à proprement parler, des exercices gymnastiques, quiconque joue à la balle, aux quilles, saute à la corde, etc., fait de la gymnastique, comme M. Jourdain faisait de la prose, sans le savoir. Mais pour lui faire atteindre le but salutaire que, de la sorte, elle manque quelquefois, — le développement des forces physiques et par suite l'entretien de la santé aussi bien morale que physique, — la gymnastique doit être réglementée d'une manière rationnelle. Aujourd'hui qu'elle fait partie de l'éducation donnée dans la plupart de nos grands établissements d'instruction publique, elle est définitivement entrée dans nos mœurs et ne demande qu'à devenir populaire; elle l'est même dans la mesure du possible. La difficulté de se procurer certains appareils coûteux, le défaut de notions d'une mise en pratique facile, en nécessitant que peu ou point d'appareils, sont les seules causes qui empêchent cette popula-

rité de s'étendre autant qu'il serait désirable. Les notions que nous allons donner ci-après appartiennent à cette dernière catégorie; les exercices que nous allons décrire peuvent être exécutés soit sans appareils d'aucune sorte, soit à l'aide des appareils les plus élémentaires, qu'on peut se procurer aisément ou construire soi-même; et ces exercices, sagement gradués, répétés avec constance, mais aussi avec prudence, et jamais assez prolongés pour qu'il en résulte une fatigue excessive, donneront les meilleurs résultats. Celui qui se livrera résolûment à ces exercices sera fort étonné lui-même — pour peu qu'il soit d'habitudes sédentaires en proie par conséquent au délabrement de santé inhérent, à la longue, à de semblables habitudes, qu'on ne prend pas toujours par goût, mais qu'on peut rompre de temps er temps par des exercices de cette sorte — du changement qui se fera bientôt en lui : car la gymnastique est certainement le spécifique universel; tout au moins est-ce le meilleur remède qu'on puisse opposer à un grand nombre de maux, pour ne pas dire à tous, et il faut une grande incurie ou une bien grande ignorance pour négliger un semblable remède, qui coûte si peu, que supportent toutes les constitutions, pourvu qu'il leur soit offert avec mesure, et qui, enfin, ne devrait avoir d'autres ennemis que les apothicaires et les inventeurs de *spécialités*, dont les fortunes scandaleuses proclament si haut la sottise humaine. — LA PREMIÈRE LEÇON. Lorsqu'un conscrit arrive au corps, on l'ébauche par la *première leçon à pied*, c'est-à-dire on commence par lui apprendre littéralement à se tenir debout, immobile, ce qui est moins facile qu'on ne suppose, ce qu'on obtient bien difficilement d'un pauvre diable de charretier ou de garçon de ferme au déhanchement bizarre, ou du hardi montagnard qui semble toujours franchir des précipices, grimper ou descendre des rochers escarpés quand il prétend *marcher*. Ces gens-là s'affaissent dès qu'ils sont immobiles, et c'est le diable pour leur faire tenir « les talons sur la même ligne et rapprochés, les pieds un peu plus ouverts que l'équerre, les jambes tendues sans roideur, le corps droit, l'œil fixe, les bras pendants, le petit doigt le long de la couture du pantalon, etc. » Cette « première leçon » est proprement la première leçon des exercices de gymnastique. Il est de la dernière importance de savoir se tenir d'aplomb dans l'immobilité, avant de risquer le premier pas. Mais c'est ici qu'une question d'élégance plutôt que de santé, et nous n'y insisterons pas davantage. Disons seulement que dans cette position on peut toutefois se livrer à quelques exercices salutaires, tels que de tourner la tête à droite, puis à gauche, l'incliner de ces deux côtés alternativement, l'incliner en avant, puis en arrière, etc. — LA MARCHE. La marche est un exercice excellent, lorsqu'il n'est pas poussé à l'extrême. — Cette restriction s'applique d'ailleurs à tous les exercices du corps; du moment où il y a excès, il y a fatigue, et la fatigue est un mal, une indisposition caractérisée qui dégénère plus ou moins intense, et qu'il s'agit alors de soigner. La marche, disons-nous, est un bon exercice, qui développe l'action des muscles et facilite le jeu des poumons, en y provoquant un renouvellement plus rapide de l'air. Le *Globe*, de Londres, dans une étude récente sur l'*Art de la marche*, dit que tandis que l'art de la danse doit être appris, ainsi que celui de la course, l'art de la marche est inné; et il ajoute : « Le Français, même dans les classes inférieures, a une manière de marcher qui plaît à l'étranger. C'est un pas vif et joyeux, où l'on retrouve la vivacité d'esprit de la race. » Eh bien ! malgré le caractère flatteur pour nous de cette appréciation de la feuille londonienne, nous sommes

obligé de reconnaître qu'elle se trompe : la marche s'apprend, et, singulièrement, la Française qui *sait* marcher s'est longuement et laborieusement étudiée dans le silence discret du cabinet de toilette ou de la chambre à coucher. Il va sans dire qu'elle a, par exemple, absolument dédaigné les conseils d'une gymnastique rationnelle, favorable au jeu des muscles, son but étant de marcher avec grâce, au lieu de marcher d'aplomb, et d'une manière régulière et circonspecte. Pour remplir ces dernières conditions, il faut tenir le corps droit, les bras pendant naturellement le long du corps, et par conséquent entraînés eux-mêmes à un va-et-vient d'accord avec le mouvement des jambes, et qui agit puissamment sur le jeu des muscles pectoraux. Les pas, pour un homme de taille moyenne, doivent avoir environ 75 centimètres et se succéder sans précipitation. — LE PAS GYMNASTIQUE. Pour exécuter le pas gymnastique, il faut, en le levant, ployer la jambe à angle droit, c'est-à-dire la cuisse horizontale et la jambe verticale, la pointe du pied pendante ; on lève alternativement les deux jambes ainsi ployées et, alternativement aussi, on les tend, le pied posant sur le sol, la pointe en avant. Le pas gymnastique est très pénible au début ; il exige de la force et de la souplesse beaucoup plus que le pas ordinaire ; cependant on s'y fait promptement, et alors on ne le trouve pas plus fatigant que l'autre ; mais on sent bien que son influence est sensiblement plus puissante, en même temps qu'il donne une allure beaucoup plus rapide. Un excellent exercice, c'est le pas gymnastique exécuté sur place : il n'exige point une vaste carrière et offre tous les avantages du pas gymnastique lui-même. Il convient même de commencer par l'exécuter ainsi, afin de se familiariser avec les mouvements nécessaires. — LE PAS DE COURSE. On *marque* le pas de course de même que le pas gymnastique, c'est-à-dire qu'on l'exécute sur place, et il vaut mieux que ce ne soit, avant de risquer la course proprement dite, que simplement pour se donner de l'exercice. Pour l'exécution de ce pas, lorsqu'on lève la jambe, il faut que la cuisse se trouve légèrement inclinée en avant et la jambe inclinée en arrière, formant ainsi un angle très ouvert qui, à peine indiqué, se détend aussitôt, la pointe du pied posant doucement sur le sol et l'autre jambe ébauchant à son tour la figure dont nous venons de parler ; et ainsi de suite, en précipitant le mouvement jusqu'à faire environ deux cents pas par minute. Le corps doit être tenu droit, la poitrine ouverte, les épaules effacées, les poings fermés, portés un peu en avant, sans roideur, les coudes au corps, ce qui est d'ailleurs exactement la position exigée dans le pas gymnastique. — PAS DE COURSE EN AVANT. La course en avant s'exécute, comme nous venons de l'indiquer, avec les modifications qu'entraîne nécessairement la différence d'allure. Le corps est un peu penché en avant, la tête demeurant droite ; les poignets, dans l'attitude précédemment indiquée, suivent le mouvement, c'est-à-dire que, l'un après l'autre, ils se trouvent alternativement projetés un peu en avant, le poignet droit avec la jambe gauche, et le poignet gauche en même temps que la jambe droite. Le pied touche toujours le sol par la pointe, le talon y portant à peine, ce qui donne de l'élasticité au pied, et à la course une légèreté qui influe sensiblement sur sa rapidité. La course est un exercice très fatigant, que, moins que tout autre, il faut pousser à l'excès. La poitrine, où afflue un air fréquemment renouvelé, finit par se trouver oppressée par une respiration trop rapide ; le sang circule avec une vitesse de tempête, produisant une augmentation de chaleur considérable, des sueurs abondantes, qui épuisent promptement celui qui s'y exerce sans mesure, — sans parler des dangers qu'il court,

s'il manque de prendre les précautions hygiéniques indiquées en pareille circonstance. Il est prudent, en tout cas, de ne le point laisser exécuter pendant trop longtemps par des enfants chez lesquels la force physique n'est pas encore suffisamment développée. La distance qu'il convient de laisser parcourir, à la course, par des enfants de huit à dix ans ne doit pas excéder 200 mètres ; à ceux qui sont assez avancés pour franchir en courant cette distance sans apparence de fatigue, on permettra 300 mètres ; 400 mètres est la distance qui convient seulement à des adultes. Il y a, bien entendu, des considérations secondaires qui peuvent modifier cette règle, mais ce ne peut être qu'en moins. — LE SAUT. De tous les exercices de corps, le saut est certainement l'un des plus utiles, car dans le cours de notre existence de nombreuses occasions se rencontrent inévitablement où l'art de sauter, pratiqué, avec intelligence, nous pourra rendre un service essentiel. Pour sauter avec grâce et assurance, de même que pour éviter divers accidents fâcheux, tels qu'une luxation, un tour de reins, etc., il faut retomber sur la pointe des pieds, prenant un soin particulier de ployer les genoux et les hanches ; la partie supérieure du corps sera inclinée en avant et les bras tendus vers le sol. Le saut s'exécute en longueur et en profondeur, et ces deux sortes d'exercices se subdivisent comme suit : 1° le saut en longueur en courant ; 2° le saut en longueur sur place ; 3° le saut en profondeur en courant ; 4° le saut en profondeur sur place. Le prncipe est à peu près le même quant à l'attitude ; les modifications qu'exigent les divers mouvements préparatoires se sentent assez pour qu'il soit inutile d'y insister. Ces exercices s'exécutent en commençant par franchir une très courte distance ou par sauter d'une insignifiante hauteur ; la distance et la hauteur sont augmentées progressivement. On arrive ainsi à la longue à des résultats surprenants ; en peu de temps, on franchit une distance de trois mètres en longueur, et l'on saute à une profondeur de deux mètres au moins ; mais ce n'est rien, comparé à ce qu'un peu de persévérance vous fait inévitablement obtenir. — LA VOLTIGE. La voltige s'exécute en sautant par-dessus un corps fixe, tel qu'une barre par exemple, en s'aidant des mains posées sur ce corps. On s'approche de la barre par un léger élan, en plaçant ses mains dessus ; on s'enlève en pesant sur celle-ci, et on lance obliquement ses jambes par-dessus la barre. Les jambes doivent être jointes : pendant que le corps se trouve suspendu au-dessus de la barre, la main droite le supporte et le dirige, la main gauche restant libre. L'opérateur peut commencer cet exercice avec une barre d'un mètre d'élévation, qu'il élèvera graduellement jusqu'à deux mètres. — FORMATION DES PELOTONS. Les élèves se placent en ligne, coude contre coude, au nombre de 10 à 20. Au delà du nombre 20, on forme deux ou plusieurs lignes, les unes derrière les autres, de façon que les élèves les plus grands soient en avant, et que les mouvements s'exécutent sans gêne. On donne un numéro d'ordre aux élèves de chaque peloton. Le corps doit être d'aplomb : épaules effacées, bras pendants, tête droite, talons l'un contre l'autre, pieds écartés, formant angle droit. — Dans l'*alignement à droite*, le peloton s'aligne sur son chef de file, à droite. L'*alignement à gauche* se règle sur le premier élève de gauche. On fait *face à droite* ou *à gauche*, en tournant sur le talon droit ou gauche, de manière à s'aligner les uns derrière les autres, talons réunis, pieds en dehors. — Pour faire *demi-tour à droite*, on tourne à droite sur les talons, en décrivant une demi-circonférence, ce que l'on nomme *face en arrière*, ensuite, on rejoint les talons, les extrémités des pieds en dehors. — Les élèves s'exercent ensuite, sous les ordres d'un

professeur, à prendre la distance sur la droite, sur la gauche ou sur le centre ; à tourner la tête, à fléchir la tête, en avant, en arrière, à droite et à gauche, à mouvoir les bras verticalement sans flexion, à mouvoir alternativement les avant-bras ; à fléchir les jambes ; à se tenir en équilibre sur un seul pied, etc. La gymnastique sans appareils peut donner lieu à un si grand nombre d'exercices qu'un volume ne suffirait pas à les décrire. Nous ne nous étendrons pas davantage à leur sujet et nous passerons de suite à la gymnastique avec appareils. — SUSPENSION A LA CORDE. Il s'agit d'une corde bien lisse qui descend du plafond

Fig. 1. — Suspension tendue à la corde. Fig. 2. — Suspension fléchie, les jambes à l'équerre.

ou d'une poudre. Elle se prête à des exercices qui ont pour but de fortifier le dos, les reins et les épaules, tout en donnant de l'activité aux membres inférieurs. Sous la corde se

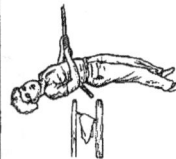

Fig. 3. — Suspension fléchie, le corps placé horizontalement. Fig. 4. — Étant suspendu à la barre, tourner autour de la barre, les bras allongés.

trouve un obstacle que l'on franchit en se suspendant par les bras. Le premier exercice consiste (fig. 1) à se suspendre en tendant les bras verticalement. Ensuite, on replie le corps en forme de V (fig. 2) ; on soulève le corps et on l'étend horizontalement (fig. 3). Dans cette position, le corps se trouve sur l'obstacle ; et par un mouvement des bras, des reins et des jambes, en passe de l'autre côté de l'obstacle, qui se trouve franchi (fig. 4) ; et l'on peut descendre de l'autre côté. On s'éloigne ensuite de l'obstacle et l'on tourne autour de lui en tenant la corde, soit de la main gauche (fig. 5), soit de la main droite. — LE CHEVAL DE BOIS. A l'aide de cet appareil, on peut exécuter toute une série d'exercices des plus intéressants à la fois et des plus gracieux. Ces exercices sont d'une grande utilité, car ils donnent une grande souplesse aux muscles de celui qui s'y livre, et lui apprennent à tirer tout le parti possible de chacun de ses membres ; ils ont en outre l'avantage assurément précieux d'exiger de la détermination, une certaine audace, et un garçon courageux et surpassera toujours des camarades hésitants ou timorés, quelque forts qu'ils puissent être physiquement, et quelle que soit leur agilité.

Fig. 5. — Tirer sur la corde du bras gauche.

Ce cheval se compose (bien qu'il puisse être un vrai cheval en bois, grandeur naturelle et recouvert d'une peau authentique) d'un épais cylindre de bois monté sur quatre pieds solidement fixés sur le sol. Plus près de l'une des extrémités de ce cylindre que de l'autre, un morceau de cuir, cloué avec soin, représente la selle, qui se trouve ainsi placée au même point que sur le dos d'un cheval de chair et de sang, et deux morceaux de bois d'épaisseur inégale figurent le pommeau et le troussequin de cette selle improvisée. Ces deux morceaux de bois sont aussi — généralement du moins — recouverts de cuir. La hauteur du cheval doit être, comme pour tous les appareils de gymnastique, proportionnée à la taille de l'élève, dont le nez doit se trouver à peu près au niveau de la partie supérieure de la selle, c'est-à-dire du dos du cheval. Par mesure de précaution, dans les gymnases, le côté montoir du cheval de bois est simplement sablé, et du côté hors-montoir le sol est creusé à une profondeur d'environ 35 centimètres et sur une superficie d'un mètre et demi carré, ou à peu près, et ce trou est rempli de sciure de bois. Voici quelques exercices pour l'exécution desquels l'usage du cheval de bois est indispensable : — 1° *Monter à cheval.* Faisant face au côté gauche (montoir) du cheval, porter ses mains, la gauche au pommeau, la droite au troussequin de la selle ; se soulever à la force des poignets, le corps pesant de tout son poids sur ces derniers, les jambes appuyées légèrement contre le cheval, le corps droit, les genoux rapprochés. Mettre pied à terre, en ayant toujours bien soin de le faire légèrement et de retomber sur la pointe des pieds ; s'élever de nouveau à la précédente position ; recommencer plusieurs fois de suite ce mouvement. Le corps élevé, pesant sur les poignets, lancer la jambe droite dans une direction latérale droite, la tendre de manière à ce qu'elle fasse avec la ligne verticale du corps un angle, droit si c'est possible ; en faire ensuite autant avec la jambe gauche, puis avec les deux jambes simultanément déployées. Ces exercices préliminaires accomplis à votre satisfaction, soulevez-vous sur les poignets comme au début ; marquez un temps d'arrêt ; puis, lancez franchement la jambe droite par-dessus le cheval ; sans toucher celui-ci, lâchez en même temps la main droite, et tombez gracieusement et surtout légèrement en selle. Quand vous aurez exécuté parfaitement cet exercice sur un cheval de bois, vous aurez peu à faire pour apprendre à sauter à cheval la voltige, sur un vrai cheval de chair et de sang ; — 2° *Mettre pied à terre.* Mettez votre main gauche sur le pommeau figuré, la droite sur le milieu de la selle, prenez votre élan en vous appuyant sur les deux mains, et mettez pied à terre légèrement, la main droite restant appuyée sur la selle. Nous ne saurions trop recommander, dans tous ces exercices, de faire bien attention à toucher le sol avec les orteils d'abord et non avec les talons, ce qui pourrait être dangereux ; 3° Etant à cheval, placez vos deux mains sur le pommeau et soulevez-vous, à la force des poignets aussi, tant qu'il vous sera possible ; 4° Comme complément à l'exercice précédent, balancez le corps en avant et en arrière. Exercice laborieux, mais d'une grande utilité ; 5° Après les précédents, amener les pieds en avant et les frapper l'un contre l'autre ; — 6° *Exercice avec les genoux.* Vos mains appuyées sur le pommeau et le troussequin, soulevez-vous comme pour monter à cheval, et fixez solidement votre genou droit sur la selle. Redescendez, et recommencez le mouvement avec le genou gauche, puis avec les deux genoux. — Renouvelez l'expérience jusqu'à succès complet. A genou sur la selle, appuyez-vous bien, penchez le haut du corps légèrement en avant, les mains tendues : sau-

tez franchement. Cet exercice, qui paraît très difficile avant qu'on l'ait sérieusement tenté, n'exige que de la confiance en soi. c'est-à-dire hardiesse et sang-froid ; 7° Les mains appuyées sur les deux extrémités de la selle, qu'elles ne doivent pas quitter, s'élancer et toucher des deux pieds le milieu de la selle ; 8° Enfourchez le cheval derrière la selle ; placez la main gauche sur le pommeau et la droite sur le troussequin. Soulevez-vous à la force des poignets, et, vous élançant par un demi-tour, venez vous mettre à califourchon en avant de la selle, tournant la face à l'endroit d'où vous êtes parti. — Changez de mains, et reprenez par le même moyen votre première position ; 9° Etant à terre, placez vos deux mains sur le pommeau de la selle, soulevez-vous, et soudainement élancez-vous hardiment par-dessus le cheval, les jambes croisées, et venez vous placer à cheval la face tournée à rebours, c'est-à-dire vers la queue si votre cheval en avait une. — Retourner par la même voie à sa première position ; 10° Appuyez les mains au troussequin et au pommeau ; enlevez-vous et venez vous asseoir *derrière* la selle ; mettez pied à terre ; prenez la même position préliminaire, et asseyez-vous *devant* la selle. Cet exercice, en apparence très facile — et en réalité aussi, après tout, — est très utile

Fig. 6. — Sauter le cheval, en 4 temps.   Fig. 7. — Sauter le cheval, en 3 temps.

Fig. 8. — Franchir le cheval en 2 temps.   Fig. 9. — Franchir le cheval en arrière à l'appui fléchi.

à pratiquer sérieusement et souvent : il donne une bonne habitude du saut en avant et en arrière, et dispose à exécuter facilement les autres exercices ; 11° Les mains posées sur les deux extrémités de la selle, se soulever aussi haut que possible et passer la jambe droite entre les bras, laissant pendre la gauche. Retirer la jambe droite par la même voie et renouveler l'expérience avec la gauche, la jambe droite pendant à son tour ; 12° Soulevez-vous de terre à la manière habituelle, croisez les pieds, faites-les passer ainsi croisés entre les bras, et mettez pied à terre de l'autre côté du cheval ; 13° Prenez un élan de quelques pas, saisissez des deux mains le pommeau et le troussequin de la selle, enlevez-vous vivement par un saut de voltige et, passant par-dessus le cheval sans le toucher, les genoux serrés, retombez de l'autre côté, sur la pointe des orteils toujours ; 14° Etant derrière le cheval, les deux mains appuyées sur le troussequin, sauter par-dessus la queue du cheval et venir retomber légèrement en selle ; 15° Les mains placées à l'ordinaire ; enlevez-vous franchement, faites passer les pieds entre les bras, et tenez-vous suspendu ainsi, à la force des poignets, sans toucher la

selle, les genoux étroitement rapprochés ; 16° Prenez un élan de quelques pas, posez vos mains sur le sommet du pommeau et du troussequin et sautez par-dessus en exécutant le saut périlleux. — Cette fois-ci, par exemple, la fosse remplie de sciure du côté hors montoir pourra vous servir, quoique avec un peu de hardiesse et de sang-froid vous reconnaissiez bien vite que cette espèce de saut périlleux ne l'est pas autant qu'il en a l'air. On peut sauter le cheval de côté, en 4 temps (fig. 6), en 3 temps (fig. 7), ou en 2 temps (fig. 8) ; on peut aussi le franchir par un saut périlleux (fig. 9). — LES BARRES PARALLÈLES. Les barres parallèles constituent l'un des

Fig. 10. — Marche alternative sur les poignets bras, allongés en avant.   Fig. 11. — Marche alternative sur les poignets, bras allongés en arrière.

appareils de gymnastique les plus simples et les plus salutaires pour le développement de la poitrine et de la force musculaire des bras. Elles se composent de deux traverses de bois placées parallèlement sur deux montants solidement fixés sur le sol, rapprochées assez près l'une de l'autre et assez élevées pour pouvoir, en appuyant la paume des mains, s'enlever aisément. Les principaux

Fig. 12. — Marche simultanée sur les poignets, bras allongés, en avant.   Fig. 13. — Marche simultanée sur les poignets, bras allongés, en arrière.

exercices qu'on peut exécuter à l'aide des barres parallèles sont les suivants : 1° Placer la paume des mains sur les barres, les ongles en dessous, le pouce se trouvant naturellement en dedans des barres, les quatre autres doigts en dehors, les pieds joints ; se soulever, en appuyant fortement sur les mains, les pieds réunis, pendant naturellement, la pointe baissée. Demeurer un certain temps dans

Fig. 14. — Se balancer sur la barre de droite.   Fig. 15. — Se balancer sur la barre de gauche.

cette position, jamais au point de s'en sentir fatigué à l'excès ; 2° Dans la position ci-dessus fléchir les bras et les jambes, afin que les pieds ne touchent pas le sol ; les tendre à nouveau, et ainsi de suite, toujours sans excès de fatigue ; 3° Dans la position du premier exercice, parcourir l'étendue des barres en avant et en arrière, en s'appuyant alternativement sur l'un et l'autre bras, c'est-à-dire en agissant comme si l'on marchait sur les mains (fig. 10 et 11) ; 4° Parcourir les barres en avant et en arrière par de petits sauts successifs sur les deux mains à la fois, le corps toujours droit, les jambes et les pieds joints pendants (fig. 12 et 13) ; 5° Après avoir parcouru ainsi les barres par saccades, se lancer en avant, fuir en

arrière, en lâchant les barres, et retomber sur la pointe des pieds, ployant légèrement le genou ; 6° Étant à la première position, c'est-à-dire suspendu entre les barres, prenant un point d'appui sur les poignets, communiquer à son corps un balancement, léger au début, d'avant en arrière, et réciproquement, lequel sera augmenté progressivement, jusqu'à ce que le corps semble se mouvoir naturellement comme sur une sorte de pivot ;

Fig. 16. — Franchir les barres en avant à droite, en 2 temps.

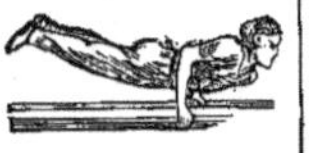

Fig. 17. — Franchir les barres en avant à gauche, en 2 temps.

7° Après le mouvement de balancement ci-dessus, porter ses deux jambes, bien serrées l'une contre l'autre, par-dessus les barres en avant, sans la toucher, puis par-dessus l'autre. Agir de même

Fig. 18. — Barres parallèles. Enlever les jambes à l'équerre entre les barres, bras allongés.

en arrière des deux barres alternativement (fig. 14 et 15) ; 8° Après un temps de balancement, saisir le moment où les jambes se trouveront plus haut que les barres pour sauter en arrière par-dessus la barre droite, sans la toucher soit

Fig. 19. — Flexion des bras, sur le milieu des barres, en prenant un point d'appui sur l'épaule gauche.

Fig. 20. — Franchir la barre en arrière à droite, bras allongés.

avec les pieds, soit avec le corps. Exécuter ensuite le même saut en avant, étant rentré entre les barres par un saut de voltige (fig. 16 et 17) ; 9° baiser la barre derrière la main. Étant dans la première position, descendez

Fig. 21. — Franchir la barre en arrière à gauche, bras allongés.

Fig. 22. — Marche alternative sur les barres, bras allongés.

le corps doucement entre les barres, en ployant les bras et les genoux pour que les pieds ne touchent pas la terre ; jusqu'à ce que votre bouche se trouve à hauteur convenable ; alors baisez alternativement chaque barre

derrière votre main. Relevez-vous ensuite, sans secousse, et revenez à la première position ; 10° Exécutez à un bout des barres le balancement précédemment indiqué, puis, par une impulsion soudaine, sautez à l'autre bout où vous retomberez les mains sur les barres. Mais prenez bien vos mesures et sautez franchement, autrement vous pourriez retomber sur le dos, par terre entre les deux barres, ce qui serait dangereux, ou, en tous cas, hors de propos ; 11° Étant assis par terre entre les barres, saisir celles-ci des deux mains se soulever à la force des poignets en conservant l'attitude assise. Rester suspendu dans cette attitude aussi longtemps que possible (fig. 18) ; 12° Dans la position précédente, se porter en avant, puis en arrière, par saccades, les genoux serrés, le corps droit, jusqu'à ce qu'on ressente des douleurs dans les membres, indiquant que l'expérience a suffisamment duré ; 13° Suspendu aux barres dans l'attitude assise, les genoux serrés l'un contre l'autre, passer la tête entre les bras et faire la culbute sans quitter les barres et sans toucher le sol des pieds ; marquer un temps d'arrêt, et revenir à la position première par une culbute dans le sens opposé ; 14° Mettez-vous à califourchon sur l'une des barres. Placez alors le talon du pied droit d'aplomb sur cette barre, le cou-de-pied gauche la tenant, pour ainsi dire, accrochée par-dessous. Dans cette position, levez-vous, en tirant sur le cou-de-pied gauche, et dressez-vous sur la barre. Cet exercice, pratiqué avec soin, jusqu'à ce qu'il soit devenu tout à fait familier et d'exécution facile, sera très utile en mainte occasion à quiconque se livre aux exercices gymnastiques. Mais il faut bien prendre garde de ne pas perdre l'équilibre en l'exécutant, ce qui sera peut-être assez difficile au début, quoique l'habitude doive, en fin de compte, avoir raison bientôt de toutes les difficultés. — D'autres exercices consistent à se tenir la tête en bas, entre les barres, en se soutenant par les deux mains, et sur l'épaule gauche (fig. 19) ; à franchir la barre en arrière à droite (fig. 20) et en arrière à gauche (fig. 21) ; à marcher alternativement sur les barres, bras allongés (fig. 22). — La POUTRE HORIZONTALE. C'est une pièce de bois placée à une certaine distance du sol. Le

Fig. 23. — Marche sur la poutre en avant, étant assis.

Fig. 24. — Se porter en arrière en prenant un point d'appui sur les bras.

premier exercice consiste à marcher debout sur cette poutre en avant, puis en arrière, le corps bien d'aplomb, les bras formant balancier. Ensuite on s'habitue à passer à cheval en avant, en enlevant le corps sur les poignets, jarrets ployés, cuisses horizontales, jambes tombant naturellement (fig. 23). On avance ainsi sur les mains, en s'asseyant sur les cuisses après chaque mouvement. Pour passer à cheval en arrière, on laisse les jambes tendues

Fig. 25. — Marche alternative en avant sur la poutre, sans le secours des jambes.

Fig. 26. — Marche alternative en arrière sur la poutre, sans le secours des jambes.

en arrière, après s'être enlevé à la force des poignets ; on se rassied sur les cuisses, et ainsi

Fig. 27. — Marche alternatives sur le côté, vers la gauche ou vers la droite.

Fig. 28. — Rétablissement sur le jarret droit.

de suite (fig. 24). On s'exerce à marcher sur la poutre en avant (fig. 25) ou en arrière (fig. 26), avec le seul secours des poignets ; à marcher sur le côté (fig. 27), à s'enlever sur les poignets, face à la poutre, à se mouvoir de côté, et à se rétablir ensuite, soit sur le jarret droit (fig. 28), soit sur le jarret gauche, à reprendre sa position à cheval (fig. 29), et à descendre élégamment de la poutre, soit à droite, soit à gauche. — LE TRAPÈZE. Le trapèze est un appareil fort simple, composé d'une barre de bois horizontale, suspendue par deux cordes fixées à ses extrémités, et attachées par l'autre bout à la barre transversale supérieure d'un châssis spécial, ou simplement au plafond, — car le trapèze est un appareil éminemment transportable et qu'on peut établir partout. A l'aide de cette machine ingénieuse, on exécute une foule d'exercices variés très importants, en ce qu'ils contribuent puissamment au développement des forces musculaires, principalement à la souplesse des articulations des épaules et des hanches, à la régularisation du jeu des poumons pour le développement des muscles pectoraux, etc. La plupart des exercices du trapèze comportant la position renversée, tête en bas, font contracter en outre l'habitude de cette posture sans souffrance et sans gêne, prévenant ainsi les congestions au cerveau et

Fig. 29. — Faire face en arrière, en prenant un point d'appui sur les poignets et se remettre à cheval.

Fig. 30. — Rétablissement sur les reins en saisissant les cordes, au-dessus de la barre du trapèze.

Fig. 31. — Prendre un point d'appui sur le trapèze.

les simples étourdissements, si fréquents chez les personnes sédentaires, dont l'existence s'écoule dans l'ignorance de tout exercice violent — et n'a souvent qu'un cours borné pour la peine. L'exercice du trapèze, par exemple, exige une pratique constante et prolongée, avant qu'on y atteigne, non pas la perfection, mais une habileté passable. On est, il est vrai, récompensé de cette constance par un état de santé enviable et la bonne humeur qui naturellement en découle ; car il n'est pas indispensable de posséder une habileté incomparable pour jouir des bienfaits de ces exercices : à ce point de vue-là, il suffit d'être assez habile pour ne pas se casser le nez avec trop de persistance. En aucun cas,

le trapèze, c'est-à-dire la barre suspendue du trapèze, n'a besoin d'être plus élevée du sol qu'à 2 mètres ou 2 mètres et demi au plus ; il peut descendre plus bas, par exemple lorsqu'il s'agit d'y instruire des enfants, et sur-

Fig. 32. — S'asseoir sur la barre.

Fig. 33. — 3e position.

tout de leur inculquer les premiers éléments des exercices qu'ils seront appelés à exécuter à l'aide de cet appareil. D'ailleurs la hauteur de tous les appareils de gymnastique doit être en rapport avec la taille de la personne appelée à s'en servr r; et pour l'objet qui nous occupe en ce moment, disons que la barre du

Fig. 34 — Exercices variés sur le trapèze.

trapèze pendra a environ 50 centimètres de la tête de la personne qui doit s'y exercer. Les principaux exercices exécutés au moyen du trapèze sont les suivants : 1. Étant placé debout sous le trapèze, les jambes rapprochées, saisir la barre des deux mains élevées perpendiculairement. Se laisser pendre ainsi, les

Fig. 35. — Rétablissement sur les reins en saisissant la barre des deux mains de chaque côté des jambes.

Fig. 36. — Descendre en avant, par la flexion des bras, les ongles en avant.

jambes bien rassemblées ; puis se balancer, d'abord lentement, puis en augmentant de rapidité, jusqu'aux premières atteintes de la fatigue. Ralentir alors le mouvement, lâcher la barre et retomber sur la pointe des pieds. Dans tous les exercices du trapèze, ceci soit dit une fois pour toutes, les bras, pendant le balancement, doivent toujours être tendus dans toute leur longueur. Une autre remarque : les bras, le corps de l'exécutant, les cordes du trapèze doivent toujours, dans le même cas que ci-dessus, se trouver sur une même ligne. 2. La barre saisie des deux mains, comme il est précédemment indiqué, s'enlever de terre à la force des poignets, en raccourcissant les

bras, le corps droit, et amener le menton au niveau de la barre, en renversant la tête en arrière et en courbant légèrement le corps en avant de manière à ce que l'estomac porte sur la barre , les bras tendus. Faire un tour sur soi-même, avec la barre comme axe, se laisser pendre à nouveau à bout de bras et retomber à terre sur la pointe des pieds. 3. Suspendu au bâton du trapèze, par les mains, les pieds joints, élever progressivement les jambes, sans cesser de tenir les deux bras tendus de toute leur longueur, et les amener à la position horizontale. Rester le plus longtemps que l'on pourra dans cette position ; puis abaisser lentement et graduellement les jambes, et lorsque le corps est revenu à sa position première, lâcher les mains et retomber doucement à terre. 4. Les bras perpendiculaires et les mains accrochées au bâton du trapèze, se soulever à la force des poignets de manière seulement à faire quitter le sol aux pieds; rejeter vivement les épaules en arrière élever en avant les jambes ployées, les faire passer entre les bras tendus tour à tour pour leur faciliter le passage, et les ramener en arrière en les déployant autant qu'il sera possible. Marquer un temps d'arrêt dans cette position; puis lâcher en même temps les deux mains et retomber doucement à terre, les bras en avant 5. Étant soulevé dans la position de l'exercice précédent, faire passer ses jambes repliées,—ou plutôt le corps tout entier à la suite des jambes, en avant et en arrière, par-dessus et par-dessous la barre du trapèze, les mains toujours accrochées à cette barre, les bras tendus. (Figures 30 et 33). 6. Suspendu au trapèze, la tête en bas, les jambes repliées amenées entre les bras, étendre les jambes en l'air dans toute leur longueur, les replier tout à coup par-dessus la barre, lâcher les mains. Se tenir ainsi la tête en bas et se balancer pendant quelque temps dans cette position, d'abord lentement, puis de plus en plus rapidement, les jambes pendant naturellement, sans roideur, les talons appuyés contre la partie postérieure des cuisses, les bras croisés. Reprendre sa position première par une secousse en avant, en reprenant la barre de chaque côté des genoux pour revenir assis dessus ; se laisser pendre de nouveau la tête en bas, passer les jambes entre les bras, sous la barre ; lâcher les mains et retomber légèrement sur la pointe des pieds. 7° S'enlever comme nous l'avons indiqué pour l'exercice numéro 2, et se placer en travers de la barre sur l'estomac ; puis étendre les bras dans toute leur longueur, saisir la corde droite avec la main droite (fig. 31), tirer dessus en se tournant en même temps pour s'asseoir sur la barre (fig. 32). Placer alors la main gauche où se trouvait tout à l'heure la droite, incliner le corps en arrière, et laisser glisser la barre jusqu'aux jarrets, en glissant les mains le long des cordes jusqu'au bâton qu'elles saisiront simultanément; renverser le haut du corps en arrière brusquement, en lâchant les deux mains, et rester ainsi suspendu par les jarrets, la tête en bas. Dans cette position, répéter les exercices indiqués à l'article précédent, — ou bien relever le corps en avant en résistant des jarrêts, s'emparer de la barre des deux mains, déployer le corps en arrière, faire passer les jambes entre les bras sous la barre, les amener à la première position, lâcher brusquement les mains et retomber à terre aussi mollement que possible et sur la pointe des pieds. On peut toutefois faire un tour sur soi-même en prenant pour axe le bâton du trapèze, et retomber de même à côté. Nous ne saurions d'ailleurs épuiser la série des exercices du trapèze, dans un ouvrage de la nature de celui-ci ; et nous ne faisons aucune difficulté d'avouer qu'une heure de pratique vaudra toujours mieux et fera faire beaucoup plus de progrès que la plus claire, la plus com-

plète et la plus brillante théorie, couchée su le papier dans toute la gloire des plus beau caractères typographiques. Mais il est de recommandations qui doivent précéder la pratique, il est des indications qui se vent à en régler utilement la direction ; c'est en quoi la théorie est bonne, nous rions presque indispensable. Ajoutons, à ce que nous avons indiqué de spécial au tra pèze, qu'en fait tous les exercices exécuté sur la barre de suspension, qui n'est autr chose qu'un trapèze grossier et qui, peut-être fut le premier appareil de cette sorte en usag en des temps éloignés, peuvent être répété sur ce dernier appareil. Comme recomman dation générale, dans les exercices du tra pèze, il faut avoir les pieds bien joints en semble, tenir le bâton de l'appareil solide ment, mais non serré, de manière à ce qu' puisse tourner librement dans les mains enfin celles-ci doivent se refermer sur bâton en question à une distance convenabl l'une de l'autre, sans exagération toutefois — nous dirons à la distance qui sépare le épaules, — ce qui s'obtient facilement, san que sans y penser, en se bornant à tendr les bras perpendiculairement lorsque, immo bile au-dessous du trapèze, on se dispose à saisir la barre. — L'ÉCHELLE. On exécute à l'aide d'une échelle divers exercices intéres sants, ne réclamant point d'autre prépara tion qu'une échelle solide et droite, que pour les principaux exercices, il est en outre important de placer bien d'aplomb et bien solidement contre le mur. Les exercices que nous pouvons indiquer comme pouvant être exécutés en tous lieux, en tout temps, par n'importe qui, à l'aide de la première échelle venue réunissant les conditions que nous ve nons de stipuler, par exemple, sont les sui vants : 1° Monter à l'échelle appuyée au mur suivants la méthode usuelle, qui peut se pas ser d'indications développées, — et en redes cendre de même ; 2° Monter et redescendre

Fig. 37. — Monter alterna- tivement à la force des bras, en 2 temps.

Fig. 38. — Monter par saccades, en plaçant les mains sur le même échelon, en 2 temps.

l'échelle dans la même position, mais sans le secours des mains. Ceci est un peu plus difficile ; il y a là une question d'équilibre qu'il importe de soigner de près. Pour monter, on tient les coudes au corps, les poings fermés, légèrement projetés en avant, le haut du corps penché également en avant; pour descendre, — à reculons, bien entendu, — la position est la même ; mais il n'est pas pru dent d'aborder cet exercice avant d'être bien familiarisé avec la montée sous le secours des mains; on fera même bien de s'essayer à descendre les talons tournés du côté de l'échelle, l'œil, par conséquent, tourné vers le point où la descente aura lieu, avant de descendre à reculons ; 3° Monter à l'échelle à l'envers, avec le secours des mains et des pieds. — On porte alternativement, d'un échelon à un autre, le pied droit en même temps que la main gauche et réciproque- ment ; on descend par le même mouvement exécuté en sens inverse; 4° Monter sans le se- cours des pieds (fig. 37 et 38). S'enlever à la force des poignets accrochés à l'échelon le

plus élevé possible, et sans secousses, à une hauteur égale à la distance qui sépare un échelon de l'autre; lâcher d'une main le premier échelon saisi, empoigner vivement de cette main l'échelon immédiatement supérieur, l'autre bras raccourci pour maintenir le corps en équilibre. L'échelon supérieur ainsi saisi d'une main, l'autre main quitte à son tour l'échelon inférieur et vient se placer à côté de la première, qui soutient alors le poids du corps; et ainsi de suite tant qu'il reste un échelon, jusqu'à ce qu'on ait atteint le sommet de l'échelle. — La descente s'exécute par le même mouvement dirigé par des moyens inverses. Dans cet exercice, le dernier surtout, il importe que les jambes soient serrées l'une contre l'autre, le corps maintenu bien droit; il faut aussi prendre bien garde de ne pas procéder par secousses, si petites soient-elles, ce qui pourrait avoir des résultats funestes et, en tout cas, empêcherait certainement d'aborder mener l'entreprise à bon terme; 5° Monter et redescendre une échelle non appuyée est un exercice qui semble presque impossible à première vue, et auquel on, au contraire, on s'habitue promptement. On commence par se servir d'une échelle solide, massive et courte, qu'on maintient facilement en équilibre, avec les deux mains refermées sur chacun des deux montants; on grimpe alors, échelon par échelon, les mains s'élevant proportionnellement et maintenant toujours fermement l'équilibre; 6° Monter d'un côté à l'échelle mobile et redescendre du côté opposé. Lorsqu'on a atteint le sommet de l'échelle de la manière ci-dessus, on penche légèrement le haut du corps à droite (on peut le faire à gauche, si ce mouvement paraît plus facile ainsi), on allonge la jambe droite, on pose le pied droit sur l'échelon le plus à portée, on saisit de la main droite le montant qui, tout à l'heure était tenu dans la main gauche, le côté gauche suivant à mesure chaque mouvement du côté droit; et on ne tarde pas à se trouver de l'autre côté, d'où l'on peut facilement descendre. Cet exercice est périlleux au début; il faut donc s'y exercer d'abord sur une échelle maintenue d'elle-même ou par le secours de bras complaisants, en équilibre parfait et inébranlable. Maintenant, comme au bout du compte il n'exerce qu'une influence peu sensible sur le développement des muscles, ou du moins qu'il peut être avantageusement remplacé par d'autres moins périlleux, nous conseillerons de n'aborder cet exercice qu'avec circonspection, lorsqu'on est déjà bien fort sur d'autres exercices d'équilibre, ou même de le négliger absolument. On monte l'échelle d'un côté pour la redescendre de l'autre dans toutes les positions que nous avons précédemment passées en revue; en tenant compte des différences qui distinguent les divers procédés d'ascension, il est facile d'effectuer la descente sans plus exiger d'instructions détaillées. — LES ANNEAUX. Cet exercice fortifie les bras et la poitrine, beaucoup

Fig. 39. — Renverser le corps en arrière, en 2 temps.

Fig. 40. — Rétablissement alternatif sur les poignets.

plus que les autres parties du corps; il donne une activité générale aux reins et aux membres inférieurs. Le premier exercice

consiste à saisir un anneau de chaque main, à s'enlever à la force des poignets, à se renverser en arrière (fig. 39) et à retomber sur les pieds, puis à revenir à la première position en se renversant en avant. Le deuxième

Fig. 41. — Descendre en avant, la tête en bas, les bras fléchis, le corps vertical.

Fig. 42. — Suspension tendue, les bras sur les côtés, les poings à la hauteur des épaules (croix de fer).

exercice est le suivant : s'enlever à la force des bras; porter la poitrine à la hauteur des mains; dans cette position développer les bras alternativement; et se rétablir sur un poignet, puis sur l'autre (fig. 40). — Ensuite, s'étant élevé à la force des bras, on place les pieds dans les anneaux, le corps vers le sol, fléchi en arrière. — On s'exerce — ayant la poitrine à la hauteur de l'anneau — à se te-

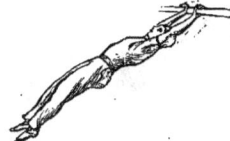

Fig. 43. — Translation par brasse d'un anneau à l'autre.

nir suspendu par le bras droit en flexion active. On répète cet exercice des deux bras alternativement. On fait passer la jambe droite par-dessus la main droite; on quitte l'anneau de cette main; on le ressaisit, après avoir laissé tomber la jambe; on exécute le même exercice à gauche. On se renverse en arrière, pour se tenir horizontalement la face vers le sol. On se place horizontalement; le dos tourné vers le sol. On place le corps verticalement, les pieds en bas, les bras étendus (fig. 42); enfin, on s'habitue à passer d'un anneau à l'autre (fig. 43). — L'ÉCHELLE DE BOIS HORIZONTALE. On se place sous l'une des extrémités de l'échelle, de façon à pouvoir se diriger à droite ou à gauche; on saisit deux échelons consécutifs, les pouces en dedans; on saisit, avec la main droite, l'échelon en avant à droite, et, avec la main gauche, l'éche-

Fig. 44. — Marche alternative en avant, en plaçant les mains sur un échelon différent.

lon que vient de quitter la main droite, en élevant le corps à la force du poignet, et ainsi de suite. — On se place sous une extrémité de l'échelle, en ayant en face l'autre extrémité. On se suspend au dernier échelon avec les deux mains, les doigts en-dessus, les jambes pendantes, les pieds joints; on s'enlève à la force des bras; on pose les mains sur chaque échelon, jusqu'au dernier. — On exécute le même exercice en arrière. On peut aussi avancer ou reculer de plusieurs échelons à la fois (fig. 44), se diriger en portant les mains alternativement sur le même montant

ou sur chaque montant, etc. — BARRE FIXE. La barre fixe est un appareil composé de deux solides poteaux d'environ 2 mètres d'élévation, fixés en terre, en travers et au sommet desquels se trouve une barre de bois de sapin, sans nœuds ni défauts d'aucune sorte, bien arrondie, mais non polie, et fortement mortaisée dans l'extrémité supérieure des montants. Cette barre de sapin doit avoir 7 à 8 centimètres de diamètre. Nous avons dit qu'elle devait se trouver élevée à environ 2 mètres du sol; cela dépend toutefois de la taille des personnes qui doivent y exécuter les exercices habituels; pour des enfants, elle doit naturellement se trouver plus bas que pour de grandes personnes; en un mot, la barre de suspension doit se trouver élevée du sol à la hauteur nécessaire pour qu'on ne puisse l'atteindre — mais aussi pour qu'on le

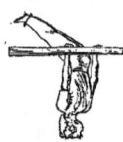

Fig. 45. — Balancer les jambes en avant et en arrière, en 2 temps.

puisse faire aisément — que par un élan modéré. Voici les principaux exercices à l'exécution desquels sert cet appareil : 1° Saisir, au bout d'un élan modéré, la barre à pleines mains, les doigts en dessus; s'y suspendre, d'abord des deux mains, puis d'une seule main alternativement; 2° Se porter en avant, puis en arrière, d'un bout à l'autre de la barre, non pas en faisant glisser les mains sur la barre, mais en les soulevant alternativement pour leur faire franchir, à chacune leur tour, une petite distance. Exécuter cet exercice d'abord avec les deux mains, puis avec une seule; 3° Suspendu à la barre par les deux

Fig. 46. — Rétablissement sur le jarret droit, en 3 temps.

Fig. 47. — Barre fixe. — Descendre les jambes en arrière.

mains, se soulever lentement à la force des poignets, genoux serrés, et amener la poitrine en contact avec la barre; se reporter lentement et sans secousse à la première position, se soulever à nouveau, puis de suite, renouveler le mouvement autant de fois qu'il sera possible; 4° Suspendu comme ci-dessus, porter lestement les pieds en avant en les élevant jusqu'à ce que les cous-de-pied arrivent en contact avec la barre. Renouveler l'expérience plusieurs fois, et les difficultés du début disparaîtront bientôt. Avoir bien soin d'agir avec précaution, sans secousse, autrement on risquerait de se donner un tour de reins; 5° Suspendu par les mains, se balancer en avant et en arrière (fig. 45), d'abord lentement, puis en augmentant graduellement de vitesse, jusqu'à ce que les talons se trouvent notablement plus élevés que la tête, en arrière comme en avant. Lorsqu'un peu de pratique aura familiarisé avec cet exercice, de manière que le balancement ait lieu naturellement, sans provoquer aucune gêne, sans hésitation, lâcher la barre, quand le mouvement ramène le corps en arrière, et le rattraper au retour en avant. — Il sera prudent de ne la lâcher que de quelques centimètres pour commencer; mais il faudra arriver par la pratique à laisser

entre les mains et la barre une distance de 25 à 30 centimètres; 6° Étant suspendu par les deux mains, passer une jambe par-dessus la barre, s'y raccrocher par le jarret (fig. 46); donner ensuite une bonne secousse en arrière et venir s'asseoir d'une jambe sur la barre. Faire passer ensuite l'autre jambe par-dessus la barre et la rapprocher de la première; 7° Soulevez-vous lentement à la force des poignets, et faites faire à votre corps le tour de la barre, les pieds passant les premiers par-dessus. Si l'exercice semble difficile, le suspendre quelques minutes et le remplacer par d'autres plus familiers, puis recommencer jusqu'à pleine réussite; 8° Étant à la première position, passez le genou gauche dans le bras droit, de manière que le genou se trouve appuyé sur la saignée du bras; passez ensuite le genou droit par-dessus le cou-de-pied gauche; lâchez la main gauche et, de cette main, saisissez le pied gauche. Suspendu alors par la seule main droite, vous aurez assez l'air d'un paquet accroché à la barre. — Mais prenez bien garde que le paquet en question ne tourne et ne torde le poignet au point de provoquer une luxation; 9° Passer les pieds entre les bras (fig. 47), et poursuivre le mouvement jusqu'à ce que tout le corps y passe et que les pieds pendent librement à peu près à même distance du sol où ils se trouvaient auparavant (fig. 48). Marquer un temps, puis revenir par le même chemin à la première position. — Une grande pratique des autres exercices est nécessaire avant d'aborder celui-ci, surtout à cause des articulations des épaules qui ont besoin d'une grande force en même temps que d'une faculté de tension que la pratique seule peut leur donner; 10° La sauterelle. Étant assis sur la barre, la saisir des deux mains, les doigts en avant; se laisser glisser doucement, jusqu'à ce que le dos soit, au-dessous des épaules, se trouve en contact avec la barre, les bras droits, les coudes se dressant au-dessus de la tête, à la façon des longues pattes d'une sauterelle. Se relever graduellement et sans secousse, puis se rasseoir sur la barre; 11° Se suspendre par les jambes. Exercice assez facile, très salutaire, car la pratique en prévient les congestions cérébrales. Il faut commencer par se suspendre par les deux jambes repliées sur la barre; ce qui peut se faire à l'aide des divers moyens déjà indiqués, et notamment en faisant passer les deux jambes entre les bras, puis par-dessus la barre; on lâche alors les mains et l'on se trouve suspendu suivant le programme. Ensuite on retire une jambe, la gauche par exemple, de dessus la barre, on la croise sur le cou-de-pied droit, et l'on reste ainsi suspendu à une seule jambe. Lorsqu'on a acquis l'habitude de cet exercice ainsi exécuté, on opère de la manière suivante, qui serait périlleuse à un débutant : on s'assied sur la barre, puis on se laisse tomber lourdement et d'un seul coup en arrière, les jambes repliées s'accrochant à la barre. Ce mouvement doit s'exécuter avec la soudaineté et la pesanteur d'un fil à plomb lâché d'une certaine hauteur; pour cela, il faut être bien sûr de soi et s'abandonner complètement, la moindre roideur pouvant être fatale, le corps pouvant être porté à vaciller, ce qui ferait peut-être décrocher les jambes et provoquerait une chute dangereuse; 12° Se pendre par les pieds. Étant suspendu par les mains, faire tourner le corps autour de la barre jusqu'à ce que les cous-de-pied, amenés en contact avec elle, y soient solidement accrochés. Alors, lâcher les mains avec précaution et se laisser pendre librement, pesamment et de toute sa longueur, la tête en bas. Pour rattraper la barre avec les mains, le meilleur moyen est de saisir une de ses jambes des deux mains et de se hisser le long de cette jambe, comme si l'on grimpait à la corde ou

à la perche, jusqu'à la barre, que l'on empoigne à son tour fermement, en décrochant en même temps les pieds; 13° Le fauteuil à bras. Se tenir droit, les coudes au corps, les poignets en avant, appuyé sur la barre juste

Fig. 48. — Renversement en passant les pieds au-dessous de la barre, descendre à fond, la tête rapprochée le plus possible des extrémités inférieures.

Fig. 49. — Marche alternative en avant, bras fléchis.

au-dessous des coudes et les mains dirigées de haut en bas, se trouvant par conséquent un peu au-dessous du niveau de la barre, afin de prévenir le balancement du corps. Garder l'équilibre dans cette position. Pour en sortir, appuyer la poitrine sur la barre, pencher le haut du corps en avant, ébaucher une culbute qu'on achève en se rattrapant à la barre par les mains redevenues libres. Cet exercice, moins salutaire, moins intéressant que les précédents, peut toutefois être d'un grand secours dans beaucoup de circonstances où le maintien de l'équilibre est une question capitale; 14° Des diverses méthodes de quitter la barre. Il est admis que les exercices terminés, on ne saurait abandonner la barre sans y mettre toute la grâce et l'élégance dont on est capable. En conséquence, la quitter tout simplement en lâchant les mains et sautant sur la pointe des pieds est une faute. Il y a de nombreuses manières de prendre congé avec grâce du majestueux appareil; il sera bien suffisant d'en indiquer deux ou trois: S'asseoir sur la barre, se laisser tomber brusquement et se pendre par les jambes; puis, donnant à son corps une impulsion en avant, quitter la barre, tomber sur les mains, et par un mouvement de ressort se rejeter doucement sur les pieds. Se suspendre par les mains; se soulever pour amener la poitrine en contact avec la barre; s'élancer en arrière à la force des bras; retomber sur la pointe des pieds. Suspendu à la barre par les mains, on peut encore passer les jambes entre les deux et, lâchant la barre, arriver à terre sur la pointe des pieds, obéissant simplement à l'impulsion donnée par l'espèce de culbute ainsi ébauchée. On peut aussi s'exercer à avancer ou à reculer sous la barre, soit en tendant les bras, soit les bras fléchis (fig. 49). — LA PLANCHE INCLINÉE. Il s'agit, dans l'exercice de la planche, de grimper avec le seul secours des mains et des pieds, le long d'une

Fig. 50. — Monter alternativement à l'aide des genoux et des mains, en 2 temps.

Fig. 51 — Monter sur les pieds.

planche. Pour cela, la planche doit être inclinée à un angle de 30 degrés. Le grimpeur la saisira de chaque côté avec ses deux mains, et placera son corps (fig. 50) ou ses deux pieds à plat sur le milieu (fig. 51). Ensuite on avance un peu la main droite, puis la gauche,

puis les pieds, en ayant soin, à mesure qu'on avance dans son ascension, de redresser un peu la planche, afin de maintenir l'équilibre, ce qui est le point important et difficile de l'opération. Les gymnastes les plus vigoureux grimpent à la planche par la seule force du poignet, sans le secours des jambes (fig. 52).

Fig. 52. — Monter la planche à l'aide des bras, le corps allongé les jambes tendues et réunies.

On peut encore fixer la planche perpendiculairement au sol et y grimper; exercice difficile au début, mais avec lequel on se familiarise vite. On courbe le haut du corps, et l'on pose les pieds sur la planche, de manière que le plus en avant touche à la main, ou, au moins, se trouve à son niveau. L'ascension s'exécute de toute manière, comme celle de la planche mobile : une main se déplace, puis une autre, puis un pied et ainsi de suite. On peut substituer une perche à la planche et y grimper d'après la même méthode, bien qu'il y ait d'autres façons de grimper à la perche. — LE MAT. Grimper au mât est l'un des exercices les plus pénibles. On doit saisir le mât avec les mains, le plus haut possible, les bras tendus, le corps bien droit. On raccourcit une jambe (fig. 53), que l'on amène

Fig. 53.—Mât vertical. Grimper à l'aide des bras et des jambes, en 2 temps.

Fig. 51.

Fig. 55.

devant le mât pour l'enlacer. L'autre jambe placée derrière le mât le serre fortement. On grimpe en élevant le corps et en faisant des efforts avec les bras (fig. 54). Quelquefois, on entrelace les doigts et l'on embrasse étroitement le mât; on élève les jambes, on leur fait soutenir le poids du corps et on porte les mains entrelacées un peu plus haut (fig. 55). On continue ainsi jusqu'à ce que l'on ait atteint le haut du mât. — PERCHE. La perche qui convient pour cet exercice doit avoir 5 centimètres de diamètre environ; on la fixe solidement dans le sol, lui donnant une position perpendiculaire. En montant, la perche doit être tenue fermement des deux mains, la droite au-dessus de la gauche; les jambes s'y cramponneront alternativement, pendant l'ascension, au moyen du gros orteil, lequel sera tourné vers la perche. Dans la descente, le frottement sera supporté presque exclusivement par la partie intérieure des cuisses, les mains laissées comparativement libres. — LA PERCHE OSCILLANTE. Le principe est le même que pour le mât ou la perche fixe. On saisit fortement la perche avec les mains, aussi haut que possible; on élève le corps à la force des poignets; on embrasse solidement la perche avec les pieds et les jambes; on élève le corps, à la force des jambes et on porte les mains

un peu plus haut (fig. 56) ; on continue ainsi jusqu'à l'extrémité de la perche. Quand les

Fig. 56. — Grimper à la perche oscillante, à l'aide des pieds et des mains.

Fig. 57. — Se tenir le long de la perche à l'aide des jambes.

bras sont fatigués, on peut se reposer en se maintenant avec les jambes seulement (fig. 57). — LA CORDE. Nous ne parlerons point de la corde à nœuds, si ce n'est pour le rappeler seulement, son emploi n'offrant aucune difficulté et n'étant basé sur aucun principe d'une application spéciale. *La corde lisse* est bien différente : rien qui dans l'ascension puisse soutenir les poignets et surtout les pieds ; aucun secours qui ne vienne de la propre force musculaire de l'opérateur. On empoigne d'abord la corde aussi haut qu'on le peut, en tendant le corps et les bras, les mains placées au-dessus l'une de l'autre, et l'on s'enlève ainsi de terre le plus haut possible. Ensuite on croise les talons par-dessus la corde, qu'ils tiennent bien tendue par leur pression ; les talons, prenant un solide point d'appui, soutiennent tout le corps (fig. 58). La corde ainsi pressée par les talons, les mains la lâchent

Fig. 58. — Monter la corde lisse à l'aide des pieds et des mains.

Fig. 59. — Monter à l'aide des pieds et des mains, la corde entourant le pied.

alternativement, en se plaçant l'une au-dessus de l'autre par un mouvement successif et continu, le corps s'élève, les jambes se redressent, la corde est de nouveau pressée par les pieds, les mains alternent, et ainsi de suite. En descendant, on se laisse simplement glisser, les mains retenant le corps et réglant la rapidité de la descente, de manière à ne pas être blessé par le frottement. — Il est à peine utile d'ajouter que la descente doit s'effectuer par conséquent avec une sage lenteur. La méthode des marins diffère un peu quant à la manière de tenir la corde avec les jambes. Des mains, la corde s'enroule en passant en dedans de la cuisse droite, sous le jarret, puis sur la partie extérieure de la jambe, pour se croiser ensuite sur le cou-de-pied, la jambe gauche croisée ensuite le tout. (Fig. 59). En un mot, la jambe droite (il n'est pas toutefois absolument indispensable que ce soit la droite) s'entortille dans la corde, qui se trouve ainsi retenue par le jarret et le cou-de-pied, et l'autre jambe se joint à la première par préoccupation de maintenir l'équilibre du corps dans une position régulière. On exécute encore d'autres exercices à la corde lisse.

Lorsqu'on est bien familiarisé avec celui dont nous venons de parler, on exécute l'ascension en s'aidant seulement des mains, c'est-à-dire qu'on s'élève graduellement à la force des poignets, en empoignant la corde alternativement avec les deux mains se plaçant au-dessus l'une de l'autre, le corps librement maintenu. Cet exercice exige une certaine force musculaire, qu'on acquiert d'ailleurs promptement par la pratique constante des exercices gymnastiques, qui n'ont pas d'autre but. — LA BALANÇOIRE. La balançoire est un instrument qui n'a pas besoin de description ; quant à son emploi, il est facile de se rendre compte de son influence sur le développement des muscles pectoraux, et nous ajouterons qu'il est, en outre, un préservatif certain contre les atteintes de cette maladie plus grave, plus douloureuse du moins que le mal de cœur. Maintenant, l'exercice de la balançoire ne se borne pas seulement à s'asseoir sur une planche suspendue à des cordes et à balancer soi-même, ou à se faire balancer par d'autres à la façon régulière et monotone dont les Buttes-Montmartre nous offraient jadis le spectacle quotidien ; il y a plus de variété que cela, à coup sûr, et quelques exercices agréables et gracieux sont exécutés sur la balançoire, qui méritent d'être décrits et étudiés. Voici les principaux : 1° Occupons-nous d'abord de la prise de possession de la balançoire ; — saisissez une corde de chaque main, immédiatement au-dessus du siège ; reculez en tirant sur les cordes, jusqu'à ce qu'elles soient bien tendues. Ensuite courez en avant laissant les mains couler le long des cordes aussi haut que possible, et aussitôt que vous sentez un choc, empoignez les cordes fermement et élancez-vous debout sur le siège de l'appareil. Quand vous êtes ainsi placé, balancez doucement, en étendant ou en raccourcissant alternativement les jambes. 2° Si vous avez un bon instrument, glissez doucement les pieds en dehors du siège (lequel ne doit pas avoir plus de 12 à 14 centimètres de largeur) ; laissez les mains glisser le long des cordes et tombez assis sur le siège où vous étiez tout à l'heure debout. Pour revenir à la position debout, saisissez des deux mains les cordes aussi haut que vous pourrez, et soulevez-vous à la force des poignets dans le moment où la balançoire est lancée en avant ; alors le siège viendra se placer de lui-même sous vos pieds au moment précis où il sera nécessaire. 3° Faites manœuvrer votre balançoire à une allure très modérée. Placez les mains, tenant les cordes à hauteur des épaules, puis étendez-les horizontalement dans toute leur longueur. Prenez garde qu'une violente vibration se produise tout à coup, laquelle, si vous n'êtes prévenu, vous lancerait hors de la balançoire avant que vous n'ayez eu le temps de vous reconnaître. Pour bien réussir, et sans danger, cet exercice, il convient de le tenter d'abord quand la balançoire est au repos ; et, graduellement, vous arriverez à l'exécuter aisément, lorsqu'elle sera lancée dans son mouvement le plus rapide, et sans fermer les mains, dont les paumes seules seront appuyées contre les cordes pour maintenir l'équilibre. Ce qui est la perfection même de cet exercice. 4° Étant en plein balancement, debout sur le siège, saisissez les cordes de chaque main aussi bas que vous le pourrez sans courber le corps ou ployer les genoux. Alors penchez-vous en avant, et vos mains formant pivot, vous trouverez aussitôt les pieds en l'air et la tête en bas, ou à peu près. Pour retrouver la position naturelle, il suffit de ployer le corps et, en donnant une légère secousse. 5° Placez-vous debout, mais en travers sur le siège prenez une seule corde des deux mains, le dos appuyé à autre corde, celle-ci bien exactement entre les épaules ; placez le milieu intérieur du pied gauche contre la corde

opposée, le pied droit fixé de même contre le talon gauche. Cette opposition bien prise, lâchez les deux mains, vous appuyant ferme en arrière, et vous serez exactement balancé — mais, bien entendu, de côté et non de face. Commencez l'expérience avec un balancement très modéré, que vous augmenterez graduellement, à mesure que vous vous sentirez plein de confiance. Le mouvement est régularisé par les omoplates entre lesquelles descend la corde ; les bras doivent être croisés en arrière afin de maintenir le centre de gravité. Ceci est essentiel, car si la personne qui exécute prend peur, et, par un mouvement instinctif, retire ses mains de derrière son dos pour les porter en avant, elle peut être à peu près certaine que la corde glissera en arrière au risque de se rompre le cou. 6° La balançoire étant en mouvement, lâchez la corde d'une main, le siège du pied du même côté, et restez ainsi suspendu sur un côté de l'appareil par une seule main cramponnée à la corde et un seul pied sur le siège. Ayant exécuté ceci d'un côté, l'exécuter du côté opposé. 7° Saisissez la corde gauche des deux mains, pressez les pieds fermement contre les deux cordes, au point où elles sont attachées au siège. Les cordes alors se croiseront, et quand l'appareil se trouvera en pleine évolution, il décrira des courbes élégantes, qu'un peu de sang-froid suffit à suivre naturellement par le pesanteur de son corps, sans le moindre danger. Pour revenir à la position ordinaire, attendre que le mouvement se produise en arrière et, par une torsion du corps, faire décroiser les cordes ; la main droite saisissant alors la corde droite, le balancement se régularisera de lui-même. 8° Quand l'appareil est en plein mouvement, empoignez les cordes aussi serrées que possible, et lever les pieds jusqu'à ce qu'ils se trouvent entre les cordes au-dessus de la tête. Prendre garde au mouvement de la balançoire en arrière, car si, à ce moment, le corps se trouvait courbé en arrière, les mains supporteraient difficilement la tension qui en résulterait, sans parler de foulures très probables. Après cela, laissez glisser les mains, lentement et avec une grande précaution le long des cordes, jusqu'à ce que votre tête vienne s'appuyer sur le siège, les pieds en l'air. 9° *Prendre congé de la balançoire* est un acte qui n'exige pas moins de formalités que celui de quitter la barre de suspension. Il importe d'y déployer toute la grâce dont on est capable et, en fait, cela importe assez dans toutes les circonstances de la vie et dans l'exécution des culbutes les plus diverses et les plus variées. Nous ne nous y étendrons pas trop. Donner à la balançoire un mouvement ferme et franc ; s'asseoir alors sur le siège, en ramenant les mains à l'intérieur des cordes ; et, juste comme le mouvement passe sur son centre, porter vivement les deux mains sur le siège et s'élancer en avant, où l'on retombera sur le sol à la distance de deux ou trois mètres au moins, grâce à l'impulsion communiquée par le mouvement en avant de la balançoire. — Faire bien attention, ici, de pencher le haut du corps en arrière en quittant le siège, afin de retomber droit, et aussi ne pas oublier de tomber sur la pointe des pieds d'abord à terre. S'asseoir de la même manière que ci-dessus, et comme la balançoire franchit son centre dans son mouvement d'avant en arrière, se pencher sensiblement en avant et s'élancer du siège de la même façon que dans le cas précédent ; mais, nous le répétons, en penchant le corps en avant, car l'impulsion donnée par la balançoire vous attire nécessairement en arrière. — Pour être bien sûr de se pencher en avant en touchant le sol, croiser les pieds, ramener les bras sur la poitrine et tomber sur la pointe des pieds. Il est

de la plus grande importance de bien faire attention de se pencher en arrière, lorsqu'on s'élance en suivant le mouvement de la balançoire; et, au contraire, de se pencher en avant lorsque le mouvement de la balançoire se produit en arrière. Sans cette précaution, on se casserait inévitablement le nez sur le sol dans le premier cas; et, dans le second. la partie postérieure de la tête. Il faut s'exercer d'abord à ces manœuvres, en donnant à la balançoire un mouvement très modéré, qu'on augmente progressivement. Beaucoup de personnes que la pratique des exercices gymnastiques a rendues hardies, et qui y ont acquis une grande sûreté de mouvement et de coup d'œil, n'hésitent pas à prendre ainsi congé de leur appareil quand il est lancé à toute volée, et touchent invariablement le sol avec une légèreté, une élasticité qui donnent à leur attitude une élégance véritable et de bon aloi. La pratique seule peut faire acquérir cette perfection, qui n'est pas seulement désirable à cause de la grâce qu'elle donne aux mouvements du corps, mais parce qu'elle peut trouver matière à se développer dans bien des circonstances de la vie, où l'ignorance des exercices gymnastiques et la gaucherie naturelle qui en est la conséquence sont si souvent fatales. — LE JAVELOT. Lancer le javelot est un exercice très salutaire à un double point de vue, qui est, le développement de la force du bras et de la rectitude du coup d'œil. On commence par se procurer une cible, formée d'un plateau de bois carré, assez épais et d'un diamètre de 1m,20 à 1m,30 au moins, supporté par trois pieds solidement fixés en terre, pour empêcher que la violence du coup ne le renverse. Sur ce plateau sont tracés plusieurs cercles concentriques de couleurs diverses, auxquels on peut donner une certaine valeur, afin de pouvoir lutter au plus adroit avec des camarades, et compter les points suivant la distance du centre où le javelot aura frappé la cible. Le javelot sera fait, pour le mieux, d'un bâton de frêne de 3 centimètres et demi à 4 centimètres de diamètre et d'une longueur d'environ 1m,60, terminé au bout par une pointe de fer d'au moins 5 centimètres de longueur, très acérée et très solide, de manière à ce qu'elle puisse se fixer dans la cible aisément et sans risquer de fendre celle-ci. On saisit le javelot dans la main droite, et l'on se place à distance convenable — débattue entre joueurs s'il y a lieu — de la cible; alors, élevant le javelot, tenu à pleine main, à la hauteur de l'oreille, le pouce et l'index s'allongeant sur la partie postérieure et le petit doigt recourbé en arrière possible, le pied gauche en avant, les reins cambrés, on lance le javelot en y mettant toute sa force. Cet exercice n'est pas seulement salutaire, il est aussi très intéressant, à cause de l'émulation qu'il fait naître entre jeunes gens luttant d'adresse, et il est regrettable qu'il ne soit pas, aussi pratiqué qu'il mériterait de l'être à tous égards. — LE VINDAS. Cet appareil est un grand mât de 6 à 7 mètres de hauteur, fixé solidement dans le sol; au sommet de ce mât est placée une tête, ou espèce de fort anneau de fer pivotant librement, à laquelle sont attachées de deux à six et même jusqu'à douze cordes, suivant l'importance de l'appareil et l'espace libre qui s'étend tout autour. Les extrémités opposées de ces cordes se terminent, soit par un nœud, soit par une poignée de bois ou de fer, dont les élèves se saisissent, tendant la corde dans toute sa longueur, pour courir l'un après l'autre autour du mât (fig. 60). Ce mouvement ne tardera pas à les porter à se soulever de terre, leur permettant seulement de poser de temps en temps les pieds sur le sol (fig. 61). Avec un peu de pratique, on arrive promptement à faire le tour

tout entier du cercle dont le mât forme le centre et la corde étendue le rayon, sans

Fig. 60. — Le vindas.

poser pied à terre; et lorsque plusieurs élèves se trouvent ainsi pendus aux cordes et volant autour du mât à plein essor, cet exercice est un des plus amusants qu'on puisse voir. Quelques-uns peuvent faire deux ou trois fois le tour du mât sans toucher le sol du pied, et exécuter les sauts (fig. 62) et les voltiges les plus bizarres et les plus compliqués. Il est in-

Fig. 61. — La course volante.

dispensable, on le comprend, que chacun parte en même temps, prenne la même direction, et exécute ses pas aussi régulièrement que possible; la corde doit être bien tendue, la distance entre les joueurs conservée toujours égale. Enfin une recommandation plus importante encore est de s'assurer que rien ne cloche dans l'appareil et que l'action de l'air, du soleil ou de l'humidité n'a pas brûlé ou pourri les cordes : il y a, en effet, des exemples d'accidents terribles qu'un examen préalable sérieux aurait pu prévenir. On pra-

Fig 62. — Franchir un obstacle à l'aide du vindas.

tique peu, en somme, cet exercice très salutaire, à cause des accidents qui peuvent en résulter, mais qu'on ne peut raisonnablement imputer qu'à la négligence, à l'incurie des personnes préposées à la garde de ces appa-

reils. — LA PERCHE LIBRE. On peut, avec le secours d'une simple perche, exécuter une grande variété de sauts, pourvu que la perche soit de longueur convenable et garnie, à l'une de ses extrémités d'un bout de fer qui lui permette de s'implanter dans le sol. Il convient toutefois de se servir d'abord d'une perche courte, sauf à la remplacer par une plus longue, dès qu'on se sentira de force à faire cet échange. Il importe aussi de bien choisir sa perche, qui doit être d'un bois solide, exempt de nœuds, de gerçures, de tout défaut en un mot; une solide perche de frêne fendu et non scié est une des meilleures qu'on puisse choisir pour cet objet, — surtout si l'on en est arrivé à ce point où le secours d'une longue perche est devenu nécessaire. On saisit la perche, de la main droite, au point de sa longueur qui, lorsqu'elle est tenue verticalement, — ce qui est présentement le cas, — se trouve un peu plus bas que le niveau de la tête, et, avec la main gauche, à la partie qui se trouve juste au-dessous des hanches, le bout de la perche planté dans le sol devant soi. On s'élance alors en avant d'un

Fig. 63. — Le saut à l'aide de la perche.

coup de jarret, en tournant légèrement, de manière à ce qu'en tombant on se trouve faire face au point d'où l'on est parti. La perche s'emploie pour les sauts en profondeur, comme pour les sauts en largeur. — Dans les deux cas, la manière de tenir la perche est la même; mais pour le saut en profondeur, la main gauche saisira la perche à la hauteur du genou, et l'opérateur, par un léger élan circulaire autour de la perche, s'arrangera pour descendre en tombant sur la plante des pieds, faisant face à l'endroit d'où il s'est élancé, et en ployant un peu les jarrets pour amortir le coup. — LES HALTÈRES. On sait ce que sont ces instruments tels qu'on les emploie aujourd'hui : une masse de fer étranglée par le milieu de manière à pouvoir être tenue dans la main fermée, et se renflant en forme de poires réunies par leur sommet, telle est l'haltère; naguère encore les haltères se composaient de deux petits boulets réunis par une courte barre de fer servant de poignée; nous ne croyons pas qu'il en existe encore de ce modèle; en tout cas, l'autre est préférable, et

presque, sinon tout à fait exclusivement en usage. Il y a des haltères de taille et de poids différents, suivant qu'elles sont destinées à des hommes ou à des enfants, et les personnes prévoyantes qui ont des enfants, à exercer au maniement de ces appareils en ont, chez elles, une collection variée, afin de graduer les exercices en faisant manœuvrer à leurs jeunes élèves des poids de plus en plus lourds, selon que l'exercice constant, ou

Fig. 64. — Les haltères. —
1re position : mouvement
horizontal des bras sans
flexion.

Fig. 65 — 2e position : mouvement latéral des bras sans flexion.

l'âge, augmente progressivement leur viguenr musculaire. Le premier exercice qu'on exécute avec les haltères consiste à les saisir de chaque main, à les enlever de terre et à les ramener, réunies, en avant de la poitrine, à la hauteur des épaules (fig. 64). Pour cela, on commence par les amener à la hauteur des cuisses. On se tient debout, le corps droit, les pieds réunis, les bras tombant sur les cuisses, une haltère dans chaque main. On exécute d'abord le mouvement avec un bras, puis avec

Fig. 66. — 3e position : faire
glisser les poings aux aisselles en imprimant un
mouvement de rotation de
dedans en dehors.

Fig. 67. — 4e position : étendre les bras sur les côtés, ongles en avant.

l'autre, en levant progressivement et sans secousse l'haltère devant soi, en ployant le bras jusqu'à la hauteur de la ceinture d'abord, puis de l'épaule ; ensuite on le ramène lentement dans la première position. Cet exercice exécuté avec un bras, on recommence avec l'autre, comme nous l'avons fait, puis avec les deux bras simultanément. Les haltères tenues à hauteur des épaules, comme ci-dessus, on les porte en haut, les bras tendus (fig. 65) ou repliés, ou encore verticalement, les bras tendus au-dessus de la tête, ou les poings aux aisselles (fig. 66) ; puis on les ramène, en répétant au retour les mouvements exécutés à l'aller, à la première position. On s'habitue à porter les haltères à bras tendu (fig. 67) ; ou à les ramasser après les avoir posées devant soi (fig. 68). Une foule d'autres exercices peuvent être exécutés à l'aide des haltères, mais ils offrent, en somme, peu de variété et sont tous basés sur les principes que nous venons d'indiquer sommairement, mais, croyons-nous, assez clairement. Une sage lenteur doit présider à ces sortes d'exercices, et il importe tout particulièrement de ne point agir par mouvements brusques et saccadés. L'exercice des haltères développe les

Fig. 68. — 5e position : flexion du corps en avant, bras et jambes tendus.

forces du biceps. — LES MILS. Les mils sont proprement des massues terminées à leur extrémité amincie par une poignée qui en facilite le maniement. Ces massues sont généralement en bois dur et pèsent, lorsque ce sont des hommes qui doivent les manœuvrer, de 5 à 20 kilogrammes ; pour des enfants, naturellement, on fait usage de mils beaucoup ou un peu plus légers, suivant la vigueur et l'âge. La manœuvre des mils fortifie les muscles des bras, des épaules, dont il disloque les articulations, de la poitrine ; il leur donne une grande souplesse, ainsi qu'aux poignets, aux mains. Et quant à celles-ci, étant alternativement exercées à cette manœuvre, qui offre une bien plus grande variété de mouvements que celle des haltères, elles finissent par en retirer cet avantage que la main gauche devient promptement aussi habile et aussi déliée que la main droite, à laquelle une erreur d'éducation déplorable donne une si grande supériorité sur sa compagne sacrifiée. Enfin l'influence des mils sur la grâce du maintien est hors de conteste et leur a valu auprès des dames une vogue méritée. Il est bon de n'aborder les mils qu'après avoir déjà pratiqué les haltères, dont ce n'est pas le moindre mérite que de préparer à des exercices aussi variés et aussi utiles que ceux-là. Comme pour la manœuvre des haltères, on s'exerce à celle des mils d'abord d'une main, puis de l'autre, puis des deux ensemble. La première position consiste à se tenir le corps droit, — debout naturellement, — les pieds réunis, les bras pendants, un mil dans chaque main. De cette position, on porte le mil à l'épaule, soit à l'épaule gauche avec la main droite et réciproquement, soit les deux mils simultanément et suivant les mêmes principes, en ayant soin qu'ils ne se rencontrent pas dans le trajet. Un autre exercice consiste à élever verticalement l'instrument le long du corps jusqu'à la hauteur de la tête ; puis on le porte horizontalement en avant ou de côté, le tenant de la sorte à bras tendu aussi longtemps que possible. Dans cette position, c'est-à-dire élevé au niveau de la tête, et tenu verticalement, on le fait passer derrière le dos, en le dirigeant vers une épaule, puis on le laisse pendre au milieu du dos. On le ramène ensuite à l'épaule, on l'élève au-dessus de la tête et on le ramène doucement et sans secousse à sa première position. Cet exercice s'accomplit avec lenteur, mais sans secousse ni temps d'arrêt ; ce qu'on obtient facilement et assez promptement d'un peu d'exercice. L'exercice ci-dessus, exécuté d'abord d'une main, puis de l'autre, doit l'être, lorsqu'on s'y est parfaitement rompu, avec les deux bras agissant simultanément. Dans ce cas-là, on fait monter un mil pendant que l'autre descend, pour éviter une rencontre. Ce système, en contrariant les mouvements des bras, les rend plus sûrement indépendants l'un de l'autre, ce qui intlue considérablement sur la prompte émancipation de l'infortunée main gauche. La théorie seule est naturellement impuissante à faire valoir l'importance sérieuse de la manœuvre des mils, et ne peut servir que de peu de chose à quiconque se voue délibérément à ces exercices, dont la plupart sont très compliqués et ne sauraient s'apprendre que de la pratique. C'est pourquoi nous renonçons à nous engager plus avant dans des descriptions dont nous sentons toute l'insuffisance. Nous sommes loin, à la vérité, d'avoir écrit un traité complet des exercices gymnastiques ; les traités complets sont trop lourds et, dans notre conviction absolue, ont moins de valeur pratique que le petit travail que nous terminons, quelque sommaire qu'il soit. — Mais notre ambition n'était pas si grande et nous avons atteint, croyons-nous, le but utile que nous nous étions proposé : enseigner des exercices simples, salutaires, d'exécution facile, sans autre secours que celui de sa propre

volonté, et n'exigeant que des appareils qu'on peut se procurer partout sans peine et installer presque partout sans trop de frais. Nous ne pouvons que répéter ce que nous disions en commençant relativement à la valeur hygiénique de ces exercices. Certes, ils développent activement les forces qui sont en nous, et qui, sans leur secours, s'atrophient graduellement et finalement s'éteignent, et la vie, dont elles sont le ressort, avec elles ; cette influence ne s'exerce pas sur notre être physique sans que notre être moral s'en ressente, et c'est surtout grâce à la pratique persévérante de la gymnastique qu'on peut espérer ce trésor inestimable, envié par le sage : « Un esprit sain dans un corps sain ». En outre, cette pratique donne plus de confiance en soi et fait disparaître une foule de petites faiblesses fort gênantes, souvent même ridicules lorsqu'elles ne prennent pas un caractère dangereux, et, dont les femmes sont particulièrement affectées, en raison du développement excessif et trop exclusif chez elles du système nerveux. Nous n'y insisterons pas autrement, parce que tout le monde reconnaît aujourd'hui que les exercices gymnastiques sont peut-être encore plus salutaires aux femmes qu'aux hommes. — Gymnastique médicale. On appelle gymnastique médicale la partie de la gymnastique qui enseigne le moyen de rétablir ou de conserver la santé à l'aide de l'exercice. C'est particulièrement dans le domaine de l'orthopédie curative que les effets de la gymnastique méritent d'être étudiés. Ne vous est-il pas arrivé d'éclater de rire en entendant un pître de la foire raconter qu'il redresse les bossus en les pressant, entre deux planches, sous une vis de pressoir ? Ce qui provoque chez vous une inextinguible hilarité, a y a des gens qui le prennent au sérieux, et l'on entend certains orthopédistes ne parler que de compression, d'élongation, de traction, de redressement par aplatissement, d'appareils mécaniques et de tous les instruments de supplice qu'un bourreau peut imaginer. Sans être exclusif au point de contester absolument l'utilité de certaines pratiques mécaniques pour combattre les difformités des membres ou de la colonne vertébrale, on doit établir en principe qu'elles ne sont efficaces qu'à la condition d'être appliquées seulement comme complément des exercices gymnastiques. Ce principe si simple, si naturel, et pourtant si négligé, fut établi, pour la première fois, il y a des milliers d'années, par Hérodicus de Selymbrie (Thrace), qui eut Hippocrate pour élève et pour continuateur. Hérodicus était en même temps maître d'une académie fameuse où la jeunesse venait s'exercer pour les jeux publics que l'on célébrait alors avec une grande solennité dans toute la Grèce. S'étant aperçu que des sujets faibles ou même rachitiques devenaient de solides lutteurs quand ils avaient suivi ses cours avec assiduité pendant un certain temps, il se persuada que la gymnastique peut faire conserver et quelquefois acquérir la santé. Il composa, sur cette partie de la médecine, un traité de règles et de préceptes qui ne nous est pas parvenu, mais que le grand Hippocrate trouva si sagement conçu qu'il le mit à contribution. Après Hippocrate, tous les médecins de l'antiquité se rangèrent à l'avis d'Hérodicus, et si leurs écrits ont disparu sous le grattoir des moines du moyen âge, ce qui nous en a été conservé par Galien et par quelques autres savants, suffit pour montrer en quelle estime était la gymnastique médicale parmi les anciens. Les exercices admis pour cet objet consistaient à jouer au palet, à la paume ou à la balle ; à lancer le javelot, à tirer de l'arc, à lutter, à sauter, à danser, à courir, à monter à cheval, etc. L'usage des bains, considéré comme un adjuvant indispensable, produisit d'excellents effets, jusqu'à l'époque de corruption

générale où la coutume de se faire masser et épiler par des hommes efféminés ou même par des femmes, fit dégénérer les gymnases médicaux en lieu de dépravation, comme le prouve l'épigramme suivante de Martial, contre un riche voluptueux de son temps :

Percurit agile corpus arte tractatrix,
Manumque doctam spargis omnibus membris.
Lm. III; épigr. 81.

La gymnastique médicale, méprisée pendant les longs siècles du moyen âge, renaquit lorsque Jérôme Mercurial publia à Venise, en 1569, ses six livres *De arte Gymnastica*, où il remet en lumière les procédés de l'antiquité. Depuis cette époque, hygiénistes et orthopédistes n'ont cessé d'étudier ses effets bienfaisants et de la recommander pour l'entretien de la santé, et pour son rétablissement, dans un grand nombre de cas. Chez les personnes robustes, la gymnastique favorise les excrétions et la nutrition, elle accélère le mouvement du sang; elle fortifie le corps et le rend capable de supporter les fatigues et de résister aux injures de l'air. Les personnes en bonne santé doivent se livrer méthodiquement et sans exagération aux exercices qui font agir toutes les parties du corps : jeux de paume, de volant, de billard, de boule, de palet, de croquet, escrime, chasse, saut, natation, etc. D'autres, que leurs occupations tiennent longtemps assises, se fortifient les muscles des jambes par la course, qui exerce principalement les extrémités inférieures. L'action de ramer et celle de jouer des instruments à corde, comme le violon, mettent en action les muscles des extrémités supérieures. Le chant, la déclamation, la conversation, le jeu des instruments à vent servent de gymnastique aux poumons.

GYMNOTE (Le). Nom donné à un bateau sous-marin qui fut essayé à Toulon, en novembre 1888. Ce bateau, imaginé par M. Zédé, directeur des constructions navales en retraite, est pourvu d'appareils électriques conçus par le capitaine du génie Krebs. Il évolue comme un gros poisson, file à fleur d'eau, puis s'incline tout à coup en faisant émerger son aileron arrière comme un requin, disparaît, s'enfonce à la profondeur voulue, et remonte au loin, après avoir parcouru la distance calculée. Sa vitesse est de 9 à 10 nœuds; son éclairage et son aération ne laissent rien à désirer. Son équipage normal n'est que de 3 hommes. Grâce à sa vitesse, il tient à la merci d'une torpille, dont il est muni, tout navire cuirassé qui voudrait s'approcher de la rade de Toulon. Les filets Bullivan ne garantiraient pas le cuirassé, parce que ce vaisseau serait forcé de se découvrir pour garder une vitesse supérieure à celle du bateau sous-marin, et alors il se livrerait aux coups des torpilleurs.

GYNÉCEE, s. f. Bot. Nom que l'on donne quelquefois au pistil, organe femelle des plantes.

GYNOBASE, s. m. (gr. *guné*, femelle; franç. *base*). Bot. Base d'un style unique, qui surmonte les loges d'un ovaire divisé.

GYNOBASIQUE, adj. Bot. Se dit du style ou de l'ovaire des plantes dont le style n'est pas adhérent aux carpelles, et quand les carpelles sont distincts et placés sur un disque souvent très développé.

H

HABITATION. (Écon. dom.) La résolution la plus importante peut-être qu'on puisse prendre dans la vie est celle qui préside au choix d'une demeure : la santé, le repos, le bonheur domestique même en dépendent. On supporte avec plus de philosophie les tracas de la vie active, les déboires de toute sorte, la fatigue physique et morale ; on se sent plus de force musculaire et de légèreté d'esprit en pensant au foyer domestique agréable qui vous attend. On fait mieux tête à l'orage lorsqu'on sait le port prochain et qu'on est sûr de pouvoir s'y réfugier dans un instant. Enfin on vit mieux et l'on peut jusqu'à un certain point prévenir de douloureuses infirmités, de terribles maladies, si l'on vit dans un appartement offrant toutes les garanties possibles de salubrité. Malheureusement le choix est souvent fort difficile, surtout aux personnes peu aisées ; et quant aux personnes tout à fait pauvres, on pourrait presque dire qu'elles n'ont pas le choix, car ce choix est tellement restreint et porte sur des objets si peu dignes d'être choisis, qu'il semble que ce ne soit pas la peine de nourrir, ne fût-ce qu'une minute, la plus petite préférence. C'est pourtant une erreur : nous allons indiquer les raisons de cette préférence et insister pour qu'elle se manifeste. — SITUATION. Rien n'est indifférent en semblable matière : la proximité d'un marché, des fournisseurs auxquels on aura quotidiennement recours, soit pour les provisions alimentaires, soit pour des articles de mercerie et autres dont la ménagère a un besoin constant, ou pour le chauffage, l'éclairage, etc., etc., mérite une grande considération. Tâchez aussi de ne point choisir votre demeure à une trop grande distance du lieu de travail du chef de la famille, s'il travaille au dehors : une heure de chemin à faire avant de se mettre à la besogne, une autre heure après la jour- née, comme c'est le cas de beaucoup d'ouvriers, ce sont deux heures perdues, pis que cela, deux heures employées à un excès de fatigue qui compromet la santé ; sans compter que le premier excès, celui du matin, prédispose assez mal à une besogne fatigante, que le travail s'en ressent et, de toute manière, le gain aussi. Combien de ruines irrémédiables n'ont eu d'autre cause que cette erreur de calcul : économiser sur le loyer 100 francs ou même 50 francs en allant demeurer à cinq ou six kilomètres de ses occupations journalières ? On dit : « Cela fait prendre l'air, cela fait du bien à l'homme enfermé tout le jour » ; ce qui est vrai pour l'employé qui passe sa journée assis, mais faux pour l'ouvrier qui prend généralement un exercice plus que suffisant et auquel cette promenade forcée peut à un moment donné causer une grave maladie. A Paris, on dira tel autre grand centre de population, il y a, me dira-t-on, l'*omnibus*. Il reste à savoir si l'argent ainsi dépensé ne le serait pas mieux ajouté au prix du loyer. — VOISINAGES A FUIR. Gardez-vous bien du voisinage des cimetières, des hôpitaux, des abattoirs, des usines à gaz, des manufactures de produits chimiques et même des autres, des canaux et de tout réservoir d'eaux stagnantes. Le voisinage d'une rivière ou d'un fleuve n'a rien d'insalubre, au contraire, à la condition toutefois d'un courant assez rapide pour ne point permettre la stagnation des eaux sur les bords ; car, dans ce cas, l'eau chargée d'impuretés en fermentation constitue un foyer d'infection constant et dangereux. — DU PRIX DU LOYER. Vous étant assuré que sous tous les rapports la situation vous convient, avant d'y arrêter un appartement, calculez avec le plus grand soin le prix que vous pouvez mettre au loyer sans compromettre l'équilibre de votre budget, car il ne faut pas oublier que le mon- tant du loyer constitue une dette exigible à date fixe, et que le propriétaire est un créancier privilégié, investi par la loi de pouvoirs plus étendus que ceux d'aucun autre, et très disposé par nature, sauf de rares exceptions, à en user strictement. Veillez donc à ne pas vous mettre en situation d'être dépouillé et jeté sur le pavé, dont il vous misérable somme que vous n'aurez pu compléter en temps utile : rigueur que vous auriez pu éviter avec un peu plus de prudence. — CONSIDÉRATIONS ÉCONOMIQUES. Il a été établi sur des données sérieuses, en tout cas dignes de considération, que, pour rester dans de bonnes conditions économiques, il faut consacrer au loyer le huitième seulement de son revenu. Le précepte est excellent ; mais il faut reconnaître qu'il n'est pas partout ni toujours facile à mettre en pratique. Certes un loyer de 3,750 francs pourra suffire, n'importe où, à une personne jouissant de 30,000 francs de revenus ; mais il est déjà beaucoup moins facile à une personne dont le revenu n'est que de 3,000 francs de se loger décemment moyennant 375 francs ; et la chose devient tout à fait impossible, du moins à Paris, au locataire qui ne gagne annuellement qu'une somme d'environ 1,200 francs, dont le huitième est de 150 francs ; pour peu, surtout, qu'il ait de la famille, et l'infortuné fait partie d'une majorité considérable ! Écartons-nous, toutefois, aussi peu que possible de cette proportion du huitième ; elle est très sérieuse et moins nos revenus sont élevés, plus la question d'équilibre du budget devient une question de salut. — DES RÉPARATIONS ET DES CHARGES LOCATIVES. Ces questions débattues, examinez minutieusement l'appartement qui vous a séduit ; notez les réparations indispensables ; assurez-vous que les cheminées ne fument pas, qu'elles ont été récemment ramonées, que le marbre n'en est pas

fendu ; voyez si les serrures vont bien, s'il ne manque rien aux ferrures des portes et des contrevents, ou des persiennes s'il y en a. Ces précautions ne sont pas indispensables seulement parce que vous obtiendrez du propriétaire les réparations que vous jugez utiles, ce qui est douteux ; mais parce que, en l'absence de ce sommaire « état des lieux », que je vous engage à consigner sur le contrat, bail ou simple engagement fait double avec le propriétaire, vous courez le risque qu'on vous les impute à votre sortie de l'appartement, et j'ignore par quel moyen vous pourriez vous soustraire à l'obligation de les faire faire, parce qu'en effet il n'en est aucun. Faites spécifier sur le *bail* ou l'*engagement*, outre les réparations urgentes que vous n'avez pourtant pas obtenues, et qui pourraient avec le temps passer à l'état de « réparations locatives », les charges acceptées et les dégrèvements consentis. Vous trouverez un peu plus loin des indications pratiques concernant l'ameublement et la décoration d'un logement modeste aussi bien que d'un luxueux appartement, ainsi que les méthodes d'entretien, de conservation, de nettoyage, de polissage des meubles, etc. Dans nos chapitres de Lois usuelles se trouvent également les lois qui régissent les rapports entre propriétaires et locataires. — La villégiature aux environs de Paris. L'habitude s'est répandue à Paris, surtout parmi les employés des grandes administrations, dont les bureaux ferment de bonne heure, de résider toute l'année à la campagne. Les uns y ont fait bâtir, d'autres ont acheté une maisonnette avec l'espoir d'y finir leurs jours ; d'autres encore louent tout bonnement, qui une maison, qui un appartement, avec un coin de jardin ; car l'amour du jardinage est pour beaucoup dans cet éloignement de la foule, et ce n'est que rarement un but d'économie qui conduit à porter ses pénates à trois ou quatre lieues de Paris ; cela arrive pourtant quelquefois, mais généralement on en est désabusé. En effet, au prix d'un loyer souvent presque aussi élevé que celui d'un appartement confortable à deux pas de ses occupations, il convient d'ajouter 200 à 300 francs pour le ticket d'abonnement annuel au chemin de fer (payer au jour le jour le prix de son voyage à Paris et retour, au lieu de s'abonner, triplerait presque le prix d'abonnement). Par contre, les taxes d'octroi sont incomparablement plus légères qu'à Paris dans la plupart des gracieux villages de la grande banlieue, dans quelques-uns même elles sont nulles ; il résulte donc de ce chef une économie certaine, souvent considérable. Mais il est bon de s'en assurer et de s'instruire également de l'importance des taxes communales de toute sorte, souvent exagérées, sous prétexte d'embellissements dont on ne voit jamais la fin, ni quelquefois le commencement, et de bien établir ses comptes avant de rien résoudre. Il est tel de ces villages, parmi les plus insignifiants, où il est presque impossible d'obtenir des provisions à peu près convenables, quoique à un prix excessif, mêmes des légumes et des fruits, si on n'en récolte pas suffisamment ; où le fournisseur prévenant et poli des grands centres ne vous apparaît plus que comme un personnage légendaire, et où enfin un loyer de 1,000 francs représente en réalité une dépense de 1,200 francs, non compris les frais du voyage quotidien et la différence provenant de la surélévation du prix des denrées de toute nature. La prudence exige donc qu'on ne s'aventure pas à l'aveuglette dans cette villégiature séduisante. Le mieux serait de prendre pour guide un ami qui connût bien la localité ou qui y résidât depuis quelque temps déjà. — Edification d'une maison. Si votre intention, cependant, est d'installer à la campagne votre résidence, soit passagère, soit définitive, quel-

ques indications pratiques vous seront certainement d'un grand secours. Supposons que votre état de fortune est tel qn'il n'y a d'autre sujet de perplexité pour vous que l'embarras du choix entre bâtir, acheter ou louer une maison. Bâtir, vous dirai-je toutefois est une mauvaise affaire, dans l'état actuel des choses du moins. Ne bâtissez donc pas, à moins que vous n'ayez une prédilection toute particulière pour le site que vous avez choisi et qu'il n'y ait pas de maison à vendre ; à moins, en un mot, que les circonstances ou votre fantaisie ne vous y contraignent. Mais si vous vous décidez à bâtir, commencez par bien fixer dans votre esprit l'importance et le style que vous voulez donner à votre habitation. Adressez-vous ensuite à un architecte de réputation honorable ; développez-lui votre projet ; apprenez-lui l'étendue de votre famille, le nombre de vos serviteurs, vos habitudes ; indiquez le nombre des pièces qui vous sont nécessaires et leur destination particulière s'il y a lieu ; fixez enfin la somme que vous voulez consacrer à cette affaire. Sur ces indications, l'architecte tracera un croquis de la maison en projet et dressera un *devis* de la dépense probable ; le croquis, approuvé par vous, se traduira par un plan définitif qui vous sera soumis de nouveau. Exigez un plan détaché de chaque étage, avec l'indication exacte de son élévation et de son étendue. Alors seulement vous pourrez vous former une juste idée de ce que sera votre maison et corriger ce qui vous paraîtrait défectueux dans le plan. Si vous êtes décidé à ne point dépasser une certaine somme, ne laissez pas d'insister auprès de votre architecte afin de le bien pénétrer de votre résolution, autrement il y aurait à craindre que cette somme ne fût notablement dépassée. Ne laissez donc pas supposer que vous voulez dépenser *environ tant* ; *environ* est un mot trop élastique en architecture, et vous ne vous doutez pas de l'étendue que peut lui donner le plus honnête et le plus sincère des architectes. — Choix de la localité. Le premier soin, quand on veut faire bâtir, n'est peut-être pas, cependant, de s'assurer du concours d'un architecte. Je croirais assez qu'il est encore plus important de choisir une localité convenable, un site agréable et salubre ; et ce n'est pas une petite affaire qu'on le suppose, surtout si quelque membre de votre famille est souffrant ou débile, et que cette considération, à laquelle est peut-être dû votre projet de retraite à la campagne, doive déterminer votre choix. Presque toujours on donne la préférence, quand on veut élever une maison dans des conditions de salubrité irréprochables, au sommet d'un coteau, parce qu'on croit que l'habitation n'y pourra pas être humide et qu'on y respirera l'air le plus pur et le plus salubre qu'il soit possible. C'est quelquefois une erreur, car la nature géologique du sol modifie singulièrement l'état de l'air : si vous bâtissez sur un terrain formé de gypse, de glaise ou de marne, l'eau ne la traverse point pour se perdre dans les profondeurs de la terre : elle stationne, et vous demeurez sur un foyer permanent de fermentation putride, fécond en rhumatismes, fièvres paludéennes, etc. Choisissez donc un terrain pierreux et sablonneux, que l'eau traverse immédiatement et qui sèche dès que la dernière goutte de pluie a cessé de tomber ; que votre préférence soit pour le penchant d'un coteau au lieu du sommet : vous aurez une garantie de plus d'un séchage rapide. En tout cas, prenez plutôt un terrain bas, mais formé de calcaire ou de sable, qu'un terrain élevé mais imperméable. Il n'y a pas de comparaison possible entre ces deux termes de la question : d'un côté, la santé et le bien-être ; de l'autre, des infirmités certaines dans un temps plus ou moins éloigné, la mort possible. Le voisinage

d'un cours d'eau est également favorable à la santé, dans les conditions que j'ai indiquées plus haut ; mais le plus sûr est de se placer sous le vent d'une forêt, plantée sur un sol pierreux ou sablonneux toujours. Les bois, comme les cours d'eau produisent, il est vrai, une certaine humidité, mais les arbres dégagent une quantité énorme d'oxygène ; ce sont, en outre, des *drains* collecteurs naturels, qui altirent l'humidité tellurique, l'eau du sol, dangereuse à l'état stationnaire, et la font passer dans l'atmosphère où elle devient bénigne, les feuilles évaporant un océan de vapeur d'eau. Aussi, dans une forêt plantée sur un sol favorable, l'air est-il exceptionnellement actif et pur, l'eau ne stationnant pas, et les germes et poussières de toutes sortes en suspension dans l'air, alourdis par la vapeur d'eau expirée par les feuilles, tombant à terre, entraînés par leur poids, épurant ainsi l'atmosphère. — Exposition. L'exposition la meilleure de beaucoup est celle du sud-est, de manière que la diagonale du plan général de votre maison s'étende du sud au nord ; les rayons du soleil donneront successivement dans toutes les fenêtres, puisqu'il n'y en aura point qui regarderont le nord, et n'y séjourneront pas un temps exagéré, puisqu'on aura évité pour chacune des façades l'est, l'ouest et le midi. Enfin assurez-vous que la localité est convenablement drainée et pourvue d'eau en abondance. — Travaux de construction. Le travail commencé, ayez l'œil à tout, autant qu'il vous sera possible ; rien ne vaut l'œil du maître. Les questions de profondeur des fondations, d'épaisseur des murs, de hauteur des cheminées au-dessus des toits, etc., peuvent être laissés à l'appréciation de l'architecte, dont l'affaire est de savoir accorder les exigences de la loi avec les goûts du propriétaire ; mais le style et les dispositions des décorations demandent à être personnellement examinés. Un défaut de construction peut être redressé facilement au moment où il est découvert ; il ne faut pas hésiter en ce cas, afin d'éviter les ennuis et la dépense qui résulteraient d'un retard prolongé jusqu'au terme de l'œuvre. — Danger des habitations nouvellement baties. Ne pas oublier qu'il est de la dernière importance de laisser aux maisons neuves le temps largement suffisant pour qu'elles sèchent. Une trop grande précipitation à s'installer dans des maisons nouvellement bâties a été plus d'une fois fatale. Le moisi s'empare des murs, les vêtements et le linge sont imprégnés d'humidité ; les conséquences sont : les rhumatismes, l'hydropisie, quelquefois même la paralysie ; l'inflammation se déclare dans la blessure la plus légère ; les maux dont on souffre ordinairement s'aggravent. C'est donc, en tout état de cause, une impatience qui coûte cher. — Jardin. Un jardin, aussi spacieux que possible, n'est pas seulement une annexe agréable, indispensable à une telle demeure, ni utile uniquement pour les fruits et les légumes qu'on y peut récolter : la santé le réclame. Dans ces articles, nous nous étendons, autant qu'il est nécessaire, sur la disposition, l'économie et l'entretien systématique du jardin. — Règlement des mémoires d'entrepreneurs. Les entrepreneurs du bâtiment, maçons, charpentiers, menuisiers, serruriers, peintres, etc., sont dans l'usage d'établir leurs mémoires aux prix du *tarif officiel*, non calculés de façon à pouvoir subir un rabais du cinquième ; ce rabais, l'architecte chargé de la vérification de ces mémoires l'opère avant toute chose, et d'un consentement tacite avec les entrepreneurs, sauf à rectifier les erreurs de métrage s'il y a lieu. — Achat ou location d'une maison. Nous le répète, si vous n'y êtes forcé par les circonstances, ou si la question d'économie ne vous

est pas indifférente ; achetez une maison toute bâtie, et non seulement vous ferez un meilleur marché, mais vous aurez évité des tracas sans nombre. Si vous le pouvez, attendez l'occasion, au lieu d'aller au-devant d'elle en risquant de tomber entre les mains d'agents interlopes n'ayant pour objectif que de toucher une commission de manière ou d'autre. Cependant, comme vous pouvez être pressé, choisissez avec précaution parmi les agents les plus honorablement connus, et consultez leurs listes d'immeubles à vendre dont ils ont toujours une ample collection. Cela fait et votre choix conditionnel arrêté, rendez-vous seul sur les lieux pour les visiter ; faites ensuite une seconde visite, accompagné d'un architecte qui vous indiquera les avantages et les défauts de la maison que vous désirez acquérir. Si tout va bien, si les conditions vous conviennent et si les personnes avec qui vous allez traiter sont d'une intégrité reconnue, telle que le soupçon ne saurait les effleurer, vous pouvez vous dispenser du concours d'un homme de loi ; mais si vous éprouvez le moindre doute sur la bonne foi de votre vendeur ou de son agent, malgré que vous croyez pouvoir vous assurer de l'état des choses vous-même, n'hésitez pas à consulter votre conseil légal. Dans nos articles de Lois, vous trouverez les indications relatives aux accords pour baux en vigueur, réparations à exiger, purges d'hypothèques, etc., etc. — Location. Au cas où vous entreriez dans une maison en qualité de locataire à l'année (terme immuable dans la banlieue parisienne), au semestre ou au trimestre, vous traiteriez soit par bail, soit par simple engagement. Spécifiez bien sur cet engagement les réparations auxquelles le propriétaire accède, les impôts qu'il consent à payer. Ne vous engagez, sous aucun prétexte, à payer « toute taxe ou impôts » quelque bien disposé que vous soyez envers votre propriétaire, car celui-ci pourrait très bien vous imputer des taxes que la loi ou l'usage met ordinairement à sa charge. Pour le reste, agissez comme s'il s'agissait d'un appartement. Quant au choix de la localité, nous nous sommes suffisamment étendu sur cette importante question. — **Hygiène de l'habitation**. On sait aujourd'hui l'importance qu'a pour la santé publique la pratique des règles de l'hygiène appliquées à l'habitation. Avant que ces règles fussent pratiquées avec quelque méthode, le chiffre de la mortalité, particulièrement dans les grands centres de population, était incomparablement plus élevé qu'il ne l'est maintenant ; les épidémies se déclaraient avec une soudaineté et sévissaient avec une intensité que nous ne connaissons plus, Dieu merci, et ne cessaient leurs ravages, pour ainsi parler, que faute d'aliment. On comprend donc qu'il faille de toute nécessité s'assurer des bonnes conditions hygiéniques intérieures de la maison ou de l'appartement dont on veut faire sa demeure. Ces conditions consistent dans un drainage convenable des eaux ménagères, une bonne ventilation, un libre accès à la lumière extérieure, aux rayons du soleil, et enfin dans un approvisionnement d'eau potable facile et constant. — Drainage des eaux ménagères. Il faut s'assurer que la chute des eaux ménagères dans l'égout, s'il s'agit d'une maison de ville, s'effectue d'une hauteur suffisante, trois à quatre mètres au moins ; il faut éviter autant que possible, lorsqu'on bâtit, de faire traverser toute la maison par les conduits, et veiller en conséquence à ce qu'il n'en soit pas ainsi dans la maison qu'on veut acheter ou louer, et aussi à ce que ceux de la cuisine et de l'extérieur, les *plombs*, comme on dit vulgairement, soient d'une largeur convenable et opèrent bien. — Le plomb de la cuisine doit être lavé à flots au moins une ou deux fois par semaine en

hiver, et tous les jours en été, afin de le débarrasser des ordures qui s'y accumulent et y croupissent au grand détriment de la santé. Pendant les chaleurs même, l'emploi de désinfectants, tels que le marc de café ou le charbon végétal en poudre mêlé à l'eau, serait d'un bon, quelquefois d'un indispensable usage. — Ventilation. Il faut que la disposition de la maison ou de l'appartement soit telle qu'on puisse établir un courant d'air frais à travers toutes les pièces. Dès le matin, excepté par un temps de brouillard, ouvrez toutes les fenêtres, portes, cheminées, ventilateurs. Dès que toute la famille est levée, que les lits soient entièrement dépouillés, les couvertures, draps, oreillers, etc., étendus çà et là dans la chambre ; et laissez tout grand ouvert pendant un couple d'heure. Beaucoup de personnes s'imaginent que c'est une précaution inutile à prendre par un temps froid ; elles se trompent ; il est aussi nécessaire de renouveler l'air vicié d'un appartement clos depuis longtemps en hiver qu'en été : cela se comprend. — La lumière. La lumière est indispensable à la vie. On ne devrait pas cesser de répéter cette vérité, à laquelle les habitants des villes semblent ne pas vouloir prêter la moindre créance : ils vivent en quelque sorte dans l'ombre, à l'abri d'épais rideaux, de stores et de persiennes, et se développent en conséquence comme les plantes de nos appartements, perdant progressivement leurs vives couleurs, leur vigueur, leur santé. Paraphrasant le mot célèbre d'un savant illustre, nous ne dirons pas que la nature a horreur du vide, mais, et avec infiniment plus de vérité, que la nature a horreur des ténèbres. C'est un air malsain que celui qui ne subit pas l'influence vivifiante de la lumière, puissant agent de transformation chimique qui facilite la combustion des organismes en suspension dans l'atmosphère. Donc laissez pénétrer jusqu'à vous les rayons du soleil. — Procédés pour tenir les appartements frais en été. Certes, par les grandes chaleurs, le précepte semble d'une application difficile ; et le fait est que nous n'exigeons pas qu'on reste exposé aux rayons incandescents du soleil d'août sans rien faire pour prévenir les conséquences d'une pareille insolation : l'excès est toujours une erreur. Mais il existe diverses méthodes de combattre efficacement la chaleur excessive, pendant l'été, des appartements exposés au midi. Une fenêtre d'escalier laissée à propos ouverte pendant la nuit préparera d'abord très bien l'expérience en rafraîchissant les couloirs et les escaliers, ainsi que les pièces dont on aura laissé les portes ouvertes également, si rien ne s'y oppose. Une jalousie baissée pendant le jour fera le reste ; un courant d'air est rarement dangereux dans de telles circonstances, et apporte un soulagement incontestable. M. le général Morin, directeur du Conservatoire des Arts et Métiers, dont le cabinet exposé au midi, se transforme en véritable étuve par les temps chauds, a imaginé de placer dans sa cheminée trois becs de gaz dont la combustion détermine l'introduction de 500 à 600 mètres cubes d'air frais aspiré des caves, maintenant autour de lui une température de 20 degrés quand l'air extérieur atteint 30 degrés centigrades. M. le général Morin a eu des imitateurs, mais il est à craindre qu'ils n'aient pas longtemps à se louer de la découverte. On sait en effet quelle influence funeste l'air frais des rez-de-chaussée que le soleil ne visite jamais exerce sur la santé des personnes qui y séjournent habituellement. Pour un bien passager, une pareille méthode pourrait provoquer un mal durable, peut-être sans remède. Je n'y aurai jamais recours, quant à moi. Mais voici une ingénieuse et très hygiénique méthode de rafraîchir les chambres inondées de soleil : on place au milieu de la pièce un grand vase de

cristal ou de verre rempli d'eau, de ces vases où l'on élève des poissons rouges, et l'on y dresse un bouquet de menues branches, autant qu'il en peut tenir, de saule, de tilleul ou de bouleau. En peu de temps, l'atmosphère de la chambre sera très sensiblement rafraîchie, l'évaporation de l'eau produisant l'effet désirable sans le moindre inconvénient pour la santé. En outre, la verdure exhalera, sous l'influence des rayons solaires, une quantité d'oxygène suffisante pour aider considérablement à la purification de l'air ambiant. Il faut renouveler de temps en temps cette feuillée, et surtout l'eau. Arrangé avec goût, cet étrange bouquet sera même un charme original et gracieux. Seulement il faudra bien se garder de le laisser dans l'appartement après la chute du jour, ainsi que de le placer à l'ombre, surtout dans une chambre à coucher ; car si, sous l'influence de la lumière, la plante expire de l'oxygène, c'est de l'acide carbonique qu'elle rend à l'ombre ; d'où les malaises, les migraines causées par le séjour des fleurs dans une pièce fermée ou placées dans l'obscurité. — Eau potable. L'approvisionnement d'eau potable sera, autant que possible, continuel et abondant. S'il n'en peut être ainsi et qu'on en soit réduit aux citernes et réservoirs, ce qui arrive trop souvent à la campagne, et par conséquent à l'eau de pluie, il faut prendre pour règle de vider et de nettoyer souvent et avec soin ces réceptacles qui s'encrassent avec une grande facilité, et sont en ceci des agents d'infection morbide plus actifs qu'on ne le suppose. En outre, l'eau qu'on y recueillera devra être soigneusement filtrée. L'eau de pluie est bonne pour toutes sortes d'usages ; mais pour boire ou faire la cuisine toute eau doit être filtrée. — Ameublement et décoration. En matière de décoration, aucune loi ne saurait prévaloir contre le goût personnel, appuyé de la fortune, qui en permet la légitime satisfaction ; et c'est précisément par cette considération de fortune que les avis les meilleurs risquent souvent de frapper à faux. Quelques indications générales, cependant, pourront n'être pas absolument superflues. — Le luxe du pauvre. Nous ne pouvons nous arrêter longtemps au réduit du pauvre, où la décoration ne peut être qu'accidentelle et où ne sont admis — autant qu'il est possible — que les choses les plus indispensables à la vie : point d'harmonie dans le style du meuble, ni d'heureux contrastes de couleurs dans les tentures et les tapis absents ; rien pour la montre ; les visiteurs ordinaires en seraient d'ailleurs plutôt choqués que ravis, étant eux-même dans de semblables conditions d'existence, où la seule dépense permise, outre celle qu'exige l'entretien de la vie matérielle, est celle des meilleurs instruments de travail. Mais il est un luxe à la portée de tout le monde, un luxe qui fait parfois entièrement défaut aux demeures les plus opulentes, et qui donne à l'humble mansarde comme à la pauvre chaumière un cachet d'élégance et de bonne humeur qui impressionne vivement. Ce luxe accessible à tous, et que nous ne décrirons pas plus minutieusement, c'est la propreté, qu'on appelle avec raison « le luxe du pauvre », et qui lui procure la joie et la santé, richesses inappréciables ! — Petits appartements. On peut aujourd'hui meubler deux pièces et une cuisine pour 250 à 300 francs. Je choisirais, par exemple, un meuble de salle à manger en noyer ciré à moulures noires, qui fait admirablement ne serait pas déplacé même dans un appartement plus riche, et qu'on peut avoir, suffisant pour une petite salle à manger, moyennant environ 170 fr.; 185 fr., avec table à deux rallonges, un buffet-étagère et 6 chaises cannées. Pour 140 à 150 fr. on peut également se procurer un meuble de chambre à coucher en acajou, d'un goût con-

venable, où la commode, par exemple, remplacera l'armoire à glace; mais nous nous occupons ici de la possibilité de se meubler au plus bas prix, quoique d'une manière confortable. Ces sortes de mobiliers se trouvent dans des maisons qui s'en font une spécialité. C'est de la « pacotille », nous en demeurons d'accord; mais si l'on prend soin de bien choisir, de s'assurer que le meuble est fait depuis quelque temps et a pu*jouer* en magasin de manière à n'être point tenté de recommencer dans l'appartement, on n'aura pas fait un mauvais marché en somme; l'ouvrier, malgré sa précipitation nécessaire, n'aura pas fait de si mauvaise besogne que vous ne puissiez, avec du soin, faire durer un tel ameublement presque aussi longtemps que le chêne ou le palissandre le plus solide. Adressez-vous en tout cas aux grandes maisons qui, étant elles-mêmes une bonne clientèle pour le fabricant, exigent avec succès qu'on les soigne mieux. Évitez les maisons qui vendent à crédit, non seulement parce qu'elles vendent plus cher (la remise commerciale n'étant pas, pour le meuble, aussi élevée qu'elles le prétendent), mais parce que vous engagez l'avenir et risquez de perdre l'argent avancé pour le peu que vous ne pourriez donner peut-être au moment de solder votre compte. — La cuisine pourra être convenablement meublée pour peu d'argent : un buffet de bois blanc, hêtre et peuplier, de 15 à 20 francs, une petite table de cent sous, une fontaine à filtre, sans parler de la batterie de cuisine, qui ne peut être considérable, dans un petit ménage où il n'y a.pas de domestique, sans être plus embarrassante qu'utile : voilà de quoi rendre une cuisine agréable et commode. Quant à l'entretien des meubles, des parquets et carreaux, ainsi qu'à l'économie du chauffage, de l'éclairage, et aux soins à donner aux cheminées, lampes, etc., diverses indications utiles et pratiques seront trouvées un peu plus loin. — PAPIERS DE TENTURE. Quand vous avez à choisir votre papier de tenture (ceci s'adresse à tous), évitez les grands dessins, une variété de couleurs exagérée et les nuances trop éclatantes. De tels papiers, sans parler du mauvais goût évident, écraseront votre meuble, fut-il luxueux, et rapetisseront à la vue la pièce où on les aura tendus. Rappelez-vous aussi que le papier clair *réfléchit* les rayons lumineux, tandis que le papier de couleur sombre se pénètre, et les conserve longtemps, des rayons projetés par le feu du foyer ou par le soleil. Il suit de là que la pièce tendue de papier clair sera toujours plus fraîche, même un été, que l'autre; et, par contre, que celle tendue de papier sombre restera plus chaude et conviendra beaucoup mieux en hiver. — MAISON DE CAMPAGNE. Parlons d'abord, avant de nous occuper des maisons appartements de la ville, de la maison de campagne, plus simple de décoration, et où, en conséquence, il est possible de vivre dans l'élégance et le confort sans trop dépenser. Supposons une maison à deux étages, pas trop grande, mais non plus trop exiguë. Au rez-de-chaussée se trouveront : salon, salle à manger, salle de billard et bibliothèque-cabinet de travail. Les gens qui ne font rien n'ont ordinairement pas assez d'une pièce pour ce double objet, mais supposons toujours un homme laborieux ou aimant l'étude, et ne séparant point son cabinet de sa bibliothèque. Au premier étage, les chambres à coucher. Au second, les chambres des domestiques, la lingerie et la fruiterie. — *Salon.* Le salon sera spacieux; larges fenêtres ouvrant sur le jardin, papier clair et uni, rideaux de mousseline aux fenêtres; aux murs des tableaux, portraits de famille, gravures, photographies, etc.; un piano, une table à jeu, une grande table de milieu pouvant au besoin servir également de table de jeu; cette dernière sera couverte des nouveautés littéraires et artistiques, brochures, journaux, albums, revues, magasins illustrés. Sur

la cheminée, pendule en marbre surmontée d'une réduction en bronze du chef-d'œuvre à la mode ou de quelque groupe antique. En face grand canapé, quatre grands fauteuils, six chaises (ou plus, si le salon est très grand) en reps, placées un peu au hasard, jardinières en majolique, en jonc ou ceps de vigne artistement tordus. — *Salle à manger.* La salle à manger, au moins aussi grande que le salon, sera tendue d'un papier plus chaud de ton, sobre de dessins. Meuble en noyer ciré : table à rallonges placée sur une natte; chaises à dossier carré; buffet à deux corps : le haut contenant les porcelaines, l'argenterie, le service à café, que les glaces laissent apercevoir; le bas contenant la desserte, le pain, les fruits, etc... les angles arrondis ornés de grands vases de fleurs. Entre les fenêtres, une console, où placer pendant le service, les assiettes et les bouteilles non entamées. Une suspension à abat-jour, simple, mais grande et élevée assez pour que la lumière se répande par toute la pièce, éclairera cette salle à manger. — *Chambres à coucher.* A la ville, la chambre à coucher est encombrée de superfluités dont la simplicité des champs ne s'accommoderait pas sans doute; le fait est que ce que qu'on recherche avant tout à la campagne, c'est l'espace et le confort. La chambre à coucher d'une maison de campagne sera donc simple, assez grande, et surtout commode; il sera bien de la tendre de cretonne à bon marché, offrant sur le papier l'avantage de la durée et du cachet sans le dépasser de beaucoup quant au prix, car il y a de ces cretonne depuis 75 centimes le mètre, d'un dessin charmant et solide. Et l'on sait que les cretonnes mesurent 80 centimètres de largeur. Aux fenêtres, rideaux de cretonne bordés d'un petit galon de la nuance qui domine dans le dessin, rideaux pareils au lit. Entre le lit et la cheminée, un vide-poches recouvert d'un petit tapis semblable aux rideaux; l'armoire à glace vis-à-vis de la cheminée; toilette-commode entre les deux fenêtres; crapauds en cretonne de chaque côté de l'armoire, chaises semblables; table de nuit, etc.. Si l'on a plusieurs chambres à coucher, il est de bon goût, presque de nécessité, de varier les couleurs et les dispositions des tentures. — CONSIDÉRATIONS GÉNÉRALES. En règle générale, il faut se rappeler que les meubles en « tout pareil » ne peuvent convenir qu'aux chambres à coucher et aux cabinets de toilette, où l'on cherche le repos et le recueillement, et où par conséquent l'œil n'a nul besoin d'être distrait. Il n'en est pas ainsi des autres pièces. Les salons, salles à manger, billards, exigent plus de recherche. Il faut d'abord partir de ce principe que les murs constituent proprement le fond du tableau dont les rideaux et les portières sont les principaux sujets, et combiner en conséquence le choix des tentures. Les murs seront tendus d'un papier de teinte plus foncée que le tissu des rideaux et des portières, quoique de pareille couleur. Pour un salon, le papier uni et les rideaux et les portières à dessins produisent le plus bel effet; pour la salle à manger, le contraire est préférable : il sera d'autant plus qu'on aura suivi nos indications pour le salon, afin d'accentuer le contraste. Ainsi la salle à manger serait tendue d'un joli papier *façon* cuir gaufré, à moins qu'elle ne soit entièrement boisée, auquel cas la boiserie serait peinte couleur bois, orme ronceux ou chêne, par exemple; les rideaux, alors, seraient faits de reps uni à dessins, couleur, teinte plus claire. — *Bibliothèque.* La bibliothèque n'admet guère d'autres tentures que le reps ou le damas vert-sombre uni, assorti au papier qui supporte quelques dessins, toutefois d'une grande sobriété et dont les nuances sont également empruntées aux divers tons du vert. Deux ou trois chaises; une table à écrire avec tiroirs, lit de repos; corps de bibliothèque suivant les be-

soins; tableaux à l'huile, statuettes, groupes, etc.; outre la suspension, une lampe de travail portative. La décoration d'une bibliothèque est d'ailleurs la chose la plus fantaisiste qu'on puisse imaginer. Lorsque la bibliothèque est en même temps l'*atelier* du maître, rien n'est plus bizarre parfois que son agencement; autant vaudrait vouloir fixer des principes immuables à la décoration d'un atelier d'artiste. — MAISON DE VILLE. Nous ne nous étendrons pas d'une manière exagérée sur le sujet délicat de la décoration et de l'ameublement d'un appartement de ville somptueux; nos lecteurs jugeraient peut-être que nous dépasserions le but que nous nous sommes assigné, c'est-à-dire la question strictement pratique, car la fantaisie y a certainement une très large part. Nous nous bornerons donc à quelques détails sur le salon et à un coup d'œil général sur le reste. — *Salon.* Parlons d'abord du tapis. Les tapis de salon sont aujourd'hui très sombres de dessins, les grandes fleurs ont totalement disparu; on leur préfère la belle moquette à dessins de Smyrne nuances tendres ou le tapis d'Orient à médaillons. C'est avec raison que la mode s'est déclarée pour ces sortes de tapis, car il faut remarquer que c'est ici le tapis qui sert de fond de tableau au meuble, et que, trop *voyant*, il attirerait forcément l'attention au détriment de celui-ci qui doit être *vu*. Le meuble en tapisserie d'Aubusson, ou de Neuilly, ou mieux encore en tapisserie de Beauvais ou des Gobelins, sera en ébène sculpté, ou ébène et or, les portières et les rideaux, largement drapés de même étoffe que le meuble. En face de la cheminée, surmontée uniquement d'une pendule et deux candélabres en vieux cuivre, un grand canapé; de chaque côté, deux autres petits canapés. La table de milieu est recouverte de fauteuils et de chaises. Entre les deux fenêtres, un bahut portant un buste flanqué de deux magnifiques lampes de porcelaine, de majolique ou de vieux Rouen. Les murs couverts de tableaux. Piano, table de jeu, jardinières, statuettes, etc. Le goût de la maîtresse de la maison, le meuble étant donné, la servira mieux que le meilleur traité sur la matière. — La *salle à manger*, la *bibliothèque*, les *chambres à coucher* même différent si peu, dans l'ensemble, de celles dont nous avons donné l'indication pour MAISON DE CAMPAGNE, que nous ne croyons pas devoir y revenir. L'*escalier* devra être tapissé du haut en bas d'une même nuance et d'un même modèle; les nuances brun, vert, etc. sont les plus employées. En été, ce tapis sera recouvert d'une housse de toile damassée. Les bois les plus ordinairement employés pour les meubles, outre les bois peints, sont pour le salon : l'acajou, le palissandre, l'ébène, le bois de rose; pour la salle à manger et la bibliothèque : le chêne, l'acajou, le noyer; pour la chambre à coucher : l'érable, le palissandre, le thuya, le bois de rose. Un meuble de chambre à coucher en érable moucheté, verni blanc, est, suivant moi, le plus gracieux qu'on puisse rêver. La cuisine est fournie de meubles de bois blanc et de hêtre; dans beaucoup de cuisines on a adopté la méthode hollandaise de couvrir les murs, au-dessus des panneaux de boiserie, quand il y en a, de carreaux émaillés semblables à ceux des fourneaux. Comme dernière recommandation, nous rappellerons cette règle immuable du goût qui veut que tout le meuble d'une maison, sauf les modifications de détail, accuse partout le même style et que les parures de cheminée et autres s'y assortissent absolu-ment.

HAENTJENS (Alfred-Alphonse), homme politique, né à Nantes en 1824, mort le 9 avril 1884. Puissamment riche et gendre du maréchal Magnan, il fut élu, en 1863, comme candidat officiel, député de la Sarthe; et réélu en 1869, comme candidat indépendant; ensuite le 8 février 1871 et le 5 mars 1876. A

Bordeanx, il vota contre la déchéance de Napoléon III et resta jusqu'à la fin l'un des principaux partisans de l'appel au peuple.

'HAIDINGÉRITE s. f. ['hé-dain-jé-ri-te) (de *Haidinger*, géologue allemand contemporain). Minér. Arséniate de chaux à 4 équivalents d'eau, cristallisant en prismes rhombiques, de 100°. la *haidingérite*, (AS O⁴ Ca'' H²) + 2 H²O , a été décrite en 1825. Elle est ordinairement associée à la pharmacolite. C'est un minéral fort rare.

HALORAGÉ, ÉE adj. (gr. *hals*, mer; *rageis*, fendu), Bot. Qui se rapporte au genre haloragis. — s. f. pl. Famille de dicotylédones dialypétales pérygynes, appartenant à la classe des œnothérinées et comprenant des plantes herbacées aquatiques répandues partout, ou des arbrisseaux terrestres de l'Australie. Principaux genres : pesse, myriophylle, macre, haloragis.

HAMEÇON. (Pêche). Les hameçons sont classés par numéros, suivant le poisson qui doit s'y accrocher; il n'y a donc rien à dire à ce sujet bien utile; mais, étant données une ligne désarmée et un hameçon qu'il s'agit d'y attacher, plus d'un pêcheur, malgré le peu d'importance apparente du dilemme, se trouvera fort embarrassé. La branche la plus longue, le *manche*, si l'on veut, de l'hameçon aplati à son extrémité, vous prenez votre bout de crin, — de crin de Florence ou de soie, — vous en doublez l'extrémité sur une longueur un peu plus considérable que celle de la branche de votre hameçon que vous voulez couvrir, puis vous la posez le long de cette branche, le coude ou la boucle tournée vers la cambrure de l'hameçon, un bout pendant dans le sens de la tresse. Vous prenez alors ce bout et l'enroulez avec soin autour de l'hameçon, jusqu'à ce que vous ayez atteint la boucle dans laquelle vous passez le bout de crin ou de soie qui vous reste entre les doigts; vous tirez un peu, et l'hameçon est solidement fixé, vous pouvez être tranquille.

HAMMAN (Édouard-Jean-Conrad), peintre belge. né à Ostende en 1819, mort à Paris en 1888. Il obtint une médaille de 3ᵉ classe au Salon de 1853 et à l'Exposition universelle de 1855 ; une médaille de 2ᵉ classe en 1859, une récompense semblable en 1863; il était hors concours depuis 1859. Signalons parmi ses principales œuvres : *Christophe Colomb sur sa caravelle*, le *Santa Maria*, *Adrien Villaert faisant exécuter la première messe en musique* (appartient au gouvernement belge); *André Vesale professant à Padoue en 1546*, *Stradivarius*, le *Dante*, l'*Enfance de François Iᵉʳ*, la *Galerie du Titien à Venise*. Outre ses nombreux tableaux historiques, Hamman se fit remarquer par quelques tableaux de genre, comme le *Secret de Madame*, l'*Enfant trouvé*, la *Tentation*, l'*Oratoire*.

HANNETONS (Soupe aux). Nous n'y avons pas goûté; mais il paraît que c'est délicieux. Prenez une trentaine de hannetons bien vivants, dépouillez-les de leurs élytres et de leurs ailes; réduisez-les en pâte dans un mortier métallique; faites frire cette pâte dans du beurre frais; ajoutez de l'eau; faites bouillir un instant: salez, poivrez; passez le bouillon au tamis de crin sur des tranches de pain blanc grillé; et dégustez. On prétend que c'est plus délicat, plus savoureux et plus parfumé que la meilleure soupe d'écrevisses.

'HAOUSSA. (Voy. ce mot dans le *Dictionnaire*). Ce peuple africain appartient à la race des Fellatahs et se distingue des nègres proprement dits. Le pays qu'il occupe s'étend sur le milieu du cours inférieur du Niger et depuis ce fleuve jusqu'au Binoui. Sur ce vaste territoire vivent plusieurs nations qui forment entre elles une étroite confédération, sous l'hégémonie des empires de Sukatou et de Gandou. Les

Haoussas se distinguent des nègres de l'Afrique occidentale par leur intelligence, leur vivacité, leur industrie, leur habileté commerciale, leur loyauté et l'aménité de leurs manières. Ils parlent une langue que l'on considère comme la plus noble, la plus riche et la plus harmonieuse de toutes celles dont font usage les peuples nègres. Les Anglais recherchent les Haoussas pour les enrôler dans leur armée ccloniale; un millier d'entre eux forment un corps entretenu par la Grande-Bretagne pour le service de ses possessions sur la Côte d'Or.

HARAS. — Législ. L'*école des haras*, dont nous avons déjà parlé, au *Dictionnaire* (t. III, p. 224), a été réorganisée, en dernier lieu, par un arrêté du ministre de l'agriculture, en date du 30 novembre 1887, lequel fixe les conditions d'admission pour les élèves internes ou externes, et le programme des cours faits à l'école. Pour être admis comme interne, il faut être Français, âgé de 19 à 25 ans, et avoir satisfait aux examens de sortie de l'Institut agronomique ou de l'une des écoles vétérinaires. Les élèves internes prennent, en entrant à l'école, le titre d'*aspirant stagiaire des haras*; ils sont logés, et ils reçoivent une indemnité de 1,500 fr. par an, sauf à pourvoir eux-mêmes à leur nourriture et à leur entretien. La durée des études est d'une année. — Nous avons encore à parler ici de la loi du 14 août 1885, concernant la *surveillance des étalons*. Tout étalon employé à la monte des juments appartenant à d'autres qu'au propriétaire dudit étalon, doit être, soit approuvé ou autorisé par l'administration, soit, muni d'un certificat constatant qu'il n'est pas atteint ni de cornage, ni de fluxion périodique. Ce certificat, valable seulement pour une année, est délivré gratuitement par une commission d'examen qui se réunit au chef-lieu de l'arrondissement et aux jours et heures que le préfet a fixés par un arrêté. Les commissions d'examen sont composées de trois membres : l'inspecteur général des haras ou son délégué, président, un propriétaire éleveur de chevaux, et un vétérinaire. Les étalons qui sont destinés à la monte doivent être déclarés par leurs propriétaires, à la sous-préfecture, dans les mois d'octobre de l'année qui précède celle dans laquelle le cheval sera employé. Les étalons admis par la commission sont marqués, au fer rouge, sous la crinière, du numéro 3, précédé d'une étoile; les étalons autorisés sont marqués du numéro 2; et les étalons approuvés sont marqués du numéro 1. Voici maintenant la sanction de la loi de 1885. Le propriétaire qui a fait saillir ses juments par un étalon non approuvé, ni autorisé, ni muni de certificat, est passible d'une amende de 16 fr. à 50 fr.; le propriétaire et le conducteur dudit étalon sont punis d'une amende de 50 fr. à 500 fr. En cas de récidive, cette dernière amende est portée au double. Ch. Y.

HARENG (Cuis.). — Harengs frais *à la maître d'hôtel.* Videz, écaillez vos harengs ; faites-les griller sur un feu vif, et servez comme le maquereau à la maître d'hôtel. — *Harengs frais sauce moutarde.* Grillés comme ci-dessus, vous harengs sur une sauce moutarde ainsi préparée : mettez dans une casserole un morceau de beurre, faites-le fondre; mouillez d'un peu d'eau, filet de vinaigre; ajoutez du sel, une cuillerée de moutarde, et faites lier sur le feu, sans bouillir. Le hareng frais se sert en outre à toutes les sauces indiquées pour le maquereau. — Hareng salé. Mettez dessaler une journée; videz, écaillez et faites griller, et servez à *la ménagère* avec une salade d'oignons fines herbes hachées, sel et poivre. Le *maquereau salé* se prépare de la même manière. — Hareng saur *au naturel.* Coupez la tête et la queue de votre hareng saur, fendez-le par le dos; jetez dessus de l'eau bouillante, où vous le laissez baigner quelques minutes; retirez-

le et dépouillez, ôtez les arêtes. Servez avec de bonne huile d'olive sans autre assaisonnement. Le *hareng saur* se sert aussi grillé avec de l'huile.

HARICOT (Cuis.). — Haricots verts *au naturel.* Vos haricots verts épluchés et lavés, faites-les cuire dans de l'eau bouillante avec du sel. Faites-les égoutter dans une passoire. Mettez-les ensuite dans une casserole avec beurre et fines herbes; quand ils seront bien *chauds*, retirez-les. Servez. — Cuits de cette façon, on les sert également à l'*huile* et au *vinage* quand ils sont refroidis, ou *à la maître d'hôtel* en les mettant dans une casserole avec beurre manié de fines herbes, sel et poivre et filet de vinaigre. — *A l'anglaise.* Cuits et égouttés, jetez vos haricots dans une casserole où vous aurez fait fondre un morceau de beurre, avec sel, poivre, persil haché. Faites chauffer en remuant continuellement. Servez. — *Haricots verts au gras.* Sautez-les dans un roux mouillé de bouillon, avec persil, oignon hachés, poivre et sel, faites cuire doucement, liez la sauce avec des jaunes d'œufs. Servez. — Haricots blancs *nouveaux.* Faites cuire dans l'eau bouillante salée, égouttez-les ; sautez-les sur le feu, avec beurre, fines herbes, sel et poivre et un filet de vinaigre. On les sert également, comme les haricots verts, une fois cuits, soit *en salade*, soit *à la maître d'hôtel*, de la manière que nous avons indiquée. — Haricots secs. Au lieu de les jeter dans l'eau bouillante pour les faire cuire, comme les haricots nouveaux, on met les haricots secs dans l'eau froide et on les place alors sur le feu; on ajoute de l'eau à mesure de la cuisson, qui est plus longue que celle des haricots nouveaux. — Les *haricots à la maître d'hôtel* se préparent comme ci-dessus.— *Au lard.* Faites cuire de même et sauter dans du lard fondu; mouillez-les de bouillon. — *Haricots rouges à l'étuvée.* Frais, jetez-les dans l'eau bouillante ; secs, opérez comme pour les haricots blancs secs. Mettez-les, une fois cuits, dans une casserole avec un morceau de beurre, une pincée de farine, fines herbes, ail, clous de girofle, des oignons et du lard ou du jambon fumé. Mouillez de vin rouge, dans la proportion d'un demi-litre pour un litre de haricots. Faites cuire doucement et servez. — Cuits à l'eau, on les sert aussi en salade; on en fait des purées, comme des pois et des lentilles. — Conserves. Choisissez des haricots verts peu avancés. Vous foncez un vase de dimension convenable de sel gris commun; sur ce lit de sel, vous en placez un de haricots verts, puis un lit de sel, et ainsi de suite, en terminant par du sel. Vous recouvrez le tout d'un linge et fermez hermétiquement votre vase, pour ne le rouvrir que lorsqu'il n'y aura plus de haricots frais. — Ce sont les haricots gras que l'on choisit de préférence. — Lorsqu'on veut se servir de haricots ainsi conservés, on fait d'abord tremper dans l'eau fraîche, renouvelée pendant un jour ou deux, la quantité qu'on veut employer; on s'assure que l'âcreté du sel a disparu et on fait cuire comme les haricots frais. Si l'on a bien pris ces précautions, ils seront en effet aussi bons que ces derniers. — Les *petits pois*, les *asperges*, etc., peuvent être conservés par le même procédé, outre lequel il n'y a de satisfaisant que la méthode Appert, dont nous avons parlé dans le *Dictionnaire*, et que la dessiccation pour les gros légumes et les racines, — ou encore les conserves au vinaigre, dont il nous paraît inutile de parler ici. — Haricot *de mouton.* Coupez par morceaux votre mouton, poitrine, collet, épaule ou tout autre morceau à votre choix ; faites-les revenir avec du beurre dans une casserole, salez-les ; retirez-les quand ils auront pris une couleur dorée. Passez au beurre des navets entiers, s'ils sont petits ; coupés, s'ils sont trop gros; mettez-les dans votre casserole avec la viande ; mouillez de bouillon ; ajoutez bouquet de persil, oignons,

clous de girofle, laurier, sel et poivre. Faites cuire au moins une heure.

HARMONICA chimique. On donne ce nom à un appareil qui permet de donner un exemple de vibrations sonores se produisant par suite de petites explosions très rapprochées. L'*harmonica* chimique, appelé aussi *lampe*

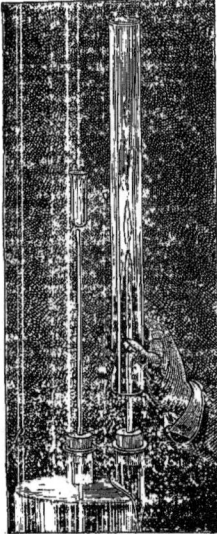

Harmonica chimique.

philosophique, se compose d'une fiole surmontée d'un tube effilé, et dans laquelle on introduit les matières nécessaires pour produire le gaz hydrogène. On met le feu à ce gaz, après avoir expulsé l'air de l'appareil, afin d'éviter une explosion. L'hydrogène brûle avec une flamme peu brillante, qui augmente dès que le tube a rougi. Si l'on introduit le tube effilé dans un tube plus large, tenu verticalement de façon que la flamme ne puisse toucher la paroi, un son musical se manifeste aussitôt. En faisant varier la hauteur relative des tubes on détermine une modification dans le son. On attribue ce phénomène de sonorité aux explosions successives produites par la combustion périodique du jet de l'hydrogène atmosphérique.

HARPE éolienne. Nom donné par MM. Frost et Kastner à un appareil de leur invention.

Harpe éolienne.

Ce modèle, qui n'a guère la forme d'une harpe, se compose d'une caisse rectangulaire B, ayant

deux tables de résonnance CC, sur chacune desquelles sont tendues huit cordes à boyau. Pour donner plus de force au courant d'air qui vient frapper les cordes, la caisse est flanquée de deux ailes WW, disposées en forme d'auges, et laissant entre elles et la table d'étroites ouvertures SS, qui donnent accès au vent dans le plan des cordes. La caisse n'a pas moins de 12 m. 80 de haut sur 3 m. de large et 75 cent. de profondeur. La distance entre les deux *ponts* (longueur de la partie sonore des cordes) est d'environ 10 m. La largeur des ailes de 1 m. 40; les ouvertures entre les ailes et la table de résonnance mesurent à peu près 4 m. 20 de large. L'angle d'inclinaison des ailes est d'environ 50°. Cet appareil ingénieux produit des sons musicaux d'un timbre ravissant.

HAZEBROUQUAIS, AISE, s. et adj. D'Hazebrouck; qui appartient à cette ville où à ses habitants.

HÉBERT (Edmond), géologue, né à Villefargeau (Yonne), le 12 juin 1812, mort en 1890. Il entra à l'école normale supérieure en 1833, y devint professeur, puis directeur des études; fut appelé le 5 mars 1857 à la chaire de géologie de la Sorbonne et entra à l'Académie des sciences, le 19 mars 1877, en remplacement de Charles-Sainte-Claire Deville. Il a publié de nombreux travaux géologiques dans les recueils scientifiques et a laissé un ouvrage sur les *Oscillations de l'écorce terrestre pendant les époques quaternaire et moderne* (1868, in-8°); un travail très estimé sur les *Mers anciennes et leurs rivages dans le bassin de Paris* (1857, in-8°), etc.

HÉBRIDES (Nouvelles-). Le fertile archipel polynésien, qui a reçu le nom de Nouvelles-Hébrides, attira vivement l'attention des peuples européens en 1866, époque où le gouvernement français résolut d'en faire une colonie et y envoya un détachement de troupes qui formèrent des stations à Havana, Efaté, Mallicolo ou Vanikoro, Sandwich, etc. (1er juin). Une centaine d'Anglais, pour la plupart missionnaires, se hâtèrent de protester et firent parvenir leurs doléances en Angleterre et en Australie, en prétendant que les isles dont les sujets anglais et des indigènes avaient été saisis. Pour irriter davantage les Australiens, ils répandirent le bruit que la France avait en vue la création d'une nouvelle colonie pénale dans le Pacifique. Quelques articles de journaux créèrent une grande agitation dans la colonie australienne et il en résulta une correspondance diplomatique considérable. En vertu d'un accord intervenu entre la France et l'Angleterre le 25 octobre 1887, la France prit l'engagement de retirer les troupes qu'elle avait débarquées dans cet archipel, les puissances contractantes se reconnaissant, d'une égale façon, le droit d'intervenir pour protéger leurs nationaux respectifs, le cas échéant. — Les Nouvelles-Hébrides produisent en abondance la noix de coco, du bois de santal et tous les fruits de la Polynésie; mais leur climat n'est pas favorable aux Européens.

HÉDOUIN (Edmond), paysagiste et graveur, né à Boulogne-sur-Mer en 1819, mort le 12 janvier 1889. Élève de Paul Delaroche et de Célestin Nanteuil, il débuta au Salon de 1844 par les *Bûcherons des Pyrénées,* toile qui fit présager un fidèle interprète de la nature. A partir de ce moment, il produisit une foule de tableaux dont nous ne citerons que les principaux : *Halte* (1846); *Souvenirs d'Espagne* (1847); *Moulin arabe à Constantine, Café nègre* (1848); *Femmes d'Ossau à la fontaine* (1850); *Soirée chez les Arabes* (1852); les *Scieurs de long* (1855); les *Glaneurs* (1857); *Porcherie* (1859); *Colporteurs espagnols* (1861); *Porte d'une mosquée de Constantine* (1870); le *Printemps* (1873); *Paysanne ossanoise* (1876). Il a exposé de très remarquables eaux-fortes : *Diane au bain* (1867); *Saintine, Ivan Tourgueneff, Jules Janin,* etc.

HÉLICTITE s. f. [é-lik-ti-te] (gr. *hélissô,* je tortille, j'enroule). Concrétion pierreuse qui se forme à la surface de certaines stalagmites. Les hélictites se recourbent dans tous les sens en s'entremêlant le long de leur support perpendiculaire. Elles sont horizontales en descendant; elles ne sont jamais obliques en montant, et donnent ainsi l'exemple d'une violation flagrante de la loi de gravitation. Elles se forment par une lente cristallisation sur les surfaces à peine humides, la force polaire l'emportant sur la force de gravitation. Les hélictites ne mesurent pas plus de 15 à 20 millim. de diamètre et leur longueur varie de 2 à 20 centim.

HÉLIGOLAND. — Cette petite île danoise, conquise par les Anglais en 1807, a été cédée par ces derniers à l'empire d'Allemagne en 1890. — Au mois de juin, on annonça ce transfert, en vue d'arrangements relatifs à l'Afrique, entre la Grande-Bretagne et l'empire d'Allemagne. Cette nouvelle surprit le public. On croyait que l'Angleterre tenait à Héligoland autant qu'à l'île de Malte. Les Allemands manifestèrent leur joie, mais la majorité du peuple anglais se montra animée d'un esprit tout opposé. Les Héligolanders, eux-mêmes, que l'on ne consultait pas, protestèrent avec amertume, disant qu'ils préféraient, s'ils ne pouvaient rester sujets anglais, retourner au Danemark. On ne tint aucun compte de leurs observations. Le 9 août 1890, l'île fut officiellement remise par le gouverneur anglais au représentant de l'Allemagne. Cette cérémonie fut suivie le lendemain d'une visite de l'empereur, qui lança une proclamation promettant de respecter les droits et les volontés des insulaires et annonçant que tous « les mâles nés avant l'annexion » seraient exempts du service dans l'armée et dans la marine. Cette cession avait lieu en vertu d'un agrément signé à Berlin le 1er juillet 1890. — Au moment de son annexion à l'Allemagne, l'île comptait 2,150 habitants sédentaires, auxquels se joignent 13,000 visiteurs pendant la saison des bains (de mai à octobre). Elle était mise en communication régulière avec Hambourg, Cuxhaven et les principaux ports allemands, par une quarantaine de bateaux à vapeur, mais elle était en relations irrégulières avec la Grande-Bretagne.

HÉLIOGRAPHE, s. m. (gr. *hélios,* soleil; *graphein,* écrire). Phys. Appareil qui sert à communiquer avec des lieux éloignés au moyen de rayons solaires réfléchis par un miroir ou par un système de miroirs. (Voy. SIGNAL dans le *Dictionnaire.*)

HÉLIOTYPIE, s. f. (gr. *hélios,* soleil; *tupos,* type). Reproduction picturale dans laquelle on combine les procédés photographiques avec ceux de l'imprimerie. La plaque sur laquelle on prend les impressions héliotypiques est faite d'un mélange de gélatine, de bichromate de potasse et d'alun de chrome. En 1855, Poitevin découvrit que les rayons actiniques du soleil possèdent le pouvoir de rendre insoluble la gélatine combinée avec un bichromate. En exposant à la lumière, une épreuve photographique négative, une plaque couverte de gélatine bichromée, il vit que la gélatine était altérée par l'action des rayons solaires, en raison de la manière dont l'exposition était plus ou moins directe; de sorte que les parties de la gélatine qui avaient subi toute la force de la lumière ne pouvaient plus absorber l'eau, tandis que celles qui avaient été tenues un peu à l'ombre prenaient une petite quantité d'eau et que celles qui avaient été entièrement soustraites à la lumière n'avaient rien perdu de leur propriété. A l'aide d'une encre grasse, comme l'encre lithographique, appliquée sur la plaque après immersion dans l'eau, il était possible de reproduire les clairs et les ombres du dessin photographique. La valeur pratique de ce procédé fut encore augmentée quand on eut trouvé moyen de rendre la gélatine durable, forte et

souple comme du parchemin, en y ajoutant de l'alun de chrome qui, sans modifier l'action des rayons solaires, produit une plaque solide et d'excellente qualité pour l'impression. Les derniers perfectionnements qui constituent l'héliotypie sont dus à Ernest Edwards, qui les termina à Londres en 1870 et qui se fixa en 1872 aux Etats-Unis pour y exploiter son invention. — On prépare les plaques héliotypiques en mélangeant la composition dans l'eau chaude et en la coulant sur une surface plane, bien unie, soit en verre, soit en métal; on la fait sécher à l'ombre au moyen de la chaleur; elle forme une membrane souple, à peu près aussi épaisse qu'une feuille de parchemin. Cette membrane bien séchée est mise en contact avec une épreuve négative et l'une et l'autre sont soumises à l'action des rayons solaires. Les parties sur lesquelles tombent les lignes de l'image photographique acquièrent la propriété de repousser l'eau, tandis que les autres parties restent, comme auparavant, susceptibles d'absorber l'humidité. On donne à la plaque un solide dos en métal auquel on la fait adhérer par la pression atmosphérique. On la mouille et on y applique l'encre; celle-ci, en raison de sa nature huileuse, n'adhère que sur les parties sèches de la surface, et les épreuves imprimées que l'on en obtient reproduisent exactement la photographie. Une plaque, employée avec soin, peut fournir plusieurs milliers d'épreuves. — Ce procédé est surtout employé pour la reproduction des gravures, dont il conserve toute la valeur artistique et dont il diminue le prix, rendant ainsi un véritable service à la vulgarisation de l'art.

HÉMATOXYLINE s. f. (rad. *hématoxyle*). Chim. Substance cristalline que l'on extrait de l'hématoxyle. Elle agit comme acide faible, s'unissant avec les bases alcalines pour former des composés qui subissent rapidement l'oxydation et forment des produits richement colorés.

HÉMATOZOAIRE adj. (gr. *haima, haimatos*, sang; *zoon*, animal). Zool. Qui vit dans le sang des animaux. — s. m. pl. Groupe d'entozoaires ou parasites internes qui vivent dans le sang des animaux. Les hématozoaires appartiennent surtout aux familles des vers *nématoïdes* et *trématodes*; ils sont presque microscopiques. (Voy. VER dans le *Dictionnaire*).

HEPTANDRE adj. (èp-tan-dre) (gr. *hepta*, sept; *anér, andros*, mâle). Bot. Se dit des fleurs qui ont sept étamines.

HÉRALDIEN, IENNE, s. et adj. (de *Hérald* ou *Hérault*, l'un des premiers seigneurs de *Chatellerault*; eu lat. *Castellum Heraldi*). — De Châtellerault; qui appartientà cette ville ou à ses habitants.

HERBORISATION s. f. Formation de petites masses noirâtres qui s'incrustent à la surface des monnaies, dans les dépressions entre les images et les lettres, par suite d'une circulation prolongée. — Formation de masses analogues sur les bords, les plis, etc., des billets de banque. — Encycl. M. Reinsch (d'Erlangen) a étudié, d'une manière particulière, les herborisations des monnaies de tous les pays. Après avoir gratté, avec une pointe d'aiguille, l'incrustation crasseuse qui s'amasse dans les interstices du relief de la monnaie, et en la portant sous le microscope avec une goutte d'eau distillée, il constata, sous un grossissement de 250 à 300 diamètres (fig. 1) la présence de fibres textiles, de granules d'amidon et d'algues. En augmentant le grossissement, il aperçut des bactéries et des bacilles de plusieurs sortes, et en outre des *hyphes* non

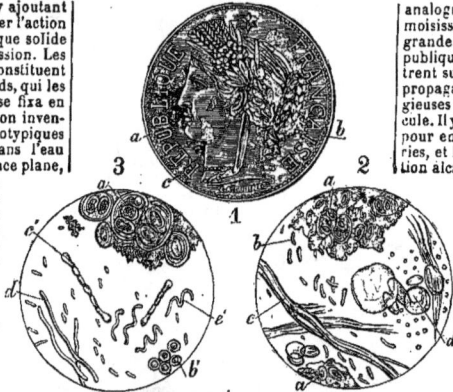

Fig. 1. — Herborisation sur une pièce de monnaie.

1. Pièce de monnaie avec les incrustations en a b c. — 2. Partie de la masse incrustée, grossie de 200 à 250 diamètres. *a*, algues; *b*, bactéries; *c*, fibres de coton; *d*, grains d'amidon. — 3. Même masse grossie plus fortement. *a'*, algues (chroococcus); *b'*, algues unicellulaires; *c'*, bacillus spécial; *d'*, vibrio; *e'*, spirillum.

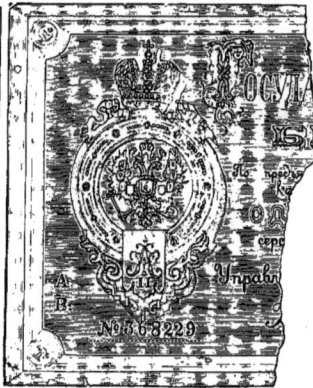

Fig. 2. — Herborisation sur un billet de banque russe de 1 rouble.

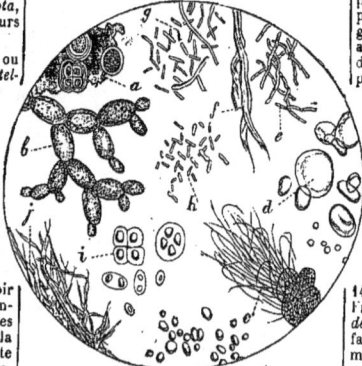

Fig. 3. — Herborisation vue au microscope.

a, micrococcus; *b*, saccharomyces cerevisiæ; *c*, leptothryx; *d*, amidon; *d*, leptothrix buccalis; *f*, *j*, fibres de coton et de lin; *g*, bacillus; *h*, bacterium termo; *k*, pleurococcus monstarum.

développées et des spores de champignons

analogues à ceux que l'on trouve dans les moisissures. Ces recherches présentent une grande importance au point de vue de l'hygiène publique. Les microbes vivants qui se rencontrent sur les monnaies sont évidemment les propagateurs d'une foule de maladies contagieuses auxquelles le numéraire sert de véhicule. Il y aurait peut-être des mesures à prendre pour entraver cette dissémination des bactéries, et l'on conseille de laver dans une solution alcaline bouillante, les pièces de monnaie devenues crasseuses par suite d'une circulation trop prolongée. — Un savant hongrois, M. Jules Schaarschmidt (de Kolosvar) a entrepris des études analogues sur les billets de banque. Il a découvert, sur les bords et dans les plis de ces papiers, un dépôt de poussière et de crasse qui, vu au microscope dans une goutte d'eau distillée, se trouve contenir la bactérie de la putréfaction (*bacterium termo*), des bacilles et plusieurs formes micro-organiques des plus pernicieuses (fig. 3).

HÉRICART DE THURY (Louis-Etienne-François, VICOMTE), ingénieur, né au village de Thury, près de Senlis, en 1777, mort à Rome en 1854. Il fut, sous le premier Empire, ingénieur en chef des mines et directeur des travaux publics du département de la Seine; il fit exécuter les travaux des Catacombes. Député de 1815 à 1830, il siégea à droite; il entra à l'Académie des sciences en 1824; il a laissé divers mémoires publiés dans le *Journal des Mines* (1799-1814) et une *Description des Catacombes de Paris* (1815, 1 vol. in-8°).

'HERM, petite île anglo-normande, à 6 kil. E. de Guernesey, dont elle dépend. Elle mesure 2 kilom. de long sur 1 kilom. de large.

HERM (L'), ancien petit pays du bas-Poitou, aujourd'hui compris dans le département de la Vendée; son chef-lieu était Saint-Michelen-l'Herm.

HESPÉRIDIE s. f. (des îles *Hesperides*, patrie des oranges). Bot. Fruit charnu, syncarpé, indéhiscent, divisé intérieurement en plusieurs loges par des cloisons membraneuses, comme dans l'orange, le citron, etc.

HESPÉRORNIS s. m. (èss-pèr-or-niss)(gr. *Hesper*, occidental, *ornis*, oiseau). Genre éteint d'oiseaux de la sous-classe des *odontithornes*. Il a été découvert dans les dépôts crétacés du Kansas, par M. O.-C. Marsh, en 1869. C'était un palmipède; ses pieds ressemblaient à ceux du plongeon ; ses ailes étaient petites et faibles. Il avait des dents bien développées, fixées dans des alvéoles, et offrait plusieurs des caractères propres aux reptiles; mais ses vertèbres sont ceux des oiseaux. L'espèce ainsi découverte (*hesperornis regalis*) mesurait près de six pieds de haut.

HEURE. — Législ. Les distances respectives existant entre le méridien de Paris et ceux des diverses parties de la France situées soit à l'est, soit à l'ouest de ce méridien, produisent une grande diversité dans la détermination de l'heure. Il en résultait de nombreuses difficultés, principalement dans les services publics de transports. Afin d'y remédier, la loi du 14 mars 1891 a décidé que l'*heure légale*, en France et en Algérie, est l'*heure, temps moyen de Paris*. Grâce au télégraphe électrique, il est facile aujourd'hui de connaître quotidiennement dans chaque ville, l'heure de Paris. Cette unification de l'heure présente de nombreux avantages ; mais elle s'arrête encore aux limites du territoire français.　　　CH. Y.

HEURLER v. n. S'est dit pour *hurler* :

Laissons *heurler* là-bas tous ces damnés antiques.
BOILEAU. Sat. XII.

Hurler est aujourd'hui seul usité, comme plus conforme à l'étymologie (ital. *urlare*, du lat. *ululare*).

HIOLLE (Ernest-Eugène), sculpteur français, né à Valenciennes en 1834, mort le 10 octobre 1886. Élève de Grandfils et de Jouffroy, il remporta le grand prix en 1862, exécuta en Italie son groupe d'*Arion* et son buste de *Brutus* (Salon de 1867). Ses principaux ouvrages furent ensuite les bustes de *Robert-Fleury,* du général *Murtemprey, de Carpaux,* de *Jouffroy,* de *Violet-Leduc,* etc.; la statue allégorique pour le monument élevé à Cambrai aux victimes de la guerre de 1870-71, le fronton de l'hôtel de ville de Cambrai, des bas-reliefs, etc.

HIRN (Gustave-Adolphe), savant français, né au Logelbach près de Colmar (Haut-Rhin), en 1815, mort au même lieu, en 1889. La thermodynamique lui a dû une partie des progrès qu'elle a faits depuis un demi-siècle. A 19 ans, il entra comme chimiste, dans une fabrique de tissus de coton du Logelbach; il fut ensuite nommé ingénieur de cette usine, transformée en fabrique de tissage. Il a écrit un grand nombre de mémoires sur des questions d'optique, sur les anneaux de Saturne, sur les propriétés optiques de la flamme des corps en combustion et sur la température du soleil; sur la musique et sur l'accord. Son *Analyse élémentaire de l'univers* (1869), contient l'exposé de ses théories sur les rapports des trois éléments qui constituent pour lui l'univers : force, matière, élément psychique. Ses recherches sur les machines thermiques ont eu une grande influence sur l'amélioration des machines à vapeur et ont été le point de départ des systèmes Compound. L'un de ses derniers mémoires, la *Thermodynamique des êtres vivants* (1887) range Hirn parmi les physiologistes.

HIX-PACHA, officier anglais, né en 1831, mort en 1883. Il s'engagea, en 1849, dans les troupes d'Indoustan et se distingua pendant l'insurrection de Cipayes; lors de la guerre des Anglais contre Théodoros, roi d'Abyssinie, il était officier d'état-major et atteignit pendant l'expédition d'Abyssinie, à laquelle il prit part, le grade de major de brigade. Plus tard il fut nommé chef d'état-major de Suleiman-Pacha. Il fut tué dans le Soudan, où il commandait une armée anglo-égyptienne qui fut exterminée par le Mahdi.

HOANG-NAN s. m. (nom tonkinois). Pharm. Médicament qui fut envoyé du Tonkin en France, par un missionnaire, en 1874, et auquel on attribue des vertus merveilleuses contre l'hydrophobie. Le savant botaniste Pierre, après avoir examiné ce remède, prouva que la plante qui le produit appartient à l'ordre des *loganiacées* et il l'appela *strychnos Gautheriana,* en l'honneur du missionnaire qui l'avait fait connaître. Plus tard, M. Monrouzies, autre missionnaire au Tonkin, étudia la plante dans son pays natal et la décrivit. C'est une plante grimpante ligneuse, qui croît dans les montagnes calcaires et qui grimpe le long des grands arbres au moyen de ses vrilles. L'écorce, seule partie employée en médecine, est grisâtre ou rougeâtre à l'extérieur, suivant l'âge de la plante. On la trouve dans les marchés, ordinairement sous forme de poudre jaunâtre; elle a un goût amer très persistant. L'analyse chimique a montré qu'elle possède les deux alcaloïdes importants de la noix vomique: strychnine et brucine; mais ses effets physiologiques paraissent différer de ceux de la noix vomique. On l'emploie au Tonkin contre l'hydrophobie, et aussi contre la lèpre, la morsure des serpents, la scrofule, etc. On l'administre ordinairement en pilules, à la dose de 20 à 30 centigrammes.

HOC s. m. [h aspirée]. Jeux. Le jeu de *hoc* se joue à deux ou trois personnes, avec un jeu de 52 cartes, qui ont leur valeur habituelle, c'est-à-dire que le roi lève la dame, et ainsi de suite jusqu'à l'as qui est le dernier. Quand on joue à deux, on donne 15 cartes; mais à trois on n'en distribue que 12 à chaque joueur. La donne se tire au sort. Il y a 6 cartes privilégiées qui font ce qu'on appelle *hoc*. Le privilège de ces cartes est que celui qui les joue peut leur attribuer la valeur qu'il lui convient. Ces cartes sont les quatre rois, la dame de pique et le valet de carreau. Chacune vaut un jeton à celui qui la jette. Les joueurs ayant reçu un certain nombre de jetons d'une valeur déterminée, en mettent chacun 3 au jeu, savoir : un pour le *point,* le second pour la *séquence* et le troisième pour le *tricon,* aussi appelé *fredon* ou *triolet.* On peut mettre deux ou trois jetons au jeu pour chacune de ces trois chances; alors la partie est dite double ou triple. Ayant tiré à qui fera, le donneur mêle les cartes, les fait couper à sa gauche et distribue, en commençant par la droite, le nombre de cartes que nous avons dit. Le premier commence par accuser le point, ou dire « *Passe* », s'il voit qu'il est faible, ou « *Renvier* » s'il a fort : s'il passe et que les autres renvient, en disant, deux, trois ou quatre au point, il y peut revenir : on peut renvier sur celui qui renvie jusqu'à vingt jetons au-dessus et ainsi de ceux qui suivent, en montant toujours de vingt; l'on peut renvier de moins si l'on veut; et celui qui gagne le point, se lève avec tous les renvis, sans que les autres soient obligés de lui rien donner. Cela fait, on accuse la séquence, ou bien on dit « *Passe,* » pour y revenir si on le juge à propos, au cas que les autres renvient de leur séquence; alors le premier qui a passé peut revenir. Quand il n'y a point de renvi, et que le jeu est simple, celui qui gagne la séquence tire un jeton de chaque joueur pour chaque séquence simple qu'il a en main; la première qui vaut, fait valoir les moindres à celui qui l'a; de la séquence on passe au tricon, qu'on renvie de même que le point. Le point est, comme il a déjà été dit, plusieurs cartes d'une même couleur; celui qui en a le plus, gagne le point, et lorsque le nombre de cartes est égal, celui qui a la plus haute séquence, gagne : dame, valet et dix est la plus forte séquence, la dernière est as, deux et trois. Le tricon est trois as, trois deux et ainsi des autres cartes, en montant jusqu'aux dames. Mais si, par hasard, l'on passe du point, de la séquence et du tricon, et que par conséquent on ne tire rien, on double l'enjeu pour le coup suivant, et celui qui gagne, gagne double, encore qu'il ait son jeu simple, il tire, outre cela, un jeton de chaque joueur. Lorsqu'on a séquence ou tierce au roi, quoique l'enjeu ne soit que simple, on en paie deux à celui qui gagne une séquence simple, lorsqu'il a en main une séquence de quatre cartes, c'est-à-dire une quatrième de quelques cartes que ce puisse être jusqu'à valet. Si le jeu est double, on en paye chacun quatre. Ou donne trois jetons pour la quatrième au roi, quoique le jeu ne soit que simple, et six quand il est double. On donne trois jetons à celui qui gagne la séquence avec une quinte, c'est-à-dire cinq cartes de suite : et six, lorsque le jeu est double. Celui qui a une quinte de séquence de roi, quoique l'enjeu ne soit que simple, gagne de chaque joueur quatre jetons et huit si le jeu est double: on ne paye pas davantage pour les sixièmes, etc. Lorsque le jeu est simple, celui qui gagne le tricon, tire deux jetons de chaque joueur, et lorsqu'il est double, quatre. On en paye quatre pour trois rois lorsque le jeu est simple, et autant pour quatre dames, quatre valets, etc.; et l'on double lorsque le jeu est double. Quatre rois au jeu simple en valent huit, et au jeu double seize : bien entendu qu'on ne paye les jetons qu'à celui qui gagne; au moyen d'une séquence haute, il peut en faire passer des inférieures, comme il a déjà été dit, et de même, au moyen du plus haut tricon, s'en faire payer des moindres qu'il aurait au jeu ordinaire. Il est permis de revenir au tricon, comme au point et à la séquence. Après avoir réglé les chances, on joue les cartes, en observant que le jeu est de s'en défaire le plus tôt possible. On commence donc, quand on est premier, par jouer les plus faibles cartes; mais pour que l'on puisse en jeter plusieurs de suite, il faut qu'elles se suivent progressivement dans leur valeur, en remontant des plus faibles aux plus fortes. Supposons que le premier joueur ait en main, as, deux, trois, quatre, etc., quand même elles ne seraient pas de la même couleur, la dernière carte qu'il a jetée lui est *hoc,* et lui vaut un jeton de chaque joueur, et il recommence par les plus basses, parce qu'il n'y a plus d'espérance de rentrer par les hautes; et s'il a, par exemple, il joue l'as, il dira : « *Un* », et s'il n'a pas le deux, il dira : « *Sans deux* »; celui qui le suit, et qui aura un deux, le jettera, et dira : « *Deux, trois, quatre* », et ainsi des autres, jusqu'à ce qu'il manque de la carte suivante; il dira, par exemple : «*Sept sans huit,* » et ainsi des autres, et lorsque les autres joueurs n'ont pas la carte qui manque à celui qui joue, la dernière carte qu'il a jetée lui est *hoc,* et lui vaut un jeton de chaque joueur. Lorsque le joueur suivant celui qui dit, par exemple : « *Quatre sans cinq,* » n'ayant point de cinq, a un *hoc,* il peut l'employer pour le cinq, comme il a été dit, les *hocs* valant ce qu'on veut; alors il commence à jouer par telle carte qu'il juge plus avantageuse à son jeu, et il gagne un jeton de chaque joueur, pour le *hoc* qu'il a joué. Celui qui a cartes blanches, c'est-à-dire qui n'a point de figures dans son jeu, gagne pour cela dix jetons de chaque joueur. Mais s'il se trouvait que deux des joueurs eussent les cartes blanches, le troisième joueur ne payerait rien ni à l'un ni à l'autre. Celui qui, par mégarde, en jetant, par exemple, un quatre, dirait : « *Quatre sans cinq* », et qui cependant aurait un cinq dans son jeu, payerait, à cause de cette méprise, cinq jetons à chaque joueur. Celui qui accuse moins de cartes qu'il n'en a ne peut y revenir; et s'il perd le point, c'est tant pis pour lui. Le joueur qui parvient à se débarrasser le premier de toutes ses cartes est payé par les autres à raison du nombre de cartes qu'ils ont en main, savoir :

1	jeton quand on a de trois à dix cartes;
2	—	—	plus de dix cartes;
6	—	—	une seule carte;
12	—	—	deux cartes.

HOCA, s. m. Jeu d'origine italienne, assez semblable au biribi, mais encore plus dangereux, qui s'introduisit en France à la suite de l'arrivée de Mazarin au pouvoir. Il produisit partout des ruines. si nombreuses que le pape dut l'interdire et que le Parlement de Paris prit contre lui et contre les banquiers des arrêts très sévères; mais il ne disparut pas tout d'un coup et il existait encore au temps de Voltaire, qui en parle ainsi :

> Il est au monde une aveugle déesse,
> Dont la poudre a brisé les autels;
> C'est du *hoca* la fille enchanteresse,
> Qui sous l'appât d'une feinte caresse,
> Va séduisant tous les cœurs des mortels.

Le hoca se jouait sur une table marquée de 30 numéros. Les joueurs faisaient leurs mises sur ces numéros. Le banquier tirait d'un sac, contenant 30 boules numérotées, une boule pour chaque joueur. S'il amenait le numéro correspondant à celui de la mise, il payait au gagnant 28 fois la somme; dans le cas contraire, il prenait la mise. Il avait donc 30 chances de gagner contre 28 de perdre et devait forcément s'enrichir aux dépens des joueurs.

HOQUET. — Pour faire cesser cette chose ennuyeuse, parfois insupportable, qu'on appelle le hoquet, lorsqu'il ne fait pas partie des symptômes d'une affection plus ou moins

grave, il ne manque pas de moyens qui sont tous bons, pourvu toutefois qu'on les emploie sérieusement. Voici les plus faciles et peut-être les plus efficaces : Retenir le plus longtemps possible sa respiration en se bouchant simultanément les deux oreilles, la tête un peu renversée en arrière. — Boire de l'eau, très fraîche avec lenteur et à longs traits. — Provoquer l'éternuement. — Tenir longtemps les mains dans l'eau chaude. — Mâcher et avaler de la semence d'anis. — Se gargariser avec de l'eau fortement vinaigrée.— Il est dangereux de tenter d'arrêter le hoquet chez une personne qui en est affectée en lui causant une frayeur soudaine. Le remède est certainement pire que le mal, car il peut provoquer une maladie grave.

HORTICULTURE japonaise. — Les hommes de la race jaune semblent avoir le goût de l'étrange, du difforme. Les Chinois des classes riches ou aisées estropient leurs filles, en emprisonnant dès le bas âge leurs pieds dans des bandelettes qui en empêchent la croissance. Les Japonais cherchent, depuis un temps immémrial, à rapetisser, à rabougrir la nature. Les jardiniers du Japon, par des soins savamment calculés, parviennent à maintenir dans des proportions lilliputiennes des plantes ordinairement colossales. Nous avons vu à l'Exposition de 1889 de singuliers spécimens de cette nanification. Le parc japonais placé dans le jardin du Trocadéro renfermait, outre des fleurs bizarres, un grand nombre de petits arbres vigoureux, bien portants, mais ne mesurant que 45 à 65 centimètres de haut, bien qu'ils appartiennent à des espèces qui atteignent ordinairement de 30 à 40 pieds. Ces arbres en raccourci sont parfaitement proportionnés, en quoi ils diffèrent de la plupart des nains d'espèce humaine. Ils sont chenus et tordus, leurs branches s'allongent en tous sens, se replient, s'entre-croisent, comme s'ils avaient lutté contre le vent et la tempête, pendant une existence tourmentée, que les étiquettes collées sur chacun des vases de faïence renfermant ces plantes, portent à 60, 100 et même 150 ans. — Des voyageurs, qui ont visité l'Extrême-Orient, prétendent que ce rabougrissement des arbres est général au Japon et que l'homme n'a, dans ce pays, qu'à aider les tendances de la nature, pour obtenir les sujets minuscules qui ont causé tant de surprise aux visiteurs de l'Exposition. Mais, d'après plusieurs personnes versées dans la connaissance des choses orientales, cette difformité artificielle est l'œuvre exclusive des horticulteurs japonais, qui nanifient les plantes par la méthode suivante. Dès que le jeune plant a atteint l'âge de deux ou trois mois, on le met dans un pot avec un peu de terre végétale ordinaire. Cette seule condition suffit pour étioler la plante et ralentir sa végétation ; mais à ce moyen physiologique de diminution, il faut ajouter des procédés mécaniques et les appliquer avec beaucoup de soin et de patience. Ces procédés consistent à tordre, à replier sans cesse la tige et les branches sur elles-mêmes, au fur et à mesure de leur croissance, et à les fixer dans leur torsion ou leur reploiement, au moyen de liens et de tuteurs. On fait suivre à la tige les directions les plus variées, en l'empêchant toujours de gagner en hauteur. On la fait aller horizontalement ou en spirale ; ou bien on l'incline vers la terre. On traite les branches de la même manière ; on les tord, on les contourne, on leur inflige l'obligation de former des spirales, des zigzags, de se replier sur elles-mêmes, etc. On supprime, chaque année, un certain nombre de pousses, afin d'équilibrer les branchages. — Les visiteurs ont surtout remarqué, à l'exposition japonaise, un grand nombre de *retinosporas*, ayant de 25 à 150 ans, et hauts de 20 à 40 centimètres ; des pins de 80 à 150 ans, dont les plus élevés ne dépassent pas 60 centimètres ; des thuyas âgés de 100 ans et ne mesurant que 40 centimètres ; différents podocarpes chez qui la contorsion atteint un degré d'enchevêtrement extraordinaire.

Horticulture japonaise. — Fig. 1. Paysage formé de pins, de thuyas, etc., plantés sur des troncs de fougères.

Horticulture japonaise. — Fig. 2. Pin nain japonais, âgé de 150 ans.

Horticulture japonaise. — Fig. 3. Thuya, âgé de 30 ans, et Retinospora âgé de 150 ans.

HORTILLON. s. m. [or-ti-ion ; *ll* mll.] (lat. *hortus*, jardin). Ancien nom des jardiniers-maraîchers. On l'emploie encore dans nos départements du Nord.

HORTILLONNAGE, s. m. (rad. *hortillon*.) Ancien nom des jardins-maraîchers, conservé dans l'Artois.

HOUILLE. — Nous avons donné, dans notre *Dictionnaire*, le tableau complet des dérivés de la houille. Nous allons compléter ces indications par une étude sur les procédés aujourd'hui employés pour obtenir le sulfate d'ammoniaque, d'après un ouvrage publié en 1889, par MM. O. Chemin et F. Verdier, (Paris, Quantin, 1 vol. in 8o). Les usines à gaz recueillent les eaux ammoniacales à cause de la valeur du sulfate d'ammoniaque, employé comme engrais, et qui sert à la fabrication du carbonate d'ammoniaque, de l'ammoniaque pure et de ses dérivés. On a imaginé, pour la distillation des eaux ammoniacales, une foule d'appareils, dont les plus répandus sont celui de Mallet et celui de Grüneberg. L'*appareil de Mallet* (fig. 1), adopté par la Cie Parisienne, « se compose de deux batteries indépendantes sur un seul fourneau. Chaque batterie est constituée par trois chaudières ABC, situées l'une au-dessus de l'autre, et contenant environ 50 hectolitres. Les chaudières inférieures AB, sont chauffées par un seul foyer placé sous la première. Les fumées et les gaz chauds circulent ensuite autour de la seconde. Dans chaque chaudière sont placés des agitateurs qui ont pour but d'empêcher la chaux de se déposer et d'en assurer le mélange avec l'eau ammoniacale.

La troisième chaudière, C, reçoit les vapeurs qui se dégagent des deux premières et qui arrivent par le fond au moyen d'un tuyau J; elle est également munie d'un agitateur. — Les produits volatils dégagés, après avoir traversé une petite chaudière D, circulent dans un serpentin F, refroidi par l'eau de gaz

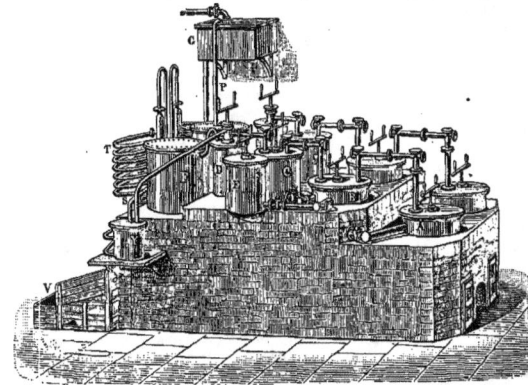

La houille et ses dérivés. — Fig. 1. Appareil Mallet.

brute qui arrive du réservoir mesureur G. Un tuyau de dégagement P envoie les premières vapeurs qui peuvent se produire en F. En E est une chaudière qui sert à la préparation du lait de chaux. Toutes les chaudières distillatoires communiquent entre elles par une conduite munie de robinets convenables, de

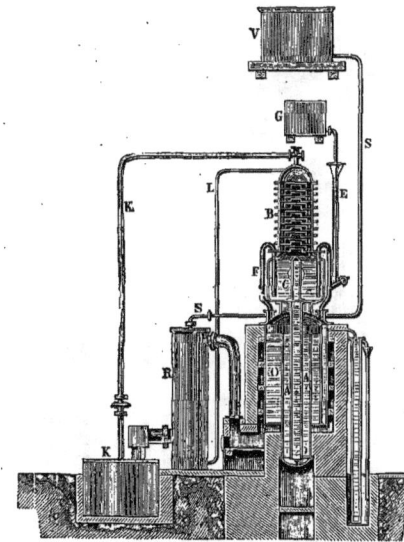

La houille et ses dérivés. — Fig. 2. Appareil de Grüneberg.

manière à faire circuler méthodiquement les eaux de l'une dans l'autre. — Les produits condensés vont se rassembler dans un petit récipient S, où ils se séparent du gaz ammoniac. Les liquides s'écoulent de S dans un réservoir collecteur Y, et l'ammoniaque, s'élevant d'abord dans un serpentin T, refroidi par le contact de l'air, redescend en-

suite dans le bac d'absorption V, en bois doublé de plomb, où elle pénètre par un tuyau horizontal percé de trous, pour être absorbée par l'eau froide ou l'acide sulfurique. Le bac d'absorption V est fermé hermétiquement par un couvercle muni d'un tube de dégagement pour les gaz non absorbables. Si l'on veut obtenir du sulfate d'ammoniaque, en faisant absorber dans l'acide sulfurique, on pêche le sel produit, au fur et à mesure de sa production, et on le met à égoutter dans un égouttoir doublé de plomb, puis on le sèche à l'étuve ou sur des plaques de fer chauffées. L'acide sulfurique employé est à 53° B. Chaque appareil double peut produire une tonne de sulfate par vingt-quatre heures ou une demi-tonne d'ammoniaque liquide. Avec de l'eau ammoniacale marquant environ 3° B, qui donne 7 kilog. de sulfate au mètre cube, on estime qu'il faut employer de 60 à 80 kilog. de chaux par mètre cube d'eau de gaz. Un appareil double consomme 10 hectolitres de coke par jour et est desservi par un homme. — L'*appareil Grüneberg* (fig. 2) est continu, c'est-à-dire alimenté d'eau ammoniacale d'une façon continue; l'eau débarrassée de son ammoniaque, s'écoule sans interruption et sans qu'il y ait à manœuvrer aucun robinet, comme dans l'appareil indiqué ci-dessus. Il se compose essentiellement d'une chaudière cylindrique verticale A, chauffée non par le fond, mais par une circulation de gaz chauds, provenant d'un foyer latéral. Au centre de la chaudière est établi un tube vertical A, descendant au-dessous du fond et fermé par un tampon muni d'un robinet de vidange. Au-dessus de la chaudière A est établi un vase B, dans lequel l'on fait arriver, par E, le lait de chaux préparé d'avance dans le réservoir supérieur G. Le vase G est surmonté d'une colonne de rectification analogue aux colonnes à rectifier des distilleries d'alcool. Des tubes FF partent du couvercle de la chaudière A et, se recourbant, pénètrent dans le vase C, au-dessous d'un faux-fond formé d'une plaque percée de petits trous. Les vapeurs produites en A pénètrent ainsi dans le vase C, où elles maintiennent une agitation continuelle, en même temps qu'elles échauffent le liquide qu'il contient. Les vapeurs montent ainsi dans la colonne B et traversent successivement des chambres à plateaux, où elles rencontrent l'eau ammoniacale qui descend en cascade de la chambre supérieure jusqu'au vase C. L'eau ammoniacale, bien séparée du goudron, part d'un réservoir supérieur V par le tube S, circule dans le serpentin E, remonte ensuite par L pour entrer dans le dôme de la colonne

de rectification. Les vapeurs provenant de C échauffent le liquide au fur et à mesure qu'il descend, lui enlèvent, par suite, méthodiquement, ses éléments volatils, en lui abandonnant les liquides condensables qu'elles contiennent. Ce n'est qu'en C, au contact du lait de chaux, que ces sels volatils se décomposent et laissent dégager leur ammoniaque. Le liquide, contenant encore un peu d'ammoniaque, descend enfin par le tube intérieur au fond du tuyau A où la chaux se dépose; puis, remontant par-dessus le bord supérieur du tuyau A, se déverse dans la chaudière A, dont le fond, ne contenant pas ou presque pas de chaux et n'étant pas chauffé directement, n'est pas exposé à être endommagé par la chaleur. Le liquide, enfin débarrassé de son ammoniaque, sort du fond par le siphon h, et arrive par le tube j formant fermeture hydraulique, d'où il s'écoule en filet continu. L'ammoniaque, arrivée au sommet de la colonne B, est conduite par le tube k dans le bac à absorption x, fermé par un couvercle. Un tuyau de dégagement conduit les gaz non absorbés autour de E, puis au-dessus du foyer. Ces gaz chauds commencent dès E à échauffer l'eau de gaz qui passe dans le serpentin. Un appareil de ce genre, mesurant 3 mètres de haut et 1 m. 15 de diamètre, est desservi par deux hommes et traite 10 tonnes d'eau ammoniacale par jour, avec 500 kilogrammes de charbon. La chaux consommée est égale à 10 ou 15 p. 100 du sulfate d'ammoniaque produit. Cet appareil coûte environ 5,000 fr. »

'HOUND s. m. ['haounn'd], (mot anglais qui signifie chien courant). Nom d'une classe de chiens de chasse qui poursuivent le gibier. Le *greyhound*, jadis appelé *gazehound*, suit le lièvre par la vue, ainsi que le *deerhound* (écossais) et le *wolfhound* (irlandais). Le type des chiens courants anglais qui suivent le gibier par l'odorat est le *foxhound*, dont le *harrier* et le *beagle* sont des formes diminuées, utiles pour le petit gibier.

HOUPPE à soufrer, boîte en fer-blanc, garnie, à l'une de ses extrémités, de mèches en laine qui tamisent, à la sortie, la fleur de soufre contenue dans cette boîte.

HOUZEAU (Jean-Charles), célèbre astronome et naturaliste belge, né à Mons en 1820, mort le 12 juillet 1888. Il passa plusieurs années au Texas et dans le nord du Mexique; il devint ensuite directeur de l'Observatoire de Bruxelles. Il a laissé un *Manuel des règles de la météorologie* (dans l'*Encyclopédie populaire*); une bonne *Géographie physique de la Belgique* (Bruxelles, 1854, in-8º); le *Ciel mis à la portée de tout le monde* (1873, in-12), etc., etc.

HUART (Adrien-Achille), publiciste français, né à Paris le 10 février 1841, mort en 1883. Fils de Louis Huart, ancien directeur du *Charivari*, il écrivit dès l'âge de 16 ans des articles humoristiques dans cette feuille et dans le *Journal amusant*. Il a laissé une intéressante physionomie de la vie du soldat dans un ouvrage en 4 vol. intitulé *Nouvelle vie militaire*.

HUER v. n. Crier, en parlant du hibou et d'autres oiseaux du même genre.

HUGO (Léopoldine), fille du grand poète, célèbre par sa fin malheureuse dans les flots de la Seine. Se trouvant en visite à Villequier chez Auguste Vacquerie, elle fit connaissance de Charles Vacquerie, frère de ce dernier. Charles la demanda en mariage et l'épousa au printemps de 1843, au milieu de la joie des deux familles, et dans les réjouissances qui eurent lieu au domicile de Victor Hugo, place Royale, à Paris. Mais le bonheur des deux époux devait, au bout de cinq mois, se terminer par une épouvantable catastrophe. La propriété de la famille Vacquerie se trouvait à

Villequier, sur le bord de la Seine, en un lieu où le mascaret se fait sentir avec une grande violence; mais la barre périodique du fleuve n'effrayait nullement Charles, qui était accoutumé de faire presque journellement des excursions en bateau de Villequier à Caudebec. L'une de ces parties de plaisir fut préparée pour le 4 septembre, jour où Charles Vacquerie partit avec sa femme, son oncle et son cousin, pour un voyage d'essai dans un grand bateau neuf. Le temps paraissait assez beau ; tout à coup survint la barre accompagnée d'un coup de vent et l'embarcation chavira. Léopoldine ayant toujours ouï-dire que dans le cas d'un accident de ce genre, le plus sûr était de se cramponner au bateau, saisit instinctivement le bord de l'embarcation et s'y crispa avec les convulsions de l'épouvante. Son mari, excellent nageur, oubliant le soin de sa propre conservation, s'épuisa en efforts désespérés pour lui faire lâcher prise; elle semblait, dans son agonie, avoir incrusté ses ongles dans le bois. Ce drame avait lieu à quelques mètres seulement du rivage, et si Vacquerie eût réussi à lui briser les doigts, il aurait pu la sauver en quelques secondes; mais elle se raidit au point de rendre inutiles les tentatives de sauvetage. Son malheureux époux ne voulut pas lui survivre : l'enlaçant tendrement dans ses bras, il se laissa couler avec elle au fond de l'abîme; et quelques heures plus tard, le flot rejeta leurs deux cadavres.

HUILES pour les cheveux. Les huiles dont nous donnons ici la composition ne contiennent, comme on peut le voir, aucune substance dangereuse, ce qui constitue leur principale qualité : — *Huile à la rose.* Prenez feuilles de roses fraîches, 120 grammes; écrasez-les bien; ajoutez-y 45 centilitres d'huile d'olives; mêlez; couvrez bien le vase qui les contient, et laissez reposer huit jours. Pressez, pour bien faire rendre tout leur parfum aux feuilles de roses. Ajoutez ensuite de nouvelles fleurs et recommencez le procédé jusqu'à ce que le parfum vous semble suffisamment pénétrant. Filtrez. — *Huile de macassar.* Prenez : huile d'olives, 250 grammes; huile d'origan, 1 gramme; huile de romarin, 1 gramme 25 centigrammes. Mêlez et passez. — *Huile de mille fleurs.* Prenez : huile à la rose et au jasmin, de chaque, 30 grammes; huile à la fleur d'oranger et à la tubéreuse, de chaque, 16 grammes; huile à la vanille, à la jonquille et à la jacinthe, de chaque, 15 grammes; essence de girofle, 2 grammes. Mêlez. Ajoutez, si bon vous semble, huile ambrée et musquée, 15 grammes. — *Huile philocome* (pour favoriser la croissance des cheveux). Mêlez huile d'olives, 80 grammes, et huile de lavande, 1 gramme et demi ; ajoutez : huile de romarin, 80 grammes; mêlez à nouveau. Ajoutez ensuite quelques gouttes d'essence de muscade. Frictions répétées sur le cuir chevelu avant de se mettre au lit. Il faut n'employer que fort peu de cette huile à la fois. — Législ. La loi de finances du 30 mars 1888 (art. 9) a modifié de la manière suivante le tarif des douanes, en ce qui concerne les *huiles minérales*. Les huiles lourdes et les résidus de pétrole, de schistes et d'autres huiles minérales (les goudrons de houille et les huiles de houille exceptés) sont imposés, à leur importation en France et en Algérie, au droit de 12 fr. par 100 kilog. net, si ces huiles ou résidus sont originaires du pays d'importation, et au droit de 17 fr., s'ils sont originaires d'ailleurs. — Un décret du 18 septembre 1888 fixe à 17 p. 100 la tare légale des huiles lourdes et des goudrons de pétrole importés dans les fûts dits *à pétrole*.

Ch. Y.

HUITER v. n. (onomatopée). Crier, en parlant du milan et d'autres oiseaux du même genre.

HUÎTRE. — Législ. Les articles 81 et suivants du décret du 4 juillet 1853 ont réglementé la pêche des huîtres sur le littoral de la France. Déjà le décret du 12 janvier 1852 avait interdit la vente de ce comestible, du 15 juin au 1er septembre de chaque année; mais cette interdiction a été abrogée par un décret du 30 mai 1889, lequel autorise en tout temps, l'achat, le transport et le colportage des huîtres ayant plus de cinq centimètres de diamètre. Les huîtres qui ont une dimension moindre ne peuvent être exposées sur les marchés, ni livrées à la consommation; mais elles peuvent être transportées en tout temps pour servir au peuplement des parcs ou autres. établissements ostréicoles. L'exportation des huîtres de moins de cinq centimètres de diamètre et provenant du bassin d'Arcachon est interdite à toute époque de l'année. — Suivant le journal *la Nature*, l'industrie ostréicole a fait, en France, des progrès considérables ; et, malgré l'accroissement de la consommation, les prix tendent à s'abaisser chaque année. D'après les renseignements donnés par ce journal dans son numéro du 7 décembre 1889 et rectifiés dans celui du 8 février 1890, les gisements naturels français ont fourni à la consommation, en 1887, pour une valeur de 570,030 fr. d'huîtres comestibles; les parcs artificiels en ont livré pour 11,087,873 fr. d'espèces françaises et pour 1,951,306 fr. d'espèces portugaises. Le bassin d'Arcachon rapporte à lui seul 3,214,400 fr. Puis, viennent Marennes, avec 2,595,200 fr. d'huîtres françaises et 407,000 fr. de portugaises; Oléron, avec 1,175,000 fr. de françaises et 950,000 fr. de portugaises; Auray, qui donne encore 636,000 fr. ; Lorient, 518,000 fr.; Cancale, 408,000 fr.; Courseulles, 350,000 fr. Dans la Méditerranée, Cette rapporte 227,000 fr. d'huîtres et les parcs de la Seyne 44,000 fr. En multipliant ces chiffres par 30 ou 40, on obtient approximativement le nombre des huîtres marchandes livrées dans une année, à la consommation, soit 400 à 500 millions d'huîtres.

Ch. Y.

HYDRAULIQUE (Presse). — Toute pression exercée sur un élément de la surface d'un liquide se transmet intégralement à tout élément de surface égale, c'est-à-dire que toute pression exercée en un point d'un liquide se transmet à tous les points de ce liquide dont chaque portion subit une pression égale dans toutes les directions. Tel est le principe de Pascal. Notre figure 1 sert à la démonstration de ce principe. Une sphère métallique creuse est percée d'ouvertures circulaires égales, entourées de colliers sur lesquels on attache et l'on tend les morceaux de caoutchouc épais, mais suffisamment élastiques. On place la sphère sur un support, de façon que l'une de ses ouvertures se trouve tournée vers le haut. Cette ouverture est la seule que l'on laisse ouverte, afin de verser de l'eau dans la sphère. Quand cette dernière est exactement pleine de liquide, on ferme l'ouverture supérieure à l'aide d'un morceau de caoutchouc. Dès que l'on presse légèrement sur cette ouverture ainsi fermée on voit toutes les autres, aussi bien celles qui sont sur les côtés que celle qui forme le fond, se soulever également. La pression se transmet donc à tous les points et dans tous les sens ce qu'il s'agissait de démontrer. Pascal prouva, par une expérience restée célèbre, que la pression est égale au produit de la surface par la hauteur. Il fit briser le fond d'un tonneau plein d'eau, et en surmontant ce tonneau d'un tube de 10 m. également empli d'eau. Le fond avait donc supporté un poids égal à celui qu'aurait exercé sur lui une masse de liquide large comme ce fond et haute de 10 m. Notre figure 2 représente cette expérience avec quelque modification. Un vase

cylindrique en cuivre de 15 centim. de diamètre est bouché par un morceau de cuir ou de caoutchouc peu tendu, de manière à conserver un jeu de 2 à 3 centim. Sur le côté est inséré un tube recourbé à angle droit qui s'élève à environ 60 centim. au-dessus du

Presse hydraulique. — Fig. 1. Démonstration du principe de Pascal.

bord du récipient et dont l'extrémité s'évase en entonnoir. Le diamètre du tube importe peu; qu'il soit large ou étroit, le résultat sera le même. Pour emplir l'appareil on le couche dans un bassin plein d'eau, on pousse et on tire alternativement la membrane flexi-

Presse hydraulique. — Fig. 2. Expérience de Pascal modifiée.

ble qui le recouvre, l'air s'échappe et laisse la place au liquide. Quand le vase est bien plein on le relève et on presse sur le couvercle de façon à amener l'eau partout au même niveau. Ensuite on place une planche sur la membrane et on y pose un poids de 10 kilogr. Dès qu'on emplit le tube d'eau, on voit le couvercle soulever la planche et le poids, tant est forte la pression exercée par la mince colonne d'eau contenue dans le tube. En augmentant la hauteur du tube on augmentera la pression. Tel est le principe de la presse hydraulique. Notre figure 3 montre deux vases communiquant de diamètre différent. Le plus grand est divisé en b, près de la base, et réuni à la partie supé-

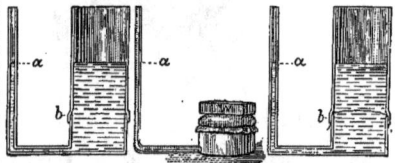

Presse hydraulique. — Fig. 3. — Fig. 4. — Fig. 5.

rieure au moyen d'un joint. Dès que l'on verse de l'eau dans l'un de ces vases, elle s'élève au même niveau dans les deux. Enlevons la partie supérieure du plus grand et attachons une membrane flexible sur la partie inférieure (fig. 4). Une colonne d'eau qui, dans le petit vase, s'élève jusqu'en a, se trouve alors équilibrée par un certain poids placé sur la membrane. Ce poids sera exactement celui d'une colonne d'eau du diamètre du grand vase et

d'une hauteur égale à la distance de la membrane au niveau *a*. On le prouve en enlevant le poids, en replaçant la partie supérieure du grand vase (fig. 5) et en la remplissant d'eau jusqu'au niveau *a*. Le poids de l'eau ainsi versée est donc exactement égal au poids que l'on a enlevé. —

La figure 6 représente une presse hydraulique théorique. Le diagramme placé au-dessus montre les aires relatives sur lesquelles s'exercent les pressions. Les deux vases carrés A et B communiquent; on fixe à A le piston *a* et à B le piston *b*. Le premier mesure 1 centimètre de côté ou 1 centimètre carré; le piston *b* a 5 centim. de côté ou une surface de 25 centim. carrés. Quand on emplit d'eau l'espace

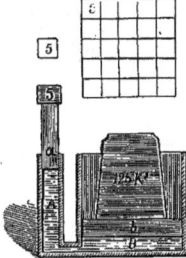

Presse hydraulique. — Fig. 6.
Principe de la presse hydraulique.

Fig. 7. — Petite presse hydraulique.

qui sépare les deux pistons, on trouve que, par suite de l'égale distribution de la pression

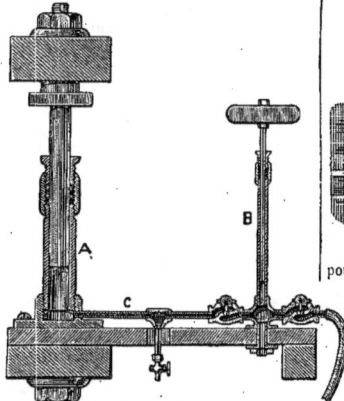

Fig. 8. — Coupe de la presse hydraulique.

sur tous les corps en contact avec l'eau, un poids de 5 kilogr. placé sur le piston A, fait équilibre à un poids de 125 kil. placé sur le piston *b*. La pression qu'il exerce, transmise intégralement par l'eau, développe donc sur chaque centimètre carré du grand piston *b* une pression de 5 kilogr. La surface

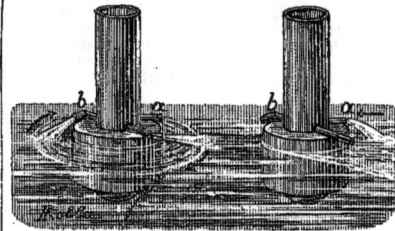

du grand piston étant 25 fois celle du petit, ce dernier exerce une pression 25 fois plus grande. On observe, en outre, que le piston *a* en s'abaissant de 5 centim., ne soulève le grand piston que d'un cinquième de centimètre. Pour faire parcourir 5 centim. au piston *b*, il faudrait donc donner au piston *a* une course de 125 centim. Pour obvier à l'inconvénient de donner au petit corps de pompe une longueur démesurée, on a imaginé un système de soupapes qui permet au petit piston, par une action répétée, de produire le même effet que s'il avait une longue course. La presse hydraulique représentée par notre figure 7 est simple et d'une construction très facile. La coupe de cette presse (fig. 8) en fait connaître les détails. Sur une planche solide, on assujettit une espèce de collerette dans laquelle est vissé un tube A. Ce tube est, pour ainsi dire, cassé en deux, et les deux parties sont réunies par une collerette à pas-de-vis. On remplit de chanvre l'espace qui sépare les deux portions. Dans ce tube, qui représente le grand cylinde de la presse, se meut un piston constitué par une simple barre de fer ou de cuivre cylindrique, surmontée d'un plateau. Un tuyau C, muni d'une décharge, réunit les deux corps de pompe A et B. Un morceau de bois en forme de croix, aux branches de laquelle sont vissées les soupapes, constitue la base de ce second corps de pompe construit de la même façon que le précédent, mais ce piston est muni, à son extrémité, d'une poignée au lieu d'un anneau. Au moyen de deux barres de fer, une épaisse planche de bois est supportée au-dessus du gros piston. Le petit piston, en se soulevant, fait pénétrer l'eau dans l'appareil et, en s'abaissant, l'envoie dans le grand corps de pompe dont il soulève un peu le piston. En répétant ce mouvement, on arrive, grâce au jeu des soupapes, à soulever le grand piston à la hauteur nécessaire pour presser ensuite les corps déposés sur le plateau. A vec des pistons ayant respectivement 5 centim. et 1 centim. de diamètre on obtient une pression de 1,000 kilogr. Pour des pressions plus élevées on doit remplacer le tube A par un corps de pompe particulier, muni d'un cuir embouti et ajouter un levier au petit piston. — **Tourniquet hydraulique.** Le tourniquet hydraulique sert à faire des expériences

Tourniquet hydraulique.

pour démontrer le principe de la pression dans les liquides. Quand un vase est plein de liquide les pressions exercées sur les surfaces latérales de ce vase, s'équilibrent et le vase n'a aucune tendance à se mouvoir. Quand on perce d'une petite ouverture l'une des surfaces, l'eau s'écoule par cet orifice, la pression agit sur l'élément de surface diamétralement opposé, l'équilibre est rompu et pour peu que le vase se trouve dans des conditions favorables, il se met en mouvement. Dans notre figure du tourniquet hydraulique la pression exercée par le liquide fait, dans un cas, reculer le vase; dans l'autre il le fait tourner sur lui-même. — L'appareil se compose d'un long tube de tôle ou d'étain monté sur un flotteur

en bois. On assure l'équilibre du système en le lestant d'une balle de plomb. A la base du tube sont percés trois trous, dont deux diamétralement opposés. A l'un de ces orifices, on adapte un tube court *a* et aux deux autres deux tubes *b*, assez longs pour dépasser les bords du flotteur et dont les extrémités sont recourbées en sens contraire. On place l'appareil sur une cuve après avoir bouché les trois tubes, on emplit d'eau le cylindre. Si l'on débouche le tube *a*, l'eau s'écoule, l'équilibre est rompu, la pression agit sur la paroi opposée et le système est poussé en arrière, dans le sens de la flèche qui accompagne notre figure de droite. Si l'on rebouche le tube *a* et que l'on ouvre les tubes *b*, la rupture de l'équilibre fait tourner l'appareil sur lui-même. Les pressions qui s'exercent en sens contraire de l'écoulement poussent les tubes, et comme ceux-ci sont reliés à une même planche, ils se mettent à tourner, entraînant le vase dans leur mouvement. C'est le principe sur lequel reposent les turbines.

HYDROGÈNE. — A notre article EAU, dans ce *Supplément*, nous avons décrit le moyen d'obtenir l'hydrogène par la décomposition de l'eau. Il suffit de mettre des morceaux de zinc dans un flacon, de les couvrir d'un peu d'eau dans laquelle le zinc doit baigner, et d'y ajouter de l'acide hydrochlrique, par le tube à entonnoir qui surmonte le flacon et dont

Fig. 1. — Déplacement de   Fig. 2. — Combustion
l'air par l'hydrogène.   de l'hydrogène.

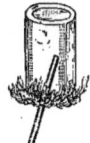

l'extrémité inférieure plonge dans le liquide (Voy. l'article EAU dans ce *Supplément*, fig. 1, flacon A.) L'hydrogène monte d'abord à la surface du liquide. Quand il s'est écoulé un temps suffisant pour que l'air contenu dans le flacon soit expulsé, on place, sur le tube de dégagement un récipient plein d'eau. Le gaz traverse l'eau et monte dans la partie supérieure du récipient. C'est la manière ordinaire de le recueillir. — L'hydrogène est le plus léger des gaz connus. Il est si léger qu'on peut le recueillir en renversant un verre au-dessus du tube de dégagement, il monte dans ce verre et prend la place de l'air, beaucoup plus lourd (fig. 1). Quand ce verre renversé est plein d'hydrogène jusqu'en bas, introduisons rapidement dans son intérieur une bougie allumée. La bougie s'éteint, aussitôt qu'elle se trouve dans la masse du gaz, mais ce dernier brûle en dessous de la bouche du verre (fig. 2). Cette simple expérience nous démontre deux choses. Le fait que la bougie s'éteint dans l'hydrogène prouve que ce gaz n'entretient pas la combustion, mais la flamme qui paraît à la bouche du verre constate que ce gaz brûle dans l'air, c'est-à-dire en contact avec l'hydrogène. Chaque fois qu'une substance brûle dans l'air, il se forme un oxyde. Dans le cas présent nous obtenons un oxyde d'hydrogène, appelé *eau*.

HYDROCHARIDÉ, ÉE adj. (rad. *hydrocharis*). Bot. Qui ressemble ou qui a rapport à l'hydrocharis. — s. f. pl. Famille de plantes vivaces qui habitent les eaux douces et salées des deux hémisphères. Genres principaux: hydrocharis et vallisnérie.

HYDROCHARIS s. m. [i-dro-ka-ris](gr. *hudro*,

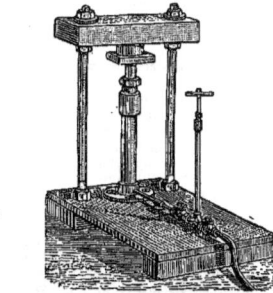

eau ; charis, agrément, grâce). Bot. Genre de monocotylédones apérispermées, type de la famille des hydrocharidées, et comprenant plusieurs espèces de plantes aquatiques qui vivent en Europe. — On dit aussi HYDROCHARIDE. s. f. — L'hydrocharis commun (hydrocharis morsus ranæ) appelé aussi morrène ou morsure de grenouille, a des feuilles nageantes et des fleurs blanches, un peu jaunes à la base des pétales. On a cru pendant longtemps que ses feuilles servaient de nourriture aux grenouilles ; mais elles ne leur servent que d'abri.

HYDROZOAIRE adj. (gr. hudor, eau ; zoon, animal). Zool. Qui ressemble au polype nommé hydre.— On dit aussi HYDROÏDE. — s. m. pl. Les hydrozoaires forment une classe comprenant tous les animaux construits sur le type de l'hydre, et appartenant au sous-règne des cœlentérés. — Le type fondamental de la structure de ces animaux est le polypite, composé d'un sac, ayant, à une extrémité, une bouche qui conduit à la cavité digestive ; et à l'autre extrémité un disque adhérent, par lequel l'animal s'attache. Les parois du corps se composent de deux membranes cellulaires, l'exterieure nommée ectoderme, l'intérieure endoderme. Entre elles deux se trouve une troisième couche appelée mesoderme. Tous les hydrozoaires sont pourvus d'organes de préhension, qui sont ordinairement des tentacules. Des cellules minuscules ou nématocystes sont généralement distribués dans les tissus. Ce sont des sacs ovales, ou des capsules contenant un filament tordu en spirale, qui se déroule à la moindre pression et offre alors l'aspect d'un long filament attaché à la capsule. Chez les animaux les plus volumineux de cette classe, le nématocyste pique cruellement quand on le touche. On suppose que les hydrozoaires s'en servent pour piquer et rendre impuissants les petits animaux qui leur servent de proie. Les polypes d'eau douce, les horties de mer (acalèphes) sont des exemples familiers de ce groupe.

HYGIÈNE. — Législ. Le comité consultatif d'hygiène de France, dont nous avons déjà parlé au Dictionnaire (t. III, p. 326), a été encore une fois réorganisé en 1884 ; et il a été rattaché, en 1889, au ministère de l'intérieur, par suite de la réunion du service de l'hygiène publique à la direction de l'assistance publique générale. Un décret du 23 avril 1888 porte que les professeurs d'hygiène des facultés de médecine des départements sont investis des fonctions d'inspecteurs régionaux des services de l'hygiène publique, chacun dans la circonscription territoriale de la faculté à laquelle il est attaché. — Nous avons

fait connaître plus haut (voy. CHOLÉRA) les mesures qui ont été prises, en 1890, par le gouvernement dans le but de prévenir l'introduction du choléra en France ; et nous avons reproduit les instructions que le comité consultatif d'hygiène publique a rédigées à ce sujet. CH. Y.

HYPÉRICINÉ, ÉE adj. [i-pé-ri-si-né] (lat. hyperium, mille-pertuis). Bot. Qui ressemble ou qui se rapporte au mille-pertuis. — s, f. pl. Famille de dicotylédones dialypétales, hypogynes, comprenant des herbes ou des arbrisseaux à feuilles ordinairement opposées qui présentent de petits points translucides dus à la présence de petites glandes. Ces plantes habitent les régions tempérées et froides de l'hémisphère boréal, principalement l'Amérique du Nord. Principaux genres : ascyre, mille-pertuis, vismie.

HYPERMÉTROPE s. (gr. huper, au delà ; metron, mesure ; ops, vue) Méd. Celui, celle qui est atteint d'hypermétropie.

HYPERMÉTROPIE s. f. Défaut de l'œil opposé à la myopie. (Voy. notre article LUNETTE, dans le Dictionnaire).

HYPERMÉTROPIQUE adj. Qui est hypermétrope ; qui est affecté d'hypermétropie.

HYPERSTÈNE s. m. (gr. uper, en haut ; stenos, droit). Géol. Minéral dur, cristallin, d'un vert brunâtre ou grisâtre composé d'un silicate double de magnésium et de protoxyde de fer. On le trouve fréquemment dans les roches ignées et métamorphiques. Avec la labradorite, il constitue la roche hypersthénite ou hypérite que l'on trouve en Saxe, en Suède, dans l'île de Skye, etc.

HYPNOSE s. f. [i-pno-ze] (gr. hupnos sommeil). Sommeil provoqué par des moyens artificiels. — Etat dans lequel se trouve une personne pendant le sommeil hypnotique.

HYPOCOROLLIE s. f. [i-po-co-rol-li](gr. hupo, sous ; franç., corolle). Bot. Nom appliqué par de Jussieu au groupe de plantes dont la corolle prend naissance sous l'ovaire.

HYPOCRATÉRIFORME adj. [i-po-kra-té-ri-for-me] (gr. hupokratèr, soucoupe ; franç., forme) Bot. Se dit d'une corolle monopétale dont la partie inférieure est longuement tubuleuse et dont le sommet elargi est évasé en forme de soucoupe.

HYPOPHLEUX. EUSE adj. [i-po-fleû] (gr. hupo, sous ; phloios, écorce). Hist. nat. Se dit de ce qui se cache sous l'écorce des arbres, de ce qui vit sous l'écorce des arbres ; thallus hypophleux ; lichen hypophleux.

HYPOTHÈQUE. — Législ. La loi du 10 décembre 1874, qui a institué l'hypothèque maritime, a été abrogée et remplacée par celle du 10 juillet 1885. Les formalités auxquelles était soumis le contrat d'hypothèque maritime se trouvent simplifiées, et la durée de l'inscription est portée de trois à dix ans. — La loi sur l'hypothèque légale sur les biens de son mari fait l'objet d'une loi du 13 février 1889, qui a ajouté plusieurs paragraphes à l'article 9 de la loi sur la transcription. Cette addition a pour but de donner aux renonciations et subrogations consenties par les femmes mariées, une efficacité légale qui était généralement reconnue dans la pratique, mais qui était néanmoins parfois contestable. Voici le nouveau texte ajouté à l'article 9 de la loi du 23 mars 1855 : — « La renonciation par la femme à son hypothèque légale au profit « de l'acquéreur d'immeubles grevés de cette « hypothèque en emporte l'extinction et vaut « purge à partir, soit de la transcription de « l'acte d'aliénation, si la renonciation y est « contenue, soit de la mention faite en marge « de la transcription de l'acte d'aliénation, « si la renonciation a été consentie par acte « authentique distinct. — Dans tous les cas, « cette renonciation n'est valable et ne produit les effets ci-dessus que si elle est con- « tenue dans un acte authentique. — En « l'absence de stipulation expresse, la renon- « ciation par la femme à son hypothèque lé- « gale ne pourra résulter de son concours à « l'acte d'aliénation que si elle stipule, soit « comme co-venderesse, soit comme garantie « ou caution du mari. — Toutefois, la « femme conserve son droit de préférence sur « le prix, mais sans pouvoir répéter contre « l'acquéreur le prix ou la partie qui lui a payé « de son consentement et sans préjudice du « droit des autres créanciers hypothécaires. « — Le concours ou le consentement donné par « la femme, soit à un acte d'aliénation con- « tenant quittance totale ou partielle du prix, « soit à l'acte ultérieur de quittance totale ou « partielle du prix, emporte, même à due « concurrence, subrogation à l'hypothèque « légale sur l'immeuble vendu au profit de « l'acquéreur, vis-à-vis des créanciers hypo- « thécaires postérieurs en rang ; mais cette « subrogation ne pourra préjudicier aux « tiers qui deviendraient cessionnaires de « l'hypothèque légale de la femme sur d'au- « tres immeubles du mari, à moins que l'ac- « quéreur ne se soit conformé aux prescrip- « tions du paragraphe 1er du présent article.» CH. Y.

I

ID EST [id-èsst]. Locution latine qui signifie c'est-à-dire.

ILLUSION. Les cinq sens dont l'humanité est pourvue ont été appelés les cinq portes du savoir, parce que c'est par leur intermédiaire que le cerveau se trouve mis en relation avec ce que nous voyons, ce que nous entendons, ce que nous goûtons, ce que nous sentons et

ce que nous palpons. On a comparé notre corps à l'une de ces anciennes cités dans lesquelles il y avait des portes servant exclusivement à l'entrée des habitants, d'autres à leur sortie. Cette merveilleuse cité, que chacun de nous possède, a cinq portes d'entrée pour le savoir, ce sont les cinq sens : la vue, l'ouïe, le goût, l'odorat et le tact ou toucher. C'est

par ces sens, et seulement par eux, que nous augmentons peu à peu la somme de nos connaissances, et que nous apprenons à connaître le monde qui nous entoure. Et pourtant ces intermédiaires si précis dans leurs indications peuvent se tromper quelquefois et produire de plaisantes erreurs. Nous allons en donner quelques exemples : supposons une réunion

de jeunes gens; l'un des assistants prie une personne de s'asseoir sur une chaise et de se laisser bander les yeux avec un mouchoir. L'opérateur, saisissant une couple de pièces de dix centimes entre l'index et le pouce de la main droite, passe l'index de sa main gauche entre les deux pièces, de façon que lorsqu'on le retire, les gros sous frappent l'un contre l'autre avec bruit. Si ce bruit est produit à droite ou à gauche de la tête, le colin-maillard désigne exactement de quel côté on a opéré; mais si on fait claquer les pièces sur un point quelconque d'un plan vertical imaginaire qui partage la tête en deux moitiés symétriques, passant par le milieu du cerveau, du front, du nez, de la bouche et du menton, le sens de l'ouïe est complètement mis en défaut. La personne sur laquelle on opère désigne neuf fois sur dix, le derrière de sa tête, quand le bruit a été produit sous son menton ; elle l'entendra devant elle, quand il faudrait désigner le dessus du crâne ; enfin, elle commettra les erreurs les plus comiques. Comme chacun se croit plus habile que son prochain, les assistants demanderont à devenir colins-maillards à leur tour et chacun se trompera de la même façon. Cependant il y a des personnes qui, après avoir subi deux ou trois expériences, désignent ensuite exactement le point d'où vient le bruit. Cette expérience, faite pour la première fois à Belfast, par le professeur A. Crum Brown, lors de la réunion de la « British Association » en 1874, explique une erreur que nous commettons journellement lorsque nous entendons un bruit émis sur le prolongement du plan dont il a été question. N'est-il jamais arrivé à l'un de nos lecteurs de se trouver en plein dans un champ, dans une vigne ou près d'une haie, et d'entendre tout à coup non loin de lui le cri strident d'une sauterelle ? Ne lui est-il jamais arrivé de se tromper sur la direction de ce bruit au point de croire qu'il vient de gauche, puis de droite? Dérouté par des erreurs successives, n'a-t-il jamais abandonné la recherche du petit animal chanteur ? Celui qui a été victime d'une erreur de ce genre sera sans doute satisfait de connaître la cause et de pouvoir, à l'avenir, l'expliquer comme la conséquence d'un phénomène d'acoustique tout naturel, causé par ce fait que, lorsque l'on a entendu le chant d'une sauterelle que l'on veut découvrir, on regarde d'abord exactement dans la direction de l'animal. Un nouveau cri est émis sur un point du plan vertical qui passe entre les deux yeux et il en résulte l'aberration du son qui fait que l'on croit percevoir un bruit venant de droite ou de gauche, d'en bas ou d'en haut, suivant la position de la tête. Ce n'est qu'après bien des recherches que l'on finit par découvrir l'endroit où se trouve l'insecte. Il résulte de ce fait que pour trouver le point exact d'où part un bruit instantané, il ne faut pas le regarder en face, mais incliner légèrement la tête d'un côté ou de l'autre, dans la position qui a donné naissance à l'expression « tendre l'oreille ». L'organe du toucher peut également nous tromper, dans certaines circonstances. Pendant que l'une des personnes de la société a les yeux bandés, prions-la de passer le doigt du milieu par-dessus l'index, de manière à croiser les deux doigts, les extrémités l'une près de l'autre. Portons le bout des doigts sur une bille placée dans la paume de notre main, et demandons-lui, pendant que cette personne fait rouler cette bille sous l'index et le médium, combien il y a de billes; elle répondra qu'il y en a deux. Si nous lui frottons ensuite les deux doigts croisés sur le bout du nez, cette personne reconnaîtra de suite combien elle s'est trompée sur le compte des billes, car il lui sera impossible de dire qu'elle a, deux nez, bien qu'il lui semble en toucher deux. La vue n'est pas moins sujette à l'illusion, puisque l'œil peut voir de la lumière où

il n'y en a pas. Pour avoir un exemple, fermons les yeux et, avec le pouce appliqué près du nez sur une paupière et l'index posé sur l'autre, frottons les globes des yeux pendant un instant en rapprochant et en éloignant les doigts de la base du nez. Nous ne tarderons pas à voir distinctement un cercle lumineux verdâtre que l'on peut comparer à l'un de ces ocelles qui brillent sur la queue d'un paon. Aucune lumière extérieure ne pouvant produire cette figure, il est évident qu'elle est due uniquement à la sensation que la pression finit par opérer sur le globe de l'œil. Cette lumière est encore plus remarquable quand on reçoit dans le voisinage des yeux un coup assez violent pour faire voir « trente-six chandelles », comme on dit vulgairement. Il est donc certain qu'il ne faut pas toujours se fier à nos sens d'une manière absolue et qu'il est, au contraire, prudent de se tenir en défiance quand on est, pour la première fois, témoin d'un phénomène étonnant. Pendant un violent incendie nocturne, les assistants qui ont longtemps fixé les yeux sur les flammes rougeâtres, voient ensuite la lune avec une teinte bleue. Pour la même raison, si l'on fixe, pendant quelques instants avec un seul œil (l'autre étant fermé) un pain à cacheter d'un rouge vif posé sur une feuille de papier bien blanche et si l'on enlève ensuite le pain à cacheter, l'œil apercevra une tache verdâtre sur le papier. Ces deux couleurs, le rouge et le vert, sont dites complémentaires, chacune possédant ce qui manque à l'autre pour que cette dernière soit blanche. Chaque fois que l'œil se fixe pendant quelque temps sur un objet d'une couleur brillante et se porte ensuite sur un objet de couleur blanche, celui-ci paraît présenter la couleur complémentaire du premier. — **Illusions d'optique.** — Certaines illusions sont fondées sur la persistance des impressions sur la rétine. Là-dessus sont basés certains jeux, tels que le thaumatrope, le praxinoscope, les cercles strobiques de Thompson, le kaléidoscope, etc. D'autres illusions sont produites par le temps que la lumière met à se propager du fond de l'œil au cerveau. Le trajet est très rapide, il est vrai, mais il n'est pas instantané. Pour s'en convaincre, il suffit de faire tourner vivement un morceau de bois embrasé à son extrémité; il semble que l'on trace dans l'air un cercle de feu. L'explication de cette illusion donne la clef de tous les phénomènes du même genre. Supposons un éclair instantané entrant dans l'œil; l'agitation produite dans l'œil exige environ un huitième de seconde pour se calmer, de sorte que la lumière semble exister encore pendant une fraction de seconde après qu'elle a réellement disparu, et l'on dit que l'impression produite par la lumière continue ou persiste pendant un intervalle sensible de temps. C'est à ce principe qu'est due l'illusion que nous éprouvons presque journellement. Dans les moments de pluie, les gouttes d'eau descendent si rapidement qu'il nous est impossible de les suivre du regard; et au lieu de distinguer leur véritable forme, nous apercevons des *lignes* de pluie qui semblent couper plus ou moins verticalement l'horizon, en produisant des hachures semblables à celles que les graveurs représentent pour figurer la pluie. De même, si nous regardons tourner rapidement une roue de voiture, nous sommes incapables de distinguer les rais individuellement, et il nous semble que ces rais se fondent les uns dans les autres pour former une surface circulaire continue qui paraît transparente. De même encore, lorsque nous regardons tourner une toupie dont le sommet est teint de bandes diversement colorées qui rayonnent du centre de la surface supérieure, nous sommes incapables de distinguer l'une des couleurs; il nous semble que les bandes se fondent en une seule teinte. Si le sommet porte sept bandes présentant chacune l'une

des sept couleurs de l'arc-en-ciel, lorsque la toupie sera lancée et tournera rapidement, la teinte générale produite par la fusion des sept couleurs sera une sorte de *gris*; elle sera même tout à fait blanche si nous avons pu nous procurer les couleurs exactes de l'arc-en-ciel. L'effet du contraste sur la grandeur relative des objets se démontre de la manière suivante. On découpe dans une carte blanche deux morceaux en forme de fer à cheval,

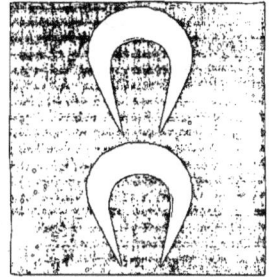

Illusion d'optique. — Fig. 1.

bien exactement de la même grandeur. Le fer à cheval inférieur paraîtra plus gros, et l'on s'apercevra de l'erreur en intervertissant la position des deux figures : celle qui semblait la plus grosse paraîtra alors la plus petite. Cela tient à ce que la partie large du fer à cheval inférieur est juxtaposée à la partie la plus étroite de la figure supérieure; et comme les comparaisons sont toujours plus frappantes quand les objets sont rapprochés, les yeux forment leur jugement sur les grandeurs relatives en comparant les parties les plus rapprochées des deux figures, et le résultat est en faveur de la figure inférieure. Une expérience extrêmement simple, relative à la formation des images dans l'œil est la suivante. On place une pièce de monnaie (une pièce de dix centimes, par exemple) au fond d'un vase, et comme on abaisse les yeux jusqu'à ce qu'il ne leur soit plus possible de voir le fond du vase (fig. 2): si l'on emplit d'eau ce vase, la pièce de monnaie devient visible, sans que l'on ait changé les yeux de place. Il est évident que la pièce ne peut se voir à tra-

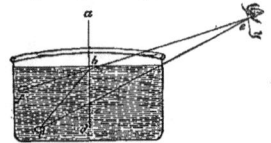

Fig. 2. Pièce de monnaie invisible rendue visible.

vers les parois du vase. Voici l'explication de ce phénomène. La pièce étant placée en *c*, au fond du vase, l'œil placé en *e* ne peut la voir, à cause du rebord. Mais dès que le bassin est plein d'eau, la pièce paraît en *f*. Joignons *f* et *e* par une ligne imaginaire. Il est certain que l'image de la pièce émerge de l'eau à *b*; el, en outre, que bien que l'image apparaisse à *f*, la lumière qu'elle envoie à l'œil provient de *c* en droite ligne (*c b*). Les rayons lumineux partis de *e* et arrivés en *b* prennent ensuite la direction *b e*; en vertu de la loi qui fait que nous voyons toujours un objet dans la direction d'où vient la lumière, la pièce nous semble, quand le vase est plein d'eau, être placée dans la direction *e b*, c'est-à-dire que la lumière a été entièrement réfractée.

IMMIGRATION. — Législ. Nous avons déjà parlé de l'introduction dans les colonies françaises de travailleurs originaires de l'Indoustan

et nous disions qu'il était urgent de réglementer les conditions du louage de ces ouvriers. (V. au *Dictionnaire*, t. III, p. 343). Le gouvernement français a pourvu a ce besoin au moyen de règlements très étendus, et nous allons résumer, comme type, le décret du 30 juin 1890 concernant les immigrants africains ou asiatiques introduits à la Guadeloupe. Un service de l'immigration est institué dans cette colonie, et il se compose : 1° d'un *protecteur* des immigrants, chef de service dans l'arrondissement où il réside ; 2° d'un *inspecteur*, chef de l'autre arrondissement ; 3° de *syndics* et d'*agents* dont le nombre et les traitements sont fixés par le gouverneur de la colonie. Le protecteur, l'inspecteur et les syndics ont, en ce qui concerne l'immigration, la qualité d'officiers de police judiciaire. Les immigrants des races dont il s'agit ne peuvent être introduits dans la colonie sans l'autorisation préalable du gouvernement. Ces introductions sont faites dans la mesure des demandes, et elles ne peuvent excéder la proportion d'un engagé par hectare de terre en culture. Elles peuvent être faites à la charge de la caisse d'immigration et avec le concours des fonds de la colonie. Le service de l'immigration veille à ce que les colons *engagistes*, c'est-à-dire ceux qui ont fait des demandes d'émigrants, remplissent envers ceux-ci toutes les obligations qu'ils ont souscrites. Un livret délivré à chaque immigrant sert à constater l'exécution de ces engagements. L'engagiste est astreint à la tenue d'un *livre-contrôle* qui doit être vérifié et visé fréquemment par les agents de l'immigration. Ledit engagiste est.tenu de fournir aux immigrants, par sexe et par famille, des logements convenablement installés, ainsi qu'une ration quotidienne dont le minimum est ainsi fixé pour les adultes : riz décortiqué ou farine de manioc, 85 centilitres ; morue ou poisson salé, 214 grammes, ou viande fraîche ou salée, 200 grammes ; sel, 20 grammes. Le salaire est payé chaque mois à l'engagé, en présence du syndic. Les travailleurs immigrants ont droit à leur rapatriement gratuit à l'expiration de leur engagement, et ce droit s'étend à la femme et aux enfants mineurs. CH. Y.

IMPAIR, AIRE adj. Bot. Se dit des feuilles composées dont les folioles présentent le nombre impair.

IMPARIPENNÉ, ÉE adj. (lat. *impar, imparis*, impair ; franç. *penné*). Bot. Se dit d'une feuille pennée qui se termine par une foliole impaire.

IMPÉRIALE (Jeu de cartes). L'impériale est l'ancien jeu de piquet, celui que l'on jouait vers la fin du moyen âge, avant qu'il n'eût reçu tous les perfectionnements qui lui donnent tant de variété. Quelques historiens prétendent que l'impériale doit son nom à la faveur dont elle jouit auprès de l'empereur Charles-Quint ; mais il est bien plus probable qu'elle le tira, dès l'origine, des points nommés impériales. Comme le piquet simple, elle se joue à deux personnes, avec un jeu de 32 cartes. La main se tire comme au piquet. La donne se fait par 2, par 3 ou par 4 cartes, au choix des joueurs, jusqu'à concurrence de 12 cartes pour chacun d'eux. La 25° carte est la retourne indicative de l'atout. Il n'y a pas d'écart ; le talon sur lequel on place la retourne doit être respecté. — MARCHE DU JEU. Le donneur ayant fait la distribution, son adversaire, qui est le premier en cartes, annonce son plus haut point, en disant : Tant de cartes. Si l'adversaire a un pareil nombre de cartes, il demande : « Combien valent-elles ? » Et suivant la valeur des cartes du premier et le point que représentent les siennes, il dit : « C'est bon, » ou : « C'est pire ; » ou : « Cela ne vaut rien ». Le joueur qui a le point, le marque par un jeton. A point égal, le premier en cartes a l'avantage. L'as compte pour 11, comme au piquet, lorsque l'on compte le point ; mais ensuite, dans

le cours de la tournée, il ne vient, en ordre de valeur, qu'immédiatement après le valet. Le plus fort en point met son point en évidence. Après avoir compté le point, on passe aux *impériales* dites de *main*, formées par la réunion de 4 rois, 4 dames, 4 valets, 4 as, ou 4 sept. Il faut les montrer, tandis qu'au piquet on ne fait pas voir les quatorze. On convient quelquefois que les quatrièmes majeures de chaque couleur vaudront une impériale de main. Les douze *cartes blanches*, c'est-à-dire sans figures, valent deux impériales, qui ont la primauté sur toutes les autres, mais qui ne donnent pas le droit de faire effacer le point de l'adversaire. — DES IMPÉRIALES. Chaque impériale de main vaut 6 points ou une fiche et force l'adversaire à démarquer les points ou les jetons qu'il a déjà acquis. Les impériales de cartes blanches ne font pas démarquer l'adversaire, mais elles permettent à celui qui les possède de ne pas démarquer ses points quand l'adversaire compte des impériales de main ; le coup ne se joue pas et la main passe comme s'il avait été joué. Si le joueur qui a cartes blanches, y trouve une impériale d'as ou de sept, il la marque en sus des 2 impériales blanches ; mais dans ce cas, l'adversaire ne démarque pas ses points, quand même il n'aurait aucune impériale à opposer. Avant d'engager la partie, on peut convenir que l'on comptera les impériales conditionnelles suivantes : *Impériale de retourne*, quand le donneur retourne l'une des premières cartes (roi, dame, valet ou as) et quand il a ensuite en main les trois autres cartes de la même couleur ; 2° *Impériale d'atout*, quand on a la quatrième majeure en atout ; elle vaut toujours une impériale ; mais on convient quelquefois qu'elle en vaudra deux, tandis que les autres quatrièmes majeures n'en vaudront qu'une seule. — DES LEVÉES. Le jeu étant annoncé, le premier en main jette une carte sur le tapis ; et l'adversaire doit fournir de la couleur demandée ou couper s'il n'a pas de la couleur. On ne peut sous-forcer, quand on possède une carte plus forte que celle qui a été jouée. On n'est autorisé à renoncer que quand on ne possède ni atout ni carte de la couleur jouée. Le joueur qui fait la levée joue le premier pour la levée suivante, et il en joue ainsi jusqu'à ce que les deux joueurs aient abattu leurs douze cartes. Après quoi, chacun compte les levées qu'il a faites. Si les deux adversaires ont fait chacun six levées, on dit que les cartes sont égales, et ni l'un ni l'autre ne compte rien. Si l'un a fait plus de levées que l'autre, il marque un point de plus pour chaque excédant les six levées qu'il devait faire. Si l'adversaire est *capot*, c'est-à-dire s'il n'a pas fait une seule levée, l'heureux joueur gagne une ou deux impériales (suivant les conventions) et fait démarquer les points de celui qui est capot. — DES POINTS. Le roi, la dame, le valet, l'as et le sept d'atout valent chacun un point à celui qui les retourne ou qui les gagne dans ses levées. Six de ces points forment une *impériale*, que le joueur marque d'une fiche, en retirant les points qu'il a déjà, et en faisant démarquer ceux de son adversaire. — **Règlement général.** 1. Celui qui en tirant la main ne fait pas voir la carte qu'il a tirée ou la remet sur le talon sans la montrer, est censé avoir tiré un point ; 2. La main, quoique tirée dans un jeu faux, est bien et dûment tirée. Elle est également bien tirée quand même il se trouverait des cartes retournées dans le jeu, si on ne s'en aperçoit qu'après coup. Quand deux joueurs tirent une carte semblable, la main se tire de nouveau ; 3. On ne peut, dans le courant d'une partie, changer la manière de donner ; mais on ne le peut pour la partie suivante. Si celui qui donne contrevenait à cette règle, l'adversaire pourrait l'obliger à refaire, pourvu qu'il n'ait pas vu son jeu ; 4. Si un joueur donne par inadvertance deux fois de suite, la galerie peut en faire l'observation

avant comme après la retourne, et le coup commencé est nul ; mais si le coup est terminé et si les cartes sont rassemblées, le coup est bon ; 5. Celui qui donne est tenu, avant de retourner la carte, de vérifier le nombre resté au talon ; et qu'il ait mal donné, il perd l'avantage de faire ; le coup est nul et l'adversaire fait à son tour ; 6. Celui qui retourne une carte autre que la vingt-cinquième, fait une faute. L'adversaire, dans ce cas, peut, après avoir vu son jeu, s'y tenir ou refaire. S'il s'y tient, il fait retourner la carte qui aurait dû l'être ; 7. Si la vingt-cinquième carte se trouvait par hasard retournée, elle est bonne et le coup se joue ; si l'un des joueurs retourne et regarde l'une des cartes du talon, l'adversaire a droit de s'y tenir ou de faire refaire s'il n'y a pas encore eu de coup joué ; mais si la partie est en train, celui qui a fait la faute est obligé de jouer, pour une fois seulement, la couleur demandée par son adversaire ; 9. Quand le point est une fois accusé, si l'adversaire y a répondu, on ne peut le rétracter pour en accuser un plus fort ; 10. Lorsque le point reconnu bon n'a pas été mis en évidence, l'adversaire et la galerie peuvent en demander l'exhibition, avant comme après plusieurs cartes jouées ; 11. Quand le premier ne peut accuser ni montrer aucune sorte de point, le dernier, en couvrant la dernière carte jouée doit dire : « Voilà mon point ; » et il la marque ; 12. On a le droit de montrer, avant comme après le point, les impériales en main ; mais si l'on a joué seulement une carte, on ne peut plus les compter. La galerie a le droit d'avertir le joueur qu'il oublie de les annoncer et de les montrer avant de jouer ; 13. Celui à qui on exhibe une impériale en main est tenu de démarquer les points qu'il peut avoir, à moins que ce soit celui de la retourne, pourvu que ce soit un marquant ; 14. Si ce joueur a lui-même une impériale, il conserve ses points ; 15. Quand un joueur montre une impériale par le point, par les marquants, ou par le plus de levées, le point gagné par la retourne s'efface comme les autres ; 16. Lorsqu'on met par erreur une carte pour une autre en montrant une impériale de point ou de main, l'adversaire ou la galerie doit demander la carte annoncée ; 17. Ce n'est pas une faute qui entraîne une peine que de jouer avant son tour ; celui qui le fait reprend sa carte. La galerie peut l'avertir ; 18. Un joueur est obligé de dire le nombre de cartes au point qu'il a, lorsque son adversaire le lui demande ; 19. Celui qui joue le premier ne peut reprendre la carte jouée par lui. Le dernier ne peut également reprendre la carte avec laquelle il a couvert, lorsqu'il n'en a pas une plus forte et qu'elle est de la couleur demandée, c'est-à-dire que s'il met une carte marquante sur un roi d'atout, lorsqu'il peut fournir un huit, un neuf, ou un dix, il n'a point le droit de la reprendre ; 20. Mais il pourra reprendre sa carte s'il en a une plus forte que celle de son adversaire et avec laquelle il peut faire la levée ; 21. Si l'on change de couleur, on n'est autorisé à ne pas annoncer : la carte de celui qui s'en dispenserait est bien jouée, mais l'adversaire a le droit de reprendre celle qui a été jouée par lui, quelle qu'elle soit, et de couvrir avec une autre ; 22. Celui qui, voulant vérifier les levées faites, retourne les cartes de son adversaire au lieu des siennes, est obligé de jouer une fois de la couleur demandée par celui dont il a vu le jeu ; 23. Quand un joueur mêle son jeu avec le talon, il perd la partie. Les parieurs, s'il y en a, subissent le même sort s'il n'est pas possible de constater les cartes qu'il avait ; 24. Celui qui quitte la partie, sans le consentement de son adversaire, la perd. Si la galerie s'y trouve intéressée, on la fait finir par un tiers. — DU PARI ET DE LA GALERIE. 1. La galerie est autorisée à faire marquer le jeu de celui qui, ayant annoncé ou montré son point

ou des impériales, ou des atouts marquants. oublie de les marquer. Lorsqu'un des joueurs joue hors de son tour, elle peut en faire la remarque comme lors de la violation de l'une des règles du jeu ; 2. Le pari qui a pour objet le plus de levées (quand il n'y a pas de convention contraire) est pour deux coups. Celui qui a gagné le premier coup ne peut exiger la moitié de la somme pariée : il faut que l'autre coup se joue. Les joueurs ont la liberté de se retirer lorsqu'ils ont gagné chacun un coup ; 3. L'impériale de cartes blanches compte pour ceux qui parient à l'impériale de main. L'impériale qu'un joueur oublie de montrer avant de jouer, compte aussi pour les parieurs, quoiqu'elle ne compte plus pour le joueur.

IMPERIUM IN IMPERIO [ain-pé-ri-omm-inn-aim-pé-ri-o]. Loc. lat. qui signifie *gouvernement sans gouvernement.*

IMPÔT. — Législ. Nous avons résumé dans le *Dictionnaire* (t. II, p. 218), la législation fiscale de la France ; nous y avons aussi parlé des projets relatifs, soit à la péréquation de l'impôt foncier (t. IV, p. 509), soit à l'impôt sur le revenu (t. V, p. 101). Nous croyons devoir, en une matière aussi importante, et avant de résumer les modifications apportées par les lois nouvelles, faire connaître ici, par aperçus, quelques-uns des projets de réformes fiscales les plus récentes, bien que ces projets aient été rejetés ou ajournés. Une proposition de loi, présentée à la Chambre des députés le 19 novembre 1885, par M. Ballue et par un grand nombre d'autres députés, avait principalement pour objet la transformation des trois impôts directs de répartition en impôts de quotité, et l'établissement d'une taxe frappant les rentes sur l'Etat, les créances hypothécaires et chirographaires, les traitements de toute nature les pensions civiles, etc. Ce système d'*impôts sur les revenus* devait correspondre à la suppression de tous les impôts qui grèvent les boissons principalement hygiéniques (vins, cidres, etc.) et à l'abolition de l'impôt d'octroi sur ces boissons. — Le 14 octobre 1886, dans un rapport fait à la Chambre des députés, au nom de la commission du budget de 1887, M. Yves Guyot reconnaissait la nécessité de faire de l'impôt foncier un impôt de quotité, et de modifier le régime fiscal de la France en remaniant à la fois les contributions directes et les droits d'enregistrement. Le rapporteur avouait que le pays, fidèle à la tradition de la Constituante, repousse le système des déclarations du revenu, et il ajoutait que les contributions personnelles doivent, autant que possible, être remplacées par l'impôt direct, ce qui nous paraît très contestable. Nous croyons au contraire, avec Montesquieu, que « l'impôt par tête est plus naturel à la servitude et que l'impôt sur les marchandises est plus naturel à la liberté, parce qu'il se rapporte d'une manière moins directe à la personne. » (*Esprit des Lois*, liv. XIII, chap. xiv.) L'impôt direct devra être, dans l'avenir, réservé aux besoins des circonscriptions départementales et communales. — M. Périn, député, par un amendement qu'il présentait à la loi de finances et qui fut en partie adopté par la Chambre, le 9 février 1887, demandait que le gouvernement fût invité à présenter un projet d'*impôt progressif et unique sur le revenu.* D'autres députés se prononcèrent alors en faveur de l'*impôt unique sur le capital.* — Quelques jours plus tard, le 26 février, le gouvernement présentait un projet de loi qui séparait l'impôt personnel de la contribution mobilière, et les transformait l'un et l'autre en impôts de quotité, de manière à atteindre plus sûrement le revenu présumé et à accroître sensiblement le produit de ces deux impôts. Dans ce projet le ministre des finances, M. Dauphin, avait imaginé de faire varier le taux de la cote personnelle entre 1 fr. 25 et 4 fr. 50, suivant la population des communes, et de déterminer, pour la contribution mobilière,

le revenu imposable de chaque contribuable au moyen de sept coefficients, gradués en raison composée de la population des communes et de l'estimation des valeurs locatives. Dans chacune de ces catégories, les logements d'une valeur locative inférieure à un certain chiffre devaient être exempts de la contribution mobilière. — La commission du budget de 1888 proposa seulement de confondre la contribution des portes et fenêtres avec la contribution foncière, et de faire de leur réunion un impôt de quotité. — Une proposition, déposée le 22 mars 1888, par M. Planteau, député, a pour but la réforme complète de notre système d'impôts. Ce projet supprime les contributions directes, et la plupart des impôts indirects ; il les remplace par une taxe progressive sur les capitaux mobiliers et immobiliers, et par des droits établis sur les pensions et sur les bénéfices de l'industrie ou du commerce. Le droit de succéder aux biens des personnes décédées est exclusivement réservé aux descendants en ligne directe. L'Etat recueille les successions qui ne sont pas ainsi dévolues ; il prélève la moitié de l'actif des successions testamentaires et il s'empare aussi de la moitié des donations entre vifs lorsqu'elles ne s'appliquent pas à des descendants. Les immeubles ainsi recueillis par l'Etat ne peuvent être aliénés ; ils doivent seulement être loués pour un temps et pour une destination déterminés. Nous entrons là, on le voit, dans les utopies socialistes dont nous aurons à parler plus loin (Voy. Socialisme.) — Le 29 mars 1888, M. Chavoix et plusieurs autres députés déposèrent une proposition de loi qui a été présentée de nouveau le 18 janvier 1890, et qui consiste à remplacer les quatre impôts directs et les droits d'enregistrement par un seul impôt frappant les capitaux mobiliers et immobiliers, c'est-à-dire toutes les valeurs, proportionnellement à leur cours vénal. Le taux de cette taxe annuelle serait, en principal, de 2 fr. 50 par 1,000 fr. de la valeur des objets soumis à l'impôt. — M. Peytral, alors ministre des finances, a présenté, le 30 octobre 1888, un projet de budget portant établissement d'*un impôt général sur le revenu* et suppression des droits sur les boissons. Les impôts directs actuellement établis sur certains revenus devant subsister provisoirement. La déclaration faite par chaque contribuable de son revenu total devrait, dans ce système, servir de base au nouvel impôt. On laisserait en dehors les revenus sur lesquels la taxe peut être recouvrée au moyen d'une simple retenue, tels que, rentes, intérêts, dividendes, traitements, pensions, etc. Le taux serait de 1/2 p. 100 sur les revenus professionnels, industriels ou commerciaux, et de 1 p. 100 sur tous les autres. Les frais et charges afférents aux revenus en seraient défalqués. Seraient exempts de la taxe : les personnes dont le revenu total n'excéderait pas 2,000 fr., les départements, les communes, les établissements de bienfaisance, les sociétés charitables, les militaires et marins de l'Etat (pour leurs soldes), les étrangers, etc. L'impôt serait réduit d'un tiers lorsque l'ensemble des revenus serait supérieur à 2,000 fr. et n'excéderait pas 3,000 fr. ; il serait réduit d'un quart, lorsque le revenu, dépassant 3,000 fr., ne serait pas supérieur à 4,000 fr. Il y aurait aussi remise du quart en faveur des chefs de famille qui justifieraient avoir cinq personnes au moins à leur charge, pourvu que le revenu total des membres de la famille vivant en commun n'excédât pas 8,000 fr. Des commissions d'évaluation, instituées dans chaque commune, seraient chargées de rectifier les déclarations qui ne leur paraîtraient pas exactes, et en cas de dissimulation, la taxe afférente aux revenus dissimulés serait portée au double. Ce système nous paraît bien difficilement praticable ; car il superposerait un impôt sur le revenu personnel aux impôts déjà existants sur une grande partie des revenus ; il aurait le caractère inquisitorial qui est absolument

opposé aux habitudes séculaires des Français ; et l'on verrait apparaître le défaut d'équité et les autres vices du système, aussitôt après sa mise en pratique. Il suffit de recourir aux leçons de l'histoire et à l'expérience du passé pour voir qu'un pareil régime fiscal ne serait pas un progrès. — *L'impôt progressif,* souvent proposé, est encore moins applicable que l'impôt sur le revenu. Il aurait pour conséquence inévitable l'émigration des capitaux. Il ne pourrait jamais être appliqué d'une manière assez flexible pour tenir compte des pertes et des risques à compenser, des efforts à rétribuer, ni des charges de famille. Il serait un obstacle à l'accumulation des capitaux, sans laquelle ne peuvent se fonder les entreprises industrielles ou commerciales. Mais l'audace des inventeurs de systèmes d'impôts n'a pas de bornes. Chaque école socialiste a le sien. L'un des plus bizarres est sans contredit *l'impôt cubique* que le congrès du parti ouvrier a adopté dans sa réunion tenue à Paris le 11 août 1887. Cet impôt consisterait à taxer chaque commune d'après la superficie qu'elle occupe ; puis la commune taxerait elle-même chaque habitant, selon le nombre de mètres cubes que contiendrait son logement. A Paris, la taxe serait graduée par zones, et elle décroîterait du centre de la ville à la circonférence. On voit jusqu'où peut conduire l'imagination déréglée chez des hommes ignorants et souvent envieux. — Le projet de loi présenté par M. Rouvier, ministre des finances, pour l'exercice 1891, n'a pas été adopté en partie par le Parlement (L. 8 août 1890), contient des réformes sérieuses, sans verser dans l'utopie. L'évaluation distincte des propriétés bâties prescrite par la loi du 8 août 1885, ayant été complètement achevée dans l'espace de quatre années, il est devenu possible de disjoindre, dans les rôles des contributions, ces propriétés de celles non bâties, et de traiter les unes et les autres d'une manière différente. La péréquation de l'impôt sur les propriétés bâties a été effectuée par la loi du 8 août 1890, qui a transformé cette partie de l'impôt foncier en un impôt de quotité ; et l'on a commencé d'entreprendre la péréquation en ce qui concerne les immeubles non bâtis, au moyen d'un dégrèvement de 15 millions en faveur de ces immeubles qui se trouvaient surchargés dans leur répartement les plus fortement imposés. De nouvelles évaluations cadastrales permettront ensuite de détruire peu à peu l'inégalité qui existe entre les communes. (Voy. au *Dictionnaire* et au *Supplément* les mots Contribution et Péréquation.) Faisons remarquer que la transformation de l'impôt foncier sur les propriétés bâties en un impôt de quotité dont le taux peut être abaissé ou surélevé, selon les besoins, est une application du principe d'impôt sur le revenu, mais que l'on conserve très heureusement la base d'une revenu présumé sans adopter celle du revenu déclaré. On pourra le croire aussi, et avec plus de raison, le jour où la contribution mobilière deviendra elle-même un impôt de quotité. — « L'impôt de répartition, disait en 1831 le baron Louis, ministre des finances, a l'avantage de sauver au gouvernement toutes les difficultés de la perception et tous les hasards des non-valeurs ; mais cet avantage, plus apparent que réel, ne saurait être mis en balance avec les avantages nombreux et incontestables attachés à l'impôt de quotité. Ce dernier ne présume pas d'une manière arbitraire comme l'autre, le produit de l'impôt ; il ne demande pas à une localité beaucoup plus ou beaucoup moins qu'elle ne doit payer. Il taxe exactement les contribuables, selon leur nombre quant à leurs personnes, et suivant les valeurs locatives pour la contribution mobilière ; il suit les variations de la matière imposable ; il saisit au fur et à mesure tous les individus arrivant à la qualité de contribuable et toutes les constructions qui

s'élèvent sans cesse sur le sol. En un mot, il est simple, équitable, et aussi conforme à l'égalité due aux particuliers que favorable à l'intérêt de l'Etat. » Ajoutons que le système de la répartition a été emprunté à l'ancien régime : chaque paroisse était alors déclarée débitrice du contingent qui lui était très arbitrairement imposé pour les tailles ; en outre, ceux des habitants qui devaient, à tour de rôle, remplir les fonctions de collecteurs de l'impôt étaient responsables du recouvrement. — Nous avons déjà dit plus haut (voy. CONTRIBUTION) qu'en vertu d'une disposition de la loi de finances du 17 juillet 1889, modifiée par celle du 8 août 1890, les père et mère de sept enfants sont exempts de la contribution personnelle-mobilière, lorsque le principal de cette contribution est inférieur à 10 fr. Cet unique dégrèvement est en vérité bien insuffisant pour encourager les jeunes gens au mariage, selon le but du législateur, et pour favoriser l'accroissement de la population. Le projet de M. Peytral, que nous venons de résumer, accorderait une réduction du quart de l'impôt général qu'il proposait d'établir à tout chef de famille ayant cinq personnes au moins à sa charge. S'il nous était permis, à notre tour, de proposer un système fiscal qui favorisât efficacement les familles nombreuses, nous présenterions celui-ci : sans qu'il soit nécessaire de superposer à tous les impôts qui frappent actuellement sur les *revenus* un impôt général sur le *revenu total déclaré*, on pourrait du moins, en considérant, ainsi que l'a fait la Constituante, la contribution mobilière comme le véritable impôt sur le revenu (présumé), faire varier le chiffre individuel de cette contribution, en l'abaissant proportionnellement aux charges de la famille du contribuable. Ce serait là un sérieux encouragement donné à l'accroissement de la population ; ce serait l'une des solutions multiples que l'on doit apporter à ce grave problème. Ce serait, en outre, un moyen équitable de tenir compte au chef de famille de l'obligation où il se trouve de proportionner l'étendue de son logement au nombre de personnes qu'il lui faut abriter. — Par exemple : lorsque le contribuable aurait à sa charge soit une épouse légitime, soit un vieux parent, soit un enfant de moins de seize ans, ou incapable de travailler, la contribution mobilière serait réduite à la moitié du principal ; ce qui équivaut à réduire le chiffre total d'un quart environ ; mais cette proportion n'est donnée ici que pour simplifier l'aperçu du système. Lorsque le contribuable aurait à sa charge deux, trois, quatre personnes de sa famille, la contribution serait réduite au tiers, au quart, au cinquième, et ainsi de suite. Ces réductions n'auraient plus lieu lorsque la valeur locative servant de base à la contribution, atteindrait un certain chiffre. Mais il ne serait pas juste que lesdites réductions retombassent exclusivement sur la charge des autres contribuables de la même commune, ce qui aurait lieu inévitablement avec le système de la *répartition* auquelle la contribution mobilière est encore soumise. Il faudrait donc transformer cette contribution en un *impôt de quotité*, ainsi qu'il a été fait, par la loi du 8 août 1890, pour une partie de la contribution foncière ; et alors les réductions accordées aux pères de famille seraient supportées par la masse des contribuables de la nation. Cette transformation, qui n'a rien de contraire à nos mœurs, ferait de la contribution mobilière le véritable *impôt sur le revenu* si souvent réclamé mal à propos, par les utopistes et les ignorants. De cette manière, on ne ferait pas un progrès à reculons, on ne reviendrait pas au système inquisitorial, plein d'abus et de mensonges, qui, sous l'ancien régime, servait à la perception de la taille personnelle et des vingtièmes, système que l'Assemblée constituante a énergiquement condamné en juin 1791, dans son « Adresse aux

Français sur le payement des contributions » et que l'on verrait reparaître avec ses dissimulations honteuses, le jour où l'on aurait rétabli l'impôt sur le revenu. — Rien ne s'opposerait à ce que, concurremment aux réductions proportionnelles que nous proposons en faveur des pères de famille, on appliquât, dans l'établissement des valeurs locatives imposables, des immunités et des coefficients variables selon la population des communes, système très raisonnable dont nous avons parlé ci-dessus et qui a été proposé par M. Dauphin, au nom du Gouvernement. Les calculs nécessaires pour établir, de la manière que nous indiquons, les rôles de la contribution mobilière ne seraient pas plus compliqués que ceux qui sont à faire aujourd'hui pour combiner les droits fixes et les droits proportionnels de la contribution des patentes. Enfin la contribution des portes et fenêtres devrait être réunie à la contribution mobilière plutôt que d'être, ainsi que cela a été proposé, confondue avec la contribution foncière. Tout cela demanderait, pour être rendu applicable, à être remanié par la section compétente du Conseil d'Etat, après avoir été étudié par la direction générale des contributions directes. Ce régime fiscal serait l'opposé de l'impôt progressif qui est appliqué à Paris dans des limites étroites et qui a été essayé en Suisse dans plusieurs cantons, où il a eu pour résultat de provoquer l'émigration des plus riches propriétaires ou industriels. — Nous avons encore à dire ici que *l'impôt sur le revenu des valeurs mobilières*, qui avait été établi par la loi du 29 juin 1872, a été élevé de 3 à 4 p. 100 de ce revenu, à partir du 1er janvier 1891, en vertu de la loi du 26 décembre 1890.   CH. Y.

IMPRIMERIE. — Législ. Un décret du 28 août 1889 porte que l'*Imprimerie nationale* est chargée exclusivement d'exécuter toutes les impressions nécessaires au service des divers ministères, ainsi que celles qui sont ordonnées par les administrations centrales et dont la dépense est imputable au budget de l'Etat. Il ne peut être dérogé à cette prescription que sur la demande expresse d'un ministre, et après l'autorisation du ministre de la justice. Ce dernier doit, avant de donner cette autorisation, prendre l'avis d'une commission spéciale, formée, sous sa présidence, de deux sénateurs, deux députés, un membre du Conseil d'Etat, un membre de la Cour de cassation, un membre de la Cour des comptes, un membre de l'Institut, le directeur de l'Imprimerie nationale, et le représentant du ministère dont la demande est soumise à la commission. — L'Imprimerie nationale reçoit de chaque service public le prix des travaux d'impression exécutés pour son compte, d'après un tarif qui est révisé tous les ans, et elle reverse chaque année au Trésor l'excédent de ses recettes sur ses dépenses. Elle est tenue en outre à la fourniture gratuite de 10,000 exemplaires du *Bulletin des Lois*, de 1,000 exemplaires des *Arrêts de la Cour de cassation*, et à l'impression gratuite, jusqu'à concurrence de 40,000 fr. par an, de certains travaux de l'Institut national et des quelques ouvrages d'érudition qui sont désignés par une commission spéciale. L'excédent de recettes réservé à l'Etat varie entre 668,045 fr. en 1881 et 116,618 fr. en 1886. Il semblerait donc que cet établissement réalise des bénéfices annuels, mais il importe de faire observer que l'Imprimerie nationale reçoit gratuitement de l'Etat la jouissance d'un immeuble évalué à 4 millions, d'un matériel estimé à plus de 5 millions et d'un fonds de roulement de 2,350,000 fr. Le budget annuel de l'Imprimerie nationale est rattaché pour ordre à celui du ministère de la justice. Il s'élève en recettes et en dépenses pour l'exercice 1891, à la somme de 9,307,500 fr., pour laquelle l'excédent des recettes à verser au Trésor a été prévu pour 183,000 fr. CH. Y.

IMPROMPTU (Jeu d'esprit). L'impromptu, qui est la plus haute expression des jeux d'esprit, régna en maître dans les salons aux xviie et xviiie siècles. Il est aujourd'hui bien délaissé ; tout au plus demande-t-on à un invité d'improviser *quelque chose* sur l'album de la maîtresse du salon. *Quelque chose*, cela veut dire : on peut y écrire de la prose comme M. Jourdain ou des vers comme Saint-Aulaire ; y faire une pointe charmante ou délicate, à la façon d'Alfred de Musset, ou y étaler une lourde sentence digne de Prudhomme et quelquefois même de Calino. Qu'importe ! la même reliure enferme toutes ces productions... On doit donc s'attendre à se voir présenter l'album en question et se préparer à ne pas y déposer une niaiserie. Car il faut bien se pénétrer de cette vérité historique qu'il n'est guère d'impromptu véritable ; que le faut jaillir du véritable et délicate, à la beauté, à l'esprit des personnes susceptibles de mettre votre talent à l'épreuve : autant de salons, autant de passe-partout ; car il ne faut pas que l'improvisation mise sur un album ressemble celle que l'on inscrira peu après sur un autre. On s'arrange de façon qu'il n'y ait plus qu'une ou deux rimes à changer au thème préparé pour que la petite pièce de vers exprime une ingénieuse flatterie à telle ou telle personne, suivant les circonstances. Nous donnons, ci-dessous, un vieil exemple de passe-partout, auquel nous n'apportons que de légères modifications, pour le rajeunir un peu. Ce modèle ne suffira pas, sans doute, à faire un poète ; mais il indique le procédé que doit suivre un versificateur qui ne veut pas se laisser prendre à l'improviste :

> Chacun a son goût dans le monde ;
> Amour ainsi l'a combiné ;
> L'un n'a des yeux que pour la blonde,
> L'autre à la brune est enchaîné.

1.	{ Oh ! lorsque l'on a vu..	Julie,
	{ Oh ! lorsqu'on vous voit..	Eugénie, etc,
	{ Oh ! lorsqu'on a vu	Rosalie, Mélanie, Coralie, etc.
2.	{ Oh ! dès que l'on aperçoit......	Louise, etc.
	{ Oh ! dès que l'on voit	Héloïse, etc.
3.	{ Oh ! lorsque l'on a vu ...	Suzette, Lisette.
	{ Oh ! lorsqu'on vous voit	Jeannette, etc.
	{ Oh ! lorsqu'on a vu	Henriette, etc.
4.	{ Oh ! lorsque l'on vous a vue....	Colinette, etc.
		Irène.
5.	{ Oh ! dès que l'on aperçoit......	Jeanne.

> Tous les cœurs sont du même avis :

La	{ blonde { brune	est cent fois plus...	jolie, exquise, parfaite,	1, 2, 3,
La	{ blonde { brune	est seule souveraine		4,
La	{ blonde { brune	est la seule sultane,		5,
La	{ blonde { brune	seule obtient le prix.		

Nous devons ajouter quelques observations sur la manière dont il faut concevoir aujourd'hui ce genre de production. Comme au temps jadis, l'impromptu doit envelopper une pensée fine et agréable ; mais on n'admettrait plus qu'un improvisateur dépassât certaines bornes en faisant l'éloge d'une dame. Les déclarations à brûle-pourpoint ne sont plus dans nos mœurs et il est probable que le quatrain suivant, qui fit la réputation de Saint-Aulaire, vaudrait aujourd'hui à son auteur tout autre chose qu'un siège académique :

> La divinité qui s'amuse,
> A me demander mon secret,
> Si j'étais Apollon ne serait pas ma muse ;
> Elle serait Thétis... et le jour finirait.

Il s'agissait de la duchesse du Maine, qui avait comparé Saint-Aulaire à Apollon, un soir que l'on jouait aux *secrets*. Des vœux aussi hardis, quoique gazés par une apparence mythologique, ne sont plus admis que dans le demi-monde. On doit aussi se garder d'imiter les anciens dans leur tendance à faire dégénérer l'impromptu en épigramme ; de nos jours, on considère que les hommes médiocres seuls cherchent à se sauver du ridicule en tâchant de faire rire aux dépens du prochain ; cette petite guerre était bonne au temps des beaux-esprits.

INCANE (lat. *incanus*, blanc). Bot. Blanchâtre.

INCENDIE. — Voici, d'après Louis Figuier (*Science Illustrée*, tome 1er), la statistique du nombre de personnes qui ont été tuées ou blessées dans les principaux incendies de théâtres, depuis environ un siècle :

	Morts	Blessés
1772. Théâtre d'Amsterdam	17	»
1778. Colisée de Saragosse	137	»
1781. Opéra du Palais-Royal, à Paris.	21	»
1794. Grand-Théâtre de Nantes	7	»
1796. Théâtre de Capo-d'Istria	1 005	»
1811. Théâtre de Richmond.·.	78	»
1826. Lehman-Théâtre (St-Pétersbourg)	800	»
1833. Théâtre de Singaglia (Ancône)..	2	»
1845. Théâtre de Canton (Chine)	1.670	1.700
1846. Théâtre de Québec (Canada)	200	»
1847. Théâtre de Carlsruhe	63	200
1853. Opéra de Moscou	»	11
1857. Théâtre de Livourne........	»	100
1872. Théâtre de Tien-Tsin (Chine) ..	600	»
1873. Théâtre des Célestins (Lyon)..	»	8
1874. Opéra de Paris...........	»	»
1876. Théâtre de Brooklyn (Etats-Unis).	283	300
1876. Théâtre des Arts (Rouen)......	»	»
1879. Théâtre de Montpellier.......	»	2
1880. Théâtre de Nice..........	70	1
1881. Ring-Theater (Vienne)........	500	»
1887. Opéra-Comique (Paris)	87	»
1887. Théâtre d'Exeter (Angleterre)...	200	»

INCOMBANT, ANTE adj. Bot. Se dit d'un organe replié sur un autre : *La radicule est dite incombante quand elle s'applique sur le dos du cotylédon, par un retour sur elle-même.*

INCOMPATIBILITÉ. — Législ. Le projet de loi qui devait déterminer les fonctions incompatibles avec le mandat de sénateur ou avec celui de député, et dont nous avons parlé dans le *Dictionnaire* (t. III, p. 359), n'a pas été voté par le Parlement. D'autre part, la loi constitutionnelle du 9 décembre 1884 a exclu des fonctions de sénateur les membres des familles qui ont régné sur la France, et, sauf quelques exceptions, les militaires des armées de terre et de mer. Mais une loi du 26 décembre 1887 porte que « jusqu'au vote d'une loi spé-« ciale sur les incompatibilités parlementaires, « les articles 8 et 9 de la loi du 30 novembre « 1875 seront applicables aux élections séna-« toriales. » En conséquence, le mandat de sénateur est, de même que celui de député, incompatible avec toutes les fonctions publiques, rétribuées sur les fonds de l'Etat, et, par suite, tout fonctionnaire élu sénateur, doit être remplacé dans ses fonctions si, dans les huit jours qui auront suivi la vérification de ses pouvoirs, il n'a pas fait connaître qu'il n'accepte pas le mandat de sénateur. Sont exceptées : les fonctions de ministre, de sous-secrétaire d'Etat, d'ambassadeur, de ministre plénipotentiaire, de préfet de la Seine, de préfet de police, de premier président ou de procureur général à la Cour de cassation, à la Cour des comptes ou à la Cour d'appel de Paris, d'archevêque ou évêque, de pasteur président de consistoire, de grand rabbin du consistoire central ou du consistoire de Paris, de professeurs titulaires de chaires qui sont données au concours ou sur la présentation des corps de professeurs. Sont également exceptées les personnes chargées d'une mission temporaire, pourvu que cette mission ne dure pas plus de six mois.   Ch. Y.

INCURVÉ, ÉE, part. passé du verbe *incurver*. Bot. Courbé dans sa partie supérieure.

INCURVER, v. a. (lat. *in*, dans ; *curvare*, courber). — Courber ; courber de dehors en dedans.

INDUCTION. Nous avons déjà établi, dans le *Dictionnaire*, le principe singulier de l'induction. Un courant d'électricité passant dans un fil (*a b*, fig. 1) engendre un courant dans un autre fil (*c d*), avec lequel il n'a aucun rapport apparent. Donc, toutes les fois que l'on fera passer un courant électrique dans *a b*, le galvanomètre *g* donnera des signes de trouble. Ce phénomène est appelé *induction*. Un appareil bien connu, la *bobine d'induction de Ruhmkorff*, fait connaître quelques-uns des effets les plus surprenants qui lui sont dus. En 1851, l'électricien Ruhmkorff eût l'idée de produire des courants d'induction dans une bobine de grande dimension et à deux fils. Sa belle invention lui valut, au mois de juillet 1864, le prix de 50,000 fr. destiné à récompenser l'application la plus utile de l'électrité. Nous ne pouvons donner ici la description de tous les appareils perfectionnés que l'on a construits depuis cette époque. Nous allons parler seulement de la bobine la plus simple telle qu'elle fut imaginée par l'inventeur. Notre

Induction. — Fig. 1.
Electricité produite dans un fil sans contact avec la batterie.

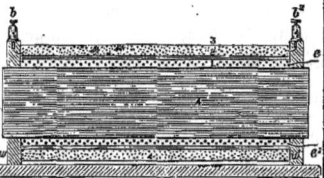
Induction. — Fig. 2. Section de la bobine d'induction.

figure 2 représente la section de cette bobine. Un tube de carton ou de bois, long de

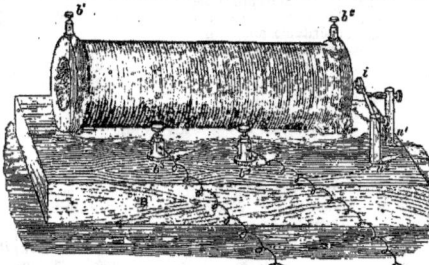
Fig. 3. — Bobine d'induction terminée.

8 à 10 centimètres, porte à chacune de ses extrémités un anneau de bois (*W W'*), de manière à former une sorte de bobine. Autour de ce tube, on roule deux couches de fil n° 22 enveloppé de soie, et on fait passer les extrémités par l'anneau de bois *W'*, en *e* et en *e³*. Cette bobine est dite *primaire*. L'extrémité *e* du fil se rend au courant interrupteur et de là à l'un des pôles de la batterie ; l'autre extrémité *e³* se rend à l'autre pôle de la batterie, ce qui ferme le circuit. On passe sur la batterie primaire une bonne couche de paraffine fondue et quand elle est sèche, on l'enveloppe de deux ou trois tours de papier paraffiné (2), Sur ce papier on enroule du fil enveloppé de soie

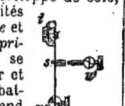
Fig. 4. — Plan de l'interrupteur.

beaucoup plus fin que le premier (du n° 36), en ayant soin de couvrir d'une couche de paraffine et d'un papier paraffiné chaque lit de fils, avant de commencer à enrouler un nouveau lit. Cette seconde bobine, qui enveloppe la pre-

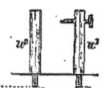
Fig. 5. — Condensateur.

mière (3), est dite *secondaire*. Son fil, qui est long de plusieurs kilomètres, en raison de sa grande finesse, est celui qui est *induit*. Les extrémités de ce fil sont arrêtées aux bornes *b* et *b²*. Dans l'intérieur de la bobine (4), on fixe un faisceau de fils de fer. On maintient solidement la double bobine sur une boîte peu élevée (*BB*, fig. 3), en face des bornes *b³ b⁴*. L'une des extrémités du fil primaire est conduite à *b³*. Deux montants de laiton sont fixés à une extrémité, leur position est déterminée par la position de l'extrémité du faisceau de fils de fer. Le montant *u⁴* est fendu à son bout supérieur. Dans la fente est assujettie, au moyen d'une vis, l'extrémité d'un ressort d'acier. A l'autre bout du ressort et sur le côté qui regarde le faisceau de fils de fer, un bouton de fer (*i*) est rivé ; un morceau de platine est rivé à *s* ; c'est ce qui constitue l'interrupteur (fig. 4). Une vis traverse le sommet de *u⁴* et une pièce de platine est soudée dans un trou creusé au sommet de la vis. La tige de laiton *u³* doit être placée de manière que le bouton *i* puisse frapper les extrémités des fils de fer ; et *u⁴* est fixé de telle sorte que le bout de platine, à l'extrémité de sa vis, puisse être pressé contre le bout de platine rivé au ressort. Le restant du fil primaire passe par *u³* ; *u⁴* et *b⁴* sont en communication avec un fil ; *u³* et *u¹* communiquent avec le condensateur que nous devons décrire. Des feuilles de papier sont enduites d'une solution de gomme laque dans de l'esprit méthylé ; on les laisse sécher ; on les coupe de la grandeur intérieure de la boîte sur laquelle on a posé la bobine. On les pose dans l'intérieur de la boîte, en les alternant avec des feuilles d'étain. On réunit les feuilles de papier (2, 4, 6, 8, fig. 5) au montant *u⁴*, et les feuilles d'étain (1, 3, 5, 7, 9) au montant *u¹*. Ces feuilles doivent être pressées fortement dans la boîte, sous la bobine, et maintenues par un fond de bois mince. Les fils de la batterie sont ensuite joints à *b³* et *b⁴*. Il ne reste plus qu'à produire le courant.

INEMBRYONNÉ, ÉE, adj. [i-nan-bri-o-né] (préf. *in* ; franç. *embryonné*). Bot. Qui n'a pas d'embryon. Se dit surtout des graines stériles ou des spores considérées comme grains.

INÉQUILATÉRAL, ALE, AUX adj. [i-né kui-la-té-ral] (préf. *in* ; franç. *équilatéral*). Bot. Dont les deux côtés ne présentent pas de symétrie : *les feuilles du bégonia sont inéquilatérales.*

IN ESSE [in-ès-sè]. Loc. lat. qui veut dire *dans le fait actuel, dans l'existence actuelle*, par opposition à *in posse*, qui signifie *dans la possibilité, dans l'expectative.* Ainsi un roi sur le trône est souverain *in esse*. tandis que son héritier est dit roi *in posse.*

INFÉROVARIÉ, IÉE adj. (franç. *infere et ovaire*). Bot. Se dit des plantes dont l'ovaire est infère.

INFLUENZA s. f. [ain-flou-an-za; ital. inn-flou-ènn-dza] (mot ital. qui signifie *influence maligne, mauvais sort*). Maladie, épidémique qui se rapproche beaucoup de la grippe et qui sévit souvent sur une grande étendue de pays. Son origine était inconnue avant l'adoption de la théorie des microbes. Elle règne d'une manière très irrégulière et se répand souvent sur tout un continent, tantôt avec lenteur, tantôt avec une grande rapidité. D'autres fois, elle reste confinée dans une aire limitée. On pense qu'elle se communique d'une personne à une autre. Ses symptômes sont ceux d'une forte grippe, avec fièvre violente, malaise général, courbature, affaiblissement. Elle peut causer la mort, quand le malade ne prend pas les précautions désirables, qui consistent à rester dans un appartement bien chauffé, et à éviter les changements de température. L'influenza, même bien soignée, peut être suivie d'une toux opiniâtre qu'il ne faut pas négliger. Pour le traitement, voy. GRIPPE dans le *Dictionnaire*.

IN FORO CONSCIENCIÆ. Loc. lat. qui signifie *dans le for intérieur, dans le for de sa conscience.*

INFRA DIGNITATEM. Loc. lat. qui signifie : *au-dessous de la position ou de la dignité.*

INFUNDIBULIFORME adj. [ain-fon-di-bu-li-for-me] (lat. *infundibulum*, entonnoir; franç. *forme*). Bot. Se dit de la corolle monopétale quand elle est en forme d'entonnoir : *la corolle du tabac est infundibuliforme.*

INHAMBANE, ville maritime du territoire portugais de Mozambique (Afrique orientale), entre Delagoa et Sofala (voy. INHAMBANE, dans le *Dict.*). En 1886, quelques tribus indigènes des environs, exaspérées par le poids de nouveaux impôts, prirent les armes, battirent les troupes portugaises et marchèrent sur Inhambane, où elles jetèrent la consternation; mais les révoltés furent forcés de se retirer et de se disperser.

INHUMATION. — Législ. Le décret réglementaire du 27 avril 1889, rendu en exécution de la loi du 15 novembre 1887, s'occupe des deux modes de sépulture, l'inhumation et l'incinération ou crémation. En ce qui concerne les inhumations, ce décret n'a pas apporté de modifications à la législation précédente. (Voy. au *Dictionnaire* les mots CIMETIÈRE, INHUMATION et SÉPULTURE.) (Voy. aussi au *Supplément* le mot FUNÉRAILLES.) CH. Y.

IN LIMINE. Loc. lat. qui signifie : *au début.*

IN LOCO. Loc. lat. qui veut dire : au lieu, à la place; *in loco parentis*, à la place d'un parent.

IN MEDIAS RES. Loc. lat. qui signifie : *au milieu des affaires.*

IN MEMORIAM. Loc. lat. qui signifie : *en mémoire de.*

IN PERPETUUM. Loc. lat. qui signifie : *pour toujours, à perpétuité.*

INSECTARIUM s. m. [ain-sèk-ta-ri-omm] (lat. *insectum*). Petite cage dans laquelle les naturalistes enferment les insectes pour étudier leurs mœurs.

INSECTES ÉLECTRIQUES. Tout le monde connaît les propriétés électriques de la torpille et de la gymnote, mais bien des gens ignorent que les insectes possèdent la faculté de produire des décharges électriques d'une grande puissance. La punaise-roue (*reduvius serratus*), des Indes occidentales, se défend, dès qu'on veut la toucher, par une vigoureuse décharge qui fait bien vite reculer la main de l'assaillant. Le même pouvoir mystérieux appartient à une espèce d'élatéride, ainsi qu'à la chenille velue d'un lépidoptère de l'Amérique du Sud. Le capitaine Blakeney, qui essaya de saisir une de ces chenilles électriques, reçut un rude choc qui lui paralysa le bras pendant quelque temps et qui mit même sa vie en danger.

INSTE (Théodore), éminent historien belge, mort le 12 août 1888. Ses œuvres les plus populaires sont la *Révolution belge de 1830* (1873); et la *Fondation de la République des Provinces-Unies* (1874).

INTER [ain-tèrr]. Mot lat. qui signifie *entre* et qui est employé en français comme préfixe avec la même signification : *intercellulaire*, qui est placé entre les cellules.

INTÉRÊT. — Législ. L'intérêt bonifié aux caisses d'épargne privées par la caisse des dépôts et consignations a été réduit, à partir du 1er janvier 1891, de 4 p. 100 à 3,75 p. 100 par l'article 55 de la loi de finances du 26 décembre 1890. En vertu de la même loi, le taux de l'intérêt payé par le Trésor, sur les fonds des caisses d'épargne nationale et privées en compte courant, est fixé par le ministre des finances, et il ne peut être supérieur au taux d'intérêt des bons du Trésor. Ce taux ainsi fixé sera le même pour les fonds déposés en compte courant par la caisse nationale d'épargne à la caisse des dépôts et consignations. CH. Y.

INTERFOLIACÉ, ÉE adj. (préf. *inter;* lat. *folium*, feuille). Bot. Qui est entre les feuilles.

IN TOTO, Loc. lat. qui signifie *en entier.*

INTRAMERCURIEL, ELLE adj. [ain-tra-mér-ku-ri-el] (lat. *intra*, en dedans; franç. *Mercure*). Astr. Qui est situé entre Mercure et le Soleil : *On croit qu'il existe une planète intramercurielle.*

INTRORSE adj. (lat. *introrsum*, en dedans). Bot. Se dit des étamines dont les anthères sont tournées et s'ouvrent vers le centre de la fleur.

IN VACUO. Loc. lat. qui signifie *dans le vide, dans un espace vide.*

INVERSION (Jeu d'esprit). Ce jeu consiste à renverser l'ordre des lettres qui composent un mot pour former un nouveau mot; c'est la véritable anagramme : D. Brillant comme la perle, à reflets chatoyants, je sers quand vous me retournez à garantir de l'ardeur du soleil. — R. *Nacré, Ecran.* On peut aussi jouer sur le son de simples lettres :

> Tournez-moi de toute façon,
> Mes amis, je ne sens pas bon.

R. K K (caca).

INVOLUTÉ, ÉE adj. (lat. *involutus*, enroulé). Bot. Roulé en dedans. Se dit surtout des feuilles, des pétales, etc., quand leurs bords sont roulés vers la face inférieure.

IODE. Il existe, entre le chlore, le brome et l'iode une certaine ressemblance qui a souvent attiré l'attention des chimistes. On obtient le chlore en chauffant un mélange de sel commun et d'acide sulfurique ou d'oxyde de manganèse. Si, au lieu de sel commun (chlorure de sodium), on emploie du bromure de sodium, on obtient du brôme; et si l'on fait usage d'iodure de soude, on obtient de l'iode. De plus, si l'on prend chacune des trois substances suivantes :

Flacon pour la vapeur d'iode.

bromure de potasse et iodure de potasse, qui ont une apparence extérieure presque semblable, et si on les fait dissoudre séparément dans de l'eau, on verra, en ajoutant à chaque solution quelques gouttes de nitrate d'argent, se former dans chacune d'elles une substance blanche qui est du chlorure d'argent dans la 1re solution, du bromure d'argent dans la 2e, et de l'iodure d'argent dans la 3e. La lumière agit sur chacune de ces substances et décompose leur couleur. Si l'on place quelques gouttes d'iode dans un flacon que l'on ferme aussitôt hermétiquement, on verra, en le chauffant, se former une belle vapeur violette. Examinée au spectroscope, la lumière d'une bougie passant à travers cette vapeur produit un spectre très remarquable.

IRREDENTISME. s. m. Théorie italienne, propagée depuis 1878 par la société de l'*Italia irredenta* (Italie non délivrée), et en vertu de laquelle on considère comme devant être annexés au royaume italien, tous les pays où l'on parle un dialecte se rapprochant plus ou moins de la langue italienne. D'abord essentiellement dirigée contre l'Autriche, l'*Italia irredenta* avait établi sa principale sphère d'agitation dans le Tyrol méridional et à Trieste; mais l'alliance de l'Italie avec l'Allemagne a changé la direction de ses efforts, et elle a porté ses vues vers l'ancien comté de Nice et vers la Corse. Pour donner un corps aux aspirations irredentistes, M. Crispi fit promulguer, en juillet 1888, une nouvelle loi municipale contenant cette clause que les habitants des pays qui sont italiens, en vertu de leur histoire et de leur situation géographique, pourront exercer leurs droits civiques en Italie, quelle que soit actuellement leur nationalité; c'est-à-dire qu'un Savoisien, un Niçois, un Corse, un Suisse du Tessin, un Autrichien du Tyrol, de l'Istrie et même de la Dalmatie, et un Maltais, quand ils seront établis dans le royaume d'Italie, auront le droit d'y exercer le droit électoral et d'y participer à la nomination des conseillers municipaux.

IRREDENTISTE adj. Qui se rapporte à l'irredentisme. Qui lui appartient, qui partage ses opinions. — s. Partisan de la société politique l'*Italia irredenta* (Italie non affranchie ou non délivrée), qui s'est formée en 1878, dans le but de réunir au royaume d'Italie tous les pays où l'on parle un dialecte italien.

ISABEY (Eugène-Louis-Gabriel), peintre de marines, né à Paris en 1804, mort le 26 avril 1886. Il était fils de Jean-Baptiste Isabey; il occupa, comme lui, une place distinguée parmi les artistes de son siècle. Ses œuvres les plus connus sont : la *Plage de Honfleur;* l'*Ouragan devant Dieppe*, (1827); le *Port de Dunkerque*, (1831); les *Vieilles Barques*, (1836); le *Combat du Texel*, (1839, musée de Versailles); l'*Alchimiste*, (1835); Louis-Philippe recevant la reine Victoria au Tréport, (1846) : le *Départ de la reine d'Angleterre*, (1846); l'*Embarquement de Ruyter*, (1851, musée du Luxembourg); *Incendie du steamer l'Austria*, (1859); *Naufrage du trois-mâts l'Emily*, en 1823, etc.

ISAURIEN, IENNE s. et adj. D'Isaurie; qui appartient à l'Isaurie ou à ses habitants. — DYNASTIE ISAURIENNE, dinastie qui régna sur l'empire de Constantinople de 717 à 820, et dont le chef, Léon XIII l'Iconoclaste, était né en Isaurie.

ISAURIENS s. m. pl. Nom donné à une troupe recrutée en Isaurie pendant le règne des empereurs byzantins. Les Isauriens furent la terreur de Constantinople. Ils donnèrent la couronne à Zénon, leur compatriote et leur commandant (474) ; ils soutinrent ce souverain contre Basiliscus. La garde isaurienne fut abolie peu après par saint Anastase.

ISOCHIMÈNE adj. [i-zo-ki-mè-ne], (gr. *isos*, égal; *keimon*, hiver). Phys. Qui a la même température en hiver. — Géogr. Se dit des lignes imaginaires qui, parcourant le globe, passeraient par des lieux dont la température hivernale serait la même.

ISOSTÉMONE adj. [i-zos-tè-mo-ne] (gr. *isos*, égal; *stemon*, étamine). Bot. Se dit des fleurs dont les étamines sont en nombre égal aux divisions de la corolle.

ITALIE. La population de l'Italie s'accroît avec une grande rapidité; elle est aujourd'hui de près de 31 millions d'habitants, ainsi distribués entre les diverses provinces :

PROVINCES	KILOM. CARRÉS Chiffres officiels	HABITANTS au 31 décemb. 1889
Abruzzes et Molise	17.273	1.434.351
Basilicate	10.676	556.309
Calabre	17.257	1.359.872
Campanie	17.995	3.138.809
Emilie	20.515	2.352.497
Ligurie	5.282	947 300
Lombardie	23.507	4.013 973
Marches	9.704	1.021.597
Ombrie	9.635	624.039
Piémont	29.349	3.297.157
Pouille	22.115	1.734.387
Rome	11.917	982.581
Sardaigne	24.342	735.588
Sicile	29.241	3.265 688
Toscane	24.053	2.301.291
Vénétie	23.464	3.101.867
Total	296.323	30.947.306

Le royaume nourrit donc une moyenne de 104 habitants par kilomètre carré. Une population aussi dense se voit forcément obligée d'émigrer et l'Italie rivalise aujourd'hui avec l'Angleterre et l'Allemagne pour le nombre de ses enfants qui vont chercher fortune à l'étranger. Nous donnons, ci-dessous, le tableau de l'émigration italienne dans ces dernières années, d'après le pays de destination :

PAYS DE DESTINATION	1885	1886	1887	1888	1889
Autriche	16.962	19.466	28.591	23.916	25.670
Hongrie	10.744	11.197	7.130	8.032	6.746
Suisse	4.583	4.346	5.561	6.237	9.163
France	33.438	35.706	31.185	27.882	27.487
Belgique, et Pays-Bas	1.386	134	470	188	243
Allemagne	4.532	3.811	4.676	10.105	17.951
Gr.-Bretagne et Irlande	486	349	675	553	523
Suède et Norvège, Danemark	30	10	14	29	4
Russie	255	281	366	315	283
Espagne et Portugal	829	900	900	583	837
Serbie, Roumanie					
Grèce, Turquie	3.877	1.789	2.019	3.217	2.280
Europe sans distinction des pays.	1.110	732	887	1.884	1.474
Europe	78.232	80.406	82.474	82.941	92.634
Etats-Unis et Canada	13.096	28.640	38.853	34.292	25.881
République Argentine, Uruguay, Paraguay	40.054	38.383	54.499	65.958	75.058
Brésil et autres Etats de l'Amérique méridionale, Mexique, Amér. cent.	14.260	12.834	33.003	98.729	18.365
Amérique mérid. sans distinction.	5.080	2.309	3.108	5.285	3.877
Amérique	72.490	82.166	129.463	204.264	123.181
Egypte	1.194	740	867	1.436	773
Tunisie	818	1.557	633	902	639
Algérie	3.423	2.343	1.375	751	765
Autres pays de l'Afrique, de l'Asie et de l'Océanie.	1.036	717	853	442	423
Total	157.193	167.939	215.665	290.736	218.412

VILLES PRINCIPALES

	Commune.		Commune.
Naples	517.000	Florence	185.000
Milan	420.000	Venise	152.000
Rome	415.000	Messine	140.000
Turin	312.000	Bologne	128.000
Palerme	267.000	Catane	116.000
Gênes	210.000		

FINANCES (en lires ou francs)
Comptes des années 1885-86, 1886-87, 1887-88 et 1888-89.

	1885-86	1886-87	1887-88	1888-89
Recettes	1.745.515.911	1.801.185.804	1.936.724.649	1.866.670.029
Dépenses	1.730.598.335	1.789.413.851	1.993.875.769	2.097.131.115
Différences	+ 14.917.576	+ 11.771.953	— 57.151.120	— 230.461.086

DETTE PUBLIQUE. 450 millions. — **ARMÉE.** L'armée italienne a été réorganisée en vertu des lois du 8 juillet 1883 et du 23 juin 1887; elle forme 12 corps, chacun de 2 divisions. Voici le tableau de son effectif :

	ARMÉE PERMANENTE		MILICE	
	sous les drapeaux	en congé	mobile	territoriale
Officiers actifs	14.211	184	362	5.224
Officiers de complément		4.915	3.414	—
Officiers du service auxiliaire		2.493	—	—
Officiers de réserve		4.250	—	—
Total des officiers	14.211	11.842	3.776	5.224
Carabiniers	24.661	3 944	520	9.507
Infanterie	110.017	210.307	255.607	526.858
Bersaglieri	13.005	28.514	30.700	32.202
Troupes alpine	9.469	18.215	32.067	25.854
Districts militaires	10.359	27.470	—	938.274
Cavalerie	25.639	10.823	481	32.935
Artillerie	37.046	61.646	32.554	42.035
Génie	8.546	15.805	7.997	8.042
Etablissement d'instr.	1.488			
Corps sanitaire	2.374	7.754	7.072	6.205
Corps de l'intendance.	2.324	3.459	1.512	3.008
Corps des invalides	286	—	—	—
Troupes de complément (2ᵉ catégorie)	—	187.866	—	—
Établiss. pénitentiaires et compag. de discipl.	2 802	—	—	—
Total de la troupe.	248.036	575.103	368.510	1.625.621
Total général.	262.247	586.945	372.286	1.630.845
		2.852.323		

MARINE MILITAIRE. La marine italienne compte 12 cuirassés de 1ʳᵉ classe, 3 cuirassés de 2ᵉ classe, 3 cuirassés pour la défense des côtes, 6 canonnières de lagunes, 7 avisos torpilleurs, 50 torpilleurs de haute mer, 60 torpilleurs côtiers, 12 barques porte-torpilles, des navires de transport, 6 navires-écoles, etc. Au total, 562 navires, jaugeant 242,368 tonnes, de 313,039 chevaux-vapeur, portant 628 canons et montés par 18,250 hommes d'équipage. — **POSSESSIONS D'OUTRE-MER.** Le gouvernement italien s'est donné pour mission de créer un empire colonial en Afrique. Prévenu par la France dans la Tunisie, il jeta ses vues sur les côtes de la mer Rouge et vers l'Abyssinie qui a, en partie, accepté son protectorat. Les possessions italiennes dans ces parages ont reçu le nom de *colonie Erythrée*. Elles comprennent une zone de la côte occidentale de la mer Rouge, longue d'environ 1,000 kilom., depuis le ràs Kasar jusqu'au ràs Sinthiar. L'Italie occupe une partie du territoire à titre de souveraineté; les autres parties se trouvent seulement sous son protectorat. — **POSSESSIONS DIRECTES.** 1º *Assab* est son territoire, de la baie de Béhéta au N., jusqu'au ràs Sinthia au S., 120 kilom. de long. Conquête qui date de 1880; environ 5,400 hab.; 2º l'île de *Massouah*, les îles voisines et la partie de la côte d'Emberemi jusqu'à la presqu'île de Buri inclusivement, 250,000 hab.; 3º les îles *Dahlac*, formant un archipel qui renferme 2,000 hab. — **PROTECTORATS.** 1º la côte de Danàkil, le sultanat de Raheita et plusieurs tribus voisines; 2º l'Abyssinie, soumise au protectorat en vertu des traités du 2 mai et du 29 septembre 1889; population évaluée à 7 ou 8 millions d'hab.; 3º sultanat d'Haoussa; 4º la partie de la côte des Somaulis entre l'embouchure du Zoub et 8º lat. N., y compris le sultanat d'Obbi (Oppia), mais à l'exception des territoires soumis au sultan de Zanzibar. — **CRIMINALITÉ.** Comparée avec les autres contrées européennes, l'Italie occupe la première place sur la liste des homicides; en 1889, il y a eu 8,05 cas prouvés pour 100,000 habitants, alors qu'en Autriche la proportion est de 2,15, en Allemagne de 0,80 et en Angleterre de 0,40. Pour les autres actes sanguinaires, l'Italie figure, la même année, pour un chiffre de 226 cas (sur 100.000 habitants), alors que l'Allemagne n'enregistre que 154, et la France 71 cas. L'Autriche dépasse, sous ce rapport, sa voisine et figure pour 283 cas. — **NOTICE HISTORIQUE.** Les principaux événements survenus depuis la publication de notre article ITALIE dans le *Dictionnaire*, ont été les suivants : en 1878, la mort du roi Victor-Emmanuel, remplacé par son fils Humbert, la mort du pape Pie IX et l'élection de son successeur Léon XIII; l'agitation créée pour l'annexion de l'*Italia irredenta* (l'Italie non affranchie, c'est-à-dire le Tyrol et Trieste) et l'entrée de l'Italie dans l'alliance austro-allemande; en 1879, la violente agitation irredentiste, pendant laquelle l'ambassadeur autrichien fut insulté à Rome (déc.); en 1880, la démonstration navale contre la Porte pour la contraindre à céder le port de Dulcigno au Monténégro; en 1881, les démêlés avec la France, relativement à la Tunisie, l'Italie refusant de reconnaître le traité du Bardo : néanmoins le traité de commerce fut renouvelé avec le gouvernement français; en 1882, la prise de possession formelle d'Assab, sur la mer Rouge, port acquis en 1870 par la compagnie italienne Rubattino; la mort de Garibaldi; en 1883, le triomphe du parti clérical et de la droite de la Chambre, qui parvinrent à s'emparer de plusieurs portefeuilles dans la formation d'un nouveau cabinet; en 1884, la rupture avec la Colombie; en 1885, l'occupation de Massouah, la défaite du ministère relativement à l'occupation du littoral de la mer Rouge (8 juin); l'enlèvement du drapeau égyptien à Massouah, devenu colonie italienne, malgré les réclamations de la Porte; l'arrangement pris avec le khédive, qui consentit à l'abandon de ses droits sur Massouah, moyennant une somme annuelle égale à la moyenne du revenu net des contributions de Massouah pendant les trois dernières années (déc.); en 1886, l'envoi d'une mission au roi d'Abyssinie (8 janv.); les négociations avec le gouvernement britannique relativement à l'occupation définitive et formelle de Massouah (31 mars). Pendant toute l'année 1887, les relations entre l'Italie et l'Abyssinie furent un sujet d'anxiété pour le gouvernement de Rome. (Voy. ABYSSINIE et MASSOUAH dans ce *Supplément*.) Au mois d'octobre 1888, signer Crispi eut une entrevue avec le prince de Bismarck, et fit entrer l'Italie dans l'alliance austro-allemande. Un traité secret fut même signé à Fredericksruhe. On pensa que, pour ce qui concerne l'Italie, ce traité était relatif à une invasion du sud-ouest de la France par une armée de 200,000 Italiens, en cas de conflit européen; l'Italie aurait été récompensée par l'annexion de Nice, de la Savoie et probablement de la Tripolitaine. Cette *ligue de la paix*, comme l'appelèrent les parties contractantes, avait aussi pour but de maintenir la balance des pouvoirs dans la Méditerranée; et pour cet objet, il devint nécessaire de s'assurer l'adhésion de l'Angleterre, que l'on essaya d'englober dans l'alliance des trois Etats. Des démarches furent faites auprès du Fo-

reign-Office; mais le gouvernement anglais ne voulut pas se lier les mains. La triple alliance n'en subsista pas moins et fut resserrée par les visites de Crispi au prince de Bismarck et au comte Kalnoky pendant le mois d'août 1888. Les relations avec la France se tendirent, relativement à des taxes locales que le gouvernement italien établit sur les Français établis à Massouah. Il en résulta une aigre correspondance diplomatique entre Crispi et Goblet (juillet 1888). Sur ces entrefaites, la politique coloniale subit un grave échec. Un traité de paix, proposé au Négus, ayant été repoussé par lui, les troupes italiennes marchèrent vers l'Abyssinie et après diverses escarmouches furent écrasées à *Saganeiti* (août 1888). Vers le commencement de l'année, prit fin le traité de commerce avec la France, qui refusa de le renouveler; il en résulta une *guerre de tarifs*, ruineuse pour l'Italie. Il fallut augmenter les impôts en 1889, malgré l'opposition de la Chambre. La crise devint si aiguë que signor Crispi offrit sa démission le 20 février 1889, mais il la retira presque aussitôt. La politique coloniale détourna les esprits. Oppia fut soumis au protectorat italien, le 19 mars; une expédition fut envoyée à Hodeida pour y punir une insulte faite, trois ans aupa-

ravant, aux représentants du roi; les autorités de ce pays se soumirent, à l'arrivée des cuirassés, et firent les excuses réclamées. Les Italiens occupèrent Keren au mois de juin, Asinara au mois d'août, et firent reconnaître leur protectorat sur l'Abyssinie au mois d'octobre. Le roi d'Italie ayant rendu visite à l'empereur d'Allemagne au mois de mai, ce souverain fit un voyage à Rome, avec l'impératrice, pendant l'automne suivant. Tout en conservant sa position dans la triple alliance, le signor Crispi essaya de se rapprocher de la France vers la fin de l'année 1889. Les droits différentiels contre les produits français furent abolis. En septembre 1889, s'ouvrirent des négociations à Naples avec les représentants de la Grande-Bretagne, relativement aux sphères d'influence des deux peuples sur les côtes de la mer Rouge. Il fut impossible de s'entendre, surtout au sujet de l'occupation de Kassala et de plusieurs autres places que les Anglais considèrent comme appartenant à l'Egypte. Les diplomates se séparèrent sans avoir rien conclu. Peu de temps après, signor Crispi, violemment combattu par les irrédentistes, les républicains et l'opposition constitutionnelle, se vit forcé de donner sa démission

et de laisser la place à un cabinet moins hostile à la France.

ITOU, adv. (anc. franç., *itel*, du lat. *hic*, ce; *tales*, tel). Aussi, de même, également. — Ne s'emploie plus que dans le style badin :

> Rien, ce suprême tout de ma foi, Manitou
> De ma raison, ma faim, ma soif, ma manne *itou*
> Raoul Ponchon.

IVOIRE VÉGÉTAL, substance éburnée d'une grande blancheur, qui n'est autre chose que la substance intérieure de la semence d'un arbrisseau du Pérou, le phytéléphas à gros fruits (voy. Phytéléphas). Chacune de ces graines ne dépassent pas la grosseur d'une noix de forte dimension. On les récolte principalement au Pérou, d'où on les exporte par millions en Europe, pour y être travaillées au tour et produire une foule d'objets élégants, qui se vendent ensuite très cher comme s'ils étaient en véritable ivoire animal. Pour démasquer cette fraude on verse une goutte d'acide sulfurique concentré sur l'objet que l'on veut éprouver. L'acide n'agit pas sur l'ivoire de l'éléphant, tandis qu'il développe au bout de 10 ou 15 minutes, sur celui qui provient du phytéléphas, une teinte rose, qu'un lavage à l'eau fait ensuite disparaître.

J

JABO   JACQ   JACQ

JABORANDI s. m. Bot. Espèce de plante (*pilocarpus pinnatifolius*) du genre pilocarpe, famille des rutacées. Les feuilles du jaborandi ont été introduites dans l'usage médical, en 1874, par le docteur Coutinho, de Pernambouc, C'est un arbuste qui atteint la hauteur d'environ 3 mètres et qui croît au Brésil. Les indigènes donnent son nom à plusieurs autres plantes, mais lui seul est connu en médecine. Ses feuilles, portées par un long pétiole, sont inégalement pinnées; ses folioles opposées forment de deux à cinq paires, ordinairement deux paires dans les plantes cultivées, les folioles terminales étant à long pétiole, tandis que les autres ont un pétiole de 2 à 3 centimètres et quelquefois moins encore. La feuille entière mesure environ 45 centimètres de long, et les pétioles ont 10 centimètres de long sur 5 centimètres de large. Ces derniers présentent une texture coriace, avec la marge révolutée. Ils contiennent plusieurs glandes qui renferment une huile transparente. Une infusion de 1 gramme à 5 grammes de feuilles de jaborandi dans l'eau bouillante, produit en quelques minutes à l'intérieur du corps une chaleur diffuse, suivie de perspiration et de salivation si abondante qu'on l'évalue à près d'un litre en quelques heures. Cette infusion peut aussi augmenter la sécrétion bronchique ou produire la diarrhée. Pendant la transpiration et la salivation la température du corps est réduite et le pouls est plus fréquent et plus plein. Au bout d'un moment, le patient devient pâle et lourd; quelquefois sa vue se trouble ; les vomissements peuvent survenir. Les promoteurs ordinaires de la diaphorèse, comme les boissons chaudes, sont absolument superflus quand ce médicament est administré. Il est considéré comme le seul

diaphorétique direct et essentiel de toute la *materia medica*. Ses propriétés semblent être dues à un alcaloïde nommé *pilocarpine*. Cet alcaloïde a été isolé et employé à la place des feuilles. L'utilité du jaborandi en médecine est limitée à sa propriété de diminuer la quantité de liquide du système; on l'emploie fréquemment dans l'épanchement hydropique dû à une obstruction rénale ou cardiaque. Alors il peut être substitué aux purgatifs. Dans certains cas de maladie de Bright (albuminurie), avec épanchement hydropique, dans les cas d'hydropisie consécutive à la scarlatine, son action est immédiate et frappante. On l'a employé avec succès dans la pleurésie avec épanchement séreux et dans l'asthme accompagné de bronchite. On peut l'administrer en infusion, comme il a été dit plus haut, ou sous forme de teinture et aussi en injection. On peut administrer à l'intérieur la pilocarpine ou son nitrate à la dose de 25 à 30 centigr.; à l'extérieur 15 centigrammes peuvent suffire.

JACOMIN (Frédéric-Prosper), ingénieur, né à Paris, le 30 mai 1820, mort le 28 avril 1889. Il passa par l'École polytechnique et par celle des ponts et chaussées, d'où il sortit ingénieur ordinaire en 1844. Il fut longtemps attaché à la construction du chemin de fer Paris-Lyon-Méditerranée, devint ensuite chef de l'exploitation du chemin de fer de l'Est, remplaça Sauvage dans la direction de cette compagnie, en 1872, et renonça en 1874 au cours qu'il faisait depuis 1869 à l'École des ponts et chaussées. Ses ouvrages, reproduction de ses cours, sont très estimés. Nous citerons les suivants : *Exploitation des chemins de fer* (1867, 2 vol. in-8°); *Machines à vapeur* (1870, 2 vol. in-8°); *Chemins de fer pen-*

dant la guerre, 1872, in-8°); *Chemins de fer de l'Etat* (1878, in-8°); *Biographie de Franqueville* (1877).

JACQUET (Jeux). — Dans cette modification du trictrac, chacun des deux joueurs empile ses 15 dames, 5 par 5, dans le coin à gauche de son adversaire, comme le représente la présente la figure ci-jointe. On tire au plus fort dé pour savoir qui jouera le premier. Celui que le sort a désigné agite les deux dés dans son cornet, les jette comme pour le trictrac, les nomme et joue. La marche a pour but de conduire les dames tout le long des tables pour les amener dans le compartiment de droite du joueur. Au début, on ne peut accoupler les dames sur aucune table que l'une d'elles ne soit rentrée, c'est-à-dire arrivée à la 4e et dernière table; on commence donc par lancer en avant une dame nommée *courrier*, que l'on fait rentrer la première; pour cela, on profite du premier doublet. Les doublets comptent double ; c'est-à-dire que si l'on amène quine, qui vaut 10 points, on compte 20 points et l'on en profite pour faire franchir 20 flèches à une dame. Une dame étant rentrée, on peut à volonté rentrer les autres, on accoupler les dames, ou boucher le passage à l'adversaire. Si au premier coup on amenait sonnez, on ne pourrait jouer qu'un 6; le second étant occupé par les piles de l'adversaire et une seconde dame ne pouvant jouer avant que la première soit rentrée. Mais si l'on amène sonnez après avoir déjà rentré une dame on n'a pas, en ce moment, d'autre 6 que celui du coin correspondant aux piles de l'adversaire, on *fait du bois*, c'est-à-dire que l'on abat 4 dames pour marquer tous les 6. Si, au premier coup on amène terne, on ne peut jouer que 9,

parce que le second 6 est occupé par l'adversaire et que l'on ne peut sortir deux dames. Mais si l'on amène terne lorsque l'on a déjà rentré une dame sur 6, on joue 4 dames sur 3, ou bien on marque 12 avec une dame sur 3 et une dame sur 9; ou encore avec deux dames sur 6. Quand toutes les dames sont éche-

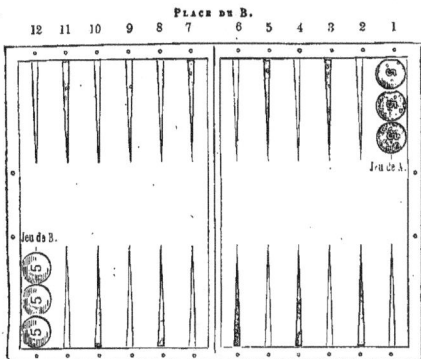

PLACE DE B.

  12   11   10   9   8   7   6   5   4   3   2   1

Jeu de A.

Jeu de B.

  1   2   3   4   5   6   7   8   9   10   11   12

PLACE DE A.

Jeu de jacquet au début de la partie.

lonnées sur les flèches qui mènent à la quatrième table, on les rentre dans cette table; après quoi, on les sort, avec mesure et économie, en sortant celles que les dés font battre sur le bord. Par exemple, si l'on amène 6 et 3, on sort, pour le 6, une dame placée sur la 1re flèche de gauche, et pour le 3, une dame placée sur la 4e flèche de gauche. Quand on n'a pas de dame correspondant au dé, on sort une dame d'un nombre inférieur. Supposons que l'on amène 6 et 3 et que l'on n'ait pas de 6, on sortira le 5 ou à son défaut le 4 et ainsi de suite; mais quand on n'a pas de dame inférieure, on est forcé de jouer une dame supérieure et de la faire avancer du nombre amené. Ayant amené 3, si l'on n'a ni 3, ni 2, ni as, on est tenu de faire marcher 4, 5 ou 6 et de les avancer de 3 flèches vers la sortie. Un joueur habile s'étend et occupe le plus grand nombre de flèches, l'adversaire ne pouvant se placer sur une flèche occupée; on retarde ainsi sa marche. Les dames qui ne peuvent atteindre la 4e table reçoivent le nom de *cochonnets*. Le joueur à qui reste un cochonnet a perdu. Celui qui parvient le premier à faire sortir toutes ses dames a gagné. Les autres règles générales du jacquet sont les mêmes que celles du trictrac. Généralement on joue la partie simple; mais on peut convenir qu'elle serait *double*, si le perdant rentrait toutes ses dames dans la 4e partie de la boîte sans en sortir une seule avant que le gagnant eût sorti toutes les siennes; *triple*, s'il restait des dames dans la 3e partie; *quadruple*, s'il en restait dans la 2e; *quintuple*, s'il en restait dans la 1re, c'est-à-dire dans celle qui a le talon.

JACQUET DE VERSAILLES. — C'est une simple modification du jeu précédent, imaginée pour accélérer la partie. On multiplie les doublets non par 4, comme au jacquet ordinaire, mais par eux-mêmes. Ainsi le double as (1×1) ne donne droit qu'à jouer un point; le double deux (2×2), donne le droit d'en jouer 4; le double six (6×6), permet d'en jouer 36. Aucun coup de dé ne doit être perdu, d'où résultent les conséquences suivantes : les deux joueurs débutent par tirer la primauté en jetant chacun un dé. Celui qui amène le point le plus élevé gagne la primauté et joue les deux points du premier coup;

quand c'est un doublet, les deux joueurs font chacun ce doublet et recommencent à tirer; quand ils amènent encore un doublet, ils le font et retirent la primauté. Quand un joueur ne peut jouer la valeur de ses deux dés, il joue le plus fort, et l'adversaire fait l'autre. Quand le joueur ne peut faire aucun de ses dés, l'adversaire fait le compte des deux dés. Si l'adversaire lui-même ne peut faire le compte des deux dés sans ouvrir une case au joueur, celui-ci reprend immédiatement la main et fait le second point. Le joueur qui a toutes ses dames entrées dans le grand jeu de son adversaire, les retire d'après les points des dés qu'il amène. Le premier qui a sorti toutes ses dames gagne la partie. La partie est double quand l'adversaire n'a sorti aucune dame. L'habileté du joueur consiste surtout à se ménager la correspondance des gros numéros, comme les 6 et les 5. Quand l'adversaire a peu de 5 ou de 6, on doit, autant que possible, lui ouvrir les cases pouvant faire partir les dames qui maintiennent sa communication.

JAMBON (préparation). — Mettez une cuisse ou une épaule de cochon dans une saumure composée de sel, thym, laurier, romarin, basilic, marjolaine, satterie, genièvre, mouillées avec moitié eau et gros vin. Il est bon de laisser infuser pendant quelques jours et ne placer qu'après les jambons dans cette mixture où on les laissera macérer quinze jours. Vous les retirez alors, les faites égoutter et les accrochez dans le tuyau de la cheminée pour les fumer. Ainsi préparés, ils peuvent se conserver longtemps. Une bonne précaution, c'est de les frotter de temps en temps de gros vin et de les saupoudrer de cendres. — *Méthode anglaise.* Frottez votre jambon avec du sel, puis laissez-le sécher trois jours; ôtez alors la saumure. Supposons maintenant un jambon de 7 à 9 kilog. Vous mêlez bien intimement 50 à 60 grammes de salpêtre un demi-kilogramme environ de sucre brut et autant de sel; frottez votre jambon avec cette mixture; placez-le dans un vaisseau profond et tenez-le bien couvert pendant trois jours. Ensuite vous versez dessus une bouteille de vinaigre, vous le retournez dans sa saumure et vous l'en arrosez chaque jour pendant un mois. Au bout de ce temps, vous le séchez bien, le frottez de son et l'accrochez dans le tuyau de la cheminée pour le fumer au feu de bois, — *Cuisson.* Avant de le faire cuire, il faut mettre dessaler à grande eau pendant trois à quatre jours, suivant qu'il est plus ou moins vieux fumé. Cela fait, vous l'enveloppez dans un linge blanc et le placez dans une marmite avec une bouteille de vin, rouge ou blanc, et le double d'eau, oignons, carottes, thym, laurier, fines herbes, clous de girofle, ail. Faites cuire cinq à six heures et laissez refroidir dans son jus; ensuite vous l'en retirez; enlevez la couenne avec précaution et garnissez la graisse de persil haché et de chapelure avec un peu de poivre. Servez froid.

JAMIN (Jules-Célestin), physicien, né aux Ternes le 30 mai 1818; mort à Paris le 12 fév. 1886. Il sortit, en 1841, de l'Ecole normale (section des sciences), avec le grade d'agrégé de physique et débuta dans la carrière de l'enseignement comme professeur de physique au collège Bourbon (aujourd'hui lycée Condorcet), puis à l'Ecole polytechnique et enfin à la Faculté des sciences de Paris (22 nov. 1873). Il remplaça Pouillet à l'Académie

des sciences, section de physique, en 1868. Il a publié, en 1858, son *Cours de Physique de l'ECOLE POLYTECHNIQUE* (3 vol.), ouvrage qui eut trois éditions successives. Il a donné, en outre, un certain nombre d'articles et de mémoires d'une grande valeur, publiés dans les Comptes rendus de l'Académie des sciences, dans différents recueils spéciaux et dans des publications périodiques, telles que la *Revue des Deux-Mondes.* Dans les dernières années de sa vie, il s'occupa principalement d'électro-magnétisme et d'éclairage électrique. Il succéda à J.-B. Dumas comme secrétaire perpétuel de l'Académie des sciences.

JANVIER. (Calendrier horticole.) — Il y a peu de chose à faire en ce mois, quoiqu'il puisse y avoir encore quelques fleurs en pleine terre, telles que la rose de Noël, l'héliotrope d'hiver, et même quelques primevères, etc. Les travaux sont plus importants dans les serres, où ils consistent principalement à tenir les plantes dans le plus grand état de propreté, à maintenir une température convenable et uniforme. Comme règle, l'orangerie se contente d'une température de 4 degrés au plus au-dessus de zéro, la serre tempérée de 8 à 10 degrés et la serre chaude de 15 à 30 degrés. Dans les jardins, nous ne voyons guère d'utiles que les travaux de terrassement et d'alignement. Quant aux fleurs d'appartement, elles réclament, à cette époque de l'année, plus de soins qu'à aucune autre. Les plantes qu'on achète alors viennent nécessairement des serres; il faut donc que le changement de température qu'elles subiront inévitablement soit le moins prononcé possible. La pièce où on les tiendra devra être chauffée à une température d'environ 12 degrés, et l'on renouvellera l'air avec précaution, et si l'air extérieur est trop froid, en le faisant traverser d'autres pièces chauffées, le matin de préférence, vers le milieu du jour qui est, en tout état de cause, le moment le plus convenable. Les plantes seront placées de manière à recevoir directement la lumière du jour, du soleil, à l'occasion. Elles devront être tenues dans la plus grande propreté; à cet effet, on bassinera, on lavera, légèrement, leurs feuilles et leurs tiges de temps en temps. L'arrosement sera combiné de manière à ce que la terre soit toujours fraîche, mais non humide, et sera donné avec de l'eau à laquelle on aura laissé prendre le degré de température qui règne dans l'appartement,

JARDIN d'appartement. — Pour obtenir, à peu de frais, un vase de verdure ou une sus-

Jardin d'appartement.

pension à une fenêtre, on peut procéder de la manière suivante : On prend une grosse

éponge commune et bon marché; on la fait tremper dans l'eau chaude jusqu'à ce qu'elle soit entièrement gonflée; on la presse légèrement pour l'égoutter à moitié. Ensuite, dans les trous de l'éponge on introduit de la graine de millet. de trèfle rouge, d'orge, de pourpier, de graminées, de lin, etc. On place l'éponge ainsi préparée sur un vase ou sur une coupe; ou bien on la suspend dans l'embrasure d'une fenêtre où le soleil donne une partie du jour; on arrose, en pluie légère, tous les matins pendant-une semaine; on ne tarde pas à voir germer les graines et pousser les feuilles qui forment bientôt une boule de verdure autour de l'éponge.

JARGONNER v. n. Crier comme le jars.

JAURÉGUIBERRY (Jean-Bernard), amiral français, né à Bayonne, le 26 août 1815, mort à Paris, le 21 oct. 1887. Il entra à l'école navale de Brest en 1831, fut nommé aspirant en 1832, assista au blocus des ports de Hollande (1832-'33), devint enseigne en 1839, fit la campagne de la Plata (1839-'40) passa lieutenant de vaisseau en 1845 et capitaine de frégate en 1856, se signala à la prise de Kinburn, où il commandait la canonnière *la Grenade*, reçut le grade de capitaine de vaisseau en 1860 et prit une part brillante à la campagne de Chine (Tourane, Saïgon, Pékin, etc.), remplaça le général Faidherbe, comme gouverneur du Sénégal (oct. 1861), fut rappelé en 1863 et nommé major de la flotte à Toulon, le 24 mai 1869, avec le grade de contre-amiral, puis commandant en second de l'escadre d'évolution. Au début de la guerre avec la Prusse, il commanda l'une des divisions de l'escadre de la mer du Nord. Rentré en France, il fut chargé de défendre les lignes de Charenton (sept. 1870). Appelé ensuite au commandement de la 1re division du 16e corps d'armée, il prit une part vigoureuse à la défense nationale, sous les ordres du général Chanzy. Il contribua au succès de la bataille de Patay (1er déc.) et fut mis à l'ordre du jour de l'armée. Le 6 déc., il remplaça, à la tête du 16e corps, le général Chanzy, appelé au commandement en chef de l'armée de la Loire, et le 9 déc., il reçut son brevet de vice-amiral. Pendant la retraite vers Laval, il se distingua par son énergie et sa ténacité, notamment à la bataille du Mans (11 janv. 1871), après laquelle il réussit à couvrir la retraite de l'armée dans son mouvement vers la Mayenne (15 janv.) Après la signature de l'armistice, il fut envoyé à l'Assemblée nationale par les électeurs des Basses-Pyrénées, et alla à Bordeaux où il siégea au centre droit. Nommé préfet maritime de Toulon, le 29 mai, il se rendit à son poste et dut ensuite, en vertu de la loi sur le cumul, résigner son mandat de représentant (4 déc.). Après avoir été commandant en chef de l'escadre d'évolution dans la Méditerranée, l'amiral fut appelé au portefeuille de la marine, dans le ministère Waddington (14 fév. 1879); le 27 mai 1879, il fut élu sénateur inamovible, prit place à la gauche républicaine du Sénat, quitta le ministère le 23 sept. 1880, et y rentra le 30 janv. 1882, pour l'abandonner définitivement à la chute du premier cabinet de Freycinet.

JAURÈS I. Marin, né à Castres en 1808, mort à Paris en 1870. Il débuta comme aspirant en 1827 et devint vice-amiral en 1864. Il commanda l'escadre des mers de Chine et du Japon. — II. (Constant-Louis-Jean-Baptiste, marin, majeur du précédent, né en 1823, mort le 12 mars 1889. Il sortit de l'école de Brest en 1841 et gagna ses grades en Crimée, en Chine, en Cochinchine et au Mexique. La révolution du 4 Septembre le trouva capitaine de vaisseau. Gambetta lui confia le commandement du 21e corps, avec le grade de général de brigade (20 nov. 1870). Il assista aux combats de Mamers, de Marchenoir, de Vendôme, de Bonnétable, de Pont-de-Gennes, de

Sillé-le-Guillaume et fut nommé général de division, grade qu'il échangea pour celui de contre-amiral, le 16 oct. 1871. Les électeurs du Tarn l'ayant envoyé à l'Assemblée nationale, le 2 juillet 1871, il siégea au centre gauche et prit plusieurs fois la parole, notamment sur la réorganisation de l'armée. Il fut élu sénateur inamovible en déc. 1875.

JEAN GANT ETAN. On nomme ainsi, dans les légendes bretonnes, une sorte de petit démon qui porte, dans la nuit, cinq chandelles sur ses cinq doigts et les tourne avec la rapidité du dévidoir.

JOFFRIN, homme politique, né à Troyes le 16 mai 1846, mort à Paris (hospice Dubois) en sept. 1890. Ouvrier mécanicien, il devint l'un des chefs du parti socialiste possibiliste. Pendant la guerre, il servit au 15e bataillon de mobiles. Il fut, à Montmartre, un des instigateurs de la Commune, et dut se réfugier en Angleterre, d'où il ne revint qu'en 1880, après l'amnistie. Candidat du parti ouvrier aux élections législatives de 1881, dans l'arrondissement de Saint-Denis, il ne fut pas nommé. En mai 1882, il fut élu conseiller municipal par le quartier des Grandes-Carrières. Non réélu en 1884, il fut nommé de nouveau en 1886, puis en 1887, conseiller municipal par le quartier de Clignancourt. Il a été vice-président du conseil en 1888 et 1889. A l'Hôtel de Ville, M. Joffrin a été, en toutes circonstances, l'organe du parti ouvrier. Dès le début, il a violemment combattu le mouvement boulangiste. Le 22 septembre 1889, il était élu député de Clignancourt par 5,500 voix contre M. Boulanger, dont les bulletins furent déclarés nuls par la commission de recensement. Il mourut d'un cancer à la bouche.

JONATHAN (Frère). Jeu d'origine américaine, qui consiste à jeter une pièce de monnaie sur un objet de la même forme sur un parallélogramme divisé en 16 parties comme le montre la figure ci-jointe. Chaque compartiment est numéroté de façon que les numéros soient en rapport avec la grandeur

20	3		4
11	20	10	
2		7	9
20		1	20
6		8	5

Frère Jonatuan.

des cases : les plus petits numéros sur les plus grands espaces, les plus grands nombres sur les plus petites divisions. On fixe le chiffre à atteindre pour avoir gagné et chaque joueur lance son palet à tour de rôle. On ne compte que les palets qui s'arrêtent dans un compartiment; ceux qui roulent hors de la figure ou qui s'arrêtent sur une ligne ne sont pas pris en considération. A chaque coup, le joueur note le compartiment dans lequel il s'est arrêté, le numéro de ce compartiment lui donnant un nombre égal de points.

JONCHETS (Jeux.) Les *jonchets* sont ainsi nommés parce que l'on y employait jadis des petits joncs au lieu de bâtonnets d'os ou d'ivoire. Ces bâtonnets sont longs de 8 à 10 centimètres. Un jeu comprend de 40 à 60 fiches, un roi, une reine, un valet et un cavalier, qui se distinguent les uns des autres par leur forme et leur grosseur. Le joueur que le sort a désigné prend dans sa main le jeu entier; l'élève à une faible hauteur et le laisse tomber sur la table. Un autre joueur, également désigné par le sort, tient entre ses doigts un petit crochet d'os ou d'ivoire, et cherche à s'emparer du plus grand nombre de pièces

possible. Il enlève d'abord les jonchets isolés, et attaque ensuite dans le faisceau les fiches qui lui semblent les moins enchevêtrées. Pour peu que le joueur fasse remuer, même très légèrement, une pièce en contact avec celle qu'il convoite, il est obligé de céder sa place au joueur dont l'est le sien. On continue ainsi jusqu'à ce que toutes les fiches soient enlevées; après quoi chaque joueur compte ses points, une fiche valant 1, le cavalier 5, le valet 10, la dame 15 et le roi 20. L'honneur de la partie appartient à celui qui a le plus grand nombre de points.

JOULE (James-Prescott)- [jou-le]. Célèbre physicien anglais qui a découvert « l'équivalent mécanique de la chaleur », né à Salford, en 1818, mort le 14 octobre 1889. Ses premiers travaux furent relatifs à l'électro-magnétisme, aux effets de la chaleur dans les fluides en mouvement, aux volumes occupés par les corps à l'état solide, à l'état liquide, etc. Ensuite, il s'occupa presque exclusivement des rapports de la chaleur et de la puissance mécanique. Vers 1840, il communiqua à la Société Royale la découverte d'un principe dans le développement de la chaleur par l'action voltaïque et établit certaines relations entre la chaleur et l'affinité chimique. De nombreux essais lui firent découvrir que la quantité de chaleur nécessaire pour élever d'un degré F. la température d'un litre d'eau est précisément celle qui élève d'un pied en hauteur 772 livres avoir du poids. Cette force est appelée équivalent mécanique de la chaleur. (Voy. CORRÉLATION *des forces,* dans le *Dictionnaire*.) En considération de ces travaux importants, la médaille Rumford, de la Société Royale, lui fut accordée en 1852, et la médaille Copley en 1878. Joule a publié de nombreux articles dans les journaux anglais.

JUILLET. (Calendrier horticole.)—Quoique les plus beaux rosiers soient déjà défleuris quand vient juillet, ce mois n'en est pas moins si abondant en fleurs de toute sorte qu'on n'a vraiment que l'embarras du choix, si l'on désire en acheter, et qu'on ne saurait les compter dans le jardin régulièrement entretenu où elles sont toutes épanouies en même temps. D'abord, il nous reste encore les roses de Bengale, les roses noisette et les roses perpétuelles; ce sont ensuite les soleils, les roses trémières, les roses d'Inde, les dahlias, les reines-marguerites, les astères, les balsamines, les juliennes de Mahon, les thlaspis, etc., qui remplissent ou bordent nos parterres. Lorsqu'on achète en pots des fleurs de la saison, il est préférable à cette époque de les garder dans les pots où elles se trouvent, et, si elles sont vivaces et que le but qu'on s'est proposé en les achetant soit de les transplanter, d'attendre qu'elles aient passé leur pour le faire. Si, pour une raison ou pour une autre, on ne peut attendre, le mieux est de les enterrer dans leurs pots; mais si l'on préfère les dépoter, il faut prendre de très grandes précautions, ne point déranger la terre, vraisemblablement retenue en une seule masse par le chevelu des racines, et procéder, pour le reste, comme nous l'avons indiqué au mois précédent. — Achetées le matin, les plantes en mottes pourront être plantées sur-le-champ, en observant toujours les recommandations déjà faites. En juillet, il devient nécessaire de garnir de tuteurs les plantes à tiges élevées, surtout les dahlias; on soigne avec une grande sollicitude les reines en pépinière de fleurs d'automne; c'est aussi l'époque du marcottage des œillets. On fauche, on coupe, on élague, on ratisse, on arrose abondamment; on rebâte, ça et là, quelques pattes ou quelques oignons dont les fleurs sont passées et les feuilles jaunies, etc. On sème en place, pour fleurir en septembre et octobre, des- alysses maritimes, des brachycomes, des collinsias, des chrysanthèmes,

des crépides roses, des œnothères, des giro-
lées ou juliennes de Mahon, des némophiles,
des plox, des phacélies, du réséda, du souci
de Trianon, du thlaspi blanc, etc.

JUIN. (Calendrier horticole.) — Juin est le
mois des roses; c'est aussi dans ce mois que
fleurissent les lis, les pensées, les géraniums,
les giroflées et bien d'autres. On met en place
dans le parterre les reines-marguerites, les
balsamines, les pétunias et autres plantes annuelles semées en pépinière dans ce but, à
mesure que le jeune plant montre assez de
vigueur pour ne rien craindre de l'opération.
On sème en pépinière pour l'année suivante :
ancolies, campanules, coquelourdes, corbeilles
d'or, croix de Jérusalem, digitales, giroflées
grosse espèce et cocardeau, lin vivace, lunaire
annuelle, œillet de poète, pied-d'alouettes,
primevères, roses trémières, trachèle bleue,
valériane rouge et violette des quatre saisons.
Nous avons constaté la floraison des rosiers; disons en un mot des soins qu'ils réclament. Ces soins doivent être minutieux et
constants si l'on veut jouir pleinement du
plaisir, je dirais volontiers du bonheur de
respirer leur délicieux parfum le plus longtemps possible. Il importe d'abord de les visiter chaque jour, chaque matin pour mieux
dire, et de les débarrasser des tiges qui ont
passé fleur, ce qu'on fait en les coupant nettement avec des ciseaux; de faire la guerre,
une guerre acharnée, impitoyable, aux pucerons verts si prolifiques, dont on peut toutefois se débarrasser promptement, soit avec des
fumigations abondantes de tabac, soit avec
des lotions de dissolution d'aloès. Il faut
également couper partout les tiges des
plantes herbacées qui ont passé fleur, et ne
conserver que les tiges porte-graines. Arrosements abondants, surtout aux nouvelles
plantations; fauchage des gazons; ratissage,
binage, etc. — C'est aussi le moment de relever les oignons de jacinthes et des tulipes et
les *pattes* des renoncules et des anémones, à
mesure que leurs feuilles se fanent. Lorsqu'on
achète des plantes, soit en pots, soit en mottes
— en mottes surtout, — dans le but de les
transplanter, il est bon de choisir le matin

pour cet achat. On dépose alors ses plantes
dans un lieu frais, ayant pris soin de les bassiner légèrement, et on les plante le soir; —
si le temps est couvert et la terre déjà mouillée
par la pluie, on peut les planter dans la journée; — on peut encore les planter dans le
jour, par un temps sec, pourvu que ce ne soit
pas en plein soleil, à la condition de verser
de l'eau au fond du trou avant de planter.
En tout cas, arroser les plantes au pied aussitôt après qu'elles ont été plantées. Si les
plantes qu'on achète en été sont destinées à
être conservées en pots, on les placera à
l'ombre, on les garantira en tout cas contre
les rayons du soleil et, pour le mieux, on enfoncera les pots dans la terre; dans des vases
ou dans une jardinière, on les garnira de
mousse tenue toujours humide. Arrosements
au pied et bassinage des feuilles avec la
pomme de l'arrosoir, sur une fenêtre ou un
balcon garantis contre les rayons du soleil;
placer chaque pot sur une assiette remplie
d'eau, afin de conserver une humidité constante à la terre contenue dans le pot. On
greffe sur églantier toute espèce de rosiers
pendant le mois de juin. C'est, en fait, l'époque de l'année où cette sorte d'opération
réussit le mieux.

JUSTICE. — Législ. Aucun changement
important n'a été apporté, depuis la publication du *Dictionnaire*, dans l'organisation des
cours et des tribunaux. L'extension de la
compétence civile des juges de paix est, depuis
longtemps, réclamée par l'opinion publique;
mais ce progrès n'est pas encore réalisé. Diverses propositions ont été émises sur ce sujet, notamment en 1877, en 1881, en 1883 et
en 1885. Le projet présenté à la Chambre des
députés par le Gouvernement, le 26 novembre 1885, reproduit en partie les dispositions
des projets antérieurs. Il propose d'étendre la
compétence des juges de paix, en matières
personnelle et mobilière, jusqu'à 150 fr. (au
lieu de 100 fr.) en dernier ressort, et jusqu'à
1,500 fr. (au lieu de 200 fr.), à charge d'appel,
et d'ajouter à cette compétence certaines affaires qui en sont aujourd'hui exclues. Les
traitements des juges de paix seraient sensi-

blement relevés; mais on exigerait des candidats à ces fonctions des conditions d'aptitude qui ne sont pas actuellement demandées. La commission chargée de l'examen de
ce projet, et d'une autre proposition, présentée par M. Labussière le 19 novembre 1880,
déposa deux rapports, le 2 février et le
22 mars 1888. Le premier s'occupe exclusivement de la compétence, que la commission
propose d'élever à 300 fr, en dernier ressort
pour les actions mobilières ou purement personnelles. Le second rapport a trait au personnel des juges de paix, aux conditions
d'admission ainsi qu'au tarif des traitements
dont le minimum serait porté à 2,500 fr.
Nous espérons qu'il ne se passera pas beaucoup d'années avant que la loi du 25 mai 1838,
qui régit actuellement la compétence des juges
de paix, soit modifiée selon le vœu général
(Voy. au *Dictionnaire*, t. III, p. 491).— Il faut
s'attendre à ce que ces modifications amènent
une nouvelle diminution dans le nombre des
affaires soumises aux tribunaux de première
instance; mais les justiciables ne s'en plain-
dront pas. — Les *frais de justice* sont depuis longtemps reconnus excessifs; et l'on
cherche les moyens de les réduire dans
des bornes équitables. Une proposition de loi,
due à l'initiative de M. Henri Brisson, député,
et présentée à la Chambre le 27 janvier 1891,
tend à obtenir le résultat désiré au moyen de
la suppression des droits d'enregistrement, de
greffe et de timbre frappant sur les actes de
procédure, et de leur remplacement par un
droit proportionnel perçu sur le jugement.
Au lieu des droits fixes, qui frappent aujour-
d'hui indifféremment sur toutes les instances,
quelle que soit l'importance du litige, il serait perçu un droit unique d'enregistrement,
appelé *droit de condamnation*, tant sur les
procès-verbaux de conciliation, d'ordre et de
contribution, sur les sentences d'arbitres, sur
les adjudications d'immeubles et les partages,
que sur tous jugements et arrêts définitifs. Le
droit proportionnel serait fixé à 0 fr. 25, 1 fr.,
3 fr. ou 5 fr. par 100 fr. du capital, selon la
nature de l'affaire terminée.   Ca. Y

K

KAISER WILHELM (Terre du), *Terre de l'empereur Guillaume*. (Voy. GUILLAUME dans ce
Supplément.)

KAMARAN. Ile de la mer Rouge, en face de
la côte d'Arabie, acquise en 1854 par la
Grande-Bretagne, désireuse d'en faire une station pour le câble télégraphique de l'Indoustan. Restée inoccupée, elle n'est plus officiellement classée parmi les possessions anglaises.

KARR (Jean-Baptiste-Alphonse). Célèbre
écrivain français, né à Paris le 24 novembre 1808, mort d'une fluxion de poitrine, à
Nice, le 30 septembre 1890. Il était fils d'un
pianiste bavarois, qui lui fit faire son éducation
au collège Bourbon. Il débuta par être pro-

fesseur; mais ne tarda pas à suivre la vocation des lettres, entra au *Figaro* et y publia
plusieurs romans qui le firent remarquer,
entre autres *Vendredi soir* et la spirituelle autobiographie intitulée *Le Chemin le plus court*.
Il devint bientôt l'un des écrivains romantiques les plus en vue, avec ses amis Théophile
Gautier et Gérard de Nerval. Son *Voyage autour de mon jardin* et la *Famille Alain* furent
traduits dans toutes les langues. En 1839, il
fonda le pamphlet satirique mensuel les
Guêpes, dont les critiques lui attirèrent l'animosité de plusieurs écrivains, particulièrement
de Louise Colet. (Voy. COLET dans le *Dictionnaire*.) La liste complète de ses œuvres remplirait entièrement une de nos colonnes. Nous
ne citerons que les principales, celles qui mé-

ritèrent le mieux la vogue immense qu'elles
eurent dans leur temps : *Sous les Tilleuls*
(1832), le meilleur et le plus connu de ses
livres; *Une heure trop tard, Fa Dièze, Geneviève, Clotilde*, le pamphlet *les Guêpes*, etc.
Vers 1835, Karr alla se fixer à Nice. Il avait
été batelier à Trouville; à Nice, il entreprit le
commerce des fleurs; à roses, notamment.
Plus tard, il s'établit à Saint-Raphaël (Var) et
tout en demeurant jardinier-fleuriste, se signala comme un intrépide pêcheur.

**KATKOFF ou Katkow (Michel-Nikiphoro-
witsch)**, journaliste russe, né à Moscou en 1820,
mort le 4 août 1887. Après avoir terminé ses
études à l'université de sa ville natale, il suivit des cours de philosophie à Kœnigsberg et
à Berlin, fut un instant professeur à l'univer-

sité de Moscou, mais embrassa ensuite la carrière du journalisme. En 1856, il prit la direction du journal *Russkij Wiestnik*, où il soutint les idées libérales et passa, en 1861, à la direction de la *Gazette de Moscou*, organe rétrograde du parti vieux-russe. Son journal, inspiré par le gouvernement, obtint une grande influence. Outre la *Gazette de Moscou*, Katkoff dirigeait la plus ancienne et la plus importante des revues mensuelles russes : le *Messager*, où les meilleurs écrivains, tels que Tourgueneff, Tolstoï, Dostoïevski, Moskewitch et tant d'autres publièrent leurs principaux ouvrages. Sa mort fit naître des soupçons d'empoisonnement; mais l'autopsie démontra qu'elle était le résultat des progrès d'un cancer de l'estomac et d'une lésion du cœur. Il fut enterré avec une pompe solennelle au couvent de Saint-Alexis, à Moscou.

KELLER (Jean-Balthazar), fondeur, né à Zurich en 1638, mort en 1702. Il fut, avec son frère, Jean-Jacques, l'auteur de la majorité des bronzes, vases, statues et groupes qui ornent Versailles, Marly, Saint-Cloud et les Tuileries. Il fut le premier qui coulât de grands ouvrages d'une seule pièce. Son chef-d'œuvre était la statue équestre de Louis XIV, qui ornait la place Vendôme et qui fut détruite en 1792.

KENTIA s. m. [kénn-ti-a] (de *Kent*, n. pr.). Bot. Genre de palmiers, tribu des arécinées, comprenant plusieurs espèces à feuilles en palmes, originaires de l'archipel Indien. Depuis quelques années, on cultive chez nous, comme plantes d'ornement pour les appartements et les serres froides, le *kentia sapida* ou *areca sapida*, le *kentia Cantorburyana*, des îles de Lord-Howe et des îles Salomon, le *kentia australis*, le *kentia balmoreana*, le *kentia forsteriana*, etc. Le *kienta balmoreana*, qui obtient la vogue en ce moment, est originaire

Kentia balmoreana (palmier d'appartement).

des îles de Lord-Howe, où il a été découvert par le baron F. von Muller, directeur du jardin botanique de Sidney. Sa place dans le genre kentia lui a été disputée par MM. Wendland et Drude, qui l'ont classé dans un genre nouveau, celui des *grisebachia*. C'est une belle plante à frondes gracieusement arquées, à folioles d'un vert brillant. Robuste et d'une culture facile, le kentia prospère dans un mélange par parties égales de terre franche de jardin, de terre de bruyère et de terreau; on le dépote au commencement de mars; on

l'arrose fréquemment et abondamment pendant les chaleurs de l'été.

KHÉDIVAL, ALE, ALS, adj. qui appart. au khédive : *pouvoir khédival; droits khédivals.*

KHOJENT ou Khodjend, ville du Turkestan, alternativement gouvernée par le khan du Khokand et par la Boukharie, jusqu'au moment où le le général Romanoski s'en empara le 5 juin 1866. Elle renfermait alors plus de 50,000 hab. et faisait un commerce très considérable. Elle se révolta en même temps que le Khokand, en 1875, et fut le théâtre d'un sérieux soulèvement. Depuis cette époque, son importance commerciale a décru et sa population est tombée au chiffre de 30,000 habitants.

KILIMANDJARO. — Le massif montagneux qui porte ce nom a été annexé à l'empire d'Allemagne en 1885, et fait partie du territoire de la compagnie allemande de l'Afrique orientale. Il a été exploré dans tous les sens et comprend plusieurs pics perpétuellement revêtus de neige : 25,000 kil. carr.; 10,000 hab. Le climat y est très sain pour les Européens, qui peuvent s'établir sans danger sur les plateaux et dans les vallées, où l'on cultive le café et d'autres plantes précieuses. Les explorateurs nous dépeignent ce territoire comme une sorte de Suisse africaine, habitée par un peuple doux et civilisable.

KIMBERLEY. Capitale de la province de Griqualand occidental (colonie du Cap), et centre principal des mines de diamants. Cette ville, quoique nouvelle, est grande et importante, bien pourvue d'institutions et des accessoires de la vie civilisée; elle a une population de 14,000 hab. La valeur déclarée des diamants exportés, était en 1885 de 62,318,875 fr.

KINATIQUE, adj. (gr. *kinatizô*), j'amasse peu à peu, je thésaurise.) Phys. Se dit de la chaleur ou d'un fluide qui s'est amassé dans un corps.

KIRCHHOFF (Gustav-Robert) [kirch'-hof], célèbre physicien, créateur de l'analyse spectrale, né à Kœnigsberg le 12 mars 1824, mort en octobre 1887. Au sortir de l'université de Kœnigsberg, il se fit recevoir agrégé à celle de Berlin et fut nommé professeur de physique à Breslau (1850), puis à Heidelberg (1854) et enfin à Berlin (1873). Il s'occupa de galvanisme, d'électricité, d'optique, de la force d'expansion de la vapeur et des propriétés des corps. C'est en 1869 qu'il fit la découverte des lignes de Fraunhofer dans le spectre solaire; et cette découverte, qui a immortalisé son nom, fut la base de l'invention qu'il fit l'année suivante, en conjonction avec W. Bunsen, de la nouvelle méthode d'analyse qualificative chimique appelée *analyse spectrale*. (Voy. Spectral et Spectre, dans le *Dictionnaire*.) Il a écrit sur les mathématiques, sur la physique et sur la constitution physique du soleil. Ses principaux ouvrages sont : *Chemische Analyse durch Spectralbeobachtung* ou *Recherches sur le Spectre solaire* ou *les spectres des éléments chimiques* (Vienne et Berlin, 1861), œuvre importante, composée avec la collaboration de l'illustre Bunsen ; *Untersuchungen über das Sonnenspektrum* (1861 et 1863); 3e édi-

tion, 1866); *Vorlesungen über mathemat. Physik* (1874).

KOH-I-NOHOR, nom d'un célèbre diamant, dont le nom indou signifie *Montagne de lumière*. Il provient des mines de Golconde et

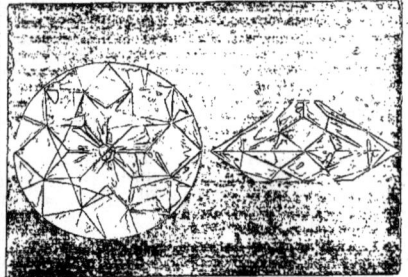

Le Koh-i-Noor.

appartient aujourd'hui à la couronne d'Angleterre. Pour d'autres détails, voy. Diamant, dans le *Dictionnaire*.

KOLB-BERNARD (Charles - Louis - Henri), homme politique, né à Dunkerque, en 1798, mort le 6 mai 1888. Associé d'une fabrique de sucre, dans sa ville natale, il fut élu à l'Assemblée législative (1849) et siégea dans le groupe de Montalembert, rentra dans la vie privée après le coup d'État et fut réélu comme candidat officiel en 1859 et en 1863, puis comme candidat indépendant, en 1869; enfin en 1871; et sénateur inamovible en 1875. Il soutint le gouvernement du maréchal de Mac-Mahon et fut l'un des adversaires les plus acharnés de la République libérale.

KRAAL, s. m. [krâl]. Nom que les indigènes de l'Afrique méridionale appliquent à leurs villages ou à leurs villes. Un kraal se compose ordinairement d'un certain nombre de huttes entourées d'une palissade.

KRABS ou Creps (Jeux). Ce jeu, d'origine anglaise, a été prohibé en France. Voici ses règles les plus ordinaires. On tire à qui jouera le premier, jusqu'à ce que l'un des joueurs amène un nombre pair et l'autre un nombre impair; celui qui a le nombre pair est le premier. Il annonce à haute voix quel point il désire prendre et que l'on appelle *point de chance*; il ne peut choisir que l'un des nombres 5, 6, 7, 8 ou 9. Si, du premier coup, il amène le point de chance, il gagne la partie; mais s'il amène un *krabs*, il perd. Les krabs changent suivant le nombre choisi; s'il a pris 5 ou 6, les crabs sont 2, 3, 11 et 12; s'il a pris 6 ou 8, les krabs sont 2, 3 et 11. Si, au premier coup, il n'amène ni le point de chance ni un krabs, il passe les dés à son adversaire et, à partir de ce moment les krabs ne comptent plus. Le second joueur jette les dés; s'il amène le point de chance, il a gagné; s'il amène un autre nombre, il passe les dés et ainsi de suite jusqu'à ce que l'arrivée du point de chance décide la partie.

KRAKATOA, île volcanique du détroit de la Sonde, entre Sumatra et Java, par 6° 6' lat. S. et 103° long. E. Après un sommeil de deux siècles, son volcan donna, le 20 mai 1883, quelques signes d'activité, qui dégénérèrent en une violente éruption le 26 août. Pendant le paroxysme, la plus grande partie de l'île, qui mesure 16 kil. de circuit, fut bouleversée et sa physionomie fut changée. La mer, repoussée de ce rivage, se forma en une vague gigantesque, qui couvrit les côtes des îles voisines, détruisant sur son passage les villages et les plantations et faisant périr plus de 35,000 hab. Peu après l'éruption, on observa dans toutes les parties du monde, une succes-

sion de très brillants couchers.de soleil et d'autres phénomènes atmosphériques. Quelques savants supposèrent que ces effets étaient liés à la présence d'une poussière volcanique extrêmement fine qui flottait dans les hautes régions de l'atmosphère.

KRUPP (Alfred) [kroup], célèbre manufacturier allemand, né à Essen le 11 avril.1812, mort dans la même ville. le 14 juillet 1887. Son père, Frédéric Krupp (mort en 1826), dirigeait à Essen une usine métallurgique, et Alfred hérita de cette direction. Grâce à son activité, l'établissement prit une extension considérable. En 1848, Krupp désintéressa les actionnaires et devint seul propriétaire de l'usine. Les progrès de la science métallurgique lui ayant permis d'obtenir l'acier fondu en grandes masses, il entreprit de fabriquer des canons d'acier, innovation qui fera époque dans l'histoire de l'artillerie. Il débuta par des pièces de petit calibre, et, quand leur supé-riorité fut démontrée par l'expérience, il arriva à en fondre de toutes les dimensions. On se rappelle l'énorme canon qui figura à l'Exposition universelle de Paris en 1867 et qui pesait 15 tonnes (50 tonnes avec l'affût). Il avait coûté un demi-million de francs à établir et chaque coup qu'il tirait revenait au prix.de 4,000 francs. Ce canon colossal, destiné au port de Kiel, éveilla vivement la curiosité de la même usine jetaient la désolation dans français. Trois ans plus tard, les engins sortis de la même usine jetaient la désolation dans nos villes bombardées. L'établissement d'Essen, considéré désormais comme le premier de l'univers, prit un prodigieux développement; il occupa 16,000 ouvriers et possédait en Allemagne 420 mines dont les produits ne lui suffirent même pas, si bien qu'il fallut demander à l'Espagne un supplément de minerai de fer. Une flottille de vaisseaux.à vapeur en fer, jaugeant chacun 1,700 tonnes, fut construite dans l'usine même pour le transport des minerais venus d'Espagne, et pour l'envoi, aux quatre coins du monde, d'énormes masses de métal sous forme de roues, d'essieux, de rails, de canons, de projectiles, d'affûts, de machines à vapeur, de locomotives, et, en général de tous les produits que l'on peut obtenir du fer et de l'acier. En 1874, Krupp reçut un tel nombre de commandes des divers gouvernements, qu'il se vit obligé, pour ne pas en refuser, de négocier un emprunt de 12 millions de thalers, afin de donner encore plus d'extension à son usine, qui prit alors l'aspect et l'étendue d'une ville, couvrant 400 hectares de terrain, dont 100 hectares en bâtiments. 30 kil. de locomotives, 30 kil. de chemins de fer, 30 kil. de fils télégraphiques, et 3,30⁾ maisons pour le logement des employés et des ouvriers. En 1864, le gouvernement prussien avait offert à Krupp des titres de noblesse, qu'il avait refusés.

L

LABI   LABI   LABO

LABELLE s. m. [la-bè-le] (lat. labellum, petite lèvre; diminutif de labium, lèvre). Bot. Division inférieure et interne du périanthe de certaines plantes monocotylédones, surtout des orchidées. Le labelle, par sa forme et son développement souvent très grand, se distingue des autres.divisions de l'enveloppe florale; sa forme, plus ou moins étrange, donne un aspect particulier aux fleurs des orchidées.

LABICHE (Eugène-Martin), auteur dramatique, né à Paris le 5 mai 1815, mort le 23 janv. 1888. Il fit ses études au collège Bourbon, suivit un instant les cours de l'Ecole de droit, mais ne tarda pas à les abandonner pour s'occuper exclusivement de littérature, en 1835. Il débuta dans la petite presse, collabora à la Revue de France et publia, en 1838, un roman intitulé la Clef des Champs. Déjà il avait formé avec Marc Michel, Lefranc et Edouard Martin, cette association de talents qui devait doter notre théâtre d'une longue série d'œuvres où le cocasse tient souvent lieu de véritable comique. Une Femme tombée du ciel (1836, avec Lefranc), fut suivie de M. de Coyllin , ou l'homme infiniment poli (1838, avec Marc Michel et Lefranc). Dans cette comédie exhilarante et invraisemblable, les auteurs établirent le type de la manière extravagante dans laquelle Labiche devait persévérer et se rendre populaire, en dépit du peu de succès de ses premiers efforts. Grassot y remplissait le principal rôle, et il est à remarquer que les vaudevilles suivants de Labiche eurent pour but de s'adapter au genre particulier de tel ou tel comédien. Créés pour Grassot, Ravel et Sainville et supérieurement interprétés par ces acteurs, ils fournirent, pendant des années, un aliment assuré pour l'amusement des joyeux amis du rire, qui composent le public ordinaire des théâtres du Palais-Royal, du Vaudeville, du Gymnase, etc. — Remplis d'impossibilités et même d'absurdités, ils rachètent ce défaut par un intérêt qui ne se ralentit jamais, par des situations extraordinaires et par une intrigue qui paraît inextricable jusqu'au dernier moment. Les titres en étaient toujours choisis de manière à piquer la curiosité par leur humoristique singularité. Sous le rapport de l'invention comique, Labiche possédait un fonds inépuisable, et ses comédies sérieuses ne furent pas moins appréciées que ses bouffonneries. Parmi ses.pièces les plus populaires, nous citerons : l'Article 960 (1839, avec Ancelot et Lefranc); Pascal et Chambard, le Fin mot (1840); un grand Criminel (1841); une Femme compromise (1843); Deux Papas très bien (1845); Frisette (1846); l'Enfant de quelqu'un, une Existence décolorée (1847); Madame Larifla, un Tigre du Bengale (1849); Embrassons-nous, Folleville, (1850) ; En manches de chemise, les Petits Moyens, le Chapeau de paille d'Italie, une Femme qui perd ses jarretières (1851); Edgard et sa Bonne, le Misanthrope et l'Auvergnat, Maman Sabouleux (1852); un Ut de poitrine (1853); Otez votre fille, s. v. p. (1854); Si jamais je te pince (1855) ; la Perle de la Cannebière (1856); l'Affaire de la rue de Lourcine (1857); En avant, les Chinois (1858); l'Omelette à la Follembûche, les petites Mains, (1859); le Voyage de M. Perrichon (comédie écrite pour le Gymnase, en collaboration avec Martin, et représentée com l'un des chefs-d'œuvre de notre théâtre contemporain, 1860); la Poudre aux yeux, les Vivacités du capitaine Tic (1861), avec Martin); la station de Champbaupet (avec Marc Michel): les petits Oiseaux (1862); Célimare le bien-aimé, les Trente-sept sous de Montaudouin, les Finesses de Bouchavannes (1863); Moi (com. 3 a., avec E. Martin, Comédie-Française, 1864 ; Un Mari qui lance sa femme, le Point de mire. la Cagnotte (1864); l'Homme qui manque le coche (avec Delacour); le premier Prix de piano (1865); Un Pied dans le crime(1866); le Fils du brigadier(opéra-comique, 3 a., avec Delacour, 1867); le Papa du plus d'honneur (avec Th. Barrière, 1868); le Roi d'Amatibou (1868); le Choix d'un Gendre (théâtre du Vaudeville, 1869); le plus Heureux des trois (avec Gondinet, Palais-Royal, 1870); le petit Voyage, l'Ennemie (avec Delacour, théâtre du Vaudeville); Un Mouton à l'entresol, Vingt-neuf degrés à l'ombre, Doit-on le dire ? le Cachemire X. B. T., la Pièce de Chambertin, Madame est trop belle, pièces écrites de 1871 à 1874, avec la collaboration de Duru; les Trente millions de Gladiateur (avec Gille, 1875); la Guigne (aux Variétés, avec Leterrier et Vanloo, 1875); la Grammaire, Un jeune Homme pressé, le Prix Martin (Palais-Royal, avec Emile Augier); la Clef (avec Duru, 1877). Labiche fut élu à l'Académie française le.26 févr. 1880, en remplacement de Saint-René Taillandier.

LABOUR. — Le labour a pour objet d'amener en contact avec l'air et la lumière la couche inférieure du sol dont la surface scule a subi les effets bienfaisants. Quand la charrue a creusé ses sillons, on se sert de la herse et du rouleau pour briser les mottes de terre, par la même raison, car autrement l'air n'y pourrait pénétrer et son influence s'arrêterait à la surface de la motte comme elle s'arrête à la surface du sol non défoncé. Maintenant, il importe beaucoup de se faire à cette idée que l'action atmosphérique ne produit pas ses effets instantanément : — les plus savants agriculteurs estiment qu'il faut, en conséquence, laisser au moins deux mois d'intervalle entre deux labours légers et cinq entre deux labours profonds.— Nous avons indiqué ailleurs l'influence de la gelée sur le sol, la division des mottes de terre, que la gelée produit sur celles-ci les mêmes effets que la poudre enflammée dans une mine; c'est qu'un labour d'automne peut à la rigueur dispenser du coup de herse complémentaire et qu'il y a avantage à lui substituer une « coup de mine » naturel quand les mottes sont trop dures. Il importe beaucoup que le laboureur sonde son terrain avant d'agir et se garde d'amener à la surface l'argile ou la marne du sous-sol, qui rendraient son terrain. stérile pour des années. Il peut toutefois remuer son sous-sol à l'aide d'une fouilleuse marchant à

la suite de sa charrue à versoir et évitera ainsi de l'amener à la surface.

LACAZE, commune du canton de Vabre, arrond. et à 35 kil. N.-E. de Castres (Tarn), sur le Gijon; 2,400 hab.; fabr. de draps. Restes d'un ancien château féodal.

LACÉRÉE, ÉE part. passé de lacérer. Bot. Découpé sans ordre et comme déchiré.

LACHÉSIS, s. f. [la-ké-ziss] (nom de l'une des trois Parques). Erpétol. Genre de reptiles ophidiens, famille des crotalides. L'une des espèces, le *luchesis mutus*, l'un des plus dangereux habitants de Surinam, de la Guyane et du Brésil, atteint une longueur de 6 pieds. Ses mœurs sont celles du serpent à sonnettes; il possède un appendice caudal comme celui-ci. Il vit près des torrents et ne grimpe pas aux arbres. Sa morsure est très venimeuse.

LACRIMOSO adv. (mot ital.) mus. Sur un ton plaintif; tristement.

LACROIX (Jules), littérateur français, né à Paris le 7 mai 1809. mort dans la même ville le 10 nov. 1887. Il était frère du célèbre bibliophile Jacob. Il débuta en 1833 dans le roman par *Une Grossesse*, et donna en dix ans une trentaine de productions du même genre. Mais sa réputation repose sur ses œuvres dramatiques, qui ont presque toutes obtenu du succès. Nous citerons : *Macbeth* (traduction de Shakspeare, 1830); le *Testament de César*, drame en 5 a., vers, Comédie-Française (1849) ; *Valéria*, drame en 5 a., vers, Comédie-Française (1851), en collaboration avec M. Maquet; *la Fronde*, opéra en 5 a., musique de Niedermayer, Académie de musique (1853) ; *Œdipe roi*, version littérale de la tragédie de Sophocle, 5 a..vers, Comédie-Française (1858), pièce qui obtint les suffrages de tous les lettrés et mérita, en 1852, le grand prix académique de 10,000 fr. ; *la Jeunesse de Louis XI*, drame en 5 a., vers, Porte-Saint-Martin (1859) ; une excellente traduction métrique du *Roi Lear* de Shakspeare, 5 a., Odéon (1868). Esprit cultivé, joignant à une imagination vive un goût très pur et délicat, Jules Lacroix a laissé des poésies originales et des traductions en vers pleines de couleur et d'énergie : *Pervenches* (recueil de sonnets, 1838) ; satires de *Juvénal et de Perse* (1846), couronnées par l'Académie française; *Odes d'Horace* (1843); *l'Année infâme* (1872, 1 vol. in-18). Frappé de cécité, vers la fin de sa vie, il ne put revoir différents manuscrits qui restèrent inédits.

LA FERRIÈRE (Louis-Marie, COMTE DE), général, né à Redon en 1776, mort à Vallery (Yonne) en 1834. Il fit, en qualité d'officier, les campagnes de la Révolution et de l'Empire, fut blessé à Iéna et à Miranda-de-Corvo et fut nommé général de brigade en 1811. Sa belle conduite pendant la campagne de 1813, lui valut le titre de comte et le grade de général de division. A Craonne, un boulet lui enleva la jambe gauche. Il fut pair de France pendant les Cent-Jours et sous Louis-Philippe. Son nom, qui figure sur l'arc de triomphe de l'Etoile, a été donné à la rue de Paris dans laquelle se trouvait une maison qu'il avait habitée.

LAHIRE (Philippe DE), mathématicien, fils du peintre Laurent de Lahire, né à Paris en 1640, mort en 1719. Il fut professeur d'astronomie et de mathématiques au collège de France, puis fut employé à dresser la carte de France et exécuta des nivellements pour amener les eaux à Versailles. C'est lui qui proposa la fameuse théorie botanique en vertu de laquelle les bourgeons doivent être comparés à autant d'embryons. Il s'occupa aussi des sections coniques, d'astronomie, de physique et de mécanique avec assez de succès pour que Fontenelle pût dire de lui, qu'il était à lui seul une académie de sciences. Il entra à l'Académie en 1678. Fontenelle a prononcé son éloge. Nous citerons parmi ses œuvres : *Nouvelle mé-*

thode de géométrie pour la section des superficies coniques et cylindriques (Paris, 1673, in-4°) ; *Nouveaux éléments des sections coniques* (id. 1679 in-12) ; *De cycloide opusculum* (id. 1676, in-4°) *Gnomonica* (1682, in-12) ; *Sectiones conicæ in IX libros distributæ* (1685, in-folio) ; *Tabulæ astronomicæ* (1702, in-4°) *l'Ecole des arpenteurs* (1675, in-12); *Traité de mécanique* (1675, in-12). Plusieurs de ses mémoires ont été insérés dans le recueil de l'Académie des sciences. Il a édité le *Traité du nivellement de Picard* ; et le *Traité du mouvement des eaux de Mariotte*.

LAHURE (Auguste-Charles), imprimeur et éditeur, né et mort à Paris (1809 déc. 1887), Au sortir de l'école de Saint-Cyr, il fut officier de cavalerie pendant quelque temps ; mais il ne tarda pas à abandonner l'état militaire pour l'industrie. Il a attaché son nom au rapide développement que reçut l'imprimerie sous le règne de Louis-Philippe et sous celui de Napoléon III. Associé aux célèbres imprimeurs Crapelet père et fils, il donna un grand développement aux ateliers typographiques de la maison, dont il devint ensuite le seul chef (1843), perfectionna l'outillage et les presses, fonda, sous le titre de *Journal pour tous*, le premier journal illustré à bon marché qui ait paru à Paris, édita un grand nombre d'ouvrages illustrés et d'impressions en couleur, et commença la collection des romans étrangers que la maison Hachette continua dans la suite ; donna les collections de chefs-d'œuvre antiques, le *Code civil de Demolombe*, etc..., et céda sa maison à ses fils en 1869.

LAKISME, s. m. Tendance, caractère de l'école poétique des lakistes.

LAKISTE, adj. (angl. *lake*, lac, parce que les poètes de l'école lakiste recherchaient la solitude au bord des lacs). Littér. S'est dit en Angleterre, d'une école poétique qui professait un grand amour de la nature : *les poètes lakistes*. — Substantiv. poète de cette école. Au commencement du XIXe siècle, les lakistes produisirent, dans la littérature anglaise, une révolution aussi profonde que celle qui résulta des principes de la révolution en France, à laquelle ils devaient leur inspiration, tout en la maudissant. Le nom donné à cette école est dû à ce fait que le poète Wordsworth, son fondateur, fixa sa résidence dans le pittoresque pays de Cumberland, parsemé de collines et de lacs ; et qu'il y fut suivi par ses disciples Coleridge et Southey. — L'école lakiste eut une immense influence sur la littérature anglaise et dans toute l'Europe. Chez nous Lamartine, Théophile Gautier et Sainte-Beuve l'ont imitée dans ce qu'elle a de moins ennuyeux et de moins fade.

LAMADELÈNE I. (Jules-François-Elzéar DE COLLET DE), littérateur, né à Versailles en 1820 mort à Paris en 1859. Il fonda en 1840, à Carpentras, la *Revue du Comtat*, entra à la *Revue Indépendante* en 1844, collabora à l'*Histoire des villes de France*, et à plusieurs autres recueils où il produisit des nouvelles et des romans écrits d'un style clair et élégant. Son chef-d'œuvre est intitulé : *Le Comte Alghiera* (1856). — II. (**Joseph-Henri DE COLLET DE**), homme de lettres, frère du précédent, né à Toulouse en 1825, mort à Carpentras en 1887. Il débuta très jeune dans le journalisme, donna au *Figaro* une remarquable série de *Types parisiens* finement esquissés et, l'un des fondateurs du *Monde illustré*. Après avoir vainement essayé de faire revivre la *Revue de Paris*, il fut attaché au journal le *Temps*, puis au *Figaro*. Parmi ceux de ses ouvrages qui obtinrent le plus de succès, nous citerons : *Germain Barbe-Bleue* (1855, in-32) ; le *Comte Gaston Raousset-Boulbon, sa vie et ses aventures* (1856, in-18) ; et *Eugène Delacroix à l'Exposition du boulevard des Italiens* (1864. in-8°). Il voulut aussi essayer du théâtre ; mais l'accueil que fit le public à son *Frontin malade*

(Odéon 1859, 1 a., vers) ne fut pas de nature à l'encourager.

LAMENTER v. n. Crier, en parlant du crocodile.

LAMI ou **Lamy (Louis-Eugène)**, peintre, né à Paris en 1800, mort en décembre 1890. Elève de Gros et d'Horace Vernet, il se fit connaître en 1824 par ses *Etudes de chevaux* et par le *Combat de Puerto de Miravente* (au musée du Luxembourg). Il enseigna le dessin et l'aquarelle aux fils de Louis-Philippe, voyagea dans une partie de l'Europe et parvint à la célébrité par une série de toiles que les amateurs se disputèrent : *Charles Ier recevant une rose en se rendant à sa prison*; *Combat de Trameced*; *Mélée dans la campagne des Balkans*; *Bataille de l'Alma*, etc. En 1867, son *Abdication de Marie Stuart* souleva l'admiration à l'Exposition universelle. Il est surtout connu comme pastelliste et aquarelliste.

LAMPE anglaise *pour les chantiers.* — Nouvelle lampe inventée pour éclairer des chantiers ou de vastes terrains. La lumière, produite par la combustion d'une huile spéciale, est contenue dans des lampes de différentes grandeurs. Notre gravure représente un

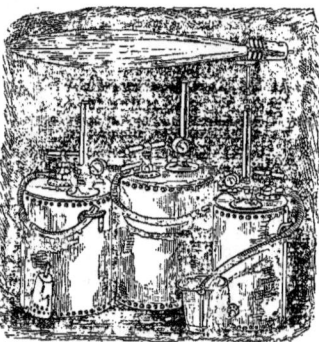

Lampe anglaise pour les chantiers.

groupe de trois lampes de divers modèles. Le réservoir en acier contient de l'air comprimé. On y introduit de l'huile au moyen d'une petite pompe à main et d'un tuyau. Le brûleur est supporté par une petite tige. Pour l'échauffer, on enflamme un peu d'huile dans une petite coupelle qu'il porte; on ouvre ensuite un robinet et la pression de l'air fait monter l'huile, qui se volatilise à sa sortie, en raison de la chaleur à laquelle elle se trouve soumise. Le gaz produit par sa volatilisation s'enflamme et donne une lumière éclatante, égale à celle de plusieurs milliers de bougies. Cette lampe, peu fragile, peut être montée sur un chariot. — **Lampe de sûreté** *pour pétrole.* C'est une lampe de métal dans laquelle on a réservé une chambre au-dessus de la couche de pétrole, pour permettre à l'air de s'échauffer avant d'arriver à la flamme. Grâce à un système

Lampe de sûreté pour pétrole.

ingénieux de deux leviers, la flamme s'éteint en cas de chute. Dans notre figure, A représente une espèce de tube à mèche allongé, destiné à empêcher le feu de la lampe de se communiquer au pétrole du réservoir. En C D est le capuchon qui basculera en cas d'accident et étouffera la flamme ; G est la chambre à air située au-dessus du réservoir ; l'air entre par une série de trous H percés dans les parois de la lampe. En F est le cylindre sur lequel est vissé le bec. La plus grande partie du pétrole passe derrière ce cylindre quand la lampe prend une position horizontale, comme dans les encriers inversables ordinaires. — **Lampe de sûreté** de Snelgrove. Lampe qui s'éteint elle-même automatiquement, inventée par l'anglais Snelgrove. Notre gravure montre le bec de l'appareil. Le mécanisme se compose d'un levier retenu par

Lampe de sûreté de Snelgrove.

une tringle de détente, laquelle est dégagée par les oscillations d'une balle suspendue au moyen d'un anneau à l'extrémité de la tringle. Les vibrations de la balle la rapprochent de l'anneau, font mouvoir la détente et dégagent le levier. Grâce à une adroite combinaison, ce mouvement a pour effet d'intercepter toute communication entre la mèche de la lampe et son réservoir d'alimentation. — **Lampes électriques.** On n'a pas encore trouvé de modèle de lampe électrique véritablement portative ; mais les travaux auxquels se livrent les électriciens font espérer que ce problème ne tardera pas à être résolu. La gravure ci-jointe représente un modèle perfectionné de lampe à incandescence pour les expériences d'optique. Le perfectionnement consiste en ce que le filament lumineux se trouve au foyer. Ce filament présente la forme d'une spirale, ce qui rend, pour ainsi dire, la masse lumineuse plus compacte, presque semblable à un

Lampe électrique à incandescence pour les expériences d'optique.

point lumineux, et permet de la placer, presque en entier, au foyer du réflecteur, ce qui était à peu près impossible avec l'ancienne forme du filament. — **Lampe électrique** de Schanschieff. Lampe électrique portative nouvellement inventée en Angleterre par M. Schanschieff. L'électricité est produite par une batterie voltaïque liquide, formée de plaques en zinc et en charbon, qui plongent dans une solution de sulfate basique de mercure préparée d'une façon

Lampe électrique de Schanschieff. — Fig. 1.

particulière. Pendant l'action de la batterie, il ne se dégage aucune vapeur nuisible et le mercure se dépose au fond de l'appareil. La fig. 1 représente une lampe d'établi donnant une lumière de 10 bougies pendant 6 ou 7 heures sans qu'il soit nécessaire de renouveler la solution ; elle coûte de 75 à 125 fr. Notre fig. 2 montre une lampe de mineur, donnant la lumière d'une bougie pendant 8 heures, avec une dépense de 10 cent. ; elle coûte 30 fr. La fig. 3 représente une batterie destinée au service des transports ; elle a un pouvoir de 4 bougies pendant 8 heures et

Lampe électrique de Schanschieff. Fig. 2.

Lampe électrique de Schanschieff. — Fig. 3.

coûte de 150 à 160 fr. — **Lampes électriques** de Trouvé. L'électricien Trouvé a imaginé divers

Lampe de sûreté de Trouvé (modèle des sapeurs-pompiers).

modèles de lampes électriques actionnées par des piles portatives. Le type de lampe adopté pour les sapeurs-pompiers possède une pile composée de crayons de zinc et de charbon,

Lampe électrique sous-marine de Trouvé.

formant six éléments groupés en tension et immergés à volonté dans une solution acide de bichromate de potasse. Cette pile actionne une petite lampe à incandescence dans le vide et qui est protégée contre les chocs par une armature de laiton. Le même électricien a imaginé une lampe sous-marine enfermée dans une enveloppe d'épais cristal. Cet appareil rend de grands services aux scaphandriers pour les travaux subaquatiques. Sa lampe universelle se compose d'une batterie transportable, de forme ronde, qui actionne une lampe garantie par des fils de laiton. Cet appareil est automatique. L'une de nos figures montre la disposition intérieure des éléments.

LANGUE de bœuf. — Prenez une langue de bœuf dont vous enlèverez le cornet, et faites blanchir 7 à 8 minutes dans l'eau bouillante ; mettez-la ensuite cuire dans le pot-au-feu jusqu'à ce que la peau puisse s'enlever ; vous enlevez alors cette peau tandis que la langue est chaude ; fendez celle-ci dans sa longueur sans la séparer entièrement et servez-la sur un plat long en versant dessus une sauce piquante ou toute autre sauce relevée. — *Langue rôtie.* Faites blanchir ; cuisez avec bouquet garni, épices et tranches de lard ; piquez, embrochez une heure et servez avec sauce piquante comme ci-dessus. — *Langue à l'écarlate.* Faites-la griller sur la braise ardente, pour enlever la peau ; frottez-la de poivre et de salpêtre purifié, roulez-la dans le sel. Placez-la dans un vaisseau avec clous de girofle, thym et laurier. Laissez-

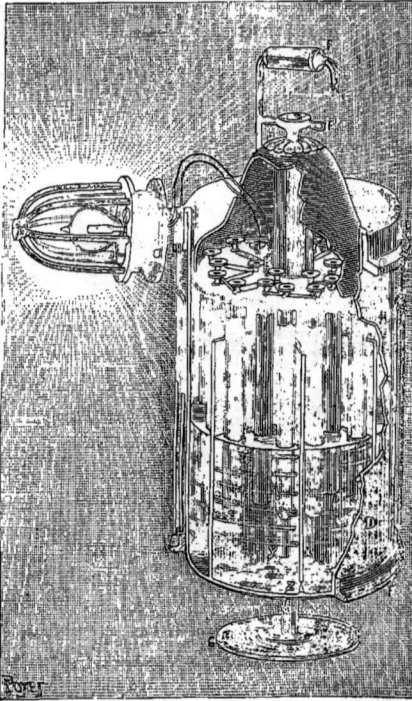

Lampe universelle, automatique et à parachute de M. Trouvé, pour l'usage domestique. (Coupée pour faire voir la distribution intérieure des éléments.)

la douze jours dans cette saumure, en renouvelant le sel de temps en temps. Faites sécher. Faites-la cuire pendant six à sept heures dans une marmite pleine d'eau, avec oignons, girofle, thym, laurier (ni poivre ni sel). Faites égoutter et refroidir. La *culotte* de bœuf peut-être traitée de même.

LANNEAU DE MARÉY **(Pierre-Antoine-Victor de)**, célèbre professeur, né à Bard (Côte-d'Or) en 1758, mort à Paris en 1830. Il appartenait à l'ordre des Théatins, fut professeur au collège de Tulle, vicaire épiscopal à Autun (1791), quitta l'habit ecclésiastique, devint maire d'Autun, député suppléant à l'Assemblée législative, se fixa à Paris et fonda, en 1798, dans les bâtiments de l'ancien collège Sainte-Barbe, une institution d'abord appelée *collège des sciences et des arts* et ensuite *collège Sainte-Barbe*, titre qui lui resta.

LANSQUENET. (Jeux.) — Ce jeu est allemand, comme le whist est anglais, comme le piquet est français, comme l'hombre est espagnol. Il date du moyen âge, et se répandit chez nous à l'époque des guerres de religion, alors que les mercenaires allemands, nommés lansquenets, louaient leurs services au plus offrant et, bandits plutôt que soldats, se rendaient célèbres par leur soif de pillage et leur férocité bien plus que par leur courage. Le jeu de pur hasard qui porte le nom de ces aventuriers reflète leur caractère; nul autre ne prête à plus de tricheries, ni ne peut donner lieu à autant de querelles. Vingt fois proscrit par les divers gouvernements français qui ont prohibé les jeux de hasard, il a survécu à toutes les persécutions et il est probable qu'on le pratiquera dans les tripots tant qu'il y aura des fripons et des dupes. On

se sert, pour y jouer, de plusieurs jeux entiers de 52 cartes, et même d'un sixain entier; plus il y a de jeux, plus la partie est animée. Ces jeux doivent être mélangés et battus ensemble à plusieurs reprises. Le nombre des joueurs est illimité. On tire pour décider lequel sera *banquier* le premier. Être *banquier*, c'est tenir les cartes et donner; les autres reçoivent le nom de *pontes*. Le banquier, ayant mêlé et fait couper à sa gauche, annonce la somme qu'il veut jouer. Le joueur placé à sa droite a la parole; il peut tenir toute la somme proposée par le banquier, n'en tenir qu'une partie, ou passer. Quand il déclare tenir tout, le jeu est fait; quand il ne tient qu'une partie, le second joueur peut le relancer en tenant tout; et tant que tout n'est pas tenu, le joueur qui parie à son tour peut relancer les joueurs précédents en offrant de tenir tout : et si nul ne tenait tout, le joueur, dans le cas où il aurait passé la première fois, pourrait reprendre la parole pour relancer. Après quoi, les jeux sont faits, soit qu'un ponte ait tenu la somme entière, soit que la somme ait été tenue en détail par plusieurs pontes. Le banquier retourne une carte: c'est la sienne. Il la place à sa gauche et en retourne une seconde, qui appartient aux pontes et qu'il met à sa droite. Entre ces deux cartes, il en abat une troisième, puis une quatrième, une cinquième, etc.., jusqu'à ce qu'il en amène une semblable à la sienne où à celle des pontes. Quand il amène une carte semblable à la sienne, il gagne; dans le cas contraire, il perd, et les pontes se partagent sa mise en raison de la portion dont ils ont tenu; si l'un d'eux a tenu tout, il gagne tout à lui seul. Après chaque coup, la banque passe au voisin de droite du banquier précédent. Quand la carte du banquier et celle des pontes se trouve, par hasard, être la même, c'est un *refait*, et le banquier gagne sans qu'il soit nécessaire de pousser plus loin. Tant que le banquier *passe*, c'est-à-dire gagne, il peut, s'il le désire, rester banquier pour le coup suivant; et il a le droit, après le gain d'une partie, de vendre cette prérogative à l'un des joueurs, au lieu de la conserver ou de la laisser passer la banque à son voisin de droite. L'acquéreur conserve, lui aussi, la banque tant qu'il gagne, et il peut la vendre, après un coup heureux; mais dès qu'il perd, la banque revient à celui qui y aurait eu droit si elle n'avait pas été vendue; elle revient au même joueur, si l'acquéreur la quitte volontairement sans la vendre. Une banque achetée trois fois de suite ne peut être vendue une quatrième fois, et revient à celui qui devait la tenir si elle n'eût pas été vendue.

LANTERNE électrique *de voyage.* — Cette sorte de lanterne ou de lampe permet de lire en wagon. Le foyer est fixé dans une enveloppe à réflecteur que l'on peut tenir à la main, si on ne préfère la suspendre. Le courant est alimenté par des conducteurs flexibles, et la batterie de l'accumulateur tient dans le sac de voyage du lecteur. Cet appareil peut aussi être utilisé pour les cabines des navires. — **Lanterne magique.** La lanterne magique est un instrument d'optique au moyen duquel on fait paraître, plus ou moins

Lanterne électrique de voyage.

agrandies, des images qui sont peintes, avec des couleurs transparentes, sur des lames de verre, et que des lentilles projettent sur un mur blanc, sur un écran ou sur un linge. L'art de produire des effets étranges au moyen des rayons lumineux et des ombres était sans doute connu des anciens prêtres égyptiens, qui s'en servaient pour effrayer le peuple et le rendre docile. On a découvert des réflecteurs de métal et des lentilles de verre dans les ruines de plusieurs temples; d'où l'on a conclu que les hommes relativement savants qui composaient le clergé, avaient recours aux illusions causées par l'optique pour produire des apparitions surnaturelles et perpétuer leur influence à l'aide de la superstition. L'intense pouvoir lumineux d'un soleil méridional suppléait à l'insuffisance des appareils. Pendant le moyen âge, ces antiques impostures, formellement interdites au clergé chrétien, furent souvent reproduites par les prétendus sorciers pour abuser de la crédulité des ignorants. On raconte que le moine Bacon, qui fut enfermé pendant plus de vingt ans comme magicien, émerveilla un jour les habitants d'Oxford en voyageant dans l'air, depuis la pointe d'un clocher jusqu'à la cime d'un autre. « On pensa, racontent les vieux historiens, qu'il se servait de miroirs réfléchissant son image pendant qu'il marchait sur le sol »: Mais cette explication ne parut pas suffisante à beaucoup de gens qui dénoncèrent Bacon comme un redoutable sorcier digne du bûcher. Quelques auteurs attribuent la découverte des principes de la lanterne magique à ce moine célèbre, qui les aurait trouvés en 1260. Quoi qu'il en soit, on ne découvre nulle part la description de cet instru-

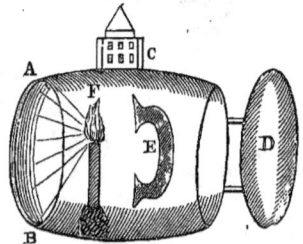

Fig. 1. — Fac-similé d'une ancienne gravure.

ment avant le XVIIe siècle. Dans la première édition de l'*Ars magna lucis et umbræ* (grand art de la lumière et des ombres), d'Anasta-

sius Kircher, publiée à Rome en 1646, on rencontre une grossière gravure, dont nous donnons ici le fac-similé (fig. 1), représentant une lanterne en forme de baril, avec une extrémité fermée par un miroir concave, A B, ayant pour objet de réunir les rayons produits par une chandelle de cire, F, et de les projeter à travers une lentille biconvexe, D, fixée en avant de l'autre extrémité, qui était ouverte. Entre cette ouverture et la lentille, était ménagé un espace pour l'insertion d'un verre noirci sur lequel on avait dessiné l'objet à représenter. On obtenait ainsi de simples effets de lumière et d'ombre sur une muraille placée à quelques pieds en avant de l'appareil. La fumée de la chandelle s'échappait dans une double cheminée concentrique, C; on transportait l'appareil au moyen d'une poignée, E, fixée sur le côté. Doit-on conclure de cette description que le jésuite Kircher est l'inventeur de la lanterne magique? Il est permis d'en douter quand on lit, dans les mémoires de Benvenuto Cellini, le récit circonstancié d'un arrangement optique au moyen duquel un prêtre sicilien produisit, au Colisée de Rome, des effets merveilleux attribués à la nécromancie. L'incrédule Cellini eut beaucoup de peine à rassurer les assistants effrayés, en leur disant : « Ces démons qui vous glacent d'horreur et d'effroi ne sont pas réellement devant vos yeux; ils se trouvent sous le plancher; et ce que vos yeux voient n'est en réalité que de la fumée et de l'ombre. » Cellini mourut en 1570, et sa description a fait penser que la découverte de la lanterne magique doit dater de la première partie du XVIe siècle. Dans la seconde édition de l'ouvrage de Kircher, publiée à Amsterdam, en 1671, l'auteur reconnaît devoir la connaissance de l'appareil qu'il décrit à un mathématicien danois appelé Thomas Walgenstenius, qui fabriquait des lanternes magiques et les vendait comme des curiosités aux princes italiens et aux riches habitants de Rome. Dans cette nouvelle édition, Kircher donne une grande et belle gravure de l'appareil dont il se servait lui-même pour les représentations de magie qui avaient lieu dans sa propre chambre, au collège des Jésuites à Rome, et qui attiraient une foule de prêtres et de riches personnages. Une grosse lampe était suspendue dans le fond d'une grande caisse, munie d'une espèce de cheminée par

Fig. 2.

où s'échappait la fumée. Dans un tube à rallonge passait la lumière qui avait à traverser une lentille de condensation et probablement aussi une lentille grossissante Une lame de verre traversait le tube et portait les images dessinées en noir. C'était bien une lanterne magique; mais elle ne produisait, sur l'écran placé en face d'elle, que des rayons lumineux

Fig. 3.

et des ombres noires; l'usage des verres coloriés date de beaucoup plus tard. De perfectionnement en perfectionnement, on en arriva à l'instrument dont on se sert de no-

jours. Notre fig. 2 montre la forme extérieure de l'appareil le plus simple, dont la fig. 3 donne la section. Une lanterne magique se compose d'une boîte de fer-blanc, B, dont la grandeur et la forme peuvent varier et dont la partie postérieure est munie d'une porte par où l'on introduit une petite lampe à laquelle s'adapte un réflecteur concave, L. Au-dessus de la lampe se trouve une cheminée, et dans le bas de la boîte sont percés des trous pour le passage de l'air indispensable à la combustion. A la partie antérieure de la lanterne est adapté un tube à rallonge, renfer-

Fig. 4.

mant deux lentilles convergentes, C, P, dont la première, appelée demi-boule, a un verre-plan convexe; l'autre est l'objectif. La demi-boule condense les rayons que réunit et renvoie le réflecteur; ces rayons passent à travers un dessin colorié que l'on a peint sur une lame de verre qui glisse dans la rainure S; et l'objectif amplifie le dessin en projetant des rayons divergents vers un écran convenablement éloigné. Le dessin arrive à l'écran dans une position renversée, ce qui fait que l'on doit avoir l'attention de pousser, dans la rainure, le verre renversé pour que l'image apparaisse dans sa situation naturelle. Presque toujours, l'écran est représenté par une toile blanche tendue sur le mur, en face de l'appareil posé sur une table. La salle où se trouvent les spectateurs doit être parfaitement

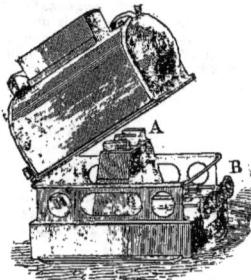

Fig. 5. — Lampe sciopticon.

obscure. La grandeur de l'image est à celle de l'objet, comme la distance de l'objectif à l'image est à la distance de l'objectif à l'objet. Quand la distance est trop grande, l'image devient moins distincte et moins éclairée; il faut donc adopter une distance convenable et disposer le tube de manière que l'image soit projetée d'une façon très nette. On peut obtenir de très grandes images avec un objectif à court foyer, comme le représente notre fig. 4. L'intensité de la lumière n'est pas indifférente pour le grossissement. Un dessin éclairé par une petite lampe ou par une bougie ne dépasse guère un grossissement linéaire de 20 à 25 fois. Quand on emploie la lumière Drummond, obtenue par l'oxyhydrogène, on produit des résultats merveilleux d'agrandissement et de netteté. Dans certaines salles de spectacle, on a recours aujourd'hui à l'électricité, qui paraît être le der-

nier progrès que la science puisse accomplir. Mais ces procédés savants ne sont pas encore près de devenir populaires. On a aussi essayé l'éclairage au moyen de la lampe sciopticon (fig. 5), dans laquelle il y a, un A, un triple arrangement de mèches, qui plongent dans le pétrole ou sont imbibées d'essence minérale. D'autres perfectionnements non moins importants ont été admis. En superposant deux appareils ou en les plaçant côte à côte, de façon que les cercles de lumière projetés par chacun des deux objectifs soient concentriques et du même diamètre, on peut faire apparaître une image mobile au milieu d'une autre qui est immobile; par exemple, un navire voguant à pleines voiles vers une tour; un chemin de fer traversant un pont; un ballon (fig. 6) qui

Fig. 6.

s'élève peu à peu vers les nuages; une apothéose, et une foule d'autres objets.

LA PALLICE, nom d'un nouveau port de commerce, creusé à environ 4 kilom. O.-N.-O. de la Rochelle, et inauguré par M. Carnot, président de la République, le 19 août 1890. Déclaré d'utilité publique en vertu de la loi du 2 avril 1880, il fut commencé en avril 1881. Les travaux, dirigés au début par MM. de Beauci, ingénieur en chef, et Thurminger, ingénieur ordinaire, furent ensuite continués par les ingénieurs Potel et Coustole. On y employa une moyenne de 800 ouvriers chaque jour. Le port de La Pallice se compose d'un avant-port de 13 hectares de superficie, circonscrit par deux jetées. La jetée du sud, longue de 727 mètres et reliée par une passerelle aux quais de l'écluse, est prolongée par une digue d'épanouissement de 650 mètres. La jetée du nord mesure 433 mètres. La passe entre les deux musoirs n'a pas moins de 60 mètres de large. L'avant-port est d'une profondeur telle, qu'il y reste 5 mètres d'eau aux plus basses mers. A marée haute, il offre des tirants de 9 à 12 mètres. Une écluse à sas, longue de 165 mètres et large de 22 mètres relie l'avant-port au bassin à flot, dont la superficie est de 12 hectares, avec des quais longs de 1,600 mètres et une profondeur d'eau de 8 m. 50. Ce bassin se compose de deux parties : un rectangle de 400 mètres de long sur 200 de large; un second rectangle de 300 mètres sur 120. Dans le quai du sud du premier rectangle s'ouvrent deux formes de radoub, l'une de 180 mètres sur 22; l'autre de 111 mètres sur 14. Le port de La Pallice, pense-t-on, appelé à un grand avenir; il doit rendre son ancienne importance à la ville de la Rochelle, si malheureusement déchue. Précédé d'une rade absolument sûre, qu'abritent et défendent les îles de Ré, d'Aix et d'Oléron, il peut être destiné à rendre d'inappréciables services pour le ravitaillement d'une flotte en cas de guerre maritime.

LAPIN. De toutes les variétés de fantaisie, la plus ancienne et la plus estimée, est le *lapin à longues oreilles pendantes* (fig. 1) que l'on

a perfectionnée dans ces derniers temps. Autrefois, on ne prenait guère en considération que la longueur des oreilles; ensuite on re-

Fig. 1. — Lapin à longues oreilles pendantes.

chercha ceux qui étaient tachetés régulièrement de différentes couleurs tranchantes sur fond noir ou blanc. Aujourd'hui on préfère ceux qui atteignent une taille volumineuse, avec de belles proportions. Les producteurs ont obtenu des sujets ayant jusqu'à 75 centimètres d'une extrémité de l'oreille à l'autre. Aux yeux des amateurs, une protubérance à la gorge donne une grande valeur au lapin. Il arrive que les oreilles, quoique d'une certaine longueur, ne sont pas tombantes et restent horizontales; on dit alors qu'elles sont en aviron (fig. 2). C'est un signe de force, et l'on conseille d'employer à la reproduction les

Fig 2. — Lapin à oreilles en aviron.

animaux ainsi conformés, surtout si ce sont des mâles et s'ils sont de grande taille. Pour conserver et pour accroître la longueur artificielle des oreilles, on entretient les animaux dans une atmosphère chaude. Quelques éleveurs anglais chauffent leurs clapiers jusqu'à 40°. Mais un pareil traitement ne tarde pas à ruiner la constitution des animaux qui y sont soumis; il est prouvé par l'expérience que 25° sont suffisants. On obtient même de bons résultats à 15°, ce qui n'exige aucune chaleur artificielle en été, sauf pendant la nuit. Quoi qu'il en soit, on ne doit pas négliger d'entretenir, dans l'habitation des lapins à longues oreilles, une chaleur continue, nuit et jour, hiver comme été, sinon ils perdront, en peu de générations, la longueur des appendices qui constituent leur plus bel ornement. Pour le chauffage du clapier, on fait usage d'un petit poêle à gaz, bien ventilé, économique et maniable. On donne des soins particuliers aux oreilles des jeunes sujets, l'éleveur les rabat chaque jour à plusieurs reprises, les place sur ses genoux pour les étaler doucement, sans les tirer; il surveille leur chute et corrige à la main leurs défauts; quelques-uns, même, pour obtenir une chute plus gracieuse, placent dans l'oreille une forme, comme pour un soulier, ou coiffent les lapins d'un chapeau de cuir ad hoc. Les lapins à longues oreilles pendantes sont d'autant plus recherchés que leurs couleurs sont plus singulières. Il y en a de

fauves, de gris fauve, de jaunes, de noirs, de gris cendré, de bleuâtres ou couleur ardoise. On accouple généralement les noirs avec les blancs. Par d'habiles mélanges, on obtient de nouvelles couleurs, de nouvelles teintes; mais le résultat n'est pas assuré. En Angleterre, des lapins à grandes oreilles ont été vendus jusqu'à 500 fr.; le prix moyen de la variété sans mélange est de 125 fr. Le lapin de l'Himalaya (fig. 3), aujourd'hui répandu chez les amateurs anglais, est une jolie variété de grosseur moyenne, pesant de 7 à 8 livres. Sa forme est svelte; son œil est rose ou rouge, son corps est blanc, mais ses extrémités, appelées pointes (nez, oreilles, pattes et queue), présentent cette singularité qu'elles sont toujours d'une couleur sombre. Quelques-uns ont les poils d'un noir jais; c'est la minorité; d'autres les ont chocolat foncé ou noirâtre; enfin le plus grand nombre offrent différentes couleurs à chacune des extrémités : ce sont les moins recherchés. Il

Fig. 3. — Lapin de l'Himalaya.

est assez difficile de se procurer un couple d'hymalayens de premier choix, et encore plus difficile de conserver leur beauté à leurs descendants L'angora (fig. 4) est une belle variété à peine plus grosse que l'hymalayen, mais paraissant beaucoup plus volumineuse à cause de son épaisse fourrure, qui ressemble, au toucher, à de la laine bien peignée. Ce lapin est presque toujours blanc, mais on trouve par exception, des sujets de diverses couleurs : les yeux sont roses, comme chez la plupart des animaux blancs. Les oreilles sont droites; mais une température modérée, tout en allongeant le poil et en le rendant plus fin, donne aux oreilles une tendance à s'allonger et à retomber. Cette variété exige beaucoup de soins de propreté; les éleveurs se voient souvent forcés de brosser et de peigner la fourrure pour la débarrasser de toute souillure et pour l'empêcher de se nouer. Quand il se forme des nœuds, on les lave à l'eau chaude et on les étire doucement et patiemment jusqu'à ce qu'ils soient

Fig. 4. — Lapin angora.

défaits; si on ne peut les réduire de cette façon, il faut les couper, sinon ils produiraient un feutre nuisible à la perspiration, et par conséquent, malsain. Pour peigner les angoras, on préfère les brosses en fils de métal. Le lapin sibérien paraît provenir d'un croisement de l'angora et de l'himalayen. C'est un angora ayant les extrémités noires. Le polonais est un albinos petit et faible, avec une fourrure très blanche et les yeux d'un rose pâle. Le hollandais (fig. 5) est une variété également de petite taille, mais robuste et prolifique. Comme

il est très familier et d'une grande douceur, on profite de ces bonnes dispositions pour employer les mères comme nourrices des va-

Fig. 5. — Lapin hollandais.

riétés plus recherchées. Les marques du hollandais sont particulières. Chez la plupart des sujets, un large collier blanc, s'étend jusqu'aux pattes, qui sont de la même couleur. Une flamme blanche s'élève de la bouche, couvre le nez, traverse le front et va mourir entre les oreilles. Depuis quelques années, les éleveurs ont produit une sous-variété à collier blanc moins large et qui s'arrête au haut des pattes; la flamme du front est plus étroite; les pattes ne sont pas blanches. Le reste du corps des lapins hollandais est noir, jaune, gris, bleu ou tacheté. — Cuis. Lapin en gibelotte. Faites revenir dans du beurre de petits morceaux de lard que vous enlèverez ensuite, pour les remplacer par votre lapin coupé en morceaux. Faites revenir votre lapin dans cette graisse, en le saupoudrant d'un peu de farine pour faire un roux. Ajoutez votre petit lard, champignons, petits oignons, bouquet garni, thym, girofle, poivre et sel, mouillez avec du bouillon et un bon demi-verre de vin (blanc ou rouge). Faites cuire à petit feu, jusqu'à ce que la sauce soit complètement réduite. — Lapin au blanc. Votre lapin coupé en morceaux, lavez bien ces morceaux, qu'il n'y reste trace de sang; puis faites-les revenir avec un bon morceau de beurre et ajoutez une cuillerée de farine; mouillez avec du bouillon et un verre de vin blanc; ajoutez tranches minces de lard, champignons, bouquet garni, sel et poivre. Faites cuire vivement pour activer la réduction de la sauce; ajoutez des petits oignons. Pour servir, liez la sauce avec trois jaunes d'œufs. — Lapin rôti. Comme le lièvre.

LARD. (Cuis.). 1° Enlevez le lard avec soin, y laissant le moins possible de chair; frottez-le bien de sel fin; placez-le chair contre chair; couvrez de planches que vous chargez de pierres pour qu'il s'applatisse et soit plus ferme. Laissez-le ainsi une vingtaine de jours; après quoi, suspendez-le dans un endroit sec et aéré. 2° Epluchez de la panne, ôtez les tissus membraneux qui la recouvrent, et coupez-la par petits morceaux. Faites fondre à très petit feu avec un peu d'eau, un oignon piqué de clous de girofle, jusqu'à ce que le résidu des morceaux, qui ne doit pas fondre, prenne couleur. Retirez du feu, laissez refroidir à moitié, passez; mettez au frais. — Lard ou jambon à la purée de choux et de pommes de terre. Coupez un peu de jambon ou de lard un peu gras en tranches et faites frire et prendre une légère couleur brune; mettez de côté et tenez chaud. Mêlez ensuite égale quantité de choux et de pommes de terre, écrasez bien ensemble et faites cuire dans la graisse du jambon et du lard. Dressez en plaçant d'abord votre purée de légumes et mettez dessus vos tranches de lard ou de jambon. Le plat doit être fortement assaisonné de poivre.

LARES ou Laris (Alarbous), ville de l'Afrique septentrionale, dans le territoire carthaginois (Bizacène), au S.-O. de Zama. C'était une place importante au temps de Jugurtha. (Salluste, XC.)

LASCAR, s. m. Matelot indigène de l'Indoustan qui a pris du service dans la marine anglaise.

LATRONCULE, s. m. (lat. *latrunculus*, petit voleur). Jeton dont les anciens Romains se servaient pour calculer. — s. m. pl. Jeu de calcul qui fut très populaire à Rome vers la fin de la République et sous l'Empire. Les uns confondent les latroncules avec les échecs, les autres prétendent que c'était une espèce de jeu de dames. Voici comment il se jouait probablement. On se servait d'un échiquier de 64 cases (8 de côté). Chacun des deux adversaires possédait deux sortes de pièces : 8 petits voleurs ou latroncules (*latrunculi*) et 8 grands voleurs ou larrons. Les premiers, en tout comparables aux pions des échecs, se plaçaient, comme ceux-ci, sur la seconde ligne horizontale; ils avançaient verticalement devant eux de case en case, sans pouvoir reculer. Quand l'un parvenait à la dernière case de sa colonne, il passait larron. Les larrons, beaucoup plus redoutables, marchaient dans toutes les directions, en avant, en arrière, de côté et en diagonale, et pouvaient franchir er ligne droite plusieurs cases vides, comme la reine au jeu des échecs. Une pièce était en échec lorsqu'une pièce adverse pouvait venir occuper, dans son déplacement régulier, la case sur laquelle cette pièce était posée, elle était en prise lorsque, soumise à un double échec, elle ne pouvait s'y soustraire par un déplacement. On pense que chaque latroncule pouvait faire échec diagonalement et horizontalement aussi bien que verticalement. Un joueur qui avait une pièce en prise, en jouait une autre ; après quoi l'adversaire enlevait la pièce en prise et jouait à son tour, car prendre n'était pas jouer. Celui dont toutes les pièces étaient prises perdait la partie.

LAURENT (François), historien et publiciste belge, né à Luxembourg, en 1770, mort le 11 février 1887. Professeur de droit à l'Université de Gand, il encourt l'animadversion du parti catholique par le libéralisme de son enseignement. Il a laissé plusieurs écrits anticatholiques. *Passion des catholiques pour la liberté* (1850, in-8°); *Van Espen* (1860-'63); *Lettres d'un retardataire libéral à un progressiste catholique* (1863, in-18) ; *Lettres sur la question des cimetières* (1864, in-18); *Lettres sur l'histoire des Jésuites* (1865, in-18); et un vaste travail d'une grande valeur philosophique et politique, intitulé : *Études sur l'histoire de l'humanité* (Paris et Bruxelles, 1860-1870, 16 vol. in-8°).

LAWN BILLARD, s. m. [lânn-bi-liard]. Voy. BILLARD DE PELOUSE.

LAWN TENNIS, s. m. [lânn-tènn'-iss] (angl. *lawn*, pelouse; *tennis*, paume; paume de pelouse). Jeux. Le *lawn tennis* ou longue paume des Anglais, paraît être assez ancien; mais on ne le connaît chez nous que depuis quelques années, et il obtient aujourd'hui une grande faveur. Comme la plupart des autres exercices anglais, il présente l'avantage d'être combiné de façon que les dames et même les enfants puissent y prendre part, ce qui n'est pas le moindre de ses agréments. La figure cijointe représente un emplacement disposé pour jouer au lawn tennis, avec 4 joueurs dans la position qu'ils doivent occuper au début de la partie; il est inutile de dire que le nombre des joueurs n'est pas fixé à quatre, et qu'ils pourraient être deux ou trois seulement. Ce qui distingue surtout le lawn tennis, c'est le filet, qui remplace le sort pour servir la corde de la longue paume française. Ce filet, tiré en travers de l'enceinte, mesure 4 pieds de haut à chaque extrémité; en vertu de son poids, il est moins élevé au milieu; mais il doit encore y avoir au moins 3 pieds d'élévation; chaque extrémité est supportée par un piquet

solide quoique léger, soutenu en arrière par deux cordes qui le rattachent à deux pieux enfoncés dans le sol. Avant de commencer la partie, il est utile que l'arbitre ou l'un des joueurs vérifie si les piquets et le filet se trouvent bien à la hauteur requise. De plus, il est indispensable que dans toute sa longueur, la partie du filet soit bordée d'une large bande d'un tissu coloré, sans quoi il serait fort difficile de distinguer exactement la ligne formée par le sommet du filet. Le filet doit mesurer 14 m. d'un piquet à l'autre. Entre les deux piquets, à une distance de 1 mètre de chacun d'eux, on tire deux lignes droites, tracées sur le sol (pelouse, sable, ou asphalte), à angle droit avec le filet, et longues de 12 mètres de chaque côté de celui-ci. On réunit, de chaque côté, les extrémités de ces lignes par des lignes droites qui sont, par conséquent, parallèles au filet, si bien que l'on a une enceinte formant un parallélo-

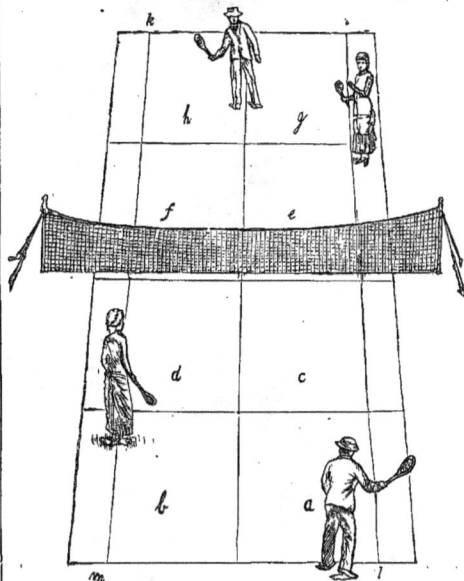

Fig. 2. — Manière de lancer la balle.

carré autre que *f*, c'est une « faute »; et deux fautes commises par le même parti valent un point pour le camp opposé. Autrefois, quand la balle effleurait le sommet du filet — comme cela arrive souvent — et tombait ensuite dans le carré où elle devait aller, le service était considéré comme bon; mais une règle récente veut que le coup soit à recommencer. Supposons que le service soit bon et que la balle, après avoir passé au-dessus du filet, tombe régulièrement dans le carré *f*; l'un des adversaires, qui s'est placé entre *h* et *g*, essaiera de la retourner en la frappant à son premier bond, pour la faire repasser par-dessus le filet. La hauteur du coup n'est pas limitée; il peut être aussi élevé ou aussi bas qu'il plaît au joueur, pourvu que la balle passe au-dessus du filet et retombe, de l'autre côté, dans l'intérieur de l'enceinte. Il n'est pas dans la règle de servir la balle à la volée (fig. 3), c'est-à-dire avant qu'elle ait touché le sol une fois; et il n'est pas permis à un joueur de la prendre au lieu de son partenaire à qui elle est servie. C'est maintenant le tour de l'autre parti de retourner la balle; et l'un ou l'autre des partenaires doit le faire maintenant en la frappant à la volée ou au premier bond (fig. 4). Comme

Fig. 1. — Enceinte du lawn tennis.

gramme régulier, long de 24 mètres et large de 12 mètres. On divise longitudinalement ce parallélogramme en deux parties égales, au moyen d'une ligne perpendiculaire au filet, si bien que, de chaque côté de celui-ci, il y a deux allées ou cours — une cour de droite (*c a l* et *f h k*) et une cour de gauche (*d b m* et *e g i*). Ces cours sont encore partagées par une ligne transversale ou *ligne de service*, tracée parallèlement au filet et à une distance de 7 m. de lui, de chaque côté. De cette façon, l'enceinte est divisée en 4 cours inégales de chaque côté du filet. Telles sont les divisions de l'ancien lawn tennis, et il nous paraît bon d'expliquer la manière de jouer avec une enceinte ainsi établie, sans la complication des lignes *i l* et *k m* qui ont été introduites tout récemment. Supposons maintenant que le joueur qui se tient en *l* ait été désigné par le sort pour servir le premier; il se posera sur la limite de l'enceinte, en *l* au-dessus de la ligne frontière du carré *a*. D'une main, il prendra la balle; de l'autre main, la raquette (fig. 2). Du premier coup, il lancera la balle un peu diagonalement, de façon qu'elle aille tomber

dans le carré *f*, après avoir passé au-dessus du filet. S'il ne réussit pas, soit que la balle frappe le filet, soit qu'elle tombe dans un

Fig. 3. — Balle prise à la volée.

règle générale, chaque partenaire se met sur l'un des côtés de l'allée et conserve cette position pendant la partie, sauf lorsque, sui-

vant la règle relative au service, on est obligé de changer de côté. Chaque fois que la balle tombe à droite de la ligne médiane, elle est reçue par le joueur de droite ou *droitier;* quand elle arrive à gauche, elle est relancé par le *re-versier,* ainsi nommé parce qu'il est plus facile pour lui de frapper la balle par un coup de revers (fig. 5 et 6). Mais il y a des joueurs qui préfèrent, au lieu de se distribuer les côtés, se mettre en ligne droite, comme dans la longue paume française ; alors un joueur vigoureux, placé en arrière, reçoit les *balles qui arrivent jusqu'à la ligne de service,* tandis que l'autre ou les autres frappent celles qui tombent au delà du filet; cette dernière manière est sans doute la meilleure quand "un des joueurs est très habile pour rattraper a la volée. La partie ainsi engagée, on se

Fig. 4. — Balle prise au premier bond.

Fig. 5. — Coup de revers.

retourne alternativement la balle d'un côté à l'autre, jusqu'à ce que l'un des jours arrive à une « chute » ou double faute comme soit en envoyant la balle contre le filet, soit en la poussant violemment en dehors de l'enceinte opposée. Il suffit que la balle tombe dans l'encein*e* quand même elle toucherait en chemin le dessus du filet, car si l'action de la faire toucher annule le « coup de service », le cas n'est plus considéré comme une faute pour les coups subséquents de la même partie. Toute chute compte pour un point en faveur du camp opposé. Expliquons maintenant un jeu, depuis le début jusqu'à la fin. M et N forment un parti de deux joueurs contre X et Z. — M sert : il se place en un point quelconque de la ligne qui forme la limite exté-*)*ieure du carré *a.* La

Fig. 6. — Coup de revers.

balle, passant un peu au-dessus du filet, tombe vers l'extrémité du carré *b*; et X, qui est posté en cet endroit, se précipite vers la balle pour l'atteindre avec sa raquette et la repousser; il y parvient, mais son coup est trop vigoureux, et la balle, volant au delà de N, qui a le bon esprit de ne pas la prendre à la volée, tombe un peu au delà de M, ce qui donne un point au parti adverse; la partie est alors à « 15 à rien » ou pour parler la langue des anglomanes, à « 15 love ». M, changeant de place, se porte

en un point quelconque de la la ligne frontière, sur le côté gauche et sert vers le carré *e*, où se trouve Y. Celui-*c*i, plus heureux que

Fig. 7. — Le bouclier.

son partenaire, ou peut-être plus adroit, retourne la balle à M. M la renvoie à X et X à N, qui la relance dans le filet. Cette chute donne un point à la marque de X et Y, ce qui fait « 15 à 15 » ou « 15 à ». M revient ensuite de l'autre côté du carré et, dans le but de servir très bas, afin d'embarrasser et de surprendre les adversaires, il chasse tellement bas que la balle tombe dans le carré auquel le joueur ne la destinait pas: c'est une faute; M recommence, commet la même faute, et cela donne un autre point aux adversaires, ce qui fait « 15 à 30 ». Cette fois M prend mieux ses mesures et sert admirablement: Y retourne la balle, que N prend à la volée; mais Y, au lieu de continuer le même jeu, relève sa raquette comme une sorte de bouclier en avant de la balle qui vient le frapper (fig. 7) et rebondit doucement dans la cour *a*, si loin à la gauche de N que celui-ci ne peut la rattraper et si près du filet que M, bien qu'il bondisse du fond de la cour, ne peut arriver à temps pour la frapper. Cela donne un point de plus aux adversaires, et la partie se marque « 15 à 40 ». Encore une chute et M et N auront perdu le jeu. L'imminence du danger fait réfléchir M, qui se décide à jouer tout son jeu. Il sert correctement deux coups que les adversaires ne retournent pas dans les règles et il gagne successivement deux points, ce qui met la marque à « 40 partout » ou, pour parler le langage approprié, à « deux ». Il devient alors nécessaire que l'un des partis compte deux points ou « avantages » consécutifs. M donne un autre service heureux et gagne l'un des avantages; mais son second service est moins habile; et Y, qui lui répond, retourne si adroitement la balle vers le coin extérieur du carré *a*, que le partenaire de M, placé un peu trop près du filet, ne peut ni l'attraper à la volée, ni se retourner assez rapidement pour courir après elle et la reprendre au premier bond. L'avantage est perdu et la marque retombe à « deux ». M, qui continue de servir, espère terminer cette longue partie par une couple de services brillants; mais sa tentative n'est pas heureuse; il frappe le filet, d'abord sur la bande colorée qui court le long de sa partie supérieure, et au second coup, encore plus bas. Il commence à s'impatienter et perd ainsi en grande partie l'avantage que lui donnent son adresse et sa longue pratique du jeu. La marque est actuellement « avantage à X et Y », et la moindre erreur de la part de M donnera la victoire à ses adversaires. Pour éviter les chutes précédentes, il sert plus haut, et la balle passe à quelques pieds au-dessus

du filet. Elle est rudement repoussée et il s'en suit une lutte des plus vives, M et N étant extrêmement attentifs à la retourner chaque fois qu'elle traverse le filet de leur côté; elle vole d'une extrémité à l'autre, sans qu'un joueur commette la moindre maladresse, et comme si elle ne voulait jamais s'arrêter. Mais Y possède le talent de repousser la balle dans les coins les plus éloignés du carré, où ses adversaires ont beaucoup de peine à l'attraper. M, particulièrement, est obligé de bondir en avant, en arrière, de droite à gauche et de gauche à droite, sans avoir le loisir de tenter des coups brillants, trop heureux de ne pas manquer la balle. A la fin, il réussit un joli coup et fait passer la balle à 2 ou 3 centim. seulement au-dessus du filet. X, qui se trouve tout près de ce dernier, est tenté de la frapper violemment à la volée; mais il craint de la repousser trop loin et de la faire retomber hors des limites ée l'enceinte; et cette réflexion instantanée le force à la laisser passer vers *son partenaire,* qui se tient en arrière Y, qui a juste le temps de l'atteindre, tombe en allongeant le bras d'une manière démesurée pour ne pas la manquer; il l'a frappée avec violence; elle vole rapidement et très bas; si elle passe au-dessus du filet, ce ne sera que de quelques millimètres et les adversaires se trouveront dans un grand embarras. Ces derniers se précipitent pour être prêts à la recevoir; mais elle touche légèrement la bande colorée supérieure : hourrah pour M et N ; ils ont gagné ! — Pas encore ! La balle a touché, il est vrai ; mais la rapidité de sa rotation la fait passer par-dessus le filet; elle retombe presque verticalement de l'autre côté. M, trop en arrière, fait un bond inutile pour la recevoir; il arrive trop tard; et le second avantage, conférant la victoire, appartient à X et Y. On voit par cet exemple de jeu, que la marche du lawn tennis n'est pas compliquée. Les *matchs* ou joutes se composent de parties de onze jeux, de sorte que lorsque l'un des camps a remporté six victoires, il a gagné une partie. Après chaque partie, les joueurs changent de côté, ce qui est d'une importance dont on se rendra compte en songeant que non seulement le vent (s'il y en a) peut être favorable beaucoup plus à un parti qu'à l'autre, mais encore que le soleil du matin ou celui du soir produit un effet déplorable sur le camp en face duquel il se trouve. Quelques observations trouvent ici leur place. Si, dans une partie à quatre, l'un des joueurs est très habile dans l'art d'attraper la balle à la volée, il n'a qu'à se tenir constamment près du filet pour avoir une influence presque incroyable sur l'issue de la partie. Il est merveilleux de voir quelle large étendue, le long du filet et jusqu'à 1 m. 75 en arrière, peut être couverte par un joueur actif, ayant du coup d'œil et de la rapidité de mouvement. Il est si difficile de faire passer une balle près de lui à la hauteur du filet, que les adversaires, pour éviter l'iniquité de sa raquette, poussent en l'air et échappent ainsi au Charybde du premier joueur pour tomber dans le Scylla de son partenaire qui, placé en arrière, a toute facilité pour recevoir la balle venue de haut et pour exécuter, en la retournant, un joli coup d'un effet souvent fatal. Dans ces dernières années, l'abaissement du filet et la prohibition de prendre à la volée au-dessus de lui, ont fait abandonner cette manière de jouer, et il ne faut plus guère songer à se tenir immédiatement derrière le filet pour saisir la balle au passage. Voici en quoi se résument aujourd'hui les conseils aux joueurs : tirer bas autant que possible, sans risquer d'attraper le filet ; — se défier des coups brillants, si l'on n'est pas absolument sûr de les réussir; l'insuccès d'un coup brillant produit bien plus de discrédit quand on le manque qu'il ne produit de crédit si on l'exécute avec succès; — ne

pas apporter de raideur en frappant la balle : malheureusement ce conseil n'est facile qu'à donner; dans la pratique on ne peut pas toujours mesurer son coup; on voit la balle voler hors de l'enceinte, alors que l'on avait l'intention de la frapper doucement; — ne pas prendre le coup du partenaire, c'est-à-dire ne pas courir après la balle qui tombe dans l'allée du partenaire; — conserver son sang-froid dans tout le cours de la partie et ne manifester aucune mauvaise humeur après un coup manqué ou une partie perdue; — ne pas abandonner l'espoir de rattraper la balle avant d'avoir fait tous ses efforts pour y arriver. Il nous reste à parler de quelques changements introduits dans le jeu, avec l'intention de faciliter les coups et de faire qu'il n'y en ait plus d'impossibles ou de très difficiles à exécuter. C'est dans ce but que l'on a imaginé de tracer longitudinalement de chaque côté de l'enceinte, à 1 m. 50 de la limite, une ligne intérieure perpendiculaire au filet et parallèle, par conséquent, à la limite. Les deux lignes ainsi obtenues sont dessinées sur notre fig. 1 et sont marquées des lettres *k* m *l* i. Elles ont un double but. Dans une partie à quatre joueurs, elles enlèvent aux côtés intérieurs une portion considérable de leurs extrémités, où le premier joueur cherchait autrefois à placer les services les plus difficiles, mais où la chute d'une balle qui n'a pas encore touché le sol sur une partie plus centrale, est considérée aujourd'hui comme une faute. Ces lignes sont donc défavorables au servant et tout à l'avantage de celui qui lui répond. En second lieu, ces lignes servent, dans une partie d'un joueur contre un, à réduire la largeur de l'enceinte. Une autre modification très importante est celle que l'on a apportée à la « volée au-dessus du filet, » ou acte de passer la raquette sur le filet pour frapper la balle pendant qu'elle est encore du côté opposé. La légalité de cette manière de jouer a toujours été mise en question; après de longs débats, les premiers joueurs admirent que liberté entière doit être laissée aux adversaires quant à l'endroit où ils peuvent atteindre la balle, mais les meilleures autorités sont revenues sur cette décision et ont décrété que si un joueur attrape la balle à la volée avant qu'elle ait passé le filet, le coup est perdu. — NOUVELLES RÈGLES DE LA PARTIE D'UN JOUEUR CONTRE UN. 1° Pour une partie de ce genre, l'enceinte doit mesurer seulement 9 m. sur 24; elle est transversalement divisée, en deux parties égales, par un filet A A (fig. 8) qui dépasse d'un mètre les limites de l'enceinte, de chaque côté; sa hauteur est de quatre pieds aux extrémités et de trois pieds au centre. Les lignes C D et E F, parallèles au filet, sont appelées *frontières* ou *ligne de base*, tandis que les lignes C E et D F sont les *côtés*. Le parallélogramme est divisé longitudinalement en deux parties égales par la *ligne de partage* G H, qui forme, de chaque côté du filet, une *cour de droite* et une *cour de gauche*. De chaque côté, on mène, parallèlement au filet, les *lignes de service* X X Y Y; 2° les balles ne doivent pas mesurer moins de 6 centimètres ni plus de 6 centimètres 1/2 de diamètre; elles ne doivent pas peser moins de 60 grammes ni plus de 65 grammes; 3° dans les matchs où il y a des arbitres, leurs décisions sont sans appel; 4° le choix du côté et le droit de servir le premier jeu, sont décidés par le sort. Si celui que le sort a désigné choisit le droit de servir, son adversaire aura le choix du côté, et *vice versâ*; 5° chaque joueur se place d'un côté du filet; celui qui sert, c'est-à-dire qui lance la balle, à chaque coup, est le *tireur*; son adversaire est le *relanceur*; 6° à la fin du premier jeu, les rôles changent : le relanceur devient tireur et le tireur devient relanceur; et ainsi de suite, alternativement à chaque jeu de la partie; 7° le tireur doit se tenir à l'extrémité

un pied hors de l'enceinte, l'autre pied dans l'enceinte ou sur la ligne de base; il doit faire le service de la cour de droite, au premier coup, puis de la cour de gauche, au second, et ainsi de suite, alternativement, passant d'une cour à l'autre à chaque service; 8° la balle servie (on dit aussi *tirée*) doit être lancée de façon à choir entre la ligne de service, la ligne de partage et la ligne de côté qui forment la cour opposée diagonalement à celle d'où la balle est partie; si elle tombe sur l'une des lignes ci-dessus nommées, le service est encore bon; 9° il y a « faute » quand le tireur se place, pour faire le service, sur un côté où il ne devrait pas être, quand il ne prend pas la position indiquée par la règle 7, quand la balle servie tombe dans le filet ou au delà de la ligne de service, ou partout ailleurs que sur les (points déterminés par la règle 8; 10° à *chaque faute on recommence le coup*; 11°

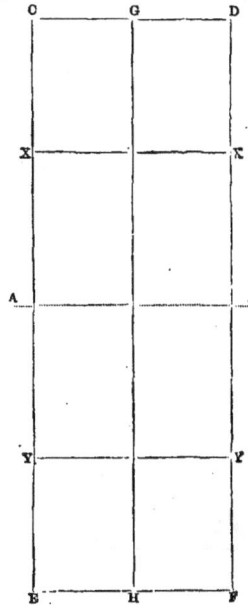

Fig. 8. — Plan de l'enceinte pour une partie d'un joueur contre un.

après une faute, le tireur sert de nouveau en se plaçant du même côté, excepté si la faute est due à une erreur de côté; alors il répare sa faute en se plaçant sur l'autre cour; 12° on ne peut compter une faute quand le service suivant a été effectué d'une manière régulière; la faute est alors pardonnée; 13° le service ne peut être pris à la volée; c'est-à-dire que la balle servie ou tirée ne peut être retournée qu'avant d'avoir touché une fois le sol; 14° le tireur ne doit pas servir avant que le relanceur soit prêt; si ce dernier essaie de retourner le service, il est considéré comme prêt; 15° un service ou une faute effectuée quand le relanceur n'est pas prêt ne compte pas et le coup doit être recommencé; 16° une balle est dite *retournée* ou *en jeu* quand elle est relancée par dessus le filet avant d'avoir touché deux fois le sol; 17° le retour est bon quand la balle touche le filet; mais si la balle *servie* touche le filet, le service ne compte pas, pourvu qu'il n'y ait pas d'autre irrégularité qui prime la nullité; 18° le tireur gagne un coup lorsque le relanceur prend le service à la volée, lorsque le relanceur manque de retour-

ner le service ou la balle en jeu, ou quand il renvoie la balle de service ou en jeu au delà de l'une des lignes qui bornent la cour du tireur, ou enfin dans l'un des cas prévus par l'art. 20; 19° le relanceur gagne un coup lorsque le tireur commet deux fautes consécutives, quand le tireur manque de renvoyer la balle en jeu, ou quand il la fait voler au delà de l'une des lignes qui bornent la cour du relanceur, ou enfin dans l'un des cas prévus dans l'article qui suit; 20° tout joueur perd le coup si la balle *frappe une partie quelconque* de son corps, de ses vêtements ou n'importe quel objet il peut porter, sauf la raquette agissant pour la recevoir; s'il frappe ou touche plus d'une fois la balle en jeu; s'il touche le filet ou l'un de ses soutiens pendant que la balle est en jeu; s'il prend la balle à la volée avant qu'elle ait dépassé le filet; 21° quand un joueur gagne son premier coup, son point est de 15; quand il gagne son second coup, sa marque est de 30; quand il gagne son troisième coup, sa marque est de 40; et au quatrième coup gagné par lui, la victoire du jeu lui appartient, sauf les restrictions suivantes : si chacun des deux joueurs a gagné trois coups, la marque est dite de « à deux » et le gain du coup suivant vaut un « avantage » à celui qui le fait; si le même joueur gagne encore le prochain coup, il est vainqueur pour ce jeu; mais s'il perd ce prochain coup la marque retombe « à deux »; et ainsi de suite jusqu'à ce que l'un des joueurs gagne les deux coups qui suivent immédiatement la marque deux, après quoi il est déclaré vainqueur du jeu; 22° un joueur qui a, le premier, gagné six jeux, est vainqueur pour la partie, excepté dans le cas suivant : si les deux joueurs ont chacun 5 jeux, la marque est « manche à manche» et le premier jeu gagné par l'un ou par l'autre, donne au gagnant ce que l'on appelle « l'avantage de jeu ». Si le même joueur gagne le jeu suivant, il est vainqueur pour la partie; dans le cas contraire, la marque revient à « manche à manche ». Et ainsi de suite jusqu'à ce que l'un ait gagné les deux jeux qui suivent immédiatement le « manche à manche »; alors il a gagné la partie. — Nota. Les joueurs peuvent convenir de ne pas terminer la partie en jouant l'avantage de jeu; alors la victoire est décidée par le gain du jeu qui suit le « manche à manche »; 23° les joueurs doivent changer de côté à la fin de chaque partie, mais l'arbitre, quand on en appelle à lui avant le tirage au sort pour le choix, peut ordonner que les joueurs changeront de place après chaque jeu, si dans son opinion, un côté présente un grand avantage sur l'autre, en raison de la position du soleil, de la direction du vent ou pour toute autre cause. Si l'appel est fait après le commencement du match, l'arbitre peut seulement ordonner que les joueurs changeront de côté à la fin de chaque jeu terminant la partie; 24° quand on a joué une partie, le tireur du dernier jeu de cette partie devient le relanceur du 1er en suivant; 25° *Les avantages*. On appelle *bisque* l'avantage d'un coup qu'un joueur accorde à un autre, en lui laissant la liberté de placer cet avantage à son choix dans la partie en se soumettant aux restrictions suivantes : la bisque ne peut être prise dès que le service a été effectué; le tireur ne peut la compter après une faute; mais son adversaire peut le faire; 26° une ou plusieurs bisques peuvent être accordées en augmentation ou en diminution d'autres avantages; 27° le *demi-quinze* est un coup accordé au commencement du second jeu, du quatrième jeu et de chaque jeu pair d'une partie; 28° le *quinze* est l'avantage d'un coup accordé au début de chaque jeu d'une partie; 29° le *demi-trente* est un coup donné au commencement du premier jeu, deux coups au commencement du second jeu et ainsi de suite alternativement dans tous les jeux sub-

séquents de la partie ; 30° le *trente* est un avantage de deux coups que l'on compte au

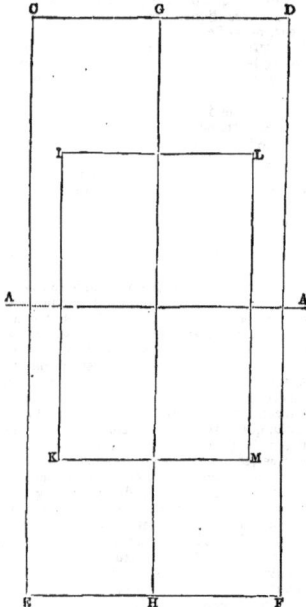

Fig. 9. — Plan de l'enceinte pour une partie de trois et de quatre joueurs.

commencement de chaque jeu de la partie; 31° le *demi-quarante* est un avantage de deux coups, comptés au commencement du premier jeu, de trois coups au commencement du second jeu et ainsi de suite alternativement dans tous les jeux subséquents d'une partie ; 32° le *quarante* se compose de trois coups accordés au commencement de chaque jeu ou d'une partie ; 33° *demi-cour* : les joueurs ayant convenu de la cour vers laquelle jouera celui qui accorde l'avantage, celui-ci perd un coup chaque fois que la balle, retournée par lui, tombe en dehors des lignes qui bornent cette cour. — Nouvelles règles pour les parties de trois ou quatre joueurs ; 34° toutes les règles ci-dessus sont applicables aux parties de trois et de quatre joueurs, sauf en ce qui concerne les lois suivantes ; 35° pour les parties de trois et de quatre joueurs, l'enceinte aura 12 m. de large. A l'intérieur, parallèlement et à une distance de 1 m. 50 des lignes de côté, on tirera des lignes de côté du service I K et L M, dont les extrémités seront respectivement reliées par les lignes de service I L et K M (fig. 9). Pour tout le reste, l'enceinte est semblable à celle qui a été décrite à l'article 1 ; 36° dans une partie à trois, le joueur qui est seul doit servir à chaque jeu alternatif ; 37° dans une partie à quatre, le couple qui a le droit de servir au premier jeu décide lequel des deux partedaires sera le tireur et le couple adverse décidera semblablement au second jeu. Le partenaire du joueur qui a servi au premier jeu servira au troisième ; et le partenaire de celui qui a servi au second jeu servira au quatrième et ainsi de suite dans le même ordre pour tous les jeux suivants d'une partie ou d'une série de parties; 38° les joueurs prendront le service alternativement. L'ordre du service une fois arrangé ne sera plus changé; 39° la balle servie doit tomber entre la ligne de service, la ligne de demi-cour, et la ligne du côté de service de la cour qui est diagonalement opposée à celle d'où la balle est servie, ou sur l'une des lignes ci-dessus dénommées; 40° chaque fois que la balle ne tombe pas comme ci-dessus c'est une *faute*. Pour marquer plus rapidement, on se sert aujourd'hui d'un « marqueur » dont les joueurs feront bien de se munir. Il n'est pas inutile de rappeler aux joueurs qu'ils doivent se chausser légèrement, et de façon à pouvoir bondir sans risquer de glisser ou de tomber. La raquette sera équilibrée. Quoique sa grosseur soit un avantage, elle ne doit pas être disproportionnée avec la force de celui qui s'en sert et il faut que la main puisse la saisir aisément.

LAZERGES (Jean-Raymond-Hippolyte), peintre, né à Narbonne en 1817, mort en oct. 1887, Il reçut des leçons de David d'Angers et de F. Bouchot. Il s'est à peu près exclusivement adonné à la peinture religieuse et a produit une *Descente de Croix* (1841), *Jésus au jardin des Oliviers, Mort de la Vierge, Saint Sébastien mis au tombeau, Chemin du Calvaire* (1870) ; *Eve* (1872), etc. Il entreprit d'importants travaux dans les principales églises de Paris et de province. En 1869, son *Foyer du théâtre de l'Odéon un jour de première représentation*, piqua vivement la curiosité, à cause du grand nombre de portraits de contemporains célèbres qu'il avait su y grouper.

LEBEL s. m. (de *Lebel*, nom d'un inventeur). Fusil de Lebel : un *lebel*, des *lebels*. — Lebel est le nom de l'un des officiers qui ont collaboré à l'invention d'un nouveau fusil à répétition du calibre de 8 millimètres. Cette arme, qui est aujourd'hui entre les mains de tous nos soldats, est due aux travaux d'une douzaine d'officiers ; elle fut admise en principe dès 1884, mais ne put entrer dans la pratique avant la découverte d'une cartouche spéciale. La poudre ordinaire aurait produit un encrassement trop considérable, en raison de l'exiguïté du calibre, L'honneur d'avoir résolu le problème revient à M. Vieille, ingénieur des poudres et salpêtres. C'est lui qui trouva, en 1886, une poudre ne produisant ni encrassement ni fumée, et fatigant l'arme le moins possible. La poudre Vieille, officiellement nommée *poudre B*, en l'honneur du général Boulanger,

Fig. 1. — Le fusil Lebel vu en dessus.

Fig. 2. — Le fusil Lebel vu de profil.

Fig. 3. — La culasse est ouverte. La douille vide est extraite du tonnerre; l'auget abaissé reçoit une nouvelle cartouche.

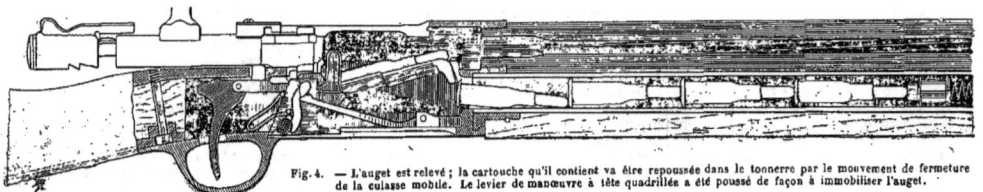

Fig. 4. — L'auget est relevé ; la cartouche qu'il contient va être repoussée dans le tonnerre par le mouvement de fermeture de la culasse mobile. Le levier de manœuvre à tête quadrillée a été poussé de façon à immobiliser l'auget.

est d'une puissance supérieure à celle de toutes les poudres employées aujourd'hui en Europe. Sa composition est un secret d'Etat. — Le fusil Lebel emmagasine dans sa crosse neuf cartouches que le tireur peut faire partir sans interruption; il supprime presque totalement le mouvement de recul si défavorable à la sûreté du tir; il diminue sensiblement l'intensité de la détonation; enfin il ne produit presque pas de fumée et ne révèle point la position du tireur. Les gravures ci-contre font connaître le détail du mécanisme intérieur. La partie antérieure de la culasse est munie de deux tenons qui se logent dans une rainure ménagée à l'arrière du canon, quand le levier de culasse mobile ramené en avant est abattu à droite. Ces deux tenons reçoivent le choc du recul et le transmettent symétriquement par rapport à l'axe du canon. Ce qui distingue le *lebel* des armes à répétition admises en Allemagne (voy. Fusil à *répétition* dans ce *Supplément*), c'est l'absence de *botte-chargeur*. Les cartouches, au nombre de huit, au lieu d'être placées les unes sur les autres, dans une botte, sont logées bout à bout le long et en dessous du canon, dans un magasin terminé du côté de la culasse mobile, par un auget. Cet auget est une sorte de cuiller qui tourne autour d'un axe traversant son extrême arrière. Un levier de manœuvre immobilise l'auget ou lui permet de fonctionner, suivant qu'il est amené vers l'arrière ou vers l'avant, ce qui fait du fusil une arme à répétition ou une arme à tir coup pour coup, qui se manœuvre alors comme le gras. Pour le tir à répétition on fait abaisser l'auget; l'orifice en magasin est découvert, on y glisse huit cartouches que refoule un ressort à boudin logé dans le tube. Une 9ᵉ et une 10ᵉ cartouches se placent dans l'auget et dans la chambre. Après chaque coup, on ouvre la culasse afin d'expulser l'étui vide; l'auget bascule aussitôt et élève la cartouche qu'il contient. La culasse mobile, ramenée en avant, pousse ensuite dans la chambre la cartouche ainsi soulevée. L'auget s'abaisse de nouveau et reçoit la 1ʳᵉ cartouche du magasin, poussée par le ressort à boudin. Le mécanisme fonctionne ainsi jusqu'à ce que l'approvisionnement soit épuisé. La baïonnette, de forme absolument nouvelle, est une lame à section cruciale, montée sur une poignée en bronze de nickel; elle s'adapte en-dessous du canon. La cartouche pèse 27 gr. 7; celle du gras pesait 43 gr. La balle, formée d'un alliage de 90 gr. de plomb et de 10 gr. d'antimoine, mesure 32 millim. de long et pèse 15 grammes. La poudre, de couleur jaune clair, ne produit qu'une faible détonation et pas de fumée. Le soldat portait jadis sur lui 78 cartouches gras; il peut aujourd'hui en porter 118. Le pas des rayures du canon est voisin de 0 m. 24, ce qui permet aux rayures de décrire plusieurs spires dans l'âme, en imprimant à la balle une vitesse rotatoire de 2,600 tours à la seconde. La hausse est graduée jusqu'à 2,000 mètres. La rapidité du tir est de 12 coups à la minute sans recourir au magasin; les dix cartouches de l'approvisionnement se brûlent en 30 secondes, dans un feu ajusté. Les effets du tir par cette arme sont foudroyants. La vitesse initiale du projectile est de 625 environ. Sans employer la hausse, on peut atteindre un fantassin debout jusqu'à la distance de 520 m., un fantassin à genoux jusqu'à 420 m. A 600 m., la trajectoire ne s'élève pas à plus de 2 m. 30 du sol. A 300 m. la balle traverse d'outre en outre une épaisseur de bois de 1 m.; à 1,000 m. deux chevaux ou quatre hommes; elle peut traverser 3 poutres de 20 centim. d'épaisseur chacune, et frapper une cible à 600 m. de là, sans subir la moindre déviation. Le projectile et la détonation cheminent de conserve tant que la vitesse de la balle est supérieure à 333 m. C'est seulement quand la vitesse restante du projectile s'abaisse au-dessous de cette limite que le son se propage seul avant

la balle. Les différentes méthodes servant à calculer les distances par l'intervalle écoulé entre l'apparition de la fumée ou de la lumière et la perception de la détonation doivent donc être abandonnés avec cette arme. Vers la fin du mois de juin 1887, on commença la distribution des nouveaux fusils à raison de 10 par compagnie; le 1ᵉʳ janvier 1888, cinq corps d'armée ou 40 régiments, sans compter les bataillons de chasseurs, l'avaient entre les mains. La fabrication, poussée avec une fiévreuse activité, produisait jusqu'à 1,600 fusils par jour; mais elle était forcément beaucoup moins importante au début, faute d'un outillage indispensable. Sur le pied de 1,500 en moyenne par jour, on arrive à un total de 500,000 par an, ce qui permit de pourvoir l'armée française (deux millions d'hommes) en quatre ans. (Voy. Carabine.)

LEBLANC (Nicolas), célèbre chimiste, né à Ivoy-le-Pré, arr. de Sancerre (Cher), en 1753, mort en 1806. Orphelin à l'âge de neuf ans, il quitta son pays natal à dix-sept ans et vint chercher fortune à Paris. Ayant obtenu le diplôme de maître en chirurgie, il se fixa un instant à Issoudun, puis fut attaché à la maison du duc d'Orléans. Il se fit connaître par des mémoires sur la cristallisation des sels neutres, adressés à l'Académie des sciences et publiés en 1786, sous le titre de *Cristallotechnie*. La même année, l'Académie ayant annoncé qu'elle décernerait un prix à l'inventeur d'un procédé pratique pour fabriquer la soude artificielle, Leblanc se mit à l'œuvre, et, après bien des tâtonnements, découvrit le procédé facile que l'on emploie encore pour tirer la soude du sel marin. Cette découverte opéra une révolution industrielle. La soude, qui était rare et chère, baissa de prix et fut livrée en quantité illimitée pour les usages de la verrerie, de la savonnerie, de la papeterie, etc. — Le duc d'Orléans consentit à exploiter en grand le procédé de Leblanc et créa, dans ce but, une fabrique à Saint-Denis. Pendant la Révolution, l'inventeur perdit son protecteur et fut exproprié de son procédé, sans compensation sérieuse. Il devint administrateur du département de la Seine, membre de l'Assemblée législative, régisseur des poudres et salpêtres, et membre de plusieurs commissions scientifiques. Il trouva des procédés nouveaux pour l'extraction du salpêtre, pour l'utilisation des eaux vannes, des immondices, etc., fit des recherches sur le sel ammoniac, sur les oxydes de mercure, sur le nickel, etc. Tant de travaux ne l'enrichirent pas; tombé dans la misère au commencement de l'Empire, il termina sa vie par un suicide. — Le 28 juin 1887, eut lieu, au Conservatoire des arts et métiers, l'inauguration d'une statue de grand chimiste, due au ciseau du sculpteur Hiolle.

LEBŒUF (Edmond), maréchal de France, né à Paris le 5 nov. 1809, mort en son château de Trun, près d'Argentan (Orne), le 7 juin 1888. Entré à l'Ecole polytechnique en 1828, il prit part à la révolution de 1830, participa à la prise de la caserne de Babylone et reçut la décoration de Juillet. Il entra, peu après, comme sous-lieutenant à l'école d'application de Metz et en sortit avec le numéro 1 comme lieutenant en second d'artillerie en 1832. Il était lieutenant en premier en 1833, et capitaine en second en 1837. Passé en Afrique, il prit part au siège de Constantine, fut nommé officier d'ordonnance du maréchal Valée et assista aux expéditions de Djidjelli, de Médéah et de Millanah. Il reçut le grade de capitaine en premier en 1839, et celui de chef d'escadron en 1845. Deux ans plus tard, il fut nommé commandant en second de l'Ecole polytechnique, y resta jusqu'en 1850, passa colonel en 1852, chef d'état-major de l'artillerie à l'armée d'Orient le 15 avril 1854, général de brigade en nov. 1854, commanda en 1855, l'artillerie du 1ᵉʳ corps chargé des travaux

du siège de Sébastopol, fut placé à la tête de l'artillerie de la garde impériale en 1856, reçut en 1857 les étoiles de général de division et commanda l'artillerie pendant la campagne d'Italie. C'est en cette qualité qu'il inaugura les nouveaux canons rayés et contribua puissamment au succès de la bataille de Solférino. En nov. 1859, l'empereur le nomma son aide de camp, puis président du comité d'artillerie en 1864, et inspecteur général de l'Ecole polytechnique la même année. En 1866, le général Lebœuf fut envoyé à Venise, en qualité de commissaire, pour recevoir de l'empereur d'Autriche la cession de la Vénétie et remettre cette province au gouvernement italien. Deux ans plus tard, il prit le commandement du camp de Châlons, puis celui du 6ᵉ corps d'armée, à Toulouse, en janv. 1869. Le 21 août suivant, il remplaça le maréchal Niel au ministère de la guerre, conserva son portefeuille lors de la formation du ministère Ollivier (2 janv. 1870) et fut élevé à la dignité de maréchal de France le 24 mars. Considérant la garde mobile comme inutile et dangereuse, il en abandonna l'organisation, que son prédécesseur avait commencée. La veille de son élévation à la dignité de maréchal, dans la séance du Corps législatif du 24 mars 1870, abordant la question de l'organisation de la garde mobile, il prononça ces paroles : « Ma seule politique la voici : c'est d'être toujours prêt... Quant à me mêler de la paix et de la guerre, cela ne me regarde pas. Si la guerre arrive je dois être prêt ; tel est mon devoir et je le remplirai. » Ce langage fut vivement applaudi, mais le ministre se trompait quand il croyait être prêt à soutenir une grande guerre; les six cent mille hommes dont il croyait disposer n'existaient que sur le papier. Trois mois plus tard, sur cette belle assurance, Napoléon III commettait la folie d'entrer en lutte contre l'Allemagne. A ce moment, la responsabilité du maréchal Lebœuf fut écrasante. Il communiqua sa fatale assurance aux députés et aux sénateurs. On a bien souvent cité cette phrase tristement célèbre qu'il aurait prononcée dans les couloirs du Corps législatif : « Nous sommes prêts, jusqu'au dernier bouton de guêtre. » — Le 15 juillet, il fut nommé major général de l'armée et remplacé au ministère par le général Dejean. Après nos premiers désastres, il fut obligé de résigner ses fonctions et resta sans emploi pendant quelques jours. Ensuite, il reçut le commandement du 3ᵉ corps d'armée, combattit à Saint-Privat et à Gravelotte, où l'on assure qu'il chercha la mort, fut investi dans Metz, avec Bazaine, se prononça contre la capitulation, mais dut se soumettre à la majorité du conseil; revint d'Allemagne après la signature de la paix, séjourna en Hollande et se rendit à Paris au mois de déc. 1871, pour y déposer devant la commission d'enquête sur les actes du gouvernement de la Défense nationale et devant le conseil chargé de juger les capitulations. Il s'efforça surtout de prouver qu'au début de la guerre, il avait 567,000 hommes sous les armes et accusa, avec une grande énergie, le maréchal Bazaine. Depuis cette époque, il chercha à se faire oublier et se retira dans son château.

LÉCLUSE (Charles de), en lat. *Clusius*, botaniste, né à Arras, en 1526, mort en 1609. Il étudia d'abord le droit à Louvain, mais finit par se vouer à la carrière médicale, se fit recevoir docteur à Montpellier, herborisa en France, en Espagne, en Angleterre, en Allemagne, dirigea, pendant 14 ans, les jardins de l'empereur Maximilien II, à Vienne, devint professeur de botanique à l'université de Leyde (1589) et écrivit : *Rariorum plantarum historia* (Anvers, 1611, in-fol., avec 1.135 fig.), ouvrage dans lequel se trouve la plus ancienne description connue de la pomme de terre ; *Exoticorum lib. X, quibus animalium plantarum..... historiæ describuntur*

(Anvers, 1603, in-folio); etc. Le nom de *Clusia* a été donné par Plumier à un genre de guttifères.

LE FILLEUL DES GUERRORTS (Désiré-François), poète français, surnommé le *Florian de la Normandie*, né au château des Guerrots (pays de Caux), en 1778, mort en 1857. Outre des *Fables et Poésies diverses* (Rouen, 1818), il a laissé une traduction d'Horace et plusieurs pièces de vers insérées dans le recueil de l'Académie de Rouen, dont il était membre depuis 1810.

LEFLÔ (Alphonse-Emmanuel-Charles), général et homme politique, né à Lesneveu (Finistère), le 2 novembre 1804, mort à Morlaix en novembre 1887. Au sortir de l'école militaire de Saint-Cyr, en 1825, il fut nommé sous-lieutenant au 2ᵉ léger, passa lieutenant en 1830, fit ses premières armes en Afrique, l'année suivante, fut promu capitaine en 1836, puis chef de bataillon aux zouaves, en 1840, lieutenant-colonel, au 22ᵉ léger, en 1841, colonel du même régiment, le 20 octobre 1844, général de brigade le 2 juin 1848. Chargé d'une mission diplomatique à Saint-Pétersbourg en août 1848. il fut élu le 17 septembre suivant représentant du Finistère à la Constituante, puis à la Législative ; il siégea à la droite de ces deux Assemblées, combattit vivement les républicains et, plus tard, la politique napoléonienne, se fit nommer questeur et se vit arrêter à l'hôtel de la Présidence, dans la matinée du Deux Décembre. Après avoir été quelque temps enfermé au fort de Ham, il fut expulsé du territoire français, se retira en Belgique et ensuite à Jersey ; il ne rentra qu'après l'amnistie de 1859. Il vivait retiré dans son château de Hec-Hoät, quand la guerre de 1870 éclata ; il offrit ses services à l'Empereur, qui les refusa, mais le gouvernement de la Défense nationale le nomma ministre de la guerre et le réintégra dans l'armée avec le grade de général de division. Pendant le siège de Paris, il porta son énergie vers l'organisation et l'armement de la garde nationale. Le département du Finistère l'envoya à l'Assemblée de Bordeaux, le 8 février 1871 et il conserva le portefeuille de la guerre dans le cabinet formé par M. Thiers, le 19 du même mois. C'est en sa qualité de ministre qu'il prépara l'attaque de Montmartre par les troupes de Vinoy. Après la semaine sanglante, il fut remplacé au ministère par le général de Cissey et fut appelé à l'ambassade de Russie, où il fut reçu avec une grande cordialité par l'empereur Alexandre II. Il y resta jusqu'en février 1879. époque où il fut remplacé par le général Chanzy.

LÉGION D'HONNEUR. Le premier Empire fit, pendant toute sa durée, de 1804 à 1815, 48,000 légionnaires, sur lesquels 1,400 civils seulement ; en 1815, il n'y avait pas moins de 36,000 légionnaires. La Restauration en fit moins parce qu'elle distribua, concurremment avec les croix de la Légion d'honneur, les croix de Saint-Louis et d'autres ordres anciens. Sous Louis-Philippe et sous Napoléon III, le nombre des légionnaires s'accrut dans de rapides proportions ; on n'en comptait pas moins de 56,000 en 1870, et dans les quinze mois qui suivirent la révolution du Quatre-Septembre, on donna plus de 8,000 nouvelles décorations, de sorte qu'en 1873, le nombre en était de près de 60,000, chiffre le plus élevé qui ait jamais figuré sur les contrôles. Pour effectuer une réduction, les lois de 1873 et 1879 réglèrent qu'au civil on ne ferait plus qu'une nomination pour deux extinctions, au militaire deux nominations pour trois extinctions ; mais on déroge plusieurs fois à ces restrictions, notamment quand on accorda des croix supplémentaires aux exposants d'Anvers (1885), aux militaires du Tonkin et de Madagascar (1886) et aux militaires et aux marins de l'Annam et du

Sénégal (1887). — **Législ.** En vertu de la loi du 26 février 1887 (art. 16), les membres de la Légion d'honneur, nommés ou promus dans l'Ordre, au titre civil, doivent rembourser le prix de leurs insignes, d'après le tarif déterminé par le décret du 14 décembre 1886. Les prix sont ainsi fixés : pour les insignes de chevalier, 15 fr. ; d'officier, 74 fr. ; de commandeur, 169 fr. ; de grand-officier, 260 fr. ; et de grand-croix, 328 fr. — Ces remboursements sont dus indépendamment des droits de chancellerie dont le tarif a été fixé de la manière suivante par le décret du 22 mars 1875, savoir : pour le brevet de chevalier de la Légion d'honneur, 25 fr. ; pour celui d'officier, 50 fr. ; pour celui de commandeur, 80 fr. ; pour celui de grand-officier, 120 fr. ; pour celui de grand-croix, 200 fr. — Le droit de porter, en France, des décorations étrangères n'est accordé que sous certaines conditions, que nous avons indiquées au *Dictionnaire* (t. II, p. 353). Sont exempts des droits de chancellerie, en vertu des décrets du 14 mars et du 10 juin 1853, savoir : les soldats et sous-officiers des armées de terre et de mer, en activité de service, pour les brevets de la Légion d'honneur ; les soldats, les sous-officiers et les officiers en activité de service, jusques et y compris le grade de capitaine dans l'armée de terre, et le lieutenant de vaisseau dans l'armée de mer, pour les décorations étrangères. — **Statistique.** Voici quel était l'effectif des membres de l'ordre de la Légion d'honneur à la date du 1ᵉʳ janvier 1890. Le total des légionnaires s'élevait à 53,848, dont 32,021 militaires et 21,827 civils. Ce total se répartissait de la manière suivante, dans la hiérarchie de l'Ordre. grands-croix, 66 : 47 militaires, 19 civils ; grands-officiers, 238 : 182 militaires, 56 civils ; officiers, 5,992 : 4,307 militaires, 1,685 civils ; chevaliers, 46,410 : 26,621 militaires, 19,789 civils. — Les trois maisons d'éducation de la Légion d'honneur, de Saint-Denis, d'Ecouen et des Loges, sont aujourd'hui régies par un nouveau statut (décret du 20 juin 1890), lequel reproduit la plus grande partie des dispositions du statut de 1881, dont nous avons parlé dans le *Dictionnaire* (t. III, p. 573). Les travaux pratiques que le regretté général Faidherbe a introduit si heureusement dans les programmes d'enseignement de ces trois maisons, sont réglés avec soin par le nouveau statut. Dans chacune d'elles, on prépare au brevet élémentaire de l'enseignement primaire ; et c'est seulement à Saint-Denis que l'on prépare au brevet supérieur. Aux Loges, ont donne spécialement un enseignement professionnel (coupe et confection de robes, broderies et dessin industriel). A Ecouen, des cours d'enseignement commercial comprennent la comptabilité et la tenue des livres, ainsi que la préparation aux emplois dans les postes et télégraphes, la banque, etc. — Dans chaque maison, les élèves font leurs robes et entretiennent le linge. On leur enseigne tout ce qu'il peut être utile de savoir à une mère de famille, la préparation des aliments, les travaux de la buanderie, etc.   CH. Y.

LEGRAND DU SAULLE (Henri), célèbre médecin aliéniste, né à Dijon en 1830, mort le 6 mai 1886. Il fit ses premières études médicales à Dijon, les continua à l'hospice des aliénés de la Chartreuse (près de Dijon), puis à l'asile de Quatremarres (près de Rouen), et enfin à Charenton. De 1854 à 1862, il fut l'un des principaux rédacteurs de la *Gazette des Hôpitaux* ; il devint ensuite rédacteur-gérant des *Annales médico-psychologiques* et reçut en 1867 le titre de médecin de l'hospice de Bicêtre. L'année suivante, il ouvrit, à l'école pratique, un cours sur les *maladies du cerveau et du système nerveux*. Pendant la Commune de Paris, il eut à s'occuper du traitement des otages et ensuite de celui des fédérés, au dépôt de la préfecture de police. Peu après,

il fut nommé médecin de l'infirmerie spéciale des aliénés à la préfecture. Ses ouvrages sont nombreux et très importants. Nous citerons : *La Folie devant les Tribunaux* (1864, in-8º), travail d'une grande puissance, couronné par l'Institut ; *Etude médico-légale sur la séparation de corps* (1866, in-8) ; *De l'Hystéro-épilepsie* (1855, in-8º) ; *Etude médicale sur l'Hystérie* (1860, in-8º) ; *De l'Epilepsie* (1861, in-8º) ; *Pronostic et traitement de l'épilepsie* (1869, in-8º) ; *Etude médico-légale sur la paralysie générale* (1866, in-8º) ; *Manuel pratique de médecine légale*, en collaboration avec Ortolan, et suivi d'un précis de chimie légale, par A. Naquet (1868, in-18) ; le *Délire des persécutions* (1871, in-8º), curieuse étude sur les cas de folie occasionnés par les événements de la Commune ; *La Folie héréditaire* (1873, in-8º) ; *Traité de médecine légale et de jurisprudence médicale* (1873-74, in-8º).

LEHMANN (Charles-Ernest-Rodolphe-Henri), peintre français, d'origine allemande, né à Kiel, en 1814, mort en 1882. Elève de son père, artiste distingué, établi à Hambourg, il vint ensuite à Paris et travailla dans les ateliers d'Ingres. Il débuta au Salon de 1835, et se fit une grande réputation comme portraitiste et dans la peinture religieuse et historique. Ses toiles religieuses représentent une foule de sujets de la Bible : *Tobie et l'Ange* ; la *Fille de Jephté* ; *Le mariage de Tobie* ; la *Vierge et l'Enfant Jésus* ; *Sainte Catherine portée au tombeau par des anges* ; *Flagellation du Christ* ; *Jérémie*, etc. Ses tableaux historiques s'inspirent surtout d'Eschyle, de Victor Hugo, de Gœthe, de Shakespeare et de nos grands poètes. *Don Diégo, père du Cid* (1836) ; *Hamlet* ; *Ophélia* (1846), etc. Il a laissé les portraits d'un grand nombre de ses contemporains célèbres : *Franz Liszt* ; vice - amiral *Jaurès* ; baron *Haussmann* ; *Bouilloud* ; *Michel Chevalier* ; *Ponsard* ; *Alphonse Karr* ; *Baroche* ; *Victor Cousin* ; *Galimard* ; etc.

LEMAIRE (Philippe-Henri), sculpteur français, né à Valenciennes, en 1798, mort en 1880. Elève de Cartelier et de l'Ecole des Beaux-Arts, il remporta, en 1821, le grand prix avec un bas-relief : *Alexandre chez les Oxydraques*, alla étudier à Rome et exposa au Salon de 1827 la *Jeune Fille tenant un papillon*. Ses œuvres principales furent ensuite : *Laboureur trouvant des armes* (Jardin des Tuileries) ; *Thémistocle* (Jardin des Tuileries) ; *Kléber, Louis XIV*, pour le musée de Versailles ; le *Fronton de l'église de la Madeleine*, son chef-d'œuvre (1836-42) ; *Funérailles de Marceau* (arc de triomphe de l'Etoile) ; *Hoche* (Versailles) ; *Napoléon* (Bourse de Lille) ; *Froissart* (1857, Valenciennes), etc. Candidat officiel, il fut élu représentant du département du Nord, en 1851, en 1857 et en 1863. Mais il éprouva un échec en 1869 et rentra dans la vie privée.

LEMARE (Pierre-Alexandre), grammairien. né à Grande-Rivière (Jura), en 1766, mort à Paris, en 1835. Prêtre, avant la Révolution, il rentra dans la vie laïque, devint président de l'administration départementale du Jura, combattit le coup d'Etat de Brumaire, s'exila un instant, fut condamné, par contumace, à 10 ans de fers, fut casser son jugement, fonda, à Paris, l'Athénée de la jeunesse, entra dans la conspiration de Malet, s'enfuit en Autriche, d'où il fut expulsé, se rendit à Montpellier, y étudia la médecine, sous un faux nom, fit la campagne de Russie, comme aide-major, se fit recevoir docteur-médecin, en 1814, et se livra ensuite tout entier à ses études grammaticales. Il a laissé des ouvrages estimés : *Cours théorique et pratique de langue latine* (1804, 3 vol. in-8º) ; *Cours théorique et pratique de langue française* (Paris, 1807, 2 vol. in-8º ; 2ᵉ édition, 1819) ; *Dict. franç. par ordre d'analogie* (1820, in-8º) ; etc. Lemare inventa un *caléfacteur* qui porte son nom.

LEMERCIER (Jacques), architecte et graveur, né à Pontoise, vers 1590, mort en 1660. Richelieu le chargea d'élever la Sorbonne et le Palais-Cardinal (Palais-Royal). Il construisit aussi les portails des églises de Rueil et de Bagnolet, acheva l'église de l'Oratoire (Paris), bâtit celle de l'Annonciade, à Tours, commença celle de Saint-Roch, érigea l'aile du Louvre, à droite du pavillon de l'Horloge et la partie supérieure de ce pavillon.

LEMERCIER (Louis - Jean - Népomucène), poète, né à Paris, le 21 avril 1771, mort le 17 avril 1840. Il était fils d'un secrétaire des commandements de la princesse de Lamballe. Dès l'âge de 17 ans, il composa une tragédie intitulée *Méléagre*, et donna ensuite 15 tragédies et autant de drames ou comédies, presque tous en 5 actes et en vers, et plus de 50 chants de poèmes, les uns héroïques, les autres satiriques ou héroï-comiques. La bizarrerie de ses idées et le mauvais goût qui se rencontrent partout dans ses écrits en empêchèrent presque toujours le succès. Ses principales tragédies sont : le *Lévite d'Ephraïm* (1796, 3 a.); *Agamemnon* (1797, 5 a.) ; son chef-d'œuvre, *Frédégonde et Brunehaut* (1820, 5 a.); *Richard III et Jeanne Shore* (1823, 5 a.); les *Martyrs de Souli* (1825, 5 a.). Nous citerons parmi ses comédies et ses drames : le *Tartufe révolutionnaire*, contre les terroristes, (1795, 5 a., vers.); *Pinto ou la Journée d'une conspiration* (1805, 5 a., prose.); *Plaute ou la Comédie latine* (1808, 7 a., ; l'*Ostracisme* (1828, 3 a.); *Richelieu ou la Journée des Dupes* (1804, 5 a., vers). Les plus importants de ses poèmes sont : les *Âges français* (1803, 15 chants); l'*Atlantiade ou la théogonie newtonienne* (1812, 6 chants), poème dans lequel il crée une mythologie nouvelle, avec l'oxygène, le calorique, le phosphore, la gravitation, etc., pour divinités. ; la *Mérovéide ou les Chants catalauniques* (1818, en 14 chants, poème badin) ; la *Panhypocrisiade ou le Spectacle infernal du XVI*e *siècle* (1819). — Professeur à l'Athénée de Paris, de 1811 à 1814, il réunit et publia, en 1820, le recueil de ses leçons, sous le titre : *Cours analytique de littérature générale* (4 vol. in-8°). Entré à l'Académie française, où il se montra l'adversaire acharné de l'école romantique, dont il avait été pourtant le précurseur.

LÉNOIS, OISE, s. et adj. De Lens; qui appartient à cette ville ou à ses habitants.

LENTILLE. — L'expérience suivante montre comment la lumière se forme dans les lentilles. Procurons-nous un écran ou fabriquons-le nous-même avec une feuille de papier à lettres dont les bords sont collés sur un cadre de bois. Posons verticalement cet écran sur une table, comme le représente notre vignette (IV). Devant lui, plaçons une lentille biconvexe ou, ce qui est plus simple, une carafe pleine d'eau (III) ; enfin, en face de la carafe, mettons

Comment les images sont formées par les lentilles.

une bougie allumée, à une distance égale de celle de l'écran : soit environ 30 centimètres (I). Nous verrons l'image renversée de la lumière produite par la bougie, reproduite sur l'écran ; le point où se forme cette image se nomme *foyer*. Nous observerons que plus on éloigne la bougie de la carafe ou de la lentille, plus l'image du foyer se rapetisse, jusqu'à ce qu'à la fin elle corresponde à peu près avec le foyer obtenu, quand le soleil est substitué à la bougie et qu'une image circulaire du grand axe est projetée sur l'écran. Le foyer produit

par l'image du soleil sur l'écran est appelé *foyer principal*, parce que tous les rayons parallèles tombant sur une lentille biconvexe sont conduits à ce principal foyer pour former une image. La première remarque que nous faisons est celle-ci : l'image se trouve renversée. Nous avons expliqué ce curieux phénomène à notre article OPTIQUE, dans le *Dictionnaire*. On se demande alors si la lentille cristalline de l'œil ne renvoie pas à la rétine des images renversées, et l'on en arrive à la conclusion que l'homme devrait voir les objets en sens inverse. Mais il s'habitue dès son bas âge, avant même d'avoir acquis l'usage du moindre raisonnement, à replacer, par expérience, les objets dans leur position naturelle ; peut-être, même, existe-t-il, dans notre système visuel, un correctif que les savants n'ont pas encore découvert. Nous remarquons deux défauts dans les lentilles : 1° elles décomposent la lumière qui les traverse, de sorte que si l'on place l'écran sur le chemin de celle-ci avant que le foyer soit atteint, ou au delà de ce foyer, la lumière solaire se trouvera entourée d'une sorte de halo coloré ; 2° l'image formée n'est pas parfaite dans sa forme, puisqu'elle est renflée, décolorée, dans son contour.

— On peut corriger, jusqu'à un certain point, ces défauts, en faisant usage d'un second écran de carton placé près de la lentille, devant la lumière, et percé d'un petit trou circulaire en son centre (II). De cette façon, les rayons lumineux extérieurs sont retranchés avant d'entrer dans la lentille (III), et l'image se reproduira avec beaucoup plus de netteté. On suppose que l'iris de l'œil est un écran de cette sorte, destiné à perfectionner le contour général de l'image qui se peint sur la rétine.

LÉPICÈNE s. f. (*Lepis*, écaille ; *Kenos*, vide). Bot. Nom donné par Richard aux glumes de l'épillet et étendu aux glumes des graminées.

LEPTIS [lé-ptiss] (gr. *leptos*, mince, chétif), nom de deux anciennes villes d'Afrique. I. Leptis Magna ou Néapolis, ancienne ville de la côte septentrionale d'Afrique, entre les Syrtes, à l'E. d'Abrotonum et à l'O. de l'embouchure de la petite rivière appelé Cinyps. C'était une colonie phénicienne dont le commerce était florissant, bien qu'elle ne possédât pas de port. Avec Abrotonum et Œa, elle formait la Tripolis d'Afrique (aujourd'hui Tripoli). Devenue colonie romaine, elle donna le jour à l'empereur Septime Sévère. Elle continua d'être florissante jusqu'en l'an 366 après J. - C., époque où elle fut presque entièrement anéantie par les attaques d'une tribu libyenne. Justinien la restaura en partie ; mais l'invasion arabe compléta sa destruction. Ses ruines sont encore considérables. — II. Leptis Minor ou Parva (*Lamta*), ordinairement nommée simplement *Leptis*, sans autre qualification. Colonie phénicienne de la côte de Byzacium, Afrique septentrionale, entre Hadrumetum et Thapsus. C'était une place importante sous les Carthaginois et sous les Romains.

LESAGE (Georges-Louis), physicien, né à Genève en 1724, mort en 1803. Il appartenait à une famille française et étudia la médecine à Paris. Il fut précepteur, puis professeur. Ses idées sur la gravitation sont développées dans un mémoire publié dans le recueil de l'Acad. de Berlin, *Lucrèce newtonien* (1782). Il établit à Genève un télégraphe électrique composé d'autant de fils qu'il y a de lettres et écrivit, sur ce sujet, un manuscrit intitulé : *Dissertation sur l'électricité appliquée à la transmission des nouvelles*.

LESPARRAIS, AISE s. et adj. De Lesparre ; qui appartient à cette ville ou à ses habitants.

LEU-D'ESSERENT (Saint-), commune du canton de Creil, arrond. et à 12 kilom. N.-O. de Senlis (Oise), à 48 kil. de Paris, par le chemin de fer d'Ermont à Pontoise à Creil ; sur un coteau, près de la rive droite de l'Oise ;

1,700 hab. Carrière de belle pierre de taille. Curieuse église, en grande partie du XIIe siècle, avec 3 tours, dont la principale est du style roman.

LEU-TAVERNY (SAINT-); *Claire-Fontaine*, pendant la Révolution : *Napoléon-Saint-Leu* pendant le second Empire; commune du canton et à 5 kilom. N.-O. de Montmorency, arrond. et à 15 kilom. S.-E. de Pontoise (Seine-et-Oise), à 5 kilom. d'Ermont, près de la forêt de Montmorency, 1,700 hab. Il y avait, avant 1831, un château avec un magnifique parc, embelli surtout par le roi Louis-Bonaparte, qui, après son abdication, prit le titre de *comte de Saint-Leu*. En 1815, la reine Hortense prit celui de *duchesse de Saint-Leu*. Ce domaine fut ensuite possédé par le dernier prince de Condé, qui y fut trouvé pendu à l'espagnolette de la fenêtre de sa chambre à coucher, le 27 août 1830. Le parc et le château ne tardèrent pas à disparaître. Sur l'emplacement du château on a élevé un modeste monument au prince de Condé. L'église de Saint-Leu renferme les tombes de Charles Bonaparte, père de Napoléon Ier, du roi Louis Bonaparte et de deux de ses fils.

LÉVIZAC (Jean-Pons-Victor LECOUTZ, abbé de), littérateur et grammairien, né à Albi, mort à Londres en 1813. Au moment où éclata la Révolution, il était prêtre; il émigra en se fit professeur de français à Londres. On a de lui : *Discours sur l'article* (1797, in-8°), *Gramm. franç.* (Londres, 1797, 2 vol. in-8° ; 6e éd. revue par Drevet, en 1818) ; *Theorical and practical grammar of the french tongue* (Londres, puis Paris, 1815) ; *Dictionn. français-anglais* (1808, 1 vol. in-8°) ; *Dictionn. des synonymes* (1809, 1 vol. in-12) ; *Essai sur la vie et les écrits de Boileau* (1809, in-12).

LEVRAUT (Cuis.). — *Levraut sauté*. Coupez votre levraut par morceaux ; faites-le sauter au beurre sur un bon feu et laissez prendre une belle couleur. Ajoutez champignons, ciboule et persil hachés, poivre et sel, un peu de farine ; mouillez avec bouillon et vin blanc. Laissez bouillir jusqu'à cuisson parfaite. Servez avec la sauce réduite. — Les *restes de lièvre rôti*, coupés en tranches, se servent réchauffés dans une sauce piquante.

LEX NON SCRIPTA [lèkss-nonn-scrip-ta]. Loc. lat. qui signifie *loi non écrite, loi commune, coutume*, par opposition à *code écrit*.

L'HOSTE (François), célèbre aéronaute, né à Paris, le 2 août 1859, mort en mer, près de l'île de Wight, le 13 nov. 1887. Fils d'un grand industriel parisien, il abandonna, à dix-huit ans, les ateliers paternels pour se consacrer tout entier aux études nautiques qui le passionnaient. Après avoir fait son service militaire dans un régiment de zouaves, il reprit ses études favorites, imagina différents perfectionnements des appareils nouveaux qui firent naître de grandes espérances. Une ascension à travers la Manche, faite le 29 juillet 1886, en compagnie de son jeune associé Mangot, mit leurs noms en relief (voy. AÉROSTATION, dans ce *Supplément*) et augmenta leur audace au point qu'ils résolurent d'entreprendre un voyage de Paris en Angleterre. Ils partirent de la Villette le 13 nov. 1887, et on ne les revit plus. Nous avons raconté plus haut, à notre article AÉROSTATION, les péripéties du drame affreux qui leur coûta la vie. François L'Hoste n'avait pas accompli moins de 200 ascensions, dont plusieurs extrêmement périlleuses; il avait déjà traversé trois fois la Manche en ballon.

LIBÉRATION. — Législ. Lorsque nous avons parlé de la libération conditionnelle (voy. au *Dictionnaire*, t. III, p. 396), la loi du 14 août 1885, était encore à l'état de projet. Cette loi, dont l'initiative est due à M. Bérenger, sénateur, a institué un nouveau régime discipli-

naire dans les divers établissements pénitentiaires, en vue de favoriser l'amendement des condamnés et de les préparer à la libération conditionnelle. — Tout condamné privé de sa liberté peut obtenir cette libération, en raison de sa conduite et de son travail, lorsque la moitié de sa peine est accomplie. Mais, si cette peine est inférieure à six mois d'emprisonnement, le condamné devra en avoir subi au moins trois. S'il y a eu récidive légale, la durée minima de l'emprisonnement effectif est portée à six mois, lorsque la peine prononcée est inférieure à neuf mois; cette durée devra être des deux tiers de la peine prononcée, si cette peine est supérieure à neuf mois. Il résulte des déclarations faites par le gouvernement, au moment de la discussion de la loi, que la libération conditionnelle s'applique aux colonies comme en France, à la peine des travaux forcés à temps, comme à celle de la réclusion et de l'emprisonnement. Les arrêtés de mise en liberté conditionnelle sont pris par le ministre de l'intérieur, après avis du préfet, du directeur et de la commission de surveillance de l'établissement pénitentiaire, et du parquet du tribunal ou de la cour qui a prononcé la condamnation. La mise en liberté peut être révoquée en cas d'inconduite habituelle et publique, dûment constatée ou en cas d'infraction aux conditions spéciales exprimées dans le permis de libération. Si la révocation n'est pas intervenue avant l'expiration de la durée de la peine, la libération est définitive. En cas de révocation du permis, le condamné doit être réintégré dans un établissement pénitentiaire pour toute la durée de la peine qui restait à subir au moment de la libération conditionnelle. Des sociétés de patronage peuvent être chargées par l'administration de veiller sur la conduite des libérés; et il est alors alloué à ces sociétés 50 centimes par jour et pour chaque libéré conditionnel, pendant un temps égal à la durée de la peine restant à courir, et sans que cette allocation puisse excéder 100 fr. — Ce régime de libération anticipée était déjà depuis longtemps pratiqué en France par l'administration elle-même à l'égard des jeunes détenus. Il était aussi appliqué aux condamnés qui ont été transportés dans les colonies. Dans les divers pays où ce système a été introduit : Angleterre, Allemagne, Danemark, Pays-Bas, etc., il a produit d'excellents résultats et l'on a surtout constaté une notable diminution dans les cas de récidive. Au 1er janvier 1870, le nombre des condamnés ayant bénéficié de la libération conditionnelle, en vertu de la loi de 1885, s'élevait à 3,776. Nous persistons à penser que les avantages de la libération conditionnelle ne seront pas suffisamment assurés jusqu'à ce que l'on ait établi dans les prisons une complète séparation entre les prévenus et les condamnés, entre les mineurs et les adultes. Le régime cellulaire prescrit pour les prisons départementales par la loi du 5 juin 1875, nous paraît devoir être, lorsqu'il sera installé, le moyen le plus efficace pour s'opposer à la contagion du vice, et pour préparer les détenus à profiter de la libération conditionnelle. Nous devons encore ajouter qu'une loi postérieure, celle du 26 mars 1891, et qui est due, comme l'autre, à l'initiative de M. Bérenger, est venue ajouter un complément utile à la loi sur la libération. Nous rendons compte, plus loin, au mot Récidive de cette nouvelle loi sur l'atténuation et l'aggravation des peines. **CH. Y.**

LIÈVRE. — *Lièvre et levraut rôtis.* On choisit ordinairement le râble et les cuisses du lièvre pour la broche, le devant étant préférable en civet. Piquez de lard fin toutes les parties charnues de votre râble et faites-le mariner comme le chevreuil. Faites-le cuire à la broche pendant une heure, en l'arrosant de la marinade. Servez avec une sauce ainsi composée : faites revenir le foie de votre lièvre avec un morceau de beurre et quelques

échalottes hachées menu; écrasez-le, mouillez avec du bouillon et du vin blanc; ajoutez sel, poivre, un peu de vinaigre et le sang que vous aurez recueilli. — *Civet de lièvre.* Coupez un lièvre — ou seulement le devant, si vous avez réservé le râble pour la broche — en morceaux; faites-les revenir dans une casserole; ajoutez de petits lardons que vous aurez préalablement fait revenir, bouquet garni, sel et poivre, muscade râpée; mouillez d'un peu de bouillon et d'un verre de vin (rouge ou blanc). Faites cuire à petit feu au moins deux heures et demie. Au moment de servir, liez votre sauce avec le sang du lièvre que vous devez avoir mis de côté. — *Pâté de lièvre.* Désossez votre lièvre et hachez-en les chairs avec une livre de rouelle de veau et quantité égale de porc frais entrelardé, persil, ciboule, ail, girofle, thym et laurier, sel et poivre. Doublez de bardes de lard une terrine; placez-y votre hachis versez-y un petit verre de bonne eau-de-vie, et couvrez-le d'une couche de bardes de lard. Fermez hermétiquement en collant le couvercle avec de la pâte. Faites cuire au four pendant quatre heures. Servez froid.

LIGNICOLE adj [gn. mll.] (lat. *lignum*, bois; *colo*, j'habite). Hist. nat. Qui vit sur le bois, qui croît dans le bois. Se dit surtout des parasites du bois.

LIGUE. — *Législ.* La *Ligue française de l'Enseignement*, dont nous avons parlé au *Dictionnaire* (t. III, p. 607), a organisé à Paris, au mois d'août 1889, un congrès international des œuvres d'instruction populaire fondées par l'initiative privée. Un grand nombre de sociétés étrangères se sont fait représenter à ce congrès par des délégués dont les rapports forment un ensemble plein d'intérêt. Parmi ces rapports, les plus instructifs sont ceux qui résument la situation de l'instruction populaire en Allemagne, en Angleterre, en Autriche-Hongrie, en Belgique, en Espagne, en Italie, en Grèce, en Suède, en Norwège, en Suisse, en Chine, au Japon, dans l'Amérique du Nord et dans les divers États de l'Amérique latine. Quelques-unes des treize cents sociétés qui font partie de la Ligue française avaient aussi envoyé des rapports; mais faute de temps ils ont dû être résumés très sommairement. Une *Ligue internationale de l'Enseignement* a été formée par le congrès, afin de réunir en un faisceau toutes les sociétés ayant pour but l'enseignement populaire par l'initiative privée, et afin que les hommes dévoués au progrès de l'instruction puissent lutter avec ensemble contre l'ignorance. — Nous avons parlé plus haut de la *Ligue nationale de l'Éducation physique.* (Voy. ÉDUCATION.) **CH. Y.**

LIGULÉ, ÉE adj. Bot. Qui est transformé en ligule.

LIGULIFLORE adj. Bot. Se dit des plantes composées dont la corolle est ligulée.

LIMONADE. — *Limonade commune.* La vraie limonade, la limonade élémentaire se prépare en exprimant du jus de citron dans un verre d'eau sucrée. Cette simple préparation constitue un breuvage agréable à prendre par un temps chaud, et salutaire si on peut se résoudre à en boire avec une grande modération, ce qui est quelquefois une question hérissée de difficultés. — *Autre.* Prenez : sucre en poudre, 1 kilogr. 750 grammes; acide citrique ou tartrique, 30 grammes; essence de citron, 7 grammes et demi. Mêlez intimement. Deux ou trois cuillerées à café dans un verre d'eau donnent immédiatement une douce et très agréable limonade. — *Limonade laiteuse.* Faites dissoudre dans un demi-litre d'eau bouillante environ 340 grammes de sucre; ajoutez un huitième de litre de jus de citron, 35 à 40 centilitres de lait froid; remuez bien pour opérer le mélange et passez. — *Limonade à l'eau d'orge.* Préparez un sirop de sucre en faisant bouillir dix minutes 120 grammes de

sucre dans 3 décilitres d'eau. Ajoutez le zeste d'un citron râpé et le jus de deux citrons, et laissez bouillir le tout une minute ou deux au plus. Ajoutez deux litres de décoction d'orge; faites bouillir de nouveau 5 minutes; puis passez au tamis en laissant tomber la liqueur dans une cruche que vous couvrirez d'une feuille de papier trouée au milieu pour laisser passage à la vapeur. Quand votre limonade sera suffisamment refroidie, vous pourrez en faire usage. Mise *froide* en bouteilles, elle peut se conserver plusieurs jours. — *Limonade minérale.* Mêlez, quantité suivant besoins : 1 partie (en volume) d'acide sulfurique à 66 degrés et 4 parties d'alcool de bon goût à 90 degrés. Ajoutez une cuillerée de ce mélange à un verre d'eau sucrée avec un sirop de fruits quelconque, par exemple à un verre de sirop de groseilles. Cette limonade possède l'heureuse propriété de ne point pousser à la transpiration, et est, par cette raison, d'un usage très répandu dans les pays chauds. — *Limonade sulfurique.* La limonade sulfurique des pharmacopées se compose de 100 grammes de sucre dissous dans 1 kilogr. d'eau, avec addition d'un gramme d'acide sulfurique. C'est à peu près la proportion que j'ai à indiquer. Faites un verre d'eau sucrée et y ajoutez une goutte d'acide sulfurique, vous aurez une limonade excellente, ne poussant point à la transpiration comme la précédente. — *Limonade de menthe.* Prenez quelques sommités de menthe fraîche, mettez-les dans une grande timbale ou un grand verre, avec une forte cuillerée de sucre en poudre. Ajoutez deux petits verres d'eau-de-vie, ou mieux un petit verre d'eau-de-vie et un de noyau. Ce mélange devra occuper à peu près le tiers de la capacité de votre timbale. Remplissez avec de la glace en poudre; laissez reposer quelques minutes, filtrez et servez, ou buvez. On peut ajouter une tranche très mince d'ananas ou de pêche, ou encore un brin de cannelle. — *Orangeade effervescente.* Exprimez le jus d'une orange dans un verre d'eau sucrée à votre goût, et en raison surtout de l'acidité de l'orange. Ajoutez une demi-cuillerée à café de bicarbonate de soude; remuez; l'effervescence se produit aussitôt et vous pouvez boire. — *Autre breuvage effervescent.* Faites bouillir dans 2 litres d'eau 1 kilogramme de beau sucre blanc, pendant dix minutes. Ajoutez 30 grammes d'acide tartrique, puis, battez bien les blancs de deux œufs frais, ajoutez-les au mélange encore chaud; mêlez bien et aromatisez avec citron.

LIMOUXIN, INE s. et adj. De Limoux ; qui appartient à cette ville ou à ses habitants.

LIN (Toile de). La fabrication de la toile de lin est très ancienne, mais il ne nous est parvenu aucun détail sur son origine. Au temps d'Hérodote, elle remontait déjà à une époque reculée. Les anciens Égyptiens, célèbres pour leurs produits textiles, l'employaient non seulement en grande quantité pour leur usage personnel, mais ils en expédiaient aussi les marchés étrangers. Son emploi s'appliquait particulièrement à leurs services religieux et funéraires. Il était défendu aux prêtres d'entrer dans les temples sans en être complètement vêtus, et les morts étaient toujours ensevelis dans ce tissu. L'*Ancien* et le *Nouveau Testament* font souvent allusion à l'usage de vêtements en toile de lin, particulièrement pour les prêtres; et la fibre, nous dit-on, était employée à la manufacture de cordes, de mèches de lampes, etc. Plus tard, quand on connut le procédé de filage et de tissage du coton, des améliorations furent appliquées à la fabrication de la toile de lin. Le rouet à filer et le métier de tisserand furent employés. Pour la qualité des tissus, les Français et les Flamands obtinrent une grande réputation, qu'ils ont conservée. Les premières filatures anglaises furent construites à Darlington, vers la fin

du siècle dernier, et la fabrication anglaise devint plus considérable que celle des autres nations. Elle atteignit sa plus grande prospérité en Irlande, où cette industrie est plus répandue que dans les autres contrées, ce qu'elle doit, assure-t-on, à ce que son climat est plus favorable pour le blanchissage de la toile, procédé qui dépend en grande partie de la condition de l'atmosphère.

LINCRUSTA s. m. (lat. *lineus*, toile claire; *crusta*, enduit). Préparation d'huile de lin et d'une matière fibreuse, soumise à la pression d'une machine qui y imprime des dessins variés, suivant un relief déterminé. Le lincrusta est employé dans l'intérieur des maisons comme tentures, comme plinthe, comme lambris, et en général pour tous les besoins d'ornement des murailles d'une chambre, d'une salle à manger, etc. Cette préparation, primitivement appelée *linoleum muralis* (linoléum mural), est aujourd'hui nommée *lincustra Walton*, du nom de son inventeur, l'Anglais Frédéric Walton.

LIND (Jenny) célèbre cantatrice, née à Stockholm, le 6 oct. 1821, morte à Londres, le 2 nov 1887. Ses parents tenaient à Stockholm un pensionnat qui leur produisait à peine de quoi vivre. Douée de précoces et merveilleuses dipositions, elle entra à neuf ans au conservatoire de sa ville natale; à seize ans, elle débuta au théâtre dans le rôle d'Agathe du *Freischütz* de Weber, y obtint un succès éclatant et régna ensuite pendant deux ans à l'Opéra de Stockholm en qualité de prima donna. En 1841, elle vint à Paris, où elle reçut les leçons de Garcia; elle débuta en 1843 sur la scène de notre Académie de musique; mais, soit défaillance de l'artiste, soit indifférence du directeur, soit, comme on l'a prétendu, rivalité jalouse d'une prima donna alors toute puissante, ce début passa presque inaperçu; les blessures que reçut, dans cette circonstance, l'amour-propre de la cantatrice, furent si profondes et si douloureuses, qu'elle jura de ne jamais reparaître devant le public français, et elle tint sa parole, en dépit des offres brillantes qui lui furent faites plus tard, à l'apogée de son talent et de sa célébrité. Retournée à Stockholm, elle s'y fit applaudir dans *Robert le Diable*. Elle débuta en 1844, sur la scène de Berlin, dans la *Norma*; elle obtint un triomphe dans le rôle de Vielka du *Feldlager in Schlesien* (Camp de Silésie) de Meyerbeer et dans la *Fille du régiment*. Sa réputation s'accrut ensuite à chaque nouvelle pièce où elle joua, si bien qu'elle entreprit une tournée dans toute l'Allemagne et fut reçue avec enthousiasme à Vienne et dans la plupart des villes qu'elle visita. En mai 1847, elle débuta à Londres, dans le rôle d'Alice de *Robert le Diable* et y excita une sensation sans précédent; jamais la flegmatique Angleterre n'avait vu pareille ovation; jamais le théâtre n'avait fait de semblables recettes. Pendant les trois années qui suivirent, elle joua successivement en Angleterre, en Allemagne et en Suède. En septembre 1850, le fameux P.-T. Barnum parvint à lui faire signer un engagement pour l'Amérique, où il la fit chanter dans plus de 100 concerts. Ayant abandonné aux pauvres de New-York les 10,000 dollars que lui produisit son premier concert dans cette ville, elle souleva partout un enthousiasme indescriptible. A Boston, elle épousa Otto Goldsthmidt, pianiste distingué, qui lui servait d'accompagnateur. De retour en Europe, elle résida quelque temps à Dresde, puis se fixa à Londres en 1858. A partir de ce moment, elle refusa de reparaître sur la scène; mais elle donna plusieurs concerts au bénéfice des pauvres. Elle réussissait moins dans les rôles tragiques que dans les rôles de *mezzo caratere*, comme ceux de la *Somnambule* et de la *Fille du régiment*. Sa voix de soprano n'était

pas très puissante ni très étendue, mais elle brillait par sa douceur, par sa souplesse, par sa pureté et surtout par sa puissance sympathique. A ces qualités naturelles, Jenny Lind avait ajouté une profonde étude de l'art et était devenue une exécutante presque sans rivale.

LINOLÉUM s. m. [li-no-lé-omm] (franç., *lin*; lat. *oleum*, huile). Préparation d'huile de lin oxydée et de liège pulvérisé, intimement mélangés ensemble et étendus en couche uniforme sur un grossier canevas de jute. Le linoléum fut inventé par l'Anglais F. Walton, qui prit un brevet en 1860. Sous le nom de *kamptulicon*, on connaissait avant le linoléum, une préparation qui lui ressemblait tant pour l'aspect que pour les propriétés, mais dans laquelle le caoutchouc préparé remplaçait l'huile de lin oxydée. Mais le kamptulicon coûtait très cher et fut facilement supplanté par le linoléum. Ce dernier est employé en guise de carpette, de tapis, de lambris, de bordure. Il présente l'avantage de se poser facilement et d'être d'un facile entretien. On le préfère aux tapis, dans les bibliothèques, les bureaux, les magasins, les vestibules, les corridors, les salles à manger, les cabinets de toilette, et dans tous les lieux qu'il faut souvent nettoyer. Il est imperméable à l'humidité et très mauvais conducteur de la chaleur.

LIQUIDATION. — Législ. La loi du 4 mars 1889, qui a institué la *liquidation judiciaire*, en faveur des commerçants de bonne foi, réduits à la cessation de leurs paiements, n'est que l'application plus complète de ce qui avait été déjà concédé deux fois : d'abord par la loi du 22 novembre 1848, abrogée le 12 novembre 1849, puis par un décret du 7 novembre 1870, abrogé le 31 mars 1872. Pour obtenir le bénéfice de la liquidation judiciaire, et afin d'éviter ainsi la déclaration de faillite, le commerçant qui cesse ses paiements doit, dans les quinze jours de cette cessation, présenter au tribunal de commerce de son domicile, une requête, accompagnée de son bilan et d'une liste indiquant le nom et le domicile de chacun de ses créanciers. Si la requête est admise, le tribunal nomme un juge-commissaire et un ou plusieurs liquidateurs provisoires. Une succession, une société commerciale peuvent obtenir le bénéfice de la liquidation judiciaire. Nous ne donnerons pas ici les détails de la procédure à suivre. Les dispositions du Code de commerce concernant la faillite sont applicables à la liquidation judiciaire, à moins que la loi de 1889 n'ait décidé autrement. A partir du jugement qui prononce l'ouverture de la liquidation, le débiteur ne peut-être nommé à aucune fonction élective; mais il conserve le droit de vote dont le failli est déchu. — (Voy., plus haut, les mots Élection et Faillite.) Une loi du 4 avril 1890, modifiant l'article 5 de celle du 4 mars 1889, porte que, à partir du jugement qui déclare ouverte la liquidation judiciaire, les voies d'exécution sont suspendues comme en matière de faillite.   Ch. Y.

LISTES CIVILES. En nov. 1888, la *Gazette de Francfort* publia le tableau suivant des sommes votées chaque année pour le chef de l'État dans les sept grands pays de l'Europe :

PAYS	LISTES CIVILES	PAR TÊTE D'HABITANT
	fr.	fr.
France	1.200.000	0,05
Espagne	13 250.000	0,71
Italie	18.662.500	0,63
Angleterre	22.982.500	0,61
Autriche	29.662.500	0,70
Russie	44.170.000	0,51
Allemagne	52.900.392	1,12

LISZT (Franz), [lisst] célèbre pianiste hongrois, né à Raiding (Hongrie), le 22 oct.

1811, mort le 31 juillet 1886. Il appartenait à une famille de musiciens et, dès l'âge de six ans, il manifesta une aptitude extraordinaire pour la musique; à neuf ans il se fit remarquer dans un concert public donné à Presbourg, De riches amateurs, qui l'avaient pris en amitié, lui procurèrent les moyens de se rendre à Vienne, où il étudia pendant environ 18 mois, avec des professeurs, tels que Karl Czerny et Salieri et où il se lia avec Schubert. Les succès qu'il obtint dans des concerts à Vienne, à Munich et dans d'autres villes d'Allemagne lui permirent de se rendre à Paris pour essayer d'entrer au Conservatoire; mais sa qualité d'étranger fit repousser sa demande par Cherubini. Il resta néanmoins à Paris et y donna des concerts lucratifs et bientôt sa réputation se répandit en province et en Angleterre où il se fit des tournées rémunératrices. En 1825, il donna à Paris son opéra intitulé *Don Sanche ou le château de l'Amour* (3 actes), qui fut reçu avec froideur. La tristesse qui s'empara de lui à la mort de son père en 1827, l'éloigna pendant quelques années de la profession d'artiste; mais il y revint en 1835 et remporta de grands succès à Paris comme éminent pianiste. En 1837, il se rendit en Italie, où il obtint un véritable triomphe. L'année suivante, il visita Pesth, où il fut reçu avec un enthousiasme extraordinaire. De 1838 à 1847, sa carrière fut une succession de triomphes. En 1848, il devint directeur des concerts de la Cour et de l'Opéra de Weimar, ville dont il fit l'un des principaux centres artistiques de l'Europe. Il y fit jouer les grands opéras de Wagner, qui était alors à peu près inconnu et qui ne tarda pas à épouser Mlle Cosima Liszt, fille du grand pianiste. C'est pendant la même période que Liszt fit représenter les œuvres de Berlioz, de Schumann et de Schubert. Pendant les dix années que Liszt dirigea à Weimar l'« *école musicale de l'avenir*, » il donna ses principales compositions musicales, parmi lesquelles nous citerons : *Faust Symphonie mit Chor*, *Granermess*; *krœnungsmess*; et les oratorios : *Die heilige Elisabeth* et *Christus*. En 1861, il se rendit à Rome, où il devint le musicien favori du pape. Quatre ans plus tard, il reçut les ordres ecclésiastiques; à partir de ce moment, il ne fut plus connu que sous le nom d'abbé Liszt et se consacra presque entièrement à la composition de musique d'église. En 1870, nous le retrouvons à Weimar où il dirigea le festival de Beethoven; ensuite il donna des concerts charitables ou religieux à Munich, à Vienne, à Pesth et dans d'autres villes allemandes. En 1871, il se fixa à Pesth, et fut nommé directeur de l'académie de musique hongroise. Outre Cosima, qui épousa Richard Wagner, après avoir divorcé avec Hans de Bulow, Liszt avait une fille qui fut la première femme de M. Émile Ollivier. Comme exécutant, Liszt est le chef de l'école « *prodigieuse* » qui accomplissait des tours de force sur le clavier et qui recherchait les difficultés et les effets extraordinaires. Bach, Handel, Beethoven et les anciens compositeurs n'avaient pas de plus éloquent interprète. Il a enrichi la littérature musicale d'un certain nombre d'ouvrages dignes d'attention : *Vie de Chopin* (1853); *les Gypsies et leur musique* (1859), et de nombreux articles dans la *Neue Zeitschrift für musik*. Il a laissé plusieurs centaines de compositions appartenant à tous les genres. Il a fait des fantaisies et des improvisations sur presque tous les opéras populaires d'Italie et d'Allemagne et a transcrit pour le piano un grand nombre de chants d'Allemagne.

LIVARDE s. f. Mar. Perche qui sert à tendre une voile rectangulaire enverguée sur le mât. (Voy. Canotage, dans ce *Supplément*.)

LIVERDUN, village du cant. de Domèvre-en-Haye, arrond. et à 20 kil. E.-N.-E. de Toul (Meurthe-et-Moselle), sur une côte es-

carpée près de la Moselle et du canal de la Marne au Rhin; 1,500 hab. Eglise du xiii° siècle, renfermant le tombeau de saint Eucaire; vestiges d'un antique château féodal; tunnel long de 500 m. pour le passage du canal de la Marne au Rhin.

LIVRET. — Législ. Les lois et décrets concernant les *livrets d'ouvriers* étaient tombés en désuétude, ainsi que nous l'avons déjà dit au *Dictionnaire* (t. III, p. 628). Ils ont été expressément abrogés par la loi du 2 juillet 1890. Sont seules maintenues, les dispositions légales concernant les *livrets d'acquit* de la fabrique de Lyon et les *livrets de compte* pour le tissage et le bobinage, ainsi que l'article 10 de la loi du 19 mai 1874, relatif aux livrets des enfants et des filles mineures employés dans l'industrie. En outre, ce dernier article [est rendu applicable à tous les enfants et filles mineures employés comme apprentis ou autrement. (Voy., ci-après, le mot Louage).— Un décret du 29 septembre 1890 oblige tout libéré des travaux forcés, résidant dans les colonies pénitentiaires, à être porteur d'un livret qui lui est remis au moment de sa libération et qu'il est tenu de représenter à toute réquisition de l'administration.   Ch. Y.

LOCOMOTIVE de montagne, locomotive construite pour entraîner un train sur des rampes fortement inclinées. La première de ce genre fut imaginée par l'ingénieur autrichien Maffei; mais elle ne produisit pas les résultats espérés; c'est à l'ingénieur autrichien Engerth que revient l'honneur d'avoir construit le premier de puissantes locomotives capables de remonter de fortes rampes, reliées 'par des courbes de petits rayons. — Locomotive Compound. Le mot anglais *compound* [kòmm'-paounnd], signifie *composé*, et a été appliqué à une machine à vapeur qui réunit plusieurs perfectionnements, entre autre l'emploi de deux ou trois cylindres successifs, au lieu d'un seul, pour faire agir la force élastique de la vapeur. Dans les anciennes machines, un courant continu de vapeur s'échappe, en panache, du tuyau qui surmonte la machine; mais cette vapeur possède encore une énorme puissance. Au lieu de la laisser perdre, on a imaginé de la diriger dans un second cylindre plus grand que le premier et pourvu d'un piston. Au moyen de ce premier perfectionnement, on a obtenu un nouvel effort mécanique. La vapeur, au sortir de ce second cylindre est *détendue*, pour nous servir du terme technique, mais elle n'a pas épuisé son énergie. C'est pourquoi on la reçoit dans un troisième cylindre, également pourvu d'un piston moteur. Après quoi, on considère la vapeur comme ayant rendu tout l'effort qu'elle pouvait fournir. Il faut donc ajouter aux cylindres de détente des dispositions particulières, destinées à faire agir chaque piston sur l'arbre moteur, et l'on a les machines composées ou *compound*, qui donnent une énorme économie de charbon, tout en produisant le même effet, dans le même temps. Ce perfectionnement fut appliqué d'abord aux machines fixes et aux machines marines. Pour les locomotives, on pensa, pendant quelque temps, que l'idée d'installer quatre cylindres serait un obstacle insurmontable, à cause de l'espace exigu dont on dispose. Pourtant, un ingénieur français résolut le problème, et les machines *composées* de cet inventeur entrèrent en service sur le chemin de Biarritz à Bayonne, en 1878. Elles n'ont que deux paires de cylindres à vapeur. En s'inspirant de l'idée de notre compatriote, l'Anglais Webb imagina la machine à 3 cylindres, dont notre fig. 1 donne la coupe transversale. Cette locomotive comporte deux petits cylindres a, a et un troisième b, dans lequel la vapeur agit à basse pression. Les cylindres à haute pression a, b sont placés à l'intérieur du châssis et reçoivent la vapeur sortant de

la chaudière. Cette vapeur, sortant du cylindre de haute pression, passe dans les tuyaux f, f, placés dans la boîte à fumée, dans laquelle

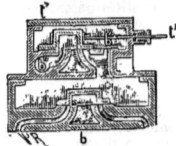

Locomotive Compound-Webb. — Fig. 1 (coupe transversale)

elle se dessèche avant d'entrer dans les cylindres à basse pression. Notre fig. 2, qui donne le détail du tiroir, fera comprendre

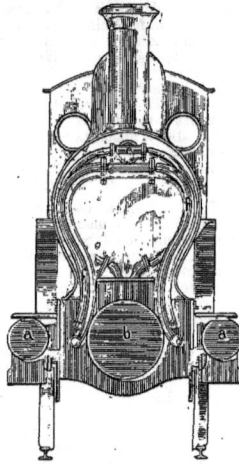

Distributeur de vapeur de la locomotive Compoud-Webb Fig. 2 (détail du tiroir).

comment la vapeur peut agir à volonté, en marche simple, avec admission directe] de la vapeur dans les trois cylindres. Le cylindre à basse pression b porte deux tiroirs, t' et t''. Dans la position indiquée par t', la vapeur d'échappement des cylindres de haute pression arrive par a, au tiroir b' et par a'' au tiroir b.

LOCULICIDE, adj. (lat. *loculus*, petite cavité, *cædo*, je coupe). Bot., se dit de la déhiscence, quand chaque loge se fend par le dos.

LOCUM TENENS [lo-kumm-té-nainss], loc. lat. que l'on emploie quelquefois pour désigner une personne tenant la place d'une autre ou agissant comme son représentant.

LOCUS IN QUO [lo-kuss-inn-kuo], loc. lat. qui signifie *la place dans laquelle, le lieu désigné.*

LOGEMENT. — Législ. Les conditions auxquelles les habitants sont soumis pour le *logement militaire*, et que nous avons énoncées au *Dictionnaire* (t. III, p. 634), ont été en partie modifiées par un décret du 23 novembre 1886. En vertu de ce décret, le taux des indemnités de logement ou de cantonnement qui sont attribuées dans certaines circonstances est aujourd'hui fixé comme ci-après : pour le *logement*, il est attribué, savoir : par lit d'officier et par nuit, 1 fr.; par lit de sous-officier ou soldat et par nuit, 20 centimes; par place de cheval ou mulet et par nuit, 5 centimes, plus le fumier. Pour le *cantonnement*, il est accordé, savoir : par homme et par nuit,

5 centimes; pour les chevaux et mulets, le fumier seulement. — D'autres modifications ont été apportées au décret du 2 août 1877 par celui du 23 novembre 1886. — Les officiers et les fonctionnaires militaires qui sont logés à leurs frais dans leur garnison ou résidence, ne sont tenus de fournir le logement aux troupes qu'autant que le logement qu'ils occupent excède, quant au nombre de pièces, celui qui serait affecté à leur grade ou à leur emploi, dans les bâtiments de l'Etat. — Les détenteurs de caisses publiques déposées dans leur domicile, les veuves et les filles vivant seules et les communautés religieuses de femmes, les officiers et fonctionnaires militaires, logés à leurs frais dans leur garnison ou résidence, ne sont tenus de fournir le *cantonnement* que dans les dépendances de leur domicile, ou peuvent être complètement séparées des locaux occupés pour l'habitation.   Ch. Y.

LOGOGRIPHE. Sorte d'énigme dans laquelle on compose, avec les lettres d'un mot, qu'il faut deviner, divers autres mots qu'il faut également deviner. Le logogriphe tient le milieu entre le rébus et l'énigme proprement dite; il se divise en *décapitations*, *réductions*, *anagrammes*, etc. Il diffère de la charade en ce qu'il ne se contente pas de diviser le mot en plusieurs parties ayant chacune un sens particulier; il recherche toutes les combinaisons que peuvent former les lettres du *mot*, en en supprimant quelques-unes au besoin. Ainsi dans le mot *corbeau*, la charade ne considère que *cor*, puis *beau* et ensuite le tout; le logogriphe y voit, outre le mot principal, son anagramme caroube et ses composés par réduction : beau, bar, bac, bu, bure, bore, broc, bru, cour, courbe, eau, orbe, robe, etc. Presque toujours la question se pose sous une forme versifiée comme dans nos exemples de décapitations et de réductions. On peut aussi la poser en prose et faciliter les réponses en numérotant les lettres du mot principal. En supposant que ce mot est *imagination*, on pourrait poser la question comme ci-dessous :

Je vais sur onze pieds, et vous me trouverez facilement quand je vous aurait dit que je suis la faculté d'inventer, jointe au talent de rendre vivement ses conceptions.

Mes 1er, 2e, 3e et 6e pieds forment le nom d'un prêtre musulman.

Sur mes 2e, 3e, 4e, 6e, 7e et 8e pieds, je deviens un grand seigneur hongrois.

Sur mes 4e, 3e, 2e, 1er et 6e pieds, je suis un petit garçon.

Mes 6e, 7e, 9e et 11e pieds donnent un pygmée.

Mes 6e, 10e et 11e pieds expriment le roire.

Mes 2e, 3e et 8e pieds tuent un roi.

Mes 8e, 7e et 6e pieds servent à la fabrication du cuir.

Mes 2e, 10e et 9e pieds servent à exprimer la pensée.

Mes 2e, 3e, 5e et 6e pieds, ce qui se trouve au bout du bras. donne son nom à un département.

Mes 3e et 6e pieds donnent le total des quatre saisons.

Avec mes 2e, 3e, 4e, 10e et 11e pieds, on trouve un amiral carthaginois.

Mes 2e, 5e, 4e, 6e, 10e et 11e pieds, ce qui est délicat, joli, gentil.

Mes 3e 1er, 2e, 7e, 6e et 8e pieds, morceau de fer magnétisé.

Mes 2e, 3e, 5e et 11e pieds, les premières heures du jour.

Mes 6e, 7e, 8e, 9e, 10e et 11e pieds, totalité d'un même peuple.

Réponse

I M A G I N A T I O N
1 2 3 4 5 6 7 8 9 10 11

Imagination ; iman, magnat, gamin, nain, non, mat, tan, mot, main, Aïn, an, Magon, mignon, aimant, matin, nation.

LOKE, nom donné, dans la mythologie scandinave, au génie du mal qui présidait à la discorde. Il avait artificiellement causé la mort de Balder (voy. ce mot dans le *Dictionnaire*). Ce démon fut ensuite attaché avec douze chaînes et enfermé dans le sein de la terre. Ses douloureux tressaillements produisent les tremblements de terre. Quand il brisera ses fers, ce sera la fin du monde. Les cieux éclateront; la terre sera submergée par les eaux, les éléments seront consumés par le feu. Odin lui-même périra, ainsi que toutes les divinités bienfaisantes.

LOMBRIVES, nom de la plus remarquable des célèbres grottes qui se trouvent aux envi-

rons d'Ussat (Ariège). Elle forme un immense couloir, long de près de 400 mètres et présentant une succession de chambres spacieuses. Elle est partagée en plusieurs parties entièrement distinctes par cinq ressauts escarpés. Un etang occupe le fond. On a découvert dans cette grotte un ossuaire où les restes des hommes primitifs sont mélangés à ceux de l'ours, du renard et de plusieurs autres animaux. De récentes découvertes ont donné lieu au rapport suivant présenté au congrès de Pamiers, par M. F. Regnault : « Là, rapportent les docteurs Garrigou etNoulet, sous une vaste crypte naturelle, spacieuse et doucement éclairée, reposent sur un fin gravier tout un amas d'ossements humains et animaliers, qu'aucun bruit n'avait jusqu'alors troublé, de l'éternel sommeil, dans lequel ils reposaient de siècle en siècle ! Les auteurs de ces recherches ont classé en deux époques : préhistorique et ancienne, les nombreux débris de cette nécropole séculaire, dénommée depuis *cimetière* de Lombrives : l'une attestant l'existence, le séjour et la fin d'une peuplade ou tout au moins d'une famille de gens qui, contemporains de leurs compatriotes de Champigny, avec lesquels ils eurent peut être quelques relations, ne connurent, eux aussi, que les haches en pierre et en diorites polies, que les meules de granit et autres objets des temps anciens. Dans un autre endroit de la nécropole de Lombrives se trouvent d'autres foyers patriarcaux édifiés par des êtres humains d'une civilisation plus raffinée, comme l'atteste la présence d'ornements en verre, d'objets en bronze et en fer. Dans un autre endroit encore, quantité de squelettes, enchevêtrés dans une promiscuité funéraire, font supposer qu'à l'époque de l'invasion romaine, nombre de patriotes gaulois, confinés dans cette grotte, leur primitif berceau, devenue leur tombeau, préférèrent se laisser mourir de faim que de servir de trophée sanglant aux chars des triomphateurs romains. »

LOMÉCHUSE, s. f. [lo-mé-ku-ze] (gr. *lôma*, frange; *chusis*, action de répandre). Entom. Genre de coléoptères pentamères, dont une espèce, la *loméchuse paradoxe* (*lomechusa paradoxa*), se trouve en France dans l'habitation de la fourmi rousse. C'est l'un des insectes qui, avec le clavigère et le puceron, constituent le bétail des fourmis. La loméchuse atteint cinq millim. Elle est pourvue d'ailes; elle entre dans la fourmilière et en sort quand elle veut. Les fourmis sont bien sûres de la voir revenir, puisqu'elle ne sait pas manger seule et qu'elle mourrait de faim si elle ne rentrait au logis pour s'y faire gaver.

LORGERIL (Hippolyte-Louis, VICOMTE DE), poète et homme politique, né à Trébédau (Côtes-du-Nord) le 28 mai 1811, mort au même lieu le 6 juillet 1888. Au sortir du collège de Rennes, il visita une partie du midi de l'Europe. Il prit, en 1842, la direction de l'*Impartial de Bretagne*, feuille légitimiste nantaise qu'il quitta l'année suivante, après y avoir surtout inséré des vers. Il ne s'occupa plus que d'agriculture et de poésie, et publia bientôt un recueil de vers sous le titre d'*Une Etincelle*. L'indifférence du public, sans le décourager, l'irrita contre les poètes à la mode, particulièrement contre Victor Hugo, auquel il ne pardonna jamais son immense popularité. Sa haine jalouse, longtemps concentrée, finit par trouver l'occasion de s'épancher. M. de Lorgeril, élu député le 8 février 1871, se trouva enfin, à Bordeaux, en face de son heureux rival. Dès que Victor Hugo prit la parole, il se leva en lui montrant le poing : « Parlez français », s'écria-t-il, et chaque phrase de l'orateur fut interrompue par ce cri rageur : « Vous ne parlez pas français. » Pour le coup, M. de Lorgeril était arrivé à la célébrité; le public tira de la poussière ses poésies ignorées la

veille, et y découvrit des perles comme ce vers de quatorze pieds :

Quoi! serait-ce... oui c'est... ô honte! on siffle à son oreille.

A l'Assemblée de Versailles, où il siégea à l'extrême droite, M. de Lorgeril se fit remarquer par ses sorties contre l'Ecole de hautes études, contre l'Ecole française de « cette petite ville » d'Athènes, contre l'Ecole normale, composée « probablement » de jeunes gens, contre M. Thiers, accusé d'avoir professé des « doctrines perverses », etc. Le 15 déc. 1875, il fut élu sénateur inamovible par la coalition de l'extrême droite et des gauches. Outre son *Etincelle*, M. de Lorgeril a enrichi la littérature française de plusieurs volumes : *la Chaumière incendiée; Récits et Ballades; l'Art de parvenir*, poème satirique, et *Recueil de poésies* (1872). Son nom est désormais attaché à celui de Victor Hugo : c'est l'immortalité.

LORIS-MÉLIKOFF (COMTE Mikhaïl Tarielovitch), général russe, d'origine arménienne, né en Transcaucasie, où son père était négociant, le 1er janv. 1826, mort à Nice en déc. 1888. Il fit ses études à l'institut Lazareff de Moscou, entra de bonne heure dans le métier militaire en s'engageant dans le régiment des hussards de Saint-Pétersbourg, se distingua pendant la guerre de Crimée et fut nommé colonel d'un régiment de cavalerie légère. Sa participation à la prise de Kars lui valut le commandement de la place, avec le rang de général. Il servit ensuite pendant la campagne du Caucase contre Schamyl; son chef, le général Mouravieff, ayant été le premier à reconnaître ses talents comme stratégiste, fit, à plusieurs reprises, aux autorités supérieures, un brillant éloge des services qu'il avait rendus. En conséquence, Loris-Mélikoff fut envoyé comme gouverneur général à Vladi-Kavkaz (Caucasie), en 1860. Ayant obtenu un congé pour cause de santé, il se trouvait la France qu'il aimait beaucoup. Il se trouvait en Allemagne quand la guerre russo-turque éclata. Il rentra aussitôt dans le service actif, fut appointé adjudant-général du grand-duc Michel, chef nominal de l'armée du Caucase. En réalité, ce fut Loris-Mélikoff qui dirigea les opérations militaires, dont les résultats furent la prise d'Ardahan en mai, et celle de Kars en nov. 1877. Après la guerre, il reçut le titre de comte. L'extinction de la peste, qui ravagea la région du Volga au commencement de 1879, semble être due, en grande partie, aux énergiques mesures prises par Loris-Mélikoff, alors gouverneur-général de ce pays. En avril de la même année, lorsque l'agitation nihiliste eut provoqué l'état de siège dans six provinces, il fut nommé gouverneur général de Kharkov. Il usa, avec la plus grande modération, des pouvoirs arbitraires qui lui étaient accordés, et devint le représentant le plus en vue du parti libéral. En février 1880, après que les nihilistes eurent attenté à la vie de l'empereur en faisant sauter une partie du palais d'Hiver, Alexandre II rompit avec le parti conservateur et nomma le comte Loris-Mélikoff chef suprême de la commission exécutive, avec le pouvoir, d'après les inspirations de l'empereur, d'agir suivant ses inspirations et comme il le jugerait le plus utile; il devint donc le dictateur de l'Empire. En cette qualité, il prit sur lui de promettre une constitution et la liberté de la presse. Mais les nihilistes ne désarmèrent pas, et, le 3 mars 1880, le révolutionnaire Molodetzki essaya d'assassiner le dictateur. Cet attentat ne modifia en rien sa ligne de conduite; il espérait acquérir la gloire d'être le législateur de son pays. Au mois d'août, la commission exécutive fut abolie, et il fut nommé ministre de l'intérieur avec des pouvoirs extrêmement étendus. L'assassinat de l'empereur, le 13 mars 1881, mit fin à ses espérances et à sa carrière politique. Accusé par la presse réactionnaire de n'avoir pas exercé une surveillance assez active sur les nihilistes, il fut sévèrement

blâmé par le nouvel empereur et dut prendre sa retraite. Il s'éloigna volontairement de sa patrie, s'établit à Nice et y passa les sept dernières années de sa vie.

LOTERIE (Jeux de cartes). — C'est, sans contredit, le jeu de société le plus amusant; sa beauté consiste à admettre dix ou douze joueurs, ou davantage, et pas moins de quatre ou cinq. On prend deux jeux de cartes complets : l'un sert pour les lots de la loterie, et l'autre pour les billets. Chacun prend un certain nombre de jetons d'une valeur déterminée. Les conventions faites, chacun met les jetons qu'il a pour sa prise dans une corbeille placée au milieu de la table. Deux des joueurs, n'importe lesquels, prennent chacun un jeu de cartes; après avoir bien battu les cartes, et les avoir fait couper par les joueurs de leur gauche, un des joueurs distribue une carte à chaque joueur : toutes ces cartes doivent rester couvertes, et on les appelle les *lots*; ensuite, on distribue sur ces cartes tous les jetons des enjeux, en observant qu'il y en ait de plus gros les uns que les autres, et d'en mettre d'égaux le moins qu'on pourra. Celui qui a l'autre jeu de cartes en distribue une à chacun : on les appelle les *billets*. Ensuite, on tourne les lots, et chaque joueur regarde si sa carte est conforme à quelques unes de celles qui composent les lots; c'est-à-dire, que s'il retournait un valet de trèfle, une dame de cœur, un as de pique, un huit de trèfle, un six de carreau, un quatre de cœur, un trois de pique et un deux de carreau, qui seraient les lots, celui ou ceux qui auraient leur carte pareille à une de celles-là, emporteraient le lot marqué sur cette carte. Si tous les lots ne sont pas gagnés, les deux joueurs chargés de la distribution ramassent les cartes de leur jeu et recommencent, après avoir mêlé de nouveau, à les distribuer comme auparavant : on étale les lots et on les tire avec les billets. Cette manœuvre dure jusqu'à ce que le fonds de la loterie soit tout tiré. Lorsque la partie dure trop longtemps, au lieu de ne donner qu'une carte pour billet à chaque joueur, on en donne deux, trois, ou quatre à chacun, l'une après l'autre : la grosseur des lots contribue beaucoup aussi à terminer rapidement une partie. Une autre manière non moins amusante de jouer à la loterie, est la suivante : il y a toujours deux jeux de cartes entiers et chaque joueur, muni de plusieurs jetons d'une valeur déterminée, en dépose un ou plusieurs à la corbeille. L'un des joueurs, n'importe lequel, prend un jeu, et le tenant des deux mains pour le développer en éventail, fait tirer au hasard cinq cartes à un autre joueur. Ces cinq cartes, qui ne doivent être vues de personne, sont déposées sur la table, faces en dessous, l'une au milieu, les quatre autres formant la croix autour d'elle. Alors on distribue entre ces cartes les enjeux déposés dans la corbeille, de manière que la carte du milieu ait le gros lot et que chacune des autres cartes ait un lot différent. Quand la partie est engagée entre des jeunes enfants, on peut remplacer les jetons par des dragées, des pralines, des macarons, des petits fours variés ou des sucreries quelconques. Après cela, le joueur qui a fait tirer les cartes du premier jeu prend l'autre jeu, le bat, le fait couper à sa gauche et distribue, en partant de sa droite, toutes les cartes, une à une, de manière que chaque joueur en ait le même nombre. Si, au dernier tour, il en reste une ou plusieurs que l'on ne pourrait distribuer sans détruire l'égalité de nombre, on les fait tirer au sort ou on les met aux enchères pour augmenter la valeur des lots. Chacun pose ses cartes à découvert devant soi et la personne qui dirige le jeu, retournant les cinq cartes sur lesquelles on a déposé les enjeux, octroie les lots aux différentes personnes qui ont la bonne fortune de posséder une ou plusieurs cartes semblables à celles des lots.

LOTO (Jeux). Ce jeu de pur hasard nous vient d'Italie, comme les loteries dont il est le diminutif. On prétend qu'il fut inventé à Naples, d'où il se répandit en France et dans toute l'Europe au XVIIIe siècle ; il fut pendant longtemps le jeu favori des souverains et des courtisans. C'est pendant cette période d'engouement que le comte de Ségur écrivit les quatrains suivants, au sujet de cet amusement qui lui paraissait insipide :

Le loto, quoique l'on dise,
Sera fort longtemps en crédit.
C'est l'excuse de la bêtise
Et le repos des gens d'esprit.

Ce jeu vraiment philosophique
Met tout le monde de niveau.
L'amour-propre si despotique
Dépose son sceptre au loto.

Une boîte de loto bien complète renferme : 1º Vingt-quatre cartons à revers différemment colorés ou bariolés ; ordinairement six revers sont bleus, six rouges, six jaunes et six verts. Le dessus des cartons est divisé, dans le sens de la largeur, en trois parties par des lignes horizontales, formant avec des lignes verticales, trois rangées de neuf compartiments chacune ; quatre de ces compartiments sont colorés, presque toujours en vert ; les cinq autres sont à fond blanc. Sur ce fond blanc sont inscrits les nombres, dans l'ordre des unités, des dizaines, des vingtaines, etc., jusques et y compris le numéro 90, qui est placé sur la même ligne verticale que la série de 80 à 89. Chacun des nombres de 1 à 90 est reproduit quatre fois sur la totalité des cartons. Il y a donc quinze numéros sur chaque carton, cinq sur chacune des trois rangées horizontales. 2º Un sac contenant 90 dés ou moitiés de boules, sur la partie plate desquelles sont marqués des numéros, depuis 1 jusqu'à 90. Quelquefois les demi-boules ont deux faces planes et le nombre est répété sur chaque face. Pour ne pas confondre 9 avec 6 et 19 avec 61, on trace, sous chacun de ces nombres, une petite barre indiquant le sens dans lequel on doit les lire. 3º Un sac renfermant environ 200 petits jetons de verre, d'os ou d'ivoire. A défaut de jetons, les joueurs peuvent se servir de grosses graines légumineuses sèches, telles que haricots, lentilles, etc., pour marquer sur leurs cartons les numéros appelés. 4º Un petit panier servant à contenir les jetons qui doivent représenter les enjeux. 5º Une tablette dont la surface présente de petits enfoncements destinés à recevoir les boules, à mesure qu'on les extraits du sac, et à les présenter de façon que les chiffres qu'elles portent soient facilement vus par tous les joueurs. Cette tablette n'est pas absolument indispensable et n'accompagne que les jeux très complets. Il existe plusieurs manières de jouer au loto. — *Partie ordinaire au premier quine.* Les joueurs ayant pris place autour d'une table à jeu, l'un d'eux mêle les cartons comme un jeu de cartes et les distribue à la ronde, un à un. Les joueurs peuvent recevoir un nombre égal de cartons ; ou chacun en demande un certain nombre et verse alors dans le panier le prix déterminé pour chaque carton. Dans tous les cas, on fixe le maximum des cartons à distribuer. Si les joueurs sont plus de douze, chacun ne doit recevoir qu'un carton ; moins nombreux, ils reçoivent deux cartons, rarement plus de trois. Les enjeux, déposés dans le panier, constituent la *poule.* Chaque joueur place ses cartons devant lui, de manière que les rangées verticales se correspondent. L'un des joueurs prenant ensuite le sac aux boules, le secoue afin de les mêler et le tenant, de la main gauche, le sac entr'ouvert, il tire successivement, de la main droite, les boules une à une, et appelle distinctement à mesure le numéro que porte chacune d'elles. Les autres joueurs, attentifs, couvrent d'un jeton chacun des numéros appelés qui se trouvent sur

leurs cartons. Quand on ne possède pas un grand nombre de jetons, on marque à *l'anglaise,* c'est-à-dire que l'on met un jeton sur la première case colorée à l'appel d'un numéro porté sur cette ligne ; on pousse ensuite à droite ce jeton sur la deuxième casse, puis sur la troisième et sur la quatrième, à mesure que l'on appelle les numéros de la ligne. Trois jetons suffisent alors pour un carton. Celui qui tire les boules, marque avec les boules elles-mêmes. Le tirage cesse dès que l'un des joueurs, criant : « *Quine* » annonce que l'on a appelé et qu'il a marqué les cinq numéros de l'une des lignes horizontales de ses cartons. On fait l'appel de ces cinq numéros, pour vérifier s'ils sont sortis du sac et si le joueur n'a pas marqué faussement. Sa marque ayant été reconnue exacte, il est déclaré gagnant et la poule lui appartient. Si deux joueurs font quine en même temps, ils se partagent le contenu du panier. Quand la partie est gagnée, on fait une nouvelle distribution de cartons, on remet les boules dans le sac, on les mêle et on recommence une autre poule. Chaque joueur a le droit de tirer les boules à son tour ; mais il n'y a aucun avantage à cela. — LOTO DAUPHIN. C'est, dit-on, Louis XVI qui imagina cette variante, pour donner un peu plus de diversité au jeu, et afin d'amuser le Dauphin, alors tout enfant. Dans cette partie, le premier *extrait* (un seul numéro sur une ligne horizontale), le premier *ambe* (deux numéros sur une même ligne), le premier *terne* (trois numéros sur une seule ligne) et le premier *quaterne* (quatre numéros), entraînent chacun le gain d'une petite part de la poule, le surplus appartenant au premier *quine.*—LA TOMBOLA OU CARTON PLEIN. Dans cette combinaison, le gagnant est celui qui remplit le premier les quinze numéros du même carton. Ordinairement chaque joueur ne reçoit qu'un seul carton. — LOTO A QUINZE BOULES. On ne tire que quinze boules et l'on distribue la poule entre les joueurs de la manière suivante : chaque ambe vaut deux parts ; chaque terne en vaut trois ; chaque quaterne, quatre. Dans le cas extrêmement rare où il se produirait un quine, cette chance annulerait les autres et donnerait le gain de la poule entière. — LA BANQUE. Dans cette partie, le joueur chargé de tirer les numéros reçoit le nom de banquier ; il paie aux autres un prix convenu pour les ambes, les ternes, etc., qui leur arrivent, et il reçoit d'eux le même prix pour les ambes, les ternes, etc., qu'il peut avoir. Il faut pour cela, qu'il y ait une chance supérieure d'un côté ou de l'autre. Ainsi, par exemple, si le banquier amène un terne et si un autre joueur possède un quaterne, pendant que les autres ont seulement des ambes, le banquier paie le quaterne, et chacun des joueurs qui n'a qu'une ambe, lui paie le terne.

LOUAGE. — Législ. La loi du 9 juillet 1889 qui forme les titres II et III du Code rural, contient cette disposition : « La durée du louage « des domestiques et des ouvriers ruraux est, « sauf preuve d'une convention contraire, « réglée suivant l'usage des lieux. » Le Code n'avait pas statué à cet égard, et la disposition précitée du Code rural n'a fait que consacrer la règle qui était appliquée par les juges de paix. — Quant au contrat de louage d'ouvrage entre les chefs des établissements industriels et leurs ouvriers, il est actuellement soumis aux règles du droit commun, en vertu de la loi du 2 juillet 1890, qui a aboli l'obligation relative aux livrets. Les contrats de louage d'ouvrage sont exempts du timbre et d'enregistrement. A l'expiration du contrat, celle des parties qui a donné ses services peut exiger de celle qui les a loués, sous peine de dommages-intérêts, un certificat contenant sa sortie et l'espèce de travail auquel elle a été employée. Ce certificat est exempt de

timbre et d'euregistrement. —.Enfin la loi du 27 décembre 1890, a ajouté à l'article 1780 du Code civil un complément qui est ainsi conçu : « Le louage de service fait sans détermination de durée, peut toujours cesser par la volonté d'une des parties contractantes. Néanmoins, la résiliation par la volonté d'un seul des contractants peut donner lieu à des dommages-intérêts. Pour la fixation de l'indemnité à allouer, le cas échéant, il est tenu compte des usages, de la nature des services engagés, du temps écoulé, des retenues opérées et des versements effectués en vertu d'une pension de retraite, et, en général, de toutes les circonstances qui peuvent justifier l'existence et déterminer l'étendue du préjudice causé. Les parties ne peuvent renoncer à l'avance au droit éventuel de demander des dommages-intérêts en vertu des dispositions ci-dessus. Les contestations auxquelles pourra donner lieu l'application des paragraphes précédents, lorsqu'elles seront portées devant les tribunaux civils et devant les cours d'appel, seront instruites comme affaires sommaires et jugées d'urgence. — Dans le délai d'une année, les compagnies et administrations de chemins de fer devront soumettre à l'homologation ministérielle les statuts et règlements de leurs caisses de retraites et de secours. » On le voit facilement par le texte de la loi, ses dispositions nouvelles ont surtout pour but de satisfaire aux réclamations qui ont été portées au Parlement au nom de la classe très nombreuse des employés des administrations publiques, des compagnies de chemins de fer, etc. C'est pourquoi l'article 2 de ladite loi du 27 décembre 1890 porte que ces administrations de chemins de fer doivent, dans le délai d'une année, soumettre à l'homologation ministérielle les statuts et règlements de leurs caisses de retraites et de secours. Il semble que la loi commune aurait dû suffire à garantir réciproquement les droits respectifs des grandes compagnies et ceux de leurs employés ; mais les tendances socialistes ont eu raison de cette réciprocité et de cette égalité de droits. Dans quelques projets de loi présentés sur ce sujet aient été très atténués dans leurs dispositions, on semble reconnaître qu'il y a, du côté des patrons, un abus d'autorité ou d'influence, là où il y a seulement un contrat dont les clauses sont librement débattues et acceptées par les parties contractantes. CH. Y.

LOUIS Ier. (Louis-Philippe-Marie-Ferdinand-Pierre-d'Alcantara-Antoine-Michel-Raphaël-Gabriel-Gonzague-Xavier-François-d'Assise-Jean-Jules-Auguste-Wolfrand DE BRAGANCE-BOURBON), roi de Portugal et des Algarves, seigneur de Guinée et duc de Saxe-Cobourg, né le 31 octobre 1838, mort le 19 octobre 1889. Il était fils du roi Ferdinand de Saxe-Cobourg et de la reine Marie II da Gloria, fille de l'empereur Pierre Ier du Brésil. Il succéda, le 11 novembre 1861, à son frère le roi Pierre IV d'Alcantara. Il épousa, le 6 octobre 1862, la princesse Maria-Pia, fille de Victor-Emmanuel d'Italie, née le 16 octobre 1847. Il eut pour successeur son fils don Carlos (Charles Ier).

LOURENZO-MARQUEZ, port et établissement portugais de la baie de Delagoa. Tête de ligne du chemin de fer des mines d'or du Transwaal, cette ville naissante paraît appelée à un brillant avenir. Les Portugais y ont une garnison.

LOURMEL (Frédéric-Henri LENORMAND DE), général, né à Pontivy en 1811, mort en Crimée, le 5 novembre 1854. Il termina ses études à Saint-Cyr, passa en Algérie en 1841, devint colonel en 1849, commanda l'une des colonnes d'assaut de Zaatcha, prit part à l'expédition de Kabylie et devint ensuite l'un des aide de camp du Président de la République, Louis-Napoléon. La part qu'il prit au coup d'Etat lui valut le grade de général de division, et plus tard un commandement dans

l'armée de Crimée. Il fut mortellement blessé à la bataille d'Inkerman. Son nom a été donné à une rue de Paris,

LOYOLESQUE, ad. [lo-io-less-ke] (de *Loyola*, nom du fondateur de l'ordre des Jésuites). Synonyme de Jésuitique : *Son but est de combattre, par tous les moyens possibles, les manœuvres loyolesques de nos ennemis.* (A. CIPRIANI.)

LUDERITZ (Terre de) ou **Angra Pequena**, colonie allemande de la côte occidentale d'Afrique, administrée depuis 1885, par la société allemande de l'Afrique occidentale, et s'étendant de la baie de la Baleine jusqu'à la rivière Orange, avec une profondeur qui va jusqu'à 18° long. E. Environ 250,000 kilom. carrés; 100,000 habitants. Cette colonie se compose de la terre des Namaquas et de la baie d'Angra Pequena, aujourd'hui nommée baie de Luderitz, du nom d'un Allemand qui avait acheté aux Namaquas un vaste territoire sur lequel il s'établit et où il mourut le 1er janvier 1887. La baie de Luderitz forme un port où se trouve le principal établissement, non loin d'un village de missionnaires moraves, nommé Bethany. La colonie est triste, infertile, désolée ; on est forcé de faire venir l'eau de Cape-Town. On y exploite des mines de cuivre. Les nègres sont de dociles Namaquas qui appartiennent à la famille des Hottentots. Le climat est favorable, mais le manque d'eau est un obstacle à la colonisation.

LUDION. — Encycl. On se procure chez un marchand de jouets deux ou trois petits bonshommes de verre creux émaillé, ayant chacun un trou à l'un de leurs pieds.. On les plonge dans un bocal empli d'eau presque jusqu'au bord et l'on ferme hermétiquement l'orifice de ce bocal au moyen d'un morceau de parchemin ou de caoutchouc. Le poids des bonshommes ou ludions a été calculé de sorte qu'il soit à peine inférieur à celui d'un égal volume d'eau. Pour arriver à ce résultat, on a fait entrer dans chaque figure, par le trou du pied, un peu d'eau, plus ou moins, jusqu'à ce que chacun se maintienne en équilibre au milieu du bocal comme un corps flottant. Le bocal étant fermé, dès que l'on appuie sur le parchemin ou sur le caoutchouc qui bouche l'orifice, on voit descendre les ludions dans le liquide. Quand on cesse de comprimer la substance qui ferme le bocal, les bonshommes remontent vers la surface de l'eau. Ces mouvements des ludions démontrent d'une manière amusante la différence qui existe entre l'élasticité de l'air et celle de l'eau. En pressant sur la feuille mince qui ferme le bocal, on lui fait communiquer la pression à l'air qu'elle recouvre et par suite au liquide. L'eau, moins élastique que l'air, s'introduit dans le ludion par le petit trou ménagé sous le pied de celui-ci et comprime l'air qui est contenu dans le petit bonhomme de verre. Le ludion, alourdi par l'introduction de l'eau, descend dans le bocal. Dès que la pression vient à cesser, l'air du ludion reprend, en vertu de son élasticité, son volume primitif et chasse l'excédent de liquide. Le poids de la figure de verre est diminué du poids de l'eau expulsée et, l'équilibre étant rétabli, le ludion remonte. Ordinairement, on établit une légère

Les ludions.

différence dans le poids des bonshommes pour les faire flotter à diverses hauteurs et pour varier ainsi leurs mouvements.

LUNETTES à foyer électrique. — Lunettes entre les deux verres desquelles est placée une petite lampe électrique. Deux longs abat-jours cylindriques placés en avant des verres, empêchent la lumière vive de frapper les yeux de l'opérateur. Le courant électrique est trans-

Lunettes à foyer électrique.

mis à la lampe par deux fils qui se fixent à deux petites bornes. Les lunettes à foyer électrique sont utiles pour les opérations chirurgicales, lorsqu'il est nécessaire d'éclairer vivement le patient, sans que l'opérateur soit aveuglé par la lumière.

LUTTE. — LUTTE A MAINS PLATES. Cet exercice de gymnastique est peu pratiqué; il mériterait pourtant de l'être beaucoup, en raison du développement qu'il donne à tous les muscles du corps, à ceux des jambes, de la poitrine et du cou, tout autant qu'à ceux des bras. A quoi tient donc la sorte d'indifférence avec laquelle les professeurs de gymnastique paraissent tenir la lutte à mains plates? A une seule et unique cause : la difficulté, pour ne pas dire l'impossibilité, d'établir, sinon certaines règles de cet exercice, du moins les instructions techniques qui doivent y présider. Dans la lutte à mains plates, on ne peut dire à l'élève : en telle circonstance, vous

Lutte à mains-plates.

placerez la jambe de telle manière, vous tournerez le pied à droite ou à gauche, vous appuierez ou vous leverez le bras. Tout cela dépend de la force et de l'adresse du lutteur ; et le professeur ne peut fournir que des indications générales, dont nous allons établir ici

les principes. Dans la lutte à mains plates, les deux adversaires se placent en face l'un de l'autre, à un mètre de distance, la droite du corps un peu en avant. Ils se penchent l'un vers l'autre et se saisissent à bras-le-corps, le bras gauche passé sur le bras droit de l'adversaire et tout rejoindre leurs mains sur les reins de l'antagoniste en enlaçant solidement les doigts. Dans cette position, les lutteurs ont la tête l'une contre l'autre, oreille droite près de l'oreille droite, poitrine contre poitrine. Il s'agit de renverser l'adversaire. Pour cela, tous les moyens sont licites ; il est seulement défendu de donner des coups de pied. Mais il est permis d'employer le croc-en-jambe, afin de faire perdre l'équilibre.

LYDDITE s. f. Nouvelle poudre de guerre admise en Angleterre. En oct. 1888, le ministère anglais de la guerre commanda la fabrication d'une grande quantité de lyddite, substance explosive que l'on suppose être identique à la mélinite. C'est d'ailleurs le Français Turpin, inventeur de la mélinite, qui dirigea la fabrication de ce nouveau produit.

LYMPHE s. f. Nom donné, en 1890, à un remède imaginé par le médecin allemand Koch, pour le traitement, par inoculation, des maladies tuberculeuses et particulièrement du lupus. Des expériences furent faites à Berlin et dans les principales villes de l'Europe. Le nom de l'inventeur inspira d'abord une confiance presque illimitée en son remède. Au mois de novembre 1890, l'empereur d'Allemagne promit une dotation au célèbre médecin et les fonds nécessaires pour la fondation d'un institut antituberculeux, à la condition que la formule de sa lymphe ne serait pas divulguée. Mais ce fut beaucoup de mystère pour rien. La lymphe de Koch ne produisit aucun des résultats espérés. Il fut, au contraire démontré, par l'expérience, qu'elle était d'un usage dangereux et qu'au lieu d'enrayer la maladie, elle en précipitait la marche.

LYONS (Richard-Bickerton-Pemell, LORD) [laï-eunss], second lord Lyons, fils d'Edmund Lyons, né à Lymington, le 26 avril 1817, mort au château d'Arundel, chez son beau-frère, le duc de Norfolk, le 3 déc. 1887. Il fit ses études à Oxford et débuta dans la diplomatie, en 1839, comme attaché d'ambassade à Athènes; il passa à Dresde en 1852, à Florence en 1853, fut secrétaire de légation dans la même ville en 1856, puis envoyé extraordinaire aux États-Unis, de 1859 à 1864. L'affaire du *Trent* attira sur lui l'attention et quand la guerre civile éclata aux États-Unis, ce fut lui qui déclara nul le blocus des ports confédérés, si ce blocus n'était pas effectif. Son attitude ayant rendu sa situation presque intenable à Washington, il rentra en Angleterre, sous prétexte de santé, et fut nommé ambassadeur à Constantinople en 1865. Deux ans plus tard, il prit possession de l'ambassade de Paris, où il resta pendant vingt années. Lors du siège de Paris par les Allemands, il servit plus d'une fois, avec M. Washburne, ambassadeur américain, d'intermédiaire entre assiégeants et assiégés. Frappé de paralysie et sans espoir de rétablissement, il quitta l'ambassade de France, deux mois avant de mourir et fut converti au catholicisme en vertu d'un vœu de sa sœur, la duchesse de Norfolk, dont la mort l'avait douloureusement frappé.

LYRÉ, ÉE adj. (rad. *lyre*). Bot. Se dit des feuilles découpées dont les divisions supérieures sont plus amples que les inférieures.

MABOUL, OULE s. Mot arabe qui signifie *fou, folle* et que nos soldats ont emprunté au vocabulaire des Algériens.

MACAO s. m. (Jeux). C'est une variante du vingt et un, dans laquelle le banquier ne donne qu'une carte à chaque joueur. Les figures et les dix ne comptent pas; l'as ne vaut qu'un point et, pour gagner, il faut avoir 9 points ou approcher de ce point plus que les autres joueurs. On demande une carte ou on s'y tient, suivant ce que l'on a en main, et quand on dépasse neuf, on crève. Quand un joueur a 9 d'emblée, il reçoit du banquier trois fois sa mise; celui qui a 8 d'emblée reçoit deux fois sa mise; celui qui a 7 d'emblée gagne une fois sa mise. Quand il y a égalité de point entre le banquier et un ou plusieurs pontes, ce point annule celui des pontes qui le possèdent. Quand le banquier compte d'emblée 9, 8 ou 7 points, il reçoit une mise triple, double ou simple de tous les joueurs qui ne lui sont pas égaux ou supérieurs en point.

MAC CLELLAN (George-Brinton) [mâk-clèllenn] général américain du nord, né à Philadelphie le 3 déc. 1826, mort en oct. 1885. Il fit ses études à West-Point, servit pendant la campagne du Mexique, devint capitaine, dirigea d'importants travaux de fortification et fut nommé membre de la commission militaire chargée d'assister à la campagne de Crimée (1855-'56). Ayant pris sa retraite en 1857, il entra dans la compagnie du chemins de fer central de l'Illinois, comme ingénieur en chef, ensuite comme président (1858); il était président depuis 1860, du chemin de fer de Saint-Louis et Cincinati, lorsque la guerre civile éclata. Il fut alors commissionné major-général des volontaires de l'Ohio, ensuite, le 14 mai 1861, major-général dans l'armée régulière et reçut un commandement dans la Virginie occidentale. Il passa successivement général de la division de Potomac, puis, général en chef de l'armée du Potomac; enfin, lors de la retraite du général Scott (1er nov.), général en chef des armées des Etats-Unis. Au commencement du printemps de 1862, il transporta l'armée du Potomac dans la péninsule du Saint-James et s'empara de Yorktown. Il poursuivit son adversaire Johnston à Williamsburg et jusqu'aux environs de Richmond, capitale de la Virginie et siège du gouvernement des confédérés. Arrivé sur les bords de la Chickahominy, le 20 mai, il se trouva en présence des armées de Lee et de Johnson. Il livra une série de batailles gigantesques, qui se terminèrent d'une manière indécise à Malvern-Hill, le 1er juillet. Abandonnant l'idée de prendre Richmond, Mac-Clellan se retira à Harrison's Landing, où il se retrancha; ensuite, sur l'ordre du général Halleck, devenu général en chef, il dut revenir, avec toute son armée à Monroe et à Yorktown. Après la défaite de Pope, à Bull Run, (29-30 août) Mac-Clellan reçut le commandement des troupes réunies à Washington et dans les environs de cette capitale menacée. Les confédérés, commandés par le général Lee, entreprirent l'invasion du Maryland. Mac-Clellan marcha à leur rencontre et les repoussa à Antietam

(16 et 17 sept.); mais ses pertes étaient si fortes qu'il ne crut pas pouvoir les poursuivre. Son inaction causa un désappointement universel; et le 7 nov., il fut remplacé dans le commandement par le général Burnside. Il ne prit plus aucune part à la guerre. En 1864, il fut candidat des démocrates pour la présidence des Etats-Unis, et ne fut pas élu. En 1870, on le nomma ingénieur en chef des docks et des jetées de New-York; il démissionna en 1873. Au moment de sa mort, il était gouverneur de New-Jersey. Il a laissé plusieurs ouvrages : *Manuel de l'exercice à la baïonnette* (1852; traduit du français); *Les Armées d'Europe* (1861), et *Rapport sur l'organisation et les campagnes de l'armée du Potomac* (1864).

MAC CLOSKEY (John), cardinal archevêque de New-York, né à Brooklyn, le 20 mars 1810, mort à New-York, le 10 oct. 1885. Il appartenait à une famille d'émigrants irlandais et fut élevé au collège d'Emmettsburg. Ayant été ordonné prêtre en 1834, il vint à Rome pour finir ses études et, subséquemment, vécut une année en France. Il commença ses fonctions spirituelles à l'église Saint-Joseph de New-York (1838), et se distingua tellement par son énergie et par son habileté, qu'en 1841, il fut nommé premier président du collège Saint-John (Fordham). Il abandonna ce poste peu de temps après et reprit sa charge au collège de Saint-Joseph, jusqu'en 1843; puis, avec le titre d'évêque d'Auxerre, il devint coadjuteur de l'évêque Hughes. Son habileté administrative attira tellement l'attention, que lors de la division du diocèse de New-York (1847) l'évêque Mac Closkey fut nommé premier évêque d'Albany. Dans ce nouveau poste, son zèle, son activité et son éloquence le rendirent très populaire et lui firent obtenir les moyens de construire des églises presque chaque ville. Il introduisit dans son diocèse un grand nombre d'organisations religieuses et charitables; il commença et termina la cathédrale d'Albany et fonda un collège théologique pour le diocèse, formant la province ecclésiastique de New-York. L'archevêché de New-York étant devenu vacant en 1864 par la mort de l'archevêque Hughes, l'évêque Mac Closkey fut élevé à ce siège. Il créa des communautés de dominicains, de franciscains, de capucins, de petites sœurs des pauvres et de sœurs franciscaines allemandes. En 1875, il fut créé cardinal de l'ordre des prêtres; il fut le premier cardinal nommé aux Etats-Unis. A la mort du pape, qui survint en 1878, il fut convoqué au conclave des cardinaux pour l'élection d'un successeur à Pie IX; et ce fut grâce à cette visite, que peu de temps après l'élection du pape Léon XIII, le droit canon fut introduit dans les Etats-Unis, qui cessèrent alors de n'être considérées que comme une mission catholique de l'Eglise romaine. L'archevêque Mac Closkey fut l'ecclésiastique et le prélat catholique romain le plus éminent des Etats-Unis; il se soumit par son éloquence, son zèle religieux, et la pratique de la philanthropie.

MACRANTHE, adj. (gr. *macros*, grand, *anthos*, fleur). Bot. Qui a de grandes fleurs.

MACULÉ, ÉE adj. Bot. Qui a des taches irrégulières tranchant sur le fond.

MADAGASCAR, en langue indigène *Nossi-Dambo*. Cette grande île est aujourd'hui placée sous le protectorat de la France. Capitale : *Antananarive*, ville bien bâtie, qui renferme environ 80,000 habitants, et qui est située sur une montagne escarpée. Ports principaux : *Tamatave*, 3,000 hab., à l'E., et *Mojanga*, au N.-O. — La reine Ranavalona III, en arrivant au gouvernement, le 13 juillet 1883, trouva son pays en guerre avec la France. Déjà l'amiral Pierre s'était présenté devant Tamatave et avait fait connaître son intention d'imposer le protectorat français. N'ayant pas reçu de réponse favorable, il bombarda la ville et l'occupa. Il fit arrêter un missionnaire anglais, M. Shaw, qui prêchait la révolte aux indigènes; mais il dut bientôt le relâcher et même lui donner une indemnité. Sur de vagues promesses de secours faites par les missionnaires anglais, la nouvelle reine se décida à continuer la guerre. Devant les mesures de résistance qu'elle prit. le gouvernement français, alors dirigé par M. Ferry, se vit forcé d'envoyer de nouvelles troupes et des navires de guerre. Les Français débarquèrent au nord de l'île. dont ils entreprirent la conquête. Les Hovas défendirent le terrain pied à pied et une lutte d'escarmouches se continua pendant près de deux ans, sans amener de résultats. Pendant ce temps, le ministère Ferry était tombé; le ministère Brisson, beaucoup plus pacifique, se montra d'autant moins exigeant dans ses prétentions que pendant, le mois de sept. 1885, les troupes françaises avaient subi un échec en attaquant les Hovas non loin de Tamatave. De leur côté, les indigènes, quoique en état de résister à une tentative de conquête complète, ne pouvaient empêcher les Français d'occuper une partie de leur territoire; et, d'ailleurs, ils avaient acquis la certitude qu'aucune nation européenne ne viendrait les secourir. L'Angleterre elle-même semblait se désintéresser de la question et c'est tout au plus si quelques centaines d'aventuriers anglais avaient répondu à l'appel qui leur avait été fait de secourir les Madécasses et de coopérer à l'instruction des 50,000 hommes mobilisés pour la défense. Des deux côtés on désirait donc un accommodement; et voici celui qui intervint le 19 déc. 1885. La reine Ranavalona III et son époux Rainilaiarivony, qui est en même temps son premier ministre, doivent accepter à leur cour un résident français avec une escorte militaire. Ce résident reste seul chargé des relations du gouvernement hova avec les nations étrangères; les Français conservent en toute propriété la baie de Diégo-Suarez, pour y établir une station navale; enfin, le peuple hova s'engage à payer vingt millions de fr. à titre d'indemnité de guerre. Le traité ayant été ratifié le 6 mars 1886, le gouvernement de la reine put réduire ses troupes à 20,000 hommes. Mais il ne se soumit pas, sans de vives protestations, à la clause du contrôle sur ses relations extérieures. C'est ainsi que, peu après la ratification du traité, la reine crut pouvoir charger le général anglais Willoughby de plaider sa cause auprès du président de la

République, qui refusa de le recevoir parce que cet officier ne présentait pas de lettre d'introduction du résident de Madagascar. Les troupes françaises évacuèrent bientôt Tamatave (3 janv. 1887), mais elles se maintinrent en observation sur tous les points du territoire, car les relations avec le gouvernement hova restèrent plus hostiles que cordiales. Nous avions à Antananarive un résident, M. Le Myre de Viliers; et à Tamatave, un vice-résident, M. Campan. Mais le gouvernement hova affectait d'entretenir un ambassadeur à Londres, le général Willoughby; et la Grande-Bretagne avait des consuls à Tamatave et à Antananarive. Notre protectorat avait quelque chose de factice et cette grande île paraissait être une annexe anglaise. En 1889, le colonel anglais Colville et sa femme entreprirent de traverser l'île de l'E. à l'O., en partant de Tamatave pour se rendre à Majonga, par Antananarive; il réussit, et ce fut la première fois qu'une femme européenne accomplit ce voyage. En 1890, le 5 août, fut signée à Londres par M. Waddington et lord Salisbury, une convention aux termes de laquelle la République française reconnaît le protectorat de la Grande-Bretagne sur les îles de Zanzibar et de Pemba; et l'Angleterre reconnaît le protectorat de la France sur Madagascar et admet, qu'à l'avenir, les exequaturs des consuls et des agents britanniques seront donnés par l'intermédiaire du résident général français. Les missionnaires des deux pays jouiront de la même protection. La tolérance religieuse et la liberté pour toutes les formes de culte et d'enseignement religieux seront garanties; enfin les sujets anglais conserveront leurs droits et leurs immunités dans l'île. — Bibliogr. Voy. Sibree, *Great african Island*; Shaw, *Madagascar and France*; Leroy, *les Français à Madagascar*; et l'*Antananarivo Annual*. — Législ. L'organisation judiciaire des colonies françaises a été récemment refondue par décrets, ainsi que nous l'avons énoncé en plusieurs endroits de ce *Supplément*. (Voy. notamment le mot COLONIE.) C'est une loi du 2 avril 1891 qui a institué des tribunaux français à Madagascar, pays de protectorat, et qui a ouvert à cet effet un crédit de 243,500 fr. au budget ordinaire de 1891; mais l'organisation, la compétence de ces tribunaux, la procédure à suivre devant eux en matière civile et en matière criminelle ont été déterminées par des décrets postérieurs. Déjà auparavant, des tribunaux *résidentiels* avaient été créés dans cette île par un décret du président de la République, en date du 8 mars 1886; mais le gouvernement a jugé nécessaire qu'une juridiction définitive y fut établie.   Ch. Y.

MAGNÉSIUM. Nous avons dit, dans le *Dictionnaire*, que la lumière produite par le magnésium est assez vive pour donner de bonnes épreuves photographiques. Malheureusement,

Lumière du magnésium.

la combustion de ce métal donne une fumée gênante. On a imaginé, pour obvier à cet inconvénient, d'employer un mélange de magnésium et de substances oxydantes, et l'on a obtenu une poudre que l'on a appelée

photo-éclair. On emploie cette poudre au moyen de l'appareil suivant. On a un petit tube, long de 10 centim. et d'un diamètre de 4 millim. A l'une de ses extrémités, on introduit une petite quantité de poudre photo-éclair (2 décigr. pour un objectif de 2 centim. d'ouverture et de 10 centim. de distance focale; la lumière étant placée à 3 m.), A l'autre extrémité du tube est adaptée une petite poire de caoutchouc. La boucle formée par le tube est passée au doigt indicateur ou au pouce de la main qui tient la bougie. Le pavillon du tube est alors présenté obliquement à la partie la plus large de la flamme. La poire est pressée, un éclair se produit, et sa durée se prolonge assez pour impressionner la plaque sensible.

MAGNÉTISME. — Le magnétisme donne lieu à quelques expériences d'une grande simplicité. Ayons, par exemple, un aimant en fer à cheval. Passons plusieurs fois l'une des branches de cet aimant sur une aiguille à tricoter, toujours dans le même sens. L'aiguille sera aimantée. Piquons-la dans un morceau de papier et suspendons celui-ci à un long fil (fig. 1); nous la verrons prendre une position telle que l'une de ses extrémités se dirigera du côté où se trouve le soleil à midi, et que l'autre extrémité se trouvera dans la direction opposée. L'extrémité qui se dirige vers le sud est dite pôle sud; l'autre est le pôle nord. Afin qu'il ne puisse y avoir aucune erreur, mettons un N et un S aux extrémités du papier qui correspondent à ces pôles; nous sommes en possession de la plus simple des boussoles. — Faisons de la même manière, une seconde boussole semblable, et marquons de nouveau les pôles N et S; approchons les deux aiguilles l'une

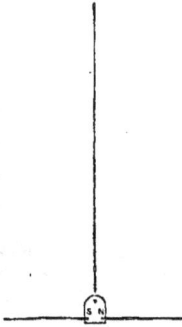

Magnétisme. — Fig. 1. Une simple aiguille aimantée suspendue à un fil.

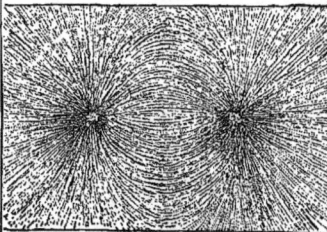

Fig. 2. — Force magnétique.

de l'autre, et nous observerons que le pôle N de l'un attire le pôle S de l'autre, ce qui démontre que les pôles de même nom ne se repoussent et que les pôles de nom contraire s'attirent. D'où, si nous avons un aimant dont nous ne connaissons pas le nom des pôles, nous reconnaîtrons facilement le pôle sud (celui qui attire le pôle nord de l'aiguille suspendue) et le pôle nord (celui qui attire le pôle sud de cette aiguille). — Pour une autre expérience, plaçons une petite aiguille à coudre sur une feuille de papier posée sur une table; approchons un pôle de l'aimant en fer à cheval; l'aiguille sera attirée. Frappons-la une douzaine de fois avec le pôle; elle

sera aimantée; ce que nous vérifierons en re marquant que l'une de ses extrémités est repoussée par l'un des pôles de l'aimant, tandis que l'autre extrémité est attirée par ce même pôle. — Posons maintenant l'aimant sur une table; couvrons-le d'une feuille de papier à écrire bien unie, ou d'une feuille de carton peu épais, mais raide. Répandons de la limaille de fer sur ce papier, et nous la verrons se disposer comme sur notre fig. 2, en formant autour des deux pôles comme centres des lignes courbes appelées *lignes de force magnétique*.

MAHDI, s. m. (ar. *le Désiré* ou *le Bien dirigé par Dieu*). Terme employé par les musulmans à la fois dans un sens général et dans un sens particulier. Comme terme général, il est appliqué à tout prophète ou même à toute personne qui se distingue par sa dévotion; mais dans sa signification particulière, il désigne exclusivement le sauveur musulman qui, après avoir détruit l'iniquité et restauré la justice sur la terre, doit préparer le monde au jugement dernier. L'islamisme a emprunté à la religion chrétienne l'idée de la venue d'un Messie; Mahomet reconnaissait l'importance de la mission du Christ, mais il niait sa divinité; il le plaçait au-dessus de tous les prophètes et il a livré son souvenir à la vénération de ses adeptes. Beaucoup de mahométans croient que le Mahdi sera assisté par Jésus-Christ comme vicaire. Jésus, après avoir détruit l'Antéchrist, annihilé les Juifs et converti à l'islamisme les chrétiens et tous les idolâtres, récitera la prière que le Mahdi composera avant que le son de la trompette dernière n'ait annoncé la résurrection, le jugement et la destruction de toutes choses. Il n'est fait aucune mention du Mahdi dans le Coran; mais la tradition attribue à Mahomet la déclaration orale suivante « Quand le monde n'aura plus qu'un jour vivre, Dieu fera surgir un homme qui emplira de justice la terre qui est pleine d'iniquité. » — Le titre de Mahdi fut popularisé, pour la première fois, par un audacieux aventurier. Mokhtar, qui parut en Perse cinquante ans après la mort du prophète et qui se faisait appeler « le lieutenant du Mahdi ». Plus tard, Moez, fondateur du Caire, prit formellement le titre de Mahdi; plusieurs autres fanatiques ont agité le monde musulman en se donnant comme les envoyés d'Allah. Le Mahdi le plus nouveau a fait pénétrer le bruit de ses actions jusqu'au milieu du monde chrétien. C'était une puissante individualité, que ce Mahdi du Soudan, qui parvint à soulever les belliqueuses et fanatiques tribus arabes, sur lesquelles il exerça une puissante influence. Il différait des autres Mahdis en ce qu'il n'était pas un débitant de miracles et qu'il ne s'entoura jamais d'un voile mystérieux. Sa conviction était profonde et, de même que Mahomet, il prit son enthousiasme pour une inspiration divine. Nous savons peu de chose concernant sa jeunesse. Il s'appelait Ahmed Mohammed, mena une existence ascétique, observa la sévère discipline imposée par le Coran, sauf pour ce qui concerne le mariage, où il sortit, paraît-il, des limites de l'orthodoxie. Nous le possédons, relativement à la première partie de son histoire, que deux récits dignes de foi. L'un est dû à M. Mousa-Peney, né dans le Soudan, et fils d'un courageux explorateur français de cette région; l'autre, dû à M. Clermont-Ganneau, est le récit d'une conférence des Oulémas à la mosquée du Caire. Ahmed Mohammed naquit à Dongola en 1843; à l'âge de douze ans, il savait le Coran par cœur. A la mort de son père, ses deux frères, qui étaient charpentiers en bateaux, sur le Nil-Blanc, frappés de ses merveilleuses aptitudes, se cotisèrent pour les frais de son instruction et le confièrent aux savants professeurs arabes Abdel-Dagin et El Gouraci. Son éducation termi-

née, il s'établit dans l'île d'Aba, sur le Nil, et y vécut dans la solitude pendant quinze ans, période égale à celle que Mahomet passa dans la méditation avant de se déclarer prophète de Dieu. Son existence à Aba fut celle d'un ermite qui vit dans la prière et dans le jeûne, et sa réputation de sainteté se répandit peu à peu dans les tribus du voisinage, qui finirent par le proclamer Mahdi en 1882, époque assignée par la tradition arabe comme devant être le temps du triomphe final de l'islamisme. Le nouveau Mahdi envoya dans toutes les directions des missionnaires pour apprendre la bonne nouvelle aux cheiks des tribus soudanaises. Mahomet lui était apparu, disait-on, pour lui annoncer que la domination turque touchait à sa fin, et que le Mahdi, après avoir passé le temps nécessaire dans le Soudan, devait se rendre à la Mecque pour s'y faire reconnaître par le Chérif. Les Turcs étant considérés comme des apostats par les musulmans arabes, qui les haïssent autant et même plus que les Anglais, il n'en fallut pas davantage pour soulever le peuple contre les Egyptiens. Le Mahdi se trouva bientôt à la tête d'une puissante armée. Il attaqua le général anglais Hicks-Pacha, commandant des Egyptiens dans le Soudan et remporta une victoire dans une série de combats après lesquels toute l'armée étrangère se trouva exterminée (nov. 1882). Des renforts qu'il reçut de tous les points du Soudan après cette victoire, le mirent à même de marcher sur Khartoum, en prenant un à un tous les postes égyptiens. — Le siège de Khartoum, prolongé par la résistance de Gordon, dura près d'une année; mais la place finit par tomber au pouvoir des assiégeants le 26 janv. 1885, au moment même où elle allait être secourue. Aussitôt après la chute de cette ville, il ne resta plus aux Anglo-Egyptiens d'autre ressource que d'évacuer le reste du pays, et le Mahdi se trouva maître de tout le Soudan, jusqu'à Ouady-Halfa, qui constitue le poste frontière de l'Egypte. Il se disposait à poursuivre la guerre avec énergie pour chasser les Anglais et les Turcs, lorsqu'il mourut de la petite vérole en 1885.

MAI (calendrier horticole). C'est en mai que la nature revêt décidément sa parure printanière; il convient donc de donner aux parterres des soins de toilette en rapport avec les joyeuses préoccupations du moment. Promenons en conséquence la binette dans les massifs et les plates-bandes et le râteau dans les allées, arrachons les mauvaises herbes, fauchons les gazons, etc. On ne peutdéjà plus compter les fleurs qui s'épanouissent au soleil; l'air embaume de mille senteurs délicieuses émanant des lilas, du muguet, des jacinthes, des roses de mai, etc., etc. On plante en pleine terre les rosiers achetés en boutons, en ayant soin de ne pas molester les racines en les dépotant, les géraniums rouges, les hortensias, les héliotropes, les verveines, les pétunias, à l'état de jeunes plantes n'ayant pas encore donné de fleurs, afin d'en jouir plus longtemps, c'est-à-dire jusqu'aux premières gelées. Vers le milieu du mois, on met les dahlias en place; et si l'état du temps ne s'y oppose pas, on peut sortir les orangers et les autres plantes d'orangerie. Les plantes de serre chaude qui peuvent rester à l'air pendant la belle saison sont également sorties vers la fin de mai, — dans de bonnes conditions de température s'entend. Dans les appartements, les soins à donner aux fleurssont subordonnés à l'état du temps; en tout cas, il convient de leur donner le plus d'air possible et il faut avoir bien soin de les garantir de l'action directe des rayons du soleil lorsqu'il brille. L'arrosage devra être administré, une bonne partie du mois au moins, le matin de préférence. Les soins de propreté seront continués comme précédemment. Quant aux semis, ils restent limités aux espèces indi-

quées pour le mois d'avril. On peut commencer en mai l'opération de la greffe.

MAIL (Jeux). — Le mail est leplus agréable des jeux d'exercice; peu violent, il convient à tous les âges et aux deux sexes; essentiellement français, il permet de causer, tout en se livrant à une agréable promenade, dont les effets sont augmentés par l'exercice que l'on donne aux bras en poussant la boule. Très simple dans ses règles, il emprunte son intérêt uniquement à l'adresse que les joueurs doivent déployer pour essayer de gagner. Son appareil, peu compliqué, se compose, pour chaque joueur, d'une petite massue appelée mail et d'une boule. Le mail est, comme au croquet, une espèce de massue à deux têtes, dont la massue, de forme cylindrique et en bois dur, est garnie, à ses deux extrémités, d'une virole en fer et munie au milieu d'un manche long de 1 mètre à 1 m. 50 cent., plus ou moins suivant le degré d'habileté, la grandeur et la force du joueur. Le poids de la tête doit être proportionné à la longueur du manche. L'expérience fait connaître qu'une boule frappée par une masse neuve ou fendue va moins loin que si elle était poussée par une vieille masse saine qui a acquis sa dureté. Quant au manche, il doit être flexible, délié, ni trop pliant ni trop roide. Quand il est court, le joueur est plus maître de son coup et moins gêné pour le exécuter; les manches très longs ne peuvent servir qu'aux joueurs habiles qui jouent les grands coups. On doit donc conseiller aux commençants de se servir d'abord d'un mail dont le manche leur vienne seulement à la ceinture et qui leur permette de réussir les demi-coups; à mesure qu'ils se fortifieront, ils allongeront leur mail de 5 à 10 centimètres, jusqu'à ce que leur adresse permette d'employer un mail qui leur vienne jusqu'à l'aisselle, pour faire les grands coups. Un mail trop long et trop pesant, mis entre les mains d'un débutant, frappe presque toujours trop bas; un mail trop court et trop léger ne donne pas assez de force et prend la boule trop haut ou, comme on dit, par les cheveux. Les boules sont faites de bois racines de buis; leur grosseur varie suivant la force du joueur; on calcule que le poids d'une boule doit être à peu près la moitié de celui de la tête de la masse dont se sert le joueur : mais cette règle subit des exceptions. Par exemple, on peut se servir d'une grosse boule quand le vent est favorable, quand le terrain est sec, sablonneux ou légèrement en pente; on prendra une boule plus petite par un temps humide, quand le terrain n'est pascoulant. Les plus petites boules se nomment voguets; les plus grosses tabacans. Ordinairement on engage la partie dans les allées d'un grand parc ou sur les chemins et les traverses situés aux environs d'une ville ou d'un village. Quand il n'y a que deux ou trois joueurs, chacun joue pour soi; c'est ce que l'on appelle jouer au rouet : ou bien l'un joue contre les deux autres. Si les joueurs sont plus nombreux, s'ils sont 4 ou 6, par exemple, ils jouent en partie, c'est-à-dire qu'ils se divisent en deux sociétés de 2 ou 3 joueurs chacune. Les associés étant solidaires jouent à tour de rôle la même boule. Dans la partie au rouet, le sort décide quel est celui des deux joueurs qui aura le choix de jouer le premier. Celui qui joue place sa boule près d'un but marqué au point de départ, et la frappe avec son mail de façon à lui faire parcourir le plus grand espace possible. Le second joueur fait la même chose après lui et tâche de pousser sa boule plus loin que celle de son adversaire. S'il n'y réussit pas, il est marqué d'un point, c'est encore à lui de jouer; s'il réussit, au contraire, c'est le premier joueur qui est marqué d'un point et qui joue; ensuite, tout joueur dont la boule reste en arrière de celle de son antagoniste est marqué

d'un point et joue. De chaque côté de la route à faire suivre aux boules, on détermine des limites dans lesquelles il faut qu'elles roulent; quand l'une d'elles passe ces limites, soit à droite soit à gauche, elle est dite noyée, et le joueur marque trois points. Dans le cas où la route serait bordée d'un mur, toute boule qui toucherait le mur serait noyée. Si la limite était formée par un fossé, la boule tombée dans le fossé serait noyée, mais le joueur aurait le droit de la remonter, pour la jouer de nouveau, au bord du fossé, en face du point où elle s'arrêterait. On convient même le plus souvent que toute boule noyée sera remise sur le chemin. On place souvent, sur le chemin, à d'assez grandes distances les unes des autres, des buts nommés pierre de touche, parce qu'ils consistent généralement en grosses pierres. Les boules ne peuvent passer ces buts sans les avoir touchés. La partie se termine au dernier but; quand on y est arrivé, il faut le toucher, et on prend autant de marques qu'on le manque de fois. Le vainqueur est celui qui a marqué le moins de points quand l'un et l'autres ont touché ce but. Les règles sont les mêmes quand on joue en partie. Il existe une troisième manière de jouer, dite aux grands coups, dans laquelle les joueurs luttent à qui poussera sa boule le plus loin en un nombre déterminé de coups. Dans cette partie, si l'un des adversaires est plus fort que l'autre, il lui accorde ordinairement l'avantage d'une certaine distance de pas. La quatrième espèce de partie, nommée chicane, se joue en pleine campagne, dans des allées, dans des chemins, partout où l'on se rencontre. On prend pour but une pierre, un arbre, un mur ou tout autre objet déterminé d'avance, qu'il faut toucher et auquel on n'arrive qu'après avoir fait des détours convenus.

MAILLE s. f. Bot. Nom que l'on donne parfois aux fleurs femelles des potirons, des melons, etc.

MAIN CHAUDE (Jeux). Les grandes personnes ne dédaignent pas toujours de partager ce divertissement avec les enfants, et leur présence ne fait que lui donner plus d'attrait, quand elles ont assez de savoir-vivre pour ne pas se permettre de faire l'essai brutal de leurs forces sur la main du patient devenu une sorte de souffre-douleur. Le joueur que le sort a désigné, se tient le dos courbé, la tête appuyée sur un siège ou sur les genoux d'une personne qui sert de témoin et que l'on appelle le confesseur; le patient doit fermer les yeux et tendre sur son dos la main toute ouverte. C'est dans cette main que les joueurs frappent les uns après les autres. A chaque coup, le patient se relève, se retourne et cherche à deviner, d'après l'attitude des joueurs et la manière dont le coup a été frappé, quel est celui qui l'a ainsi attaqué. Quand il devine juste, le joueur qui a frappé le remplace au confessionnal; dans le cas contraire, le patient garde sa place et le jeu se continue de la même façon. Une autre espèce de main chaude s'appelle Frère on me bat. Il y a en même temps deux patients. Celui qui se sent toucher avec l'extrémité d'un mouchoir s'écrie : « Frère on me bat ». L'autre demande : « Qui vous a frappé ?» et c'est lui le premier qui devine.

MAINDRON (Etienne-Hippolyte), sculpteur français, né à Champtoceaux (Maine-et-Loire), en 1801, mort en 1884. Il obtint une bourse à l'école des Arts et Métiers d'Angers, s'adonna à la sculpture sur bois, entra à l'école des Beaux-Arts et devint ensuite l'élève de David d'Angers. Il a produit un grand nombre de statues d'hommes célèbres et de groupes tirés de la mythologie grecque. Ses œuvres les plus connues sont : la statue en bronze du général Travot (à la Roche-sur-Yon, 1836); d'Aguesseau (en marbre, Sénat, 1844); Boileau (Hôtel-de-Ville, 1849); général Colbert (Ver-

sailles, 1852); *Attila et sainte Geneviève* (péristyle du Panthéon, 1854); *Cassini* (nouveau Louvre), etc.

MALHER (lieutenant), tué dans les journées de juin 1848. On a donné son nom à l'une des rues où s'était livré le combat pendant lequel il périt.

MALIFORME, ad. [lat. *malum*, pomme; franç., *forme*]. Bot. Qui a la forme d'une pomme : *fruit maliforme*.

MALOU (Jules-Edouard-François-Xavier), homme politique belge, né à Ypres en 1810; mort le 11 juillet 1886. Il fut élu député par la ville d'Ypres en 1841, devint gouverneur de la province d'Anvers en 1844 et ministre des finances en 1845. Chef du parti catholique, il resta ministre jusqu'à 1847. Il reprit le portefeuille des finances dans le cabinet clérical d'Anethan, le 1er juillet 1870 et devint, le 7 décembre 1871, président du ministère antilibéral. Forcé de céder la place à Frère-Orban, le 19 juin 1878, il rentra dans l'opposition, redevint chef d'un cabinet catholique après les élections du 8 juin 1884, mais dut donner sa démission le 22 octobre. (Voy. BELGIQUE, au *Supplément*.) Il a laissé plusieurs ouvrages relatifs aux finances de la Belgique : *Situation financière de la Belgique* (1847); *Impôts, recettes, dépenses, dette flottante, dette constituée* (1847. in-4°); *Question monétaire* (1859, in-8°); *Chemins de fer de l'Etat belge* (1867-'68, in-8°).

MALTE-BRUN (Victor-Adolphe), géographe, fils de Conrad Malte-Brun, né à Paris en 1816, mort le 16 avril 1889. Il fut professeur pendant 8 ans et s'occupa ensuite de travaux géographiques. Il réédita la géographie de son père (1852-'55, 8 vol.), et fut le principal des rédacteurs d'un ouvrage beaucoup plus moderne et plus populaire, la *France illustrée* (1855-'57, 3 vol. in-8°, illustré, avec cartes). Il a laissé plusieurs autres ouvrages, relatifs à la géographie des pays étrangers. Il fut, pendant la plus grande partie de sa vie, l'un des membres les plus actifs de la Société de géographie.

MANGOT (Joseph), aéronaute, né à Montdidier (Somme) en 1868, mort en mer près de l'île de Wight, le 13 nov. 1887. Associé aux travaux de Lhoste, il fit avec lui plusieurs ascensions; celle du 29 juillet 1886, à travers la Manche, dans le ballon le *Torpilleur*, avait été fort remarquée, en raison des expériences et des manœuvres que les jeunes aéronautes avaient accomplies pendant la traversée. Mais une dernière traversée, plus audacieuse que les autres, entreprise le 13 nov. 1887, coûta la vie aux intrépides savants. (Voy. AÉROSTATION dans ce *Supplément*.)

MANIPOUR (angl. *Manipur*). Etat indigène du N.-E. de l'Indoustan, appartenant géographiquement à la Birmanie et politiquement à la province indienne d'Assam, dont il est feudataire, bien que sa situation politique ait toujours été jusqu'ici incertaine et mal définie. La résidence du rajah et de l'agent britannique se trouve à *Manipour*, capitale du pays. La superficie de ce territoire est évaluée à 18.000 kil. carrés et sa population à 140.000 hab. Le Manipour est une sorte d'enclave montagneuse entre le Bengale et la Birmanie. Sa population énergique, difficile à soumettre, n'a jamais reconnu aucune suzeraineté, pas plus celle de l'empereur de Birmanie autrefois, que celle du vice-roi des Indes aujourd'hui. Au commencement d'avril 1891, elle prit les armes et massacra les résidents anglais.

MANILLE (Jeux). — Il ne faut pas confondre ce jeu avec l'ancienne manille, que l'on jouait au siècle dernier et que l'on appelait aussi comète. La nouvelle manille n'a rien de commun avec celle-ci. C'est l'une de ces nombreuses combinaisons à partenaires que l'on a imaginées pour faire concurrence au whist. La manille se joue à quatre personnes avec un jeu de 32 cartes ou jeu de piquet. Les joueurs forment deux associations de deux contre deux. Pour former les sociétés, un joueur prend les cartes et les distribue une à une aux quatre joueurs, jusqu'à ce qu'il y ait un roi de sorti; le distributeur continue entre les trois autres joueurs jusqu'à ce qu'il y ait un autre roi : et alors les possesseurs des deux rois sont associés contre les deux autres joueurs. L'un des joueurs, qui peut être désigné par le sort, en cas de contestation, choisit une place, devant la table de jeu; son partenaire se met en face de lui; les deux autres associés se placent l'un à droite, l'autre à gauche du premier, comme au whist. La donne étant avantageuse, on la tire au sort et c'est la plus forte carte qui désigne le donneur. Le donneur bat les cartes, fait couper par son adversaire de gauche et commence la distribution par son adversaire de droite. Après chaque coup, la main change, et la donne passe au joueur placé à droite du donneur précédent. La distribution est de 8 cartes par chaque joueur; on les donne quatre par quatre. Il n'y a donc pas de talon; mais l'atout est désigné par la 32e et dernière carte, que le donneur, à qui elle appartient, retourne sur le tapis et étale un instant sous les yeux des autres joueurs; il la relève aussitôt pour la mettre dans son jeu. Si c'est une manille (un dix), il compte 5 points; si c'est un manillon (un as), il compte 4 points; si c'est un roi, il marque 3; une dame 2; un valet, 1. Ce qui caractérise le jeu de manille, c'est la valeur de certaines cartes, qui forment les points, savoir :

1° La *manille* ou dix de chaque couleur, valant..	5 points.
2° Le *manillon* ou as	— 4 —
3° Le *roi* de chaque couleur, valant..........	— 3 —
4° La *dame*	— 2 —
5° Le *valet*	— 1 —
	Total, dans chaque couleur........	15 points.

Il y a donc, pour les quatre couleurs, 60 points. De plus, *chaque levée vaut un point* à celui qui la gagne; et comme il y a 8 levées à chaque coup, cela fait, en tout, 68 points que se partagent les deux camps, l'un et l'autre camp, d'une manière plus ou moins inégale. — MARCHE DU JEU. La distribution étant terminée, le premier joueur, placé à droite du donneur, prend la parole pour interroger son partenaire et pour lui demander certaines indications dont il doit profiter, mais dont profiteront également les deux adversaires. On conçoit que ces indications doivent être données d'une manière très vague. Le premier joueur commence par demander : « Avez-vous des manilles? » Le partenaire répond : « Oui » ou « Non », suivant son jeu. S'il répond « Oui », le premier reprend : « Sont-elles chargées? » (les manilles sont dites chargées quand elles sont accompagnées d'autres cartes marquantes). Après les questions relatives aux manilles, on passe aux atouts, et le premier demande : « Êtes-vous bien de la maison? » Être bien de la maison, c'est être fort en atouts. L'autre répond : « Non »; ou bien : « J'ai ma part », ou encore : « Je suis très bien ». S'il a sa part, c'est qu'il a 2 atouts; quand il est très bien, il en a davantage. Le premier doit deviner, à demi mot, le jeu de son partenaire; ensuite, il abat une carte sur le tapis en nommant la couleur de cette carte et en jouant, autant que possible, dans les manilles du partenaire, si toutefois elles ne sont pas très chargées. Quand le premier a jeté une carte, le second joue à son tour; puis le troisième et le quatrième. On ne peut ni renoncer, ni sous-forcer sur la carte d'un adversaire; c'est-à-dire qu'il faut forcer sur la couleur si on en a de supérieure, ou couper si l'on n'en possède pas. Cependant, si l'associé est maître jusque-là, on n'est pas obligé de forcer ou de couper.

Les quatre cartes étant abattues, la plus forte fait la levée. La manille emporte le manillon, qui lève le roi de la même couleur, etc.; l'atout prime toutes les autres couleurs. Celui qui a fait une levée, joue ensuite le premier, après avoir fait les mêmes questions que ci-dessus, et l'on continue ainsi jusqu'à épuisement des 8 cartes qui composent le jeu de chaque joueur. L'un des deux partenaires tient le compte de l'association et calcule, à chaque levée, le nombre des points qui y sont contenus, en ajoutant un point pour cette levée. Si deux associés font la vole, c'est-à-dire toutes les levées, ils gagnent 34 points : c'est ce qu'on appelle faire trente-quatre, et l'on dit des adversaires qu'ils sont trente-quatre. Ainsi que nous l'avons dit, les cartes marquantes et les levées produisent à tout coup 68 points, qui se divisent en deux fois trente-quatre. Par conséquent, l'association dont les levées produisent plus de trente-quatre points, gagne l'excédent, que le joueur chargé de la comptabilité marque sur une carte découpée à cet effet. On joue ordinairement en 34 points et en partie liée; mais on convient quelquefois que la manille sera de 44 ou de 64 points, en une seule partie, sans revanche. Une partie liée est composée de deux ou trois parties à 34 points chacune; il faut gagner deux fois 34 points pour remporter la victoire. Quand chacun des deux camps a fait trente-quatre en un coup, la partie est nulle. — **Règlement général.** 1. Si une carte se trouve retournée on la refait, mais la main ne passe pas; 2. Si le donneur laisse voir une ou plusieurs cartes de son jeu ou de celui de son partenaire, le coup est bon; mais si les cartes vues appartiennent au jeu des adversaires, ceux-ci ont le droit de faire recommencer la donne, s'ils ne veulent pas tenir le coup pour bon, quand même ils auraient vu leurs cartes; 3. Celui qui, en abattant une carte, annonce une couleur et en joue une autre, est tenu, si l'adversaire l'exige, de reprendre sa carte et de jouer de la couleur annoncée; mais l'adversaire a le droit de couvrir la carte jouée, s'il le juge à propos, et l'on continue; 4. Sauf dans le cas où l'on aurait commis l'erreur précédente, toute carte abattue sur le tapis est irrévocablement jouée; 5. Si, dans la précipitation du jeu, l'un des joueurs abat deux cartes au lieu d'une, c'est celle qui est dessous qui est bien jouée; 6. Le donneur qui donne mal perd la donne, et de plus, s'il ne s'aperçoit de son erreur qu'après avoir retourné, il perd 34 points, c'est-à-dire une manche; 7. Celui qui joue avec trop ou trop peu de cartes perd également 34 points; 8. Mais quand le joueur mal servi s'aperçoit de l'erreur avant de jouer, c'est le donneur qui perd la manche; 9. Quand deux joueurs mal servis ont joué l'un et l'autre, c'est toujours celui qui a joué le premier qui perd la manche; 10. Qui renonce à faux ou sous-force sans droit perd une manche; 11. Qui joue à contre-faux, c'est-à-dire qui joue avant son tour, perd une manche; 12. Qui prend une levée avec trois cartes seulement, perd une manche, s'il joue ensuite avant d'avoir reconnu son erreur; 13. Qui rejoue en laissant deux levées sur le tapis sans les plier, perd une manche; 14. Qui regarde une levée pliée perd une manche; 15. Qui marque plus de points qu'il n'en a gagné, perd une manche; 16. Qui prend la levée de son adversaire ne perd rien : celui à qui elle appartient doit veiller à son bien; 17. Qui regarde le jeu de son partenaire, en l'absence de celui-ci, ne perd rien, mais le jeu reste étalé sur le tapis jusqu'à la fin du coup. — MANILLE MUETTE. La manille muette, que l'on joue dans certaines villes du Midi, diffère de la manille parlée, en ce que les deux associés ne se fournissent aucune indication. Cette façon de jouer offre beaucoup plus d'imprévu que celle qui précède. — MANILLE A TROIS. On retranche deux cartes, ordinairement le sept

et le huit de pique et chaque joueur reçoit 10 cartes. Comme il y a 10 levées au lieu de 8, cela fait 70 points au lieu de 68. Chacun joue pour son propre compte. La partie est en 100 ou en 150 points.

MANNI (Dominique-Marie), imprimeur et publiciste, né et mort à Florence (1690-1788). Ses ouvrages sont nombreux et pleins d'érudition. Nous citerons : *De Florentinis inventis commentarius* (1731, in-4°); *Degli occhiali da naso inventati da Salvino degli Armati trattario historico* (1738, in-4°); *Osservatione istoriche sopra i Sigilli antichi de' secoli bassi* (1729-'86, 30 vol. in-4°); *Illustrazione storica del Decamerone* (1742, in-4°); *Istoria degli anni santi dal loro principio sino al presente del 1750* (1750, in-4°); *le veglie piacevoli, ovvero notizie de' più bizarri e giocondi nomini Toscani* (1757-'80, 8 vol. in-8°); *Serie di ritratti de' nomini illustri Toscani* (1766-'68, 4 vol. in-fol.), etc.

MAQUET (Auguste-Jules), littérateur et auteur dramatique, né à Paris le 13 sept. 1813, mort le 9 janv. 1888. Il fit ses études au collège Charlemagne, où il resta quelque temps professeur suppléant. Pour faire jouer un drame, intitulé *Bathilde*, il eut recours à la protection toute-puissante d'Alexandre Dumas, qui le prit pour collaborateur. Il eut une part considérable, sinon la principale, dans la rédaction des romans les plus populaires du célèbre romancier, qui les publiait sous son nom seul. Le public ne connut ce détail, pourtant bien important, que lorsque Maquet eut publié, en 1846, un pamphlet sous le titre de *la Maison Alexandre Dumas et Compagnie*. Dumas reconnut qu'il n'était pas seul l'auteur des innombrables ouvrages portant sa marque de fabrique; mais il continua de payer aussi mal que par le passé son collaborateur, et celui-ci le quitta définitivement en 1861. Maquet publia ensuite sous son nom : la *Belle Gabrielle* (5 vol., 1863-'55); le *Comte de Lavernie* (10 vol. 1853-'55); la *Rose blanche* (3 vol. 1859); et plusieurs autres romans à succès. Il a collaboré à la plupart des drames de Dumas. La meilleure de ses pièces est la *Maison du baigneur*, drame en 5 actes, qui obtint un vif succès en 1864.

MARAÎCHAGE s. m. Culture maraîchère.

MARCELLUS, fils de M. Marcellus Æserninus et d'Octavie, né en 43 av. J.-C., mort à Baix, en 23, dans la 20° année de son âge. Neveu d'Octave (Auguste) et appartenant à l'une des premières familles romaines, il fut fiancé, dès l'âge de 3 ans, à la fille de Sex. Pompée; ce mariage n'eut pas lieu, à cause de la mort de Pompée. Auguste, qui destinait probablement le jeune Marcellus à lui succéder, l'adopta en l'an 25 et lui fit, en même temps, épouser sa fille Julie. En 23, Marcellus fut édile curule; mais pendant l'automne de cette même année, il fut atteint d'une maladie dont il mourut peu après, malgré les soins du célèbre médecin Antonius Musa. La douleur d'Auguste et d'Octavie fut sans bornes et le peuple pleura sa mort comme une calamité publique. Ses funérailles furent célébrées dans le Champ-de-Mars; Auguste prononça lui-même son éloge. Il n'y avait que deux ans qu'il n'était plus et cette blessure saignait encore dans le cœur d'Auguste et d'Octavie, lorsque Virgile leur donna lecture de son VI° livre de l'*Enéide*, qu'il venait d'achever et qui se termine par le touchant et poétique horoscope du récit d'Anchise :

Heu, miserande puer ! si quâ fata aspera rumpas,
Tu Marcellus eris.

(O jeune infortuné! si tu peux vaincre la rigueur des destins, tu seras Marcellus.)

En entendant ces mots, Octavie tomba évanouie. Elle fit ensuite présent au poète d'autant de fois 10.000 sesterces qu'il y a de vers dans l'éloge de Marcellus, présent qui équivaudrait à peu près à 150.000 fr. — Plus tard, en l'an XIV, Auguste dédia au nom de Mar-

cellus le magnifique théâtre qui se trouvait près du Forum Olitorium et dont les restes sont encore visibles; mais aucun monument élevé à la mémoire du neveu d'Auguste ne pouvait être aussi impérissable que le passage de l'*Enéide* cité plus haut.

MARCHÉ. — Législ. Nous avons déjà reproduit le texte de la loi du 28 mars 1885, qui a reconnu la légalité des *marchés à terme* sur effets publics et autres, lorsqu'ils ont été conclus par l'intermédiaire d'agents de change (Voy. au 1er *Supplément* de ce *Dictionnaire*, le mot Bourse, t. V, p. 669.) Le règlement d'administration publique qui, en vertu de l'article 90 du Code de commerce, devait compléter les dispositions de ce code, en ce qui concerne notamment la négociation des effets publics, a dû aussi, en exécution de la loi de 1885, régler les conditions des marchés à terme, que ladite loi a rendus valables. Le décret réglementaire, si longtemps attendu, porte la date du 7 octobre 1890. Il s'occupe d'abord de résumer et de refondre toutes les dispositions antérieures, relatives à la profession d'agent de change. Puis, en ce qui concerne les négociations d'effets publics et spécialement les marchés à terme, il en détermine les conditions principales, et il porte que les autres sont fixés, pour chaque bourse de commerce, par des règlements particuliers, délibérés par les compagnies d'agents de change et soumis à l'homologation du ministre des finances. **Ch. Y.**

MARCGRAVIACÉ, ÉE, adj. [mar-gra-vi-a-sé] (de *Marcgraf*, nom propre). Bot. Qui se rapporte à la Marcgravie. — s. f. pl., petite famille de dicotylédones dialypétales hypogynes, comprenant des arbres ou des arbrisseaux à feuilles alternes simples, coriaces et articulées sur la tige. Genres principaux : marcgravie, norantea, antholoma.

MARCGRAVIE, s. f. Bot. Genre principal de la famille des marcgraviacées.

MARÉCHAL. — Maréchaux de France condamnés à mort. Nous avons eu trois cent vingt-quatre maréchaux de France, dont neuf ont été condamnés à mort, et dont huit ont subi leur sentence. — Le premier qui périt exécuté fut Gilles de Laval, maréchal de Retz, surnommé *Barbe-Bleue*, pendu à Nantes, en 1440 comme convaincu d'horribles débauches, de meurtres épouvantables. — Le second, Louis de Luxembourg, comte de Saint-Pol, eut la tête tranchée sur la place de Grève, le 19 décembre 1475, pour cause de conspiration et de rebellion contre les rois Charles VII et Louis XI. — Le troisième, Charles de Gontaut, que Henri IV avait créé duc de Biron, était fils du brave soldat que le Béarnais surnommait « son bras droit ». Après s'être couvert de gloire à Ivry et à Arques, il reçut le gouvernement de Bourgogne et abusa ses loisirs à conspirer contre son bienfaiteur. Le roi lui pardonna plusieurs fois; mais un dernier crime combla la mesure. Biron proposa à l'Espagne et à la Savoie de démembrer la France. On sait que de tout temps la France a été menacée de se voir découper en petits morceaux par les puissances voisines. Cette fois, il s'agissait de donner au duc de Savoie une partie de la France méridionale. En récompense de son concours, l'infidèle gouverneur devait recevoir le titre de prince de Bourgogne et de Périgord. Le secret de ce complot fut livré à Henri IV par le nommé Lafin, qui en connaissait tous les détails. Biron fut arrêté, jugé et condamné à mort. Le roi, en souvenir de l'affection qu'il avait toujours portée à son compagnon d'armes, voulait jusqu'au dernier se montrer clément, à la seule condition que Biron reconnaîtrait ses torts; mais celui-ci n'ayant répondu que par des paroles de colère à toutes les ouvertures qui lui furent faites, la justice suivit son cours et il fut

décapité dans l'intérieur de la Bastille, le 31 juillet 1602. — Le quatrième, Henri II, duc de Montmorency, révolté contre Richelieu, fut pris, par les troupes royales, à la bataille de Castelnaudary, et décapité sur la place du Capitole, à Toulouse, le 30 octobre 1632. Le malheureux n'avait que trente-deux ans. — Le cinquième, Louis de Marillac, autre victime de l'implacable sévérité du cardinal-ministre, eut la tête tranchée, en place de Grève, dans la même année 1632. Arrêté au milieu de l'armée qu'il commandait en Piémont, il fut condamné comme concussionnaire, bien qu'il n'eût pas commis plus de péculats que les autres généraux de son époque; mais il fallait un exemple; et d'ailleurs, il avait conspiré avec la reine-mère contre Richelieu. — Le sixième, Luckner, officier allemand, qui avait servi sous les ordres de Frédéric le Grand, entra dans l'armée française, peu avant la Révolution, avec le grade de lieutenant général. Ayant adopté les principes révolutionnaires, il eut son heure de popularité; il fut nommé maréchal de France en 1791 et reçut, l'année suivante, le commandement de l'armée du Nord. Il remporta quelques avantages sur les Autrichiens à Courtrai et à Valenciennes; mais comme il n'en profita jamais pour frapper un coup décisif, on le soupçonna de conspirer avec ses compatriotes. Appelé à la barre de la Convention, il se disculpa et resta ensuite à Paris sans être inquiété, jusqu'en 1794, époque où il fut arrêté, traîné devant le tribunal révolutionnaire, condamné à mort et guillotiné le 5 janvier. — Le septième, Philippe de Noailles, duc de Mouchy, guillotiné à l'âge de soixante-dix-neuf ans, n'avait commis d'autre crime que d'essayer de sauver le roi, lors des événements du 20 juin et du 10 août 1792, et d'avoir ensuite donné asile à des prêtres réfractaires, dans son château de Mouchy, non loin de Beauvais. — Le huitième fut le maréchal Ney, fusillé près de l'Observatoire de Paris, le 7 décembre 1815, comme convaincu de crime de haute trahison et d'attentat à la sûreté de l'État. — Le neuvième, et le seul dont la sentence de mort n'ait pas été exécutée, est le maréchal Bazaine.

MARELLE ou **Mérelle** (Jeux). — Marelle simple. Le jeu enfantin, ancêtre probable des dames, est formé par les quatre côtés d'un carré et par les deux diagonales et les deux lignes médianes parallèles aux côtés. Les points d'intersection de ces huit lignes forment neuf cases. Cette figure peut être tracée sur un papier ou simplement sur le sol. Les joueurs, au nombre de deux, possèdent chacun trois pions ou trois cailloux de couleur différente ou d'une forme reconnaissable. Le premier joueur pose un pion sur une case, le second sur une autre et ainsi de suite alternativement. Quand un joueur a posé ses trois pions, il en déplace un, pour le porter sur une case immédiatement voisine, en suivant l'une des lignes; son adversaire en fait autant de l'un de ses pions, et la partie continue ainsi jusqu'à ce que l'un des joueurs arrive à mettre ses trois pions sur une même ligne droite, horizontale, verticale ou diagonale. Le premier, en se plaçant d'abord au centre de la marelle, ne peut manquer de gagner, s'il joue convenablement; et l'on convient ordinairement qu'il n'aura pas le droit de poser, au début, sur le centre du jeu. — Marelle double. La marelle double ou *petite* des anciens Grecs, se compose de deux carrés concentriques ou à côtés parallèles, réunis par neuf lignes, de manière à former 24 cases. Chacun des deux joueurs possède cinq pions d'une couleur reconnaissable, et les place sur les cinq cases de la ligne supérieure ou de la ligne inférieure. On pousse alternativement les pions en avant, de case en case, en suivant les lignes. Quand un joueur a enveloppé une ou plusieurs pièces de l'ad-

versaire de façon à les empêcher de bouger, il les enlève du damier; et la partie continue jusqu'à ce que l'un des joueurs n'ait plus de pions. Il est probable que la *pettie* est le véritable jeu de Palamède, dans lequel les historiens ont cru voir les échecs ou les dames. — **MARELLE TRIPLE**. La marelle triple, autrefois si populaire, est tombée dans un état d'oubli qu'elle ne mérite pas. On la dessine ordinairement sur le sol et quelquefois sur une table

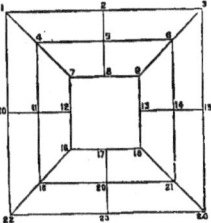

Fig. 1. — Marelle triple.

sur une ardoise ou sur un carton. Elle se compose de trois carrés ayant un centre commun et les côtés parallèles (fig. 1). Des lignes réunissent les quatre angles et les quatre côtés des carrés. Chacun des deux joueurs a 9 pions d'une couleur ou d'une forme reconnaissable et les pose alternativement sur l'un des points de rencontre des lignes, comme à la marelle simple; après quoi, il les déplace un à un, en les portant sur une case immédiatement voisine et en suivant l'une des lignes. Son but est d'amener trois de ses pions sur une même ligne droite; quand il y est parvenu, il prend dans le jeu de son adversaire, un pion à son choix parmi ceux qui le gênent le plus. Quand un joueur n'a plus que quatre pions, il n'est plus astreint à marcher de case en case; il peut faire franchir à ces pions une ou plusieurs cases occupées, afin de se mettre sur une station inoccupée quelconque. Le premier qui n'a plus que deux pions a perdu la partie. On convient quelquefois que pour former une ligne donnant droit à une prise, il faut que cette ligne ne soit pas une diagonale : et alors on ne prend pas en considération 3 pions posés en 1,4,7, en 3,6,9, en 18, 21, 24 ou en 16, 19, 22. — **MARELLE QUADRUPLE**. La marelle quadruple est formée par la juxtaposition de quatre marelles simples. Chacun

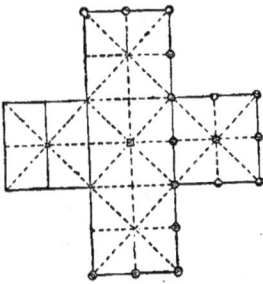

Fig. 2. — Marelle quintuple.

des deux joueurs possède cinq pions, qu'il pose successivement sur l'un des points de rencontre des lignes. Pour gagner la partie, il faut arriver le premier à mettre ses cinq pions en ligne droite. — **MARELLE QUINTUPLE**. On obtient cette marelle par la juxtaposition de cinq marelles simples, comme notre fig. 2. Cette transformation de la marelle simple peut aussi être obtenue en se servant d'un solitaire anglais, solitaire français dimi-

nuée de quatre cases. On a ainsi un jeu de 33 cases, qui sert à une partie singulière nommée *le renard et les poules*, inventée par les Lydiens, s'il faut en croire la *Maison des jeux académiques* (Paris, 1668), à laquelle nous empruntons la citation suivante : « Les Lydiens, peuple d'Asie, entre plusieurs jeux qu'ils inventèrent, donnèrent l'origine et l'usage à celui du renard, non tant pour le désir qu'ils eussent de le louer, que pour se façonner aux ruses et se garder des surprises que Cyrus, leur ennemi capital, leur dressait tous les jours, lequel ils appelaient *poules*, à cause qu'ils aimaient les délices et le repos; et iceux Lydiens le nommaient *renard*, à cause qu'il était sans cesse aux aguets, et qu'il cherchait incessamment des finesses pour les surprendre. Ce jeu est ingénieux et récréatif, facile à pratiquer. On le joue avec des dames ou des jetons, à faute d'avoir des poules de bois et d'ivoire au nombre de treize posées sur treize rosettes ou espaces dont la table est composée. Les poules sont à la partie d'en bas et le renard est à la partie d'en haut, qui consiste en vingt rosettes ou espaces, et vous placez dans l'une d'icelles le renard à discrétion, qui peut monter et descendre, aller et venir au haut et bas, à droit et travers. Les poules ne peuvent monter que de bas en haut et ne doivent redescendre. Le joueur ne doit laisser les poules découvertes, ou seules, non plus qu'au jeu de dames. La finesse de ce jeu est de bien poursuivre le renard, et l'enfermer en telle sorte qu'il ne puisse aller deçà ni delà. Et est à noter que le renard prend toutes les poules qui sont seules et découvertes; enfin, il se faut donner garde de laisser venir le renard dans la partie d'en bas parmi les poules pour autant qu'il les pourrait plus facilement prendre. L'exercice peut beaucoup en ce jeu, et à force d'y jouer, on s'y rend bien maître. Les bons joueurs démarent les poules premier que le renard. Celui qui a les poules ne doit permettre, s'il peut, qu'on démarre le renard le premier, car cela ne lui est avantageux. » Telle est la règle de l'ancien jeu, tel qu'on le jouait au XVIIᵉ siècle; on plaçait les poules sur les cases 21, 22, 23, 24, 25, 26, 27, 28, 29, 30, 31 et 33 du solitaire anglais, et le renard, n'importe sur qu'elle autre case. Les poules jouaient les premières; elles progressaient en avant, sans pouvoir reculer, ou horizontalement, à droite ou à gauche. Le renard allait dans tous les sens, en avant, en arrière, horizontalement et même diagonalement. Dès qu'il se trouvait immédiatement devant, derrière lui ou à côté de lui, une poule isolée, de l'autre côté de laquelle se trouvait une case vide, il sautait dans cette case, par-dessus la poule, qui était croquée, c'est-à-dire enlevée du jeu. Il pouvait prendre diagonalement, par exemple, de la case 5 à la case 19. Tant de prérogatives lui assuraient l'impunité et il pouvait facilement atteindre l'une des trois cases 30, 31 ou 33, où il avait gagné; quelquefois il préférait croquer une à une les pauvres volatiles, qui ne réussissaient presque jamais à remporter la victoire en l'enfermant de manière à le mettre dans l'impossibilité de bouger. Cette règle, où tous les avantages étaient en faveur du renard, a été modifiée. On a fortifié les poules, en portant leur nombre à 17, les quatre autres se plaçant en 7, 13, 14 et 20. Il leur devient ainsi beaucoup plus facile de se protéger. Quelquefois même on convient que le renard ne pourra ni prendre ni marcher en diagonale; mais alors on l'affaiblit au point qu'il ne lui reste d'espoir de gagner. La meilleure manière de jouer cette partie est de prendre une tablette de solitaire français dont on annule quatre cases, comme nous le disons en parlant du solitaire anglais; on se sert de 17 fiches ou 17 boules ordinaires; pour le renard, on prend une fiche ou une boule d'une autre couleur, par exemple une

fiche trempée dans l'encre. Le renard se place sur la case du milieu et les poules jouent les premières. Il est juste que le renard puisse marcher et non prendre en diagonale. Quand le renard a négligé de croquer une poule en prise, on le dit *blessé*, et l'adversaire ajoute à son jeu une nouvelle fiche, qu'il place en arrière des autres, sur la même ligne horizontale que la dernière de ses poules; dans l'impossibilité d'agir ainsi quand il attend pour prendre une nouvelle poule qu'il y ait une place vacante sur la dernière ligne horizontale occupée par ses fiches. On peut convenir que le renard aura le droit de prendre une ou plusieurs poules à la fois, quand deux ou plusieurs fiches ont un intervalle entre elles, comme cela se pratique aux dames; mais il est préférable de s'en tenir à une seule poule à la fois. Le renard a gagné quand il a croqué toutes les poules ou quand il est parvenu sur la dernière ligne de leur camp (cases 30, 31 et 33); il a perdu s'il se laisse envelopper au point de ne pouvoir plus jouer en avant, en arrière ou en diagonale. Ainsi réglée, la partie n'est pas sans intérêt. — **L'ASSAUT**. L'assaut se joue sur une marelle quintuple ou sur une tablette de solitaire anglais; avec 24 pions ou 24 fiches d'une couleur et 2 pions ou 2 fiches d'une autre couleur. Les 9 points d'intersection du carré supérieur (1, 2, 3, 4, 5, 6, 9, 10, 11 du solitaire anglais), représentent la forteresse où doivent se cantonner les deux pions, qui s'y placent à volonté sur deux points, tandis que les 24 autres pions occupent tous les points des autres carrés. La marche du jeu est simple : les 24 assiégeants sont forcés d'avancer verticalement ou obliquement; il ne leur est pas permis de reculer ni de marcher horizontalement, de droite à gauche ou de gauche à droite, tandis que les assiégés se meuvent en tous sens, d'un point à un autre, et peuvent se porter sur toute case vide; ils prennent, également dans tous les sens, les adversaires non soutenus, comme dans *le renard et les poules*; ils font plusieurs prises à la fois, s'il y a lieu. Les assaillants ne peuvent les prendre, mais ils peuvent les souffler comme aux dames, quand l'un d'eux a négligé de prendre quand il y avait lieu de le faire, ou n'a pas pris tout ce qui était en prise. Le but de la partie est, pour les assaillants, d'arriver à s'emparer des 9 points de la forteresse ou de souffler les deux assiégés; pour les défenseurs la victoire consiste à prendre tous les assiégeants. — **Marelle à cloche-pied**. C'est un jeu qui exerce les jeunes enfants à se tenir avec fermeté sur un seul pied. On commence par dessiner sur le sol, avec un bâton ou un couteau, si c'est sur la terre, avec un morceau de craie ou de charbon, si c'est sur le carreau, une *marelle*, sorte de carré long terminé par un demi-cercle à l'une de ses extrémités. On divise cette figure en différents compartiments, dont le nombre peut varier de 7 à 12 ou davantage, comme la repré-

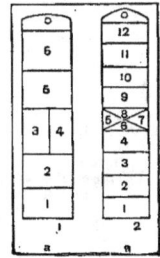

Marelles à cloche-pied.

sentent les deux marelles dessinées ci-contre. On convient quel compartiment sera l'*enfer*; quel autre sera le *reposoir*; le demi-cercle reçoit toujours le nom de *paradis*. Vers le milieu ou vers le haut de la marelle, un compartiment est divisé en deux par une ligne verticale ou en quatre par deux lignes diagonales; les divisions sont appelées *culottes*. Les joueurs peuvent être au nombre de deux, de trois ou de quatre. Celui que le sort a désigné pour jouer le premier se porte en *a*, bu marqué

d'avance à une petite distance de la marelle, en face du premier compartiment. Il lance dans ce compartiment un palet ou une pierre plate, s'avance à cloche-pied, saute, toujours sur un pied, dans l'intérieur du rectangle, et en fait sortir le palet avec le pied, en prenant garde de marcher sur les raies ou de laisser le palet s'arrêter sur la raie par laquelle il doit sortir. Revenant au but, il jette son palet dans le second compartiment, va le chercher à cloche-pied et le fait sortir de la même façon. Il se place au but chaque fois qu'il a accompli un exercice, jette son palet dans le rectangle suivant, va le chercher à cloche-pied et le fait sortir sans marcher sur les raies et sans que le palet s'y arrête. Il y a exception pour l'enfer; le palet ne doit pas y être jeté, ni s'y arrêter; il faut, quand le joueur va chercher son palet au delà de cette case, qu'il saute par dessus l'enfer sans y poser le pied et qu'il trouve ensuite moyen de pousser son palet assez fort pour ne pas l'y envoyer. Chaque fois que le joueur passe dans le reposoir, il peut y mettre l'autre pied sur le sol et se reposer un instant. Arrivé aux culottes, il lance le palet dans la première, se rend à cloche-pied dans le compartiment qui précède les culottes et saute dans la 2ᵉ et la 3ᵉ culottes de manière que son pied droit tombe dans la 2ᵉ, et son pied gauche dans la 3ᵉ sans *faire le marteau*, c'est-à-dire de façon que les deux pieds frappent le sol en même temps et non l'un après l'autre; il saute en se retournant pour retomber en sens inverse, le pied gauche dans la 2ᵉ culotte et le pied droit dans la 3ᵉ; il saute de nouveau pour retomber un pied dans la 4ᵉ culotte et l'autre dans la 1ʳᵉ. Il lève le pied qui pose dans la 4ᵉ et se tient sur un seul pied dans la 1ʳᵉ, à côté du palet, qu'il s'agit maintenant de faire sortir, en passant de la 1ʳᵉ culotte dans la 2ᵉ, puis dans la 3ᵉ et dans la 4ᵉ, toujours à cloche-pied, sans marcher sur les raies et sans laisser le palet s'y arrêter. A tous les coups qui se jouent, il faut éviter, en chassant le palet hors du jeu, de le faire passer par les grands côtés de la marelle, soit à droite, soit à gauche. Quand le moment est venu d'entrer dans le paradis, on y jette le palet et l'on se rend au paradis à cloche-pied. Là, on peut se reposer un instant; après quoi, il faut faire sortir le palet en le frappant violemment du bout du pied sur lequel on se tient. Il doit, d'un seul coup, traverser toute la marelle du haut en bas, sans s'échapper, bien entendu, par les côtés. Quelquefois, la condition imposée au joueur est d'attirer peu à peu le palet avec l'un de ses pieds sur le bout de l'autre pied et de le lancer, avec ce dernier, jusqu'au bout de la marnille. D'autres fois, on place le palet à la jointure entre le mollet et la cuisse de la jambe repliée et on doit, sans le laisser tomber, traverser, sur l'autre pied, tous les compartiments. Le joueur se place au joueur suivant chaque fois qu'il commet l'une des fautes suivantes: 1° lancer son palet dans un compartiment autre que celui qui doit être fait; 2° poser le pied sur une raie; 3° laisser arrêter le palet sur une raie; 4° faire passer le palet sur l'un des grands côtés de droite ou de gauche; 5° poser l'autre pied sur le sol, ailleurs que dans les reposoir et le paradis. Quand le tour de joueur revient à un joueur sorti pour une faute, il prend son jeu où il l'a laissé. La partie est gagnée pour celui qui accomplit le premier les exercices dont nous avons parlé.

MARENGO (Poulet à la). (Cuis.) Tout le monde a, sans doute, mangé du poulet à la Marengo, mais bien peu savent pourquoi ce mets a été ainsi nommé. Après la bataille de Marengo, Napoléon, fatigué et affamé, ordonna de lui servir un poulet pour son dîner. Son chef s'aperçut avec angoisse qu'il n'avait pas de beurre et constata qu'il lui était impossible de s'en procurer. Tout autre qu'un grand artiste culinaire aurait perdu la tête; mais l'ingénieux

cuisinier mit de l'huile dans sa casserole, y fit revenir une tendre volaille, l'assaisonna comme il put, avec ce qu'il avait de disponible, l'arrosa d'un verre de vin blanc et la garnit de champignons; après quoi, il servit chaud, sous le titre glorieux et plein d'à-propos de *poulet à la Marengo*. Napoléon fut charmé et, l'appétit aidant, trouva le mets délicieux, si bien que le chef remporta lui aussi une brillante victoire.

MARGARINE. — Législ. La loi du 14 mars 1887, concernant la vente et le transport de la margarine, a été résumée ci-dessus, au mot Beurre. Cette loi est déclarée insuffisante par les producteurs de beurres français et l'on réclame l'exercice des fabriques de margarine. On a même emprunté leur fermeture. — Nous empruntons au savant M. Grandeau quelques renseignements qu'il a donnés à ce sujet dans le journal *le Temps* du 10 mars 1891 : « L'industrie créée par M. Mège-Mouriès a pris de grands développements en France. la production de la margarine s'élève actuellement à 10 millions de kilogrammes, dont un peu plus du vingtième est consommé dans notre pays. On en exporte donc plus de 9 millions de kilogrammes en Hollande, Suède, etc., représentant environ 6 millions de francs. Quelle est la quantité de margarine rentrant en France, associée frauduleusement au beurre ? C'est ce que je ne saurais dire; mais nous allons voir que l'application de la loi de 1887 permet de faire cesser cette fraude, quand on le voudra. L'extension énorme qu'a prise non seulement en France, mais à l'étranger, la fabrication de la margarine ne se justifie pas par la vente seule de ce produit en nature; c'est incontestablement la falsification du beurre qui l'explique et l'on comprend les réclamations des producteurs honnêtes, au sujet du commerce déloyal dont ils sont victimes. C'est dans la falsification du beurre vendu comme produit du lait de vache que la margarine trouve, à coup sûr, son débouché de beaucoup le plus considérable. Est-ce à dire qu'il faille, pour cela, supprimer une industrie utile, à la condition que ses produits soient vendus sous leur nom véritable ? Nous ne saurions l'admettre. Sans compter la dépense très élevée qu'entraînerait pour l'État le rachat des usines existantes, et sans examiner les difficultés et les objections de tout genre que soulèverait cette mesure arbitraire, nous estimons qu'elle serait pour le moins inutile. Elle aurait pour principal résultat de diminuer l'exportation d'un produit agricole, la graisse de bœuf, et de favoriser la fabrication clandestine de beurre margariné de qualité inférieure. On ne saurait, en effet, affirmer que la falsification du beurre cesserait avec la suppression des margarineries, car il serait toujours possible d'incorporer au beurre de l'oléomargarine extraite du suif par des procédés plus ou moins grossiers, facilement applicables, même en petit. » M. Grandeau ajoute que l'application de la loi de 1887 est aujourd'hui rendue facile au moyen d'un instrument, l'*oléoréfractomètre*, inventé par MM. Amagat et Ferdinand Jean, et qui permet de reconnaître la pureté ou la falsification d'un beurre ou d'une huile. La commission des douanes de la Chambre des députés, dans un rapport du 19 fév. 1891, déclarait, comme M. Grandeau, qu'il n'y a pas lieu de satisfaire au désir de la chambre syndicale des marchands de beurre en prohibant l'entrée en France de la margarine. Selon ce rapport, la margarine n'est pas un produit malsain. Elle peut être utile; c'est une graisse alimentaire qui ne déplaît pas à certains goûts et que les classes peu aisées apprécient à cause de la modicité de son prix, qui ne dépasse guère le tiers de celui du beurre. Lorsqu'elle se présente sous son véritable nom, elle ne mérite pas la prohibition dont on voudrait la frapper. Cette mesure excessive serait d'ailleurs inef-

ficace, puisque nous en produisons en France des quantités relativement considérables, et que les commerçants ou les producteurs peu scrupuleux, qui s'en servent pour frauder les beurres, n'ont pas besoin de s'approvisionner à l'étranger. Pour empêcher cette fraude, il faudrait aller jusqu'à interdire la fabrication de la margarine. et cette interdiction réagirait de la plus fâcheuse façon sur l'agriculture, en faisant baisser le prix des animaux gras. » En conséquence, on s'est contenté de porter au tarif général des douanes, un droit minimum de 15 francs et un droit maximum de 20 francs pour 100 kilog. de margarine.
CH. Y.

MARGINÉ, ÉE, part. passé de MARGINER. Bot. Bordé.

MARGOTTER, v. n. (rad. *margot*). Crier, en parlant de la caille.

MARIE-LOUISE-AUGUSTA-CATHERINE, duchesse de Saxe, impératrice d'Allemagne, populairement connue sous le nom d'*Augusta*, née le 30 sept. 1811, morte le 7 janvier 1890. Elle était fille de Charles-Frédéric, grand-duc de Saxe-Weimar, et elle épousa, le 11 juin 1829, Guillaume, prince de Prusse, qui devint plus tard roi de Prusse, puis empereur d'Allemagne. C'était une princesse très lettrée, qui protégea plusieurs savants et des écrivains; elle voua une grande affection à Gœthe. Elle se piquait aussi d'être excellente musicienne et composa la musique d'un ballet, intitulé *la Mascarade*, qui obtint une grande vogue dans toute l'Allemagne. Elle fut l'un des membres fondateurs et la protectrice de la Société de la *Croix-Rouge*, destinée à secourir les soldats malades ou blessés et à venir en aide à leurs familles.

MARINE. — Législ. Les changements survenus depuis la publication de notre *Dictionnaire*, dans la législation concernant la marine militaire de la France, se bornent à de nombreux décrets, dont la plupart ont été rendus sous la forme de règlements d'administration publique, et qui ont pour objet l'organisation de plusieurs services. C'est ainsi qu'a été créée la direction générale des torpilles, par un décret du 13 janv. 1886; et c'est ainsi qu'ont été réorganisés : le service des défenses sous-marines et le service hydrographique, par deux décrets du 6 mars suivant; l'administration centrale et celle des invalides de la marine par deux décrets du 12 août de la même année et par cinq autres décrets du 15 août 1890; la comptabilité des magasins, par un décret du 23 nov. 1887; celle des travaux, par décret du 6 sept. 1888; et les circonscriptions des conseils et tribunaux de revision, par un décret du 23 janv. 1889. Quatre décrets, en date du 21 oct. 1890, portent : 1° réorganisation du conseil supérieur de la marine, qui a été institué par décret du 5 sept. 1889; 2° suppression du conseil d'amirauté et création des inspecteurs généraux de la marine; 3° création d'une commission de classement des officiers des divers corps de la marine pour le grade supérieur; et 4° une nouvelle réorganisation du service hydrographique de la marine. D'autres décrets sont relatifs au recrutement des divers services, à la solde, aux engagements volontaires, au service à bord, aux troupes coloniales, au jaugeage des navires, etc. L'une des prescriptions nouvelles les plus importantes à signaler, parce qu'elle a été souvent réclamée dans le Parlement, est celle contenue dans l'article 17 du décret du 6 sept. 1888. Cet article est ainsi conçu : « Chaque travail ordonné donne lieu à l'établissement d'un compte distinct dans lequel sont relevées toutes les dépenses de main-d'œuvre et toutes les consommations et applications de matières dont ce travail est l'objet ou la cause directe. Les frais de confection ou d'entretien d'appareaux spéciaux et installa-

« tions nécessitées par un travail, les travaux
« accessoires et consommations de combustible
« qu'il exige sont compris dans le compte qui
« le concerne. » Au moyen de cette comptabilité spéciale à chaque construction ou à
chaque réparation, il est possible aujourd'hui
de connaître le prix de revient d'un navire
de guerre construit et armé dans les arsenaux de l'Etat. — La loi du 10 avr. 1890 porte
création d'une école de santé de la marine
auprès d'une faculté de médecine de l'Etat et
de trois annexes ou succursales situées dans
les ports militaires de Brest, Rochefort et
Toulon. L'école est établie à Bordeaux, en
vertu d'un décret du 22 juill. 1890. Les primes
allouées à la construction des navires et à la
navigation au long cours, en vertu de la loi
du 29 janv. 1881, ont produit les résultats que
l'on attendait. (Voy., au Dictionnaire, les mots
ARMEMENT et MARINE.) La marine à voiles a
continué à décroître ; mais la marine à vapeur
a, dans l'espace de dix années, plus que
doublé son tonnage, en passant de 256.000 tonneaux, effectif de 1880, à près de 600.000 tonneaux, en 1890. Les dispositions de la loi du
29 janv. 1881 relatives aux *primes à la navigation* devaient cesser d'être exécutées le 29 janv.
1891 ; mais elles ont été prorogées jusqu'au
29 janv. 1892, par une loi du 31 juill. 1890.
Les primes allouées tant à la construction
qu'à la navigation ont coûté à l'Etat, dans l'espace de huit années, de 1881 à 1888, savoir :
primes à la construction, 20,806.264 fr. ; et
primes à la navigation, 58,119,752 fr. ; ensemble 78,926,016 fr. (Voy. *Bulletin de statistique de législation comparée*; août 1890.)
Nous parlerons plus loin de la pêche maritime et des primes qui lui sont allouées. (Voy.
PÊCHE.) — La durée du service pour les
hommes de l'armée de mer était de neuf années dans l'activité ou dans la réserve, et de
onze années dans la réserve de l'armée territoriale, en vertu de l'article 37 de la loi du
27 juill. 1872, modifié par la loi du 4 déc. 1875.
Ces dispositions sont aujourd'hui abrogées
par l'article 94 de la loi du 15 juill. 1889, qui
ne contient pas de règles spéciales pour l'armée
de mer. (Voy., ci-après, RECRUTEMENT.) Aux
termes de l'article 30 de ladite loi, les jeunes
marins qui sont portés sur les registres matricules de l'inscription maritime sont considérés comme ayant satisfait au recrutement
militaire ; mais, s'ils ont fait rayer de l'inscription maritime, ils sont tenus de le déclarer au
maire de leur commune, dans un délai de deux
mois, et de remettre au préfet de leur département une expédition de cette déclaration. Ils
ont alors à accomplir leur service dans l'armée
active, sauf la déduction du temps par eux
passé au service de l'Etat ; puis ils suivent le
sort de la classe à laquelle ils appartiennent.
— La loi du 10 mars 1891 a apporté plusieurs
modifications au décret-loi du 24 mars 1852
relatif à la juridiction disciplinaire de la
marine marchande. (Voy. au Dictionnaire,
t. III, p. 490.) Les pénalités rigoureuses établies par ce décret ont été adoucies. En
outre, les juges des tribunaux maritimes commerciaux doivent être désignés par le président
du tribunal de commerce, et non plus
par le commissaire de l'inscription maritime.
Mais le président, qui doit être un capitaine
de vaisseau ou de frégate, et l'un des juges qui
doit être un lieutenant de vaisseau, sont désignés par le préfet maritime. La nouvelle loi
a surtout pour objet de réprimer les négligences pouvant être cause de collisions en
mer. — Un projet de loi concernant l'*inscription maritime* a été présenté à la Chambre
des députés par le gouvernement, le 21 fév.
1891. Ce projet, qui doit remplacer toutes les
lois antérieures, formera un véritable code sur
cette matière. Il s'occupe non seulement de
l'inscription des gens de mer, mais aussi de
leur service militaire, de l'application de ce
régime aux colonies et à l'Algérie, de l'état

spécial des inscrits, de l'administration de ce
service et des dispositions pénales applicables
aux inscrits.   CH. Y.

MARQUE. — **Législ.** Nous avons succinctement résumé au *Dictionnaire* (t. III, p. 770)
la loi du 23 juin 1857 sur les *marques de fabrique et de commerce*. Des instructions ministérielles ont été publiées pour l'application de
cette loi. La dernière de ces instructions,
annulant les précédentes, a été arrêtée le
4 mars 1887, de concert entre le ministre de
la justice et le ministre du commerce et de
l'industrie ; et la plupart des dispositions contenues dans ladite instruction ont été confirmées et reproduites par un décret du 27 fév.
1891, en tenant compte des modifications apportées à la loi de 1857 par celle du 3 mai
1890. Les fabricants, commerçants et agriculteurs qui veulent déposer leurs marques au
greffe du tribunal de commerce, ou, à défaut,
au tribunal civil de leur domicile, doivent
s'y présenter eux-mêmes ou se faire représenter par un fondé de pouvoir spécial. La
procuration peut être faite sous seing privé.
Si le déposant ne sait ou ne peut signer, il
est nécessaire qu'il donne pouvoir de le représenter à un mandataire qui signera à sa place.
Le déposant doit apporter au greffe : 1° trois
exemplaires sur papier libre, du modèle de la
marque qu'il a adoptée ; 2° le cliché typographique de cette marque. Le papier du
modèle doit présenter d'un carré de dix-huit centimètres de côté, et la marque
doit être tracée au milieu, de manière à
laisser les espaces nécessaires pour les mentions à inscrire à droite et à gauche de cette
marque. Les dimensions des clichés ne doivent pas dépasser douze centimètres de côté.
Le déposant ne doit inscrire aucune mention
sur les trois exemplaires du modèle. Toutefois, si la marque est en creux ou en relief
sur les produits, si elle a dû être réduite pour
ne pas excéder les dimensions prescrites, ou
si elle présente quelque autre particularité, le
déposant doit l'indiquer sur les exemplaires,
sauf pour une ou plusieurs figures de détail,
soit au moyen d'une légende explicative. Ces
indications doivent occuper la gauche du papier ; la droite étant réservée aux mentions
qui doivent y être ajoutées par le greffier.
L'un des trois exemplaires déposés est remis
au déposant, après avoir été revêtu du visa
du greffier, lequel indique le jour et l'heure
du dépôt. Les clichés sont rendus aux déposants, après la publication officielle des marques par le ministère du commerce. En cas de
dépôt de plusieurs marques appartenant à une
même personne, il n'est déposé qu'un procès-verbal, mais il doit être déposé autant de
modèles en triple exemplaire et autant de
clichés qu'il y a de marques distinctes. Dans
le cas où le greffier refuse le dépôt d'une
marque, le déposant peut se pourvoir devant
le président du tribunal dont relève le greffier.
Si les modèles présentés sont contraires aux
lois ou aux bonnes mœurs, ou si la croix de
la Légion d'honneur s'y trouve indiquée, le
greffier doit faire observer au déposant qu'il y
a là un abus ; mais si le déposant insiste, le
greffier doit recevoir le modèle et le signaler
immédiatement au procureur de la République. Les droits à percevoir pour le dépôt
d'une marque de fabrique sont ainsi fixés par
les décrets du 26 juill. 1856 et du 18 juin 1880,
savoir :

Timbre de la minute du procès-verbal....	0 fr. 60
Enregistrement de la minute...............	5 fr. 63
Rédaction du procès-verbal et coût de l'expédition......................	1 fr. »
Mention sur le répertoire timbré.........	0 fr. 35
Timbre de l'expédition.................	1 fr. 80
TOTAL..........	**9 fr. 38**

Les modèles déposés au greffe, ainsi que les
procès-verbaux de dépôt, sont communiqués
sans frais, à toute réquisition ; mais les greffiers ne doivent laisser prendre aucune copie

des modèles confiés à leur garde. Lorsqu'un
déposant entend renoncer à l'emploi de sa
marque, il en fait la déclaration au greffe où
cette marque a été déposée.   CH. Y.

MARS (calendrier horticole). Avec ce mois
commencent les travaux du
jardinage : labours, plantations d'arbres et
d'arbrisseaux, sauf des toujours verts, qu'on
réserve pour le mois suivant, et des plantes
vivaces aussi bien en pots ou en caisses qu'en
pleine terre. Dans les appartements, on continue les soins de propreté et les bassinages ;
on procède aux arrosements le matin seulement, à cause de la fraîcheur des nuits ; enfin
on commence à éloigner les plantes des
rayons directs du soleil, qui commencent à
être brûlants. Dans les serres, outre les soins
analogues à ceux des appartements, on peut
déjà commencer les boutures sous cloche et
les marcottes ; on dépote les plantes malades
et l'on remet leurs racines à nu dans la terre
de la couche. Les plantes dont la végétation
accuse une reprise active peuvent être, en
vertu du principe que nous avons posé en commençant, arrosées plus abondamment. C'est
aussi le moment de semer en place, outre les
plantes indiquées au mois précédent : l'adonide d'été, la belle-de-jour, la centaurée
bluet, les clarkias, le coquelicot, la crépide
rose, l'œnothère, l'érysimum, la mauve Lavatère, la nigelle, le souci de Trianon, etc. On
sème en place ou en pépinière pour repiquer :
la giroflée jaune, la gueule-de-lion, la silène,
le thlaspi, la violette des quatre saisons. On
sème sur couche : l'amarante, la balsamine, la
belle-de-nuit, la capucine, le chrysanthème à
carène, le cobæa, la quarantaine, les lobélies,
le pétunia hybride, le phlox de Drummond,
les reines-marguerites, les roses trémières de
la Chine, le seneçon des Indes, la stramoine
fastueuse, les verveines hybrides, le zinnia, etc.
On sème enfin, en pleine terre ou en caisses,
les plantes grimpantes : capucines, volubilis
et pois de senteur. Nous ne parlons pas pour
mémoire des soins d'entretien que réclament
impérieusement les allées du jardin, dont on
arrache avec soin les herbes et que l'on ratisse
et couvre de sable de rivière si besoin est.

MARSILÉACÉ, ÉE, adj. (rad. *marsilée*). Bot.
qui se rapporte à la marsilée. — S. f. pl. Petite
famille de cryptogames acrogènes qui a pour
type le genre marciléa. Les marsiléacées ont
un involucre en forme de capsule, renfermant
deux sortes de sporanges, les uns fertiles, les
autres stériles. Ces derniers, très nombreux,
sont des vésicules qui renferment de petits
granules dans un liquide gélatineux. Cette
famille renferme des plantes qui habitent
principalement les eaux stagnantes des régions
tempérées du globe. Elle a été divisée en deux
tribus : 1° PILULARIÉES (*pilularia, marsilea*) ;
2° SALVINIÉES (*salvinia*).

MARSILIANE, s. f. mar. Navire léger, à voiles
et à rames, en usage dans la Méditerranée au
XVIIe siècle.

MARSILÉE, s. f. [mar-si-lé]. Bot. Genre de
marsiléacées, comprenant une douzaine d'espèces d'herbes vivaces qui croissent dans les
eaux stagnantes peu profondes. Leurs tiges ou
rhizomes rampent au fond des eaux et émettent
d'un côté des graines adventives, de l'autre des
feuilles à quatre folioles en croix et portées
par un pétiole qui se déroule de manière à
les porter à la surface du liquide.

MARTEAU pneumatique, sorte de marteaupilon d'un petit modèle. On raréfie ou on
comprime l'air contenu dans le cylindre C
(suivant que l'on veut soulever ou abaisser le
marteau) à l'aide d'un piston qui se meut dans
le cylindre et dont la tige P est reliée excentriquement à une roue D, qui est animée par
une manivelle à main ou reliée à une machine
électrique. Ce piston, qui bat facilement
100 coups à la minute, peu comprimer l'air à

la pression de l'atmosphère. Le marteau pneumatique est utile pour les industriels qui

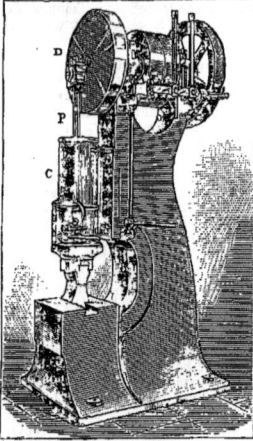

Marteau pneumatique.

ne disposent pas de beaucoup de place. Suivant sa grandeur, il faut, pour le faire mouvoir, de 1 à 4 chevaux-vapeur.

MARTIN (Eman), philologue et grammairien, né à Illiers (Eure-et-Loir) en 1821, mort le 27 nov. 1882. Ancien élève de l'école normale de Chartres, il fut nommé professeur au collège de Dieppe, après avoir, sans l'aide d'aucun professeur, fait ses études latines et grecques. Il a laissé plusieurs volumes de grammaire et de philologie : *La langue française enseignée aux étrangers* (4 vol. in-8°) : 1re partie, prononciation (1859); 2e partie, orthographe (1860); 3e partie (1867); 4e partie, syllexie (1866). En 1869, il fonda le *Courrier de Vaugelas*, journal grammatical, où il entreprit d'expliquer et de résoudre les difficultés et les singularités de la langue française. Cette publication lui valut le prix académique Lambert en 1875.

MASON (George-Hemming), peintre anglais, né à Witley (Staffordshire) en 1818, mort en 1872. Il étudia d'abord la médecine et finit par embrasser la profession de peintre. Après avoir habité Rome pendant quelques années, il retourna dans son pays et y devint le chef de l'école réaliste moderne. Il a laissé environ 200 toiles, qui ont soulevé l'admiration d'un petit nombre de connaisseurs, par leur beauté idyllique et par le charme que l'artiste a su répandre sur les scènes de la vie de famille. Mais leur simplicité et la négligence de leur composition déplaisent à la masse du public et les ont empêchées de devenir populaires. Parmi les tableaux les plus connus de Mason, on cite : *Only a Shower; Girls dancing by the sea; the Harvest Moon; Staffordshire Mill Girls; the Evening Hymn*, et *Blackberry Gathering*.

MASSIVA. — I, prince numide, petit-fils de Gala, roi des Massyliens, et neveu de Masinissa, qu'il accompagna en Espagne. — II, prince numide, fils de Gulussa et petit-fils de Masinissa. Il prit parti pour Adherbal contre Jugurtha, et, après la reddition de Cirta, il se réfugia à Rome, où il sollicita du Sénat le trône de Numidie. Jugurtha, venu à Rome pour s'expliquer sa conduite, eut l'audace de le faire assassiner par son confident Bomilcar.

MASSOUAH ou **Massawah**, ville de la côte orientale d'Afrique, sur une baie formée par la mer **Rouge** et dans la petite île corailleuse du même nom, par 15° 35' lat. N. et 37° 47'

de long. E. La vaste baie de Massouah, longue de 64 kil. et large de 60 kil., renferme les îles Dahal, Dahalac, Damanil, Medud et Massouah. On y parvient par quatre entrées d'un accès difficile, en raison des rochers et des bancs de sable qui les obstruent. L'île de Massouah, située à 16 kil. N.-E. d'Arkeko ou Dohona, et à 500 kil. du détroit de Bab-el-Mandeb, forme l'un des meilleurs ports de la mer Rouge; sa hauteur est de 6 à 9 mètres au-dessus du niveau de la mer, sa longueur atteint à peine 1 kil. et sa largeur deux tiers de kil. La ville en occupe la partie occidentale; le reste de l'île est couvert de tombeaux musulmans et de citernes en ruines. La plupart des habitations sont des huttes en paille; on n'a construit en pierre que la mosquée, l'église catholique romaine, les bâtiments du gouvernement, la douane et la résidence de quelques marchands. L'eau, jadis très rare, était en grande partie amenée du continent. Mais, en 1872, on restaura le vieil aqueduc de Mokoulou. Outre les Éthiopiens d'origine, qui parlent le dialecte du Tigré, corrompu d'arabe, la population, évaluée à 6.000 hab., comprend des Arabes du Yémen et d'Hadramaut, des Gallas, des Somaulis et des Indous de Surate. Le commerce, qui consiste surtout dans l'exportation de peaux, de beurre, de café abyssin, etc., et dans l'importation de cotonnades et de soieries, augmente avec une merveilleuse rapidité; il était de 1 million et demi de fr. en 1865 et de 6 millions en 1881. — L'île de Massouah a probablement été habitée à une époque très reculée; c'était la *Matzua* où les Portugais débarquèrent en 1542, sous les ordres de Christovão da Gama. Prise par les Turcs en 1557, elle resta presque perpétuellement en leur pouvoir, tomba un instant entre les mains du chérif de la Mecque, au siècle dernier, passa à Méhémet-Ali, fut rendue aux Turcs en 1840 et ensuite cédée à l'Égypte en 1865, moyennant un tribut annuel de 2 millions et demi de piastres. Sa grande importance commerciale, qui rivalise avec celle de Soaukim et qui est due à son admirable position en face du Tigré et de la côte septentrionale d'Abyssinie, dont elle est le point de débouché, avait fixé l'attention des peuples européens, qui se disputent depuis quelques années les côtes africaines. Le gouvernement italien, déçu en Tunisie, résolut de prendre une compensation vers les rivages abyssins; il fit occuper le port de Massouah, le 5 fév. 1885, et y laissa un corps d'occupation, mais sans faire disparaître le drapeau égyptien ni le seul but avoué de faire de la police internationale. La Turquie protesta contre l'occupation italienne, mais l'Égypte, plus directement intéressée, ne fit aucune réclamation parce que l'Angleterre, désireuse de développer les motifs d'antagonisme entre l'Italie et la France, avait résolu de tolérer la prise de possession de Massouah. Lorsque le gouvernement italien occupa Massouah, le 5 févrir 1885, il eut soin de faire ressortir que cette occupation, toute provisoire, n'avait d'autre but que d'assurer la police internationale, ainsi que l'ordre et la sécurité commerciale dans ce district, et qu'elle ne cachait aucune arrière-pensée de prise de possession. Mais cette déclaration n'était faite que pour apaiser les réclamations de la Porte. Peu après le drapeau ottoman fut enlevé par les Italiens, les troupes égyptiennes furent renvoyées et l'Italie resta seule à Massouah. Elle prit même des mesures pour étendre son pouvoir sur la terre ferme du voisinage (fév. 1887). Le roi d'Abyssinie, déjà irrité de l'occupation italienne, n'hésita pas à envoyer une armée commandée par Ras-Aloula, pour opposer la force à toute tentative d'envahissement de la terre ferme. Les Italiens subirent d'abord à Sahati un revers qui mit en danger leur domination dans ces parages; ensuite, ayant porté leur armée à 35,000 hommes, ils parvinrent à se

maintenir sur la terre ferme, malgré les attaques incessantes de Ras-Aoula. Massouah, fortifiée à l'européenne, devint une place importante, en état de soutenir un siège en règle.

MATABILI (Terre de). Immense contrée de l'Afrique méridionale, entre les cours d'eau Limpopo et Zambèze moyen, au nord du Transvaal et du Bechuanaland. C'est un pays très montagneux, qui est depuis longtemps fameux comme contenant de l'or. D'anciennes ruines, d'origine inconnue, y ont été vues par Mauch, qui visita ce pays. La terre de Matabili fut conquise, il y a cinquante ans, par le roi Mosélékatsi, et une armée de Zoulous ; les tribus indigènes Mashoma et Makalaka furent subjuguées et incorporées ; et un despotisme militaire fut établi, sur le modèle de celui de Chaka dans le Zoulouland. Ce système continua sous le règne de Lo Benguela, successeur de Mosélékatsi. La proximité de ce pays et des protectorats anglais, jointe à sa richesse aurifère, attira l'attention du gouvernement britannique, qui est déjà en pourparlers avec Lo Benguela, et qui, tout en le comblant de promesses et de caresses, étudie ses forces avant de l'attaquer. Les Matabilis, forment un peuple énergique et guerrier, ayant des troupes enregimentées et bien disciplinées; tout fait supposer qu'ils opposeront une énergique résistance aux envahisseurs.

MATADOR, s. m. (Jeux). (Voy. DOMINOS, dans ce *Supplément*.)

MATICINE s. f. (rad. *Matico*). Chim. Alcaloïde renfermé dans les feuilles du matico. C'est une huile essentielle d'un jaune brun, d'une saveur amère. Elle est soluble dans l'eau et dans l'alcool.

MATICO s. m. (de *Matico*, nom d'un soldat qui fut le premier Européen ayant employé les feuilles de cette plante pour arrêter une hémorragie). Bot. Genre de pipéracées, comprenant plusieurs espèces d'arbrisseaux noueux rameux, à feuilles alternes, allongées, lancéolées, verruqueuses et rudes en dessus, pubescentes en dessous. Ces arbrisseaux croissent dans l'Amérique du Sud. Le matico proprement dit (*piper angustifolium*) est une espèce très astringente, appelée au Pérou *moho-moho*, et employée contre les hémorragies des petits vaisseaux, les piqûres de sangsues, les coupures, etc., en feuilles ou en poudre fine. On l'administre aussi à l'intérieur, dans le même but, sous forme d'infusion : 16 gr. pour un litre d'eau bouillante. On s'en sert, au Pérou. pour les mêmes usages que le cubèbe, dont il se rapproche par son odeur. Les feuilles sèches du matico sont apportées en Europe pour les usages médicaux. Elles renferment le principe amer nommé *maticine*. C'est vers 1830 que l'on commença à les connaître en France et à étudier leurs effets astringents. Les Péruviens les préconisent contre une foule de maladies : catarrhes pulmonaires, phtisie, ménorrhagie, hémorroïdes, dyspepsie, etc. Mais leurs effets hémostatiques et stimulants ont seuls été bien constatés.

MATOUT (Louis), peintre d'histoire, né à Charleville en 1813, mort en janvier 1888. Il eut une grande notoriété, à la fin du règne de Louis-Philippe et au commencement de celui de Napoléon III. Ses peintures, qui sont très nombreuses, ornent, en général, les musées de l'État. La plus remarquable est le *Plafond* de la salle des empereurs romains au Louvre. On en trouve d'autres au Luxembourg, à la chapelle de l'hôpital Lariboisière, à la clinique (Paris), etc.

MAUBERT DE GOUVEST (Jean-Henri), littérateur, né à Rouen en 1721, mort en 1767. D'abord entré dans l'ordre des Capucins, il ne tarda pas à jeter le froc (1743), court la Hollande, l'Angleterre et l'Allemagne, tour à

tour soldat, précepteur et directeur de théâtre. Il a laissé : *Testament politique du cardinal Alberoni* (Lausanne, 1753, in-12) ; *Histoire politique du siècle* (Lausanne, 1754, 2 vol. in-12) ; *Testament politique du chevalier de Walpole* (1767, 2 vol. in-12), etc.

MAUGARD (Antoine), littérateur et grammairien, né à Chateauvoué, diocèse de Metz, en 1739, mort en 1817. Il fut nommé, en 1774, commissaire du roi pour la recherche et la vérification des anciens monuments de droit et d'histoire. En 1795, la Convention le comprit parmi les gens de lettres ayant droit aux récompenses nationales. Il a laissé : *Code de la noblesse* (1789, in-8°) ; *Annales de France* (1790, 2 vol. in-8°) ; *Traité de prosodie française* (1812) ; *Cours de langues française et latine* (Paris, 1815, in-8°), etc.

MAUPAS (Charlemagne-Emile COMTE DE), homme politique, né à Bar-sur-Aube en 1818, mort à Paris le 18 juin 1888. Après avoir terminé ses études de droit à Paris, il publia une brochure réactionnaire intitulée : *Considérations sur le système des impôts* (1841). Ses idées conservatrices lui valurent la protection du gouvernement, il fut nommé sous-préfet d'Uzès (1845), puis de Beaune (1846). La révolution de Février le rendit à ses études ; mais Louis Bonaparte l'envoya comme sous-préfet à Boulogne-sur-Mer (1849), et ensuite comme préfet dans l'Allier (1849) et dans la Haute-Garonne (1850). Il inaugura l'ère des préfets à poigne et s'en acquitta de manière à mériter la haute approbation du prince-président, qui l'appela au poste de préfet de police en 1851. C'est dans ce poste qu'il prépara le coup d'État. Quand vint le moment d'agir, il fut effrayé des conséquences que pouvait avoir pour lui, si le coup ne réussissait pas, la part qu'il avait prise à la violation de la loi. Dès qu'on vint lui annoncer que les barricades s'élevaient dans Paris, sa frayeur dégénéra en véritable affolement ; de la préfecture de police, où il s'était réfugié, à l'abri, derrière les baïonnettes, il envoya à Morny des dépêches terrifiées, si bien que Morny, impatienté, finit par lui télégraphier : « Couchez-vous ». Sa pusillanimité ne l'empêcha pas d'être nommé, le 22 janvier 1852, au poste de ministre de la police générale ; et c'est en cette qualité qu'il donna en moins de seize mois quatre-vingt-douze avertissements aux journaux politiques. Le ministère de la police ayant été supprimé le 10 juin 1853, de Maupas fut nommé sénateur et se rendit à Naples en qualité de ministre plénipotentiaire. De 1860 à 1866, il fut préfet des Bouches-du-Rhône. La révolution du Quatre-Septembre le fit rentrer dans la vie privée. Dans les derniers temps de sa vie, il devint l'un des plus ardents propagateurs de la politique boulangiste.

MAZEROLLE (Pierre), écrivain français, mort en février 1887. Il était commis en librairie lorsque Eugène de Mirecourt le prit comme collaborateur. Au sujet de la biographie de M. de Falloux, survint entre eux une brouille qui fit naître le pamphlet : *Confession d'un biographe, fabrique de biographies, maison Mirecourt et Cⁱᵉ* (1857). Cette brochure fit beaucoup de bruit dans le monde littéraire et porta un coup fatal à l'industrie de M. Jacquot. Mazerolle devint ensuite rédacteur en chef de la *Foule*, journal dans lequel il soutint une violente polémique contre Jules Vallès. Il fut plus tard secrétaire de la rédaction de la *Revue contemporaine* et y resta jusqu'à la disparition de cette publication. De 1871 à 1877, il rédigea, sous le pseudonyme d'Antoine Loude, plusieurs journaux de province. En 1877, il donna, chez Sartorius : *Mauvais gîtes et maisons de fraternité* ; puis trois romans publiés en feuilletons dans le journal la *Presse* : *Le grand Pâle* ; *La Tourne-Mal* ; *Un Vaincu.* Il a laissé, à l'état de manuscrit, un livre anecdotique de souvenirs sur ses contemporains.

MÉDAILLE. — Législ. On a reconnu trop souvent que des industriels ou des commerçants s'attribuaient, dans leurs prospectus, des médailles ou d'autres récompenses honorifiques qui ne leur avaient pas été décernées. Ces fraudes, n'ayant pas été prévues par la loi du 23 juin 1857 sur les marques de fabrique et de commerce, ont dû être l'objet d'une loi spéciale, celle du 30 avril 1886. Aux termes de cette dernière loi, l'usage de médailles, diplômes, mentions, récompenses ou distinctions honorifiques quelconques décernés dans les expositions ou concours, soit en France, soit à l'étranger, n'est permis qu'à ceux qui les ont obtenus personnellement, et à la maison de commerce en considération de laquelle ils ont été décernés. Celui qui s'en sert doit faire connaître leur date et leur nature, l'exposition ou le concours où ils ont été obtenus et l'objet récompensé. Sont punis d'une amende de 5u fr. à 6,000 fr., et d'un emprisonnement de trois mois à deux ans, ou de l'une de ces deux peines seulement ; ceux qui se sont attribué sans droit et frauduleusement lesdites récompenses ; ceux qui les ont appliquées à des objets pour lesquels elles n'avaient pas été obtenues ; ceux qui les ont indiquées mensongèrement sur leurs enseignes, annonces, prospectus, factures, lettres ou papiers de commerce ; ceux qui s'en sont prévalus auprès des jurys des expositions ou concours ; et ceux qui, sans droit et frauduleusement, se sont prévalus publiquement de récompenses, distinctions ou approbations accordées par des corps savants ou des sociétés scientifiques. Est punie d'une amende de 25 fr. à 3.000 fr. l'omission des mentions concernant : l'indication précise de l'objet récompensé, la date, la nature, l'exposition, le concours où ont été obtenues les récompenses indiquées — En outre des médailles militaires et des médailles d'honneur sont décernées par le gouvernement pour récompenser des actes de courage civil et de dévoûment, d'autres médailles d'honneur ont été instituées, par une décret du 16 juill. 1886, en faveur d'ouvriers ou employés français comptant plus de trente années de service consécutifs dans le même établissement industriel ou commercial privé, situé sur le territoire français. Les demandes faites en vue d'obtenir ces médailles doivent être adressées, sur papier timbré et par l'intermédiaire du préfet, au ministre du commerce et de l'industrie. Ces médailles sont en or, en argent ou en bronze, et du module de vingt-sept millimètres. Les titulaires reçoivent un diplôme qui rappelle leurs services ; ils sont autorisés à porter la médaille, suspendue à un ruban tricolore disposé horizontalement et dont la partie rouge est immédiatement au-dessus de la médaille. (Instr. min. du 16 juill. 1886.) — La même médaille peut être décernée aux ouvriers des établissements qui dépendent du ministère de la guerre. (Décr. 28 mars 1886.) — Enfin un décret du 17 juin 1890 a institué des médailles semblables pour récompenser les ouvriers ruraux comptant plus de trente années de services dans la même exploitation agricole. — Nous avons encore à faire mention d'un décret du 10 mars 1891, portant réglementation du port des décorations et médailles françaises et étrangères. Toutes doivent être portées sur le côté gauche de la poitrine, le ruban ou la rosette étant posés savoir : 1° sur l'uniforme militaire, à la hauteur de la deuxième rangée de boutons ; 2° sur le costume officiel (frac, robe, soutane, etc.), à la hauteur du sein gauche ; 3° sur l'habit ou la redingote de ville, à la première boutonnière. Les décorations françaises sont placées les premières, dans l'ordre suivant, et de droite à gauche sur le côté gauche de la poitrine : Légion d'honneur, médaille militaire, médailles commémoratives, décorations universitaires, décorations du Mérite agricole, médailles d'honneur. Les décorations étrangères sont placées à la suite et à la gauche des décorations et médailles françaises. Le port des rubans ou rosettes seuls, à la boutonnière, est formellement interdit sur les costumes officiels. Les personnes en tenue de ville sont autorisées à porter à la boutonnière des rubans ou des rosettes sans insignes, excepté s'il s'agit des décorations étrangères qui contiennent du rouge en quantité plus ou moins notable.

CH. Y.

MÉDECINE. — Législ. L'exercice de la médecine est encore réglementé par la loi organique du 19 ventôse an XI. De nouveaux projets de loi sont venus s'ajouter, en cette matière, à ceux dont nous avons déjà parlé dans le *Dictionnaire* (t. IV, p. 4 et 5). Le dernier de ces projets a été présenté à la Chambre des députés par le gouvernement, le 5 juin 1890, après avoir été élaboré par le comité consultatif d'hygiène publique de France. M. Brouardel, rapporteur de ce comité, constate d'abord que l'officiat de santé doit être supprimé pour diverses causes, et notamment parce que la loi du 15 juill. 1889 sur le recrutement de l'armée n'accorde pas à d'autres qu'aux aspirants au doctorat la dispense qui est nécessaire pour l'achèvement des études médicales. Le projet de loi ne permettra donc l'exercice de la médecine qu'à ceux qui seront munis du diplôme de docteur obtenu devant les facultés de l'État. Les médecins étrangers pourraient encore profiter de dispenses personnelles accordées par le ministre ; mais ils devraient néanmoins être soumis à certaines épreuves avant d'être autorisés à pratiquer en France. Le grade de *docteur en chirurgie* qui, en fait, n'est plus délivré, serait définitivement aboli. Un diplôme de *dentiste* serait institué, et serait délivré à la suite d'examens subis devant l'une des facultés de médecine de l'État. — Un autre projet de loi, présenté aussi le 5 juin 1890, a pour but d'organiser pour tous la France l'*Assistance médicale gratuite*. Déjà 44 départements ont fondé un service médical à domicile pour les pauvres, et 12,701 communes sont rattachées à ce service. Mais, dans plus de la moitié des communes, les secours médicaux ne sont pas assurés aux malades indigents. Dès l'année 1847, le gouvernement proposait d'instituer des médecins cantonaux dans tous les départements. Le projet actuel porte que toute commune (ou syndicat de communes) doit être pourvue d'un bureau d'assistance publique et d'un dispensaire où des consultations seraient données par un médecin. Le dispensaire délivre des médicaments, et il est rattaché à la fois à une infirmerie et à un hôpital, de manière à ce que le malade indigent qui ne peut être soigné à domicile, soit envoyé par le médecin du dispensaire, soit à l'infirmerie régionale, soit à l'hôpital de la circonscription, selon la nature et la gravité de la maladie. « Est-il raisonnable, dit l'exposé des motifs, d'héberger et de nourrir à grands frais un malade qui n'a qu'une affection légère dont il pourrait être facilement guéri chez lui, peut-être même sans que son travail soit entièrement interrompu ? Lorsque l'hospitalisation est nécessaire, est-il raisonnable de la rendre partout uniforme, d'accumuler l'appareil considérable, le personnel exceptionnel qu'exige un grand hôpital où l'on soigne les cas les plus graves, en faveur de maladies d'un caractère bénin, auquel un établissement beaucoup plus modeste suffirait ? C'est une organisation méthodique, proportionnant l'effort au besoin, que tente d'établir le projet de loi, par les dispensaires, les infirmeries et l'hôpital. » Nous ne pouvons qu'applaudir à cette division dans les secours médicaux, et nous renvoyons à ce que nous avons déjà dit au *Dictionnaire* sur l'utilité des dispensaires (t. II, p. 442). Le mode de fonctionnement de tout le service se-

rait déterminé par le conseil général, dans chaque département; et, à défaut de délibération de ce conseil, il y serait pourvu par un décret. Le projet de loi fixe avec précision les conditions auxquelles on devra reconnaître quel est le domicile de secours d'un malade indigent. Cela est nécessaire pour déterminer à qui incombent les dépenses du traitement. La commission administrative du bureau d'assistance est chargée notamment de dresser, pour chaque commune, la liste des personnes qui seront, en cas de maladie, admises à l'assistance médicale. Cette liste est ensuite arrêtée par le conseil municipal. En cas d'urgence, le maire aurait le droit d'admettre aux secours médicaux à un malade non porté sur la liste. Les dépenses du service seraient couvertes, à défaut d'autres ressources, par des centimes additionnels communaux et départementaux, et par des subventions de l'État. CH. Y.

MÉDIÉVAL, ALE, ALS adj. (lat. *medius*, moyen; *ævum*, âge). Néol. Qui se rapporte au moyen âge.

MÉDIÉVISTE s. (lat. *medius*, moyen; *ævum*, âge). Néol. Personne qui se voue spécialement à l'étude du moyen âge.

MÉDIMARÈMÈTRE, s. m. (lat. *medius*, moyen; franç., *marée* et *mètre*). (Hydrogr.) Appareil imaginé par M. Ch. Lallemand, ingénieur en chef des mines, pour servir à la détermination du niveau moyen de la mer. — *Principe de l'appareil* : considérons un tube vertical étanche, fermé à sa partie inférieure par une cloison poreuse, et plongé dans une nappe d'eau dont les eaux sont animées d'un mouvement vertical périodique. Les oscillations du liquide se reproduisent à l'intérieur du tube avec la même période et le même niveau moyen qu'à l'extérieur, mais avec une amplitude réduite et un retard dans la phase. — L'appareil se compose d'un tube T étanche, fixé verticalement contre un mur de quai, ou un puits, relié, par l'intermédiaire d'un tuyau E, à un plongeur immergé au-dessous du niveau des plus basses mers. Ce plongeur est divisé en deux parties, par l'intermédiaire d'une lame de porcelaine dégourdie (non vernissée) V. La partie inférieure est remplie de sable et communique directement avec la mer par un certain nombre de trous percés dans sa face inférieure. Pour faire les observations, on se sert d'une sonde divisée, sur laquelle est fixée, à l'aide de ressorts, une bande de papier sensibilisée au sulfate de fer et à la noix de gale. On descend cette sonde à l'intérieur du tube, jusqu'à ce qu'elle vienne butter contre un diaphragme D placé à la partie inférieure du tube, puis, après quelques secondes d'immersion, on la remonte. Le papier se trouve noirci par l'eau et indique ainsi la cote de celle-ci dans le tube. En rapprochant les bandes ainsi noircies, on constitue un diagramme qu'il suffit de planimétrer pour en déduire le niveau moyen mensuel. L'introduction de la sonde dans le tube ayant

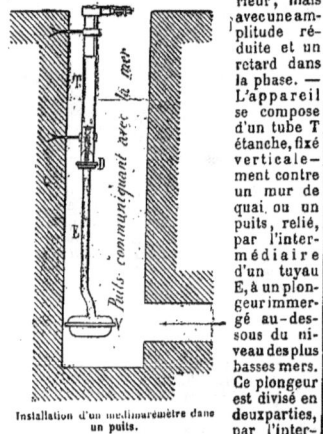

Installation d'un médimarémètre dans un puits.

pour effet de faire monter l'eau d'une quantité constante, on corrige l'échelle de la sonde d'une valeur bien facile à déterminer. Plusieurs médimarémètres sont aujourd'hui installés en France, notamment à Boulogne, à Cherbourg, à Brest, au Camaret, à Quiberon, aux Sables-d'Olonnes, à Biarritz, à Saint-Jean-de-Luz, à Port-Vendres, à Cette et à Nice, ainsi que dans plusieurs ports maritimes de l'étranger.

MÉDIUM, s. m. [mé-di-omm] (lat. *medium*, moyen, intermédiaire). Bot. Se dit des individus ou des espèces mixtes entre deux autres; se dit aussi d'une greffe faite en vue de servir de sujet.

MEISSONIER (Jean-Louis-Ernest) [mé-so-ni-é], célèbre peintre français, né à Lyon le 21 février 1811, mort à Paris à son domicile, boulevard Malesherbes, d'une rechute de pneumonie congestive, vers la fin du mois de janvier 1891. Fils d'un commissionnaire en marchandises sans fortune, il connut, dans sa jeunesse, la misère et les déboires. Il se rendit à Paris, en 1830, pour y étudier la peinture. Il passa par l'atelier de Cogniet, où ses progrès furent rapides, fit un court séjour en Suisse et à Rome, et débuta au Salon de 1834, par les *Bourgeois flamands*, qui furent peu remarqués. Il adopta une branche particulière de l'art, pour laquelle il était doué d'un talent particulier : celle des peintures minuscules. Il y apporta une vérité, une exactitude, une finesse de touche et une précision de détail qui le mirent hors de pair. Sa *Partie d'Échecs* (1835) et son *Petit Messager* (1836) lui valurent l'admiration des connaisseurs et les encouragements de la critique. Il se distinguait par une rare habileté de conception, par un dessin d'une scrupuleuse exactitude et surtout par un penchant marqué pour la mise en relief des détails. Depuis cette époque jusqu'en 1855, période de sa première manière, Meissonier ne cessa d'exposer des toiles de petites dimensions, s'attachant à donner à ses figures tant de mouvement et de vérité qu'elles semblent vivre et agir. A cette première manière appartiennent les toiles suivantes : *Religieux consolant un malade* (1838); le *Docteur anglais* (1839); le *Liseur* (1840); le *Peintre dans son atelier* (1843); le *Corps de garde*; la *Partie de piquet* (1845); *Trois Amis*; la *Partie de boule* (1848); le *Fumeur* (1849); le *Dimanche*; le *Joueur de luth* (1850), les *Bravi* (1852); *A l'ombre des bosquets*; *Jeune homme lisant en déjeunant* (1853). — Dans sa seconde manière, Meissonier appliqua son fin et spirituel talent à rendre des sujets et des types isolés. A cette période appartiennent : la *Lecture*, la *Rixe* (aujourd'hui à la reine Victoria), les *Bravi* (1855); la *Confidence*, un *Peintre*, l'*Attente*, un *Homme en armes*; un *Homme à sa fenêtre*; l'*Amateur de tableaux*; *Jeune homme du temps de la Régence*; le *Violoncelliste*, le *Fumeur*, l'*Incroyable*. Cette toile constitua le joyau de l'exposition de 1858. L'un de ses chefs-d'œuvre : *Napoléon III à Solférino* (Luxembourg), caractérise son genre et rend, dans un petit cadre, non seulement les traits et la physionomie de chaque personnage, mais encore les nuances du modelé. Citons encore le *Graveur* (1862), où l'on admire un style vivant et précis, sachant allier la perfection du dessin à la variété et à l'harmonie des couleurs. L'épopée impériale inspira vivement Meissonier, qui fut tenté par la peinture militaire et qui devint, à partir de 1864, l'un de nos plus curieux peintres de bataille. Un tableau de petite dimension, *Napoléon et son état-major, 1814*, résume, à ce point de vue, l'admirable talent de l'artiste et fut payé 850,000 fr. par M. Chauchard. Une autre toile du même genre, *1807*, fut payée un prix fou par un millionnaire américain. A l'Exposition de 1867, quatorze tableaux, parmi lesquels : *Chez Diderot*, *Cavaliers buveurs*, *Corps de garde*, le *Général Desaix*, *Un homme d'armes*,

portaient la glorieuse signature de Meissonier. En 1878, seize tableaux du maître : *1805*, le *Philosophe*, *Moreau et Dessoles*, les *Joueurs de boules*, la *Vedette*, qui y figuraient, provoquèrent l'admiration. A l'Exposition de 1889, il n'envoya pas moins de dix-neuf tableaux : 1° à l'exposition centennale : *M. Delahante, 1814*, l'*Attente*, le *Graveur à l'eau-forte*, qui figure au musée du Luxembourg, l'*Empereur à Solférino*, *Paris 1870-1871*, *M. Thiers sur son lit de mort*, *Portrait de M. Lefebvre* et *Portrait de Mme D...*; 2° à l'exposition des beaux-arts : le *Guide*, *Armée de Rhin-et-Moselle*, *Iéna*, le *Voyageur*, *Église Saint-Marc à Venise*, *Portrait de Mlle J. M.*, *Portrait*, *Postillon revenant haut le pied*, *Auberge au pont de Poissy*, *Pasquale*. Meissonier avait obtenu toutes les récompenses, toutes les distinctions que peut ambitionner un artiste. Il avait eu trois fois la médaille d'honneur aux trois expositions universelles de 1855, 1867, 1878 et, à l'issue de la grande Exposition de 1889, M. Carnot l'avait fait grand-croix de la Légion d'honneur. Il était membre de l'Académie des beaux-arts depuis 1861.

MÉLIACÉ, ÉE adj. (rad. *mélia*). Bot. Qui ressemble ou qui se rapporte au mélia ou azédarach. — s. f. pl. Famille de dicotylédones dialypétales hypogynes, comprenant des arbres ou des arbrisseaux à feuilles alternes sans stipules, qui habitent principalement les régions intertropicales. On divise cette famille en deux tribus : 1° *méliées*, à cotylédons planes et foliacés (genres turrée, quivi, azédarach, etc.); 2° *trichiliées*, à cotylédons très épais (genres trichilia, carapa, guarea, etc.).

MÉLINITE s. f. (gr. *meli*, miel). Minér. Sorte d'argile ocreuse et jaune, qui happe fortement à la langue et qui prend de l'éclat par le frottement. — Poudre de guerre, que l'on emploie aujourd'hui en France, pour charger les obus et dont les effets destructeurs sont formidables. Cette poudre est connue depuis un siècle environ. En traitant un dérivé de la houille par l'acide azotique, on l'obtient sous forme de matière gélatineuse cristallisée en cubes irréguliers. Le pouvoir explosif de la poudre à canon étant représenté par 1, celui du picrate de potasse par 5, celui du fulminicoton par 7,50 et celui de la nitro-glycérine par 10, la puissance de la mélinite devrait être représentée par 100. Elle présente, en outre, l'avantage d'être d'une manipulation facile, insensible aux effets des températures, des frottements et des chocs ordinaires. On peut la verser, la transvaser impunément, comme s'il s'agissait d'une mesure de fleur de soufre ou d'un panier de sable. On l'emploie à la manière du fulmi-coton. On l'introduit dans le projectile par le culot, qui est dévissable. Elle détone sous l'action d'un *détonateur* outillé d'un allumeur.

MÉLOGRAPHE s. m. (gr. *melos*, chant; *graphein*, écrire). Appareil nouvellement inventé par M. Carpentier, pour permettre de recueillir les traces de tous les mouvements imprimés aux touches d'un clavier, pendant l'exécution d'un morceau de musique. Les indications qu'il fournit sont inscrites à l'encre sur une bande de papier continue et sont analogues à celles que l'on obtient au télégraphe Morse.

MÉLONIDE s. f. (lat. *melo*, *mélonis*, melon). Bot. Fruit charnu, syncarpé indéhiscent, provenant de plusieurs ovaires pariétaux réunis et soudés avec le tube du calice qui, souvent très épais et charnu, se confond avec eux, comme dans la pomme, la poire et la nèfle. La mélonide caractérise essentiellement la famille des rosacées.

MÉLOTROPE s. m. (gr. *mélos*, chant; *tropé*, action de tourner). Nouvel appareil qui permet de jouer automatiquement du piano. Pour cela, on emploie des bandes de papier

sur lesquelles le MÉLOGRAPHE (voy. ce mot plus haut) a imprimé les indications fournies par les mouvements des touches d'un clavier. Ces bandes de papier, placées dans le mélotrope, servent à jouer de nouveau les morceaux dont elles sont la représentation. L'exécutant n'a qu'à installer l'instrument sur un clavier et à tourner une manivelle.

MENDICITÉ. — Econ. sociale. Nous avons déjà fait connaître les moyens répressifs employés légalement contre la mendicité (voy. au *Dictionnaire*, t. IV, p. 21), et nous avons encore parlé de cette plaie sociale, dans le présent *Supplément*, au mot ASSISTANCE. Nous croyons utile de reproduire ici quelques considérations publiées dans le *Journal officiel* du 15 mars 1890, et qui émanent de M. L. Herbette, directeur du service pénitentiaire au ministère de l'intérieur : « Que l'on se garde de confondre la mendicité, exploitation voulue de la charité publique, avec la misère qui est toujours involontaire, qui peut être imméritée et même honorable, qui peut faire des mendiants par accident ou par nécessité, mais qui n'implique et ne justifie jamais la mendicité professionnelle. Pour nous borner au domaine pénitentiaire, c'est sur cette dernière seule que nous voudrions insister. Il n'existe que trop d'individus, adonnés à la mendicité, qui auraient pu et qui pourraient échapper à la misère... Ne nous dissimulons pas l'étendue de ce mal que la charité, réduite à ses propres forces, alimenterait plutôt que de l'étouffer : la mendicité et le vagabondage qui lui font métier de la misère. Il faut bien que l'autorité publique veille sur ce foyer de corruption, où les femmes et les enfants ne tombent qu'en trop grand nombre, et ainsi surgit la question de la répression. Mendier constitue une industrie, un art dont les procédés sont multiples, et c'est dans les grandes villes, surtout à Paris, qu'on peut en apprécier toute l'ingéniosité. Veut-on un léger échantillon des moyens usuels et classiques par lesquels on mendie à Paris? — *Par lettre*, par suppliques ou sollicitations écrites, qui sont portées à domicile et dont on vient chercher la réponse, c'est-à-dire le produit. — *Par rencontre*, c'est-à-dire en attirant l'attention des passants dotés d'argent et de commisération par le spectacle de souffrances plus ou moins effectives. Les infirmités, les maladies, les blessures, les grossesses, les enfants, vrais ou faux, sont ici de bon profit. — *Par conduite*, en suivant dans la rue les gens que l'on essaye d'apitoyer au récit de lamentables épreuves. — *Par stationnement*, dans les promenades, sur un banc, près d'un monument fréquenté, avec conversations et confidences, s'adressant à de bonnes âmes sur les calamités extraordinaires. — *Par tournées*, dans les maisons, les établissements, les boutiques où sont faits des aumônes et des dons en nature. — *Par camelotage*, en offrant à vendre des objets sans valeur, que l'acheteur paiera sans les prendre, afin de se débarrasser des importunités. — *Par colportage*, en présentant à domicile des objets ou marchandises qui ne sont qu'un prétexte à sollicitations. — *Par visites*, chez les marchands dont la générosité est spontanée ou provoquée. — *Par station dans les églises*, en faisant un appel muet ou suppliant à la charité des fidèles, par la présence aux offices.— *Par service de voitures* (ouverture des portières, etc.). — *Par musique ambulante* (chansons et instruments). — *Par assistance aux solennités* (mariages, concerts, réceptions, etc.). — *Par simulation d'accidents* (crises ou maladies subites dans un lieu public, etc.). — *Par demandes de dons en nature* (objets d'habillement et autres, destinés à parer au dénuement qu'on étale, et revendus avec empressement). Car il y a dans Paris de singuliers comptoirs où un chapeau, un gilet se vend 15 centimes; un pantalon, 50 centimes; un paletot, 1 franc. — Parmi les causes qui

amènent à la basse mendicité tant de femmes ou de jeunes filles, on relève surtout : les exemples de paresse, de désordre et de vice donnés dans l'entourage ou dans la famille, et plus encore l'absence de famille, l'isolement; une première faute mal réparée, une condamnation encourue; la fainéantise, la débauche, la prostitution, le proxénétisme et l'ivrognerie. Et combien d'autres causes s'ajoutent à celles-là, surtout pour les hommes! De la vie de mendicité que peut-il sortir, sinon l'égoïsme grossier, le mensonge et l'hypocrisie, la perte de toute dignité et l'altération du sens moral; l'envie et la haine contre tous ceux qui produisent: les appétits brutaux, l'abaissement aux plus abjectes jouissances; la fréquentation des lieux les plus ignobles; la recherche de l'oubli dans l'alcoolisme; l'anéantissement graduel de la conscience, l'habitude de toutes les promiscuités, l'acheminement insensible à tout ce qui est bas et vil, y compris les pires méfaits, sauf abstention des crimes et délits qui seraient trop dangereux pour leur auteur. Car nombre de misérables ne s'abstiennent de culpabilité que par lâcheté. Il est donc permis de ne pas s'abandonner à une générosité attendrie pour les mendiants qui déshonoreraient la pauvreté si l'on ne savait les reconnaître. Le discernement et les distinctions qu'exige l'intérêt même des vrais pauvres ne peuvent guère s'exercer sans les moyens d'enquête et d'information précise dont dispose l'autorité publique. — Certes, c'est à bon escient que nos lois ont voulu réprimer la mendicité professionnelle, bien qu'elles n'aient pas fourni les meilleurs procédés, et bien que l'emprisonnement n'ait pas d'effets suffisants. » Nous ajouterons à ce qui précède une observation que nous avons déjà faite plus haut, en parlant de la libération conditionnelle (voy. LIBÉRATION), c'est que le régime auquel sont soumis, dans les prisons, les mendiants de profession qui ont été condamnés à la peine de l'emprisonnement, ne les effraye pas autant que la nécessité du travail. Il faut donc que la peine infligée soit de nature à corriger ces condamnés. L'internement cellulaire, plus ou moins mitigé, le travail rigoureusement obligatoire produiraient, en France, les bons résultats que l'on en obtient ailleurs, et l'on ne serait plus la dupe d'une fausse philanthropie, qui accorde à des coupables une existence plus douce que celle que doivent subir les soldats de notre armée.   CH. Y.

MENEHILDIEN, IENNE s. et adj. De Sainte-Menehould; qui appartient à cette ville ou à ses habitants.

MERCANTI s. m. Marchand (dans les Echelles du Levant). — Pop. Tripoteur.

MÈRE s. f. Bot. Toute plante dont on multiplie la race par des boutures, des marcottes ou qu'on destine à porter graine. — Hortic. Toute grosse branche portant des rameaux à fruits.

MERGULE s. m. (lat. *mergula*. nom d'une espèce d'oiseau palmipède). Ornith. Genre de palmipèdes plongeurs, tribu des plongeons. On dit aussi GUILLEMOT. Le mergule nain (*mergulus alle*), est une espèce extrêmement rare sur nos côtes. Le mergule nain habite les régions polaires des Deux-Mondes. Il est de passage irrégulier sur nos côtes maritimes, où il se montre quelquefois dans les hivers rigoureux ou après un ouragan. On le rencontre mort ou mourant sur les plages après une tourmente. Il niche dans les trous de rocher, pond un seul œuf gris azuré ou vert sale très clair, le plus souvent sans taches ou quelquefois avec de petites taches rougeâtres au gros bout.

MÉRITHALLE s. m. (gr. *meros*, partie; thallos, *rameau*). Bot. Entre-nœud, espace

compris sur un rameau, entre une feuille et celle qui lui est ou inférieure ou superposée.

MERV, oasis de l'Asie centrale, située à peu près à moitié chemin entre Boukhara, Méched et Khiva. Autrefois la ville de Merv, aujourd'hui en ruines, était fameuse pour son étendue, sa magnificence et sa prospérité. (Voy. MERV, dans le *Dict.*) L'oasis mesure environ 4,000 kil. carr. et renferme une population de 250,000 Turcomans. Il n'y a plus de ville de Merv proprement dite; mais on donne ce nom à toute l'agglomération des habitations de l'oasis. Autour de Merv, le territoire ne forme pas un désert dans le sens ordinaire du mot; il se compose d'un sol argileux qui serait riche et fertile si l'eau n'y faisait défaut. Les Russes, qui occupent le pays depuis 1882, ont rapidement élevé l'aire cultivable par de grands travaux d'irrigation et ils y ont introduit la culture du coton américain. Le chemin de fer transcaspien, qui doit réunir la mer Caspienne à l'Amou-Daria, fut terminé jusqu'à Merv, en juillet 1886. De ce point, les Russes surveillent la Perse et menacent l'Inde anglaise. Les Turcomans de Merv sont considérés comme les cavaliers les plus braves et les mieux montés qu'il y ait dans l'Asie centrale.

MERVEILLES DU MONDE (Les sept), titre d'un ouvrage attribué à Philon de Byzance, qui vivait dans le IIe siècle av. J.-C. et qui a écrit un traité sur la mécanique. Ce titre devint une expression proverbiale, mais pendant des siècles on ne fut pas d'accord sur sa véritable signification. Le seul manuscrit connu de l'ouvrage qui y est relatif fut enlevé à la bibliothèque du Vatican et porté à Paris pendant le règne de Napoléon Ier. Son dernier chapitre est perdu et l'avant-dernier est mutilé. Cet ouvrage avait été édité pour la première fois par Allatius, avec une traduction latine (Rome, 1640); la meilleure édition est celle d'Orelli (Leipzig, 1816). Les sept merveilles qui y sont énumérées et décrites sont: 1° les jardins suspendus et les murailles de Babylone; 2° les Pyramides d'Egypte; 3° la statue de Jupiter, par Phidias, à Athènes; 4° le Colosse de Rhodes; 5° le Phare d'Alexandrie; 6° le Temple de Diane, à Ephèse; 7° le Tombeau de Mausole, à Halicarnasse. — Le dernier chapitre du manuscrit traitait du Mausolée; le chapitre mutilé s'occupait du Temple de Diane. Dans quelques énumérations, le Palais de Cyrus, qui était, dit-on, cimenté avec de l'or, est substitué au Phare d'Alexandrie. — Les monuments dont nous venons de parler sont quelquefois appelés les *sept merveilles de l'antiquité*, parce qu'il en existe une autre dite des *sept merveilles du moyen âge*, savoir : 1° le Colisée à Rome; 2° les Catacombes d'Alexandrie; 3° la Grande Muraille de Chine; 4° le Temple druidique de Stonehenge (Angleterre); 5° la Tour penchée de Pise; 6° la Tour de porcelaine de Nankin; 7° la Mosquée de Sainte-Sophie, à Constantinople.

MÉSOPHYLLE s. m. (gr. *mesos*, qui est au milieu; *phullon*, feuille). Bot. Partie charnue et interne du tissu d'une feuille. On dit ordinairement PARENCHYME.

MESURE. — MESURE DES SURFACES PLANES. Pour obtenir la surface du carré, multipliez le côté par lui-même; du rectangle, du parallélogramme, du losange, multipliez la base par la hauteur; du trapèze, multipliez la hauteur par la moitié du produit de l'addition des deux bases; des triangles, multipliez la hauteur par la moitié de la base; des polygones irréguliers, divisez-les en triangles dont vous mesurez les surfaces, le total de ces surfaces réunies exprime la surface du polygone; du cercle, multipliez le carré du rayon par 3,14159; de l'ellipse totale, multipliez les 2

rayons l'un par l'autre et le produit par 3,14159.

MESURES SPÉCIALES USITÉES DANS LA MARINE FRANÇAISE

Lieue marine ou géographiq.	5,555 mèt. ou 1/20° du mérid.
Mille marin...............	1.852 mèt. ou 1/60° du mérid.
Brasse, 5 pieds............	1 mèt. 624
Encablure nouvelle.........	200 mètres.
— ancienne, 100 toises	194 mètres.
Nœud (mesure de vitesse)...	1.852 mèt. ou 1 mille à l'heure.
ou	0 mèt. 51444 par seconde.
Tonneau de jauge..........	283 mètres cubes.

COMPARAISON DES ANCIENNES MESURES FRANÇAISES
AUX MESURES LÉGALES ACTUELLES

	INVERSEMENT
Toise............ 1ᵐ94906	1 mètre vaut 0,513074 toise.
Pied, 1/6 de toise.. 0ᵐ32484	1 mètre vaut 3 pieds, 6 pouces, 11,296 lignes.
Pouce, 1/12 de pied 0ᵐ02707	MESURES DE SUPERFICIE
Ligne,1/12 du pouce 0ᵐ00225	Toise carrée........ 3ᵐ7987
	Pied carré........ 0 1055

MESURES DE CAPACITÉ

1 boisseau .... litres 13	INVERSEMENT
1 setier ou 12 bois-	1 hectolitre .. 0.641 setier.
seaux....... hect. 1.560	

MESURES AGRAIRES

	Côté du carré correspondant	VALEUR EN		
		Pieds carrés	Toises carrées	Mètres carrés
Perche des eaux et forêts	22 pieds	484	13.44	51.07
Arpent des eaux et forêts	220 »	48400	1344.44	5107.20
Perche de Paris.....	18 »	324	9.00	34.19
Arpent de Paris.....	180 »	32400	900.00	3418.87
Are..............	10 mèt.	947.7	26.32	100.00
Hectare...........	100 »	94768.2	2632.45	10000.00

MÉTAGRAMME. s. m. (préf. *méta*; gr. *gramma*, lettre). Gramm. Changement d'une lettre dans un mot. — (Jeux). Les métagrammes consistent à changer plusieurs fois la lettre initiale d'un mot pour former des mots nouveaux n'ayant pas la même signification, comme dans cet exemple, où nous posons d'abord les questions ambiguës, et ensuite les réponses en regard :

1. Je suis sur quatre pieds et désigne une petite prison où l'on air enfre de tous côtés et où les détenus passent leur temps à manger, boire et chanter............... Cage.
2. Changez ma tête et je désigne un homme circonspect, prudent et judicieux............ Sage.
3. Changez encore et vous trouverez la plus petite portion d'un livre ou le nom d'un jeune homme servant un prince ou un grand seigneur dont il porte la livrée............... Page.
4. Encore et vous trouverez une passion furieuse contre laquelle la raison demeure impuissante; ou bien une effrayante maladie, jusqu'à ces derniers temps réputée incurable........ Rage.
5. Toujours et vous pourrez me porter au mont de piété............... Gage.
6. Changez et je me transforme en membre d'une caste sacerdotale des anciens Perses...... Mage.
7. Encore et j'arrose l'une des péninsules de l'Europe, en traversant deux royaumes et en baignant une capitale............... Tage.

Les questions gagnent toujours à être mises en vers, et nous engageons les amateurs à adopter ce genre de jeu, qui est encore si peu connu qu'il obtiendra une sociélé le piquant de l'inattendu et du nouveau. Voici une liste de quelques mots sur lesquels on peut s'exercer :

Aar, Bar, car, jar, Lar, par, Var.
Bas, cas, las, pas, ras, sas, tas, vas.
Riable, liable, niable, viable.
Câble, sable, fable, gable, râble, bâble.
Fabre, giabre, labre, sabre, zâbre, etc.
Dort, fort, mort, port
Ces, des, les, mes, ses, tes.
Au, bu, du, eu, lu, mu, nu, ou, pu, ru, su, tu.
Aïs, bis, dis, fis, gis, lis, mis, ois, pis, ris, sis, vis.

MÉTALLISATION des cadavres. Procédé de galvanoplastie, appliquée par le docteur Variot, à la conservation des cadavres. Depuis quelque temps, les progrès de la galvanoplastie ont permis de jeter des dépôts métalliques sur les objets les plus délicats, tels que papillons, oiseaux; feuillages, fleurs, plantes. Le docteur Variot a tenté la métallisation du corps humain par le même procédé, et ses expériences ont réussi. Il a présenté à l'Académie de médecine le cadavre d'un enfant nouveau-né entièrement métallisé. C'est un procédé de momification infiniment supérieur à tous ceux qui ont été déjà employés. L'opération ne dure pas plus de huit jours, et le corps ne subit aucune modification de forme. Le visage reste très facilement reconnaissable.

MÉTALLOCHROMIE. s f. [mé-tal-lo-kro-ml] (gr. *metallon*, métal; *chrôma*, couleur). Phys. Nom donné à un phénomène observé pour la première fois par Nobili, vers 1826. Si, dans un vase plat empli d'une solution d'acétate de plomb, on place une plaque d'acier poli en communication avec une pile de Daniell, et, par-dessus l'acier, mais sans le toucher, une plaque de cuivre reliée à l'autre pôle de la pile, on voit au bout de quelques instants la surface de l'acier se couvrir de toutes les teintes du prisme. Ce phénomène appelé *métallochromie*, est dû au peroxyde de plomb qui se précipite en couches de différentes épaisseurs, à travers lesquelles l'acier poli, réfléchissant la lumière, produit les teintes les plus variées.

METCHNIKOFF (Léon). Geographe et éthnographe, né à Kharkow (Russie), le 30 mai 1838, mort à Clarens (Suisse), le 30 juin 1888. — En 1860, il fit partie de l'armée de Garibaldi pendant la campagne des Deux-Siciles, qui renversa le trône des Bourbons de Naples, et fut blessé à la bataille de Vulturne devant Capoue; ensuite il prit part au mouvement polonais, et, comme internationaliste, il se trouva mêlé aux principaux événements révolutionnaires d'Europe. Puis il partit pour le Japon. où il fut attaché au ministère de l'instruction publique. Polyglotte distingué et savant de mérite, il fit plusieurs cours à l'Université de Genève, devint le collaborateur et le secrétaire d'Élisée Reclus et accepta la chaire de géographie comparée à l'académie de Neufchâtel. Ses œuvres principales sont : des mémoires et des articles divers publiés dans les revues russes; une *Histoire du Japon* et un ouvrage en cours de publication : *les Grands Fleuves historiques*, en langue française.

MÉTHILAL, s. m. (rad. *méthyle*). Produit de la décomposition du formal par les alcalis : C⁶ H⁸ O³. Le méthilal a été isolé, en 1839, par Malaguti, en distillant un mélange d'alcool méthylique, d'acide sulfurique et de peroxyde de manganèse. Il est liquide, incolore, d'une saveur douce et aromatique, d'une odeur rappelant celle de l'éther acétique. Il est volatil et produit une sensation de froid quand il s'évapore sur la peau. Il est soluble dans trois fois son volume d'eau, dans l'alcool, l'éther, les huiles fixes et volatiles. Il bout à 42°. Bensité 0,8551 . — On l'emploie en médecine comme hypnotique. Il produit immédiatement le sommeil, mais son action est de courte durée et il ne donne lieu à aucun trouble organique.

MÉTHYLE, s. m. Voy. ce mot dans le *Dictionnaire*; voy. aussi CHLORURE DE MÉTHYLE, dans ce Supplément.

MÉTRA (Jules-Louis-Hyacinthe-Olivier), compositeur de musique et chef d'orchestre, né à Reims en 1831, mort le 21 octobre 1889. Son père, avocat au barreau de Lyon, avait quitté sa profession pour se faire acteur. Le jeune Olivier monta de bonne heure sur les planches, et remplit le rôle de Joas, dans la tragédie d'*Athalie*. Il entra ensuite au théâtre des Jeunes Élèves, de Comte, étudia la musique et fut admis au Conservatoire, où il remporta le premier prix d'harmonie en 1853. Il végéta un instant, se fit copiste de musique et courut le cachet. Ensuite, ayant été chef d'orchestre du bal Robert, dans la banlieue, il y fit exécuter quelques-unes de ses compositions qui devinrent rapidement populaires, et qui se jouent encore partout; qu'il nous suffise de citer la valse délicieuse des *Roses*, la *Vague*, les *Violettes*, l'*Étincelle*, etc. En peu de temps le nom de Métra fut connu de tous les directeurs de bals; et il obtint bientôt la direction de l'orchestre de Mabille et du Château-des-Fleurs. Il y fit jouer des valses, des polkas et plusieurs autres compositions légères. Il conduisit ensuite l'orchestre des bals du Châtelet (1867-'68): celui du Casino-Cadet (1869), celui des Folies-Bergères (1872-'77) et fit entendre sur cette scène de charmantes mélodies. Il a composé de nombreux ballets, dont l'un des plus connus est *Yedda* (1879), et deux opérettes-bouffes : le *Valet de chambre de Madame* et *Un Soir d'orage*. Il a dirigé l'orchestre des bals de l'Opéra, concurremment avec Strauss, de 1875 à 1878; ensuite il resta seul chef d'orchestre de ces bals.

MÉTROPOLITAIN s. m. Nom donné, depuis quelques années, aux chemins de fer qui franchissent de grandes distances à l'intérieur des capitales et des villes très étendues, soit en passant par des souterrains, soit en suivant des rails placés simplement à niveau du sol, soit enfin en courant sur des arcades élevées à une certaine hauteur au-dessus de la voie publique. C'est à cette dernière catégorie qu'appartient le métropolitain de New-York (*Elevated rail-Road*) dont la construction, reconnue d'utilité publique en 1875, fut commencée l'année suivante et poussée ensuite avec activité. Ce chemin de fer est aérien et supporté, de loin en loin par des colonnes de fonte élevées sur la chaussée des rues et des avenues. Le 25 avril 1878, on mit en circulation 20 voitures sur la ligne de Broad-Way et de la 6ᵉ avenue. Le réseau ne fut complété qu'en 1882; il embrasse toute l'île, et se compose de deux voies ferrées parallèles, l'une montante, l'autre descendante, à une hauteur moyenne de 6 mètres au-dessus de la chaussée. La longueur totale des quatre lignes aériennes est de plus de 70 milles (107 kilomètres) de voie simple, et leur construction a coûté 43 millions de dollars (215 millions de francs), soit environ 2 millions de francs par kilomètre. La moyenne des voyageurs transportés chaque jour est d'environ 250,000. Le prix du transport varie entre 5 et 40 cents, suivant la longueur du parcours et l'heure de la journée où il a lieu. Les dépenses moyennes annuelles étant de 15 millions de francs et les recettes brutes de 32 millions, il en résulte un revenu net de 17 millions, soit 7,45 p. 100 du capital engagé.— La ville de Londres possède aussi un *métropolitain*; mais il est souterrain, dans la plus grande partie de son trajet. Il forme une courbe presque entièrement fermée; ce qui l'a fait comparer au chemin de fer de ceinture de Paris; mais il diffère du chemin de fer de ceinture en ce qu'il pénètre au cœur de la ville et dessert les quartiers les plus populeux. La première section de cette voie ferrée fut ouverte le 10 janvier 1863; mais le métropolitain ne fut terminé qu'en 1868 ; et depuis cette époque, l'on n'a cessé de creuser de nouveaux prolongements dans différents sens. La moyenne des voyageurs est de 65 millions par an; la moyenne des recettes brutes, tant pour les voyageurs que pour les marchandises, est de 13 millions de francs.— Le métropolitain de Berlin, projeté dès 1872, fut commencé en 1875 seulement et ouvert le 7 février 1882. Il traverse la ville de l'est à l'ouest, en se rapprochant le plus possible du centre; il est à quatre voies et complètement aérien. — Paris possède peut-être un jour son métropolitain, comme les autres grandes villes. « Depuis bien des années, dit Louis Figuier, les projets de railways à créer dans la capitale se multiplient, les études se succèdent et les solutions sont annoncées, sans que la question paraisse faire un pas, et sans que l'on puisse prévoir encore l'époque probable d'

l'un quelconque de ces projets. Et pourtant, s'il est une ville qui réclame impérieusement la création de voies rapides de communication dans son enceinte, c'est assurément Paris. Un relevé qui a été fait en 1882, a constaté que le mouvement des véhicules au carrefour du boulevard Montmartre et de la rue Montmartre, vulgairement nommé le *Carrefour des écrasés*, est de plus de 100,000 par jour. La circulation devient chaque jour plus difficile dans les rues de la capitale. Les voitures occasionnent des encombrements au milieu desquels le piéton ne peut s'engager sans risquer sa vie. Les omnibus et les tramways sont toujours pleins quand tout le monde en a besoin. Le désencombrement de la voie publique s'impose donc à Paris, comme une nécessité de premier ordre, et pour y parvenir, il n'est d'autre moyen qu'un chemin de fer intérieur, à l'instar de ceux de Londres, de Berlin, de New-York et de Philadelphie. » Dès 1870, l'administration de la ville de Paris s'occupa de cette question. En novembre 1871, une commission spéciale fut nommée pour étudier les différents projets de chemin de fer intérieur. Cette commission décida, en 1872, la création d'une ligne traversant Paris de la Bastille au bois de Boulogne, par les boulevards intérieurs, avec une ligne transversale allant à Montrouge, en passant par les Halles centrales et par Cluny. Ce beau projet fut enfoui dans les cartons, et l'on n'en parla plus. En 1875, la question fut reprise sur un nouveau plan. Il s'agissait d'établir sous le Palais-Royal, une gare centrale, d'où partiraient des rayons souterrains dirigés sur chacune des grandes gares. Ce projet, dû à l'initiative du préfet de la Seine, fut repoussé par le conseil municipal, et alla rejoindre son prédécesseur. Depuis cette époque, vingt projets ont été proposés et ont subi le même sort. Cependant, en 1887, le 30 juin, la commission du budget approuva l'idée d'un métropolitain et la soumit à la Chambre des députés, qui n'y vit aucun inconvénient et lui donna son approbation par un vote, le 21 juillet. On crut que cette fois, les travaux allaient commencer. Il n'en fut rien. Il fut aussitôt décidé de remanier le plan original ; et l'on nomma des ingénieurs pour visiter le chemin de fer souterrain de Londres. C'était une manière d'enterrer l'affaire. Le 17 mai 1888, à la Chambre des députés, M. Deluns-Montaud, ministre des travaux publics, répondant à une question, dit que tout Paris est favorable à cette entreprise. Il avait pris l'initiative de négociations avec le conseil municipal et avec les différentes compagnies de chemin de fer ; et il promit de présenter sous peu un projet de loi. Mais les ministres changent et la paperasserie reste. La question des métropolitains n'est pas plus avancée aujourd'hui qu'il y a vingt ans. Il est probable que l'on commencera à s'en occuper sérieusement quand les autres peuples auront déjà trouvé autre chose de mieux.

MICHEL-BONNEFARE (Saint-), commune du canton de Vélines (Dordogne), à 41 kilom. O. de Bergerac ; 500 hab. Château de Montaigne, où l'on visite l'appartement habité par le célèbre moraliste de ce nom.

MICHEL-DE-CONEX (Saint-), hameau de la commune de Champ, cant. de Gosselin, arrond. à 22 kil. de Grenoble (Isère) ; 20 hab. Ruines d'un ancien prieuré, appelé le couvent des Moines-Rouges (XIᵉ siècle).

MICHEL-DE-CUXA (Saint-), hameau de la commune de Codalet, cant., et à 3 kil. de Prades (Pyrénées-Orientales), 10 hab. Ruines intéressantes d'une église abbatiale construite en 974 et détruite pendant la Révolution.

MICHEL-EN-L'HERME (Saint-), port et commune du cant. de Luçon, arrond. à 43 kil. S.-O. de Fontenay-le-Comte (Vendée), sur le

canal de Fontenelle, qui afflue dans la baie d'Aiguillon ; 2,750 hab. Fabrication de soude ; commerce de grains.

MICROMILLIMÈTRE s. m. (gr. *mikros*, petit ; franç., *millimètre*). Millième de millimètre.

MICROSCOPE. On n'a pas toujours de microscope à sa disposition lorsque l'on veut examiner un très petit objet. Voici deux petits moyens faciles à fabriquer et qui peuvent être d'une certaine utilité. On prend une vieille carte de visite ou un morceau de carton quelconque que l'on noircit en le trempant dans l'encre. Quand il est séché, on y perce un tout petit trou, à l'aide d'une aiguille fine. En regardant par ce petit trou, appliqué en face de la prunelle, on voit, avec un grossissement considérable, tout objet placé à 2 ou 3 centimètres au delà du carton, sur le prolongement de la ligne formée par la prunelle et le trou. L'objet ainsi regardé est grossi de 3 à 10 fois, suivant le degré de petitesse du trou. Le microscope dont la description suit, peut grossir de 100 à 150 fois. On a une mince lame de plomb ou de laiton ; on y perce un trou à l'aide d'une fine alène ou d'une grosse aiguille ; on laisse tomber sur ce trou une goutte d'eau limpide, juste assez volumineuse pour l'emplir complètement. L'objet à examiner doit être placé immédiatement au-dessous du globule formé par la goutte d'eau.

MILLET (Aimé), sculpteur et dessinateur, né à Paris vers 1816, mort en janvier 1891. Élève de David d'Angers, il se fit connaître, jeune encore, par de remarquables dessins ; mais il finit par s'adonner exclusivement à la *sculpture*. Il exposa plusieurs œuvres, à partir de 1845. Son *Ariane* (1857) fonda sa réputation, et lui valut une première médaille. Il envoya au Salon de 1865 *Vercingétorix*, colossale statue de cuivre repoussé, destinée à couronner le plateau d'Alise. Il fit, pour la mairie du 1ᵉʳ arrondissement, une statue de la *Justice civile ;* pour le couronnement de l'Opéra, un *Apollon* d'un grand caractère ; pour le cimetière du Père-Lachaise, un *Tombeau de Baudin* et pour le monument élevé aux jeunes gens de l'Eure, morts pour la patrie en 1871, un *Garde mobile*, le sac au dos, le fusil au pied. Il a laissé plusieurs bustes de contemporains célèbres.

MILORADOVITSCH ou **Milovatovitch (Michel)**, comte, général russe, né à Saint-Pétersbourg en 1770, mort dans la même ville le 25 décembre 1825. Entré au service dès l'âge de dix ans, il eut un rapide avancement, fit toutes les campagnes contre les Turcs (1789), les Polonais (1792) et les Français (1805-12-13-14). Son courage et son défaut de tactique militaire lui avaient valu le surnom de Murat de l'armée russe. Pendant l'invasion de la Russie, en 1812, il se mit à la tête de l'arrière-garde de l'armée russe, donna la bataille de la Moscova, et protégea la retraite jusqu'à Moscou. Il reçut le titre de comte en 1814. Lors de l'émeute militaire qui éclata à Saint-Pétersbourg à l'avènement de Nicolas 1ᵉʳ, il fut tué d'un coup de pistolet par les révoltés qu'il essayait de ramener au devoir. Aussi courageux que Murat, aussi patriote que Suvarow, il possédait la rude franchise de Lefebvre. C'est lui qui osa reprocher au tzar la préférence que le souverain manifestait pour les Allemands. C'était pendant la retraite de 1812 ; il venait de sauver un corps de l'armée russe ; l'empereur Alexandre le fit appeler sous sa tente, lui tendit les deux mains, et lui dit : « Je te fais chevalier de Saint-André ; que veux-tu encore ? demande. » Le regard du général fit le tour des courtisans, et parmi ces favoris chamarrés, il ne vit que des visages étrangers ; pas un Russe, tous Allemands. Alors d'un ton

d'ironique supplication, il osa dire au tzar : « Batouchka (petit père), faites-moi Allemand. »

MIRE s. f. Nom donné par les champignonnistes aux portions de fumier envahies par le blanc de champignon.

MIROTON (Cuis.). Coupez votre bouilli en tranches minces. Émincez quelques oignons que vous faites roussir avec un morceau de beurre. Placez vos tranches de bœuf dans ce roux, ajoutez une pincée de farine et remuez ; ajoutez sel, poivre, bouquet de persil : mouillez avec un peu de bouillon ; faites bouillir trois quarts d'heure, à petit feu. Un filet de vinaigre au moment de servir.

MOLTKE (all. môl-tke) **(Hellmuth-Karl-Bernhard**, GRAF VON), général allemand, né à Parchim (Mecklembourg), le 26 oct. 1800, mort d'apoplexie cardiaque, au palais de l'état-major à Berlin, le 25 avril 1891. Son père, d'une vieille famille mecklembourgeoise, ancien officier du régiment de Mollendorf, possédait près de Mecklembourg le domaine de Gnewitz ; mais peu de temps après la naissance de Hellmuth, il se retira à Lübeck. C'est dans cette ville que le futur général allemand assista, à l'âge de six ans, à une lutte effroyable entre Français et Prussiens, le 7 nov. 1806, et à la suite de la brutalité d'une prise d'assaut par les soldats de Napoléon, il jura à la France une haine qui ne devait s'éteindre qu'à la mort. Son père, ruiné par la guerre et d'ailleurs accablé d'enfants, confia son éducation à un prêtre protestant, qui l'entoura de soins ; plus tard, il obtint une bourse à l'école militaire des Cadets, de Copenhague (1811), où il se fit remarquer comme un élève acharné au travail et silencieux, et d'où il sortit officier. Il quitta le service du Danemark en 1822 et entra dans l'armée prussienne, où il devint officier d'état-major en 1832. Trois ans plus tard il fit un voyage en Orient, passa au service de la Turquie, et fut employé par le sultan Mahmoud II, à perfectionner les fortifications de l'empire et à initier les troupes ottomanes à la tactique européenne. Lors de la conquête de la Syrie, en 1839, il accompagna l'armée destinée à réduire les Kurdes et les Égyptiens. La première bataille à laquelle assista de Moltke fut une déroute. Les Turcs, ses élèves, furent écrasés à Nisib, le 24 juin 1836, et l'officier allemand donna lui-même l'exemple d'une fuite effarée avant la fin de l'action. Il avait tellement perdu la tête que, pendant onze jours, devançant le flot des fuyards, il courut éperdu, sous l'obsession d'une poursuite à laquelle les Égyptiens ne songeaient pas, et ne prit d'autre repos que celui qu'exigeait le soin de son cheval, exténué. Cette victoire d'Ibrahim-Pacha, c'était encore le triomphe de la France, son alliée, et de Moltke sentit fermenter en son cœur un vieux levain de haine rageuse. Le 5 août, le capitaine de Moltke et deux ou trois de ses compatriotes, aussi pressés que lui, arrivèrent à Buyakdéré, où leur frayeur se calma au peu à la vue de la mer et des navires qui allaient les transporter en Europe. Rentré dans l'armée prussienne, il fut nommé aide de camp du prince Henri de Prusse, et finit par être placé, en 1858, à la tête du grand état-major général de l'armée. Prévoyant, dès cette époque, une guerre avec la France, il s'appliqua surtout à étudier les avantages et les défauts de notre stratégie. Ses travaux sur la topographie et la stratégie lui valurent le grade de lieutenant général en 1859. Il prépara un nouveau système de défense des côtes allemandes. En 1864, il dressa, sans aucun scrupule, le plan d'invasion de sa patrie, le Danemark. Plus tard, en 1866, la guerre d'Autriche lui permit d'appliquer en grand ses théories sur le terrain. Reprenant les idées de Carnot et de Napoléon, avec les modifications nécessitées par les progrès de l'art militaire en général, de la balis-

tique en particulier et des moyens de transport, il s'était étudié à faire manœuvrer à distance d'énormes masses de troupes, afin de les amener, au moment décisif, sur un point déterminé, où il était nécessaire de se trouver en nombre supérieur et d'écraser l'ennemi. Nul mieux que lui ne sut profiter des voies ferrées pour les mouvements de concentration, et sa bonne étoile voulut qu'il se 'rouva toujours en face de généraux qui. ne s'étaient pas livrés aux mêmes études. C'est à son habile tactique que fut due la victoire de Sadowa. En récompense de ses services, de Moltke fut nommé général d'infanterie et reçut une dotation de 200.000 florins, qui lui permit d'acquérir le magnifique domaine de Kreislau, en Silésie, où il alla ensuite passer, chaque année, la belle saison. Quand éclata la guerre franco-allemande de 1870, il avait, depuis longtemps, préparé un plan habile et scientifique, qu'il appliqua d'une manière presque mathématique et qui consistait particulièrement à faire avancer séparément plusieurs corps d'armée qui opéraient simultanément contre l'ennemi. Créé comte à Versailles, le 28 octobre 1870, nommé feld-maréchal en 1871, de Moltke entra à la Chambre des seigneurs de Prusse en 1872, et devint l'âme damnée du parti militaire allemand. En janvier 1874, il fut élu au Reichstag, et fut réélu en 1877. Le 3 août 1888, il abandonna la direction de l'état-major à son élève, le général de Waldersee. L'empereur Guillaume II le nomma président de la commission nationale de défense. Le 8 mars 1889, le vieux vétéran célébra le 70° anniversaire de son entrée dans l'armée, et reçut des présents et des congratulations de tous les souverains allemands. Le 90° anniversaire de sa naissance fut proclamé une fête scolaire, par l'empereur le 26 oct. 1890. — De Moltke s'était marié en 1842; il resta veuf sans enfants, en 1852. De Moltke a publié les ouvrages suivants : *Der Rustükische feldzug* (Campagne des Russes contre les Turcs; Berlin, 1835; 2° édit. 1877); *Briefe über Zustænde und Begebenheiten in der Turkei*, 1835-39 (Lettres sur la situation de la Turquie d'Europe et ce qui s'y est passé de 1835 à 1839; Berlin, 1841; nouv. édit. 1876); cet ouvrage a été traduit en français sous le titre de : *Lettres du maréchal de Moltke sur l'Orient; Briefe aus Russland* (1877) ; la *Campagne d'Italie en 1859* (Berlin, 1863, 2° édit.); l'*Armée allemande*, par un général prussien (1871). Son œuvre principale est *Deutschfranzœsische krieg* (Guerre franco-allemande, 1873 et suiv.), livre extrêmement instructif et du plus haut intérêt pour le public français.

MONACO. La principauté de Monaco a changé de souverain par suite de la mort du prince Charles, décédé le 11 sept 1889, au château de Marchain, près de Laon (Aisne), et remplacé par son fils, le prince Albert.

MONÉGASQUE s. et adj. Habitant de la ville ou de la principauté de Monaco ; qui appartient, qui se rapporte à ce pays ou à ses habitants.

MONILIFORME adj.(lat.*monile*, collier; franc. *forme*). Bot. En forme de chapelet, de collier.

MONNAIE. — Législ. La convention conclue en 1865, formant l'*Union monétaire* entre la France, la Belgique, l'Italie et la Suisse, et à laquelle la Grèce a ensuite adhéré, a été renouvelée en 1878, aux conditions que nous avons déjà exposées au *Dictionnaire* (t. IV, p. 118). Elle a encore été renouvelée par des actes en date des 6 et 12 décembre 1885, lesquels actes ont été approuvés par le Parlement et ont été rendus exécutoires en France par un décret du 31 décembre suivant. La durée de cette dernière prorogation est seulement de cinq années, et elle devait échoir le 1er janvier 1891. Mais à défaut de dénonciation faite un an à l'avance par l'une des parties contractantes, il y a eu tacite reconduction,

c'est-à-dire que l'union latine se trouve prorogée pour une nouvelle année. — Le système monétaire de l'union latine se répand de plus en plus dans le monde. Il a été adopté successivement, non seulement par l'Espagne, la Bulgarie, la Roumanie, la Serbie, mais encore par l'Autriche-Hongrie, dont les pièces de 4 et de 8 florins sont similaires de nos pièces de 10 et de 20 francs, et par la Russie, dont les pièces de 5 et de 10 roubles concordent, pour la valeur, avec nos pièces de 20 et de 40 francs. La plupart des républiques de l'Amérique du Sud ont aussi adopté les bases du système monétaire français. Si l'union latine venait à se trouver rompue, faute de renouvellement, il serait alors nécessaire de procéder à une liquidation définitive, chaque pays reprenant sa monnaie et restituant la leur à chacun des quatre autres pays. — On se demande souvent quel est le chiffre de la monnaie française en circulation, mais il est bien difficile de le déterminer exactement. En ce qui concerne spécialement la monnaie d'or, la frappe effectuée depuis le commencement du siècle jusqu'au 1er janvier 1889 s'élevait à la somme de 8,700,362,770 francs. Mais une certaine partie de cet or monnayé a été employée, soit à la refonte, pour la fabrication de nouvelles pièces, soit à fabriquer des monnaies allemandes et italiennes, soit à des travaux de bijouterie. — Nous reproduisons, ci-après, un tableau publié par le *Bulletin de statistique et de législation comparée*, et donnant la valeur en francs de quelques monnaies étrangères ; lequel tableau est en usage pour la perception du droit de timbre sur les titres de rentes, emprunts et autres effets publics des gouvernements étrangers, lorsque ces titres sont négociés en France. **CH. Y.**

VALEUR EN FRANCS DES PRINCIPALES MONNAIES ÉTRANGÈRES

NOTA. — Ne figurent pas dans la liste suivante : 1° l'Italie, la Belgique, la Suisse et la Grèce, qui, depuis la convention du 23 décembre 1865 (union latine), ont les mêmes unités que la France, la *lira* italienne et la *drachme* grecque étant identiques au franc; 2° plusieurs autres pays qui, sans faire partie de l'union latine, ont une monnaie de compte équivalente au franc; tels sont : la *peseta* en Espagne, le *markka* dans le grand-duché de Finlande, le *ley* en Roumanie et le *dinar* en Serbie.

Parité des monnaies d'or.

PAYS	MONNAIES	VALEUR
		fr.
Allemagne.........	1 mark = 100 pfennigs.	1.235
Angleterre.........	1 livre sterling = 20 shillings	25.221
Argentine (Républ.).	1 peso = 100 cents.	5.00
Autriche-Hongrie...	1 florin = 100 kreutzers...	2.50
Brésil.............	1 milreis = 1.000 reis...	2.832
Egypte............	1 livre = 100 piastres...	25.62
États Scandinaves..	1 couronne = 100 ores...	1.389
États-Unis d'Amér..	1 dollar = 100 cents...	5.1813
Pays-Bas..........	1 florin = 100 cents...	2.082
Portugal..........	1 milreis = 1.000 reis...	5.60
Tunisie...........	1 piastre = 16 carroubes...	0.60
Turquie...........	1 livre = 100 piastres...	22.767
Uruguay..........	1 peso = 100 cents.	5.36

Parité des monnaies d'argent.

PAYS	MONNAIES	Parité en argent à 15 1/2	Parité or à 160f.le kil. en argent
		fr.	fr.
Autriche-Hongrie...	1 florin = 100 cents.	2.47	1.78
Chili, Colomb., Costa-Bica, Pérou, Haïti.	1 piastre = 100 cents.	5.00	3.60
Chine.............	1 taël Haïkwan = 100 c.	8.25	5.95
	1 taël Shanghaï = 100 c.	7.43	5.35
Cochinchine........	1 piastre franc. = 100 c.	5.44	3.92
Inde anglaise......	1 roupie = 16 annas.	2.37	1.71
Japon.............	1 yen = 100 cents.	5.39	3.88
Mexique...........	1 piastre = 100 cents.	5.43	3.91
Russie............	1 rouble = 100 copecs.	4.00	2.88

MONOCARPELLÉ, ÉE adj. (gr. *monos*, seul; franç., *carpelle*). Bot. Qui n'a qu'un seul carpelle.

MONOCARPIEN, IENNE adj. (rad. *monocarpe*). Bot. Qui ne produit qu'une seule fois des fruits. — PLANTES MONOCARPIENNE, nom donné par de Candolle aux plantes qui périssent après leur fructification.

MONOCHLAMYDÉES s. f. pl. Dans la classification de de Candolle, il y a 27 familles de monochlamydées, savoir :

Plombaginées.	Cytinées.
Plantaginées.	Euphorbiacées.
Nyctaginées.	Résédacées.
Amaranthacées.	Monimiées.
Chénopodées.	Athérospermées.
Phytolaccées.	Urticées.
Polygonées.	Chloranthées.
Laurinées.	Pipéracées.
Myristicées.	Juglandées.
Protéacées.	Amentacées.
Thymélées.	Casuarinées.
Santalacées.	Conifères.
Eléagnées.	Cycadées.
Aristolochiées.	

MONOCOTYLEDONES. Dans la classification de de Candolle, la classe des plantes monocotylédones ou endogènes comprend les 29 familles suivantes :

Hydrocharidées.	Gilliésiées.
Alismacées.	Pontédériacées.
Podostémonées.	Liliacées.
Naïades.	Colchicacées.
Naïadées.	Butomées.
Orchidées.	Joncées.
Scitaminées.	Restiacées.
Cannacées.	Commélinées.
Musacées.	Palmiers.
Iridées.	Pandanées.
Hæmodoracées.	Typhacées.
Amaryllidées.	Aroïdées.
Dioscorées.	Cypéracées.
Asparagées.	Graminées.
Hypoxidées.	

MONOPÉRIANTHÉ, ÉE adj. (gr. *monos*, seul; franç., *périanthe*). Bot. Qui n'a qu'une enveloppe florale, qu'un périanthe.

MONSELET (Charles), poète, critique et auteur dramatique, né à Nantes le 30 avril 1825, mort à Paris en mai 1888. Après avoir terminé ses études à Bordeaux, il entra au *Courrier de la Gironde* et y donna des articles, des poésies et des nouvelles. En même temps, il faisait représenter au théâtre de Bordeaux plusieurs pièces, notamment une parodie de la *Lucrèce* de Ponsard, et publiait, à l'âge de dix-sept ans, un charmant poème intime, *Marie et Ferdinand*, en imitation des vers faciles de Brizeux (1844, in-8°). Venu à Paris en 1846, il fournit des feuilletons à la *Patrie*, et à l'*Epoque* et devint le collaborateur assidu de la plupart des journaux et des revues littéraires de la capitale, notamment de l'*Artiste*. Né pour la littérature légère, il aborda sans succès le grand roman. Ses productions principales dans ce genre furent : le *Franc-maçonnerie des femmes*, (1856, 7 vol. in-8°); les *Chemises rouges* (1865, in-18); *Monsieur le duc s'amuse* (1865, in-18), etc. Ses études de critique littéraire sur les hommes et les œuvres du dix-huitième siècle, quoique très superficielles, ont mis au jour des physionomies un peu oubliées ou peu connues. Nous citerons : *Bibliothèque galante ou Galanteries du* XVIII° *siècle* (1855; 2° édit. 1862, in-12); *Rétif de la Bretonne, sa vie et ses amours* (1864, in-16); *Oubliés et Dédaignés du* XVIII° *siècle* (1857, 2 vol. in-12); *Fréron ou l'illustre critique* (1864, in-16). Il fit aussi une critique légère et spirituelle des écrivains de son époque et donna : *Statues et Statuettes contemporaines* (1851, in-12); *Lorgnette littéraire, dictionnaire des grands et des petits auteurs de mon temps* (1857, in-12). Sa réputation de gourmand était aussi bien établie que sa célébrité d'homme de lettres. Fondateur du *Gourmet* (1857), il ressuscita dans cette petite revue les traditions de Grimod de la Reynière et de Brillat-Savarin. Il a également publié un *Almanach gourmand* (1865, in-16).

MONTBRUN (Charles Dupuy, *seigneur de*), chef protestant surnommé *le Brave*, né au château de Montbrun (Drôme), vers 1530, décapité à Grenoble en 1575. Converti au calvinisme par Théodore de Bèze, il répandit la religion nouvelle parmi ses vassaux, leva des troupes, remporta plusieurs avantages sur les catholiques, succéda au baron des Adrets, comme chef des calvinistes dans le Dauphiné, combattit à Jarnac et à Montcontour, pilla en 1574, au siège de Livron, les bagages du roi Henri III, mais finit par être écrasé par des forces supérieures, capturé et mis à mort, après un simulacre de jugement, qui fut déclaré nul par le traité de paix de 1576.

MONT-LOUIS, commune du cant. sud et à 12 kil. E. de Tours (Indre-et-Loire), sur le flanc d'un rocher qui domine la rive gauche de la Loire et dans lequel sont creusées la plupart des habitations, 1,000 hab. Traité de 1174 entre Louis VII de France et Henri II d'Angleterre. Patrie du célèbre imprimeur Plantin.

MONTPENSIER (Antoine-Marie-Philippe-Louis d'Orléans, *duc de*), cinquième fils du roi Louis-Philippe, né à Versailles le 31 juill. 1824, mort le 4 févr. 1890. Lieutenant au 3ᵉ régiment d'artillerie, en 1842, il devint capitaine en 1844, fut envoyé en Afrique, prit part aux expéditions de Biskra et du Ziban, fut légèrement blessé à la tête dans cette dernière campagne et fut promu chef d'escadron, puis lieutenant-colonel en 1845, ensuite colonel du 5ᵉ régiment d'artillerie et enfin général de brigade. Le 10 oct. 1846, il épousa à Madrid la princesse Marie-Louise-Fernande de Bourbon, sœur de la reine Isabelle II. Cette alliance, connue sous le nom de « Mariage espagnol », donna naissance à de sérieuses complications avec l'Angleterre et fut sur le point d'amener une rupture avec cette puissance. Après la révolution de 1848, le duc de Montpensier vécut un instant en Angleterre; mais il ne tarda pas à se rendre à Séville. Il se fit naturaliser Espagnol et accepta, en 1859, le grade de capitaine général de l'artillerie espagnole. Quand Isabelle fut chassée, en 1868, sa candidature au trône fut appuyée par le parti libéral. Grossièrement injurié dans une *Lettre aux Montpensiéristes*, datée de Madrid, 7 mars 1870, il provoqua en duel son cousin et rival, don Enrique de Bourbon, frère du mari d'Isabelle. Il eut la main malheureuse et le frappa d'une balle dans la région du crâne. Don Enrique tomba mortellement blessé. Cet événement irrita l'orgueil castillan, qui ne put supporter l'idée qu'un Français pût tuer un Espagnol, et le duc de Montpensier perdit, avec le plus grand nombre de ses partisans, toute chance de succès. Il fut condamné, le 12 avril, par une cour martiale, à un mois de bannissement de la capitale, et à payer une indemnité de 30,000 fr. à la famille du défunt. En 1871, il refusa de prêter serment au roi Amédée et fut exilé; mais il ne tarda pas à rentrer à Madrid. Sa fille aînée, Isabelle, a épousé le comte de Paris en 1864.

MONTRE-RÉVEIL, montre nouvellement inventée en Angleterre et destinée à marquer l'heure et à faire sonner une clochette de réveil. La petite aiguille est en contact avec un bouton de platine fixé sur un cercle isolé, et un circuit électrique passe à travers une batterie voltaïque et la clochette de réveil.

MONTRE-THERMO-MÈTRE s. f. Thermomètre de poche en forme de montre, dont le principe consiste dans le mouvement d'une volute creuse remplie de liquide dilatable. La

Montre-thermom ètre.

volute s'écarte ou se resserre, selon que la température s'élève ou s'abaisse; elle agit sur une aiguille qui tourne sur le cadran de la montre. Le bouton et la poignée permettent de fixer l'aiguille à volonté.

MONTREUIL (à la), se dit de toute culture d'arbres fruitiers faite le long d'un mur, comme cela se pratique à Montreuil.

MONUMENT. — Législ. Il y a, depuis longtemps, au budget de l'État, un crédit affecté à la conservation des *monuments historiques*. Une commission spéciale est chargée d'établir la liste de ces monuments et de répartir, selon les besoins, la subvention qui leur est attribuée. Les travaux de réfection ou de consolidation reconnus nécessaires sont exécutés sous la direction des architectes de l'État, alors même que la dépense desdits travaux est payée en majeure partie par les départements, les communes ou les établissements publics qui sont propriétaires de ces monuments. Mais aucune disposition législative n'assurait la conservation des objets, meubles ou immeubles, qui sont considérés comme des monuments historiques. La loi du 30 mars 1887 est venue combler cette lacune. Elle décide que les immeubles appartenant, soit à l'État, soit à des départements, soit à des communes, soit à des fabriques ou autres établissements publics, soit même à des particuliers, et dont la conservation peut avoir un intérêt national, au point de vue de l'histoire ou de l'art, sont classés par les soins du ministre de l'instruction publique et des beaux-arts. — Sont également classés les objets mobiliers, présentant le même intérêt, et appartenant à l'État, aux départements, aux communes, aux fabriques ou autres établissements publics. Le classement d'un immeuble est fait par le ministre de l'instruction publique et des beaux-arts, avec le consentement, soit du ministre dans les attributions duquel cet immeuble est placé, soit du département, de la commune, de la fabrique, ou de tout autre établissement public qui en est propriétaire, et après avis conforme du ministre sous l'autorité duquel se trouve l'établissement. En cas de désaccord, le classement doit être prononcé par un décret rendu dans la forme des règlements d'administration publique. Si l'immeuble appartient à un particulier, il ne peut être classé qu'avec le consentement du propriétaire. Le déclassement s'opère dans les mêmes formes que le classement. La loi dont il s'agit a été, par exception, pourvue d'un effet rétroactif, c'est-à-dire qu'elle est applicable aux monuments historiques déjà classés comme tels avant sa promulgation, et dont la liste est annexée à la loi. Un immeuble classé ne peut être détruit, même en partie, ni être l'objet d'un travail de restauration, de réparation ou de modification quelconque, sans le consentement du ministre de l'instruction publique et des beaux-arts. Le monument peut être exproprié pour cause d'utilité publique qu'après que ce ministre a été appelé à présenter ses observations. Les servitudes d'alignement et autres qui pourraient causer la dégradation des monuments ne sont pas applicables aux immeubles classés. Le classement des objets mobiliers appartenant aux départements, aux communes, aux fabriques et autres établissements publics, devient définitif si l'établissement propriétaire n'a pas réclamé contre ce classement, dans le délai de six mois, à dater de la notification qui leur en a été faite. En cas de réclamation, il est statué par décret. Le déclassement a lieu dans les mêmes formes. — Un exemplaire de la liste des objets classés est déposé au ministère de l'instruction publique et à la préfecture de chaque département, où le public peut en prendre connaissance. Les objets mobiliers classés et appartenant à l'État sont inaliénables et imprescriptibles. Ceux qui appartiennent aux départements, aux communes, aux fabriques ou autres établissements publics ne peuvent être restaurés, réparés, ni aliénés qu'avec l'autorisation du ministre de l'instruction publique, et toute aliénation faite sans cette autorisation est nulle.   Ch. Y.

MORET (Antoine de Bourbon, *comte de*), né à Fontainebleau en 1607, mort vers 1632. Fils naturel de Henri IV et de Jacqueline de Breuil, comtesse de Moret, il fut légitimé en 1607. Ayant pris parti pour Gaston d'Orléans contre Richelieu, il disparut après le combat de Castelnaudary (1632). On pense qu'il fut tué pendant la bataille; mais quelques historiens prétendent qu'il survécut et se retira, sous le nom de frère Jean-Baptiste, dans une solitude de l'Anjou.

MORIN (Arthur-Jules), général et mathématicien, né à Paris le 17 octobre 1795, mort le 17 mars 1889. Il termina ses études à l'école Polytechnique (1813) et à l'école d'application de Metz (1817), devint capitaine de pontonniers en 1829, fit à Metz un cours de mécanique appliquée aux machines et fut nommé professeur de mécanique industrielle au Conservatoire des Arts et Métiers de Paris, puis directeur de ce Conservatoire en 1852. Presque en même temps, il reçut le grade de général de brigade et ensuite celui de général de division le 7 avril 1855. Il a inventé plusieurs ingénieux instruments de mécanique expérimentale, tels que la *manivelle dynamométrique*, et l'*appareil à indications continues*, qui sert à indiquer la loi de la chute des corps. (Voy. Mécanique, dans le *Dictionnaire*.) Par ses expériences et ses découvertes aussi bien que par son enseignement, M. le général Morin est l'un des savants de son temps qui ont le plus contribué au progrès relativement très rapide de la mécanique. On lui doit notamment : *Nouvelles expériences sur le frottement* (1833, 35 vol.); *Notice sur divers appareils dynamométriques* (1836), ouvrage honoré du prix Montyon l'année suivante; *Expériences sur les roues hydrauliques à augets* (1837); *Expériences sur les roues hydrauliques appelées turbines*; *Nouvelles expériences sur l'adhérence des briques et des pierres posées en bain de mortier ou scellées en plâtre*, etc.; *Mémoire sur la pénétration des projectiles et sur la rupture des corps solides par le choc*, avec le général Piobert; *Aide-mémoire de mécanique pratique* (1838); *Mémoires sur les pendules balistiques*, avec le général Piobert (1839); *Mémoire sur la résistance de l'air* (1842); *Expériences sur le tirage des voitures* (1848-49); *Leçons de mécanique pratique* (1850, 5 vol.); *Catalogue des collections du Conservatoire des Arts et Métiers*; *Résistance des matériaux* (1853); *Notions fondamentales de mécanique et données d'expériences* (1855); *Hydraulique* (1858); *Rapport de la commission sur le chauffage et la ventilation du Théâtre lyrique et du Châtelet* (1861); *Machines et appareils destinés à l'élévation des eaux*; *Études sur la ventilation* (2 vol.); *Des Machines à vapeur*, avec M. Tresca, (1863); *Enquête sur l'enseignement professionnel*, avec M. Perdonnet (1865, 2 vol. in-4°, cartes et pl.); *Salubrité des habitations* (1869); *Notice sur le général Piobert* (1871); *Notions géométriques sur les mouvements et leurs transformations* (1872, 4° édit.); *Manuel pratique du chauffage et de la ventilation* (1873), etc., etc.; outre une foule de mémoires insérés aux *Comptes rendus de l'Académie des sciences* ou au *Recueil des Savants étrangers*.

MORMONÈNE s. f. Nom donné par les pêcheurs à une espèce de congre ou anguille de mer, que l'on trouve en abondance sur les côtes d'Afrique, du Brésil, des Indes et de l'Italie. Ce poisson carnassier se distingue des murènes par deux nageoires qui sont attachées à la tête et qui ressemblent à deux mains d'enfant. La gueule est garnie de plusieurs

rangées de dents extrêmement fines, et en quantité innombrable. La mormonène atteint quelquefois une taille gigantesque et devient très redoutable; elle s'élance sur les pêcheurs et les mord cruellement.

MORPHINOMANIE s. f. (franç., *morphine* et *manie*). Manie de la morphine; besoin que ressent une personne de se faire piquer à la morphine quand elle a déjà subi cette opération. Il en est de la morphine comme de l'opium; on en prend l'habitude, et quand on veut y renoncer, on éprouve des défaillances et de la syncope. Pour combattre ces phénomènes et pour relever l'activité du cœur, MM. Ball et Jennings ont proposé et employé le sulfate de spartéine en injections hypodermiques, de 2 à 4 centigrammes. Ces injections remplacent sans danger l'injection de morphine et la font oublier au malade.

MOT CARRÉ, sorte de casse-tête qui exige beaucoup d'habileté et encore plus de patience, pour arriver à écrire des carrés de lettres dans lesquels les mêmes mots se lisent horizontalement et verticalement, comme dans l'exemple suivant:

```
1   F O R T
2   O S E R
3   R E N E
4   T R E S
    1 2 3 4
```

Nous faisons abstraction des accents et nous écrivons *rene* pour *René* ou *rêne; tres* pour *très*. En lisant le premier mot de gauche à droite, on trouve *fort*, qui est reproduit dans la première colonne verticale de gauche. La seconde ligne donne *oser*, qui se retrouve dans la seconde colonne verticale, et ainsi de suite. Les difficultés augmentent dans de formidables proportions à mesure que le nombre des lettres devient plus grand. En proposant des casse-tête de ce genre, on donne, en vers ou en prose, les synonymes des différents mots, comme dans l'exemple suivant:

Question.

1. Une ville, un État, un fruit, une rivière.
2. Un mets délicieux s'il est bien préparé.
3. Du pauvre moribond que lutte dernière.
4. Jour d'un calendrier que l'on a dénigré.
5. Petit drapeau qui sert pour une compagnie.
6. Qui cesse de brûler après un incendie.

Réponse.

```
1   O R A N G E
2   R A G O U T
3   A G O N I E
4   N O N I D I
5   G U I D O N
6   E T E I N T
    1 2 3 4 5 6
```

La question étant posée, les personnes à qui elle s'adresse se creusent la tête pour deviner les différents mots de l'énigme; et après bien des tâtonnements, la patience de l'un des joueurs est enfin récompensée par la découverte du mot carré. Les mots carrés ont subi des modifications assez nombreuses. En plus des variantes, il faut placer le *losange*, que l'on obtient en disposant des lettres et des mots formant un losange comme:

Question.

1. Lettre qui est à la fois voyelle et consonne.
2. Cinquième enfant de Jacob.
3. Pierre plate ou morceau de métal avec lequel on joue.
4. Qui manque de courage.
5. Le père d'Iphigénie.
6. Poète et romancier anglais.
7. Clôture de pieux ou de planches.
8. Marchand de mercerie.
9. Corps simple, liquide, rouge foncé, toxique.
10. Lettre de l'alphabet grec.
11. Consonne dento-linguale.

Réponse.

```
        W
      d A n
    p a L e t
   p o i T r o n
 a g a m E m n o n
W A L T E R S C O T T
   p a l i S a h d e
     m e r C i e r
       b r O m e
         T a
         T
```

Les lettres centrales, lues verticalement et horizontalement, donnent le nom du grand poète et romancier WALTER-SCOTT.—Ensuite vient la *diagonale*, dont voici un exemple:

Question.	*Réponse.*
1. Le dernier roi de Troie.	P r i a M
2. Oncle et beau-père de Jacob.	l A b A n
3. Nom moderne du Péloponèse.	m o R é e
4. Jalousie mêlée de convoitise.	e N v I e
5. Prix de passion.	E p r i S
	MARNE PARIS

En lisant diagonalement, on doit trouver le nom d'une capitale, de gauche à droite, et celui d'une rivière, de droite à gauche. — La forme suivante est celle de la *croix*:

Question.

Lieu où l'on s'exerce à se servir des armes à feu.
Action de jeter.
Hardi, audacieux.
Ouvrage de maçonnerie qui enclôt ou sépare.
Qui n'aime pas le travail.
Sorte de fracture du crâne ou d'une côte.
Femme qui ne joue pas loyalement.
Synonyme de colère.
Cri de douleur.
Qui ne peut plus servir par suite d'usure.
Saison chaude.

Réponse.

```
         t i r
         J E t
         o S é
         m U r
p a r e S s e u x
i m p a C t i o n
t r i c H e u s e
         i R e
         a I e
         u S é
         é T é
```

Les lettres centrales donnent le nom de Jésus-Christ, en changeant la première lettre J en I. — Il y a aussi la forme pyramidale ou conique.

Question.

1. Je suis le nom d'une consonne labiale.
2. Rivière de France et de Belgique.
3. Titre de noblesse.
4. Digne d'être aimé.
5. Art de parler et d'écrire correctement.
6. Qui se plaît à répandre le sang.
7. Supériorité de crédit, de force, d'autorité. *etc.*
8. Action de médicamenter.

Réponse.

```
              P
            l Y s
          b a H o n
        a i m A b l e
      g r a m M a i r e
    s a n g u I n a i r e
  p r é p o n D é r a n c e
m é d i c a m E n t a t i o n
```

La colonne centrale des lettres donne le mot PYRAMIDE. — Citons encore la forme *oblique*:

Question.

1. Jeune fille qui obtient le prix de sagesse.
2. Ton musical éloigné d'un autre de huit degrés.
3. Canonisé.
4. Mamelle.
5. En ce lieu-ci.
6. Qui n'est pas vêtu.
7. Voyelle.

Réponse.

```
R o s i è r e
  O c t a v e
    S a i n t
      S e i n
        I c i
          N u
            I
        ROSSINI
```

Les initiales forment le nom d'un célèbre compositeur de musique: ROSSINI.

MOTEUR. Les modèles de *moteurs à gaz* sont aujourd'hui assez nombreux. Le plus populaire est le moteur *Lenoir*, inventé en 1860 et notablement perfectionné dans la suite. En 1887, à l'exposition du Havre, on vit fonctionner le moteur *simplex*, de Deboutteville et Malandrin, et qui dérive de la machine Lenoir. Dans ce système, l'allumage du mélange d'air et de gaz carboné s'opère, à l'aide d'une étincelle électrique continue, placée dans une cavité d'un tiroir consistant en une simple plaque de fonte percée de trous, destinés l'un à l'admission du mélange gazeux, l'autre à son inflammation. Il n'existe aucun bec de gaz extérieur. L'étincelle électrique est produite par une pile au bichromate de potasse, qui dure un mois; le courant passe par une bobine de Rhumkorff et se rend ensuite au tiroir. Ce système paraît appelé à un grand

Moteur à gaz Lenoir.

succès, en raison des avantages que procure son emploi. De même que le gaz, l'électricité met en mouvement de nombreux systèmes de moteurs. Dans le modèle de Trouvé, on emploie la bobine Siemens, avec un commutateur spécial permettant les changements de polarité qui doivent se produire deux fois par tour. La bobine tourne entre les branches d'un électro-aimant ordinaire. Ce moteur produit une force capable de mettre en mou-

vement un tricycle ou un canot à hélice, une machine à coudre, un orgue mécanique, etc.

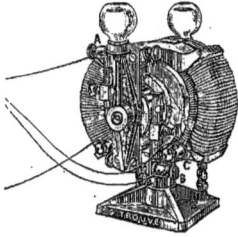

Moteur électrique perfectionné de Trouvé.

MOUCHE. — Utilité des mouches. La mouche domestique (*musca domestica*) se rend parfois bien désagréable et dans les pays chauds, on la considère comme une peste implacable. Et pourtant, elle a trouvé des défenseurs, depuis quelques années. Certains savants qui ont pour axiome que chaque chose a son utilité, se sont mis à étudier les mouvements de cette petite bête ailée, et ont remarqué que dès qu'elle se pose quelque part, elle commence par se frotter les pattes de derrière l'une avec l'autre, puis les ailes avec les mêmes pattes et ensuite les pattes de devant l'une avec l'autre. Quel peut être la raison de ce nettoyage, répété mille fois par jour? On a cru découvrir que pendant les tourbillonnements de la mouche, quand elle prend ses ébats dans l'air, ses ailes et ses pattes se couvrent d'animalcules extrêmement petits, qu'elle dévore ensuite. Ces êtres microscopiques sont un poison pour l'homme et pullulent dans un air impur; et comme les mouches accomplissent une œuvre utile en détruisant chaque jour des myriades de ces espèces de microbes. De plus on a constaté que la maigreur et l'affaiblissement des mouches dans un appartement annoncent que l'air y est pur et sain, tandis que leur corpulence indique l'impureté de l'air et une mauvaise ventilation. Si de nouvelles *observations* viennent confirmer les résultats de celles que l'on a faites jusqu'ici, la ménagère, au lieu de chasser les mouches ou de les faire périr à l'aide de préparation toxiques, devra les considérer comme des hôtes plus bienfaisants que désagréables, auxquels il faut ouvrir portes et fenêtres quand on a mis hors de leur portée les mets qui peuvent craindre leurs atteintes. — **Mouche** (Jeux). Ce jeu se rapproche de la triomphe par la manière de jouer et de l'hombre par la manière d'écarter, avec cette différence qu'à l'hombre ceux qui ne font pas jouer écartent quand celui qui fait jouer a écarté; tandis qu'à la mouche, tous ceux qui prennent des cartes au talon sont considérés comme voulant jouer. Le nombre des joueurs peut varier depuis trois jusqu'à six. Dans le premier cas, il ne faut qu'un jeu de cartes comme au piquet, et encore beaucoup de joueurs ôtent le sept; dans le second cas, on ajoute au jeu, à proportion du nombre des joueurs, les basses cartes, en prenant d'abord les six, puis les cinq, et ainsi de suite, de manière qu'il y ait toujours au talon, outre la carte tournée, un nombre de cartes suffisant pour fournir au moins trois cartes à chaque joueur, dans le cas où tous les joueurs voudraient écarter. On se sert de jetons qui ont une valeur convenue. Le sort ayant indiqué la place des joueurs, comme au whist, et ayant désigné celui qui a l'avantage d'être le donneur, celui-ci met au jeu autant de jetons qu'il y ait de joueurs, bat les cartes fait couper à sa gauche, et donne, en commençant par sa droite, cinq cartes, par trois et deux ou par deux et trois: il retourne ensuite

la carte de dessus le talon, qui fait la triomphe, et qu'il laisse retournée. Le premier à jouer, c'est-à-dire le joueur placé à droite du donneur, après avoir vu son jeu, est le maître de s'y tenir ou de demander une fois seulement tel nombre de cartes qu'il veut, jusqu'à cinq; et ainsi du second, et des autres à tour de rôle. Celui qui demande les cartes du talon est censé jouer, comme il a déjà été dit: on peut aussi jouer sans prendre, lorsqu'on a assez beau jeu sans aller à fond; de même l'on peut ne point demander de cartes lorsqu'on a mauvais jeu et qu'on ne veut pas jouer; ce qui arrive quelquefois à un joueur qui voit qu'avant lui, il y en a qui se sont tenus à leurs cartes sans en demander. Celui qui joue sans faire aucune levée fait la *mouche*, qui consiste en autant de marques qu'on est de joueurs. Lorsqu'il y a plusieurs *mouches* faites sur un même coup, comme il arrive souvent, surtout lorsqu'on est cinq ou six joueurs, elles vont toutes à la fois au jeu, à moins que l'on ne convienne de les faire aller séparément; mais comme il s'ensuit que celui qui donne met toujours la mouche qui fait le jeu, par conséquent, celui qui fait la *mouche* la fait d'autant de marques qu'il en va sur le jeu. Celui qui n'a point jeu à jouer, et n'a ni demandé des cartes du talon, ni joué sans prendre, met son jeu avec les écarts ou dessous le talon, s'il n'y avait point d'écart. Celui qui veut jouer sans aller à fond dit seulement : « Je m'y tiens » ; il est censé jouer. Les cartes se jouent comme à la bête, et chaque main qu'on lève vaut un jeton à celui qui la fait et qui tire le jeu: quand la mouche est double, il en tire deux, et trois quand elle est triple, et ainsi du reste. Si les cinq cartes qu'on donne d'abord à un joueur sont toutes d'une même couleur, c'est-à-dire cinq piques ou cinq trèfles, et ainsi des autres, quoique ce ne soit point de la triomphe, celui qui les a, gagne la mouche sans jouer et c'est ce jeu que l'on appelle la *mouche*. Si plusieurs joueurs avaient ensemble la mouche, c'est-à-dire, cinq cartes d'une même couleur, celui qui l'aurait de la couleur triomphe, gagnerait par préférence aux autres; autrement ce serait celui qui aurait le plus de points à la mouche: on compte l'as, qui va immédiatement après le valet pour dix points, les figures pour dix, et les autres cartes pour les points qu'elles marquent, et si elles étaient égales en tout, la primauté gagnerait. Celui qui a la mouche n'est pas obligé de le dire, même quand on lui demanderait s'il la sauve; mais s'il répond, il est tenu d'accuser juste. Après que celui qui a la mouche a dit: « Je m'y tiens, » c'est-à-dire s'il n'écarte point de cartes pour en prendre d'autres, les autres joueurs, sans réflexion, vont leur train ordinaire. Le premier, lorsqu'il est question de jouer, s'il a la mouche, montre ses cartes, lève tout ce qu'il y a au jeu et gagne même toutes les mouches qui sont dues; et ceux qui n'ont pas mis leur jeu bas, c'est-à-dire qui jouent, font une mouche chacun de ce qui va sur le jeu, sans pour cela qu'il soit besoin de jouer ; c'est pourquoi il est souvent de la prudence à ce jeu de demander à ceux qui se tiennent à leurs cartes, s'ils sauvent la mouche, et les observer alors ; car la joie qu'ils ont n'est le fait souvent connaître. Celui qui a la mouche n'est pas obligé de le dire, comme nous l'avons établi ; mais il est même de l'avantage de celui qui s'est tenu à ses cartes de laisser croire aux autres joueurs qu'il peut l'avoir; c'est pourquoi il faut, dans l'un et l'autre cas, bien répondre, parce que, comme nous l'avons déjà remarqué, quand on répond il faut accuser juste, et il est avantageux à celui qui jouent d'être seuls, afin d'être moins exposés à faire la mouche: si cependant un joueur était bien assuré de son jeu, c'est-à-dire qu'il eut très beau jeu, il pourrait sauver la mouche pour engager les autres à jouer, et

faire faire par là des mouches à ceux qui joueraient et ne feraient point de levées. Celui qui renonce fait la mouche d'autant de jetons qu'il y en a sur le jeu; de même celui qui pouvant prendre une carte jouée, en coupant ou en surcoupant, ne le fait pas, fait aussi la mouche. Celui qui est surpris à tricher au jeu ou à reprendre des cartes pour accommoder son jeu, fait la mouche et ne joue plus. Celui qui maldonne remêle. Lorsque le jeu est faux, il ne vaut rien pour le coup : mais les précédents sont bons. On ne remêle pas pour une carte retournée. — Vocabulaire de la mouche. *A battre le jeu*, avertir qu'on ne veut pas jouer sur le coup. *Mouche*, cinq cartes d'une même couleur réunies dans une seule main. *Peine à laquelle est assujeti le joueur* qui, ayant joué sur le coup, n'a fait aucune levée, ou qui a renoncé, ou qui s'est rendu coupable de quelque autre faute punissable de la même peine, qui consiste à mettre au jeu un nombre de jetons égal à celui des joueurs. *Mouche piquante*, réunion de plusieurs mouches payées en même temps. *Mouche* (faire la), se dit quand le donneur met, dans une petite corbeille, autant de jetons qu'il y a de joueurs. Se dit également quand un joueur qui n'a pas fait de levées ou qui subit une punition, verse à la corbeille autant de jetons qu'il y a de joueurs. *Mouche* (sauver la), la garder pour l'annoncer quand son tour de jouer sera venu. *Primauté*, avantage par lequel le joueur placé le plus près de la droite du donneur gagne le coup, quand il est en concurrence avec un ou plusieurs joueurs dont les points sont égaux aux siens. *Triomphe* ou *atout*, couleur de la carte qui retourne; l'atout prime toutes les cartes d'une autre couleur.

MOULE. — Législ. La pêche des moules était interdite pendant plusieurs mois de l'année, en vertu, savoir : pour les quatre premiers arrondissements maritimes, du décret du 4 juillet 1853 (art. 52 et 53), et, pour le cinquième arrondissement, en vertu du décret du 19 juillet 1859 (art. 60). Cette interdiction avait pour but de favoriser la reproduction des moules, et surtout d'empêcher que ces mollusques ne fussent livrés à la consommation, à l'époque du frai, pendant laquelle elles étaient réputées dangereuses pour la santé publique. Le comité consultatif des pêches ma officiel le 26 mai 1889, a reconnu que l'ingestion des moules ne peut causer aucun accident toxique à l'époque du frai et qu'elles ne peuvent être nuisibles que si elles ont séjourné dans les eaux stagnantes ou souillées des ports. En conséquence, un décret du 26 décembre 1890 autorise la pêche des moules toute l'année, sur les moulières dont l'exploitation a été autorisée par le préfet maritime. Mais cette exploitation est toujours interdite avant le lever et après le coucher du soleil. La vente, l'achat, le transport et le colportage des moules sont autorisés toute l'année, sans qu'il y ait, comme cela existe pour les huîtres, aucune réserve relativement aux dimensions.   Ch. Y.

MOUTARDE. Voici l'étymologie que l'on donne aujourd'hui au mot *moutarde* : En 1382, Philippe le Hardi, de Bourgogne, accorda à la ville de Dijon le privilège de porter ses insignes armoriaux, avec la devise *Moult me tarde* (je veux ardemment) en retour d'un contingent de 1.000 hommes que s'engageait à lui fournir la capitale bourguignonne, mais qu'il devait entretenir, armer et nourrir. Heureux et fiers de la condescendance ducale, les autorités ordonnèrent de graver la devise sur

la principale porte de leur cité. A la longue, le temps ou quelque accident oblitéra le mot du milieu et les deux mots restants, *moult tarde*, furent imprimés sur les étiquettes que les marchands dijonnais collent sur les pots dans lesquels ils expédient aux quatre coins du monde le principal produit de leur industrie.

MUCRON s. m. (lat. *mucro*, pointe). Bot. Pointe fine sans résistance qui termine souvent un organe foliacé : feuille, stipule, sépale, etc.

MUCRONNÉ, ÉE adj. Bot. Se dit des plantes ou des parties de plantes pourvues de mucrons.

MULTIFIDE adj. (lat. *multifidus*, fendu en plusieurs parties). Bot. Découpé un grand nombre de fois.

MULTILOCULAIRE adj. (préf. *multi*, beaucoup ; lat. *loculatus*, divisé en compartiments). Bot. Qui a beaucoup de loges, de carpelles, en parlant d'un fruit.

MULTIOVULÉ adj. Se dit d'un ovaire qui a beaucoup d'ovules.

MULTIPARTITE adj. (lat. *multipartitus*, divisé en plusieurs parties). Bot. Se dit d'une feuille dont les découpures nombreuses vont presque jusqu'à la nervure médiane, ainsi qu'aux nervures secondaires, tertiaires, etc.

MURIQUÉ, ÉE adj. (adj. *murex*, pointe). Bot. Muni de saillies en forme d'épines.

MUSA (Antonius), célèbre médecin du règne d'Auguste. Il était frère d'Euphorbe, médecin du roi Juba, et fut d'abord esclave. L'empereur Auguste atteint d'une grave maladie, était sur le point de mourir, en l'an 23 av. J.-C; ses médecins, en le soumettant à un régime échauffant, ne faisaient qu'empirer sa situation. Antonius Musa réussit à le ramener à la santé au moyen de bains frais et de boissons rafraîchissantes. Il fut récompensé par de fortes sommes; une statue lui fut érigée près de celle d'Esculape, à l'aide d'une souscription publique. Il paraît avoir établi en système son mode de traitement, auquel Horace fait allusion (*Epist.* i, 15, 3), mais le remède, qui avait si bien réussi à l'empereur, ne fut pas bon pour son neveu Marcellus, qui expira à Baiæ, entre les bras du médecin, peu de mois après la guérison d'Auguste. Musa avait écrit, sur la pharmacie, plusieurs ouvrages qui sont fréquemment cités par Galien; mais il ne nous en est parvenu que des fragments et 2 petits ouvrages de médecine qui lui sont attribués, quoique beaucoup les considèrent comme apocryphes. Les fragments ont été publiés par Caldiani (Bassano, 1800, in-8º). (Voy. Acquermann : *de A. Musa*,

et libris qui illi adscribuntur. Altdorf, 1786, in-4º). — Le nom de Musa été donné à un genre botanique (bananier), type de la famille des *musacées*.

MYRMÉDONIE s. f. (gr. *murmêx*, fourmi). Entom. Genre de coléoptères hétérotarses (ayant 4 articles aux tarses des quatre pattes antérieures), voisin des aléuchares, et comprenant une quarantaine d'espèces, les unes aptères, les autres ailées. Les insectes de ce genre pénètrent chez les fourmis quand celles-ci sont engourdies par le froid. Pendant la saison chaude, les myrmédonies se tiennent embusquées au bord des chemins que suivent les fourmis et quand l'une d'elles vient à passer, d'un coup de dent, la myrmédonie lui tranche l'abdomen et se régale du liquide sucré dont l'estomac est plein.

MYRMICINE s. f. (gr. *murmex*, fourmi). Genre de fourmis dont l'abdomen est réuni au thorax par deux sortes de nœuds ou d'articulations. La femelle est beaucoup plus grosse que le mâle et surtout que l'ouvrière. Mâles et femelles sont ailés, mais pendant peu de temps. Dès leur première promenade hors de l'habitation, les mâles meurent; et les femelles s'arrachent les ailes avant de rentrer à la fourmilière pour y effectuer la ponte. Les ouvrières ont la tête grosse et les mandibules très fortes.

N

NAIN   NAIN   NAJA

NAGEANT, ANTE adj. (rad. *nager*), qui nage, qui a l'habitude de nager : animal nageant. — Bot. Se dit de plantes aquatiques qui se soutiennent à la surface de l'eau, sans tenir au sol par les racines : *plante nageante*. — Se dit des feuilles qui surnagent à la surface de l'eau : *les feuilles du nénuphar sont nageantes*.

NAIN JAUNE (Jeux). Pour jouer au nain jaune, on fait usage d'un tableau représentant dans le milieu un nain de couleur jaune qui tient à la main un *sept de carreau*. A chacun des quatre coins du tableau est figurée une carte, savoir : en haut, à gauche, un *roi de cœur*; à droite, la *dame de pique*; en bas, à gauche, le *valet de trèfle*; à droite, le *dix de carreau*. A défaut de tableau imprimé, on peut placer sur le tapis un sept de carreau et l'entourer des quatre cartes ci-dessus. Le nombre des joueurs doit être de trois au moins et de *huit* au plus; on se sert d'un jeu de 52 cartes. Chaque joueur reçoit un certain nombre de jetons d'une valeur déterminée; chacun tire une carte et la plus haute désigne le donneur. Celui-ci bat les cartes, les fait couper et les distribue, autant que possible, trois par trois. La quantité de cartes à donner et de celles qui restent au talon, varie suivant le nombre des joueurs. Le tableau ci-dessous la fait connaître. Avant la distribution, on procède à la pose des mises sur le tableau : chaque joueur met un jeton sur le *dix de carreau*, deux sur le *valet de trèfle*, trois sur la *dame de pique*, quatre sur le *roi de cœur* et cinq sur le *nain jaune* ou le *sept de carreau* qui le représente. Les cartes

ont leur valeur naturelle, le roi étant la plus forte et l'as la plus faible. La donne étant terminée, le premier en cartes joue celle dont il lui convient de se débarrasser. Le but est de se défaire de toutes ses cartes avant que les adversaires y soient parvenus. On doit donc débuter par une série de basses cartes qui se suivent, comme un as, un deux, un trois; on les joue toutes à la fois en disant :

QUANTITÉS de joueurs	NOMBRE des cartes à donner	NOMBRE des cartes restant au talon
3	15	7
4	12	4
5	9	7
6	8	4
7	7	3
8	6	4

Un, deux, trois, sans suite. Ou si l'on a, par exemple, un six, un sept, un huit et un neuf, on les jette en disant : « Six, sept, huit, et neuf sans dix ». Quand le premier s'est ainsi débarrassé de sa plus nombreuse série, si le joueur placé à sa droite possède la carte suivante, en remontant, il la jette, ainsi que toutes celles qu'il possède, à la suite de celle-ci, sans interruption, toujours en remontant; par exemple, si le premier a dit : « et neuf sans dix », le suivant ayant le dix, le valet et la dame, les jouera en disant : « dix, valet et dame sans roi ». Ensuite, le 3e joueur abattra un roi quelconque et recommencera une suite de basses

cartes à son choix. Comme il n'y a ni atout ni renonce, on peut jouer sur une carte d'une couleur la carte suivante d'une autre couleur. Celui qui a mis sur fond ensuite recommencer par où bon lui semble. Quand le joueur placé à droite de celui qui a jeté une série ne possède pas de carte supérieure suivante, le tour de jouer passe à son voisin de droite et ainsi de suite; et si nul ne peut jeter la carte nécessaire, celui qui a jeté une série recommence par où il veut. La levée appartient à celui qui, en dernier lieu, a joué une carte supérieure aux autres; et alors, sans se préoccuper de savoir si c'est son tour, il rejoue de nouveau par où s'arrêter qu'à la carte qui, dans son jeu, n'est pas suivie d'une carte immédiatement supérieure; et la même marche continue jusqu'à ce que l'un des joueurs ait gagné le coup en se débarrassant de toutes ses cartes. Les autres joueurs abattent leurs jeux et chacun paie au vainqueur un jeton pour chaque carte qui leur reste ; on peut même convenir que chaque perdant paiera au gagnant un jeton pour chaque point que présenteront les cartes restantes : alors les figures comptent pour dix points. Quand un joueur se défait de toutes ses cartes sans qu'un joueur venant après lui n'ait pu trouver l'occasion d'en abattre une seule, cela se nomme le *grand-opéra*, et il ramasse tout ce qui se trouve sur le tableau ; de plus, on peut convenir que chacun des autres lui paiera un jeton par carte restante ou même par point restant.

NAJAC (Emile-Fernand, COMTE DE), au-

teur dramatique, né à Lorient le 14 décembre 1828, mort le 11 avril 1889. Il fit ses études à Paris et s'y fixa. Il a donné à divers théâtres un grand nombre de vaudevilles, de comédies, de livrets d'opérettes, même de drames, le plus souvent en collaboration avec MM. Edmond About, Ch. Deulin, Scribe, Grangé, Delacour, Ed. Martin, Decourcelle, Meilhac, Nus, Hennequin, etc. — Nous citerons : *Chasse aux lions* (1852); *un Mari en 150* (1853); *une Soubrette de qualité* (1854); *une Croix dans la cheminée, Deux Veuves pour rire* (1855); *le Réveil du mari* (1856); *Monsieur et Madame Rigolo* (1857); *Plus on est de fous...; Mam'zelle Jeanne*, opérette, musique de M. L. Cohen (1858); *la Clé sous le paillasson, la Fête des loups, la Fille de trente ans* (1859); *Jeune de cœur, le Capitaine Bitterlin* (1860); *la Poule et ses Poussins; la Beauté du Diable*, op. com., musique de M. J. Alary (1856); *un Mariage de Paris* (1861); *Vente au profit des pauvres, Gaëtana*, collaboration anonyme (1862); *les Oiseaux en cage* (1864); *Bégaiements d'amour*, op. com., musique d'Albert Grisar (1865); *Nos Gens; Au pied du mur; Bettina*, op. com., musique de M. L. Cohen (1866); *Petit Bonhomme vit encore*, opérette, musique de M. L. Deffès; *Histoire ancienne* (1868); *Retiré des affaires* (1869); *Calomnie*, opérette, musique de M. Ten Brink (1870); *Garçon de café*, opérette, musique de M. Adrien Talexy; *le docteur Rose*, op. bouffe, musique de Federico Ricci; *Nany*, comédie en 4 actes, au Français (1872); *Nos Maîtres*, 1 acte (1873); *la dernière Poupée*, 1 acte, *Lea*, drame en 3 actes, adapté de l'anglais, de M. Dion Boucicault (1875); *Bébé*, comédie en 3 actes (1877), etc. — M. Emile de Najac a publié : *le Théâtre des Gens du Monde; Madame est servie* (1875, 2ᵉ édit.); *l'Amant de Catherine* (1876).

NANIFICATION s. f. Néol. Action de nanifier, de rendre nain : *la nanification des arbres est pratiquée au Japon.*

NAPIFORME adj. (lat., *napus, napi,* navet; franç., *navet.*) Bot. Dont la forme rappelle celle d'un navet.

NAPOLÉON s. m. (Jeux). Ce jeu intéressant, qui fut jadis populaire, se joue avec un paquet entier de 52 cartes. Ordinairement, on a *deux jeux, comme au whist.* Chaque joueur verse à la poule une mise déterminée : le donneur y verse une double mise. On distribue cinq cartes à chaque joueur, qui les prend, les examine et juge si elles sont bonnes ou mauvaises. Le joueur placé à *gauche* du donneur prend le premier la parole, pour déclarer combien il s'engage à faire de levées ; si son jeu lui paraît faible, il passe. Celui qui a la parole peut promettre de faire une, deux, trois ou quatre levées ; mais à moins qu'il ne déclare *Nap*, ce qui veut dire qu'il s'engage à faire tous les plis, le joueur suivant parle à son tour, et ainsi de suite, jusqu'à ce que Nap soit déclaré par quelqu'un. Si nul ne déclare Nap, celui qui a promis de faire le plus grand nombre de levées devient le premier à jouer ; la première carte qu'il abat décide quelle couleur sera l'atout. Il a pour adversaires tous les autres joueurs qui s'efforcent de l'empêcher d'obtenir le nombre de levées qu'il a annoncé. S'il réussit, il gagne tout ou partie de la poule, suivant les conditions. Ordinairement, s'il réussit le Nap annoncé, il prend toute la poule ; il en prend les deux tiers ou le quart, suivant qu'il annonce et fait 4, 3, 2 ou 1 levée. Quand il ne fait pas le nombre annoncé de levées, il verse à la poule la somme qu'il eût gagnée s'il eût réussit. Celui qui renonce est *Napoléoné*, ce qui veut dire qu'il doit payer au premier à jouer une somme déterminée.

NAPOLÉON (Napoléon-Joseph-Charles-Paul-Jérôme **BONAPARTE**, ordinairement appelé *le prince*), homme politique, né à Trieste le 9 sept. 1822, mort à Rome le 17 mars 1891. Il était second fils de Jérôme ex-roi de Westphalie, et de sa seconde épouse Catherine de Wurtemberg. Il se fit d'abord nommer prince Jérôme, pour se différencier de son cousin le prince Louis-Napoléon, qui devait devenir Empereur. Sa jeunesse, assez accidentée, se passa en Italie, en Suisse, à l'école militaire de Louisbourg (Wurtemberg), en Angleterre et en Espagne. Autorisé, en 1845, par Guizot, à visiter la France sous le nom de comte de Montfort, il se mit en relation avec les principaux membres du parti démocratique et fut expulsé du territoire au bout de quatre mois. Il retourna en Angleterre auprès de son père et obtint de rentrer en 1847. On ne sait s'il fut étranger à la révolution de 1848; ce qu'il y a de certain, c'est que dès le 24 février, on le vit apparaître l'un des premiers à l'Hôtel-de-Ville pour se mettre à la disposition du gouvernement provisoire, en déclarant que le « devoir de tout bon citoyen était de se réunir à la République ». Peu après il posa sa candidature en Corse, avec une profession de foi républicaine très avancée. Mais élu membre de la Constituante, il vota avec la droite. Il prit la parole pour défendre le « caractère méconnu » de son cousin Louis-Napoléon. Celui-ci, devenu chef du pouvoir exécutif, le remercia à la manière de l'éloignant, pour s'en débarrasser ; il le nomma, en 1849, ministre plénipotentiaire à Madrid. C'était un exil déguisé. Le prince Jérôme se fit révoquer, peu après, pour avoir quitté son poste sans autorisation. Il passa, dès lors, à l'extrême-gauche et devint l'un des plus farouches républicains de la Législative, où il avait été envoyé par la Corse. On le surnomma le *Prince de la Montagne*. Il conserva cette attitude jusqu'au coup d'Etat, époque où il se retira dans la vie privée. Toutefois, en 1852, lors du rétablissement de l'Empire, il accepta le titre de prince français, l'hérédité éventuelle, un siège au Sénat et au Conseil d'Etat, le grade de général de division, etc. Lors de l'expédition de Crimée, il demanda à partir avec l'armée, et reçut le commandement d'une division d'infanterie du corps de réserve. Il assista, sans y prendre part, aux batailles de l'Alma et d'Inkermann et, atteint de dyssenterie, joua un rôle effacé qui devint l'objet des quolibets populaires. Rappelé en France, à la suite d'une brochure où il critiquait le plan de campagne adopté en Crimée, et qui, supprimée en France, fut réimprimée à Bruxelles et traduite en anglais, il devint président de la commission de l'*Exposition universelle de 1855*. Il fit ensuite, à bord de la corvette la *Reine-Hortense*, une longue excursion dans les mers du Nord. Comme plénipotentiaire, en 1867, il mit fin à la contestation relative à Neufchâtel, en décidant la Prusse à renoncer à ses prétentions sur cette ville de Suisse. Ses dissentiments avec l'Empereur étaient profonds et s'aggravaient de rivalités personnelles. Il ne voyait dans son cousin que le fils Verhuel. Il ne s'en cachait pas, et dit un jour au maître de la France « Vous n'avez rien de votre oncle. — Si, répondit l'Empereur, j'ai sa famille ». Le prince affectait de vivre en libre-penseur. Il fréquentait les gens de lettres, des hommes politiques et des artistes qui partageaient sa manière de voir et qui se révoltaient, comme lui, contre les commandements de l'Eglise. Il les réunit un vendredi saint et mangea, en leur compagnie, une tranche de saucisson qui devait empoisonner le reste de son existence. Le 24 juin 1858, l'Empereur le nomma ministre de l'Algérie et des colonies. Il épousa, le 30 janvier de l'année suivante, la princesse Clotilde, fille de Victor-Emmanuel ; et l'on considéra cette union entre un athée et une fervente catholique comme le gage d'une alliance politique de la France avec l'Italie de l'avenir. Peu de mois après, la guerre éclata avec l'Autriche. Le prince reçut le commandement d'un corps de réserve qui opéra du côté de Livourne, et qui n'eut pas l'occasion de se signaler, ce qui fournit à la malignité publique, secrètement encouragée par les agents du gouvernement, l'occasion de s'égayer d'un général qui, disait-on, s'était arrêté sur le Pô. Après la signature de la paix de Villafranca, le prince prit au Sénat une position importante comme orateur indépendant. Des discours presque révolutionnaires marquèrent cette période de son existence. A deux reprises, il se prononça contre le pouvoir temporel des papes, avec une ardeur qui lui attira de la part de l'Empereur un désaveu équivalent à une disgrâce (1861). Ses tendances révolutionnaires s'affirmèrent encore plus nettement dans un autre discours qu'il prononça en Corse, le 27 mai 1865, à l'occasion de l'inauguration de la statue de Napoléon Iᵉʳ en qui il exalta, dans un parallèle peu flatteur pour le second Empire, le génie de la Révolution. Blâmé publiquement par une lettre impériale insérée au *Moniteur*, il se démit de ses fonctions de vice-président du Conseil privé et du Conseil de régence. Il devint, dès lors, le chef de fait d'un nouveau parti, moitié jacobin, moitié libéral, qui se forma dans l'Empire en opposition avec les idées implantées à la cour et dans les conseils du gouvernement sous l'influence de l'impératrice. Le Palais-Royal redevint, comme au temps où Louis-Philippe faisait de l'opposition au gouvernement de la Restauration, un centre de révolte contre le cléricalisme. Après le plébiscite de 1870, qui donna une immense majorité à l'Empire de 1852, le prince fit un voyage dans les mers du Nord. Rentré dès le début de la guerre de 1870, il reçut, de son cousin, la mission d'aller en Italie solliciter le concours de son beau-père, Victor-Emmanuel. La révolution du Quatre Septembre le surprit à Florence. Il revint en 1871, à Ajaccio, où il avait été élu conseiller général ; mais il donna presque aussitôt sa démission, pour mettre fin aux manifestations que provoquait sa présence, et se retira en Italie. Réélu en 1872, il renonça également à siéger et fut expulsé. Aux élections législatives du 20 février 1876, il eut pour adversaire en Corse M. Rouher, qui soutenait le prince impérial : il échoua. Mais l'élection d'Ajaccio ayant été invalidée, et le jeune chef de la dynastie impériale ayant déclaré ne vouloir plus lui opposer que l'indifférence et l'oubli, il fut élu le 14 mai suivant. Il prit place dans les rangs de la gauche et, lors du 16 mai, fit partie de la majorité des 363 républicains qui protestèrent contre le coup d'Etat. Il fut réélu à Ajaccio. La mort inopinée du prince impérial, le 1ᵉʳ juin 1879, fit du prince Napoléon le chef de la famille Bonaparte et l'héritier des prétentions de la dynastie. Mais ce titre lui fut dénié par la fraction ultramontaine des impérialistes, qui ne pouvait pardonner au prétendant ses tendances librepenseur. MM. de Cassagnac, Cunéo d'Ornano, Jolibois et plusieurs autres, lui opposèrent son jeune fils, *Victor*, avec l'agrément de l'ex-impératrice. Il y eut deux camps bonapartistes : les *Jérômistes* et les *Victoriens*. Les premiers affectèrent d'accepter la forme républicaine autant qu'elle serait l'expression de la volonté nationale, mais lui préféraient plus ou moins ouvertement la dictature, qu'ils appelaient une « République consulaire », dont le prince Napoléon aurait été le chef, en prenant l'engagement de ne faire usage d'aucun acte inconstitutionnel de violence pour convertir le Consulat en Empire. Les Victoriens, au contraire, tendaient au rétablissement pur et simple de l'Empire autocratique, militaire et clérical, tel qu'il a été fondé en 1852. Ces deux partis rivaux, la lutte fut vive. Le jeune Victor, entraîné à l'insoumission, finit par se brouiller avec son père, qui ne vit plus en lui qu'un rebelle et le flétrit du titre de « *Cocotte à Jolibois* », par allusion à

la pension qu'il acceptait, pour son entretien, de l'un des plus riches membres de son parti. Le père et le fils durent prendre le chemin de l'exil, lors de la loi d'expulsion des princes, en 1886. Victor se rendit en Belgique ; Jérôme se retira dans son château de Prangins (Suisse). Les derniers jours du prince Napoléon se passèrent dans la tristesse et l'isolement. Sa femme le quitta pour des raisons politiques et religieuses. Elle assista à ses derniers moments et profita de son agonie pour lui faire administrer les derniers sacrements. De son mariage avec cette princesse, Jérôme-Napoléon eut trois enfants : 1° le prince Victor, né à Paris le 18 juillet 1862 ; 2° le prince Louis, né au château de Meudon, le 10 juillet 1864 (actuellement officier dans l'armée russe) ; 3° Lætitia, née à Paris, le 20 déc. 1866, mariée à Turin le 11 sept. 1888, au prince Amédée, ancien roi d'Espagne.

NASE s. m. [na-ze] (lat. *nasus*, nez). Ichtyol. Espèce de cyprin dont le museau présente de la ressemblance avec un nez épaté ou camus. Le nase, appelé *hotu*, dans le nord de la France et à Paris, se rapproche de la chevane, pour la forme et la couleur ; il peut atteindre jusqu'à 30 et 60 centim. de longueur. Il est gris à reflets verts métalliques sur le dos et sur les nageoires dorsales et caudales, roussâtres à reflets argentés sur les flancs ; blanc nacré sous le corps, rougeâtre aux nageoires inférieures. Il habite les rivières et les fleuves de l'Europe centrale ; il n'existait pas dans le bassin de la Seine avant l'ouverture du canal de la Marne à la Meuse ; depuis cette époque, il envahit les eaux de la Seine et s'y accroît avec rapidité, comme les mauvaises herbes. Il fraie en avril, au milieu du lit des cours d'eau, après avoir eu le soin préalable de nettoyer le fond. A l'époque du frai, les mâles, dont la tête est alors parsemée de points blancs et dont le corps est hérissé d'aspérités, vont par troupes nombreuses, ce qui permet aux pêcheurs d'en prendre des milliers chaque nuit. Cet horrible poisson n'est pour ainsi dire bon à rien. Sa chair est flasque, molle, sans goût et pleine d'arêtes, surtout vers la queue.

NASILLER v. n. Se dit en parlant du grognement du sanglier, quand cet animal enfonce ses naseaux dans la fange. — Se dit aussi en parlant du cri du canard.

NATIONALITÉ. — Législ. La loi du 26 juin 1889 a eu pour but de rendre à la fois plus précises et plus complètes les dispositions du Code civil qui déterminent les conditions nécessaires à la qualité de Français. Elle a aussi simplifié les formalités qui sont exigées pour la naturalisation et dont nous parlerons un peu plus loin. (Voy. NATURALISATION.) Les modifications apportées par la loi dont il s'agit aux articles 7, 8, 9, 10, 12, 13, 17, 18, 19, 20 et 21 du Code civil, sont très importantes. La qualité de Français est aujourd'hui attribuée de plein droit à des individus qui échappaient auparavant aux obligations civiques que comporte la nationalité. Le nouvel article 8 du Code déclare Français : 1° tout individu né d'un Français en France ou à l'étranger ; 2° tout individu né en France de parents inconnus ou dont la nationalité est inconnue ; 3° tout individu né en France d'un étranger qui lui-même y est né ; 4° tout individu né France d'un étranger et qui, à l'époque de sa majorité, est domicilié en France, à moins que, dans l'année qui suit cette majorité, il n'ait décliné la qualité de Français et prouvé qu'il a conservé la nationalité de ses parents ; 5° les étrangers naturalisés. — La nationalité française peut être obtenue, dans certains cas, sans qu'il soit besoin de recourir aux formalités de la naturalisation. Ainsi tout individu né en France d'un étranger et qui n'y est pas domicilié à l'époque de sa majorité, peut, jusqu'à l'âge de vingt-deux ans accomplis, faire sa soumission de fixer en France son

domicile, et s'il l'y établit dans l'année, à compter de l'acte de sa soumission, il peut réclamer la *qualité de Français* par une déclaration qui est enregistrée au ministère de la justice et qui est reçue par les agents diplomatiques ou consulaires de France à l'étranger. Les enfants mineurs d'un père ou d'une mère survivante qui se font naturaliser, deviennent Français de plein droit, à moins que, l'année qui suit leur majorité, ils ne déclinent cette qualité. La nationalité française peut encore être répudiée, dans l'année de leur majorité, par les enfants qui sont devenus Français par l'effet de la réintégration obtenue par décret pendant leur minorité, par leur père ou leur mère, lesquels, après avoir perdu la qualité de Français, l'avaient recouvrée sur leur demande. Perdent la qualité de Français : 1° le Français naturalisé à l'étranger ; mais s'il est encore soumis aux obligations du service militaire pour l'armée active, la naturalisation à l'étranger ne lui fait perdre la nationalité française que si elle a été autorisée par le gouvernement français ; 2° le Français qui a décliné cette qualité dans les cas ci-dessus rapportés ; 3° celui qui, ayant accepté des fonctions publiques conférées par un gouvernement étranger, les conserve nonobstant l'injonction du gouvernement de les résigner dans un délai déterminé ; 4° le Français qui, sans autorisation du gouvernement, prend du service à l'étranger, et ce sans préjudice des lois pénales concernant celui qui se soustrait aux obligations de la loi militaire ; 5° la femme française qui épouse un étranger. Les Français qui recouvrent cette qualité après l'avoir perdue, acquièrent immédiatement tous les droits civils et politiques, même l'éligibilité aux assemblées législatives. Les descendants des familles proscrites lors de la révocation de l'édit de Nantes peuvent toujours bénéficier des dispositions de la loi du 15 décembre 1790, c'est-à-dire qu'ils peuvent, en établissant leur origine, obtenir par décret la nationalité française. Cette faveur est encore quelquefois invoquée ; et l'on cite comme exemple récent la réintégration de M. Cherbuliez, décrétée au moment où il fut admis à l'Académie française. Les déclarations souscrites, soit pour acquérir, soit pour répudier la qualité de Français, sont reçues par le juge de paix du canton (et non plus par le maire de la commune) où réside le déclarant. Elles peuvent être faites par mandataire, en vertu d'une procuration spéciale et authentique. Elles sont dressées en double exemplaire sur papier timbré, en présence de deux témoins ; et elles doivent être appuyées de toutes les justifications nécessaires. En cas de résidence à l'étranger, ces déclarations sont reçues par les agents diplomatiques ou par les consuls (Décr. 13 août 1889). — Les bons effets de la loi du 26 juin 1889 ne se sont pas fait attendre. Le bénéfice de la nationalité française conféré à tous les individus nés en France et qui y sont domiciliés à l'époque de leur majorité, n'a été décliné que par un très petit nombre. La moyenne annuelle des naturalisations était de 562 ; elle a atteint en 1890 le nombre de 7.297. En outre, 4.174 individus majeurs, dont 3.372 femmes ont été, pendant la même année, réintégrés dans la qualité de Français ; et 4.077 enfants mineurs se sont trouvés naturalisés par l'effet des mêmes admissions. Les déclarations faites en 1890 devant les juges de paix pour acquérir la nationalité française, se sont élevées au chiffre de 3.131, parmi lesquelles on en compte 1.586 émanant de Belges et 633 d'Italiens. Les déclarations ayant pour but de répudier la nationalité française n'ont pas excédé 486. En Algérie, le nombre des naturalisés a été, en 1890, que de 1.267.   CH. Y.

NATURALISATION. — Législ. La loi du 26 juin 1889, dont nous avons déjà parlé plus haut (voy. NATIONALITÉ), a modifié profondément la législation antérieure sur la naturalisation. Voici quelles sont les principales dis-

positions introduites par cette loi et par le décret du 13 août suivant qui la complète : 1° l'étranger qui a été autorisé par décret à fixer son domicile en France, peut être naturalisé après trois ans de ce domicile, à dater de l'enregistrement de sa demande au ministère de la justice ; l'effet de cette autorisation de domicile cesse à l'expiration de cinq années, ou si sa demande est rejetée ; 2° les étrangers qui justifient d'une résidence non interrompue pendant dix années ; ils peuvent être naturalisés sans être tenus à la formalité préliminaire de l'admission à domicile ; 3° l'étranger qui a été admis à domicile peut-être naturalisé après un an, s'il a rendu des services importants à la France ; 4° la même faveur peut être accordée aussi après une année de domicile autorisé, à l'étranger qui a épousé une Française ; 5° les enfants des étrangers naturalisés sont, durant leur minorité, naturalisés eux-mêmes avec leurs parents. Quand ils sont majeurs pendant le stage, s'ils forment leur demande de naturalisation en même temps que les parents. — L'étranger naturalisé jouit de tous les droits civils et politiques attachés à la qualité de citoyen français. Néanmoins, il n'est éligible aux assemblées législatives que dix ans après le décret de naturalisation. — Nous croyons utile de donner ici le détail des pièces qui doivent être produites à l'appui des demandes de naturalisation, suivant les prescriptions du décret réglementaire du 13 août 1889. — L'étranger qui veut obtenir son admission à domicile en France, doit adresser au ministre de la justice une demande accompagnée de son acte de naissance et de celui de son père, de la traduction de ces actes s'ils sont en langue étrangère, ainsi que d'un extrait du casier judiciaire français. — Celui qui veut obtenir sa naturalisation doit, dans tous les cas, adresser au ministre une demande, à laquelle il joint son acte de naissance, un extrait du casier judiciaire et, s'il y a lieu, son acte de mariage et l'acte de naissance de ses enfants mineurs. Les demandes doivent toujours être rédigées sur papier timbré. Dans les cas où les intéressés ne pourraient se procurer les actes de l'état civil dont la production est exigée, ces actes sont suppléés au moyen d'un acte de notoriété délivré par le juge de paix sur la déclaration de sept témoins. L'étranger qui, ayant épousé une Française, veut obtenir la naturalisation après une année de domicile autorisé, doit produire à l'appui de sa demande l'acte de naissance de sa femme. L'étranger qui sollicite la naturalisation immédiate, après une résidence non interrompue pendant dix ans, doit joindre à sa demande des documents ou certificats constatant qu'il réside actuellement en France et depuis dix années au moins. Enfin la femme et les enfants majeurs d'un étranger qui demande à devenir Français, doivent, s'ils désirent obtenir eux-mêmes cette qualité sans condition de stage, joindre leur demande de naturalisation à celle faite par le mari, le père ou la mère.   CH. Y.

NAUDET (Aimé), poète et fabuliste français, né à Saint-Denis-du-Port (Seine-et-Marne), en 1785, mort en 1847. Il fit les campagnes de l'Empire en qualité d'officier supérieur, et fut nommé maréchal de camp en 1843. Son recueil de huit *fables*, publié en 1829 (1 vol. in-18), est spirituel et composé avec naturel. Plusieurs de ses fables sont imitées de l'espagnol, de l'italien, de l'anglais et du russe. Naudet a composé en outre une comédie intitulée : *La Fontaine chez M*^me *de la Sablière* (1 acte vers, 1821), et une *Épître à Molière* (1818, in-8°).

NAUNDORFF. — I (Charles-Guillaume), l'un des prétendus Louis XVII, né vers 1785, mort à Delft (Hollande), le 10 août 1845. Une certaine ressemblance avec le fils de Louis XVI fit supposer à quelques personnes qu'il n'était

autre que le prisonnier du Temple, échappé miraculeusement à ses geôliers et remplacé par un enfant muet dont le décès fut légalement constaté. Naundorff exerçait la profession d'horloger à Spandau (Allemagne) lorsqu'il se décida, en 1810, à soulever le voile qui couvrait, prétendait-il, le mystère de sa naissance, Depuis ce moment, il ne cessa de se donner comme l'héritier légitime du trône de France. Il fit même un voyage à Paris en 1833 et fut reconnu par diverses personnes. En 1836, il assigna le comte de Chambord et les duchesses d'Angoulême et de Parme devant le tribunal civil, mais il fut arrêté et embarqué pour l'Angleterre. Il se retira en Hollande, seul pays dont le gouvernement ait pris au sérieux sa prétention à une illustre origine, il y passa ses derniers jours sous le nom de Charles-Louis de Bourbon, duc de Normandie. — Il (Adalbert), fils aîné du précédent, mort à Bergeu-op-Zoom, en oct. 1887. Il se faisait appeler Adalbert de Bourbon, dauphin de France. Il était capitaine dans l'armée hollandaise. et cadet dans une école militaire de Hollande. En 1834, Adalbert Naundorff intenta un procès au comte de Chambord. Jules Favre lui prêta l'appui de son éloquence, mais il fut débouté en première instance et en appel.

NEIGE. — La *Nature* (avril 1891) raconte deux curieux exemples de formation de neige. Un jour qu'il faisait très froid, un monsieur ayant marché très vite et ayant très chaud à la tête, se découvrit. Immédiatement on vit de la neige se détacher de son chapeau. A Stockholm, dans une salle où se donnait une soirée, la chaleur était si grande qu'on dut réclamer l'ouverture des fenêtres. Mais il faisait si froid dehors que les montants de la fenêtre étaient gelés. On cassa alors un carreau. L'entrée de l'air froid changea immédiatement l'air sursaturé de vapeur de la salle en flocons de neige, au grand ébahissement des personnes présentes.

NÉOLOGISME. — Encycl. « On se plaint de la pauvreté de notre langue, et c'est souvent parce qu'on en ignore les ressources, ou parce qu'on n'a pas le génie qui sait la rendre docile : de là ces mots nouveaux que l'on s'empresse d'adopter avant qu'une longue réflexion, un usage constant et l'approbation des bons écrivains les aient consacrés ; de là cette extension, si fautive et si dangereuse, donnée au sens de quelques termes, extension plus contraire encore à la pureté du langage que l'introduction de mots nouveaux. Peut-on accuser de faiblesse ou de pauvreté la langue dans laquelle écrit Bossuet, Fénelon, Pascal, Boileau, Racine, les deux Corneille, Voltaire, Rousseau, Buffon, Delille, etc.? Une langue qui, sous leur plume, a su prendre tous les tons, se plier à toutes les formes, peindre toutes les affections, rendre toutes les pensées, animer tous les tableaux, toutes les passions ; une langue enfin qui a prêté son harmonie à Fénelon, son élégance, sa grâce à Racine, et ses foudres à Bossuet, est assez riche de son propre fonds; elle n'a pas besoin d'acquisitions nouvelles. — Consultons sur le néologisme, Voltaire dans ses questions sur l'*Encyclopédie* au mot LANGUE FRANÇAISE, nous verrons avec quelle vigueur il s'oppose à cette manie d'innover sans cesse; et certes, Voltaire n'était l'esclave, ni de la routine ni des vieux usages ; mais il a senti qu'une langue illustrée par les productions des écrivains du siècle de Louis XIV devait s'arrêter, dans la crainte, comme il le dit lui-même, que la langue française, si polie, ne redevînt barbare, et que l'on n'entendît plus les immortels ouvrages de ces grands écrivains ». (Girault-Duvivier, Préface de la *Grammaire des grammaires*.)

NÉPENTHÈS. La feuille du népenthès de l'Inde (*nepenthes distillatoria*), que l'on ren-

contre à Ceylan, est curieuse par sa feuille, terminée par une sorte de coupe contenant de l'eau très pure, et munie d'un couvercle qui s'entrouvre quand le temps est humide et se referme sous les ardeurs du soleil.

NÉVRALGIE. La chirurgie prête aujourd'hui son concours au traitement des cas rebelles de névralgie. On obtient des cures remarquables en mettant à nu le nerf malade et en exerçant sur lui une violente traction : on modifie ainsi considérablement sa structure intime et, par suite, sa vitalité; l'altération que l'on produit de cette manière suffit. Mais c'est souvent pour *guérir* la douleur. Avant d'en arriver à ce moyen excessif, on conseille de soumettre le nerf à l'action réfrigérante du chlorure de méthyle, qui détermine une rapide congélation des tissus et une modification des nerfs telle que le symptôme de la douleur disparaît instantanément. Mais c'est une opération extrêmement délicate, qui exige la main d'un médecin expérimenté. Le chlorure de méthyle est emprisonné dans un récipient; on dirige avec précaution un jet de vapeur sur la partie douloureuse, au moyen d'un robinet que l'on ouvre ; les tissus rougissent d'abord, puis deviennent blancs, ils sont congelés. Il ne faut pas dépasser ce degré, car on pourrait s'exposer à la gangrène. Il est bon d'éviter le contact direct de la peau par le chlorure de méthyle; pour cela on se sert d'un mélange d'ouate sèche et de bourre de soie, ou l'on fait usage de tarlatane.

NICOLAS Nicolaievitch, grand-duc de Russie, né à Tzarkoïe-Selo, le 27 juillet (8 août) 1831, mort en avril 1891. Troisième fils du czar Nicolas Ier, il fut, comme ses frères, élevé en soldat et entra dans l'arme du génie à l'âge de seize ans. Il fit une courte apparition en 1855 devant Sébastopol et prit part ensuite à la campagne du Caucase. Il joua un rôle beaucoup plus actif pendant le conflit *Russo-Turc* de 1877-1878. Commandant en chef de l'armée russe du Danube, et secondé par des généraux comme Nepokotschitzky, Totleben, Skobelef et Gourko, il prit Plevna et marcha sur Constantinople, après une série de sanglantes batailles, dont nous avons parlé dans le *Dictionnaire*, à l'article Russo-TURQUE. Il fut nommé feld-maréchal et inspecteur général de cavalerie et du génie. Il épousa en 1856 la princesse Alexandra d'Oldembourg, dont il eut deux fils, mais dont il finit par se séparer, pour vivre avec une danseuse nommée Tchislova, sans cesser pour cela de rechercher les amours faciles. Il aimait beaucoup la France, et surtout Paris où, disait-il, « on peut si bien faire la noce ». Deux enfants qu'il eut de Mlle Tchislova reçurent, par permission de l'empereur Alexandre II, les titres de comte et de comtesse de Thun.

NICOLO (Nicolas ISOUARD ou ISOARD, dit), compositeur de musique né à Malte en 1777, mort à Paris en 1818. Il appartenait à une famille bourgeoise. Il fut élève de Sala et de Guglielmi, vint en France en 1798 et donna 29 opéras, dont les principaux sont : le *Baiser et la Quittance* (1802); *Michel-Ange* (1802); le *Médecin Turc* (1803); les *Rendez-vous bourgeois* (1807); *Cendrillon* (1810); le *Billet de loterie* (1811); *Lulli et Quinault* (1812); *Joconde*; *Jeannot et Colin* (1814); *Aladin ou la Lampe merveilleuse*, opéra en 4 actes. que la mort l'empêcha de terminer et qui fut achevé par Benincori.

NIDIFICATION. — Encycl. En octobre 1887, M. Rodolphe Rueder, propriétaire d'une fabrique d'horlogerie à Soleure, fit cadeau au cabinet d'histoire naturelle de cette ville d'un nid de fauvette bien extraordinaire, qu'il a trouvé sur un arbre de son jardin, entièrement en ressorts d'acier ; il mesure douze centimètres de long et est construit avec une adresse admirable. — Voilà un progrès dû à l'industrie moderne auquel on ne s'attendait guère.

NIGAUD ou **Patience Russe.** Dans ce jeu, qui admet un nombre indéterminé de joueurs, on fait usage d'un jeu de 52 cartes, ou même de deux jeux entiers, quand le nombre des joueurs l'exige. Le sort ayant désigné quel sera le donneur ou *chef du jeu*, celui-ci recueille tous les enjeux dont il a fait trois lots : un gros, un moyen et un petit; après quoi, il distribue, une à une, aux joueurs et à lui-même, toutes les cartes dont le jeu se compose. Le roi est la plus forte carte; ensuite viennent la dame, le valet, le dix, le neuf, et ainsi de suite jusqu'à l'as, qui est la plus faible carte. Chaque joueur retourne ses cartes à mesure qu'il les reçoit, et les laisse étalées, figures en dessus, devant lui, les unes au-dessus des autres. Celui qui se trouve à droite du donneur étant le premier à jouer, regarde quelle est le carte à découvert sur le tas de son voisin de droite pour poser sur celle-ci la carte qu'il a lui-même à découvert sur son propre tas. Pour que ce dépôt puisse avoir lieu, il faut que les deux cartes se suivent; c'est-à-dire que, si la carte de dessus le tas du joueur est un valet, il n'a le droit de s'en débarrasser que si celle de son voisin de droite est un dix; alors il mettra son valet sur le dix. Si les cartes ne se suivent pas, il regarde le jeu du suivant et continue l'inspection jusqu'à ce qu'il aperçoive un dix sur lequel il posera son valet. Si la carte suivante de son tas est une dame, il se débarrasse également de cette dame en la posant sur le valet et ainsi de suite tant que ses cartes se suivent en progression ascendante. Après lui, le voisin de droite joue à son tour, en suivant, à partir de sa droite, pour tâcher de se débarrasser de la carte du dessus de son tas; s'il en trouve une qui la suive en progression descendante, et même de se défaire de plusieurs cartes, s'il en a plusieurs qui se suivent en progression ascendante. Le jeu se continue ainsi, chaque joueur à son tour se déchargeant de ses cartes sur son voisin de droite ou sur l'un de ceux qui suivent à droite quand il s'en trouve un qui possède la carte immédiatement inférieure à celle que l'on doit jouer. Quand un joueur s'est débarrassé le premier de toutes ses cartes, il a gagné le gros lot. Le jeu se continue entre les autres, et celui qui se défait ensuite de toutes ses cartes gagne le lot moyen. Les autres joueurs continuent encore, et le troisième qui se trouve sans aucune carte enlève le petit lot. Il arrive souvent qu'un joueur se trouvant, pendant un certain temps, aucune occasion de jouer, se trouve embarrassé d'un gros tas de cartes: on dit alors qu'il *fait le nigaud* ou *la patience ;* mais il ne doit pas se désespérer, car dès que la chance tourne, ils se débarrasse facilement de la plupart de ses cartes, parce qu'elles se suivent : c'est ce que l'on appelle *la débâcle.*

NIGER. Ce grand fleuve africain attire vivement l'attention des Européens. La conférence de Berlin (1885) a déclaré, pour mettre fin aux compétitions de l'Angleterre et de la France, que le commerce serait libre sur ce cours d'eau aussi bien que sur le Congo. La France est chargée de la surveillance du Haut Niger, où elle accède facilement par ses possessions du Sénégal ; mais la conférence reconnut le protectorat que l'Angleterre s'était empressée d'imposer, en 1884, aux embouchures et au delta du fleuve et qui s'étend depuis le Rio del Rey jusqu'au Binoui, grand tributaire oriental du fleuve. En 1887, l'Angleterre ajouta à ce protectorat toute la côte, depuis Lagos jusqu'au Rio del Rey. Elle excluait les étrangers du droit de naviguer et de commercer sur le fleuve. Cette exorbitante prétention a soulevé de vives réclamations.

NISARD (Jean-Marie-Napoléon-Désiré), littérateur, né à Châtillon-sur-Seine (Côte-d'Or) le 20 mars 1806, mort le 25 mars 1888. Au sortir du collège Sainte-Barbe, il entra à la rédaction du *Journal des Débats* (1828) et y

fit de l'opposition au gouvernement royal. Après les journées de Juillet, pendant lesquelles on le vit, en compagnie de ses deux frères et d'un de ses oncles qui fut tué, combattre dans les rangs du peuple que sa polémique avait contribué à soulever, son aversion pour la royauté de Louis-Philippe le fit passer dans le camp républicain : il abandonna les *Débats* pour entrer au *National*, dirigé par Armand Carrel. Un petit roman grivois, le *Convoi de la laitière* (1834, 2 vol. in-8°) passa inaperçu ; mais son ardente opposition au mouvement romantique le tira de l'obscurité bien plus que ses fougueuses sorties contre Périer, contre la police, contre l'état de siège et contre tout ce qui tenait au gouvernement. Ses attaques contre Victor Hugo, Alexandre Dumas, Lamartine et autres poètes à la mode, dont il remplit son *Manifeste contre la littérature facile* et ses *Etudes sur les poètes latins de la décadence* (1834, 2 vol. in-8°, 2° éd., 1868), lui attirèrent les vives et spirituelles répliques de Jules Janin (*Revue de Paris*, 1834). En 1835, Nisard fut nommé, par le ministre Guizot, maître des conférences de littérature française à l'Ecole normale, et ensuite, presque simultanément, chef du secrétariat du ministère de l'instruction publique et maître des requêtes au Conseil d'Etat. Tant d'honneurs, acquis si subitement, témoignent suffisamment qu'il avait fait, en politique, une complète volte-face. C'est que déjà il professait sa fameuse théorie des deux morales : la morale de l'homme privé et celle de l'homme politique. Devenu conservateur très décidé, il obtint l'appui du gouvernement pour se faire élire député dans l'arrond. de Châtillon-sur-Seine en 1842. Ministériel et bien en cour, il obtint en 1844 la chaire d'éloquence latine à la Sorbonne, en remplacement de Burnouf. Après la révolution de Février, qui brisa sa carrière politique et l'éloigna de l'enseignement public, il fut l'un des premiers à acclamer le prince Louis-Napoléon qui mettait en pratique sa théorie des deux morales. En 1850, il posa sa candidature à l'Académie française, en concurrence avec Alfred de Musset, et fut élu. Aussitôt après le coup d'Etat, il reconquit ses anciennes positions. Il succéda à Villemain dans la chaire d'éloquence française à la Faculté des lettres. En 1835, dans une de ses leçons, autant pour expliquer les différents changements d'opinion que pour justifier le coup d'Etat, il reprit, en chaire, sa théorie des deux morales et fut hué par ses élèves, puis reconduit jusqu'à son domicile au milieu des sifflets et du vacarme. Quinze étudiants, parmi lesquels se trouvait Rogeard, le futur auteur des *Propos de Labiénus*, furent poursuivis et condamnés à quelques mois d'emprisonnement par le tribunal correctionnel ; et le professeur, qui ne pouvait plus continuer son cours que sous la protection d'une nuée de ces sergents de ville qu'il avait conspués jadis, ne tarda pas à changer sa position contre celle de directeur de l'Ecole normale (1857). Ses mesures arbitraires contre les élèves soupçonnés d'être libre-penseurs amenèrent une révolte, à la suite de laquelle l'Ecole normale fut momentanément licenciée (1867). A la suite de cet événement, Nisard, remplacé à l'Ecole normale, entra au Sénat (18 nov. 1867). Outre les ouvrages déjà cités, Nisard a donné : *Hist. et descript. de la ville de Nîmes* (1835) ; *Mélanges* (1838) ; *Collection des Classiques latins* (1838-'50, 27 vol. gr. in-8°, 2 col., avec la traduction en français) ; *Précis de l'histoire de la littérature française* (1840, in-12), une traduction de l'*Eloge de la folie*, d'Erasme (1842, in-18) ; *Histoire de la littérature française* (1844-'61, 4 vol. gr. in-8°), son œuvre capitale, dans laquelle il cherche à démontrer que depuis le siècle de Louis XIV, il n'y a plus de littérature française digne de ce nom ; *Etudes de critique littéraire*, contenant une notice sur

Armand Carrel, publiée en 1876 dans la *Revue des Deux-Mondes* (1858) ; *Etudes d'histoire et de littérature* (1859) ; *Nouvelles études d'histoire et de littérature* (1864) ; les quatre *grands historiens latins* (1875) ; *Renaissance et Réforme* (1877, 2 vol.), etc.

NIVELLEMENT. — Le nivellement de la France, entrepris en 1857 par le ministère des travaux publics, qui en a chargé l'habile opérateur Bourdaloüe, a pour but de donner une connaissance exacte du relief du sol, en vue de la création des grandes voies de communication, et de la défense nationale. En 1864, Bourdaloüe avait effectué le nivellement d'un réseau de 15,000 kilom. embrassant tout le territoire. A la suite d'un vœu émis, en 1864, par l'Association géodésique internationale, pour recommander l'exécution, dans tous les pays, d'opérations analogues, la surface de l'Europe se couvrit d'un réseau de nivellement de haute précision. Une commission nommée en 1878 par M. de Freycinet, ministre des travaux publics, a dressé le programme d'un nouveau nivellement général de la France, ayant pour base un réseau fondamental de 12,000 kilom., qui sera plus précis que celui de Bourdaloüe. Voici le tableau des lignes nivelées, à la fin de 1887 :

1884	510 kilom.
1885	1.340 —
1886	1.560 —
1887	1.470 —
Total	4.880 kilom.
Restait à niveler	7.120 —
Total	12.000 kilom.

NOAILLES (Paul, DUC DE), historien et académicien, né à Paris, le 4 janvier 1802, mort en 1885. Il succéda, en 1824, aux titres et à la pairie de son grand-oncle, le duc Jean-Paul-François de Noailles, mais, pour cause d'âge, il ne put siéger à la Chambre des pairs avant 1827. Il resta pair de France sous Louis-Philippe et rentra dans la vie privée après la révolution de 1848. Ses *Discours*, son *Histoire de la maison royale de Saint-Louis établie à Saint-Cyr* (Paris, 1843, in-8°) ; et son *Histoire de Mme de Maintenon* (Paris, 1848 et suiv., 4 vol. in-8°), le firent entrer à l'Académie française, en remplacement de Chateaubriand, le 6 déc. 1849.

NOCIF, IVE adj. (lat. *nocivus*, nuisible). Nuisible, préjudiciable, dangereux.

NOCTILUQUE s. f. (lat. *nox, noctis*, nuit ; *luces*, je luis). Inf. Genre d'infusoires marins transparents, globuleux, munis d'une sorte de trompe. Ces animalcules sont gros comme une tête d'épingle. Réunis en nombre immense, ils contribuent à produire le grand et splendide phénomène de la phosphorescence des mers.

NOMBRE. — Encycl. Parmi les curieuses propriétés que possèdent certains nombres de se reproduire quand on les multiplie par d'autres nombres, nous devons mentionner, comme exemple le plus extraordinaire, la propriété du nombre 142857142857142857, etc., en continuant indéfiniment les mêmes séries de chiffres, si on le désire, quand on les multiplie par n'importe quel autre nombre (excepté 7 ou un multiple de 7) ; les produits partiels reproduisent toujours les mêmes séries de chiffres dans le même ordre. Si on les multiplie par 7 ou par un multiple de 7, le produit se composera d'un certain nombre de 9. Exemples :

142857142857	142857142857
102645839	7
	999999959999999999
128571428571428571	
428571428571428591	
142857142857142857	142857142857142857
714285714285714285	14
571428571428571428	
857142857142857142	571428571428571428
285714285714285714	142857142857142857
142857142857142857	
	199999999999999998
1466869128571428509622023	

NOTAIRE. — Législ. L'ordonnance royale du 4 janvier 1843 interdit aux notaires de prendre intérêt dans aucune affaire et de recevoir en dépôt des sommes d'argent dont ils auraient à sortir l'intérêt. Ces prohibitions sont souvent violées ; et les garanties que le public devrait trouver dans l'institution corporative du notariat et dans la surveillance mutuelle qui doit être le principe de ce régime sont reconnues insuffisantes. C'est que, par suite de la vénalité des charges, ceux qui veulent devenir notaires sont obligés d'acheter les offices à des prix exorbitants ; et les produits de ces actes ne peuvent suffire aux intérêts et à l'amortissement de ces prix d'achat. Il est vrai que le ministre de la justice opère souvent des réductions sur ces prix ; mais alors les différences sont versées clandestinement, en dehors des traités approuvés. Voilà la principale cause des nombreux sinistres que l'on constate dans cette profession. Un décret du 30 janvier 1890, rendu dans la forme des règlements d'administration publique, tend à réagir contre les abus dont il s'agit. Ce décret porte, qu'indépendamment des prohibitions énoncées dans l'ordonnance de 1843 (voy. au *Dictionnaire*, t. IV, p. 272), il est interdit aux notaires : 1° de recevoir ou conserver des fonds à charge d'en servir l'intérêt ; 2° d'employer, même temporairement, les sommes en valeurs dont ils sont constitués détenteurs à un usage auquel elles ne seraient pas destinées ; 3° de retenir, même en cas d'opposition, les sommes qui doivent être versées par eux à la caisse des dépôts et consignations, dans les cas prévus par les lois, décrets ou règlements ; 4° de faire signer des billets et reconnaissances en laissant le nom du créancier en blanc ; 5° de laisser intervenir leurs clercs sans un mandat écrit dans les actes qu'ils reçoivent. — Les notaires ne peuvent conserver durant plus de six mois les sommes qu'ils détiennent pour le compte de tiers, à quelque titre que ce soit ; et ils doivent, avant l'expiration de ce délai, les verser à la caisse des dépôts et consignations. Toutefois ils peuvent encore conserver ces fonds pour une nouvelle période n'excédant pas six mois, sur la demande que les parties intéressées leur en ont faite dans le mois qui a précédé l'expiration du premier délai ; et, dans ce cas, ils doivent donner immédiatement avis à la chambre des notaires de leur arrondissement de la demande qui leur a été adressée. Chaque notaire doit avoir au moins un livre-journal, un registro de frais d'actes, un grand-livre, et un livre de dépôts de titres et de valeurs. Ces registres doivent être conformes aux modèles arrêtés par le ministre, et ils doivent être tenus, jour par jour, par ordre de dates, sans blancs, lacunes ni transports en marge, conformément aux articles 4, 5, 6 et 7 du décret réglementaire, et aux dispositions de l'arrêté du ministre de la justice du 15 février 1890. — Un décret spécial, en date du 2 du même mois, réglemente les formalités nécessaires pour le dépôt et pour le retrait des sommes que les notaires sont tenus de verser à la caisse des dépôts et consignations. — Les chambres de discipline sont chargées de faire vérifier, par des délégués, au moins une fois par an, la comptabilité de chaque étude de notaire de l'arrondissement. Les délégués transmettent le compte rendu de leur vérification à la chambre de discipline ; et le président de cette chambre adresse au procureur de la République un rapport constatant le résultat, pour chaque étude, de la vérification, et accompagné de son avis motivé. Les rapports sont transmis au procureur de la République, au fur et à mesure des vérifications et au plus tard avant le 31 décembre de chaque année. En cas de manquements graves aux devoirs ci-dessus indiqués, la chambre de discipline peut être suspendue pour six mois au plus, ou dissoute

par le ministre de la justice, après avis de la première chambre de la cour d'appel, délibérant en chambre du conseil. Les attributions de la chambre de discipline sont alors transférées temporairement au tribunal de première instance.   **Ch. Y.**

NOURRICE s. f. Hort. Branche que l'on greffe en approche à une autre ou à plusieurs autres pour qu'elle leur communique de la sève.

NOUVELLE-RÉPUBLIQUE, angl. New Republic; holland. Nieuwe Republiek, État formé en 1886-87 dans le Zoulouland par des Boers du Transvaal : 3,500 kil. carr. Cap. *Vryheid.* À la mort de Cettiwayo, son fils Dinizoulou obtint l'assistance des Boers contre l'usurpateur Ousibepou. Les Boers reçurent un petit territoire pour prix du concours prêté à Dinizoulou ; ils étendirent graduellement leur nouvelle possession et se firent reconnaître par l'Angleterre ; leur territoire comprend toute la partie septentrionale et occidentale de l'ancien Zoulouland ; il est adjacent au Transvaal et au Swaziland. Il est peu peuplé.

NOVEMBRE (calendrier horticole). Quand vient novembre, toutes les plantes de serre et d'orangerie sont rentrées. Nous ne reviendrons pas sur les soins à leur donner, ainsi, qu'aux plantes d'appartement. Les astères et les chrysanthèmes sont d'ailleurs à peu près les seules fleurs qui peuvent rester dehors impunément. On plante dans ce mois les derniers oignons à fleur. Dans le jardin, on plante les arbres d'agrément — autres que ceux qui exigent la culture en terre de bruyère et les arbres résineux ; les plates-bandes et les massifs bien labourés, on y plante les giroflées jaunes, les semis de juin de toutes sortes de plantes vivaces. On peut encore semer dans les premiers jours de ce mois coquelicots, pavots et pieds-d'alouette. Enfin rien n'est perdu pour un homme ingénieux et prompt à profiter des circonstances : les feuilles qui tombent sont soigneusement recueillies et servent soit à couvrir des plantes délicates, soit à faire du terreau. La préparation du sol pour les semis du printemps, les travaux d'entretien et de propreté donnent en outre une occupation assez considérable pour peu que le jardin soit grand. Rappelons ici, car c'est le vrai moment, que le terreau provenant de la décomposition des feuilles d'arbres, que nous conseillons de recueillir, est le meilleur pour les semis, et qu'il peut tenir lieu, dans la plupart des cas, de la terre de bruyère, dont il se rapproche beaucoup par sa nature. C'est ainsi qu'un jardinier soigneux se procurera la satisfaction d'avoir à sa disposition un terreau non seulement excellent, mais qui ne lui coûtera que la peine de le recueillir d'une manière convenable.

NOYAU (Liqueur de). Ayez des noyaux d'abricots et de pêches, supposons 20 de chaque ; concassez-les et faites-les macérer pendant quatre mois dans un litre d'eau-de-vie, avec un peu de cannelle et d'eau de fleur d'oranger et 125 grammes de sucre fondu dans un peu d'eau. On fait une liqueur analogue, quoique inférieure, avec des noyaux de cerises. -- Noyau anglais. Faites blanchir, mondez et écrasez environ 90 gr. d'amandes, moitié amères et moitié douces, en y ajoutant 500 gr. de sucre en poudre. Faites bouillir 30 centilitres de lait nouveau ; laissez-le refroidir et y ajoutez vos amandes pilées et sucrées. Ajoutez les zestes de trois citrons, très minces, une cuillerée à bouche de miel et un litre de bon genièvre (ou de wisky d'Irlande). Mêlez bien et mettez dans une cruche où vous ferez macérer pendant quinze jours, ayant soin de l'agiter fréquemment. Filtrez au papier et mettez en petits flacons que vous boucherez solidement et cachetterez. On peut ajouter aux amandes quelques amandes d'abricots, de pêches et même de prunes.

NUCAMENTACÉ, ÉE adj. (lat. *nucamentum*, fleur du noyer). Bot. Qui ressemble à la fleur du noyer.

NUCELLE s, f. (lat. *nucella*, diminut. de *nux*, noix). Bot. Intérieur de l'ovule formé de tissu cellulaire au sein duquel est situé le sac embryonnaire.

NUCLEUS s. m. [nu-klé-uss] (mot lat. qui signifie *noyau* ; de *nux*, noix). Bot. Petit noyau que l'on remarque dans chaque cellule, surtout dans sa jeunesse, et qui paraît être le centre de formation de la vie.

NUILLE s. f. [nui-ieu ; *ll* mll]. Hortic. Maladie, sorte de rouille qui s'observe sur les rameaux des melons et qui tend à les faire périr.

O

OBCORDÉ ÉE. adj. préfixe *ob* ; lat. *cor, cordis, cœur).* Bot. En forme de cœur renversé. On dit aussi **Obcordiforme.**

OBCORDIFORME adj. Synon. d'obcordé.

OBSERVATOIRE. Voici quelle est l'altitude de quelques observatoires :

Observ.		
— du Puy-de-Dôme.	1,463 m.	
— de l'Aïgoual (Cévennes).	1,567	
— du mont Ventoux.	1,960	
— du Hoc-Obir (Carinthie) . . .	2,047	
— du mont Cimone (Apennins) . . .	2,162	
— du Santis (Suisse)	2,500	
— du Pic du Midi.	2,877	
— de l'Etna.	2,900	
— du Somenblick (Autriche). . .	3,103	
— de Pike's Peack (Colorado). . .	4,322	

OBTENTEUR s. m. (lat. *obtento*, j'obtiens). Horticulteur qui obtient le premier une variété ou une race intéressante.

OCHNA s. m. [ok-na] (gr. *ochné* poirier). Bot. Genre d'ochnacées, comprenant une douzaine d'espèces d'arbres et d'arbrisseaux qui habitent les régions chaudes de l'Asie et de l'Afrique.

OCHNACÉ, ÉE, adj. (rad. *ochna*). Bot. Qui se rapporte à l'ochna. — s. f. pl. Petite famille de dicotylédones dyalipétales hypogynes, comprenant des arbres et des arbrisseaux glabres, à feuilles alternes, qui habitent les régions intertropicales des deux continents. Genres ochna et gomphia.

OCTOBRE (calendrier horticole). — Le jardin ne prend pas encore sa toilette d'hiver, mais voici déjà le moment de la préparer. On se hâte de rentrer les plantes de serre, les plus délicates dès les premiers jours du mois, les plus rustiques seulement dans la seconde quinzaine. — Bien entendu, pour quiconque n'a ni serres ni orangerie, il faut, quand nous parlons de ces luxueux abris, entendre l'appartement. Ajoutons, ceci entendu, à ce que nous avons dit relativement à la rentrée des plantes, qu'il ne faut jamais perdre de vue que l'air libre est toujours bien plus salutaire aux végétaux que l'atmosphère artificielle la mieux combinée, tant que la température ne s'est pas trop abaissée. Si donc vous n'avez qu'une petite quantité de ces plantes qui craignent la gelée, attendez au dernier moment pour les claquemurer. Une fois enfermées, placez vos plantes de manière qu'elles reçoivent le plus directement possible la lumière du jour, et donnez-leur de l'air toutes les fois que vous le pourrez sans danger. Arrosements modérés, le matin, et soins de propreté constants, voilà pour le reste. Au jardin, on lève les marcottes d'œillet et on les empote ; on empaille les plantes délicates qui doivent passer toutefois l'hiver en pleine terre et on couvre les semis ; on sépare les oignons des plantes bulbeuses ; on coupe les tiges des plantes défleuries. Bien qu'il reste encore quelques fleurs dans les parterres, telles que les dahlias, les phlox, les astères, les roses de Bengale, etc., on commence à labourer et à fumer ceux qui sont entièrement dépouillés ; cela, et les soins d'entretien de propreté, que la chute des feuilles commence à rendre laborieux, suffisent amplement à occuper l'amateur de jardinage dans ce mois. La plantation des narcisses, jacinthes, crocus et tulipes se poursuit régulièrement. Choisir toujours des oignons bien fermes à la main, de formes régulières, et ayant bien saine leur partie inférieure d'où surgissent les racines. Au jardin, on peut planter à cette époque le buis, le myrte, le romarin, et autres arbrisseaux. On sème en place l'adonide d'été, la centaurée bluet, le coquelicot, le pavot, le cynoglosse à feuilles de lin, la giroflée de Mahon, les nigelles, les pieds-d'alouette, etc.

OCTROI. — Législ. La suppression des octrois des villes est certainement difficile à réaliser en France. Une proposition très étudiée a été présentée, sur ce sujet, à la Chambre des députés par M, Yves Guyot et par un grand nombre d'autres députés, le 22 juin 1886. Ce projet consiste à autoriser les conseils municipaux des communes soumises à l'octroi à remplacer cette source de revenus par des taxes directes, et à donner à ces communes la faculté de se rédimer des droits d'entrée perçus par l'État, au moyen de centimes additionnels ajoutés au principal de leurs taxes locales. Ce système aurait pour résultat d'écraser, dans ces villes, la propriété immobilière, succombant déjà sous le poids des contributions directes et des centimes

additionnels qui les surchargent. L'excessive cherté des loyers qui en résulterait ferait refluer au dehors la population des cités les plus florissantes; et l'on ne pourrait plus y entreprendre les améliorations et les embellissements que l'octroi avait, jusqu'alors, permis de réaliser. Ce n'est pas ainsi que l'on a procédé pour arriver à la suppression des octrois, en Belgique et dans les Pays-Bas. (Voy. au *Dictionnaire*, t. IV, p. 297). — La proposition de loi présentée le 20 décembre 1890, par M. Guillemet, député, nous semble plus praticable que la précédente. Elle consiste à attribuer aux communes, en remplacement des octrois, les produits de la contribution personnelle-mobilière, de la contribution des portes et fenêtres et de la contribution des patentes. En cas d'insuffisance de ces ressources, on pourrait y suppléer par des taxes locales. Le sacrifice consenti par l'État se trouvait compensé au moyen de la surélévation de l'impôt sur l'alcool et surtout par la suppression du privilège des bouilleurs de crû. Mais cette réforme se relie trop intimement à celle de l'impôt des boissons pour que l'on puisse la disjoindre (voy. IMPÔT). Ch. Y.

OIE (Jeux). Ce jeu que l'on appelait jadis le *noble jeu de l'oie, renouvelé des Grecs*, et auquel on conserve encore ironiquement ce titre, paraît avoir été inventé par les Allemands, vers la fin du moyen-âge. Il est probable que les anciens colporteurs des premières Bibles imprimées en Allemagne répandirent chez nous à profusion les tableaux enluminés ou jardins de l'oie qu'ils vendaient aux bons bourgeois comme une sorte de renaissance d'un antique jeu grec. Peu à peu, le jardin se trouva être le complément obligé de tout ménage, riche ou pauvre, et, le jeu de l'oie régna, pendant plusieurs siècles, aux foyers de nos arrière-grands-pères. Des centaines d'exemples, tirés de nos auteurs classiques, témoignent de la faveur dont il a joui: qu'il nous suffise de rappeler le distique si connu de Regnard:

J'aime ces jeux galants où l'esprit se déploie;
C'est, Monsieur, par exemple, un joli jeu que l'oie.

Depuis longtemps, l'esprit français se déploie à d'autres divertissements, dont quelques-uns ne sont que des transformations ou même de pâles copies du passe-temps cher à nos ancêtres. L'appareil du jeu de l'oie est des plus simples: deux dés, un cornet et un jardin de l'oie, tableau grossièrement colorié que l'on étend sur une table. Ce jardin se compose d'une feuille de papier ou de carton sur laquelle est tracée une ellipse tournant deux fois sur elle-même en spirale et divisée en 63 casiers. Chaque casier porte un numéro et une petite image. A la case 9 se trouve une oie; l'image du même oiseau se reproduite de 9 cases en 9 cases, jusqu'au *bosquet*, ou 63e et dernière case, but final du jeu. Chaque carton porte, au milieu de l'ellipse, on à côté d'elle, la règle complète du jeu, ce qui nous dispense d'entrer dans de grands détails. Les joueurs, dont le nombre est indéterminé, jettent à tour de rôle deux dés sur la table et couvrent, à l'aide d'une marque reconnaissable, le point qu'ils amènent, en partant du numéro 1. Le premier qui arrive au bosquet a gagné; mais il n'est pas facile d'y parvenir, le trajet se trouvant parsemé d'obstacles et d'écueils. On ne peut s'arrêter sur les oies; et quand on arrive à l'une d'elles, il faut redoubler le nombre de points amenés, jusqu'à ce que l'on ne rencontre plus d'oie. Appliquée rigoureusement, cette règle ferait gagner le premier qui amène 9; mais le cas est prévu, et celui qui jette 9 au premier coup par 5 + 4 va à la case 54 ; celui qui amène 9 par 6 + 3, se place à la case 26. Celui qui fait 6 le (pont), paie le prix convenu et va se noyer au numéro 12. Parmi les autres écueils, il y a l'hôtellerie, où l'on se repose jusqu'à ce

que les joueurs aient tiré deux fois; le puits, où l'on reste jusqu'à ce qu'un autre vienne vous délivrer; le labyrinthe (case 41) qui fait retourner au nombre 30 ; la *prison*, d'où l'on ne peut sortir que si l'on est délivré par un autre joueur; la mort, qui force à recommencer. Lorsque le malheur veut que l'on tombe dans un de ces écueils, il faut payer le prix convenu, sans préjudice du temps d'arrêt. Quand un joueur arrive à une case occupée, celui qui occupe cette case paie l'amende et va prendre la place précédente de l'envahisseur. Pour gagner, il faut arriver juste à la case 63. Quand on la dépasse, on rétrograde du nombre de points qui excède le nombre désirable.

ŒUFS. — Cuis. *Œufs à la coque.* Faites bouillir de l'eau, mettez-y vos œufs et laissez-les-y seulement trois minutes : servez dans une serviette pour les laisser faire leur lait. — *Œufs mollets.* Laissez-les cinq minutes dans l'eau bouillante, alors ils sont « mollets », c'est-à-dire que le blanc est devenu solide et que le jaune est resté liquide; retirez-les à l'eau froide, ôtez les coquilles avec précaution et servez sur une farce d'oseille, une sauce tomate, une sauce blanche, etc. — *Œufs durs.* Bouillis plus de cinq minutes, les œufs deviennent durs; ils s'accommodent comme les œufs mollets et, de plus, entrent dans la préparation de diverses salades. Les œufs durs se préparent encore *à la tripe :* passez au beurre, sans les faire trop roussir, des oignons en tranches; ajoutez un peu de farine; mouillez de bouillon (ou d'eau), avec sel et poivre; laissez mitonner; coupez dans cette sauce des œufs durs, laissez-les-y chauffer en remuant sans les laisser bouillir. Liez avec de la crème. — *Œufs sur le plat.* Foncez de beurre un plat allant au feu; cassez-y vos œufs ; assaisonnez de poivre et sel; faites cuire à petit feu. — *Œufs au beurre noir.* Faites brunir du beurre dans une poêle; cassez-y vos œufs sur un plat et poivre. Quand cuits, vous les dressez sur un plat, vous faites chauffer une cuillerée de vinaigre dans votre poêle et la versez sur vos œufs avec du persil frit. — *Œufs pochés.* Cassez vos œufs dans l'eau bouillante additionnée de vinaigre et sel. Dès qu'ils auront pris une certaine consistance, retirez-les avec une écumoire, placez-les dans l'eau froide; faites égoutter et servez sur une sauce relevée ou une sauce blanche, ou sur une purée de chicorée, d'épinards, etc. — *Œufs brouillés.* Cassez vos œufs dans une casserole avec beurre, sel, poivre, muscade râpée ; faites cuire à feu doux en remuant constamment; dès qu'ils commencent à prendre, retirez-les du feu; ajoutez une bonne cuillerée de crème ou un demi-verre de lait. — *Œufs au lait.* Faites bouillir un demi-litre ou plus de lait avec du sucre que vous aromatiserez de fleur d'oranger, de vanille, de chocolat, de café ou d'écorce de citron. Cassez et battez dans un plat creux une demi-douzaine d'œufs sur lesquels vous verserez votre lait refroidi ; tournez pour opérer le mélange. Placez votre plat sur une casserole pleine d'eau bouillante, autrement sur un bain-marie, couvrez le plat d'un couvercle de campagne bien chaud, — en tout cas, mettez du feu sur le couvercle. Quand les œufs seront pris, retirez-les. Servez froid. — On prépare de la même manière la crème dite *crème en petits pots*, parce qu'il est d'usage de la servir dans des petits pots; à l'exception de ceci, qu'au lieu d'employer des œufs entiers on n'en emploie que les jaunes. Au lieu de servir cette crème après l'avoir fait prendre au bain-marie dans le plat à servir, comme les « œufs au lait ». Elle prendra alors le nom de *crème à la vanille, à la fleur d'oranger*, etc.

OISEAU. — On a imaginé de nombreux appareils pour imiter le chant ou le cri des oiseaux. Le plus simple se compose d'un morceau de sureau, de saule ou d'un bois semblable, long d'environ six pouces, et taillé en sifflet au

milieu. On plonge l'une des extrémités dans un verre plein d'eau, et en soufflant dans

Sifflet pour imiter le chant des oiseaux.

l'autre extrémité, on imite le chant des petits oiseaux.

OLIGOSPERME adj. (préf. *oligo*, peu nombreux; franç., *sperme*). Bot. Se dit d'un fruit qui ne contient que peu de graines.

OLRY, marin français, né à Nancy en 1832, mort à Paris d'une attaque d'apoplexie, en nov. 1890. Enseigne en Crimée, lieutenant de vaisseau en Chine, il devint colonel auxiliaire au Havre, en 1870, puis commanda une brigade du 19e corps d'armée. Gouverneur de la Nouvelle-Calédonie en 1878, contre-amiral en 1884, il fut nommé vice-amiral au mois de septembre 1890. C'est lui qui, commandant la division navale du Levant, eut à s'occuper de l'affaire du Cosaque Atchinoff.

OMBRACULIFÈRE adj. (lat. *umbraculum*, parasol; *fero*, je porte). Bot. Se dit des plantes dont les feuilles, en forme de parasol, produisent de l'ombre.

OMBRACULIFORME adj. (lat. *umbraculum*, parasol; franç., *forme*). Bot. Qui a la forme d'un parasol, *feuille ombraculiforme*.

OMBRES CHINOISES. — On a donné ce nom à différents genres de spectacle. Dans les uns comme dans les autres, les personnages sont des silhouettes apparaissant sur un écran transparent derrière lequel se trouvent les spectateurs, comme pour la fantasmagorie. Quelquefois les ombres représentent les silhouettes de véritables acteurs, projetées sur une grande toile blanche vernie. Les acteurs se livrent à une pantomime animée, à une lutte ou à des danses. Mais les véritables ombres chinoises consistent en une représentation qui a lieu sur un petit théâtre, au moyen de sujets découpés que l'on fait mouvoir derrière un décor transparent. Voici comment on peut construire soi-même, à peu de frais, un théâtre de ce genre. On fabrique des châssis avec des lattes de bois blanc, ayant environ 4 centim. de large sur 1 centimètre d'épaisseur. La grandeur des châssis doit être calculée suivant les dimensions des décors que l'on se procure facilement chez tous les marchands de jouets. Les proportions ordinaires sont de 1m,30 sur 70 centimètres de haut. On y colle proprement, avec de la gomme ou de la colle de pâte, le décor, bien tendu, en ayant soin de placer l'épaisseur du châssis du côté où se trouvera le public, de façon qu'elle fasse saillie sur le devant. On dissimule le bois de la partie extérieure au moyen de bandes de papier noir. Si l'on s'est procuré des décors de gaze blanche ou vernie, on ne leur fait subir aucune préparation. Mais comme ils coûtent assez cher, on leur préfère souvent des décors de papier, sur lesquels sont peintes des représentations de maisons, de paysages, de ponts, de rivières ou de sujets quelconques, en rapport avec les scènes que l'on veut jouer. On passe lentement sur la surface intérieure du décor de ce genre, un linge imbibé d'huile d'olive ou un pinceau plat trempé dans du vernis à tableaux. Pour soutenir ces châssis, on fabrique un cadre ou panneau dont l'ouverture aura un centimètre de moins que le châssis. Ce panneau se place dans l'embrasure d'une porte séparant deux chambres ; on y fait glisser le châssis au moyen de deux rainures parallèles dont l'une est en dessus et l'autre en dessous de l'ouverture. Le cadre peut être posé debout sur une table, dans l'embrasure d'une porte ou supporté par des tasseaux que l'on a légèrement cloués sur les montants de la porte, à la hauteur voulue.

Les sujets et les personnages sont dessinés sur du papier que l'on colle sur du carton très mince; on les découpe avec soin, à l'aide de petits ciseaux et d'un canif, et on perce, au moyen d'un poinçon et d'aiguilles de différentes grosseurs, des trous à l'endroit des yeux ; on pique les principaux traits laissés en blanc, pour indiquer les cheveux, les coiffures, les plis des vêtements, etc. Toutes ces figures doivent être dessinées de profil; on peut se les procurer chez les marchands de jouets; mais il est préférable de dessiner soi-même les figures de personnages, d'animaux ou de sujets quelconques, dont on aura besoin. Après les avoir représentés sur le papier, on les colle sur du carton mince et quand le tout est bien sec, on procède au découpage et au piquage. Pour que ces personnages deviennent de véritables acteurs, il faut que leurs articulations soient mobiles. On leur donne la faculté de se mouvoir en coupant et en perçant d'un trou d'aiguille les deux parties, puis en passant dans les trous un fil que l'on arrête par un nœud de chaque côté, sans trop serrer, afin que la partie articulée : tête, jambe, bras, etc., puisse agir librement. Pour les sujets que l'on a dessinés soi-même, il faut avoir soin, après avoir coupé les membres, de coller par derrière des languettes de carton qui en augmentent la longueur et que l'on rapporte avec des attaches de fil au corps du personnage. A la partie supérieure de chaque pièce susceptible de mouvement, comme la tête et les membres, on passe un fil de laiton que l'on arrête solidement, en le tournant deux fois sur lui-même. Un fil de laiton ainsi accroché au corps fait tenir la figure dans une position verticale, les autres fils font agir les membres; il faut autant de fils qu'il y a de membres agissants. Pour les transformations et les métamorphoses, les sujets sont assemblés au moyen de fils à nœuds; au moment voulu on substitue rapidement la nouvelle figurine à la première en faisant tomber par derrière et disparaître celle-ci. Les choses étant ainsi préparées, on éteint toutes les lumières qui se trouvent du côté des spectateurs, dont la salle doit rester dans l'obscurité complète. Le théâtre est éclairé par un ou plusieurs lampes à réflecteur, placées de l'autre côté, dans une situation élevée, à environ 1^m,50 en arrière du châssis. L'opérateur placé entre la lumière et le châssis, ne peut projeter son ombre sur le décor, en raison de sa basse situation relativement à la lumière. Tout en restant invisible pour les spectateurs, il fait mouvoir et agir les figures, qu'il tient tout près de la gaze transparente ou du papier huilé, sur lequel se projette l'ombre du personnage articulé. En même temps que les petits fils de fer ou de laiton font mouvoir en sens voulu les membres de ces acteurs de carton, l'opérateur met du rapport entre leurs gestes et les paroles qu'il prononce en dissimulant sa voix, pour imiter le timbre d'une femme, d'un enfant, d'un vieillard, d'un jeune homme, etc. Au besoin il sait contrefaire le cri des animaux ou le chant de quelques oiseaux.

OMELETTE (Cuis.). — Cassez vos œufs dans un plat creux; ajoutez une cuillerée d'eau, sel et poivre, et battez bien. Faites chauffer du beurre dans une poêle, versez-y les œufs et faites cuire doucement. Quand l'omelette est cuite, penchez la poêle sur le plat où l'omelette doit être dressée, faites glisser celle-ci et repliez-la en deux. — En ajoutant à vos œufs battus, avant de les mettre sur le feu, des fines herbes, ou des feuilles d'oseille, ou du cerfeuil hachés menu, vous aurez une *omelette aux fines herbes*, à l'oseille ou au cerfeuil; avec du fromage de Gruyère râpé, dans les œufs battus, vous obtenez une *omelette au fromage*. — *Omelette aux truffes*. Faites une omelette au naturel; quand elle sera cuite, versez au milieu un ragoût de truffes. Dressez en repliant sur le plat. — *Omelette aux champignons*. Substituez un ragoût de champignons au ragout de truffes de la précédente. Servez de même. — *Autre*. Emincez ou hachez vos champignons et battez-les bien avec vos œufs; faites cuire comme l'omelette aux fines herbes, au fromage, etc. — L'*omelette aux pointes d'asperges* se prépare également par ce dernier procédé. — *Omelette au lard*. Coupez du lard de poitrine en petits lardons, faites revenir dans la poêle avec du beurre; quand votre lard sera bien coloré, versez dessus vos œufs battus. — *Omelette aux rognons*. Faites sauter vos rognons, coupés en petits morceaux, dans du beurre, avec sel et poivre; retirez-les; jetez-les dans vos œufs battus; opérez pour le reste comme pour l'omelette au naturel. — *Omelette au sucre*. Comme l'omelette au naturel, mais en remplaçant le sel par du sucre et un peu de zeste de citron. Dressez sur un plat couvert de sucre en poudre et semez-en sur votre omelette repliée. — *Omelette aux confitures*. Faites une omelette au sucre, quand elle sera cuite, retirez-la, couvrez-la de confitures sur lesquelles vous la replierez, et saupoudrez-la de sucre. — *Omelette au rhum*. Faites une omelette au sucre dans les œufs battus de laquelle vous aurez ajouté un ou deux petits verres de rhum, suivant son importance. Dressez-la, saupoudrez-la de sucre, arrosez-la de rhum, mettez-y le feu et servez. — *Omelette soufflée*. Cassez des œufs et séparez les blancs des jaunes. Battez les jaunes avec du sucre en poudre et de l'eau de fleur d'oranger; fouettez les blancs en neige et mêlez avec les jaunes. Faites fondre du beurre dans une poêle sur un feu vif; mettez-y vos œufs et remuez-les bien. Lorsque votre omelette commencera à prendre, servez-la sur un plat beurré que vous poserez sur des cendres rouges, saupoudrez-la de sucre et couvrez-la avec le four de campagne bien chaud. Servez quand elle sera montée et elle aura la belle couleur

OMNI-TÉLÉMÈTRE s. m. (lat. *omnis*, tout; gr. *télè*, loin ; *metron*, mesure). Instrument qui permet de mesurer les distances sans triangulation. Il donne les hauteurs, les distances horizontales, sans aucun tracé de ligne de base. Cet instrument, si utile aux voyageurs et aux travaux

Omni-télémètre.

militaires, a été inventé par l'Anglais William Dredge. — Plur. DES OMNI-TÉLÉMÈTRES.

ON (Gramm.). — On est féminin quand on s'adresse à une femme, mais dans le cas seulement où il est clairement établi qu'il s'agit d'elle; ex :

Quand on a tout pour soi, que l'on est *fraîche et belle*,
     S'attrister est bien fou.
           MOLIÈRE.

On est au pluriel quand il y a nécessité de marquer qu'on désigne plusieurs personnes :

.... On se fait *cousins* chez nous, sans s'être *vus;*
Mais au premier faux bond, on ne se connaît plus.
           N. LEMERCIER.

Mais quand le soir bien tard les travaux sont finis
Et qu'autour de la table on est tous *réunis*.
        COLIN D'HARLEVILLE.

ONGINÉ, ÉE adj. (gr. *ogkos*, crochet). Qui a des ongles. — Bot. Se dit des plantes dont les racines sont recourbées en crochet.

OOTHÈQUE s. m. [o-o-tè-ke] (gr. *ôon*, œuf;

Oothèques.

Oothèques ou coques ovigères pondues en 1888 par les sauterelles.

thèké, étui). Entom. Coque en forme de petit cylindre, qui enveloppe un certain nombre d'œufs de sauterelles : « Les femelles sondent le sol avec leur abdomen. L'extrémité de l'abdomen porte des crochets puissants avec lesquels les femelles font un trou de 4 centimètres. Elles pondent dans le trou; à mesure qu'elles laissent échapper leurs œufs, elles sécrètent un liquide spumeux qui les enveloppe, et bouchent le trou avec du sable. Ces coques ovigères se confondent avec le terrain si complètement qu'elles échappent à l'œil le plus exercé. Ces coques ou oothèques ont la forme de petits cylindres un peu arqués ; à l'intérieur, on y trouve, bien rangés, de 30 à 40 œufs d'un blanc jaunâtre. Ces oothèques vont dormir en paix jusqu'au printemps suivant ». Henri de Parville. (*Journal des Débats*.)

OPPOSÉ, ÉE adj. Vis-à-vis. — Bot. Se dit des feuilles, des stipules, des rameaux situés deux par deux à la même hauteur, mais diamétralement opposés. — Se dit aussi des étamines quand elles sont vis-à-vis des sépales ou des pétales.

OPSIOMÈTRE s. m. (op-si-o-mè-tre) (gr. *opsis*, vue; *metron*, mesure). Phys. Instrument

qui sert à déterminer les limites de la vue distincte. — Instrument qui permet de rechercher les verres nécessaires pour corriger les vues faibles. La personne regarde à tra-

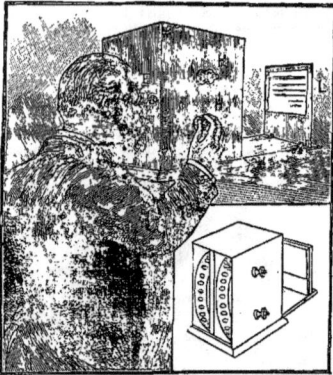

Un nouvel opsiomètre.

vers les oculaires E E′ et tourne l'un ou l'autre des boutons H H jusqu'à ce qu'elle voie distinctement les caractères imprimés sur le tableau L. Un petit indicateur fait connaître la force du verre qui se trouve à ce moment devant l'oculaire.

ORANGE (Liqueur d'). — Faites infuser les écorces de 8 oranges fraîches avec un peu d'écorce de citron dans 4 litres d'eau-de-vie, pendant 15 jours, dans un cruchon bien bouché. Faites bouillir 500 grammes de sucre dans 1 litre d'eau, écumez et laissez refroidir. Ajoutez alors à la liqueur; filtrez et mettez en bouteilles. Quelques personnes ajoutent le jus des oranges. — **Oranger (fleurs d').** Faites macérer dans la même quantité d'eau-de-vie 125 grammes de zestes d'oranges amères fraîches, pendant six heures; filtrez et ajoutez 500 grammes de sucre humecté pour faire fondre. — **Oranger (fleurs d').** Faites infuser pendant 4 jours, dans 1 litre d'eau-de-vie, 50 grammes de fleurs d'oranger. Faites fondre dans un quart de litre d'eau 350 grammes de sucre. Passez votre infusion, ajoutez-y le sirop; filtrez et mettez en bouteilles.

ORANGIEN, ENNE s. et adj. D'Orange; qui appartient à cette ville ou à ses habitants.

ORGYE ou **Orgyie** s. f. (gr. *orguia*, de *oregô*, j'étends). Entom. Genre de lépidoptères nocturnes, renfermant un grand nombre d'espèces, dont une quinzaine vivent en Europe et y font des ravages sur les arbres fruitiers et forestiers. L'*orgye pudibonde* est l'espèce la plus connue en France. Son papillon mesure 6 à 7 centim. d'envergure. Ses ailes antérieures sont d'un gris blanchâtre, avec 4 lignes transversales ondulées; ses ailes postérieures, également blanchâtres, portent une large bande brune. Ses larves attaquent presque tous les arbres de nos forêts et les dépouillent de leurs feuilles. La femelle, privée d'ailes, ne s'éloigne jamais du cocon d'où elle est sortie; mais le mâle, guidé par un sens particulier, sait la découvrir. L'*orgye étoilée*, beaucoup plus petite, n'est pas moins redoutable.

ORLOFF (Nicolas, PRINCE), diplomate russe, né en 1827, mort à Fontainebleau, le 29 mars 1885. Il était fils du prince Alexis Orloff, et se distingua à la carrière des armes. Il se conduisit bravement pendant la guerre de Crimée et perdit un œil au siège de Sébastopol en 1854. Il entra ensuite dans la diplomatie, devint ministre plénipotentiaire à Bruxelles, ambassadeur à Paris, en janvier 1873, et

épousa à Fontainebleau une princesse Troubetskoï. Il a laissé un ouvrage en langue russe, *La Campagne de Prusse en 1806* (Saint-Pétersbourg, 1856).

ORNANO (d'), nom d'une famille corse qui a produit plusieurs personnages célèbres. — **(Alphonse d'),** maréchal de France, fils du fameux Sampiéro (voy. ce mot dans le *Dictionnaire*), né en Corse, vers le milieu du XVIᵉ siècle, mort en 1610. Il prit le nom de sa mère Vanina d'Ornano, fut élevé à la cour de France, retourna dans son pays à l'âge de 18 ans, y combattit les Génois, fit la paix avec eux en 1568, amena en France 800 de ses compatriotes, reçut de Charles IX le titre de colonel-général des Corses, servit ensuite avec fidélité Henri III et Henri IV, contribua à la soumission du Lyonnais et du Dauphiné et devint maréchal de France et lieutenant-général de Guienne. Son tombeau se trouve au musée des antiquités de Bordeaux. — **(Jean-Baptiste),** maréchal de France, né à Sisteron en 1581, mort en 1626. Fils du précédent, il lui succéda dans la charge de colonel-général des Corses, fut nommé gouverneur de Gaston d'Orléans, intrigua avec ce prince contre Richelieu, et obtint le brevet de maréchal de France. Impliqué dans la conspiration de Chalais, il fut enfermé à Vincennes, où il mourut étranglé ou empoisonné. — **(François-Antoine** CUNÉO **d'),** officier français, né à Ajaccio (Corse), en 1756, mort à Rome en 1840. Officier au régiment Royal-Corse, il adopta la Révolution de 1789 et se distingua pendant les premières campagnes de la République. Réformé en l'an IX, il reçut le commandement de la place d'Antibes et demanda sa retraite en 1815. — **(Philippe-Antoine,** COMTE **d'),** maréchal de France, né à Ajaccio en 1784, mort en 1863. Sous-lieutenant en 1800, il fit la campagne d'Italie, eut un rapide avancement, suivit Leclerc à Saint-Domingue, et prit part à toutes les guerres du premier Empire. Pendant la première Restauration, il conserva le commandement des dragons de la garde. Mais la seconde Restauration l'emprisonna, puis l'exila en Belgique. Sous Louis-Philippe, il combattit les Vendéens révoltés (1832) et fut nommé pair de France. Le second Empire l'éleva à la dignité de maréchal de France et le combla d'honneurs. Son nom a été donné à l'un des boulevards de Paris. — **(Rodolphe-Auguste,** COMTE **d'),** fils du précédent, né à Liège en 1807, mort au château de la Branchoire, près de Tours, en 1865. Après avoir terminé ses études à Saint-Cyr, il entra dans la diplomatie et fut envoyé à Londres, comme attaché de légation. Ses relations avec le prince Louis Bonaparte l'ayant fait disgracier, il rentra en France et se retira en Touraine, où il publia plusieurs recueils de vers en l'honneur de Napoléon. En 1851, il fut nommé préfet de l'Yonne; en 1853, chambellan et premier maître des cérémonies. Il fut député de l'Yonne depuis 1857 jusqu'à sa mort.

ORTHOTROPE adj. (gr. *orthos*, droit; *tropé*, pour). Bot. Se dit de l'ovule droit et sans raphé.

OSMOSE. Voici un appareil qui sert à démontrer la diffusion de l'acide carbonique. Dans un flacon à deux tubulures, on introduit une petite vessie, v (de chien ou de lapin) solidement fixée à l'extrémité inférieure de la branche verticale d'un tube en T. La seconde tubulure du flacon est fermée par un tube muni d'une poire en caoutchouc, P, qui permet, le flacon étant hermétiquement bouché, de gonfler et de dégonfler la vessie et de

simuler ainsi les mouvements de dilatation et de relâchement de la cage thoracique. Les deux branches horizontales du tube en T communiquent chacune avec un flacon laveur contenant une dissolution d'eau de ba-

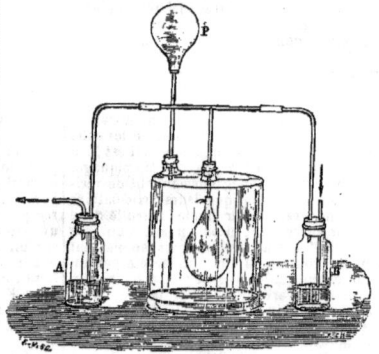

Osmose des gaz.

ryte. Le flacon à deux tubulures contient un peu d'eau de Selz, qui dégage du gaz acide carbonique. Quand on comprime la poire, la vessie se vide, l'air qu'elle contient s'échappe à travers l'eau de baryte du flacon A; ce mouvement correspond à l'expiration pulmonaire. Quand on dilate la poire, la vessie se gonfle et se remplit de l'air extérieur qui a préalablement traversé le flacon B, en se dépouillant de son acide carbonique; ce mouvement correspond à l'inspiration pulmonaire. Si l'on répète plusieurs fois cette opération, on voit l'eau de baryte du flacon A se troubler complètement, tandis que celle du flacon B reste presque limpide, ce qui prouve que l'acide carbonique produit par l'eau de Seltz a traversé les parois de la vessie et s'est mélangé à l'air qu'elle contient. Cette expérience simule donc le phénomène de l'exhalation de l'acide carbonique à la surface de la muqueuse pulmonaire.

OSSALOIS, OISE s. et adj. D'Ossau; qui appartient à la vallée d'Ossau ou à ses habitants.

OSSELETS (Jeux). — Les osselets ou astragales du mouton ne sont plus employés aujourd'hui que pour un jeu d'adresse dont nous nous occuperons plus loin. Dans l'antiquité, ils servaient à un jeu de hasard que l'on a quelquefois confondu avec les dés. L'astragale du mouton est un os inégal, convexe en certains endroits, concave dans d'autres; il ne peut guère s'arrêter que sur quatre côtés, ses deux extrémités étant trop arrondies pour qu'il lui soit facile de s'y reposer. De ces quatre côtés, il y en a deux plats et deux larges. L'un des côtés larges valait six; l'opposé ne valait qu'un; le côté étroit et convexe valait trois; son opposé, qui est concave, valait quatre; il n'y avait donc ni deux ni cinq. On jouait ordinairement avec quatre osselets, qui ne pouvaient produire que 35 coups:

4 dans lesquels les 4 faces étaient semblables;
18 dans lesquels il y avait 2 faces de nombres semblables;
12 dans lesquels 3 faces étaient semblables;
1 dans lequel les osselets étaient différents (1, 3, 4, 6).
—
35

Pour jeter les osselets, on se servait de cornets semblables à ceux que l'on employait pour les dés. Les osselets servirent de principal divertissement aux graves héros qui restèrent dix années devant la ville de Troie. Plus tard, ce ne fut plus qu'un amusement d'enfants; et Phraates, roi des Parthes, voulant reprocher à Démétrius de Syrie sa légèreté habituelle, lui envoya des osselets d'or. — Pour jouer

aux osselets, on emploie les petits os nommés *astragales* qui se trouvent dans l'articulation du jarret des moutons, ou bien de petits morceaux d'os ou d'ivoire taillés de manière à les imiter. La face convexe se nomme *dos;* la face concave est le *creux; les deux autres côtés sont appelés *plats*. Dans les parties modernes, on emploie de quatre à huit osselets, ordinairement cinq. L'un des joueurs, désigné par le sort, prend les osselets dans sa main droite, les jette en l'air et les reçoit sur le dos de la main, mettant son adresse à en retenir le plus possible. Ayant fait passer dans sa main gauche les osselets ainsi retenus, à l'exception d'un seul qu'il jette en l'air et qu'il reçoit sur le dos de la main droite, il ramasse un à un de la main gauche, à chaque exercice de la main droite, les osselets qui, au premier coup, se sont éparpillés sur la table. Quand il les tient tous dans la main gauche, il les dépose sur la table et doit les ramasser d'un seul coup pendant le temps que la droite jette et reçoit son osselet, et les laisser retomber pendant le temps d'un autre exercice de la main droite. Ayant examiné la position de chaque osselet, il doit les retourner un à un de manière à leur faire présenter le *dos*, toujours pendant que la main droite agit de son côté en lançant et recevant son osselet. Tous les osselets étant dans la position voulue, il faut ensuite les retourner pour mettre les *creux* en dessus, et encore pour qu'ils présentent les *plats*. L'exercice du *puits* exige plus de dextérité. Le joueur, ayant débuté par laisser tomber les osselets pendant que la main droite fait sauter celui qui lui est réservé, place sa main gauche sur la table, le plat des ongles appuyé, les doigts pliés, de façon que l'index et le doigt majeur se touchent par le bout et laissent entre eux, dans le milieu et dans le haut, un espace vide appelé ouverture du puits. Il s'agit, à chaque coup, de lancer l'osselet de la main droite, de ramasser, avec la même main, un des osselets, de le faire passer par l'ouverture et de rattraper, toujours, avec la main droite, l'osselet qui a été jeté. Quand tous les osselets sont tombés dans le puits, le joueur doit les ramasser d'un seul coup, pendant l'exercice de la main droite. Dans la *passe*, le pouce et l'index de la main gauche, se réunissant par le bout, forment une ouverture dans laquelle la main droite doit faire passer un à un les osselets, tout en exécutant son exercice à chaque coup. Les *rafles*, ui offrent encore plus de difficultés, se composent de deux, de trois ou de quatre coups, uivant les conventions. Au premier coup, le oueur retourne du côté du plat un des osselets, amène la main gauche, pendant l'exercice de la main droite; au second coup, il doit en retourner 2; au troisième 3; au quatrième 4, dans le même espace de temps, ce qui exige une adresse peu commune. Quand un joueur manque l'un des tours, il cède sa place à son adversaire, et reprend le jeu au point où il .'a laissé quand celui-ci commet à son tour une faute.

OTOSCOPE s. m. (gr. *ous, ôtos*, oreille; *sko-peô*, j'examine.) Appareil imaginé par le Dʳ Rattel pour éclairer l'intérieur de l'oreille. Il se compose d'un petit réflecteur elliptique R, représenté ouvert, afin de permettre de voir la petite lampe électrique à incandescence L, placée à l'un de ses foyers, et dont le réflecteur projette la lumière, par un petit orifice O, dans l'intérieur de l'oreille. Le courant éleciriqueest amène à la lampe par les fils W, W, d'un accumulateur qui ne figure pas dans la gravure. Cet accumulateur fournit à la lampe une lumière de 2 bougies pour une durée de 6 heures. Une petite clef B, permet de fermer le circuit ou de rallumer la lampe à volonté. Cet appareil sert à inspecter les parties intérieures de l'oreille, quand on soupçonne qu'il s'y trouve une lésion.

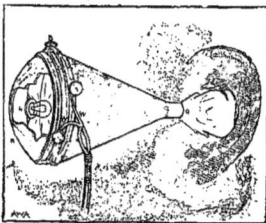

Otoscope.

OU (Gramm). — Quand un verbe a deux sujets de la troisième personne unis par la conjonction *ou*, doit-on faire accorder ce verbe avec les deux sujets ou avec le dernier? Les grammairiens ne sont pas d'accord. Patru, Vailly, Fabre, Marmontel, Domergue, Lévizac et Sicard veulent que, dans aucun cas, on ne fasse accorder le verbe avec les deux substantifs ou pronoms, parce que, disent-ils, dans une phrase où la conjonction *ou* est employée avec deux sujets de la troisième personne, l'idée est disjonctive; dès lors le verbe n'est chargé selon le sens, que d'un sujet, l'action n'étant faite que par l'un deux; en conséquence, ils pensent que le verbe ne doit s'accorder qu'avec un seul de ces sujets, et que l'on doit préférer celui qui a été énoncé le dernier, comme fixant le plus l'attention; ainsi ils veulent qu'on dise: *c'est le soleil ou la terre qui tourne.* — *C'est Cicéron ou Démosthène qui a dit cela.* — *La douceur ou la force le fera.* — *Lui ou elle viendra.* Il en est de même lorsque la conjonction *ou* est répétée: *ou la douceur, ou la force le fera.* — Cependant l'Académie n'est point d'accord avec les grammairiens, car tantôt elle fait accorder le verbe avec le dernier sujet : *c'est Cicéron ou Démosthène qui a dit cela*, et tantôt avec les deux : *ce sera son père ou son frère qui obtiendront cela.* Les écrivains diffèrent aussi d'opinion dans cette circonstance ; exemples :

> Votre trouble *ou* le mien nous ferait reconnaître.
> Racine, *Bajaset*, acte II, sc. v.

Seigneur, il vous est donc indifférent que nous périssions, et notre perte ou notre salut n'est plus une affaire qui vous intéresse. (Massillon, Ecueils de la Piété). — *Le bonheur ou la témérité ont pu faire des héros; mais la vertu toute seule peut former de grands hommes.* (Le même, Triomphe de la Religion). — *La peur ou le besoin font tous ses mouvements.* (Buffon, parlant de la souris). — *Le temps ou la mort sont nos remèdes.* (J.-J. Rousseau, la Nouvelle Héloïse). — *En quelque endroit écarté du monde, que la corruption ou le hasard les jette,* etc. (Bossuet, Orais fun. de la duch. d'Orléans). — *En quelque endroit des terres connues que la tempête ou la colère de quelque divinité l'ait jeté, je saurai bien l'en retirer.* (Fénélon, Télémaque, liv. IX.)

> Ou ton sang *ou* le mien lavera cette injure.
> Voltaire.

En sorte que, de ce qui précède, il résulte que, lorsqu'il y a deux sujets, unis par la conjonction *ou*, on peut faire accorder le verbe avec les deux sujets ou avec le dernier, et dire également bien : *Pierre ou Paul le fera* ou *le feront,* puisqu'on y est autorisé par l'exemple de l'Académie et par celui de beaucoup d'écrivains; mais que, cependant, l'accord *avec le dernier sujet paraît préférable;* car, outre l'autorité d'excellents auteurs, on a pour soi celle de très bons grammairiens dont l'opinion nous semble bien établie. Tout ce que nous venons de dire sur la conjonction *ou* s'applique à *l'un, l'autre* lorsqu'ils sont unis par

cette conjonction; on dira donc *l'un ou l'autre vous écrira,* préférablement à *vous écriront.*

> L'un *ou* l'autre fit-il une tragique fin ?
> Boileau, satire VII.

Lorsque les deux sujets, unis par la conjonction *ou*, sont de différentes personnes, l'usage exige que la personne qui a la priorité soit placée immédiatement avant le verbe qui, dans ce cas, s'accorde avec cette personne et *se met au pluriel : c'est toi ou moi qui avons fait cela; c'est lui ou moi qui avons fait cela.* (L'Académie, opusc. sur la langue franç.) — *Lui* ou *moi nous serons peut-être un jour assez heureux pour,* etc. (Marmontel). — Le roi, l'âne, ou moi, nous mourrons. (La Fontaine, fabl. 122; Wailly, p. 145; Marmontel, p. 292; Lévizac, p. 63, t. II; et Sicard, 133, t. II). — De nos jours, les grammairiens Littré, Brachet, Larive et autres, donnent la règle suivante : Le verbe, conjugué avec deux sujets unis par *ou*, se met au singulier si l'un des deux sujets exclut l'autre, l'action ne pouvant être soufferte à la fois que par l'un des deux. Exemples : « La paix ou la guerre sortira de cette conférence. La gaieté ou la tristesse emplira la maison ». Mais si les deux sujets peuvent concourir à l'action exprimée par le verbe, celui-ci se met au pluriel, Exemple : « Le courage ou le bonheur ont pu faire des héros ». Evidemment, la paix et la guerre, la gaieté et la tristesse ne peuvent aller ensemble, tandis que le courage et le bonheur peuvent exister à la fois. Cette règle est donc très juste. *Ou* peut donc être considéré comme disjonction ou comme copulation. Dans le premier cas on met le singulier; le pluriel dans le second.

OUVRIER. — Législ. Nous avons, en plusieurs endroits de ce *Supplément,* résumé la législation concernant spécialement les ouvriers. (Voy. Assurance, Louage, Responsabilité, Société, Travail, etc.) En outre, la loi concernant les syndicats d'ouvriers a été analysée au Dictionnaire (t. V, p. 389). On doit reconnaître que les Parlements ont été constamment une tendance manifeste à favoriser l'ouvrier, et principalement l'ouvrier des manufactures. Cette sollicitude est certainement louable; mais on s'occupe beaucoup moins des employés de toutes sortes, ainsi que de la nombreuse famille des ouvriers agricoles. C'est sans doute parce qu'ils se plaignent moins fort que les travailleurs de l'industrie. La situation de ces derniers est, en général, plus précaire ; mais ils s'est acceptée librement, et ceux d'entre eux qui se distinguent par leurs talents et une conduite honorable n'ont rien à envier aux autres classes de la société humaine. Voici en quels termes M. Jules Simon a résumé, dans le journal *le Temps* du 29 juillet 1890, les avantages dont profitent aujourd'hui les ouvriers de l'industrie : « Ils sont en minorité dans le monde politique. Toutes les fois qu'ils ont voulu livrer une bataille rangée, ils l'ont perdue. Mais de défaite en défaite, ils sont arrivés à un état qui vaut plusieurs victoires. Qu'ils se reportent par la pensée à cinquante ans en arrière, et ils verront de quel pas ils ont marché. Regardent-ils du côté de l'instruction ? Ils ont l'instruction obligatoire, les cours d'adultes, l'accession aux bourses dans tous les degrés et dans tous les ordres d'enseignement. La capacité intellectuelle est émancipée. Regardent-ils l'atelier ? On a garanti les enfants contre le travail prématuré, les femmes contre le travail excessif ou dangereux ; on a permis les coalitions et créé les syndicats, on a donné aux ouvriers le droit de surveiller eux-mêmes les conditions de leur sécurité dans les professions dangereuses ou insalubres; on a créé la caisse d'épargne, la caisse des retraites ; il est question d'assurer des retraites à tous les invalides du travail ; les associations coopératives ont été organisées,

favorisées; la participation aux bénéfices, à peine connue il y a vingt ans, se répand de plus en plus. Il est singulier après cela de voir les capitalistes, qui ont tant perdu, demander que l'on continue à étudier pacifiquement les réformes, et les ouvriers, qui ont tant gagné, se jeter dans les aventures, à la suite de meneurs irresponsables qui ne leur ont jamais fait que du mal ».　Cʜ. Y.

P

PAGN   PAIX   PALE

PADOUE (Ernest-Louis-Henri-Hyacinthe Arrighi de Casanova, *duc de*), homme politique, né à Paris, le 26 septembre 1814, mort le 28 mars 1888. Il était fils du général Arrighi, que Napoléon Iᵉʳ avait créé duc de Padoue. Sorti de l'Ecole polytechnique, en 1833, il entra, le premier de sa promotion, à l'Ecole d'application, en 1835, et devint officier du génie; mais il donna immédiatement sa démission et se retira dans ses propriétés de Courson-lès-Aulnay (Seine-et-Oise), où il vécut loin de la vie publique jusqu'à la révolution de Février. Après l'élection du 10 décembre 1848, il fut nommé préfet du département de Seine-et-Oise et y prit toutes les mesures qui lui semblèrent de nature à faciliter la proclamation de l'empire. Lors du coup d'Etat, il fut récompensé par le titre de maître des requêtes au Conseil d'Etat et le 21 mars 1853, à la mort de son père, il hérita du titre de duc de Padoue. Trois mois plus tard, il devenait sénateur. Quand éclata la guerre d'Italie, l'empereur lui confia le portefeuille de l'Intérieur (5 mai 1859). En qualité de ministre, il adressa aux préfets une note confidentielle restée fameuse, pour leur recommander de dresser une liste de suspects, comprenant « tous les hommes dangereux, républicains, orléanistes et légitimistes, et d'avoir des mandats tout prêts afin de faire opérer sans perte de temps leur arrestation en cas de besoin ». Le 15 août suivant, le duc de Padoue signa le décret d'amnistie et fit remise des avertissements donnés à la presse. Il céda son portefeuille à M. Billault, le 1ᵉʳ novembre 1859. Rendu à la vie privée lorsque le Sénat se fut dissous de lui-même après la 4 septembre 1870, le duc de Padoue ne cessa de faire de l'opposition au gouvernement républicain. L'un des directeurs du comité de l'appel au peuple, il se mit à la tête de la manifestation de Chiselhurst, le 16 mai 1874, et fut suspendu de ses fonctions de maire de Courson-lès-Aulnay. Candidat bonapartiste lors de l'élection législative partielle du 18 octobre 1874, en Seine-et-Oise, il échoua, ainsi qu'à celle du 7 février 1875, dans le même département; mais il fut élu à Calvi (Corse), le 20 février 1876 et réélu le 14 octobre 1877. Il siégea parmi les bonapartistes, devint le président du comité de l'appel au peuple et se fit le protecteur du prince Victor, héritier des prétentions de la famille Bonaparte. Accusé d'avoir voté et d'avoir fait voter toute sa maison dans deux circonscriptions du huitième arrondissement de Paris, il vit procéder contre lui à un commencement de poursuites.

PAGNY. — I. P.-la-Blanche-Côte, village du cant. et à 10 kil. de Vaucouleurs, arrond. et à 30 kil. de Commercy (Meuse); 700 hab. — II. P.-la-Ville, village du cant. et à 8 kil. de Seurre, à 33 kil. de Beaune (Côte-d'Or); 850

hab. — III. P.-le-Château, village du cant. et à 7 kil. de Seurre, à 34 kil. de Beaune (Côte-d'Or); 750 hab. Ruines d'un château dont la chapelle est classée parmi les monuments historiques. — IV. P.-sur-Meuse ou P.-Vaucouleurs, village du cant. et à 7 kil. de Void (Meuse), à 15 kil. de Commercy, sur la rive droite de la Meuse; 900 hab. Beau pont sur la Meuse; viaduc du chemin de fer de l'Est. — V. P.-sur-Moselle ou P.-sous-Pagny, petite ville frontière au pied de la côte de Prény, cant. et à 9 kil. de Pont-à-Mousson, arrond. et à 40 kil. de Nancy (Meurthe-et-Moselle), au milieu d'un beau vignoble; 1,100 hab. Patrie du comte de Serre, à qui un petit monument a été élevé.

PAILLETTE s. f. Bot. Nom donné à différentes petites écailles scarieuses, surtout aux bractées qui garnissent le réceptacle de plusieurs composées.

PAIN (Fleurage du). Dans une séance du mois d'avril 1891, le conseil d'hygiène et de salubrité de la Seine a entendu un rapport de M. Planchon sur une pétition contre l'emploi de la sciure de bois pour le fleurage du pain. On sait que, pour enfourner la pâte du pain, les boulangers ont l'habitude de répandre sur leur pelle une poudre qui empêche l'adhérence de la pâte : c'est ce qu'on appelle le *fleurage*. Cette poudre était jadis composée de son, de remoulage, de farine, de féveroles. A côté de ces poudres, on trouve un fleurage économique qui est tout simplement de la sciure de bois, principalement celle du chêne. M. Planchon a déclaré que la poudre de chêne n'a ni odeur ni saveur bien sensible et, en tout cas, cette odeur et cette saveur ne sont nullement désagréables. Les fibres qui la composent sont des éléments peu ou point attaqués par les sucs digestifs. Mais on ne saurait dire que cette poudre de bois présente un danger pour la santé, puisqu'elle n'a en elle aucune matière nuisible : c'est tout au plus une substance indifférente, analogue en somme aux pellicules non digérées des autres fleurages. Le fleurage n'entrant pas du tout dans le pain et disparaissant d'ailleurs en grande partie quand la croûte a été brossée avec soin, le rapporteur en arrive à penser qu'il n'y a aucun inconvénient à l'usage de cette substance économique. Ce rapport a été adopté et le conseil a émis le vœu que l'administration surveillât l'emploi de la sciure de bois, afin d'empêcher les boulangers de se servir de sciure souillée ou malpropre.

PAIX. — Encycl. Nous avons déjà parlé, dans le *Dictionnaire* (t. IV, p. 388), des sociétés qui ont pour but de rechercher les moyens d'assurer la paix entre les nations; et nous avons cité les principaux congrès qui ont été organisés par les *sociétés des amis de la paix*. Nous devons constater que ces réu-

nions ont pris malheureusement un caractère particulier, par suite des doctrines anarchiques qui s'y sont fait jour, notamment dans le congrès réuni à Grenoble le 31 août 1890. — Un *congrès interparlementaire*, ayant le même but que les précédents, s'est tenu à Paris, au mois de juin 1889, et un autre s'est tenu à Londres, au mois de juillet 1890. La France s'y trouvait amplement représentée. Voici les résolutions que le congrès de Londres a adoptées : « 1º En vue d'assurer la paix et l'amitié entre les nations, les membres du congrès recommandent la conclusion de traités d'arbitrage. Par ces traités, sans porter atteinte à l'indépendance et à l'autonomie des nations, celles-ci s'engageraient à soumettre à un arbitrage la solution de tous les différends qui pourraient surgir entre elles. Mais, comme pour le moment, la conclusion de traités d'arbitrage serait difficile à réaliser, le congrès recommande, en attendant, de soumettre tous les différends à l'arbitrage ou à la médiation ; 2º jusqu'au moment où la conclusion de traités d'arbitrage deviendra possible, le congrès recommande d'introduire des clauses relatives à l'arbitrage dans les traités de commerce et autres; 3º comme l'établissement de rapports plus étroits entre les membres de divers Parlements servirait la cause de la paix, le congrès recommande la nomination dans chaque pays d'un comité parlementaire chargé de faciliter l'échange des idées et l'examen des litiges qui viendraient à se produire; 4º les membres du congrès s'engagent, de leur côté, à exercer leur influence individuelle et collective dans leurs pays respectifs, au sein des Parlements et ailleurs, pour que les principes établis dans la première résolution, ci-haut mentionnée, puissent recevoir une application pratique ; 5º le congrès se réunira désormais tous les ans dans une des capitales des Etats représentés. L'année prochaine, la réunion aura lieu à Rome. La date de la réunion sera fixée par le comité italien; 6º un comité de trente membres, comprenant toutes les nationalités, sera chargé des travaux préparatoires pour le prochain congrès. »　Cʜ. Y.

PALET (Jeux). On appelle ordinairement palet une pierre plate et à peu près ronde ; mais le véritable palet des joueurs est un disque de métal que l'on jette vers un but, en s'efforçant de le placer plus près que le palet de l'adversaire. Les joueurs peuvent être au nombre de deux ou de quatre : s'ils sont quatre, ils peuvent se mettre deux contre deux. Quand tous les joueurs ont lancé leur palet à tour de rôle, l'enjeu appartient à celui qui s'est placé le plus près du but. Quelquefois, on convient que le plus rapproché du but seulement ou un point et que le vainqueur sera celui qui atteindra le premier un nombre de points déterminé. L'adresse consiste à bien

tenir le palet entre ses doigts et à lui donner, en le lançant, un mouvement de rotation, de manière qu'en tombant sur le sol, il reste sur le point où il a été jeté. Le palet anglais est un disque de fer, concave d'un côté et convexe de l'autre, et percé d'un grand trou en son milieu (fig. 1). On le tient la partie convexe en dessus (fig. 2). Le but est une barre de fer enfoncée dans le sol qu'elle dépasse un peu. Les joueurs, à tour de rôle, s'évertuent à placer leur palet sur ce but, soit en enfilant leur palet, comme en A (fig. 3), soit en touchant la barre avec la tranche du palet, comme en B, soit en recouvrant le

Fig. 1. — Palet anglais.

Fig. 2. — Manière de tenir le palet anglais.

Fig. 3. — Bonne chute du palet anglais.
A, Palet enfilé. — B, Palet sur la tranche. — C, Palet enfoncé.

but, quand le palet, passé un peu au delà, s'enfonce dans le sol, comme en C.

PALIZZI (Joseph), paysagiste et peintre animalier, né à Lanciao (Abruzzes), en 1813, mort le 17 janvier 1888. Il étudia d'abord le droit, et par des préventions de famille, ne put commencer sérieusement ses études artistiques que vers 1836. Après avoir exposé quelques toiles à l'Académie de Naples, il vint à Paris où il finit par se fixer, exposant assez régulièrement aux Salons annuels. On cite de cet artiste : *la Vallée de Chevreuse* (1848); le *Retour de la foire* (1850); le *Printemps* (1852); *Chèvres ravageant des vignes* (1855, Exposition universelle); *Combat de béliers, Retour des champs, l'Ane complaisant* (1857); *la Traite des veaux dans la vallée de la Touque* (1859); *les Ruines des temples de Pæstum, la Forêt* (1861); *les Anes, les Moutons, la Normandie* (1863); *Hautes futaies, Troupeaux de bœufs chassés par l'orage* (1864); *le Pont de la Reine à Fontainebleau, la Charbonnière, la petite Chaumière, Intérieur de la forêt de Fontainebleau, Petit Poney* (1867, Exposition universelle); *Environs de Naples* (1868); *les Chardons, Moutons allant aux champs* (1869); *Buffles dans la campagne de Pæstum* (1873); *la Forêt* (1874); *un Pâtre italien descend de la montagne, conduisant ses moutons* (1875); *le Retour de la foire, la Route de San Germano près du mont Cassin* (1876).

PALLAS s. m. [pal-lass]. Boniment de saltimbanque.

PALMATIFIDE adj. (lat. *palmatus*, palmé; *findere*, fendre). Bot. Se dit des feuilles découpées en plusieurs lanières, quand les divisions atteignent la moitié du limbe et sont disposées comme les doigts d'une main ouverte. Exemple : le ricin. — On dit aussi *palmifide*.

PALMATILOBÉ, **ÉE** adj. (lat. *palmatus*, palmé; *lobus*, lobe). Bot. Se dit des feuilles divisées comme celles qui sont dites palmatifides, mais dont les divisions, plus larges, prennent le nom de lobes. Exemple : l'érable trilobé. — On dit aussi *palmilobé*.

PALMATIPARTITE adj. (lat. *palmatus*, palmé; *partitus*, divisé). Bot. Se dit d'une feuille découpée plus profondément que la feuille palmatifide, comme dans l'aconit. — On dit aussi *palmipartite*.

PALMATISÉQUE, **ÉE** adj. [pal-ma-ti-sé-ké] (lat. *palmatus*, palmé; *sectus*, coupé). Bot. Se dit d'une feuille découpée comme la feuille palmatifide, mais dont les découpures vont jusqu'à la base du limbe, de manière à simuler une feuille composée de plusieurs folioles : *la feuille palmatiséquée diffère de la feuille composée en ce que les divisions nommées segments ne sont pas articulées sur le pétiole; la quintefeuille est palmatiséquée.* — On dit aussi *palmiséquée.*

PALMETTE s. f. Arboric. Forme particulière que l'on donne aux arbres fruitiers en espalier et en contre-espalier, et qui consiste en ce que les branches sont dirigées sur un seul plan, comme un éventail ou comme une main ouverte, dont les doigts sont écartés. Cette disposition est la plus ordinairement employée pour les espaliers, parce qu'elle est facile à imposer aux arbres fruitiers. On la préfère toutes les fois qu'il s'agit de diriger

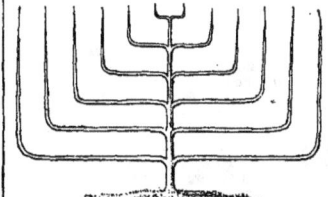

Palmette candélabre

des poiriers. La *palmette simple* comprend une tige verticale partant du collet de l'arbre et des branches obliques parallèles, régulièrement distancées, à droite et à gauche de cette tige. La *palmette double* en *u* se compose de deux tiges verticales au lieu d'une seule. Les palmettes sont *horizontales* ou *obliques* suivant que les branches sont abaissées horizontalement ou inclinées obliquement. La *palmette candélabre* est une palmette horizontale perfectionnée, dans laquelle on redresse verticalement l'extrémité des branches, pour que la sève puisse s'y porter, sans nuire à la fructification des parties horizontales.

PALOIS, **OISE** s. et adj. (lat. *Palus*, Pau, n. pr.) De Pau; qui appartient, qui concerne cette ville. — On dit quelquefois PALÉSIEN ou PAUNIEN.

PANAMA (Canal de). Ce canal, une fois complété, sera la plus immense travail dû au génie de l'homme. Mais sa construction a rencontré des difficultés inattendues. L'insalubrité du climat, le manque d'argent, le mauvais vouloir du gouvernement des Etats-Unis, la jalousie d'un grand nombre de capitalistes, ont créé des entraves et ont fait arrêter les travaux. — En 1878, une concession fut accordée par le gouvernement de la Colombie à une société interocéanique, représentée par MM. Couvreux et Hersent. Cette société s'organisa et adopta les plans de MM. Wyse et Reclus. Les travaux commencèrent. Mais il fallait environ un milliard et demi de francs pour les terminer, et l'on ne put jamais réunir cette somme. En 1886, M. de Lesseps, accompagné d'ingénieurs de plusieurs pays, visita l'isthme, et revint en Europe avec la certitude que le canal serait livré à la circulation en 1889. On fit de nouveaux emprunts, que l'on croyait suffisants et dont le produit s'engouffrait sans cesse dans les immenses excavations de l'isthme. Le 15 novembre 1887, M. de Lesseps, pour détruire les craintes que faisait naître cette colossale entreprise, s'adressa au gouvernement français et écrivit au chef du cabinet une lettre importante, dans laquelle il faisait savoir qu'il se proposait de s'opposer « à l'indescriptible

amertume de ses adversaires » en faisant à Panama ce qu'il avait fait à Suez. Peu après, les journaux favorables à cette entreprise annoncèrent que l'ouverture du canal à travers les collines du Midi, à 7 kilomètres de Côlon, était un fait accompli. Le 1er mars 1888, M. de Lesseps lut son rapport, à la réunion de la compagnie, qui eut lieu à Paris et, crut pouvoir affirmer que le canal serait ouvert à une date définitivement fixée en 1890. La réunion autorisa, d'enthousiasme un nouvel emprunt de 340 millions de francs, ce qui, ajouté aux 260 millions déjà empruntés, faisait un total de 600 millions, sans compter une somme de 120 millions pour l'achat de rentes françaises, en garantie des primes. En réponse à cette décision de la compagnie, les adversaires de l'entreprise publièrent et firent crier dans les rues un pamphlet intitulé le *Cataclysme fatal du Panama*. Dans sa séance du 26 mars 1888, la Chambre des députés, par 290 voix contre 170, résolut de prendre en considération le projet d'emprunt; mais le gouvernement ne participa pas à la discussion, qui se termina, le 28 avril, par l'adoption d'une clause qui refusait à la compagnie du Panama la garantie de l'Etat; sauf cette restriction, l'émission de valeurs à lots était autorisée. Le Sénat ayant approuvé cette décision, le 5 juin, l'émission fut fixée au 26 de ce mois; elle se composait de 2 millions d'obligations à 360 francs, produisant 15 francs d'intérêt et remboursables en 99 ans. Il devait y avoir 6 tirages par an jusqu'en 1913 (et ensuite 4 seulement), dont 3 comprendraient un lot de 500,000 francs, et 3 un lot de 250,000 francs, outre des lots de moindre importance, le tout formant annuellement un total de 3,390,000 francs. On s'attendait à un grand succès, d'autant plus que l'on avait eu soin d'annoncer que, depuis six mois, le travail d'excavation avait été de 7,479,400 mètres cubes, ce qui donnait une moyenne de 1,246,765 mètres cubes par mois. Mais le samedi 23 juin, peu de jours avant l'émission, des milliers de télégrammes annonçaient à l'univers entier la mort de Lesseps. Cette mensongère nouvelle, imaginée par la malveillance, produisit une panique. Les capitalistes qui se disposaient à souscrire, contremandèrent leurs ordres, et ce fut pour cela que plus tard on plaça un million d'obligations au lieu de deux. M. de Lesseps protesta avec indignation contre cette malhonnête manœuvre; mais le coup était porté. Une nouvelle émission d'un million d'obligations fut annulée, faute d'un nombre suffisant de souscripteurs. Le lendemain, 13 décembre, la compagnie suspendit ses paiements. M. de Lesseps et ses collègues résignèrent leurs fonctions d'administrateurs de la compagnie et, sur leur requête, le tribunal de la Seine nomma trois liquidateurs judiciaires, MM. Hué, Baudelot et de Normandie. Les actionnaires suppliaient le gouvernement français de se porter garant des dettes de la compagnie; mais le sénat des Etats-Unis, s'empressa de faire savoir que la république américaine s'opposait à toute intervention d'une puissance européenne dans la construction ou dans le contrôle du canal. Force fut à la France de se tenir à l'écart. Les travaux continuèrent encore quelque temps; mais il fallut ensuite renvoyer le plus grande partie des ouvriers, et laisser le canal inachevé, jusqu'à ce qu'une nouvelle compagnie termine ce qui a été commencé.

PANDURIFORME adj. (lat. *pandura*, pandore, instrument de musique à trois cordes; franç. *forme*). Bot. Se dit des feuilles qui affectent la forme d'un violon.

PANTHÉON. — Législ. Le Panthéon est encore une fois rendu à sa destination primitive et légale, par un décret du 26 mai 1885, Ce monument doit recevoir des restes des grands hommes qui ont mérité la reconnais-

ᵗance nationale ; et lorsqu'une loi a décerné des funérailles à un citoyen, le Président de la République peut ordonner par décret la translation de ce citoyen au Panthéon. **Ch. Y.**

PAPEGAI (Le). — Dans l'ancienne langue française, le mot papegai désignait l'oiseau que nous appelons aujourd'hui perroquet. On jouait autrefois au papegai en plaçant un perroquet à l'extrémité d'une grande perche plantée verticalement dans le sol et en s'évertuant à atteindre le malheureux oiseau à coups de flèches. Ce jeu barbare prit naissance vers la fin de l'époque des croisades et resta en faveur pendant plusieurs siècles. Aujourd'hui, on tire encore au papegai ; seulement au lieu d'une flèche, on adresse à cette figure une balle, au moyen d'un fusil ou d'une carabine.

PAPIER (Joujoux en). — On peut construire en papier une grande variété de petits joujoux, outre l'éventail magique et les objets de la même famille dont nous avons déjà parlé. Les enfants éprouvent un grand plaisir à les faire eux-mêmes. — **Le bateau.** On a un morceau de papier de 25 centim. sur 18 à 20 centimètres, à angles bien droits. On double ce papier comme sur la fig. 1. On amène les

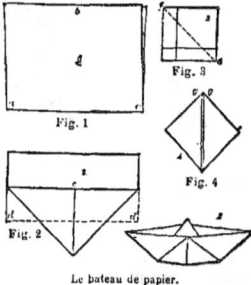

Fig. 3
Fig. 1
Fig. 4
Fig. 2

Le bateau de papier.

deux coins *a a* dans la direction de *b* (fig. 1) et on forme ainsi deux nouveaux plis, les coins se réunissent en *c* de la fig. 2. On renverse alors les deux côtés *c*, l'un en dessous, l'autre en dessous, jusqu'à la ligne de points *d d*. On a ainsi le chapeau de gendarme ; on passe le pouce de chaque main dans l'ouverture du chapeau, et l'on tire le papier pour rabattre l'une sur l'autre les deux extrémités opposées et obtenir la figure 3, en arrangeant proprement les coins *d d* de la figure 2. On retourne les deux coins marqués d'un petit carré sur la fig. 3 et on les amène, l'un en dessous, l'autre en dessous, jusqu'à l'autre côté, en plissant, sur la ligne ponctuée, *e f*, on a un second chapeau de gendarme, que l'on ouvre comme la première fois pour produire la fig. 4. Saisissant les deux coins *g g* entre le pouce et l'index de chaque main, on les sépare doucement, en évitant de déchirer le papier qui se trouve en dessous, et l'on termine le bateau représenté par la fig. 5. — **Les boites.** On coupe une feuille de papier en carré plus ou moins grand, d'après la dimension que l'on veut donner à la boite. On plie cette feuille suivant les lignes ponctuées de la fig. 1, en se souvenant que pour la confection de ce jouet, le papier ne doit jamais rester plié, sauf dans la dernière opération, et que les plis ne sont que des marques dont on se servira dans la suite. On plie la feuille en amenant au centre les quatre coins A, B, C, D et l'on a les plis ponctués sur la fig. 2. On plie et on déplie alternativement A sur H, B sur F, C sur I, et D sur G, après quoi, les plis paraissent comme sur la fig. 3. On plie et on déplie successivement A sur N, D sur K, C sur L et B sur M,

pour avoir tous les plis marqués sur la fig. 4. On trace au crayon ou à la plume les lignes dessinées toutes noires sur la fig. 4. On passe

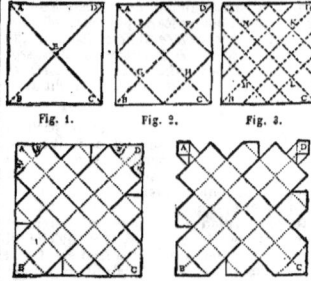

Fig. 1.   Fig. 2.   Fig. 3.

Fig. 4.   Fig. 5.
Les boîtes de papier.

le canif ou les ciseaux sur toutes ces lignes noires, en faisant tomber les petits coins de papier qui doivent nécessairement être détachés. On plie et *on laisse pliés* les petits côtés *x* et *y* des coins A et D, de sorte que ces coins puissent ensuite passer facilement dans les fentes B et C des coins opposés(fig. 5). Pour terminer, on passe le coin plié A dans la fente du coin C et l'on ouvre les plis pour que le coin ne puisse plus sortir ; on passe de la même façon le coin plié D dans la fente B, en repoussant dans l'intérieur les languettes qui, sans cette précaution, se trouveraient à l'extérieur. — **La bourse.** La fabrication des bourses en papier exige de l'attention et de l'habileté. Coupez en carré un morceau de papier, pliez-le en trois parties bien égales, pour avoir la fig. 1, puis en trois autres parties égales, comme sur les lignes ponctuées de notre figure. Vous obtenez ainsi un petit carré ; vous le pincez aux quatre coins, pour faire rentrer les côtés et lui donner la forme d'une étoile (fig. 3). Ouvrez-le, alors, entièrement comme il était au début sans le presser, afin de laisser bien apparents les plis qui ont été formés pendant l'opération précédente et qui paraîtront comme sur la fig. 2. Saisissez entre le pouce et les doigts d'une main les deux points *a* et *b*; entre le pouce et les doigts

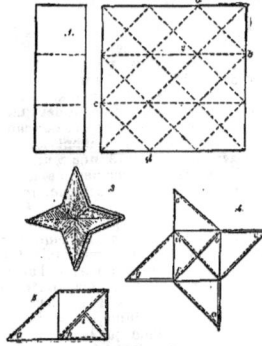

La bourse de papier.

de l'autre main *c* et *d*. Tordez doucement le papier pour que les quatre coins, en se doublant et en se rabattant chacun sur un côté, dans la même direction, produisent la fig. 4. Amenez la pointe *a* sur la pointe *b*, *c* sur *d*, et *e* sur *f*, vous aurez la fig. 5. Insérez la pointe *g* de cette figure dans une ouverture que vous trouvez entre les points *h* et *i*, vous

avez terminé une bourse dont la fabrication ne portera pas tort au commerce des portemonnaies. — **Le chapeau de gendarme.** Le chapeau de gendarme ou chapeau pyramidal se commence absolument comme le bateau de papier. Quand on a terminé la fig. 2 en relevant les deux bandes de papier pour les ame-

Le chapeau de gendarme.

ner l'une d'un côté, l'autre du côté opposé sur la ligne ponctuée (voy. bateau de papier, fig. 2), on rabat les petits coins (ponctués sur la figure) et le chapeau est terminé. On peut le surmonter d'un plumet fait avec du papier frisé. — **Les flèches.** La fabrication des flèches de papier est le passe-temps favori des jeunes écoliers. Une flèche bien réussie doit être faite de la manière suivante. On prend une feuille de papier, au moins une fois aussi longue que large. On la double dans le sens de sa lon-

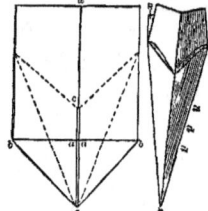

La flèche de papier.

gueur, en faisant le pli *x x*; on ouvre le papier; on porte les deux coins *a a* de l'une des extrémités sur la ligne du milieu et on apporte sur cette même ligne les deux nouveaux coins *b b*, qui tombent en *c*. La nouvelle forme obtenue est représentée par la figure ponctuée de notre figure. On replie alors cette figure en deux sur la ligne *x x* en rabat en dehors les deux grands côtés extérieurs *d d d* sur le milieu du pli *x x*; on soulève les ailes ainsi formées et la flèche est complète. Pour la lancer, on saisit la ligne *x x* entre le pouce et l'index et on jette le papier vers un but. La flèche décrit dans l'air une courbe gracieuse, mais il est rare qu'elle arrive au point que l'on a visé. — **La jonque chinoise.** La fabrication de ce petit jouet de papier est beaucoup plus compliquée et plus difficile que celle des autres; elle exige plusieurs figures pour être intelligible et une grande patience pour son exécution. La jonque passe, avant d'atteindre sa forme définitive, par autant de formes intermédiaires que plusieurs des jouets décrits sous le titre d'éventail magique; et malgré le soin que l'on apporte à la terminer, on a toutes les chances de n'y pas réussir, et l'on est souvent forcé de recommencer plusieurs fois avant de produire un jouet présentable. La moindre inattention, le plus léger faux pli du papier une inexactitude presque inappréciable à l'œil sont autant de causes d'insuccès; mais il ne faut pas désespérer, et l'on doit répéter, avec Boileau :

Vingt fois sur le métier remettez votre ouvrage.

Ayez un carré de papier d'environ 12 à 15 centimètres de côté et trouvez le centre en formant deux plis en croix par les coins placés les uns sur les autres. Ouvrez la feuille et amenez les quatre coins au centre (fig. 1); amenez les deux côtés A B et C D sur la ligne

ponctuée E F, ce qui vous donnera la fig. 2. Doublez le papier en large, er laissant en dessus le côté représenté par la fig. 2 et vous aurez la fig. 3. Amenez les deux côtés C D sur A B, l'un d'un côté, l'autre de l'autre, et le papier ressemblera à la fig. 4. Ouvrez le papier

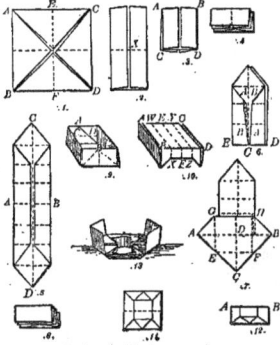

La jonque chinoise en papier.

pour le remettre comme il était fig. 2.; avec la différence qu'il porte maintenant des marques de plis. Au-dessous du point marqué X (fig. 2), vous trouvez les 4 coins du carré de papier; développez les deux qui sont opposés, en haut et en bas, et refermez le papier forcément ouvert pendant cette manœuvre, cela reproduira la fig. 5. Pliez cette fig. en deux, sur la ligne A B; de manière à amener dos à dos les points C et D et à produire la fig. 6, vue un peu ouverte, pour plus de clarté. C'est à partir de ce moment que l'attention et la patience deviennent les plus nécessaires. Entr'ouvrez les deux côtés A B et en les portant chacun en dehors, amenez la ligne A C sur C D et la ligne B C sur G E, abattez ensuite le papier et aplatissez le, ce qui vous donnera la fig. 7. Amenez les pointes A, C, B sur le centre D, où elles doivent se réunir, et repliez le papier de manière que E F tombe sur C H, après quoi une moitié est prête; pour préparer l'autre, tournez le papier sens dessus dessous, et agissez sur cette moitié comme vous avez fait pour la première. Vous aurez la fig. 8. Retournez cette figure et insérez les doigts sous les plis, de manière à relever les deux côtés de droite et de gauche, pour ouvrir le papier en forme de boîte, comme le montre la fig. 9. Ce mouvement est assez délicat, ainsi que le suivant, qui consiste à appuyer sur les côtés A et B, pour les aplatir, en portant ces côtés en dehors et en faisant entrer en dedans le nouveau pli que l'on forme ainsi de chaque côté. Sur notre fig. 9, le nouveau pli formé au-dessous du côté A est marqué par la ligne ponctuée C D. Retournez la boîte sens dessus dessous (fig. 10) et amenez les lignes A B et C D l'une et l'autre sur E F, formant ainsi les nouveaux plis W X et Y Z. Aplatissez bien le papier et retournez-le; vous aurez la fig. 11. Pliez le papier en dehors, sur la ligne ponctuée, de manière à avoir la figure 12. Saisissez les points A et B de la fig. 12, entre le pouce et l'index de chaque main et tirez-les légèrement en dehors; le bateau s'ouvrira presque complètement, avec sa quille et ses bancs de rameurs; il ne vous restera plus qu'à relever sur chaque extrémité, les dossiers des sièges, comme le représente la fig. 13. — Le parachute. On prend un carré de papier très léger; on le plie de coin en coin, de manière à former un triangle; on le plie de nouveau de coin en coin, puis une troisième fois; après quoi on forme sur le même centre, un quatrième pli qui lui donne l'aspect représenté par notre

fig. 1. On trace, au crayon, un arc de cercle comme celui qui est en ligne de points sur notre figure; on passe le ciseau ou le canif dans cette ligne et au moyen d'une aiguille, on perce un petit trou en A. On ouvre le papier, et l'on a un cercle à bords découpés comme sur la fig. 2. On passe dans chaque trou un fil que l'on arrête par un nœud; on réunit tous ces fils et on suspend à leur extré-

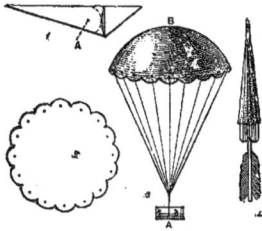

Le parachute de papier.

mité un objet qui sert de lest et qui représente une nacelle (fig. 3). Ce jouet étant terminé, on l'expose à une bonne brise; on le voit s'élever à une grande hauteur. A défaut de vent, il faut, pour le lancer, faire usage d'une flèche et d'un arc. On perce au sommet du papier, un petit trou dans lequel on insère la pointe de la flèche, en l'y fixant par un peu de colle de pâte ou de gomme. Au lieu d'attacher les fils à une nacelle, on les lie vers le milieu du bois de la flèche et le tout présente l'aspect d'une ombrelle fermée (fig. 4). On lance la flèche au moyen d'un arc, et l'on voit le parachute s'ouvrir lorsque la flèche commence à redescendre; il la soutient gracieusement et navigue dans la direction du vent qui règne à la hauteur où il se trouve. — Le soufflet. Pour faire le soufflet, il faut avoir une feuille de papier formant un carré parfait, d'environ 25 à 30 centimètres de côté. On double cette feuille de quatre manières différentes et successives. La première consiste à amener un côté sur celui qui lui est opposé, à former le pli et à ouvrir la feuille; la deuxième, à rabattre un autre côté sur celui qui lui est opposé, à former un second pli, perpendiculaire au premier, et à ouvrir le papier, qui est ainsi marqué d'une croix dont les bras sont parallèles aux côtés; le troisième pli consiste à porter un coin sur celui qui lui est opposé; et le quatrième à porter, quand on a ouvert la feuille, un autre coin sur celui qui lui est opposé; on a ainsi formé une seconde croix, dite croix de Saint-André. Saisissant deux coins opposés, entre le pouce et l'index de chaque main, on ferme les plis des quatre coins en faisant rentrer en dedans les plis du milieu, pour former la fig. 1. Pour plus de clarté, on a, dans cette figure, laissé le papier un peu entr'ouvert, ce qui permet mieux de distinguer comment se forment les plis; mais, dans la pratique, il faut que le tout soit pressé et bien aplati. On prend les coins a et b pour les réunir en e; on retourne le papier et on amène également en e les coins c et d, ce qui nous donne la fig. 2, sur laquelle les quatre lignes ponctuées b c, c x, b y, c w, marquent les quatre plis que l'on fait ensuite, en appliquant d'abord le côté b a sur la ligne b c, c a sur c b; ensuite d b sur b c et c d. On ouvre ces plis aussitôt après les avoir formés. On pince successivement entre le pouce et l'in-

dex, les parties indiquées a x z et d y w, pour former deux cornes qui serviront de poignée, et l'on a la fig. 3, sur laquelle les lignes extérieures ponctuées représentent le côté inférieur du papier, et le triangle a b c forme la poignée de l'un des côtés du soufflet. On retourne le papier sens dessus dessous et l'on fait la même opération sur l'autre côté : quatre plis et deux pincements. L'autre poignée étant

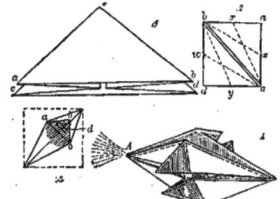

Le soufflet de papier.

formée, le jouet est terminé (fig. 4). Il souffle par son extrémité ouverte A lorsque, saisissant une poignée dans chaque main, on l'ouvre et on la ferme successivement.—Législ. L'impôt sur le papier qui avait été établi par l'article 7 de la loi du 4 septembre 1871 (voy. au Dictionnaire, t. IV, p. 410), a été supprimé, à compter du 1er décembre 1886, en vertu de la loi de finances du 8 août 1885. Le produit de cet impôt était d'environ quinze millions de francs par année; mais l'application de la taxe devait être faite suivant les diverses catégories de papiers, ce qui suscitait de fréquentes réclamations. D'un autre côté, l'impôt sur le papier avait fait refluer à l'étranger une partie des travaux typographiques qui étaient auparavant confiés aux ateliers français. Enfin, l'on a reconnu que frapper le papier d'une taxe, c'est mettre un impôt sur la science et arrêter le développement de l'instruction.

CH. Y.

PARAFFINE. La paraffine est un hydrocarbure que l'on peut extraire d'une foule de substances (voir Paraffine dans le Dictionnaire), mais que l'on obtient surtout des schistes bitumineux, à l'aide de fours ou de cornues. La figure qui accompagne cet article, représente la cornue de Young, employée en Ecosse. On commence par concasser les schistes, au moyen de broyeuses qui les brisent à la grosseur voulue. On les conduit ensuite à la cornue, chauffée à plus de 260°, température nécessaire pour ce genre de distillation. — La première distillation produit des scories, que l'on utilise comme combustible pour chauffer les charges suivantes; de l'eau ammoniacale, dont on obtient, par une nouvelle distillation, du gaz ammoniac facilement transformable en sulfate d'ammoniaque; enfin un liquide huileux, qui contient la paraffine. — On distille de nouveau ce liquide huileux jusqu'à

Paraffine. — Cornue de Young.

siccité. Les produits sont du coke et une huile verte. On traite alternativement cette dernière par l'acide sulfurique et par une solution de soude caustique. Elle se purifie et

dépose un goudron noir, au-dessus duquel elle surnage. Quand elle est suffisamment purifiée, on la distille de nouveau; elle donne alors : une huile à brûler, que l'on livre au commerce après l'avoir purifiée par une nouvelle distillation; enfin un mélange d'huile lourde et de paraffine. On porte ce mélange dans une machine réfrigérante; et quand la température est suffisamment basse, la paraffine se solidifie; on n'a plus qu'à la presser, pour la débarrasser de toute matière liquide.

PARAGRAMME s. m. (lat. *paragramma*, faute d'orthographe). Les paragrammes consistent à réunir dans une même question ambiguë différents homonymes auriculaires ou mots qui se prononcent de la même manière, bien que leur orthographe ne soit pas semblable. Exemple :

J'ai trois pieds : on me boit;
J'en ai quatre : on me montre au doigt;
Sitôt que sur cinq pieds je monte.

réponse : *vin, voin, vingt.*

Suivant que tu m'écris d'une ou d'autre façon,
Je rampe sur la terre ou m'envole au Parnasse;
Je suis utile à boire ou propre à la chanson;
Je brûle en mon délire ou me transforme en glace.
Symbole d'espérance ou peintre des douleurs,
Je puis aussi, par deux couleurs,
Désigner une noble race.

réponse : *ver, vers, verre, vert, vair.*

PARAMÉ, station balnéaire maritime et commune, cant., et à 4 kilom. N.-E. de Saint-Malo (Ille-et-Vilaine); 3,000 hab. La douceur du climat, la beauté de la plage et les magnifiques paysages que l'on découvre dans les environs du village, y attirent chaque année, pendant la saison des bains, une foule de visiteurs, venus de Paris et de tous les points de la Bretagne.

PARI. — Législ. Nous avons déjà exposé la législation concernant les paris, les jeux et les loteries. (Voy. ces mots au *Dictionnaire.*) Mais nous croyons devoir revenir sur ce sujet, à cause de l'importance de plus en plus grande qu'a prise la question des paris ayant pour objet les courses de chevaux. Depuis la suppression des loteries et celle des jeux publics, la passion des joueurs, secondée par ceux qui les exploitent, s'est exercée principalement sur les hippodromes. Les courses de chevaux sont devenues l'occasion et même souvent le prétexte dont on se sert pour éluder les lois qui interdisent les maisons de jeu. M. Adolphe Guillot, juge d'instruction à Paris, résumant sa longue expérience de magistrat dans un livre sur les *Prisons de Paris*, édité en 1890, s'exprime ainsi sur les déplorables conséquences de la passion du jeu : « La femme et le champ de courses, voilà les principales sources des crimes et des délits qui se commettent à Paris... Aujourd'hui, quand un malfaiteur n'est pas un souteneur, il est associé à quelque *bookmaker*; il est souvent tous les deux à la fois... Les *sportsmen* coudoient les repris de justice, et les grandes voitures qui nous assourdissent et nous écrasent les jours de courses, pourraient aussi bien déposer la plupart de leurs clients à la porte de Mazas que sur les pelouses de Longchamps et de Saint-Ouen... Il est certain qu'il existe à Paris un nombre considérable d'individus qui se dispensent de tout travail, grâce aux gains qu'ils font sur les hippodromes; ils ne deviennent assassins ou voleurs que le jour où la chance cesse de les favoriser; c'est ce qu'ils appellent la fatalité. » Malgré les dispositions de l'article 1966 du Code civil, lequel reconnaît valables les paris faits sur les courses, la Cour de cassation assimile à des maisons de jeu les agences qui organisent le *pari à la cote* sur les hippodromes ou ailleurs. Plusieurs circulaires, adressées par le ministre de l'intérieur aux préfets, notamment celle du 15 mars 1887, recommandant « d'interdire les

paris de toute nature engagés sur les courses, toutes les fois qu'ils sont pratiqués, soit sur les hippodromes, soit en dehors, par des agences ou par des individus ayant fait du pari une industrie spéciale ». Cette prohibition ne peut s'appliquer aux particuliers qui engagent des paris entre eux, sans intermédiaires. Ainsi que nous l'avons dit plus haut (voy. BIENFAISANCE), le gouvernement a pensé que le *pari mutuel* pouvait être autorisé sur les champs de courses, pourvu qu'il ne fût pas organisé par des intermédiaires intéressés. Pour donner satisfaction à la loi de 1836, ce genre de loterie ne doit être établi qu'en vertu d'une autorisation administrative, et en faveur d'œuvres artistiques ou de bienfaisance. En conséquence, le ministre de l'intérieur a imposé comme condition qu'il serait prélevé sur les mises une part de 2 p. 100, laquelle part serait attribuée à l'Assistance publique. Mais sous le couvert de ces paris mutuels, il s'est établi à Paris, notamment chez les débitants de liquides, des agences qui ont développé la passion du jeu dans les classes ouvrières, à tel point que le ministre de l'intérieur a dû prendre, le 2 juin 1890, un arrêté dont nous croyons devoir reproduire le texte : « Le ministre de l'intérieur, vu la loi du 21 mai 1836, vu les articles 1er et 6 des arrêtés ministériels autorisant les sociétés de courses de chevaux à organiser personnellement la loterie dite « pari mutuel simple » sur leurs hippodromes; considérant qu'il s'est établi à Paris un grand nombre d'agences dites de commission recevant les mises au pari mutuel des joueurs qui ne peuvent ou ne veulent se rendre sur les champs de courses; considérant qu'en droit ces agences, en se substituant ainsi aux sociétés autorisées personnellement à organiser le pari mutuel sur les hippodromes, contreviennent aux dispositions formelles des articles 1 et 6 des arrêtés précités; considérant qu'en fait il est de notoriété publique que lesdites agences, opérant pour leur propre compte, ne portent pas aux guichets du pari mutuel les mises qui leur sont confiées et frustrent ainsi l'Assistance publique du prélèvement qui lui est réservé; considérant que les agences ne se soumettent à aucune des conditions imposées aux sociétés courses autorisées à établir le pari mutuel; qu'elles violent notamment la condition fixant le minimum de la mise et qu'en abaissant le taux du pari elles élargissent d'une manière dangereuse le champ de l'offre limité par les arrêtés précédents; arrête : Article 1er. Les sociétés des courses de chevaux dûment autorisées par les arrêtés particuliers à organiser le pari mutuel simple sur leurs hippodromes seront rigoureusement astreintes à conduire personnellement, ou par des employés spéciaux dans l'hippodrome pour leur compte et à leur place, toutes les opérations relatives au pari. Art. 2. Il est interdit de participer au pari par l'entremise de mandataires au moyen de commissions données en dehors du champ de courses. En conséquence, toute agence servant d'intermédiaire entre le public et les sociétés de courses devra cesser ses opérations sous peine d'être poursuivie pour infraction au présent arrêté et à la loi du 21 mai 1836. Les préfets des départements sur le territoire desquels fonctionne le pari mutuel sont chargés d'assurer l'exécution des dispositions ci-dessus. — Fait à Paris, le 2 juin 1890. Le ministre de l'intérieur, CONSTANS ». Un projet de loi, présenté par le gouvernement à la Chambre des députés, proposait que le pari mutuel devînt légalement autorisé, sauf divers prélèvements à exercer sur les mises. Ces prélèvements devaient être affectés à l'Assistance publique, à l'achat d'étalons, aux dépenses des sociétés de courses, etc. Le projet de loi a été repoussé par la Chambre, le 28 février 1891, ce qui impliquait l'interdiction des paris sur les champs de courses. Mais

à la suite de cette interdiction, l'institution des courses de chevaux ne tarda pas à péricliter, et sur les réclamations d'un grand nombre de conseils généraux, un nouveau projet de loi a dû être proposé par le gouvernement et élaboré par une commission. M. Riotteau, rapporteur de ladite commission, a exposé de la manière suivante la question des paris : « Avant le vote du 28 février, le pari s'exerçait sur les champs de courses sous trois formes différentes : le pari dit *mutuel* n'était que l'intermédiaire passif entre les parieurs. Il recevait l'argent, en faisait masse et le distribuait aux parieurs engagés sur le cheval *gagnant*, moyennant un prélèvement fixe effectué en faveur de l'Assistance publique ou destiné à couvrir les frais résultant pour la société de courses de l'organisation du pari. Peu importait à cet intermédiaire que tel ou tel cheval fût vainqueur. Il était absolument désintéressé dans le résultat de l'épreuve. Le pari dit *à la cote* se faisait par l'entremise de véritables industriels ayant pour profession de parier contre les chevaux qui leur donnaient aux parieurs à tant contre un, c'est-à-dire à des cotes plus ou moins élevées, suivant les chances que pouvaient avoir ces chevaux dans la course où ils étaient engagés. Dans le pari à la cote, le donneur ou bookmaker joue ainsi le rôle de celui qui tient la banque dans un jeu de hasard. Comme le pari mutuel, le pari à la cote était fait en comptant sur les hippodromes. C'est contre ce mode de pari que se sont élevées de tout temps les plaintes les plus nombreuses et les plus fondées. Il peut donner lieu, en effet, donné lieu à de graves fraudes et fausse complètement la sincérité des épreuves. Il suffit qu'un bookmaker ait un intérêt à voir gagner tel cheval plutôt que tel autre réussisse à s'assurer des complicités dans le personnel des écuries de courses. Enfin, le pari dit *au livre*, qui donnait lieu à des transactions très restreintes sur les hippodromes, ne s'exerçait en général qu'entre personnes appartenant au monde des courses et se connaissant. Il se traitait à terme, sans dépôt préalable d'argent, et se réglait en dehors des hippodromes. Avec ce genre de pari, les fraudes qui favorise le pari à la cote sont encore possibles, mais elles sont beaucoup plus difficiles, les parieurs appartenant au même monde, étant mieux à même de surveiller leurs intérêts et, au besoin, de faire valoir leurs réclamations. Ce dernier mode de pari, que la jurisprudence, si diverse en matière de paris aux courses, a toujours épargné, devait seul survivre aux dispositions prises par le ministre de l'intérieur à la suite du vote du 28 février ». En conséquence, le projet de loi, remanié par la commission, voté d'urgence par le Parlement et promulgué le 3 juin 1891, a pour but d'interdire le pari offert à tous venants sur les courses, notamment les paris contractés par intermédiaires, et de sous les peines portées à l'article 410 du Code pénal. Ces peines sont un emprisonnement de deux à six mois et une amende de cent francs à six mille francs, sans préjudice de l'interdiction des droits civiques et de la confiscation des enjeux. En outre, aucun champ de courses ne peut être ouvert sans une autorisation préalable du ministre de l'agriculture, et le pari mutuel, seul autorisé, doit fournir, au moyen de prélèvements opérés sur les mises, des sommes importantes affectées, en partie, à l'Assistance publique, et en partie à l'achat d'étalons destinés à l'amélioration de la race chevaline en France. La quotité de ces prélèvements est fixée par décret. Ch. Y.

PARIPINNÉ, ÉE adj. (lat. *par, paris,* égal; *pinnatus,* ailé). Bot. Se dit des feuilles dont les folioles sont en nombre pair.

PARIS. — Voici, d'après le recensement de 1891, quelle est la population de Paris :

Le 1ᵉʳ arrondissement (Louvre), accuse 67,953 hab., au lieu de 68,702 en 1886. — Soit une diminution de 749 hab.

Le 2ᵉ (Bourse) : 69,157 hab., au lieu de 67,927. — Soit une augmentation de 1,230.

Le 3ᵉ (Temple) : 88,680, au lieu de 85,062. Augmentation : 3,618.

Le 4ᵉ (Hôtel-de-Ville) : 98,471, au lieu de 95,981. — Augmentation : 2,490.

Le 5ᵉ (Panthéon) : 116,544, au lieu de 113,349. — Augmentation : 3,195.

Le 6ᵉ (Luxembourg) : 98,983, au lieu de 94,970, — Augmentation : 4,013.

Le 7ᵉ (Palais-Bourbon) : 95,686, au lieu de 88,471. — Augmentation : 7,215.

Le 8ᵉ (Champs-Élysées) : 106,394 au lieu de 95,529. — Augmentation 11,065.

Le 9ᵉ (Opéra) : 120,663, au lieu de 112,202. — Augmentation : 8,463.

Le 10ᵉ (Enclos Saint-Laurent): 153,777, au lieu de 146,136. — Augmentation : 7,641.

Le 11ᵉ (Popincourt) : 213,468, au lieu de 202,170. — Augmentation : 11,298.

Le 12ᵉ (Reuilly) : 112,684, au lieu de 106,296. — Augmentation : 6,388.

Le 13ᵉ (Gobelins) : 109,877, au lieu de 102,234. — Augmentation : 7,643.

Le 14ᵉ (Observatoire) : 112,205, au lieu de 99,730. — Augmentation : 8,752.

Le 15ᵉ (Vaugirard) : 117,470, au lieu de 108,718. — Augmentation : 8,752.

Le 16ᵉ (Passy) : 87,733, au lieu de 75,500. — Augmentation : 12,233.

Le 17ᵉ (Batignolles) : 172,508, au lieu de 153,519. — Augmentation : 18,989.

Le 18ᵉ (Montmartre) : 212,421, au lieu de 193,524. — Augmentation : 18,897.

Le 19ᵉ (Buttes-Chaumont) : 127,257, au lieu de 118,808. — Augmentation : 8,449.

Le 20ᵉ (Ménilmontant) : 140,066, au lieu de 132,887. — Augmentation : 7,179.

Au total, la population de Paris, qui était de 2,260,945 hab. au dernier recensement, est aujourd'hui de 2,422,969 hab. Du 30 mai 1886 au 12 avril 1891, Paris a donc augmenté de 162,024 hab., — ce qui représente une moyenne annuelle d'accroissement de 32,405 hab.

PARTICIPATION. — Econ. sociale et Législ. La participation de l'ouvrier ou de l'employé aux bénéfices de l'entreprise à laquelle il est attaché nous paraît être à la fois conforme à l'équité, favorable au capitaliste et capable de donner satisfaction à la légitime ambition des travailleurs. On ne compte pas encore, en France, de nombreux exemples de ce régime, qui a produit ailleurs des résultats excellents. Cette participation semble ne pouvoir être appliquée que dans les entreprises industrielles ou commerciales. Elle peut aussi être introduite dans quelques administrations fiscales, telles que les monopoles réservés à l'État et les octrois des villes. Mais les employés de la plupart des administrations doivent se contenter des traitements gradués, des gratifications et des caisses de retraites. — La participation aux bénéfices relève de la condition de l'ouvrier. Elle apporte, pour le succès d'une entreprise, un puissant moteur qui est l'intérêt; elle assure la vigilance et l'activité des participants, ainsi que leur mutuelle surveillance et la soumission de tous aux ordres de la direction. Mais certaines difficultés d'application s'opposent à ce que ce régime soit plus répandu. Il constitue une association de fait entre le capital et le travail. Or, tout associé doit avoir, en principe, le droit de concourir au choix des gérants, et celui de réclamer des comptes. De son côté, le capitaliste, qui a le plus de risques à courir, prétend conserver la direction; et il n'est pas toujours possible de mettre au jour la situation financière d'une entreprise, sans nuire à son crédit et sans compromettre son avenir. — En outre, la participation aux bénéfices devrait logiquement entraîner la participation aux pertes. Mais l'ouvrier ne pouvant pas être privé du salaire qui lui est indispensable pour nourrir sa famille, il en résulte que ses chances de perte doivent se borner à l'absence des bénéfices espérés. La participation aux bénéfices ne

peut être déterminée avant que l'on ait fait les prélèvements qui sont légitimement dus au capital et aux directeurs responsables, et que, préalablement à tout prélèvement, un salaire journalier ait été payé à chaque ouvrier ou employé, alors même que la situation de l'entreprise serait mauvaise. — Voilà donc une association dans laquelle certains associés, les ouvriers, sont assurés de prendre part aux bénéfices, sans être tenus aux pertes; une *société léonine*, se rapprochant de celles dont les stipulations sont déclarées nulles par l'article 1855 du Code civil. Et cependant, toutes ces considérations, qui dérivent de la nature des choses, n'entrent pas dans l'esprit de certains ouvriers, plus ou moins travailleurs, dont l'imagination est exaltée à tel point par la convoitise du bien d'autrui qu'ils ajoutent foi aux utopies socialistes les plus absurdes et qu'ils regardent la participation aux bénéfices comme une concession insuffisante. — On comprend que, dans la pratique, les conditions de la participation doivent nécessairement varier. Tantôt les bénéfices acquis à l'ouvrier lui sont remis intégralement et viennent accroître son salaire; tantôt ces bénéfices sont mis en réserve, afin de former peu à peu, par leur accumulation, un capital qui, s'il reste dans l'entreprise, fait de l'ouvrier un commanditaire ou un actionnaire; tantôt ladite part est, en tout ou en partie, placée dans une caisse des retraites. Dans la plupart des établissements où l'ouvrier reçoit une part des bénéfices, cette part est subdivisée en deux portions, dont l'une est remise à l'ayant droit, et l'autre est capitalisée ou est versée à une caisse des retraites. Ce système mixte a été recommandé par un congrès, ayant pour objet la participation des ouvriers aux bénéfices de l'industrie, et qui s'est réuni à Paris au mois d'août 1889. — Ajoutons encore que la participation aux bénéfices ne peut être accordée indistinctement à tous les ouvriers d'une entreprise, et qu'elle doit être réservée à ceux qui, après un certain stage, ont donné des preuves suffisantes de leur bonne conduite, de leur assiduité et de leurs talents. — Enfin, il nous semble que l'ouvrier qui travaille à la tâche ou aux pièces doit-être exclu de la participation aux bénéfices de l'entreprise; car il est lui-même entrepreneur de travail, bien que le patron lui fournisse les matières premières, souvent même les outils et la force motrice. Il a traité à prix débattu et à forfait avec le chef d'industrie, et ses gains sont plus ou moins élevés, selon son activité et son talent. — Les participations qui sont restreintes à l'achat en commun des denrées de consommation sont assez nombreuses en France; ce sont là des associations qui rendent de grands services à leurs participants, et leur apportent de véritables bénéfices, en évinçant le petit commerce intermédiaire. Mais nous n'avons voulu parler ici que de la participation de l'ouvrier aux bénéfices de l'industrie qui l'emploie. — Nous croyons utile de reproduire quelques lignes écrites sur ce sujet dans le journal le *Temps* du 18 mai 1890, par M. Jules Simon dont on connaît le dévouement aux intérêts de la classe ouvrière. « Il y a, dit-il, deux façons d'établir la participation aux bénéfices : ou bien on supprime le prix de la journée, et on le remplace par une part déterminée des bénéfices de l'affaire; ou bien le prix de la journée est maintenu et majoré à chaque inventaire proportionnellement aux gains réalisés. La seconde méthode est la meilleure. — Si l'on adopte la première, il faut servir aux ouvriers une provision, car ils ne peuvent attendre jusqu'à la répartition. De là un double inconvénient : une comptabilité peu compliquée et la possibilité d'une déception au moment des comptes. — La participation, dans son véritable caractère, met toutes les chances de perte du côté du patron.

L'ouvrier reçoit sa paye journalière, à laquelle on ajoute une part dans les bénéfices s'il y en a. Il ne perd jamais, il gagne presque toujours. Ce gain est ajouté purement et simplement à son salaire actuel. Il équivaut à une augmentation de salaire. Cette augmentation se produit régulièrement, par l'application d'une règle convenue, sans crise, sans surprise, sans difficulté. Chacun profite du bonheur commun. Le dernier ouvrier monte d'un degré en même temps que le chef. Il n'y a plus de disproportion choquante entre le rendement du capital et le salaire. Le patron, en adhérant à ce système, s'impose un sacrifice; mais ce sacrifice ne tarde pas à tourner en avantage par l'accélération du travail et l'amélioration du produit. Il ne s'agit pas d'ailleurs d'un acte de bienfaisance, mais d'un acte de justice. Il est juste que, quand l'ouvrier, par sa bonne conduite, sa force et son habileté, ajoute à la prospérité de la maison, il ajoute du même coup à sa propre aisance... quand l'ouvrier ayant sa part dans les bénéfices, l'ouvrier doit accepter la proportionnalité dans les pertes; car, s'il en était ainsi, il serait l'associé du patron et non le salarié. Nous restons ici dans le monde du salariat, sous le régime du patronat, mais avec une modification qui le rend plus équitable, rien de plus, rien de moins... Il n'y a qu'une difficulté, une seule; c'est le droit que la participation ferait naître pour l'ouvrier de connaître le chiffre des bénéfices et, par conséquent, d'être mis au courant des affaires de la maison. Je sais combien le commerce français tient au secret; c'est une des grandes objections contre l'impôt proportionnel. Mais il ne s'agit ici que du stock de marchandises, de leur écoulement et de la différence entre le prix de revient et le prix de vente; le patron n'a à rendre compte ni de l'importance ni de l'origine de ses capitaux, ni de ses engagements financiers. — Quand on réfléchit sur ces matières, il y a deux choses qu'il ne faut pas perdre de vue : l'une, c'est que le talent de diriger et celui de vendre sont des facteurs importants de la richesse, et l'autre que la responsabilité du capital est le principe et l'explication de l'autorité patronale. » — Un projet de loi concernant les sociétés coopératives et qui a été adopté par la Chambre des députés le 7 juin 1889, s'occupe aussi de la participation aux bénéfices attribuée aux ouvriers ou employés d'une entreprise commerciale, industrielle ou agricole. Suivant ce projet de loi, les participants n'encourent aucune responsabilité en cas de pertes. Ils peuvent renoncer à tout contrôle; et, s'ils ne l'ont pas fait, les comptes sont vérifiés annuellement par un expert amiablement choisi, ou, en cas de désaccord, désigné par le président du tribunal de commerce. La part de bénéfices attribuée aux ouvriers ou employés serait exempte de l'impôt sur le revenu qui s'applique aux bénéfices distribués à diverses sociétés. — En dernier lieu, nous ferons observer que le métayage ou colonat partiaire (voy. au *Dictionnaire* et au *Supplément*, le mot COLONAT) n'est guère autre chose qu'un contrat de participation, ayant pour objet le partage, entre le capital et le travail, des bénéfices d'une exploitation rurale. Le métayage, très usité dans certaines parties de la France centrale et du Midi, n'est-pas applicable à tous les genres de culture du sol; mais, là où il existe, il présente, parmi beaucoup d'autres avantages, ceux de rendre solidaires les intérêts du patron et ceux de l'ouvrier, et de relever la condition de ce dernier.

CH. Y.

PARTITE adj. (lat. *partitus*, divisé). Bot. Se dit des feuilles, quand les divisions du limbe dépassent la moitié de son étendue, depuis le bord jusqu'à la nervure médiane. Pour indiquer la disposition de ces divisions, on fait précéder le mot *partite* des mots *palmati*, si

elles sont en éventail, et *pennaté*, quand la disposition ressemble à celle des barbes d'une plume.

PARTITION s. f. Bot. Division d'une feuille partite.

PASDELOUP (Jules-Etienne), musicien français, né à Paris en 1819, mort le 14 août 1887. Son père, sous-chef d'orchestre à l'Opéra-Comique, soigna son éducation musicale, et le fit entrer au Conservatoire, où le jeune Pasdeloup obtint le 1er prix de piano en 1833. Il organisa ensuite des concerts populaires qui obtinrent un grand succès et devint, en 1868, directeur du Théâtre-Lyrique.

PASSEPORT. — Législ. La loi du 16 juin 1888 a abaissé à 50 centimes en principal le prix des passeports à l'intérieur et à l'étranger. Ce prix, qui reste soumis aux décimes, comprend tous les frais de papier, de timbre et d'expédition. La réduction dont il s'agit a paru nécessaire, à la suite des ordres rigoureux par lesquels le gouvernement allemand a rendu le passeport obligatoire pour les voyageurs se rendant de France en Alsace-Lorraine ou dans les autres parties de l'empire d'Allemagne. Les passeports sont délivrés gratuitement aux personnes véritablement indigentes et reconnues hors d'état d'en acquitter le montant. CH. Y.

PASTEUR. — Législ. Un décret du 4 juin 1887 a reconnu l'Institut Pasteur comme établissement d'utilité publique. Dès le 16 juin 1886, une loi avait ouvert un crédit extraordinaire de 200,000 francs, à l'effet de contribuer à la souscription qui était alors ouverte dans le monde entier, pour la fondation d'un établissement destiné au traitement de la *rage et créé sous le nom d'Institut Pasteur*. Le premier essai de la vaccination antirabique a eu lieu à Paris avec un succès complet, le 6 juillet 1885, au laboratoire de M. Pasteur. « Depuis cette époque, dit M. le Dr Jules Rochard, dans le journal *le Temps* du 3 mai 1890, la vaccination antirabique a fait le tour du monde. L'Institut Pasteur, élevé à la faveur d'une souscription dont le chiffre a dépassé deux millions, a été inauguré le 14 décembre 1888, et vingt autres instituts semblables se sont créés en Europe et en Amérique. Pendant quatre années, du 1er janvier 1886 au 31 décembre 1889, 7,893 personnes mordues par des chiens enragés ont été traitées à l'Institut Pasteur, et il n'en est mort que 53, ce qui donne la proportion de 0,67 p. 100. Or le chiffre accepté par tout le monde comme un minimum pour les personnes mordues qui ne sont pas soumises à l'inoculation est de 15,90 décès p. 100. Sur les 7,893 sujets qui ont passé par l'Institut Pasteur, 1,265 auraient par conséquent succombé. Il y en a donc plus de 1,200 qui doivent la vie à la méthode découverte par notre illustre compatriote. C'est un résultat qui vaut la peine d'en être registré ». CH. Y.

PÂTE (pâtisserie). — PATE FEUILLETÉE. Pétrissez à la main 1 litre de farine avec environ 30 grammes de sel, un verre d'eau, un blanc d'œuf, gros comme un œuf de beurre. Laissez reposer un quart d'heure, aplatissez, étendez dessus 125 grammes de beurre; pliez cette sorte de galette en deux, le beurre à l'intérieur. Laissez reposer une demi-heure, puis donnez deux tours de rouleau. Laissez reposer à nouveau environ vingt minutes; puis donnez deux nouveaux tours de rouleau. Vous pouvez alors vous servir de votre pâte. — PATES FERMES. *Pâte à dresser*. Pétrissez ensemble et incorporez bien : 1 litre de farine, 125 grammes de beurre, quatre jaunes et deux blancs d'œufs, 30 grammes de sel, un peu d'eau. Laissez reposer une demi-heure. — *Pâte brisée*. Même préparation que la précédente, sauf qu'il faut un œuf de plus et le double de beurre. Vous la tiendrez naturellement plus

molle. — PATE A BRIOCHE. Prenez un demi-litre de farine, un peu d'eau chaude, 8 à 9 grammes de levure de pain; formez-en une pâte que vous envelopperez d'une serviette et mettrez reposer dans un endroit modérément chaud, une heure en hiver, vingt-cinq minutes en été. Prenez ensuite 1 litre de farine, ajoutez-y votre pâte levée avec 375 grammes de beurre, six œufs, sel et un peu d'eau. Pétrissez à trois reprises et laissez-la reposer bien enveloppée, du matin jusqu'au soir, ou du soir jusqu'au lendemain matin. Coupez, façonnez et dorez vos brioches, et faites cuire; les petites une demi-heure, les autres proportionnellement à leur grosseur. — (Cuis.) PATE A FRIRE. Faites fondre un peu de beurre dans de l'eau tiède, délayez-y de la farine, avec du sel, et ajoutez une petite quantité d'huile. Battez des blancs d'œufs en neige et jetez-les dans votre pâte. Mêlez bien, et servez-vous de cette pâte dans la journée : elle doit être assez épaisse pour bien filer de la cuiller. — Cette pâte convient pour les légumes, les viandes, etc., qu'on veut faire frire. *La pâte à frire pour beignets* se fait de même, sauf qu'on n'y met pas de sel et qu'on y ajoute les jaunes d'œufs des blancs employés en neige.

PÂTÉ (Econ. dom.). — PATÉS FROIDS. Les diverses pièces doivent être, ainsi que la farce, cuites à moitié, le jambon aux trois quarts. Chauffez votre four à proportion de la grosseur de votre pâté, enveloppez de *pâte à dresser*. Toutes les pièces doivent être lardées et épicées. — PATÉS CHAUDS. Prenez de la pâte feuilletée, garnissez-la de garniture cuite aux trois quarts, avec épices; mettez au four. Les écrevisses ne se placent dans le pâté qu'à la sortie du four. — Les TOURTES et VOL-AU-VENT se font de la même manière. Si l'on juge que la pâte feuilletée n'a pas assez de consistance, on peut se servir de pâte brisée. — PETITS PATÉS. Aplatissez de la pâte feuilletée à l'épaisseur d'une pièce de cinq francs en argent, coupez-la à la grandeur convenable, soit environ 10 centimètres de diamètre. Mettez au milieu gros comme une noix de hachis de veau, volaille et graisse de bœuf; recouvrez avec une seconde feuille de pâte dont vous joignez les bords en les mouillant avec ceux de la première; dorez avec un pinceau trempé dans l'œuf battu et enfournez. On peut faire cuire les petits pâtés sous un four de campagne; ils demandent peu de temps.

PATENTE. — Législ. La loi du 15 juillet 1880, qui fixe le tarif de la contribution des patentes (voy. *Dictionnaire*, t. IV, p. 464) a été modifiée en quelques points par des lois postérieures, et principalement par celle du 8 août 1890, qui a fait au tarif de nombreux retranchements et additions. Déjà la loi du 17 juillet 1889 (art. 2) avait exempté de la patente certains fabricants travaillant exclusivement à façon. D'un autre côté, cette dernière loi avait accru notablement les taxes basées sur le nombre des personnes employées en sus du nombre cinq, dans les banques, les magasins de vêtements, etc. Le Parlement avait ainsi cherché à satisfaire aux réclamations de nombreux commerçants de Paris et des départements qui ont à souffrir de la concurrence que leur font d'immenses magasins de la capitale, tels que le *Bon-Marché*, le *Louvre*, la *Belle-Jardinière*, etc. La loi de 1890 a fixé des bases nouvelles dont nous ne pouvons donner ici tous les détails. Disons seulement que, dans les magasins de tissus confectionnés, d'articles de ménage, d'épiceries ou de plusieurs espèces de marchandises, le droit proportionnel est du 10e de la valeur locative des magasins, le droit fixe dans les villes de plus de 100,000 âmes de 200 francs en principal, et, dans ces mêmes villes, la taxe par personne employée en sus du nombre de cinq (s'il y en a habituellement plus de dix) est de 50 francs

en principal. Cette taxe et le droit fixe sont réduits dans les villes d'une population inférieure à 100,000 âmes. Ladite loi de 1890 a diminué les droits de patente, dans les communes de 2,000 âmes et au-dessous, savoir: 1º d'un quart, pour les professions rangées dans la 6e classe du tableau A; 2º de moitié, pour les professions rangées dans les 7e et 8e classes du même tableau. — Nous croyons devoir ajouter, comme renseignement historique, que la disposition de la loi du 17 juillet 1889, qui avait en vue les *grands magasins*, a en même temps atteint, sans que le législateur y eût songé, plusieurs maisons de banque qui occupent un grand nombre d'employés. Les magasins de nouveautés ont de vêtements ont vu, en 1890, leur contribution de la patente accrue de près de moitié. Ainsi, *le Bon-Marché*, qui était taxé en 1889, en principal et centimes additionnels, à un chiffre de 261,000 francs, à dû payer en 1890, une somme de 424,000 francs. *Le Louvre*, qui payait 278,000 francs de patente, a dû payer 433,000 francs. En effet le droit calculé sur le nombre des employés était doublé, lorsque ce nombre dépassait 200, et il était triplé lorsqu'il s'élevait au-dessus de 1,000. — La loi de 1890 ne comporte pas cette progression; mais la taxe sur chaque employé ayant été surélevée, le Trésor perçoit davantage sur l'ensemble, bien qu'il y ait, en somme abaissement de la patente pour ceux des grands magasins qui occupent plus de 200 employés, et qui ne se trouvent plus soumis au doublement du droit. CH. Y.

PATINAGE. — Dans les pays du nord, surtout en Hollande et aux États-Unis, le patinage fait partie, par ainsi dire, de l'éducation des jeunes gens. Chez nous, il présente moins d'utilité, parce qu'il est difficile, pour ne pas dire impossible, de le pratiquer régulièrement. Mais comme nous ne devons, dans notre *Encyclopédie*, négliger aucun des exercices corporels qui sont à l'ordre du jour dans nos écoles, nous allons donner quelque développement à cet article. — Le patinage convient aux deux sexes, et les jeunes personnes qui

Fig. 1.

veulent s'y adonner, parviennent à une grande habileté, tout aussi bien que les garçons. Dans le cas où elles craindraient, lors des premières leçons, de faire quelque chute, elles pourraient se servir d'un petit traineau comme celui que représente notre figure 1. Au bout de peu de jours, elles s'en passeront facilement. — DIGRESSION HISTORIQUE. Le patin, même tel qu'il est en usage aujourd'hui, paraît être une invention fort ancienne, inspirée par la nécessité plutôt que par le désir de s'amuser, et ayant vraisemblablement pris naissance dans les contrées septentrionales de la Russie, en Islande, en Norvège ou dans les environs. De

là, sans doute, il passa en Hollande, où il a conservé toute sa vogue, mais où il est encore plus un objet de nécessité que de plaisir, et de Hollande en Angleterre, d'où nous l'avons tiré. Quand nous parlons de l'Angleterre, c'est presque toujours, et particulièrement dans le cas présent, les Iles-Britanniques qu'il faut entendre. Il semble en effet que ce soit en Écosse que la manœuvre du patin fut le plus tôt pratiquée et le plus en honneur au début; car, vers le milieu du siècle dernier, Édimbourg fondait le premier cercle des patineurs (*skating-club*) dont l'histoire fasse mention. « La métropole écossaise, assure l'*Encyclopædia britannica*, a produit peut-être un plus grand nombre d'élégants patineurs qu'aucun autre pays au monde, et l'institution d'un skating-club n'est pas pour peu de chose dans les progrès de ce divertissement. » Strutt, en faisant allusion aux progrès rapides de l'art de patiner et à la part qu'y eut certainement le skating-club d'Édimbourg, rapporte que sur la rivière Serpentine, de Hyde-Park, convenablement gelée, il vit quatre gentlemen danser, — si l'on peut, dit-il, employer cette expression, — danser sur cette glace un *double menuet*, en patins, avec autant d'aisance et de calme, et peut-être plus d'élégance, que dans un salon de danse; et d'autres encore qui, en tournant et entrelaçant leurs pieds avec adresse, dessinaient sur la glace et à la suite les unes des autres toutes les lettres de l'alphabet. Le lac du bois de Boulogne voit, à l'occasion, des tours d'adresse tout aussi surprenants que ceux qu'exécutaient du temps de Strutt, et qu'exécutent même aujourd'hui, sur la Serpentine, les *gentlemen skaters* de Londres; — ce n'est d'ailleurs point de cela que nous devons nous occuper, mais simplement de fournir les indications élémentaires propres à mettre un parfait ignorant en mesure de chausser le patin et de circuler sur la glace avec cette chaussure, sinon d'y danser un « double menuet ». — LES PATINS. La forme des patins varie suivant l'objet auquel ils sont destinés; mais pour ne pas faire une excursion trop prolongée jusque chez les Lapons, nous nous bornerons à parler des patins ordinaires, en usage dans nos contrées favorisées du ciel, et auxquels on n'a recours que dans un but de plaisir. Ces patins sont unis ou cannelés; pour un débutant, les patins cannelés sont préférables, parce qu'ils permettent de poser le pied à plat sur la glace, tandis qu'avec les patins unis, appelés aussi « patins hollan-

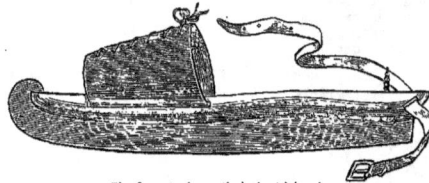

Fig. 2. — Ancien patin à vis et à boucle.

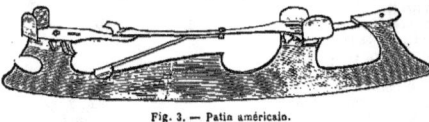

Fig. 3. — Patin américain.

Fig. 4. — Patin anglais.

dais », il faut couper la glace avec la lame d'acier en saillie qui se trouve sous la semelle seulement, avec ces derniers, on avance

avec rapidité, les mouvements ont une élégance inconnue à ceux qui font usage des patins cannelés, plus sûrs, mais plus lents, et plus à la bonne franquette. Nous n'avons pas à décrire par le menu les diverses parties constituantes du patin; les patins se vendent ou se louent aux amateurs de patinage, construits à peu près uniformément, suivant des principes rationnels, qu'on dirait presque immuables. En insistant sur ce point qu'un novice commettrait une grave imprudence en chaussant des patins hollandais à hautes lames d'acier en saillie, et que les patins cannelés lui sont justement destinés, jusqu'à ce que la pratique lui ait donné quelque habileté et l'habitude de tenir son équilibre, nous aurons fait tout ce qui est utile dans cette voie. — L'ancien patin est à vis et à boucle (fig. 2); il présente l'avantage d'une grande sécurité; il est solide, et de plus il peut s'adapter à toute espèce de chaussure; enfin, il coûte relativement bon marché. On lui reproche de faire perdre beaucoup de temps, quand on le pose ou quand on l'enlève de la chaussure; il détériore celle-ci, à cause du trou qu'il faut y percer; et, d'ailleurs, ce trou ne tarde pas à s'élargir et à ne plus tenir la vis. C'est pourquoi les amateurs lui préfèrent le patin américain (fig. 3), muni d'un triple levier, qui comprime

Fig. 5. — Le pas en dedans.

Fig. 6. — Le pas en dehors.

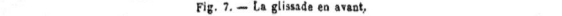

Fig. 7. — La glissade en avant.

cinq agrafes ou dents sur les côtés de la semelle et du talon de la chaussure, de sorte que l'appareil se trouve solidement maintenu. Pour le détacher, il suffit de pousser un ressort qui agit sur le levier, et le patin tombe de lui-même. Il suffit donc de quelques secondes pour s'apprêter. Les désavantages de ce système sont nombreux; sa projection en avant et en arrière de la lame est inutile; il est trop élevé et, par conséquent, dangereux. On lui préfère le patin anglais (fig. 3); mais celui-ci exige l'usage de chaussures particulières. — INDICATIONS POUR CHAUSSER LES PATINS. On ne fait plus guère usage aujourd'hui de la longue courroie passant dans les deux larges anneaux placés pour la recevoir de chaque côté du pied. Ce système avait le tort de trop presser les chevilles et de gêner considérablement le jeu des pieds. Les commençants toutefois, qui ne peuvent se livrer à de trop rapides évolutions, trouveront avantage à s'en servir. Les patins, fixés aux pieds à l'aide d'une cheville, qui pénètre dans un trou pratiqué derrière le talon de la chaussure, sont ensuite maintenus par une courroie simple, passant deux fois autour du patin et croisée sur le cou-de-pied,

où on la boucle. Pour assujettir ses patins, on s'agenouille, d'abord du genou droit, sur la glace, en interposant son mouchoir plié, formant coussin, entre la glace et le genou; on pose en même temps le pied gauche sur le patin du même côté, et l'on boucle les courroies solidement, sans pourtant trop les serrer, pour ne point gêner les mouvements; on s'agenouille ensuite à gauche pour chausser de même le pied droit. Lorsqu'on a ses deux patins solidement fixés aux pieds, on se relève et, avant de s'élancer sur la glace, on risque quelques simulacres peu accentués, le corps un peu penché en avant, prenant, en un mot, son aplomb, — ce qui permet, en outre, de s'assurer que les patins sont bien attachés. — LE DÉPART. Pour se porter en avant, on s'élance du pied droit, d'abord lentement, en appuyant sur le bord *intérieur* du patin et en décrivant une courbe légère de droite à gauche, le pied gauche levé, le corps portant entièrement sur la jambe droite. Lorsqu'on a glissé ainsi environ l'espace de 2 mètres sur le pied droit, on pose à son tour le pied gauche sur la glace, et, levant l'autre pied, on exécute, en sens contraire, le même mouvement accompli tout à l'heure par le pied droit, le poids du corps déplacé et reporté progressivement sur la jambe gauche. C'est ce qu'on appelle le *pas en dedans* (fig. 5); c'est celui dont l'exécution est la plus facile, celui où la perte de l'équilibre est un accident peu dangereux et d'ailleurs rare, le centre de gravité se trouvant en dedans, c'est-à-dire vers le pied levé, lequel est tout prêt à se poser sur la glace pour prévenir tout danger. — *Le pas en dehors*. Dans cette sorte de pas, le patineur s'élance sur le pied droit en inclinant à droite aussi bien le haut du corps que le pied chaussé du patin et en appuyant sur le bord *extérieur* du patin, c'est-à-dire « en dehors », le pied gauche levé, etc. Dans le pas en dedans, la courbe décrite par le patin est en dedans comme de raison; elle est en dehors dans le pas en dehors, ainsi que le centre de gravité. C'est pourquoi nous ne le conseillons pas au patineur novice. Quand le pied droit a glissé une longueur d'une couple de mètres, on change de pied, comme il est indiqué ci-dessus, et ainsi de suite (fig. 6) — L'ARRÊT. Pour s'arrêter, même au milieu d'une glissade, on lève le bout des pieds et l'on ne demeure sur les talons, qu'on appuie fortement sur la glace, en courbant graduellement le haut du corps en avant, ne pas s'aviser de chercher à s'appuyer en arrière, ce qui aurait pour conséquence certaine une lourde chute. Lorsqu'on commence à apprendre l'exercice du patin, les chutes sont quelquefois assez fréquentes; mais la pratique les rendra de plus en plus rares; il faut donc y mettre de la persévérance et ne pas se laisser décourager dès le début par quelques désagréments inévitables et sans importance

réelle. — *La glissade en avant*. Quand on s'est habitué à faire le pas en dedans et le pas en dehors, on s'exerce à la glissade en avant, dont notre fig. 7 donne le diagramme. Pour cela, on tient continuellement les deux pieds

Fig. 8. — Le pas en dehors, phase intermédiaire.

Fig. 9. — Le pas en dehors, phase finale.

sur la glace, et l'on avance en serpentant. Pour se donner l'impulsion, on s'appuie, de temps en temps, alternativement, sur chaque pied, comme pour le pas en dedans. Pour obtenir le pas en dehors, commencez graduellement et, au lieu de vous appuyer sur le pied qui doit faire le pas en dedans, faites porter le poids sur l'autre pied. Après chaque coup, levez légèrement le pied qui fait le pas en dedans, et abaissez-le ensuite, dès qu'il n'y a plus aucun danger de tomber. Nos diagrammes 8 et 9 font comprendre les différentes phases de cet exercice. — ÉVOLUTIONS VARIÉES. Le mouvement en avant le plus difficile est celui qu'on exécute en croisant alternativement une jambe sur l'autre pour repartir, et frappant la glace du pied au moment où il arrive en contact avec elle, sur le bord extérieur du patin. Pour exécuter cette figure, quand le pied sur lequel le corps s'appuie se dégage de la position croisée par le mouvement en avant de l'autre pied, on le lance par-dessus l'autre, et ainsi de suite. — Ce mouvement dispose, on ne peut mieux, au tracé des courbes *en dehors*. — COURBES ET CERCLES EN AVANT. Les mouvements avec le secours desquels on trace des courbes et des cercles sur la glace peuvent être considérés comme les plus gracieux et les plus utiles de l'art du patinage. Pour décrire une courbe en avant sur le bord extérieur du patin, c'est-à-dire en dehors, on détermine d'abord un certain point que l'on considère comme le centre du cercle, puis on prend un élan proportionné au nombre ou à l'importance des courbes qu'on se propose de tracer. On part en appuyant sur le bord extérieur du patin, et l'on décrit autour de ce centre la courbe proposée. Dans ce mouvement, les yeux doivent être tournés vers l'épaule opposée à celle qui dirige le mouvement général, les bras étendus, celui qui dirige le mouvement élevé au-dessus de la tête, l'autre étendu les doigts tournés dans la direction de la jambe qui décrit la courbe; les hanches doivent être un peu tournées en dedans, et la jambe qui agit légèrement fléchie, c'est-à-dire le genou un peu plié. L'autre jambe est également pliée et relevée en arrière, afin de modifier par son poids et sa position l'impulsion en avant et d'assurer l'équilibre du patineur. — DÉCRIRE UNE COURBE SUR LE BORD INTÉRIEUR DU PATIN. Pour exécuter ce mouvement, il est utile de se servir d'un morceau de liège ou de tout autre corps léger, pour marquer le centre du cercle simple ou multiple qu'on se propose de tracer. On prend alors un élan suffisant et l'on part en coupant la glace du bord intérieur de la lame du patin. La tête et le corps oivent être dans la même position que dans l'exécution du mouvement contraire ci-dessus écrit, seulement la jambe sur laquelle on patine ne sera pas ployée; l'autre jambe sera tendue, presque roide, le pied de cette jambe éloigné de l'autre d'une distance d'environ 50 centimètres. Ce mouvement se termine ordinairement à la manière ordinaire; mais on peut agrémenter cet arrêt d'une pirouette

gracieuse. Pour cela, on lance le pied libre par-dessus celui qui supporte le poids du corps, et, grâce à l'impulsion donnée au corps afin de décrire une courbe, vous pirouettez sur le milieu du patin comme sur un pivot. — PATINER EN ARRIÈRE. Pour patiner en arrière, il importe avant tout d'être muni de patins convenables. Certains patins (et la plupart des patineurs qui manquent de confiance dans leur habileté les préfèrent aux autres) ont des lames terminées carrément à leur extrémité postérieure; avec ces patins, on ne saurait exécuter les mouvements en arrière; il faut pour cela des lames arrondies à chaque extrémité, à peu près dans la même mesure, puisqu'on les destine à agir en avant et en arrière de la même façon. Cela se comprend du reste, bien que la lame carrée en arrière ne soit pas un empêchement absolu à l'exécution du mouvement. Les mouvements en arrière s'exécutent d'après les mêmes principes, mais par les moyens inverses, que les mouvements en avant. Il faut légèrement incliner la tête et le haut du corps en avant pour conserver le centre de gravité. On se sert alternativement de chaque pied, placé sur la glace de manière à ce que le talon se trouve un peu élevé, et qu'il décrive à son tour un arc ou segment de cercle plus ou moins allongé. Si vous sentez que vous perdez l'équilibre, ramenez le patin inoccupé sur la glace auprès de l'autre ou, si vous patinez des deux pieds, réunissez-les vivement; car cette évolution s'opère tantôt sur un pied, tantôt sur l'autre, tantôt sur les deux pieds réunis, dirigés par une impulsion légère et alternative des hanches. — CERCLES ET COURBES EN ARRIÈRE OU RÉTROGRADES. Les cercles en arrière ne diffèrent naturellement que par la direction des mêmes mouvements exécutés en avant; l'exécution, à première vue, en paraît beaucoup plus difficile, parce que personne n'est dans l'habitude de se mouvoir en arrière; cependant, pour peu qu'on essaye, on ne tarde pas à s'apercevoir que la difficulté est plus apparente que réelle. La courbe en arrière constitue la base de toutes les figures rétrogrades; elle ne se fait guère qu'en dehors, c'est-à-dire sur le bord extérieur du patin. Dans cette évolution, la position de la tête et des bras n'est pas la même que dans la courbe en avant en dehors; en fait, elle est toute contraire : le visage doit être tourné vers l'épaule gauche, la main droite élevée à hauteur de la tête, pour l'exécution du mouvement à droite; pour l'exécution à gauche, c'est naturellement la main gauche qui est la plus élevée, et le visage est tourné vers l'épaule droite; la main du côté libre ne s'élève pas au delà du niveau de la ceinture. La courbe en arrière peut être étendue soit jusqu'au cercle et jusqu'à plusieurs cercles concentriques même, soit à la spirale plus ou moins prolongée, et la terminer par une pirouette, comme il est indiqué ci-dessus. — L'ARRÊT OBLIQUE. C'est le meilleur mode d'arrêt applicable aux diverses manœuvres en arrière. Pour arrêter de cette manière, lorsqu'on est en pleine exécution d'un mouvement rétrograde, il faut appliquer brusquement sur la glace, dans une position oblique, le patin libre, roidissant en même temps la jambe. L'effet de cette manœuvre est prompt et cer-

tain. — TOURNER SUR PLACE. Pour tourner sur place, il suffit de placer un talon derrière l'autre; le mouvement s'effectue aussitôt, pour ainsi dire, de lui-même. Prendre soin toutefois de ne point tourner trop soudainement, ce qui provoquerait presque inévitablement une chute assez rude. — TRACÉ DE FIGURES VARIÉES SUR LA GLACE. Devenu habile par la pratique des instructions ci-dessus, sérieusement suivies, le patineur est bientôt en état de tracer sur la glace toutes sortes de figures avec la lame de ses patins. C'est principalement à tracer des chiffres qu'on s'exerce tout d'abord et, parmi les chiffres, le 8 est celui dont la pratique est la plus utile. On trace un 8 par un mouvement de dehors en avant, les jambes croisées. Le patineur, comme il achève de dessiner la moitié du 8 qui incombe au pied droit, lance vivement la jambe

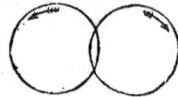

Fig. 10. — Le huit.

gauche par-dessus la jambe droite, ce qui lui fera appuyer très dur le bord extérieur de la lame du patin droit sur la glace; il part

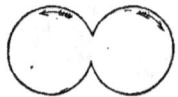

Fig. 11. — Le huit.

aussitôt du pied gauche, rejetant le bras gauche en arrière et regardant en même temps par-dessus l'épaule gauche, de manière à se

Fig. 12. — Le trois.

bien fixer sur le bord extérieur du patin gauche (fig. 10). Le 8 est dessiné en accomplissant un cercle parfait, de la manière ci-

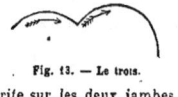

Fig. 13. — Le trois.

dessus décrite sur les deux jambes, avant de changer de pied. Il est difficile de réussir à exactement joindre les deux cercles pour leur

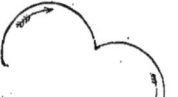

Fig. 14. — Le trois.

faire représenter le 8 en chiffres arabes, mais on ne doit pas se décourager jusqu'à ce que l'on ait acquis la pratique suffisante. Nous recommandons surtout de ne pas regarder la glace à ses pieds, pour s'assurer que l'on est dans une bonne direction. On doit regarder devant soi ou à côté, jamais en bas. On prie quelqu'un de se tenir sur le point autour duquel on veut tourner et on reste les yeux fixés sur lui. Une autre observation est qu'il faut faire le cercle large de 3 m. au moins en diamètre. — On peut aussi exécuter un 8 capital sans croiser les jambes, comme fig. 11. — La

seconde figure élémentaire est le 3, beaucoup plus difficile à bien faire. On l'obtient en donnant un demi-coup en dehors en avant, suivi,

Fig. 15. — Le trois.

sans aucune interruption, d'un second demi-coup en dedans en arrière, par le même pied (fig. 12, 13, 14 et 15). Il est, du reste, à peu

Fig. 16. — Le double trois.

près impossible d'expliquer la manière de dessiner ce chiffre; on l'apprend seulement par la pratique. Nos autres figures représentent

Fig. 17. — Le demi-double trois.

un double trois (fig. 16), un demi-double trois (fig. 18), qui sont beaucoup plus difficiles à accomplir, et que l'on trace ordinairement

Fig. 18. — Le triple trois.

avec le pied droit. En multipliant les tours et en faisant bien également chaque coup en avant et en arrière, on obtient la rosace

Fig 19. — La rosace.

(fig. 19). — Quand on s'est suffisamment exercé à ces figures, on arrive à une habileté assez grande pour pouvoir changer un pas pour un autre sans avoir besoin de changer de pied ni de vitesse. Un parfait patineur doit être capable, en un clin d'œil, c'est-à-dire en un dixième de seconde, de passer du pas en dedans au pas en dehors, et *vice versa* sans la moindre diffi........é et sans effort apparent. —

Le mouvement le plus difficile consiste à changer le pas en dedans en arrière pour le pas en dehors en arrière, changement qui per-

Fig. 20. — Les nœuds.

met de dessiner la lettre S et ensuite la belle figure appelée Q, formée d'un cercle et d'un S renversé. Parmi les autres exercices favoris

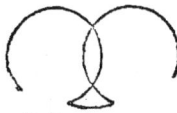

Fig. 21. — Le croisement.

des parfaits patineurs, il faut citer les nœuds (fig. 20) que l'on dessine par un balancement particulier du corps, qui conserve l'équilibre

Fig. 22. — Les cornes.

au moyen d'un tour rapide du pied. On termine les exercices par la figure la plus difficile, la corne (fig. 22), dans laquelle on perd presque l'équilibre, mais on le recouvre instantanément par un coup en arrière. — DERNIÈRES OBSERVATIONS. Le patinage est un exercice salutaire, lorsqu'il est pratiqué avec modération et qu'on ne néglige aucune des précautions qu'exige l'imminence du danger qui l'accompagne trop souvent. On fera bien de fuir avec un soin égal la glace trop lisse aussi bien que la glace raboteuse. Il faut y aller hardiment, mais sans mettre trop d'ardeur dans ses mouvements et sans jamais agir avec une précipitation étourdie; éviter de regarder à ses pieds et régler son équilibre entre deux coups de patin. — Par précaution, l'apprenti patineur pourra incliner légèrement le corps en avant à ses débuts; mais, lorsqu'il aura enfin acquis dans son habileté une confiance suffisante, il se tiendra le corps bien droit, la tête élevée, le visage tourné toujours dans la direction de la ligne qu'il se propose de tracer. Les personnes de constitution délicate devront aussi éviter de patiner contre le vent. — Quelques conseils en cas de danger subit ne seront sans doute pas superflus. Le premier que nous donnerons, le plus important de tous, le moins facile à suivre, bien que tout le monde affirme le contraire — avant d'avoir essayé, c'est de conserver son sang-froid, et de le conserver d'autant plus entier que le danger est plus grand; c'est la moitié du salut. Lorsqu'on s'aperçoit tout à coup que la glace sur laquelle on évolue est brisée et incapable, de par le poids du corps, de passer longtemps, il faut s'accroupir et ramper sur les mains, les genoux et les orteils, afin de distribuer sur une plus grande étendue, en le divisant, le poids de son corps. Si l'on se trouve lancé sur un point dangereux, sans pouvoir s'arrêter à temps pour l'éviter, forcer l'élan pour atteindre la glace ferme, en passant par-dessus. Lorsqu'on a le malheur de sentir la glace s'ouvrir sous ses pieds, étendre les bras dans toute leur longueur, afin qu'ils puissent s'arrêter sur la glace des

deux côtés du trou et donner aux secours le temps d'arriver. Nous nous arrêterons là, convaincu d'avoir épuisé la liste des conseils susceptibles d'être efficacement mis en pratique, en formant le vœu que ceux qui ont pour objet de *pallier* le mal qu'on ne peut plus éviter seront rendus inutiles par la prudence du patineur qui nous fera l'honneur de les lire. — **Patinage en chambre.** Cet exercice n'offre pas les mêmes dangers que le précédent; il a l'avantage de pouvoir être pratiqué en toute saison, presque en tout lieu, et permet à un homme habile de déployer toute son adresse; toute sa grâce dans une série de mouvements aussi variés, aussi compliqués, aussi amusants — et même quelquefois plus — que ceux qu'on peut exécuter sur la glace avec le patin hollandais à lame arrondie, et au risque de prendre un bain froid hors de saison. On emploie pour ce sport, depuis peu d'années seulement pris au sérieux, quoique connu depuis fort longtemps, des patins de forme particulière, en fer ou en bois, garnis, en dessous, de quatre roulettes tournant librement sur leurs axes, et qu'on attache sur le pied, sans oublier la petite cheville ou la vis du talon, exactement comme le patin à glace. La manœuvre du *patin à roulettes* n'offre pas de sérieuses difficultés. Sans la moindre notion du patinage, on parvient, en très peu de temps et après une courte pratique, à exécuter toutes les figures ordinairement tracées sur la glace par les plus habiles patineurs. Nous ajouterons que, dans ce cas, une cour dallée, une route bien unie, macadamisée, ou mieux encore le parquet d'une vaste salle, remplacera avantageusement le miroir d'un lac gelé à point.

PATRON-MINETTE s. m. Jargon. Association de bandits.

PÂTURE. — Législ. Le titre deuxième du Code rural, promulgué au *Journal officiel* le 10 juillet 1889, a prononcé l'abolition du *droit de parcours*, ainsi que le faisait prévoir le projet de loi dont nous avons parlé dans le *Dictionnaire* (t. IV, p. 422). La suppression de ce droit ne donne lieu à *indemnité que s'il a* été acquis à titre onéreux. — Le *droit de vaine pâture* est également aboli en principe; mais il a pu être maintenu si, dans le délai d'une année à partir de la promulgation de la loi, le maintien de ce droit a été réclamé, au profit d'une commune ou d'une section de commune, soit par délibération du conseil municipal, soit par requête d'un ou de plusieurs ayants droit adressée au préfet. Cette demande de maintien est soumise au conseil général dont la délibération est définitive, si elle est conforme à celle du conseil municipal. En cas de divergence, il est statué par décret rendu en conseil d'État. Dans aucun cas et dans aucun temps, la vaine pâture ne peut s'exercer sur les prairies artificielles, ni sur les terrains clos, ni sur aucune récolte ensemencée ou couverte d'une récolte quelconque, tant que la récolte n'est pas enlevée. Les conseils municipaux peuvent toujours prendre des arrêtés pour réglementer le droit de vaine pâture. — Cette loi n'avait pas encore pu recevoir sa pleine exécution lorsqu'elle fut modifiée par celle du 22 juin 1890. La modification apportée aux articles 2, 5 et 12 du titre deuxième du Code rural consiste notamment à retrancher de l'article 5 ces mots « prairies naturelles », de manière à ce que lesdites prairies puissent continuer à être soumises à la servitude de la vaine pâture, si le conseil municipal et le conseil général ont tous les deux été d'avis de maintenir cet usage dans la commune. — Plusieurs préfets ayant demandé au ministre de l'agriculture des explications sur la portée de cette loi un peu confuse du 22 juin 1890, le ministre a répondu par une circulaire datée du 5 août suivant. Il résulte de cette circulaire : 1° que la vaine

pâture est interdite sur les prairies artificielles; 2º qu'elle ne peut être rétablie ou maintenue sur les prairies naturelles que là où elle existait avant la loi du 9 juillet 1889, c'est-à-dire dans les communes où le droit est fondé sur une ancienne loi ou coutume, sur un usage immémorial ou sur un titre; 3º que le maintien ou le rétablissement de la vaine pâture sur les prairies naturelles ne peut s'effectuer que s'il est réclamé suivant les formes tracées par la loi de 1889 et que nous avons indiquées plus haut, mais cette demande aura dû être faite avant le 23 juin 1891, dernier délai; 4º que la vaine pâture ne peut jamais s'exercer sur les terres, prairies ou autres, qui sont couvertes d'une production quelconque faisant l'objet d'une récolte; 5º enfin que le conseil municipal qui aura demandé le maintien ou le rétablissement de la vaine pâture sur les prairies naturelles, peut toujours en proposer ultérieurement la suppression, s'il vient à croire qu'il est utile de le faire. Ch. Y.

PAUCI. Mot. lat. qui signifie *qui a peu*, et qui entre dans la composition de certaines expressions scientifiques, telles que : *pauciflore*, qui a peu de fleurs; *pauciovulé*, qui a peu d'ovules.

PAUILLAQUAIS, AISE s. et adj. De Pauillac; qui appartient à Pauillac ou à ses habitants.

PAUME (Jeux). La paume est un jeu d'exercice dans lequel on pousse et repousse plusieurs fois une balle, soit avec la *paume de la* main armée d'un gantelet, soit avec une raquette ou un battoir dans un lieu disposé à cet effet. On distingue la *longue paume* et la *courte paume* ou *trinquet*, suivant que l'on joue à la paume dans un espace de terrain ouvert de tous côtés ou dans un carré long environné de murs. — **Longue paume**. On joue à la longue paume sur une place, dans une rue large et spacieuse, dans l'allée d'un parc ou dans tout autre lieu non clos, pourvu que le terrain soit uni et bien battu ou pavé : on marque l'enceinte par des cordes que soutiennent, de distance en distance, des piquets ou de légers poteaux. La longueur de l'enceinte est de 150 à 160 mètres; sa largeur, de 25 à 30 mètres. Une corde, tendue au milieu, coupe en deux parties égales l'espace consacré au jeu, et sépare les deux camps, composés chacun de 2 à 5 ou 6 joueurs. Le joueur le plus habile et le plus vigoureux de chaque parti devient le chef du camp et se place le plus loin de la corde; l'endroit qui lui est réservé porte le nom de *tirer* ou *service*; on l'indique par un morceau d'étoffe fixé sur le sol au moyen d'un clou. Entre les chefs des deux partis, chacun des autres joueurs prend le rang qui lui est assigné, sur une même ligne, à égale distance les uns des autres, les plus faibles étant les plus rapprochés de la corde. Quand le sort a désigné auquel des deux partis revient le droit de servir le premier la balle, le chef la lance vers le camp opposé; les adversaires placés au premier rang doivent juger rapidement si c'est à eux qu'il convient de la relancer, ou s'il est préférable de la laisser arriver jusqu'à leurs associés placés derrière eux; on conçoit que la justesse du coup d'œil et la présence d'esprit sont aussi nécessaires que l'adresse, la vigueur des bras et l'agilité des jambes. Pour lancer et repousser la balle, on se sert d'une raquette ou d'un battoir. La première loi, c'est de relancer la balle soit à la volée, avant qu'elle ait touché le sol, soit quand elle a fait un premier bond. Si elle touche deux fois le sol, il est trop tard pour la relancer : on peut seulement l'arrêter; et l'endroit précis où elle cesse de rouler se nomme *chasse* et est marqué d'un petit piquet. Les coups les plus habiles consistent à lancer obliquement la balle de façon que tout en tombant dans l'espace réservé au jeu, elle s'éloigne des adversaires et les force à courir

à droite ou à gauche pour la rattraper. Il y a aussi les *coups bas* dans lesquels la balle, passant à quelques centimètres seulement au-dessus de la corde, surprend les adversaires qui parviennent difficilement à la toucher; mais les coups bas sont dangereux pour ceux qui les exécutent sans être absolument sûrs de les réussir, parce que la balle risque de toucher la corde ou de passer au-dessous d'elle, ce qui est une faute. Un autre danger du coup bas, c'est d'être suivi d'un autre coup plus bas de l'adversaire; celui-ci, dans ce cas, au lieu de repousser violemment la balle, se contente de tenir verticalement derrière la corde, sur la ligne de passage de la balle, sa raquette dont il se sert comme d'une sorte de bouclier; la balle ayant frappé la raquette, rebondit d'elle-même et va tomber presque d'aplomb, à peu de distance de la corde, du côté de ceux qui l'ont lancée et qui ne peuvent la rattraper que très difficilement. Chaque coup gagné ou perdu vaut quinze points; le camp arrivé à 60 points a gagné un jeu; quatre jeux font une partie quand il y a 2 ou 3 joueurs; il faut 5 jeux pour une partie quand on joue à 4; 6 jeux quand on est 5 joueurs; c'est-à-dire que lorsqu'on est plus de 3 joueurs, la partie est d'un nombre de jeux égal à celui des joueurs de chaque côté plus un. Voici un exemple de la manière de compter les points nécessaires à un *jeu*. Le camp 1, gagnant le premier coup, marque 15; le camp 2, s'il gagne le second coup, marque également 15, et l'on dit que les deux partis sont 15 *à un*. Si le camp 2 gagne le 3º coup, on dit que les partis sont 15 à 30 : mais si le camp 1 se rattrape le 4º coup, on compte 30 *à un*. Que chacun des deux camps gagne encore un coup, et ils seront chacun à 45, ce qui se dit être *à deux*. Le coup suivant donne un *avantage* à celui des deux partis qui le gagne, et deux avantages consécutifs, c'est-à-dire gagnés l'un après l'autre sans interruption, font obtenir le jeu. Quand un parti a gagné un avantage et que le parti adverse gagne l'avantage suivant, la marque retombe à *deux* et l'on dit qu'il y a *avantage à deux*, si bien que le jeu n'est souvent gagné qu'après une série d'avantages. Une chasse ne donne aucun gain si on ne l'a pas tirée; mais quand il y a deux chasses faites dans le cours d'un jeu, on *passe*, c'est-à-dire que les partis changent de camp. Quand l'un des partis a obtenu le point 45, on passe pour une seule chasse. On *tire une chasse* en poussant la balle de manière à lui faire faire son deuxième bond au delà de la ligne ou du piquet marquant la chasse faite. Si l'on y réussit, on gagne 15; dans le cas contraire, le camp adverse gagne le même point, c'est pourquoi les adversaires font tous leurs efforts pour *défendre la chasse*, c'est-à-dire pour empêcher celui qui la tire de la gagner, soit en reprenant la balle avant son deuxième bond, soit en la laissant agir quand ils prévoient que ce deuxième bond se fera en deçà de la ligne indiquée pour que la chasse soit gagnée. — **Courte paume**. La *courte paume*, le plus célèbre et le plus difficile des jeux de balle, a été, pendant des siècles, l'amusement favori des rois, des courtisans et des nobles; de sévères ordonnances en interdisaient la pratique aux manants et aux villains. Diverses circonstances, en tête desquelles il faut placer le coût énorme de l'installation d'une salle, les difficultés que présente le jeu et le long apprentissage qu'il exige pour être joué d'une manière médiocre, l'ont fait abandonner peu à peu pour des divertissements moins aristocratiques, mais aussi moins coûteux. La courte paume n'en reste pas moins, théoriquement, le type des jeux de balle. Pour y jouer, il faut disposer d'une salle en carré de parallélogramme, longue de 30 à 32 m., haute de plus de 10 m., large d'environ 13 m. Trois des côtés forment une espèce de corridor

(marqué *a* sur notre figure), au moyen d'un mur intérieur haut de 2 m. 85, sur le sommet duquel s'élève une sorte de toit qui se dirige, en pente, vers la muraille extérieure, et va la rejoindre à une hauteur de 4 m. 50. Ce toit, appelé *appentis*, donne une physionomie toute particulière à une salle de jeu de paume. La muraille qui le supporte est découpée en plusieurs parties, à une hauteur de 1 m. 20 au-dessus du sol, ce qui forme, tout le long du milieu de la cour, un espace ouvert appelé *galeries* (*b b*) et présentant, dans cette partie, 6 piliers qui s'élèvent jusqu'au sommet de l'appentis. Il y a encore une large ouverture semblable (*c*) longue de 7 m., du côté de la

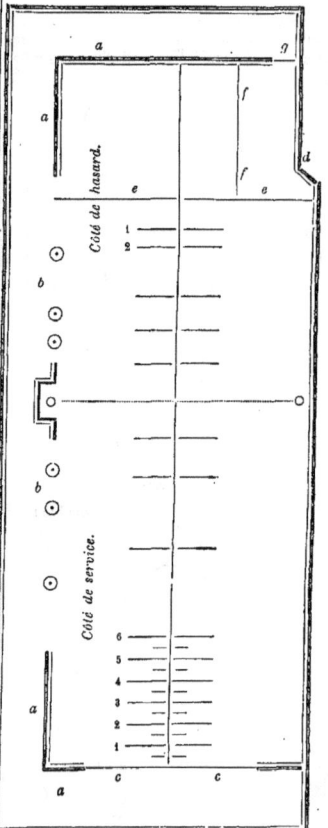

cour de service, et appelée *le dedans* C'est par cette ouverture que les spectateurs jouissent du coup d'œil de la partie. Vis-à-vis le dedans et dans le coin extrême de l'autre cour, se trouve une autre ouverture, nommée *grille* (*g*) qui mesure environ 1 m. carré. Quand la balle est envoyée dans la grille, d'un côté, ou dans le dedans, quand on joue de l'autre côté, le coup est gagné par le joueur. La quatrième muraille est plate et lisse jusqu'au plafond, sauf qu'en un point situé à environ 6 m. 50 de la grille, elle forme une saillie nommée *tambour* (*d*). Enfin un filet, tendu transversalement, juste à mi-chemin entre les deux extrémités, divise la cour en deux parties et s'élève à 1 m. 65 à chaque extrémité et à 1 m. 35 au milieu. Le plancher

de la cour est ainsi distribué : on tire une ligne longitudinale d'un bout à l'autre, de manière à diviser la cour en deux parties égales; perpendiculairement à cette ligne, du côté de hasard de la cour, qui est opposé au-dedans, à environ 6 m. 75 du mur intérieur, on trace la *ligne de service* (*e e*) et verticalement à cette dernière, la *ligne de passe* (*ff*). Outre ces lignes, on en tire un grand nombre d'autres, coupant verticalement la grande ligne de séparation, comme on le voit sur notre figure : 6 du côté du service, et 2 du côté de hasard, sont nommées *chasses;* les autres reçoivent le nom de *galeries.* La partie est engagée par le joueur qui se tient du côté de service et qui lance la balle sur l'appentis, l'où elle doit rebondir dans la partie extrême du côté de hasard, au delà de la ligne de service, mais non au-dessus de la ligne de passe. S'il commet deux *fautes*, il perd un point. La partie une fois engagée, l'objet de chaque joueur est de renvoyer la balle au-dessus du filet; et le premier qui y manque perd un point. Un coup dans la *grille* ou dans le *dedans* vaut un point au joueur, tandis que lorsque la balle touche le plafond ou la muraille au-dessus d'une ligne tracée à une hauteur de 10 m., le joueur perd un point. L'usage des chasses et des galeries est trop compliqué pour s'apprendre autrement que par la pratique. Il nous suffira de dire que quand la balle tombe dans l'une d'elles après son premier bond, le coup reste en suspens et doit être rejoué après qu'on a changé de côté. Un jeu se compose de 4 points comptés comme suit : 15, 30, 40 et jeu. Mais quand chaque parti est à 40, le marqueur dit « A deux, » et alors deux avantages doivent être gagnés consécutivement par le même parti, pour que celui-ci ait le jeu. On joue ordinairement des parties de 11 jeux, de sorte que le parti qui arrive le premier à six jeux a gagné la partie. On peut convenir que si chaque parti arrive à 5 jeux, il faudra pour gagner la partie, gagner successivement deux avantages de jeu. Telles sont, en peu de mots les règles de la courte paume; le reste ne s'apprend que par une longue pratique, et encore ne le connaît-on jamais assez pour pouvoir se passer du marqueur ou *paumier*, qui juge à haute voix tous les coups. Dans les matches, il y a, en outre, un arbitre, choisi parmi les plus experts, et qui, d'ailleurs, en cas de contestation sur un coup, fait appel aux lumières des spectateurs qui se trouvent dans le dedans; toute question en litige se décide à la majorité des voix des spectateurs.

PAVÉ s. m. Eloge maladroit, par allusion au pavé de l'ours dont parle la fable.

PAVÉ, ÉE adj. — PAVÉ DE BONNES INTENTIONS, se dit ironiq., par allusion à l'Enfer, d'une maladresse commise avec de bonnes intentions.

PAVE (On y). Jargon. Se dit d'une rue de l'on ne va pas, dans la crainte d'y rencontrer un créancier.

PÊCHE. — Législ. Un décret du 20 décembre 1889, relatif à la *pêche fluviale*, a modifié ceux du 18 août 1875 et du 18 mai 1878, en ce qui concerne les dimensions au-dessous desquelles certains poissons ne peuvent pas être pêchés. Pour le saumon, ces dimensions ont été portées de vingt-cinq à quarante centimètres de longueur. Le décret fixe aussi à nouveau les époques de l'année pendant lesquelles la pêche est absolument interdite. Ces époques sont : 1° du 30 septembre exclusivement au 10 janvier, inclusivement, pour le saumon; 2° du 20 octobre au 10 janvier, pour la truite et l'ombre-chevalier; 3° du 15 novembre au 31 décembre, pour le lavaret; et 4° du 15 avril au 15 juin, pour tous les autres poissons et pour l'écrevisse. — La *pêche maritime* a toujours été

réservée aux marins français qui figurent sur les rôles de l'inscription ; et il a toujours été interdit aux étrangers de se livrer à la pêche, en vue de nos côtes, à moins de trois milles du rivage. Cette distance était fixée notamment par la convention anglo-française du 2 août 1839. Une loi du 1er mars 1888 porte expressément que « la pêche est interdite aux bateaux étrangers dans les eaux territoriales de la France et de l'Algérie, en deçà d'une limite qui est fixée à trois milles marins au large de la laisse de basse mer ». Le patron d'un bateau étranger exerçant la pêche d'une façon quelconque dans la partie réservée est puni d'une amende de 16 francs à 250 francs; et cette amende est doublée, en cas de récidive commise par le contrevenant dans les deux années qui suivent le premier jugement de condamnation. Indépendamment de l'amende infligée, le tribunal correctionnel ordonne la destruction des engins prohibés et, s'il y a lieu, la confiscation et la vente des engins non prohibés et des produits de la pêche saisis sur le bateau. Le produit de ces amendes et confiscations est versé intégralement dans la caisse des Invalides de la marine. Si le condamné n'acquitte pas l'amende et les frais, le bateau est retenu jusqu'à l'entier paiement, ou pendant un laps de temps qui ne peut dépasser trois mois pour la première contravention, et six mois en cas de récidive. — En vertu d'un décret du 22 août 1888, rendu en exécution de la loi précitée, les bateaux étrangers, à voiles ou à vapeur, munis d'engins de pêche, et qui se trouvent en deçà de la distance fixée plus haut, doivent, sous les peines qui viennent d'être indiquées, porter des marques (nom, numéro ou lettres) permettant de reconnaître leur individualité. Ils doivent être pourvus de pièces officielles délivrées par les autorités compétentes de leur pays; et ils doivent, pendant leur séjour dans les eaux françaises, arborer en tête de mât un pavillon bleu, ayant au moins soixante-cinq centimètres de guindant sur quatre-vingt-dix-sept centimètres de longueur. Pendant la nuit, ces bateaux doivent porter les feux qui sont réglementaires à bord des bâtiments français. — La loi du 31 juillet 1890 a prorogé jusqu'au 30 juin 1901 les dispositions des lois antérieures qui accordent des encouragements aux grandes pêches maritimes, sauf en ce qui concerne la pêche de la baleine et du cachalot. Les pêcheurs de morue continuent donc à jouir d'immunités et d'encouragements particuliers. Ils sont exemptés des droits de consommation sur les sels indigènes, ainsi que des droits de douane sur les sels étrangers employés à la préparation du poisson; ils reçoivent, en outre, une prime de 12, 16 ou 20 francs par quintal métrique de morue, selon qu'elle est expédiée directement des lieux de pêche, soit en France, soit aux colonies, ou bien expédiée de France à l'étranger. Un droit de douane de 44 francs par 100 kilog. frappe la morue étrangère importée en France. Enfin l'Etat accorde à chaque matelot de l'inscription, embarqué pour la grande pêche, 15, 30, ou 50 francs, selon le lieu de la pêche et selon l'effectif d'équipage du bâtiment. Malgré cette protection, et peut-être à cause d'elle, les pêcheurs français sont restés inférieurs aux étrangers, en ce qui concerne leur outillage suranné et la préparation des produits. Les Anglais, les Américains, et surtout les Norvégiens, emploient des bâtiments mieux montés, de meilleures méthodes; et ils réalisent des bénéfices là où les pêcheurs français ne soutiennent la concurrence que grâce aux privilèges et aux subventions dont ils jouissent. Des auteurs compétents assurent aussi que ces encouragements, destinés à maintenir le chiffre de nos matelots inscrits, ne sont plus nécessaires aujourd'hui. Telle est notamment l'opinion exprimée dans le *Journal des Econo-*

mistes du mois d'octobre 1890 par M. Léon Renard, ancien sous-directeur aux ministères de la marine et du commerce. « Les primes aux grandes pêches, dit-il, coûtent annuellement de 4 à 5 millions. Mais qui pourrait chiffrer les sommes que la douane ne prélève pas sur les sels étrangers, les dépenses qu'entraîne le traitement des fonctionnaires affectés soit à la Marine, soit au Commerce, soit aux Finances, à l'administration des hommes, du matériel et des deniers engagés dans cette opération des grandes pêches; l'entretien de deux croiseurs chargés de protéger nos pêcheurs, de leur venir en aide avec des rechanges, des vivres, des médicaments, et parfois des hommes; qui pourrait dire enfin ce que coûte chaque campagne en navires perdus et hommes noyés?... Vivants, ces hommes coûtaient très cher, mais rendaient des services; morts, ils coûtent bien davantage, car ce sont des pensions et des secours à donner à leurs veuves et à leurs orphelins ». Pour ce qui concerne la pêche des *huîtres* et celle des *moules*, voy. ces mots au *Supplément*. CH. Y.

PÊCHER. v. n. Au jeu de dominos. Puiser au talon un ou plusieurs dominos, quand on ne possède pas le point nécessaire. On dit aussi PIOCHER.

PÊCHERIES (Question des). Par le traité d'Utrecht, 1713, la France abandonna ses droits sur l'île de Terre-Neuve, mais il fut convenu, en vertu d'un article spécial, que les Français pourraient prendre du poisson dans les eaux de l'Amérique du Nord, et le faire sécher sur la côte du cap Riche. Le traité de Paris (1766) confirma ce droit et rendit à la France les îles de Saint-Pierre et Miquelon, comme lieu de rendez-vous pour la flotte des pêcheurs. Le traité subséquent de Versailles (1783) délimita d'une manière plus étendue la côte sur laquelle les pêcheurs français peuvent établir leur sècherie, et la fixa depuis le cap Saint-Jean, au nord, jusqu'au cap Raz, au S.-O. Le traité de Paris (1814), laissa la France en pleine possession de tous ses droits de prendre du poisson et de le faire sécher sur la côte de Terre-Neuve. — Depuis cette époque, la population de l'île s'est accrue avec une grande rapidité, et le voisinage de nos pêcheries devint gênant pour elle. Sur ses réclamations, lord Derby conclut avec la France, le 8 juin 1884, un arrangement en vertu duquel nous abandonnâmes nos prétentions au droit exclusif de pêche et reconnûmes aux sujets britanniques le droit d'élever des établissements industriels (sauf des pêcheries), entre le cap Saint-Jean et le cap Raz. Cet équitable arrangement fut rejeté par le pouvoir législatif de l'île, comme préjudiciable aux industries de la colonie. Une commission se réunit à Paris et de ses travaux résulta une convention, signée le 14 novembre 1885, dans laquelle les réclamations des Terre-Neuviens furent acceptées en ce qui concerne la direction d'établissements industriels et la surveillance légale de la côte entre le cap Saint-Jean et le cap Raz. La juridiction des pêcheurs fut confiée aux croiseurs français et anglais, agissant de concert. Les pêcheurs français eurent le droit d'acheter les appâts qui leur sont nécessaires, dans tous les ports de Terre-Neuve, sans aucune restriction. Mais ce nouvel arrangement fut, lui aussi, repoussé par le pouvoir législatif de la colonie, et la question resta ouverte.

PECQUEUR (Constantin), l'un des fondateurs du collectivisme en France, né à Arleux (Nord) en 1801, mort à Tarverny-Saint-Leu, en décembre 1887. Sous la Restauration, il s'associa, un instant, au Saint-Simonisme naissant, mais ensuite il abandonna toutes les sectes particulières, parce qu'il les trouvait trop absolues. Il forma une théorie tirée de Jean-Jacques Rousseau, de Saint-Simon, d'Owen et de Fourier et aboutit au communisme. Il pu-

blia des articles économiques dans la plupart des journaux qui se montrèrent favorables aux idées nouvelles : le *Globe*, le *Phalanstère*, la *Revue du Progrès*, la *Presse*, la *Réforme*, la *Revue Indépendante*, etc. Il travailla également au *Dictionnaire de la Conversation* et à l'*Encyclopédie moderne*. En 1838, l'Académie des sciences morales et politiques lui couronna pour un mémoire très remarquable : *Des intérêts du commerce, de l'industrie, de l'agriculture et de la civilisation en général, sous l'influence de l'application de la vapeur* (2 vol.) ; vint ensuite son livre *Des Améliorations matérielles dans leurs rapports avec la liberté*. — En 1840, parurent ses *Lettres* adressées au ministre des travaux publics ; *De la Législation et du mode d'exécution des chemins de fer* (2 volumes) ; *de la Paix, de son principe et sa réalisation ; des Armées dans leurs rapports avec l'industrie ; la Morale et la Liberté*, etc., 1842. Son œuvre capitale est sa *Théorie nouvelle d'économie sociale et politique, étude sur l'organisation des Sociétés* (volume de 900 pages), bientôt suivie de la *République de Dieu*. À la révolution de Février, Pecqueur fit partie de la *Commission du Luxembourg*, avec Louis Blanc et Vidal ; il fut ensuite nommé sous-bibliothécaire à la Bibliothèque de l'Assemblée nationale. Il perdit ces fonctions à la suite du Deux-Décembre pour avoir refusé de prêter serment à l'Empire. Réintégré, en 1870, dans ses fonctions de bibliothécaire. il dut bientôt, à cause de son grand âge, prendre sa retraite.

PÉDESOUILLE. s. m. [pè-de-zou-ieu] ; *ll* mll] (lat. *pes, pedis*, pied ; franç., *souiller, croter*). Paysan.

PEINE. — *Législ*. Nous n'avons à constater ici aucune modification importante au système de répression adopté en France et que nous avons exposé au *Dictionnaire*.(Voy. PEINE, RÉCIDIVE, RELÉGATION.) Nous avons résumé, plus haut, la loi du 14 août 1885, qui a institué la *libération conditionnelle* (voy. LIBÉRATION) ; nous devons analyser ci-après, au mot RÉCIDIVE, la loi du 26 mars 1891, qui permet aujourd'hui au tribunaux d'atténuer ou d'aggraver les peines correctionnelles. Nous voulons seulement faire ici mention des congrès tenus par l'*Union internationale de droit pénal*, et dans lesquels de savants criminalistes ont cherché à résoudre les questions les plus difficiles de cette partie de la législation. Le premier de ces congrès s'est tenu à Bruxelles en 1889, le second à Berne, en 1890, le troisième, en 1891, à Christiania. Nous devons constater qu'il existe, dans ces assemblées, deux tendances opposées l'une à l'autre, ce qui semble retarder l'adoption de vœux définitifs. Beaucoup de criminalistes, magistrats ou professeurs de droit, pensent que les lois pénales ne peuvent être améliorées que peu à peu, et que l'on doit se borner à tirer des conclusions de l'expérience acquise, en appréciant sans hâte les résultats donnés par les différents systèmes. D'autres esprits, plus aventureux, sont convaincus que les peines devraient être très rarement appliquées, par la raison que les délinquants sont, pour la plupart, des individus malades plutôt que des criminels. Cette dernière théorie, qui compte beaucoup de partisans en Italie et quelques-uns en Allemagne, n'est pas acceptée par la plupart des congressistes français, ni par ceux de Russie. Nous espérons, néanmoins, que les solutions praticables sortiront tôt ou tard de ces congrès internationaux. — D'autres congrès internationaux, dits *congrès pénitentiaires*, s'occupent de l'application des peines plutôt que de la législation pénale. Celui qui s'est tenu en juin-juillet 1890, à Saint-Pétersbourg, était complété par une exposition internationale de plans et de matériel des établissements pénitentiaires et des institutions préventives. Ce congrès est le quatrième des congrès péni-

tentiaires internationaux. Les trois congrès antérieurs s'étaient tenus : à Londres, en 1872 ; à Stokholm, en 1878 ; et à Rome, en 1885. Nous parlerons plus loin (voy. RÉCIDIVE) de la loi du 26 mars 1891, qui d'une part donne aux juges la faculté de suspendre, dans certains cas, l'application de la peine prononcée, et d'autre part, exige l'aggravation de la peine, lorsqu'il y a récidive.   CH. Y.

PÉLIGOT (Eugène-Melchior), chimiste français, né à Paris en 1811, mort en 1890. Il fit partie, en 1829, de la première promotion de l'École centrale des arts et manufactures et s'adonna d'abord à des recherches scientifiques sur la fabrication du sucre. Il étendit ensuite ses études à toute la chimie. En 1832, il devint l'élève de Dumas, qui ne tarda pas à en faire son collaborateur. Ils publièrent, en 1837, le travail classique sur l'*Esprit des lois*. Nommé, en 1835, professeur de chimie à l'École centrale, il créa le cours de verrerie et celui de chimie analytique et condensa ses leçons dans un traité qui devint le guide du verrier. En 1846, il succéda à Clément Desormes, au Conservatoire des arts et métiers, et fit, pendant quarante ans, dans cet établissement, un cours de chimie industrielle qui ne cessa d'attirer un nombreux public. En 1847, on lui dut l'importante découverte de l'uranium. Il fut, à la même époque, nommé essayeur au laboratoire de la Monnaie, et devint directeur des essais en 1880. Il était entré à l'Académie des sciences en 1852 et devint, quelques années plus tard, membre de la Société nationale d'Agriculture. Ses principaux ouvrages sont : *Traité élémentaire de manipulations chimiques* (1836, in-8°) ; *Recherches sur la nature et les propriétés chimiques des sucres* (1838, in-8°) ; *Recherches sur l'analyse et la composition chimique de la betterave à sucre* (1839) ; *Rapport sur les expériences relatives à la fabrication du sucre et à la composition de la canne à sucre* (1842-'43) ; *Rapport sur les produits exposés à Vienne en 1845 1846* ; une édition du *Traité pratique d'Analyse chimique* de H. Rose (1848) ; *Douze leçons sur l'Art de la verrerie* (1862) ; *le Verre, son histoire, sa fabrication* (1877) ; outre de nombreux mémoires dans le *Recueil de l'Académie* et des articles dans la presse périodique spéciale.

PELLERIN (Charles-Nicolas), imprimeur, né en 1827, mort en 1888. Il fonda, à Épinal, une imagerie qui devint célèbre.

PELLUCIDE adj. [pèl-lu-si-de] (lat. *pellucidus* ; *de per*, à travers ; *lucidus*, transparent). Bot. Transparent. Se dit surtout des ponctuations des feuilles, des pétales, etc., qui s'aperçoivent par transparence.

PELLUCIDITÉ s. f. Caractère de ce qui est pellucide.

PELTINERVE adj. (lat. *pelta*, sorte de petit bouclier échancré ; lat. *nervus*, nervure). Bot. Nervation des feuilles peltées, dans laquelle les nervures sont disposées comme les raies d'une roue de voiture.

PÈNE (Henri de), publiciste, né à Paris, le 25 avril 1830, mort le 25 janvier 1888. Des revers de fortune l'ayant obligé à suspendre ses études de droit, il se créa des ressources dans le journalisme et devint, sous différents pseudonymes, le collaborateur de plusieurs journaux légitimistes. L'une de ses chroniques lui attira un double duel avec des sous-lieutenants, au mois de mai 1858 ; il fut grièvement blessé et l'on désespéra un moment de sa vie. Il fonda ensuite le *Gaulois*, en 1868, avec M. Tarbé, et le quitta bientôt pour se consacrer à la rédaction du *Paris-Journal*. Pendant la Commune, il se mit, le 22 mars 1871, à la tête de la manifestation des amis de l'ordre et fut blessé d'un coup de feu, rue de la Paix. Il a publié à part : *Un mois en*

Allemagne ; Nauheim ; Paris intime (1859), *Paris aventureux* (1860) : *Paris mystérieux* (1861) ; *Paris viveur* (1862) ; *Paris effronté* (1863) ; *Paris amoureux* (1864) ; recueils d'articles ; et fait représenter à Bade, en 1861 : *A la campagne*, comédie en trois actes, écrite en société avec Mlle Augustine Brohan.

PENNATIFIDE adj. [pènn-na-ti-fi-de] (lat. *pennatus*, ailé ; *findo*, je fends). Bot. Se dit des feuilles à nervation pennée, quand leurs découpures sont peu profondes, étroites et disposées de chaque côté de la nervure médiane.

PENNATILOBÉ, ÉE adj. [pènn-na-] (lat. *pennatus*, ailé ; franç. *lobé*). Bot. Se dit des feuilles dont les lobes sont disposés comme dans les feuilles pennatifides, mais plus larges.

PENNATIPARTITE adj. [pènn-na-] (lat. *pennatus*, ailé ; *partitus*, divisé). Bot. Se dit des feuilles dont les divisions dans le sens penné sont prolongées presque jusqu'à la nervure médiane.

PENNATISÉQUÉ, ÉE adj. [pènn-na-ti-sé-ké] (lat. *pennatus*, ailé ; *sectus*, coupé, fendu). Bot. Se dit des feuilles dont les divisions vont jusqu'à la nervure médiane.

PENNATULE s. f. [pènn-na-tu-le] (diminut. du lat. *penna*, plume). Zooph. Genre de polypes alcyoniens, comprenant cinq ou six espèces maritimes qui se groupent en colonies présentant la forme d'une plume.

PENNINERVÉ, ÉE adj. [pènn-ni-nèr-vé] lat. *penna*, plume ; *nervus*, nerf). Bot. Se dit d'une feuille composée de plusieurs folioles disposées comme les barbes d'une plume, c'est-à-dire de chaque côté de la nervure médiane.

PENSION. — *Législ*. Nous avons énuméré succinctement au *Dictionnaire* (t. IV, p. 501) les principales lois en vigueur, concernant les *pensions militaires*. Nous avons parlé notamment de la loi du 18 août 1881, en vertu de laquelle les pensions des sous-officiers, soldats, marins et assimilés retraités antérieurement aux lois des 5 et 18 août 1879 ont été payées dans la suite selon les tarifs établis par ces deux dernières lois. Les officiers retraités, leurs veuves et beaucoup d'autres n'ont participé aux avantages de la loi de 1881 qu'en recevant des suppléments de pension incomplets ; et ils n'ont cessé, depuis lors, d'adresser au Parlement de pressantes réclamations tendant à obtenir l'unification complète du tarif des retraites. Le Gouvernement a toujours opposé à ces demandes la difficulté où il se trouverait d'y satisfaire, à cause de la charge nouvelle de 25 millions par an qu'il faudrait imposer au budget. Cependant, la loi de finances de 1891 accorde, à compter de 1892, aux pensionnaires âgés d'au moins 60 ans, une allocation annuelle supplémentaire égale à peu près au quart du complément demandé. Les bénéficiaires de cette mesure sont au nombre de plus de 62,000 ; et en étendant la même faveur à 17,000 pensionnaires du service actif des douanes, on arrive à un accroissement de dépenses qui excède par année trois millions de francs. — Les pensions militaires qui sont concédées chaque année s'élèvent à un chiffre plus fort que celui des retraites éteintes par suite de décès. D'un autre côté, les pensions civiles tendent aussi à progresser ; et il en résulte que les pensions, tant civiles que militaires, figurent au budget de l'État, en 1892, pour la somme énorme de 225 millions. — L'article 31 de la loi du 26 décembre 1890, porte que les pensions militaires concédées à des officiers ou assimilés, à partir du 1er janvier 1891, ne peuvent se cumuler avec un traitement civil payé par l'État, les communes ou les établissements publics, si ce n'est dans le cas où le total du traitement et de la

pension seraitinférieur au montant de la solde dont jouissait le titulaire au moment de son admission à la retraite. Si ce total excède le montant de la solde, la pension est suspendue en partie ou complétement. Toutefois, cette réduction n'est pas applicable aux officiers qui ont été retraités pour blessures ou infirmités équivalant à la perte d'un membre et contractées dans le service.   Ch. Y.

PENTANDRE adj. [pain-tan-dre] (gr. *penta* sept ; *aner, andros*, mâle). Bot. Se dit, dans la classification de Linné, des fleurs à cinq étamines.

PÉPONIDE s. f. (gr. *pepôn*, melon ; *idea*, forme). Bot. Sorte de fruit charnu, syncarpé, indéhiscent, à une seule loge, contenant un très grand nombre de graines attachées à trois trophospermes pariétaux, comme chez le melon, le potiron, les concombres et autres cucurbitacées. La péponide est *globuleuse* dans les melons et la bryone, *oblongue* dans le concombre cultivé, *lagéniforme* (en forme de bouteille), dans la courge gourde ; *fusiforme* (en forme de fuseau) dans le concombre d'Egypte; *courbée* dans le concombre serpentin (cornichon), etc.

PEPTONATE s. m. Chim. Produit obtenu par le traitement des sels de fer en présence de la peptone.

PERCHE (pêche). — La perche est, comme le brochet, auquel elle échappe à peu près seule, un poisson éminemment chasseur. Outre les innombrables dents qui garnissent l'intérieur de sa bouche, sa langue et jusqu'à son gosier, elle est revêtue d'une véritable cuirasse d'écailles dures et dentelées, et ses nageoires dorsales sont de terribles armes défensives, des atteintes desquelles le pêcheur fera bien de se garer le mieux possible. La perche est omnivore et d'une voracité singulière ; elle se nourrit d'insectes et de vers de toute sorte, mais surtout de petits poissons, voire de petites grenouilles. La ligne qu'on emploie pour la pêche de la perche doit être faite de huit crins au moins, terminée par trois ou quatre brins de racine forte et bien unie, portant un hameçon n° 5 ou 6. Cette ligne sera amorcée de vers de terre ou de verres rouges, de viande cuite, de rate crue, de poissons morts, — mais surtout de poissons vivants. L'appât devra descendre, s'il est composé de vers, à 5 ou 6 centimètres du fond, à 30 centimètres seulement s'il s'agit de poissons. Si le poisson mord, laissez-lui le temps d'avaler l'appât avant de piquer, autrement vous courriez le risque d'enlever de la bouche du poisson, qui est fort grande, et sans en toucher les bords, l'hameçon tout amorcé. Une bonne précaution est d'avoir un moulinet à la ligne, surtout lorsqu'on appâte au poisson vivant. Cela peut servir pour la perche, à laquelle il serait utile souvent de lâcher de la ligne ; mais cela deviendrait indispensable, sous peine de se trouver promptement démonté, si, au lieu d'une perche, le hasard voulait que ce fût un autre plus gros poisson, un brochet, par exemple, qui mordît à votre appât; et cela se voit. C'est de septembre à mars que la pêche au poisson vivant a le plus de succès. Le meilleur moment pour la pêche de la perche, c'est le matin et le soir ; après un orage, on peut également en prendre dans le cours de la journée ; mais ce ne sera jamais une moisson bien fructueuse. Dans les rivières, la perche se tient dans le voisinage des moulins, des arches des ponts, des vannes, etc., et dans les profondeurs ; dans les étangs, elle recherche de préférence les fonds sablonneux et le voisinage des joncs vers le rivage. La perche mord également, quoique sans enthousiasme, à la mouche artificielle. — Perche goujonnière ou grémille. Ce poisson tire son nom de sa ressemblance avec la perche dont il possède principalement la nageoire dorsale,

du moins une nageoire dorsale qui présente la même apparence, ainsi que toute la partie antérieure du corps ; tandis que par la queue et les taches dont son corps est parsemé il rappelle le goujon. En somme, la perche goujonnière n'est perche qu'en apparence, car elle est entièrement désarmée ; elle n'est guère plus grosse que le goujon. Il est rare qu'on se livre de propos délibéré à la pêche exclusive de la perche goujonnière. En tous cas, elle ne diffère point de la pêche du *goujon* (voir ce mot.) La même ligne, les mêmes amorces, la même disposition de l'engin lui sont applicables.

PERCIER (Charles), célèbre architecte, né à Paris en 1764, mort en 1838. A l'âge de 19 ans, il entra dans l'atelier de Peyre le jeune ; ensuite il passa dans celui de Gisors, remporta en 1786 le grand prix d'architecture pour un projet de jardin des plantes, retrouva à Rome son camarade d'atelier Fontaine, avec qui il travailla ensuite pendant un demi-siècle.

PERDONNET (Albert-Auguste), ingénieur, né en 1801, mort à Cannes en 1867. Il quitta l'Ecole polytechnique pour se faire ingénieur civil et s'occupa de la construction et de l'exploitation des chemins de fer. Il devint directeur de l'Ecole centrale. Son *Traité élémentaire des chemins de fer* (1855-'56, 2 vol. in-8°) devint classique.

PERDRIX. (Chasse.) — Perdrix grise. La perdrix grise qui, dans nos régions, principalement dans le centre et le nord de la France, est le gibier de plume à peu près le plus nombreux, fait son nid dans les sillons, parmi les seigles. les blés, les trèfles, les luzernes etc. ; lorsqu'un hiver trop long a retardé la maturité des blés, il arrive que tous ces nids ont cherché un refuge dans les prairies artificielles dont la première coupe, malheureusement, se fait trop tôt pour permettre aux petits de quitter le nid avant la venue du faucheur. Et voici comment un hiver rigoureux et prolongé compromet singulièrement la campagne de chasse prochaine. La perdrix grise s'apparie dès le milieu de l'hiver ; et vers la fin de juin ses petits sont en état de prendre leur vol. — Nous ne pouvons nous étendre sur les mœurs si intéressantes de la perdrix grise et suivre le perdreau dans le développement de sa croissance. Disons seulement qu'à l'époque de l'ouverture de la chasse, après la moisson terminée, les perdreaux sont gras, tendres, appétissants, en un mot en parfait état d'être chassés — et mangés. Il ne faut pas compter sur la rencontre d'une compagnie tant que le soleil n'a pas fait évaporer les globules de rosée qui émaillent les champs ; la perdrix n'aime pas l'humidité; elle va, inquiète et agitée, à travers les chaumes et les terres nues, fuyant à la moindre alerte, qui lui vient ainsi de loin, pour se blottir dans les remises les plus épaisses. Il suit naturellement de cette agitation de la matinée que la perdrix fatiguée, s'arrête vers dix ou onze heures, suivant le temps, et s'endort dans l'herbe au pied d'un buisson. C'est donc à cette heure-là qu'il convient de battre la campagne à la recherche de la perdrix grise. Voilà donc votre chien en quête ; s'il rencontre, vous le connaissez à son allure nouvelle : il avance maintenant avec précaution, le nez en l'air, l'œil fixe ; vous pouvez reconnaître également, aux mouvements de sa tête, quand ses yeux se portent alternativement sur chacun des perdreaux qu'il a devant lui. Enfin le bon chien a fait son compte, il tombe en arrêt! Avancez avec précaution, comme lui-même vous en a donné l'exemple tout à l'heure, et gardez-vous sang-froid si vous le pouvez: vous voici en présence d'une compagnie tout entière; considérant le lieu marqué par l'arrêt de votre chien, avancez-vous un peu sur la droite, afin de pouvoir tirer de droite à gauche, ce qui est — excepté

pour un gaucher — la ligne la plus sûre. Mais la compagnie, surprise par l'arrivée du chien, hésite une minute et enfin part. Ici votre rôle s'accentue, il s'agit de le bien remplir: ne tirez jamais au hasard, au milieu de la compagnie, c'est un moyen à peu près certain de ne toucher rien du tout; tirer ainsi, en effet, c'est s'en remettre au hasard du soin de remplir son carnier, car il n'y a que le hasard qui puisse amener la rencontre du plomb et de l'oiseau quand celui-ci n'était pas visé par l'arme qui lança celui-là. Tirez donc une pièce visée avec soin et sang-froid; si vous la manquez, il vous reste votre second coup, dont vous ne la manquerez probablement pas: si elle est atteinte et tombe, votre second coup est naturellement destiné à la pièce la plus prochaine, — et le hasard, à qui vous n'aurez rien demandé, pourra bien vous faire atteindre à la fois plusieurs perdreaux, tandis qu'en vous en remettant complètement à lui vous n'auriez probablement rien touché du tout. Ceci, en somme, n'est que le premier acte du drame, que vous pouvez faire durer plus longtemps, en suivant la compagnie à laquelle vous avez enlevé un ou deux de ses membres, — ou peut-être aucun. — Jusqu'à la remise où elle se réfugiera, il vous est loisible de vous acharner après la malheureuse et de la décimer presque entièrement, si vous êtes sans pitié. Un bon chien fait aisément lever plusieurs fois de suite la même compagnie. Vers la fin de la campagne, la perdrix a acquis, à ses dépens, une expérience qui rend sa poursuite beaucoup moins fructueuse qu'en été, au début; elle est constamment sur le qui-vive et part de loin, excepté toutefois lorsque, tapie sous un buisson, elle se croit à l'abri de toute atteinte et de toute surprise. Un moyen de déjouer les ruses de l'oiseau et de mettre en défaut sa perspicacité acquise, consiste simplement à faire, par une belle soirée, une tournée en plaine; on s'arrête alors sous un bouquet d'arbres et, dans le silence de la nuit qui tombe, on ne tarde pas à entendre le cri peu harmonieux des perdrix cherchant à se rassembler: le lendemain matin, on les retrouvera infailliblement où on les a laissées la veille. Une précaution d'une importance capitale (dans toute espèce de chasse), c'est de s'assurer de la direction du vent avant de se mettre en campagne; afin de pouvoir marcher si se peut, sous le vent de la perdrix dont les émanations vous seront nécessairement apportées par ce véhicule naturel, ou tout au moins au chien dont vous les reconnaîtra aisément; dans le cas d'impossibilité, marchez au moins de manière à avoir le vent de travers, mais jamais le vent derrière vous; vous seriez en pareil cas bien sûr de ne rien rencontrer du tout, parce que, au lieu que le chien perçoive le premier le sentiment du gibier, ce serait celui-ci qui recevrait les émanations du chien, voire du chasseur, et qui profiterait bien vite de l'avertissement. Cette précaution n'est pas seulement applicable à la chasse à la perdrix; on doit le comprendre. Quand la perdrix, apercevant le chasseur, part, elle pointe verticalement tout d'abord, puis, par un coup d'aile soudain, elle se jette de côté. C'est le moment où elle a pris son vol horizontal qu'il faut choisir pour tirer. Quelque excellent que soit son chien, un bon chasseur, tout en s'en rapportant à lui, ne laisse pas que de battre la plaine pour son propre compte, ne laissant pas une touffe d'herbe inexplorée; car, pour peu que la direction du vent soit telle qu'il emporte les émanations d'une compagnie de perdrix dans un rayon autre que celui où le chien en quête exerce son odorat, il est évident que celui-ci passera à côté du gibier sans soupçonner sa présence, si bon d'ailleurs qu'il puisse être.
— Roquette, ou perdrix de passage. Beaucoup plus petite que la perdrix grise, la roquette a également le plumage plus clair, tirant sur le jaune. C'est en réalité un oiseau de passage

qu'on rencontre quelquefois par bandes très nombreuses, mais en somme assez rarement en France. — PERDRIX ROUGE. Cette perdrix est plus grosse que la perdrix grise. Ses pieds, son bec et ses yeux sont d'un rouge éclatant, mais il nous paraît bien inutile de détailler plus longuement le signalement de la perdrix rouge : le chasseur novice qui n'en a jamais vu est rare, et si pourtant il existe, qu'il en tue et il les étudiera après. La perdrix rouge affectionne particulièrement les endroits boisés, les hautes bruyères et tient assez rarement la plaine ; elle vit en compagnie comme la perdrix grise, moins cependant, et comme étant en compagnie, elles ne partent presque jamais toutes ensemble, les perdrix rouges offrent assez beau jeu au chasseur pour faire coup double. C'est presque toujours au bois qu'on la rencontre ; son départ est très bruyant et vertical ; souvent, au lieu de continuer, elle se branche sur une haute cime, au-dessus d'un épais feuillage qui la dérobe aux yeux du chasseur. Bien qu'elle piète encore plus que la perdrix grise, son vol est très rapide. Enfin elle s'engage quelquefois dans un trou d'arbre, une excavation de rocher, dans un terrier de lapin même. Toutes ces considérations font passer la perdrix rouge pour être plus difficile à tirer que la perdrix grise ; pourtant elle tient mieux l'arrêt et se laisse approcher à bonne portée ; nous rappellerons en outre que, partant successivement, elle offre l'avantage de pouvoir abattre plusieurs à loisir : ceci compense cela, mais nous reconnaissons qu'une certaine expérience et une connaissance parfaite des mœurs de l'oiseau sont nécessaires pour bien réussir dans cette chasse.

PÉRÉQUATION. — Législ. Nous avons déjà parlé de la *péréquation de l'impôt foncier* (voy. au *Dictionnaire*, t. IV, p. 509). La solution définitive de cette grave question paraît devoir être prochaine. Déjà, ainsi que nous l'avons dit, l'évaluation du revenu réel des propriétés non bâties a été effectuée en exécution de la loi du 9 août 1879 ; et cette opération a fait apparaître que les bases de l'impôt foncier sont inégalement établies dans les diverses parties de la France. Depuis lors, et en exécution de la loi du 8 août 1885, l'administration des contributions directes a achevé le travail d'évaluation du revenu des immeubles bâtis ; et il a été constaté que, si l'impôt prélève, en moyenne, 4,60 p. 100 de revenu immobilier, cette moyenne n'est que de 3 p. 100 pour les immeubles bâtis. — La loi du 8 août 1890, que nous avons déjà analysée plus haut (voy. au *Supplément*, le mot CONTRIBUTION), a établi la péréquation complète de la contribution foncière sur les propriétés bâties, et en transformant cette partie de l'impôt foncier en un impôt de quotité. La même loi a aussi réalisé en partie la péréquation de l'impôt sur les immeubles non bâtis, au moyen d'un dégrèvement de plus de 15 millions réparti entre 82 départements, de manière à réduire, dès l'année 1891, le taux de cette contribution à la moyenne de 4 p. 100 du revenu cadastral, pour tout le territoire de la France, et de façon à ce que le taux maximum dans les départements les plus chargés ne dépasse pas 4,50 p. 100. Mais la péréquation complète, qui devrait exister entre toutes les communes et entre toutes les parcelles de terre non bâties, ne pourra être effectuée qu'après la réfection du cadastre en vue d'une nouvelle évaluation parcellaire. Et l'on doit faire observer que telle péréquation accomplie serait bientôt à réformer, par suite des changements qui se produiraient dans les valeurs relatives, après quelques années, et même pendant la durée des opérations cadastrales. L'impôt de *quotité*, établi sur des bases mobiles, donnera la véritable péréquation, avec laquelle est incompatible le système de la *répartition*, qui subsiste en-

core pour l'impôt foncier sur la propriété non bâtie, comme il est également conservé pour l'impôt des portes et fenêtres et pour la contribution personnelle mobilière (voy. ci-dessus le mot IMPÔT). — Il est encore un autre moyen d'arriver à la péréquation, et il est probable que ce mode sera un jour appliqué en France comme il l'a été en Angleterre, et comme il a une tendance à s'établir dans les confédérations républicaines. Ce mode consiste à laisser les impôts directs à la disposition des départements et des communes, en réservant les impôts indirects à l'État. Pour établir ce système, il serait nécessaire de mettre à la charge des budgets locaux une série de dépenses qui incombent aujourd'hui à l'État, telles que l'entretien des routes nationales, une forte partie des charges de l'instruction primaire, etc. — La suppression du principal de la contribution foncière sur les immeubles non bâtis, a été l'objet d'une proposition de loi présentée par un certain nombre de députés monarchistes, le 31 mai 1890. Cette suppression aurait pour but, non d'établir la péréquation en mettant fin aux inégalités existantes, mais surtout de dégrever les terres consacrées à l'agriculture, et l'on reporterait la charge sur les douanes, au moyen de taxes considérables à établir lors de l'expiration des traités de commerce. Ces taxes, dont le produit serait sans doute insuffisant pour remplacer celui de l'impôt supprimé, auraient pour effet certain d'élever le prix des denrées de première nécessité ; mais, dans la pensée des auteurs de la proposition, elles apporteraient ainsi un nouveau profit aux propriétaires du sol dégrevé, en éloignant des marchés la concurrence étrangère.

CH. Y.

PÉRIPHÉRIQUE adj. [pé-ri-fé-ri-ke] (rad. *périphérie*). Qui appartient à la périphérie. — Bot. EMBRYON PÉRIPHÉRIQUE, embryon dont la longueur dépasse celle de la graine. — PÉRISPERME PÉRIPHÉRIQUE, périsperme qui enveloppe et cache l'embryon.

PERNETY ou Pernetty. I. (Antoine-Joseph), écrivain, né à Roanne en 1716, mort en 1801. Il fut d'abord bénédictin de la congrégation de Saint-Maur, mais il quitta l'habit religieux, fut quelque temps conservateur de la bibliothèque de Berlin, revint en France, se fixa à Avignon, s'occupa d'alchimie et prétendit avoir trouvé la pierre philosophale. Il a traduit plusieurs ouvrages de Swedenborg et a écrit : *Dict. de peint., de sculpt. et de grav.* (Paris, 1757, in-8°) ; *Hist. d'un voyage aux îles Malouines, fait en* 1763-64 (Paris, 2° édit. 1770, 2 vol, in-8° et 16 pl.) ; *Dissertation sur l'Amérique et les Américains* (Berlin, 1770, in-12). — II. (Joseph-Marie), général, né à Lyon en 1766, mort en 1856. Au sortir du collège militaire de Tournon, il entra à l'école de Metz (1781), fut nommé lieutenant en 1783, capitaine en 1791, dirigea l'artillerie au siège de Mantoue, seconda vaillamment Bonaparte en Italie, gagna le grade de chef de bataillon à Rivoli, fit partie de la malheureuse expédition d'Irlande (1792), repassa en Italie avec Bonaparte, devint colonel en Helvétie, général de brigade et chef d'état-major de l'artillerie de la grande armée d'Allemagne (1805), assista à toutes les batailles en Allemagne, fut nommé général de division et baron en 1806 et se signala en Russie et dans la campagne de 1813. Pendant la Restauration, il fut directeur de l'artillerie au ministère de la guerre. Louis-Philippe l'éleva à la pairie (1835) et Napoléon III le créa sénateur (1855).

PERRÉE (Jean-Baptiste-Emmanuel), marin, né à Saint-Valery-sur-Somme en 1761, tué le 18 février 1800, dans un combat qu'il soutint à bord du vaisseau le *Généreux* contre quatre vaisseaux anglais commandés par Nelson. Il appartenait à une famille de marins, servit dans la marine marchande, devint

lieutenant de vaisseau en 1793, reçut le commandement de la *Proserpine*, captura 63 bâtiments ennemis, fut nommé capitaine, ravagea les établissements anglais de la côte d'Afrique, organisa, en Égypte, la flottille qui opéra sur le Nil, fut fait prisonnier en revenant à Toulon (juin 1799), recouvra la liberté par un échange, fut nommé contre-amiral et se chargea de conduire une flottille au secours de Malte. Entouré par toutes les forces de Nelson, au sud de la Sicile, il livra un combat désespéré, pendant lequel un boulet le renversa expirant sur le pont de son navire.

PERRIN (Maurice), célèbre médecin, né à Vézelise (Meurthe), en 1826, mort dans son pays natal, le 31 août 1889. Il fit ses études médicales à Paris, et débuta dans l'enseignement comme professeur de médecine opératoire et directeur des conférences d'ophtalmoscopie et d'optométrie à l'École de médecine et de pharmacie militaires. Il devint ensuite inspecteur du service de santé, directeur de l'École du Val-de-Grâce, médecin en chef du corps de Mac-Mahon en 1870 et président de l'Académie de médecine. Il a publié plusieurs ouvrages, parmi lesquels nous citerons : *Du rôle de l'alcool et des anesthésiques dans l'organisme*, en collaboration avec Lallemand ; *Traité d'anethésie chirurgicale*, avec le même (1863, in-8°) ; *Traité d'ophtalmoscopie et d'optométrie* (1870, in-8°).

PERROQUET. L'élève des *perroquets*, aras, *cacatoès*, *perruches*, etc., est tellement répandue aujourd'hui en Europe qu'elle y est certainement plus généralement connue que celle des oiseaux indigènes. Il ne sera sans doute pas superflu toutefois d'indiquer comment on parvient à les persuader de moduler les airs et de répéter les phrases que l'on désire, et non pas d'autres. Beaucoup de patience est nécessaire, et aussi une grande attention, parce qu'ils retiennent de préférence les paroles brèves, incisives, les jurons bien accentués, non seulement les paroles elles-mêmes, mais l'accent, la tonalité exacte avec laquelle ils les entendent proférer, de manière à s'y méprendre quelquefois. On couvre la cage, afin que l'oiseau se trouve dans l'impossibilité d'être distrait ; on lui fait manger de la soupe au vin, ou du biscuit trempé dans du vin, puis lui ouvrir un peu l'esprit, et l'on commence à lui répéter à satiété le même membre de phrase, qu'il ne retiendra pas une première fois, mais qu'il finira par se rappeler parfaitement, si l'on a la patience de reproduire les leçons assez souvent et d'une manière très régulière, chaque soir pendant le temps voulu. A cause de la facilité avec laquelle les paroles de colère, parce qu'elles sont brèves et fortement accentuées, pour restent dans la mémoire, nous n'avons pas besoin d'insister sur la nécessité de les tenir avec soin éloignés, principalement dans le temps de leur éducation, d'un voisinage où ces sortes de paroles se livreraient en vain ordinaire et répété ; car alors, adieu les leçons ! et l'éducation de vos oiseaux serait tout autre que celle que vous rêviez pour eux. Peu de personnes ont la patience nécessaire pour instruire un perroquet ; cela se conçoit. Heureusement, dans les grands centres, il existe des « maisons d'éducation » spéciales ; d'ailleurs il est rare qu'on achète un perroquet non instruit : je ne crois pas, même, qu'il y ait ordinairement à vendre dans un état de complète ignorance. Ces oiseaux se reproduisent peu en captivité. — *Nourriture.* Les perroquets mangeraient à peu près toute espèce de nourriture, si on les laissait faire, et sans en souffrir beaucoup ; excepté toutefois d'excès de viande, ce qui leur occasione des maladies de la peau, ainsi que la pâtisserie, les sucreries, etc., également prises avec excès. Le persil et les amandes amères

les empoisonnent. Quant à la meilleure nourriture à leur donner, elle consiste principalement en millet, chènevis, pain sec ou trempé en soupe; des fruits, tels que des pommes, des poires, des noix, des châtaignes; du fromage blanc, etc. On peut aussi leur donner de la graine de laitue. Enfin il ne faut pas oublier que les perroquets sont très portés pour la boisson; en conséquence, il faut leur pourvoir d'eau abondamment et veiller à ce qu'elle soit toujours bien fraîche.

PET DE NONNE. — Mettez dans une poêle un demi-litre d'eau, un quart de beurre, sucre, un peu de sel et zeste de citron. Faites bouillir quelques minutes, saupoudrez de farine en tournant avec une cuiller jusqu'à ce que la pâte soit épaissie et bien cuite, ce qui demande environ une demi-heure. Retirez du feu; laissez un peu refroidir et cassez dans votre pâte, en les incorporant bien l'un après l'autre, cinq à six œufs. Vous prenez alors gros comme une noix de cette pâte et jetez dans la friture bouillante.

PETIT (Jean-Louis), le plus grand chirurgien du XVIIIᵉ siècle et anatomiste célèbre, né à Paris le 31 mars 1664, mort le 20 avril 1750. Il fit, dès l'âge de douze ans, des préparations anatomiques, fut chirurgien de l'armée, membre de l'Académie des sciences (1715), directeur de l'Académie royale de chirurgie (1731), etc. Il imagina divers instruments utiles, entre autres un tourniquet pour suspendre le cours du sang dans les artères; et fut considéré comme le premier praticien de son époque. Ses travaux sur les hernies, les fractures, les hémorragies artérielles font encore autorité. Son *Traité de chirurgie*, quoique inachevé, resta longtemps célèbre. Il a laissé de nombreux ouvrages, parmi lesquels il faut citer : *Art de guérir les maladies des os* (Paris, 1705, in-12); *Maladies chirurgicales et opérations qui leur conviennent* (1774, 3 vol. in-8°, et 1790, 3 vol. in-12). — Son nom a été donné à une rue de Paris.

PÉTROLE. — Le pétrole est aujourd'hui employé, concurremment avec la vapeur et le gaz, comme producteur de force motrice, dans plusieurs machines ingénieuses. — Notre fig. 1 représente une machine fixe. Le pétrole,

Fig. 1. — Machine au pétrole fixe.

d'abord converti en vapeur, est lancé dans un cylindre, où la flamme d'une lampe lui fait faire explosion. La vapeur est obtenue en chauffant l'huile dans un réservoir au moyen d'une lampe. La machine se met en pression très rapidement; son usage ne présente aucun danger. — Notre fig. 2 montre une ma-

chine portative qui peut être employée dans les fermes pour le battage des récoltes, pour

Fig. 2. — Machine au pétrole mobile.

l'épuisement des mines ou pour tout autre travail.

PÉTROUSQUIN s. m. (diminut. du lat. *Petrus*, Pierre, d'où *pierrot*). Synon. de *pierrot*, dans le sens de niais, de badaud.

PEYRESTORTES, commune du cant. de Rivesaltes, arrond. et à 8 kilom. de Perpignan (Pyrénées-Orientales); 650 hab. — En 1793, les Espagnols, qui avaient envahi une partie du Roussillon, formèrent un camp à Peyrestortes. Le conventionnel Cassanyes, envoyé à Perpignan par le comité du Salut public, fit un appel aux volontaires des Pyrénées-Orientales, battit l'ennemi à Vernet et, à la tête de quatre colonnes de troupes, surprit le camp de Peyrestortes, le 17 septembre 1793. Les Espagnols s'enfuirent du côté des Pyrénées, en nous laissant 43 canons, 300 mules, 1,000 tentes, 6 étendards, un drapeau, des caissons, un énorme matériel de campement et les ornements de leur chapelle. Ils perdirent, en outre, 500 morts et 500 prisonniers, dont 20 officiers.

PHARAMINEUX, EUSE, adj. (rad. *phare*), jargon. Éclatant, éblouissant.

PHARE. — A l'exposition universelle de 1889, le pavillon du Ministère des travaux publics renfermait les dessins et les modèles d'un certain nombre de phares présentant des particularités intéressantes, entre autres de ceux de Planier (Bouches-du-Rhône), de la Vieille (Finistère), des Grands-Cardinaux (Morbihan), du Grand-Charpentier (Loire-Inférieure) et de Port-Vendres (Pyrénées-Orientales). Ce dernier, tout en métal, s'élève sur l'extrémité du musoir du Môle qui abrite l'entrée de Port-Vendres contre la grosse mer du large. Il est destiné à faciliter l'entrée et la sortie aux paquebots qui font un service régulier entre Port-Vendres et l'Algérie. Sa charpente se compose de six montants en fer tubulaires de 14ᵐ,50 de long, disposés aux sommets d'un hexagone régulier de 2ᵐ,20 de côté. A la base, se trouve un massif de maçonnerie. Le parapet du môle ne surmontant que d'une hauteur de 4 mètres le niveau des basses mers, il en résulte que, par les gros temps, les lames coupent toute communication entre le phare et la terre ferme; c'est pourquoi l'on a préféré à toute autre, une charpente métallique, afin de mettre le feu et le gardien en sécurité pendant plusieurs jours, sans communication avec la terre. Les travaux ont coûté 59,489 fr. On accède à la chambre du gardien et à la lanterne au moyen d'un

escalier à vis, avec noyau en fer tubulaire. La

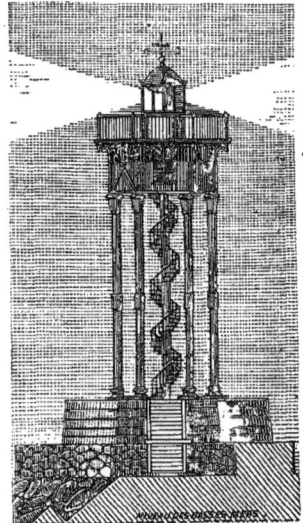

Phare métallique de Port-Vendres

plate-forme de l'édifice se trouve à 18 mètres de hauteur.

PHILADELPHE, ÉE adj. Bot. Qui se rapporte ou qui ressemble au seringa ou philadelphe. — S. f. pl. Famille de dicotylédones, dialypétales périgynes, ayant pour type le genre philadelphus (seringa) et comprenant plusieurs autres genres d'arbrisseaux à feuilles opposées, pétiolées, sans stipules et sans ponctuation, à fleurs ordinairement odorantes. Genres principaux : seringa, decumaria, etc.

PHILIPPIENNE s. f. (all. *vielliebchen*, très cher.) Badinage germanique qui s'est répandu chez nous vers 1865. Pour faire une philippienne, il faut deux personnes et une amande double. Celui ou celle qui a le bonheur de briser la coque de l'amande partage avec son voisin. A partir de ce moment, ils sont liés par un contrat qui force à un cadeau celui qui n'a pas eu la présence d'esprit de dire le premier quand ils se rencontrent ensuite : *Bonjour, philippienne*. On dit quelquefois aujourd'hui PHILIPPINE.

PHONOGRAMME s. m. [fo-no-gra-me] (préf. *phono*; gr. *gramma*, lettre, caractère). Toute reproduction au moyen du phonographe. En septembre 1888, on annonça l'établissement, à Londres, d'une maison de vente pour les phonogrammes musicaux. Pour la production de ces phonogrammes, Edison chargea un agent de Londres de faire jouer les plus célèbres virtuoses en présence d'un phonographe. Les feuilles d'étain imprimées sont employées pour la production d'un grand nombre d'épreuves.

PHONOGRAPHE. Depuis 1877, époque de son invention, le phonographe est resté à l'état de simple curiosité scientifique. Dans l'espoir d'en faire un instrument pratique, d'un usage populaire, Edison l'a perfectionné et l'a transformé en l'appareil représenté par notre figure. Un moteur électrique, constitué à l'aide d'électro-aimants A, au nombre de quatre, actionne un arbre qui porte des contacts en fer doux, également au nombre de quatre. Le courant qui n'a pas besoin d'être très fort et qui peut être produit par une simple pile Gre-

net, au bichromate de potasse, arrive par les deux bornes B. En avant, se trouve la poignée qui sert à mettre la machine en marche ou à l'arrêter. — Le cylindre est parfaitement lisse et tourné sur place ; l'aiguille est libre et se déplace horizontalement avec le chariot qui la porte. Cet effet est obtenu au moyen d'un axe fileté sur lequel vient mordre une pièce F

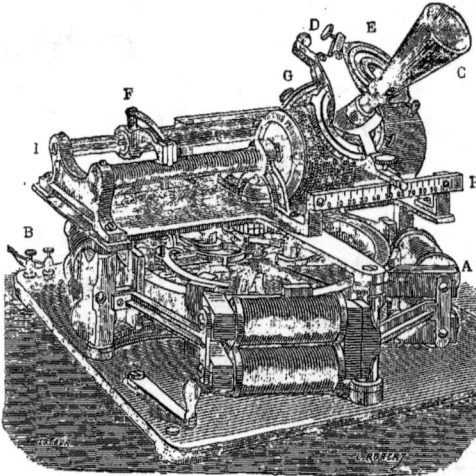

Le phonographe perfectionné et ses organes

mise en prise par un ressort et boulonnée à une douille G, solidaire avec le chariot porteur des pièces acoustiques qui sont au nombre de deux, savoir : le récepteur C et le reproducteur E. Le cornet C, vissé sur le récepteur quand on veut imprimer le discours sur le phonographe (ce qui est le cas dans notre figure) doit être, au contraire vissé sur le reproducteur quand on fait parler l'appareil. La substitution du reproducteur au récepteur a lieu au moyen d'un mouvement autour de l'axe D. L'égalisateur, dont une partie se voit en G, sert à effacer l'impression précédente quand on veut se servir à plusieurs reprises du même cylindre. Pour faire revenir le phonographe en arrière, on relève le chariot entier autour de l'axe I, et l'on pousse la douille vers la gauche. La règle divisée H, qui est immobile, sert de point de repère.

PHYLLODE s. m. [fil-lo-de] (gr. *phullôdès*) Bot. Feuille contractée, de forme simple, réduite au pétiole qui prend une forme ailée, comme dans certains acacias.

PHYLLOSOME s. m. [fil-lo-so-me] (gr. *phullon*, feuille ; *soma*, corps). Crust. Larve de la langouste. On a fait des phyllosomes non point un genre ou même une famille, mais un ordre particulier jusqu'à l'époque toute récente où l'on a découvert que c'est une larve. Le phyllosome est aplati comme une feuille, transparent, formé de deux disques ou boucliers, dont le plus grand, situé en avant, forme la tête de l'animal et porte les antennes et les yeux ; l'autre, en partie recouvert par le précédent, donne insertion aux pattes et se termine par un abdomen souvent rudimentaire. Les pattes, absolument impropres à la marche, ne peuvent servir qu'à nager.

PHYLLOXERA. — Législ. Les mesures que le Parlement a votées, depuis l'année 1878, dans le but d'arrêter les progrès de l'invasion du phylloxera en France et en Algérie, (voy. *Dictionnaire*, t. IV, p. 570) ont été complétées par des encouragements donnés aux viticulteurs qui ont entrepris la reconstitution de leurs vignes au moyen de plants américains ou autres. La loi du 1er décembre 1887 porte que, dans les arrondissements *déclarés atteints* par le phylloxera, les terrains plantés ou replantés en vignes âgées de moins de quatre ans sont exempts de l'impôt foncier et ne sont soumis à cet impôt que lorsque les vignes ont dépassé la quatrième année. Mais la même parcelle de terre ne peut profiter à deux reprises de ce dégrèvement. Tout contribuable qui veut jouir de cette exemption temporairedoit adresser à la sous-préfecture une déclaration contenant l'indication exacte des terrains par lui nouvellement plantés ou replantés en vignes. L'exemption est acquise à partir du 1er janvier de l'année qui suit celle pendant laquelle la plantation a été effectuée ; et les déclarations doivent être faites au plus tard dans les trois mois de la publication des rôles de l'année où l'exemption est acquise. S'il s'agit de vignes plantées pour être greffées sur place, c'est seulement à partir de l'époque du greffage que l'exemption peut être réclamée, (Décr. 2 mai 1888). — La loi du 15 décembre 1888 autorise la création d'associations syndicales pour combattre le phylloxera, mais seulement dans les contrées où son invasion est menaçante, et dans celles où son apparition se manifeste par des taches limitées au milieu des vignes. Ces associations sont régies, sauf quelques dispositions spéciales, par la loi du 21 juin 1865. (Voy., au *Dictionnaire*, le mot SYNDICAT.) Elles ne peuvent être établies qu'après autorisation, sur une demande adressée au préfet par un ou plusieurs propriétaires intéressés.   CH. Y.

PHYSALIE s. f. [fi-za-li] (gr. *phusalus*, vessie). Zooph. Genre de polypes acalèphes siphonophores, comprenant six espèces qui vivent dans les mers des régions chaudes. Les physalies se composent d'une grande vessie oblongue, relevée, en-dessus, d'une crête saillante et garnie, en-dessous, de filaments et de filets. L'animal nage à la surface de la mer, quand elle est calme. Sa crête lui sert alors de voile, ce qui lui a fait donner les noms de *petite galère* et de *frégate*. Les physalies se rencontrent en flottes plus ou moins considérables sous les tropiques ; elles s'orientent de manière à aller toujours contre le vent, marchant ainsi à la rencontre de la proie que le vent leur apporte et qu'elles frappent et saisissent de leurs tentacules. Ces tentacules sont de plusieurs sortes : les uns, longs de 2 à 3 centimètres, se terminent par une ventouse ou suçoir ; d'autres, garnis de lamelles et de cils vibratiles, paraissant servir à la locomotion et peut-être à la respiration ; d'autres, à l'aide desquels l'animal saisit sa proie, sont contournées au repos en tire-bouchon, et se détendent tout à coup au point d'acquérir une longueur de 5 à 6 mètres. Ils sont garnis de disques qui secrètent un produit brûlant dont les effets terribles servent à engourdir ou tuer les animaux dont la physalie se nourrit. Les hommes et les grands animaux ressentent, au contact de ces disques, une douleur vive et cuisante qui peut causer des convulsions et un évanouissement. Mais ces accidents durent peu, surtout si l'on a de suite recours au lavage à l'eau de mer de la partie touchée. On trouve quelquefois les physalies échouées sur le rivage ; et si l'on marche dessus elles claquent à la manière d'une vessie de poisson. C'en est fait d'elles alors ; tandis qu'au contraire elles peuvent être desséchées à plusieurs reprises, et chaque fois reprendre vie au contact de l'eau.

PHYSIOLOGIE VÉGÉTALE, partie de la botanique qui s'occupe des fonctions de chaque organe dans les végétaux vivants, et des phénomènes qui résultent de ces fonctions. La physiologie végétale nous expose le mécanisme des actions diverses dont se compose la vie des plantes.

PHYSIOLOGUER v. a. Néol. Etudier la physiologie :

A cette époque chère au laxatif touriste,
Où l'on boit comme un chantre ou comme un organiste ;
Où l'éminent Bourget *physiologue* l'amour,
En grelottant de froid au sommet d'une tour...
               RAOUL PONCHON.

PHYTÉLÉPHAS s. m. [fi-té-lé-fass] (préf. *phyt.*; gr. *elephas*, ivoire). Bot. Nom du genre d'arbres qui produisent la noix d'ivoire ou ivoire végétal. Ce genre était jadis classé dans la famille des palmiers ; mais comme il diffère essentiellement des palmiers pour la structure de ses fleurs, il forme aujourd'hui, avec un autre genre de l'Amérique du Sud, l'ordre séparé des phytéléphasiées. L'espèce la plus importante est le *cugua ou phytéléphas à gros fruits* (phytéléphas macrocarpa), qui donne les noix d'ivoire du commerce. Cet arbre se trouve dans les parties septentrionales de l'Amérique du Sud, où il forme, sur les bords des torrents et dans les localités humides, des bosquets distincts ; les autres plantes, grandes ou petites, ligneuses ou herbacées, se mêlent rarement avec lui. Sa tige proprement dite, rampe d'abord sur le sol ou s'incline à peu de distance de la terre, pendant une longueur de 7 à 8 mètres ; elle se termine par une belle couronne de 12 à 15 grandes feuilles pinnées, longues de 6 à 7 mètres. Le fruit se compose d'une collection de 6 à 7 drupes contenant chacun de 6 à 9 graines. Ces drupes sont agrégés en une masse allongée et arrondie comme une tête de nègre. L'extérieur de cette masse est formée de l'enveloppe crustacée des drupes, qui est rude, avec des protubérances ligneuses. Chaque masse ne pèse pas moins de 10 à 12 kilogrammes et l'on en trouve de 6 à 8 à chaque arbre ; ce sont les *cabezas de negro* (têtes de nègres) des Sud-Américains. Dans leur état primitif, les graines sont emplies d'une liqueur limpide et sans saveur, que les voyageurs altérés boivent avec délices ; au bout de quelque temps, ce liquide s'épaissit, devient laiteux et acquiert graduellement une consistance de plus en plus grande, jusqu'à ce qu'il arrive à former un noyau presque aussi dur et aussi blanc que l'ivoire. Il perd momentanément ces qualités quand on le plonge dans l'eau, mais il les recouvre par l'exposition à l'air : c'est l'ivoire végétal, si employé aujourd'hui par les tourneurs et les tabletiers qui en font une foule de petits articles, principalement des pommes de canne ou de parapluie, des pipes, etc. Des millions de ces noix d'ivoires sont expédiées chaque année en Europe, surtout en Angleterre et en Belgique.

PHYTOGRAPHIE s. f. [fi-to-gra-fi] (gr. *phyton*, plante ; *graphein*, décrire). Partie de la botanique qui s'occupe de la description des plantes. Elle comprend l'*organographie* et l'*anatomie végétale*. La première est l'étude ou la description des organes ; elle nous en fait connaître la forme, la structure, la posi-

tion, les rapports, etc. L'anatomie végétale est la connaissance des tissus élémentaires qui entrent dans la structure de chaque plante. — La phytographie est donc la base de la science botanique, puisque les fonctions, les propriétés et les rapports naturels entre les êtres résultent de l'existence, de la position et de la nature de leurs organes.

PHYTOLACCÉ, ÉE adj. [fi-to-lak-sé (préf. phyto; franç. laque). Bot. Qui ressemble ou qui se rapporte au phytolaque — s. f. pl. Famille de dicotylédonés dialypétales périgynes, voisine des chénopodées, dont elle se distingue principalement par des étamines nombreuses et en nombre égal aux divisions des calices et alternes avec elles. Cette famille comprend des herbes et des sous-arbrisseaux à feuilles ordinairement alternes et molles. Genres principaux : *phytolacca, petiveria*.

PHYTOLAQUE s. m. [fi-to-la-ke] (préf. phyto; franç. laque). Bot. Genre de phytolaccées comprenant une douzaine d'espèces de plantes qui croissent dans les régions chaudes et tempérées du globe.

PICTONS, *Pictone*, puis *Pictavi*, peuple des côtes de la Gaule Aquitaine entre la Loire et la Creuse; leur principale ville était Limonum, plus tard *Pictavi* (Poitiers).

PIGEON (Chasse). — Le ramier, le biset, toutes les variétés du pigeon sauvage enfin, sont des oiseaux de passage, dont les premiers, qui doivent leur nom à l'habitude qu'ils ont de nicher au haut des arbres les plus élevés, arrivent d'abord vers la fin de février, pour ne plus nous quitter qu'en octobre. Après ceux-ci apparaissent les bisets, qui ne conte, s'en retournent plus tôt. C'est dès l'époque de son arrivée qu'on chasse ce gibier, qui est très défiant, ne tient pas du tout l'arrêt et ne peut guère être tiré qu'à l'affût. Mais c'est surtout avec le filet, principalement avec l'espèce de filet appelée *nappe*, qu'on fait la guerre aux pigeons sauvages, dont les dévastations seraient sans bornes, si on ne prenait contre eux tous les moyens d'extermination commandés par la prévoyance. — PIGEON VOLE, un jeu qui amuse toujours les jeunes enfants. Les joueurs placent le bout de leur index sur le bord d'une table ou sur le genou de la personne qui dirige la partie. Cette personne nomme une foule d'animaux en levant le doigt à chacun d'eux; les enfants doivent lever le doigt en même temps qu'elle si l'animal vole ou est susceptible de voler; ils doivent laisser leur doigt en repos si l'animal ou l'objet ne vole pas; toute infraction est punissable et le coupable dépose un gage. — Voici un exemple de début de la partie : « Pigeon vole (un gage, tous ceux qui n'ont pas levé le doigt en même temps que la personne dirigeante); canard vole (un gage, ceux qui n'ont pas levé le doigt); mouton vole (un gage, ceux qui ont levé le doigt); perdrix vole, dindon vole, rhinocéros vole, table vole, et ainsi de suite jusqu'à ce que l'on ait recueilli le nombre voulu de gages. Une variété de pigeon vole, bien moins pratiquée que la précédente, parce qu'elle exige de la personne dirigeante une éloquence assez rare, se joue comme suit : chaque joueur appuie l'index de sa main droite sur le bord d'une table, sur son bras ou sur son genou. L'orateur débute par annoncer qu'il va raconter une anecdote intéressante, à la condition que chaque fois qu'il prononcera, dans son récit, le nom d'une créature capable de voler, chaque auditeur lèvera le doigt, sous peine de gage; ceux qui lèveront le doigt au nom d'un animal ou d'un objet non susceptible de voler, seront punis de la même façon. Le conteur est seul exempt de punition lorsque, pour entraîner son auditoire, il lève la main en prononçant les mots *bœuf, cheval, casserolle*, etc. Ceci expliqué, il raconte une

histoire quelconque, qu'il est obligé de faire durer jusqu'à ce qu'il ait recueilli le nombre désiré de gages. Dans l'exemple suivant, nous marquons d'une croix les mots que le conteur prononce en levant le doigt et qui valent une punition à ceux qui suivent son exemple; nous marquons de deux croix (††) les noms pour lesquels tous les auditeurs doivent lever le doigt, sous peine de gage : « Levé dès l'aube (†), je dirigeai ma course vagabonde au milieu des champs couverts de fleurs (†). Le chèvrefeuille (†) et l'aubépine (†) emplissaient l'air de leurs plus doux parfums ; les papillons (††) et les abeilles (††) voltigeaient de fleur en fleur; le chant plaintif et répété du coucou (††) retentissait au fond des bois, se mêlant au sifflement éclatant du merle (††) et dominant la joyeuse chanson de l'alouette (††). Au loin un laboureur (†) gourmandait ses grands bœufs (†) et les excitait de la voix et de l'aiguillon (†). — Fatigué par une longue course, j'allais m'asseoir sur un épais lit de mousse (†), au pied d'un chêne (†), lorsque tout à coup... » Et le conteur poursuit son historiette en y mêlant les noms d'objets et d'animaux. Tantôt il aperçoit un énorme serpent (†) en train de fasciner un pauvre petit roitelet (††), posé sur un buisson de ronces (†); tantôt, il assiste, de loin, aux actes d'un braconnier qui a pris dans ses filets un lapereau (†), un lièvre (†), des perdrix (††), des cailles (††), etc. Puis il fait la rencontre d'un naturaliste qui cherche des sauterelles (††) et toute espèce de coléoptères, de lépidoptères et d'animaux dont il donne la nomenclature et dont il peut, en quelques mots, décrire les mœurs. — **Législ.** Nous avons déjà mentionné dans ce Supplément (voy. ANIMAL) les dispositions du Code rural concernant les *pigeons de basse-cour*. — Il nous reste à parler des *pigeons voyageurs*. L'article 5 de la loi du 3 juillet 1877 donne à l'autorité militaire, en cas de mobilisation totale ou partielle de l'armée, le droit de requérir tous les objets et services dont la fourniture est nécessitée par l'intérêt militaire. Un décret du 15 novembre 1885 a réglementé les moyens préparatoires qui doivent rendre applicables les réquisitions de pigeons voyageurs pour le service de l'armée. Tous les ans, à l'époque du recensement des chevaux, un recensement des pigeons voyageurs est également effectué, dans les communes dont la liste est arrêtée chaque année, au mois de novembre, par le ministre de l'intérieur. Ce recensement est effectué par les soins des maires desdites communes, sur la déclaration des propriétaires de pigeons voyageurs, et, au besoin, d'office. Les déclarations doivent être faites à la fin de chaque année; elles doivent contenir le nombre de colombiers, le nombre de pigeons voyageurs qui y sont élevés et les distances dans lesquelles ils sont entraînés. Il est délivré à chaque éleveur isolé ou société colombophile un certificat constatant la déclaration faite ainsi que les renseignements fournis. Le maire fait exécuter, dans les premiers jours du mois de janvier, des tournées par les gardes champêtres et les agents de police, pour s'assurer que toutes les déclarations ont été exactement faites. Si, dans le cours de l'année, de nouveaux colombiers sont affectés à l'élève des pigeons voyageurs, le maire doit en donner avis au préfet, lequel transmet immédiatement ce renseignement à l'autorité militaire. Les préfets et les maires ont aussi à veiller, en exécution d'une circulaire du ministre de l'intérieur, du 6 août 1887, à ce qu'il ne soit pas établi, sur le territoire français, des colombiers clandestins; et ils doivent surveiller les lâchers de pigeons provenant de l'étranger. Ces lâchers doivent toujours être effectués dans les stations de chemins de fer, sous la surveillance du chef de gare, lequel doit avoir reçu préalablement

une déclaration de l'expéditeur indiquant ses noms, qualité, domicile et nationalité, ainsi que le nombre des pigeons, leur provenance et leur destination, le nombre des plombs apposés sur chaque panier et la description exacte du cachet dont ces plombs sont revêtus. Ladite déclaration doit avoir été certifiée véritable par l'autorité du pays d'origine. Enfin, par une circulaire adressée aux préfets le 18 avril 1890 et concertée entre le ministre de la guerre et le ministre de l'intérieur, toute expédition de pigeons voyageurs par le chemin de fer, doit être accompagnée du récépissé de la déclaration qui a dû être faite par le propriétaire des pigeons, en vertu du décret de 1885. Faute de ce récépissé, les chefs de gare et autres agents de chemin de fer ne doivent pas procéder au lâcher des pigeons. Cette mesure a pour but de constater les lâchers qui pourraient être essayés par des étrangers. — Un décret du 13 octobre 1888, que nous avons rapporté ci-dessus, au mot COLOMBIER, a chargé l'état-major général du ministre de la guerre des mesures à prendre pour la réquisition et l'emploi des pigeons voyageurs appartenant à des éleveurs isolés ou à des sociétés colombophiles ; mais, par un décret postérieur, en date du 29 avril 1890, le service des colombiers militaires a été rattaché au service de la télégraphie militaire, qui est lui-même rattaché au service du génie.   Cn. Y.

PILE secondaire, nom donné par Planté, en 1860, à une batterie électrique qui a été ensuite perfectionnée sous le nom d'ACCUMULATEUR. Nous avons déjà donné à ce sujet des renseignements complets à notre article ACCUMULATEUR. Nous donnerons seulement ici quelques conseils aux amateurs adroits qui désireraient construire eux-mêmes une pile secondaire. Chaque pile de la batterie contient 16 lames rugueuses en plomb de 15 centim. de large, 18 cent. de long et 3 millim. d'épaisseur, disposées dans un vase de pierre long de 15 cent. de long, 23 de large et 19 de hauteur. Chaque lame est continuée sur le côté par une languette large de 3 centim. et assez longue pour former les contacts électriques. On rend rugueuses les lames de plomb en roulant à leur surface un racloir cylindrique, ou en imprimant sur cette surface à coups de maillets les traits

Pile secondaire. — Plaques assemblées.

d'une large lime. 8 de ces lames sont percées de 4 trous rectangulaires dans lesquels passent des morceaux de caoutchouc taillés en forme d'H, et qui dépassent chaque face de la lame d'environ 3 millim. On place alternativement les lames percées et les lames non percées, de manière que toutes les languettes des lames de même espèce se trouvent ensemble sur un même côté. On réunit ensuite toutes les lames au moyen de morceaux de bois enduits de paraffine et de bandes de caoutchouc. Les languettes de chaque série de lames sont percées pour recevoir une vis en cuivre munie de deux écrous, l'un pour

serrer les languettes, l'autre pour attacher le fil conducteur. L'élément de pile ainsi formé est alors placé dans le vase de verre. Ce vase est rempli d'eau acidulée d'acide azotique (1 partie d'eau pour 1 partie d'acide). Au bout de 24 heures, on retire les lames de ce bain, qui a eu pour effet de les rendre plus rugueuses et plus poreuses; on les lave à grande eau, ainsi que le vase, et on les plonge dans un bain formé de 1 partie d'acide sulfurique pour 9 parties d'eau. On réunit ensuite par série les piles construites. On marque d'un signe les pôles de chaque pile,

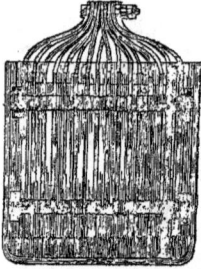

Pile secondaire achevée.

de manière à les réunir toujours de la même façon. Le courant qui les charge doit avoir une intensité d'une dizaine d'ampères et une force électrique de 10 p. 100 supérieure à celle de l'accumulateur, chaque pile possède une forme électro-motrice de 2 volts. Pour achever la batterie, on la place dans le circuit d'un dynamo et on l'y laisse pendant environ 30 heures, puis on la décharge à travers une résistance de 20 à 30 ohms. On la recharge ensuite en changeant les contacts avec les dynamos, de manière que le courant traverse la batterie dans la direction opposée à la précédente; on recommence trois ou quatre fois cette double opération de chargement et de déchargement en sens inverse; après quoi la batterie est complètement formée. On peut la charger en 5 ou 6 heures.

PILIFÈRE adj. (lat. *pilus*, poil; *fero*, je porte). Bot. Qui est pourvu de poils.

PILIFORME adj. (lat. *pilus*; franç. *forme*). Bot. Qui a la forme d'un poil.

PILOCARPE s. m. (gr. *pilos*, chapeau; *karpos*, fruit). Bot. Genre de rutacées, comprenant plusieurs espèces d'arbrisseaux qui croissent au Brésil. L'espèce principale est le *jaborandi* (*pilocarpus primatifolius*), dont les feuilles sont employées en médecine comme diaphorétiques.

PILOCARPÉ, ÉE adj. Bot. Qui se rapporte au pilocarpe. — S. f. pl. Tribu de rutacées qui a pour type le genre pilocarpe.

PILOCARPINE s. f. Alcaloïde que l'on a extrait du *jaborandi* (*pilocarpus primatifolius*) et qui a été employé comme diaphorétique. (Voy. JABORANDI, dans ce *Supplément*.)

PINÇAGE s. m. (Hortic.). — Suppression du sommet d'un jeune rameau, ordinairement faite avec les ongles. Le pinçage ou pincement a pour but d'accumuler la sève dans la partie inférieure, ou de dévier l'accroissement de ce rameau au profit d'un autre.

PIOCHER v. n. Au jeu de dominos. Synon. de PÊCHER.

PIQUET (Jeux de cartes). Le piquet est, sans contredit, le jeu français par excellence; il mérite, à tous les points de vue, la popularité dont il jouit depuis des siècles. Il a survécu à l'hombre, que la politique espagnole avait introduit chez nous; il a lutté, sans désavantage, dans la faveur du public, contre le whist qui porte si bien l'empreinte de son origine anglaise. Moins grave que ces deux jeux étrangers, il donne lieu à des calculs aussi savants, il n'exige pas moins d'attention, il n'exerce pas moins la mémoire; il réunit également, dans une juste mesure, les sérieuses combinaisons et les piquantes péripéties du hasard. Le piquet ordinaire se joue à deux personnes, avec un jeu de 32 cartes, savoir : l'as, le roi, la dame, le valet, le dix, le neuf, le huit et le sept dans chaque couleur. — VALEUR DES CARTES. L'as est la plus forte des cartes et vaut onze points. Le roi, la dame et le valet valent chacun dix points. Le dix, le neuf, le huit et le sept valent chacun le nombre de points qu'ils portent. La carte qui porte le point le plus fort emporte la carte d'un point inférieur, pourvu qu'elle soit de la même couleur; ainsi l'as de pique prendra le roi de pique et les autres cartes en pique. Le roi de pique, à son tour, prendra la dame de pique ou les autres piques, et ainsi de suite. — DE LA COULEUR. Il y a quatre couleurs dans les cartes : les cœurs, les carreaux, les piques et les trèfles; ainsi tous les cœurs sont d'une couleur et tous les piques d'une autre. — CE QU'ON ENTEND PAR SUIVRE. On dit que les cartes se *suivent* quand on a, par exemple, l'as, le roi, la dame, le valet, le dix, etc.; ou le roi, la dame, le valet, le dix, etc.; ou la dame, le valet, le dix, le neuf, etc.; ou le valet, le dix, le neuf, le huit et le sept. — DE LA CONVENTION DU JEU. Les joueurs conviennent d'abord de ce qu'ils veulent jouer et du nombre de points nécessaires pour gagner. Ordinairement le gain est fixé à 150 points; mais on joue aussi des parties de 100 ou de 200 points. — DE LA DONNE. On appelle *donne* l'acte de battre les cartes et de les distribuer. La donne est, au jeu de piquet, un désavantage qui échoit alternativement à un joueur et à l'autre, à chaque tournée de la partie. Pour savoir qui donnera le premier, on pose sur le tapis, les figures en dessous, le jeu de cartes, préalablement battu par n'importe lequel des deux joueurs. Chacun prend un petit paquet de cartes, formé de deux cartes au moins, et le soulève pour montrer la carte du dessous; celui qui a la plus faible doit mêler et donner les cartes le premier. Si les cartes sont d'une égale valeur, on recommence. Au lieu de montrer une carte en coupant, chaque joueur peut tirer une carte du jeu et la montrer; mais cette méthode est rarement appliquée aujourd'hui pour le piquet à deux. Le donneur mêle les cartes et les présente à son adversaire en les posant sur le tapis. L'adversaire peut les mêler de nouveau ou les couper de suite; s'il les mêle, le donneur doit les battre une seconde fois et les présenter ensuite à couper. La coupe doit se faire sans éparpiller les cartes; il faut couper au moins deux cartes. Dans le cas où l'adversaire commettrait la faute de ne pas couper suivant la bonne règle, le donneur, après en avoir fait l'observation, devrait mêler de nouveau et représenter une nouvelle fois à couper. La coupe étant bien faite, le donneur met en dessus le paquet qui se trouvait en dessous et passe à la distribution des cartes. Il donne douze cartes à son adversaire et en prend autant pour lui-même, de sorte qu'il reste en main 8 cartes. Les douze cartes se donnent par trois ou par deux à la fois, à la volonté du distributeur; mais une fois que l'on a commencé d'une manière, il ne faut plus changer pendant la partie sans en prévenir l'adversaire avant de mêler. Le distributeur commence par donner trois ou quatre cartes à l'autre joueur; il prend pour lui le même nombre de cartes, revient à son adversaire, puis à lui-même et ainsi de suite jusqu'à ce que chacun ait ses douze cartes. Les cartes restantes forment le *talon*. — DU TALON. Le donneur pose le talon sur le tapis, à sa gauche, figures en dessous. Ordinairement, on divise le talon en deux paquets : l'un de cinq cartes, l'autre de trois cartes, et on pose le premier en croix sur le second. Les cinq cartes sont destinées à celui qui a la main; les trois autres sont le lot du donneur, après que l'un et l'autre ont écarté de leur jeu les cartes qui ne leur conviennent pas. — DE LA MALDONNE. La donne étant un désavantage au piquet, celui qui se trompe en distribuant ne perd pas la donne pour cela. S'il donne à son adversaire une carte de trop ou s'il en prend lui-même une de trop, l'adversaire a le choix de faire recommencer ou de se tenir au jeu. Quand l'adversaire se tient au jeu, celui qui a pris une carte de trop, prend au talon une carte de moins que le nombre qu'il écarte, de façon à n'en avoir plus que douze en main. Si l'un des joueurs a deux ou plusieurs cartes de trop, le coup est à refaire. Si l'un des joueurs a une carte de moins, l'adversaire du donneur peut faire recommencer ou se tenir en exigeant que celui qui a été mal servi prenne au talon une carte de plus qu'il n'écarte. Si l'un des joueurs a deux ou plusieurs cartes de moins, le coup doit être recommencé. S'il arrive qu'une carte soit retournée pendant la distribution, il faut refaire. — DE L'ÉCART. L'écart se compose des cartes que l'on enlève de son jeu, pour les remplacer par un même nombre de cartes prises au talon. Aussitôt après avoir ramassé les douze cartes de la distribution, le joueur les examine, les groupe par couleurs, calcule la valeur de chaque groupe et combine les chances que lui réservent les cartes du talon qui vont lui rentrer. Après quoi, il écarte celles qu'il présume devoir être les moins avantageuses. C'est celui qui a la main, c'est-à-dire qui est le premier en jeu qui fait le premier son écart. Il a le droit d'écarter 5 cartes et de prendre ensuite les 5 qui se trouvent sur le talon : mais il n'est pas obligé d'écarter 5 cartes et d'en prendre 5; il peut se contenter, s'il croit y avoir avantage, de 2, de 3 ou 4 cartes et abandonner les autres à son adversaire. Il doit toujours en prendre au moins une, après en avoir écarté une. Il est en droit de regarder celles qu'il laisse, sans toucher aux trois cartes de dessous. Le donneur, à son tour, peut prendre, s'il le veut, tout ou partie des cartes restées au talon, après en avoir écarté un nombre égal; il faut qu'il en prenne au moins une. S'il ne prend pas tout, il doit commencer par celles du dessus, c'est-à-dire celles qu'on lui a laissées. Il a aussi le droit de voir ce qu'il abandonne au talon. Son adversaire peut regarder également les cartes ainsi abandonnées par le donneur, mais seulement après avoir accusé la couleur par laquelle il commencera le jeu. L'art d'écarter à propos étant de la plus haute importance, nous allons établir, sinon des règles fixes et absolues, du moins quelques principes qu'il est indispensable de connaître. On se propose dans l'écart plusieurs buts qui sont : 1° d'avoir le point, c'est-à-dire de réunir dans son jeu un nombre supérieur de cartes de la même couleur; 2° d'avoir des cartes, c'est-à-dire de faire un nombre de levées plus grand que le nombre de levées de son adversaire, ce qui vaut 10 points; 3° de faire des quatorze, c'est-à-dire de réunir quatre as, ou quatre rois, ou quatre dames, ou quatre valets, ou quatre dix, ce qui vaut quatorze points (les cartes inférieures ne font pas de quatorze). A défaut de quatorze, on peut compter trois as, trois rois, trois dames, etc. : mais cela ne vaut que trois points; 4° de faire des séquences, dont on distingue six espèces, savoir : 1° les tierces (réunion de 3 cartes de la même couleur qui se suivent comme : roi, dame, valet, ou neuf, huit et sept) ce qui vaut trois points; 2° les quatrièmes (quatre cartes de même couleur qui se suivent) valant quatre points; 3° les quintes (cinq cartes

de la même couleur qui se suivent) ce qui vaut quinze points; 4° les sixièmes (six cartes) valant seize points; 5° les septièmes (sept cartes), comptant pour dix-sept points; 6° les huitièmes (huit cartes), valant dix-huit points. Le premier objet que l'on doit avoir en vue, quand on fait son écart, c'est de tenter de faire le point, si l'on est le premier à jouer, parce que le point permet d'arriver au soixante ou même au quatre-vingt-dix, comme nous le dirons plus loin. Dans tous les cas, quand on fait un écart, il importe de se défaire des cartes isolées, qui n'ont aucune valeur par elles-mêmes. A défaut de cartes insignifiantes, on sacrifiera les cartes de valeur, mais isolées, quand elles n'appartiennent pas à la couleur où l'on espère être maître. C'est surtout dans ce genre d'écart que le tact du joueur se manifeste : il faut deviner, pour ainsi dire, quelles cartes rentreront, ne pas défaire un point dans l'espoir de trouver un quatorze aléatoire, peser toutes les probabilités des rentrées et ne pas sacrifier le certain à l'incertain. — DU POINT. Le *point* est la réunion, dans la main d'un joueur, d'un nombre de cartes d'une même couleur, supérieur à celui de son adversaire : nous avons déjà dit que l'as vaut onze points, chaque figure vaut dix points et les autres cartes valent le nombre de points qu'elles portent. *Avoir le point*, c'est donc compter un nombre plus fort que l'adversaire, avec des cartes d'une seule couleur, qu'elles se suivent ou non. On compte autant de points que l'on a de cartes. A nombre égal, le point ne compte ni pour un joueur ni pour l'autre. — DES QUA-TORZE. On appelle quatorze la réunion, dans la main du joueur, des quatre as, ou des quatre rois, ou des quatre dames, ou des quatre valets, ou des quatre dix. Un quatorze vaut quatorze points, quand il est bon, c'est-à-dire quand il n'est pas annulé par un quatorze supérieur. Par exemple, un quatorze d'as annule tout autre quatorze de l'adversaire; un quatorze de rois annule un quatorze de dames dans le jeu adverse, et ainsi de suite. Un quatorze supérieur, dans les mains d'un joueur, annule trois as, trois rois, trois dames, trois valets ou trois dix dans les mains de l'autre joueur; et il permet, au contraire, à celui qui le possède, de compter trois dix ou trois valets ou trois dames, et ainsi de suite, s'il les a; tandis que l'adversaire perd l'avantage de ses brelans, quels qu'ils soient. Quand aucun joueur n'a de quatorze, l'un et l'autre peuvent compter trois as, trois rois, etc., s'ils les possèdent. — DES TIERCES. Réunion de trois cartes de la même couleur se suivant sans interruption. Une tierce bonne vaut trois points. On compte six sortes de tierces : la tierce majeure, formée de l'as du roi et de la dame; la tierce au roi (roi, dame, valet); la tierce à la dame (dame, valet, dix); la tierce au valet (valet, dix, neuf); la tierce au dix (dix, neuf, huit); et la tierce basse (neuf, huit et sept). — Une tierce n'est pas bonne dès que l'adversaire annonce une séquence de valeur supérieure, c'est-à-dire quand il possède une tierce plus forte, une quatrième, une quinte, une seizième, une dix-septième ou une dix-huitième — DES QUATRIÈMES. Réunion de quatre cartes de la même couleur se suivant sans interruption. Une quatrième bonne vaut quatre points. Il y a cinq quatrièmes : la majeure, commençant par l'as et finissant par le valet; la quatrième au roi, commençant par le roi et finissant par le dix; la quatrième à la dame, commençant par la dame et finissant par le neuf; la quatrième au valet, commençant par le valet et finissant par le huit; et la quatrième basse, commençant par le dix et finissant par le sept. La quatrième cesse d'être bonne dès qu'elle est annulée par une séquence supérieure (quatrième supérieure, quinte, seizième, etc.), possédée par la partie

adverse. — DES QUINTES OU CINQUIÈMES. Réunion de cinq cartes de la même couleur et se suivant sans solution de continuité. La quinte reconnue bonne vaut 15 points. On compte quatre quintes : la majeure, commençant par l'as et finissant par le dix; la quinte au roi, commençant par le roi et finissant par le neuf; la quinte à la dame, commençant par la dame et finissant par le huit; et la quinte au valet, commençant par le valet et finissant par le sept. La quinte n'est pas bonne quand l'adversaire annonce une quinte supérieure, une seizième, une dix-septième ou une dix-huitième. — DES SEIZIÈMES OU SIXIÈMES. Réunion de six cartes de la même couleur et qui se suivent : la seizième vaut seize points. On compte trois seizièmes : la seizième majeure, qui commence par l'as et finit par le neuf; la seizième au roi, qui commence par le roi et finit par le huit, et la seizième à la dame, qui commence par la dame et finit par le sept. Pour qu'une seizième puisse compter, il faut que l'adversaire ne possède pas une seizième supérieure, une dix-septième ou une dix-huitième. — DES DIX-SEPTIÈMES OU SEPTIÈMES. Réunion de sept cartes de la même couleur et qui se suivent : elle vaut dix-sept points quand elle est bonne. Il n'y a que deux dix-septièmes qui sont : la dix-septième majeure, composée de l'as, du roi, de la dame, du valet, du dix, du neuf et du huit; et la dix-septième au roi, formée du roi, de la dame, du valet, du dix, du neuf, du huit et du sept. La dix-septième n'est pas bonne quand l'adversaire annonce une dix-septième majeure ou une dix-huitième. — DES DIX-HUI-TIÈMES OU HUITIÈMES. Quand on a huit cartes de la même couleur, cela s'appelle une dix-huitième. La dix-huitième étant la réunion complète des huit cartes d'une même couleur, il ne peut y en avoir qu'une par couleur. Elle vaut dix-huit points. Elle n'est pas bonne si l'adversaire en possède une autre. — MANIÈRE DE COMPTER LES SÉQUENCES. On appelle séquence la réunion dans un jeu d'un certain nombre de cartes de la même couleur qui se suivent sans interruption. Le terme séquence embrasse donc les tierces, les quatrièmes, les quintes, les seizièmes, les septièmes et les huitièmes. Celui des deux joueurs qui possède la plus forte séquence annule celle que peut avoir l'adversaire. Une huitième annule une septième; la moindre septième empêche compter la plus haute sixième, et ainsi de suite. Une quinte au roi dans la main d'un joueur fait qu'une quinte à la dame dans le jeu de l'adversaire n'est pas bonne. Outre l'annulation d'une séquence par une plus forte, deux séquences de même valeur s'annulent réciproquement. Une dix-huitième se trouve réduite, si dans la main de l'adversaire se trouve une autre dix-huitième, une quinte au roi paie une autre quinte au roi; une tierce à la dame empêche l'adversaire de compter une autre tierce à la dame. Une séquence supérieure annule donc toutes les autres séquences possédées par l'adversaire et, de plus, elle permet au joueur qui l'a en main de compter toutes les autres séquences de son jeu. Pour donner un exemple, supposons que A possède une quinte au roi et une tierce basse, tandis que B possède une quinte à la dame et une quatrième majeure. A comptera sa quinte et sa tierce, tandis que B ne pourra faire valoir ni sa quinte ni sa quatrième. — DES HASARDS. Il y a, au jeu de piquet, trois sortes de hasards: le *pic*, le *repic* et le *capot*. On fait le *pic* lorsque, après avoir compté un certain nombre de points, on continue en jouant jusqu'à trente, sans que l'adversaire puisse en faire un seul; alors, au lieu de dire: « *trente* », on dit : « *soixante* ». On fait le *repic* lorsque l'on compte, tout d'abord dans son jeu, jusqu'à trente points avant de jouer, sans que l'adversaire ait rien compté; alors, au lieu de

dire: « *trente* » on dit: « *quatre-vingt-dix* » et l'on y ajoute les points que l'on peut faire ensuite. Le pic et le repic ne sauraient avoir lieu quand on est le donneur parce que, dans ce cas, l'adversaire compterait *un* en jouant le premier une carte quelconque : c'est ce qui constitue le désavantage de la donne. On fait le capot quand on fait toutes les levées. Le capot vaut 40 points en sus des points qu'on aura pu compter dans les cours de chaque coup; il n'empêche pas l'adversaire de compter le point, s'il l'a, non plus que les quatorze, les tierces et les quatrièmes, les quintes, qu'il peut posséder. — DES CARTES BLANCHES. On a cartes blanches quand on ne possède pas une seule figure dans son jeu, avant d'avoir fait son écart. Les cartes blanches valent 10 points : pour cela, après que l'adversaire a fait son écart, on étale le jeu sur le tapis pour le lui montrer, en disant : « *Cartes blanches.* » Quand celui qui a cartes blanches est le premier à jouer, il montre ses cartes, compte dix et fait son écart. On fait rarement cartes blanches; et si on oublie de les montrer, elles ne comptent pas. Les cartes blanches, se marquant avant le point, empêchent l'adversaire de faire le pic ou le repic. — Marche du jeu. La distribution étant faite, comme il a été dit, celui qui doit jouer le premier fait son écart et prend, sur le talon, une carte au moins, cinq au plus, suivant le nombre de cartes qu'il a jetées bas. Le donneur écarte à son tour et prend, sur le dessus des cartes du talon, une ou plusieurs cartes, suivant son écart. Ordinairement le premier en main écarte cinq cartes et le donneur prend les trois cartes restantes. Ensuite chaque joueur range son jeu par ordre de couleur, en mettant ensemble les cœurs, les trèfles, les piques et les carreaux, dans l'ordre de valeur des cartes de chaque couleur. On examine combien on a de cartes de la même couleur et combien elles valent de points; on voit ensuite si l'on a des tierces, des quatrièmes, des quintes, etc., si l'on possède des quatorze ou trois as, trois rois, trois dames, trois valets ou trois dix. Celui qui doit jouer le premier prend la parole, quand il a disposé son jeu comme nous venons de l'expliquer; il annonce d'abord le nombre de cartes qu'il a, par exemple : « Cinq cartes ». L'adversaire, s'il a moins de cartes, se contente de répondre : « Elles sont bonnes ». Mais s'il a le même nombre de cartes, il demande : « Combien valent-elles? ». Le premier ayant dit ses points, l'adversaire, si son point est inférieur, réplique : « Il est bon ». Si son point est égal, il dit : « C'est payé », ou bien : « Il est égal ». Si son point est supérieur, il répond : « Il ne vaut pas ». Quand le point du premier est bon, il doit le mettre sur la table pour le montrer, faute de quoi le point serait annulé et l'adversaire compterait le sien, même inférieur. Si les points s'annulent, l'un et l'autre joueurs abattent les cartes de leur point pour vérifier l'exactitude des déclarations. Enfin si l'adversaire possède un point supérieur, c'est lui seul qui doit montrer ses cartes quand son tour sera venu de jouer. Le point ayant été annoncé, le premier joueur passe en revue et annonce les séquences : tierces, quatrièmes, quintes, etc., qu'il peut avoir, en disant quelle est leur valeur, c'est-à-dire en indiquant si c'est une tierce majeure, une tierce au roi, une quatrième majeure, une quatrième au valet, une quatrième basse, etc. L'adversaire dit : « Elle est bonne », quand il ne possède pas de séquence supérieure à celle qui est annoncée. Il répond, au contraire : « C'est payé » quand il a une séquence égale, ou bien : « Elle ne vaut rien » quand il en a une supérieure. Dans tous les cas, le premier joueur doit immédiatement prouver l'exactitude de son affirmation, en montrant sa séquence, quand elle est bonne. Celui qui, annonçant une séquence reconnue bonne, oublierait de la montrer, ne

pourrait la compter et son adversaire compterait la sienne, même inférieure. Après les
séquences, on passe aux quatorze que l'on peut
avoir dans son jeu, puis aux trois as, au trois
rois, aux trois dames, etc.; mais on ne le montre pas. L'adversaire dit si ces quatorze et les
trois cartes pareilles sont bons ou sont payés.
C'est alors que le premier en main joue une
carte en comptant un s'il n'a pas encore d'autre point, ou en ajoutant un aux points qu'il a
déjà obtenus pour le point, les séquences, les
quatorze, etc., qui ont été reconnus bons.
Pour donner un exemple, supposons A et B
ayant les jeux dont les couleurs nous sont
indifférentes. A est le premier en main,
B est le donneur. A, ayant arrangé ses cartes
par couleurs, prend le premier la parole et
dit : « Six cartes ». B, ayant également mis
son jeu en ordre, et possédant également six
cartes, répond : « Combien valent-elles ? ». A
compte la valeur des cartes et réplique : « Cinquante-huit ». B dont les six cartes ne valent
que cinquante-six, dit alors : « Il est bon ».
Alors A prend ses six cartes et les abat sur le
tapis pour que B puisse vérifier l'exactitude
de son affirmation. Ensuite, A, regardant ses
cartes, s'aperçoit qu'il possède quatre cartes
de la même couleur qui se suivent sans interruption (valet, dix, neuf et huit de carreau) ;
il annonce : « Quatrième au valet ». B, qui a
une quinte au roi, réplique aussitôt : « Elle
n'est pas bonne ». Alors A, qui n'a pas de
quatorze, annonce néanmoins ses trois rois
(de carreau, de trèfle et de cœur) ; et B lui
fait pressentir qu'il a un quatorze par les
mots : « Cela ne vaut rien ». A n'a donc que
six points, dus à la valeur de ses six cartes;
il joue une première carte en comptant:« Sept ».
C'est alors que B prend la parole à son tour,
et dit : « Quinte au roi, quinze ». Et il abat,
sous les yeux de A, sa quinte composée du
roi, de la dame, du valet, du dix et ou neuf
de pique. B ajoute : « Quatorze de dames,
vingt-neuf ». Il n'est pas obligé de montrer
son quatorze. Il n'a ni trois as, ni trois rois,
ni trois dames, etc. ; mais son quatorze suffit
pour annuler les trois cartes semblables de A.
Ensuite B joue une carte sur celle de A ; si
A fait la levée, il compte huit en jetant une
autre carte; si c'est B qui fait la levée il compte
de suite trente; et ainsi de suite, chaque
joueur comptant un point du plus quand il
jette une carte après avoir fait la levée précédente. Il faut observer que le joueur qui joue
une carte sur une autre carte de son adversaire, est forcé de fournir de la même couleur
s'il en a. Quand cette couleur lui manque, il
jette une autre couleur choisie parmi les cartes qu'il lui importe le moins de conserver.
Celui qui a fait la levée peut jouer dans n'importe quelle couleur, sans suivre aucun ordre.
Mais si, après qu'une couleur a été jouée, on
joue une carte d'une autre couleur, le joueur
doit nommer cette nouvelle couleur, faute de
quoi, celui qui a fourni croyant que l'on continue la même couleur, sera en droit de reprendre la carte qu'il a jetée, quand même
elle serait de la couleur jouée. Lorsque celui
qui est le premier a joué sa carte, le second
avant de jouer à son tour, montre son point,
s'il est bon, et ses séquences ; il compte ses
quatorze, ses trois cartes, additionne tout ce
qu'il peut avoir à compter et joue. Une fois
sa première carte abattue, le premier joueur
ne peut plus revenir sur ce qu'il a compté pour
réparer une erreur qu'il aurait commise. Le
joueur qui possède un certain nombre de cartes d'une couleur, dont les supérieures sont
entre les mains de l'adversaire, doit songer à
les affranchir, en faisant tomber ses cartes
supérieures en conservant les autres qui lui
feront des levées certaines. Celui qui fait la
dernière levée compte deux points. Ensuite,
on compte le nombre de levées faites de part
et d'autre et celui qui en a fait le plus compte
10 points. Si le nombre de levées est égal de

part et d'autre, nul n'ajoute 10 points à ceux
qu'il a déjà comptés. Quand la partie n'est
pas terminée du premier coup, on continue
de jouer, chaque joueur donnant les cartes à
son tour. Quand elle est terminée, et que l'on
désire en recommencer une autre, il est d'u-
sage de tirer à nouveau à qui la main. —
Du pic. Nous avons dit que le pic est un hasard
dans lequel le joueur qui doit jouer le premier compte, par ses points et par ses levées,
jusqu'à trente, sans que l'adversaire puisse
faire un seul point ; alors, au lieu de dire trente
il dit soixante et y ajoute ensuite un point par
chaque carte qu'il jette après avoir fait une
levée. Le pic ne peut avoir lieu que quand on
a la main, parce que, sans cela, l'adversaire
compterait un en jouant le premier une carte
quelconque. Voici un exemple de pic. C'est le
donneur; D est le premier en main. Jeu de C :
as, roi, valet, dix, neuf et huit de trèfle; as,
roi, dix de cœur ; as et dix de carreau, dix de
pique. Jeu de D : as, roi, dame, valet, neuf,
huit et sept de cœur; dame de cœur; dame
de trèfle ; dame, neuf et huit de carreau. Voici
comment s'établira le dialogue, entre les deux
joueurs: D. Sept cartes. — C. Elles sont bonnes. — D. Quatrième majeure. — C. Elle
est bonne. — D. Tierce basse. — C. Très
bonne. — D. Quatorze de dames. — C. Toujours bon. — D. Sept et quatre, onze; et trois
quatorze; et quatorze, vingt-huit. (jetant son
as de pique): pique; vingt-neuf. — C. Jette
son dix de pique. — D. (jetant son roi de pique)
Soixante. — C. Joue son huit de trèfle. — D.
(jouant sa dame de pique). Soixante et un.
Et ainsi de suite. On remarquera que C avait
6 cartes en trèfle, mais qu'il n'a pu les faire
valoir; il avait une quatrième au valet, qu'il
n'a pu annoncer, à cause de la quatrième majeure de D. Il avait un quatorze de dix qui a
été annulé par le quatorze de dames possédé
par D ; enfin ses trois as ne valent rien puisqu'il ne peut lutter pour le quatorze. . — Du
repic. Le repic, avons-nous déjà dit, se fait
quand on compte trente par ses seuls points,
avant de jouer, sans que l'adversaire ait pu
compter un seul point ; alors on compte quatre-
vingt-dix ou davantage au lieu de trente ou
davantage et l'on continue en ajoutant les
points que l'on peut faire ensuite. Le premier
à jouer peut seul faire le repic, parce que le
second ne comptant que lorsque le premier
a joué et dit: (au moins), il en résulte
que le second, s'il compte trente d'un coup,
ne fait pas ce nombre sans que l'adversaire
ait compté un seul point. Donnons un exemple du repic, dans lequel l'un des deux joueurs
E, est le donneur ; l'autre, F, a la main : Jeu
de E : roi, dame, valet, dix, huit et sept de
carreau ; roi, dame, valet, dix, neuf de cœur ;
roi de pique. Jeu de F: as, roi, dame, valet,
dix, huit de trèfle; as de carreau; as, dame,
neuf et huit de pique; as de cœur. Voici
comment s'établira le dialogue entre les deux
joueurs : F. Six cartes. — E. (qui a également
six cartes, en carreau). — Combien valent-
elles ? — F. Cinquante-neuf — E. (dont les six
cartes ne valent que cinquante-cinq). — C'est
bien bon. — F. Une quinte majeure. — E.
(dont la quinte au roi en cœur et la quatrième
au roi en carreau se trouvent ainsi annulées).
C'est encore très bon. — F. Les quatre as:
ce qui me fait : six et quinze, vingt et un ; et
quatorze, quatre-vingt-quinze; (jetant son as
de trèfle), trèfle, quatre-vingt-seize. — Ducapot.
Un joueur est capot quand son adversaire fait
toutes les levées. La dernière levée du capot
n'est pas comptée double ; mais au lieu de
compter 10 points pour la majorité des levées,
celui qui a fait le capot compte 40 points.
Pour donner un exemple du capot, reprenons
la partie précédente entre E et F, au point où
nous l'avons laissée, c'est-à-dire au moment
où F, jouant son as de trèfle, dit : Trèfle,
quatre-vingt-seize. — E qui n'a pas de
trèfle, joue son neuf de cœur. — F. (je-

tant son roi de trèfle). — Quatre-vingt-
dix-sept. — E joue son dix de cœur. —
F (jouant sa dame de trèfle): Quatre-vingt-
dix-huit. — E abat son sept de carreau. —
F (jetant son valet de trèfle): Quatre-vingt-
dix-neuf. — E joue son huit de carreau. —
F (jouant son dix de trèfle): Cent. — E abat
son dix de carreau. — F (jouant son huit de
trèfle): Cent un. — E joue son valet de cœur.
— F (abattant son as de carreau) : Carreau.
Cent deux. — E couvre par son valet de carreau. — F (jouant son as de pique) : Pique.
Cent trois. — E est forcé defournir son roi de
de pique. — F (abattant sa dame de pique):
Cent quatre. — E n'ayant plus de pique, est
contraint de jouer sa dame de carreau. —
F (jouant son huit de pique) : Cent cinq. —
E joue sa dame de cœur. — F (abattant son
neuf de pique) : Cent six. — E joue son roi de
cœur. — F (jouant son as de cœur): Cœur.
Cent sept. — E donne son roi de carreau. —
F. Et quarante de capot, cela me fait cent
quarante-sept. On dit alors que E a été fait
pic, repic et capot. — Du désavantage de la
donne. Pour démontrer le désavantage d'être
donneur, il nous suffira de reprendre la partie précédente en supposant que F est le donneur et que E a la main. Voici, dans ce cas,
comment les choses se passeront : E. Six cartes.
— F. Combien valent-elles ? — E. Cinquante-
cinq. — F. Ce n'est pas bon. — E. Une quinte
au roi. — F. Cela ne vaut rien. — E. Trois
rois. — F. Annulé par un quatorze. — E. (Jetant son roi de carreau). — Un. — F. (Avant
de jouer). Six cartes. (Il montre ses six cartes
valant cinquante-neuf), six ; une quinte majeure (il la montre), quinze et six de pique,
vingt et un ; et quatorze d'as, trente-cinq. (Il
joue son as de carreau et fait la levée). Ensuite
F abat ses cartes une à une en ajoutant un
point à chaque carte, ce qui lui fait quarante-
sept points, plus quarante de capot, quatre-
vingt-sept seulement, au lieu de cent quarante-sept. — De la marque. Quand les douze
cartes ont été jouées par chacun des deux
adversaires, on compte de part et d'autre ses
levées, et l'on marque les points obtenus, soit
sur une feuille de papier, soit au moyen de
jetons comme unités et de fiches comme dizaines. Il est préférable de se servir pour marquer, d'une carte découpée comme la représente le dessin ci-joint :

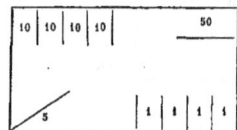

—Pour marquer, par exemple, 26 points, on
lève d'abord deux des languettes désignant
les dizaines, puis la languette du cinq et une
languette des unités. Dans une autre convention,
on fait encore, supposons-nous, 37 points ;
pour les ajouter aux 26 précédents, on abaisse
un 10 et le 5 et on lève le 50 et deux unités,
ce qui donne 63 points. La marque ainsi établie indique jusqu'à 99 points ; elle est donc
disposée pour les parties en cent points. Quand
on joue en 150 ou en 200 points, on rabat les
languettes dès que la marque est pleine et
on recommence à marquer de nouveau pour
compléter les points. — Lois du piquet à
deux. 1° Il n'est pas permis de renoncer. —
Renoncer, c'est ne pas fournir de la couleur
demandée, quand on en possède ; 2° En cas
de maldonne, celui qui s'en aperçoit est tenu
d'en avertir de suite l'autre, joueur avant
d'avoir regardé les cartes qu'il a reçues ou
prises. Quand on a vu les cartes, on n'est plus
reçu à régulariser son jeu, qui doit être joué
comme il se trouve, sous la peine infligée à
celui qui a trop de cartes, peine consistant à
marquer à la muette. — Marquer à la muette,

c'est ne pouvoir rien compter des points, des séquences ou des quatorze, etc., que l'on possède ; 3° Celui qui prend plus de cartes qu'il n'en a écarté ou qui se trouve, en jouant, en avoir plus qu'il ne faut, ne comptera rien et ne pourra empêcher son adversaire de compter tout ce qu'il a dans son jeu (point, séquence, quatorze, etc.), quand même celui qui a trop de cartes aurait des points plus forts qui eussent annulé ceux-ci dans toute autre circonstance ; 4° Le joueur à qui il manque une ou plusieurs cartes, soit qu'il ne les ait pas reçues, soit qu'il ne les ait pas prises au talon, supporte purement et simplement les conséquences de son erreur ; c'est-à-dire qu'il compte tout ce qu'il a dans son jeu, car ce n'est pas une faute de jouer avec une ou plusieurs cartes de moins. Mais il ne peut faire la dernière levée, et c'est son adversaire qui la compte. Il ne peut non plus faire son adversaire capot, tandis qu'il peut l'être lui-même ; 5° Quand on a joué une carte, on n'est plus admis à compter les cartes blanches, le point, les séquences, les quatorze ou trois cartes pareilles que l'on aurait oublié de mentionner avant de jouer. Cette règle est, sans doute, fort rigoureuse ; mais elle est observée par les meilleurs joueurs ; 6° Pareillement, quand on a joué une carte, on n'est plus admis à compter son point ou ses séquences si l'on a oublié de les montrer à l'adversaire en les mentionnant ; et de plus, l'adversaire compte ce qu'il peut avoir, bien que le joueur fautif lui ait dit que son point ou ses séquences ne valaient rien ; pourvu, toutefois, qu'il n'oublie pas lui-même de montrer son jeu, avant de jouer la carte qui vient après celle où la faute a été commise. S'il est second en main, il la montrera son jeu avant de jeter sa première carte sur celle de l'adversaire ; s'il est premier en main et si l'adversaire a commis l'oubli en jetant sa première carte, il doit immédiatement compter et montrer son jeu avant de jeter une seconde carte , faute de quoi, il ne pourrait rien compter ; 7° Nous avons déjà dit que l'on ne peut changer, sans en avertir l'adversaire, la manière de prendre par 2 ou 3, adoptée au début ; 8° Le joueur qui a écarté moins de cartes qu'il n'en prend peut réparer son erreur tant qu'il n'a pas vu les cartes qu'il a prises et tant que l'adversaire n'a pas pris les siennes. Sinon, l'adversaire a le droit d'exiger une nouvelle donne. S'il ne l'exige pas, la carte, après avoir été vue des deux joueurs, est mise à l'un des écarts ; 9° Dès qu'on a touché le talon après avoir écarté, on ne peut plus changer son écart ; 10° Il est interdit de regarder les cartes du talon avant d'écarter ; 11° Lorsque celui qui a la main ne prend pas ses cinq cartes au talon, il doit avertir son adversaire en disant : « J'en prends tant », ou bien : « J'en laisse tant » ; 12° Si celui qui commet la faute de donner deux fois de suite s'en aperçoit avant d'avoir vu aucune de ses cartes, il peut forcer son adversaire à refaire, quand même celui-ci aurait vu son jeu ; 13° Le premier en main a le droit, avons-nous dit en parlant de l'écart, de regarder les cartes que son adversaire laisse au talon, pourvu qu'il annonce la couleur par laquelle il commencera à jouer. Si, après avoir vu les cartes restées au talon, il commençait par une couleur autre que celle qu'il a annoncée, l'autre joueur serait libre de lui faire reprendre sa carte et de lui désigner ensuite la couleur par laquelle il désire le forcer de jouer ; 14° Quand un joueur a répondu : « C'est bon » à son adversaire qui accuse un point, s'il s'aperçoit, en examinant mieux son jeu, qu'il s'est trompé, il peut réparer l'erreur tant qu'il n'a pas joué ; il annule ainsi ce que l'autre joueur a compté indûment, quand même celui-ci aurait commencé à jouer. — Cette règle n'est pas admise par tous les joueurs et il en est qui veulent que l'on se tienne strictement au point annoncé, à moins

qu'il ne s'agisse de le diminuer, ce qui est de règle dans tous les cas. — Quant aux séquences, aux quatorze et aux trois cartes pareilles il est toujours temps d'y revenir, à la condition de n'avoir pas joué soi-même. Cependant, cette dernière règle subit une exception quand la mauvaise foi du joueur est évidente, comme si, n'ayant pas trois dames, il dit, par exemple : « Trois dames seraient-elles bonnes ? », pour deviner, d'après la réponse de l'adversaire, si celui-ci n'aurait pas trois rois ou trois as. Il en est de même d'une séquence faussement annoncée pour savoir si l'adversaire n'en a pas une plus forte. Le joueur qui se rend coupable d'une telle fraude ne compte rien de ce qu'il possède. Comme règle générale, on admet que celui qui accuse un quatorze ou un brelan qu'il ne possède pas ne compte rien de ce qu'il a dans son jeu s'il ne répare son erreur avant de jeter sa première carte ; dès qu'il a jeté, ne fût-ce qu'une carte, son adversaire, s'apercevant, à un coup quelconque de la tournée, qu'il a annoncé faux, peut le démarquer tout son jeu et comptera sans empêchement tout ce qu'il a dans le sien ; 15° Le joueur qui, par erreur, compte trente au lieu de soixante ou de quatre-vingt-dix, quand il fait un pic ou un repic, peut revenir sur cet oubli tant que les cartes n'ont pas été relevées pour la tournée suivante ; 16° Toute carte jetée sur la table est irrévocablement jouée dès qu'on l'a lâchée, si on est premier à jouer. Mais si on est second à jouer et qu'on ait, par inadvertance, couvert une carte de l'adversaire avec une carte qui ne soit pas de la même couleur, il est permis de la reprendre pour remettre de la couleur demandée. Si on n'a pas de cette couleur demandée, il faut laisser la carte qu'on a jetée ; 17° Celui, qui, étant le dernier, écarterait et prendrait des cartes qu'il mêlerait à son jeu avant que le premier eût le temps d'écarter et de prendre ses cartes, perdrait la partie ; 18° Quand le premier à jouer retourne et voit, par mégarde, une ou plusieurs cartes du talon de son adversaire, il est obligé de jouer la couleur que celui-ci exigera, autant de fois qu'il aura vu de cartes ; 19° Quand le second à jouer retourne et voit une ou plusieurs cartes du talon de l'adversaire, l'adversaire est libre, après avoir regardé son jeu, de refaire ou de jouer le coup ; 20° Le joueur qui mêle à son écart une ou plusieurs cartes qu'il a laissées au talon, avant de les montrer à son adversaire, qui a le droit de les voir, en annonçant la couleur qu'il jouera, ce joueur disons-nous, sera obligé, sur la demande de l'autre joueur, de montrer l'écart entier contenant la carte restée au talon ; 21° Celui qui déferait un quatorze en mettant l'une de ses cartes à l'écart et qui n'annoncerait ensuite qu'un brelan, serait obligé de dire à son adversaire quelle est la carte qui manque, s'il le demande immédiatement après avoir joué sa première carte ; 22° Si l'on n'a qu'un quatorze et que l'on en ait défait un en écartant une ou deux cartes, on est obligé de nommer celui que l'on a ; 23° Quand on s'aperçoit que le jeu de cartes dont on se sert est faux, que l'on y manque une carte, soit qu'il y en ait deux pareilles, le coup demeure nul ; mais les précédents sont bons, s'il y en a eu de joués ; 24° Pour les fautes commises pendant la donne, voyez plus haut, notre paragraphe relatif à la maldonne ; 25° Celui qui abandonne une partie avant qu'elle soit terminée, est déclaré perdant ; mais s'il est appelé par une affaire pressante, l'adversaire peut consentir à ce que la partie soit remise ; 26° Le joueur qui, croyant avoir perdu, jette ses cartes sur le tapis, a perdu en effet si son jeu se trouve mélangé avec le talon. Mais si rien n'est mêlé, il peut, s'apercevant qu'il a

fait erreur et que sa partie n'est pas désespérée, reprendre ses cartes et continuer, à moins que l'adversaire ait lui-même brouillé les siennes, auquel cas la partie est perdue pour celui qui a jeté ses cartes ; 27° Quand à la fin d'un coup, un joueur, ayant dans sa main deux ou trois cartes, les jette, dans la croyance que son adversaire en possède de plus hautes, ne peut plus les prendre si l'adversaire a mêlé les siennes ; elles comptent pour autant de levées à l'adversaire, quand même les cartes de celui-ci seraient inférieures ; 28° Le joueur de mauvaise foi qui est surpris à reprendre des cartes dans son écart ou à en changer, perd la partie et mérite d'être exclu de la société. — Piquet à écrire. Cette variété du piquet, très répandue pendant l'époque de la Révolution et du premier Empire, est aujourd'hui presque inusitée. C'est pourtant un jeu de grande société, puisque l'on y peut jouer trois, quatre, cinq, six ou sept personnes. Il n'y a cependant que deux de ces joueurs qui tiennent les cartes et les autres jouent ensuite alternativement en remplaçant les premiers. Pour opérer ce remplacement des joueurs, il existe deux manières de procéder : 1° Au malheureux, celui qui est marqué continue de jouer, et celui qui marque cède sa place au joueur qui attend son tour, chacun devant jouer à son tour, dans un ordre déterminé préalablement par le sort ; 2° A tourner, le remplacement s'opère de droite à gauche, sans égard à celui qui marque ou qui est marqué. Par exemple, A commence la partie avec B, qui est à sa droite ; après le coup, B joue un nouveau coup avec C, qui est à sa droite ; puis C avec D, placé à sa droite, et ainsi de suite. Cette manière présente l'avantage d'égaliser les chances. Dès le début, et avant de commencer à jouer, on convient du nombre de rois et de tours que l'on jouera. Ordinairement, on choisit six, neuf ou douze tours. Un roi, c'est deux tours ; et un tour, c'est deux coups. Pour qu'un tour soit joué, il faut que chacun des deux joueurs ait mêlé une fois. Ensuite on convient de la valeur de chaque point : cinq, dix, vingt ou cinquante centimes. Enfin, on tire pour savoir à qui appartiendra la main. Les règles sont exactement celles du piquet ordinaire. Chacun des deux joueurs fait une fois seulement, et l'on compte à demi-tour les points que l'on fait de plus que son adversaire en les marquant avec des jetons. Exemple : A et B jouent l'un contre l'autre. A fait 20 points et B n'en fait que 10 ; cela fait 10 points d'excédent que A possède contre B et qu'il marque avec des jetons, jusqu'à ce que le second coup soit joué ; mais si, à ce second coup, A fait que 10 points et si B en fait 40, ce sera une marque de 20 points que prendra B, parce que des 40 points, il faudra en rabattre 20, savoir : 10 du coup précédent et 10 du second coup. Il reste donc 20 points que l'on écrit pour le perdant, et ainsi des autres coups. La table ci-dessous donne une idée de la manière dont on doit

A.	B.	C.
30	30	60
40	40	100
100	30	30
30	50	90
70	50	70
90	60	100
50	30	30
60	80	20
470	370	510

marquer ceux qui perdent, en observant que l'on ne compte pour rien les points inférieurs à cinq et que l'on compte pour dix les points égaux ou supérieurs à cinq. C'est pourquoi quinze points vaudront contre la marqué autant que vingt-quatre points de son adversaire,

c'est-à-dire qu'ils seront marqués l'un et l'autre comme vingt. Pour la marque, on fait un tableau divisé en autant de colonnes verticales qu'il y a de joueurs, et en haut de chaque colonne on inscrit le nom de l'un des joueurs. Au bas de chaque colonne, on additionne les points que les joueurs ont perdus dans le cours des douze rois qu'ils ont joués. Ensuite on passe à l'addition générale des points des joueurs; voici comment l'on procède :

A. 470 points.
B. 370 —
C. 510 —
Total : 1,350 points.

Les joueurs étant au nombre de trois et ayant été marqués de 1,350 points, il en résulte que la moyenne des points pour chaque joueur est de

$$\frac{1,350}{3} = 450$$

Chaque joueur prend sa rétribution, de manière que A, qui est marqué de 470 points, perd 20 points, parce que sa marque excède de ce nombre la moyenne des points; B, qui n'a que 370 points, gagne 80 points, parce qu'il lui manque ce nombre pour atteindre 450; C, perd 60 points, parce qu'il a été marqué de ce même nombre au-dessus de la moyenne. Quand il y a quelque dizaine surnuméraire, elle est au profit de celui qui perd le plus. Il est d'usage de payer, aux dépens des perdants, une consolation aux gagnants. On convient d'avance du chiffre de cette consolation; et si elle est, par exemple, de 20 par marque, le joueur qui est marqué de 30 par jeu, est marqué de 50 en perte, et ainsi des autres. — Variété du piquet à écrire. Quand on est trois ou cinq joueurs, on peut entreprendre une partie moins embarrassante, en ce qu'il n'est besoin ni de plume, ni de papier, ni d'addition; la voici : Chaque joueur prend la valeur de 600 marques en 5 fiches et 10 jetons, une fiche vaut dix jetons et chaque jeton compte par dix marques, de sorte qu'un joueur marqué de trente, paie en mettant trois jetons. On joue comme au piquet à écrire ordinaire, sauf qu'il y a, au bout de la table, au lieu d'un écritoire, une petite corbeille dans laquelle les joueurs déposent leurs marques. Le contenu de cette corbeille est ensuite partagé entre les joueurs à la fin de la partie. Les vingt marques de consolation se paient comme dans le piquet à écrire; c'est-à-dire que si la consolation est de 20, le marqué, au lieu de 10, met 30 dans la corbeille: au lieu de 30, il met 50, et ainsi des autres joueurs. Outre cette consolation, il y en a une autre, à la charge du marqué. C'est de payer 2 jetons à celui qui l'a marqué d'un grand ou d'un petit point, sans préjudice du jeton à chacun des autres joueurs. Il est vrai qu'il reçoit à son tour cette seconde consolation quand on marque ou quand les autres joueurs jouent entre eux. Si les coups de deux joueurs sont égaux et s'il ne reste pas à l'un quatre points de plus qu'à l'autre, on dit que c'est un refait; celui qui est marqué en un refait, paie pour cela à la corbeille 20 marques de plus; après deux refaits, il paie 40 de plus, et ainsi de suite. On peut, néanmoins, convenir que, pour empêcher les refaits, on marquera à un point; et alors, pour que le refait ait lieu, il faut que les deux coups soient absolument égaux. La partie étant terminée et le contenu de la corbeille étant partagé entre les joueurs, chacun voit à ce coup d'œil ce qu'il a perdu ou gagné. Les jetons impairs ou surnuméraires, qui n'ont pu être partagés, sont au profit de celui qui a perdu le plus. — Piquet à trois, vulgairement appelé piquet normand. Cette variété du piquet subit les mêmes lois que le piquet ordinaire, sauf les modifications suivantes : 1. On tire d'abord à qui fera. Celui que le sort a désigné pour être le donneur, mêle les cartes, fait couper

le joueur placé à sa gauche, puis il distribue à chaque joueur 10 cartes, par deux ou par trois, à sa volonté. Quand il donne par trois, il termine par une seule carte, afin de compléter les dix. Il peut aussi donner deux fois deux puis deux fois trois cartes. Il ne peut changer sa manière de donner sans en prévenir les adversaires. 2. Le donneur a le droit de prendre les deux cartes qui restent au talon après avoir écarté deux de celles qui lui sont échues. 3. On compte, comme au piquet ordinaire, les séquences, les quatorze et les brelans. 4. Les cartes blanches valent dix points. 5. Quand le premier en cartes compte 20 sans jouer et sans qu'un adversaire ait rien compté, il compte quatre-vingt-dix et au-dessus, à mesure qu'il prend des points au delà de vingt. 6. Si, pour arriver au nombre vingt sans qu'un adversaire ait rien compté, celui qui a la main est obligé de jouer une ou plusieurs cartes, il ne compte que soixante. Mais pour que le premier joueur fasse le pic, il faut qu'aucun adversaire ne possède dans son jeu quelque chose de bon à compter. 7. Le premier joueur jette d'abord sa carte; celui qui est vis-à-vis la couvre avec la même couleur s'il en a; s'il n'en a pas, il jette d'une autre couleur. Le troisième joueur agit de la même façon et la levée se fait suivant les règles du piquet ordinaire. 8. Celui qui fait le plus de levées compte dix. Si celui qui ne fait pas de levées est capot. Ses adversaires se partagent 40 points, dont ils marquent chacun 20. Si deux joueurs sont capots, le troisième marque 40. 10. Sitôt qu'un des trois joueurs a atteint le nombre qui fait gagner la partie, soit 100 points, soit 150 ou 200 ou tout autre nombre convenu de points, il se retire; et les deux autres joueurs continuent comme pour une partie de piquet à deux. Celui qui succombe perd la partie contre les deux adversaires. — Piquet à quatre, vulgairement appelé piquet voleur. Cette complication du jeu de piquet fut imaginée pendant le règne de Napoléon Ier, dans le but propable de supplanter le whist, dont le nom seul éveillait des susceptibilités patriotiques et dont la marche silencieuse se prêtait mal à l'humeur bouillonnante de la génération qui succédait à celle de la Révolution. Le piquet à quatre se joue avec un jeu ordinaire de 32 cartes qui ont la même valeur que dans le piquet à deux. Comme au whist, on forme deux camps de deux joueurs; comme au whist, on tire au sort pour savoir ceux qui seront ensemble, mais la manière de tirer diffère sensiblement de celle qui a été admise dans le jeu anglais. On commence par convenir si on tirera les quatre rois ou si ce sont les deux premiers rois sortants qui seront ensemble. La convention acceptée, l'un des joueurs prend le jeu de cartes, le mêle, le donne à couper à sa gauche, place en dessous la coupe de dessous et, commençant par sa droite, distribue une carte alternativement à chaque joueur, la retourne, pour que tout le monde la voie et continue la tournée jusqu'aux deux premiers rois, si on est convenu que ceux qui auront les deux premiers rois sortants seront ensemble et ceux qui n'en auront pas seront contre. Si, au contraire, on a décidé qu'on tirera les quatre rois, le distributeur continue la tournée jusqu'à ce que les quatre rois soient sortis; alors les rois rouges sont ensemble et les noirs contre. On doit observer que, dans cette distribution, on ne délivre plus de cartes au sociétaire qui a reçu un roi et que l'on en donne seulement à ceux qui n'en ont pas encore, jusqu'à ce que les quatre rois soient sortis. Les joueurs se placent de façon que les deux partenaires se trouvent en face l'un de l'autre. — Des béats. Comme au whist, on peut former des sociétés de plus de quatre personnes; alors, en distribuant les cartes, on en donne à tous ceux qui veulent jouer; et les postulants qui n'ont pas eu de

roi sont appelés béats et ne jouent pas la première partie; ils prennent la place des premiers perdants. On convient d'avance si les rentrants continueront la main, ou si on la tirera à chaque partie. — De la donne. L'un des joueurs place le jeu de cartes sur le tapis, figures en dessous et chacun prend un petit paquet de trois ou quatre cartes. Celui qui amène ainsi la carte la plus basse devient le donneur; ensuite ce sera le tour de son voisin de droite, et ainsi de suite, si l'on n'est pas convenu de faire la main à chaque partie. Quelquefois on convient, en tirant les quatre rois pour savoir quels seront les partenaires, que le roi de telle ou telle couleur désignera le donneur. Les cartes se distribuent en commençant par la droite, deux par deux, jusqu'au nombre de huit à chaque joueur; on peut aussi en donner d'abord deux et ensuite deux fois trois aux joueurs, jamais une seule à la fois. Il ne reste pas de talon. — Marche du jeu. Le premier à jouer est celui qui se trouve à droite du donneur. C'est lui qui a la parole. S'il a dix cartes blanches, il commence par les accuser; il passe ensuite à son point, puis à ses séquences, à ses quatorze et à ses brelans ou trois cartes. Ayant tout accusé, il jette une carte sur le tapis en comptant un de plus. S'il n'a rien à compter, il jette également une carte sur le tapis en comptant un. Le voisin de droite, s'il n'accuse rien, jette aussi une carte ; s'il prime, c'est-à-dire s'il joue une carte supérieure, il compte également un, mais dans le cas contraire, il ne compte rien. Le partenaire du premier joueur, s'il n'annonce aucun point, jette une carte à son tour; s'il prime, il compte un de plus; alors le quatrième joueur jette une carte : s'il prime, il compte un et faisant la levée, s'il se trouve en main et doit rejouer. Les joueurs qui n'ont rien accusé ni fait de levées peuvent donc compter des points, quand ils priment en passant. Mais ordinairement deux ou plusieurs joueurs ont quelque chose à accuser et voici comment on procède. La première levée faite, chacun abat sur le tapis et montre le point qu'il a pu compter, ainsi que les séquences, les quatorze et les brelans. Les joueurs ayant vérifié les points, celui qui a fait la première levée continue à jouer ; celui qui a fait la seconde levée compte un et rentre au jeu et ainsi de suite. Celui qui joue doit toujours annoncer la couleur de la carte qu'il jette. — Manière de compter. Quand un joueur annonce un point, son associé ne peut ensuite en accuser un qui soit de la même valeur. Cependant, si l'un d'eux avait annoncé, par exemple, 31 de points sans tierce et que l'autre eût une tierce majeure, ce dernier, en le comptant, si elle était bonne, la ferait voir et le premier ne montrerait rien. De même, quand un joueur annonce un point et que son adversaire en accuse un pareil, si dans le point de l'un il se trouve une tierce et qu'elle soit bonne, il la comptera, et le point ne comptera ni pour l'un ni pour l'autre. Une séquence bonne entre les mains d'un joueur permet à son partenaire de compter les séquences inférieures. Il est expressément interdit d'accuser un point inférieur à trente, ou un point plus faible que celui qui a été accusé. Chacun doit accuser son jeu à son tour, avant de jeter sa première carte. La tournée terminée, le parti qui a fait le plus de levées compte dix de cartes ; si les levées sont égales, personne ne compte. La dernière levée compte pour deux. — Du quatre-vingt-dix. Quand un joueur ou quand deux partenaires comptent vingt en main, sans avoir joué, ils comptent 90 au lieu de 20, pourvu que les adversaires n'aient rien compté. Quand deux joueurs ont compté 90, cela n'empêche pas les adversaires de compter les quatorze ou les brelans. Deux partenaires peuvent avoir vingt en main par dix de cartes blanches ou par une séquence. Ils comptent alors 90, plus les autres points annoncés au-

dessus de 20. Si, par le plus grand des hasards, deux associés ont chacun dix cartes blanches et les comptent 90, en y ajoutant tout le jeu qu'ils ont en main, comme séquences, quatorze, brelans. Si deux adversaires ont chacun dix cartes blanches, ces cartes ne valent rien ni pour l'un ni pour l'autre. Le capot, fait par deux partenaires, leur vaut 40 points. Le dernière levée comptant double, si l'un des deux associés compte 19 en jouant sa dernière carte et s'il emporte la levée, au lieu de dire 20, il comptera 60, plus 40 de capot ou 100. — Du soixante. Quand on compte vingt en jouant, avant que les adversaires aient fait un seul point, on dit 60 au lieu de 20. — Règlement général. 1° Carte jetée sur le tapis, carte jouée. 2° On doit jouer chacun à son tour et non jeter une carte avant que l'adversaire de gauche ait abattu la sienne. 3° S'il arrivait que trois joueurs restassent avec une seule carte et que le quatrième en eût deux ou plusieurs, il lui est défendu de faire la dernière levée avec l'une de ses cartes. 4° Il est absolument interdit : de couper pour une carte, soit en dessus, soit en dessous ; d'accuser un point qu'on n'aurait pas ; d'accuser un point avant son tour de parler ; d'annoncer un point de la même valeur que celui de son partenaire ; d'entrer dans le point des adversaires, quand on a d'autres cartes à jouer ; de faire connaître son jeu, soit par ses paroles, soit par des signaux ou autrement ; de renoncer à la couleur ; de prendre sa carte une fois sur le tapis. 5° Il est rigoureusement obligatoire : d'entrer dans le point de son partenaire, quand on a fait les levées dont on est sûr ; d'annoncer la couleur de la carte que l'on joue quand on est premier ; de ramasser ses levées au fur et à mesure. — Piquet a cheval. Voici comment Decremps, dans son Codicille de Jérôme Sharp (1788, in-8°) nous explique ce jeu de calcul : « J'allais un jour à la campagne avec un de mes amis, et nous étions tous les deux à cheval. Il me proposa de jouer au piquet et je lui répondis que je jouerais volontiers une partie quand nousserions arrivés. Mais, me dit-il, nous pouvons jouer au piquet sans carte et sans mettre pied à terre. Comme je ne connaissais pas le jeu qu'il me proposait, il me l'expliqua en me disant qu'un de nous prendrait à volonté un nombre quelconque depuis un jusqu'à dix ; que l'autre y ajouterait un autre nombre pris également dans la dizaine pour en avoir la somme ; que le premier ajouterait à cette somme tel nombre qu'il voudrait, pourvu que ce fût toujours au-dessous de onze, et que celui de nous qui, en ajoutant ainsi alternativement, arriverait le premier à cent, gagnerait la partie. Les règles de ce jeu me parurent bien simples ; je nommai premièrement 5 ; j'ajouta 10, pour avoir 15 ; j'ajoutai 10 pour avoir 25 ; il ajouta 5 pour faire 30 ; moi ajoutai 1 pour 31 : lui 7 pour 38 ; moi 9 pour 47, et lui 9 pour 56 ; moi 4 pour 60 et lui 7 pour 67 ; moi 3 pour 70 et lui 8 pour 78 ; moi 2 pour 80 et lui 9 pour 89. Dès ce moment, je compris, sans finir la partie, que j'avais perdu ; car, dis-je, en moi-même, si j'ajoute 1 pour 90, il ajoutera 10 pour faire 100, et si j'ajoute 10 pour 99, il aura 100 en ajoutant 1 ; en un mot quelque nombre que je choisisse, il n'aura qu'à ajouter ce qui manque pour finir la partie et la gagner. J'observai donc que l'essentiel consistait à s'emparer du nombre 89 ; je demandai ma revanche, mais mon adversaire arriva le premier à 78 et je m'aperçus alors que j'aurais autant de difficulté à attraper 89 que j'en avais eu auparavant à attraper le nombre 100. Je commençai une troisième partie en me proposant de parvenir moi-même le premier au nombre 78, pour passer de là à 89, et puis à 100 ; mais dans cette autre partie, mon adversaire arriva le premier au nombre 67 ; j'y ajoutai 1 pour 68, et lui 10 pour 78. Je m'aperçus alors que mon adversaire avait une

marche sûre et je m'appliquai à la trouver. Je découvris, en y réfléchissant, que les numéros dont il fallait s'emparer pour être sûr de gagner, étaient ceux-ci, pris dans un ordre rétrograde :

89, 78, 67, 56, 45, 34, 23, 12, 1.

Réfléchissant ensuite sur la nature de ce jeu, je fis des découvertes qui me servirent à gagner ma revanche. J'observai d'abord que les nombres ci-dessus, 1, 12, 23, 34, etc., pris dans leur ordre naturel, forment une progression arithmétique dont la différence est 11, c'est-à-dire que chaque terme surpasse celui qui le précède de ce nombre 11. Je remarquai ensuite que ces mêmes nombres dépassent chacun d'une unité seulement les nombres suivants, composés chacun de deux chiffres semblables :

11, 22, 33, 44, 55, 66, 77, 88, 99.

Cette dernière remarque me parut utile pour soulager la mémoire. Quand je connus la marche générale et le moyen de gagner dans tous les cas, je demandai ma revanche. Mon adversaire, qui ne soupçonnait pas la découverte que je venais de faire, souscrivit à ma proposition, et comme il me permit, en commençant la partie, de m'emparer des nombres 12, 23, 34, espérant que je ne suivrais point la progression qu'il croyait m'être inconnue, il se trouva frustré de son espérance et comprit bien que j'avais découvert son secret. »

PIQÛRE. — (Piqûres d'insectes.) Abeilles, guêpes, frelons, etc. — Il faut enlever d'abord de la plaie l'aiguillon de l'insecte, la presser pour la faire saigner ; puis frictionner la partie malade avec un mélange d'huile d'olive et d'ammoniaque liquide, ou simplement d'huile. Les cataplasmes de cerfeuil ou de poireau écrasés appliqués sur la plaie sont également d'un usage excellent. Enfin on assure qu'une application de cette sécrétion jaunâtre qui se forme dans l'oreille des personnes les plus soignées, sur la piqûre, la guérit promptement, après en avoir immédiatement enlevé la douleur. L'expérience vaut la peine d'être tentée ; en tout cas, à défaut de tout autre agent curatif, on sera bien aise de savoir qu'on porte avec soi un remède toujours prêt. Les piqûres du taon, du scorpion, de certaines araignées, etc., peuvent être traitées de la même manière. Les piqûres de mouches charbonneuses, qui sont d'une bien autre gravité, se traitent aussi autrement. (Voy Abcès, Anthrax ou Charbon.) — Cousins. Les piqûres des cousins causent quelquefois une douleur assez vive et surtout des démangeaisons insupportables, surtout lorsqu'elles sont assez nombreuses et rassemblées. Des lotions répétées d'eau fraîche additionnée de vinaigre, ou mieux d'ammoniaque liquide, calmeront certainement la douleur. Si la douleur est trop vive, une application de la préparation connue sous le nom de « moutarde en feuilles » ou papier sinapisé la calmera immédiatement. La vertu curative du papier sinapisé en pareille circonstance est de découverte récente.

PIROUETTE (La). C'est un fort joli jeu d'adresse, qui a le seul désagrément de ne pouvoir être pratiqué sans quelque danger dans une cour ou dans un lieu où l'on risque d'atteindre des passants. Il donne naissance à diverses combinaisons dans lesquelles un certain nombre de joueurs peuvent participer à la partie. Nous ne nous occuperons ici que de la partie de deux joueurs. On creuse, sur un terrain battu, un pot évasé, long de 15 centim. environ, large de 4 à 5 centim. et profond de 5 à 6 centim. L'un des joueurs, désigné par le sort, est armé d'un bâton long de 50 à 60 centim., gros à peu près comme un manche à balai. Il place, en travers du pot, un bâtonnet d'environ 10 centim. de long.

Prenant des deux mains son grand bâton, il en appuie l'extrémité sur le fond du pot, un peu en dessous du bâtonnet. Relevant brusquement le bâton, il le fait frapper du bout contre le milieu du bâtonnet, qui est violemment jeté en avant à une hauteur et à une distance plus ou moins considérable, suivant la direction et la force du coup. On cherche toujours à l'envoyer le plus haut et le plus loin possible. L'adversaire qui sert, placé en face, à une certaine distance, cherche d'abord à attraper le bâtonnet à la volée, avant qu'il ait touché le sol ; s'il y réussit, les rôles changent et il prend le bâton et le bâtonnet pour recommencer comme a fait le premier joueur. S'il n'y réussit pas, il s'efforce de toucher le bâtonnet avec le pied pour l'arrêter le plus près possible du but. Ensuite, il prend le bâtonnet et le jette, du point où il s'est arrêté, contre le bâton que le premier joueur a posé en travers du pot. Quand il touché le bâton, il prend la place du premier joueur et recommence comme le dernier. Quand il ne touche pas, la partie continue de la manière suivante : le premier joueur, tenant d'une main le bâtonnet ou le jetant en l'air, le frappe violemment avec le bâton qu'il a dans l'autre main, et le fait voler au loin. Le servant cherche encore à l'attraper à la volée, pour prendre la place du joueur, et ensuite, quand il n'y réussit pas, à l'empêcher de rouler très loin. Saisissant le bâtonnet, il le jette, du point où il s'est arrêté, vers le joueur, qui se tient sur le godet creusé en terre et qui doit frapper le bâtonnet avec son bâton. Le coup est nul, si le servant ne lance pas le bâtonnet à bonne hauteur ou dans une bonne direction, de manière qu'il ne soit pas impossible au joueur de le frapper avec son bâton. Le coup nul se recommence. Si, le bâtonnet étant bien lancé, le joueur le manque, il perd son tour de joueur et le servant recommence la partie en qualité de joueur ; mais si le joueur atteint le bâtonnet, et si le servant ne l'attrape pas à la volée, le joueur compte à son actif le nombre de longueurs de son bâton qu'il y a entre le godet et le point où s'est arrêté le bâtonnet ainsi renvoyé. Ayant compté les longueurs de bâton, le joueur relève le bâtonnet et le place en long dans le godet, un bout touchant le fond de ce godet, l'autre bout dépassant un peu la partie supérieure du talus formé par le trou. Sur l'extrémité qui sort ainsi du godet, le joueur donne un coup de bâton calculé de manière à faire pirouetter en l'air le bâtonnet, qui s'élève verticalement à une certaine hauteur. Avant qu'il soit retombé sur le sol, il faut que le joueur le frappe d'un grand coup de bâton et l'envoie voler au loin. Si le joueur manque son coup, ou si le servant attrape le bâtonnet à la volée, les rôles changent ; mais si aucun accident n'arrive, le joueur ajoute à ses points le nombre de longueurs de son bâton qu'il y a entre le pot et le bâtonnet. Les joueurs habiles font des pirouettes doubles, triples et même quadruples, qui consistent à jouer avec le bâtonnet pirouettant comme on ferait d'un volant avec une raquette et à le frapper deux, trois ou quatre fois avec le bâton. La pirouette double vaut au joueur autant de points qu'il y a de longueurs de bâtonnet entre le point où tombe ce bâtonnet et l'ouverture du godet. La pirouette triple lui vaut les points fournis par deux fois les longueurs du bâton et une fois les longueurs du bâtonnet ; la pirouette quadruple lui produit le double des points que fournissent les longueurs du bâtonnet. Quand un joueur est arrivé sans encombre jusqu'en ce point, il recommence la série des coups dans l'ordre indiqué plus haut ; mais il est bien rare qu'il ne lui survienne pas quelque accident, soit qu'il manque de frapper le bâtonnet, soit que le servant attrape le bâtonnet à la volée ou atteigne le bâton placé

en travers du godet ; et une partie ne se termine presque jamais sans que le bâton ait passé plusieurs fois d'une main à l'autre. Le joueur qui perd le bâton conserve tous les points acquis précédemment. Celui qui prend le bâton recommence invariablement, à moins de conventions contraires, la série des coups dans l'ordre indiqué plus haut. On peut convenir que le nouveau joueur prendra le coup au point où il l'avait laissé précédemment, s'il a déjà tenu le bâton. Le vainqueur est celui qui atteint le premier un nombre de points déterminé : ordinairement 150, ou plus ou moins suivant le degré d'habileté des joueurs.

PISCÉNOIS, OISE s. et adj. (lat. *Piscenæ*, *Pézenas*). De Pézenas ; qui appartient à cette ville ou à ses habitants.

PISCICULTURE. — La culture artificielle des poissons est en progrès chez nous, depuis quelques années. On établit, au Trocadéro, un aquarium municipal, dans lequel on ne devait d'abord collectionner que des espèces curieuses. Grâce à l'initiative du directeur, M. Jousset de Bellesme, on y produit et on y élève des alevins de salmonides pour le repeuplement de nos rivières. A la fin de l'année 1885, le gouvernement chilien, désireux d'acclimater le saumon de Californie dans ses cours d'eau, chargea l'un de nos compatriotes, M. Jules Besnard, professeur de zootechnie à l'institut de Santiago, d'étudier les moyens de transporter de Paris au Chili des œufs de ces excellents salmonides. Ce voyage parut impossible ; mais M. Jousset de Bellesme avait inventé un appareil pour le transport non pas des œufs, mais des poissons vivants, en les soumettant aux conditions suivantes : ne pas changer l'eau des poissons, du commencement à la fin du voyage ; absence absolue d'alimentation (des poissons restent facilement cinquante jours sans manger) ; refroidir l'eau de transport ; faire constamment passer de l'air dans l'eau, pour permettre la respiration des poissons dans l'eau non renouvelée. — L'appareil déduit de ces conditions fut formé d'un cylindre en tôle de 1m,10 de long et de 0m,40 de diamètre ; à l'une des extrémités, un petit compartiment, entouré d'étoffes calorifuges, fort épaisses, destinée à refroidir l'eau. Au fond du cylindre, une pomme d'arrosoir, munie d'un tube, sert à faire passer un courant d'air à travers l'eau. Un réservoir d'air comprimé, alimenté par des pompes à bras, fournit l'air nécessaire. Trois de ces récipients servirent au transport de 100 saumons de Californie de 0m,12 de long, 40 carpes de 0m,15, 20 tanches, 20 goujons, 20 orphes, 20 anguilles, 20 lottes. L'expédition se composait de MM. Besnard, Passavit, employé de l'aquarium, délégué, et de cinq émigrants affectés au service de la pompe à air. Le départ eut lieu le 25 septembre ; le 30 octobre, M. Besnard installait dans ses bassins trente-neuf saumons vivants, toutes les carpes, tanches, anguilles et orphes. Les goujons, les orphes et les barbeaux avaient éprouvé des pertes sérieuses. Ce transport de poissons vivants est assurément le plus long qui ait jamais été accompli avec succès. Les poissons élevés à l'aquarium du Trocadéro sont : 1° le saumon de Californie (*Salmo quinnat*.), qui atteint un poids moyen de 10 kilogr. et dont l'acclimatement a parfaitement réussi dans les eaux de la Seine et de ses affluents ; 2° le saumon arc-en-ciel (*salmo iridens*), le saumon de fontaine (*salmo fontinalis*), l'ombre-chevalier (*salmo salvelinus*), et plusieurs autres salmonides, pour lesquels les résultats ne sont pas comparables à ceux que l'on obtient avec le saumon de Californie ; 3° le gardon, le barbeau, l'ablette, le nase, la vaudoise, le véron, l'épinoche et jusqu'à des goujons, dont l'espèce devient de plus en plus rare aux envi-

rons de Paris. — Après les explosions de dynamite de l'hiver 1890-91, presque tout le poisson de la Seine se trouva détruit. Il fallut s'adresser à l'établissement du Trocadéro pour repeupler ce fleuve. M. Jousset de Bellesmes se disposa, sur la demande du ministre, à immerger 50,000 alevins ; mais l'ingénieur Jozan fit intervenir ses agents, qui s'opposèrent à une opération que le service des ponts et chaussées n'avait pas autorisée. Pendant le débat, 10,000 alevins moururent victimes de la paperasserie et des règlements administratifs. Les 40,000 autres purent être immergés le 5 avril 1891. Ils se composaient de 30,000 truites et 10,000 saumons de Californie, âgés de 2 mois et mesurant, les truites 5 centim. de long et les saumons 7 centim. Pour les transporter, on les enferma dans des tubes cylindriques en tôle, d'environ 1 mètre de long et 50 centimètres de diamètre. Ces tubes étaient pleins d'une eau claire. Deux d'entre eux contenaient des alevins de truites, un troisième renfermait les alevins de saumons. La partie supérieure de ces tubes était percée de petits trous pour laisser pénétrer l'air ; mais comme, à cause du nombre considérable de poissons, l'oxygène de l'eau tend à disparaître, par un tube en caoutchouc adapté à un manchon qui pénétrait à l'intérieur, on introduisait de temps en temps dans les réservoirs enneigés, à l'aide d'un vigoureux soufflet, l'air nécessaire. Cette opération eut lieu plusieurs fois pendant la route. L'immersion eut lieu d'une manière très simple : la température de l'eau contenue dans les tubes étant prise, 12°, puis celle de la Seine 9°, on immergea l'appareil jusqu'à ce que le thermomètre plongé dans le tube marquât le degré de l'eau ambiante ; on retournait le cylindre et les alevins se dispersant disparurent vite dans l'eau malpropre et peu ragoutante qu'ils étaient chargés de repeupler. L'opération se répéta autant de fois qu'il y avait de tubes. On avait choisi un endroit bien garni d'herbes, afin que les poissons pussent facilement prendre nourriture et trouver un abri. Ce fut alors un spectacle bien curieux que de voir à l'emplacement où ils avaient été mis en liberté, ces alevins groupés d'abord, s'écarter peu à peu, comme étonnés de se trouver libres, dans une si grande étendue d'eau, puis, s'enhardissant se disperser dans tous les sens de la rivière.

PISÇOIS, OISE s. et adj. (lat. *Pisciacum*, Poissy). De Poissy ; qui appartient à Poissy ou à ses habitants. — On dit aussi PISCIAQUAIS.

PISTILLÉ, ÉE adj. Bot. Se dit des fleurs portant un pistil.

PITUÉRIN, INE s. et adj. (lat. *Pituerium*, Pluviers ou Pithiviers). De Pithiviers ; qui appartient à Pithiviers ou à ses habitants.

PITURI s. m. Préparation sédative tirée des feuilles sèches et des brindilles d'une plante australienne qui possède des propriétés narcotiques semblables à celles du tabac. Cette plante est probablement celle que l'on nomme *Anthocercis Hopwoodii* ou *Duboisia Hopwoodii*, suivant le baron von Müller, et qui fut plus récemment appelée *Duboisia pituri* par le Dr Bancroft (ordre des solanées). On se procure difficilement le pituri, parce que les indigènes ne s'en désaisissent que moyennant des prix exorbitants. La plante qui le produit croît dans le pays des *Mulligan* ou *Kyckockodilla*, qui habitent une portion inexplorée du centre de l'Australie. Son habitat est un district large d'environ 160 kilom. et long de 300 kilom., entre les 23° et 25° degrés de lat. sud, près de la frontière occidentale du Queensland. Le pituri sec offre un brun pâle et émet une odeur analogue à celle du tabac. Inhalé sous forme de poudre, il

fait éternuer. Bancroft le décrit comme un arbuste qui atteint 8 pieds de haut ; sa tige mesure quelquefois 6 pouces à la base. Son bois est léger, à grain serré, d'une couleur citron quand il est fraîchement coupé ; il émet alors une odeur de vanille. Ses feuilles, pointues aux deux extrémités, sont longues de 10 centim. et larges d'un demi-centim. Sa fleur a une petite corolle en forme d'entonnoir, qui s'étend en cinq divisions. Son fruit est une baie noire. Les indigènes mâchent le pituri, en le mélangeant d'abord avec des cendres de feuilles, de sorte que l'alcaloïde (piturine) ne puisse se dégager trop rapidement. Les effets de cette substance se rapprochent de ceux du tabac à fumer.

PITURINE s. f. Alcaloïde que contient lo *Duboisia pituri*. (Voy. Pituri.) C'est une substance huileuse, volatile, d'un brun sombre, ressemblant beaucoup à la duboisine, alcaloïde du *Duboisia myoporoides*, mais s'en distinguant par son goût âcre et brûlant et par une action plus irritante sur les yeux et sur les voies respiratoires. Son odeur ressemble à celle du tabac, et elle offre plus d'analogie avec la nicotine qu'avec la duboisine. Sa formule est C⁶ H⁹ N.

PLACE (En). Hortic. Se dit en parlant des plantes que l'on repique ou que l'on sème à l'endroit qu'elles doivent occuper définitivement.

PLANCHER s. m. Hortic. Grande quantité de fumier établi pour recevoir des coffres à châssis.

PLANCHER, v. n. Argot. Se moquer.

PLANTÉ (Gaston), célèbre électricien français, né à Orthez (Basses-Pyrénées), le 22 avril 1834, mort le 23 mai 1889. Après avoir terminé ses études et pris ses grades universitaires en mathématiques et en physique, il fut attaché au Conservatoire des arts et métiers de Paris comme préparateur du cours de physique d'Edmond Becquerel. Chargé du cours de physique de l'Association polytechnique, il se montra, dans ses leçons, aussi élégant orateur que savant physicien. En même temps, il étudiait avec ardeur la géologie, et découvrit, en 1855, au Bas-Meudon, dans les assises inférieures du terrain tertiaire de Paris, les restes d'un gros oiseau fossile, auquel l'Académie des sciences de Paris donna le nom de *Gastonis* du prénom de Planté. Vers 1859, ce savant quitta le Conservatoire des arts et métiers et s'adonna exclusivement à des recherches relatives à l'électricité. L'électro-chimie lui doit la substitution des électrodes à lame de plumb aux électrodes en platine. Vers 1860, après de patientes recherches sur l'accumulation de l'électricité à l'aide de batteries secondaires, il imagina l'*accumulateur*, invention qui le classe au rang des grands créateurs dans la science physique. Ses *Recherches sur l'électricité* (1re éd. 1879) résument ses travaux pendant 20 ans. Par une disposition de son testament, il légua à la *Société de secours des amis des sciences* une grande et belle propriété qu'il possédait aux environs de Paris, pour donner asile à quelques savants tombés dans l'indigence.

PLAQUER v. a. Argot. Abandonner.

PLATE-FORME s. f. (angl. *platform*, estrade). Polit. Estrade sur laquelle les candidats, aux Etats-Unis, prononcent leur profession de foi. — Par ext. le programme d'un candidat, sa profession de foi ; la partie saillante d'une déclaration politique : *la revision, c'était alors la meilleure plate-forme électorale.* (A. Berthier.)

PLŒUC (Alexandre, marquis de), financier et homme politique français, né à Quimper (Finistère) en 1816, mort le 27 août 1887. Envoyé en Grèce (1857) par le gouver-

nement français pour régler la situation financière de la Grèce, vis-à-vis des trois puissances protectrices, il déploya dans cette mission des capacités qui lui valurent, en 1859, sa nomination au poste de membre du grand conseil du trésor ottoman. Pendant un séjour de dix ans à Constantinople, le marquis de Plœuc fonda la banque ottomane. Revenu en France, en 1868, il fut nommé sous-gouverneur de la Banque de France. Pendant la Commune, il dut payer 16.600.000 fr. de réquisition. Il fut élu député de la Seine lors des élections complémentaires du 2 juillet 1871, siégea au centre droit et vota constamment avec les adversaires du gouvernement républicain. Il ne fut pas réélu et rentra dans la vie privée.

PLUIE D'ENCRE. Le 14 août 1888 eut lieu, au cap de Bonne-Espérance, un phénomène météorologique assez rare et très intéressant. Un orage, commencé vers midi et qui se prolongea jusqu'au lendemain, fut accompagné de fortes averses, qui teignirent d'un beau noir mat tout ce qu'elles mouillèrent. On n'est pas d'accord sur l'origine de cette coloration des eaux de pluie. Quelques-uns pensent qu'elle est due à des particules volcaniques vomies au cours de quelque récente éruption et restées en suspension dans l'atmosphère ; d'autres supposent qu'elle est communiquée par une poussière d'origine céleste, qui tomberait imperceptiblement et constamment sur la terre.

PLUMATELLE s. f. (diminut. de *plume*). Zooph. Genre de polypes bryozoaires, comprenant trois ou quatre espèces élégantes, qui vivent dans les eaux douces, où elles flottent d'abord librement, et finissent par se fixer sous les feuilles de diverses plantes. La *plumatelle cristalline* est enveloppée d'une couche cristalline.

PLURIFLORE adj. (lat. *plures*, plusieurs ; *flos*, *floris*, fleur). Bot. Qui porte plusieurs fleurs.

PLURILOCULAIRE adj. (lat. *plures*, plusieurs ; *loculus*, logette). Bot. Se dit d'un fruit ayant plusieurs loges.

PLURIOVULÉ, ÉE adj. (lat. *plures*, plusieurs ; franç. *ovule*). Bot. se dit d'un ovaire qui a plusieurs ovules.

PLURISÉRIÉ, ÉE adj. (lat. *plures*, plusieurs ; *series*, série) Bot. Se dit des ovules, des feuilles, des bractées, des graines et des écailles qui sont disposés sur plusieurs rangs.

POGNON ou **Poignon** s. m. Argot. Argent : *il a du pognon.*

POIDS. Comparaison des anciens poids français aux poids décimaux.

POIDS

1 grain............	0.053 gr.	INVERSEMENT	
1 gros ou 72 grains	3.820	1 gramme vaut 19 grains.	
1 once ou 8 gros.	30.590	1 kilog. vaut 2 livres, 5 gros,	
1 livre ou 16 onces.	489.510	35 grains.	

POIL s. m. Jargon. Réprimande.

POIS. (Cuis.) — *Petits pois à la parisienne.* Mettez vos pois, soigneusement triés, dans une casserole avec du beurre frais, un bouquet de persil, quelques oignons blancs. Faites cuire une demi-heure sur un feu doux ; ajoutez un peu de sel et un morceau de sucre. Le morceau de sucre est plus qu'inutile, à notre appréciation du moins, si vos pois sont des pois fins de l'espèce dite *pois de Clamart.* — *Petits pois à la bourgeoise.* Mettez vos pois dans une casserole avec beurre, bouquet de persil, quelques cœurs de laitue, oignons, laurier, thym, un peu de sarriette. Faites cuire à très petit feu une heure et demie environ. On peut faire une liaison de jaunes d'œufs au moment de servir. — *Petits*

pois au lard. Faites revenir dans du beurre des tranches minces de lard de poitrine ; mouillez avec du bouillon ou de l'eau, et ajoutez vos pois avec bouquet de persil, ciboules, sel et poivre. Faites cuire à feu doux. — *Petits pois à l'anglaise.* Jetez vos pois dans l'eau bouillante et laissez-les-y cuire ; ensuite retirez-les, faites-les égoutter ; mettez dans un plat un bon morceau de beurre fin, versez-y vos pois que vous saupoudrez de persil haché menu. Servez bien chaud. — *Pois mange-tout.* On connaît cette espèce de pois qui doivent leur nom populaire à l'usage où l'on en mange *tout*, les graines et la cosse tendre, épluchée seulement de ses barbillons. Faites-les, ainsi épluchés, bouillir dans l'eau une demi-heure, puis faites-les revenir avec du beurre ; liez avec des jaunes d'œufs battus dans un peu de crème et ajoutez un petit filet de verjus au moment de servir.

POLAKÈNE s. m. (préf. *poly*, plusieurs ; franç. *akène*). Fruit qui, à sa parfaite maturité, se sépare en une, deux ou plusieurs parties indéhiscentes, offrant tous les caractères de l'akène. On dit : *diakène, triakène, pentakène*, etc., suivant le nombre de ces parties. — On écrit aussi POLYAKÈNE et POLACHAINE.

POLARIMÈTRE. — Encycl. Le polarimètre, imaginé par Biot, a reçu, dans ces derniers temps, des modifications et des perfectionnements qui lui permettent de servir à l'analyse des substances, quand il suffit pour cela de mesurer les déviations exercées dans certains milieux sur les rayons lumineux polarisés. Le polarimètre représenté par la figure ci-contre est employé au laboratoire municipal de Paris ; on lui donne le nom particulier de saccharimètre, parce qu'il sert surtout à l'analyse des matières sucrées. Ces matières ont la propriété de faire subir une déviation particulière à la lumière polarisée en traversant un prisme. Le polarimètre permet de découvrir si la déviation a lieu à droite ou à gauche, si elle est importante ou peu accusée. Par ce moyen, les opérateurs constatent les falsifications que subissent les confitures, le miel et les autres matières sucrées ; ils découvrent la présence de la glucose et de la dextrine dans les vins, les bières et autres boissons. L'analyse des sulfates de quinine et celle des essences se font également au polarimètre. La plupart des analyses au polarimètre exigent que l'on fasse usage de la flamme d'un bec de Bunsen.

PÔLE ÉLECTRIQUE (Indicateur du). — Petit instrument à l'usage des électriciens et en général de toutes les personnes qui ont à s'occuper de l'établissement de la lumière électrique. Il se compose d'un cylindre de verre adapté par ses extrémités à des capsules de métal d'où partent deux électrodes dans le liquide dont le cylindre est rempli. Une couleur pourpre apparaît dans ce liquide à l'électrode négative, indiquant ainsi, tant que le courant n'est pas interrompu, le pôle négatif.

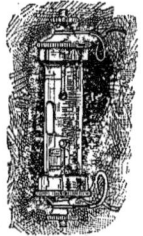
Indicateur du pôle électrique

POLITICIEN, IENNE s. et adj. Se dit, avec un sens méprisant, de toute personne qui vit des moyens d'existence : « *les politiciens, l'engeance dangereuse et vermineuse qui vit de la politique.* » (Journal de Paris, 1875.)

POLLINIQUE adj. [pol-li-ni-ke] (rad. *pollen*). Bot. Qui tient au pollen ; qui se rapporte au pollen. — BOYAU POLLINIQUE, sorte de tube émis par chaque grain de pollen, quand il est en contact avec le stigmate. C'est par ce tube que le liquide fécondateur parvient jusqu'à l'ovule renfermé dans l'ovaire. — MASSE POLLINIQUE, pollen aggluiné des orchidées, en forme de petites massues.

POLYCARPE, ÉE adj. (préf. *poly* ; gr. *karpos*, fruit). Bot. Se dit d'un fruit composé de plusieurs carpelles. — On dit aussi POLYCARPELLÉ, ÉE.

POLYDESME s. m. [po-li-dè-sme] (préf. *poly* ; gr. *desmos*, lien). Myriap. Genre de diplopodes à corps linéaire et aplati, se roulant en spirale, à segments moins nombreux que chez les iules, presque carrés, raboteux ou striés. Ce genre comprend une soixantaine d'espèces

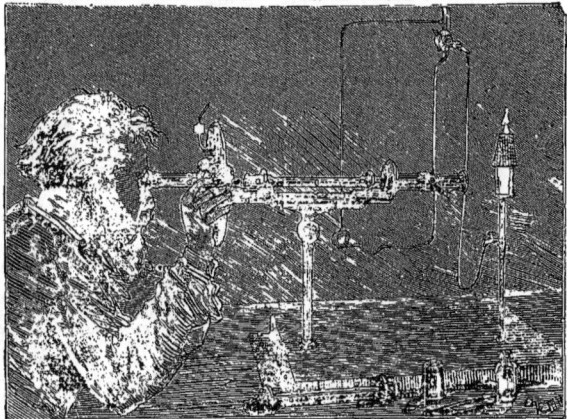
Polarimètre du laboratoire municipal de Paris.

dont la plus répandue chez nous est le *polydesme aplati*, d'un gris brun ou rougeâtre. On le trouve sous les pierres, dans les lieux humides.

POLYPHYLLE adj. (préf. *poly* ; gr. *phullon*, feuille). Bot. Qui a plusieurs feuilles. S'applique surtout au périanthe, et dans ce cas, il est synonyme de polysépale.

POMME DE TERRE (conservation). — Les pommes de terre sèches se conservent beau-

coup plus longtemps et occupent moins de place que les pommes de terre ordinaires. Il suffit de les mettre en caisse dans un endroit sec et il n'y a plus à craindre de les voir noircir, germer ou pourrir. Le séchage diminue beaucoup le volume et le poids, sans enlever aucune qualité nutritive. L'espèce qui convient le mieux est celle dont la peau est lisse et les yeux peu profonds. Elle donne moins de déchet à l'épluchage. On épluche généralement les pommes de terre à la machine. Epluchées, on les lave à l'eau fraîche, puis on les coupe en tranches et on les jette dans une solution concentrée de sel de cuisine où elles restent de quinze à vingt minutes. Ce bain salé augmente la durée de leur conservation. Lorsqu'on les sort de l'eau salée, on les égoutte, puis on les porte au séchoir, qui consiste en plusieurs grandes chambres chauffées à 80° et 90°, et on les étend sur des claies. Une fois séchées, on les emballe bien serrées dans des caisses ou des tonneaux que l'on conserve au sec. — Les pommes de terre séches s'emploient, comme les fraîches, après avoir trempé douze heures dans l'eau, afin de rendre un peu d'humidité à la pulpe. — *Pommes de terre à l'anglaise.* Faites-les cuire dans de l'eau et du sel; pelez-les, coupez-les par tranches et sautez-les dans du beurre avec poivre et sel. Ainsi cuites, elles peuvent également se préparer *à la maître d'hôtel*, *à la sauce blanche*, *à la lyonnaise*, dans une *sauce à la crème*, *à la provençale*, *en purée, en salade*. etc. — *Pommes de terre frites.* Pelez et coupez en tranches vos pommes de terre crues, et jetez-les dans une friture bien chaude et abondante. Retirez-les quand elles ont pris une belle couleur; saupoudrez de sel et servez. — *Pommes de terre sautées.* Pelez et coupez-les comme ci-dessus. Mettez un morceau de beurre dans une casserole, jetez-y vos pommes de terre, faites-les sauter; saupoudrez de sel et servez bien chaud. — *Pommes de terre au lard.* Faites roussir dans une casserole des morceaux de petit lard; ajoutez-y vos pommes de terre, pelées, mais non coupées, à moins qu'elles ne soient trop grosses, bouquet de persil, ciboules, sel et poivre; mouiller de bouillon. — *Pommes de terre en boulettes* Prenez des pommes de terre cuites à l'eau, pelez-les, écrasez-les bien avec un morceau de beurre, poivre et sel et persil haché, des jaunes d'œufs; ajoutez du hachis de viande s'il est possible; mêlez bien. Formez de cette pâte des boulettes que vous roulerez dans la farine et que vous ferez frire. — *Autre :* Faites revenir vos boulettes dans du beurre. Retirez-les. Faites un roux dans votre casserole et remettez-y vos boulettes; mouillez-les de deux verres de bouillon, avec sel, poivre, bouquet garni; laissez mijoter trois quarts d'heure. Servez arrosées de leur jus. Dans ce cas, le hachis de viande est naturellement indispensable; il doit même être assez abondant.

POMOLOGUE s. m. (rad. *pomologie*). — Celui qui s'occupe de l'étude des arbres à pepin. — Par ext., celui qui s'occupe de l'étude des fruits comestibles.

PONDOLAND. — Pays des Pondos, district des territoires Transkeiens, situé le long de la rivière Saint-Jean. Une partie du Pondoland conserva son indépendance jusqu'en 1886-'87; mais à cette époque, les Pondos s'étant engagés dans une guerre contre les Xesibes, tribu placée sous le protectorat britannique, le gouvernement anglais intervint et imposa un traité à Umquikela, chef des Pondos, qui dût abandonner ses droits et ses prétentions sur certains territoires convoités par le gouvernement du Cap; en échange, il reçut une pension annuelle. Son autorité fut limitée au gouvernement de sa tribu, resserrée dans ce petit territoire; il s'engagea à y maintenir l'ordre et à conserver la paix; il se reconnut, par ce fait, sous le protectorat des autorités du Cap.

PONTE-LECCIA (Grotte de). — Cette grotte, récemment découverte, paraît être la plus vaste et la plus magnifique de l'univers entier. Elle est située à environ 2 kilomètres de la gare de Ponte-Leccia (Corse). Un correspondant du *Journal des Débats* donne à son sujet les curieux détails que voici : « Dès qu'on a franchi l'ouverture, on se trouve dans une immense salle dont les parois atteignent jusqu'à 20 mètres de hauteur. De cette première salle, par le moyen de sortes de couloirs, on passe dans d'autres salles successives en nombre indéfini. La grotte de Ponte-Leccia, en effet, n'a pas été explorée complètement; quelques touristes ont bien essayé d'y pénétrer plus ou moins profondément; mais, après quatre, six ou huit heures de marche, ils revenaient en arrière, exténués, mais aussi émerveillés par le spectacle féerique qu'ils avaient pu entrevoir. — Une fois, on voulut en avoir le cœur net. On chargea un ouvrier mineur de la visite de la grotte. Il y pénétra, muni de provisions et de torches de bois résineux ; il y séjourna cinq jours, parcourut une distance qu'il estima près de quarante kilomètres et dut rebrousser chemin après avoir rencontré une nappe d'eau qui lui avait barré le passage, mais sans avoir pu atteindre le fond de la grotte, ou plutôt la seconde issue qu'on lui attribue. Cette issue donnerait sur la mer et se trouverait non loin du cap de la Revellata, près de Calvi. — En cet endroit existe une cavité profonde, inexplorée aussi, presque au niveau de la mer et connue sous le nom de grotte du Mugissement. Lorsque, par le mauvais temps, les vagues viennent s'y engouffrer, le bruit qu'elles produisent, amplifié par la sonorité des mystérieuses profondeurs de la caverne, acquiert une grande intensité et se répand au loin. — Or, lorsque la mer fait ainsi mugir la caverne, on entend, à l'entrée de la grotte de Ponte-Leccia, un espèce de grondement sourd, intermittent, qui fait songer au mouvement saccadé des vagues qui déferlent contre les rochers. Ce bruit, d'ailleurs, est bien connu des bergers de la contrée; il est pour eux le signe précurseur des tempêtes. — La grotte de Ponte-Leccia serait donc un immense souterrain de 60 kilomètres de long! Ce qui a contribué à répandre cette croyance. c'est l'aventure d'un chevrier qui, ayant égaré son troupeau, fut tout étonné d'apprendre, un beau matin, que ses bêtes avaient été aperçues du côté de Calvi. Elles avaient, paraît-il, le poil tout rouge. On a alors prétendu que, n'ayant rien à brouter dans le souterrain où elles s'étaient introduites, elles se seraient, selon une habitude constatée chez les chèvres affamées, mangé la laine les unes aux autres pour tromper leur estomac. Entrées d'un côté, elles seraient ainsi sorties de l'autre. — Deux professeurs de la Faculté des sciences de Christiania ont pénétré dans la grotte de Ponte-Leccia, et l'opinion émise par eux pour expliquer l'existence de ce phénomène géologique vient corroborer les dires rapportés plus haut. D'après eux, la formation de l'île ayant été déterminée par un soulèvement alpin suivi plus tard d'un soulèvement apennin, la rivière du Golo a dû tout d'abord venir se jeter dans le golfe de Calvi, puis le second soulèvement dut soudain détourner son cours et la faire couler à l'opposite du premier. — Or, ce serait le premier lit du Golo, — que des révolutions géologiques auraient plus tard modifié, — que l'on a ainsi retrouvé. D'ailleurs, dans ces immenses galeries où l'air circule parfaitement, où vivent même des chauves-souris, il semble que le sol ait été réellement un lit de torrent. Il est tout parsemé de rochers arrondis; tantôt, il a une largeur de 20 mètres; tantôt, il offre à peine de quoi laisser passer

un homme; il décrit des sinuosités, des courbes; parfois, il suit une pente douce; parfois, il est tourmenté et offre des accidents de terrain plus ou moins prononcés. »

PONTÉSIEN, IENNE s. et adj.—De Pontoise; qui appartient à cette ville ou à ses habitants.

PONTMARTIN (Armand- Augustin-Joseph-Marie DE). Critique et littérateur. né à Avignon (Vaucluse), le 16 juillet 1811, mort le 29 mars 1890. Ayant terminé ses études au collège Saint-Louis, à Paris, il faisait son droit, lorsque la révolution de 1830 éclata. Il rejoignit sa famille dont il se mit dès lors à soutenir avec ardeur les opinions légitimistes dans la presse locale, puis dans la presse parisienne. Quoique cessant à de longs intervalles d'habiter la province, M. de Pontmartin, qui a surtout donné à ses attaques contre le parti libéral la forme de la critique littéraire de la causerie, a collaboré à la *Gazette du Midi*, à l'*Album d'Avignon*, revue mensuelle fondée par lui; puis à la *Quotidienne*, à laquelle il envoya, de 1839 à 1842, des *Causeries provinciales*, à la *Mode*, à l'*Opinion publique*, à l'*Assemblée nationale* (de 1848), à la *Gazette de France*, au *Figaro* quotidien, à la *Revue des Deux-Mondes*, à la *Revue contemporaine*, au *Correspondant*, etc. — Il a publié en volumes la plupart des articles de critique littéraire, des nouvelles et romans disséminés çà et là et quelques ouvrages nouveaux; voici les titres de ces diverses publications : *Contes et Rêveries d'un planteur de choux* (1845); *Contes et Nouvelles*, les *Mémoires d'un notaire* (1853) ; *Causeries littéraires* ; *le Fond de la coupe* (1854); *Réconciliation*, *la Fin du procès* (1855); *Dernières Causeries littéraires* (1856) ; *Causeries du samedi*, *Pourquoi je reste à la campagne* (1857); *Or et Clinquant, Nouvelles Causeries du samedi* (1859) ; *Dernières Causeries du samedi* (1860); *le Père Félix*, *étude biographique*; *Semaines littéraires* (1861); *les Jeudis de M**me** Charbonneau* (1862); *Nouvelles Semaines littéraires*, les *Brûleurs de temples* (1863); *Nouveaux Samedis* (1865 et 76, 10 vol.) ; *Entre chien et loup* (1866); *les Corbeaux du Gévaudan* (1867); *la Mandarine* (1873), etc.

PONCTUATIONS s. f. pl. Bot. On nomme ainsi les points saillants, qu'on observe souvent par transparence, dans l'épaisseur du tissu de certaines feuilles, des pétales, etc.

PONCTUÉ, ÉE adj. Bot. Qui est pourvu de ponctuations ou points transparents.

POPOTTE s. f. (de *poupoute*, nom que les petits enfants donnent à la soupe). Pop. Ratatouille et au fig. gâchis. — Table d'hôte. — SE METTRE EN POPOTTE, FAIRE LA POPOTTE, vivre en commun sans recourir à un restaurant.

POPULATION. — Législ. Depuis que la statistique de la population de la France a été résumée au *Dictionnaire* (t. III, p. 4), le gouvernement a publié les résultats du dénombrement quinquennal qui a eu lieu le 31 mai 1886. (Voyez ci-après, le mot RECENSEMENT.) La population recensée s'élevait alors à 38,218,903 individus, d'où résulte un faible accroissement de 546,855 sur le chiffre constaté par le recensement du 31 décembre 1881, c'est-à-dire pour une période de quatre ans et cinq mois. Dans cette augmentation, l'excédent des naissances sur les décès figure seulement pour 410,868 ; le surplus, ou 135,987, étant dû à l'immigration croissante des étrangers en France. Le nombre des naissances ne cesse pas de s'abaisser d'année en année ; tandis que, dans la plupart des autres pays, la proportion de la natalité étant beaucoup plus élevée, l'accroissement de la population est aussi plus rapide. Cet accroissement est, depuis vingt ans, de 6,7 pour 1,000 habitants en Italie ; il est, en Allemagne et en Belgique, de 8,4 ; et en

Angleterre, de 13 ; tandis qu'en France, il est descendu succcesivement à 4, puis à 3, puis à 2,5 et même à 2,4 pour 1,000 habitants. — La plupart des économistes et des hommes politiques déclarent que cette infériorité de la natalité française doit inspirer pour l'avenir de sérieuses inquiétudes, au point de vue de la richesse du pays et à celui de sa puissance militaire défensive. Parmi les causes de cette faible natalité, on devrait tenir compte, non seulement de la prévoyance peut-être excessive de nos populations, mais aussi de l'action du clergé catholique, qui entraîne beaucoup de jeunes hommes, et encore plus de jeunes filles à contracter des vœux perpétuels de célibat. (Voy. ci-après RECENSEMENT.) — Nous avons pris la liberté d'exposer dans ce *Supplément* (voy. IMPÔT) l'un des moyens qui nous semblent pouvoir être appliqués par le législateur, dans le but de favoriser l'accroissement de la population ; et nous avons parlé de la proportionnalité à établir dans le tarif de la contribution mobilière. Rappelons à ce sujet que la Constituante avait abaissé la taxe sur le loyer du père de plus de trois enfants, et surélevé celle du célibataire de plus de trente ans. — Mais on trouverait facilement d'autres moyens de se rapprocher du but désiré. — Ainsi, en 1871, plusieurs propositions de loi demandaient qu'à l'homme marié, au père de famille, il fût accordé, dans les élections, un vote multiple, accumulé, proportionnel aux nombre des individus, femme et enfants mineurs, par lui représentés. Il est, en effet, raisonnable d'admettre que tout électeur est, devant le scrutin, le légitime représentant des autres membres de la famille qui ne sont pas en état d'exercer des droits civiques. L'intérêt que chaque citoyen porte à la chose publique, État, département ou commune, est en rapport, sinon avec son avoir personnel, mobilier et immobilier, du moins et incontestablement avec le nombre des êtres humains dont il a la charge et la responsabilité. — La loi sur le recrutement de l'armée pourrait aussi recevoir, au même point de vue, des modifications utiles. Cette loi oblige tout Français à faire partie de l'armée active et des réserves pendant une durée de vingt-cinq années ; elle n'accorde aucune exemption, sauf aux infirmes, et les dispenses qu'elle accorde, très rigoureusement limitées, s'appliquent seulement à deux années, sur les trois qui sont à passer dans l'armée active. Quels adoucissements cette loi, nécessaire mais très dure, a-t-elle prévus en faveur des familles nombreuses ? Les voici : l'aîné des fils d'une famille de sept enfants au moins est, en temps de paix et après un an de présence sous les drapeaux, envoyé en congé dans ses foyers, sur sa demande, jusqu'à la date de son passage dans la réserve. La même faveur est accordée à l'aîné d'orphelins de père et de mère, au fils aîné de la veuve, au plus âgé de deux frères inscrits la même année sur la liste du recrutement, à celui dont un frère est présent sous les drapeaux, et à quelques autres encore, dans des cas semblables. Cette dispense est aussi accordée, dans des proportions très restreintes, à quelques jeunes gens remplissant effectivement les devoirs de soutiens indispensables de famille. En outre, celui qui, se trouvant dans la réserve de l'armée active, est père de quatre enfants vivants, passe de droit dans l'armée territoriale. Ces avantages sont bien faibles et n'ont que peu d'influence sur l'accroissement de la population. Ne pourrait-on pas faire davantage? Ne pourrait-on pas faire passer dans l'armée territoriale le père deux enfants, et décider que ceux qui auraient quatre enfants seront classés dans les services auxiliaires de l'armée ? — Enfin nous pouvons encore indiquer d'autres mesures qui seraient favorables à l'accroissement de la population. Le droit de succéder *ab in-*

testat aux biens d'une personne décédée s'étend aujourd'hui jusqu'au douzième degré. Or, l'on pourrait, dans les successions collatérales, réserver des privilèges à ceux des héritiers appelés qui seraient chefs de famille. Les droits de mutation par décès devraient être abaissés pour les héritiers qui ont des enfants, et ils devraient être surélevés pour les autres. Enfin, on pourrait introduire dans notre législation l'*homestead exemption*, qui met à l'abri de la saisie l'habitation et le petit domaine de celui qui a une femme ou des enfants mineurs. Ce privilège, qui existe dans la plupart des États de l'Union américaine, dans le Nord-Ouest du Canada et dans toute l'Australie, est partout limité à une certaine valeur, et ne s'oppose pas aux droits du vendeur, ni à ceux du co-partageant. Il est vrai que celui qui jouit du privilège dont il s'agit doit voir son crédit affaibli : il doit trouver difficilement à emprunter : mais, en somme, il y a là, pour la famille, une garantie contre l'extrême misère, et il en résulte aussi un avantage réel pour la société tout entière. Ch. Y.

POQUE s. m. (*Jeux de cartes*). Jeu qui se rapproche du *hoc* et qui admet de 3 à 6 joueurs. Pour 3, 4 ou 5 joueurs, on se sert d'un jeu de piquet ; si les joueurs sont plus nombreux, on y ajoute les six et on a un jeu de 36 cartes. Après avoir tiré à qui fera, celui qui doit mêler ayant fait couper à gauche donne à chacun des joueurs cinq cartes par 2 et 3. Pour la commodité des joueurs, ils doivent prendre chacun une *prise* ou *enjeu*, qui est ordinairement de cinq jetons, et quatre fiches qui valent chacune vingt jetons, c'est-à-dire six corbillons de la grandeur d'une carte, et fort bas de bord ; on les met sur la table, l'un contre l'autre, et chacun de ses *poques* a son nom écrit : l'un est marqué as, l'autre roi, un autre dame, l'autre valet, un autre dix et neuf, et enfin le sixième est marqué le *poque*. C'est le poque proprement dit, qui doit débarrasser le premier de toutes ses cartes, ou qui renviera de manière à faire renoncer toutes les autres. On met d'abord un jeton dans chaque poque, et puis, celui qui a mêlé ayant distribué les cartes comme il a été dit, en tourne une sur le talon ; et si c'est une de celles qui sont marquées sur les poques, par exemple, s'il tourne un as, un roi, une dame, un valet ou dix, il tirera les jetons, posé dans le poque marqué de la carte tournée. Après cela chacun voit son jeu et examine s'il n'a point poque, c'est-à-dire s'il n'a point deux, trois ou quatre, et ainsi des autres cartes en dessous, les as étant les premières cartes du jeu. Celui qui a la parole doit dire, pour lever le poque : « *Je poque d'un jeton, de deux* », ou davantage ; si ceux qui le suivent ont aussi le poque, ils peuvent tenir au prix où est porté le poque, ou bien renvier ce qu'ils veulent, ou l'abandonner sans vouloir hasarder de prendre le renvi qu'il faudrait payer s'ils perdaient. Après que les renvis ont été faits, chacun dit quel est son poque, et le met bas ; et celui qui a le plus haut gagne non seulement ce qui est dans le poque, mais encore tous les renvis qui ont été faits. Quand un des joueurs dit : « *Je poque de tout* », et que personne ne répond, il dit qu'on n'ait pas poque, soit qu'on l'ait trop bas, le joueur qui a parlé le premier lève le poque. Le *poque de retour* (deux sept en main et un qui retourne) vaut mieux que les deux as en main et ainsi des autres cartes ; à plus forte raison, le poque de trois cartes emporte celui de deux, et celui de quatre celui de trois ; encore que le poque de moins de cartes fût de beaucoup supérieur pour la valeur des cartes. Lorsque le poque est levé, on voit dans son jeu si l'on n'a pas l'as, le roi, la dame la valet ou le dix de la

couleur de la carte qui tourne ; celui des joueurs qui a l'un ou l'autre, ou plusieurs, lève les poques correspondant aux cartes qu'il a, et ceux qui ne sont pas levés restent pour le coup suivant. Voici la manière de jouer les cartes : on doit toujours s'en aller de ses plus basses, parce qu'il arrive souvent que, ne pouvant rentrer en jeu, elles restent en main ; ce qui est préjudiciable, attendu que celui qui se trouve avoir le plus de cartes, quand un des joueurs s'en est défait entièrement, est obligé de donner autant de jetons à chacun qu'il se trouve avoir de cartes dans la main. Il est prudent de se défaire des as, on doit les jouer avant tous les autres. Supposons donc qu'on commence à jouer par un sept, on dira « *sept, huit,* » si on a le huit de la même couleur ; autrement il faudrait dire : « *sept sans huit,* » et celui qui a le huit de cette même couleur le joue et continue de jouer le neuf de la même couleur s'il l'a; autrement il dit : « *sans neuf* », et ainsi des autres ; et si tous les joueurs se trouvent sans avoir la carte qu'on a appelée, celui qui a parlé le premier joue une carte, et la nomme de la même manière, jusqu'à ce qu'un des joueurs se soit défait de toutes ses cartes ; et celui qui s'en est défait le premier tire un jeton de chaque carte que les joueurs ont en main, lorsqu'il a fini, sans que cela empêche celui qui en a le plus de payer à chaque joueur autant de jetons qu'il a de cartes en main. Le joueur qui a cartes blanches reçoit dix jetons de chacun des autres joueurs ; mais ceux-ci n'auraient rien à payer dans le cas où deux joueurs auraient cartes blanches en même temps.

PORICIDE adj. (franç. *pore* ; lat. *cœdo*, je coupe). Bot. Se dit de la déhiscence des anthères ou des fruits, quand le pollen ou les graines s'échappent par des trous.

PORTE-FLEURS s. m. Appareil très simple, inventé par Alfred Sinclair, de Coventry, pour soutenir des pots de fleurs le long des murs d'un jardin. On prend deux lames de fer que l'on replie en A ; on croise les ex-

Porte-fleurs.

trémités et on les attache ensemble, de manière à former un losange. On suspend cet appareil par un clou au mur du jardin. Trois crochets en fer supportent chacun un cercle également en fer, ces cercles sont destinés à maintenir les pots dans la position horizontale. — Au plur. DES PORTE-FLEURS.

PORTE-GREFFE s. m. Plant destiné à procurer des yeux pour la greffe ou des rameaux pour les boutures.

PORTUGAL. La population du royaume de Portugal, qui est aujourd'hui de plus de

4,700,000 hab., est ainsi distribuée entre les districts et les provinces:

DISTRICTS ET PROVINCES	KILOM. CARRÉS	POPULATION en 1878	POPULATION en 1881	PAR K. C.
Vianna do Castello.	2.243,04	2.013.090	211.539	94
Braga............	2.738,20	319.464	336.248	123
Porto............	2.292,07	461.881	466.981	204
Minho	7.273,31	982.735	1.014.768	139
Villa Real........	4.447,23	224.628	225.090	51
Bragança........	6.669,33	168.651	171.586	26
Traz os Montes..	11.116,56	303.279	396.676	36
Aveiro...........	2.908,61	257.040	270.266	93
Vizeu............	4.972,05	371.571	387.208	78
Coimbre..........	3.383,10	292.037	307.426	90
Guarda...........	5.556,63	223.494	224.368	42
Castello Branco...	6.621,03	173.983	178.164	27
Beira	23.443,02	1.323.134	1.377.432	58
Leiria...........	3.478,15	192.982	199.645	58
Santarem.........	6.861,86	220.881	227.943	33
Lisbonne.........	7.460,05	498.059	518.884	70
Estremadure......	17.800,06	911.922	946.472	53
Portalegre.......	6.431,01	101.126	105.247	16
Evora............	7.087,82	108.858	112.735	16
Beja.............	10.871,28	142.119	149.187	14
Alemtejo.........	24.390,12	350.103	367.169	15
Faro.............	4.849,95	199.142	204.037	42
Algarve..........	4.849,95	199.142	204.037	42
Métropole........	88.872,02	4.160.315	4.306.554	48
Angra............	727,7	71.629	74.266	102
Horta............	786,5	61.900	63.421	81
Ponta Delgada....	874,1	126.271	131.714	151
Açores...........	2.388,3	259.800	269.401	113
Funchal..........	815,0	130.584	132.223	162
Madère...........	815,0	130.584	132.223	162
Iles.............	3.203,3	390.384	401.624	125
Royaume..........	92.075,3	4.550.699	4.708.178	51

VILLES COMPTANT 10.000 HAB. ET PLUS EN 1878.

Lisbonne........	242.207	Evora...........	13.046
Porto...........	105.838	Tavira..........	11.459
Braga...........	19.755	Guarda..........	11.070
Funchal.........	19.752	Covilha.........	10.809
Ponta Delgada...	17.635	Elvas...........	10.471
Sétubal.........	14.799	Povoa de Varzim.	10.365
Loulé...........	14.448	Ovar............	10.022
Coimbre.........	13.369		

COMMERCE. Le commerce extérieur du Portugal, qui était de 337,064,000 fr. en 1876, a été en 1889 de 419,216,000 fr. — MARINE MARCHANDE. 57.vapeurs jaugeant 86,439 m. c.; et 390 navires à voiles de 97,352 m, c. En tout 447 navires de long cours et de grand cabotage jaugeant 183,791 m. c. — Au point de vue commercial, le Portugal cherche à échapper à l'exploitation que l'Angleterre lui fait subir depuis longtemps. Le commerce spécial franco-portugais, qui n'était que le cinquième du commerce anglo-portugais en 1882, arrive à moitié en 1889. — Notice historique. Le règne de Louis Ier fut troublé par des insurrections militaires et de graves dissentiments avec l'Angleterre qui considérait le Portugal comme une simple colonie britannique. En 1870, l'hérédité fut abolie pour la chambre des pairs, qui dut être nommée par le roi. Plusieurs crises ministérielles se succédèrent jusqu'en 1880, époque où surgit la question anglaise. Sous le prétexte de supprimer la traite des nègres, la Grande-Bretagne émit la prétention de faire passer ses troupes dans la baie de Delagoa et de faire entrer ses croiseurs dans les eaux portugaises. Le gouvernement de Lisbonne, incapable de résister, passa un traité dans ce sens ; mais le peuple portugais se montra froissé des procédés britanniques. Des influences contraires agirent et, après une nouvelle crise ministérielle, un traité de commerce fut signé avec la France. Plus tard, en février 1884, l'Angleterre conclut avec le Portugal un arrangement en vertu duquel elle consentait à lui concéder la souveraineté sur la côte occidentale d'Afrique et la navigation de Zambèze et du Congo ; mais presque aussitôt le congrès de Berlin disposa du Congo et

ne laissa au Portugal que la possession d'un territoire situé au sud de l'embouchure de ce fleuve. Le gouvernement de Lisbonne chercha des compensations sur la côte des Esclaves. Il établit son protectorat nominal sur le Dahomey, en octobre 1885 et prit possession de la ville de Widdah. Le différend avec l'Angleterre prit un caractère aigu en 1889. Le cabinet de Londres profita de la supériorité de ses cuirassés pour s'opposer à la construction d'un chemin de fer dans la baie de Delagoa, parce que cette voie ferrée pourrait attirer une partie du trafic que le gouvernement du Cap veut conserver. Cette politique égoïste et injuste de la Grande-Bretagne eut un plein succès et le Portugal dut céder. Le roi Louis Ier mourut le 1er octobre 1889 et fut remplacé par le prince héritier, qui prit la couronne sous le nom de Charles Ier de Portugal et des Algarves. — Le 12 janvier 1890, l'Angleterre posa tout à coup un ultimatum pour faire sommation au Portugal d'avoir à accepter immédiatement ses prétentions en Afrique. Il n'y avait pas à résister ; le roi Charles Ier se soumit en protestant contre la violence dont il était menacé ; mais les populations portugaises indignées se révoltèrent. A Lisbonne le consulat britannique fut envahi et pillé. Le ministère qui avait accepté les réclamations anglaises dut démissionner. Une convention conclue au mois d'août, entre la Grande-Bretagne et le Portugal relativement à la délimitation de leurs territoires en Afrique. souleva une telle hostilité dans la presse et dans le parlement qu'il fallut encore changer de ministres au mois de septembre. Cette question s'envenima d'actes d'hostilité entre les autorités portugaises et britanniques dans l'Afrique sud-orientale. Le 9 novembre intervint un arrangement qui établissait un modus vivendi, en attendant un traité définitif. Il fut convenu que l'envahissante compagnie anglaise cesserait d'empiéter sur les territoires portugais. Le gouvernement de Lisbonne consentit à ouvrir le Zambèze et le Chiré à la libre navigation de tous les peuples.

POSTES. — Législ. Nous ne mentionnerons qu'un petit nombre de lois et de décrets récents, parmi tous ceux qui sont relatifs aux services des postes et des télégraphes. Le ministère spécial qui avait été constitué en 1879, ainsi que nous l'avons dit au Dictionnaire (t. IV, p. 688) a été supprimé en 1887 et l'on a rétabli une direction générale des postes et télégraphes qui a été rattachée d'abord au ministère des finances, puis en 1889 au ministère du commerce et de l'industrie. Dans cette dernière année, l'Etat a fait la reprise des réseaux téléphoniques urbains, établis à Paris et dans quelques villes par la Société générale des téléphones qui en avait centralisé les concessions. — Une loi du 9 avril 1887 limite à dix centimètres, en tout sens, les dimensions des lettres ou valeurs confiées à la poste. — Le décret du 20 mars 1888 confirme et étend sous certaines conditions le régime de faveur établi par les lois antérieures, en appliquant la taxe métropolitaine aux lettres expédiées de France ou des colonies aux militaires ou marins présents sous les drapeaux ou embarqués à bord des bâtiments de l'Etat, ainsi qu'aux lettres expédiées de l'étranger ou des colonies françaises par lesdits militaires ou marins et distribuables par le service des postes métropolitaines ou coloniales. — La loi du 29 mars 1889 a réduit à 15 centimes la taxe à percevoir par les destinataires, pour les lettres non affranchies adressées par des fonctionnaires à des personnes vis-à-vis desquelles ces fonctionnaires n'ont pas le droit de franchise postale. Un décret du 16 avril suivant donne la liste des fonctionnaires à la correspondance desquels s'applique ladite réduction. La loi du 27 mars 1886 a approuvé les actes addi-

tionnels conclus à Lisbonne le 21 mars 1885, et qui ont complété la convention de l'Union postale universelle en date du 1er juin 1878 et celle concernant les colis postaux, qui a été signée le 3 novembre 1880. — Enfin un décret du 5 juillet 1890 a réorganisé le service d'inspection générale des postes et des télégraphes.   Cn. Y.

POSTLIMINIE s. f. (lat. postliminium, retour à l'état d'où l'on avait été violemment tiré). Polit. Principe en vertu duquel les droits de propriété sont suspendus, mais non éteints, par le fait de la guerre : les propriétés publiques sont seules sujettes à la postliminie.

POTACHE s. m. (abréviation de pot-à-chien, nom du chapeau de soie porté dans les collèges, avant le képi). Argot. Collégien : les potaches se promenaient.

POTAGE. (Cuis.). — POTAGES GRAS. Le bouillon gras, ou bouillon du pot-au-feu, ne sert pas seulement à faire un excellent potage; il constitue proprement la base de toute bonne cuisine; on en mouille plus ou moins abondamment certaines sauces et la plupart des ragoûts, pour ne pas dire tous. Quant au pot-au-feu, c'est par excellence le mets national, et les étrangers commencent à lui reconnaître une valeur culinaire incontestable, puisque nos voisins d'outre-Manche apprennent sérieusement depuis quelques années à le confectionner d'après les règles les plus sûres. — Ces règles, les voici : Pot-au-feu. Prenez, pour un kilogramme de viande, les os compris, environ trois litres d'eau; mettez, sous une pincée de sel, la viande dans l'eau froide et placez sur le feu (la viande plongée dans l'eau chaude, le pot n'écumerait pas). Au bout d'une demi-heure, l'écume paraît. On a bien soin de l'enlever, afin que le bouillon soit limpide, quoiqu'il n'y ait dans cette opération qu'une mesure de propreté, attendu que l'écume est produite par un des principes nourrissants de la viande, l'albumine. Quand votre pot est écumé, vous y ajoutez les légumes : deux carottes, un navet, deux poireaux, un panais, un brin de céleri ficelés; un oignon piqué de deux clous de girofle, une gousse d'ail ; à défaut de panais, on peut y mettre une racine de persil. On ajoute encore, pour donner de la couleur, un oignon brûlé ou du caramel que l'on peut faire soi-même en brûlant un gros morceau de sucre dans une cuiller de fer. Cinq à six heures d'une ébullition lente et égale sont nécessaires pour faire acquérir au bouillon toute sa perfection. On fera bien de ne point employer l'ail en temps de chaleur, car l'ail est un agent de décomposition très actif. Quand le bouillon est fait, on enlève avec une cuiller la graisse qui surnage et, avant de le jeter sur le pain, on active l'ébullition. On verse alors le bouillon dans une passoire placée sur la soupière et l'on couvre celle-ci pour que le pain trempe mieux et plus vite. On dresse les légumes sur un plat; le bœuf sur un autre, seul ou garni de persil ou de carottes, ou de navets du pot. Quelques personnes joignent aux autres légumes du pot-au-feu un chou, mais, à moins que ce ne soit pour en employer entièrement tout le bouillon sur l'heure, il est prudent d'exclure ce légume, car le bouillon a la confection duquel le chou a participé se conserve très difficilement. La meilleure viande pour le pot-au-feu est la tranche, la culotte, le milieu du trumeau, le bas de l'aloyau et le gîte à la noix; la poitrine, mais dans l'épais, fait aussi un excellent bouillon et a l'avantage d'être meilleur marché que les morceaux précédemment indiqués. — On peut joindre au pot-au-feu toutes espèces d'abatis de volailles et les os des rôtis. Quant à mettre la poule au pot, il ne peut y avoir qu'un fort mince profit, et en tout cas une vieille poule doit être préférée, comme ayant plus de goût qu'une jeune; il en est de même d'un vieux pigeon ou d'une vieille per-

drix. Dans nos campagnes on ne laisse pas, et non sans profit, de remplacer cette fantastique poule au pot par une pie. On ne doit joindre du veau au pot-au-feu que lorsqu'il s'agit de faire un bouillon de malade, et dans ce cas il faut avoir soin de ne l'y mettre qu'une heure au moins après le bœuf. — *Consommé.* Le consommé n'est autre chose que du bouillon réduit par une ébullition prolongée. Il existe cependant une autre manière de préparer le consommé : prenez un morceau de gîte à la noix, une poule, un jarret de veau; placez dans une marmite et mouillez de bon bouillon, deux litres pour un kilog. de viande; faites bouillir pendant quatre à cinq heures. — *Croûte au pot.* Faites griller les tranches de pain; mettez-les dans un plat creux avec un peu de bouillon; mettez sur le feu et laissez *mitonner* jusqu'à ce que vos croûtes gratinent; placez alors dans une soupière et trempez. — *Vermicelle, pâtes d'Italie, semoule, tapioca, sagou, fécule de pommes de terre.* Prenez-en environ une cuillerée par personne. Quand votre bouillon sera en ébullition, jetez y votre vermicelle en le rompant dans les doigts et en le semant pour qu'il ne se forme pas de paquets. Répandez la semoule et le tapioca dans votre bouillon en remuant avec une cuiller, pour qu'il ne se forme pas de grumeaux. La fécule doit être préalablement délayée à froid dans un peu de bouillon; on verse ensuite la fécule délayée dans le bouillon chaud qu'on a retiré du feu, et en remuant toujours; puis on replace sur le feu. Pour tous les potages, un quart d'heure d'ébullition suffit. Le sagou exige une heure, pendant laquelle il mitonne et finalement se forme en gelée. Tous les autres potages aux pâtes, *nouilles, macaroni*, etc., se font de la même manière. On ajoute au macaroni bouillant, quelques minutes avant de servir, du fromage râpé, moitié gruyère et parmesan. — *Riz au gras.* La proportion est également d'une cuillerée par personne. Epluchez votre riz bien soigneusement; lavez-le à plusieurs reprises dans l'eau froide ou tiède; faites crever dans une petite quantité de bouillon, en ajoutant peu à peu du bouillon à mesure qu'il gonfle; faites bouillir au moins deux heures. — *Potage à la purée et aux croûtons.* Faites revenir dans du beurre frais des petits dés de mie de pain. Faites cuire à part les légumes dont vous voulez obtenir la purée : haricots, pois, lentilles, pommes de terre ou autres, avec un bouquet de persil, oignons, carottes, clous de girofle, mouillés d'un peu de bouillon; vos légumes cuits, vous les écrasez et les passez à la passoire, vous ajoutez du bouillon à la purée pour qu'elle ne soit pas trop épaisse et vous versez sur les croûtons bien chauds. — *Bisque d'écrevisses.* Mettez, après les avoir bien lavées, une certaine quantité d'écrevisses dans une casserole, avec sel, poivre concassé, muscade râpée et un bon morceau de beurre; placez sur un feu doux; faites sauter en remuant toujours pendant un quart d'heure, au bout duquel vos écrevisses sont cuites; retirez-les alors et faites-les égoutter. Vous aurez fait, en même temps, crever du riz dans du bouillon; faites-le égoutter, et, ayant retiré les chairs de vos écrevisses des carapaces, pilez les chairs avec le riz; mettez ensuite le tout, bien pilé, dans une casserole; délayez avec un peu de bouillon. Pilez ensuite les coquilles d'écrevisses avec du beurre et passez au tamis. Cette purée aura une couleur rouge; vous la mettrez, comme la précédente, dans une casserole, sur un feu doux. Que vos deux purées soient tenues bien chaudes, sans bouillir pourtant. Trempez votre pain avec du bouillon bien chaud; vous versez ensuite sur votre pain trempé la purée de chair d'écrevisses et de riz, et la purée de coquilles sur le tout au moment précis de servir. — En substituant l'eau au bouillon, on peut faire ce potage au maigre; mais il est préférable au gras. Presque

tous les potages *gras* admettent d'ailleurs cette substitution. — *Soupe aux choux.* Faites cuire, pendant près de quatre heures, des choux, des navets et des carottes avec un morceau de lard ou un saucisson ou un cervelas; vous pouvez ajouter avec profit un morceau de poitrine de mouton et même des os de rôti. Vous trempez comme le potage gras. — Si vous employez du porc frais, le saucisson est inutile; vous salez comme pour le pot-au-feu et vous servez votre porc frais comme le bœuf. — Le petit-salé se sert sur un lit de choux, et la poitrine de mouton, grillée. — *Julienne.* Coupez très fin carottes, navets, céleri, panais, oignons, laitue, poirée, oseille et cerfeuil; faites revenir d'abord les racines avec du beurre, puis les herbes; quand le tout est bien revenu, mouillez avec bouillon et faites bouillir trois quarts d'heure à une heure. Trempez. La julienne se sert aussi sans pain; dans ce cas, les légumes doivent être plus abondants. — *Potage aux oignons.* Coupez vos oignons par tranches minces; faites-les revenir dans le beurre et mouillez-les avec de l'eau; versez alors votre bouillon, salez et poivrez. Versez sur votre pain quand il est en ébullition, — ou *mettez le pain dans votre casserole et laissez mitonner.* — On fait de la même manière le *potage aux poireaux.* — *Potage aux asperges.* Prenez environ deux litres à deux litres et demi de bon bouillon gras, mettez-y quatre oignons, deux ou trois navets, bouquet garni, et le blanc des asperges d'une botte ordinaire. Faites cuire à part les pointes de vos asperges. Quand vos blancs d'asperges sont cuits, trempez en passant votre bouillon à la passoire et ajoutez-y vos pointes d'asperges. — *Potage Crécy.* Prenez carottes de Crécy les plus rouges possible, des navets, un poireau, un oignon; faites cuire et réduisez en purée; mouillez avec du bouillon, passez au tamis et replacez sur le feu; faites bien chauffer, en remuant constamment, mais ne laissez pas bouillir; écumez, et versez sur des croûtons frits au beurre. — *Potage printanier.* Faites blanchir carottes, navets, oignons et poireaux, quantité égale, dans du bouillon gras; ajoutez en tout ou partie : haricots verts, flageolets, petits pois, fèves, pointes d'asperges, laitue, concombres, oseille et cerfeuil, sel et un peu de sucre; faites bouillir et trempez. — VEGETABLE SOUP (anglaise). — Pelez et coupez en très petits morceaux trois oignons, trois navets, une carotte, quatre moyennes pommes de terre; mettez dans une casserole avec 125 grammes de beurre, autant de maigre de jambon, un bouquet de persil; faites revenir sur un feu vif pendant dix minutes; ajoutez une bonne cuillerée de farine; liez bien en mouillant avec environ 2 litres de lait bouillant; faites bouillir le tout, en remuant; ajoutez sel en quantité suffisante un peu de sucre, et passez dans un tamis de crin. Mettez votre bouillon isolément dans une autre casserole; faites bouillir à nouveau, écumez et jetez sur des croûtons frits dans du beurre frais. — POTAGES MAIGRES. Ainsi que nous l'avons indiqué, presque tous les potages au gras peuvent être faits au maigre, en substituant simplement de l'eau, avec un morceau de beurre, au bouillon. De même, pour le *riz*, le *vermicelle*, les *pâtes d'Italie*, le *tapioca*, la *semoule*, le *sagou*, etc., au lait, on substitue le lait sucré et un peu de beurre au bouillon; la *farine de maïs*, que nous avons négligé d'indiquer aux potages gras, parce qu'à notre avis la bouillie de maïs au gras est un mets détestable, fait un potage, ou plutôt une bouillie excellente et saine, traitée par le lait. — Ces potages au lait se font également à l'eau; on augmente alors la quantité de beurre employée et on lie le bouillon avec un jaune d'œuf délayé, qu'on y jette en remuant avec soin. La soupe *au lait* ne nous paraît pas exiger une notice spéciale, étant des plus simples à faire. — *Potage au potiron ou à la*

citrouille. Faites cuire votre potiron, coupé en petits morceaux, dans de l'eau, jusqu'à ce qu'il soit en marmelade; écrasez-le; mettez un peu de beurre, du sel; faites bouillir à part du lait avec du sucre et mêlez à votre purée. Jetez sur du pain émincé et laissez tremper un bon quart d'heure. Il serait même bon de le placer sur la cendre chaude et de le laisser tremper ainsi. — *Panade.* Mettez dans une casserole de l'eau et du sel; faites bouillir; jetez-y votre pain taillé; ne remuez pas jusqu'à ce que le pain soit en bouillie; ajoutez-y du beurre bien frais; remuez alors Quelques personnes ajoutent une liaison de jaunes d'œufs ou du lait en même temps que le beurre, avec ou sans sucre. — *Soupe aux choux.* Faites cuire un ou plusieurs choux dans de l'eau salée pendant une heure et demie, avec ou sans navets, carottes, pommes de terre, un oignon piqué d'un clou de girofle; ajoutez un bon morceau de beurre. Trempez. On peut encore couper ce bouillon de moitié lait. — *Soupe à l'oignon.* Faites revenir sur le feu, avec un bon morceau de beurre, des oignons coupés en filets, en les retournant jusqu'à ce qu'ils soient cuits et suffisamment roussis; ajoutez une cuillerée de farine à laquelle vous laissez prendre couleur; mouillez avec de l'eau; ajoutez sel et poivre. Quand votre bouillon sera en ébullition, jetez-y votre pain, laissez mitonner quelques minutes. Avant de jeter votre pain, il vous est loisible de passer votre bouillon afin d'en retirer les oignons; vous remettez après sur le feu, laissez donner quelques bouillons et jetez alors votre pain. — *Potage aux tomates.* Faites fondre de belles tomates bien mûres sur un feu doux; passez-les au tamis au-dessus d'une casserole où vous aurez mis carottes nouvelles, oignons hachés, beurre, sel et poivre, et qui en recueillera le jus; mouillez d'eau. Faites bouillir. Trempez. Ajoutez un bon morceau de beurre au moment de servir. — *Soupe aux poireaux et pommes de terre.* Coupez vos poireaux en filets très minces et vos pommes de terre par morceaux aussi petits que possible; mettez dans une casserole avec eau, sel et poivre, laissez bouillir jusqu'à ce que les pommes de terre puissent facilement s'écraser; ajoutez un bon morceau de beurre; mêlez bien et trempez. Ce potage, très économique, n'en est pas moins excellent et très hygiénique. — *Soupe à l'oseille.* Faites cuire dans du beurre, sans roussir, de l'oseille seule ou accompagnée de cerfeuil et de pourpier; ajoutez de l'eau et du sel quand l'oseille est bien fondue; faites bouillir quelques minutes; trempez. Vous liez alors avec un jaune d'œuf dont le blanc peut être ajouté au potage prêt à servir. — La *soupe aux herbes* est la même que la précédente, mais l'oseille y est accompagnée de poirée, laitue, pourpier, persil, ciboule. On peut avec avantage substituer à l'eau du bouillon de haricots, de lentilles, etc. — *Soupe au cresson et aux pommes de terre.* Pelez de bonnes pommes de terre bien farineuses et faites-les cuire dans l'eau avec sel; épluchez soigneusement, d'autre part, une botte de cresson, hachez votre cresson bien menu; faites-le cuire avec un morceau de beurre. Ecrasez vos pommes de terre en purée quand elles sont cuites; ajoutez le cresson également bien cuit et faites bouillir le tout dans l'eau de pommes de terre. Mettez sur votre pain taillé, disposé dans la soupière, du cerfeuil haché, un morceau de beurre, sel et poivre. Trempez. — *Potage printanier.* Mettez ensemble dans eau salée un demi-litre de petits pois, du cerfeuil, du pourpier, du persil, de la laitue, trois oignons. Faites bouillir. Retirez le quart de votre bouillon, délayez-y six jaunes d'œufs, faites lier sur le feu et jetez dans votre potage au moment de servir. — *Soupe au fromage.* Mettez dans une soupière de terre allant au feu un peu de beurre, puis une couche légère de fromage de Gruyère râpé; dessus, placez

une couche de pain émincé, que vous couvrez de fromage *en tranches* très minces; une nouvelle couche de pain, une autre de fromage *râpé*; et ainsi de suite jusqu'à ce que votre soupière soit pleine, et terminez par une couche de fromage en tranches, sur laquelle vous placez de petits morceaux de beurre. Mouillez avec du bouillon de choux et autres légumes passé au tamis; laissez mitonner; ajoutez du bouillon un peu avant de servir; servez bien chaud. Cette soupe, qui doit être très épaisse, se fait également, et est avantage, au bouillon gras. — POTAGE AUX POISSONS, etc. *Bouillabaisse.* Si vous en croyez les grands restaurateurs des villes du littoral méditerranéen, vous renoncerez à jamais faire une bouillabaisse; ils vous diront, en effet, que pour la faire bonne, il faut que le poisson qu'on y emploie « naisse dans l'eau et meure dans l'huile ». Et, pour preuve, ils iront chercher sous vos yeux les poissons de votre potage dans les viviers que la plupart d'entre eux ont établi en mer. Faites revenir dans l'huile d'olive des oignons émincés jusqu'à ce qu'ils soient légèrement colorés; placez dessus vos poissons coupés en tronçons; jetez dessus une feuille de laurier, un peu de pulpe de citron, quelques tomates, si c'est la saison, coupées en petits morceaux, ail, sel et poivre, ajoutez un peu d'eau, du vin blanc; faites bouillir sur un feu très vif pendant dix minutes. Ajoutez alors du safran, un petit morceau de beurre, une pincée de persil haché; donnez encore quelques bouillons. Trempez. On met dans la bouillabaisse toute espèce de poissons, mais principalement le merlan, le mulet, le rouget, la sole, le turbot, le bar, le grondin, la rascasse, la galinette, des petites langoustes, etc. Une condition essentielle, c'est toutefois une extrême fraîcheur. Dans une grande ville éloignée d'un port de mer, on peut substituer, à ceux de ces poissons qu'il sera impossible de se procurer, la carpe, la tanche, la perche, le brochet; des écrevisses à défaut de langoustes. Le potage se sert brûlant; le poisson, entouré de son assaisonnement ou, plus communément en Provence, dans une sauce à l'ail, ou *aïlloli*, dont nous parlerons à l'article Sauces. — *Soupe aux huîtres.* Mettez dans une casserole un bon morceau de beurre manié de farine, sel et poivre, et une quantité de lait = mettons un litre, coupé d'autant d'eau. Quand ce bouillon est chaud, mais non bouillant, ajoutez le jus de trois douzaines d'huîtres de forte taille ; laissez bouillir quelques minutes et retirez du feu. Alors ébarbez vos huîtres, ajoutez-les au bouillon et faites bouillir à nouveau, *deux minutes*, sur un feu très vif. Ajoutez avant de servir de la poudre de noix muscade. — *La soupe aux moules* se fait de la même manière. — *Soupe aux anguilles.* Prenez une demi-douzaine de moyennes anguilles. Dépouillées et bien lavées, coupez-les en petits tronçons ; mettez dans une casserole avec un morceau de beurre et deux oignons *écrasés ;* faites revenir pendant cinq minutes sur un feu vif, mouillez avec eau bouillante, écumez ; ajoutez muscade, poivre, sel, herbes aromatiques et persil. Faites bouillir une couple d'heures sur un feu doux et passez. Liez votre bouillon avec un peu de crème ou du beurre manié de farine et versez sur du pain émietté ou croûtons frits, ou pain rôti et cassé. Les anguilles se servent indifféremment (du moins en Angleterre) dans le potage ou à part avec une sauce quelconque. — *Potage aux grenouilles.* Faites cuire, dans eau salée, une carotte, la moitié d'un panais, poireaux, oignons, un bouquet de persil ; quand la cuisson de ces légumes est accomplie, ajoutez vos cuisses de grenouille, soit environ deux douzaines; faites bouillir doucement pendant une demi-heure; passez; vous aurez un bouillon qui peut se substituer dans la plupart des potages gras au bouillon de viande et former toutefois

un potage maigre.—On fait de la même manière le *bouillon de tortue,* recommandé aux personnes malades de la poitrine. — Quant à la *soupe à la tortue,* ce potage national de nos voisins d'outre-Manche, la recette en est si compliquée et si coûteuse qu'elle ne nous paraît pas devoir être admise dans cet ouvrage, où il n'y a déjà que trop peut-être de recettes coûteuses et difficiles à exécuter, quoique excellentes à connaître. Nous ne saurions épuiser l'article POTAGES, car il pourrait s'étendre à l'infini, grâce aux mille combinaisons imaginées par le caprice ou par le goût. Mais nous ne faisons pas de fantaisie, et nous croyons suffisamment avoir rempli ce chapitre, enrichi d'ailleurs de recettes entièrement nouvelles ou inédites, pour qu'une ménagère, et même une cuisinière, y trouve toute la variété qu'elle désire.

POTARD s. m. (rad. *pot,* à cause du grand nombre de pots que l'on trouve dans les pharmacies). Argot. Élève pharmacien.

POTICHOMANIE. — Encycl. Très pratiquée il y a une trentaine d'années, la potichomanie est aujourd'hui à peu près oubliée. C'est un art décoratif très proche parent de la décalcomanie et consistant à décorer des vases en verre au moyen de papier peint, collé à l'intérieur, pour produire des imitations de potiches ou vases en porcelaine de Chine, du Japon, de Sèvres ou de Dresde. Cet art prit naissance à Paris vers 1850; il se répandit vite dans toute l'Europe. Pour pratiquer la potichomanie, l'appareil n'est pas très compliqué. On se procure un vase en verre, de la forme que l'on préfère. On a de plus une bouteille de gomme préparée ; une seconde bouteille contenant un encollage particulier; une troisième pour la couleur porcelaine, une quatrième pour le vernis noir à porcelaine : rien de plus. Mais si on met dans l'intention de dorer les bords ou toute autre partie du vase, on doit se prémunir d'une autre bouteille contenant de la couleur d'or. Il est toujours indispensable d'avoir une paire de ciseaux, bien pointus, quelques brosses en poil de chameau et le papier portant la peinture que l'on a choisie. On découpe finement le dessin pour qu'il puisse s'appliquer bien exactement sur le vase à décorer ; on le dépose, couleur en dessous, sur une surface unie et très propre, et l'on humecte l'envers du papier avec une éponge et une brosse douce. Ceci fait, on retourne le dessin, pour brosser le côté colorié avec un pinceau trempé dans la gomme préparée. Aussitôt, on applique ce dessin dans le vase, à l'endroit de l'intérieur où il doit se trouver, de façon que la surface coloriée, tournée du côté du verre, y soit bien adhérente : la moindre bulle d'air peut faire manquer le travail. On presse légèrement le papier sur le verre, à l'aide d'une étoffe de drap. La troisième opération consiste à étendre deux couches d'encollage sur l'envers du dessin, afin d'empêcher la couleur de traverser le papier. Pour cela, on mélange une très petite quantité d'encollage avec un peu d'eau tiède et on l'étend avec le pinceau, en évitant d'en mettre la moindre parcelle sur le verre et en frottant la brosse très légèrement sur le papier; on laisse sécher, et on donne une seconde couche. Ensuite on donne au vase l'apparence de la porcelaine au moyen d'une ou de plusieurs couches de couleur préparée que l'on passe partout à l'intérieur; et l'on termine par une couche de vernis noir. Toutes ces opérations sont extrêmement délicates et demandent une certaine habitude. On doit débuter par décorer ainsi des vases à large ouverture, où la main puisse facilement pénétrer sans toucher les parois. Lorsque l'on a acquis de l'habileté, on entreprend la décoration des vases à col étroit où les brosses peuvent seules s'introduire. Pour la dorure des bords ou de toute autre partie, on pourrait

employer de l'or en feuille ; mais il est préférable d'avoir de la couleur d'or préparée et de l'étendre avec un pinceau.

POTOCKI (Alfred, COMTE), homme d'État autrichien, né en 1817, mort le 18 mai 1889. Il fut chambellan de l'empereur d'Autriche, ministre de l'agriculture (1867-70), gouverneur de la Galicie, et, pendant quelque temps, chef du parti conservateur.

POTTIER (Eugène), poète et membre de la Commune de Paris, né à Paris en 1816, mort dans la même ville en nov. 1887. Il exerça d'abord, comme son frère, la profession d'emballeur ; plus tard, le métier n'allant pas, il étudia le dessin sur étoffes et fut l'un des créateurs de cette industrie en France. Élu membre de la Commune, lors du scrutin complémentaire du mois d'avril 1871, il adhéra aux décrets sur la conscription, sur les loyers, sur le Mont-de-piété et sur la formation d'un comité de salut public. Lors de l'entrée des troupes dans la capitale, il prit un fusil et combattit jusqu'à la fin. Il parvint ensuite à s'échapper et se réfugia aux États-Unis, où il demeura jusqu'à l'amnistie. Peu de temps avant sa mort, il avait réuni en un recueil ses poésies, qu'il publia sous le titre de *Chants révolutionnaires.*

POUDRE. — Législ. La liberté de fabrication des *poudres à feu* a été l'objet de propositions de lois qui n'ont pas été votées. Au contraire, le décret du 21 mai 1886 confirme les règlements antérieurs et notamment la plupart des dispositions de l'ordonnance royale du 19 juillet 1829, en ce qui concerne les poudres destinées à l'exportation. L'administration des contributions indirectes est exclusivement chargée de fournir aux armateurs et négociants les poudres à feu de toute espèce qui sont demandées par eux, soit pour l'armement et le commerce maritime, soit pour l'exportation par voie de terre. L'exportation s'entend des envois à l'étranger ou dans les colonies et possessions françaises, l'Algérie exceptée. Ce décret indique les formalités à remplir pour la délivrance, le transport et l'embarquement des poudres destinées à l'exportation. Ces poudres ne peuvent être ni consommées ni vendues sur le territoire français. Leur réintroduction en France est punie, par la loi du 13 fructidor an V (art. 21), de la confiscation de la poudre, des voitures et des chevaux saisis, et en outre d'une amende de 20 fr. 44 c. par kilogramme de poudre. Si la réintroduction a eu lieu par mer, l'amende est doublée. Les prix de la poudre d'exportation doivent être fixés, chaque année, par un arrêté du ministre des finances. — Un décret du 12 juin 1890 a abaissé les tarifs de vente, dans les débits, des *poudres de mine* aux prix suivants : poudre lente, 1 fr. 25 le kilog.; poudre ordinaire, 1 fr. 75; poudre forte, 2 fr. 10.   CH. Y.

POUF s. m. Chute, déconfiture, faillite, banqueroute : *il a fait un pouf de cinquante mille francs.* — Sorte de bourrelet que les dames mettent sous leur robe pour les faire bouffer par derrière et se donner, comme elles disent, de la *tournure.*

POULE (Cuis.). — POULE *au riz.* La poule, comme le coq, ne figure avantageusement que dans le pot, pour faire du bouillon, étant trop dure accommodée de toute autre manière; une fois bouilli, l'animal est le plus souvent accommodé au riz préparé comme ci-dessus. Une *autre méthode* consiste à faire cuire une poule dans l'eau, avec lard gras, oignons, carottes, laurier, thym, clous de girofle, sel, où elle baigne entièrement. Quand la cuisson de votre poule est suffisamment avancée, retirez oignons et carottes et ajoutez le riz bien épluché et lavé ; laissez cuire. Servez votre poule sur le riz. — POULE D'EAU (Cuis.). Il y a plusieurs espèces de poules d'eau : l'une

de ces espèces atteint la taille d'une poule de basse-cour à peu de chose près; mais elle est fort rare dans nos contrées. L'espèce la plus commune, et qui toutefois ne l'est pas beaucoup, est souvent confondue avec le râle d'eau, auquel elle ressemble d'ailleurs en tant de points qu'il nous paraît inutile d'en parler plus longuement.

POULET (Cuis.). — POULET *rôti*. Bardez votre poulet, embrochez-le, en attachant bien les pattes, et faites cuire devant un feu vif; ayez soin de le tourner à propos, pour qu'il ne brûle pas et arrosez-le de son jus auquel vous ajoutez un peu de beurre, si le poulet est maigre ou *en chair*; avec son jus seulement s'il s'agit d'un poulet gras. Une heure de cuisson suffit ordinairement. Servez sur son jus ou entouré de cresson assaisonné de sel et de vinaigre. Le poulet rôti se sert également comme entrée à la sauce blanche aux câpres, avec un ragoût de champignons, ou avec une sauce piquante chaude. — *Poulet sauté*. Coupez votre poulet par membres dans une casserole avec du beurre, sel, poivre, bouquet garni; mettez votre casserole sur un feu ardent, en retournant souvent le contenu, pendant dix minutes. Ajoutez un peu de farine, en remuant bien pour opérer le mélange; puis un verre de bouillon — ou de bouillon et de vin blanc — et remuez jusqu'au premier bouillon. Alors retirez du feu; liez votre sauce et ajoutez un peu de jus de citron. — *Fricassée de poulet*. Coupez par membres que vous mettrez, avec le foie et le gésier, dégorger dans l'eau tiède. Faites égoutter. Mettez dans une casserole avec un bon morceau de beurre, des champignons, petits oignons, thym, laurier, bouquet garni, clous de girofle; passez sur un feu vif. La sauce étant réduite, ajoutez un peu de farine, mouillez d'eau chaude ou de bouillon, salez et poivrez. Faites cuire à petit feu. Au moment de servir, faites une liaison de jaunes d'œufs délayés avec un peu de lait; ajoutez un peu de jus de citron. — *Poulet Marengo*. Coupez comme pour une fricassée; mettez dans une casserole avec huile d'olives et sel fin, les cuisses d'abord, et au bout de cinq minutes les autres membres; ajoutez des champignons et bouquet garni. Mettez dans une autre casserole du beurre, persil, échalotes, champignons; faites revenir, mouillez d'un demi-verre de vin blanc, sel et poivre. Faites bouillir lentement pendant une demi-heure; passez, ajoutez peu à peu, en remuant, l'huile où le poulet a cuit. Dressez le poulet sur cette sauce; ornez de croûtons et servez. — Des truffes coupées en tranches, ajoutées à chacune des deux cuissons, relèveraient très agréablement le goût de la sauce à la Marengo aussi bien que la saveur du poulet. — *Poulet friandeau*. (Comme le veau.) — *Poulet au riz*. Faites revenir votre poulet avec du beurre; quand il sera bien coloré, mouillez progressivement avec du bouillon et faites cuire pendant environ trois heures. Faites crever à part votre riz dans du bouillon, avec une demi-feuille de laurier, sel et poivre. Ajoutez quand l'un et l'autre seront cuits, le jus du poulet au riz et servez. — BLANQUETTE *de poulet*. Coupez en morceaux convenables votre rôti de la veille et faites chauffer dans une sauce blanquette. Le poulet froid se sert également en salade ou à la sauce mayonnaise. — Le chapon et la poularde se rôtissent plus ordinairement, et peuvent en tout cas subir toutes les préparations du poulet.

POULPIQUET s. m. — Petit nain des légendes bretonnes. Les poulpiquets font danser les paysans égarés dans les bois, mais ils ne s'attaquent pas à ceux qui portent le petit bâton fourche servant à nettoyer la charrue.

POURTALÈS (Jacques-Louis DE). — Négociant de Neuchâtel (Suisse), né dans cette ville en 1722, mort en 1814. Il fonda en 1753, une maison de commerce qui étendit ses relations dans toutes les parties du monde. Devenu immensément riche, Pourtalès fit un noble usage de sa fortune.

POUSSE-POUSSE s. m. Sorte de voiture à bras dont se servent les habitants de la Cochinchine et du Tonkin pour traîner les voyageurs.

POUYER-QUERTIER (Augustin-Thomas), manufacturier et homme politique, né à Etouteville (Seine-Inférieure), le 3 septembre 1820, mort du diabète, à Rouen, en avril 1891. Grand manufacturier, membre de la chambre de commerce de Rouen, il entra au Corps législatif, en 1857, comme candidat officiel de l'Empire. Réélu en 1863, il se jeta dans l'opposition après l'adoption des traités de commerce de 1860. Il soutint une lutte incessante contre MM. Rouher et Magne, qui défendaient la politique libre-échangiste du gouvernement impérial. En 1869, combattu par l'Empire, il échoua à la députation; il fut battu par un candidat républicain, M. Desseaux. Aux élections du 8 février 1871, il fut élu député de la Seine-Inférieure à l'Assemblée nationale. Il entra comme ministre des finances dans le premier cabinet de M. Thiers. En cette qualité, il fut chargé des négociations financières avec l'Allemagne et de la conclusion définitive du traité de Francfort. Il dut se retirer du ministère en mars 1872, après le procès de Janvier de la Motte, dans lequel il défendit la théorie des virements. Il rentra dans les rangs de la droite. Après la mise en vigueur de la Constitution du 25 février 1875, M. Pouyer-Quertier fut élu sénateur de la Seine-Inférieure aux élections du 30 janvier 1876. Réélu sénateur en 1882, il fut soumis au renouvellement au mois de janvier 1891; il fut battu en même temps que ses collègues de la liste de droite. Quelques jours après, il éprouva un nouvel échec dans l'Eure, où il se présentait comme candidat au Sénat, en remplacement du général Lecointe, décédé.

PRALINAGE s. m. — Agric. Sorte de chaulage employé pour activer la germination des graines ou pour les protéger contre les attaques des insectes.

PRESLES. — Commune du cant. de l'Isle-Adam, arrond. et à 19 kilom. N.-E. de Pontoise (Seine-et-Oise), 1,700 hab. Fabrique de passementeries.

PRESLES I (Raoul DE), appelé aussi PAUL DE PRAYÈRES, avocat, né à Laon, vers 1270, mort vers 1330. Nommé secrétaire de Philippe le Bel, il fut accusé, avec Pierre Latilly, d'avoir voulu empoisonner ce prince; mais il prouva son innocence après un long emprisonnement, et devint conseiller au Parlement en 1319. Il fonda un collège qui conserva son nom jusqu'à la Révolution. — II. (Raoul DE), fils naturel du précédent, né à Paris vers 1316, mort dans la même ville en 1381. Il fut maître des requêtes sous le règne de Charles V. Ce prince l'engagea à traduire en français la *Cité de Dieu* (Abbeville, 1486 et Paris, 1531). Il a laissé, en outre : *Traité de la puissance ecclésiastique et séculière*. On le considère comme l'auteur du *Songe du Vergier*.

PRESSE-PAPIERS électrique. — Le presse-papiers électrique est une de ces charmantes inventions de bijoux électro-mobiles imaginés par M. Trouvé. Il se compose d'un socle renfermant un générateur d'électricité et d'une lentille plan-convexe sur laquelle se trouve un insecte ou un oiseau artificiel. Sur le dessin ci-contre et du socle-pile et le presse-papiers proprement dit sont représentés séparés l'un de l'autre. Ce dernier est alors au repos. Dès qu'on le place sur le socle, comme le montre la figure de gauche, la connexion électrique

Presse-papiers électrique de Trouvé.

s'établit, et aussitôt l'insecte ou l'oiseau se met en mouvement. Il s'agite, bat des ailes et paraît animé comme s'il était en vie.

PRESTIDIGITATION. — Encycl. La prestidigitation, autrefois appelée escamotage, est l'art de faire des tours d'adresse avec les doigts. Dans un sens plus étendu, c'est l'art de produire des illusions, en appelant à son aide les procédés que la mécanique, la physique et la chimie mettent à notre disposition. La véritable prestidigitation, celle qui s'exerce sans appareil, consiste en simples tours d'escamotage, comme les suivants. — *Faire passer la muscade*. Prenez une muscade ou une petite balle de liège, placez-la dans votre main droite, à portée du pouce; de là, vous la menez avec le pouce entre le médius et l'annulaire, à la naissance de ces doigts, où on la fixe, en la dissimulant. Ayant votre muscade ainsi placée, vous la ramenez entre le pouce et l'index, la saisissez du bout de ces deux doigts et la montrez à la compagnie; puis vous soufflez dessus : « Passez muscade! » Il n'y a plus rien. Vous pouvez ensuite la faire sortir d'une bouteille, du nez du voisin, d'un étui à lunettes, bref qu'au commandement. — C'est à vous à imaginer comment. — AUTRE. Ayez quatre muscades que vous placerez devant vous ostensiblement, en affirmant que vous les ferez passer sous deux gobelets renversés, deux tasses, deux vases *opaques* quelconques, ou sous un seul. Pour le prouver, vous prenez vos deux gobelets de chaque main, près du bord extérieur, entre le pouce et l'index, les autres doigts dépassant, et vous placez celui de la main droite à votre gauche, sur une des muscades, du moins en apparence, car en réalité vous vous emparez de cette muscade à l'aide de deux des doigts restés libres et ne posez le gobelet sur rien du tout; ensuite vous saisissez de cette même main droite le gobelet que vous avez dans la main gauche et le placez sur une muscade disposée à droite, — toujours en apparence, — mais comme vous lâchez en même temps la muscade empruntée au gobelet de gauche, vous posez en réalité celui de droite sur deux muscades au lieu d'une. Cela fait, il vous reste encore deux muscades. Vous en prenez une de la main droite et faites semblant de la placer dans votre main gauche, en annonçant que vous allez la faire passer sous le gobelet de droite; et en effet, après le simulacre nécessaire avec la main gauche, vous levez de la droite le gobelet où se trouvent deux muscades. En reposant votre gobelet, — toujours avec la main droite et de la manière que nous venons d'indiquer, — vous déposez auprès des deux la muscade que vous avez jusqu'ici retenue entre vos doigts. Vous prenez alors la quatrième muscade et en agissez avec elle comme vous avez fait avec la troisième, montrant ensuite aux spectateurs qu'il y a bien et bien trois muscades sous votre gobelet de droite et y laissant la quatrième en remplaçant ce gobelet.

Enfin vous faites le simulacre de tirer de ce gobelet de gauche la muscade qui pour tout le monde, excepté pour vous, se trouve dessous depuis le commencement, et de la faire passer, également par le fond, sous celui de droite. Ce dernier gobelet levé une dernière et suprême fois montre en effet aux spectateurs émerveillés les quatre muscades réunies. La prudence seule empêche d'opérer avec un trop grand nombre de muscades, autrement il est aisé de voir que ce tour peut se perpétuer indéfiniment. Il donne en même temps la clef de tous les tours de ce genre, où le grand rôle appartient aux muscades. — FAIRE PASSER UNE PIÈCE DE MONNAIE D'UNE MAIN DANS L'AUTRE D'UNE MANIÈRE INVISIBLE. Emprunter à quelqu'un de la société deux pièces d'un franc, à deux personnes différentes même, pour plus grande preuve d'absence de compérage. Prenez l'une de ces pièces d'abord avec le pouce et le médius de votre main droite et, annonçant que vous la placez dans la main gauche, que vous fermez aussitôt, rapprochez les deux mains, ayant soin dans ce mouvement de ramener votre doigt du milieu de la main droite vers la paume de cette main, en y portant la pièce de monnaie, que vous retiendrez là, par une légère pression de la paume du pouce, au lieu de la mettre dans la main gauche comme vous l'avez annoncé; après quoi, redressez un peu vos doigts de manière à ce que, en n'en laissant voir aux spectateurs que le dos, votre main droite paraisse vide. Prenez alors le second franc de la main droite, que vous porterez ensuite derrière votre dos, et avec votre main gauche fermée, que vous agiterez devant vous, non sans accompagner les simulacres fantastiques des contes en l'air les mieux inventés, donnez l'ordre à la pièce de monnaie qui est censée s'y trouver, de passer dans la main droite, en prononçant d'un ton de commandement n'admettant pas de réplique le mot : « Passez ! » Au même moment, pour compléter l'illusion, vous faites une contre l'autre les deux pièces qui n'ont point quitté votre main droite ; puis ramenant celle-ci devant vous, vous jetez d'un air de triomphe modeste vos deux francs sur le tapis aux applaudissements de la société. Ce petit tour n'a l'air de rien, cependant il est plus difficile qu'on ne croit, et l'on fera bien : 1° de l'essayer longuement dans le silence du cabinet avant d'affronter le soleil d'une publicité dangereuse; 2° de ne point répéter immédiatement malgré les bis les plus chaleureux. Il faut se rappeler aussi que la pratique seule peut amener à placer prestement une pièce de monnaie, tenue au bout des doigts, dans la paume de la main, et à l'y maintenir solidement, de manière à permettre d'ouvrir cette main assez pour que le spectateur ne doute pas qu'elle est vide. Pour cela, on se servira toujours du doigt du milieu, ou de celui de l'annulaire, la pièce légèrement maintenue par le pouce, et c'est ainsi qu'il faudra la fixer à son poste de combat. — AUTRE MÉTHODE POUR FAIRE PASSER UNE PIÈCE DE MONNAIE D'UNE MAIN DANS L'AUTRE. Dans cette autre méthode, l'habileté de l'opérateur est évidemment moindre, mais le résultat ne paraîtra pas peut-être aussi satisfaisant à tout le monde. La voici, en tout cas : l'opérateur demande, comme dans le tour précédent, deux pièces de monnaie, mais il s'est préalablement muni d'une troisième pièce semblable, qu'il garde fixée dans le creux de sa main droite. Il lui suffit alors de prendre de chaque main une des pièces étalées sur la table, de sorte qu'il y a bien indubitablement une pièce dans la main gauche de l'opérateur, au moment où il s'assied — car il s'assied — devant sa table; et pour preuve, après un lambeau de discours de circonstance, il ouvre cette main et montre que cette pièce y est toujours et ne paraît pas devoir en sortir de sitôt. Il referme cette main aussitôt, la ramène

sans affectation près du bord de la table, lâche la pièce sur ses genoux, où se trouve étendu un mouchoir — qu'il fera prudemment de ne pas oublier ; puis, ramenant ses deux mains fermées à hauteur convenable, il écarte les bras par un mouvement brusque, ordonne à la pièce de la main gauche d'aller rejoindre sa camarade de la main droite, qui s'ennuie dans sa solitude, et faisant résonner les deux pièces de la main droite, les jette ensuite sur la table en ouvrant en même temps la main gauche pour montrer qu'elle est vide. — LA PIÈCE ENVOLÉE. Vous prenez un foulard, le franc que vous avez demandé vous ayant été accordé avec empressement; ce foulard, vous l'étendez sur la table, vous placez la pièce de monnaie au milieu, vous pliez le foulard par-dessus, priant au besoin un spectateur d'y poser le doigt afin de s'assurer que la pièce y est toujours. Cette vérification faite à la satisfaction de tous et de vous particulièrement, vous prenez le foulard par un coin, vous l'enlevez brusquement en le dépliant, et vous le secouez vigoureusement : la pièce est envolée ! Toute la magie de ce tour, qui obtient toujours un très grand succès quand il est bien exécuté, consiste à coudre préalablement un franc dans un coin du foulard en question. Lorsque vous étendez votre foulard, vous placez ostensiblement la pièce de monnaie au milieu ; mais, pour commencer à le plier, vous placez d'abord le coin dans lequel l'autre pièce est cousue et vous reprenez la seconde sans être vu, — ce qui est facile, — et la retenez dans la paume de votre main droite. Vous ramenez alors les autres coins du foulard sur le premier... C'est à ce moment, et non une seconde plus tôt, que vous priez celui de vos spectateurs qui vous montre le visage le plus incrédule de vouloir bien s'assurer que la pièce de monnaie se trouve toujours dans le foulard que vous continuez à plier avec le plus grand soin. Il y manque rarement, et s'assure en effet, en palpant longuement, que c'est une pièce d'un franc qui se trouve là. Alors, vous enlevez le foulard, vous le secouez et... vous savez le reste. Mais il s'agit maintenant de rendre la pièce à la personne qui vous l'a prêtée ou il trouverait le tour incomplet, peut-être même peu délicat, si elle ne rentrait pas dans ses fonds. C'est à vous de choisir parmi les tours que nous vous indiquerons celui qui vous semblera le plus convenable à vous sortir de peine, en faisant inopinément reparaître cette pièce dans le récipient le plus improbable. De même, vous pouvez, dès le début, indiquer où la pièce ainsi envolée se sera arrêtée, en fin de compte — de vol. — AUTRE MÉTHODE. Au lieu du foulard préparé qui vous aura servi dans le tour précédent, vous pourriez en employer un foulard n'ayant reçu aucune préparation en procédant de la manière suivante : vous placez le plus ostensiblement possible votre franc au milieu du foulard posé bien carrément devant vous; vous ferez bien, dans ce cas, d'obtenir de la personne qui vous a prêté cette somme modique de poser son doigt sur la pièce en question en la laissant visible aussi longtemps que possible, mais seulement, lorsque vous aurez ramené le coin du foulard qui pend à votre droite sur cette pièce, et que vous l'y aurez fixé à l'aide d'un peu de cire que vous aurez pris l'innocente précaution de placer sous l'ongle du pouce de votre main droite. Cela fait, vous réunissez les autres coins du foulard au premier, en communiquant par celui qui est à votre gauche. Un petit discours bien approprié vous permet de saisir sans affectation le coin qui se trouve dessus avec vos deux mains, que vous faites glisser vivement jusqu'à ceux qui sont tenus dessous, dont l'un adhère à la pièce de monnaie ; quand vous tenez ferme ce dernier dans votre main droite, il ne vous reste plus qu'à secouer votre foulard pour prouver que, malgré

toutes les précautions, la pièce incorrigible s'est encore envolée. — LA PIÈCE ENVELOPPÉE DANS LE FOULARD PASSANT A TRAVERS LA TABLE ET REÇUE DANS UN VERRE. Voici une ingénieuse et vraiment surprenante modification, non du dernier tour, mais du précédent, dont l'effet est sûr, et qui a l'avantage de constituer un tour absolument complet. Votre foulard plié sur la pièce cousue dans un de ses angles vous priez la personne qui a accepté la mission de s'assurer de la présence de cette pièce dans le foulard, service que vous ne lui avez demandé, dans ce cas, qu'une fois le foulard plié, de placer elle-même sur la table le foulard que vous lui avez mis entre les mains, et de le couvrir de son chapeau. Alors vous prenez un verre, vous vous baissez, tendez ce verre sous la table, à l'endroit correspondant à celui où foulard et chapeau sont posés dessus ; et, après quelques paroles engageantes destinées à persuader à la pièce de quitter le foulard et de traverser la table, vous laissez tomber dans le verre avec un agréable cliquetis, celle que vous avez jusqu'ici retenue dans la paume de votre main. Dans ces tours, exécutés à l'aide de pièces de monnaie, il faut, pour aider à l'illusion, en règle générale, prier la personne qui vous prête la pièce requise de la marquer, afin de pouvoir la reconnaître lorsqu'on la lui rendra. Dans le cas actuel, cette précaution est absolument indispensable. En effet, dès que, par le son qu'elle vient de rendre, votre pièce a annoncé qu'elle était rendue à destination, c'est-à-dire dans le verre où vous lui avez commandé de passer, il faut vous relever vivement, passer ce verre à la personne qui attend le résultat du tour pour la prier de vérifier si la pièce qui s'y trouve, est bien celle qu'on vous a prêtée, marquée d'une façon particulière. De cette manière, vous arriverez sans doute à temps pour lui ôter toute velléité de s'emparer prématurément de son chapeau, mais à coup sûr avant qu'elle ait songé à porter sur le foulard qu'il recouvre une main téméraire. Car c'est à vous, vous le sentez bien, qu'il appartient de saisir le foulard de la manière indiquée ci-devant et de le secouer au nez des spectateurs pour leur prouver qu'il n'y a rien dedans. — LA PIÈCE CACHÉE. Vous prenez la précaution de marquer d'une façon particulière, avant de cacher en quelque coin bien mystérieux ou sous un objet impossible une pièce de monnaie quelconque — cela, bien entendu, avant que vous ayez seulement donné soupçon du tour que vous allez exécuter, et même, au besoin, manifesté l'intention d'en faire aucun. Supposons que cette pièce soit encore 1 franc, et que vous l'ayez marquée d'une croix. Vous demandez donc à quelqu'un de la société une pièce semblable, et, tout en racontant avec le charme qui convient à un magicien de bonne compagnie, vous faites à ce franc une croix pareille et tracée au même endroit que la marque déjà faite à la pièce cachée. « Je fais cette marque, expliquez-vous, pour qu'on puisse reconnaître cette pièce sûrement ; car, dans le tour que je vais exécuter, il y a à craindre qu'elle ne s'égare, etc., etc., etc. » Vous faites alors passer la pièce une fois marquée sous les yeux de celui qui vous l'a remise et même de tous les autres spectateurs, appelant surtout leur attention sur la marque que vous venez d'y tracer. Puis : « Partez ! » Et la pièce part, en effet, soit que vous l'ayez fixée dans le creux de votre main, soit que vous l'ayez glissée adroitement dans votre poche ou ailleurs. Alors vous déclarez qu'elle s'est évanouie, enfuie, cachée, le tour médité n'étant sans doute pas de son goût; mais qu'heureusement vous avez un esprit familier fort habile à prévenir ces sortes de fugues et qui vous fait entendre que la fugitive doit se trouver à... tel endroit ou sous tel objet: ce que vous invitez la personne de qui vous la tenez à vérifier elle-même. Et, en effet, cette

personne trouve au lieu indiqué sa pièce disparue, — ou du moins une autre qui lui ressemble beaucoup, surtout par la marque en forme de croix tracée dessus. — LA PIÈCE MARQUÉE RECONNUE AU TOUCHER PARMI PLUSIEURS AUTRES QUI NE LE SONT PAS. Le petit tour que nous allons indiquer, pour être encore plus simple d'exécution, peut-être, que les précédents, n'en produit pas moins un effet justement merveilleux, qui déroute les recherches des esprits les plus déliés. Voici en quoi il consiste : vous empruntez quatre ou cinq pièces de monnaie, — disons cinq, et appelons-les pièces de 2 francs, parce qu'il est nécessaire qu'elles aient l'épaisseur d'une telle pièce. Lorsque vous avez reçu vos cinq pièces de 2 francs, vous en déposez quatre sur le marbre de la cheminée (à la condition qu'il n'y ait pas de feu dans la cheminée, de peur que cela ne les fît fondre). Ensuite vous faites passer, de main en main, la cinquième, en priant une personne d'y faire une marque spéciale, et autant d'autres que vous pourrez, et de vérifier cette marque, afin de se la bien rappeler à l'occasion ; car vous proposez de la reconnaître simplement au toucher, au milieu des autres qui ne sont point marquées, comme on pourra s'en convaincre tout à l'heure, soit dans la profondeur d'une vaste bourse, soit dans le fond d'un chapeau, — et ayant, si l'on veut, les yeux bandés. Et, en effet, les cinq pièces bientôt réunies dans l'un ou l'autre des engins annoncés, vous le secouez vivement, comme un sac à boules de loto, vous y plongez votre main, et vous en tirez, sans erreur possible, la pièce de monnaie marquée. — Mais par quel moyen, me demanderez-vous ? — Par un moyen bien simple : les quatre pièces déposées sur une plaque de marbre *froide* et la cinquième tenue pendant le même temps dans les mains *chaudes* des spectateurs enfiévrés, jouissent d'une température respective essentiellement différente, qui doit vous permettre de trouver à coup sûr la pièce chaude. — LA PIÈCE ANIMÉE. En fixant un bout de fil, au moyen d'un peu de cire, au bord d'une pièce de 50 centimes, d'une part, et de l'autre au bout de son doigt, d'une baguette ou de tout autre instrument aussi élémentaire, il est aisé de faire faire à cette pièce toutes sortes de petits tours d'apparence merveilleuse pour les spectateurs, qui ne voient pas agir le bout de fil ; notamment, de la faire sauter d'un vase en contenant plusieurs, de la faire danser en mesure, — en mesure surtout, cela se comprend, etc., etc. Nous n'avons pas à insister sur le moyen, qui, bien employé, produit toujours une illusion parfaite, et que l'imagination du lecteur lui permettra de mettre à profit dans mille circonstances. — LA PIÈCE DE MONNAIE FIXÉE SUR LE FRONT. Commencez par vous munir d'un peu de cire molle que vous garderez sous votre pouce. Après cela, engagez-vous à coller si bien une pièce de 50 centimes sur le front de n'importe qui, qu'il lui sera impossible, à moins d'y porter la main, de s'en débarrasser dans le délai de cinq minutes, ajoutant que vous n'emploierez aucune substance adhésive pour l'y maintenir. Votre défi accepté, vous placez sur le front de la personne qui s'offre à subir l'expérience la pièce de 50 centimes, que vous prenez avec votre pouce enduit de cire, auquel elle tiendra nécessairement, tandis que le sentiment de pression sur le front éprouvé par votre dupe lui aura persuadé que la pièce lui est restée. Vous la laissez se secouer la tête inutilement pendant les cinq minutes spécifiées, au bout desquelles vous laissez tomber la pièce adroitement à froisser vos mains l'une contre les autres, en faisant sauter persuader qu'elle a fini par s'en débarrasser, — ce qui ne manque guère quand on l'a exécuté avec sang-froid. Vous tâchez alors de l'amener à une seconde tentative. Mais, cette fois, vous laissez écouler le délai ; et votre homme, dans ce cas, fatigué de secouer la

tête en vain, finira par porter la main à son front, et sera fort étonné de n'y point trouver la pièce de dix sous cause de son tourment. — FAIRE TROUVER UNE CARTE DANS UN ŒUF. Vous prenez une certaine quantité d'œufs ; vous introduisez dans chacun, par un trou pratiqué proprement à l'une de ses extrémités, une carte roulée. Vous observez que les cartes que vous mettez dans vos œufs marquent toutes le même point, et vous bouchez les trous avec de la cire blanche. Vous avez ensuite un paquet de cartes semblables à celles qui sont dans les œufs. Montrant alors à la société un jeu de cartes ordinaire, vous y substituez adroitement votre paquet de cartes uniformes, et le présentant à une personne, vous lui dites d'en prendre une. Après lui avoir recommandé de se rappeler quelle est cette carte, vous lui dites de la brûler à la chandelle à votre insu. Vous faisant alors porter votre corbeille aux œufs, vous lui dites de choisir celui où elle veut que sa carte se retrouve. L'œuf pris, vous le brisez et vous lui montrez sa carte. — *Variétés.* Nous ferons ici un choix de quelques tours exigeant des appareils spéciaux, mais tout à fait élémentaires, et d'autres pouvant s'en passer, d'une exécution facile et d'un succès certain. Nous avons déjà dit que ceux qui ne pouvaient s'exécuter qu'avec le secours d'appareils compliqués et coûteux ne pouvaient trouver place dans cet ouvrage ; il est inutile d'insister sur les considérations qui nous guident dans cette occasion : nous voulons être *pratiques* pour tous, aussi bien dans les choses de pure distraction que dans les questions d'utilité. Voilà tout. — LES ANNEAUX MAGIQUES. Faites faire par le premier forgeron venu un certain nombre d'anneaux de fer — nous dirons huit — d'environ 15 à 18 centimètres de diamètre et d'une épaisseur de 6 à 8 millimètres au plus, disposés comme suit : 1° un anneau isolé ayant une ouverture oblique, bien nette, bien arasée sur le côté ; 2° deux anneaux pleins et réunis, c'est-à-dire passant l'un dans l'autre sans pouvoir être divisés ; 3° trois anneaux assemblés de même, également pleins ; 4° deux anneaux isolés, pleins aussi, ne pouvant par conséquent, comme les assemblages de deux et de trois anneaux, être réunis qu'avec le secours de l'anneau ouvert. Lorsque vous voudrez exécuter ce tour, vous posez vos anneaux les uns sur les autres, de manière qu'ils paraissent distincts et séparés ; les deux anneaux isolés et pleins seront par-dessus les autres, puis viendront les anneaux jumeaux, ensuite l'assemblage de trois anneaux et enfin l'anneau ouvert. Faites circuler le premier anneau plein, afin qu'on puisse s'assurer qu'il ne présente aucune préparation suspecte ; ne livrez le second que si on vous le demande ; et si de nouveaux curieux manifestent le désir d'inspecter vos anneaux, représentez-leur que le premier après qu'il vous sera rendu et que vous aurez fait semblant de lui en substituer un autre. Lorsque vos deux anneaux vous ont été retournés, passez votre bras gauche dans la série, ou tenez-les réunis dans votre main gauche, et tout en les froissant les uns contre les autres, en faisant sauter en l'air les anneaux libres et en exécutant d'autres mouvements adroitement compliqués pour détourner et diviser l'attention des spectateurs, vous présentez enfin les anneaux doubles, qu'on ne doute point que vous venez à l'instant de réunir. Faites circuler ces deux anneaux, dont il sera impossible de contester l'indivisibilité certaine, qu'on croira cependant apparente. Quand vous les tiendrez de nouveau, vous recommencerez à froisser vos anneaux les uns contre les autres, à faire quelques simulacres appropriés ; puis vous présenterez au public les trois anneaux indivisibles. Enfin, pour ne point trop insister sur un exercice désormais compris, vous prenez l'anneau fendu et vous le réunissez ostensible-

ment aux trois anneaux réunis à demeure, ce qui vous fait quatre anneaux ; vous ajoutez l'un des anneaux isolés pleins, et vous en avez cinq. Pour réunir six anneaux ensemble, vous substituez à l'anneau isolé, habilement détaché, les anneaux jumeaux. Vous faites prendre à vos anneaux ainsi réunis toutes sortes de dispositions fantastiques, les agitez, les brassez de cent manières ; vous pouvez encore faire circuler la chaîne entière sous les yeux des spectateurs qui, assurés que sept des anneaux réunis sont parfaitement exempts d'ouverture si mince qu'elle soit, ne songeront jamais à s'assurer que le huitième est dans le même cas. Ce tour est des plus amusants qu'on puisse exécuter ; les opérateurs les plus en renom ne le dédaignent pas, malgré son grand âge, et le public le voit toujours avec un nouveau plaisir et une stupéfaction toujours nouvelle. Il peut être varié d'une foule de manières, mais surtout quant au nombre et à la disposition des anneaux. — LE VERRE D'ENCRE MÉTAMORPHOSÉ EN ÉTANG POISSONNEUX ET LIMPIDE. Ce tour exécuté habilement, à l'aide d'appareils fort peu compliqués, est un de ceux qui provoquent la plus complète illusion, dont ne peut se défendre même le spectateur le plus sceptique s'il n'est initié au dessous des cartes. Vous posez sur une table, devant la société, un verre plein d'encre. Vous plongez dedans une sorte de cuiller à punch dont vous versez le contenu dans une assiette, afin de prouver à tout le monde que le contenu du verre est bien de l'encre, et du plus beau noir. Alors vous déposez votre cuiller et étendez sur le verre d'encre un mouchoir. Vous avez eu soin de raconter, pendant toute la première partie de l'exécution, que dans cette encre vivait un, même deux poissons rouges au besoin, et que vous alliez le ou les découvrir dans un moment ; — ou bien que cette encre, si incontestablement noire, vous alliez la transformer en une eau limpide où s'ébattraient lesdits poissons, sans préjudice d'une foule de considérations sur l'étrangeté du fait, sur l'habileté du magicien et sur la présomptueuse incrédulité des hommes dans ces temps pervertis. Ayant posé votre mouchoir sur le verre d'encre, vous l'enlevez presque aussitôt et découvrez en effet un verre rempli maintenant d'une eau limpide où s'ébattent les poissons rouges annoncés. L'explication de ce tour merveilleux est des plus simples : le verre dont on se sert est plaqué intérieurement d'un morceau de soie noire qui adhère d'une manière complète, grâce à la pression de l'eau dont le verre est rempli et où les poissons sont déjà. La cuiller à un manche percé de part en part, et l'encre versée dans l'assiette vient de ce manche et non du verre où elle semble puisée. Enfin, si vous couvrez le verre d'un mouchoir pour changer l'encre en eau pure, c'est afin de pouvoir, en restant soupçonné de magie, enlever aisément l'enveloppe noire qui garnit le verre intérieurement. — LE CHAPEAU INÉPUISABLE. Sous un prétexte quelconque, vous empruntez un chapeau à quelqu'un de la société. Vous renversez ce chapeau sur votre table, derrière laquelle vous passez, l'attirant sans affectation près du bord, et enfin hors de la table, mais en le maintenant à son niveau ; puis vous introduisez dedans un boulet creux en ferblanc, rempli d'objets bizarres, de jouets ou de fleurs, et percé d'un trou dans lequel vous fourrez un doigt pour vous aider à faire passer le tout dans le chapeau. — Inutile de dire que ce boulet, tout préparé, attendait sur une tablette sortant de la table même, à niveau convenable, que le chapeau vînt le recueillir et l'abriter. Alors, comme un peu le chapeau, vous cherchez à y introduire une baguette ou un objet quelconque, sous prétexte d'exécu-

ter le tour pour lequel vous l'avez emprunté, et vous paraissez tout étonné de le trouver rempli ; vous en tirez en effet, au grand ébahissement des spectateurs, tous les menus objets renfermés dans le boulet creux, et les distribuez gracieusement. Puis vous vous disposez à rendre le chapeau, quand tout à coup sa pesanteur extraordinaire vous intrigue à ce point que vous ne pouvez résister à en interroger de nouveau le fond — d'où vous tirez, avec toute sorte d'efforts comiques, un boulet de canon ! — LE BOULET DANS UN CHAPEAU. Ce tour est à peu près le même que le précédent, excepté qu'au lieu d'un boulet creux rempli de riens agréables vous vous servez d'un boulet en bois blanc peint, percé, comme l'autre, d'un trou où vous fourrez le doigt pour l'introduire dans le chapeau. Pour l'exécution de ce tour, on emprunte généralement plusieurs chapeaux sous un faux prétexte ; et lorsqu'on feint de se résoudre, après une allocution bien sentie, à s'en servir pour le tour annoncé, on est fort étonné d'en trouver un incomparablement plus lourd que les autres. On le secoue pour voir ce qu'il peut y avoir dans le fond et on fait tomber sur la table le boulet de bois peint. — L'ŒUF QUI DANSE. Parmi des œufs que vous venez de faire acheter, placez-en un complètement vidé (au moyen d'une piqûre d'épingle un peu grosse à chaque bout, et en humant on a bientôt fait de vider un œuf sans qu'il y paraisse). Attachez à cet œuf vide un long cheveu ou mieux un crin noir auquel vous fixerez par un bout une épingle recourbée en forme d'hameçon. Prenez une baguette, et attachez à votre vêtement l'hameçon improvisé, de manière à ce que le crin passe par-dessus votre baguette — laquelle ne pourra, en conséquence, faire un mouvement sans le communiquer à l'œuf vide. Exécuté le soir, la lumière placée entre vous et les spectateurs qui même d'assez près ne peuvent discerner le crin révélateur, ce tour produit toujours beaucoup d'effet. — Rendre RIDEUX LES VISAGES D'UNE SOCIÉTÉ. Faites fondre du sel et du safran dans de l'esprit de vin, imbibez-en un morceau d'étoupe et mettez-y le feu. A cette lumière, les personnes blanches deviennent vertes, et l'incarnat des lèvres et des joues prend une couleur olive foncée. L'appartement ne doit point être autrement éclairé. — ENCRE SYMPATHIQUE. Prenez trois onces d'eau forte commune, mêlées avec trois onces d'eau ordinaire. Écrivez sur du papier fort et collé. L'écriture disparaît en séchant ; pour la faire reparaître, on mouille le papier. Écrivez avec le jus de citron ou celui d'oignon ; les caractères ne paraîtront qu'en chauffant le papier au feu. — GOBELETS. Pour les tours de gobelets, vous mettez devant vous une gibecière garnie de la baguette de Jacob, des muscades en liège et trois balles en drap. Pour l'exercice des gobelets, vous en tenez un du pouce et de l'index de la main gauche ; de la droite vous en jetez un autre dedans avec force, de manière à chasser le premier et que le second prenne sa place, et ainsi de suite, comme s'il passait à travers. Pour la jeu des muscades, vous placez les trois gobelets sur la table, vous prenez une muscade du pouce et de l'index de la main droite, vous feignez de la mettre dans la gauche, que vous fermez comme pour la tenir, et vous placez la muscade entre l'index et le médius de la main droite ; vous faites semblant de jeter la muscade en l'air de la gauche, vous portez la droite au nez de quelqu'un comme pour prendre la muscade que vous posez sur le premier gobelet. La seconde, par le même moyen, vous feignez de l'avaler, vous la reprenez au bout de la baguette et la mettez sur le deuxième gobelet. La troisième de même : vous feignez de la poser sur le troisième gobelet, mais vous la gardez entre l'annulaire et l'auriculaire de la main droite ; vous feignez de mettre la seconde sous son

gobelet, mais vous la placez entre l'annulaire et le médius. La quatrième de même : vous la placez entre le médius et l'index ; sous prétexte de prendre la poudre pour faire disparaître les muscades, vous les remettez dans le sac, et vous montrez qu'il n'y a rien sous les gobelets. En causant avec la société, vous prenez chaque gobelet, dans lesquels vous mettez une balle avec force ; en les sortant de la gibecière, vous mettez les doigts comme pour empêcher de tomber quelque chose. Vous savez, dites-vous, qu'il n'y a rien sous les gobelets ; comme on ne paraît pas vous croire, vous les levez, mais droits pour ne pas laisser voir les balles qui sont au fond ; en les reposant, vous frappez un peu fort pour faire descendre les balles ; vous prétendez, au moyen de la poudre que vous prenez dans votre sac, y faire passer quelque chose ; vous levez les gobelets et vous faites voir les balles. Il faut, pour ces exercices, beaucoup de dextérité. — JEAN DE LA VIGNE. C'est un petit bonhomme dont la tête se détache du corps : on le met dans sa robe en laissant passer la tête, ensuite on dit : « Ce petit jeune homme a voyagé, il sait dire la bonne aventure, » et on lui fait dire oui ou non en faisant signe de la tête ; puis on dit : « Dites la bonne aventure à quelqu'un de la société ; » on lui ordonne de partir ; comme il ne part pas, on a l'air d'écouter à l'oreille ce qu'il veut, puis on dit : « C'est juste, il n'avait pas ses papiers. » On fouille dans sa poche pour lui en donner, on met le corps dans sa poche, on fait comme si on lui donnait ses papiers, on le fait partir en coulant la tête dans la poche de la robe. On fait voir qu'il n'est pas dans la doublure, on a l'air d'écouter au cou et l'on dit : « Cependant il y est encore, je l'entends. » On le fait reparaître et on lui demande pour quelle raison il n'est pas parti. Il n'avait pas d'argent. C'est juste. On fouille à la poche, on reprenant le corps que l'on rajoute à la tête, on fait semblant de lui en donner, on le fait sortir, et la société est fort étonnée de ne pas savoir où il a pu passer. — BOITES AUX GRAINES. Ce tour se fait avec deux boîtes ayant chacune un compartiment ; dans l'une vous mettez le riz dans le corps et le café dans le compartiment. Vous remplissez l'autre appareil en sens inverse. Prenez deux assiettes, mettez dans deux boîtes sur la table et leurs couvercles à côté de chaque boîte, versez le riz dans une assiette et le café dans l'autre, ensuite remettez le riz et le café dans leurs places primitives, en ayant soin de laisser quelques grains dans chaque assiette pour que l'on reconnaisse qu'il n'y a pas eu de changement ; vous prenez une boîte de chaque main et, croisant les bras, vous faites un tour sur vous-mêmes ; en ouvrant les bras et revenant en face, vous les replacez sur la table. La société s'écrie : « Les boîtes ont été changées. » Vous lui prouvez le contraire en ouvrant le compartiment et lui montrant que rien n'est changé ; vous commandez aux boîtes de changer leur contenu, vous ouvrez les boîtes et la société est étonnée de voir que tout a disparu. — BOITES JUMELLES. Ces boîtes sont exactement semblables ; dans l'une est un morceau de cuivre qui, en remuant, fait un bruit comme ferait une pièce de monnaie ; en appuyant sur le bouton de cette boîte, on rend le morceau de cuivre immobile. Ces boîtes s'ouvrent toutes au troisième filet. Pour faire ce tour, vous montrez la boîte vide, vous empruntez une pièce qui puisse remuer dans la boîte, et vous priez qu'on la mette dedans : puis vous y substituez adroitement celle où est le morceau de cuivre, afin qu'en remuant la boîte on pense que la pièce y est toujours. Invitez quelqu'un à nouer la boîte dans un mouchoir, et, sous prétexte de vous assurer que la pièce est bien dedans et la boîte bien attachée, appuyez sur le bouton pour rendre le morceau de cuivre immobile ; tout en parlant, vous retirez de la

boîte que vous avez la pièce que l'on vous a confiée, et vous l'introduisez dans un objet à votre portée, tel qu'un gâteau ou toute autre chose ; alors vous proposez de faire passer la pièce dans cet objet, vous priez quelqu'un de regarder et on retrouve la pièce ; vous montrez alors que la boîte que la personne tenait est vide. On peut employer une bague ou tout autre objet qui puisse remuer dans la boîte. — DIVISER UNE PIÈCE DE MONNAIE EN DEUX. Posez sur trois clous d'épingle enfoncés dans un morceau de bois, une petite pièce de monnaie de cuivre. Mettez du soufre dessus et dessous, et allumez-le. Lorsque le soufre est consumé, on trouve ordinairement cette pièce divisée en deux parties égales selon son plan, sans que l'empreinte soit altérée d'aucun côté, excepté que sur l'une elle est en creux au lieu d'être en relief. — DÉFAIRE LE NŒUD D'UN MOUCHOIR. Faites un premier nœud à un mouchoir sans le serrer, en observant de porter le bout que tient la main gauche derrière celui que tient la main droite. Faites un second nœud en suivant la marche contraire ; c'est-à-dire, en portant le bout que tient la main gauche derrière celui que tient la main droite ; et serrez fort en tirant le bout B, et la partie C. Comme B et C appartiennent à un même côté du mouchoir, on ne peut tirailler ainsi sans leur faire perdre la forme tortueuse que le nœud leur avait donnée. Le côté A et D fait autour de l'autre pointe du mouchoir, un nœud coulant. On enveloppe de même le milieu du mouchoir, on le fait glisser avec le pouce et l'index, et l'on dégage entièrement la partie B et C. En cet état, la forme du nœud paraît encore à travers le mouchoir ; on le fait toucher pour qu'on s'assure qu'il existe toujours. Puis on secoue le mouchoir, et le nœud disparaît. — LE CLAIRVOYANT. Voir à travers les murailles était, d'après les fables antiques, l'apanage du lynx. Nous avons aujourd'hui des personnes aussi bien douées qui devinent, d'une manière merveilleuse, au grand ébahissement des spectateurs, l'objet que nous touchons du doigt ou que nous tenons dans la main. Disons, de suite, que toute la magie consiste à poser la question d'une certaine manière. Sur les théâtres de la foire, le magicien ajoute à l'illusion en faisant semblant de magnétiser un sujet et en lui bandant les yeux avec un mouchoir, avant de lui poser des questions dans un ordre convenu. Mais pour les jeux de société, les passes et les manœuvres du magnétisme seraient superflues ; il suffit de faire passer le sujet dans la pièce voisine ; on peut, au besoin, pour surcroît de précaution, lui bander les yeux. Après quoi, le magicien de la société pose au sujet une série de questions, dans le genre des suivantes, en supposant que le mot et soit pris pour clef : — D. Vous souvenez-vous bien de l'ameublement de la chambre dans laquelle nous nous trouvons et que vous venez de quitter ? — R. Parfaitement. — D. Vous rappelez-vous quelle est la couleur des fauteuils ? — R. Oui. — D. Connaissez-vous la garniture de la cheminée ? — R. Très bien. — D. Et le guéridon ? — R. Egalement. — D. Le tableau de droite ? — R. Oui. — D. Celui de gauche ? — R. Oui. — D. Le secrétaire ? — R. Oui. — D. Les rideaux ? — R. Oui. — D. Alors, vous connaissez bien tout l'ameublement ? — R. Tout. — Dites-moi donc, je vous prie, ce que je touche du bout du doigt ? — R. Vous touchez le guéridon. Tout le monde est émerveillé. Pendant que le clairvoyant est si bien disposé, on prie un assistant de prendre dans sa main un objet quelconque, à son choix. Supposons que l'assistant tire une pièce de cinquante centimes de son porte-monnaie et la tienne dans son poing hermétiquement fermé. Le magicien pose ainsi les questions, étant donné les mots ou bien servent de clef convenue. — D. Pourriez-vous deviner ce que monsieur ou madame tient dans sa

main? — R. Je le puis. — D. Serait-ce, par hasard, son chapeau? — R. Non. — D. Un mouchoir? — R. Pas davantage. — D. Un livre? — R. Vous n'en approchez point. — D. Un couteau? — R. Non. — D. Un porte-plume? — R. Rien de tout cela. — D. Ne serait-ce pas une feuille de papier? — R. Vous en êtes loin. — D. Ou bien une pièce de monnaie? — R. Vous y êtes, c'est une pièce de monnaie. — D. Pourriez-vous nous dire quelle est cette pièce de monnaie? — R. Certainement. — D. Est-ce une pièce de vingt francs? — R. Non. — D. Un centime? — R. Non. — D. Une pièce de deux francs? — R. Non. — D. Alors ne serait-ce pas une pièce d'un franc? — R. Non. — D. Ou bien une pièce de cinquante centimes? — R. Cette fois, vous avez dit juste; c'est une pièce de cinquante centimes.—Le clairvoyant peut-il deviner un mot, pensé par un spectateur? Pourquoi pas? puisque l'on n'a qu'à lui poser la question d'une certaine manière. Supposons que, dans ce cas, il soit convenu que le mot pensé viendra après le nom d'un quadrupède quelconque, voici comment on procède. On demande à une personne de penser un mot; cette personne répond, par exemple : « Je pense le mot journal », et aussitôt commence l'interrogatoire. — « Le mot pensé est-il le nom d'un arbre? — Non. — Celui d'un pays? d'une ville? d'un homme? d'une femme? d'un palais? d'une étoile? d'une mer? d'un instrument de musique? d'un oiseau? d'une reine? d'un fleuve? Le clairvoyant répond toujours : « non ». Quand on veut lui faire dire oui, il suffit de poser ainsi la question : « A-t-on pensé le mot lapin? » — Vous plaisantez, répond le clairvoyant; » mais entendant nommer un quadrupède, il sait que le mot pensé sera prononcé à la question suivante : « A-t-on pensé le mot journal. — C'est journal, que ne disiez-vous tout de suite ce mot-là. »

DEVINER UN MOT. — Convenez avec votre confident, que lorsque vous frapperez un coup, cela désignera la lettre A; que si vous en frappez deux, ce sera la lettre B, et ainsi successivement des autres lettres de l'alphabet. Après cette convention préparatoire, demandez s'il y a quelqu'un dans la compagnie qui ne craigne pas les revenants et les apparitions, et qui veuille passer pour un quart d'heure dans une chambre voisine, et y rester dans l'obscurité. Si une personne autre que votre compère répond affirmativement à la question employez toute votre éloquence pour l'en détourner; dites lui que si elle ne se sent pas beaucoup de courage, vous ne lui conseillez pas de s'exposer à l'épreuve que vous lui préparez. Si ce moyen ne vous paraît pas propre à faire impression sur tous les individus qui composent la compagnie, employez-en un autre qui est infaillible : souriez d'un air malin et de manière à faire soupçonner que celui qui s'offrira doit être la victime de quelques-unes de ces espiègleries dont personne n'aime à faire les frais. Enfin cherchez par tous les moyens que votre esprit vous suggérera, à ne trouver de la bonne volonté que dans votre second; encore, doit-il s'offrir de manière à ne pas faire remarquer de connivence avec vous. Le premier point obtenu, conduisez-le dans la pièce voisine; entourez cette cérémonie de l'appareil le plus imposant qu'il vous sera possible. Ne lui laissez qu'une lampe que vous couvrez avec un vase. Revenez dans la chambre où l'on est réuni. Présentez un papier et de la craie rouge à la compagnie, et demandez qu'on y écrive à volonté le nom d'une personne décédée qui soit connue de la personne enfermée dans la chambre. Prenez ce papier, brûlez-le à la chandelle, mettez-en la cendre dans un mortier, et mêlez-y d'un air sérieux une poudre quelconque dont vous aurez eu soin de vous munir. Cela fait, vous frapperez rapidement avec le pilon, sur les parois intérieures de votre mortier, ce qui sera pour votre confident le signal d'attention. Ensuite, si le nom est, par exemple, Marie, vous frappez d'aplomb onze coups, la lettre m étant la onzième de l'alphabet, et vous renouvelez le signal d'attention; vous en faites de même pour chaque lettre de ce nom; c'est-à-dire que vous frappez un coup pour a, dix-sept pour r, neuf pour i, cinq pour e, observant bien de faire le signal d'attention entre les coups de chaque lettre. Votre confident, qui a su découvrir la lampe, prend note avec un crayon des coups que vous frappez; et par ce moyen il sait aussi bien que vous quel est le nom qui a été écrit à son insu. S'il est bon comédien, il doit produire alors sur la compagnie une illusion parfaite. Il rentre précipitamment, l'œil égaré, se jette sur un fauteuil et s'écrie d'une voix entrecoupée : « J'ai vu... J'ai vu mademoiselle Marie.» — Si l'on ignorait quelle espèce de nom est connue du confident, on pourrait y substituer toute autre espèce de nom, tel que celui du Diable, de la Mort, etc., etc. — CADRAN MAGIQUE. Figurez un cadran semblable à celui d'une montre. Dites à une personne de vous indiquer une des heures quelconques de ce cadran; ajoutez douze au nombre que marque cette heure. Annoncez-lui ensuite que vous allez deviner l'heure qu'elle déterminera secrètement pour se lever le lendemain. A cet effet, dites-lui de compter tout bas la somme des nombres ci-dessus, en retrogradant, à partir du point indiqué par elle sur le cadran, et en commençant par le nombre de l'heure qu'elle a choisie à part soi pour son lever. Elle s'arrêtera précisément devant le nombre des heures. Supposez qu'elle ait indiqué 7 sur le cadran, et qu'elle ait déterminé à 9 heures l'époque de son lever. A 7 vous ajoutez 12. cela fait 19. Si, en commençant par 7, elle compte à reculons jusqu'à 19, elle finira de compter sur 9. — DEVINER UNE PHRASE. Mêlez du noir de fumée avec un peu de savon noir ou de suif; frottez légèrement d'un côté un carré de papier avec cette composition, essuyez bien ce papier jusqu'à ce que la peinture ne tache point en le touchant du doigt. Appliquez de même sur un carré semblable un mélange de suif et de sanguine, ou crayon rouge. Ayez un porte feuille de la grandeur de vos carrés de papier, et recouvert d'une enveloppe mobile de satin noir, bien tendue. Glissez les carrés sous chaque côté de cette enveloppe, en tournant en dessous la surface enduite, et en observant, à l'aide d'une légère marque extérieure, de quel côté se trouve le rouge, et de quel côté le noir. Vous posez ensuite entre eux et le portefeuille deux morceaux de papier blanc de même grandeur. Le tout ainsi disposé, vous priez une personne d'écrire avec un crayon rouge ou noir, à son choix, une phrase quelconque sur un papier que vous lui présentez, et sous lequel vous placez sans affectation votre portefeuille, en tournant en haut la partie de la couleur analogue à celle du crayon qu'elle a adopté le crayon doit être dur pour obliger à appuyer un peu en écrivant. Chaque caractère qu'elle trace se trouve répété sur le feuillet blanc inséré sous l'enveloppe. On conçoit tout le parti qu'on peut tirer de cet appareil, et à combien de récréations ingénieuses il peut fournir matière. — L'ŒUF QUI CHANGE DE COULEUR. Ce petit tour est aujourd'hui tellement connu, qu'il exige à peine quelques explications. On a un coquetier de bois (fig. 4), sur lequel s'adapte un couvercle arrondi et creux, comme le représente la figure 1, C'est alors une petite boîte ronde qui s'ouvre au milieu et dans laquelle on peut introduire une boule blanche (fig. 2). La boîte s'ouvre en deux ou plusieurs endroits, comme on le voit sur la figure 3. Ayant donc placé la boule blanche devant les spectateurs, on ferme la boîte. on prononce un petit discours et l'on ouvre le coquetier par la rainure immédiatement supérieure ; l'œuf est noir; on

ferme de nouveau, on parle encore un moment; on ouvre, par une autre rainure : l'œuf est rouge. On peut tout en causant, escamoter

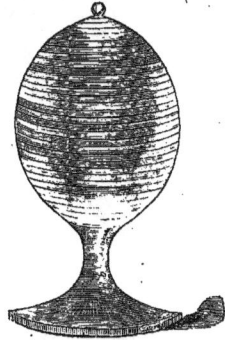

Fig. 1.

la boule et montrer à l'assistance ébahie la boîte vide; on peut même faire trouver la

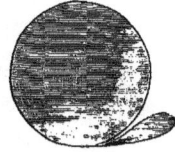

Fig. 2.

boule dans la poche de l'un des spectateurs; tout cela dépend de l'adresse de l'opérateur.

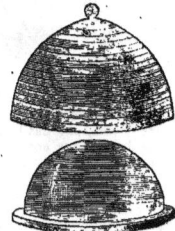

Fig. 3.

— LE PINCE-NEZ. C'est un tour dans le genre des précédents. Il repose comme eux sur des sub-

Fig. 4.

terfuges et des illusions. Le prestidigitateur paraît se percer le nez avec un poinçon émoussé à deux pointes, dont l'une passe sous les yeux des spectateurs, tandis que l'autre

reste cachée. La pointe dissimulée ressemble aux épées de théâtre, qui entrent dans leur manche à mesure que l'on appuie en les tour-

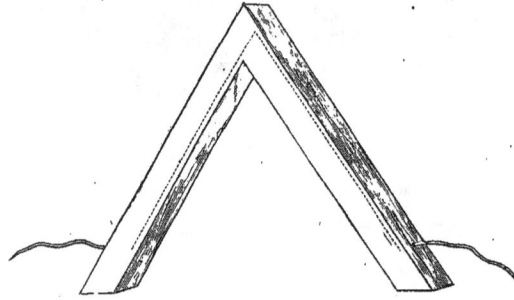

Fig. 5.

nant, et qui paraissent encore s'enfoncer dans le corps ; la pointe montrée au public et ensuite changée est seule sérieuse et pourrait seule être dangereuse. Notre figure 5 représente le pince-nez de bois que l'opérateur se pose sur le nez dès qu'il a paru percer celui-ci.

Fig. 6.

C'est un petit appareil en bois dans l'intérieur duquel passe une ficelle, dont le trajet est désigné sur notre dessin, par des lignes ponctuées. L'art de l'opérateur consiste à faire croire que la ficelle lui traverse le nez. — **Tours avec grands appareils compliqués.** — TABLE DE PRESTIDIGITATEUR. Les anciennes tables d'escamoteur et de prestidigitateur étaient couvertes d'un vaste tapis destiné à cacher le compère (fig. 6). Mais depuis les

Fig. 7.

Robert-Houdin et les Robin, il n'est plus permis d'employer d'aussi grossiers artifices. Le tapis qui recouvre ce meuble ne retombe que de quelques pouces, ce qui est suffisant pour dissimuler un tiroir épais. Quant au compère, il se trouve dans la coulisse et tient en main des ficelles qui, passant par les pieds de la table, correspondent aux *trappes* et aux *pédales*. Les *trappes* sont des parties de la table (fig. 7) ABC, petites ou grandes, rondes ou carrées qui sont mobiles, et qui,

s'abaissant, entraînent rapidement et sans bruit l'objet qu'on a placé sur elles. L'ouverture par laquelle a disparu cet objet se trouve instantanément refermée, tantôt par elle-même, tantôt par une seconde trappe. Quant aux *pédales*, l'établissement en est plus compliqué. Elles se composent de deux parties distinctes et séparées : l'une adaptée à la table, l'autre placée sous la pièce que l'on veut faire agir ou mouvoir (principalement les automates). En plaçant la pièce sur la table, on fait en sorte que les deux parties des pédales correspondent exactement. Alors le compère ou servant, de sa cachette, n'a plus qu'à tirer les ficelles dans un *ordre convenu* d'avance, pour que la pièce exécute tous les commandements du magicien. Une autre partie indispensable est la *servante,* petite table basse, peu large, placée du côté opposé aux spectateurs qui ne doivent ni même voir ni même soupçonner son existence. C'est sur cette table que le prestidigitateur laisse tomber les objets dont il veut se débarrasser promptement ; de même, il y prend, à l'insu du public, ceux qui lui sont nécessaires. Un prestidigitateur très habile, M. Delion, a dit : « Donnez-moi une table assez grande et j'escamoterai le monde. » Toute trappe

doit être établie de manière à s'ouvrir et se fermer sans bruit, quel que soit le système de charnières que l'on adopte. Par le trou rond C (fig. 7), ou par tout autre placé dans des conditions analogues, le compère, soit qu'il se trouve dans la coulisse ou caché sous un tapis (fig. 8) peut manœuvrer et faire mouvoir des pièces posées sur la table (miroir, automate, etc.). Un autre

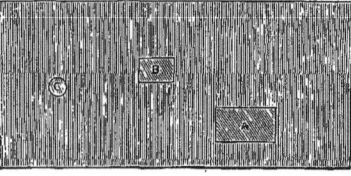

Fig. 9.

meuble du salon d'un sorcier est la chaise magique représentée par notre figure 9. Derrière le dossier est dissimulée une case invisible au public et dans laquelle on peut jeter de petits objets que l'on veut faire disparaître. Dans les pieds de la chaise passent des fils qui aboutissent dans la coulisse et qu'un compère fait agir suivant les circonstances. Ainsi outillé, l'escamoteur peut se livrer à une quantité presque innombrable de tours. Nous allons parler de quelques-uns seulement. — LE *PETIT TURC SAVANT*. C'est un automate de 18 à 20 pouces de haut, tenant un marteau à la main, et qui répond à différentes questions qu'on lui fait, en frappant sur un timbre. — *La table.* La table sur laquelle on le pose est recou-

Fig. 8.

verte d'un tapis qui cache trois bascules ou leviers. Ces bascules sont mises en mouve-

ment à l'aide de 3 fils d'archal qui, passant dans les pieds de la table, vont aboutir sous le théâtre, ou derrière une cloison. Le compère tire ces fils d'archal, suivant le besoin, pour pousser des pièces mobiles cachées dans le piédestal de l'automate, et qui se terminent à sa base; il donne ainsi à cette machine divers mouvements, de la même manière qu'on fait sonner une montre à répétition, en poussant le bouton de la boîte. — Le faiseur de tours présente un jeu de cartes arrangé dans un ordre qu'il sait par cœur; il fait tirer une carte, et coupant à l'endroit où elle a été prise, il place dessous le jeu celle qui la précédait immédiatement. Il lui est facile en jetant à la dérobée un coup d'œil sur la carte dernière, de connaître la carte que l'on tient. Alors, pour interroger le petit Turc et lui demander celle qu'on a tirée, il se sert d'expressions dont les premières voyelles ou les premières syllabes indiquent sa couleur et la valeur ou la couleur de la carte. C'est par les mêmes procédés qu'on fait répondre l'automate aux diverses questions qu'on lui fait. Par exemple, l'on présente une boîte à plusieurs cases et une petite figure de bois; on dit de placer cette dernière dans la case qu'on voudra, et de fermer soi-même la boîte. L'automate doit deviner dans quelle case la figure est placée. Voici le mystère. La boîte a un fond de cuir assez mou pour que l'escamoteur, en la recevant, puisse sentir au tact la case où la figure se trouve, d'autant plus que cette figure elle-même est d'une dimension telle que le couvercle, en fermant, presse sur elle. — La CARTE DANSANTE. On fait tirer une carte forcée, qu'on reconnaît au tact parce qu'elle est plus large; après l'avoir mêlée avec les autres, on l'escamote du jeu, et l'on fait voir ensuite qu'elle n'y est plus. Puis on lui commande de paraître sur le mur, et le compère, à cet ordre, tire un fil au bout duquel est attachée une carte pareille qui sort de derrière une glace ou de tout autre endroit. Un autre fil, fortement tendu, et sur lequel elle coule à l'aide de très petits anneaux de soie, lui prescrit la route qu'elle doit tenir. — La CARTE CLOUÉE AU MUR D'UN COUP DE PISTOLET. L'escamoteur fait tirer une carte, et il prie la personne qui l'a choisie d'en déchirer un petit coin, et de le garder pour pièce de comparaison. Il prend la carte ainsi échancrée, et la réduit en cendres. Il fait charger un pistolet où ces cendres se confondent avec la poudre, il fait mettre dans le canon un clou marqué par quelqu'un de la compagnie. On jette le jeu de cartes en l'air, le coup de pistolet est tiré, et la carte paraît clouée au mur. Voici comment la chose se pratique. Le faiseur de tours examine quelle est la carte déchirée, et de quelle manière est faite l'échancrure. Il passe dans son cabinet, prend une carte pareille, et la déchire dans le même sens. Il revient, demande la carte choisie, la fait passer subitement sous le jeu, et y substitue celle qui vient de préparer, et qu'il brûle à la place de la première. Quand le pistolet est entièrement chargé, il le prend sous prétexte de montrer *comment* il faut le manier : il profite de ce moment pour ouvrir un trou qui s'y trouve sous le canon; le clou tombe dans la main par son propre poids, et faisant ensuite glisser sur cette ouverture une espèce de virole de fer, il l'assujettit et la fixe dans cet endroit, pour qu'on ne s'aperçoive de rien. Il choisit alors un prétexte pour retourner à son cabinet, et apporte la carte et le clou à son compère. Celui-ci s'empresse de la clouer sur un morceau de bois qui sert à boucher hermétiquement un trou pratiqué dans la cloison et la tapisserie, mais qu'on ne voit point, parce qu'il est couvert par un morceau de tapisserie pareil. Par ce moyen, la carte qu'on vient d'appliquer au mur ne paraît point encore; le morceau de tapisserie qui la couvre est faiblement attaché d'un côté avec deux épingles

et de l'autre, il tient à un fil dont le compère tient un bout dans sa main. Aussitôt que celui-ci entend le coup, il tire le fil pour faire passer rapidement le morceau de tapisserie derrière une glace ou ailleurs. La carte paraît, on la détache; il est clair qu'au grand étonnement du plus grand nombre des spectateurs, le morceau déchiré s'adaptera parfaitement, et le clou sera reconnu par celui qui l'aura marqué. — LA LAMPE SYMPATHIQUE. On met cette lampe sur une table; on s'en éloigne, et l'on annonce qu'on va l'éteindre en soufflant du côté qui lui est opposé, ou bien, qu'elle s'éteindra d'elle-même à la volonté de quelqu'un de la compagnie. — Le chandelier qui porte cette lampe a dans sa patte un soufflet dont le vent est porté vers la flamme par un petit tuyau. Le compère, en remuant les bascules dont nous avons parlé, fait jouer le soufflet à l'instant désiré. — LE PETIT CHASSEUR. C'est un petit automate tenant en main un arc et une flèche : devant lui est une espèce de cible en carton divisée en plusieurs cases numérotées. La flèche part au moment désiré, et va se fixer sur le numéro qu'a choisi une personne de la compagnie. Les bascules et le compère font encore ici tous les frais. — LE BOUQUET MAGIQUE. Les branches du bouquet peuvent être de papier roulé, de fer-blanc ou de toute autre matière,

Fig. 10.

pourvu qu'elles soient creuses et vides. On les perce dans différents points pour y appliquer de petites masses de cire représentant des fleurs et des fruits; on enveloppe cette cire de taffetas gommé ou d'une peau bien fine; on colle proprement ces enveloppes aux branches, de manière qu'elles semblent en faire partie ou en être une prolongation; on leur donne la couleur des fleurs et des fruits qu'elles représentent; enfin on fait chauffer la cire pour la faire couler d'abord dans les branches, puis par la queue du bouquet. Cela fait, si l'on pompe l'air par la queue dudit bouquet, les enveloppes se rideront et se flétriront; si l'on y souffle au contraire, le vent, enflant ces enveloppes, leur donne leur première forme. Pour faire le tour, on presse légèrement toutes les enveloppes, et on les tord pour les faire rentrer dans les branches du bouquet. On place ensuite celui-ci sur une espèce de bouteille qui contient un petit soufflet, et dont le fond mobile, mis en mouvement par les bascules de la table, enfle les enveloppes à volonté. Il peut y avoir dans la bouteille ou dans le pot (fig. 10) un second soufflet qui, en pompant l'air donné par le premier, ferait disparaître les fleurs et les fruits. — L'ANNEAU DANS UN PISTOLET, et qui se trouve au bec d'une tourterelle. On prie quelqu'un de mettre son anneau dans un pistolet qu'on fait charger par un des spectateurs. On présente une cassette vide, et l'on invite une personne à la sceller de son cachet. La boîte est remise sur la table, à la vue de tout le monde. Le coup de pistolet est tiré, on fait ouvrir la boîte et l'on y trouve une tourterelle tenant à son bec l'anneau qu'on avait mis dans le pistolet. Le tout consiste à escamoter l'anneau comme le clou dont nous avons précédem-

ment parlé. On le porte au compère, qui le met aussitôt au bec d'une tourterelle apprivoisée, et qui, approchant sa main vers la trappe sur laquelle la cassette est placée, fait glisser une coulisse pratiquée au fond de celle-ci, et y introduit la tourterelle. — LE COFFRE QUI S'OUVRE AU COMMANDEMENT. Il y a dans ce coffre une figure dont la carcasse est un ressort à boudin ou fil d'archal ployé en spirale. Par ce moyen, la figure, quoique plus haute que le coffre, peut s'y tenir debout, quand on la ferme, son corps se resserrant et se raccourcissant au besoin. Le coffre est appuyé sur les bascules qui communiquent leur mouvement au pêne de la serrure. Aussitôt que la gâche en est dégagée, le ressort à boudin ne trouvant d'autre résistance que le poids du couvercle, le force facilement à se lever. — LA MONTRE PILÉE DANS UN MORTIER. Le mortier dans lequel on met la montre a une espèce de soupape dans sa base. On le met sur la trappe en question, et le compère fait le reste. L'escamoteur habile saura trouver des moyens pour rendre dans ce cas, comme dans les autres, l'illusion plus complète. Il met dans le mortier une seconde montre dont les aiguilles, 'es breloques et la boîte ressemblent à celles de la première. Pour cela, on peut être d'intelligence avec celui qui prête sa montre, ou bien s'adresser à quelqu'un qu'on a vu ailleurs, et dont on a eu soin d'examiner la montre quelques jours auparavant, pour s'en procurer une à peu près pareille. — LA BAGUETTE DIVINATOIRE. On présente douze boîtes, parfaitement semblables, on prie quelqu'un de mettre dans l'une d'elles une pièce de 5 francs. On laisse libre de placer ces boîtes dans l'ordre qu'on voudra. On porte ensuite sur chacune une baguette qu'on soutient sur les deux index, et quand on arrive à celle qui contient l'écu, la baguette se met à tourner rapidement. Chaque boîte a dans l'intérieur un double fond mobile, un peu éloigné du premier par l'action d'un faible ressort. Ce double fond, chargé du poids de la pièce, presse le ressort et descend d'une demi-ligne, et fait affaissement qui fait paraître au dehors un très petit clou qui était auparavant imperceptible. L'apparition de ce clou annonce que la pièce est dans la boîte. Le mouvement de la baguette ne sert qu'à donner au tour un appareil plus mystérieux. — LE MOUCHOIR MIS EN PIÈCES ET RACCOMMODÉ. On est d'intelligence avec une personne de la compagnie, qui ayant deux mouchoirs parfaitement semblables, en a déjà mis un entre les mains du compère. L'on emprunte plusieurs autres mouchoirs, et ladite personne prête aussi le sien sans affectation. On réunit tous les mouchoirs dans un seul, on a l'air de les confondre tous, mais on s'arrange pour que celui dont le compère a le double soit toujours par dessus. On dit à un spectateur de prendre un au hasard, et naturellement il prendra celui qui est sur les autres; mais il est plus sûr de s'adresser à la personne qui a le mot. Le mouchoir alors est donné à la compagnie pour qu'on le mette en autant de morceaux que l'on veut. Cela fait, on réunit les morceaux en un tas, et on les place sous un gobelet, à un endroit de la table où se trouve une petite trappe qui s'ouvre pour les laisser tomber dans un tiroir. Le compère, caché derrière la cloison, contre laquelle la table est adossée, introduit son bras dans la table, et substitue le bon mouchoir à celui qui a été déchiré.

PRETORIA, capitale de la république Sud-Africaine (ancien Transvaal).

PRIMEURISTE s. m. Jardinier ou maraîcher qui fait des primeurs.

PRISON. — Législ. En attendant l'application encore si peu avancée de la loi du 5 juin 1875, qui a prescrit les réformes à introduire dans les dispositions intérieures des *prisons départementales*, le gouvernement a tenté, par

un décret du 11 novembre 1885, d'atténuer les inconvénients du régime en commun, encore existant dans la plupart de ces prisons, dites de courtes peines, et qui comprennent les maisons d'arrêt, de justice et de correction. Ce décret réglemente l'administration, la surveillance et la police intérieure des prisons, le régime et le travail des détenus, etc. Mais, ainsi que le reconnaît le ministre de l'intérieur dans le rapport qui précède le décret : « L'emprisonnement en commun reste, en fait, le régime normal des détenus condamnés à subir même la plus courte peine. En beaucoup de prisons, loin de pouvoir effectuer la séparation individuelle, il est parfois impossible de séparer les catégories de détenus qu'il importerait le plus de ne pas confondre. La disposition des immeubles et l'installation matérielle des services ne mettent que trop souvent obstacle aux améliorations les plus urgentes, et l'état de la législation actuelle, que certains projets émanant de l'initiative parlementaire ou du gouvernement avaient pour objet de modifier, ne permet pas d'obtenir des départements la transformation, même graduelle, des prisons les plus défectueuses ». Il est facile de comprendre qu'un pareil état de choses produise les résultats les plus déplorables. On ne saurait le répéter trop souvent ; et les règlements les plus parfaits ne peuvent suffire à conjurer le mal. Il semble nécessaire que les prisons départementales deviennent propriétés de l'État ; et si les sacrifices nécessaires pour améliorer le régime de ces prisons doivent être très coûteux, il faut reconnaître qu'il y a peu de dépenses qui soient plus nécessaires et plus urgentes. Suivant un projet de loi présenté par le gouvernement en 1884 et adopté par le Sénat le 1er juillet 1889, les départements pourraient être exonérés d'une partie des charges qui leur sont imposées par la loi du 5 juin 1875, s'ils consentaient à rétrocéder à l'État la propriété de leurs maisons d'arrêt, de justice et de correction. Les départements pourraient être mis en demeure d'exécuter, dans lesdites prisons, les travaux d'amélioration ou de reconstruction nécessaires ; à défaut d'exécution, il y serait pourvu d'office, par décret, et la dépense serait imputée sur les fonds desdits départements, sauf la subvention qui aurait été allouée à la charge de l'État. — Un décret du 28 juin 1887 porte que les maisons d'arrêt, de justice et de correction du département de la Seine, sont soumises aux mêmes conditions d'administration et de contrôle que les établissements similaires des autres départements. — L'effectif moyen des détenus était, en 1880, de 54,215 ; il est descendu à 46,000, en 1889. Cette réduction de 8,215 doit être imputée : pour 3,900 condamnés à la relégation (voy. ce mot), et pour 4,000 environ à la libération conditionnelle. (Voy. LIBÉRATION.) Dans son rapport fait au nom de la commission du budget de 1891, M. Saint-Romme constatait que, par suite d'un excès de philanthropie, la condition matérielle des détenus dans les prisons est plus confortable que celle de nos soldats et de beaucoup d'ouvriers, à ce point que ceux qui en sont sortis s'empressent de récidiver, dans le seul but de reprendre une existence de paresse insouciante, à l'abri du besoin et des intempéries. « On est arrivé, dit le rapporteur, à donner aux détenus, dans certaines maisons centrales, un régime tel que, pour beaucoup d'entre eux, le séjour dans la prison n'est pas considéré comme une punition, mais plutôt comme un temps de repos pendant lequel ils ramassent quelques économies. Il serait curieux de rechercher le nombre des détenus condamnés pour bris de réverbères, insultes aux magistrats, etc., en un mot pour des délits qui ne sont qu'un moyen pour eux de se faire réintégrer au milieu de leurs camarades... Il est facile de comprendre dès lors pourquoi

les habitants des maisons centrales cherchent à se faire condamner pour retrouver dans la prison qu'ils connaissent, un bien-être qu'il leur est impossible d'avoir ailleurs. Sous prétexte d'humanité, on en est venu, grâce à tous les idéologues qui ont pénétré jusque dans le service pénitentiaire, à faire de la philanthropie à rebours. On a commencé par la partie la moins intéressante de la nation, tandis que la masse qui travaille et qui peine regarde d'un œil d'envie ces favorisés de nos lois pénales ». Dans la prison de Nanterre, les cellules sont parquetées et cirées ; la température y est maintenue jour et nuit à 16 degrés. La nourriture suffisante et variée peut-être complétée par des ragoûts que la cantine délivre au prix de 0 fr. 20 ou 0 fr. 25 la portion. Il nous semble que l'on pourrait sans inhumanité, et au moyen du travail rigoureusement obligatoire, rendre le séjour des prisons moins enviable, et faire en sorte que l'entretien des condamnés fût moins coûteux pour l'État.   Ch. Y.

PROGRESSION. Les progressions donnent lieu à des calculs étonnants, devant lesquels l'esprit reste confondu. Nous avons déjà parlé du baguenaudier, qui est une des plus frappantes applications de la progression des nombres. Nous allons faire connaître ici quelques-uns des résultats auxquels on arrive au moyen des progressions arithmétiques et géométriques. — LE TAS DE PIERRE. Deux amis passent à côté d'un tas de pierres ; l'un demande à son camarade combien il suppose qu'il lui faudrait de temps pour disposer 100 pierres, de 2 mètres en 2 mètres, en ligne droite, en les prenant au tas une à une, pour les porter à chaque fois à la place requise. L'autre répond d'abord que cette opération ne demanderait pas très longtemps ; et pour le prouver, il se met à l'œuvre. Pour porter la première pierre, il parcourt 2 mètres ; pour revenir chercher la seconde, il parcourt 2 autres mètres : total 4 mètres ; pour porter la seconde, il parcourt 4 mètres : total 8 mètres ; à la 3e, il a 4 + 6 = 10 ; ce qui joint aux 8 mètres déjà parcourus fait 18 m. A la 4e, il a 18 + 6 + 8 = 32 ; à la 5e, 32 + 8 + 10 = 50 ; à la 6e, 50 + 10 + 12 = 72 ; à la 7e, 72 + 12 + 14 = 98 ; à la 8e, 98 + 14 + 16 = 128. Avant d'abandonner ce travail, dont il reconnaît maintenant la lenteur, le deuxième camarade se livre au calcul du temps exact qu'il lui faudrait pour porter les 100 pierres à leur place respective. Il représente algébriquement chaque pierre par n, et il arrive à la formule :

$$n^2 \times 2.$$

C'est-à-dire qu'à la centième pierre, il aurait parcouru en mètres, $100^2 \times 2 = 20,000$, ou 20 kilom. En supposant qu'il fasse 1 kilom. en un quart d'heure, il lui faudrait 5 heures pour distribuer les 100 pierres. Si, au lieu de 100 pierres, il voulait en porter 200, il aurait à faire, en mètres, $200^2 \times 2 = 8,0000$ ou 80 kilom. Pour 1,000 pierres, il aurait $1000^2 \times 2 = 2,000,000$ ou deux mille kilomètres ; et en supposant que l'on marche pendant 10 heures par jour, à 4 kilom. à l'heure, il lui faudrait pas moins de 50 jours pour porter les 1,000 pierres à leur destination. La rapidité de cette progression paraît surprenante ; et pourtant elle n'est rien en comparaison des progressions géométriques dont nous allons nous occuper. — LES 24 CLOUS. Un cavalier s'arrête devant l'atelier d'un maréchal ferrant et demande à celui-ci de ferrer son cheval à un prix modéré. Le maréchal, qui veut rire, lui répond : « Je vous prendrai peu de chose : 1 centime pour le premier clou, 2 centimes pour le 2e, 4 centimes pour le 3e, et ainsi de suite, toujours en doublant jusqu'au 24e des clous nécessaires pour les 4 fers de votre cheval. » Le voyageur s'empresse d'accepter un marché qui lui semble bien tentant ; mais pendant que l'ouvrier s'adonne à sa be-

sogne, il se met à supputer ce que cela pourra bien faire de centimes ; effrayé bientôt, il voit qu'il ne pourra tenir le marché. En effet, le 24e clou, à lui seul, doit coûter 8,388,608 centimes ou 83,886 fr. 08 et en additionnant ensemble le prix des 24 clous (le double moins 1 du prix du 24e), on arrive à un total de 167,772 fr. 17 cent. — LES 64 CASES DE L'ÉCHIQUIER. Dans notre notice historique sur les échecs, nous racontons comment Sissa, l'inventeur de cet admirable jeu, voulant donner adroitement une leçon au souverain de son pays, lui demanda, en récompense de son invention, un grain de blé pour la 1re case, 2 pour la seconde, 4 pour la 3e, et ainsi de suite. Pour les personnes qui ne connaissent pas la rapidité des progressions, la récompense paraît d'abord modeste ; mais si l'on fait le calcul d'une progression géométrique de 64 termes commençant par l'unité et ayant pour raison le nombre 2, le 64e terme n'égale pas moins de 9, 223, 372, 036, 854, 775, 808 (c'est 2 élevé à la 63e puissance, plus un) ; et le total des 64 cases égalant le double moins un du 64e terme, on aura 18, 446, 744, 073, 709, 551, 615. Le nombre est tellement prodigieux que l'esprit se rend difficilement compte de sa valeur ; il est nécessaire de la donner sous une autre forme. En supposant qu'il faille 25 grains de blé pour le poids d'un gramme, cela équivaudrait à 7, 378, 697, 629, 483 quintaux métriques, 82 kilogr. ou 9,848, 263, 505, 978 hectolitres 42 litres. A raison de 20 fr. l'hectolitre, le prix de ce blé serait de 196, 965, 370, 109, 588 fr. 40 cent. (plus de 196, 965 milliards ; près de 200,000 milliards de francs !) En supposant que l'espèce humaine consomme chaque année trois milliards d'hectolitres de blé, cette prodigieuse quantité pourrait la faire subsister pendant plus de 3,282 ans. — LES ÉPINGLES ET LE GREAT-EASTERN. Un exemple analogue au précédent a été donné, il y a quelques années, par un mathématicien anglais. Comme tous les journaux de son pays s'extasiaient sur la vaste contenance de l'énorme navire le Grat-Eastern et supputaient la quantité de marchandises que ce géant des mers pourrait porter, il proposa de calculer ce qu'il contiendrait d'épingles et demanda si le Great-Eastern porterait les épingles qu'il y jetterait pendant une année, en commençant par une seule épingle la première semaine, 2 la seconde, 4 la troisième et ainsi de suite en doublant pendant 52 semaines. Des paris s'engagèrent, car beaucoup s'imaginaient que l'énorme tonnage de ce colossal vaisseau serait plus que suffisant. Le calcul fait, on trouva, en comptant 6,000 épingles au kilog., que leur poids total serait de 628, 292, 358 tonnes. Or le Great-Eastern ne pouvant porter que 22,500 tonnes, il s'ensuit qu'il faudrait 27,924 navires de sa grosseur pour porter les épingles. — COMPTER UN TRILLION. Une personne put compter jusqu'à 200 à la minute ; il lui faudrait 9,512 ans pour compter jusqu'à un trillion ou un million de millions. — DISPOSITIONS RECTILIGNES DES DOMINOS. Sait-on à combien de dispositions rectilignes peuvent donner lieu les 28 dés d'un jeu ordinaire de dominos ? Le docteur M. Reiss, de Francfort, qui a résolu ce problème, dans les Nouvelles annales de Mathématiques (t. VIII, p. 74), a trouvé qu'en plaçant, suivant la règle, les dés consécutifs de manière que les points soient en contact, on arrive au nombre suivant de combinaisons rectilignes :

15,913,459,863,040.

En admettant qu'il suffise de deux minutes pour réaliser chaque combinaison, il ne faudrait pas moins de 60,000 années pour arriver à les faire les unes après les autres.

PROLAPSA EST HUC LIBIDO, loc. lat. tirée de Cicéron, et qui signifie : *la débauche est montée à tel point.*

PROLAPSUM VERBUM, loc. lat. qui signifie : *mot échappé* (Cicéron).

PROLAPSUS s. m. [pro-la-psus] (lat. *prolapsus*, glissé, tombé ; de *prolabor*, glisser). Chir. Relâchement d'une partie : *prolapsus de la luette*.

PROPRIANO, petit port du cant. d'Olmeto, arrond. et à 9 kilom. N.-O. de Sartène (Corse), sur le golfe de Valinco ; 400 hab.

PROPRIÉTÉ. — Législ. La *propriété foncière* n'est pas complètement garantie par la loi française ; et l'on est d'accord pour reconnaître la nécessité de lui donner, par une législation nouvelle, une plus grande sécurité. La vente d'un immeuble peut être définitive, entre l'acheteur et le vendeur, par le fait d'un simple consentement verbal (art. 1582 du Code civil). Le régime hypothécaire et la loi sur la transcription ne suffisent pas à donner aux droits immobiliers une base indiscutable. De là résultent une déplorable incertitude dans la validité des titres, un obstacle permanent qui, joint aux frais énormes que coûtent les actes de transmission et d'emprunt, paralyse le crédit agricole et s'oppose aux progrès de la culture. Nous avons parlé au *Dictionnaire* (t. V, p. 486), de l'*Act Torrens*, qui, en garantissant la propriété territoriale dans les divers États de l'Australie, a concouru d'une manière très efficace à la prospérité agricole de ces contrées. En France, les projets de loi ne font pas défaut ; mais le gouvernement entend que la réforme législative sur ce point se trouve liée indissolublement à la réfection du cadastre. « Le cadastre, dit l'exposé des motifs du budget de 1891, s'il était perpétué à l'aide d'un système permanent de conservation, ne serait pas seulement un instrument fiscal et administratif ; il devrait satisfaire d'autres besoins. Des abornements généraux et une triangulation rigoureuse précéderaient le renouvellement des opérations ; le cadastre constituerait la base de la propriété foncière ; il assurerait la sécurité des hypothèques et la régularité des transactions immobilières ; il fournirait enfin à l'agriculture, par le développement des institutions de crédit, les moyens d'action qui lui font défaut aujourd'hui. En un mot, il deviendrait le grand-livre terrier de la France. » — Un décret du 30 mai 1891 a institué, au ministère des finances, une commission chargée d'étudier et de préciser les réformes à adopter et les mesures à prendre pour que le cadastre ne soit plus uniquement le régulateur de l'impôt, mais devienne en même temps la garantie de la propriété foncière, laquelle doit être déterminée d'une manière précise, physiquement et juridiquement. Il est malheureusement à craindre que la solution du problème ne soit indéfiniment ajournée, à cause de la dépense énorme de temps et d'argent que nécessiterait la réfection de l'ancien cadastre exécuté de 1808 à 1845. — Pour la législation concernant la *propriété littéraire, artistique, industrielle ou commerciale*, voy. ci-dessus AUTEUR et MARQUE.   CH. Y.

PROTECTORAT. — Législ. On donne le nom de *protectorat* au régime mixte de gouvernement qui est appliqué par l'Angleterre, les Pays-Bas, la France, etc., dans certaines de leurs colonies situées en Afrique, en Asie ou en Océanie. Ce régime consiste à laisser une partie de l'administration intérieure à des chefs indigènes, dans des conditions particulières qui sont déterminées par des traités. La France a adopté ce système : pour le Cambodge, en 1863 ; pour le Tonkin, en 1874 ; pour la Tunisie, en 1881 ; pour l'Annam, en 1884 ; pour Madagascar, en 1885 ; et à diverses dates, pour plusieurs parties du littoral de l'Afrique occidentale. Un décret du 26 mars 1886 a institué, auprès du ministre des affaires étrangères, un *Comité consultatif des protec-*

torats. Le protectorat de l'Annam avait été réuni à celui du Tonkin le 27 janvier 1886 ; mais en 1887 (Décr. du 17 octobre) le protectorat de ces deux pays et celui du Cambodge ont été joints à la colonie de la Cochinchine, de manière à former, sous le nom d'*Indo-Chine française*, un ensemble dont la direction supérieure est confiée à un gouverneur général. Ce dernier a sous ses ordres le résident général de l'Annam et du Tonkin, le résident général du Cambodge et le lieutenant-gouverneur de Cochinchine ; mais chacun de ces pays conserve son autonomie et son organisation particulière. (Voy. ci-dessus, COLONIE.)   CH. Y.

PRUINE s. f..-(lat. *pruina*, gelée blanche). Bot. Efflorescence, ordinairement blanchâtre, grenue et cireuse, que l'on rencontre sur certains fruits, surtout à leur maturité : *la pruine des prunes, des raisins*. — Cette efflorescence se trouve aussi sur certaines feuilles et sur les chapeaux et les lames de divers champignons. On peut facilement l'enlever avec le doigt.

PRUINÉ, ÉE adj. Synon. de PRUINEUX, EUSE.

PRUINEUX, EUSE adj. Qui est couvert de pruine.

PRUINOSITÉ s. f. État d'un fruit pruineux ou d'une feuille pruineuse.

PRYTANÉE. — Législ. L'école nationale qui porte le nom de *Prytanée militaire* et qui est établie à la Flèche, a été réorganisée par un décret du 11 mai 1888. L'effectif normal des élèves a été fixé à 500, dont 300 boursiers et 120 demi-boursiers entretenus aux frais de l'État, 80 pensionnaires entretenus au compte des familles, et quelques externes de la ville, admis à suivre les cours. Les places gratuites ou demi-gratuites sont réservées exclusivement : 1° aux fils d'officiers décédés en activité de service, tués à l'ennemi ou morts des suites de leurs blessures ; 2° aux fils d'officiers en activité de service ou en possession d'une pension de retraite ou de réforme pour infirmités ; 3° aux fils des employés titulaires de l'administration centrale de la guerre ; 4° aux orphelins de père et de mère, aux orphelins de père ; aux fils d'officiers en retraite, aux fils d'officiers en activité de service ; 5° aux fils des employés du ministère de la guerre, dans une proportion qui ne peut excéder cinq bourses et cinq demi-bourses. Le prix de la pension est de 850 francs par an ; et celui de la demi-pension, de 425 francs. Nul candidat ne peut être admis s'il n'a eu neuf ans accomplis et moins de dix ans au 1er janvier de l'année du concours, et s'il n'est en état d'entrer dans la classe de septième. Le personnel militaire, chargé de la direction et de la surveillance, est placé sous le commandement d'un colonel. Le personnel enseignant est nommé par le ministre de la guerre, sur les propositions du ministre de l'instruction publique. L'instruction donnée est conforme au plan d'études des lycées ; mais le régime disciplinaire du Prytanée est spécialement établi par un règlement qui émane du ministre de la guerre.   CH. Y.

PSEUDO-BULBE s. m. (préf. *pseudo* ; franç. *bulbe*). Bot. Faux bulbe ; renflement de la tige chez certaines plantes, telles que les orchidées : *le pseudo-bulbe est destiné à la nutrition des feuilles qui le surmontent*.

PSYCHOPATHIE s. f. (psi-ko-pa-ti) (gr. *psuké*, âme ; *pathos*, maladie, douleur). Terme créé par le professeur russe Balinski, pour désigner l'état d'un individu qui ne connaît aucun obstacle et n'est arrêté par aucun scrupule quand il s'agit de satisfaire ses passions, de posséder ce qu'il convoite, ou de détruire ce qui lui est antipathique ou hostile. Ce mot, emprunté à la psychologie russe, a été introduit dans le vocabulaire scientifique français en novembre 1888, au sujet d'un nommé

Chambige qui avait assassiné une femme à Constantine (Algérie) et dont le procès fit quelque bruit.

PSYCHOPATHE s. m. Celui, celle qui est atteint de psychopathie.

PUDDING. (Cuis.) Les *puddings* constituent une véritable armée d'entremets, d'importation anglaise, affectant toutes les formes et dans la composition desquels entrent les ingrédients les plus divers. Par cette raison, qui en rend la confection à peu près impossible aux cuisines ordinaires, nous serions forcé de les passer sous silence, si les suivants ne se recommandaient par leur simplicité, autant au moins que par leur délicatesse. — *Pudding au pain.* Faites bouillir un litre de lait avec sucre, quantité suffisante, zeste de citron ; cassez dedans deux œufs et délayez bien. D'autre part, vous coupez des tranches de pain que vous beurrez et que vous placez ensuite au fond d'un plat creux, de manière à l'en couvrir exactement. Semez sur ce pain beurré des grains de raisin de caisse débarrassés de leurs pepins, et de raisin de Corinthe lavé et épluché avec soin. Jetez sur cette préparation votre lait bouillant ; faites cuire une demi-heure au four modérément chauffé, ou sous le four de campagne. — *Pudding au tapioca.* Faites tremper dans l'eau chaude, pendant une heure, trois bonnes cuillerées à café de tapioca ; passez au tamis et mêlez votre tapioca avec les jaunes de six et les blancs de trois œufs, bien battus ensemble ; ajoutez un litre et demi de bon lait, un peu de muscade râpée et de peau de citron, un verre de malaga ou de xérès ; mêlez bien. Sucrez au goût. Mettez dans un moule ou une casserole garnie de pâte feuilletée. Faites cuire comme le premier, trente-cinq à quarante minutes.

PULKOWA [poul-kô-va], village situé à 16 kilom. S. de Saint-Pétersbourg (Russie), Il est aujourd'hui célèbre par l'observatoire qu'y fit construire l'empereur Nicolas. (Voy. OBSERVATOIRE, dans le *Dictionnaire*.)

PULVÉRISATEUR à tourillons. Machine qui sert à pulvériser le quartz, les roches, le charbon, les minerais, les os, etc. Elle se compose d'une caisse de fer contenant deux vannes F, munies d'ailes ressemblant à celles d'une hélice. Elles tournent en sens contraire et produisent deux tourillons opposés qui preu-

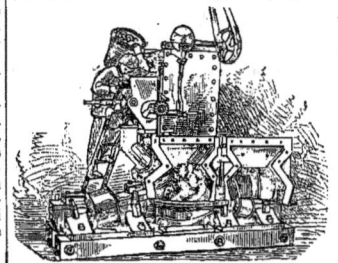

Pulvérisateur à tourillons.

nent et lancent les unes sur les autres toutes les matières contenues dans la machine. Les vannes font 200 tours par minute et l'air leur est fourni par de larges tuyaux. Les matières à pulvériser sont jetées dans la hotte H, et tombent de là sur les vannes. Le fermier américain inventeur de ce pulvérisateur en a eu l'idée en voyant les dégâts causés dans sa ferme par un ouragan.

PUPULER v. n. Crier, en parlant du puput ou huppe d'Europe.

PUPUT s. m. Ornith. Nom vulgaire de la huppe d'Europe. On écrit quelquefois PUTPUT, et au fém. PUPUE.

PUY-VELAISIEN, IENNE s. et adj. Du Puy-en-Velay ; qui appartient à cette ville ou à ses habitants : *les Puy-Velaisiens; mœurs puy-velaisiennes.*

PYAT (Félix), auteur dramatique et homme politique français, né à Vierzon (Cher), le 4 octobre 1810, mort le 2 août 1889. Il était fils d'un avocat légitimiste qui l'envoya suivre à Paris les cours de la Faculté de droit. Abandonnant les opinions paternelles, le jeune Pyat adopta les idées révolutionnaires et se fit remarquer avant 1830, par la violence de ses discours et de ses motions contre le gouvernement de Charles X. En 1831, il se fit recevoir licencié et inscrire sur le tableau des avocats de Paris. Il ne tarda pas à renoncer à cette carrière pour entrer dans le journalisme. Il collabora à la plupart des publications de l'époque, et écrivit l'épisode des *Filles de Séjan* pour le *Barnave* de Jules Janin. Plusieurs de ses pièces de théâtre, destinées à mettre en relief ses idées politiques et sociales, produisirent une grande sensation. Les *Révolutions d'autrefois* ou les *Romains chez eux* (drame, 3 actes , avec Théodore Burette ; Odéon , 1er mars 1832), furent interdites après la première représentation. Les *Deux Serruriers* (drame) obtinrent un grand succès à la Porte-Saint-Martin, en mai 1842. En 1844, Jules Janin ayant attaqué avec une injustifiable violence, la mémoire et les œuvres de J.-M. Chénier, Félix Pyat lui répondit par un pamphlet dans lequel il traitait sans ménagement son ancien collaborateur et ami. Le prince des critiques poursuivit en police correctionnelle l'écrivain qui venait de l'offenser et le fit condamner à six mois de prison. Pyat donna ensuite ses deux pièces de théâtre les plus populaires, *Diogène* (1846) et le *Chiffonnier de Paris* (1847). La révolution de 1848 mit fin à sa carrière littéraire. Adepte du socialisme , il fut envoyé à l'Assemblée constituante par les électeurs du Cher, et y vota constamment avec la Montagne. Le 13 mai 1849, il fut élu à la Législative par les départements de la Seine et du Cher ; et le 11 du mois suivant, il signa l'appel aux armes rédigé par Ledru-Rollin, au sujet de l'expédition romaine. Le 13 juin , il fut l'un des républicains qui se rendirent au Conservatoire des Arts et Métiers, pour tâcher de faire naître une insurrection. Il parvint ensuite à se sauver en Suisse et fut condamné, par contumace, à la déportation, par la haute cour de justice. Pendant son exil qui dura vingt ans, il fit paraître à Bruxelles les *Loisirs d'un proscrit* (in-18) et les *Lettres d'un proscrit* ; à Londres, *Lettre aux proscrits* (1855), etc. Rentré, à la suite de l'amnistie de 1869, il fut poursuivi pour différents articles publiés par le *Rappel*, se cacha pendant quelque temps, s'enfuit à Londres en mai 1870, et fut condamné, par contumace, à 5 ans de prison, pour avoir fait l'apologie de l'assassinat politique dans un toast porté à *une balle*, relativement au meurtre de Victor Noir par le prince Bonaparte. Lors de la chute de l'Empire, il reparut à Paris et y fonda le journal le *Combat*, dans lequel il propagea l'idée de proclamer une commune révolutionnaire en remplacement du gouvernement de la Défense. Ayant annoncé, le 28 octobre, la capitulation de Bazaine, il reçut à Paris un démenti mensonger et dut encore se cacher, pour échapper à la fureur des gardes nationaux. Le 31, la *vérité* fut connue et fit naître une émeute. Pyat se mit à la tête du mouvement, envahit l'Hôtel de Ville et accepta le titre de membre du comité de Salut public. Cette fois, il fut arrêté et enfermé à la Conciergerie, d'où il sortit le 14 novembre. Son journal ayant été supprimé par Vinoy, à la suite de la tentative insurrectionnelle du 22 janvier 1871, Pyat fonda le *Vengeur*, le 4 février. Elu député de la Seine, le 8 du même mois, il vota contre le traité de paix le 1er mars, et annonça, le surlendemain, qu'il ne paraîtrait plus dans une Assemblée qui, selon lui, n'avait plus le droit de siéger. Son journal fut supprimé le 12 mars ; mais il renaquit sous la Commune. Pyat, élu le 26 mars par le Xe arrondissement, prit une part active à tous les événements subséquents. Il fut successivement membre du premier comité exécutif, de plusieurs commissions spéciales, et du comité de Salut public. Il se réfugia ensuite à Londres, et fut condamné à mort, par contumace, le 27 mars 1873. L'amnistie lui rouvrit les portes de la France; mais il dut encore plusieurs fois se cacher pour échapper aux poursuites dirigées contre lui au sujet d'articles socialistes, insérés dans son journal, la *Marseillaise*, qui faillit par disparaître, quand l'éditeur, effrayé pour ses intérêts personnels, eut retiré son cautionnement.

PYRENÆI MONTES (*gr. Puréne*), ancien nom des Pyrénées. On supposait que le mot grec *Puréne* dérivait de *pûr*, feu; et alors, pour expliquer cette étymologie, on avait, suivant l'habitude, inventé une histoire d'après laquelle ces montagnes avaient jadis été couronnées de flammes. L'étymologie la plus raisonnable est celle qui fait venir le mot Pyrénées du terme celtique *Byrin* ou *Bryn*, montagne.

PYROGRAVURE s. f. (*gr. pûr*, feu; *franç. gravure*). Procédé de gravure obtenu par brûlure. La pyrogravure, imaginée par M. Manuel Perier, consiste à produire un trait coloré noir, brun, rouge, bistre, en employant une pointe de métal rougie et maintenue rouge par le cautérisateur Paquelin.

PYROSOME s. m. [pi-ro-so-me] (*gr. pûr*, *pûros*, feu; *gr. sôma*, corps). Moll. Genre d'ascidies composées, comprenant trois espèces marines qui habitent les pays chauds et qui doivent leur nom à la propriété qu'elles possèdent de répandre une lumière phosphorescente d'un éclat extraordinaire.

PYROMÈTRE. — PYROMÈTRE OPTIQUE. Nouveau pyromètre, basé sur la couleur du fer à différentes températures. On sait que si l'on chauffe ce métal, il passe successivement du rouge à l'orangé, puis au blanc, à mesure que la température s'élève. Afin d'apprécier avec exactitude toutes ces nuances, on a imaginé de se servir d'une espèce de polarimètre. Pour cela, on dispose un prisme de Nicol de chaque côté d'une lame de quartz. La lumière émise par le fer chauffé, traverse le premier

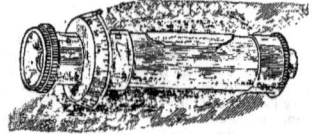

Pyromètre optique. — Fig. 1.

prisme et est polarisée. La lame de quartz qui vient ensuite fait tourner le plan de polarisation d'un certain angle, proportionnel à la longueur d'onde, c'est-à-dire à la couleur de la lumière. Le second prisme sert à mesurer cet angle et à déterminer ainsi la couleur du

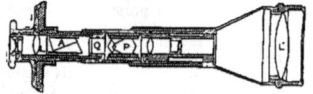

Pyromètre optique. — Fig. 2.

fer. C'est pourquoi il est muni d'un cercle gradué qui permet de lire l'angle dont on l'a tourné pour rétablir la lumière primitive. Notre figure 1 montre l'aspect général de l'appareil. La figure 2 fait connaître les détails : L' est l'objectif qui reçoit la lumière; P, le premier prisme de Nicol ; Q, la lame de quartz; A, le second prisme; L, l'oculaire; I, le cercle gradué qui mesure les angles.

PYXIDE s. f. [pi-ksi-de] (*gr. puxidion*, petite boîte). Bot. Fruit apocarpe déhiscent, uniloculaire, dont le péricarpe se sépare transversalement, lors de la maturité, comme une boîte à savonnette ou comme un vase et son couvercle, par une scissure circulaire, en deux valves superposées, dont la supérieure forme une sorte de couvercle (amarante), et dont l'inférieure, qui reste attachée au réceptacle, porte les placentas. Cette organisation particulière s'observe dans le jusquiame et dans le mouron rouge.

PYXIDIE s. f. [pi-ksi-dî] (*gr. puxidion*, petite boîte; de *puxos*, buis). Bot. Fruit à une ou plusieurs loges provenant de plusieurs carpelles soudés, comme dans la jusquiame, le pourpier et le, couropita, dont le fruit est gros comme un boulet de 36.

Q

QUADRICYCLE s. m. [koua-dri-si-kle] (préf. *quadri*; gr. *kuklos*, cercle). Petit véhicule à quatre roues, dans le genre du bicycle et du tricycle.

QUADRIFOLIÉ, ÉE, adj. [koua-]. Bot. Qui présente quatre feuilles.

QUADRILOBÉ, ÉE, adj. [koua-]. Bot. Qui a quatre lobes.

QUADRIPARTITE, adj. [koua-] (préf. *quadri*; franç. *partite*). Bot. Divisé en quatre parties.

QUAND MÊME loc. adv. Toujours; malgré

tout; quoi qu'il arrive : *Qui vive? France, quand même!* (devise de la Ligue des Patriotes).

Nos pères, les Gaulois, ont planté leur emblème,
Le coq, au cri strident, au courage indompté,
Sur les bords de ce Rhin qui nous est disputé.
Quand viendront les dangers d'une lutte suprême,
Comme au temps de Carnot tout se soulèvera ;
Où le coq a chanté le lion rugira.
Quand même.   T. DE M.

QUARIATES, peuple de la Gaule narbonaise, à l'O. du sommet des Alpes Cottiennes, dans la vallée de *Queyras*.

QUART D'ŒIL. Argot. Commissaire de police.

QUASIMODO. Personnage de la *Notre-Dame de Paris*, de Victor Hugo, type de l'homme hideusement contrefait.

QUEUE (Faire la). Jargon. Tromper.

QUEUE-DE-MORUE s. f. Nom que l'on donnait à l'ancien habit noir à pans faisant presque la fourche : *des queues-de-morue*.

QUEUE-ROUGE s. m. Paillasse, par allusion à la perruque rouge que portaient jadis les pitres de la foire : *des queues-rouges*.

QUILLES (jeux). — Un jeu de quilles se compose d'une boule et de neuf quilles ou morceaux de bois longs, ronds, d'égale grandeur, taillés ou tournés de diverses manières, mais toujours assez larges à la base pour se tenir facilement debout. On dispose ces quilles de différentes manières, suivant les parties, et on cherche à les abattre en se plaçant à une distance déterminée et en lançant la boule au milieu d'elles. Dans la partie ordinaire, on range, à terre, les quilles en carré sur trois rangs parallèles de front et trois de profondeur, comme le montre notre gravure.

de manière qu'elles soient à égale distance les unes des autres. On marque, à une certaine distance, un but d'où les joueurs lanceront la boule. L'ordre des joueurs ayant été fixé, chacun, placé au but, jette la boule une fois ou deux fois de suite, selon les conventions. Après le coup ou les deux coups du joueur, on relève les quilles et l'on compte ses points. Toute quille abattue vaut un point, mais quelquefois on convient que celle du milieu comptera pour 3 ou pour 9 points, si elle est abattue seule. Un joueur qui fait *chou blanc*, c'est-à-dire qui n'abat pas au moins une quille au premier jet de la boule, cède la place à un adversaire sans essayer de suite d'un second coup. Le gagnant est celui qui arrive le premier à un certain nombre de points fixé d'avance (ordinairement 21). Dans certaines parties, on convient que celui qui, lors d'un coup de boule, abat plus de quilles qu'il n'en faut pour arriver juste au nombre voulu de points, sera *brûlé* ou *crevé*, c'est-à-dire qu'il perdra tous ses points et sera forcé de recommencer. *Exemple* : supposons que l'on ait 19 points, dans une partie de 21 points, et que l'on fasse 2 points : on aura gagné ; mais si la boule abat 3 ou 4 quilles, on sera crevé ou

But

brûlé. Toute quille qui tombe sans avoir été touchée par la boule ne compte pas ; il en est de même de toute quille touchée qui ne tombe qu'après que la boule s'est arrêtée ; mais cette règle générale n'est pas admise par tous les joueurs. — QUILLES A LA POULE. C'est une partie de quilles ordinaire dans laquelle chaque joueur lance à son tour une seule fois la boule ; celui qui a abattu le plus de quilles a gagné la poule ou *somme des enjeux* déposés par les joueurs. Si deux ou plusieurs joueurs abattent le même nombre de quilles, en admettant que ce nombre soit le plus fort, la poule n'appartient à personne ; dans ce cas, ceux qui ont abattu moins de quilles mettent une nouvelle mise et on recommence la partie. — QUILLES AU BATON. Jeu dans lequel on emploie 7 grosses et longues quilles de bois, plantées sur une même ligne et que l'on abat en jetant un bâton au lieu de boule. Pour gagner, il faut en renverser un nombre pair.

QUINCONCIAL, ALE adj. Bot. Se dit d'une préfloraison alternante dans laquelle les pièces successives sont à deux cinquièmes de circonférence l'une de l'autre.

QUINQUÉFOLIÉ, ÉE adj. (kuain-kué) (lat. *quinque*, cinq ; *folium*, feuille). Bot. Qui a cinq feuilles.

QUINQUEFOLIOLÉ, ÉE adj. (kuain-kué) (lat. *quinque*, cinq ; franç. *foliole*). Bot. Qui a cinq folioles.

QUO NON ASCENDAM? Phrase lat. qui signifie : *où ne monterai-je pas ?* Fouquet la prit pour devise, en la plaçant au-dessous d'un écureuil.

QUOS EGO, loc. lat. qui signifie littéralement *que je... ou je devrais...* C'est la menace que Neptune adresse aux vents. (*Enéide*, liv. 1er.)

R

RABOU (Charles-Félix-Henri), littérateur, né à Paris le 6 sept. 1803, mort dans la même ville le 1er fév. 1871. Il abandonna le barreau pour le journalisme, collabora à divers journaux sous la Restauration et sous les gouvernements qui suivirent. Ses romans témoignent d'un véritable talent. Sous le pseudonyme d'Emile Palman, il a publié l'*Hist. de tout le monde* (1829, 3 vol.), avec Regnier-Destourbet, puis il donna : *Contes bruns par une tête à l'envers* (1831), recueil de nouvelles avec Ph. Chasles et Balzac. Ce dernier, en mourant, le chargea de terminer des romans qu'il laissait inachevés : le *Député d'Arcis* (1854, 4 vol.) ; le *Comte de Sallenave* (1855) ; la *Famille Beauvisage* (1855) ; les *Petits bourgeois de Paris* (1856-'57). Rabou a écrit, sans collaborateurs, un certain nombre de romans, dont plusieurs obtinrent un grand succès ; citons : *Louison d'Arquien* (1840, in-8º) ; le *Pauvre de Montlhéry* (1842, in-8º) ; le *Capitaine Lambert* (1843, 2 vol. in-8) ; la *Reine d'un jour* (1845, 3 vol. in-8º) ; l'*Allée des Veuves* (1846, 3 vol. in-8º) ; M*me* *de Chaumergis* (1854, 2 vol. in-8º) ; le *Cabinet noir* (1866, 5 vol. in-8º) ; la *Fille sanglante* (1857, 4 vol. in-8º) ; les *Frères de la mort* (1857, 5 vol. in-8º) ; le *Marquis de Lupiano* (1858, 6 vol. in-8º) ; *Tri-*

bulations et métamorphoses posthumes de maître *Fabricius* (1860, in-8º) ; la *Grande-Armée* (1860, in-8º) ; les *Grands danseurs du roi* (1860, 3 vol. in-8º).

RACHIS s. m. (gr. *rakis*, épine dorsale). Bot. Pédoncule commun d'une inflorescence, pétiole d'une feuille composée.

RACINE. — **Encycl.** La racine est cette partie inférieure des végétaux qui se dirige en sens inverse de la tige, et par laquelle la plante adhère au sol. Toutefois, le véritable caractère des racines n'est pas d'être situées sous la terre ; il y en a qui naissent en l'air ; et l'on voit beaucoup de tiges qui sont souterraines et qui portent le nom de rhizomes. — Au moment de la naissance de la plante, on observe toujours une racine principale opposée à la tige : c'est la *radicule*. Celle-ci, en se développant ensuite, présente trois modifications importantes : 1º tantôt elle continue à s'allonger, à grossir ; elle peut émettre des ramifications plus ou moins nombreuses. Cette racine est dite *entière*, *simple* ; si l'axe prend un grand développement, la racine est *pivotante* ; quand le pivot est renflé, comme dans la carotte, la racine est dite *fusiforme* ; si elle est plus ren-

flée vers son origine, comme certaines raves, elle est *rapiforme*. Celle qui présente, sur différents points de son étendue, des tubercules plus ou moins nombreux est dite *tubercuse*, comme dans les orchidées, la pomme de terre,

Racine souterraine ou rhizome du carax.

etc. La racine *bulbeuse* ou *bulbifère* est une espèce de tubercule horizontal et aplati que l'on nomme *plateau* et qui produit, par sa partie inférieure, une racine fibreuse, tandis qu'il supporte supérieurement une bulbe ou

cignon, qu'on peut considérer comme un bourgeon, formé d'un grand nombre d'écailles ou de tuniques appliquées les unes sur les autres, comme dans le lis, l'ail, les jacinthes, etc. 2° La seconde modification se présente

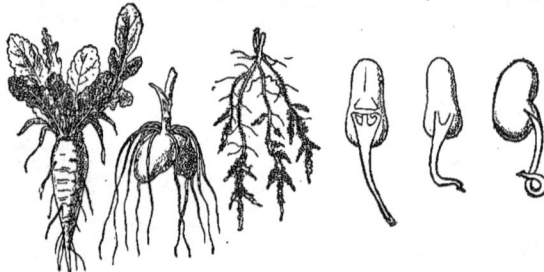

Racine pivotante du navet.   Racine tubéreuse de l'orchis.   Racine fibreuse du blé.   Déviations de la racine de haricot.

quand autour du pivot ou axe, il se développe d'autres radicules égales ou même plus considérables, qui naissent à peu près à la hauteur du collet, marchent et croissent concurremment en formant une sorte de faisceau ; on les appelle alors racines composées ou fasciculées (fasciculus, petit faisceau). Si le faisceau de ces ramifications en comprend un grand nombre et qu'elles soient minces et effilées, la racine reçoit le nom de fibreuse, comme dans le blé. 3° Enfin, quelquefois, les racines pivotantes vivaces prennent, au bout de quelques années une forme compliquée. Leurs radicelles grossissent, se rapprochent des dimensions du pivot lui-même et semblent en être de véritables branches. La racine prend alors la dénomination de rameuse, comme dans la plupart de nos arbres. — On peut facilement suivre, lors de la germination des haricots ou des fèves, la formation de la radicule et les déviations qu'elle est souvent forcée de subir, pour ramener l'embryon dans la position verticale, lorsque la graine est mal posée.

RADICIFORME adj. Dont la forme rappelle celle d'une racine.

RAIDISSEUR s. m. Hortic. Sorte de vis sans fin avec une roue crénelée, qui reçoit un cran d'arrêt destiné à tendre des fils de fer pour le palissage.

RAJEUNIR v. a. Hortic. Retrancher de vieilles branches dans le but d'en obtenir des nouvelles.

RÂLER v. n. Crier, en parlant du faon.

RAME s. f. Hort. Par ext., on nomme pois à rames, haricots à rames, des pois ou des haricots de haute tige ayant besoin de support.

RAMEAU s. m. Hortic. Partie supérieure d'une branche chargée de feuilles ou de fleurs : le rameau est le bourgeon aoûté.

RAMPONNEAU (Jean), fameux cabaretier de la basse Courtille, qui obtint une vogue extraordinaire de 1752 à 1765, en vendant du vin à 3 sous et demi la pinte. Son cabaret fut, pendant un moment, le lieu de rendez-vous du beau monde parisien.

RAMS s. m. [ramss]. Nom d'un jeu de cartes. On dit aussi REMS. — Le rams se joue, avec 32 cartes, à 3, 4, 5, ou 6 personnes. La valeur des cartes est la même qu'à l'écarté, le roi étant la plus forte et l'as prenant rang entre le valet et le dix. D'après certaines règles, l'as est la plus forte carte, mais c'est une dérogation véritable. Ordinairement on convient qu'il n'y aura qu'un gagnant et qu'un perdant, mais on admet quelquefois qu'il pourra y avoir plusieurs gagnants et plusieurs perdants. On convient

donc de l'enjeu que le ou les perdants auront à payer au gagnant ou aux gagnants et on distribue à chaque joueur un nombre égal de jetons, ordinairement 5 ou au plus 10. Ensuite on tire la main à la plus haute carte, la donne étant avantageuse. Le donneur, après avoir fait couper, distribue à chacun 5 cartes, par 3 et 2 ou par 2 et 3 à son choix. Il s'en donne le même nombre et retourne la première carte du talon, laquelle annonce la couleur de l'atout. Le premier joueur, à droite du donneur, prend la parole et dit « je passe » ou « Je tiens », suivant que son jeu lui paraît mauvais ou bon. Chaque joueur annonce à son tour si son intention joue une carte quelconque. Quand tous, mécontents de leur jeu, ont dit « Je passe » le coup est gagné par le donneur qui, ayant fait rams, remet 5 de ses jetons dans le panier. Mais si un ou plusieurs joueurs ont déclaré tenir, le donneur a le privilège d'écarter une de ses cartes, sans la montrer aux autres joueurs, et de prendre la retourne en échange. Quand tout le monde passe excepté un seul joueur, le premier en cartes peut revenir sur sa parole et tenir contre le tenant ; ce droit appartient à lui seul. Si tout le monde passe excepté un seul joueur, celui-ci fait rams, quel que soit son rang. Le premier de ceux qui tiennent joue une carte quelconque ; les autres joueurs qui ont également tenu sont obligés de fournir et de forcer, ou de couper, s'ils n'ont pas de la couleur demandée, et même de surcouper le cas échéant. Enfin, il faut prendre quand on le peut et donner de l'atout lorsque la couleur demandée fait défaut. Chaque levée que fait un joueur lui permet de se débarrasser d'un jeton, qu'il remet au panier. Celui qui a tenu et qui n'a fait aucune levée est ramsé ; non seulement il garde tous ses jetons, mais encore il est obligé d'en prendre 5 de plus. Pendant que jouent les personnes qui tiennent, celles qui ont passé gardent le silence, après avoir posé leurs cartes au talon, sans les montrer. Le coup terminé, ces personnes ne prennent pas d'autres jetons ; mais elles gardent ceux qu'elles ont. Ensuite la main passe à droite du premier donneur et ainsi de suite. Le premier ou les premiers qui se débarrassent de tous leurs jetons sont les gagnants (suivant les conventions) ; ils se retirent du jeu et la partie se continue entre les autres pour voir quel sera le perdant ou les perdants. Ordinairement, la question se vide en dernier ressort entre les deux derniers joueurs restant et le perdant est celui qui conserve encore un ou plusieurs jetons quand les autres n'en ont plus. Quand un coup est commencé, il arrive quelquefois que l'un des joueurs fait, avant la fin de ce coup, assez de levées pour pouvoir se débarrasser de tous ses jetons : il ne lui est pas permis de se retirer de suite ; il faut qu'il attende la fin du coup, dans l'intérêt des autres joueurs. Mais quand il n'y a plus que deux joueurs, le premier qui a fait assez de levées pour se débarrasser de ses jetons

peut se retirer sans terminer le coup, quel que soit le nombre des cartes qui lui restent en main. On admet quelquefois une complication qui consiste dans l'adjonction d'un mort, quand le nombre des joueurs n'est pas supérieur à cinq. Le mort se compose de 5 cartes, que le donneur sert sur le tapis dans les mêmes conditions que les cartes des autres joueurs, et que le premier en cartes a le droit de prendre, sans les regarder, en échange des siennes qu'il ne trouve pas bonnes. S'il n'use pas de ce droit, le joueur suivant peut en profiter, et ainsi de suite. Dans certains cercles, le mort est forcé, c'est-à-dire que le premier en cartes est forcé de jouer, soit avec son jeu, soit avec le mort. S'il joue avec son jeu, son voisin de droite doit prendre le mort ou jouer avec son jeu, et ainsi de suite. On admet aussi quelquefois la convention de jouer atout en secours, c'est-à-dire que celui qui a fait la première levée doit ensuite jouer un atout ; et s'il n'a pas d'atout il joue la carte retournée que l'on considère comme étant de l'atout.

RANKE (Léopold von) [rânn-ké], célèbre historien allemand, né à Viehe (forêt de Thuringe), le 21 décembre 1795, mort le 23 décembre 1886. Il débuta dans l'enseignement à Francfort (1818), fut nommé professeur d'histoire à l'Université de Berlin (1825), historiographe de Prusse (1841) et président de la commission historique de Munich (1859). En 1865. il reçut des lettres de noblesse, et à la mort de Bœkh, il devint chevalier de l'ordre du Mérite. Le 21 décembre 1885, la ville de Berlin lui donna le droit de bourgeoisie ; et le jour où il atteignit ses 90 ans (21 décembre 1885), devint l'occasion d'une manifestation sympathique à laquelle s'associèrent la cour et les universités. Ses travaux, comme historien, le placent bien au-dessus de tout ce que l'Allemagne contemporaine a produit de plus savant, et il est considéré comme le chef de l'école historique allemande. Sa célébrité débuta à son Histoire des Papes, leur Église, leur État aux xvie et xviie siècles (1834-'36, 3 vol.) Une sixième édition fut publiée en 1874, avec le titre : Die Rœmische Pœpste in den letzten vier Jarhunderten ; une 7e édition parut en 1875. Son Histoire de l'Allemagne au temps de la Réformation (1839-'47, 6 vol.), ne fut pas moins remarquée ; elle eut une 5e édition en 1872 (5 vol.). Ses œuvres complètes, réunies en 36 vol. (1867-'77), comprennent une Histoire de France, principalement aux xvie et xviie siècles (1852-'61, 5 vol. ; 3e édit. 1877) ; une Histoire d'Angleterre aux xvie et xviie siècles (1859-'67, 6 vol.), etc.

RAON-LES-LÉAU, commune du canton de Badonviller (Meurthe-et-Moselle) ; 400 habitants. Ce village, cédé à l'Allemagne par le traité du 10 février 1871, redevint français, le 12 novembre 1871, à la suite d'une rectification de frontières. Le 24 septembre 1888, fut inauguré, à l'entrée du cimetière de Raon-les-Leau, un monument élevé par souscription à la mémoire du piqueur Brignon, mortellement blessé à Vexaincourt, le 24 septembre de l'année précédente, par le soldat allemand Kauffmann.

RAPIFORME, adj. (lat. rapa, rave ; franç. forme). Hist. nat. Qui a la forme d'une rave : racine rapiforme.

RASPAIL (Eugène), homme politique, né à Gigondas (Vaucluse), le 12 septembre 1812, mort en septembre 1888. Il était neveu de F.-V. Raspail, et s'occupa, comme lui, de sciences naturelles. Ses compatriotes l'envoyèrent à la Constituante, en 1848 ; il siégea à l'extrême gauche et mourut. Il a laissé des Observations sur un nouveau genre de sauriens.

RASPAIL (liqueur hygiénique de). Mettez dans un litre d'alcool à 21° : sommités et

racines d'angélique, 30 grammes; calamus aromaticus, 4 grammes; myrrhe et cannelle, de chaque, 2 grammes; aloès, clous de girofle et vanille, de chaque, 1 gramme; camphre, 50 centigrammes; noix muscade, 25 centigrammes; safran, 5 centigrammes. Laissez macérer pendant quinze jours au soleil, ou vingt-quatre heures auprès du feu en agitant fréquemment. Filtrez avec expression; ajoutez à la liqueur 600 grammes de sucre fondu sur le feu dans un demi-litre d'eau et mettez en bouteilles. Cette recette est celle du *Manuel de la santé*. — *Autre*. Prenez : racines et semences d'angélique, 15 grammes; calamus aromaticus, 4 grammes; aloès et muscade, de chaque 25 centigrammes; myrrhe, 1 gramme; cannelle, girofle, safran, camphre, vanille, de chaque, 25 centigrammes. Faites macérer au soleil, pendant *quelques* jours, dans 1 litre d'eau-de-vie, en agitant une fois par jour au moins; ajoutez 5 centilitres d'eau-de-vie. puis 500 grammes de sucre fondu dans un demi-litre d'eau; filtrez, etc.

RASTAQUOUÈRE s. m. (du catalan, *rastacouère*, râtelier). Homme qui vit à plusieurs râteliers ou qui a des moyens d'existence peu avouables.

RATTIER (François-Edmond), homme politique, né à Paris, en 1822, mort en septembre 1890. Après avoir servi dans les zouaves, il était sergent au 48° de ligne, lorsque les troupes de la garnison de Paris le désignèrent aux suffrages des démocrates qui voulaient consacrer l'union du peuple et de l'armée. Il fut donc élu député de Paris en mai 1849, à une grande majorité. Membre de l'Assemblée législative, Rattier siégea à la Montagne. Il fut compromis dans la manifestation du Conservatoire des Arts et Métiers. Il s'enfuit à Londres et fut condamné, par contumace, à la déportation. Il revint à Paris en 1862 et fut nommé, en 1870, chef de bataillon au 120° régiment de marche. Bien que n'ayant pris aucune part aux événements de la Commune, il fut arrêté le 2 juin 1871 et conduit à Versailles, où il fut enfermé à la ferme de la Ménagerie. Il y resta quatre mois environ et bénéficia d'une ordonnance de non-lieu. Revenu à Paris, il fit le courtage en librairie. Ledit article a été complété par la loi du 5 mars 1890, gagnant à peine de quoi vivre misérablement. Il fut l'ami et le compagnon de Ledru-Rollin. Il fut également le promoteur de la Bourse du travail et du service militaire obligatoire. Il mourut sur un grabat, dans l'arrière-boutique d'une petite librairie de l'avenue du Maine.

RAUQUER v. n. Crier d'une voix rauque : *les tigres rauquent*. (Buffon.)

RAVALER v. a. Hortic. Supprimer, en parlant d'une partie des rameaux d'un arbre.

RAVITAILLEMENT. — Législ. L'article 7 de la loi du 3 juillet 1877 donne à l'autorité militaire, en cas d'urgence, le droit de pourvoir par voie de réquisition à la formation des approvisionnements nécessaires à la subsistance des habitants des places de guerre. Ledit article a été complété par la loi du 5 mars 1890, qui décide que les réquisitions à opérer en vue de la constitution de ces approvisionnements peuvent être faites par les autorités administratives en vertu d'une délégation spéciale du gouverneur de la place. Un décret rendu en exécution de cette dernière loi, le 12 du même mois, détermine les règles générales du ravitaillement des places fortes, au moment de la mobilisation totale ou partielle de l'armée. Ce décret indique aussi les mesures qui doivent être prises, dès le temps de paix, pour assurer, en cas de siège, la subsistance de la population civile des places fortes et de celles des communes englobées dans le périmètre de défense de ces places. Des approvisionnements permanents doivent être constitués et entretenus, quand la formation d'approvisionnements éventuels aura été reconnue

par le ministre de la guerre devoir être insuffisante. Ces approvisionnements sont destinés à subvenir aux besoins des populations, en vivres, fourrages, combustibles et autres denrées ; ils restent en la possession de l'autorité militaire, jusqu'à ce que le gouverneur de la place donne l'ordre de les distribuer aux habitants, par suite de l'épuisement complet des ressources locales. Ils sont alors délivrés, au fur et à mesure des besoins, à l'autorité municipale, qui fait la répartition entre les habitants et qui est chargée d'en recouvrer le montant aux prix fixés par le dernier tarif des subsistances militaires. Enfin le décret du 3 juin 1890, modifiant les articles 10, 34 et 35 de celui du 2 août 1877, porte notamment que le gouverneur d'une place de guerre peut déléguer le droit de requérir les prestations pour le ravitaillement de la place aux préfets, sous-préfets et maires, ainsi qu'aux ingénieurs des ponts et chaussées et des mines. CH. Y.

RAYA s. m. Nom donné en Turquie aux sujets non musulmans : *des rayas*. On écrit aussi RAÏA.

RAYON MÉDULLAIRE. Bot. Tissu cellulaire qui s'épaissit et se durcit à l'état adulte, dont la disposition rayonne du centre et qu'on observe sur la coupe transversale d'une tige dicotylédonée.

RECENSEMENT. — Législ. Chez quelques peuples de l'antiquité on opérait d'une façon irrégulière et très imparfaite, le dénombrement de la population. En France, sous le régime féodal, le recensement était fait dans chaque fief, afin de servir à l'exercice des droits de suzeraineté. C'est seulement sous la Révolution que le recensement a été prescrit et régulièrement pratiqué, en vertu des lois du 28 juin 1790, des 19, 20 août 1791, des 19, 22 juillet suivant, du 10 vendémiaire an IV, etc. On y procéda ensuite dans les années 1800, 1806, 1812, 1831, et depuis lors tous les cinq ans. Le recensement s'effectue le même jour sur tout le territoire de la France et en vertu d'un décret qui en détermine le mode. Chaque citoyen ou habitant est tenu de répondre aux questions qui lui sont adressées à ce sujet par le maire de la commune ou par ses agents, et la personne qui refuse de répondre d'une manière convenable à ces questions commet une contravention et, par suite, est passible d'une amende de un à cinq francs, par application de l'article 471, paragraphe 15 du Code pénal. C'est ce qui résulte notamment d'un arrêt de la chambre criminelle de la Cour de cassation en date du 6 mars 1887.
— Le recensement de la population est indispensable, non seulement pour fixer le tarif, par commune, de l'impôt des portes et fenêtres, de celui des patentes, des taxes sur les chevaux et voitures, sur les billards, et aussi des droits d'entrée sur les boissons, mais aussi pour déterminer le traitement des magistrats, l'indemnité de résidence due aux instituteurs, etc. Nous avons parlé plus haut (au mot POPULATION) des résultats du dénombrement fait en 1886. Le dernier recensement a eu lieu le 12 avril 1891, en exécution d'un décret du 1er mars précédent; mais les résultats officiels ne peuvent être définitivement arrêtés avant l'achèvement du travail de récapitulation qui nécessite un délai de plus d'une année. Dans le chiffre de la population servant de base à l'assiette de l'impôt ou à l'application de plusieurs lois, on ne doit pas compter les catégories suivantes : troupes de terre et de mer, maisons centrales et prisons, dépôts de mendicité, asiles d'aliénés, hospices, lycées et collèges communaux, écoles spéciales, séminaires, maisons d'éducation et écoles avec pensionnat, communautés religieuses, réfugiés à la solde de l'État, ouvriers étrangers à la commune et attachés des chantiers temporaires de travaux publics. = Le *recensement des chevaux et voitures*, en vue de la mobilisation de

l'armée, s'effectue en exécution des lois militaires. (Voy. au *Dictionnaire*, le mot CHEVAL.) CH. Y.

RÉCHAUD s. m. Hortic. Garniture de fumier que l'on met autour d'un châssis pour maintenir ou augmenter la température.

RÉCIDIVE. — Législ. Nous avons déjà analysé la loi du 27 mai 1885, qui a institué la *relégation* aux colonies pénitentiaires pour les récidivistes incorrigibles. (Voy. au *Dictionnaire*, t. V, p. 59). Nous avons aussi parlé dans ce *Supplément* (voy. LIBÉRATION) d'une autre loi, due à l'initiative de M. Bérenger, sénateur, celle du 14 août 1885, laquelle a fondé le régime de la *libération conditionnelle*. Le même sénateur poursuivant avec une persévérance infatigable la réforme de notre système pénitentiaire a fait adopter (L. du 26 mars 1891) une loi tendant à faire varier l'application des peines selon que le coupable se trouve ou non en état de récidive. « Il y a cinquante ans, disait M. Bérenger au Sénat, dans la séance du 23 mai 1890, on ne comptait, d'après nos statistiques criminelles, que 82,000 prévenus poursuivis à la requête du ministère public pour faits de droit commun; vingt-cinq ans après, vers 1865, ce chiffre de 82,000 se trouvait porté à 160,000 : c'était presque un doublement; vingt-cinq ans plus tard, c'est-à-dire en 1887, ce même chiffre s'élevait à 205.028. Tout porte à croire qu'il est plus élevé encore à l'heure actuelle: c'est presque un triplement de la criminalité depuis cinquante ans. Ce qui est presque l'unique cause de cet accroissement redoutable, c'est la récidive. Si on recherche en effet le nombre des premières fautes, il n'y a presque pas d'augmentation. C'est la récidive qui est la cause unique de cette étrange progression. Rien n'est plus propre à accuser notre système pénal. On est en droit de se demander avec inquiétude si notre régime de répression n'aggrave pas le mal qu'il devrait corriger. — On a mis surtout en cause notre régime des prisons, encore si défectueux. On a eu raison. Il a la plus large part de responsabilité dans le mal; je parle du régime de fait de l'emprisonnement en commun qui, malgré l'excellente loi du 5 juin 1875, sur la séparation individuelle, a continué à subsister dans la plupart de nos prisons. — Oui, la est sans doute la principale cause de ces rechutes. Le mélange désastreux de l'homme condamné pour la première fois et susceptible de s'amender, avec l'habitué des prisons, avec ceux qu'on appelle justement des délinquants professionnels, est une cause permanente de contagion à laquelle les natures vigoureuses seules peuvent résister. Si à cet élément si évident de corruption on ajoute les inévitables entraînements que le condamné va trouver au sortir de la prison par le fait des relations qu'il y a contractées, des conseils ou des menaces dont il sera l'objet, on comprend combien il était sage de poursuivre d'abord cette utile réforme de notre système pénitentiaire. ...Mais dans les quinze ans écoulés, depuis 1875, on n'a pu transformer que vingt prisons. Or, nous en avons 366. Si nous marchons du même pas, il y a un calcul bien simple à faire; il faudra 300 ans pour achever la réforme. » M. Bérenger exposait ensuite au Sénat que la loi sur la relégation est insuffisante; car, en quatre années, on a relégué 3,000 récidivistes alors que la moyenne annuelle des récidives est de 78,000. Dans plusieurs pays, notamment en Angleterre et en Italie, on a cherché à faire varier la peine suivant l'état moral de l'individu, et à suspendre pendant un certain temps la condamnation. La loi du 25 mars 1891, au lieu de suspendre la condamnation, permet seulement au juge d'ordonner qu'il sera sursis à l'application de la peine de l'emprisonnement, à la condition que l'inculpé n'ait subi antérieurement aucune condamnation à la prison. Et si pendant le délai de cinq

ans à dater du jugement ou de l'arrêt portant le sursis, le condamné n'encourt aucune autre condamnation à l'emprisonnement pour crime ou délit, celle dont l'exécution était suspendue devra être considérée comme non avenue. La suspension de la peine ne s'applique pas au payement de l'amende, des frais du procès, ni des dommages-intérêts. — D'autre part, quiconque ayant été condamné à plus d'une année d'emprisonnement aura commis, dans le délai de cinq années après l'expiration de sa peine, un crime ou un délit puni de la peine de l'emprisonnement devra être condamné au maximum de la peine portée par la loi, et ladite peine pourra être portée jusqu'au double de ce *maximum*. La loi dont il s'agit comporte la modification des articles 5 et 58 du Code pénal; elle modifie ces articles, notamment sur trois points, savoir : 1° le caractère de la récidive s'applique, non plus à tout délit puni de peines correctionnelles, mais seulement à celui qui est puni de l'emprisonnement; 2° la surveillance de la haute police est remplacée par l'interdiction de séjour; 3° les conséquences de la récidive ne s'appliquent plus qu'au délit qui a été commis dans les cinq années de la condamnation précédente.   Ch. Y.

RÉCLINÉ, ÉE part. passé de RÉCLINER. — Bot. Se dit d'un rameau, d'une feuille ou de tout autre organe dont la partie supérieure se retourne pour se diriger vers le sol, quand sa base était ascendante.

RECRU, UE adj. Forest. Se dit d'un semis produit naturellement dans un bois, dans une forêt, etc.

RECRUTEMENT. — Législ. Nous devons nous borner à résumer, dans ce *Supplément*, les principales modifications apportées au mode de recrutement de l'armée française par la loi du 15 juillet 1889. Cette loi a abrogé et remplacé celle du 27 juillet 1872 dont nous avions analysé les dispositions dans le *Dictionnaire* (t. V, p. 40). La durée du service militaire imposé à tout Français est portée à vingt-cinq années. Ce temps de service est ainsi réparti : trois ans dans l'armée active; sept ans dans la réserve de cette armée; six ans dans l'armée territoriale ; et neuf ans dans la réserve de ladite armée. La durée du service est comptée du 1er novembre de l'année dans laquelle le jeune homme a été inscrit sur les tableaux de recensement. Il doit être porté sur ces tableaux par le maire de la commune où il est domicilié, dans l'année qui suit celle dans laquelle il a atteint l'âge de vingt ans révolus. Les individus qui sont *exclus* de l'armée, parce qu'ils ont été condamnés à certaines peines, sont aujourd'hui, en vertu de la nouvelle loi, mis à la disposition du ministre de la marine pour leur temps de service actif, et aussi en cas de mobilisation. Ce sont: 1° les individus qui ont été condamnés à une peine afflictive et infamante; 2° ceux qui, ayant été condamnés à une peine correctionnelle de deux ans d'emprisonnement au-dessus, ont été *en outre* interdits de tout ou partie de l'exercice des droits civiques, civils et de famille; 3° les relégués collectifs. (Voy. ci-après RELÉGATION.) Les relégués individuels sont incorporés parmi les disciplinaires coloniaux, conformément à la loi spéciale du 18 février 1888. — Certains condamnés à l'emprisonnement ne sont pas exclus, mais doivent être incorporés dans les bataillons d'infanterie légère d'Afrique. Cela ne s'applique pas à ceux qui ont été condamnés pour faits politiques. Les individus qui sont nés en France de parents étrangers, et qui résident en France sont portés sur les tableaux de recensement, sauf le droit qu'ils peuvent exercer de réclamer leur inscription. (Voy. ci-dessus le mot NATIONALITÉ.) — Les jeunes gens qui ont été *omis* sur les tableaux de recensement de leur classe

sont inscrits sur les tableaux de la classe qui est appelée aussitôt après la découverte de l'omission, à moins qu'ils ne soient âgés de quarante-cinq ans accomplis à l'époque de la clôture des tableaux ; et ils sont libérés à titre définitif, à l'âge de cinquante-huit ans au plus tard. Mais en vertu d'une loi du 2 février 1891, qui a modifié l'article 17 de celle du 15 juillet 1889, il y a lieu de distinguer, parmi les omis, ceux qui n'ont pas, huit jours au moins avant le tirage au sort, justifié par une demande déposée à la sous-préfecture que l'omission antérieurement faite de leur nom sur le tableau de recensement ne pouvait être imputée à leur négligence. Faute de cette réclamation, les omis dont il s'agit, sont inscrits en tête de la liste du tirage, et les premiers numéros leur sont attribués de droit. L'examen des tableaux de recensement et le tirage au sort sont faits au chef-lieu de canton, en séance publique, devant le sous-préfet de l'arrondissement, assisté de tous les maires des communes du canton. Sont *exemptés* par le conseil de révision siégeant au chef-lieu de canton, les jeunes gens que leurs infirmités rendent impropres à tout service actif ou auxiliaire; et il leur est délivré pour justifier de leur situation, un certificat qu'ils sont obligés de représenter à toute réquisition des autorités militaire, judiciaire et civile. Ceux qui, sous l'empire de la loi de 1872, se trouvaient dans d'autres cas d'exemption du service militaire, sont seulement aujourd'hui dispensés d'accomplir tout le service en temps de paix, et après un an de présence sous les drapeaux, ils sont envoyés en congé sur leur demande, jusqu'à l'époque de leur passage dans la réserve de l'armée active. — Voici quelles sont les diverses catégories de *dispensés* qui ne sont tenus, en temps de paix, qu'à une année de présence dans l'armée active : 1° l'aîné d'orphelins de père et de mère ou l'aîné d'orphelins de mère dont le père est déclaré absent ou interdit; 2° le fils unique ou l'aîné des fils, ou à défaut de fils ou de gendre, le petit-fils unique ou l'aîné des petits-fils d'une femme veuve, ou d'un père aveugle ou entré dans sa soixante-dixième année; 3° le fils unique ou l'aîné d'une famille de sept enfants au moins; 4° le plus âgé des deux frères inscrits la même année sur les listes de recrutement cantonal ou faisant partie du même appel; 5° celui dont un frère est présent sous les drapeaux dans la première partie du contingent au moment de l'appel de la classe ; 6° celui dont le père est mort en activité de service, ou réformé, ou admis à la retraite, pour blessures reçues dans un service commandé ou pour une infirmité contractée dans les armées de terre ou de mer ; 7° les jeunes gens qui contractent l'engagement de servir pendant 10 ans dans l'instruction publique : soit en France, soit dans les écoles françaises d'Orient ou d'Afrique subventionnées par le gouvernement français ; 8° les jeunes gens qui ont obtenu ou qui poursuivent leurs études en vue d'obtenir: soit le diplôme de licencié ès lettres ou ès sciences, de docteur en droit ou en médecine, de pharmacien de 1re classe, de vétérinaire; soit le titre d'interne des hôpitaux, nommé au concours, dans une ville où il existe une faculté de médecine; soit le diplôme délivré par l'école des Chartes, l'école orientale des langues vivantes, ou l'école d'administration de la marine; soit le diplôme délivré par plusieurs autres écoles nationales, par l'école des hautes études commerciales et les écoles supérieures de commerce reconnues par l'État ; soit l'un des prix de Rome, soit un prix ou une médaille d'État dans les concours annuels de l'École nationale des beaux-arts, du Conservatoire de musique ou de l'École nationale des arts décoratifs ; 9° les jeunes gens exerçant les industries d'art et qui auront été admis par un jury d'État départemental dont les membres sont désignés par le préfet selon les règles indiquées dans le décret du 23

novembre 1889. Le nombre de ces derniers dispensés ne peut dépasser un demi pour cent du contingent à incorporer pour trois ans ; 10° les jeunes gens admis, à titre d'élèves ecclésiastiques, à continuer leurs études en vue d'exercer le ministère des cultes; et 11° les jeunes gens qui sont reconnus par le conseil de révision comme remplissant effectivement les devoirs de soutiens indispensables de famille. Le nombre de ces dispensés, de soutiens de famille, ne peut pas dépasser cinq pour cent du contingent à incorporer pour trois ans; mais il peut être délivré en outre et au même titre, par les chefs de corps, des congés à des militaires comptant un ou deux ans de présence sous les drapeaux, et dans la limite de un pour cent de l'effectif de la classe appartenant au corps, après la première année, et de un pour cent après la seconde année. Aux termes d'une loi du 6 novembre 1890, les dispositions des paragraphes 4° et 5° ci-dessus doivent être appliquées de manière à ce que, sur deux frères se suivant à moins de trois années d'intervalle et reconnus tous deux aptes au service, l'un des deux ne fasse qu'une année de service en temps de paix. Si ces deux frères servent comme appelés, le dispensé qui en fera la demande ne sera incorporé qu'après l'expiration du temps obligatoire de service de l'autre frère. — Les jeunes gens qui, avant l'âge de dix-neuf ans révolus, ont leur résidence et une situation régulière à l'étranger, peuvent, sur l'avis du consul de France, être dispensés du service militaire. — Quand les causes de dispense viennent à cesser, les jeunes gens qui en avaient obtenu ces dispenses sont soumis à toutes les obligations de la classe à laquelle ils appartiennent. Tous les dispensés peuvent se marier sans autorisation; mais ils doivent être rappelés pendant quatre semaines, au cours de l'année qui précède leur passage dans la réserve. En cas de guerre, ils marchent avec les hommes de leur classe. — Peuvent être *ajournés* deux années de suite à un nouvel examen du conseil de révision, les jeunes gens qui n'ont pas la taille réglementaire d'un mètre cinquante-quatre centimètres, ou qui sont reconnus d'une complexion trop faible; mais lors de la troisième comparution devant le conseil de révision, l'ajourné doit être déclaré apte au service , exempté ou classé dans le *service auxiliaire*. Ce service auxiliaire comprend donc : 1° les jeunes gens qui n'ont pas la taille de 1m,54; 2° ceux qui sont atteints d'infirmités ou de difformités qui, sans motiver l'exemption, les rendent absolument incapables d'un service actif. Ces jeunes gens ne sont jamais appelés, si ce n'est dans les cas de mobilisation ou de guerre. Ils sont alors répartis, selon leurs aptitudes : dans le service d'alimentation; dans les stations-haltes-repas; dans les diverses places de guerre; dans le service de réquisitions des chevaux et voitures; dans les bureaux de l'intendance, dans ceux du recrutement et des corps de troupes, etc. (Instruction min. 28 mars 1890.) — Sont assujettis au paiement d'une *taxe militaire* annuelle, tous ceux qui par suite d'exemption, d'ajournement, ou du classement dans les services auxiliaires ou dans la seconde partie du contingent, par suite de dispense ou pour tout autre motif, bénéficient de l'exonération du service dans l'armée active. Sont dispensés de cette taxe, les hommes réformés ou retraités pour blessures ou infirmités, et ceux qui sont dans un état d'indigence notoire. Ladite taxe annuelle se compose : 1° d'une taxe fixe de six francs; 2° d'une taxe proportionnelle, égale au montant en principal de la cote personnelle et mobilière de l'assujetti. Si ce dernier n'a pas atteint l'âge de trente ans, et s'il a encore son père ou sa mère, la cote est augmentée du quotient obtenu en divisant la cote personnelle et mobilière de celui desdits ascendants qui est le plus imposé en principal

par le nombre des enfants vivants ou représentés dudit ascendant. En cas de non imposition des ascendants du premier degré, il est procédé de la même manière sur la cote des ascendants du second degré. La taxe est réduite en proportion du temps pendant lequel l'assujetti n'a pas profité de l'exonération dans le service de l'armée active. Elle cesse par trois ans de présence effective sous les drapeaux, et elle cesse également à partir du 1er janvier qui suit le passage de l'assujetti dans l'armée territoriale. En cas de retard de paiement de trois douzièmes consécutifs, constaté par un commandement resté sans effet, il est dû une taxe double pour les douzièmes échus et non payés. (Voy. ci-après, le mot TAXE.) — Les engagements militaires dans l'armée de terre peuvent être contractés sous l'infanterie, la cavalerie, l'artillerie et le génie seulement. Ils sont reçus depuis l'âge de 18 ans accomplis; mais le consentement paternel est toujours nécessaire jusqu'à l'âge de 20 ans. Ces engagements peuvent être d'une durée de trois, de quatre ou de cinq ans. En vertu du décret du 28 septembre 1889, les engagements ne sont admis que du 1er au 31 mars et du 1er octobre au 31 décembre de chaque année et dans les corps désignés par le ministre. Mais en vertu d'un autre décret en date du 26 janvier 1891, les engagements de quatre et de cinq ans sont reçus à toute époque de l'année et sans limitation de nombre. La faculté de contracter un engagement volontaire cesse dès que le jeune homme est inscrit par le conseil de révision sur la liste de recrutement cantonal. Néanmoins, les hommes exemptés ou classés dans les services auxiliaires peuvent, jusqu'à l'âge de 32 ans accomplis, être admis à contracter des engagements volontaires. — Les jeunes gens reçus à l'Ecole polytechnique, à l'Ecole forestière ou à l'Ecole centrale, et qui sont reconnus propres au service militaire, ne sont définitivement admis dans ces écoles qu'à la condition de contracter un engagement volontaire de trois ans pour ceux des deux premières écoles, et de quatre ans pour ceux de l'Ecole centrale. Ils sont considérés comme présents dans l'armée active, pendant le temps passé par eux dans lesdites écoles; ils y reçoivent l'instruction militaire complète et sont à la disposition du ministre de la guerre. — Les rengagements sont reçus pour deux, trois ou cinq ans; et les rengagés ont droit à des primes et à une haute paye. Cette faculté de contracter un rengagement est réservée aux caporaux ou brigadiers et à une certaine catégorie de soldats. (Décret du 1er octobre 1889.) Dans l'arme de la cavalerie, tout soldat peut contracter un rengagement pour une seule année. Après 15 ans de service effectif, les rengagés ont droit à une pension. — En ce qui concerne les rengagements des sous-officiers, des avantages particuliers sont accordés par la loi spéciale du 18 mars 1889. (Voy. ci-après SOUS-OFFICIER.) La loi du 15 juillet 1889 s'occupe, dans quelques-uns de ses articles, du recrutement des troupes coloniales; mais ces dispositions ne pourront pas avoir leur complète application avant que l'armée coloniale n'ait été elle-même constituée par une loi particulière. — Toutes fraudes ou manœuvres par suite desquelles un jeune homme a été omis sur les tableaux de recensement sont déférées aux tribunaux ordinaires et punis d'un emprisonnement d'un mois à un an; et les complices de ces fraudes sont punis de la même peine. Tout jeune soldat appelé, au domicile duquel un ordre de route a été notifié, et qui n'est pas arrivé à sa destination au jour fixé par cet ordre, est puni, s'il est en délai d'un mois en temps de paix et de deux jours en temps de guerre, et hors le cas de force majeure, puni, comme insoumis, d'un emprisonnement d'un mois à un an en temps de paix, et de deux à cinq ans en temps de guerre. Ajoutons encore quelques détails sur la nouvelle loi du recrute-

ment. — Le tirage au sort ayant eu lieu, dans chaque canton, parmi les inscrits de la classe, le ministre fixe sur la liste du tirage, en commençant par les numéros les plus élevés, le nombre d'hommes qui, par raison d'économie, seront envoyés en disponibilité après leur première année de service, si leur mauvaise conduite ou leur instruction militaire insuffisante n'obligent pas à les conserver au corps. — Le passage de droit dans l'armée territoriale, accordé aux pères de quatre enfants vivants, n'est applicable qu'aux réservistes et non aux hommes envoyés dans la disponibilité. — Les hommes de la réserve de l'armée active sont assujettis, pendant leur temps de service dans ladite réserve, à prendre part à deux manœuvres de quatre semaines, la première dans la troisième année, la seconde dans la sixième année de leur service dans la réserve. — Les hommes de l'armée territoriale sont assujettis à une période de deux semaines. Des dispenses de ces manœuvres ou exercices sont accordées jusqu'à concurrence de six pour cent du nombre des appelés, aux hommes qui remplissent effectivement les devoirs de soutiens indispensables de famille. — Peuvent être maintenus sous les drapeaux, en qualité de commissionnés, non seulement les sous-officiers de l'armée, conformément à la loi du 18 mars 1889, mais aussi, et jusqu'à l'âge de 50 ans au plus, les militaires de la gendarmerie, du régiment des sapeurs-pompiers de Paris et d'autres soldats affectés à certains emplois. Les commissionnés reçoivent une haute paye; ils ont droit, après quinze ans de services, à une retraite proportionnelle; et ils peuvent être mis à la retraite entière après vingt-cinq ans de services. — Les hommes résidant en Algérie et dans certaines colonies sont soumis à la loi du recrutement, mais avec certaines réserves que nous avons indiquées ci-dessus. (Voy. ALGÉRIE.) Une loi du 10 janvier 1890, après avoir prorogé jusqu'à 21 ans la limite d'âge d'admission à l'Ecole polytechnique, porte que les militaires présents sous les drapeaux sont admis jusqu'à l'âge de 25 ans à se présenter à ladite école, à la condition qu'ils auront justifié, au 1er juillet de l'année du concours, de six mois de service effectif, et sous la réserve qu'ils ne pourront, à leur sortie de l'école, être placés que dans les services militaires.   CH. Y.

RÉCURVÉ, ÉE adj. (lat. recurvus, recourbé). Bot. Se dit des organes dont le sommet est recourbé en dehors.

REDRESSE s. f. Argot. Ne s'emploie guère que dans cette expression : ÊTRE A LA REDRESSE, être rusé.

RÉDUCTION (jeux d'esprit). On nomme ainsi une sorte d'amplification de la décapitation, obtenue en coupant la fin aussi bien que le commencement d'un mot. Si nous prenons, par exemple, le mot apparente, nous trouvons qu'il peut former, par réduction, les termes suivants : apparente, apparent, parent, parente, par, renter, rente, enter, ente, en, ter, are, pare, te. On conçoit le parti qu'une personne peut tirer de cette propriété des mots. Donnons quelques exemples de réduction :

Sur quatre pieds j'entends et sur trois je réponds.

Quand on dit qu'un mot a quatre pieds, c'est qu'il est formé de quatre lettres. Les mots de ce logogriphe sont ouïe et oui.

Vous pouvez, sans fatigue extrême,
Cher lecteur, me décomposer;
Car je n'ai que six pieds. Sans y rien transposer,
Otez-moi le dernier, je suis toujours le même;
Otez-m'en deux encore et sachez bien
Qu'à ma nature ainsi vous n'aurez changé rien.

Le mot est rocher, dans lequel on trouve roche et roc.

Rien n'est plus vieux, rien n'est si beau que moi.
Des lettres de mon nom efface la troisième;

Vieux ou jeune, je suis d'une laideur extrême.
Retranche la seconde : à chaque instant chez toi,
J'augmente en dépit de toi-même.
Ton embarras me fait pitié.
Tu ne m'as jamais vu, tu ne peux me connaître,
Mais reconnais au moins ma première moitié :
Tu l'as vu mourir et renaître.

Réponse : ange, âne, âge, an.

REFERENDUM s. m. [ré-fé-rain-domm] (du lat. referre, référer). Ratification par le peuple suisse des lois votées par le conseil cantonal. Le referendum a été établi en Suisse vers 1863; son usage existe aussi aux Etats-Unis. C'est une des formes du plébiscite. — Législ. Le referendum est une sorte de plébiscite qui est en usage notamment dans la Confédération suisse, où certaines lois constitutionnelles ou fiscales ne peuvent être mises à exécution, modifiées ni abrogées, avant d'avoir obtenu l'assentiment de la majorité des électeurs. C'est la une institution très démocratique; mais elle ne peut subsister que chez des nations très peu peuplées. Ailleurs, elle causerait une agitation fréquente et dangereuse. Partout elle doit céder la place au gouvernement représentatif qui, tout en conservant à chaque citoyen ses droits politiques, présente l'avantage que toutes les lois sont votées après une discussion approfondie, tandis que les plébiscites sont soumis à des masses ignorantes et passionnées, et qu'ils ne peuvent s'appliquer à aucune question complexe. Une proposition de loi, présentée à la Chambre des députés par M. de Mackau, le 27 mars 1890, tendait à soumettre au referendum, dans chaque commune, le vote des taxes d'octroi, des emprunts municipaux et des impositions extraordinaires. Cette proposition a été écartée, sans discussion, par la Chambre, le 22 mai suivant. Quelques conseils municipaux avaient cru pouvoir soumettre certaines questions locales au referendum; leurs délibérations ont été annulées par des arrêtés préfectoraux, en exécution de la loi municipale. (L. 5 avril 1884, art. 63 et 65.) CH. Y.

RÉFLÉCHI, IE adj. Bot. Se dit des rameaux ou des fleurs qui s'inclinent vers le sol.

REPOULER v. a. Hort. Raccourcir certaines branches pour comprimer la sève et la refouler vers d'autres parties.

RÉFRACTÉ, ÉE adj. Bot. Synon. de Récliné, avec cette différence que la direction de la courbure est plus brusque.

RÉFRIGÉRANT. — Différents modes de réfrigération ont été essayés pour la conservation des viandes. La figure ci-après représente un wagon réfrigérant servant au transport des moutons abattus que l'Allemagne envoie à Paris. C'est un grand wagon de marchandises à 6 roues, composé de 6 parois ou cloisons juxtaposées. La paroi extérieure est garnie de tringles à crocs. Un mouton est placé à chaque croc. Il y a ainsi de 280 à 300 moutons dans le wagon. Au-dessus se trouve un double plancher formant réservoir et contenant 2.000 kilog. de glace que traverse un serpentin en métal rempli d'air avec prise à l'extérieur. L'air traverse la glace et se rend dans le wagon, de sorte que les animaux sont pendus, non dans la glace même, mais bien dans l'air, dont la température constante est de + 3°c. En hiver la viande ne se congèle pas; et en été elle peut s'échauffer. L'eau de la fusion de la glace s'écoule hors du wagon.

RÉGNIER (Victor-Edmond-Vital), espion prussien, né à Paris en 1822, mort en 1886. La France ignorait complètement son existence lorsque son nom fut prononcé pour la première fois, au sujet de la trahison de Bazaine. On apprit que cet aventurier était devenu, tout à coup, pendant la guerre, un personnage important, et qu'il avait mené des intrigues entre l'impératrice, Bazaine et Bismarck. On

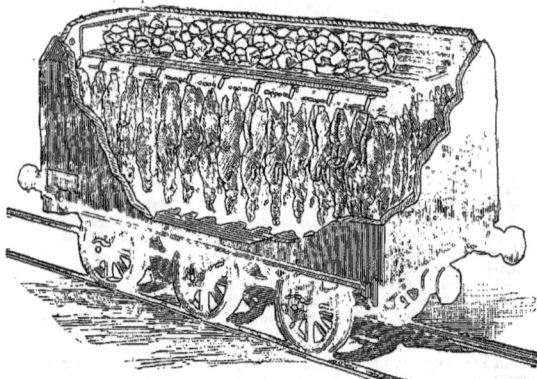

Wagon réfrigérant pour le transport des moutons abattus.

l'arrêta un instant; mais on le relâcha et il put s'enfuir. Le 17 septembre 1874, le deuxième conseil de guerre de Paris le condamna à la peine de mort et à la dégradation civique, comme ayant été un des principaux agents de la trahison de Bazaine. Il publia à Bruxelles, pour sa défense, plusieurs brochures mensongères.

RÉGNIER-DESMARAIS (François-Séraphin), grammairien et littérateur, né à Paris en 1632, mort en 1713. Il étudia et apprit presque toutes les langues anciennes et modernes, et débuta par une traduction de la *Batrachomyomachie* en vers burlesques. Ayant suivi à Rome le duc de Créqui en 1662, il composa en italien des sonnets d'une telle pureté qu'il lui fut facile de les faire passer pour des œuvres de Pétrarque. Lorsque la supercherie fut dévoilée, le véritable auteur fut admis à l'Académie *Della Crusca*. Rentré en France en 1668, il reçut un bénéfice ecclésiastique et entra dans les ordres. Il devint académicien en 1670, et fut l'un des principaux rédacteurs du premier dictionnaire publié par l'Académie française. Il publia plusieurs ouvrages religieux et des vers français aussi médiocres les uns que les autres. Le seul de ses livres dont on puisse encore tirer quelque profit est son *Traité de grammaire française* (Paris 1705-'06).

RÉGULATEUR. *Phys.* Appareil qui maintient à une distance constante les charbons employés à la production de la lumière électrique. Le premier régulateur électrique fut imaginé en 1844, par Foucault; mais il marchait à la main. L'inventeur dut le perfectionner et, en 1848, l'appareil devint automatique, et fonctionna, grâce aux simplifications qu'y apporta l'opticien Jules Duboscq. Nous en avons suffisamment parlé dans notre art. ÉLECTRICITÉ. (Voy. le *Dictionnaire*.) Deux ans plus tard, Archereau construisit un régulateur beaucoup plus simple. Pour établir cet appareil, on prend une bobine ordinaire en bois, que l'on sèche au feu et trempe ensuite dans la paraffine bouillante. On enroule dessus une vingtaine de mètres de fil de cuivre recouvert de soie ou de coton, en ayant soin de multiplier le nombre de tours de fil au pied de la bobine. On prend ensuite une tige de fer doux (recuit) sur laquelle on peut visser un porte-charbon en cuivre et qu'on enfonce dans l'âme de la bobine à frottement doux, après l'avoir toutefois muni d'un fil à l'extrémité duquel on suspend un contre-poids. Les deux bouts du fil enroulés sur la bobine correspondent d'une part à une borne et de l'autre au charbon contre lequel on l'appuie par l'intermédiaire d'un galet. Ainsi monté, et le porte-charbon

supérieur étant fixe, ce régulateur rudimentaire peut être d'un fonctionnement satisfaisant pour des expériences de courte durée, et il présente l'avantage de pouvoir être allumé à distance avec un nombre relativement minime d'éléments. Une batterie de 24 piles au bichromate groupées en tension permet d'obtenir un arc de un demi à un millimètre. Lorsqu'on alimente un régulateur par des courants alternatifs, l'usure des charbons est la même si les charbons sont horizontaux; s'ils sont verticaux, le charbon supérieur s'use un peu plus vite que le charbon inférieur pour des charbons de même qualité et de même diamètre. Avec un courant continu, le charbon positif, qui se place en général à la partie supérieure, s'use environ deux fois plus vite que le charbon négatif, et se creuse en forme de cratère. Lorsqu'on veut maintenir le point lumineux fixe dans l'espace, ce qui peut être très important, pour les projections,

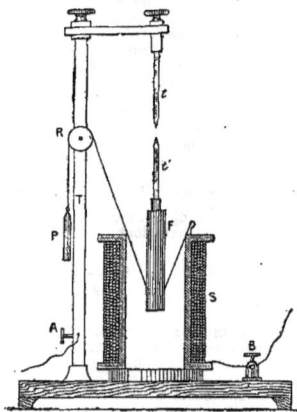

Régulateur électrique d'Archereau.

par exemple, on doit donc tenir compte de l'usure très différente selon les courants employés. Gaiffe perfectionna bientôt le régulateur d'Archereau, en prenant pour base l'action magnétique et attractive d'un solénoïde. Le charbon supérieur est fixe, le charbon inférieur seul est mobile. Au repos, un barillet sert d'antagoniste et amène le charbon au contact. Il y a aussi les régulateurs Serrin, Siémens, Gülcher, Bürgen ; de sorte que le mot *régulateur* est devenu synonyme de *lampe électrique*. — RÉGULATEUR A GAZ. Appareil qui sert à régler le débit du gaz dans les tubes. Le nouveau régulateur inventé par George Rothnie règle le débit d'une source gazeuse ou liquide et régularise, par conséquent, la chaleur des serres, des bureaux, des appartements chauffés par le gaz ou par l'eau chaude. L'appareil se compose d'un thermomètre formé

d'une ampoule *b* (fig. 1) contenant de l'air ou tout autre fluide facilement dilatable par la

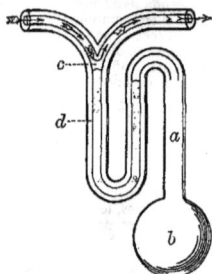

Nouveau Régulateur à gaz. — Fig. 1.

chaleur. Le tube *a*, deux fois recourbé, contient du mercure (*d*). Dès que l'air contenu en *a b* vient à se dilater, le mercure monte dans la branche *d* du tube, ferme incomplètement la courbure *c* et modère ainsi le passage du gaz ou du liquide qui (dans le sens des flèches) se rendait dans le poêle ou vers le brûleur. De cette manière, le chauffage est maintenu toujours égal. Pour régler d'avance la température que l'on veut maintenir, on a recours à une forme de l'appareil représentée par la fig. 2. Un thermomètre à mercure (*a*) qui remonte vers le tube recourbé *c* par lequel passe le gaz. Une vis *ef* pénètre dans ce tube, à travers une boîte à étoupe *g*. Quand on l'enfonce, à la main, plus ou moins profondément dans le mercure *d*, on abaisse ou l'on élève le niveau de ce mercure; on régularise ainsi le passage du gaz.

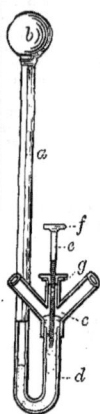

Nouveau régulateur à gaz — Fig. 2.

REII APOLLINARES (*Riez*), colonie romaine de la Gaule Narbonaise, surnommée *Julia-Augusta*, à l'E. de la rivière Druentia, au N. de Forum Voconii, et au N.-O. de Forum Julii.

REISS (Philippe), inventeur allemand, né à Gelnhausen (principauté de Cassel), le 7 janvier 1834, mort à Friedrichsdorf, près de Hambourg, le 14 janvier 1874. Après avoir reçu une instruction primaire à Friedrichsdorf, il entra en 1850, comme apprenti dans une fabrique de couleurs à Francfort, où, dans l'intervalle de ses occupations, il étudia en 1859 une place de professeur dans la pensionnat où il avait été élevé. Perfectionnant l'invention de l'Américain Page, qui reproduisait à distance les sons d'un instrument par les interruptions d'un courant électrique ou d'un électro-aimant fixé à un diapason, il imagina le premier téléphone électrique, pour la transmission des sons à grandes distances, au moyen des interruptions d'un courant électrique. En octobre 1861, il présenta au sujet de son téléphone (Voy. TÉLÉPHONE, dans le *Dictionnaire*) un rapport à la Société de Physique de Francfort. Des perfectionnements successifs l'amenèrent à construire un appareil qui se rapprochait du téléphone contemporain. Mais il mourut incompris et découragé. Il avait aussi construit une machine pour la démonstration des lois de la chute des corps, en combinant le grand appareil classique d'At-

wood avec celui du général Morin. Voy. Sil-vanus Thompson, *Philip Reiss, inventor of the telephone* (Londres, 1883, in-8° avec figures). Voy. aussi Louis Figuier, *Nouvelles conquêtes de la science*.

RELÉGATION. — **Législ.** Nous avons ré-sumé, au *Dictionnaire* (t. V, p. 59), la loi du 27 mai 1885, qui a institué la *relégation des récidivistes*. Un décret rendu le 26 novembre suivant a prescrit les mesures nécessaires à l'application de ladite loi. Aux termes de ce décret, les relégués doivent être transportés dans les colonies de la Guyane ou de la Nou-velle-Calédonie pour y être internés, sur un territoire déterminé, dans les établissements de travail qui leur sont spécialement destinés, ou dans des ateliers privés. Le relégué peut être autorisé à travailler en liberté dans la colonie, s'il obtient la faveur de la *relégation individuelle*. Le ministre admet à ce titre les reléguables pour lesquels des renseignements favorables sont fournis, s'ils justifient de moyens honorables d'existence. Les autres sont des *relégués collectifs*, et ils sont, en vertu d'un décret du 20 août 1886, internés à l'île des Pins, qui est une dépendance de la Nouvelle-Calédonie. — Depuis la mise en vi-gueur de la loi de 1885 jusqu'au 31 décembre 1889, il y a eu 5.696 individus condamnés à la relégation par les tribunaux, savoir : 5.177 hommes et 519 femmes. Sur ce nombre, 2.678 hommes et 342 femmes ont été effectivement relégués aux colonies, savoir : en Nouvelle-Calédonie, 1.178 hommes et 188 femmes; en Guyane, 1.500 hommes et 154 femmes. Les autres avaient profité de dispenses de départ, ou se trouvaient encore dans des pénitenciers spéciaux, en attente d'embarquement. — La loi du 15 juillet 1889, sur le recrutement, exclut de l'armée française les relégués qui sont en âge de satisfaire au service militaire. Mais les relégués collectifs sont mis par cette loi à la disposition du ministre de la marine, tandis que les relégués individuels sont ex-pressément classés dans les corps de discipli-naires coloniaux. — Les relégués qui sont transférés aux colonies sont dispensés, lors-qu'ils veulent y contracter mariage, des for-malités de publication en France, ainsi que de la production des actes de l'état civil exi-gés par le code, et de l'obligation de deman-der, après l'âge déterminé par la loi et par actes respectueux, le conseil de leurs ascen-dants. (Décr. 11 novembre 1887.) Le budget pénitentiaire de 1892 a été établi sur un effec-tif de 19.250 transportés ou relégués dans les colonies, savoir : *transportés et libérés*, — 10.000 en Nouvelle-Calédonie, 5.200 à la Guyane, 400 à Obock et 50 au Gabon ; *relé-gués*, — 2.100 à la Guyane et 1.800 en Nou-velle-Calédonie.   Ch. Y.

REMONTANT, ANTE adj. **Hort.** Se dit des plantes qui donnent des fleurs plusieurs fois dans l'année.

REMPLACEMENT (Branche de). Se dit, dans la taille des arbres, d'une branche que l'on des-tine à en remplacer une autre.

RENAUDER v.n. **Jarg.** Refuser, grogner.

RENAUDEUR s.m. Grognard.

RENNEQUIN ou **Renkin-Sualem.** Célèbre charpentier né à Liège en 1654, mort à Bou-gival en 1708. Fils d'un charpentier, il exerça le même métier, perfectionna les charpentes des machines pour l'épuisement des eaux sou-terraines et acquit une réputation qui parvint jusqu'à la cour de France. Louis XIV l'appela à Versailles et lui confia l'exécution de la ma-chine de Marly (1675-'82).

REPASSAGE. On a inventé une machine à repasser représentée ci-contre. Le tuyau P amène du gaz chaud dans le fer I. Un sup-port F s'enfonce à frottement dur dans un socle S, ce qui permet d'élever ou d'abaisser

l'instrument, en même temps que les roues facilitent le mouvement de va-et-vient. La

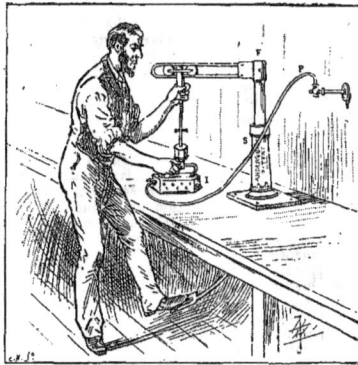

Nouvelle machine à repasser.

pression nécessaire est obtenue au moyen d'une pédale placée sous la table.

RÉSISTANCE (La). Chef-d'œuvre de Paul Cabet destiné à perpétuer le souvenir des combats livrés autour de Dijon, pendant la guerre de 1870-'71. L'artiste ayant personnifié la Résistance sous les traits de la *République*, le gouvernement de M. de Mac-Mahon ordonna de faire disparaître ce monument, qui ornait la place de Gray, à Dijon. Pas un habitant de la ville ne voulut prêter son concours à cet acte de vandalisme ; il fallut recourir à l'au-torité militaire. Les soldats chargés de ce soin l'accomplirent avec une telle maladresse qu'ils brisèrent la statue (26 octobre 1875). Plus heureux que Courbet, M. de Mac-Mahon ne fut pas condamné à rétablir ce chef-d'œuvre à ses frais.

RESPONSABILITÉ. — **Législ.** La *responsa-bilité des patrons* envers les ouvriers qui sont victimes d'accidents survenus dans leur tra-vail est encore, en France, régie par le droit commun, ainsi que nous l'avons déjà dit dans le *Dictionnaire* (t. V, p. 94). En Angleterre (loi du 7 décembre 1880), dans l'empire d'Alle-magne (lois du 15 juin 1883 et du 6 juillet 1884), en Suisse (loi du 25 juin 1884), en Au-triche (loi du 28 décembre 1887), cette res-ponsabilité est soumise à des règles particu-lières. Nous avons déjà dit quelques mots (voy. Assurance) des solutions adoptées dans les législations étrangères pour résoudre ce difficile problème. Diverses propositions de loi, ayant le même but, ont été présentées à la Chambre des députés par le gouvernement, par M. Lagrange, par M. Rouvier, par M. Fé-lix Faure, par M. de Mun, par M. Keller, etc., et la commission chargée de l'examen de ces propositions, en déposant son rapport le 28 novembre 1887, a elle-même formulé un pro-jet de loi que nous analyserons. — Il faut re-connaître que les questions qu'il s'agit de trancher législativement sont très graves et urgentes. Le Code de 1804 n'a fait qu'appliquer à tous les cas un principe uni-versel de justice, en déclarant que chacun est responsable du dommage causé par son fait, par sa négligence ou par son imprudence (art. 1382 et s.). Mais, depuis la confection du Code civil, l'immense développement des in-dustries mécaniques et métallurgiques a mul-tiplié les accidents auxquels les ouvriers sont exposés dans leurs travaux. Il est souvent très difficile d'apprécier la cause de l'accident et, par suite, de déterminer qui doit en être responsable. L'ouvrier, ou sa famille que sa mort prive du nécessaire, n'obtient, le plus

souvent, qu'une indemnité insuffisante, après de longs délais et par une transaction qui est consentie hâtivement, afin de terminer un procès coûteux. Les patrons dont les ouvriers sont le plus exposés à des accidents ont la faculté de mettre leur responsabilité à couvert par des assu-rances, mais la situation de l'ouvrier n'en devient pas meilleure. On a cherché, dans plusieurs pays, à re-médier à cet état de choses : soit en déclarant le patron responsable de plein droit de tous les accidents, ce qui est contraire à l'équité ;soit en fondant des coopérations et des caisses de secours qui remédient à toutes les éventualités, ce qui tend à affaiblir la vigilance chez l'ouvrier; soit en créant des assurances qui embrassent à la fois les diverses causes de la misère, et qui sont alimentées au moyen de retenues sur les salaires, et de la con-tribution des patrons. Ce dernier sys-tème nous paraît être le meilleur, pourvu que l'assurance ne soit pas rendue obligatoire par la loi, qu'elle puisse seulement être imposée par le patron, s'il le juge nécessaire; pourvu aussi que l'Etat reste étranger à ces contrats, et qu'il se borne à faire surveiller la comptabilité des assureurs. Tout ce qui, en dehors des con-ventions librement consenties, a pour effet d'enchaîner la liberté de l'homme, ouvrier ou patron, doit être repoussé ; la mission de l'Etat devant se borner à protéger cette liberté et à assurer par ses tribunaux, sans trop de frais, l'exécution des conventions. L'ouvrier, chef de famille ou non, doit prétendre, aussi longtemps que possible et avec une juste fierté, suffire par son travail aux besoins pré-sents, et même par son économie aux chôma-ges éventuels. L'assistance financière de l'Etat est une aumône. Les assurances et les asso-ciations de secours mutuels peuvent, au moyen de prélèvements suffisants sur le sa-laire, parer à presque tous les accidents. — Nous allons donner un aperçu du projet de loi, tel qu'il a été refondu par la commission parlementaire. Suivant ce projet, tout acci-dent survenu dans leur travail aux ouvriers ou employés, occupés dans les usines, manufac-tures, chantiers, mines, minières, carrières, entreprises de transport, et en outre dans toute exploitation où il est fait usage d'un outillage à moteur mécanique, donne droit, au profit de la victime ou de ses ayants droit, à une indemnité qui est à la charge du chef de l'entreprise, quelle qu'ait été la cause de l'accident. Toutefois, il n'est dû aucune in-demnité à la victime, si celle-ci a volontaire-ment provoqué l'accident. Lorsque l'accident aura occasionné une incapacité absolue de travail, la victime aura droit à une rente via-gère dont le montant, à fixer suivant les cir-constances, ne peut être inférieur au tiers ni supérieur aux deux tiers du salaire moyen annuel de la victime, et sans que ladite rente puisse, en aucun cas, être moindre de 400 fr. pour les hommes, et de 250 fr. pour les fem-mes. Si l'accident n'a occasionné qu'une inca-pacité partielle de travail, la pension sera di-minuée dans la proportion de la capacité de travail restante. Si l'accident a été suivi de mort, l'indemnité comprendra : 1° vingt fois le salaire quotidien de la victime, à titre de frais funéraires; 2° au profit de la veuve, une rente viagère égale à 20 p. 100 du salaire annuel de la victime ; et au profit des enfants orphelins, jusqu'à l'âge de quatorze ans ac-complis, une rente qui sera de 15 à 40 p. 100 du dit salaire, selon le nombre de ces orphe-lins. La mère vivant, quelle que soit son âge, les père et mère sexagénaires, les aïeuls et aïeules sexagénaires, peuvent aussi obtenir chacun une rente égale à 10 p. 100 du salaire de la victime, dans le cas où celle-ci était pour

eux un soutien indispensable. — Si l'accident n'a entraîné qu'une incapacité temporaire de travail, la victime recevra une indemnité égale à la moitié de son salaire, sans que cette indemnité puisse être supérieure à 2 fr. 50 par jour. — Tout accident survenu devra être, sous peine d'une amende de 50 à 500 fr., déclaré par le chef de l'entreprise dans le délai de vingt-quatre heures, devant le maire de la commune et aussi devant le juge de paix du canton, qui en dresseront chacun procès-verbal. Dans les vingt-quatre heures de la déclaration, le juge de paix devra procéder à une enquête sur l'accident, ses causes et ses conséquences, et ce après avoir commis un médecin et au besoin un expert qui l'assisteront dans son enquête. L'enquête sera close dans un délai de huit jours, et le dossier transmis, le jour même de la clôture, au président du tribunal de l'arrondissement où l'accident aura eu lieu. Dans les huit jours de cette transmission, le président convoquera les parties à son cabinet, à l'effet de tenter une conciliation. Si les parties ne tombent pas d'accord, le président les renverra devant le tribunal, qui statuera comme en matière sommaire, et les jugements rendus seront exécutoires par provision, nonobstant opposition ou appel. La victime ou ses ayants droit jouiront, de plein droit, du bénéfice de l'assistance judiciaire. Les chefs d'entreprises pourront former entre eux des syndicats à l'effet de constituer des caisses d'assurances mutuelles contre les risques dont il s'agit. La caisse nationale d'épargne pourra ouvrir à ces syndicats un compte courant portant intérêt, et dont le montant ne sera pas limité ; et elle paiera alors les indemnités dues par les dits syndicats. La caisse nationale des retraites constituera les rentes viagères sur les versements à capital aliéné effectués par les syndicats. Enfin la caisse nationale d'assurance en cas d'accidents, créée par la loi du 11 juillet 1868, pourra garantir, dans certaines limites, la responsabilité des chefs d'entreprises ; mais cette assurance devra être contractée collectivement, pour tous les ouvriers et employés d'une exploitation. Les primes d'assurance seront fixées selon les catégories, les industries étant classées en cinq tableaux annexés au projet de loi. Ce projet avait été voté, sauf quelques modifications, par la Chambre des députés ; mais le Sénat a refusé d'admettre le principe de l'irresponsabilité de l'ouvrier. M. Bardoux, dans un rapport supplémentaire, relatif à ce projet et déposé le 27 janvier 1890, s'exprimait ainsi : « C'était renverser les notions élémentaires de justice que d'admettre que l'ouvrier, dont la plus grossière négligence, dûment prouvée, a ruiné son patron, pût ensuite exiger de lui une indemnité. C'était accorder une prime à l'insouciance et à l'imprévoyance de l'ouvrier. » Néanmoins, le Sénat a adopté en première délibération un système transactionnel duquel il résulterait notamment : 1° que l'ouvrier est responsable de sa faute lourde, et non pas seulement lorsqu'il a intentionnellement provoqué l'accident ; 2° qu'en dehors de ce double cas, le patron doit payer une indemnité pour tout accident ; 3° que l'application de ce principe nouveau est limité aux industries où le travail est reconnu dangereux, mais sans que ces industries soient limitativement énumérées dans la loi ; 4° qu'il ne suffit pas qu'un accident survienne dans l'établissement où le travail a été reconnu dangereux pour donner droit à une indemnité ; il faut, de plus, que l'accident résulte du travail ou soit survenu à l'occasion du travail. Nous ne pouvons qu'approuver les modifications apportées au projet de loi par le Sénat. On ne doit pas oublier, en effet, que les charges excessives imposées aux patrons auraient pour conséquences inéluctables de paralyser l'essor de l'industrie, d'amener le renchérissement des produits, et peut-être de rendre impossible la lutte contre la concurrence de l'étranger.   Ca. Y.

RESTIACÉ, ÉE adj. [rèss-ti-à-sé] (rad. *restio*). Bot. Qui ressemble ou se rapporte au *restio*. — S. f. pl. Famille de monocotylédones périspermées, voisine des cypéracées et des joncacées, comprenant des herbes vivaces, à feuilles étroites, engaînantes, fendues à la base ; quelquefois les chaumes sont nus ou couverts d'écailles. Le genre *restio* est le type de cette famille.

RETRAITE. — Législ. Nous avons parlé ci-dessus de la législation relative aux *pensions de retraite* qui sont attribuées aux militaires et aux employés des administrations publiques. (Voy. Pension.) Nous avons aussi résumé, au mot Assurance, la vaste organisation fondée récemment en Allemagne dans le but d'assurer des caisses de retraites ouvrières. De nombreuses propositions de loi ayant le même objet, mais variant dans les moyens, ont été présentées au Parlement français. Le gouvernement lui-même a déposé, le 25 juin 1891, un projet de loi tendant à la création d'une *Caisse de retraites ouvrières*. Ce projet est ainsi conçu : Article premier. Il est créé, au profit des ouvriers, employés, métayers ou domestiques de l'un et l'autre sexe, jouissant de la qualité de Français, dont les ressources annuelles sont inférieures à 3 000 francs, une « Caisse de retraites ouvrières », qui est une annexe à la Caisse nationale des retraites pour la vieillesse, régie par la loi du 20 juillet 1886. — Art. 2. Cette caisse est alimentée par : 1° les versements divers des déposants, grossis d'allocations égales que versent les patrons qui les occupent ; 2° les versements qu'effectue l'État, dans les conditions ci-dessous indiquées. — Art. 3. Celui qui loue ses services est présumé vouloir bénéficier des avantages de la loi, sauf déclaration contraire devant le maire de la localité qu'il habite ; il sera délivré récépissé de cette déclaration. A défaut de la présentation de ce récépissé, le patron devra retenir sur les sommes dues à celui dont il loue les services une somme de cinq centimes au moins et de dix centimes au plus par journée de travail, et sera tenu de contribuer à l'épargne de son employé pour une somme égale. — Art. 4. Les sommes ainsi constituées seront versées au moins chaque trimestre soit à la Caisse de retraites ouvrières, soit à une société de secours mutuels, à une société de retraites, à un syndicat professionnel, ou à une caisse de prévoyance régulièrement autorisée. Elles seront portées sur un livret spécial. Les sociétés de secours mutuels, les syndicats professionnels, les sociétés de retraites et autres sociétés de prévoyance pourront soit placer les fonds ainsi reçus dans les conditions prévues par la loi sur les sociétés de secours mutuels, soit les déposer à la caisse de retraites ouvrières. — Art. 5. Des sociétés autres que les sociétés de secours mutuels approuvées au seront admises à faire participer leurs membres au bénéfice de la présente loi qu'en vertu d'un arrêté du ministre de l'intérieur. — Art. 6. Les versements portés au livret des déposants seront majorés des deux tiers par l'État. Les sommes majorées seront inscrites annuellement au moins sur les livrets. — Art. 7. A l'appui de la première demande de majoration, le déposant devra déclarer et faire certifier par son patron et le maire de sa commune, que ses ressources annuelles ne s'élèvent pas à 3.000 francs. Au moment de la liquidation de sa pension, il devra justifier qu'il ne jouit pas d'un revenu supérieur à 600 francs. Toute fausse déclaration sera punie d'une amende de 50 à 500 francs et entraînera l'annulation de la majoration. — Art. 8. Les déposants peuvent contracter à la Caisse d'assurances en cas de décès instituée par la loi du 11 juillet 1868, moyennant trente primes annuelles, une assurance sur la vie

pour un capital variant de 500 francs à 1.000 francs équivalant au total des sommes qu'ils auraient à verser personnellement à la caisse de retraites ouvrières. L'État prendra à sa charge le tiers de ces primes annuelles. — Art. 9. Pour que les sommes majorées par l'État soient acquises définitivement au déposant, celui-ci devra avoir effectué des versements depuis l'âge de vingt-cinq ans jusqu'à cinquante-cinq ans. Des interruptions de versements, qui ne peuvent excéder cinq années au total, sont admises pour des causes de force majeure en faveur des déposants qui les justifieront. Les versements interrompus devront être, repris et prolongés d'une durée égale aux interruptions. — Art. 10. Les rentes viagères auxquelles donneront droit les sommes portées au livret des ouvriers seront inscrites au grand livre de la Caisse nationale des retraites pour la vieillesse. Les versements provenant de la contribution de l'État serviront à la constitution de la rente, sans que cette pension cumulée avec les autres revenus du déposant puisse dépasser 600 francs. — Art. 11. Tout patron employant des salariés étrangers de l'un ou l'autre sexe devra verser dix centimes pour chaque journée de travail de ces salariés. — Art. 12. Il sera formé un fonds commun à l'aide : 1° des dons et legs affectés à la caisse de retraites ouvrières ; 2° de la contribution acquittée par les patrons employant des ouvriers étrangers ; 3° des sommes restées disponibles sur la contribution supérieures à 600 francs ou au profit de déposants ayant des revenus supérieurs à 600 francs ; 4° des sommes provenant des versements de l'État non maintenues au compte des déposants à la suite d'interruptions de versements ; 5° des versements ou arrérages de rentes atteints par la prescription ; 6° des intérêts du fonds commun. — Art. 13. Les produits qui alimentent annuellement le fonds commun seront affectés : 1° à compléter, jusqu'à concurrence de moitié, les primes annuelles versées à la caisse d'assurances en cas de décès par les déposants dont les fonds aient été placés à leurs soins d'une société de secours mutuels ou de toute autre société de prévoyance ; 2° à liquider par anticipation les pensions des ouvriers, employés, métayers ou domestiques que des infirmités empêcheraient de travailler, jusqu'à concurrence de la totalité de la pension pour ceux dont les versements auront été placés par les soins d'une société de secours mutuels ou d'une société de prévoyance, et jusqu'à concurrence de la moitié de la pension pour ceux dont les fonds auraient été versés à la Caisse de retraites ouvrières ; 3° à venir exceptionnellement en aide à ceux qui, temporairement, devraient interrompre leurs versements par suite d'accidents ; 4° aux frais de gestion de la caisse des retraites ouvrières. — Art. 14. Les pensions de retraites liquidées en vertu de la présente loi sont incessibles et insaisissables. — Art. 15. Les personnes désignées à l'article premier, âgées de plus de vingt-cinq ans et de moins de quarante ans, pourront bénéficier des dispositions du titre 1er sous la condition de commencer leurs versements dans l'année qui suivra la promulgation de la loi. — Art. 16. Seront majorées des deux tiers et dans les limites indiquées à l'article 9, les rentes viagères déjà liquidées par la Caisse nationale des retraites, pourvu qu'elles aient été produites au moins par dix versements annuels. — Art. 17. Seront également majorés des deux tiers à leur liquidation, et dans les mêmes limites et conditions, les rentes viagères provenant de versements déjà effectués par les déposants ou à constituer par les sociétés de secours mutuels. — Art. 18. Un règlement d'administration publique déterminera les mesures propres à assurer l'exécution de la présente loi. — Fait à Paris, le 6 juin 1891. Carnot.

Par le président de la République, *Le ministre de l'intérieur*, Constans.

Le ministre des finances, Rouvier.

On constate aisément que le projet de loi dont il s'agit est très éloigné du système adopté dans l'Empire d'Allemagne. Il ne s'agit plus d'une assurance obligatoire, et la liberté de chacun serait respectée, puisqu'il serait loisible à tout ouvrier ou serviteur de déclarer, devant le maire de sa commune, qu'il entend renoncer au bénéfice de la caisse de retraites ouvrières. En outre, ce projet tend à favoriser les caisses particulières, de façon à décharger autant que possible l'État de nouvelles responsabilités. Mais cela est-il suffisant? Le concours du Trésor public n'est-il pas encore trop effectif? Respectons le sage principe de laisser à chaque homme le soin de son avenir; laissons subsister en entier le stimulant nécessaire au travail et à l'épargne. On comprend d'ailleurs bien difficilement, sauf pour ceux qui ont adopté une doctrine socialiste, qu'une partie très considérable de la population vive sur des ressources centralisées administrativement. N'est-ce pas là une utopie dangereuse à appliquer?   Ch. Y.

RETOQUER v. a. Refuser.

RÉSUPINÉ, ÉE adj. [ré-su-pi-né] (lat. *resupinus*, couché sur le dos). Bot. Se dit d'une fleur dont la préfloraison des pièces du périanthe offre un agencement un peu différent de la normale.

RÉTINACLE s. m. (lat. *retinaculum*, petit réseau). Bot. Point sur lequel repose la base des masses polliniques des fleurs de la famille des orchidées.

REVERSIS (Jeu de cartes). Ce jeu d'origine espagnole a été jadis très à la mode; mais on le joue rarement aujourd'hui. Son nom indique qu'il se joue à l'inverse de tous les autres jeux, car celui qui fait le moins de levées gagne les cartes. Le reversis se joue à quatre personnes avec un jeu de 48 cartes; c'est un seu complet moins les dix. — Des paniers et de la corbeille. Pour faire les comptes, on se jert de contrats, de fiches et de jetons, qui ont une valeur convenue et dont on forme quatre parts, égales en nombre et en valeur, mais d'une couleur différente, afin que chaque joueur puisse reconnaître sa mise et que celui qui gagne sache à qui il doit réclamer le prix des pièces dont la fortune l'a favorisé. Un contrat vaut dix fiches; une fiche vaut dix jetons. La *prise* ou total des contrats, des fiches et des jetons distribués à chaque joueur au début de la partie, se compose ordinairement de 10 contrats, de 20 fiches et de 10 jetons. Chaque pièce a son panier ou sa boîte particulière; et les quatre paniers, ordinairement de forme rectangulaire, sont placés dans une boîte en bois avec une petite corbeille ronde, qui reçoit les mises. Chacun des paniers est bordé d'une chenille ou d'un ruban de couleur variée, qui correspond à la couleur des jetons de chaque joueur. La corbeille des mises circule constamment avec la donne, et doit se trouver à la droite du joueur qui va donner et qui va placer dessous le talon des cartes. — Marche du jeu. On tire pour les places que doivent occuper les joueurs autour de la table; et comme il y a avantage à donner les cartes, on tire aussi pour la donne. Pour tirer les places, l'un des joueurs prend dans sa main quatre cartes couvertes qu'il présente aux autres joueurs, afin que chacun en choisisse une. Ces quatre cartes sont : un *as*, un *roi*, une *dame* et un *valet*. Le joueur à qui le sort a donné l'as choisit une place à son gré; celui qui a le roi se met à la droite de l'as; celui qui a la dame, à la droite du roi; et enfin celui qui a le valet, à la droite de la dame. Les quatre joueurs étant assis, on tire à qui donnera : l'un des joueurs prend le jeu de cartes et en fait quatre paquets, un pour

chaque joueur; et celui dans lequel se trouve le valet de cœur désigne le premier donneur. Après quoi, la donne circule toujours par la droite. Le donneur distribue 11 cartes à chacun des trois autres joueurs; il en prend 12 pour lui-même, et il en reste 3 au talon. Chaque joueur, sauf le donneur, écarte une de ses 11 cartes et en reprend une des trois du talon. Néanmoins on n'est pas obligé d'écarter et de reprendre une carte au talon. Il est permis au joueur qui ne profite pas du droit d'écarter, de voir la carte qu'il laisse. Le donneur écarte une carte sans en prendre : cela fait, à l'écart, 4 cartes qui servent à composer la *partie*. Ces cartes se placent toujours sous la corbeille où l'on entasse les remises. Le premier en cartes est responsable de la corbeille contenant les enjeux, qu'il est chargé de recueillir. Il débute par faire mettre 4 jetons par le donneur et 2 jetons par chacun des autres joueurs. La corbeille contient donc 10 jetons; on la place à la droite du donneur. La corbeille étant faite, le donneur bat le jeu, fait couper par le joueur de gauche, et distribue en trois fois les onze cartes : 2 fois quatre cartes et une trois; quant à lui, il s'en distribue 3 fois quatre. Le talon se dépose au milieu de la table. Le joueur placé à la droite du donneur écarte le premier et prend une carte au talon; le joueur à la droite du précédent agit de la même façon et ainsi des autres. Les écarts faits sous la corbeille, le joueur placé à la droite du donneur jette le premier une carte à son choix : les autres, en allant toujours à droite, jouent à tour de rôle; ils sont obligés de fournir de la couleur demandée, à moins d'impossibilité; ils sont dispensés de forcer. La levée appartient à celui qui a fourni la plus haute carte de la couleur par laquelle on a commencé. Celui qui a fait la levée joue ensuite la carte qu'il jugea à propos, et l'on continue de la même manière jusqu'à ce que les onze levées soient faites. Voici l'ordre de valeur des cartes : l'as est supérieur au roi, qui est supérieur à la *dame*, laquelle prend le *valet* ; ensuite viennent : le *neuf*, le *huit*, le *sept*, et ainsi de suite jusqu'au *deux*. On renonce jamais que dans un seul cas, expliqué, plus loin, au paragraphe *Espagnolette*. Quand toutes les cartes sont jouées, on compte les points réunis dans chaque levée. Les deux principaux objets de ce jeu sont la *partie* et la *remise* au panier. Il y a 40 points au jeu, savoir : les as qui comptent 4 ; les rois, 3 ; les dames, 2 ; les valets, 1 chacun. Ces points seuls se comptent dans les levées que l'on fait, les cartes blanches ne comptent rien. — De la partie. La partie se forme par les quatre cartes de l'écart. Les points s'y comptent comme dans les levées, à l'exception de l'as de carreau qui compte 5, et du valet de cœur ou quinola, qui compte 3. Aux points qui s'y trouvent on ajoute toujours 1 : c'est proprement ce que l'on doit nommer *la partie*, attendu qu'il pourrait arriver que les 4 cartes de l'écart fussent toutes blanches, et que celui qui la gagnerait la partie n'eût ainsi rien gagné du tout. Celui qui fait le plus de points dans ses levées perd la partie, il la paye à celui qui la gagne. Celui qui fait le moins de points, ou qui ne fait aucun point ou qui ne fait point de levée, gagne la partie. Il prend donc les cartes de l'écart, les étale et examine devant les autres les points qu'elles valent. Il reçoit du perdant autant de jetons qu'il y a de points dans l'écart. Il arrive souvent que deux joueurs ont le même nombre de points : alors celui qui a le moins de levées a la préférence. S'ils avaient mêmes points et même nombre de levées, celui qui le mieux placé gagne : bien entendu, que celui qui n'a point de levée a la préférence sur celui qui aurait une levée blanche. En cas d'égalité le mieux placé est préféré. Le *mieux placé* est toujours celui qui donne. Après lui, c'est son voisin à la gauche, et ainsi de suite, en pas-

sant par la gauche. La partie peut être gagnée d'une autre manière, au moyen des chances *reversis, quinola et espagnolette*. Lorsqu'un des joueurs fait toutes les levées la partie ne se compte point. C'est le coup que l'on nomme le *reversis* par excellence. — Du reversis. Nous venons de dire que l'on fait le reversis, quand on fait toutes les levées : c'est le coup le plus brillant de ce jeu; mais on ne l'*entreprend* pas toujours, impunément. Quand neuf *reversis est entrepris*. Alors, s'il ne fait pas les deux autres levées, le reversis est dit *rompu à la bonne*, ou simplement *rompu*. La *bonne* se rapporte aux différents petit payements qui se font dans ce jeu. Il y a trois différentes bonnes. 1º *La première bonne*, c'est la première levée. 2º *La dernière bonne*, c'est la dernière levée. 3º *La bonne* pour le coup du reversis et pour l'espagnolette; ce sont les deux dernières levées. Ne rompt le reversis que celui qui fait une des deux dernières levées contre le joueur qui l'aurait entrepris. Il n'y a que celui qui fait le reversis qui puisse tirer la remise; il n'y a aussi que lui qui puisse la faire, s'il y manque : nous expliquons ce coup ci-dessous. — De la remise et du quinola. Quand le jeu commence, chaque joueur, avons-nous dit, met dans la corbeille deux jetons ou 10 fiches, et celui qui donne en met quatre. Cette contribution forme le fonds des remises. Elle se renouvelle toutes les fois que le panier est vide, ou qu'il y a moins que le premier fonds, c'est-à-dire, 10 jetons; ce fonds se nourrit par la contribution d'un jeton à chaque donne, par celui qui donne. La remise est attachée au valet de cœur ou quinola qui est la carte la plus importante de tout le jeu. Toutes les fois que l'on donne le quinola en renonce, on tire la remise entière, en prenant toutes les fiches qui se trouvent à la corbeille : cela s'appelle *placer* ou *donner le quinola*. Toutes les fois, au contraire, que le quinola est forcé (c'est-à-dire quand on est obligé de le donner sur un cœur, et nous avons vu qu'on ne renonce jamais), il faut payer la remise en mettant dans la corbeille un nombre de fiches ou de jetons égal à celui qui s'y trouve déjà : cela s'appelle *faire la bête*. Toutes les fois que l'on est obligé de jouer le quinola, on fait la remise : cela s'appelle *le quinola joué* ou *gorgé* : excepté le seul cas où le joueur qui aurait joué le quinola ferait encore le reversis; et encore faut-il qu'il ait le quinola avant la bonne, c'est-à-dire à l'une des neuf premières levées; et c'est le plus grand coup que l'on puisse faire à ce jeu parce que l'on tire les revenus du reversis, et la remise. Mais aussi, si espérant faire le *reversis*, le joueur eût joué le quinola à l'une des neuf premières levées, et qu'on lui rompt le reversis, il payerait le reversis rompu, et en outre ferait la remise : c'est le coup le plus cher. Si, en faisant le reversis, on joue le quinola à la dixième ou onzième levée, on ne tire point la remise, quoique l'on fasse le coup du reversis fait. *Si dans un reversis entrepris on jouait le quinola* à la dixième ou onzième levée, et que le reversis fût rompu, on ne ferait pas non plus la remise : mais l'on payerait le reversis manqué. Dans les autres cas où l'un des joueurs fait ou marque le reversis et qu'un autre place le quinola, ou bien que son quinola lui est forcé, celui-ci ne tire la remise, ni ne la fait. En un mot, du moment qu'il y a reversis, il n'y a point de remise. et le quinola redevient simple valet de cœur (excepté dans les cas expliqués plus haut), où celui qui entreprend le reversis, lève le quinola avant la dernière levée. — Des paiements. Ils sont en assez grand nombre, et il y a plusieurs choses à observer ici : celui qui donne un as en renonce, reçoit une fiche de celui qui fait cette levée; si c'est l'as de carreau, il en reçoit deux. On paye tout de suite, sans se faire demander: de même, en donnant le

quinola en renonce, on reçoit un jeton ou cinq fiches. Le joueur à qui l'on force un as, paye une fiche à celui qui le force; et deux, si c'est l'as de carreau. Si quelqu'un force le quinola, il touche *un jeton de chaque joueur*, et *deux* jetons de celui qui tenait le quinola. Un ou plusieurs as joués, de même que le quinola joué ou gorgé, se payent comme s'ils eussent été forcés, et se payent à celui qui *gagne la partie*; mais c'est à celui-ci à *s'en souvenir* et à les demander. Tous ces payements sont doubles en vis-à-vis. Tous les payements susdits sont encore doubles à la première et à la dernière bonne; de manière que si par hasard l'on forçait le quinola, en vis-à-vis, à la première ou dernière bonne, on toucherait 8 jetons, ou 40 fiches de son vis-à-vis et 2 jetons de chacun des autres joueurs; et, si on le forçait ainsi de côté, celui-ci payerait 4 jetons, le vis-à-vis en payerait 4, et le troisième joueur en payerait 2. La partie se paye aussi double, si c'est le vis-à-vis qui la gagne. *Tous les payements susdits cessent, dès qu'il y a reversis*, soit que le reversis se fasse, ou soit rompu à la bonne. Alors, on rend tout ce qui s'était payé pendant le coup, sans se le faire demander; c'est-à-dire qu'on rend à celui qui a payé, afin que personne ne paye ni plus ni moins que le reversis. Le reversis se paye 16 fiches de chaque joueur, et 32 du vis-à-vis. Celui qui rompt le reversis à la bonne reçoit 64 fiches de celui qui l'avait entrepris; les autres joueurs n'ont rien. — DE L'ESPAGNOLETTE. Trois as et le quinola, quatre as et le quinola, ou simplement quatre as réunis dans la même main, font ce que l'on appelle l'*espagnolette*. Ce coup est souvent très compliqué, difficile à jouer; il renverse à peu près tout ce que nous venons de dire jusqu'ici. On appelle aussi *espagnolette* le joueur qui porte le jeu. L'*espagnolette* a le droit de renoncer en toutes couleurs, pendant les neuf premières levées. Il place de cette façon son quinola, quoique souvent seul en sa main, et tire conséquemment la remise; il donne ses as à droite et à gauche; il gagne toujours la partie de quelque manière qu'il soit placé. On dirait que l'on ne joue que pour lui; et effectivement, s'il joue bien, tous les avantages du jeu sont pour lui. Mais n'ayant le droit de renoncer que pendant les 9 premières levées, il doit fournir de la couleur que l'on joue aux deux dernières, s'il en a; et s'il est assez maladroit pour avoir gardé une grosse carte, par laquelle il se trouve dans la nécessité de faire une des deux dernières levées, sa fortune change de face, et alors il fait tous les frais de la partie, c'est-à-dire : 1° Qu'il perd la partie, quand même il ne serait que blanche, et la paye à celui qui la gagne dans l'ordre naturel. 2° Qu'il fait la remise, s'il a placé le quinola, ou que l'ayant gardé dans l'espérance de le placer à la bonne, et étant entré maladroitement à la dixième levée, il le gorge à la dernière; mais il ne ferait pas la remise, si, pour faire espagnolette par quatre as, un des autres joueurs plaçait le quinola, ou que le quinola fût forcé. 3° Qu'il rend au *double* les as ou quinola qu'il peut avoir donnés pendant le jeu, et qu'on lui a payés; ou bien aussi l'as ou le quinola que les autres joueurs ont pu se donner réciproquement. L'*espagnolette* est libre de ne point se servir de son privilège, et de jouer son jeu comme un jeu ordinaire; mais il ne le peut plus dès qu'il a une fois renoncé *en vertu de son droit*. L'*espagnolette* n'est pas censé avoir perdu son droit, pour avoir fourni de la couleur que l'on demande, et même pour avoir pris; il faudrait pour cela que la levée lui restât. L'*espagnolette*, s'il force le quinola, en tire la consolation, en quelque époque du jeu que cela arrive : on comprend qu'il n'y a que trois époques où cela puisse lui arriver. 1. Si, se trouvant le premier à jouer, il joue cœur, et que le quinola fût seul dans quelque main.

— 2. Si, ayant par mégarde fait une levée dans le courant du jeu, il joue un cœur, et force. — 3. Si, étant entré malgré lui à la dixième carte, il lui restait un cœur à jouer, et s'il forçait par ce hasard à la dernière. *Faire entrer* signifiera, si l'on veut, *faire levée*. Si quelqu'un fait un reversis, l'*espagnolette* paye seul pour toute la compagnie. Si quelque joueur entreprend le reversis, et qu'un autre *le rompe à la bonne*, l'espagnolette paye tout le reversis à celui qui rompt (c'est-à-dire 64 fiches). L'espagnolette peut rompre un reversis à la bonne, et en est payé comme il est dit ci-dessus; il peut aussi faire le reversis, et dès lors son fait n'est qu'un jeu ordinaire. Si l'*espagnolette* avait placé son quinola, et qu'il y ait reversis fait ou manqué, il ne tirera pas la remise, selon la règle générale *qu'en reversis il n'y a point de remise*, excepté pour celui qui entreprend le reversis. Si par as, roi ou dame de cœur, l'on forçait le quinola à l'*espagnolette*, en quelque époque du jeu que cela arrivât, il ferait la remise, et payerait, ainsi que les deux autres joueurs, ce qui est dû à celui qui force, selon les règles établies ci-dessus, excepté toujours s'il y a reversis. Si l'espagnolette n'entre pas d'ailleurs, il jouira de tous ses autres droits nommés ci-dessus. — **Règlement général.** 1. On ne peut donner les onze cartes à chaque joueur qu'en trois fois, une fois par 3 cartes et deux fois par 4, en se donnant toujours par 4 à soi-même : toute autre façon de donner est vicieuse. — 2. Carte tournée fait refaire, à moins que tous les joueurs ne jugent le coup bon, pour abréger. — 3. Celui qui aura mal donné perd sa donne; il peut cependant refaire, en fournissant un jeton au panier. — 4. Celui qui, ayant mal donné, ne s'en sera pas aperçu ou n'en aura pas averti avant que l'écart soit fait paiera 2 jetons d'amende au panier, et le coup sera nul : il perdra en outre cette fois-là sa donne, sans pouvoir la racheter. — 5. Des trois cartes du talon la première est pour le premier joueur à la main, la seconde pour le second, et la troisième pour le troisième. — 6. Quiconque voit la carte de l'écart qui lui revient, et écarte ensuite, ne peut gagner la partie, ni placer son quinola, si par hasard il l'avait, ni faire le reversis; et s'il rompait un reversis, on ne lui paierait rien. Il peut forcer le quinola, mais on ne lui payera pas la consolation; le joueur à qui l'on aurait de cette manière forcé le quinola, payerait cependant la remise. — 7. Il en est de même de celui qui prendrait sa carte du talon, et n'écarterait pas : il n'a droit à rien. — 8. Quiconque joue sa carte avant son tour payera un jeton au panier. — 9. Si quelqu'un se trouvait avoir écarté deux cartes au lieu d'une, et ne portait que dix cartes, il n'a droit à aucun payement quelconque; mais s'il rompt un reversis, il en sera payé; et s'il force le quinola, il en sera payé. — 10. Toutes les cartes qui se trouveront sous le panier comptent pour la partie, soit qu'il y en ait une de plus ou de moins. — 11. *La levée appartient à celui qui la ramasse;* cependant tout autre joueur peut avertir et régler le coup avant que l'on ait rejoué, s'il le juge à propos. — 12. Il est permis d'examiner ses propres levées, mais non celles des autres, si ce n'est la dernière de toutes celles qui seront faites. — 13. Quiconque renonce, sans avoir l'espagnolette, mettra deux jetons au panier, en guise d'amende, et ne pourra toucher aucun paiement quelconque de ce coup-là.

REVERTIER (jeux). Le nom de cette variante du trictrac vient du latin *revertere*, tourner, parce que le joueur fait faire à ses dames le tour du tablier et les fait revenir dans la table d'où elles sont parties. Chacun des deux joueurs empile ses dames sur la première flèche à gauche du côté de son adversaire. Celui que le sort a désigné pour jouer le premier, jette les dés; il nomme ses

points comme au trictrac, et joue ensuite. Au début, l'on ne peut faire aucune case, c'est-à-dire mettre deux ou plusieurs dames accouplées l'une sur l'autre dans les deux tables du trictrac qui sont du côté du tas des dames de celui qui joue. La marche des dames est d'abord de gauche à droite de l'adversaire; arrivées au coin de droite de l'adversaire, elles passent au coin de gauche du joueur et marchent de sa gauche à sa droite. Les doublets se comptent doublement, c'est-à-dire que si on amène un doublet, on joue deux fois le total que l'on a fait, soit avec une seule dame soit avec deux dames. Par exemple, le terne, qui ne vaut que six points, oblige d'en jouer 12, parce que c'est un doublet. Si on l'amène au premier coup, comme on ne peut alors le jouer que du tas, on joue une dame trois trois (9e case) et on porte une autre dame sur la troisième case. Il arrive que l'on ne peut jouer tous les nombres amenés; par exemple quand on fait sonner du premier coup, on ne peut jouer qu'un, dans l'impossibilité où l'on se trouve de mettre plus d'une dame sur les flèches du côté de son tas de bois, et parce que l'on ne peut jouer tout d'une dame, le passage étant fermé par le tas de l'adversaire. La règle par laquelle on ne peut, au début, mettre plus d'une dame sur les flèches du côté de son tas subit une exception; c'est quand il s'agit de la 11e case ou flèche du coin à droite de l'adversaire : au revertier, cette flèche se nomme *tête*; on peut y placer autant de dames que l'on veut, et il est toujours prudent de la bien garnir pour caser ensuite plus facilement. Quand le joueur a amené, à la droite de l'adversaire, une partie assez considérable de ses dames, sa tête étant bien garnie, il commence à caser du côté de la pile de son adversaire, aussi près d'elle que possible, en faisant des surcases s'il ne peut caser. Faire une surcase, c'est mettre une ou deux dames sur une flèche où il y en a déjà deux accouplées. Les surcases, appelées aussi *batadours*, sont très utiles; elles servent à battre les dames découvertes sans que l'on soit obligé de se découvrir soi-même. Battre une dame, c'est mettre une dame sur la même flèche où était placée celle de l'adversaire. On peut battre en passant sur la même dame avec une seule; par exemple, si l'on fait 5 et 4, et si l'on joue tout d'une, on peut battre, en passant une dame sur le 5 et, de la même dame, en battre une seconde sur le 4, si l'on ne couvre une de ses propres dames. Toute dame battue est hors du jeu; le joueur à qui elle appartient doit la rentrer, avant de pouvoir jouer d'autres dames. Rentrer une dame, c'est la ramener du côté et dans la table où est la pile; pour cela, il faut trouver des passages ouverts. On ne peut rentrer sur soi, mais on peut rentrer sur son adversaire en battant celles de ses dames qui sont découvertes. Quand un joueur a plus de dames battues qu'il n'a de passages ouverts on dit qu'il est hors du jeu, et il laisse jouer son adversaire jusqu'à ce que celui-ci ouvre un ou plusieurs passages; s'il lui est impossible de rentrer, *il est doublé* et perd la partie, ordinairement *double*, à moins d'une convention contraire en vertu de laquelle cette partie serait simple. Quand aucun des deux joueurs n'est doublé, chacun d'eux continue de faire ses cases en s'approchant petit à petit de la tête de l'adversaire. Toutes les dames étant passées dans la table de la tête de l'adversaire, on peut alors lever, à chaque coup de dés, toutes celles que le nombre des dés porte sur la bande, comme cela se pratique au jeu de trictrac quand on rompt le jan de retour. Celui qui parvient le premier à lever toutes ses dames gagne la partie simple, et a de plus, pour la revanche. Les autres règles du revertier sont les mêmes que celles du trictrac.

RHAMNUS s. m. [ra-mnuss], (gr. *rhamnos*, nerprun). Bot. Nom scientifique du genre ner-

prun. Une espèce dont nous n'avons pas parlé à notre article Nerprun est le *rhamnus purshiana*, comprenant plusieurs espèces d'arbrisseaux ou de petits arbres qui atteignent de 10 à 20 pieds de haut et dont l'écorce a été introduite dans ·l'usage médical, il y a quelques années, sous le nom de *cascara sagrada*. Ce rhamnus croît sur la côte du Pacifique. Ses propriétés sont à peu près les mêmes que celles des autres espèces du genre nerprun. A petites doses, il est laxatif ; à hautes doses, il devient cathartique. On l'emploie ordinairement sous forme d'extrait liquide, que l'on peut donner à la dose de 15 à 60 gouttes, suivant l'effet désiré.

RHIPIPTÈRE adj. (gr. *rhipis*, éventail ; *pteron*, aile), Entom. Qui a les ailes en éventail : *insecte rhipiptère...* — S. m. pl. Onzième ordre des insectes, dans la classification de Cuvier, comprenant des animaux très singuliers par leurs formes anomales et par leurs habitudes. Chez les rhipiptères la première paire d'ailes est transformée en une paire d'appendices crustacés, mobiles, en forme de petites élytres. La seconde paire d'ailes est relativement grande ; les ailes sont membraneuses, divisées par des nervures longitudinales qui rayonnent et elles se plient dans leur longueur en manière d'éventail. Leur organe de manducation est formé de quatre pièces, dont les deux plus courtes paraissent être des palpes à deux articles ; les deux autres, insérées près de la base interne des précédentes présentent la forme de petites lames linéaires pointues, se croisant à leur extrémité, et ressemblant à des lancettes de suçoir plutôt qu'à des mandibules. Leurs yeux sont gros, hémisphériques, un peu pédiculés et grenus. Leurs deux antennes, rapprochées à leur base, sur une élévation commune, sont composées de trois articles, dont les deux premiers sont très courts et dont le troisième, très long, se divise en deux branches s'appliquant l'une sur l'autre. L'abdomen presque cylindrique est formé de huit à neuf segments et terminés par des pièces analogues à celles des hémiptères ; six pieds presque membraneux, terminés par des tarses. La particularité la plus remarquable de l'existence de ces insectes, c'est qu'à l'état de larves, ils vivent en parasites entre les écailles de l'abdomen de quelques hyménoptères. Ce sont des sortes d'œstros d'insectes. L'ordre des rhipiptères ne comprend que quatre genres et une douzaine d'espèces. Les genres sont : 1° les *xenos*, ayant des tarses à quatre articles ; antennes à trois articles ; 2° les *elenchus*, tarses à deux articles ; antennes à trois articles ; 3° les *stylops*, tarses à quatre articles ; antennes à six ; 4° les *halictophages*, tarses à trois articles.

RHIZANTHÉ, ÉE adj. Bot. Se dit des plantes dont les fleurs viennent directement sur le rhizome.

RHIZOCARPIEN, IENNE adj. (gr. *rhiza*, racine ; *karpos*, fruit). Bot. Qui fleurit et fructifie sur un rhizome souterrain. Ce terme a été appliqué par de Candolle aux plantes vivaces par leurs souches.

RHYZOPORACÉ, ÉE adj. (de *rhyzopora*, nom scientifique du palétuvier). Bot. Qui se rapporte au palétuvier.—S. f. pl. Famille de dycotylédones dialypétales, périgynes, comprenant des arbres ou des arbrisseaux à feuilles opposées, entières, accompagnées de stipules interpétiolaires, à fleurs axillaires. Ces plantes croissent dans les régions maritimes des tropiques. Genre principal : *palétuvier*.

RICHARD (Maurice), homme politique, né à Paris le 26 oct. 1836, mort à Paris le 5 nov. 1888. Il fit son droit à Paris et s'inscrivit au barreau de cette ville. Il appartenait au parti libéral et fit de l'opposition à l'Empire. Elu député contre le général Mellinet, candidat officiel, par les électeurs de la quatrième circonscription de Seine-et-Oise en 1863, il siégea

au centre gauche et fut réélu contre M. Ernest Baroche, lors des élections générales de 1869. Le 2 janvier suivant, M. Emile Ollivier lui confia le portefeuille des beaux-arts. Après le Quatre-Septembre, il se retira dans son château de Millemont (Seine-et-Oise) qui devint le lieu de rendez-vous des partisans de l'empire libéral. Lors de la scission entre le prince Jérôme Bonaparte et son fils, le prince Victor, il resta fidèle au premier de ces deux prétendants et fut considéré comme l'un des chefs du parti jérômiste. C'est dans son château que se trouvait le prince Jérôme quand on lui notifia l'ordre de quitter la France, le 15 octobre 1872.

RICORD (Philippe), célèbre chirurgien français, né à Baltimore (Etats-Unis), le 10 décembre 1800, mort le 22 octobre 1889, des suites d'une pneumonie. Son père, armateur français de la Compagnie des Indes, ayant été ruiné par des spéculations malheureuses, était allé inutilement chercher en Amérique le moyen de rétablir sa fortune. Le jeune Philippe Ricord fit ses premières études médicales à Baltimore, sous la direction de son frère aîné, Alexandre, né en 1798, dont les ouvrages de médecine et d'histoire naturelle étaient fort goûtés en Amérique. A vingt ans, il arriva à Paris, fut admis à l'internat, suivit les leçons de Dupuytren et de Lisfranc et se fit recevoir docteur de la Faculté en 1826. Il exerça d'abord en province, mais ayant été reçu le premier, lors du concours du bureau central des hôpitaux, en 1828, il vécut pendant deux ans du produit du cours qu'il fit à la Pitié. En 1831, il devint médecin en chef de l'hôpital du Midi, affecté au traitement des maladies secrètes. Il y resta jusqu'en 1860, époque de sa retraite, s'adonnant exclusivement à l'étude physiologique, à l'observation clinique et à la pratique chirurgicale des maladies syphilitiques. Il acquit rapidement une grande réputation et fut élu, en 1850, membre de l'Académie de médecine (section de pathologie chirurgicale). Nommé le 28 juillet 1862 médecin ordinaire de la maison du prince Napoléon, il fut, le 26 octobre de la même année, désigné comme chirurgien consultant de l'Empereur. Il avait acquis une fortune considérable et était décoré d'un grand nombre d'ordres français et étrangers. Outre de nombreux mémoires, lettres ou articles publiés dans les *Mémoires* ou le *Bulletin de l'Académie de médecine*, à l'*Union médicale*, au *Nouveau dictionnaire de médecine et de chirurgie pratiques*, etc., on doit au Dr Ricord : *De l'emploi du speculum* (1833) ; *De la blennorrhagie de la femme* (1834) ; *Emploi de l'onguent mercuriel dans le traitement de l'érysipèle* (1836) ; *Monographie du chancre* (1837) ; *Théorie sur la nature et le traitement de l'épididymite*, *Traité des maladies vénériennes* (1838, in-4°, 66 pl.) ; *De l'ophtalmie blennorrhagique* (1842) ; *Clinique iconographique de l'hôpital des vénériens* (1842-'51, pl.) ; *De la syphilisation et de la contagion des accidents secondaires* (1853) ; *Lettres sur la syphilis* (1854, 3° édit., 1863), etc., etc.

RIGNY, (Henri-Gauthier, COMTE DE), marin, né à Toul en 1783, mort à Paris en 1835. Il entra dans la marine en 1798, fit la campagne d'Egypte, passa enseigne de vaisseau en 1803, entra dans les marins de la garde en 1806, fit les campagnes de Prusse et de Pologne, suivit en Espagne, en qualité d'aide de camp, le maréchal Berthier (1808), fut blessé à Somo-Sierra, prit part à la bataille de Wagram (1809). Il obtint alors le grade de lieutenant de vaisseau, devint capitaine de frégate en 1811, capitaine de vaisseau en 1816, commandant de l'escadre du Levant en 1822, contre-amiral en 1825, dirigea la flotte française à Navarin, fut élevé au grade de vice-amiral en 1827 et reçut, avec la dignité de comte, la préfecture maritime de Toulon en 1829. Il ne voulut pas

faire partie du ministère Polignac, et accepta la révolution de 1830, après laquelle il fut membre du conseil d'amirauté, ministre de la marine (1834-'34), puis ministre des affaires étrangères et ambassadeur à Naples.

RIMEUX, EUSE adj. (lat. *rima*, fente). Hortic. Synon. de gercé.

RIPATON s. m. Argot. Soulier.

RIPEMENT s. m. [ri-pe-man] (gr. *riptô*, je jette bas, je lance). Chemins de fer. On entend par ripement d'une voie, l'écart subit d'un rail produit soit par un affaissement du sol, soit par la disjonction des pièces ; de sorte que les rails cessant d'être parallèles, il en résulte que l'une des roues de la machine se dégage des rails et roule sur le sol : *le ripement produit souvent un déraillement.*

RIPLEY (George), écrivain et journaliste américain, né à Greenfield (Mass.), le 3 oct. 1802, mort à New-York le 4 juillet 1880. Il était le plus jeune fils de Jérôme Ripley, négociant, qui lui laissa une fortune médiocre. Au sortir du collège d'Harward, en 1823, il resta trois années à l'Université de Cambridge, où il étudia la théologie. De 1828 à 1841, il fut pasteur unitarien à Boston et consacra ses loisirs à l'étude de la philosophie, de la théologie allemande et de la critique biblique. Il se fit l'éditeur d'une importante publication intitulée *Spécimens de littérature étrangère* (14 vol., Boston, 1838-'41) et traduisit luimême les deux premiers volumes de cet ouvrage, en donnant des extraits des écrits de Cousin, de Jouffroy et de Constant. Dans deux lettres adressées à Andrews Norton et rendues publiques, il expliqua et défendit la philosophie et la théologie de Spinoza, de Schleiermacher et de de Wette (1840). Abandonnant la théologie pour les lettres, il fut ensuite l'un des principaux collaborateurs du *Dial* (1840-'41), du *Harbinger* (1845-'49) et de la *New-York Tribune*, dont il dirigea la partie littéraire à partir de 1849 jusqu'à son décès. Il fut, pendant plusieurs années, le rédacteur de la partie critique du *Harper's Magazine*. Son œuvre la plus populaire est la fameuse *New-American Cyclopædia* (1857-'63), écrite en collaboration avec Charles A. Dana. En 1869, Ripley visita l'Europe, d'où il écrivit une série de lettres destinées à la publicité. A son retour, il commença une édition revue de la *Cyclopædia* (1873-'76).

RIQUET A LA HOUPPE, se dit d'un bossu, par allusion au principal personnage d'un conte de Perrault.

RIS DE VEAU (Cuis.). — Faites-les dégorger une heure dans de l'eau tiède, puis jetez-les dans l'eau froide pour les raffermir. Vous pouvez alors vous en servir comme garniture dans toute sorte de ragoûts ; les faire cuire à la broche, piqués de petit lard ou en *fricandeau*, ou accompagnés de sauces diverses, principalement à la poulette. — RIS DE VEAU EN CAISSE. Parés et piqués, coupez vos ris de veau par morceaux et faites cuire avec champignons et fines herbes hachés très fin. Placez dans des caisses de papier huilées et garnies de mie de pain, saupoudrez de mie de pain et mettez sur le gril.

RISCLE, ch.-l. de cant. de l'arrond. et à 46 kilom. O.-N.-O. de Mirande (Gers), sur l'Adour ; 1100 hab.

RIVEMENT s. m. Action de river un clou.

RODÉZIEN IENNE, s. et adj. De Rodez ; qui se rapporte à cette ville ou à ses habitants. — On dit aussi *Ruthénien*, *ienne.*

ROGNON (Cuis.). — ROGNON DE BŒUF A LA BOURGEOISE. Coupez votre rognon par filets minces ayant soin d'enlever la chaîne graveleuse du milieu, et passez sur le feu avec un morceau de beurre ; sel et poivre ; ajoutez persil, ci-

boules, pointe d'ail hachés menu. Quand il sera cuit, ajoutez un peu de bouillon, un filet de vinaigre; ne le laissez plus bouillir de peur qu'il ne se racornisse. — ROGNON SAUTÉ. Coupez en tranches; passez au roux avec épices et bouquet garni. Mouillez de vin, faites jeter un bouillon, liez avec un peu de farine; laissez réduire. — ROGNONS DE MOUTON A LA BROCHETTE. Faites-les tremper dans l'eau pendant cinq minutes, ce qui vous aidera à enlever la peau qui les couvre, ouvrez-les en deux, maintenant l'ouverture béante au moyen de brochettes; salez et poivrez-les et faites-les cuire sur le gril. Servez avec un peu de beurre manié de persil haché sur un plat chauffé. — ROGNONS SAUTÉS AU VIN BLANC. Mettez vos rognons dans une casserole, coupés par tranches, avec beurre, persil et champignons hachés, sel, poivre et muscade. Faites sauter à grand feu; saupoudrez de farine, mouillez d'un verre de vin blanc; remuez pour ne pas laisser bouillir. Ajoutez un peu de bon beurre et du jus de citron au moment de servir.

ROMAINVILLE (Romana Villa), commune du cant. de Pontoise, arrond. et à 22 kilom. S.-E. de Saint-Denis (Seine), à 15 kilom. N.-E. de Paris ; 2,500 hab. Le bois de Romainville, dont il ne reste plus qu'une lisière étroite, d'où l'on jouit d'un beau panorama, était jadis très fréquenté des Parisiens. Le château a été détruit en 1856. De l'esplanade du fort de Romainville, la vue a une grande étendue. La 30 mars 1814, les Russes établirent leur quartier général à Romainville, après un combat assez vif livré aux Français sous les ordres du duc de Raguse.

ROMANÉE, nom de deux célèbres vignobles bourguignons, qui appartiennent à la côte de Nuits et sont situés sur le même coteau, commune de Rosnes, à 3 kilom. de Nuits et à 17 kilom. S. de Dijon. L'un, acheté vers 1760, par le prince de Conti, est appelé Romanée-Conti. Sa superficie n'est que de 172 ares, et il ne produit guère, chaque année, plus de dix à douze pièces d'un vin rouge remarquable par sa belle couleur, son arôme, sa délicatesse et la finesse de son goût délicieux. L'autre, qui appartient depuis 1232, à l'abbaye de Saint-Vivant est appelé Romanée-Saint-Vivant. Il couvre le bas du coteau occupé par le vignoble de Romanée-Conti. Sa superficie est d'une dizaine d'hectares et il produit des vins qui figurent parmi les premiers de France.

ROMESTECQ s. m. [ro-mèss-tèk] (de Rome et stecq, deux termes qui sont employés dans ce jeu). Jeu de cartes d'origine flamande qui fut autrefois très répandu à Paris, mais qui est aujourd'hui délaissé.

RONDE s. f. Chanson qu'une personne chante seule et dont le refrain est répété par tous en dansant en rond : Une ronde villageoise. — Tout petit poème que l'on chante en dansant en rond. — Par ext. La danse que l'on exécute en chantant une ronde. — Encycl. Nous donnons ci-dessous les paroles de quelques rondes, choisies parmi les plus populaires : 1° L'autre jour, plantant de l'oseille.

L'autre jour, plantant de l'oseille,
J'ai rencontré mon berger,
Qui me dit tout bas à l'oreille :
« Je voudrais bien vous embrasser »,
Ah vraiment! la drôle de mode!
Ce berger-là n'est point sot.
Il nous apprend la méthode
De nous aimer comme il faut.

Ici le maître de la ronde abandonne la main de la personne qui se trouve à sa droite; celle-ci entre dans le rond, pendant que, le cercle s'étant vivement refermé, le chœur reprend :

Madame (ou monsieur), entrez dans la danse
Regardez-en la cadence.
Et puis vous embrasserez
Celui (ou celle) que vous aimerez.

La personne entrée dans le rond ayant obéi à l'injonction du chœur, passe à la gauche du maître, et on recommence le couplet. — 2° Les compagnons de la marjolaine. Dans cette ronde, il y a, d'un côté, un groupe de jeunes filles; de l'autre se trouve une jeune fille seule. Les jeunes filles s'avancent vers leur compagne en chantant le couplet suivant :

Qu'est-c' qui passe ici si tard?
Compagnons de la marjolaine,
Qu'est-c' qui passe ici si tard,
C'est le chevalier du guet
Dessus le quai?

La jeune fille s'avance à son tour en chantant :

C'est le chevalier du guet,
Compagnons de la marjolaine,
C'est le chevalier du guet,
Dessus le quai.

On alterne ainsi, jusqu'à la fin :

Que d'mande le chevalier? etc.
Une fille à marier, etc.
N'y a pas de fille à marier, etc.
On m'a dit que vous en aviez, etc.
Ceux qui l'ont dit se sont trompés, etc.
Je veux que vous m'en donniez, etc.
Sur les onze heur's répassez, etc.
Les onze heur's sont bien passées, etc.
Sur les minuit revenez, etc.
Les minuit sont bien sonnés, etc.
Mais nos filles sont couchées, etc.
En est-il un' d'éveillée, etc.
Qu'est-c' que vous lui donnerez, etc.
De l'or, des bijoux, assez, etc.
Ell' n'est pas intéressée, etc.
Mon cœur je lui donnerai, etc.
En ce cas-là, choisissez, etc.

La jeune fille choisit dans le groupe une personne et s'enfuit avec elle pendant que les autres se mettent à leur poursuite. — 3° Ah! mon beau château. Les jeunes filles se forment en deux groupes : l'un forme une ronde et l'autre se tient dans le cercle. Les joueurs du premier groupe chantent en tournant :

Ah! mon beau château
Ma tant'tire, lire, lire,
Ah! mon beau château
Ma tant'tire, lire, lo.

Les jeunes filles du second groupe répondent en chœur, et ensuite, la provocation et les réponses alternent :

Le nôtre est plus beau,
Ma tant'tire, etc.
Nous le détruirons
Ma tant'tire, etc.
Laquell' prendrez-vous ?
Ma tant'tire, etc.

En chantant le couplet suivant, la troupe qui chante désigne une jeune fille de l'autre groupe :

Celle que voici,
Ma tant'tire, etc.
Que lui donnerez-vous?
Ma tant'tire, etc.
De jolis bijoux,
Ma tant'tire, etc.
Nous en voulons bien,
Ma tant'tire, etc.

Pendant que l'on chante ce dernier couplet, la jeune fille désignée se détache de son groupe et vient se mêler à la ronde; après quoi, on recommence jusqu'à ce que toutes les jeunes filles soient passées dans la ronde. — 4° Savez-vous planter les choux? Les jeunes gens forment une ronde et chantent :

Savez-vous planter des choux,
A la mode, à la mode,
Savez-vous planter des choux,
A la mode de chez nous?
On les plante avec le pied,
A la mode, à la mode,
On les plante avec le pied,
A la mode de chez nous.
Savez-vous, etc.
On les plante avec la main, etc.
On les plante avec le doigt, etc.
On les plante avec le nez, etc.
On les plante avec la bouche, etc.
On les plante avec l'oreille, etc.

A chaque fois que l'on désigne une partie, on fait le simulacre de planter des choux avec cette partie. — 5° Comment mon père sème son avoine.

Qui veut ouïr, qui veut savoir
Comment mon pèr' sèm' son avoine?
Il la sème comme ci.
Puis il la sème comme ça,

La ronde s'arrête, et l'on fait le simulacre de semer, en chantant les deux vers précédents.

Frappe des pieds, frappe des mains,

Les joueurs frappent le sol du pied gauche, puis du pied droit, puis deux fois dans leurs mains.

Fait un p'tit tour chez son voisin,

Tous les joueurs tournent sur eux-mêmes.

Puis se repose, repose, repose,

Chacun se repose un petit brin.

Chacun, en chantant les deux vers précédents, prend l'attitude d'une personne qui se repose. Il faut que tous ces mouvements soient exécutés en mesure et simultanément par tous les danseurs. Ensuite on recommence pour savoir :

Comment mon père bine son avoine,
Comment mon père coupe son avoine,
Comment mon père lie son avoine, etc.

6° Sur le pont d'Avignon

Sur le pont
D'Avignon
L'on y danse, l'on y danse,
Sur le pont
D'Avignon
Tout le monde y danse en rond.
Les beaux messieurs font comme ça (bis).
Sur le pont, etc.
Les blanchisseuses font comm' ça (bis).
Les bell' dames font comm' ça (bis), etc.

A chaque couplet, les danseurs s'arrêtent pour imiter l'action de la personne nommée; puis on reprend le refrain et la ronde. — 7° La boulangère a des écus.

La boulangère a des écus
Qui ne lui coûtent guère (bis),
Oui, elle en a, je les ai vus,
J'ai vu la boulangère, j'ai vu,
J'ai vu la boulangère.

Pendant le refrain on quitte la ronde pour tourner deux à deux.— 8° Il était une bergère.

Il était une bergère,
Et ron, ron, ron, petit patapon ;
Il était une bergère
Qui gardait ses moutons,
Ron, ron,
Qui gardait ses moutons.
Elle fit un fromage,
Et ron, ron, ron...
Du lait de ses moutons,
Ron, ron.
Le chat qui la regarde,
Et ron, ron, ron...
D'un petit air fripon
Ron, ron.
Si tu y mets la patte
Tu auras du bâton.
Il n'y mit pas la patte,
Il y mit le menton.
La bergère en colère,
Tua son petit chaton.
Elle fut à son père
Lui demander pardon.
« Mon père je m'accuse,
D'avoir tué mon chaton.
— Ma fill', pour pénitence
Nous nous embrasserons,
— La pénitence est douce,
Nous recommencerons. »

9° La plus aimable à mon gré.

La plus aimable à mon gré (bis)
Je vais vous la présenter (bis)
Nous lui frons passer barrière.
Ramen' tes moutons, bergère.
Ramen', ramen', ramen bien
Tes moutons à la maison (bis).

La personne qui dirige la ronde chante seule

les deux premiers vers; puis elle quitte la main de sa voisine de droite et élève le bra- gauche, pour former avec sa voisine de gauche un arc sous lequel passe la voisine de droite, suivie de toutes les autres qui reviennent former le cercle, en chantant le refrain. — 10° *Il était un p'tit homme.*

Il était un p'tit homme
Qui s'appelait Guilleri,
Carabi;
Il s'en fut à la chasse,
A la chasse aux perdrix,
Carabi,
Titi Carabi,
Toto Carabo,
Compère Guilleri,
Te lairas-tu (ter) mouri?
Il s'en fut à la chasse,
A la chasse aux perdrix,
Carabi;
Il monta sur un arbre,
Pour voir ses chiens couri;
Carabi; etc.
La branche vint à rompre,
Et Guilleri tombit,
Carabi; etc.
Il se cassa la jambe,
Et le bras se démit;
Carabi; etc.
Les dam's de l'hôpital
Sont arrivées au bruit.
Carabi; etc.
L'une apporte un emplâtre,
L'autre de la charpie,
Carabi; etc.
On lui banda la jambe,
Et le bras lui remit.
Carabi; etc.
Pour remercier ces dames,
Guilleri les embrassit,
Carabi; etc.

11° *Mettez-vous à genoux.*

Mettez-vous à genoux (bis),
Mettez-vous y encore un coup
Afin que l'on vous aime.
Ah! j'aimerai, j'aimerai, j'aimerai,
Ah! j'aimerai qui m'aime.
Mam'selle, entrez chez nous (bis),
Mam'selle, entrez encore un coup,
Afin que l'on vous aime.
Ah! j'aimerai, j'aimerai, j'aimerai,
Ah! j'aimerai qui m'aime.
Une ami' choisissez-vous (bis),
Choisissez-la encore un coup,
Afin que l'on vous aime.
Ah! j'aimerai, j'aimerai, j'aimerai,
Ah! j'aimerai qui m'aime.
Mettez-vous à genoux (bis),
Mettez-vous y encore un coup,
Afin que l'on vous aime.
Ah! j'aimerai, j'aimerai, j'aimerai,
Ah! j'aimerai qui m'aime.
Faites-nous les yeux doux (bis),
Faites-nous-les encore un coup,
Afin que l'on vous aime.
Ah! j'aimerai, j'aimerai, j'aimerai,
Ah! j'aimerai qui m'aime.
Et puis, embrassez-nous (bis),
Embrassez-nous encore un coup,
Afin que l'on vous aime.
Ah! j'aimerai, j'aimerai, j'aimerai,
Ah! j'aimerai qui m'aime.
Revenez parmi nous (bis),
Revenez-y encore un coup,
Afin que l'on vous aime.
Ah! j'aimerai, j'aimerai, j'aimerai,
Ah! j'aimerai qui m'aime.

Chaque jeune fille entre à son tour dans le cercle et exécute les commandements qui lui sont faits. — 12° *La tour, prends garde.* Une jeune fille assise représente le duc de Bour- bon; deux autres jeunes filles se tenant par la main représentent la tour. Les autres, qui sont le fils du duc et ses officiers, entourent ce prince.

DEUX OFFICIERS A LA TOUR.
La tour, prends garde (bis),
De te laisser abattre.

LA TOUR.
Nous n'avons garde (bis)
De nous laisser abattre.

LES OFFICIERS.
J'irai me plaindre (bis)
Au duc de Bourbon.

LES OFFICIERS.
Mon duc, mon prince (bis),
Je viens à vos genoux.

LE DUC.
Mon capitaine, mon colonel (bis),
Que me demandez-vous?

LES OFFICIERS.
Un de vos gardes (bis),
Pour abattre la tour.

LE DUC.
Allez, mon garde (bis),
Pour abattre la tour.

LES OFFICIERS ET LE GARDE.
La tour, prends garde (bis)
De te laisser abattre, etc.

LA TOUR.
Nous n'avons garde (bis), etc.

On continue ainsi; les officiers demandent au duc d'abord deux, puis trois, quatre gardes, etc., jusqu'à ce qu'il n'en reste plus dans la ronde, et l'on recommence à partir du pre- mier couplet à chaque garde accordé par le duc. Quand il n'y a plus que le duc et son fils, on dit:

LES OFFICIERS.
Votre cher fils (bis),
Pour abattre la tour.

LE DUC.
Allez mon fils (bis),
Pour abattre la tour.

LES OFFICIERS ET LE FILS.
La tour prends garde, etc.

LES OFFICIERS.
Votre présence (bis),
Pour abattre la tour.

LE DUC.
Je vais moi-même (bis),
Pour abattre la tour.

13° *Nous n'irons plus au bois.*

Nous n'irons plus au bois,
Les lauriers sont coupés.
La belle que voilà
Viendra les ramasser.
Entrez dans la danse,
Voyez comme on danse.
Sautez,
Dansez,
Embrassez cell' que vous aimes.

Au cinquième vers, une jeune fille entre dans le milieu de la ronde, et les autres, après avoir refermé le cercle, tournent autour d'elle jusqu'à la fin du couplet. — 14° *Que t'as de belles filles!* Une jeune fille seule s'avance en chantant le premier couplet, vers les autres qui se tiennent en ligne par la main. Elle se recule vers sa place pendant que les autres marchent sur elle en chantant le second cou- plet puis reculent à leur tour, tandis que la première avance en chantant le troisième couplet, et ainsi de suite jusqu'à la fin.

Que t'as de belles filles!
Giroflé, Giroflà;
Que t'as de belles filles,
l'Amour m'y compt'ra.
Ell's sont Lolles et gentilles, etc.
Donnez-moi z'en donc une, etc.
Pas seulement la queue d'une, etc.
J'irai au bois seulette, etc.
Quoi faire au bois seulette? etc.
Cueillir la violette, etc.
Quoi fair' de la violette? etc.
Pour mettre à ma coll'rette, etc.
Si le roi t'y rencontre, etc.
J'lui f'rai trois révérences, etc.
Si la reine t'y rencontre, etc.
J'lui ferai six révérences, etc.
Si le diable t'y rencontre, etc.
Je lui ferai les cornes, etc.

ROON (Albrecht-Théodor-Emil GRAF VON), militaire et homme d'État prussien, né à Pleushagen, près de Colberg, le 30 avril 1803, mort le 23 février 1879. Il fut élevé à l'école des cadets à Berlin, entra dans l'armée avec le grade de lieutenant en second (1819), étudia à l'Académie militaire (1825-'27), fut nommé professeur des cadets (1828), s'occupa de tra- vaux topographiques (1833-'34), fut attaché à l'état-major général (1835), devint instructeur

à l'Académie militaire (1838-'41), rentra à l'état-major général comme instructeur mi- litaire (1843) et ensuite comme gouverneur militaire du prince Frédéric-Charles qu'il ac- compagna en Suisse, en Italie, en France et en Belgique. Quand l'éducation du prince fut terminée, le major Von Roon devint chef de l'état-major du 8° corps d'armée dans la Prusse rhénane (1848). L'année suivante il prit une grande part à la campagne contre les républicains de Bade comme chef d'état- major du général Hirschfeld. Il fut élevé au grade de major général en 1856 et prit le commandement de la 14° division, à Düssel- dorf. Ayant gagné la faveur du prince régent (Guillaume), par les efforts qu'il fit pour ef- fectuer certaines réformes dans l'organisa- tion militaire de la Prusse, il fut nommé lieu- tenant général et presque aussitôt ministre de la guerre (1859). Le portefeuille de la ma- rine fut ajouté à sa charge en 1861. Malgré l'opposition de la Diète, il parvint à réorga- niser l'armée, et les fruits de son habileté et de son énergie furent les succès de la Prusse pendant la campagne du Schleswig-Holstein en 1864, et lors de la guerre d'Autriche en 1866. Le résultat de la guerre de France ré- pandit encore plus de gloire sur sa merveil- leuse puissance d'organisateur, et en 1871, il fut créé comte. Dans le cours de cette même année, il résigna le ministère de la marine, et en 1872, sa politique conservatrice étant opposée aux vues de M. de Bismarck, il dut abandonner le portefeuille de la guerre; en compensation, il fut nommé président du conseil. Au commencement de 1873, il fut élevé au grade de feld-maréchal. Au mois de novembre suivant, pour que M. de Bismarck put réunir entre ses mains les offices de chan- celier et de président du conseil, il dut quitter le cabinet et se retirer dans ses propriétés. Il fut ainsi complètement sacrifié à son rival. Von Roon a laissé : *Principes de géographie politique et ethnographique* (1832, 3 vol.; 3° édit. 1847-'55); *Géographie militaire de l'Eu- rope* (1837); *La Péninsule ibérique, au point de vue militaire* (1839), etc.

ROSARIUM s. m. [ro-za-ri-omm] (mot latin qui signifie roseraie, lieu planté de rosiers). Collection de rosiers en vue de l'étude plutôt que de l'ornementation.

ROSBIF (*roast-beef*, bœuf rôti). — (Cuis.). Prenez un morceau de culotte que vous lardez de gros lard. Mettez-le dans une terrine qu'il remplisse à peu près exactement. Ajoutez fines herbes, ciboules, feuilles de laurier, clous de girofle, sel et poivre, un verre de vin blanc. Bouchez bien votre terrine et faites cuire au four pendant cinq à six heures.

ROSTELLÉ, ÉE adj. (lat. *rostellum*, petit bec). Bot. Se dit des organes : feuilles, sépales, pé- tales, etc., dont l'extrémité est munie d'une pointe roide.

ROTACÉ, ÉE adj. (lat. *rota*, roue). Bot. Se dit des corolles monopétales dont le limbe, très-étalé et presque privé de tube, présente la forme d'une roue.

ROUBLARD adj. Adroit, rusé : *C'est un ban- quier roublard* (pop.). — Substantiv. : *Défiez- vous des roublards.*

ROUBLARDER v. n. User de roublardise.

ROUBLARDISE s. f. Rouerie.

ROUDAIRE (François-Elie, ordinairement appelé le COLONEL), officier et savant, créateur du projet de mer intérieure africaine, né à Guéret (Creuse), en 1836, mort dans la même ville le 14 janv. 1885. Il était fils d'un géo- mètre du cadastre et fit ses études au collège de Guéret, fut reçu à Saint-Cyr en 1854, et à l'Ecole d'état-major en 1856; il en sortit avec l'épaulette de lieutenant en 1858. Il fut atta- ché aux travaux de la carte d'Algérie, basée

sur des opérations astronomiques, passa capitaine en 1860, continua ses opérations géodésiques et, en 1865, après deux campagnes dans le Sud de l'Algérie, fut frappé de la dépression constante des *chotts* du Sahara de Constantine. Il conçut, dès cette époque, la première idée de la mer intérieure. La guerre franco-allemande le ramena en France; il fut blessé à Reischoffen, assista au siège de Paris et reprit ensuite ses opérations pour la carte d'Algérie. En 1873, il résolut de se consacrer entièrement à la création d'une mer intérieure, en creusant un canal de communication entre le golfe de Gabès et les chotts Djérid, Melrhir, etc. A notre article *Melrhir*, dans le dictionnaire, nous avons parlé des travaux qui furent faits à ce sujet; nous n'y reviendrons pas. Au moment où le colonel Roudaire, encouragé et soutenu par M. de Lesseps, allait partir pour opérer des sondages dans le golfe de Gabès, il fut terrassé par une maladie de foie contractée pendant ses longs séjours au milieu des chotts. Il a publié en 1873, dans la *Revue des Deux-Mondes*, un article qui fit grand bruit et qui était intitulé : *Mer intérieure d'Afrique*. Il a donné : *Une mer intérieure en Algérie* (1874, in-8°); *Rapport sur la mission des Chotts* (1876, in-8°), etc. Passé commandant en 1877, après dix-sept ans de grade de capitaine, il fut nommé lieutenant-colonel en 1883.

ROUE hydraulique, récepteur dont on se sert pour recueillir la force des eaux vives et des chutes, afin de la transformer en force motrice. Les premiers appareils de ce genre sont fort simples ; ils sont *en dessous à pa-*

Roue hydraulique de côté.

lettes planes, c'est-à-dire que l'eau courante frappe horizontalement des palettes planes et les entraîne dans sa course. Ensuite on imagina, pour donner plus de force, d'employer des palettes courbes, et l'on eut les *roues en dessous à palettes courbes*, qui recueillent une portion beaucoup plus considérable de la force motrice. Les appareils employés aujourd'hui sont plus compliqués. La roue est *de côté*, quand l'eau, au lieu de frapper les palettes en dessous, les prend de côté, comme le représente notre figure ; elle peut être à lames, à pale courbe, etc. Elle est dite à *coursier vertical*, lorsque la vanne qui règle la quantité d'eau à tomber est verticale ; à *coursier circulaire*, lorsque le lit de la rivière suit la courbe de la roue ; à *coursier horizontal* ou *oblique*, suivant que l'eau coule sur un fond horizontal ou oblique. Les *roues à augets* ou *roues en dessus* reçoivent l'eau à leur partie supérieure dans des augets où elle agit par son poids,

communiquant ainsi la totalité de sa force à la roue. Enfin, il y a les roues à axe vertical, qui reçoivent le nom particulier de *turbines*.

ROUFLAQUETTE s. f. Argot. Grosse mèche de cheveux collée sur la tempe.

ROULETTE (jeux). La roulette, qui est le plus dangereux de tous les jeux, fut introduite en France vers 1760, sous la lieutenance de police de M. de Sartine ; elle produisit de tels désordres qu'il fallut la supprimer en 1838 ; elle a été abolie à Bade en 1872, et on ne s'y livre plus ouvertement qu'à Monaco, où elle est l'unique source de revenus pour le gouvernement. Elle se compose d'un grand tapis vert sur lequel sont inscrits, alternativement en rouge et en noir, les numéros de un à trente-six, disposés en trois colonnes. Ces colonnes sont séparées par deux lignes à la tête desquelles se trouvent, sur l'une un zéro rouge, sur l'autre deux zéros noirs. Sur l'un des bords du tableau ainsi formé, sont inscrits les mots : *impair, manque, rouge* ; sur l'autre bord les mots : *pair, passe, noir*. Une table de roulette se compose de deux tapis, portant chacun le tableau ci-dessus. Entre les deux tableaux, on voit une espèce de cylindre de 66 centimètres de diamètre environ, au centre duquel est suspendu un moulinet horizontal dont les bords sont garnis de petites cases numérotées, portant les numéros de un à trente-six. Le zéro simple et le zéro double y sont inscrits en noir et en rouge. Les pontes, dont le nombre est indéterminé, déposent chacun sur un numéro de l'un des tapis, la somme qu'ils veulent engager. Aussitôt, le banquier fait tourner, d'une main, le moulinet horizontal suspendu dans le cylindre, et, de l'autre main, y lance une petite bille d'ivoire qui, repoussée par les ailes de l'instrument, tourne, saute, ondule pendant un instant à l'ouverture du cylindre et finit par s'arrêter à une des cases numérotées. Le numéro de la case dans laquelle elle s'arrête indique le gagnant. Tous les pontes qui ont mis leur argent sur ce numéro gagnent, tandis que les autres perdent. Le joueur qui a spéculé sur un seul numéro ou sur les zéros, reçoit du banquier trente-six fois sa mise ; si l'enjeu est sur deux numéros voisins, la sortie d'un seul rend dix-huit fois cet enjeu ; s'il est sur quatre numéros, le gagnant ne reçoit que neuf fois sa mise. En supposant que toutes les mises soient égales, le banquier, qui ne rembourse jamais que 36 et qui reçoit au moins 38, a donc toujours au moins un dix-huitième de bénéfices. Mais cette chance n'est pas la plus profitable pour lui ; il y en a d'autres qui le favorisent bien davantage. Beaucoup de joueurs au lieu de poursuivre un numéro, préfèrent jouer le *rouge* ou *noir*, le *pair* ou *impair* ou le *passe* ou *manque*. On joue sur le passe quand on place son enjeu sur l'un des dix-huit premiers nombres ; et on joue sur le *manque* lorsque l'on pose sa mise sur l'un des dix-huit derniers nombres. Ces différentes combinaisons n'offriraient que la chance vulgaire de un contre un, si le banquier n'avait pour lui les zéros rouge et noir, dont la possession détruit l'équilibre des hasards. Quand un zéro vient à sortir, la moitié des enjeux appartient au banquier. Les règles étant ainsi établies, il en résulte que même quand elle a lieu avec loyauté, la roulette doit enrichir le banquier aux dépens des pontes.

ROUMANILLE (Joseph), célèbre poète provençal, né à Saint-Remy-de-Provence (Bouches-du-Rhône), en 1818, mort à Avignon, le

24 mai 1891. Il était fils d'un jardinier et l'aîné de sept frères. Après avoir fait ses études au collège de Tarascon, il fut d'abord professeur, ensuite correcteur d'imprimerie, puis libraire. Dans ses moments perdus, il écrivait des vers français que ses compatriotes goûtèrent peu. Il entreprit donc de chanter dans une langue qui, sans cesser d'être celle des Dieux, fût en même temps compréhensible dans son pays. Ses premiers essais, publiés de 1835 à 1838, dans l'*Echo du Rhône*, feuille qui s'imprimait à Tarascon, donnèrent le signal d'une renaissance littéraire en Provence. Il les réunit plus tard sous le titre de *Li Margarideto*, les *Petites Marguerites* (1847, in-18). Ayant groupé autour de lui quelques jeunes gens qui voulaient, à son exemple, donner un nouvel essor à la littérature nationale du sud-est de la France, il fut, en 1854, un des fondateurs du *félibrige*, cénacle dans lequel s'illustrèrent Crousillat, Camille Raybaud, Félix Gras, Théodore Aubanel et Frédéric Mistral. Il créa l'*Almanach provençal*, publication populaire dont le tirage fut très élevé. En 1888, il remplaça Mistral comme Capoulié ou grand maître du félibrige. Ses œuvres sont assez nombreuses. Nous citerons, outre plusieurs morceaux, insérés dans le recueil des *Provençales*, le poème intitulé *Li Sounjarello*, les Songeries (1852), des *Nouvelles*, dont la plus importante est *Li Capelan* (1851, in-8° ; nouv. édit. 1865, in-18) ; *Lis Entarrochin*, les Enterre-chien, pamphlet contre les enterrements civils (1874, in-8°), et des *Contes provençaux*, parmi lesquels se trouve le *Curé de Cucugnan*, composition qui rappelle nos fabliaux français du moyen âge.

ROUMÉLIE ORIENTALE. Cette province, tout en restant sous l'autorité du Sultan, est parvenue à s'unir administrativement à la Bulgarie. En vertu du traité de Berlin (1878), elle doit être administrée par un gouverneur chrétien que la Porte nomme avec l'assentiment des puissances ; le pouvoir législatif devait être confié à une assemblée provinciale, en partie élue et en partie nommée par le gouverneur. — Le premier gouverneur fut un Bulgare, le prince Vogorides, appelé aussi Aleko-Pacha. Nommé en mai 1879, il resta cinq ans au pouvoir, suivant les termes de la Constitution, et fut remplacé par son premier ministre, également Bulgare, M. Christovitch, plus connu sous le nom de Gabriel ou Gavril-Pacha. Ce nouveau gouverneur ne tarda pas à être déposé par une insurrection. Pour d'autres détails relativement aux événements subséquents, voy. BULGARIE dans le *Supplément*.

ROUSSEAU (Philippe), peintre, né à Paris, en 1808, mort à Acquigny (Eure), le 5 déc. 1887. Après avoir étudié dans l'atelier de Gros, il entra dans celui de V. Berlin, s'adonna au paysage et débuta au Salon de 1831, par un *Site d'Auvergne*. Son style académique laissa d'abord froid un public que remuaient profondément les brillantes productions romantiques. Ses *Côtes de Normandie* (1833) ; la *Vue de Normandie* (1835) ; sa *Vue de Dampierre* ; sa *Vue de Saint-Martin, près de Gisors* (1835), sa *Vue de Freneuse* (1840) et plusieurs autres toiles de sa première manière passèrent inaperçues ; telles furent sa *Vue de Lions* (1835) ; sa *Vue de Sainte-Catherine*, à Rouen (1837) ; sa *Vue de Surgères* (1838) ; sa *Chaise de poste*. Mais en 1844, il aborda les natures mortes et acquit de suite les suffrages des connaisseurs par sa toile intitulée : *Le Rat des villes et le rat des champs*, considérée comme un chef-d'œuvre de vigueur et d'originalité. A partir de ce beau succès, il peignit presque exclusivement des animaux, des fleurs et des fruits, genre dans lequel il eut peu de rivaux capables de l'égaler. D'une inépuisable fécondité, il produisit une foule de tableaux qui enlevèrent tous les suffrages ; citons : *le Chat et le vieux rat* ; *la Toupe et le lapin* (1840) ; *Fleurs et pa-*

pillons (1847); *Basse-cour; Fruits et gibier* (1848); *le Chat et la souris* (1849); *Intérieur de ferme; Part à deux* (1850); *Un Importun; le Rat retiré du monde* (1851); *la Mère de famille; Pygargue chassant au marais* (1853); *Deux artistes de chez Guignol; Cigogne en sieste; Chevreau broutant* (1855); *Chiens couplés au chenil; Lièvre chassé par des bassets; la Récréation; les Perroquets* (1857); *Jour de gala; le Déjeuner* (1859); *Musique de chambre; Cuisine* (1861); *la Recherche de l'absolu; le Lièvre et les grenouilles* (1863); *un Marché d'autrefois; Nature morte* (1864); *Chacun pour soi* (1865); *le Singe photographe* (1866); *Résidence de Walter Scott* (1868); *l'Été; l'Automne* (1869); *l'Office* (1873); *la Fête-Dieu; la Salade* (1874); *le Loup et l'agneau; les Fromages* (1875); *les Huitres; les Pavots* (1876). Chaque année Philippe Rousseau était représenté au Salon. Il obtint une médaille de 3ᵉ classe en 1845, une médaille de 1ʳᵉ classe en 1848, de 2ᵉ et de 1ʳᵉ aux Expositions universelles de 1855 et 1878. Il fut nommé chevalier de la Légion d'honneur.

ROUSSEL I (Pierre), médecin, né à Ax (Ariège) en 1742, mort à Paris en 1802. Il fit ses premières études à Toulouse, fut l'élève de Venel et de Barthez, se fixa ensuite à Paris, où il se lia avec Bordeu. Il pratiqua peu, mais se livra avec beaucoup de talent à l'analyse des ouvrages de médecine. Il a laissé : *Système physique et moral de la femme* (Paris 1775, in-12), plusieurs fois réimprimé); *Éloge de Bordeu*, etc — **II.** (Pierre-Joseph-Alexis), publiciste, né à Epinal, mort en 1851. Il fut d'abord avocat et entra ensuite à la grande chancellerie de la Légion d'honneur, en qualité de commis principal. Il a laissé : *Polit. de tous les cabinets de l'Europe, pendant les règnes de Louis XV et de Louis XVI* (1793, 2 vol. in-8); *Correspond. de L.-P.-J. d'Orléans* (1800, in-8°); *le Château des Tuileries, son hist. jusqu'au 18 brumaire* (1802, 2 vol. in-8°); *Corresp. secrète de plusieurs personnages de la fin du XVIIIᵉ siècle* (1801, in-12); *Choix de causes célèbres* (1813, 20 vol. in-12).

RUFISQUE, ville maritime française de l'arrondissement de Gorée (Sénégambie) sur la baie de Rufisque, au S. de l'île de Gorée; 4,000 hab. dont 150 Européens. Cette ville, qui n'était naguère qu'un simple comptoir, s'est développée avec une grande rapidité, grâce à son commerce des arachides du Cayor, dont elle est l'entrepôt et qu'elle exporte surtout à Bordeaux. Née d'hier, elle est construite tout à neuf. Ses rues, qui forment des angles droits les unes avec les autres, et qui vont d'un bout à l'autre de la ville, sont sillonnées par une voie ferrée (système Decauville) pour le transport des arachides, et sont éclairées à l'électricité. Malheureusement, le climat est très malsain, particulièrement pendant l'hivernage, époque où les orages continuels transforment Rufisque en un vaste marais, d'où s'exhalent des miasmes pestilentiels.

RUMINÉ, ÉE adj. (lat. *rumen*, gosier). Bot. Se dit du périsperme des graines quand certaines portions des téguments pénètrent dans son épaisseur et lui donnent une apparence veinée.

RUOLZ (François-Albert-Ferdinand, baron de RUOLZ-MONTCHAL, universellement connu sous le nom de), célèbre inventeur, né à Lyon en 1810, mort à Neuilly en 1887. Entré dans la vie avec une fortune considérable qui s'élevait, dit-on, à cent mille francs de rente, il cultiva d'abord les beaux-arts et s'adonna particulièrement à la composition musicale. L'insuccès de ses opéras : *Lara* (Naples, 1835); la *Vendetta* (Opéra de Paris, 1839) l'ayant découragé, il chercha des consolations dans la science. Il se rendit célèbre du premier coup par l'invention d'un nouveau procédé pour dorer et pour argenter les métaux, au moyen de la pile voltaïque, en employant du cyanure

d'or ou d'argent dissous dans le cyanure de potassium. Son brevet d'invention, qui date de 1841, fut cédé peu après à Christofle. Quant à lui, qui ne s'était pas enrichi, loin de là, il obtint l'emploi d'inspecteur général des chemins de fer. Il mourut pauvre.

RUSSIE. On calcule que la population de la Russie s'augmente chaque année d'un peu plus d'un million d'habitants. On l'évalue aujourd'hui à 104 millions d'hab., dont 87 millions pour les possessions européennes et le surplus pour les différents territoires de l'Asie. Le commerce de ce vaste empire se développe avec une grande rapidité, surtout son commerce d'exportation par les frontières d'Asie, où il fait une rude concurrence au trafic de l'Angleterre; mais comme fournisseur des céréales de l'Europe, la Russie perd chaque jour du terrain et se laisse distancer par les États-Unis, où la culture, mieux entendue, donne des résultats plus satisfaisants et moins coûteux. — L'histoire politique de la Russie continue de nous donner l'exemple d'une lutte intense entre l'autocratie et les aspirations libérales du peuple. Son histoire extérieure, depuis le traité de Berlin, qui a mis des entraves à sa marche vers Constantinople, peut se résumer en deux mots : efforts pour protéger la France, pour contre-balancer l'influence anglo-germanique et pour prendre des compensations en Asie. Les hostilités avec les turcomans, éclatèrent en 1879. Les troupes russes, d'abord vaincues par les Tekkés, se retirèrent; mais, en mai 1881, le général Skobeleff envahit de nouveau le territoire des Turcomans Tékkés, et finit par le subjuguer. Déjà l'empereur Alexandre II, assassiné par les nihilistes, avait laissé la couronne à son fils Alexandre III, qui prit de suite les mesures les plus énergiques contre les nihilistes. En février 1884, l'oasis de Merw, occupée depuis 1882, fut officiellement annexée à l'Empire, et en mars de l'année suivante les Russes attaquèrent les troupes afghanes à Pendjeh, les repoussèrent et annexèrent cette ville, malgré les protestations de l'Angleterre. L'irritation des deux rivales n'était pas encore apaisée et menaçait de dégénérer en une guerre, qui allait embraser l'Europe et l'Asie, quand éclata en septembre 1885, la révolution de la Roumélie orientale. Cette province, en proclamant son union avec la Bulgarie, établissait la frontière que la Russie avait fixée par le traité de San-Stefano et qu'elle avait inutilement voulu faire accepter au Congrès de Berlin. Il semblait donc que le vœu d'Alexandre II fût accompli. Mais cette révolution était l'œuvre du parti national bulgare, opposé à l'intervention de la Russie, et le gouvernement de Saint-Pétersbourg prit une attitude nettement hostile à l'union des deux portions de la Bulgarie. Le tzar rappela les officiers russes qui commandaient les troupes bulgares; et à la conférence de Constantinople (nov. 1885) il insista sur le rétablissement du *statu quo*. Il s'opposa ensuite à la nomination par la Porte du prince Alexandre comme gouverneur de la Roumélie orientale, mais s'associa aux autres puissances pour adhérer au traité de paix, signé entre la Serbie, la Bulgarie et la Turquie le 3 mars 1886. Il éleva seulement des difficultés en insistant sur la limitation de cinq ans pour les pouvoirs d'Alexandre; passé ce terme la nomination du prince devait avoir l'assentiment des puissances; on comprend que le prince Alexandre fit quelque opposition à cette exigence. Les vues de la Russie n'ayant pas prévalu, cette nation déploya une grande activité pour l'augmentation de sa marine; elle ne fit pas construire moins de 26 vaisseaux de différents modèles. En Bulgarie, les élections de juin 1886, donnèrent une forte majorité au parti national, ayant pour chef, Karaveloff, tandis que le parti russe, dirigé par Zankoff, fut complètement écrasé; c'est pourquoi la Russie complota secrètement de renverser

Alexandre; et le 21 août 1886, ce prince saisi nuitamment par les conjurés, fut envoyé, après avoir abdiqué, sur le territoire russe, d'où il passa en Allemagne. Le général Kaulbars, envoyé en Bulgarie, essaya vainement de soulever le pays et s'en retourna en déclarant que toute relation diplomatique était rompue avec la Bulgarie. Les bruits de guerre entre la France et l'Allemagne détournèrent l'attention du tzar, qui, déclarant ne vouloir pas avoir les mains liées en Orient, si la France était attaquée, parut se désintéresser de la question des Balkans. Pendant ces événements, la Russie avait consolidé sa position dans l'Asie centrale par l'achèvement du chemin de fer de l'Oxus, qui unit les armées du Turkestan à celles du Caucase et qui permet une rapide concentration de troupes à Merv, sur les frontières de l'Afghanistan. La russification des provinces Baltiques fut inaugurée à l'automne, quand le grand-duc Vladimir, visitant Riga et plusieurs autres villes, déclara que le tzar ne tolérerait plus des tendances non nationales; aussitôt l'administration des écoles fut enlevée aux pasteurs luthériens allemands; la langue allemande fut prohibée pour les maîtres et pour les élèves; on défendit même de parler allemand dans les chemins de fer, et l'Université de Dorpat fut reconstituée d'après le programme moscovite. — Si aucune mesure ne fut prise par la Russie pour s'opposer à l'avènement du prince Ferdinand de Bulgarie, c'est que l'empereur Alexandre voulait avoir les mains libres, en cas d'un conflit franco-allemand; mais le prince qui règne sur les Balkans sans l'assentiment et même contre la volonté du tzar, ne doit pas dormir tranquille, avec l'épée moscovite continuellement suspendue sur la tête. Au mois de nov. 1887, l'empereur de Russie rendit visite à son oncle moribond, le vieil empereur d'Allemagne. L'entrevue manqua de chaleur. Le tzar profita de sa présence à Berlin pour reprocher à M. de Bismarck le double jeu qu'il jouait en Bulgarie, en ayant l'air, pour la galerie, de condamner la conduite du prince Ferdinand, tandis qu'en secret il l'approuvait. Le chancelier d'Allemagne ayant nié l'exactitude des renseignements dont l'empereur de Russie prétendait s'être entouré, le tzar lui déclara que ces renseignements provenaient de la main même du chancelier; que c'étaient des dépêches de M. de Bismarck. A ces mots, M. de Bismarck se récria en disant qu'il n'avait jamais rien écrit de semblable; et que ces missives étaient l'œuvre d'un faussaire intéressé à troubler l'harmonie entre les deux empires. Le tzar, dès son retour à Saint-Pétersbourg, envoya les dépêches à Berlin où elles furent imprimées. Ce qui est plus étrange encore c'est que l'apparente réconciliation du tzar et du prince de Bismarck fut immédiatement suivie de la panique de déc. 1887, causée par une prétendue concentration de troupes russes sur la frontière autrichienne. Cette rumeur, née à Berlin comme toujours, agit d'une manière désastreuse sur la Bourse de Vienne. Plus de 300,000 hommes, disait-on, se trouvaient à peu de distance de Cracovie et de Lemberg; sept divisions de cavalerie russe n'attendaient qu'un signal pour envahir la Galicie; elles précédaient de 10 jours seulement l'arrivée de l'infanterie. C'était un bruit sans fondement, né dans le cabinet du prince de Bismarck, pour un coup de Bourse, disent les uns, pour effrayer l'Autriche et hâter ses préparatifs de défense, prétendent les autres. — L'année 1888 débuta par une crise financière, causée en partie par les bruits de guerre, mais surtout par le projet d'introduire dans la circulation une monnaie d'or calculée de manière à déprécier la valeur du papier-monnaie. Plusieurs banques de Saint-Pétersbourg firent faillite et la valeur du rouble tomba à moins de 2 fr. Mais cette dépression ne dura que quel-

ques semaines et le calme financier renaquit dès que le gouvernement eut fait savoir officiellement que la monnaie d'or ne serait pas créée; il s'affermit à la mort de Guillaume d'Allemagne. La célébration du 900e anniversaire de l'introduction du christianisme en Russie, eut lieu le 27 juillet avec beaucoup d'éclat et de dévotion. A la fin du même mois une cordiale visite du nouvel empereur d'Allemagne fit disparaître les craintes de guerre immédiate. Le souverain de Russie entreprit des voyages dans les différentes parties de son empire; il parcourut la Finlande, la Pologne, la Crimée et ses nouvelles possessions du Caucase : Vladikavkaz, le nouveau port de Novorossisk, Batoum, Tiflis et Bakou. Pendant son retour un affreux accident arriva au train impérial près de Borki, sur le chemin de fer de Kharkoff, à 60 kilom. de Sébastopol. La seconde locomotive dérailla au moment où le train franchissait une moyenne de 68 kilom. à l'heure, 21 voyageurs (courtisans et officiers) furent tués; 36 furent blessés. La famille impériale échappa comme par miracle. A côté de l'empereur périt un de ses laquais au moment où il lui tendait une assiette. A ses pieds, son chien favori fut tué. On crut d'abord à un nouveau complot des nihilistes; mais l'enquête prouva que l'accident était dû à la grande rapidité du train sur une voie dont les traverses étaient pourries. Pendant cette année 1888, la Russie parut se désintéresser des affaires bulgares; mais elle ne cessa pas de se fortifier sur la frontière de Galicie. Là on poussa avec une nouvelle énergie la russification des provinces baltiques. Les prêtres protestants ayant fait de l'opposition, on en jeta 37 en prison et l'on en déporta 8 à Arkhangel et à Astrakan. On obligea les sujets allemands à évacuer le territoire; mais 35,000 d'entre eux obtinrent la permission de s'établir en Pologne en devenant sujets russes. Un emprunt russe de 50 millions de francs fut émis en France et dans les Pays-Bas. Au mois de février 1889, défense fut faite aux négociants polonais de se servir de leur langue nationale dans leurs transactions commerciales. L'école allemande privée de Griva (provinces Baltiques) fut fermée. Le 24, le journal le *Messager* publia une communication officielle dans laquelle le gouvernement déclinait toute connexion avec l'aventure d'Atchinoff. Au mois de juin, le système judiciaire allemand fut remplacé par le système russe. Le refus d'assister officiellement à l'exposition de Paris amena un certain refroidissement avec le gouvernement français. L'éclat des fêtes républicaines déplut à la cour de Saint-Pétersbourg. Au mois de mai 1890, le correspondant viennois du *Times* crut pouvoir affirmer que le tzar avait résolu de renverser complètement la politique étrangère de la Russie et de s'allier avec l'Allemagne. A la même époque commencèrent les persécutions contre les Juifs.

RUSTAUDS (Guerre des), nom donné, en France, au soulèvement que les Allemands appellent *guerre des Boures*. — Au XVIe siècle, l'Allemagne eut ses Boures ou Rustauds, comme la Gaule avait eu ses Bagaudes et la France ses Patoureaux et ses Jacques. Luther venait de publier ses doctrines. Les serfs, qui avaient d'abord espéré que l'émancipation sociale sortirait de la réforme religieuse, sentirent, au contraire, peser plus lourdement sur leurs épaules le poids écrasant de la féodalité militaire et cléricale. Ils se soulevèrent en masse, dans la Souabe et dans la Thuringe. Les insurgés se répandirent en Allemagne et y formèrent des bandes qui roulaient comme un torrent dévastateur, se grossissant de toutes les misères et de toutes les haines que le despotisme de la noblesse accumulait depuis tant de siècles. Ils portèrent leurs pas vers l'Alsace. Les Boures se disaient enfants de Dieu; ils proclamaient l'égalité et la liberté; ils demandaient l'abolition de la tyrannie; ils admettaient le principe de l'égalité des biens. Accompagnés de leurs femmes et de leurs enfants, ils allaient de province en province, poussant leurs troupeaux devant eux, et pillant, sur leur passage, les châteaux et les monastères. Ils traversèrent le Rhin, au nombre de plus de 50.000 et pénétrèrent en Alsace. D'autres bandes non moins considérables se pressaient derrière eux; et les paysans alsaciens s'agitaient pour s'associer à ce mouvement. Antoine, duc de Lorraine, voyant qu'il n'y avait pas une minute à perdre, réunit, avec l'aide de son frère, gouverneur de la Champagne, tous les aventuriers, moitié soldats, moitié bandits, que la France recrutait alors pour ses armées : lansquenets, espanisquenets (Espagnols), arquebusiers italiens, piquiers allemands, etc. Il forma ainsi une armée de 11.000 hommes, à la tête de laquelle il assaillit Saverne, dont les Boures venaient de s'emparer. Les paysans n'avaient pour se défendre que des pierres et des bâtons; ils résistèrent avec une grande intrépidité; mais ils furent forcés de se rendre. Une fois maître de la place, le duc de Lorraine, violant la capitulation, fit égorger tous ses prisonniers, au nombre de 26.000. Leur chef Erasme Graher de Molsheim, qui prenait le titre de capitaine général, fut condamné à mort. Une autre bande de 24.000 hommes fut ensuite écrasée et les Rustauds survivants se dispersèrent.

RUSTIQUE adj. Se dit des plantes qui résistent au froid, aux intempéries du climat que l'on habite.

RUSTIQUEUR s. m. Ouvrier qui fait des objets rustiques, ou des chalets, des cabanes, des ponts rustiques.

RUSUCURRUM, ancien nom de la ville de Coléah (Algérie). Rusucurrum, port important de la Mauretania Cesariensis, devint colonie romaine sous le règne de Claude.

S

SABLONVILLE, village qui s'élève aujourd'hui sur l'emplacement de l'ancien parc des Sablons, près des murs de l'enceinte fortifiée de Paris, à l'O., en face du bois de Boulogne; 2.500 hab.

SAC EMBRYONNAIRE. Bot. Partie de l'ovule dans laquelle se forme l'embryon. Le tissu central au sein duquel ce sac est situé se nomme *nucelle*.

SACCHARINE s. f. [sak-ka-ri ne] (gr. *sakkar*, *sakkaros*, sucre). Chim. Substance dérivée du goudron de houille et qui possède une saveur sucrée 280 fois plus intense que celle du sucre. Ce composé fut découvert en 1879, par un chimiste de New-York, le Dr Constant Fahlberg, qui le dénomma d'abord, à cause de sa composition, *acide anhydro-orthosulfinide-benzoïque*. Après de nouvelles recherches faites en commun, par MM. Fahlberg et Ira Remsen, le nom primitif a été remplacé par celui de *Sulfinide benzoïque*. C'est une poudre blanche, inodore, très fine, adhérente aux doigts et aussi mobile que la poudre d'amidon. Dissoute à saturation dans l'eau bouillante, elle abandonne, par le refroidissement, des cristaux en forme d'aiguilles de peu de longueur. Chauffée à + 218° C, elle entre en fusion; chauffée davantage sur une lame de platine, elle s'évapore en dégageant une odeur d'essence d'amandes amères. Ce qui distingue cette substance, c'est la saveur particulière qu'elle laisse à l'arrière-goût et sa parfaite innocuité par rapport à l'organisme. Elle ne s'assimile pas comme le sucre; elle passe inaltérée dans les voies digestives et est entièrement éliminée dans les urines; ce n'est donc ni un aliment ni un médicament : c'est une substance qui se trouve avoir un goût analogue à celui du sucre. — Les fourmis, les mouches, les guêpes, dédaignent les substances édulcorées à la saccharine ou recouvertes d'une légère solution de cette substance, qui pourra probablement remplacer le sucre pour la conservation de la viande et d'autres denrées. Cette curieuse substance peut être employée avec avantage pour neutraliser un goût amer ou acide dans les aliments : vins, bières, liqueurs, jus de fruits, etc., avec le plus petit volume additionnel possible. La saccharine a déjà été employée en médecine pour cacher l'amertume des alcaloïdes, tels que la quinine ou la morphine. Elle offre aux diabétiques, à qui le sucre est interdit, une précieuse ressource. La formule et les procédés de fabrication de la saccharine ont été publiés en 1885. Pour l'obtenir, on commence par retirer le toluène du goudron de la houille; ensuite on le traite par l'acide sulfurique et l'on obtient deux sels alcalins qui, traités à leur tour par du perchlorure de phosphore sec, donnent deux sulfochlorures de toluol, l'un solide et l'autre liquide. Ce dernier est transformé, à son tour, par un traitement assez long, en sel de saccharine, dont on extrait la saccharine pure. La saccharine se fabrique sur une grande échelle à Anvers; son prix est encore assez élevé, puisqu'elle vaut 125 fr. le kilog.; mais même à ce prix, son usage est plus économique que celui du sucre. — **Législ.** Ce nouveau produit de l'industrie allemande

menace non seulement de compromettre la santé de ceux qui en feraient usage, mais aussi d'affaiblir sensiblement les recettes du Trésor public, le jour où il viendrait à faire concurrence aux sucres de cannes et de betteraves. En Belgique, une loi du 21 mai 1889 a frappé d'un droit de douane de 140 fr. par kilog. la saccharine ou sulfinide benzoïque, à l'état solide ou liquide, ainsi que tous les produits renfermant plus d'un demi pour cent de cette substance. En France, l'administration n'a pas encore jugé nécessaire de proposer une semblable mesure, parce que le prix élevé de la saccharine s'oppose à ce que l'usage en soit répandu. C'est ce qui résulte d'une circulaire du directeur général des contributions indirectes du 20 février 1888.

CH. Y.

SACCULE s. m. [sak-ku-le] (lat. *sacculus*, petit sac). Bot. · Enveloppe de la radicule dans certains embryons.— Anat. Vésicule du vestibule de l'oreille moyenne, qui communique, par un petit conduit, avec l'extrémité inférieure du canal du limaçon.

SADI. Nom francisé d'un poète persan dont nous avons parlé à notre article *Saadi*, dans le *Dict.* Un des frères du grand Carnot, ayant publié en français sous le titre de *Jardin des Roses*, une traduction de *Gulistan* de ce célèbre poète, on donna pour prénom au fils aîné de l'illustre conventionnel le nom de *Sadi*, afin de perpétuer dans la famille, le souvenir de cet événement littéraire. Après la mort du premier Sadi Carnot, qui fut emporté par le choléra en 1832, son prénom échut à l'aîné des fils de son frère. Ce second Sadi Carnot devint président de la République le 3 déc. 1887.

SADIQUE adj. (rad. *Sade*, n. p.). Monstrueusement obscène, dans le genre des écrits du marquis de Sade.

SAGALLO, nom d'un fort de la baie de Tadjourah, dépendant des possessions françaises d'Obock. En janvier 1889, le cabinet Floquet-Goblet fut averti qu'une expédition se préparait, à la fois militaire et religieuse, à la tête de laquelle se trouvait le Cosaque Atchinoff, dans le but de se rendre en Abyssinie. Nos conventions avec ce dernier pays nous interdisant formellement le transit des armes, il ne nous était pas possible de laisser cette expédition passer en armes sur notre territoire. Ordre fut donc envoyé au gouverneur d'Obock d'avoir à s'opposer, au besoin par la force, au débarquement de cette troupe, si elle était armée; de la laisser pénétrer, au contraire, si elle voulait simplement traverser notre territoire avec les armes nécessaires à sa sécurité personnelle. Un bateau, le *Météore*, croisait dans la baie de Tadjourah, pour empêcher le débarquement. Le 18 janvier, il se trouvait à Djibouti, quand le navire autrichien qui portait l'expédition russe, arriva dans la baie, et profita de l'obscurité de la nuit, pour débarquer, clandestinement, par surprise, des hommes armés, une mitrailleuse et des caisses d'armes. Le gouverneur d'Obock se mit aussitôt en rapport avec l'audacieux aventurier qui violait la neutralité de notre territoire. Atchinoff le prit sur un ton de conquérant. Il nia les droits de la France, refusa de se conformer à nos règlements et de respecter les conventions qui nous lient, et pour faire acte d'autorité et d'indépendance, il arbora le drapeau de commerce russe, qui est un drapeau national. Il s'installa et se retrancha dans l'ancien fort de Sagallo, qui nous appartient, déclarant qu'il n'en partirait pas, qu'il entendait s'y établir à l'état de colonie indépendante et qu'il voulait conserver Sagallo comme point de communication, en attendant l'arrivée des bateaux qui chargeaient alors à Odessa des armes destinées à son expédition. Pour expliquer sa prétention de rester à Sagallo, il affirma que ce fort lui avait

été cédé par le sultan de Fadj, et d'ailleurs, il ne reconnaissait d'autre autorité que celle de l'empereur de Russie. Dès que le cabinet français connut cette situation, le ministre des affaires étrangères, Goblet, en informa le gouvernement russe, qui déclina officiellement par dépêche, en date du 7 février, toute solidarité avec les violateurs de notre territoire. Dès que notre ministre des affaires étrangères eut communiqué cette réponse à ses collègues du cabinet, ordre fut envoyé au gouverneur d'Obock d'avoir recours à la force, si Atchinoff ne renonçait pas à ses inadmissibles prétentions. En même temps, le ministre de la marine envoya sur les lieux l'amiral Olry, à bord du *Seignelay*, dans la pensée que la présence de deux ou trois navires de guerre constituerait une force assez imposante pour démontrer que toute résistance était impossible. A deux reprises, le gouverneur d'Obock se mit en relation avec le surprenant Cosaque. On lui apprit qu'il n'était pas soutenu par le gouvernement russe et on l'engagea à respecter nos règlements internationaux. On lui demanda simplement de laisser ses caisses d'armes, et de continuer sa route avec les armes nécessaires à sa sécurité ou, s'il voulait rester sur notre territoire, de n'y pas arborer un drapeau étranger. Il refusa. Le 17 février 1889, Atchinoff fut prévenu que si, à 2 heures du soir, le pavillon russe n'était pas amené, l'amiral Olry ouvrirait le feu sur le fort. On attendit néanmoins jusqu'à 3 heures, pour donner aux personnes inoffensives le temps de se mettre à l'abri. Mais Atchinoff contraignit les femmes et les enfants à rester dans le fort. Après quelques coups de canon, un pavillon blanc ayant été hissé, le feu cessa immédiatement. La plupart des membres de l'expédition se rendirent en Crimée. Ce pénible incident ne paraissait comporter aucune suite; mais les boulangistes s'en emparèrent pour tâcher de soulever le peuple contre la république. La Ligue des Patriotes, qui devenait de plus en plus une association politique, lança des proclamations accusant le gouvernement d'avoir rompu nos relations amicales avec la Russie. Mais ces appels à l'insurrection n'eurent pas d'écho. Interpellé à la Chambre des députés, le ministre des affaires étrangères fournit, le 28 février, des explications complètes, suivies du vote à l'unanimité d'un ordre du jour dont lui-même avait indiqué les termes. La Ligue des Patriotes, dont les menées antipatriotiques devenaient un danger pour la tranquillité publique, fut dissoute. (Voy. *France*, dans le supplément.)

SAÏDA, l'ancienne *Sidon* des Phéniciens. On y a découvert le tombeau d'Alexandre le Grand. Dans les récentes fouilles faites à Saïda, on a mis à jour quelque sarcophages en marbre d'un travail exquis. Quatorze de ces tombeaux étaient vides, mais le quinzième, qui était au centre du caveau, renfermait un cadavre bandeletté, à la façon des momies égyptiennes. Sur les deux grands côtés de ce tombeau, on voit sculptés, très finement, la bataille d'Arbelles (qu'Alexandre remporta sur Darius, en 331 avant J.-C.), et un sujet cynégétique où sont mélangés Persans et Macédoniens. Les types y sont très visibles et reconnaissables; aussi se perd-on en conjectures sur l'authenticité de cette momie qu'on aurait tout lieu de considérer comme un restes du célèbre conquérant de la Perse et des Indes, bien que les documents historiques fassent entendre qu'il aurait été transporté en Egypte. En attendant l'avis des érudits, les quatorze autres sarcophages ont été dirigés sur Stamboul, à destination du musée que dirige Hamdi-Bey, fils du grand vizir Edhem-Pacha.

SAIEN, IENNE s. et adj. Des Ponts-de-Cé qui appartient ou qui se rapporte aux Ponts-de-Cé.

SAIGNÉE s. f. Hortic. Emission de sève obtenue au moyen d'entailles à l'écorce d'un arbre ou d'une branche. —*Agric.* Tranchée faite pour l'écoulement des eaux, quand le sol est trop humide.

SAINTE-CROIX (Charles LAMBERT de) homme politique, né en 1827, mort le 28 oct. 1889. Reçu avocat, il se fit inscrire au barreau de Paris, fit de l'opposition à l'Empire et collabora au *Courrier du Dimanche* et au *Journal de Paris*. Le département de l'Aube, où il possédait de grandes propriétés, l'élut député, le 8 février 1871. Il siégea et vota avec la droite. Il adopta la constitution de 1875, mais ne put se faire nommer sénateur inamovible. Les électeurs sénatoriaux de l'Aube l'envoyèrent siéger à la haute assemblée, le 30 janvier 1876.

SAINT-HILAIRE (Marco de), pseudonyme d'ÉMILE-MARC Hilaire, homme de lettres, né vers 1790, mort à Neuilly le 5 nov. 1887. Sa mère étant devenue dame d'honneur de la reine Hortense, il remplit une fois, par hasard et passagèrement, les fonctions de page de Napoléon Ier, circonstance dont il devait tirer un parti considérable dans la suite. Pendant la Restauration, il chercha des ressources dans la littérature et publia un grand nombre d'opuscules sur l'art de mettre sa cravate, l'art de fumer, de priser, de dîner en ville, de réussir en amour, et autres petits livres qui obtinrent un certain succès dans le monde où l'on lit sans se soucier de la forme littéraire. Il publia aussi des biographies peu remarquées sur les personnages les plus divers et composa quelques romans aujourd'hui complètement oubliés. Ses *Mémoires d'un forçat* (1828-'29, 4 vol. in-8°), ont ouvert la série des romans nauséabonds qui encombrent les rez-de-chaussée de nos journaux, petits ou grands. Après les journées de Juillet, la tournure des événements et le triomphe des idées bonapartistes donnèrent une nouvelle direction à ses travaux. Exploitant ses souvenirs personnels sur les hommes du premier empire et sur leurs actions, il se donna pour but de développer et de propager la légende napoléonienne. Du premier coup son nom devint populaire après la publication de ses *Mémoires d'un page de la cour impériale* (1840, 2 vol. in-8°), ouvrage qui obtint un succès retentissant et fut plusieurs fois réimprimé. Les *Petits appartements des Tuileries, de Saint-Cloud et de la Malmaison,* parurent successivement dans le *Siècle* et publiés ensuite en volumes (1831, 2 vol. in-8°), ils furent très lus, aussi bien que : *Souvenirs de la vie privée de Napoléon* (1838, 2 vol. in-8°); *Souvenirs intimes du temps de l'Empire* (1838-'39, 6 vol. in-8°) ; *Entretiens sur la vie privée de Napoléon* (1839, 2 vol. in-18) ; les *Aides de camp de l'Empereur, Souvenirs intimes du temps de l'Empire* (1841, 2 vol. in-8°); *Histoire populaire de Napoléon et de la Grande-Armée* (1842, in-8°) ; *Napoléon au Conseil d'État* (1843, in-8°) ; *Napoléon au bivouac, aux Tuileries et à Sainte-Hélène* (1844, in-18) ; *Napoléon en campagne* (1844, 2 vol. in-8°); *Histoire anecdotique politique et militaire de la garde impériale* (1845-'46, in-8°) ; *Deux conspirations sous l'Empire* (1846, 2 vol. in-8°); *Histoire de la Campagne de Russie* (1846-'48, 4 vol. in-8°) ; *Histoire des Conspirations et des exécutions politiques*(1849, 4 vol. in-8°) et plusieurs autres ouvrages où l'histoire est souvent traitée avec le plus profond dédain, mais où la légende trouve toujours une large place. Lors du coup d'État, Marco de Saint-Hilaire était déjà vieux, et ses œuvres n'avaient enrichi que ses éditeurs : il songea donc à prendre sa retraite en obtenant une sinécure. Il obtint la place de bibliothécaire du château de Strasbourg. Arrivé à son poste, il vérifia la présence d'un château, où il reçut son logement, et cons-

tata l'absence complète de bibliothèque. Pour montrer sa reconnaissance à un gouvernement qui le traitait avec tant de générosité, il composa une apologie de Napoléon III, sous le titre de : *Les deux Empereurs, Napoléon Ier et Napoléon III* (1833, in-8°) et différents autres ouvrages que personne ne lut. La mort elle-même l'oublia. En 1870, son appartement fut brûlé par les obus prussiens et le fonctionnaire octogénaire fut emmené prisonnier en Allemagne. A son retour à Paris, il se trouva dans le plus profond dénuement, et se vit réduit à entrer aux petits-ménages. Pendant son séjour dans la maison qui lui servait d'asile, il se lia d'amitié avec une veuve qui, touchée de le voir à son âge dans une situation si douloureuse, lui proposa de l'épouser ; il convola à l'âge de quatre-vingt-six ans et finit ses jours assez doucement. Il était d'une nature si puissante que la lutte de la vie et de la mort fut terrible et que son agonie épouvanta ceux qui y assistèrent. Il était doyen de la Société des gens de lettres.

SAINT-PONAIS, AISE, de Saint-Pons, qui se rapporte à Saint-Pons : *les Saint-Ponais ; habitudes saint-ponaises.*

SALICETUM s. m. (mot lat. qui signifie *saussaie*). Bot. Lieu dans lequel on ne cultive que des saules, en vue d'en faire une collection.

SALICYLATE DE SOUDE, médicament obtenu en ajoutant de l'acide salicylique à 10 p. 100 d'une solution de soude caustique ; on laisse dissoudre, on filtre et on évapore jusqu'à siccité, ou bien on ajoute 10 parties de carbonate de soude cristallisé pur à 18 parties d'acide salicylique additionné d'eau en quantité suffisante pour former pâte. Quand l'évolution de l'acide salicylique a cessé, on neutralise parfaitement la solution avec de la soude caustique et l'on évapore jusqu'à siccité. Le salicylate de soude se présente sous forme de poudre blanche, ayant un goût acide qui tourne ensuite à l'aigre ; il est soluble dans environ son poids d'eau. De même que l'acide salicylique, il exerce une puissante influence sur le rhumatisme aigu. Dans la majorité des cas, la douleur atroce est promptement soulagée, tandis que le gonflement diminue avec rapidité. On le préfère généralement à l'acide salicylique, pour le traitement du rhumatisme, parce qu'il est plus soluble. On le donne à la dose de 20 grains toutes les deux heures, jusqu'à la fin de la douleur ou jusqu'à ce que le malade ait absorbé 6 doses, après quoi les doses doivent être plus faibles ou données à de plus longs intervalles. On l'administre, soit dans l'eau pure ou aromatisée, soit dans un sirop. Employé trop souvent ou à trop fortes doses, il peut produire des bourdonnements d'oreilles, un affaiblissement de la vue, le délire, etc.

SALOMON, général haïtien et président de la république de Haïti, né en 1815, mort à Paris, 3, avenue Victor-Hugo, le 19 oct. 1888. Il fut l'un des fondateurs du parti national, opposé au parti libéral. Ministre de l'empereur Soulouque, il fut créé duc de Saint-Louis-du-Sud et paya d'un long exil sa participation à cette mascarade impériale. En 1879, il fut élu président pour sept ans et fut réélu en 1886 pour une nouvelle période septennale. En août 1888, une insurrection inspirée par Boirond-Canal et dirigée par les généraux Télémaque et Légitime, le renversa du pouvoir, et il demanda asile à la France, où il avait des attaches de famille.

SALON. L'exposition annuelle de peinture et de sculpture dite le *Salon*, fut ainsi nommée parce qu'elle se fit d'abord au Salon du Louvre; mais aujourd'hui, il y a deux expositions de ce genre, l'une se tient au palais de l'Industrie, l'autre au Champ-de-Mars, palais des Beaux-Arts; elle a lieu tous les ans, dans

les mois de mai et juin; elle est ouverte tous les jours de 8 heures du matin à 6 heures du soir, sauf le lundi, où l'on n'ouvre qu'à midi. L'entrée est de 2 fr. le matin et de 1 fr. passé midi; elle est gratuite le dimanche à partir de 10 heures et le jeudi à partir de midi.

SALUT (Armée du), société de propagande religieuse ayant une organisation quasi-militaire et se donnant pour but de sauver les âmes en attirant à la religion les classes les plus dégradées, soit en Angleterre, soit dans tous les pays du monde, où la société pourra rayonner par ses nombreux missionnaires. Parmi les moyens de propagande employés par les adeptes pour faire connaître cette association, aujourd'hui très répandue, on doit remarquer les processions accompagnées de bannières, de musique, outre les réunions, les lectures et les discours dans les marchés, sur les places publiques, dans les théâtres et partout où ils peuvent pénétrer. Au début, c'est-à-dire en 1865, époque où le ministre méthodiste anglais, William Booth, fonda cette société, pendant une visite qu'il fit à Londres, elle reçut le nom de Mission chrétienne. Mais en 1876, elle adopta le titre qu'elle porte aujourd'hui. L'Armée s'est établie dans 32 pays; elle forme 3.000 corps d'armée, avec 10.000 officiers (ou évangélistes) et environ 300.000 membres. Chaque corps est placé sous les ordres d'un capitaine ou d'un lieutenant; chaque district ou groupe de corps a pour chef un major; chaque division ou groupe de districts obéit à un colonel; chaque pays (nation ou colonie), est administré par un commissaire; le tout placé sous la suprême autorité du *général* Booth. Tous les membres se vouent à la propagation de l'œuvre; l'abstinence est une condition de leur entrée dans l'armée. L'organe officiel de la société est le *War Cry* (Cri de guerre), qui paraît deux fois par semaine; mais l'Armée du salut possède, en outre, 27 journaux dont 7 en anglais et 20 en différentes autres langues. De plus, le général Booth a publié un grand nombre de livres de cantiques et d'autres ouvrages de dévotion. Les revenus de l'Armée s'élèvent à environ 550.000 fr. pour l'Angleterre seulement et à 1.250.000 fr. pour les autres pays. — Les vues doctrinales professées par l'Armée sont surtout arminiennes; le général Booth les a établies dans son ouvrage intitulé : *Doctrine of the salvation Army*. Une brigade « navale » a été fondée en 1885, Mme Booth « la mère de l'armée du salut », est morte en 1890.

SALVINO DEGLI ARMATI, l'un des inventeurs présumés des lunettes. Il naquit à Florence vers le milieu du XIIIe siècle, entra dans un couvent et mourut en 1317. L'historien florentin Manni lui attribue positivement l'invention des lunettes dans l'ouvrage intitulé : *Degli occhiali da naso inventati da Salvino degli Armati trattario historico* (Florence, 1738, in-4°); et sur la tombe de Salvino à Florence, on lit l'inscription suivante : « *Qui giace Salvino degli Armati, inventore delli occhiali : Dio gli perdoni il peccata* » (Ci-gît Salvino de Armati, inventeur des lunettes : Que Dieu lui pardonne ses péchés).

SAMARINE (Georges), éminent écrivain russe, mort le 31 mars 1876 ; travailla à l'émancipation des paysans russes et à la réorganisation de la Pologne en 1864.

SAMAROBRIVA, plus tard AMBIANI (*Amiens*), ville principale des Ambiani, dans la Gaule Belgique, sur la rivière Samara, d'où son nom, qui signifiait *Pont de la Samara.*

SAMOA (Iles). L'annexion des îles Samoa aux possessions allemandes peut être considérée aujourd'hui comme un fait accompli, bien que les Etats-Unis, qui s'y sont toujours opposés, n'y aient pas encore donné leur acquiescement officiel. Voici dans quelles

circonstances a eu lieu cette prise de possession. Le roi Malietoa Talavoou, élu par tout le groupe, pour affirmer l'unité et l'indépendance nationales, mourut et fut remplacé (2 nov. 1880) par le roi Malietoa Laupepa. Ce nouveau souverain, effrayé de l'immigration allemande, essaya de s'abriter sous la protection plus ou moins déguisée de l'Angleterre et de la grande République américaine. L'irritation des colons allemands se traduisit chaque jour par des injures grossières à l'adresse du souverain et par les voies de fait sur ses sujets. En nov. 1884, le consul allemand parvint à imposer au roi un traité reconnaissant la suzeraineté allemande; mais dès le lendemain (11 nov. 1884) Malietoa se hâta de protester, dans une lettre à la reine d'Angleterre, contre la violence qui lui avait été faite. Quelques jours plus tard, le parlement des îles Samoa déclara nul et non avenu le traité imposé au roi (6 janv. 1885) et vota l'annexion de l'archipel aux possessions britanniques. Mais l'Angleterre, si pointilleuse quand il s'agit de disputer un rocher à la France, n'osa pas entrer ouvertement en lutte avec l'Allemagne. Quelques indigènes ayant répondu par la force aux brutalités des colons allemands qui renversaient partout le drapeau national, il n'en fallut pas davantage pour justifier une intervention armée. Le cuirassé l'*Albatros*, qui croisait devant les îles, en attendant une occasion prévue, débarqua une troupe de soldats et de marins (13 janv. 1886). Le roi s'enfuit, l'Angleterre et les Etats-Unis protestèrent; le consul américain, en réponse à un appel du roi, releva le drapeau national en le plaçant au-dessous de celui des Etats-Unis, et télégraphia à son gouvernement que désormais l'archipel était sous la protection de la République américaine. Les Allemands, surpris de cet acte énergique, n'osèrent aller plus avant pour le moment : ils se retirèrent, après avoir reconnu un autre roi, nommé Tamasisi, qui avait levé l'étendard de la révolte quelque temps auparavant; le gouvernement de Washington ne donna pas suite à la prise de possession faite par son consul. La guerre entre les deux rois se termina en juin 1886 par un traité qui replaça Malietoa sur le trône et laissa à son compétiteur le titre de vice-roi. La paix ne fut pas de longue durée; les hostilités renaquirent en septembre et se continuèrent jusqu'au mois d'août 1887. Le 20 août, une escadre allemande arriva devant Apia et demanda des réparations pour de prétendus dommages causés à certaines plantations et pour des violences qui auraient été exercées sur la personne d'un Allemand, le jour de la fête de l'Empereur. On réclama 50.000 fr. à Malietoa; il demanda quatre jours pour trouver cette somme; les Allemands, refusèrent tout délai, débarquèrent à Apia et proclamèrent roi leur protégé Tamasisi. Le roi légitime s'enfuit, puis il se rendit et fut envoyé prisonnier en Nouvelle-Guinée; quelques jours plus tard, l'Allemagne proposa à la conférence de Washington, d'être nommée pour cinq ans protectrice de Samoa. L'Angleterre s'inclina; mais le gouvernement américain protesta vivement. Pendant ce temps, les indigènes de Samoa, que l'on ne consultait pas, se révoltèrent à l'idée de devenir Prussiens. Ils se soulevèrent, au mois de septembre et, dans plusieurs combats, firent subir de grandes pertes aux Allemands. La guerre se prolongea pendant toute l'année suivante. L'usurpateur Tamasisi, battu, en toute rencontre, fut remplacé sur le trône par Mataafa, adversaire de l'occupation étrangère. Sur les protestations des Etats-Unis, l'Empereur d'Allemagne consentit à la réunion d'une conférence, qui se tint à Berlin, le 29 avril 1889 et se termina le 14 juin, par un arrangement amiable, entre l'Empire et la République. Mais les indigènes n'ayant pas

été représentés à la conférence, et la convention ayant été tenue secrète, on peut supposer que les îles ont été sacrifiées.

SANATORIUM s. m. [-ri-omm] (lat. *sanator, sanatoris*, qui guérit). Maison hospitalière construite sur le bord de la mer, pour guérir, par un séjour de quelques mois, au milieu des fortifiantes émanations maritimes, les personnes souffreteuses et maladives. Il existe à Berck-sur-Mer, un sanatorium qui sauve 70 p. 100 des enfants scrofuleux ou phtisiques que le département de la Seine y envoie. Le 7 octobre 1888 a été inauguré le sanatorium de Banyuls-sur-Mer, installé pour recevoir 400 lits, mais qu'il est déjà question d'agrandir de manière à lui permettre de recevoir de 500 à 600 malades. L'idée de cet établissement a été propagée par le docteur Armingaud, de Bordeaux ; les capitaux nécessaires à son érection ont été réunis par les soins de M. Lafargue, préfet des Pyrénées-Orientales, avec l'appui du conseil général, celui de la commune de Banyuls et de quelques personnes scrofuleuses. Plus tard, le sanatorium fut cédé à la société des hôpitaux maritimes, à la tête de laquelle se trouve le docteur Bergeron. Son but est de guérir les rachitiques et les scrofuleux.

SANCHEZ (Antoine-Nunez-Ribeiro), célèbre médecin portugais, né à Pegnan-Maca en 1699, mort à Paris en 1783. Sa réputation était européenne. L'impératrice de Russie l'appela dans ses États. Ensuite il pratiqua à Paris. — BAUME DE SANCHEZ OU ANTIARTHRITIQUE, baume pharmaceutique, employé en frictions contre les douleurs articulaires ; il se compose de 20 grammes de savon animal, 30 grammes d'esprit de lavande, 5 de camphre, 20 d'éther acétique et 10 gouttes de chacune des huiles suivantes : de menthe poivrée, de cannelle, de lavande, de muscade, de girofle, de sassafras.

SAND (Maurice DUDEVANT *dit*), peintre et littérateur, né à Paris en 1825, mort le 5 septembre 1889. Il était fils de George Sand, et étudia la peinture sous la direction d'Eugène Delacroix. Il a exposé quelques toiles aux salons annuels, notamment : *Leandre et Isabelle, le Grand Bissexture, le Loup garou* (1857) ; *le Meneu' d'loups* dessin (1859) ; *Muletiers*, toile, *un Marché à Pompéi, la Campagne romaine*, aquarelles (1861), etc. Comme littérateur, il a publié, dans la *Revue des Deux-Mondes*, plusieurs nouvelles et des romans ; son ouvrage le plus populaire est une étude complète sur les divers types d'acteurs et de mines de la comédie italienne : *Masques et bouffons* (1859, 2 vol. gr. in-8°), avec de nombreux dessins coloriés. On cite, parmi les autres ouvrages de Maurice Sand : *Six mille lieues à toute vapeur* (1862) ; *Callirhoé* (1864) ; *Raoul de la Chastre* (1865) ; *le Monde des Papillons, causeries à travers champs*, texte et dessins (1866) ; *le Coq aux cheveux d'or* (1867) ; *Miss Mary* (1868) ; *l'Augusta* (1873), etc. Il lui revient en outre une part plus ou moins grande à plusieurs pièces dramatiques de sa mère.

SARAKHS, point stratégique important de l'Asie centrale, à 300 kil. N.-O. de Hérat. En 1884, la Russie mit la main sur le district oriental de Sarakhs et domina ainsi tout le pays jusqu'à Pendjdeh. Nouveau-Sarakhs est une forteresse persane, que la Russie aujourd'hui a la merci des Russes. La forteresse est vaste, mais il n'y a que peu de canons ; elle est gardée par un millier de soldats mal armés, quand il en faudrait 10.000 pour la défendre. Vieux-Sarakhs, situé à quelques kilomètres du precedent, dans la direction de Merv, est un camp retranché russe, bien muni de soldats, sur le chemin de fer transcaspien. La rivière Hari-Roud ou Tedjent, comme l'appellent les Turcomans, forme la

frontière de la Perse et des possessions russes et traverse un territoire fertile; elle se dirige vers Hérat, qu'elle arrose.

SARTORIUS (sir George-Rose), amiral anglais, né en 1790, mort le 13 avril 1885. Il entra dans la marine à l'âge de onze ans, comme cadet, assista à la bataille de Trafalgar, à bord du *Tonnant*, et à l'attaque de Montevideo, à bord du *Daphné*. Lieutenant du *Success*, il détruisit deux navires français, près de Castiglione (1810) et prit part à la défense de Cadix. Il était capitaine du *Slaney* et se trouvait dans la rade de Cherbourg quand Napoléon vint s'y constituer prisonnier (1815). Il vint porter cette nouvelle en Angleterre. En 1831, il prit le commandement d'une escadre portugaise, équipée par la régence en faveur de la jeune reine contre Don Miguel; il rentra dans la marine anglaise en 1836, avec le grade de capitaine. En 1869, il fut élevé au rang de vice-amiral et le 3 juillet de la même année, à celui d'amiral de la flotte.

SARTORIUS (Wolfgang, VON WALTERSHAUSEN), géologue allemand, né à Gœttingen, le 17 déc. 1809, mort le 16 oct. 1876. Il habita longtemps la Sicile pour y explorer l'Etna et visita l'Islande et la Norwège. Ses principaux ouvrages sont les suivants : *Atlas des Ætna* (1845-'59); *Physisch-Geographische Skizze von Island* (1847); *Geologischer Atlas von Island* (1853); *Ueber die Vulkanischen gesteine in Sicilien und Island* (1853); *Ueber die Klimate der Gegenwart und der Vorwelt* (1865).

SAUCE (Cuis.), quelles difficultés n'a-t-on pas à surmonter, souvent, pour réussir une sauce, même pas compliquée! Il suffit que l'un des ingrédients employés à sa préparation s'y fasse sentir par-dessus les autres pour que la sauce soit manquée, quelquefois mauvaise. Nous donnerons ici la composition des sauces les plus usuelles, ne pouvant nous étendre jusqu'à des sauces impossibles même dans des maisons très aisées; mais nous la donnerons dans ses méthodes les plus simples et dans ses proportions exactes. Nous commencerons par les éléments principaux, qui sont les *roux* et les *liaisons*. — *Roux*. Faites fondre du beurre dans une casserole sur un feu vif; ajoutez-y de la farine et remuez vivement pour que le mélange s'opère bien et jusqu'à ce que la farine ait acquis la couleur voulue; versez sur ce roux, afin de l'arrêter à cette couleur, un peu d'eau ou du bouillon. — On fait un *roux blond* en le mouillant avant qu'il ait pris une couleur trop foncée; un *roux blanc* en le mouillant aussitôt que la farine est incorporée au beurre. — *Liaisons*. Prenez des œufs bien frais, cassez-les avec soin pour ne pas crever le jaune, que vous séparez bien du blanc en transvasant l'œuf d'une coquille dans l'autre. Délayez alors vos jaunes dans un peu de la sauce qu'il s'agit de lier; opérez bien le mélange et versez doucement, en remuant toujours, dans votre sauce que vous aurez retirée du feu et que vous y remettrez ensuite, prenant bien garde de la laisser bouillir, auquel cas la sauce tournerait. — *Court-bouillon*. Pour le poisson de mer, le court-bouillon se compose tout simplement d'eau légèrement salée, quelquefois additionnée de lait; pour le poisson d'eau douce, on le fait avec moitié eau et vin blanc (ou du vinaigre à défaut de vin blanc), des oignons, carottes en tranches, clous de girofle, thym et laurier, persil, une gousse d'ail, sel et poivre faites bouillir au moins une heure. Passez. — En substituant le vin rouge au blanc, on a le court-bouillon *au bleu*. — Le même court-bouillon peut servir plusieurs fois, pourvu qu'il couvre bien le poisson qu'il doit faire cuire. — *Sauces proprement dites*. — *Sauce blanche*. Mettez dans une casserole un peu de beurre bien frais et une cuillerée de farine, sel et poivre; mêlez bien;

ajoutez un verre d'eau, en tournant toujours; mettez sur un feu assez vif, sans cesser de tourner. Retirez du feu, aussitôt qu'il bout, votre sauce, à laquelle vous ajoutez un bon morceau de beurre, et remuant pour bien opérer le mélange. Ajoutez au moment de servir un filet de vinaigre. Quand cette sauce est destinée au poisson, le vinaigre est inutile; on ajoute ordinairement des câpres. — *Sauce blonde*. Cette sauce se fait à peu près de la même manière que la précédente, excepté qu'on fait roussir un peu la farine avant de la mouiller, et qu'on emploie du bouillon au lieu d'eau. — *Blanquette*. Mettez dans une casserole un bon morceau de beurre et une pincée de farine que vous mélangez sur le feu, ayant bien soin de ne pas laisser roussir; versez alors, en remuant toujours, un verre ou deux d'eau bouillante. Ajoutez sel, poivre, champignons, petits oignons, persil, ciboules hachées. Mettez alors les morceaux de viande que vous désirez y faire cuire et faites mitonner pendant deux heures et demie pour du veau ou de la volaille crus, et trois quarts d'heure s'il s'agit de restes de veau ou de volaille cuits. — En liant la sauce avec un jaune d'œuf au moment de servir et ajoutant du persil haché, du jus de citron ou un filet de vinaigre, on obtient une bonne *sauce à la poulette*. — *Sauce maître d'hôtel*. Mettez dans une casserole : beurre frais, fines herbes hachées, sel et poivre; faites fondre le beurre en remuant, sur un feu doux. Versez. — *Sauce au blanc*. Mettez dans une casserole deux poignées de farine, un quart de beurre, un peu de sel blanc; faites fondre à petit feu; quand le mélange sera bien opéré, ajoutez tranches de citron, ciboules, clous de girofle ou muscade; délayez avec du bouillon et servez bien chaud. — *Sauce à la crème*. Mettez un peu de beurre, une cuillerée de farine, persil, ciboules, échalotes hachées, une gousse d'ail; passez sur le feu; mêlez avec de la crème en remuant toujours. Faites bouillir un quart d'heure. Mettez un peu de beurre, persil haché, sel et poivre, au moment de servir; faites lier sur le feu. — *Sauce à la sauge*. Hachez très fin environ 30 grammes d'oignons et moitié en poids de feuilles de sauge vertes; mettez dans une casserole avec quatre cuillerées d'eau; faites bouillir à petit feu pendant dix minutes; ajoutez poivre et sel, un peu de mie de pain écrasée; mêlez bien, puis ajoutez un verre de bouillon; remuez et laissez bouillir quelques minutes. — Excellente pour porc frais et blancs de volaille. — *Sauce béchamelle maigre*. Hachez menu ensemble des échalotes, des petits oignons, persil, clous de girofle; mettez dans une casserole avec un peu de beurre, un peu de farine; mêlez bien; mouillez avec de la crème en remuant; sel et poivre; faites bouillir jusqu'à ce que votre sauce épaississe; ajoutez un peu de muscade. Servez chaud. — *Sauce Robert*. Faites roussir quatre ou cinq oignons dans du beurre et demi-cuillerée de farine. Quand ce mélange aura pris une bonne couleur, un peu foncée, ajoutez un verre de bouillon, sel et poivre; laissez bouillir doucement un quart d'heure. Ajoutez une demi-cuillerée de moutarde au moment de servir. — *Sauce piquante*. Mettez un verre de vinaigre dans votre casserole avec une feuille de laurier, du thym, échalotes, un peu de piment et poivre. Faites réduire de moitié en bouillant; mouillez avec du bouillon, à défaut de coulis ou de jus; faites réduire encore un peu et ajoutez le sel nécessaire. — *Sauce aux échalotes*. Faites un roux dans lequel vous passez deux oignons en tranches, une carotte, un panais, thym, laurier, basilic, clous de girofle, échalotes, persil, ciboules, une gousse d'ail. Mouillez avec du bouillon et du vinaigre; faites bouillir à petit feu; passez au tamis et ajoutez poivre et sel. — *Autre*. Hachez des échalotes que vous faites cuire dans du vinaigre jusqu'à ce que celui-ci soit réduit des

deux tiers; ôtez alors vos échalotes et ajoutez du bouillon avec vinaigre, sel et poivre. — *Sauce à la ravigote.* Faites bouillir deux verres de bouillon avec une cuillerée de vinaigre. Ajoutez, quand il bout, quelques échalotes hachées avec de l'estragon, persil, pimprenelle, civette. Laissez bouillir jusqu'à ce que les échalotes soient cuites. Au moment de servir, ajoutez un morceau de beurre. — *Rémoulade.* Mettez dans un vase des échalotes, une pointe d'ail, persil, ciboules, fourniture de salade, le tout haché très menu; ajoutez moutarde, huile et vinaigre, sel et poivre. Remuez. — *Sauce à la tartare.* Hachez menu trois échalotes, cerfeuil, estragon; ajoutez de la moutarde, un filet de vinaigre, sel et poivre; liez avec un peu de bonne huile. — *Sauce au beurre noir.* Mettez du beurre dans une poêle, faites-le chauffer jusqu'à ce qu'il noircisse; jetez-y du persil en branches et l'y laissez frire une minute; versez sur le poisson auquel il est destiné. Faites ensuite chauffer un peu de vinaigre dans la même poêle et versez-le bien chaud par-dessus le beurre. — *Sauce au foie pour poisson.* Faites bouillir le foie de votre poisson; écrasez-le dans un mortier avec de la farine; ajoutez en tournant un peu de bon bouillon où du jus dans lequel aura cuit votre poisson, du persil, du sel, quelques grains de poivre de Cayenne, un peu d'essence d'anchois; donnez un bouillon et passez au tamis avec expression. Ajoutez un peu de citron au moment de servir. — *Mayonnaise.* Tournez — au frais — quelques jaunes d'œufs dans un vase, avec sel, poivre, un peu de vinaigre, et ajoutez-y, toujours en tournant, et au fur et à mesure de l'incorporation, un peu d'huile; continuez de tourner jusqu'à ce que la sauce, bien liée, ait pris l'apparence d'une crème bien unie. Versez sur le mets, homard, poisson, ou volailles froides, auquel vous la destinez. — *Sauce provençale.* Mettez dans deux ou trois cuillerées d'huile d'olive, échalotes et champignons hachés, deux ou trois gousses d'ail; passez sur le feu; ajoutez une pincée de farine; mouillez avec du bouillon, un verre de vin blanc environ, sel, poivre, ciboule, bouquet garni. Faites bouillir doucement une demi-heure. Otez l'ail et le bouquet garni au moment de servir. — *Sauce au pauvre homme.* Hachez cinq ou six échalotes et une bonne pincée de persil; mouillez avec du bouillon; ajoutez une cuillerée de vinaigre, sel et poivre. Faites bouillir jusqu'à parfaite cuisson des échalotes. Cette sauce s'emploie principalement avec le bouilli du pot qu'on place dedans, et on lui fait alors donner quelques bouillons. — *Sauce à la Sainte-Menehould.* Mettez dans une casserole un morceau de beurre manié de farine, laissez fondre, versez peu à peu de la crème; ajoutez quelques champignons, ciboules, une feuille de laurier, un bouquet de persil, sel et poivre; faites réduire à moitié; passez à l'étamine. Vous remettez alors votre sauce sur le feu en y ajoutant un peu de persil haché. Versez sur les mets auxquels elle est destinée. — *Sauce aux tomates.* Faites fondre vos tomates sur le feu avec beurre, oignons, bouquet garni, sel et poivre, un clou de girofle; mouillez avec du bouillon; faites bouillir pendant une heure. Passez à l'étamine et éclaircissez au besoin avec un peu de bouillon. — *Sauce bachique.* Mettez dans une casserole une cuillerée d'huile d'olive, un verre de bouillon et un demi-litre de vin blanc; faites réduire de moitié en bouillant. Ajoutez ail, deux échalotes, ciboules,

cerfeuil, estragon, pimprenelle, cresson alénois bien hachés, et servez. — *Salmis pour gibier.* Pilez dans un mortier des débris de gibier en mouillant de temps en temps avec du bouillon; passez à l'étamine, ajoutez un peu de beurre manié de farine, un demi-verre de vin rouge, échalotes, bouquet garni, sel et poivre; faites bouillir une bonne demi-heure. Ajoutez alors une cuillerée et demie d'huile d'olive, filet de vinaigre ou du jus de citron. — *Sauce à l'italienne.* Mettez dans une casserole deux cuillerées d'huile et gros comme une noix de beurre; faites-y revenir des champignons hachés avec un bouquet garni, ciboules, une gousse d'ail, une feuille de laurier, clous de girofle; ajoutez une pincée de farine quand le tout a pris une bonne couleur; mouillez avec vin blanc mêlé de moitié bouillon; ajoutez poivre et sel. Faites bouillir doucement; dégraissez, enlevez le bouquet et servez.

SAUCISSES RONDES. — Hachez de la chair de porc ayant plus de gras que de maigre, avec persil et ciboules, poivre, sel, épices; enfermez dans des boyaux de mouton comme pour le boudin. — *SAUCISSES PLATES.* Même préparation. Au lieu de les entonner dans des boyaux, on les enveloppe dans de la crépine ou coiffe de porc. — Faites cuire ensuite sur le gril ou dans la poêle avec un peu de beurre; et servez au naturel, ou sur diverses purées de légumes, ou encore sur de la choucroute.

SAULNIER (Louis-Sébastien), publiciste, né à Nancy en 1790, mort à Orléans 1835. Il était fils d'un secrétaire général de la police, devint préfet pendant les Cent Jours et après la révolution de 1830, et entra à l'Académie des sciences morales et politiques. Il fonda la *Revue britannique* en 1835, et a laissé plusieurs ouvrages.

SAUMON (Cuis.). — SAUMON *au bleu.* Faites mijoter dans un court-bouillon au vin (voir art. SAUCE, *Court-bouillon*) pendant deux heures, servez avec une sauce vinaigrette ou une sauce blanche aux câpres. — *Saumon à la maître d'hôtel.* Faites griller à petit feu et

Saumon à la Chambord.

servez sur une sauce à la maître d'hôtel. On le prépare aussi *en papillotes* (comme les côtelettes de veau), *rôti à la broche,* avec sauce aux câpres, etc. — *Le saumon salé* peut-être avant tout dessalé, puis on le fait cuire dans l'eau fraîche et écumer; dès le premier bouillon, on le retire du feu, on le fait égoutter et on le traite comme le saumon frais. — *Le saumon fumé* se coupe par tranches que l'on saute dans l'huile sur un feu ardent; puis on les égoutte, et on les sert arrosées de jus de citron. — L'ESTURGEON, le BAR, le THON *frais* s'accommodent ordinairement comme le saumon frais. — SAUMON A LA CHAMBORD. Le saumon étant vidé, écaillé et nettoyé avec soin. On le garnit intérieurement et extérieurement

d'une farce à quenelles de poisson; on couvre de bardes de lard, puis d'un papier beurré. On met la pièce dans la poissonnière avec une mirepoix (grasse ou maigre), à laquelle on ajoute 2 ou 3 verres de vin blanc sec. On fait partir à grand feu; après *quelques bouillons,* on modère le feu, de manière que le saumon ne fasse que mijoter pendant une heure; on l'arrose, de temps en temps, avec sa cuisson. Au moment de servir, on égoutte le poisson, on le déballe et on le dresse sur le plat, garni de quenelles de poisson, de truffes, de belles écrevisses et de croûtons glacés. On verse autour, une sauce bien réduite, faite avec le mouillement auquel on ajoute un morceau de beurre frais et deux cuillerées à pot de sauce espagnole.

SAUTERELLE. — Presque chaque année, l'Algérie est aux prises avec le terrible fléau des sauterelles. Une commission d'étude y fonctionne régulièrement depuis le mois d'août 1889, sous la direction de M. Künckel

Sauterelle ailée de 1888.

d'Herculais. Cette commission a constaté que les incursions de 1887 et de 1888 n'étaient nullement dues, ainsi qu'on le supposait, aux bandes 'nomades du grand criquet pèlerin, qui viennent, de loin en loin, du fond de l'Afrique centrale; mais que l'on avait affaire à une espèce indigène de sauterelles ailées, dont la présence est une perpétuelle menace. — Hortic. Sarment de vigne que l'on maintient dans toute sa longueur et que l'on courbe pour obtenir plus de fruit. On dit aussi *long bois.*

SAUVAL (Henri), historien, né à Paris, vers 1620, mort dans la même ville, vers 1670. Il abandonna le barreau pour se livrer à des recherches dans les Archives et après un labeur de vingt ans, réunit 9 vol. in-fol. de pièces curieuses, dont on a tiré, après sa mort, un ouvrage intitulé : *Histoire des antiquités de la ville de Paris* (1724, 3 vol. in fol.), et ensuite les *Amours des rois de France* (2 vol. in-12, ou 3 vol. in-18, avec figures).

SAUVETAGE. — La natation n'est pas seulement un exercice hygiénique ou un art égoïste; elle peut atteindre un but bien plus élevé en mettant le nageur à même d'acquérir le beau titre de *sauveteur.* Toute personne courageuse qui voudrait, le cas échéant, se porter au secours de son semblable, doit se pénétrer des conseils suivants qui la mettent à même d'accomplir ce devoir social en risquant le moins possible de devenir victime de son dévouement. En présence d'une personne qui se noie, il ne faut pas qu'un sublime *mouvement* nous porte à voler à son secours sans penser aux dangers qui nous attendent et sans prendre toutes les précautions qui peuvent nous les faire éviter. Le premier danger serait le fatal empressement avec lequel nous nous jetterions à l'eau tout habillé; nos vêtements imbibés rendraient inutile notre bonne volonté. Nous devons quitter au moins paletot, gilet et chaussures, si nous n'avons pas le temps de nous dévêtir complètement. Pendant les quelques secondes que demande cette opération préliminaire indispensable, le sauveteur, d'un coup d'œil, examinera le lieu où il va plonger et les circonstances de rapidité du courant, ou d'immobilité de l'eau, de hauteur de la berge, de profondeur du liquide, etc., pour agir en conséquence. Se trouve-t-on sur le bord d'une rapide rivière? Le noyé, suivant toutes les apparences, doit descendre avec plus ou

moins de rapidité ; et il est inutile de se fatiguer à le poursuivre à la nage ; il vaut mieux courir le long du bord pour le devancer. Est-on près d'une eau profonde et dormante? on reconnaîtra le lieu où se trouve le noyé par les bulles d'air qui s'élèvent à la surface ; et l'on plongera en cet endroit, en tenant compte du courant ou de la marée qui les font se diriger plus ou moins obliquement. Quand le sauveteur, ayant plongé, se trouve en présence du noyé, c'est le moment de redoubler de précautions ; il ne doit l'approcher qu'avec prudence et par derrière, en se cachant à ses regards autant que possible, pour le surprendre et par mains sous l'aisselles, soit avec la main droite au haut du bras droit près de l'aisselle, et pour le pousser devant soi à bout de bras. Faute de prendre ces précautions, on risque de se laisser attraper le bras ou la jambe par le noyé qui s'y cramponne ensuite avec frénésie et ne lâche plus que à la force et le temps de l'étourdir à force de coups, moyen violent qui peut avoir des suites funestes et qui, d'ailleurs, ne réussit pas toujours à délivrer le sauveteur. Ce danger cesse quand le noyé ne donne plus signe de vie ; alors, si l'on a la certitude qu'il a perdu l'usage des sens, on le saisit par les cheveux et on l'amène à la surface, pour le tirer ensuite sur le dos jusqu'au rivage. Mais les choses ne se passent pas aussi simplement lorsque le noyé est encore plein de vie, parce que tous ses efforts tendent inconsciemment à saisir et à faire périr l'homme généreux qui se dévoue pour le sauver. On n'échappe à sa fatale étreinte qu'en le tenant vigoureusement à distance, comme nous avons dit. Arrivé à la surface, il faut surtout empêcher le noyé de se retourner pour vous prendre à bras le corps. Pour cela, on le rapproche vivement ; on le saisit de la main gauche par les cheveux, tandis que la main droite, glissant le long de son bras droit, vient s'arrêter au poignet, qu'elle serre fortement et qu'elle amène derrière la tête du noyé, sur la poitrine du sauveteur. Dans cette position, l'asphyxie n'est plus à craindre, à moins que ce soit un hercule. On le tient donc par derrière ; alors on se couche soi-même sur le dos, de façon à avoir le derrière de la tête du noyé sur la poitrine. On nage sur le dos vers le rivage, en entraînant la victime étendue sur soi, la face hors de l'eau. Si l'asphyxié a perdu connaissance, on peut lui lâcher le bras droit, ce qui donne beaucoup plus de facilité pour nager. Quand on opère un sauvetage dans une rivière, on ne doit pas se fatiguer inutilement en essayant de couper le courant pour arriver à un point plus rapproché ; il est toujours préférable de suivre la direction de l'eau, au risque de mettre un peu plus de temps à parvenir au rivage. Le secours doit être porté aussi rapidement que possible ; il est barbare de pousser la prudence jusqu'à n'approcher du noyé que lorsqu'il ne donne plus aucun signe de vie ; c'est s'exposer à ne ramener qu'un cadavre avec soi ; néanmoins il y a des sauveteurs qui n'agissent pas autrement. Une autre observation des plus importantes est la suivante. Si l'on ne peut éviter l'étreinte du noyé, l'humanité exige qu'on ne l'assomme pas de coups ; il vaut bien mieux employer un moyen plus efficace qui consiste à remonter pour respirer, puis à se laisser couler sans résister aucunement au noyé ; il s'évanouit en peu de secondes et lâche son sauveteur, qui peut alors le saisir par les cheveux en remontant à la surface. Une autre observation. Quand on se trouve à une certaine profondeur, en face d'un noyé qui est étendu sur le ventre ou sur le côté sans donner signe de vie, il faut, pour le remonter plus facilement ; le retourner sur le dos et lui imprimer un vif mouvement de bas en haut ; il remonte de lui-même. Le sauve-

teur n'a plus qu'à le suivre et à le saisir par les cheveux pour le placer comme il a été dit. Quand on se trouve à une certaine distance du rivage et si l'on craint d'être épuisé avant de l'atteindre, on se laisse flotter, toujours sur le dos, ainsi que le noyé, dont la bouche se trouve hors de l'eau, dans la position indiquée ci-dessus ; on attend ainsi du secours. — Législ. Nous avons déjà parlé dans le tome V du *Dictionnaire* (p. 214), de l'admirable institution fondée en 1865 et qui s'intitule *Société de sauvetage des naufragés*. Nous avons à signaler ici une autre société de bienfaisance qui est appelée aussi à rendre d'inappréciables services. La Société du *Sauvetage de l'enfance*, que l'on dénomme aussi plus longuement « Union française pour la défense et la tutelle des enfants maltraités ou en danger moral », a été fondée à Paris, en 1887, sur l'initiative de deux femmes de bien, Mme Caroline de Barrau et Mme Pauline Kergomard. Cette société a pour but de rechercher et de signaler à qui de droit, ou de recueillir : les enfants âgés de moins de seize ans, qui sont maltraités à l'excès ou abandonnés par leurs parents ; ceux qui se livrent habituellement à la mendicité, au vagabondage ou à la débauche ; ceux dont les parents vivent dans une inconduite notoire, ou se livrent soit à la mendicité, soit à l'ivrognerie ; et ceux dont les parents sont condamnés pour crimes ou pour délits graves. L'*Union* institue, partout où elle en trouve les moyens, des comités locaux et aussi des asiles temporaires destinés à recueillir les enfants dont elle prend la charge. A Paris, le secrétariat est installé rue de Lille n° 1, et l'asile temporaire, place Dauphine n° 14. Les membres titulaires de l'*Union* paient une cotisation annuelle de 12 francs, laquelle est réduite à 5 francs pour les membres de l'enseignement primaire. Tout autre souscripteur d'une somme de 5 francs par an a le titre d'adhérent. Celui de fondateur est attribué aux personnes qui ont fait, en une fois, un versement de 200 francs. Les pupilles de l'*Union* sont placés autant que possible à la campagne, et ils y sont surveillés par des protecteurs spéciaux ou par les inspecteurs de l'assistance départementale. Quelques enfants ont été placés en Algérie. Le président du conseil d'administration de l'*Union* est M. Jules Simon, qui consacre à cette belle œuvre son expérience et son infatigable ardeur de philanthrope. La société dont il s'agit nous paraît appelée à seconder efficacement l'exécution de la loi du 24 juillet 1889 que nous avons résumée plus haut. (Voy. ENFANT.) CH.Y.

SAVILL (Robert) inventeur des billets de chemins de fer connus sous le nom de tickets, mort en octobre 1888. Simple employé de la Compagnie du Birmingham-Railway, en 1833, il eut l'idée de remplacer les reçus écrits, détachés de livres à souche, par les billets imprimés dont on se sert aujourd'hui dans l'univers.

SAXICOLE adj. [sak-si-ko-le] (lat. *saxum*, rocher; *colo*, j'habite). Hist. nat. Qui vit sur les pierres, sur les rochers, comme certains lichens.

SCAFERLATI s. m. (étymol. inconnue). Mot introduit vers 1811 ou 1812, pour désigner une qualité de tabac à fumer. La première apparition officielle du mot scaferlati eut lieu dans la loi sur les Finances, du 28 avril 1816, où il est question (art. 220) de *mécaniques à scaferlati*. On nommait alors scaferlati la première qualité des tabacs étrangers, composée ordinairement de 70 parties de maryland et de 30 parties de virginie maigre. Aujourd'hui le scaferlati est le tabac à fumer ordinaire vendu par la régie.

SCALARIFORME adj. (lat. *scala*, escalier; franç. forme). Bot. Se dit des vaisseaux en tubes prismatiques, offrant des lignes trans-

parentes horizontales très rapprochées les unes des autres, à une distance parfaitement égale et occupant toute la largeur de l'une comme chez la jacinthe, le yucca, l'agave, etc. On dit aussi HAMPE.

SCAPE s. m. (lat. *scapus*, tige, hampe). Bot. Pédoncule commun, portant habituellement plusieurs fleurs nées d'une inflorescence unique, comme chez la jacinthe, le yucca, l'agave, etc. On dit aussi HAMPE.

SCAPHANDRIER. — TÉLÉPHONE DES SCAPHANDRIERS. Téléphone qui se met sous le casque du plongeur. Celui-ci parle dans le transmetteur T, sorte de microphone qui, détaché de la

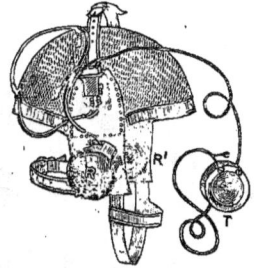

Téléphone des scaphandriers.

pièce de tête, se visse dans le casque même, en face de la bouche du plongeur. La parole lui est transmise par deux récepteurs R et R', qui font partie de l'appareil. Le plongeur peut ainsi parler et écouter sans avoir besoin d'interrompre son travail.

SCIE CIRCULAIRE. On attribue l'invention des scies circulaires à l'ingénieur Brunel ; mais elles étaient connues avant lui. Il en fit usage pour le coupage du bois destiné aux construc-

Scie circulaire anglaise marchant à la main.

tions navales. Aujourd'hui, les scies circulaires se trouvent dans tous les grands ateliers de menuiserie. On les meut soit à la vapeur, soit au moyen d'une pédale, ou tout simplement à la main. Leur travail est très rapide.

SCITAMINÉ, ÉE adj. (lat. *scitamenta*, mets choisis). Bot. Se dit de certains végétaux dont la fécule possède de précieuses qualités alimentaires. — S. f. pl. Treizième classe des

plantes, dans la classification de Brongniart; elle comprend les familles des musacées, des cannées et des gingibéracées.

SEAU RENVERSÉ (Jeu d'adresse). Pour ce jeu, on plante en terre deux piquets d'environ 3ᵐ,50 de haut et éloignés l'un de l'autre de manière qu'une petite voiture puisse passer facilement entre eux. On adapte, au sommet des deux piquets, une traverse à laquelle on accroche un seau plein d'eau. Sous le seau on fixe une planche percée d'un trou d'environ 5 centimètres de diamètre. Il s'agit, pour le joueur, d'introduire dans le trou de la plan-

Le seau renversé.

che l'extrémité d'une lance en bois qu'il tient à la main. La difficulté est augmentée par cette circonstance que le joueur est monté sur un petit chariot que traînent deux hommes ou qui est lancé sur la pente d'un plan incliné. Celui qui atteint le trou avec la lance a gagné. Le plus souvent, le joueur manque son coup et touche la planche; aussitôt le seau bascule et inonde le maladroit, aux rires inextinguibles des spectateurs.

SÉCATEUR — Encycl. Cet utile instrument, qui a rapidement remplacé la serpette pour la taille des arbres fruitiers, rencontra une grande opposition lorsqu'il apparut, vers le commencement du xixᵉ siècle. On lui reprochait de coûter cher et de comprimer avant de couper. — Un bon sécateur doit être léger,

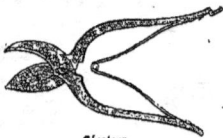

Sécateur.

très affilé et trempé de manière à ne jamais s'ébrécher. Il faut que sa coupe soit douce et ne fasse pas éclater le bois. Ces qualités sont primordiales. Quant aux différentes sortes de sécateurs que les industriels inventent chaque jour, elles sont toujours bonnes si les lames possèdent ces qualités. Il y a des sécateurs à branches cintrées, des sécateurs à coulisses, à crémaillère, à roulettes, etc. Chacun d'eux peut avoir son utilité suivant le genre de travail auquel on le destine.

SECOND (Albéric). Homme de lettres et poète, né à Angoulême en 1816, mort le 3 juin 1887. Il était fils d'un magistrat qui devint président du tribunal civil d'Angoulême. Il débuta à 20 ans, par un vaudeville en un acte. intitulé : Trichemont fils (1836, in-8°). Il vint ensuite et à Paris et collabora à plusieurs journaux littéraires. En 1848, il célébra la révolution de février dans une cantate enthousiaste, et fut nommé sous-préfet de Castellane en 1849: mais il donna

sa démission l'année suivante. L'Empire lui accorda l'agréable sinécure de commissaire près le théâtre de l'Odéon. Albéric Second a collaboré au Figaro, au Grand Journal, à l'Evénement littéraire (1865), etc.; après avoir repris en 1870 la direction de l'Entr'acte, il fondait, le 1ᵉʳ juin 1872, la Vie Elégante, journal bi-hebdomadaire qui eut peu de durée. Il a donné au théâtre : Trichemont et fils, vaudeville en un acte (1836); un Dragon de vertu folie-vaudeville en un acte; un Neveu s'il vous plaît, un acte (1839); le Droit d'aînesse (1842); English spoken (1855); la Comédie à Ferney, aux Français (1857); un Baiser anonyme (1868); un Mouton à l'entresol (1871), etc., etc. M. A. Second a eu pour collaborateurs à la plupart de ces petits ouvrages dramatiques : MM. Labiche, Marc Michel, Jollrois, Bergeron, Louis Lurine. — Il a publié : Lettres cochinchinoises sur les hommes et les choses du jour (1848), Mémoires d'un poisson rouge (1842); les petits mystères de l'Opéra (1844); la Jeunesse dorée... par le procédé Ruolz (1851); A quoi tient l'amour (1856); Contes sans prétention (1857); la Comédie parisienne, brochure hebdomadaire personnelle, réunie en 2 volumes, après avoir paru environ cinq mois (1857); Vichy-Sévigné, Vichy-Napoléon, ses eaux, etc. (1862); les Misères d'un prix de Rome (1868); la Semaine des quatre jeudis (1870); les Demoiselles du Ronçay (1852, 5ᵉ édit. 1876); la Vicomtesse Alice (1873, 6ᵉ édit. 1876), etc.

SECONDAIRE (Enseignement). — Législ. Nous croyons devoir résumer ici les principales dispositions de deux décrets qui n'étaient pas encore promulgués au moment où nous avons écrit, dans ce supplément, les articles Baccalauréat et Enseignement. Le premier de ces décrets, en date du 4 juin 1891, porte que l'Enseignement secondaire spécial prend le nom d'Enseignement secondaire moderne, et que, à partir de l'année 1894, il ne doit plus être délivré ni titre d'agrégé, ni certificat d'aptitude pour l'enseignement secondaire spécial. En conséquence, le personnel des professeurs du nouvel enseignement aura la même origine que celui de l'Enseignement secondaire classique. — Le second décret, daté du 5 juin 1891, est relatif au baccalauréat de l'enseignement secondaire moderne. De même que pour l'enseignement secondaire classique (voy. ci-dessus, p. 33), les candidats au baccalauréat de l'enseignement secondaire moderne ont à subir des épreuves divisées en deux parties, chaque partie est subdivisée en trois séries, et nul ne peut se présenter aux épreuves de la seconde partie qu'un an après avoir subi avec succès ceux de la première. Il y a, pour chaque partie, des épreuves écrites et des épreuves orales. Pour la première partie, les épreuves écrites sont : 1° un thème anglais et une version allemande, ou au choix des candidats un thème allemand et une version anglaise, italienne ou espagnole; 2° une composition française. Les épreuves orales de cette première partie sont : 1° l'explication d'un texte français; 2° l'explication d'un texte allemand 3° l'explication d'un texte anglais, italien ou espagnol au choix des candidats; lesdites explications accompagnées d'une conversation dans celle des langues vivantes sur lesquelles les candidats sont interrogés. Ceux-ci peuvent demander à être en outre interrogés sur une troisième langue vivante; et dans l'Académie d'Alger, l'arabe peut être substitué, au choix des candidats, à l'une des langues vivantes inscrites au programme; 4° une interrogation d'histoire et de géographie; 5° une interrogation sur les mathématiques; 6° une interrogation sur la physique et la chimie. — Pour la seconde partie, une seule épreuve écrite est demandée; elle consiste, selon la série choisie par le candidat, soit en une dissertation sur un sujet de philosophie, soit en une composition de mathématiques et de physique. Les épreuves orales de cette seconde partie sont,

pour la première série (Lettres, philosophie) : 1° Une interrogation sur la philosophie; 2° une interrogation sur l'histoire contemporaine; 3° une interrogation sur la géographie; 4° une interrogation sur la littérature et 5° une interrogation sur l'histoire naturelle. — Pour la seconde série, (Lettres, sciences) les épreuves orales sont : 1° une interrogation sur les mathématiques; 2° une interrogation sur la physique, la chimie et l'histoire naturelle; 3° une interrogation sur l'histoire contemporaine; 4° une interrogation sur la philosophie et 5° une interrogation sur la géographie. — Enfin pour la troisième série (Lettres, mathématiques), les épreuves orales sont : 1° une interrogation sur les mathématiques; 2° une interrogation sur la physique; 3° une interrogation sur la chimie; 4° une interrogation sur l'histoire contemporaine; et 5° une interrogation sur la philosophie. — Aux termes d'un troisième décret, en date du 6 juin 1891 le diplôme de bachelier de l'enseignement secondaire moderne ne peut pas suppléer celui de bachelier de l'enseignement secondaire classique, pour les aspirants à la licence en droit, au doctorat en médecine, aux licences ès sciences ou ès lettres, ou au grade de pharmacien de 1ʳᵉ classe.   Ch. Y

SECONDINE s. f. Bot. Enveloppe interne de l'ovule, quand il n'est pas.

SEDUNI, peuple alpin de la Gaule Belgique, à l'E. du lac de Genève, dans la vallée du Rhône et dans le moderne Valais, ville princ. Civitas Sedunorum (Sion).

SÉGUSIENS, Segusiani, peuple important de la Gaule Lyonnaise, entre les Allobroges au S., les Séquaniens à l'E., les Eduens au N. et les Arvernes à l'O. Au temps de César, ils dépendaient des Eduens; leur ville principale était Lugdunum.

SEINOIS, OISE s. et adj. [sè-noua]. De la Seine; qui appartient à la Seine.

SEL. — Législ. Le droit de douane sur les sels étrangers introduits par terre était fixé par le tarif général de 1881 à 2 fr. 40 par 100 kilog. pour les sels entrés en France par les frontières belge et luxembourgeoise, et à 0 fr. 60 centimes seulement pour ceux introduits par les autres frontières de terre. Cette différence de droits était calculée de manière à s'opposer à l'introduction des sels anglais et des sels allemands qui pourraient venir refouler ceux de nos salines du littoral de l'Océan. Mais les importateurs ont profité des facilités de transport qui leur étaient accordées par les compagnies de chemins de fer; ils ont introduit des sels en quantités considérables par les frontières où le droit se trouvait réduit à 0 fr. 60. Il en était de même à la frontière d'Italie et à celle d'Espagne, par lesquelles entraient les sels italiens, espagnols ou portugais, en évitant ainsi le droit d'entrée par mer, alors fixé à 2 fr. 10. La loi du 19 avril 1889 a unifié le droit de douane sur les sels étrangers, en le fixant à 2 fr. 40 par 100 kilog. pour le sel marin, le sel de saline et le sel gemme, à l'entrée par terre ou par mer. Les raffinés blancs sont seuls soumis à un droit plus élevé, qui est de 3 fr. 30 par 100 kilog. Les sels d'origine extra-européenne importés des entrepôts d'Europe sont surtaxés; et ils paient 6 fr. 90 par 100 kilog. pour les raffinés blancs, et 6 francs pour les autres. Les sels provenant de la colonie française du Sénégal ou de ses dépendances sont exempts de droits de douane. Mais ils sont, ainsi que tous les sels français ou étrangers, soumis en France à la taxe intérieure de consommation de 10 francs par 100 kilog.   Ch. Y.

SÉMÉLÉ (de), l'un des plus hardis explorateurs de l'Afrique centrale, né au château d'Urville (Moselle), le 5 juillet 1845, mort à

Madère, au retour d'un second et fructueux voyage, le 22 octobre 1881.

SEMET (Théophile-Emile-Aimé), compositeur de musique, né à Lille le 8 septembre 1826, mort en avril 1888. Elève du Conservatoire de sa ville natale, il étudia l'harmonie avec P. Baumann, puis vint à Paris et entra au Conservatoire, dans la classe d'Halévy, comme pensionnaire de son département, en 1845. Entré comme timbalier dans l'orchestre de l'Opéra, en 1854, il a conservé cette position jusqu'à ces derniers temps. M. Th. Semet a débuté au théâtre en 1850 par des airs écrits pour la *Petite Fadette*, comédie en deux actes, jouée aux Variétés. Il a donné depuis, au Théâtre Lyrique : *les Nuits d'Espagne*, opéra-comique en deux actes (1858); *la Demoiselle d'honneur*, trois actes (1859) ; *Gil Blas*, cinq actes (1860); et à l'Opéra-Comique : *l'Ondine*, opéra fantastique (1862) ; *la Petite Fadette*, opéra-comique en trois actes, qu'il ne faut pas confondre avec la comédie précédente, écrit sur un poème de George Sand (1869). Nous devons citer encore *le Capitaine d'aventure*, opéra-comique écrit sur un poème de M. Cadol, reçu à l'Opéra-Comique et qui devait y être représenté en 1875, mais que les modifications administratives survenues à ce théâtre ont fait écarter.

SEMI-DOUBLE adj. Se dit d'une fleur qui n'est pas bien pleine.

SEMI-FLOSCULENCE. s. f. Bot. Nom appliqué, dans la méthode de Tournefort, aux composées dont les capitules sont exclusivement formées de fleurs ligulées ou en forme de languette.

SENS (Influence réciproque des organes des). L'indépendance des sens était discutée depuis longtemps. En novembre 1887, M. Urbanschitsh (de Vienne) a éclairé la question par d'intéressantes expérience sur l'influence réciproque des organes des sens, expériences dont la conclusion générale est que toute excitation sensitive a pour résultat d'augmenter l'acuité des autres sens. Ainsi les sensations auditives augmentent la perception des couleurs et l'acuité visuelle. Si l'on expose des tableaux coloriés à une distance telle que l'on puisse à peine distinguer les couleurs, et si l'on fait agir différents sons sur l'oreille, on observe généralement que les couleurs deviennent d'autant plus vives que les sons sont plus élevés. Si l'on fait agir un son sur l'oreille, l'œil peut lire, au moment de la perception de ce son, des mots qu'il ne pouvait pas lire auparavant. Réciproquement, le tic tac d'une montre serait mieux entendu lorsque les yeux sont ouverts que lorsqu'ils sont fermés ; le rouge, le vert augmenteraient les perceptions auditives, tandis que le bleu et le jaune les affaibliraient. Mais alors, que devient cette opinion très répandue et souvent vérifiée par les auditeurs de musique, qu'on entend mieux en fermant les yeux? Le phénomène peut être complexe, et c'est peut-être même parce que les sons deviennent moins bruyants qu'on les soupçonne dans leur ensemble. Enfin, d'après M. Urbanschitsh, les sens du goût, de l'odorat et du toucher seraient aussi influencés de la même façon. La lumière, le rouge et le vert augmenteraient la délicatesse du goût, de l'odorat et du toucher; l'obscurité, le bleu et le jaune l'abaisseraient. Ainsi, sous l'influence du rouge et du vert, le goût s'étendrait des bords antérieurs de la langue à toute la surface de l'organe. Réciproquement aussi, le renforcement du sens de l'oïorat, du goût et du toucher augmenterait généralement les autres perceptions sensitives. L'influence réciproque du sens du toucher et de celui de la température est particulièrement intéressante. Lorsqu'on chatouille la peau avec un poil et que l'on plonge la main dans l'eau chaude, le chatouillement cesse ;

au contraire, lorsqu'on la plonge dans l'eau froide le chatouillement est plus vivement senti. M. Ch. Féré, qui a antérieurement étudié la question, dit que, non seulement les excitations d'un sens sont capables d'augmenter les sensations des autres sens, mais qu'elles peuvent encore rappeler des sensations consécutives éteintes. Ces faits sont très intéressants au point de vue de la mémoire et expliquent les sensations, souvent incompréhensibles, que la vue ou l'ouïe font naître.

SENSITIVE. Encycl. La sensitive, ou mimeuse est un arbuste haut d'environ 70 centimètres. Son nom lui vient de son extrême irritabilité. Non seulement ses feuilles se contractent au moindre mouvement, mais il suffit d'un souffle de vent pour que ses pétioles s'abaissent avec leurs nombreuses folioles. L'électricité, une grande chaleur, le froid, le brouillard, un nuage qui obscurcit les rayons du soleil sont autant de causes qui produisent le

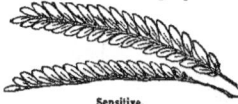

Sensitive.

même effet. Le soir, la plante fléchit et tombe dans un engourdissement assez semblable au sommeil. Cette singulière irritabilité a donné lieu à de curieuses expériences. Placée pendant le jour, dans une chambre obscure, la plante y reste engourdie ; mais si, pendant la nuit, on l'expose à la lumière, dans une chambre bien éclairée, elle se redresse lentement. Si on la traîne dans une voiture, le bruit et les cahots l'engourdissent d'abord.

Feuille de sensitive ouverte le jour, fermée la nuit.

Mais si on la soumet à ce traitement pendant plusieurs jours consécutifs, sa sensibilité s'émousse ; la plante s'accoutume à ce régime et reste épanouie. L'action du chloroforme paralyse toute sensibilité chez la sensitive, de telle sorte qu'on peut la toucher et même la plante y reste épanouie. L'action du chloroforme contraction, tant que dure le sommeil. Cette plante reçoit donc les mêmes impressions que les animaux, ce qui semble prouver que les végétaux sont doués d'un système nerveux particulier, dont l'existence est plus ou moins apparente.

SENSITIVOMÈTRE s. m. Phys. Aimant en fer à cheval, au moyen duquel on peut déterminer si une personne peut être plongée dans le sommeil magnétique. Le sensitivomètre de M. H. Durville est en acier poli; ses extrémités ou pôles, correspondent aux bords internes et externe du poignet. D'après M. Durville, sur 100 personnes prises au hasard auxquelles on applique le *sensitivomètre*, 60 à 65 p. 100 éprouvent, en un temps qui varie

de deux minutes à plusieurs heures, les effets suivants : si les pôles de même nom chez le sujet et chez l'aimant sont mis en rapport ensemble, autrement dit si l'application est *isonome* — car l'auteur est de ceux qui professent la polarité du corps humain — il y a répulsion, chaleur, malaise, etc.; si, au contraire, l'application est *hétéronome*, il y a attraction, fraîcheur, bien-être, etc... De ces effets, que nous sommes loin d'avoir énumérés tous, retenons le premier de chaque groupe : attraction et répulsion. Ils se prêtent si bien à une démonstration rigoureuse qu'on s'étonne de ne pas voir se concentrer sur cette démonstration les efforts de ceux qui croient à leur réalité.

SEPTEMBRE (Calendrier horticole). Les fleurs sont encore, en septembre, assez nombreuses pour réjouir la vue. Ce sont principalement : l'amaryllis à fleurs roses, la balsamine, les astères, le colchique d'automne, le coréopsis élégant, les cinéraires, l'œillet d'Inde, les œnothères, les pétunias, la sarrette, le silphium, les soleils, les dahlias, la verge d'or, etc., dans les parterres : la julienne de Mahon et le thlaspi en bordures. Les travaux dans les jardins se bornent à peu près à la continuation de ceux d'août, augmentés d'une surveillance attentive des graines, afin de ne pas laisser passer le temps de leur maturité et d'en perdre ainsi la récolte. On dispose des marcottes d'œillets destinées à n'être détachées qu'au printemps suivant. La rentrée des plantes de serre chaude s'effectue, terme moyen, vers le milieu du mois, à moins que le mauvais temps ne soit déclaré plus tôt, ou que le temps chaud persiste encore; toutefois, dans ce dernier cas, l'influence des nuits, déjà fraîches, est à redouter. On remporte les plantes de serre tempérée et d'orangerie, afin qu'elles puissent être parfaitement reprises au moment de leur rentrer. Enfin les arrosements sont moins abondants, et il devient de nouveau convenable de ne les administrer que le matin seulement. On peut, vers la fin de septembre, commencer la culture des oignons à fleurs, soit en pleine terre, mais dans une terre qui ne soit ni froide ni humide, soit dans les appartements, en pots ou dans des carafes remplies d'eau. Les oignons qu'il convient de choisir d'abord, parce qu'ils sont les plus hâtifs, sont ceux des narcisses de Constantinople, des soleils d'or et des jacinthes blanches simples. Ajoutons que les jacinthes peuvent encore, comme les crocus, être cultivées dans la mousse humide, c'est-à-dire dans des pots remplis simplement de mousse, et arrosées régulièrement d'une eau portée à la température ambiante. La culture en carafe est trop simple et trop généralement pratiquée pour qu'il soit utile d'entrer dans les détails à ce sujet. On sème en place, pour récolter au printemps, l'adonide, l'alysse ou *corbeille d'or*, la campanule doucette, la centaurée bluet, le coréopsis élégant, la crépide rose, le cynoglosse à feuilles de lin, l'œnothère rougeâtre, le gypsophile, l'immortelle annuelle, la julienne de Mahon, les mufliers ou *gueules-de-lion*, les némophiles, les œillets de la Chine, les pensées, la quarantaine, les saponaires, les silènes, les scabieuses, les thlaspis blanc et violet, etc. — On sème également en pots, pour passer l'hiver à l'abri de châssis : l'anagallis, les brachycomes, les coréopsis de Drummond, les agrostides, la buglose d'Italie, le ficoïde tricolore, le lin à grandes fleurs, la matricaire double, l'oxalide rose, le phlox, les lobélies, les mimulus, le myosotis des Alpes, les tagets, les verveines, la violette odorante, etc., etc. On éclate les plantes vivaces à tiges persistantes, telles que les primevères, oreilles d'ours, violettes et autres de même nature.

SEPTICIDE adj. [sé-pti-si-de] (lat. *septum*, cloison ; *cædere*, couper). Bot. Se dit d'une

léchirure qui a lieu quand le fruit s'ouvre, à μ maturité, par les cloisons et non par le dos du carpelle.

SEPTIFRAGE [sé-pti-fra-je] (lat. *septum*, cloison; *frangere* briser). Bot. Se dit d'une déchirure qui diffère de la déchirure septicide en ce que les cloisons, au lieu d'être entraînées par les, carpelles, s'en détachent et forment une colonne centrale au milieu du fruit.

SÉPULTURE. — Législ. En exécution de la loi du 15 novembre 1887, sur la liberté des funérailles (Voy. ce mot au *supplément*), un décret du 27 avril 1889 a réglementé les sépultures. Nous avons résumé plus haut ce qui est relatif à l'incinération. (Voy. CRÉMATION.) Il nous reste à faire connaître les dispositions générales du décret. Le maire peut, en cas d'urgence, sur l'avis du médecin commis par lui, prescrire la mise en bière immédiate, après la constatation du décès; et il peut aussi ordonner que la sépulture aura lieu avant l'expiration du délai légal. Mais, si le décès paraît résulter d'une maladie suspecte, c'est au préfet qu'il appartient, sur l'avis conforme, écrit et motivé de deux docteurs en médecine, de prescrire toutes les constatations nécessaires, et même l'autopsie — L'embaumement ou tout autre moyen de conservation d'un corps ne peut être pratiqué sans une autorisation du préfet de police dans son ressort, ou du maire de la commune, partout ailleurs. — Le déplacement d'un cadavre ne peut s'effectuer, s'il n'a été préalablement autorisé; savoir : par le maire, si le déplacement doit être fait dans les limites de la commune; par le sous-préfet, s'il doit être fait dans les limites de l'arrondissement; par le préfet du département où a eu lieu le décès, si le déplacement doit être fait hors des limites de l'arrondissement ou même du département; enfin par le ministre de l'intérieur, si le corps est introduit en France pour y recevoir la sépulture. — Sur la demande du conseil municipal, après enquête *de commodo et incommodo* et avis du conseil d'hygiène, le préfet peut autoriser d'un établissement dans la commune, de *chambres funéraires*, destinées à recevoir, avant la sépulture, les corps des personnes dont le décès n'a pas été causé par une maladie contagieuse. L'admission des corps à la chambre funéraire ne peut avoir lieu que sur la production d'une demande écrite du représentant de la famille et d'un certificat de décès dans lequel le médecin traitant aura constaté que le décès n'a pas été causé par une maladie contagieuse. Le commissaire de police peut requérir l'admission à la chambre. funéraire des corps des personnes étrangères à la commune, qui décèdent sur la voie publique ou dans un lieu ouvert au public. Les corps sont transportés à la chambre funéraire dans des voitures spéciales ou des civières fermées. Ils doivent avoir le visage découvert. La constatation officielle du décès peut avoir lieu à la chambre funéraire. L'article 29 de la loi de finances du 17 juillet 1889 porte que les communes dans lesquelles sont installées des chambres funéraires peuvent recevoir des droits pour le dépôt des corps dans lesdites chambres. Le tarif de ces droits est délibéré par le conseil municipal et soumis à l'approbation du préfet. — La sépulture dans le cimetière d'une commune est due : 1° aux personnes décédées sur son territoire, quel que soit leur domicile; 2° aux personnes domiciliées sur son territoire, alors même qu'elles seraient mortes dans une autre commune; 3° aux personnes non domiciliées dans la commune mais y ayant droit à une sépulture 'de famille. » A défaut de la famille, la comm̃e est venue de pourvoir à la sépulture des personnes décédées sur son territoire, sauf à réclamer de qui de droit le rem-

boursement de la dépense. La sanction des prescriptions concernant les sépultures consiste en une amende de 16 francs à 100 fr. dont sont passibles les contrevenants. Cu. Y.

SÉQUÉ, ÉE adj. [sé-ké] (lat. *sectum; de secare*, fendre). Bot. Se dit des feuilles divisées, dont les découpures atteignent la nervure médiane.

SERBIE. Le royaume de Serbie est aujourd'hui peuplé de plus de deux millions d'habitants, ainsi distribués entre les départements.

SUPERFICIE ET POPULATION (1890)

DÉPARTEMENTS	KILOMÈTRES CARRÉS	HABITANTS
Belgrade (ville)........	12	39.422
Danube...............	3.229	203.469
Kragouïévatz..........	2.385	135.977
Kraïna...............	3.259	90.275
Krouchévatz..........	3.256	145.889
Morava..............	3.110	155.866
Nisch (ville)..........	10	18.034
Oujitse.............	4.373	137.271
Pirot................	3.143	120.611
Podrinié............	3.367	174.213
Pojarévatz...........	3.638	202.526
Roudnik.............	4.551	148.933
Timok...............	2.092	90.588
Toplitza.............	3.623	111.193
Tserna-Réka..........	1.439	69.085
Valiévo..............	2.905	112.125
Vrania..............	4.197	140.866
Total........	48.589	2.096.043

La densité de la population est de 43 hab. par kilom. carré. Villes principales : Belgrade, 35.483; Nisch, 16.178; Leskovatz, 10.870; Pojarévatz, 9.394; Chahatz, 9.206; Kragoulévatz, 9.083; Wraïa, 8.807; Pirot, 8.832; Smederevo, 6.577; Oujitsé, 5.613; Paratchin, 5.164; Krouchévatz, 5.146; Alexinatz, 5.086. — Chemins de fer : 530 kilom. Télégraphes : 2,912 kilom. de lignes; 4.930 kilom. de fils. L'armée a été réorganisée par une loi du 31 janv. 1879. Au point de vue militaire, le royaume est divisé en 5 divisions territoriales. Le service militaire est obligatoire; il commence à l'âge de 21 ans et dure un an dans l'armée active, neuf ans dans la réserve, dix ans dans le premier ban, dix ans dans le second ban de la milice nationale. L'armée active et la réserve se composent de 84.000 hommes, la milice nationale de 73.500 hommes. — Notice historique. Le roi Milan eut à réprimer, en septembre et octobre 1883, des tentatives insurrectionnelles des radicaux. Dès qu'il apprit l'union des deux Bulgaries (voy. BULGARIE dans ce supplément), le roi mobilisa son armée en septembre 1885, et la plaça, comme une menace, le long de la frontière bulgare. En compensation de l'agrandissement de la Bulgarie, et pour conserver l'équilibre dans les Balkans, il réclama la Macédoine et le district de Widdin. Ces prétentions de ce genre sont ridicules quand elles ne sont pas appuyées de victoires. C'est ce que comprit Milan ; il résolut de commencer les hostilités. Il adressa d'abord une note aux puissances pour se plaindre de la violation de ses frontières par les brigands bulgares; ensuite il concentra son armée à Pirot, en octobre. Ayant déclaré la guerre le 14 nov., il passa le jour même la frontière et attaqua Irun. Le 16, il prit d'assaut le passage du Dragoman, où il éprouva une vigoureuse résistance. L'armée bulgare battit en retraite presque jusqu'à Sofia. L'une des divisions serbes repoussa les ennemis à Kula et s'avança sur Widin qui fut bombardé le 23. Mais le prince Alexandre arriva avec de nouvelles troupes. A force de courage, les Bulgares remportèrent une victoire complète, après une lutte de cinq jours. Les Serbes, ayant subi d'énormes pertes, s'enfuirent plus vite qu'ils n'étaient venus et perdi-

rent le passage du Dragoman. Leurs ennemis les poursuivirent jusqu'aux environs de Pirot. Les Serbes furent encore vaincus le 26 et leur ville de Pirot dut subir l'occupation étrangère. Heureusement pour le roi Milan que l'Autriche intervint et qu'elle fit savoir au prince Alexandre que s'il faisait un pas de plus, il trouverait en face de lui les aigles autrichiennes. Le prince victorieux s'arrêta et signa un armistice qui fut suivi d'une paix définitive. La Serbie ne subit aucun démembrement. Le roi Milan n'était pas seulement un prince écervelé et incapable, sa vie privée ne paraît pas avoir été exempte de blâme. Son divorce avec la princesse Nathalie de Stourdza, qu'il avait épousée en 1875 et dont il avait un fils, le prince Alexandre, fut accompagné de grands scandales en 1888. Milan saisit le synode serbe d'une demande en divorce pour cause d'« antipathie mutuelle irréconciliable ». La reine publia une réfutation des accusations qu'il portait contre elle : les deux évêques Démétrius et Nicator, qui donnèrent tort au roi, furent suspendus; et le métropolitain de Serbie, Théodose, se montrant plus docile, prononça le divorce, en octobre. Ce procès surexcita les esprits, chacun des deux époux ayant ses partisans. La reine, qui avait entretenu les tribunaux ecclésiastiques et les tribunaux civils, ainsi que la presse européenne, des détails les plus intimes de son ménage, finit par céder et se retirer à la cour de Saint-Pétersbourg, où elle devint l'hôte de la czarine. Mais tout n'était pas fini. Le roi, forcé de restituer la dot, se trouva dans une situation précaire. Les complications de la politique intérieure mirent en relief son incapacité. Il annonça au commencement de 1889, que la grande Skoupstchina n'acceptait pas entièrement la nouvelle constitution qu'il voulait imposer au peuple serbe, il la dissoudrait. La Skouptchina se soumit et adopta la constitution. Mais celle-ci n'était pas en rapport avec les mœurs du pays. Une révolution parut imminente. Le roi, se sentant impuissant à gouverner, abdiqua le 10 mars 1889, en faveur de son jeune fils Alexandre, en se réservant le commandement de l'armée. Trois régents furent chargés de gouverner pendant la minorité du nouveau souverain. La reine Nathalie revint de Russie, avec la prétention d'exercer ses droits de mère ; on refusa de lui laisser voir son fils. Il en résulta des troubles continuels, Les régents avaient une préoccupation toute naturelle : débarrasser le pays de deux époux, dont les coteries créaient des embarras au gouvernement. Milan, suffisamment renté, ne demandait pas mieux que de rentrer dans la vie privée, à la seule condition que l'ex-reine serait éloignée comme lui. Mais Nathalie, très ambitieuse, voulait à toute force jouer le rôle politique de reine-mère. Après mille tiraillements, et par suite de l'intervention du czar, elle obtint d'avoir son fils à dîner tous les dimanches. Le roi ne voulut pas s'éloigner, puis entreprit des voyages en Europe, et revint. Toute la nation se trouva divisée entre les deux époux. La Skouptchina, pour mettre fin à cette situation peut-être unique dans l'histoire contemporaine, vota l'expulsion de la reine. Une émeute éclata à Belgrade en faveur de Nathalie. Le peuple l'enleva à la police, qui finit par la reprendre, le 19 mai 1891. Elle fut mise en chemin de fer et envoyée à Vienne. Son époux était déjà parti, peu d'instants avant elle; et le pays put respirer.

SERGOT s. m. Jargon paris. Sergent de ville.

SÉRICICULTURE. A notre article SOIE, dans le DICTIONNAIRE, nous avons fait connaître les préparations que subit la soie. Nous donnons ici la figure du dévidoir ou moulin, à l'aide

duquel on dévide les cocons, après les avoir trempés dans l'eau chaude.

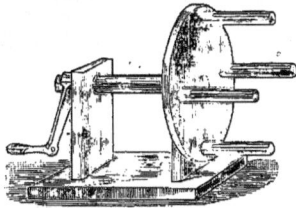

Dévidoir.

SERRATURE s. f. (lat. *serratura*, sciage; de *serra*, scie). Bot. Denteiure que présentent certaines feuilles et qui rappellent les dents d'une scie de menuisier.

SERTULE (diminut. du lat. *sertum*, couronne). Bot. Inflorescence composée de plusieurs pédoncules uniflores, à peu près de même hauteur et partant du même point, comme dans la primevère et le butome. On dit aussi OMBELLE SIMPLE.

SERVAN I (Joseph-Michel-Antoine), magistrat, né à Romans (Dauphiné), le 3 nov. 1737, mort à Saint-Remy (Bouches-du-Rhône), le 4 nov. 1807. Il fut nommé avocat-général au parlement de Grenoble en 1764, flétrit dans un *Discours sur la justice criminelle*, les abus de l'ancienne législation (1766) et les combattit non moins vivement l'année suivante dans son *Discours pour une femme protestante*, que son mari catholique voulait abandonner, sous prétexte que leur mariage était nul, aux termes de la révocation de l'Edit de Nantes. Il fut moins heureux, en 1772, quand il soutint la prétention d'un grand seigneur qui voulait faire annuler par le Parlement une obligation de 50.000 fr., souscrite au profit d'une chanteuse, sa maîtresse. Le Parlement ayant repoussé les conclusions de Servan, celui-ci donna sa démission et occupa ses loisirs à rédiger des *Mémoires sur les abus de la législation*. Il refusa de siéger aux Etats généraux et au Corps législatif. Nous citerons parmi ses ouvrages : *Réflexions sur les confessions de J.-J. Rousseau* (1783, in-12); *Essai sur la formation des assemblées nationales, provinciales et municipales* (1789); *Recueil de pièces intéressantes pour servir à l'histoire de la Révolution* (1790), 2 vol. in-8°), etc. Les *Œuvres choisies de Servan ont été publiées par de Portets (1823-'25, 3 vol. in-8°); un *Choix d'œuvres inédites de Servan* a paru en 1825 (2 vol. in-8°). — II (Joseph), officier, frère du précédent, né à Romans, en 1741, mort à Paris, en 1808. Il fut sous-gouverneur des pages de Louis XVI et devint, au commencement de la Révolution, colonel d'un régiment de la garde soldée de Paris, puis maréchal de camp, ensuite ministre de la guerre (1792), fut révoqué un instant et rétabli après les journées du 10 août, commanda l'armée des Pyrénées-Orientales, et donna sa démission pour venir à Paris repousser les accusations de Robespierre et de Chabot. Après le 9 thermidor, il fut employé au Midi; et sous le Consulat il fut président du conseil des revues. Il a laissé : *Hist. des guerres des Gaulois et des Français en Italie depuis Bellovèse jusqu'à la mort de Louis XII* (1805, 7 vol. in-8°).

SERVANDONI (Jean-Jérôme), peintre et architecte, né à Florence le 22 mai 1695, mort à Paris le 29 janv. 1766. Il étudia à Rome, se perfectionna par les voyages et acquit une réputation universelle comme machiniste artificier. Il finit par se fixer à Paris (1724), où il passa la plus grande partie de sa vie. Il fut nommé peintre-décorateur du roi en 1732,

directeur des fêtes de la ville de Paris, et membre de l'Académie de peinture (1737). En 1749, il se rendit à Londres pour y faire construire sur Tower Hill la charpente d'un feu d'artifice en l'honneur de la paix d'Aix-la-Chapelle. A Vienne, il organisa une fête où figurèrent à la fois sur un théâtre plus de 400 chevaux. Sa *Descente d'Enée aux Enfers* est sa toile la plus connue, et le portail de Saint-Sulpice à Paris, est son chef-d'œuvre comme architecte. Une rue voisine de cette église porte son nom.

SEYNOIS, OISE, s. et adj. De Seyne; qui appartient à ce chef-lieu de canton ou à ses habitants.

SHERIDAN (Philipp-Henry), général américain né à Somerset (Ohio), le 6 mars 1831, mort à New-York le 5 août 1888. Il appartenait à une famille irlandaise. A l'âge de 17 ans, il entra à l'école militaire de West-Point. Quand éclata la guerre de Sécession, il était capitaine d'infanterie. Cette guerre mit promptement en relief ses qualités militaires et son avancement fut rapide. Colonel le 25 mai 1862, il passa brigadier général d'un corps de volontaires le 1er juillet, puis général de la 11e division de l'armée de l'Ohio en nov. 1862 et ensuite, en sept. 1863, major général des volontaires, après la bataille de Murfreesboro, pendant laquelle il s'était distingué tout particulièrement. Il assista à la bataille de Chickamauga (19-20 sept.), aux opérations autour de Chattanooga, opéra ensuite dans le Tennessee jusqu'en mars 1864, commanda la cavalerie du corps d'armée du Potomac, du 4 avril au 3 août 1864, et une armée de 10,000 hommes dans les Wilderness et autour de Richmond. Le 4 août, il reçut le commandement de l'armée de Shenandoah et le 7 celui de la division militaire du centre. Vainqueur du général sudiste Early, sur l'Opequan, le 19 sept. 1864, il fut promu brigadier général dans l'armée régulière. Ses brillantes victoires de Fisher's Hill (22 sept.) et de Cedar Creek (19 oct.), où il changea en succès une affaire qui menaçait de se terminer en déroute, lui valurent le grade de major général, le 8 nov. Après avoir opéré une marche de Winchester à Pétersburg, du 27 févr. au 24 mars 1865, et avoir agi avec une grande énergie dans la campagne du Richmond, du 25 au 30 mars, il livra, le 1er avril, la décisive bataille de Five-Forks, après laquelle le général Lee, chef des sudistes n'eut plus qu'à se retirer en toute hâte. Se lançant à sa poursuite, Shéridan lui coupa la retraite et le força de capituler le 9 avril. La guerre étant terminée, il devint gouverneur de la Louisiane. Grant le nomma lieutenant général le 4 mars 1869 et lui assigna le commandement de la division du Missouri; en 1875, il fut placé à la tête des troupes de Chicago.

SIAM s. m. [si-amm]. — Jeux. C'est une espèce de jeux de quilles dans lequel, au lieu de boule, on emploie un palet ou disque d'un bois dur et compact, à tranche un peu en biseau, ce qui fait qu'il décrit une spirale quand on le fait rouler sur le côté. On se sert quelquefois de 9 quilles, comme pour le jeu de quilles ordinaires, mais le plus souvent on dispose une quille au milieu du cercle, une dixième au milieu du cercle et 3 autres devant le jeu, en ligne droite du côté opposé au joueur comme le représente notre figure. La difficulté consiste à donner au disque l'inclinaison convenable et à le pousser avec la force désirable en lui imprimant un mouvement de rotation de manière à lui faire raire le tour des quilles avant qu'il pénètre au milieu du jeu et qu'il abatte celles qui se trouvent sur son passage. Pour que les quilles abattues puissent être comptées, il faut que le disque ait fait au moins une fois le tour de toutes les quilles sans en toucher aucune, après quoi, les quilles qui tombent valent un point

si elles appartiennent au cercle; la première quille de la ligne droite, celle qui est la plus

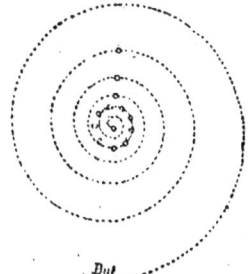

But

JEU DE SIAM

La ligne ponctuée marque la spirale décrite par le disque.

éloignée du joueur vaut 3 points, la seconde 4, la troisième 5. Celle du milieu appelée *Siam*, vaut 9 points. D'après certaines conventions on abat aussi seul fait gagner la partie; suivant d'autres, quand on l'abat en même temps que d'autres quilles, on perd tous les points amenés jusque-là. Presque toujours l'on convient de *crever*, comme aux quilles ordinaires, quand on a le malheur d'abattre plus de quilles qu'il n'en faut pour le dernier coup, et les meilleurs joueurs ne peuvent répondre qu'ils ne crèveront pas. Le simple hasard, la plus légère irrégularité du terrain, un grain de sable qui se rencontre sous le disque, suffisent pour déranger toutes les combinaisons. Ce jeu, très répandu dans l'extrême Orient, nous fut apporté, sous le règne de Louis XIV, par des personnes attachées à la suite des ambassadeurs envoyés en France par le roi de Siam en 1683.

SIÈCLE. — Encycl. La question de savoir quel jour finira le XIXe siècle a fait naître de nombreuses discussions. Une personne avait offert de donner 1,000 fr. à qui lui prouverait que le XXe siècle commence avant le 31 décembre 1900, les démonstrateurs ne manquèrent pas. Mais leurs arguments ne reposaient que sur d'ingénieux sophismes. Il reste évident que le 1er siècle ayant commencé le premier jour de l'an 1 et fini le dernier jour de l'an 100, le XIXe siècle a commencé le premier jour de l'an 1801 et finira le dernier jour de l'an 1900. Le XXe siècle commencera le 1er janvier 1901.

SIEMENS (Karl-Wilhelm) (all. zi-menss; angl. si-mènnz), célèbre inventeur, né à Lenthe (Hanovre), le 4 avril 1816, mort le 20 nov. 1889. Après avoir reçu une instruction élémentaire au Gymnase de Lubeck, il entra à l'école des arts de Magdebourg, ensuite à l'Université de Gottingen et enfin dans la manufacture du comte de Stolberg, où il étudia l'électricité et l'art de l'ingénieur. En 1843, il émigra à Londres, où il fut suivi quelque temps après, par trois de ses frères, qui s'associèrent avec lui dans diverses entreprises scientifiques. En 1858, il fut nommé régisseur de l'usine Siemens frères, établie à Charlton (West Woolwich) et qui était une succursale de l'établissement de Siemens et Haske, créé à Berlin en 1849 par son frère aîné, Ernst. Dans ces deux usines, on fabriquait principalement des câbles électriques sous-marins. Avec la collaboration de son frère Werner, Siemens apporta divers perfectionnements à la manufacture de ces câbles et à la manière de les isoler au moyen de caoutchouc. Assisté d'un autre de ses frères nommé Friedrich (né en 1826), il commença en 1846 des expériences pour découvrir une combustion plus parfaite du charbon; le résultat de leurs re-

cherches fut le fourneau régénérateur à gaz. En 1869, il inaugura l'importante fabrique d'acier, fondée à Landore (Pays de Galles) pour produire l'acier directement du minerai par la méthode Siemens. Cette manufacture peut produire environ 1,000 tonnes d'acier par semaine. Les autres inventions de Siemens sont nombreuses et importantes : nous citerons seulement son bathomètre pour mesurer les profondeurs en mer; son frein hydraulique pour prévenir le recul de l'artillerie sur les navires de guerre; enfin son pyromètre; il s'est aussi beaucoup occupé de l'éclairage électrique et il a perfectionné les moyens de transmission de la force électrique. Il a écrit en anglais plusieurs ouvrages importants, entre autres : *Sur un condensateur à régénérateur; De la conversion de la chaleur renforcée mécanique; Sur la locomotive à régénérateur;* enfin son œuvre principale : *Conservation de l'énergie solaire* (1882) qui éveilla l'attention du monde savant. En 1883, le gouvernement anglais lui donna des titres de noblesse.

SIFFLET (en), en biais, en biseau. — GREFFE EN SIFFLET, façon de greffer dans laquelle on prend un anneau d'écorce contenant un ou deux bourgeons, pour en revêtir un rameau décortiqué qui doit recevoir le greffon.

SIGALON (Xavier), peintre français, né à Uzès en 1790, mort à Rome, d'une attaque de choléra, le 18 août 1835. Ses remarquables dispositions le firent admettre à l'école centrale de Nîmes, il vint ensuite à Paris, où il travailla dans l'atelier de Guérin. Il a exécuté de nombreux tableaux religieux. Il fit plusieurs voyages à Rome et donna une admirable copie du *Jugement dernier*, exécutée dans les mêmes dimensions que l'original.

SILICINE s. f. Espèce particulière de peinture qui donne au verre l'apparence du dépoli.

SINGLETON s. m. (angl. *single*, isolé). Au whist, carte seule de sa couleur, égarée parmi les treize de l'un des joueurs.

Qui joue un *singleton* un traité de mazette.
Évitez-en l'abus ; mais bravez l'étiquette.

SINISTRORSE adj. (lat. *sinistrorsum*, qui tourne à gauche). Bot. Se dit des tiges qui s'enroulent autour d'un axe dans le sens gauche.

SIPHON. Ce nom s'applique aujourd'hui à

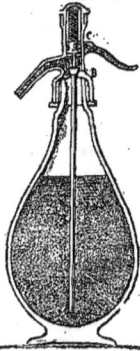

Siphon pour eau gazeuse (coupe).

toute bouteille renfermant de l'eau gazeuse,

qui se vide par le jeu d'un robinet à levier. Quand on appuie sur le levier *c*, qui agit sur un ressort à boudin, le tube B se trouve ouvert; la pression du gaz dissous sur la surface de l'eau, force le liquide à monter dans le tube et à s'échapper violemment par le robinet ouvert.

SIRÈNE. — SIRÈNE A VAPEUR. La sirène à

Bâtiment de la sirène.

vapeur employée aujourd'hui pour les signaux acoustiques se compose d'une sirène mise en communication avec des chaudières au moyen d'un gros tuyau ; un tuyau plus petit alimente un moteur à grande vitesse qui règle la régularité des signaux. Le tout est enfermé dans un bâtiment, d'où ne sort qu'une énorme trompe à long col et à pavillon évasé. C'est le cornet acoustique qui propage au loin le son engendré par la sirène. Cette trompe est

Sirène à deux notes.

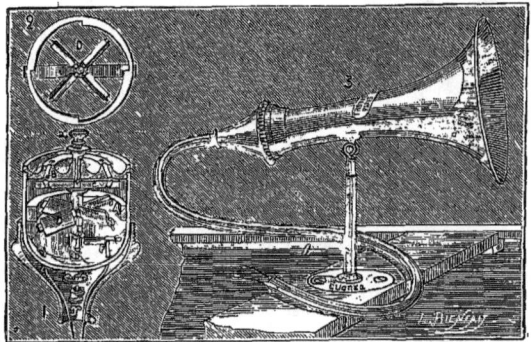

appuyée sur une plate-forme tournante qui la fait évoluer horizontalement et porter ses appels dans toutes les directions. — SIRÈNE A DEUX NOTES. Sirène actionnée par l'air comprimé, et préférée à la sirène à vapeur, parce qu'elle présente l'avantage d'être toujours prête à fonctionner. L'appareil représenté par notre gravure s'est fait entendre à l'Exposition universelle de 1889. Il se compose essentiellement d'un cylindre de cuivre tournant avec rapidité dans un cylindre fixe. Ces deux cylindres sont percés de trous. L'air comprimé arrive dans le cylindre central, s'échappe par ses trous et entre en vibration,

parce qu'il rencontre alternativement les trous et la paroi pleine du cylindre extérieur. Ces vibrations produisent un son musical d'une grande intensité. L'arrivée de l'air et sa pression sont réglées au moyen d'une vis que l'on tourne plus ou moins pour varier la note émise. — SIRÈNE ÉLECTRIQUE. Sirène imaginée par l'électricien Trouvé et composée d'un

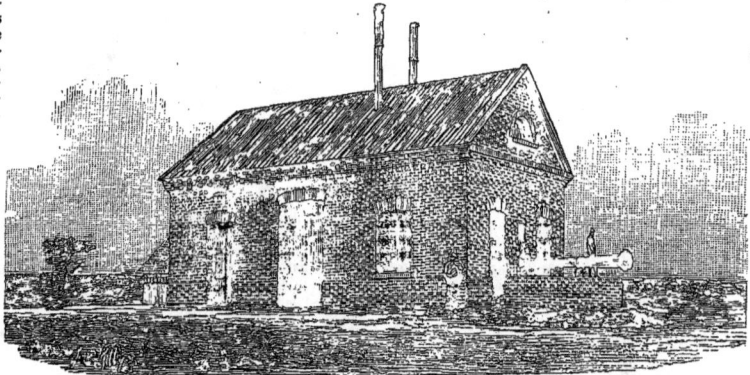

électro-moteur de ventilation à quatre ailes perpendiculaires, entraînant, dans son mouvement de rotation, un disque mobile percé de trous suivant une inclinaison de 20 à 30 degrés et monté sur le même axe que lui. Le disque fixe, dont les ouvertures sont pratiquées en sens opposé, est placé vers le fond du pavillon de la sirène à laquelle le courant est amené par deux conducteurs souples. L'appareil est monté sur un pied à coulisse arti-

Sirène électrique.

1, coupe ; A. armature; B. disque fixe; C. disque mobile; D, pignon magnétique à quatre ailes; E. commutateur; F, balai porte-courant. — 2, l'électro-moteur. — 3, Ensemble de la sirène électrique.

culé et peut prendre toutes les orientations.

SIT NOMEN [sit-no-mènn] (premiers mots de la devise que portaient au revers les écus frappés à l'effigie du roi de France Louis XV et Louis XVI : *Sit nomen Domini benedictum*). Argent (pop.).

SITARIS s. m. [si-ta-riss]. Entom. Genre de coléoptères hétéromères comprenant une dizaine d'espèces, dont les larves vivent dans les nids des osmies et des autres abeilles maçonnes ; elles s'y nourrissent de la pâtée destinée à la pâture de ces hyménoptères. Le *sitaris* huméral, qui se trouve aux environs

de Paris, a été parfaitement étudié. Il passe par quatre formes : 1° *larve primitive*, coriace ; elle s'établit sur le corps des hyménoptères et se fait ainsi transporter dans le nid. Arrivée à une cellule, elle dévore l'œuf qui y est déposé ; 2° *seconde larve*, molle ; elle se nourrit du miel contenu dans la cellule.

SKATING CLUB. Société de patinage.

SOCIALISME. — Econ. soc. Le socialisme ne semble pas avoir fait récemment de grands progrès ailleurs qu'en Allemagne, où son développement rapide s'explique par la conservation d'une aristocratie privilégiée, et où la toute-puissance du suffrage universel est encore en lutte contre ce qui subsiste des anciens droits héréditaires et des mœurs de la féodalité. Les socialistes envoient au parlement allemand un groupe toujours grossissant de députés ; et voici que, pour arrêter ce flot, le jeune empereur Guillaume II, renchérissant en cela sur les procédés adoptés par l'ex-chancelier de l'empire, accélère autant qu'il le peut, la réalisation des plans les plus vastes d'un socialisme d'État. Nous avons parlé plus haut (voy. Assurances) des lois d'Empire qui ont fondé des assurances obligatoires pour toute la classe ouvrière. Ces lois sont reconnues insuffisantes sur les progrès du socialisme. En effet, dans ses deux rescrits du 4 février 1890, l'empereur d'Allemagne déclare qu'il est nécessaire de compléter la législation sur les assurances ouvrières, et de reviser ensuite les lois concernant les ouvriers de fabrique, de manière à donner satisfaction aux plaintes et aux aspirations des travailleurs, dans ce qu'elles ont de légitime. En conséquence l'empereur a provoqué la réunion à Berlin d'une conférence internationale ayant pour but d'arrêter, d'un commun accord, entre les principales nations industrielles de l'Europe, les bornes que la législation doit, dans chaque pays, poser au travail des ouvriers de fabriques. Cette conférence s'est réunie au mois de mars 1890, et nous en faisons connaître plus loin les résultats. (Voy. Travail.) — En France, où la lutte se perpétue entre les divers groupes de socialistes, cette lutte a pour causes des questions de mots et de personnalités, bien plus que des questions de doctrines. Des hommes ambitieux et dépourvus de convictions cherchent à se placer à la tête des groupes les plus nombreux, afin d'arriver, après avoir séduit les électeurs, à conquérir un siège au Parlement, et afin de s'assurer une position dominante, en cas de bouleversement social. Le groupe, qui dans la Chambre des députés, se compose des socialistes, a fait paraître, le 18 mars 1888, un programme assez large pour satisfaire tous les utopistes ; mais ce programme ayant été plusieurs fois modifié, selon les besoins du moment, nous nous contenterons de résumer celui qui fut arrêté, au mois de juillet 1889, par le congrès ouvrier international et socialiste, qui a cette époque s'est tenu à Paris. A ce congrès étaient représentés, en outre de plusieurs groupes français, les socialistes d'Allemagne, d'Angleterre, de Belgique, des Pays-Bas, d'Italie, de Suisse, d'Autriche, de Hongrie, d'Espagne, des Etats-Unis, etc. Les *révolutionnaires-marxistes* et le parti *blanquiste*, s'y trouvèrent en majorité, de sorte que les plus modérés, les *possibilistes* de France et les délégués de plusieurs *Trade's-Unions* d'Angleterre se sont retirés du congrès et se sont réunis à part. Les principales résolutions arrêtées par le congrès socialiste international sont les suivantes : limitation à une durée de 8 heures de la journée de travail pour les ouvriers adultes ; interdiction du travail pour les enfants de moins de 14 ans ; suppression du travail de nuit, absolue pour les femmes ainsi que pour les ouvriers ayant moins de 18 ans, et même sauf, quelques exceptions, pour les hommes adultes ; repos ininterrompu

de 36 heures par semaine, pour tous les travailleurs ; suppression du marchandage et des bureaux de placement, ainsi que des économats et des associations coopératives créées par les patrons ; enfin, pour assurer l'exécution de ces mesures, surveillance des établissements industriels et même des ateliers domestiques par des inspecteurs que l'Etat rétribue et qui doivent être élus, au moins pour la moitié, par les ouvriers eux-mêmes. Le congrès a en outre décidé que les résolutions qui précédent seraient soumises aux divers parlements des deux mondes, pour être converties en lois. En conséquence, la Chambre des députés de la République française a été saisie, le 10 décembre 1889, d'une proposition émanant de plusieurs de ses membres et tendant à faire préparer par une commission les moyens d'appliquer les résolutions dont il s'agit. Trois jours auparavant, la Chambre des députés avait été saisie d'une proposition analogue, par les députés voués au socialisme catholique. Ce dernier projet demande : que la loi limite à 58 heures par semaine le travail des ouvriers ; qu'elle interdise le travail de nuit aux femmes, et tout travail aux enfants de moins de 13 ans ; que tout travail soit interdit le dimanche et les jours de fête, enfin qu'il soit institué un corps d'inspecteurs du travail, recrutés par voie de concours, parmi les élèves de l'Ecole polytechnique, de l'Ecole centrale et des écoles des arts et métiers. Le premier programme de la conférence de Berlin, présentait aussi des formules semblables ; mais il a fallu en retrancher un certain nombre, pour que tous les gouvernements appelés à prendre part à cette conférence consentissent à s'y faire représenter. On a dû laisser de côté la limitation de la journée de travail des adultes ; et les résolutions prises ont été rédigées sous forme de vœux ; quelques-unes même n'ont été votées que sous certaines réserves. Il est peu probable que ces résolutions soient adoptées par tous les parlements et qu'elles viennent à constituer une législation internationale. En ce qui concerne la France, les mesures de protection et d'humanité que la raison peut admettre ont été depuis longtemps appliquées à l'égard des femmes et des enfants, et même, dans certaines professions, à l'égard des ouvriers adultes. Notre législation est, en cette matière, en avance sur celle des autres pays. Elle peut être complétée et améliorée ; mais la liberté de l'homme doit être scrupuleusement respectée ; et ce n'est pas dans les utopies socialistes que l'on doit trouver la voie du véritable progrès. — Le socialisme ne se borne pas à prétendre réglementer le travail en supprimant la liberté du travailleur ; il prétend aussi réformer les systèmes d'impôts en usage (voy. ci-dessus Impôt), refondre toutes les lois existantes et changer la nature même de l'être humain. Ainsi que l'a dit Bastiat, dans les *Harmonies économiques*, chapitre XXII : « Le socialisme renferme une foule innombrable de sectes. Chacune d'elles a son utopie, et l'on peut dire qu'elles sont si loin de s'entendre qu'elles se font une guerre acharnée. Comment donc les chefs d'école se rangent-ils sous la dénomination commune de socialistes, et quel est le lien qui les unit contre la société naturelle ou providentielle ? Il n'y en a pas d'autre que celui-ci : *ils ne veulent plus de la société naturelle*. Ce qu'ils veulent, c'est une société artificielle, sortie toute faite du cerveau de l'inventeur. Il est vrai que chacun d'eux veut être le Jupiter de cette Minerve. L'humanité n'est pas, à leurs yeux, un être vivant et harmonieux que Dieu a pourvu de forces progressives et conservatrices ; c'est une matière inerte qui les a attendus pour recevoir d'eux le sentiment de la vie ; c'est un vaste jardin de plantes, matière à expériences. » En France, la majorité de la population est adonnée au travail agricole ;

et, par suite de l'extrême division des propriétés, le sol appartient, pour une très grande part, à ceux qui le cultivent. C'est là le plus grand obstacle à la diffusion des utopies socialistes, lesquelles trouvent peu d'adeptes en dehors des grandes villes et des agglomérations d'ouvriers. Dans d'autres pays, où l'état social est resté en arrière du progrès, et où subsistent encore des privilèges de castes, le socialisme constitue un lien chez les classes déshéritées ; et il peut produire tout à coup de grands bouleversements ; mais ce danger est peu à craindre chez les peuples qui ont conquis depuis longtemps les droits naturels de l'homme, et chez lesquels l'instruction est suffisamment répandue. — En 1890, la secte des *Possibilistes* s'est divisée en deux tronçons : l'un prit le nom de *Broussistes*, du nom de son chef M. Brousse ; l'autre est connu sous le nom des *Allemanistes*, parce qu'il suit la doctrine de M. Allemane. Chez les *Marxistes*, partisans du socialisme révolutionnaire, il s'est aussi formé des groupes particuliers, que l'on distingue plus aisément entre eux par le nom de leurs chefs respectifs que par la différence des doctrines. Cette dispersion est la conséquence inévitable des systèmes utopiques.   Ch. Y.

SOCIÉTÉ. — Législ. Les *sociétés d'ouvriers* qui veulent entreprendre des travaux ou des fournitures pour le compte de l'Etat sont aujourd'hui l'objet de faveurs spéciales. Déjà un décret du 18 novembre 1882 avait abrogé les dispositions du règlement général sur la comptabilité publique du 31 mai 1862 qui s'opposaient à la conclusion de marchés entre l'Etat et ces sociétés. Un autre décret, rendu le 4 juin 1888 accorde des facilités particulières aux sociétés d'ouvriers français légalement constituées. Non seulement elles sont reconnues aptes à soumissionner les travaux et les fournitures qui font l'objet d'adjudications au nom de l'Etat, et dont le lotissement doit être, dans ce but, réparti autant que possible en tenant compte des professions diverses, mais il peut être passé des marchés de gré à gré avec lesdites sociétés d'ouvriers, lorsque la dépense totale n'excède pas 20.000 fr. En outre, ces mêmes sociétés sont dispensées de fournir un cautionnement, lorsque le montant prévu des travaux et fournitures ne dépasse pas 50.000 fr. A égalité de rabais entre une soumission d'entrepreneur ou fournisseur et une soumission de société d'ouvriers, cette dernière doit être préférée. Des acomptes sur les ouvrages exécutés ou les fournitures livrées sont payés tous les quinze jours aux sociétés d'ouvriers. Suivant un avis du conseil d'Etat, en date du 27 juin 1888, le décret dont il s'agit s'applique non seulement aux travaux et fournitures à faire pour le compte de l'Etat, mais encore à ceux qui concernent les départements. C'est le projet de loi dont nous avons parlé au *Dictionnaire*, et qui comprend la refonte de toute la législation relative aux sociétés par actions, n'a pas encore été voté par le Parlement, où il est remanié à chaque session nouvelle. Mais un autre projet de loi, présenté par le gouvernement le 16 juin 1888, et qui a été adopté le 7 juin 1889, par la Chambre des députés, réglemente à la fois les *sociétés coopératives de production*, les *sociétés coopératives de consommation* et la *participation aux bénéfices*. Nous avons déjà parlé ci-dessus de ce dernier projet de loi. (Voy. Participation.) Les dispositions qui sont relatives aux sociétés coopératives, donnent à ces associations les plus grandes facilités de constitution et leur accordent des privilèges particuliers. Ces dispositions viendront remplacer avec avantage le titre III de la loi du 24 juillet 1867, qui a institué les *sociétés à capital variable*. — En attendant que le Parlement ait voté d'une manière définitive le projet de loi concernant les *sociétés de secours mutuels*, et dont il est saisi, nous croyons utile de donner ici, d'après

le *Bulletin officiel* du ministère de l'intérieur (n° 15 de 1889), le résumé des avantages réservés à celles de ces sociétés qui sont *approuvées*. Ce sont : 1° Faculté de posséder des objets mobiliers, de prendre des immeubles à bail et de faire tous les actes relatifs à ces droits; 2° Faculté de recevoir des dons et legs, sauf l'autorisation du préfet, s'il s'agit de moins de 5.000 fr., et sauf autorisation accordée par décret rendu en conseil d'État, lorsque la libéralité est d'une valeur supérieure à ce chiffre; 3° *Obligation* par la commune de fournir gratuitement les locaux nécessaires aux réunions, ainsi que les livrets et les registres nécessaires à l'administration et à la comptabilité; 4° Exemption des droits de timbre et d'enregistrement pour les actes qui concernent les sociétés approuvées, et pour les extraits des actes de l'état civil des sociétaires, lorsque ces extraits sont demandés par *les présidents de ces sociétés*; 5° Exemption de l'impôt sur les cercles; 6° Faculté de verser en compte courant à la caisse des dépôts et consignations les fonds disponibles de la société, et de retirer ces fonds dans les cinq jours de la demande ; 7° Faculté de verser à ladite caisse les fonds libres destinés à constituer des pensions viagères au profit des sociétaires; 8° Droit de servir des pensions de retraite à leurs vieillards, 9° Réduction des deux tiers du droit municipal sur les convois funéraires des sociétaires; 10° Droit de contracter avec la caisse des dépôts et consignations des assurances collectives en cas de décès, soit pour solder les frais funéraires, soit pour allouer des secours aux veuves et aux orphelins; 11° Participation aux récompenses honorifiques décernées par le président de la République; et 12° Admission des membres participants convalescents des sociétés de secours mutuels approuvées du département de la S*o*ine dans les asiles de Vincennes et du Vésinet, moyennant un prix de journée réduit à 75 centimes.   Ch. Y.

SOCIÉTÉ (Iles de la). En vertu d'un arrangement intervenu entre la France et l'Angleterre (oct. 1887), l'Angleterre renonça définitivement à nous contester le droit de protectorat sur l'île de Raïatea et sur les autres du groupe Sous-le-Vent. Depuis 1880, ce n'était qu'en vertu d'une autorisation, renouvelée tous les six mois par l'Angleterre, que nous pouvions arborer notre pavillon sur ces îles sujettes à contestation. (Voy. Sous-le-Vent, dans ce supplément.)

SOCOTRA. Cette île, placée en 1876, sous le protectorat anglais, moyennant un subside payé au sultan de Kechin, fut formellement annexée à l'empire britannique en 1886.

SŒMMERING (Le), montagne des Alpes Styriennes, sur la limite de la Styrie et de l'Autriche. Cette montagne est franchie par le chemin de fer de Vienne à Trieste, au moyen d'une suite de tunnels, de viaducs et de rampes rapides, qui font que cette ligne est l'une des plus curieuses de l'Europe.

SOLE (Cuis.). — *Sole frite.* Nettoyez et videz-la avec soin, fendez-la sur le dos et, l'ayant bien saupoudrée de farine, plongez-la dans la friture bien chaude; servez à sec, telle quelle, ou couronnée de persil frit. — *Sole au gratin.* Mettez dans un plat allant au feu un morceau de beurre manié de farine, avec fines herbes, ciboule, échalotes et champignons hachés menu, sel et poivre; placez là-dessus votre sole et couvrez de chapelure arrosée de beurre fondu; mouillez de vin blanc et d'un peu de bouillon et faites cuire à petit feu sous un four de campagne (en tout cas entre deux feux). — *Sole marinière.* Faites un court bouillon avec bon vin rouge, un bouquet de persil, quelques oignons, dont un piqué de clous de girofle, thym, laurier, sel et poivre. Faites donner quelques bouillons. Levez les filets de votre sole nettoyée et vidée

avec soin, et plongez-la dans le court-bouillon où vous la laissez cuire, ayant bien soin que sa chair reste ferme. Retirez-la alors. Ajoutez à votre court-bouillon un morceau de bon beurre bien frais; faites lier. Passez au tamis. Dressez votre sole et versez dessus votre sauce qui est d'une couleur rouge foncé et a acquis une certaine consistance qui lui fait former glace. On peut se servir de vin blanc; le goût diffère un peu et la sauce n'est plus rouge; mais le mets n'en est pas moins bon quoiqu'il n'ait, à notre connaissance du moins, reçu encore aucun nom particulier. La *limande*, le *carrelet* et la *plie* se préparent de la même manière que la sole.

SOLÉCISME s. m. [so-lé-siss-me] (lat. *solecismus*; gr. *soloikismos*, formé de *soloikoi*, qui signifie habitant de la ville de Solès (Cilicie), en y ajoutant la terminaison *ismos*, imitation, parce que dans cette ville, fondée sous les auspices de Solon, qui y transporta une colonie d'Athéniens, la pureté de la langue grecque se corrompit tellement par leur commerce avec les habitants du voisinage, que l'on finit par dire en proverbe : *faire des soléeismes c'est parler comme à Solès*). Toute faute contre la syntaxe. — Encycl. Le Solécisme viole les règles établies pour la pureté du langage. Il est possible de faire des solécismes en plusieurs manières : 1° Contre le genre des noms. J.-J. Rousseau (*Émile*, liv. 1) fait un solécisme de genre, quand il dit : *leurs pleurs sont bonnes*; les *longues pleurs d'un enfant, elles ne sont point l'ouvrage de la nature.* Les mots *bonnes*, *longues*, *elles* sont au féminin, quoiqu'ils se rapportent à *pleurs* qui est un nom masculin. 2° Contre le genre et contre le nombre. P. Corneille (*Pompée*, act. III, sc. 1) fait dire à A*c*horée, parlant de l'arrivée de César en Égypte : *il venait à plein voile*, c'est un *solécisme* contre le genre, puisque voile de vaisseau a toujours été féminin; c'est un *solécisme* contre le nombre, car on ne dit, et l'on ne doit dire qu'au pluriel, *aller, voguer à pleines voiles*. 3° Contre le temps. D. Calmet dit : *Denis informé de la marche d'Héloris, le surprend de grand matin, avant qu'il eût pu ni ramasser, ni ranger son armée.* Le plus-que-parfait du subjonctif *il eût pu* ne doit être subordonné qu'à un prétérit du verbe précédent, et il est ici subordonné à *surprend*, qui est au présent; c'est un *solécisme*, il fallait dire, ou *surprit* au premier verbe, ou *qu'il ait pu* au second. 4° C'est faire un solécisme contre le régime que de mettre le complément d'un mot sous une autre forme que celle qui est déterminée par la syntaxe. On dit dans le roman de Zaïde en parlant des fenêtres d'une chambre, *je crus un jour de les avoir entendues ouvrir.* Il y a là deux solécismes de régime. 1° La préposition *de* est de trop, le verbe *croire*, suivi d'un infinitif, ne régit pas une préposition; 2° *fenêtres* est le complément d'*ouvrir* et *non d'avoir entendu.* Or le participe de temps composé d'un verbe actif ne se met en concordance qu'avec son régime direct, quand il en est précédé, et conséquemment *entendues* pèche contre la règle de syntaxe; il fallait dire : *je crus un jour les avoir entendu ouvrir.* — L'*exemple commun que les autorise*, dit Massillon, en parlant des mœurs du siècle, *prouve seulement que la vertu est rare, mais non pas que le désordre est permis*, dans cet exemple, *mais non pas* signifie *mais ne prouve pas*, et ce verbe négatif régit le subjonctif; est *permis* est donc un solécisme de régime, et l'orateur devait d*i*re, *mais non pas que le désordre soit permis.*

SOLITAIRE (jeux). Ce jeu de calcul est nommé *solitaire* parce que l'on peut y jouer absolument seul. Son invention est attribuée à un prisonnier confiné dans une cellule de la Bastille vers le xvii° siècle. Nous ne rappellerons ici que pour mémoire l'absurde opinion de l'*Encyclopédie méthodique*, qui veut que ce jeu nous vienne d'Amérique, où un

voyageur français en avait conçu l'idée et réglé la marche, en regardant des sauvages qui revenaient de la chasse et plantaient leurs flèches en différents trous disposés régulièrement sur le toit de leurs cabanes. — L'ancien jeu ou *jeu français* se compose d'une tablette de 37 trous comme ci-contre : 37 petites fiches mobiles à tête ronde et à extrémité pointue se placent dans les trous. Au lieu de fiches, on emploie aujourd'hui des billes que

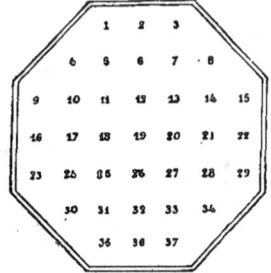

	1	2	3		
4	5	6	7	8	
9	10	11	12	13	14	15
16	17	18	19	20	21	22
23	24	25	26	27	28	29
	30	31	32	33	34	
		35	36	37		

Le solitaire.

l'on met dans des godets hémisphériques qui remplacent les trous. La planchette, au lieu d'être octogone, peut alors être circulaire. On enlève une fiche, à la volonté du joueur : la marche du jeu consiste en ce qu'une fiche prend, comme aux dames, celle qui lui est contiguë, toutes les fois qu'elle peut, en sautant par-dessus verticalement ou horizontalement, tomber dans un trou vide placé immédiatement de l'autre côté; il faut combiner la marche de telle sorte qu'à la fin, il ne reste plus qu'une seule fiche sur la tablette; ou bien de manière à laisser sur la tablette un certain nombre de fiches rangées suivant des figures déterminées. Les combinaisons de ce jeu sont très variées : et, après une partie, il est presque impossible de retrouver la même marche. Les commençants doivent débuter par l'étude des problèmes très simples qui les initient peu à peu à la connaissance du jeu. Nous notons ci-dessous quelques-uns de ces exercices en adoptant une notation simplifiée, qui consiste à donner à chaque fiche le numéro du trou dans lequel elle se trouve. Il est bien entendu qu'en exécutant la marche de chaque pièce, on enlève la fiche intermédiaire par-dessus laquelle la fiche sorte qu'à fin, en marche. — 1° *La croix de six fiches.* On dispose les six fiches sur les trous 6, 12, 19, 26, 11 et 13, et il faut réduire à une fiche dans le trou central 19. Voici la marche des fiches : 12 à 10, 26 à 12, 13 à 11, 10 à 12, 6 à 19. On aurait pu commencer par 12 à 14, continuer par 26 à 12, 11 à 13, 14 à 12 et terminer toujours par 6 à 19. — 2° *la croix de neuf fiches.* Établir les neuf fiches dans les trous 6, 12, 19, 26, 32, 11, 18, 20, 21 et les réduire à une seule au centre 19. — Marche : on peut commencer de quatre manières différentes, les 4 bras de la croix étant égaux et symétriques. Nous commencerons par le bras supérieur : 12 à 2, 26 à 12, 17 à 19 (ou 21 à 19, alors il faudra changer les coups suivants, d'une manière analogue), 19 à 6, 21 à 19, 2 à 12 puis à 26, 32 à 19. On s'exerce ensuite, en commençant par chacune des autres branches de la croix. — 3° *le triangle de neuf fiches*, les fiches étant en 12 (sommet du triangle), 18, 24, 25, 26, 27, 28, 20 et 19, amener la dernière fiche sur la case centrale 19. — Marche : on peut commencer de deux façons, le triangle ayant *deux côtés égaux*; nous débuterons par la gauche : 25 à 11, 11 à 13, 27 à 25, 24 à 26, 19 à 32, 13 à 27, 28 à 26, 32 à 19. On doit ensuite s'exercer à faire la même partie en sens inverse, en débutant à droite, par 27 à 13; 4

la cheminée, onze fiches étant en 1, 2, 3, 5, 6, 7, 11, 12, 13, 18 et 20, amener la dernière fiche dans le trou 19. Les fiches étant placées sur la planchette, on voit facilement qu'on aurait pu facilement les établir de trois autres manières autour du trou central. Marche : 12 à 10 (ou à 14; alors on jouera dans la suite fiche à 10, puis 8 à 10, 20 à 8, puis à 19; 5° *le calvaire en quinze fiches,* les quinze fiches étant en 2, 6, 10, 11, 12, 13, 14, 19, 26, 31, 32, 33, 35, 36, 37, amener la dernière dans le trou 12. — Marche : 37 à 27, 35 à 25, 26 à 24, 36 à 26, 27 à 25, 24 à 26. On retrouve alors la croix de neuf fiches (problème 2), dont on imitera la marche, pour terminer avec le cas fiche 12. Il est entendu que l'on ne peut commencer par la branche supérieure; 6° *la pyramide de seize fiches,* les seize fiches se trouvent en 2, 5, 6, 7, 10, 11, 12, 13, 14, 16, 17, 18, 19, 20, 21, 22; il faut terminer en 12. — Marche : 13 à 27, 22 à 20, 27 à 13, 13 à 3, 3 à 1, 11 à 25, 16 à 18, 25 à 11, 5 à 7, 19 à 6, 7 à 5, 10 à 12, 1 à 11 puis à 13, 14 à 12; 7° *la double croix de vingt-une fiches,* les fiches sont en 2, 4, 6, 8, 11, 12, 13, 16, 17, 18, 19, 20, 21, 22, 25, 26, 27, 30, 32, 34, 36; il s'agit d'amener la dernière en 19. Il peut commencer de quatre manières différentes : une par en haut à droite, la seconde par en haut à gauche; les deux autres par en haut à droite ou à gauche. Nous commençons par en bas à droite et nous suivons la marche suivante : 20 à 23, puis à 31, 30 à 32, 25 à 27, 36 à 26 puis à 28, 22 à 20, 34 à 21, 12 à 14, 20 à 22, 8 à 21, 22 à 20, 11 à 25, 21 à 8, 25 à 11, 2 à 12 puis à 10, 16 à 18, 4 à 17 puis à 19; 8° *Les cinq croix entrelacées.* On place 21 fiches de la manière suivante : 2, 5, 6, 7, 12, 14, 16, 17, 18, 19, 20, 21, 22, 24, 26, 28, 31, 32, 33, 36. Il faut amener la dernière en 19. On peut débuter de huit manières, les 4 fiches 6, 17, 32, 21 pouvant commencer chacune de deux façons. Voici la marche que nous adoptons comme exemple; on s'exercera ensuite à chacune des autres : 21 à 34, 19 à 21, 22 à 20, 6 à 8 puis à 21, puis à 19 puis à 6, 2 à 12, 17 à 4 puis à 6, puis à 19, puis à 17, 16 à 18, 32 à 30 puis à 17, puis à 19, puis à 32, 36 à 34 à 32, puis à 19; 9° *Le pentagone.* Ayant placé 24 fiches dans les trous suivants : 2, 5, 6, 7, 10, 11, 12, 13, 14, 16, 17, 18, 19, 20, 21, 22, 24, 25, 26, 27, 28, 31, 32, 33, amener la dernière en 19. — Marche : 27 à 37, 19 à 32, 24 à 26, 33 à 19 28 à 26, 10 à 24, 12 à 10, 26 à 12, 13 à 11 puis à 25, 23 à 9, 11 à 1, 1 à 3, 13 et à 27, 22 à 20, 27 à 13, 14 à 12, 6 à 19; 10° *Le carré incliné.* 24 fiches étant placées en 2, 5, 6, 7, 10, 11, 12, 13, 14, 16, 17, 18, 20, 21, 22, 24, 25, 26, 27, 28, 31, 32, 33, 36, amener la dernière en 19. — Marche : 27 à 37, 37 à 35, 13 à 15, 15 à 29, 29 à 27, 21 à 19, 11 à 1, puis à 3, puis à 13, puis à 11, 18 à 5, 6 à 4, 16 à 18, 4 à 17, 24 à 10, 19 à 17, 10 à 24, 31 à 18, 27 à 25, 18 à 31, 35 à 25, 24 à 26, 32 à 19; 11° *L'octogone.* La tablette étant complètement couverte, à l'exception des huit coins, amener la dernière fiche en 19. — Marche : 27 à 37, 31 à 33, 37 à 27, 20 à 33, 22 à 20, 19 à 32, 33 à 31, 30 à 32, 26 à 17, 17 à 30, 26 à 24, 30 à 17, 34 à 21, 21 à 19, 18 à 20, 16 à 18, 8 à 21 puis à 19, 7 à 20, 11 à 25, 20 à 18, 25 à 11 puis à 13, 2 à 12, 13 à 11, 10 à 12, 4 à 6 puis à 19. Le commençant doit s'exercer à débuter ces parties en essayant une autre fiche pour continuer en sens inverse, après quoi, étant familiarisé avec le jeu, il pourra entreprendre les problèmes suivants dans lesquels la planchette est entièrement couverte : 12° *L'oeil du lecteur au milieu de son auditoire.* — C'est une partie très élégante, dans laquelle on enlève la fiche centrale 19, pour amener la fiche de marche dans la case de ce numéro, quand on a enlevé toutes les autres fiches, sauf celles qui marquent le circuit de la tablette. Voici la marche des fiches : 21 à 19, 34 à 21, 32 à 34, 30 à 32, 17 à 30, 4 à 17, 6 à 4, 8 à 6, 21 à

8, 18 à 20 puis à 33, à 31 et à 18, 17 à 19. Il reste ce que l'on appelle *le chapelet,* c'est-à-dire une petite croix de six fiches, en 6, 12, 19, 26, 11 et 13 et les 16 fiches du pourtour. On fait disparaître la croix ainsi qu'il a été dit plus haut, pour notre premier problème, et il reste la fiche 19, au milieu de toutes celles du pourtour; 13° *L'équateur.* Ayant enlevé la fiche centrale 19, il s'agit de jouer de manière à ne plus laisser que le pourtour et une ligne horizontale, de 16 à 22. — Marche : 32 à 19, 30 à 32, 17 à 30, 28 à 26, 25 à 27, 14 à 28, 34 à 21, 32 à 34, 4 à 17, 6 à 4, 18 à 5, 13 à 11, 5 à 18, 27 à 13, 7 à 20; 14° *La croix et sa couronne.* On enlève la fiche du centre et on joue de manière à laisser le pourtour et les cinq fiches du centre 12, 19, 26, 18, 20. — Marche : 17 à 19, 5 à 18, 13 à 11, 10 à 12, 25 à 11, 27 à 25, 24 à 26, 7 à 5, puis à 18, 29 à 27, 14 à 28, 27 à 29, 37 à 27, 31 à 33, 27 à 37; 15° *La croix de Malte.* Le solitaire étant décentré, jouer de façon à laisser le pourtour, sauf les fiches 4, 30, 34 et à 8, amener une croix centrale sauf la fiche 19. — Marche : 17 à 19, 20 à 18, 22 à 20, 32 à 19, puis à 21, 6 à 19, 18 à 20, puis à 22; ici le solitaire forme une croix centrale de 9 trous vides. On continue : 34 à 32, 28 à 26, 31 à 18, 30 à 17, 10 à 12, 4 à 6, 7 à 20, 8 à 21. Cette partie est facile à retenir, les coups se suivant dans un ordre symétrique; 16° *Les quatre cavaliers cernés par seize soldats.* Le solitaire étant décentré, laisser le pourtour plus les fiches 11, 13, 25 et 27. — Marche : 32 à 19, 12 à 26, 21 à 19, 26 à 12, 8 à 21, 6 à 8, 4 à 6, puis à 19, 17 à 4, 19 à 17, 30 à 32, 17 à 30, 36 à 26, 34 à 32, 26 à 36, 21 à 34; 17° *Adam et Eve dans le paradis terrestre.* Sur le solitaire décentré, jouer de façon à laisser le pourtour, plus les fiches 18 et 20, qui ne doivent pas bouger pendant toute la manœuvre. — Marche : 6 à 19, 26 à 12, 24 à 26, 10 à 24, 12 à 10, 32 à 19, 28 à 26, puis à 12, 14 à 28, 12 à 14, 30 à 32, 4 à 17, 8 à 6, 34 à 21, 32 à 34, 17 à 30, 31 à 18; 18° *Le bol.* Sur le solitaire décentré, ne laisser que la ligne de fiches 9, 10, 11, 12, 13, 14, et le demi-pourtour inférieur, 16, 23, 30, 35, 36, 37, 34, 29, 22. — Marche : 17 à 19, 31 à 18, 27 à 25, 18 à 31, 35 à 25, 33 à 31, 25 à 35, 12 à 25, 21 à 19, 26 à 12, 7 à 20, 11 à 13, 20 à 7, 8 à 13; 19° *Jésus et les douze apôtres.* Sur le solitaire décentré, ne laisser qu'une seule fiche centrale en 19, plus le pourtour, sauf les quatre fiches, 1, 16, 22, 36. — Marche : 32 à 19, 28 à 26, 37 à 27, 35 à 37, 27 à 35, 24 à 26, 11 à 25, puis à 27, 16 à 18, 19 à 17, 6 à 19, 4 à 6, 17 à 4, 2 à 12, 8 à 6, 2 à 7, 6 à 8, 22 à 20, 15 à 13, 12 à 14, 27 à 13, puis à 15; 20° *Les quatre évangélistes et les douze apôtres.* Outre les 12 fiches du pourtour, comme dans le problème précédent, il faut laisser les quatre fiches 11, 13, 25 et 27. — Marche : 32 à 19, 34 à 32, 21 à 34, 19 à 21, 36 à 26, 22 à 20, 6 à 19, puis à 21, 8 à 21, 2 à 12, 4 à 17, 10 puis à 6, 4 à 17, 6 à 4, 16 à 18, 30 à 17, puis à 19, 32 et à 30; 21° *Le jugement dernier.* Ne laisser que la fiche centrale et les deux parties du pourtour, représentant les bons et les méchants, séparés par les trous vides 16 et 22. — Marche : 17 à 19, 31 à 18, 33 à 31, 11 à 22, 35 à 18, 43 à 11, 3 à 13, 14 à 12, 28 à 14, 26 à 28, 5 à 7, 11 à 13, puis à 3, 23 à 25, 9 à 23, 11, puis à 9, 29 à 27, 15 à 29, 27 à 13, puis à 15; 22° *Les deux pôles.* On enlève la fiche centrale et on joue de manière à ne laisser que les deux fiches 3 et 36. — Marche : 6 à 19, 10 à 12, 1 à 11, 12 à 10, 9 à 11, 18 à 5, 4 à 6, 20 à 18, 14 à 12, 3 à 13, 12 à 14, 15 à 13, 22 à 21, 29 à 27, 2 à 12, 8 à 6, 33 à 20, 20 à 33, 37 à 27, 27 à 25, 36 à 26, 30 à 32, 18 à 20 à 33, 37 à 27, 25, 38 à 26, 34 à 26, puis à 36; 23° *La trinité.* Ayant enlevé la fiche centrale, il s'agit de jouer de façon à laisser les fiches 6, 24 et 28. Pour cela on joue 20 coups comme

dans le problème précédent, puis on continue par 34 à 32 puis à 19, 29 à 27, 20 à 33, 30 à 32, 23 à 25, 18 à 31, 12 à 26, 35 à 25, 26 à 24, 36 à 26, 37 à 27, 27 à 28; 24° *Le calice.* Il faut, après avoir enlevé la fiche centrale, jouer de façon à laisser les fiches 4, 8, 11, 13, 19, 20, 26, 32, 35, 36, 37. — Marche : 6 à 19, 14 à 12, 3 à 13, 1 à 3, 20 à 7, 3 à 13, 12 à 32, 23 à 25, 18 à 31, 16 à 18, 13 à 13, puis à 27, 22 à 20, 27 à 13, 29 à 27, 33 à 20, 31 à 33, 34 à 32; 25° *La lettre A.* Cette lettre est représentée par les dix fiches 6, 11, 13, 17, 18, 19, 24, 25, 29. Le solitaire étant complètement couvert, on arrive à la former, en jouant de la manière suivante, après avoir enlevé la fiche 19 : 21 à 19, 7 à 20, 11 à 13, 20 à 7, 8 à 21, 3 à 13, 2 à 12, 1 à 11, 12 à 14, 18 à 5, 4 à 6, 9 à 11, 15 à 13, 16 à 18, 22 à 20, 30 à 17, 26 à 24, 35 à 25, 24 à 26, 27 à 25, 36 à 26, 25 à 24, 37 à 27, 26 à 28, 34 à 21; 26° *La lettre E.* Cette lettre est formée par les treize fiches 1, 2, 3, 5, 11, 18, 19, 20, 25, 31, 35, 36, 37. On l'obtient en jouant comme suit, lorsque le casier est couvert et décentré : 32 à 19, 34 à 32, 20 à 33, 29 à 27, 33 à 20, 36 à 26, 30 à 32, 26 à 36, 18 à 31, 20 à 18, 7 à 20, 15 à 13, 20 à 17, 2 à 12, 8 à 6, 48 à 5, 23 à 25, 16 à 17, 9 à 11, 2 à 12, 8 à 6 et 12 à 2; 27° *La lettre I.* Elle est formée par les onze fiches 1, 2, 3, 6, 12, 19, 26, 32, 35, 36, 37. Pour l'obtenir, on est forcé d'enlever, du solitaire complet, les fiches 23 et 29. — Marche : 15 à 29, 9 à 23, 20 à 22, 18 à 16, 8 à 21, 4 à 6, 9 à 11, 15 à 13, 16 à 18, 6 à 20, 30 à 7, 8 à 6, 31 à 18, 21 à 33, 18 à 31, 5 à 18, 23 à 25, 30 à 32, 18 à 31, 37 à 31, 34 à 33, 27 à 37, 29 à 27, 20 à 33, 34 à 32. On peut, de la même manière, s'exercer à représenter, aussi bien que possible, les autres lettres de l'alphabet. Ô se forme en ne laissant sur le solitaire que les cases 2, 5, 7, 10, 14, 17, 21, 24, 28, 31, 33 et 36. On passe ensuite aux réussites complètes qui consistent à ne laisser qu'une seule fiche sur le solitaire. Le problème le plus populaire en ce genre est le suivant; 28° *Le corsaire.* On nomme ainsi la partie dans laquelle on enlève la fiche de l'un des angles, 1, 3, 15, 29, 37, comme si l'on imitait le mouvement que les marins appellent louvoyer. Supposons que nous ayons enlevé la fiche 37, voici la notation des coups : 27 à 37, 29 à 27, 14 à 28. 34 à 21, 15 à 29, 20 à 33, 37 à 27, 28 à 29, 27 à 25, 24 à 26, 10 à 24, 12 à 10, 2 à 12, 35 à 25, 25 à 11, 23 à 25, 26 à 24, 30 à 17, 16 à 6. La fiche 36, qui représente le corsaire, prend ensuite successivement les neuf fiches 32, 25, 17, 11, 13, 21, 27, 19, 6 et vient se placer en 2, où elle est prise par la fiche 3, qui saute en 1. On s'exerce à réussir ce coup en commençant par enlever la fiche d'un autre coin et en adoptant une marche inverse symétrique, à partir de ce point. — LE NOUVEAU SOLITAIRE. Le *solitaire anglais* ou jeu nouveau, beaucoup plus facile, est formé d'une tablette percée de 33 trous seulement, comme ci-dessous. Les problèmes suivants et leurs variations donnent la clef de tous les autres, quand il s'agit d'enlever une fiche et d'amener à sa place la dernière fiche restante. Quant aux problèmes dans lesquels on se donne pour but de laisser un certain nombre de fiches dans des positions déterminées. ils sont innombrables et nous ne pouvons en donner la solution. On peut se servir de la tablette française en ayant soin de boucher avec un peu de mastic les quatre trous devenus inutiles, savoir : 4, 8, 30 et 34. — 1er PROBLÈME. Enlever la fiche du trou 10 et ramener la dernière fiche dans ce trou. Les six premiers mouvements, ayant pour but d'enlever les six fiches du haut du jeu, se jouent de la manière suivante : 12 en 10, 3 en 11, 10 en 12, 4 en 6, 1 en 3 et 3 en 11. Ensuite on continue par des coups doubles,

dix à droite et dix à gauche, en jouant alternativement en montant, puis horizontale-

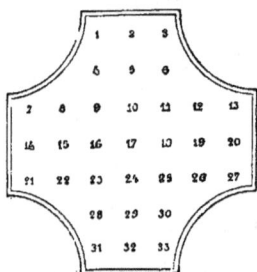

Le nouveau solitaire.

ment, enfin en descendant, jusqu'à ce que l'on ait enlevé toutes les fiches sauf six, qui forment la croix suivante :

$$17$$
$$23 - 24 - 25$$
$$29$$
$$31$$

Les six doubles coups sont: 16 à 4 et 18 à 6 en montant; 13 à 11, 7 à 9 horizontalement; 6 à 18, 4 à 16 en redescendant; 25 à 11, 23 à 9; 14 à 16, 20 à 18: 11 à 25, 9 à 23; 30 à 18, 28 à 16; 21 à 23, 27 à 25; 16 à 28, 18 à 30; 31 à 23, 33 à 25. On termine comme suit: 24 à 22, 32 à 24, 25 à 23, 22 à 24, 24 à 10. On peut varier ce problème en enlevant soit la fiche 18, soit la fiche 24 ou la fiche 16, et en apportant à la marche des pièces des modifications qui se comprennent facilement. — 2e **PROBLÈME.** Enlever la fiche centrale 17 et ramener la dernière fiche dans le trou central : jouez 5 en 17, 12 en 10, 3 en 11, 18 en 6, 1 en 3 puis en 11, 30 en 18, 27 en 25, 24 en 26, 13 en 27 puis en 25, 22 en 24, 31 en 23, 16 en 28, 33 en 31 puis en 23, 4 en 16, 7 en 9, 10 en 8, 21 en 7 puis en 9, 24 en 10, puis en 8, puis en 22, puis en 24, puis en 26; 11 en 17, 16 en 18, 11 en 25, 26 en 24 en 29 en 17. — 3e **PROBLÈME.** Enlever la fiche 14 et ramener la dernière fiche dans le trou 14. Passez 16 en 14, 4 en 16, 17 en 15, 6 en 4, 29 en 17 puis en 5; 2 en 10, 18 en 6, 3 en 11, 20 en 18, puis en 6; 13 en 11, 6 en 18, 26 en 24, 33 en 25, 24 en 26, 27 en 25, 31 en 33, 18 en 30, 33 en 25. 22 en 24, 25 en 23, 7 en 9, 10 en 8, 1 en 9, 28 en 16, puis en 4; 21 en 7, puis en 9; 4 en 16, puis en 14. — 4e **PROBLÈME.** Enlever la fiche 29 et amener à sa place la dernière fiche restante. Passez 17 en 29, 26 en 24, 33 en 25, 31 en 33, 18 en 30, 33 en 25, 6 en 18, 11 en 27, 13 en 11, 10 en 12, 13 en 11, 8 en 10, 1 en 9, 3 en 1, 16 en 4, 1 en 9, 28 en 17, 21 en 23, 7 en 21, 24 en 22, 21 en 23, 16 en 28, 28 en 30, 18 en 6, 6 en 4, 4 en 16, 30 en 18, 15 en 17, 10 en 24, 19 en 27, 17 en 29. — 5e **PROBLÈME.** Enlever la fiche 1 et amener à sa place la dernière fiche restante. Passez 9 en 1, 7 en 9, 10 en 8, 21 en 7, 7 en 9, 22 en 8, 8 en 10, 6 en 4, 1 en 9, 18 en 6, 3 en 11, 20 en 18, 18 en 6, 30 en 18, 27 en 25, 24 en 26, 28 en 30, 33 en 25, 18 en 30, 31 en 33, 33 en 25, 26 en 24, 16 en 18, 23 en 25, 25 en 11, 6 en 18, 13 en 11, 18 en 6, 9 en 11, 11 en 3, 3 en 1. On peut commencer de la même manière par chacune des sept autres fiches des coins. — 6e **PROBLÈME.** Enlever la fiche 4 et amener à sa place la dernière fiche restante. Passez 16 en 4, 1 en 9, 14 en 16, 16 en 4, 3 en 1, 1 en 9, 6 en 4, 4 en 16, 7 en 9, 18 en 6, 13 en 11, 6 en 18, 26 en 12, 27 en 13, 13 en 11, 24 en 26, 33 en 25, 26 en 24, 28 en 30, 31 en 33, 33 en 25, 16 en 28, 18 en 16, 9 en 23, 28 en 16, 25 en 23, 16 en 28, 21 en 23, 28 en 16, 11 en 9,

16 en 4. — 7e **PROBLÈME.** Enlever la fiche 23 et amener à sa place la dernière fiche restante. Passez 25 en 23, 11 en 25, 10 en 24, 30 en 18, 23 en 25, 18 en 30, 9 en 23. 13 en 11, 6 en 18, 27 en 13, 26 en 12, 13 en 11, 18 en 6, 1 en 9, 8 en 10, 3 en 1, 6 en 4, 1 en 9, 10 en 8, 22 en 24, 8 en 22, 21 en 23, 7 en 21, 24 en 22, 21 en 23, 28 en 16, 30 en 28. 31 en 23, 16 en 28, 33 en 31, 3 en 23. — **BIBLIOGR.** Voy. Edouard Lucas : *Récréations mathématiques*, Paris, 1882-83, 2 vol. in-8e; Busschop : *Recherches sur le jeu du solitaire*, Bruges, 1879.

SOMAULIS ou **Somalis** (Pays des). Le pays des Somaulis a perdu son indépendance. Les Anglais ont saisi, en 1885, Zeilah et Berbera, ports du golfe d'Aden; et l'année suivante les Allemands ont établi leur protectorat sur tout le promontoire oriental de l'Afrique. Les Allemands ont pris la côte qui s'étend depuis Berbera au N., jusqu'à Warsheik au S. En ce point la colonie anglaise recommence. L'intérieur, quoique visité par différents explorateurs, n'est nullement soumis à ses nouveaux maîtres, qui n'ont fait qu'établir un droit nominal, afin de devancer les autres peuples.

SON (Phys.). Pour mettre en évidence les ondes sonores dans la production d'un son, il suffit de suspendre verticalement un miroir rectangulaire derrière une bougie allumée. Sur la figure ci-contre, le miroir est suspendu

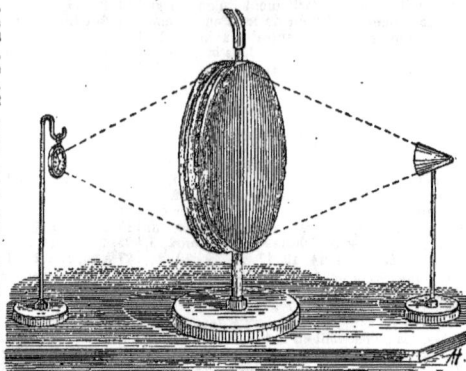

Fig. 3. — Lentille pour la réfraction du son.

Fig. 1. — Moyen simple pour apercevoir les flammes vibrantes.

dans la position verticale au moyen d'une petite ficelle qui passe sur un livre dont le bord dépasse une pile de volumes. Les bouts

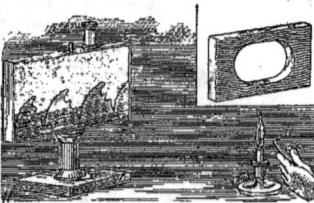

Fig. 2. — Miroir tournant.

du miroir sont attachés aux bouts de la ficelle, de manière qu'il puisse osciller librement, en restant dans un plan horizontal, le fil glissant sur la couverture du livre. Ceci fait, on a un

tube de caoutchouc muni d'une embouchure formée d'un cornet de papier. Dès que l'on produit un son devant l'embouchure, l'autre extrémité du tube étant approchée de la base de la lumière, l'air du tube entre en vibration et communique son mouvement à la flamme de la bougie. Celle-ci vibre à son tour et son mouvement devient très apparent dans les différentes images du miroir oscillant. — Le miroir tournant (fig. 2) est un peu plus compliqué. On enfonce une tige de fer rigide dans une forte planche qui servira de pied. Sur cette tige, longue d'environ 30 centim., on passe une forte bobine, qui supportera le miroir. Pour faire le miroir on évide une planche longue de 20 cent., large de 15 cent., comme le montre la fig. 2. On perce la planche de deux trous, l'un dans l'axe, où doit passer la tige de fer; l'autre près d'une extrémité pour recevoir un clou sans tête, que l'on engagera dans le trou d'une seconde bobine plus petite que la première. Cette bobine sera la manivelle au moyen de laquelle on fera tourner le système. On applique un miroir sur chacune des deux faces opposées de la planche et on le maintient à l'aide de bandes de papier que l'on colle sur les bords. Dès que l'on fait vibrer la flamme d'une bougie, en imprimant aux miroirs un mouvement de rotation, on voit apparaître une série d'images correspondant aux ondes sonores. Pour démontrer la réfraction des ondes sonores dans les milieux limités par les surfaces courbes, on peut avoir recours à l'ingénieux dispositif représenté par les figures 3 et 4. On se sert d'une lentille dont la charpente se compose de trois cercles en fort fil de fer, réunis ensemble de manière à former un anneau unique composé de deux sillons. On installe verticalement cet anneau sur un pied; et au point diamétralement

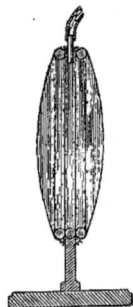

Fig. 4. — Section de la lentille pour la réfraction du son.

opposé au support, débouche un court tube de métal. Sur chacun des deux bords de l'anneau, on tend une membrane de caoutchouc que l'on fixe solidement à la charpente au moyen de fils qui s'enroulent dans les deux sillons de l'anneau. Dans l'intérieur du cylindre ainsi formé, on insuffle de l'acide carbonique, de manière à gonfler les membranes et à donner aux lentilles la distance focale que l'on veut en augmentant ou en diminuant la pression du gaz à l'intérieur. Le tic tac d'une montre placée à l'un des foyers de la lentille s'entendra très distinctement à l'autre foyer. — EXPLICATION DES SONS MYSTÉRIEUX. — L'effet que produisent sur l'esprit certains sons est souvent très curieux. Nous ne faisons pas allusion aux phénomènes ordinaires du langage, du chant et de la musique, dans lesquels l'appareil producteur du son nous est familier, ce qui permet à la personne qui l'entend d'évaluer sa distance avec exactitude; nous voulons parler seulement des sons « mystérieux », c'est-à-dire de ceux sur l'origine et la distance desquels il peut y avoir quelque doute; alors arrive l'illusion, et l'imagination se mettant en travail, il en résulte souvent de singulières hallucinations. L'obscurité plus ou moins complète est, de plus, un agent qui prête son incertitude aux aberrations de l'esprit. Quand une personne, plongée dans l'obscurité ne peut voir ce qui produit des sons qu'elle entend, elle se forge les idées les plus extravagantes, et pour peu qu'elle soit superstitieuse, elle croit fermement se trouver en face d'un fantôme. Il n'est peut-être pas un seul de nos lecteurs qui n'ait, pendant une nuit sombre, perçu des sons d'une source invisible : tantôt des sifflements, quelquefois un cri prolongé ou bien un gémissement. De là les contes de fées, de revenants et d'esprits de toute sorte. Avec un peu plus de calme et d'attention, il ne serait pas difficile de s'apercevoir que ces bruits proviennent d'oiseaux ou d'autres animaux sauvages. — BRUITS DES CHAMBRES A COUCHER. Sir David Brewster a fait un excellent récit de bruits nocturnes mystérieux, qui, après avoir effrayé beaucoup de monde, se trouvèrent être inoffensifs quand ils furent vérifiés par quelqu'un dont l'esprit n'était pas prévenu par la frayeur. Un bon bourgeois entendait chaque soir un bruit étrange peu après s'être couché. On ne pouvait assigner aucune cause à ce bruit et les contes allaient leur train, quand on finit par découvrir qu'une garde-robe, placée près de la tête du lit, causait le tapage nocturne. Quand le bourgeois se déshabillait, il ouvrait la porte de cette garde-robe, et comme la porte fermait mal, il la repoussait ensuite tout contre; les changements graduels de température entr'ouvraient avec un bruit sourd et sinistre qui s'arrêtait en quelques secondes. Que de craintes ridicules on s'épargnerait souvent avec un peu d'attention pour les bruits qui proviennent de l'expansion et de la contraction des meubles, des boiseries, des portes, des panneaux, des bois de lits, etc. Entendu la nuit, quand tout est plongé dans le silence et l'obscurité, le craquement d'un meuble peut effrayer les personnes qui n'en connaissent pas la cause, due aux variations atmosphériques. — SONS QUE L'ON NE PEUT ENTENDRE. Le son, qui s'entend presque toujours mieux la nuit que le jour, prend parfois une intensité exagérée ou bien ne s'entend pas du tout à une petite distance, quand le vent l'emporte violemment dans une direction opposée ou quand l'air est très humide. L'atmosphère produit plus ou moins les ondes sonores, suivant qu'elle est transparente ou opaque. Il y a donc pour les ignorants une sorte de mystère dans le fait, qu'un son est produit par un objet peu éloigné et que pourtant ils n'entendent pas. Il y a des gens qui se perçoivent pas le cri d'un moineau; d'autres qui entendant ce cri, ne

peuvent percevoir le cri d'une chauve-souris : cela dépend d'un défaut du tympan, analogue à l'achromatopsie de l'œil. Un cas singulier de bruit non entendu se présenta pendant la guerre de l'indépendance des États-Unis. L'armée anglaise et l'armée américaine se trouvaient chacun sur le bord opposé d'une rivière; leurs avant-postes se distinguaient parfaitement les uns les autres et les Anglais curent voir un tambour américain battant la retraite; mais ils n'entendaient aucun bruit. Ce phénomène fut attribué à la résistance qu'opposait au son l'air au-dessus de la rivière, en raison de l'humidité et de l'état particulier de la température. — EXAGÉRATIONS MYSTÉRIEUSES. Quelquefois un son résonne plus fort qu'on ne croyait l'entendre. Par exemple, il existe à Carisbrooke-Castle (île de Wight), un puits profond de plus de 200 pieds. Quand on y jette une épingle ou tout autre petit objet un peu lourd, on entend un grand bruit après cet objet a frappé l'eau qui se trouve au fond. Le son s'entend sur l'eau ou sur la glace à une distance bien plus grande que sur terre; c'est une expérience qui a été faite par le Dr anglais Hutton qui entendit lire une personne à 40 m. de distance sur la Tamise, tandis qu'il l'entendait seulement à 25 m. sur le rivage. Quand le lieutenant Foster hivernait dans les régions arctiques, il put converser avec un homme qui se trouvait éloigné de deux kilomètres. On prétend que la voix humaine peut se faire entendre, sous certaines circonstances, à 16 kilom. de Gibraltar. Dans la cathédrale de Girgenty (Sicile), le murmure d'un homme placé au foyer de l'abside semi-circulaire de l'une des extrémités, peut être distingué dans toute la longueur de l'édifice. On raconte que jadis un confessionnal avait été, par inadvertance, placé précisément en cet endroit et que les détails les plus secrets des confessions pouvaient être perçus à un autre endroit, près de l'entrée de l'église, ce qui amena de telles indiscrétions que l'autorité intervint et fit enlever le confessionnal. — RÉPÉTITION DES SONS. Des sons simples répétés plusieurs fois et des phrases entières répétées après une ou plusieurs secondes d'intervalle, voilà qui semble bien mystérieux aux personnes non familiarisées avec les conditions scientifiques dont dépendent ces phénomènes. Quelques échos célèbres présentent un caractère bien remarquable. Il s'en trouve un à Woodstock Park, près d'Oxford, qui répète dix-sept syllabes pendant le jour et vingt pendant la nuit. Un écho des rivages du Lago del Lupo (lac du Lup), près de Terni, répète également dix-sept syllabes. — BRUITS INCONNUS. Les habitants d'une localité ont été quelquefois surpris d'entendre des roulements sourds dont l'origine paraissait inexplicable. Cela peut provenir de causes bien différentes. Dans certains cas, le bruit d'une cannonade, ou de feux de peloton est transporté par le vent et se répercute sur une localité située à une distance extrêmement considérable. C'est ainsi que le bruit du canon s'est fait entendre de Messine à Syracuse, de Gênes à Livourne, de Carlscrona (Suède), en Danemark, après avoir parcouru une distance de 180 kilom. Les habitants de la côte du Kent (Angleterre) entendirent la cannonade de Waterloo, qui se trouve à plus de 160 kilom. Le feu terrible des fédéraux et des confédérés à Gettysburg, pendant la guerre civile américaine, se fit entendre à 190 kilom. Mais les grandes éruptions volcaniques donnent lieu à des phénomènes de propagation encore plus extraordinaires. Sir Stamford Raffles et d'autres personnes dignes de foi nous apprennent que la formidable éruption volcanique de l'île Sumbawa, dans l'archipel Indien, s'entendit à 1.506 kilomètres. — DIRECTION D'OU VIENNENT LES SONS. Il y a souvent quelque chose de très mystérieux dans les sons, quand nous nous trompons relativement à la direc-

tion d'où ils viennent; et si nous nous trompons à la fois sur la direction et sur la distance, le mystère augmente d'intérêt. L'un des plus jolis exemples que l'on ait donné de ce genre d'illusions fut une exhibition de ce que l'on appelait la « fille invisible », expérience à la fois plaisante et scientifique. Au milieu d'une salle se trouvait un petit globe de cuivre ou de laiton, suspendu sous un baldaquin à l'aide de ficelles ou de rubans. On faisait remarquer aux spectateurs que ce globe ne touchait à rien, sauf aux rubans. Le globe portait, sur sa circonférence horizontale, quatre embouchures de trompette. Quand on parlait dans une de ces embouchures, en posant une question quelconque, une voix douce et argentine, semblant sortir du globe lui-même, répondait aussitôt, soit en français, soit dans toute autre langue exigée par l'interrogatoire; le globe chantait même l'air qui lui était demandé. L'effet produit sur les spectateurs était merveilleux. L'illusion était complète. Et pourtant, il n'y avait là rien de surnaturel; c'était simplement une application de la science acoustique. Le baldaquin dissimulait un bâti qui enveloppait la boule et qui était percé d'un tube pour le passage de l'air et par conséquent du son. Ce tube courait depuis un jambage du bâti jusqu'à une barre horizontale qu'il suivait intérieurement. Quand un spectateur parlait ou murmurait une question à l'une des embouchures, le son se répercutait dans le creux du globe jusqu'à une salle adjacente, où il était perçu par une dame polyglotte et musicienne. Celle-ci renvoyait aussitôt la réponse par le même chemin. Le son de sa voix faisait vibrer les parois du globe qui semblait prononcer lui-même les paroles, au grand ébahissement des assistants. — VENTRILOQUIE. Il appartient à l'anatomiste et au physiologiste d'expliquer comment il peut se faire que certaines personnes prononcent des mots qui semblent sortir de leur poitrine et non de leur gorge, et cela sans le moindre mouvement apparent de leurs lèvres. Les ventriloques produisent, en imitant, de cette façon, la voix de personnes absentes, des illusions vraiment stupéfiantes. On raconte qu'un certain Saville-Carrey, qui imitait à s'y méprendre le mugissement d'un vent violent, s'amusait quelquefois à exercer son art dans un café. Ceux qui ne l'avaient jamais entendu se levaient pour s'assurer que les fenêtres étaient bien fermées; d'autres se trompaient au point de boutonner leurs habits en disant qu'il faisait froid. Un ventriloque d'un talent encore plus exceptionnel était le fameux Saint-Gilles qui entra un jour dans une église où plusieurs moines se lamentaient sur la mort d'un membre de leur communauté. Soudain, les moines entendirent une voix qui semblait descendre de la voûte : c'était le défunt qui leur parlait pour leur dire qu'il se trouvait en purgatoire et pour leur reprocher leur manque de zèle : les moines, sans se douter de la supercherie, crièrent au miracle et tombant la face contre le sol, entonnèrent le De Profundis. Un comité nommé par l'Académie des sciences pour rédiger un rapport sur les phénomènes de la ventriloquie, se rendit, en compagnie de Saint-Gilles, au domicile d'une dame à qui les savants annoncèrent qu'ils avaient à étudier un cas « d'esprits » aériens, qui se trouvaient soit chez elle, soit quelque part dans le voisinage. Pendant l'entrevue, la dame s'écria tout à coup qu'elle entendait parler les esprits au-dessus de sa tête. Chacun s'arrêta de causer; et les voix arrivèrent de dessous le plancher, puis de différents endroits de la salle. Il fut bien difficile ensuite de convaincre la dame que le seul esprit présent était la voix du ventriloque Saint-Gilles. Mais voici qui est encore plus fort. Louis Brabant, valet de chambre de François Ier, était passé maître en ventriloquie. Ayant jeté ses vues amoureuses sur une jeune

fille d'une grande beauté, il la demanda en mariage. Malheureusement il n'était pas très riche et la jeune fille l'était immensément. Les parents repoussèrent sa demande, bien que la fille, qui le trouvait de son goût, déclarât qu'elle aimerait mieux coiffer sainte Catherine que d'en épouser un autre. Le père étant venu à mourir, Louis Brabant renouvela sa demande à la mère : pendant l'entrevue qui eut lieu à cette occasion, la mère entendit tout à coup la voix de son mari exprimant le remords d'avoir repoussé Louis Brabant et conjurant la veuve de donner son consentement immédiat. Au comble de l'épouvante, elle obéit sur-le-champ. Mais tout n'était pas terminé. Brabant, estimant qu'il serait convenable de se conduire libéralement pour les préparatifs du mariage, et n'ayant pas la somme nécessaire pour faire face aux dépenses, résolut de voir si son talent de ventriloque lui serait aussi favorable auprès d'un banquier qu'auprès de la veuve. Il se rendit donc chez un vieil usurier, bien connu à la cour et à la ville pour avoir exploité jusqu'à la dernière plume les infortunés qui avaient eu la malchance de tomber sous sa griffe de vautour. Le vieil avare le reçut avec méfiance, après avoir fermé tous ses coffres-forts, et mis sa bourse en lieu de sûreté. Brabant, se donnant comme l'ami d'un frère que l'usurier avait perdu peu de temps auparavant, dit à l'Harpagon qu'il venait le voir à cause de visions qui l'avaient obsédé la nuit précédente : le spectre du défunt l'avait, dit-il, visité, pour lui annoncer qu'il était en purgatoire où il souffrait mille martyres, en compagnie de son père et de toute sa famille que d'horribles démons torturaient perpétuellement. Le banquier prêtait une oreille distraite à ce conte à dormir debout, quand il entendit tout à coup la voix de son propre père qui lui narra, au milieu de mille gémissements, les tourments infinis qu'il avait à supporter en purgatoire ; bientôt la voix du frère se joignit à celle du père ; puis celle d'une sœur, ensuite celle d'un neveu, enfin celle d'un fils. Tous ces esprits étaient dans la désolation ; et il aurait fallu si peu de chose pour les sauver ou tout au moins pour apporter un grand soulagement à leurs horribles souffrances ! Il aurait suffi de verser entre les mains de Louis Brabant, homme pieux et bienfaisant, la somme nécessaire au rachat de cinq chrétiens retenus en esclavage par les pirates musulmans. L'usurier, terrifié, eut un moment d'hésitation. Il demanda combien coûteraient ces chrétiens ; mais une voix lui ayant répondu qu'il fallait bien compter deux mille couronnes par esclave à délivrer, son avarice reprit le dessus ; il cria que c'était sa ruine, qu'il venait de perdre des sommes folles par suite de banqueroutes causées par la guerre, que ses terres en Bourgogne n'avaient rien produit cette année, que ses biens en Champagne venaient d'être pillés par les soudards ; enfin qu'il ne pouvait rendre une pareille somme en ce moment ; et après avoir conjuré ses chers parents de souffrir encore quelque temps, il promit de faire son possible et de prélever petit à petit des sommes sur le loyer de ses maisons, afin de racheter un esclave de temps en temps. Brabant jugea bien qu'il était inutile d'insister et qu'il n'y avait pas moyen d'attendrir le vieux coriace. Il se retira en se promettant de changer ses batteries. Il revint le lendemain et d'un air effaré raconta à l'usurier qu'il avait eu la même vision pendant la nuit. Tandis que l'avare cherchait des raisons dilatoires, les voix se firent entendre de nouveau ; mais cette fois elles avaient changé de ton. Elles annoncèrent à l'Harpagon que s'il ne versait immédiatement les dix mille couronnes nécessaires au rachat de cinq esclaves chrétiens, il serait châtié d'une façon exemplaire : les impériaux, qui déjà tenaient prisonnier

le roi de France, allaient entrer en Bourgogne et en Champagne, où ils brûleraient ses maisons, arracheraient ses arbres et ne laisseraient seulement pas un cep de vigne ; le gouvernement, ruiné par une guerre désastreuse, ferait banqueroute et il perdrait ainsi tout l'argent qu'il avait prêté, à gros intérêt, au trésorier de l'État ; le peuple, accablé d'impôts et de misère, se révolterait et mettrait le feu à toutes ses maisons, enfin il serait ruiné pour toujours. En entendant ces prophéties, l'usurier pâlit ; une sueur froide perla sur son visage. Après bien des hésitations, des soupirs et des réticences, il finit par tirer de ses coffres-forts la somme demandée, ruiné par une guerre désastreuse. Inutile d'ajouter que le ventriloque oublia complètement d'envoyer aux Turcs l'argent qu'il avait eu tant de peine à tirer de ce juif. Quand l'usurier apprit, peu de temps après, comment il avait été dupé, il eut une attaque d'apoplexie dont il mourut presque aussitôt.

SONNERIE ÉLECTRIQUE. — Les sonneries électriques à trembleur ont été appliquées pour la première fois au télégraphe de Bré-

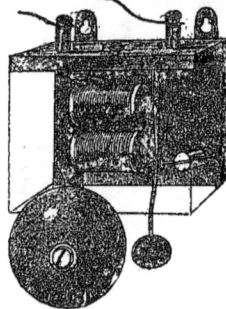

Fig. 1. — Mécanisme de la sonnerie électrique à trembleur.

guet, vers 1840. Elles se composent d'un électro-aimant auquel arrive le courant électrique par un commutateur et une tige de fer, qui

Fig. 2. — Autre disposition de la sonnerie à trembleur.

sert de manche à un petit marteau. Dès que le courant passe, l'électro-aimant attire la tige, et le marteau frappe un coup sur un timbre placé près de lui. Aussitôt, un petit ressort éloigne la tige, l'électro-aimant l'attire

de nouveau et lui fait frapper un second coup. Ce mouvement alternatif s'effectue très rapidement et produit une sonnerie continuelle. Le complément indispensable de cet appareil est l'interrupteur au moyen duquel on ferme le circuit. Cet interrupteur se compose d'un levier commutateur à une seule direction ou un bouton en matière isolante, maintenu écarté par un ressort. Par un simple effet de pression, il met en communication deux pièces de cuivre qui rétablissent le circuit par leur contact. Pour actionner une sonnerie à trembleur il n'est pas nécessaire d'employer une pile très puissante ;

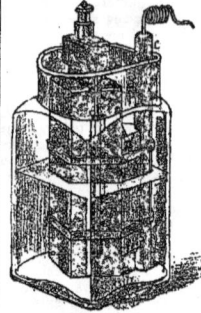

Fig. 3. — Pile Leclanché pour le service des sonneries électriques.

il suffit qu'elle soit très constante. C'est pourquoi on préfère généralement la pile Leclanché au sulfate de mercure. Mais si la sonnerie à actionner est très éloignée, ou lorsqu'il y a plusieurs sonneries à mettre en mouvement, on utilise les piles au bichromate à vase poreux ou les piles Daniell modifiées. — L'installation de sonneries électriques pré-

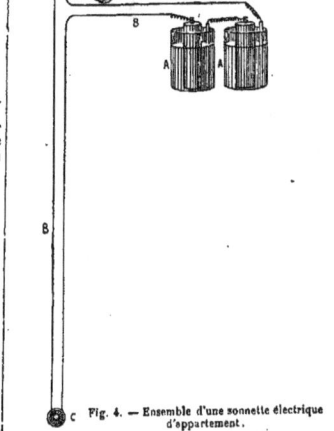

Fig. 4. — Ensemble d'une sonnette électrique d'appartement.

sente de grands avantages dans les appartements et surtout dans les magasins. Ces sonneries se composent toujours de quatre parties essentielles : 1° une pile, A ; 2° un fil conducteur, B ; 3° un bouton de contact, C ; 4° une sonnerie, D (fig. 4). — On choisit de préférence une pile Leclanché, qu'il est facile de se procurer chez les quincailliers, les serruriers et les marchands d'appareils électriques. On verse dans le verre, 100 grammes de sel ammoniac et l'on emplit d'eau le vase jusqu'aux deux tiers. Il est utile au bon fonctionnement d'avoir au moins deux éléments (AA), que l'on raccorde l'un à l'autre en reliant le fil de zinc à la borne du vase poreux. — Les fils conducteurs sont en cuivre rouge, recouverts d'une gaine de gutta-percha et revêtus de soie ou de

coton. Les extrémités qui se relient aux appareils sont mises à nu et grattées avec une lame de canif ou frottées au papier de verre. — Nous avons suffisamment parlé, plus haut, de la sonnerie; c'est toujours un trembleur à électroaimant. Le bouton de contact (fig. 5) demande une description particulière. Il a pour but d'ouvrir le circuit par un simple attouchement; il fonctionne, à proprement parler, comme un robinet qui livrerait passage au courant. Il se compose de deux pièces appliquées l'une contre l'autre. L'une, A, porte en son centre un bouton d'ivoire ou d'os; l'autre est formée de deux pièces métalliques, X et Y, maintenues dans le bois par des vis. La pièce Y est appliquée sur le fond de la rondelle; la pièce X, au contraire, bien qu'étant attachée comme l'autre,

Fig. 5. — Bouton de contact électrique

se soulève par son extrémité et forme ressort pour écarter le bouton d'ivoire après chaque appel. Les fils de cuivre de la conduite étant reliés, l'un à X, l'autre à Y, il en résulte que dès que l'on appuie sur le bouton, il y a contact entre X et Y, et que le courant s'établit. Aussitôt qu'on abandonne le bouton, la lame faisant ressort le repousse, le contact est interrompu et la sonnette cesse de se faire entendre.

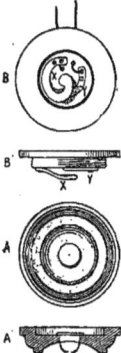

SORBIER (Jean BARTHÉLEMOT), général d'artillerie, né à Paris en 1762, mort au château de La Motte, commune de Saint-Sulpice, près de Nevers, en 1827. Il était fils d'un chirurgien militaire, fut élève à l'école de Brienne avec le jeune Bonaparte, qu'il eut encore pour camarade au régiment de la Fère (1783), fit toutes les guerres de la République et de l'Empire, devint général de brigade en 1796, commandant de l'artillerie de l'armée d'Italie en 1809, colonel de l'artillerie de la garde en 1810, fit la campagne de Russie, réorganisa l'artillerie en qualité d'inspecteur général, après la retraite de Moscou, fit toutes les campagnes de 1813-1814, conserva ses fonctions pendant la première Restauration et les Cent-Jours, mais dut les quitter à la deuxième Restauration.

SORE, s. m. (gr. sóros, amas). Bot. Nom donné aux petits amas de sporanges qui se trouvent sous les frondes des fougères : *les sores sont formés de sporanges renfermant les spores.*

SOROSE, s. f. [so-rô-ze] (gr. sóros, amas). Bot. Fruit composé, de plusieurs fruits soudés en un seul corps par l'intermédiaire de leurs enveloppes florales, charnues et entre greffées de manière à ressembler à une baie mamelonnée, comme dans le mûrier et l'ananas.

SOUAKIM (ang. *Suakin*). Cette ville, occupée en 1882, par les troupes anglaises, a été la base d'opérations de deux armées; l'une composée de 5.000 hommes, essaya de pénétrer en Nubie, lors de l'insurrection de 1884, remporta quelques avantages sur Osman-Digma, mais ne put délivrer la place de Tokar; la seconde, de 15.000 hommes, avait pour objectif le Soudan (1885); mais elle ne réussit pas dans ses opérations et dut se rembarquer en laissant une forte garnison anglaise à Souakim.

SOUAZILAND (ang. *Swaziland*), petit État indigène de l'Afrique méridionale, entre Natal, le Transvaal, le Zoulouland et le terri-

toire portugais: 22.000 kilom. carrés; 50.000 hab. Ce territoire est montagneux et renferme de fertiles vallées, de grandes richesses minérales, des mines d'or, de charbon, etc. Les Souazis forment une section de la belliqueuse nation zouloue ; mais ils ont toujours été alliés des Anglais contre leurs compatriotes. À la fin de la guerre du Transvaal, leurs frontières furent soigneusement délimitées et leur indépendance fut solennellement reconnue. Mais en 1885-'86, les Boers, avec leur mépris ordinaire pour les traités avec les indigènes, empiétèrent sur le territoire du Souaziland. Umbandine, roi de ce pays, invoqua l'assistance de la Grande-Bretagne et la nomination d'un résident anglais pour lui servir de conseiller. Le danger était d'autant plus pressant que l'on venait de découvrir des mines d'or chez les Souazis et que les Boers ne cachaient pas l'intention d'absorber tout le pays. L'Angleterre intervint et fit adopter à la république *Sud-Africaine* un arrangement signé le 4 août 1890. Le Souaziland resta libre, sous le protectorat britannique; mais les Boers furent autorisés à construire un chemin de fer à travers le pays, jusqu'à la baie de Kosi.

SOUDAN. On donne ce nom, d'une manière un peu arbitraire, à la section de l'Afrique qui gît immédiatement au sud du Sahara. Ses limites sont mal définies; mais on s'accorde généralement à lui reconnaître pour bornes le Sahara au N., les montagnes abyssines à l'E., le bassin du Congo au S., et la Sénégambie à l'O. Dans ces limites, sa superficie serait d'environ 5 millions de kilom. carrés, et sa population de 80 à 90 millions d'hab. Il s'étend principalement entre 5° et 18° lat. N. et se trouve entièrement entre les tropiques. Le Soudan ou « Pays des Nègres » est la patrie de la véritable race noire; mais en plusieurs lieux l'élément arborigène est mélangé d'éléments étrangers venant du nord et de l'Est: Foulahs, Tibbous, Berbères et Arabes. Les Arabes, particulièrement, ont imposé leur religion et leur civilisation aux indigènes et donné des souverains à plusieurs États. — Le Soudan occidental et central est divisé en 8 États indépendants ou quasi indépendants, savoir (de l'O. à l'E.) : Bambarra, Moassina, Gando, Sakatou, Adamaoué, Bornou, Baghirmi et Ouadaï. Le Soudan oriental comprend le Darfour, le Kordofan, Sennaar, Taka, la province équatoriale (où s'est établi Emin-Pacha) et la province de Bahr-Gazal. — Le district de Sennaar qui forme la limite orientale du Soudan, a été jusqu'à ces derniers temps, sous la domination égyptienne. Voy. ÉGYPTE et MAHDI, dans ce supplément. — SOUDAN FRANÇAIS, partie du Soudan occidental que la France a soumise à sa domination ou sur laquelle elle a des prétentions. On appelle *Daenom*, la région comprise entre le haut Niger, les sources de la Gambie et le Sénégal. Le Daenom est tout à fait distinct du gouvernement du Sénégal et de celui des *Rivières du sud*. Ce dernier, placé depuis quelques années, sous les ordres d'un lieutenant-gouverneur, renferme les ports de Konacry, de Benty, etc., dans lesquels les produits soudanais sont expédiés en grande partie à destination de l'Europe et surtout de la France. Le Soudan français ressemble beaucoup au Sénégal pour la constitution du sol, avec cette différence qu'il est mieux arrosé : on n'y compte pas moins de 75 rivières importantes sur une longueur de 130 lieues à vol d'oiseau. Le sol est très fertile et la végétation luxuriante. La température, inférieure à celle du Sénégal, permet de se livrer avec moins de fatigue aux travaux des champs. Le terrain est plat ou à peine ondulé de quelques monticules servant de limites aux bassins des différents cours d'eaux. Parmi les productions du Soudan, nous devons citer : le palmier dattier, le chi ou arbre à beurre, le sée dont le fruit donne une sorte de graisse analogue au saindoux, mais moins bonne; l'acacia-gommier,

l'arachide, dont on tire également de l'huile, et dans certaines contrées, des épices, du tabac, de la canne à sucre, des céréales, du riz, du millet, du maïs. Les arbres à caoutchouc, ainsi que plusieurs bois d'ébénisterie, comme le bambou, l'ébénier, se rencontrent à peu près partout. — Le Soudan français forme un gouvernement spécial, dont le titulaire est le colonel Archinard. Sa capitale politique est Kayes, sur le Sénégal, tête de ligne du chemin de fer de pénétration et résidence du gouverneur. En dehors de Kayes, les principaux centres de la nouvelle colonie sont Médine et Baffoulabé sur le Sénégal, puis Kita, sur la route qui relie ce dernier fleuve au Niger; enfin Bammako, dernier poste français, à la limite des États de Tieba et d'Ahmadou

SOUFRAGE s. m. Action de soufrer : *le soufrage du vin.* — Hortic. Application de la fleur de soufre sur les parties des plantes attaquées par les parasites qui altèrent les tissus et compromettent les récoltes. Le soufrage de la vigne se fait ordinairement à l'aide d'une boîte munie d'une houppe de laine qu'on promène sur les endroits envahis. Une méthode plus recommandable est celle qui consiste à lancer, sur les végétaux infestés, un liquide légèrement chargé de soufre et de chaux bouillis en mélange. Dans une serre on peut brûler le soufre, la vapeur tue les parasites. Pour le soufrage des plantes on a imaginé différentes sortes de soufflets.

SOULE s. f. (celt. *seaul*, soleil). Énorme ballon de cuir rempli de son, dont les paysans bretons se servent dans un de leurs jeux sauvages. Les joueurs se partagent en deux camps opposés; le prix déféré au vainqueur étant indiqué, les deux partis se retirent à une égale distance d'un point où la boule est lancée. La lutte commence aussitôt pour s'emparer de la soule et la porter sur une commune autre que celle où le jeu a débuté. Après quelques bousculades, on s'échauffe de part et d'autre, on se frappe violemment; le sang coule; on s'estropie souvent, l'on se tue quelquefois. Enfin quand les combattants sont exténués ou blessés, l'un d'entre eux, rassemblant tout ce qui lui reste de forces, saisit le ballon et s'enfuit vers la paroisse voisine.

SOULOGRAPHIE s. f. Ivrognerie (pop.).

SOURDIN, INE adj. De la Sourde; qui appartient, qui se rapporte à cette rivière ou aux habitants de ses rives. — S. Celui, celle qui habite dans la vallée de la Sourde.

SOUS-LE-VENT (Iles), groupe d'îles compris dans l'archipel de la Société et situé au N.-O. de Taïti. Il se compose de sept îles et de quelques récifs isolés. Les îles les plus importantes sont : Raïatea, 1.500 hab.; Bora-Bora, 800 hab.; Huahine, 800 hab. Les plus petites sont : Manou, Mahétia, Motu-Té, Maupit. La ville principale du groupe, Teavura, sur la côte de Raïatea, en face de la petite île de Tahaa, est un centre commercial qui a déjà une certaine importance. Comme la plupart des îles polynésiennes, les îles Sous-le-Vent sont entourées de récifs de coraux dont les coupures donnent accès dans des rades; parmi celles-ci, on remarque la rade de Bora-Bora, qui est grande et belle, et celle de Huahine, où une flotte entière trouverait un abri assuré. Les îles Sous-le-Vent produisent surtout du coton et du coprah. Leur population appartient à la race intéressante des Maoris. — Depuis la conquête de Taïti, le gouvernement français considéra les îles Sous-le-Vent comme une possession de la France, possession toute nominale, il est vrai, et d'ailleurs contestée par l'Angleterre, qui s'opposa toujours à l'érection du drapeau tricolore sur le territoire Maori. Les choses en étaient là, lorsque le gouvernement français fut averti en 1878, que les Allemands proposaient à la reine de Huahine un traité qui, sous

prétexte de commerce, devait leur permettre d'intervenir dans les affaires locales; de plus, un de leurs agents avait ouvert des pourparlers avec les habitants de Raïatea pour l'établissement de leur protectorat. Justement effrayé, le gouvernement français résolut de prendre les devants et de rendre effective sa domination. En 1880, il fit admettre le protectorat de la France par les chefs de Raïatea et de Huahine, et il fit aussitôt hisser notre drapeau à Teavura. Mais l'Angleterre protesta et, à la suite d'une série d'incidents qui ont fait une grande sensation en Océanie, un accord intervint entre deux gouvernements, pour nous autoriser à rehisser notre pavillon sur Raïatea; mais la convention disait que le protectorat devait être prorogé de six mois en six mois. En 1885, l'Allemagne renonça formellement à toute prétention sur cette partie de l'Océanie, et le 2 nov. 1887, les Français ayant consenti à évacuer les Nouvelles-Hébrides, le gouvernement anglais signa une convention en vertu de laquelle il nous autorisa à prendre définitivement possession de ce groupe d'îles.

- SOUS-MÈRE s. f. Hortic. Branches qui, dans les espaliers, sont inférieures en force aux branches mères ou charpentières.

SOUS-OFFICIERS. — Législ. La première réduction opérée en 1872 dans la durée du service militaire actif a amené une diminution excessive du nombre des sous-officiers; et l'on a reconnu un peu tard qu'il y avait encore beaucoup à faire afin de en conserver dans l'armée un nombre suffisant pour les besoins. Les hommes les plus aptes à remplir ces modestes fonctions refusaient de les accepter, et ils avaient hâte de quitter leur corps à l'expiration de leur temps de service actif. On a donc cherché à les retenir en leur réservant des emplois civils ou militaires, après douze années de service. Ce fut là l'objet de la loi du 24 juillet 1873. Mais on reconnut bientôt que ces privilèges étaient insuffisants; et les lois du 22 juin 1878, 18 août 1879 et 23 juillet 1881 ont attribué en outre aux sous-officiers rengagés des avantages pécuniaires, tels que : haute paye, première mise d'entretien, indemnité de 2,000 fr., pension proportionnelle ou pension de retraite, etc. On chercha, de plus, à donner aux sous-officiers plus de liberté, plus de confortable et plus de prestige extérieur. Mais a-t-on remédié aux causes qui s'opposent le plus fortement au maintien d'un bon nombre de sous-officiers dans l'armée? Ne sont-ils plus soumis à des ordres arbitraires, à des punitions trop libéralement distribuées, à des réprimandes injurieuses et blessantes que ils reportent ensuite sur leurs subordonnés? L'armée française ne doit pas être, comme au siècle dernier, une école de grossièreté dans le langage et dans les mœurs; et les soldats citoyens de notre époque ont droit à être enfin traités comme des hommes, par leurs chefs de tous grades. — La loi du 18 mars 1889, renouvelle et complète les avantages qui sont offerts aux sous-officiers rengagés. En voici un résumé. Les sous-officiers sont admis dans l'année qui précède et pendant les trois années qui suivent leur renvoi dans leurs foyers, à contracter, pour deux, trois ou cinq ans, des rengagements qui sont renouvelables jusqu'à une durée de 15 années de service effectif. Ils peuvent ensuite, sur leur demande, rester sous les drapeaux, à titre de *commissionnés* jusqu'à l'âge de 47 ans; et ils le peuvent aussi dès l'expiration de leur rengagement, s'ils ont au moins 10 ans de service effectif. Le nombre total des sous-officiers rengagés ou commissionnés ne peut dépasser dans chaque arme ou service, les deux tiers de l'effectif normal des sous-officiers. La rétrogradation ou la cassation du sous-officier rengagé, la révocation ou la mise à la retraite d'office du

commissionné ne peuvent être prononcées, que par le commandant du corps d'armée, sur l'avis conforme du conseil de régiment. Tout sous-officier qui contracte un rengagement a droit à une première mise d'entretien de 240, 360 ou 600 fr., selon que le rengagement est de 2, de 3 ou de 5 ans. Si après l'expiration d'un premier rengagement de 5 ans, il en contracte un second de 2, 3 ou 5 ans, il reçoit de nouveau une première mise d'entretien de 200, 300 ou 500 fr. Le sous-officier qui se rengage a encore droit à une solde spéciale, à une haute paye, à une prime de rengagement qui varie de 600 à 1,500 fr. suivant la durée du rengagement, et à une gratification annuelle de 200 fr. La prime de rengagement est payée au moment où le sous-officier quitte les drapeaux. S'il est autorisé à se marier, la prime ou la part proportionnelle à laquelle il a droit est mise à sa disposition à dater du jour de son mariage. En cas de décès, la prime est versée à la veuve ou aux héritiers. La prime n'est allouée que pour les cinq premières années de rengagement, et les rengagements au delà de 10 ans ne donnent plus droit à la première mise d'entretien, mais seulement à la haute paye et à la gratification annuelle. La haute paye est augmentée à chaque période de 5 années de rengagement. Les sous-officiers mariés et logés en ville reçoivent une indemnité de logement payable par mois. Après 15 ans de service, le sous-officier a droit à une pension proportionnelle à la durée du son service effectif; après 25 ans de service, il a droit à la pension de retraite. Les sous-officiers ayant 15 ans de service obtiennent, s'ils remplissent les conditions nécessaires de capacité professionnelle, un des emplois civils ou militaires qui leur sont exclusivement réservés. Ces emplois sont attribués en second lieu à ceux qui ont 10 ans de service, dont 4 ans avec le grade de sous-officier. Le décret réglementaire du 4 juillet 1890 détermine à la fois les conditions d'aptitude et les matières d'examen, pour chacune des quatre catégories d'emplois réservés aux sous-officiers dans les diverses administrations publiques. — Les caporaux ou brigadiers rengagés qui, un an au moins avant l'expiration de leur premier rengagement, sont nommés sous-officiers, ont droit, le jour de leur nomination, à une première mise d'entretien, à une prime calculée d'après le temps de service qu'ils ont à faire, à la gratification annuelle et à tous les avantages que la loi accorde aux sous-officiers rengagés.

Ch. Y.

SPECTRE SOLAIRE. Il est facile de produire un spectre solaire sans autre appareil qu'une glace, un vase plein d'eau et une feuille de papier ou un mur blanc. On plonge le miroir dans l'eau et l'incline d'environ 60°, comme l'indique la gravure ci-jointe; on fait varier cet angle suivant la direction de la lumière. Le faisceau incident, avant d'arriver sur le

Spectre solaire. — Marche des rayons lumineux.

miroir, est réfracté et dispersé une première fois à son entrée dans l'eau et une seconde fois à sa sortie, après réflexion sur le miroir. Un projette obliquement le spectre réfléchi sur la feuille de papier ou sur le mur, où il occupe un large espace. Si le soleil était trop haut ou trop bas sur l'horizon, on pourrait changer la direction des rayons incidents au moyen d'un second miroir tenu à la main.

SPINA (Alexandre della), moine florentin à qui l'on attribue l'invention des lunettes, né à Florence, mort en 1313. Entré dans l'ordre des dominicains, il passa sa vie dans le couvent de Sainte-Catherine de Pise. Il aurait inventé les lunettes vers 1285, un quart de siècle avant Salvino, autre inventeur présumé des besicles.

SPINALIEN, IENNE s. et adj. D'Epinal; qui appartient à cette ville ou à ses habitants.

SPIRE (Jean DE et Vindelin DE), nom de deux imprimeurs allemands qui établirent les premières presses à Venise, en 1469.

SPIRICULE s. m. (dimin. de *Spire*). Bot. Espèce de vaisseau en spirale, formé d'une lame étroite, mince et transparente, roulé à la manière des ressorts en fil de laiton que l'on met dans les bretelles. Ses tours qui sont souvent contigus, forment un tube cylindrique plus ou moins allongé. Le spiricule est quelquefois composé de 2 à 3 et même de 10 et 12 rubans réunis et soudés.

SPONGILLE s. f. [spon ji-leu; ll mll] (diminut. du lat. *spongia*, éponge). Zooph. Genre de spongiaires, dont l'espèce type est l'éponge d'eau douce, formée comme toutes les éponges, par des animaux qui n'ont ni tentacules ni tube digestif.

SPONGIOLE s. f. (dimin. du lat. *spongia*, éponge). Bot. Partie extrême des racines, ainsi nommée en raison du rôle qu'on lui attribue et de sa ressemblance avec une éponge : *les spongioles sont destinées à l'absorption des liquides que les racines puisent dans le sol.*

STAMINODE s. m. (lat. *stamen*, étamine; gr. *eidos*, aspect). Bot. Fausse étamine; étamine dont la transformation en pétales est incomplète.

STAND s. m. [standd., angl. stann'd] (mot anglais qui vient du gr. *stadion* et du lat. *stadium*, stade, lieu où se faisaient les courses). Sport. Tribune des spectateurs devant un champ de courses. — Lieu où les membres d'une société de tir se réunissent pour s'exercer au tir des armes à feu : *le stand du Havre; aller au stand.*

STATUOMANIE s. f. Manie des statues.

STEEPLE-CHASE (Jeux). Le nom de cette variante du noble jeu de l'oie indique assez clairement qu'elle ne prétend pas être renouvelée des Grecs et qu'elle est d'origine anglaise. C'est l'une de ces centaines de modifications que l'on a imaginées depuis un siècle. Le steeple-chase (prononcez stiple-tchèsse) est un petit jeu de hasard, à l'usage des enfants.

Le steeple-chase.

Chaque joueur possède un petit cheval surmonté d'un jockey reconnaissable aux couleurs de sa casaque et de sa casquette. L'hippodrome est représenté par un cercle de carton ou de bois, dont la piste est marquée de division et est parsemée d'obstacles, tels que barrières, fossés et banquettes. L'ordre des joueurs ayant été déterminé, chacun place son cheval au point de départ. Chacun, à tour

de rôle, jette les dés ou fait tourner un toton portant des numéros; et le nombre qu'il amène détermine le nombre des divisions qu'il fait sauter à son cheval. Quand un cheval tombe sur une division contenant un obstacle, le coup est nul et le joueur attend que son tour soit revenu de jeter les dés pour essayer de tomber en avant ou en arrière de cet obstacle. Le premier arrivé au point de départ a gagné. Il existe aussi d'autres règles que les joueurs étudient sur la notice qui accompagne ce joli jouet.

STELLULÉ, ÉE adj. [stèl-lu-lé] (lat. *stellula*, dimin. de *stella*, étoile). Bot. Qui a la forme ou l'apparence d'une étoile.

STICK s. m. (angl. *stick*, bâton, canne). Canne, cravache ou canne flexible que l'on porte pour se donner un maintien.

STIPITÉ, ÉE adj. (lat. *stipes, stipitis*, support). Bot. Qui est pourvu d'un stipe ou pied.

STIPULÉ, ÉE adj. Bot. Dont la nature tient des stipules.

STRATIFICATION s. f. Agric. Action de disposer des graines ou des fruits par couches dans des terrines ou dans des pots contenant une terre légèrement humide. La stratification ayant pour but de maintenir fraîches les graines qui perdent promptement leurs qualités germinatives, doit être opérée aussitôt la récolte faite.

SUBER s. m. [su-bèrr]. Bot. Nom lat. du liège.

SUB SPE RATI, loc. lat., qui veut dire *sous l'espoir d'approbation* et que l'on emploie, en diplomatie, quand un agent, recevant des propositions qui ne sont pas dans le sens de ses instructions, les accepte provisoirement, s'il le juge utile, sauf ratification de la part de son gouvernement.

SUCCESSION. — Législ. Suivant les dispositions du Code civil (titre des successions, promulgué le 9 floréal an XI) les droits de l'époux survivant sur la succession de son conjoint prédécédé se trouvaient bien restreints. En effet, ledit survivant était seulement appelé à recueillir la succession de son conjoint lorsque celui-ci ne laissait ni parents au degré successible, ni enfant naturel; bien qu'il pût profiter, soit d'une donation faite dans le contrat de mariage ou pendant le mariage, soit d'une libéralité testamentaire. Il en résultait que le survivant se trouvait quelquefois réduit à l'état d'indigence, après avoir partagé une existence riche ou aisée. La loi du 9 mars 1891 a comblé un oubli du législateur de 1803, en modifiant l'article 767 du Code civil. Voici le nouveau texte de cet article : « Lorsque le défunt ne laisse ni parents au degré successible, ni enfants naturels, les biens de sa succession appartiennent en pleine propriété au conjoint non divorcé qui lui survit et contre lequel n'existe pas de jugement de séparation de corps passé en force de chose jugée. Le conjoint survivant non divorcé qui ne succède pas à la pleine propriété, et contre lequel n'existe pas de jugement de séparation de corps passé en force de chose jugée, a, sur la succession du prédécédé, un droit d'usufruit qui est : D'un quart, si le défunt laisse un ou plusieurs enfants issus du mariage ; D'une part d'enfant légitime le moins prenant, sans qu'elle puisse excéder le quart, si le défunt a des enfants nés d'un précédent mariage ; De moitié dans ous les autres cas, quels que soient le nombre t la qualité des héritiers. Le calcul sera opéré sur une masse faite de tous les biens existant au décès du *de cujus*, auxquels seront réunis fictivement ceux dont il aurait disposé, soit par acte entre vifs, soit par acte testamentaire au profit de successibles, sans dispense de rapport. Mais l'époux survivant ne pourra exercer

son droit que sur les biens dont le prédécédé n'aura disposé ni par acte entre vifs, ni par acte testamentaire, et sans préjudicier aux droits de réserve ni aux droits de retour. Il cessera de l'exercer dans le cas où il aurait reçu du défunt des libéralités, même faites par préciput et hors part, dont le montant atteindrait celui des droits que la présente loi lui attribue, et, si ce montant était inférieur, il ne pourrait réclamer que le complément de son usufruit. Jusqu'au partage définitif, les héritiers peuvent exiger, moyennant sûretés suffisantes, que l'usufruit de l'époux survivant soit converti en une rente viagère équivalente. S'ils sont en désaccord, la conversion sera facultative pour les tribunaux. En cas de nouveau mariage, l'usufruit du conjoint cesse s'il existe des descendants du défunt. » — La loi du 9 mars 1891 a aussi modifié l'article 205 du Code civil, qui oblige les enfants à fournir des aliments à leurs père et mère et autres ascendants qui sont dans le besoin. La nouvelle rédaction de cet article ajoute que la succession de l'époux prédécédé doit aussi des aliments à l'époux survivant, si celui-ci se trouve dans le besoin. La pension alimentaire est prélevée sur l'hérédité; et elle est supportée non seulement par tous les héritiers, mais aussi, en cas d'insuffisance par tous les légataires particuliers, proportionnellement à leur émolument. Le délai accordé au conjoint survivant, pour réclamer la pension, est d'un an à partir du décès, et se prolonge, en cas de partage, jusqu'à son achèvement. — Nous n'avons à constater aucune autre modification apportée aux lois qui régissent les successions et que nous avons résumées dans le *Dictionnaire* (t. V, p. 361 et s.). Mais nous croyons utile de relater ici plusieurs projets de loi très importants qui sont soumis au Parlement. Nous avons déjà parlé plus haut (voy. IMPÔT) de propositions qui émanent de partisans du socialisme le plus outré, et qui tendent à attribuer à l'État toute succession *ab intestat* non dévolue à des héritiers en ligne directe. D'autres pensent, et avec raison selon nous, que l'échelle des parents appelés par la loi à recueillir une succession pourrait être seulement raccourcie; et l'on a proposé de la limiter au sixième degré, au lieu du douzième. Les droits de l'enfant naturel à la succession de ses père et mère sont trop restreints; ils devraient être relevés. Diverses propositions de loi ont pour but de modifier les droits de mutation par décès autrement dits les *droits de succession*, dont nous avons donné le tarif dans le *Dictionnaire*, au mot MUTATION. Le projet de loi présenté le 28 novembre 1889 par le gouvernement et modifié avec son assentiment par la commission chargée de l'examen dudit projet, renferme des dispositions dont nous allons faire connaître les plus importantes. La déduction des dettes à prélever sur l'actif de la succession serait effectuée dans le calcul des droits de mutation. C'est là une réforme depuis longtemps réclamée. On ne serait plus exposé à l'injustice révoltante que l'on constate aujourd'hui lorsque, l'actif d'une succession étant absorbé en majeure partie par le passif, le Trésor réclame néanmoins à l'héritier des droits de mutation dont le montant égale ou excède l'actif net. — La déduction des dettes est admise dans tous les autres pays d'Europe, à l'exception de la principauté de Monaco et d'un seul canton (Zurich) de la confédération Suisse. Cette déduction s'opère aussi dans plusieurs colonies françaises (la Réunion, la Martinique, la Guadeloupe et la Guyane). En Algérie, les successions sont encore exemptes de droits. — Pour déterminer les droits de mutation, le projet de loi dont nous parlons propose de déduire de l'actif les dettes liquides, constatées soit par des actes authentiques, soit par des jugements, soit par des actes sous seings privés, enregistrés trois mois

au moins avant l'ouverture de la succession. Les immeubles seraient estimés à leur valeur vénale, et sans que l'estimation pût être inférieure au chiffre de la capitalisation du revenu, faite au denier 20 pour les immeubles urbains, et au denier 25 pour les immeubles ruraux. Lorsque l'administration de l'enregistrement aurait cru reconnaître que les évaluations données aux immeubles par les déclarants sont inférieures à la valeur vénale, elle pourrait exiger que de nouvelles évaluations fussent faites par experts. — La perte que le Trésor devrait subir par suite de la déduction des dettes, est évaluée au quart du produit actuel. Cette perte serait compensée par la substitution de la valeur vénale des immeubles à la capitalisation du revenu, et en outre au moyen d'une surélévation du tarif actuel des droits d'enregistrement sur les donations entre-vifs, ainsi que du tarif et des droits de mutation par décès en ligne collatérale et entre personnes non parentes. Ces tarifs seraient applicables en Algérie, sauf pour les immeubles ruraux qui demeureraient exempts. — Nous ferons encore mention d'une proposition de loi qui a été présentée à la Chambre par un certain nombre de députés, le 22 mars 1890, et qui a aussi pour objet de modifier le régime fiscal en matière de successions et de donations. Cette dernière proposition se rapproche, en général, du projet de loi que nous venons d'analyser; mais les tarifs qu'elle contient s'appliqueraient aux mutations en ligne directe comme à toutes les autres mutations à titre gratuit. Ces tarifs, dont le produit devrait être très supérieur au produit actuel, seraient établis de telle sorte que les droits à percevoir, fixés à un faible taux pour la ligne directe, s'élèveraient progressivement, en raison composée du degré de parenté du bénéficiaire et de la valeur de la part qui lui serait dévolue. Ce serait une application du système de l'impôt progressif ; et cette application serait plus admissible en matière de successions et de donations que dans la perception des impôts directs, où la progression serait établie aveuglément, sans que l'on pût tenir compte de toutes les charges du contribuable. Ch. Y.

SUCRE. — Législ. La loi du 29 juillet 1884 avait fixé au 1er septembre 1887, ainsi que nous l'avons dit au *Dictionnaire* (t. V, p. 365) l'époque à laquelle deviendrait obligatoire le régime de l'abonnement, c'est-à-dire la substitution d'un impôt sur les betteraves employées dans les fabriques de sucre, à celui qui était basé sur les quantités de sucre brut fabriqué. Ce système présente de tels avantages pour les fabricants que la plupart d'entre eux l'avaient adopté avant le moment où il est devenu obligatoire. Les cultivateurs se sont appliqués à produire des betteraves d'une très grande richesse en sucre; et les procédés de fabrication ont été tellement perfectionnés que le rendement effectif, qui était autrefois de 5 à 6 kilog. de sucre raffiné pour 100 kilog. de betteraves, s'est élevé successivement à 7, puis à 8, à 9, à 10 pour 100 et au delà. Les fabricants ont donc bénéficié de l'impôt sur la différence existant entre le rendement effectif et le rendement légal. Mais ce dernier rendement, d'abord fixé de 6 à 7 pour 100 par la loi de 1884, porté aux campagnes de 1887 à 1891, ayant été reconnu trop avantageux pour les fabricants et trop faible pour les intérêts du trésor public, a été, par la loi du 4 juillet 1887, fixé de 7 à 7,75 p. 100, pour les mêmes campagnes. En outre, le droit de consommation, qui était alors de 50 fr. par 100 kilog. de raffiné, subissait, en vertu de la loi du 27 mai précédent, une surtaxe de 20 pour 100, c'est-à-dire de 10 fr. par 100 kilog. sur les sucres de toute origine. Les chocolats, les mélasses, etc., étaient également surtaxés. On vit bientôt que ces surtaxes étaient insuffisantes, que les bénéfices de la fabrication

étaient encore excessifs, par suite des rendements obtenus, et que la recette nette de l'impôt se trouvait considérablement réduite par les restitutions de droits auxquelles donnent lieu toutes les exportations de sucres. La taxe spéciale de 10 fr. par 100 kilog. établie d'abord sur les excédents de rendements a été portée à 20 fr. par la loi du 24 juillet 1888. Cette dernière loi a ramené de 50 fr. à 40 fr. le droit de consommation sur les sucres de toute origine ; mais elle a, en même temps, ajouté à ce droit une surtaxe temporaire de 50 pour 100, ce qui en maintient le taux à 60 fr. par 100 kilog. de sucre raffiné. Les sucres coloniaux, qui sont des sucres de canne, ne pouvant être soumis au même régime fiscal que les betteraves à sucre, supportent, à leur entrée en France, une surtaxe qui, après avoir été fixée à 10 fr. par 100 kilog., a été portée au double par la loi de 1888. La loi du 5 août 1890 est venue élever à 30 fr. par 100 kilog. de raffiné la taxe spéciale qui frappe les excédents de rendement. Cette loi fixe à 24 fr. le droit à percevoir sur les sucres de toute origine employés au sucrage des vins, cidres et poirés ; et elle élève à 13 fr. 50, décimes compris, les droits sur les glucoses indigènes. En vertu de la même loi, les raffineries de sucres sont soumises, sinon à l'exercice proprement dit, du moins à la surveillance permanente des employés des contributions indirectes ; et ceux-ci doivent tenir un compte d'entrées et de sorties pour chaque raffinerie. Un inventaire annuel doit être établi par les agents de la régie ; et, si la balance de ce compte fait ressortir un excédent des sorties sur les quantités entrées qui ont été soumises aux droits fiscaux, cet excédent est frappé du droit plein de 60 fr. par 100 kilog. Une surtaxe de 8 centimes par 100 kilog. est perçue, à titre de frais de surveillance, sur les sucres en poudre de toute origine introduits dans les raffineries. Un décret du 25 octobre 1890 contient les dispositions réglementaires relatives à l'exécution des articles de la loi du 5 août précédent qui prescrivent la surveillance permanente des employés des contributions directes, à l'entrée et à la sortie des raffineries de sucre, ainsi que les conditions d'établissement de l'inventaire annuel à dresser par lesdits employés, dans chaque raffinerie. — Est prorogée par la même loi la surtaxe de 7 fr. par 100 kilog. qui a été imposée aux sucres bruts importés des pays d'Europe ou des entrepôts. — Enfin la loi du 29 juin 1891, tout en conservant les bases adoptées en 1884, et en maintenant aussi à 7 kil. 750 grammes le taux de la prise en charge pour 100 kilog. de betteraves, fixe à 10 kil. 500 la limite à laquelle les excédents ne sont frappés que de l'impôt réduit édicté par la loi du 5 août 1890. Au delà de ces 10 kil. 500, la moitié des excédents est imposée au droit réduit (30 fr. par 100 kilog.) et l'autre moitié est passible du droit entier de 60 fr. Mais la loi de 1891 accorde aux fabricants de sucre la faculté de renoncer au régime de la prise en charge, au moyen d'une déclaration faite à la régie avant le 1er novembre de chaque année, et, dans ce cas, il leur est alloué un déchet de 15 p. 100 sur le total de leur fabrication, ce qui leur permet d'échapper aux mécomptes que présente le régime des bonis, dans les années où le rendement en sucre paraît devoir être trop faible. Les sucres correspondant à ce déchet sont passibles d'un droit égal à celui qui est applicable aux excédents. Les sucres des colonies françaises qui sont importés en France ont droit, en vertu de la loi du 13 juillet 1886, à un déchet de fabrication égal à la moyenne des excédents de rendement obtenus par la sucrerie indigène dans la dernière campagne. — Le régime du drawback, c'est-à-dire de la restitution des droits, au moment de la réexportation, est appliqué dans les principaux pays de producteurs

tion et de raffinage, tels que l'Allemagne, l'Autriche, la France, la Russie, etc. Depuis l'application de l'impôt sur la betterave, les exportateurs profitent ainsi, pour les quantités qui sont des bonis de fabrication, de la restitution de droits qu'ils n'ont pas payés. De là, une prime, donnée par l'État à l'exportation des sucres ; de là aussi la possibilité de livrer cette denrée sur les marchés extérieurs, notamment sur celui de Londres, à des prix inférieurs aux cours des pays producteurs. Les colonies anglaises ont vu ainsi fermer à leurs sucres le débouché de la métropole ; et, pour remédier à cet état de choses, le gouvernement anglais a provoqué la réunion d'une conférence internationale. Une convention provisoire a été signée à Londres le 30 août 1888 ; et le programme arrêté doit mettre fin, dans un certain délai, au système des primes à l'exportation. Mais il suffit que l'un des pays producteurs persiste à appliquer le système des primes pour qu'il soit maintenu dans les autres. La réduction du droit de consommation sur les quantités de sucre employées au sucrage des vins et des cidres, au moment de la fermentation a donné des résultats importants. Pendant les années où la production s'est trouvée très réduite, le sucrage des vins de première cuvée et la fabrication des vins de deuxième cuvée ou vins de marcs ont été largement pratiqués dans les contrées vinicoles. (Voy. VIN.) Le sucrage des cidres est encore très peu répandu. — La loi du 6 juin 1889 a rendu obligatoires la vérification et le poinçonnage des densimètres qui sont employés dans les fabriques de sucre pour constater la richesse saccharine de la betterave. — Ajoutons ici quelques chiffres de statistique. Dans la campagne 1889-1890, les fabriques françaises de sucre indigène ont employé plus de six milliards et demi de kilogrammes de betteraves, qui ont produit 731 millions de kilogrammes de sucre, savoir : 166 millions 1/2 dans le département de l'Aisne, 162 millions dans le Nord, 118 dans la Somme, 85 dans le Pas-de-Calais, 68 dans l'Oise, 47 1/2 dans Seine-et-Marne, 13 dans les Ardennes, autant en Seine-et-Oise, et 48 dans d'autres départements. Les 158 millions de sucre de canne importés pendant l'année 1889 ont été fournis en majeure partie par les colonies françaises, savoir : 46 millions de kilog. par la Guadeloupe, 35 par la Martinique, 25 par la Réunion, 4 par Mayotte et Nossi-Bé. L'importation étrangère a été limitée à 48 millions de kilog. provenant de Java pour 44 millions, et d'Égypte pour 4 millions. C'est le port de Marseille qui a reçu la plus grande quantité de ces importations, soit 78 millions. Viennent ensuite le port de Nantes, avec 39 millions et celui de Bordeaux avec 23 million. Le Havre a reçu par 3 millions 1/2 de kilog. en sucres bruts coloniaux.　　　　Cн. Y.

SUD-AFRICAINE (République). — Nom officiel de l'ancien Transvaal, qui forme aujourd'hui un état autonome protégé par l'Angleterre, au N. de la rivière Vaal et au S. du Limpopo, entre le Bechouanaland à l'O., et le territoire portugais à l'E., le Souaziland, le Zoulouland, Natal et Orange au S. Ses frontières ont été fixées par la convention de Londres en date du 27 février 1884. — Superficie : environ 316.000 kilom. c.; population, 610.000 hab., dont 110.000 blancs. Cap., Pretoria (5.000 hab.) ; ville principale, Johannesberg (1.500 hab.). Chemin de fer : ligne de la baie de Delagoa jusqu'à la frontière de la République sud-africaine (81 kilom.); la continuation de cette ligne jusqu'à Pretoria est en construction. Il n'y a pas d'armée permanente. En cas de guerre, tous les citoyens valides sont appelés à défendre le pays. L'État est gouverné par un président élu pour 5 ans et qui est assisté, ou, pour mieux dire, surveillé par un résident anglais. Le pouvoir législatif appartient au Volksraad, assemblée de 44 mem-

bres, élus pour 4 ans par les citoyens qui paient 425 fr. d'impôts. La découverte de vastes gisements aurifères dans presque toutes les parties de la République a donné une grande importance à l'ancien Transvaal. Il y a aussi de riches mines de charbon de terre, des mines d'argent, de cuivre, de plomb, de fer, de cobalt, d'étain et de platine.

SUEZ (Canal de). En vertu d'un accord intervenu entre la France et l'Angleterre le 25 oct. 1887, cette dernière puissance consentit à la neutralisation du canal. Voici le résumé des articles les plus importants de cet accord : 1° le canal doit être libre et ouvert, en temps de guerre comme en temps de paix, à tout navire de commerce ou de guerre, sans distinction de pavillon ; il ne sera jamais assujetti à l'exercice du droit de blocus; 2° le canal d'eau douce, reconnu indispensable au canal maritime, ne devra jamais être obstrué; 3° il ne sera élevé aucune fortification pouvant servir à une opération offensive contre le canal maritime sur un point qui le commande ou le menace. Aucun point, en commandant ou en menaçant le parcours et l'accès, ne pourra être occupé militairement. Enfin, il est convenu qu'une commission internationale, composée des consuls généraux des puissances intéressées, déterminera les limites des zones neutralisées, fera disparaître toute fortification ou tout ouvrage militaire comprís dans cette zone et empêchera tout rassemblement de troupes sur les territoires neutralisés. — Les puissances contractantes s'engagent à ne maintenir dans les eaux du canal (y compris le lac Timsah et les lacs Amers), aucun bâtiment de guerre, sauf dans les ports d'accès de Port-Saïd et de Suez, où elles pourront faire stationner des bâtiments de guerre, dont le nombre ne devra pas excéder deux pour chaque puissance.

SUGGESTIF, IVE adj. [sug-gèss-tif] (rad. suggérer). Qui produit une suggestion ; qui suggère ; qui inspire ; qui fait naître des idées : livre suggestif; cette pièce de théâtre est suggestive.

SUGGESTION. Ce mot a reçu, depuis quelques années, un sens nouveau ; il signifie : action de suggérer à un sujet hypnotisable un acte qu'il devra accomplir à son réveil.

SUMBUL s. m. [son-bul]. Musc végétal qui est la racine d'une plante vivace ombellifère, haute de 2 à 3 m., et que Hooker a nommée forula sumbul (euryangium sumbul, Kaufmann). La racine de Sumbul fut introduite en Russie vers 1830, comme pouvant remplacer le musc; mais la plante même ne fut pas connue avant 1869, époque où elle fut découverte par un explorateur russe dans les montagnes de Maghian, à l'E. de Samarkand. Des spécimens ont fleuri dans les jardins botaniques de Moscou et de Kiew. La racine, telle qu'on la trouve dans le commerce, est en tranches transversales de 10 à 30 centim. de diamètre et de 2 à 3 centim. d'épaisseur. Elle émet une forte odeur qui ressemble à celle du musc; elle possède un goût d'abord douceâtre et ensuite amer et balsamique. Le sumbul est stimulant, tonique et carminatif. On peut l'employer à la place du musc dans les affections nerveuses, comme l'hystérie, l'asthme spasmodique, l'épilepsie, etc. La meilleure manière de l'administrer est sous forme de teinture que l'on obtient en faisant macérer 75 grammes de racine dans un demi-litre d'alcool dilué. La dose de cette teinture est de 10 à 40 gouttes.

SUPÈRE adj. (lat. super, sur). Bot. Se dit de l'ovaire qui est plus élevé que l'insertion de l'enveloppe florale; on dit aussi HYPOGYNE.

SUPEROVARIÉ, IÉE adj. (préf. super; franc. ovarié). Bot. Se dit des plantes dont l'ovaire est au-dessus de l'insertion des pétales et des étamines.

SURBINE s. f. Argot. Surveillance.

SURBINER v. a. Argot. Surveiller.

SURGREFFER v. a. Hortic. Greffer de nouveau sur un rameau issu d'une première greffe. Ce procédé s'emploie pour des races ou des variétés qui demandent des sujets peu vigoureux et dont on atténue la force par un greffon qui sert ensuite de sujet.

SUSPENSEUR (Cordon). Bot. Série de cellules qui persistent dans le sac embryonnaire et auquel est attenant l'embryon.

SUSE. Capitale de l'ancienne Susiane et des rois élamites, résidence favorite du roi de Perse. Jusqu'à nos jours on ne connut de

SYCONE s. m. (gr. *sucon*, figue). Bot. Inflorescence particulière qui se rapproche des capitules et qu'on observe dans quelques plantes de la famille des Morées : dorslénie, ficus, arbre à pain, etc. Dans cette inflorescence, les fleurs sont enfoncées au milieu du réceptacle, où elles sont plus ou moins dissimulées. Le réceptacle devient charnu et prend un grand développement. Dans la figue, les fleurs staminaires sont dans la partie supérieure; les fleurs pistilaires se trouvent dans le reste de la cavité.

SYLVICULTEUR s. m. Celui qui s'occupe essentiellement de la culture des arbres forestiers.

tionnaire, t. V, p. 389) a été étendue, par celle du 22 décembre 1888, à divers genres de travaux qu'elle ne comportait pas, tels que l'ouverture, l'élargissement, le prolongement et le pavage des voies publiques, ainsi qu'à toute amélioration ayant un caractère d'intérêt public dans les villes et faubourgs, bourgs, villages ou hameaux. Plusieurs autres modifications ont en outre été apportées à la loi de 1865. Ainsi les préfets peuvent, avec l'autorisation du conseil général, adhérer à une association syndicale pour les biens du département; la même faculté est donnée aux maires, avec l'autorisation du conseil municipal, pour ce qui regarde les biens d'une commune, et aux administrateurs des établissements publics, pour les biens de ces établissements. — La loi du 21 mars 1884 sur les *syndicats professionnels* a donné des droits égaux aux ouvriers et aux patrons. (Voy. au *Dictionnaire*, t. V, p. 390.) La Chambre des députés a voulu rompre cet équilibre en adoptant, le 13 février 1890, un projet de loi, ainsi conçu : « Quiconque, patron, contremaître, « employé ou ouvrier, sera convaincu d'avoir « par menace de perte d'emploi ou de priva- « tion de travail, refus motivé d'embauchage, « renvoi d'ouvriers ou employés, à raison de « qualité de *syndiqués*, violences ou voies de « fait, dons, offres ou promesses de travail, « entravé ou troublé la liberté des associations « professionnelles, ou empêché l'exercice des « droits déterminés par la loi du 21 mars 1884, « sera puni d'un emprisonnement d'un mois « à trois mois et d'une amende de 100 fr. à « 2.000 fr. » Une telle loi amènerait de fréquents conflits, et susciterait la guerre de classes, au lieu de la prévenir. Elle serait une atteinte profonde à la liberté des contrats et ses conséquences seraient désastreuses. C'est donc avec raison que le Sénat a refusé de voter le projet de loi. (Séance du 23 juin 1891.) Le nouvel article 1780 du Code civil (voy. cidessus le mot LOUAGE) suffit à garantir les intérêts respectifs de l'ouvrier et du patron. — Nous avons parlé, au *Dictionnaire*, des *associations syndicales de communes*, que le président de la République peut instituer par décret, en vertu de la loi municipale du 5 avril 1884, et qui ont pour mission d'administrer des intérêts indivis entre plusieurs communes. Une loi du 22 mars 1890 a ajouté à celle de 1884 un titre tout entier (art. 169 à 180), relatif à un nouveau genre d'association qui prend le nom de *syndicat de communes*. Aux termes de cette loi nouvelle, lorsque les conseils municipaux de deux ou de plusieurs communes d'un même département ou de départements limitrophes ont fait connaître, par des délibérations concordantes, leur volonté d'associer les communes qu'ils représentent en vue d'une œuvre d'utilité intercommunale, telle qu'un hospice, un bureau de secours, etc., et qu'ils ont décidé de consacrer à cette œuvre des ressources suffisantes, les délibérations sont transmises par le préfet au ministre de l'intérieur, et, s'il y a lieu, un décret rendu en conseil d'État autorise la création d'un syndicat de communes. Ces syndicats sont des établissements publics investis de la personnalité civile; et ils sont soumis aux lois et règlements concernant la tutelle des communes. Si les communes syndiquées font partie de plusieurs départements, le syndicat ressortit à la préfecture du département auquel appartient la commune qui, en vertu du décret d'institution, est le siège de l'association. Le syndicat est administré par un comité dont les membres sont élus au scrutin secret par les conseils municipaux des communes intéressées, chaque commune étant représentée par deux délégués. Si un conseil, après mise en demeure du préfet, néglige ou refuse de nommer ses délégués, le maire et le premier adjoint représentent la commune dans le comité du syndicat. Les

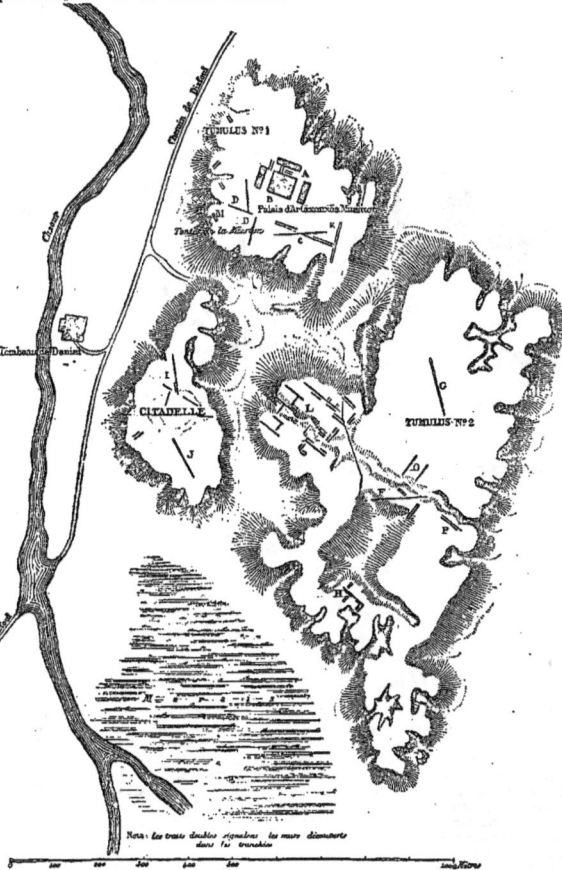

Dieulafoy, del.   **Ruines de Suse. — Plan des Tumuli.**   *Cité P. Meheux-FR 7,4 Blainville, Paris*

Suse que quelques tumuli, des vestiges de terrasses, différentes inscriptions cunéiformes, et un tombeau considéré comme étant celui de Daniel. Loftus, le seul orientaliste qui eût visité les ruines de cette cité, en avait donné la description. De nos jours, notre compatriote Dieulafoy a découvert l'entrée du palais d'Artaxercès-Mnemon. Ses recherches lui ont permis de révéler *les principes de l'architecture perse à l'époque achéménide*, période pendant laquelle domine la brique ornée de revêtements en faïence émaillée.

SYNAPTE s. m. [si-na-pte] (gr. *sunaptès*, joint). Zooph. Genre d'échinodermes holoturides, comprenant une douzaine d'espèces, dont une vit sur les côtes de la Manche. On a supposé que les synaptes ne sont que les larves du mollusque appelée *natice*.

SYNCARPÉ, ÉE adj. (gr. *sun*, avec; *karpos*, fruit). Bot. Se dit des fruits formés de plusieurs carpelles soudés entre eux.

SYNDICAT. — Législ. La loi du 21 juin 1865 sur les *syndicats de propriétaires* (voy. au *Dic-*

règles de la comptabilité des communes s'appliquent à celle du syndicat. Le comité élit annuellement, parmi ses membres, les membres de son bureau. Le comité peut choisir, parmi ses membres ou en dehors, une commission de surveillance et un ou plusieurs gérants. L'administration des établissements faisant l'objet du syndicat est soumise aux règles du droit commun; et le comité exerce à l'égard de ces établissements les droits qui appartiennent aux conseils municipaux. à l'égard des établissements communaux de même nature. Il résulte d'une circulaire adressée par le ministre de l'intérieur aux préfets, le 25 août 1890, que les syndicats dont il s'agit peuvent être constitués entre des communes appartenant à des départements différents, et qu'ils peuvent avoir pour objet, non seulement des institutions de bienfaisance, mais aussi des travaux d'assainissement, l'établissement de conduites d'eau et de réservoirs communs, l'éclairage par le gaz ou l'électricité, etc. Cette loi du 22 mars 1890 doit avoir pour effet de remédier autant que possible à l'extrême division administrative du territoire français. Sur un nombre de communes qui approche de 37,000, près de la moitié comptent moins de 500 habitants, et se trouvent, par suite, hors d'état de constituer des établissements de bienfaisance ou d'utilité publique. En Angleterre, il existe sous les noms d'*unions de paroisses*, de *districts de routes*, de *districts scolaires*, etc., des associations de paroisses qui pourvoient, à frais communs, à l'entretien de divers services. De semblables circonscriptions sont organisées, dans le même but, en Allemagne, en Autriche, en Suisse, etc. Et puisque la concentration administrative n'a pu être faite en France, au chef-lieu de canton, il était indispensable de donner la personnalité civile aux associa-

tions que des intérêts communs appellent à se former entre plusieurs communes. Cн. Y.

SYNOVITE s. f. Inflammation des membranes synoviales. La synovite se rencontre chez les chevaux qui font un service au trot. On a recours aux bains froids. S'ils ne font pas disparaître les engorgements tendineux, on applique un liniment.

SYRRHAPTE s. m. [sir-ra-pte] (gr. *sun*, ensemble; *rhaptó*, je cous). Ornith. Genre de gallinacés, voisin des tétras, dont il diffère

Syrrhaptes paradoxus ou coq des sables asiatique.

parce que tous ses doigts sont réunis à leur base et que seules les dernières articulations sont distinctes. L'espèce unique de ce genre (syrrhaptes paradoxus) a été découverte par

Pallas, et est originaire des plaines sablonneuses de l'Asie centrale (Boukharie et Tartarie), où il vit en troupes innombrables. Le syrrhapte

Œuf du syrrhapte (grandeur naturelle).

marche très mal; il vole avec rapidité, mais il se repose fréquemment. Son plumage est

Dessus de la patte du syrrhapte.

Dessous de la patte du syrrhapte.

jaune, rayé de barres brunes. Quand il est caché dans les trous qu'il creuse avec ses pattes dans le sable, il est très difficile de le distinguer.

T

TABAC. — Un Américain a calculé que tout le tabac consommé en une année, fumé, chiqué et prisé, si on le roulait en forme de corde de deux pouces de diamètre, formerait un serpent gigantesque qui, suivant la ligne de l'équateur, pourrait faire trente fois le tour de la terre. — Avec la même quantité de tabac pressé en tablettes *solides*, comme celles qui servent à la chique des matelots et des Yankees, **on élèverait une pyramide** presque égale à la troisième des grandes pyramides de Gizeh. — Enfin, si l'on râpait cette même quantité en tabac à priser, on pourrait, sous l'amoncellement de cette poussière brune, ensevelir une ville de moyenne grandeur, comme autrefois *Herculanum* et *Pompéi* furent recouvertes par les cendres du Vésuve. — **Tabacs artificiels.** *Le Journal of applied science* (Journal de science appliquée), appelle l'attention sur un rapport fait récemment au sujet de la manière dont on fabrique des imitations de tabac, en Thuringe (Allemagne), où plus de 1,000 tonnes séchées de betterave passent annuellement à l'état de tabac. On emploie, pour le même usage, de grandes quantités de feuilles de betterave, de

chicorée et de chou, à Magdebourg, dans le Palatinat. Les cigares *Vevey*, qui obtiennent une si grande faveur dans l'Allemagne du Sud, ne *contiennent pas une parcelle de tabac*, mais sont entièrement composés de feuilles de chou et de betterave, dépouillées de l'odeur et du goût qui leur sont particuliers, *par une forme spéciale de culture et par* des immersions fréquentes et longtemps continuées dans de l'eau de tabac. — **Statistique.** A l'Exposition universelle de 1889, dans le pavillon construit au Champ-de-Mars par ses ingénieurs, l'administration des manufactures de l'Etat avait exposé des tableaux statistiques résumant la gestion du monopole des tabacs. Nous allons en reproduire quelques extraits. Cette administration possède 27 magasins de culture pour la réception et la maturation des tabacs en feuilles indigènes, 5 magasins de transit pour les tabacs en feuilles exotiques, et 21 manufactures. Elle occupe un personnel de 20.871 préposés et ouvriers, dont 2.560 hommes et 18.310 femmes. Son capital est d'environ 146 millions de francs, dont 46 millions en immeubles et matériel, et 100 millions en approvisionnements. La consomma-

tion de tabac par habitant, après avoir atteint 950 grammes en 1884, a légèrement faibli dans les années suivantes. Cette consommation se répartit d'une manière très inégale entre les différentes régions; car elle s'élève, dans le département du Nord, jusqu'à 2 kilog.241 par habitant, tandis qu'elle s'abaisse jusqu'à 345 grammes dans la Lozère. Le scaferlati ou tabac à fumer constitue, y compris les cigarettes, les deux tiers des quantités vendues; le tabac à priser, moins du cinquième; les cigares, environ la dixième partie; et les rôles ou carottes, moins de 3,5 p. 100. Le total brut annuel des ventes dépasse aujourd'hui, en quantités, 36 millions de kilogrammes; et en argent, 370 millions de francs. Les dépenses ne s'élevant pas au-dessous de 70 millions, le produit net est donc de 300 millions. La culture du tabac indigène est autorisée dans vingt-deux départements, et les produits, intégralement livrés à la régie, s'élèvent parfois à 22 millions de francs. La surface de 16.000 hectares, consacrée en France à la culture du tabac par environ 60.000 planteurs, donne un produit

moyen de 1.000 à 1.200 fr. par hectare. L'administration des tabacs justifie, par les documents qu'elle a mis au jour, de sa sollicitude pour le nombreux personnel qu'elle emploie. Tous ses agents versent à la Caisse nationale des retraites 4 p. 100 de leurs gains; mais, après cinq années de services, ils sont exonérés de cette retenue au moyen d'une majoration égale des gages et salaires. Des sociétés de secours mutuels, gérées par les intéressés, sont instituées dans plusieurs manufactures. Dans quelques-unes, des crèches et des écoles maternelles ont été installées par l'administration. Enfin, dans presque toutes les manufactures, les ouvriers ont à leur disposition une bibliothèque qui leur prête des livres gratuitement. — Signalons ici, dans la législation étrangère, une mesure qui peut servir d'exemple, non en faveur du fisc, mais dans l'intérêt supérieur de l'hygiène et de la moralité. La législature de l'État de New-York a adopté, en 1890, une loi punissant de diverses peines les enfants au-dessous de seize ans qui fument dans les rues. Il a été reconnu que l'usage du tabac par des adolescents entraîne de graves désordres nerveux qui persistent au delà de la jeunesse, et que cette déplorable habitude amène ses victimes à l'alcoolisme et à tous les vices qui en sont la conséquence.   CH. Y.

TADJOURA. La nouvelle colonie française a pris une grande importance depuis que les Anglais ont consenti à évacuer les îles de Moussat et d'Efat et ont abandonné à la France leurs droits sur ces îles (1887). Le pavillon français flotte aujourd'hui sur toute la côte; des traités commerciaux ont été signés avec le roi de Choa. Enfin, l'Angleterre et la France ont fixé une ligne de démarcation au delà de laquelle chacune a pris l'engagement de ne pas étendre son autorité.

TAGLIONI (Marie, ordinairement appelée **Mademoiselle),** célèbre danseuse, fille du maître de ballet, Philippo Taglioni, née à Stockholm en 1804, morte en 1880. Elle débuta à Vienne en 1822, à l'Opéra de Paris en 1827, à Berlin en 1832, à Londres en 1838, à Milan en 1841, recevant partout des ovations. Bien qu'elle eût épousé le comte Gilbert des Voisins, en 1832, elle n'en conserva pas moins le nom paternel sous lequel elle était devenue célèbre. Elle quitta la scène en 1847, se retira dans une splendide villa du lac de Côme, où elle fixa en France en 1859 et, appauvrie par l'invasion allemande, elle se rendit à Londres où elle fut réduite à donner des leçons de danse et de maintien. Elle avait conservé les plus pures traditions chorégraphiques et avait mérité d'être surnommée la reine des sylphides. Ses plus grands succès avaient été dans les ballets de la *Bayadère,* de la *Sylphide* et de la *Fille du Danube.* En 1887, le gouvernement français confia à Mme Laure Martin-Coutan la mission d'exécuter le buste en marbre de Mlle Taglioni, pour la décoration intérieure de l'Opéra de Paris.

TAILLE s. f. Hortic. Opération à laquelle on soumet la plupart des arbres et des arbrisseaux cultivés, soit pour leur donner une forme déterminée qu'ils n'acquerraient pas naturellement, soit pour leur faire produire des fruits plus ou moins nombreux, généralement plus beaux et de meilleure qualité.

TALABOT (Paulin-François), ingénieur et homme politique, né à Limoges en 1799, mort en 1885. Il sortit de l'École polytechnique en 1821 et coopéra à la création de nos grandes lignes de chemins de fer. Il fut député officiel de 1863 à 1870.

TALLEYRAND-PÉRIGORD. Les *Mémoires* du prince de Talleyrand ont été publiés en 1891 (2 vol.), par les soins de M. Albert de Broglie, et produisirent une véritable déception. On s'attendait à de piquantes révélations sur les

hommes et les choses de son temps. Il n'en fut rien. L'auteur semble avoir pris pour devise ce mot célèbre qu'on lui attribue : « La parole a été donnée à l'homme pour déguiser sa pensée ». Dans ses *Mémoires,* il se donne pour tâche de tromper les générations futures comme il a trompé son siècle. Le mensonge, l'erreur et même des bévues se trouvent à chaque page dans son livre. Le style en est médiocre et c'est un ouvrage discutable au triple point de vue littéraire, historique et politique.

TALON s. m. Hortic. Base élargie d'une branche à son insertion. — RABATTRE UNE BRANCHE JUSQU'AU TALON, la couper au ras du bois sur la tige ou sur une branche charpentière. — ENLEVER UNE BRANCHE AVEC SON TALON, entraîner une portion de la branche-mère qui la porte.

TAMARISCINE, ÉE adj. [ta-ma-riss-si-né] (rad. *tamaris*). Bot. Qui ressemble ou se rapporte au tamaris. — s. f. pl. Famille de dycotylédones angiospermes, dialypétales hypogynes, à fleurs complètes, à calice persistant après la floraison, comprenant les genres tamaris, myricaria et trichaurus.

TAMBERLICK (Enrico), célèbre ténor italien, né à Rome en 1820, mort le 14 mars 1889. Il fit de bonnes études dans un séminaire et débuta à Naples. Devenu rapidement populaire, il donna des représentations dans toutes les capitales de l'Europe et de l'Amérique. Il parut à Saint-Pétersbourg pendant 18 saisons consécutives. En 1875, il passa aux États-Unis, mais y obtint peu de succès, sa voix s'étant singulièrement affaiblie. Mais à Paris, en 1858, dans tout l'éclat de son talent, son merveilleux *ut dièze* fit salle comble aux Italiens.

TANCARVILLE (Canal de). Dès 1785, Lamblardie avait proposé d'établir un canal entre le Havre et Villequier; d'autres projets furent étudiés de 1826 à 1829, mais on les abandonna. En mai 1876, M. Mazurier, maire du Havre, s'occupa de mettre cette ville en relations directes avec le réseau des voies navigables de l'intérieur de la France par un canal latéral à la Seine, et le canal de Tancarville, déclaré d'utilité publique par une loi du 19 juillet 1880, fut inauguré le 27 juillet 1887. Il s'ouvre au Havre, dans le bassin de l'Eure, traverse en diagonale la plaine de Graville, passe devant Harfleur, longe les coteaux de Gonfreville-l'Orcher, de Rogerville, Oudalle et Sandouville; se rapproche de la pointe du Hode, d'où il gagne Tancarville par un dernier alignement droit qui franchit les prairies situées sur les communes de Saint-Vigor, de la Cerlangue et de Tancarville. Il débouche

enfin dans la Seine au pied du Cap du Nais de Tancarville, à 96 kilom. en aval de Rouen. Sa longueur totale, du bassin de l'Eure à la Seine, est de 25 kilom. Il offre un tirant d'eau de 6 mètres entre le Havre et Harfleur, et de 3 m. 50 de ce dernier point à Tancarville. Dans la première partie, le canal a 20 mètres de largeur et, dans la seconde, 25 mètres. Le total des déblais du canal et de l'embranchement d'Harfleur a été d'environ cinq millions de mètres cubes. Les dépenses ont été d'environ 20 millions.

TANNÉE s. f. Hortic. Tan qui a servi au tannage des cuirs et dont on fait usage dans les serres pour y enterrer les pots qui contiennent les semis ou les boutures : *la tannée est excellente pour former des couches tièdes ou froides.*

TAOÏSME s. m. L'une des trois religions qui ont un rang légal en Chine. Son nom dérive d'un traité concis et remarquable : « Le texte sacré de Tâo et son caractère », écrit au VIe siècle av. J.-C. par Lâo-Tsen, « l'ancien philosophe ». Par Tâo, il entend seulement le résultat des observations dans l'ordre de la nature.

TAPIR. Le tapir javanais se rapproche du porc pour les mœurs. Il sort la nuit pour chercher sa nourriture qui est toute végétale

Tapir javanais.

Il aime à se vautrer dans la boue. C'est un excellent nageur que l'on trouve de préférence au bord des rivières. Son corps est presque uniformément noir à l'âge adulte; quand il est jeune, il est zébré de raies longitudinales jaunâtres ou blanches.

TAQUIN. s. m. Nom donné à une sorte de casse-tête américain. L'appareil du casse-tête américain des plus simples; il se compose d'une boîte carrée et de seize petits cubes en bois, en os ou en ivoire, marqués chacun d'un numéro, depuis 1 jusqu'à 16. La grandeur de la boîte est calculée de telle sorte qu'elle puisse renfermer les 16 cubes placés côte à côte, sur quatre rangs. Le *trente-quatre* n'a rien de nouveau; il consiste à arranger dans la boîte les cubes numérotés, de manière que la somme des numéros soit de 34 dans tous les sens : verticalement, horizontalement et diagonalement. Il paraît que le *quinze* a le mérite d'être entièrement nouveau. Ce jeu se répandit aux États-Unis pendant l'automne de 1879, et obtint de suite un succès tellement extraordinaire qu'un fabricant de jouets de New-York vendit, en un seul jour, 230 grosses de boîtes et de séries de cubes. Quelques mois plus tard, le débit en fut immense dans les rues et dans les magasins de Londres. On cite un marchand d'une rue voisine, de Regent-

Street, qui fit fortune en peu de semaines pour avoir eu la bonne inspiration de *lancer* ce jeu sur une grande échelle après s'en être amplement approvisionné. L'appareil est le même que pour le trente-quatre. La boîte peut également contenir 16 cubes; mais on ne fait usage que des 15 premiers numéros, en laissant vide la place du 16°, comme sur notre fig. 1. Le jeu consiste à enlever les cubes et à les replacer irrégulièrement dans la boîte, pour essayer ensuite de les remettre dans l'ordre régulier en les faisant glisser dans le vide qui change continuellement de position à mesure qu'un cube voisin vient le combler. A première vue, la solution semble facile à obtenir; mais on ne tarde pas à s'apercevoir qu'elle est souvent impossible; et des centaines de personnes ont littéralement perdu l'esprit pour avoir apporté une trop grande contention à résoudre ce problème. Pendant quelques mois, la folie du quinze devint aussi commune aux Etats-Unis que la folie des grandeurs. Supposons que les pièces soient placées comme dans le trente-quatre et que l'on enlève le numéro 16, le Quinze peut être assez facilement accompli avec une certaine habitude. Les premières manœuvres doivent avoir pour but de faire remonter les numéros 2 et 3 dans leur position régulière et ensuite de diriger 12 vers sa place. Ce cube aura, sans doute, à bouger encore, avant que tous les autres soient arrangés consécutivement; mais on doit toujours le tenir aussi près que possible de sa position régulière. Le véritable casse-tête américain, c'est le *boss*, dans lequel les cubes sont arrangés comme sur notre fig. 2, les numéros 14 et 15 étant seuls dans un ordre irrégulier. Il s'agit de remettre ces deux numéros en place, en faisant glisser, comme nous l'avons dit, dans la case vide l'un des numéros voisins. Le problème n'a jamais été résolu. Chacun se demande pourquoi, et chacun cherche la solution. Des milliers d'articles ont été publiés dans les journaux, sur la meilleure marche à suivre; mais pas un n'a pu se flatter d'arriver au résultat. Un ingénieux calculateur a établi que les quinze cubes peuvent être arrangés dans la boîte en 1.307.674.368.000 combinaisons différentes, et qu'il faudrait à une personne au moins une année pour établir 105.000 de ces combinaisons, en supposant que chaque arrangement ne l'occupât pas plus de cinq minutes. Que nos lecteurs calculent ce qu'il faudrait de générations pour établir ces treize cent sept milliards de combinaisons, après lesquelles on pourra affirmer que le 15-14 est vraiment insoluble. On est à peu près d'accord aujourd'hui qu'un certain nombre de combinaisons peuvent être résolues, que d'autres sont insolubles et que le nombre des premières est égal à celui des secondes. En d'autres termes, il y a 653 milliards et demi de cas que l'on peut résoudre et 653 milliards et demi d'insolubles. Voici la règle pour reconnaître si une combinaison est soluble ou ne l'est pas: si le nombre des transpositions requises pour remettre en place les numéros est un nombre pair, la solution est possible; si ce nombre est impair, elle est impossible. Prenons un exemple dans lequel il soit nécessaire de faire 6 transpositions, savoir:

1° transposer 14 et 2		4° transposer 11 et 6
2° — 15 et 3		5° — 10 et 7
3° — 8 et 5		6° — 12 et 9

Le nombre des transpositions étant pair, on

Fig. 1. — Les quinze cubes en ordre.   Fig. 2. — Le Boss.

peut terminer par les nombres 13, 14 et 15; mais dans le cas d'imparité de transpositions on finit toujours par le boss ou 15-14.

TARBÉ (Louis Hardouin), administrateur, né à Sens en 1753, mort en 1806. Il fut d'abord avocat et entra ensuite dans l'administration des finances. Ministre des finances en 1791, il organisa l'administration à peu près comme elle existe aujourd'hui et donna sa démission en 1792. Il refusa ensuite tout emploi.

TARBELLI, l'un des peuples les plus importants de l'ancienne Gaule aquitanique, entre l'Océan (d'où les noms de *Tarbellicum aequor* et de *Tarbellus Oceanus*) et les Pyrénées (d'où le nom de *Tarbella Pyrene*). Le territoire de ce peuple était sablonneux et improductif; mais il renfermait de l'or et des sources minérales. Leur ville principale était *Aquæ Tarbellicæ* ou *Augustæ*, sur l'Alurus (Dacqs sur l'Adour).

TARUSCON ou Tarascon (*Tarusconienses*), ville des anciens Salyens, sur la rive orientale du Rhône, au N. d'Arelate et à l'E. de Nemausus.

TARTANE s. . (port. *tartana*). Petit bâti-

Tartane portugaise.

ment à voiles triangulaires en usage dans la Méditerranée, dans l'Océan Indien, etc.

TATOUAGE. — Encycl. Le tatouage fut pratiqué dès la plus haute antiquité. Quand Pâris eut enlevé Hélène du palais de Ménélas, le couple amoureux ne fut pas tout entier à la joie, et le retour de Troie ne s'affectua pas sans inquiétude et sans danger. Aussi, Pâris, avant d'aborder au promontoire de Canope, se fit-il entièrement tatouer dans le temple d'Hercule, car le tatouage était une consécration au dieu, et rendait inviolable; — nous parlons de Pâris! — On en croit Hérodote, chez les Thraces, on regardait comme un roturier quiconque ne portait pas les signes indélébiles du tatouage. Un jeune savant, connu déjà par d'intéressants et solides travaux d'anatomie et de micrographie, le docteur G. Variot, a fait à la Société de biologie une importante communication sur un nouveau procédé de destruction des tatouages. Ce procédé, très simple et assez précis, pourra rendre de grands services aux personnes qui voudront se débarrasser de leurs tatouages. Sa méthode ne nécessite aucune instrumentation spéciale, elle n'a jamais produit d'accidents entre ses mains et elle peut être appliquée même par des personnes étrangères à la médecine. Voici en quoi elle consiste : Il verse sur les parties de peau tatouées une solution concentrée de tanin, puis, à l'aide d'un jeu d'aiguilles, comme en fabriquent les tatoueurs, il fait des piqûres serrées sur toute la surface qu'il veut décolorer, introduisant ainsi dans la partie superficielle du derme cutané une certaine quantité de tanin. Il passe ensuite, en frottant fortement sur toutes les parties piquées au tanin, le crayon de nitrate d'argent ordinaire, et laisse pen-

dant quelques instants la solution concentrée de sel d'argent agir sur l'épiderme et le derme, jusqu'à ce que les piqûres se détachent en noir foncé. Il essuie alors la solution caustique : la surface tatouée est devenue noire par la formation d'un tannate d'argent qui s'est produit dans les couches superficielles de la peau. Il se forme enfin une légère escarre, qui se détache ordinairement au bout de 14 à 18 jours, et il ne reste plus qu'une cicatrice rougeâtre qui se décolore progressivement et disparaît habituellement deux mois après. Il serait très intéressant d'expérimenter le procédé de G. Variot, pour la destruction des taches pigmentaires naturelles des nœvi congénitaux plus ou moins difformes des « envies » qui enlaidissent la face de certains individus. Cette découverte pourrait rendre alors d'immenses services, en supprimant toute une classe de déshérités de la nature; au point de vue de la beauté plastique.

TATOUILLE s. f. [*ll* mll.]. Volée de coups (Pop.).

TAVERNY, comm. du cant. de Montmorency (Seine-et-Oise), à 7 kilom. d'Ermont, au pied et sur le versant d'une colline. Eglise des XIII° et XV° siècles, l'une des plus belles des environs de Paris; on y remarque le portail S. avec une rosace du style flamboyant, un retable en pierre, de la renaissance, etc.

TAXE. — Législ. Nous avons déjà parlé ci-dessus de la *taxe militaire* au payement de laquelle sont assujettis, en vertu de l'article 35 de la loi du 15 juillet 1889, depuis l'appel de leur classe jusqu'à leur entrée dans la réserve de l'armée territoriale, tous les hommes qui bénéficient de l'exonération temporaire ou complète de service dans l'armée active. (Voy. au *Supplément* le mot Recrutement.) Le mode de perception de cette taxe a été organisé par un règlement d'administration publique en date du 30 décembre 1890. La taxe militaire est à partir du 1er janvier qui suit l'appel à l'activité de la classe à laquelle appartient l'assujetti, à moins que celui-ci ne soit présent sous les drapeaux, au 1er janvier, comme incorporé dans l'armée active. Elle est calculée par mois de service non accompli; et elle est en conséquence réduite d'un trentesixième pour chaque mois de service actif accompli par l'assujetti, alors même qu'il y aurait eu des interruptions. La taxe proportionnelle est seule due, lorsqu'il s'agit d'un homme exempté pour des infirmités entraînant l'incapacité absolue de travail. Les rôles sont établis par les contrôleurs des contributions directes, avec l'assistance des maires et sans le concours des répartiteurs. Ne figurent pas sur ces rôles, les jeunes gens qui ont été réformés pour blessures reçues ou infirmités contractées à l'armée, et ceux qui sont reconnus indigents et dont les ascendants sont également en état d'indigence notoire. En cas de mobilisation et pendant sa durée, la taxe militaire n'est due que par les insoumis, les déserteurs et les exemptés. Les réclamations relatives à la taxe militaire sont formées, instruites et jugées comme en matière de contribution mobilière. — Diverses propositions de loi qui ont été prises en considération par la Chambre des députés, après un rapport du 15 novembre 1890, ont pour but d'établir une *taxe sur les pianos*, et une autre *taxe sur les bicycles, tricycles*, etc. Ch. Y.

TECTOSAGES, nom d'un puissant peuple celtique, formant l'une des deux grandes tribus des Volces. Leur ville principale était Toulouse et leur territoire s'étendait le long des Pyrénées et jusqu'à Narbonne. Quand ils furent trop à l'étroit dans leur pays, une partie de la population émigra vers l'Orient, sous la conduite d'un brenn qui les mena jusque dans l'Asie Mineure. C'est la

cette émigration, qui eut lieu environ 250 ans av. J.-C., que la Galatie doit son nom. Le nom des Tectosages fut conservé pendant longtemps à l'une des trois grandes divisions de la Galatie.

TECUM ou **Ticis** (*Tecli*), rivière de la Gallia Narbonensis, sur le territoire des Sardones, appelée Illiberis par les Grecs, du nom d'une ville qui se trouvait sur ses bords.

TEINTOMÈTRE s. m. (fr. *teinte*; gr. *metron*, mesure). Instrument destiné à évaluer la teinte d'un liquide. Il se compose d'un bassin dont les parois sont munies de rainures où s'engagent des vitres en verre peint, repré-

Teintomètre. — Fig. 1.

sentant chacune l'unité de teinte. Ces verres s'enlèvent et se remplacent facilement, pendant que l'œil compare leur teinte à celle du liquide. Cette comparaison est obtenue au moyen de deux tubes A C et B C (fig. 2) qui se

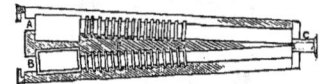

Teintomètre. — Fig. 2.

réunissent dans l'oculaire C. L'œil, appliqué en C, regarde à travers la série des verres du tube A C, et en même temps il voit clairement le liquide de l'autre tube. Des verres peints sont intercalés entre A et C, jusqu'au moment où l'œil ne perçoit plus aucune différence entre leur couleur et celle du liquide. Les verres donnent le degré de couleur du liquide par rapport à l'échelle adoptée.

TÉLÉGRAPHE. MM. Moore et Wright viennent d'inventer un appareil qui imprime les télégrammes ligne par ligne sur une feuille de papier, grâce à la combinaison de deux mouvements d'horlogerie commandés par des

Télégraphie. — Appareil imprimant les dépêches.

électro-aimants. L'un de ces mouvements fait tourner et avancer la roue qui porte les caractères; l'autre fait avancer la feuille de papier chaque fois qu'une ligne est écrite. — *Législ.* Les lignes téléphoniques étant aujourd'hui toutes rattachées au service des postes et télégraphes, *nous en parlerons ici*

en même temps que des lignes télégraphiques. Les unes et les autres font l'objet de la loi du 28 juillet 1885, laquelle attribue aux préfets le droit d'autoriser toutes les opérations que comportent l'établissement, l'entretien et la surveillance de ces lignes. Une servitude légale impose aux propriétaires d'immeubles bâtis l'obligation de laisser les agents de l'État établir des supports sur les murs ou façades bordant la voie publique, et même sur les toits et les terrasses des maisons, à la condition qu'on y puisse accéder de l'extérieur. Ces agents ont aussi le droit d'établir des conduits ou supports sur le sol ou sous le sol des propriétés non bâties et non closes. L'arrêté préfectoral qui détermine les travaux à effectuer est notifié à chacun des intéressés, individuellement; et les travaux peuvent être commencés trois jours après cette notification. S'il y a urgence, le préfet en prescrit l'exécution immédiate. Dans le cas où les dits travaux ont causé un préjudice à la propriété, l'indemnité est réglée à l'amiable; sinon, elle est fixée par le conseil de préfecture, sauf recours au conseil d'État. Les actions en indemnité sont prescrites par un laps de deux ans, à dater du jour où les travaux ont pris fin. Lorsque l'exécution des travaux nécessaires à l'établissement d'une ligne doit entraîner une dépossession définitive, il est procédé à l'expropriation, suivant les formes prescrites par la loi du 3 mai 1841; mais l'indemnité est réglée conformément aux dispositions de la loi du 21 mai 1836 sur les chemins vicinaux. — La télégraphie internationale a été l'objet de plusieurs conventions nouvelles. Les règlements et tarifs arrêtés en 1885 dans la conférence internationale de Berlin ont été rendus exécutoires, en ce qui concerne la France, par la loi du 29 juin 1886. Mais une dernière conférence télégraphique internationale a été ouverte à Paris le 16 mai 1890. Quarante-deux pays s'y trouvaient représentés et les nouveaux tarifs arrêtés dans cette conférence ont été rendus exécutoires à partir du 1er juillet suivant (Décr. 22 juin 1891). Dans cette dernière conférence des améliorations importantes ont été apportées aux services internationaux, dans le but de faciliter les communications télégraphiques et téléphoniques; mais la question relative à l'unification des taxes a été renvoyée à la prochaine conférence, laquelle doit se réunir, en 1893, à Buda-Pesth. Quelle que soit l'instabilité des taxes internationales, nous croyons devoir indiquer ici quelques-unes de celles qui, par suite des dernières conventions et en vertu du décret du 22 juin 1891, sont appliquées en France depuis le 1er juillet 1891. La taxe par mot est fixée ainsi qu'il suit: 10 centimes par mot pour les correspondances à destination du grand-duché de Luxembourg; 12 centimes et demi pour la Belgique et la Suisse; 15 centimes pour l'Allemagne; 16 centimes pour les Pays-Bas; 20 centimes pour l'Autriche-Hongrie, l'Espagne, les Iles-Britanniques, l'Italie et le Portugal; 25 centimes pour Gibraltar; 28 centimes et demi pour la Bosnie-Herzégovine, le Danemark, le Monténégro, la Roumanie et la Serbie; 32 centimes pour la Suède; 32 centimes et demi pour la Bulgarie; 40 centimes pour Malte, la Norvège, la Russie d'Europe et le Caucase; 53 centimes pour les Turquies d'Europe et d'Asie; 53 centimes et demi pour la Grèce et 57 centimes pour l'Archipel grec. Les communications téléphoniques font l'objet d'arrangements particuliers; mais leur durée a été réduite à

trois minutes par la conférence de Paris. — En France, les *dépêches de presse*, destinées à la publicité jouissent d'une réduction de moitié sur le tarif ordinaire intérieur (décr. 29 juin 1886); mais les journaux qui veulent profiter de cette faveur doivent demander à la direction générale des postes et télégraphes une carte spéciale pour chacun de leurs correspondants. Les dépêches de presse doivent être rédigées en langage clair, et elles ne peuvent être adressées qu'au journal désigné sur la carte. 30 juin 1886). — Un décret du 3 mai 1888 a fixé à 5 centimes par mot et à 50 centimes au moins par dépêche le tarif des dépêches télégraphiques privées échangées entre les *postes sémaphoriques* et les navires en mer. — L'école supérieure de télégraphie a été réorganisée par un décret du 29 mars 1888, sous le nom d'*École professionnelle supérieure des postes et télégraphes*. Cette école est divisée en deux sections : la première, destinée à recruter le personnel supérieur de l'administration des postes et de télégraphes; la deuxième à recruter le personnel des ingénieurs faisant partie de la même administration. — Le service des *lignes téléphoniques* a été réorganisé depuis que, en vertu de la loi du 16 juillet 1889, l'État est rentré en possession des réseaux qui avaient été concédés à la Société générale des téléphones. Un décret du 21 septembre suivant a fixé d'une manière générale les conditions d'abonnement aux réseaux téléphoniques urbains. Les tarifs que la Société des téléphones avait été autorisée à percevoir étaient de 600 fr. par an à Paris et de 400 fr. dans les autres villes. Ils sont actuellement réduits : à 400 fr. pour Paris; à 300 fr. dans les villes des départements où existe un réseau souterrain, et à 200 fr. dans toutes les autres villes de France. L'abonnement annuel à un réseau téléphonique urbain aérien a même été réduit par décret du 7 novembre 1890, à 150 fr. dans les villes dont la population ne dépasse pas 25.000 habitants. Ce sont les prix de l'*abonnement principal*, comportant l'usage exclusif d'une ligne téléphonique, reliant l'établissement de l'abonné à un bureau central. Mais il y a aussi des *abonnements supplémentaires* comportant l'usage d'un poste téléphonique complet desservi par la ligne de l'abonné principal. Lorsque le poste *supplémentaire* est établi dans le même immeuble que le poste principal, l'abonnement supplémentaire est fixé à 160 fr. à Paris, et à 120 fr. partout ailleurs. Et lorsque le poste supplémentaire est installé dans un autre immeuble, le prix de l'abonnement de poste greffé est augmenté de 30 fr. par kilomètre de fil souterrain, et de 15 fr. par kilomètre de fil aérien, pour la section de ligne reliant le poste supplémentaire au fil de l'abonné principal. — Les cercles et établissements ouverts au public acquittent un abonnement augmenté de moitié lorsqu'ils mettent leur poste téléphonique à la disposition de leurs clients; et les personnes qui fréquentent ces établissements peuvent faire usage de l'appareil téléphonique, à la condition de ne payer aucune redevance au titulaire de l'abonnement. La ligne, les postes téléphoniques et les accessoires sont installés et entretenus par l'administration et à ses frais; mais les appareils récepteur et transmetteur composant le poste téléphonique complet sont fournis par l'abonné, sauf acceptation des agents de l'administration. La taxe des conversations téléphoniques qui ne sont pas soumises au régime de l'abonnement a été fixée à nouveau par un décret du 19 octobre 1889. Pour les réseaux urbains, la taxe est restée telle qu'elle avait été fixée par le décret du 31 décembre 1884; c'est-à-dire que l'usage d'une cabine téléphonique pendant une durée non divisible de cinq minutes, coûte 50 centimes à

Paris et 25 centimes dans les autres villes de France. Pour les conversations entre deux villes, la taxe est fixée, pour cinq minutes, à 50 centimes par 100 kilomètres ou fractions de 100 kilomètres de distance entre les points reliés par la ligne. Dans les rapports internationaux la taxe est de 3 francs pour les communications échangées entre Paris et Bruxelles, et de dix francs entre Paris et Londres. La durée n'est que de trois minutes. — Dans le service de la correspondance téléphonique interurbaine, le tarif est réduit pour les heures de nuit à 30 centimes par 100 kilomètres ou fraction de 100 kilomètres, et même à 20 centimes pour les abonnements comportant un usage quotidien à heure fixe et d'une durée d'un mois au moins (Décret 31 octobre 1890). — Un décret du 20 octobre 1889 règle les conditions dans lesquelles doivent avoir lieu la transmission téléphonique à un bureau télégraphique du texte d'un télégramme destiné à être expédié par ce bureau et réciproquement la transmission par téléphone d'un télégramme reçu dans un bureau. Ces transmissions sont effectuées gratuitement sur les réseaux téléphoniques; mais elles sont subordonnées au paiement préalable de la taxe télégraphique. Dans les villes comportant un réseau téléphonique souterrain, l'abonné qui se propose d'user de la faculté d'expédier des télégrammes par l'intermédiaire du service téléphonique est tenu de verser annuellement et d'avance une redevance de 50 francs. Un télégramme ne peut être téléphoné que s'il est écrit en langue claire et si son texte n'excède pas cinquante mots. Un décret du 18 janvier 1890 fixe les conditions auxquelles un réseau urbain peut être relié à d'autres réseaux de son voisinage et constituer ainsi le centre d'un *groupe téléphonique*. Ce groupe *élémentaire* peut être lui-même relié à d'autres groupes semblables de manière à former un *groupe téléphonique composé*. Le caractère légal de réseau annexe ou principal de groupe téléphonique élémentaire ou composé est déclaré par arrêté ministériel (décr. 29 mars 1890); mais c'est un décret qui fixe les taxes supplémentaires à percevoir des abonnés. — En vertu de la loi du 20 mai 1890, le gouvernement est autorisé à accepter les offres qui peuvent lui être faites par les villes, établissements publics ou syndicats, de verser au Trésor, à titres d'avances sans intérêts, les sommes nécessaires à l'établissement des lignes téléphoniques interurbaines, et à affecter au remboursement de ces avances les produits de l'exploitation des lignes établies dans ces conditions. Un décret du 31 mai 1890 récapitule et complète les dispositions des décrets antérieurs, concernant les abonnements aux réseaux urbains; et il y ajoute des facilités nouvelles pour l'obtention des abonnements supplémentaires à prix réduit. Il règle aussi les conditions d'abonnement dans les réseaux annexes d'un réseau principal. Dans certaines villes, des abonnements dits « de saison » sont admis pour une période de six mois; et dans ce cas, l'abonnement est réduit à la moitié de l'abonnement normal annuel. Tout autre abonnement est consenti pour une année au moins, à partir du 1er janvier ou du 1er juillet. Il se renouvelle ensuite, de trimestre en trimestre, par tacite reconduction. Il doit être versé au receveur du bureau de poste, en deux termes égaux et d'avance, dans la première quinzaine de janvier et de juillet de chaque année, sauf le cas de résiliation; et le défaut de paiement aux dates indiquées tient lieu de demande de résiliation. Enfin, l'abonnement principal à un réseau téléphonique urbain aérien, fixé à 200 fr. par le décret du 31 mai 1890, a été réduit par un autre décret du 7 novembre suivant, à 150 fr. dans les villes dont la population ne dépasse pas le chiffre de 25.000 habitants. La loi du 16 juillet 1889 a décidé

lqu'à partir de l'exercice 1891, les recettes et les dépenses du service téléphonique feraient l'objet d'un budget annexe, rattaché pour ordre au budget de l'État. Ce budget spécial centralise tous les produits et toutes les dépenses du service dont il s'agit, de manière à faire ressortir les résultats financiers de l'exploitation par l'État. Une avance de 10 millions a été faite par la Caisse des dépôts et consignations, pour être affectée au rachat, à la mise en état et au développement des réseaux qui appartenaient à la Société générale des téléphones. Le budget spécial dont il est question comprend donc, à côté des dépenses annuelles d'exploitation du service téléphonique, une annuité due à la Caisse des dépôts et consignations pour les intérêts et le remboursement progressif de l'avance faite par cette caisse. Les bénéfices réalisés chaque année sont appliqués intégralement à ce remboursement; et ils ne figureront au budget de l'État qu'après l'extinction de la dette. Nous croyons utile d'ajouter ici quelques observations que nous puisons dans deux rapports ministériels insérés au *Journal officiel* du 23 octobre 1889. Il a été constaté que le diamètre du fil de cuivre destiné à une communication téléphonique interurbaine doit augmenter en même temps que sa longueur; et c'est pourquoi la taxe extraurbaine ne peut être unique. Étant donné qu'une ligne de 100 kilomètres à double fil coûte 35.000 fr., une ligne de 800 kilomètres coûtera non pas huit fois mais vingt fois plus et même davantage, c'est-à-dire au moins 700.000 francs. Le décret du 20 octobre 1889 ayant permis de relier les localités autres que les chefs-lieux de canton à un bureau télégraphique, au moyen d'un fil téléphonique, la part de ces communes dans les frais de premier établissement avait été fixée à 100 fr. par kilomètre de ligne (au lieu de 50 fr. s'il existait déjà des appuis) et en outre, 300 fr. pour la fourniture et l'installation des appareils; mais aujourd'hui les communes doivent rester directement et seules propriétaires des fournitures, ainsi que nous le dirons plus loin. Le poste téléphonique de chaque commune peut servir de point d'attache pour les lignes d'intérêt privé rayonnant autour de lui. Il est donc permis, dit le rapport du ministre du commerce, d'entrevoir le jour où toute personne éloignée d'une agglomération rurale, chef d'industrie, agriculteur, propriétaire, pourra posséder à peu de frais, dans l'intérieur même de son habitation, un appareil qui le mettra en rapport avec le réseau téléphonique local, et, au moyen de ce réseau, avec le réseau téléphonique général. En vertu d'un décret du 9 juillet 1890, toute dépêche expédiée ou reçue par l'entremise d'un bureau téléphonique municipal donne lieu à la perception, au départ, d'une surtaxe de 25 centimes, et le produit de cette surtaxe doit être affecté au remboursement des avances faites par les communes, établissements publics, particuliers, etc., pour la création de leur bureau téléphonique municipal. La perception de cette surtaxe cesse, pour chaque bureau, au moment où les avances faites ont été complètement remboursées. — Il résulte d'une circulaire adressée aux préfets, le 9 août 1890, par le ministre du commerce que ce décret du 9 juillet 1890 a relevé l'État des engagements contractés envers les communes par le décret du 20 octobre 1889. Celles-ci ont donc à faire seules et sans la participation de l'État, toute dépense d'installation, laquelle dépense est, en moyenne de 150 fr. par kilomètre de fil téléphonique, et de 300 fr. pour les appareils; mais ces avances sont remboursées au moyen de la surtaxe temporaire de 25 centimes ajoutée au prix de chaque dépêche. — Dans les communes qui possèdent un bureau de poste, c'est le receveur ou la receveuse des postes qui est chargé du service du téléphone muni-

cipal. Dans les autres, l'agent désigné par la commune et agréé par l'État reçoit de celui-ci une rétribution de 5 centimes au départ et de 10 centimes à l'arrivée, pour chaque télégramme téléphoné; et il peut obtenir en outre de la commune une indemnité supplémentaire. — La loi de finances du 26 décembre 1890 a approuvé les décrets précités des 21 septembre, 19 et 20 octobre 1889, 18 janvier, 1er février, 31 mai et 9 juillet 1890, concernant les communications téléphoniques.   Cᴴ. Y.

TÉLÉPHONE. L'appareil Clamond représenté par la gravure ci-contre est contenu dans une boîte cylindrique de 6 centim. de diamètre. Notre gravure est une section de cette boîte, dont le récepteur R forme l'ouverture. Ce récepteur est semblable à celui du téléphone de Bell, c'est-à-dire qu'un aimant et une bobine C sont disposés derrière un diaphragme. Quand on veut converser avec quelqu'un, on ôte le récepteur et on l'applique contre l'oreille pour entendre. La plaque du transmetteur se trouve alors découverte. Le transmetteur consiste en un diaphragme de charbon D, qui s'appuie sur trois billes également en charbon, reposant elles-mêmes dans 3 trous

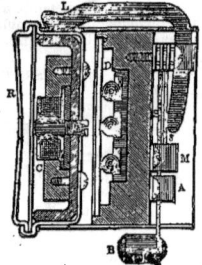

Téléphone peu encombrant.

creusés dans des plaques de charbon ; c'est un microphone. Au fond de la boîte se trouve un interrupteur qui permet d'envoyer le courant électrique soit dans une sonnerie d'appel, soit dans le microphone. Cet interrupteur se compose de deux ressorts S s, séparés l'un de l'autre, et de deux bornes de cuivre A et M. Pour actionner le trembleur de la sonnerie, on pousse le bouton B. Au repos, le récepteur ferme l'appareil comme un couvercle, et le levier coudé L presse le ressort s, qui se trouve alors en contact avec le ressort S. Le courant envoyé par l'autre station peut alors faire tinter la sonnerie de l'appareil. On répond en pressant le bouton B, pour établir le contact entre le ressort S et la borne A; ce qui met en marche la sonnerie du correspondant. Celui-ci enlève le récepteur R et le porte à son oreille. La partie supérieure du levier L, n'étant plus soutenue, s'abaisse, et le ressort s, devenu libre, se met en contact avec la borne M, ce qui envoie le courant dans le microphone. La conversation peut s'établir.

TELO MARTIUS (Toulon), ville maritime de l'ancienne Gaule narbonaise, sur la Méditerranée. Elle est rarement mentionnée par les anciens écrivains et ne prit d'importance qu'après la chute de l'empire romain.

TENACE s. f. Au whist, première et troisième meilleures cartes d'une couleur quelconque. — TENACE MINEURE, seconde et quatrième meilleures cartes d'une couleur.

TENCTERI ou Tenchteri, peuplade germanique, établie sur le Rhin, entre la Ruhr et la Sieg, au S. des Usipetes. Les Tencteri traversèrent le Rhin avec les Usipetes, dans l'intention de s'établir en Gaule; mais ils furent

repoussés par César qui en fit un grand carnage ; ceux qui lui échappèrent se réfugièrent dans les territoires de leurs voisins, les Sicambres. Plus tard, les Tencteri entrèrent dans la ligue des Chérusques, et plus tard encore on les trouve mentionnés dans la confédération des Francs.

TERRE (Age de la). Williams. Thompson évalue l'âge de la terre à cent millions d'années. Mais M. A. d'Assier, plus modéré, dans une évaluation qui est basée sur les 3 stades qu'a parcourus notre globe, savoir : 1° le *stade igné* ou *nébulo-stellaire*, qui commença au moment où la nébuleuse terrestre se détacha de la nébuleuse solaire et prit fin à la formation de la voûte cristalline ou primitive du globe ; 2° le *stade de l'illumination solaire ou de la vie* qui comprend l'époque actuelle et se continuera longtemps encore. Il commença avec le cambrien et se terminera à l'extinction du soleil, lorsque le froid, glaçant les dernières mers, arrêtera la formation des vapeurs océaniques et, par suite, l'action sédimentaire ; 3° le *stade des ténèbres, du froid, de la mort*. Ce troisième et dernier stade aura pour point de départ la fin de l'illumination solaire, de la sédimentation et du monde vivant et se terminera par une épouvantable cataclysme, la chute de la terre sur le globe éteint du soleil. L'apparition au firmament d'une étoile temporaire, tel sera le dernier acte du parcours intellectuel. En résumé : suivant d'Assier, l'âge actuel de la terre paraît être de seize millions d'*années*, et tout porte à croire que l'évolution totale de notre globule à travers l'immensité des espaces dépassera un million de *siècles*.

TERRE DE FER, nom donné à la faïence fine découverte en 1700 par le potier anglais Ashburg. Cet industriel ayant remarqué que le silex noir devient blanc par la calcination, essaya de blanchir la terre de ses poteries au moyen du silex. Son procédé fut perfectionné en 1763 par Josiah Wedgewood, surnommé le Bernard Palissy de l'Angleterre. Il réussit à fabriquer une pâte à biscuit dense, opaque, à glaçure transparente. Cette faïence obtint une vogue énorme de l'autre côté de la Manche ; elle ne fut guère connue chez nous avant 1780 ; on l'appelait faïence anglaise. On la fabriqua à Bordeaux, en 1824 ; aujourd'hui on la produit à Choisy, Creil, Sarreguemines, Montereau, Bordeaux, Luzville, Gien ; mais c'est le Staffordshire (Angleterre) qui tient le premier rang pour la solidité et le bon marché. La faïence fine ou terre de fer est d'un usage très répandu sous forme de services de tables, de garnitures de toilettes, de jardinières, de panneaux décoratifs, de vases artistiques, etc.

TÉTANOS. — Les recherches de Nicolaïer ont démontré que cette épouvantable affection est causée par l'invasion d'un organisme microscopique qui affecte la forme d'un bâtonnet droit, terminé à l'une de ses extrémités par un renflement arrondi, volumineux et brillant. Ce renflement est une spore donnant au bacille l'aspect d'une épingle. Le *microbe du tétanos*, quelquefois appelé *bacille de Nicolaïer* ou *bacille à spore terminale*, a résisté jusqu'ici à tout essai de culture. Il est très répandu dans la nature. On l'a trouvé surtout à la surface du sol, particulièrement à la surface des terres cultivées ou fumées, des routes, à la surface du foin, dans les matières fécales des herbivores, dans le tube digestif de la plupart des animaux. « C'est la souillure des plaies par ces produits naturels qui détermine leur contamination par le germe du tétanos. Les plaies profondes, anfractueuses favorisent surtout la multiplication de ce microbe. » Dr H. Vincent, chef du laboratoire bactériologique à l'hôpital du Dey, à Alger.

TÉTRADYNAME adj. Bot. Se dit des plantes de la tétradynamie : *les crucifères sont tétradynames.*

TEXIER (Edmond), littérateur, né à Rambouillet, en 1816, mort à Paris, le 20 octobre 1887. Après avoir terminé ses études à Paris, il débuta, en 1823, par un volume de poésies intitulées *En avant !* écrites en collaboration avec Félix Ménard. Mais trouvant que la Muse ne lui avait pas suffisamment souri, il lui faussa compagnie, se tourna vers le journalisme et devint l'un des rédacteurs habituels et fantaisistes du *Figaro*, du *Charivari*, de la *Revue parisienne*, du *Corsaire*, du *Temps*, du *Commerce*, du *Globe* et, en général, des principales publications périodiques de la fin du règne de Louis-Philippe. En 1848, il collabora un instant au *Crédit d'Enfantin* ; ensuite il entra au *Siècle* et ne cessa plus d'appartenir à la rédaction de ce journal, qui publia un article portant sa signature, dans le numéro même où sa mort était annoncée. Ses chroniques hebdomadaires obtinrent pendant longtemps un vif succès, surtout celles qu'il data de Stuttgard en 1857, pendant l'entrevue de l'empereur des Français et de l'empereur d'Autriche et celles qu'il adressa à son journal pendant qu'il suivait l'armée française d'Italie en 1859. L'année suivante, il devint rédacteur en chef de l'*Illustration*. En dehors de ses chroniques et des articles publiés dans un grand nombre de journaux et de recueils, il a donné : *Physiologie du poète* (1841, in-32, sous le pseudonyme de Sylvius) ; l'*Ane d'or* (1842, in-32, sous le pseudonyme de Peregrinus ; *Journées illustrées de la Révolution* (1849, in-8) ; *Biographie des journalistes* (1850, in-18) ; *Lettres sur l'Angleterre* (1853, in-18) ; *Critiques et récits littéraires* (1852, in-18) ; *Contes et voyages* (1853, in-18) ; *Tableau de Paris* (1853, 2 vol. in-8) ; la *Case de l'oncle Tom* (traduction, 1854, in-8) ; la *Grèce et ses insurrections* (1854, in-18) ; *Hommes de la guerre d'Orient* (1854, 3 vol. in-18) ; *Une histoire d'hier* (1855, in-32) ; *Une duchesse* (1855, in-32) ; les *Argonautes* (1856, in-18) ; *Guides sur les bords du Rhin* (1856, in-18) ; *Appel au congrès* (1856, in-18) ; *Voyage pittoresque en Hollande et en Belgique* (1858, in-8) ; *Amour et finances* (1857, in-18) ; *Chronique de la guerre d'Italie* (1859, in-18) ; les *Choses du temps présent* (1862, in-18) ; le *Journal et les journalistes* (1867, in-32) ; *Portraits de Kel-Kun* (série de portraits d'hommes politiques, publiés d'abord dans le *National*, sous le pseudonyme de Kel-Kun, 1875, in-12). Sa richesse d'esprit était presque inépuisable ; il a semé un peu partout des mots inédits et des idées originales. Entre des milliers de traits d'esprit que nous ne pouvons citer, faute d'espace, nous choisissons ce quatrain devenu légendaire :

On entre, on crie :
C'est la vie !
On crie, on sort :
C'est la mort !

Le public ignore généralement que c'est à lui que M. Jules Ferry est redevable du fameux titre : les *Comptes fantastiques d'Haussmann*, qui devait être le point de départ de sa carrière politique.

THALA, grande ville de Numidie, mentionnée par Salluste et par d'autres écrivains. C'était sans doute la même que *Telepte* ou *Thelepte*, ville de la Numidie méridionale, à 74 milles romains au N.-O. de Capsa. Elle s'élevait sur la frontière du désert, et communiquait au moyen d'une route avec Tacape, sur la petite Syrte. On suppose que Thala est aujourd'hui *Férianah*, ou qu'elle était bâtie près de cette ville, en un lieu appelé Médinah el Kadina, où se trouvent des ruines importantes. La description de Thala, le siège et la prise opulente cité qui fut conquise par Métellus, forment deux chapitres de la guerre de Jugurtha, dans Salluste (LXXV et LXXVI).

THALAMIFLORES s. f. pl. Nom donné par de Candolle aux plantes dicotylédones dialypé-

tales hypogynes dont les fleurs sont insérées sur le réceptacle, au niveau de l'ovaire. Dans la classification de de Candolle, le groupe des Thalamiflores embrasse 54 familles de plantes savoir :

Renonculacées.	Éléocarpées.
Dilléniacées.	Chélnacées.
Magnoliacées.	Terastræmincées.
Anonacées.	Camellinées.
Ménispermées.	Olacinées.
Berbéridées.	Aurantiacées.
Podophyllées.	Hypéricinées.
Nymphéacées.	Guttifères.
Papavéracées.	Marcgraviacées.
Fumariacées.	Hypocratéacées.
Crucifères.	Erythroxylées.
Capparidées.	Malpighiacées.
Flacourtianées.	Acérinées.
Cistinées.	Hippocastanées.
Violacées.	Rhizobolées.
Droceracées.	Sapindacées.
Polygalées.	Méliacées.
Trémandrées.	Ampélidées.
Pittosporées.	Géraniacées.
Frankéniacées.	Tropæolées.
Caryophyllées.	Balsaminées.
Linées.	Oxalidées.
Malvacées.	Zygophyllées.
Bombacées.	Rutacées.
Byttnériacées.	Sima. rubées.
Tiliacées.	Ochnacées.
	Coriariées.

THALLER v. n. (gr. *thallos*, rameau). Bot. Etendre des ramifications à la surface du sol en formant une touffe compacte et gazonnante.

THÉ . — Statistique. La consommation du thé en France n'a pas suivi la progression rapide que nous avons constatée plus haut pour le café. Il y a même eu, depuis dix ans, un certain ralentissement dans les importations, lesquelles ne dépassent pas toujours le chiffre de 500.000 kilogrammes. La valeur est d'environ 4 fr. le kilog. Le droit de douane, qui est de 208 francs par 100 kil., donne un produit total de 1.100.000 à 1.200.000 francs. La consommation moyenne, par tête d'habitant, s'élève à peine à 14 grammes. La Chine est à peu près le seul pays de provenance de cette denrée.   Ch. Y.

THÉÂTRE. — Législ. A la suite de l'incendie du théâtre de l'Opéra-Comique de Paris (salle Favart), qui a eu lieu le 25 mai 1887, et dont les conséquences ont été si terrifiantes, le préfet de police a imposé aux exploitations théâtrales, dans l'étendue de son ressort, des mesures préventives très complètes. La commission supérieure des théâtres ayant été consultée, demanda l'application d'enduits ignifuges aux décors de théâtre, et même aux robes des actrices. La lumière électrique a dû être substituée presque partout au gaz ; et l'on a exigé, pour l'installation de cette lumière, de sages précautions que le décret du 15 mai 1888 a rendues obligatoires dans tous les lieux publics. (Voy. ci-dessus Électricité.) Enfin les voies de sortie destinées aux spectateurs et celles réservées au personnel du théâtre ont été agrandies et multipliées partout où cela a paru nécessaire. On a contesté à l'administration le droit d'imposer de telles mesures. C'était à tort. En effet, l'article 12 de l'arrêté des consuls du 12 messidor an VIII attribue au préfet de police « la police des théâtres, en ce qui touche la sûreté des personnes et les précautions à prendre pour prévenir les accidents ». La loi du 5 avril 1884 charge les administrations municipales de prendre les précautions convenables pour prévenir les accidents et les fléaux calamiteux, tels que les incendies, etc. (art. 97, 6°). Cela nous paraît suffisant. Rappelons ici qu'un arrêté du Directoire, en date du 1er germinal an VII, avait déjà édicté plusieurs prescriptions excellentes concernant tous les théâtres en France. Aux termes de cet arrêté, qui n'a jamais été abrogé, le dépôt des décors doit être placé dans un magasin séparé de la salle de spectacle ; et les directeurs sont tenus de disposer dans la salle un réservoir toujours plein d'eau, et au moins une pompe en état

d'être employée. Un pompier doit être constamment en sentinelle dans l'intérieur; et à la fin des spectacles, le concierge, accompagné d'un chien de ronde, visite toutes les parties de la salle, pour s'assurer que personne n'est resté caché et qu'il ne subsiste aucun indice qui puisse faire craindre un incendie. Cette visite a lieu en présence d'un administrateur municipal ou d'un commissaire de police, qui doit la constater sur un registre tenu à cet effet par le concierge. Enfin tout théâtre dans lequel les précautions et formalités ci-dessus indiquées ont été négligées ou omises un seul jour doit être fermé à l'instant. Tant de précautions ont encore été insuffisantes pour prévenir les sinistres qui, à toute époque, ont causé la destruction des théâtres et ont entraîné la mort d'un grand nombre de personnes. Ch. Y.

THÉCASPORÉ, ÉE adj. Bot. Se dit des plantes cryptogames et principalement des champignons dont les spores sont contenus dans des enveloppes appelées thèques.

THERMES (Palais des), ruines des bains des empereurs romains à Lutèce, situées près de l'hôtel de Cluny, à Paris, et comprenant d'immenses salles, dont l'une a 18 m. de haut, 20 m. de long et 11 m. 50 de large. Les murs sont formés d'un appareil carré, mêlé de chaînes de briques superposées symétriquement et d'une solidité à toute épreuve. On y trouve quelques objets d'antiquité d'un médiocre intérêt.

THERMO-BAROMÈTRE s. m. Nom que l'on donne à un appareil composé d'un thermomètre et d'un baromètre, réunis sur la même charpente : des thermo-baromètres. — Encycl. Dans l'appareil représenté par la gravure ci-

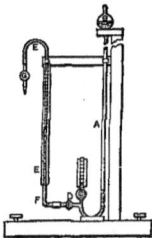

Thermo-baromètre.

jointe, le thermomètre E F est réuni au baromètre A B par une pièce métallique D. Les échelles des deux instruments sont vues en E. Cette disposition permet de consulter en même temps le baromètre et le thermomètre.

THERMOMÈTRE. — Comparaison des différents thermomètres.

Centigr.	Réaumur	Fahrenh.		Centigr.	Réaumur	Fahrenh.
—10	— 8.0	+ 14.0		6	4.8	42.8
— 9	— 7.2	15.8		7	5.6	44.6
— 8	— 6.4	17.6		8	6.4	46.4
— 7	— 5.6	19.4		9	7.2	48.2
— 6	— 4.8	21.2		10	8.0	50.0
— 5	— 4.0	23.0		11	8.8	51.8
— 4	— 3.2	24.8		12	9.6	53.6
— 3	— 2.4	26.6		13	10.4	55.4
— 2	— 1.6	28.4		14	11.2	57.2
— 1	— 0.8	30.2		15	12.0	59
0	0	32		20	16.0	68
+ 1	+ 0.8	33.8		25	20.0	77
2	1.6	35.6		30	24.0	86
3	2.4	37.4		40	32.0	104
4	3.2	39.2		50	40.0	122
5	4.0	41.0		100	80.0	212

THOUIN (André), agronome, né à Paris en 1747, mort en 1823. Fils d'un jardinier du jardin du roi, il se sentit entraîné dès sa jeunesse vers l'étude de la botanique, obtint l'appui de Buffon et de Jussieu, fut nommé jardinier en chef en 1764, acclimata plusieurs plantes, agrandit le jardin, s'occupa de physiologie végétale, devint professeur d'économie rurale à l'Ecole normale (1792) et membre de l'Institut, dès sa création. Il a laissé un grand nombre de mémoires et d'instructions insérées dans divers recueils : Essai sur l'exposition et la division méthodique de l'économie rurale (1805, in-4) ; Monographie des greffes (1822, in-4) ; Cours d'agriculture et de naturalisation des végétaux (1827, 3 vol. in-8), il a été l'un des collaborateurs du Dictionnaire d'agriculture, de l'Encycl. méthodique.

THUROT (Jean-François), helléniste, né à Issoudun en 1768, mort en 1832. Il suppléa Laromiguière à la chaire de philosophie de la Faculté des lettres de Paris (1811) et fut professeur de langue et de littérature grecques au Collège de France. Il a édité les Apologies de Socrate par Platon et Xénophon (1806, in-8), les Phéniciennes d'Euripide (1813, in-8), il a traduit en français l'Hermès ou Recherches philosophiques sur la grammaire universelle, de l'Anglais Harris (Paris, 1794, in-8); la Morale et la Politique d'Aristote (1823-'24, 2 vol. in-8); le Gorgias de Platon (1832, in-8) ; et il a donné un Traité de l'entendement ou de la raison ou Introduction à l'étude de la philosophie (1830, 2 vol. in-8), ouvrage couronné par l'Académie française en 1831.

THYMOL. Le thymol ou acide thymique est un antiseptique qui offre quelque analogie avec le phénol. Il existe sous deux formes isomériques, l'une cristalline et l'autre liquide. La forme cristalline est obtenue de l'huile de thym par une réfrigération prolongée. Les cristaux fondent à 47° C. et entrent en ébullition à 230° C. Une fois fondus, ils restent liquides. L'acide liquide est obtenu en traitant l'essence de thym (dans laquelle il est associé à l'hydrocarbure appelé thymène), par une solution aqueuse de potasse ou de soude, en le séparant du thymate ainsi formé par l'addition d'un acide ; ensuite on le purifie par des lavages répétés, par la dessiccation et par une distillation finale. Le thymol est très légèrement soluble dans l'eau, beaucoup plus dans l'alcool, dans l'éther et dans les huiles fixes. On l'emploie quelquefois sur les plaies, sur les ulcères, etc. Pour cet objet, on a recours à une solution de 1 partie d'acide, pour 4 parties d'alcool et 995 d'eau. On peut aussi en faire usage sous forme d'onguent, formé de 2 à 20 gouttes d'acide mélangé à une once de graisse. L'acide pur a été employé quelquefois comme caustique.

THYRSE s. m. (lat. thyrsus, gr. thursos). Bot. Inflorescence en grappe médiocrement et courtement ramifiée, de forme plus ou moins ovoïde, comme dans le lilas, le troène, le seau à grappe, etc.

TIGURINI, tribu des Helvètes, qui se joignit aux Cimbres pour envahir le pays des Allobroges, en Gaule ; ils y furent défaits par le consul L. Cassius Longinus, en l'an 107 av. J.-C. Au temps de César, ils formaient le plus important des quatre cantons (pagi) entre lesquels se divisaient les Helvètes. C'est probablement de ce peuple que la ville de Tigurum (Zürich) dérivait son nom.

TIMBRE. — Législ. Le droit de timbre établi par l'article 30 de la loi du 8 juillet 1852, pour toute affiche inscrite dans un lieu public sur les murs, sur une construction quelconque ou même sur une toile, au moyen de la peinture ou de tout procédé, a été, à partir du 1er janvier 1891, en vertu de la loi du 26 décembre 1890, remplacé par une taxe annuelle de timbre, fixée ainsi qu'il suit : 0 fr.60 par mètre carré pour les affiches apposées dans les communes dont la population est de moins de 2.500 habitants; 0 fr. 75 par mètre carré dans les communes de 2.500 à 40.000 habitants, 1 fr. par mètre carré dans celles de plus de 40.000 habitants; et 1 fr. 50 à Paris. Toute fraction de mètre carré est comptée pour un mètre carré, et la taxe est due pour l'année entière sans fraction. Les droits dont il s'agit ne sont pas soumis aux décimes. Toute infraction à ces dispositions est punie d'une amende de 100 fr. en principal, sans préjudice du paiement des droits dont le Trésor aura été frustré. Selon les dispositions du décret du 18 février 1891, qui réglemente l'exécution de la loi du 26 décembre 1890, toute personne qui veut faire peindre une affiche est tenue d'en faire préalablement la déclaration au bureau d'enregistrement et d'y acquitter la taxe. La déclaration doit être rédigée en double minute, datée et signée ; elle doit contenir le texte de l'affiche, indiquer sa surface, le nombre d'exemplaires à inscrire, la désignation précise des emplacements. M. Jaluzot, député, a proposé la création d'un timbre mobile unique, pouvant être employé indistinctement à payer les droits des affiches, à timbrer les quittances et les affiches, à affranchir les correspondances. Cela présente, à première vue, une très grande simplification pour la perception des droits; mais cette proposition a été prise en considération par la commission d'initiative parlementaire, le 14 novembre 1889 ; mais l'application en serait néanmoins assez difficile. Ch. Y.

TIPSTER s. m. Turf. Individu qui, moyennant pécune, annonce à des abonnés, les succès probables sur les champs de courses.

TIRE s. f. Enlèvement du liège.

TIRE-LIRE s. m. (Onomatopée). Chant de l'alouette :

La gentille alouette, avec son tire-lire,…
Du Bartas.

TIRE-LIRER v. n. Chanter, en parlant de l'alouette.

La gentille alouette, avec son tire-lire,
Tire-lire à l'iré, et tire-lirant, tire
Vers la voûte du ciel.…
Du Bartas.

TITON DU TILLET (Evrard), conseiller au parlement de Paris, né à Paris en 1677, mort en 1762. Il fit frapper à ses frais une collection de médailles à l'effigie des artistes et des poètes du siècle de Louis XIV, et leur éleva un petit monument, que l'on conserve à la bibliothèque nationale sous le nom de Parnasse français, et dont la description a été publiée en 3 vol. in-fol. (1732-'60).

TOC s. m. Cuivre doré, faux or : bague en toc.

TOC (Jeux). — Ce jeu est ainsi nommé parce que le seul but des joueurs est de toucher et battre leur adversaire ou de gagner une partie double ou simple par un jan ou par un plein. Les dames se placent comme au trictrac ; elles marchent de la même manière que pour faire le plein et le grand jan. Les doublets ne se jouent qu'une fois. Au lieu de points, on marque un ou deux trous, suivant le coup ; le gagnant est celui qui arrive à faire le nombre déterminé de trous; on peut même jouer au premier trou. Pour donner un exemple, supposons que l'on joue au premier trou, et que l'un des joueurs, ayant fait son petit jan, sauf une demi-case, achève ensuite son petit jan, par un simple. Au trictrac, il marquerait seulement 4 points; au toc, au lieu de 4 points, il marque le trou et gagne la partie. Si le même joueur avait rempli par deux moyens ou par doublet, s'il eût fait, en un mot, quelque jan ou rencontre par doublet, il aurait gagné partie double, sauf les contestations contraires. Tous les jans et tous les coups de trictrac se rencontrent donc dans ce jeu, tant au bénéfice qu'à l'encontre de celui qui les fait. Quand on joue en plusieurs trous,

celui qui gagne un trou de son dé a la liberté de s'en aller comme au trictac.

TOGO (Terre de), colonie allemande, située sur la côte des Esclaves (Guinée); environ 250 kilom. carrés; 100.000 hab. Togo, Petit-Popo, Agué et Grand-Popo, sont quatre petits territoires que l'Allemagne a acquis en 1885; leur population est très condensée et ils renferment de nombreux villages. Le terrain est bas, coupé de lagunes et fertile.

TOLOSA (*Toulouse*), ville de la Gallia Narbonensis, capitale des Volces Tectosages, située sur la Garumna, près des frontières de l'Aquitania. Elle devint colonie romaine et fut appelée *Palladia*. Elle était grande, riche et contenait un célèbre temple où étaient déposés des présents d'une grande valeur. Dans ce temple était, disait-on, conservée la plus grande partie du butin fait par Brennus au temple de Delphes. La ville et son temple furent pillés par le consul Q. Servilius Cæpio, en 106 avant J.-C. La fin malheureuse de ce général romain et la destruction de son armée furent considérées comme une punition de ce sacrilège. C'est de là que vint le proverbe : *Aurum Tolosanum habet*. La ville de Toulouse a conservé les ruines d'un petit amphithéâtre et plusieurs autres restes de l'antiquité romaine.

TOMBOUCTOU. Quoique visitée par le Français Caillé en 1827-'28 et par l'Allemand Barth en 1853, la ville de Tombouctou est encore peu connue du public européen; et elle n'est guère populaire chez nous qu'en raison même de l'espèce de mystère dont elle est encore enveloppée. C'est pourtant une vieille cité musulmane qui a été, pendant des siècles, le centre commercial et industriel de l'Afrique centrale. D'après Léon l'Africain, qui l'avait habitée, elle contenait de nombreux magasins et de vastes ateliers, particulièrement des manufactures d'étoffes de coton. Elle était la capitale d'un royaume dont le souverain possédait d'immenses richesses et trônait au milieu d'une cour somptueuse. Tombouctou est bien déchu aujourd'hui; sa population, que l'on évaluait à plus de 150.000 hab., est tombée au-dessous de 20.000 hab.; sont commerce a décru dans de grandes proportions. Il serait sans doute facile de rendre à cette cité africaine son ancienne splendeur, en la protégeant contre les tribus touaregs des environs qui oppriment son commerce. Ce rôle protecteur appartient de droit à la France qui communique aujourd'hui avec le haut Niger par sa colonie du Sénégal. Tombouctou est donc depuis quelques années, l'objectif vers lequel tendent les efforts du gouvernement sénégalais. Le 1er juillet 1887, le bateau à vapeur le *Niger*, quitta Bamakou, poste français sur le haut Niger. Il était armé d'un canon-revolver et portait à son bord, outre son commandant, le lieutenant de vaisseau Caron, le sous-lieutenant Lefort, le Dr Jouenne et 15 hommes munis de fusils à répétition; ils emportaient des vivres pour 3 mois et du charbon en quantité suffisante pour parer aux difficultés possibles du ravitaillement en bois. La navigation fut pénible. Un chef indigène nommé Tidiani voulut empêcher l'expédition de se diriger vers Tombouctou. Malgré cela, le commandant Caron prit la route suivie autrefois par Caillé, sans avoir aucune relation avec les gènces sous la dépendance de Tidiani. Arrivé à Xahara, port de Tombouctou, sur le Niger,

il n'y trouva pas d'eau douce. D'un autre côté, les habitants de Tombouctou se montrèrent peu bienveillants et les Touaregs furent tout à fait hostiles; bref, il revint sans avoir pu passer de traité. Tous les gens de Tombouctou se déclarèrent sujets du sultan du Maroc. Le retour s'effectua par le marigot de Diaka, où l'expédition ne trouva que des ruines sans aucun habitant. Le commandant signa avec

Tombouctou.

Boroba, chef de Monimpé, un traité établissant le protectorat de la France sur son pays. Le 20 sept., l'expédition était de retour à Sansanding, sur le haut Niger.

TONNEAU (Jeux). L'appareil de ce jeu se compose d'une caisse carrée, percée de trous et posée sur quatre pieds. Chaque trou a une

Tonneau.

valeur de points déterminée. L'adresse du joueur, placé à une certaine distance, consiste à jeter des palets dans les trous qui

marquent le plus de points, afin d'arriver le premier au nombre convenu.

TONTINE (Jeu de cartes). Douze ou quinze personnes peuvent participer à cette partie, qui est d'autant plus divertissante qu'il y a plus de joueurs. On se sert d'un jeu entier de 52 cartes. On commence par prendre chacun une *prise*, composée de 12, de 15 ou de 20 jetons, plus ou moins suivant les conditions. Les jetons ont une valeur déterminée d'avance. Chacun dépose trois jetons dans le corbillon placé au milieu de la table. La donne se tire au sort; après quoi, le donneur ayant mêlé, fait couper à sa gauche et donne successivement à tous les joueurs, en commençant par la droite, et ensuite à lui-même, une carte à découvert. Le joueur qui reçoit ainsi un roi prend 3 jetons du corbillon; celui qui reçoit une dame en prend 2; celui qui reçoit un valet en prend un seul. Celui qui a un dix ne gagne ni ne perd rien. Celui qui reçoit un neuf met un jeton au corbillon;

Si l'on reçoit un 8 on en met deux;
—   7   —   un;
—   6   —   deux;
—   5   —   un;
—   4   —   deux;
—   3 on en donne trois au 3e voisin de gauche;
—   2   —   deux au 2e
—   as   —   un au premier voisin de gauche.

Chacun ayant payé et s'étant fait payer, le joueur placé à droite du donneur prend les cartes et devient donneur à son tour. Chacun donne à son tour jusqu'à ce que la tontine soit gagnée. Quand il ne reste plus de jetons à un joueur, on ne lui distribue aucune carte et il n'est qu'évanoui, car il peut ressusciter par le moyen des jetons que ses voisins peuvent être obligés de lui donner. Tant qu'un mort n'est pas ressuscité, on ne lui distribue aucune carte et il ne donne pas quand son tour est venu de le faire. Mais dès qu'il a un seul jeton, il joue comme les autres. Si un joueur n'ayant plus

qu'un seul jeton en perd deux ou trois d'un coup, il est quitte en donnant le seul qu'il possède. La partie se termine quand il n'y a plus qu'un seul joueur qui possède des jetons; ce dernier, survivant emporte le panier.

TOPETTE, s. f. [tô-pè-te], (angl. *to tope,* [tô-pe], boire beaucoup). Petit flacon : *topette d'encre; topette de médicaments.*

TOPETTERIE, s. f. (rad. *topette*). Fabrication ou commerce de flacons dans le genre des topettes.

TORPILLEUR. — Les navires de guerre nommés torpilleurs sont classés en quatre catégories, savoir, en commençant ci-contre par le petit au grand. Il y a d'abord les torpilleurs-vedettes qui ne déplacent que de 11 à 12 tonneaux et peuvent être embarqués à bord des grands bâtiments; puis viennent les torpilleurs de 2e classe, de 27 à 36 tonneaux, destinés à rester près des côtes; puis les torpilleurs de 1re classe, appelés quelquefois gardes-côtes, pouvant tenir la mer plus ou moins, et enfin les torpilleurs dits de *haute mer,* de 66 à

même de l'hygiène de l'enfant, des avantages incontestables. Mais ce n'est là que le moindre avantage de la formalité du dépôt de l'enfant à l'intérieur de l'hospice. Avec le tour, l'abandon est irrévocable; quand l'enfant est une fois dans la boîte, rien, rien au monde ne peut réparer pour la mère l'affreux courage d'une minute... Il y a désormais un abîme entre la mère et l'enfant. Eh bien, avec le système du bureau d'abandon, il n'en est pas ainsi. D'abord, la mère y trouve un employé, un préposé qui lui demande des renseignements sur

Coupe du torpilleur 110.

1, tube lance-torpille. — 2, . quéron avant. — 3, chambre des torpilles. — 4, tourelle du commandement gouvernail. — 5 accumulateur. — 6, chaudière et chambre de chauffage. — 7, chambre manche à air du ventilateur 8, ventilateur pour le tirage forcé. — 9, machine. — 10, câble de relèvement. — 11, chambre du capitaine. — 12, poste des mécaniciens. — 13, coqueron arrière.

TOP-WEIGHT, s. m. [top-ouè-te] (angl. *top,* principal, premier; *weight,* poids). Cheval le plus chargé dans un handicap.

TORCHER, v. a. Hortic. Entourer la motte d'un arbre déplanté, au moyen d'une poignée de paille ou de foin, pour la protéger quand cet arbre est destiné à être expédié ou doit être tenu quelque temps hors de terre.

TORCY (Jean-Baptiste COLBERT, *marquis de*), diplomate, né en 1665, mort en 1746. Il était neveu du grand Colbert, fils de Colbert de Croissy et gendre d'Armand de Pomponne. Successeur de son père au secrétariat des affaires étrangères, en 1696, il conclut le traité d'Utrecht en 1713. Ses *Mémoires* (1756) ont une grande valeur pour l'histoire depuis le traité de Ryswick jusqu'à celui d'Utrecht.

TORPILLE TERRESTRE, engin explosif non sous-marin, nouvellement inventé pour être caché à quelques centimètres sous terre ou dissimulé derrière un buisson, une porte, une charrette, etc. La torpille terrestre se compose

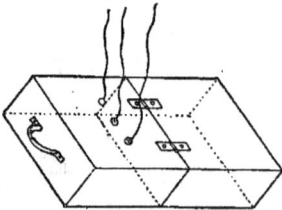

Torpille terrestre.

de deux coffres superposés, comme le montre notre gravure. Celui de dessus renferme le système exploseur; un fil communiquant avec l'exploseur sert à armer la torpille; un second fil sert à la désarmer; un troisième à la faire éclater. Ces fils ne sont pas électriques; ils agissent quand un homme placé à distance vient à les tirer. Le coffre du dessous contient la charge que le système exploseur fait éclater; cette charge se compose de nitro-glycérine Frantz (gélatine explosible). Ces torpilles ne sont pas seulement actionnées par les fils : le seul contact de l'ennemi peut les faire éclater. Leur rayon d'action est de 7 mètres pour les torpilles de 4 livres, et de 140 mètres pour celles de 100 livres : tout est réduit en poussière dans cette zone. En un quart d'heure, 60 hommes enterrant chacun deux torpilles peuvent barrer complètement un front de 1 kilomètre.

150 tonneaux, et longs de plus de 40 mètres. C'est au type de la 1re classe qu'appartient le torpilleur 110, représenté ci-contre. Bien qu'il n'eût pas été construit pour les longues traversées, on voulut, le 20 mars 1889, lui faire parcourir, par un gros temps, la traversée du Havre à Cherbourg. Il disparut en route et l'on n'a jamais plus entendu parler de lui, ni de son équipage.

TOUR. — Législ. Une croisade s'est organisée depuis 1857, en vue d'obtenir de l'administration le rétablissement des *tours d'exposition,* pour les enfants nouveau-nés qui sont laissés aux soins de l'assistance publique. Nous avons déjà exposé dans le *Dictionnaire* (t. V, p. 494) les raisons qui s'opposent à ce rétablissement. La Chambre des députés a eu l'occasion d'émettre un vote à ce sujet. Dans sa séance du 11 novembre 1890, elle a rejeté à une majorité de 322 voix contre 184, la demande d'un crédit qui eût été affecté à l'ouverture d'un tour à Paris. Dans cette séance, M. Joseph Reinach, parlant comme rapporteur de la commission du budget de 1891, s'exprimait ainsi : « Que se passait-il avec le système des tours? Les statistiques sont formelles, tous les renseignements sont concordants · malgré le court espace de temps passé par l'enfant dans la boîte, dans la partie concave du cylindre, qui était tournée vers la rue, souvent glaciale et pluvieuse, pendant l'intervalle qui s'écoulait entre le coup de sonnette et le mouvement de bascule qui amenait le berceau ensuite à l'intérieur, l'enfant contractait souvent le germe de maladies mortelles. Et il a été établi, par vingt enquêtes, que les intermédiaires et souvent même les mères, avant de déposer l'enfant dans le tour, avaient la cruauté de le dépouiller de ses vêtements pour les vendre ou pour les faire servir à d'autres enfants. Et j'ajoute que ces faits monstrueux, mais qui étaient fréquents, ont été parmi les principaux arguments qui ont décidé le congrès international d'hygiène, en 1878, et, dès 1876, les conseils généraux, à s'opposer au rétablissement des tours. En 1846, lorsque, pour la première fois, le Gouvernement consulta les conseils généraux sur la question qui nous occupe aujourd'hui, plus de cinquante de ces assemblées se prononcèrent en faveur de la prétendue réforme que l'on vous demande; mais l'expérience du tour fut vite faite, et lorsque le gouvernement renouvela, en 1878, la consultation, la presque unanimité des conseils généraux, 78 sur 86, se prononcèrent contre le rétablissement des tours... Tous ces inconvénients, tous ces vices du tour de 1811 n'existent pas avec le bureau d'abandon ouvert, lequel offre, au point de vue

sa situation et qui, si la misère seule la pousse à cet acte de désespoir, lui offre aussitôt, au nom de l'administration de l'assistance publique, des secours pour son enfant, si elle veut le garder. Ces secours ne sont que de 25 ou 30 francs par mois; mais enfin, quelque minimes qu'ils soient encore, les mères peuvent garder leur enfant. Et si vous vous rendiez au bureau de la rue Denfert-Rochereau, si vous examiniez par vous-mêmes, comme j'ai eu la curiosité de le faire, ce drame de l'abandon qui est certainement un des plus cruels et des plus douloureux qui existent, vous verriez alors de vos propres yeux combien de mères arrivent à ce bureau avec l'intention d'y laisser leur enfant, le visage baigné de larmes, brisées par l'affreuse nécessité qui les oblige à sacrifier, à perdre à jamais le fruit de leurs entrailles, qu'elles ne peuvent nourrir, et qui en sortent heureuses et radieuses parce qu'elles ont reçu de l'administration le secours qui leur permettra d'élever elles-mêmes leur enfant, de le conserver, et de le presser encore entre leurs bras. Oui, ce secours inespéré, mais qui est offert sur l'heure, c'est la joie et c'est le bonheur qui revient. Aussi il n'y a qui ce premier secours a été donné, à qui ce secours est renouvelé, la mère qui a allaité son enfant pendant un mois ou deux, oh ! celle-là, elle n'abandonne jamais son enfant. Ce lien sacré du sein partagé est trop fort, ce lien familial est définitivement formé, il ne se rompra plus. » Ces raisons, exposées avec éloquence par le rapporteur, s'accordent pleinement avec les faits, pour tous ceux qui ont acquis de l'expérience en matière d'administration charitable. — Le congrès international de la protection de l'enfance, tenu à Paris, en 1889, a adopté les vœux suivants : 1o il n'y a pas lieu de rétablir les tours (vœu adopté à l'unanimité); 2o dans les pays où la loi ne permet pas à la fille-mère de contraindre son séducteur à contribuer à la dépense de l'enfant, prendre les mesures nécessaires pour assurer le secret en cas d'abandon de l'enfant au bureau de l'hospice dépositaire; 3o dans les mêmes pays, établir des maternités où le secret serait garanti aux femmes qui viendraient y faire leurs couches; enfin, une proposition de loi, présentée par M. de Lacretelle, député, et examinée par une commission de la Chambre, et le rapport de cette commission, déposé le 26 mai 1891, porte les conclusions suivantes : 1o suppression du tour, tel qu'il a établi par le décret du 19 janvier 1811; 2o admission de l'enfant à l'hospice à nom ouvert, avec la garantie du secret le plus absolu; 3o suppression de la recherche du domicile de secours; 4o secours aux filles-mères. CH. Y

TOURELLE. — Depuis l'invention des projectiles creux à charge brisante, dits *obus-torpilles*, les fortifications modernes ne peuvent plus soutenir un bombardement sans être rapidement renversées. Il a donc fallu, pour réta-

longitudinales et transversales. La Société des forges de Châtillon et Commentry a construit une coupole pour deux canons de 15 centimètres et 25 calibres de longueur. Le cuirassement exposé aux coups de l'adver-

hauteur maximum de 3 à 4 mètres. Au centre de ce rocher artificiel se trouveront les tourelles invisibles armées de canons. Sur d'autres points, on établira des observatoires cuirassés pour surveiller les assaillants. Les

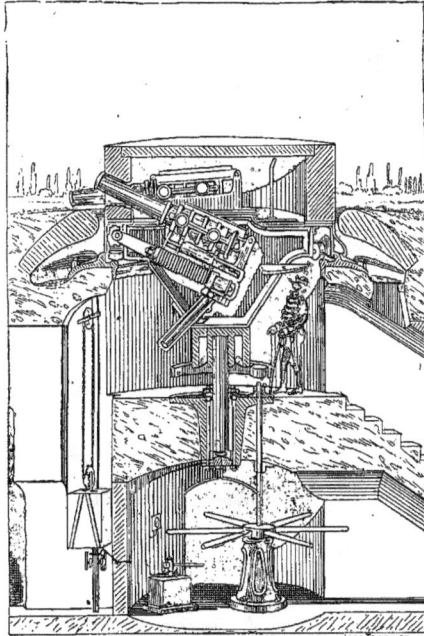

Fig. 1. — Tourelle de Bucarest.

blir l'équilibre en faveur de la défense contre l'attaque, recourir à l'emploi du béton de ciment et des cuirassements métalliques : le béton pour la construction des organes essentiels, le métal pour abriter les batteries. — Les principaux cuirassements métalliques sont connus sous la dénomination de *tourelles* ou *coupoles*. Toutes les puissances européennes ont aujourd'hui des tourelles de ce genre. L'Allemagne en a établi dans la plupart de ses forts; l'Autriche, l'Italie, la Hollande, l'Angleterre, la Belgique, la Suisse en ont placé presque partout, et la France n'est pas restée en retard. La Roumanie a mis autour de Bucarest, qui forme un vaste camp retranché, 60 petites tourelles renfermant chacune deux canons de 15 centimètres. La plus ancienne de toutes les constructions de ce genre est la tourelle cuirassée tournante que le général Brialmont monta, en 1863, sur le réduit du fort n° 3 à Anvers; cinq ans plus tard, les coupoles perfectionnées du fort Saint-Philippe défendirent l'une des passes de l'Escaut, en aval d'Anvers. — Le commandant Mougin, auteur du type des tourelles de Bucarest, a aussi fourni le dessin de la tourelle organisée° au camp de Châlons. Elle affecte la forme d'une calotte sphérique de 25 centim. d'épaisseur. M. Canet, directeur du service de l'artillerie de la Société des forges et chantiers de la Méditerranée, a proposé un plan de tourelle complètement enfermée sous une enveloppe en tôle noyée dans un massif de béton. Le Creusot a aussi imaginé son modèle : c'est une tourelle sans pivot, consistant en un cylindre de tôle couvert d'une toiture convexe, entre-croisée à sa partie inférieure par un système de poutres

saire affecte, dans ce modèle, la forme d'une calotte sphérique, dont l'inclinaison sur l'horizon n'est, au pied, que de 34°. La tourelle Bussière affecte une forme cylindrique et mesure 1m,20 de hauteur totale sur 45 centim. d'épaisseur moyenne. Son cuirassement est composé de trois secteurs de métal mixte. Elle est à contrepoids accumulateur. Dans le système du colonel Souriau, la tourelle est portée par un plongeur immergé dans une cuve pleine d'eau, ce qui permet de soulever la tourelle sans grand effort. Elle monte et descend au moyen d'une machine hydraulique, et disparaît ainsi dès que le canon a envoyé son projectile. — Pour parer aux dangers résultant de l'attaque des mortiers rayés à projectiles de mélinite, le commandant Mougin a imaginé des tourelles oscillantes qui se balancent sur leur embrasure aussitôt après le tir. — Ce nouveau système de fortification va faire une révolution complète dans l'art de la défense des places fortes. Les fortifications que l'on construira à l'avenir ne ressembleront pas plus aux anciennes que celles-ci ne ressemblaient aux forteresses féodales. Tout sera sous terre. Çà et là, un bloc de béton en forme de calotte de 30 à 40 mètres de diamètre s'élèvera au-dessus du sol, à une

vivres et les munitions seront dans des magasins souterrains. Il y aura des compartiments inférieurs pour les machines, la citerne, les ventilateurs, les accumulateurs

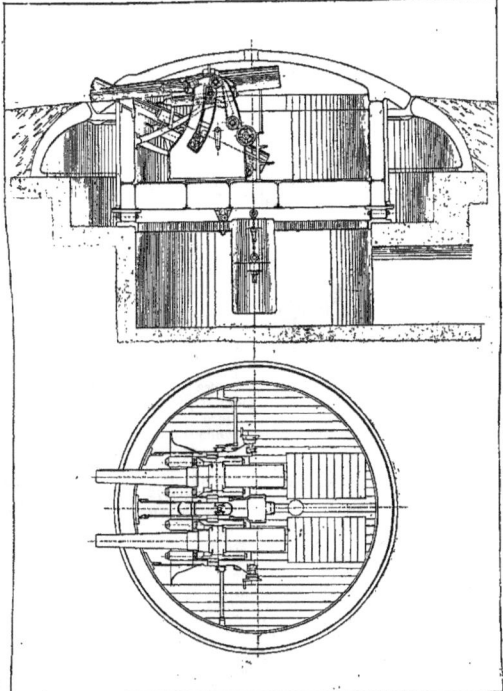

Fig. 2. — Tourelle Canet.

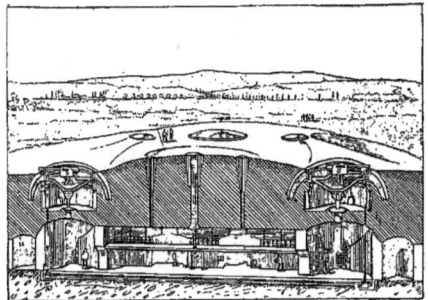

Fig. 3. — Projet de fort souterrain (coupe et élévation).

électriques, etc. Une galerie souterraine, débouchant au fond d'un puits cuirassé, donnera seule accès dans le fort. La garnison se réduira à 30 ou 40 mécaniciens, ou spécialistes chargés de toute la machinerie.

TOURNE-CASE (Jeux). C'est une originale variante du trictrac, dans laquelle chacun des deux joueurs n'a que 3 dames, qu'il doit amener à former une seule case sur la der-

nière flèche du coin. De là, le nom du jeu, *tourne* ayant signifié trois, dans l'ancienne

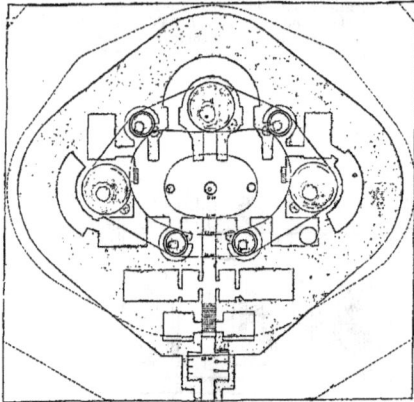

Fig. 4. — Projet de fort souterrain (plan).

langue des joueurs. Chaque joueur place ses trois dames hors du trictrac; l'un les met à sa gauche; il s'agit pour lui de les conduire, l'une après l'autre, jusqu'au coin de la seconde table, qui est à sa droite; l'autre joueur les place à sa droite et doit les mener jusqu'au coin de gauche. De cette façon les dames des deux joueurs partent du même côté et marchent dans le même sens sur les tables opposées. Le plus fort dé ayant désigné le premier à jouer, celui-ci agite le dés, le jette, les nomme et joue seulement le plus faible; s'il amène un doublet, il ne joue que le nombre d'un dé; par exemple ayant jeté sonnez, il ne joue que 6. Une dame ne doit jamais passer par-dessus l'autre, et si au premier coup on joue 3 et qu'au second on amène 4, il faut jouer la même dame, la seconde ne pouvant sauter par-dessus la première, ni la troisième par-dessus la seconde. Il faut donc que les dames se suivent sans pouvoir s'accoupler ailleurs que sur la 12e flèche ou coin de repos. Leur voyage est, d'ailleurs, accidenté, parce que l'adversaire les bat souvent. Une dame est battue quand une dame de l'adversaire vient se poser sur la flèche qui lui est opposée et qui porte le même numéro, relativement au jeu de l'adversaire. Pour donner un exemple, supposons qu'un joueur amène une dame sur sa 7e flèche et que l'adversaire amène aussi une de ses dames sur sa 7e flèche, dont la pointe est opposée à celle du premier joueur; la dame du premier est battue et le joueur doit l'enlever, pour la sortir du trictrac et la remettre dans sa position initiale; son voyage est à recommencer. Les dames ne sont à l'abri que lorsqu'elles sont arrivées sur la 12e flèche ou coin de repos, où elles doivent s'assembler. Celui qui met le premier ses trois dames dans ce coin, gagne la partie. S'il les y conduit toutes les trois avant que son adversaire ait amené une seule dame dans son coin de repos, il gagne partie double, à moins de convention contraire.

TOURNEE s. f. Pioche de terrassier en forme de T, dont l'une des ailes est pointue, et dont l'autre est aplatie transversalement.

TOURNURE s. f. Sorte de petit matelas de laine, de crin, ou de toute autre substance élastique que les dames attachent sous leurs robes, au bas des reins, pour se donner une jolie tournure.

TOUTE-TABLE (Jeu de). Cette modification du trictrac est ainsi nommée parce que cha-

cun des deux joueurs dispose ses dames en quatre tas. un tas dans chacune des quatre tables. Pour bien comprendre comment on doit placer les dames, supposons que le joueur soit assis devant une table, ayant une fenêtre à sa gauche; que sur la table il y ait un trictrac ouvert et que de l'autre côté de la table se trouve l'adversaire ayant la fenêtre à sa droite. Le joueur qui a la fenêtre à sa gauche distribue ses 15 dames comme suit : 2 sur la flèche qui est dans le coin à la droite et du côté de son adversaire; 5 sur la flèche qui est dans l'autre coin, à la gauche de l'adversaire; 3 sur la 5e flèche de la table à droite du joueur et 5 sur la 1re flèche qui joint la bande de séparation de la seconde table du côté et à gauche du joueur. L'adversaire fait la même chose en sens inverse; c'est-à-dire qu'il met 2 dames sur la 1re flèche du coin, à côté et à gauche du premier joueur; 5 sur la dernière lame à droite du premier joueur; 3 sur la 5e lame de son côté, à gauche; et 5 sur la première lame qui joint la bande de séparation dans la seconde table de son côté, à sa droite. Le dessin ci-joint nous fera mieux comprendre. Supposons que le joueur a ait les dames blanches et soit assis devant les deux tables B et D, et son adversaire devant les tables A et C. Celui qui a les dames blanches placera 2 dames sur la flèche 1 de la table A; 5 en

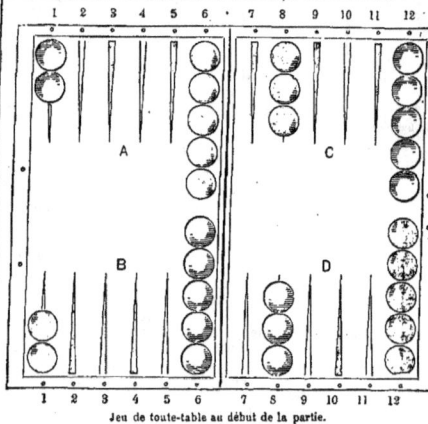

Jeu de toute-table au début de la partie.

12 (table C); 3 en 8 (table D) et 5 en 6 (table B). L'adversaire placera 2 dames en 1 (table B), 5 en 12 (table D), 3 en 8 (table C) et 5 en 6 (table B). Les dames étant ainsi placées, celui que le sort a dés gné jette le premier les dés, nomme et joue. Les doublets comptent double comme au revertier. La direction de la marche des dames est de 1 en 12 tant qu'elles sont sur l'une des deux tables placées en face de l'adversaire; et de 12 ne 1 quand elles sont sur les tables du côté du joueur. Au début on peut jouer ou les deux dames qui sont en 1 du coin de l'adversaire, ou celles qui sont en 12, ou encore celles qui sont dans les tables du côté du joueur; et faire des cases indifféremment dans toutes les tables. Il faut que les deux dames placées en 1 de l'adversaire viennent jusqu'en 12; de là elles passent en 12 du côté du joueur, qui les fait ensuite aller, avec tout

le reste de ses dames, dans la table comprenant les numéros de 1 à 6; il faut que tout le jeu se trouve dans cette table avant que l'on puisse lever aucune dame. On bat les dames comme au revertier en plaçant une dame sur la flèche où était celle de l'adversaire, ou en passant sur cette flèche. En jouant un doublet, on peut battre deux ou plusieurs dames découvertes voir s'accoupler ailleurs que sur la 12e flèche ou coin de repos. Leur voyage est, d'ailleurs, accidenté, parce que l'adversaire les bat souvent. Une dame est battue quand une dame de l'adversaire vient se poser sur la flèche qui lui est opposée et qui porte le même numéro, relativement au jeu de l'adversaire. Pour donner un exemple, supposons qu'un joueur amène une dame sur sa 7e flèche et que l'adversaire amène aussi une de ses dames sur sa 7e flèche, dont la pointe est opposée à celle du premier joueur; la dame du premier est battue et le joueur doit l'enlever, pour la sortir du trictrac et la remettre dans sa position initiale; son voyage est à recommencer. Les dames ne sont à l'abri que lorsqu'elles sont arrivées sur la 12e flèche ou coin de repos, où elles doivent s'assembler. Celui qui met le premier ses trois dames dans ce coin, gagne la partie. S'il les y conduit toutes les trois avant que son adversaire ait amené une seule dame dans son coin de repos, il gagne partie double, à moins de convention contraire.

TRACHÉE s. f. Vaisseau à spire déroulable qu'on remonte dans les jeunes tissus ou dans le voisinage de la moelle des végétaux dits vasculaires.

TRACY, voy. DESTUTT DE TRACY, dans le *Dictionnaire*.

TRAILS s. m. pl. [trèlss] (angl. *trails*, voies, traces). Jeux. Ce jeu a obtenu beaucoup de faveur chez les Anglais; mais il est aujourd'hui presque oublié. Les joueurs, au nombre de deux ou en nombre pair non supérieur à huit, ont chacun un nombre égal de disques colorés en bois appelés trails ou squails. Chacun à tour de rôle place sur le bord d'une petite table ronde, de façon à lui faire dépasser le bord juste assez pour ne pas tomber; il le frappe de la paume de la main vers une petite médaille posée au milieu de la table. Les joueurs doivent être divisés en deux camps et un joueur de chaque camp joue après un joueur du camp adverse. Quand un choc ou plusieurs chocs successifs ont fait sortir la médaille du cercle tracé autour d'elle, comme le montre la figure ci-jointe, on le re-

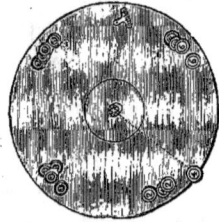

Les trails.

place au milieu de ce cercle. Le nombre de trails étant épuisé, on compte combien de ces

disques sont plus près de la médaille que les plus rapprochés du camp adverse ; et les numéros des trails ainsi placés indiquent les points que doit marquer le parti le plus rapproché. Il est bien entendu que si un disque en déplace un autre, le coup est bon.

TRAIN s. m. Attirail qui compose l'artillerie destinée pour un siège, pour une campagne. On dit aussi TRAIN D'ARTILLERIE. — Troupe qui conduit les engins d'artillerie : *soldat du train.* On dit aussi : TRAIN DES ÉQUIPAGES.

TRAINGLOT s. m. Soldat du train. (Pop.)

TRAITE. — **Législ. internat.** En 1889, une conférence internationale s'est réunie à Bruxelles, sur l'invitation du gouvernement belge, dans le but de rechercher les moyens les plus propres à supprimer la *Traite des esclaves en Afrique.* Seize puissances ont pris part à cette conférence. Ce sont : l'Allemagne l'Autriche-Hongrie, la Belgique, le Danemark, l'Espagne, l'Etat indépendant du Congo, les Etats-Unis d'Amérique, la République française, le royaume-uni d'Angleterre et d'Irlande, l'Italie, les Pays-Bas, la Perse, le Portugal, la Russie, la Turquie et le Zanzibar. — Un acte général a été signé le 2 juillet 1890, par les représentants de toutes les puissances susnommées, sous réserve des ratifications de droit. Le protocole de dépôt dudit acte général a été, pour la France, signé le 9 février 1891 ; et le projet de loi portant approbation du même acte a été déposé à la Chambre des députés le 2 mai. Mais la Chambre, par un vote du 25 juin suivant, a déclaré surseoir à donner au gouvernement l'autorisation de ratifier l'acte général du 2 juillet 1890. Ce rejet semble avoir eu plusieurs causes. D'abord le souvenir de l'exercice abusif du droit de visite auquel se livrait la marine anglaise pendant le règne de Louis-Philippe, sur les navires français, dans l'océan Indien, sous le prétexte d'empêcher la traite. Ensuite la majorité de la Chambre s'est rappelée que, dans les réunions de la conférence de Bruxelles, les représentants de la France ont vainement insisté pour faire adopter, comme les meilleurs *moyens d'empêcher la traite,* l'interdiction absolue d'importer en Afrique des armes perfectionnées et des spiritueux.   CH. Y.

TRANSKEIEN, IENNE adj. (préf. *trans,* au delà ; et de *kei,* nom d'une rivière de Cafrerie). Qui est au delà de la rivière Kei, par rapport à la colonie du Cap. — TERRITOIRES TRANSKEIENS. Région située à l'E. de l'Afrique méridionale et quelquefois appelée Cafrerie ; elle est séparée de la colonie du Cap par la rivière Kei (d'où son nom), de Natal par les rivières Oumtafouna et Oumzicoulou et du Basoutoland par les monts Quatlamba ; environ 38,000 kilom. carrés ; 260.000 hab. Ce territoire est partagé entre un certain nombre de petites tribus caffres qui ont été, depuis 1876, annexées l'une après l'autre à la colonie du Cap ou placées sous le protectorat anglais. On y distingue, comme principales subdivisions : le Griqualand oriental, le Tembouland, le Transkei et le protectorat du Pondoland.

TRAVAIL. — **Législ.** Le maximum de la journée de travail a été fixé par la loi à douze heures de travail effectif, pour l'ouvrier adulte ainsi que nous l'avons déjà dit au *Dictionnaire* (t. III, p. 743) ; mais cette limite légale ne s'applique qu'au travail dans les usines et manufactures ; elle souffre de nombreuses exceptions, et les amendes encourues par les patrons qui contreviennent à cette prescription ont été très rarement infligées. L'ouvrier qui prolonge la durée de son travail ne subit pas une véritable contrainte ; il y est consentant ; souvent même c'est lui qui le demande ; et d'ailleurs c'est à lui seul qu'il appartient de mesurer cette durée, suivant ses forces et le travail auquel il est occupé. Au contraire, la femme et l'enfant sont des êtres faibles, su-

bordonnés, que le législateur doit protéger contre les patrons qui voudraient obtenir d'eux un travail excessif, insalubre ou dangereux. C'est pourquoi la loi du 19 mai 1874 et les décrets qui la complètent, ont réglementé les conditions du travail des enfants et des femmes dans les manufactures, usines, ateliers, etc. (Voy. au *Dictionnaire,* t. II, p. 586.) Ces restrictions apportées à la liberté du travail paraissent aujourd'hui insuffisantes ; et le Parlement élabore un projet de loi qui doit limiter d'une façon précise et plus rigoureuse le travail des enfants, des filles mineures et des femmes dans les établissements industriels. Les programmes socialistes portent que la journée de l'ouvrier adulte ne pourra excéder huit heures, quel que soit le travail ; que la tâche soit rude ou facile, il ne doit y avoir aucune différence. Il faut reconnaître que ce serait là le plus révoltant des abus d'autorité. Si la loi venait à porter, jusqu'à ce point, atteinte à la liberté de l'ouvrier, il faudrait alors nécessairement fixer un minimum de salaire, ce qui est réclamé par les coteries socialistes ; et ce serait encore plus arbitraire. Par une autre conséquence inévitable, on serait obligé de limiter les prix des denrées nécessaires à la vie, afin que ces prix fussent proportionnés au salaire. Mais, par suite de la diminution de la journée de travail, les prix de toutes choses subiraient une augmentation, et il n'y aurait d'autre issue pour sortir d'un tel cercle vicieux, que de revenir à la traite. Cette limite obligatoire du travail de l'ouvrier a été reconnue impraticable dans le congrès des *Trade's-Unions* de la Grande-Bretagne, tenu à Dundee, en septembre 1889, et où étaient représentés près de 900.000 ouvriers. La réduction de la journée d'ouvrier à la durée de huit heures a été proposée à ce congrès, et elle a été rejetée à la presque unanimité des voix. La fédération des ouvriers mineurs de la Grande-Bretagne a, au contraire, réclamé l'adoption de cette limite pour le travail dans les houillères. On ne peut, en effet, assimiler les travaux des mines aux autres travaux industriels ; et la réglementation qui semblerait excessive partout ailleurs, peut être admise là par des raisons supérieures d'humanité. Nous devons ajouter, pour être complètement vrai, qu'un nouveau congrès de *Trade's-Unions* réuni à Liverpool, en septembre 1890, a adopté par 193 voix contre 155 et 110 abstentions une résolution en faveur de la limitation légale de la journée de travail à huit heures ; mais ce triomphe des idées socialistes n'est que passager, et il devra s'évanouir en présence de toute crise industrielle résultant du renchérissement des produits. La conférence internationale de Berlin, dont nous avons parlé plus haut (voy. SOCIALISME), après avoir terminé ses travaux, le 29 mars 1890, a laissé un résumé de ses résolutions. La limitation de la journée de travail des adultes n'a pas pu être l'objet d'une discussion ni d'un vœu à ladite conférence, attendu que, sur les réclamations des représentants de plusieurs nations, cette question avait dû être retirée du programme. La commission du repos du dimanche a été unanimement d'avis qu'un jour de repos soit assuré, chaque semaine, à tous les ouvriers de l'industrie, sauf un petit nombre d'exceptions à cette règle ; et ce jour a été fixé au dimanche par la majorité des délégués. La commission du travail des enfants et des femmes a été d'avis notamment : que les enfants ne puissent travailler dans l'établissement industriels avant l'âge de 12 ans, sauf dans les pays méridionaux où la limite serait abaissée à 10 ans ; que tous aient préalablement satisfait aux prescriptions concernant l'enseignement primaire ; que les enfants de 12 à 14 ans ne puissent être occupés dans lesdits établissements que pendant une durée de six heures par jour, interrompue par un repos

d'une demi-heure ; que les jeunes ouvriers de 14 à 16 ans ne travaillent que pendant une durée de 10 heures, interrompue par des repos d'une durée totale d'une heure et demie au moins ; que tous les enfants de moins de 16 ans, ainsi que les filles et les femmes ne travaillent jamais ni la nuit ni le dimanche ; que pour les femmes et les filles, le travail ne dépasse pas onze heures par jour, et soit interrompu par des repos d'une heure et demie ; que des exceptions soient admises pour certaines industries et que des restrictions soient prévues pour les occupations insalubres ou dangereuses ; enfin que les femmes accouchées ne puissent travailler que quatre semaines après leur accouchement. La commission des mines a émis plusieurs vœux, entre autre celui-ci : que, pour assurer la continuité de la production du charbon et prévenir les grèves, les patrons et les mineurs fussent réunis en associations, et s'engagent réciproquement, pour les cas où leurs différents ne pourraient être tranchés dans une entente directe, à recourir à la solution par l'arbitrage. Nous répétons ici que la plupart de ces vœux ont été rendus obligatoires par la législation française, et le projet de loi que le parlement est appelé à voter leur donnera une satisfaction suffisante. M. Jules Simon, président de la délégation française à la conférence internationale de Berlin, s'exprimait ainsi dans la réunion de cette conférence, le 28 mars 1890 : « Quant au fond même des questions posées à la conférence, il y a longtemps que la France s'est préoccupée de les résoudre. Nos lois sur le travail des enfants et même des femmes, contiennent les dispositions suivantes ; l'âge d'admission des enfants est fixé à 12 ans, et très exceptionnellement à 10 ans ; la durée de la journée de travail ne peut dépasser six heures pour les enfants de 10 à 12 ans, non plus que pour ceux de 12 à 15 ans qui n'ont pas obtenu le certificat d'études primaires ; le travail de nuit est interdit jusqu'à 16 ans pour les garçons, jusqu'à 21 ans pour les filles et les femmes. Un projet actuellement en élaboration dans les Chambres, va plus loin encore dans la voie de la protection ; l'âge d'admission des enfants est élevé à 13 ans sans aucune exception ; la journée de travail est limitée à dix heures jusqu'à 18 ans pour les garçons, jusqu'à 21 ans pour les filles ; le travail du dimanche est interdit jusqu'à 16 ans pour les garçons, jusqu'à 21 ans pour les filles. L'autre vœu, exprimé par la conférence, a déjà reçu satisfaction en France : nous possédons un corps d'inspecteurs qui surveillent l'exécution des lois sur le travail des enfants et des femmes, et qui assurent la protection de l'enfant jusque dans les ateliers, alors même que l'atelier ne possède qu'un unique ouvrier. Ce corps se compose aujourd'hui de 21 inspecteurs divisionnaires et de 70 inspecteurs départementaux ; tout récemment, le département de la Seine a créé à ses frais treize emplois d'inspectrices... La France n'a jamais abordé qu'avec une extrême réserve la réglementation du travail des adultes. Cette réserve s'explique dans l'état de nos mœurs et de nos institutions politiques. Nous avons le culte de la liberté individuelle et, plutôt que de réglementer l'usage qu'en font nos concitoyens, nous préférons leur donner tous les instruments nécessaires pour se servir utilement de leurs droits... Tel est le caractère spécial de notre législation ; elle est démontrée par cette pensée que le progrès s'accomplit par la liberté. La même pensée a dicté nos votes au sein de la conférence : nous nous sommes montrés très ardents pour la protection des mineurs ; nous nous sommes abstenus quand il s'agissait des majeurs... Nous poursuivons un but moral aussi bien qu'un but matériel. Ce n'est pas seulement dans l'intérêt physique de la race humaine que nous nous efforçons d'arracher l'enfant, l'adolescent, la femme, à un labeur excessif ;

c'est aussi pour que la femme soit rendue à son foyer, l'enfant à sa mère, auprès de laquelle seule il peut trouver les liens d'amour et de respect qui font le citoyen. Nous avons voulu faire une halte dans la voie de démoralisation où le relâchement des liens de famille conduit l'esprit humain. » — La *Commission supérieure du travail dans l'industrie* constatait, dans un rapport adressé au Président de la République, le 27 juin 1891, que les inspecteurs chargés de veiller à l'exécution de la loi du 19 mai 1874, sur le travail des enfants dans les manufactures, et de celle du 9 septembre 1848, sur le travail des adultes, avaient visité 69.466 établissements industriels pendant l'année 1890, tandis qu'en 1876, le nombre des établissements visités n'étaient que de 10.041. — Un *ministère du travail* a été institué, en 1888, dans l'administration centrale des Etats-Unis d'Amérique. Ce ministère a pour tâche de rassembler et de vulgariser toutes les informations utiles concernant le capital, les salaires des ouvriers, c'est-à-dire le travail, dans le sens le plus vaste du mot. M. Camille Raspail a déposé le 3 mars 1890, une proposition tendant à la création, en France, d'un ministère du travail. Mais a-t-il songé que le ministère de l'industrie et du commerce, le ministère de l'agriculture et les autres administrations publiques peuvent suffire à étudier toutes les questions concernant le travail, sans qu'il soit besoin d'une nouvelle hiérarchie administrative ? — Pour répondre au besoin d'informations que toute administration doit chercher à recueillir, un décret du 22 janvier 1891, a établi, auprès du ministre du commerce et de l'industrie, un *Conseil supérieur du travail*, dans des conditions analogues à celles des autres corps consultatifs existant près des divers ministères. Ce conseil est composé de cinquante membres, qui sont choisis : pour un tiers, parmi les membres du Parlement ou parmi d'autres personnes versées dans les matières économiques et sociales, et pour les deux autres tiers parmi les patrons et les ouvriers en nombre égal. — Enfin la loi du 20 juillet 1891 a ordonné la création au ministère du commerce, de l'industrie et des colonies, d'un *Office du Travail*, destiné à rassembler, coordonner et vulgariser tous les renseignements concernant la statistique du travail. Le ministre du commerce doit, chaque année, adresser au Président de la République un rapport résumant les travaux de cet office du travail.— La lutte suscitée par les écrivains socialistes entre le Travail et le Capital, a pris, depuis vingt ans, une extension formidable dans la plupart des pays d'Europe et dans la grande République américaine. Les gouvernements ont renoncé à contraindre par la force l'expansion des idées les plus subversives de l'ordre social, et les grèves d'ouvriers peuvent se répandre publiquement, pourvu que la liberté individuelle et la paix publique soient respectées. Nous avons exposé ci-dessus, au mot PARTICIPATION ce que nous croyons être le remède le plus efficace à l'antagonisme existant entre le Capital et le Travail (voy. aussi SOCIALISME). Nous croyons pouvoir ajouter ici quelques observations sur le même sujet. Le Capital a été exactement défini : du Travail accumulé. C'est une réserve que l'homme prévoyant a su amasser, à son profit, au profit de sa famille, et souvent aussi au profit d'autres humains. Cette réserve, prélevée sur la part des produits du Travail qui excède les besoins pressants, est représentée par la terre, devenue féconde, par la charrue et les autres outils, par le bétail domestique, par les bâtiments d'exploitation, les usines, les créances, les monnaies, etc. C'est là la propriété ; et, si le droit de propriété n'était pas garanti par les lois, l'humanité retomberait dans l'état de barbarie. Au moyen de cette réserve, de ces outils, de ce Capital, le travailleur accroît

considérablement les produits de son Travail ; il améliore sa condition, assure son avenir et celui de sa famille ; et il augmente en même temps la prospérité du pays. Le possesseur du Capital peut, à la suite de conventions librement débattues, se faire aider dans l'exploitation de son bien par d'autres travailleurs qu'il rétribue ; et il peut aussi confier à autrui une partie de ce Capital (terre, outils ou monnaie) moyennant une redevance. Le salaire du travailleur employé et l'intérêt du capital prêté varient selon les besoins du moment : ils sont également soumis tous les deux à la loi inéluctable de l'offre et de la demande. C'est ce que démontre, d'une façon triviale, l'économiste anglais Cobden, lorsqu'il dit : « Les salaires haussent lorsque deux patrons courent après un ouvrier ; et ils baissent lorsque deux ouvriers courent après un patron. » Bastiat a exprimé la même truisme en disant que, lorsque le capital est rare. il fait la loi du marché, mais, s'il est abondant, c'est le travail qui commande. Si cela n'est pas contestable, comment peut-on affirmer que le capital est aujourd'hui privilégié et le travail sacrifié ? Est-ce que leurs parts respectives de produits ne sont pas fixées par un accord préalable ? Où donc alors est l'injustice ? Le Capital, dit-on, récolte souvent de très gros profits, tandis que la part accordée au Travail est très limitée. Mais il faut dire aussi que le Capital supporte seul les pertes, et qu'il est même exposé à périr totalement ; tandis que le Travail n'est pas exposé à de tels risques. D'ailleurs, est-il possible de changer artificiellement ce qui est établi par la nature des choses ? Si le législateur, mal avisé, voulait, selon le rêve des socialistes, modifier ces conditions naturelles, restreindre la liberté des contrats, et favoriser le Travail aux dépens du Capital, on verrait aussitôt celui-ci se raréfier, et les profits du Travail s'en trouveraient nécessairement réduits. Le Capital étant un être matériel, et par conséquent dépourvu de tout sentiment de patriotisme, émigrerait lorsque cela lui serait possible ; il irait, ainsi que cela s'est vu plus d'une fois, chercher dans d'autres pays la liberté et la sécurité qu'il ne trouverait plus dans le nôtre. Il en serait de même le jour où un impôt nouveau frapperait le Capital d'une manière excessive. Le grand bon sens de l'économiste Bastiat a fait justice des sophismes par lesquels on tente de prouver qu'il y a lutte forcée entre le Travail et le Capital. « Quelle est, dit-il, la puissance qui allégera, pour tous dans une certaine mesure, le fardeau de la peine ? Qui abrégera les heures de travail ? Qui desserrera les liens de ce joug pesant qui courbe aujourd'hui vers la matière non seulement les hommes, mais les femmes et les enfants qui n'y semblaient pas destinés ? C'est le Capital, qui, sous la forme de roue d'engrenage, de rail, de charrue, prend à sa charge une si grande partie de l'œuvre primitivement accomplie aux dépens de nos nerfs et de nos muscles ; le Capital, qui fait concourir de plus en plus au profit de tous, les forces gratuites de la nature. Le Capital est donc l'ami, le bienfaiteur de tous les hommes, et particulièrement des classes souffrantes. Ce qu'elles doivent désirer, c'est qu'il s'accumule, se multiplie, se répande sans compte ni mesure. — Et, s'il y a un triste spectacle au monde, spectacle que l'on ne pourrait définir que par ces mots : suicide matériel, moral et collectif, — c'est de voir ces classes, dans leur égarement, faire au Capital une guerre acharnée. Il ne serait rien de plus absurde, ni plus triste si nous voyions tous les capitalistes du monde se concerter pour paralyser les bras et tuer le travail. » (*Capital et rente* : Appendice I.) — Faisons encore observer que l'*impôt sur le capital*, qui a été proposé plusieurs fois (voy. ci-dessus l'*impôt*) serait très mal fondé ; car l'impôt doit être proportionnel au revenu, quelle que soit l'importance du capital qui a concouru à

la production de ce revenu. — Le régime disciplinaire des établissements de *travaux forcés* réclame depuis longtemps une réforme ; et le Conseil d'Etat a préparé à ce sujet un projet de règlement d'administration publique qui doit mettre un terme au relâchement de la discipline dans nos colonies pénales et donner plus de sécurité aux colons libres. — En matière de *travaux publics*, nous avons à mentionner la loi du 25 juillet 1891, qui a étendu le bénéfice du décret des 26 pluviôse-28 ventôse an 11, aux ouvriers des entrepreneurs travaillant au compte des départements, des communes et autres établissements publics. Il en résulte que le privilège qui assurait le paiement des salaires aux ouvriers travaillant pour les entrepreneurs de l'Etat, profite aujourd'hui à tous les ouvriers employés à des travaux publics ; et ce privilège affecté sur les sommes dues aux entrepreneurs s'exerce par préférence à toutes autres créances, et même antérieurement au privilège des fournisseurs de matériaux.   CH. Y.

TREILHARD (Jean-Baptiste), homme politique, né à Brives (Limousin) en 1742, mort en 1810. Avocat au parlement de Paris, il fut élu aux Etats généraux, devint président de l'Assemblée constituante (1791) ; fut député de Seine-et-Oise à la Convention, vota la mort du roi, entra au comité de Salut public, puis au conseil des Cinq-Cents, au tribunal de cassation (1798), fut plénipotentiaire au congrès de Rastadt, entra au Directoire exécutif le 15 mai 1798, à la place de François (de Neufchâteau), fut forcé de donner sa démission le 18 juin 1799, parce que son élection avait été illégale. Il fut remplacé par l'intègre Gohier. Il accepta, après le 18 brumaire, la présidence du tribunal d'appel de Paris, fut appelé au conseil d'Etat, devint sénateur, comte de l'Empire et collabora à la rédaction des codes. Il fut inhumé au Panthéon.

TREMBLEMENT de terre. Le mercredi 23 février 1887, de violentes secousses, ayant pour centre le Piémont, ébranlèrent un cercle très vaste dans le midi de la France et en Italie. A Nice, où l'on ressentit quatre secousses du nord-est au sud-ouest, avec le caractère oscillatoire, plusieurs maisons s'écroulèrent et la population, réveillée à cinq heures et demie du matin, campa, pendant deux jours et deux nuits, dans les rues et sur les places. En même temps, Menton était assez éprouvé et le phénomène atténué s'étendait jusqu'à Genève, Lyon, Clermont-Ferrand et Marseille. Il fit beaucoup plus de ravages en Italie ; on compta 300 morts ou blessés à Bajardo, 250 à Diano-Marina, 90 à Bussana, 40 à Dieno-Castello, etc.

TRÉMULATION s. f. (rad. *trémuler*). Tremblotement.

TRENTE et QUARANTE. Jeu de pur hasard auquel on se livrait jadis en Allemagne, surtout dans les villes d'eaux. Les joueurs s'attablent autour d'un grand tapis divisé en deux parties, l'une pour la couleur rouge, l'autre pour la couleur noire ; quelquefois on étale sur le tapis un carton rouge d'un côté, et un carton noir de l'autre. Les joueurs, en nombre indéterminé, reçoivent le nom de pontes ; l'un d'eux est désigné sous celui de banquier. On se sert de 4 ou de 6 jeux de 52 cartes réunis et mêlés ensemble. Les figures (rois, dames et valets), valent chacune 10 points ; toutes les autres valent le nombre de points dont elles sont marquées, depuis le 10 jusqu'à l'as, qui ne vaut qu'un point. Chaque ponte dépose sur la couleur qu'il lui plaît de choisir, une mise plus ou moins forte, suivant la somme qu'il a résolu d'exposer. Le banquier tire, une à une, les cartes qu'il dépose à découvert par ces mots ; les unes à la suite des autres, jusqu'à ce qu'elles forment un total de 31 à 40 points ; au-dessous de cette première rangée,

TRES

il en établit, de la même manière, une seconde, jusqu'à ce que les cartes forment un point entre 31 et 40. La première rangée appartient à la couleur noire; la seconde à la couleur rouge: celle qui approche le plus du point 31 gagne; le banquier ramasse toutes les mises déposées sur la couleur perdante et double toutes les mises de la couleur gagnante. Si les points des deux rangées sont égaux, le coup est nul; mais si les deux points sont 31, le banquier gagne la moitié des mises faites sur chacune de ces deux couleurs. Le même joueur reste banquier tant qu'il lui reste en main assez de cartes pour compléter un jeu. S'il commence un coup sans pouvoir le compléter, ce coup est nul. Quand le banquier a épuisé la somme de ses cartes, la banque passe au joueur suivant.

TRÉPANATION. On a rarement recours à l'opération chirurgicale nommée trépanation, sauf dans les cas extrêmes, quand il est indispensable de faire cesser la pression sur la cervelle causée par la fracture d'un os, ou par une accumulation de sang à la suite d'un accident; alors on ôte, à l'aide du trépan, une petite portion de l'os. Le poids étranger étant ensuite enlevé, on met une petite plaque d'argent sur le trou formé par l'extraction du morceau de crâne. Le patient est ordinairement insensible depuis le moment de l'accident jusqu'à la fin de l'opération, car on ne pratique pas cette délicate opération, si la période d'insensibilité n'est pas très prolongée et si l'on ne craint pas le collapsus.

TRÉSORIER. — Législ. Depuis longtemps, des réclamations s'étaient élevées contre l'énormité des émoluments dont jouissaient les trésoriers-payeurs généraux. Ces émoluments étaient, en grande partie, à la charge de l'État; le maigre traitement annuel de 6.000 fr. était bien dépassé par des remises proportionnelles au mouvement des fonds, par des bonifications d'intérêts, etc. Le surplus des bénéfices résultait de commissions allouées à ces agents de l'État, comme à des banquiers, pour les souscriptions aux emprunts de la Ville de Paris, du Crédit foncier de France, etc., ainsi que pour le paiement des coupons d'intérêts de diverses valeurs. Pour quelques-uns des trésoriers généraux, les bénéfices annuels s'élevaient ainsi à 100.000 fr., 200.000 fr., et dans le département de la Seine-Inférieure jusqu'au chiffre de 321.000 fr. La Chambre des députés adopta, le 26 mars 1889, un projet de loi qui, après avoir réparti tous les trésoriers-payeurs généraux en trois classes, leur allouait des traitements correspondants de 10.000 fr., 12.000 fr. et 15.000 fr. Le crédit porté au budget de l'exercice 1890, pour allocations aux trésoriers généraux, fut en conséquence réduit dans les proportions rigoureusement nécessaires pour l'application de ce projet de loi. Mais ledit projet n'ayant pas pu être voté par le Sénat avant le commencement de l'exercice, le Gouvernement a dû prendre les mesures indispensables pour assurer le service. C'est pourquoi un décret du 31 décembre 1889 supprime les commissions ou remises allouées aux trésoriers-payeurs généraux sur le budget général de l'État et sur le budget annexe de la Légion d'honneur, mais non celles qui sont payées par la caisse des dépôts et consignations. Le même décret répartit lesdits fonctionnaires en cinq classes, et fixe respectivement les traitements à 12.000, 14.000, 16.000, 20.000 et 25.000 francs. Un crédit de 1.405.000 francs, inscrit au budget sous le titre d'abonnement à forfait des trésoreries générales, est distribué par arrêté ministériel. — Le ministre des finances a supprimé plusieurs recettes particulières d'arrondissement, et les services de ces recettes ont été réunis à ceux de la trésorerie générale du département. C'est là un essai, tenté dans un but d'économie, et dont l'application devra

être étendue ou restreinte, selon les résultats qu'il aura produits.   Ch. Y.

TREVIRI ou **Treveri,** puissant peuple de la Gaule Belgique, qui resta fidèle à l'alliance des Romains et dont la cavalerie était considérée comme la meilleure des Gaules. La rivière Mosella naissait sur leur territoire. Leur ville principale fut faite colonie romaine par Auguste et reçut le nom d'*Augusta Trevirorum* (*Trier* ou *Trèves*). Cette ville s'élevait sur la rive droite de la Moselle; elle devint sous l'empire, l'une des plus florissantes de la Gaule. Elle fut la capitale de la Belgica Prima; et après la division du monde romain en quatre districts, par Dioclétien (292 après J.-C.), elle devint la résidence du César qui avait le gouvernement de la Bretagne, de la Gaule et de l'Espagne. Constance-Chlore et son fils Constantin s'y fixèrent ainsi que plusieurs empereurs subséquents.

TRÉVOUX s. m. (de *Trévoux* n. p.). Dictionnaire publié à Trévoux par les jésuites du collège de cette ville; *selon Trévoux; on trouve dans Trévoux...*

TRÉVOUX *tres viæ, treviæ, trivium,* ch.-l. d'arrond. à 50 kilom. S.-O. de Bourg (Ain), sur la rive droite de la Saône, dans un site pittoresque, en amphithéâtre sur le penchant d'une colline: 3.000 hab. Orfèvrerie, affinage de l'or et de l'argent. Cette ville, qui date d'une haute antiquité, doit son nom à sa position sur le point d'intersection de trois routes (*tres viæ*) construites par Galba. Elle fut, au moyen âge, la capitale de la principauté de Dombes, et conserva jusqu'en 1789 ses franchises, son parlement, son hôtel des monnaies, etc. On y remarque le palais de justice fondé en 1696 par le duc du Maine et un hôpital dû à Marie-Louise d'Orléans. — L'avant-dernier prince de Dombes y fonda, en 1696, un grand établissement typographique d'où sortirent, entre autres travaux célèbres, les *Mémoires de Trévoux*, journal scientifique et littéraire, commencé en 1701 par les Jésuites Catrou et Rouillé et continué jusqu'en 1767 (265 vol. in-12) et le *Dictionnaire de Trévoux,* qui n'est que le dictionnaire de Furetière, entièrement refondu (1704, 3 vol. in-fol.; 6ᵉ édition en 1771, 8 vol. in-fol.).

TRIADESCOPE s. m. (fr. *triade,* unité composée de trois personnes; gr. *skopeô,* j'examine). Jouet basé, comme le praxinoscope, sur l'impression produite sur la rétine par le

Triadescope.

mouvement rotatoire de plusieurs dessins occupant différentes positions. Le triadescope représente, comme son nom l'indique, trois faces sur chacune desquelles est peint un polichinelle dans trois positions différentes. Quand on imprime un mouvement rapide de rotation, les trois polichinelles n'en forment plus qu'un se livrant à une danse effrénée. Le moteur est bien simple: c'est un sablier dont le contenu tombe sur les palettes d'une roue horizontale fixée à un arbre vertical sur lequel est placée l'image. Les palettes de la roue ont une inclinaison de 45 degrés. On remonte l'appareil en le renversant, pour que le sable passe de la partie inférieure à la partie supérieure du sablier; ensuite, on le remet droit, et le polichinelle danse.

TRIANDRE adj. (préf. *tri*; gr. *áner, andros,* mâle). Bot. Se dit, dans le système linnéen, des plantes munies de trois étamines libres.

TRIBOCCI, peuple germain qui s'établit dans la Gaule Belgique, entre les Vosges et le Rhin, dans le voisinage de Strasbourg.

TRIBU s. f. Bot. Subdivision d'une famille de plantes. La tribu comprend un certain nombre de genres dont l'ensemble permet de faire des groupes offrant un certain nombre de caractères spéciaux.

TRIBUR (all. *Trebur*), anc. *Triburium,* village du grand-duché de Hesse, province de Starkenbourg, près du Rhin, à 22 kilom. O.-N.-O. de Darmstadt, sur la Schwarzach; 1.500 hab. C'était, au moyen âge, une ville importante où les rois carlovingiens possédaient un palais. C'est dans cette ville que s'assembla la diète qui déposa Charles le Gros en 887; une autre diète de Tribur suspendit l'empereur Henri IV en 1076.

TRICASSES, Tricasii ou **Tricassini,** peuple de la Gallia Lugdunensis, à l'E. des Senones. La ville principale de ce peuple était Augustobona, plus tard Tricasse (Troyes).

TRICASTINI, peuple de la Gaule Narbonaise, entre les Cavares et les Vocontii; ils habitaient une étroite langue de terre entre la Drôme et l'Isère. Leur ville principale était Augusta Tricastinorum ou simplement Augusta (Aouste).

TRICORII, peuple ligurien de la Gaule Narbonaise, branche des Sallyi, dans le voisinage de Massilia et d'Aquæ Sextiæ.

TRICTRAC. — Encycl. Le trictrac paraît avoir été connu des anciens, s'il est vrai que son nom, au lieu d'avoir été formé, par onomatopée, du bruit des dés et des dames, fut tiré des deux mots grecs τρὶς τραχύς (tris trachus), qui signifient *trois fois difficile à jouer et à comprendre.* L'abbé Barthélemy, dans son *Voyage d'Anacharsis,* prétend qu'il était pratiqué à Athènes. Il est avéré que les Romains le connaissaient : ils l'appelaient *Duodena scripta* ou *Ludus XII scriptorium,* ainsi que le prouve Saumaise, dans un traité particulier où il fait la comparaison du trictrac ancien avec le trictrac moderne. Mais la marche de ce jeu a dû subir une infinité de changements avant d'arriver au point où elle est chez nous aujourd'hui. On joua probablement d'abord les *dames rabattues* qui sont d'une grande simplicité et ne présentent pas de combinaisons; ensuite vint le *jacquet,* qui est à peine plus compliqué et dont les combinaisons sont très faciles. On dut imaginer plus tard le *garanguet,* le jeu de *toute table* ou *gamon,* et en dernier lieu le *trictrac,* réunion, composé de tous les autres jeux de table, et dont l'invention paraît dater du XVᵉ siècle. Ce dernier jeu lui-même a subi des modifications, et ses règles ne furent définitivement fixées qu'au commencement du règne de Louis XIV, époque où il fit fureur chez les personnes de qualité. Regnard nous

présente son joueur *comme possédé du démon du trictrac*, et il lui fait dire (ac. I; sc. IV) :

> . . . . .Une école maudite
> Me coûte un moment douze trous tout de suite;
> Que je suis un grand chien! Parbleu, je le saurai,
> Maudit jeu de trictrac! ou bien je ne pourrai.

Un peu plus loin (ac. I; sc. x), il fait dire à un *chevalier d'industrie* :

> Je suis pour vous servir, gentilhomme auvergnac,
> Docteur dans tous les jeux et maître de trictrac;
> Mon nom est *Tout-à-Bas*, vicomte de *La Case*,
> Et votre serviteur, pour terminer ma phrase.
>
> Je sais dans un trictrac, quand il faut un *sonnes*,
> Glisser des dés heureux ou chargés ou pipés;
> Et quand mon *plein* est fait, gardant mes avantages,
> J'en substitue aussi d'autres prudents et sages,
> Qui n'offrant à mon gré que des as à tous coups,
> Me font en un instant enfiler douze trous.
>
> . . . . .Je veux, par mon savoir extrême,
> Que vous escamotiez un dé comme moi-même.

On voit, par cette citation, qu'il existait déjà des professeurs en tricherie, qui enseignaient l'art de corriger la *fortune* à l'aide de dés pipés ou plombés (ce qui est la même chose). Les changements survenus dans les mœurs de la cour à la fin du règne de Louis XIV firent insensiblement négliger le trictrac, qui resta néanmoins un jeu de bonne compagnie, et demeura, sous sa modification appelée *trictrac à écrire*, en honneur dans quelques salons. L'étymologie grecque du trictrac, fût-elle authentique, ne voudrait pas dire que ce jeu soit bien compliqué dans sa marche : elle signifierait seulement qu'il exige, pour être bien joué, beaucoup de présence d'esprit et de calcul. — APPAREIL DU TRICTRAC. L'appareil de ce jeu se compose de : 1° un *tablier* appelé *trictrac*. C'est un damier rectangulaire entouré de rebords hauts de 5 à 6° centim. et divisé en deux compartiments égaux ou *tables* par une cloison ordinairement moins épaisse que les rebords. Souvent la cloison est double et munie de charnières à sa partie supérieure, ce qui permet de replier les deux tables l'une contre l'autre, bord sur bord, de façon que le trictrac se ferme comme une boîte quand on a fini de s'en servir. Cette sorte de boîte renferme les dames, les cornets, les dés, les bredouilles et les fichets. Sur son revers, le trictrac porte ordinairement un échiquier ou un damier. Vingt-quatre flèches ou lames triangulaires sont incrustées sur le fond du tablier et opposées pointe à pointe. Ces flèches sont alternativement de deux couleurs différentes et bien tranchées, par exemple blanches et vertes. Elles sont disposées de telle sorte que les blanches d'un côté sont toujours opposées aux vertes de l'autre. Sur le bord, à la base de chaque flèche, est percé un petit trou garni d'ivoire; ces trous, au nombre de 12 de chaque côté, sont destinés à marquer le gain des parties. Outre ces 24 trous qui répondent aux flèches, il y en a 2 ou 3 sur chacun des deux autres bords, pour tenir les fichets qui ne servent pas encore; le troisième sert à mettre les bougeoirs quand on joue la nuit; 2° trente gros jetons appelés *dames*, dont quinze sont blancs et destinés à un joueur et quinze noirs à la disposition de l'autre joueur. Les dames doivent être d'une grandeur proportionnée à celle du tablier, en sorte que six dames remplissent exactement l'espace occupé par six flèches; 3° deux cornets, l'un pour chaque joueur. Ils doivent être assez larges du fond pour que les deux dés puissent

y tourner librement sans s'embarrasser l'un l'autre. On préfère les cornets *bariolés*, c'est-à-dire qui ont, d'espace en espace, dans leur cavité, des lignes transversales profondes qui impriment aux dés un mouvement de rotation quand on les jette; 4° trois bredouilles. Ce sont des jetons ou pièces rondes en ivoire, qui servent à marquer les points de chaque joueur depuis 1 jusqu'à 10; après quoi, on les remet au talon. Nous représentons les trois bredouilles : 5° deux *fichets*, pour marquer les parties. Ces fichets sont de petits bâtons ou des chevilles d'ivoire, de bois ou de toute autre substance, que l'on met dans les trous des bords du trictrac. Une flèche de papier pourrait en tenir lieu au besoin. — La grande bredouille se marque soit au moyen d'un jeton percé, soit à l'aide d'un petit pavillon ajouté au fichet; 6° deux dés, que les joueurs mettent eux-mêmes à tour de rôle dans leur cornet et qu'ils lancent vers la bande du trictrac qui leur est opposée, après les avoir agités. Les points que marquent les dés, après qu'on les a lancés, servent à déterminer les flèches où l'on doit placer les dames. — MARCHE DU JEU.

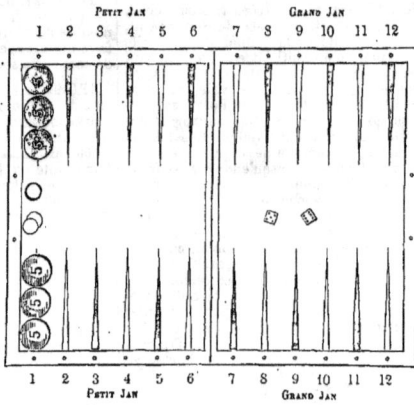

Fig. 1. — Jeu de trictrac au début de la partie.

Les deux joueurs se placent vis-à-vis l'un de l'autre, ayant entre eux le trictrac ouvert de façon que la cloison ailée de l'un à l'autre. Chacun empile ses quinze dames en trois piles sur le *talon*. Presque toutes les règles qui se publient aujourd'hui veulent que le talon se trouve à la gauche du joueur, ce qui est une grave erreur. Le talon est la flèche de gauche pour un joueur et la flèche de droite pour son adversaire, parce qu'il est inexacte que les deux talons se trouvent en face l'une de l'autre. On doit, si l'on joue pendant le jour, ouvrir le trictrac près d'une fenêtre et empiler les dames sur le côté opposé à la lumière; c'est-à-dire que, en supposant que la fenêtre se trouve à gauche d'un joueur et à droite de l'autre, le premier fait son talon sur sa première flèche de droite, et le second sur sa première flèche de gauche, de façon que les deux tas se trouvent opposés à la lumière. Les dames d'une couleur marchent ainsi dans une direction opposée à la direction des dames de l'autre couleur; tandis que si les deux joueurs placent leurs talons à leur gauche ou à leur droite, comme les règles contemporaines les autorisent à le faire, les dames des deux couleurs iront dans la même direction, ce qui ne saurait produire le même résultat, puisque chaque joueur doit essayer de faire faire le tour du tablier à ses dames, en partant de son talon pour finir à la flèche qui lui est opposée. Nous n'admettons donc d'autre manière d'établir les talons que de les placer l'un vis-à-

vis de l'autre; alors chaque joueur essaie de faire le tour du tablier, en partant de son talon et en finissant à celui de son adversaire. Sur notre fig. 1, nous supposons que la lumière vient de *la droite du joueur* placé au bas du dessin. Les deux talons se trouvent à sa gauche, en face l'un de l'autre. Chaque pile se compose de 5 dames (nombre imprimé sur chaque pile de notre dessin). En dehors du tablier, vis-à-vis chaque flèche, nous avons inscrit le numéro d'ordre de cette flèche. Le jeu de chaque adversaire commence au numéro 1, où sont ses dames; tant qu'il ne sert pour jouer que des douze flèches qui sont de son côté, il fait son jeu *ordinaire*; mais dès qu'il veut porter ses dames sur *les flèches* 12, 11, 10, 9, etc., de son adversaire, son jeu est dit *de retour*. Les six premières flèches de chaque joueur constituent son *petit Jan*; les six autres, de 7 à 12, forment son *grand Jan*. Au commencement de la partie, on place les bredouilles entre les points des deux flèches qui servent de talon. La 6° flèche (dite de *quine*, parce que l'on y arrive avec le 5, en ne comptant pas le talon) et la 7° flèche (dite de sonnez) sont appelées les *coins bourgeois*; la 12° est le *coin de repos*. Quand on joue la nuit, on établit de même, si la lumière n'est pas également dispersée, les deux talons du côté le plus éclairé. Il est de la bienséance de donner à l'adversaire le choix de la place, parce que certains joueurs aiment mieux faire avancer leurs dames dans un sens que dans l'autre : les uns préfèrent avoir leur talon à droite, les autres à gauche; il faut respecter ces habitudes, surtout quand on fait la partie d'une personne que l'on veut honorer. On donne aussi à l'adversaire le choix des dames et des cornets. La couleur des dames n'est pas indifférente pour les personnes qui ont la vue faible et qui préfèrent les noires. Si l'on joue avec une personne du beau sexe, on doit lui offrir les dames noires; elle les acceptera toujours avec plaisir, le noir de l'ébène faisant ressortir davantage la blancheur de ses mains. Pour savoir qui jouera le premier, chaque joueur jette un dé, et celui qui a fait le plus gros point commence la partie. Si les deux points sont égaux, le coup est nul et l'on recommence. Celui que le sort a désigné prend les deux dés, les agite dans le cornet et les jette vers la bande opposée, de façon qu'ils reviennent après l'avoir frappée. Le coup des dés s'annonce en commençant par le plus grand nombre; par exemple : six et deux, cinq et trois, quatre et as. Deux nombres égaux forment un *doublet* et chaque doublet porte un nom particulier. Deux as sont dits *ambesas*, *beset* ou *tous les as*; deux deux se nomment *double deux*; deux trois, *terne* ou *tournes*; deux quatre, *quaterne* ou *carme*; deux cinq, *quine*; deux six, *sonnez*. Quand on a lancé les dés, on les nomme et l'on joue son premier coup de la manière suivante : si l'on amène d'abord beset, on joue deux dames du talon et on les accouple sur la flèche la plus voisine du talon; c'est ce qui s'appelle *abattre du bois*; ou bien, on peut lever une seule dame et on la place sur la 2° flèche (celle du talon non compté), c'est alors ce que l'on nomme *jouer tout d'une*. Si l'on amène 5 et 2, on peut abattre deux dames, l'une sur la 5° case, l'autre sur la 2°, à partir du talon, qui ne compte pas; ou bien *jouer tout d'une* dame que l'on porte sur la 7° case. Il en est de même de tous les autres nombres : on peut abattre ou jouer tout d'une dame. Pendant que le premier joueur place ses dames, le second agite les dés; ensuite, il les jette à son tour et joue une ou deux dames comme le premier. Tant qu'un joueur a des dames empilées au talon, il peut y recourir ou faire manœuvrer celles qui sont déjà en campagne; ainsi, le premier joueur ayant eu 5 et 2 au premier coup, et amenant 4 et 3 à son second coup, peut prendre une dame au talon et la

porter à la case 7, ou bien abattre deux dames du talon et les mettre sur les 4e et 3e flèches; ou encore porter sa dame 2 en 6 et sa dame 5 en 9. Chaque flèche où se trouve une dame est donc considérée comme un nouveau talon. Quand deux ou plusieurs dames se trouvent sur la même flèche, celle-ci reçoit le nom de *case*. Il est presque toujours de l'intérêt du joueur de commencer par faire des cases dans la première table, pour passer ensuite dans la seconde où est le coin de repos. En jouant, on ne doit jamais compter la flèche d'où part une dame; et pour jouer plus rapidement on observe que le nombre pair va de flèche blanche en flèche blanche; l'impair de flèche blanche en flèche verte et *vice versa*. — Coin de repos. C'est la 12e case (y compris le talon). On doit prendre ce coin le plus tôt possible; pour cela, on place deux dames sur les cases de quine (6e case) et de sonnez (7e case) qui sont appelées les *coins bourgeois*. Le coin de repos ne peut se prendre qu'avec deux dames à la fois, et on ne peut le quitter pour passer au jan de retour, qu'en ôtant les deux dames à la fois. Il y a deux manières de le prendre : 1o *par effet*, quand les dés amènent deux dames à y battre en même temps; 2o *par puissance*, lorsque les dés poussent deux dames à battre dans le coin de repos de l'adversaire qui n'a pas encore occupé ce coin; alors au lieu de le lui prendre, ce qui le mettrait dans l'impossibilité de faire son grand jan, on porte les deux dames sur la 12e flèche. Quand on peut prendre ce coin par effet, il n'est pas permis de le prendre par puissance. Un joueur ayant quitté son coin de repos peut le reprendre par puissance ou par effet comme la première fois. — Des dés. Les dés doivent être jetés fort, de manière à toucher la bande voisine de l'adversaire. On ne doit jamais regarder dans le cornet quand les dés y sont. Si l'on joue avec une personne que l'on ne connaît pas intimement et qui se permet de manquer à cette règle, on fait semblant de ne pas s'en apercevoir pour éviter toute discussion; mais la partie une fois finie, on trouve un prétexte pour ne pas en recommencer une nouvelle. On agira avec la même circonspection si l'adversaire *phoque le dé*, c'est-à-dire si, en jetant le dé, il tourne l'ouverture du cornet plutôt vers le fond du tablier que vers la bande, soit pour jeter les dés mollement, soit pour les jeter brusquement, mais l'un sur l'autre, afin que celui du dessus empêche l'inférieur de tourner : quand la partie est finie, on évite poliment d'en jouer une seconde. Les dés, une fois lancés, sont bons en quelques endroits qu'ils s'arrêtent, pourvu qu'ils soient carrément sur l'une de leurs faces, dans un seul compartiment, ou chacun dans un compartiment. Ils sont mauvais et le coup est à recommencer, s'ils tombent l'un sur l'autre ou sur la bande, ou en dehors du trictrac, ou s'ils sont dressés l'un contre l'autre, en sorte que l'un ou l'autre ne repose pas sur l'une de ses faces. Les dés sont bons quand l'un d'eux ou tous les deux tombent sur les dames, les jetons ou l'argent, pourvu que le dé ou les dés ainsi placés se trouvent assis sur l'une de leurs faces, assez d'aplomb pour qu'un autre dé placé dessus ne glisse ni ne tombe. Un dé *en l'air* est mauvais : on dit qu'il est en l'air quand il pose un peu sur une dame et est soutenu par la bande du trictrac. Si un dé se trouve dans cette position, celui qui a joué le coup tire doucement la dame; quand le dé reste sur cette dame, le coup est bon; mais quand il tombe, c'est une preuve qu'il était en l'air. Il arrive que les dés, poussés fort, pirouettent et tournent longtemps, surtout quand ils sont usés. Pour mettre fin à ces pirouettes, il est permis d'arrêter le dé avec le fond du cornet. On ne doit relever les dés que lorsque le joueur qui les a jetés a vu et nommé les nombres amenés et qu'il a joué. *Rompre les dés*, c'est renvoyer les dés de son adversaire avec le

côté de son cornet, pour annuler le coup; on doit dire alors : « *je romps* » et porter son cornet en avant. On peut convenir que l'on ne rompra pas, cette manière de jouer étant impolie; alors celui qui rompt est passible d'une punition que les joueurs déterminent d'avance : soit la perte d'une somme, soit la perte d'une certaine quantité de points ou de trous. On peut toujours changer de dés. On ne doit jamais lever les dés avant que celui qui a joué les ait vus et nommés. Si l'un des dés sort du cornet après l'autre, le coup n'est pas bon. Quand l'un des deux dés vient à se casser, la portion qui laisse voir les plus gros points compte comme si le dé était entier. Si le côté du tricltrac touche un mur, les dés qui vont frapper ce mur et retombent dans le tablier sont bons. Quand un joueur trop pressé lance ses dés avant que son adversaire ait joué, le coup est bon, quoique l'adversaire puisse modifier son jeu d'après le coup amené. — Combinaisons de deux dés. Les deux dés donnent lieu à 36 combinaisons qu'il est utile de connaître, afin de s'en garantir dans les circonstances critiques ou d'en tirer avantage dans les occasions où l'on peut avancer ses dames pour les faire battre à faux par l'adversaire. Le sept peut arriver de 6 façons; il a, par conséquent, 6 combinaisons. En comptant tous les coups que produisent deux dés, il n'y a que 21 combinaisons, savoir : 6 et as; 6 et 2; 6 et 3; 6 et 4; 6 et 5; sonnez; 5 et as; 5 et 2; 5 et 3; 5 et 4; quine; 4 et as; 4 et 2; 4 et 3; quaterne; 3 et as; 3 et 2; terne; 2 et as; double deux et enfin ambesas; tels sont les 21 coups dits *réels* ou *sensibles*; mais à ces 21 combinaisons, il faut ajouter 15 autres dites *insensibles*, dont l'existence est facile à démontrer. Il semble, en effet, que 6 et as, et as et 6 soient la même chose; mais cette même chose se produit de deux façons et doit se compter deux fois, puisque chaque dé ayant un as et un 6, il y a deux as et deux 6, et que le dé qui a produit une fois peut une autre fois faire un 6; tandis que l'autre qui a marqué 6 une fois, peut ensuite faire un as. Cela ferait donc 21 autres combinaisons, si l'on n'en retranchait les 6 doublets qui ne peuvent se produire qu'une fois. Voici le tableau des différents nombres et de leurs combinaisons :

Points formés par les deux dés.	Nombre des façons.	Nombre des combinaisons.
12	1	1
11	2	2
10	3	3
9	4	4
8	5	5
7	6	6
6	5	5
5	4	4
4	3	3
3	2	2
2	1	1

Preuve 36

Puisque le sept a le plus de combinaisons, il est constant qu'il doit arriver le plus souvent, et l'on doit se baser sur cette probabilité pour découvrir la dame où va ce nombre en comptant du coin de l'adversaire, quand on n'aura à craindre que deux coups, comme 5 et 2, et 2 et 5 et que l'on pourra espérer quatre coups, comme 6 et as, as et 6, 4 et 3, 3 et 4. Un joueur habile sait examiner combien il a de coups pour et contre lui. S'il a un 20 pour lui, il en conclut qu'il en a 16 contre; mais c'est là un calcul de probabilités, que le hasard, ce dieu des dés, met quelquefois en défaut. Il n'en est pas moins constant qu'une dame découverte à 12 flèches de distance et la dame la plus avancée de l'adversaire, risque cinq fois moins d'être battue que celle qui n'en est qu'à une distance de 7 flèches, et que celles qui se trouvent entre ces deux extrémités courent plus ou moins de risques, selon la proportion des combinaisons qui se rapportent à leur distance. Pour connaître combien on a de coups contre soi, il faut

ajouter 10 au nombre sur lequel on est découvert. Si on est découvert sur un 5, on trouve que l'on a a 15 coups contre soi. — De l'école. On appelle école toute espèce de faute commise au jeu de tricltrac, particulièrement l'oubli de marquer avant de toucher ses dames; c'est alors l'adversaire qui compte à son avantage les points oubliés par l'autre joueur. On peut encore être envoyé à l'école quand on a gagné. Si le joueur a marqué moins de points, l'adversaire l'envoie à l'école en marquant à sa place les points qu'il a oubliés. Si le joueur a péché par la faute opposée de marquer trop de points, l'adversaire lui fait démarquer les points portés en trop et les porte à son compte. — *Envoyer son adversaire à l'école*, c'est donc marquer pour soi autant de points qu'il a oublié d'en marquer ou qu'il en a marqué de trop. On n'envoie pas à *l'école de l'école*, c'est-à-dire que si un joueur fait une école, en oubliant de marquer ses points, ou en marquant trop de points, et si l'adversaire ne s'en aperçoit pas ou s'il oublie d'en profiter, on ne peut l'envoyer à l'école pour sa punition de n'y avoir pas envoyé le joueur fautif. — Il y a une grande différence entre *l'école de l'école* et la *fausse école*. Un joueur fait une *fausse école* lorsque, croyant que son adversaire a fait une école, il marque les points de cette prétendue faute; il est aussitôt envoyé à l'école de ce qu'il a marqué mal à propos. Il arrive quelquefois qu'un joueur fait des écoles exprès pour empêcher l'adversaire de lever ses dames et de s'en aller, ce qui pourrait faire perdre le tour. Dans ce cas, l'adversaire a le droit de ne pas accepter l'école et de faire marquer les points tels qu'ils ont été gagnés, pourvu qu'il n'ait pas joué un autre coup avant sa réclamation. Un joueur ayant envoyé son adversaire à l'école est tenu de marquer tous les points de cette école et non une partie seulement des points. Un joueur qui marque moins qu'il n'a gagné peut réparer son erreur tant qu'il n'a pas touché ses dames : celui qui a marqué plus qu'il ne faut peut être envoyé à l'école dès qu'il a lâché son jeton. Celui qui, après avoir marqué les points pour un plein et qui, ensuite ne le fait pas, pour avoir touché une autre dame que celle qui devait y servir, est envoyé à l'école de ce qu'il a marqué, et obligé de jouer la dame indûment touchée ou forcé de faire le plein si l'adversaire le trouve avantageux; dans ce dernier cas, l'adversaire en conserve pas moins les points de l'école. On n'envoie pas à *l'école de partie* ou de *trou*, ainsi qu'il sera montré à notre 59e coup de la partie expliquée. — Des jans. Le mot *jan* vient, dit-on, de *Janus*, divinité romaine à plusieurs faces, ce qui désignerait symboliquement la diversité du tricltrac, le jan étant un coup qui peut apporter de la perte ou du profit et quelquefois l'un et l'autre. Le tour du tablier est divisé en quatre parties égales qu'on appelle *jans* et qui comprennent chacun six flèches. Chaque joueur a deux *jans* placés devant lui, près de la bande où il marque ses trous; l'un s'appelle le *petit jan* et l'autre le *grand jan*. Quand on passe au retour, chacun a quatre jans. Nous donnons ci-dessous les explications nécessaires pour chaque jan. 1o *Jan de six tables ou de trois coups*. C'est celui qui se fait quand, au commencement d'une partie, on après avoir levé toutes ses dames, on abat six dames en trois coups consécutifs, dont cinq dans la première table et une dans la première flèche de la seconde table. Il vaut 4 points; pour en profiter, on n'est pas obligé d'abattre le dernier coup; mais on peut d'abord marquer 4 points pour son jan et faire une *case* dans son grand jan avec le bois qu'il a abattu dans le petit jan. Si l'on oubliait de marquer d'abord son jan, on serait envoyé à l'école, 2o *jan de deux tables*. Celui-ci se fait lorsque, n'ayant encore abattu que 2 dames, on pour-

rait aller, avec le nombre d'un de ses dés, à son propre coin, et avec le nombre de l'autre dé, au coin de son adversaire, que celui-ci n'occupe pas encore. Ce jan vaut 4 points par simple et 6 par doublet, que l'on marque quoique l'on ne puisse mettre une seule dame dans l'un ni dans l'autre de ces coins. Il suffit que les dés permettent d'y arriver pour que l'on en ait le bénéfice : on marque et on joue autrement. Cette chance est l'une des plus considérables de la partie ; 3° *contre-jan de deux tables.* C'est un jan malheureux qui consiste à battre à faux les deux coins, lorsque le coin adverse est déjà garni. Pour que ce jan ait lieu, il faut, comme dans le jan de deux tables, n'avoir encore abattu que deux dames, et qu'un dé puisse faire arriver l'une dans un coin, tandis que le second dé peut amener l'autre dame dans l'autre coin. C'est pour vous un *jan qui ne peut,* qui produit à votre adversaire 4 points par simple et 6 par doublet : c'est à lui de s'apercevoir du malheur qui vous arrive ; et s'il le laisse passer, il faut l'envoyer à l'école ; 4° *jan de méséas.* Il a lieu quand, au début d'une partie, on a pris son coin de repos, sans avoir aucune autre dame abattue dans tout son jeu, et quand on amène ensuite un ou deux as. L'adversaire gagne 4 points pour un as et 6 pour un beset ; 5° *contre-jan de méséas.* C'est un coup malheureux qui arrive lorsque l'on fait jan de méséas après que l'adversaire a pris son coin de repos. Ce coin devient un obstacle, ou jan qui ne peut quand on amène un ou deux as. L'adversaire gagne 4 points pour un as et 6 pour un beset. Ce coup se produisant rarement, l'adversaire le laisse facilement passer inaperçu, et c'est une occasion de l'envoyer à l'école ; 6° *petit jan.* On nomme ainsi la première table, celle où les dames sont empilées. On a fait son *petit jan* ou *petit plein,* quand on a 12 dames couvertes dans cette table. Le petit plein vaut 4 points par simple, 6 par doublet, 8 par 2 moyens et 12 par 3 moyens. On ne doit pas oublier de marquer ces points avant d'ouvrir la case qui reste à faire. Tant que l'on conserve cette position, on est assuré de gagner 4 points par simple et 6 par doublet à chaque coup de dé que l'on jette. C'est la seconde table. On a fait son *grand jan* ou *grand plein,* quand on y a 12 dames couvertes, et l'on marque alors 4 points par simple, 6 par doublet, 8 par 2 moyens et 12 par 3 moyens. Tant que l'on conserve cette position, on est assuré de marquer 4 points par simple, et 6 par doublet à chaque coup de dé ; 8° *jan de retour.* Ce jan se fait dans la table du jan de l'adversaire, c'est-à-dire dans la table où les dames adverses étaient empilées au commencement de la partie. Quand on a rempli toutes les cases de cette table, on a fait *jan de retour ;* en remplissant les cases et tant qu'on les conserve, on gagne les mêmes points qu'au grand jan et au petit jan. Le jan de retour est assez difficile à faire, parce qu'il faut trouver les passages entièrement ouverts, c'est-à-dire des cases tout à fait vides. Toute case sur laquelle se trouve encore une dame adverse, livre passage pour battre cette dame et même une autre dame placée plus loin, mais non pour passer. Celui qui, au jan de retour, ne peut jouer tous les nombres qu'il a faits, perd invariablement 2 points pour chaque dame qu'il ne peut jouer. Quand toutes les dames ont passé dans la table du jan de retour, on lève, à chaque coup, les dames suivant les dés, en les portant hors du trictrac ; on commence par les dames les plus éloignées et on ne lève, bien entendu, que celles que le nombre de points amène au delà de la dernière flèche ; on ne doit jouer *tout d'une* que pour conserver le jan. Celui qui a levé le premier gagne 4 points si son dernier coup est simple, 6 points si c'est un doublet. Les dés lui restent pour recommencer aussitôt que l'on a de nouveau empilé les dames ; et

l'on continue de la même façon jusqu'à ce que l'on ait gagné le *tour,* autrement dit les 12 trous qui composent la partie entière ; 9° *jan de récompense.* Ce jan arrive lorsque les nombres des dés tombent sur une dame adverse découverte (dame seule sur une flèche alors nommée demi-case). Le jan ainsi obtenu fait gagner dans le petit jan, 4 points par simple, 6 par doublet, 8 par 2 moyens simples, 12 par 3 moyens ou par l'un et l'autre doublet. Par exemple en amenant 4 et 3, vous pouvez battre par le 4, par le 3 et par le 4 et 3. Quand on bat une dame dans l'autre table, on ne gagne que deux points par simple pour chaque moyen et 4 points par doublet, aussi pour chaque moyen. — Le jan de récompense arrive encore lorsque du coin de repos on frappe le coin de repos de l'adversaire, si celui-ci est vide ; alors on gagne 4 points par simple et 6 par doublet ; 10° *jan qui ne peut.* Ce jan arrive chaque fois que les nombres amenés peuvent faire tomber une dame sur une dame adverse découverte, chaque fois que le passage d'une dame est bouché, et au jan de retour, quand on ne peut jouer les nombres amenés ; 11° *jan de rencontre.* Ressemblance des deux premiers coups des deux joueurs. (Pour l'exemple de ce jan, voyez plus loin, le 32° coup de la partie expliquée). Le jan de rencontre valait autrefois au second joueur 4 points par simple et 6 par doublet. On ne le marque plus, à moins de convention expresse. — DE LA BREDOUILLE. On est en bredouille tant que l'on gagne des points sans que l'adversaire en compte. Si l'on gagne 12 points sans que l'adversaire en compte un seul, ils valent deux trous au lieu d'un ; c'est ce que l'on appelle *petite bredouille* ou partie double. Le premier jan marque ne se sert que d'un jeton. Celui qui gagne des points en second, marque avec deux jetons jusqu'à ce que le premier, prenant des points à son tour, le soit et se trouve *débredouillé* et ôte un jeton. On doit se débredouiller soi-même, c'est-à-dire enlever le double jeton, sans attendre que l'adversaire le fasse, ou prie de le faire. Il convient quelquefois que le joueur qui ne se débredouillera pas sera passible d'une peine déterminée. L'adversaire a le droit de réclamer l'enlèvement du jeton jusqu'à ce qu'il ait joué trois coups ; après quoi, il n'est reçu à exiger le changement de marque que si le joueur en bredouille convient de bonne foi qu'il a été débredouillé. Celui qui, pouvant marquer en bredouille ou gagnant partie bredouille, marque des coups simples ou une partie simple, n'est plus admis, dès qu'il a jeté les dés, à rectifier son erreur. Il est nécessaire de faire remarquer que la bredouille n'est pas interrompue seulement par les points que marque l'adversaire, mais aussi par ceux qu'il aurait dû marquer ou pu faire ; elle cesse donc lorsque l'adversaire, par exemple, fait un jan qui ne peut. On marque, il est vrai, les points gagnés par ce jan, mais ces points font cesser une bredouille commencée auparavant ; et le trou que l'on gagnerait immédiatement ensuite ne compterait que pour une partie simple. Le trou fait par un joueur débredouillé compte donc simple ; mais si, sur un coup de dé, il amenait de quoi compléter les points de 2 trous au lieu d'un, le premier serait simple et le second double. — *De la grande bredouille.* La grande bredouille a lieu quand l'un des joueurs fait sans interruption les 12 trous. Jadis son profit était de gagner double enjeu ; mais elle ne produit plus d'autre bénéfice que l'enjeu, sauf convention contraire. Quand on convient de la compter, on la marque au moyen d'un jeton percé placé sur le bord du tric-trac, ou à l'aide d'un pavillon adapté au fichet. — DES PRIVILÈGES. Il y a au tric-trac six privilèges dont il est bon de savoir profiter. L'un est de pouvoir s'en aller quand on a gagné de son dé un ou plusieurs trous. Le second est de conserver le

dé pour recommencer quand on s'en va. Le troisième, de prendre son coin par puissance, c'est-à-dire quand par les nombres amenés, on pourrait prendre celui de l'adversaire, qui est vide. Le quatrième, de rompre les dés quand il n'y a pas eu de convention contraire. Le cinquième, de changer de dé. Le sixième, de lever, au jan de retour, le six sur le cinq, le cinq sur le quatre, le quatre sur le trois, etc. — DES POINTS ET DE LA MARQUE. Avant de toucher son bois, on doit marquer ses points, si l'on en gagne, sous peine d'être envoyé à l'école, car bois touché, bois joué, et bois joué plus de marque. Cette règle est inviolable. Il n'y a d'exception que lorsque les dames touchées ne peuvent être jouées, comme par exemple : si une dame seule donnait dans le coin de repos non encore pris, ou bien si une dame donnait dans le grand jan de l'adversaire avant qu'il fût rompu. Néanmoins, on peut, dans le but de voir la couleur de la flèche pour mieux compter ses points, soulever une dame en ayant soin de dire : « *j'adoube* ». Faute de cette précaution, le joueur qui touche son bois avant d'avoir marqué est envoyé à l'école, et l'adversaire marque à sa place les points gagnés, et de plus ce que lui donnent les dames qui le battent par jan qui ne peut, c'est-à-dire par des passages fermés. Les points se marquent avec les jetons posés sur la pointe des flèches, savoir : 2 points sur la flèche de l'as, en partant du talon ; 4 points devant la lame du trois ou entre la lame du trois et celle du quatre ; 6 points au bout de la lame du cinq ou contre la bande de séparation ; 8 points, sur la flèche du six, au delà de la bande de séparation ; 10 points, contre la dernière paroi de la boîte. Douze points font le *trou,* que l'on marque avec un fichet sur la bande, en commençant du côté du talon. Qui marque moins qu'il ne compte est, aussitôt qu'il a touché son bois, envoyé à l'école de la différence. Qui marque plus qu'il ne compte, peut être envoyé à l'école de la différence dès qu'il a touché son jeton, avant même d'avoir touché son bois, s'il n'a le soin de dire *j'adoube.* Celui qui joue marque toujours ce qu'il gagne avant qu'on puisse marquer ce qu'il perd. Celui qui marque un ou plusieurs trous efface tous les points de l'adversaire ; de plus, s'il tient, il conserve le nombre de ses points qui excèdent la douzaine nécessaire pour marquer le trou ; s'il y a 14 ou 16, par exemple, il marque le trou avec un fichet et 2 ou 4 points avec un jeton. Il peut arriver que du même coup l'adversaire soit battu à faux ; il marque alors de son côté en bredouille les points qui lui sont donnés. Celui qui a gagné un ou deux trous de son dé peut *s'en aller* au lieu de *tenir,* c'est-à-dire qu'il peut lever les dames qu'il empile de nouveau au talon pour recommencer à les abattre comme au début de la partie, et faire de nouveaux pleins, jusqu'à ce que l'un d'eux ait gagné le tour ou partie entière. Quand il *s'en va,* il ne conserve aucun des points qui lui sont restés ; de même, il efface ceux de l'adversaire, qui ne marque jamais qu'après le coup joué, ceux qu'il a gagné battu à faux, autrement dit par jan qui ne peut. Si au contraire, les points qu'il gagne et qui lui font marquer le trou, proviennent du dé de l'adversaire, il ne peut s'en aller ; il doit tenir en laissant les dames dans leur position.

VALEUR DES COUPS

Le jan de trois coups vaut........................	4 points	
Le jan de deux tables vaut, par simple..........	4	—
— par doublet........	6	—
Le contre-jan de deux tables vaut à l'adversaire, par simple....................................	4	—
Le contre-jan de deux tables vaut à l'adversaire, par doublet....................................	6	—
Le jan de méséas vaut, par simple..............	4	—
— par doublet............	6	—
Le contre-jan de méséas vaut à l'adversaire, par simple....................................	4	—
Le contre-jan de méséas vaut à l'adversaire, par doublet....................................	6	—

Le petit-jan vaut, fait par moyen simple......	4	points.
— par deux moyens.......	8	—
— par trois moyens.......	12	—
— par doublet............	6	—
— par double doublet.....	12	—
Le grand-jan vaut, fait par moyen simple......	4	—
— par deux moyens.......	8	—
— par trois moyens.......	12	—
— par doublet............	6	—
— par double doublet......	12	—
Chaque dame battue dans la table du petit jan vaut, par simple........................	4	—
Chaque dame battue dans la table du petit jan vaut, par deux..........................	8	—
Chaque dame battue dans la table du petit jan vaut, par trois.........................	12	—
Chaque dame battue dans la table du petit jan vaut, par doublet.......................	6	—
Chaque dame battue dans la table du petit jan vaut, par double doublet................	12	—
Chaque dame battue dans la table du grand jan vaut, par simple........................	2	—
Chaque dame battue dans la table du grand jan vaut, par deux..........................	4	—
Chaque dame battue dans la table du grand jan vaut, par trois.........................	6	—
Chaque dame battue dans la table du grand jan vaut, par doublet.......................	4	—
Chaque dame battue dans la table du grand jan vaut, par double doublet................	8	—
Le coin battu vaut, par simple................	4	—
— par doublet................	6	—
Le jan de retour vaut, fait par simple..........	4	—
— par deux..........	8	—
— par trois..........	12	—
— par doublet.........	6	—
— par double doublet..	12	—
Tout jan rempli (petit, grand ou de retour) gagne, tant qu'on le conserve, pour chaque coup joué par simple............................	4	—
Tout jan rempli (petit, grand ou de retour) gagne, tant qu'on le conserve, pour chaque coup joué, par doublet...........................	6	—
Pour chaque dame qui ne peut être jouée, l'adversaire compte..........................	2	—
(Que le nombre amené soit simple ou doublet, la marque est la même; mais on est obligé de jouer le plus gros nombre quand on le peut.)		
Celui qui lève le premier au jan de retour gagne par dernier coup simple..............	4	—
Celui qui lève le premier au jan de retour gagne par doublet..........................	6	—
(Et a le dé pour recommencer.)		

Jan qui ne peut ou chaque dame battue à faux vaut à l'adversaire ce que le joueur aurait gagné si le coup eût été possible. Les écoles valent à l'adversaire le nombre de points oubliés ou marqués en excédent. — DICTIONNAIRE DES TERMES DU TRICTRAC. *Abattre du bois*, jouer sur le même coup de dé, deux dames prises au talon, par opposition à *jouer tout d'une*. — Prendre de nouvelles dames à la pile quand on en a déjà joué, afin de faire plus facilement des cases dans la suite. — *Accoupler ses dames*, les mettre deux à deux sur une flèche. — *Adouber*, toucher une dame, sans intention de la jouer. L'utilité du mot « *j'adoube* » a été expliquée plus haut. — *Aller (s'en)*, c'est quand on a gagné un ou plusieurs trous de son dé, lever les dames et les remettre en pile, pour recommencer, on dit alors : « *je m'en vais* ». Cette manœuvre qui n'est pas toujours permise (voy. *tenir*) est utile quand on n'a pas aussi beau jeu que l'adversaire. — *Ambesas*, synonyme peu usité de *beset*. — *Avancer son jeu*, jouer ses dames dans son grand jan, afin de se mettre en mesure de prendre au plus tôt son coin, et battre le coin de l'adversaire ainsi que ses dames découvertes, s'il s'arrête à faire son petit jan. — *Bander les dames*, les accumuler sur une même flèche. — *Bandes*, bords qui entourent le trictrac. La bande compte pour une flèche au jan de retour. — *Battre un coin* ou *une dame*, être porté par le nombre des dés sur le coin vide de l'adversaire ou sur ses dames découvertes. — *Battre à faux*, être porté par l'un et l'autre des points des dés à deux flèches garnies de deux dames ou cases, quand les deux points réunis vont à une autre dame découverte; ce jan qui ne peut vaut à l'adversaire le nombre de points que le joueur eût gagnés s'il eût battu pour lui. Il est donc quelquefois utile de découvrir ses dames, pour se faire battre à faux; mais il est plus prudent de les couvrir. Voyez un exemple à notre 42e coup de la partie expliquée, à notre 48e coup, à notre 53e coup, etc. — *Beset* ou *ambesas*, coup de dé de deux as. — *Bidet (charger le)*, mettre un grand nombre de dames sur une flèche (peu usité). — *Bois*, nom donné aux dames. — *Bredouille*, ce mot a été suffisamment expliqué. — *Carme*, coup de dé qui amène deux 4. — *Case*, flèche occupée par au moins deux dames, qui sont dites alors *dames couvertes*, par opposition à *dame découverte* ou dame seule, sur une flèche appelée *demi-case*. Toute case empêche les dames du parti contraire de passer outre; les demi-cases peuvent être battues. — *Faire une case*, c'est amener deux dames sur une même flèche. Les *hautes cases* sont celles qui sont les plus éloignées de l'adversaire; les *basses cases* sont les plus rapprochées de lui. On fait *fausse case* lorsque voulant faire une case, on se trompe et on touche une autre que celle qui doit y servir. L'adversaire peut forcer à jouer la dame touchée. — *Case de l'écolier*, case la plus voisine du coin de repos et la dixième à partir du talon (flèche 11). Les joueurs habiles cherchent à finir le plein par cette case. — *Case du diable*, septième case à partir du talon; on la nomme ainsi parce que le plein se fait difficilement quand il s'achève par cette case. — *Cases alternes*, celles entre chacune desquelles il y a une flèche vide; elles rendent le plein difficile, et mettent le joueur en danger d'être souvent battu. — *Casement*, arrangement des dames. — *Caser*, faire des cases, accoupler des dames. — *Coin* ou *coin de repos*, onzième case ou dernière du grand jan. Nous avons donné, relativement à ce coin, toutes les explications nécessaires. — *Coin bourgeois*, cinquième case après le talon. Il est à propos d'y placer une ou deux dames, pour faciliter la prise du coin de repos, quand on ne l'a pas. — *Combinaison*, calcul des différents points des dés, pour connaître les coups qui sont pour ou contre soi, se procurer l'avantage des premiers en se faisant battre à faux, et éviter les derniers en se couvrant à propos. — *Conserver*, être en état de jouer les nombres amenés, sans être obligé de dégarnir aucune des cases qui forment le plein d'un jan. Tant que l'on *conserve*, on gagne des points à chaque coup que l'on joue (voy. les 30e, 59e, 63e coups de notre partie expliquée). — *Conserver par impuissance*, être dispensé de rompre, parce que l'on a amené des nombres que l'on ne peut jouer faute de passage. Quand on conserve par impuissance au plein du grand jan, on gagne comme si on conservait en jouant, mais l'adversaire marque deux points pour chaque dame non jouée (voy. le 79e coup de notre partie expliquée). — *Cornet*, petit vase, ordinairement en cuir, dont on se sert pour agiter et lancer les dés. On se servait jadis d'une corne, d'où le nom de cet instrument. — *Couvrir une dame*, ajouter une dame à une autre sur la même flèche, pour empêcher de battre la première. On dit aussi *caser*. — *Dame*, gros jeton d'ivoire, d'os ou de bois, plat et arrondi, plus large et plus épais que ceux que l'on emploie au jeu de dames proprement dit. Il y a, au tric-trac, 15 dames blanches et 15 dames noires. — *Dame aventurée*, dame que l'on avance toute seule, et que l'on ne prévoit pas couvrir promptement. — *Dame découverte*, dame placée seule sur une flèche, qui est alors appelée demi-case. — *Dame passée*, celle qui ne peut plus servir à faire le plein, parce qu'elle se trouve au delà des flèches vides. On se sert de ce terme au petit jan et au jan de retour; et encore quand une dame peut passer dans les tables de l'adversaire, le passage étant libre. — *Dame non jouée* et *dame battue à faux*, termes qui équivalent à jan qui ne peut. — *Dame surnuméraire*, voy. *Surcase*. — *Dame touchée*, dame que l'on a touchée du doigt après avoir jeté les dés : *dame touchée, dame jouée*, c'est-à-dire qu'il faut jouer, n'importe comment, à moins d'impossibilité absolue, une dame que l'on a touchée sans dire : « *j'adoube* ». — *Dames accouplées*, deux dames placées l'une contre l'autre sur une flèche. — *Dames couvertes*, synonyme de dames accouplées. — *Dé*, petit cube d'os ou d'ivoire, dont chacune des six faces est marquée d'un différent nombre de points, depuis un jusqu'à six. On n'emploie que deux dés au tric-trac. — *Débredouiller*, interrompre une série de points gagnés par l'adversaire. Le joueur débredouillé doit enlever de lui-même le jeton qui lui servait à marquer la bredouille. Quand on a débredouillé de part et d'autre, dans le courant d'une partie, celui qui gagne le premier trou ne marque qu'une partie simple. Pour d'autres détails, voir plus haut le chapitre consacré à la bredouille. — *Doublet*, se dit lorsque chacun des deux dés amène le même point; il peut donc y avoir six sortes de doublets; et chaque doublet reçoit un nom particulier : beset, double deux, terne, carme, quine et sonnez. L'expression *double doublet* signifie qu'ayant amené deux dés de nombre égal, l'on *bat* et l'on *remplit* de deux façons. — *Ecole*, voir plus haut. — *Effet (par)*, se dit d'une certaine manière de prendre un coin, que l'on pourrait aussi prendre par puissance. — *Empiler les dames*, les mettre en tas sur la première flèche. — *Enfilade*, série de dés contraires, jointe à une position défavorable, de sorte que le joueur ne pouvant jouer ses dames, est forcé de les relever et de laisser gagner son adversaire. On dit : *courir à l'enfilade*. — *Enfilé (être)*, c'est rompre son plein, découvrir ses dames et livrer à l'adversaire un passage au moyen duquel il tient plus longtemps, et marque des points pour son plein, pour les dames qu'il bat et pour celles qu'on ne peut jouer (voy. notre 65e coup de la partie expliquée). — *Enfiler son homme*, boucher les passages par où l'adversaire pouvait couler ses dames d'un côté du tablier à l'autre. — *Etendre son jeu* ou *ses dames*, disposer son jeu de manière à se ménager des dames à jouer pour les différents dés qui peuvent se présenter dans la suite. — Se dit aussi de l'action de s'avancer dans le grand jan pour y faire des demi-cases, soit dans le but de prendre plus tôt le coin, soit dans celui de battre le coin adverse et les dames découvertes. — *Fichet*, pièce d'ivoire ou d'os, tournée en forme de cheville, que l'on met dans les trous pour marquer les parties à mesure qu'on les gagne. Chaque joueur a un fichet. — *Flèche*, lame triangulaire incrustée sur le fond du tablier. Nous avons décrit les flèches. — *Impuissance (conserver par)*, a été expliqué à *conserver*. — *Infaute*, synonyme d'impuissance. — *Jan*, voir le chapitre consacré aux *jans*. — *Jeton*, petite pièce ronde, en os ou en ivoire, servant à marquer les points. Un jeton percé marque la grande bredouille, quand on la joue. — *Jouer*, porter une ou deux dames au point désigné par les dés. — *Jouer tout d'une*, jouer une dame seule, par opposition à abattre. On peut jouer une dame prise au talon, ou par transport, quand les dames sont abattues. — *Jouer pour tous*, avancer toutes ses dames. — *Lame*, synonyme de *flèche*; on dit aussi *languette*. — *Lever les dames*, s'en aller. Au jan de retour, on lève les dames qui ne peuvent s'y jouer, quand toutes les dames sont passées dans la table de ce jan. — *Marche*, droit que chaque joueur a de faire le tour des tables, en commençant à son talon et en finissant à celui de l'adversaire. — *Marque*, action de marquer les points et les trous. La façon de marquer est expliquée plus haut. — *Méséas*, se dit d'une sorte de jan et d'un contre-jan. — *Mettre une dame dedans*, placer, quand il ne reste plus qu'une seule case à faire, dans l'un ou l'autre des jans ou pleins, une dame seule sur la flèche vide, pour avoir une occasion prochaine de remplir d'une ou plusieurs façons (voy. le 55e coup de la partie expliquée). — *Moyen*, voie qui sert à parvenir au gain espéré, si elle n'est pas traversée par d'autres. Il y a les moyens pour battre, les moyens pour remplir et les moyens simples. — *Obstacle*, ce qui bouche le passage. — *Outrepasser*, passer ses dames dans le petit jan de l'adversaire

lorsque le passage que l'on emprunte est vide.
— *Partie* ou *trou*, douze points gagnés et marqués régulièrement à plusieurs reprises; on dit aussi *partie simple*, par opposition à *partie bredouille* dans laquelle on gagne 12 points de suite, sans être interrompu par l'adversaire (voy. le chapitre de la bredouille). — *Passage ouvert*, flèche totalement vide, dans le jeu de l'adversaire, par laquelle on peut passer une dame au retour. Flèche où il n'y a qu'une dame sur laquelle on se repose pour battre plus loin une dame découverte, en assemblant les nombres des deux dés. — *Passage fermé*, flèche où il y a deux dames qui empêchent l'adversaire de passer une de ses dames dans la table du petit jan; on ne bat à faux que par un passage fermé. — *Passer son jeu*, être obligé de jouer ses dames sans espoir de pouvoir remplir. — *Passer au retour*, entrer dans le jeu de l'adversaire, quand il y a passage (voy. 68ᵉ coup de la partie expliquée). — *Pile*, dames entassées sur la première flèche, au début de la partie. On dit ordinairement *talon*. — *Pile de malheur* ou *de misère*, les quinze dames d'un joueur placées sur son coin de repos. Cette position se rencontre rarement (voy. le 77ᵉ coup de notre partie expliquée). — *Plein*, réunion de deux dames sur chacune des six flèches d'une table. Ce terme s'applique au grand jan, au petit jan et au jan de retour. — *Point*, nombre que l'on amène en jetant les dés. — *Privilège*, droit que l'on a de *conserver par impuissance*. Droit du jan de retour de jouer tout d'une et de compter la bande pour une flèche. Droit qu'un joueur a de rompre le dé à l'adversaire. — *Puissance* (*prendre par*), manière de prendre le coin de repos, qui a été expliquée plus haut. — *Quaterne*, synonyme de *carme*. — *Quine*, coup de dé amenant deux cinq. — *Remplir*, faire un plein. L'un des joueurs *remplit en passant* lorsqu'il peut, de l'une de ses dames, couvrir la dernière demi-case de ses jans et qu'il est obligé de lever ou de découvrir une autre dame plus éloignée, faute d'avoir une autre dame pour jouer les points de son autre dé (voy. le 57ᵉ coup de notre partie expliquée). — *Refaire son plein*, quand on a rompu on peut refaire son plein une seconde et même une tʳᵒⁱsième fois, si les dés sont favorables. — *Rentrer en bredouille*, c'est, quand on a été débredouillé, faire un grand coup qui procure l'avantage de marquer trois trous à la fois, et quelquefois cinq trous. — *Repos pour battre*, se dit lorsque l'adversaire a dans la table de son grand jan une dame découverte que l'on bat de l'un des dés. C'est un passage sur lequel on peut se reposer comme sur une flèche vide, pour battre une autre dame découverte dans la table de son petit jan, sur laquelle vont les points des deux dés assemblés ensemble. — *Repos pour passer*, flèche entièrement vide pour passer au jan de retour; on ne peut, à ce jan, se reposer sur une demi-case. — *Reprendre son coin*. Quand on a quitté son coin, on peut le reprendre par effet ou par puissance, si l'adversaire n'a pas le sien. — *Revirade*, case faite sur une flèche vide à l'aide des dames empruntées à des cases déjà faites et qui laissent une ou deux dames à découvert. — *Rompre les dés*, privilège que possède le joueur d'annuler un coup en renvoyant du coin de son cornet les dés jetés de l'adversaire. — *Rompre son plein*, être obligé de lever une des dames qui composent le plein, faute de pouvoir exprimer les points des dés avec d'autres dames. Voyez le 63ᵉ coup de notre partie expliquée. — *Serrer son jeu*, c'est porter ses dames sur un petit nombre de flèches seulement. Cette manière de jouer est très dangereuse; il faut l'éviter en se conservant, autant qu'on le peut, des cinq et des six à jouer. — *Simple* ou *simple*, deux dés dissemblables, comme 3 et 2, 5 et 4, 2 et as, etc. — *Sonnez*, les deux six amenés par un coup de dés. — *Sortir les dames*, retirer les dames hors du tric-trac, au jan de

retour. — *Surcase*, troisième dame sur une case déjà faite; on dit aussi *dame surnuméraire*. — *Table*, se dit de chacun des côtés du tablier; il y a la table du petit jan et celle du grand jan. Ce mot se prend aussi pour les dames elles-mêmes. — *Tablier*, tout le tric-trac. — *Talon*, synonyme de pile. — *Tas de bois*, synonyme de *pile*. — *Tenir*, ne pas s'en aller. Le joueur qui marque un ou plusieurs trous peut tenir ou s'en aller, à son choix. Il est obligé de tenir quand le trou ou une partie des points du trou proviennent du dé de l'adversaire. — *Terne*, coup de dés amenant deux trois. — *Tour du tric-trac*, gain d'une partie entière ou douze trous. — *Tourner une case* ou *revirer*, ôter une dame d'une case, pour composer une nouvelle case en y joignant une nouvelle dame. — *Tout à bas*, on se sert de ce terme quand, pour exprimer les points des dés, on prend deux dames au talon. — *Tout d'une* (*jouer*), voy. *jouer*. — *Transport* (*jouer par*), jouer des dames précédemment abattues des piles. — *Trou*. Il y a 12 trous percés de chaque côté du tric-trac, en face des flèches. On donne le même nom à chaque partie simple de 12 points. — *Trou sans bouger*, coup de dés qui rapporte 12 points (voy. pour un exemple, le 46ᵉ coup de notre partie expliquée); on peut faire d'un seul coup deux trous sans bouger et même quatre, quand le joueur qui gagne ainsi 12 ou 24 points se trouve en bredouille. Celui qui gagne 24 points d'un coup sans être en bredouille, marque trois trous sans bouger. —

Lois du tric-trac. Dame touchée, dame jouée, si l'on n'a pris la précaution de dire : j'adoube. Qui case mal peut être contraint, dès qu'il a touché ses dames, de rester où il est ou de jouer d'une seule dame (si cela est possible) les deux nombres que produisent les dés. Le premier à jouer marque avec un seul jeton tant que son adversaire n'a pas fait de points; ensuite le second s'il fait des points doit marquer avec deux jetons tant qu'il est en bredouille. Le joueur en bredouille qui oublie de marquer ses points avec deux jetons, ne peut marquer partie bredouille quand il la gagne un ou plusieurs trous. Qui se trompe de marque est envoyé à l'école; il en est de même du joueur qui touche ses dames avant d'avoir marqué. Qui oublie de marquer un ou plusieurs trous ne peut réparer sa faute quand il a joué un coup, mais il ne peut être envoyé à l'école; en n'envoie pas à l'école des trous, quoique l'on y envoie quelquefois de plus de la valeur d'un trou, en points oubliés à marquer. Celui qui, ayant plus de 12 points en main, dit : « je m'en vais » et marque son excédent de points, ne peut plus s'en aller. Celui qui s'en va et qui, après avoir marqué son trou, oublie de démarquer les points qui lui ont servi à le prendre, ne peut être envoyé à l'école; mais il doit démarquer ses points, car il ne doit pas lui en rester. Celui qui tient, au contraire, et qui, ayant marqué un ou plusieurs trous, oublie de démarquer-les points qui lui ont servi à les prendre, est envoyé à l'école tout ce qui excède la valeur du trou ou des trous. Les autres règles sont suffisamment expliquées dans les chapitres précédents. — Conseils aux joueurs. On conseille de débuter par mettre tout à bas quand on amène des points inférieurs à 6; et de jouer tout d'une quand on amène 6 et as, 6 et 2 et 6 et 3. Étant placé, on doit calculer, à chaque fois que l'on joue les dés, si l'on ne bat pas l'adversaire dans le coin ou sur des dames découvertes, d'une ou de plusieurs façons. On profitera de toutes les

occasions de faire des cases sans trop se découvrir ni trop avancer son jeu, de crainte de passer les dames et de rendre le plein difficile. On se conservera, autant que possible des 6 à jouer, pour remplir ou pour prendre le coin de repos. On ne tentera de faire le petit jan que si l'on amène au début des as, des deux et des trois. Si l'on s'aperçoit que l'adversaire s'arrête à faire son petit jan, on avancera rapidement de son côté en jouant tout à plein pour s'étendre dans le grand jan, d'où l'on pourra prendre plus tôt le coin et d'où l'on pourra battre son coin et ses dames découvertes. Quand on a le choix de plusieurs cases on préférera les faire à la suite les unes des autres; on prendra la septième case (case du diable) de préférence à toute autre. L'habileté consiste à marquer les coups les plus contraires à l'adversaire pour se découvrir sur des nombres; à voir d'un coup d'œil, tout ce qui est pour ou contre, afin de ne pas faire d'école et d'y envoyer l'adversaire dès qu'il se trompe, on conçoit que cette habileté ne s'acquiert que par une longue pratique. — Partie de trictrac expliqués (d'après la méthode

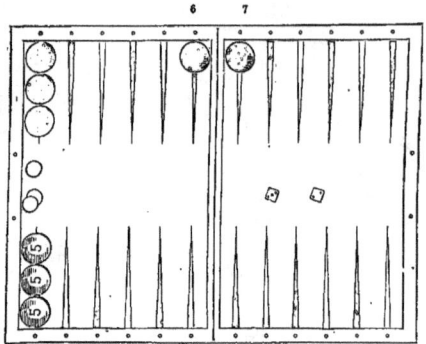

Fig. 2.

publiée pour la première fois en 1738). Le jeu étant disposé comme sur notre figure 1, les deux joueurs jettent les dés. Celui qui possède les dames noires est, dans notre partie, désigné pour jouer le premier. Nous le nommerons C. Son adversaire sera D. Au premier coup, C amène 6 et 5 (fig. 1), il joue tout à bas (fig. 2). On remarquera que pour compter les flèches, il ne compte pas celle d'où la dame part, mais seulement celle qui suit immédiatement. En partant du talon, la dame qui marque 6 ira à la 7ᵉ flèche et celle qui marque 5 va à la 6ᵉ. On remarquera également qu'il ne pourrait jouer *tout d'une*, ce qui porterait une seule dame dans le coin de repos 12, qui ne peut recevoir que deux dames à la fois; 2ᵉ *coup*. D amène 3 et 2; il pourrait tout à bas; il préfère jouer tout d'une et porter l'une de ses dames sur la 6ᵉ flèche (5ᵉ en comptant par le talon); 3ᵉ *coup*. C fait 2 et as; il joue tout à bas en prenant deux dames au talon, pour en avancer une d'une case et l'autre de deux; 4ᵉ *coup*. B fait 6 et 4; il joue tout à bas et avance de quatre cases une dame du talon et de six cases une autre dame du talon; 5ᵉ *coup*. C amène double deux et le joue par *transport*, en prenant des dames déjà jouées et non des dames du talon. Il porte sa dame sur la 2ᵉ flèche sur la 6ᵉ et couvre ainsi la dame qui s'y trouve déjà sur cette 6ᵉ flèche; 6ᵉ *coup*. D amène 4 et 2; il joue *tout d'une* du talon, pour venir sur sa 7ᵉ flèche et en faire une *case*, en couvrant la dame qui s'y trouve déjà; 7ᵉ *coup*. C fait 3 et 2, il joue *tout d'une* du talon pour l'amener sur la 3ᵉ flèche, pour amener sur la 7ᵉ et, en couvrant la dame qui s'y trouve déjà, il com-

plète son coin bourgeois; 8ᵉ coup. D fait terne; il le joue tout à bas en prenant 2 dames au talon et en les portant sur la flèche nᵒ 4 (la 3ᵉ à partir du talon); 9ᵉ coup. C amène 3 et 2; il le joue tout à bas du talon aux flèches 4 et 3 (3ᵉ et 2ᵉ à partir du talon); 10ᵉ coup. D fait carme; il le joue par transport de la flèche 4 où se trouvent 2 dames qu'il mène sur la flèche 8 pour y faire une nouvelle case ou case du diable; 11ᵉ coup. C fait quine et joue par transport de 7 en 12, pour prendre son coin de repos par deux dames à la fois. On voit par là combien il est avantageux d'avoir son coin bourgeois garni, puisque, dans ce cas, on a 4 coups de dés qui peuvent donner le coin de repos : quine, sonnez, et six-cinq qui peut se faire de deux manières; 12ᵉ coup. D fait double deux et le joue par transport en prenant ses deux dames du coin du diable (8ᵉ flèche) pour les amener sur la 10ᵉ flèche; 13ᵉ coup. C fait 5 et 2. Avant de jouer, il s'aperçoit qu'il bat, par son coin de repos, la dame découverte placée sur la 6ᵉ flèche de l'adversaire. Cette dame battue se trouvant dans la table du petit jan de l'adversaire, vaut 4 points, que C doit marquer avant de toucher ses dames; il le fait en portant un jeton ou bredouille à la pointe de la 4ᵉ de ses flèches (y compris le talon) ou entre cette flèche et la suivante. Ceci fait, il joue, non pas la dame qui bat celle de son adversaire, mais toute autre qu'il lui plaît. Ici, il doit jouer par transport, pour accoupler sur la flèche 8 deux dames dont l'une se trouve en 3 et l'autre en 6; 14ᵉ coup. D fait double deux. Il prend son coin en jouant par transport ses deux dames de 10 à 12; 15ᵉ coup. C amène 6 et 2. Il fait son coin la dame découverte placée sur la 5ᵉ flèche de l'adversaire. Cela lui fait 4 points de plus ou 8 points; il transporte donc de suite sa bredouille sur la 1ʳᵉ flèche au delà de la bande de séparation; après quoi, il joue son coup tout à bas, en prenant deux dames au talon et les avançant l'une de deux pas et l'autre de six pas; 16ᵉ coup. D fait terne. Son coin bat tout d'une la dame noire découverte qui se trouve sur la 6ᵉ flèche de l'adversaire. Cette dame est dans le grand jan de C et ne vaudrait que 2 points, si elle n'était battue par doublet. Elle vaut donc 4 points; et D, pour marquer ces points, prend les 2 jetons ou bredouilles qui restent et les porte entre sa 4ᵉ et sa 5ᵉ flèche. Ensuite il joue tout à bas en avançant de la flèche 8 deux dames du talon; 17ᵉ coup. C amène six-cinq. Sa dame 8 bat tout d'une la dame blanche découverte 6, qui est dans le petit jan de l'adversaire; cela lui fait donc 4 points de plus ou 12 points, c'est-à-dire un trou. Il prend un fichet et le met dans le trou de son talon ou 1ʳᵉ flèche. Ayant achevé son trou de son dé et non de celui de l'adversaire ou d'une école, il a le droit de s'en aller, ce qu'il fait en disant : « partie simple, je m'en vais, ». On efface tous les points et on relève les dames et les jetons pour les reporter au talon comme ils sont représentés sur la figure 1. On passe à la première reprise, puis à une seconde reprise, etc., jusqu'à ce que l'un des joueurs ait gagné la partie.

TRIFLORE adj. (préf. tri; lat. flor, floris, fleur). Bot. Se dit des fleurs quand elles viennent trois ensemble ou trois par trois.

TRIFOLIOLÉ, ÉE adj. Bot. Se dit des plantes dont les feuilles sont composées de trois folioles.

TRIFURQUÉ, ÉE (préf. tri; lat. furca, fourche). Qui est divisé en trois parties, en trois branches : route trifurquée.

TRIGYNE adj. (préf. tri; gr. guné, femelle). Bot. Se dit des plantes pourvues de trois styles.

TRILOCULAIRE adj. Bot. Se dit des ovaires formés de trois carpelles et présentant trois loges.

TRINERVÉ, ÉE adj. Bot. Se dit des feuilles, des pétales, etc., n'ayant que trois nervures.

TRIOVULÉ, ÉE adj. Bot. Se dit d'un fruit ou d'un carpelle renfermant trois ovules.

TRIPENNÉ, ÉE adj. Bot. Se dit des feuilles composées dont les folioles sont insérées sur les nervures du troisième degré.

TROMPETTE MERVEILLEUSE (Jeu). Ce jouet est très simple. Il se compose d'un tube d'étain, de bois ou de carton, de rondelles de liège et d'un tuyau de plume. On glisse une rondelle au milieu du tube qu'elle doit fermer, on le divisant en deux parties égales; on place une seconde rondelle à l'ouverture du tube et on la perce d'un trou central, pour y passer le tuyau de plume qui doit entrer dans le

La trompette merveilleuse.

tube jusqu'aux deux tiers de la première moitié. Autour du tuyau de plume, on perce plusieurs petits trous qui traversent la rondelle de liège. Dans la première moitié, on a mis secrètement de la farine ou toute autre poudre inoffensive, avant de fixer la rondelle par où passe le tuyau de plume. On annonce que celui qui embouchera le tuyau de plume et soufflera vivement dans l'instrument entendra une musique merveilleuse, délirante. Il se trouve toujours dans la société, une personne de bonne volonté qui s'offre pour jouer de cet incomparable instrument. La victime prend la trompette, souffle dans le tuyau de plume et un nuage de farine lui inonde le visage.

TROPHOSPERME s. m. [tro-fo-spèr-me], (gr. tréphein, nourrir; sperma, graine). Bot. Nom créé par Richard pour être appliqué au placenta ou masse commune adhérente aux parois de l'ovaire, d'où naissent les funicules qui communiquent avec chaque graine.

TRUDAINE I (Charles), prévôt des marchands et conseiller d'État, né en 1659, mort à Paris le 21 juillet 1721. Le régent le destina de sa place de prévôt des marchands comme « trop honnête homme ». — II. (Daniel-Charles), fils du précédent, intendant des finances et directeur des ponts et chaussées, membre de l'Académie des sciences, né à Paris le 3 janvier 1703, mort dans la même ville le 19 janvier 1769. Il fit construire un grand nombre de routes et de ponts. — III. (Jean-Charles-Philibert TRUDAINE de Montigny), fils du précédent, intendant des finances, membre de l'Académie des sciences, né à Clermont-Ferrand, le 19 janvier 1734, mort à Paris le 5 août 1777. Ce fut l'un des administrateurs les plus intelligents de son siècle.

TRUYÈRE (La), Tribolis, rivière qui naît sur le versant O. de la Margeride, à 4 kilom. de la Villedieu, à Serverette, où elle reçoit le Mèzère, se grossit du Triboulin, de la Rimaize, du Limaniol, baigne Malzieu, Saint-Léger, entre près du château de Paladine, dans le département du Cantal, y reçoit l'Arcomie, l'Ande, les Ternes, le Bez, l'Epic, la Lévande, les Taillades, les Brézons; passe en Aveyron, au confluent du Bot, reçoit l'Argence, la Bromme, le Goul, la Selve et afflue dans le Lot, au-dessous d'Entraigues, après un cours d'environ 170 kilom. Son cours est presque partout resserré entre des montagnes boisées et des roches granitiques escarpées, où elle a creusé des ravins de plus de 100 m. de

profondeur. Ses bords, extrêmement pittoresques, s'élargissent rarement en vallée.

TSCHUDI. — I (Jean-Jacques DE), naturaliste suisse, né à Glaris le 25 juillet 1818, mort en 1889. Il étudia la médecine et les sciences naturelles à Neuchâtel, à Leyde et à Paris, s'embarqua en 1838 sur un navire français, explora le Pérou pendant plus de 5 ans, rentra en Europe en 1843 et se retira dans sa propriété de Jakobskof (Autriche). Il consigna le résultat de ses recherches dans les ouvrages suivants écrits en allemand : Recherches sur la faune péruvienne (1844-'47); Le Pérou, esquisse de voyages (1846); Antiquités péruviennes (1851); La langue Quicha (1853). Il visita de nouveau l'Amérique du sud de 1859 à 1866. En 1860, il fut nommé ministre de la confédération suisse au Brésil. A son retour, il publia ses voyages dans l'Amérique du sud (1866-'68). De 1866 à 1883, il représenta la confédération suisse à Vienne; il mourut dans sa propriété de Jakobskof. — II. (FRÉDÉRIC DE), frère du précédent, né en 1820, mort le 25 janvier 1886. Il devint président du conseil d'éducation du canton de Saint-Gall, et grand conseiller de la ville de Saint-Gall. Son Monde alpestre (9ᵉ éd., 1872) a été traduit en plusieurs langues.

TUBANTES, peuple de Germanie, allié des Chérusques et établi d'abord entre le Rhin et l'Yssel. Au temps de Germanicus, les Tubantes se trouvaient sur la rive méridionale de la Lippe, entre Paderborn, Hamm et l'Armsberger Wald; plus tard, ils habitaient le voisinage de la Thüringer Wald, entre la Fulda et la Werra; enfin ils entrèrent dans la grande ligue des Francs.

TUBE POLLINIQUE. Bot. Élongation de la membrane interne du grain de pollen en un fil mince et ténu, quand il est en contact avec le stigmate. Ce tube pénètre jusqu'à l'ovule et permet la fécondation.

TUBERCULOSE s. f. Ce mot est aujourd'hui synonyme de tuberculisation et l'on dit : tuberculose des poumons, tuberculose des intestins, tuberculose des méninges, etc. Le Congrès pour l'étude de la tuberculose s'est réuni à Paris, dans l'amphithéâtre de la Faculté de médecine, le mercredi 22 août 1888. L'élite des médecins et des vétérinaires français et étrangers y était représentée, à l'exception des Allemands. On s'y est occupé du microbe qui foisonne presque toujours dans les crachats des malheureux que la consomption dévore. Le professeur Cornil a expliqué comment ce pernicieux bacille, mis en contact avec la muqueuse des bronches ou du tube digestif, s'y établit et s'y développe. Quinze à vingt jours à peine après sa pénétration dans le tissu, les tubercules s'y montrent, peu nombreux d'abord, puis de plus en plus confluents, si le terrain où les germes sont tombés convient bien à cette multiplication rapide. Dans la pulpe même de ces tubercules, blanche et grasse comme une parcelle de fromage mou, le microscope permet de découvrir les microbes. Ce sont des espèces de bâtonnets, courts et rigides d'abord, puis s'allongeant, avant de se fragmenter, en filaments plus ou moins courbes, dont les segments tour à tour blancs et bruns apparaissent mieux quand on prend soin de colorer la préparation avec une goutte de carmin ou de violet d'aniline. Dès ce moment, la tuberculose existe dans l'organisme attaqué; elle se manifeste par les accidents caractéristiques : indurations ganglionnaires de l'entérite tuberculeuse, si l'intestin est surtout attaqué; terribles convulsions de la méningite, si les tubercules se forment sur les enveloppes du cerveau; congestion, toux, crachats, s'ils se développent dans les poumons. — L'infime parasite auquel on a donné le nom de bacille de la tuberculose ne pullule pas seulement chez l'homme; il

s'attaque à tous les animaux domestiques : poules, pigeons, lapins, oies, canards, cobayes, bêtes à cornes. Le lait de vache est tuberculeux dès que la mamelle même est tuberculeuse ; c'est pourquoi il est toujours prudent de n'employer le lait qu'après l'avoir fait bouillir. Il est non moins recommandé de ne manger des viandes qu'après qu'elles ont été suffisamment cuites. C'est le meilleur moyen de se préserver de la contagion, le bacille ne résistant pas à l'action de la chaleur portée à 100° C. Quant aux moyens de combattre la terrible tuberculose, quand elle a attaqué sa victime, on peut prédire qu'ils seront découverts avant peu. Les savants ont démasqué l'ennemi qui s'était si longtemps soustrait à leurs recherches : connaître son adversaire, c'est déjà être en mesure de lutter contre lui.

TUBULIFLORE adj. (lat. *tubulus*, petit tube ; *flos, floris*, fleur). Bot. Dont la corolle est en forme de tube. — S. f. pl. Division des plantes de la famille des composées, comprenant celles dont la corolle monopétale est en forme de tube.

TULLUM (*Toul*), capitale des *Leuci*, peuple du S.-E. de la Gaule Belgique, entre la Matrona et la Mosella.

TUNGRI, peuple germain qui traversa le Rhin et s'établit en Gaule, dans le pays précédemment occupé par les Aduatici et les Eburones. Leur ville principale, appelée *Tun-*gri ou *Aduatuca Tongrorum* (Tongres) se trouvait sur la route allant de Castellum Morinorum à Colonia Agrippina.

TURBULER v. a. (lat. *turbulare*, troubler). Troubler, déranger :

> Je serais désolé s'il fallait me mouvoir,
> De peur du *turbuler* la suave harmonie
> Qui règne entre le ciel et la mer infinie.
>
> Raoul Ponchon.

TURION s. m. (lat. *turio*). Bot. Bourgeon souterrain de certaines plantes vivaces ; son développement produit chaque année une nouvelle tige Il naît constamment d'un rhizome ou souche souterraine, tandis que le bourgeon naît sur une partie exposée à la lumière. Du reste, la structure du turion et celle du bourgeon sont les mêmes. Pour donner un exemple populaire de turion, nous dirons que c'est le turion de l'asperge qui se mange. Un autre exemple est la petite granulation que l'on trouve sous terre, à la base de la tige, dans la saxifrage granulée. — Certaines racines ligneuses produisent aussi des turions ; tels sont les sumacs, les vernis du Japon, l'acacia et tous les arbres à racines traçantes.

TURKMÉNIE, territoire des Turkmènes ou Turcomans, à l'E. de la mer Caspienne. Les Russes lui ont donné le nom de territoire *Transcaspien*.

TURLUTINE s. f. Mélange de riz et de lard que l'on fait cuire avec du biscuit pilé : *la turlutine joue un grand rôle dans l'alimentation du soldat en campagne.*

TUSSAUD (Madame), célèbre artiste, née à Berne (Suisse) en 1760, morte en 1850. Orpheline dès son enfance, elle fut placée sous la protection de son oncle, M. Carlius, artiste modeleur de Louis XVI. Elle étudia, sous les yeux de ce maître, l'art de modeler en cire ; ensuite elle donna des leçons à la princesse Elisabeth, sœur du roi, à Versailles et aux Tuileries, jusqu'à la Révolution. Elle se trouva en relation avec les principaux personnages de cette époque. Ayant perdu sa position en 1789, elle se réfugia à Londres, où sa collection de cires attira une foule extraordinaire. Elle visita ensuite les principales villes d'Angleterre, et son exposition obtint toujours un immense succès. Revenue à Londres, elle s'y fit construire un vaste et grand musée, qui fut de suite classé, à juste titre, parmi les curiosités de la métropole anglaise.

TUTEURER v. a. Hortic. Action de soutenir les plantes au moyen de tuteurs.

TYPE. — TYPE BOTANIQUE, plante dont les caractères sont immuables et susceptibles de se perpétuer. Des variétés peuvent être issues de ce type : mais elles reviennent souvent, par des semis successifs, à leur origine, c'est-à-dire à l'espèce franche telle qu'on la trouve dans la nature.

U

UBÉREUX, EUSE adj. (lat. *uberosus*). Méd. Fécond, qui produit beaucoup.

UGERNUM (*Beaucaire*), ville de la Gaule Narbonaise, sur la route de Nemausus à Aquæ Sextiæ. Avitus y fut proclamé empereur.

UHRICH (Jean-Jacques-Alexis), général, né à Phalsbourg en 1802, mort le 10 octobre 1886. Il sortit de Saint-Cyr en 1820, passa dans l'infanterie, devint capitaine en 1834, prit part à la conquête d'Afrique, fut promu colonel après la révolution de 1848 et général de brigade après le coup d'Etat. Il commanda une partie de la garde impériale en Crimée et fut nommé général de division en 1855. Mis au cadre de réserve en 1868, il reprit du service actif en 1870 et fut nommé commandant militaire à Strasbourg. Assiégé dans cette place par le général prussien Werder, il capitula le 27 septembre. La capitulation qu'il obtint eut un caractère particulier. Les soldats, indignement sacrifiés, furent envoyés prisonniers en Allemagne ; mais les officiers, en partie libres sur parole, conservèrent leurs armes, leurs chevaux et leurs bagages. Uhrich se rendit à Tours. Le conseil d'enquête sur les capitulations le blâma sévèrement.

ULIARUS ou **Olarionensis Insula**, ancien nom de l'île d'Oleron.

ULSTER s. m. (ul-stèr) (nom anglais d'une province d'Irlande). Grand pardessus gris à collet qui se relève.

UNDECENNAL, ALE, AUX adj. [on-dé-sénnal] (lat. *undecim*, onze ; *annus*, année). Qui arrive tous les onze ans ; qui dure onze années.

UNICOLORE adj. Qui ne présente qu'une seule couleur.

UNIOVULÉ, ÉE adj. Bot. Se dit de l'ovaire ne contenant qu'un ovule.

UNIVERSITÉ. — Législ. Nous avons fait connaître plus haut l'organisation nouvelle des FACULTÉS (voy. ce mot), lesquelles ont acquis une certaine indépendance et sont aujourd'hui rattachées entre elles dans chaque chef-lieu d'académie. Il reste encore un pas à faire pour que l'on voie se reconstituer, en France, des *Universités* proprement dites qui, sans être formées sur le modèle des anciennes corporations du même nom, posséderaient une autonomie favorable à l'émulation et au progrès. Le ministre de l'instruction publique a soumis au Sénat (juillet 1890) une proposition de loi tendant à cette reconstitution, et nous croyons devoir reproduire ici le titre premier de ce projet. « Article 1er. — Les Universités sont des établissements publics d'enseignement supérieur ayant pour objet l'enseignement et la culture de l'ensemble des sciences. Elles sont personnes civiles. Elles portent le nom des villes où elles siègent. — Art. 2. Toute Université doit comprendre au moins une Faculté des droit, des lettres, de la médecine et des sciences. Il peut y être rattaché d'autres établissements d'enseignement supérieur ressortissant au ministère de l'instruction publique ou à d'autres ministères. Les conditions auxquelles se feront ces rattachements seront déterminées par des décrets rendus sur la proposition des ministres compétents, après avis du conseil de l'Université intéressée et du conseil supérieur de l'instruction publique. — Art. 3. Chaque Université sera instituée par un décret rendu en Conseil d'Etat, après avis du conseil supérieur de l'instruction publique. — Art. 4. En outre des délégués attribués à chaque ordre de Facultés dans le conseil supérieur de l'instruction publique, chaque Université est représentée dans ce conseil par un délégué spécial, élu parmi les professeurs titulaires, par l'ensemble des professeurs chargés de cours, maîtres de conférences et chefs des travaux pratiques pourvus du grade de docteur. — Art. 5. Chaque Université est administrée, sous l'autorité du ministre de l'instruction publique, par le recteur de l'Académie. Le recteur exerce vis-à-vis de l'Université les pouvoirs qu'il tient, en matière d'enseignement supérieur, des lois et règlements. Il exécute les décisions prises par le conseil de l'Université, dans la limite de ses pouvoirs, conformément aux dispositions de la présente loi. — Art. 6. Il est institué, dans chaque Université, un conseil de l'Université, composé ainsi qu'il suit : le recteur, président ; les doyens des Facultés, et, s'il y a lieu, le directeur de l'Ecole supérieure de pharmacie ; deux professeurs titulaires de chaque Faculté,

et, s'il y a lieu, de l'Ecole supérieure de pharmacie, élus pour trois ans par l'ensemble des professeurs titulaires, chargés de cours, maîtres de conférences, chefs des travaux pratiques de chacun de ces établissements, pourvus du grade de docteur. Les règlements prévus au § 2 de l'article 2 détermineront, s'il y a lieu, les conditions de la représentation au conseil de l'Université des établissements autres que les Facultés, rattachés à l'Université. Le conseil élit, chaque année, son vice-président. — Art. 7. Le conseil de l'Université statue définitivement sur l'acceptation ou le refus des dons et legs faits à l'Université, quand ils ne donnent pas lieu à réclamation, sur l'exercice des actions en justice et sur l'administration des biens de l'Université. Il délibère sur les offres de subventions faites à l'Université par les départements, les communes, les associations et les particuliers sur les acquisitions, aliénations et échanges de biens meubles et immeubles. Il arrête, après avis de chaque Faculté ou Ecole, le tableau général des cours, conférences et exercices pratiques. Il veille à ce que ces divers enseignements comprennent ceux qui sont nécessaires pour l'obtention des grades prévus par les lois et règlements. Il arrête l'organisation des groupes d'enseignement communs à plusieurs Facultés. Il fait les règlements des cours libres. Il fait, sous réserve de l'approbation ministérielle, les règlements relatifs au mode de nomination des auxiliaires de l'enseignement. Il donne son avis sur les créations et les transformations de chaires. Il donne son avis sur les projets de budgets de l'Université et de chaque Faculté, ainsi que sur les comptes administratifs du recteur et des doyens. Il adresse chaque année au ministre un rapport sur la situation de l'Université. Il exerce, en ce qui concerne l'enseignement supérieur public et libre, les attributions contentieuses et disciplinaires conférées au conseil académique par les lois du 15 mars 1850 et 27 février 1880. Pour les affaires disciplinaires intéressant les membres de l'enseignement supérieur libre, il est adjoint au conseil de l'Université deux membres de cet enseignement, désignés par le ministre de l'instruction publique. — Art. 8. En outre des grades prévus par les lois et règlements, les Universités peuvent délivrer des diplômes particuliers et des certificats d'études. Les tarifs des droits afférents à ces diplômes et certificats, et aux études qui y conduisent sont fixés par décrets rendus en la forme des règlements d'administration publique, après avis du conseil de l'Université. — Art. 9. Les professeurs titulaires sont nommés par décrets rendus sur la proposition du ministre de l'instruction publique, après présentations du conseil de la Faculté où la vacance s'est produite, du conseil de l'Université et de la section permanente du conseil supérieur de l'instruction publique. — Art. 10. Nul ne peut être nommé professeur titulaire s'il n'est docteur de l'une ou l'autre Faculté, ou membre ou correspondant de l'Institut, s'il n'est âgé de trente ans et s'il ne justifie d'un stage de deux ans d'enseignement dans un établissement public d'enseignement supérieur. — Art. 11. Il est établi pour chaque Université un budget comprenant les dépenses propres de l'Université et celles de chaque Faculté et école. Ce budget est arrêté par le ministre de l'instruction publique. Il est pourvu aux dépenses au moyen des ressources suivantes : 1° les revenus de l'Université; 2° les revenus des Facultés; 3° les subventions des particuliers, des associations, des communes et des départements; 4° le produit des droits d'études et d'examens versés à l'Université par les étudiants des diverses Facultés ou écoles; 5° la subvention de l'Etat. Les Universités sont tenues d'accorder les dispenses de droits d'études et d'examens prévues par les lois et règlements, notamment par les lois du

26 février 1887, du 30 mars 1888 et du 17 juillet 1889. Les agents comptables des Universités sont nommés par le ministre des finances. Le compte des opérations de recettes et de dépenses effectuées dans chaque Université sera présenté chaque année à l'appui du compte définitif des dépenses du ministère de l'instruction publique. — Art. 12. Les maires des villes, les présidents des conseils généraux des départements, les présidents des associations qui allouent des subventions aux universités, ont entrée au conseil de l'Université avec voix délibérative dans les séances où sont discutés les projets de budget, les comptes administratifs et les rapports annuels sur l'état de l'enseignement. — Art. 13. Des décrets rendus sur la proposition du ministre de l'instruction publique, après avis du conseil supérieur de l'instruction publique, détermineront les dispositions particulières à chaque Université, dans la limite des dispositions générales édictées par la présente loi. » Le projet dont nous venons de reproduire le premier titre a été soumis par le Sénat à une commission spéciale, dont le président était : M. Jules Simon. Les modifications apportées au projet déposé par le Gouvernement sont si importantes que nous allons reproduire ici le nouveau texte tel qu'il est sorti des délibérations de la commission : « Article 1er. Toute Université comprend les quatre Facultés de droit, de médecine, des sciences, des lettres ou, à défaut d'une Faculté de médecine, une école de plein exercice. S'il existe au chef-lieu de l'Université une Ecole supérieure de pharmacie, elle fait partie de l'Université. Ces Facultés ou écoles devront être établies dans la même ville, et l'Université portera le nom de la ville où elle siège. — Art. 2. L'Université est personne civile, sans que les Facultés ou Ecoles qui la composent cessent de l'être. — Art. 3. Chaque Université sera instituée par une loi et devra préalablement justifier, pour la moyenne de chacune des cinq dernières années, de la présence de 500 étudiants au moins inscrits régulièrement. Cette loi déterminera des établissements d'enseignement supérieur, dépendant du ministère de l'instruction publique, autres que les facultés ou écoles mentionnées à l'article premier, qui seront, s'il y a lieu, rattachés à chaque Université. — Art. 4. Chaque Université est administrée, sous l'autorité du ministre de l'instruction publique, par le recteur de l'Académie. — Art. 5. Il est institué, dans chaque Université, un conseil composé ainsi qu'il suit : le recteur, président de droit; un vice-président, élu chaque année par le conseil, et qui ne sera rééligible qu'à un an d'intervalle; les doyens des Facultés, le directeur de l'Ecole supérieure de pharmacie; deux professeurs titulaires de chaque Faculté et de l'Ecole supérieure de pharmacie, élus pour trois ans par l'ensemble des professeurs titulaires, chargés de cours, maîtres de conférences, chefs des travaux pratiques de chacun de ces établissements, pourvus du grade de docteur ou du diplôme de l'Ecole de pharmacie; s'il n'y a pas de Faculté de médecine, le directeur et un professeur de l'Ecole de médecine de plein exercice, délégué par ses collègues. La loi qui rattachera aux Universités des établissements d'enseignement supérieur, déterminera la condition de leur représentation. — Art. 6. Le conseil de l'Université statue provisoirement sur l'acceptation ou le refus des dons et legs faits à l'Université. Il arrête, après avis à chaque Faculté ou Ecole, et sauf approbation ministérielle : 1° le tableau général des cours, conférences et exercices pratiques, lesquels devront comprendre les divers enseignements exigés pour l'obtention des grades universitaires; 2° l'organisation des cours, conférences et exercices pratiques qui seraient communs à plusieurs Facultés; 3° la réglementation des cours libres autorisés; 4° les règlements relatifs au mode de nomi-

nation des appariteurs et gens de service de l'Université. Il donne son avis : 1° sur les acquisitions, donations et échanges des biens meubles et immeubles appartenant à l'Université; 2° sur l'administration de ces mêmes biens; 3° sur l'exercice des actions en justice; 4° sur les offres de subvention faites à l'Université par les départements, les communes, les associations et les particuliers; 5° sur les créations, transformations ou suppressions de chaires; 6° sur les projets de budget de l'Université et de chaque Faculté, ainsi que sur les comptes administratifs du recteur et des doyens. Il adresse chaque année, au ministre, un rapport sur la situation de l'Université. Il est substitué au conseil académique, dans les attributions contentieuses et disciplinaires, en ce qui concerne l'enseignement supérieur public. — Art. 7. Les attributions du recteur en ce qui concerne l'Université sont les suivantes : il convoque le conseil de l'Université en deux sessions ordinaires et, avec l'autorisation du ministre, en session extraordinaire. Il saisit le conseil de l'Université des affaires contentieuses ou disciplinaires qui sont relatives à l'enseignement supérieur public. L'information sur les faits disciplinaires déférés au conseil de l'Université, en vertu du paragraphe précédent, aura lieu par les soins du recteur qui décidera s'il y a lieu de suivre, après en avoir référé au ministre. En cas de désordre, le recteur peut suspendre un cours; après avis conforme du conseil de l'Université. La suspension ne peut se prolonger au delà d'un mois, sans que le ministre ait été consulté. Il n'est rien innové aux autres attributions du recteur, telles qu'elles résultent des lois, décrets et règlements en vigueur, en matière d'enseignement supérieur. — Art. 8. Sauf approbation par le ministre, le conseil de l'Université, sur l'avis conforme de la Faculté compétente, peut autoriser à faire des cours libres, annuels ou semestriels, tout docteur ou tout membre de l'Institut, ou toute personne qui justifie d'études spéciales sur les matières devant faire l'objet de son enseignement. S'il y a désaccord entre le conseil de l'Université et la Faculté compétente, le recours au ministre est de droit. En cas de décision unanime du conseil de l'Université, le ministre pourra, dans les trois mois, demander une nouvelle délibération. Le conseil déterminera, par un règlement, le local, le jour et l'heure où aura lieu le cours libre, son affichage et s'il peut donner lieu, au profit du professeur, à la perception d'une rétribution payée par les auditeurs. — Art. 9. Le budget de chaque Université est arrêté par le ministre de l'instruction publique. Les conseils des universités sont substitués aux conseils généraux des Facultés en ce qui concerne les attributions budgétaires qui leur ont été conférées par les lois et décrets en vigueur. — Art. 10. Le budget de chaque Université sera divisé en deux chapitres. Le premier comprendra : 1° les revenus propres à l'Université; 2° les subventions créées au profit de l'Université par les particuliers, des associations, des communes et des départements; 3° les dons et legs faits à l'Université; 4° les excédents de ressources sur les dépenses telles qu'elles ont été fixées par le ministre de l'instruction publique. Le second chapitre comprendra : 1° les revenus propres des Facultés; 2° les subventions, dons ou legs faits spécialement à leur profit. — Art. 11. Le compte des opérations de recettes et de dépenses effectuées dans chaque Université sera présenté chaque année à la suite du compte définitif des dépenses du ministère de l'instruction publique. Les agents comptables des Universités sont nommés par le ministre des finances. — Art. 12. Les Universités sont tenues d'accorder les dispenses des droits d'études et d'examens prévus par les lois et règlements, notamment par les lois du 26 février 1887, du 30 mars 1888

et du 17 juillet 1889. — Art. 13. Dans les départements, les maires des villes et un délégué du conseil général, lorsque les villes ou les départements allouent des subventions aux Universités, ont entrée au conseil de l'Université avec voix délibérative dans les séances où sont discutés les projets de budget, les comptes administratifs et les rapports annuels sur l'état de l'enseignement. A Paris, le préfet de la Seine et un délégué du conseil municipal exercent le même droit. — Art. 14. Il n'est rien innové, au point de vue des attributions, dans les académies où les facultés ne seront pas constituées en Université. » — On voit que le projet de la commission du Sénat diffère de celui du Gouvernement sur plusieurs points importants, notamment : 1° en ce que la commission admet que, pour la réunion de quatre facultés, une école de médecine de plein exercice peut tenir lieu d'une faculté de médecine; 2° en ce qu'elle veut que les universités ne puissent être créées par décret, mais seulement par une loi. Il se passera sans doute un temps assez long avant que le projet de loi soit voté par les deux Chambres. Tel qu'il est, ce projet, portant la création d'un petit nombre de grandes universités, ne pouvait manquer de soulever les protestations des villes où les facultés existantes ne devraient pas, à cause de leur peu d'importance, être le siège d'une université régionale. La Faculté de droit de Grenoble, notamment, a déclaré que cette mesure aurait pour conséquence de compromettre son existence en la plaçant dans un état d'infériorité inacceptable. On voit que la loi proposée ne sera pas facilement acceptée, mais il en est ainsi de tous les projets de loi qui froissent des intérêts particuliers.   Cᴴ. Y.

URANOLITHE s. m. (gr. *ouranos*, ciel; *lithos*, pierre). Synon. d'Aérolite, pierre tombée du ciel.

URANOMÉTRIE s. f. (gr. *ouranos*, ciel; *metron*, mesure). Évaluation des distances célestes. — Encycl. En 1872, le docteur Heis, de Münster, a publié dans le *Neuer Himmels-atlas*, les résultats de 27 années de travaux sur les étoiles visibles à l'œil nu. Son ouvrage est sur le même plan et à la même échelle que l'*Uranometria nova* d'Argelander. Mais Heis a étendu l'échelle de magnitude au delà de 6,0 mag. (où s'est arrêté Argelander) jusqu'à environ 6 1/3 mag. Nous devons dire, en passant, que sous de bonnes circonstances il voit toujours a¹ et a² du Capricorne séparés. On trouve donc bien plus d'étoiles dans l'ouvrage de Heis que dans celui d'Argelander. Le premier renferme 3.507 étoiles de la première à la sixième magnitude, tandisque le second n'en a que 3.256. Heis donne en tout 5.471 étoiles visibles à l'œil nu sous de circonstances favorables a Cologne (Allemagne), c'est-à-dire depuis le pôle Nord jusqu'à environ 130° de distance polaire septentrionale. Un trait caractéristique important de son travail est l'exacte délinéation de la voie lactée. Un ouvrage semblable a été publié en 1874 par le Dʳ Behrmann, qui fit en 1866, un voyage dans l'hémisphère du S. et passa dix mois à dresser sur le plan d'Argelander et avec son échelle de magnitudes, une uranométrie du ciel à partir du pôle austral jusqu'à 70° de distance polaire méridionale. Il donne 2.344 étoiles dans cet espace. L'œuvre de ce genre la plus importante qui ait paru depuis 1843 (date de la publication de l'*Uranometria nova* d'Argelander) est l'*Uranometria Argentina* du Docteur B.-A. Gould (1879). Elle est le résultat de près de dix années de travaux à l'Observatoire national de la République Argentine; elle embrasse entièrement le ciel austral et 10° du ciel boréal. Les magnitudes sont celles de l'échelle d'Argelander; mais il a poussé son échelle jusqu'à 7,0 mag. parce que l'œil nu peut, à Cordoba, distinguer des étoiles d'une magnitude moindre qu'il ne pourrait le faire à Bonn. L'espace examiné couvre environ 41/70 de tout le ciel. Dans cet espace, 10.649 étoiles furent visibles sous les meilleures circonstan- ces, et plus de 40.000 observations furent faites (plus de 4,1/2 par étoile); plusieurs étoiles variables furent découvertes. Les conclusions du Dʳ Gould, relativement à la situation et à la forme de l'amas d'étoiles auquel appartient notre système solaire, sont que : « Il y a dans le ciel, une enceinte d'étoiles brillantes (depuis la 1ʳᵉ jusqu'à la 4ᵉ magnitude) dont la ligne moyenne forme à peu près un grand cercle, incliné d'environ 20° sur la voie lactée. Le groupement des étoiles fixes plus brillantes que 41 mag. est plus symétrique relativement à cette ligne moyenne qu'au cercle galactique. Ces faits, ainsi que d'autres, indiquent l'existence d'un petit amas dans lequel notre système solaire est fixé d'une manière excentrique; cet amas se trouve non loin du milieu de la voie lactée; il paraît avoir une forme aplatie, un peu bifide et se compose d'un peu plus de 400 étoiles dont les magnitudes varient de 1 à 7, avec une moyenne de 3,5. Le docteur américain C.-H.-F. Peters a publié la première série d'une collection de cartes de grande valeur sur les étoiles zodiacales : c'est le résultat de ses propres observations pendant plus de 20 ans. Les 20 cartes publiées contiennent près de 40.000 étoiles.

'**URFE** adj. Argot. Soigné : *c'est urfe.*

USAGARA ou **Ouségaré**, territoire africain, annexé par l'Allemagne, en 1885. Il comprend des pays à l'intérieur de Zanzibar ou de Souahéli (côte orientale d'Afrique). Entre autres districts, on y distingue ceux de Ngourou, d'Ousigoura et d'Oukami; il atteint au N. le Kilimandjaro, avec Vitou pour port principal. Son étendue peut être évaluée à 50.000 kilom. carrés. Son territoire est riche et fertile; le commerce des habitants rayonne jusqu'aux grands lacs de l'intérieur.

UTELLE, ch.-l. de cant., arrond. et à 41 kilom. de Nice (Alpes-Maritimes), sur une montagne dominée par la chapelle de Notre-Dame-des-Miracles; 1000 hab.

V

VALE

VACCA, VAGA ou **Vaba**, aujourd'hui *Déja*, ancienne ville de la Zeugitane, dans l'Afrique septentrionale, sur les frontières de Numidie. Elle était le centre du commerce entre Hippo, Utica, Carthage et l'intérieur. Détruite par Métellus, pendant la guerre Jugurthine, elle fut relevée et colonisée par les Romains. Ses fortifications furent rétablies par Justinien, qui la nomma Théodorias, en l'honneur de sa femme.

VACCINIFÈRE adj. (franç. *vaccin* ; lat. *fero*, je porte). Méd. qui porte, qui produit le vaccin.

VADÉCASSES ou **Vadicasses**, peuple de la Gaule Belgique, près des sources de la Sequana.

VALENSOLE, ch.-l. de cant., arrond. et à 30 kilom. S.-O. de Digne (Basses-Alpes) ; 2.550 hab.

VALEUR. — Législ. En vertu de la loi du

VALL

26 décembre 1890, la taxe de trois pour cent établie sur le revenu des *valeurs mobilières*, par les lois du 29 juin 1872, du 21 juin 1875, du 28 décembre 1880 et du 29 décembre 1884 a été fixée à 4 p. 100, à partir du 1ᵉʳ janvier 1891. — Une loi du 25 juillet 1891, autorise le Mont-de-Piété de Paris à prêter sur *nantissement de valeurs mobilières*, libérées, au porteur, sans que le montant du prêt puisse excéder 500 fr. par opération et par emprunteur.   Cᴴ. Y.

VALHUBERT (Jean-Marie-Roger), général, né à Avranches en 1764, mort en 1805. Il s'engagea en 1786, adopta les idées révolutionnaires et devint général de brigade en 1804. Il mourut des blessures qu'il avait reçues à Austerlitz. On lui a érigé une statue à Avranches et on a donné son nom à une place de Paris.

VALLE-D'ALESANI, ch.-l. de cant., arrond. et à 37 kilom. de Corte (Corse) ; 700 hab.

VAND

VALLÈS (Jules), homme politique et journaliste, né au Puy en 1833, mort le 14 févr. 1885. Il mena longtemps à Paris une existence de bohème, entra au *Figaro*, fonda le journal la *Rue* en 1867, revint au *Figaro* et fut soupçonné d'appartenir à la police. Après la chute du second Empire, il se lança dans la politique militante. Le *Cri du peuple*, fondé au lendemain de la capitulation de Paris, disposa les esprits à la proclamation de la Commune et devint ensuite l'un de ses organes officieux. Vallès combattit sur les barricades et s'enfuit à Londres. Son journal lui avait procuré des bénéfices et la vie d'exil ne fut pas trop rude pour lui. De plus, un de ses amis le fit son légataire et lui laissa, en mourant, 60.000 fr. Rentré en France après l'amnistie, Vallès reprit la publication du *Cri du peuple* et en conserva la direction jusqu'à sa mort.

VANDAL (Jean-Jacques-Pierre-Louis-Edouard), administrateur, né à Coblentz en 1813, mort le 18 déc. 1889. Commis au minis-

tère du commerce, puis à celui des Finances il eut un rapide avancement et devint en 1861, directeur général des postes. Il dut sa célébrité à la violation du secret des lettres, qu'il avouait hautement comme un droit et même comme un devoir du gouvernement. Interpellé le 22 juin 1867, au corps législatif, au sujet d'une lettre du comte de Chambord, qu'il avait fait saisir en province et décacheter à Paris, il avoua tranquillement que le cabinet noir avait été rétabli.

VARECH. — Législ. La récolte des herbes marines qui tiennent au rivage et que l'on nomme *goémons de rive* pour les distinguer des autres *varechs*, appartient aux habitants des communes du littoral. Les propriétaires de terres situées dans lesdites communes y ont également droit, alors même qu'ils ne sont pas habitants. Il suffit donc à un étranger de se rendre acquéreur d'une parcelle de terrains dans les communes riveraines pour prendre part à la récolte des goémons. C'est pourquoi un décret du 28 janvier 1890 est venu modifier celui du 8 février 1868, déjà amendé en 1873, et que nous avons déjà cité dans le *Dictionnaire* (t. V, p. 577). Le nouveau décret porte que la récolte des goémons de rive appartient aux habitants des communes riveraines ayant au moins six mois de résidence, et aux propriétaires d'une étendue de 15 ares au moins de terre, exploités par eux dans lesdites communes. Les uns et les autres doivent être de nationalité française ou admis à domicile. Les propriétaires non habitants doivent justifier de leur droit de propriété ; ils peuvent employer à la récolte leurs conjoints et leurs enfants légitimes habitant avec eux ; mais toute autre personne employée par eux doit être habitante de la commune riveraine. Les personnes non habitantes et dont la propriété est d'une étendue inférieure à 15 ares, se trouveraient ainsi déchues du droit de récolte qui leur appartenait avant la promulgation du décret du 28 janvier 1890 ; mais ce décret leur accorde la faveur de continuer à jouir du même droit, et seulement à titre viager.   CH. Y.

VARIÉTÉS (Théâtre des), théâtre de Paris, boulevard Montmartre. On y joue le vaudeville, l'opérette et des pièces bouffonnes ou grivoises.

VASIO (*Vaison*), ville considérable des Vocontii, dans la Gaule Narbonnaise.

VAUDEVILLE (Théâtre du), théâtre de Paris, au coin de la chaussée d'Antin et du boulevard des Capucines. On y joue le vaudeville, le drame et la comédie. La salle est belle et bien aménagée.

VAUVILLIERS (Jean-François), helléniste, né à Paris 1737, mort à Saint-Pétersbourg en 1801. Il fut nommé professeur de grec au collège de France en 1766, membre de l'Académie des Inscriptions en 1782 ; fut chargé des subsistances de Paris pendant la révolution, se compromit comme modéré, se réfugia en Suisse après le 18 fructidor, passa en Russie, et y succomba à la rigueur du climat. Il a laissé : *Essai sur Pindare*, avec la trad. de quelques odes de ce poète (Paris, 1772, in-12) ; *Examen du gouvernement de Sparte* (1769, in-12) ; *Extraits de divers auteurs grecs, à l'usage de l'Ecole militaire* (1768, 6 vol. in-12). Il a édité *Plutarque* (1783) et *Sophocle* (1784, 2 vol. in-4°).

VAYRAC (Jean, abbé de), prélat et historien né à Vayrac (Lot), dans la seconde moitié du XVIIᵉ siècle. Il séjourna pendant 20 ans en Espagne et visita à Paris en 1710. Ses ouvrages, sont intéressants et exacts. Nous ne citerons que les principaux, savoir : *Etat présent de l'Empire* (Paris, 1711, in-12) ; *Lettres et mémoires du cardinal Bentivoglio* (1713, 2 vol. in-12) ; *Maximes de droit et d'Etat*

(1716) ; *Histoire des révolutions d'Espagne* (1719, 4 vol. in-12) ; *Etat présent de l'Espagne* (1718, 4 vol. in-12) ; *Journal de voyage de Louis XV à Reims* (1722).

VÉGÉTARIANISME s. m. Pratique de se nourrir exclusivement des produits du règne végétal : grains, légumes, fruits, etc. Quelques végétariens y ajoutent des œufs, du lait, du beurre, du fromage ; mais tous repoussent la chair des animaux. Voici, en résumé, les arguments donnés en faveur de ce système : 1° le végétarianisme fut le régime imposé aux humains lors de la création ; 2° d'après l'opinion d'un grand nombre de savants, la structure de l'homme indique clairement qu'il n'est pas carnivore ; 3° il est impossible que la chair des animaux soit libre de toute impureté ; 4° le règne végétal fournit facilement un régime parfait qui, adopté, produirait dans l'économie agricole et dans l'emploi du sol une révolution telle que la terre pourrait nourrir un bien plus grand nombres d'hommes ; 5° le végétarianisme est favorable à la tempérance, à la douceur du caractère, aux dispositions pacifiques et à la propagation des pensées et des actions ; 6° le régime végétarien est instinctivement préféré par les enfants ; 7° il coûte infiniment moins cher que le régime carnivore ; son adoption permettrait aux classes laborieuses non seulement de vivre mieux, mais surtout de faire des économies ; 8° il mettrait fin aux horribles égorgements des abattoirs, dispenserait les femmes de certains travaux dégoûtants et un grand nombre de travailleurs d'occupations dégradantes ; 9° les végétariens jouissent d'une meilleure santé que les omnivores et sont moins portés à l'intempérance ; 10° tandis que les animaux carnivores, tels que le vautour, le faucon, le tigre, l'hyène, le crocodile et le requin sont dénués de toute sensibilité et de tout sentiment de sympathie pour les êtres qui les entourent, les animaux les plus intelligents, les plus forts, les plus utiles, comme le cheval, l'éléphant, le bœuf, le chameau, etc., suivent un régime végétal ; 12° ce régime développe non seulement les forces physiques, comme on peut s'en convaincre en étudiant l'histoire des armées spartiates, grecques et romaines et en voyant travailler les portefaix chinois et les coolies ; mais surtout les forces morales et intellectuelles, comme nous en avons des exemples dans Bouddha, Pythagore, Platon, Sénèque, Plutarque, Milton, Newton, Linné, Cheyne, Rousseau, Wesley, Swedenborg, Franklin, Shelley, Lamartine et des milliers d'hommes célèbres contemporains ; 13° ceux qui ont fait loyalement l'essai de ce système pendant un certain temps témoignent ensuite favorablement pour lui.

VÉGÉTARIENNE (Société). Société fondée à Manchester en 1847 pour protéger le végétarianisme. Le minimum de la souscription annuelle est d'une demi-couronne. Chaque membre s'engage à adopter exclusivement le régime végétal. Les idées de cette Société ont été soutenues par différentes publications : *Vegetarian advocate, vegetarian Messenger* (de 1849 à 1859 ; mensuel) ; Journal *of Health* (1860) et *Dietetic Reformer* (1861 et suivants). Le nombre des membres est évalué à 3,000 ; celui des associés à 1.300.

VEILLEUSE ÉLECTRIQUE, petit appareil imaginé par un industriel anglais pour appliquer l'électricité à l'éclairage discret qui convient à la chambre à coucher.

VELAUNI ou **Vellavi** ; peuple de la Gaule Aquitaine, dans le moderne Velay, d'abord soumis aux Arvernes et ensuite indépendant.

VELLAUDUNUM (Beaune), ville des Senones dans la Gaule Lyonnaise.

VÉLOCIPÉDIE s. f. Art de monter et de diriger les vélocipèdes ; exercice du vélocipède.

Veilleuse électrique.

— **VÉLOCIPÉDIE MILITAIRE**, emploi des vélocipèdes dans l'armée. D'après les journaux spéciaux, les manœuvres d'Elisabethgrad (Russie) établirent en octobre 1888 que les vélocipédistes militaires peuvent rendre de grands services dans les forteresses et dans les camps retranchés, en remplaçant avec avantage les ordonnances à cheval. Déjà les Allemands avaient établi un service d'ordonnance au moyen de vélocipèdes, entre les administrations militaires des villes et des forts d'Alsace-Lorraine. Ces ordonnances, qui ont pour la plupart le grade de sous-officiers, reçoivent une instruction préalable. Le sabre est attaché à la barre du frein, de façon que l'arme n'entrave pas la marche du vélocipède.

VENACO, ch.-l. de cant., arrond. de Corte (Corse) ; 1.700 hab.

VENT. — ENCYCL. La formation de la brise sur les côtes de la mer s'explique de la manière suivante. Lorsque de vifs rayons solaires ont échauffé la terre sur une vaste surface, l'air s'échauffe également au contact du sol ; il se dilate, devient plus léger et monte verticalement dans le sens des flèches représen-

Origine de la brise.

tées sur la figure ci-contre. Il faut que d'autre air vienne prendre la place des colonnes ascendantes. Le fluide gazeux nécessaire vient de la surface de la mer, qui est plus froide que celle de la terre. Le mouvement aérien est d'abord peu marqué et à peine perceptible, mais au bout d'un moment le courant se développe et devient une brise rafraîchissante.

VENTELLE, s. f. (rad. *vent*). Sarment réservé presque entier sur une vigne taillée en cul-de-lampe. Ce nom lui vient de ce qu'il est exposé au vent.

VENULE s. f. (lat. *venula*). Anat. Petite veine.

VERAGRI ou **Varacri**, peuple de la Gaule Belgique, dans les Alpes Pennines, près du confluent de la Dranse et du Rhône.

VERANOS (Los), village du Mexique, à 40 kilom. de Mazatlan. Le général français Castagny y subit trois échecs successifs (9 janvier 1865, 10 janv. et 11 janv.).

VERMENTON, ch.-l. de cant., arrond. et à

23 kilom. S.-E. d'Auxerre (Yonne), sur la rive droite de la Cure; 2.000 hab.

VÉRON. (Eugène), écrivain et journaliste, né à Paris en 1825, mort le 27 mai 1888. Professeur de rhétorique, il quitta l'Université après le coup d'Etat et collabora à divers journaux, notamment à la *Revue de l'instruction publique*, à la *Revue nationale*, au *Courrier du dimanche*, au *Courrier français*, à la *Gazette des Beaux-Arts*, etc. Devenu rédacteur en chef du *Progrès de Lyon*, en 1868, il quitta ce journal en 1871 pour fonder, à Lyon toujours, la *France républicaine*. Revenu depuis à Paris, M. Eugène Véron fondait avec M. Ballue, en janvier 1875, l'*Art*, le plus beau recueil périodique spécial qui existe. Il tentait également, en 1876, avec le même collaborateur, la résurrection de l'*Avant-Garde*, journal politique quotidien, qui disparut de nouveau au bout de quelques mois. — Il a publié à part : *Du progrès intellectuel dans l'humanité* (1862); *Supériorité des arts modernes sur les arts anciens* (1863, in-8°); *Des associations ouvrières de consommation, de crédit et de production* (1865); *les Institutions ouvrières de Mulhouse et de ses environs* (1866, in-8°); *Histoire de la Prusse, depuis Frédéric II jusqu'à Sadowa* (1867); *Histoire de l'Allemagne depuis Sadowa* (1876), etc.

VERRE. — Pour les expériences du laboratoire, il est indispensable de savoir travailler les tubes de verre. Supposons que nous ayons besoin d'un tube long de 10 centimètres. Nous prenons un grand tube comme ceux que l'on vend chez les marchands. Nous mesurons exactement la longueur voulue, à par-

Fig. 1. — Manière de courber un tube de verre.

tir de l'une des extrémités ; nous donnons un coup de lime au point à casser. Sur le trait de lime, nous appliquons les deux pouces, ongle contre ongle ; la cassure s'obtient facilement. Le tube ainsi fait a ses deux extrémités coupantes. On leur fait perdre ce défaut en les passant, l'une après l'autre, à la flamme d'un chalumeau ou sur une lampe à esprit-de-vin ; on tourne le tube entre les doigts. On arrête l'opération dès que le verre est rouge. Les parties tranchantes du verre s'ar-

Fig. 2. — Manière de faire une constriction dans un tube de verre.

rondissent et disparaissent. — Supposons, maintenant, que nous ayons à courber, en son milieu à angle droit, un tube de verre. Nous plaçons la partie à courber sur la flamme et la faisons chauffer graduellement, en tournant le tube entre les doigts. Quand il est rouge au point voulu, il cède facilement et on peut le courber: Mais il faut agir avec précaution et ne courber le verre que lentement, à mesure que la chaleur l'attendrit. — Introduire un tube dans un bouchon de liège destiné à fermer un flacon est une opération assez délicate. Le bouchon doit être de grosseur convenable et de première qualité. On le perce, bien en son centre, au moyen d'une vrille d'un diamètre un peu moindre que celui du tube. Si l'extrémité du tube ne pouvait

s'introduire dans le trou, on élargirait celui-ci au moyen d'une petite lime fine; ensuite, on tremperait le tube dans l'eau. Avant de percer le liège, il est utile de l'envelopper de papier et de l'assouplir en le pressant. — Il est souvent nécessaire de faire une constriction ou rétrécissement dans un endroit déterminé

Fig. 3. — Manière de souffler un bulbe.

d'un tube; la plupart du temps, ce rétrécissement doit être calculé d'une manière très exacte pour le passage d'une quantité de gaz ou de liquide. On commence par chauffer le tube à l'endroit voulu; on le tire légèrement en chauffant toujours. Le tube s'allonge. L'habileté consiste à s'arrêter à temps. C'est une affaire d'adresse et d'habitude. On peut produire un rétrécissement tel que la partie effilée n'ait pas plus d'épaisseur qu'un cheveu; elle reste, quand même, percée d'un canal longitudinal. — Pour souffler un bulbe à l'extrémité d'un tube, on place l'extrémité sur la flamme d'un chalumeau, jusqu'à ce que le verre fondu ait fermé l'ouverture; ou bien si le tube est très large, on commence par le rétrécir avant de le fermer en ce point. La

Fig. 4. — Faire un trou sur le côté d'un tube de verre.

pâte étant encore molle, on souffle dans l'ouverture opposée mise entre les lèvres et le bulbe se forme. — Il est quelquefois nécessaire de creuser un trou rond sur le côté d'un tube. Pour cela, on ferme l'une des extrémités à l'aide d'un bouchon. On chauffe le tube sur le point où l'on veut creuser le trou, mais on ne tourne pas entre ses doigts, et il faut tenir le point désigné du tube bien exac-

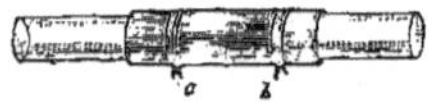

Fig. 5. — Réunir deux tubes de verre.

tement à la pointe du jet de flamme. Quand le verre est suffisamment ramolli, on souffle vigoureusement dans l'extrémité ouverte. Il se forme un bulbe sur le côté frappé par la flamme; ce bulbe éclate. On brise les fines bavures de verre qui restent et on chauffe les bords du trou pour les fondre et leur faire prendre la forme circulaire. — On a quelquefois besoin de réunir bout à bout deux tubes de verre. Si la jonction devait être à demeure, on pourrait chauffer les deux extrémités jusqu'au point de fusion et les coller l'un à l'autre, comme deux morceaux de cire. Mais ordinairement la jonction ne doit être que temporaire. On emploie alors un tube de caoutchouc d'un calibre assez grand pour permettre l'entrée des tubes de verre en les serrant. Au besoin, on peut consolider la jonction au moyen de trois ou quatre tours de fils de soie ou de fils de fer, en a et en b, comme le montre notre figure 5.

VERSATILE adj. Bot. Se dit des anthères de certaines étamines qui se meuvent sur leur filet à la façon d'un télégraphe aérien.

VESONTIO, ancien nom de Besançon. Ve-

sontio était la principale ville des Séquaniens, dans la Gaule Belgique, sur la rivière Dubis (Donbs), qui entourait la ville de toutes parts, sauf un espace de 600 pieds, à l'endroit où s'élevait une montagne qui portait la citadelle et qui était réunie à la ville par de fortes murailles. Vesontio prit une grande importance sous les Romains; et Besançon conserve les ruines d'un aqueduc, d'un arc de triomphe et d'autres souvenirs de la domination romaine.

VEXAINCOURT, commune du cant. et à 19 kilom. de Raon-l'Étape (Vosges), à 35 kilom. de Saint-Dié et à 65 kilom. d'Epinal, sur la Plaine, le long de la frontière d'Alsace-Lorraine ; 500 hab. Scieries, forges. Lac de la Maix. Le 24 sept. 1887, cinq Français, qui chassaient sur le territoire de cette commune, servirent de cible à un soldat allemand nommé Kauffmann, qui s'était caché dans un petit bois, situé de l'autre côté de la frontière. L'un des chasseurs, le comte de Wangen de Geroldsech, officier au 12° de dragons, fut grièvement blessé au genou droit: un autre, le piqueur Brignon, de Raon-lès-Leau, fut frappé au ventre et mourut en peu d'heures. Le meurtrier, son crime accompli, s'enfuit en s'écriant : « J'en ai tué deux. » Ce lâche assassinat, comparable à ceux qui se commettent chez les peuplades les plus sauvages, souleva l'indignation des nations civilisées. Après enquête, le gouvernement de Berlin présenta des excuses à la République française et donna 60.000 fr. d'indemnité à la veuve Brignon. Quant au comte de Wangen, il repoussa l'offre pécuniaire qui lui fut faite. Le soldat Kauffmann ne fut pas autrement inquiété.

VIANDE. — Législ. Nous avons déjà fait mention dans ce *Supplément* (voy. Douane), de la loi du 6 avril 1887, qui a relevé le tarif des douanes, en ce qui concerne les animaux de boucherie. Cette loi a fixé le droit d'entrée des *viandes fraîches*, importées en France, à 12 fr. par 100 kilog., et elle porte, en outre, qu'il est établi, à la frontière, un service d'inspection sanitaire, ayant pour but d'examiner les viandes fraîches abattues, avant leur entrée en France. Dans la pratique, les viandes expédiées sur le marché de Paris étaient seulement examinées à leur sortie des wagons; mais la loi du 26 mai 1889 exige que la visite ait lieu à la frontière géographique.   Ch. Y.

VICDESSOS, ch.-l. de cant., arrond. et à 30 kilom. S.-O. de Foix (Ariège), sur le gave de son nom ; 900 hab.

VIDUCASSES, tribu des Armorici, dans la Gaule Lyonnaise, au S. de la ville moderne de Caen.

VIE POUR LE CZAR (La), célèbre opéra de Michel Glinka, représenté à Saint-Pétersbourg pour la première fois en 1837 et pour la cinq centième fois en 1887. Le sujet des plus dramatiques est emprunté à l'*Histoire de Russie* par Rumbald : « Les Polonais, apprenant l'élection de Michel Romanoff, envoyèrent des gens armés pour le saisir. Un paysan, Ivan Soussanine, égara les Polonais dans l'épaisseur du bois et mourut sous leurs coups pour sauver son prince. » L'opéra se compose de cinq actes, dont le second comprend un ballet qui consiste principalement en danses nationales : une polonaise, une krakoviaque et une mazurka. L'œuvre se termine, d'une façon grandiose, par l'entrée solennelle du czar à Moscou. Sur ce livret, Glinka composa une musique qui est considérée comme la plus haute expression de l'art russe.

VIEILLE-AURE, ch.-l. de cant., arrond. et à 43 kilom. S.-E. de Bagnères-de-Bigorre; 500 hab.

VIEL-CASTEL (Charles-Louis-Gaspard-Gabriel DE SALVIAC, *baron de*), littérateur, né le

14 oct. 1800, mort à Paris le 6 oct. 1887. Sorti fort jeune de l'école de droit, il entra dans la diplomatie et fut successivement secrétaire d'ambassade en Espagne et en Autriche, puis sous-directeur et ensuite directeur politique au ministère des affaires étrangères. Il abandonna volontairement cette position le jour même du coup d'Etat et ne s'occupa plus que de littérature. — Collaborateur de la *Revue des Deux-Mondes*, il y publia entre autres choses, l'*Hist. des deux Pitt* (1846, 2 vol. in-8°). Déjà, pendant son séjour en Espagne, il avait étudié le théâtre de ce pays, et avait donné le résultat de ses appréciations dans un volume intitulé *Théâtre espagnol*, qui commença à faire aimer en France les auteurs d'outre-Pyrénées. Mais son ouvrage le plus important est l'*Hist. de la Restauration* (18 vol., 1860-77, in-8°) écrite avec des matériaux recueillis dans sa jeunesse et empreinte de sentiments royalistes. Cette œuvre obtint deux fois le grand prix Gobert et lui ouvrit en 1873, les portes de l'Académie française, où il fut élu en remplacement du comte de Ségur.

VIELMUR, ch.-l. de cant., arrond. et à 14 kilom. O. de Castres (Tarn), sur l'Agout; 800 hab.

VILLAINES-LA-JUHEL, ch.-l. de cant., arrond. et à 28 kilom. E. de Mayenne (Mayenne); 2.000 hab.

VILLAMBLARD, ch.-l. de cant., arrond. et à 23 kil. N.-E. de Bergerac (Dordogne); 1,200 hab.

VILLENEUVE-SAINT-GEORGES, comm. du cant. de Boissy-Saint-Léger, arrond. et à 16 kilom. N. de Corbeil (Seine-et-Oise), près de la rive droite de la Seine; 2.000 hab.

VILLENEUVE-SUR-YONNE, ch.-l. de cant., arrond. et à 17 kilom. N.-O. de Joigny (Yonne), 4.000 hab.

VILLERS-BRETONNEUX, commune du cant. de Corbie (Somme), arrond. et à 16 kilom. E. d'Amiens; 5.500 hab. Le 27 novembre 1870, le village de Villers-Bretonneux fut le centre d'une bataille, livrée par environ 25.000 hommes de l'armée du Nord, sous les ordres du général Farre, à 38.000 Allemands commandés par von Gœben et soutenus par une formidable artillerie. La lutte se continua jusqu'à la nuit. Les munitions venant à manquer et les Allemands ayant établi, près du village de Cachy, une batterie qui prenait les Français en flanc, le général Farre donna l'ordre de battre en retraite sur Arras, et l'ennemi entra dans Amiens.

VIN. — Législ. La fabrication des vins provenant de la fermentation des raisins secs venus de Grèce ou d'Asie Mineure, a pris en France une extension assez importante pour que les viticulteurs, déjà bien éprouvés et même en partie ruinés par les ravages du phylloxera, aient demandé à être protégés contre cette nouvelle concurrence. C'est pourquoi la loi du 17 juillet 1889 (art. 12) a rendu applicables aux fabriques de raisins secs les lois concernant la visite des brasseries et distilleries et la fabrication des cidres et poirés. En outre, dans les villes sujettes au droit d'entrée, les fruits secs destinés à la fabrication du vin sont imposés à raison de 100 kilogr. de fruits secs pour trois hectolitres de vin. — La loi du 26 juillet 1890, plus rigoureuse encore, porte que les raisins secs destinés aux fabricants et entrepositaires ne peuvent circuler que munis d'acquits à caution; et elle soumet les fabricants de vin de raisins secs à un droit de licence de 125 fr. Les raisins secs destinés à la consommation personnelle et de famille sont admis à circuler gratuitement en vertu de laissez-passer. Les vins de raisins secs sont frappés par hectol. d'un droit de 40 centimes par degré de richesse alcoolique jusqu'à dix degrés et de 60 centimes pour les vins portant de dix à quinze degrés. Au-dessus de 15 degrés, le produit est soumis à la surtaxe des vins alcoolisés. Tous les liquides provenant de la fermentation des raisins secs avec d'autres fruits ou matières saccharifères sont assimilés à l'alcool. Un décret du 7 octobre 1890, indique les conditions d'après lesquelles doivent être établis et réglés les comptes de matières premières et de fabrication ouverts par la régie à chaque fabricant de vins de raisins secs; et il détermine les diverses obligations imposées aux fabricants pour l'exécution de la loi du 26 juillet précédent. — En dehors du point de vue fiscal, le législateur a cru devoir prendre des mesures rigoureuses afin de prévenir certaines fraudes dans le commerce du vin. Tel a été le but de la loi du 14 août 1889. Aux termes de cette loi, nul ne peut expédier, mettre en vente, sous la dénomination de *vin*, un produit autre que celui de la fermentation des raisins frais. Les vins de seconde cuvée, provenant de la fermentation des marcs de raisins frais avec addition de sucre et d'eau, et les mélanges de ces produits avec le vin, dans quelque proportion que ce soit, ne peuvent être expédiés, vendus ou mis en vente que sous le nom de *vin de sucre*. Le produit de la fermentation des raisins secs avec de l'eau ne peut être vendu que sous la dénomination de *vin de raisins secs;* et il ne peut être fait le mélange de ce produit avec du vin. Les fûts ou récipients contenant des vins de sucre ou des vins de raisins secs, doivent porter en gros caractères : « Vin de sucre » ou « Vin de raisins secs ». Les livres, factures, lettres de voiture, connaissements doivent contenir les mêmes indications. De plus, en vertu de l'article 1er de la loi du 11 juillet 1891, les vins de marc de raisins frais, mélangés avec le vin, dans quelque proportion que ce soit, ne peuvent être vendus que sous le nom de *vins de marc*, ou s'il y a addition de sucre, sous le nom de *vins de sucre*. Ceux qui ont contrevenu à ces prescriptions sont punis d'une amende de 25 à 500 fr. et d'un emprisonnement de dix jours à trois mois. Les tribunaux peuvent admettre des circonstances atténuantes et, par suite, réduire l'emprisonnement mais, en cas de récidive, celle de l'emprisonnement doit toujours être prononcée. Enfin toute addition au vin, au vin de sucre, au vin de raisins secs, au vin de marc, soit au moment de la fermentation, soit après de matières colorantes quelconques, de produits chimiques, de chlorure de sodium au-dessus d'un gramme par litre, ou encore du produit de la fermentation ou de la distillation de figues, caroubes, fleurs de mosvra, clochettes, riz, orge et autres matières sucrées constitue une falsification de denrées alimentaires, dont la répression légale a été indiquée par nous au *Dictionnaire*, t. Ier, p. 542. — La loi du 11 juillet 1891 fixe à deux grammes de sulfate de potasse ou de soude par litre, la proportion accordée pour les vins *plâtrés* et inflige aux délinquants une amende de 16 fr. à 500 fr., et un emprisonnement de six jours à trois mois, ou seulement l'une de ces deux peines. Cette même loi dispose que les fûts ou récipients contenant des vins plâtrés, à quelque degré que ce soit, doivent en porter l'indication en gros caractères. — Le nouveau tarif de douanes adopté par la Chambre des députés remplace le droit de douane, qui était avant 1892 de 4 fr. 50 par hectolitre, par une taxe proportionnelle au degré alcoolique. Au-dessous de onze degrés, cette taxe est fixée à 1 fr. 20 par degré et par hectolitre, au tarif maximum, et à 0 fr. 70 au tarif minimum. A onze degrés et au-dessus, ce sont les droits de dosage sur l'alcool qui doivent être appliqués dans la proportion du degré alcoolique des vins importés en France. — Suivant les termes du projet de loi présenté à la Chambre des députés par le gouvernement, le 21 mars 1891, l'exercice des débits de boissons serait supprimé et les droits de détail et de circulation sur les vins et les cidres, seraient remplacés par un droit général de consommation sur ces boissons et sur l'alcool. C'est là un nouveau système d'impôt sur les boissons. Il est à désirer qu'il ait un meilleur succès que tous les projets présentés antérieurement en cette matière. CH. Y.

VINCENT-DE-TYROSSE (Saint-), ch.-l. de cant., arrond. et à 24 kilom. S.-O. de Dax (Landes); 600 hab.

VINDALUM, ville des Cavares, dans la Gaule Narbonnaise, au confluent du Sulgas (Sorgue) et du Rhône.

VINDILIS, aujourd'hui Belle-Ile. L'une des îles des Venètes, sur la côte N.-O. de Gaule.

VINGTIÈMEMENT adv. En vingtième lieu.

VIOLENCE. — Législ. Nous avons à réparer ici une omission que nous avons faite, dans le *Dictionnaire*, lorsque nous avons résumé la législation en ce qui concerne les actes qualifiés *violences* (t. V, p. 618). L'article 484 du Code pénal de 1810 ayant maintenu en vigueur les lois pénales antérieures, dans toutes les matières non réglées par ce code, il en résulte que les tribunaux de police doivent encore appliquer les articles 605 et 606 du Code des délits et des peines du 3 brumaire an IV, dans les cas où des *violences légères* ne peuvent être qualifiées coups ou blessures. La peine que le juge de police doit alors infliger au délinquant ne peut être moindre qu'un jour d'emprisonnement ou qu'une amende égale à la valeur d'une journée de travail; toutefois cette peine ne peut s'élever au-dessus de trois jours d'emprisonnement ou la valeur de trois journées de travail. Mais c'est au moins le tribunal correctionnel qui est compétent, s'il s'agit soit de violences ayant pour auteur un fonctionnaire public, soit de violences adressées à un fonctionnaire ou à un officier ministériel, soit de violences dont les auteurs sont gens sans aveu, des mendiants ou des vagabonds (Code pénal, 186, 228, 279). CH. Y.

VITAL (Saint). I, *Vitalis*, martyr du premier siècle, patron de Ravenne; fête le 28 avril. — II, né près de Bayeux, vers 1060. Il fonda en 1111, près de Coutances, l'abbaye de Savigny (ordre de Saint-Benoît), en fut le premier abbé et assista au concile de Reims en 1119. Fête le 16 septembre.

VITAL de Blois, écrivain du XIIe siècle, auteur d'un poème latin intitulé *Querolus* (1595); c'est une imitation du *Querolus* ou *Aulularia* de Plaute.

VITAL (Orderic), voy. ORDERIC, dans le *Dictionnaire*.

VIVIERS, ch.-l. de cant., arrond. et à 39 kilom. S.-E. de Privas; 1.800 hab.

VOCATES, peuple de la Gaule Aquitaine, établi dans le voisinage des Tarusates, des Sossiates et des Elusates, probablement sur le territoire du moderne *Tursan* ou *Teursan*.

VOCONTII, peuple puissant et important de la Gaule Narbonnaise, fixé dans la portion S.-E. du Dauphiné et rattaché à la Provence, entre le Drac et la Durance, borné au N. par les Allobroges, au S. par les Salyens et les Albioeques. Le pays des Vocontii renfermait de larges et belles vallées entourées de montagnes et plantées de vignes. Les Romains leur permirent de conserver leurs lois, et quoique leur territoire formât une province romaine, ils étaient considérés comme alliés et non comme sujets de Rome.

VOGESUS ou **Vosgesus**, ancien nom de la chaîne des Vosges.

VOID, ch.-l. de cant., arrond. et à 8 kilom.

S.-E. de Commercy (Meuse), sur le Fluent; 1.400 hab. Fromages à la crème renommés.

VOITURE (Art de conduire une). — VOITURE A UN CHEVAL. Nous supposons que le cheval, harnaché et attelé, est amené et mis à la disposition de la personne qui doit conduire, laquelle n'a autre chose à faire que de s'emparer des guides, sauter en voiture et partir. Nous devons donc supposer en même temps que le domestique chargé de ces détails a passé une sérieuse inspection du cheval d'abord, de sa ferrure, de ses harnais avant de

Fig. 1.

l'en revêtir, mais surtout après, n'oubliant pas le plus insignifiant *ardillon;* qu'il n'aura pas oublié de visiter aussi la voiture et principalement les roues, les essieux et les ressorts. Malgré cela, nous n'admettons pas que l'œil du maître soit inutile, et, bien au contraire, nous le jugeons indispensable en dernière analyse; il faut qu'il passe tout en revue avec soin. Entre autres choses particulière-

Fig. 2.

ment recommandables, il s'assurera que les guides sont solidement fixées au mors et placées convenablement; car beaucoup d'accidents n'ont eu d'autre cause que des guides croisées ou emmêlées (fig. 1). Ayant considéré toutes ces choses, il saisit les guides et le fouet de la main droite et, s'aidant de la main gauche, il saute dans la voiture, passant ensuite les guides de la main droite dans la

Fig. 3.

main gauche (fig. 2). — TENUE DES GUIDES. Dans l'art de conduire, ou de *mener,* la manière de tenir les rênes ou *guides* diffère de la méthode admise pour l'équitation. Ayant, comme nous venons de le dire, passé les guides de la main droite dans la gauche en sautant en voiture, la personne qui conduit introduit son index entre les deux guides, de manière que la guide gauche se trouve entre l'index et le pouce qui la maintiennent, et la guide droite entre l'index et le médius, l'excédent des guides sortant de la main du côté

du petit doigt (fig. 3). S'il s'agit d'arrêter, on ferme les doigts, en opérant une légère traction sur les guides, sans secousse, et surtout sans porter le coude en arrière. Il est bon d'habituer son cheval à s'arrêter à un simple avertissement de la voix, et de ne tirer sur les guides que dans le cas où faute de saisir votre signal ou autrement, il n'obéirait pas à temps. L'arrêt doit être progressif et non subit, si l'on a affaire à de jeunes chevaux; c'est une règle applicable plus ou moins rigoureusement dans tous les cas, mais surtout dans celui-ci; et l'on fera bien de leur laisser huit à dix mètres de champ pour préparer leur arrêt. Lorsqu'on a affaire à un cheval ardent, dans un tournant, enfin dans toutes les situations critiques, la main droite doit toujours se trouver prête à porter secours à la gauche. Ainsi, les guides tenues comme nous venons de l'indiquer, vous passez le second et le troisième doigt entre elles, où se trouve déjà le premier doigt, et, lâchant doucement la tenue de la guide droite, vous en laissez l'entière direction à la main droite qui s'en empare, — quoique tenant toujours fermement les deux guides de la main gauche. Ce système donne sur le cheval une très grande puissance. Aussitôt après, on rajuste ses guides: pour cela, on les reprend de la main droite, au-dessus du point où la gauche les maintient, et on les fait glisser de manière à ce que la guide allongée soit ramenée à sa distance. On conduit à deux mains en tenant les guides de la main gauche, la main droite rapprochée de celle-ci, quoique à une hauteur un peu moindre, tenant la guide droite comme nous venons de l'indiquer, sans la séparer de l'autre et sans que la main gauche cesse de la maintenir fermement. C'est en somme la méthode que nous venons de conseiller pour les situations offrant quelques difficultés, appliquée d'une manière constante au lieu de ne l'être qu'accidentellement. — LE SIÈGE. Une bonne position sur son siège est d'une importance aussi capitale qu'une bonne tenue des guides. Il faut avant tout se tenir assis d'aplomb, le plus au milieu possible, le plus possible sur la même ligne horizontale que le cheval. Tenir le corps vertical autant qu'il se peut, en tout cas plutôt légèrement incliné en arrière qu'en avant; les genoux rapprochés les jambes étendues en avant, les pieds joints et bien appuyés; les coudes au corps sans roideur, tombant naturellement pour mieux dire, le poignet de conduite à hauteur du coude. Sous aucun prétexte, il ne faut se laisser aller à la fantaisie de replier ses jambes sous soi; autrement le moindre cahot de la voiture, une soudaine extension d'allure du cheval suffiraient à faire faire à l'imprudent, un fort joli, mais très dangereux saut de mouton qui l'enverrait prendre sa mesure exacte dans la poussière du chemin. Il nous paraît inutile d'ailleurs d'insister plus longtemps sur la nécessité d'un siège ferme sans roideur et bien équilibré; nécessité trop impérieuse et, en fait, trop sensible pour n'être point comprise sans considérations longuement déduites. — VOITURE A DEUX CHEVAUX. Les remarques ci-dessus s'appliquent plus particulièrement à la conduite d'une voiture attelée d'un seul cheval, quoique la plupart puissent également s'appliquer à la conduite de deux chevaux. D'ailleurs conduire deux chevaux est plus facile que d'en conduire un seul; une dépense de force musculaire un peu plus considérable est nécessaire, à vrai dire; mais, par contre, dans presque toutes les situations délicates, le second cheval aide singulièrement à diriger le premier. Ainsi, supposons que l'un de vos chevaux appuie tout à coup à gauche, — bien entendu ce sera le cheval qui occupera cette place dans l'attelage; — en opposant à ce mouvement la force de l'autre cheval, auquel vous imprimerez du mouvement opposé, tant au moyen des guides

que par un léger attouchement du fouet en dehors, vous préviendrez certainement une trop grande déviation de la ligne droite. De même, si un cheval ne veut pas partir immédiatement, l'autre — généralement — pourra, en partant à propos et délibérément, déterminer le second en tirant dessus. Il ne faut point dans ce cas frapper l'animal rétif, ou du moins il faut attendre pour le corriger que vous soyez bien convaincu que cela ne causera pas plus de mal que de bien. Il arrive quelquefois qu'en tournant un angle l'un de vos chevaux, sans précisément s'emporter, étendra excessivement l'allure, en d'autres termes tournera trop vite et trop court; le second, dans ce cas, le modérera nécessairement, en opposant sa calme et régulière attitude à la fougueuse maladresse de son compagnon. Si cette opposition est insuffisante, le fouet a du moins le temps de faire utilement son office. Enfin, nous le répétons, au lieu d'être plus difficile, comme on le croit faute d'expérience, conduire deux chevaux est certainement plus facile que de conduire un seul — à moins que celui-ci ait, réunies, toutes les qualités de la race chevaline sans avoir aucun de ses défauts. Mais la conduite de deux chevaux, sous beaucoup de rapports, exige une bien plus grande attention que la conduite d'un seul cheval. Pour ne citer qu'un cas, si vous ne veillez pas sans cesse sur votre attelage, vous pouvez être à peu près assuré que, de vos deux chevaux, il y en aura un qui fera toute la besogne pendant que l'autre ne fera rien du tout — s'il ne se fait pas traîner par son compagnon. — En route. — LE DÉPART. Tenant vos guides comme nous l'avons indiqué, la main droite maintenant la guide droite, déterminez votre cheval (ou vos chevaux) à partir, tant par la parole que par le secours des guides, sentant légèrement la bouche, mais sans tirer dessus et sans les secouer, — moyens sûrs d'arriver promptement à faire un mauvais cheval d'un bon: par exemple, si par suite de tiraillements des rênes la bouche délicate d'un jeune cheval est blessée, il est presque inévitable que cet accident détermine une vive irritation chez l'animal, par l'effet de la douleur qui en résultera; et il en contractera peut-être certains vices, tels que ceux de ruer et de se cabrer, dont il sera fort difficile d'avoir raison par la suite. Une grande patience est donc ici nécessaire. Si le cheval, au début, ne veut pas partir au commandement, il faut envoyer un domestique ou une personne quelconque, le prendre par la bride et, tout en lui parlant et le caressant, le faire démarrer. S'il prend une direction oblique ou s'il tourne, laissez-le ou faites-le tourner, s'il y a du champ, jusqu'à ce que sa tête se trouve dans la direction convenable; alors de la voix et du fouet faites-le avancer. — Ici, bien entendu, il faut laisser beaucoup au jugement de la personne qui conduit, ainsi qu'à l'inspiration venue des circonstances, surtout quant à l'emploi du fouet, dont il convient de ne pas se montrer prodigue à l'excès. Tel cheval d'ailleurs obéira à l'avertissement du coup de fouet, tel autre y répondra par une ruade et ne s'entêtera que plus à ne pas bouger. Comme entre un cheval vicieux, ou disposé à le devenir, et son maître, le résultat poursuivi est l'obéissance finale du premier au second, il importe de tout faire pour en arriver là; et, pour commencer, il est probable qu'il faudra laisser aux choses l'apparence contraire: il faudra sans doute que le maître commence par mettre les pouces, comme on dit, sauf à prendre sa revanche le moment venu. — EN ROUTE. Le départ effectué tant bien que mal, ayez toujours l'œil ouvert, considérant la carrière devant vous, non seulement afin d'éviter la rencontre des autres voitures, mais pour vous assurer qu'aucun obstacle ne surgit devant, à droite, à gauche: une pierre, un ren-

flement ou une dépression soudaine du sol, qu'il ne s'y montre pas un objet inattendu; d'aspect bizarre, susceptible d'effrayer votre cheval. Tenez toujours votre cheval bien en main, c'est-à-dire sentant doucement la bouche; faute de quoi faire, vous ne seriez jamais prêt au moindre accident, qui aurait ainsi toute latitude pour devenir grave : si l'animal bronchait. vous ne sauriez le retenir avant qu'il ne soit tombé tout de bon et ne se soit peut-être irrémédiablement couronné; s'il faisait un écart, vous ne pourriez le réprimer à temps, et votre négligence pourrait avoir les conséquences les plus terribles. Mais, tout en tenant votre cheval bien en main, il est une considération qu'il faut toujours avoir présente à l'esprit : si le cheval, en effet, a la bouche exceptionnellement sensible, il est probable qu'une personne sans expérience qui le tiendrait un peu court, non seulement l'empêcherait d'avancer, mais encore fiurait au le mettre hors de lui-même. Or, comme rien n'est plus difficile que de diriger un cheval dont la bouche est sensible à l'excès, lorsqu'il a mis une fois dans sa tête de suivre une voie différente de celle que vous voulez lui faire prendre, il importe que vous preniez de bonne heure l'habitude de sentir à peine la bouche d'un tel cheval, de manière tout juste à commander les guides, mais pas assez pour lui presser la bouche et l'inquiéter même, sinon lui causer quelque souffrance : c'est ce qu'on appelle conduire d'une main légère, et c'est proprement la perfection de l'art de conduire. Tenir en main de trop près, avec un cheval dont la bouche est plutôt dure, un effet tout différent, mais au moins aussi fâcheux. Il prend ainsi l'habitude de se pendre à vos bras et de pousser sur le mors, de telle sorte que sa bouche finit par devenir tellement calleuse qu'il n'y sent plus rien et que lorsqu'il bronche, à moins d'une dépense énorme de force, vous serez incapable de prévenir sa chute. On peut éviter un si désagréable résultat en prenant de bonne heure l'habitude de conduire légèrement, de manière que le mors aille et vienne dans la bouche du cheval sans le toucher et surtout en se gardant bien de tirer sur les guides à tout propos. —

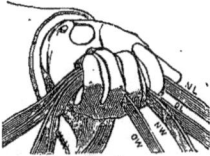

Fig. 4.

A QUATRE CHEVAUX. Pour conduire à quatre chevaux, on doit tenir les guides, toujours dans la main gauche, dans la position suivante : la guide gauche de volée repose sur l'index, la guide droite de volée sur l'annulaire, la guide gauche de timon sur le médius et enfin la guide droite de timon sur le petit doigt (fig. 4). Les guides de timon doivent être un peu plus courtes, au départ, que les guides de volée; ce n'est que lorsque les chevaux de volée tireront franchement sur les traits qu'on égalisera les guides en relâchant un peu les guides du timon. Lorsqu'il s'agit de tourner, supposons à droite, il faut d'abord prendre soin que les chevaux de timon ne bougent, que ceux de volée n'aient déjà dessiné leur courbe ; pour cela, on s'empare, de la main droite, des guides de volée; et, laissant glisser légèrement la guide gauche, on amène un peu à droite la guide droite, tout en maintenant ferme les guides de timon, principalement la guide gauche. Pour tourner à gauche, naturellement, on s'y prend de même, en s'aidant des moyens inverses. Les principes à appliquer en ce cas sont d'ail-

leurs exactement les mêmes que dans la conduite à deux chevaux, avec la modification inhérente à la présence des chevaux de volée et de ce que nous venons d'en dire. Les avantages et les inconvénients de la conduite à deux chevaux sont ici, naturellement, doubles; mais il n'y a pas en réalité d'insurmontables difficultés pour quiconque joint à un coup d'œil sûr une *poigne* d'une solidité éprouvée. Lorsqu'on rencontre d'autres voitures sur une route, et principalement dans les rues des villes populeuses, on est tenu de conserver ou de prendre la droite; il y a des ordonnances de police très sévères — et trop rarement appliquées à notre gré — qui règlent ce point-ci, afin d'éviter des accidents dont de malheureux piétons sont encore plus souvent victimes que les voitures ou leurs conducteurs. Cette règle est, au reste, à peu près universelle. Nous ne connaissons que l'Angleterre qui y fasse exception et tienne la gauche de la route, par habitude, sans doute, car nous avons entendu maintes fois juger cette méthode mauvaise, et la nôtre, par suite, incomparablement préférable, par des Anglais, habitués depuis leur enfance à cet état de choses, qui n'en poursuit pas moins son cours paisible et encombré. Le fait est qu'aux Etats-Unis c'est la méthode de rouler à droite qui prévaut, et que ce sont les fils légitimes de la *old England* qui l'ont fait prévaloir. — Du FOUET. Un bon conducteur fait rarement usage du fouet. Néanmoins, en cas de besoin, il le

Fig. 5. — Fouet.

lient de la main droite. Il ne doit frapper qu'avec la ficelle du bout; autant que possible, il évitera de se servir de la grosse lanière.

VOIX. — LA VOIX HUMAINE. Pour imiter le mécanisme de la voix humaine, prenez une bobine, et attachez, sur l'une de ses extrémités, deux bandes de caoutchouc, comme le montre la fig. 1. En soufflant sous l'autre extrémité, vous entendrez un son produit par la vibration des bandes de caoutchouc. Vous pourrez obtenir une grossière imitation du cri d'un bébé en portant la paume de la main plusieurs fois avec rapidité sur les bandes pendant leur vibration. Nous avons dans le corps un arrangement vocal assez semblable à cet appareil. La trachée-artère répond au trou de la bobine; ce que nous appelons cordes vocales peut être représenté par les bandes de caoutchouc. Mais on ne rencontre rien ici qui puisse être comparé à la bouche, à la langue, aux lèvres et aux muscles qui les font agir; ces parties sont pourtant indispensables pour donner à la voix l'étendue et la qualité qui caractérisent le parler et le chant des humains. Une ou deux des particularités de la voix sont faciles à saisir. La différence entre la voix d'un homme et celle d'un enfant par exemple consiste simplement dans la différence qu'il y a entre une corde longue et grosse et une corde courte et fine; chacun sait qu'une note basse est donnée par la première et une note élevée par la seconde; de sorte que les cordes vocales courtes et fines d'un enfant produisent des sons plus élevés que celles des cordes de l'homme, relativement longues et grosses. On sait, de plus, que la note donnée par une corde dépend de la manière dont la corde est tendue : si elle est comparativement

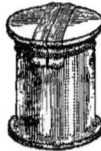

Fig. 1. — Bobine servant à expliquer la formation de la voix humaine.

lâche, nous en tirons un son bas; tandis que si elle est très raide, nous en obtenons une note élevée; et entre ces deux états de tension nous avons un grand nombre de notes intermédiaires. D'où il résulte que lorsque les cordes vocales sont tendues, les sons qu'elles émettent sont élevés; et que si elles sont lâches, elles émettent des sons bas. De ces considérations, on peut conclure que pour produire la voix humaine, il faut réunir les conditions suivantes: 1° Un courant d'air passant dans un tube (la trachée-artère); 2° Des bandes musculaires élastiques (cordes vocales), tendues en travers du tube; 3° Le parallélisme des bords des cordes vocales, précisément comme sur la bobine (fig. 1); 4° Une tension des cordes suffisante pour produire un son. Parmi l'infinie variété de sons qui se produisent dans la nature, il n'en est peut-être pas qui présente autant d'intérêt que celui de la voix humaine; il n'en est pas qui ait donné lieu à plus de tentatives d'imitation. Les tentatives de Vaucanson éclipsèrent ceux de ses devanciers. Le *joueur de flûte*, construit par ce célèbre mécanicien, étonna l'Académie des sciences par son merveilleux mécanisme et par la manière exacte dont il reproduisait les sons tels lesquels il avait été fabriqué. En 1741, le même constructeur soumit à l'admiration du public, une autre merveille, un automate qui jouait du flageolet, pendant que d'une main. il ac-

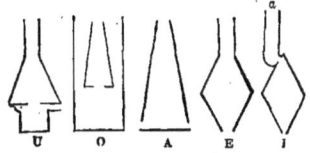

Fig. 2. — Tubes de voyelles.

compagnait, en battant du tambourin, les vingt tons de son instrument. En 1779, l'Académie impériale de Saint-Pétersbourg offrit un prix pour les meilleures réponses aux questions suivantes : 1° Quels sont le caractère et la nature des sons voyelles A, E, I, O, U ? 2° Peut-on construire un instrument qui puisse exprimer avec exactitude les sons de ces voyelles ? Kratzenstein remporta le prix et prouva que la voyelle I peut être produite en soufflant par l'extrémité *a* d'un tube représenté par notre fig. 2, et que chacune des autres voyelles est produite quand on souffle dans l'anche de la partie supérieure des tubes représentés par la même figure. Kempelen, de Vienne, se livra vers cette époque à des recherches sur cette question intéressante et essaya de construire un instrument qui pût reproduire non seulement les voyelles, mais aussi les consonnes, en imitant les sons de la voix humaine. Dans l'instrument qu'il construisit, il copia autant qu'il put les organes de notre voix. La bouche se composait d'un morceau de gomme élastique en forme de cloche : et à l'embouchure se trouvait un nez formé de deux *tubes d'étain m et n* que l'on n'avait pas encore pu produire. L'appareil de Kempelen prononçait distinctement les mots *astronomie*, *opéra*, et plusieurs autres. Le son n'était produit en fermant la bouche et en laissant ouvertes les deux narines artificielles; pour la lettre *n*, on fermait une narine. Depuis cette époque, Mical, Willis, Wheatstone, etc., s'occupèrent de ce sujet; mais pour constater un progrès réel, il faut en arriver au *phonographe*, qui a réalisé la prophétie faite par sir David Brewster, qui disait, cinquante ans avant l'invention de cet appareil : « On ne saurait douter qu'avant qu'un siècle se soit écoulé, une machine parlante et chantante sera mise au nombre des conquêtes de la science. » — PLAQUE PARLANTE. — Au moyen de l'appareil représenté

sur notre figure 3, et imaginé par W. H. Preece en 1880, on fait reproduire par un mince disque de fer (d) des sons de la voix humaine. Un fil de platine très menu (w), attaché au centre du disque (d), aboutit, par l'autre extrémité, à un support (s) muni d'une vis qui le maintient très tendu. Des fils métalliques

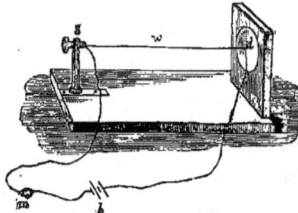

Fig. 3. — Expérience de Preece.

mettent les points d et s en communication avec un microphone (M) et une pile électrique (B). Quand on parle devant le microphone, le disque d reproduit les sons. L'électricité, en passant dans le fil de platine w, l'échauffe et l'allonge; comme ce fil est extrêmement ténu, il dégage presque instantanément sa chaleur, se refroidit et se tend dès que le courant électrique s'arrête. De sorte que si l'on établit une rapide succession de courants interrompus, le fil de platine, s'allongeant et se raccourcissant instantanément, communiquera au disque d un léger mouvement de va-et-vient. Quand nous parlons sur le microphone m, la quantité d'électricité qui passe dans le fil de platine est très rapidement altéré, et conséquemment l'allongement et le raccourcissement de ce fil sont très rapides; le rapide mouvement de va-et-vient du disque, qui en résulte, communique à l'air le mouvement particulier de va-et-vient qui constitue le son. L'expérience de Preece démontre ce fait très intéressant qu'une plaque de métal peut communiquer à l'air les sons de la parole humaine; en d'autres termes, elle peut battre l'air de telle manière qu'il semble qu'elle parle, Dans le phonographe inventé par Edison, la voix fait vibrer un disque, et lorsque la voix a cessé de se faire entendre, on arrive à faire vibrer de nouveau le disque, identiquement de la même manière, pour lui faire répéter les mêmes sons. Le *Microphone m*, inventé par l'Anglais Hugues, en 1878, est un appareil qui convertit en bruits sonores et amplifie d'une manière extraordinaire les plus faibles vibrations. C'est le transmetteur du téléphone aujourd'hui employé à Paris; il se compose d'un certain nombre de crayons de charbon de cornue de gaz, placés parallèlement sous une planchette de bois qui leur communique les vibrations qu'elle reçoit de la voix ou d'un corps sonore.

VOLUMES (Mesure des). Pour obtenir le volume d'un Cube, multipliez la hauteur par le carré de la base; d'un Parallélipipède rectangle ou oblique, multipliez la hauteur par la surface de la base: d'un Prisme, multipliez la hauteur par la surface de la base; d'un Tétraèdre ou Pyramide, multipliez la hauteur par la surface de la base et divisez le produit par 3; d'un Cylindre, multipliez le carré du diamètre par 3,14159, divisez le nombre obtenu par 4 et multipliez le produit par la hauteur; d'un Cône, multipliez le carré du rayon par 3,14159 et multipliez le produit par le tiers de la hauteur.

VOUVRAY, ch.-l. de cant., arrond. et à 11 kilom. E. de Tours (Indre-et-Loire), sur la Cisse et près de la Loire; 2,300 hab. Une partie des habitations sont creusées dans des rochers recouverts de terre cultivée. Beaux vignobles où l'on récolte principalement des vins blancs capiteux que l'on rend facilement mousseux comme du vin de Champagne, en les mettant en bouteille avant la fermentation. Dans certaines années, ils deviennent très liquoreux; ils ont toujours une tendance à devenir violents.

VULCOLÉINE s. f. (lat. *Vulcanus*, Vulcain, dieu du feu et des volcans; franç. *Oléine*). Nouvelle substance extraite récemment du pétrole par deux chimistes anglais, MM. Typke King. et T.-P. Bruce Warren. Ils l'obtiennent en traitant le naphte de la distillation du pétrole (voy. PÉTROLE, dans ce *Dictionnaire*) par l'acide sulfurique, dans la proportion de 3 p. 100 d'acide. On agite, on laisse déposer le sédiment, on décante et on verse le liquide dans un alambic avec 1 ou 2 p. 100 de carbonate de chaux, pour enlever les produits sulfureux. Après distillation on a la vulcoléine. Cette substance est un succédané du sulfure de carbone; on peut l'employer pour l'extraction des huiles anthracides, pour dissoudre les gommes et les résines. et pour la vulcanisation du caoutchouc, conjointement avec le chlorure de soufre.

VULGIENTES, peuple alpin de la Gaule Narbonnaise, dont la ville principale était Apta Julia (*Apt*).

W

WABASH [ouâ-bach], rivière qui prend son nom à l'O. de l'État d'Ohio (États-Unis), coule au N.-O. dans l'Indiana, puis au S.-O. et au S. jusqu'à l'Ohio, où elle se jette; longueur, 800 kil. environ. Pendant 180 kil. il sépare l'Indiana de l'Illinois.

WACO [ouê-ko]. Ville du Texas (États-Unis) sur la rive occidentale du Brazos, au point extrême de la branche N.-O. du chemin de fer du Texas central, à 145 kil. N.-N.-E. d'Austin; 10.000 hab. Il y a une université et un collège de filles.

WAILLY (Noël-François), grammairien et lexicographe, né à Amiens en 1724, mort en 1801. Il fut d'abord instituteur à Paris et y publia des *Principes généraux et particuliers de la langue française* (1745), ouvrage qui fit oublier les anciennes grammaires, puis l'*Orthographe ou moyens simples et raisonnés de diminuer ses imperfections dans la langue française* (1775). Entré à l'Institut lors de sa formation, il travailla au *Dictionnaire de l'Académie* (édition de 1798), donna un *Dictionnaire portatif de la langue française* (Lyon, 1774, 2 vol. in-8°), extrait du dictionnaire de Richelet, et un *Abrégé du Dictionnaire de l'Académie* (Paris, 1801, in-8°).

WALK-OVER s. m. [ouâk-ô-veur] (mot angl.). Turf. Acte de parcourir la piste seul faute de concurrents.

WALLACE adj. [va-la-se]. Se dit des fontaines publiques données par sir Richard Wallace à la ville de Paris: *une fontaine Wallace* — s. f. Fontaine munie de goblets, sur le modèle de celles que le philanthrope R. Wallace a fait construire à Paris : *se désaltérer à la Wallace.* — s. m. L'eau même qui coule à ces fontaines :

Comme ils aiment à boire à la fraîche, à la glace.
Ils s'ingurgitent du *Wallace.*

RICHEPIN.

WALLIS (Samuel) [oua-liss], navigateur anglais, mort en 1795. Parti d'Angleterre le 26 juillet 1766, il continua et compléta les explorations du commodore Byron dans l'océan Pacifique, visita les îles de la Pentecôte et les îles Tahiti et découvrit l'archipel qui porte son nom ; il rentra dans sa patrie le 19 mai 1768, après avoir fait le tour du monde. L'intéressante relation de son voyage, parue à Londres (1773, 3 vol. in-4°), dans la collection des *Voyages au Pacifique* de Hawkesworth, a été traduite en français par Suard (Paris, 1774, 4 vol. in-4°).

WALLIS (îles), petit archipel de la Polynésie (Océanie), au N.-O. des îles Samoa et au N.-E. des îles Fidji, par 13° 23' 53" lat. S. et 178° 31' 56" long. O. Ce groupe est composé de 12 îles peu étendues, dont les plus importantes sont *Ouvéa* et *Nakouatéa*. La première, située au centre de l'archipel, est d'origine volcanique et néanmoins entourée de récifs de coraux qui mettent ses rivages à l'abri des tempêtes de la haute mer ; elle ne mesure pas plus de 2.500 hectares, et ne renferme guère que 3.500 habitants. Trois chaînes de collines de 200 mètres d'altitude, couvertes d'une luxuriante végétation, la découpent de long en large. Deux grands lacs servent de réceptacle aux nombreux ruisseaux qui jaillissent des hauteurs et fécondent le sol. Les arbres des tropiques, le cocotier, le bananier, le caféier, y croissent en abondance. — En 1842, les habitants des Wallis avaient conclu un traité avec la France. Leur reine, Amélia Laveloua, qui a toujours témoigné à nos nationaux la plus grande sympathie, a compris le meilleur moyen d'assurer son repos et d'affermir sa sécurité était de se placer sous notre protection, et elle a mis à profit la première circonstance qui s'est offerte à elle. — En 1887, une corvette française, le *Fabert*, jeta l'ancre devant le village de Nataoutou, qu'habite Amélia Laveloua. Dès qu'il eut débarqué, le commandant, accompagné de ses officiers, se rendit à la résidence royale. Il se trouva bientôt devant une vieille femme de soixante à soixante-dix ans, de haute taille, aux yeux noirs et vifs, aux traits intelligents et énergiques ; ses cheveux épais, à peine argentés, tombaient en liberté sur ses épaules :

elle portait un peignoir en cotonnade, ajusté au cou et traînant jusqu'à terre. Accroupie sur une natte, atteinte, comme la plupart de ses sujets, de l'éléphantiasis, fatiguée par la toux, elle fit, malgré son état de maladie, l'accueil le plus cordial aux officiers français, accepta d'eux un pain dont elle apprécia beaucoup le goût et leur fit offrir de la racine de kava. — Quelques jours après, elle put se rendre à bord du *Fabert*, où le commandant l'avait invitée à dîner et où une petite fête fut donnée en son honneur. Finalement elle signa le traité qui constitue pour elle un réel avantage en mettant à sa disposition les moyens de faire respecter son pouvoir par tous ses sujets. — Par suite de l'établissement de notre protectorat sur les îles Wallis, nos navires y trouveront des points de relâche et de ravitaillement et, en cas de guerre avec une puissance européenne, des ports où ils seront en toute sécurité.

WATTRELOS, ville du cant. de Roubaix, arrond. et à 14 kilom. N.-E. de Lille (Nord), sur l'Espierre; 4.500 hab.

WELSHER s. m. [ouel-cheur] (mot angl.). Parieur de courses qui s'esquive quand il perd.

WERDER (Auguste von), général prussien, né le 12 sept. 1808 à Norkitten (Prusse orientale), mort en sept. 1887. Volontaire dans les gardes du corps en 1825, il passa officier l'année suivante, puis à l'Académie militaire générale, puis à l'état-major. — En 1842-'43, il servit avec l'autorisation de son gouvernement, dans l'armée russe, fit l'expédition du Caucase et fut blessé à Kefar. Son avancement fut ensuite assez rapide. La guerre de 1866 le trouva lieutenant général; il se distingua à Gitschin et à Sadowa, sous les ordres du prince Frédéric-Charles. Dès le début de la guerre franco-allemande, il fut placé à la tête d'un corps de Badois et de Wurtembergeois, appartenant au 3e corps d'armée, commandé par le prince royal de Prusse. Il investit Strasbourg, le 10 août, adressa sans résultat une sommation au général Uhrich, commandant de la place; commença le 14, le bombardement de cette ville, repoussa une sortie des assiégés le 16, redoubla la rigueur du bombardement le 19, repoussa une nouvelle sortie le 2 sept., reçut des renforts qui portèrent son armée à 60,000 hommes, le 8 sept. et traita, les 27 et 28 sept., de la capitulation de Strasbourg, où il fit prisonniers, 17.150 soldats et 400 officiers. Il retarda l'entrée de ses troupes dans la capitale de l'Alsace jusqu'au 30 sept., pour faire coïncider cette prise de possession avec l'anniversaire de l'entrée des Français en 1681. Ce jour même il fut promu au grade de général d'infanterie. Placé à la tête du 14e corps d'armée, qu'il était chargé d'organiser, il occupa Epinal le 11 oct., Vesoul le 18, fit une vaine démonstration contre Besançon qu'il n'osa attaquer, marcha alors sur Gray et coopéra à la prise de Dijon, les 30 et 31 oct. Il signala partout sa haine de la France par la féroce répression de toute tentative de résistance et par l'imposition d'énormes contributions de guerre. Après avoir fait acte de présence devant Belfort, il abandonna au général Treskow le soin d'assiéger cette place et se dirigea sur l'armée de Garibaldi, qu'il rencontra et battit près de Pasques (Côte-d'Or), le 27 nov., s'empara de Nuits, le 18 déc., mais fut moins heureux en face de Bourbaki, qui lui tint tête et le força de battre en retraite à Villersexel, les 9 et 10 janv. 1871. Il se replia vers Belfort, où les troupes assiégeantes se trouvaient menacées, livra les batailles indécises des 15 et 16 janv. et remporta, le 17, un succès définitif, après lequel Bourbaki, forcé de se replier vers le Sud, fut poursuivi et pressé sans trêve ni relâche par son impitoyable vainqueur, auquel des renforts considérables donnaient un immense avantage. L'arrivée de Manteuffel, après la signature de l'armistice, permit aux Allemands de pousser jusqu'en Suisse les 60.000 hommes de Bourbaki. — Bibliogr. Voy. Lœhlein, *Die operationen des korps von Werder* (1874).

WHIST. Le whist se joue à quatre, avec un paquet complet de 52 cartes. On fait remonter ce jeu à celui du triomphe ou de *trump* (atout), connu dès le commencement du XVIe siècle, mais qui fut décrit clairement pour la première fois par Edmond Hoyle dans son *Short Treatise on the Game of whist*, en 1743. En 1839, Deschapelles publia son *Traité du whist*, ouvrage de beaucoup le plus important qui ait encore paru sur ce sujet. Mais les règles fixes et le développement du jeu moderne sont exposés pour la première fois dans les *Laws and principles of whist*, par Cavendish (1862), livre que suivirent de près les ouvrages de James Cley et de William Pole, et *The Laws of Short whist*, publiées par J.-L. Baldwin. Le jeu de whist tel que l'a décrit Hoyle et tel qu'il s'est joué pendant plus de deux siècles, dans lequel on comptait les quatre honneurs, et qui se composait de dix points, est aujourd'hui tombé en désuétude. Le jeu qui se joue partout, à Londres, à Paris, à Vienne, à Hambourg et à New-York, est celui que décrivent les auteurs modernes ci-dessus mentionnés, et le whist court (*Short whist*) règne partout en maître. Mais, tandis que dans la plupart des cercles d'Europe, on compte encore les honneurs, on les exclut d'ordinaire dans le jeu américain, qui offre ainsi plus de champ à l'habileté du joueur. On a établi dernièrement un nouveau principe, qui est adopté aujourd'hui dans les meilleurs cercles de Londres. C'est l'invite à l'atout, qui consiste à jouer la plus élevée de deux cartes indifférentes, pour monter au partenaire que l'on est fort en atout et qu'on désire conduire le jeu.

WILDERNESS (Combats de la) [ouildd'-eur-ness]. Nom donné à une série d'engagements pendant la guerre de Sécession aux Etats-Unis, du 5 au 26 mai 1864, entre l'armée fédérale du Potomac sous le général Grant et l'armée confédérée de la Virginie septentrionale sous le général R.-E. Lee. Le Wilderness (solitude, désert) est une étendue de terrain sauvage et broussailleux, le long de la rive méridionale du Rupidan, dans la Virginie. Le général Grant, à la tête de plus de 100.000 hommes, franchit le Rupidan pour attaquer l'ennemi retranché de l'autre côté, au nombre de 60.000 (3 mai). Le 5, les deux armées en vinrent aux mains. Une suite de combats à succès divers et de marches et de contre marches s'en suivit, sans résultat décisif. Grant y perdit 41.398 hommes tant tués que blessés; les pertes des confédérés s'élevèrent probablement à 20.000.

WILHEM (Guillaume-Louis Bocquillon, *dit*). musicien, né à Paris en 1781, mort dans la même ville en 1842. Fondateur des écoles populaires de chant, il fut chargé en 1819, de créer l'enseignement de la musique dans les écoles mutuelles de Paris et imagina le premier orphéon en 1833.

WILKESBARRE [ouilkss'-bare], ville de Philadelphie (Etats-Unis), sur le bras septentrional du Susquehama, à 160 kil. N.-O. de Philadelphie; 17.264 hab. Elle est bâtie dans la vallée de Winning, non loin d'un immense dépôt d'anthracite. L'industrie y est fort développée surtout pour la carrosserie, la construction des machines et la fonte des métaux.

WILLIAMS-COLLEGE, maison d'éducation, à Williamstown (Massachusetts), fondée en 1755, à l'aide d'une donation du colonel Ephraïm Williams. Un observatoire astronomique et un observatoire magnétique y furent ajoutés en 1836.

WILLIAMS (Roger), fondateur de la colonie de Rhode-Island, né dans le Pays de Galles en 1599, mort en 1683. Puritain extrême, il arriva à Boston le 5 fév. 1631, se fit malvenir des autorités par ses doctrines, qui leur déniaient le droit de punir, excepté les délits ou crimes civils, et alla bientôt à Salem, où il assista le pasteur Skelton. La persécution l'obligea à se retirer à Plymouth, où il resta deux ans sous les ordres du pasteur Ralph Smith. C'est là qu'il s'initia à la vie et au langage des Indiens. Après de nouvelles persécutions, il s'enfonça dans le désert et parvint jusqu'au Narragansett. S'apercevant qu'il était sur le territoire de la colonie de Plymouth, il poussa plus loin encore et s'arrêta à un endroit où, avec cinq compagnons, il fonda Providence. Dès lors, son histoire s'identifie avec celle de Providence et de Rhode-Island. Il fit deux voyages en Angleterre dans l'intérêt de sa colonie et y publia différents ouvrages, entre autres : *Key into the Languages of America*. Sa vie a été écrite par James D. Knowles (1834), William Gammell (1846) et Roméo Eton (1852). Le Narragansett-club a réimprimé ses œuvres en y ajoutant un volume de correspondance (1686-'75, 6 vol. in-fol.).

WINNEBAYS. — Le plus grand lac du Wisconsin (Etats-Unis); il a 50 kilom. du N. au S., et sa plus grande largeur est d'environ 17 kilom. Il est navigable et communique avec la Baie Verte (Green Bay) et le lac Michigan par la rivière Fox, dont le cours est muni de digues et d'écluses.

WISCONSIN, rivière; affluent du Mississipi, dans le Wisconsin. Elle prend sa source sur la frontière N.-E. et a une direction générale S.-O. jusqu'à la ville de Portage, où elle dévie un peu au S. jusqu'à son embouchure, à 6 kilom. au-dessous de la Prairie. du Chien; une estime sa longueur à 900 kilom. Les petits steamers remontent jusqu'à Portage, à 300 kilom. A cet endroit, elle n'est distante que de 2 kilom. de la rivière Fox, avec laquelle elle est reliée par un canal.

WRANGEL (Karl-Gustaf) [vranng'-eul]. Soldat suédois, né en 1613, mort en 1676. Il se distingua pendant la guerre de Trente ans dans l'armée de terre et sur la flotte, et en 1636, il succéda à Torstenson comme commandant en chef. En 1647, il obligea, avec Turenne, l'électeur Maximilien de Bavière à conclure un armistice. L'électeur l'ayant violé, il le battit, lui et ses alliés autrichiens, près d'Augsbourg, en mai 1648, et envahit la Bavière. En 1655, il accompagna Charles-X dans sa campagne de Pologne. En 1658, avec le titre de grand-amiral, il amena la reddition de la forteresse de Cronburg; en 1659, il empêcha les Danois de prendre Funen, et en 1660, fut nommé grand maréchal et général en chef. Lorsque la Suède s'unit à la France contre l'Allemagne, en 1674, Wrangel envahit soudainement l'électorat de Brandebourg avec 16.000 hommes; mais, sa santé déclinant, ses troupes furent battues et il se démit de son commandement.

X

XANTHIPPE ou **Xantippe**. — I, fils d'Ariphron et père de Périclès. En 490 av. J.-C., il se porta accusateur de Miltiade, lorsque ce général revint de sa malheureuse campagne contre l'île de Paros. Il remplaça Thémistocle dans le commandement de la flotte athénienne en 479 et se trouvait à la tête des Athéniens à la bataille décisive de Mycale. — II, l'aîné des deux fils légitimés de Périclès.— III, officier lacédémonien qui commandait les Carthaginois contre Régulus. Il paraît avoir quitté Carthage peu après sa victoire sur Régulus.

XANTHUS, célèbre historien lydien qui florissait vers 480 av. J.-C. On doute de l'authenticité des *Quatre livres de l'histoire lydienne* que les anciens possédaient sous son nom et dont il nous est parvenu des fragments considérables.

XÉNARQUE. — I, fils de Sophron et, comme ce dernier, célèbre auteur de mimes. Il florissait vers 390 av. J-C. — II, poète comique athénien de la comédie moyenne; il vivait au temps d'*Alexandre le Grand*. — III, philosophe et grammairien péripathétique, né à Séleucie (Cilicie) et qui vivait au temps de Strabon. Il enseigna d'abord à Alexandrie, puis à Athènes et enfin à Rome, où il jouit de l'amitié d'Auguste.

Y

YÈRES (L').—I, petite rivière qui naît à 10 kilom. N. de Provins (Seine-et-Marne), baigne Brie-Comte-Robert, entre dans le département de Seine-et-Oise, y passe à Corbeil et se jette dans la Seine à Villeneuve-Saint-Georges, après un cours de 88 kilom. — II, rivière qui naît à l'E. de Montmirail (Eure-et-Loir) et se jette dans le Loir au-dessus de Cloyes, après un cours de 48 kilom. — III, rivière qui naît près d'Aubermesnil (Seine-Inférieure) et se jette dans la mer au-dessous de Criel, après un cours de 45 kilom.

YOUYOU s. m. Canot chinois qui marche à un seul aviron. Toute embarcation extrèmement petite.

> C'est dans un *youyou* rapide
> Que j'appreuds à canoter.

Z

ZANZIBAR. L'île de Zanzibar, longue de 80 kil. sur 40 kil. et renfermant une population de 300.000 hab., a pour capitale Changanny ou Ungouja, ville commerçante qui ne renferme pas moins de 90.000 hab. Le souverain de cette île étend son autorité sur les îles de Pemba et de Mafia, ainsi que sur une zone côtière du continent. Cette côte, appelée Souabéli, est arrosée par le Juba, le Kingani, le Ouami, le Loufigi et la Rovouma, qui sont ordinairement navigables jusqu'à une certaine distance de leurs embouchures. La zone sur laquelle le sultan de Zanzibar possède des droits douteux, a été rétrécie en 1885, par la cession qu'il a été forcé de faire aux Allemands des vastes territoires d'Ousagara et du Kilimandjaro, avec Vitou, la baie de Manda et le port de Durnfort. L'Angleterre a imposé son protectorat sur le pays qui s'étend du Kilimandjaro jusqu'à la rivière Dana, avec le port de Moubaze. Ainsi dépouillé, le Sultan ne conserva plus qu'une langue de terre qui n'a guère que 15 kil. de large et qui va en longueur, du cap Delgado à Kipini et à la rivière Ozi, au nord de laquelle il possède encore les points isolés de Lamou, de Kismayou, de Brava, de Merki, de Moukdoucha, et de Warsheik. Mais le Sultan a reçu une sorte de compensation par l'augmentation considérable d'importance de ses Etats au point de vue commercial. Au commencement de 1887, les Portugais essayèrent de déposséder des territoires du cap Delgado et de la baie de Tungi; mais il résista et le différend fut terminé pacifiquement par l'intervention de l'Angleterre et de l'Allemagne.

ZÉVORT (Charles-Marie), littérateur français, né à Bourges en 1816, mort à Paris en nov. 1887. Il entra à l'école normale en 1836, fut professeur de philosophie à Auxerre, à Amiens, à Rennes et à Metz (1846). Poursuivi d'académie en académie par la violente hostilité du parti clérical, il passa inspecteur d'académie à Orléans et à Montpellier (1850) et se vit mettre en disponibilité par le ministre de Parieux, exécuteur des vengeances de la réaction victorieuse (1850). Il fit l'éducation des enfants du duc d'Uzès. En 1856, il rentra dans l'Université en qualité d'inspecteur de l'académie d'Aix et devint vice-recteur (1860), puis recteur (1862) à Chambéry et à Bordeaux. Il conserva ce dernier poste jusqu'en 1874, époque où il fut envoyé en disgrâce à Aix, par le gouvernement du Seize Mai; M. Bardoux le réintégra à Bordeaux. En 1878, il fut nommé membre du conseil supérieur de l'instruction publique. Le 10 janv. 1879, il fut nommé vice-recteur à Paris et un mois plus tard, il entra au ministère de l'instruction publique, en qualité de directeur de l'enseignement secondaire, avec le titre officiel d'inspecteur général honoraire. Il prit une grande part à l'élaboration des réformes que le conseil supérieur de l'instruction publique introduisit dans l'enseignement secondaire. Il mourut peu après avoir pris sa retraite. Il était beau-frère de Pasteur. Il a laissé de très bonnes traductions d'ouvrages grecs : *Métaphysique d'Aristote* (1840-'41, 2 vol. in-8°), en collaboration avec Pierron; *Vie des philosophes de l'antiquité*, de Diogène Laërce (1848, 2 vol. in-8°); *Hist. de la guerre du Péloponèse*, par Thucydide (1853, 2 vol. in-18); les *Romans grecs*; *Comédies d'Aristophane; Dissertation sur la vie et la doctrine d'Anaxagore* (1843), etc.

ÉVREUX, IMPRIMERIE DE CHARLES HÉRISSEY

DICTIONNAIRE

DE

BIOGRAPHIE CONTEMPORAINE

FRANÇAISE ET ÉTRANGÈRE

PAR

A. BITARD

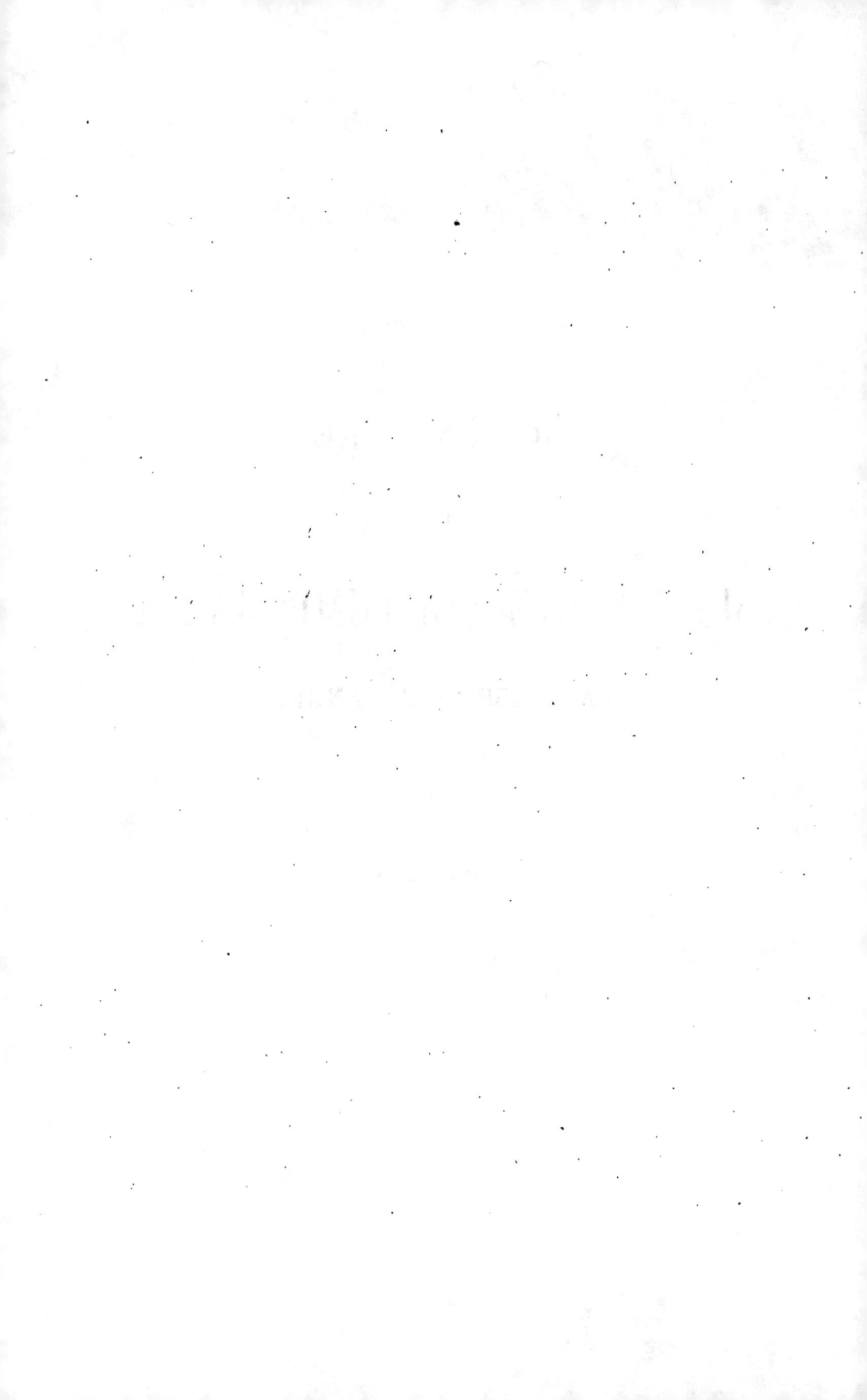

DICTIONNAIRE

DE

BIOGRAPHIE CONTEMPORAINE

FRANÇAISE ET ÉTRANGÈRE

A

AARIFI PACHA. — Homme d'État ottoman, né à Constantinople en 1830. Entré dès l'âge de quinze ans dans les bureaux du Divan impérial, en qualité de surnuméraire, il accompagnait à Rome, *deux ans plus tard*, son père, Shêkib Pacha, diplomate distingué, qu'il suivait après cela à Vienne. De retour à Constantinople en 1850, il fut successivement attaché au bureau de traduction de la Porte et au ministère des affaires étrangères; puis il accompagna A'ali aux conférences de Vienne en 1855 et au Congrès de Paris en 1856, en qualité de premier secrétaire. Sa parfaite connaissance de la langue française le fit, dans cette occasion, choisir pour premier traducteur de la Porte à Paris; à son retour il fut nommé premier drogman du Divan, fonctions qu'il conserva jusqu'en 1872. Il a été, depuis, sous-secrétaire d'État aux affaires étrangères, inspecteur de l'artillerie, membre de la Chambre suprême de justice et président de la chambre civile de la Cour de cassation. Après quelques mois passés de nouveau dans ses anciennes fonctions d'interprète, il devint ministre de l'instruction publique en 1874, puis ministre de la justice, trois mois plus tard, et reprit le chemin de Vienne en 1875. — Lors de la promulgation de la nouvelle constitution ottomane, Aarifi Pacha fut nommé président du Sénat (décembre 1876); mais très peu de temps après, il fut appelé aux affaires étrangères, puis nommé ambassadeur à Paris, le 3 septembre 1877, en remplacement de Khalil-Chérif Pacha. Le 28 juillet 1879, le titre de grand vizir, sinon les fonctions, étant aboli par décret du padischah, Aarifi fut appelé au poste nouveau de premier ministre, dans un cabinet qui dura à peine quelques mois. — Après avoir occupé, depuis, divers postes importants et repris plusieurs fois le portefeuille des affaires étrangères, Aarifi Pacha remettait, en septembre 1885, ce portefeuille à Saïd Pacha, étant lui-même appelé à la présidence du conseil d'État. — Il est grand-croix de la légion d'honneur.

ABBADIE (d'), **Antoine Thompson**, voyageur et géographe français, membre de l'Institut, est né à Dublin en 1810, de parents français rentrés dans leur pays dès 1818. En 1836, M. Antoine d'Abbadie se rendait au Brésil, chargé d'une mission scientifique; vers la fin de l'année suivante, il se trouvait à Alexandrie, où, ayant rencontré son frère, M. Arnaud d'Abbadie (voyez ci-après), il entreprit, de concert avec lui, l'exploration de l'Éthiopie. Les deux frères séjournèrent douze années dans ce pays (1836-48) et ne rentrèrent en France, où le bruit de leur mort s'était accrédité, qu'à la fin de 1848. Outre de nombreux articles publiés, isolément ou en collaboration avec son frère, dans le *Bulletin de la Société de géographie*, on a de M. Antoine d'Abbadie : *Catalogue des manuscrits éthiopiens (1859)*; *Géodésie d'une partie de la haute Éthiopia*, revue par M. R. Radau (1860-73); *Herma Pastor*, texte éthiopien et traduction latine (1860); *l'Arabie (1866)*; *l'Abyssinie (1868)*; *Monnai[?] des rois d'Éthiopie*, avec M. de Longpérier (globe), faites au Brésil et en Éthiopie *(1873)*. Il est chevalier de la Légion d'honneur depuis 1850, membre de l'Académie des sciences depuis 1867, et membre du bureau des Longitudes depuis 1878. Il est en outre membre de la Société de géographie, de la

Société météorologique de France, dont il a été président en 1885, etc. etc.
M. Antoine d'Abbadie était chef de la mission chargée d'aller observer le passage de Vénus sur le soleil à Porto-Rico, en décembre 1882.

ABBADIE (d'), **Arnaud Michel**, voyageur français, frère du précédent, né comme lui à Dublin, en 1815. M. Arnaud d'Abbadie était allé en Algérie, à la suite du maréchal Clauzel, en 1833, et en était depuis peu revenu, lorsqu'en 1836, il résolut d'y retourner, afin de prendre part à la première expédition contre Constantine. Une tempête survint qui s'opposa à la réalisation de ce projet, et dont les conséquences le forcèrent à se rendre à Alexandrie, où il devait rencontrer son frère aîné, M. Antoine d'Abbadie. Les deux frères, à partie de ce moment, réunissant leurs efforts, eurent une destinée longtemps commune. En 1853, pourtant, M. Arnaud d'Abbadie est retourné seul en Afrique. Il a publié à part : *Observations sur le tonnerre en Éthiopie (1859)*; *Travaux récents sur la langue basque* (même année); *Douze ans dans la haute Éthiopie* (même année), etc. Il a été nommé chevalier de la Légion d'honneur en même temps que son frère (27 septembre 1850).

ABBATUCCI, **Paul Séverin**, homme politique français, le troisième et dernier survivant des fils du ministre de l'empire, mort en 1857, est né le 28 juin 1821 à Zicavo, dans l'arrondissement d'Ajaccio (Corse); il fit son droit à Paris et fut reçu avocat. Élu en 1852 député de la Corse au Corps législatif, il n'a pas cessé d'être réélu depuis lors, même jusqu'en 1852, où la place à M. Rouher, que la Corse, en effet, envoya à Versailles, le 11 février 1872. M. S. Abbatucci ne s'est pas présenté aux élections du 20 février 1876. — Il fut question, un moment (mai 1876), de l'opposer, à Ajaccio, au prince Jérôme Napoléon, battu une première fois par M. Rouher; mais le mot d'ordre venu de Chislhurst modifia à la dernière heure le plan en vertu duquel cette attitude lui était commandée, et il s'abstint. — Il n'est que plus, lors, sorti de sa retraite.
Un neveu du précédent, M. Jacques Abbatucci, fils du général de division Abbatucci (Antoine Dominique), mort à Nancy le 25 janvier 1878, se présenta aux élections générales du 4 octobre 1885, et fut élu député de la Corse avec toute la liste bonapartiste; mais cette élection ayant été annulée par la Chambre, ce fut la liste républicaine qui triompha définitivement au scrutin du 14 février 1886, laissant sur le carreau M. Jacques Abbatucci et ses amis.

ABBOTT, **Lyman**, littérateur américain, né à Roxbury (Massachusetts), le 18 décembre 1835. Il fit ses études à l'université de New-York, qu'il quitta en 1853, et étudia le droit, dont il commença la pratique; mais il abandonna bientôt cette carrière pour étudier la théologie, fut pasteur de diverses églises, jusqu'en 1865, et devint alors secrétaire de la « Commission pour les affranchis », fonctions qu'il conserva jusqu'en 1868. Après avoir été de nouveau, pendant environ une année, pasteur d'une église de New-York, il abandonna défi-

nitivement le saint ministère pour se consacrer à la littérature. Avant cette époque, il avait déjà publié deux romans en collaboration avec deux de ses frères et sous le pseudonyme de *Benauly*, formé des syllabes initiales des prénoms des trois auteurs : Benjamin, Austin et Lyman; ces deux romans ont pour titre : *Conecut Corners* et *Matteo Carnaby*. En 1872, M. Lyman Abbott est devenu un des rédacteurs du *Harper's Magazine*, dont il dirige la partie littéraire; il est aussi rédacteur en chef de l'*Illustrated Christian Weekly*, publié par « l'American Tract Society ». — Outre plusieurs autres ouvrages peu importants, M. L. Abbott a publié : *Jésus de Nazareth, sa vie et ses enseignements* (J. of N., his life and teachings, 1869); *Old Testament shadows (1870)*; *Histoire d'un laïque (1873)*. *Dictionnaire de la Bible (1875)*. *Commentaires sur le Nouveau Testament (1875-1877)*. Il a édité plusieurs volumes de *Sermons* et d'*Exercices* du fameux M. Henry Ward Beecher (V. ce nom), et un *Dictionnaire des sciences religieuses* avec T. C. Conant.

ABD-UL-HAMID II, sultan ottoman, deuxième fils d'Abd-ul-Medjid, est né le 22 septembre 1842. Il fut élevé au trône ottoman, en remplacement de son frère, Mourad V, écrasé par trois mois de règne inespéré, dans des circonstances particulièrement difficiles, le 31 août 1876, et ceignit solennellement le sabre d'Othman, à la mosquée d'Eyoub, le 7 septembre suivant. — La révolte des Serbes allait prendre fin, selon toute probabilité, quand, après la prise d'Alexinatz, l'ambassadeur russe intervint, exigeant péremptoirement un armistice de six semaines, lequel fut accordé le 1er novembre. La nouvelle constitution ottomane, établissant un gouvernement parlementaire inspiré des institutions semblables de l'Europe occidentale, fut promulguée à Constantinople le 23 décembre. Dans le courant du même mois, les représentants des grandes puissances s'étaient réunis en conférence pour régler certains points des réformes projetées et éviter, s'il était possible, la guerre imminente avec la Russie, sans aucun succès. Le 18 janvier 1877, le grand conseil, présidé par Midhat Pacha, rejeta simplement et simplement les propositions des puissances européennes concernant les réformes administratives, sous le prétexte que leur acceptation compromettrait l'indépendance de l'Empire, et les représentants européens quittèrent Constantinople en conséquence dans la huitaine. Le 1er mars, un traité de paix fut conclu entre la Turquie et la Serbie, sur la base du *statu quo ante bellum*; malgré le peu d'exigence montré par la Porte en cette occasion, le 21 avril suivant la Russie adressait aux puissances une dépêche-circulaire leur notifiant la déclaration de guerre à la Turquie. — Cette guerre sanglante offrit aux troupes turques l'occasion de prouver leur valeur réelle; mais elles devaient fatalement succomber sous le nombre et, après la chute de Plewna, la Porte fut obligée de demander la paix. Un traité de paix fut signé à San-Stéfano, le 3 mars 1878, mais il fut ensuite considérablement modifié par le congrès de Berlin, qui laissait l'empire ottoman plus réduit, plus ruiné et humilié que jamais, et le règne d'Abd-ul-Hamid II se plus en plus semblable à celui d'Abd-ul-Hamid Ier, sauf ce que l'avenir lui réserve.

ABD-UR-RAHMAN KHAN, émir de Caboul (Afghanistan), né vers 1840. Il est fils d'Afzul Khan,

mort en 1867 et petit-fils du célèbre Dost Mohammed, mort en 1863. Le droit de primogéniture, pour la succession au trône n'étant point reconnu par les princes orientaux, Dost Mohammed choisit pour son successeur, au lieu d'Afzul son fils aîné, son fils préféré Sheere Ali. Afzul, qui était alors gouverneur de Balkh, se souleva, avec son frère Azim et son fils Abd-ur-Rahman, contre le nouvel émir, qu'il réussit à chasser de Caboul, grâce surtout aux brillants succès de son fils, notamment à Shaikpore, où il mit en complète déroute les troupes de Sheere Ali. Émir à son tour, Afzul mourait sur le trône en 1867. Azim lui succéda et Abd-ur-Rahman se retira à Balkh. Cependant Sheere Ali, étant parvenu à lever une armée, battit Azim et se fit acclamer à sa place. Abd-ur-Rahman, qui avait combattu aux côtés de son oncle et partageait sa fortune, alla chercher un asile auprès de l'émir de Bokhara, qui était son beau-père, et demeura jusqu'à la fin de 1879 sous la protection de la Russie. À la déposition de Yacoub Khan, toutefois, il passa la frontière, et, organisant une armée dans le Turkestan, il se dirigea à petites journées sur Caboul. C'est alors que les Anglais, en guerre contre le souverain actuel de l'Afghanistan, conçurent le projet de s'entendre avec le prétendant. Des négociations furent ouvertes, qui eurent pour résultat la reconnaissance par les Anglais des droits d'Abd-ur-Rahman au trône de Caboul, à des conditions qu'il n'est pas difficile d'imaginer. En conséquence, Abd-ur-Rahman était proclamé émir de Caboul, dans un *durbar* tenu dans cette capitale, le 22 juillet 1880.

A'BECKETT, Arthur William, romancier et auteur dramatique anglais, fils du célèbre auteur comique mort en 1856, est né à Hammersmith, le 25 oct. 1844. Après avoir terminé ses études au collège de Felstead, il entra dans les bureaux de la guerre, à l'âge de dix-sept ans; mais il quitta l'administration au bout de trois ans et devint alors rédacteur du *Ver luisant (Glowworm)* de Londres, journal du soir, comme de juste. Il collabora pendant plusieurs années à divers journaux comiques et magazines, puis devint correspondant du *Standard* et du *Globe* pendant la guerre franco-allemande. A son retour il fut, pendant deux années, secrétaire particulier du duc de Norfolk; mais il abandonna cette position pour se livrer tout entier à la littérature et entra en 1874 à la rédaction du *Punch*. — M. A'Beckett a publié : *Tombé au milieu des voleurs*, roman (1870); *Nos vacances dans les montagnes d'Écosse*, illustr. par Linley Sambourne et les *Mille et une Nuits modernes*, d° (1876); le *Fantôme de Greystone Grange (1878)*; le *Mystère de Mostyn Manor (1878)*. Il a écrit en outre, en collaboration avec M. F. C. Burnand, la *Ruine de Saint-Querec (1875)*, et l'*Ombre du témoin (1876)*. Il a fait représenter deux comédies en trois actes : *L. S. D.*, au Royalty (1872) et *Autour de la Ville*, qui eut cent cinquante représentations ininterrompues au théâtre de la Cour (1873); *One strike*, drame intime en un acte, même théâtre (1873); les *Fleurs fanées*, à Haymarket et *Il y a longtemps*, au Royalty (1882). Il a enfin porté à la scène, avec la collaboration de M. J. Palgrave Simpson, son premier roman, sous ce titre : *Du père au fils*, 3 act., Liverpool (1881). — M. A'Beckett s'est fait inscrire au barreau à Grays'Inn et est capitaine de la milice du Cheshire.

ABEILLE, Jonas, chirurgien militaire français, né à Saint-Tropez, le 28 novembre 1809. Ayant pris le grade de docteur à Montpellier, en 1837, il devint médecin-adjoint, puis médecin des hôpitaux et attaché successivement à divers hôpitaux militaires à Paris. Il s'est retiré en 1857 pour s'en tenir à sa clientèle civile. Le docteur Abeille est surtout connu comme l'un des promoteurs de l'emploi de la strychnine dans le traitement du choléra. — Ses principaux ouvrages sont : *Des variations des parties constituantes du sang* et *Sur les injections isolées (1849)*; *Traité des hydropisies et des kystes (1852)*; *Études cliniques sur la paraplégie indépendante de la myélite (1853)*; *Du sulfate de strychnine dans le choléra (1854)*; *Traité des maladies des urines albumineuses et sucrées (1862)*; *Traitement du croup (1867)*; *Des corps fibreux de l'utérus (1868)*; *l'Électricité appliquée à la thérapeutique chirurgicale (1870)*; *Chirurgie conservatrice (1874)*; *Traitement des maladies chroniques de la matrice (1875)*, etc., etc.

ABEILLE, Valentin, homme politique français, né à Montréjeau (Haute-Garonne), le 14 février 1843. Il était avocat à Saint-Gaudens, lorsqu'il fut appelé, après le 4 septembre, à la sous-préfecture de Villefranche-de-Lauraguais, qu'il quitta au commencement de 1871. Inscrit de nouveau au barreau de Saint-Gaudens, il devint conseiller municipal, adjoint au maire de sa ville natale et conseiller général de la Haute-Garonne. Nommé sous-préfet de Figeac (Lot) en 1884, il a été élu, au scrutin de ballottage du 18 octobre 1885, député républicain de la Haute-Garonne. M. Abeille a voté l'expulsion totale des princes. — Il est officier d'académie.

ABEL, Charles, littérateur et archéologue alsacien, né à Thionville en 1824. Reçu docteur en droit, M. Abel se fit inscrire au barreau de Metz, mais se livra à peu près uniquement à des travaux d'histoire et d'archéologie et devint président de l'académie de cette ville. M. Abel n'a pas cessé d'habiter Metz depuis que cette ville est devenue allemande, et il a été élu et réélu, depuis cette époque néfaste, député au Reichstag allemand par ses concitoyens. Ses principaux ouvrages sont : *Du passé, du présent et de l'avenir de la législation militaire en France (1857)*; *Des institutions communales dans le département de la Moselle (1860)*; *Le mystère de Saint-Clément, d'après un manuscrit (1861)*; *César dans le nord-est de la Gaule (1863)*; *Un chapitre inédit de l'histoire de la comtesse Mathilde (1863)*; *Séjour de Charles IX à Metz* et *Recherches historiques sur les premiers essais de navigation à la vapeur dans l'est de la France (1866)*; *Recherches sur d'anciens ivoires sculptés de la cathédrale de Metz (1869)*; *Rabelais, médecin stipendié de la cité de Metz (1870)*; *Deux bas-reliefs gaulois du musée de Metz* et la *Bulle d'or à Metz (1875)*; la *Vigne dans la Moselle*; les *Vignobles de la Moselle et les nuages artificiels*, etc., etc.

ABERCORN (duc d'), James Hamilton, homme politique, pair d'Angleterre au titre de marquis, chevalier de la Jarretière. Il est né à Londres le 21 janvier 1811 et succéda à son grand-père comme 2e marquis d'Abercorn en 1818. Il fit ses études à Oxford et prit le grade de docteur en droit. Il épousa, en 1832, la seconde fille du 6e duc de Bedford, fut créé chevalier de la Jarretière en 1844, et devint en 1846 premier gentilhomme de la chambre du prince-consort, charge qu'il conserva jusqu'en 1859. En 1864, le marquis d'Abercorn chercha à faire valoir des titres au duché de Châtellerault, remontant, d'après ses prétentions, à 1548; les prétentions en question furent admises par Napoléon III, mais ce fut en faveur du duc de Hamilton qui, petit-fils de la grande-duchesse de Bade, qui était une Beauharnais, était par conséquent un peu parent de l'empereur aussi bien que du marquis d'Abercorn. Celui-ci ne laissa pas de se parer du titre malgré cela. Membre du parti conservateur, lord Abercorn entra dans le cabinet Derby, en 1866, en qualité de lord-lieutenant d'Irlande; il conserva ce poste jusqu'en 1868, époque à laquelle il fut élevé au rang de duc d'Abercorn dans la pairie d'Irlande. Au retour au pouvoir des conservateurs, avec Disraëli, en février 1874, le duc reprit son poste de lord-lieutenant d'Irlande, dans lequel il fut remplacé par le duc de Marlborough en décembre 1876. En 1878, il fut envoyé en mission spéciale à Rome, pour présenter au nom de la reine l'ordre de la Jarretière au roi d'Italie. — Le duc d'Abercorn est lord-lieutenant et gouverneur des archives du comté de Donegal, grand-maître des francs-maçons d'Irlande depuis le 5 novembre 1874, major général des archers royaux (garde du corps écossais de la reine) et capitaine des carabiniers *(riflemen)* volontaires écossais de Londres.

ABERDARE (lord), Henry Austin Bruce, homme politique anglais, né à Duffryn-Saint-Nicolas, dans le comté de Glamorgan (Galles), le 16 avril 1815; avocat en 1837, il remplit les fonctions de magistrat de police de Merthyr-Thydvil et Aberdare, dans le comté de Glamorgan, de 1847 à 1852, époque à laquelle il entra à la Chambre des communes comme représentant libéral de Merthyr-Thydvil. Il continua de représenter ce bourg jusqu'aux élections de décembre 1868, où il échoua; mais, en janvier 1869, le comté de Renfrew lui rendait son siège. M. Bruce fut sous-secrétaire d'État au département de l'Intérieur de novembre 1862 à avril 1864, et de cette date à juillet 1866, vice-président du comité du Conseil pour l'éducation, outre plusieurs autres charges importantes qu'il remplit simultanément. Membre du Conseil privé depuis 1864, il accepta, à la formation du cabinet Gladstone, en décembre 1868, le portefeuille de l'intérieur. En août 1873, il fut élevé à la pairie, sous le titre de lord Aberdare, afin de pouvoir remplir dignement le poste de lord-président du Conseil, auquel il était appelé en remplacement de lord Ripon, démissionnaire. Il ne conserva toutefois cette haute position que fort peu de temps, c'est-à-dire jusqu'à la défaite du parti libéral, en février 1874. En 1875, lord Aderdare présidait l'assemblée de l'Association des sciences sociales. Il a édité une *Vie du général sir William Napier*, auteur de l'*Histoire de la guerre de la Péninsule* (*1864*, 2 vol.). Il a publié, en outre: *Adresse lue à l'Association nationale pour le développement de la science sociale* (*1866*) et *Discours à propos de la seconde lecture du* bill *sur l'éducation des pauvres* (*1867*).

ABERT Jean Joseph, compositeur allemand, né à Kachowitz (Bohême), le 21 septembre 1832. Admis au nombre des enfants de chœur de l'église de sa ville natale, il acquit là les éléments de son art. Il avait à peine huit ans lorsque le prieur des Augustins, frappé de ses dispositions, l'emmena à son couvent, où il lui fit donner une instruction littéraire et musicale à peu près complète; et il y fit, dans l'étude de la musique, des progrès si rapides que bientôt la maîtrise de la chapelle du couvent lui fut confiée. Il commença dès lors à faire exécuter des morceaux religieux de sa composition. Mais, poussé par l'esprit d'indépendance, il s'enfuit du couvent (il avait à peine quinze ans) et alla se réfugier chez un oncle qui habitait Prague, lequel le reçut cordialement et le fit entrer peu après au Conservatoire de cette ville, dont il ne tarda pas à devenir un des élèves les plus distingués. Au bout de trois ans, il faisait exécuter par ses camarades deux ouvertures et une grande symphonie qui lui valut la protection du maître de chapelle, grâce à laquelle il entra comme contrebassiste, en 1852, au service du roi de Wurtemberg, poste qu'il conserva jusqu'en 1867. Il produisit dans cet intervalle une *Symphonie en ut mineur* (*1853*); une *Symphonie en la majeur* (*1856*); un opéra : *Anna von Landskron* (*1859*), représenté avec succès sur le théâtre de Stuttgart; un autre opéra : le *Roi Enzio* (*1862*). Mais son titre le plus sérieux à la réputation est son poème symphonique *Colombus*, exécuté à Stuttgart en 1864 et mis par M. Pasdeloup, au programme des concerts populaires. Il fit également représenter à Stuttgart, en 1866, un troisième opéra : *Astorga*, joué ensuite sur les principales scènes allemandes et traduit en français par M. Victor Wilder. Pendant la fermeture du théâtre de Stuttgart, en 1867, M. Abert suivit, comme chef d'orchestre, une partie de la troupe en représentation à Bade, et il fut, au retour, maintenu dans ses fonctions en remplacement d'Eckert, qui venait de donner sa démission. Marié à une riche héritière, M. Abert n'a plus produit grand'chose depuis cette époque, à l'exception de quelques *lieder* et d'un opéra nouveau dont on parle toujours, mais qu'on ne voit jamais.

ABICH, Guillaume Hermann, géologue allemand. Né en 1806 à Berlin, où il fit ses études et prit le grade de docteur en 1831; il s'adonna principalement à l'étude de la géologie et visita l'Italie, puis le Caucase, l'Asie-Mineure, etc., publiant à mesure les résultats de ses explorations scientifiques. Il fut nommé professeur à l'université de Dorpat en 1842, et fixé dès lors en Russie, devenait membre de l'Académie de Saint-Pétersbourg en 1853. On doit à M. Abich : *Observations géologiques sur le Vésuve et l'Etna* (*1837*); *Géologie de la Haute-Arménie* (*1843*); *Etude comparée des eaux de la mer Caspienne* (*1856*); *Recherches sur la paléontologie de la Russie asiatique* (*1858*); *Etude géologique comparée des montagnes du Caucase, de l'Arménie et du nord de la Perse* (*1859*); *Formations géologiques du Daghestan* (*1863*), *etc., etc.* — Il est correspondant de l'Académie des sciences, section de minéralogie.

ABNEY, William de Wiveleslie, savant officier anglais, né en 1843, à Derby. Elève de l'Académie royale militaire de Woolwich, M. Abney fut nommé lieutenant au corps royal du génie en 1861 et promu capitaine en 1873. Il professa d'abord la chimie au dépôt du corps auquel il appartient, à Chatham, puis devint inspecteur de sciences à la direction des Sciences et Arts. Le capitaine Abney fit partie d'une mission pour l'observation du passage de Vénus en 1874, et du jury de l'exposition électrique de Londres de 1882. En 1883, la Société royale de Londres lui décerna la médaille Rumford pour ses recherches en photographie et sur l'analyse spectrale. — On lui doit les ouvrages suivants: *Instruction sur la photographie*; *Emulsion photographique*; *Thèbes et ses cinq principaux temples*. Il a publié, en outre, de nombreux mémoires et articles dans les *Transactions philosophiques* et les *Proceedings* de la Société Royale de Londres, ainsi que dans le *Philosophical Magazine*.

ABOVILLE (vte d'), Auguste Ernest, agronome et homme politique français, fils du général d'Aboville, qui perdit un bras à Wagram, fut commandant de l'Ecole de La Fère et pair de France sous la Restauration. Né à Paris, le 4 décembre 1819, M. d'Aboville fit ses études à l'Ecole polytechnique et à l'Ecole d'application de Metz, d'où il sortit premier en 1841. Il entra alors comme lieutenant dans l'artillerie; mais trois ans après il quittait l'armée pour se livrer à des travaux agricoles sur sa terre de Rouville (Loiret). Membre de la Société forestière de France, président du comice agricole de Pithiviers en 1869, il a publié des articles variés dans l'*Annuaire* de la Société des Agriculteurs de France, les *Annales forestières* et d'autres publications spéciales. Elu représentant du Loiret à l'Assemblée nationale de 1871, M. le vicomte d'Aboville prit place à l'extrême droite, et son attitude, conforme à un pareil choix, ne se démentit pas un seul instant. Il fut un des signataires de la proposition La Rochefoucauld-Bisaccia tendant au rétablissement de la royauté. Les électeurs du Loiret ne voulurent pas suivre jusque-là M. le vicomte d'Aboville qui, malgré ses mérites, ne réussit pas à se faire envoyer par eux à l'une ou l'autre chambre, aux élections de 1876. Sa candidature n'a reparu dans aucune des élections qui se sont succédé depuis.

ABRAHAM, Emile, journaliste et auteur dramatique français, né à Paris en 1833. Rédacteur à divers journaux de théâtre, principalement à l'*Entr'acte*, M. Emile Abraham a collaboré également à quelques feuilles quotidiennes pour la partie théâtrale et a rédigé assez longtemps les nouvelles des théâtres au *Petit Journal*. On lui doit un grand nombre de pièces, généralement courtes, écrites seul ou en collaboration; notamment : l'*Homme entre deux âges*, opérette (1862); l'*Amour d'une ingénue*, vaudeville (1866); le *Train des maris*, vaudeville (1868); *Tu l'as voulu*, opérette (1869); la *Cruche cassée*, (*1870*), etc., etc. On lui doit encore un ouvrage biographique : les *Acteurs et les Actrices de Paris (1861)*. M. Emile Abraham a été secrétaire général au théâtre de la Porte Saint-Martin.

ABT, Franz, musicien allemand, fils d'un ministre luthérien. Né le 22 décembre 1819 à Eilenburg, dans la province de Saxe (Prusse), il alla étudier la théologie à l'université de Leipzig, car il se destinait à la carrière ecclésiastique. C'est là qu'il publia ses premières compositions pour le piano, et bientôt il se livra entièrement à son penchant pour la musique. Il devint successivement directeur de la musique au théâtre de Berne (1841), puis au théâtre de Zurich (1844) et enfin maître de chapelle de la cour de Brunswick et professeur de chant. Très estimé comme chef d'orchestre et professeur, il ne l'est pas moins comme compositeur de nombreuses mélodies dont le succès a souvent franchi les frontières de l'Allemagne.

ABY, Christophe Théodore, savant anatomiste suisse, né en 1835, près de Phalsbourg, de parents suisses. Il fit sa médecine à Bâle, alla passer deux années (1857-58) à l'université de Gœttingue, puis revint prendre ses grades à Bâle et devint successivement professeur d'anatomie et de physiologie, prosecteur d'anatomie, enfin professeur d'anatomie humaine et d'anatomie comparée à Berne (1863). M. Aby, membre du club alpin suisse, a employé ses vacances en excursions scientifiques et en ascensions de montagnes, dont les résultats ont été publiés. — On lui doit notamment : *Nouvelle méthode pour la détermination de la forme du crâne chez l'homme et les mammifères (1862)*, la *Forme du crâne de l'homme et du singe (1865)*; la *Construction du corps humain au point de vue morphologique et physiologique (1871)*, etc. Il a publié en outre, en 1865, avec MM. Gerwer et de Fellenberg : la *Chaine du Grindelwald, esquisse naturelle des Alpes suisses*.

ABZAC (marquis d'), Marie Charles Venance, général français né à Saintes, le 29 mars 1822. Sorti de l'école militaire de Saint-Cyr en 1843, comme sous-lieutenant de cavalerie, il était lieutenant-colonel d'état-major depuis 1866, lorsqu'éclata la guerre avec l'Allemagne. M. le marquis d'Abzac fut alors promu colonel (août 1870). Il fit la campagne dans l'état-major du maréchal de Mac-Mahon, dont il devint le premier aide de camp lorsque le maréchal fut appelé à la présidence de la République. Promu général de brigade le 30 décembre 1875, M. d'Abzac fut chargé de diverses missions extraordinaires auprès de plusieurs cours européennes et fit partie de la commission internationale de l'Exposition de 1878. — M. le marquis d'Abzac a pris récemment sa retraite. Il est commandeur de la Légion d'honneur depuis 1873.

Un cousin du général d'Abzac, M. le vicomte Paul d'Abzac, chevalier de la légion d'honneur, a choisi la carrière des consulats. Il est aujourd'hui consul général à la Nouvelle-Orléans.

ACCARIAS, Calixte, jurisconsulte français, né au bourg de Mens (Isère), en 1831. Elève de l'Ecole normale supérieure (section des lettres), il entra dans l'enseignement libre en 1852, puis suivit les cours de l'Ecole de droit, prit le grade de docteur en 1863, se fit agréger et fut chargé d'un cours de droit romain à la Faculté de Douai. Il fut, plus tard, chargé d'un cours de Pandectes à la Faculté de Paris; et, à la création de la nouvelle chaire de Pandectes à cette Faculté, en 1878, il fut appelé à la remplir. M. Accarias avait été nommé maître des requêtes au Conseil d'Etat réorganisé, après la révolution du 4 septembre; mais, absent de Paris, il ne put remplir ces fonctions. Il a été nommé inspecteur général des facultés de droit en 1882. — Il a publié : *Etude sur la transaction, en droit romain et en droit francais (1863); Théorie des contrats innommés (1866); Précis du droit romain (1873)*, etc. Son *Rapport* au ministère de l'instruction publique sur le concours de 1884, pour l'agrégation des facultés de droit, a été très remarqué. — M. Accarias est membre du comité consultatif de l'enseignement public, section de l'enseignement supérieur.

ACHARD, Léon, chanteur français, né à Lyon le 16 février 1831. S'étant mis, avant toute chose, à l'étude de la musique, il entra au collège Henri IV, suivit les cours de la Faculté de droit de Paris et fut reçu licencié en 1852. Il entra alors chez un avoué et, pour faire diversion sans doute à l'étude de la procédure, suivit les cours de chant du Conservatoire, où il fut élève de Bordogni. Ayant remporté le 1er prix en 1854, il débutait le 9 octobre suivant au Théâtre-Lyrique, dans le *Billet de Marguerite*, de M. Gevaert. Ce début fut un succès, il fit ensuite plusieurs créations: dans les *Charmeurs*, de M. Poise; le *Muletier de Tolède*, d'Adam; les *Compagnons de la Marjolaine*, de M. Hignard; l'*Habit de noces*, de Paul Cuzent; jouant également dans divers ouvrages du répertoire: le *Barbier de Séville*, *Ma tante Aurore*, la *Sirène*, *Marie*, etc. — La mort de son père (août 1856) le tint quelques mois éloigné du théâtre; il finit par accepter, en 1857, un engagement au Grand-Théâtre de Lyon, dont le directeur était M. Halanzier. Lorsque M. Perrin reprit, en 1862, la direction de l'Opéra-Comique, il appela M. Achard, toujours à Lyon, et l'engagea télégraphiquement. Le jeune tenor débutait le 4 octobre suivant dans la *Dame blanche*; il joua ensuite *Haydée*, le *Songe d'une nuit d'été*, le *Pré aux clercs*, le *Domino noir*, l'*Eclair*, *Lucie*, les *Mousquetaires de la Reine*, le *Postillon*, *Zampa*, la *Part du diable*, et fit plusieurs créations importantes: dans le *Capitaine Henriot*, *Mignon*, *Fior d'Aliza*, *Jaguarita l'Indienne*, etc. — M. Achard, qui, dans ses loisirs, s'était livré à l'étude du chant italien, partit pour Milan en 1871, étudia de nouveau et fut engagé pour une saison au théâtre de la Fenice, de Venise. Mais M. Halanzier, étant devenu directeur de l'Opéra, l'engagea pour créer le rôle de Yorick dans la *Coupe du roi de Thulé*, de M. Diaz. Après cette création, M. Achard se fit entendre dans les *Huguenots*, l'*Africaine*, la *Favorite*, *Faust* et *Don Juan*. M. Achard était retourné à Lyon lorsque, de même qu'en 1862, M. Perrin, reprenant momentanément les rênes administratives de l'Opéra-Comique, l'appela par le télégraphe. Il a fait sa rentrée à ce théâtre, comme quatorze ans auparavant, dans le rôle de Georges de la *Dame Blanche*, le 22 mars 1876. Le 11 avril suivant, il créait celui de Frédéric dans le *Piccolino* de son ami et ancien condisciple à Henri IV, M. Victorien Sardou (musique de M. Guiraud). — M. L. Achard a fait, à différentes reprises, de fructueuses tournées en province. Il est depuis rentré à l'Opéra-Comique.

ACHENBACH, Heinrich, homme d'Etat prussien, né à Saarbruch en 1829. Ayant fait son droit à Berlin et à Bonn, il passa quelque temps dans la magistrature, mais abandonna cette carrière pour occuper une chaire de droit allemand à l'université de Bonn. Dès lors membre du Conseil supérieur des mines, il fonda dans cette dernière ville, en 1860, le *Journal de Droit minier*, qu'il dirigea jusqu'en 1874. En 1866, M. Achenbach était élu député au Reichstag prussien; la même année, il était attaché, comme conseiller pour les mines, au ministère du commerce, et en 1870 à la chancellerie fédérale. Nommé sous-secrétaire d'Etat au ministère des affaires ecclésiastiques en 1872, sous l'administration de M. Falk, M. Achenbach prit, en cette qualité, une part active aux travaux parlementaires, ainsi qu'aux discussions parlementaires et extraparlementaires auxquelles donnèrent lieu les lois de mai sur les rapports entre l'Eglise et l'Etat. Il fut appelé, le 13 mai 1873, au ministère du commerce, de l'industrie et des travaux publics, et sut obtenir du parlement les crédits nécessaires à l'achèvement du réseau des chemins de fer allemands. M. Achenbach appartient au parti dit conservateur indépendant. — On lui doit un certain nombre d'ouvrages de jurisprudence spéciale, parmi lesquels : *le Droit minier français et son développement sous l'influence du droit minier prussien (1869); le Droit minier allemand dans ses rapports avec le droit prussien (1871)*, etc.

ACLOCQUE, Paul Léon, ancien officier d'état-major, homme politique, artiste et industriel français, né le 19 janvier 1834, à Montdidier (Somme). Sorti de Saint-Cyr pour entrer à l'Ecole d'application, en 1855, il quitta cette dernière institution avec le grade de lieutenant d'état-major, en 1857. Il donnait sa démission en 1858 et concourait la même année à la fondation d'un grand établissement métallurgique dans l'Ariège. Chargé de la formation d'un bataillon de mobiles de ce département, au début de la guerre de 1870, M. Aclocque fut peu après nommé colonel commandant le 69e régiment de la garde mobile, à la tête duquel il fit les campagnes de la Loire et des Vosges. Il avait été, en 1869, lieutenant-colonel d'état-major de la garde nationale de la Seine. Nommé représentant de l'Ariège à l'Assemblée nationale, aux élections du 8 février 1871, M. Aclocque a été réélu le 20 février 1876, par l'arrondissement de Foix. Mais, le 14 octobre 1877, candidat du maréchal de Mac-Mahon, il échouait. Il échouait également, avec toute la liste réactionnaire, aux élections d'octobre 1885, après s'être déjà présenté inutilement aux élections sénatoriales du 25 janvier précédent. Enfin, il était candidat conservateur aux élections municipales de Paris (quartier de la Muette) nécessitées par l'entrée de MM. Millerand et autres à la Chambre des députés, et était battu au scrutin de ballottage de février 1886, quoique avec une forte majorité. — Il a été nommé chevalier de la Légion d'honneur en récompense de sa brillante conduite à la bataille de Coulmiers, et promu officier le 8 février 1878.

M. Aclocque est un peintre amateur distingué, et a exposé à divers Salons. Il est, du reste, élève de Picot et de Bluhm. S'occupant également d'études géologiques, il a publié en 1869 un ouvrage important sur l'*Origine et la composition du globe terrestre*. Comme peintre, M. L. Aclocque a exposé notamment: *Portrait de M. V..., membre de l'Assemblée nationale (1875); Le Fumoir de l'Assemblée nationale, à Versailles (1876)*, très curieuse réunion de portraits; et depuis, les portraits du *colonel* (depuis général) *Azaïs*, de la garde républicaine (1883), du *général Cambriels (1885)* et du *colonel Guerrier*, chef d'état-major de l'armée du Tonkin (1886).

ACLOCQUE, Charles Paul Jacques, dit **C. d'Amezeuil**, écrivain français, frère du précédent, né à Montdidier le 25 mai 1832. Il a collaboré, un peu par occasion d'abord, croyons-nous, à la *Liberté*, à la *Chasse illustrée* et à d'autres journaux politiques ou de sport, sous le pseudonyme de *Comte* puis de *C. d'Amezeuil*, qu'il a conservé pour ses autres publications, parmi lesquelles nous citerons: *Légendes bretonnes*, souvenirs du Morbihan (1862); *Récits bretons (1863)*; les *Parias de l'amour (1864)*; les *Amours de contrebande*, scènes de la vie réelle (1866); l'*Amour en partie double (1868)*; les *Chasseurs excentriques*, souvenirs de chasse (1874); *Comment l'esprit vient aux bêtes* et *Ce que l'on voit en chassant (1876); La Braconnière (1885)*, etc.

ACOLLAS, Emile, publiciste et jurisconsulte français, né le 25 juin 1826, a La Châtre; fit ses études au collège de Bourges, et vint ensuite à Paris suivre les cours de l'Ecole de droit. Depuis 1850, M. Acollas a pratiqué l'enseignement du droit en qualité de professeur libre. Poursuivi, en décembre 1867, pour sa participation active au congrès démocratique tenu à Genève la même année, il fut condamné à un an de prison. Au 4 septembre 1870, M. Acollas sollicita du gouvernement de la Défense nationale les fonctions de commissaire civil près du général Garibaldi; ce poste lui ayant été refusé, il se tint dès lors à l'écart, et lorsque, la paix signée, les communications furent rétablies, il s'empressa d'accepter l'offre qui lui était faite d'une chaire de droit français à l'université de Berne. — Aux élections législatives du 20 février 1876, M. Acollas, rentré en France, posa sa candidature dans le VIe arrondissement de Paris; mais en dépit de la recommandation particulière de Garibaldi, qui n'avait probablement aucune idée de la situation, il n'obtint qu'un nombre de voix insignifiant: les électeurs du VIe arrondissement préférèrent au jurisconsulte Emile Acollas, le colonel Denfert-Rochereau, l'illustre défenseur de Belfort; préférence parfaitement justifiée.

Les principaux ouvrages de M. Acollas sont: l'*Enfant né hors mariage, Recherche de la paternité* (1865, 2e édition 1870); *Nécessité de refondre l'ensemble de nos codes*, etc. (1866), la *Question de conscience* (même année); *Manuel de droit civil (1871)*, première partie (en 3 volumes) d'un *Cours élémentaire de droit*, annoncé en 1868, et qui devait se diviser en sept parties. Depuis, M. Acollas a publié: l'*Idée du droit; Trois Leçons sur les principes philosophiques et juridiques du mariage*; la *République* et la *Contre-Révolution*; l'*Autonomie de la personne humaine; Cours de droit politique professé à l'université de Berne*: Première partie, *Commentaires de la Déclaration des droits de l'homme* (1873); la *Science politique, philosophie du Droit* (1877); les *Servitudes: les Actes de l'état civil* (1880), faisant partie d'une série d'ouvrages en cours intitulée: « le Droit mis à la portée de tout le monde », etc. M. Acollas a fondé, en 1878, à Paris, une revue ayant pour titre: la *Science politique*.

ACTON (lord), John Emerich Edward Dalberg Acton, homme politique et théologien catholique anglais, né à Naples en 1834; il a succédé au titre de son père, qui venait de mourir, en 1837. Il étudia pendant quelques années au collège catholique de Sainte-Marie, à Oscott, à l'époque où feu le cardinal Wiseman dirigeait cette institution; mais il doit surtout son éducation au fameux Dr Dœllinger, de Munich, près duquel il vécut longtemps. Sir John Acton a représenté Carlow à la Chambre des communes, de 1859 à 1865. Dans cette dernière année il posa sa candidature pour le bourg de Bridgnorth, déclarant dans sa profession de foi aux électeurs, qu'il représentait non le *corps*, mais l'*esprit* de l'Eglise catholique. Il échoua, quoiqu'au premier dépouillement des votes on lui eût trouvé *une* voix de majorité sur son concurrent. En 1869, à la recommandation de M. Gladstone, il fut créé pair du Royaume-Uni, avec le titre de baron Acton d'Aldenham. La même année, il se rendit à Rome, à l'occasion du concile œcuménique, et se fit alors remarquer par une vive hostilité à la doctrine de l'infaillibilité et par l'activité incessante, mais réservée, avec laquelle il ralliait, encourageait, excitait tous ceux dont l'opinion lui semblait favorable aux vues du Dr Dœllinger. Il passe pour avoir eu à cette époque des rapports suivis avec l'*Allgemeine Zeitung*, et pour avoir fourni à cette feuille la plupart des nouvelles qu'elle a publiées à propos du concile. Lord Acton est considéré comme le chef des « catholiques libéraux » en Angleterre. Il fut rédacteur en chef, de 1862 à 1864, de la *Home and Foreign Review*, revue trimestrielle qui ne disparut qu'interdite par les chefs ultramontains de l'Eglise catholique; il fonda ensuite un journal hebdomadaire, *the Chronicle*, qui, par les mêmes raisons à peu près, vécut peu, et enfin prit la direction de la *Nort-British Review*, ancien organe congrégationaliste, qui mourut dans ses mains, décidément malheureuses. Lord Acton a publié en allemand, en septembre 1870, une *Lettre à un évêque allemand présent au concile du Vatican* (*Sendschreiben an einen Deutschen Bischof des Vaticanischen Concil*. — Nordlingen, septembre 1870) qui lui attira une réplique assez verte de l'évêque de Mayence. Zélé partisan du Dr Dœllinger, son ancien précepteur, chef du parti « vieux catholique », lord Acton reçut de la Faculté de philosophie de Munich, à l'occasion du jubilé de l'université de cette ville (août 1872), le titre honorifique de docteur. En 1874, il prit une part très active à la violente polémique excitée par la brochure de M. Gladstone sur les décrets du Vatican (*the Vatican Decrees in their bearing on Civil Allegiance: A Political Expostulation*. — Novembre 1874), allant jusqu'à dénoncer, dans une série de lettres au *Times*, les turpitudes de plusieurs des successeurs de saint Pierre, tout en prenant soin d'affirmer qu'il n'y avait rien dans la vie qui lui fût aussi cher que sa communion avec l'Eglise catholique romaine. — Lord Acton est l'auteur de l'intéressant article sur *Wolsey et le divorce d'Henry VIII*, paru dans la *Quarterly Review*, de janvier 1877. Les deux lettres citées plus haut ont été traduites en français et publiées avec une préface de M. de Laveleye, en 1878, sous ce titre: *L'Histoire de la Liberté dans l'antiquité et le Christianisme*.

ADAM, Hercule Charles Achille, homme politique français, né à Boulogne-sur-Mer, le 29 novembre 1829. Associé d'une importante maison de banque, membre de la Chambre et du tribunal de Commerce de Boulogne, conseiller général du Pas-de-Calais, M. Achille Adam fut élu représentant du Pas-de-Calais à l'Assemblée nationale en février 1871, siégea au centre droit et fit partie du groupe de Clercq. Elu, le 20 février 1876, député de la première circonscription de Boulogne, une grave maladie, qui le fit considérer comme perdu, l'empêcha de se représenter après la dissolution qui suivit l'acte du 16 mai, et ce fut M. Livois qui fut élu à sa place le 14 octobre 1877; mais les élections d'août 1881 et celles du 4 octobre 1885 lui ont rendu son siège parmi les adversaires déclarés du gouvernement républicain. M. Achille Adam est chevalier de la légion d'honneur depuis le 2 octobre 1877. La ville de Boulogne doit en grande partie à M. Achille Adam l'exécution de son port en eau profonde, car non content d'être le promoteur du projet, il ne négligea rien pour en assurer le succès. Il a été à plusieurs reprises porté par ses collègues à la présidence du tribunal de Commerce de cette ville, position dans laquelle il s'est fait une grande réputation d'équité.

ADAM (dame Edmond), Juliette Lamber, femme de lettres française, est née en 1836, à Verberie (Oise). Veuve de M. Lamessine, elle devint la femme d'Edmond Adam, secrétaire général du Comptoir d'Escompte de Paris, l'un des hommes politiques les plus justement estimés de ce temps, mort sénateur inamovible le 13 juin 1877. Mme Edmond Adam a publié, sous son nom de jeune fille principalement, un grand nombre d'ouvrages de caractères très divers, romans et nouvelles, études historiques, philosophiques, etc., parmi lesquels nous citerons: *Blanche de Coucy* et l'*Enfance*, nouvelles (1858); *Idées antiproudhoniennes sur l'amour, les femmes et le mariage*, (id. 2e. éd. 1862); *Mon Village, Le Mandarin (1860); La Papauté (1861); Récits d'une paysanne (1862*, nouv. édit. 1885); *Voyage autour d'un grand pin (1863); Dans les Alpes (1867); L'Education de Laure (1868); Saine et Sauve (1870); Récits du golfe Jouan (1873); Le siège de Paris*, Journal d'une Parisienne (même année); *Grecque (1878); Païenne (1883)*, etc. Elle a en outre fait précéder un ouvrage de Mme la princesse Marie Troubetzkoï, intitulé *Amours (1886)*, d'une préface remarquable.

En 1879, Mme Edmond Adam, qui avait acquis depuis la guerre une influence politique et littéraire très considérable, fondait une revue bi-mensuelle, la *Nouvelle Revue*, dont le succès n'a pas cessé de croître.

ADAMS, Charles Francis, homme politique américain, fils de John Quincy Adams, 6e président des Etats-Unis, né à Boston, le 18 août 1807. A l'âge de deux ans, il fut emmené à Saint-Pétersbourg par son père, alors ambassadeur à la cour de Russie. Il y resta six années, pendant lesquelles il apprit les langues russe, française et allemande. En 1815, son père ayant été nommé ministre en Angleterre, il l'y suivit et y fut mis

en pension. Revenu en Amérique en 1817, il fut placé à l'école préparatoire de Boston, puis entra au collège d'Harvard, où il prit ses grades en 1825. En 1827, il commença l'étude du droit sous Daniel Webster et se fit inscrire au barreau en 1838, mais il n'aborda jamais la pratique de la profession, ayant épousé la fille de Peter C. Brooks, le plus riche marchand de Boston. Elu en 1843 membre de la Législature du Massachusetts, il fut désigné par le parti nouveau du *Free Soil* pour la vice-présidence des Etats-Unis, Martin van Buren, dont le premier terme allait finir, étant choisi par le même parti pour candidat à la présidence. Mais ce parti, composé en grande partie de démocrates opposés à l'extension de l'esclavage, ne réunit que peu de suffrages, jusqu'à ce que se coalisant en fin de compte avec la plupart des membres du vieux parti whig du Nord, ils formèrent le parti républicain, arrivé au pouvoir en 1850. En attendant, M. Adams était élu, en 1858, membre du Congrès. En 1861, il était envoyé à Londres comme ministre plénipotentiaire par le président Lincoln. Il conserva ce poste pendant toute la période de la guerre de Sécession, et ne fut rappelé qu'en 1868, sur sa demande. En 1871, il fut envoyé à Genève, comme arbitre pour les Etats-Unis, dans la commission chargée de statuer sur les réclamations à exercer contre la Grande-Bretagne dans l'affaire de l'*Alabama*. A son retour, il prit une part active à l'organisation du parti *républicain libéral*, qui échoua dans la personne de Greeley, son candidat à la présidence. M. Adams passa alors au parti démocrate, qui le fit gouverneur du Massachusetts en 1876. Il a collaboré assidûment à la *North-American Review* et au *Christian Examiner*, et fit, en 1870, devant la Société historique de New-York, un discours sur la *Neutralité américaine*, qui fut ensuite imprimé à part. Il a publié en outre : *the Life and Works of John Adams* (10 vol. in-8°. Boston, 1850-56), et *the Life and Works of John Quincy Adams* (1874-76, 13 vol.). Il avait publié précédemment (1875) : *Lettres familières de John Adams et de sa femme, Abigaïl Adams, pendant la Révolution*, suivies des *Mémoires de mistress Adams*.

ADAMS, JOHN QUINCY, fils du précédent, né à Boston, le 22 septembre 1833, étudia à l'école préparatoire de Boston, puis au collège d'Harvard, et se fit recevoir avocat en 1855 ; mais il abandonna bientôt la carrière du barreau pour se dévouer entièrement à la politique. Au début, il était républicain, et, comme tel, fut élu en 1866 membre de la Législature de Massachusetts ; mais, l'année suivante, ayant donné son adhésion à la politique du président Johnson, il ne fut pas réélu. Depuis lors, il fit cause commune avec le parti démocrate, qui le porta en 1867 au gouvernement du Massachusetts. En 1869 et 1870, il fut de nouveau élu membre de la Législature ; mais, en 1871, sa canditature au poste de gouverneur du Massachusetts échoua. Pendant sa carrière, comme membre de la Législature de cet Etat, M. John Quincy Adams a été considéré comme le chef (*leader*) du parti démocrate dans cet Etat. Il y prononça d'ailleurs beaucoup de discours importants sur divers sujets de politique générale et particulière et d'économie sociale.

ADAMS, CHARLES FRANCIS, *junior*, frère du précédent, né à Boston, le 27 mai 1835. Il fit ses études au collège d'Harvard, qu'il quitta en 1855. Il étudia ensuite le droit, et se fit recevoir avocat en 1858. Au début de la guerre de Sécession, il obtint une commission d'officier dans un régiment de cavalerie volontaire, servit pendant toute la durée de la guerre et parvint au grade de colonel ; en juillet 1865, il quittait le service avec le brevet de brigadier-général. Il a depuis collaboré à la *North-American Review*, où il a publié divers articles, principalement sur le système des chemins de fer ; en 1871, en collaboration avec son frère Henry (V. ci-après), il publia un volume ayant pour titre : *Chapters of Erie, and other essays*, relatif à la direction du chemin de fer de l'Erié. Il a publié, en outre (1875-76), une série d'articles dans l'*Atlantic Monthly*, où il passe en revue les plus terribles accidents de chemins de fer qui se sont produits depuis 1820, et les mesures qui en ont été la conséquence. Ces articles ont été depuis réunis en volume, sous ce titre : *The Railroad Problem*.

ADAMS, HENRY BROOKS, frère des précédents, né en 1838, est sorti du collège d'Harvard en 1858. Pendant la dernière partie des fonctions de son père comme ministre à Londres, il fut son secrétaire privé. En 1870, il a été nommé professeur suppléant d'histoire au collège d'Harvard, et est devenu rédacteur en chef de la *North-American Review*.

ADAMS, JOHN COUCH, astronome anglais, membre de la Société royale de Londres, est fils d'un petit fermier de Cornouailles et est né dans ce comté, près de Bodmin, en 1818. Il entra au collège Saint-Jean, à Cambridge, où, ayant terminé ses études, il devint répétiteur, puis professeur de mathématiques. Dès 1841, il commença ses recherches sur les causes des irrégularités d'Uranus, afin de pouvoir déterminer si ces irrégularités étaient dues à l'action d'une autre planète, encore inconnue et, dans ce cas, l'orbite de cette planète. En 1844, par l'intermédiaire du professeur Challis, M. Adams ouvrit avec l'astronome royal, M. Airy, une correspondance active sur ce sujet et, en octobre 1845, il envoyait à l'observatoire de Greenwich le résultat de ses recherches, prouvant qu'en effet les perturbations d'Uranus étaient dues à l'influence d'une autre planète, dont la position était indiquée. M. Airy écrivit à M. Adams, le 5 novembre 1845, pour lui demander si la perturbation signalée expliquait suffisamment l'erreur du *radius vector* d'Uranus ; mais M. Adams, par des causes restées inexpliquées, ne répondit pas immédiatement et, le 10 du même mois, Leverrier publiait dans les Comptes rendus de l'Académie des sciences de Paris, une étude sur ce même sujet : *les Perturbations d'Uranus produites par Jupiter et Saturne*, dans laquelle il indiquait la place occupée par la planète perturbatrice (connue aujourd'hui sous le nom de *Neptune*), distante à peine d'un degré de celle que lui assignaient les calculs de M. Adams. La Société royale de Londres, ayant à reconnaître solennellement cette grande découverte, se trouva fort embarrassée de savoir à qui, de M. Adams ou de M. Leverrier, elle devait, en bonne justice, conférer sa médaille annuelle ; mais comme aucun précédent n'autorisait la distribution de deux médailles, et que, d'un autre côté, la question de priorité, d'ailleurs fort difficile à établir, à part, le mérite des deux savants était égal, le conseil de la Société royale décida d'accorder un « testimonial » particulier à chacun des deux concurrents. M. Adams publia, en janvier 1847, un mémoire explicatif intitulé : *the Observed irregularities in the motion of Uranus*, qui fut plus tard réimprimé dans l'*Almanach nautique pour 1851*. En 1858, il succéda au feu doyen Peacocke, comme professeur d'astronomie à l'université de Cambridge. Il est correspondant de l'Institut de France (Académie des sciences, section d'astronomie) depuis 1857.

ADAMS, WILLIAM, chirurgien anglais, né à Londres le 1er février 1820. Il fit ses études au Collège du roi et fut nommé démonstrateur d'anatomie pathologique à l'hôpital Saint-Thomas en 1842, aide-chirurgien en 1851 et chirurgien de l'hôpital orthopédique en 1857 ; en 1875, il est devenu chirurgien de l'hôpital national des paralysés et des épileptiques. Membre de diverses sociétés médicales, il était président de la Société médicale de Londres en 1874. — On doit à M. W. Adams : *Esquisse théorique et pratique de la chirurgie sous-cutanée* (1857) ; *Sur la réparation des tendons humains après leur rupture* (1860) ; *Lectures sur la pathologie et le traitement de la courbure latérale de la colonne vertébrale* (1865) ; *Pathologie et traitement du pied-bot* (1866) ; *Division sous-cutanée du col du fémur dans l'ankylose de la hanche* (1871) ; *Sur le Traitement de la contraction des doigts, de Dupuytren* (1879). etc.

ADAMS, WILLIAM T., écrivain américain, né à Medway (Massachusetts), le 30 juillet 1822. M. W. T. Adams, pendant plusieurs années professeur dans les écoles publiques de Boston, a écrit, sous le pseudonyme devenu populaire d'OLIVER OPTIC, un assez grand nombre de livres destinés à l'enfance. Il a été longtemps éditeur d'un journal périodique intitulé *Oliver Optic's Magazine, pour les enfants* (*for boys and girls*), lequel a cessé de paraître seulement en janvier 1876. — Ses principaux ouvrages sont : *the Boat Club* ; *the Starry Flag* (le Drapeau étoilé) ; *Lake Shore* (Au bord du lac) ; *the Riverdale story Books* (Contes du vallon) ; *the Young America abroad* (la Jeune Amérique à l'étranger) ; et *In Doors and out* (A la maison et au dehors), recueil de contes familiers.

ADAMS, WILLIAM HENRY DAVENPORT, littérateur et journaliste anglais, né à Londres en 1828. Il débuta dans la carrière comme rédacteur d'un journal de province ; se rendit toutefois de bonne heure à Londres, où il ne tarda pas à se trouver en relations avec plusieurs journaux périodiques influents. Dans ces dernières années, ayant abandonné le journalisme, il s'est entièrement dévoué aux travaux de librairie et, outre qu'il s'est fait une réputation comme auteur fécond et populaire d'ouvrages de littérature instructive destinés à l'enfance, il a écrit un grand nombre de livres sur les sujets les plus divers, tels que : *Mémoires anecdotiques des princes anglais* (Anecdotal Memoirs of English Princes) ; *Beautés célèbres et femmes historiques* (Famous Beauties and historic Women) ; la *Magie et les Magiciens* (Magic and Magicians) ; *the Life-Work of Saint-Paul*, etc. Il a, de plus, publié une édition annotée des œuvres dramatiques de Shakspeare. — M. Adams a publié des traductions, ou plutôt des « adaptations », des œuvres de nos vulgarisateurs scientifiques les plus populaires, MM. Louis Figuier et Arthur Mangin, qui sont considérés comme ayant été très utiles au progrès de la science populaire dans son pays ; il a également traduit les principales œuvres de Michelet : *l'Oiseau, la Mer, la Montagne, l'Insecte*, publiées avec les illustrations de Giacomelli, et qui, grâce à lui, sont aujourd'hui populaires en Angleterre. Il a aussi reproduit, d'après le manuscrit de Mme Michelet, sa charmante monographie sur *la Nature, ou Poésie de la terre et de la mer*. Ses autres publications, au nombre d'une centaine environ, ne peuvent naturellement être ici mentionnées avec quelque détail ; nous pouvons toutefois citer encore : le *Monde arctique*, la *Méditerranée illustrée*, *Venise passée et présente*, les *Cités ensevelies de la Campanie*, *Batailles mémorables*, *Scènes du drame de l'histoire d'Europe*, *Souvenirs de nobles existences*, *Épisodes de l'histoire anglo-indienne* ; les *Partis et les chefs de partis en Angleterre depuis Walpole jusqu'à Peel* (1878, 2 vol.) ; *Plain living and high thinking* (1881), etc., etc. — M. W. H. D. Adams a été rédacteur en chef du *Scottish Guardian* de 1870 à fin 1877.

Son fils, M. W. D. ADAMS, est auteur du *Dictionnaire de littérature anglaise* et d'un ouvrage sur les *Livres célèbres*. Il a publié des éditions annotées des *Poètes de l'amour depuis Shakspeare jusqu'à Tennyson*, des *Poètes comiques du XIXe siècle*, des *Poètes d'aujourd'hui*, etc.

ADAMS-ACTON, JOHN, sculpteur anglais, né à Acton (Middlesex), le 11 décembre 1833. Il fit ses études à l'école d'Ealing Grove et fut reçu en 1853 à l'Académie royale, où il obtint la première médaille d'argent de chaque classe, et de plus, la médaille pour une composition originale de sculpture. Il fut envoyé à Rome par l'Académie. — Ses principaux ouvrages, exécutés tant en Italie qu'en Angleterre, sont : *la Dame du Lac*, le *Premier sacrifice* (mort d'Abel), *il Giuocatore di castelletto*, la *Fille de Pharaon*, *Zénobie*, *Cupidon*, *Psyché* ; des portraits-bustes de *M. Gladstone*, pour Liverpool ; de lord *Brougham*, de *M. Bright*, de *Cobden*, de *sir Wilfrid Lawson*, du caricaturiste *George Cruikshank*, de *John Gibson*, de *George Moore*, de *Charles Dickens*, du *Dr Jobson*, de *John Prescott Knight* de l'Académie royale, de *Lord Napier de Magdala*, de M. *E. Powell* et du *Prince de Galles*. Il a exécuté, en outre, divers monuments dont les plus importants sont : l'*Ange de la résurrection*, le *Mausolée de sir Titus Salt*, le grand manufacturier, à Saltaire ; le « Mémorial » de *John* et *Charles Wesley*, à l'abbaye de Westminster ; un buste de *John Routledge* ; et une statue demi-grandeur de *John Landseer, de l'Académie royale, lisant*. — M. Adams-Acton a été élu membre de la Société des artistes britanniques, en 1883.

ADDERLEY, SIR CHARLES BOWYER, homme d'Etat anglais, né en 1814. Il étudia au collège du Christ à Oxford, dont il sortit en 1835, avec le diplôme de bachelier ès arts. Il a été élu en 1841 membre de la Chambre des communes par les conservateurs de la circonscription nord du comté de Stafford, qu'il y représente encore aujourd'hui. M. Adderley a été président du *Board of Health* et vice-président du comité du Conseil privé pour l'éducation sous la seconde administration de lord Derby (1858-59), et sous-secrétaire d'Etat pour les colonies, pendant le troisième passage aux affaires du même homme d'Etat (juillet 1866 à décembre 1868). Il est administrateur de l'école de Rugby et président de la Commission royale sanitaire. En 1869, il fut fait chevalier-commandeur de l'ordre de Saint-Michel et Saint-George. Lors de l'avant-dernier passage du parti conservateur au pouvoir, en février 1874, il a été ministre du commerce. Sir Charles Adderley a pris une part active à l'établissement de l'autonomie coloniale ; il a publié diverses brochures sur l'éducation, sur la discipline pénale et sur des sujets intéressant les colonies. Il est magistrat et député-lieutenant pour les comtés de Warwick et de Stafford.

ADLER, NATHAN MARCUS, rabbin allemand, né en 1803, à Hanovre, fit ses études aux universités de Gœttingen, Erlangen et Würtzbourg. Il fut nommé grand rabbin d'Oldenberg en 1829, du Hanovre et de ses provinces en 1830 et, le 9 juillet 1845, fut installé comme grand rabbin des congrégations unies de l'empire Britannique. — M. N. M. Adler est l'auteur de *Sermons sur la doctrine juive* et de plusieurs ouvrages en hébreu, dont le principal, intitulé *Nethina Lagér*, est un commentaire du *Targum* d'Onkelos, paraphrase chaldaïque sur le *Pentateuque*.

ADLER, HERMANN, fils du précédent, est né à Hanovre, en 1839 ; il accompagna son père à Londres en 1845, commença ses études au collège de l'université de Prague, puis à celle de Leipzig. Il prit le grade de bachelier ès arts à l'université de Londres en 1859, et celui de docteur en philosophie à Leipzig en 1861. M. H. Adler a été nommé en 1863 principal du collège des Israelites de Londres, et l'année suivante, rabbin de la synagogue de Bayswater. — Ses ouvrages principaux sont : *Sermons sur les passages de la Bible ajoutés par les théologiens chrétiens pour appuyer leur doctrine* (1869) ; les *Juifs en Angleterre et Ibn Gabirot, le poète philosophe* ; outre bon nombre de sermons et de conférences et des articles parus dans les feuilles périodiques.

ADNET, JEAN JOSEPH MARIE EUGÈNE, homme politique français, né en 1823. La révolution du 4 septembre le trouva procureur impérial à Tarbes, et le révoqua. M. Adnet, porté sur une liste républicaine aux élections du 8 février 1871, fut élu membre de l'Assemblée nationale, par le département des Hautes-Pyrénées. Il prit place au centre droit et déposa sur le bureau de l'Assemblée une proposition opposée à la proposition Rivet (août 1871), dont l'objet était de conférer à M. Thiers le titre de président de la République et de maintenir le pouvoir exécutif entre ses mains pendant toute la durée de l'Assemblée actuelle, bien que ce fût précisément sur la liste où figurait le nom de M. Thiers que le sien avait été offert au choix des électeurs des Hautes-Pyrénées. — M. Adnet a fait partie, et partie très active, du groupe de Clercq ; il a d'ailleurs invariablement apporté l'appoint de son vote à toutes les mesures de réaction. Le 25 février 1875, il allait même jusqu'à se séparer de la majorité du centre droit pour voter contre la constitution Wallon, non pas, sans doute, parce qu'il la jugeait insuffisamment républicaine. C'est également comme candidat « conservateur » que M. Adnet s'est présenté aux élections sénatoriales du 30 janvier 1876, dans ce département qui, après l'avoir élu député, l'avait repoussé comme conseiller général. Les électeurs sénatoriaux des Hautes-Pyrénées l'ont toutefois élu. Mais ils ne lui ont pas renouvelé son mandat aux élections du 3 février 1882.

ADOLPHE-GUILLAUME, duc de Nassau. — Voy. NASSAU (duc de).

ADVIELLE, VICTOR, écrivain français, né à Arras en 1823. On lui doit un assez grand nombre de notices historiques et biographiques, tirées à petit nombre, relatives à diverses provinces de la France et d'autres publications ; notamment : *Souvenir d'une visite à l'Abbaye St-Antoine, en Dauphiné* (1859) ; *Souvenirs historiques de l'Artois*, *Notice sur Thomas Mermet*, *Notice sur Hugues Merle, le Chevalier Bayard* (1860) ; *Livret de poche du voyageur français à l'Exposition universelle de Londres* (1862) ; *les Artistes Dauphinois au Salon* (1863) ; *l'Abbé J. H. R. Prompsault* ; *Causeries dauphinoises* (1864) ; *les Écossais en Rouergue* (1865) ; *le Rouergue dans ses rapports avec le nord de la France* (1866) ; *le Rouergue dans ses rapports avec le Dauphiné et la Savoie*, et *les Beaux-Arts en Rouergue* (1868) ; *Christophe Plantin a-t-il connu le clichage ty-*

pographique? (*1870*); *Lettres et poésies inédites de Voltaire* (*1872*); *Notice sur l'hospice d'Aubrac, en Rouergue; Du bénéfice-cure en Savoie*, etc.; *les Droits et les devoirs des conservateurs et administrateurs des bibliothèques communales* (*1874*); *Questions de droit relatives aux bureaux de bienfaisance* (*1875*), *etc.*, *etc.*

ADYE, sir John Miller, général anglais, né en 1819, à Sevenoaks, dans le Kent (Angleterre); fit ses études à l'Académie militaire de Woolwich, entra dans l'artillerie royale vers la fin de 1836, où, passant par tous les grades, il atteignit enfin celui de brigadier-général. Il a été promu major général en décembre 1875 et lieutenant général en 1879. Pendant la guerre de Crimée et l'insurrection indienne, sir John Adye était adjudant général de l'artillerie. Il servit également dans la campagne de Sitana (Afghanistan), pour laquelle il reçut une médaille, outre celles de l'insurrection indienne et de la guerre de Crimée, ainsi que la croix du Medjidié, quatrième classe. Créé chevalier de l'ordre du Bain en 1855, il fut promu, dans le même ordre, au grade de commandeur en 1873 et à celui de grand-croix en 1882. Créé, pendant la guerre de Crimée, officier de la Légion d'honneur, pour services rendus à l'armée française, sir J. M. Adye a été promu, en février 1874, commandeur du même ordre par le président de la République. Nommé en 1875 gouverneur général de l'Académie militaire de Woolwich, il donnait sa démission en 1880, étant appelé aux fonctions d'inspecteur général de l'artillerie. Le général Adye était chef de l'état-major général de l'armée expéditionnaire envoyée en Egypte en 1882, sous le commandement de lord Wolseley. A son retour, il fut appelé au gouvernement de Gibraltar, en remplacement de lord Napier de Magdala. Sir Adye a publié : *the Defence of Cawnpore by the troops under the orders of major-general C. A. Windham, en novembre 1857* (*1858*); *A Review of the Crimean war to the winter of 1854-55* (*1860*): et *Sitana, Mountain campaign on the borders of Afghanistan, in 1863* (*1867*); *the British Army in 1875*, etc.

ÆGIDI, Ludwig Karl, jurisconsulte et homme politique allemand, né à Tilsitt vers 1812. Il était fils d'un médecin homéopathe d'une certaine notoriété. M. Ægidi fit ses études à Heidelberg, Berlin et Gœttingue et se lança dans le journalisme libéral. Il rédigeait en 1848, avec Moritz Veit, la *Gazette constitutionnelle* de Berlin. Quelques années plus tard, après avoir passé un an ou deux dans l'administration prussienne, il se fit agréger à Gœttingue et fit des cours de droit national et de droit des gens, dont s'émut à la fin le gouvernement et qui furent, en conséquence, interdits en 1856. En 1857, il obtenait une chaire de droit à Erlangen; passait de là au gymnase de Hambourg, en 1859, et enfin à l'université de Bonn en 1868. Il avait été élu, l'année précédente, membre de la Chambre des députés et avait pris place sur les bancs des conservateurs dits indépendants, ce qui lui avait acquis les faveurs du chancelier. — On lui doit diverses publications de droit.

AFINGER, Bernard, sculpteur allemand, né en 1813, à Nuremberg; il est fils d'un tisserand et a été lui-même ouvrier ferblantier jusqu'à l'âge de dix-sept ans. Tout en exerçant sa profession, il suivait dans ses loisirs les cours de l'Ecole des arts, et ce fut sa copie de la *Madone en prière*, de Nuremberg, qui attira l'attention sur lui et le fit mettre en état d'aller achever ses études artistiques à Berlin. Les premières œuvres de M. Afinger sont des sujets religieux, exécutés dans le style du moyen âge. Quoiqu'il n'ait jamais complètement abandonné cette branche importante de l'art du « tailleur d'images », il a fait à diverses reprises, et avec succès, des incursions dans les autres. On a de lui, notamment, une statue de *Rachel*, qui date de 1850. On lui doit également les statues d'un certain nombre de savants et d'artistes allemands : Humboldt, Kaulbach, etc., etc., de plusieurs princes ou princesses, ainsi que le monument commémoratif du quatre centième anniversaire de la fondation de l'université de Greifswald (1856), groupant les statues de ses professeurs les plus illustres. Celle du théologien protestant Arndt, surtout, a été reproduite à un grand nombre d'exemplaires. On cite encore de cet artiste, qui n'a exposé qu'en Allemagne, une statue de *Pénélope* et un *Monument funèbre* élevé dans la chapelle des Invalides de Berlin. — Il est membre de l'Académie des beaux-arts de Berlin depuis 1873.

AGAR, Florence Léonide **Charvin** (dite), artiste dramatique, née à Sainte-Claude (Jura), en 1836. Venue à Paris à l'âge d'environ 22 ans, elle vécut d'abord de leçons de piano, puis entra comme chanteuse au café-concert du Cheval-Blanc. En 1859, elle chantait au théâtre Beaumarchais, comme personnification de la France, une cantate en l'honneur de la victoire de Solferino. Sur les conseils de Ricourt, qui l'avait remarquée, elle étudia la tragédie et se fit d'abord entendre dans divers rôles, notamment dans celui de *Phèdre*, sur la petite scène de la rue de La Tour-d'Auvergne. Son succès lui ouvrit les portes de l'Odéon, où elle débuta précisément dans le rôle de Phèdre. Outre divers rôles de l'ancien répertoire, Mlle Agar créa quelques drames modernes à ce théâtre. Après son succès dans le rôle de la reine mère de la *Conjuration d'Amboise*, l'auteur, Louis Bouilhet, lui confia celui de *Faustine*, jouée à la Porte-Saint-Martin. Revenue à l'Odéon, elle remportait un nouveau succès dans le rôle de Sylvia, du *Passant* de M. Coppée (1869); puis elle joua, la même année, la *Lucrèce* de Ponsard. En juillet 1870, Mlle Agar remportait un succès d'une autre nature, en chantant la *Marseillaise* sur la scène du Théâtre-Français. En mai 1871, dans une fête organisée aux Tuileries au profit des blessés de la Commune, elle dit quelques vers, et quoique ce fût, assure-t-on, sur l'invitation pressante de l'administrateur de la Comédie-Française, on lui en fit si bien un crime, qu'elle dut rester éloignée de notre première scène dramatique pendant plusieurs années, qu'elle passa en province. Elle rentra brillamment au Théâtre-Français par la création du rôle de Mme Bernard des *Fourchambault*, d'Emile d'Augier (1878), et ne l'a plus quitté depuis. — Mlle Agar a paru sur différentes scènes de Paris, à la Gaité, au Châtelet, à la Renaissance, etc., outre celles déjà citées, et a fait à diverses reprises de fructueuses tournées en province.

AGARDH, Jacques George, botaniste suédois, fils du célèbre botaniste et mathématicien Ch.-A. Agardh, mort évêque de Carlstad en 1858, est né à Lund en 1813 et fit ses études dans cette ville et principalement sous la direction de son père. Devenu professeur de botanique à l'université de sa ville natale, il s'attacha principalement à la poursuite des travaux de son père sur les algues et à compléter la collection de plantes marines formée par celui-ci. Ses ouvrages, tous écrits en latin, sont exclusivement consacrés à l'étude des plantes marines. — M. Agardh est correspondant de l'Académie des sciences, section de botanique.

AGNEL, Emile, philologue français, né en 1810, à Paris, où il fit ses études et fut inscrit au tableau des avocats dès 1831. On a de lui des *Codes manuels spéciaux à l'usage des propriétaires et des locataires* (*1839* et nombreuses éditions successives), *des propriétaires ruraux et des fermiers* (*1848*), *des artistes* (*1850*), *des assureurs et des assurés* (*1861*), etc. ; une traduction des *Métamorphoses d'Ovide* (*1854*), en vers ; *Observation sur le langage des environs de Paris* (*1855*); *Tableau synoptique des modifications subies par les primitifs latins qui ont servi d'éléments à la formation de la langue française* (*1864*); *De l'influence du langage populaire sur la forme de certains mots* (*1870*). M. Agnel a également publié, en 1858 : *Curiosités judiciaires et historiques au moyen âge*, contenant de très intéressantes révélations, notamment sur les procès intentés aux animaux.

AGNELLI, Salvatore, compositeur italien, né à Palerme, en 1817. Il commença ses études dans sa ville natale et les acheva au Conservatoire de Naples, où il eut Donizetti pour dernier professeur, et qu'il quitta en 1834. La même année, il faisait représenter au Teatro Nuovo, de Naples, son premier opéra : *i Due Pedanti*. Vinrent ensuite: *il Lazzarone napolitano* (*1838*), au même lieu ; *Una notte di carnevale*, opéra bouffe (1838), à Palerme, au théâtre Carolino *i Due Gemelli* et *i Due Forzatti* (*1839*), au même lieu ; *la Locandiera* (*1839*), au Nouveau Théâtre de Naples ; *la Sentinella notturna* (*1840*), au théâtre Parthénopéen ; *l'Ommicido immaginario*, à la Fenice (1841) ; *i Due Pulcinelli simili* (*1831*), et *il Fantasma* (*1842*), au même théâtre. — Fixé en 1846 à Marseille, M. Agnelli a fait représenter au Grand Théâtre de cette ville : *la Jacquerie*, grand opéra en 3 actes (1849) ; *Léonore de Médicis*, grand opéra en 4 actes (1855); *les Deux Avares*, opéra-comique en 3 actes (1860), écrit sur le poème de l'opéra de Grétry, en conservant la *marche* célèbre du maître français. — M. Agnelli a en outre écrit à Marseille la musique de trois ballets ; il a fait entendre, il y a plusieurs années, dans un salon parisien, des fragments de son opéra inédit de *Cromwell*. On lui doit encore un *Stabat mater*, et une cantate: *l'Apothéose de Napoléon Ier*, exécutée en 1866 dans le jardin des Tuileries.

AGNENI, Eugenio, peintre italien, né à Sutri, province de Rome, en 1819. Elève de Fr. Coghetti, il s'adonna à la peinture historique et religieuse. Chargé de peintures pour le théâtre Apollo, il exécuta notamment une grande fresque représentant *Apollon couronnant les œuvres de Métastase*, qui commença sa réputation. Il fit ensuite des tableaux religieux et autres travaux pour les églises de Rome et de la contrée. En 1848, Agneni participa à la défense de Rome contre l'armée française, à la tête d'un bataillon de volontaires. Rome tombée, il dut chercher son salut dans la fuite la plus rapide, et alla s'établir à Gênes. Il peignit dans cette ville : *Abraham conduisant Isaac sur le mont Morija, Un souterrain de l'Inquisition, Sapho retirée de la mer par les Néréides*, et différents ouvrages pour des particuliers, notamment l'*Italie triomphante*, grande fresque, au palais Piama. En 1853, il vint s'établir à Paris, et exposa chaque année quelques ouvrages au Salon, jusqu'à celui de 1857, qui reçut son dernier envoi.

AHLQUIST, Auguste Engelberg, philologue finnois, né à Kuopio en 1826. Il fit ses études à l'université d'Helsingfors et se livra de bonne heure aux recherches concernant les vieux idiomes finnois. Il fonda à 20 ans, avec quelques amis, un journal littéraire et philologique appelé *Suometar*, et devint professeur de langue et de littérature finnoises à l'université d'Helsingfors en 1862. Outre les livres, M. Ahlquist alla étudier la langue finnoise sur place, c'est-à-dire jusque dans les bourgades de la Russie septentrionale, comparant les idiomes locaux et se faisant renseigner sur les différences qu'il y rencontrait. A son retour de cette exploration, qui ne dura pas moins de six ans (1853-1858), il en publia une *Relation* en langue finnoise (1860). Il publia aussi la traduction finnoise de quelques poésies de Schiller ; un recueil de poésies finnoises intitulé *Etincelles* (Sakenia) ; une *Grammaire wothique* (*1855*) ; *Recherches sur les langues ouralo-altaïques* (*1871*) ; *Du perfectionnement des langues finnoises* (*1874*), etc.

AHMED BEN AMAR, célèbre chasseur de fauves arabe, d'origine tunisienne. Né au Keff, il quitta, étant encore enfant, le territoire de la Régence avec son père, qui, fuyant une sorte de *vendetta* arabe, vint s'établir près de ce qui est aujourd'hui la ville algérienne de Souk-Ahras. Le père d'Ahmed, étant lui-même un chasseur intrépide, initia de bonne heure son fils aux dangers de cette redoutable industrie, où il devint bientôt d'une habileté qu'égale seule son audace. Ahmed est en effet un des rares chasseurs de fauves qui tirent le lion en plein jour et face à face ; mais, conséquence naturelle, il est peut-être celui dont la peau tannée (Ahmed est mulâtre) est le plus lacérée de blessures. Pour reconnaître les services rendus à la colonie par cet intrépide chasseur, le maréchal Pélissier lui remit, en 1863, une médaille d'or et un diplôme d'honneur. Le chiffre de ses victimes, montait à cette époque à quarante lions et dix-neuf panthères, et celui de ses blessures à *vingt-trois*. Un journal algérien, *la Numidie*, établissait, en mars 1876, le compte de fauves tués par Ahmed à cette date, et qui se *soldait* par soixante-huit lions et vingt-huit panthères. — Nous ignorons si ce compte a été rectifié et dans quelle proportion Ahmed ben Amar a augmenté la liste de ses victimes.

AHMED VEFIK PACHA, homme d'Etat ottoman, né à Constantinople vers 1820. Emmené à Paris en 1834, par son père, qui accompagnait l'ambassadeur Réchid Pacha comme premier drogman, il fit ses études à l'institution Hortus et au lycée Saint-Louis. A son retour à Constantinople, en 1840, il fut admis au bureau de traduction de la Porte, dont il devint bientôt le directeur. C'est dans cette situation qu'il réunit les documents nécessaires à la publication d'un annuaire de l'empire ottoman portant ce titre : *Salaamé*, publication qui a été continuée. Commissaire de la Porte dans les principautés danubiennes, de 1849 à 1851, Ahmed Vefik était envoyé en Perse, au mois de mai de cette dernière année, en qualité d'ambassadeur extraordinaire, ayant pour mission de détourner le shah de l'alliance russe. Il réussit dans cette mission, et revint à Constantinople à la fin de 1855. Il devint alors, successivement, membre du conseil d'Etat, du Haut Conseil de la guerre et du tanzimat ou conseil des réformes. Enfin, en 1857, il était appelé par le sultan au ministère de la justice. En 1860, Ahmed Vefik représenta le gouvernement ottoman à la conférence de Paris chargée de régler le différend causé par les troubles de la Syrie et s'y montra patriote énergique et éclairé. A son retour en Turquie, il reçut le titre de pacha. Plusieurs fois ministre, dans des administrations toujours de peu de durée, suivant les errements turcs, il était nommé grand vizir le 1er décembre 1882, en remplacement de Saïd Pacha.

AHRENS, Franz Ludolph Heinrich, helléniste allemand (1809-1881). Il naquit à Helmstaedt (Brunswick) et termina ses études à Gœttingue. Après avoir dirigé, dans le Hanovre, divers établissements d'enseignement, il entra à la Chambre haute en 1849, pour y représenter les intérêts de l'Université, et devint membre du synode hanovrien. On a de lui, notamment : *De Græce linguæ dialectis* (*1839-43*); *Bucolicorum græcorum reliquiæ* (*1855*, 2 vol.); et quelques ouvrages classiques, souvent réimprimés, tels que : les *Éléments d'Homère; Théorie du dialecte homérique et attique*, etc.

AICARD, Jean, poète et littérateur français, né à Toulon, le 4 février 1848, est fils d'un ancien professeur d'histoire au lycée de cette ville, écrivain distingué, dont on n'a qu'un *Cours d'Histoire nationale* publié à part (1840). Venu de bonne heure à Paris, M. Jean Aicard s'y est fait rapidement une très belle place parmi les poètes de la nouvelle génération. Il a publié : les *Jeunes croyances*, poésies (1867); les *Rébellions et les apaisements*, poésies (1871); *Poèmes de Provence*, couronnés par l'Académie française (1874); la *Vénus de Milo*, recherches sur l'histoire de sa découverte, d'après des documents inédits (1875); la *Chanson de l'enfant*, également couronnée par l'Académie (1876); *Lamartine*, poème, auquel l'Académie française décerna le prix de poésie (1883); le *Dieu dans l'homme* (*1885*), etc. Il a donné au théâtre : *Au clair de la lune* (*1870*) et *Pygmalion* (*1872*), à l'Odéon: *Mascarille*, à-propos en vers pour l'anniversaire de Molière (1873); *Smilis*, drame en 4 actes, en vers (1884). aux Français. Le 10 juin 1886, le comité de lecture de la Comédie française acceptait encore, de M. Aicard, un drame intime en 4 actes et intitulé : le *Père Lebonnard*. — M. Jean Aicard a collaboré à divers Recueils périodiques. Il est membre de l'Académie du Var.

AIGLE (comte de l'), Robert des Acres, homme politique français, fils d'un ancien membre de l'Assemblée nationale de 1871, est né à Carlepont (Oise) en 1843. Il fit ses études à Paris et entra dans la diplomatie à dix-neuf ans, comme attaché à l'ambassade de Vienne. Nommé secrétaire de l'ambassade de Londres en 1865, il rentrait au Ministère des affaires étrangères en 1868, et donnait sa démission après le 4 septembre. M. le comte de l'Aigle est membre du Conseil général de l'Oise depuis 1876. Il a été élu député de ce département le 4 octobre 1885, en tête de la liste monarchique et s'est fait inscrire au groupe de l'« Union des droites ».

AIKINS, James Cox, homme d'État canadien, né dans la commune de Toronto, comté de Peel (Ontario), le 30 mars 1823, fit ses études à Cobourg, et débuta dans la carrière politique en 1854, comme représentant de son comté natal à l'Assemblée canadienne. Elu membre du Conseil législatif pour la Division intérieure, comprenant les comtés de Peel et de Halton, il siégea dans le Conseil jusqu'à sa suppression par la Confédération, après quoi il fut élevé au Sénat. Membre du Conseil privé en 1869, il fit partie du Ministère Macdonald, comme secrétaire d'Etat, jusqu'à sa chute, en 1873. En 1872, il avait fait adopter par le Parlement la loi sur les terres du domaine public et organisé le bureau chargé de l'administration des terres acquises dans le nord-ouest, principalement de la Compagnie de la baie d'Hudson, lequel est aujourd'hui rattaché au Ministère de l'intérieur du Canada. Au retour du ministère Macdonald, M. Aikins reprit son portefeuille de secrétaire d'Etat (1878). Il est devenu, en 1882, lieutenant-gouverneur de la province de Manitoba.

AILLÈRES (d'), AUGUSTIN FERNAND CAILLARD, homme politique français, né à Paris le 31 janvier 1849. Lieutenant aux mobiles de la Sarthe en 1870, il fut fait prisonnier à la bataille du Mans et interné en Allemagne jusqu'à la conclusion de la paix. Nommé, au concours, auditeur de deuxième classe au Conseil d'Etat en 1873 et auditeur de première classe en 1875, il fut choisi pour chef de cabinet par M. le vicomte de Meaux, ministre de l'agriculture et du commerce. Il suivit son chef dans la retraite et, du même coup, donna sa démission d'auditeur au Conseil d'Etat. Membre du Conseil général de la Sarthe depuis 1877, M. d'Aillères fut élu député de la deuxième circonscription de Mamers à l'élection partielle du 12 février 1882, nécessitée par le décès de M. de Perrochel, et prit place sur les bancs de la droite; il a été élu député de la Sarthe, avec tous les candidats monarchistes, le 4 octobre 1885. M. d'Aillères fait partie, à la Chambre, du groupe dit de l' « Union des droites » et du groupe agricole. Il est chevalier de la Légion d'honneur depuis 1877.

AINSWORTH, WILLIAM FRANCIS, voyageur et géographe anglais, membre de la Société royale de géographie, de la Société des antiquaires de Londres, etc., ainsi que d'un grand nombre de sociétés savantes étrangères. Il naquit à Exeter, le 9 novembre 1807, étudia la médecine et les sciences naturelles et fit un premier voyage scientifique sur le continent, dès qu'il eut été reçu docteur en philosophie (1827), principalement dans le midi de la France. A son retour, en 1829, il prit la direction du *Journal of natural and geological sciences*.

Lors de l'invasion du choléra dans le Sunderland, en 1832, M. Ainsworth fut un des premiers à se rendre sur les lieux que désolait l'épidémie, pour être plus à portée de l'étudier, et il publia effectivement, ensuite, le résultat de ses observations sous ce titre : *On pestilential cholera*. Il fut alors attaché comme chirurgien aux hôpitaux de cholériques de Saint-Georges, Hanover Square, et de Westport, Ballinrobe, Claremorris et Newport, en Irlande. Etant en Irlande, il étudia la géologie du pays et fit sur ce sujet des lectures (ce que nous appelons des *conférences*) à Limerick et à Dublin. En 1835, il fut attaché, en la double qualité de chirurgien et de géologue, à l'expédition ayant pour objet la recherche d'une route de l'Inde par l'Euphrate, et publia à son retour : *Researches in Assyria, Babylonia and Chaldæa (1838)*. Cette même année, il fut envoyé par la Société royale de géographie et la Société pour le développement des connaissances chrétiennes, dans le Kourdistan, qu'il venait de parcourir une première fois, avec mission d'étudier la situation des chrétiens de ce pays, notamment des Nestoriens. Ses *Voyages dans l'Asie Mineure, la Mésopotamie et l'Arménie (1842)*, et ses *Voyages sur la piste des Dix-Mille (Travels in the track of the Ten-Thousand Greecks — 1844)*, furent le résultat de ces deux voyages successifs, qui durèrent plus de sept années. M. Ainsworth a publié en outre : *Claims of the oriental christians; Lares and Penates, or Cilicia and its governors; the Euphrates Valley Route to India*. (La route de l'Inde par la vallée de l'Euphrate); *On an indo-european telegraph by the valley of the Tigris*. (Sur la construction d'une ligne télégraphique indo-européenne passant par la vallée du Tigre), projet mis à exécution depuis par le gouvernement turc; *Autour du monde* (All round the world); le *Dictionnaire géographique universel illustré* (the Illustrated Universal Gazetteer), etc.

M. W. F. Ainsworth est l'un des fondateurs du West London Hospital, dont il est aussi l'un des administrateurs et le trésorier. Il est également propriétaire et rédacteur en chef du *New Monthly Magazine*.

AIRY, sir GEORGE BIDDELL, astronome anglais, né le 27 juin 1801 à Alnwick (Northumberland). Il fit ses études aux écoles de Hereford et de Colchester, et les termina au collège de la Trinité de Cambridge. Reçu bachelier ès arts en 1823, il fut nommé agrégé l'année suivante; maître ès arts en 1826, il fut élu la même année à la chaire de Lucas. Cette chaire qu'avait illustrée le passage de Barrow et de Newton, était devenue à peu près muette, et la position de professeur conférée à M. Airy, une espèce de sinécure; mais celui-ci jugea qu'il en devait être autrement, et ouvrit, presque aussitôt après son élection, un cours public de physique expérimentale, qu'il continua de 1827 à 1836; c'est le premier où la théorie des ondulations lumineuses se trouve développée d'une manière satisfaisante. En 1828, M. Airy fut nommé à la chaire d'astronomie, poste qui l'investissait de la direction de l'Observatoire récemment créé. Il commença alors une série d'observations, et apporta au mode de calcul et de publication de ces observations, des perfectionnements bientôt imités à Greenwich et dans les autres établissements anglais du même genre. Parmi les instruments nouveaux construits par M. Airy ou sur ses plans, pendant son passage à l'Observatoire de Cambridge, nous citerons le télescope de Northumberland. En 1851, une vive discussion s'éleva au sein de l'Université, à propos de l'admission aux grades académiques des membres des Eglises dissidentes : M. Airy fut un de ceux qui appuyèrent le plus chaudement la légitimité de cette admission. En 1835, il succéda à John Pond, comme astronome royal, directeur de l'Observatoire de Greenwich. Dans cette nouvelle position, M. Airy se distingua par des réformes utiles, quoique n'affectant point le plan général qui donne à cet établissement son caractère particulier, perfectionnant les méthodes de calcul, introduisant des instruments nouveaux ou perfectionnant les anciens; donnant, en un mot, à cette institution une importance scientifique qu'elle n'avait pu atteindre avant lui. Sir G. B. Airy, qui revit, édita et publia les observations de Groombridge, Catton et Fallows, et résuma celles de Greenwich depuis 1750 jusqu'à nos jours, a également jeté une vive lumière sur la chronologie astronomique ancienne, en calculant la révolution de plusieurs des éclipses les plus importantes des temps anciens. Trois fois, en 1842, 1851 et 1860, il se rendit sur le continent, dans le but d'observer plusieurs éclipses solaires, et, à cette dernière date, il organisa une expédition d'astronomes nationaux et étrangers en Espagne, désignée sous le nom, emprunté au bâtiment mis à sa disposition par l'Amirauté, de *Himalayan Expedition*. Il a développé la théorie de Newton sur la gravitation universelle, déterminé le poids de la terre par une série d'expériences sur les vibrations relatives du pendule à l'orifice et au fond des mines, concouru au perfectionnement des chronomètres de marine et à l'établissement des signaux télégraphiques. En 1838, consulté par le gouvernement sur la déviation de l'aiguille aimantée dans les navires en fer, la théorie qui résulta de ses recherches conduisit au système de correction de cette déviation, au moyen de fer et d'aimants, adopté universellement depuis. Il fut président de la commission chargée de l'examen de la question générale des étalons monétaires et des poids et mesures, et de la commission chargée de la surveillance de la reconstruction des nouveaux étalons des poids et mesures, après l'incendie qui détruisit les anciens, déposés au Parlement, en 1834; en cette qualité, il se montra favorable à l'adoption du système décimal dans son pays. Membre de la commission des chemins de fer, il préconisa le système des voies étroites, contre les voies larges. Ce fut lui, enfin, qui dirigea les opérations astronomiques préparatoires pour la délimitation des frontières du Canada et des Etats-Unis. — Ce savant a collaboré activement aux *Cambridge Transactions*, aux *Philosophical Transactions*, aux *Memoirs of the Royal astronomical Society*, au *Philosophical Magazine*, à l'*Athenæum*, etc. En 1869, il communiqua à la Royal astronomical Society une note importante *Sur la dispersion chromatique atmosphérique et son influence sur les observations télescopiques, et sur un moyen de la prévenir*. En observant Mercure au moment d'un passage, il avait été frappé de la coloration des bords de cette planète, aussi bien que de ceux du soleil, laquelle empêchait de les distinguer nettement, et, considérant le prochain passage de Vénus dont le monde savant, principalement les astronomes, s'occupait déjà vivement, et dont l'observation, dans les conditions actuelles, pouvait être imparfaite, sir G. B. Airy se mit immédiatement à l'œuvre; ajoutant à l'oculaire du télescope un prisme de verre d'un angle de réfraction restreint, il prévint ainsi l'inconvénient signalé. Il fut chargé de la direction de la Commission britannique pour l'observation du passage de Vénus, en décembre 1874, dont le rapport fut présenté à la Chambre des Communes en 1877. Plus récemment, il proposait une nouvelle méthode d'application de la théorie lunaire. Aux travaux ordinaires de l'Observatoire royal, l'illustre savant a ajouté un système complet d'observations magnétiques, météorologiques, photohéliographiques, et spectroscopiques. — Sir George B. Airy a donné sa démission de directeur de l'Observatoire royal de Greenwich en 1881, à raison de son grand âge; le gouvernement lui accorda à cette occasion une pension annuelle de 1100 livres (27,500 fr.) sur le Trésor.

Ses principaux ouvrages sont: *Gravitation*, écrit pour la *Penny Cyclopædia (1837)*, et publié ensuite séparément; *Mathematical Tracts; Ispwich Lectures on Astronomy; Treatise on Errors of observation* (*1861*); *Treatise on Sound (1869); Treatise on Magnetism* (*1870*); ainsi que *Trigonometry; Figure of the Earth*, et *Tides and Waves*, dans l'*Encyclopædia metropolitana* (*1855*), publiés depuis séparément. Sir G. B. Airy a reçu la médaille de Lalande, de l'Institut de France, pour ses découvertes en astronomie; la médaille de Copley de la Société royale de Londres, pour ses théories optiques; la médaille royale de la même Société, pour ses recherches sur les marées, et la médaille de la Société royale astronomique, en deux occasions: pour la découverte d'une longue période égale dans les mouvements de Vénus et de la Terre, et pour le rétablissement des observations planétaires. Des universités d'Oxford, Cambridge et Edimbourg, il a reçu les titres honorifiques de docteur en loi civile et de docteur en lois; il est membre de la Société royale de Londres, de la Société royale astronomique, de la Société philosophique de Cambridge, membre honoraire de la Société des ingénieurs civils; il est encore un des huit associés étrangers de l'Institut de France et correspondant d'un grand nombre d'académies étrangères. Nommé l'un des premiers membre du « sénat » de l'université de Londres, il donna bientôt sa démission; il fut nommé membre civil de l'ordre du Bain, le 17 mai 1871, et créé chevalier-commandeur du même ordre, le 30 juillet 1872. Sir G. B. Airy est, en outre, chevalier de la Légion d'honneur, depuis 1856. Président de la Société royale de Londres depuis 1871, il donna sa démission le 1er décembre 1873. La Cité de Londres l'admit au droit de bourgeoisie en 1875.

AITCHISON, GEORGE, architecte anglais, né à Londres, le 7 novembre 1825. Il fit ses études dans sa ville natale, à l'Ecole des marchands tailleurs, puis à l'Université, où il prit ses grades en 1850, s'étant fait admettre à l'Académie royale des Arts, dès 1847, comme étudiant. Après un voyage de deux années (1853-1855) en France et en Italie, M. Aitchison était de retour à Londres. Il fut élu membre de l'Institut royal des artistes britanniques en 1862 et remplit l'office d'examinateur en diverses occasions. Médaillé aux expositions de Philadelphie, de Sydney et de Melbourne, il fut fait officier de l'instruction publique en 1879 et élu associé de l'Académie royale le 2 juin 1882. M. Aitchison fut chargé d'un cours d'architecture à l'Académie royale, en 1882. Il a construit de nombreux édifices publics et privés en Angleterre, plusieurs châteaux, sans compter les réparations et restaurations d'édifices historiques. Enfin, c'est sur ses dessins que fut aménagée et meublée la section anglaise des beaux-arts à l'Exposition universelle de 1878.

AÏVAZOVSKY, GABRIEL, historien et orientaliste russe, né à Théodosie (Crimée), d'une ancienne famille d'origine polonaise, le 22 mai 1812. Placé à l'âge de 14 ans au couvent des Mékhitaristes de Saint-Lazare, près de Venise, il y prit les ordres et y devint successivement professeur de langues orientales et européennes, de philosophie et de théologie, et finalement secrétaire général de l'ordre. En 1848, il fut envoyé à Paris, comme préfet des études du collège arménien de Samuel Moorat. Par suite du schisme qui se produisit alors dans la communauté, le P. Gabriel, qui soutenait le principe national contre l'ultramontanisme, résigna ses fonctions, et fonda peu après un nouveau collège à Grenelle. Il est membre de la Société asiatique de Paris, de l'Institut des langues orientales de Moscou, etc.. — On doit à M. Aïvazovsky, entre autres ouvrages, un abrégé de l'*Histoire de Russie* et un autre de l'*Histoire de l'Empire ottoman*, écrits en arménien (1836); un *Atlas arménien* en 10 pl. Il a été l'un des plus assidus collaborateurs d'Aucher dans la composition de son *Grand Dictionnaire de la langue arménienne*, et a publié deux revues arméniennes: le *Pazmaveb*, pendant son séjour au monastère de Saint-Lazare, et la *Colombe de Massis* (franco-arménienne), à Paris.

AÏVAZOVSKY, IVAN, peintre de marine russe, frère du précédent. Né à Théodosie en 1817, il fut admis comme pensionnaire de l'empereur, à l'Académie impériale des beaux-arts de Saint-Pétersbourg en 1833, et y est devenu professeur. M. I. Aïvazovsky, s'est fait une réputation au moins européenne comme peintre de marine, et est considéré comme le premier des peintres russes en ce genre. Il a exposé à plusieurs Salons de Paris, a obtenu une 3e médaille en 1845 et la croix de la Légion d'honneur en 1857 avec son *Café turc à Rhodes*: il est en outre décoré de plusieurs ordres étrangers, ainsi que de l'ordre de Sainte-Anne de Russie. — A l'Exposition universelle de 1867, M. I. Aïvazovsky avait envoyé une *Vue prise sur la côte de Crimée*. Il exposait en 1878 : une *Tempête aux bords de la mer Noire; Une nuit dans l'archipel près du mont Athos*, magnifique effet de lune sur les flots; *Brouillards dans le golfe de Naples* et *Avant la tonte (en Crimée), aux bords de la mer Noire*. — L'illustre artiste russe habite en Crimée un palais princier où, du reste, il a plus d'une fois reçu son souverain avec un luxe tout oriental. Ce luxe, toutefois, n'implique pas la mollesse et ne fait aucun tort au travail, car M. Aïvazovsky exposait encore au Salon de 1886 deux toiles : *Noé et sa famille après le déluge* et une *Marine*, effet de nuit.

AIZELIN, EUGÈNE ANTOINE, statuaire français, né à Paris en 1821. Elève de Ramey et de Dumont, à l'Ecole des beaux-arts, il envoya une *Sapho* en plâtre au Salon de 1852, et au Salon suivant la même, coulée en bronze. Dès lors, M. Aizelin ne cessa plus de produire des œuvres diverses, mais toujours très remarquables. Le plâtre de sa *Nyssia au bain* lui valut une 3e médaille en 1859, et le marbre une 2e médaille en 1861; sa *Psyché*, marbre, aujourd'hui au musée du Luxembourg, fut l'objet d'un rappel de 2e médaille (1863). Enfin, en 1867, M. Aizelin était décoré de la Légion d'honneur: il avait exposé une *Suppliante*, marbre, dont le plâtre avait déjà paru au Salon de 1864. A l'Exposition universelle de 1878, cet artiste obtenait une nouvelle médaille de 2e classe. On lui doit, en outre, des statues en pierre de *Saint Grégoire de Nysse* et de *Saint Cyrille*, pour l'église de la Trinité; de *Saint Honoré* et de *Sainte Geneviève*, pour l'église Saint-Roch; les figures de la *Danse* des façades des théâtres du Cirque et du Châtelet, etc. Il a exposé dans ses dernières années: la *Paix*, statue en marbre (1883); *Marguerite*, statue en marbre dont le plâtre avait paru au Salon précédent (1884); un *Archer du XVIe siècle*, statue en plâtre (1885); le *Japon*, statue en marbre, pour le Museum d'Histoire naturelle (1886).

ALARD, JEAN DELPHIN, violoniste français, né à Bayonne, le 8 mars 1815, reçut fort jeune des leçons d'un musicien de l'orchestre de Bayonne, M. Armingaud père, qui le mit en état de faire sa partie dans cet orchestre dès l'âge de huit ans. Admis en 1827, au concours, dans la classe d'Habeneck, il remporta le premier prix de violon du Conservatoire en 1830. Nommé en 1838 membre de la Société des concerts, il devint violon solo de la Chapelle des Tuileries en 1840, professeur de violon au Conservatoire en 1843 et violon solo de la Société des concerts en 1845. En 1847, il fondait avec M. Franchomme, des séances de musique de chambre très suivies pendant une longue suite d'années, et dans lesquelles étaient presque exclusivement exécutées les œuvres de Beethoven, Haydn et Mozart. Les dernières de ces séances ont été données par M. Alard, assisté de son fidèle collaborateur M. Franchomme et de M. Francis Planté, dans la grande salle du Conservatoire, en 1871 et 1872. Il a pris sa retraite de professeur du Conservatoire au mois d'octobre 1875. — On a de lui : l'*Ecole du violon*, méthode adoptée par le Conservatoire; des *Etudes*, des *duos*, *concertos*, *quatuors*, *symphonies*, etc. Il a encore publié dans ces dernières années un grand nombre de compositions pour le violon, consistant principalement en *fantaisies* sur des motifs d'opéras célèbres. M. Alard est membre de la Légion d'honneur depuis 1850.

ALARY, JULES EUGÈNE ABRAHAM, compositeur français, né de parents français, à Mantoue, en 1814. Il fut élève du Conservatoire de Milan de 1827 à 1831, et flûtiste du théâtre de la Scala jusqu'en 1833, époque où il vint à Paris; il se livra à l'enseignement du chant et du piano et devint, en 1836, chef du chant au casino Paganini (rue de la Chaussée-d'Antin). En 1840, il se rendait à Florence, pour faire représenter un opéra en 2 actes : *Rosmunda*, revenait aussitôt après, et ac-

ceptait l'année suivante les fonctions de chef du chant et de bibliothécaire de la Société de musique religieuse et classique. En 1850, il faisait représenter au Théâtre italien : *Rédemption*, mystère en 5 parties ; puis, l'année suivante, au même théâtre : *le Tre Nozze*, opéra-bouffe en 3 actes. En 1852, il partait pour Saint-Pétersbourg, où il était appelé pour faire représenter au Théâtre impérial un grand opéra en 5 actes : *Sardanapale*. A son retour à Paris, en 1853, il était nommé pianiste accompagnateur de la chapelle impériale, fonctions qu'il conserva jusqu'en 1870, c'est-à-dire jusqu'à la chute de l'empire, et devenait en même temps directeur de la musique au Théâtre Italien. Il a fait représenter depuis cette époque : l'*Orgue de Barbarie*, 1 acte (1856), aux Bouffes ; la *Beauté du diable*, 1 acte (1860), à l'Opéra-Comique ; le *Brasseur d'Amsterdam*, 1 acte (1861), à Ems ; la *Voix humaine*, opéra en 2 actes (1861), à l'Opéra ; *Locanda gratis*, opéra-bouffe, 1 acte (1866), au Théâtre Italien.— M. Alary a publié en outre, tant en France qu'à l'étranger, une foule de compositions vocales, scènes, airs, romances, en français, en italien, en allemand, en anglais ; des duos, des trios, des quatuors, etc., dont la nomenclature serait beaucoup trop étendue.

ALAUX, Jules Emile, écrivain et professeur français, né en 1828 à Lavaur (Tarn). Reçu docteur ès-lettres et agrégé de philosophie, après avoir professé en province, puis à Paris, au collège Sainte-Barbe, il fut appelé à la chaire de philosophie de Neuchâtel (Suisse) et depuis, à la même chaire du lycée de Nice. — M. Alaux a collaboré à la *Revue française*, à la *Revue contemporaine* et à diverses autres publications périodiques ; il fut attaché quelque temps au journal le *Parlement*, de Gregory Ganesco (1870), où il rédigea, notamment, le compte rendu des débats du Corps législatif. On lui doit, en outre : *Essai sur l'art dramatique (1855); la Religion au XIXe siècle (1857); Visions d'amour*, poésies (1858); la *Raison, Essai sur l'avenir de la philosophie (1860); Laure*, étude (1861); *Pape et Roi (1861); la Philosophie de M. Cousin (1864);* les *Tendresses humaines*, poésies (1867); la *Religion progressive (1869);* la *République (1871);* l'*Analyse métaphysique (1872)); Études esthétiques (1874); Histoire de la philosophie (1882); Précis d'instruction morale et civique (1883);* la *Langue française du XVe au XVIIe siècle (1885)*, etc.

ALBANI (Madame), Emma La Jeunesse, cantatrice franco-canadienne, née à Montréal vers 1852, d'un père musicien de talent, qui lui enseigna de bonne heure la musique. Ayant perdu sa mère dès l'âge le plus tendre, elle fut envoyée, avec ses sœurs, au couvent du Sacré-Cœur de Montréal, pour compléter son éducation. A peine sortie du couvent, son père l'envoya en Europe pour compléter, cette fois, son instruction musicale. Elle resta deux ans à Paris, sous la tutelle de la baronne Lafitte, suivant les leçons de Duprez ; puis partit pour Milan, où elle devint élève du vieux maestro Lamperti. Plusieurs années se passèrent en études laborieuses, au bout desquelles elle débuta avec succès à Messine, sous le pseudonyme d'*Albani*, qu'elle n'a plus quitté (1870). Elle obtint aussitôt un engagement pour Malte. Dans l'hiver de 1871-1872, elle chantait au théâtre de la Pergola, à Florence, et fut assez heureuse pour faire accepter la *Mignon* d'Ambroise Thomas à un public italien, malgré plusieurs échecs précédents. Mme Albani chantait au Théâtre royal italien de Londres pendant la saison de 1872. Au mois d'octobre de la même année elle débutait au Théâtre italien de Paris dans la *Sonnambula*, et remportait à ce théâtre, quelques semaines plus tard, un succès sérieux dans *Lucia*. Après s'être fait entendre en Autriche, en Russie, en Italie, elle était de retour à Londres en 1874, où elle se faisait applaudir dans *I Puritani, Amleto* et *Rigoletto* principalement. Au commencement de 1877, Mme Albani, attachée au théâtre de Covent Garden par un très brillant engagement, revenait à Paris et y remportait un succès éclatant dans *Lucia*, la *Sonnambula, Rigoletto*, etc. Elle retourna ensuite à Londres, puis accepta un engagement aux Etats-Unis; et depuis lors, l'Angleterre et les Etats-Unis se disputent cette *prima donna*. En 1883, elle se faisait applaudir à Washington dans *Faust* et *Rigoletto*, puis à Philadelphie dans le *Vaisseau fantôme*. En janvier 1885, elle chantait à l'Opéra italien de Barcelone, ayant pour les mois suivants un engagement pour la Hollande et pour le Festival de Birmingham, où elle chanta sa partie dans le nouvel oratorio ou « trilogie sacrée » de Gounod : *Mors et Vita*, (exécuté au Trocadéro, pour la première fois en France, le 22 mai 1886 seulement, avec Mme Gabrielle Krauss), outre le rôle à elle destiné dans le nouvel opéra d'Anton Dvoràk, écrit spécialement pour cette solennité.

ALBEMARLE (comte d'), George Thomas Keppel, général et écrivain anglais, descendant d'une famille hollandaise élevée à la pairie par Guillaume III en 1696. Il naquit à Londres le 13 juin 1799, fit ses études à l'école de Westminster, entra dans l'armée comme officier d'infanterie en 1815 et assista à la bataille de Waterloo. En 1821, il devint aide de camp du marquis d'Hastings, gouverneur général de l'Inde; après quoi il entreprit un voyage à travers l'Arabie, la Perse et la Russie (1824). Promu major à son retour en Angleterre, il devint (simultanément) aide de camp de lord Wellesley, lord-lieutenant d'Irlande et du duc de Sussex en Angleterre, puis officier d'ordonnance de la reine Victoria dès son avènement au trône. M. Keppel fut membre de la chambre des Communes pour le district est de Norfolk de 1832 à 1835, et pour Lymington de 1847 à 1850, et secrétaire privé de lord John Russell en 1846 et en 1847. En 1851, il succéda à son frère, décédé, comme sixième comte d'Albemarle. Major général en 1858, lieutenant général en 1866, il était élevé au grade de général en 1874. Le comte d'Albemarle a publié: *Relation personnelle d'un Voyage de l'Inde en Angleterre, par Bassorah, Bagdad, les ruines de Babylone, le Kourdistan, la Perse, la rive occidentale de la mer Caspienne, Astrakan, Nijni-Novogorod, Moscou et Saint-Pétersbourg, pendant l'année 1824 (1825*, 2 vol.); *Relation d'un Voyage dans le Balkan, ainsi que d'une visite à Azani et à d'autres ruines découvertes récemment en Asie-Mineure, en 1829-30 (1831*, 2 vol.); *Mémoires du marquis de Rockingham (1852*, 2 vol.) et *Cinquante ans de ma vie*, autobiographie (1876, 2 vol.).

ALBERT, Alexandre Martin (dit), homme politique français, né à Bury (Oise), le 27 avril 1816 ; il vint de bonne heure à Paris pour y exercer son état de mécanicien modeleur, et prit une part active à la révolution de 1830. Rédacteur en chef du journal *l'Atelier*, qu'il avait fondé en 1840 et qu'il dirigeait tout en continuant l'exercice de son état, M. Albert n'avait pas toutefois acquis une très grande notoriété lorsque éclata la révolution de 1848. L'à-propos de son apparition dans les bureaux de la *Réforme*, au moment où se rédigeait la liste des membres du gouvernement provisoire proposés par ce journal, le fit ajouter à cette liste, bien que le nom d'un autre ouvrier, beaucoup plus connu que le sien dans le monde politique, eût, quelques minutes plus tôt, réuni la grande majorité des suffrages. Accepté, non sans difficultés, par les membres élus à la Chambre des députés, M. Albert n'eut, tant comme membre du gouvernement provisoire que comme vice-président de la commission du Luxembourg, qu'un rôle assez effacé. Elu représentant de la Seine à la Constituante, il eut à peine le temps d'y paraître que, compromis dans l'affaire du 15 mai, cette Assemblée autorisait, à l'unanimité moins une voix, celle de M. Greppo, des poursuites contre lui et deux autres de ses membres, Barbès et de Courtais, lesquelles devaient aboutir à un arrêt de déportation prononcé par la haute cour de Bourges. M. Albert fut alors enfermé à Doullens, puis à Belle-Isle, et enfin au pénitencier de Tours. Rentré à Paris à l'amnistie (1859), M. Albert obtint un emploi à la Compagnie parisienne du gaz, et ne s'est plus, depuis, occupé de politique active.

ALBERT, Frédéric Rodolphe, archiduc d'Autriche, né le 3 août 1817, fils du feu archiduc Charles et de la princesse Henriette de Nassau-Weilburg ; il épousa, en 1844, la princesse Hildegarde de Bavière, qui mourut le 2 avril 1864, laissant deux filles. Entré de bonne heure dans l'armée, il commandait une division en Italie, en 1849, et prit une part importante à la bataille de Novare. A l'issue de cette campagne, il reçut le commandement du 3e corps d'armée et fut nommé gouverneur général de la Hongrie. Pendant un congé du général en chef Benedek, en 1861, il fut appelé au commandement des troupes autrichiennes en Lombardo-Vénétie. Commandant en chef de l'armée autrichienne du Sud, pendant la campagne de 1866, il vainquit les Italiens, commandés par le général Durando, à Custozza (24 juin). Après Sadowa, il fut nommé (13 juillet) commandant en chef de l'armée autrichienne, en remplacement du général Benedek. Il conserva ce titre jusqu'en mars 1869, époque à laquelle il fut nommé inspecteur général. — L'archiduc Albert a publié : *De la responsabilité de la guerre* (Ueber die Verantwortlichkeit im Krieg, — 1869), ouvrage traduit la même année en français par M. L. Dufour, capitaine d'artillerie, et en anglais par le capitaine W.-J. Wyatt, qui l'a inséré dans ses *Réflexions sur la formation des armées, avec un aperçu sur la réorganisation de l'armée anglaise (1869)*.

ALBERT, Frédéric Auguste, roi de Saxe, est né le 23 avril 1828, et a épousé, le 18 juin 1853, la princesse Caroline de Wasa, née en 1833. Entré de bonne heure dans l'armée, la guerre de 1870 le trouva lieutenant général commandant l'infanterie saxonne. Il accepta du roi de Prusse, vainqueur peu généreux de son père, en 1866, le commandement du 12e corps d'armée, formé du contingent saxon, sous les ordres du prince Frédéric-Charles, avec le grade de général d'infanterie. Après l'investissement de Metz, il fut placé à la tête d'une quatrième armée, composée du corps qu'il commandait déjà, le 12e, auquel le 4e avait été réuni, et reçut pour mission de marcher contre le maréchal de Mac-Mahon, de concert avec le prince royal de Prusse. Nous n'entrerons pas dans les détails des opérations de ces deux armées, opérations dont la capitulation de Sedan devait être le résultat prochain. La capitulation signée, les deux armées se dirigèrent sur Paris ; celle du prince de Saxe investit la rive droite, et, entre autres sorties de l'armée assiégée, eut à supporter le choc de celle du 2 décembre 1870, connue sous le nom de bataille de Champigny, qui coûta cher aux troupes saxonnes, bien que nous n'ayons pu en profiter beaucoup. Le prince Albert resigna son commandement aussitôt après l'armistice et rentra en Allemagne, remplacé à la tête de son armée par le général Fabrice, ministre de la guerre de Saxe. Il fut alors nommé par l'empereur inspecteur général des armées et feld-maréchal général. Le 29 octobre 1873, il succédait à son père, le roi Jean, sur le trône de Saxe. Son règne n'a été signalé, jusqu'ici, par aucun événement de quelque importance, quoique le Parlement saxon ait plus d'une fois opposé une certaine résistance aux exigences politiques ou économiques de la Prusse.

ALBERT, Edward, prince de Galles. — Voyez **Galles** (prince de).

ALBERT (d'), Charles, chorégraphe et compositeur de musique anglais, d'origine française, né près de Hambourg, en 1815. Il est fils d'un capitaine de cavalerie de l'armée française. Après la mort de son père, sa mère l'emmena en Angleterre, où son talent musical attira l'attention de Kalkbrenner, qui en fit son élève. Sous cette direction, il put étudier les œuvres classiques des grands maitres. Ensuite il se rendit à Paris et suivit les cours de musique et de danse du Conservatoire. De retour à Londres, il fut nommé maitre de ballet et premier danseur au théâtre de Covent Garden ; mais il abandonna bientôt la scène et se fit professeur de musique et compositeur. Le talent, nous dirions presque le génie, qui lui fait donner à ses compositions le véritable caractère que promet leur titre, justifie leur succès souvent prodigieux. Ses œuvres principales sont : la *Péri, Faust*, les *Fées*, la *Reine du bal*, le *Lis de la vallée*, valses ; la *Polka du sultan*, la *Noce, Hélène, Coquette, Isabelle*, le *Roi Pippin*, la *Polka du soldat*, polkas ; l'*Express, Pélissier*, galops, etc., etc. Ses compositions en ce genre sont littéralement innombrables.

ALBONI, Marietta, célèbre cantatrice italienne, née à Cesena, province de Forli, en 1824. Son père, qui avait un emploi supérieur dans l'administration des douanes, lui fit donner une excellente éducation. Ayant montré de très bonne heure un goût exquis pour la musique et particulièrement pour le chant, sans parler d'une voix magnifique, elle fut mise en état de cultiver ces excellentes dispositions et devint élève de Rossini au lycée de Bologne. A quinze ans, elle débutait au Théâtre communal de Bologne, avec tant de succès, qu'un engagement lui fut bientôt offert pour le théâtre de la Scala de Milan. Là, sa réputation s'établit sur des bases désormais inébranlables. Quelques années plus tard, elle pouvait entreprendre une *tournée* artistique dans les principales villes de l'Europe, qui l'acclamèrent successivement. En 1846, elle était à Londres, et paraissait sur la scène du théâtre de Covent Garden, dont le directeur M. Delafield, pour l'y retenir, éleva spontanément le chiffre de ses appointements de 12,000 à 50,000 fr. Le théâtre de M. Delafield souffrait beaucoup alors de la concurrence du théâtre de Sa Majesté, où tout Londres courait entendre une autre cantatrice, plus vieille à peine de quelques années, mais déjà célèbre : Jenny Lind. La jeune cantatrice italienne contrebalança le succès de sa rivale, au grand bénéfice de la caisse du théâtre de Covent Garden. Venue en France en 1847, elle parut d'abord à l'Opéra dans trois concerts, où elle fit sensation. M. Vatel, alors directeur du Théâtre Italien, lui offrit un engagement, à ses propres conditions : elle débuta à ce théâtre par le rôle d'Arsace, de *Semiramide;* puis chanta celui de Malcolm, dans la *Donna del Lago;* celui d'Orsinia, dans *Lucrezia Borgia*, etc., etc. Après une courte apparition à Madrid, Mlle Alboni fut appelée à l'Opéra (1850), pour y chanter le rôle de Fidès du *Prophète*, créé en 1848 par Mme Viardot. Après une brillante tournée artistique dans les principales villes des Etats-Unis, et une autre dans les principales villes de la Grande-Bretagne et de l'Irlande, Mme Alboni, de retour à Paris, rentra au Théâtre Italien dans la *Nina*, de Coppola, puis reparut à l'Opéra, où elle créa, en 1854, *Zerline, ou la Corbeille d'oranges*, d'Auber. Elle visita ensuite Lisbonne, Barcelone, Londres et Rouen, et de nouveau fut engagée au Théâtre Italien, tout en faisant à Londres les *saisons*, qui ne correspondent pas aux saisons théâtrales de Paris. Elle chanta à Paris à cette époque : *Rigoletto, Marta, Il Giuramento, Un Ballo in maschera, Cosi fan tutte*, etc. Elle quitta définitivement la scène en 1866, après la mort de son premier mari, le comte Pepoli. Après la mort de Rossini, en 1869, elle reparut cependant sur la scène du Théâtre Italien, par une exception qu'un sentiment délicat lui avait seul dictée : pour faire entendre la *Petite messe solennelle* du maitre qui avait été son premier guide et son ami, et accepta de M. Strakosch un engagement pour participer aux exécutions de cette œuvre organisées par lui à l'étranger. Elle reparut, aussi par exception, au Théâtre Italien de Paris, en 1872, dans *il Matrimonio segretto;* il avait été question un moment de son engagement au même théâtre, en 1876, pour quelques représentations seulement. Depuis sa retraite officielle, c'est surtout dans des concerts de charité qu'on a pu entendre la brillante cantatrice qui, en pareil cas, apporte avec empressement son concours si précieux et absolument gratuit. — La veuve du comte Pepoli épousait à Paris, le 22 janvier 1877, M. Ch. Ziegler, capitaine de la garde républicaine, passé depuis dans la gendarmerie départementale.

ALCESTER (baron), Frederick Beauchamp Paget Seymour, amiral anglais, né à Londres le 12 avril 1821, étudia à Eton, et entra dans la marine en 1834. Lieutenant en 1842, capitaine en 1854, contre-amiral en 1870 et vice-amiral en 1876, il a été élevé au rang d'amiral en 1882. Il servit, comme volontaire et aide de camp du général Godwin, dans la guerre de Birmanie (1853-54) et mérita d'être quatre fois cité à l'ordre du jour de l'armée. En 1854, il combattit les Russes dans la mer Blanche. En 1860-61, étant commandant de la station australienne, il prit part aux opérations de la brigade navale dans la Nouvelle-Zélande, à la suite desquelles il fut fait compagnon de l'ordre du Bain. Nommé aide de camp de la Reine en 1866, puis secrétaire du premier lord de l'Amirauté (1868-70), il commanda l'escadre d'évolution de 1872 à 1874, date à laquelle il devint lord de l'Amirauté. Il fut promu commandeur du Bain en 1877. Après avoir commandé l'escadre de la Manche, puis celle de la Méditerranée, l'amiral Seymour prit, en septembre 1880, le commandement de la flotte des puissances européennes momentanément alliées, pour faire une démonstration sur la côte albanaise, en réponse au refus de la Porte de céder Dulcigno au Monténégro, contre toute espèce de justice, il faut le reconnaitre. A son retour, l'amiral reçut les remerciements de son gouvernement et peu après (1881) il était élevé à la dignité de grand-croix du Bain. Comme commandant en chef de la flotte de la Méditerranée, il prit une part importante aux opérations militaires de 1882 en Egypte. Le 6 juillet, il sommait Arabi Pacha de suspendre les travaux des forts d'Alexandrie, sous menace de bombardement; le 10, il envoyait un ultimatum aux ministres égyptiens, portant remise des forts situés à l'entrée du port ; et le 11, dès le matin, le bombardement com-

mençait; au bout de quelques heures, les forts étaient en ruines. Le lendemain, Alexandrie hissait le drapeau parlementaire. Arabi avait abandonné la ville, renonçant à une défense impossible. Sir Beauchamp Seymour conserva le commandement suprême jusqu'à l'arrivée de l'armée sous les ordres de sir Garnet (depuis lord) Wolseley. A son retour, il reçut les félicitations du Parlement et fut élevé à la pairie sous le titre de baron Alcester d'Alcester, dans le comté de Warwick.

ALCOCK, sir Rutherford, diplomate et orientaliste anglais, né à Londres, en 1809. Il étudia la médecine au collège du Roi (King's College), à Londres. En 1833-34, il servit en Portugal comme chirurgien de la brigade navale, et fut inspecteur général des hôpitaux de la Légion espagnole, sous les ordres de sir De Lacy Evans, en 1335-36. En 1839, il fut appelé comme commissaire à régler les réclamations de cette Légion. Envoyé en Chine en 1844, comme consul à Foo-Tcheou, il remplit successivement les mêmes fonctions à Shanghaï (1846) et à Canton (1849); il fut nommé, en 1858, consul général au Japon, et promu, en 1859, au poste de ministre plénipotentiaire et consul général au même lieu. Sir R. Alcock, qui était déjà chevalier ou commandeur des ordres de la Tour et l'Epée de Portugal, de Charles III et d'Isabelle la Catholique d'Espagne, fut fait chevalier-commandeur de l'ordre du Bain le 19 juin 1862, et reçut le grade honorifique de docteur en droit civil de l'université d'Oxford le 28 mars 1863. Inspecteur en chef du commerce britannique en Chine, le 28 mars 1865, il était nommé, le 7 avril suivant, envoyé extraordinaire et ministre plénipotentiaire à Pékin, fonctions dont il se démit en juillet 1871, après vingt-sept ans de services diplomatiques dans l'Extrême-Orient. Président de la Société royale de géographie en 1876, sir R. Alcock faisait partie du commissariat britannique à l'Exposition universelle de 1878. Sir Rutherford Alcock a publié : *Notes on the medical history of the British legion of Spain* (*1838*); *Elements of Japanese grammar* (*1861*); *Familiar Dialogues in Japanese* (*1863*); *la Capitale du Taïcoun* (the Capital of the Tycoon : a narrative of a three years residence in Japan — 1863); *l'Art et les arts industriels au Japon* (*1878*). Il a, en outre, collaboré aux *Quarterly* et *Edinburgh Reviews*.

ALCOTT, Amos Bronson, philosophe américain, né à Wolcott (Connecticut) le 29 novembre 1799, est fils d'un petit fermier, et, étant encore enfant, voyagea comme colporteur dans les Etats du Sud. Suivant leur coutume, les planteurs lui offraient une cordiale hospitalité, et beaucoup d'entre eux, hommes instruits et intelligents, ayant remarqué les dispositions du petit colporteur à l'étude, lui prêtaient des livres qu'il dévorait. A son retour dans le Connecticut, renonçant à la vie errante, il entra comme instituteur dans une école d'enfants; puis, ayant imaginé une méthode d'enseignement nouvelle, il se rendit à Boston, où il ouvrit une école en 1828. Mais sa méthode était en avance sur l'opinion publique, qui voulut persévérer dans les anciens errements; les élèves manquèrent, et l'entreprise échoua. M. Alcott se rendit alors à Concord (Massachusetts) et se voua tout entier à l'étude de la théologie naturelle et à la recherche de méthodes rationnelles de réforme diététique et des institutions politiques et sociales. En 1842, il partit en Angleterre, où il étudia la méthode d'enseignement de Pestalozzi. Il revint en Amérique, accompagné de deux amis anglais, MM. Lane et Wright, dont le premier acheta à Harvard (Massachusetts) une ferme qui reçut le nom de *Fruitlands*, où ils entreprirent de fonder une communauté nouvelle; mais ils ne réussirent point, et la ferme fut revendue. M. Alcott retourna alors à Concord, où il mena la vie d'un philosophe péripatéticien, faisant des conférences et des lectures publiques sur une foule de sujets, notamment la divinité, la nature humaine, la morale, la diététique, etc. Il a écrit dans le *Dial*, « magazine » de philosophie transcendante publié à Boston, une série d'articles mystiques portant le titre de *Orphies Sayings* (*1839-42*); on a encore de M. Alcott : *Entretiens avec des enfants sur les Evangiles* (*1836*, 2 vol.); *Tablets* (*1868*), et *Concord Days* (*1872*), contenant des réminiscences de l'histoire de la ville de Concord.

ALCOTT, Louisa May, femme de lettres américaine, fille du précédent, née à Germantown (Pensylvanie) en 1833. Elle commença de bonne heure à écrire, et son premier ouvrage : *Fairy Tales* (Contes de fées), fut publié en 1855. Pendant la guerre de Sécession, elle entra comme infirmière dans un hôpital, ce qui lui permit de publier, en 1863, les *Croquis d'hôpital* (Hospital Sketches), extraits des lettres qu'elle avait écrites à sa famille au cours de ses fonctions. Elle devint, cette même année, collaboratrice de l'*Atlantic Monthly* de Boston. Mlle Louisa May Alcott a en outre publié plusieurs romans, parmi lesquels nous citerons : *Moods* (*1864*); *Morning Glories, et autres histoires*, nouvelles (1867); *Little Women* (*1868*); *An Old-fashioned Girl* (*1869*); *Little Men* (*1871*); *Work, a Story of Experience* (*1873*); *Cupid and Chow-Chow*, etc., nouvelles (1873); *Eight Cousins, or the Aunt Hill* (*1875*); *Silver Pitchers, et autres histoires*, nouvelles (1876); *Rose in bloom*, suite des *Eight Cousins* (*1877*); *Under the Lilacs* (*1878*); *Jack and Jill* (*1880*); une série de courtes nouvelles sous le titre général de *Aunt Jo'Scrap Bag; Spinning-wheel Stories*, nouvelles (1884), etc. — Les ouvrages de Mlle Louisa M. Alcott ont presque tous eu un très grand succès ; le tirage de l'ouvrage intitulé *Little Women* (Les Petites Femmes), par exemple, aurait dépassé un million d'exemplaires en moins de dix ans.

ALDRICH, Thomas Bailey, poète et romancier américain, né à Portsmouth (New Hampshire) le 11 novembre 1836. Il se préparait à entrer au collège, quand la mort de son père vint s'opposer à la réalisation de ce projet, et le contraignit à accepter un emploi dans la maison de son oncle, négociant à New-York, où il demeura trois années. Pendant ces trois années, M. T. B. Aldrich avait commencé à écrire dans divers journaux de New-York, notamment dans le *Harper's Magazine*, dans l'*Atlantic Monthly*, etc., tant en vers qu'en prose. Il a publié les poèmes suivants : *the Bells* (*1855*); *the Ballad of Baby Bell, and other poems* (*1856*); *the Cours of true love never did run smooth* (*1858*); *Pampinea, and other poems* (*1861*); *Poems* (*1865*); *Cloth of Gold, and other poems* (*1874*); *Flowers and Thorns*, poésies (1876); *Lyrics and sonnets* (*1880*); *Friar's Jerome Beautiful Book* (*1881*), etc. Nous citerons parmi ses ouvrages en prose : *Daisy's Necklace and what came of it* (*1857*); *Out of his head, a Romance in prose* (*1862*); *the Story of a bad boy* (*1869*); *Margery Daw* (*1873*); *Prudence Palfrey* (*1874*); *The Queen of Sheba* (*1877*); *Stilwater Tragedy* (*1880*), etc. M. Thomas B. Aldrich est devenu rédacteur en chef de l'*Atlantic Monthly*, importante revue de Boston.

ALECSANDRI, Vasili, poète, littérateur et diplomate roumain, d'origine vénitienne, né à Jassy, en juillet 1821. Ses études, commencées dans une école française de sa ville natale, furent continuées à Paris d'où, après s'être fait recevoir bachelier ès lettres, il retourna dans son pays en 1839. Imbu des idées politiques et littéraires qui prévalaient en France à cette époque, il s'empressa de s'associer à la « Jeune Roumanie », dont le rêve était précisément la régénération intellectuelle de son pays par l'introduction de ces idées. Sa première œuvre est la *Bouquetière de Florence*, publiée dans une revue de Jassy, la *Dacie littéraire*. Il a, depuis, publié dans divers recueils littéraires, un grand nombre de poésies et d'articles. Devenu en 1844 codirecteur des deux théâtres français et moldo-valaque de Jassy, il composa plusieurs pièces qu'il y fit représenter avec succès, entre autres : *George de Sadagoura, Jassy en carnaval*, la *Pierre de la maison*, la *Noce villageoise*, *Madame Kiritza*, etc. Il fondait en même temps, avec son associé, l'ancien directeur de la *Dacie littéraire*, Cogolniceano et avec Ion Ghika, une nouvelle revue, le *Progrès*, supprimée peu de temps après. Après un voyage dans l'archipel grec, une partie de l'Asie Mineure et de l'Italie, il revint à Jassy d'où le mouvement d'avril 1848, que suivit de près la révolution de Bucarest et dans lequel il se trouva compromis, le força de s'expatrier une fois de plus. Il revint à Paris, où il se fit dans la presse l'énergique avocat de la démocratie moldo-valaque. Rentré dans son pays, il y fonda en 1855 la *Roumanie littéraire*, bientôt supprimée. Partisan de l'union des deux principautés, il composa l'année suivante une sorte de « Marseillaise » unioniste, intitulée la *Hora de l'Union*. — Ce qui recommande tout particulièrement à l'estime publique M. Alecsandri, c'est l'acte par lequel, rendu maître de sa fortune par la mort de son père (1855), il affranchit d'un coup tous ses esclaves, exemple qui fut bientôt suivi par près de mille propriétaires d'esclaves, et qui ne fut pas sans influence sur la prompte détermination du prince Grégoire Ghika, dont le décret proclamait peu après l'affranchissement général. Membre du divan chargé de préparer la constitution moldo-valaque, à l'époque de la réunion des deux principautés (1857), M. Alecsandri fut appelé au ministère des affaires étrangères, dans le cabinet Ghika, en 1859. Il donna sa démission six mois après et se retira à Jassy en 1865. Il fonda dans cette ville une nouvelle revue, intitulée *Convorbiri literare*, à laquelle il collabora activement. — M. Alecsandri, qui est membre du Sénat roumain et a déjà été plusieurs fois appelé à ce poste, était nommé en mai 1885 envoyé extraordinaire et ministre plénipotentiaire du royaume de Roumanie près la République française. Il assistait le 7 juin suivant à la fête des félibres célébrée à Sceaux en l'honneur de Florian, et dont il avait accepté la présidence d'honneur. — M. Alecsandri est officier de la Légion d'honneur.

On a de lui : *Répertoire dramatique* (*1852*); *Ballades et chants populaires de la Roumanie* (*1855*); les *Doinas*, poésies (1853), traduites en français par M. Voinesco (1855); le *Collier littéraire* (*1857*); les *Lacrimiore*, poésies, etc... etc.

ALEXANDER, sir James Edward, général et voyageur anglais, né à Westerton, comté de Stirling, en 1803, est descendant des Alexander de Menstric, plus tard comtes de Stirling; il fit ses études aux collèges d'Edimbourg, de Glasgow, puis au collège militaire de Sandhurst et entra dans l'armée. Il servit dans l'état-major d'abord aux Indes, au Cap, dans l'Amérique du Nord, et prit part aux guerres de Birmanie, de Perse, de Turquie, de Portugal et de Cafrerie. En 1836-37, il fit partie d'une expédition de découverte dans l'intérieur de l'Afrique, et fut fait chevalier en récompense des services qu'il rendit dans cette occasion; un peu plus tard, il était chargé par son gouvernement d'explorer les forêts de l'Amérique anglaise. Il commandait, pendant le siège de Sébastopol, le 14e régiment d'infanterie; il eut aussi un commandement dans la Nouvelle-Zélande, à l'époque de la guerre contre les Maoris. Sir James E. Alexander est auteur de plusieurs relations de voyages, telles que : *Excursions in Western Africa; An expédition into Southern Africa; Explorations in British America; Sketches in Portugal; Transatlantic Sketches; Travels from India to England; Travels through Russia and the Crimea*, etc., et de traductions du persan. On lui doit encore : *Life of the duke of Wellington; Passages in the life of a soldier*, etc. — Sir James, qui est aujourd'hui lieutenant-général dans l'armée anglaise, est décoré de plusieurs ordres étrangers et de plusieurs médailles militaires commémoratives; il est notamment commandeur de l'ordre persan du Lion et du Soleil et de celui de Saint-Jean de Jérusalem, chevalier du Medjidié. Il a été nommé membre (*compagnon*) de l'ordre du Bain en 1873. Il est enfin membre de la Société royale d'Edimbourg, de celle des antiquaires écossais, et des Sociétés royales géographique et asiastique de Londres. En 1875, ce fut le général Alexander qui alla en Egypte pour arrêter les dispositions relatives au transport à Londres de l'obélisque dit *aiguille de Cléopâtre*, offert par le khédive à l'Angleterre.

ALEXANDER, Stephen, mathématicien et astronome américain, né le 1er septembre 1806, à Schenectady (New-York); fit ses études au collège de l'Union, entra en 1832 au séminaire de Princeton, et fut, en 1834, élu professeur suppléant de mathématiques au collège de New-Jersey. En 1840, une chaire d'astronomie ayant été créée, il y fut appelé aussitôt. En 1845, il reprit la chaire de mathématiques; mais, en 1854, il l'abandonna définitivement pour celle de mécanique et astronomie, qu'il a conservée jusqu'en 1878, époque où il prit sa retraite. Il a publié un grand nombre de travaux sur l'astronomie, les mathématiques, la physique, etc., lesquels attirèrent sur son nom l'attention du monde savant aussi bien en Europe qu'en Amérique. Nous citerons : *Physical Phenomena attendant upon solar eclipses; Fundamental Principles of mathematics; On the origin of the forms and the present condition of some of the clusters of stars* (Sur l'origine des formes et la condition présente de quelques groupes d'étoiles); *Harmonies in the arrangement of the solar system which seem to be confirmatory of the Nebular Theory of La Place*. M. S. Alexander a dirigé deux expéditions ayant pour objet l'observation d'éclipses solaires, l'une au Labrador, en juillet 1860, et l'autre dans l'ouest des Etats-Unis, en août 1869.

ALEXANDER, William, prélat irlandais, évêque de Derry et Raphoe, fils d'un pasteur du nord de l'Irlande, est né à Londonderry, en avril 1824. Il étudia d'abord à l'école de Tunbridge, puis aux collèges d'Exeter et de Brasenose, à Oxford, où il prit ses grades de bachelier, puis de maître ès arts. Entré dans les ordres, il desservit une petite cure du nord de l'Irlande; il devint ensuite recteur de Camus-juxta-Morne, comté de Tyrone, et chapelain du marquis d'Abercorn, lord-lieutenant d'Irlande. En 1864, il fut nommé au doyenné d'Emly. En 1867, il se porta candidat à la chaire de poésie d'Oxford, mais il échoua. Le 12 juillet de la même année, il était appelé à l'évêché de Derry et Raphoe, devenu vacant par la mort du docteur Higgin, et consacré le 13 octobre suivant à la cathédrale de Saint-Colomban, à Londonderry. Peu après son élévation à l'épiscopat, il fut créé docteur en théologie d'Oxford. — En 1860, il avait remporté le prix de l'université d'Oxford pour un poème sur un sujet sacré. Il a publié un *Essai pour le prix de Théologie*, un volume de *Poèmes*, plusieurs *Sermons et Conférences*, etc., outre une collaboration fréquente, en prose et en vers, aux publications littéraires périodiques. — Il a épousé Miss Cecil Frances Humphries, auteur elle-même de *Chants moraux*, d'*Hymnes pour les enfants* et de *Poèmes sur des sujets tirés de l'Ancien Testament*.

ALEXANDRE III, empereur de Russie, fils d'Alexandre II, est né le 10 mars 1845. Il succéda à son père, assassiné par les nihilistes, le 13 mars 1881 ; son couronnement n'eut toutefois pas lieu avant le 27 mars 1883, à Moscou, où il fut l'occasion de fêtes magnifiques. Alexandre III avait épousé, le 9 novembre 1866, la princesse Marie Frédérique Sophie Dagmar, fille du roi Christian IX de Danemarck. Le parti libéral russe attendait beaucoup de l'avènement de ce prince; on parlait depuis longtemps, à l'occasion de bruits d'abdication d'Alexandre II, de réformes très importantes; mais dans les circonstances tragiques qui ont amené cet avènement, depuis lequel le nouveau czar a vécu longtemps à Gatchina, dans une retraite prudente, on conçoit que ces espérances aient pu être trompées. Le règne d'Alexandre III n'a donc guère été marqué, jusqu'à présent, que par des découvertes de nouveaux complots et des condamnations de nihilistes vrais ou prétendus ; ce qui n'est pas pour améliorer bien sensiblement la situation.

Il nous paraît, du reste, intéressant de donner ici le portrait suivant d'Alexandre III, tracé par le comte Paul Vasili dans la *Nouvelle Revue* du 1er mai 1886 ; car ce portrait peut donner l'explication de bien des faits, notamment de la désillusion du parti libéral russe, qui escomptait d'avance l'avènement du nouveau czar : « Timide, défiant, craignant d'être dominé par une influence intéressée, dit M. Vasili, il se perd par les minuties avec lesquelles il essaye d'examiner la moindre affaire, de se rendre compte par lui-même du plus petit détail de la marche du gouvernement. Il n'a donc pas de coup d'œil politique, n'embrasse pas les conséquences favorables des faits ou d'une chose, mais il a de la ténacité, de l'obstination, de la suite dans les idées. Son intelligence, ses connaissances, sont plus étendues qu'on ne le suppose généralement ; seulement il ne sait ni s'en servir ni même montrer qu'il les possède. Il ne comprend ni les besoins de son époque ni ceux de son pays. Très entier, ce qu'on appelle en France « tout d'une pièce », il n'admet pas la moindre concession à l'esprit de son temps, ni le moindre compromis avec le principe autocratique qu'il représente. Sa plus grande vertu, c'est-à-dire son amour excessif de l'honnêteté, lui a fait plus de tort qu'un défaut, car elle l'a poussé à s'entourer de gens irréprochables, mais incapables. » — Peu de souverains, à coup sûr, sont en état d'encourir les mêmes reproches. D'après la même source, l'alliance allemande, qu'il subit par nécessité, pèserait singulièrement à Alexandre III.

ALEXANDRE Ier, prince de Bulgarie, second fils du prince Alexandre de Battenberg (Hesse) et cousin de l'empereur de Russie Alexandre III ; sa mère était la fille de l'ancien ministre de la guerre de Polo-

gne, comte von Kauck, devenue princesse par un mariage morganatique. Le prince Alexandre est né le 5 avril 1857 ; il fit la dernière campagne d'Orient avec l'armée russe, dans les rangs du 8e régiment de uhlans ou comme attaché à l'état-major du prince Charles de Roumanie; il assista au siège de Plewna et traversa les Balkans avec le général Gourko. De retour en Allemagne, il passa du régiment de dragons de Hesse dans les gardes du corps prussiens, à Potsdam. — Alexandre fut élu prince héréditaire de Bulgarie, par l'assemblée des notables réunie à Tirnova, le 29 avril 1879 ; et par un vote de l'Assemblée nationale du 13 juillet 1881, il fut investi, pour sept années, de pouvoirs législatifs extraordinaires.

Le 18 septembre 1885, les Rouméliotes se soulevaient et renversaient leur gouvernement turc, demandant l'union de la Roumélie orientale à la Bulgarie, avec le prince Alexandre pour souverain. Mais l'ambition de celui-ci, qui semble interpréter le mot « union » comme un synonyme d'annexion, amena des complications de toute sorte, notamment la guerre avec la Serbie, que l'intervention des grandes puissances eut bien de la peine à faire cesser et qui provoqua une espèce d'épidémie d'armements s'étendant jusqu'à la Grèce. Le prince Alexandre, faisant la sourde oreille aux conseils de la Russie, se brouilla décidément avec le czar, son trop honnête cousin, qui ordonna sa radiation des contrôles de l'armée russe (5 novembre). C'est, croit-on, dans le but d'arriver, par l'intermédiaire de ce prince à une réconciliation avec Alexandre III, qu'il rendait visite — incognito — au roi Charles de Roumanie, à Bucarest, ou plutôt au palais Cotroceni, le 5 juin 1886. En tout cas, l'union de la Roumélie orientale et de la Bulgarie existe de fait, quoique non approuvée par les puissances garantes, et ce à la parfaite indifférence de la Porte, première intéressée.

ALEXANDRI. — Voy. **Alecsandri.**

ALGER, William Rounceville, théologien américain, né à Freetown (Massachusetts), le 11 décembre 1823; fit ses études au collège d'Harvard et à l'école de théologie de Cambridge; puis devint pasteur de l'église unitaire, à Roxbury, près de Boston. En 1855, il succédait à Th. Parker comme ministre des « Liberal Christians », qui exercent leur culte au Music Hall de Boston, encore aujourd'hui. Ministre de l'église du Messie, à New-York, de 1876 à 1879, M. Alger a prêché depuis dans diverses grandes villes de l'Ouest. Il a publié : *Histoire symbolique de la Croix* (*1861*); la *Poésie de l'Orient* (the Poetry of Orient, or Metrical Specimens of the thought, sentiment and fancy of the East, 1856) ; *Histoire critique de la doctrine de la vie future* (*1861*) ; le *Génie de la solitude* (the Genius of solitude, or the Loneliness of human life, 1867) ; les *Affections des femmes* (Friendships of women, 1870); *Prières présentées à la Chambre des représentants du Massachusetts* (*1868*); *Vie d'Edwin Forrest* (*1877*); l'*Ecole de la vie* (*1881*).

ALGER, Horatio, écrivain américain, cousin du précédent ; est né à Revere, près de Boston, le 13 janvier 1834. Il fit ses études au collège d'Harvard, qu'il quitta en 1852, pour se vouer à l'enseignement en même temps qu'aux travaux littéraires. Il fit ensuite son tour d'Europe, envoyant à divers journaux des correspondances contenant ses impressions sur les pays qu'il parcourait. De retour en Amérique, il reprit l'enseignement et le cours de ses travaux pour les publications périodiques. En 1866, il se fixa à New-York. Vivement intéressé par la déplorable condition des enfants errants, il écrivit à ce sujet deux séries d'esquisses ayant pour titre, l'une : *the Ragged Dick* (Dick, le mal vêtu), et l'autre : *the Tattered Tom* (Tom, le déguenillé). Outre ces esquisses et une collaboration considérable à diverses magazines, M. H. Alger a aussi publié un roman : *Helen Ford.*

ALGLAVE, Émile, écrivain français, né à Valenciennes le 27 avril 1842. Il acheva ses études à Paris, au Lycée Louis-le-Grand, suivit les cours de la faculté de droit, où il obtint le grade de docteur en 1868, divers cours des autres facultés, et se fit admettre comme élève pensionnaire à l'Ecole des chartes, où il obtint le titre d'archiviste-paléographe (1864) avec une thèse sur le *Droit mérovingien d'après la loi des Francs Ripuaires*. Reçu agrégé de la faculté de droit, il fut nommé en 1870 professeur de droit romain et de droit administratif à Douai, puis chargé d'un cours d'économie politique à Lille en 1873. En 1864, M. Alglave avait fondé avec M. Yung la *Revue des cours scientifiques* et la *Revue des cours littéraires* devenues *Revue scientifique* et *Revue politique et littéraire ;* le gouvernement du 24 mai (1873) mit M. Alglave en demeure de modifier l'esprit libéral de ces deux publications importantes ou d'en abandonner la direction, et sur son refus, il fut révoqué comme professeur, malgré les protestations de la faculté de Douai. A la fin de 1878, il était appelé à la chaire de science financière, nouvellement créée à la faculté de droit de Paris. Il avait pris, en 1874, la direction française de la *Bibliothèque scientifique internationale*, série d'ouvrages paraissant périodiquement et à la fois en français, en anglais, en allemand, en russe et en italien. En novembre de la même année, il se porta candidat à la députation dans l'Oise contre le duc de Mouchy, mais sans succès. Outre les deux revues citées, M. Alglave a collaboré au journal le *Temps* et au *Cours de droit civil* de M. Valette ; il a publié les *Leçons sur les propriétés des tissus vivants* de Claude Bernard, recueillies par lui pour la *Revue des cours scientifiques* (*1868*). On lui doit en outre : *Droit d'action du ministère public en matière civile* et *Juridictions civiles chez les Romains*, ses thèses de doctorat (1868) ; *Action du ministère public et Théorie des droits d'ordre public* (*1874-76*, 2 vol. in-8), édition refondue et considérablement augmentée de sa thèse sur le même sujet : *Principes des constitutions politiques*, broch. ; la *Lumière électrique*, avec M. J. Boulard (1881). — M. Alglave est auteur d'un système de monopole facultatif des alcools par l'Etat, qui n'a pas d'abord été accueilli dans les régions parlementaires et a été combattu avec une grande vivacité à la Société des Agriculteurs de France (mars 1886). Toutefois, M. Alglave était admis par la commission spéciale du Sénat, en juin suivant, à exposer son système, qui présente certainement de grands avantages, fût-ce seulement au point de vue hygiénique — que nous avons la faiblesse de placer au-dessus de tous les autres, — et prié par cette commission de formuler un projet pour le lui soumettre.

ALI PACHA, diplomate ottoman, né vers 1835 ; débuta dans la carrière politique comme référendaire du Divan impérial. En 1858, lorsque Fuad Pacha vint à Paris comme plénipotentiaire de la Porte, à la conférence convoquée pour la discussion de la convention relative aux Principautés-Unies, il s'attacha Ali Bey, qui se fit bientôt remarquer par une vive intelligence et des aptitudes diplomatiques toutes particulières. En 1861, Ali Bey fut nommé premier secrétaire de l'ambassade ottomane à Paris, et en 1862, étant retourné à Constantinople en congé régulier, le gouvernement lui confia la délicate mission de commissaire en Serbie, après le bombardement de Belgrade. Grâce à son habileté, à son tact exquis, il put aplanir presque toutes les difficultés qu'il rencontra. Tout en conservant cette position, Ali Bey fut chargé, en 1865, de la direction politique du vilayet de Bosnie. En 1868, il fut nommé membre du conseil d'Etat, création nouvelle du sultan Abd-ul-Aziz. En 1869, il fut appelé aux fonctions de sous-secrétaire d'Etat au ministère des travaux publics, et conserva ces fonctions jusqu'en 1870. Nommé, à cette époque, gouverneur général d'Erzeroum, puis de Trébizonde, il fut, à cette occasion, élevé au rang de pacha. En 1872, il devint préfet de Constantinople, fonctions dans lesquelles il sut introduire plusieurs réformes importantes et utiles. Ali Pacha a été, de septembre 1873 à janvier 1876, ambassadeur de l'empire ottoman près la République française. Les difficultés résultant, pour le gouvernement turc, du soulèvement bosniaque et herzégovinien firent songer naturellement à un homme qui avait déjà, dans des circonstances presque semblables, rendu de si grands services dans ces mêmes provinces ; il fut donc rappelé en janvier 1876 et nommé gouverneur général de l'Herzégovine, élevée expressément pour lui au rang de vilayet. Quelques jours seulement avant sa déposition par les softas (30 mai 1876), Abd-ul-Aziz avait nommé Ali Pacha gouverneur général de Scutari d'Albanie. — Ali Pacha est commandeur de la Légion d'honneur.

ALICOT, Jean Jacques César Eugène Michel, homme politique français, est né à Montpellier, en 1842. Il fit son droit à Paris et y exerçait depuis quelques années la profession d'avocat lorsqu'éclata la guerre. Il fit son service dans la garde nationale, en qualité d'officier; et en février 1871 il fut appelé à la sous-préfecture de Bagnères-de-Bigorre. Un an plus tard, M. Alicot devenait sous-chef de cabinet du ministre de l'intérieur Victor Lefranc, qu'il suivait naturellement dans sa retraite, en novembre 1872. Retiré à Argelès (Hautes-Pyrénées), dont il était maire, M. Alicot se présenta à une élection partielle qui eut lieu dans ce département en janvier 1875, et échoua avec une très forte minorité. Aux élections de 1876, il se présenta de nouveau comme candidat républicain constitutionnel, et fut élu au scrutin de ballottage du 5 mars. M. Alicot siégea à gauche et fut l'un des 363 députés qui votèrent l'ordre du jour de défiance contre le ministère de Broglie après le 16 mai. Il fut aussi l'un de ces députés que les électeurs ne renvoyèrent pas à la Chambre, aux élections du 14 octobre suivant. Il fut en compensation nommé maître des requêtes au conseil d'Etat (juillet 1879). Réélu par l'arrondissement d'Argelès, comme candidat républicain, aux élections générales du 21 août 1881, il échoua de nouveau à celles du 4 octobre 1885, grâce au scrutin de liste. — Il est maître des requêtes honoraire au conseil d'Etat et membre du conseil supérieur de l'Agriculture.

ALIMPITCH, Ranko, général serbe, est né vers 1830. Il a été quelque temps directeur du collège d'artillerie de Belgrade, organisé par le général François Zach, et devint ensuite colonel dans l'armée régulière. Le colonel Alimpitch a été en outre ministre des travaux publics de Serbie. Promu général peu de temps avant la guerre de 1875-1876, il fut appelé au commandement du corps d'armée serbe destiné à opérer sur la Drina. Le 3 janvier 1876, il passait cette rivière à la tête de son armée et combattait les troupes turques près de Bjelina. Quelques jours après le combat de Bjelina, devant laquelle le général Alimpitch mettait le siège, avait lieu le combat de Ratcha. Le général Alimpitch fit preuve, dans ces deux affaires, non seulement de bravoure, mais d'une science militaire incontestable, que la tournure des événements ne lui permit bientôt plus, d'ailleurs, d'utiliser.

ALISHAN, Léon, poète arménien, vicaire général de la congrégation catholique arménienne des mékhitaristes. Né à Constantinople en 1820, il fit ses études à Venise, entra dans les ordres en 1840 et prit le grade de docteur en théologie en 1841. Il fut alors appelé à la chaire de théologie du collège Raphaël, dont il devint directeur en 1848. Transféré en cette dernière qualité au collège arménien de Paris en 1858, il fut rappelé à Venise en 1865 et fait vicaire général en 1876. — On doit au P. Alishan, outre une collection de poésies publiées à diverses époques, isolées, puis réunies sous le titre de *Poésies complètes* (Venise, 1857-1867, 5 vol.), une *Géographie universelle* (*1854*) ; *l'Arménie moderne* (*1855*); un *Tableau succinct de l'Histoire et de la littérature de l'Arménie* (*1860*); *Chansons populaires des Arméniens* (*1867*); l'*Arménie pittoresque*, *Monographies historiques*, 2 vol. (1870); les *Assises d'Antioche*, du connétable Sempad, d'après la version arménienne (1876). Il a donné, en outre, diverses traductions : du *Rodolphe de Habsbourg*, de Pyrker; de plusieurs *Poésies de Schiller;* d'un chant du *Child Harold*, de Byron; d'un choix de poésies américaines, sous ce titre : *Lyre américaine*, etc., etc.

ALISON, sir Archibald, général anglais, fils de l'auteur de l'*Histoire de l'Europe depuis la chute de Napoléon*, est né à Edimbourg le 21 janvier 1826. Il a fait ses études aux universités de Glasgow et d'Edimbourg. Entré dans l'armée écossaise en 1846, il était capitaine au 72e régiment de highlanders en 1853, major à brevet en 1856, lieutenant-colonel en 1858 et colonel en 1867. Il servit en Crimée, où il prit part au siège de Sébastopol; aux Indes, pendant la rébellion, où il était secrétaire militaire à l'état-major de lord Clyde, et perdit un bras au siège de Lucknow; et à la Côte d'Or (pays des Ashantis), comme brigadier général de la brigade européenne et commandant en second de l'expédition (1873-74). Il commandait sa brigade à la bataille d'Amoaful, à la prise de Bequah, au combat de Ordahsu et à la prise de Coomassie. Héritier du titre de baronnet à la mort de son père, en 1867, sir Archibald Alison fut envoyé comme adjudant général en Irlande, en octobre 1874. Promu major général en octobre 1877, il fut ensuite attaché au ministère de la guerre, puis appelé au commandement de la première brigade de la 2e division de l'armée d'Egypte (1882), avec laquelle il fut d'abord chargé d'occuper la ligne ferrée d'Alexandrie à Ramleh, quelques jours après le bombardement. En septembre suivant, il prenait part à la bataille de Tell-el-Kébir, à la tête de la brigade écossaise; et après la reddition d'Arabi, il demeura en Egypte à la tête de l'armée d'occupation de 12,000 hommes qui y fut alors laissée. Promu lieutenant général en novembre 1882, sir Archibald Alison résigna son commandement en Egypte, par raison de santé, et rentra en Angleterre en mai 1883. En octobre suivant, les habitants de Glascow lui offraient une épée d'honneur. On doit au général Alison un traité estimé sur la *Réorganisation de l'armée*, publié en 1869.

ALLAIN-TARGÉ, François Henri René, homme politique français, né à Angers, le 7 mai 1832. Ayant fait son droit à Poitiers, il se fit inscrire au barreau d'Angers en 1853, et fut nommé, en juillet 1861, substitut du procureur impérial près la cour de cette ville. Ayant donné sa démission le 26 janvier 1864, il quitta Angers. Désormais fixé à Paris, il fut, peu de temps après son arrivée, attaché à la rédaction de l'*Avenir national* et collabora en même temps au *Courrier du Dimanche*. Il fonda en 1868, avec MM. Challemel-Lacour et Brisson, la *Revue politique*, supprimée vers la fin de cette même année et reprit, à la suite de cette suppression, sa place à la rédaction de l'*Avenir national*. Il prit part, en novembre 1871, à la création de la *République française*, dont il resta longtemps un des principaux rédacteurs. M. Allain-Targé fut nommé préfet de Maine-et-Loire, par décret du gouvernement de la Défense nationale en date du 5 septembre 1870, fonctions qu'il conserva un peu plus d'un mois ; il fut peu après (décembre) nommé préfet de la Gironde, ayant dans l'intervalle agi en qualité de commissaire du gouvernement de la Défense nationale dans le Maine-et-Loire, la Mayenne et la Sarthe. Après le vote des préliminaires de paix, M. Allain-Targé, partisan de la guerre à outrance, donna une seconde fois sa démission de préfet et revint à Paris, où il posa sa candidature à l'Assemblée nationale, aux élections complémentaires du 2 juillet; mais il échoua. Le 23 du même mois, il était élu conseiller municipal de Paris pour le quartier d'Amérique (XIXe arrondissement) ; réélu en 1874, il devint vice-président du conseil en 1875. Au scrutin de ballottage du 5 mars 1876, ce même XIXe arrondissement de Paris (la Villette) l'envoyait siéger à l'Assemblée nationale. Réélu député, par le même arrondissement le 13 octobre 1877, le 21 août 1881, et le 18 octobre 1885 député de la Seine, M. Allain-Targé fit partie du cabinet Gambetta comme ministre des finances, du 14 novembre 1881 au 26 janvier 1882, et du cabinet Brisson comme ministre de l'intérieur, du 7 avril au 29 décembre 1885.

Outre sa collaboration aux divers journaux que nous avons cités, M. Allain-Targé a publié plusieurs brochures d'actualité politique et financière. C'est surtout dans les questions de finances, d'ailleurs, où les spécialistes sont rares, que M. Allain-Targé, au conseil municipal, à l'Assemblée, à la Chambre des députés, comme dans les colonnes de la *République française*, a montré une compétence indiscutable. Dans la discussion relative au rachat des chemins de fer, il s'est déclaré partisan décidé de l'exploitation par l'Etat, ce qui fut une des causes de son entrée dans le cabinet du 14 novembre. En mai 1876, il s'était fait remarquer par l'énergie avec laquelle il avait défendu à l'Assemblée nationale une proposition d'amnistie pleine et entière, en faveur des condamnés de l'insurrection communaliste de 1871, dont il était un des auteurs. Sa visite aux cholériques de Toulon et de Marseille, en septembre 1885, lui attira d'autre part beaucoup de sympathies.

ALLASSEUR, Jean Jules, sculpteur français, né à Paris en 1818. Elève de l'Ecole des beaux-arts et de David d'Angers, il débuta, en 1846, par un buste en plâtre et reparut au Salon de 1853 avec le plâtre d'un groupe : *Moïse sauvé des eaux*, dont le marbre figura au Salon de 1859 et valut alors à l'artiste, qui avait déjà obtenu une 2e médaille en 1853, une médaille de 1re classe. Nous citerons encore de M. Allasseur, une statue en bronze de *Rotrou*, pour la ville de Dreux (1866); *Saint Joseph*, en pierre, pour l'église Saint-Etienne-du-Mont de Paris (1867) ; bustes de *Mansard*, etc. (1868); portrait de *Mme Edmond About*, terre cuite (1870); une réduction du *Moïse sauvé des eaux* (*1875*) ; plus de nombreuses

statues pour les monuments publics, notamment celles de *Malherbe*, de *Leucothoé*, de la *Sculpture*, de la *Pêche fluviale*, dans les cours du Louvre; celles de *saint Charles Borromée*, à l'église Saint-Etienne-du-Mont de Paris, etc., etc. — M. J.-J. Allasseur a été décoré de la Légion d'honneur en 1867.

ALLÈGRE, Vincent Gaëtan, homme politique et administrateur français, né à Six-Fours (Var), le 7 août 1835. M. Allègre exerçait la profession d'avocat à Toulon, où ses opinions avancées étaient bien connues, au moment de la guerre. Nommé maire de Toulon après le 4 septembre, il fut révoqué par M. de Broglie en 1873. Au *scrutin de ballottage du 5 mars 1876*, M. Allègre était élu député, comme républicain radical, par les électeurs de la deuxième circonscription de l'arrondissement de Toulon. Il prit place à l'extrême gauche, vota l'ordre du jour des 363, et fut réélu le 14 octobre 1877. Le 20 juillet 1881, M. Allègre était nommé gouverneur de la Martinique et donnait sa démission de député. En juin 1886, le bruit courut qu'à la suite de dissentiments avec le conseil privé de la colonie et d'un vote du conseil général qui l'avait mis en minorité, il demandait au ministre de la marine l'autorisation de rentrer en France. Mais ce bruit fut presque aussitôt officiellement démenti.

ALLEN, William Henri, savant professeur américain, né à Manchester (Maine), le 27 mars 1808; il prit ses grades au collège de Bowdoin, en 1833, et entra comme professeur à l'académie de Cozenovia (New-York), où il enseigna les classiques jusqu'en 1836. Il fut nommé à cette époque professeur de physique et de chimie au collège Dickinson, à Carlisle (Pensylvanie), où, de 1846 à 1849, il fut ensuite professeur de philosophie et de littérature anglaise. Président du collège Girard, de Philadelphie, de 1849 à 1862, il devint président du collège d'agriculture de Pensylvanie, puis reprit, en 1867, la présidence du collège Girard, qu'il a conservée depuis. Il a été en outre choisi pour président, en 1872, par la Société biblique américaine. M. W. H. Allen se fit recevoir docteur en médecine au collège de médecine de Philadelphie en 1846, et docteur en droit au collège de l'Union de New-York et au collège Emory et Henry de la Virginie, en 1850. Il a prononcé beaucoup de discours, écrit un grand nombre de rapports relativement à l'éducation, et collaboré à divers magazines, revues, etc., par des articles sur la philosophie, la littérature et l'éducation.

ALLEN, Grant, littérateur anglais, né à Kingston (Canada), le 24 février 1848. Il fit ses études au collège Merton, à Oxford, et se livra de bonne heure à la littérature. On a de lui: *Physiological Æsthetics (1877); Colour Sense (1879); Evolutionism at large (1881); Anglo-Saxon Britain (1881); Vignettes from nature (1881); Colours of Flowers (1882); Colin Clout's Calendar (1883)*, etc. Il a, en outre, collaboré activement à la presse périodique et quotidienne.

ALLIBONE, Samuel Austen, bibliographe américain, né à Philadelphie le 17 avril 1816, se fit de très bonne heure une grande et légitime réputation par sa science profonde de la littérature anglaise. Bien qu'il s'occupât de commerce, étant à la tête d'affaires considérables pendant plusieurs années, ses études favorites ne furent jamais négligées. Il entreprit vers 1853 son grand ouvrage: *Dictionnaire critique de la littérature anglaise*, auquel il ne cessa de travailler avec assiduité pendant dix-sept années et plus. Le premier volume parut en 1858, le second en 1870 et le troisième et dernier en 1871. Ces trois volumes, de plus de mille pages grand in-8° chacun, constituent un véritable monument de science littéraire et de recherches patientes; l'ouvrage ne contient pas moins de 46,499 notices bio-bibliographiques et 40 index. M. Allibone a, en outre, collaboré à la *Nort-American Review*, à l'*Evangelical Quarterly Review* et à diverses autres publications périodiques; il a publié plusieurs traités et essais religieux. Il a aussi été pendant plusieurs années l'éditeur des publications de l'Union des écoles américaines du dimanche, on lui doit, en outre: *Index alphabétique du Nouveau Testament* (1860); l'*Union Bible Companion* (1871); *Citations des Poëtes, depuis Chaucer jusqu'à Tennyson* (1873); *Citations des Prosateurs, depuis Socrate jusqu'à Macaulay* (1876); *Auteurs illustres de tous les temps* (1879), etc.

ALLINGHAM, William, poète irlandais, né en 1828, à Ballyshannon, où son père était directeur de la Banque provinciale; reçut une assez bonne éducation dans une école irlandaise, et écrivit de très bonne heure dans les publications périodiques. Son premier volume de *Poèmes*, dédié à Leigh Hunt, parut en 1850. Leigh Hunt encouragea beaucoup cette première tentative du jeune poète, et plus tard il devait le protéger dans des circonstances peut-être plus importantes. En 1854 parut: *Day and Night Songs;* et en 1855, une édition revue, augmentée et illustrée par Millais et autres, de ce même recueil de poésies; en 1864 parut *Laurence Bloomfield en Irlande, poème moderne en douze chapitres;* et en 1877, *Songs, Poems, and Ballads*. — M. Allingham jouit, depuis 1864, d'une pension littéraire. Il a succédé à M. J. A. Froude (voyez ce nom), comme rédacteur en chef du *Fraser's Magazine*, en 1874. La même année, il épousait Mlle Hélène Paterson, aquarelliste distinguée (V. la notice suivante).

ALLINGHAM (dame) Helen Paterson, dessinateur et peintre aquarelliste anglaise, née près de Burton-sur-Trent, le 26 septembre 1848. Après la mort de son père, en 1867, elle vint résider à Londres auprès de sa tante, miss Laura Herford, artiste qui, quelques années auparavant, avait réussi à faire admettre les femmes au cours de l'Académie royale, que miss Helen Paterson suivit dès son arrivée. Elle ne tarda pas à se distinguer par ses dessins sur bois pour l'illustration des publications périodiques telles que le *Graphic*, le *Cornhill Magazine* et autres. Entre temps elle exposait en divers lieux des aquarelles remarquées: *May, Dangerous Ground*, à la galerie Dudley; *the Milkmaid, Wait for me*, à l'Académie royale (1874); *Young Customers* (1875); *Old Men's Gardens, Chelsea Hospital* (1877); un assez grand nombre de scènes de la vie anglaise, principalement de la vie rurale et plusieurs portraits de Thomas Carlyle. — Mme Allingham a été élue associée de la Société royale des aquarellistes en 1875.

ALLOU, Edouard, avocat français, né à Limoges, le 6 mars 1820, vint à Paris, où il fit ses études au collège Bourbon, suivit les cours de l'Ecole de droit et fut reçu avocat en 1841. Nommé, la même année, *secrétaire de la Conférence des avocats*, il fut chargé du discours de rentrée de 1842. Ses débuts à la cour d'assises furent des plus brillants; mais il éprouvait un sentiment de répulsion insurmontable pour les affaires criminelles, et les abandonna, en conséquence, pour les affaires civiles. Afin de se rompre plus sûrement à la pratique de ces sortes d'affaires, il entra chez un avoué, où il resta, travaillant consciencieusement, pendant deux années. Il devint ensuite secrétaire de Liouville. Membre de la commission de réforme du Code d'instruction criminelle en 1849, du conseil de l'ordre des avocats de Paris en 1852, il devint vers le même temps avocat de la direction des douanes et de l'administration des hospices. Il a été, enfin, élu bâtonnier de l'ordre en 1866 et 1867. Parmi les affaires les plus importantes auxquelles Me Allou a pris part, et dont le nombre est énorme, nous pouvons citer: le procès intenté par la maison Didot contre Thoisnier-Desplaces, relativement au droit de propriété de la *Biographie universelle;* le procès de Proudhon au sujet de son livre: l'*Eglise et la Révolution;* celui du testament d'Auguste Comte; celui du duc de Brunswick contre sa fille naturelle, Mme de Civry; l'affaire Bonaparte-Paterson; plusieurs grands procès financiers et de presse; l'interminable affaire Bauffremont; l'affaire Borel (séparation), presque aussi prolongée, qui se termina, le 1er juin 1876, par un arrêt en faveur du mari, client de Me Allou; l'affaire Menu de Saint-Mesmin, terminée le 30 juin; il plaidait pour le journal *la France*, dans *le procès intenté à divers journaux par le supérieur du* collège Sainte-Geneviève, au sujet du scandale de l'Ecole polytechnique (21 juillet 1876); pour M. Gambetta, poursuivi par le cabinet du 16 mai à raison de son discours à Lille, où il déclarait que la situation ne laissait qu'une alternative au maréchal-président: « se démettre ou se soumettre », etc., etc. — Quant aux affaires criminelles où il a plaidé, nous nous bornerons à citer le procès de l'assassin Poulmann.

M. Allou, en juillet 1869, a brigué les suffrages des électeurs de la quatrième circonscription de la Seine, en qualité de candidat de l'opposition libérale; mais, n'ayant réuni qu'un nombre de voix insuffisant, et le premier tour de scrutin n'ayant pas donné de résultat, il se désista au scrutin de ballottage et ne renouvela plus la tentative. Mais, en 1873, on le vit dans les réunions électorales soutenir avec une grande chaleur, quoique sans succès, la candidature de M. de Rémusat, contre celle de M. Barodet. Il a été élu sénateur inamovible, en remplacement du général de Cissey, décédé, le 10 juillet 1882. — M. Allou a été promu officier de la Légion d'honneur le 16 janvier 1882.

ALLMAN, George James, savant irlandais, né à Cork, en 1812, fit ses études à l'institution académique de Belfast, puis à l'université de Dublin. Un profond sentiment de la liberté, augmenté encore par la rigueur des lois qui pesaient alors sur les catholiques dans son pays, le porta à se jeter de bonne heure dans le parti de la liberté irlandaise; et, pour être plus habile à défendre ses opinions, il entreprit l'étude du droit. Mais une réelle passion pour la science biologique, lui fit abandonner le droit pour la médecine, avant qu'il eût pris le nombre d'inscriptions nécessaires pour être reçu avocat. Il se fit recevoir docteur en medecine à l'université de Dublin en 1844, et la même année, il fut nommé professeur royal de botanique à cette université, circonstance qui lui fit abandonner son projet de se vouer à la pratique de la médecine. En 1855, il quitta cette chaire pour celle d'histoire naturelle de l'université d'Edimbourg, à laquelle il venait d'être nommé, et qu'il conserva jusqu'en 1870, époque où l'état de sa santé le contraignit à abandonner le professorat. Peu après, l'université d'Edimbourg lui conférait le titre honorifique de docteur en lois. Ses travaux scientifiques les plus importants ont eu pour objet les représentants les plus infimes du règne animal, dont la physiologie et l'anatomie captivèrent spécialement son attention. Pour ses recherches dans cette branche intéressante de la biologie, la Société royale d'Edimbourg lui a décerné, en 1872, le prix Brisbane; l'année suivante, la Société royale de Londres lui remit une médaille royale, et il recevait de l'Académie royale irlandaise, en 1878, la médaille Cunningham, en or. A l'occasion des élections générales de 1874, le comité libéral du bourg de Bandon le choisit pour candidat; mais il déclina l'honneur qui lui était fait. La même année, M. Bentham ayant donné sa démission, il fut élu à la présidence de la Société linnéenne. En 1879, il présidait l'Assemblée de l'Association britannique pour l'avancement des sciences, réunie à Sheffield. Au retour de l'expédition du *Challenger*, la magnifique collection d'hydroïdes rapportée par cette expédition lui fut confiée, pour en faire le classement et la description.

Les résultats de ses recherches biologiques sont exposés dans de nombreux mémoires publiés dans les *Philosophical Transactions*, les *Transactions of the royal Society of Edinburgh* et les *Transactions of the royal irish Academy*, ainsi que dans ses *Rapports* adressés à « l'Association britannique pour l'avancement des sciences », et dans ses communications aux *Annals of Natural History*, au *Quarterly Journal of Microscopic Science*, et à divers autres journaux scientifiques. Ses œuvres les plus considérables sont: *A Monograph of the Freshwater Polizoœ* (1856, in-folio); *A Monograph of the Gymnoblastic Hydroids* (1871-72, in-folio); toutes deux publiées par la Société royale et illustrées de nombreuses figures coloriées.

ALMA-TADEMA, Laurent, peintre hollandais, né à Dronryp, le 8 janvier 1836. Il commença son éducation artistique à l'Académie royale d'Anvers et la poursuivit sous la direction du baron H. Leys, dont il fut autant le collaborateur que l'élève. Il alla ensuite à Londres, où il a fini par se fixer, s'y étant marié en 1871 et ayant obtenu peu après ses lettres de naturalisation. M. Alma-Tadema, qui a figuré au Salon de Paris et à nos grandes expositions internationales, a obtenu une médaille en 1864, une 2e médaille en 1867 et une 1re médaille en 1878; nommé chevalier de la Légion d'honneur en 1873, il était promu officier à la suite de l'Exposition universelle de 1878. Il est, du reste, décoré d'une foule d'ordres étrangers, et peu d'artistes sont capables d'exhiber une brochette aussi abondamment et richement fournie que la sienne, sans parler des nombreuses médailles obtenues dans toutes les expositions où il valait la peine de concourir, et dont la liste serait vraiment trop longue. Devenu successivement associé (1876) puis membre titulaire (1879) de l'Académie royale de Londres, et correspondant de l'Académie des beaux-arts de Paris (1881), M. Alma-Tadema fait également partie de toutes les académies artistiques de l'Europe, même des plus exclusives. Nous allons donner la liste des principaux ouvrages de cet artiste éminent, qu'un critique français a qualifié « le premier des archéologues ». — Ce sont: l'*Education des petits-enfants de Clotilde* (1861); *Venance, Fortunat et Radegonde* (1862); *Comment ils s'amusaient en Egypte il y a 3000 ans* (1863); *Frédégonde et Prétextat* (1864); *Jeux égyptiens* (1865); le *Soldat de Marathon* (1865); *Entrée d'un théâtre romain* (1866); *Agrippine visitant les cendres de Germanicus* (1866); la *Momie, Tarquin le Superbe* (1867); la *Sieste, Phidias et les marbres d'Elgin*, un *Marché aux fleurs* (1868); *Danse pyrrhique*, le *Convalescent*, un *Cabaret* (1869); un *Jongleur*, la *Vendange* (1870); un *Empereur romain*, une *Fête intime* (1871); l'*Improvisateur*, la *Mort du premier-né*, une *Halte* (1872); le *Dîner*, les *Cerises*, la *Pêche* (1873); *Joseph intendant de Pharaon, la Dixième Plaie d'Egypte*, une *Galerie de sculpture*, une *Galerie de peinture*, l'*Automne*. *Sur les marches du Capitole* (1874), etc.; une *Audience chez Agrippa, Cléopâtre, Après la danse* (1876); les *Saisons* (4 toiles), *Entre l'espérance et la crainte* (1877); un *Modèle de sculpteur* (Vénus esquiline), un *Trait de l'amour* (1878); *Au temps de Constantin, Une cordiale bienvenue, Fête de Pomone* (1879); *Fête de printemps, Il n'y est pas, Frédégonde* (1880); un *Laurier rose, Sapho* (1881); le *Chemin du temple* (1883); *Salle de toilette d'un bain public à Rome*, la *Rose des roses* (1886), etc., etc.

Mme Alma-Tadema, née Laura Theresa Epps, est également une artiste distinguée. Elle a envoyé plusieurs toiles aux expositions de l'Académie royale, de la Société des artistes français de Londres, ainsi qu'au salon de Paris; notamment, parmi ces dernières, le *Miroir* (1873) et le *Coin du feu* (1874).

ALPHAND, Jean Charles Adolphe, ingénieur et administrateur français, né à Grenoble, le 26 octobre 1817. Entré à l'Ecole polytechnique en 1835, il en sortit et entra à l'Ecole des ponts et chaussées en 1837, devint ingénieur en chef en 1854, inspecteur général des ponts et chaussées le 25 décembre 1869 et inspecteur général de 1re classe, le 3 mai 1875. De 1839 à 1854, M. Alphand est demeuré à Bordeaux, chargé de travaux de chemins de fer, ponts, canaux, etc.; au mois de décembre de cette dernière année, il fut nommé ingénieur en chef et placé à la tête des travaux et embellissements de Paris, passant successivement d'une direction à l'autre des branches les plus importantes d'un service qui, sous l'impulsion de M. Haussmann, ne tendait à rien moins que la transformation complète de la capitale. C'est surtout dans le service des promenades et plantations, certainement le plus important, que M. Alphand s'est particulièrement signalé. On lui doit la transformation en parcs des bois de Boulogne et de Vincennes, les modifications apportées aux promenades intérieures, la création des squares qui émaillent aujourd'hui Paris de bouquets de verdure qui ne sont pas seulement agréables à l'œil, et dont celui des Buttes-Chaumont pourrait presque passer pour un chef-d'œuvre; sans parler du Trocadéro et du parc de l'Exposition universelle de 1867. Lorsque, presque au début de la guerre de 1870, nos défaites répétées commencèrent à faire craindre pour Paris, M. Alphand fut nommé colonel de la légion auxiliaire du génie et chargé en cette qualité de la fermeture des fortifications et des autres travaux de défense arrêtés par le génie militaire; il s'y employa avec une ardeur telle, que ces travaux étaient terminés sur toute l'étendue de l'enceinte, au bout de dix-huit jours. Nommé par M. Thiers directeur des travaux de Paris (mai 1871), il dut entreprendre, en cette qualité, la tâche heureusement peu ordinaire d'effacer, dans la mesure du possible, les traces laissées par le passage de deux fléaux impitoyables: l'invasion et la guerre civile. Il s'y dévoua aussitôt, avec son zèle ordinaire. Une des plus remarquables et des plus importantes restaurations accomplies par M. Alphand dans cette occasion, c'est le repeuplement du bois de Boulogne, si maladroitement dévasté, par quinze mille arbres de pleine sève, pris aux forêts de Sénart et de Fontainebleau. Le Conseil municipal de Paris républicain eut d'abord quelque peine à s'habituer à ce nom, dont la notoriété datait fatalement de l'empire; mais M. Alphand, qui n'était pas d'ailleurs un homme politique, n'avait pas moins rendu de services

à la république, quoique en moins de temps, qu'il en avait pu rendre à l'empire; l'opposition qu'il rencontra au début dans le Conseil municipal dura peu, et il a pu conserver sa position, où il eût été difficile de le remplacer. — Décoré d'un grand nombre d'ordres étrangers, M. Alphand a été nommé chevalier de la Légion d'honneur en octobre 1852, promu officier en décembre 1862, commandeur en juillet 1869 et grand officier le 11 juillet 1882. Il a été membre du Conseil municipal de Bordeaux et du Conseil général de la Gironde avant sa nomination à Paris. — On a de lui: les *Promenades de Paris; Histoire et description des bois de Boulogne et de Vincennes, des Champs-Elysées, des parcs, squares, boulevards de Paris* (2 vol. in-folio, illustrés de 80 gravures sur acier, 23 chromolithographies et 487 gravures sur bois), publication d'un grand luxe, qui ne coûte pas moins, tirée sur papier de Hollande, de 1000 francs, en librairie; *Arboretum et Fleuriste de la ville de Paris; description et culture des arbres, arbrisseaux, plantes, employés dans l'ornementation des parcs et jardins* (in-folio).

En mai 1876, M. Alphand est allé à Londres, comme membre de la commission chargée d'y étudier le chemin de fer métropolitain qui traverse la ville dans tous les sens, afin de juger dans quelle mesure ce système peut être applicable à Paris. En 1878, quoique sans titre officiel, il eut une part importante aux travaux préparatoires et d'organisation de l'Exposition universelle. Enfin, comme il ne saurait y avoir de grande fête que M. Alphand n'y ait mis la main et qu'il serait trop long d'énumérer toutes celles, en dehors d'autres grands travaux, dont il a assuré le succès, disons en terminant qu'il a été choisi pour président par le Comité des fêtes de l'Industrie et du Commerce qui remue si heureusement tout Paris depuis quelques temps (1886).

ALPHONSE XIII, DE BOURBON Y HABSBOURG, ALPHONSE LÉON FERDINAND SANTIAGO MARIE ISIDORE PASCAL ANTOINE, roi d'Espagne, fils d'Alphonse XII (mort le 25 novembre 1885) et de sa veuve la reine Marie-Christine, archiduchesse d'Autriche, régente, est né à Madrid le 17 mai 1886 et fut baptisé dans la chapelle royale, par le cardinal Paya, le 22 du même mois, en grande cérémonie. A cette occasion, le journal le *Temps*, de Paris, publiait le lendemain la dépêche suivante de son correspondant de Madrid: « Le baptême du roi Alphonse XIII a eu lieu hier dans l'après-midi, à la chapelle du palais. Par ordre de la reine, les galeries hautes du palais avaient été ouvertes au public. C'est par là qu'a défilé le cortège des gentilshommes de la cour, des grands d'Espagne, des hérauts d'armes qui accompagnaient la duchesse Medina Las Torres, gouvernante du roi, le nonce représentant le pape, et l'infante Isabelle, marraine du roi. Le cortège était fermé par les chambellans, la maison militaire et les dames du palais en grande toilette de cour. Le petit roi a de grands yeux bleus et le nez très prononcé. Le coup d'œil dans la chapelle était très imposant. L'autel était brillamment illuminé. Le cardinal-primat, archevêque de Tolède, officiait. Le roi a été présenté sur les fonds baptismaux de Santo Domingo de Guzman, qui depuis cinq siècles servent au baptême des rois espagnols. Un *Te Deum* a terminé la cérémonie. » Après la cérémonie du baptême, le roi fut revêtu des insignes des ordres de la Toison d'or, de Charles III et d'Isabelle la Catholique et des quatre grands ordres militaires d'Espagne, dont il devient grand maître par droit de naissance, ce qui parut le toucher médiocrement.

Le 11 juin, le premier congrès du règne d'Alphonse XIII ayant constitue son bureau, les députés, après leur président, M. Martos, vinrent jurer solennellement, agenouillés et baisant la Bible, fidélité au jeune roi et à la constitution, sauf quelques députés républicains, MM. Salmeron, Pedregal, Azcarate et autres, et le baron de Sangarren, député carliste, lesquels restèrent debout et se contentèrent de *promettre* ce qu'on leur demandait de « jurer ». M. Martos, autorisé par la loi, ne laissa pas d'accepter leur engagement dans ces termes et sous cette forme.

ALPHONSE (don), DE BOURBON Y ESTE, CHARLES FERDINAND JOSEPH JEAN PIE, frère de don Carlos, né à Londres le 12 septembre 1849. Il servit d'abord dans l'armée autrichienne, puis, en 1869, dans les zouaves pontificaux, où il demeura jusqu'en 1870. L'année suivante, il épousa dona Maria de las Nievas, fille du feu roi de Portugal, dom Miguel, qui joignit à son titre d'usurpateur celui de protecteur des jésuites. Le 30 décembre 1872, don Alphonse prit le commandement des troupes carlistes opérant en Catalogne, et se signala pas les actes de brigandage les plus atroces. Après la pacification, le gouvernement d'Alphonse XII demanda l'extradition du jeune bandit au gouvernement allemand, qui souscrivit à cette demande, reconnue trop motivée; mais il ne put mettre la main sur don Alphonse de Bourbon, réfugié en Autriche (1875) où il passait des manifestations menaçantes du peuple indigné aux ovations de la noblesse. Il assitait aux obsèques du comte de Chambord, à Goritz (septembre 1883), et ce serait principalement à ses intrigues, combinées avec celles de son frère don Carlos, qu'il faudrait attribuer l'attitude de la comtesse de Chambord à l'occasion de cette cérémonie, à laquelle les Bourbons d'Espagne et d'Italie eurent la préséance sur ceux de France, qui abandonnèrent la partie en conséquence.

ALSLEBEN, JULES, pianiste, compositeur et musicographe allemand, né à Berlin le 24 mars 1832, fit de fortes études universitaires, obtint le grade de docteur en philosophie, puis se voua à l'étude des langues orientales. Mais la musique, qu'il avait étudiée de bonne heure et avec passion, s'empara bientôt de lui tout entier; il se fit entendre dans les concerts comme virtuose-pianiste, se livra à la composition et fit des conférences très suivies sur la musique. Il est président de la Société des compositeurs de Berlin, à la fondation de laquelle il a pris une part active. — On a de M. Alsleben un certain nombre de compositions pour le chant et le piano, une *Histoire de la musique*, etc.

AMADEI, ROBERTO, compositeur et organiste italien, né à Loreto le 29 novembre 1840, reçut de son père les premiers éléments de son art, et compléta son éducation musicale sous la direction de Luigi Vecchiotti, maître de chapelle de Loreto, fonctions dans lesquelles M. Amadei père le remplaça à sa mort, en 1863. M. Roberto Amadei y fut nommé organiste cette même année, et devint peu après maître de chapelle, en remplacement de son père, qui avait pris sa retraite. Outre un grand nombre de compositions religieuses, dont un motet couronné au concours de l'Institut musical de Florence, et de nombreux morceaux de chant et de piano, on doit à M. Amadei: *Luchino Visconti*, opéra en 3 actes, représenté à Lugo, en 1869; *Bianca dei Rossi*, représenté à Bari; *il Bacchettone* (l'Hypocrite), opéra-comique, etc.

AMAGAT, LOUIS AMAND, médecin et homme politique français, né à Saint-Flour en 1840. Il fit ses études médicales à la faculté de Montpellier où il prit le grade de docteur en 1873, avec une thèse intitulée: *Étude sur les différentes voies d'absorption des médicaments*, et se fit agréger en 1879. Il y professa quelque temps l'histoire naturelle, de manière à se rendre très populaire auprès des jeunes gens qui suivaient ses cours, mais non moins suspect au doyen de la faculté, qui obtint sa révocation. Cet événement fit beaucoup de bruit; les étudiants ayant pris fait et cause pour leur professeur, il y eut des désordres, et l'Ecole fut fermée. M. Amagat comparut devant le conseil académique, qui le condamna comme ayant manqué à ses devoirs professionnels et prononça sa radiation des cadres de la faculté de Montpellier. Comme c'était surtout pour avoir introduit la politique dans l'enseignement de l'histoire naturelle, que le jeune professeur avait attiré sur sa tête les foudres académiques, il était tout préparé pour les élections qui eurent lieu le 21 août 1881; il se présenta donc à Saint-Flour, comme candidat républicain radical, et fut élu au premier tour. Son élection ayant été invalidée, ses électeurs, augmentés d'un tiers, le renvoyaient à la Chambre le 29 janvier 1882. Il prit place à l'extrême gauche. M. Amagat a été réélu au scrutin de ballottage du 18 octobre 1885.

AMARI, MICHELE, littérateur, orientaliste et homme politique italien, né à Palerme en 1806. Il était employé au ministère d'Etat du royaume des Deux-Siciles, lorsque son père fut condamné à la peine capitale, comme conspirateur; il n'avait alors que seize ans (1822)), et se trouva par cette catastrophe le chef d'une famille assez nombreuse et peu fortunée, qu'il fit vivre comme il put. Doué d'un goût passionné et d'une remarquable aptitude pour l'étude des langues, M. Amari publia en 1832 une traduction du *Marmion* de Walter Scott. Son ouvrage sur les Vêpres Siciliennes: *La Guerra del Vespro Siciliano*, publié en 1842 et qui établit sa réputation, fut saisi dès son apparition, et l'auteur mandé à Naples. Au lieu de déférer à cet ordre, ce qui eût été imprudent, M. Amari abandonna son pays et vint se réfugier en France. A Paris, il se livra tout particulièrement à l'étude du grec moderne et de l'arabe et réunit les documents de son *Histoire des musulmans de Sicile*. Il y publia en outre une brochure relative à la politique sicilienne, intitulée: *La Sicile et les Bourbons*. Rappelé dans son pays en 1848, comme professeur de droit public, il devint vice-président du comité de la guerre, puis représentant de Palerme à la Chambre des députés, et enfin ministre des finances. Envoyé en mission, plus tard, auprès des gouvernements de la France et de la Grande-Bretagne, il trouva au retour la situation tellement désespérée, qu'il s'empressa de revenir à Paris, où il demeura jusqu'en 1860. Nommé sénateur du royaume d'Italie en 1861, il devint ensuite président de la lieutenance de Sicile, avec le portefeuille des finances, puis gouverneur de Modène; il occupa enfin le ministère de l'instruction publique dans les cabinets Farini et Minghetti (1862-63).

On doit à M. Amari divers mémoires et articles sur la langue et l'histoire arabes, publiés dans la *Revue archéologique*, le *Journal asiatique*, etc.; des traductions anglaises du *Solvan* d'Ibn-Djafer; du *Voyage en Sicile* de Mohamed-ibn-Djobaïr, de la *Description de Palerme* d'Ibn-Hamal, etc. Son *Histoire des Vêpres Siciliennes* a été traduite en anglais par lord Ellesmere. M. Amari est devenu correspondant de l'Institut de France (Académie des inscriptions) en 1837, et membre associé en 1871; il reçut le diplôme honoraire de docteur en philosophie et littérature de l'université de Leyde en 1875; enfin il présida le congrès des orientalistes tenu à Florence en septembre 1878.

AMAT, HENRI, homme politique français, né à Marseille en 1815. Ayant terminé son droit, il se fit inscrire au barreau de Marseille. Quoique n'ayant rempli aucune position officielle, M. Amat, dont les opinions républicaines étaient bien connues, fut proscrit après le coup d'Etat de décembre, et se retira en Italie, où il résida quelque temps. De retour à Marseille, il devint membre du conseil municipal en 1865. On doit à son initiative la fondation de bibliothèques communales, la publicité des séances du conseil, et divers autres résolutions empreintes du même esprit démocratique. Réélu en 1870, il présida à l'installation du préfet républicain envoyé à Marseille après le 4 septembre. M. Amat, aux élections du 8 février 1871, fut élu représentant à l'Assemblée nationale, où il se fit inscrire à la fois aux deux réunions du centre gauche et de la gauche républicaine. Le scrutin de liste, qui plaçait alors M. Amat le quatrième des onze représentants des Bouches-du-Rhône, n'eût pas manqué de le maintenir en aussi bonne place en 1876, sans doute; mais il n'en fut pas de même du scrutin d'arrondissement: candidat dans la 2e circonscription de l'arrondissement de Marseille, il échoua au scrutin de ballottage du 5 mars, contre le candidat radical, M. F. V. Raspail. Réélu après la mort de ce dernier, le 16 mars 1878, contre M. Clovis Hugues, M. Amat ne s'est plus porté candidat aux élections suivantes (1881 et 1886).

AMBERT (baron), MARIE JEAN JACQUES ALEXANDRE JULES, général français, fils d'un général de la première republique, est né en 1804 à Chillas (Lot). Sorti de l'école militaire, comme sous-lieutenant d'artillerie, en 1824, il devint successivement lieutenant en 1830, capitaine en 1837, chef d'escadron en 1843, lieutenant-colonel en 1847, colonel en 1850 et général de brigade en 1858. Il servit en Espagne, en Belgique et en Algérie avec honneur et était promu commandeur de la légion d'honneur en 1860. Placé dans le cadre de réserve depuis 1867, il reprit du service en 1870 et reçut le commandement du 5e secteur des fortifications de Paris, en septembre; mais il ne tarda pas à être révoqué, comme suspect de bonapartisme. Le général Ambert avait été envoyé par les électeurs du Lot à l'Assemblée constituante de 1848, puis à la Législative de 1849; il avait été nommé conseiller d'Etat en 1866. Mais c'est surtout comme écrivain militaire qu'il s'est fait une réputation considérable. Nous citerons parmi ses ouvrages: *Eloge du maréchal Moncey (1832); Esquisses historiques et pittoresques des différents corps de l'armée (1835); Essais en faveur de l'armée (1839);* la *Colonne Napoléon et le camp de Boulogne (1842); Essai historique sur Duplessis-Mornay (1847); Soldat (1854); Gendarme (1860); Gens de guerre (1863); Le baron Larrey (1864); Etudes techniques (1865); Conséquences des progrès de l'artillerie (1866); Arabesques (1868); Histoire de la guerre de 1870-1871 (1876);* l'*Héroïsme en soutane (1876); Après Sedan, Gaulois et Germains (1884); Récits militaires (1885)*, couronnés par l'Académie française (prix Monthyon), au concours de 1886.

AMÉDÉE (Prince), AMADEO FERDINANDO MARIA, duc D'AOSTE, ex-roi d'Espagne, second fils du roi d'Italie, Victor-Emmanuel II, né à Turin, le 30 mai 1845. Entré jeune dans l'armée sarde, comme capitaine dans un régiment d'infanterie de la brigade d'Aoste, il conquit d'une manière aussi aisée que rapide les grades supérieurs, et passant d'une arme dans l'autre, fut promu général de cavalerie. En 1869, il était vice-amiral commandant l'escadre d'évolution. Il avait toutefois payé de sa personne et été blessé à la tête de ses grenadiers sur le plateau de Custozza, le 25 juin 1866. Après la révolution de 1868, dont il avait été un des principaux acteurs, le maréchal Prim s'était mis en quête d'un nouveau roi d'Espagne, et, après avoir essuyé plusieurs refus, avait enfin rencontré un homme de bonne volonte pour ceindre cette courone d'un placement si difficile, parce qu'on la savait dangereuse à tout front étranger; ce mortel courageux n'était autre que le prince Léopold de Hohenzollern-Sigmaringen, un nom que la France se rappelera longtemps, car son acceptation des propositions du maréchal Prim est la cause première de la guerre désastreuse de 1870-71. En présence toutefois de l'émotion produite par cet événement, le prince Léopold dut revenir sur ses déterminations. C'est alors que don Juan Prim songea au jeune duc d'Aoste, et qu'il lui offrit cette couronne si souvent refusée déjà, que celui-ci eût mieux fait de refuser également. La France, à ce moment, était en proie à l'invasion; l'acceptation de la couronne d'Espagne par un prince italien, c'est-à-dire par un allié, ne pouvait être désagréable à nos vainqueurs: donc nul péril de ce côté. Après quelque hésitation, cependant, le duc d'Aoste fit savoir le 19 octobre 1870, au maréchal Serrano, chef du pouvoir exécutif sous le titre de régent, qu'il acceptait la candidature offerte. Le 16 du mois suivant, les Cortès proclamaient le duc d'Aoste roi d'Espagne, par 191 voix contre 120. Ces 120 voix opposantes se subdivisaient ainsi: 64 pour la République, 22 pour le duc de Montpensier, 8 pour le maréchal Espartero, 2 pour l'infant don Alphonse (plus tard Alphonse XII), 1 pour la fille aînée du duc de Montpensier, donna Maria, et des bulletins blancs. Aussitôt, une députation se rendit à Florence, où se trouvait la cour de Victor-Emmanuel, portant au duc d'Aoste l'offre officielle de la couronne, qu'il accepta formellement le 4 décembre 1870.

Le jeune roi débarqua à Carthagène le 30 décembre 1870, le jour même où le maréchal Prim mourait des coups de feu reçus le 28 pour avoir trop bien réussi, à la fin, dans ses négociations, — triste présage! — Son règne fut court, mais extrêmement agité. Toute sa bienveillance incontestable devait échouer contre ce trait distinctif du caractère espagnol, que nulle autre nation ne possède au même degré: la haine de l'étranger. Amédée Ier était donc radicalement impopulaire, malgré qu'il fit, et la position était à peine supportable, lorsqu'en avril 1871, une première prise d'armes des carlistes eut lieu dans les provinces du nord, tandis que, presque simultanément, une révolte éclatait parmi les matelots et les ouvriers de l'arsenal du Ferrol, arborant le drapeau rouge. Pour comble, le 19 juillet de la même année, une nouvelle tentative d'assassinat était dirigée contre le roi et la reine, au moment où ils rentraient en voiture découverte au palais, par cinq individus apostés dans la rue de l'Arenal et qui tirèrent sur la voiture des coups de feu sans résultat. Des cinq assassins, l'un fut tué sur le coup, deux seulement furent pris, dont un blessé. Un seul, nommé Pastor, resté en fin de compte entre les mains de la justice, fut condamné à mort, se pourvut en cassation et réussit à s'échapper avant la fin du procès. — Jugeant l'expérience suffisamment prolongée, l'infortuné roi d'Espagne prit une résolution énergique que peu de souverains, même de rencontre, eussent prise à sa place. Le 11 février 1873, il adressait aux

Cortès un message très digne, dans lequel il déclarait qu'en presence des luttes incessantes des partis, qui rendaient inutiles tous ses efforts pour donner au pays une ère de paix et de prospérite, il avait pris la résolution irrévocable de déposer la couronne. Le lendemain, le roi Amédée redevenu duc d'Aoste et la duchesse sa femme quittaient Madrid, *se* rendant à Lisbonne et de là à Gênes, où ils débarquèrent le 9 mars. Le 16, le duc était à Florence. — Dès le 14 mars, il avait été remis en possession de son siège de sénateur du royaume d'Italie, et, à la Chambre des députés, M. Sella, ministre des finances. présentait une proposition de loi lui restituant sa liste civile de 400,000 lires, proposition qui fut presque unanimement acceptée. En même temps, le roi Victor-Emmanuel nommait le prince Amédée lieutenant général.

Le duc d'Aoste avait épousé, le 30 mai 1867, la princesse Marie, fille du prince Charles Emmanuel Dal Pozzo della Cisterna, née le 9 août 1847, morte à San Remo, le 6 novembre 1876, dont il a eu trois fils : Emmanuel Philibert Victor Eugène Albert Gênes Joseph Marie duc d'Apulia (la Pouille), *né le 13 janvier 1869;* Victor Emmanuel Turin Jean Marie, comte de Turin, né le 24 novembre 1870; et Louis Amédée Joseph Marie Ferdinand François, né le 31 janvier 1873.

AMÉRO, Constant, romancier et publiciste français, né à Toulon, le 4 février 1837. Il entra fort jeune dans la marine et donna sa démission d'officier sans troupes pour venir continuer à Paris ses études sur les origines littéraires de la France. Il fut successivement secrétaire de la rédaction de plusieurs Revues, prit une part active à la collaboration du *Dictionnaire des Littératures* de Vapereau, et travailla pendant plusieurs années à la septième édition du *Dictionnaire de l'Académie.* Collaborateur assidu du *Journal des Voyages* de Decaux, il a publié en outre quelques volumes: *Contes émouvants (1876);* le *Coq rouge (1883);* le *Tour de France d'un petit Parisien (1885),* ouvrage couronné par l'Académie française. Il a écrit aussi, en collaboration avec M. Victor Tissot : les *Aventures de Gaspard Van der Gomm,* la *Russie rouge. Aventures de trois fugitifs en Sibérie* (trad. en plusieurs langues), *Contrées mystérieuses et Peuples inconnus.*

AMICIS (de), Edmondo, littérateur italien, né de parents génois à Oneglia (Piémont), le 21 octobre 1846, fit ses études à Cuneo et à Turin, puis entra à l'école militaire de Modène. Sorti de cette école en 1865, avec le grade de sous-lieutenant d'infanterie, il fut incorporé au 3e régiment, avec lequel il prit part à la bataille de Custozza (1866). L'année suivante, il prenait la direction de l'*Italia militare* de Florence. Après la prise de Rome par les troupes de Victor-Emmanuel, jugeant terminé le rôle militaire de l'Italie et peu fait pour la vie de garnison, le jeune officier donna sa démission (1871) et s'établit à Turin, décidé à se vouer entièrement aux travaux littéraires. Il avait déjà publié, à Milan, des « Esquises de la vie militaire »: *La Vita militare, bozzetti* (1868), bien accueillies par le public. Il publia successivement, à partir de cette époque : *Ricordo del 1870-1871* et un volume de *Novelle,* comprenant *Gli Amici di collegio, Camilla Furio, Un'Gran Giorno, Alberto, Fortezza* et la *Casa paterna* (1872). Il voyagea alors en Espagne et au Maroc, visita la Hollande, Londres, Paris, Constantinople, et rapporta de *ces excursions des documents pour ses ouvrages futurs,* écrits dans un style vif et agréable qui établit définitivement la réputation de leur auteur. Ces ouvrages, traduits dès leur apparition dans les principales langues de l'Europe, sont : *La Spagna (1873); Ricordi di Londra (1874); Olanda (1874); Costantinopoli (1875, 2 vol.); Marocco (1876); Ricordi di Parigi (1878); Ritratti letterari (1881); Poésie* (*1881,* nouv. éd.), etc.

ANCEL, Jules Edouard Daniel, armateur et homme politique français, né au Havre. le 16 octobre 1812; fit ses études à Paris, au collège Stanislas et retourna ensuite au Havre, où il choisit délibérément la carrière commerciale et devint armateur. Sa haute position acquise lui valut d'être nommé successivement président de la chambre de commerce, puis maire du Havre, et conseiller général pour le canton de Goderville. Elu représentant de la Seine-Inférieure à l'Assemblée législative (1849), il fut réélu député au Corps législatif en 1852, par la sixième circonscription du même département, en qualité de candidat officiel, et en la même qualité en 1857 ; en 1863, l'appui du gouvernement lui fit défaut, mais non celui des électeurs ; ce ne fut qu'en 1869, et malgré sa position de candidat *agréable,* que les électeurs de la 6e circonscription de la Seine-Inférieure lui retirèrent leur confiance pour en investir un nouveau venu, M. Lecesne, après une lutte des plus chaudes et deux scrutins. Il fut toutefois élu représentant de l'Assemblée nationale, le 8 février 1871, et sénateur de la Seine-Inférieure, *le 30 janvier 1876, mandat qui lui a été* renouvelé le 8 janvier 1882. — En politique, M. Ancel est un conservateur libéral, dont la place est nécessairement marquée au centre droit, quel que soit le régime en vigueur; en économie, et c'est un économiste d'une réelle valeur, il est partisan de la protection. C'est dans les questions économiques, son véritable élément, que M. Ancel s'est le plus distingué par une grande expérience du sujet et une habileté incontestable à le présenter sous le point de vue qu'il préfère ; et ce doit lui avoir été un véritable chagrin que de se voir remplacer par un adversaire dans la commission d'enquête sur la marine marchande (1870), conséquence de son échec aux élections précédentes. M. Ancel a fait partie de la plupart des commissions parlementaires ayant un objet d'économie maritime ou budgétaire, comme membre, et plus souvent comme rapporteur ou président. Il fut, après la guerre, par exemple, president de la cinquième commission de la revision des marchés. Il fut également président de la commission de la marine marchande, etc.

ANDERSON (dame), Elisabeth Garrett, médecin anglais, née à Londres en 1837, reçut une bonne éducation première tant au sein de sa famille que dans une école particulière. Miss Elisabeth Garrett commença ses études médicales à l'hôpital de Middlesex en 1860, et les compléta à Saint-Andrew, à Edimbourg et à l'hôpital de Londres. Ayant passé ses examens avec succès, elle reçut son diplôme en octobre 1865, et fut nommée. médecin-assistant au dispensaire Sainte-Marie, en juin 1866. Elle a été reçue, ensuite, docteur en médecine de la Faculté de Paris en 1870 et fut, la même année, nommée l'un des médecins visitants de l' « hôpital des enfants et dispensaire des femmes de Londres-Est ». Le 29 novembre 1870, miss Garrett fut élue membre du « London School board » pour Marylebone, à une immense majorité. — Elle a épousé M. Anderson, le 9 février 1871. Mme Garrett-Anderson n'en continue pas moins la pratique de la médecine, à Londres, où elle s'est formé une clientèle étendue de femmes et d'enfants. Elle a écrit divers mémoires, rapports ou articles sur des questions sociales, d'éducation et de médecine.

ANDIGNÉ (marquis d'), Henri Marie Léon, général et homme politique français, né à Orléans, le 19 novembre 1821. Sorti de Saint-Cyr en 1842, dans l'état-major, avec le grade de sous-lieutenant, il devint successivement lieutenant en 1845, capitaine en 1848, chef d'escadron en 1859, lieutenant-colonel en 1864; colonel en 1869 et général de brigade en 1875. Il fit la campagne d'Italie. Au début de la guerre de 1870, il était chef d'état-major du général Lartigue; et au désastre de Sedan, le corps couvert de blessures, il fut un moment considéré comme perdu ; transporté à l'ambulance de Namur par les vainqueurs, il guerit. Membre de la Chambre des pairs, jusqu'à la révolution de février, M. le marquis d'Andigné fut élu sénateur de Maine-et-Loire, comme candidat de l'union des monarchistes de toutes nuance en 1876 et réélu en 1879. Il siège naturellement à droite. M. d'Andigné est commandeur de la Légion d'honneur depuis 1871.

ANDLAU (comte d'), Joseph Gaston Hardouin, général français, sénateur, né à Nancy, d'un père général, le 1er janvier 1824. Destiné dès sa jeunesse à la carrière militaire, il entra à Saint-Cyr après de brillants examens en 1842, sortit second de cette école deux ans après et fut admis dans l'état-major. Lieutenant en 1847, capitaine en 1850, chef d'escadron en 1859, lieutenant-colonel en 1864, colonel en 1869, il était promu général de brigade le 14 janvier 1879. M. d'Andlau a servi en Crimée, où il s'est distingué tout particulièrement, fut cité à l'ordre du jour et nommé chevalier de la Légion d'honneur. Aide de camp du général Saint-Pol, il marcha à la prise de Sébastopol, en tête des colonnes d'assaut, et fut un des rares officiers de sa brigade qui survécurent à cette brillante mais sanglante victoire. Le capitaine d'Andlau devint alors aide de camp du général de Mac-Mahon, et fit la campagne d'Italie. A l'issue de cette campagne, il fut envoyé en Autriche comme attaché militaire à l'ambassade française, et plus tard, désigné comme commissaire de la France pour la fixation des frontières entre la Serbie et la Turquie, et signa en cette qualité le traité passé à cet effet. Colonel depuis le 3 août 1869, M. d'Andlau, au début de la guerre avec la Prusse, fut chargé du service des opérations au grand état-major de l'armée du Rhin, que la capitulation de Metz livra à l'ennemi. Prisonnier des Allemands en vertu de cette capitulation, M. d'Andlau fut interné à Hambourg jusqu'à la fin de la guerre.

Après la signature de la paix, un livre parut qui produisit une profonde sensation, au milieu de tant de livres publiés sur les événements qui venaient de s'accomplir et qui, lus avec avidité, ne laissaient pour la plupart rien dans l'esprit du lecteur, si ce n'est l'impression que l'auteur avait eprouvé un impérieux besoin de se disculper, qu'on l'accusât ou non. Ce livre intitulé : *Metz, campagne et négociations ; par un officier supérieur,* écrit évidemment sans passion, sans parti pris d'aucune sorte, était une relation fidèle des événements qui avaient amené la capitulation de Metz, et dont le simple exposé constituait un acte d'accusation terrible contre le maréchal commandant en chef, Bazaine. Les délégués de Metz appelés à déposer dans l'enquête sur les capitulations ne crurent pas pouvoir quitter Paris sans porter leurs remerciements à « l'officier supérieur » auteur de ce livre, c'est-à-dire à M. le colonel d'Andlau. Le colonel, appelé naturellement à déposer devant le conseil de guerre siégeant à Trianon, le fit avec la même simplicité exempte de passion, et par cela même implacable.

« Membre, depuis 1863, du conseil général de l'Oise pour le canton de Liancourt, que son père avant lui y avait longtemps représenté, M. d'Andlau fut porté aux élections sénatoriales dans l'Oise sur la liste républicaine constitutionnelle, et il fut élu au second tour de scrutin. Dans sa profession de foi aux électeurs sénatoriaux, M. le colonel d'Andlau, par une comparaison ingénieuse, a expliqué ce qu'il fallait entendre du mot *revision* inscrit dans la Constitution : « La *revision,* a-t-il dit, n'a jamais signifié l'abolition du service militaire, mais le maintien des bons sous les drapeaux et le rejet des mauvais. C'est ainsi que je comprendrais la « revision des lois constitutionnelles. » Son mandat sénatorial lui a été renouvelé aux élections du 5 janvier 1879.

On doit au général d'Andlau, outre le livre déjà cité : *De la cavalerie dans le passé et dans l'avenir (1869); Lettre d'un officier d'état-major sur la capitulation de Metz (1871); Organisation et tactique de l'infanterie française (1872).* Il a collaboré au *Journal des Sciences militaires,* à la *Revue militaire française,* etc.

ANDRAL, Charles Guillaume Paul, avocat et homme politique français, fils du célèbre docteur Paul Andral, mort en 1876, est né le 13 juin 1828, à Paris, où il fit ses études. Il suivait les cours de la Faculté de droit lorsqu'éclata la révolution de février; peu après, il était attaché au ministère de l'instruction publique, sous M. de Falloux (1848-49). Reçu avocat en 1851, M. Andral s'est acquis une certaine notoriété en plaidant dans divers procès *politiques. Il a signé,* en 1865, avec beaucoup d'autres, la brochure intitulée : *Des Sociétés coopératives et de leur constitution,* sorte de paraphrase du projet de loi présenté à cette époque à la Chambre législative, par M. Jules Simon, et a rédigé des consultations à propos de poursuites pour délits politiques et autres. Aux élections de 1869, M. P. Andral se portait dans la Mayenne, comme candidat de l'opposition libérale; mais il échouait. Le 28 février 1871, il était nommé prefet de la Gironde par M. Thiers. Elu conseiller d'Etat le 22 juillet 1872, par l'Assemblée nationale, il fut maintenu par décret, en juillet 1875, conformément à la loi constitutionnelle récemment promulguée, et fut appelé de même à la vice-présidence du Conseil, après la mort d'Odilon Barot. A la retraite du maréchal de Mac-Mahon, M. Andral donna lui-même sa démission (février 1879). — Il avait été promu officier de la Légion d'honneur, le 3 août 1875.

ANDRASSY (comte), Jules Andrassy de Czik-Szent-Kiralu et Krassa-Horka, homme d'Etat austro-hongrois, fils du comte Charles Andrassy et de la comtesse Adélaïde Szapari, né à Zemplin, le 8 mars 1823. En 1845, il succédait à son père, qui venait de mourir, en qualité de président de la Société pour la régularisation de la Theiss, et en 1847, était envoyé par les électeurs du comitat de Zemplin à la Diète de Presbourg, où il se fit bientôt remarquer comme orateur, se ralliant résolûment dès le principe aux réformateurs. Membre de la commission chargée *de préparer les projets du parti de* la Réforme, dont faisaient également partie Kossuth, Bonis, Szemere et autres, lorsque la Hongrie eut son ministère séparé, il fut nommé (avril 1848), préfet du Comitat de Zemplin et, en cette qualité, se trouva être, en octobre suivant, commandant du *landsturm* du Comitat qu'il conduisit au combat de Schwechat contre les troupes impériales. Continuant à prendre une part active à la révolution hongroise, le gouvernement national, réfugié à Debreczin, l'envoya en mission à Constantinople (1849), dans le but d'obtenir l'appui de la Turquie. Après la défaite de la révolution, le comte Andrassy, condamné à mort, se réfugia à Paris, où il rencontra, pour la première fois, celle qui devait être sa femme, la comtesse Kendeffy de Malomwiez, et qu'il n'épousa toutefois qu'en 1858. Peu après son mariage, sa mère ayant obtenu sa grâce, il rentra dans son pays. Il repoussa l'offre qui lui fut faite de reprendre les fonctions de préfet du Comitat de Zemplin, par le ministère autrichien (1859). Après la publication du « diplôme d'octobre » qui rétablissait le régime constitutionnel de Hongrie, l'ancien député du Comitat de Zemplin rentra au Parlement comme représentant d'un district électoral de ce Comitat et se rallia au parti de Deak, dont il devint un des membres les plus éminents. Dans la session de 1865, il fut élu second vice-président, et quand, sur la proposition de Deak, fut formée la grande commission des 67, chargée de déterminer quelles affaires devaient être considérées comme com*munes* à la *Hongrie et aux autres parties de l'Empire,* il fut nommé président de cette commission, dont les travaux, interrompus par la guerre de 1866, mais repris aussitôt après, servirent de base à l'accord avec l'Autriche, à la suite duquel la Hongrie eut son Parlement et son Ministère particuliers. Le comte Andrassy fut alors nommé ministre président du Conseil et chargé du département de la défense du pays (11 février 1867). Au nombre des principaux actes du cabinet hongrois, sous la présidence Andrassy, il faut citer l'émancipation civile et politique des Israélites (novembre 1867). Le comte Andrassy accompagnait l'empereur d'Autriche à l'Exposition universelle de 1867 à Paris. Aux élections de 1869, les electeurs de Pesth l'envoyaient, à l'unanimité, à la Chambre des représentants. — On n'est pas parfaitement éclairé sur la politique extérieure du cabinet hongrois en général et du comte Andrassy particulièrement, surtout à l'occasion de la guerre franco-allemande. Le comte de Beust, ministre autrichien des affaires étrangères, affirma en effet, après les événements, que la neutralité autrichienne était due tout entière à ses propres efforts; tandis que le comte Andrassy prétendit que c'était aux siens, et contrairement aux intentions du comte de Beust, qui étaient des plus belliqueuses. Cette dernière assertion est assez vraisemblable, quoique, probablement, ces deux hommes d'Etat eussent tenu un langage opposé, si le résultat de la guerre eût été différent et que les Allemands eussent été vaincus au lieu d'être vainqueurs et plus arrogants que jamais.

Le comte Andrassy a été nommé ministre de la maison de l'empereur et des affaires étrangères de l'empire, en remplacement du comte de Beust, nommé ambassadeur à Londres, le 14 novembre 1871. — Et, à propos de ce que nous disions plus haut, nous devons remarquer qu'en toute occasion, excepté officiellement, le prince de Bismarck a manifesté l'opinion que le maintien au pouvoir du comte Andrassy était une des choses les plus désirables pour le nouvel empire d'Allemagne. Cette sympathie manifeste du grand chancelier allemand pour le ministre autrichien n'a pas été sans influence sur le rôle important qu'a joué celui-ci dans les affaires d'Orient. On sait, en effet, que les trois grandes puissances du Nord, qui essarent de se persuader à elles-mêmes, malgré le démenti des faits, qu'elles détiennent entre leurs mains la paix universelle, s'émurent de bonne heure du danger que faisait courir à cette paix l'insurrection herzégovino-bosniaque issue du soulèvement insignifiant du 23 juillet 1875; et que, dans l'espoir apparent d'y mettre un terme, une *note* rédigée par M. le comte Andrassy, sanctionnée par son souve-

rain d'abord et par les empereurs Alexandre et Guillaume ou leurs chancelier, fut adressée officiellement à la Porte à cet effet. Le gouvernement d'Abd-ul-Aziz accepta, sincèrement ou non, le programme contenu dans cette *note* (14 décembre 1875); mais les chefs bosniaques et herzégoviniens le repoussèrent ou plutôt ne l'acceptèrent que sous bénéfice d'inventaire. Les négociations traînèrent en longueur; les faits les plus graves se produisirent, qui devaient empêcher de les poursuivre au moins sur les bases actuelles : le 6 mai 1876, les consuls de France et d'Allemagne à Salonique étaient massacrés par une tourbe fanatique. L'étude d'un programme nouveau s'imposa donc à Berlin aux trois empereurs, réunis dans un but différent sans doute (11 mai), et par contre-coup aux trois chanceliers. Un *mémorandum* est rédigé et adressé à la Porte; mais voici qu'Abd-ul-Aziz, déposé, se suicide et que c'est maintenant avec Mourad V qu'il faut négocier... Tous ces contretemps tragiques, que nous ne pouvons suivre dans leurs détails, rendent inutiles les plus grands efforts isolés ou combinés. Les trois chanceliers ont évidemment perdu leur temps et le comte Andrassy en est pour ses frais de rédaction. Il ne s'agit plus du soulèvement d'un simple vilayet : toutes les nations vassales de la Porte semblent prises du désir insurmontable de secouer le joug. Aujourd'hui ce sont la Serbie et le Monténégro, demain la Roumanie, après-demain la Grèce; les Bulgares relèvent de la boue sanglante, dans laquelle le Turc a voulu les noyer, leur front souillé et meurtri, attendant l'heure de la vengeance! — L'entrevue du 8 juillet du czar Alexandre et de l'empereur François-Joseph, ainsi que de leurs ministres, ne pouvait, pas plus que les précédents, amener de solution compatible avec les idées de paix générale. Enfin, après la défaite désastreuse de la Turquie (mars 1878), le comte Andrassy prit l'initiative de la convocation à Berlin, sous la présidence de M. de Bismarck, du Congrès européen réuni le 13 juin, dans le but de résoudre, toujours dans le sens de la paix, les épineuses difficultés pendantes, et qui devait charger l'empire austro-hongrois de pacifier la Bosnie et l'Herzégovine, c'est-à-dire de s'annexer ces provinces par la force des armes, Cette mission, acceptée avec joie, nécessita d'abord un subside extraordinaire de 60,000,000 de florins que les Chambres n'accordèrent point au chancelier austro-hongrois sans se faire tirer l'oreille; et puis elle eut des débuts malheureux, et ne put être remplie qu'au prix de beaucoup de peine et de dépenses qui provoquèrent une crise parlementaire longue et fatigante, à la suite de laquelle le comte Andrassy donna sa démission, avec la résolution, semble-t-il, de rester désormais éloigné des affaires publiques.

Entre autres distinctions dont un homme dans sa position ne pouvait manquer d'être honoré, le comte Andrassy est chevalier de la Toison d'Or depuis le 1er janvier 1878 et grand croix de la Légion d'honneur.

ANDRÉ-LÉO, Léonie Béra, dame Champseix (dite), philosophe socialiste et femme de lettres française, née en 1820, à Lusignan (Vienne). Nature profondément réfléchie, à l'abri des distractions du monde, autant par préférence pour l'isolement que grâce aux circonstances de sa jeunesse passée au milieu de la campagne solitaire, elle vivait à l'écart, pensait beaucoup et confiait au papier le fruit de ses pensées. L'indiscrétion d'un parent qui, dit-on, s'empara d'un de ses manuscrits et l'expédia, sous le voile du pseudonyme, à M. Champseix, alors principal rédacteur de la *Revue sociale*, publiée à Boussac par Pierre Leroux, la fit attacher à la rédaction de cette revue. Après le coup d'État de décembre, la *Revue sociale* disparut de la circulation, et les rédacteurs furent forcés de s'expatrier. La jeune philosophe, demeurée dans sa famille, se jugea d'autant plus engagée envers ses infortunés collaborateurs, et resta en correspondance avec eux; avec M. Champseix, toutefois, cette correspondance avait pris à la longue un caractère tout à fait intime. M. Champseix s'était refugié à Lausanne, et c'est là que, peu de temps après, sa jeune collaboratrice, accompagnée de sa mère, se rendait pour l'épouser. Rentrée en France avec son mari, après l'amnistie de 1859, Mme Champseix perdit celui-ci en 1861, à la suite d'une longue maladie, pendant laquelle elle avait fait des tentatives répétées, mais demeurées stériles, pour se créer par sa plume des ressources qui devenaient de jour en jour plus impérieusement nécessaires et plus rares. Promené inutilement de journaux en journaux, de librairies en librairies, le premier roman de Mme Champseix parut enfin, mais aux frais de l'auteur, et fut, malgré tout, fort bien accueilli. Ce premier roman a pour titre : un *Mariage scandaleux* (*1863*), et est signé *André-Léo*, pseudonyme que l'auteur s'était composé des prénoms de ses deux fils jumeaux, André et Léo, et qu'elle a conservé depuis. — André-Léo a publié ensuite : une *Vieille Fille* et les *Deux Filles de M. Plichon* (*1864*); les *Désirs de Marinette*, nouvelle publiée dans le journal le *Peuple* (*1864*); le *Divorce*, publié au journal le *Siècle* (*1865*); *Jacques Galéron*, tableau saisissant des persécutions cléricales exercées sur un pauvre instituteur de campagne (1866); l'*Idéal au village* (*1867*); *Double Histoire; Attendre, Espérer; Aline Ali* (*1868*); la *Femme et ses mœurs* (*1869*), *Légendes corréziennes* (*1870*), etc. On a d'elle également une brochure : *Lettre d'une mère de famille au ministre de l'Instruction publique* (*1865*), relative au système d'instruction et d'éducation des établissements de l'Etat, et diverses brochures politiques de circonstance.

Sur la fin de l'empire, Mme Champseix prit une part active au mouvement socialiste qui se manifestait dans quelques journaux de la démocratie avancée et dans les réunions publiques, où elle prit souvent la parole et obtint vite un très grand succès. Le 31 mars 1871, elle fit paraitre, avec Mme Jaclard, un journal politique, la *Sociale*, dont le titre trahit assez l'esprit, et dont le langage, quoique violent, est de beaucoup le plus correct qu'ait employé la presse parisienne à cette époque tourmentée. Après la défaite de l'insurrection communaliste, André-Léo fut arrêtée et conduite à Versailles; mais elle fut bientôt remise en liberté à la condition qu'elle quitterait immédiatement le territoire français. Elle se réfugia en Suisse, où elle n'a pas cessé de s'occuper de questions sociales et a pris part à plusieurs réunions des membres de l'Association internationale chez lesquels les préoccupations politiques semblent primer toutes les autres. Elle a envoyé de l'exil des articles et des feuilletons qui ont été publiés dans divers journaux de Paris.

ANDRIEUX, Louis, avocat et homme politique français, né à Trévoux, le 23 juillet 1840. En faisant son droit à Paris, il collaborait aux petits journaux satiriques du Quartier latin; inscrit au barreau de Lyon, il fut l'un des fondateurs et des professeurs de la Faculté libre de Droit de cette ville, plaida dans de nombreux procès politiques, fit, dans les principales villes du Rhône et à Saint-Etienne, des conférences très suivies, combattit les candidatures officielles, le plébiscite, en un mot l'arbitraire impérial dans toutes ses manifestations. Il assista, en 1869, au Congrès de la libre pensée à Naples, et y prit une part brillante. En juin 1870, il était condamné à trois mois de prison pour délit de parole. Nommé après le 4 septembre, presque malgré lui, procureur de la République à Lyon, il sut montrer, dans les circonstances les plus terribles, une fermeté inébranlable et une rare modération, suivant le cas. Cette attitude mit quelquefois sa vie en péril, mais il en est résulté une gloire véritable pour le jeune magistrat auquel un seul moment de défaillance, même dans ce que son devoir avait de plus pénible, ne put être reproché. M. Andrieux donna sa démission après la chute de M. Thiers et reprit sa place au barreau de Lyon où il ne tarda pas à être fort occupé. Elu député de la 4e circ. de Lyon, le 20 février 1876, il siégea à gauche, sur les bancs du groupe de l'Union républicaine. Après la dissolution de la chambre, conséquence de l'acte du 16 mai 1877, il fut réélu le 14 octobre. Nommé préfet de police le 4 mars 1879, ces fonctions étant incompatibles, sauf réélection, avec le mandat de député, M. Andrieux résigna ce mandat et se représenta devant ses électeurs, qui le renvoyèrent à la chambre le 6 avril suivant, bien qu'il eût affirmé très nettement son opposition aux mesures d'amnistie pleine et entière qui faisaient partie de leur programme. Ses démêlés avec le conseil municipal de Paris, auxquels son attitude hostile donnait un caractère particulièrement aigre, le décida à donner sa démission de ce poste, le 16 juillet 1881. Le 21 août suivant, il était réélu député de Lyon. Mais son attitude au cours de cette législature ayant rendu sa réélection plus que douteuse dans le Rhône, il se porta dans les Basses-Alpes aux élections générales de 1885 et fut élu le 18 octobre avec ses amis de la liste radicale.

Nommé ambassadeur en Espagne en mars 1882, M. Andrieux donnait sa démission avant le terme réglementaire de six mois et était remplacé le 30 octobre suivant par M. le baron des Michels. Quelques jours après, 16 novembre, il déposait sur le bureau de la Chambre l'un des projets de revision des lois constitutionnelles qui devaient donner lieu, plus tard, à la réunion du congrès. Il avait été quelque temps, en 1876, directeur politique du journal le *Petit Parisien;* en 1885, il fonda la *Ligue*, ou il publia ses *Souvenirs d'un préfet de police*, réunis plus tard en volume (juin), et publiés chez J. Rouff.

ANETHAN (baron d'), Jules Joseph, homme d'Etat belge, né en 1803. Ayant adopté la carrière légale, il fut nommé procureur du roi en 1831, et cinq ans après avocat général à la cour d'appel de Bruxelles. En 1843, M. Northomb, premier ministre, lui confia le portefeuille de la Justice, qu'il conserva dans les différents cabinets qui se succédèrent jusqu'à l'avènement des libéraux au pouvoir, en 1847. — Lors du retour aux affaires du parti clérical, en juillet 1870, M. le baron d'Anethan est devenu premier ministre et président du conseil, avec le portefeuille des affaires étrangères ; mais le cabinet qu'il présidait donna sa démission en décembre 1871, à la suite de la scandaleuse affaire Langrand-Dumonceau, et fut remplacé par un cabinet également clérical, le ministère de Theux-Malou. Il était toutefois resté assez longtemps aux affaires pour se distinguer, pendant la guerre franco-allemande, par ses manifestations sympathiques à l'adresse de la Prusse, et aussi par l'expulsion de Victor Hugo du territoire belge. M. d'Anethan siège au Sénat. Il a été envoyé à Rome, en novembre 1875, comme envoyé extraordinaire et ministre plénipotentiaire du royaume de Belgique auprès du Saint-Siège.

ANKER, Albert, peintre suisse, né à Anet (Berne) en 1830. Destiné à la carrière évangélique, il étudia d'abord la théologie, mais y renonça bientôt, poussé par une vocation différente, vint à Paris et fréquenta l'atelier de Gleyre. Il ne tarda pas à se faire, comme peintre de genre, une réputation très honorable. On cite de cet artiste, parmi ses envois aux Salons annuels de Paris : la *Fille de l'hôtesse* et une *Ecole de Village dans la Forêt noire* (*1859*); *Luther au couvent d'Erfurt* (*1861*); la *Petite amie, Sortie d'Eglise* (*1863*); le *Baptême, Enterrement d'un enfant* (*1864*); les *Petites baigneuses*, un *Conseil communal* (*1865*); *Dans les bois*, la *Leçon d'écriture* (*1866*); les *Dominos, Saute-mouton* (*1867*); la *Sœur aînée* (*1868*); les *Marionnettes*, un *Pauvre homme* (*1869*); la *Soupe de cappel* (*1870*); *Soldats de l'armée de Bourbaki, soignés par des paysans suisses* (*1872*); le *Jeu du berceau*, l'*Ours de neige* (*1873*); le *Petit musicien* (*1874*); un *Vieux huguenot*, le *Vin nouveau* (*1875*); *Printemps*, les *Petites brodeuses* (*1876*); *Guerre de 1798* (*1877*); *Lavater* (*1883*); l'*Ingénieur*, la *Bonne petite fille* (*1885*), etc. — M. A. Anker a obtenu une médaille au Salon de 1866 et la croix de la Légion d'honneur à l'Exposition universelle de 1878. Il a été élu plusieurs fois membre du grand conseil du canton de Berne.

ANSDELL, Richard, peintre anglais, né à Liverpool en 1815. Ayant reçu dans cette ville l'instruction élémentaire, il manifesta de bonne heure ses penchants artistiques, se forma à peu près seul et s'adonna de préférence à la peinture des animaux et des scènes de chasse. On a de lui : la *Chasse au coq de bruyère* et une *Ferme à Galloway*, exposés à l'Académie royale de Londres (1840) ; *Retour de chasse du comte de Sefton et de ses amis* (*1841*) ; la *Mort de sir W. Lambton à la bataille de Marston-Moor* (*1842*); *Marie reine d'Ecosse revenant de la chasse* (*1844*) ; la *Chasse au renard dans le Nord* (*1845*) ; la *Halte du bouvier* (*1846*) ; le *Combat*, scène de chasse (1848). En 1855, M. Ansdell envoyait à l'Exposition universelle : le *Tueur de loups, Bergers rassemblant leurs moutons* et *Chien de berger dirigeant des moutons*, pour lesquels il obtenait une médaille de 3e classe. L'année suivante, il visitait l'Espagne, où il restait plusieurs années, dans la province de Séville principalement, entassant les esquisses. Il exposa depuis : le *Porteur d'eau* et l'*Abreuvoir des mules* (*1857*); la *Route de Séville*, le *Berger espagnol* (*1858*); les *Bords du Guadalquivir*, la *Isla Mayor* (*1859*) ; le *Berger perdu dans les neiges* (*1860*); la *Chasse aux esclaves* (*1861*); *Excelsior!* voyageur trouvé à demi enseveli dans les neiges du Saint-Bernard, par des moines (1862); *Chevaux foulant le blé dans l'Alhambra*, à l'Exposition universelle de 1867 ; *Chevriers, dans la baie de Gibraltar* (*1874*) ; les *Usurpateurs*, un *Jour de fête* : foule se rendant à un combat de taureaux à San-Roque, Gibraltar (1875) ; le *Bétail est dans les blés* (*1876*) la *Demeure du cerf roux* (*1877*) ; l'*Agneau égaré*, une *Tempête* (*1879*) ; la *Ferme de l'Alhambra* (*1881*) ; *Retour de la foire de Séville*, la *Vega de Granada* ; *Retour du pâturage, Rassemblement des moutons pour la tonte dans les montagnes* (*1882*) ; la *Chasse à l'ours, Porteur d'eau de l'Alhambra* (*1883*), etc., etc. — M. Ansdell a reçu des récompenses à diverses expositions nationales et étrangères, outre celle indiquée plus haut. Il est membre de l'Académie royale de Londres depuis 1870.

ANTHIOME, Eugène Jean-Baptiste, compositeur français, né à Lorient (Morbihan), le 19 août 1836. Entré au Conservatoire, il devint élève de Carafa pour la fugue et la composition et remporta le premier second grand prix de composition au concours de 1861. Outre quelques compositions légères, notamment une suite de morceaux de piano intitulée : *Six Croquis d'album*, publiée par M. Anthiome, on lui doit : *Semer pour récolter*, opérette en un acte jouée aux Fantaisies parisiennes (1866) ; le *Dernier des Chippeways*, un acte, aux Folies-Bergères (1876) ; le *Roman du jour*, opéra comique en 3 actes, au Théâtre lyrique populaire de la place du Châtelet (mars 1884). — M. Anthiome est répétiteur des classes préparatoires de piano (hommes) au Conservatoire, depuis 1863.

ANTHONY, Suzan Brownell, femme orateur et journaliste américaine, née le 15 février 1820, à South-Adams (Massachusetts). Son père était membre de la Société des Amis, et propriétaire d'une petite fabrique de coton, dans laquelle elle travailla dans son jeune âge. Ses parents l'envoyèrent ensuite à l'école de Philadelphie. Ayant exercé l'enseignement dans l'Etat de New-York, elle se prit d'une belle ardeur pour la cause de la Tempérance, et, comme on avait refusé, à cause de son sexe, de l'admettre dans une assemblée de tempérance, elle convoqua pour le même sujet une assemblée de femmes (1849). Depuis lors, elle n'a cessé de prendre une part active à tous les mouvements, qui se sont produits en faveur des droits des femmes et principalement du droit de suffrage. Elle a fondé en 1868, à New-York, un journal, organe des partisans de ces idées, ayant pour titre : *the Revolution*, lequel disparut en 1876.

ANTOKOLSKI, Marc M., sculpteur polonais, né en 1842 à Vilna. Poussé par une vocation irrésistible et dans l'impossibilité de se procurer des maîtres, il se forma lui-même, et réussit enfin à se faire admettre à l'Académie de Saint-Pétersbourg en 1864. Il y fit des progrès tels que, dès la première année, il obtenait une médaille d'argent pour sa statue du *Tailleur juif* et l'année suivante une pension de l'Académie avec son *Avare*, qui parut à l'Exposition universelle de 1867. Il avait produit entre temps des statues du *Christ* et de la *Vierge* qui avaient été également très remarquées. M. Antokolski a donné depuis : le *Baiser de Judas* (*1867*) ; *Juifs massacrés par des inquisiteurs* (*1868*), le *Tzar Yvan le Terrible*, statue assise, à Berlin (1870); le marbre de cette même statue, à Saint-Pétersbourg (1871). Il avait dans la section russe, à l'Exposition universelle de 1878, plusieurs ouvrages dont les plus remarqués sont : la *Mort de Socrate*, marbre ; *Pierre le Grand* et l'*Enfant mort*, bustes en marbre, le *Christ devant le peuple*, marbre et le *Dernier Soupir*, haut relief en bronze. Il exposait, enfin, au Salon de 1884 deux statues en plâtre : *Spinosa* et *Méphistophélès*. M. Antokolski a obtenu pour son exposition de 1878 une médaille d'honneur et la croix de la Légion d'honneur, et l'Académie des Beaux-Arts le nommait la même année son correspondant dans la section de sculpture. Il est membre de l'Académie des Beaux-Arts de Saint-Pétersbourg depuis 1871.

AOSTE (duc d'). Voyez **Amédée** (prince).

APPERT, Félix Antoine, général français, né le 12 juin 1817 à Saint-Remy-sur-Bussy, village du canton de Dommartin (Marne). Entré à l'école militaire de Saint-Cyr à dix-huit ans, il en sortit en 1838, dans l'état-major et devint successivement capitaine en 1843, chef d'escadron en 1853, lieutenant-colonel en 1857, colonel en 1862, général de brigade en juillet 1870 et général de division le 3 mai 1874. Le général Appert, qui commandait la place de Versailles en 1871, fut

investi ensuite du commandement d'une division d'infanterie. Il était placé dans le cadre de réserve, lorsqu'il fut nommé ambassadeur de la République française à Saint-Pétersbourg, par décret du 10 novembre 1883, fonctions qu'il a résignées en juin 1886. — Le général Appert est grand officier de la Légion d'honneur.

APPLEGARTH, Robert, ouvrier et homme politique anglais, né à Kingston-sur-Hull, le 22 janvier 1831, est fils d'un marin qui servit, en qualité de quartier maître, à bord de la *Terror*, pendant l'expédition de 1841 au pôle antarctique. Après avoir reçu l'éducation plus que médiocre des enfants pauvres, il entra comme apprenti chez un menuisier-ébéniste de sa ville natale. A l'âge de dix-neuf ans, devenu ouvrier, il alla travailler à Sheffield, et vers la fin de 1855, émigra aux Etats-Unis. Il demeura quelque temps à Galesburg, comté de Knox (Illinois), où il employait ses loisirs ainsi que ses économies à acquérir l'instruction qui lui manquait. De retour en Angleterre, il trouva facilement de l'occupation à Sheffield, mais la différence des salaires anglais avec ceux d'Amérique, bien que son habileté lui valût les plus élevés qu'on payât alors, lui causa une pénible déception ; aussi s'empressa-t-il d'entrer dans le mouvement des sociétés ouvrières. A la suite de la grève des ouvriers du bâtiment à Londres, en 1859, la société des menuisiers et charpentiers réunis fut fondée par les soins de M. Applegarth, qui fit tous ses efforts pour donner à cette société toute l'importance qu'elle pouvait avoir ; elle fut inaugurée en juin 1860. Pour reconnaître l'énergie et l'habileté déployées par M. Applegarth pour le bien de la société, ses camarades l'élurent secrétaire général en 1862, et depuis lors le maintinrent chaque année par un nouveau vote dans ce poste de confiance jusqu'en 1871, époque à laquelle il déclina la candidature. Lorsque M. Applegarth avait accepté pour la première fois le poste de secrétaire général, la société se divisait en 32 branches et comptait 805 membres au total, avec un fonds de 790 livres sterling (environ 20,000 francs) ; lorsqu'il le quitta, la société comptait 240 branches, réunissant 105,000 membres, et possédait un fonds de plus de 18,000 livres, ou de 450,000 francs. Les affaires actives de la société retombaient d'ailleurs presque entièrement sur M. Applegarth, qui se trouvait constamment occupé à prévenir les grèves, par l'adoption du système équitable d'arbitrage entre ouvriers et patrons. En 1869, il visita la Suisse pour y étudier l'organisation des écoles, et publia le résultat de ses observations dans une série de lettres adressées au *Sheffield Independent*. En février 1870, il accepta la candidature pour la représentation de Maidstone à la Chambre des communes, mais il se retira devant celle de sir John Lubbock, et, à la fin de la même année, il était nommé membre de la Commission royale d'enquête sur les maladies contagieuses ; ce qui est tout simplement le premier exemple connu d'un ouvrier invité par le gouvernement anglais à occuper une position de ce genre. M. Applegarth a été un membre actif de la Ligue de la réforme, et du Conseil général de Londres de l'Association internationale des travailleurs. Il a signé le manifeste de l'Association internationale, en date du 17 octobre 1871, contenant les résolutions arrêtées dans la conférence tenue à Londres du 17 au 23 septembre précédent, et autour duquel la presse conservatrice française a fait un bruit si exagéré. Il figura également, comme délégué anglais, au Congrès international tenu à Bâle en septembre 1869. Aujourd'hui, M. Applegarth est l'agent à Londres d'une maison française d'entreprise de travaux sous-marins et de mines. Il assistait, le 10 août 1876 au banquet anniversaire de Saint-Mandé.

ARABI PACHA, Seyid Ahmed, général et homme politique, chef de l'ancien parti national égyptien, est né vers 1836, dans un petit village de la province de Charkièh, dans la Basse-Egypte, d'une famille qui descendrait en ligne directe, par les mâles, d'Hussein, le plus jeune des petits-fils du Prophète, et par conséquent sainte, quoique sa mère fut d'origine fellah. Entré dans l'armée, comme simple soldat, sous le règne de Saïd, qui commença à remplacer par des indigènes ses officiers étrangers, Arabi, qui savait lire et écrire tout au moins, fut distingué par le vice-roi et s'éleva en grade avec rapidité. Mais par une raison inconnue, peut-être un simple caprice de Saïd, le jeune officier fut chassé de l'armée et mis à la demi-solde, après un régal préalable d'une centaine de coups de bâton. Il se rendit au Caire, et suivit les cours de l'université ou collège sacré d'El Azhar, ce qui ne pouvait manquer de lui faire, auprès de ses collègues de l'armée, une réputation de savant. Son mariage avec la fille de la nourrice d'El Hami, fils d'Abbas Pacha, élevée dans le palais du prince, accrut encore son influence. Pendant la campagne d'Abyssinie (1872), Arabi fut chargé de la direction des tranports militaires ; après cette campagne, il fut employé au transport, dans la Haute-Egypte, des sucres provenant des manufactures du Khédive. Mais ayant eu des difficultés avec le représentant du Khédive, il retourna au Caire et fut réintégré dans l'armée avec son grade de lieutenant-colonel (1873), et il devint le conseiller intime d'Ali Bey el Roubi. De 1876 à 1878, Arabi organisa, sous le nom de *parti national*, une sorte de société secrète entre les officiers supérieurs de l'armée. Quelques semaines avant le coup d'Etat d'Ismaïl Pacha contre le ministère européen, une délégation de ces officiers, dont faisait partie Arabi et El Roubi, se rendit auprès d'Ali Pacha Moubarek, pour lui proposer de prendre la direction d'un mouvement ayant pour objet de renverser le ministère imposé par les puissances de l'Europe, créancières de l'Egypte. Celui-ci, qui faisait partie du ministère en question, à la tête duquel se trouvaient MM. de Blignières et Wilson, rendit compte au Khédive des propositions qui venaient de lui être faites ; et le Khédive, après entente avec Arabi, El Roubi et leurs partisans, fit son coup d'Etat de 1879, dont les conséquences furent la chute du ministère de Blignières-Wilson d'abord, puis sa propre déposition et son remplacement au trône khédivial par son fils aîné Tewfik (8 août 1879). Peu après, Arabi était élevé au rang de colonel, et El Roubi nommé président de tribunal de première instance de Mansourah. Cependant, le parti national n'avait pas désarmé, et au printemps de 1881, il résolut d'essayer ses forces. L'armée n'avait pas reçu de solde depuis deux ans, quoique la France et l'Angleterre eussent pris la direction des finances égyptiennes; ce fut naturellement sur cette question qu'Arabi, qui avait été investi du principal rôle dans le mouvement de « réveil du parti national », fit porter les réclamations des officiers. Les contrôleurs en reconnurent le bien fondé et payèrent les arrérages de solde. Mais le Khédive, aidé de Riaz Pacha, résolut de se débarrasser des mécontents dont il sentait bien que les exigences ne se borneraient pas là. En conséquence, les colonels révoltés furent conviés à un festin à la faveur duquel ils furent tous arrêtés. Ce hardi coup de main n'eut pas toutefois le succès qu'on en espérait, car il avait été prévu par les victimes, et leur arrestation provoqua au Caire des protestations si menaçantes que force fut de les relâcher. Arabi résolut dès lors d'en finir avec le despotisme, et le pays étant entièrement avec lui, il n'hésita pas à se porter, à la tête de la garnison du Caire, au palais d'Abdin, pour sommer le Khédive de se défaire de Riaz et de convoquer une assemblée des notables chargée d'apporter dans les affaires du pays les réformes nécessaires (8 septembre). Cette manifestation eut un plein succès. Riaz fut remplacé par Chérif Pacha à la tête d'un nouveau ministère dans lequel Arabi, créé pacha, accepta d'abord les fonctions de sous-secrétaire à la guerre. L'article principal du programme de Chérif était l'établissement en Egypte d'un gouvernement parlementaire. Le 18 décembre parut un manifeste du parti national, dans lequel le sultan était loyalement reconnu pour suzerain, en même temps que calife de l'Eglise musulmane, et le Khédive pour son représentant en Egypte; mais où le parti déclarait qu'il ne souffrirait pas que l'Egypte fût considérée et traitée comme un simple pachalique turc, ni soumise au pouvoir despotique du Khédive, rappelant du reste à celui-ci sa promesse de gouverner désormais d'après les avis d'une assemblée représentative. Ce fut après la publication de ce manifeste qu'Arabi accepta, contrairement à l'opinion de ses amis, les fonctions de sous-secrétaire au département de la guerre (5 janvier 1882).

L'assemblée des notables était à peine convoquée qu'elle entrait en lutte avec Chérif Pacha et par conséquent avec le Khédive, sur la question du vote du budget que celui-ci refusait à cette assemblée. Les choses prennent à la fin une tournure telle, que le Khédive est forcé d'accepter la démission de Chérif et la formation d'un ministère nationaliste avec Mahmoud Pacha pour président et Arabi pour ministre de la guerre (3 février), lequel donne aux notables le droit de voter le budget, malgré les protestations des contrôleurs européens. La crise égyptienne est ouverte, et au milieu d'événements sur lesquels nous ne pouvons nous appesantir ici, Arabi devient, de fait, une sorte de dictateur de la révolution égyptienne, laquelle prend une importance inattendue. Mandé à Constantinople par le sultan, il refuse d'obéir à cet ordre. Enfin, la France ayant renoncé à participer avec l'Angleterre à la pacification de l'Egypte, la flotte anglaise, sous le commandement de l'amiral Seymour, ouvre le feu contre les forts d'Alexandrie (11 juillet 1882). Le 14, les troupes de débarquement occupaient Alexandrie ruinée par le bombardement, tandis qu'Arabi Pacha essayait de s'emparer du Khédive, qui s'empressait de fuir et de s'enfermer dans le palais de Ramleh, sous la protection des Anglais. Cependant, un comité de guerre était installé au Caire pour prendre les mesures nécessaires en présence de l'invasion étrangère, et nommait Arabi chef du pouvoir exécutif (25 juillet). Le 27, Arabi télégraphiait des propositions de paix au Khédive, qui n'avait garde de les accepter et répond à ces propositions, quoique les ulémas l'aient chargé de la défense du pays, en déclarant Arabi rebelle et hors la loi. Les troupes anglaises, sous le commandement du général Wolseley, attaquaient à Ramleh et à Aboukir les forces d'Arabi (19 août), qu'elles battaient complètement, le 13 septembre, à Tell-el-Kébir. Arabi s'enfuit au Caire, avec son lieutenant Toulba, et se rendit au général Drury Lowe, sans condition. Traduit devant un conseil de guerre, dont l'intention avait été d'abord de l'inculper de « crimes de droit commun » mais qui ne retint, en fin de compte que l'accusation de rebellion armée, Arabi Pacha était condamné, le 3 décembre 1882, à la peine de mort. Mais les membres de ce conseil étaient anglais, heureusement pour lui, et les Anglais exigèrent du Khédive une commutation de peine en faveur du condamné, lequel fut en effet condamné au bannissement perpétuel de l'Egypte et de ses dépendances. Forcé de choisir le lieu de son exil, Arabi Pacha choisit Ceylan. Il débarquait en conséquence à Colombo le 16 janvier 1883.

ARAGO, Etienne, écrivain et homme politique français, frère de l'illustre savant républicain François Arago, est né à Perpignan, le 9 février 1802;, commença ses études au collège de Perpignan et les compléta à l'école de Sorrèze. Venu ensuite à Paris, il occupa quelque temps, à l'Ecole polytechnique, les fonctions de préparateur de chimie, qu'il abandonna bientôt pour se livrer à la littérature. Il collabora aux premiers romans de Balzac, mais ce fut surtout pour le théâtre qu'il écrivit et où, avec la collaboration de la plupart des auteurs dramatiques de son temps, il donna, de 1832 à 1847, plus de cent pièces, tant vaudevilles que comédies, féeries ou mélodrames, sans oublier les *Aristocraties*, drame en cinq actes et en vers, joué au Français en 1847. Pendant la Restauration, il avait été en outre fort activement mêlé aux luttes de la petite presse, ayant fait partie principalement de la rédaction du *Figaro* d'alors et de la *Lorgnette*. En 1829, il devint directeur du théâtre du Vaudeville. Le lendemain de la publication des fameuses « ordonnances », le 27 juillet 1830, M. Etienne Arago fit, sur les barricades qui s'élevaient de toutes parts, une généreuse distribution de toutes les armes faisant partie des magasins d'accessoires de son théâtre, qu'il ferma, et se battit pendant les trois journées mémorables des 27, 28, 29 juillet 1830. Aide de camp du général Lafayette, qu'il avait conduit à l'hôtel de ville, il devint, peu après, lieutenant d'artillerie de la garde nationale. Compromis dans les événements de juin 1832 et avril 1834, il sut échapper aux recherches de la police ; mais il reparut pour aider à l'évasion de ses amis, enfermés à Sainte-Pélagie en attendant leur jugement. Pendant ce temps, les affaires personnelles de M. Etienne Arago souffraient; le théâtre allait cahin-caha. Pour comble d'infortune, l'incendie dévora celui-ci (1838), consommant du même coup la ruine de son directeur. En février 1848, comme en juillet 1830, il combattit avec une grande bravoure derrière les barricades. C'est ainsi que s'étant, le 24, emparé de l'hôtel des postes, il s'installa à la place du directeur général, dont le gouvernement provisoire ne tarda pas d'ailleurs à lui confier officiellement les fonctions. On doit à M. Etienne Arago l'introduction en France du système de l'affranchissement des lettres au moyen de timbres mobiles, et par suite, l'unification du prix du port pour toute la France, ainsi que plusieurs autres mesures réformatrices de l'administration postale réclamées depuis longtemps. Elu représentant à l'Assemblée constituante par le département des Pyrénées-Orientales, il prit place à la gauche de cette assemblée et vota en conséquence. Au 10 décembre, ayant quitté la direction générale des postes, il fit une vive opposition à la politique de l'Elysée, et signa la proposition de mise en accusation du président et de ses ministres à propos de l'expédition de Rome. Aux élections pour l'Assemblée législative, il ne fut pas réélu. Chef de bataillon de la 3e légion de la garde nationale de la Seine, il se mit à la tête des gardes nationaux qui avaient répondu à l'appel de la Montagne (13 juin 1849). A la suite de cette manifestation, il quitta la France et fut condamné comme contumax à la déportation, par la haute cour de Versailles. A Bruxelles, où il s'était réfugié, il fonda un comité de secours pour les proscrits du coup d'Etat de 1851, qui arrivaient en foule en Belgique. Des articles hostiles au nouvel ordre de choses, publiés dans un journal belge, motivèrent de la part du gouvernement français une demande d'extradition du coupable, laquelle lui fut accordée; mais, prévenu à temps, M. Etienne Arago avait quitté la Belgique. Il s'arrêta successivement en Hollande, en Angleterre, puis en Suisse, et enfin à Turin, où il put se fixer sans crainte de nouvelles persécutions, et se remit au travail littéraire. De cette époque datent surtout les volumes de vers suivants : *Spa, son origine, son histoire*, etc., poème en sept chants ; le *Deux Décembre*, poème en cinq chants ; et *Une voix dans l'exil*, poésies, dont plusieurs avaient préalablement paru dans des journaux ou recueils périodiques belges ou piémontais.

Rentré en France après l'amnistie de 1859, M. Etienne Arago a fait partie, dès sa fondation, de la rédaction du journal l'*Avenir national*, en qualité de critique des théâtres, position qu'il conserva jusqu'à la déclaration de guerre à la Prusse. Appelé, le 4 septembre 1870, par le gouvernement de la Défense nationale, à la mairie de Paris, il se signala dans ces fonctions par son zèle et son activité infatigables, aussi bien que par son désintéressement, refusant de toucher le traitement attaché à ses fonctions. Le 20 octobre, il ouvrait une souscription publique pour la fabrication de 1,500 canons, nécessaires à la défense, souscription que le patriotisme de Paris couvrait entièrement en peu de temps. Après le scrutin du 3 novembre, confirmant les pouvoirs du gouvernement de la Défense nationale, il donna sa démission, qui ne fut acceptée que le 15. Le 17, il était nommé commissaire général des monnaies, position qu'il refusa. Aux élections du 8 février 1871, M. Et. Arago fut envoyé à l'Assemblée nationale par le département des Pyrénées-Orientales, mais il donna sa démission quelques jours après, s'excusant sur son grand âge. Chargé alors d'une mission extraordinnaire en Italie, sa mission accomplie, il se retira définitivement de la vie publique.

Il accepta toutefois les fonctions d'archiviste de l'École des Beaux arts (1878), et depuis, celles de conservateur du musée du Luxembourg, à la transformation duquel il a présidé (1885-86). Il est aussi membre du Comité des travaux d'art. — On lui doit, outre les ouvrages déjà cités : les *Postes en 1848*, l'*Hôtel de ville au 4 Septembre et pendant le siège* (1874). Il s'occupe actuellement, dit-on, de la préparation de ses *Souvenirs*.

ARAGO, François Victor Emmanuel, avocat et homme politique français, fils aîné de François Arago et neveu, par conséquent, de M. Etienne Arago, est né à Paris le 6 juin 1812. Tout en suivant assidûment les cours de l'École de droit, il se livrait à des travaux littéraires variés et publia, à peine âgé de vingt ans, un volume de poésies. Il avait d'ailleurs collaboré, dès 1830, à un vaudeville, et travaillé pendant quelques années pour le théâtre, en collaboration avec plusieurs auteurs dramatiques en vogue. Mais en 1837, il se faisait inscrire au barreau de Paris, et renonçait pour jamais à la littérature et au théâtre. S'occupant d'abord plus spécialement d'affaires civiles, il épousa bientôt la cause du parti radical et, en 1839, défendit, devant la Cour des pairs Barbès et Martin Bernard. Il prit une part très active à la révolution de février 1848, et fut nommé par le gouvernement provisoire commissaire général de la République à Lyon, où son administration devait rencontrer les plus grandes difficultés, et sa conduite, entièrement exempte de blâme, donner prise cependant aux calomnies de ses adversaires, qu'un vote motivé de l'Assem-

blés constituante devait toutefois réduire au silence (février 1849). Aux élections pour l'Assemblée constituante, M. Emmanuel Arago fut élu représentant du peuple par le département des Pyrénées-Orientales; mais il siégea peu, ayant été, le 25 mai, envoyé à Berlin par la Commission exécutive, comme ministre plénipotentiaire. Il donna sa démission de ce poste dès qu'il connut les résultats de l'élection du 10 décembre. Elu de nouveau par les Pyrénées-Orientales à l'Assemblée législative, il y vota constamment avec la Montagne et y prit part à plusieurs discussions importantes; il protesta, par exemple, avec une grande énergie, contre l'expédition de Rome. Comme il avait quitté la carrière diplomatique après le 10 décembre 1848, M. Emmanuel Arago, après le 2 décembre 1851, abandonnait la vie politique. Quelque temps après, il reprenait sa place au barreau de Paris, où il plaida principalement dans des procès politiques ou de presse. Il défendit le Polonais Berezowski, qui avait tiré un coup de pistolet sur l'empereur Alexandre de Russie (1867), au retour de Longchamp, et obtint des circonstances atténuantes en sa faveur. Il plaida également dans l'affaire de la souscription Baudin. Candidat de l'opposition démocratique, en 1869, dans la première circonscription des Pyrénées-Orientales, M. Emmanuel Arago échoua contre un concurrent qui, bien que chaudement appuyé par l'administration, avait dû recourir, pour s'assurer le succès, à des procédés de corruption dont les annales électorales de l'Angleterre fournissent seules des exemples. Mais, aux élections complémentaires de novembre, la 8e circonscription de la Seine l'envoyait siéger au Corps législatif, où il prit place sur les bancs de la gauche, et, entre autres manifestations mémorables, fut le premier à s'élever contre la déclaration de guerre à la Prusse. Membre du gouvernement de la Défense nationale, il fut délégué au ministère de la justice, après le départ à Tours de Crémieux (12 septembre 1870); parti à son tour pour Bordeaux avec MM. Garnier Pagès et Jules Simon, après la signature de l'armistice (6 février 1871), il fut, à son arrivée, nommé ministre de l'intérieur, en remplacement de Gambetta, démissionnaire, et présida ainsi aux élections du 8 février suivant, où il fut élu, en tête de la liste, représentant des Pyrénées-Orientales à l'Assemblée nationale. Il quitta peu après (19 février) le ministère de l'intérieur où il fut remplacé par Ernest Picard. M. Emmanuel Arago vota constamment avec la gauche républicaine, dont il est un des membres les plus influents. Il a été élu sénateur du département des Pyrénées-Orientales, le 30 janvier 1876, avec son fidèle collaborateur Pierre Lefranc, mort depuis, et a été réélu au renouvellement triennal du 8 janvier 1882.

M. Emmanuel Arago est ambassadeur de la République française près la Confédération suisse depuis 1880.

ARBAN, Joseph Jean-Baptiste Laurent, chef d'orchestre et compositeur français, né à Lyon, le 28 février 1825. Il entra au Conservatoire, en 1841, dans la classe de trompette de Dauverné, et remporta le premier prix en 1845. Adoptant alors le cornet à pistons, il se fit rapidement une grande réputation dans les concerts. C'est surtout aux concerts Musard, fondés en 1856, au boulevard des Capucines, que M. Arban jouit d'une vogue extraordinaire. Peu après, le Casino Cadet ayant été fondé, la direction de l'orchestre lui en fut confiée. Dans ces nouvelles fonctions, M. Arban ne tarda pas à se distinguer, surtout comme chef d'orchestre de bal, et dirigea, outre l'orchestre du Casino, ceux de Valentino, de Frascati, enfin celui du bal de l'Opéra dans l'intervalle de la retraite de M. Strauss à l'incendie de la salle de la rue Le Peletier. — Nommé en 1857 professeur de la classe de sax-horn pour les élèves militaires, il échangea ce poste, en 1869, contre celui de professeur de la classe de cornet à pistons, qui venait d'être créée au Conservatoire. On a de M. Arban une *Grande méthode complète de cornet à pistons et de sax-horn*, et un « extrait » de cet ouvrage. On lui doit en outre un grand nombre de compositions pour son instrument, ainsi que de nombreux morceaux de musique de danse pour piano et pour orchestre.

ARBEL, Lucien, industriel et homme politique français, né à Saint-Claude (Jura), le 26 septembre 1826. Élève de l'École des arts et métiers d'Aix-en-Provence et de l'École centrale des arts et manufactures, M. Arbel s'adonna à l'industrie métallurgique et devint maître de forges à Rive-de-Gier (Loire). Il prit part en cette qualité aux grandes expositions, où il obtint les plus hautes récompenses, notamment une médaille d'or à l'Exposition universelle de 1878; la croix de la Légion d'honneur lui avait déjà été accordée à la suite de l'Exposition universelle de Philadelphie (1876). — Nommé colonel de la garde nationale de Rive-de-Gier après le 4 septembre, M. Arbel fut élu député de la Loire à l'Assemblée nationale, le 8 février 1871; il prit place au centre gauche, appuya la politique de M. Thiers et après la chute de cet homme d'État, combattit ses adversaires soit par ses votes, soit par son abstention. Aux élections sénatoriales du 30 janvier 1876, il se présenta dans son département comme candidat nettement républicain. Il ne fut élu qu'au troisième scrutin; mais il fut réélu d'emblée et le premier, au renouvellement triennal du 5 janvier 1879. M. Arbel siège à la gauche du Sénat. — Il est membre du Conseil supérieur de l'enseignement technique, du comité consultatif des chemins de fer, etc., et officier de la Légion d'honneur.

ARBOIS DE JUBAINVILLE (d'), Marie Henri, paléographe français, membre de l'Institut, né à Nancy, le 5 décembre 1827. Il fit son droit à Paris, suivit en même temps les cours de l'École des Chartes où il fut admis en 1848, et fut nommé archiviste du département de l'Aube. Plusieurs fois lauréat du concours annuel des sociétés savantes et de l'Académie des inscriptions et belles-lettres, il devint correspondant de cette académie en 1867 et membre titulaire en 1882. Il est en outre membre de la Société nationale des antiquaires de France et de diverses autres sociétés savantes. M. d'Arbois de Jubainville a été promu officier de la Légion d'honneur en 1886. — Outre des mémoires et articles insérés dans la *Bibliothèque de l'École des Chartes*, la *Revue archéologique*, la *Collection des mémoires de la Société d'Agriculture, sciences et belles-lettres de l'Aube*, dont il est membre, on doit à M. d'Arbois de Jubainville: les *Armoiries des comtes de Champagne*, *Recherches sur la minorité et ses effets en droit féodal français (1852)*; *Pouillé du diocèse de Troyes (1853)*; *Voyage paléographique dans le département de l'Aube (1855)*; *Essai sur les sceaux des comtes de Champagne (1856)*; *Études sur l'état des abbayes cisterciennes (1858)*; *Histoire de Bar-sur-Aube (1859)*; *Histoire des ducs et des comtes de Champagne (1859-1869, 7 vol.)*, à laquelle le prix Gobert a été décerné en 1863 et 1864; *Répertoire archéologique de l'Aube (1861)*, récompensé par une médaille d'or de 1,200 francs (premier prix) au concours des sociétés savantes, la même année; *Documents relatifs à la construction de la cathédrale de Troyes (1862)*; *Étude sur les déclinaisons des noms propres dans la langue franque*, *Recherches philologiques sur l'anneau sigillaire de Pouan (1870)*; *Étude sur la déclinaison latine en Gaule à l'époque mérovingienne (1872)*; *Un mot sur le Barzas Breiz (1873)*, etc., etc.

ARCAIS (marquis d'), Francesco, critique musical et compositeur italien, né dans l'île de Sardaigne, vers 1830. M. le marquis d'Arcais, qui a fait de bonnes études musicales, rédige depuis plus de vingt ans le feuilleton musical et dramatique de l'*Opinione*, sans préjudice d'une petite chronique quotidienne. Homme éclairé autant qu'artiste délicat, il reste néanmoins opiniâtrément attaché à la vieille école italienne, combattant avec acharnement, quoique avec la plus parfaite urbanité, tout ce qui n'est pas elle, et par conséquent toute nouveauté quelque peu audacieuse. C'est ainsi qu'il va jusqu'à refuser à Richard Wagner toute qualité musicale et n'est pas loin de placer M. Gounod au même rang. Lors de l'apparition de *Faust*, M. d'Arcais ne s'est pas gêné pour affirmer que l'œuvre du maître français n'était pas née viable et, malgré son triomphe inconteste, non seulement en France et en Allemagne, mais en Italie, nous ne croyons pas que l'entêté critique ait modifié son opinion première. — M. le marquis d'Arcais a produit au théâtre plusieurs petits opéras-bouffes: *i Due Precettori*, représenté vers 1862; *la Guerra amorosa*, joué à Florence; et *Sganarello*, représenté à Milan en 1867. On lui doit également une messe funèbre, plusieurs compositions vocales, notamment *l'Addio del Condannato*, scène dramatique pour voix de baryton. Outre sa collaboration assidue à l'*Opinione*, de Rome, M. d'Arcais est un des principaux rédacteurs de la *Gazzetta musicale* de Milan.

ARCH, Joseph, laboureur anglais, chef du mouvement des ouvriers agricoles, est né à Barford, dans le comté de Warwick, le 10 novembre 1826. Son père était laboureur, et lui-même, dès son jeune âge, dut gagner sa vie au travail des champs. S'étant marié avec la fille d'un artisan possédant une certaine instruction, celle-ci le poussa à s'instruire lui-même, c'est-à-dire à ajouter par la lecture à la maigre provision de science qu'il avait acquise dans une école primaire. Souvent il passa de longues soirées de veille, le nez enfoncé dans un livre, « tout en fumant sa pipe », au coin du feu de la cuisine. De cette manière, il put acquérir une foule de notions qu'il ne soupçonnait pas auparavant, notamment des notions de logique, et des connaissances d'une nature plus pratique, principalement de calcul et d'arpentage. Il fit également une grande consommation de livres religieux, ce qui lui permit plus tard d'occuper une bonne partie de ses heures de loisir à prêcher au milieu des « Primitive Methodistes », non sans succès. Lorsqu'éclata le mouvement des ouvriers agricoles qui devait, par l'entêtement des *landlords* et des riches fermiers, enlever tant de cultivateurs à l'Angleterre, M. Joseph Arch en fut le chef désigné d'avance. Il fonda, en mai 1872, l'*Union nationale des travailleurs agricoles*. Il explora ensuite les districts agricoles de l'Angleterre, provoquant force meetings parmi les laboureurs pour les engager à s'unir, à s'aider mutuellement, puis il alla visiter le Canada, afin d'y étudier la question du travail agricole et de l'émigration. L'*Union nationale des travailleurs agricoles* s'est en peu de temps étendue à toute la Grande-Bretagne, qu'elle divise en trente-quatre districts, lesquels envoient, au Congrès tenu annuellement par l'*Union*, quatre-vingts représentants. Ce congrès, sous la présidence de M. Joseph Arch, discute pendant quatre jours les questions intéressant les ouvriers de la terre, sociales ou politiques; après quoi les délégués se séparent, mais une commission de permanence demeure, qui veille aux intérêts en cause. Cette association a pu, en 1874, distribuer aux ouvriers de ferme, que leurs démarches pour obtenir une amélioration à leur sort avaient fait mettre à la porte en masse, par des maîtres forts de leurs millions, la bagatelle de 684,500 fr.; elle a pu nourrir, pendant quatre à cinq mois, près de quatre mille de ses membres et leurs familles, sans asile et sans pain, et faciliter, enfin, aux plus dépourvus l'émigration en Amérique ou en Australie. Cette crise compromit un moment l'existence matérielle de l'*Union*: mais elle se releva, ses recettes augmentèrent, et après la perte d'un certain nombre de ses membres, elle compte encore dans ses trente-quatre districts et ses 1380 sociétés affiliées, plus de soixante mille membres qui, avec leurs familles, forment un total approximatif de 400,000 âmes. — Mais ce n'est pas tout: l'*Union nationale des travailleurs agricoles* a servi de type à plusieurs autres associations ayant un but identique et prêtes à marcher de conserve: ce sont l'*Union fédérale*, qui compte presque autant d'adhérents; la *Ligue du travail de la terre*, sans parler de nombreuses associations locales faciles à mettre en rapport avec une association centrale.

Nous ne pouvons entrer dans le détail des résultats obtenus du mouvement organisé par ce pauvre paysan, Joseph Arch; mais il nous a semblé indispensable d'en indiquer au moins le début infime et l'importance actuelle, ne fût-ce que pour bien marquer la grandeur du rôle de l'humble ouvrier des champs qui fait l'objet de cette notice. — Élu membre de la Chambre des communes pour le comté de Norfolk en 1884. M. Arch a été battu aux élections de juillet 1886, comme candidat gladstonien, par le candidat conservateur, lord Bentinck.

ARDITI, Luigi, violoniste et compositeur italien, né à Crescentino (Piémont), le 22 juillet 1822. Entré au Conservatoire de Milan en 1836, il fit représenter, en 1841, un opéra en deux actes intitulé *i Briganti*, et le quitta en septembre 1842. Il avait commencé à se produire comme virtuose dans les concerts dès 1839 et continua à sa sortie du Conservatoire, visitant tour à tour Varese, Novare, Voghera, Verceil; dans cette dernière ville il fut engagé comme chef d'orchestre, passa ensuite à Milan avec les mêmes fonctions, puis à Turin, et enfin signa un engagement comme chef d'orchestre au théâtre de la Havane. De là, il passa à New-York comme chef d'orchestre de l'Académie de musique, où il donna, en 1856, un grand opéra: la *Spia*. Peu après il faisait un court séjour à Constantinople, où il reçut la croix du Medjidié, puis se rendait à Londres en 1857, pour prendre la direction du théâtre de Sa Majesté. À Londres, M. Arditi commença à publier ses nombreuses mélodies vocales qui rendirent son nom promptement populaire. On cite plus particulièrement son *Omaggio alla Bosio*, et surtout — du moins de ce côté-ci du détroit — sa fameuse valse: *il Bacio*. Depuis quelques années, M. Arditi, qui se livre aussi à l'enseignement, dirige à Covent-Garden des « promenades-concerts » qui ont un très grand succès. — On a de cet artiste une quantité innombrable de compositions de musique de danse, ainsi que de nombreuses compositions pour le violon, notamment des « fantaisies brillantes » sur des motifs d'opéras.

ARÈNE, Paul Auguste, poète et littérateur français, né à Sisteron (Basses-Alpes), le 26 juin 1843. Il alla terminer à Aix ses études commencées au collège de sa ville natale, et se fit recevoir successivement bachelier et licencié ès lettres. Il était maître d'études au lycée de Vanves, après avoir rempli, pendant une année, les mêmes fonctions au lycée de Marseille, lorsqu'il présenta à l'Odéon sa première pièce, *Pierrot héritier*, un acte en vers (1865). Le succès qui accueillit cet essai le détermina à abandonner ses désagréables fonctions pour se livrer à la littérature, tout en donnant, cependant, des leçons particulières au début. Il collabora bientôt activement à divers journaux et revues, notamment au *Masque*, au *Nain jaune*, au *Figaro*, au *Corsaire*, au *Petit Journal*, à l'*Événement*, à la *Tribune*, au *Temps*, au *Gil Blas*, au *Parnassiculet contemporain*, parodie du *Parnasse contemporain*, rédigée avec autant de talent pour le moins; il a donné, en outre, au « Tour de France », un *Voyage à Avignon et dans le Comtat*, collaboré à l'*Armana prouvençau* d'Avignon, et a été le correspondant parisien du *Progrès libéral* de Toulouse. M. P. Arène a donné au théâtre, outre l'acte cité plus haut: les *Comédiens errants*, un acte en vers, avec M. Valéry Vernier, à l'Odéon (1873); le *Duel aux lanternes*, au théâtre de la Tour d'Auvergne (même année); l'*Ilote*, un acte en vers, aux Français (1875), avec M. Charles Monselet; le *Char*, op. com. en un acte, musique de M. E. Pessard, à l'Opéra-comique (1878), etc.

On lui doit aussi: *Jean des Figues*, roman provençal (1870), réimprimé avec quatre nouvelles inédites sous ce titre nouveau: la *Gueuse parfumée (1876)*.

ARÈNE, Emmanuel, homme politique français, né à Ajaccio (Corse), le 1er janvier 1856, fit ses études à Marseille et à Aix, et vint ensuite faire son droit à Paris. Il s'occupa bientôt de journalisme, collabora notamment au *XIXe Siècle* et devint secrétaire d'Edmond About. Depuis, il a collaboré au *Paris*. Conseiller général de la Corse depuis 1880, M. E. Arène était élu, comme candidat républicain, député de l'arrondissement de Corte à l'élection complémentaire du 4 décembre 1881. Aux élections générales du 4 octobre 1885, faites au scrutin de liste, ce fut la liste bonapartiste qui triompha; mais les élections de la Corse ayant été annulées par la Chambre, la liste républicaine, avec M. Arène en tête, passa tout entière au scrutin du 14 février 1886. — Dans la question de l'expulsion des princes (11 juin 1886), M. Arène a voté contre le projet de la commission comportant l'expulsion totale et s'est abstenu au vote du projet Brousse, qui fut adopté.

ARGYLL (duc d'), George Douglas Campbell, baron **Sundridge** en Angleterre et duc d'**Argyll** en Écosse, est né à Ardencaple-Castle, comté de Dumbarton, en 1823. Avant de succéder aux titres de son père, en avril 1847, il s'était déjà fait connaître comme écrivain, homme politique et orateur public. N'étant encore que marquis de Lorne, il prit une part très active à la controverse soulevée dans le sein de l'Église presbytérienne d'Écosse, relativement à la tentative faite pour y établir une hiérarchie, tentative contre laquelle il s'éleva énergiquement avec le docteur Chalmers. Dès 1842, il publiait une brochure au sujet de ces disputes religieuses, décelant un véritable talent littéraire; cette brochure avait pour titre: *Lettre aux Pairs par un fils de Pair*. Peu après, il publiait une autre brochure: *Du devoir et de la nécessité d'une intervention législative immédiate dans l'intérêt de l'Église d'Écosse*, etc., qui contient un aperçu historique de la situation de cette Église, relativement, surtout, à son pouvoir constitutionnel en matière ecclésiastique. Enfin, dans le cours de la même année, il publiait une *Lettre au Rév. Thomas Chalmers, docteur en théologie, sur l'état présent des affaires de l'Église en Écosse* et

les causes qui l'ont produit, dans laquelle il revendiquait pour l'Eglise le droit de faire ses propres lois, tout en s'élevant contre le mouvement en faveur d'une « Eglise libre » qui venait de se produire, se déclarant également opposé aux deux opinions extrêmes. En 1848, le duc d'Argyll publia un essai historique et critique sur l'histoire ecclésiastique de l'Ecosse depuis la Réforme, intitulé : *Presbytery examined* (Examen du presbytérianisme), qui fut très bien accueilli. A la Chambre des lords, le duc est un orateur écouté ; les questions principales sur lesquelles il a pris la parole sont : l'émancipation des Juifs, les pratiques corruptrices en matière d'élection, la suppression de l'impôt sur le papier, les titres ecclésiastiques, etc. Pendant l'administration de lord John Russell, il donna au gouvernement un appui général, accentuant sa politique dans le sens du parti conservateur libéral, et s'intéressant particulièrement à toutes les questions touchant les intérêts de l'Eglise d'Ecosse, comme à toutes celles concernant l'Ecosse, d'ailleurs, qui s'agitaient devant le Parlement. En 1851, il fut élu chancelier de l'université de Saint-Andrews, d'Edimbourg. En 1852, il accepta dans le cabinet du comte d'Aberdeen les fonctions de lord du Sceau privé. A la chute de ce ministère, en février 1855, il conserva d'abord sa position sous celui de lord Palmerston, qui lui succéda, puis l'échangea (1855) contre celle de directeur général des postes. Au retour de lord Palmerston aux affaires, en 1859, il reprit la charge de lord du Sceau privé, puis l'échangea de nouveau contre celle de directeur général des postes, en 1860, lord Elgin, ayant reçu une nouvelle mission spéciale en Chine. La même année, toutefois, il redevenait lord du Sceau privé. Elu, en novembre 1854, recteur de l'université de Glasgow, il présidait la vingt-cinquième réunion annuelle de l'Association britannique pour l'avancement des sciences, tenue dans cette ville en septembre 1855. Il a été également élu président de la Société royale d'Edimbourg en 1861. A la formation du cabinet Gladstone en décembre 1868, il fut nommé secrétaire d'Etat pour l'Inde, et a conservé cette position jusqu'à la chute du gouvernement libéral, en février 1874. Mais il revint aux affaires, comme lord du Sceau privé, avec le ministère Gladstone de mai 1880. Il donna sa démission en avril 1881, sous prétexte de désaccord avec ses collègues sur le *land bill* d'Irlande.

Le duc d'Argyll est lord intendant de la Reine (héréditaire) pour l'Ecosse, chancelier de l'université de Saint-André, l'un des *trustees* du Musée britannique, shériff héréditaire et lord-lieutenant du comté d'Argyll. En 1866, il a publié le *Règne de la Loi*, ouvrage qui eut un grand nombre d'éditions ; en 1869, l'*Homme primitif* (Primeval Man, or Examination of some recent speculations) ; en 1870, un opuscule sur l'*Histoire et les antiquités d'Iona*, île dont le duc est propriétaire ; en 1874, *the Patronage Act of 1874*, etc., brochure sur l'éternelle question de l'Eglise d'Ecosse ; en 1877, des *Observations sur la question importante relative aux rapports entre propriétaires et tenanciers* (pour le Cobden Club) ; la *Question d'Orient, depuis le traité de Paris jusqu'au traité de Berlin et à la seconde guerre afghane* (1879-80, 2 vol.), etc.

Le fils aîné du duc d'Argyll, le marquis de Lorne, a épousé, en 1871, la princesse Louise, fille de la reine Victoria (voyez Lorne).

ARIENZO (d'), Nicola, compositeur italien, né à Naples, le 24 décembre 1843 ; est élève de Romano Vincenzo Fioraventi. Cet artiste a débuté à la scène à l'âge de seize ans, par un opéra-bouffe en dialecte napolitain, représenté au Teatro Nuovo, en juin 1860 : *Monzù Gnazio, o la Fidenzata del parrucchiere*. Après s'être produit comme virtuose et comme compositeur, notamment au cercle Buonamici, en 1864, il fit représenter au théâtre Bellini, en 1866, un second opéra en patois napolitain : *i Due Mariti*, traduit plus tard en italien et représenté sous cette nouvelle forme, en 1871, au théâtre Re, de Milan. Il fit représenter ensuite à Naples : le *Rose* (1868) ; *il Cacciatore delle Alpi* (1870) ; *il Cuoco* (1873). On lui doit en outre un grand nombre de compositions vocales, etc ; il a fait exécuter en 1871, à Rome, un *Pensiero sinfonico*. M. d'Arienzo, aujourd'hui professeur d'harmonie et de composition au Collège de musique de San Pietro a Majella et à l'« Albergo dei Poveri », à Naples, a publié dans cette ville un manuel élémentaire de lecture musicale : *Elementi di lettura musicale*.

ARISTE (d'), ou **DARISTE**, Paul Eugène Augustin, homme politique français, fils d'un ancien sénateur de l'empire mort en 1876, est né à Pau le 13 octobre 1845. Avocat du barreau de Paris, M. d'Ariste, qui avait servi pendant la guerre comme officier de mobiles, défendit plusieurs accusés de la Commune de Paris devant les conseils de guerre par pur esprit de charité. Elu député de la 2ᵉ circonscription de Pau le 20 février 1876, il siégea à la Chambre sur les bancs du groupe de l'Appel au peuple. Réélu le 17 octobre 1877, il échouait aux élections de 1881 contre son concurrent républicain, M. Cassou ; mais il fut élu de nouveau, avec toute la liste réactionnaire, le 4 octobre 1885.

ARMAND-DUMARESQ, Charles Edouard, peintre français, né à Paris, le 1ᵉʳ janvier 1826, élève de Thomas Couture. Il débuta en 1850 par un *Christ des Naufragés*, acheté par le ministère de l'intérieur. Vinrent ensuite : *Saint Bernard prêchant la Croisade* ; le *Martyre de Saint-Pierre* (à la cathédrale de Caen) ; un *Christ*, pour le Palais de Justice de Paris ; le *Départ pour la Croisade*, etc. Vers 1854, M. Armand-Dumaresq, abandonnant les sujets religieux pour la peinture militaire, suivit nos armées dans leurs expéditions en Algérie, puis en Italie, étudiant la vie des camps sur le vif. Parmi les œuvres qu'il a exposées, à dater de cette époque, nous citerons : *Une Mort glorieuse, souvenir de 1812*, à l'Exposition universelle de 1855 ; puis, la *Prise de la grande redoute à la bataille de la Moskowa* ; la *Mort du général Bizot* ; un *Episode de la bataille de Solferino* (aux galeries de Versailles) ; *Charge de la division Desvaux à Solferino* ; la *Garde du drapeau* ; *Charge des cuirassiers à Eylau* ; *Cambronne à Waterloo*, à l'Exposition universelle de 1867 ; le *Retour de l'Ile d'Elbe* (1868) ; la *Veille d'Austerlitz* (1869) ; la *Défense de Saint-Quentin, le 8 octobre 1870* (1872) ; un *Conseil de guerre au bivouac* et l'*Espion* (1874) ; la *Signature de l'acte d'indépendance des Etats-Unis d'Amérique* (1873) ; la *Reddition de Yorktown le 18 octobre 1781, Hussard Chamborand* (1875) ; *Charles XII à Bender* (1877) ; la *Bataille de Bapaume, prise de Biefvillers* (1883) ; la *Lecture de l'Annuaire de la cavalerie* (1884) ; *En reconnaissance* (1885) ; la *Première ascension du ballon dirigeable la* France et le *Portrait du sous-lieutenant prince Roland Bonaparte* (1886) et un grand nombre d'autres portraits, dessins, etc.

Parmi les nombreux dessins en outre exécutés par M. Armand-Dumaresq, il convient de citer à part la collection des uniformes militaires, au musée de Versailles. — Chevalier de la Légion d'honneur depuis 1867, il a été promu officier le 18 janvier 1881.

ARMITAGE, Edward, peintre anglais, Académicien royal, né à Londres, de parents originaires du comté d'York, le 20 mai 1817, fit ses études en France et en Allemagne. Il entra en 1837 dans l'atelier de Paul Delaroche, où il travailla pendant deux ans, et exposa au Salon de 1842. Retourné en Angleterre en 1843, il prit part au concours des fresques pour le nouveau Parlement et remporta un premier prix avec un carton représentant le *Débarquement de Jules César en Angleterre*. Il remportait un nouveau premier prix, en 1845, avec un carton représentant l'*Esprit de la Religion*, et un autre en 1847, pour son tableau : la *Bataille de Meanee*, qui figura ensuite à l'Exposition universelle de Paris, en 1855, et se trouve aujourd'hui au palais Saint-James. On cite encore de lui, le *Festin d'Esther*, qui figura à l'Exposition universelle de Paris de 1867 ; la *Bataille de Balaklava* ; le *Ravin d'Inkermann*, etc. ; et parmi ses peintures murales, les fresques de l'église catholique de Saint-Jean à Islington, et la suite de monochromes d'University Hall, Gordon Square, Londres.

M. Armitage a toujours été, d'ailleurs, depuis 1840, un exposant assidu de l'Académie royale de Londres, dont il fut élu associé en 1867, et membre titulaire en décembre 1872. Nous citerons les principaux ouvrages exposés à cette Académie, où les tableaux relatifs aux faits d'armes de Balaklava et d'Inkermann ne figurèrent point, par M. Armitage. Ce sont : *Henri VIII et Catherine Parr*, la *Mort de Nelson* (1848) ; *Incident de l'histoire de Thomas-à-Becket* (1849) ; la *Vision d'Ezéchiel* (1850) ; *Samson* (1851) ; la *Tamise et ses tributaires*, dessins pour une fresque du Parlement (1852) ; le *Mangeur de lotus* (1854) ; *Souvenir de Scutari* (1857) ; la *Fille de Pharaon* (1861) ; *Funérailles d'un martyr chrétien au temps de Néron* (1863) ; *Achab et Jézabel* (1864) ; le *Remords de Judas* (1866) ; *Savonarole et Laurent le Magnifique* (1867) ; *Hero allumant le flambeau de la tour* (1869) ; l'*Incident qui suggère à Esope l'idée de sa fable de « la Fortune et le jeune enfant endormi »* ; le *Fil de la Vierge, Gethsemani* (1870) ; *Paix : un champ de bataille vingt ans après, Une députation reçue par Faraday* (1871) ; *Rêve de jolie femme* et *En mémoire du grand incendie de Chicago* (1872) ; *Saint Jean recueillant chez lui la Vierge après le crucifiement* (1874) ; *Julien l'Apostat présidant une conférence de sectaires* (1875) ; *Emancipation de Serfs* ; *un noble Anglo-Saxon donnant, à son lit de mort, la liberté à ses esclaves* (1877) ; la *Femme adultère* (1879) ; *Samson et le lion* (1881) ; *Rencontre de Saint François et de Saint Dominique sur les ruines de l'ancienne Rome* (1882) ; une *Vraie centenaire*, portrait d'une demoiselle W., âgée de 101 an et 3 mois (1883) ; un *Saül* et un *Saint Paul* (1886), etc. Il avait en outre au Salon de Paris, cette même année 1886, une toile intitulée : *Après les arènes, enterrement d'un jeune martyr chrétien*.

M. Armitage est professeur de peinture à l'Académie royale depuis 1875.

ARMSTRONG, sir William George, inventeur anglais, fils d'un négociant, qui fut aussi quelque temps maire de Newcastle-sur-Tyne, est né dans cette ville en 1810. D'abord avocat, il abandonna bientôt la carrière légale pour se livrer tout entier aux recherches scientifiques qui avaient pour lui un invincible attrait. Ses recherches sur l'électricité, commencées de très bonne heure, aboutirent à l'invention de la machine hydro-électrique, le plus puissant agent de production électrique connu jusque-là, et qui lui valut d'être élu, malgré sa jeunesse, *fellow* de la Société royale de Londres. Ensuite vient l'invention de la grue hydraulique, et de 1845 à 1850 l'application à une foule de machines de la puissance hydraulique, principalement pour l'élévation de fardeaux pesants. Pour la mise en pratique de ses utiles inventions, M. Armstrong fonda, en décembre 1864, la manufacture d'Elswick, près de Newcastle, où fut construit le canon qui porte son nom. Car M. Armstrong ne se borna pas à ces inventions *utiles* dans le sens strict du mot, et c'est surtout, en effet, grâce au « canon Armstrong » que son nom est populaire chez nous. Le gouvernement anglais, ayant fait subir à l'arme nouvelle des épreuves qui eurent un plein succès (1858), en ordonna aussitôt l'application à l'artillerie, et, en conséquence, la fabrication en grand, dont M. Armstrong eut la direction avec le titre d'ingénieur de l'artillerie royale et 50,000 francs de traitement annuel. L'heureux inventeur fut, en outre, fait chevalier et nommé commandeur de l'ordre du Bain (février 1859). Il étendit l'application de son système à tous les calibres, et, en trois ans, put mettre trois mille pièces en service. En février 1863, Sir W. Armstrong résigna sa position officielle et reprit la direction de la manufacture d'Elswick. La même année, il était appelé à la présidence de l'Association britannique. Il est décoré de l'ordre du Dannebrog, de Danemarck ; de celui des Saints Maurice et Lazare, d'Italie ; de François-Joseph, d'Autriche ; et de la Rose, du Brésil.

ARNASON, Jon, littérateur islandais, fils d'un ministre luthérien, né à Hof, sur la côte septentrionale de l'Islande, le 17 août 1819. Ayant perdu son père de bonne heure, sa mère prit soin de sa première éducation. Il acheva ses études au collège de Bessestad, alors la seule école de l'île, puis devint précepteur particulier dans la famille de Sveinbjorn Egilsson, le recteur du collège. M. Arnason se consacra surtout à l'étude de l'histoire et de la littérature islandaises et se rendit entièrement maître des langues classiques. En 1849, il fut nommé conservateur de la bibliothèque de Reykjavik et, en 1856, secrétaire de l'évêque d'Islande. Il a publié divers travaux biographiques, parmi lesquels la biographie de son ami, le docteur Egilsson. En société avec M. Grimson, il a édité, sous le titre de : *Islenzk Æfintyri*, une petite collection d'histoires aventureuses et de contes féeriques islandais. Mais l'œuvre principale de M. Arnason, celle qui a le plus contribué à sa réputation d'écrivain, c'est certainement ses *Contes populaires islandais* (1864), dont la plupart ont été traduits en anglais sous le titre d'*Icelandic Legends*, la même année.

ARNAUDEAU, Eugène Jean Marie, général et homme politique français, né à Laon en 1821. Sorti de l'Ecole polytechnique en 1843, comme sous-lieutenant du génie, il passa ensuite, sur sa demande, dans l'infanterie de ligne, et fut successivement lieutenant en 1845, capitaine en 1849, chef de bataillon en 1855, lieutenant-colonel en 1860, colonel en 1863, général de brigade en 1868 et général de division le 30 décembre 1875. Il servit longtemps en Algérie et prit part aux principales campagnes de l'empire ; en 1870 il commandait une brigade d'infanterie de la 3ᵉ division du corps d'armée de Bazaine. Il a exercé depuis divers commandements, et a fait partie de la Commission internationale de l'Exposition universelle de 1878. — Elu sénateur de la Vienne, en remplacement de M. Bourbeau décédé, le 2 décembre 1877, sans concurrent, au renouvellement triennal du 8 janvier 1882, M. Arnaudeau fut réélu, mais seulement au second tour. Le général Arnaudeau siège au Sénat sur les bancs de la droite. Il est grand officier de la Légion d'honneur du 27 décembre 1884.

ARNAULT, Ferdinand Louis Barthélemy, homme politique français, né à Tours le 21 septembre 1837. Il termina au lycée Saint-Louis, à Paris, ses études commencées à Cahors, suivit les cours de l'Ecole de droit et se fit recevoir agrégé des facultés de droit ; il professa, en cette qualité, l'économie politique à la Faculté de Nancy (1866) et à la Faculté de Toulouse (1867), et publia un résumé de ce cours, entre autres ouvrages de droit. Nommé maire de la commune de Labastide-de-Penne en 1870, conseiller général de Tarn-et-Garonne depuis 1874, M. Arnault a été élu député de ce département le 4 octobre 1885, le dernier de la liste réactionnaire. — Il est secrétaire perpétuel de l'Académie de législation de Toulouse et membre de l'Académie des Jeux floraux.

ARNEIRO (vicomte d'), José Augusto Ferreira Veiga, compositeur portugais, né à Macao (Chine), le 22 novembre 1838, fit ses études à l'université de Coïmbre (Portugal), où il suivit les cours de la faculté de droit. Il avait commencé à huit ans ses études musicales, auxquelles il retourna en 1859, sous la direction d'artistes appartenant à l'orchestre du théâtre San Carlos, de Lisbonne, et dont le chef, Vincente Shira, lui enseigna la fugue et le contre-point. Il produisit dès lors un grand nombre de compositions diverses : pièces d'orchestre, romances, duos, etc., ainsi qu'une petite comédie : *A Questão do Oriente*, jouée au Théâtre académique, une messe et divers autres morceaux de musique religieuse. En 1866, il fit représenter au théâtre San Carlos un ballet fantastique : *Ginn*, qui eut un grand succès. En 1871, il fit exécuter à l'église São Paulo, de Lisbonne, son grand *Te Deum*, reproduit au mois de mai suivant dans un concert de bienfaisance donné au théâtre San Carlos et depuis sous le titre de « symphonie-cantate », à Paris, où il reçut le meilleur accueil. — Depuis, M. le vicomte d'Arneiro a produit divers morceaux de concert et autres, notamment : *Refrains du printemps*, et un opéra italien semi sérieux : l'*Elisire di Giovinezza*, représenté au théâtre San Carlos au mois de mars 1876.

ARNOLD, Edwin, littérateur et philologue anglais, fils d'un magistrat du Sussex, né le 10 juin 1832 ; fit ses études à l'Ecole du roi de Rochester et au Collège du roi de Londres, et les termina à l'université d'Oxford. En 1852, il obtenait le prix de Newdigate, pour un poème sur le *Festin de Balthasar*, et fut choisi en 1853 pour présenter l'adresse de bienvenue au feu comte de Derby, à son installation comme chancelier de l'université. Il prit ses grades en 1854. En quittant le collège, il fut nommé « second master » dans la division anglaise de l'Ecole du roi Edward VI, à Birmingham, puis principal du collège de sanscrit à Poona, dans la Présidence de Bombay, et membre de l'université de cette capitale, fonctions qu'il remplissait pendant la rébellion des Indes et qu'il résigna en 1861.

M. E. Arnold a collaboré à une foule de publications périodiques, critiques et littéraires. On a de lui : *Griselda, a drama* ; *Poems, narrative and lyrical* ; outre plusieurs ouvrages en prose, tels que : *Education in India* ; *the Euterpe of Herodotus*, traduction accompagnée de notes ; *the Hitopades'a*, avec vocabulaire sanscrit-marathe-anglais ; ces deux derniers publiés aux Indes. Il a également publié une traduction en vers de l'ouvrage classique sanscrit que nous venons de citer (Hitopades'a), sous le titre de *Livre des bons conseils* (the Book of Good counsels) ; une *Histoire de l'Administration des Indes sous le feu marquis de Dalhousie* (1864) ; ainsi qu'une histoire populaire, avec citations, des *Poëtes de la Grèce*. Depuis 1861, M. Arnold fait partie de la rédaction du *Daily Telegraph* ; en cette qualité et au nom

des propriétaires de ce journal, il prépara la première expédition de M. George Smith en Assyrie, ainsi que celle de M. Henry Stanley, envoyé par ce même journal, d'accord avec le *New-York Herald*, pour achever l'œuvre de Livingstone en Afrique. Pour la part qui lui revient dans les heureux résultats de l'expédition de M. Smith, il fut publiquement remercié par les directeurs du Musée britannique. Il a publié en 1874, *Hero et Leandre*, traduction en vers héroïques du poème de Musée, et l'année suivante une traduction du *Gita govinda* de Jayadeva, sous le titre de *the Indian song of songs*. On doit encore à M. E. Arnold : la *Lumière de l'Asie*, poème épique sur la vie et les enseignements de Boudha (1879); *Poésie indienne*, traductions diverses (1881); *Perles de la foi*, ou le *Rosaire de l'Islam* (*1883*); *India revisited* (*1885*), etc. Il est décoré de l'Etoile de l'Inde, du Medjidié, de l'Eléphant blanc de Siam, etc.

ARNOLD, Arthur, publiciste et homme politique anglais, frère du précédent, né le 28 mai 1833. Lors de la mise à exécution de la loi sur les travaux publics dans les districts manufacturiers, pour y remédier à la détresse résultant de la crise cotonnière (1863), M. Arnold fut nommé commissaire-adjoint dans le comté de Lancastre, où il résida jusqu'en 1866. Il employa ses loisirs à écrire une histoire de cette crise : *the History of cotton famine*, dont l'édition originale, publiée en 1864, fut suivie, en 1865, d'une édition populaire à bon marché. Après deux ans de voyages dans le sud et l'est de l'Europe et en Afrique, M. Arnold revint en Angleterre et publia *From the Levant* (*1868*), relation de son tour d'Orient. Il devint alors rédacteur en chef de l'*Echo*, de Londres, qui, sous sa direction, acquit une circulation énorme. Antérieurement à cet événement de sa vie, M. A. Arnold avait publié deux romans, ayant pour titre, le premier : *Ralph, or St-Sepulchre's and St-Stephen's*, le second : *Hever Court*. — En conséquence de son livre, *From the Levant*, M. Arnold a reçu en 1873 la croix d'or de l'ordre du Rédempteur de Grèce. La même année, à la mort de M. Baring, son représentant, il accepta la candidature à la Chambre des communes pour Huntingdon; mais il échoua. Il refusait la candidature qui lui était offerte à Northampton, l'année suivante, dans une occasion semblable, quittait l'*Echo* en 1875 et passait une année à visiter la Russie et la Perse. A son retour, il publiait : *A travers la Perse par caravane* (*1877*). Il publia ensuite : la *Politique sociale* (*1878*) et *Free Land* (*1879*). Aux élections générales de 1880, M. A. Arnold était envoyé à la Chambre des communes par les électeurs de Salford; il succédait en même temps à sir Charles Dilke comme président du Comité grec, organisé en vue d'obtenir une augmentation du territoire de la Grèce. M. Arnold s'est fait une place importante dans les rangs du parti libéral à la Chambre des communes.

ARNOLD, Matthew, poète et critique anglais, né le 24 décembre 1822, à Lalcham, près de Staines, où son père, l'illustre Dr Arnold, principal du collège de Rugby, résidait alors avec ses élèves; fit ses études aux collèges de Winchester et de Rugby, puis à celui de Balliol, d'Oxford, où il fut admis en 1840, et remporta le grand prix de poésie (*Newdigate prize*) en 1843, sujet : *Cromwell*. Ayant pris ses grades en 1844, il fut élu en 1845 *fellow* du collège d'Oriel. En 1847, lord Lansdowne le prit pour secrétaire privé, fonctions qu'il remplit jusqu'à l'époque de son mariage avec la fille du juge Wightman, coïncidant avec celle de sa nomination au poste d'inspecteur laïque des écoles, sous la direction du « committee of Council on education, » qu'il a toujours conservé depuis. — On a de lui, outre son *Cromwell*: *Strayed Reveller, and other Poems* (*1848*), signé de l'initiale A; *Empedocles on Etna, and other Poems* (*1853*), d'abord anonyme. En 1854, il publia un volume de poésies entièrement signé, consistant en un choix de pièces contenues dans les deux précédentes, jointes à des pièces inédites. Elu professeur de poésie à l'université d'Oxford en 1857, M. Arnold a publié depuis cette époque : *Merope*, tragédie d'après l'antique, avec une préface où les principes de la tragédie grecque sont examinés et discutés (1858); trois conférences faites précédemment à l'université d'Oxford, sur l'art de traduire Homère (*On Translating Homer*), dans lesquelles il conseille l'emploi de l'hexamètre anglais comme le meilleur équivalent du rhythme homérique (1861). Il a aussi publié, cette même année, les mémoires sur les systèmes d'éducation pratiqués en France, en Allemagne et en Hollande, qu'il avait envoyés en 1859-60, au gouvernement, sous forme de rapports de commissaire de l'enquête sur l'éducation populaire. M. M. Arnold a recueilli et publié, sous le titre modeste d'*Essays in Criticism* (*1865*), quelques-uns des nombreux articles qu'il a répandus d'une main prodigue, soit en vers, soit en prose, dans les publications périodiques littéraires. En 1865, il fit un tour d'exploration sur le continent, délégué par la commission royale d'éducation secondaire, pour étudier, comme il l'avait déjà fait au point de vue général, cinq ans auparavant, les systèmes étrangers relatifs aux écoles secondaires et supérieures, et publia, en 1867, un nouvel ouvrage sur ce sujet spécial. Dans la même année, il publia : *Lectures on the study of Celtic literature*; puis : *New Poems* (*1868*); *Culture and Anarchy, an Essay in political and social criticism* (*1869*), *Saint-Paul and Protestantism, with an Essay on Puritanism and the Church of England* (*1870*); *Friendship's Garland, being the conversations, letters and opinions of feu Arminius, baron von Thunder-Ten-Tronckh* (*1871*); *Literature and Dogma, an Essay towards a better apprehension of the Bible* (*1873*); et en 1877, ses *Derniers essais sur l'Eglise et la religion*. Ses *Poèmes* ont été recueillis et réimprimés en 1877 et 1881. Enfin il publia un dernier ouvrage en 1882, sous ce titre : *Irish Essays and others*. Il a publié, dans le *Nineteenth Century* de mai 1886, un article sur M. Gladstone intitulé : le *Nadir du Libéralisme*, qui a fait sensation dans le monde politique.

En 1867, M. Arnold abandonna la chaire de poésie d'Oxford; en 1869, il reçut le titre honorifique de docteur en lois de l'université d'Edimbourg et, en 1870, de sa propre université d'Oxford. Il a reçu en 1876 la croix de commandeur de l'ordre de la Couronne d'Italie, que le roi Victor-Emmanuel lui a conférée en reconnaissance des soins qu'il prit du jeune duc de Gènes, son neveu, qui vécut dans la famille de M. M. Arnold pendant qu'il faisait ses études en Angleterre. En 1886, M. Matthew Arnold visitait les Etats-Unis, et nous le retrouvons, le 8 juin, faisant une conférence à l'université de Pensylvanie sur l'*Education étrangère*, devant un auditoire brillant et nombreux.

ARNOULD, Arthur, littérateur et homme politique français, né à Dieuze (Meurthe), le 7 avril 1833. Il fit ses études à Paris, où son père avait été nommé professeur de littérature étrangère à la Sorbonne, fut quelque temps employé à la préfecture de la Seine et quitta cette position pour se livrer entièrement à la littérature. Il collabora à la *Revue nationale*, dont il devint secrétaire de la rédaction, à la *Revue de l'Instruction publique*, à la *Revue européenne*, à l'*Opinion nationale*, fit partie de la nouvelle rédaction de l'*Epoque* sous la direction de Clément Duvernois (1867), et passa de ce journal au *Rappel*, à la *Presse libre* (*1869*) devenue bientôt la *Réforme*; collaborant entre temps au *Charivari*, etc. Dans ces divers journaux, M. Arnould s'attira, par ses articles, diverses condamnations auxquelles la publication d'un pamphlet périodique imitant la *Lanterne* et intitulé la *Foire aux sottises* en fit ajouter d'autres. Ce pamphlet fut supprimé, et M. Arnould prit part à la création du journal la *Marseillaise* de M. Rochefort (1870) et à celle du *Journal du Peuple* de Jules Vallès. Après le 4 septembre, il devint sous-bibliothécaire de la Ville, puis adjoint au maire du 4e arrondissement. Il se porta sans succès aux élections pour l'Assemblée nationale (Seine) du 8 février 1871 et fut élu membre de la Commune de Paris après le 18 mars. Quant à son rôle dans cette assemblée, il suffit de dire qu'il faisait partie de l'opposition modérée, dont la situation était loin d'être facile et qu'il se retira après l'institution du Comité du salut public, dans sa mairie du 4e arrondissement où il était délégué. Ayant réussi à quitter Paris, puis la France, avant la prise de Paris par les forces du gouvernement, M. Arnould envoya de la Belgique et de la Suisse, où il s'était réfugié, des articles anonymes et des feuilletons aux journaux de Paris. Ses feuilletons, signés d'abord *Un Absent*, puis *A. Mathey*, ont été réimprimés en volumes, les premiers avec cette dernière signature seulement, les autres sous le vrai nom de l'auteur ajouté à son pseudonyme. M. Arthur Arnould s'est, en tout cas, fait une place distinguée parmi nos romanciers.

Les principaux ouvrages de M. Arthur Arnould sont : *Contes humoristiques* (*1857*); les *Trois poètes*, nouvelles (1859); *Béranger, ses amis, ses ennemis et ses critiques* (*1864*, 2 vol.); la *Liberté des théâtres et l'Association des auteurs dramatiques* (*1865*); *Histoire de l'Inquisition* (*1869*); *Histoire parlementaire de la Commune de Paris* (Bruxelles, 1874-1878, 3 vol.); le *Brésilien* (*1876*); la *Belle Julie* (*1884*); le *Point noir*, *Un Gendre*, le *Roi des mendiants*, le *Passé d'une femme* (*1885*); la *Fête de Saint Remy* (*1886*), etc.

Plusieurs de ces romans ont été portés ensuite à la scène.

ARNOULD-PLESSY, Jeanne Sylvanie Arnould, dame **Plessy**, actrice française, née à Metz, en septembre 1819, d'un comédien qui avait été prêtre avant la Revolution. Venue à Paris en 1830, elle entra au Conservatoire, où elle reçut les leçons de Michelot et de Samson, au mois de décembre de cette même année. Après avoir joué quelque temps sur le théâtre de la rue de Lancry, dirigé par Saint-Aulaire, elle débuta au Français le 10 mars 1834, n'ayant pas quinze ans, dans le rôle d'Emma de la *Fille d'honneur*. Son talent, sa beauté, son extrême jeunesse firent sur le public du Français une vive impression. Le directeur, Jouslin de la Salle, fut si satisfait de cette jeune recrue qu'il obtint pour elle du ministre de l'intérieur qui n'était autre que M. Thiers, une indemnité mensuelle à titre d'encouragement. Après la *Fille d'honneur*, Mlle Plessy parut dans l'*Hôtel garni*, puis dans la *Passion secrète*, de Scribe, puis dans le *Verre d'eau* et une *Chaîne*, du même auteur, deux comédies écrites exprès pour elle. Son succès avait été si grand, que l'empereur de Russie chercha à attirer la jeune artiste à Saint-Pétersbourg. Celle-ci refusa obstinément, et à la fin même de l'année de son début, elle était nommée sociétaire de la Comédie Française. Nous ne rappellerons pas tous les rôles créés ou repris par Mlle Plessy, dont on estime aujourd'hui le total à *cent trente-trois*; il nous suffira de dire que, dans le répertoire nouveau, comme dans le classique, il ne s'est pas joué au Français une œuvre importante où elle n'ait figuré. Au mois de juillet 1845, en plein épanouissement de son talent, en plein succès, Mlle Plessy disparut tout à coup, sans prévenir personne. Elle était partie pour Londres, où elle épousait un auteur dramatique, M. Arnould, mort du choléra en 1854; après quoi elle acceptait enfin un engagement pour le Théâtre-Français de Saint-Pétersbourg. La Comédie Française ne manqua pas d'intenter un procès à la fugitive; et, naturellement, elle le gagna : Mlle Plessy, désormais Mme Arnould, fut condamnée à 100,000 francs de dommages-intérêts, somme équivalente, ou à peu près aux appointements annuels qu'elle recevait à Saint-Pétersbourg, aux frais et à sa déchéance comme sociétaire. Mais, lorsqu'elle reparut, dix ans après, la Comédie Française lui rouvrit ses portes toutes grandes, et elle y rentra en qualité de pensionnaire, le 17 septembre 1855, avec 24,000 francs d'appointements et trois mois de congé, sans parler de la remise pleine et entière des dommages-intérêts auxquels elle avait été condamnée en 1846. Mme Arnould-Plessy resta, dès lors, fidèle à la Comédie française, où elle joua, outre les rôles de son emploi dans l'ancien répertoire, *Lady Tartufe*, l'*Aventurière*, le *Fils de Giboyer*, *Henriette Maréchal*, *Maître Guérin*, la *Grand'Maman* (*1875*); enfin, *Petite Pluie* (*1876*), sa dernière création. — Nous disons « sa dernière création », car Mme Arnould-Plessy donnait le 8 mai 1876 sa représentation d'adieux, composée des trois premiers actes de l'*Aventurière*, des deuxième et troisième du *Misanthrope*, du deuxième de *Don Juan*, et du *Legs*.

Rappelons que, pendant son séjour à Saint-Pétersbourg, Mme Plessy parut une fois sur la scène de la Comédie Française, et que ce fut pour la représentation de retraite de son vieux professeur Samson (1853), dans laquelle elle joua Araminte, des *Fausses Confidences*. Ce voyage, qu'un bon sentiment lui avait fait évidemment entreprendre, ne fut même pas étranger à son retour définitif à Paris, deux années plus tard.

ARNOUS, Marie Gustave Louis Eugène, homme politique français, né à Toulouse le 30 juin 1846. Gendre de l'ancien sénateur de la Charente, M. André, mort en 1878, il fut élu député le 20 janvier 1884, en remplacement de M. Jules André, son beau-frère, mort également, et prit place au groupe de « l'Union des droites », dont il devint secrétaire. Il a été, avec la liste conservatrice tout entière, élu député de la Charente le 4 octobre 1885. — M. Arnous a servi, pendant la guerre de 1870, en qualité d'officier de mobiles et assisté aux combats qui se sont livrés autour de Paris, à Villejuif, au Bourget, à Buzenval. Reçu au concours auditeur au conseil d'Etat, il donnait sa démission en 1877, n'ayant pu, quoique puissamment appuyé, se faire nommer maîtres des requêtes. Il est membre du conseil général de la Charente pour le canton de Brossac.

ARRIETA, don Juan Emilio, célèbre compositeur espagnol, né à Puente-la-Reina, le 21 octobre 1832. Il se rendit en Italie en 1838, pour y faire son éducation musicale, entra au Conservatoire de Milan en 1842 et en sortit, son éducation achevée, en 1845. Peu après, il donnait, sur un théâtre secondaire, son premier opéra : *Ildegonda*. Les événements de 1848 contraignirent M. Arrieta à retourner dans sa patrie, où il se mit courageusement à l'œuvre. En 1850, il faisait représenter avec succès un grand opéra en trois actes : *Isabelle la Catholique, ou la Conquête de Grenade*. Il se joignit ensuite au groupe d'artistes et d'écrivains qui s'étaient donné pour mission la résurrection de l'opéra-comique espagnol, ou *zarzuela*. A partir de cette époque, M. Arrieta n'a cessé de produire des ouvrages appartenant à ce genre éminemment national, et dont plusieurs ont eu un succès retentissant. — On a de don Juan Arrieta, outre les deux ouvrages déjà cités : *el Domino Azul*, zarzuela en trois actes (1853); *el Grumete* (le Mousse), un acte, et *la Vuelta del Corsario*, suite du précédent, un acte (1853); *Marina*, deux actes (1855); joués encore avec succès à New-York, à la fin de 1875, par la « troupe mexicaine »; *la Estrella de Madrid*; *De tal pallo tal astilla* (Tel bois tel copeau); *el Hombre feliz*; *el Sonambulo*; *Guerra a muerte*; *la Dama del rey*; *un Ayo para el nino*; *1864 y 1865*; *A Cadena perpetua*; *el Conjuro* (avec M. Lopez de Ayala); *un Sarao y una soirée*, *Quien manda, manda*; *Llamada y tropa*; *Azon Visconti*; *Cadenas de oro*; *Dos Coronas*; *el Captivo en Argel*; *el Capitan negrero*; *el Agente de matrimonios*; *el Caudillo de baza*; *el Planeta Venus*; *el Toque de Animas*; *la Insula Barataria*; *la Carceria real*; *la Suegra del diablo* (la Belle-mère du diable); *la Tabernera de Londra*; *los Circasianos*, *un Trono y un Desengano*; *el Molin contra esquilache*, etc. Ajoutons une cantate d'inauguration pour le théâtre de la Zarzuela (11 octobre 1856) et une *Cantate à Rossini* (*1864*). — Don Juan Arrieta a été nommé professeur de composition au Conservatoire de Madrid en 1857, et membre du Conseil de l'instruction publique au mois de novembre 1875. Il est directeur du Conservatoire de Madrid.

ARTHUR, Chester Allan, vingt et unième président des Etats-Unis, est né dans le comté de Franklin, Etat de Vermont, le 5 octobre 1830. Il fit ses études au collège de l'Union, à New-York, où son père, d'origine écossaise, était pasteur d'une église baptiste, y prit le grade de bachelier ès arts, suivit des cours de droit et aborda la « carrière légale » en 1850. Il est devenu le chef de l'important cabinet Arthur, Phillips et Ranson de New-York, où les hommes de loi forment ouvertement des associations aussi bien que les épiciers. Whig à l'origine, il se rallia, dès sa création, au parti républicain dont il devint un des chefs principaux. Lorsqu'éclata la guerre de sécession, M. Arthur fut chargé par le gouverneur Morgan d'assurer l'armement et la subsistance des troupes de l'Union levées dans l'Etat de New-York, et fut nommé successivement ingénieur en chef, inspecteur général et quartier-maître général. En l'espace de quatre mois, il équipa et envoya sur le champ de bataille soixante-huit régiments d'infanterie et dix batteries d'artillerie. Nommé directeur des douanes du port de New-York par le président Grant, le 21 novembre 1872, il était révoqué par le président Hayes le 20 juillet 1878, avec quelques autres fonctionnaires impopulaires de la précédente administration. Une scission s'étant produite dans le parti républicain, M. Arthur s'était prononcé pour la fraction grantiste, qui préparait une troisième élection du célèbre général à la présidence, laquelle fut battue à la Convention nationale de Chicago (1880), qui assura l'élection de l'infortuné président Garfield. Par suite d'une transaction, en vue de réunir les deux fractions du parti républicain, M. Arthur fut choisi du même coup pour vice-président. C'est ainsi qu'à la mort du président Garfield, assassiné par Guiteau six mois après son inauguration, M. Arthur fut élevé de droit à la présidence, le 19 septembre 1881; il remplit ces fonctions, non sans quelques difficultés, jusqu'en mars 1885, époque à laquelle le nouveau président élu, M. Grover Cleveland, le remplaçait à la Maison Blanche, et reprit alors la direction de son cabinet de New-York.

ARTHUR, Timothy Shay, romancier et journaliste américain, né près de Newburgh (New-York), en 1809, Ses parents étant partis pour Baltimore (Maryland,) alors qu'il n'avait que huit ans, son éducation première fut quelque peu négligée. Il commença la vie par apprendre un métier, puis devint commis de banque. En 1833, il fut envoyé dans l'Ouest comme agent d'une société financière. Ses loisirs de jeune homme, il les employait à l'étude, afin de suppléer à l'insuffisance d'instruction de ses premières années. A son retour à Baltimore, en 1835, il devint codirecteur du journal de cette ville et commença dès lors à écrire des romans et des nouvelles dans lesquels il se propose toujours un but moral. Tels sont ses *Temperance Tales; Lights and Shadows of real life.* (Lumières et ombres de la vie réelle); *Tales for rich and poors* (6 vol.): *Library for the household* (Bibliothèque du foyer, 12 vol.); *Good Time coming*, qui ont été reproduits en Angleterre et même traduits en plusieurs langues. Ayant quitté Baltimore pour Philadelphie en 1841, M. Arthur a continué ses rapports avec la presse périodique jusqu'à ce jour, et il est devenu éditeur du *Arthur's Magazine* et du *Children's Hour*, journal mensuel destiné à l'enfance. Enfin il a aussi collaboré à divers autres recueils périodiques, notamment au *Harper's Magazine*.

ASSE, Eugène Auguste, publiciste et bibliographe français, né à Paris en 1833. Ayant terminé ses études au lycée Louis-le-Grand, il suivit les cours de l'Ecole de droit et devint secrétaire de M. Oscar de Vallée, qui le fit entrer au *Moniteur universel*, dont il est resté l'un des principaux rédacteurs. Il a collaboré en outre à la presse périodique, notamment à la *Revue contemporaine* et à la *Revue de France*, et donné un certain nombre de notices à la *Nouvelle biographie générale* de Didot. On doit à M. Asse des éditions annotées des *Lettres portugaises*, suivies des *Lettres de Mlle Aïssé* (1873); des *Lettres de Mlle de Lespinasse* (1876); *Mlle Lespinasse et la marquise du Deffant* (1877); *Lettres de la marquise du Châtelet* (1878); des *Contes en vers et en prose* du marquis de Boufflers (1878.) — Il est sous-bibliothécaire à la bibliothèque de l'Arsenal.

AUBANEL, Joseph Marie Jean-Baptiste Théodore, littérateur et imprimeur provençal, né en 1829, à Avignon, où il dirige une imprimerie. L'un des chefs du mouvement littéraire provençal, il a édité les principaux ouvrages et recueils littéraires nés de ce mouvement et auxquels il a collaboré d'une manière brillante; notamment les *Provençales*, avec M. Mistral (1852); les *Noëls*, avec MM. Roumanille, Peyrol et Saboly; l'*Almanach des félibres*, l'*Armana prouvençau*, etc. Il a publié seul, en 1860, la *Miougrano entraduberto* (la *Grenade entr'ouverte*), ouvrage populaire en Provence et qui l'a fait surnommer le Pétrarque français.

AUBE, Hyacinthe, L. T, vice-amiral et homme d'Etat français, ministre de la marine, est né en 1827. Entré à l'école navale en 1840, il en sortit aspirant et devint successivement enseigne en 1846, lieutenant de vaisseau en 1853, capitaine de frégate (au choix) en 1862, capitaine de vaisseau en 1870, contre-amiral en 1880 et vice-amiral le 18 mars 1886. Cette nomination fut quelque peu discutée dans la presse, comme le premier exemple d'une dérogation au principe de l'ancienneté, deux contre-amiraux plus anciens de grade que M. Aube restant au tableau; mais on comprit généralement la nécessité de cette sorte de faveur pour un ministre de la marine appelé, sans cela, à commander à des officiers généraux qui lui étaient supérieurs en grade. L'amiral Aube s'est distingué comme officier dans plusieurs occasions, et tout particulièrement pendant la campagne de Crimée, où il servait comme lieutenant de vaisseau. Il a été gouverneur de la Martinique. Esprit libéral et réformateur, partisan convaincu de l'emploi systématique des torpilleurs dans les guerres navales et auteur d'études fort intéressantes sur ce sujet, il fut appelé au ministère de la marine dans le cabinet formé le 7 janvier 1886 sous la présidence de M. de Freycinet. Il n'a pas tardé, dans cette haute situation, à donner des témoignages de ses aptitudes administratives aussi bien que d'une activité intelligente dans l'exécution des réformes qu'il juge nécessaire d'apporter aux divers services de son département et dans notre matériel flottant. Il s'est occupé, dès le début de son ministère, de la réorganisation du service d'hydrographie et du service des défenses sous-marines, a provoqué la création d'un corps d'officiers mécaniciens torpilleurs et dirigé les manœuvres de l'escadre de la Méditerranée dans le sens d'une lutte entre torpilleurs et cuirassés sur une aire qui s'étend de la rade de Toulon au cap Corse et à la côte algérienne, qui est l'épreuve décisive de son système. A l'exemple de son collègue de la guerre, il a — mesure moins essentielle — ordonné le port de la barbe pour les équipages de la flotte et les troupes de la marine. L'amiral Aube est beau-frère du général Faidherbe, grand chancelier de la Légion d'honneur. Il est officier de l'instruction publique, et commandeur de la Légion d'honneur depuis le 6 juillet 1881.

AUBRY, Maurice, financier et homme politique français, né à Mirecourt, en 1820; fit son droit à Paris et fut inscrit au barreau de sa ville natale en 1845. La révolution de 1848 le jeta dans le journalisme; il devint ensuite directeur du Comptoir national d'Epinal, qu'il avait fondé. Elu représentant des Vosges à l'Assemblée législative, il fut arrêté au coup d'Etat de décembre, et resta quelque temps enfermé à l'Abbaye. Il demeura dès lors étranger à la politique jusqu'en 1863, époque à laquelle il se porta candidat aux élections législatives dans la deuxième circonscription des Vosges et échoua d'un assez petit nombre de voix. M. Aubry, dont la résidence est Paris, où il a fondé une importante maison de banque dès 1852, a été élu, le 5 novembre 1870, adjoint au maire du VIIIe arrondissement de Paris. Aux élections du 8 février 1871, pour l'Assemblée nationale, il fut en outre élu représentant des Vosges, et prit place sur les bancs de la droite, avec laquelle il a à peu près constamment voté. Il n'a pas été réélu en 1876. Aux élections pour la Commune de Paris, qui eurent lieu le 26 mars 1871, il s'en fallut de bien peu que M. Aubry, porté par le VIIIe arrondissement, sans son aveu d'ailleurs, ne fût élu. On a de M. Aubry: *Théorie et pratique, ou l'Union de l'économie politique avec la morale* (1851); les *Banques d'émission et d'escompte* (1864), etc.

AUCOC, Jean Léon, jurisconsulte français, né à Paris le 10 septembre 1828; entra à l'École d'administration en 1848 et fit ensuite son droit. Attaché au ministère de l'intérieur en 1851, il a été nommé auditeur au conseil d'État en 1852, maître des requêtes en 1860 et conseiller d'Etat en 1869. Seul membre du conseil d'Etat dissous maintenu en fonctions après le 4 septembre 1870, comme membre de la commission provisoire nommée en son lieu, et président de la section des travaux publics et des finances, M. Aucoc a été élu, le 22 juillet 1872, conseiller d'Etat par l'Assemblée nationale, et nommé président de section le 27 du même mois, par décret du président de la République. On cite de M. Aucoc: *Des obligations respectives des fabriques et des communes* (1862); *Voirie urbaine* (1862); *Introduction à l'étude du droit administratif* (1865); *Conférences sur le droit administratif faites à l'Ecole des ponts et chaussées en 1869 et 1870* (1871-1875, 3 vol.); *Notions sur les voies de communication en France, Du régime des travaux publics en Angleterre* (1875); le *Conseil d'Etat avant et depuis 1789* (1877), conférence à l'Asile de Vincennes, etc. Il a, en outre, collaboré à diverses publications périodiques de droit et d'économie politique. Professeur de droit administratif à l'Ecole des ponts et chaussées, membre — et quelque temps président — de la Société de législation comparée, membre du Comité des travaux historiques et scientifiques, etc., M. L. Aucoc a été élu membre de l'Académie des Sciences morales et politiques le 15 décembre 1877. Il est commandeur de la Légion d'honneur depuis le 3 août 1875.

AUDEBRAND, Philibert, littérateur français, né à Saint-Amand (Cher), en 1816; ayant fait ses études à Bourges, au petit séminaire, il vint à Paris pour les achever, et se lança bientôt dans le journalisme. Il collaborait à plusieurs journaux à la fois, pour lesquels il sténographiait les débats parlementaires, lorsqu'éclata la révolution de février. Il entra alors au *Corsaire*, où il créa une spécialité dans laquelle beaucoup de journalistes, depuis le rétablissement de la publicité des débats des Chambres impériales, ont réussi à se faire remarquer: la *Physionomie de l'Assemblée*. M. Audebrand a écrit, en outre, dans un grand nombre de journaux, une foule d'articles fantaisistes, chroniques, causeries, feuilletons, etc. Il est depuis plusieurs années le chroniqueur attitré et très goûté de l'*Illustration*.

On a de lui: *Voyage à travers la petite presse* (1860); *Schinderhannes et les Bandits du Rhin* (1862); les *Mariages d'aujourd'hui* (1865); *Souvenirs de la Tribune des journalistes* (1867), publiés dix ans auparavant dans la *Gazette de Paris*; *Histoire intime de la révolution du 18 mars* (1871); le *Drame de la Sauvagère* (1874); l'*Enchanteresse*, la *Lettre déchirée* (1876); la *Fille de Caïn* (1884); la *Dot volée*, les *Fredaines de Jean de Cerilly* (1885), etc. Il a également écrit, en collaboration avec M. René de Rovigo, *Feuilles volantes, Historiettes et Menus propos* (1851); publié une édition illustrée des *Voyages et Aventures autour du monde*, de Robert de Kergorien (1862). Enfin il a donné au théâtre, avec M. Henri de Kock, le *Panier de pêches* (1857), etc.

AUDIFFRED, Jean Honoré, homme politique français, né à Jausiers (Basses-Alpes) le 12 décembre 1840. Il fit son droit à Paris et exerçait la profession d'avocat à Roanne au moment de la guerre de 1870. Nommé sous-préfet de Roanne, après le 4 septembre, il quittait ces fonctions au bout de six mois et reprenait sa place au barreau; il fut élu peu après membre du conseil municipal de Roanne, puis du conseil général de la Loire dont il devint vice-président en 1880. A l'élection complémentaire du 6 avril 1879, nécessitée par le passage au Sénat de M. Cherpin, M. Audiffred fut élu député de la 1re circonscription de Roanne; il fut réélu aux élections générales du 21 août 1881, et élu député de la Loire sur la liste de l'union républicaine le 4 octobre 1885. A la Chambre, M. Audiffred prend principalement part aux discussions relatives aux questions de finance et d'économie politique; il a été rapporteur de la loi sur la caisse d'épargne postale. M. Audiffred a voté l'expulsion des princes.

AUDIFFRET-PASQUIER (duc d'), Edme Armand Gaston, homme politique français, sénateur, né à Paris en 1823; fils du comte d'Audiffret, qui fut receveur général des finances, de 1839 à 1856, et petit-neveu du chancelier baron Pasquier, fait duc par ordonnance royale en date du 14 décembre 1844, laquelle instituait en même temps héritier du titre le jeune comte d'Audiffret. Nommé auditeur au conseil d'État en 1845, la révolution de février le rendit à la vie privée dont il ne voulut pas sortir tant que l'empire lui parut avoir encore quelque vigueur, si ce n'est pour accepter de ses concitoyens le mandat de conseiller général de l'Orne et les fonctions de maire de Sasy, village du département de l'Orne où il avait établi sa résidence. Aux élections générales de 1863 et à celles de 1869, il posa sa candidature à la députation dans ce département; mais la candidature officielle fut la plus forte et il échoua. Il n'en fut pas de même aux élections du 8 février 1871, où il passa en tête de la liste, et vint prendre à l'Assemblée nationale sa place au centre droit. Nommé rapporteur ou président de diverses commissions importantes, notamment de la commission des marchés, il se révéla bientôt, aidé par l'occasion, non seulement comme un orateur, mais comme un caractère d'une incontestable énergie. Le 20 juin 1872, il fit partie de la délégation de la droite chargée d'amener M. Thiers à l'adoption d'une politique réactionnaire, démarche dans laquelle elle échoua. M. d'Audiffret-Pasquier, qui vota d'ailleurs constamment avec le centre droit, dans les questions de politique générale, s'entremit, avec un zèle que justifie son origine, en faveur de l'abrogation des lois d'exil, et de toutes les dispositions conformes aux aspirations, d'ailleurs légitimes, des princes de la maison d'Orléans; il prit également une grande part aux tentatives fusionnistes, y cherchant, mais en vain, des adhérents dans le centre gauche. En présence de l'inutilité des efforts tentés pour une restauration monarchique, les préférences de M. d'Audiffret-Pasquier ne tardèrent pas à se manifester pour la forme républicaine, non pas brutalement, mais d'une manière graduelle. Elu vice-président de l'Assemblée en 1874, il seconda de tout son pouvoir les efforts de son beau-frère, M. Casimir Périer, pour amener la conjonction des centres et préparer ainsi l'enfantement, puis l'adoption de la constitution du 25 février, quoique toujours membre et même président du centre droit. A la formation du ministère Buffet, il fut élu président de l'Assemblée nationale.

[illegible] décembre 1875, M. le duc d'Audiffret-Pasquier, qui s'était, quelques jours plus tôt, fait inscrire au centre gauche, était élu le premier, par l'Assemblée, sénateur inamovible, avec une majorité s'élevant aux quatre cinquièmes du chiffre des votants. Dans sa séance du 13 mars 1876, le Sénat le nommait son président par 205 voix, sur 227 votes exprimés. Après les élections du 14 octobre 1877, il refusa de former un nouveau ministère de combat, et exerça sur le maréchal-président une influence conciliatrice qui faillit le conduire à un duel avec M. Batbie et provoqua la formation du ministère Dufaure. Les élections sénatoriales ayant déplacé la majorité dans le Sénat, M. d'Audiffret-Pasquier dut renoncer à la présidence de la haute Assemblée et rentrer dans le rang. — Après avoir échoué aux élections académiques le 7 juin 1877, il était élu à l'Académie française, le 26 décembre 1878, en remplacement de M. Dupanloup.

AUDOUARD, Olympe, femme de lettres française, née vers 1830, à Aix en Provence. Mariée à Marseille, puis séparée peu après de son mari, elle se mit à voyager, visita l'Orient et la Russie, vint à Paris en 1860, et commença bientôt à publier ses premiers ouvrages. On cite de Mme Olympe Audouard, pendant la période qui s'étend depuis son arrivée à Paris jusqu'à son départ pour le Nouveau Monde: *Comment aiment les hommes* (1861); *Histoire d'un mendiant*, un *Mari mystifié* (1862); les *Mystères du sérail et des harems turcs* (1863); le *Canal de Suez* (1864); les *Mystères de l'Egypte dévoilés* (1865); *Guerre aux hommes* (1866); l'*Orient et ses peuplades* (1867); et quelques brochures, notamment: *Lettre aux députés*, les *Droits de la femme* (1867); etc. Elle fonda en outre divers journaux ou revues, entre autres la *Revue cosmopolite*, en 1867. Mme Audouard, ayant demandé l'autorisation de rendre cette revue politique, essuya un refus, basé sur ce qu'en sa qualité de femme, elle ne jouissait pas des droits civils et politiques, exigés par la loi. Elle protesta énergiquement par tous les moyens en son pouvoir, comme aussi par sa *Lettre aux députés*, citée plus haut. Elle se mêla ensuite aux réunions publiques qui se multipliaient dans Paris, et fut bientôt poursuivie pour délit de parole. En 1868, Mme Olympe Audouard fit un voyage aux Etats-Unis, où ses conférences firent assez de bruit pour trouver un écho de ce côté-ci de l'Atlantique. Revenue en 1869 à Paris, elle y donna également quelques conférences auxquelles le patronage d'Alexandre Dumas ne fut sans doute pas sans utilité. Mme Olympe Audouard a publié depuis cette époque: *A travers l'Amérique*; le *Far-West* (1869); *North-America* (1871); *Gynécologie*, *la femme depuis six mille ans* et l'*Ami intime* (1873); le *Monde des Esprits* (1874); les *Nuits russes*, le *Secret de la belle-mère* (1876), etc.

AUDRAN, Marius, chanteur français, né à Aix en Provence, le 26 septembre 1816, est fils d'un entrepreneur de maçonnerie qui alla se fixer à Marseille, en 1818. Le jeune Audran, destiné à suivre la carrière paternelle, apprenait le dessin et l'architecture, tout en travaillant au chantier, et occupait ses loisirs à chanter l'opéra sur un théâtre privé, avec quelques jeunes amateurs comme lui. A l'une de ces représentations intimes, Etienne Arnaud, ayant remarqué la jolie voix de ténor du jeune homme, lui proposa de lui apprendre le chant. C'était en 1834; en 1835, Arnaud l'envoya à Paris, où il entra au Conservatoire en qualité d'élève externe; mais l'année suivante, l'appui de ses parents lui faisant tout à coup défaut, il se vit forcé de solliciter son admission comme pensionnaire, et fut durement repoussé par Cherubini, qui lui déclara carrément qu'il ne ferait jamais rien dans cette carrière. Panseron, à qui Arnaud l'avait recommandé, eut beau faire, il ne put vaincre l'obstination de Cherubini, et M. Audran, n'ayant plus de ressources suffisantes pour continuer ses études à Paris, s'en retourna tristement à Marseille. Il se replaça sous la direction d'Etienne Arnaud, qui l'accueillit cordialement, chanta dans plusieurs salons de la ville et enfin débuta au Grand Théâtre en 1837, dans le *Châlet*, la *Dame blanche*, le *Pré-aux-Clercs*. L'année suivante, il remplaçait Thénard, qui venait de mourir, au théâtre de la Monnaie, à Bruxelles. Il y eut beaucoup de succès. En 1839, il chantait à Bordeaux et à Lyon en 1840 et 1841. Son engagement dans cette dernière ville n'était pas terminé lorsqu'il fut engagé pour trois ans à l'Opéra-Comique, où il débuta en mai 1842, et joua successivement la *Dame blanche*, les *Diamants de la Couronne* et le *Chaperon rouge*. Adolphe Adam écrivit exprès pour lui un rôle de son *Roi d'Yvetot*. — Cinq ans après son éloignement forcé du Conservatoire, en dépit de Cherubini et des autres, M. Audran se trouvait avoir fait quelque chose, et de plus, il était soliste à la Société des concerts et membre du jury de ce même Conservatoire où il n'avait pu être admis comme pensionnaire, par la

raison qu'il n'était capable de rien faire. — M. Audran est resté dix ans attaché à l'Opéra-Comique, où il a fait des créations importantes dans : le *Roi d'Yvetot, Angélique et Médor*, le *Puits d'amour*, le *Mousquetaire et le Conseiller, Sultana*, le *Banquet de l'Infante. Ne touchez pas à la Reine. Haydée*, le *Val d'Andorre, Giralda*, la *Fée aux roses Madelon*, la *Chanteuse voilée* et *Oreste et Pylade;* passé de l'Opéra-Comique au Théâtre-Lyrique, il créa à ce dernier la *Demoiselle d'honneur*, de Th. Sémet (1857) et *Christophe Colomb*, de Félicien David. — C'est en 1852 que M. Audran quitta l'Opéra-Comique; il alla à Marseille, où il chanta jusqu'en 1856, dans les opéras qu'il avait créés à Paris, donna quelques représentations à Bordeaux, et revint à Paris l'année suivante. Après ses créations du Théâtre-Lyrique, il fit quelques tournées artistiques en province, et se fixa définitivement à Marseille en 1861. Nommé professeur du Conservatoire de cette ville en 1861, il y dirige encore aujourd'hui les classes de chant et de déclamation lyrique. — On doit à M. Audran un assez grand nombre de compositions vocales dont les plus populaires sont les romances : la *Colombe du soldat*, le *Guide des montagnes*, la *Sœur de lait, Vous pleurez d'être heureux*, les *Œufs de Pâques*, etc., etc.

AUDRAN, Edmond, compositeur français, fils du précédent, né à Lyon le 11 avril 1842. Il fit ses études à Paris, où il fréquenta l'Ecole de musique religieuse de Niedermeyer, et devint maître de chapelle de l'église Saint-Joseph de Marseille. Il a fait exécuter à cette église en 1873, puis à l'église Saint-Eustache de Paris, une messe pour soli, chœurs et orchestre, qui fut très bien accueillie. Il est aussi auteur d'un certain nombre de compositions pour le piano et pour le chant, d'une marche funèbre exécutée au Grand Théâtre de Marseille à l'occasion de la mort de Meyerbeer; et enfin d'un nombre déjà respectable d'opérettes et d'opéras comiques, parmi lesquels nous citerons : l'*Ours et le pacha* (*1862*), la *Chercheuse d'esprit* (*1864*), la *Nivernaise* (*1866*) et le *Petit Poucet* (*1868*), représentés sur les diverses scènes marseillaises; et à Paris : *Gillette de Narbonne*, opéra comique en 3 actes, aux Bouffes (1882); les *Pommes d'or*, opéra comique en 3 actes, à la Comédie parisienne et la *Dormeuse éveillée*, opérette en 3 actes, aux Bouffes (1883); le *Grand Mogol*, opéra bouffe en 4 actes, d'abord représenté à Bruxelles, à la Gaîté (1884); *Pervenche*, opéra comique en 3 actes, aux Bouffes (1885); *Serment d'amour*, opéra comique en 3 actes, aux Nouveautés (1886); la *Cigale et la Fourmi*, en préparation (1886), etc.

AUDREN DE KERDREL, Vincent Paul Marie Casimir, homme politique français, sénateur, né à Lorient le 28 septembre 1815, vint faire son droit à Paris, entra ensuite à l'Ecole des Chartes, puis alla rédiger, en 1842, le *Journal de Rennes*, feuille légitimiste. Il se trouvait à Rennes lorsqu'éclata la Révolution de février, et fut élu, le septième sur treize, représentant d'Ille-et-Vilaine à l'Assemblée constituante, puis réélu à la Législative. Il siégea, dans les deux Chambres, sur les bancs de la droite, fit partie de la réunion de la rue de Poitiers, et figurait, le deux décembre 1851, parmi les députés réunis à la mairie du Xe arrondissement, lesquels, ne cédant soi-disant « qu'à la force », furent ensuite conduits prisonniers à la caserne du quai d'Orsay. Elu de nouveau député d'Ille-et-Vilaine au Corps législatif, pour la circonscription de Fougères, en 1852, M. Audren de Kerdrel donnait sa démission en novembre suivant, pour ne pas assister au rétablissement de l'empire. Rentré dans la vie privée, il reparut cependant sur la scène politique aux élections générales de 1869, se portant candidat dans la 2e circonscription du Morbihan; mais il se retira en présence de la candidature de M. Dupuy de Lôme, qui est son parent. Elu, le 8 février 1871, représentant d'Ille-et-Vilaine et du Morbihan, M. Audren de Kerdrel opta pour ce dernier département et prit place sur les bancs de la droite légitimiste et cléricale, dont il devint l'un des principaux orateurs et, à tous les points de vue, l'un des membres les plus distingués. Il fut l'un des neuf représentants délégués, le 20 juin 1872, près de M. Thiers, pour lui imposer le programme de la Droite. Son attitude à l'Assemblée n'a pas besoin d'être relevée plus en détail; toutefois, rappelons qu'après le vote des lois constitutionnelles (25 février 1875), il est monté à la tribune pour donner solennellement, au nom de la droite modérée, son adhésion à ces lois contre lesquelles il avait voté. M. de Kerdrel, vice-président de l'Assemblée, devint président de la réunion de la droite modérée; il a fait partie de plusieurs Commissions importantes et a été président de celle de l'armée. — Lors de l'élection des sénateurs inamovibles, M. Audren de Kerdrel, porté sur la liste de droite, échoua avec ses amis; mais il fut élu, le 30 janvier 1876, le premier des trois sénateurs du Morbihan. Il était réélu au même rang lors du renouvellement triennal du 5 janvier 1879. M. Audren de Kerdrel fut vice-président du Sénat depuis mars 1876 jusqu'à ces dernières élections, qui y déplacèrent la majorité.

AUFRECHT, Théodore, orientaliste allemand, né à Leschnitz (Silésie) le 7 janvier 1822; fit ses études à l'université de Berlin, il a été nommé professeur de sanscrit et de philologie comparée à l'université d'Edimbourg, en 1862. Le professeur Aufrecht a publié : *Glossaire complet du Rig Veda avec références continuelles à l'Atharva Veda; De Accentu compositorum sanscritorum* (Bonn, 1847); *Halyudha's Abhidhanaratnamala*, vocabulaire sanscrit, republié en Angleterre avec un glossaire anglais-sanscrit complet; les *Hymnes du Rig Veda* (Berlin, 2 vol.); *Commentaires d'Ujivaladatta : les Unadistras*, d'après un manuscrit de la bibliothèque de l'East-India House (Londres, 1850); les *Fleurs de l'Hindoustan (1873)*; les *Langues anciennes de l'Italie (1875)*, etc. Il est professeur de sanscrit à l'université de Bonn depuis 1876.

AUGIER, Guillaume Victor Emile, poète et auteur dramatique, né à Valence-sur-Rhône le 27 septembre 1820. Sa famille le destinait au barreau, mais il abandonna bientôt le droit pour la poésie. En 1844, il présentait au Théâtre-Français une comédie en deux actes, en vers : la *Ciguë;* mais le comité, qui avait sans doute horreur de la jeunesse, défaut que l'auteur était impuissant à lui cacher, refusa la pièce sans la lire. La *Ciguë* fut jouée à l'Odéon peu après et eut près de cent représentations consécutives. Cette pièce, l'une des meilleures de M. Emile Augier, le Français devait naturellement en venir ensuite aux sollicitations pour pouvoir en faire profiter son répertoire. Lorsqu'il la publia, l'auteur, qui est petit-fils de Pigault-Lebrun, la fit précéder d'une lettre-préface, dans laquelle il défend la mémoire de son grand-père, trop souvent outragée par des censeurs bien sévères ou bien hypocrites, comme en voient surgir les époques de décadence. Le Français, qui avait si lestement éconduit le poète, cependant, le rechercha dès que son succès à l'Odéon lui eût prouvé son mérite; et il donna à ce théâtre, dès l'année suivante, une autre comédie en trois actes et en vers : *Un homme de bien*, qui ne valait pas la pièce refusée l'année précédente et n'eut qu'un succès d'estime. Le même théâtre reçut successivement : l'*Aventurière (1848)*, comédie en trois actes, remaniée et portée à cinq actes en 1860; *Gabrielle* (*1849*), qui obtint le prix Monthyon en partage avec la *Fille d'Eschyle*, d'Autran; le *Joueur de flûte (1850)*, un acte en vers; *Diane (1852)*, drame en cinq actes, en vers, expressément écrit à la sollicitation de Rachel, qui y remplit le rôle principal avec son incomparable talent, mais sans pouvoir fixer le succès sur cette œuvre « de commande », bien loin d'être sans mérite pourtant. Vinrent ensuite : la *Pierre de touche (1853)*, cinq actes en prose, en collaboration avec Jules Sandeau; puis *Philiberte* (*1853*), comédie en trois actes, en vers, au Gymnase; le *Mariage d'Olympe* (*1855*), au Vaudeville; l'année suivante, le Gymnase jouait le *Gendre de M. Poirier*, écrit en collaboration avec Jules Sandeau, et dont le titre primitif, la *Revanche de Georges Dandin*, dit assez l'esprit. Cette même année, fut joué également au Gymnase, *Ceinture dorée*, trois actes en prose. Puis viennent : la *Jeunesse*, cinq actes en vers, à l'Odéon, et les *Lionnes pauvres*, cinq actes en prose, écrits en collaboration avec Ed. Foussier, au Vaudeville (1858); *Un Beau Mariage*, cinq actes en prose avec la même collaboration, au Gymnase (1859). Ce sont ensuite : les *Effrontés*, cinq actes (1861), au Français, satire vigoureuse de l'union trop intime de la publicité, représentée par le journalisme, avec les lanceurs d'affaires véreuses avides de publicité, et pour cause; puis le *Fils de Giboyer* (*1862*), au même théâtre. Cette pièce, dans laquelle l'auteur condamne si énergiquement certaines pratiques du journalisme contemporain, impossibles à corriger, même en riant, et l'introduction de la religion dans la politique, a donné naissance à une polémique des plus amères. L'auteur y fut littéralement traîné dans la boue par ceux qu'il espérait peut-être ramener hors de l'ornière, et il va sans dire qu'on ne manqua pas de lui lancer son grand-père à la tête. Nous ne croyons pas qu'il s'en soit trouvé excessivement ému, et nous savons que le *Fils de Giboyer* eut un très grand et très légitime succès, grandi encore, sans aucun doute, par tout ce tapage fait autour de lui. M. Emile Augier donnait également au Français, en 1865, *Maître Guérin*, comédie en cinq actes en prose, qui tint cinq mois l'affiche. Il avait fait recevoir au Français, pour être jouée dans l'hiver 1865-66, une pièce en cinq actes dont le titre primitif était le *Baron d'Estrigaud;* mais la scène du Français tenait un succès : le *Lion amoureux*, de Ponsard, qui menaçait de faire remettre la représentation de la pièce de M. E. Augier à l'hiver suivant; dans cette crainte, l'auteur la reprit au théâtre de la rue de Richelieu et la porta à l'Odéon, où elle fut jouée sous le titre de la *Contagion* (mars 1866). Cette pièce, malgré le bruit qui s'était fait autour d'elle, réussit moins franchement qu'on ne pouvait l'espérer. La belle saison (c'est-à-dire la saison de fermeture) venue, M. Got, qui avait été autorisé à remplir à l'Odéon le rôle qui lui était destiné dans la pièce, organisa une troupe d'artistes avec laquelle il fit, en province, une tournée émaillée d'incidents divers. Nous citerons encore : *Paul Forestier (1868)*, au Français, quatre actes en vers; cette pièce ne put être jouée qu'après de nombreuses retouches exigées par la censure, mais n'en eut pas moins un succès très franc et prolongé; le *Post-scriptum*, un acte en prose (1869), au Français; les *Lions et les Renards*, 5 actes en prose (1870); *Jean de Tommeray*, en collaboration avec Jules Sandeau, 5 actes en prose, au Français, (1873); *Madame Caverlet* (*1876*), 4 actes en prose, au Vaudeville; le *Prix Martin*, en collaboration avec M. Labiche, 3 actes en prose, au Palais-Royal (même année); les *Fourchambault*, trois actes en prose (1878).

Nous devons ajouter aux œuvres précédemment citées : les *Méprises de l'amour*, comédie en cinq actes en vers, écrite vers 1844, mais qui n'a pas été jouée; le livret de *Sapho*, opéra en trois actes de M. Gounod (1851); un volume de *Poésies* (*1856*); et mentionner sa collaboration avec Sandeau pour la *Chasse au roman*, pièce tirée d'un des romans de ce dernier, et avec Alfred de Musset pour l'*Habit vert*. — M. Emile Augier a été élu membre de l'Académie française en 1857, en remplacement de M. de Salvandy; sa réception solennelle eut lieu le 28 janvier de l'année suivante. Il est grand officier de la Légion d'honneur depuis le 30 décembre 1881.

AUGU, Henri, romancier français, né à Landau (Bavière) le 25 décembre 1818 ; fit ses études à Strasbourg; puis vint à Paris pour y suivre les cours de l'Ecole de droit; mais il y préféra le journalisme et la littérature. En 1848, il fut envoyé à Cherbourg comme commissaire de la République; en 1849, il entrait à la rédaction du *Siècle*, à laquelle il resta attaché jusqu'en 1870, collaborant en même temps à la *Revue germanique et française*, au *Monde illustré*, à la *Chronique illustrée*, à l'*Illustrateur des dames*, aux *Veillées parisiennes illustrées*, au *Journal de Cherbourg*, à l'ancienne *Réforme*, et depuis sa sortie du *Siècle*, au *National de 1869;* collaborations consistant principalement en romans-feuilletons, parmi lesquels nous citerons : les *Zouaves polonais de la mort* (*1862*); les *Faucheurs polonais* (même année); les *Français sur le Rhin* (*1864*); *Montgommery ou les Anglais en Normandie* (*1865*) ; le *Tribunal du sang* (même année); les *Oubliettes du vieux Louvre* (*1867*); les *Assassins du Liban* (*1868*); le *Mousquetaire du Cardinal* (*1869*) ; l'*Abbesse de Montmartre* (*1870*); le *Martyr du devoir* (*1871*) ; la *Vengeance d'une femme* (*1875*). Il a en outre publié une comédie en trois actes: les *Femmes sans nom* (*1867*), non représentée; et fait jouer au théâtre Beaumarchais : les *Rôdeurs de barrières* (*1868*) ; les *Oubliettes du vieux Louvre* et les *Drames de la mansarde* (*1869*). On doit également à M. H. Augu un grand nombre de nouvelles non réimprimées en volumes.

AUJAME, Pierre François, industriel et homme politique français, né à Saint-Pourçain (Allier) le 6 mars 1834. Il fit ses études à Moulins et entra dans le commerce. Il est propriétaire, à Commentry, d'un grand magasin de nouveautés et d'une fabrique de meubles. Politique militant, il s'est signalé notamment aux élections législatives de 1863, en combattant avec ardeur le candidat officiel. Membre du conseil municipal et maire de Commentry, conseiller général de l'Allier depuis 1871 et président du tribunal de commerce de Montluçon depuis 1880, M. Aujame a été élu député de l'Allier, en tête de la liste républicaine, le 4 octobre 1885. Il appartient au groupe de l'union républicaine et a voté l'expulsion totale dans la question des princes.

AUMALE (duc d'), Henri Eugène Philippe Louis d'Orléans, général français, quatrième fils de Louis-Philippe Ier, est né à Paris le 16 janvier 1822 ; il fit ses études au collège Henri IV et, à dix-sept-ans, entra comme sous-lieutenant dans l'armée. Il était promu capitaine d'infanterie la même année (1839), et en 1840, accompagnait le duc d'Orléans, son frère aîné, en Algérie, en qualité d'officier d'ordonnance. S'étant distingué dans plusieurs combats, il obtint successivement, dans cette même année, les épaulettes de chef de bataillon, puis celles de lieutenant-colonel du 17e léger. Ayant contracté les fièvres, il fut rappelé en France en 1841. Nommé maréchal de camp en 1842, il reprit le chemin de l'Algérie, où il allait prendre le commandement de la subdivision de Médéah. La prise de la smalah d'Abd-el-Kader (mai 1843), fait d'armes le plus brillant et le plus décisif de cette campagne, lui valut les épaulettes de lieutenant général. Nommé ensuite commandant de la province de Constantine, il dirigea, l'année suivante, la campagne de Biskra. Ce fut cette année (1844), que le duc d'Aumale épousa la princesse Marie-Caroline-Auguste de Bourbon, fille du prince Léopold de Salerne, née le 26 avril 1822, et qui est morte à Twickenham, le 6 décembre 1869. Nommé gouverneur général de l'Algérie le 21 septembre 1847, en remplacement du maréchal Bugeaud, on sait que c'est sous son gouvernement (novembre 1847) que le « nouveau Jugurtha » fit sa soumission. Lors de la Révolution de février 1848, le prince se borna à remettre ses pouvoirs au général Cavaignac et s'embarqua ensuite pour aller rejoindre sa famille en Angleterre, où il résida presque exclusivement jusqu'à son retour en 1870, s'occupant de travaux littéraires. Une *Lettre sur l'Histoire de France*, adressée par le duc d'Aumale au prince Napoléon, en 1861, éditée à Paris et imprimée à Saint-Germain, fit grand bruit alors; aussi fut-elle saisie, et l'imprimeur et l'éditeur condamnés chacun à 5,000 francs d'amende et à la prison : un an pour l'éditeur, six mois pour l'imprimeur. La même année, la Société des gens de Lettres (Royal literary Fund) de Londres offrait au prince la présidence de son banquet annuel, qu'il accepta avec la meilleure grâce, et il fit à cette occasion un discours qui fut alors très remarqué. — En dehors de ses occupations littéraires, le duc d'Aumale, qui, en sa qualité d'héritier des Condé, jouissait d'une fortune personnelle considérable, s'occupait d'agriculture pratique dans un vaste et magnifique domaine qu'il possède, outre la maison de Twickenham, sur les bords de la Tamise, dans le comté de Worcester.

Pendant la guerre franco-prussienne, le duc d'Aumale, ainsi que les autres membres de sa famille, d'ailleurs, sollicita, mais vainement, l'autorisation de servir dans les rangs de l'armée française. Aux élections du 8 février 1871, il était élu député de l'Oise, où il avait posé sa candidature par une profession de foi *républicaine* envoyée en temps de Londres. Il rentra en France après l'abrogation des lois d'exil, votée en juin suivant; mais il ne siégea, ainsi que son frère, le prince de Joinville, également élu membre de l'Assemblée, qu'après l'adoption de la proposition Rivet, confirmant M. Thiers, pour deux années, au poste de chef du pouvoir exécutif, avec le titre de « Président de la République » (30 août 1871). M. le duc d'Aumale a été élu, le 30 décembre 1871, membre de l'Académie française, en remplacement de Montalembert; par décret du 10 mars 1872, il a été réintégré dans les cadres de l'armée et nommé général de division, puis désigné pour présider, en octobre 1873, le Conseil de guerre de Trianon, qui jugea Bazaine. Aux élections pour la Chambre des députés du 20 février 1876, M. le duc d'Aumale ne se représenta pas devant ses électeurs, déclarant vouloir se dévouer entièrement à la division dont le commandement lui était confié. Il fut relevé de ce commandement le 19 janvier 1879, après la retraite du maréchal Mac Mahon comme président de la République, et nommé inspecteur général. Le 31 janvier 1883, la Chambre des députés votait la loi contre les princes des familles ayant déjà régné sur la France, à la suite de laquelle le duc d'Aumale était placé dans le cadre de réserve. La loi de juin 1886 ne visant que les prétendants, il a pu rester en France — du moins, pour le moment. — On a du duc d'Aumale :

des travaux remarquables sur le *Siège d'Alesia*, la *Captivité du roi Jean*; sur les *Zouaves* et les *Chasseurs à pied*, ces deux dernières études parues d'abord, en 1875, dans la *Revue des Deux Mondes*, sous la signature du gérant. En conséquence du ressentiment inspiré par sa *Lettre sur l'Histoire de France (1861)*, à laquelle nous avons fait allusion plus haut, les feuilles de son *Histoire des princes de Condé*, dont l'impression avait été entreprise l'année suivante, furent saisies sous presse, et cet ouvrage ne put paraître qu'en 1869 (2 vol. in-8°), après des réclamations incessantes, restées vaines jusque-là. Il a été traduit en anglais, par M. Robert Brown-Borthwick, sous le titre de : *History of the Princes de Condé in the sixteenth and seventeenth centuries* (Londres, 2 vol., 1878). On lui doit encore une importante étude sur l'*Autriche*, également publiée dans la *Revue des Deux Mondes*, et son *Discours prononcé sur la réorganisation de l'armée, le 28 mai 1872, à l'Assemblée nationale (1872)*.

De son mariage avec la princesse Marie Caroline, morte, comme nous l'avons dit, à la fin de 1869, M. le duc d'Aumale a eu deux fils, morts également tous deux: Louis Philippe Marie Léopold d'Orléans, prince de Condé, né à Paris le 15 novembre 1845, mort à Sydney (Australie), en juin 1866; et François Louis Marie d'Orléans, duc de Guise, né à Twickenham, le 5 janvier 1854, mort en France le 25 juillet 1872.

AURIAC (d') PHILIPPE EUGÈNE JEAN MARIE, littérateur français, né à Toulouse le 17 octobre 1815. Il fit ses études à Paris, au collège Bourbon et suivit les cours de l'école des langues orientales vivantes. Admis à la Bibliothèque nationale, *comme surnuméraire*, en 1838, il y fut reçu employé en 1840 et demeura dans cette position modeste jusqu'à la fin de l'Empire; il est aujourd'hui conservateur-adjoint au département des imprimés. M. Eugène d'Auriac débuta dans le journalisme en 1839; depuis cette époque, *il a collaboré à un grand nombre* de journaux et de publications périodiques diverses; attaché au *Siècle* dès sa fondation, il a donné à ce journal, outre des éphémérides historiques quotidiennes, une quantité d'articles d'érudition historique dans l'un desquels, par exemple, il entreprit la réfutation de la légende des « Bourgeois de Calais », due à Froissard. Nous citerons, parmi ses principaux ouvrages publiés à part : *D'Artagnan, capitaine-lieutenant des Mousquetaires, sa vie aventureuse, etc.* (*1847*, 2 vol.); *Recherches sur l'ancienne cathédrale d'Alby (1851)*, suivies de divers opuscules sur le même sujet et d'une *Description naïve et sensible* de cette cathédrale (1855); *Histoire anecdotique de l'industrie française* et un *Essai sur la boucherie de Paris (1861); Nouveau guide du voyageur en Belgique et en Hollande (1864)*; la *Reddition de Bordeaux sous Charles VII (1865); Guide pratique aux bains de mer de la Manche et de l'Océan (1866)*; le *Dessin antique*, histoire des cartes (1868); l'*Avant-dernier siège de Metz en l'an 1552* (1874), etc., etc. On lui doit encore des notices biographiques. — M. Eugène d'Auriac est membre de plusieurs académies et sociétés savantes de province. Il est chevalier de la Légion d'honneur.

AUSTIN, ALFRED, littérateur et journaliste anglais, né à Headingley, près de Leeds, où son père était négociant, le 30 mai 1835. Elevé dans la foi catholique, il fit ses études au collège de Stonyhurst et Sainte-Marie d'Oscott, et entra à l'université de Londres; il y prit ses grades en 1853, et ayant fait son droit à l' « inner temple », y fut reçu avocat en 1857. Son premier ouvrage fut un poème anonyme, *Randolph* (*1857*); bientôt suivi d'un roman : *Il y a cinq ans (1858)*; puis d'une satire, la *Saison (1861)*, qui lui valut les sévérités de la critique, auxquelles il répondit par un autre satire, *Ma Satire et ses censeurs (1861)*. Il a publié depuis : la *Tragédie humaine*, poème (1862); l'*Epreuve d'un artiste*, roman (1864); *Gagné d'une tête*, roman (1866); une *Défense de lord Byron*, en réponse aux articles de Mme H. Beecher-Stowe intitulés l'*Histoire vraie de lady Byron (1859)*; la *Poésie de notre époque (1870)*; l'*Age d'or*, satire (1871); *Intermèdes (1872); Rome ou la mort! (1873)*; l'*Enfant de la Madone*, poème (1873); la *Tour de Babel*, drame (1874); la *Russie devant l'Europe*; et les *Horreurs du torysme*, réponse aux *Horreurs bulgares* de M. Gladstone, brochures politiques (1876); *Leszko, histoire polonaise*, poème (1877); la *Politique anglaise et le danger*, lettre au comte de Beaconsfield (1877); *Savonarole*, tragédie (1881); *Soliloques en chansons (1885)*, etc. Il a collaboré au *Standard*, au *Temple-Bar magazine*, à la *Quarterly-Review* et à diverses autres publications périodiques. Il était correspondant du *Standard* à Rome à l'époque du Concile œcuménique et suivit en la même qualité le quartier général du roi de Prusse pendant la guerre de 1870-1871. — M. Austin s'est présenté aux élections pour la chambre des communes, comme candidat conservateur, à Taunton en *1865 et à Dewsburg en 1880; mais il a échoué* dans ces deux tentatives.

AUVRAY, LOUIS, sculpteur et écrivain français, élève de David d'Angers, est né à Valenciennes le 7 avril 1810. Comme artiste, M. Louis Auvray a exposé à presque tous les salons annuels depuis 1834. On cite de lui principalement : un buste de *Victor Ducange* et une statue de *Froissard (1839)*; un buste de *Lesueur*, le compositeur (1857), pour le foyer de l'Opéra; un buste de *Jeune Femme (1859)*; une *Bacchante (1863)* et une *Jeune Fille couronnée de fleurs (1865)*; le buste de *Sauvageot (1865)*; celui de *Condillac* et celui d'*Alexandre Dubois (1868)*; un *Lesueur* pour le Conservatoire de musique (1869); un *Philosophe (1870); Solon (1873); Félix Auvray, peintre*, buste en plâtre et *Auvray père*, médaillon en bronze (1874); *Moitte, statuaire, membre de l'Institut*, buste marbre (1875); *Solon* et *Alexandre du Bois, architecte*, bustes en bronze; *Brévière, graveur normand*, pour le Musée de Rouen (1875); *Portrait de Félix Auvray*, buste en marbre, pour la ville de Valenciennes (1885), etc. Il a exécuté le monument de *Watteau*, inauguré à Nogent en 1865, et celui du graveur *Brévière*, à Forges-les-Eaux, en 1873. Citons encore les bustes de *Froissard, Saly* le sculpteur et du peintre *Lesueur*, pour les galeries de Versailles; ceux de *Watteau, Gentil, Bellin, Sauvageot*, au Louvre; ceux de *Condillac* et du musicien *Lesueur*, au palais de l'Institut; ceux des abbés *de l'Epée* et *Sicard*, à l'Institut des sourds-muets, etc., etc.; la statue de *Henri IV*, commande du gouvernement; celle de *Jean de la Vacquerie*, à l'Hôtel de ville, etc. Valenciennes, sa ville natale, possède un grand nombre d'œuvres de M. Louis Auvray, notamment : un groupe représentant le *Commerce appuyé sur l'Abondance*, sur la place du Marché; une *Sainte Cécile*, à l'église Saint-Nicolas; un *Christ* en marbre, à la cathédrale; divers bustes dans les galeries du musée, etc.

Comme écrivain, il a publié : *Délassements poétiques d'un artiste (1849); Concours des grands prix et envois de Rome (1858); Projet de tombeau pour l'empereur Napoléon Ier (1861)*; une série de volumes de « comptes rendus » des Salons annuels depuis 1836 jusqu'à 1870, etc. Il a collaboré à divers journaux ou revues artistiques et dirige la *Revue artistique et littéraire*. M. Louis Auvray a été président du Comité central des artistes; il est membre de plusieurs sociétés artistiques et littéraires.

AVENEL, PAUL, écrivain français, né à Chaumont (Oise) le 9 octobre 1823, fit ses études à l'Ecole du commerce, puis suivit quelque temps les cours de la Faculté de médecine de Paris, et finalement se voua à la littérature, où il aborda à peu près tous les genres : la poésie, le roman de mœurs et le roman historique, le vaudeville et le mélodrame, sans oublier le journalisme, petit ou grand. Il a publié : les *Antithèses morales*, (*1850*), poème dramatique; *Alcôve et Boudoir* (*1855*), poésies dont la vente ne tarda pas à être interdite; l'*Antichambre en amour*, comédie en vers; des *Chansons*, parmi lesquelles on ne saurait oublier le *Pied qui r'mue*, dont M. Avenel est le restaurateur sinon l'inventeur; les *Chansons politiques* (*1870*); le *Coin du feu*, recueil de nouvelles (1840); les *Tablettes d'un fou, ou voyage entre deux mondes* (*1852*); la *Société des malins (1854)*; les *Étudiants de Paris (1858)*; le *Roi de Paris (1860)*; le *Duc des Moines (1864)*; les *Calicots (1866)*; les *Lipans, ou les Brigands normands (1872); Souvenirs de l'invasion : les Prussiens à Bougival* (*1873*); une *Amie divorcée (1884)*. etc. Il a fait représenter au théâtre : un *Homme sur le gril*, les *Jarretières d'un huissier*, le *Gendre de M. Caboche*, les *Calicots*, les *Plaisirs du dimanche*, les *Amoureux pris par les pieds, Soyez donc concierge*, un *Oncle du Midi*, le *Beau Maréchal*, les *Chasseurs de pigeons*, l'*Homme à la fourchette (1874)*, vaudevilles ou comédies burlesques; les *Amoureux de Lucette*, la *Revanche de Candaule*, la *Belle Lina*, avec M. P. Mahalin (1875), opérettes; la *Paysanne des Abruzzes*; les *Deux Apprentis*, drames, etc.

B

BABINGTON, le Rév. CHURCHILL, archéologue et naturaliste anglais, né en 1821, fit ses études au collège St-John, à Cambridge, où il prit ses grades en 1843, et entra dans la carrière ecclésiastique. Il fut nommé professeur d'archéologie à l'université de Cambridge en 1865, puis recteur de Cockfield, dans le Suffolk, en 1866. En 1858, il publia une *brochure dans laquelle il combat certaines* assertions de Macaulay relatives au clergé du XVIIe siècle, et en 1866, son *Introduction à l'étude de l'archéologie*, cours professé à l'université de Cambridge. Il a également publié, d'après des manuscrits recemment découverts : *Harangue d'Hypéride contre Démosthène*, les *Harangues d'Hypéride pour Lycophron et Euxenippe*, l'*Oraison funèbre d'Hypéride*; édité divers ouvrages anciens, notamment le *Polychronicon* de Higden, avec la version en langue anglaise ancienne; et réimprimé en fac-simile, avec une introduction, le *Beneficio di Cristo*. M. Babington est l'auteur, en partie, du Catalogue des manuscrits de la bibliothèque de l'université de Cambridge, des catalogues annotés des monnaies anglaises et grecques exposées au musée Fitzwilliam; il a collaboré au *Journal de botanique* de sir W. Hooker; au *Guide du botaniste en Angleterre et dans le pays de Galles*, etc.; écrit la partie de l'ornithologie et, en collaboration avec le Rév. A. Bloxam, celle de la botanique, pour l'*Histoire de la forêt de Charnwood*, de Potter; et celle des lichens, pour la *Flore de la Nouvelle-Zélande* et la *Flore de la Tasmanie* de Hooker. Il a également collaboré au *Cambridge Journal de Philologie classique et sacrée*, aux *Transactions de la Société royale de littérature*, aux publications de la Société des antiquaires de Cambridge, à la *Chronique de numismatique*, et au *Dictionnaire des antiquités chrétiennes*, de Smith. Il a été élu membre correspondant de la Société historico-théologique de Leipzig et de la Société archéologique de Rome; et a été, *à diverses reprises*, membre du Conseil de la Société royale de littérature et de la Société de numismatique. M. Babington est, en outre, membre de la Société linnéenne de Londres. — Il a abandonné sa chaire de Cambridge en 1880.

BACCHINI, CESARE, compositeur italien, né à Florence en 1846; est élève de Mabellini pour la composition, d'Anichini pour le piano et l'harmonie et de G. Giovacchini pour le violon. M. C. Bacchini est auteur de : *il Quadro parlante* (le Tableau parlant), représenté à Florence en 1871; *la Secchia rapita* (le Sceau volé), bouffonnerie, en société avec plusieurs autres jeunes compositeurs (Florence, 1872); de *la Cacciata del duca d'Atene*. (L'expulsion du duc d'Athènes), opéra sérieux représenté au théâtre Pagliano, de Florence, en 1874, avec peu de succès, etc.

BACQUEHEM (marquis de), OLIVIER, homme d'Etat autrichien, né en 1847. Ancien gouverneur de la Silésie autrichienne, M. le marquis Olivier de Bacquehem était appelé par l'empereur François-Joseph, le 27 juin 1886, à remplacer M. le baron Pino de Friedenthal au ministère du commerce. C'est un nouveau venu aux affaires; et la preuve, c'est que, remplaçant un grand officier de la Légion d'honneur, il n'est même pas chevalier de notre ordre national, quand les chancelleries sont si libérales de décorations.

BADIOU DE LA TRONCHERE, JACQUES JOSEPH EMILE, administrateur et sculpteur français, né en novembre 1826 au Monastier (Haute-Loire). Il vint à Paris à l'âge de vingt ans, entra dans l'atelier de Jouffroy et, tout en travaillant sous la direction de ce maître, suivit les cours de l'Ecole des Beaux-Arts. Il débuta au salon de 1852 par un groupe en plâtre : les *Deux Captives*. Nommé, en 1854, directeur adjoint de l'Institution des jeunes aveugles, il exposait l'année suivante le modèle en plâtre de la statue de *Valentin Haüy, fondateur de l'Institution des jeunes aveugles*, qui orne, depuis 1861. la grande cour *de l'Institution ouvrant sur* le boulevard des Invalides. Cette statue exécutée en marbre, figurait au salon de 1859. Nommé inspecteur des Quinze-Vingts en 1856. M. Badiou de la Tronchère devint inspecteur général du service des prisons en 1866. Sa statue de Haüy, exécutée d'ailleurs gratuitement, comme la plupart des œuvres sorties de ses mains depuis son entrée dans l'administration, lui valut la décoration de la Légion d'honneur. On cite encore de cet artiste : une statue allégorique de la *Prodigalité*, en marbre; une statue également en marbre, de *Praxitèle*, placée dans la cour du Louvre; la statue colossale du *baron Larrey*, en bronze, pour la ville de Tarbes; *Marguerite de Valois*,

statûe en marbre, pour Angoulême ; le monument du *marquis de Machico*, au Puy-en-Velay ; le buste colossal de *Rollin*, à l'Ecole normale supérieure ; outre de nombreux bustes et médaillons.

BAÏHAUT, Charles, ingénieur et homme d'Etat français, *né à Paris le 2 avril 1843.* Sorti de l'Ecole polytechnique en 1864, il entra à l'Ecole des mines et se fit recevoir ingenieur. Il n'exerça point, toutefois, et se retira dans sa propriété de Mollans, près de Lure (Haute-Saône) ; mais il accepta des missions de son ressort au Brésil, en *Italie* et en Russie. *Candidat républicain aux élections* générales du 14 octobre 1877, dans la première circonscription de Lure, il fut élu avec une majorité des deux tiors contre le candidat réactionnaire, M. Ricot, député sortant, et siégea sur les bancs de l'Union républicaine. Il a été réélu le 21 août 1881, et le 4 octobre 1885, en tête de la liste républicaine de la Haute-Saône. M. Baïhaut a fait partie, à la Chambre des députés, de nombreuses commissions, et a pris une grande part aux débats relatifs aux travaux publics principalement. Sous-secrétaire d'Etat au ministère des travaux publics, dans le cabinet Brisson, constitué le 9 novembre 1885, M. Baïhaut succédait à M. Demôle, comme ministre des travaux publics le 7 janvier 1886. — On lui doit quelques brochures de circonstance : la *République c'est la paix,* les *Elections sénatoriales (1876);* la *République c'est la lumière,* la *France veut la République (1877),* etc. Il est conseiller général de la Haute-Saône et capitaine commandant dans l'artillerie territoriale.

BAILLARGER, Jules Gabriel François, médecin aliéniste français, né à Montbazon le 10 novembre 1809 ; vint faire ses études médicales à Paris et fut admis comme interne à l'hospice de Charenton, puis reçu docteur en 1837. Il se consacra principalement à l'étude des maladies mentales et suivit les leçons du savant Esquirol ; nommé médecin à la Salpêtrière en 1840, il devint en 1843, l'un des directeurs copropriétaires de la maison de santé d'Ivry, fondée par Esquirol, et fonda, cette même année, avec les docteurs Cerise et Longet, les *Annales médico-psycologiques* , où il inséra de nombreux articles sur les diverses branches de la médecine aliéniste. Il avait remporté, en 1842, le prix offert par l'Académie de médecine pour un mémoire sur ce sujet : *Des hallucinations, des causes qui les produisent et les maladies qu'elles caractérisent*, publié ensuite à part (1846). M. le docteur Baillarger, qui fait à la Salpêtrière et à l'Ecole pratique des cours très suivis sur les maladies mentales, a été élu membre de l'Académie de médecine en 1847 ; il a été nommé chevalier de la Légion d'honneur en 1849, en récompense de son dévouement pendant l'épidémie cholérique, qui n'épargna pas les malheureux pensionnaires de la Salpêtrière, et promu officier le 7 août 1877. Il est l'un des fondateurs de la Société médico-psycologique. — On a du docteur Baillarger, outre ce que nous venons de citer : sa thèse pour le doctorat : *Du siège de quelques hémorragies méningées (1837)*, qui indique déjà la direction de ses études futures ; *Recherches sur la structure de la couche corticale des circonvolutions du cerveau (1840);* l'*Enquête sur le goitre et le crétinisme*, etc.; ainsi qu'un grand nombre de mémoires épars dans les *Annales médico-psychologiques* et autres recueils scientifiques périodiques. Il a egalement collaboré au *Dictionnaire encyclopédique des sciences médicales*, etc.

BAILLON, Ernest Henri, botaniste et médecin français, né à Calais, le 30 novembre 1827. Il vint étudier la médecine à Paris et, après avoir remporté divers prix, fut reçu, en 1855, docteur ès sciences et docteur en médecine. Depuis deux ans déjà, il s'occupait spécialement de l'étude de la botanique. Reçu professeur agrégé de la Faculté de médecine, il fut nommé, en 1864, à la chaire d'histoire naturelle médicale de la Faculté, en remplacement de Moquin-Tandon, et à la chaire d'hygiène et d'histoire naturelle appliquée à l'industrie, à l'Ecole centrale des Arts et manufactures. — Nous citerons, parmi ses principaux ouvrages : *Etude générale du groupe des euphorbiacées, recherche des types, organographie*, etc. (1853); *Monographie des buxacées et des stylocérées (1859); Recherches organogéniques sur la fleur femelle des conifères* (1860); *Recherches sur l'organisation, le développement*, etc. *des caprifoliacées* (1861); *Histoire des plantes* (1866 et suiv. 8 vol.); *Traité du développement de la fleur et du fruit* (1870 et suiv. par livraisons in-8°); *Dictionnaire de Botanique*, ouvrage considérable, dont le premier fascicule a paru fin août 1876. M. Baillon a publié en outre une édition de la *Botanique cryptogamique*, de Payer, et continué les *Eléments de botanique* de ce savant, dont la première partie avait paru en 1857. Il est, depuis 1860, directeur du recueil mensuel de botanique *Adansonia*, où une grande partie de ses *monographies* et de ses *mémoires*, cités ou non, ont d'abord paru. M. le docteur Baillon a collaboré au *Dictionnaire encyclopédique des sciences médicales*, etc. — Il est chevalier de la Légion d'honneur depuis 1867.

BAILLY, Antoine Nicolas, architecte français, né à Paris le 6 juin 1810. Après avoir suivi les cours de l'Ecole des Beaux-arts, travaillé dans l'atelier de Debret, puis dans celui de Duban, de l'Institut, il fut nommé, en 1834, architecte inspecteur des travaux de la ville de *Paris*, en quelle qualité il concourut aux travaux complémentaires de l'Hôtel de ville et à l'érection de la fontaine Molière, rue de Richelieu. En 1844, il était nommé architecte du gouvernement, architecte en chef de la 6e section des travaux de la ville de Paris en 1854 et architecte en chef de la 3e *division* en 1860. Outre de très importants travaux exécutés pour le compte de particuliers, on doit à M. Bailly la reconstruction de la cathédrale de Digne (Basses-Alpes), de la tour de la cathédrale de Valence (Drôme); la restauration de la cathédrale de Bourges, etc. A Paris, on lui doit le nouveau Tribunal de commerce; la nouvelle mairie du IVe arrondissement; la reconstruction du lycée Saint-Louis, etc., etc. M. Bailly est membre du Conseil général des bâtiments civils, de la Société centrale des architectes, dont il a été vice-président, du Jury d'architecture de l'Ecole des Beaux-arts, du Conseil d'architecture de la préfecture de la Seine, de la Commission des Beaux-arts, des musées municipaux et des travaux historiques, de l'Institut royal des architectes anglais et inspecteur général honoraire des travaux de Paris. Il est président de la Société des artistes français. — Chevalier de la Légion d'honneur en 1853, il a été promu officier en 1867 et commandeur le 13 juillet 1881. — M. Bailly a été élu membre de l'Académie des beaux-arts en décembre 1875.

BAIN, Alexander, philosophe anglais, né à Aberdeen en 1818, de parents pauvres; entré au collège Marischal *de cette ville en 1836, il obtint, en 1840,* le diplôme de maitre ès arts. Suppléant de la chaire de philosophie à ce collège, de 1841 à 1844, il y enseigna la physique en 1844 et 1845, époque à laquelle il fut nommé professeur de physique à l'université de Glasgow. Nommé secrétaire de la Commission sanitaire métropolitaine en 1847, il occupa le même poste de 1848 à 1850, près du Comité général de la salubrité publique. De 1857 à 1862, il remplit les fonctions d'examinateur de logique et de philosophie à l'université de Londres, et de 1858 à 1860, en 1863, 1864, 1868 et 1870, celles d'examinateur de philosophie aux examens pour le service civil des Indes. Il était en outre, en 1860, nommé par la Couronne professeur de logique à l'université d'Aberdeen, et n'a quitté cette chaire qu'en 1880. Rappelé, en 1864, aux fonctions d'examinateur à l'université de Londres, il les conserva jusqu'en 1869. — M. Alexander Bain débuta dans la carrière littéraire, en 1840, par un article dans la *Westminster Review,* à laquelle il a collaboré à diverses reprises depuis lors. En 1847-48, il écrivit plusieurs opuscules sur l'astronomie, l'électricité et la météorologie pour la publication de MM. Chambers d'Edimbourg, les *Feuilles populaires* (Papers for the people), et des articles sur la langue, la logique, l'esprit humain et la rhétorique, dans la publication des mêmes éditeurs ayant pour titre : *Science populaire* (Information for the people). En 1852, il publia une édition annotée de la *Moral Philosophy,* de Paley; puis ses œuvres originales : *the Sens and the Intellect (1855)* et *the Emotions and the Will* (1859), ces deux ouvrages constituant ensemble une exposition systématique de la philosophie de l'entendement humain; *the Study of Character, including an Estimate of Phrenology* (1861); *Grammaire anglaise* (1863); *Manual of English Composition and Rhetoric* (1866); *Mental and Moral Science* (1868); *Logic, Deductive and Inductive* (1870); *Mind and Body* (l'Esprit et la Matière), *theories of their Relation* (1873); une collection des *Minor Works of George Grote, with Critical Remarks on his Intellectual Charactere, Writings and Speeches* (1873); *A Companion tho the higher English Grammar, Examples and Discussions of Important Principles and Usages, intended as a help to the thorough Mastery of English* (1874); *Education as a Science* (1879); une biographie de *James Mill,* et *John-Stuart Mill, a criticism, with personal Recollections* (1882). Il a en outre collaboré à « l'Encyclopédie populaire » des frères Chambers par les articles : *Logic* et *Mental Philosophy.*

M. Bain a été créé docteur en lois de l'université d'Edimbourg, en 1869. Il a été élu lord recteur de l'université d'Aberdeen en 1882.

BAINES, sir Edward, homme politique et écrivain anglais, né en 1800 ; il fit ses études à l'école des Dissidents de Manchester. Pendant plusieurs années associé à son père, comme propriétaire et rédacteur du *Leeds Mercury,* l'un des organes du parti libéral les plus importants du nord de l'Angleterre, M. Edw. Baines est auteur de : *the History of the Cotton manufacture; the Life of the late Edward Baines* (biographie de son père) ; *A Visite to the Vaudois of Piedmont; the Woollen Manufacture* (la Fabrication de la laine) *of England,* et autres ouvrages ayant pour objet le progrès industriel et commercial de l'Angleterre. M. Baines, qui est président de l'*Union of Mechanic Institutes* du Yorkshire, fut élu membre du Parlement pour Leeds, en 1859, en remplacement de son frère décédé, et constamment réélu depuis, jusqu'aux élections générales de février 1874, où il perdit son siège. Comme membre de la Chambre des communes, M. Baines a été appelé à remplir diverses fonctions importantes ; il fut, de 1865 à 1868, membre de la Commission d'enquête des écoles. Partisan des doctrines libérales, M. Baines s'est montré à la Chambre un adversaire déclaré de l'Eglise établie d'Irlande, de la loi *sur les céréales, etc.,* et a constamment donné son appui à toutes les mesures tendant au libre échange ainsi qu'à toutes celles favorables au développement de l'instruction, et particulièrement de l'instruction élémentaire. M. Baines a été créé chevalier en décembre 1880. — Il *est lieutenant gouverneur et magistrat du district-ouest du comté d'York.*

BAIRD, Spencer Fullerton, naturaliste américain, né à Reading (Pensylvanie) le 3 février 1823, a fait ses études au collège Dickinson, où il devint professeur de sciences naturelles en 1846. En 1855, il fut nommé secrétaire-adjoint de l'institution Smithsonienne, à Washington, dont il devint secrétaire en 1878. Il a traduit et édité l'*Encyclopédie iconographique* (New-York, 1851) et est auteur d'un grand nombre de mémoires sur la zoologie et de rapports sur les collections d'histoire naturelle recueillies par les capitaines Stansbury et Marcy et le lieutenant Gilliss, dans l'inspection des frontières mexicaines et celle du chemin de fer du Pacifique. Il a aussi publié, *en société avec* l'éminent naturaliste John Cassin, mort depuis : les *Oiseaux de l'Amérique du Nord* (the Birds of North America, 1860); les *Mammifères de l'Amérique du Nord* (the Mammals, etc., 1861); *Catalogue des serpents,* etc., avec Charles Girard (1862). En 1864, il a commencé, *sous les auspices* de la Smithsonian Institution, un ouvrage sur les oiseaux du Nouveau Monde en général, ayant pour titre : *Review of American Birds in the Museum of the Smitnsonian Institution;* enfin il a écrit, avec la collaboration du docteur T. M. Brewer, de Boston, un ouvrage entièrement nouveau sur les *Oiseaux de l'Amérique du Nord* (1875).

En 1871, M. S. F. Baird a été nommé par le président Grant commissaire des pêches des Etats-Unis, *chargé d'enquêtes sur la diminution des poissons alimentaires et* sur les moyens d'y remédier. Il a publié, dans diverses publications périodiques, de nombreux articles sur les mammifères, les oiseaux et les poissons de l'Amérique septentrionale; fourni au *Harper's Magazine* un résumé mensuel du progrès scientifique, sans parler du volume annuel qu'il publie sur le même sujet.

BAKER, John Gilbert, naturaliste anglais, né à Guisborough, *dans le comté d'York, le 13 janvier 1834*, fit ses études aux écoles de la Société des Amis (quakers) d'Ackworth et d'York. Il a été nommé directeur-adjoint de l'*Herbarium* des jardins royaux de Kew, en 1856, fonctions qu'il exerce encore aujourd'hui. Il est également professeur de botanique à l'hôpital de Londres, coéditeur du *Seemann's Journal of Botany*, et secrétaire du « London botanical exchange club. » — On a de M. J. G. Baker: *Essai de classification des plantes d'après leurs relations géologiques* (An attempt to classify the plants, etc., 1855); *Yorkshire septentrional études sur sa botanique, sa géologie, son climat et sa géographie physique (1863); Nouvelle Flore du Northumberland et du Durham, suivi d'un essai sur le climat et la géographie physique de ces comtés*, en collaboration avec le Dr G. R. Tate (1868); *Distribution géographique des fougères dans le monde*, avec une table indiquant l'ordre de chaque espèce (1868); *Sinopsis Filicum*, catalogue descriptif de toutes les fougères connues, orné de planches présentant les diverses phases de la génération des fougères, ouvrage dont le plan a été tracé et qui du reste a été commencé par feu M. Hooker, en 1868; *Monographie des Roses de la Grande-Bretagne (1869); Monographie des Fougères du Brésil* (in-folio, 1870, avec 50 planches); *Revision of the genera and species of capsular Gamophyllous Liliaceæ* (1870). Il a également écrit des *Monographies des Papilionacées* et d'autres ordres de plantes pour la « Flore de l'Afrique tropicale » d'Oliver (1868-71), et les *Descriptions des plantes figurées aux volumes I, III et IV* du « Refugium Botanicum » de Saunders (1869-71). Il nous reste à citer de ce savant : *Monograph of the compositæ, ampelidæ and connaraceæ du Brésil* (1871); plusieurs autres monographies: celle des narcisses, crocus, lis, iris, etc (1870-77); celle des *Papilionacées de l'Inde* (1876); celle des *Hypoxydées* (1879); *Systema iridacearum; Flores de Maurice et des Seychelles* (1877); *Sur la Botanique de Madagascar* (1882); et ses *Leçons élémentaires de géographie botanique,* imprimées pour la première fois en 1875.

BAKER, sir Samuel White, voyageur anglais, né à Londres le 8 juin 1821, fit ses études dans une école particulière et les termina dans les universités d'Allemagne. *En 1848, avec son frère, le colonel* Baker, depuis Baker Pacha, il entreprit l'organisation d'un établissement agricole considérable à Newera Ellia, station située à une centaine de milles de Colombo, capitale de l'île de Ceylan, qu'il habitait depuis 1845. Il a donné de ses excursions dans ce pays une relation intéressante dans son livre : *Eight years in Ceylon* publié en 1855, et qui avait été précédé d'un récit de ses aventures de chasse en ce pays : *The Rifle and the Hound in Ceylon* (1853); une nouvelle édition de ces deux ouvrages a paru à Londres en 1874, et M. A. Bitard en prépare actuellement (1886) une traduction française. En 1855, devenu veuf, sir S. W. Baker quitta Ceylan et se rendit en Crimée. Plus tard il fut employé à l'organisation du premier chemin de fer de la Turquie. Il se remariait en 1860 avec Mlle Florence Finnian von Sass, qui devait bientôt l'accompagner dans son exploration de l'Afrique centrale. En 1861, il entreprit une expédition en Afrique, à la rencontre des capitaines Speke et Grant aux sources du Nil. Ayant exploré les cours d'eau tributaires de l'Atbara, tâche qui lui prit plusieurs mois, il se rendit à Khartoum pour y organiser son expédition au grand Nil Blanc. Parti de Khartoum en décembre 1862, il entra, après quelques jours de marche dans un désert de marécages remplis de roseaux et exhalant la fièvre, dont moururent presque tous les Européens de la suite nombreuse qu'il avait emmenée avec lui. A Gondoroko, ce qui restait de l'expédition fut rejoint par Speke et Grant. Speke assura à M. Baker que les naturels lui avaient exprimé la *certitude qu'il existait vers* l'ouest un grand lac qu'ils croyaient être une seconde source du Nil. Le capitaine Speke avait remonté le fleuve jusqu'à 2° 20' Nord, point où il inclinait vers l'ouest, lorsqu'il avait été forcé, bien contre son gré, d'abandonner sa tâche, laquelle fut aussitôt reprise par M. Baker, *qui était accompagné* de sa femme. Mais la poursuite de cette expédition ne devait pas s'accomplir sans difficulté, car dix-sept de ses guides indigènes voulurent bien se laisser persuader de marcher vers l'est, mais aucun ne voulut se diriger vers le sud. En présence de cette mauvaise volonté, M. et Mme Baker résolurent de poursuivre seuls leur voyage, et ayant rejoint une caravane, arrivèrent au pays des Latoukas, situé à 110 milles à l'ouest de Gondoroko, le 17 mars 1863. Après un court séjour dans ce pays, ils reprirent leur marche vers le Kamrasis, entre le Sobat et le Nil Blanc. Descendant la vallée de l'Asua, qu'ils franchirent, le dix-huitième jour après avoir quitté le Kamrasis (14 mars 1864), les deux intrépides voyageurs reconnurent enfin, s'étendant dans une dépression de terrain de 1,500 pieds de profondeur, ce lac tant cherché, auquel ils donnèrent le nom de lac Albert (Albert N'Yanza). La côte ouest est éloignée de 60 milles et bordée de montagnes de 7,000 pieds de hauteur (les montagnes Bleues). Le lac Albert et le lac Victoria constituent les deux grands réservoirs du Nil, — du moins le croit-on.

En septembre 1869, sir S. Baker prit le commandement d'une expédition dans l'Afrique centrale, entreprise sous les auspices du Khédive, qui mit à sa disposition 1,500 hommes choisis des troupes égyptiennes, non compris les porteurs, et lui conféra, sur ces hommes, pour quatre années un pouvoir absolu et sans contrôle, allant jusqu'au droit de vie et de mort. Il entreprit, avec ces forces, de soumettre et d'annexer au monde civilisé le désert africain, de détruire le commerce des esclaves et de le remplacer par un commerce honorable et régulier, d'ouvrir à la civilisation ces immenses lacs africains, prétendus réservoirs du Nil, et d'ajouter à la terre des Pharaons tout le pays qui borde ce fleuve; mission complexe dont sir Samuel White Baker paraît s'être acquitté dans la mesure du possible, mais non sans peine et sans les plus terribles aventures. A l'expiration de son traité (fin 1873), il rentrait en Egypte. En 1879, peu après l'occupation de Chypre par les Anglais, sir S. Baker explorait minutieusement cette île. De là, il se rendit en Syrie, dans l'Inde, au Japon, puis en Amérique.

Sir Samuel White Baker a publié, outre les deux ouvrages déjà cités: *The Albert N'Yanza* (*1866*); *The Nile tributaries of Abyssinia* (*1867*, 4e éd. 1871); *Cast up by the Sea* (*1869*); *Ismaïlia, a narritive of the expedition to Central Africa, for the suppression of the slave trade, organized by Ismaïl, Khedive of Egypt* (2 vol., 1874); *Cyprus as I saw it in 1879* (*1881*), etc. La plupart de ces ouvrages ont été traduits en français. Membre de la Société royale de géographie et de la Société Royale de Londres, membre honoraire des Sociétés de géographie de Paris, de Berlin et de celles d'Italie, d'Amérique, etc., sir Samuel W. Baker a été créé chevalier le 10 novembre 1866. Il a reçu la médaille d'or Victoria de la Société de géographie de Londres et la grande médaille d'or de la Société de géographie de Paris; il est commandeur de l'ordre du Bain, chevalier de la Légion d'honneur, décoré des ordres turcs du Medjidié et de l'Osmanié, etc.

BALART, Gabriel, compositeur espagnol, né à Barcelone le 8 juin 1824. Après avoir commencé dans son pays ses études musicales, il vint s'y perfectionner à Paris, qu'il quitta en 1852. Dès son retour en Espagne, il publia quelques morceaux de musique instrumentale et vocale, puis écrivit quelques *zarzuelas* (sortes d'opérettes), parmi lesquelles nous citerons: un *Rapacin de Candas; los Guardias del rey de Siam; el Tulipan de los mares, Amor y Arte.* — M. Balart a été successivement chef d'orchestre des principaux théâtres de Barcelone et de Madrid, où il est encore.

BALFOUR, John Hutton, naturaliste anglais, né à Edimbourg le 15 septembre 1808; reçut ses diplômes de maître ès arts de l'université de cette ville et de docteur en médecine en 1831, et fut professeur de botanique à l'université de Glasgow de 1841 à 1845. Il est auteur d'un *Manual of Botany; Phyto-Theology, or Botany and Religion; the Classe-Book of Botany; the Plants of Scripture; the Botanist's companion; Elements of Botany for Schools; Illustrations of Botany, by means of large coloured drawings, with hand book*, etc. Ses ouvrages les plus récents sont: *First book of Botany suited for Beginners* (le Premier livre de Botanique, etc., 1872); *Introduction to the Study of Palæontological Botany* (*1873*); *Second Book of Botany* (*1874*). Auteur de l'article « Botany » de la 8e édition de l'*Encyclopædia Britannica*, il a également rédigé de nombreux mémoires insérés dans les Transactions de la Société royale d'Edimbourg et de la Société botanique. — Membre de la Société royale, de la Société linnéenne, le Dr Balfour est en outre secrétaire de la Société royale d'Edimbourg et membre d'un grand nombre de sociétés savantes étrangères; doyen de la Faculté de médecine de l'université d'Edimbourg pendant trente ans (1841-1871), il est aujourd'hui assesseur de cette université.

BALFOUR, Francis Maitland, anatomiste anglais, né en 1851. Il fit ses études à l'université de Cambridge où il prit ses grades en 1873, et fut élu l'année suivante *fellow* de son collège (la Trinité). Il se livra dès lors avec ardeur aux études biologiques, en collaboration avec le docteur Michael Foster, et se fit rapidement une grande réputation tant comme praticien que comme professeur. La Société royale de Londres lui ouvrit ses portes en 1878, et il est devenu membre du conseil de ce corps savant, qui lui décerna sa médaille royale en 1881, en récompense de ses travaux originaux en embryologie et en anatomie comparée. En 1880, l'université de Glasgow décerna le titre honorifique de docteur en lois à M. F. M. Balfour, qui fut élu l'année suivante président de la Société philosophique de Cambridge et secrétaire de l'Association britannique pour le développement des sciences. Le 31 mai 1882, il était élu unanimement professeur de morphologie animale à l'université de Cambridge, chaire créée pour lui, avec un traitement annuel de 7,500 francs. — Les principaux ouvrages de M. F. M. Balfour sont: une monographie sur le *Développement des poissons élasmobranches* (*1878*); *Eléments d'embryologie*, avec le docteur M. Foster (1880); un ouvrage considérable, unique dans la littérature biologique, sur l'*Embryologie comparée* (*1881*, 2 vol, illust.); plus une foule de mémoires fournis aux *Transactions* et aux *Proceedings* de la Société royale et de la Société zoologique; au *Quarterly journal of microscopical science*, etc.

BALL, Robert Stawell, mathématicien et astronome irlandais, né le 1er juillet 1840 à Dublin, fit ses études à Chester et à l'université de sa ville natale, où il prit ses grades en 1861. Il fut nommé astronome de l'Observatoire de Lord Rosse, à Parsonstown, en 1865; puis il devint successivement professeur de mathématiques appliquées et de mécanique au Collège royal des sciences d'Irlande en 1867, membre de la Société royale en 1873, professeur d'astronomie à l'université de Dublin et astronome royal d'Irlande en 1874. Il a reçu la médaille d'or de l'Académie royale d'Irlande. Les principaux ouvrages de ce savant sont: *Mécanique expérimentale* (*1871*); *Théorie de la vis* (*1876*); *Eléments d'astronomie* (*1880*); outre de nombreux mémoires ou articles sur les mathématiques, l'astronomie et les sciences physiques, publiés dans divers recueils périodiques d'Angleterre et d'Irlande.

BALLUE, Auguste Eléonore Arthur, homme politique français, né à Conty (Somme) le 16 décembre 1835. Il est neveu du général Letellier-Valazé, mort en 1876, et par conséquent arrière-petit-fils du conventionnel Dufriche-Valazé, girondin, qui se frappa mortellement d'un coup de stylet en pleine audience du tribunal révolutionnaire, après la lecture de la sentence de mort rendue par ce tribunal contre ses amis et lui-même (1793). Entré à Saint-Cyr en 1853, M. Ballue en sortit comme sous-lieutenant au 46e de ligne, juste assez tôt pour prendre part à la campagne de Crimée. Décoré de la Légion d'honneur le 1er janvier 1855, il fut attaché au maréchal Randon en qualité d'officier d'ordonnance, et promu lieutenant. Promu capitaine en 1858, M. Ballue prenait sa retraite en 1868. Après nos premiers désastres, suivant de près la déclaration de guerre à la Prusse, il reprit du service et fut placé à la tête d'un bataillon du 4e zouaves; promu officier de la Légion d'honneur pour sa conduite sur le champ de bataille, il refusa cette récompense, trouvant sans doute que les croix étaient un peu prodiguées. Redevenu journaliste après la signature de la paix, et attaché successivement à la rédaction du *Progrès* de Lyon, de la *France républicaine* et du *Républicain du Rhône*, il fut frappé de deux condamnations à la suite desquelles la *France républicaine* était supprimée et lui-même, qui avait refusé la rosette d'officier, rayé des contrôles de la Légion. Le Conseil d'Etat, sur son pourvoi en abus de pouvoir, cassa toutefois le décret qui avait ordonné cette radiation (1875), que ses adversaires politiques ne manquent guère l'occasion de lui reprocher encore. Elu député de la première circonscription de Lyon le 6 juin 1880, en remplacement de M. E. Millaud élu sénateur, M. A. Ballue prit place à l'extrême gauche. Il fut réélu le 21 août 1881, contre M. Félix Pyat, avec les cinq sixièmes des voix réparties entre ces deux candidats. Enfin il a été élu député du Rhône, en tête de la liste radicale, le 18 octobre 1885, par près de 88,000 suffrages. M. Ballue a voté l'expulsion totale des princes appartenant aux familles ayant régné sur la France. Il est membre du conseil général du Rhône.

BALTET, Stanislas, homme politique français, né à Troyes le 25 novembre 1832. Entrepreneur de menuiserie, M. Baltet est conseiller général de l'Aube pour le canton d'Aix-en-Othe, maire de Troyes et directeur de l'*Avenir républicain* de cette dernière ville. Elu député de la deuxième circonscription de Troyes, comme candidat radical, le 21 août 1881, il siégea à l'extrême gauche. Il fut réélu député de l'Aube, sur la liste progressiste, le 18 octobre 1885. M. S. Baltet a voté toutes les mesures radicales, notamment la suppression du budget des cultes, en vue d'amener la séparation de l'Eglise et de l'Etat; dans la question des princes, il a voté l'expulsion totale.

BALTHASAR-FLORENCE, Henri Mathias, compositeur belge, né à Arlon le 21 octobre 1844. Dès l'âge de neuf ans, le jeune Balthasar se produisait dans sa ville natale, avec succès, comme pianiste. Il entra au Conservatoire de Bruxelles à treize ans, et ne tarda pas à y remporter les premiers prix des divers cours qu'il suivait, savoir: le piano, sous M. A. Dumont; l'orgue, sous M. Lemmens; l'harmonie, sous M. Adolphe Samuel; la fugue et le contre-point, sous Fétis. En 1863, il épousa la fille d'un facteur de pianos, Mlle Clémence Florence, dont il ajouta dès lors le nom patronymique au sien, et tint à Namur un dépôt des instruments fabriqués par M. Florence, sans toutefois négliger la composition, et se produisant même occasionnellement, comme virtuose, dans divers concerts. Aux concerts populaires de Bruxelles, il faisait exécuter, en 1866, une grande ouverture dramatique, et donnait au théâtre de la Monnaie: une *Croyance bretonne*, opéra comique, et, peu après, une opérette en un acte: le *Docteur Quinquina*, aux galeries Saint-Hubert. Aux Concerts populaires, en 1870, il donna des fragments symphoniques, et exécuta, au théâtre de Namur, un grand concerto symphonique (piano et orchestre). En 1872, il faisait exécuter à l'église du collège de la Paix, à Namur, une *Messe solennelle* pour chœur et orchestre, d'un très grand effet, et dont il fut fait beaucoup d'éloges. En 1875, M. Balthasar-Florence remporta le prix au concours offert par la municipalité de Lille, pour une cantate (soli, chœurs et orchestre), en l'honneur de N. D. de la Treille, et son œuvre fut exécutée avec le plus grand succès au chef-lieu du département du Nord. Il a composé en outre un grand nombre de morceaux de caractère pour piano, instruments à cordes, etc. La réputation de M. Balthasar-Florence n'a guère dépassé jusqu'ici les limites de la Belgique, où elle est toutefois considérable.

BALZE, Jean Antoine Raymond, peintre français, né à Rome, de parents français, le 4 mai 1818, élève d'Ingres, qu'il accompagna dans un voyage en Italie. Il débuta au Salon de 1849. On cite de cet artiste, qui a été décoré de la Légion d'honneur en 1873: le *Christ calmant la tempête*, une *Sainte-Cécile, Horace à Tibur, Néère*; une *Apothéose de saint Louis*, un *Trait de l'enfance d'Annibal Carrache* (*1859*); *La guerre, ses causes et ses suites* (*1867*); *Elégie nationale* (*1872*); *Jésus-Christ apaise une tempête* (*1873*); *Bénédiction pontificale à Sainte-Marie majeure, à Rome*; la *Première couronne* (*1874*); *Diane protège Endymion contre la colère de Jupiter* (*1880*), etc. — Il a été décoré en 1873.

BAMBERGER, Louis, publiciste et homme politique allemand, né à Mayence le 22 juin 1823. Après avoir fait ses études aux universités de Heidelberg, Giessen et Gœttingen, il se fit inscrire au barreau de sa ville natale, mais s'occupa surtout de journalisme et d'agitation politique. Compromis dans l'insurrection de 1849, dont il avait été un des meneurs, il se réfugia d'abord en Suisse, puis en Angleterre, en Belgique, en Hollande et finalement vint s'établir à Paris (1853), où il dirigea une maison de banque. Après la guerre de 1866 une amnistie générale lui permit de rentrer en Allemagne, et il en profita. Il profita également de son long séjour parmi nous, alors qu'il était sous le coup d'une condamnation capitale, pour rendre à la Prusse tous les services que lui rendait possibles sa parfaite connaissance des affaires de notre pays; il fut donc attaché par M. de Bismarck au quartier général prussien dès le début de la guerre; et après, au gouverneur d'Alsace-Lorraine. Depuis sa rentrée dans son pays, les électeurs de Mayence ont envoyé M. Bamberger siéger d'abord au parlement douanier en 1868, puis au Reichstag allemand en 1871. Il prit, surtout dans cette dernière assemblée, une position considérable, par sa connaissance des questions financières aidée d'un certain talent d'orateur; il y est, en fait, devenu l'un des chefs du parti dit national-libéral. — On doit à M. Louis Bamberger, outre un grand nombre d'articles de journaux: la *Lune de miel de la liberté de la presse* (*1848*); *Conséquences du soulèvement du Palatinat* (*1849*); *Monsieur de Bismarck*, d'abord en français (1868); *Histoire naturelle de la guerre avec la France* (*1871*); la *Question ouvrière et le droit de réunion* (*1873*), etc.

BAMBERGER*, Edouard Adrien, médecin et homme politique français, d'origine israélite, est né à Strasbourg, le 25 septembre 1825. Etabli à Metz en 1853, il fut vice-président du cercle messin de la Ligue de l'enseignement, fit de nombreuses conférences scientifiques et publia divers ouvrages sur des questions d'hygiène, de morale, d'éducation, etc. Elu représentant de la Moselle le 8 février 1871, M. le docteur Bamberger provoqua à l'Assemblée de Bordeaux l'incident qui fut clos par le vote de déchéance de l'Empire. Par le dépôt d'une proposition tendant à la publicité des décisions des Commissions d'enquête sur les capitulations, à Versailles, on peut dire que c'est encore à lui qu'est due la mise en jugement de Bazaine. Il fut élu député de la circonscription de Neuilly (Seine), au scrutin de ballottage du 5 mars 1876. M. Bamberger siégea à gauche dans les deux chambres. Il a été réélu le 14 octobre 1877, avec une majorité presque double de celle qu'il avait obtenue en 1876. Il a pourtant misérablement échoué aux élections générales de 1881, et ne s'est pas présenté à celles de 1885.

BANCROFT, George, historien et homme d'Etat américain, né à Worcester (Massachusetts) le 3 octobre 1800; son père, un des principaux ministres de l'Eglise unitaire, était auteur d'une *Vie de Washington*. M. G. Bancroft entra au collège d'Harvard en 1813, y prit ses grades en 1817, puis quitta l'Amérique pour poursuivre ses études dans les universités allemandes. A Gœttingen, où il resta deux ans, et eut pour maîtres Eichhorn, Heeren et Blumenbach, il s'appliqua à l'étude des littératures française, allemande et italienne, et des littératures de l'antiquité grecque et romaine, ainsi qu'à celle des langues orientales. Il choisit enfin l'histoire comme objet principal de ses études. En 1820, il reçut à Gœttingen le diplôme de docteur en philosophie; après quoi, il se rendit à Berlin, où il se lia avec Schleiermacher, Wilhelm, Humboldt, Savigny, Lappenberg, Vanhagen, von Ense et autres savants distingués. Au printemps de 1821, il entreprit un voyage à travers l'Allemagne et une partie de l'Europe. A Heidelberg, il consacra quelque temps à étudier avec Schlosser; à Paris, il fit connaissance avec Cousin, Benjamin Constant, etc., et y retrouva Humboldt. Il passa un mois en Angleterre, puis explora à pied la Suisse, et demeura huit mois en Italie, où il fit connaissance avec Manzoni, Bunsen et Niebuhr. De retour en Amérique en 1822, il fut un an professeur de langue grecque au collège d'Harvard. Pendant cette année, il prêcha plusieurs fois, mais ne nourrit pas longtemps l'idée de se faire ministre. En 1823, avec le Dr Joseph Coggswell, il fonda à Northampton (Massachusetts), la « Round Hill School ». Vers le même temps, il publia une traduction de la *Politique de la Grèce antique*, de Heeren, et peu après, un volume de *Poems*. Il commença aussi, dès cette époque, à réunir les matériaux de son *Histoire des Etats-Unis*, dont le premier volume parut en 1834. En 1835, il établit sa résidence à Springfield, où il demeura trois ans, et acheva le deuxième volume de son « Histoire ». Il prit dès lors une part importante aux luttes politiques, appuyant, par la parole et par la plume, le parti démocrate. En 1838, il fut nommé receveur des douanes à Boston, poste qu'il occupa jusqu'en 1841, poursuivant toujours ses travaux historiques et prenant souvent la parole dans les réunions politiques. Le troisième volume de son *Histoire des Etats-Unis* parut en 1840. En 1844, il posa sa candidature aux élections du gouverneur de l'Etat du Massachusetts; mais il échoua, tout en réunissant un bien plus grand nombre de voix qu'aucun autre membre de son parti n'en avait précédemment obtenu, la majorité étant depuis longtemps acquise au parti républicain dans cet Etat. En 1845, Polk ayant été élu président des Etats-Unis, M. Bancroft fit partie du cabinet comme ministre de la marine. Dans cette situation, il donna l'ordre de prendre possession de la Californie, ordre auquel les Etats-Unis sont redevables de la possession définitive de la côte du Pacifique. Il eut aussi, pendant son administration, la direction intérimaire, pendant un mois, du ministère de la guerre, et donna à cette occasion l'ordre au général Taylor d'envahir le Texas. En 1846, M. Bancroft fut envoyé à Londres, comme ministre des Etats-Unis en Angleterre, position dans laquelle il sut obtenir du gouvernement britannique l'adoption de lois plus libérales sur la navigation, et montra une grande ardeur à la revendication des droits des Anglais naturalisés citoyens des Etats-Unis. Pendant sa

résidence en Europe, il ne cessa de parfaire sa collèction de documents relatifs à l'histoire américaine. A Londres, toutes facilités lui furent accordées pour atteindre ce but. Le Muséo britannique et plusieurs collections privées lui fournirent des manuscrits précieux. Il retourna aux Etats-Unis en 1849, s'établit à New-York et s'occupa de compléter son grand ouvrage, dont les quatrième et cinquième volumes parurent en 1852, le sixième en 1854, le septième en 1858, le huitième en 1860, le neuvième en 1866 et le dixième et dernier en 1874. Il a entrepris depuis une sorte de supplément à ce premier ouvrage, dont il a paru deux volumes sous ce titre : *Histoire de la fondation de la Constitution des Etats-Unis*, en 1882. Après son retour d'Angleterre, M. Bancroft déclina pendant plusieurs années, toute offre de position politique ou officielle, se dévouant entièrement à ses travaux littéraires. En février 1866, il fut chargé de prononcer, devant le Congrès, l'éloge funèbre d'Abraham Lincoln. En mai 1867, il fut nommé ministre à Berlin, — c'est-à-dire en Prusse; position qui fut modifiée d'après les événements, en 1868 et en 1871, et donna successivement à M. Bancroft le titre de ministre près la Confédération du nord de l'Allemagne, puis, près de l'Empire germanique. Il fut rappelé sur sa demande en 1874. Pendant sa dernière mission diplomatique, M. Bancroft conclut divers traités avec les Etats de la Confédération, principalement relatifs à la naturalisation des sujets allemands aux Etats-Unis.

M. Bancroft est membre d'un grand nombre de sociétés savantes nationales et étrangères. Son *Histoire des Etats-Unis*, le grand ouvrage de sa vie, occupe une place particulièrement distinguée dans la littérature historique du monde. Ce n'est pas seulement une simple relation des faits accomplis, c'est encore un véritable traité philosophique, remontant aux principes et aux causes pour expliquer les événements, et suivant pas à pas, avec une merveilleuse précision, le progrès des lumières se développant concurremment avec celui des idées libérales. Cet ouvrage considérable a été traduit dans la plupart des langues européennes. Nous devons à M. Edouard Laboulaye une réduction de cette *Histoire des Etats-Unis*, laquelle s'arrête en 1789, — mais pourrait être reprise et continuée. M. G. Bancroft a également publié quelques *Mélanges* (Miscellanies), *Essays*, etc., recueillis principalement de la *North American Review*, dont il a été un des principaux collaborateurs.

BANDMANN, Daniel Eduard, acteur allemand, né à Cassel le 1er novembre 1839. La vocation du théâtre se manifesta chez lui de très bonne heure, et son plus grand plaisir était d'obtenir de ses petits camarades, lorsqu'il était enfant, qu'ils lui donnassent la réplique dans des scènes tirées de la Bible et arrangées par lui dans ce but. A dix-huit ans, il parut pour la première fois sur la scène au théâtre de la cour à Neu-Strélitz, et devint de ce coup le favori de la grande-duchesse de Mecklembourg, qui prit un vif intérêt à sa carrière et l'aida à la poursuivre. Il obtint bientôt un engagement à Prague, puis visita Gratz, Weimar, Pesth et Vienne, et acquit dans toutes ces villes une grande popularité dans les rôles du théâtre de Shakspeare. Il se rendit ensuite à New-York, où, après un court repos que sa santé chancelante l'avait obligé à prendre, il dut paraître, sollicité par ses compatriotes, sur le Stadt-Theater. Les journaux s'occupèrent beaucoup du nouvel artiste et les critiques (les critiques de langue allemande, bien entendu) n'hésitèrent pas à le proclamer le plus grand acteur de son temps. A New-York, M. Bandmann se mit résolument à l'étude de la langue anglaise, et l'on assure qu'au bout de six semaines, il pouvait jouer Shylock dans le texte, à Niblo's Garden. Son succès fut très grand et l'on traduisit en anglais, exprès pour lui, un drame allemand, *Narcisse*, où il excellait. Il entreprit alors une tournée à travers les Etats-Unis, où il remporta les succès les plus enthousiastes, avec un répertoire composé des rôles de Richelieu, Benedick, Hamlet, Shylock, Richard III, Macbeth, Othello et Iago. Il joua le rôle d'Hamlet, à Philadelphie, sur l'invitation de la Société de Shakspeare, à l'occasion du troisième centenaire de la naissance du « Cygne de l'Avon, » et y provoqua un tel enthousiasme qu'une couronne de laurier en argent massif lui fut remise à cette occasion, comme témoignage d'admiration. A San Francisco, il reçut en présent une médaille d'or avec ses initiales figurées en diamants et autres pierres précieuses. Son séjour en Amérique fut, en somme, une véritable marche triomphale; mais son ambition était de faire sanctionner ses succès par le public de Londres. En conséquence il partit pour l'Angleterre, et, en février 1868, il parut sur la scène du Lyceum Theatre, dans *Narcisse*. Son succès fut si grand que feu lord Lytton, qui assistait à la représentation, l'invita à son château de Knebworth, lui assurant qu'il était le seul acteur qu'il eût vu depuis le temps de Macready, le seul qui lui inspirât le désir d'écrire encore pour la scène. Il refondit en effet, à son intention, son drame : *the Sea Captain*, qui fut joué pendant trois mois consécutifs au Lyceum Theatre, sous le titre de : *the Rightful Heir* (l'Héritier légitime). M. Bandmann entreprit ensuite une tournée artistique dans les principales villes de la Grande-Bretagne, puis se rendit, en 1869, en Australie, où il demeura environ une année, après laquelle il revint en Angleterre en passant par Honolulu. Dans cette dernière ville, il joua devant le feu roi des Sandwich, Kaméhaméha, qui l'invita à son palais. En 1877, il jouait Shakspeare à Berlin, dans sa langue maternelle. Malgrés le succès qu'il y remporta, il retourna en Angleterre, où il s'était marié en 1869. Il a depuis fait, avec sa femme, de longues tournées artistiques à travers le monde, visitant successivement l'Amérique, l'Australie, la Nouvelle Zélande, les Indes britanniques, etc. Il était à Calcutta en 1881 et à Shanghaï l'année suivante, jouant Shakspeare principalement.

BANKS, Nathaniel Prentiss, général de volontaires et homme politique américain, né à Waltham (Massachusetts) le 30 janvier 1816. Etant enfant, il travailla d'abord dans une manufacture de coton où son père était contremaître, puis il apprit l'état de mécanicien. Dans cette situation, il employa tout son temps de loisir à s'instruire, et devint bientôt un des orateurs les plus écoutés, malgré sa jeunesse, dans les réunions politiques et les assemblées de tempérance. Rédacteur d'une feuille de province, il obtint ensuite un emploi modeste à la direction des douanes de Boston. Il étudia alors le droit, et se fit recevoir avocat. Elu à la Législature du Massachusetts en 1849, il en fut nommé président en 1851, grâce à la coalition des démocrates et des « Free-Soilers » contre le vieux parti whig; et l'anné suivante, grâce à la même coalition, il fut élu membre du Congrès, comme démocrate. Mais bientôt il se sépara de ce parti, et se fit réélire en 1854 par les votes réunis du parti républicain et du parti dit « américain ». En décembre 1855, après un vif débat qui avait duré plus de deux mois et nécessité *cent trente-deux* scrutins, M. Banks fut élu, à une faible majorité, président du Congrès. Il fit également partie du Congrès suivant, et fut, en 1857, élu gouverneur du Massachusetts, et réélu en 1858 et 1859. En 1860, il accepta le poste de président de la compagnie du chemin de fer central de l'Illinois. En 1861, lorsque éclata la guerre de Sécession, M. Banks reçut la commission de major-général de volontaires, avec le commandement d'un corps faisant partie de l'armée du Potomac, où il eut pour adversaire le général confédéré « Stonewal » Jackson. Il commandait un corps d'armée, sous le commandement en chef du général Pope, à la bataille de Cedar Mountains, le 9 août 1862, et fut ensuite placé à la tête des forces de Washington. En décembre de la même année, il remplaça le général Butler à la Nouvelle-Orléans et, en juillet 1863, s'empara de Port Hudson, sur le Mississipi, conquête qui assurait l'ouverture de ce fleuve aux flottes de l'Union. Au printemps de 1864, il fit, sans succès, une tentative sur la rivière Rouge et fut relevé de son commandement en mai. La guerre terminée, le général Banks rentra dans la vie politique, et fut réélu au Congrès par son ancien district, en 1866, en 1868 et en 1870. Il fut, pendant la plus grande partie de cette période, président du Comité des relations extérieures. Inspiré par des considérations de justice et d'humanité, il s'était peu à peu séparé du parti républicain, dont la haine contre le Sud n'a pas encore entièrement dépouillé son caractère implacable. C'est ainsi qu'en 1872, il appuya de toutes ses forces la candidature d'Horace Greeley à la présidence des Etats-Unis, opposée à celle de Grant par le nouveau parti « libéral » et acceptée par ceux des démocrates qui ne font pas absolument profession d'irréconciliabilité. La candidature de cet autre républicain, adversaire ardent des sécessionnistes pendant la lutte, mais non moins ardent partisan d'une amnistie pleine et entière après la pacification, et devenu en conséquence un *libéral*, cette candidature échoua, comme on sait. M. Banks, à la suite de cet échec, avait pris la résolution de vive retiré de la vie publique ; il s'est toutefois laissé porter aux élections de 1874 et a été élu de nouveau membre du Congrès; il a été élu de nouveau en 1876.

BANVILLE (de), Théodore Faullain, poète et littérateur français, né à Moulins (Allier) le 14 mars 1823. Venu à Paris, il publia, en 1842, son premier volume de poésies : les *Cariatides*; puis vinrent : les *Stalactites* (*1846*). De 1858 à 1852 il fit la critique dramatique au journal le *Pouvoir*, et publia ensuite : les *Pauvres Saltimbanques*, roman (1853); la *Vie d'une comédienne*, roman (1855); *Odelettes (1856); Odes funambulesques (1858); Esquisses parisiennes (1859*, nouvelle édition, 1876); la *Mer de Nice, lettres à un ami (1860)*; les *Parisiennes de Paris*, et les *Exilés*, poésies (1866); les *Camées parisiens (1866-73*, 3 vol.); *Nouvelles Odes funambulesques*, et *Florise*, comédie en vers, non jouée (1869); *Idylles prussiennes* et *Eudere Clerz*, nouvelle (1870); *Petit Traité de poésie française (1871); Trente-six ballades joyeuses* (*1873*); les *Princesses* (*1874*); *Poésies inédites (1884); Lettres chimériques (1885); Contes bourgeois (1886)*, etc. Il a donné au théâtre : la *Muse des chansons (1851)*; les *Nations*, opéra-ballet en un acte (1851); le *Feuilleton d'Aristophane*, avec Philoxène Boyer (1852); le *Cousin du roi*, avec la même collaboration (1853); les *Folies nouvelles* (*1854*); le *Beau Léandre*, avec Siraudin (1856); *Diane au bois*, deux actes, en vers (1863); les *Fourberies de Nérine*, un acte, en vers (1864); la *Pomme*, un acte, en vers, au Théâtre-Français (1865); *Gringoire*, un acte, en prose, également au Français (1866); *Deidama*, trois actes en vers, à l'Odéon (1876); *Socrate et sa femme*, deux actes, en vers, au Français (1885), etc.

M. de Banville a collaboré à une foule de publications périodiques, notamment aux *Poètes français*, au *Parnasse contemporain*, etc. Il rédige, depuis la fondation, le feuilleton dramatique du *National de 1869*. M. de Banville est chevalier de la Légion d'honneur depuis 1858; il est aussi commandeur de l'ordre de Charles III d'Espagne.

BARA, Jules, homme d'Etat belge, né à Tournai le 21 août 1835, fit ses études dans sa ville natale, et se fit recevoir avocat. Très jeune encore, M. Bara fut nommé professeur à l'université de Bruxelles. Pendant qu'il occupait cette position, il écrivit une série d'*Essais sur les Rapports de l'Etat et des religions, au point de vue constitutionnel*, qui fixa l'attention sur son auteur. Elu, en 1862, député de Tournai par les électeurs libéraux, il se fit remarquer à la Chambre par son éloquence et son savoir étendu, autant que par son dévouement à la politique de M. Frère-Orban. En novembre 1865, M. Bara fut nommé ministre de la justice, en remplacement de M. Tesch, démissionnaire, et conserva son portefeuille jusqu'à la chute du parti libéral et son remplacement au pouvoir par les cléricaux, en juillet 1870. Pendant son passage au ministère, M. Bara avait eu le courage de présenter un projet de loi portant abolition de la peine de mort (juin 1868). Ce projet fut repoussé à une assez faible majorité. En juin 1878, M. Bara reprit le portefeuille de la justice dans le cabinet Frère-Orban; il dut le résigner de nouveau après les élections de 1884, qui donnèrent la majorité au parti catholique et amenèrent au pouvoir le cabinet Bernaert. — M. Jules Bara est grand officier de la Légion d'honneur.

BARAGNON, Louis Numa, avocat et homme politique français, né à Nimes, le 24 novembre 1835. Après avoir terminé ses études, il suivit les cours de droit et fut admis au barreau de Nimes. Il s'était déjà signalé, dans la presse départementale, par l'ardeur de ses opinions légitimistes, lorsqu'il fut élu, le 8 février 1871, représentant du département du Gard à l'Assemblée nationale; il siégea à l'extrême droite et ne tarda pas à se faire remarquer comme l'un des porte-parole du parti légitimiste. Il fut désigné, avec M. Ernoul, par ses coreligionnaires politiques pour porter au comte de Chambord, qui l'attendait à Anvers, le fameux manifeste autour duquel il fut fait tant de bruit (pour rien) et dont M. N. Baragnon était, au reste, l'un des promoteurs (1872). Appelé comme sous-secrétaire d'Etat au ministère de l'Intérieur par M. de Broglie, le 25 novembre 1873, il passa en la même qualité au ministère de la justice en 1874 ; il dut se retirer le 25 février 1875. Il n'y a pas à dresser minutieusement la liste des votes de M. Baragnon, après ce que nous venons de dire de ses actes. Il semble que les électeurs du Gard n'en furent pas très satisfaits. En tout cas, la circonscription d'Uzès, où il posa sa candidature aux élections du 20 février 1876, lui préféra le candidat républicain, M. Mallet, élu à une très grande majorité. Le 14 octobre 1877, il réussissait à se faire réélire, mais grâce à des moyens qui amenèrent l'annulation de cette élection par la Chambre et son renvoi devant les électeurs d'Uzès, qui lui préférèrent décidément M. Mallet (7 juillet 1878). Ce que voyant, la majorité réactionnaire du Sénat, qui se faisait une loi de recueillir les refusés du suffrage universel, fit de M. N. Baragnon un sénateur inamovible, le 15 novembre suivant, sans plus tarder. — M. N. Baragnon est grand croix de l'ordre royal de Saint-Grégoire le Grand et de l'ordre de François-Joseph d'Autriche, et commandeur de l'ordre du Christ de Portugal.

BARAGNON, Pierre, journaliste français, cousin du précédent, né à Mouriès (Bouches-du-Rhône) le 18 décembre 1830. Il fit ses études à Toulouse, où il rédigea quelque temps un petit journal : les *Tablettes de Toulouse*, puis visita l'Italie et publia, en 1851, une *Etude sur le mesmérisme*. A son retour, il se lança délibérément dans la presse, et fut rédacteur de diverses feuilles départementales, puis correspondant parisien de la *Presse belge* (*1857*). Après un court passage à Bruxelles, où il avait fondé, sans succès, le journal le *Levant*, il partit pour l'Orient, fonda et rédigea pendant plusieurs années le *Journal de Constantinople* et exerça diverses fonctions dans la capitale de l'empire ottoman. De retour à Paris en 1865, M. Baragnon entra à la rédaction de la *Presse*, passa en 1867 au *Mémorial diplomatique*, qui dut bientôt se séparer de lui — par ordre. Il fonda alors le *Bulletin international*, petite feuille d'informations imprimée d'abord simultanément dans plusieurs villes, tant françaises qu'étrangères, et finalement à Dresde, et qui ne disparut que vers le milieu de 1870. Au commencement de cette même année 1870, M. Baragnon fondait à Paris le *Centre gauche*, grand journal quotidien dont il essaya de faire l'organe du parti auquel il empruntait son nom et qui fut, en fin de compte, supprimé le 17 août. Alors il fonda la *Tache noire*, sorte de pamphlet anti-prussien qui vécut peu. Après le 4 septembre, M. Baragnon fut nommé préfet des Alpes-Maritimes ; mais il ne conserva ce poste que quelques semaines et, sur le rapport de M. Sénart, fut remplacé par M. Marc Dufraisse et nommé inspecteur général des camps du Sud-Est. Aux élections du 8 octobre 1871, il a été élu membre du conseil général des Bouches-du-Rhône pour le canton de la Ciotat. Aux élections législatives du 20 février 1876, M. Baragnon s'était porté candidat républicain radical dans la première circonscription de Nimes ; mais il n'obtint qu'une faible minorité. Candidat au siège municipal laissé vacant dans le deuxième arrondissement de Paris, par la mort de M. Loiseau-Pinson, M. P. Baragnon, qui avait obtenu au premier tour (16 juillet 1876), grâce à l'appui bienveillant des *leaders* du parti républicain radical, 1,150 voix, ne réunit au second tour (23 juillet) que 903 voix, contre 1,645 données à M. Marais négociant, autre candidat radical, son concurrent. Dans l'intervalle des deux scrutins, des doutes s'étaient élevés dans l'esprit des électeurs sur l'énergie des convictions républicaines de M. Baragnon, et on leur avait donné la preuve, qu'en tout cas, ces convictions étaient de date relativement récente. — Il a fondé depuis le *Courrier du soir*.

BARANTE (baron de), Prosper Claude Ignace Brugière, homme politique français, sénateur, fils de l'historien des ducs de Bourgogne, ambassadeur et pair de France sous la monarchie de Juillet, est né à Paris le 27 août 1816. Il débuta dans la carrière diplomatique en 1837, comme secrétaire de son père, ambassadeur à Saint Pétersbourg; fut ensuite sous-préfet de Boussac (1839), puis d'Autun (1842) ; puis préfet de l'Ardèche de 1845 à la révolution de février 1848, qui le força de donner sa démission. Il avait été fait chevalier de la Légion d'honneur en 1844. Rentré dans la vie privée en 1848, M. de Barante n'en sortit qu'en 1863, époque où il fut élu conseiller général du Puy-de-Dôme ; aux élections de 1869, il fut élu au second tour, comme candidat de l'opposition libérale, député du Puy-de-Dôme au Corps législatif. Il y prit place au centre gauche et signa, l'un des premiers, l'interpellation des 116. Ce même département du Puy-de-Dôme envoya M. de Barante siéger à l'Assemblée de Bordeaux, aux élections du 8 février 1871; élu, dès le début, secrétaire de l'Assemblée, il fut réélu à chaque renouvellement de bureau jusqu'en mars 1875.

Dans l'Assemblée, M. de Barante prit place au centre droit et vota toujours avec ce groupe. Aux élections du 30 janvier 1876, M. le baron de Barante a été élu sénateur du Puy-de-Dôme, comme monarchiste constitutionnel, résolu, malgré cela, à servir « de bonne foi » le gouvernement de la République. — Et la preuve, c'est que M. de Barante, entre autres votes caractéristiques, concourait, le 15 juin 1876, à l'élection de M. Buffet comme sénateur inamovible, quand le suffrage universel et le suffrage restreint et trié sur le volet n'avaient pas voulu de lui, ni comme sénateur temporaire ni comme député, et avaient, par cinq fois, manifesté cette résolution. — Il n'a pas été réélu en 1882. Porté enfin aux élections législatives d'octobre 1885 sur la liste réactionnaire du Puy-de-Dôme, il a échoué de nouveau.

BARASCUD, Antoine Hippolyte, agronome et homme politique français, né à Saint-Affrique, le 10 juin 1819. Avocat à Montpellier, il quitta le barreau en 1850 pour se consacrer aux travaux agricoles, devint maire de sa ville natale en 1865 et échoua, comme candidat de l'opposition, aux élections législatives de 1869. Elu représentant de l'Aveyron en février 1871, M. Barascud s'inscrivit d'abord à la réunion Feray puis se décida pour le centre droit: élu député de Saint-Affrique, sans concurrent, le 20 février 1876, il siégea à droite dans la nouvelle assemblée. Il fut réélu le 14 octobre 1877, mais échoua aux élections du 21 août 1881. A celles du 4 octobre 1885, faites au scrutin de liste, il fut élu de nouveau député de l'Aveyron, partageant le triomphe de la liste réactionnaire dans ce département. — Il a été décoré de la Légion d'honneur en 1872.

BARBE, Paul, ingénieur et homme politique français, né le 4 février 1836 à Nancy. Elève de l'Ecole polytechnique et de l'Ecole d'application de Metz, il sortit de celle-ci en 1858 comme lieutenant d'artillerie, mais quitta l'armée pour l'industrie peu de temps après. Rappelé sous les drapeaux en 1870, M. Paul Barbe commandait l'artillerie de Toul assiégée et dont on connait l'héroïque résistance; sa conduite dans cette circonstance lui valut la croix de la Légion d'honneur. Après la capitulation de cette place (23 septembre), M. Barbe était chargé par le gouvernement de la Défense du soin de trouver un procédé rapide de fabriquer la dynamite, et trouvait ce procédé, qui lui permettait de livrer quotidiennement 1000 kilogr. de dynamite au génie. La paix revenue, il rentra dans l'industrie, établit des exploitations agricoles dans nos colonies d'Algérie et de Cochinchine, où il chercha particulièrement à créer la culture systématique de la ramie, et se livra à des recherches sur les engrais chimiques, collaborateur actif, quant à ces dernières, de l'éminent directeur du Museum d'histoire naturelle, M. Frémy. Enfin M. Barbe a publié un assez bon nombre d'ouvrages spéciaux : *Etudes pratiques sur la dynamite et ses applications à l'art militaire*; la *Perforation mécanique* : l'*Emploi de l'électricité dans les mines* : la *Question du Grisou*; les *Engrais chimiques*, etc. — Porté aux élections d'octobre 1885 sur la liste radicale de Seine-et-Oise, M. Paul Barbe fut élu, au scrutin de ballottage du 18. — Dans la question des princes, il a voté l'expulsion totale.

BARBEDETTE, Hippolyte, musicographe et homme politique français, ancien magistrat, né à Poitiers en 1827. Après des études musicales sérieuses, M. Barbedette fit son droit et entra dans la magistrature, sans cesser toutefois de cultiver la musique, en tant qu'art d'agrément, mais avec un goût particulier, confinant presque à la passion. Juge au tribunal de la Rochelle, il était en même temps président de la Société philharmonique de cette ville, où il jouit d'une grande réputation comme pianiste amateur, et publiait diverses compositions pour son instrument. Il y a quelques années seulement, M. Barbedette s'est démis de ses fonctions dans la magistrature, pour se livrer plus librement à ses recherches d'histoire et de biographie musicales. Rédacteur du *Ménestrel*, M. Barbedette y a inséré d'abord la plupart des études et notices qu'il a publiées ensuite sous forme de brochures et dont voici la liste : *Beethoven, esquisse musicale* (*1859*); *Beethoven, sa vie et ses œuvres* (*1860*, 2e éd.); *Chopin, essai de critique musicale* (*1861*, 2e éd. *1869*); *Weber, essai de critique musicale* (*1862*); *F. Schubert, sa vie, ses œuvres, son temps* (*1866*); *Félix Mendelsohn-Bartholdy, sa vie et ses œuvres* (*1869*); *Ch. M.* de *Weber, sa vie et ses œuvres* (*1874*, 2e éd.); *Stephen Heller, sa vie et ses œuvres* (*1876*). D'autres études, notamment sur *Haydn* et *Gluck*, ont également paru au *Ménestrel*.

Secrétaire du Conseil général de la Charente inférieure, M. Barbedette se porta candidat aux élections législatives du 20 février 1876, dans l'arrondissement de la Rochelle; il échoua contre le candidat bonapartiste, M. Fournier; il échoua de nouveau le 14 octobre 1877, contre le même concurrent, grâce à des actes de pression qui firent annuler cette élection et renvoyer les candidats devant leurs électeurs, le 14 juillet 1878. Cette fois, M. Barbedette fut élu. Réélu sans concurrent le 21 août 1881, il était élu sénateur de la Charente-Inférieure, le second sur trois, aux élections du 25 janvier 1885. Il a voté l'expulsion des princes (22 juin 1886). — M. Barbedette est membre de la Commission supérieure des Invalides de la marine.

BARBEY, Edouard Polydore Isaac, homme politique français, né le 2 septembre 1831. Entré dans la marine, il fit les campagnes de Crimée et de Chine en qualité d'enseigne, et était lieutenant de vaisseau depuis deux ans, lorsqu'il donna sa démission en 1863, pour se livrer à l'agriculture. Ayant repris du service en 1870, il fut attaché au commandement d'un secteur de l'enceinte fortifiée de Paris pendant la durée du siège. Après avoir échoué, comme candidat républicain, aux élections sénatoriales du Tarn du 30 janvier 1876 et à deux élections législatives qui eurent lieu dans la 2e circonscription de Castres, en 1879 et le 21 août 1881, M. Barbey a été élu sénateur du Tarn, le 8 janvier 1882 date du renouvellement triennal de la 1re série. Il a pris place à gauche et voté, le 22 juin 1886, l'expulsion des princes. — Il est officier de la Légion d'honneur depuis le 20 janvier 1871.

BARBEY D'AUREVILLY, Jules Amédée, littérateur et journaliste français, né 2 novembre 1808 à Saint-Sauveur-le-Vicomte (Manche). Il se lança de bonne heure dans la presse départementale, et aurait même débuté dans la carrière littéraire à quinze ans, par une brochure intitulée : *Aux héros des Thermopyles*. Ce n'est toutefois qu'en 1851 que nous le voyons à Paris, écrivant au journal le *Pays* des articles de critique littéraire qui ne pèchent certes pas par excès d'indulgence, d'un style affecté et dans des termes très vifs, nous pourrions dire aigus, quoique laborieusement choisis. En 1858, il fondait, avec MM. Granier de Cassagnac et Escudier, un journal hebdomadaire, le *Réveil*, qui n'eut qu'une courte existence. Collaborateur intermittent des principaux journaux bonapartistes, notamment de la *Situation*, du *Dix Décembre* (*1868-1870*), M. Barbey d'Aurevilly fut pendant plusieurs années attaché au *Constitutionnel*, où il rédigeait le feuilleton de critique littéraire. Au mois d'avril 1874, il faillit même s'attirer une aventure désagréable par le compte rendu très sévère (mais nous devons reconnaitre que c'est à juste titre) qu'il fit d'un livre écrit par une femme. Le fils de cette femme de lettres, masquée par pudeur d'un pseudonyme, se rendit aux bureaux du *Constitutionnel* pour y provoquer le critique absent et passa sa rage sur le secrétaire de la rédaction, M. Matagrin, mort depuis, lequel ne savait trop ce qu'on lui voulait. L'affaire se termina en police correctionnelle. Il a aussi collaboré à la *Veilleuse*, au *Nain jaune*, etc.

On cite de M. Barbey d'Aurevilly : l'*Amour impossible* (*1841*); la *Bague d'Annibal* (*1843*); *Du Dandysme et de G. Brummel* (*1845*); les *Prophètes du passé : Joseph de Maistre, de Bonald, Chateaubriand, Lamennais* (*1851*); une *Vieille maitresse* (*1851*, 3 vol.); l'*Ensorcelée, ricochets de conversation* (*1854*); le *Dix-neuvième siècle, les hommes et les œuvres* (*1861-65*, 4 vol.); les *Misérables de M. Victor Hugo* (*1863*); les *Quarante Médaillons de l'Académie française* (*1863*); le *Chevalier Destouches* (*1864*); le *Prêtre marié* (*1864*); les *Diaboliques* (*1874*); les *Bas bleus*, complément de la série intitulée le *Dix-neuvième siècle*, etc. (1877); *Ce qui ne meurt pas* (*1884*); les *Critiques* (*1885*), etc.

BARBIER, Paul Jules, auteur dramatique français, né à Paris le 8 mars 1825, fit ses études au collège Henri IV. A l'occasion de l'anniversaire de la naissance de Molière, le 15 janvier 1847, il faisait lire sur la scène du Théâtre-Français un « à-propos » intitulé : l'*Ombre de Molière*, et la même année (avril), le même théâtre représentait son drame de début, en cinq actes et en vers : *Un poète*, qui fut bien accueilli et fut couronné par l'Académie. Il a donné, en outre, au même théâtre : *Bon gré, mal gré*, comédie en prose (1849); les *Amoureux sans le savoir* (*1850*); les *Derniers Adieux* (*1851*); le *Berceau*. A l'Odéon : *Amour et Bergerie* (*1848*); les *Contes d'Hoffmann* (*1851*); les *Marionnettes du docteur* (*1852*); le *Maître de la maison*, en collaboration avec Edouard Foussier et M. Edouard Cadol (1856); la *Loterie du mariage* (*1868*). Au Gymnase : *Graziella* (*1849*). A la Porte-Saint-Martin : *André Chénier*, drame (1849); *Henriette Deschamps* (*1849*); *Jenny l'ouvrière* (*1850*). A l'Ambigu : un *Drame de famille* (*1849*); le *Mémorial de Sainte-Hélène* (*1852*); *Cora, ou l'Esclavage* (*1856*); *Princesse et Favorite* (*1865*); *Maxwell* (*1866*); la *Fille du maudit*. Au Vaudeville : une *Distraction*. A la Gaité : *Jeanne d'Arc*, avec chœurs, etc., de M. Gounod (1874); outre plusieurs vaudevilles, comédies-vaudevilles et levers de rideau, et surtout de nombreux livrets d'opéras et d'opéras comiques, en collaboration pendant longtemps avec feu Michel Carré principalement, et parmi lesquels nous citerons : *Galathée* (*1852*); les *Noces de Jeannette* (*1853*); le *Roman de la Rose* (*1854*); *Deucalion et Pyrrha* (*1855*); *Valentine d'Aubigny* (*1856*); les *Noces de Figaro* (*1858*); le *Pardon de Ploërmel* (*1859*); la *Statue*; la *Nuit aux Gondoles* (*1861*); la *Reine de Saba*; la *Fille d'Egypte* (*1862*); *Peines d'amour perdues* (*1863*); le *Mariage de Don Lope* (*1865*); la *Colombe* (*1866*); *Roméo et Juliette* (*1867*); *Don Quichotte* (*1869*); les *Joyeuses Commères de Windsor* (*1866*); *Faust*; *Hamlet*; *Mignon*; *Psyché*; les *Saisons*; *Gil Blas*; *Philémon et Baucis*; les *Sabots de la marquise*; les *Papillottes de M. Benoît*; *Miss Fauvette*; le *Magnifique*; les *Amoureux de Catherine*; *Paul et Virginie*; le *Timbre d'argent*; *Dimitri*, opéra en cinq actes et sept tableaux, musique de M. Victorin Joncières; *Sylvia*, pastorale mythologique en trois actes, musique de M. Léo Delibes (1876); l'*Aumônier du Régiment* (*1878*); *Françoise de Rimini*, op. en 5 actes; la *Taverne de Trabans*, op. com. en 3 actes (1882); l'*Enclume*, op. com. en 1 acte (*1884*); *Une Nuit de Cléopâtre*, drame lyrique en 3 actes, musique de V. Massé (1885), etc. On lui doit encore : le *Franc tireur*, chants de guerre (1871). — M. Jules Barbier a été décoré de la Légion d'honneur en 1865 et promu officier le 12 juillet 1880. Il est également décoré de l'ordre de Charles III d'Espagne.

BARBIER, Frédéric Etienne, compositeur français, né à Metz le 15 novembre 1820, reçut des leçons de solfège, piano, harmonie et contre-point de l'organiste de Bourges, Durondeau, pendant qu'il poursuivait ses études classiques au collège de cette ville. Entré à l'Ecole d'administration, de fondation nouvelle (1848); il reçut, à la suppression de cette école, peu de mois après son ouverture, des inscriptions de droit en dédommagement, et fut amené de la sorte à suivre les cours de la Faculté, mais sans négliger la musique, dont l'étude l'avait toujours séduit, et qui s'empara bientôt exclusivement de son esprit. M. F. Barbier avait déjà fait représenter sur le théâtre de Bourges un opéra comique en un acte : le *Mariage de Colombine*; il se fit présenter à Séveste, directeur du Théâtre-Lyrique, et grâce à l'appui d'Adolphe Adam, dont il avait fait connaissance à ce théâtre, son premier ouvrage : une *Nuit à Séville*, un acte, y fut reçu et joué le 14 septembre 1855, et bien accueilli du public. Vers la fin de la même année, il donnait au même théâtre un second opéra comique en un acte : *Rose et Narcisse*. Outre ces trois petits ouvrages, on a de lui, aux Folies-Nouvelles : le *Pacha*, *Francastor*, le *Page de madame Marlborough*, opéra comique en un acte; le *Faux Faust*, trois actes, en 1858; le *Docteur Tam Tam*, en 1859. Au Théâtre-Déjazet (même scène sous un titre différent) : *Monsieur Deschalumeaux*, deux actes et le *Grand roi d'Yvetot*, trois actes, en 1859; le *Loup et l'Agneau*, un acte (1862); *Simon Terre-Neuve*, un acte (1863); *Deux Permissions de dix heures*, un acte, et la *Panne aux airs*, un acte (1864). Au théâtre du Chalet des îles (bois de Boulogne) : les *Amours d'un shah*, deux actes, et *Flamberge au vent*, deux actes (1861). Aux Folies-Marigny : *Versez, marquis*, un acte; la *Cigale et la Fourmi*, un acte (1862); la *Gamine du village*, un acte et les *Trois Normandes*, un acte (1863); *Achille chez Chiron*, un acte (1864). Au Théâtre-Saint-Germain : la *Bouquetière de Trianon*, deux actes (1864). Aux Bouffes : *Madame Pygmalion*, un acte (1863); un *Congrès de modistes*, un acte (1865); une *Femme qui a perdu sa clé*, un acte (1866). Aux Fantaisies-Parisiennes : les *Oreilles de Midas*, un acte (1866); les *Légendes de Gavarni*, trois actes (1867) et le *Soldat malgré lui*, deux actes (1868). Au Théâtre-International de l'Exposition de 1867, dont il était chef d'orchestre : *Gervaise*, un acte. Aux Folies-Bergères : *Mam'zelle Pierrot*, un acte (1869). Aux Variétés : *Mam'zelle Rose*, un acte (1874), etc. Ajoutons à cela une quantité vraiment effrayante « d'opérettes » données tant au concert de l'Eldorado qu'à celui de l'Alcazar, dont M. F. Barbier est actuellement chef d'orchestre, et plusieurs centaines de duos, romances, mélodies vocales, chansons, chansonnettes, morceaux de musique de danse pour piano, marches, fantaisies sur des motifs d'opéra, etc., etc. — M. Barbier a aussi été quelque temps collaborateur de l'*Avenir musical* et de l'*Indépendance dramatique*.

BARBIER DE MEYNARD, Casimir, orientaliste français, né à Marseille en 1827. Il débuta dans la carrière des consulats et fut attaché à diverses légations dans le Levant, notamment à celle de Perse. Devenu professeur de langue turque à l'école spéciale des langues orientales vivantes, chaire qu'il occupe encore aujourd'hui, il remplaça Mohl, en 1875, à la chaire de langue persane du collège de France, d'où il est passé à celle de langue et littérature Arabe (1883). M. Barbier de Meynard a été décoré de la Légion d'honneur en 1867 et promu officier le 31 décembre 1885. Il a été élu membre de l'Académie des inscriptions et belles-lettres en 1878. — On doit à ce savant : *Dictionnaire géographique, historique et littéraire de la Perse et des contrées adjacentes*, composé sur des documents arabes et persans en partie inédits (1861); *Description historique de la ville de Kasvên*, d'après Kazvini; *Extraits de la chronique persane d'Hérat*; *Etude sur Mohammed ben Hassan-Ech-Cheibani, jurisconsulte hanéfite*; *Tableau littéraire du Khorassan et de la Transoxiane au IVe siècle de l'hégire* (*1867*); *Ibrahim, fils de Mehdi* (*1869*); le *Seïd Himyarite* (*1875*); le *Livre des routes* d'Ibn-Khordadbed, traduit et annoté; les *Prairies d'or* de Maçoudi, traduction en collaboration avec M. Pavet de Courteille, etc.

BARBIERI, Francisco Asenjo, compositeur et musicographe espagnol, né à Madrid, le 3 août 1823. Se destinant d'abord à la carrière médicale, puis à celle d'ingénieur, il fit de solides études littéraires et scientifiques; mais son goût pour la musique eut bientôt raison de toutes ses résolutions contraires. Il reçut ses premières leçons musicales d'un obscur musicien du théâtre de la Cruz, puis entra au Conservatoire Marie-Christine, où il cultiva simultanément le piano, la clarinette, le chant, puis la composition sous la direction de Carnicer. Ses études terminées, il se trouva seul sur le pavé de Madrid, réduit à ses maigres ressources : sa mère, veuve d'un courrier de cabinet tué dans l'exercice de ses dangereuses fonctions, venait de se remarier et de quitter Madrid. Barbieri s'engagea alors, comme clarinettiste, au 5e bataillon de la milice, aux émoluments fantastiques de trois réaux par jour (environ 75 centimes); il obtint enfin son admission dans l'orchestre d'un théâtre, joua dans les bals publics, donna de rares leçons de piano à deux réaux (50 centimes) le cachet et copia de la musique autant qu'il put. Il trouvait encore le temps de se livrer à la composition, et publia quelques chansons, romances, etc.; devint choriste, puis suppléant du chef des chœurs au théâtre du Cirque. Infatigable, il se mit à écrire une opérette (zarzuela) en un acte : *Felipa*, musique et livret; mais, en dépit de son courage, la zarzuela, qui était attendue pour une représentation à bénéfice, ne fut point prête, et ne put en conséquence être jouée. Peu après, il quitta Madrid, engagé comme souffleur et chef des chœurs dans une troupe d'opéra italienne, en tournée dans les principales villes de province. Un jour où cette troupe devait donner le *Barbier de Séville*, il se trouva que son Don Basile était indisposé; Barbieri chanta le rôle et y réussit fort bien; il continua dès lors à faire partie de la troupe, non plus comme souffleur, mais comme artiste. A son retour à Madrid, il fit recevoir au Cirque : *il Buon Tempo*, opéra italien en deux actes, qu'il ne parvint toutefois pas à y faire jouer. Devenu secrétaire d'une société créée à Madrid pour la fondation d'une scène lyrique, il traduit un opéra italien de M. Arrieta : *Ildegonda*, écrit une foule de morceaux d'orchestre, poursuit avec succès la carrière du professorat et devient, en 1849, critique musical de *la Ilustracion*. Il débute enfin sérieusement au théâtre en 1850.

On a de M. Barbieri : *Gloria y Peluca* (Gloire et Perruque); *Tramoya* et *Escenas de Chambet*, « zarzuelas » en un acte (1850) : la *Jacara*, ballet; la *Picaresca* (la Bande), zarzuela en deux actes; *Jugar con fuego* (Jouer avec le feu), trois actes; *Por seguir a una mujer*, quatre

actes (1851); la *Hechicera* (la Sorcière), trois actes; *el Manzanarès*, un acte; *Gracias a Dios que esta puesta la mesa*, un acte (1852); la *Espada de Bernardo*, trois actes; *el Marques de Caravaca*, deux actes; *Don Simplicio Bobadilla*, trois actes; *Galanteos en Venecia*, trois actes (1853); *un Dia de reinado*, trois actes; *Aventura de un cantante*, un acte; *los Diamantes de la corona*, trois actes (1854); *Mis dos mujeres*, trois actes; *los Dos Ciegos*, un acte; *el Visconde*, un acte; *el Sargento Federico*, quatre actes (1855); *Entre dos aguas*, trois actes; *Gato por liebre* (un chat pour un lièvre), un acte; la *Zarzuela*, un acte: *el Diablo en el poder*, trois actes (1856); *el Relampago* (l'Eclair), trois actes (1857); *Por conquista*, un acte; *Amar sin conocer*, trois actes; un *Caballero particular*, un acte (1858); *el Robo de las Sabinas*, deux actes; *el Nino*, un acte; *Compromisos del no ver*, un acte; *Entre mi mujer y el negro*, deux actes (1859); *un Tesoro escondido*, trois actes (1861); *los Herederos*, un acte; *el Segreto de una dama*, trois actes (1862); *Dos Pichones del Turia*, un acte (1863); *Pan y Toros* (Du pain et des courses de taureaux), trois actes (1864); *Gibraltar en 1690*, un acte; *el Rabano por las hojas*, un acte; *Revista de un muerto*, revue de l'année 1865, un acte; *De tejas arriba*, un acte; *el Pavo de Navidad*, un acte (1866); *el Pan de la Boda*, deux actes (1868); *el Soprano*, un acte; la *Maya*, trois actes (1869); *Robinson*, trois actes (1870); *los Holgazanes*, trois actes; *Don Pacifico*, un acte; *el Hombre es debil*, un acte (1871); *el Tributo de las cien doncellas*, trois actes; *Suenos de oro*, trois actes (1872); *el Proceso de Can-Can*, deux actes (1873); *los Comediantes de antano*, trois actes; la *Despedida* (l'Adieu), monologue lyrique; *el Domador de fieras* (le Dompteur), un acte; *el Testamento azul*, trois actes; *el Barberillo de Lavapiés*, trois actes (1874); la *Vuelta al mundo* (le Tour du monde), quatre actes (août 1875), etc. Ces ouvrages ont été représentés au Cirque, à la Zarzuela, à las Variedades ou au Buen Retiro; et M. Barbieri a eu pour collaborateurs, dans un certain nombre d'entre eux, MM. Aceves, Arrieta, Gaztambide, Hernando, Inzenga, Oudrid et Rogel. — Outre les nombreux ouvrages que nous venons de citer, M. Barbieri a écrit un grand nombre d'ouvertures, marches triomphales, hymnes, motets, chansons et morceaux de fantaisie. Il s'est occupé non moins activement d'histoire, de littérature et de critique musicales et a collaboré à une foule de journaux et de publications périodiques variées. Possesseur d'une bibliothèque musicale des plus importantes, il n'a cessé de concourir, depuis que le succès le lui a permis, au développement des connaissances musicales dans son pays. Nous ne pouvons le suivre dans les efforts constants d'une existence singulièrement active et laborieuse; dans ses voyages en France, en Allemagne, en Belgique, en Hollande, en Angleterre, à la recherche de documents ou d'artistes; dans ses créations de sociétés musicales, littéraires, ou d'entreprises théâtrales, ou l'organisation de concerts monstres. L'un des fondateurs de la « Société des bibliophiles espagnols », en 1866, il fondait la même année la « Société des concerts de Madrid ». Nommé en 1868 professeur d'harmonie et d'histoire de la musique au Conservatoire de Madrid, il déclina ce double poste, devint chef d'orchestre du Théâtre-Royal en 1869, et a été élu membre de l'Académie des Beaux-Arts (section de la musique) en 1873.

BARDOUX, Agénor, avocat, homme politique français, né à Bourges le 15 janvier 1830, fit ses études de droit à Paris et se fit inscrire au barreau de Clermont-Ferrand en 1856. Bâtonnier de l'ordre en 1869, il s'est signalé la même année en plaidant devant le tribunal pour l'*Indépendant du Centre*, coupable, avec beaucoup d'autres journaux, d'avoir recueilli des souscriptions pour élever un monument au représentant Baudin, et qu'il fit acquitter. Conseiller municipal de Clermont, et le premier inscrit au tableau, il remplit, après le 4 septembre 1870, les fonctions de maire de cette ville, au milieu de difficultés de toute sorte dont il sut triompher dans la mesure du possible. Le 8 février 1871, M. Bardoux fut élu représentant du Puy-du-Dôme, le premier sur une liste de onze, et vint siéger au centre gauche de l'Assemblée, où il prit bientôt une place considérable. Orateur distingué, il fit en outre partie de la plupart des commissions importantes dont les travaux signalèrent la première législature de la République. Nommé sous-secrétaire d'Etat au ministère de la justice, le 10 mars 1875, il donnait sa démission le 4 novembre suivant, par dissentiment avec le cabinet sur la question du scrutin de liste. Il fut nommé quelques jours plus tard président du centre gauche. M. Bardoux fut élu, le 20 février 1876, député de la première circonscription de Clermont-Ferrand, à une immense majorité. Réélu le 14 octobre 1877, sans concurrent, il entra dans le cabinet Dufaure (14 décembre) comme ministre de l'instruction publique, cultes et beaux-arts, où il fut remplacé par M. Jules Ferry, après la retraite du Maréchal Mac-Mahon (4 février 1879). Malgré son passé, M. Bardoux échoua aux élections du 21 août 1881. Mais il était élu sénateur inamovible le 7 déc. 1882 par le Sénat. A la suite de son échec, M. Bardoux avait donné sa démission de membre du conseil général du Puy-de-Dôme, dont il était président. — Il a voté contre l'expulsion des princes.

Ecrivain de mérite, M. Bardoux a collaboré au *Recueil de l'Académie des Sciences, Arts et Belles-Lettres* de Clermont; à la *Revue du Droit français et étranger* et à la *Revue des Deux Mondes*. Il a publié à part: les *Légistes, leur influence sur la Société française* (1877); le *Comte de Montlosier et le gallicanisme* (1881), etc. Il a présidé en 1877 l'Association française pour l'avancement des Sciences.

BARETTA, Blanche Rose Marie Hélène, actrice française, née à Avignon le 22 avril 1855. Venue tout enfant à Paris, avec sa famille, la connaissance fortuite de Mme Sarah Bernhardt dirigea ses goûts vers la carrière dramatique, et elle débuta en 1865, c'est-à-dire à l'âge de neuf ans, par le rôle de petite fille du *Supplice d'une femme*. Admise au conservatoire trois ans plus tard, elle en sortait à seize ans, ayant remporté le second prix de comédie, et débuta à l'Odéon. Très remarquée dans l'Agnès de l'*Ecole des femmes*, donnée à ce théâtre en 1873, elle fut aussitôt engagée au Théâtre Français où, s'étant également fait remarquer dans plusieurs rôles importants des deux répertoires, elle était élue sociétaire dès 1876.

BARFF, Frederick Settle, chimiste anglais, né à Hackney le 6 octobre 1823, fit ses études à l'université de Cambridge. Professeur de chimie à l'Académie royale des Arts, il quitta cette chaire après huit années d'exercice et accepta celle de l'université catholique de Kensington en 1873. Il fut en outre examinateur de chimie à l'université de Cambridge. M. Barff a publié une *Introduction à l'étude de la chimie scientifique*, un *Traité élémentaire de chimie* et une série d'articles sur les *Nouvelles théories chimiques* dans le « Student and Intellectual Observer ». — On lui doit en outre plusieurs inventions importantes: un procédé pour la conservation du fer contre la rouille par l'emploi de la vapeur surchauffée; un composé de glycérine, qu'il appelle *boroglycérine*, pour la conservation des substances organiques, alimentaires et autres, dont il a décrit les propriétés dans un article intitulé: *Nouveau composé antiseptique pour la conservation des aliments*, publié dans le *Month* de mai 1882.

BARGHASCH-BEN-SAID, sultan ou *seyyid* de Zanzibar, né en 1835, est l'un des onze fils du sultan Saïd, mort en 1856, auquel deux de ses frères succédèrent avant lui, et le descendant d'Ahmed-ben-Saïd, élevé au trône en 1741, par ses compatriotes, à cause de sa grande intelligence des choses du commerce et de l'agriculture. Il est monté à son tour sur le trône de Zanzibar en 1870. On le dit doux et affable, et il est vrai que ses relations avec les étrangers semblent justifier cette appréciation. On sait aussi qu'il a aboli la traite des esclaves dans son royaume en 1873. Dans l'été de 1875, Seyyid Barghasch a fait une assez longue visite en Europe, à Londres et à Paris principalement (juin); il y est venu accompagné du consul général anglais, Dr Kirk et d'une suite de vingt-sept personnes, composée des principaux officiers de sa maison, de cuisiniers, barbiers, etc. Retourné dans son pays, il s'est appliqué plus sincèrement, depuis, qu'il ne parait l'avoir fait d'abord, à la suppression du commerce des esclaves sur toute l'étendue du territoire soumis à sa domination.

BARING-GOULD, le Rev. Sabine, ecclésiastique et littérateur anglais, né à Exeter, en 1834, fit ses études au collège Clare, à Cambridge, où il reçut son diplôme de maitre ès arts en 1856. Nommé au bénéfice de Dalton, comté de Thirsk, en 1869, il fut appelé au rectorat d'East Mersea, Colchester en 1871, et en 1881 à celui de Lew-Trenchard, que son père, décédé, avait occupé avant lui. — On a de M. Baring-Gould: *the Paths of the Just* (1854); *Iceland: its Scenes and Sagas* (1861); *Post-mediæval Preachers* (1865); *Curious Myths of Middle Age* (1re série, 1866; 2e série, 1867); *Curiosities of olden Times* (1869); *the Silver Store* (1868); *the Book of Werewolves* (le Livre des Loups-Garous, — 1869); *In exitu Israël*, roman historique (1870); *the Origin and development of Religions belief* (2 vol., 1869-70); *the Golden Gate* (la Porte d'or, — 1869-70); *Lives of the Saints* (5 vol., 1872-77); *Difficulties of the faith*, recueil de sermons prêchés à la cathédrale de Saint-Paul (1874); *the Lost and hostile Gospels; an essay on the « Toledoth Jeschu, » and the Petrine and Pauline Gospels of the first three centuries of which Fragments remain* (1875); *the Vicar of Morwenstow* (1876); *the Mystery of suffring* (1877); *Germany, Present and Past* (1879); *the Preacher's Pocket* (1880); *the Village Pulpit* (1881); *Nichalh, a Story of the Essex Marshes* (1881); *Zitta, a Black-Forest romance*, en allemand (1882), en anglais (1883); *the Story of Germany* (1886), etc.

BARLOW, Thomas Oldham, artiste anglais (graveur), né à Oldham, près de Manchester, le 4 août 1824. Dès son plus jeune âge, il manifesta une irrésistible vocation pour la peinture et la gravure; pour donner, au moins en partie, satisfaction à ses désirs, son père le plaça chez MM. Stephenson et Royston, graveurs à Manchester. Une fois dans cette ville, le jeune Thomas suivit assidûment les cours de l'Ecole de dessin, et y remporta le premier prix pour un dessin exposé sous le titre modeste d'*Etudes d'après nature* (Cullings from Nature). A l'exposition de Manchester, il remarqua une petite toile, de John Phillip, intitulée *Courtship* (Galanterie), et chercha à persuader un ami de s'en rendre acquéreur, pour qu'il pût la graver avant de se rendre à Londres; mais il n'y put réussir. Venu à Londres peu après, il fit la connaissance d'un gentleman qui l'encouragea beaucoup dans ses projets de reproduire par la gravure quelques toiles remarquables et lui offrit de lui en fournir les moyens. A la prochaine exposition de la British Institution, où il se rendit en conséquence avec son protecteur, il fut heureusement surpris de retrouver le fameux petit tableau de John Phillip qui l'avait si fort séduit à Manchester, et voulut aussitôt s'en assurer le droit de reproduction; le peintre accepta la proposition du graveur à la seule condition de ne rien recevoir pour prix du droit de reproduction, désintéressement qui marque le début des relations amicales qui devaient se former entre ces deux hommes, que la conformité de sentiments et de goûts appelait d'ailleurs l'un vers l'autre.

On doit à M. Barlow les gravures suivantes, entre autres très nombreuses: D'après John Phillip: *Galanterie*, la *Mère Gipsy espagnole*, la *Prière en Espagne*, le portrait d'*Augustus Egg*, académicien royal, celui de *S. A. R. le Prince-consort*, la *Chambre des communes en 1860*, *Dona Pepita*, *Séville*, la *Fenêtre de prison*; d'après J. J. Sant: la *Mère et les enfants*; d'après F. W. Topham: les *Filets*; d'après W. P. Frith: *Charles Dickens*; d'après Henrietta Browne: les *Sœurs de la Miséricorde*; d'après sir G. Kneller: le portrait d'*Isaac Newton*; d'après H. Wallis: la *Mort de Chatterton*; d'après J. E. Millais: le *Huguenot*, *Mon premier sermon*, *Mon deuxième sermon*, *Eveillé*, *Endormi*, et les portraits de John Fowler, de sir James Paget, de MM. Gladstone, John Bright, Tennyson, E. Landseer, etc.

M. Barlow a été élu, à la presque unanimité, en 1873, associé, et en 1881 membre titulaire de l'Académie royale des Arts.

BARNARD, Frederick Augustus Porter, savant américain, né à Sheffield, dans l'Etat de Massachusetts, le 5 mai 1809; il fit ses études au collège d'Yale, y reçut ses diplômes en 1828, et y fut nommé maitre d'études en 1829; puis devint successivement professeur dans les asiles de sourds-muets de Hartford et de New-York. Il enseigna la physique et les mathématiques de 1837 à 1848, et la chimie, de 1848 à 1854, à l'université d'Alabama. Nommé, à cette dernière date, professeur de mathématiques et d'astronomie à l'université de Mississipi, il en fut élu président en 1856, et en 1864 nommé président du collège de Colombie (New-York), position qu'il a conservée depuis. En 1860, M. Barnard fit partie de l'expédition scientifique du Labrador, pour l'observation de l'éclipse totale de soleil, et fut élu président de l'Association américaine pour l'avancement des sciences. En 1862, il fut chargé de la rédaction des observations des étoiles, de Gilliss, dans l'hémisphère sud et, en 1863, de la publication des cartes de l' « United States coast Survey »: il était commissaire des Etats-Unis, près l'Exposition de Paris, en 1867. — M. Barnard a publié: *Traité d'arithmétique* (1830); *Grammaire analytique* (1836); *Lettres sur l'administration collégiale* (1855); *Histoire du relèvement des côtes des Etats-Unis* (1857); *Rapport sur l'usage des machines et sur les arts industriels* (1869): le *Système métrique* (1871), etc.; sans parler de nombreux articles publiés dans les journaux scientifiques ou d'éducation. Il a édité, avec le professeur Arnold Guyot, l'*Universal Cyclopediæ* de Johnson (1874-77). M. Barnard est membre de plusieurs sociétés savantes, tant européennes qu'américaines.

BARNARD, Henry, écrivain pédagogique américain, né à Hartford (Connecticut), le 24 janvier 1811, fit ses études au collège d'Yale, où il prit ses grades en 1830, et reçut le diplôme de docteur en lois d'Yale en 1851, d'Harvard et du collège de l'Union l'année suivante. M. H. Barnard s'occupa, presque au sortir du collège, de la grande question de l'instruction publique. Après un long voyage d'études sur cette question aux Etats-Unis, il consacra deux années à faire son tour d'Europe, étudiant tout spécialement les méthodes d'instruction et les institutions pédagogiques des pays qu'il visitait (1835-37). Membre de la Législature du Connecticut, de 1837 à 1840, il fit adopter à cette assemblée, entre autres mesures importantes, un projet de réorganisation complète des écoles, et fut, pendant quatre ans, membre du Comité d'éducation, créé par lui. En 1842, il entreprit un nouveau voyage à travers les Etats-Unis, lequel ne dura pas moins d'une année, dans le but de rassembler les éléments d'une *Histoire des écoles publiques aux Etats-Unis*. Il fut interrompu dans la poursuite de ce travail par sa nomination à la direction de l'instruction publique dans l'Etat de Rhode-Island; puis, après cinq ans de travaux excessifs, il retourna à Hartford. En 1850, une école normale d'Etat ayant été fondée dans le Connecticut, il fut nommé principal de cette école, avec le titre et les fonctions de surintendant des écoles publiques de l'Etat. Il résigna ces fonctions en 1855, forcé à cette détermination par l'altération de sa santé, et fonda, la même année, l'*American Journal of education*, qui existe encore aujourd'hui. M. Barnard a été président de l'Association américaine pour l'avancement de l'instruction, fut élu, en 1856, président et chancelier de l'université du Wisconsin, poste qu'il résigna en 1859; fut président en 1865-67 du collège Saint-John, d'Annapolis, et commissaire des Etats-Unis au département de l'Instruction de 1868 à 1870. Outre son *Journal d'éducation*, il a publié: l'*Education dans les manufactures* (1842); l'*Education nationale en Europe*, les *Ecoles normales des Etats-Unis et de l'Europe* (1851); *Tribut à Gallaudet, suivi d'une Histoire de l'instruction des sourds-muets* (1852); *Professeurs et éducateurs américains* (2 vol.); les *Bienfaiteurs de l'éducation*, *Bibliothèques des écoles* (1854); *Avis et méthodes à l'usage des professeurs* (1857); *Pédagogie anglaise* (1862); *Education nationale* (1872); les *Ecoles militaires* (1873); *Pédagogie américaine* (1875), etc.

BARNE, Hermann Guillaume Euthyme, homme politique français, né à Arles le 9 septembre 1831. Il exerçait la profession d'avocat à Marseille, lorsqu'il se présenta à l'élection sénatoriale du 5 janvier 1879, rendue nécessaire par la mort d'Alphonse Esquiros, comme candidat républicain radical. Il fut élu sans concurrent et se fit inscrire au Sénat au groupe de l'Union républicaine, ne laissant pas de voter parfois avec l'extrême-gauche; sa signature figurait, du reste, au bas de projet d'amnistie totale présenté par Victor Hugo. M. Barne fut réélu au renouvellement triennal du 25 janvier 1885. — Il a voté l'expulsion des princes.

BARNUM, Phinéas Taylor, célèbre *exhibiteur* (showman) américain, né à Bethel, dans l'Etat de Connecticut, le 5 juillet 1810. Il montra de si bonne heure son aptitude au commerce que, dès l'âge de treize ans, son père lui confia la direction d'une espèce de petite boutique de campagne, et qu'à dix-huit ans il entreprenait pour son compte un commerce de colportage. Profitant de la manie des loteries qui sévissait alors avec une véritable rage dans le pays, il se mit marchand de billets et gagna beaucoup d'argent à ce trafic. Vers 1830, il fonda un journal hebdomadaire: *the Herald of Freedom*, publié à Danbury (Connecctiut), dont l'audace de

langage lui attira un grand nombre de procès et finit par le ruiner complètement. En 1834, il s'établissait à New-York, et achetait l'année suivante une vieille négresse nommée Joyce Heth, qu'il montra publiquement comme objet de curiosité, assurant qu'elle avait 160 ans et avait été nourrice de Washington. Cette vieille négresse mourut en 1836, et l'examen de son état-civil fit découvrir la fraude ; mais, en deux ans, Barnum avait eu le temps d'en profiter, et l'avait fait largement. Il parcourut ensuite les divers Etats de l'Union, mais, pendant cinq années, ne semble pas avoir rencontré de bien grands succès. En 1841, il se rendit acquèreur d'un cabinet de curiosités connu déjà sous le nom d'*American Museum* de Scudder, établi à New-York, et par l'habileté de son administration, ainsi qu'une rare intelligence de la publicité, y fit en peu de temps une fortune énorme. Son fameux nain Charles S. Stratton, universellement connu sous le nom de *Tom Pouce* (Tom Thumb), lui rapporta des sommes fabuleuses. Parmi ses exhibitions charlatanesques les plus célèbres, nous citerons : l'*Heureuse famille*, se composant de bipèdes et de quadrupèdes difformes ; la *Sirène des îles Fidji ;* le *Cheval à laine*, sans parler de monstres divers fabriqués par lui ou d'après ses indications, comme sa sirène et son cheval, de géants, etc. Dans l'été de 1850, il engagea la célèbre cantatrice Jenny Lind pour 150 concerts à donner en Amérique. La cantatrice rompit son engagement après le quatre-vingt-treizième concert, en juin 1851 ; mais les recettes brutes se chiffraient dès lors par 700,000 dollars, soit plus de 3 millions et demi de francs! En 1855, M. Barnum, abandonnant la direction active de son musée, fit bâtir une opulente villa à Bridgeport, dans le Connecticut et se livra à la haute spéculation. Mais la faillite d'une grande société manufacturière qu'il commanditait, ainsi que quelques autres pertes moins importantes le ruinèrent si complètement qu'il dut prendre un arrangement avec ses créanciers et chercher à rétablir sa fortune avec l'aide de son musée, dont il reprit la direction. Ce musée fut brûlé deux fois, au ras du sol ; mais le propriétaire ne perdit que peu de chose dans cette double conflagration ; après la seconde, toutefois, en mars 1868, il résolut de se retirer définitivement des affaires. Il voulut alors aborder la carrière politique ; mais ce fut sans succès, et il revint en conséquence à ses anciennes occupations, ou à peu près, en fondant un cirque et une ménagerie (1871). En 1874, M. Barnum faisait construire un immense édifice pour contenir et son cirque et sa ménagerie, mais qu'il décore du titre de *Grand hippodrome romain* et *Institut zoologique*. Cet édifice, « érigé et monté moyennant près d'*un million de dollars*, » suivant les annonces répandues à foison dans les journaux de New-York, a été inauguré le 23 avril 1874. Dans l'hippodrome, de forme ovale, mesurant 80 pieds sur 270, ont lieu des courses de chars *romains*, des courses de chevaux libres ou montés, des courses de singes, de chameaux, d'autruches, d'éléphants, etc. ; il y a représentation de jour et de nuit. Les premières coûtent un dollar (5 francs) et les dernières 1 fr. 25. Dans la ménagerie, de distance en distance, des vaporisateurs atténuent, par la vapeur parfumée qu'ils exhalent, l'odeur désagréable qui s'échappe, malgré une propreté méticuleuse, de la litière des animaux. En 1876, il construisit un immense aquarium, pour contenir une baleine, laquelle ne put s'y habituer ; de même il enrichit sa ménagerie, en 1882, du célèbre éléphant Jambo, transporté à grands frais du jardin zoologique de Londres, et qui y mourut d'ennui peu de temps après.

M. Barnum est un orateur écouté des meetings de tempérance et autres réunions utiles et morales. Il a publié : la *Vie de P. T. Barnum, écrite par lui-même* (*1855*); les *Charlataneries du monde* (the Humbugs of the World, — 1865); *Efforts et triomphes, autobiographie* (*1869*). Il a épousé, le 16 septembre 1874, une jeune fille de Southport (Angleterre), miss Nancy Fish.

BARODET, Désiré, homme politique français, né à Sermesse (Saône-et-Loire), le 27 juillet 1823, fit ses études au petit séminaire d'Autun et à l'école normale de Mâcon. Son père était instituteur communal et lui-même exerça cette profession. A l'avènement du ministère de Falloux (1849), il fut révoqué pour avoir fait acte de républicain sous la République. Alors M. Barodet s'établit instituteur libre à Louhans. En 1856, il se fixa à Lyon, y exerça d'abord la profession de teneur de livres, puis fonda, vers 1858, une manufacture de produits chimiques, à Vernaison. Il s'était fait peu à peu une place importante dans le parti démocratique, et se signala aux élections de 1869, par une propagande active en faveur du député sortant, M. Hénon, qui toutefois fut vaincu par un candidat d'apparence plus radicale : M. Bancel. Adjoint au maire de Lyon, M. Hénon, au 4 septembre 1870, M. Barodet était élu conseiller municipal le 21 du même mois. Pendant l'insurrection communaliste, il fit partie de la députation lyonnaise envoyée à Versailles pour solliciter la suspension des hostilités entre Versailles et Paris. Après la mort de M. Hénon, M. Thiers le choisit pour le remplacer à la mairie de Lyon, où il le nommait par décret en date du 23 avril 1872. La loi du 4 avril 1873, qui supprime cette mairie et divise Lyon en plusieurs arrondissements, lui enleva ses fonctions ; c'est alors que les électeurs de Paris, qui avaient à élire un député le 27 du même mois, choisirent pour candidat M. Barodet, qui fut élu par plus de 180,000 suffrages, contre M. Ch. de Rémusat. On fit beaucoup de bruit au sujet de cette élection, qu'on présenta comme hostile à M. Thiers, ce qui n'est pas tout à fait exact, car l'élection de M. Barodet n'avait pas d'autre caractère, en cette occasion, que celui d'une protestation des électeurs de Paris contre la loi municipale du 4 avril et ses conséquences. Mais en politique, on ne voit que ce qu'on veut voir. M. Barodet prit place à l'extrême-gauche, dont il a été président. — Il a été élu le 20 février 1876, par le 4e arrondissement de Paris, réélu le 14 octobre 1877 et le 21 août 1881 ; il échoua aux élections sénatoriales du 8 janvier 1882, mais fut élu député de la Seine au scrutin du 18 octobre 1885, le cinquième. — M. Barodet a voté contre la loi sur l'expulsion des princes.

BAROT, François Odysse, journaliste et romancier français, né à Mirabeau (Vienne) vers 1830. Venu jeune à Paris, il collaborait au journal la *Réforme* dès 1849. Entré à la *Presse* en 1851, il ne quitta plus guère M. Emile de Girardin, qu'il suivit en 1866 à la *Liberté*, dont il devint bientôt le principal rédacteur. En 1868, les commentaires que les révélations de M. de Kératry sur l'expédition mexicaine lui avaient inspirés lui valurent une provocation du trop fameux banquier Jecker, dont la Commune de Paris devait faire un otage plus tard. Un duel s'ensuivit, dont M. Barot se tira, par un hasard heureux, sans blessure, bien que la balle de son adversaire lui eût frappé la poitrine. Lié intimement avec les membres principaux du parti démocratique avancé, bien que rédacteur d'un journal ouvertement dynastique et dont les exemplaires étaient expédiés par ballots formidables en province, pour servir à la propagande plébiscitaire, M. Odysse Barot, qui avait apporté à la tribune des journalistes du Corps législatif la nouvelle du meurtre de Victor Noir par le prince Pierre Bonaparte (10 janvier 1870), dut quitter la *Liberté*, de plus en plus bonapartiste, ayant été convaincu d'avoir donné asile à l'un des acteurs du drame d'Auteuil, M. Ulric de Fonvielle, obligé de se cacher pour avoir échappé au revolver du prince. M. Barot devint alors directeur politique de l'*Histoire*, journal fondé par Millaud et qui disparut en même temps que son propriétaire fuyait l'investissement, sans laisser les fonds nécessaires non seulement pour faire vivre le journal, mais pour payer un assez important arriéré dû au personnel et aux fournisseurs. Le directeur politique, ainsi brusquement dépossédé, se rapprocha de M. de Girardin ; il écrivit quelques articles dans l'*Union française*, journal fondé par celui-ci pendant la Commune ; puis il fonda un journal à son tour, l'*Union française* ayant été supprimée. Ce journal : le *Fédéraliste*, qui semblait, par son titre au moins, s'inspirer du précédent, parut le 21 mai 1871 ; il n'eut qu'un second numéro, celui du 22 ; le lendemain, les troupes régulières entraient à Paris — que M. Barot s'empressait de fuir. Bien inspiré en ceci, car le *Fédéraliste*, pour s'y être pris un peu tard et n'avoir eu que deux numéros, n'en fut pas moins un des journaux les plus violents de cette époque de violence, et le séjour de Paris n'était pas sain assurément pour son directeur. Réfugié à Londres, il adressa à plusieurs journaux de Paris, notamment au *Figaro* et à la *France*, dont M. de Girardin avait pris la direction, des correspondances intéressantes, datées des divers points de la Grande-Bretagne. Revenu à Paris en 1874, M. Barot est entré à la rédaction de la *France*. — Il est le fondateur de la *Revue des Cours Scientifiques et littéraires* (*1863*), embryon des deux *Revues* dites *rose* et *bleue* d'aujourd'hui.

On cite de cet écrivain : *Grandeur et décadence d'un mirliton de Saint-Cloud* (*1855*); la *Naissance de Jésus* (*1863*); *Lettres sur la philosophie de l'histoire*, publiées d'abord dans la *Presse* (*1864*); la traduction, avec Elias Regnault, des deux premiers volumes de l'*Histoire de la Révolution française*, de Th. Carlyle (1865-67); *Histoire de la littérature contemporaine* en Angleterre, 1830-1847 (1875); une traduction des *Œuvres poétiques* de lord Lytton (1876). Il a également traduit et publié en feuilletons dans la *France* : les *Ashantees, Odyssée d'une Anglaise* (*1875*); *Patricia Kemball*, roman de Mme Elisa Lynn-Linton (1875-76) et divers autres ouvrages anglais. Il s'est, depuis, consacré à peu près exclusivement au roman. Nous citerons parmi les ouvrages de ce genre qu'il a publiés dans ces dernières années : les *Amours de la duchesse Jeanne, John Marcy*, le *Procureur impérial* (2 vol.), le *Casier Judiciaire*, le *Fort de la Halle* (2 vol.), les *Trois bâtards* (2 vol.), etc., etc.

BAROUILLE, Alfred, homme politique français, né à Meslay (Mayenne) en 1840, fit son droit à Paris et succéda à son père, notaire à Château-Gontier, en 1878. M. Alfred Barouille s'occupe en outre d'agriculture ; membre de la Société des agriculteurs de France, président du Comice agricole de Château-Gontier, il a publié, en 1870 : l'*Enquête agricole et les vœux de l'agriculture*, brochure qui témoigne au moins de la compétence de l'auteur. Très attaché à la famille d'Orléans, pour ainsi dire de naissance, M. Barouille a été élu député de la Mayenne le 4 octobre 1885, sur la liste dite « conservatrice ».

BARRÉ, Joseph, homme politique français, né le 5 novembre 1836 à Changé (Mayenne), fit ses études à Paris, au collège Chaptal. En 1860, il prit part à l'expédition des Mille de Garibaldi, il revint à Paris la campagne terminée, et devint successivement professeur au collège Chaptal et à l'Ecole supérieure du commerce. Capitaine commandant au 116e bataillon de la garde nationale pendant le siège de Paris, M. J. Barré s'occupa activement de l'organisation des régiments de marche. — Porté sur la liste radicale du département de Seine-et-Oise, aux élections de 1885, M. Barré a été élu député de ce département au scrutin du 18 octobre. Il a voté l'expulsion des princes (projet Brousse).

BARRIAS, Félix Joseph, peintre français, né à Paris, le 13 septembre 1822, reçut de son père les éléments de son art, puis entra dans l'atelier de Léon Coignet en 1836. En 1844, il remportait le premier grand prix de Rome, avec un *Cincinnatus recevant les députés du Sénat*, qui était le sujet du concours. Il débuta au Salon de 1847 et y obtint une 3e médaille, il en obtenait une 1re à l'Exposition de 1851, et une 2e à celle de 1855 ; enfin, à la suite de l'Exposition de 1859, il recevait la croix de la Légion d'honneur. — Ses œuvres principales sont : *Cincinnatus* (*1844*); *Jeune fille portant des fleurs*, une *Fileuse romaine, Sapho* (*1847*); les *Exilés de Tibère* (*1851*); *Dante Alighieri* (*1853*), au musée de Tarbes; *Michel-Ange à la chapelle Sixtine*; les *Pèlerins se rendant à Rome pour le jubilé de l'an 1300* (*1857*); *Débarquement de l'armée française en Crimée*, à Versailles (1859); *Gaulois insultés par des Romains* (à Autun); la *Communion; Madeleine au pied de la croix; Malvina* (*1861*); *Conjuration chez les courtisanes à Venise, en 1530*; une *Danseuse du Triclinium* (*1864*); le *Repos, Titien peignant une Vénus* (*1866*); *Luisa l'Albanaise* (*1870*); *Hélène se réfugiant dans le temple de Vesta, Electre au tombeau de son père* (*1873*); l'*Homme est en mer*, inspiré de la *Légende des siècles* (*1875*); l'*Immolation, Bain de mer en famille à Dinard* (*1883*); l'*Aumône à Venise, Elle était Andalouse et comtesse*, inspiré de Musset (1884); *Mort de Chopin* (*1885*); *Triomphe de Vénus* (*1886*); quantité de *Portraits*, etc. On doit encore à M. Barrias : la *Picardie*, composition allégorique pour la décoration du grand escalier du musée d'Amiens, exposée au Salon de 1863; la décoration de la chapelle de Saint-Louis, à l'église Saint-Eustache; de la chapelle de la ci-devant maison Eugène-Napoléon (fresques), rue du Faubourg-Saint-Antoine, 254 ; du Cirque national, du grand hôtel du Louvre et de diverses résidences particulières ; enfin le plafond du foyer de l'Opéra, représentant la *Glorification de l'Harmonie*, et plusieurs tableaux : la *Musique dramatique*, la *Musique amoureuse* et la *Musique champêtre* pour la même destination.

BARRIAS, Louis Ernest, sculpteur français, membre de l'Institut, frère du précédent, né à Paris le 13 avril 1831, élève de Jouffroy, de Cavelier et de Léon Coignet, débuta au Salon de 1861. Cette même année, il remportait le second grand prix de Rome et en 1865, le premier. On a de cet artiste : *Chryseis rendue à son père par Ulysse* et les bustes de *MM. Fazet et F. J. Barrias* (*1861*); les bustes de *Jules Favre* et de *Cavelier* (*1863*); la *Fondation de Marseille*, la *Guerre*, le *Commerce* et la *Pêche* (*1865*); *Jeune fille de Mégare* (*1870*); la *Fortune et l'Amour*, bronze (1872); la *Religion* et la *Charité*, statues en plâtre (1873); *Monument funéraire*, dont font partie les deux précédentes statues (1874); deux *Portraits*, bustes en marbre (1875); *Groupes pour un tombeau*, marbre (1876); le *Serment de Spartacus*, marbre (1877); les *Premières funérailles*, plâtre (1878), le même groupe en marbre, avec un *Portrait de Mlle B....*, en marbre (1883); *Portrait du docteur Henocque*, buste en bronze (1884); *Portrait de M. Marmontel*, buste en marbre (1885); *Portrait de M. le Dr Dechambre*, buste en marbre, et *Portrait de M. J. André, de l'Institut*, médaillon en marbre (1886). On cite encore de M. L. E. Barrias une statue de *Virgile* et un autre du *Printemps*, à l'hôtel Païva ; la statue en bronze de *Bernard Palissy*, au square de Saint-Germain-des-Prés, etc. etc. — M. Barrias a obtenu une médaille en 1870, une 1re médaille en 1872, une 1re médaille, la médaille d'honneur et la croix en 1878 ; Il a été promu officier de la Légion d'honneur en 1881, et a été élu membre de l'Académie des beaux-arts, en remplacement d'A. Dumont, le 20 mars 1884.

BARRIÈRE, Claude, homme politique français, né en 1837 à Saint-Germain-l'Herm (Puy-de-Dôme). Avocat du barreau de Clermont-Ferrand, M. Barrière fut commandant de mobiles pendant la guerre de 1870-71, et décoré en cette qualité. Membre du Conseil général de son département depuis 1871, il a été élu, au scrutin de ballottage du 18 octobre 1885, député du Puy-de-Dôme, en tête de la liste républicaine. — Dans la question des princes, M. Barrière a voté l'expulsion totale.

BARTHE, Marcel, homme politique français, né à Pau, le 15 janvier 1813 ; fit ses études au collège de sa ville natale, et son droit à Paris, où il fut reçu avocat et demeura jusqu'en 1844, prenant une part active aux luttes littéraires de cette époque, et collaborant à divers journaux, notamment au *Temps* et à l'*Artiste*. Inscrit au barreau de Pau, en 1844, il se livra à l'étude des questions d'économie sociale à l'ordre du jour, fut élu conseiller municipal comme candidat de l'opposition, en 1845 et, à la révolution de février, fut un des premiers à acclamer la République. Ayant échoué aux élections générales pour l'Assemblée constituante, une élection complémentaire l'y envoyait siéger, le 4 juin 1848. Partisan du général Cavaignac, M. Marcel Barthe se rapprocha de la gauche après l'élection du 10 décembre. Il ne fut pas réélu à la Législative et renonça pour le moment à la vie publique. — Aux élections du 8 février 1871, M. Marcel Barthe a été élu représentant des Basses-Pyrénées à l'Assemblée nationale, le deuxième sur neuf, y prit place à gauche et se fit inscrire en même temps à la réunion de la gauche républicaine et à celle du centre gauche. Réélu, le 20 février 1876, par la première circonscription de la ville de Pau, M. Marcel Barthe échouait contre le même concurrent, au scrutin du 28 octobre 1877 ; mais cette élection ayant été annulée par la chambre, il était élu de nouveau le 7 juillet 1878, et réélu aux élections générales d'août-septembre 1881. Au renouvellement triennal du Sénat, le 8 janvier 1882, M. M. Barthe fut élu en tête de la liste républicaine. — Il a voté contre l'expulsion des princes.

BARTHE, Gratien Norbert (dit Adrien), compositeur français, né à Bayonne le 7 juin 1828. Elève du Conservatoire, il remporta, en 1854, le premier grand prix de composition de l'Institut, avec une cantate intitulée : *Francesca di Rimini*. La troisième année de son séjour à Rome, il envoya à l'Académie des Beaux-Arts un oratorio : *Judith*, dont la partition, considérée comme particulièrement remarquable, lui valut le prix Edouard Rodrigues (1,500 fr.), un des plus importants que l'Académie ait à sa disposition. Il avait déjà envoyé à l'Académie, l'année précédente, un opéra : *Don Carlos*, qui avait été l'objet de grands éloges dans le rapport du secrétaire perpétuel, Halévy. A son retour de Rome, M. Barthe se trouva naturellement aux prises avec les difficultés sans nombre qui défendent aux jeunes com-

positeurs l'accès de nos scènes lyriques; ce ne fut qu'en 1864 que, vainqueur du concours ouvert au Théâtre-Lyrique entre les prix de Rome non encore joués, il vit enfin un théâtre lui ouvrir ses portes. La *Fiancée d'Abydos* fut représentée le 30 décembre 1865, et n'eut qu'un succès d'estime, par la faute du livret, dit-on alors, et M. Barthe ne se trouva guère plus avancé. Il s'est depuis lors consacré à l'enseignement, et est devenu professeur d'harmonie (élèves femmes) au Conservatoire.

BARTHÉLEMY (de), Anatole Jean-Baptiste Antoine, archéologue français, né à Reims le 1er juillet 1821. Fils de préfet, il entra de bonne heure dans l'administration, quoique élève de l'École des chartes, et devint sous-préfet. Il est membre titulaire du Comité des travaux historiques (sections d'histoire, de philologie et d'archéologie), de la Société des Antiquaires de France, etc. — On doit à M. Anatole de Barthélemy: *Rapport sur quelques monuments religieux du département de la Loire* (*1842*); *Essai sur l'histoire monétaire du prieuré de Souvigny* (*1846*); *Monnaies des Aulerci* (*1847*); *Monnaies des ducs de Bourgogne* (*1849*); *Nouveau manuel complet de numismatique ancienne* (*1851*); *Nouveau manuel complet de numismatique du moyen âge et moderne* (*1852*); *Jean de Fabas* (*1854*); la *Révolution en Bretagne*, avec M. Geslin de Bourgogne (1858); *Numismatique mérovingienne* (*1865*); *Mélanges historiques et archéologiques sur la Bretagne* (*1860*); une *Revue des travaux de numismatique*, continuée depuis 1850, etc., etc. — M. Anatole de Barthélemy est chevalier de la Légion d'honneur.

BARTHÉLEMY (de), Edouard Marie, archéologue et bibliographe français, frère du précédent, né à Angers le 21 novembre 1830. Ancien auditeur au Conseil d'État, il a de bonne heure collaboré aux recueils périodiques d'archéologie et de bibliographie, tels que le *Bulletin monumental*, le *Bulletin du bibliophile*, le *Bulletin du bouquiniste*, etc. et publié une innombrable quantité de mémoires, parmi lesquels nous citerons : un *Essai historique sur les Comtes de Champagne* et des *Etudes biographiques sur les hommes célèbres du département de la Marne* (*1853*); *Correspondance inédite des rois de France avec le conseil de ville de Châlons-sur-Marne* (*1855*), et divers autres mémoires spécialement consacrés au département de la Marne, résumés en partie dans son *Histoire de la ville de Châlons-sur-Marne et de ses institutions, depuis son origine jusqu'en 1789* (*1855*); la *Noblesse en France avant et après 1789* (*1858*); les *Amis de Mme de Sablé* (*1865*); *Variétés historiques et archéologiques* (*1864-66*, 2 vol.); les *Ducs et les Duchés français avant et depuis 1789* (*1867*); *Gerbert, étude sur sa vie et ses ouvrages* (*1868*); les *Livres nouveaux* (*1859-68*, 4 vol.); *Mesdames de France, filles de Louis XV* (*1870*); les *Filles du Régent* (*1874*); *Une nièce de Mazarin, la Princesse de Conti* (*1875*), etc., etc. M. Ed. de Barthélemy, a publié en outre des éditions annotées de *La Rochefoucauld, Régnier, Mme de Chantal*; le *Journal de Jean Héroard sur l'enfance et la jeunesse de Louis XIII* (avec Eudore Soulié), etc.

BARTHÉLEMY SAINT-HILAIRE, Jules, littérateur et homme politique français, né à Paris le 19 août 1805. Attaché, sous la Restauration et le gouvernement de juillet, jusqu'en 1838, au ministère des finances, il débuta toutefois de très bonne heure dans la presse et faisait, dès 1826, partie de la rédaction du *Globe*; en quelle qualité il signa, en 1830, la protestation des journalistes contre les ordonnances de juillet. Membre, après la révolution, de la société « Aide-toi, le ciel t'aidera », il devint successivement rédacteur du *Bon Sens*, qu'il avait fondé, puis du *Constitutionnel*, du *Courrier français* et du *National*. En 1833, M. Barthélemy Saint-Hilaire abandonna la politique militante. Nommé, en 1834, répétiteur de littérature française à l'Ecole polytechnique, il devint, en 1838, professeur de philosophie grecque et latine au Collège de France, et membre de l'Académie des sciences morales et politiques en 1839, puis chef du cabinet de M. Cousin, devenu, en 1840, ministre de l'instruction publique. Après la révolution de février 1848, le gouvernement provisoire le nomma chef de son secrétariat. Elu à l'Assemblée constituante par le département de Seine-et-Oise, il fut réélu à la Législative; il avait été nommé directeur du Collège de France en janvier 1849. De son passage aux deux Assemblées de la République, il est resté dans la mémoire quelques votes, tels que ceux qui approuvaient la fermeture des clubs, le maintien du cautionnement des journaux, la loi sur les attroupements, l'expédition de Rome, etc., qui ne témoignent peut-être pas d'un libéralisme excessif et surtout éclairé; il en est un peu de même de la suspension du cours de Michelet au Collège de France, dont M. Barthélemy Saint-Hilaire crut devoir prendre l'initiative; mais c'est affaire d'appréciation, en tout cas, ce sont des points de sa vie publique que nous ne pouvions négliger. Il se rapprocha toutefois sensiblement de la gauche vers la fin de l'Assemblée législative, et son attitude après le coup d'Etat est des plus honorables, nous dirons même des plus glorieuses. Après le deux décembre donc, M. Barthélemy Saint-Hilaire ne fut pas seulement considéré comme démissionnaire de sa chaire et de ses fonctions de directeur au Collège de France, par refus de serment, car le gouvernement le dispensa formellement de le lui prêter, et il donna néanmoins sa démission et rentra dans la vie privée, dont il ne devait plus sortir jusqu'aux élections générales de 1869, du moins en tant que politique. M. Barthélemy Saint-Hilaire, poursuivant ses études sur la philosophie de l'Inde, commencées sur les bancs du collège, et sa traduction des œuvres d'Aristote, dont le premier volume avait paru en 1837, prenait en effet une part très active aux discussions de l'Académie des sciences morales et politiques, manifestation indéniable de vie publique. Membre de la Commission d'études du percement de l'Isthme de Suez, il se rendait en Egypte avec les autres membres de cette commission internationale, en 1855, pour procéder à l'examen nécessaire des lieux.

Elu, aux élections générales de 1869, député de la première circonscription de Seine-et-Oise, M. Barthélemy Saint-Hilaire vint prendre place, au Corps législatif, sur les bancs de la gauche. Elu, le premier sur onze, par le département de Seine-et-Oise, représentant à l'Assemblée nationale, le 8 février 1871, M. Barthélemy Saint-Hilaire alla reprendre à Bordeaux son siège sur les bancs de la gauche, quand l'armistice lui eut permis de quitter Paris où il était resté enfermé tout le temps du siège. Il présenta, dès le 16, un projet de décret nommant M. Thiers, son vieil ami, chef du pouvoir exécutif et, le décret rendu, accepta auprès de lui le poste de secrétaire général, que nul n'eût pu remplir avec autant de tact et nous pouvons dire de véritable abnégation qu'il le fit. Il a conservé ce poste, malgré vents et tempête, jusqu'au 24 mai 1873. — Il peut être utile de rappeler ici que ces laborieuses fonctions auprès de M. Thiers, tout comme celles qu'il avait remplies en 1848 auprès du gouvernement provisoire, étaient gratuites, par la volonté expresse du titulaire. — M. Barthélemy Saint-Hilaire a été élu par l'Assemblée nationale sénateur inamovible, le 10 décembre 1875, par 349 voix. Le 23 septembre 1880, il acceptait le portefeuille des affaires étrangères dans le cabinet Jules Ferry; il se retira avec ses collègues le 10 novembre 1881. Lors des élections générales de 1885, M. Barthélemy Saint-Hilaire fit une active propagande dans le département de Seine-et-Oise en faveur d'une liste dite « libérale » formée sous son inspiration principalement, mais qui échoua.

Sa traduction des œuvres d'Aristote assurerait à M. Barthélemy Saint-Hilaire une place à part dans la littérature française, encore que ses autres travaux pussent suffire à la réputation d'un grand écrivain et d'un grand philosophe. Nous citerons : *Politique d'Aristote* (*1837*); *De la Logique d'Aristote* (*1838*), simple mémoire couronné par l'Institut; *Logique d'Aristote* (*1839-44*, 4 vol.); *Psychologie d'Aristote, traité de l'Ame* (*1846*); *Opuscules d'Aristote* (*1847*); *La Morale d'Aristote* (*1857*); la *Poétique d'Aristote* (*1858*); la *Physique* (*1862*); la *Météorologie* (*1863*); *Traité du Ciel* (*1865*); *Traité de la production et de la destruction des choses* (*1866*, 3 vol.). Ces traductions sont enrichies de notes importantes, et plusieurs d'entre elles sont les premières qui aient été faites en notre langue. Outre cette œuvre colossale menée à bien à travers les années, nous avons de M. Barthélemy Saint-Hilaire: *De l'Ecole d'Alexandrie* (*1845*); les *Vedas* (*1854*); *Du Boudhisme* (*1855*); *Lettres sur l'Egypte* (*1856*), relation de son voyage en Egypte l'année précédente, publiée d'abord sous cette forme au *Journal des Débats*; le *Boudha et sa religion* (*1859*); *Mahomet et le Coran* (*1865*); *Philosophie des deux Ampère* (*1866*); une traduction en vers de l'*Iliade* (*1869*). On lui doit aussi une brochure politique : *A la Démocratie française, 1873 et 1848*, inspirée par les événements de l'année 1873, et divers mémoires ou rapports à l'Académie des sciences morales et politiques. — M. Barthélemy Saint-Hilaire a écrit en outre une notice sur Burnouf, placée en tête de l'*Introduction à l'histoire du Boudhisme indien*, dont une nouvelle édition a paru en 1876. Il est chevalier de la Légion d'honneur depuis 1840.

BARTHOLDI, Frédéric Auguste, sculpteur français, né à Colmar le 2 avril 1834, élève d'Ary Scheffer pour la peinture et de Soitoux pour la sculpture. M. Bartholdi, qui ne s'est produit que comme sculpteur, a exposé: la *Lyre chez les Berbères, souvenir du Nil*, groupe en bronze (1857), le *Génie dans les griffes de la misère*, groupe en plâtre (1859); le *Martyre moderne*, statue en plâtre (1864); *Génie funèbre*, ibid. (1866); les *Loisirs de la paix*, groupe en plâtre (1868); *Jeune vigneron alsacien*, statue en bronze (1869); *Vercingétorix*, statue équestre en plâtre (1870); la *Malédiction de l'Alsace*, groupe en bronze et marbre (1872); *Lafayette arrivant en Amérique*, et le bronze des *Loisirs de la paix* (*1873*); les *Quatre étapes de la vie chrétienne*, plâtre (1874); *Champollion*, statue en marbre (1875); *Monument funèbre de Gustave Jundt* (*1885*); *Lafayette*, buste en marbre (1856), et beaucoup d'autres bustes en marbre, terre cuite et bronze, notamment ceux du *Général Schramm* (*1864*), d'*Edouard Laboulaye* (*1866*), de *MM. Erckmann et Chatrian* (*1872*), de *M. Ignace Chauffour*, ancien représentant de 1848 et de *M. W. Ewarts*, ex-président du Conseil des ministres des Etats-Unis (1883). — On lui doit en outre la colossale statue de la *Liberté éclairant le monde*, destinée à servir de phare à l'entrée de la rade de New-York, sur l'île de Bedloe, et dont on a pu voir l'énorme tête à l'Exposition universelle de 1878 (les travaux d'érection sont achevés et l'inauguration du monument fixée au mois d'octobre 1886); le *Lion de Belfort*; la statue du *Général Rapp*, la fontaine du célèbre peintre et orfèvre *Martin Schœn* et une autre fontaine ornée de la statue de l'*Amiral Bruat*, toutes trois à Colmar, la première à la grande fureur des Allemands, qui auraient tenté déjà de l'abattre, mais auraient reculé devant l'attitude significative des Colmariens. — M. Bartholdi a été décoré de la Légion d'honneur en 1865 et promu officier le 26 août 1882.

BASCHET, Armand, écrivain français, né en 1829 à Blois. Il se fit connaître par quelques articles de critique artistique et littéraire dans divers recueils périodiques et publia: *Honoré de Balzac*, avec des notes de M. Champfleury (1851); les *Origines de Werther* (*1855*). Envoyé ensuite à Venise avec mission d'y explorer les archives, il en rapporta: les *Archives de la Sérénissime République de Venise, souvenirs d'une mission* (*1858*); la *Diplomatie vénitienne*, les *Princes de l'Europe au seizième siècle, d'après les rapports des ambassadeurs vénitiens* (*1862*); le *Roi chez la Reine, ou Histoire secrète du mariage de Louis XIII et d'Anne d'Autriche, d'après le journal de la santé du roi, les dépêches du nonce*, etc. (1864); les *Femmes blondes selon les peintres de l'école de Venise*, avec M. Feuillet de Conches (1865); la *Jeunesse de Catherine de Médicis*, trad. de l'allemand (1866): les *Archives de Venise, histoire de la chancellerie secrète*; *Journal du concile de Trente rédigé par un secrétaire vénitien* (*1870*); le *duc de Saint-Simon, son cabinet et l'historique de ses manuscrits* (*1874*); *Histoire du dépôt des Archives des affaires étrangères* (*1875*); les *Comédiens italiens à la cour de France* (*1882*), etc. M. Armand Baschet est chevalier de la Légion d'honneur depuis 1863.

BASLY, Emile Joseph, homme politique français, né à Valenciennes le 29 mars 1854. Ouvrier mineur pour ainsi dire depuis l'enfance, M. Basly se fit remarquer à l'occasion de la grève qui éclata, en 1880, parmi les ouvriers des mines d'Anzin, dont il faisait partie, tant par la valeur pratique des avis qu'il donnait à ses camarades que par son énergie à les soutenir. Sur ses conseils, en effet, ceux-ci se formèrent en syndicat en 1883, et en conférèrent le secrétariat général à M. Basly, qui avait été forcé de quitter la mine. Celui-ci se donna corps et âme à l'œuvre dont il s'était fait le promoteur et justifia pleinement la confiance dont on l'avait honoré. Délégué au Congrès de Saint-Etienne par les mineurs du Nord en 1883 et 1884, il fut, cette même année 1884, délégué par ses camarades, en grève de nouveau, près de la Commission parlementaire des mines et soutint, avec son bon sens et son énergie ordinaire, leurs revendications; il accompagna ensuite les membres de cette commission, chargés d'une enquête sur place dans les exploitations minières du Nord. Membre du Conseil municipal de Denain et du comité du *Progrès républicain* de cette ville, secrétaire général du syndicat des mineurs du Nord, M. Basly fut porté candidat aux élections générales d'octobre 1885, pour le département de la Seine, sur la liste du « Comité central radical-socialiste », sur celle de l' « Union de la presse radicale » et sur celle du « Comité départemental radical-socialiste ». Il fut élu au scrutin du 18 octobre 1885 et prit place à l'extrême gauche. Pendant presque toute la durée de l'interminable grève de Decazeville (1886), M. Basly ne cessa d'agir dans l'intérêt des grévistes, dont une partie, malheureusement, prêta de préférence l'oreille aux excitations de quelques braillards ignorants, plus ou moins sincères et désintéressés; ce n'est pas à lui, en tout cas, qu'on peut imputer les excès qui ont marqué certaines phases de cette grève. — M. Basly a voté contre le projet de loi sur l'expulsion des princes.

BASTIAN, Henry Charlton, médecin anglais, né à Truro, en Cornouailles, le 26 avril 1837, fit ses études à Falmouth et au Collège de l'université de Londres, où il obtint ses diplômes de maître ès arts en 1861, de bachelier en médecine en 1863 et de docteur en 1866. Il a été élu membre de la Société royale en 1868, et secrétaire du Collège royal des médecins en 1871. Le docteur Bastian est également membre de la Société linnéenne et de plusieurs autres sociétés médicales et savantes. Nommé, en 1863, officier de santé adjoint à l'Asile des aliénés criminels de Broadmoor, il se démit de ces fonctions en 1868 et fut, peu après, nommé professeur suppléant d'anatomie pathologique au Collège de l'université et médecin assistant à l'hôpital Sainte-Marie. En décembre 1867, il fut appelé à la chaire d'anatomie pathologique du Collège de l'université et nommé médecin assistant à l'hôpital de ce collège, dont il est devenu médecin en titre en 1871. Le docteur Bastian a été doyen de la Faculté de médecine de l'université de Londres de 1874 à 1876, examinateur en médecine de l'Université de 1876 à 1879 et est professeur de clinique médicale à l'hôpital de Collège de l'université de Londres depuis 1878.

On a de lui: *Formation des organismes inférieurs* (the Modes of origin of lowest organisms, 1871); les *Commencements de la vie* (the Beginnings of Life, 1872, 2 vol.); l'*Evolution et l'origine de la vie* (Evolution and the origin of Life, 1874); *Lectures cliniques sur les formes ordinaires de la paralysie provenant de maladie du cerveau* (Clinical Lectures on common forms of Paralysis from Brain Disease, 1875); le *Cerveau considéré comme l'organe de l'intelligence*, traduit en français et en allemand (1880), etc. Il est également l'auteur de *Mémoires sur les nématoïdes parasites et libres*, dans les *Transactions philosophiques* et dans les *Transactions de la Société linnéenne*; de nombreux articles de pathologie dans les *Transactions de la Société pathologique*; sur les parties les plus secrètes du cerveau, dans le *Journal of Mental Science*; ainsi que d'articles sur des sujets de médecine dans le *British Medical Journal*, *the Lancet* et le *Système médical* du docteur Reynolds; il est, enfin, un des principaux collaborateurs du *Dictionnaire de Médecine* de Quain (1882 et suiv.).

BASTID, Adrien Pierre Remy, homme politique français, né à Aurillac le 1er octobre 1853. Docteur en droit, il était professeur suppléant à la faculté de Douai, lorsqu'il fut appelé par les électeurs de l'arrondissement d'Aurillac, le 23 mai 1880, à prendre à la Chambre des députés le siège laissé vacant par la mort de son père, M. Raymond Bastid. Réélu le 21 août 1881, il fut également élu député du Cantal le 4 octobre 1885, en tête de la liste républicaine progressiste. — Il a voté l'expulsion des princes.

BATAILLARD, Paul Théodore, littérateur français, né à Paris, le 23 mars 1816. Ayant fait son droit, il suivit les cours de l'Ecole des chartes et se consacra spécialement aux études littéraires et historiques. Lors de la révolution de 1848, M. P. Bataillard était déjà mêlé aux luttes de la presse démocratique. En 1846 et 1847, il était vice-président du comité du journal les *Ecoles*. Il collabora plus tard à la *Libre Recherche*, à la *Revue de Paris*, etc., et est un des rédacteurs de la *Revue critique*; il est membre de la Société de l'Ecole des chartes et de la Société d'anthropologie de Paris. — On doit à M. Bataillard : *Gustave Millot, Reliquiæ* (*1838*); l'*Œuvre*

philosophique et sociale de M. Edgar Quinet (1846); deux mémoires sur les Bohémiens : *Recherches sur l'apparition et la disparition des Bohémiens en Europe (1844)* et *Nouvelles recherches*, etc. (1849), extraits de la bibliothèque de l'École des chartes. Les *Principautés Danubiennes devant le Congrès (1857)*; les *Derniers travaux relatifs aux Bohémiens de l'Europe orientale (1872)*. — Il a donné au « Paris-Guide », publié à l'occasion de l'Exposition universelle de 1867 : les *Bohémiens ou Tziganes à Paris.*

BATBIE, Anselme Polycarpe, jurisconsulte et homme politique français, né à Seissan (Gers) le 31 mai 1828. Il fit ses études classiques à Auch et son droit à Toulouse; licencié en 1847, il fut nommé au concours, en 1849, auditeur au Conseil d'Etat, suivit les cours de la Faculté de Paris et se fit recevoir docteur en droit en 1850. Lors de la réorganisation du Conseil d'Etat, après le 2 décembre, M. Batbie ne fut pas maintenu dans sa position d'auditeur et se tourna vers l'enseignement. Il obtint au concours une place de suppléant à la Faculté de droit de Dijon en 1852, passa en la même qualité à Toulouse en janvier 1853, et à Paris en 1857. A Toulouse, où il a fait pendant deux ans un cours de droit public et administratif comparé. M. Batbie fut élu membre de l'Académie de législation en 1853. A Paris, il fut chargé, en 1862, du cours de droit administratif dont il est devenu titulaire et d'un cours d'économie politique. M. Rouland, ministre de l'instruction publique, l'avait chargé, en 1860, d'aller étudier l'organisation de l'enseignement du droit dans les universités d'Allemagne, de Hollande et de Belgique; la même année, l'Académie des sciences morales et politiques lui décernait le prix L. Faucher pour son mémoire sur Turgot, et, en 1862, le grand prix Beaujour pour son mémoire sur les institutions de crédit populaire. Il fut nommé en 1862, membre de la Société d'économie politique. — Aux élections du 8 février 1871, M. Batbie qui s'était jusque-là scrupuleusement tenu en dehors de toute agitation politique, fut élu député du Gers en tête de la liste, et vint prendre place sur les bancs du centre droit monarchiste, dont il devint bientôt l'un des chefs, par droit de talent incontestable. Il fit partie de la plupart des commissions importantes : de la commission des quinze, chargée de suivre les négociations de la paix, de la commission d'enquête sur l'organisation administrative de Paris et de la Seine, de la commission des trente, de la commission des grâces etc.; rapporteur du projet d'abolition des lois de proscription, de la loi sur la réorganisation du Conseil d'Etat, de la loi électorale, etc. C'est comme rapporteur de la commission de Kerdrel, chargée de répondre au message présidentiel du 13 novembre 1872 que, signalant l'invasion de la « barbarie révolutionnaire », M. Batbie offrait comme moyen de salut indispensable, l'érection de cette digue politique, jusque-là inconnue : un gouvernement de combat ! Ce rapport était, d'ailleurs, proprement le manifeste-programme du gouvernement en question, qui devait arriver aux affaires le 24 mai suivant. — Il avait fait partie, le 20 juin 1872, de la délégation de la droite chargée de porter au président de la République l'ultimatum de la majorité réactionnaire. Cet acharnement de M. Batbie contre la « barbarie révolutionnaire » ayant toutefois paru suspect à quelques-uns, à cause de son exagération même, on fouilla dans le passé de l'honorable représentant du Gers, et l'on finit par découvrir, entre autres choses curieuses, un manifeste républicain accentué, adressé par lui, comme président du comité républicain du Gers, aux électeurs de ce département. La date de ce document étant un peu ancienne (1849), M. Batbie s'en excusa sur sa jeunesse : il n'avait alors que vingt et un ans ! La victoire remportée, M. Batbie reçut en récompense dans le « gouvernement de combat » qu'on inaugurait sous la présidence de M. de Broglie, le portefeuille de l'instruction publique et des cultes, et s'appliqua surtout à défaire ce qu'avait fait son prédécesseur, M. Jules Simon. Il alla cependant plus loin, car il « combattit » les principes qu'il avait naguère soutenus, en matière d'expropriation, dans ses cours comme dans ses ouvrages, et cela à propos des travaux à exécuter pour l'édification de l'église du Sacré-Cœur, palinodie qui lui fut durement reprochée et qu'il ne pouvait plus imputer à son extrême jeunesse. — Le 26 novembre 1873, le cabinet de Broglie donnait sa démission, et M. Batbie fut de ceux de ses membres que le Maréchal-Président jugea mal à propos de repêcher. C'est alors qu'il fut nommé président de la commission des trente, à laquelle l'Assemblée se vit forcée de retirer l'examen des lois constitutionnelles complémentaires (mai 1875). — Aux élections des soixante quinze sénateurs inamovibles (9-21 décembre), M. Batbie échoua avec son parti tout entier; mais il fut élu sénateur du Gers, le 30 décembre. Son mandat expirait en 1879 : il lui a été renouvelé. Il a été élu membre de l'Académie des sciences morales et politiques, en remplacement de M. Faustin Hélie, le 14 février 1885. — M. Batbie est chevalier de la Légion d'honneur.

On a de lui : *Doctrine et jurisprudence de l'appel comme d'abus (1852)*; le *Forum judicum des Visigoths*, inséré au *Bulletin* de l'Académie de législation de Toulouse (1856); *Turgot philosophe, économiste et administrateur; Traité théorique et pratique du droit public et administratif (1861-1867)*; le *Crédit populaire (1862)*: *Nouveau cours d'économie politique (1864-65)*; *Mélanges d'économie politique (1865)*; le *Prêt à intérêt (1866)*; *Grèves et coalitions (1867)*, etc. Il a collaboré, entre autres recueils spéciaux, à la *Revue critique de législation*, et à la *Revue des Deux-Mondes*.

BATEMAN, Kate Josephine, dame **Crowe**, actrice américaine, née à Baltimore (Maryland), en 1842; enfant précoce, fille d'artistes, elle parut pour la première fois sur la scène à Londres, en 1851, sous la direction de son père, Henry Bateman. Elle se livra ensuite à l'étude sérieuse de la scène, et reparut sur les principaux théâtres américains, dans les rôles d'*Evangeline*, pièce tirée du poème de Longfellow; de *Géraldine*, dans un drame écrit spécialement à son intention par sa propre mère; de *Julia*, dans le « Hunchback » (la Bosse), de Sheridan Knowles; de *Pauline*, dans la « Lady of Lyons » de lord Lytton; de *Juliette*, de *lady Macbeth*, etc. De retour en Angleterre dans l'automne de 1863, elle parut au théâtre Adelphi, dans le rôle de *Leah*, la jeune fille juive, d'une « adaptation » du drame allemand *Deborah*, le 1ᵉʳ octobre. Elle joua ce rôle avec le plus grand succès pendant deux cent dix représentations, et termina son engagement le 11 juin 1864. Après une tournée dans la province, elle reparut à l'Adelphi, puis au théâtre de Sa Majesté, où elle donna sa représentation d'adieux dans le rôle de Juliette, le 22 décembre 1865, et retourna en Amérique. Mariée à New-York, en novembre 1866, à M. George Crowe, elle ne reparut sur la scène qu'en 1868, y conservant son nom de fille, qu'elle y avait illustré, et ajouta encore à sa réputation acquise, jusqu'à se faire proclamer l'une des premières tragédiennes du temps. Elle a reparu depuis à Londres, dans le rôle de *Médée*, de la tragédie de ce nom, et y a remporté un très grand succès. En 1875, Mᵐᵉ Crowe joua lady Macbeth au Lyceum, et en 1876, le principal rôle dans la *Reine Marie* du poète Tennyson. Elle prit ensuite en location le théâtre de Sadler's Wells.

BATTA, Alexandre, violoncelliste hollandais, né à Maëstricht, en 1816. Fils d'un professeur au Conservatoire de Bruxelles, dont il reçut les premières notions de son art, il fut élève de Platel, et devint dès l'âge de dix ans, capable de remplacer son maître dans un concert où il ne pouvait se rendre. Il visita les grandes villes de l'Europe, revenant presque invariablement à Paris, et a fini par se fixer définitivement en France. Retiré depuis plusieurs années à Versailles, il a donné fréquemment à l'*Union libérale et démocratique de Seine-et-Oise* des articles de critique musicale. Il a écrit pour le violoncelle une quantité de *scènes, fantaisies, airs variés*, etc. M. Batta a été nommé chevalier de la Légion d'honneur au mois d'août 1875. — Les journaux étrangers racontaient en juillet 1876, que M. Batta étant allé à Loo, pour jouer devant le roi de Hollande, et ne trouvant pas de meuble convenable où placer sa musique, le roi insista pour la lui tenir pendant qu'il jouait. Comme on le voit, les bonnes traditions ne se perdent pas toujours : François Iᵉʳ et Charles-Quint sont ici dépassés.

BATTMANN, Jacques Louis, organiste et compositeur français, né à Massevaux (Haut-Rhin) le 25 août 1818; fit ses études au collège de Belfort, puis à l'école normale de Colmar, pour devenir instituteur. Son grand-père maternel étant organiste à Belfort, puis à Colmar, lui donna les premières notions de l'art musical; il étudia ensuite l'harmonie et la composition avec Th. Schlosser, professeur de musique à l'école normale, et l'orgue avec Martin Vogt, organiste de la cathédrale de Colmar. Le but *pratique* imposé à ses études par sa famille fut enfin atteint, et M. Battmann reçut son brevet d'instituteur et envoyé en cette qualité à Thann. Il y exerçait sa pénible profession depuis dix-huit mois (1840), lorsque la place d'organiste étant venue à vaquer à Belfort, le jeune instituteur s'y présenta, toucha l'orgue à la messe et se vit nommer d'enthousiasme à la place vacante. Depuis, M. Battmann a été appelé à Vesoul pour y remplir les mêmes fonctions, et il y est encore. Il a publié : une des premières *Méthodes d'harmonium* qui aient paru; une *Méthode de piano*; un *Traité d'harmonie*, appliqué à l'accompagnement du plain-chant; plus, près de 400 œuvres diverses, parmi lesquelles : *Premières études pour le piano*, avec préludes pour les petites mains; *24 Etudes mélodiques pour les petites mains*; la *Petite Chapelle*, 100 morceaux pour orgue de salon ou grand orgue; *25 Offertoires* pour orgue; le *Trésor des organistes*, 100 morceaux (orgue ou harmonium), etc., etc. Outre ses ouvrages spéciaux pour l'orgue ou l'harmonium, il a composé une quantité de motets, messes, chœurs, arrangements et transcriptions pour piano, etc.; des duos et des trios pour violon, des morceaux de genre pour piano, romances, chansonnettes, et un assez joli choix de morceaux de musique de danse.

BATTU, Marie, chanteuse française, fille de feu Pantaléon Battu, qui fut second chef d'orchestre à l'Opéra, est née vers 1840; elle fut élève de Duprez et débuta avec beaucoup de succès, le 12 janvier 1860, au Théâtre-Italien, dans le rôle d'Amina, de la *Sonnambula*, de Bellini. Outre des qualités musicales précieuses, elle montra du premier coup une grande intelligence et un sentiment dramatique excellent. Elle chanta successivement au Théâtre-Italien : Elisetta d'*il Matrimonio segreto*; Gilda, de *Rigoletto*; le page, d'*Un Ballo in maschera*; Zerlina, de *Don Giovanni*; Eleonora, d'*il Furioso*; Despina, de *Cosi fan tutte*, etc. Au bout de quelques années, sur les conseils de Rossini, elle se décida à aborder la scène française et parut à l'Opéra pour la première fois, le 7 décembre 1864, dans la reprise de *Moïse*; ce début fut presque un triomphe. L'année suivante, elle créait le rôle d'Inès, dans l'*Africaine*; elle parut ensuite dans Mathilde, de *Guillaume Tell*; la reine, des *Huguenots*; Zerline, de *Don Juan*. La reprise d'*Alceste* vint mettre le comble à sa réputation. Elle reprit alors le rôle de Lydia, dans *Herculanum*, créé par Mᵐᵉ Gueymard, et celui de Selika, de l'*Africaine*, créé par Mᵐᵉ Marie Sass. — Malgré ses éclatants succès, Mˡˡᵉ Battu quitta l'Opéra au bout de quelques années. Après la mort de Rossini, elle fit partie de la compagnie qui parcourut la province et l'étranger dans le but de faire connaître la *Messe* du maître illustre; elle alla ensuite tenir l'emploi de première chanteuse au théâtre de la Monnaie, de Bruxelles. On l'a entendue à Paris, une dernière fois, en février 1872, à l'Opéra-Comique, où elle joua le rôle de la comtesse dans les *Noces de Figaro*.

BAUCARNE-LEROUX, Louis, agronome et homme politique français, né à Roubaix, le 17 janvier 1817. Ses études achevées, il vint aider son père dans la direction de la ferme qu'il possédait à Croix, commune voisine de Roubaix et dont il devint maire en 1853. Membre du comice agricole de Lille depuis l'origine, il en était président depuis 1864, lorsqu'il fut envoyé à l'Assemblée nationale de 1871 par les électeurs du Nord, et y prit place au centre droit; il y fit partie de commissions importantes, soutint de son vote les mesures de réaction, mais s'occupa principalement des questions intéressant l'agriculture; il avait, du reste, la vice-présidence de la réunion agricole, qui comptait des membres sur tous les bancs de l'Assemblée. Non réélu aux élections générales du 20 février 1876 et du 14 octobre 1877, ni à celles du 21 août 1881, M. Baucarne-Leroux, favorisé par le scrutin de liste, fut élu député du Nord le 4 octobre 1885. Il est membre de la Chambre consultative d'Agriculture de Lille, dont il a été longtemps secrétaire, et chevalier de la Légion d'honneur. — Comme agronome, on lui doit quelques ouvrages de valeur : la *Flandre française*. *Abatage des arbres nuisibles à l'agriculture, Notice sur les engrais, Sur la culture du tabac*, etc.

BAUCHART, Alexandre Quentin, homme politique français, né à Villiers-le-Sec (Aisne), le 7 février 1809. Lors de la révolution de 1848, il était avocat au barreau de Laon, membre du Conseil général de l'Aisne, secrétaire du Comité agricole des sept départements du Nord et président de la Société d'Agriculture de Saint-Quentin. Candidat malheureux aux élections de 1846, il se présenta de nouveau aux élections de 1848 pour l'Assemblée constituante, fut élu cette fois, et alla prendre place sur les bancs de la droite. Le passage à la Constituante de M. Q. Bauchart est marqué par ce fameux rapport sur les journées de juin, fruit des études de la commission d'enquête dont Odilon Barrot était président et M. Quentin Bauchart rapporteur. Réélu à la Législative, il se rapprocha du parti modéré, et se rallia à la politique de l'Élysée. En 1852, il fut nommé conseiller d'Etat, et chargé de la revision du procès des accusés de décembre; il devint président de section en 1861 et fut créé sénateur en 1867. Le 4 septembre 1870 l'a rendu à la vie privée. — On a de M. Quentin Bauchart : *Rapport sur les causes qui ont amené le 15 mai et l'insurrection de juin (1848*, 3 vol. in-4°) et un *Manuel de l'électeur et de l'éligible (1849)*. — Il est commandeur de la Légion d'honneur depuis 1866.

BAUDISSIN (comte de), Ulrich, littérateur allemand, né à Greifswald (Prusse), le 22 février 1816. Sa première jeunesse se passa dans la province danoise du Jutland, où s'était établie sa famille; il y fit ses premières études et entra ensuite à l'Académie des cadets de Copenhague, d'où il sortit officier dans l'armée danoise à dix-neuf ans. Il combattit en conséquence les Allemands et fut blessé grièvement à Düppel en 1849. En 1861, parvenu au grade de major, il quitta le service militaire et le Danemarck, se rendit dans le sud de l'Allemagne, s'établit d'abord à Munich, puis à Constance et finalement à Cannstadt, et se livra exclusivement à la littérature. Il se fit rapidement une réputation comme poète dramatique et comme romancier, preuve qu'il n'en était pas à ses débuts; mais nous ne savons malheureusement que peu de chose de sa jeunesse, et rien du tout de ses travaux littéraires de cette époque. Ses *Œuvres dramatiques* ont été réunies et publiées, en 1863, sous ce titre modeste : *Bagatelles pour le théâtre allemand* (Kleinigkeiten für das deutsch Theater). On cite, comme l'œuvre capitale du comte de Baudissin, ses *Voyages à travers dix siècles* (Wanderungen durch Jahrtausende), qui contiennent de savantes et intéressantes descriptions des anciennes mœurs et coutumes des Souabes.

BAUDOT (de), Joseph Eugène Anatole, architecte français, né le 14 octobre 1834 à Sarrebourg (Alsace), élève de Viollet-le-Duc. — On cite parmi les envois de cet artiste au Salon : *Projet d'église*, pour une commune de la Nièvre; *Etudes sur le système de construction de l'église de Champeaux et de Mareil-Marly (1866)*; *Eglise de Rambouillet*; *Ancienne église de Saint-Frambourg à Senlis (1869)*; *Projets d'églises pour Sèvres et Levallois-Perret (1870)*; *Projet de château (1872)*; *Restauration de l'église Saint-Nicolas*, à Blois (1875); *Projet d'église paroissiale pour Privas (1876)*; *Buffet d'orgues de la cathédrale de Clermont-Ferrand (1877)*; *Projet de lycée*, trois cadres (1885); *Projet d'école des arts décoratifs*, deux cadres et *Projet de lycée de jeunes filles à élever à Paris sur l'emplacement de la Cour des comptes*, quatre cadres (1886). — M. de Baudot a obtenu une médaille en 1869, des médailles de 2ᵉ classe en 1872 et 1878. Chevalier de la Légion d'honneur, depuis 1879, il a été promu officier le 9 juillet 1886. Il est inspecteur général des édifices diocésains et membre de la Commission des monuments historiques.

BAUDRILLART, Henri Joseph Léon, économiste français, né à Paris le 28 novembre 1821; fit ses études au collège Bourbon; remporta le prix d'honneur de philosophie en 1841 et deux prix d'éloquence décernés par l'Académie, pour son *Eloge de Turgot* en 1846 et pour son *Eloge de Mᵐᵉ de Staël* en 1850; ayant déjà reçu en 1844 une mention pour son *Discours sur Voltaire*. Nommé en 1852 professeur suppléant d'économie politique au Collège de France, à la chaire dont M. Michel Chevalier était titulaire, il publiait l'année suivante : *Jean Bodin et son temps, tableau des théories économiques et politiques du seizième siècle*, qui obtint le premier prix Monthyon. En 1855, il prenait la direction du *Journal des Economistes* et était attaché à la rédaction du *Journal des Débats*. En 1857, il publiait son *Manuel d'économie politique*, qui remporta également un prix Monthyon; en 1858, ses *Etudes de Philosophie morale et d'économie politique*; en 1860, son traité *Des rapports de la morale et de l'économie politique*, récompensé aca-

démiquement, l'année suivante, par une médaille de 2,500 francs. M. Baudrillart avait été en outre fait chevalier de la Légion d'honneur en 1860. Entré à l'Institut en 1863, il était nommé, en 1866, à la chaire d'histoire de l'économie politique, créée exprès pour lui au Collège de France et, en 1868, était appelé à la direction du *Constitutionnel*, qu'il conserva à peine une année et quitta volontairement. — Outre les ouvrages cités, on a de M. Baudrillart : *Publicistes modernes (1862)*; la *Liberté du travail, l'association et la démocratie* (1865); *Eléments d'économie rurale, industrielle et commerciale (1867)*; *Rapport sur les pertes éprouvées par les bibliothèques publiques de Paris pendant le siège et la commune (1871)*; la *Famille et l'éducation en France* (1874); *Histoire du luxe privé et public depuis l'antiquité (1878-80)*; les *Populations agricoles de la France (1885)*; des discours, rapports, etc.; des conférences faites à l'Asile de Vincennes et ailleurs, dont quelques-unes eurent un certain retentissement, notamment : *Luxe et travail*, l'*Argent et ses critiques*, le *Salariat et l'association*, la *Propriété*... Il a également collaboré aux « Dictionnaires » *politique, de l'économie politique, des sciences philosophiques*, à la *Revue des Deux Mondes* et à une foule d'autres publications périodiques; au *Moniteur universel*, etc. — Inspecteur général des bibliothèques depuis 1869, M. H. Baudrillart est en outre inspecteur général des archives departementales et membre du Conseil supérieur de l'Instruction publique, pour la section des sciences économiques et sociales.

BAUDRY, Ambroise Alfred, architecte français, né à la Roche-sur-Yon le 1er juillet 1838, est le frère de feu Paul Baudry, le peintre de l'Opéra. Il suivit les cours de Lebas et de Louvet à l'école des Beaux-Arts, et obtint une mission archéologique en Roumanie, d'où il rapporta vingt-deux dessins exposés en 1866 et 1867. On cite encore parmi les expositions de cet artiste : *Etudes sur le forum romain et le Mont Capitolin au siècle d'Auguste (1870)*. — M. Ambroise Baudry a obtenu des médailles de 3e classe en 1867 et 1878, une médaille et la croix en 1878; il a été promu officier de la Légion d'honneur en 1879.

BAUDRY D'ASSON (de), Léon Armand Charles, homme politique français, né au château de la Touche, près de Rocheservière (Vendée), le 15 juin 1836. Grand propriétaire agriculteur, éleveur de chevaux, M. de Baudry d'Asson est un sportsman justement renommé; il appartient à l'une des plus vieilles et des plus « intransigeantes » familles royalistes de la Vendée. Elu député de la deuxième circonscription des Sables d'Olonne le 20 février 1876 et le 14 octobre 1877, il se signala à la Chambre surtout par ses interruptions violentes et souvent intempestives, qu'on n'eût pas manqué d'attribuer, pour la plupart, au défaut d'éducation, si elles n'étaient parties de bancs où il est convenu que l'éducation ne saurait être mise en question. Dans la séance du 10 novembre 1880, Gambetta présidant, M. de Baudry d'Asson, paraissant se faire un jeu de s'attirer les rappels à l'ordre, fut à la fin frappé d'expulsion temporaire; mais il refusa d'obtempérer à la décision présidentielle, et le lendemain il fallut l'arracher de force à son banc pour le transférer dans le « petit local » désigné par le règlement pour cet objet. Dans sa résistance extrêmement opiniâtre, l'honorable député de la Vendée, évidemment inconscient du rôle ridicule qu'on lui faisait jouer, fut encouragé par ses amis, qui firent mine de recourir à la violence pour leur propre compte, afin de partager le sort glorieux de l'expulsé et la palme du martyre qu'il avait si noblement gagnée; mais ce n'était qu'une misérable comédie. M. de Baudry d'Asson tenta pourtant de la prolonger, en poursuivant le président et les questeurs de la Chambre en police correctionnelle; mais un déclinatoire d'incompétence le força à se tenir relativement tranquille pour quelque temps, malgré toutes ses menaces. Réélu le 21 août 1881, M. de Baudry d'Asson continua son rôle d'interrupteur violent, renfermé toutefois dans des bornes un peu plus étroites. Aux élections du 4 octobre 1885, il fut élu député de la Vendée avec toute la liste réactionnaire, mais le dernier de cette liste seulement. — M. de Baudry d'Asson est commandeur de l'ordre papal de Saint-Grégoire le Grand.

BAUER, Edgar, publiciste et historien allemand, frère du célèbre philosophe Bruno Bauer, mort en avril 1882, est né à Charlottenbourg en 1821. Ses études terminées à Berlin, il devint le collaborateur de son frère, plus âgé que lui de douze ans. Une brochure écrite pour la défense de celui-ci : *Bruno Bauer et ses adversaires* (1842), fut saisie par la police; une autre : la *Querelle de la critique avec l'Eglise et avec l'Etat* (1843), valut à M. Edgar Bauer une condamnation à quatre années de prison. Pendant le procès, il avait publié : *Procès de censure du 31 janvier 1843*, brochure aussitôt saisie; l'année suivante il publiait, mais à Berne, les pièces de ce procès, avec commentaires, sous ce titre : *Procès de presse*. M. Bauer subit sa peine à la forteresse de Magdebourg. Il publia, au cours de sa détention et plus tard : *Histoire du mouvement constitutionnel dans le sud de l'Allemagne de 1831 à 1834* (1845-46, 3 vol.); les *Efforts des libéraux en Allemagne* (1845, 2 vol.); *Histoire de Luther et de son temps* (1845-47, 5 vol.); le *Mariage dans la religion de Luther* (1849); la *Vérité sur l'Internationale* (1872); l'*Empire allemand dans son développement historique* (1873), etc. L'amnistie de 1848 lui ayant ouvert les portes de la prison, M. Bauer se retira d'abord à Hambourg, où il publia une revue politique : *Die Parteien* (les *Partis*); puis à Altona, où il prit la direction des *Feuilles ecclésiastiques* et de la *Revue trimestrielle politique et chrétienne*. Il avait publié de sa prison la *Bibliothèque des érudits allemands*, dont fait partie son *Histoire de Luther*.

BAVOUX, Joseph Evariste, homme politique français, fils d'un ancien préfet de police de 1830, est né à Paris le 5 octobre 1809, fit ses études aux collèges Louis le Grand et Charlemagne, suivit les cours de la Faculté de droit et fut admis au barreau en 1864. Plusieurs fois, mais en vain, candidat aux élections pour la Chambre des députés, sous le gouvernement de juillet, où il représentait l'opposition, il fut enfin élu, après la révolution de février, représentant à la Constituante, puis à la Législative, par le département de Seine-et-Marne, où il possédait de grandes propriétés, et vota généralement avec la droite dans ces deux Chambres. Candidat officiel en 1852, dans le même département, il fut élu membre du Corps législatif; il devint ensuite conseiller d'Etat. M. Bavoux a publié : *Philosophie politique, ou l'ordre moral dans les sociétés humaines (1841)*; *Alger, voyage politique et descriptif (1841)*; *Etudes de législation, de politique et de morale (1843)*; *du Communisme en Allemagne et du Radicalisme en Suisse* (1851); *Voltaire à Ferney, sa Correspondance avec la duchesse de Saxe-Gotha*, suivi de notes inédites, avec M. Alph. François (1860); les *Mémoires secrets* de J. M. Augeard, secrétaire des commandements de la reine Marie-Antoinette (1866); la *France sous Napoléon, l'Empire et le régime parlementaire* (1870); *Chislehurst et les Tuileries, souvenirs intimes sur l'empereur* (1873); *Appel à la Nation*, *Une Sœur de charité*, les *Vacances du quatrième Napoléon*, *Il y a dix-neuf ans*, brochures de propagande bonapartiste (1874-1875), etc. — M. Evariste Bavoux est officier de la Légion d'honneur depuis 1864.

BAXTER, William Edward, négociant et homme politique anglais, né à Dundee (Ecosse) en 1825; commença ses études à l'Ecole supérieure de cette ville et les termina à l'université d'Edimbourg. Elu membre de la Chambre des communes par les bourgs de Montrose, en 1855, il n'a pas cessé depuis d'y être réélu. Il accepta, en 1868, sous l'administration de M. Gladstone, le poste de secrétaire de l'Amirauté, et en mars 1871, celui de secrétaire du Trésor, qu'il résigna le 24 mars 1873. — M. Baxter, qui fait le commerce d'exportation à Dundee, fut, pendant la guerre de Sécession américaine, l'un des plus fervents partisans de la cause du Nord. On a de lui : *Impressions de voyage dans l'Europe centrale et méridionale*; *Notes sur l'Allemagne, l'Autriche, la Suisse, l'Italie et le Levant* (1850); le *Tage et le Tibre*, ou *Notes de voyage en Portugal, en Espagne et en Italie, en 1850 et 1851* (1852, 2 vol.); l'*Amérique et les Américains* (1855); *Idées suggérées aux penseurs* (Hints to Thinkers, etc., 1860); l'*Italie libre* (1874); *Un hiver dans l'Inde* (1882), etc., etc.

BAYARD, Emile Antoine, peintre français, né le 2 novembre 1837 à la Ferté-sous-Jouarre, élève de Léon Coignet. Il débuta par des portraits et des études d'animaux au fusain et envoya, par intermittences, quelques toiles au Salon annuel. Nous citerons : le *Défilé*, *Pendant le siège de Paris* (1874); le *Lendemain de Waterloo*, inspiré d'un passage de l' « Histoire des Deux Restaurations », de Vaulabelle (1875); une *Guinguette au XVIIIe siècle* et un *Marché au XVIIIe siècle*, panneaux décoratifs (1876); *Baigneuses*, *Patineurs* (1877); une *Affaire d'honneur*, *Qui trop embrasse* (1884); *Bandes Joyeuses* (1885); *Mme Polichinelle* (1886). Parmi les dessins de M. Emile Bayard, nous devons signaler à part son *Sedan* (1872), dans lequel Napoléon III est représenté la cigarette aux dents, étendu sur les coussins de sa calèche dont les roues passent sur les cadavres mutilés des malheureux soldats des deux nations qu'il a mises aux prises; la reproduction de ce magnifique et émouvant dessin ne fut permise que plusieurs années après : un peu plus, il aurait été saisi. M. E. Bayard a fourni en outre une quantité prodigieuse de dessins sur bois à diverses publications illustrées et en particulier aux publications éditées par la maison Hachette. — Il est chevalier de la Légion d'honneur depuis 1870.

BAYER, Robert, littérateur autrichien, plus connu sous son pseudonyme de **Robert Byr**, est né le 15 avril 1835 à Bregenz (Tyrol). Destiné à la carrière des armes, il fit ses études à l'Académie de Wiener-Neustadt et en sortit comme lieutenant dans les hussards de Radetzky. Promu capitaine en 1859, il passa dans l'état-major au cours de la campagne d'Italie. En 1862, il quittait l'armée et se retirait dans sa ville natale. — On a de « Robert Byr » : *Esquisses de la vie militaire* (1860); les *Garnisons autrichiennes* (1863); *Dans les années neuf et treize*, esquisses des principaux personnages qui ont figuré dans la guerre de l'indépendance allemande (1865); *Au quartier*, nouvelles esquisses militaires (1866); la *Demeure d'un comte allemand* (1867); *Un front d'airain* (1868); la *Lutte pour l'existence* (1869); *Sphinx* (1870); les *Nomades*, les *Ruines* (1871); *Quatuor*, nouvelles (1875); les *Spectres* (1876); *Une dépêche secrète* et *Sésame* (1880), etc. On lui doit encore une tragédie, une seule : *Lady Gloster* (1872).

BAYNE, Peter, littérateur et journaliste anglais, né au presbytère de Fodderty, dans le comté de Ross (Ecosse), dont son père était titulaire, le 19 octobre 1830; fit ses études à diverses écoles et les termina au collège Marischal, à Aberdeen, où il reçut son diplôme de maître ès arts. Etant encore sur les bancs du collège, il remporta le prix de poésie mis au concours par l'Université tout entière, et, après avoir pris ses grades, le prix Blackwell pour un essai en prose. — Il devint rédacteur de la *Commonwealth* de Glasgow, puis du *Witness* d'Edimbourg et successivement, après cela, du *Dial* et de la *Weekly Review* de Londres. Il abandonna la direction de cette dernière feuille en 1865, et refusa depuis de se charger de la direction d'aucune autre. Mais il n'a pas cessé de collaborer à divers journaux et recueils périodiques. Ses *Esquisses biographiques*, parues d'abord dans un magazine d'Edimbourg, en 1852-53, furent suivies, en 1855, de la *Vie chrétienne au temps présent*, autre série d'*Esquisses biographiques*, tendant à démontrer que la dévotion est compatible avec les dons intellectuels les plus élevés et le plus noble caractère moral. Ce livre eut une grande popularité non seulement en Angleterre, mais en Amérique, où une édition des *Essais* de M. Bayne fut publiée en 1857. Un volume d'*Essais de critique et de biographie*, un traité intitulé : *Témoignage du Christ en faveur du christianisme*, un drame historique ayant pour titre : le *Siècle de Jézabel* ont suivi à bref délai, sans préjudice pour sa collaboration assidue aux *revues* portant les qualificatifs suivants : *Contemporary*, *Fortnightly*, *British Quarterly* et *London Quarterly*, ainsi qu'à une foule d'autres recueils périodiques, notamment le *Fraser's Magazine*. — Il a édité la *Correspondance de Hugh Miller*, avec une notice biographique (2 volumes), dans le cours de laquelle il expose ses propres vues sur les évolutions géologiques, plus d'accord avec celles de Darwin et de Huxley qu'avec celles de Miller. Un *Essai* sur les Puritains, qu'il publia en 1862, fut bien accueilli, ce qui l'engagea à s'occuper spécialement de l'étude de cette période historique, dont il a récemment publié les résultats, après les avoir exposés en partie dans la *Contemporary Review*: les *Principaux acteurs de la Révolution puritaine (1878)*. Il a publié depuis : *Leçons de mes Maîtres*; *Deux grandes Anglaises, avec un Essai sur la Poésie*; et une *Réponse* à la théorie de M. M. Arnold sur la critique poétique.

BAYNES, Thomas Spencer, professeur et journaliste anglais, né le 24 mars 1823 à Wellington, dans le comté de Somerset; fit ses études d'abord dans une école privée de Bath, puis au collège de Bristol, et les termina à l'université d'Edimbourg. Il devint suppléant de sir William Hamilton, à la chaire de logique de cette université, de 1851 à 1855 et examinateur de logique et de philosophie mentale à l'université de Londres, de 1857 à 1863; et fut, de 1857 à octobre 1864, rédacteur en chef adjoint du *Daily News*, où il fit paraître, entre autres, d'importants articles sur la guerre civile d'Amérique. Il collaborait simultanément à diverses publications périodiques littéraires, telles que la *Literary Gazette* et l'*Athenæum*, tout en poursuivant ses études philosophiques, faisant des conférences et préparant quelques élèves à l'Université et aux examens pour le service civil des Indes. Il fut élu professeur de logique, rhétorique et métaphysique à l'université de Saint-Andrews, en octobre 1864. — M. Baynes a publié une traduction de la *Logique de Port-Royal (1851)*, qui eut sept éditions consécutives, et un *Essai sur les Règles nouvelles de l'analyse et de la logique*, avec notes et appendice historique (1852). Il a été chargé de préparer la 9e édition de l'*Encyclopædia britannica*, en cours. Avant de se dévouer à cette laborieuse besogne, M. Baynes collaborait régulièrement à l'*Edinburg Review*; il a également collaboré à la *North British Review*, au *Fraser's Magazine*, à la *Pall Mall Gazette*, à la *Saturday Review*, etc. Bachelier en droit de l'université de Londres, il a reçu le titre honorifique de docteur en lois de l'Université d'Edimbourg, le 22 avril 1874.

BAZAINE, François Achille, ex-maréchal de France, né à Versailles le 13 février 1811. Ayant échoué au concours pour l'Ecole polytechnique, il s'engagea en 1831, passa en Afrique et obtint l'épaulette de lieutenant et la croix en 1836. Passé à la légion étrangère en 1836, il fit la campagne d'Espagne contre les carlistes et revint capitaine en 1839. En Algérie, il prit part à plusieurs expéditions et dirigea quelque temps les affaires arabes dans la subdivision de Tlemcen. Lieutenant-colonel en 1848, colonel en 1850, il fut nommé général de brigade en 1854, et appelé au commandement de la brigade d'infanterie formée des régiments de la légion étrangère. Après la prise de Sébastopol, il devint gouverneur de la place et fut promu général de division à la fin de septembre suivant (1855). Rentré en France, le général Bazaine fut nommé inspecteur général de l'infanterie. Appelé au commandement d'une division d'infanterie au Mexique, il succédait au maréchal Forey dans le commandement en chef de l'armée expéditionnaire, en octobre 1863. Il se distingua, comme toujours, dans cette expédition; refoula Juarez et les républicains jusqu'aux frontières de la Louisiane; combattit les *guerillas* mexicaines par des *contre-guerillas* françaises — ou plutôt cosmopolites qui, sous les ordres du colonel Dupin, semblèrent prendre à tâche de dépasser leurs ennemis en cruautés et en rapines. Le 5 septembre 1864, le général Bazaine était élevé au rang de maréchal de France, et par conséquent créé sénateur du même coup. Il avait été nommé grand'croix de la Légion d'honneur quelques jours avant de prendre le commandement suprême de l'expédition (2 juillet 1863). — La conduite du maréchal au Mexique, à dater de ce moment, à peu près, fut l'objet d'attaques passionnées, bien loin de paraître sans objet. Il semble en effet hors de doute que le maréchal montra fort peu de zèle au service du nouvel empire mexicain, et il n'est pas absolument impossible qu'il eût rêvé de remplacer Juarez à la tête de la république du Mexique, appuyé par le parti clérical, nombreux et puissant, ainsi qu'il en a été ouvertement accusé, plutôt que de combattre les républicains au profit de l'empire, plutôt que d'agir pour la seule gloire de Maximilien. Il venait d'épouser la nièce d'un ancien président de la République mexicaine, Mlle de la Pena, qui devait nous donner plus tard des preuves irréfragables d'une rare énergie. Cette circonstance aurait suffi pour donner créance à toute supposition de cette nature. Quoi qu'il en soit, une mésintelligence grave surgit entre l'empereur Maximilien et le chef suprême de l'armée française. On sait ce qui en résulta : Bazaine prépara dès le mois de septembre 1866 le départ de ses troupes, laissant les juaristes s'avancer peu à peu, mais d'une manière constante; l'armée d'expédition évacuait successivement toutes les places qu'elle occupait, ayant à se défendre contre les agressions de plus en plus audacieuses des indigènes, et finalement s'embarquait à la Vera-Cruz, le 12 mars 1867. — Le 18 juin suivant, l'empereur Maximilien était fusillé.

Nommé à son retour en France, commandant du

3e corps d'armée à Nancy (12 novembre), puis commandant en chef de la garde impériale, le 15 octobre 1869, le maréchal Bazaine fut appelé au commandement du 3e corps de l'armée du Rhin, lorsqu'éclata la guerre avec la Prusse Après avoir pris une part active aux principales affaires qui précédèrent la capitulation de Sedan, et dans lesquelles il déploya un grand courage militaire et une habileté réelle, il dut, après cet événement désastreux, s'enfermer dans Metz, qui fut aussitôt investi par les troupes du prince Frédéric-Charles. — Si l'empire n'était point tombé à la suite de la capitulation de Sedan, le maréchal Bazaine eut-il agi autrement qu'il l'a fait? C'est au moins probable. Bref, après un siège de sept semaines, traversé par des intrigues de toute sorte, trahissant chez le commandant en chef de notre dernière armée des préoccupations politiques indignes d'un soldat, ou tout simplement d'un homme d'honneur, Metz capitulait avec trois maréchaux, cinquante généraux, *plus de 6,000 officiers, 173,000 hommes de troupe*, toutes les munitions et tous les drapaux (27 octobre). Les habitants de Metz ne purent cacher leur ressentiment d'une pareille conduite et le maréchal Bazaine, le vieux soldat, dut fuir en toute hâte, le jour même, la ville qu'il venait de livrer à l'ennemi, et la France qu'il avait trahie. Il demeura quelque temps en Angleterre, où il écrivit un *mémoire* justificatif dans lequel il rejetait sur son conseil de guerre la responsabilité de la capitulation, Appelé à déposer dans l'enquête sur les actes du gouvernement de la Défense nationale, il revint en France au mois d'août 1871. Cependant une grande agitation régnait à Metz, où des pétitions se couvraient de signatures, pour demander que Bazaine fût traduit devant un conseil de guerre; en même temps paraissait un livre écrit avec une bonne foi évidente, sans passion et qui pourtant constituait un acte d'accusation véritable contre le commandant de l'armée de Metz; ce livre: *Metz, campagne et négociations*, par *Un officier supérieur*, avait pour auteur le colonel d'état-major d'Andlau (V. ce nom), aujourd'hui général et sénateur. Le conseil d'enquête sur les capitulations s'émut; il examina l'affaire de Metz; et, sur ses conclusions, le maréchal fut déféré à un conseil de guerre, créé par loi spéciale, et dont le duc d'Aumale fut nommé le président, et emprisonné préventivement à Versailles. L'instruction ordonnée par décision ministérielle du 7 mai 1872, fut confiée au général de Rivière, et commença aussitôt; mais ce n'est que le 6 octobre 1873 que la conseil de guerre ouvrit ses séances au grand Trianon. Le 10 décembre suivant il prononçait son arrêt, et le maréchal Bazaine, reconnu *coupable*, était *condamné à la peine de mort et à la dégradation militaire*. Mais sur le recours des membres du conseil, le président de la République commuait cette peine terrible en celle de vingt ans d'emprisonnement dans une forteresse.

Dégradé, toutefois sans la cérémonie humiliante qui accompagne ordinairement l'application de cette peine, l'ex-maréchal fut envoyé à l'île Sainte-Marguerite pour y subir les vingt années de prison auxquelles il avait été condamné. Il y demeura neuf mois, jouissant d'autant de liberté qu'en pouvait comporter la situation, à peine surveillé, dans la société constante de sa femme, de ses enfants et de son ancien aide de camp le colonel Villette, et recevant toute sorte de visites. Cependant, sous le prétexte que la santé de ses enfants souffrait de cette contrainte relative, Mme Bazaine quitta l'île et fit des démarches auprès du maréchal-président pour obtenir une nouvelle commutation: l'exil au lieu de l'emprisonnement. Elle échoua, et alors germa dans son esprit le projet de faire évader le prisonnier. Le dimanche 9 août 1874, Bazaine avait passé la soirée avec le colonel Villette; le lendemain, une corde pendait du parapet de la forteresse vers la mer: le prisonnier s'était évadé. Il fut reconnu ensuite, ou tout au moins admis, que Mme Bazaine et son jeune cousin avaient attendu le fugitif dans une barque amenée au pied du rocher, l'avaient pris à bord au moment où il arrivait à l'extrémité inférieure de la corde — bien qu'il ait paru douteux qu'un corps du poids de celui du maréchal ait pu, sans accident, prendre cette voie aérienne — et conduit à bord d'un navire génois qui stationnait près de là dans ce but. C'est ainsi que l'ex-maréchal put gagner l'Italie, puis l'Allemagne; il était à Cologne le 14 août; de là il passa en Angleterre; enfin il arrivait à Madrid, où il s'installait, le 17 novembre 1874. Au mois de septembre précédent, il avait adressé au *New York Herald* une longue lettre justificative de sa conduite lorsqu'il commandait devant Metz. Cette apologie, fort commentée par toute la presse européenne et américaine, ne lui gagna pas de nombreux partisans. Lorsqu'il traversait l'Italie en fugitif, il avait osé écrire au prince Humbert, en lui rappelant certaines circonstances dans lesquelles ils s'étaient jadis rencontrés. Le prince ne lui répondit pas. Partout sur son passage, il ne rencontrait que le mépris; en Allemagne même l'accueil sympathique, en apparence, dont il fut l'objet de la part d'un officier général n'eut point d'écho et cette sympathie elle-même lui était manifestée d'une manière fort suspecte. Il offre son épée au gouvernement de Madrid, qui la refuse; on a affirmé qu'après ce refus il serait allé en essuyer un autre auprès de don Carlos, mais rien ne prouve qu'il ait fait cette démarche et pour ne pas accabler un coupable, nous en rejetons l'hypothèse. Enfin, d'humiliations en humiliations, celui qui aurait pu être le premier dans son pays, fut bien forcé de reconnaitre qu'il était regardé comme le dernier partout. — Le correspondant d'un journal de Paris, qui le vit au printemps de 1886, à Madrid, assure que l'ex-maréchal juge la France injuste et surtout peu généreuse à son égard.

BAZALGETTE, sir Joseph William, ingénieur anglais d'origine française, né à Enfield (Middlesex) en 1819. Il fit ses études dans des écoles particulières, devint élève de sir John MacNeil, et commença les affaires pour son propre compte en 1842. Quelques travaux de drainage exécutés avec succès, en 1848, dans le nord de l'Irlande commencèrent sa réputation, puis, ayant pratiqué pendant quelque temps à Londres, comme ingénieur civil, il succéda à M. Frank Forster, comme ingénieur attaché à la commission métropolitaine des égouts. Il prit, en cette qualité, une part active à la dispute soulevée entre le Comité de salubrité et les ingénieurs relativement au meilleur système de drainage et d'approvisionnement d'eau potable des villes. Ayant déjà construit trois cents milles d'égouts dans Londres, il fut nommé, au concours public, ingénieur en chef du bureau des travaux de la métropole, et exécuta, en cette qualité, les immenses travaux de *drainage de Londres*. Comme ingénieur consultant, il a rédigé des rapports sur les plans des travaux de drainage de Port-Louis (Maurice), de Pesth (Hongrie), de Glasgow, Dublin, Belfast, Bruxelles, Oxford, Cambridge, Saint-Leonards, Folkestone, Norwich, Cheltenham, Weston-super-Mare, etc. Il *pratiqua des tranchées souterraines, pour y placer* les tuyaux à gaz et à eau, sous les nouvelles grandes voies de la métropole, de manière à ne point dépaver et ne point entraver le trafic; il dessina et exécuta les quais de la Tamise, sur la rive nord du fleuve, de Westminster au pont de Blackfriars, et sur la rive sud, du même point au Waux-Hall, ainsi que de l'hôpital de Chelsea au point de Battersea; il a également exécuté beaucoup d'autres travaux du même genre, et rédigé une sorte de code des règles de la construction des ponts et de la modification du tracé des rues. — M. Bazalgette est décoré (companion) de l'ordre du Bain. Il a été fait chevalier par la reine, au château de Windsor, le 12 mai 1874.

BAZILLE, Auguste Ernest, organiste et compositeur français, né à Paris le 27 mai 1828, entra très jeune au Conservatoire, où il remporta successivement les premiers prix de solfège en 1841, d'harmonie et d'accompagnement en 1845, de fugue en 1846, et d'orgue en 1847. En 1848, il obtint au concours ouvert par l'Institut le premier second grand prix de composition musicale, et entra peu après à l'Opéra-Comique en qualité d'accompagnateur. Premier chef du chant à ce théâtre, aujourd'hui, il tient en outre le grand orgue de l'église Ste-Elisabeth. — M. Bazille est auteur de nombreux couplets de vaudeville, de quelques mélodies vocales, de réductions d'un grand nombre de partitions pour le piano et a collaboré à la *Poularde de Caux*, opérette en un acte, jouée au Palais-Royal.

BAZILLE, Jean François Gaston, homme politique français, né à Montpellier le 29 septembre 1819. Avocat *du barreau de Montpellier, M. Gaston Bazille s'est toute* sa vie occupé d'études et de pratique agricoles, et surtout viticoles, et est en conséquence président de la Société d'agriculture de l'Hérault, membre du Conseil supérieur de l'agriculture et de la Commission du phylloxera et membre associé de la Société nationale d'agriculture de France. Il est officier de la Légion d'honneur depuis 1875. — Aux élections du 5 janvier 1879 pour le renouvellement de la première série des membres du Sénat, M. Gaston Bazille a été élu en tête de la liste républicaine de l'Hérault. Il siège à gauche, M. Bazille a toutefois voté contre la loi sur l'expulsion des princes.

BAZZINI, Antonio, *célebre violoniste et compositeur* italien, né à Brescia, le 10 mars 1818. Dès l'âge de treize ans, il publiait sa première composition et à dix-sept avait déjà fait exécuter six ouvertures à grand orchestre au théâtre de Brescia. Nommé maitre de chapelle à l'église San Filippo, vers cette époque, il écrivit une *Messe* pour la semaine sainte et des *Vêpres* à grand orchestre. A Parme, en 1836, il joua devant Paganini, qui, enchanté de son jeu, le pressa dans ses bras en l'engageant à voyager au plus vite. (*Viaggiate subito!*) L'année suivante il était à Milan, où il se fit entendre à la Scala, « au Casino dei nobili » et ailleurs avec un grand succès, publia diverses compositions pour le violon, des romances, etc., et fut le promoteur des sociétés de musique de chambre, exécutant les œuvres classiques, principalement celles de Beethoven, qu'il admirait par-dessus tout. En 1840, l'avocat et professeur d'éloquence Buccelini, qui était son parrain, le mit en état de faire un grand voyage; il visita Venise, Trieste, Dresde, Vienne, Berlin (où il reçut la grande médaille d'or du mérite dans les arts), Pesth, Varsovie, etc., se faisant tour à tour applaudir comme virtuose et comme compositeur. De retour en 1846, il parcourut l'Italie entière, sauf la Sicile, dans une marche triomphale; puis il visita la France et l'Espagne dans les mêmes conditions, toutes les sociétés philarmoniques s'empressant à se l'associer. Il était à Paris en 1852, et s'y fit entendre au Théâtre-Italien et au Gymnase. Revenu dans son pays, M. Bazzini s'occupa plus sérieusement de composition. Il a donné à la Scala, de Milan, en janvier 1864, un opéra: *Turandos*, qui n'a pas réussi. C'était le début *en ce genre de ce grand artiste, qui, n'étant plus un* jeune homme, ne jugea pas à propos de renouveler l'expérience et regretta sans doute de ne l'avoir pas tentée plus tôt. Il a été nommé, en 1872, professeur de contre-point et de haute composition au Conservatoire de Milan. — On cite tout particulièrement, parmi les compositions que M. Bazzini a écrites pour le violon: sa deuxième fantaisie sur la *Sonnambula*, une fantaisie de concert sur *Il Pirata*, le *Carillon d'Arras*, air flamand vario; fantaisie sur la *Straniera*, un concerto militaire, des morceaux fantastiques, des sonates. On lui doit également quelques compositions vocales: *Il Povero fanciullo, Chi ami? Ostriche del fusaro*, etc., et des psaumes, principalement celui de la *Résurrection du Christ*; des symphonies-cantates, des ouvertures, notamment celle de *Saül*, etc., etc.

BEACH, sir Michael Edward Hicks, baronet, homme d'État anglais, né à Londres en 1837. D'Eton, où il commença ses études, il *fut envoyé* à Oxford, Christ-Church, où il prit ses grades, en 1858 de bachelier, et en juin 1861 de maitre ès arts. En juillet 1864, il fut élu membre de la Chambre des communes par le district est du comté de Gloucester, comme candidat conservateur; en quelle qualité il continue de représenter ce district. Il a été secrétaire parlementaire du Comité de la loi des pauvres, de février à décembre 1868, sauf pendant quelques semaines où il remplit les fonctions de sous-secrétaire d'Etat au département de l'Intérieur. Au retour au pouvoir du parti conservateur, en février 1874, sir M. H. Beach a été choisi comme *Chief secretary* pour l'Irlande. Entré dans le cabinet à la modification qui eut lieu le 16 août 1876, il remplaça lord Carnarvon, démissionnaire, au ministère des colonies, *en février 1878. En avril 1880, il quitta le pouvoir* avec ses collègues. Il reprit son portefeuille dans le cabinet Salisbury, en juin 1885, pour le perdre de nouveau le 1er février 1886, lorsque l'annonce du bill de suppression de la Ligue nationale irlandaise, faite à la Chambre par sir Michaël lui-même, ayant détaché les 86 députés parnellistes des intérêts du gouvernement conservateur, celui-ci, se trouvant en minorité, dut céder la place aux libéraux. — Sir Michaël H. Beach est magistrat et député-lieutenant du comté de Gloucester Après la dissolution de la Chambre des Communes (juin 1886), il a été réélu avec 2,018 voix de majorité.

BEALE, Lionel Smith, *savant médecin anglais, né à* Londres en 1828, a fait ses études au Collège du roi, où il est aujourd'hui professeur de pratique médicale, après y avoir occupé la chaire de physiologie générale et d'anatomie pathologique, et médecin principal de l'Hôpital. Il a été élu, en 1859, membre du Collège des médecins; il est, *en outre*, *fellow honoraire* du Collège du roi, membre de la Société royale de Londres, de la Société médicale de Suède, des Sociétés micrographiques de New-York et de Californie, ainsi que d'un grand nombre d'autres sociétés médicales et savantes, tant nationales qu'étrangères, et auteur d'un grand nombre d'ouvrages sur la médecine, la physiologie, l'anatomie, la chimie médicale, la micrographie, etc., parmi lesquels nous citerons: *the Microscope in its applications to practical medicine (1855); How to work with the microscope* (Manière d'opérer avec le microscope, — 1857); *the Structure of the tissues of the body* (Structure des tissus du corps); *the Anatomy of the liver* (Anatomie du foie); *Urine, urinary deposits*, etc. (De l'urine, dépôts urinaires, calculs, — 1860, ouvrage traduit en français), *Protoplasm: or life, matter and mind* (Forme primitive ou vie, matière et esprit); *Desease germs, their supposed and real nature*, etc. (Des germes de maladie et de leur nature réelle ou supposée); *Life theories, their influence upon religious thought* (Théories de la vie, leur influence sur le sentiment religieux, — 1871); *the Mystery of life: Facts and arguments against the physical doctrine of vitality, in reply to Dr Gull* (le Mystère de la vie: faits et arguments contraires à la doctrine médicale de la force vitale, réponse au Dr Gull, — 1871); *the Physiological anatomy and physiology of man* (Anatomie physiologique et physiologie de l'homme), en collaboration avec le Dr Todd et M. Bowman. Il a, en outre, présenté à la Société royale divers mémoires sur des questions de physiologie et d'anatomie médicales, etc., lesquels ont eté publiés dans les *Philosophical Transactions* et dans les *Proceedings* de ladite société; a été rédacteur en chef des *Archives of Medicine*, et a collaboré à la *Lancet*, au *Medical Times and Gazette*, à la *Medical and chirurgical Review*, au *Microscopical Journal*, etc.

BEAUCHAMP (de), Louis Evariste Robert, maitre de forges et homme politique français, né à Lhommaizé (Vienne) le 1er avril 1820. Devenu maire de sa commune natale, il fut élu, en 1846, conseiller général de la Vienne pour le canton de Lussac, devint vice-président de ce conseil et entra en 1854 au Corps législatif, comme candidat officiel dans la première circonscription de la Vienne, en quelle qualité il fut réélu en 1857, 1863 et 1869. Dans cette dernière session du régime impérial, M. de Beauchamp fut élu secrétaire du Corps législatif. Rentré dans la vie privée après la chute de l'Empire, M. de Beauchamp échoua dans une élection partielle pour l'Assemblée nationale qui eut lieu dans la Vienne en 1874, mais il fut élu député de l'arrondissement de Montmorillon le 20 *février* 1876 et réélu le 14 octobre 1877; il échoua de nouveau aux élections générales du 21 août 1881. Porté aux élections sénatoriales du 8 janvier 1882, il n'obtint au premier tour qu'une minorité peu rassurante et se retira au second tour devant la candidature du général de Ladmirault. Sa persévérance fut enfin récompensée, et il fut élu sénateur de la Vienne à une élection complémentaire. — M. de Beauchamp est commandeur de la Légion d'honneur depuis 1869.

BEAUJOINT, Jules, publiciste et romancier français, né en 1830 à Grandpré (Ardennes). Il débuta en 1848, étant encore au collège, dans le *Propagateur des Ardennes. Compromis après le coup d'État et refugié* en Belgique, il rédigea pendant trois ans, à Bruxelles, un journal socialiste. Ses articles, la publication du récit de la grande évasion des 21 de l'*Ile du diable* et ses révélations sur le pénitencier de Cayenne, le firent bannir de Belgique par ordonnance royale. Rentré à Liège pour y voir Blanqui, il fut arrêté et condamné pour rupture de ban. Les démocrates belges protestèrent contre sa condamnation. — Rentré à Paris, à tous risques, en 1863, M. Jules Beaujoint ne s'occupa plus que de littérature. Il publia un grand nombre de romans, dont quelques-uns ont eu un succès de lecture. Nous citerons: les *Nuits de Paul Niquet*; les *Oubliettes du Grand Châtelet*; la *Belle Bordelaise*; les *Mémoires d'un agent de police*; l'*Histoire des Tuileries*; l'*Histoire du Palais-Royal; Cartouche, roi des voleurs*; le *Capitaine Mandrin, l'Auberge de Peirebeilhe*. Plusieurs de ces ouvrages sont signés du pseudonyme de « Jules de Grandpré. » M. J. Beaujoint appartient depuis 1867 à la Société des gens de lettres.

BEAUMONT (de), Charles François Edouard, peintre

français, élève de Boisselier, né à Lannion (Côtes-du-Nord) en 1820. Il débuta de bonne heure au Salon, par des paysages, tout en s'occupant activement de l'illustration d'ouvrages de librairie, notamment de l'édition de *Notre-Dame de Paris* publiée par Perrotin en 1845. On cite parmi les expositions de cet artiste, qui a abordé tous les genres : les *Ecueils de la vie (1855)*; les *Femmes chassant la vérité (1864)*; *Andromède (1866)*; *Circé (1867)*; la *Part du Capitaine*, *Léda (1868)*; *Quærens quem devoret*, les *Femmes sont chères (1870)*; la *Fin d'une chanson*, « *Où diable va-t-il se nicher?* » *(1873)*; *Bête comme une oie*, *Tête folle (1874)*; *Au soleil (1875)*; *A qui parler (1876)*; des aquarelles, lithographies, etc. — M. de Beaumont a obtenu une médaille en 1870, une médaille de 2e classe en 1873 et la croix de la Légion d'honneur en 1877.

BEAUQUIER, Charles, littérateur et homme politique français, né à Besançon le 19 décembre 1833. Il fit ses études littéraires en province, puis vint à Paris où, tout en suivant les cours de l'Ecole de droit, il se faisait admettre à l'Ecole des chartes. Reçu archiviste-paléographe, il s'occupa de journalisme, de critique musicale principalement, mais ne tarda guère à faire aussi de la politique, et de la politique démocratique. Il collabora d'abord au *Figaro* hebdomadaire, au *Ménestrel*, à la *Gazette musicale*; puis à la *Tribune* hebdomadaire, au *Réveil*, etc. Il fonda ensuite le *Doubs*, à Besançon. Nommé sous-préfet de Pontarlier le 6 septembre 1870, M. Beauquier donnait sa démission après la signature du traité de paix et allait à Besançon prendre la direction du *Républicain de l'Est*, tué prématurément sous les condamnations; il fonda alors la *Fraternité (1875)*. M. Beauquier faisait partie du Conseil général du Doubs depuis 1871 et du Conseil municipal de Besançon depuis 1873 lorsqu'il fut élu député de l'arrondissement dont cette ville est le chef-lieu, le 20 avril 1880. Il donna alors sa démission de conseiller municipal et vint prendre place à la Chambre sur les bancs de l'extrême gauche, aux actes parlementaires et extraparlementaires de laquelle il s'associa franchement; réélu en 1881, au scrutin de ballottage du 4 septembre, M. Beauquier était élu député du Doubs sur la liste républicaine unique, le 4 octobre 1885. Il a voté l'expulsion totale des princes. M. Beauquier, entre autres, est l'auteur d'un projet d'abolition des titres de noblesse que la Chambre a refusé de prendre en considération (26 juin 1886). — Il a publié : *Notice historique et pittoresque sur le Raincy (1865)*; *Philosophie de la musique (1866)*; le *Drame de la musique (1868)*; les *Dernières campagnes dans l'Est (1877)*; et a donné une édition annotée du *Théâtre de Beaumarchais (1872*, 2 vol.)

BEAUREGARD (de), Pierre Gustave Toutant, général américain confédéré, né à la Nouvelle-Orléans (Louisiane), d'une famille d'origine française, en 1818. Il entra en 1833 à l'Académie militaire de West Point, d'où il sortit officier en 1835. Incorporé d'abord dans l'artillerie, il quitta ensuite cette arme pour le génie. Il servit avec honneur dans la guerre du Mexique (1847), et y fut deux fois blessé. Promu au grade de capitaine du génie en 1853, il fut chargé de diriger les travaux de construction des édifices du gouvernement à la Nouvelle-Orléans, notamment l'hôtel de la Monnaie et celui de la Douane, ainsi que ceux des fortifications élevées sur la côte du Golfe. En janvier 1861, il fut nommé directeur de l'Académie militaire de West Point, et conserva ce poste *cinq jours* (du 23 au 28 janvier). C'était l'époque de la rupture entre le nord et le sud des Etats-Unis. M. Beauregard ayant donné sa démission alla rejoindre l'armée confédérée et ouvrit les hostilités par le bombardement du fort Sumter (12 avril 1861). L'armée confédérée s'organisa alors, et M. Beauregard fut nommé général provisoire. Il commandait en cette qualité les troupes confédérées à la bataille de Bull Run (21 juillet), où elles remportèrent sur les fédéraux une victoire complète et qui eut été décisive, si leur général avait su profiter de la panique que ce premier échec avait provoqué chez leurs ennemis. Il commandait en second, sous le général Sydney A. Johnston, à la bataille de Shiloh, ou de Pittsburg-Landing (6 avril 1862). Pendant l'été et l'automne de 1863, il défendit avec succès Charleston assiégée par le général Gilmore, grâce aux fortifications qu'il y avait fait élever. Il eut ensuite à défendre Richmond, menacée par le général Butler, qu'il battit à Drury's Bluff, le 12 mai 1864. Il avait réuni son armée à celle du général Joseph E. Johnston, à l'époque de la reddition de ce général, en avril 1865. A la fin de la guerre, il avait atteint le grade de général au service actif, le plus haut de l'armée, équivalant à celui de maréchal de France. — Après le rétablissement de la paix, le général Beauregard rentra dans les Etats du Sud, où il possède une riche plantation près de la Nouvelle-Orléans. Il est directeur des lignes de chemins de fer de la Nouvelle-Orléans, Jackson et Mississipi, et a été pendant plusieurs années l'un des administrateurs de la loterie d'Etat de la Louisiane.

BEAUSSIRE, Emile Jacques Armand, écrivain et homme politique français, né à Luçon (Vendée), le 26 mai 1824, fit ses études au collège de sa ville natale, à Bourbon-Vendée (La Roche-sur-Yon), et enfin à Paris au collège Louis le Grand. Entré à l'Ecole normale en 1844, il fut reçu agrégé de philosophie en 1848, et docteur ès lettres en 1855. M. Beaussire a été successivement professeur dans divers lycées de province, et professeur de philosophie au collège Rollin et au lycée Charlemagne à Paris. Elu représentant à l'Assemblée nationale par le département de la Vendée, aux élections complémentaires du 2 juillet 1871, il prit place au centre gauche. Réélu, au scrutin de ballottage du 5 mars 1876, par la deuxième circonscription de Fontenay, M. Beaussire échoua le 14 octobre 1877; mais la Chambre ayant annulé l'élection de son concurrent, M. Alfred Leroux, bonapartiste, l'élection du 2 février 1879 qui s'ensuivit lui fut de nouveau favorable. Il ne s'est pas présenté aux élections de 1881 et de 1885. — On doit à M. Beaussire, outre ses deux thèses de doctorat : *Lectures philosophiques, ou Leçons tirées des auteurs dont l'étude est prescrite par l'Université (1857)*; *Notice sur un manuscrit inédit de la bibliothèque de Poitiers (1864)*; *Antécédents de l'Hégélianisme dans la philosophie française (1865)*; la *Liberté dans l'ordre intellectuel et moral (1866)*, ouvrage couronné par l'Académie; *La guerre étrangère et la guerre civile (1871)*. Il a collaboré au *Temps*, à la *Revue politique et littéraire*, à la *Revue des Deux Mondes*, aux *Comptes rendus* de l'Académie des sciences morales et politiques, etc. — Il a été élu membre de ce dernier corps savant, en remplacement de Bersot, le 22 mai 1880.

BEAUVALLET, Léon, romancier et auteur dramatique français, fils du célèbre tragédien mort en 1873, est né à Paris en 1829. Il débuta de bonne heure, tant dans les journaux qu'au théâtre, et publia notamment : les *Femmes de Murger*, avec illustrations de M. Emile Bayard (1851); *Rachel et le Nouveau-Monde*, relation humoristique d'une tournée en Amérique entreprise par l'illustre tragédienne en 1855 et dans laquelle il l'avait accompagnée (1856); les *Femmes de Victor Hugo*, illustrations de Gavarni, Doré, etc. (1862); les *Drames de Montfaucon (1864)*, et quelques autres romans plus dramatiques que vraisemblables insérés principalement dans les petits journaux populaires illustrés. Il a donné au théâtre, le plus souvent avec la collaboration d'auteurs divers et surtout de son frère M. Frantz Beauvallet : les *Femmes de Gavarni (1852)*; *Sur Terre et sur Mer*, 1 acte (1854); le *Roi de Rome*, drame, 5 actes, la *Mariée est trop belle*, comédie (1855); le *Guetteur de Nuit*, opéra bouffe (1856); *Je ne mange pas de ce pain-là* et le *Signor Pulcinella (1857)*; la *Fille du Chansonnier*, drame, 3 actes; *Ninon et Ninette*, vaudeville (1858); *A Chaillot l'Exposition! (1867)*; le *Crime de Faverne*, drame, 7 tableaux (1868); les *Quatre Henri*, drame, 6 actes, et le *Sacrilège*, drame, 5 actes (1869); le *Fils d'une Comédienne*, drame, 5 actes (1874); les *Femmes de Paul de Kock*, pièce, 9 tableaux et *Auguste Manette*, drame 5 actes (1875); les *Jolies Filles de Grévin*, pièce, 5 actes et *Loup y es-tu?* revue (1876); la *Vicomtesse Alice*, drame, 5 actes; la *Belle Polonaise*, pièce, 3 actes; les *Mille et une Minutes*, féerie, 5 tableaux (1882), etc.

BÉCEL, Jean Marie, prélat français, évêque de Vannes, né à Beignon (Morbihan), le 1er août 1825; commença ses études au petit séminaire de Sainte-Anne, et alla les achever au grand séminaire de Vannes. Sorti sous-diacre, en 1846, du grand séminaire, il remplit les fonctions de précepteur particulier dans diverses familles jusqu'en 1859. Il avait été ordonné prêtre en 1851. Nommé, en 1859, vicaire de la Trinité, à Paris, par l'influence du cardinal Morlot, il retournait à Vannes, comme chanoine, curé-archiprêtre de la cathédrale, en 1864, et était nommé peu après vicaire général. L'évêque de Vannes, Mgr Cazallhan, ayant donné sa démission, M. Bécel fut nommé à sa place, par décret du 30 décembre 1865, et sacré à Paris, à l'église Notre-Dame des Victoires, le 25 juillet suivant. En 1869, il prêcha la carême, dans la chapelle des Tuileries, en présence de la famille impériale. Mgr Bécel assistait au concile du Vatican, parmi les plus fermes appuis de la papauté infaillible. — Aux élections générales du 20 février 1876, Mgr Bécel s'est signalé par son hostilité envers la candidature de M. l'abbé Cadoret et l'appui utile qu'il n'hésita pas à donner ouvertement à son concurrent, M. le comte de Mun, dont l'élection examinée par la Chambre, le 24 mars 1876, donna lieu à une enquête dont les conclusions, l'invalidation de M. de Mun, furent adoptées dans la séance du 13 juillet suivant. — Mgr Bécel est chevalier de la Légion d'honneur, depuis 1867; il a été nommé la même année membre de l'Académie catholique de Rome. On lui doit quelques petits traités d'éducation religieuse écrits au temps de son préceptorat.

BECHARD, Frédéric, écrivain français, né à Nimes, le 28 novembre 1824; fit ses études à Paris, au collège Henri IV, suivit les cours de l'Ecole de droit et se fit admettre au barreau en 1846. Dès l'année suivante, il débutait au théâtre par une comédie en 3 actes : les *Tribulations d'un grand homme* (Odéon, 1847). Après la révolution de février, il fut envoyé comme sous-préfet à Lectoure (1849), puis à Montargis (1850). Rendu à la vie littéraire, il fut tour à tour collaborateur de l'*Artiste*, la *Mode nouvelle*, la *Revue de Paris*, le *Correspondant*, la *Patrie*, la *Gazette de France*, le *Français*, etc. Il a donné au théâtre, outre la pièce citée plus haut : les *Déclassés*, comédie en 4 actes (Vaudeville, 1856); le *Passé d'une femme*, 4 actes (Odéon, 1859); et publié : *De la famille*, mémoire couronné par l'Académie du Gard (1850); les *Existences déclassées*, nouvelles (1859); l'*Echappé de Paris (1861)*; *Jambe d'Argent (1865)*; les *Corbeaux du Gévaudan (1867)*; les *Traqueurs de dot*, avec M. de Pontmartin (1869); *Souvenirs d'un page du czar Nicolas (1870)*, avec le prince Lubomirsky; les *Etats du Languedoc (1871)*; *De Paris à Constantinople (1872)*, etc.

BÉCLARD, Jules, médecin et physiologiste français, fils du célèbre anatomiste P.-A. Béclard, est né à Paris le 17 décembre 1818. Ayant fait ses études médicales à Paris, il fut nommé interne à l'asile de Charenton, se fit recevoir docteur en 1842 et agrégé d'anatomie en 1845. Collaborateur de la *Gazette hebdomadaire de médecine et de chirurgie*, il publia en 1851 une nouvelle édition des *Eléments d'anatomie générale* de son père, augmentée de nombreuses additions et, à partir de la quatrième édition (1865), d'un *Précis d'histologie*. On a, en outre, de M. J. Béclard : *Hygiène de la première enfance (1852*, in-12); *Traité élémentaire de physiologie humaine, comprenant les principales notions de la physiologie comparée (1855)*, ouvrage traduit dans la plupart des langues européennes; le *Système cartilagineux (1864)*. M. J. Béclard a traduit en outre, avec M. Marc Sée, les *Eléments d'histologie humaine*, de Kœlliker, et collaboré au *Dictionnaire encyclopédique des sciences médicales* du Dr A. Dechambre, aux *Mémoires de l'Académie de médecine*, etc. Elu membre de l'Académie de médecine en 1860, il en est le secrétaire perpétuel depuis 1862 et, outre la lecture de divers mémoires, a prononcé devant cette assemblée savante les éloges de *Gerdy (1867)*, de *Rostan (1868)*, de *Velpeau (1869)*, de *Trousseau (1870)*, *Cruveilhier (1875)*, etc. Il a été appelé, en 1872, à la chaire de physiologie de la Faculté de médecine, dont il est devenu doyen en 1886. M. J. Béclard a été élu, le 15 octobre 1871, conseiller général de la Seine pour le canton de Charenton. Aux élections sénatoriales de janvier 1876, le nom de M. Jules Béclard parut sur une liste proposée par le *Journal des Débats*, mais l'honorable conseiller général, dans une réunion d'électeurs sénatoriaux, désavoua ce journal dont la liste mêlait son nom à des noms beaucoup trop « conservateurs »; sa candidature, franchement républicaine, fut toutefois écartée. — Officier de la Légion d'honneur depuis 1867, M. J. Béclard a été promu commandeur de l'Ordre en 1886.

BECQUEREL, Alexandre Edmond, physicien français, né à Paris le 24 mars 1820. Admis à l'Ecole polytechnique en 1838, il ne profita pas de cette admission et devint aide-naturaliste au Muséum, puis professeur de physique au Conservatoire des Arts et Métiers et à l'Institut agronomique de Versailles. Collaborateur de son père, il l'assista dans ses plus importantes recherches ainsi que dans la préparation de quelques-uns de ses ouvrages. M. Edmond Becquerel est membre de l'Académie des sciences. Il a été nommé, le 11 août 1876, membre de la commission chargée de l'étude des questions relatives à l'organisation de l'Institut agronomique, dont il devint professeur; il a en outre remplacé son père, décédé, à la chaire de physique appliquée à l'histoire naturelle du Muséum, en 1878. — On lui doit : *Eléments de physique terrestre et de météorologie*, avec M. A. C. Becquerel (1847); *Mémoire sur les lois qui président à la décomposition électro-chimique des corps (1849)*; *Recherches sur les effets électriques produits au contact des corps solides et liquides en mouvement (1855)*; *Traité de l'électricité et du magnétisme*, avec son père, A. C. Becquerel (1855-56, 2 vol.); *Résumé de l'histoire de l'électricité et du magnétisme (1858)*, avec le même; la *Lumière, ses causes et ses effets (1867-68*, 2 vol.); les *Phénomènes lumineux de l'atmosphère (1873)*; *Des forces physico-chimiques et de leur intervention dans la production des phénomènes naturels (1875)*; de nombreux *Mémoires* ou *Notes* relatifs à des recherches sur l'électricité, le magnétisme, l'analyse spectrale, etc., faits seul ou en collaboration, et insérés pour la plupart aux *Comptes rendus* de l'Académie des sciences. — M. Edm. Becquerel est commandeur de la Légion d'honneur depuis le 29 décembre 1881.

BEECHER, Henry Ward, théologien et célèbre prédicateur américain, né à Litchfield (Connecticut) le 24 juillet 1813. Il fit ses études au collège d'Amherst, où il reçut son diplôme en 1834, puis étudia la théologie. Il s'établit d'abord, ses études terminées, comme ministre presbytérien, à Lawrenceburg (Indiana) en 1837, puis, en 1839, à Indianopolis; il devint enfin pasteur de l'église de la Congrégation de Plymouth, à Brooklyn (New-York) en 1847. A dater de son établissement à Brooklyn, M. Beecher sut rassembler autour de lui le plus nombreux auditoire qu'aucun prédicateur américain eût jamais vu. Son église, qui peut contenir aisément 3,000 personnes, est non seulement pleine, quel que soit le temps, lorsqu'il doit prêcher, mais ce chiffre est souvent doublé et des centaines de personnes se trouvent forcées de renoncer à entrer, pour être venues trop tard. Il est inutile d'insister sur les causes d'un tel succès, qui ne s'est point démenti depuis quarante ans, malgré bien des traverses, bien des tentatives malveillantes, suscitées peut-être par l'envie, et dont nous aurons à nous occuper tout à l'heure. Le genre d'éloquence de M. Beecher n'a aucun point de comparaison chez nous : il joint à une rare énergie, la plus grande puissance de pathétique, l'ironie sanglante ou la plaisanterie fine semées de saillies humoristiques inattendues; il pousse l'art de la description orale au dernier point de perfection; enfin sous sa parole chaude et entraînante, il tient littéralement son auditoire subjugué, pantelant. Il a, en d'autres temps, fait servir ce don précieux de l'éloquence au mouvement anti-esclavagiste, auquel le livre de sa sœur, Mme Beecher-Stowe : la *Case de l'oncle Tom*, apporta incontestablement un si grand secours. M. Henry W. Beecher n'est pas seulement un grand orateur, il possède au plus haut point la faculté du travail infatigable, et s'occupe en conséquence d'une foule de choses étrangères à son ministère. Etant dans l'Indiana, il était rédacteur en chef d'un journal agricole et se livrait en grand à la culture des fleurs. A Brooklyn, il prit la parole, en dehors de son église, un peu partout, parlant en faveur de la paix, de la tempérance, et sur une foule de sujets populaires à l'ordre du jour. Dès que le journal l'*Indépendant* fut fondé (1858), il fut un de ses collaborateurs les plus assidus; il en fut rédacteur en chef de 1861 à 1863. De 1870 à 1880, il fut rédacteur en chef d'un journal religieux hebdomadaire de grand format : l'*Union chrétienne*, quoique n'ayant pas cessé de collaborer à une foule de publications périodiques littéraires ou religieuses. Il possède une galerie de tableaux et de sculptures très remarquable et, à sa campagne de Peekskill, il cultive les plus vastes, les plus beaux et les plus variés jardins fleuristes des Etats-Unis. M. Beecher a fait deux voyages en Europe; pendant le dernier (en 1864), il fit de nombreux discours dans les principales villes de la Grande-Bretagne, sur les questions que soulevait la guerre de Sécession, alors en pleine activité. Il en a entrepris un troisième en 1886. Le 18 juin, il quittait New-York pour Liverpool sur le steamer *Etrurie*

escorté par toute la congrégation de l'église de Plymouth, réunie dans un grand bateau, jusqu'à Sandy-Hook. On peut juger à ce trait en quelle estime cette congrégation tient son pasteur.

Un paroissien de M. Beecher fondait en 1871, à l'Ecole de théologie du collège d'Yale, une chaire de lectures *Sur les meilleures méthodes de Prédication*, à la condition qu'elle serait occupée par le célèbre prédicateur de Brooklyn. Il y donna sa première série de lectures en 1872, et sa dernière en 1874. Ses sermons hebdomadaires de Brooklyn ont été, depuis 1859, recueillis par la sténographie et publiés, et forment aujourd'hui une collection de vingt volumes portant ce titre : *The Plymouth Pulpit* (La chaire de Plymouth). Il a publié en outre : *Discours aux jeunes gens* (Lectures to young men); *Activité et Paresse* (Industry and Idleness); *Pensées sur la vie* (Life Thoughts); *Sermons sur la Liberté et sur la Guerre; Collection des hymnes et airs de Plymouth; Norwood*, roman, d'abord publié dans le « New York Ledger » (1867); *Exercices du soir et du matin; Sermons* (Sermons from published and un published sources — 1870, 2 vol.); *Vie du Christ* (1er volume, 1871; 2e vol., 1872); *Lectures sur la Prédication, faites au collège d'Yale (1872-74*, 3 vol.), etc., etc.

Dans l'été de 1874, un M. Théodore Tilton, associé d'abord, puis successeur de M. Beecher à la direction de l'*Indépendant*, accusa celui-ci, par la voie de la presse, de rapports criminels avec Mme Tilton. Un comité de la congrégation de Plymouth s'empara aussitôt de l'affaire, et déclara l'accusation absolument dénuée de fondement. En attendant, M. Tilton n'en intenta pas moins un procès civil à M. Beecher, lui réclamant 500,000 francs de dommages-intérêts. Ce procès a eu ce dénouement curieux (juillet 1875), qu'après *cent treize* jours d'audience et huit jours consécutifs de délibération, le jury ne put s'entendre sur le verdict à prononcer, et que la Cour se trouva contrainte, à la fin, de renvoyer dos à dos plaignant et défendeur.

Orateur très recherché, comme nous l'avons montré, les conférences et les sermons de M. Beecher lui rapportent un revenu des plus respectables. C'est ainsi que les journaux américains annonçaient en 1876 qu'il s'était engagé à faire des « lectures » pendant quatre-vingts soirées de la saison d'hiver 1876-77 moyennant 200,000 fr. (40,000 dollars), prix très rémunérateur à ce qu'il semble. — En 1878, M. H. W. Beecher déclara à la Congrégation de Plymouth qu'il ne croyait pas à l'éternité des peines, attendu que rien de plus cruel et de plus faux que la continuité des souffrances quand tout espoir de réforme est perdu ne pouvait être imaginé. Il rompit en conséquence avec l'association des églises congrégationalistes en 1882; mais on a vu plus haut que l'église de Plymouth lui est demeurée fidèle. — Il débarquait à Liverpool le 26 juin 1886.

Ses trois frères Edward, Charles et Thomas-Kennikut Beecher, également pasteurs d'églises congrégationalistes, ont publié quelques ouvrages de dévotion.

BEECHER-STOWE, Harriet E. — Voy. **Stowe** (dame), H. E. Beecher.

BÉHIC, Louis Henri Armand, administrateur français, ancien ministre, né à Paris le 15 janvier 1809. Ses études terminées et reçu licencié en droit, il fut attaché dès 1826 à l'administration des finances. Il prit part à l'expédition d'Alger en 1830, comme payeur de l'armée, devint, en 1845, inspecteur général des finances et fit en cette qualité plusieurs voyages aux colonies. A son retour des Antilles, il entrait au ministère de la marine et des colonies comme directeur du contrôle et de la comptabilité. Elu en 1846 député d'Avesne (Nord), il fut élu en 1849 conseiller d'Etat par l'Assemblée législative. Après le coup d'Etat de décembre, M. Béhic reprit la direction des forges et hauts fourneaux de Vierzon, qu'il avait déjà tenue après février, et devint, en 1853, inspecteur général du service maritime des Messageries impériales, puis administrateur et président du conseil d'administration de cette compagnie. Le 23 juin 1863, M. Béhic était appelé au ministère de l'agriculture, du commerce et des travaux publics, en remplacement de M. Rouher; démissionnaire au commencement de 1867, il était nommé le même jour (20 janvier) sénateur et grand'croix de la Légion d'honneur. Après le 4 septembre 1870, M. Béhic est rentré dans la vie privée, dont les élections sénatoriales de janvier 1876 l'ont fait sortir de nouveau. Elu sénateur de la Gironde, au troisième tour de scrutin, M. Béhic a pris place sur les bancs du parti de l'Appel au peuple. — Son mandat ne lui a pas été renouvelé aux élections du 5 janvier 1879.

BELCASTEL (de), Jean-Baptiste Gaston Gabriel Marie Louis de Lacoste, homme politique français, sénateur, né à Toulouse le 26 octobre 1821; il fit ses études à l'institution des Jésuites de Vaugirard et son droit à Paris, et fut reçu licencié en 1841. Il retourna alors dans la Haute-Garonne, où il s'occupa d'agriculture et de travaux littéraires. Un *Discours sur le progrès*, écrit pour le concours de l'Académie des jeux floraux, en 1850, ayant été couronné, il devint membre de cette académie en 1853, puis membre de la Société d'agriculture de la Haute-Garonne, à la suite d'articles sur les *Céréales*. Pendant plusieurs années, M. de Belcastel a résidé aux îles Canaries; il a repris, au retour, ses occupations agricoles et littéraires. Le 8 février 1871, les électeurs de la Haute-Garonne envoyaient siéger M. de Belcastel à l'Assemblée de Bordeaux où il prit place à l'extrême droite. Légitimiste et clérical ultramontain intransigeant, ses actes et ses discours ont toujours été marqués au coin de la plus entière franchise. Il fut le seul membre de l'Assemblée qui vota contre la proposition qui nommait chef du pouvoir exécutif de la République M. Thiers, bien qu'il ne dût pas rester le seul à le combattre lorsqu'il fut au pouvoir. Cet incident sert à fixer le véritable caractère de M. de Belcastel et l'importance de l'abîme qui le sépare de ses coreligionnaires politiques. Au mois d'octobre 1871, il envoyait au pape une adresse pour protester contre les « usurpations sacrilèges » de l'Italie et reconnaître sur nouveaux frais l'infaillibilité du successeur de saint Pierre. Plus de quarante membres de l'Assemblée signèrent, paraît-il, cette adresse avec M. de Belcastel, mais, sauf M. Combier, aucun ne jugea bon de s'en vanter. L'un des promoteurs des pèlerinages de 1873, c'est encore à son initiative et à sa persévérance qu'est due la construction de l'église du Sacré-Cœur sur la butte Montmartre. De même qu'il avait combattu M. Thiers, chef du pouvoir exécutif « de la République », il ne pouvait appuyer le maréchal Mac-Mahon en la même qualité, aussi son nom figure-t-il parmi les huit qui s'abstinrent dans le vote sur la prorogation des pouvoirs du président de la République. — Lors de la coalition d'une partie de l'extrême droite et des gauches en vue des élections des sénateurs inamovibles, M. de Belcastel, fidèle à ses principes, refusa d'y prendre part et, en fait, refusa le siège d'inamovible qui eût été certainement le prix de sa complaisance. Il ne fut élu sénateur du département de la Haute-Garonne qu'au troisième tour de scrutin et avec l'appui évident des républicains, qui le lui accordèrent tant à cause de la loyauté de son caractère qu'en haine du bonapartisme. — Son mandat expirait en 1879, et il ne lui a pas été renouvelé.

Outre les travaux cités, on a de M. de Belcastel divers ouvrages religieux et politiques, une brochure sur l'*Irrigation*, une étude sur les *Iles Canaries et la Vallée d'Orotava*, au point de vue hygiénique (1862); la *Citadelle de la liberté, ou la Question romaine au point de vue de la liberté du monde (1867); Ce que garde le Vatican (1871)*, etc. Il a collaboré à plusieurs journaux ou publications périodiques de province et à l'*Univers*. — M. de Belcastel est décoré de l'ordre de Pie IX (2e classe).

BELEZE, Guillaume Louis Gustave, professeur et écrivain français, né à Montpellier, le 21 août 1803, fit ses études au collège de sa ville natale et fut admis à l'Ecole normale en 1821. Cette école ayant été licenciée en 1823, M. Belèze se voua à l'enseignement libre et n'abandonna cette carrière que pour prendre la direction d'une grande institution à Paris, en 1831. M. Belèze a publié : un *Cours complet d'enseignement élémentaire*, en 20 volumes, qui eut un très grand succès; quelques éditions classiques de textes grecs et latins, avec traductions interlinéaires et en regard; *Jeux des adolescents (1855)*; un grand *Dictionnaire universel de la vie pratique à la ville et à la campagne (1859*, 4e édition, 1873); un *Dictionnaire des noms de baptême (1863)*; le *Livre des ménages, nouveau manuel d'économie domestique*; un *Dictionnaire d'instruction primaire (1877)*, etc. Il a collaboré au *Répertoire de littérature ancienne et moderne*, et donné la traduction de *Jugurtha* aux classiques latins de M. Nisard. — Retiré de l'enseignement en 1852, M. Belèze a été décoré de la Légion d'honneur en 1869.

BELIZAL (vicomte de), Louis Adolphe Marie de Gouzillon, homme politique français, petit-fils d'un héros de Quiberon, né à Saint-Brieuc, le 6 mars 1834. Conseiller général des Côtes-du-Nord depuis 1872, il fut élu député de la deuxième circonscription de Saint-Brieuc le 21 février 1876 et réélu le 14 octobre 1877 et le 21 août 1881. Légitimiste et clérical. M. de Belizal siégea à l'extrême droite de la Chambre, vota et agit en conséquence. Il fut élu député des Côtes-du-Nord le 4 octobre 1885, en tête de la liste réactionnaire.

BELL, John, sculpteur anglais, né à Norfolk en 1811. Il exposa, pour la première fois, à l'Académie royale, en 1832, un « groupe religieux ». Ce groupe fut suivi de : une *Jeune fille à la fontaine; Psyché enlevée par les Zéphyrs; Psyché donnant à manger à un cygne*; un *Saint Jean-Baptiste*. Il exposa en 1837 le modèle de son *Berger tirant sur un aigle*, groupe qui fut ensuite exposé, en 1844, à Westminster Hall et en 1851, à l'Exposition internationale de Londres. En 1841, il exposa sa *Dorothée*, devenue bientôt populaire en Angleterre, grâce aux réductions qui en furent faites. La première statue qui fut commandée à M. Bell pour les nouvelles Chambres du Parlement est celle de *Lord Falkland*. On cite encore parmi ses autres œuvres : les *Enfants dans la forêt*; une *Andromède* (bronze) achetée par la reine Victoria; *Sir Robert Walpole*, pour Saint-Stephen's Hall; *Miranda; Imogène*; le *Dernier baiser*; le *Refuge de la colombe; Hérode frappé sur son trône*; la *Croix de la prière; Una et le lion; Cromwell*; le poète *James Montgomery*, pour Sheffield, etc.; sans compter les bustes et les statuettes. A Westminster Hall, en 1844, le sculpteur John Bell exposait un carton intitulé l'*Ange à la Colonne*, qui fit partie ensuite des *Compositions d'après la liturgie romaine*. Il a exécuté le monument de *Wellington* dans Guildhall, avec les figures colossales de la Paix et de la Guerre; et la statue en marbre de la *Science armée*, à Woolwich, d'abord présentée à l'Exposition universelle de Paris. Parmi les travaux publics qui lui furent confiés, on doit citer le « Mémorial » des Gardes, sur la place de Waterloo, Pall Mall; le « Mémorial » de l'artillerie de Crimée, sur la parade de Woolwich. M. Bell, qui est l'auteur d'un *Manuel de dessin à l'usage des artisans*, des *Premières sensations du goût*, des *Drames d'Ivan*, etc., s'est beaucoup occupé d'art décoratif et a reçu la médaille de la Société des arts en 1859. Il faut citer au nombre des travaux qu'il a exécutés dans ces derniers temps, et dont aucun n'a été préalablement exposé, la statue en marbre de *Lord Clarendon*, qui se trouve dans le grand salon du Foreign Office, Drowning street. Il a été également employé à l'achèvement du monument élevé dans Hyde Park à la mémoire du prince Albert, et dont il exécuta le groupe colossal des *Etats-Unis conduisant l'Amérique au Progrès*, lequel occupe l'angle nord-ouest de la base du monument. Une réduction en terre cuite de ce groupe était installée au milieu de la section des Beaux-Arts à l'Exposition de Philadelphie (1876).

BELL, Isaac Lowthian, chimiste et ingénieur anglais, né en 1816. Ayant terminé ses études scientifiques faites à l'université d'Edimbourg, puis à Paris, il entra dans l'établissement de Walker (forges et hauts fourneaux), dont il prit peu après la direction. Il fut attaché, en 1850, aux hauts fourneaux de Washington, dans le comté de Durham, alors dirigés par son beau-père, feu H. L. Pattinson. Il donna une grande extension à cet établissement et fit élever des constructions considérables pour servir à la fabrication de l'oxychlorure de plomb, mordant découvert par Pattinson. Il cessa, en 1873, d'être associé à ces travaux, qu'il abandonna aux autres gendres de M. Pattinson. Il avait, avec ses frères, MM. John et Thomas Bell, fondé à Clarence sur la Tees, en 1852, une des premières et, encore aujourd'hui, des plus considérables fonderies de fer de cette rivière, et à laquelle sont réunies d'immenses mines de charbon et de minerai de fer. M. Bell a été un collaborateur assidu de beaucoup de sociétés savantes sur tous les sujets en rapport avec la métallurgie du fer, et a récemment tenté, avec succès, des expériences difficiles et laborieuses sur le phénomène chimique de l'explosion des fourneaux. Il est aujourd'hui alderman de Newcastle-sur-Tyne, où il a rempli les fonctions de shériff, fut élu deux fois maire, et reçut, en cette dernière qualité, les membres de l'Association britannique qui venaient tenir un Congrès scientifique dans cette ville, en 1863. Il a fait partie des jurys des Expositions de Philadelphie (1876) et de Paris (1878), et fut fait officier de la Légion d'honneur à la suite de cette dernière.

M. Bell s'était porté candidat libéral dans le district nord de Durham, pour la Chambre des communes, aux élections générales de décembre 1868, mais il échoua. Aux élections générales de février 1874, il renouvela sa tentative et fut élu; mais son élection ayant été invalidée à la suite de protestations des électeurs hostiles à sa candidature, ce fut en vain qu'il la reproduisit : il ne fut pas élu de nouveau. Elu enfin par Hartlepool en 1875, il échoua de nouveau aux élections de 1880. — M. Bell est membre de la Société Royale et de beaucoup d'autres sociétés scientifiques nationales et étrangères.

BELLE, Antoine Dieudonné, homme politique français, né à Montlouis (Indre-et-Loire) le 8 décembre 1824. Avocat du barreau de Tours, puis juge-suppléant au tribunal de cette ville, il devint conseiller municipal et adjoint au maire. Satisfait alors de l'état de choses existant, il appuya le plébiscite en 1870. Pendant la guerre, il servit dans la mobile comme capitaine. Il devint enfin conseiller général d'Indre-et-Loire en 1871 et maire de Tours la même année. Aux élections pour l'Assemblée nationale, M. Belle s'était porté candidat et avait échoué; il se présenta comme candidat nettement républicain le 20 février 1876, dans la première circonscription de Tours, et fut élu; réélu le 14 octobre 1877 et le 21 août 1881, il siégea dans les rangs de l'Union républicaine. Enfin il a été élu le 4 octobre 1885, au premier tour, député d'Indre-et-Loire. — M. Belle a voté l'expulsion des princes (projet Brousse).

BELLECROIX, Ernest, dessinateur et écrivain cynégétique français, né à Alençon le 12 mars 1837. Ses études terminées, il vint à Paris où il se livra au dessin d'illustration, principalement pour des ouvrages d'histoire naturelle ou de chasse publiés par les maisons Firmin Didot, Hachette, Mame, etc. Longtemps collaborateur, par la plume et le crayon, à la *Chasse illustrée*, il est devenu, en janvier 1876, le rédacteur en chef de cette publication spéciale, dont le succès n'a pas tardé à se ressentir de sa collaboration plus active. — On doit en outre à M. Ernest Bellecroix, grand chasseur lui-même, un ouvrage très estimé des disciples de saint Hubert : la *Chasse pratique (1875)*, illustré par l'auteur, lequel lui a valu une médaille de première classe de la Société d'acclimatation. On a encore de cet écrivain : les *Chasses françaises*, le *Dressage du chien d'arrêt*, et, avec MM. de La Rue et de Cherville, les *Chiens d'arrêt français et anglais* (Paris, Didot), etc. M. E. Bellecroix a fait partie du jury de toutes ou presque toutes les expositions canines qui ont eu lieu dans ces dix dernières années soit en France, soit à l'étranger, le plus souvent comme président.

BELLEMARE (Carrey de), général français. — Voy. **Carrey de Bellemare** (de).

BELOCCA (de), Anna, cantatrice russe, née le 4 janvier 1854. Elle est fille d'un conseiller d'Etat de l'empire de Russie, savant distingué, M. de Bellockh, nom qui a été italianisé pour les besoins de la carrière embrassée par sa fille, dont il soigna tout particulièrement l'éducation. Mlle de Bellockh a fait ses premières études musicales à Saint-Pétersbourg, sous la direction de Mme Nissen-Salaman et les a achevées à Paris sous celle de MM. N. Lablache et Strakosch. Connue depuis plusieurs années déjà des salons parisiens, où elle avait ses entrées par droit de naissance et de position sociale, avant d'y être recherchée pour son talent, elle débuta au Théâtre-Italien en 1873, dans la *Cenerentola*. Elle y remporta un éclatant succès; l'Alboni, qui assistait à cette soirée, voulut aller complimenter dans sa loge la jeune débutante et le roi de Hanovre sollicita, par l'entremise de M. Strakosch, la faveur d'entrer en relations avec son père. Mademoiselle de Belocca a joué avec succès sur la même scène divers rôles du répertoire : Rosina, d'*Il Barbiere*, Arsace, de *Semiramide*, etc. Londres nous l'enlevait en 1875 et elle y débutait, à Drury-Lane, le 24 avril, dans *Il Barbiere di Siviglia*. En 1876, Mlle de Belocca traversa l'Atlantique, et en juillet, elle chantait au théâtre de San-Francisco, dont le public l'acclamait avec un enthousiasme tout californien. Elle a continué depuis ses succès à l'étranger.

BELOT, Adolphe, romancier et auteur dramatique français, né à la Pointe-à-Pitre (Guadeloupe) le 6 novembre 1829; fit ses études à Paris, au collège Sainte-Barbe, suivit les cours de la Faculté de droit et se fit

inscrire au barreau de Nancy en 1854. Dans sa première jeunesse il avait beaucoup voyagé dans les deux Amériques. M. Adolphe Belot a débuté dans la carrière des lettres par un roman : *Châtiment (1855)*; en 1857, il faisait représenter à l'Odéon : *A la campagne*, comédie en un acte. Le *Testament de César Girodot*, écrit en collaboration avec M. Edm. Villetard de Prunières, et joué sur la même scène en 1859, eut un succès prodigieux et est passé au répertoire de la Comédie-française. Il avait publié précédemment: *Marthe, Un cas de conscience*, nouvelles (1857). On a de lui, outre les ouvrages cités : *Un secret de famille*, drame en 5 actes, joué à l'Ambigu (1859); la *Vengeance du Mari*, 3 actes (Odéon, 1860); les *Parents terribles*, 3 actes, en collaboration avec M. L. Journault (Odéon, 1861): les *Maris à système*, 3 actes (Gymnase, 1861); le *Vrai courage*, 2 actes (Vaudeville, 1862); les *Indifférents*, 4 actes (Odéon, 1863); *Trois nouvelles*, volume formé des deux nouvelles précédentes et du scenario de la *Vengeance du mari (1863)*; le *Passé de monsieur Jouanne*, 4 actes, en collaboration avec M. Crisafulli (Gymnase, 1865); l'*Habitude et le Souvenir* (1 vol., 1865), transporté au théâtre sous le titre : les *Souvenirs*, comédie en 4 actes (Vaudeville, 1865); la *Vénus de Gordes* (1 vol., 1867), en collaboration avec M. Ernest Daudet, transportée au théâtre sous le même titre, drame en 5 actes (Ambigu, novembre 1875); le *Drame de la rue de la Paix (1868)*, transporté à la scène la même année (Odéon, 1868); *Miss Multon*, 3 actes, adaptation de l'anglais, en collaboration avec M. Eugène Nus (Vaudeville, 1868); l'*Article 47*, paru d'abord en feuilletons dans le journal le *Peuple français* en 1869, transporté à la scène ensuite (Ambigu, 1871); *Mademoiselle Giraud, ma femme (1873)*; le *Parricide (1873)*, en collaboration avec M. J. Dautin; *Dacolard et Lubin*, suite du précédent (1874); les *Mémoires d'un caissier, Hélène et Mathilde*, la *Femme de feu*, transportée à la scène et jouée pour l'ouverture du théâtre de la Renaissance, le 8 mars 1873, pièce en quatre actes et huit tableaux; *Deux femmes; Folies de Jeunesse (1876)*; et un grand roman en 4 volumes, paru précédemment dans le *Journal de Paris* sous ce titre : les *Mystères du grand monde*, devenu le titre du 1er volume; les *Baigneurs de Trouville; Madame Vitel et Mademoiselle Lelièvre* et *Une maison centrale de femmes (1875-76)*. Il a publié plus récemment : *Tête du ponte* et le *Pigeon (1884): Affolée d'Amour (1885)*; les *Cravates blanches*, le *Chantage (1886)*, 2 vol., etc. Plusieurs des romans de M. Adolphe Belot ont dépassé le chiffre énorme de quarante éditions. Parmi les ouvrages récents que M. A. Belot a donnés au théâtre, nous pouvons citer encore : *Fromont jeune et Rissler aîné*, pièce tirée du roman de M. Alph. Daudet, au Vaudeville (1876), les *Etrangleurs de Paris*, drame en 5 actes, à la Porte Saint-Martin (1880); le *Pavé de Paris*, drame en 5 actes, à la Porte Saint-Martin et le *Roi des Grecs*, drame en 5 actes, à la Gaité (1883); *Sapho*, pièce en 5 actes tirée du roman de M. Alphonse Daudet, au Gymnase (1885). — M. Adolphe Belot est chevalier de la Légion d'honneur depuis 1867.

BENAZET, Paul Antoine Théodore, homme politique français, né à Paris le 22 novembre 1843. Reçu avocat, M. Benazet se fit admettre à l'Ecole des Beaux-Arts, dans la section d'architecture, puis fut attaché au ministère d'Etat. Pendant la guerre de 1870-71, il fit la campagne de la Loire comme capitaine de mobiles. Il devint ensuite maire de Mérigny et conseiller général de l'Indre. Elu député de l'arrondissement du Blanc à une élection partielle, en 1878, M. Benazet prit place à droite; il fut élu secrétaire de la Chambre. Réélu le 21 août 1881, il était élu le 4 octobre 1885 député de l'Indre sur la liste réactionnaire.

BENDEMANN, Edouard, peintre allemand, élève de Schadow, né à Berlin le 3 décembre 1811. Il débuta aux expositions de Berlin dès 1831, par une grande toile historique, la *Douleur des Juifs*, qui établit du coup la réputation du jeune artiste. Il exposa ensuite: *Deux jeunes filles à la fontaine (1833)*; *Jérémie sur les ruines de Jérusalem*, pour laquelle il obtint une médaille de première classe au Salon de Paris de 1837. On cite encore de M. Bendemann : la *Moisson*, le *Berger et la bergère*, la *Fille du prince serbe* et un certain nombre d'autres toiles de genre. De retour d'un voyage en Italie, M. Bendemann fut nommé professeur à l'Académie des arts de Dresde et membre du Conseil académique. Il exécuta les grandes et splendides fresques du château royal, travail immense et qui éleva sa réputation à son apogée; chez lui, à Berlin, il peignit aussi une fresque, la *Poésie et les arts*, qui est restée célèbre. Outre les dessins du monument de Jean-Sébastien Bach, on doit encore à cet artiste des portraits d'illustrations historiques allemandes, ainsi que bon nombre d'autres plus modernes. Il a succédé à Schadow, dont il avait épousé la fille en 1838, comme directeur de l'Académie des arts de Düsseldorf. M. Bendemann est correspondant de l'Académie des Beaux-Arts de Paris depuis 1848.

BENEDETTI (comte), Vincent, diplomate français, né en 1815, dans l'île de Corse, fut destiné à la carrière consulaire, déjà parcourue par son père, qui était grec d'origine, et fit ses études en conséquence. Elève-consul, puis consul au Caire, il devint consul à Palerme en 1848, puis secrétaire d'ambassade à Constantinople en 1855. Nommé peu après envoyé extraordinaire en Perse, il refusa ce poste et fut nommé, en 1856, directeur des affaires politiques au ministère des affaires étrangères. Secrétaire du Congrès de Paris, en 1856, il rédigea en cette qualité les protocoles du traité de paix. Ayant rencontré à cette occasion le comte de Cavour, il se lia avec l'illustre homme d'Etat piémontais, dont il partageait les idées relativement à l'unification italienne, et fut nommé ministre plénipotentiaire à Turin, en 1861, c'est-à-dire dès que la France eut officiellement reconnu le royaume d'Italie. Le 5 novembre 1864, M. Benedetti était nommé ambassadeur à Berlin. Au début de la guerre franco-prussienne, dans son numéro du 25 juillet 1870, le *Times* de Londres publiait le texte d'un projet de traité secret entre la Prusse et la France, daté de la fin de 1866, par lequel la France garantissait à la Prusse ses conquêtes en Autriche, promettant de ne pas s'opposer à la réunion fédérative de l'Allemagne du Nord et de l'Allemagne du Sud, etc., tandis que la Prusse, permettant l'annexion de la Belgique à la France, s'engageait à tenir en échec quiconque chercherait à s'opposer à cette conquête. M. de Bismarck, un maître en intrigues diplomatiques, décidément, et auquel il eut sans doute fallu opposer un autre diplomate que M. Benedetti, prétendait posséder la minute de ce projet de traité, écrite de la main même de notre ambassadeur à Berlin. Cela était vrai. Seulement, M. Benedetti affirme que ce projet, rédigé sous la dictée même de M. de Bismarck, n'était qu'une tentative d'entente future sur les bases choisies par le chancelier prussien, non par l'ambassadeur français, et abandonnée aussitôt, d'ailleurs, sur la réflexion que les souverains de Prusse et de France ne consentiraient, pas plus l'un que l'autre, à sanctionner de telles conditions. Le fait est qu'au moment opportun, M. de Bismarck s'en fit une arme contre la France (arme qui lui a sans doute fait plus de mal que les canons Krupp). Vers la fin de 1871, M. Benedetti publia un ouvrage important, sorte de mémoire justificatif: *Ma mission en Prusse*, lequel, bien que passant assez légèrement sur cette affaire, justifie en effet son auteur de l'accusation qu'on a longtemps fait peser sur lui, d'être la cause unique de la guerre de 1870-71 et d'avoir laisser ignorer à son gouvernement la situation formidable de l'ennemi qu'il allait provoquer. M. Benedetti n'a rien laissé ignorer, et le prétexte d'une injure à lui faite par le roi de Prusse à Ems est de pure invention. Le Gouvernement impérial a donc fait la guerre parce qu'il voulait la faire, et, pour y arriver, il a, grâce au concours du cabinet Ollivier, trompé la Chambre et le pays. — Mais il n'en est pas moins vrai que les négociations auxquelles a pris part M. Benedetti n'ont jamais eu un très grand résultat, excepté celles qui avaient pour objet de faire échouer la candidature du prince de Hohenzollern au trône d'Espagne, et qui eurent pour résultat la guerre désastreuse de 1870-71, l'invasion et le démembrement de la France. — M. Benedetti est grand-croix de la Légion d'honneur depuis le 1er septembre 1865, grand officier des ordres des SS. Maurice et Lazare et de l'Aigle noir de Prusse. Il a été créé comte par l'empereur, en 1869.

BENJAMIN, Judah Philip, homme politique américain, né en 1811, à Sainte-Croix (île danoise des Indes occidentales), de parents juifs qui émigrèrent à Savanah (Georgie), en 1816. Il entra au collège d'Yale en 1825, mais acheva ses études à la Nouvelle-Orléans, étudia le droit, fut reçu avocat en 1832 et conquit rapidement un rang distingué dans sa profession. Il fit ses débuts dans la politique, d'abord dans le parti whig; mais il s'en sépara bientôt pour s'attacher d'une manière définitive au parti démocrate, étant en dissentiment avec les whigs sur la question de l'esclavage. Elu membre du Sénat des Etats-Unis en 1852, il fut réélu en 1858. Le 31 décembre 1860, dans un discours mémorable, il déclarait son adhésion à la Confédération des Etats du Sud, se retirait en conséquence du Sénat, le 4 février 1861, et était nommé procureur général par le gouvernement provisoire confédéré. En août suivant, il était nommé secrétaire de la guerre, fonctions dont il se démettait en février 1862, par la raison que ses actes avaient été blâmés par un comité du Congrès. Il n'avait pas cessé, toutefois, de conserver la confiance du président Davis, lequel le nommait, peu après, secrétaire d'Etat, position qu'il a gardée jusqu'à la fin de la guerre de sécession. M. Benjamin ayant été, en fait, l'âme de la rebellion, ses biens furent confisqués, mais sa bibliothèque, rachetée grâce à une souscription publique, lui fut rendue, ce qui prouve l'estime dans laquelle on le tenait dans les Etats du Sud. — Réfugié à Londres après la défaite de son parti, M. Judah P. Benjamin se fit admettre au barreau anglais et alla s'établir à Liverpool où il obtint rapidement une grande réputation de légiste et d'orateur. Il s'est retiré en 1883, ayant refait sa fortune. Il y a publié, en 1866, un *Traité de la loi sur la vente de la propriété personnelle* (Treaties on the law of sale of personnal property).

BENNETT, William Cox, poète et littérateur anglais, fils d'un horloger de Greenwich, où il est né en 1820. Il dut quitter l'école ayant à peine quatorze ans, à cause de la mort de son père, pour aider sa mère dans son commerce. Tout jeune encore, il prit une part active à la formation d'une institution littéraire sur les bases les plus populaires, qui compte plus de 1,200 membres et à laquelle il a réuni une bibliothèque de plus de 12,000 volumes. Son activité s'est d'ailleurs portée de bonne heure vers les réformes ayant pour objet l'éducation du peuple, et dans les trente dernières années, il n'est pas de manifestation ayant un but de cette sorte où il n'ait figuré, s'il ne l'a même provoquée. Il est encore aujourd'hui secrétaire honoraire de la section de Greenwich de la ligue d'éducation nationale, et membre du conseil de cette ligue à Londres. On cite de M. W. Bennett qui, depuis 1843, a publié des poésies de genres divers et des chansons dans plusieurs recueils périodiques: *Poèmes (1850); Verdicts (1852)*; l'*Ecole de Roan, chapitre de l'Histoire pédagogique en Angleterre (1855); Chants de guerre (1855)*; la *Vengeance de la reine Eléonore, et autres poèmes (1857); Baby May, et autres poèmes sur les enfants* (2e édition en 1861); l'*Anneau de mariage usé* (The worn wedding Ring), etc. (1861); la *Politique du peuple (1863); Nos traditions glorieuses, poèmes nationaux (1866); Propositions pour l'entreprise d'une Histoire de la chanson anglaise (1867)*. Une édition complète de poésies de M. Bennett a été publiée en 1862 dans la collection des « British Poets » de M. Routledge. M. Bennett a été également un écrivain politique et est resté attaché, de 1868 à 1870, à la rédaction de la *Weekly Dispatch*, où il faisait indifféremment l'article de fonds, la critique bibliographique ou la chronique courante. Il a été, pendant la guerre franco-prussienne de 1870-71, secrétaire de la Société de bienfaisance pour les réfugiés. M. Bennett est docteur en lois de l'université de Tusculum, depuis 1869. — Depuis plusieurs années, il prépare son *Histoire des chants, chansons, romances et ballades de l'Angleterre et des Etats nés d'elle*, qu'on disait prête, vers la fin de 1875, à mettre sous presse. Nous ne croyons pas que la publication de cet ouvrage ait encore été annoncée.

BENNIGSEN (von), Rudolph, homme politique allemand, né à Lüneberg (Hanovre), le 10 juillet 1824; il fit son droit à Gœttingen et à Heidelberg, se fit recevoir avocat, puis entra dans la magistrature et devint juge à Gœttingen. Envoyé en 1855 à la seconde chambre du parlement de Hanovre par les électeurs de la ville d'Aurich, il dut résigner ses fonctions de juge, l'autorisation royale qui lui eût permis de cumuler les deux fonctions lui ayant été refusée, et siégea sur les bancs de l'opposition libérale, dont il ne tarda pas à devenir le chef. Réélu en 1857 par Gœttingen, M. de Bennigsen rédigea avec ses amis, et publia en 1859, un programme ou projet d'unité allemande, dans lequel il était établi que la Prusse seule pouvait être placée à la tête de l'Allemagne fédérale, programme réalisé depuis par M. de Bismarck. La *Nationalverein* fut fondée, sa première séance eut lieu le 16 septembre 1859, et M. de Bennigsen en fut acclamé président. Cette assemblée ne cessa de poursuivre la réalisation du programme du parti libéral-national, c'est-à-dire l'union allemande sous l'hégémonie prussienne. Lorsqu'en 1866, Georges V, pour avoir agi contrairement aux avis de ce parti, perdit sa couronne, la Confédération de l'Allemagne du Nord fut organisée, rendant désormais inutile la *Nationalverein*, qui se dissolva en conséquence; elle comptait alors 30,000 membres, dont le tiers étaient prussiens. Après l'annexion du Hanovre à la Prusse, M. de Bennigsen devint membre de la Chambre des députés de Prusse et de l'Assemblée fédérale *(Reichstag)* de l'Allemagne du Nord. Pendant la guerre de 1870-71, il fut chargé de missions confidentielles dans le sud de l'Allemagne et à Versailles, ayant pour objet l'unification complète de la patrie allemande. Il eut enfin le bonheur de voir son rêve entièrement réalisé, destin rare chez les réformateurs. Vice-président du Reichstag allemand en 1872, il en devint président à l'ouverture de la session suivante, et n'a pas cessé, depuis, d'être maintenu au fauteuil.

BENOIT (de), Norbert, homme politique français, né au château de Salle, près Saint-Geniez (Aveyron) le 12 mai 1838. Avocat du barreau de Montpellier, M. de Benoit entra dans la magistrature en 1865, comme substitut du procureur impérial à Prades; devenu juge au tribunal de Rodez en 1868, il est un des membres de la magistrature assise atteints par la loi de 1883. M. de Benoit avait déjà échoué, comme candidat réactionnaire dans l'arrondissement d'Espalion, à une élection partielle qui eut lieu le 1er juin 1884, contre M. Denayrouze, républicain; mais il a pris sa revanche aux élections générales du 4 octobre 1885, qui l'ont fait député de l'Aveyron. Il fait partie du groupe parlementaire de l'Union des droites.

BENOIT-CHAMPY, Bernard Gabriel, administrateur et sportsman français, fils du magistrat du même nom, mort le 27 juin 1872, est né à Paris le 31 décembre 1835. Son droit terminé, il aborda la carrière diplomatique, mais la quitta bientôt pour se faire inscrire au barreau de Paris, et devint professeur de droit industriel au lycée Charlemagne. M. Benoit-Champy est surtout connu comme l'un des créateurs du sport nautique en France, et le fondateur du *Yacht club*, société d'encouragement pour la navigation de plaisance en mer, dont il est vice-président. Président du jury des expériences de sauvatage à l'Exposition universelle de 1867, il remplissait, l'année suivante, des fonctions identiques à l'exposition maritime du Havre, et devenait administrateur de la Société centrale de sauvetage. M. Benoit-Champy, qui a quitté le barreau pour l'industrie en 1866, est administrateur du Crédit industriel et commercial. Il est en outre attaché au ministère de la marine en qualité de conseil. — Pendant le siège de Paris, M. Benoit-Champy fit partie, comme capitaine du corps des éclaireurs à cheval de la Seine dits *Eclaireurs Franchetti*, et fut, en cette qualité, promu officier de la Légion d'honneur en février 1871, étant chevalier de l'ordre depuis 1868. — Il a collaboré au *Journal des Débats*.

BENOUVILLE, Achille Jean, peintre français, né à Paris le 15 juillet 1815. Elève de Picot, il débutait au Salon à dix-neuf ans et remportait en 1845 le grand prix de Rome. On cite de cet artiste, qui s'en est toujours tenu au paysage : l'*Etang des Fausses-Reposes (1834)*; les *Bords de la Seine à Bougival (1837)*; la *Forêt de Compiègne (1839); Effet du soir (1844); Ulysse et Nausicaa*, sujet du concours pour le prix de Rome (1845); *Lunghezza (1850); Vue de la villa Doria (1855); Saint-Pierre de Rome vu de la villa Borghèse*, le *Colisée vu des jardins Farnèse* et l'*Anio*, près de Tivoli (1863); le *Colisée vu des jardins du Palatin (1865); Vue de Torre de'Schiavi (1867)*; le *Pic du Midi (1872); Château de Lugagnan dans la vallée d'Argelès; A Bellevue, parc de Mme Dufour*, aquarelle (1873); la *Nive à Itxassou* (B.-Pyr.); *Souvenir des environs de Valmontone* (Italie), l'*Ariccia aux environs de Rome (1874); Dans les bois, Bords de la Nive, près de Cambo; Sentier dans des dunes, de Kraanljelek à Zandwoort, dans les Pays-Bas (1875)*; le *Vallon de Maurevielle dans l'Esterel*, le *Saut du Loup aux environs de Cannes (1876)*; le *Lac d'Albano (1877); Lagarde et le Coudon vus du domaine de Carquecranne, dans le Var (1883)*; le *Bord de l'Aumance près d'Hérisson (Allier)*, la *Via Nomentana* dans la

Campagne de Rome (1884); le *Gué des Malavaux* et la *Cascade de l'Ardoisière, près de Vichy (1885)*; l'*Aumance sous Chateloy* et un *Ruisseau, dans l'Allier (1886)*, etc. — M. Renouville a obtenu une 3e médaille en 1844, une 1re méd. et la croix de la Légion d'honneur en 1863.

BENJAMIN-CONSTANT. — Voy. **Constant**, Benjamin.

BENTLEY, Robert, naturaliste anglais, né à Hitchin, comté de Herts, en 1825. M. R. Bentley est un botaniste distingué, qui s'est tout particulièrement occupé de l'application de la botanique à l'art de guérir. Entré au Collège des chirurgiens en 1867, il est doyen de la Faculté de médecine, professeur de botanique au Collège du roi, à Londres, professeur de botanique et de matière médicale à la Société pharmaceutique de la Grande-Bretagne, professeur de botanique à l'Institution de Londres, après avoir été précédemment attaché, en la même qualité, aux collèges médicaux de l'hôpital de Londres-Middlesex et de l'hôpital Sainte-Marie. M. Bentley a été pendant plusieurs années un membre actif du conseil de la Commission des jardins de la Société royale de botanique, et a présidé le Congrès pharmaceutique britannique en 1866 et 1867; il est membre de la Société linnéenne, associé honoraire du Collège du roi, etc. M. Bentley a collaboré très assidûment au *Pharmaceutical Journal*, dont il a été l'un des directeurs pendant dix ans. Il a publié un *Manuel de botanique*, dont la seconde édition a paru en 1875; il a en outre édité, en société avec MM. le Dr Farre et Warrington, le *Manuel de matière médicale et de thérapeutique*, de Pereira, qui eut une seconde édition en 1872.

BÉRANGER, Paul, homme politique français, né à Saint-Quentin en 1835. Fils d'un avoué de cette ville, il vint faire son droit à Paris, se fit recevoir licencié et entra dans l'étude de son père, auquel il succéda en 1869. Il était membre du conseil municipal de Saint-Quentin et concourut aux mesures prises pour la défense de cette ville contre les Allemands, pendant la dernière guerre. Adjoint au maire, parce qu'il avait refusé d'être maire lui-même, depuis 1881, M. Paul Béranger a été élu député de l'Aisne au scrutin du 18 octobre 1885, sur la liste républicaine. — Il siège à gauche, et dans la question des princes, a voté l'expulsion totale.

BERCHÈRE, Narcisse, peintre français, né à Etampes, en 1822, élève de Ch. Rémond. En 1844, M. N. Berchère envoyait au Salon un *Paysage tiré de Gil Blas*; *Environs d'Avignon*, en 1845, et une *Vue prise à Marlotte*, en 1846. L'année suivante, il partait pour l'Espagne qu'il parcourut en tous sens; puis il visita l'Orient. Ses principales toiles, à compter de cette époque, sont: le *Couvent de Santa Margarida, à Majorque*; *Vue d'Elche* (Murcie); le *Puits de Jacob* (Syrie), une *Mosquée au Caire*; *Vue du Nil*; *Matarieh, aux environs du Caire*; *Campement des Ouled-Saïd*; le *Simoun*; *Passage d'une caravane au gué de la mer Rouge, à Suez*; *Ruines du temple de Rhamsès-le-Grand*; *Environs de Damiette*; *Enfants gardant les moissons des Dourahs*; *Crépuscule après le Simoun*. Nous citerons parmi les plus récentes: *Ancienne piscine du temple de Rhamsès, à Thèbes (1865)*; *Ralliement des caravanes à la halte de nuit (1866)*; les *Funérailles au désert*; *Retour du marché* (Égypte); *Nomades en marche dans la presqu'île de Sinaï (1868)*; *Halage sur une digue du lac Menzaleh*; *Port du vieux Caire sur le Nil (1869)*; *Embouchure du Nil à Lesbeh (1870)*; les *Plaines du Delta au printemps*; *Coup de vent sur le Nil pendant l'inondation*; *Haut Nil à midi (1875)*; *Mahalet-el-Kébir dans la basse Egypte* et la « *Sakieh* », *système d'irrigation usité en Egypte*; une *Noce arabe au Caire*, aquarelle (1876); un *Campement en Egypte (1878)*, etc. Médaillé en 1859, 1861, 1864 et 1878 (3e classe), M. Berchère a été fait chevalier de la Légion d'honneur en 1870. — Il a publié en 1873: le *Désert de Suez, cinq mois dans l'isthme*.

BÉRENGER, René, homme politique français, sénateur, fils du magistrat, pair de France et membre de l'Institut, Bérenger (de la Drôme), est né à Valence, le 22 avril 1830. Il fit son droit à Paris, fut reçu avocat en 1850 et docteur en droit en 1853, puis entra dans la magistrature. Successivement substitut du procureur impérial à Evreux, procureur impérial à Bernay, puis à Neufchâtel, puis substitut du procureur général à Dijon, il devint avocat général à Dijon en 1862, et à Lyon en 1867. C'est là que le trouva la révolution du 4 septembre. En dépit d'une certaine popularité que son esprit libéral lui avait acquise dès son arrivée à Lyon, le Comité de salut public de cette ville l'arrêta, pour avoir voulu s'opposer, quoique en vain, à l'arrestation du procureur général. M. Bérenger ne sortit de prison qu'après douze jours de captivité, et sur les ordres du procureur général républicain, M. Le Royer, aujourd'hui président du Sénat. Il se fit alors inscrire au barreau de Lyon et prit place dans les rangs de la garde nationale. Son influence sur les bataillons conservateurs ainsi que son succès dans la tentative de leur faire obtenir des cartouches, pour les opposer au besoin aux bataillons radicaux, le fit poursuivre de nouveau; et sans doute ces poursuites eussent abouti, sans la nouvelle intervention de M. Le Royer et celle du maire de Lyon, M. Hénon. M. Bérenger, quoique père de famille, s'engagea alors dans les mobilisés du Rhône, et fut blessé à la bataille de Nuits (18 décembre 1870). — Aux élections du 8 février 1871, M. Bérenger fut élu représentant à l'Assemblée nationale par le département du Rhône, le quatrième sur treize, et par celui de la Drôme, le second sur six, M. Thiers étant le premier. Il opta pour la Drôme, son département natal, et vint à l'Assemblée de Bordeaux prendre place sur les bancs du centre gauche. Parmi ses votes caractéristiques à cette assemblée, alors transférée à Versailles, il convient de signaler son vote en faveur du retour à Paris. Vers la fin de 1872, M. Bérenger s'est activement occupé pendant quelque temps de la création à Valence d'un organe du parti républicain conservateur devant, dans son esprit, paraître deux ou trois fois par semaine; mais il y renonça. Nous croyons d'ailleurs qu'à cette époque M. Bérenger n'était pas encore bien fermement attaché à la forme républicaine, quoiqu'il semblât déjà soupçonner qu'elle était seule possible, ainsi qu'il l'affirmait un peu plus tard, dans une lettre écrite à la *France*, c'est-à-dire quelques jours avant d'entrer au ministère des travaux publics dans la combinaison Casimir Périer (19 mai 1873). Il ne fut ministre que cinq jours, et se retira avec M. Thiers, le 24 mai. Depuis lors, son attachement à la République s'est chaque jour accentué: ce qui n'empêche pas qu'à l'occasion des projets de réorganisation de la magistrature, M. Bérenger, par esprit de corps peut-être, ait pris en mains la défense des magistrats de l'ère impérial et singulièrement des membres des Commissions mixtes de 1852. Il avait d'ailleurs présenté, lui-même, un projet de réforme qui ne fut point accepté (mai 1872).

M. Bérenger a été élu sénateur inamovible par l'Assemblée nationale, dans sa séance du 16 décembre 1875 et a pris place au centre gauche, votant généralement avec la gauche, au moins dans la question de politique générale. M. Bérenger jouit d'une grande influence au Sénat, tant par son caractère que par son talent. Rapporteur de la loi sur l'expulsion des princes, on sait que son rapport, repoussé par le Sénat le 22 juin 1886, concluait au rejet de la proposition appuyée par le gouvernement. L'honorable sénateur prétendait que les princes sont des citoyens comme les autres et qu'en sortant du droit commun pour les frapper, on violait la loi: thèse soutenable, assurément, du moins jusqu'à ce que le comte de Paris, dans son manifeste de départ, lui eût donné le démenti le plus catégorique. Si ce démenti fût venu plus tôt, certes, les conclusions du rapport de M. Bérenger eussent été différentes.

BERGER, François Eugène, homme politique français, né à Cholet le 10 janvier 1829, fit ses études à Angers, son droit à Paris et, sa licence obtenue (1851), entra au ministère de l'Intérieur. Conseiller de préfecture des Basses-Alpes en 1853 et du Loiret en 1856, il devint sous-chef du cabinet du ministre de l'intérieur en 1857 et chef du bureau du personnel en 1860. Elu, comme candidat officiel dans la 2e circonscription de Maine-et-Loire, membre du Corps législatif en juillet 1866, M. Eugène Berger fut réélu au même titre aux élections générales de 1869. Sa place, comme le voulait son origine, était sur les bancs des satisfaits. Rendu à la vie privée en septembre 1870, M. Berger se présenta à une élection complémentaire qui eut lieu dans son département en 1874, avec une profession de foi bonapartiste; ayant échoué, il modifia quelque peu son programme et se présenta aux élections générales de 1876 comme soumis au principe de la souveraineté nationale. Il fut élu au scrutin de ballottage (5 mars), et réélu le 14 octobre 1877. Battu aux élections d'août 1881, M. Eugène Berger fut élu député de Maine-et-Loire le 4 octobre 1885 sur la liste réactionnaire et reprit son rang parmi les partisans de l'Appel au peuple. — Auteur de quelques études littéraires et historiques, M. Eugène Berger est chevalier de la Légion d'honneur depuis 1862 et officier de l'instruction publique.

BERGER, P. L. Georges, ingénieur et administrateur français, critique d'art, né en 1836. Elève de l'École polytechnique et de l'École des mines, il obtint son diplôme d'ingénieur et fut quelque temps attaché en cette qualité au chemin de fer du Nord; mais il abandonna cette position pour se livrer entièrement à l'étude des beaux-arts. C'est dans ce but qu'il entreprit plusieurs voyages en Europe et en Orient. Attaché au *Journal des Débats* comme critique d'art, M. G. Berger fut sous-directeur de la section étrangère à l'Exposition universelle de 1867, et directeur de la même section à celle de 1878. Commissaire général de l'exposition d'électricité en 1881, il fut promu commandeur de la Légion d'honneur à l'issue de cette exposition si intéressante et dont l'organisation lui était due en très grande partie. M. G. Berger avait été, entre temps, commissaire français à l'exposition d'Amsterdam en 1869 et organisateur de l'exposition artistique au profit des Alsaciens-Lorrains en 1871. Il a été nommé directeur de la branche française de la compagnie Américaine d'assurances la « New-York. » On lui doit enfin l'organisation du Musée des arts décoratifs. — M. Georges Berger, qui a professé l'esthétique et l'histoire de l'art à l'école des Beaux-Arts, est membre de la Commission de l'inventaire des richesses d'art de la France, du Comité des sociétés des Beaux-Arts des départements, etc. Il est en outre président de la Société internationale des électriciens et vient d'être choisi pour directeur de l'exploitation de l'Exposition universelle de 1889, ayant sous sa direction le service des transports, celui de l'électricité et la police intérieure.

BERGER, Maurice, agriculteur et homme politique français, né à Chiddes (Nièvre) en 1852. Grand propriétaire agriculteur, conseiller municipal et maire de sa commune, conseiller général de la Nièvre pour le canton de Lazy, M. Maurice Berger s'est présenté comme candidat à la députation, sur la liste radicale, aux élections générales d'octobre 1885, et a été élu au scrutin du 18 octobre. Il a pris place à l'extrême gauche, et a voté l'expulsion des princes (projet Brousse).

BERGERAT, Emile, poète et littérateur français, né à Paris le 29 avril 1845, commença ses études chez les Jésuites de la rue de Vaugirard et les termina au lycée Charlemagne, où il paraît s'être plus spécialement occupé de poésie. M. E. Bergerat débuta très jeune au théâtre, et même au premier de nos théâtres littéraires, par: *Une amie*, comédie en 1 acte, en vers, au Français (1865). Il a fait jouer depuis, sur diverses scènes: *Père et Mari*, drame en 3 actes au théâtre de Cluny (1870); *Ange Bosari*, drame en 3 actes, avec M. Arm. Silvestre, au Vaudeville (1873); *Séparés de corps*, 1 acte, même théâtre (1874): le *Nom*, drame en 5 actes, à l'Odéon (1883); le *Baron de Carabasse*, comédie en 3 actes au Palais-Royal et *Flore de Frileuse*, drame en 3 actes, à l'Ambigu (1885), etc. — Il a publié en outre: *Poèmes de la guerre (1871)*; *Peintures décoratives du foyer de l'Opéra*, étude critique (1875); *Théophile Gautier peintre (1877)*; de nombreuses préfaces de catalogues de ventes de tableaux, des poésies et quelques romans, parmi lesquels: *Bibi et Cie* et *M. Moulins (1884)*; le *Viol (1885)*, etc. — M. Emile Bergerat a collaboré au *Figaro*, au *Gaulois* et à d'autres journaux; il fait la critique d'art au *Journal officiel* depuis 1874.

BERGEROT, Alphonse, homme politique français, né à Bordeaux le 7 septembre 1820. Fils d'un directeur des contributions indirectes, M. Bergerot entra à dix-huit ans à l'administration centrale des douanes et fut nommé vérificateur à Lille en 1846. Un riche mariage lui ayant permis de donner sa démission, en 1851, il se retira à Esquelbecq et devint maire de cette commune en 1852; il est, en outre, membre du Conseil général du Nord depuis 1869. Après avoir échoué à une élection partielle qui eut lieu dans le Nord en 1872 et aux élections générales de 1876 et 1877, M. Bergerot réussit à se faire élire député de la deuxième circonscription de Dunkerque, en remplacement de M. Joos, démissionnaire, le 4 juillet 1880, et prit place à droite. Réélu le 21 août 1881, sans concurrent, il a triomphé avec toute la liste réactionnaire du département du Nord aux élections du 4 octobre 1885. — Le nom de M. Alphonse Bergerot figure à côté de celui de M. Diegerick, archiviste d'Ypres, comme co-auteur d'une étude historique sur le *Château et les seigneurs d'Esquelbecq*, — dont M. Bergerot est le dernier, comme il va sans dire.

BERKELEY, le rev. Miles Joseph, naturaliste anglais, né à Biggin, dans la paroisse d'Oundle, en 1803, fit ses études à l'université de Cambridge, où il prit ses grades en 1825. Nommé d'abord à la cure de Margate, il obtint en 1834 les bénéfices de deux petites paroisses du Northamptonshire, puis fut nommé doyen rural, et enfin obtint le « vicarage » de Sibbertoft en 1868. Il est membre de la Société linnéenne, membre honoraire de la Société royale d'agriculture de Londres, membre correspondant des Sociétés d'agriculture de Paris et de Lille et de la Société de biologie de Paris; membre de l'Académie des sciences de Suède et de l'« Academia naturæ curiosorum ». M. J. Berkeley a publié: *Gleanings of the British Algæ* (Glanes parmi les Algues britanniques, 1833) et est l'auteur du dernier volume de l'*English Flora (1836)*, ainsi que d'articles sur les *Maladies des plantes*, dans l'« Encyclopédie d'agriculture »; sur la *Pathologie végétale*, dans la « Gardner's Chronicle »; d'une *Introduction à la botanique des cryptogames*; d'*Esquisses de fongologie britannique*; d'un *Manuel des mousses de la Grande-Bretagne*, etc. M. J. Berkeley a aussi collaboré activement aux *Transactions* de la Société linnéenne, au *Zoological Journal*, au *Journal de botanique*, au *Journal* de l'Himalaya, de Hooker et à la *Flore Antarctique et New-Zélandaise*.

BERLET, Albert Ernest Edmond, homme politique français, né à Nancy le 18 octobre 1837. Il fit partie, sous l'empire, du Comité de décentralisation de Nancy. Elu représentant de la Meurthe le 8 février 1871, et député de la deuxième circonscription de Nancy, le 20 février 1876, M. Berlet fut réélu le 14 octobre 1877 et le 21 août 1881. M. Berlet siège à gauche. Il a été sous-secrétaire d'Etat des colonies au ministère de la marine, dans le cabinet du 30 janvier 1882. Elu quelque temps après sénateur de Meurthe-et-Moselle, il siégea également à gauche dans la haute Assemblée. — M. Berlet n'a pas voté sur la question de l'expulsion des princes, pour cause d'absence par congé. — Il est mort le 27 juillet 1886.

BERNADOU, Victor Félix, prélat français, cardinal, né le 25 juin 1816 à Castres. Il était curé-archiprêtre de la cathédrale d'Alger lorsqu'il fut nommé évêque de Gap, le 14 janvier 1862 (préconisé le 7 avril par le pape Pie IX). Promu archevêque de Sens et Auxerre par décret du 16 mai 1867 et préconisé le 1er juillet suivant, il a été créé cardinal par le pape Léon XIII, dans le consistoire tenu au Vatican le 7 juin 1886.

BERNARD, Jean Gustave, homme politique français, né à Baume-les-Dames le 11 novembre 1836. M. Bernard, qui est avocat, était maire de Baume et conseiller général du Doubs, lorsqu'il se présenta dans son arrondissement, comme candidat républicain, aux élections du 14 octobre 1877; il échoua contre le candidat réactionnaire, M. Estignard, dont l'élection fut invalidée par la Chambre. Aux élections nécessitées par cette annulation et qui eurent lieu le 3 mars 1878, M. J. Bernard triompha de son adversaire qu'il battit de nouveau aux élections générales du 21 août 1881. Elu député du Doubs sur l'unique liste républicaine, le 4 octobre 1885, il vint reprendre à la Chambre son siège dans les rangs de la gauche radicale. M. Gustave Bernard est protectionniste en économie politique. Il est sous-secrétaire d'Etat au Ministère de l'intérieur. — Dans la question des princes, il a voté l'expulsion totale.

BERNE-BELLECOUR, Etienne Prosper, peintre français, élève de Picot et de M. F. Barrias, est né à Boulogne-sur-Mer le 29 juin 1838. Il débuta au Salon de 1861 et se borna, pendant plusieurs années, à peu près au paysage. On cite principalement de cet artiste: un *Sonnet*, *Désarçonné (1869)*; un *Coup de canon*, toile qui a fait sa réputation (1872); le *Jour des fermages (1873)*; le *Prétendu*, un *Matin d'été (1874)*; les *Tirailleurs de la Seine au combat de la Malmaison*, la *Brèche (1875)*; la *Desserte (1876)*; *Dans la tranchée (1877)*; *Débarquement (1885)*; un certain nombre de portraits, etc. — M. Berne-Bellecour a obtenu une médaille en 1869, une 1re médaille en 1882, une 3e médaille et la croix de la Légion d'honneur en 1878. — Il n'avait rien à l'Exposition universelle, ses toiles envoyées d'abord offrant des sujets de nature à froisser les susceptibilités allemandes; mais il lui fut tenu compte du sacrifice.

BERNIER, Camille, peintre français, né à Colmar en 1823, élève de L. Fleury. Paysagiste de talent, il a débuté au Salon de 1848. Nous citerons parmi ses toiles les plus remarquées : *Abord de ferme en Bretagne, Landes près de Bannalec (1867)*; l'*Etang de Quimerc'h (1868)*; *Lande de Kergaladrie*, une *Fontaine en Bretagne (1869)*; *D'anndour en Bannalec (1873)*; une *Lande* et un *Etang en Bretagne (1874)*; *Eté, Automne (1875)*; une *Ferme en Bannalec (1876)*; le *Vieux chemin (1883)*; *Brume et soleil (1884)*; le *Petit bois*, la *Lande (1885)*; le *Vallon*, Bretagne (1884), etc. — M. Camille Bernier a obtenu des médailles en 1868 et 1869, une médaille de 2e classe en 1878 et la croix de la Légion d'honneur en 1872.

BERNIER, Mesmin Florent, homme politique français, né à Vineuil-sur-Loison (Loir-et-Cher) le 28 janvier 1809, fit ses études à Orléans, son droit à Paris et, reçu licencié, s'établit notaire à Orléans en 1837. Retiré en 1868, il devint président de la Chambre des notaires, administrateur de Comice agricole de l'arrondissement. Il était conseiller général du Loiret depuis 1871, lorsqu'il fut élu député dans la 2e circonscription d'Orléans, comme républicain libéral, le 20 février 1876. Il siégea à gauche et fut réélu le 14 octobre 1877 et le 21 août 1881. M. Bernier fut enfin élu, sur la liste républicaine, député du Loiret au scrutin du 18 octobre 1885. — Il a voté l'expulsion totale des princes.

BERNHARDT, Sarah (Rosine **Bernard**, dite), actrice française, née à Paris le 22 octobre 1844. Elevée au couvent, elle entra au Conservatoire à quatorze ans, dans les classes de Provost et de Samson. Après avoir obtenu un second prix de tragédie en 1861, un autre de comédie en 1862, elle débuta à la Comédie française dans le rôle d'Iphigénie. Elle resta peu à ce théâtre, fit une courte apparition au Gymnase et joua à la Porte Saint-Martin en 1866, dans une féerie. La même année, elle obtenait un engagement à l'Odéon, lequel allait assurer son avenir. Elle remplit notamment, à ce théâtre, les rôles de Cordelia du *Roi Lear*, Anna Damby de *Kean*, Zanetto du *Passant*, Jeanne du *Bâtard*, la reine d'Espagne de *Ruy-Blas*, avec un succès croissant et mérité, qui lui valut un engagement à la Comédie française. Après un début assez peu rassurant, elle réussit mieux dans le rôle d'Aricie de *Phèdre*, en attendant qu'elle interprétât le principal rôle non pas de manière à faire oublier Rachel à ceux qui l'y ont vue, mais avec un talent personnel incontestable. Quelques autres rôles de l'ancien répertoire, le *Sphinx*, *Rome vaincue*, la *Fille de Roland*, et surtout ceux de Chérubin du *Mariage de Figaro* et de Miss Clarkson de l'*Etrangère*, augmentèrent sa réputation, à laquelle le rôle de Dona Sol d'*Hernani* vint mettre le sceau. La critique ne tarit plus d'éloges à l'adresse de la célèbre comédienne, et pour la chronique et la nouvelle à la main ce n'était plus Sarah Bernhardt, c'était Dona Sol. En 1870, Mlle Sarah Bernhardt alla donner, avec ses camarades de la Comédie française, des représentations au théâtre de la Gaîté de Londres; l'année suivante elle y retournait, mais seule : M. Coquelin, qui devait l'y accompagner, ayant été retenu à Paris par ses devoirs à la Comédie française. Mais Mlle Bernhardt, dont les devoirs étaient identiques, trouva mauvais qu'on les lui rappelât et rompit avec éclat. L'administration de la Comédie française dut en conséquence poursuivre la sociétaire rebelle devant les tribunaux et obtint contre elle une condamnation à 100,000 francs de dommages-intérêts, une bonne occasion pour la chronique de rappeler l'aventure identique de Mme Arnould-Plessy (voyez ce nom). Mlle Sarah Bernhardt, qui s'y attendait bien, n'en fit paraître aucune émotion. En juin 1881, elle donnait au Gaiety Théâtre une série de représentations de la *Dame aux Camélias*, avec le plus brillant succès. Elle faisait ensuite une tournée aux Etats-Unis, semée de pluies d'or et d'ovations en quantité d'une part, et de l'autre de quelques tribulations provoquées par les fantaisies de son caractère intraitable. De retour en Angleterre au commencement de 1882, Mlle Bernhardt épousait à Londres, à l'église Saint-André, un gentilhomme grec, M. Damala, qui avait adopté la carrière dramatique pour l'amour d'elle (avril). Les deux époux partaient pour Paris, la saison de Londres close, et en décembre suivant, Mme Sarah Bernhardt-Damala, comme les chroniqueurs affectaient de l'appeler désormais, « rentrait » au Vaudeville, dans le principal rôle de *Fedora*, de M. Victorien Sardou, reprise à la réouverture de 1883, tant avait été grand le succès tant de la pièce que de l'artiste. Cependant celle-ci, ayant l'ambition d'être chez elle, se rendait acquéreur des deux théâtres de l'Ambigu et de la Porte Saint-Martin. Elle jouait à ce dernier, notamment : *Froufrou* (septembre), Djamma du *Nana Sahib* de M. Richepin (décembre); lady *Macbeth* du drame shakspearien du même M. Richepin, *Théodora* de M. Sardou (1884); Marguerite Gauthier de la *Dame aux Camélias*, Marion Delorme (1885); et jusqu'à l'Ophélie d'*Hamlet (1886)*. Au mois d'avril de cette dernière année, elle reprenait *Fedora* pour une courte série de représentations, après laquelle elle partait avec une troupe choisie pour l'Amérique du Sud. Le 27 mai suivant, la célèbre actrice débarquait à Rio de Janeiro où l'attendait une réception officielle enthousiaste, avec délégations française et brésilienne rivalisant de galanterie et de protestations d'administration et de dévouement. Elle était reine une fois de plus. Cela a-t-il duré?... Une quinzaine plus tard, une lettre de Rio informait la presse que Mme Bernhardt avait opéré dans les coulisses, avec une camarade, un libre échange *de gifles et de coups de cravache!*

Mme Sarah Bernhardt est en outre statuaire, et statuaire de talent. Elève de Mathieu Meusnier, elle a exposé à plusieurs Salons, notamment : *Portrait de Mlle B. G. (1874)* et *Portrait de Mlle R. Bernhardt (1875)*, buste en marbre; *Portrait de M. D.*, buste en bronze et *Après la tempête*, groupe en plâtre qui, reparu en marbre à l'Exposition de 1878, lui a valu une mention; *Mars enfant*, buste en marbre; *Henriette*, buste en plâtre (1883); *Portrait de Mlle de ****, buste en marbre (1886).

BERNIS (marquis de), Henri-Marie de Pierre, homme politique français, né à Montpellier le 3 février 1830. Engagé volontaire en 1859, dans un régiment de ligne, M. de Bernis fit la campagne de Chine, devint sous-lieutenant, et donna alors sa démission (1868). Il servit, pendant la dernière guerre, comme capitaine des mobiles des Bouches-du-Rhône, qui furent envoyés en Algérie pour remplacer les vieilles troupes employées contre les Allemands, passa avec son grade dans l'armée territoriale, et donna sa démission lors de la révocation des colonels hostiles à la République. Maire de Saint-Marcel d'Ardèche, commune dans laquelle se trouvent ses propriétés, jusqu'aux élections municipales de 1885, M. le marquis de Bernis avait été, en 1883, l'un des organisateurs de la « Ligue *populaire* d'action royaliste » de Marseille. Il fut élu, avec toute la liste réactionnaire, député de l'Ardèche le 4 octobre 1885; mais cette élection ayant été annulée par la Chambre, la liste républicaine triompha à l'élection qui suivit, le 14 février 1886.

BERSEZIO, Vittorio, littérateur et auteur dramatique italien, né en 1830, à Coni (Piémont). Dès l'âge de onze ans, il écrivait, assure-t-on, des livrets d'opéra pour des petits théâtres lyriques, et à quinze ans, il se rendait à Turin pour y suivre les cours de la faculté de droit. Activement mêlé bientôt au mouvement libéral, il écrivit d'abord dans les *Letture di famiglia*, puis entra au *Messaggiere torinese*, et fit la campagne de Lombardie avec toute la jeunesse des écoles. Il devint ensuite collaborateur du *Cimento*, de la *Revista contemporanea*, du *Fischietto* (le Sifflet), de l'*Espero*, puis entra à la *Gazetta piemontese*, comme rédacteur littéraire. — On a de M. Bersezio : *Novelle*; la *Famiglia*; l'*Amor di Patria*; *Palmira*; l'*Odio*, etc.; suite de romans dans lesquels, s'inspirant de l'auteur de la Comédie humaine, M. Bersezio fait reparaître les mêmes personnages jusqu'à ce que mort s'ensuive. — Au théâtre, il a fait représenter : *Mica d'Andorno*, drame; *Romulus*, tragédie; le *Pasque veronese*, drame, etc. — Une traduction de ses premières nouvelles a été publiée à Paris, en 1859, sous ce titre : *Nouvelles piémontaises*, dans la Bibliothèque des meilleurs romans étrangers.

BERT, Paul, physiologiste et homme politique français, né à Auxerre le 19 octobre 1833; commença ses études au collège de sa ville natale, puis vint à Paris où il suivit simultanément les cours de la faculté de droit et ceux de la faculté de médecine, et fut reçu licencié en droit, docteur en médecine en 1864 et docteur ès sciences naturelles en 1866. Nommé préparateur du cours de Claude Bernard au Collège de France, il devint ensuite professeur à la faculté des sciences de Bordeaux, puis suppléant de Flourens au Muséum, et fut appelé en 1868 à la chaire de physiologie de la Faculté des sciences, en remplacement de Claude Bernard. M. P. Bert s'est signalé à l'attention du monde savant par des recherches physiologiques animales et végétales des plus intéressantes, et surtout par des expériences hardies tendant à déterminer les conditions de la vie humaine à diverses altitudes. Grâce à ces expériences, M. Bert, membre de la Société aéronautique de France, put fournir à ses collègues les moyens d'atteindre à de grandes hauteurs; malheureusement les expériences aérostatiques qui s'ensuivirent, pour avoir réussi plusieurs fois déjà, eurent toutefois un résultat fatal : la catastrophe du *Zénith* et la mort de deux des courageux aéronautes qui le montaient, Sivel et Croce-Spinelli (15 avril 1875).

Après le 4 septembre 1870, M. Paul Bert fut nommé secrétaire général de la préfecture de l'Yonne, et le 15 janvier suivant, préfet du Nord. Le 9 juin 1872, il était élu représentant de l'Yonne à l'Assemblée nationale en remplacement de feu M. Javal, père, et vint y siéger à l'extrême gauche. Il y prit plusieurs fois la parole sur des questions d'enseignement, principalement de l'enseignement médical. Il a été réélu député de l'Yonne pour la deuxième circonscription de l'arrondissement d'Auxerre, le 20 février 1876, le 14 octobre 1877 et le 21 août 1881. Le 14 novembre de cette dernière année, M. Paul Bert acceptait le portefeuille de l'instruction publique dans le cabinet Gambetta, avec l'adjonction des cultes à ce ministère. Il quittait le pouvoir le 26 janvier 1882. Dans toutes les discussions intéressant les progrès de l'instruction populaire et la réorganisation de l'enseignement sur le triple principe laïque, gratuit et obligatoire, M. Paul Bert prit une part considérable et brillante, avant comme après son passage au pouvoir. Aux élections générales d'octobre 1885, il fut élu à la fois dans la Seine et dans l'Yonne, et opta pour ce dernier département. Nommé résident général de France en Annam et au Tonkin le 15 janvier 1886, M. P. Bert quittait Paris pour rejoindre son poste le 12 février suivant. — Longtemps rédacteur scientifique de la *République française*, M. Paul Bert a collaboré aussi au *Voltaire* et à divers recueils et publications spéciales, notamment au *Nouveau Dictionnaire de Médecine et de chirurgie pratiques*. Il a publié à part : *Sur la greffe animale*, sa thèse de doctorat en médecine, qui remporta le prix de physiologie de l'Académie des Sciences en 1866; *Sur la vitalité des tissus animaux*, thèse de doctorat ès sciences; *Sur les mouvements de la sensitive*; *Sur la physiologie de la seiche officinale*; *Sur les causes et les phénomènes de la mort des animaux d'eau douce dans l'eau de mer*; *Sur l'influence des divers rayons colorés sur la végétation*; *Sur la question de savoir si tous les animaux voient les mêmes rayons du spectre solaire que nous*; *Sur l'action physiologique des venins de scorpion et d'abeille*, mémoires; *Catalogue des animaux vertébrés qui vivent à l'état sauvage dans le département de l'Yonne, avec la clef des espèces et leur diagnose (1864*, in-8°, planches); *Eloge de Gratiolet (1865)*; *Leçons sur la physiologie comparée de la respiration (1870*, in-8°, fig.); la *Pression barométrique, recherches de physiologie expérimentale (1877*, gr. in-8° de 1200 pages). Ce dernier ouvrage contient l'exposé détaillé des longues et patientes recherches qui ont valu à M. Paul Bert, en 1875, le grand prix biennal décerné par l'Institut entier, sur la présentation à tour de rôle des cinq académies, « à la découverte ou au travail les plus propres à honorer ou à servir le pays, pendant les dix dernières années. » Citons encore : le *Choléra (1884)*; *A l'ordre du jour (1885)*, etc. — M. Paul Bert a été élu membre de l'Académie des sciences, en remplacement de Decaisne, en 1882.

BERTHELEMY, Pierre Emile, peintre de marine français, né à Rouen le 3 avril 1818; fit ses études dans sa ville natale, et y aborda les cours de l'Ecole municipale de dessin et de peinture en 1838 seulement, à cause de la résistance longtemps invincible que sa famille opposait à sa vocation artistique. En 1841, il obtint au concours une pension de la ville pour aller poursuivre ses études à Paris, où il travailla quelque temps dans l'atelier de Léon Cogniet. Il se livra seul ensuite à l'étude de genre marine, et débuta au Salon de 1849 par une *Evasion de Jean Bart*. Nous citerons, en outre, parmi les principales toiles de M. Berthelemy : *Après la tempête (1859)*; *Un incendie en mer (1861)*; la « *Vauban* » *vaisseau transport de l'Etat, désemparé de son grand mât (1864)*; le « *Maréchal de Villars*, » *en relâche forcée à Fécamp (1865)*; le *Naufrage du* « *Borysthène* » *(1866)*, reparu à l'Exposition universelle de 1867; *Vue de Barfleur (1868)*; *Naufrage de* « *l'Europe*, » *échouée sur un banc de corail (1869)*; la *Prise de Canton (1869)*, commandé par le ministère de la marine; la *Plage d'Asnelles à marée haute*, effet de matin (1873); les *Préparatifs du départ pour la pêche (1874)*; *Grosse mer roulant des épaves (1876)*; *Barque de pêche accostant la plage à marée haute*, *Mer houleuse (1883)*; la *Pêche aux harengs*, une *Epave (1884)*; un *Coup de vent debout en pleine mer*; *Marée haute à Arromanches, à l'approche d'un grain (1885)*; *Sauvetage d'un homme tombé à la mer*, un *Coup de vent sur la plage d'Asnelles (1886)*. — On lui doit aussi quelques eaux-fortes. — M. Berthelemy a remporté plusieurs médailles et diplômes d'honneur dans des expositions départementales et étrangères et une mention au Salon de Paris.

BERTHELOT, Pierre Eugène Marcellin, chimiste français, né à Paris, le 25 octobre 1827; remporta le prix d'honneur de philosophie au concours de 1846 et se voua dès lors à l'étude des sciences. Nommé préparateur du cours de chimie au Collège de France en 1851, il se faisait recevoir docteur ès sciences en 1854 et était nommé, en 1859, professeur de chimie organique à l'Ecole de pharmacie. L'Académie des sciences décernait, en 1861, un prix de 2,500 francs à M. Berthelot « pour ses recherches de chimie relatives à la reproduction par voie synthétique d'un certain nombre d'espèces chimiques existantes dans les corps vivants »; et, en 1863, l'Académie de médecine l'admettait dans son sein. Il fut appelé, en 1865, à la chaire de chimie organique créée nouvellement au Collège de France. Président du comité scientifique de défense pendant le siège de Paris, il dirigea la fabrication de la poudre et de la dynamite et celle des canons. Il a été élu membre de l'Académie des sciences en 1873, en remplacement de Duhamel. — On a de M. Berthelot de nombreux mémoires insérés dans les « Annales de physique et de chimie, » notamment sur les *Combinaisons de la glycérine avec les acides*; sur une *Méthode universelle d'hydrogénation*; sur la *Thermochimie*, la *Statique chimique*; la *Synthèse des alcools, des carbures d'hydrogène, des corps gras neutres*, etc.; divers articles importants sur des sujets semblables dans la *Revue des Deux-Mondes*; et enfin son œuvre capitale : *Chimie organique fondée sur la synthèse (1860*, 2 vol.), développée de nouveau dans ses *Leçons sur les méthodes générales de synthèse (1864)*. Il a publié depuis : *Leçons sur l'isomérie (1865)*; *Traité élémentaire de chimie organique (1872)*; *Vérification de l'aréomètre de Baumé (1873)*; la *Synthèse chimique (1875)*; les *Origines de l'alchimie (1885)*; *Science et Philosophie (1886)*, etc.

M. Berthelot a été nommé inspecteur général de l'instruction publique (enseignement supérieur), en remplacement de Balard, en avril 1876, et président du Comité consultatif des laboratoires municipaux et départementaux, en remplacement de Wurtz, en juin 1884. Il est enfin vice-président du Conseil supérieur de l'instruction publique, président de la section des sciences physico-chimiques et directeur à l'Ecole pratique des hautes études. — Aux élections de la Seine pour l'Assemblée nationale, en 1871, 31,000 voix s'étaient portées spontanément sur le nom du savant illustre, qui n'a jamais recherché les fonctions politiques. Le 16 juillet 1881, il était élu sénateur inamovible. — M. Berthelot, commandeur de la Légion d'honneur depuis 1879, a été promu grand officier le 1er mai 1886.

BERTHET, Elie Bertrand, romancier français, né à Limoges, le 9 juin 1815, fit ses études au collège de sa ville natale et vint à Paris en 1834, pour suivre, d'après le vœu de sa famille, les cours de la faculté de droit, mais bien déterminé à n'en rien faire. Il avait d'ailleurs en poche la matière d'un volume, qu'il publia presque à son arrivée : la *Veilleuse*, recueil de nouvelles qui parut sous le pseudonyme d'« Elie Raymond. » En 1837, il devenait collaborateur au journal le *Siècle*, pour la partie littéraire. Il a donné depuis lors un grand nombre de feuilletons au *Siècle*, au *Commerce*, à la *Patrie*, à l'*Union*, au *Constitutionnel*, au *Moniteur universel*, au *Petit Moniteur*, au *Journal pour tous*; il a également collaboré à la *Revue du XIXe siècle*, à la *Revue de France*, à la *Gazette des enfants*, à *Paris élégant*, etc., etc. Nous citerons parmi les ouvrages de M. Berthet, qui forment aujourd'hui plus de cent volumes : la *Croix de l'affût*; la *Mine d'or*; le *Château de Montbrun*; le *Braconnier*; les *Mystères de la famille*; le *Nid de cigognes*; la *Roche tremblante*; les *Catacombes de Paris*;

le *Spectre de Châtillon*; la *Bête du Gévaudan*; *Odilia*; la *Falaise Sainte-Honorine*; les *Chauffeurs*: l'*Homme des bois*; les *Houilleurs de Polignies*; le *Douanier de mer*; une *Maison de Paris*; le *Gentilhomme verrier*; l'*Oiseau du Désert*; *Antonia*; le *Roi des ménétriers*; le *Capitaine Blangis*; le *Fou de Saint-Didier*; l'*Enfant des bois*; l'*Etang de Précigny*; le *Garde-chasse*; la *Belle Drapière*; le *Réfractaire*; l'*Auberge de la baronne*; le *Bon Vieux Temps*; la *Directrice des postes*; les *Crimes inconnus*; la *Fille du cabanier*; la *Peine de mort*; le *Juré*; les *Drames de Cayenne (1868)*; le *Séquestré (1869)*; le *Gouffre (1872)*; l'*Année du grand hiver (1873)*; les *Drames du Cloître (1874)*; *Maître Bernard (1875)*; le *Crime de Pierrefitte*; le *Roman préhistorique*; le *Monde inconnu (1876)*; les *Cagnards de l'Hôtel-Dieu de Paris (1877)*; le *Brocanteur (1884)*; *Paris avant l'histoire (1884)*, etc.

M. E. Berthet a donné en outre au théâtre: le *Pacte de famine* et les *Garçons de recettes*, drames, le premier avec Paul Foucher, le second avec M. Dennery. — Il est membre de la Légion d'honneur depuis 1863.

BERTHOUD, Samuel Henri, plus connu maintenant sous le pseudonyme d'**Oncle Sam**, écrivain français, né à Cambrai en 1804, fit ses études au collège de Douai, puis revint à sa ville natale, où il rédigea le journal édité par son père, libraire et imprimeur à Cambrai. Il fonda ensuite la *Gazette de Cambrai*, où parurent ses premiers feuilletons, assez remarquables pour lui donner bientôt accès dans les principaux recueils littéraires parisiens; créant en même temps des cours gratuits d'hygiène, de physiologie, de littérature, etc.; il y prit pour sa part la littérature. C'est dans ces cours qu'il commença ses *Chroniques et traditions surnaturelles de la Flandre (1834*, 3 vol.). Venu à Paris en 1832, il devint peu après directeur du *Musée des familles*, puis (1835) du *Mercure*, embryon, comme on sait, de la *Presse*, où il passa au moment de la transformation, et à laquelle il resta attaché jusqu'en 1848. Pendant toute cette période, M. Berthoud n'avait cessé de produire une quantité de romans-feuilletons qui avaient fini par rendre son nom populaire. Nous citerons: *Contes misanthropiques (1831)*; la *Sœur de lait du Vicaire (1832)*; le *Cheveu du diable (1833)*; *Mater Dolorosa (1834)*; l'*Honnête homme (1837)*; *Pierre Paul Rubens (1840)*; la *Bague antique (1842)*; *Berthe Frémicourt (1843)*; l'*Enfant sans mère (1843)*; le *Fils du rabbin (1844)*; *Daniel (1845)*; la *Palette d'or (1845)*; la *Mare du diable (1847)*; *El Hioudi (1848)* et le *Zéphir del Arouch (1850)*, études de mœurs algériennes; le *Dragon rouge (1851)*, etc. Il fit aussi jouer un vaudeville aux Variétés: une *Bonne qu'on renvoie (1841)*. Depuis une vingtaine d'années, M. S. H. Berthoud, abandonnant le roman, a surtout écrit des ouvrages importants de vulgarisation scientifique et des chroniques de la science au jour le jour, notamment à la *Patrie*, et généralement signées du pseudonyme de *Sam* ou d'*Oncle Sam*. Appartiennent à cette période: *Fantaisies scientifiques de Sam (1861)*; les *Petites Chroniques de la science (1868)*, suite des précédentes; puis viennent: Le *Monde des insectes (1864*, in-8°, fig.); l'*Homme depuis cinq mille ans (1865*, id.); l'*Esprit des oiseaux (1866*, id.); les *Hôtes du logis (1867*, id.); la *Cassette des sept amis (1868)*; les *Soirées du docteur Sam (1872)*, etc. M. Berthoud a écrit pour la jeunesse: la *France historique, industrielle et pittoresque (1837)*; *Histoires pour les petits et pour les grands enfants (1855)*, etc. — Il est officier de la Légion d'honneur depuis 1867.

BERTINOT, Gustave Nicolas, graveur français, né à Louviers le 23 juin 1822, élève de Drœlling et de Martinet. Il obtint le prix de Rome en 1850, et exposa aux salons annuels les ouvrages suivants: *Portrait du pape Clément XI (1857)*; l'*Amour fraternel*, d'après M. Bouguereau (1859); *Jeune mère italienne*, d'après M. Jalabert (1868); le *Bouquet*, d'après M. Toulmouche (1863); *Portrait de Van Dick par lui-même (1865)*; la *Vierge au donataire*, du même (1866); *Côté droit de la chapelle des catéchismes à Saint Eustache*, d'après M. Signol (Exposition universelle, 1867); *Portrait de Jules Favre*, d'après M. Ch. Lefebvre (1867); l'*Education de Marguerite*, d'après M. H. Merle (1869); le *Christ succombant sous la croix*, d'après Lesueur (1870); une *Jeune mère*, d'après M. Bouguereau (1872); *Mgr Darboy*, d'après M. H. Lehmann (1874); la *Belle Jardinière*, d'après Raphael (1875); *Portrait de M. Jacques Maniel*, d'après un dessin de M. Rousseaux (1876); les *Disciples d'Emmaüs*, d'après le Titien (1883), etc. M. Bertinot a obtenu une 3e médaille en 1861 et son rappel en 1863, une médaille en 1865 et une 1re médaille en 1867 et 1878. Nommé chevalier de la Légion d'honneur en 1867, il a été élu membre de l'Académie des Beaux-Arts en 1878.

BERTRAND, Alexandre Louis Joseph, archéologue français, né à Paris le 28 juin 1820. Elève de l'Ecole normale supérieure et de l'Ecole française d'Athènes, il se fit recevoir docteur ès lettres en 1859. Il s'occupa beaucoup, en 1852, de la création du Musée des antiquités nationales de Saint-Germain, dont il est devenu conservateur. Membre du Comité des travaux historiques, de la Société nationale des antiquaires de France, etc., M. Alexandre Bertrand a été élu membre de l'Académie des inscriptions et belles-lettres. — On a de lui: *Essai sur les dieux protecteurs des héros grecs et troyens dans l'Iliade*, et *De fabulis Arcadiæ antiquissimis*, ses thèses de doctorat (1859); *Etudes de mythologie et d'archéologie grecques (1858)*; les *Voies romaines en Gaule (1863)*; *Archéologie celtique et gauloise (1875)*, etc. M. Alexandre Bertrand a été promu officier de la Légion d'honneur le 11 juillet 1885.

BERTRAND, Joseph Louis François, mathématicien français, secrétaire perpétuel de l'Académie des sciences, membre de l'Académie française, frère du précédent, est né à Paris le 11 mars 1822. Il fit ses études au collège Saint-Louis, d'où, ayant montré une aptitude toute particulière pour les mathématiques, il fut admis à l'Ecole polytechnique, à titre d'essai, à l'âge de onze ans; il y entra d'une manière régulière, et le premier, en 1839. Ingénieur des mines en 1842, il devint professeur de mathématiques au lycée Saint-Louis, examinateur d'admission et répétiteur d'analyse à l'Ecole polytechnique, maître des conférences à l'Ecole normale, professeur suppléant de physique générale et mathématique au Collège de France et enfin titulaire de cette chaire. Elu membre de l'Académie des sciences, en remplacement de Sturm, en 1856, il en est devenu secrétaire perpétuel pour les sciences mathématiques, en remplacement d'Elie de Beaumont, en 1874. Il a été élu membre de l'Académie française, en remplacement de J. B. Dumas, le 4 décembre 1884. M. Joseph Bertrand est membre du Conseil supérieur de l'instruction publique; il a remplacé J. B. Dumas comme président du bureau national des poids et mesure, en 1884. Enfin il a été promu commandeur de la Légion d'honneur le 31 décembre 1881. — On doit à ce savant: *Traité d'arithmétique (1849)*; *Traité d'Algèbre (1850)*; *Traité de calcul différentiel et de calcul intégral (1864-70*, 2 vol.); les *Fondateurs de l'astronomie moderne (1865)*; l'*Académie des sciences et les académiciens de 1666 à 1793 (1858)*; la *Théorie de la Lune d'Aboul Wefa (1873)*; outre de nombreux mémoires insérés dans le *Journal des mathématiques* de Liouville, le *Journal de l'Ecole polytechnique* et les *Mémoires de l'Académie des sciences*, sur des sujets variés de mathématique et de physique générale.

BERTRAND, James, peintre français, élève de Perrin, est né à Lyon en 1825. On cite de cet artiste: une *Idylle (1857)*; la *Conversion de sainte Thaïs (1861)*; les *Frères de la mort recueillant un homme assassiné, dans la Campagne de Rome (1863)*; la *Mort de Virgile (1869)*; *Cendrillon, Idylle (1873)*; *Romeo et Juliette, Jeune fille, Anuccia (1874)*; *Madeleine*; *O crux, spes unica! Connais-toi toi-même, Lesbie (1875)*; la *Marguerite de Faust*, l'*Aurore (1875)*; le *Dernier jour de Charlotte Corday*, les *Sirènes (1883)*; le *Calvaire*, *Ophélie (1884)*; la *Jeunesse* et *Frileuse*, tête d'étude (1885); *Cendrillon*, les *Deux sœurs (1886)*, etc. — M. James Bertrand a obtenu une médaille de 3e classe en 1861 et son rappel en 1863, une médaille en 1869 et une 3e médaille en 1878. Il a été décoré de la Légion d'honneur en 1876.

BESSEMER, sir Henry, ingénieur anglais, né à Charlton, dans le comté d'Hertford, le 19 janvier 1813. Son esprit inventif s'exerça de bonne heure sur une foule d'objets ayant plus ou moins de rapport avec la mécanique; mais son nom doit surtout sa notoriété aux perfectionnements qu'il a apportés à la fabrication de l'acier, qui en fut la conséquence. La première récompense honorifique conférée à M. Bessemer pour ses travaux si importants, date de 1856 seulement. L'institution des ingénieurs civils lui décerna cette année-là la médaille d'or de Telford, pour un mémoire, lu par lui, sur ses procédés de fabrication de l'acier. Ce fut toutefois la Suède qui apprécia la première, comme il méritait de l'être, un procédé qui intéressait si intimement la principale industrie de ce royaume; et ce fut là qu'il fut d'abord appliqué en grand. Le prince héritier, qui est président de la Commission de l'industrie du fer en Suède, assista aux premières expériences, dont il fut si satisfait qu'il nomma M. Bessemer membre honoraire de cette commission. La ville libre de Hambourg l'adopta ensuite, conférant comme marque de reconnaissance la bourgeoisie à M. Bessemer. L'invention se propagea ensuite par toute l'Allemagne, en commençant par la Styrie, et l'inventeur reçut du roi de Würtemberg, avec une lettre de remerciements, une médaille d'or. En même temps on l'appliquait aux travaux du chemin de fer du nord de l'Autriche, et l'empereur envoyait à M. Bessemer les insignes de commandeur de l'ordre de François-Joseph, soit la croix en diamants et le ruban rouge, accompagnés d'une lettre de félicitations. Ce fut alors au tour de la France de mettre en application le procédé Bessemer. Ce procédé fut déclaré merveilleux et, dans le rapport de la Commission scientifique chargée de rendre compte du résultat des expériences, qui fut soumis à l'empereur en 1867, cette commission n'hésitait pas à demander pour M. Bessemer une haute distinction; la grand'croix de la Légion d'honneur; à quoi l'empereur consentit en effet, mais à la condition que M. Bessemer serait officiellement autorisé à porter les insignes de cette décoration (les Anglais ne pouvant porter que les insignes nationaux qui leur sont conférés); cette autorisation n'ayant pu être obtenue, M. Bessemer ne fut point décoré; mais il reçut une médaille d'or pesant 340 grammes, en récompense de ses inventions. — En 1871, M. Bessemer fut élu président de l'Institut des industries du fer et de l'acier de la Grande-Bretagne. La forme la plus curieuse, et disons la plus imposante, qu'ait prise la reconnaissance des nations industrielles pour se manifester à l'inventeur anglais, est à coup sûr celle qu'ont adoptée les Américains, et qui ne pouvait être adoptée que par eux: Au centre d'un des plus riches districts miniers des Etats-Unis, près de Cincinnati, ils ont entrepris d'élever une ville nouvelle qui, par sa position géographique et les avantages qui doivent en résulter pour elle, est destinée à devenir, peut-être, une des plus importantes des Etats-Unis, un de leurs centres industriels les plus riches; et à cette ville ils donnent le nom de *Bessemer*.

M. Bessemer a reçu, en 1872, de la Société des Arts, la grande médaille d'or du prince Albert, « pour éminents services rendus aux arts, aux manufactures, au commerce, par le développement de la fabrication de l'acier. » En 1875, on fit l'expérience du « salon Bessemer » (une de ses dernières inventions), qui, suspendu dans un navire aux oscillations duquel il n'obéit pas, nous *paraît, en effet, le remède préventif le plus sûr*, sinon le moins coûteux, qui se puisse employer contre le mal de mer. Il a été élu membre de la Société des ingénieurs civils en 1877, et reçut la même année le premier prix quinquennal Howard destiné à l'inventeur d'un procédé nouveau et pratique pour le développement de l'emploi du fer. Elu membre de la Société royale le 12 juin 1879 M. Bessemer était créé chevalier le 26 du même mois. Nombre de villes d'Angleterre lui ont décerné le droit de franchise ou de bourgeoisie, en reconnaissance des services rendus par sa mémorable invention.

BETHMONT, Paul Louis Gabriel, homme politique français, fils d'Eugène Bethmont, ancien ministre de la République de 1848, mort en 1860. M. Paul Bethmont est né à Paris le 15 octobre 1833. Il était avocat à la cour de Paris lorsqu'il fut élu, en 1865, député au Corps législatif pour la deuxième circonscription de la Charente-Inférieuse, et, deux mois plus tard, conseiller général du même département. Au Corps législatif, il siégea sur les bancs de la gauche et fut réélu en 1869. Dans le cours de ces deux législatures, M. Bethmont s'est fait une place importante dans le Parlement, dont il fut un membre actif et laborieux; outre les questions de politique générale, il y a traité les questions si complexes relatives à la marine et a fait partie de la commission d'enquête sur la marine marchande, qui fonctionna jusqu'à la déclaration de guerre (1870). Resté à Paris pendant le siège, M. P. Bethmont s'engagea dans un bataillon de marche. Aux élections du 8 février 1871, il fut élu représentant de la Charente-Inférieure à l'Assemblée nationale, le deuxième sur dix, le premier étant M. Dufaure. Il y prit place au centre gauche, se faisant inscrire en même temps à la gauche républicaine, et fut plusieurs fois élu secrétaire de l'Assemblée. Il a été réélu par la circonscription de Rochefort le 20 février 1876, ainsi que le 14 octobre 1877. Nommé premier président de la Cour des comptes le 20 octobre 1880, M. Bethmont donna sa démission de député, comme le veut la loi, pour se soumettre à une nouvelle élection, qui lui fut favorable dans la mesure habituelle. Réélu de nouveau le 21 août 1881, il résignait son mandat le 6 mars suivant, pour se vouer entièrement à ses fonctions de premier président de la Cour des comptes. — Il a été décoré de la Légion d'honneur le 8 juillet 1886.

BEUDANT, Léon Charles Anatole, jurisconsulte français, doyen de la faculté de droit de Paris, est né à Fontenay-le-Fleury (S.-et-O.) le 9 janvier 1829. Fils du savant naturaliste Beudant, il se décida pour le droit, qu'il vint étudier à Paris, et se fit recevoir docteur en 1852. Reçu agrégé en 1857, il fut envoyé à la faculté de Toulouse, puis appelé à celle de Paris pour suppléer Duranton à son cours de Code civil, en 1862. M. L. Beudant est devenu titulaire de cette chaire, et enfin doyen de la faculté. Chevalier de la Légion d'honneur depuis 1875, il a été promu officier le 11 juillet 1885. — On cite de M. Beudant, qui a collaboré depuis 1867 au recueil de Dalloz dont il est devenu directeur, ainsi qu'à la *Revue critique de législation* et à la *Revue pratique de droit français*: *De l'indication de la loi pénale dans la discussion devant le jury (1861)*; *De la subrogation à l'hypothèque légale des femmes, et des sous-ordres (1867)*; outre de nombreux articles, tels que: *De la naturalisation*, *Des expertises médico-légales*, *De l'influence au civil de la chose jugée au criminel*, etc., etc., publiés dans les recueils cités plus haut.

BEUST (comte de), Frédéric Ferdinand, homme d'Etat et diplomate allemand, né à Dresde, le 13 janvier 1809, fit ses études à Gœttingen et à Leipzig, où il prit ses grades. Il entra alors dans la carrière diplomatique et fut attaché, en 1831, au ministère des affaires étrangères de Saxe; il y passa par divers emplois, fut chargé de plusieurs missions à l'étranger, et enfin nommé, en 1836, secrétaire de légation à Berlin; il occupa le même poste à Paris en 1838, devint chargé d'affaires à Munich en 1841, à Londres en 1846, et ambassadeur à la cour de Berlin en 1848. Appelé, le 24 février 1849, au ministère des affaires étrangères, il prit une grande part aux mesures de réaction qui provoquèrent les émeutes de Dresde du commencement de mai, pour la répression desquelles il ne craignit pas d'appeler à son aide les troupes prussiennes. Après le rétablissement de l'ordre, un changement ministériel devenu nécessaire lui enleva son portefeuille, lui apportant en échange celui de l'agriculture, qu'il conserva jusqu'en 1853. Il prit toutefois une part active aux négociations qui précédèrent le traité avec la Prusse en 1852, et l'année suivante échangeait le portefeuille de l'agriculture contre celui de l'intérieur. Peu après, la mort du chef du cabinet, Zschinsky, faisait passer officiellement entre ses mains la direction des affaires, qu'il avait d'ailleurs toujours exercée. L'avènement du roi Jean (août 1854) ne changea rien à la position de M. de Beust. Lors du conflit entre l'Allemagne et le Danemark, en 1863, M. de Beust se distingua par son attitude énergique et sa fidélité au principe fédéraliste. Il représenta la Diète germanique à la conférence de Londres en 1864 et, pendant qu'elle se poursuivait, il fit deux voyages à Paris, pour conférer avec l'empereur Napoléon. Cependant ses efforts devaient rester vains; la Prusse et l'Autriche marchèrent contre le Schleswig-Holstein, exécutant comme il leur convint les résolutions de la Confédération germanique. Une vive émotion règne dans les États allemands secondaires. La Saxe, le Hanovre, la Bavière et le Wurtemberg s'unissent pour s'opposer à l'ambition des deux grandes puissances, enfin démasquée et soutenir les droits du prince d'Augustenbourg sur les duchés. Mais... « la force prime le droit ». Les Prussiens le prouvent en chassant les troupes fédérales de Rendsbourg, et le traité de Gastein sanctionne le partage des duchés entre la Prusse et l'Autriche (15 août 1865). Mais voici que les deux grandes puissances ne sont plus d'accord, et qu'une guerre entre elles, qui menace de s'étendre à toute l'Allemagne, paraît imminente. M. de Beust procède à l'armement de son pays, ne tenant aucun compte des sommations de la Prusse, qui sait ne pouvoir compter sur ses sympathies. Le roi de Saxe répond par de courageuses paroles aux sommations qui

lui sont faites, déclarant qu'un seul rôle convient à la Saxe dans les conjonctures actuelles ; la neutralité armée. Malheureusement, le désastre de Sadowa (3 juillet 1866) rend inutiles toutes les velléités de résistance. L'Autriche est à la merci de la Prusse et les petits Etats allemands ne seront bientôt plus que de simples provinces prussiennes. — Le 30 octobre 1866, M. de Beust, qui avait été obligé de donner sa démission de premier ministre de Saxe, le 1er août précédent, pour obéir aux exigences de M. de Bismarck, était nommé ministre des affaires étrangères de l'empire austro-hongrois, ministre de la maison de l'empereur le 14 novembre et président du conseil, avec le titre de chancelier de l'empire, en remplacement du comte Belcredi, démissionnaire, le 4 février 1867. L'influence du comte de Beust amena la conciliation complète avec la Hongrie, satisfaite des concessions obtenues, et, le 8 juin, l'empereur était couronné à Pesth roi de Hongrie, aux acclamations d'une foule enthousiaste. M. de Beust inaugura, pendant que la réorganisation intérieure se poursuivait, une politique libérale, principalement au point de vue religieux. Les juifs furent admis à la pratique des droits civils et politiques, comme le reste de la population ; le Reichsrath accepta la séparation de l'Eglise et de l'Etat et l'égalité des confessions religieuses devant la loi ; le Concordat de 1855 fut répudié, le mariage civil établi, la prison pour dettes abolie et les délits de presse soumis au jury. Il améliora les finances de l'empire et réorganisa l'armée sur des bases formidables en élevant l'effectif total, armée active et landwehr, à un million de soldats, malgré les observations des puissances étrangères et les résistances du Reichsrath lui-même, qu'il réussit à vaincre en fin de compte (mars 1869). M. de Beust accompagnait son souverain à Paris, dans sa visite à l'Exposition universelle de 1867. — Ses succès dans ses tentatives de réorganisation intérieure lui valurent d'être élevé au rang de comte (il avait le titre de baron par droit de naissance).

Les événements de 1870 n'influèrent, semble-t-il, que d'une manière peu importante sur l'attitude de M. de Beust qui, toutefois, avait marqué sa ferme persévérance dans la voie libérale en protestant contre le *Syllabus*. De même, lors de la candidature au trône d'Espagne d'un Hohenzollern, il avait appelé l'attention du gouvernement espagnol sur les complications qui pourraient résulter de la réalisation de ce projet. La guerre déclarée entre la France et la Prusse, il semble que M. de Beust se soit borné à maintenir une stricte neutralité, et de fait, si M. Thiers trouva auprès de la cour de l'empereur François-Joseph les plus vives sympathies pour la France, il n'obtint rien de plus. Cependant, le comte Andrassy (voyez ce nom) a prétendu que lui seul avait obtenu, contrairement aux désirs de M. de Beust, avec les plus grandes peines, que l'Autriche ne saisit pas ce prétexte de venger Sadowa. — Il est bien entendu que, dans ce cas, nous devrions à M. de Beust toute la reconnaissance dont nous ne serons jamais beaucoup endettés envers M. Andrassy. La fait est, toutefois, que l'Autriche garda l'expectative. Nous devons encore signaler, de la part de M. de Beust, sa protestation, pacifique mais nette, contre l'attitude de la Russie, profitant des embarras de la France pour dénoncer le traité de 1856, et reprendre, sans risque, tout ce que lui avait fait perdre la guerre de Crimée.

La résistance de M. de Beust aux tentatives de rapprochement, faites par M. de Bismarck, entre l'Allemagne et l'Autriche, devait amener à la fin sa démission de chancelier de l'empire austro-hongrois (novembre 1871). Peu après, il était nommé ambassadeur près la cour de Saint-James, en remplacement du comte Apponyi, nommé à Paris. En novembre 1878, il était transféré à l'Ambassade de Paris, où il a été remplacé le 28 mai 1883 par le comte Hoyos. Il vit aujourd'hui à son splendide château d'Altenberg, près de Vienne, dans une retraite absolue. — Le comte de Beust est grand'croix de la Légion d'honneur, et l'empereur d'Allemagne lui a conféré, en septembre 1871, le grand cordon de l'ordre de l'Aigle Noir ; il est haut dignitaire également d'un grand nombre d'ordres étrangers.

Son frère aîné, Frédéric Constantin, vicomte von Beust, né en 1806, est un savant très distingué. Après avoir été directeur des mines de Freiberg, en Saxe, il fut député à la diète de Francfort qu'il représenta à la conférence de Londres en 1864. A la fin de 1867, il devint inspecteur général des mines, usines et salines de l'empire d'Autriche. On lui doit un certain nombre d'ouvrages de géologie et de minéralogie d'une grande valeur.

BIART, Lucien, littérateur français, né à Versailles le 21 juin 1828. Il s'embarqua à l'âge de dix-huit ans pour le Mexique, s'occupa de zoologie et adressa au Muséum d'histoire naturelle de Paris de nombreuses collections d'insectes et d'oiseaux. Reçu professeur de botanique, de chimie et de physique par l'Académie de médecine de Puebla, il fit partie de la Commission scientifique du Mexique et fut décoré de l'ordre de Guadaloupé par l'empereur Maximilien. Rentré en France après une absence de près de vingt années, M. Biart publia dans plusieurs revues, notamment dans la *Revue des Deux mondes*, des récits de voyages et des romans, et rédigea, de 1871 à 1873, le feuilleton dramatique et littéraire du journal la *France*, auquel il dut renoncer pour cause de santé. — On doit à M. Lucien Biart : la *Terre Chaude (1862)*; la *Terre Tempérée (1866)*; le *Bisco (1867)*; *Benito Vasquez (1869)*; *Pile et Face (1870)*; *Laborde et Cie (1872)*; les *Clientes du docteur Bernagius (1873)*; l'*Eau Dormante (1875)*; *A travers l'Amérique (1876)*, ouvrage couronné par l'Académie Française ; la *Capitana (1877)*; les *Ailes brûlées (1879)*; *Jeanne de Maurice (1880)*; le *Pensativo (1884)*; une traduction de *Don Quichotte*, 4 vol. in-18, précédée d'une longue étude qui fut la dernière œuvre de Prosper Mérimée ; et enfin les *Aztèques*, curieux livre d'histoire, faisant partie de la *Bibliothèque Ethnologique*, publiée à la librairie Hennuyer, sous la direction de M. de Quatrefages et du Dr Hamy (1885). — Outre ces ouvrages, M. Lucien Biart a publié de nombreux volumes illustrés, destinés à la jeunessse : *Aventures d'un jeune naturaliste*; *Entre frères et sœurs*; les *Voyages Involontaires*, 4 vol. ; *Entre deux Océans*; le *Roi des prairies*; le *Fleuve d'Or*, etc. etc.

BICKMORE, Albert Smith, naturaliste américain, né à Saint-George (Maine) le 1er mars 1839, fit ses études à l'Académie de New-London (New-Hampshire) puis au collège de Darmouth, où il reçut son diplôme en 1860. Dès l'automne de la même année, il abordait l'étude de l'histoire naturelle sous la direction d'Agassiz, à Cambridge (Massachusetts), et était chargé l'année suivante du département des mollusques au Musée de zoologie comparée, sous la même direction. Ayant depuis longtemps formé le projet d'établir à New-York un vaste Musée d'histoire naturelle, après cinq années d'études laborieuses, M. Bickmore s'embarqua, en 1865, pour les Indes orientales, en partie avec l'intention de recueillir les éléments des collections du futur Muséum new-yorkais, en partie pour combler les lacunes de celui de Cambridge. Il passa une année dans l'archipel Indien à recueillir des mollusques à coquilles et d'autres animaux inférieurs ; ensuite, parti de Singapour, il se rendit à Saïgon, puis à Hong-Kong, traversa une grande partie de la Chine, explora le Japon, se rendit, par la Mantchourie, à l'embouchure de l'Amour, traversa la Sibérie, dont il visita les mines, la Russie centrale et septentrionale, une partie de l'Europe, et revenait à New-York après une absence de trois années. — Il a publié : *Travels in the East Indian Archipelago (1869)*, qui fut presque dès son apparition traduit en allemand et publié à Iéna. M. Bickmore a collaboré activement à l'*American Journal of Science* et au *Journal of the Royal Geographical Society* de Londres. Il a été nommé professeur d'histoire naturelle à l'Université Madison, à Hamilton (New-York), en 1870. Il est aujourd'hui conservateur du Museum d'Histoire naturelle de New-York, qui a été inauguré à la fin de 1877.

BIDA, Alexandre, dessinateur français, né en 1813 à Toulouse, élève d'Eugène Delacroix pour le dessin et l'aquarelle. Un séjour de deux années en Orient lui permit une abondante récolte de sujets d'étude dont il a tiré, depuis son retour (1846), le plus heureux parti. On a de lui principalement : un *Café arabe*; *Boutique turque*; le *Chanteur grec*; le *Barbier arménien*; le *Marché aux esclaves*; la *Bastonnade*; le *Retour de la Mecque*; la *Cérémonie du Dasseh, au Caire*; le *Mur de Salomon*; l'*Appel du soir* (Crimée) ; le *Champ de Booz, à Béthléem*; le *Grand Condé à Rocroy*; *Intérieur de femmes arabes*; le *Massacre des mamelouks*; le *Départ de l'enfant prodigue*; *Décollation de saint Jean-Baptiste (1847-1848)*. Il a exposé plus récemment : le *Départ*, le *Repos*, la *Porte de Béthléem*, pour le « Livre de Ruth » (1874) ; *Jérôme Savonarole*, aquarelle (1875) ; le *Retour de l'enfant prodigue, Caravane d'âniers en Syrie (1883)*; *Marchand de chevaux (1885)*; les *Vierges sages* et six compositions pour l'*Histoire de Jeanne Darc* de Michelet (1886), etc. On doit également à M. Bida plusieurs portraits de personnages importants, de l'empire, et un grand nombre d'illustrations de publications périodiques estimées et d'ouvrages importants, notamment les *Evangiles*, qui portent son nom, publication de la maison Hachette, et le *Livre de Ruth (1876)*, album grand in-folio sur velin, comme les *Evangiles*, lequel n'est, en quelque sorte, que le premier fascicule d'une suite de compositions gravées à l'eau-forte, représentant les plus belles scènes de l'Ancien Testament, également publié par la maison Hachette. — Honoré de plusieurs médailles aux expositions, M. Bida a été décoré de la Légion d'honneur en 1855 et promu officier en 1870.

BIENVENU, Charles Léon, écrivain et journaliste français, né à Paris, le 25 mars 1835. Il a débuté de bonne heure dans la presse fantaisiste et a collaboré tour à tour au *Diogène*, au *Nain Jaune*, au *Figaro*, au *Corsaire*, au *Soleil*, à la *Lune*, à l'*Eclipse*, au *Charivari*, au *Journal amusant*, au *Tintamarre*; puis au *Mot d'ordre* de M. Rochefort, à l'*Evénement*, aux *Droits de l'Homme*, etc. M. Bienvenu n'en est pas moins resté copropriétaire et directeur du *Tintamarre*, où il a particulièrement rendu célèbre le pseudonyme de *Touchatout*, sans cesser de produire un grand nombre d'articles sous son propre nom et sous le pseudonyme moins populaire de « Robert Buquet. » Ses principales séries d'articles : l'*Histoire de France tintamarresque*, l'*Histoire tintamarresque de Napoléon III* et autres travaux importants, également tintamarresques et historiques, ont paru à part, en volumes in-8°, illustrés de dessins grotesques, avec la substitution du vrai nom de l'auteur au pseudonyme de « Touchatout » conservé dans le journal. Il a publié en outre les *Mémoire d'un préfet de police*, par Touchatout (1885, in-18), etc. — M. Bienvenu a fait jouer en 1866, au Théâtre-Déjazet : *Un Monsieur qui veut se faire un nom*, vaudeville en 1 acte. En 1868, il a fondé une revue bi-mensuelle : *Touchatout-Revue*, qui eut peu de succès, et peu après le *Trombinoscope*, recueil de biographies satiriques et bouffonnes qui a été beaucoup mieux accueilli et continue à paraître. En février 1871, il avait fondé la *Carmagnole*, feuille hebdomadaire à intentions bouffonnes assez mal remplies, soit que le moment fût mal choisi pour apprécier ce genre de régal littéraire, soit que l'auteur lui-même subit l'influence du milieu où il agissait. La *Carmagnole* n'eut que six numéros.

BIERSTADT, Albert, peintre américain, d'origine allemande, né à Düsseldorf (Allemagne) en 1828. Ses parents émigrèrent aux Etats-Unis lorsqu'il n'avait encore que deux ans et s'établirent dans la New-England. Il reçut une éducation soignée, et, sa vocation artistique se développant avec l'âge, il visita son pays natal en 1853, étudia la peinture à l'Académie de Düsseldorf et, ayant peint quelques paysages allemands qui obtinrent un certain succès, il se rendit à Rome, où il passa un hiver ; fit un tour en Suisse, explora les Apennins et retourna aux Etats-Unis en 1857. En 1858, il fit partie de l'expédition du général Lander aux montagnes Rocheuses, où il passa plusieurs mois à prendre des esquisses. En 1863, parut son tableau, célèbre de l'autre côté de l'Atlantique : *Vue des montagnes Rocheuses : le pic Lander*, qui établit sa réputation. Parmi ses autres œuvres, nous citerons : *Ombre et lumière*; la *Tempête dans les montagnes Rocheuses*; les *Dômes du Yosemite*; le *Pic Laramie*; *Emigrants traversant les Plaines* et *Mount Hood*. En 1873, il explorait la côte du Pacifique en quête de nouveaux paysages. Il a exposé à Philadelphie, en 1876, la *Fondation de la Californie en 1870*. Il n'avait rien envoyé, par exemple, à notre Exposition universelle de 1878. — M. Bierstadt a été nommé, en 1871, membre de l'Académie des Beaux-Arts de Saint-Pétersbourg. Il a fait, en 1869-70, un nouveau voyage en Europe, pendant lequel, étant à Londres, il fut reçu à Windsor, sur l'invitation spéciale de la reine Victoria, et a été nommé chevalier de la Légion d'honneur à son passage à Paris.

BIGELOW, Erastus Brigham, inventeur américain, né à West Boylston (Massachusetts) en 1814. Il s'occupa de mécanique et d'invention dès son extrême jeunesse, et avait déjà construit diverses machines ingénieuses, notamment un métier à tisser à la main, avant d'avoir atteint sa dix-huitième année. En 1838, il obtenait un brevet pour un métier automatique destiné au tissage des couvertures unies, qu'il venait d'inventer ; il avait déjà fait marché pour la construction de trois de ces nouveaux métiers, lorsque, dans les marchandises importées, de même sorte que celles qu'on pouvait faire avec son métier, il dut reconnaître une supériorité d'exécution impossible à atteindre avec celui-ci. Il rompit alors loyalement les marchés consentis, relégua dans un coin son invention insuffisante, se remit à l'œuvre avec courage, et ne tarda pas à inventer un nouveau métier qui réunissait toutes les conditions cherchées. En 1839 il inventa le premier métier à vapeur pour le tissage des tapis de laine. — M. Erastus Bigelow est le fondateur du florissant village manufacturier de Clinton, dans l'Etat de Massachusetts, au milieu duquel s'élèvent les immenses bâtiments de la « Bigelow manufacturing Company », et peuplé surtout de ses ouvriers et des fournisseurs qu'a attirés cette heureuse agglomération.

BIGELOW, John, écrivain et diplomate américain, né à Malden (New-York) le 25 novembre 1817, fit ses études au Collège de l'Union, suivit les cours de droit et fut reçu avocat, et inscrit au barreau de New-York, en 1839. Il exerça la profession qu'il avait embrassée, pendant dix ans, variant la monotonie de ses travaux par des travaux littéraires variés. Inspecteur des prisons de l'Etat de 1845 à 1848, il y introduisit quelques réformes importantes. En 1850, il devint associé de William C. Bryant, pour la propriété du *New-York Evening Post*, dont il fut l'administrateur jusqu'en 1861. Il fit la même année un voyage à la Jamaïque, d'où il rapporta : la *Jamaïque en 1850, ou les effets de seize ans de liberté dans une colonie d'esclaves (1851)*. Il s'embarqua de nouveau pour les Indes occidentales en 1854, et à son retour publia un ouvrage sur l'état d'Haïti. Nommé consul d'Amérique à Paris en 1861, il y devint chargé d'affaires en décembre 1864, à la mort de M. Dayton, et ministre plénipotentiaire en avril 1865. Dans cette situation, il fit preuve de beaucoup de tact et d'habileté diplomatique, surtout dans la mission délicate, qui lui incombait naturellement d'aplanir les difficultés que la guerre du Mexique avait soulevées entre le gouvernement de Washington et celui des Tuileries. Rappelé sur sa demande en décembre 1866, M. Bigelow, après un tour d'Europe d'une année environ, rentra aux Etats-Unis en 1868. Après la mort de Henry J. Raymond, en 1869, il fut un moment directeur du *New-York Times*, mais il se retira bientôt, retourna en Europe et établit sa résidence à Berlin. Retourné aux Etats-Unis au bout de quelques années, M. John Bigelow se joignit aux Libéraux en 1872, pour combattre la seconde élection du président Grant. Il passa ensuite aux Démocrates et devint secrétaire de l'Etat de New-York en 1875. Depuis 1877, il n'a plus pris de part à la vie publique que par des articles de journaux et la publication de quelques ouvrages littéraires. — Il accompagnait toutefois M. F. de Lesseps à l'isthme de Panama, en février 1886, dans l'intérêt des Etats-Unis.

Il a publié, outre les ouvrages déjà cités : *Vie de John C. Fremont (1856)*; les *Etats-Unis en 1863, leur histoire politique, leurs ressources minéralogiques, agricoles, industrielles, commerciales*, etc. (Paris, 1863) ; *Autobiographie de Benjamin Franklin, d'après des matériaux recueillis en France (1868)*; *Quelques réminiscences d'Antoine Pierre Berryer (1869)*; la *France et la Monarchie héréditaire (1871)*; l'*Esprit et la Sagesse des Haïtiens (1877)*; *Molinos le Quiétiste (1882)*, etc.

BIGOT, Julien Armand, homme politique français, né à Couptrain (Mayenne) le 18 janvier 1831. Il fit son droit à Paris, prit le grade de docteur en 1854 et entra dans la magistrature, comme substitut du procureur impérial de Mayenne, en 1856 ; transféré à Laval, puis à Angers, il devint substitut du procureur général près la Cour de cette dernière ville en 1863 et avocat général en 1868. Le procureur général nommé après le 4 septembre n'étant pas agréé par lui, M. Bigot donna sa démission et se fit inscrire au barreau d'Angers. Elu représentant de la Mayenne en février 1871, il prit à l'Assemblée nationale son siège à droite et participa à toutes les mesures réactionnaires émanées de cette Assemblée. Ayant échoué aux élections du 21 janvier 1876, M. A. Bigot fut nommé le 7 juin 1877 président de Chambre à la Cour d'Angers. Atteint par la loi modifiant l'inamovibilité de la magistrature assise, il s'inscrivit une fois de plus au barreau d'Angers. Aux élections du 14 octobre 1885, M. Bigot, porté sur la liste réactionnaire de la Mayenne, fut de nouveau élu député. — M. Armand Bigot a publié : *Eloge de Prévot de la Chauvellière* et

Essai sur l'histoire du Droit en Anjou, deux discours prononcés à la rentrée des cours et tribunaux d'Angers.

BILLIAIS (de la), HENRI VICTOR MARIE LE LOUP, homme politique français, né à Nantes le 22 mars 1836. Maire de Machecoul et conseiller général de la Loire-Inférieure lorsqu'éclata la guerre de 1870-71, M. de la Billiais servit à cette époque comme chef de bataillon de mobilisés. Il se présenta aux élections du 21 janvier 1876 dans la troisième circonscription de Nantes, comme légitimiste et catholique; il fut élu au second tour (5 mars), et réélu le 14 octobre 1877, avec l'appui de l'administration d'alors, puis le 21 août 1881. Le 4 octobre 1885, la liste réactionnaire triomphant dans la Loire-Inférieure, M. de la Billiais vint reprendre sa place à l'extrême droite de la Chambre des députés. — Une proposition de M. de la Billiais, tendant à l'insertion au *Journal Officiel* des noms des soldats morts au Tonkin et à Madagascar, était repoussée par la Chambre dans sa séance du 1er juillet 1886, à raison du sentiment politique qui l'avait dictée.

BILLOT, JEAN-BAPTISTE, général français, ancien ministre, sénateur, né à Chaumeil (Corrèze) en 1828. Elève de l'Ecole de Saint-Cyr, il entra dans l'état-major où il fit toute sa carrière; sous-lieutenant en 1849, il devint lieutenant en 1852, capitaine en 1854, chef d'escadron en 1863, lieutenant-colonel en 1869. Il se trouvait en Algérie et était lieutenant-colonel, lorsqu'éclata la guerre de 1870; il fut nommé colonel le 9 novembre, puis général de brigade. Devenu général de division au titre auxiliaire il fut appelé au commandement du 18e corps d'armée, avec lequel il remporta un brillant succès à Beaune-la-Rolande, et contribua beaucoup à la victoire de Villersexel. La commission des grades le remit toutefois général de brigade. — Elu représentant de la Corrèze à l'Assemblée nationale, aux élections du 8 février 1871, le général Billot prit place sur les bancs de la gauche et fut vice-président du groupe de la gauche républicaine. Il a pris une grande part à la discussion des lois militaires et a voté contre les préliminaires de paix. M. le général Billot a été élu par l'Assemblée, sénateur inamovible, le 16 décembre 1875. Promu général de division en 1878, il fut appelé au commandement de la première division du 1er corps d'armée; il est aujourd'hui commandant de ce même 1er corps, dont le quartier général est à Lille. Le 30 janvier 1882, le général Billot était appelé au ministère de la guerre dans le cabinet qui succéda au cabinet Gambetta. Il donnait sa démission le 28 janvier 1883, avec son collègue de la marine, l'amiral Jauréguiberry, ces deux officiers généraux étant opposés à la mesure approuvée par leurs collègues du cabinet relative à la radiation des contrôles de l'armée et de la marine des princes des familles souveraines. — Dans la question de l'expulsion de ces mêmes princes, revenue au Sénat le 22 juin 1886, le général Billot n'a pas pris part au vote. — M. le général Billot est grand officier de la Légion d'honneur du 4 juin 1884.

BIN, JEAN-BAPTISTE PHILIPPE EMILE, peintre français, né à Paris le 10 février 1825, fut élève de Léon Cogniet et débuta au Salon de 1845, par un *Portrait*. En 1850, il remportait le deuxième grand prix de Rome. Outre de nombreux portraits, M. Bin a exposé: le *Baptême de Clovis (1857)*; *Arria et Pœtus (1861)*; *Orphée tué par les Bacchantes (1863)*; *Jésus et Sainte Marie-Madeleine (1865)*; *Persée délivrant Andromède (1866)*; *Prométhée enchaîné (1869)*; *Héraklès Téraphonios (1872)*; *Vénus Astarté*, fragment de *décoration pompéienne (1874)*; *Ave César, Scoparii te salutant (1875)*; *l'Harmonie (1876)*; *Portrait de M. Mallet (1877)*, *Mort à la peine (1883)*; *Portrait de M. G. de Mortillet (1884)*; la *Conscience mal placée (1886)*, etc. Citons encore un *Ecce homo*; *Jésus enfant sur les genoux de la Sainte Vierge*; *Hippomène et Atalante*; la *Charité*; *Hercule furieux*; le *Bûcheron* et l'*Hamadryade*; la *Naissance d'Eve*; les *Portraits* en pied ou en buste de Napoléon III et de divers personnages civils et militaires appartenant plus spécialement au monde officiel de l'empire. M. Bin a également exposé des dessins des décorations exécutés par lui, soit dans des hôtels particuliers, soit au musée des Souverains, au Louvre, ou à l'église Saint-Nicolas du Chardonnet, à la grande salle de l'Ecole polytechnique de Zurich, à l'église Saint-Sulpice, au théâtre de Reims (1874), à la grande chancellerie de la Légion d'honneur (1876), etc. M. Bin a été médaillé aux Salons de 1865 et 1869, et a été décoré de la Légion d'honneur en 1878.

BIRCH, SAMUEL, archéologue anglais, né à Londres le 3 novembre 1813; fit ses études à l'école des Marchands Tailleurs, qu'il quitta en 1831. Employé aux Archives publiques en 1834, il fut attaché comme aide (assistant) au département des Antiquités du Musée britannique en 1836. Il en devint conservateur-adjoint en 1844, et par suite de la nouvelle organisation, en 1861, fut nommé conservateur des « Oriental, Mediæval and Bristish Antiquities and ethnographical Collections of the British Museum ». En 1846, M. Birch fut envoyé en Italie, pour y visiter la collection Anastasi (antiquités égyptiennes) alors à Livourne, ainsi que les collections de Rome et autres villes; il retourna à Rome en 1856, envoyé, avec M. Newton, par sir G. Cornewall Lewis, alors chancelier de l'Echiquier, avec mission d'examiner et d'évaluer la collection Campana offerte au gouvernement britannique. M. S. Birch a été élu membre ou correspondant de l'Institut archéologique de Rome en 1839, de l'Académie de Berlin en 1851, de celle de Herculanum en 1852, et de l'Académie des inscriptions et belles-lettres de Paris en 1861; en 1862, l'université de Saint-Andrews lui a conféré le titre honorifique de docteur en lois; il est, en outre, membre honoraire de la Société royale de littérature, de la Société des antiquaires de Londres, de la Société orientale de France, de la Société ethnologique d'Amérique, etc. Il est enfin membre de la Société royale de Londres, et l'un des directeurs de l'Institut archéologique de Rome.

Au commencement de sa carrière, M. Birch s'étant beaucoup occupé de déchiffrer les hiéroglyphes égyptiens, ses travaux attirèrent l'attention du baron Bunsen, et les relations qui s'ensuivirent entre ces deux hommes, eurent pour résultat l'association du premier aux travaux du second, relatifs à l'Egypte, principalement pour son ouvrage: *Ægypten's Stelle in die Weltgeschichte*. (Place occupée par l'Egypte dans l'histoire universelle, 1845), dont la partie philologique relative aux hiéroglyphes est tout entière de la main de M. Birch, à qui le savant allemand légua le soin de revoir les futures éditions de son ouvrage. En 1867, en conséquence de ce legs, M. Birch en publiait le 5e volume, qui complète aujourd'hui l'œuvre. Ses travaux s'étendent, en fin de compte, à la plupart des branches de la science archéologique; outre ses travaux sur les hiéroglyphes, il a publié des mémoires sur les antiquités grecques, romaines et britanniques, sur la numismatique et l'ethnographie et a édité des traductions d'inscriptions cunéiformes. En outre, il a publie dans l'*Asiatic Journal*, des traductions du chinois; il a également collaboré aux *Transactions* de la Société royale de littérature, à l'*Archæologia*, à la *Revue archéologique* (française), à l'*Archæologische Zeitung* et à la *Zeitschrift für Ægyptische Sprache, und Alterthum's Kunde* (Gazette archéologique et Feuille périodique de langue égyptienne et de science de l'antiquité (allemande), ainsi qu'aux diverses publications des sociétés savantes, et écrit plusieurs articles de « l'English Encyclopædia ». Les autres ouvrages du docteur Birch sont: *Galeries d'Antiquités (1842)*; le texte des *Vues du Nil*, d'Owen Jones (1843); avec M. Newton: *Catalogue de Vases grecs (1861)*; *Introduction à l'étude des Hiéroglyphes (1857)*; une *Histoire de la poterie ancienne (1858)*; *Description du Papyrus de Nash-Khem (1863)*; les *Rhind Papyri (1866)*; l'*Egypte depuis les temps les plus reculés (1875)*; les *Souvenirs du Passé (1879-80)*. Il a donné des éditions annotées des *Mœurs et coutumes* de Wilkinson (1878); et de l'*Egypte* d'Eber (1879).

Le docteur Birch a présidé le Congrès des Orientalistes tenu à Londres, en septembre 1874, et fut, à cette occasion, décoré de l'ordre de la Couronne de Prusse par l'empereur Guillaume.

BISMARCK-SCHŒNHAUSEN (prince von), KARL OTTO, célèbre homme d'Etat allemand, né à Schœnhausen (Prusse), le 1er avril 1815; fit ses études à Gœttingen, à Berlin et à Greifswald, et entra ensuite dans l'armée. Membre de la diète de Saxe en 1846, il fut l'année suivante élu membre de la Diète générale, où il se fit remarquer bientôt par l'intempérance de ses discours et par son esprit intolérant et anti-démocratique. Entré en 1851 dans la carrière diplomatique, par la légation de Francfort, il fut envoyé à Vienne en 1852 et s'y montra un ennemi déclaré de l'influence de l'Autriche, qu'il fit d'ailleurs exclure de l'Union douanière (Zollverein), la considérant avec raison comme un obstacle au libre développement de la Prusse pour laquelle, sans doute, il nourrissait déjà une ambition patriotique mais insatiable. On lui a attribué la paternité d'une brochure parue en 1858: la *Prusse et la Question italienne*, où est déjà préconisée l'alliance de trois empereurs, mais avec cette différence que l'empereur d'Autriche y est remplacé par l'empereur des Français et que l'empereur d'Allemagne n'y figure encore que comme roi de Prusse; en comparant la différence des situations suivant les temps, on reconnaitra la vraisemblance de l'imputation, et en même temps la rare constance dans les idées qui caractérise M. de Bismarck. De 1859 à 1862, M. de Bismarck occupa l'ambassade de Saint-Pétersbourg; lorsqu'il dut quitter ce poste pour l'ambassade de Paris (mai 1862), l'empereur Alexandre, dont il avait su se concilier les bonnes grâces, lui remit les insignes de l'ordre d'Alexandre Newsky; bien accueilli également à la cour des Tuileries, et par les mêmes causes, il était nommé grand'croix de la Légion d'honneur, lorsque peu de mois après, il quittait Paris (22 septembre), appelé à la présidence du cabinet prussien, avec le titre de ministre de la Maison du roi et des affaires étrangères. Une grave question s'agitait en ce moment devant le parlement prussien, celle de la réorganisation de l'armée, et, comme conséquence, d'une élévation énorme du budget de la guerre, que la seconde Chambre refusait absolument de sanctionner. Ce budget de la guerre rejeté, en fin de compte, par la Chambre des députés, M. de Bismarck le fit adopter par la Chambre des seigneurs, et les protestations de la seconde Chambre n'aboutirent qu'à sa dissolution. Après les députés, ce furent les journalistes qui protestèrent, puis des magistrats, des fonctionnaires publics de tout ordre; mais les uns furent poursuivis, les autres destitués, tous en somme punis et solidement bâillonnés. Les députés ayant, dans une adresse au roi, accusé le premier ministre d'avoir violé la constitution (janvier 1863), celui-ci protesta avec véhémence. Mais les affaires de Pologne ne tardèrent pas à attirer l'attention publique vers un autre point: un traité secret conclu (février) avec la Russie, est l'objet d'un blâme de la Chambre; les journaux qui appuyent les protestations des députés sont poursuivis avec une véritable fureur; jugeant sans doute insuffisantes les armes que la loi lui fournit contre elle, M. de Bismarck imagine d'appliquer à la presse prussienne le régime impérial français des avertissements et des suspensions. Après le triomphe facile de la politique extérieure de la Prusse, contre le Danemark, l'antagonisme de la Chambre des députés et du Cabinet prussien, personnifié par son chef, ne fut aucunement modifié; mais, fort de l'appui de la Chambre des seigneurs, celui-ci n'en fut que médiocrement ému. C'est ainsi que, le 23 février 1866, il déclarait tranquillement qu'il renonçait au concours des députés et prononçait la clôture de la session.

M. de Bismarck n'était pas très éloigné de croire les temps arrivés où la Prusse devait être la véritable grande puissance allemande. Nous ne nous étendrons pas sur les misérables « querelles d'Allemands » soulevées par le ministre prussien et entretenues jusqu'au moment où, ses préparatifs achevés, un traité d'alliance offensive et défensive conclu avec l'Italie, l'ennemie naturelle de l'Autriche, il entreprenait contre celle-ci, qui avait eu la maladresse de se laisser entrainer à une alliance avec la Prusse contre le Danemark, et de lui livrer le secret de la faiblesse de son armement, une guerre de quelques semaines que terminait Sadowa (3 juillet), c'est-à-dire la défaite complète de l'Autriche et des Etats allemands qui avaient préféré son alliance à celle de la Prusse. Sans doute, cette courte campagne ne se fût point bornée là, si M. de Bismarck avait pu la poursuivre plus longtemps et plus loin. On se rappelle en effet que, dans le discours du trône ouvrant la session suivante, Napoléon III affirmait aux Chambres que son gouvernement avait arrêté le conquérant aux portes de Vienne. — Cela nous servit de bien peu dans la suite, quoique la sagesse des nations prétende qu'un bienfait n'est jamais perdu.

Les préliminaires de paix, signés à Nickolsbourg, le 26 juillet 1866, excluent l'Autriche de la Confédération germanique; et le remaniement de l'Allemagne, rêvé depuis si longtemps, ne tarda pas à recevoir un commencement d'exécution; les dépossessions violentes, les annexions se suivent, et les protestations les plus justes, les plus modérées dans la forme sont réprimées avec la dernière rigueur. Vers la fin de l'année, un traité d'alliance est conclu avec la Bavière, Bade, le Würtemberg, etc., par lequel le commandement supérieur des armées est assuré au roi de Prusse en cas de guerre. En 1867, la Confédération du Nord est organisée sous la présidence du roi de Prusse, avec un Conseil fédéral composé des délégués de chacun des vingt Etats qui la composent, et une seconde Chambre élue par le suffrage universel. La nouvelle constitution fédérale, votée par les chambres prussiennes, entre en vigueur à partir du 1er juillet, et M. de Bismarck est nommé chancelier de la nouvelle confédération et président du Conseil fédéral. Des difficultés naissent bientôt de la question du Luxembourg, dont la cession est offerte à la France contre le gré de M. de Bismarck, entre la France et l'Allemagne. L'attitude du chancelier de la Confédération de l'Allemagne du Nord est dès lors ouvertement provocatrice. Avant la campagne contre l'Autriche, il offrait: maintenant il s'oppose à ce qu'on puisse accepter d'un autre et, pendant ce temps, prend lui-même de toutes mains. Si, en 1866 et en 1867, les provocations de la Prusse durent être tolérées par la France, on peut bien l'avouer maintenant, c'est que, vérification faite, l'état des forces de la France était alors formidable... seulement sur le papier. Il fallut donc renoncer à rien faire qui pût indisposer M. de Bismarck; et on y renonça de toute façon. En 1868, la santé du chancelier est officiellement chancelante, et en conséquence il obtient un congé en février; mais il retourne à Berlin dès le mois d'octobre suivant et reprend la direction des affaires. — Cette comédie se renouvellera plus d'une fois.

L'influence du comte de Bismarck quoique, çà et là, légèrement compromise dans les Chambres, même au sein du nouveau parlement fédéral, demeure toute puissante sur l'esprit du roi de Prusse, on le reconnait encore plus volontiers, s'il se peut, au dehors qu'à l'intérieur. C'est à cette influence, il n'est guère permis d'en douter, qu'est due l'approbation donnée par le roi Guillaume, « seulement en qualité de chef de famille », au prince Léopold de Hohenzollern, acceptant du maréchal Prim la couronne d'Espagne. Nous n'insisterons pas sur les causes qui amenèrent la dernière guerre, où la France allait se mesurer, seule et mal préparée, avec la Prusse dont l'organisation militaire était formidable et que suivait toute l'Allemagne liée avec elle par des traités formels. Nous nous bornerons à établir que, depuis le commencement jusqu'à la fin de la campagne, M. de Bismarck ne quitta pas le quartier général, et ne cessa pas un instant de tout diriger, du moins politiquement. A l'entrevue de Frénois, avec Napoléon III (2 septembre 1870), lors de la capitulation de Sedan, il posait déjà comme conditions fondamentales de la paix, malgré qu'on en ait dit, la cession de l'Alsace et de la Lorraine. Les entrevues de Ferrières (les 16 et 20 septembre) avec Jules Favre, reproduisirent ces conditions, aggravées encore, naturellement, mais dans des proportions telles qu'il était impossible d'y souscrire. Après la capitulation de Paris, c'est M. de Bismarck qui dicte les conditions de la paix, que l'Assemblée de Bordeaux, élue comme il lui a plu qu'elle le fut, devra voter. Les soucis de la guerre ne lui avaient toutefois pas laissé perdre de vue son projet d'unification de l'Allemagne. Il obtenait des Etats du Sud qu'ils entrassent dans la Confédération, en décembre 1860, et du souverain de l'un d'eux, le plus puissant après le roi de Prusse, le roi de Bavière, qu'il proposât la consécration de l'unification, désormais faite, par la reconstitution, au profit de ce dernier, de l'Empire d'Allemagne. En conséquence, le 18 janvier 1871, M. de Bismarck avait la satisfaction de voir couronner son souverain empereur d'Allemagne, dans le palais des rois de France, à Versailles, détail qui parait leur avoir été, à l'un et à l'autre, particulièrement sensible. Dans le cours de ce même mois, le chancelier de la Confédération du Nord devenait chancelier de l'Empire d'Allemagne, et en mars suivant, il était élevé au rang de prince. Au mois de septembre de la même année, le prince de Bismarck assistait à la rencontre de l'empereur d'Autriche avec l'empereur d'Allemagne à Gastein. Peu après, il ouvrait la campagne contre le parti catholique d'Allemagne, expulsait les jésuites (juillet 1872), incarcérait les évêques récalcitrants et proclamait de toutes les façons la suprématie de l'Etat sur l'Eglise. En décembre de la même année, il résignait la présidence du ministère, quoiqu'il continuât à inspirer ouvertement la politique intérieure et étrangère de l'empire, et à travailler en conséquence avec l'empereur. Il se fit même autoriser, au cas où il ne pourrait pren.

de part aux réunions ministérielles, à voter par l'intermédiaire du président de la chancellerie impériale. A l'occasion de sa retraite, le prince de Bismarck reçut de l'empereur Guillaume l'ordre de l'Aigle noir avec plaque en diamants (15 janvier 1873). L'envoi de ce bijou était accompagné d'une lettre autographe de l'empereur, que celui-ci signait : « votre roi fidèle, dévoué et reconnaissant. » Comme en 1868, cependant, cette retraite de M. de Bismarck était une *fausse sortie* ; dès le mois d'octobre, il était redevenu premier ministre de l'empire germanique.

Le 13 juillet 1874, un pauvre fou, nommé Kullmann, tirait sur le prince de Bismarck un coup de pistolet qui atteignait légèrement celui-ci au poignet droit, et payait sa tentative avortée de quatorze ans de travaux forcés, dix ans de surveillance et les frais. Comme la campagne contre le clergé catholique touchait déjà à la période aiguë, le prince de Bismarck chercha à prouver que Kullmann n'était autre qu'un agent du parti catholique, et une *déclaration* dans ce sens, faite par lui-même, souleva une véritable tempête au parlement allemand. C'est vers la fin de l'année 1874 que le comte d'Arnim fut poursuivi à l'instigation de M. de Bismarck, sous l'inculpation de détournement de documents diplomatiques des archives de l'ambassade d'Allemagne à Paris. A partir de ce moment, la lutte contre l'Eglise catholique se poursuit avec un acharnement incroyable, de part et d'autre d'ailleurs. Au commencement de février 1875, le pape lance une encyclique aux évêques, condamnant les lois ecclésiastiques et excommuniant les évêques catholiques nommés par le gouvernement, à laquelle M. de Bismarck ne tardera pas à repondre ; mais, pour le moment, il est... malade. La lumière, pendant ce temps, se fait sur les agissements du grand chancelier. Après les révélations de M. d'Arnim viennent celles de la *Epoca*, journal italien, qui public des lettres échangées, au moment de la guerre de 1870-71, entre Mazzini et cet homme d'Etat. Une consolation lui arrive d'un autre côté : le roi d'Espagne, Alphonse XII, lui envoie le collier de la Toison d'Or. Ce présent d'un prince catholique ne change toutefois en rien ses dispositions contre le clergé catholique, et, entre autres mesures qu'il fait adopter au parlement, figure la suppression des dotations de ce clergé au budget des cultes. Mais voici que la presse officieuse belge, sympathisant avec le clergé allemand, attire sur son pays, justement gouverné par des cléricaux, la colère de l'irascible grand chancelier ; survient alors le complot Duchenne, qui offre un aliment de plus aux invectives que déversent sur un voisin trop faible pour se faire craindre, malgré sa dignité, la presse alimentée par le « fonds des reptiles » ; des notes diplomatiques sont échangées, et, sous la menace de l'Allemagne, la Belgique est obligée de modifier le code des lois du royaume. — Dans le même moment, des bruits de guerre entre la France et l'Allemagne circulent et prennent une grande consistance à la fin, jusqu'à ce que l'empereur Guillaume choisisse un endroit public, un salon officiel, pour les démentir, et un attaché d'ambassade à qui adresser ce démenti (avril 1875).

Le 10 mai, le czar Alexandre arrivait à Berlin, accompagné de son fidèle *vice*-chancelier, prince Gortschakoff, et, tandis que des conférences avaient lieu entre les souverains, d'autres conférences, encore plus importantes probablement, avaient également lieu entre les ministres. De ces conférences, qui durèrent trois grands jours et se poursuivirent ensuite, entre les chanceliers seulement, quoique dans le voisinage du czar faisant sa cure, il sortit cette assurance consolante pour tout le monde, que « la paix ne serait pas troublée ». Ces entrevues et les déclarations qui semblaient devoir les suivre invariablement, malgré le démenti des faits, se renouvelèrent souvent depuis, notamment le 30 novembre 1875, époque à laquelle le mouvement insurrectionnel de l'Herzégovine commençait à prendre une tournure sérieuse, et puis le 10 mai 1876. Avec ou sans la coopération du chancelier d'Autriche, comte Andrassy, et ayant la question d'Orient pour prétexte, beaucoup de conférences de même sorte, provoquées ou simplement suivies par M. de Bismarck, ont eu lieu, pour assurer, sur nouveaux frais, que « la paix ne serait pas troublée ». Il en résulta la guerre, comme toujours, et la réunion à Berlin, sous la présidence de M. de Bismarck, en juin 1878, d'un congrès des puissances garantes chargé de *refondre le traité de San Stephano, à peine vieux de* trois mois, et de clore une fois pour toute cette question d'Orient sans cesse renaissante : ce qu'il fit avec tant de succès, que des incidents récents (1886) l'ont rouverte toute grande.

La vie publique du prince de Bismarck, depuis son élévation à la grande chancellerie de l'empire d'Allemagne, a été traversée par quelques déboires et par des complots qui rappellent un peu trop, peut-être, les complots du second empire français, voire du premier. Au mois de mai 1875, un nommé Dunin était encore accusé de « *complot* » *contre la vie de celui qui se laisse volontiers* appeler le Richelieu prussien. Mais le coup qui parait lui avoir été le plus sensible, dans la mesure où sa sensibilité peut être excitée, c'est la retraite de M. Delbrück, président de la chancellerie de l'empire d'Allemagne, son ami intime (avril 1876). La cause de cette rupture entre MM. Delbrück et de Bismarck n'a jamais été bien connue. Ce dernier a bien laissé, ou même fait dire que c'était la question de rachat des chemins de fer par l'Etat ; mais cela n'a pas empêché de supposer que cette cause résidait plutôt dans la politique étrangère *du grand chancelier et dans les sacrifices énormes* qu'il exigeait du pays pour des dépenses militaires. Ce sont, d'ailleurs, les mêmes causes qui ont établi depuis longtemps une hostilité permanente entre le parlement allemand et le grand chancelier, hostilité qui s'apaise de temps à autre, mais qui n'est jamais éteinte, les exigences de M. de Bismarck étant de l'espèce la plus réfractaire aux meilleures raisons. D'autre part, le prince de Bismarck a eu longtemps deux haines vigoureuses : la haine de la papauté et celle du socialisme, naguère son protégé. Contre les socialistes, il obtint du parlement, en 1882, une loi en vertu de laquelle un député, M. Singer, a pu être expulsé de Berlin, comme suspect de payer des subventions aux sociétés socialistes, cas grave sans doute ; et un restaurateur de Berlin nommé Max Jacoby, subir le même sort, pour avoir loué à des *réunions socialistes, quoique n'étant pas socialiste*, une salle qui lui appartient (juin 1886) : il y a un peu d'affolement à coup sûr, dans de telles rigueurs. — Quant à l'autre ennemi de M. de Bismarck, le catholicisme romain, il en va beaucoup mieux, grâce à l'habileté politique de Léon XIII, qui n'a cessé de négocier depuis son avènement au trône pontifical (1878), avec une patience qui a fini par avoir sa récompense. Les concessions obtenues en mai 1886 ont en effet reçu, dans le monde catholique allemand, la qualification de « lois de mai de la réparation », ce qui nous dispense d'y insister. — Il convient aussi d'attribuer à l'opiniâtre entêtement de M. de Bismarck la politique coloniale suivie par la Prusse depuis quelques années, et dont les résultats, minces au début, augmentent visiblement et augmenteront davantage encore d'importance avec le temps : les autres puissances coloniales jugeront alors, si elles ne le font déjà, qu'elles auraient pu agir moins légèrement et prendre quelques précautions.

BITARD, Adolphe Louis Émile, écrivain français, né à Vernon (Eure) le 24 février 1837. Soldat à dix-sept ans, il fit presque toute la campagne d'Orient, puis celle d'Italie, avec un intervalle entre les deux d'environ dix-huit mois passés en congé à Paris, où il revint libéré à la fin de 1860. Il avait débuté très jeune dans d'obscurs petits journaux et continuait à collaborer à divers recueils périodiques, lorsqu'il fut amené à prendre une assez grande part au réveil de la presse indépendante, favorisé par la loi de 1868, tant comme correspondant parisien du *Havre*, de l'*Emancipation* de Toulouse, de l'*Eclaireur* de Saint-Etienne, du *Courrier* de Roanne, du *Libéral* de Limoges et autres journaux de province *de nuance avancée, que comme rédacteur aux journaux* de Paris le *Courrier français*, la *Réforme*, le *Centre gauche*, l'*Histoire*, l'*Avenir national*, l'*Electeur libre* quotidien, la *Vérité*, le *Soir*, etc. Après la signature du traité de paix, obéissant à un sentiment qui n'était probablement pas celui de l'ambition, M. Bitard rompit avec la politique militante, se voua à des travaux de librairie et ne traita plus dans la presse que des questions scientifiques, techniques ou littéraires. Il a fourni des articles, avant et après cette époque, à la *Revue populaire*, à la *Revue illustrée des Deux Mondes*, à la *Revue de France*, à la *Science illustrée* au *Musée universel*, à la *Mosaïque*, au *Journal des Voyages*, à la *Chronique musicale*, à la *Chasse illustrée* et collaboré au *Grand dictionnaire illustré* et à la *Grande encyclopédie (1886)*. En 1878, l'éditeur Georges Decaux lui confiait la rédaction de l'*Exposition de Paris*, dont le succès fut très grand. Il fondait lui-même, en février 1880, la *Science populaire*, qui fit événement dans la presse scientifique et dont il conserva la direction pendant près de trois années ; et l'année suivante, l'*Enseignement populaire*, moins bien accueilli. Il a publié à part : *Encyclopédie des connaissances pratiques (1875-1876)* ; *Dictionnaire général de biographie contemporaine (1877*, nouv. éd., entièrement refondue. 1886) ; le *Monde des merveilles (1878)* ; un *Guide à Paris pendant l'exposition de 1878* ; les *Merveilles de l'Océan (1883)* ; les *Arts et métiers illustrés (1884-86*, 2 vol.) ; l'*Art et l'industrie chez les insectes (1886)* ; *Histoire populaire des sciences (1886* et suiv.), etc. On lui doit en outre des traductions d'ouvrages anglais, notamment de : *Longevity*, du Dr Gardner, de la *Chemistry of common Life* du professeur James F. W. Johnston et des ouvrages de sir Samuel W. Baker sur *Ceylan*.

BIZARELLI, Louis, médecin et homme politique français, né à Saint-Florent, chef-lieu de canton de l'arrondissement de Bastia (Corse), le 25 juillet 1836. Il étudia la médecine, fut reçu docteur en 1860 et alla s'établir au Grand-Serre, dans la Drôme, qu'il représenta bientôt au conseil général du département. M. Bizarelli se présenta comme candidat républicain dans la 2e circonscription de Valence, à une élection partielle qui eut lieu le 4 septembre 1879, et fut élu ; il fut réélu aux élections générales du 21 août 1881 ; enfin il triompha avec la liste républicaine de la Drôme le 4 octoble 1885. M. Bizarelli siège sur les bancs de la gauche radicale. Il a voté l'expulsion des princes.

BIZOT DE FONTENY, Pierre, homme politique français, fils d'un ancien garde du corps et parent, par sa mère, du maréchal de Mac-Mahon, est né à Versailles le 20 août 1825. Nommé sous-préfet de Vassy (Haute-Marne) après le 4 septembre 1870, il se fit remarquer par son attitude énergique en présence de l'occupation prussienne, à ce point qu'il eut l'honneur d'être condamné par l'autorité ennemie à un an de forteresse en Allemagne. Remis en liberté après la paix, M. Bizot de Fonteny, déplacé par disgrâce, à la suite d'une élection partielle de mars 1874, favorable au candidat républicain, donna sa démission. Elu député de Langres, le 20 février 1876, il siégea au centre gauche. M. Bizot de Fonteny a été réélu au scrutin de ballottage du 28 octobre 1877 et à celui du 4 septembre 1881. Porté sur la liste républicaine de la Haute-Marne aux élections du 4 octobre 1885, il fut de nouveau élu député. Il siège à la gauche républicaine et a voté l'expulsion des princes.

BJŒRNSON, Bjœrnstierne, poète, romancier et homme politique norwégien, né à Quikne (Oersterdal) le 8 décembre 1832 ; se fit connaître d'abord par sa collaboration, articles et nouvelles, aux feuilles locales, notamment à la *Folkeblad* (Feuille du peuple), journal illustré. En 1856, il se rendit à Copenhague, où il se mit résolûment à étudier les écrivains célèbres du Danemark et devint collaborateur de la *Faedrelandet* (Patrie) où plusieurs des nouvelles qu'il y publia établirent sa réputation. On cite parmi celles qu'il publia à la « Folkeblad » : *Aanum, Ole Stormsen, En Munter Mand* ; et parmi celles insérées dans la « Faedrelandet » : *Throad, Arne* et *Synnœve Solbakken (1856-57)*. Voici d'ailleurs la liste de ses principaux ouvrages, lesquels ont tous été traduits en anglais et presque tous en allemand : *Arne*, esquisse *de la vie de campagne* norwégienne (1866) ; *Ovind*, histoire de village (1869) ; la *Jeune pêcheuse (1869)* ; l'*Heureux garçon (1870)* ; le *Nouveau couple (1870)* l'*Amour et la vie en Norwège* ; *Chants et poèmes (1871)* ; *Sigurd Jorsalafar (1872)* ; *Brude-Staaten (1873)*, etc. La plupart des héros de l'écrivain norwégien sont des paysans ou des hommes du peuple et ses nouvelles ont toutes la fraîcheur et l'attrait de celles d'Auerbach dont, sans doute, il s'est maintes fois inspiré, l'ayant pu le lire dans le texte tout aussi bien qu'il lisait les auteurs français. — M. Bjœrnson a également écrit pour le théâtre et publié *quelques poésies*.

Depuis 1882, M. Bjœrnson habite Paris. En juin 1886, il fit un voyage en Norwège ; à son arrivée à Christiania, il fut accueilli par une ovation enthousiaste ; le soir, le théâtre royal représentait une de ses pièces les plus populaires, *Sigurd Slembe*, drame historique, dont le principal rôle était tenu par son fils. Partout en Norwège, on fêta le retour, quoique non définitif, de l'auteur populaire — et surtout de l'homme politique, du chef du parti national norwégien, qui a souffert pour sa cause et dont l'exil n'est pas tout à fait volontaire. Voici en effet ce *qui y a donné lieu : En* juin 1882, *l'illustre poète norwé*gien, depuis longtemps à la tête du mouvement ayant pour objectif la séparation de la Norwège de la couronne de Suède, et la création d'une république fédérative norwégienne, prononçait dans un meeting tenu à Sticklestad, sur le Drontheim-Fjord, les paroles suivantes : « Si quelqu'un, fût-ce un ministre d'Etat, venait nous dire que la Royauté ne peut pas renoncer à son *veto* absolu, nous aurions à lui répondre que, dans ce cas, le peuple de Norwège se voit obligé de renoncer à la Royauté... » Or le roi déclarait, dans son discours du trône, que sa conviction était que l'article de la Constitution qui lui donne le droit de *veto* est « inflexible ». Par conséquent, M. Bjœrnson fut aussitôt poursuivi pour « avoir incité publiquement au renversement de la Constitution ». L'impossibilité de s'emparer de sa personne, de peur d'un soulèvement général, lui donna le temps de gagner l'Allemagne, d'où il vint s'établir en France.

BLACK, William, journaliste et romancier anglais né à Glasgow en 1841, reçut une brillante éducation dans diverses écoles particulières. D'abord attaché au *Citizen* de Glasgow, M. Black entra de bonne heure dans le journalisme métropolitain, fut quelque temps rédacteur en chef de la *London Review* et ensuite de l'*Examiner*, puis devint rédacteur en chef adjoint du *Daily News*, fonctions qu'il a abandonnées depuis quelques années. Ses principaux ouvrages sont : *Amour ou mariage (1867)* ; *Kilmeny* ; le *Monarque de Mincing Lane (1868)* ; *En ajustements de soie* (In silk attire, 1869) ; *Une fille de Heth (1871)* ; *Etranges aventures d'un Phaéton (1872)* ; une *Princesse de Thulé (1873)* ; la *Vierge de Killeena, et autres histoires (1874)* ; *Trois plumes (1875)* ; *Madcap Violet (1876)* ; *Piccadilly et les verts pâturages (1877)* ; *Macleod of Dare (1878)* ; les *Ailes blanches, roman de canotage (1880)* ; le *Lever du soleil, histoire du temps présent (1881)* ; le *Beau Misérable (1882)* ; les *Cloches de Shandon (1885)*, etc.

BLACKBURN, Henry, écrivain et artiste anglais, né à Portsmouth le 15 février 1830, fit ses études au Collège du roi, à Londres, et devint, en 1853, secrétaire d'un membre de la Chambre des communes, M. E. Horseman. M. H. Blackburn est attaché à plusieurs magazines et journaux anglais comme correspondant étranger et critique d'art. Il a visité l'Espagne et l'Algérie en 1855 et 1857, et a rapporté de ces voyages des notes intéressantes, dont il donna d'abord des lectures. Il a été, de 1870 à 1872, rédacteur en chef de la *London Society*. — M. Blackburn a écrit, et en partie illustré, car il tient le crayon aussi bien que la plume : la *Vie en Algérie (1864)* ; *De passage en Espagne (1866)* ; les *Pyrénées*, illustrées par Gustave Doré (1867) ; *Artistes et Arabes (1868)* ; la *Normandie pittoresque (1869)* ; l'*Art dans les montagnes, histoire du Théâtre de la Passion en Bavière (1870)* : les *Montagnes de Harz (1873)* ; un *Catalogue illustré de la section des Beaux-Arts (école anglaise) à l'Exposition de 1878* ; le *Monde Breton (1879)*, etc. — M. H. Blackburn est le rédacteur des recueils annuels intitulés *Academy Notes* et *Grosvenor Notes*. On lui doit l'innovation des catalogues illustrés d'expositions d'art avec fac similés des dessins des artistes.

BLACKIE, John Stuart, philologue et littérateur écossais, fils d'un banquier d'Aberdeen, est né à Glasgow en juillet 1809, et fit ses études à Aberdeen et à Edimbourg. Ses études terminées, il fit un voyage sur le continent ; il s'arrêta à Berlin, où il apprit l'allemand et à Rome, où il apprit l'italien. Inscrit au barreau écossais en 1834, il publiait la même année une traduction en vers du *Faust* de Gœthe, avec notes et prolégomènes (2e éd. 1880). Il devint dès lors un collaborateur assidu des *Blakwood's* et *Tait's Magazines* et de la *Foreign Quarterly Review*, auxquels il envoyait surtout des articles sur la littérature allemande. En 1841, il fut appelé à la nouvelle chaire de littérature latine, créée au collège Marischal, à Aberdeen, qu'il *occupa onze* ans, *se mêlant* au mouvement en faveur des réformes universitaires en Ecosse, lequel aboutit, en 1853, à la nomination d'une commission parlementaire qui fit, en effet, adopter d'importantes modifications dans le système d'enseignement supérieur jusque-là pratiqué. Il collabora également, par quelques articles de philosophie, au *Classical Museum*, publié en 1850, et donna une traduction en vers

d'Eschyle, qui lui valut sa nomination à la chaire de littérature grecque de l'université d'Edimbourg. Cette traduction fut suivie de : *Essais sur la prononciation du grec, accent et quantité (1852); Discours sur la Beauté, suivi d'une exposition de la théorie du Beau, d'après Platon (1858); Poèmes, principalement sur la mythologie grecque (1859); Poèmes anglais et latins (1860).* Au retour d'un voyage en Grèce qu'il fit en 1853, il publia également un discours en faveur de l'étude, trop dédaignée en effet, du grec moderne, ainsi que des articles sur la Grèce moderne, dans les *Westminster* et *North-Bristish Reviews.* Il est aussi l'auteur de l'article sur *Platon* dans les « Edimburgh essays » et de l'article sur *Homère,* dans l' « Encyclopœdia britannica. » Outre ces travaux littéraires, M. Blackie a été un professeur et surtout un *lecturer* très actif, et s'est fait remarquer comme un avocat convaincu de la nationalité écossaise. Dans la discussion relative au *bill* de réforme de 1867, il se montra chaud partisan de la Constitution anglaise contre ceux de la Démocratie américaine, et soutint son opinion par des discours et des brochures. Il s'est également distingué dans la campagne entreprise pour l'abolition du « Test Act », exigeant des professeurs des universités écossaises qu'ils appartinssent à l'Eglise établie, c'est-à-dire à la religion d'Etat. — Le professeur Blackie a publié : en 1866, *Homère et l'Iliade,* contenant une traduction de l'Iliade en vers; en 1869, *Musa Burschicosa.* En 1870, avec un véritable esprit d'à-propos qu'il faut reconnaître, M. Blackie fit paraître un volume de *Chants de guerre des Allemands* où déborde son amour pour l'Allemagne, qui ne peut être égalée que par sa haine pour la France, laquelle n'a d'autre tort envers M. Blackie, en somme, que de ne s'être point trouvée l'objet spécial de ses études et de lui être profondément inconnue par conséquent. Il a encore publié en 1872 : *Lays of the Highlands and Islands* (Chants des montagnes et des îles).

M. Blackie a fait, dans ces derniers temps, des conférences à l'Institution royale de Londres, où il a combattu les opinions de John Stuart Mill en philosophie morale, celles de M. Grote sur les sophistes grecs et l'interprétation allégorique des anciens mythes, de Max Müller. Il a publié ses propres opinions sur la philosophie morale, en opposition avec celles de l'Ecole utilitaire, dans une brochure intitulée : *Quatre phases de la morale (1874,* 2e édition). Ses principaux articles philologiques ont été réunis en un volume, sous ce titre : *Horæ Hellenicæ (1874).* La même année a vu également paraître un petit volume de conseils pratiques aux jeunes gens, intitulé *Self-Culture* (Culture de soi-même) qui vaut mieux que beaucoup de ses ouvrages plus importants par le fond et par la forme, et qui eut six éditions en moins d'une année (1875), sans parler des éditions publiées en Amérique. Récemment, le professeur Blackie parcourait l'Ecosse, faisant des conférences dans le but de réunir les fonds nécessaires pour la création d'une chaire de gaélique à l'université d'Edimbourg. Il est parvenu ainsi à réunir pour cet objet une somme de 300,000 francs, en quatre ans : et la chaire est maintenant créée. Ses derniers ouvrages sont : la *Langue et la littérature des hautes terres d'Ecosse, avec des traductions poétiques de quelques-unes des pièces les plus populaires de la poésie gaélique (1875);* les *Sages de la Grèce, ou Esquisse de la philosophie grecque ancienne,* etc. ; *Histoire naturelle de l'Athéisme, défense du Théisme contre les tendances athéistes et agnostiques modernes (1877);* un volume de *Sermons laïques (1881); Altavona, ou Réalités et illusions de ma vie dans les Highlands (1882).* — M. Blackie a résigné la chaire de grec à l'université d'Edimbourg en 1882.

BLACKWELL, Elisabeth, femme médecin américaine, née à Bristol (Angleterre) le 3 février 1821 ; elle est fille d'un raffineur de cette ville qui, après avoir essuyé de très grosses pertes, émigra aux États-Unis en 1832 et y mourut en 1838, laissant une femme et neuf enfants dans la plus grande détresse. Pour aider dans la mesure de ses forces sa famille malheureuse miss Elisabeth, qui était la troisième de ces neuf enfants, ouvrit une école de filles avec le secours de ses deux sœurs aînées, fut assez heureuse pour voir couronner de succès ses généreux efforts, et résolut alors (1843) de se créer une sphère d'action plus large et meilleure en devenant médecin. Elle fit ses premières études médicales à Asheville et à Charleston (Caroline du Sud) sous la direction du Dr Samuel H. Dickson, enseignant simultanément la musique pour subvenir à son entretien. Elle suivit ensuite des cours privés de dissection et d'accouchement des docteurs Allen et Warrington de Philadelphie, tout en sollicitant son admission comme étudiant à douze ou treize écoles publiques qui, toutes, la lui refusèrent ; elle réussit pourtant à obtenir le consentement de l'école de Castleton (Vermont), et de celle de Genève, section médicale du collège Hobart de New-York, où elle fut inscrite en 1847 et reçut en 1849, le premier diplôme de docteur qui ait été conféré à une femme aux Etats-Unis. Elle avait suivi, entre temps, un cours de clinique à l'hôpital Blockley, à Philadelphie. Elle visita ensuite l'Angleterre, où elle fut admise à l'hôpital Saint-Bartholomew; puis Paris, où elle put étudier, à la Maternité, quelques maladies des femmes et des enfants; à Paris, nous devons ajouter qu'elle aurait pu être admise dans d'autres hôpitaux si elle avait voulu consentir à la condition de se vêtir en homme, qu'une préoccupation ridicule lui avait fait imposer et qu'elle repoussa. En 1851, elle était de retour à New-York, où elle s'établissait médecin pour les femmes et les enfants. En 1854, elle y fondait un dispensaire pour les femmes et les enfants indigents et en 1857 un hôpital de femmes, qu'elle dirige et qui est aujourd'hui dans une situation florissante. Elle a, en outre, une clientèle particulière très considérable. — On a de miss Blackwell sa thèse de doctorat sur les *Maladies des gens de mer (1849);* les *Lois de la vie (the Laws of Life); Conseils aux parents sur l'éducation morale de leurs enfants (1879),* et divers autres ouvrages professionnels. En 1859, elle a fait un nouveau voyage en Europe et a fait en Angleterre des conférences médicales qui ont été fort suivies.

Il faut savoir doublement gré à miss Elisabeth Blackwell de sa rare énergie et de son esprit d'initiative grâce auquel la sphère d'action si étroitement bornée des femmes s'élargit, car elle a donné un exemple précieux et a conduit des professeurs à en donner un autre qui a porté ses fruits : une Ecole de médecine pour les femmes a été fondée à New-York en 1856, qui, bien probablement, serait encore à fonder si miss Blackwell se fût bornée à l'idéal du bonhomme Chrysale.

Miss Emily Blackwell, la plus jeune sœur de miss Elisabeth, a également embrassé la profession médicale. Ayant reçu son diplôme de docteur en médecine en 1854, elle compléta ses études aux hôpitaux de New-York, d'Edimbourg, de Paris et de Londres, que la renommée de sa sœur lui avait ouverts, et, à son retour, s'est associée à cette dernière dans la direction de la *New York Infirmary for Women and Children.*

BLAINE, John Gillespie, journaliste et homme politique américain, né le 31 janvier 1830 dans le comté de Washington (Pensylvanie). Il fit ses études au collège Washington où il prit ses grades en 1847 et alla professer les mathématiques dans une institution militaire du Kentucky. Ayant épousé là une personne de l'Etat du Maine, il alla s'établir avec elle à Augusta et se fit journaliste. Il devint copropriétaire et rédacteur en chef du *Kennebec Journal* en 1854, puis du *Portland Daily Advertiser* en 1857, fut un des organisateurs du parti républicain dans le Maine et membre de la Législature de 1858 à 1862, époque où il fut élu représentant du Maine au Congrès. Réélu à chaque renouvellement jusqu'à 1876, il fut président de la Chambre des représentants de 1869 à 1874 ; mais il ne fut pas réélu en 1876, la majorité s'étant déclarée en faveur du candidat démocrate. Candidat républicain à la présidence des États-Unis en 1876 et 1880, il échoua contre M. Hayes la première fois, et M. Garfield la seconde. Il fut élu sénateur des Etats-Unis pour l'Etat du Maine à une élection partielle ; mais il donna sa démission en 1881 pour accepter les fonctions de secrétaire d'Etat que lui offrait le président Garfield. Après l'assassinat de ce dernier et son remplacement par M. Arthur, il quitta volontairement le pouvoir. Mais en 1884, il se présenta de nouveau comme candidat à la présidence des États-Unis, dans l'intérêt du parti républicain. On sait que ce fut le candidat démocrate, M. G. Cleveland, qui fut élu. — Il prépare dès maintenant (1886) sa candidature aux élections présidentielles de 1888, du moins à en croire les attaques dont il est l'objet de la part de ses adversaires politiques.

BLANC, Pierre, homme politique français, né à Beaufort (Savoie) le 29 juin 1806. Avocat du barreau de Chambéry depuis quarante ans, ancien député au Parlement sarde avant l'annexion, M. P. Blanc fut élu député d'Albertville le 20 février 1876, comme candidat républicain, et réélu le 14 octobre 1877 et le 21 août 1881. Il fut élu de nouveau, sur la liste républicaine, député de la Savoie le 4 octobre 1885. — M. P. Blanc a voté l'expulsion totale des princes.

BLANC, Xavier, homme politique français, né à Gap le 5 août 1817. Reçu avocat en 1837, il s'inscrivit au barreau de Gap, fit bientôt partie du conseil de l'ordre et fut élu bâtonnier vingt-quatre fois, preuve d'estime peu commune. Conseiller général des Hautes-Alpes depuis 1846, M. X. Blanc fut, aux deux époques mémorables de 1848 et de 1870, administrateur intérimaire du département. Il se présenta comme républicain aux élections sénatoriales du 30 janvier 1876 et fut élu. Aux élections du 25 janvier 1885, son mandat lui était renouvelé par 322 voix sur 370 électeurs. M. X. Blanc siège sur les bancs de la gauche sénatoriale. — Dans la question des princes, il a voté contre la loi d'expulsion.

BLANCHARD, C. Émile, naturaliste français, né à Paris le 6 mars 1820. Elève de son père, Emile T. Blanchard, ancien chirurgien militaire de l'empire, devenu peintre, il se livra de bonne heure à des études zoologiques, professa cette science au Muséum d'histoire naturelle et à l'Ecole normale, et fut chargé de missions scientifiques en Italie, etc. Membre de diverses sociétés savantes, françaises et étrangères, M. Emile Blanchard a été élu membre de l'Académie des sciences (section d'anatomie et zoologie) en 1862, en remplacement d'Isidore Geoffroy Saint-Hilaire. — On lui doit un grand nombre de mémoires, principalement sur les animaux invertébrés, lesquels ont été insérés dans les *Comptes rendus de l'Académie des sciences,* les *Annales des sciences naturelles,* etc. Il a publié en outre : *Catalogue de la collection entomologique du Muséum d'histoire naturelle (1850-51,* 2 vol.) ; la *Zoologie agricole (1854* et suiv.) ; *Recherches sur l'organisation des vers (1854,* avec pl.), couronné par l'Académie des sciences ; *Organisation du règne animal (1851-64,* 36 livr.) ; *Histoire naturelle des insectes (1859); Métamorphoses, mœurs et instincts des insectes (1868,* in-8° de plus de 700 pages, avec 200 figures et 40 planches hors texte). Une édition populaire de cet ouvrage a été publiée par livraisons en 1876. On lui doit encore une édition des *Insectes et zoophytes,* dans le *Règne animal* de Cuvier, et des articles dans la *Revue des Deux-Mondes.* — Chevalier de la Légion d'honneur depuis 1860, M. Emile Blanchard a été promu officier le 4 mars 1875.

BLANCHE, Antoine Émile, médecin aliéniste français, né à Paris le 1er octobre 1820, fit ses études à Paris et fut reçu docteur en 1848. A la mort de son père, le célèbre aliéniste, fondateur de la maison de santé de Passy, M. Blanche prit la direction de cet établissement (1852). Il n'a publié que sa thèse pour le doctorat : du *Cathétérisme œsophagien chez les aliénés (1848);* on lui doit diverses améliorations dans le traitement des aliénés et l'invention d'un « mandrin articulé » applicable à ceux de ses malades qui refusent toute nourriture. Une ambulance fut installée dans la maison de santé de Passy pendant le siège de Paris (1870-71), où nos blessés furent entourés des soins les plus dévoués. En récompense, M. le Dr Blanche, qui était chevalier de la Légion d'honneur depuis 1854, a été promu officier le 9 août 1870. Elu, le 23 juillet, membre du Conseil municipal de Paris, en même temps que l'était, pour un autre quartier, son beau-frère, M. Ohnet, et les liens de parenté qui unissaient ces deux conseillers ne leur permettant pas de siéger dans cette assemblée tous les deux, M. Blanche dut abandonner son siège, par décision du sort chargé de trancher la difficulté. — Le Dr Blanche est associé libre de l'Académie de médecine.

BLANCSUBÉ, Jules, homme politique français, né dans le département des Basses-Alpes vers 1830, il se fit recevoir avocat et s'inscrivit au barreau de Marseille. En 1864, il alla s'établir à Saïgon (Cochinchine), devint maire de cette ville, président du Conseil colonial et conseiller du roi de Cambodge Norodom. Comme maire de Saïgon, on doit à M. Blancsubé d'importantes améliorations, dont la colonie lui marqua sa reconnaissance en l'envoyant siéger à la Chambre des députés aux élections de 1881. Il y prit place dans les rangs de l'Union républicaine, et fut réélu en octobre 1885. — M. Blancsubé a voté l'expulsion totale des princes. Il est membre du Conseil supérieur des colonies.

BLANDIN, Eugène, homme politique français, né à Villeneuve-les-Couverts (Côte d'Or) le 28 juillet 1830. Ancien avoué, ancien négociant, maire d'Epernay, décoré de la Légion d'honneur en cette dernière qualité, pour l'énergie et le dévouement qu'il a montrés pendant l'occupation allemande, M. Blandin échoua cependant aux élections de 1871, avec près de 29,000 voix ; il fut élu député d'Epernay, le 20 février 1876, à une majorité énorme, et siégea à gauche. Réélu, le 14 octobre 1877 et le 21 août 1881 à une majorité toujours croissante, il figurait aux élections du 4 octobre 1885, sur la liste républicaine que les électeurs de la Marne ont fait triompher. M. Eugène Blandin a voté l'expulsion totale des princes. — Il a été sous-secrétaire d'Etat au ministère de la guerre dans le cabinet Gambetta.

BLATIN, Antoine, médecin et homme politique français, né en 1842 à Clermont-Ferrand. Reçu docteur en médecine, il s'établit à Clermont et devint professeur à l'Ecole de médecine de cette ville et médecin de l'hôpital. Il collabora, aussitôt qu'il y en eut, aux journaux d'opposition de sa région, fit des conférences, etc. Maire de Clermont-Ferrand depuis l'année précédente, M. A. Blatin fut porté candidat aux élections du 4 octobre 1885, sur la liste républicaine, et fut élu député du Puy-de-Dôme au scrutin du 18 octobre. Il a pris place à gauche et a voté l'expulsion des princes prétendants. — M. le Dr Blatin est membre du conseil du Grand Orient de France. Il a écrit quelques ouvrages de médecine.

BLIN DE BOURDON (vicomte), Marie Alexandre Raoul, homme politique français, né à Abbeville le 20 mai 1837. Désireux de compléter son éducation par des voyages, il visita quelques contrées de l'Afrique et de l'Asie et explora les deux Amériques. Capitaine des mobiles de la Picardie, bataillon de Doullens, il fut blessé au combat de Breteuil. Rétabli, il rejoignit son bataillon, dont il partagea le sort, et fut décoré de la Légion d'honneur après le combat de Pont-Noyelles, pour sa belle conduite devant l'ennemi. Elu représentant de la Somme à l'Assemblée nationale le 8 février 1871, il prit place à droite, s'inscrivit à la réunion Colbert et au cercle des Réservoirs et fut secrétaire de l'assemblée de février 1873 à décembre 1874. Elu député de Doullens le 20 février 1876 et réélu le 14 octobre 1877 et le 21 août 1881, M. Blin de Bourdon fut élu, le 4 octobre 1885, député de la Somme en tête de la liste conservatrice triomphante.

BLIND, Karl, publiciste et homme politique allemand, né à Mannheim, le 4 septembre 1826. Il fit ses études aux universités d'Heidelberg et de Bonn, tout en collaborant activement aux journaux révolutionnaires. Traduit devant la Haute cour de justice, en vertu de la loi sur la presse, il fut cependant acquitté (1846). Il s'occupa alors de préparer la révolution, en créant des associations parmi les étudiants, les ouvriers, les élèves des gymnases et jusque dans l'armée. En 1847, il fut emprisonné sous prévention de haute trahison. Son jugement toutefois n'aboutit pas, faute de pouvoir obtenir d'un jury du Palatinat un verdict de culpabilité contre lui. Il prit une grande part au soulèvement de Karlsruhe, réclamant la liberté de la presse, l'introduction du jury et l'extension du système à toutes les juridictions, l'établissement d'une garde nationale et la création d'un parlement allemand. Il fut de nouveau arrêté sous l'inculpation d'avoir voulu entraîner le mouvement initial dans la voie républicaine ; mais le succès populaire d'Offenburg lui rendit la liberté. Blessé dans la lutte qui eut lieu dans les rues de Francfort, et proscrit après sa participation au mouvement provoqué par Hecker (avril 1848), il se retira en Alsace, où, ayant pris la direction du comité de Strasbourg, il préparait un soulèvement en Allemagne, lorsqu'il fut impliqué dans l'insurrection parisienne de juin 1848, arrêté et conduit à la frontière suisse. Heureusement pour lui, le maire de Saint-Louis s'opposa à sa remise aux autorités badoises, acte de loyauté politique qui était dans les instructions de la police française. Pendant la guerre du Schleswig-Holstein et après l'armistice de Malmoe, humiliant pour le sentiment national, Karl Blind se joignit à Gustav von Struve, et tous deux tentèrent une seconde révolution républicaine (21 septembre 1848), mais sans succès. A l'assaut de Staufen, il combattit derrière les barricades et quitta la ville un des derniers. Fait prisonnier, il fut traduit devant une cour martiale mais ne fut pas jugé, par cette circonstance que, la loi

martiale n'ayant pas été proclamée, des scrupules s'élevèrent dans l'esprit de quelques-uns des militaires composant la cour. Enfermé pendant quelque temps dans les casemates de Rastadt, il fut jugé ensuite par les tribunaux ordinaires, condamné à huit ans de prison et écroué à la citadelle de Bruchsal d'où il fut délivré (24 mai 1849) avec Struve, qui y était également, par le peuple et les soldats, qui brisèrent les portes de la citadelle. Aussitôt il forme à la hâte un petit corps d'armée, avec l'aide de Struve toujours, dans l'intention de s'emparer de Rastadt, puis de la capitale du duché, étant un adversaire convaincu de Brentano, le chef du nouveau mouvement, qu'il accusait d'être en rapport avec la dynastie déchue; aussi celui-ci voulut-il le faire arrêter. Envoyé avec Frédéric Schütz à Paris, et accrédité auprès du président de la République française, Karl Blind fut encore une fois arrêté, au mépris du droit international, sous prétexte qu'il avait pris part à la manifestation contre l'expédition de Rome. En vain la gauche de l'Assemblée demanda sa mise en liberté; menacé, après plusieurs mois de détention, d'être livré aux cours martiales prussiennes, il s'entêta à maintenir sa qualité diplomatique, et fut, à la fin, expulsé de France purement et simplement. Il se retira en Belgique, auprès de sa femme, qui avait elle-même fait beaucoup de sacrifices à la cause populaire et mainte fois subi l'emprisonnement; mais de nouvelles persécutions le chassèrent de Belgique, et le président Louis-Napoléon lui ayant refusé le passage en France pour se rendre en Italie, il alla s'établir avec sa famille en Angleterre. D'Angleterre, il n'a pas cessé de poursuivre une propagande démocratique active. Après l'amnistie de 1862, la Chambre des députés de Stuttgart lui donna un banquet. Il reçut Garibaldi à Londres, comme orateur des Allemands réfugiés. Un des promoteurs du mouvement schleswig-holsteinois, de complicité avec les principaux membres de la Diète du Schleswig, il était à la tête du comité allemand de Londres pendant la guerre qui suivit. Karl Blind a également exercé une grande influence sur l'opinion publique en Angleterre, en faveur de l'indépendance de l'Italie et de la Pologne, ainsi que de l'Union américaine, par ses discours et ses écrits. — C'est son gendre, Cohen-Blind, qui, le 7 mai 1866, commit cet attentat contre la vie de M. de Bismarck, qui vint si fort à propos pour ramener à celui-ci quelques semblants de sympathie. Le malheureux insensé se poignarda dans sa prison.

Pendant la guerre franco-prussienne, Karl Blind soutint naturellement la cause du parti national allemand, attitude qu'il a conservée depuis, notamment dans la question religieuse, qui s'est traduite par la persécution préméditée de l'Eglise catholique. Il a publié divers mémoires ou brochures politiques, ainsi que quelques ouvrages sur l'histoire, la mythologie et la littérature allemandes. En novembre et décembre 1875, il donnait encore à Londres une série de « lectures » sur ce sujet toujours plein d'intérêt et qu'il possède à fond: la *Mythologie de nos ancêtres les Germains.*

BLOCK, Maurice, économiste français d'origine allemande, né le 18 février 1816 à Berlin; il fut amené tout jeune en France et a obtenu depuis sa naturalisation. Entré en 1843 au ministère de l'agriculture, du commerce et des travaux publics, il y fut d'abord attaché au bureau de statistique générale et devint sous-chef en 1853. Il quitta cette administration en 1861 pour pouvoir se consacrer tout entier à ses travaux de publiciste. Cette même année 1861, il obtenait de l'Académie des sciences le prix Monthyon de statistique, réservé depuis quatre ans. — On a de M. Maurice Block: *Des charges de l'agriculture dans les divers pays de l'Europe (1850),* ouvrage couronné par l'Institut et par la Société d'agriculture; l'*Espagne en 1850, tableau de ses progrès les plus récents (1851); Statistique de la France comparée avec les divers Etats de l'Europe (1860); Puissance comparée des divers Etats de l'Europe (1862);* les *Finances de la France depuis 1815 (1863);* l'*Europe politique et sociale (1869);* les *Théoriciens du socialisme en Allemagne (1872);* les *Communes et la Liberté (1876); Petit manuel d'économie pratique,* couronné par l'Institut (1882), etc. Il a repris avec M. Guillaumin la continuation de l'*Annuaire d'économie politique,* fondé l'*Annuaire de l'administration française,* qui paraît depuis 1858; dirigé le *Dictionnaire de l'administration française,* le *Dictionnaire général de la politique,* la *Bibliothèque de l'administration française,* etc.; traduit de l'allemand, de Roscher, un traité du *Commerce des grains (1854);* et collaboré à divers journaux ou publications périodiques, notamment au *Temps,* au *Journal des Economistes,* au *Bulletin de la Société d'agriculture,* à la *Revue de France,* etc. Il publie enfin depuis plusieurs années, chez Hetzel, une série de petits volumes sous ce titre: *Entretiens familiers sur l'administration de notre pays,* et qui comprend aujourd'hui (1886) une douzaine de volumes sur les questions d'administration les plus intéressantes pour tout le monde.

M. M. Block est membre de l'Académie des sciences morales et politiques. Il est chevalier de la Légion d'honneur et décoré d'un grand nombre d'ordres étrangers.

BLUM, Ernest, auteur dramatique et journaliste français, né à Paris le 15 août 1836; est fils d'un artiste dramatique. Il a débuté au théâtre en 1854, par une petite pièce: une *Femme qui mord,* jouée aux Variétés. Il a donné depuis aux Délassements-Comiques, et en société avec Alexandre Flan, une foule de vaudevilles, de revues de fin d'année, etc. Nous citerons: l'*Escarcelle d'or, Suivez le monde,* les *Délassements en vacances (1859);* l'*Almanach comique, A vos souhaits (1860); Paris-Journal,* le *Plat du jour,* la *Tour de Nesle pour rire, En zig-zag (1861);* les *Jolis farceurs (1862);* les *Noces du diable (1863),* etc. Il a donné à la Gaîté, en collaboration avec Lambert Thiboust: la *Petite Pologne,* drame en 4 actes (1861); aux Variétés: *Montjoie fait peur,* avec Siraudin; la *Revue au cinquième étage,* avec Siraudin et Clairville; *Crockbête et ses lions,* avec Clairville (1863); à l'Ambigu-Comique: *Rocambole,* drame en 7 tableaux, avec Anicet Bourgeois et Ponson du Terrail, tiré de l'interminable roman de celui-ci (1864); au Châtelet: la *Lanterne magique,* avec Clairville et Marc Monnier, 20 tableaux (1865); *Cendrillon,* féerie en 30 tableaux, avec les mêmes (1866); le *Diable boiteux,* revue en 30 tableaux, avec Clairville et Alexandre Flan; les *Voyages de Gulliver,* féerie également en 30 tableaux, avec Clairville et M. Monnier, etc. Il a collaboré en outre à diverses revues, féeries ou opérettes, et donné plus récemment à la Renaissance, avec M. Hector Crémieux: la *Famille Trouillat (1874)* et la *Jolie parfumeuse (1875),* opérettes. Il a également fait représenter en 1875, à l'Ambigu, *Rose Michel,* drame en 5 actes, qui fut le plus grand succès dramatique de l'année, et en 1876, l'*Espion du roi,* drame historique. Ajoutons enfin à cette liste incomplète une comédie en 5 actes, au Palais-Royal: l'*Avant-scène (1876);* les *Variétés de Paris (1882), Pschutt et V'lan (1883),* revues avec M. Toché, aux Variétés; *Revisons,* revue, même théâtre, avec MM. Toché et Wolff; le *Diable au corps,* opéra bouffe, 2 actes, aux Bouffes; le *Château de Tire Larigot,* opérette, 3 actes, aux Nouveautés (1884); le *Naufrage de M. Godet,* vaudeville, 3 actes, aux Variétés, avec M. Toché; *Mam'zelle Gavroche,* vaudeville, 3 actes, avec MM. Saint-Albin et Gondinet, aux Variétés; les *Nouveautés de Paris,* revue, avec MM. Wolf et Toché; le *Petit Chaperon rouge,* opérette, 3 actes, avec M. Toché, aux Nouveautés (1885); *Guignol comique,* 3 actes, avec le même, même théâtre (1886), etc.

Longtemps rédacteur du *Charivari,* M. Blum a publié, en 1866, un recueil de ses principaux articles dans ce journal, sous ce titre: Entre *Bicêtre et Charenton.* Il a aussi publié à Bruxelles, en 1868, une *Biographie complète d'Henri Rochefort* (anonyme). M. Blum est, depuis la fondation (1869), attaché au *Rappel* où il rédige quotidiennement des *Zigzags dans Paris,* qui passent bien quelquefois les fortifications, mais sont néanmoins fort goûtés des amateurs de littérature humoristique appliquée à la politique courante.

BLUMENTHAL (von) Leonhard, lieutenant général allemand, né le 30 juillet 1810 à Schwedt-sur-l'Oder. Entré dès 1820 à l'Academie militaire de Culm, il fit ses études dans cette académie et dans celle de Berlin, d'où il sortit le 27 juillet 1827 avec le grade de second lieutenant dans le régiment de landwehr de la garde (le régiment actuel des fusiliers de la garde); suivit, de 1830 à 1833, les écoles militaires générales de Berlin, fut, de 1837 à 1845, adjudant au bataillon de landwehr de Coblenz, et devint en 1846 premier lieutenant à la division topographique de l'Etat-major. Afin de se rompre parfaitement à la science militaire technique, il obtint de passer quelque temps à l'artillerie et à la division des pionniers de la garde et, en mars 1848, comme lieutenant de fusiliers, prenait part aux combats qui ensanglantèrent les rues de Berlin. Le 1er janvier 1849, M. de Blumenthal était promu capitaine à l'état-major général, auquel, sauf quelques courtes interruptions, il n'a cessé d'appartenir depuis. Dans cette même année il prit part, comme attaché à l'état-major du général von Bonin, à la campagne du Schleswig-Holstein, se trouva à la plupart des affaires importantes et se distingua au siège et à la bataille de Fredericia d'une manière si exceptionnelle, qu'il fut promu, le 14 mai, chef de l'état-major général de l'armée. Passé l'année suivante dans l'état-major de la division mobile du général von Tietzen, opérant dans l'Electorat de Hesse, il fut, peu après, envoyé en Angleterre, chargé d'une mission spéciale à la suite de laquelle il fut décoré de l'ordre de l'Aigle rouge. Le 18 juin 1853, il était promu major d'état-major. Sa connaissance de la langue anglaise le fit charger en diverses occasions de missions spéciales en Angleterre, notamment à cette époque. Nommé, en 1859, aide de camp du prince Frédéric-Charles, il devint, le 1er juillet 1860, colonel du 31e régiment, et, plus tard, du 71e régiment d'infanterie. Il accompagna, en 1861, le général von Bonin à la cour britannique, et se fit, dans l'automne suivant, le cicerone des officiers étrangers aux manœuvres militaires exécutées sur le Rhin. Il avait été quelque temps chef de l'état-major du troisième corps d'armée, quand, le 15 décembre 1863, il fut nommé chef d'état-major général du corps d'armée mobile réuni contre le Danemark. La part qu'il prit à cette guerre, notamment à Missunde, à l'attaque des tranchées de Düppel et au passage de l'île d'Alsen, lui valut sa nomination au grade de major général et la décoration de l'ordre du Mérite militaire, le 25 juin 1864. Après la paix, le général de Blumenthal reçut le commandement de la 7e, puis de la 30e brigade d'infanterie. Dans la guerre contre l'Autriche, en 1866, il était chef d'état-major général de la seconde armée du prince de Prusse. Il reçut, après la campagne, la feuille de chêne de l'ordre du Mérite, une des plus grandes et des plus rares distinctions conférées à l'armée, et l'étoile de commandeur de l'ordre de la Maison de Hohenzollern. Nommé commandant de la 14e division, à Düsseldorf, le 30 octobre 1866, il accompagna le prince Frédéric-Guillaume à Saint-Pétersbourg, dans l'automne de cette même année. — Pendant la guerre franco-prussienne de 1870-71, le général de Blumenthal était chef de l'état-major général de la troisième armée, commandée par le prince héritier. A l'issue de la campagne, on rapporte que, lorsque la croix de fer fut offerte au prince Frédéric-Guillaume, celui-ci déclara que la même distinction était due, plus encore qu'à lui-même, à son chef d'état-major. En fait, le général Blumenthal est considéré, même en France, comme un stratégiste — tel que la France en a trop mal à propos et trop complètement manqué. — Il est commandeur de la Légion d'honneur.

BOCAGE, Paul, romancier et auteur dramatique français, fils du célèbre acteur, est né à Paris en 1824 et y a fait ses études au collège Louis-le-Grand. Il débuta dans la carrière littéraire par un roman écrit en collaboration avec MM. Octave Feuillet, son condisciple à Louis-le-Grand et Albert Aubert: le *Grand vieillard,* qui parut au *National* en 1845. — Il a donné au théâtre: *Echec et Mat,* comédie en 5 actes, à l'Odéon (1846); *Palma, ou la nuit du vendredi saint,* drame en 5 actes. Porte-Saint-Martin (1847); la *Vieillesse de Richelieu,* comédie en 5 actes, aux Français (1849); *York*, comédie vaudeville, au Palais-Royal (1852); *Janot chez les sauvages,* avec Th. Cogniard, aux Variétés (1856); la *Question d'amour,* avec M. Aurélien Scholl, au Gymnase (1864), etc.; sans parler de sa collaboration anonyme à un certain nombre de pièces et de *libretti* d'operas, notamment avec Alexandre Dumas père. On a attribué à M. P. Bocage, sur son affirmation d'ailleurs, la paternité des *Mohicans de Paris,* publiés sous le nom d'Alexandre Dumas et parus d'abord dans le *Mousquetaire,* dont M. P. Bocage était rédacteur et où il a publié beaucoup de nouvelles et d'articles fantaisistes. Il est en outre auteur des *Puritains de Paris (1862),* etc.

BOCHER, Henri Edouard, administrateur et homme politique français, sénateur, né à Paris le 16 février 1811, fit ses études au collège Henri IV et suivit ensuite les cours de la faculté de Droit. Nommé auditeur au conseil d'Etat en 1833, il était nommé l'année suivante sous-préfet à Etampes, préfet du Gers en 1839, et était préfet du Calvados depuis 1842, lorsqu'éclata la révolution de 1848. Elu représentant du Calvados à l'Assemblée législative, aux élections du 23 mai 1849, M. Bocher, qui avait fait une profession de foi républicaine assez inattendue, à laquelle il devait bien sans doute quelques suffrages, prit place sur les bancs de la droite, avec laquelle il vota, ne s'occupant activement, toutefois, que des questions d'administration et de finances. Après la levée du séquestre mis sur les biens de la famille d'Orléans par le gouvernement de Louis-Napoléon, M. Bocher fut nommé par l'ex-roi administrateur de ces biens, et défendit les intérêts qui lui étaient confiés avec une énergie des plus louables, s'opposant par tous les moyens légaux à l'exécution des décrets du 22 janvier 1852. Il est resté le mandataire, l'intendant pour ainsi dire, des princes d'Orléans, qui ne pouvaient, assurément, placer leurs intérêts en meilleures mains. — Resté étranger jusque-là à la vie politique, M. Bocher se présenta en 1869 aux électeurs de la première circonscription du Calvados, contre le candidat officiel, M. le comte de Germiny; mais il échoua. Aux élections du 8 février 1871, il fut élu par ce même département, le deuxième sur neuf, représentant à l'Assemblée nationale. Il siégea au centre droit et prit bientôt dans ce groupe, dont il fut même longtemps président, une place influente. Il a fait partie de plusieurs commissions importantes et a été rapporteur du projet de loi portant restitution par l'Etat des biens non vendus de la famille d'Orléans. L'un des membres libéraux du centre droit, il employa son influence sur ses collègues à les persuader de voter les lois constitutionnelles. Plusieurs fois sollicité d'entrer au ministère, il a constamment refusé.

M. Bocher a été porté, aux élections sénatoriales du 30 janvier 1876, dans le Calvados, sur la liste constitutionnelle, appuyée par le parti républicain, en opposition à la liste bonapartiste, et fut élu. Sa circulaire électorale n'est qu'une adhésion nouvelle à la Constitution du 25 février qu'il rappelle avoir votée et qu'il déclare ne pas songer à modifier... avant l'époque légale et sans en avoir fait sincèrement et sérieusement l'épreuve. M. Bocher a été réélu sénateur du Calvados au renouvellement du 25 janvier 1885. Son caractère bien connu, ses attaches orléanistes disent le reste.

BODAN (du). Voy. **Du Bodan.**

BOEHM, Joseph Edgar, sculpteur autrichien, né à Vienne le 6 juillet 1834, d'une famille d'origine hongroise. Après avoir étudié son art successivement à Vienne, en Angleterre, en Italie et à Paris, il se fixa en Angleterre en 1862. En 1856, il avait obtenu à Vienne, avec une médaille d'or, l'exemption du service militaire. — On cite principalement de cet artiste; une *Statue colossale de la Reine,* en marbre, pour Windsor (1869); le *Monument du duc de Kent* pour la chapelle Saint-George et des statuettes en bronze de la *Famille royale (1870);* une statue colossale de *John Bunyan* pour Bedford (1872); une autre de la *Duchesse de Bedford,* en bronze doré (1874); la statue de *sir John Burgoyne,* pour la place Waterloo et une statue colossale équestre du *Prince de Galles* pour Bombay (1877); une statue de *Thomas Carlyle,* les monuments de *Lord Cardigan* et de *Sir York Scarlett;* un *Groupe de chevaux* en bronze pour Eaton; une statue colossale équestre de *Lord Napier de Magdala;* une statue en marbre du *Roi Léopold de Belgique;* une statue colossale de *Sir William Gregory,* pour Ceylan; des bustes de *M. Millais,* peintre, de *Lord Landsdowne,* de *M. Whistler,* de *Lord Shaftesbury,* de *Sir Henry Cole;* une statue de *Lord John Russell,* pour le Parlement; une statue de la *Princesse Alice* et une autre de sa fille, la *Princesse Mathilde,* pour le mausolée royal de Frogmore; une statue du *Prince impérial* (de France); les statues colossales de *Lord Lawrence,* de *William Tyndall* et de *Sir Francis Drake;* les statues de *Lord Beaconsfield,* de *Lord Stratford de Redcliffe* et du *Doyen Stanley,* pour l'abbaye de Westminster; la statue de la feue *Duchesse de Westminster;* les bustes de MM. *John Bright, Gladstone* et *Ruskin;* le médaillon de la Reine pour servir de modèle à la gravure des monnaies, etc. etc. — M. Boehm a été élu associé de l'Académie royale de Londres en 1878 et membre titulaire en 1882. Il est membre de l'Académie de Florence depuis 1875 et de celle de Rome depuis 1880. Il a obtenu une 2e médaille à l'Exposition universelle de 1878 (où l'on a pu voir, notamment, sa statue de *Thomas Carlyle,* dans la section anglaise et la statue équestre colossale du *Prince de Galles,* dans la galerie

BITARD. — 6.

de l'Inde) et une médaille d'or à l'Exposition artistique de Vienne en 1882. Enfin M. Boehm a été nommé sculpteur ordinaire de la Reine en 1881.

BOESWILLWALD, Emile, architecte français, né à Strasbourg le 2 mars 1815, étudia à l'Académie de Munich et à l'École des Beaux-Arts de Paris et fut élève de Labrouste. Attaché à la Commission des monuments historiques, il devint successivement inspecteur de monuments divers, architecte diocésain et chargé à ce titre de la restauration de divers monuments historiques religieux et civils, tant à Paris qu'en province. Il est inspecteur général des monuments historiques, membre du Comité des travaux historiques et scientifiques (section d'archéologie), du Conseil supérieur des Beaux-Arts, de la Commission des souscriptions aux ouvrages d'art, de la Commission des monuments historiques, de celle de l'inventaire général des richesses d'art de la France, du Comité des sociétés des Beaux-Arts des départements, etc. Il a exposé aux Salons annuels un grand nombre de dessins de monuments religieux et autres, et a obtenu la médaille des monuments historiques en 1845, une médaille de 2ᵉ classe en 1849 et une de 1ʳᵉ classe en 1855; nommé chevalier de la Légion d'honneur en 1853, il a été promu officier en 1865 et commandeur le 12 juillet 1880.

BOGINO, Frédéric Louis, statuaire français, né à Paris le 14 novembre 1831, descend des comtes Bogino, qui ont fourni au Piémont plusieurs ministres dont le plus fameux est celui qui, en 1720, obtint pour Victor-Amédée II, duc de Piémont, la Sardaigne avec le titre de roi, en échange de la Sicile. Celui qui fait l'objet de cette notice n'en eut pas moins des débuts extrêmement laborieux et pénibles. Il travailla comme mosaïste, au tombeau de l'empereur, aux Invalides, à l'âge de douze ans et eut, très jeune encore, la direction d'un des deux ateliers; il rencontra là Pradier, qui exécutait les douze cariatides regardant le sarcophage, avec M. Lequesne, son élève, lequel voyant des esquisses faites par le jeune Bogino à ses heures de repos, l'encouragea beaucoup et lui donna de précieux conseils. M. Bogino apprit aux cours du soir de l'École municipale de dessin de la rue de l'École-de-Médecine, les premiers éléments de son art; il suivit ensuite les cours de l'École des Beaux-Arts et l'atelier de Jouffroy, et débuta au Salon de 1853, avec une statue de *Saint-Pierre*. Ses œuvres ont figuré à peu près à tous les Salons annuels depuis cette époque; nous citerons les principales, qui sont: *Mᵐᵉ Ristori dans le rôle de Mirrha*, statuette (1854); *Ajax fils d'Oïlée (1857)*; *Mater Dolorosa*, complétant le *Calvaire* de Bouchardon, à l'église Saint-Roch; *l'Italie délivrée*, statue colossale (1860); *Francesca di Rimini*, groupe (1863); l'*Oiseleur (1866)*; *Canéphore*, statue, achetée et commandée en marbre par l'État (1868); le *Génie (1870)*; le *Guetteur (1873)*; le *Christ au jardin des Oliviers*, groupe (1874); *Jeune homme portant une amphore*, statue en marbre (1875); *Victor Hugo*, statue en plâtre (1884); *Asile! Asile! Asile!* Quasimodo arrachant Esmeralda des mains des bourreaux, et l'emportant à Notre-Dame, groupe en plâtre (1885); des cariatides, des frontons, un grand nombre de portraits-bustes etc., etc., En dehors de ses expositions, on doit à M. Bogino diverses œuvres importantes, notamment: la statue en bronze du maréchal *Regnaud de Saint-Jean d'Angély*, inaugurée, le 23 août 1863, sur la place de l'Hôtel de Ville, à Saint-Jean d'Angély; *Saint-Hilaire*, statue, à Saint-Étienne-du-Mont; la *Compassion*, groupe colossal à Saint-Roch; le groupe commémoratif érigé à la mémoire des soldats morts pour la France, les 16 et 18 août 1870, à Gravelotte, Saint Privat, Rezonville, Sainte-Marie-aux-Chênes et Mars-la-Tour, inauguré le 2 novembre 1875 à Mars-la-Tour et dont le modèle en plâtre figurait au Salon de 1876. — M. Bogino a été décoré de la Légion d'honneur le 5 septembre 1877.

Son fils, M. Emile Louis Bogino, élève de son père et de Jouffroy, expose également aux Salons annuels depuis quelque temps. Il a obtenu une mention honorable.

BOISGOBEY (du), Fortuné, romancier français, né à Granville (Manche) en 1824. D'abord payeur à l'armée d'Afrique, de 1844 à 1848, il fit ensuite un voyage en Égypte, dont il publié plus tard une relation pittoresque sous ce titre: *Du Rhin au Nil, souvenirs de voyage*. Il ne s'adonna du reste à la littérature qu'assez tard, et après s'être ruiné, dit-on, par des prodigalités de jeunesse. On raconte que très incertain de l'avenir et ne sachant trop qu'entreprendre, M. F. du Boisgobey lut par hasard un feuilleton de Ponson du Terrail, et découvrit ainsi sa voie. Il l'a suivie avec succès, sinon tout à fait avec gloire; mais peut-être y eût-il moins facilement réussi s'il n'avait eu des relations influentes dans la presse, qui l'y aidèrent. — On a de M. du Boisgobey: l'*Homme sans nom*, le *Forçat colonel (1872)*; les *Gredins (1873)*; le *Chevalier Casse-cou*, la *Tresse blonde (1874)*; les *Collets noirs*, l'*As de cœur*, le *Coup de pouce (1875)*; les *Mystères du nouveau Paris (1876)*; le *Demi-monde sous la Terreur (1877)*; le *Crime de l'omnibus (1882)*; *Margot la Balafrée*, le *Mari de la Diva* (1884); la *Voilette bleue (1885)*, la *Bande rouge, aventures d'une jeune fille pendant le siège et sous la commune*; *Rubis sur l'ongle (1886)*, etc. etc.

BOISSIER, Marie Louis A. Gaston, professeur et littérateur français, né à Nîmes le 15 août 1823; commença ses études au lycée de sa ville natale et alla les compléter à Paris, à Sainte-Barbe et à Louis-le-Grand. Il entra à l'École normale en 1843, se fit recevoir agrégé des classes supérieures en 1846, et devint professeur de rhétorique, d'abord à Angoulême où il ne resta qu'une année, ensuite à Nîmes où il exerça pendant dix ans. Reçu docteur en 1856, il était nommé l'année suivante professeur suppléant de rhétorique au lycée Charlemagne; devint suppléant de M. Havet à la chaire d'éloquence latine du Collège de France en 1861, maître des Conférences à l'École normale en 1865, et chargé, dans la même année, du cours de poésie latine, comme suppléant de Sainte-Beuve. Il a été appelé depuis, comme titulaire, à la chaire de langue et de littérature latines à l'École normale et à la chaire d'histoire de la littérature latine au Collège de France. — M. Gaston Boissier a été élu membre de l'Académie française, le 8 juin 1876, en remplacement de Patin. Il est également membre de l'Académie des inscriptions et belles-lettres, membre du Conseil supérieur de l'instruction publique, du Comité des travaux historiques, etc.

On cite de M. Boissier: ses thèses de doctorat sur *Attius* et sur *Plaute (1856)*; une *Étude sur la vie et les ouvrages de Terentius Varron (1859)*, couronnée par l'Académie des inscriptions et belles-lettres; *Cicéron et ses amis, étude sur la société romaine au temps de César (1866)*; la *Religion romaine, d'Auguste aux Antonins (1875*, 2 vol.); l'*Opposition sous les Césars (1876*, nouvelle édition, 1885), etc. — Il a collaboré à la *Revue de l'instruction publique*, à la *Revue des Deux-Mondes*, etc. — M. Gaston Boissier est officier de la Légion d'honneur depuis le 15 janvier 1879.

BOISSONNADE DE FONTARABIE, Gustave Emile, fils de l'helléniste du même nom, jurisconsulte français, né à Vincennes le 7 juin 1825; a fait ses études classiques et son droit à Paris, où il fut reçu docteur en 1852. Nommé en 1864 professeur agrégé à la faculté de droit de Grenoble, il fut appelé en la même qualité, en 1867, à celle de Paris, et y fut chargé du cours d'économie politique, comme suppléant de M. Batbie. Il acceptait peu après l'invitation du mikado de venir créer au Japon l'enseignement du droit européen. — On a de M. Boissonnade: *Essai sur l'histoire des donations entre époux et leur état, d'après le Code Napoléon (1852)*; *Tableau synoptique du droit romain (1854)*; *Lafontaine économiste*; *Histoire de la réserve héréditaire et de son influence morale et économique*, mémoire couronné, en 1867, par l'Académie des sciences morales et politiques; *Histoire des droits de l'époux survivant (1874)*, etc.; outre une collaboration assez importante à diverses publications périodiques de jurisprudence et de législation. — M. Boissonnade est décoré de l'ordre Japonais du Soleil levant (2ᵉ classe), commandeur de l'ordre de la couronne d'Italie, etc.

BOISSONNET (baron), Estève Laurent, général français, né à Paris le 19 juin 1811. Sorti de l'École polytechnique en 1832, comme sous-lieutenant d'artillerie, il était général de brigade depuis le 14 juillet 1870, lorsqu'éclata la guerre contre l'Allemagne. Il avait été créé baron, à titre personnel, par l'empereur, peu de temps auparavant. Resté à Paris, le général baron Boissonnet se distingua dans plusieurs occasions, notamment à la bataille de Champigny, où il fut blessé grièvement. Promu général de division le 16 septembre 1871, il a été admis dans le cadre de réserve et promu grand officier de la Légion d'honneur en 1876.

BOISSONNET, André Louis Alfred, frère du précédent, général français, né à Sézanne (Marne) le 19 décembre 1812. Fils d'un général du génie, en retraite dans cette petite ville, il entra à l'École polytechnique, d'où il sortit en 1833 comme sous-lieutenant du génie. Il fit les campagnes d'Algérie, de Rome et de Crimée, où il fut grièvement blessé. Au moment de la guerre de 1870-71, M. le général Boissonnet était commandant de l'École polytechnique; il fut nommé chef de l'État-major général du génie de l'armée du Rhin, fit en cette qualité toute la douloureuse campagne de Metz et, après la capitulation, fut emmené prisonnier en Allemagne. Il est un des officiers généraux et autres de la garnison de Metz, qui se montrèrent les plus résolus à une sortie désespérée, à travers les lignes ennemies.

Membre du conseil général de la Marne depuis 1857, M. le général Boissonnet en est le président depuis 1871. Aux élections complémentaires du 29 avril 1873, il se porta candidat à l'Assemblée nationale, comme républicain modéré; mais il échoua contre un candidat d'une nuance républicaine plus nette, M. Alphonse Picart. Par contre, aux élections sénatoriales du 30 janvier 1876, M. le général Boissonnet fit appuyer sa candidature par la coalition monarchique, qui n'obtint d'ailleurs que cette élection, et alla en conséquence siéger au Sénat sur les bancs de la droite. Son mandat, qui expirait en 1879, ne lui a pas été renouvelé. — M. le général Boissonnet a pris sa retraite; il est grand officier de la Légion d'honneur depuis le 4 mars 1875.

BOISSY-D'ANGLAS (baron), François Antoine, homme politique français, petit-fils du célèbre conventionnel, est né à Paris le 19 février 1846. Après s'être fait recevoir licencié en droit, il entra dans l'administration et devint conseiller de préfecture. Aux élections du 14 octobre 1877, il posa sa candidature républicaine dans la 2ᵉ circonscription de Tournon (Ardèche) et fut élu contre le candidat officiel, tandis que son frère aîné, le comte Boissy-d'Anglas, candidat officiel, échouait dans la première contre le candidat républicain. Il prit place à gauche. Au mois d'octobre 1880, les relations diplomatiques étant officiellement reprises avec cette République, M. le baron Boissy-d'Anglas fut envoyé au Mexique, comme ministre plénipotentiaire chargé d'une mission temporaire. Il rentra en France en juin 1881, les élections étant prochaines, et fut réélu député de la 2ᵉ circonscription de Tournon le 21 août suivant. Aux élections du 4 octobre 1885, faites au scrutin de liste, M. Boissy d'Anglas échoua avec ses amis; mais cette élection fut annulée par la Chambre, et ce fut la liste républicaine qui triompha au scrutin du 14 février qui s'ensuivit. — Il a voté l'expulsion totale des princes.

BOKER, George Henry, poète et diplomate américain, né à Philadelphie en 1824, fit ses études au collège Princeton. Il reçut son diplôme en 1842, aborda ensuite l'étude du droit, se fit recevoir avocat, mais ne pratiqua point. Ses œuvres principales sont: *Calaynos*, *Anne de Boleyn*, *Éléonore de Guzman*, et *Françoise de Rimini*, tragédies. Il a également publié: les *Leçons de la Vie, et autres poèmes (1847)*; deux volumes de *Théâtre et poèmes (1856)*; *Poèmes de la guerre (1864)*; *Kœnigsmark, et autres poèmes (1870)*; le *Livre de la Mort (1882)*, etc. M. George H. Boker a été ministre à Constantinople de 1871 à 1879.

BOLOGNESE, Domenico, poète et auteur dramatique italien, né à Naples en novembre 1819. A l'âge de douze ans, le jeune Domenico ne savait rien et manifestait pour l'étude une aversion insurmontable, qu'était loin de racheter une paresse intellectuelle désolante. Mais ces défauts étaient évidemment dus au système d'éducation appliqué au jeune homme, car dès qu'il fut entre les mains d'un précepteur intelligent, l'abbé Giuseppe Lausanna, il fit des progrès d'une rapidité étonnante. Lors de l'invasion du choléra à Naples, en 1837, il publia son premier ouvrage, intitulé *Il tributo dell' Europa*, poème en quatre parties. Il collabora ensuite à tous les journaux et revues littéraires de Naples, soit en prose, soit en vers. En 1840, il fit paraître un *Saggio sullo spirito della litteratura* (Essai sur le génie de la littérature), ouvrage remarquable par la profondeur de la pensée et la solidité des arguments; puis un poème en vers libres sur les *Croci dei Cimiteri*. Viennent ensuite ses drames: *Il barone de Reisberg*, *I Pirati di baratteria*, *Virginia Melber*, *Giovanni da Pareia*, *Gli Uscocchi*, *La Montanara Svizzera*, *Riccardo Savage*, *Madalena*. Mais forcé de subvenir à ses besoins et à ceux de sa famille, à quoi les profits de ses travaux ne suffisaient pas jusque-là, il se décida à écrire des livrets d'opéra, c'est-à-dire à faire, suivant l'expression de Niccolini, des drames à la vapeur *(Drammi à vapore)*. Nous citerons de M. Bolognese, dans cet ordre de travaux: *Il Carceriere del 1793*, *Rodolfo da Brienza*, *Il Muratore di Napoli*, *Il Ritorno di un vagabondo*, *Esmeralda o Ermelinda*, *Elena di Tolosa*, *Il Corsaro della Guadalupa*, *Matilde d'Ostan*, *Evelina*, *Mudarra*, *Guido Colmar*, *Statira*, *Marco Visconti*, *Ettore Fieramosca*, *Elnava*, *Morosina*, ce dernier mis en musique par le maestro Petrella, ainsi que *Elena di Tolosa* et *Marco Visconti*; les autres, d'ailleurs, l'ont été par les principaux compositeurs italiens, et représentés à Naples, au Nouveau-Théâtre, au Fondo et à San Carlo. Il a également écrit un drame qui fut joué par la Ristori: La *Figlia di Caino*, et les paroles de deux *Oratorii* sacrés.

BONAPARTE (prince), Louis Lucien, second fils de Lucien, frère de Napoléon Iᵉʳ, est né en Angleterre (Comté de Worcester) le 4 janvier 1813. Venu en France après la Révolution de 1848, il fut élu représentant de la Corse à la Constituante le 28 novembre; mais son élection fut annulée le 9 janvier suivant. Adoptée par l'Union électorale, sa candidature triompha enfin dans le département de la Seine, aux élections pour l'Assemblée législative. Après le rétablissement de l'Empire (décembre 1852), il fut élevé à la dignité de sénateur et reçut le titre d'Altesse. — Le prince Lucien, avant son départ d'Angleterre, avait été occupé pendant plusieurs années à la surveillance de la traduction de diverses parties de la version anglaise des Écritures, dans les dialectes divers en usage en Angleterre et en Écosse, et a traduit lui-même en soixante-douze langues ou dialectes d'Europe, la *Parabole du Semeur*. Ces traductions, publiées depuis, n'ont été tirées qu'à un petit nombre d'exemplaires. Le prince Lucien, qui est en outre auteur de plusieurs petits ouvrages sur la langue basque, est, dit-on, très versé dans les recherches chimiques et a écrit sur cette science plusieurs ouvrages estimés. Il est grand officier de la Légion d'honneur. — Après la Révolution du 4 septembre, le prince Lucien a repris le chemin de l'Angleterre.

BONAPARTE. — Pour les membres de l'ex-famille impériale, voyez **Napoléon**.

BONDY (comte de), François Marie Taillepied, ancien pair de France, sénateur, né à Paris le 22 avril 1802, descend d'une ancienne famille de la Normandie. Il fit ses études à Paris et entra en 1822 à l'École polytechnique, d'où il sortit dans l'artillerie en 1824. Démissionnaire en 1826, il était reçu avocat l'année suivante it auditeur au Conseil d'État en 1828. Après la Révolutone de juillet, M. le comte de Bondy fut nommé préfet de la Corrèze, passa ensuite, en 1834, à la préfecture de l'Yonne, devint maître des requêtes au conseil d'Étatet fut élevé à la pairie le 25 décembre 1841. Nommé conseiller d'État honoraire en 1846, il rentra dans la vie privée après la Révolution de février. Élu conseiller général de l'Indre en 1867, M. le comte de Bondy a protesté contre le décret de la Délégation de Tours prononçant la dissolution des assemblées départementales. Aux élections du 8 février 1871, il fut élu représentant de l'Indre à l'Assemblée nationale et vint siéger au centre gauche, mais passa bientôt au centre droit, avec lequel il a à peu près toujours voté. Au renouvellement des conseils généraux, le 8 octobre 1871, il a été élu membre du conseil général de l'Indre pour le canton du Blanc. Il est en outre président de la Société d'agriculture de l'Indre. — Aux élections sénatoriales du 30 janvier 1876, M. le comte de Bondy, porté sur la liste de « l'Union conservatrice, » avec M. Léon Clément, fut élu avec son partenaire, sénateur de l'Indre. Sa profession de foi contient des regrets relatifs à la monarchie parlementaire, qui ne laissent aucun doute sur ses préférences, et qu'explique et justifie d'ailleurs son passé. Il a été réélu le 5 janvier 1879. — M. de Bondy est officier de la Légion d'honneur depuis 1838.

BONHEUR, Marie Rosa, peintre française, née à Bordeaux le 22 mars 1822. Fille d'un peintre de talent, c'est de lui qu'elle reçut son éducation artistique; mais, contrainte à la résidence peu champêtre de Paris, c'est surtout dans les rues et jusqu'aux abattoirs de la grande cité qu'elle put étudier la vie animale, étude vers laquelle la portaient invinciblement ses goûts. Elle débuta au Salon de 1841 avec deux toiles: *Chèvres et moutons*

et les *Deux lapins*, qui établirent dès lors sa réputation. Ces deux premières toiles furent suivies d'une quantité d'œuvres accomplies, dont chaque nouvelle était un pas de plus sur la route du succès le plus franc et le plus mérité. Nous citerons tout particulièrement son fameux *Labourage Nivernais*, aujourd'hui au musée du Luxembourg et qui date de 1849. Ses principales toiles exposées aux Salons précédents sont : *Animaux dans un pâturage ; Cheval à vendre ; Chevaux sortant de l'abreuvoir ; Vaches au pâturage;* un *Ane; Troupeau cheminant; Etudes d'étalons*, de *Chiens courants*, etc. Son *Marché aux chevaux (1853)* eut, à l'Exposition de tableaux des artistes français, à Londres, un succès inouï, qui fut à peine dépassé par son grand paysage : la *Fenaison en Auvergne*, à l'Exposition universelle de 1855. A l'Exposition universelle de 1867, elle n'a pas exposé moins de dix toiles : *Bœufs et vaches ; Moutons au bord de la mer ; Berger béarnais ; Berger écossais ; Bourriquaire aragonais ;* une *Barque, en Ecosse ; Cerfs traversant un espace découvert ; Poneys de l'île de Skye ;* une *Razzia en Ecosse* et *Chevreuils au repos*. Elle a exposé depuis : un *Parti de fourrageurs* et *En alerte* à l'Académie d'Anvers (1879) ; le *Lion chez lui*, à Londres (1882). — Mlle Rosa Bonheur, qui s'est également exercée à la sculpture et a exposé quelques groupes d'animaux, a longtemps dirigé l'Ecole gratuite de dessin pour les jeunes filles, dont elle est directrice honoraire. Elle a été décorée de la Legion d'honneur le 10 juin 1865, de l'ordre de Léopold de Belgique en janvier 1880 et de l'ordre d'Isabelle la Catholique d'Espagne en février de la même année.

Pendant l'investissement de Paris (1870-1871), le prince royal de Prusse donna les ordres les plus sévères pour que la maison et l'atelier de cette grande artiste, à Fontainebleau, fussent scrupuleusement respectés par la soldatesque allemande.

BONHEUR, Isidore Jules, peintre et sculpteur français, né à Bordeaux le 15 mai 1827. Aussi élève de son père pour la peinture, il étudiait simultanément la sculpture et débuta au Salon de 1848 par un même sujet reproduit sous ces deux formes artistiques : *Combat d'une lionne et d'un cavalier africain*. A dater de cette époque, il ne s'est plus occupé que de sculpture, et plus spécialement de la reproduction de groupes d'animaux, étendant la sphère d'action de son ciseau aux grands fauves et aux études antiques. Nous citerons, parmi ses œuvres les plus remarquables : *Groupe de taureaux ; Zèbre attaqué par une panthère*, études en plâtre dont la dernière fut coulée en bronze pour le compte de l'Etat ; *Etalon arabe*, en cire ; *Cheval* et *Groupe de gazelles*, en bronze ; *Hercule* et les *Chevaux de Diomède*, en plâtre, également coulé en bronze pour l'Etat ; un *Taureau et un ours ; Vache défendant son veau* (Exposition de 1855) ; une *Jument et son poulain ;* une *Cheminée*, en marbre ; *Jument anglaise montée par un jockey, Etalon anglais*, en bronze ; *Enfants et chiens*, un *Postillon*, un *Dromadaire*, un *Tigre royal*. Et plus récemment : *Jument et poulain*, plâtre (1872) ; *Pépin le Bref dans l'arène*, groupe, bronze (1874) ; *Tête de chien courant, Tête de chien d'arrêt ; Cora, chienne d'arrêt (1875)*, plâtres ; *Dénicheur de tigres*, statue plâtre (1877) ; *Cheval de course* et *Cheval de manège (1878) ; Porte-étendard de l'époque d'Henri II*, statuette et le *Saut de la haie*, bronzes (1884) ; *Cerf faisant tête*, statuette, bronze (1885) ; *Trompette de l'époque de Louis XIII*, un *Jockey*, statuettes en bronze (1886). — M. I. Bonheur a obtenu une médaille en 1865 et une autre médaille en 1869.

BONNASSIEUX, Jean Marie, sculpteur français, né à Panissières (Loire) le 19 septembre 1810, élève de A. Dumont. Il envoya de Lyon, où il commença ses études artistiques, au Salon de 1834, un plâtre : *Hyacinthe blessé*, qui fut remarqué. En 1836, il remportait le grand prix de Rome avec *Socrate buvant la ciguë*. Les principaux ouvrages exposés depuis par cet artiste sont : l'*Amour se coupant les ailes (1842) ; David (1843) ;* l'*Abbé Lacordaire (1847) ; Jeanne Hachette*, pour le jardin du Luxembourg ; la *Vierge mère*, pour l'église de Feurs (1848) ; les portraits de *Ballanche* et d'*Ampère*, bustes marbre pour le musée de Lyon (1849) ; la *Méditation*, buste en marbre, avec divers, déjà exposés (Exposition universelle, 1855) ; *Las Cases*, statue pour la ville de Lavaur (1864) ; divers travaux pour l'église Saint-Augustin, à Paris, etc. ; le *Duc de Luynes*, buste en marbre, pour la Bibliothèque nationale ; *Lacordaire*, buste en marbre, pour l'Institut (1874) ; *Mgr Guerrin*, statue en marbre, pour la cathédrale de Langres ; le *Général Morin*, buste en marbre, pour l'Institut ; la *Naissance du Christ* et la *Fuite en Egypte*, bas-reliefs en terre cuite, pour l'église du Trembiay, près Gonesse (1883) ; *Sainte Anne instruisant la Vierge*, groupe en pierre, pour l'église de la Madeleine, à Tarare ; *Legendre-Héral*, buste en marbre, pour le musée de Lyon (1883), etc. — M. Bonassieux a obtenu une 2e médaille en 1842, une 1re en 1844, une 2e en 1848 et une 1re à l'Exposition universelle de 1855 ; il a été décoré de la Légion d'honneur en 1855, et élu membre de l'Académie des Beaux-Arts en juillet 1866.

BONNAT, Léon Joseph Florentin, peintre français, élève de L. Cogniet, est né à Bayonne le 20 juin 1833. Au concours de 1857 pour le prix de Rome, il obtint un 2e prix, sujet : la *Résurrection de Lazare*. Il a exposé depuis : le *Bon Samaritain (1859) ; Mariuccia, Adam et Eve trouvant Abel mort (1861) ;* le *Martyre de saint André, Pasqua-Maria (1863) ; Pèlerins aux pieds de saint Pierre, dans l'église Saint-Pierre de Rome (1864) ; Antigone conduisant Œdipe aveugle (1865) ; Saint Vincent-de-Paul prenant la place d'un galérien, Paysans napolitains devant le palais Farnèse (1866) ; Ribeira dessinant à la porte de l'Ara Cœli à Rome*, avec les quatre ou cinq principales toiles précédentes (Exp. un. 1867) ; une *Assomption*, pour l'église Saint-André de Bayonne et les *Plafonds de la salle des assises du Palais de Justice (1869) ; Femme fallah et son enfant*, une *Rue à Jérusalem (1870) ;* le *Cheik d'Akabah, Femmes d'Ustaritz (1872) ; Barbier turc, Scherzo (1873) ;* un *Christ*, pour une salle des assises ; les *Premiers pas (1874) ;* le portrait de *Mme Pasca* et son propre portrait (1875) ; *Barbier nègre à Suez*, la *Lutte de Jacob (1876) ;* le célèbre portrait de *M. Thiers (1877)*, reparu à l'Exposition universelle de 1878 avec celui de *Mme Pasca* et plusieurs autres toiles moins recherchées des visiteurs ; deux portraits, dont celui de *M. Morton*, ministre des Etats-Unis à Paris (1883) ; le *Martyre de saint Denis*, peinture décorative pour le Panthéon (1885) ; *Portrait de M. Pasteur et de sa petite-fille, Mlle Vallery-Radot*, et *Portrait de M. le vicomte H. Delaborde, secrétaire perpétuel de l'Académie des Beaux-Arts (1886) ;* outre un grand nombre d'autres portraits. — M. Léon Bonnat a obtenu une médaille de 2e classe en 1861 avec rappel en 1863, une autre en 1867 et la médaille d'honneur en 1869 ; nommé chevalier de la Légion d'honneur en 1867, promu officier en 1874, il a été promu commandeur en 1882. Il a été élu membre de l'Académie des Beaux-Arts la même année.

BONNEMÈRE, Joseph Eugène, littérateur français, né à Saumur le 20 février 1813. Il fit représenter en 1841, au théâtre du Panthéon : les *Premiers fiacres*, vaudeville, et une grande féerie : *Micromegas*. Mais ces débuts ne laissaient aucunement prévoir la nature beaucoup plus sérieuse des travaux auxquels M. Bonnemère ne devait pas tarder à se vouer. — On a de lui : les *Paysans au XIXe siècle (1847) ; Histoire de l'Association agricole (1849) ;* le *Morcellement agricole* et l'*Association*, mémoires couronnés ; *Histoire des Paysans (1857, 2 vol.)* — Une édition populaire de l'*Histoire des Paysans* a été publiée en 1876-77 par livraisons hebdomadaires illustrées ; la *France sous Louis XIV (1864, 2 vol.)* ; la *Vendée en 1793 (1866) ;* le *Roman de l'avenir (1867) ;* la *Guerre des Camisards, Histoire des Dragonades sous Louis XIV (1868) ; Louis Hubert (1868) ;* les *Déclassés (1869) ; Etudes historiques saumuroises :* la *Conspiration Berton*, le *Héros de Juillet 1789, Madame Dacier*, etc. ; M. Eugène Bonnemère a, en outre, collaboré au *Précurseur de l'Ouest*, d'Angers, à la *Démocratie Pacifique*, à la *Libre Recherche*, à la *Revue de Paris*, au *Ruski Westnick* (Messager russe) de Moscou, etc. — Il a succédé à Allan Kardec, comme président de la Société des études spirites.

BONNET, Pierre Ossian, mathématicien français, né en 1819. Elève de l'Ecole polytechnique, il en sortit en 1840, comme élève-ingénieur des ponts-et-chaussées ; mais il s'en tint là, pour se vouer exclusivement à l'étude des mathématiques, et devint répétiteur de mathématiques, examinateur d'analyse (1869) et directeur des études (1873) à l'Ecole polytechnique. Il avait été élu membre de l'Académie des sciences (section de géométrie) en 1862. Nommé professeur d'astronomie mathématique, en remplacement de Leverrier, en avril 1878, M. Ossian Bonnet fut un moment écarté de cette chaire, vers la fin de cette même année, à raison de dénonciations dont il avait été l'objet auprès du ministre de la guerre et qui furent reconnues calomnieuses ; il ne tarda donc pas à y être réintégré et l'occupe encore aujourd'hui. Il a été nommé membre titulaire du bureau des longitudes en mai 1883. — M. Ossian Bonnet est officier de la Légion d'honneur depuis le 1er février 1872. On lui doit un assez grand nombre d'ouvrages sur les mathématiques, principalement sur la géométrie et la mécanique théorique, outre de nombreux mémoires insérés aux *Comptes rendus* de l'Académie des sciences, au *Journal de l'Ecole polytechnique*, au *Journal des mathématiques* de Liouville, etc.

BONNEVAL (vicomte de), Anatole Fernand Marie, homme politique français, né à Bourges le 5 décembre 1838, d'une très ancienne famille du Berry. M. de Bonneval servit pendant la guerre comme capitaine adjudant-major des mobilisés du Cher. Conseiller municipal d'Issoudun depuis 1884, ancien vice-président du Comité royaliste de l'Indre, ce qui ne laisse aucun doute sur sa foi politique, il a été élu député de l'Indre le 4 octobre 1885.

BONVIN, François Saint, peintre français, fils d'ouvrier, né à Vaugirard (Paris) le 22 septembre 1817. Il apprit le dessin dans une école gratuite et, obligé de se faire ouvrier lui-même, devint compositeur d'imprimerie, puis employé, utilisant seulement ses courts loisirs à l'étude de la peinture. M. Bonvin a produit de la sorte de petites toiles de genre, inspirées des scènes familières de la vie réelle et rappelant les meilleurs spécimens de l'école flamande, qui justifient sa grande réputation si laborieusement acquise. On a de cet artiste : des *Buveurs*, une *Cuisinière* au milieu de sa cuisine garnie d'accessoires étudiés et rendus avec exactitude et finesse (1849) ; l'*Ecole des petites orphelines (1850)*, au musée de Langres ; la *Charité (1852)*, au musée de Niort ; l'*Ecole régimentaire (1853) ;* la *Basse messe, Religieuses tricotant (1855) ;* les *Forgerons, Souvenir du Tréport (1857) ;* la *Lettre de recommandation*, la *Ravaudeuse*, le *Liseur, Intérieur de cuisine, Portrait de M. Octave Feuillet (1859) ; Intérieur de cabaret (1861) ;* le *Déjeuner de l'apprenti*, la *Fontaine en cuivre (1863) ; Religieuses revenant des offices ; Au banc des Pauvres, souvenir de Bretagne ; Attributs de la peinture et de la musique (1865) ; Harengs sur le gril ;* le *Café de la grand'maman ;* la *Lettre de réception*, intérieur d'une Communauté religieuse (1868) ; *Religieuse tricotant*, le *Jeune dessinateur (1869) ;* le *Pâturage*, l'*Ave-Maria (1870) ;* le *Réfectoire*, le *Laboratoire (1873) ;* l'*Ecole des frères*, la *Petite classe* et l'*Ecureuse (1874) :* l'*Alambic*, le *Cochon*, l'*Ecolier en retenue (1875) ; Gravesende*, le *Bateau abandonné (1876) ;* le *Couvreur tombé (1877) ;* l'*Apprenti cordonnier*, un *Soir d'automne à Port-Marly (1878)*, etc. Depuis quelques années, M. Bonvin a cessé de figurer aux Salons annuels. Il a obtenu une 3e médaille en 1849, une 2e en 1851 et la croix de la Légion d'honneur en 1870.

BOOTH, Edwin, tragédien américain, né à Belair, près de Baltimore (Maryland), en novembre 1833. Fils de l'acteur Junius-Brutus Booth, mort en septembre 1883, il fut élevé pour la carrière dramatique, et après avoir rempli quelques rôles secondaires, il parut en 1851 dans celui de Richard III, à la place de son père, pris d'une indisposition subite. Il fit ensuite une tournée en Californie, en Australie, dans quelques îles du Pacifique et aux Sandwich ; reparut à New-York en 1857 ; visita l'Europe en 1861 ; puis, de retour à New-York en 1863, il commença une série de représentations shakspeariennes au Théâtre du Jardin d'Hiver, dont il devint le principal propriétaire. Le 23 mars 1867, ce théâtre fut totalement détruit par le feu, et M. Edwin Booth perdit dans cette catastrophe, outre ses costumes et accessoires de théâtre, une riche garde-robe personnelle et des souvenirs précieux de son père, de Kemble et de Mme Siddons. Il contracta ensuite divers engagements à Boston, Philadelphie et les plus grandes villes des Etats-Unis, puis commença, en 1838, l'érection d'un nouveau théâtre à New-York, lequel surpasse, au point de vue de la perfection des dispositions, des *trucs*, de l'aménagement général, des costumes, etc., tous les théâtres des Etats-Unis. Il fut ouvert au public en 1870 et eut dès l'abord un très grand succès ; mais les frais considérables qu'avait entraînés l'édification d'un pareil monument avaient absorbé toutes les ressources de M. Booth, et, si grande que fût l'affluence des spectateurs, les bénéfices ne furent pas en proportion des dépenses. M. Booth se vit donc obligé de céder son entreprise en 1873. Après s'être tenu quelque temps éloigné de la scène, il a repris le cours de ses représentations et de ses succès. Il jouait à New-York, au Théâtre de la Cinquième Avenue, pendant l'hiver de 1875. Au commencement de 1876, il entreprit une tournée artistique dans les principales villes de l'Ouest ; il se trouvait en représentation à Chicago en avril et à San-Francisco, qui ne l'avait pas vu depuis 20 ans, en septembre. Dès la fin de la même année, il jouait à Londres ; puis il retournait aux Etats-Unis en 1877, pour revenir en Europe en 1883, époque à laquelle il joua notamment à Londres, Berlin et Hambourg.

Les principaux rôles de M. Edwin Booth sont empruntés au répertoire shakspearien ; ce sont surtout Hamlet, Otello, Iago, etc. Aussi envoyait-il en 1876, à la « Shakspeare Memorial Association », à Stratford-sur-Avon, où est né Shakspeare, une somme de 2,500 fr.

BOREL D'HAUTERIVE, André François Joseph, écrivain généalogiste français, né à Lyon le 6 juillet 1812 ; est frère de feu Petrus Borel, le *Lycanthrope*. Il fit à Paris ses études de droit, prit le grade de docteur et se fit inscrire au barreau de Paris en 1838. Mais il abandonna bientôt le barreau et entra à l'Ecole des chartes où, reçu archiviste-paléographe, il fut attaché aux travaux historiques entrepris par ordre du gouvernement et collabora aux *Documents inédits de l'Histoire de France*. Son emploi ayant été supprimé après février 1848, il fut attaché pendant quelques mois à la Présidence, comme chef du bureau des secours, puis nommé secrétaire de l'Ecole des chartes en mai 1849. Il est devenu en 1864 bibliothécaire à Sainte-Geneviève, dont il est aujourd'hui conservateur honoraire. — On a de M. Borel d'Hauterive : la *Saône et ses bords (1835) ;* la *Seine et ses bords (1836) ; Histoire du Crédit public (1842) ; Précis historique sur la maison royale de Saxe (1845) ;* les *Grands corps politiques de l'Etat*, biographie des sénateurs, députés et conseillers d'Etat (1853) ; *Nobiliaire de France (1854) ;* l'*Armorial de Flandre (1856) ;* l'*Armorial de Picardie et d'Artois (1866) ;* les *Sièges de Paris, depuis Jules César* (1871), etc. Il a en outre fondé et rédigé une *Revue historique de la noblesse de France (1841-1843) ;* un *Annuaire de la noblesse*, paraissant depuis 1842 ; l'*Album historique du Dauphiné ;* et collaboré à la *Liberté des Arts*, au *Dictionnaire de la conversation et de la Lecture*, au *Cabinet de Lecture*, au *Corsaire-Satan ;* au *Sport*, au *Journal illustré*, à la *Revue et Gazette des Théâtres ;* au *Dauphiné*, etc., soit sous son nom, soit sous divers pseudonymes.

BORGHI-MAMO, Adélaïde Borghi, dame Mamo (dite), cantatrice italienne, née en 1829, à Bologne. Douée d'une magnifique voix de contralto, elle céda aux suggestions de Mme Pasta qui l'engageait vivement à la cultiver, et débuta avec succès en 1846, à Urbin, dans le *Giuramento* de Mercadande. Elle se rendit à Malte, où elle épousa M. Mamo, en 1849. A Naples, Pacini écrivit expressément pour elle *Malvina di Scozia* et *Romilda ;* Mercadante, la *Statira* et Rossi, l'*Alchimista*. Elle vint à Paris en 1854, venant de Vienne où elle avait été acclamée, et chanta au Théâtre-Italien jusqu'en 1856. Elle y eut de brillants succès dans la *Cenerentola, Matilda di Chabran, Il Barbiere* et *Il Trovatore ;* et l'administration de l'Opéra se l'attacha ensuite pour trois années. Sur cette dernière scène, elle a paru dans la *Favorite*, le *Prophète*, la *Reine de Chypre*, le *Trouvère*, traduit de l'italien et adapté à la scène française (1856-59). Au printemps de 1860, Mme Borghi-Mamo débutait à Londres, au Théâtre de Sa Majesté, dans la *Favorite*. Elle joua ensuite en Russie, puis retourna en Italie et se retira à Florence.

Une fille de la célèbre cantatrice, Mlle Borghi-Mamo, engagée au Théâtre-Italien, débutait le 31 octobre 1876, dans la *Forza del Destino*, de Verdi.

BORIE, Etienne Léon, homme politique français, né le 21 mars 1843 à Dourgne (Tarn). Il est neveu de feu Victor Borie, du Comptoir d'Escompte, savant agronome, mort en juillet 1880. Entré jeune dans l'administration de l'enregistrement, d'où il se retira en 1877 à Tulle, berceau de sa famille, M. E. Borie fut élu en 1879 conseiller municipal de cette ville, puis adjoint au maire, et enfin maire (1881-84). Ayant collaboré, dès 1871, au *Républicain de la Dordogne*, il avait fondé à Tulle, en 1878, un cercle républicain. Aux élections du 21 août 1881, il avait échoué, comme candidat radical, avec une forte minorité ; il a été élu député de la Corrèze en la même

qualité, le 4 octobre 1885. — M. Borie a voté l'expulsion *totale des princes.*

BORNIER (vicomte de), Henri, écrivain et poète dramatique français, né à Lunel le 25 décembre 1825; fit ses études aux séminaires de Montpellier et de Versailles, et vint à Paris en 1845, sous prétexte d'étudier *le droit, les poches et le cœur pleins de poésie.* Il publia en conséquence, dès son arrivée : les *Premières feuilles,* poésies; et porta au Théâtre-Français un drame en cinq actes et en vers : le *Mariage de Luther,* qui fut reçu à correction. Remarqué par le ministre de l'instruction publique, M. de Salvandi, M. de Bornier fut alors nommé surnuméraire à la bibliothèque de l'Arsenal, dont il est aujourd'hui conservateur. — En 1853, il publia : *Dante et Béatrix,* drame en cinq actes et en vers, et inséra dans la *Revue contemporaine,* une comédie en vers : *le Monde renversé,* jouée ensuite à Saint-Pétersbourg. — On a en outre de M. H. de Bornier: la *Muse de Corneille,* à-propos en vers, à l'Odéon (1854); la *Guerre d'Orient,* poème (1858); la *Sœur de charité au XIXe siècle,* poème (1859); le *Quinze janvier, ou la Muse de Molière,* à-propos en un acte, en vers, aux Français (1860); *l'Isthme de Suez,* poème (1861), qui remporta au concours académique de cette même année le prix de poésie; la *France dans l'extrême Orient (1863),* auquel le même prix fut décerné; l'*Eloge de Châteaubriand,* qui obtint le prix d'éloquence en 1864, formant ainsi le contingent de lauriers académiques exigé pour la croix de la Légion d'honneur, qu'il reçut en effet le 15 août 1864. Citons encore une comédie en vers, la *Cage du Lion* et un roman, le *Fils de la Terre (1864);* un *Cousin de passage (1865);* une tragédie en deux actes, traduite librement de Sénèque : *Agamemnon,* représentée au Théâtre-Français, le 22 juin 1868; la *Fille de Roland,* drame en cinq actes en vers (auquel fut décerné le premier grand prix Jean Reynaud, en 1879), au même théâtre, en février 1875; les *Deux villes (1875),* à-propos en vers, interprété dans une représentation donnée au Français, au profit des inondés de Toulouse, etc.; *Dimitri,* opéra, avec M. Armand Sylvestre, musique de M. Victorin Joncières, à la Gaîté (1876); plus des nouvelles, poésies, articles littéraires et de critique dramatique, au *Correspondant,* au *Français,* etc., etc.

BORRIGLIONE, Alfred Ferdinand, homme politique français, né à Nice le 17 février 1841. L'un des chefs du parti séparatiste, ou revisionniste, M. Borriglione s'est définitivement rattaché à la nationalité française, avec la plupart des partisans de l'Italie, dès que la forme républicaine y fut adoptée. Après avoir échoué aux élections du 8 février 1871, il fut élu député de la première circonscription de Nice, le 20 février 1876 et siégea à gauche. M. Borriglione a été réélu le 14 octobre 1877, puis le 21 août 1881. Porté en dehors de toute liste, mais comme républicain radical, aux élections du 4 octobre 1885, il a été le seul élu au premier tour. M. Borriglione est maire de Nice et conseiller général des Alpes-Maritimes, où il représente le canton de Sospelli. — Il s'est abstenu dans la question de l'expulsion des princes.

BOSCHER-DELANGLE, Augustin Marie, homme politique français, né à Loudéac le 13 mai 1840. Banquier à Loudéac, ancien volontaire aux zouaves pontificaux, M. Boscher-Delangle fit partie, pendant le siège de Paris, d'un régiment de marche dans les rangs duquel il combattit et fut blessé au combat de l'Hay (30 sept. 1870). Elu conseiller général des Côtes-du-Nord en 1881, il était élu député de Loudéac le 21 août 1881, mais l'immixtion trop peu dissimulée du clergé dans cette élection, la fit annuler par la Chambre, et à la nouvelle épreuve, ce fut son concurrent, M. de Janzé, qui triompha. M. Boscher-Delangle a été élu député des Côtes-du-Nord le 4 octobre 1885, et cette fois ses pouvoirs ont été validés. Il siège à l'extrême droite.

BOTTALLA, Paolo, jésuite italien, né le 15 août 1823, à Palerme : fit ses études aux collèges des Jésuites de Palerme et de Rome. Après avoir reçu les ordres, il fut successivement nommé prédicateur du dimanche à l'église du Gesu, de Naples, professeur d'histoire universelle au collège Massimo, de Palerme, d'histoire ecclésiastique au Collège Romain, puis de théologie dogmatique au collège de Saint-Bruno, Galles du Nord (Angleterre). Le P. Bottalla a été un des rédacteurs de la *Civiltà cattolica.* Il a publié à Palerme et à Gênes un cours d'histoire et de géographie du moyen âge en deux volumes : *Corso di storia e di geographia universale, Medio Evo,* qui a été traduit en français; *Studii storici sulla Chiesa e l'Imperio* (Etudes historiques sur l'Eglise et l'autorité civile), parus d'abord dans la « Civiltà, » etc.; à Bruxelles : *Histoire de la Révolution de 1860 en Sicile, de ses causes et de ses effets dans la révolution générale de l'Italie* (2 vol., 1861); à Londres : le *Pape et l'Eglise considérés dans leurs rapports mutuels et relativement aux erreurs du parti de la Haute Eglise d'Angleterre* (vol. I, 1868; vol. II, 1870; vol. III, 1876); le *Pape Honorius devant le tribunal de la raison et de l'histoire (1868),* réponse à la brochure du P. Le Page Renouf, intitulée : la *Condamnation du pape Honorius, la papauté et le schisme, considérations critiques sur les lettres de Ffoulkes à l'archevêque Manning* (Two letters to archbishop Manning, etc., 1869); une nouvelle Défense du pape Honorius, dans la *Dublin Rewiew (1871-1873),* écrite surtout en réponse à une nouvelle attaque du P. Le Page Renouf ayant pour titre : *The Case of Pope Honorius reconsidered with reference to recent apologies; De la souveraine et infaillible autorité du Pape dans l'Eglise et dans les rapports avec l'Etat (1877),* etc.

BOTTIEAU, Emile, homme politique français, né à Avesnes le 29 septembre 1822. Ancien magistrat, conseiller à la cour de Douai, M. Bottieau fut envoyé à l'Assemblée nationale, en 1871, par les électeurs du Nord. Il prit place à droite, vota et agit en conséquence, et échoua aux élections de 1876, 1877 et 1881 dans la 2e circonscription d'Avesnes, où il avait pour concurrent M. de Marcère. Frappé par la nouvelle loi (1883) sur l'inamovibilité de la magistrature, M. Bottieau dut abandonner son siège à la cour de Douai. Il a été élu député du Nord le 4 octobre 1885, sur la liste « conservatrice », qui a triomphé tout entière dans ce département.

BOUCAU-DARMENTIER, Jean Marie Alexandre Albert, homme politique français, né à Dax le 26 décembre 1826. M. A. Boucau était notaire à Lévignac lorsqu'il fut élu, le 2 juillet 1871, représentant des Landes à l'Assemblée nationale, où il se fit inscrire aux groupes de la Gauche et de l'Union républicaine. Le 21 août 1881, il était élu député de la 2e circonscription de Mont-de-Marsan, après avoir échoué aux élections de 1876 et de 1877. Le 4 octobre 1885, ce fut la liste réactionnaire qui triompha dans les Landes; mais cette élection ayant été annulée, M. Boucau était élu député des Landes avec ses amis le 14 février 1886. Il a voté l'expulsion totale des princes. — M. Boucau a été décoré de la Légion d'honneur en janvier 1881, pour les progrès qu'il a provoqués dans l'agriculture de son département. Il est président de la Société landaise d'agriculture.

BOUCHARDAT, Apollinaire, médecin et pharmacien français, né en 1810 à l'Isle-sur-le-Serein (Yonne); fit ses études médicales à Paris et devint agrégé de la Faculté en 1832 et pharmacien en chef de l'hôpital Saint-Antoine, d'où il passa, *en la même qualité,* à l'Hôtel-Dieu en 1834. Membre du Conseil de salubrité et chevalier de la Légion d'honneur en 1845, M. Bouchardat était élu membre de la Société d'agriculture en 1848, entrait à l'Académie de médecine en 1850, et obtenait au concours la chaire d'hygiène en 1852. En 1855, M. Bouchardat résignait ses fonctions de pharmacien en chef de l'Hôtel-Dieu, afin de se consacrer entièrement à l'enseignement et aux recherches scientifiques. Il est professeur honoraire de la Faculté de Paris. On a de lui : *Cours de chimie élémentaire avec ses principales applications à la médecine et aux arts (1834-35,* 2 vol.) *Eléments de matière médicale et de pharmacie (1838); Nouveau Formulaire magistral (1840,* et nombreuses éditions); *Cours des sciences physiques (1841-44,* 3 vol.); *l'Annuaire de thérapeutique,* paraissant depuis 1841; *Recherches sur la végétation (1846); Etudes sur les produits des cépages de Bourgogne (1846); Répertoire de pharmacie,* paraissant mensuellement depuis 1847; *Formulaire vétérinaire (1849,* 2e édit. 1862); *Dégénération et perfectionnement des cépages cultivés (1849); Essai sur les cépages du centre et du midi de la France (1850), Opuscules d'économie rurale (1851); Des vignes de semis (1852); Du diabète sucré ou glycosurie (1852,* nouv. éd. 1875); *Archives de physiologie (1854); l'Eau-de-vie et ses dangers (1863),* etc.; plus un grand nombre de mémoires importants présentés à l'Académie de médecine ou publiés dans les *Annales d'hygiène publique* et autres recueils périodiques spéciaux; ainsi qu'une notice sur le *Chloroforme,* dans le *Supplément au Dictionnaire des dictionnaires de médecine.* — M. Bouchardat est officier de la Légion d'honneur depuis 1866.

BOUCHER, Joseph Marie, homme politique français, né à Sizun (Finistère) le 23 septembre 1820. Ancien notaire à Landernau, et président de la chambre des notaires de l'arrondissement de Brest, conseiller général du Finistère depuis 1879, M. Boucher a été élu député du Finistère le 4 octobre 1885, sur la liste réactionnaire.

BOUCHUT, Eugène, médecin français, né à Paris le 18 mai 1818, y fit ses études, aborda la médecine en 1835 et fut reçu docteur en 1843. Nommé agrégé de la Faculté et médecin des hôpitaux en 1849, il entra à l'Hôtel-Dieu comme chef de clinique, puis y fut membre du bureau central d'admission; il devint en 1852 médecin de l'hôpital Bon-Secours, puis de l'hôpital Sainte-Eugénie et des Enfants malades en 1856. Deux fois, en 1857 et 1859, il fut chargé de suppléer Duméril à la Faculté de médecine. Il s'est voué depuis à l'enseignement clinique à l'hôpital Sainte-Eugénie et à l'Ecole pratique. Ses principaux ouvrages sont : *Mémoire sur la fièvre puerpérale (1844); Traité pratique des maladies des nouveau-nés, des enfants à la mamelle et de la seconde enfance (1845,* 5e édition, 1867), ouvrage couronné par l'Institut; *Hygiène de la première enfance (1846); Traité des signes de la mort et des moyens de prévenir les enterrements prématurés (1849),* couronné par l'Institut; des *Méthodes de classification en nosologie (1853); Nouveaux éléments de pathologie générale et de séméiologie (1852);* de *l'Etat nerveux aigu et chronique, ou nervosisme (1860);* la *Vie et ses attributs (1862); Histoire de la médecine et des doctrines médicales (1864); Dictionnaire de thérapeutique médicale et chirurgicale (1865);* des *Effets physiologiques et thérapeutiques de l'hydrate de chloral (1869),* etc. M. le docteur Bouchut a collaboré en outre activement à la *Gazette des hôpitaux,* aux *Annales d'hygiène publique,* à l'*Union* et à la *Gazette médicales,* etc. — Chevalier de la Légion d'honneur du 3 décembre 1852, M. Bouchut aurait reçu la première croix décernée par le second empire; il a été promu officier le 15 octobre 1871.

BOUCICAULT, Dion, acteur et auteur dramatique irlandais, né à Dublin le 26 décembre 1822; élevé par le docteur Lardner, son tuteur, il acheva ses études à l'université de Londres et débuta comme auteur dramatique par *London Assurance,* pièce jouée en mars 1841, sur le théâtre de Covent-Garden. En 1853, il s'embarqua pour les Etats-Unis; de retour à Londres en 1860, il y fit représenter sur le théâtre d'Adelphi, le *Colleen Bawn,* drame populaire d'où M. d'Ennery a tiré son *Lac de Glenaston,* représenté avec succès à l'Ambigu l'année suivante. Dans le *Colleen Bawn,* M. Boucicault et sa femme, connue précédemment à la scène sous son nom de miss Robertson, remplissaient les principaux rôles. A ce drame, qui eut un succès prodigieux, succéda *the Octoroon* (le Sang-mêlé, 1861). Associé avec M. Webster pour la direction du théâtre d'Adelphi, M. Boucicault devint en outre locataire du théâtre d'Astley, dont il changea le nom en celui de théâtre de Westminster; mais l'entreprise échoua. — M. Dion Boucicault est auteur d'un très grand nombre de pièces de théâtres originales ou « adaptées » du français, dont les principales sont, outre celles précédemment citées : *Vieilles têtes et jeunes cœurs* (Old Heads and young Hearts); les *Perplexités de l'amour* (Love in a maze); *Ruiné* (Used up); le *Taillis de saules* (The Willows Copse); *Janet Pride; Louis XI;* les *Frères Corses* (The Corsican Brothers); *Faust et Marguerite; Nuage passager* (Flying Scud) représenté au théâtre d'Holborn en 1866; *Comme elle l'aime* (How the loves him, 1867); *After Dark (1868); Paul Lafarque (1869); l'Œuvre d'une sombre nuit* (A Darck night's Work, 1870); les *Rapparees, ou le Traité de Limerick (1870); Formose,* etc. Au nombre des pièces de M. Dion Boucicault adaptées à la scène française, nous citerons les plus récents, qu sont : la *Dépêche ou le fil qui parle,* drame, adapté par M. E. Nus, joué à l'Ambigu en 1873, et *Lea* par M. E. de Najac, au Gymnase, en 1875.

Depuis 1876, M. Dion Boucicault réside aux Etats-Unis, où il a mis au jour des pièces nouvelles dont il ne manque pas de remplir les rôles principaux; nous citerons, par exemple : *the Jilt,* dont la première représentation a eu lieu au Boston Museum le 1er février 1886. Pris de la nostalgie de l'Europe, toutefois, il en reprenait bientôt le chemin et arrivait à Paris au commencement de juillet 1886.

BOUFFÉ, Marie, acteur français, est né à Paris le 4 décembre 1800, de parents peu aisés, et ne reçut en conséquence qu'une instruction fort élémentaire. Entraîné par *des camarades faisant partie d'un de ces théâtres de société qui furent si nombreux à Paris pendant assez longtemps et qu'on pourrait regretter,* il aborda les planches chez Doyen, débuta ensuite, aux appointements *annuels* de 300 francs, au Panorama dramatique, où le succès féroce qu'il remportait dans les rôles de traîtres lui valut des augmentations successives si considérables, qu'il gagnait 3,000 francs à la fermeture de ce théâtre. Il passa alors à la Gaîté, où il joua le *Pauvre Berger,* le *Pauvre de l'Hôtel-Dieu,* etc.; puis au théâtre des Nouveautés, où, à côté de Déjazet, de Potier, de Lafont, il se fit remarquer dans le *Futur de la grand'maman,* le *Marchand de la rue Saint-Denis, Sir Jack,* le *Couvreur,* de manière à établir sa réputation sur des bases désormais inébranlables. En 1831, il alla jouer à Londres pendant la *season,* et revint à Paris prendre place dans la troupe brillante du Gymnase, où un engagement l'appelait. C'est sur cette scène, où jouaient déjà Jenny Vertpré, Jenny Colon, Déjazet, Numa, etc., que M. Bouffé a remporté les triomphes qui ont rendu son nom si populaire, et dans de tout autres rôles que les troisièmes rôles de drame, où il excellait au Panorama dramatique. C'est là qu'il créa : *Michel Perrin (1831),* puis la *Fille de l'avare,* le *Bouffon du prince,* le *Gamin de Paris, Pauvre Jacques,* les *Enfants de troupe,* qui donnèrent au Gymnase une vogue jusque-là inconnue; ce qui n'empêcha pas l'administration de ce théâtre de laisser partir M. Bouffé, dont les prétentions lui parurent exagérées, et d'emmener à sa suite son public aux Variétés. En consultant un petit dictionnaire satirique : le *Rivarol de 1842,* par *Fortunatus* (Alfred de Grozelier), qui n'est pas précisément tendre pour les « célébrités contemporaines », nous trouvons au nom de Bouffé cette mention, qui caractérise admirablement le talent de cet artiste : « Acteur simple et naturel avec art. Tous ceux qu'il joue sont forcés de s'écrier, en parodiant le mot de Louis XIV : *Bouffé, c'est nous.* » — Retiré du théâtre depuis longtemps, M. Bouffé y a fait toutefois çà et là, au début de sa retraite, quelques apparitions passagères, notamment à la Porte-Saint-Martin, dans deux de ses plus grands succès : le *Gamin de Paris* et *Pauvre Jacques,* en 1854; l'année suivante, il joua l'*Abbé galant* aux Variétés, et, au même théâtre, *Jean le Toqué,* en 1857.

BOUGHTON, Georges Henry, peintre américain, né en 1833 à Norfolk (Angleterre). Sa famille ayant passé aux Etats-Unis, il fut élevé à Albany, capitale politique de l'Etat de New-York, et c'est là que commença à se développer sa vocation artistique. Il revint à Londres en 1863, y passa plusieurs mois à étudier la peinture, et, à son retour en Amérique, s'établit à New-York, où il se fit une réputation comme paysagiste. Il revint cependant en Europe en 1859, passa deux ans à Paris, et ouvrit, en 1861, un atelier à Londres, où il a, depuis lors, très souvent résidé et a été élu associé de l'Académie royale en 1879. Il était déjà membre de l'Académie nationale de New-York depuis 1871.

Parmi ses meilleures toiles, nous citerons : *Crépuscule d'hiver,* le *Marais sinistre, En passant à l'ombre, l'Arrivée dans l'église,* la *Prière du matin,* la *Lettre rouge, Plus froid que neige,* la *Lecture de Clarisse Harlowe, l'Idylle des oiseaux,* le *Retour de mai;* les *Conseillers de Peter de Headstrong, gouverneur de New Amsterdam,* et un portrait de *Jeune femme effeuillant une rose;* ces deux dernières à l'Académie royale de Londres, au salon de 1886.

BOUGUEREAU, William Adolphe, peintre français, né à La Rochelle le 30 novembre 1825. Elève de Picot, il entra à l'Ecole des Beaux-arts en 1843 et en sortit en 1850, ayant remporté au concours de cette année le grand prix de Rome, en partage avec Paul Baudry. — On doit à M. Bouguereau : *Zénobie trouvée sur les bords de l'Araxe,* sujet du concours de 1850; le *Triomphe du martyre, ou le corps de sainte Cécile apporté dans les Catacombes (1855);* l'*Amour fraternel,* l'*Empereur visitant les inondés de Tarascon,* le *Retour de Tobie,* le *Printemps,* l'*Eté,* l'*Amitié,* la *Fortune, Arion sur un Cheval marin,* la *Danse, Bacchante sur une panthère,* le *Jour des Morts,* l'*Amour blessé (1856-59);* la *Première discorde, Retour des champs,* la *Paix (1861);* une *Sainte Famille (1863);* une *Famille indi-*

gente (1865); *Première caresse*, *Convoitise (1866)*; la *Sœur aînée (1867)*; *Enfants endormis (1868)*; *Entre la richesse et l'amour (1869)*; *Pendant la moisson (1872)*; *Petites maraudeuses*, *Nymphes et satyres (1873)*; *Homère et son guide*; *Italiennes à la fontaine*, *Charité (1874)*; la *Vierge, l'Enfant et saint Jean-Baptiste*, *Flore et Zéphire (1875)*; *Pietà (1876)*; *Vierge consolatrice*, la *Jeunesse et l'Amour (1877)*; *Alma parens*, la *Nuit (1883)*; la *Jeunesse de Bacchus (1884)*; l'*Adoration des mages*, l'*Adoration des bergers*, dyptique pour l'église Saint-Augustin, *Byblis (1885)*; le *Printemps*, l'*Amour désarmé (1886)*, etc.; outre de nombreux *Portraits*; des peintures murales à la chapelle Saint-Louis de l'église Sainte-Clotilde, la décoration de l'église Saint-Augustin, à Paris, le plafond du théâtre de Bordeaux, la décoration d'hôtels particuliers assez nombreux, etc., etc. — M. Bouguereau a obtenu une 2e médaille en 1855, une 1re en 1857, une 3e en 1867, une médaille d'honneur à l'Exposition universelle de 1878 et la médaille d'honneur décernée par les artistes récompensés en 1885. Chevalier de la Légion d'honneur depuis 1859, il a été promu officier en 1876 et commandeur le 12 juillet 1885. Enfin M. Bouguereau a été élu membre de l'Académie des Beaux-arts, en remplacement de Pils, le 8 janvier 1876.

BOULANGER, Georges Ernest Jean Marie, général et homme d'Etat français, né à Rennes le 20 avril 1837. Sorti de Saint-Cyr en 1856, il entra comme sous-lieutenant aux tirailleurs algériens, prit part à l'expédition de Kabylie (1857) et à la campagne d'Italie (1859), où il fut blessé d'un coup de feu à la poitrine à Turbigo (3 juin). Décoré de la Légion d'honneur pour sa belle conduite, il était promu lieutenant l'année suivante et partait presque aussitôt pour la Cochinchine avec son régiment. En 1861, au combat de Traï-Dan, il était de nouveau blessé d'un coup de lance à la cuisse. Promu capitaine en 1862, il entrait à Saint-Cyr en qualité d'instructeur; il occupait encore ces fonctions lorsqu'éclata la guerre avec la Prusse (1870). M. Boulanger reprit alors le service actif, avec l'épaulette de chef de bataillon; cinq mois après, il était promu lieutenant-colonel, et en janvier 1871, colonel du 114e de ligne. Le colonel Boulanger reçut une balle à l'épaule droite à la désastreuse bataille de Champigny et fut promu à cette occasion officier de la Légion d'honneur; peu après, une balle lui brisait le bras gauche, et il était élevé à la dignité de commandeur (24 juin 1871). Promu général de brigade le 4 mai 1880, il était chargé, l'année suivante, de représenter la République française aux fêtes du centenaire de la République des Etats-Unis. Le général Boulanger était nommé général de division le 18 février 1884. Il commandait l'armée d'occupation en Tunisie, et l'on sait avec quelle énergie, jugée même excessive dans les régions officielles, il sut défendre, dans ce poste difficile, la dignité de l'armée française. Relevé de son commandement, il fut rappelé en France, et eut la direction de l'infanterie au ministère de la guerre.

Le général Boulanger a été appelé au ministère de la guerre dans le cabinet Freycinet, le 7 janvier 1886. Dans ces hautes fonctions, il ne tarda pas à montrer, à côté de la droiture et de l'énergie qu'on lui connaissait, de grandes qualités administratives et un esprit organisateur et actif qu'on aime à rencontrer, mais qu'on ne rencontre pas toujours, dans un ministre de la guerre. Outre un projet de loi dont nous ne connaissons pas encore bien l'économie au moment où nous écrivons, le général Boulanger a apporté diverses modifications dans les services, notamment dans les cadres supérieurs de la gendarmerie; il a obtenu des Chambres une loi contre l'espionnage que l'opinion publique réclamait depuis longtemps et que l'Allemagne accueillit comme il fallait s'y attendre de sa part. Favorable à la suppression des fortifications de Paris, à mesure de leur remplacement par d'autres travaux de défense, il a répondu là encore à une préoccupation de l'opinion publique, au moins à Paris, qui étouffe dans cette ceinture de défense d'une efficacité douteuse, surtout aujourd'hui: malheureusement, le conseil supérieur de la guerre s'est déclaré opposé à cette suppression. Préoccupé de l'amélioration du sort du soldat, c'est par économie et pour augmenter d'autant sa maigre solde, qu'il a supprimé le barbier régimentaire, et non par prédilection décorative pour le port de la barbe dans l'armée, ce qui n'a rien de beau. Beaucoup de projets à l'étude feront mieux encore dans cette voie lorsqu'ils seront réalisés.

A la suite du vote de la loi d'expulsion des princes prétendants, et sans doute comme une garantie de plus, les princes non atteints par cette loi qui faisaient partie de l'armée ou de la marine furent rayés des cadres. A cette nouvelle, le duc d'Aumale adressait au président de la République, à la date du 11 juillet 1886, ainsi qu'aux journaux monarchiques, qui la publièrent sans retard, une lettre de protestation conçue dans des termes fort vifs, et à laquelle le gouvernement crut devoir répondre par un décret d'expulsion, comme c'était son droit strict. Le 15 juillet, M. Chesnelong interpellait le gouvernement sur ces faits. En répondant à l'honorable sénateur, le général Boulanger employa, pour caractériser l'action du duc d'Aumale, un mot qui fut jugé peu parlementaire, et provoqua une véritable explosion sur les bancs de la droite, qui ne cherchait qu'un prétexte; M. de Lareinty s'oublia même jusqu'à qualifier *lâcheté* le fait d'attaquer un absent qu'il reprochait au ministre de la guerre. La conséquence de cet « incident » fut la rencontre dans le bois de Chalais, près de Meudon, le surlendemain, de M. de Lareinty et du général Boulanger, et l'échange entre eux d'une balle de pistolet inoffensive. Mais tout n'était pas fini pour le ministre de la guerre. Il avait été colonel sous les ordres du duc d'Aumale, quand celui-ci commandait le 7e corps d'armée, et dans cette situation, il avait demandé son appui pour obtenir les étoiles de général; il l'avait remercié après les avoir obtenues. Des lettres qu'il avait alors écrites à son supérieur, les journaux hostiles à la République firent un choix parmi les plus compromettantes, c'est-à-dire les plus polies, et les publièrent (non sans la complicité du duc d'Aumale, je présume). On a fait, naturellement, autour de cette publication, au sujet de la légitime ambition du soldat, certain de ne pas arriver au grade de général aussi rapidement et facilement qu'on devient préfet et qui sollicite un appui là seulement où il peut le trouver efficace, un bruit factice qui n'est pas encore éteint. — M. le général Boulanger a été promu grand officier de la Légion d'honneur le 15 juillet 1886.

BOULANGER, Gustave Rodolphe Clarence, peintre français, né à Paris le 25 avril 1824; suivit les cours de l'Ecole des Beaux-Arts, comme élève de Paul Delaroche et de Jollivet, et remporta le grand prix de Rome en 1849. — On a de lui: *Ulysse reconnu par Euryclée*, sujet du concours de 1849; *J. César au Rubicon*, les *Choussa ou Eclaireurs arabes*; la *Maison du poète tragique, à Pompéi*; *Maestro Palestrina*; les *Rachia ou Pâtres arabes*; *Lucrèce*; *Lesbie*; *Hercule aux pieds d'Omphale*; *Répétitions du « Joueur de flûte » et de « la Femme de Diomède », dans l'atrium de la maison pompéienne du prince Napoléon (1861)*; *Jules César à la tête de la 2e légion romaine*; un *Arabe*; *Kabyles*, la *Déroute (1863)*; la *Cella frigidaria*; *Cavaliers Sahariens*; *Djeïd et Rahia*; *Catherine Ire chez Mehemet Baltadji*; une *Marchande de couronnes à Pompéi (1866)*; la *Mamillare (1867)*; le *Conteur arabe* (El Hiasseub); la *Promenade sur la Voie des tombeaux, à Pompéi, (1869)*; les *Chaouches du Harem (1870)*; *En attendant le seigneur et maître (1872)*; la *Via Appia (1874)*; le *Gynécée (1875)*; un *Bain d'été à Pompéi*, *Comédiens romains répétant leurs rôles (1876)*; *Saint Sébastien et l'empereur Maximilien Hercule (1877)*; la *Source du Tibre (1883)*; la *Captive*, *Femme des Ouled Nahih (1884)*; *Porteur d'eau juif d'Alger*, la *Mère des Gracques (1885)*; un *Maquignon d'esclaves à Rome*, *Pieuse lecture (1886)*, etc. — M. Gustave Boulanger a obtenu une 2e médaille en 1857, le rappel en 1859 et 1863 et une autre 2e médaille en 1878; il a été décoré de la Légion d'honneur en 1865. Enfin il a été élu membre de l'Académie des Beaux-Arts en 1882.

BOULANGER, Henri Alexandre Ernest, compositeur français, fils de la cantatrice du même nom, morte en 1850, est né à Paris le 16 décembre 1815; entra au Conservatoire, où il fut élève de Lesueur et d'Halévy, et remporta le grand prix de Rome en 1835. — Il a donné au théâtre, depuis son retour de Rome: le *Diable à l'école (1842)*; les *Deux Bergères (1843)*; une *Voix (1845)*; la *Cachette (1847)*; les *Sabots de la Marquise (1854)*; l'*Eventail (1860)*, à l'Opéra-Comique; le *Docteur Magnus*, à l'Opéra (1864); *Don Quichotte*, au Théâtre-Lyrique (1869); *Don Mucarade*, 1 acte, aux Bouffes (1875), etc. On lui doit, en outre, une foule de morceaux, principalement de morceaux orphéoniques. — M. Boulanger est professeur de chant au Conservatoire. Il est chevalier de la Légion d'honneur depuis 1869.

BOURBAKI, Charles Denis Sauter, général français, d'origine grecque, né à Paris le 22 avril 1816. Sous-lieutenant de zouaves de 1836 à 1838, il passait à cette dernière date à la légion étrangère, avec l'épaulette de lieutenant; revenait aux zouaves, comme capitaine, en juin 1842; passait chef de bataillon aux tirailleurs algériens en 1846 et était nommé, en 1850, lieutenant-colonel dans un régiment de ligne. Passé peu après, avec le même grade, dans les zouaves, il était promu colonel en 1851, et faisait en cette qualité la première partie de la campagne de Crimée, où il servit avec la plus grande distinction, et fut promu général de brigade après la bataille de l'Alma, c'est-à-dire le 14 octobre 1854. Nommé général de division le 12 août 1857, il fit la campagne d'Italie, à l'issue de laquelle il fut nommé grand officier de la Légion d'honneur, comme il avait été nommé commandeur après celle de Crimée. Appelé, en mai 1869, au commandement du camp de Châlons, il était nommé, peu après, aide-de-camp de l'empereur. — Lorsque éclata la guerre avec la Prusse, le général Bourbaki reçut le commandement de la garde Impériale et fut placé sous les ordres de Bazaine. Après avoir pris part aux divers combats sous Metz, il dut, avec le reste de l'armée, s'enfermer dans cette place. Il put cependant en sortir, en apparence comme négociateur politique (25 septembre 1870), mais en réalité victime d'une odieuse mystification, et sous un déguisement qu'il croyait sûr, mais dont tout le monde était prévenu. Il se rendait en Angleterre, auprès de l'ex-impératrice qui, évidemment, ne l'attendait pas; et, de retour en France, malgré les conditions mises à son départ, ne pouvant rallier Metz, il allait offrir son épée à la Délégation du gouvernement de la Défense nationale, alors à Tours (14 octobre). Nommé, le 17, commandant supérieur de l'armée du Nord, il atteignait Amiens, à la suite d'engagements heureux et se disposait à marcher sur Paris, lorsque l'ennemi, s'emparant de nouveau d'Orléans, vint remettre tout en question. Appelé ensuite au commandement de l'armée de l'Est, après une série de succès remportés sur le général de Werder, le général Bourbaki, dont les communications allaient être coupées entièrement par l'armée du général Manteuffel, dut battre en retraite précipitamment, et dans les conditions les plus désastreuses, vers la Suisse. D'autre part, M. Jules Favre signait avec M. de Bismarck, le 28 janvier 1871, une convention portant capitulation de Paris et armistice général, *sauf* pour cette malheureuse armée de l'Est, laquelle non seulement était ainsi menacée d'écrasement, mais encore l'ignorait, M. J. Favre ayant, de son propre aveu, oublié de l'en faire prévenir, c'est-à-dire d'en informer la Délégation de Bordeaux. Fou de désespoir, l'infortuné général, en arrivant à Besançon, tentait de se faire sauter la cervelle. Après être resté pendant huit jours entre la vie et la mort, il finit toutefois par être hors de danger, quoiqu'il dût rester près de six mois avant d'être complètement rétabli. Au mois de juillet 1871, le général Bourbaki fut nommé, par M. Thiers, commandant de la 8e division du 6e corps, avec résidence à Lyon. Il a été remplacé dans ce commandement par le général Farre en 1879 et a été placé dans la 2e section du cadre de réserve. — Le 26 avril 1885, le général Bourbaki se présentait à une élection complémentaire pour le Sénat, qui avait lieu dans les Basses-Pyrénées; il échoua contre le candidat républicain, M. Plantié. Le général Bourbaki est grand'croix de la Légion d'honneur du 20 avril 1871.

BOURDAIS, Jules Désiré, architecte français, né à Brest le 6 avril 1835. Elève de l'Ecole centrale, il en sortit en 1859 avec le diplôme d'ingénieur, étudia l'architecture sous M. Moreau et fut nommé architecte, en 1860, de l'arrondissement de Brest et en 1866 du département de Tarn-et-Garonne. En 1874, il fut nommé architecte-conseil de la ville de Paris. M. Bourdais s'était déjà signalé, dans les postes qu'il avait occupés précédemment, par des travaux remarquables et assez nombreux, à Brest, la construction de l'hôtel de la préfecture de Montauban, du théâtre de Cannes, du palais de justice du Havre, etc., lorsqu'il présenta au concours ouvert pour la construction rapide d'un « palais des Fêtes », annexe de l'Exposition universelle de 1878, sur les hauteurs du Trocadéro, un projet conçu et tracé en collaboration avec M. Davioud, son collaborateur déjà au palais de justice du Havre. Ce projet fut approuvé, comme on sait, et c'est à MM. Bourdais et Davioud que nous devons le magnifique palais du Trocadéro. — M. Bourdais a obtenu une 2e médaille en 1874 et une 3e en 1878. Chevalier de la Légion d'honneur depuis 1871, il a été promu officier le 1er mai 1878.

BOURGANEL, Pierre, homme politique français, né à Pommiers (Loire) le 18 février 1850. Maire de sa commune depuis 1876 et du Conseil général de la Loire depuis 1877, grand propriétaire agriculteur, M. P. Bourganel a été élu député de la Loire le 4 octobre 1885, sur la liste républicaine. — Il a voté l'expulsion totale des princes.

BOURGEOIS, Paul, homme politique français, médecin, est né à la Verrie (Vendée) le 6 mai 1827, s'est établi médecin dans cette ville après avoir obtenu son diplôme de docteur en 1853, et en est devenu maire en 1864. Il est conseiller général de la Vendée depuis 1865. Elu représentant de la Vendée en février 1871, député de la 2e circonscription de la Roche-sur-Yon le 20 février 1876, le 14 octobre 1877 et le 21 août 1881, M. Paul Bourgeois siégea à droite et agit en conséquence. Il a été élu député de la Vendée, le 4 octobre 1885, sur la liste réactionnaire.

BOURGEOIS, Jean-Baptiste, homme politique français, né à Roubaix en 1831. Ayant pris à Dôle, en 1868, la direction d'une importante maison de commerce, il devint conseiller municipal de cette ville, président du tribunal de commerce, conseiller général du Jura et fonda la Société républicaine d'instruction de l'arrondissement de Dôle, pour résister à la politique de réaction des fauteurs du 16 mai et de leurs adhérents. — Après avoir obtenu aux élections de 1881 une importante minorité au premier tour, M. J.-B. Bourgeois se désista en faveur de son concurrent républicain mieux partagé pour le second tour. Il a été élu député du Jura au scrutin du 18 octobre 1885, sur la liste radicale. — M. J.-B. Bourgeois a voté l'expulsion totale des princes.

BOURGEOIS (baron), Charles Arthur, sculpteur français, né à Dijon le 19 mai 1838, élève de Duret et de M. Guillaume. Il remporta le grand prix de Rome en 1863, sujet: *Nisus et Euryale*, et débuta la même année au Salon. — On cite de cet artiste: le *Charmeur de serpents*, groupe, plâtre (1863); le même, bronze (1864); l'*Amour de cire*, bas-relief (1866); une *Laveuse arabe* et un *Acteur grec*, statues en bronze (1868); *Sainte Agathe*, statue en plâtre (1869); la *Pythie de Delphes*, statue en marbre (1870); un *Esclave*, statue en plâtre et *Saint Joachim*, statue en pierre pour Saint-Eustache (1873); la *Religion*, statue en pierre pour le fronton de l'église de la Sorbonne, et *Circé*, groupe en plâtre (1875); *Héro et Léandre*, groupe en marbre (1878); un *Chasseur de crocodiles*, statue en plâtre, pour le Muséum d'histoire naturelle (1883); *Enfant à la coquille*, marbre; *Méphistophélès chantant la ronde du veau d'or*, plâtre (1884); un buste en terre cuite: *Portrait de M. H... (1885)*; *Danseuse égyptienne*, statuette en bronze (1886); divers bustes, des médaillons, etc. — M. le baron Bourgeois a obtenu une médaille de 3e classe en 1863, une médaille en 1870, une médaille de 2e classe en 1873, une médaille de 3e classe en 1878; il a été décoré de la Légion d'honneur le 9 juillet 1886.

BOURILLON, Xavier, homme politique français, né à Mende le 8 novembre 1840. Industriel influent (fabricant de draps), M. Bourillon se présenta aux élections générales du 20 février 1876, comme candidat républicain, et fut élu député de l'arrondissement de Mende; mais il échoua le 14 octobre 1877 contre le candidat monarchiste. Aux élections du 4 octobre 1885, ce fut la liste monarchique qui triompha dans la Lozère; mais cette élection ayant été annulée par la Chambre, ce fut le contraire qui eut lieu au scrutin du 14 février 1876, et M. Bourillon fut élu avec ses amis. — Il s'est abstenu dans le vote sur l'expulsion des princes.

BOURLIER, Nicolas Charles, homme politique français, né à Langres le 5 avril 1830. Reçu docteur en médecine, il devint professeur à l'Ecole de médecine d'Alger et se rendit acquéreur de vastes terrains dans notre grande colonie. Nommé membre du Conseil supérieur du gouvernement en 1873, il est devenu en 1875 maire de la commune de Saint-Pierre et Saint-Paul et membre du Conseil général d'Alger, dont il a été président, ainsi que du Conseil supérieur. M. Bourlier a été élu député de l'Algérie le 4 octobre 1885. Il a pris place à gauche et a voté l'expulsion totale des princes.

M. Bourlier a exploré l'Algérie dans toute son étendue, et visité le Maroc d'une part, la Tunisie, la Tripolitaine, l'Egypte et même la Turquie d'Asie et la Perse d'autre part. On lui doit quelques ouvrages scientifiques et agronomiques. Il est officier de l'Université et chevalier de la *Légion* d'honneur.

BOURNEVILLE, Désiré Magloire, médecin et homme politique français, né à Garancières (Eure) le 20 octobre 1840, fit ses études médicales à Paris. Externe des hôpitaux attaché successivement à la Salpêtrière, aux Enfants malades, à la Pitié, il devint ensuite interne et fut reçu docteur en 1870; il servit pendant la guerre de 1870-71 comme chirurgien-major du 160e bataillon de la garde nationale de Paris et chirurgien aide-major de première classe à l'ambulance du Jardin des Plantes. En 1866, il avait obtenu une médaille d'argent en reconnaissance du dévouement qu'il avait montré pendant le choléra, à Amiens. M. le Dr Bourneville est secrétaire de la Société anatomique, membre correspondant de la Société de médecine du nord de la France, de la Société médico-chirurgicale de Liège, etc. — Il a été élu membre du Conseil municipal de Paris, pour le cinquième arrondissement (quartier Saint-Victor), aux élections complémentaires du 28 mai 1876. Le 21 janvier 1883, le Dr Bourneville fut élu député de Paris en remplacement de Louis Blanc, décédé, dans la 1re circonscription du Ve arrondissement, et prit place à la gauche radicale. Il a été élu député de la Seine au scrutin du 18 octobre 1885, et a voté l'expulsion totale des princes.

On doit à M. le Dr Bourneville : *De l'inégalité du poids entre les hémisphères cérébraux chez les épileptiques (1861); De la condition de la bouche chez les idiots (1864); Socrate était-il fou? (1864); G. V. Townley, ou du diagnostic de la folie au point de vue médico-légal*, avec M. Teinturier (1865); *Cours de M. Claude Bernard en 1865*, avec le même; le *Choléra à l'hôpital Cochin (1866); De l'emploi de la fève de Calabar dans le traitement du tetanos (1867); Leçons cliniques sur les maladies chirurgicales des enfants*, de M. J. Giraldès (1868); *De l'antagonisme de la fève de Calabar et de l'atropine (1870); Leçons de M. Charcot sur les maladies du système nerveux (1872); Etudes cliniques et thermométriques sur les maladies du système nerveux (1873)*, etc. Fondateur et rédacteur en chef du *Progrès médical*, il est également rédacteur en chef de l'intéressante *Revue photographique des hôpitaux de Paris*. Il a collaboré au *Réveil*, fondé en 1868 par Delescluze.

BOUSQUET, Alphonse Victor Jean, homme politique français, né à Saint-Hippolyte (Gard), le 20 avril 1830. Il est fils d'un ancien député de l'opposition sous la monarchie de Juillet, membre de la Constituante de 1848. Ancien bâtonnier des avocats de Nimes, M. Bousquet fut nommé sous-préfet d'Uzès après le 4 septembre 1870. Après avoir échoué dans le Gard, le 8 février 1871, avec plus de 43,000 voix, il fut élu député de la deuxième circonscription de Nimes, le 20 février 1876 et siégea à gauche. Il a été réélu, le 14 octobre 1877, contre le candidat légitimiste, ainsi que le 21 août 1881. Aux élections de 1885 il fut élu sur la liste républicaine, au scrutin du 18 octobre. — M. Bousquet siège à gauche et a voté l'expulsion totale des princes.

BOUSSENARD, Louis Henri, littérateur et voyageur français, né à Escrennes (Loiret) le 4 octobre 1847. Il étudia d'abord la médecine, fit la campagne 1870-71 en qualité d'aide-médecin auxiliaire, et fut blessé à la bataille de Champigny. Il abandonna alors pour la littérature les sciences, tout en conservant pour elles un goût très vif, et débuta au *Corsaire* par des chroniques scientifiques. Il publia ensuite une série de nouvelles à l'*Eclipse* et au supplément littéraire du *Figaro*, collabora successivement au *Peuple*, au *Petit-Parisien* et à la *Justice*, et fut attaché définitivement par M. Georges Decaux en 1879, à la rédaction du *Journal des voyages*, dont il fait encore aujourd'hui partie (juillet 1886).

D'un caractère aventureux, passionné pour la chasse et les exercices corporels, M. Boussenard aime à échapper au sédentarisme de l'homme de lettres par de lointaines et parfois périlleuses excursions. C'est ainsi qu'il obtint d'être envoyé en mission scientifique (1880-1881) dans la Guyane, par le ministre de l'Instruction publique. Il vécut de la vie sauvage avec les Peaux-Rouges et les nègres indépendants du Maroni, et rapporta une intéressante moisson de documents qui furent utilisés par le *Journal des voyages*. Deux ans après cette expédition à travers les forêts vierges équinoxiales, dont la direction du *Journal des voyages* fit généreusement les frais, il repartit pour le Maroc et recueillit encore de curieux matériaux pour ses publications futures. — M. Louis Boussenard a publié à part: *A travers l'Australie (1879*, in-18); le *Tour du monde d'un gamin de Paris (1880*, in-18); le *Tigre blanc (1882*, in-18); le *Secret de l'or (1882*, in-18); les *Mystères de la Forêt-Vierge (1882*, in-18); *Aventures d'un gamin de Paris en Océanie (1883*, in-18); le *Sultan de Bornéo (1883*, in-18); les *Pirates des champs d'or (1883*, in-18); *Aventures de trois Français au pays des diamants (1884*, in-18); le *Trésor des rois Cafres (1884*, in-18); les *Drames de l'Afrique australe (1884*, in-18); *De Paris au Brésil par terre (1885*, in-18); *Aventures d'un héritier à travers le monde (1885*, in-18); *2,000 lieues à travers l'Amérique du Sud (1885*, in-18); *Aventures d'un gamin de Paris au pays des lions (1886*, in-18); *Aventures d'un gamin de Paris au pays des tigres (1886*, in-18); *Aventures d'un gamin de Paris au pays des bisons (1886*, in-18); la *Chasse mise à la portée de tous (1886*, in-18), etc.

BOUSSINGAULT, Jean-Baptiste Dieudonné, chimiste français, né à Paris le 2 février 1802. Elève de l'Ecole des mineurs de Saint-Etienne, il fut chargé dès sa sortie, par une compagnie anglaise, de se rendre dans l'Amérique du Sud, pour y retrouver et rouvrir à l'exploitation des mines comblées depuis longtemps. Mais le soulèvement général des colonies espagnoles ne lui permit pas d'accomplir sa mission et, n'ayant rien de mieux à faire dans les circonstances, il s'attacha à l'état-major de Bolivar, et explora avec lui, surtout en savant, toute la contrée en révolte. De retour en France, M. Boussingault fut appelé à la chaire de chimie de la faculté des sciences de Lyon. Elu membre de l'Académie des sciences en 1839, il vint à Paris et fut nommé professeur d'agriculture au Conservatoire des arts et métiers, chaire qu'il a échangée contre celle de chimie agricole et d'analyse chimique. M. Boussingault a fait faire de grands progrès à la chimie appliquée à l'agriculture, particulièrement quant aux propriétés des aliments à donner aux animaux herbivores et à la détermination du dosage de l'azote dans les engrais, objets sur lesquels il a fourni de précieuses indications, soit dans ses cours, soit dans les nombreux mémoires qu'il a publiés dans les *Comptes rendus de l'Académie des sciences*, les *Annales de physique et de chimie*, etc. — On a de lui: *Economie rurale, considérée dans ses rapports avec la chimie, la physique et la météorologie* (2 vol. in-8°, 1844); *Mémoires de chimie agricole et de physiologie (1854*, in-8°), extraits des publications périodiques précitées; la *Fosse à fumier, leçons professées au Conservatoire des arts et métiers* (in-8°, fig. et gr. pl. gravée, 1858); *Agronomie, chimie agricole et physiologie (1860-74*, 5 vol. in-8°); *Etudes sur la transformation du fer en acier (1875*, in-8°), etc. — Il a été membre des jurys internationaux des expositions universelles de 1855, 1862, 1867 et de l'exposition de Vienne de 1873, et nommé, par décret en date du 11 août 1876, membre de la Commission spéciale chargée d'étudier les questions relatives à l'organisation de l'Institut agronomique. Il est membre de la Société nationale d'agriculture de France.

En 1848, M. Boussingault fut élu membre de l'Assemblée constituante comme représentant du département du Bas-Rhin, dans lequel il était alors copropriétaire d'une usine, et siégea à la gauche modérée. Elu ensuite, par l'Assemblée, membre du Conseil d'Etat, il y resta jusqu'au 2 décembre. M. Boussingault ne fit point d'autre apparition sur la scène politique, pour laquelle il n'avait d'ailleurs aucun goût. — Il a été promu grand officier de la Légion d'honneur le 23 août 1876.

BOUTEILLE, J.-B. Michel Auguste Oswald, avocat et homme politique français, né le 13 novembre 1825. Ancien maire de Manosque sous l'empire, révoqué seulement après le 24 mai 1873, M. Bouteille se présenta aux élections sénatoriales du 30 janvier 1876, comme candidat républicain; il échoua, mais il fut élu député de Forcalquier, au ballottage du 5 mars suivant, et prit place à gauche. Réélu le 14 octobre 1877, ainsi que le 21 août 1881, M. Bouteille se présenta avec M. Soustre, comme lui député républicain des Basses-Alpes, au deuxième renouvellement triennal du Sénat (25 janvier 1885); et ces deux candidats gagnèrent à la République ces deux sièges sénatoriaux, occupés jusque-là par des monarchistes. — M. Bouteille a voté l'expulsion des princes.

BOUVATTIER, Jules, homme politique français, né à Avranches en 1843, fit son droit à Paris et s'inscrivit au barreau de sa ville natale en 1867. Nommé sous-préfet en 1873, il donnait sa démission en 1877, reprenait sa place au barreau d'Avranches et était élu bâtonnier peu après. Vice-président de la Société d'agriculture de l'arrondissement d'Avranches, M. Bouvattier, porté sur la liste réactionnaire, fut élu député de la Manche le 4 octobre 1885 et prit place à droite.

BOUVIER, Alexis, romancier français, né à Paris le 15 janvier 1836. Ouvrier ciseleur en bronze, il occupait ses loisirs à la composition de chansons qu'il produisait dans des réunions de jeunes gens, employés et ouvriers, dont chaque membre était tenu d'apporter ainsi son tribut de vers inédits, bons ou mauvais. Les siens, qui n'étaient pas mauvais, obtinrent dans ces réunions modestes un succès de bon aloi, et bientôt ses chansons furent recherchées par les directeurs de cafés-concerts. On se rappelle encore, après vingt ans, le succès prolongé de la *Canaille*, chantée par Mme Bordas au café Parisien, en 1870, qui mit définitivement en lumière le nom de M. Bouvier. Il collaborait en même temps à des vaudevilles et à des opérettes jouées sur des scènes secondaires, et bientôt sa part de collaboration devint la plus importante. Mais ces divers travaux ne réussirent qu'à lui assurer l'indépendance, et vers 1864, il se voua exclusivement à la littérature et aborda le roman. M. Alexis Bouvier a donné de nombreux feuilletons aux journaux, et parmi les romans qu'il a fait paraître en librairie, on cite: les *Pauvres (1870)*; les *Soldats du désespoir (1871); Auguste Manette (1872)*; les *Drames de la forêt (1873)*; le *Mariage d'un forçat (1874)*; la *Femme du Mort*, la *Grande Iza*, la *Belle grêlée*, le *Mouchard*, les *Créanciers de l'échafaud*, *Mlle Olympe*, *Mlle Beau-Sourire*, *Iza*, *Lolotte et Cie*, le *Fils d'Antony*, la *Bouginotte*, la *Petite Duchesse*, la *Sang-Brûlé*, *Veuve et Vierge (1874-84); Lolo (1886)*, etc. — M. Bouvier a donné aussi au théâtre quelques drames, la plupart fournis par ses romans. Nous citerons: *Auguste Manette*, 5 actes, avec M. Léon Beauvallet (1872); le *Mariage d'un forçat*, 5 actes, avec M. Elie Brault (1878); la *Grande Iza*, 5 actes et la *Dame au domino rose*, 5 actes, le premier avec M. Busnach (1882); la *Sang-Brûlé*, 5 actes, avec M. Livet (1885), etc.

BOVIER-LAPIERRE, Pierre Marie Auguste, homme politique français, né à Grenoble le 27 mars 1837. Avocat à Grenoble, Conseiller général de l'Isère, après avoir échoué à une élection partielle qui eut lieu dans la 1re circonscription de La Tour-du-Pin le 10 décembre 1881, M. Bovier-Lapierre fut élu député de la 2e circonscription de Grenoble le 21 août 1881, et siégea dans les rangs de la gauche radicale. Il a été élu député de l'Isère le 4 octobre 1885, et a voté l'expulsion totale des princes.

BOWMAN, William, chirurgien de l'Hôpital royal ophtalmologique de Londres, précédemment chirurgien de l'hôpital du Collège du roi et professeur de physiologie générale et d'anatomie pathologique à ce même collège, est né à Nantwich le 20 juillet 1816, a fait son éducation au Collège du roi, dont il devait être professeur, et a exercé ensuite la pratique de la chirurgie dans le quartier du West End, de Londres, avec beaucoup de succès. En 1842, il obtint la médaille royale de physiologie, de la Société royale dont il devint membre. M. W. Bowman est, en outre, membre correspondant de la Société philomatique, de la Société de chirurgie et de la Société de biologie de Paris; de l'Académie royale des sciences de Turin, de l'Académie royale de médecine de Suède, de la Société royale médicale d'Edimbourg, de la Société philosophique de Cambridge, des Sociétés médicales de Genève, Dresde, Athènes et Pesth, etc. Président de la Société ophtalmologique du Royaume-Uni, membre du Conseil du Collège du roi de Londres, etc., il a été nommé secrétaire honoraire de l'Institution royale de la Grande-Bretagne en 1882. — On a de M. W. Bowman, qui est un des plus savants et des plus habiles ophtalmistes de l'Europe: *Lectures sur les parties intéressées dans les opérations de l'œil; Observations sur les pupilles artificielles; Anatomie physiologique et Physiologie de l'homme*, ce dernier ouvrage écrit en collaboration avec le docteur Todd. Il a aussi collaboré aux *Philosophical Transactions*, à la *Cyclopædia of Anatomy*, etc.

BOYER, Antide, homme politique français, né à Aubagne le 26 octobre 1850. Il débuta dans la vie, et dès l'âge le plus tendre, comme apprenti tuilier et potier de terre; puis il entra au petit séminaire de Marseille, au sortir duquel il fut successivement papetier, homme d'équipe au chemin de fer, etc., et en dernier lieu comptable. M. Antide Boyer, qui a collaboré à plusieurs journaux avancés de la région et fondé le *Travailleur* de Marseille, dont il est le rédacteur en chef, soutint, en 1869, la candidature de Gambetta dans cette ville: ce fut sa première manifestation politique. A dater de ce moment, il fit partie des diverses sociétés politiques de Marseille, écrivit dans les feuilles radicales et socialistes et prit une grande part au Congrès ouvrier. Elu membre du Conseil municipal de Marseille, comme candidat socialiste, en mai 1884, M. A. Boyer a été élu député des Bouches-du-Rhône au scrutin du 18 octobre 1885, et a pris place à l'extrême gauche. — Il a voté contre le projet d'expulsion des princes.

BOYSSET, Charles, homme politique français, né en 1817, à Chalon-sur-Saône, où il commença ses études, fit son droit à Paris et se fit inscrire au barreau de cette ville. Il était très engagé dans le parti républicain lorsque éclata la révolution de 1848 et fut, en conséquence, nommé procureur de la république, après février, à Chalon-sur-Saône; puis révoqué, lorsque la politique de réaction prévalut. Elu représentant de Saône-et-Loire à l'Assemblée législative, il y siégea sur les bancs de la gauche, se signala par une ardente opposition à la politique napoléonienne et fut arrêté après le coup d'Etat et expulsé de France. Après avoir résidé successivement en Italie et en Espagne, il rentra en France seulement en 1867, et commença dès lors une vive opposition au gouvernement, en même temps qu'une active propagande démocratique, et publia, en 1868, le *Cathéchisme philosophique du Dix-neuvième siècle*, qui fit alors quelque bruit. Aux élections générales des 23-24 mai 1869, il se porta à Chalon comme candidat de l'opposition radicale, mais il échoua. L'année suivante, il combattait ardemment les fauteurs du plébiscite et protestait avec indignation contre la guerre. Après le 4 septembre, M. Boysset fut nommé maire de Chalon-sur-Saône, puis commissaire de la République chargé d'organiser la défense dans ce département et celui de la Côte-d'Or. Il réussit assez dans cette importante mission pour arrêter l'ennemi, vainqueur à Dijon, le 29 octobre, dans sa marche sur Lyon, avec l'armée qu'il avait su organiser. — Aux élections complémentaires du 2 juillet 1871, M. Ch. Boysset fut élu représentant de Saône-et-Loire à l'Assemblée nationale, où il prit place à l'extrême gauche, et lors du renouvellement des conseils généraux, le 8 octobre suivant, il fut élu conseiller général de ce département, et est devenu président du conseil. Il a été élu député dans la première circonscription de Chalon le 20 février 1876, et réélu le 14 octobre 1877 et le 21 août 1881. Elu député de Saône-et-Loire, sur la liste radicale, le 4 octobre 1885, M. Ch. Boysset a repris sa place à l'extrême gauche. Il s'est abstenu sur la question de l'expulsion des princes. — C'est à M. Boysset qu'est due la première proposition de suppression du budget des cultes. — Collaborateur de Proudhon au journal le *Peuple*, en 1850, M. Charles Boysset a collaboré depuis à la *Revue de Paris*, au *Temps*, à la *Revue positiviste*, etc. On lui doit en outre diverses brochures d'actualité politique, entre autres la *Liberté du suffrage (1875)*. — Une 2e édition de son *Cathéchisme philosophique* a paru en 1870.

BOZÉRIAN, Jules François Jeannotte, homme politique français, sénateur, né à Paris le 28 octobre 1825, fit ses études au lycée Louis-le-Grand, commença son droit, qu'il interrompit pour se livrer à la littérature, et écrivit surtout, pendant cette période, des ouvrages moraux à destination de la jeunesse; mais il reprit bientôt ses études de droit et se fit admettre au barreau de Paris en 1851. Dès l'année suivante, il se faisait remarquer en plaidant pour l'un des accusés du complot de l'Opéra-Comique. Sa réputation grandit rapidement dans les années qui suivirent, et il devint en 1860 avocat au Conseil d'Etat et à la Cour de cassation, poste dans lequel il eut à soutenir les pourvois de plusieurs célébrités du crime et la demande en révision, si souvent présentée en vain, du procès du malheureux Lesurques. Elu membre du Conseil général du département de Loir-et-Cher en 1861, M. J. Bozérian y a été réélu le 8 octobre 1871, et

en est devenu le président. Aux élections du 8 février 1871, il avait été réélu représentant du Loir-et-Cher à l'Assemblée nationale ; il vint siéger sur les bancs de la gauche républicaine. Pendant la durée de cette première législature de la République, M. Bozérian prit l'initiative de diverses propositions libérales importantes et vota constamment avec la gauche. Il a été élu le 30 janvier 1876, sénateur du Loir-et-Cher, et fait partie de la gauche républicaine du Sénat. Son mandat lui a été renouvelé aux élections sénatoriales du 5 janvier 1879. Il a voté l'expulsion des princes. — Outre ses ouvrages destinés à l'enfance, M. Bozérian a publié : la *Bourse, ses opérateurs et ses opérations*, etc. (2 vol. 1858); *Etude sur la revision (1884)*. Il a collaboré en outre à divers recueils de jurisprudence, au *Bulletin* de la Société archéologique du Vendômois, etc. Président, depuis 1862, de l'« Alliance chrétienne » pour la réunion des diverses communions, il a prononcé devant cette assemblée des discours fort remarquables, mais qui n'ont pas été publiés, que nous sachions. On cite tout particulièrement son *Parallèle entre Channing et Fénelon*. — Il a été décoré de la Légion d'honneur en 1878.

BRABOURNE (lord), EDWARD KNATCHBULL-HUGESSEN, homme politique et littérateur anglais, né à Mersham Hatch, dans le Kent, le 29 avril 1829, fit ses études à Eton et au collège de la Madeleine à Oxford. Il est entré à la Chambre des communes en 1857, comme représentant de Sandwich, qui l'a constamment réélu depuis. M. Knatchbull-Hugessen, qui appartient au parti libéral, a été lord de la Trésorerie de 1859 à mai 1866, sous-secrétaire d'Etat au département de l'intérieur de décembre 1868 à janvier 1871 et au département des Colonies, de cette dernière date à février 1874, date de la chute du ministère Gladstone. Il fut président de la commission du Trésor chargée, en 1866, d'une enquête sur la situation des constables d'Irlande, et qui conclut à une augmentation de leur paye et à d'autres améliorations. Il est entré au Conseil privé le 24 mars 1873, et a été élevé à la pairie en mai 1880, avec le titre de lord BRABOURNE, de Brabourne dans le comté de Kent. Lord Brabourne est magistrat et député-lieutenant de ce comté. — Il a publié : *Contes pour mes enfants (1869); Pétards de Noël (1870); Clair de lune (1871); Contes pour l'heure du thé (1872); Gens bizarres (1873); Murmures du pays des fées (1874); Légendes des fleuves, ou la Tamise et le Rhin* (River Legends, or River Thames and Father Rhine (1875); *Higgledy, Piggledy, contes pour tous et pour les enfants de tous (1876); Contes de l'oncle Joseph (1878)*; les *Aventures de Ferdinand (1883)*, etc.

BRACKENBURY, HENRY, officier et écrivain anglais, né à Bolingbroke, comté de Lincoln, le 1er septembre 1837 ; fit ses études à Eton, puis à l'Académie militaire de Woolwich. Sorti officier d'artillerie en avril 1856, il fit la campagne de la rébellion indienne, en 1857-1858; puis fut attaché à l'état-major de Woolwich, d'abord comme simple officier, puis comme instructeur d'artillerie, et enfin comme professeur d'histoire militaire. M. Brackenbury a servi, pendant la guerre franco-allemande, en qualité de délégué principal de la Société britannique de secours aux malades et aux blessés des armées (il était alors capitaine), et a reçu à cette occasion la croix d'officier de la Légion d'honneur, la croix de Fer de Prusse et la croix de chevalier de l'ordre de Saint-Michel de Bavière, première classe. Nommé ensuite secrétaire militaire du général Wolseley, il servit avec ce général pendant toute la campagne contre les Ashantis (1873-74), puis comme adjudant-général adjoint dans l'expédition de Chypre (1878). En 1879, il accompagna de nouveau le général Wolseley dans l'Afrique du Sud, d'abord comme secrétaire, puis comme chef d'état-major. Nommé secrétaire privé du vice-roi des Indes, lord Lytton, en 1879, il revint en Angleterre avec son chef démissionnaire, et fut attaché militaire à l'ambassade de Paris, de janvier 1881 à mai 1882. Il fut alors nommé sous-secrétaire adjoint pour l'Irlande, fonctions qu'il résigna en juillet suivant.

Le colonel Brackenbury a collaboré, par des articles sur des sujets militaires ou d'archéologie, aux *Proceedings of the Royal artillery Institution*, ainsi qu'à divers autres recueils périodiques, il a publié à part : *Fanti and Ashanti (1873); Narrative of the Ashanti war (1874)*, et diverses brochures sur des questions militaires.

BRADDON, miss MARY ELIZABETH, femme de lettres anglaise, née à Londres en 1837. Miss Braddon est fille d'un avoué (solicitor) sportsman, qui fut collaborateur de l'ancien *Sporting Magazine*. Elle commença de très bonne heure à écrire pour les recueils littéraires périodiques de la province, notamment des vers et de petites satires politiques. En 1860, elle fit représenter sur le théâtre royal du Strand une comédie : *Loves of Arcadia* (les Amours d'Arcadie), et publia, en 1861, un volume de poésies : *Garibaldi, and other poems*. Mais elle doit sa notoriété, au moins européenne aujourd'hui, à ses romans, qui presque tous traduits en français, conçus d'ailleurs d'après ce système d'intrigues compliquées aboutissant aux situations dramatiques les plus féroces, si goûté du lecteur français, ont eu chez nous une très grande vogue. Les principaux romans de miss Braddon sont : *Lady Lisle*, le *Capitaine* du Vautour, la *Trace du serpent, Ralph l'intendant*, le *Secret de lady Audley, Aurora Floyd*, le *Triomphe d'Eléonore*, le *Testament de John Marchmont, Henry Dunbar*, la *Femme du docteur*, le *Locataire de sir Gaspard*; le *Mille de madame*, etc. La plupart de ces ouvrages ont paru d'abord dans divers magazines celui de *Saint James*, celui de *Temple Bar*, etc. Miss Braddon, qui est directrice du magazine de *Belgravia*, a publié dans ce dernier, outre des nouvelles, des esquisses, etc. : les *Oiseaux de proie*, l'*Héritage de Charlotte*, un *Fruit de la Mer Morte*, l'*Enquête de Fenton*, réunis depuis en volumes. Parmi ses ouvrages les plus récents, nous citerons : la *Triste fin (1872); Lucius Davoring, Etrangers et Pèlerins (1873); Griselda*, drame en quatre actes représenté au Princess's Theatre en novembre 1873; *Perdu pour l'amour, Surpris par la marée (1874)*; les *Gages de la Fortune (1875)*; les *Souliers du mort*, la *Fille de Josuah Haggard (1876)*; un *Verdict public (1878)*; le *Pied fourchu* et *Wixen (1879)*; l'*Histoire de Barbara (1880); Asphodèle (1881); Mont-Royal (1882)*, etc. Miss Braddon a publié, en outre, un grand nombre d'ouvrages anonymes, et n'a pas cessé de collaborer à la presse périodique.

BRADFORD, WILLIAM, peintre américain, né à New Bedford (Massachusetts) vers 1830. Ayant reçu une éducation spécialement commerciale, il entra d'abord dans les affaires, mais sans succès, et les abandonna bientôt, pour se livrer à la peinture de sujets maritimes, qu'il alla chercher jusqu'au Groënland, sans toutefois négliger les côtes d'Amérique. Parmi ses toiles les plus remarquables, nous citerons : la *Côte du Labrador*; l'*Ile du grand Manan; Navires de pêche appareillant* (Fishing boats getting under way); *Bateaux pêcheurs à l'ancre*; un *Naufrage au large de Nantucket*; un *Coup de vent dans la baie de Fundy* (Sudden squall in the bay of Fundy); une *Brise carabinée dans le havre d'Eastfort*. M. W. Bradford réside à New-York où il a, depuis longtemps, installé son atelier. Aucune de ses toiles, que nous sachions, n'est venue en France, pas même à l'Exposition universelle de 1878.

BRACQUEMOND, JOSEPH FÉLIX, peintre et graveur français, né à Paris le 22 mai 1833, élève de J. Guichard. Depuis le Salon de 1852, où il a débuté, M. Bracquemond n'a guère manqué d'envoyer au Salon chaque année quelque ouvrage : dessin, pastel, peinture, eau-forte, toujours très remarqué. On cite de cet artiste : *Portrait de l'auteur*, au crayon noir (1852); le même, gravé à l'eau-forte (1855); *Margot la critique*; « *Ils allaient dodelinant de la tête...* », et d'autres compositions pour une édition de Rabelais, dont quelques-unes sont restées populaires; de nombreux portraits : ceux de *Beaudelaire*, de *Delacroix*, de *Chenavard*, de *Manet*, des frères de *Goncourt* notamment; de nombreuses illustrations d'ouvrages de bibliophiles ou d'ouvrages de luxe; des reproductions de tableaux anciens et modernes; le portrait de *M. Auguste Vacquerie*, toile (1867); *Don Juan et le pauvre*, ibid. (1869), etc. Ses derniers ouvrages exposés sont des gravures : *David*, d'après M. G. Moreau; la *Leçon de tricot*, d'après Millet (1884); la *Rixe*, d'après Meissonnier (1886). M. Bracquemond a obtenu, comme peintre, une médaille en 1866, et comme graveur, une médaille en 1868, une 2e médaille en 1872, une 1re en 1881 et la médaille d'honneur en 1884. Il a été décoré de la Légion d'honneur en 1882.

M. Bracquemond avait été attaché aux ateliers de la manufacture de porcelaine de Sèvres, mais il quitta cette position pour la direction des travaux d'une grande maison de céramique particulière. Il est inventeur d'un nouveau procédé de décoration de la faïence. Il a publié en 1885 : *Du dessin et de la couleur*. — M. Bracquemond est membre de la Commission consultative des Beaux-arts.

BRAME, GEORGES JULES LOUIS, homme politique français, né à Paris le 16 août 1839, est fils de feu M. Jules Brame, ancien ministre de l'empire, mort à Paris le 1er février 1878. M. G. Brame fit son droit à Paris et fut nommé, au concours, auditeur au Conseil d'Etat en 1866. Lors du passage de son père aux affaires (1870), il fut son chef de cabinet. Capitaine des mobiles du Nord pendant la guerre de 1870-71, il a été décoré de la Légion d'honneur pour sa belle conduite durant cette désastreuse campagne. M. Georges Brame fut élu député de la 5e circonscription de Lille le 20 février 1876, comme candidat bonapartiste; réélu le 14 octobre 1877 et le 21 août 1881, il a été élu député du Nord, avec la liste monarchique, le 4 octobre 1885.

BRAND, HENRY BOUVERIE WILLIAM, homme politique anglais, ancien président de la Chambre des communes, né en 1814. Il est le second fils du vingtième baron Dacre et frère et héritier du baron Dacre actuel. Il a épousé, en 1838, la fille du général Ellice. Il fut secrétaire privé de sir Georges Grey, garde du sceau, en février 1855; lord de la trésorerie d'avril 1855 à mars 1858 et secrétaire parlementaire au Trésor de juin 1859 à juillet 1866. Attaché aux idées libérales, M. Brand fut élu membre de la Chambre des communes en juillet 1852 par le collège de Lews, qu'il représentait encore au moment de la dissolution, en 1868. A cette époque, il se fit réélire par le comté de Cambridge, qu'il représente encore aujourd'hui. M. Brand a été élu, en février 1872, sans opposition, président *(speaker)* de la Chambre des communes, en remplacement de M. Denison, depuis vicomte Ossington, et a été maintenu dans ces fonctions jusqu'en février 1884. — Il a été élevé à la dignité de grand-croix de l'ordre du Bain, après la session de 1881.

BRATIANO, JEAN, homme d'Etat roumain, né à Bucarest en 1822, servit quelque temps dans l'armée, où il entra dès 1838, vint à Paris en 1841, dans le but d'y compléter ses études et y suivit simultanément les cours du Collège de France et de l'Ecole polytechnique. En 1848, après l'explosion de février, à laquelle il prit part en combattant sur les barricades, M. J. Bratiano partit pour Bucarest, où il fit, dès son arrivée, partie du comité révolutionnaire et devint secrétaire du gouvernement provisoire, puis ministre de la police sous la lieutenance princière. Les aspirations du parti dont M. J. Bratiano était l'un des chefs étaient de faire de la Roumanie un Etat démocratique indépendant. Proscrit après la chute de la lieutenance et l'entrée des Russes en Roumanie (septembre 1848), il se réfugia en France. Il fut poursuivi, en 1853, devant la cour d'assises de la Seine, pour détention de presse clandestine, et acquitté; mais l'affaire ayant été évoquée de nouveau et sous une forme différente, devant le Tribunal correctionnel, il fut condamné à trois mois de prison et 3,000 francs d'amende. En 1857, M. J. Bratiano put retourner en Valachie avec son frère aîné, M. Démètre Bratiano, et fut élu, presque dès son arrivée, député au divan ad hoc. Il fit partie de plusieurs ministères, le plus souvent avec le portefeuille des finances. C'est encore ce portefeuille qu'il a choisi en prenant possession de la présidence du Conseil des ministres, au mois d'août 1876, mais il l'échangea contre celui de l'intérieur au commencement de 1877. A ce moment, la Roumanie ne pouvant, malgré qu'elle en eût, entreprendre une guerre contre la Turquie, que M. Bratiano avait mis tous ses efforts à préparer, une alliance fut conclue avec la Russie, qui déclara elle-même la guerre. La Roumanie laissa traverser son territoire par l'armée russe, et de plus, le prince Charles, à la tête de son armée, vint se mettre sous les ordres du généralissime moscovite et prit une part effective importante aux opérations de la campagne qui devait assurer l'indépendance du pays. La guerre terminée, la Russie traita son allié beaucoup plus mal que celui-ci ne s'y attendait; et malgré les efforts de M. Bratiano qui, après avoir procédé par voie diplomatique régulière, se transporta de sa personne à Berlin et à Vienne, la Roumanie dut abandonner à son trop puissant allié, le territoire excellent et trop accessible de la Bessarabie en échange des marécages impraticables de la Dobroustcha. Le Congrès de Berlin, auquel M. Bratiano ne fut admis qu'avec voix consultative seulement, arrangea ainsi les choses, et M. Bratiano dut se charger de les faire accepter telles quelles par le Congrès roumain, en appuyant sur ce fait, d'une importance politique considérable, qu'en traitant directement avec la Roumanie, le Congrès reconnaissait virtuellement son entière indépendance. La Russie, toutefois, tenait ainsi la principauté sous sa domination directe; mais en restant le fidèle allié du czar, et il ne pouvait faire autrement désormais, le prince Charles s'assurait bien des avantages qu'il n'eût pu espérer dans une situation plus indépendante, mais moins sûre. C'est ainsi, par exemple, qu'en mars 1881, il troquait sa couronne princière contre une couronne royale. Il passe pour avoir une grande influence à la cour moscovite et vivre dans des termes d'amitié avec Alexandre III. M. J. Bratiano est encore actuellement (juillet 1886), après quelques intermittences, président du conseil des ministres du royaume de Roumanie, avec le portefeuille de l'intérieur.

Pendant son séjour à Paris, M. Bratiano avait collaboré à divers journaux démocratiques et publié plusieurs mémoires ayant trait à l'histoire et aux revendications des « Principautés danubiennes » réunies aujourd'hui, conformément à ses vœux, sous le nom de royaume de Roumanie.

BRÉAL, MICHEL JULES ALFRED, philologue français, né à Landau (Bavière) le 26 mars 1832, fit ses études à Wissembourg, à Metz, puis à Paris, au lycée Louis-le-Grand, fut admis à l'Ecole normale en 1852, en sortit en 1855 et se fit recevoir agrégé. Nommé professeur au lycée de Strasbourg, puis rappelé à Paris pour remplir les mêmes fonctions au lycée Louis-le-Grand, il partit pour l'Allemagne en 1857, et alla compléter ses études philologiques à l'université de Berlin. Après son retour, il entra comme employé à la Bibliothèque nationale, au département des manuscrits (1860). Au concours ouvert en 1862, par l'Académie des inscriptions et belles-lettres, sur l'*Etude des origines de la religion zoroastrienne*, M. Bréal remporta le prix. Il fut en 1864, après la mort de Hase, chargé du cours de grammaire comparée, professé par celui-ci à la Sorbonne, et qui venait d'être transféré au Collège de France, et en fut nommé titulaire en 1866. Il est en outre l'un des directeurs de l'Ecole pratique des hautes études, secrétaire de la Société de linguistique de Paris, membre de la section permanente du Conseil supérieur de l'instruction publique et membre de l'Académie des inscriptions et belles-lettres (décembre 1875). Chevalier de la Légion d'honneur depuis 1869, il a été promu officier le 18 janvier 1881. — On a de lui : *Hercule et Cacus, étude de mythologie comparée; Des noms perses chez les écrivains grecs*, et le *Mythe d'Œdipe (1863)*; la traduction de la *Grammaire comparée des langues indo-européennes*, de Bopp, l'un de ses maîtres à l'université de Berlin (1867-70, 3 vol.) : *Quelques mots sur l'Instruction publique en France (1872); Dictionnaire étymologique de la langue latine; Excursions pédagogiques (1882)*, etc.; outre divers opuscules et des mémoires insérés dans les recueils des sociétés savantes et autres publications spéciales. M. Michel Bréal est directeur de la *Revue critique d'histoire et de littérature*.

BRELAY, PIERRE EUGÈNE EMILE, homme politique français, négociant à Paris, est né à Puyraveau (Char.-Inf.) le 7 décembre 1817. Combattant de février 1848, il devint commandant d'artillerie de la garde nationale après le triomphe de la Révolution. Il échoua aux élections pour la Constituante. Ayant protesté contre le coup d'Etat de décembre 1851, M. Brelay se tint dès lors éloigné de la politique. Elu premier adjoint au maire du deuxième arrondissement de Paris, en novembre 1870, il prit part, en mars 1871, aux inutiles tentatives de conciliation entreprises par les représentants et les maires de Paris. Il avait échoué aux élections générales du 8 février précédent, mais le 2 juillet il était élu représentant de la Seine. M. E. Brelay a été élu député du deuxième arrondissement de Paris le 20 février 1876, et réélu le 14 octobre 1877 et le 21 août 1881. Aux élections générales de 1885, il fut élu au scrutin de ballottage du 18 octobre, député de la Seine. M. E. Brelay a siégé invariablement à l'extrême gauche. — Il a voté l'expulsion totale des princes.

BRÉMOND, FÉLIX, médecin et littérateur français, né à Flayosc (Var) en 1843. Il étudia la médecine et fut successivement attaché comme interne à l'hôpital Saint-Pierre de Marseille, à l'hospice de Charenton et à l'hôpital militaire de Toulon; puis il se fit recevoir docteur à Montpellier en 1867, et alla s'établir à Draguignan, où il fonda peu après l'*Avenir du Var*, journal d'opposition

démocratique. Il avait déjà, étant étudiant, collaboré à divers journaux, tant de Paris que de la province, il reprit cette collaboration après la disparition de l'*Avenir*, tombé sous les procès. Il était membre de la Société agricole et scientifique du Var et de la Société médicale de Montpellier lorsque, après le 4 septembre 1870, il fut nommé sous-préfet de Blaye; mais il ne conserva ce poste que quelques mois et reprit l'exercice de son art. Revenu à Paris après la Commune, le Dr Brémond collabora à l'*Evénement*, au *Nouveau Journal*, au *Médecin*, à la *Jeune mère* etc.; il fonda en 1876 la *Revue de littérature médicale*, qu'il transformait l'année suivante en un journal hebdomadaire intitulé l'*Hygiène pour tous*, et devint en outre rédacteur en chef de la *Médecine populaire* en 1882. — Il a publié à part: *Préservatifs du choléra (1865); Etude sur les hallucinations (1867); Considérations sur la blennorrhagie urétrale (1868); Rabelais médecin (1879); Hygiène usuelle (1884).* — M. le Dr Félix Brémond est membre de la Commission des logements insalubres de la Ville de Paris. Il est officier de l'instruction publique.

BRÉMOND D'ARS (marquis de), Guillaume, général et homme politique français, né à Saintes le 19 mars 1810. Sorti de Saint-Cyr en 1830, comme sous-lieutenant de cavalerie, il était colonel du 2e régiment de chasseurs d'Afrique depuis 1855, lorsqu'il fut nommé général de brigade le 13 août 1873. Après le 4 septembre, M. de Brémond d'Ars fut promu divisionnaire et appelé au commandement de la 1re division du 17e corps, à l'armée de la Loire. En 1874, il était nommé inspecteur général de cavalerie, d'où il passa dans le cadre de réserve. — Après avoir échoué aux élections sénatoriales du 30 janvier 1876, comme candidat monarchique, dans la Charente, M. le marquis de Brémond d'Ars y était élu le 16 février 1879, en remplacement de M. André, décédé; il a été réélu au renouvellement triennal du 25 février 1885, avec le maréchal Canrobert, à une assez faible majorité. — Le général de Brémond d'Ars est grand officier de la Légion d'honneur du 5 mai 1871.

BRESSON, Edouard Victor Stanislas, industriel (filateur) et homme politique français, né à Darney (Vosges) le 27 juin 1826. Maire de Monthureux depuis de longues années, il fut révoqué après le 24 mai 1873. Le 20 février 1876, il était élu député de Mirecourt contre M. Buffet, ministre de l'intérieur, député de la circonscription ou du département de 1848 à 1851, et de 1863 à 1876, trois fois ministre; il siégea au centre gauche. — M. Bresson a été réélu le 14 octobre 1877 et le 21 août 1881. Le 4 octobre 1885, il était député des Vosges sur la liste dite républicaine progressiste. Il siège à gauche et a voté contre l'expulsion des princes.

BRET-HARTE. — Voy. **Harte.**

BRETEUIL (marquis de), Henri, homme politique français, né le 17 septembre 1848. Elu député pour la circonspection d'Argelès (Hautes-Pyrénées) contre M. Alicot, député sortant, le 14 octobre 1877, M. le marquis de Breteuil avait choisi sa place à droite; mais son élection, vivement contestée, ayant été annulée par la Chambre, il ne réussit pas à s'y faire renvoyer par les électeurs d'Argelès. M. de Breteuil a été enfin élu député des Hautes-Pyrénées, le 4 octobre 1885, sur la liste monarchique.

BRETON, Jules Adolphe Aimé Louis, peintre et poète français, né à Courrières (Pas-de-Calais) le 1er mai 1827, élève de Félix De Vigne et de Drœlling. On cite de cet artiste: les *Glaneuses*, le *Lendemain de la Saint-Sébastien*, *Petites paysannes consultant des épis* (Exposition universelle de 1855); la *Bénédiction des blés dans l'Artois (1857)*; le *Rappel des glaneuses (1859)*; les *Sarcleuses*, le *Colza*, l'*Incendie (1861)*; *Consécration de l'église d'Oignies*, *Faneuse (1863)*; les *Vendanges à Château-Lagrange*, une *Gardeuse de dindons (1864)*; la *Fin de la journée*, la *Lecture (1865)*; la *Becquée*, une *Source au bord de la mer*, la *Moisson* (Exposition universelle de 1867); l'*Héliotrope*, *Femmes récoltant des pommes de terre (1868)*; un *Grand pardon breton*, les *Mauvaises herbes (1869)*; *Lavandières des côtes de Bretagne*, *Fileuse (1870)*; *Jeune fille gardant des vaches*, la *Fontaine (1872)*; la *Falaise (1874)*; la *Glaneuse (1877)*; l'*Arc-en-ciel*, le *Matin (1883)*; les *Communiantes*, vendues en mars 1886 aux Etats-Unis, à la vente Morgan, la bagatelle de 225,000 fr.; *Sur la route, en hiver (1884)*; le *Dernier rayon*, le *Chant de l'alouette (1885)*; le *Goûter*, la *Bretonne (1886)*. — M. Jules Breton a obtenu une 3e médaille en 1855, une 2e en 1857, une 1re en 1859 et rappel en 1861, une autre 1re médaille en 1867 et la médaille d'honneur en 1872; nommé chevalier de la Légion d'honneur en 1861, il a été promu officier le 26 juin 1867; enfin, il a été élu membre de l'Académie des Beaux-Arts le 20 mars 1886, en remplacement de Paul Baudry.

M. Jules Breton est poète, et souvent, au lieu d'une simple mention, le sujet de ses tableaux est développé dans un sonnet fort bien frappé. Il a du reste, publié en 1876 un volume de poésies intitulé: les *Champs et la Mer*, qui a été bien accueilli.

BRICE, René Joseph, homme politique français, né à Rennes le 23 juin 1839, fit ses études à l'académie universitaire de sa ville natale, où il fut reçu avocat en 1859. Reçu docteur en droit en 1863, M. René Brice, qui s'était déjà fait au barreau une réputation honorable, se portait en 1867, mais sans succès, candidat au Conseil général d'Ille-et-Vilaine, pour le canton sud-ouest de Rennes. En 1869, comme collaborateur du journal l'*Electeur indépendant*, il combattit avec ardeur les candidatures législatives officielles du département; nous devons constater que ce fut encore sans succès, car toute la liste des candidats officiels ou agréables, là où les officiels manquaient, passa au scrutin des 23-24 mai. Il fut toutefois élu conseiller municipal de Rennes. Après la révolution du 4 septembre, le gouvernement de la Défense nationale nomma M. René Brice sous-préfet de Redon; mais, ayant l'intention de se porter candidat à l'Assemblée nationale, il ne tarda pas à donner sa démission, il fut élu, en effet, le premier sur onze, aux élections du 8 février 1871, représentant d'Ille-et-Vilaine. Il était également élu conseiller général pour le canton de Sel, le 8 octobre suivant. A l'Assemblée nationale, il prit place sur les bancs du centre gauche républicain. M. René Brice a été élu député de la circonscription de Redon le 20 février 1876, et réélu le 14 octobre 1877 et le 21 août 1881; il a été réélu député d'Ille-et-Vilaine, sur la liste républicaine, le 4 octobre 1885. Il siège à gauche et a voté contre le projet d'expulsion des princes.

BRIDGMAN, Frédérick Arthur, peintre américain, né à Tuskegee (Alabama) en novembre 1847. Son père étant mort lorsqu'il était encore enfant, sa mère l'emmena dans le nord quelques années plus tard, résida avec lui quelque temps dans le Massachusetts, puis alla s'établir à Brooklyn. Le jeune garçon entra alors comme apprenti graveur à l'« American Bank-Notes Company » de New York. Cependant, il apprenait la peinture dans les écoles d'art du soir, et quoique devenu habile graveur, il se décida pour la peinture, quitta la compagnie et, aidé par des amis vint à Paris compléter ses études artistiques, en 1866. Il suivit pendant trois ans les cours de l'Ecole des beaux-arts et l'atelier de M. Gérome. En 1869, 1870 et 1871, il fit plusieurs voyages en Angleterre, explora les deux versants des Pyrénées en 1871 et 1872, passa l'hiver de 1872-73 en Algérie et au Maroc et celui de 1873-74 en Egypte, en Nubie et sur les bords du Nil. De retour de ses voyages, abondamment chargé de croquis, M. Bridgman a exposé aux Salons de Paris, où est sa résidence, un grand nombre d'ouvrages qui lui ont fait une réputation enviable. Ses principaux ouvrages sont: *Levé de bonne heure; Jeunes filles en route; Plantation de la navette en Normandie;* les *Illusions du grand monde; Intérieur mauresque;* la *Rentrée du maïs dans les Basses-Pyrénées (1873)*; un *Voyage aux Pyrénées (1874)*; un *Jour de calme dans la Haute Egypte*, la *Conteuse nubienne au harem (1875); Prière dans la mosquée au Caire, Préparatifs (au Caire) pour le départ du Tapis Saint (1876); Apollon enlevant Cyrène (1877); Pharisiens et Publicains*, les *Funérailles de la Momie (1878)*; le *Cirque américain à Paris; Anier du Caire (1881)*; la *Cigale (1883)*; le *Bain de famille, intérieur au Caire; Mon dernier prix*, un *Marchand au Caire (1884)*; l'*Eté sur le Bosphore (1885)*; la *Brodeuse, intérieur marocain (1886)*. — M. Bridgman a obtenu une 3e médaille en 1877, une 2e médaille et la croix de la Légion d'honneur en 1878.

BRIET DE RAINVILLERS, Louis Jean Philippe, homme politique français, né à Boismont (Somme) le 8 novembre 1838. Sorti de Saint Cyr en 1860, dans l'état-major, il fut successivement aide-de-camp des généraux Lepic et Pellé. Il a fait la campagne de l'Est dans le 1er corps d'armée en 1870, et eut un cheval tué sous lui à Sedan. M. de Rainvillers a quitté l'armée, en 1871, pour s'occuper d'agriculture. Après avoir échoué aux élections du 20 février 1876, où il se présentait contre le comte de Douville-Maillefeu dans la 2e circonscription d'Abbeville, il triomphait momentanément de son adversaire aux élections du 14 octobre 1877; mais son élection ayant été annulée comme entachée de pression excessive, l'élection qui eut lieu en conséquence le 3 mars 1878 ne lui fut décidément pas favorable. M. de Rainvillers a enfin été élu député de la Somme, sur la liste monarchique, le 4 octobre 1885.

BRIGHT, John, industriel et homme politique anglais, né à Greenbank, près de Rochdale, le 16 novembre 1811, associé principal de la filature et manufacture de coton de Rochdale, agissant sous la raison « John Bright and brothers ». Bien qu'ayant déjà pris part, en 1831-32, à l'agitation réformiste, M. Bright n'entra effectivement dans la vie politique qu'en 1839, lorsqu'il fit, un des premiers, partie de l'*Anti-Corn law League*, issue d'une association formée l'année précédente dans le but d'obtenir le rappel des lois sur les céréales. En avril 1843, il posa sa candidature à la Chambre des communes, mais sans succès, pour la ville de Durham, qui l'élut toutefois au mois de juillet suivant et le conserva comme son représentant jusqu'en 1847, époque à laquelle il devint le représentant de la ville manufacturière de Manchester. Son premier discours au Parlement eut pour objet d'appuyer la motion de M. Ewart sur l'extension des principes du libre échange (7 août 1843). Pendant l'intervalle écoulé entre son élection par Manchester et l'accession au pouvoir du premier cabinet Derby (1852), l'activité de M. Bright s'exerça sur toute sorte de sujets, sans se ralentir un moment: il proposa contre l'état de choses auquel il attribuait la famine d'Irlande, le remède du libre échange intérieur; il tenta, mais sans succès, de presser les travaux de la commission d'enquête sur la situation de l'Inde; et fut, en 1849, un des membres de la célèbre commission parlementaire pour l'examen des salaires officiels. A la Chambre et dans les provinces, principalement à Manchester, il coopéra, avec Cobden, au mouvement en faveur de la réforme financière par le moyen d'une réduction des armements de terre et de mer. En 1851, il prit part au vote de censure infligé à lord Palmerston, à propos de l'affaire Pacifico et, en 1852, à la manifestation de bienvenue organisée en l'honneur de Kossuth par les libéraux avancés du Lancashire. Lors de la formation du premier ministère Derby (1852), M. Bright s'occupa de la réorganisation de l'Anti-Corn law League; mais l'acceptation finale du libre échange par le nouveau gouvernement rendit ses efforts inutiles en ceci. Aux élections générales de la même année, Manchester le renvoyait siéger à la Chambre des communes. Avec l'arrivée au pouvoir, au mois de décembre de la même année, du cabinet Aberdeen, commencèrent les discussions relatives à la question d'Orient, que devait couronner la guerre de Crimée. M. Bright protesta avec une grande énergie contre la politique suivie par l'Angleterre en cette occasion; mais il ne réussit qu'à s'aliéner une partie de ses commettants, qui n'étaient point *quakers* comme lui; une maladie sérieuse interrompit d'ailleurs ses protestations et lui interdit pour longtemps toute action publique. La nouvelle de l'échec de lord Palmerston, sur la question de Canton, le trouva en Italie, en mars 1857; quoique n'ayant nécessairement pas pris part à la discussion dont le résultat forçait lord Palmerston à en appeler au pays, il donna son entière approbation au vote de censure, qui avait été proposé par Cobden et appuyé par M. Milner Gibson. Aux élections générales qui suivirent, Manchester repoussa à la fois les candidatures de MM. Bright et Gibson; mais la mort de M. Muntz ayant ouvert une vacance à Birmingham, les électeurs offrirent la candidature à M. Bright et l'élurent au mois d'août suivant. Il a continué jusqu'ici, sans interruption, à représenter ce collège. Depuis 1857, M. Bright a attaché son nom à un projet de réforme électorale demandant une extension considérable du droit de suffrage et une plus équitable distribution des sièges représentatifs, relativement au chiffre de la population, à une proposition de modifications de la loi de succession, ainsi qu'aux débats soulevés par le projet de traité de commerce avec la France, dont l'acceptation finale (1860) fut un de ses plus beaux triomphes. Partisan déclaré du Nord, dans la guerre de sécession américaine, la Chambre de commerce de New-York lui vota, en 1862, des remerciements pour l'ardeur qu'il avait déployée à combattre l'idée d'une intervention européenne dans les affaires d'Amérique. Après le rétablissement de la paix (1865), M. Bright ressuscita l'agitation en faveur de la réforme électorale, organisant des meetings, provoquant des pétitions, avec un zèle qui lui valut des ovations, des adresses de remerciement et finalement sa réélection à Birmingham, à une immense majorité. Associé à la campagne de M. Gladstone contre l'église établie d'Irlande, il visita « l'Ile sœur » en 1866, et, le 30 octobre, assistait à un banquet donné en son honneur à Dublin. Le 3 novembre 1868, la cité d'Edimbourg lui conféra la bourgeoisie et, le mois suivant, il acceptait, sous le ministère Gladstone, le portefeuille du commerce. Forcé encore, pour cause de santé, de ne point paraître à la Chambre des communes pendant quelque temps, il dut se retirer du ministère, pour la même cause, en décembre 1870. Etant en partie rétabli, il fut, au mois d'août 1873, nommé chancelier du duché de Lancastre, en remplacement de M. Childers, position qu'il conserva jusqu'à la chute du parti libéral, en février 1874, et qu'il reprit, du reste, à son retour en mai 1880. Le 17 juillet 1882, M. Bright annonçait à la Chambre qu'il avait donné sa démission de ce poste, pour cause de dissentiment avec ses collègues du cabinet sur la question des affaires d'Egypte, surtout à propos du bombardement d'Alexandrie, qui venait d'avoir lieu. — A propos du *bill* sur l'autonomie de l'Irlande, M. Bright s'est en outre complètement séparé de M. Gladstone, dont il a combattu le projet à la Chambre et dans ses discours prononcés à Birmingham, après la dissolution (juin 1886). C'est donc comme adversaire du « Grand Vieillard » que Birmingham l'a réélu à cette date. — M. Bright a été élu lord recteur de l'université de Glasgow le 15 novembre 1880. Il a été publié en 1868 un recueil de ses *Discours sur la Politique générale*.

BRIGHT, sir Charles Tilston, ingénieur-électricien anglais, né en 1832. Il embrassa la profession d'ingénieur civil en 1850, et en 1853, en qualité d'ingénieur de la Compagnie anglaise et irlandaise de télégraphie magnétique, eut à s'occuper de relier l'Irlande et la Grande-Bretagne par un télégraphe sous-marin. En 1856, il fut l'un des quatre promoteurs de l'établissement d'une ligne télégraphique sous-marine, entre la côte ouest de l'Irlande et l'Amérique, projet qu'il réalisa, comme ingénieur de la Compagnie du télégraphe atlantique, en 1858. Il fut, à cette occasion, fait chevalier par le vice-roi d'Irlande. Plusieurs messages furent aussitôt échangés entre Londres et New-York, parmi lesquels des adresses de félicitations entre la reine d'Angleterre et le président des Etats-Unis; sans parler des ordres contremandant l'envoi de deux régiments canadiens aux Indes, dont la réception en temps opportun réalisa une économie de 1,250,000 francs au bas mot. Sir Ch. Bright a été membre de la Chambre des communes pour Greenwich, de 1865 à décembre 1868. Il est membre de la Société royale de géographie et de plusieurs autres sociétés savantes, et n'a pas cessé d'avoir une part importante aux progrès de la télégraphie électrique. Commissaire royal à l'Exposition internationale d'électricité, en 1881, il a été fait officier de la Légion d'honneur à cette occasion.

BRISSON, Eugène Henri, homme politique français, né à Bourges le 31 juillet 1835, d'une famille dévouée à la cause démocratique; il fit son droit à Paris et s'inscrivit au barreau de cette ville en 1859. Tour à tour collaborateur du *Phare de la Loire*, du *Temps*, de l'*Avenir national* et de la *Revue politique*, il rentra à l'*Avenir national* lorsque cette *Revue* fut supprimée, vers la fin de 1868, et y fut chargé de l'appréciation des débats parlementaires pendant la dernière législature impériale. Candidat au Corps législatif, dans la quatrième circonscription de la Seine, en novembre 1869, il réunit un assez grand nombre de voix pour nécessiter un second tour auquel il ne voulut pas prendre part, pour laisser le champ libre à M. Glais-Bizoin, qui fut élu. Nommé adjoint au maire de Paris avec M. Floquet, après le 4 septembre, les deux collègues donnèrent leur démission, en même temps que le maire de Paris, M. Etienne Arago, après la manifestation du 31 octobre 1870. — Aux élections du 8 février 1871, M. H. Brisson fut élu représentant de la Seine, le dix-neuvième sur quarante-trois, — avant M. Thiers, qui venait seulement vingtième sur la liste, et fut réélu le 20 février 1876 député du dixième arrondissement de Paris à une très grande majorité. Dès ses débuts parlementaires, M. Henri Brisson s'est fait une place importante dans l'Assemblée, comme

orateur, et dans les rangs de la gauche dont il est un des principaux membres. Il a été président du groupe de l'Union républicaine. Il fut réélu le 14 octobre 1877 et le 21 août 1881. Après la formation du cabinet Gambetta, M. H. Brisson devint président de la Chambre des députés en remplacement de ce dernier (janvier 1882), et fut maintenu au fauteuil à chaque session nouvelle, jusqu'au jour où il se décida enfin, après la chute du cabinet Ferry, à former un nouveau ministère (6 avril 1885), dont il prit la présidence avec le portefeuille de la justice, et qui se retira le 29 décembre 1885, pour faire place au cabinet présidé par M. de Freycinet. Aux élections du 4 octobre précédent, M. Henri Brisson avait été élu député à la fois dans la Seine et dans le Cher; il opta pour ce dernier département, et reprit sa place sur les bancs de la gauche. — Il a voté l'expulsion totale des princes.

BROGLIE (duc de), Charles Jacques Victor Albert, homme d'État, membre de l'Académie française, né le 13 juin 1821, d'une famille d'origine italienne venue en France à la suite de Mazarin et qui a conservé à son nom la prononciation italienne *Broille*, bien que le village de Broglie (Eure), auquel cette famille a donné son nom, ait fait prendre l'habitude de le prononcer à la française. La famille *di Broglio* fut admise au nombre des princes du saint empire, titre porté par le fils aîné, en 1759. M. le duc de Broglie actuel est fils de l'ancien ministre de Louis-Philippe, duc Victor de Broglie (qui, comme lui, avait été « libéral » avant d'être au pouvoir et fut un des auteurs des lois de septembre) et petit-fils de Mme de Staël. En 1840, M. de Broglie, qui se destinait à la diplomatie, appartenait déjà au ministère des affaires étrangères et fut attaché comme secrétaire aux ambassades de Rome et de Madrid, avant la révolution de février 1848, qui le rendit à la vie privée. Il publia peu après, dans la *Revue des Deux Mondes*, un article sur la politique extérieure de la République, autour duquel on fit quelque bruit. Il est resté collaborateur de la *Revue des Deux Mondes* et est devenu l'un des principaux rédacteurs du *Correspondant*, puis l'un des inspirateurs du *Français*, à la fondation duquel il ne fut pas étranger. Dans ces divers organes, il fit à l'empire, aussi bien qu'à la libre pensée et à l'ultramontanisme, une guerre soutenue, mais peu dangereuse. Ce qui est à relever, c'est l'énergie toute particulière qu'il déploya dans ses articles contre le système gouvernemental de l'empire, et pour la défense des franchises communales; car on sait comment il appliqua les principes si longtemps soutenus par lui à une autre époque, lorsqu'il fut en état de le faire, étant premier ministre de la République. — Les premiers essais littéraires de M. le duc (ou plutôt de M. le prince Albert de Broglie) ont été réunis en volume, pour faire corps, sous ce titre : *Etudes morales et littéraires (1853)*. Il a publié ensuite : l'*Eglise et l'empire romain au IVe siècle (1856*, 2 vol.), ouvrage qui veut être l'histoire du règne de Constantin, écrite au point de vue conventionnel du catholicisme, et ne tenant en conséquence aucun compte de tout ce qui s'écarte de ce point de vue et notamment de l'œuvre immortelle de Gibbon sur le *Déclin et la chute de l'empire romain*, qui la réfute d'avance. Cet ouvrage fut suivi et complété par deux autres, écrits dans le même esprit : *Julien l'Apostat* et *Théodose le Grand*. Viennent ensuite : *Une réforme administrative en Algérie (1860)*, brochure ; *Questions de religion et d'histoire (1860*, 2 vol.) ; la *Souveraineté pontificale et la liberté (1861)*; la *Liberté divine et la liberté humaine (1865)*; la *Diplomatie et le droit nouveau (1869)*; le *Secret du roi (1878)*; *Souvenirs du feu duc de Broglie*, d'abord parus dans la *Revue des Deux Mondes (1885-86*, tomes I à III). Il avait également publié, en 1846, une traduction du *Système religieux* de Leibnitz. — M. Albert de Broglie est entré à l'Académie française en 1862, en remplacement de Lacordaire.

L'un des organisateurs de la fameuse « Union libérale » formée en prévision des élections générales de 1863, et qui n'avait de vraiment libéral que l'hospitalité qu'elle offrait, à tous les adversaires de l'empire, comme aux simples mécontents, à quelque opinion qu'ils appartinssent d'ailleurs, M. de Broglie attendit toutefois pour se présenter lui-même devant le suffrage universel, sous le patronage de cette union, les élections de 1869; ce fut naturellement dans son département qu'il se présenta, dans l'Eure, et il y échoua avec une minorité insignifiante. L'année suivante, il provoqua, contre M. Teulat, précepteur des enfants de Mme la princesse de Broglie-Revel, un procès quelque peu scandaleux et réussit à faire enfermer comme fou le malheureux précepteur qui, rendu ensuite à la liberté, attaqua M. de Broglie en dommages-intérêts. C'est en qualité de chef de famille que M. le prince Albert de Broglie, désormais duc de Broglie par suite de la mort de son père (25 janvier 1870), avait pris en main cette triste affaire. Aux élections du 8 février 1871, M. le duc de Broglie fut enfin élu représentant de l'Eure à l'Assemblée nationale, et lors du renouvellement, le 8 octobre suivant, conseiller général de l'Eure pour le canton de Broglie. — Il avait été nommé, par décret du 19 février, ambassadeur à Londres; mais on le rencontrait peu à Evreux, et moins encore à Londres : c'était surtout à la Chambre que cet ambassadeur de la République pouvait être rencontré, intriguant contre la République. On comprend combien cette façon indépendante de représenter son gouvernement devait être peu du goût des représentés, et même du gouvernement auprès duquel M. de Broglie les représentait si peu ; la presse se fit l'écho des vives protestations qui s'entendaient partout, et M. de Broglie demanda enfin (le demanda-t-il vraiment ?) à être relevé de ses fonctions, et il le fut en effet le 1er mai 1872. Libéré entièrement de ce côté, notre ex-ambassadeur à Londres devint l'un des membres les plus remuants du centre droit, et six semaines à peine après sa libération, il se présentait à M. Thiers, comme délégué de la droite, pour lui imposer une conduite politique conforme aux volontés arrêtées de ce groupe parlementaire, qui se trouvait être alors la majorité ; démarche compromettante, malgré tout, ce qu'il comprit si bien lui-même, qu'il chercha à la justifier quelques jours plus tard par une lettre-manifeste qui ne trompa personne. Dans cette lettre, publiée par le *Courrier de France*, M. de Broglie assurait qu'en dehors de la politique de cette majorité réactionnaire d'antan, « il n'y avait que honte et ruine, anarchie, *banqueroute*, prolongation indéfinie ou renouvellement de la conquête ». Les événements se sont chargés de répondre, assez promptement même, à ces prédictions présomptueuses : la prolongation indéfinie de la conquête et la banqueroute ont eu pourtant le temps de se produire, depuis la libération anticipée du territoire jusqu'à l'emprunt de la ville de Paris (juillet 1876), *trente-six fois* couvert! — C'est au réquisitoire en règle qu'il fit contre son gouvernement, le 24 mai 1873, que M. Thiers, qui l'avait fait ambassadeur, dut de n'être plus rien. Le lendemain, M. de Broglie acceptait avec empressement la mission de former un nouveau ministère que lui confiait le maréchal Mac-Mahon. Il resta en fonctions, avec quelques modifications de détail dans son cabinet, pendant près d'un an. C'est pendant cette période que M. de Broglie, entre autres souvenirs de son administration, nous a donné la mesure de son libéralisme, et particulièrement de son culte des franchises municipales dont il avait fait si grand étalage sous l'empire. C'est également sous son ministère que les intrigues monarchiques eurent le plus beau jeu, avec sa complicité ou tout au moins sa neutralité pour garantie. Si le trône de France n'a pas été relevé sous cette administration, il faut croire que la tentative était irréalisable. De guerre lasse, il faut reconnaître que c'est à lui également qu'on doit l'organisation du septennat, quoique le maréchal Mac-Mahon n'ait pas pu l'obtenir sans peine. Enfin, le 16 mai 1874, le cabinet de Broglie fut renversé par un vote de la Chambre sur une simple question d'ordre du jour. Après avoir échoué à l'Assemblée comme candidat à un siège de sénateur inamovible, M. de Broglie se présentait dans son département aux élections du 30 janvier 1876. Il ne passa qu'au second tour, et grâce à une coalition des bonapartistes et des royalistes que la majorité obtenue par les candidats républicains au premier tour effrayait ; M. le duc d'Albuféra, arrivé dernier, s'était désisté en sa faveur, et les bulletins distribués au second tour portaient unis les noms de MM. La Roucière Le Nourry et de Broglie. Le 17 mai 1877, M. de Broglie fut appelé de nouveau à former un cabinet, en remplacement du cabinet Jules Simon, démissionnaire, et pour cause. Le premier acte de ce nouveau ministère fut la prorogation, suivie à bref délai de dissolution, de la Chambre des députés. L'appel aux électeurs qui suivit cet acte de violence, prélude d'actes pires encore, eut pour résultat, malgré les faits de pression les plus éhontés, de renvoyer à la Chambre une majorité républicaine peu différente de la précédente, en présence de laquelle, et en dépit qu'il en eût, le ministère de Broglie dut capituler (20 novembre 1877).

Au renouvellement triennal du Sénat, le 25 janvier 1885, M. le duc de Broglie échoua misérablement, et comme il n'y avait plus de majorité réactionnaire dans la haute assemblée, il dut rentrer dans la vie privée. C'est à cette circonstance, doublement heureuse, que nous devons la mise en ordre et la publication des intéressants *Souvenirs* du feu duc, père du duc actuel.

BROHAN, Joséphine Félicité Augustine, comédienne française, née à Paris le 2 décembre 1825, d'une famille d'artistes. Entrée au Conservatoire à l'âge de dix ans, elle y fut élève de Samson, remporta le second prix de comédie en 1837 et le premier l'année suivante. Elevée d'abord par un prêtre, l'abbé Paravey, qui lui avait inculqué des principes de dévotion que le Conservatoire n'avait pu étouffer, ses examens passés, elle se réfugia dans un couvent, où sa famille eut quelque peine à la retrouver. Elle débuta toutefois au Théâtre-Français dans le rôle de Dorine du *Tartufe* et signa, le même soir, un engagement aux appointements, magnifiques pour l'époque (1840) et les circonstances, de 3,000 francs par an. — Mlle Augustine Brohan a remporté de véritables triomphes dans les rôles de soubrettes de l'ancien répertoire, notamment dans la Dorine, du *Tartufe;* la Nicole, du *Bourgeois gentilhomme;* la Toinette, du *Malade imaginaire;* Mariette, du *Dépit amoureux;* Cléanthis, d'*Amphitryon;* Martine, des *Femmes savantes;* Suzanne, du *Mariage de Figaro*, etc., etc. Dans le répertoire moderne, ses succès n'ont pas été moins grands. Nous citerons parmi les pièces où elle a créé les rôles de son emploi : *Oscar*, l'*Homme de bien*, le *Dernier Marquis*, *Scaramouche et Pascariel*, la *Tutrice*, les *Amoureux sans le savoir*, le *Testament de César*, la *Tour de Babel*, la *Vieillesse de Richelieu*, le *Château de cartes*, le *Roi s'amuse*, la *Famille Poisson*, le *Songe d'une nuit d'hiver*, les *Lundis de Madame*, le *Pour et le Contre*, *Don Guzman*, la *Marquise de Senneterre*, *Mlle de Belle-Isle*, le *Caprice*, les *Demoiselles de Saint-Cyr*, le *Cœur et la Dot*, les *Deux Veuves*, la *Papillonne*, etc. — Elle s'est fait, d'autre part, une réputation comme écrivain, surtout comme écrivain dramatique. Elle a donné en effet quelques petites pièces à des théâtres de salon : *Compter sans son hôte*, les *Métamorphoses de l'Amour*, *Il faut toujours en venir là*, *Quitte ou Double*, *Qui femme a guerre a*, etc., dont plusieurs, cette dernière notamment, ont été représentées au Français. Elle a aussi écrit au *Figaro*, sous le pseudonyme de *Suzanne*, des « courriers de Paris » où elle a trouvé convenable d'attaquer Victor Hugo, alors exilé, — inutile de dire avec quel succès. Mlle Augustine Brohan était d'ailleurs fort appréciée dans le monde artiste pour son esprit de repartie plein de vivacité, d'une vivacité assez hasardée, ne rappelant que de fort loin la jeune pénitente de l'abbé Paravey. On assure qu'elle a écrit des œuvres de caractère et d'importance diverses qu'elle s'est constamment refusé à publier, notamment des *Mémoires* sur son temps qui ne peuvent manquer d'être pleins d'intérêt. A la suite de dissentiment avec l'administration du Théâtre-Français, Mlle Augustine Brohan s'est retirée de la scène en 1868. Elle a reparu depuis en public, à l'une des matinées de M. Ballande à la Gaîté et y a été acclamée avec enthousiasme. — En 1858, elle avait succédé à Rachel comme professeur au Conservatoire.

BROHAN, Emilie Madeleine, comédienne française, sœur de la précédente, née à Paris le 21 octobre 1833. Elle entra de bonne heure au Conservatoire, où elle remporta le prix de comédie en 1850, et débuta le 15 septembre de la même année au Théâtre-Français, dans le rôle de Marguerite, des *Contes de la Reine de Navarre*. Elle fut reçue sociétaire en 1852. Mlle Madeleine Brohan, accueillie d'abord avec enthousiasme par le public, mais plus encore pour sa grâce et sa beauté que pour son talent dramatique, acquit rapidement par l'étude ce qui lui manquait au début pour être une véritable comédienne. Elle joua avec succès plusieurs rôles de l'ancien répertoire : celui de Célimène dans le *Misanthrope*, celui de la comtesse dans le *Mariage de Figaro*, etc.; c'est toutefois dans le répertoire moderne surtout qu'elle s'est acquis la place brillante à laquelle la conviait son nom. Parmi les pièces modernes où elle obtint ses plus grands succès, nous citerons : *Mademoiselle de la Seiglière*, les *Caprices de Marianne*, *Par droit de conquête*, *Rêves d'amour*, *Une amie*, les *Doigts de fée*, les *Deux veuves*, le *Verre d'eau*, la *Gageure*, la *Pluie et le beau temps*, *Une loge à l'Opéra*, le *Lion amoureux*, etc. Sa dernière création est le rôle de la Marquise de Rumières, dans l'*Etrangère*, de M. Alexandre Dumas (1876). — Elle est devenue, en 1853, la femme de M. Mario Uchard, littérateur et auteur dramatique distingué, dont le divorce l'a séparée en décembre 1884; mais elle avait conservé au théâtre le nom qu'elle a contribué, pour sa bonne part, à illustrer.

BROISAT, Emilie, comédienne française, née en 1848 à Turin. Elle débuta au Vaudeville dans *Maison Neuve* de M. V. Sardou. Elle joua ensuite à Bruxelles, puis à Vichy, et revint à Paris, où Régnier lui avait fait obtenir un engagement à l'Odéon. C'est à ce théâtre que Mlle Broisat obtint ses premiers succès sérieux : dans le rôle de la reine, de Ruy Blas, ou elle remplaça Mme Sarah Bernhardt; dans ceux d'Electre, d'Agnès de l'*Ecole des femmes*, de Suzanne du *Mariage de Figaro*, de Mimi de la *Vie de Bohème*, etc. Elle débuta aux Français dans *Philiberte;* parut dans le *Demi-Monde*, *Mademoiselle de Belle-Isle*, Kitty Bell de *Chatterton*, repris en 1877, etc., son succès allant toujours grandissant. — Mlle E. Broisat est devenue sociétaire de la Comédie-Française.

BRONSART VON SCHELLENDORF, N., général prussien, ministre de la guerre, né à Dantzig le 25 janvier 1832, est fils du lieutenant-général Bronsart Von Schellendorf qui fut directeur du dépôt de la guerre. Il servit pendant la guerre de 1870-1871, comme lieutenant-colonel au grand état-major général, et fut envoyé en France quelques années plus tard, comme chef de la mission militaire admise à assister aux grandes manœuvres. Devenu lieutenant-général, il fut appelé au commandement de la 2e division d'infanterie de la garde. Le général Bronsart von Schellendorf avait été attaché à la personne du prince Guillaume, en qualité de gouverneur militaire. Il a été nommé ministre de la guerre du royaume de Prusse, en remplacement du général Von Kamecke, démissionnaire, le 7 mars 1883. — Le général Bronsart von Schellendorf est commandeur de la Légion d'honneur.

BROSSARD, Etienne, ingénieur et homme politique français, né le 16 mars 1830 à Pouilly-sous-Charlieu (Loire). Elève de l'Ecole des mines, il en sortit en 1860 avec le diplôme d'ingénieur, et fut chargé d'une mission géologique dans la province de Constantine. Nommé en 1868 ingénieur des mines de Malfidana (Sardaigne), il rentra en France en 1870, et prit part à la campagne en qualité de capitaine de l'artillerie mobilisée, à l'armée de la Loire. Conseiller général de la Loire, maire de Charlieu, M. Brossard fut révoqué par le gouvernement du 24 mai (1873), dit « gouvernement de combat ». Mais les électeurs de la 2e circonscription de Roanne l'envoyèrent siéger à la Chambre des députés le 20 février 1876; il s'y inscrivit à la gauche républicaine et fut réélu le 14 octobre 1877 et le 21 août 1881. — Le 25 janvier 1885, M. Brossard était élu sénateur de la Loire en remplacement de M. Cherpin, décédé. Il a voté l'expulsion des princes.

BROT, Charles Alphonse, écrivain et auteur dramatique français, né à Paris le 12 avril 1809. D'abord clerc d'avoué, puis commis de banque, il débuta dans la carrière littéraire par des poésies insérées, au moins en partie, dans le journal « le Voleur » : *Chants d'amour (1830)*. Il écrivit ensuite divers romans et nouvelles : *Priez pour elle! (1833)*; *Ainsi soit-il! (1834)*; *Jane Grey (1835)*; *Carl Sand (1836)*; la *Comtesse aux trois galants (1839)*; la *Nuit terrible (1840)*; les *Secrets de famille (1841)*; la *Sirène de Paris (1845)*; le *Réveil-Matin*, recueil de nouvelles (1847); la *Terre promise (1849)*; *Deux coups de tonnerre (1853)*; les *Deux péchés (1857)*; la *Cousine du Roi (1861)*; *Miss Million (1883)*, etc. Il a donné au théâtre plusieurs drames écrits en collaboration : *Juliette (1834)*; la *Lescombat (1841)*; la *Tour de Londres (1855)*; *Jane Grey (1856)*; la *Marnière des Saules (1858)*; les *Espions (1874)*, etc. — M. Alphonse Brot a été attaché à la Division générale de la presse, au Ministère de l'intérieur, et l'a quittée comme chef de bureau. Il est chevalier de la Légion d'honneur.

BROUARDEL, Paul Camille Hippolyte, médecin français, né en 1837 à Saint-Quentin. Il fit ses études médicales à la faculté de Paris, y prit le grade de docteur en 1865, et se fit agréger en 1869. Reçu médecin des hôpitaux, M. Brouardel fut attaché à l'hôpital Sainte-Anne en 1873 et devint professeur de médecine légale

à la Faculté en 1879; il a été nommé président du Comité consultatif d'hygiène, en remplacement de Wurtz, en juin 1884, et membre de l'Académie de médecine. — On cite de lui: *De la tuberculisation des organes génitaux de la femme (1865)* et *Etude critique des diverses médications employées (1869)*, ses thèses pour le doctorat et l'agrégation; outre de nombreux rapports sur les missions, d'ordre hygiénique la plupart, dont il a été chargé. Il a pris la direction des *Annales d'hygiène publique et de médecine légale*. — M. le docteur Brouardel est commandeur de la Légion d'honneur depuis le 30 mars 1885.

BROUGHTON, miss Rhoda, romancière populaire anglaise, dont la réputation s'est répandue depuis quelques années en France, grâce à la traduction qui y a été faite de plusieurs de ses romans, est née en 1837. — On cite de cet écrivain: *Cometh Up as a Flower* et *Not Wisely but too well (1867)*; et depuis: *Red as a Rose is she (Elle est rouge comme une rose, 1870); Nancy*, et *Contes de Noël (1873); Joan (1876); Contes du crépuscule (1879); Secondes pensées (1880);* le *Docteur Cupidon (1886)*, etc.

BROUSSE, Emile, homme politique français, né le 25 décembre 1850. Il était avocat, inscrit au barreau de Perpignan, lorsqu'il fut élu, le 21 août 1881, député de la deuxième circonscription de l'arrondissement dont cette ville est le chef-lieu. Il prit place à l'extrême gauche et fut élu député des Pyrénées-Orientales le 4 octobre 1885. M. Brousse est l'auteur d'un projet d'expulsion des princes des familles ayant régné sur la France qui, accepté par le gouvernement avec quelques modifications, fut voté par la Chambre des députés le 11 juin et par le Sénat le 22 juin 1886.

BROWN-SÉQUARD, Edouard, médecin et physiologiste français, né à Maurice en 1818. Son père, M. Edward Brown, était de Philadelphie et avait épousé Mlle Séquard, d'origine française. Après avoir commencé ses études dans son île natale, M. Brown-Séquard vint à Paris en 1835, pour y compléter ses études médicales, et fut reçu docteur en 1840. Il s'est voué exclusivement, depuis lors, à des recherches expérimentales sur des sujets importants de la science physiologique, tels que les parties constitutives du sang, la chaleur animale, la moelle épinière et ses rapports avec les maladies, le système musculaire, les nerfs sympathiques et les ganglions, etc., etc. Ses investigations et ses découvertes dans cet ordre de travaux ont placé M. Brown-Séquard au rang des plus savants physiologistes de ce temps, tandis que des cures *quasi merveilleuses, dans des cas où le système nerveux* ou la moelle épinière étaient assez sérieusement atteints pour faire désespérer de l'état du malade, lui assuraient une grande réputation comme praticien. M. Brown-Séquard a fait plusieurs voyages en Angleterre et aux Etats-Unis, faisant sur son chemin quelques conférences très suivies et rendant compte, devant les assemblées savantes, des découvertes qu'il avait faites dans le champ si vaste et si laborieusement exploré par lui de la physiologie humaine. Plusieurs fois lauréat de l'Académie des sciences, il a été nommé, en janvier 1869, professeur à la faculté de médecine de Paris, et succédait à Claude Bernard, en 1878, à la chaire de médecine du Collège de France M. Brown-Séquard a été élu membre de l'Académie des sciences, le 22 juin 1886, en remplacement de M. Vulpian, devenu secrétaire perpétuel.

M. Brown-Séquard a publié de nombreux mémoires et rapports donnant des détails sur ses découvertes, mais aucun ouvrage de quelque étendue. Paul Broca publiait en 1856: *Propriétés et fonctions de la moelle épinière: rapport sur quelques expériences de M. Brown-Séquard* (in-8°). — On a toutefois de ce savant, outre le *Journal de la physiologie de l'homme et des animaux*, fondé et rédigé par lui de 1858 à 1863: *Lectures sur la paralysie des extrémités inférieures (1872)* et *Lectures sur les affections fonctionnelles (1873)*. Il a fondé en 1868, avec MM. Charcot et Vulpian, les *Archives de physiologie normale et pathologique*, journal semi mensuel, qui continue à paraître; collaboré au *Dictionnaire encyclopédique des sciences médicales*, etc. En 1873, il alla à New-York et y commença, avec le docteur Séguin, la publication des *Archives de médecine scientifique et pratique*, mais il n'y demeura que peu de temps et rentra en France. M. Brown-Séquard est chevalier de la Légion d'honneur.

BROWNING, Robert, poète et auteur dramatique anglais, né à Londres en 1812, fit ses études à l'université de cette ville. Son premier ouvrage est un poème intitulé *Pauline*, bientôt suivi de *Paracelse*, paru en 1836, qui fut assez bien reçu de la critique, mais n'eut que fort peu de lecteurs. En 1837, il fit représenter sa tragédie de *Strafford*, à laquelle le génie et la bonne volonté du célèbre tragédien Macready ne purent éviter une chute bruyante et prématurée. Il en fut à peu près de même de la *Tache à l'écusson* (A Blot in the Scutcheon), représentée en 1843 au théâtre de Drury Lane; ainsi que de la *Duchesse de Clèves*, représentée à Haymarket l'année suivante. Outre les pièces que nous venons de citer, M. R. Browning a publié: *Sordello*, poème fantastique; le *Roi Victor et le Roi Charles; Pièces dramatico-lyriques;* le *Retour des Druses*; l'*Anniversaire de Colombe; Romances dramatiques;* le *Message de l'âme;* la *Veille de Noël* et le *Jour de Pâques (1840-1850); Hommes et femmes (1855);* un nouveau volume de *Poèmes (1864);* puis: la *Bague et le Livre* (4 vol.); l'*Aventure de Balaustion, contenant une transcription d'Euripide (1871);* le *Prince Hohenstiel-Schwangau, sauveur de la Société (1871); Fifine à la foire (1872);* le *Pays du bonnet de coton rouge* (Red cotton night-cap country, or Turf and Towers, 1873); *Apologie d'Aristophane (1875);* l'*Album d'auberge (1876);* une traduction de l'*Agamemnon (1877); La Saisiaz; Les deux poètes du Croisic (1878); Idylles dramatiques (1879); Juoco-Seria (1883)*. Ses tragédies et pièces dramatiques-lyriques ont été réimprimées dans la collection de ses œuvres intitulée: *Bells and Pomegranates* (Cloches et Grenades).

M. Browning est un amateur de grand talent en peinture et en musique, et l'histoire de ces arts n'a rien de caché pour lui. Il avait épousé miss Elizabeth Barrett, poète de quelque renommée, qui est morte en 1861. En 1881, il s'est fondé à Londres une « Browning Society » qui réunit les admirateurs du poète, pour discuter et commenter ses œuvres et publier les mémoires résultant de ces études, pour jouer son théâtre entre amateurs, etc., etc. On voit, par ce trait, en quelle haute estime ce poète est tenu par ses compatriotes et, ce qui est plus rare, par ses contemporains, — mais on voit aussi à quel point il prête à l'interprétation.

BRUGEILLES, Pierre Joseph Louis, homme politique français, né à Aubazines (Corrèze) le 19 mars 1835. Notaire à Tulle, maire d'Aubazines, conseiller général de la Corrèze depuis 1871, M. Brugeilles, qui a servi pendant la dernière guerre comme capitaine des mobilisés de son département, a été élu député de la Corrèze, comme candidat radical, au scrutin du 18 octobre 1885. Il a pris place à l'extrême-gauche et a voté l'expulsion totale des princes.

BRUGÈRE, François Marie Jules Aurélien, homme politique français, né à Montpont (Dordogne) le 7 septembre 1841. Maire de sa ville natale, conseiller général de la Dordogne, riche propriétaire, M. Brugère a été élu député de l'arrondissement de Ribérac le 21 août 1881 et se fit inscrire alors à l'Union républicaine. Il a été élu député de la Dordogne le 4 octobre 1885, et a voté l'expulsion totale des princes.

BRUGSCH, Heinrich Karl, égyptologue allemand, à qui ses recherches sur les hiéroglyphes égyptiens ont fait une réputation européenne. Il est né à Berlin le 18 février 1827, et publiait, avant de quitter les bancs du gymnase, un traité en latin sur l'*Ecriture démotique (1847)*. Ses premières publications lui valurent le patronage du roi Frédéric-Guillaume IV, ce qui lui permit d'aller étudier les monuments de l'antiquité égyptienne dans les musées de Paris, Londres, Turin et Leyde. En 1853, il fit son premier voyage en Egypte et assista à des fouilles intéressantes. De retour à Berlin, il y fut nommé, en 1854, conservateur du Musée égyptien. En 1860, il accompagnait le baron Minutoli en Perse, où il venait d'être nommé ambassadeur et, en 1864, il était nommé lui-même consul au Caire. Il fut dans la suite nommé professeur ordinaire de langues orientales à l'université de Gœttingen; puis, en 1868, professeur public à la faculté de philosophie de la même université. En septembre 1869, le professeur Brugsch retournait en Egypte et il fut question à cette époque du remplacement de notre compatriote Mariette, comme conservateur des collections égyptiennes de Boulak (près du Caire), par le savant égyptologue prussien, qui fut créé successivement *bey* et *pacha* par le khédive. Il quitta l'Egypte en 1881 et fut chargé d'un cours d'égyptologie à l'université de Berlin.

M. Brugsch a publié: *Histoire de l'Egypte depuis les temps les plus reculés;* une *Grammaire* et un *Dictionnaire démotiques et hiéroglyphiques; Matériaux pour servir à la reconstruction du calendrier des anciens Egyptiens; Recherches relatives aux monuments bilingues des anciens Egyptiens; Recueil de monuments égyptiens dessinés sur les lieux; Traduction de deux papyri bilingues, hiératiques et démotiques;* les *Inscriptions géographiques des anciens monuments égytiens*. Ces ouvrages ont été écrits en français. Les ouvrages en allemand de M. Brugsch sont: *Reiseberichte aus Ægypten (Journal de voyage en Egypte); Reise der Kœniglisch Preusse Gesandtschaft nach Persien* (Voyage de l'ambassade prussienne en Perse); *Reiseberichte aus dem Orient* (Relation d'un voyage en Orient, dans l'Asie mineure et la Péninsule du Sinaï); etc. Il a fondé en 1864 un journal de langue et d'archéologie égyptiennes: *Zeitschrift für Ægyptische Sprache und Alterthum's Kunde*. — M. Brugsch a pris une part importante au Congrès international des orientalistes tenu à Londres en septembre 1874.

BRUN, Charles Marie, ingénieur et homme politique français, né à Toulon le 22 novembre 1821. Sorti de l'Ecole polytechnique en 1840, dans le génie maritime, il devint sous-ingénieur en 1842, ingénieur de 2e classe en 1854 et de 1re classe en 1861, enfin directeur des constructions navales, et mis hors cadre en 1875. Elu représentant du Var à l'Assemblée nationale, sans antécédents politiques, le 8 février 1871, M. Charles Brun prit place dans les rangs de la gauche républicaine, et vota constamment avec ce groupe. Il avait été élu le premier de la liste, c'est encore le premier qu'il fut élu sénateur du Var le 30 janvier 1876, et réélu au renouvellement triennal du 8 janvier 1882. M. Charles Brun était appelé au ministère de la marine dans l'administration J. Ferry, en février 1884; il donnait sa démission le 10 août suivant et était remplacé par l'amiral Peyron. M. Brun a voté l'expulsion des princes. — Il est commandeur de la Légion d'honneur depuis le 10 août 1883.

BRUN, Henri Louis Simon, dit Lucien, homme politique français, né à Gex le 2 juin 1822, fit son droit à Paris et prit le grade de docteur en 1845. Inscrit au barreau de Lyon, il fut élu représentant du Rhône à l'Assemblée nationale, le 8 février 1871, comme candidat légitimiste. Il prit place à l'extrême-droite, s'inscrivit à la réunion des Réservoirs et ne tarda pas à devenir l'un des personnages les plus influents du parti. Après avoir fortement contribué à la retraite de M. Thiers, il signa la proposition tendant au rétablissement de la monarchie légitime (juin 1874), et s'employa avec un grand zèle, quoique en pure perte, à préparer la fusion monarchique. Il accompagna M. Chesnelong dans sa visite au comte de Chambord, à Salzbourg, et insista avec force pour le maintien du drapeau blanc. M. Brun prit une grande part à la discussion de la loi sur l'enseignement supérieur, et repoussa les lois constitutionnelles. Ayant refusé la candidature aux élections de 1876, il fut nommé professeur à la faculté catholique de droit créée à Lyon. — M. Brun a été élu sénateur inamovible par la majorité alors monarchique du Sénat, le 15 novembre 1877.

BRUNET, Joseph Mathieu, homme politique français, ancien ministre, né à Arnac-Pompadour (Corrèze), le 4 mars 1829. Entré dans la magistrature en 1854, il devint juge d'instruction à Paris, puis président de la septième chambre correctionnelle, et c'est devant cette chambre, présidée par M. Brunet, que M. Gambetta, défenseur du *Réveil* poursuivi pour la souscription Baudin, prononça contre l'Empire le réquisitoire écrasant dont il est mort, et qui fit à l'avocat une célébrité qui rejaillit, si peu que ce soit, sur le président de la septième chambre. Devenu conseiller à la cour d'appel, M. Brunet a donné depuis peu sa démission. A l'élection partielle nécessitée dans la Corrèze par la mort de M. Rivet, et qui eut lieu le 27 avril 1873, M. Brunet, candidat conservateur, échoua contre le candidat républicain, M. Latrade. Elu le dernier des deux sénateurs de la Corrèze, le 30 janvier 1876, il prit place à droite. M. Brunet fut appelé au ministère de l'instruction publique et des beaux-arts, augmenté des cultes, le 17 mai 1877, en remplacement de M. Waddington. Il ne signala pas autrement son court passage au pouvoir, que par la révocation d'une innombrable quantité d'instituteurs soupçonnés d'attachement à la forme républicaine. Il suivit son chef, M. de Broglie, dans sa retraite forcée, le 23 novembre 1877. Non réélu au Sénat, le 25 janvier 1885, M. Brunet n'a plus fait autre chose que de s'instituer le commensal assidu des princes de la famille Bonaparte, au départ desquels (juin 1886) il assistait. — Il est officier de la Légion d'honneur depuis le mois d'août 1870.

BUCHANAN, Robert, poète anglais, né le 18 août 1841; fit ses études à l'université de Glasgow (Ecosse). Son premier volume de poésies: *Undertones*, parut en 1860; puis vinrent: *Idylles et Légendes d'Inverburn (1865); Poèmes de Londres (1866);* une traduction de *Ballades danoises (1866); Poèmes des Côtes-du-Nord (1867);* la *Chute de Napoléon*, drame lyrique; la *Terre de Lorne, contenant la relation de la croisière du « Tern » aux Hébrides extérieures;* le *Drame des rois (1871);* la *Poésie sensualiste* (the Fleshly school of Poetry), critique fort vive des œuvres du peintre-poète Dante Gabriel Rossetti et de M. Swinburne (1872); les *Grands esprits (1873)*. Un drame en vers, écrit par M. Buchanan, fut joué, il y a quelques années, au Sadler's Well Théâtre: le *Sorcier*. On lui doit encore une comédie en 3 actes, représentée au théâtre de Haymarket, en août 1874: le *Prince extravagant*, et diverses autres pièces: la *Reine de neuf jours;* la *Reine de Connaught; Paul Clifford;* et enfin *Lady Clare*, représenté au Globe le 12 avril 1883. Au commencement de 1869, M. Robert Buchanan donna, dans les salons d'Hanover Square, des lectures de ses principales poésies, dont une édition complète a été publiée, en 3 volumes, en 1874. En 1876, il publiait son premier roman, intitulé: l'*Ombre de l'épée*, qui fut suivi de: un *Enfant de la Nature (1879); Dieu et l'homme (1881);* le *Martyre de Madeline (1882); Aime-moi toujours (1883)*. En 1882, il publia à la fois un choix de ses nouvelles poésies, disséminées dans les recueils périodiques et en particulier dans la *Contemporary Rewiew*, et un nouveau volume de poésies inédites ayant pour titre: *Ballads of Life, Love and Humour*.

BUCHNER, Frédéric Charles Christian Louis, médecin, naturaliste et philosophe allemand, né à Darmstadt le 29 mars 1824, d'un père médecin. Commença ses études dans sa ville natale et se rendit en 1843 à l'université de Giessen, pour y étudier la philosophie d'abord, puis la médecine, alla suivre les cours de l'école de médecine de Strasbourg et revint à Giessen, où il fut reçu docteur en 1848. Il continua toutefois ses études à l'université de Würzbourg, où il eut pour maître Virchow, qui y tenait la chaire d'anatomie pathologique, et à celle de Vienne. A son retour, il s'établit médecin à Darmstadt; mais abandonnant bientôt la pratique pour l'enseignement, il devint professeur particulier et médecin-adjoint de la clinique, à Tübingen. Mais il perdit cette position, dont l'autorité le dépouilla sans autre forme de procès, après la publication de son livre célèbre: *Force et matière* (Kraft und Stoff, 1855), qui eut de nombreuses éditions, fut traduit dès son apparition dans toutes les langues de l'Europe, et autour duquel il se fit partout un bruit énorme. L'auteur y soutient l'infini et l'éternité de la matière et de la force, et leur connexité nécessaire: « Pas de force sans matière, pas de matière sans force », dit-il. Privé de son emploi à Tübingen, le docteur Louis Büchner revint à Darmstadt et y reprit la pratique de la médecine. Il a publié depuis: *Nature et Esprit* (Natur und Geist, 1859); *Esquisses physiologiques (1861); Nature et Science (1862);* l'*Homme selon la Science (1872);* l'*Idée de Dieu et son importance dans le présent (1874)*, etc. Il a également collaboré à la presse scientifique périodique, par des articles de médecine, de physiologie, de pathologie médicale et de philosophie.

BUFFET, Louis Joseph, homme d'Etat français, né à Mirecourt le 26 octobre 1818, fit ses études à Paris et, son droit terminé, après avoir été quelque temps secrétaire de Liouville, se fit inscrire au barreau de Nancy, où il exerçait sa profession lorsqu'éclata la révolution de février. Elu représentant des Vosges à la Constituante, il siégea sur les bancs de la droite, combattit avec ardeur le socialisme, appuya le gouvernement du général Cavaignac et vota, après les journées de juin, la proposition de déclarer que celui-ci avait bien mérité de la patrie. Toutefois, il fut un des premiers à se rallier au nouvel état de choses après l'élection du 10 décembre, et reçut le portefeuille de l'agriculture et du commerce (29 décembre) abandonné par Bixio. Il se retira le 31 décembre

1849, avec Odilon Barrot. Réélu à l'Assemblée législative, il fit partie de la commission chargée de reviser la loi électorale, c'est-à-dire de restreindre le droit de suffrage, et dont les travaux aboutirent à la loi du 31 mai. Rentré au pouvoir le 10 avril 1851, il s'en retirait de nouveau le 14 octobre, parce que le président s'était prononcé pour le retrait de la loi du 31 mai, en d'autres termes, était favorable au suffrage universel. C'est donc par les côtés les plus démocratiques de son esprit que le prince-président ne pouvait s'accorder avec son jeune ministre. Celui-ci reçut la croix de la Légion d'honneur quelques jours après son éloignement des affaires. A partir du coup d'Etat, M. Buffet demeura étranger aux affaires du pays, se bornant à représenter son canton au Conseil général des Vosges. Il posa toutefois sa candidature au Corps législatif dans la première circonscription de ce département, aux élections générales de 1863, et fut élu au scrutin du 17 janvier 1864 contre le candidat officiel. Il prit place au Corps législatif dans les rangs de l'opposition dynastique et devint promptement l'un des chefs du tiers-parti. Réélu en 1869, il fut l'un des agents les plus actifs de l'interpellation dite des 116, laquelle amena de la part de l'empire une promesse de retour sincère au régime parlementaire. A l'avènement du cabinet Ollivier (2 janvier 1870), M. Buffet accepta le portefeuille des finances. Il marqua son passage aux affaires par l'abrogation des décrets relatifs aux admissions temporaires (9 janvier), mesure qui bouleversa d'un coup tout une industrie et qui est l'œuvre, ce qui est à remarquer, de ceux qui précisément reprochaient la même faute, la même injustice, aux traités de commerce de 1860. Ce sans-gêne dans les représailles fit beaucoup de bruit à la Chambre et dans le pays, et menaça, dès le début, l'existence du gouvernement parlementaire, dont on attendait beaucoup. Ce danger fut conjuré par un vote favorable au ministre qui en avait pris la responsabilité. M. Buffet resta peu de temps en fonctions; il se retira avec M. Daru, son collègue aux affaires étrangères, le 10 avril 1870, soi-disant parce qu'ils désapprouvaient le projet de plébiscite, suggéré par M. Rouher et approuvé par M. Emile Ollivier : ce qui était vrai surtout pour M. Daru et pour M. le marquis de Talhouët, lequel, au lieu d'accepter l'intérim de celui-ci, donna à son tour sa démission. — Après le désastre de Sedan et la révolution du 4 septembre, M. Buffet se retira provisoirement de la vie politique. Mais les électeurs des Vosges, par une vieille habitude qu'ils allaient bientôt perdre, l'envoyèrent siéger à l'Assemblée nationale, aux élections du 8 février 1871, en tête de la liste de leurs représentants. Il prit place au centre droit réactionnaire, et ceci nous dispense de rappeler ses votes. A la formation du cabinet de conciliation du 19 février, M. Thiers offrit à M. Buffet le portefeuille des finances; mais M. Buffet, qui avait d'autres projets, repoussa ces avances et ne tarda pas à prendre envers le chef de l'Etat une attitude des plus hostiles, que celui-ci avait sans doute pressentie et voulu prévenir par l'offre d'un portefeuille. Il n'est pas sans intérêt de faire remarquer qu'il ne fallut guère que peu de mois aux électeurs des Vosges pour revenir de leur surprise et mieux apprécier leur premier élu. M. Buffet, conseiller général des Vosges depuis vingt ans, ne fut pas réélu au renouvellement des conseils généraux qui eut lieu le 8 octobre 1871. Lorsqu'à l'occasion d'un de ces scandales puérils dont les grandes assemblées délibérantes sont seules capables, M. Grévy, se sentant blessé dans sa dignité, donna sa démission de président de l'Assemblée nationale, M. Buffet fut élu à sa place (5 avril 1873). Cette démission du président de l'Assemblée nationale n'était qu'un prélude : le 4 avril est trop rapproché du 24 mai pour qu'on puisse s'y tromper. M. Buffet présidant une assemblée devant laquelle M. de Broglie devait développer la fameuse interpellation des trois cents, c'était là une combinaison heureuse et qui ne pouvait se dénouer que par la défaite du gouvernement auquel les conjurés reprochaient si amèrement sa faiblesse pour le parti « radical ». M. Thiers, démissionnaire, fut remplacé séance tenante par le maréchal de Mac-Mahon et M. de Broglie devint vice-président du conseil. Quant à M. Buffet, il préféra rester à son fauteuil, où il fut maintenu sans opposition sérieuse, par le vote du 13 mai 1874. Il y était réélu de nouveau, et pour la dernière fois, le 1er mars 1875, quoique déjà officiellement chargé de la formation du cabinet qui devait remplacer le ministère de Chabaud-Latour, démissionnaire de fait depuis le 6 janvier. — Le 10 mars 1875, M. Buffet était nommé vice-président du conseil avec le portefeuille de l'intérieur. Ceux qui avaient espéré, un peu naïvement, il faut bien le dire, que M. Buffet montrerait la moindre velléité de conciliation, lui qui s'était vanté à la tribune, pendant la dernière législature impériale, d'avoir l'esprit peu conciliant, ne tardèrent pas à s'apercevoir combien ils s'étaient trompés : il est bien entendu que c'est des républicains que nous parlons. Sa haine pour la République, dont il était ministre, n'attendait que l'occasion pour s'affirmer avec la brutalité qui fait partie des moyens oratoires de l'ex-vice-président du conseil. Cette occasion se présenta le 15 juillet. MM. Rouher et Raoul Duval ayant naturellement à répondre aux allégations du rapport Savary sur les menées bonapartistes, et les discours de ces deux honorables membres ayant non moins naturellement appelé des répliques de la part de la gauche, M. Buffet intervient, et sans défendre ouvertement ceux que le rapport accuse, il affecte de ne pas s'occuper d'eux, et dénonce les « menées » autrement dangereuses pour la société, des républicains, des « radicaux ». Il obtient, enfin, un ordre du jour blâmant non pas ceux qui sont justement mis en cause, mais les républicains, que nul n'accuse, excepté lui et la majorité qui le suit. La mansuétude de son caractère éclate de nouveau quelques jours plus tard (27 juillet), à propos de la discussion du projet Tallon, enlevant aux conseils généraux, la vérification de leurs propres pouvoirs. Il déclare à l'honorable M. Christophle, avec tous les signes de la plus vive répulsion, qu'il « n'a jamais été son ami politique et ne le sera jamais ». — Pendant le passage de M. Buffet aux affaires, l'Assemblée adopta l'ensemble de la loi sur les pouvoirs publics (6 juillet); vota la loi sur l'enseignement supérieur (12), dont M. Buffet aida un peu plus tard, au Sénat, à empêcher la modification; la loi sur les conseils généraux (27); la loi électorale substituant le scrutin par arrondissement au scrutin de liste (30 novembre); la loi Buffet-Dufaure contre la presse (29 décembre), etc. Elle a fait, en outre, sa meilleure besogne dans les circonstances, l'élection des soixante-quinze sénateurs inamovibles, dont elle tint soigneusement éloigné le vice-président du conseil (du 9 au 21 décembre). Enfin, elle s'était prorogée du 4 août au 4 novembre. Pendant ces vacances, les membres de l'Assemblée, stimulés par l'imminence des élections, visitèrent leurs électeurs nouveaux, ceux que le scrutin d'arrondissement leur allait préparer, car on ne doutait pas que le scrutin de liste succomberait. Tandis que M. Buffet faisait, à Dompaire, un discours ultra-conservateur, un autre membre du cabinet, M. Léon Say, faisait de son côté, à Stors, un discours nettement républicain. M. Buffet s'opposa à la publication de ce discours au *Journal officiel*, M. Say insiste; un incident se produit au sein du Conseil où, de chaque côté, on parle de démission. Enfin, le discours de M. Say est inséré dans les colonnes de l'organe du gouvernement, mais légèrement amendé après coup, par une lettre conciliante de l'orateur. Cet antagonisme des deux ministres, qui existait depuis leur entrée de conserve aux affaires, devait se manifester de nouveau quelques jours plus tard, à l'occasion des candidatures sénatoriales dans les départements. M. Léon Say se portait sur la même liste que MM. Gilbert-Boucher, président du Conseil général de Seine-et-Oise, et Feray, député appartenant au centre gauche, où il siège également aujourd'hui au Sénat. M. Buffet fit attaquer avec la dernière violence, par les journaux à sa dévotion, ce ministre de la République qui osait s'allier aux « radicaux », etc. M. Say, offrit de nouveau sa démission, qui ne fut reprise cette fois que sur la déclaration de la majorité du ministère, de suivre dans sa retraite l'honorable ministre des finances, en dépit qu'en eût M. Buffet, qui dut céder. — Les élections arrivèrent enfin, et M. Buffet, vice-président du conseil, ministre de l'intérieur, ayant en main tous les fils du réseau administratif qui enserre la France dans ses mailles, M. Buffet après avoir échoué aux élections des sénateurs inamovibles, lui qui comptait avec tant de confiance imprévoyante sur l'appui de *sa* majorité, M. Buffet échoua, dans son propre département, comme candidat sénateur, le 31 janvier 1876; comme candidat député dans ce même département des Vosges, dans sa ville natale, à Mirecourt, le 20 février; — et le même jour, lui qui manifestait naguère tant de mépris pour les « candidatures ambulantes » de certains hommes politiques dont il ne sera jamais l'ami, le même jour, sa « candidature ambulante » échouait, outre Mirecourt, à Bourges, à Castelsarrasin et à Commercy! A la suite de cet échec multiple, que les procès intentés aux journaux qui combattaient sa canditature précipitèrent, peut-être, plutôt que de le prévenir, M. Buffet donna sa démission de vice-président du conseil des ministres. On pouvait croire qu'il se retirerait définitivement de la vie publique, et beaucoup d'autres à sa place n'eussent pas hésité. M. Buffet en jugea autrement. Il accepta la candidature au siège inamovible laissé vacant par la mort de M. Ricard, qui lui avait succédé au ministère de l'intérieur, et fut élu sénateur inamovible par la majorité sénatoriale, alors réactionnaire, le 16 juin 1876, avec 144 voix contre 142. Cette élection provoqua dans le public une émotion plus grande que ne semble le comporter l'importance d'un pareil événement; le résultat vrai, c'est une voix de plus à la droite du Sénat. — Cette voix s'est fait entendre incidemment, dans la première session, close le 12 août 1876 : elle était donc restée deux mois muette. Elle s'est fait entendre de nouveau dans diverses circonstances : on peut deviner dans quel esprit; mais ce n'est plus la même voix, M. Buffet a conscience de la perte de son influence, qui s'étendit un moment jusqu'à ses adversaires politiques, et considère évidemment son siège inamovible du Sénat comme d'honorables et confortables invalides.

BUNSEN, Robert Wilhelm Eberhard, chimiste allemand, né le 13 mars 1811 à Gœttingen; étudia les sciences physiques et naturelles à l'université de cette ville, et alla compléter son instruction à Berlin, à Vienne et à Paris. Il prit ses grades à Gœttingen en 1833 et fut nommé, en 1836, professeur à l'Institut polytechnique de Cassel; professeur adjoint à l'universite de Marbourg en 1838 et titulaire en 1841, il y devint ensuite directeur de l'Institut de chimie. En 1851, il était nommé à la chaire de chimie expérimentale de l'université de Breslau et, en 1852, passait dans les mêmes conditions à l'université d'Heidelberg, où il est encore, et où le 25e anniversaire de sa prise de possession était célébré en 1877, avec retraite aux flambeaux et réjouissances variées. A son passage à Heidelberg, le 30 juillet 1876, l'empereur du Brésil a voulu voir l'éminent chimiste et l'a reçu avec une grande cordialité. Comme professeur, M. Bunsen jouit d'une grande réputation d'éloquence, et ses cours sont très suivis. Ses importantes découvertes en chimie lui ont, en outre, fait un nom célèbre dans le monde savant. Tout le monde connait, au moins de nom, la « pile de Bunsen; » ses travaux sur l'analyse spectrale n'ont pas eu moins de retentissement dans ces dernières années, et lui ont valu l'offre d'une chaire à l'université de Berlin, offre qu'il a déclinée. — Il a inséré, dans les journaux scientifiques de l'Allemagne, des mémoires sur ses principales découvertes, et publié à part : *Description de l'hydromètre (1830)*; *l'Hydrate de fer contrepoison de l'arsenic blanc et de l'acide arsénieux*, qui eut plusieurs éditions; *Méthodes gazométriques*, traduit en français, avec le concours de l'auteur, par M. Th. Schneider (Paris, 1858, in-8°, 60 fig. dans le texte); *Instruction sur l'analyse des cendres et des eaux minérales (1874)*, etc., etc. — M. Bunsen a reçu de l'université de Leyde le titre honorifique de *medicus doctor* en 1875, et a été élu associé de l'Institut (Académie des sciences) en janvier 1883. Il fait, en outre, partie de la plupart des sociétés savantes étrangères.

BURDEAU, Auguste Laurent, littérateur et homme politique français, né à Lyon le 10 septembre 1851. Il débuta dans la vie comme apprenti tireur de fers, mais occupant ses loisirs à suppléer à l'instruction qui lui faisait défaut, il obtint une bourse au lycée de sa ville natale et remporta le prix d'honneur de philosophie au concours général de 1870. Volontaire de l'armée de l'Est en 1870, il fut blessé et pris, et s'échappa des prisons allemandes au bout de six mois de captivité. Décoré pour sa belle conduite sur le champ de bataille, M. Burdeau rentra à Lyon après la signature de la paix. Il était professeur à Saint-Etienne lorsque la politique du 16 mai agita toute la France, et prit sa part de l'agitation générale. En 1881, il fut appelé par M. Paul Bert, devenu ministre de l'instruction publique, à la tête de son cabinet. Il suivit son chef dans sa retraite et reprit sa chaire de philosophie au lycée Louis-le-Grand. M. Burdeau, qui est directeur du *Globe*, a collaboré à la *Revue des Deux-Mondes* et à divers autres recueils hebdomadaires importants. Il a publié une bonne traduction annotée des *Essays* d'Herbert Spencer, en 3 volumes (1884), et une autre de l'*Alternative, contribution à la Psychologie*, d'Edmund R. Clay (1886). — Porté sur la liste radicale du Rhône, M. Burdeau a été élu député de ce département le 18 octobre 1885 et a pris place à l'extrême-gauche. Il a voté l'expulsion totale des princes. — Il est officier d'Académie.

BURDETT-COUTTS (baronne), Angela Georgina, philanthrope anglaise, plus communément désignée sous le nom tout simple de Miss Coutts, est fille de sir Francis Burdett, baronnet, et petite-fille de M. Thomas Coutts, dont elle hérita, en 1837, une fortune colossale qu'elle n'a depuis cessé d'employer en bonnes œuvres de toute nature, souscrivant largement aux établissements de charité publique, en créant de nouveaux, bâtissant des cités ouvrières, des écoles, des églises, etc., etc. Nous citerons, notamment, l'église Saint-Etienne, de Westminster, avec son presbytère et ses trois écoles annexes, érigés aux frais de miss Coutts seule; de même, plus récemment, une autre église, à Carlisle. Sa bienfaisance s'étend également aux colonies; c'est ainsi qu'elle déboursa, pour doter les trois évêchés d'Adélaïde, de Cap Town et de la British Columbia, une somme d'environ 375,000 francs, outre qu'elle fondait dans le même moment, dans le sud de l'Australie, un établissement considérable pour l'amélioration matérielle et morale des aborigènes. Elle fournit à sir Henry James les fonds nécessaires à ses travaux topographiques sur Jérusalem, et offrit de restaurer à ses frais les aqueducs de Salomon, afin d'approvisionner d'eau la ville sainte. On lui doit encore l'acquisition de plusieurs manuscrits grecs relatifs au texte de l'Ecriture. Toutefois, où les sympathies de miss Coutts se sont particulièrement manifestées, c'est surtout en faveur de femmes pauvres ou malheureuses, quelle que soit la source de leur infortune. C'est à son initiative qu'est due l'introduction dans les écoles élémentaires pour les filles, de cours d'économie domestique pratique; elle offrit un abri, des moyens d'existence actuels, avec la possibilité du retour à la vie honnête, aux malheureuses que la misère entraine hors du chemin de la vertu, et ses efforts en ceci ne furent point vains. Elle fonda à Spitalfields, quartier des tisserands, à Londres, une école de couture pour les adultes femmes où celles-ci ne viennent pas seulement apprendre, mais gagner leur vie, étant pourvues d'ouvrage rétribué, par suite de traités passés avec le gouvernement, et nourries d'ailleurs, qu'elles le gagnent ou non. Nous ne parlerons que pour mémoire des gardes envoyées aux malades pauvres, leur apportant non seulement leurs soins, mais les objets nécessaires qui leur font défaut, du vin, par exemple, et des vêtements chauds en hiver. Un coin ignoble du voisinage, appelé « Nova Scotia Gardens », où la police ne se hasardait qu'à son corps défendant, fut acheté par miss Coutts, et sur une étendue immense de terrains, à peu près uniquement couvert d'immondices, elle bâtit les « maisons modèles » dont l'ensemble forme aujourd'hui Columbia square, et consiste en appartements séparés, loués à bas prix, payables par semaine, à plus de trois cents familles. Tout près se trouve le marché (Columbia market), un des plus beaux spécimens de l'architecture ornementale du nord-est de Londres. Cette splendide construction, mise en rapport, par un tramroad, avec le chemin de fer Great-Eastern, fut offerte en pur don par miss Coutts à la *corporation* (municipalité) de Londres, à la condition qu'elle fût approvisionnée d'une manière convenable d'objets d'alimentation salubres et à bon marché, spécialement de poisson, qui forme la base préférée de l'alimentation, dans ce district de la métropole peut-être plus qu'en aucun autre. Dans Victoria Park, qui touche aux lieux dont nous venons de parler, existe une des plus belles fontaines à boire de Londres; une semblable se trouve à l'entrée des jardins zoologiques, dans Regent's Park; une troisième enfin a été élevée près du Columbia market même; l'une et l'autre, bien entendu, par les soins et aux frais de miss Coutts. Elle s'occupe également de tous les moyens pratiques de secourir la misère non seulement lorsqu'elle se présente comme un fait isolé, mais lorsqu'elle prend les proportions d'une calamité publique; et, dans ce cas, elle n'hésite pas à avoir recours à l'expédient radical de l'émigration, qu'elle sait favoriser à propos. Il y a quelques années, un cri de détresse s'éleva tout à coup de la ville de Girvan, en Ecosse; miss Coutts vint aussitôt au secours de nombreuses familles mourant littéralement de faim, et consacra une somme considérable à leur fournir les moyens d'aller chercher une meilleure fortune en Australie. De même, la population de Cape Clear, en Irlande, tombée

dans la même détresse, trouva près d'elle le secours le plus prompt et le plus intelligent: c'est-à-dire les uns par l'émigration, aidée de l'approvisionnement convenable de vivres, de vêtements et d'ustensiles de première nécessité; d'autres par le don d'un bateau de pêche, bien aménagé et fourni de tous ses agrès, pour les aider à leur source principale de travail : la pêche. Cette énumération des actes de bienfaisance publique de miss Coutts est nécessairement incomplète; quant au chiffre de ses bienfaits privés, il est absolument impossible de l'estimer; elle est, en outre la protectrice la plus libérale comme la plus intelligente, étant artiste distinguée elle-même, des artistes et des arts en Angleterre. En 1877, elle réunit, pour secourir les paysans turcs et bulgares dépossédés et fuyant devant l'invasion russe, une somme de 750,000 francs, qui leur fut distribuée par les soins de l'ambassadeur britannique à Constantinople. Enfin son hospitalité, à bon droit vantée, ne s'exerce pas seulement en faveur du grand monde, et les splendides jardins de sa villa de Highgate sont constamment ouverts aux écoliers, qui y prennent leurs ébats, non par centaines, mais par milliers. A toutes ces causes, miss Coutts doit d'être la femme la plus populaire des trois royaumes; et, en 1868, la manifestation en faveur de la Réforme, en passant sous ses fenêtres (et elle employa *trois heures* à ce défilé) le lui montra bien, en la saluant de hourras frénétiques pendant tout ce temps.

En juin 1871, le premier ministre offrit à miss Coutts, au grand étonnement de celle-ci, la « pairie », avec le titre de baronne Burdett-Coutts. Elle hésita, par la raison que, pour elle-même, elle était absolument dépourvue d'ambition; mais, plutôt par convenance, elle ne crut pas devoir refuser cette marque de reconnaissance de sa souveraine. Elle accepta donc ce titre, dont elle ne tirera d'autre parti utile que de le léguer. La baronne Burdett-Coutts fut investie du droit de bourgeoisie par la cité de Londres le 11 juillet 1872, et par la cité d'Edimbourg le 15 janvier 1874. D'autres villes du Royaume Uni ont, depuis, suivi cet exemple. — La baronne a épousé, le 12 février 1881, M. Lehman-Ashmead Bartlett, qui obtint l'autorisation d'ajouter à son nom patronymique celui de Burdett-Coutts.

BURKE, sir John Bernard, écrivain héraldique et antiquaire anglais, né à Londres en 1815; fit ses études classiques au lycée de Caen et fut reçu avocat à Londres, à l'école de Middle Temple, en 1839. Il a édité, d'abord avec son père, puis seul, le *Peerage* qui porte son nom. Il a publié en outre : les *Commoners* (membres de la Chambre des Communes) *de Grande-Bretagne et d'Irlande*; un *Armorial général*; le *Roman de famille*; *Anecdotes sur l'aristocratie*; les *Domaines historiques d'Angleterre*; *Vicissitudes des familles*; l'*Origine des grandes familles*, etc., etc. Il a écrit beaucoup d'autres ouvrages sur les sujets héraldiques historiques ou d'antiquités. En 1853, il a été nommé roi d'armes de l'Ulster, chevalier suivant de l'ordre de Saint-Patrick, et chevalier de cet ordre en 1854. Il a été décoré de l'ordre du Bain le 7 décembre 1868. — Sir John B. Burke est gouverneur de la Galerie nationale d'Irlande depuis 1874.

BURNAND, Francis Cowley, journaliste et auteur dramatique anglais, né en 1837; fit ses études à Eton, puis au collège de la Trinité, à Cambridge, et se fit recevoir avocat en 1862. M. Burnand qui a fait représenter, à l'heure qu'il est, environ une centaine de pièces, surtout comiques, ou plutôt burlesques, est un des principaux rédacteurs du *Punch*, dans lequel il a publié notamment une assez longue série de plaisanteries spirituelles ou paradoxales sous ce titre : *Happy Thoughts* (Pensées heureuses), qui l'ont presque rendu célèbre, et dont il est devenu le rédacteur en chef après la mort de Tom Taylor, en juillet 1880. Sa parodie du drame nautique de Douglas Jerrold : *Suzanne aux yeux noirs* (Black-Eyed Susan), n'a pas eu moins de quatre cents représentations consécutives au Royalty-Théâtre, en 1879. Il a publié, en 1879 : l' « A. D. C », *souvenirs personnels du Club dramatique d'amateurs de l'université de Cambrige.*

BURNOUF, Emile Louis, philologue français, né à Valognes (Manche) le 25 août 1821, fit ses études à Paris, au Lycée Saint-Louis. Entré à l'Ecole normale en 1841, M. Émile Burnouf pris le grade de docteur ès lettres en 1850 et fut nommé professeur de littérature ancienne à la faculté de Nancy, puis directeur de l'Ecole française d'Athènes. Il a été remplacé dans ce poste par Albert Dumont au mois d'octobre 1875, et nommé doyen de la faculté des lettres de Bordeaux; mais ayant publié une énergique protestation contre le discours prononcé à la rentrée solennelle des facultés de cette ville (29 novembre), par le doyen de la faculté de théologie, récemment nommé camérier secret de Pie IX, M. Burnouf fut remplacé dans ces nouvelles fonctions, qu'il n'avait pas encore acceptées, par arrêté ministériel en date du 10 décembre 1875. En 1878, il reçut le titre de directeur honoraire de l'École française d'Athènes. M. Burnouf est membre de plusieurs sociétés savantes, notamment secrétaire français et bibliothécaire de la Société des études japonaises, chinoises, indo-chinoises et océaniennes. — On lui doit : *Des Principes de l'art d'après la méthode et les principes de Platon* et *De Neptuno ejusque cultu, præsertim in Pelopponeso*, ses thèses de doctorat (1850); *Extraits du* Novum Organum *de Bacon (1854)*; *Méthode pour étudier la langue sanscrite sur le plan des méthodes de J. L. Burnouf (1859)*, avec M. Leupol; *Essai sur le Veda, ou Introduction à la connaissance de l'Inde (1863)*; *Dictionnaire classique sancrit-français (1863-64)*; *Histoire de la littérature grecque (1869*, 2 vol.); la *Légende athénienne (1872)*; l'*Indigo japonais (1874)*; *la Science des religions* (3e édition, 1876); la *Ville et l'acropole d'Athènes (1877)*; la *Mythologie des Japonais (1878)*, etc. Il a en outre collaboré à divers journaux ou revues, notamment à la *Revue des Deux Mondes*, au *Journal des Débats*, à l'*Evénement*.

BURT, Thomas, homme politique anglais, né le 12 novembre 1837 à Murton Row, près de Percy Main (Northumberland). Il n'avait que dix-sept mois lorsque ses parents (ouvriers mineurs) quittèrent Murton Row pour se rendre à Whitley, qu'ils durent abandonner au bout d'une année à peine, par suite d'une explosion qui avait ruiné la mine où ils travaillaient. Ils se rendirent alors à New Row, Seghill, aujourd'hui Blake Town, où ils demeurèrent cinq ans, puis allèrent s'établir aux charbonnages de Seaton Delaval. Le jeune Thomas qui, dès sa plus tendre enfance, avait travaillé dans les mines, commença seulement là, pendant ses rares loisirs, sa propre culture intellectuelle, et parvint en assez peu de temps à rattraper le temps perdu, et même à dépasser de fort loin la plupart de ses humbles et laborieux compagnons. En 1860, il partit pour Chappington, où il se maria. En 1865, ses camarades lui confièrent les fonctions de secrétaire de l'Association mutuelle des mineurs du Northumberland. Il s'acquitta avec tant de zèle, d'intelligence et d'abnégation de ces fonctions délicates, qu'il ne tarda pas à devenir extrêmement populaire et que les mineurs du Northumberland, c'est-à-dire les électeurs ouvriers de Morpeth, portèrent sa candidature aux élections de février 1874, et l'élirent membre de la Chambre des communes par 3,332 voix, contre 585 données à son concurrent le capitaine Duncan, candidat du parti conservateur. Là ne s'est point bornée la salutaire manifestation des électeurs de M. Burt : ils se sont volontairement imposés à 500 livres (12,500 fr.) par an, afin de fournir à leur député les moyens de tenir avec dignité son siège de *commoner*. Dans une réunion publique de ses commettants, qui eut lieu à Blyth, le 9 juin 1876, et à laquelle assistait avec lui M. Macdonald, autre représentant ouvrier, M. Burt a prononcé un discours remarquable, dans lequel il a engagé les mineurs du Northumberland à se montrer adversaires résolus du désastreux système des grèves, et à accepter loyalement la décision de la Commission arbitrale permanente pour régler les difficultés éventuelles entre ouvriers et patrons, dont M. Herschell demande l'institution au Parlement. « Je m'y suis engagé en votre nom, a-t-il dit en finissant, et je ne crains pas que vous me fassiez manquer à la parole donnée. » Ces paroles de M. Burt ont été couvertes d'applaudissements unanimes, et le *meeting* s'est terminé par un vote approuvant la proposition de M. Herschell. En 1880, M. Burt fut élu membre du *Reform Club*. Il a présidé la conférence des mineurs tenue à Manchester en septembre 1882.

BURTON, Richard Francis, voyageur et littérateur anglais, né en 1821; entré, en 1842, dans l'armée des Indes, ayant étudié d'abord en vue de la carrière cléricale, il devint capitaine en 1857, après avoir servi cinq ans dans le Sindh, sous sir Charles J. Napier. En 1855, il remplissait les fonctions de secrétaire militaire et chef d'état-major de la cavalerie irrégulière des Osmanlis, pendant la campagne de Crimée; et lord Palmerston allait l'envoyer lever un corps de cavalerie Kourde, lorsque survint la paix. Le capitaine Burton a voyagé à travers l'Arabie et la plus grande partie des régions inexplorées de l'Afrique orientale et de l'Amérique du Nord et du Sud; et ses découvertes géographiques, pour quelques-unes desquelles il fut le compagnon du feu capitaine Speke, lui ont valu les médailles d'or des sociétés de géographie de France et d'Angleterre. Il a été nommé, en 1861, consul à Fernando-Pô et à la baie de Biaffra, et en profita pour accomplir de nouvelles excursions. Parmi ses plus importants ouvrages datant de cette période, nous citerons : *the Lake Regions of central Africa (1862)*, traduit en français; *Abeokuta, or an Exploration of the Cameroon Mountains (1863)*; *A mission to Gelele, king of Dahomey (1864)*; *Explorations of the Highlands of the Brazil with a full account of the Gold and Diamond Mines, also canoeing down 1500 miles of the Great River São Francisco, from Sabarà to the Sea* (Explorations des montagnes du Brésil, contenant une relation complète des mines d'or et de diamants, ainsi que d'une excursion de 1500 milles en pirogue, sur le grand fleuve São Francisco. de Sabarà à la mer (1868, 2 vol.); *Vikram and the Vampire or Tales of the Hindu Devilry* (Vikram et le Vampire, histoires empruntées à la Démonologie hindoue (1869); *Zanzibar City, Island and Coast* (Zanzibar, la ville, l'île et la côte, 1872, 2 vol.); et, en collaboration avec M. Charles F. Tyrwhitt Drake : *Unexplored Syria, visits to the Libanus, the Tulul-el Safà, the Anti-Libanus, the Northern Libanus and the « Alàh. »*

Le capitaine Burton possède dans la perfection trente langues ou dialectes divers, et a une connaissance si profonde des mœurs des contrées, en même temps que de leurs dialectes, qu'il peut impunément y vivre, à l'aide d'un déguisement, sans faire naître le moindre soupçon de son origine. Sportsman consommé, il est également d'une adresse incomparable à tous les exercices de corps et au maniement des armes les plus diverses. Nommé consul à Damas en 1870, il en a été rappelé en 1871 le consulat ayant été réduit à un vice-consulat, et nommé consul à Trieste en septembre 1872. En 1876, il visita le Madian (Arabie) et y retourna à la fin de 1877, pour tenter l'exploitation des mines d'or qu'il y avait découvertes à son premier voyage. Il était de retour en avril 1878, apportant avec lui une énorme quantité de spécimens géologiques, minéralogiques, ethnologiques et anthropologiques, ainsi que des monnaies, des pierres gravées, des fragments de métaux fondus, de verres, de poteries; des photographies de monuments en ruine appartenant à l'art grec et des cartes et plans du pays, etc. En 1882, enfin, le capitaine Burton entreprenait un nouveau voyage d'exploration, avec le commandant V. L. Cameron, à l'intérieur de la Côte-d'Or, au delà des possessions anglaises. De ses plus récents voyages, il a publié les résultats dans les ouvrages ci-après : *Two Trips to Gorilla Land and Cataracts of the Congo (1875*, 2 vol.); *Ultima Thule, or a Summer in Iceland (1875*, 2 vol.); *Sind revisited, with notices on the anglo-indian army, railroads*, etc. (1877, 2 vol.); *The Gold mines of Midian, and the ruined Midianites cities, a fortnight's Tour in North-Western Arabia (1878)*; *To the Gold-Coast for gold, a personnal narrative*, en collaboration avec le commandant Cameron (1882). On lui doit en outre : *Etruscan Bologna, a study (1876)*; une traduction anglaise des *Luisiades* de Camoens (1880) et une étude sur la vie et l'œuvre du poète portugais, intitulée : *Camoens, his Life and his Lusiads, a Commentary (1881*, 2 vol.); une étude sur le théâtre de la Passion : *A Glance at the Passion Play (1882)*, etc.

BURTY, Philippe, critique d'art français, né à Paris le 11 février 1838, fit ses études à Fontainebleau et à Melun, revint à Paris et entra, en 1851, dans l'atelier de M. Chabal-Dussurgey, peintre de fleurs et d'ornements à la manufacture des Gobelins. Il quitta cet atelier en 1854 et commença dès cette époque à collectionner des estampes; puis, se vouant à la critique d'art, il entra à la rédaction de l'*Art au XIXe siècle*, d'où il passa, en 1859, à la *Gazette des Beaux-Arts* que venait de fonder Charles Blanc, et à laquelle il donna les premiers comptes rendus de ventes artistiques qui aient été rédigés. En même temps collaborateur à la *Presse*, il suivit M. de Girardin et ses principaux rédacteurs à la *Liberté (1867)*; il a écrit depuis au *Siècle*, au *Rappel*, à la *République française*, à l'*Academy*, de Londres, etc. M. Ph. Burty a rédigé et publié un assez grand nombre de catalogues de ventes artistiques. Eugène Delacroix lui avait légué par testament le soin de classer ses dessins. Membre fondateur de l'Union centrale des beaux-arts appliqués à l'industrie, M. Philippe Burty a fait partie du jury international de l'Exposition universelle de 1867, comme membre de la section de l'Histoire du travail, et de celui des diverses expositions annuelles de l'Union centrale des beaux-arts, notamment de la cinquième, dont il a été nommé secrétaire général des jurys réunis (septembre 1876), ainsi que de l'Exposition universelle de 1878.

M. Burty a publié : *Eaux-fortes de F. Seymour Haden (1862*, in-fol.); les *Chefs-d'œuvre des arts industriels (1866*, gr. in-8e, 200 gravures sur bois): *Notice sur les études peintes par Théodore Rousseau*, etc. (1867); les *Emaux cloisonnés anciens et modernes (1868)*; *Paul Huet, notice biographique*; *Pas de lendemain*, nouvelle (1869); les *Derniers télégrammes de l'empire* et une édition de *Lettres d'Eugène Delacroix (1870)*; les *Arts industriels (1874)*; *Maîtres et petits-maîtres (1877)*; etc. M. Burty a en outre collectionné un grand nombre de lithographies, dessins, eaux-fortes des maîtres de ce siècle, ainsi qu'une foule d'objets d'art et de curiosités orientales, notamment une collection japonaise qui figura à l'Exposition universelle de 1878. Il est inspecteur des beaux-arts, membre du comité supérieur et des divers comités ou commissions ressortissant aux Beaux-Arts, et chevalier de la Légion d'honneur depuis 1879.

BURY (vicomte), William Coutt Keppel, baron Ashford, homme politique anglais, fils aîné du comte d'Albemarle, né à Londres en 1832; fit ses études à Eton. Entré aux « Scots Fusilier Guards » en 1849, il fut secrétaire privé de lord John Russell en 1850-51, se rendit ensuite aux Indes comme aide-de-camp de lord F. Fitz-Clarence, mais revint peu après en congé de convalescence, et finalement quitta l'armée. En décembre 1854, il fut nommé secrétaire civil et surintendant général des affaires indiennes pour la province du Canada, entra au Parlement en 1857 et fut nommé trésorier de la Maison royale, au retour aux affaires de lord Palmerston en 1859, à quelle occasion son siège à la Chambre des communes, où il représentait Norwich comme membre libéral, fut déclaré vacant. En novembre 1860, il a été réélu par le district rural de Wick, qu'il représenta jusqu'en 1865. A cette époque, il se présenta à Douvres, et échoua; mais, en 1868, il fut réélu par le collège de Berwick-sur-Tweed. Il échoua de nouveau, dans ce même collège, aux élections générales de février 1874, ainsi qu'à une élection complémentaire qui eut lieu à Stroud en février 1875. Dans ces dernières élections, la candidature de lord Bury était appuyée par le parti conservateur. Elevé à la pairie comme baron Ashford, en 1876, il devint sous-secrétaire d'Etat à la guerre en mars 1878, fonctions qu'il résigna à la chute des conservateurs en 1880. — Lord Bury a publié : l'*Exode des nations occidentales*, *Rapport sur la condition des Indiens dans l'Amérique anglaise du Nord*, et divers autres ouvrages de politique ou d'histoire. Il a pris une grande part à l'organisation des volontaires et est lieutenant-colonel du régiment des volontaires du « Service civil ». Il est entré au Conseil privé en 1859. — Le vicomte Bury s'est fait catholique en 1879.

BUSNACH, William Bertrand, auteur dramatique français, d'une famille israélite d'origine arabe dont un des représentants, ancien ministre du dey d'Alger réfugié en France, fut la cause indirecte des événements qui amenèrent la conquête de notre belle colonie, et qui, du côté maternel, est alliée à la famille Halévy. M. William Busnach est né à Paris le 7 mars 1832. Il était employé à l'administration des douanes lorsqu'il fit représenter sur le petit théâtre de la rue de la Tour d'Auvergne, avec un jeune compositeur de ses amis nommé Albert, une opérette dont le succès fit alors beaucoup de bruit dans le monde artiste. Il avait donné déjà, en collaboration avec M. Ludovic Halévy, une pantomime dont Offenbach écrivit la musique et qu'il fit jouer aux Bouffes-Parisiens, mais sans succès (1856). Il écrivit alors pour les Folies-Marigny, où il réussit mieux, reparut aux Bouffes, et finalement donna à divers théâtres des opérettes, des comédies, des drames, des revues, etc., écrits la plupart en collaboration et dont quelques-uns eurent un succès retentissant. Les ouvrages de M. Busnach sont devenus à peu près innombrables. Nous citerons : les *Virtuoses du pavé*, aux Folies-Marigny (1864); les *Gammes d'Oscar*, *Cinq par jour*, *Bu... qui s'avance*, au même théâtre;

les *Petits du premier, C'est pour ce soir*, aux Bouffes (1865) : les *Sabots d'Aurore*, avec M. Deslandes, au Gymnase (1866) ; *Marlborough s'en va-t-en guerre*, avec Siraudin, à l'Athénée ; les *Voyageurs pour l'Exposition*, 3 actes, avec M. Thierry ; *l'Affaire est arrangée*, avec M. Ed. Cadol, au Gymnase (1867) ; la *Pénitente*, avec M. Meilhac, à l'Opéra-Comique (1868) ; l'*Ours et l'amateur de jardins*, aux Bouffes ; *Première fraîcheur*, au Palais-Royal ; *Paris-Revue*, au Châtelet (1869) ; *Ferblande*, aux Variétés (1870) ; l'*Education d'Ernestine*, à la Renaissance ; *Héloïse et Abélard*, musique de Litolff, aux Folies-Dramatiques ; le *Fiancé à l'heure*, à Cluny ; l'*Hirondelle*, au Palais-Royal (1872) ; la *Liqueur d'or*, avec MM. Liorat et Laurent de Rillé, aux Menus-Plaisirs ; *Forte-en-gueule*, au Château-d'Eau ; les *Esprits des Batignoles*, au Palais-Royal ; *Pomme d'api*, à la Renaissance (1873) ; *Charbonnier est maître chez lui*, au Château-d'Eau ; la *Malle des Indes*, même théâtre (1874) ; *Kosiki*, avec M. Liorat, musique de M. Ch. Lecocq, à la Renaissance ; *Mon mari est à Versailles*, avec M. O. Gastineau, au Palais-Royal ; le *Premier tapis*, avec M. Decourcelle, au Vaudeville (1876). Dans ces dernières années, M. W. Busnach s'est particulièrement voué à l'adaptation à la scène dramatique de romans en vogue, tels que l'*Assommoir* de M. Zola, à l'Ambigu (1881) ; la *Grande Iza*, de M. A. Bouvier, au théâtre des Nations (1882) ; *Pot-Bouille*, de M. Zola, à l'Ambigu (1883), etc. Il a donné en outre : la *Marchande des quatre saisons*, drame en 5 actes, à l'Ambigu (1882) ; le *Pot au lait*, vaudeville en 1 acte, au Palais-Royal ; la *Faute de M. Tabouret*, comédie-vaudeville en 3 actes, à Cluny (1883) ; *Ma femme manque de chic*, 3 actes, avec M. Debrit, aux Menus-Plaisirs (1884), etc. — M. W. Busnach a dirigé pendant deux ans (1867-68) le théâtre de l'Athénée, où M. Charles Lecocq donna l'*Amour et son carquois* et surtout *Fleur de thé*, opéra bouffe en 3 actes (avril 1868), qui fit sa réputation. — Il a publié chez Charpentier, en collaboration avec M. Chabrillat, la *Fille de Monsieur Lecoq*, roman (1886).

BUTE (marquis de), John Patrick Crichton Stuart, né à Mountstuart-House, dans l'île de Bute (Ecosse), le 12 septembre 1847 ; il hérita de son titre à la mort de son père, en 1848. Il fit ses études d'abord à l'Ecole d'Harrow, puis à l'Eglise du Christ, à Oxford, et se fit admettre dans le sein de l'Eglise catholique le 24 décembre 1868. Cette conversion d'un jeune homme de vingt ans fit alors beaucoup de bruit en Europe, grâce au zèle exagéré de la presse cléricale catholique. Le marquis de Bute a, depuis cette époque, appuyé avec un grand zèle et une libéralité infatigable, la cause des catholiques de la Grande-Bretagne et les intérêts de leur Eglise. Il a été créé chevalier de l'ordre du Chardon en février 1875. — Lord Bute a publié quelques ouvrages de dévotion et de théologie catholique.

BUTLER, Benjamin Franklin Navarre, général américain, né à Deerfield (New-Hampshire) le 5 novembre 1818 ; fit ses études au collège de Waterville, où il prit ses grades en 1838, et aborda la profession légale en 1841, à Lowel (Massachusetts). Il prit de bonne heure une grande part aux discussions politiques, comme démocrate, et ce fut en cette qualité qu'il fut élu à la Législature du Massachusetts, en 1853, et membre du Sénat des Etats-Unis, en 1859. En 1860, il fit partie, comme délégué de l'Etat de Massachusetts, de la Convention Nationale Démocratique réunie à Charleston (Caroline du Sud) ; il s'y montra opposé aux projets de sécession et proposa une affirmation nouvelle de la déclaration de 1856. A une nouvelle réunion, à Baltimore, M. Butler annonça que la majorité des délégués du Massachusetts refusaient de prendre part plus longtemps aux délibérations de la Convention, par plusieurs raisons, entre autres parce qu'elle soutenait la légitimité de l'esclavage. M. Butler, cette même année, était le candidat démocrate aux fonctions de gouverneur du Massachusetts. Il était en outre brigadier général de la milice de l'Etat. C'est dans cette situation que le trouvèrent les débuts de la guerre de Sécession, pendant laquelle il devait combattre du côté des républicains, ses adversaires, contre ses amis du Sud. En avril 1861, il marcha sur Annapolis (Maryland) avec ses miliciens, et reçut peu après le commandement de Baltimore, capitale de l'Etat, où les Sécessionnistes étaient fort nombreux. Il fut ensuite nommé au commandement de la forteresse Monroe. Des esclaves fugitifs s'étant réfugiés dans le fort, leurs maîtres les réclamèrent au commandant, qui refusa de les rendre, les déclarant de bonne prise, comme « contrebande de guerre ». Au mois d'août suivant il s'emparait des forts Hatteras et Clark, sur la côte de la Caroline du Nord, puis retournait dans le Massachusetts préparer une expédition pour le golfe du Mexique et le Mississipi. L'expédition se mit en marche le 17 avril 1862 ; le 24, la flotte, sous le commandement de Farragut, doublait les forts de la Nouvelle-Orléans, et s'emparait virtuellement de la ville, dont Butler prenait formellement possession le 1er mai. Il prit alors le gouvernement de la ville et se signala dans cette occasion par une rigueur exagérée, surtout si l'on songe que c'étaient, en fin de compte, ses coreligionnaires politiques qu'il avait vaincus. Aux dames de la Nouvelle-Orléans qui le lui reprochèrent, il répondit par une proclamation insensée, où il les menaçait de les considérer comme des prostituées, si elles recommençaient, et de les traiter comme telles. Il fut relevé de son commandement et remplacé par le général Banks. Vers la fin de 1863, il fut appelé au commandement de la Virginie et de la Caroline du Nord, dont les forces étaient désignées sous le nom d'armée du James. Lorsque le général Grant exécuta son mouvement sur Richmond, en juillet 1864, Butler tenta vainement de s'emparer de Petersburgh. En décembre suivant, il fit également une vaine tentative pour s'emparer du fort Fisher, près de Wilmington (Caroline du Nord). A la suite de ce double insuccès, il fut relevé de son commandement et retourna dans le Massachusetts.

En 1866, le général Butler fut élu membre du Congrès par les républicains, et il a été réélu à chaque nouvelle élection bisannuelle jusqu'en 1874. Il se montra dès l'abord chef de parti habile, et se fit particulièrement remarquer en cette qualité à propos de la mise en accusation du président Johnson, en 1868. En 1871, puis en 1873, il chercha, mais sans succès, à se faire élire gouverneur du Massachusetts par les suffrages républicains. En conséquence, il passa de nouveau aux démocrates en 1877, mais n'en fut pas moins battu aux élections suivantes pour le gouvernement du Massachusetts, et jusqu'en 1882, où il fut enfin élu.

BUTLER, William Allen, littérateur américain, né à Albany (New-York) en 1825 ; fit ses études à l'université de la ville de New-York, où il prit ses grades en 1843, puis suivit les cours de droit. Il voyagea en Europe de 1846 à 1848 et, rentré à New-York, se livra à l'exercice de sa profession. Avant de partir pour l'Europe, il avait déjà publié un « poème académique » : L'*Avenir* (the Future) et le *Parnasse de Barnum* (Barnum's Parnassus). De ses voyages, outre des traductions des poètes allemands, il rapporta quelques volumes d'esquisses ou de tableaux ; les *Cités de l'Art et les premiers artistes* (The Cities of the Art and the early artists) ; *Sites écartés de l'Europe* (Out of the way places in Europe) ; puis *The Colonel's club*, mélange de prose et de vers ; *Nothing to Wear (1857)*, poème satirique qui eut un très grand succès et a été traduit en français sous le titre : *Rien à mettre, Crinoline et misère*, par M. A. Le Roy ; *Two millions (1858)*, autre poème satirique, mais moins estimé. En 1862, M. W. A. Butler à publié une biographie de l'ex-président Martin Van Buren, qui venait de mourir.

BUVIGNIER, Jean Charles Victor, homme politique français, né à Verdun le 1er janvier 1823. Avocat du barreau de Montmédy, il fut nommé sous-préfet de cette ville après la révolution de février 1848. Proscrit après le coup d'Etat de décembre, il habita quelque temps la Belgique, mais obtint bientôt l'autorisation de rentrer en France, et fut attaché à l'administration de la Compagnie du canal de Suez. Nommé employé auxiliaire à la préfecture de la Seine quelques mois auparavant, M. Buvignier se présenta aux élections du 21 août 1881, dans son arrondissement natal, et fut élu député au scrutin de ballottage, battant un ancien préfet bonapartiste, son concurrent. Il s'inscrivit au groupe de l'Union républicaine, et le 4 octobre 1885, il passait en tête de la liste républicaine de la Meuse. M. Buvignier a voté l'expulsion totale des princes. — On a de lui quelques publications relatives à l'histoire locale, notamment : *Notes sur les archives de l'hôtel de ville de Verdun (1865)*, et *Jametz et ses seigneurs (1861)*.

BUYAT, Etienne, homme politique français, maire de Chaponnay (Isère), où il est né le 8 juillet 1831. Avocat à Lyon, il se fit remarquer, dans les dernières années de l'Empire, par son opposition au gouvernement, ce qui le fit élire au Conseil général de l'Isère, dont il est devenu président. Après le 4 septembre, il accepta les fonctions de secrétaire général de la préfecture de l'Isère, qu'il remplit pendant quelques mois. Aux élections du 8 février 1871, M. Buyat échoua avec plus de 47,000 voix ; élu député de la 1re circonscription de Vienne, le 20 février 1876, il prit place à gauche. Il a été réélu le 14 octobre 1877 et le 21 août 1881, et siégea dans les rangs de l'Union républicaine. Il a été élu député de l'Isère, le 4 octobre 1885, avec une très forte majorité. M. Buyat a voté l'expulsion totale des princes.

BYRON, Henri James, auteur dramatique et acteur anglais, fils d'un consul britannique à Port-au-Prince, est né à Manchester et a achevé son éducation à Londres. M. Byron est surtout connu comme un auteur très fécond de bouffonneries, de parodies, de pantomimes grotesques, etc., quoiqu'il ait également écrit quelques comédies et drames. Sa première tentative dans le genre burlesque est *Fra Diavolo*, représenté en 1858 au théâtre du Strand, et dont le succès le conduisit à exploiter activement une veine qui parut presque inépuisable. Alors défilèrent sur la même scène : la *Servante et la Pie, Aladdin, Esmeralda*, la *Dame de Lyon*, etc. ; puis une comédie intitulée : la *Vieille histoire* (the Old Story). Parmi ses autres pièces, jouées aux divers théâtres de Londres, nous citerons au hasard : les *Enfants dans le bois* et *Il Trovatore mal traité*, à l'Adelphi ; le *Mazeppa travesti*, à l'Olympique ; *Miss Ely O'Connor*, à Drury-Lane ; *Jack le tueur de Géants*, au théâtre de la Princesse ; et au théâtre du Prince de Galles : la *Sonnambula travestie*, le *Petit Don Juan* (Little Don Giovanni), *Lucia di Lammermoor, Der Freischutz* ; puis quelques comédies originales : la *Guerre au couteau* (War to the Knife) ; *Cent mille Livres* (A Hundred Thousand Pounds), etc. M. Byron a, de plus, amplement collaboré à la littérature périodique courante ; il fut le premier rédacteur en chef du *Fun*, feuille satirique de Londres, et est l'auteur d'un roman en trois volumes : *Paid in full* (Bien payé), primitivement publié dans le *Temple Bar Magazine*. Il parut sur la scène pour la première fois au théâtre du Globe, dans sa propre pièce : *Not such a Fool as he looks* (Pas si fou qu'il en a l'air), le 23 octobre 1869. Il a fait représenter depuis : Une *Dame américaine* (An American Lady), comédie en 3 actes, à l'ouverture du « Criterion », le 21 mars 1874 ; les *Vieux matelots* (Old Sailors), comédie jouée au théâtre du Strand à la fin de la même année ; *the Bull by the horns* (le Taureau par les cornes), drame comédie en 3 actes, joué au théâtre de la Gaîté, de Londres, en septembre 1876, et où il remplit l'un des rôles principaux ; *Nos enfants* (Our boys), etc. — Il est un des collaborateurs du *London Magazine*, dont le premier numéro a paru le 15 octobre 1875, depuis la fondation.

C

CABANEL, Alexandre, peintre français, né à Montpellier le 28 septembre 1823. Elève de Picot, il remporta en 1845 le second grand prix de Rome qui, à défaut de premier, lui valut les avantages attachés à celui-ci. Le sujet du concours dont il sortit ainsi victorieux était : *Jésus dans le prétoire*. Dès 1843, M. Cabanel avait fait recevoir au Salon : un *Christ au Jardin des Oliviers*. Il exposa, après son retour de Rome : *Saint Jean (1850)* ; la *Mort de Moïse, Velléda*, le *Martyr Chrétien*, la *Glorification de Saint-Louis, Soir d'automne*, la *Plantation d'un Calvaire, Othello racontant ses batailles, Michel-Ange, Philoctète abandonné dans l'île de Lemnos*, la *Veuve du maître de chapelle, Marie-Madeleine, Nymphe enlevée par un faune*, le *Poète florentin, Hero retrouvant le corps de Léandre*, la *Naissance de Vénus*, un grand nombre de *Portraits* : de Napoléon III, de l'Impératrice, de Mme la comtesse de Clermont-Tonnerre, de divers personnages officiels de l'empire, etc. (1851-66). A l'Exposition universelle de 1867, il a donné : le *Paradis perdu*, une *Source aux bords de la mer*, la *Moisson*, etc. On a encore de cet artiste : *Mort de Francesca di Rimini et de Paolo Malatesta (1870)* ; *Giacomina*, portrait florentin du XVe siècle (1872) ; la *Fuite de Néron (1873)* ; *Première extase de saint Jean-Baptiste (1874)* ; *Thamar, Vénus (1875)* ; la *Sulamite (1876)* ; *Lucrèce et Sextus Tarquin (1877)* ; *Saint Louis, roi de France*, grande toile divisée en trois parties, sorte d'immense tryptique destiné à l'église Sainte-Geneviève, redevenue le Panthéon, et plusieurs de ses portraits déjà exposés, dont celui de la *Duchesse de Luynes* et celui de *Mme de Mercy-Argenteau* (Exposition universelle, 1878) ; deux nouveaux *Portraits (1883)* ; *Chiffonniers (1884)* ; des Portraits, notamment celui du *Fondateur de l'Ordre des Petites Sœurs des pauvres* et celui de la *Supérieure générale, fondatrice du même ordre (1886)*.

Elu à l'Académie des Beaux-Arts en remplacement

d'Horace Vernet, en 1863, M. Cabanel a été nommé la même année professeur de peinture à l'Ecole des Beaux-Arts. — Il est commandeur de la Légion d'honneur depuis le 13 juillet 1884.

CABAT, Louis Nicolas, peintre français, né à Paris le 24 décembre 1812. Elève de Flers, il explora les contrées les plus pittoresques de la France, de l'Italie, etc., peignant tout le long du chemin, et débuta au Salon de 1833. Nous citerons de cet artiste : le *Moulin de Dampierre*, le *Cabaret de Montsouris*, *Intérieur d'une métairie*, une *Hôtellerie dans l'Indre*, l'*Oiseleur*, les *Plaines d'Arques*, le *Bois de Fontenay-aux-Roses*, la *Gorge aux Loups*, le *Hameau de Sarasin*, l'*Hiver*, le *Jeune Tobie présenté par l'ange à Raguel*, le *Lac Nemi*, près de Rome ; *Genzano*, même site ; les *Disciples d'Emmaüs*, la *Chasse au sanglier*, *Vue de la Neva*, le *Lac Bolsena*, le *Ravin de Villeray*, le *Matin*, le *Crépuscule*, le *Soir au lever de la lune*, trois études d'effets de lumière ; l'*Ile de Croissy*, les *Bords de la Seine à Croissy*, une *Source dans les bois*, les *Chasseresses*, le *Bois de Chanteloube* (Berry), *Après l'Ondée* (Berry), *Solitude* (Tyrol), (1835-70); *Temps orageux*, *Fontaine druidique (1872)*; un *Lac et un Etang (1873)*; un *Matin dans le parc du Magnet (1877)*; *Chemin montant (1886)*, etc.

M. Louis Cabat a obtenu une 2e médaille en 1834 et une 3e médaille à l'Exposition de 1867. Il est officier de la Légion d'honneur depuis 1855. Elu membre de l'Académie des Beaux-Arts en 1867, en remplacement de Brascassat, il a été directeur de l'Académie de France à Rome de 1878 à 1884.

CABEL, Marie Josèphe Dreulette, dame Cabu (dite **Marie Cabel**), cantatrice belge, née à Liége le 31 janvier 1827. Fille d'un comptable des principaux théâtres de la Belgique, elle avait fait de bonne heure des études musicales suffisantes pour lui permettre de donner des leçons, lorsque, son père étant mort, sa mère n'eut plus d'autre soutien qu'elle. C'est alors qu'elle épousa M. Cabel, ou plutôt Cabu, professeur de chant, pris d'abord par le charme de sa voix, qu'il travailla ensuite à développer. Mme Cabel vint à Paris en 1847 et chanta au Château des Fleurs; l'année suivante elle entrait au Conservatoire, et elle fut engagée à l'Opéra-Comique en 1849. Elle parut alors sur cette scène dans le *Val d'Andorre* et les *Mousquetaires de la Reine* notamment, puis retourna en Belgique, où ses compatriotes l'accueillirent avec enthousiasme. Elle joua au Théâtre royal de Bruxelles : la *Sirène*, le *Songe d'une nuit d'été*, le *Caïd*, le *Toréador*, le *Prophète*, etc. Elle revint ensuite en France, joua au Grand-Théâtre de Lyon et alla donner des concerts dans plusieurs grandes villes ; après cette tournée artistique, elle revint à Paris, où elle fut engagée au Théâtre-Lyrique, qui lui dut un bon moment de grande vogue. Elle y parut dans un grand nombre de pièces écrites exprès pour elle, et où elle reparut ailleurs à plusieurs reprises. Nous citerons, parmi ses créations à ce théâtre : la *Promise*, le *Bijou perdu*, la *Moissonneuse*, *Peines d'Amour*, etc. Engagée à l'Opéra-Comique, en 1852, Auber écrivit pour elle sa *Manon Lescaut*; elle y créa également le rôle de Dinorah du *Pardon de Ploërmel*, celui de Philine de *Mignon*, et reprit celui de Catherine dans l'*Etoile du Nord*. — Mme Marie Cabel est rentrée à ce théâtre en 1871. Elle est retournée en Belgique depuis, joua à l'étranger, à Londres notamment, avec un grand succès, et n'a plus reparu à Paris.

CABLE, George Washington, romancier américain, né en 1845 à la Nouvelle-Orléans. Son père étant mort, laissant dans le besoin une famille nombreuse, il dut interrompre ses études à l'âge de quatorze ans et se faire employé pour aider de son salaire sa mère et ses sœurs. Survint la guerre de Sécession, pendant laquelle il servit dans l'armée confédérée. Après la paix, il retourna à la Nouvelle-Orléans, plus pauvre encore, et forcé d'abord de faire toute sorte de métiers pour vivre ; il obtint à la fin une position honorable et lucrative, dans une grande manufacture de coton, et ne l'abandonna qu'en 1879, pour se livrer entièrement à la littérature. Il avait débuté par quelques articles insérés dans le *Picayune* de la Nouvelle-Orléans et signés du pseudonyme de *Drop-Shot*; mais ce furent ses esquisses de la vie créole, publiées dans le *Scribner's Magazine*, qui commencèrent sa réputation. Ces esquisses furent réunies ensuite en volume, sous le titre *Old Creole Days (1879)*; et furent suivies bientôt de : les *Grandissimes (1880)*; *Madame Delphine (1881)*, etc. Les ouvrages de M. George W. Cable offrent une peinture du langage, du caractère, des mœurs des créoles de la Louisiane extrêmement intéressante et d'une exactitude qu'on ne rencontre au même degré chez aucun autre auteur. Il écrit actuellement, dit-on, une *Histoire de la Nouvelle-Orléans*.

CADOGAN (comte de), George Henry Cadogan, homme politique anglais, né à Durham en 1840, hérita du titre de comte à la mort de son père, en 1873. Lord Cadogan avait représenté Bath à la Chambre des communes, pendant quelques mois, lorsqu'il entra à la Chambre-Haute, où il prit place parmi les conservateurs. Il fut nommé sous-secrétaire parlementaire à la guerre en 1875, puis sous-secrétaire d'Etat des colonies en 1878, et se retira en avril 1880, avec les membres du ministère conservateur. De nouveau sous-secrétaire d'Etat, de juin 1885 à février 1886, lord Cadogan est entré dans le cabinet formé par le marquis de Salisbury le 2 août 1886, en qualité de gardien du Sceau privé.

CADOL, Victor Edouard, littérateur et auteur dramatique français, né à Paris le 11 février 1831. D'abord employé à l'administration du chemin de fer du Nord, il abandonna cette position en 1853, pour se livrer entièrement à la littérature. Après avoir collaboré à divers journaux, notamment au *Courrier de Paris*, il entra au *Temps*, dont il devint secrétaire de la rédaction, fut correspondant du *Journal de Francfort*, critique dramatique de l'*Esprit public*, de M. Hippolyte Castille, et fut l'un des rédacteurs fondateurs de l'*Esprit français*, journal hebdomadaire dirigé par feu Gasperini et qui dura peu, malgré un mérite littéraire très grand. Outre des études agricoles d'une réelle valeur, M. Cadol publia à cette époque des nouvelles dans divers journaux ou recueils périodiques, notamment dans le *Monde* et l'*Univers* illustrés et prêta sa collaboration anonyme à divers auteurs dramatiques et même à des romanciers ; nous citerons, parmi les ouvrages auxquels il a ainsi collaboré : le *Maître de la maison*, comédie en cinq actes de MM. Jules Barbier et Edouard Foussier, jouée à l'Odéon en 1867 et le *Tour du monde en 80 jours*, de M. Jules Verne. — Il a donné au théâtre : la *Germaine*, comédie en trois actes, jouée d'abord sur le théâtre de Nohant, puis au Vaudeville (1864), grâce à l'appui de la regrettée châtelaine, George Sand, amie de la famille de M. Cadol ; les *Ambitions de M. Fauvel (1867)*, cinq actes, à l'Odéon ; l'*Affaire est arrangée (1868)*, un acte, au Gymnase ; les *Inutiles*, comédie en 4 actes, jouée au théâtre de Cluny le 24 septembre 1868, et qui fut le plus grand succès dramatique de l'année, quoique refusée à l'Odéon ; la *Fausse Monnaie*, au même théâtre (1869), presque aussi froidement accueillie que les *Inutiles* l'avaient été chaudement ; les *Créanciers du bonheur*, 3 actes, à l'Odéon (1871) ; le *Spectre de Patrick*, grand drame, au Château-d'Eau (1872) ; le *Capitaine d'aventure*, opéra comique, musique de Th. Semet, à l'Opéra-Comique (1874), etc. Dans ces derniers temps, M. Cadol s'est voué à la généreuse tentative d'éloigner de la scène les procédés scabreux en vogue depuis un temps immémorial et plus particulièrement la glorification ou tout au moins l'excuse du vice, jugeant avec raison, suivant nous, qu'une mère de famille ou une épouse vertueuse qui souffre et qui pleure est pour le moins aussi intéressante qu'une catin qui se venge ou qui se macère sur le tard ; mais il fallait pour cela substituer le pathétique au dramatique, et M. Cadol échoua, en vertu du principe qui s'oppose à ce que se soient les inventeurs qui profitent de l'invention, et non parce qu'il s'est trompé. Son beau drame intitulé : la *Famille*, conçu dans cet esprit et donné au théâtre Lyrique-Dramatique (aujourd'hui Théâtre des Nations) le 13 janvier 1875, ne réussit pas, malgré de grandes qualités scéniques ; Il en fut de même de sa *Grand'maman*, représentée au Français le 17 mai de la même année. Il avait donné également, au théâtre Lyrique-Dramatique, le *Meunier de Rambouillet*, un acte, qui servait de lever le rideau à la *Famille*. Il a donné depuis quelques ouvrages en collaboration, tels que la *Bagasse*, vaudeville en 4 actes, avec M. G. Duval et E. Philippe, aux Menus-Plaisirs (1884) et des « adaptations » de ses romans. — M. Cadol a publié, en outre, un certain nombre de romans et de nouvelles : *Contes gais* ; les *Belles imbéciles*, *Mme Elise*, roman d'où il a tiré le sujet de la *Famille* ; le *Monde galant* ; *Rose, splendeurs et misères de la vie théâtrale (1874)*, paru d'abord en feuilletons dans le *Figaro* ; le *Cheveu du diable*, paru en feuilletons au *Constitutionnel* en 1874 ; la *Bête noire (1875)*; la *Grande vie (1879)*; la *Belle Virginie (1882)*; *Tout seul (1884)*; *Hortense Maillot*, les *Parents riches (1885)*; le *Meilleur monde*, roman parisien ; *Lucette (1886)*, etc.

CADUC, Armand homme politique français, né en 1818, à Ladoux (Gironde). Avocat du barreau de la Réole, opposé au coup d'Etat de décembre 1851, il fut porté sur les listes de proscription et passa plusieurs années en exil, après lesquelles il reprit sa place au barreau de la Réole. Le 20 octobre 1872, il était élu contre l'ancien ministre de l'empire Forcade-la-Roquette, représentant de la Gironde à l'Assemblée nationale, et prit place à gauche. Après avoir échoué dans l'arrondissement de La Réole, aux élections générales du 20 février 1876, il était élu le 10 février 1879, en remplacement de Louis Mie, décédé, dans la 2e circonscription de Bordeaux ; puis dans l'arrondissement de La Réole, aux élections générales du 21 août 1881. Le 26 janvier 1885, une élection partielle l'envoyait siéger au Sénat. M. Caduc a voté la loi sur l'expulsion des princes (22 juin 1886).

CAHOURS, Auguste André Thomas, chimiste français, né à Paris en 1813. Elève de l'Ecole polytechnique, il en sortit en 1835 comme sous-lieutenant, mais donna, dès l'année suivante, sa démission pour se vouer à l'enseignement et aux recherches scientifiques. M. Cahours devint alors professeur de chimie à l'Ecole centrale des arts et manufactures et répétiteur de chimie, examinateur de sortie à l'Ecole polytechnique ; puis essayeur à la Monnaie, où il est devenu vérificateur des essais. Membre de la Société philomathique, il a été élu membre de l'Académie des sciences, section des sciences physiques, en 1868. Ses recherches de chimie organique, notamment sur l'alcool amylique (huile de pommes de terre) et ses dérivés, sur les huiles essentielles, etc., ont assuré à M. Cahours une place distinguée dans les rangs des principaux chimistes de notre temps. Il a publié une quantité de *mémoires* sur ses découvertes scientifiques dans les *Comptes rendus* de l'Académie des sciences, depuis 1836. On lui doit en outre : *Leçons de chimie générale élémentaire (1855-56*; nouvelle édition, 1860) ; *Chimie des Demoiselles (1869)*; *Traité de chimie (1875)*, etc. — Chevalier de la Légion d'honneur depuis 1856, M. Cahours a été promu officier en 1863 et commandeur le 12 juillet 1882.

CAILLAUX, Alexandre Eugène, ingénieur et homme politique français, né à Orléans en 1823. M. Caillaux, attaché comme ingénieur à la compagnie du chemin de fer de l'Ouest, s'est porté candidat à l'Assemblée nationale dans le département de la Sarthe, aux élections du 8 février 1871 et fut élu le sixième sur neuf. Très indécis, à ce qu'il semble, sur la ligne politique qu'il devait choisir, il fit d'abord partie de la réunion Feray (centre gauche républicain) ; puis, dans la mémorable journée du 24 mai 1873, il se rangea derrière M. Target, parmi les quinze députés dont la défection détermina la retraite de M. Thiers, et, après l'avènement du cabinet de Broglie, se fit inscrire au centre droit. Le 22 mai 1874, M. Caillaux était appelé à remplacer M. de Larcy au ministère des travaux publics, il conserva ce portefeuille jusqu'au 9 mars 1876, époque où il fut remplacé par M. Christophle. A l'Assemblée nationale, M. Caillaux s'est surtout fait remarquer par son zèle à défendre les intérêts des grandes compagnies de chemin de fer ; pour le reste, il s'est à peu près borné à joindre son vote à ceux de ses amis de la droite cléricale et réactionnaire. Il a été élu, le 30 janvier 1876, sénateur de la Sarthe, dont les électeurs l'abandonnèrent au renouvellement du 8 janvier 1882. Il entra dans l cabinet de Broglie du 18 mai 1877, lequel se maintint jusqu'au 20 novembre, comme ministre des finances, en remplacement de M. Léon Say.

Au mois de juillet 1876, M. Caillaux avait été nommé président de l'enquête sur ce qu'il est convenu d'appeler le « scandale de l'Ecole polytechnique ». Il a été accusé, à cette occasion, principalement dans la presse étrangère, de n'avoir accepté cette position qu'à de certaines conditions qui faisaient pressentir d'avance les conclusions de cette commission ; par exemple, à la condition que deux membres connus par leurs sentiments cléricaux fussent substitués à deux autres membres au moins indifférents, ce qui déplaçait nécessairement la majorité.

CAIN, Auguste Nicolas, sculpteur français, né à Paris le 4 novembre 1822. D'abord menuisier, puis sculpteur sur bois, M. Cain entra dans l'atelier de Rude, et s'adonna à peu près exclusivement à la sculpture d'animaux, principalement à celle des grands fauves, où il excelle. Il a débuté au Salon de 1846 par un groupe de *Fauvettes défendant leur nid contre un loir*, et a envoyé depuis aux divers Salons : les *Grenouilles qui demandent un roi*, *Aigle défendant sa proie*, *Aigle chassant un vautour*, *Faucon chassant aux lapins*, *Faisans surpris par une fouine*, *Renard chassant des canards*, *Combat de coqs*, *Coq cochinchinois*, *Lionne du Sahara*, *Vautour*, *Buse chassant aux perdreaux*, *Lion du Sahara*, *Trophée de chasse*, *Faucon et héron*, *Une famille de tigres*, *Tigre terrassant un crocodille*, *Lion de Nubie et sa proie*, plâtre (1870) ; *Nid de faisans*, bronze (1874) ; *Lion et lionne se disputant un sanglier*, plâtre (1875) ; *Famille de tigres*, bronze (1876) ; *Combat de tigres*, plâtre (1878) ; *Coq français*, cire, exécuté en bronze pour la salle du Jeu de paume de Versailles (1883); *Chiens bâtards français arrêtés sur le change*, plâtre, et *Rhinocéros attaqué par des tigres*, bronze, pour le jardin des Tuileries (1884) ; *Lionne rapportant un sanglier à ses lionceaux*, plâtre (1886), etc.

M. Cain a lui-même reproduit ses bronzes et édité une grande partie de ses œuvres, sans parler de ses bronzes de fantaisie. — Il a obtenu une 3e médaille en 1851 et le rappel en 1863, une médaille en 1864, une 3e médaille en 1867 et une 2e médaille en 1878 ; nommé chevalier de la Légion d'honneur en 1869, il a été promu officier le 13 juillet 1882.

CAIRNS (comte) Hugh Mac Calmont, pair d'Angleterre, né dans le comté de Down (Irlande) en 1819 ; fit son éducation au collège de la Trinité de Dublin, et fut admis au barreau, à Middle Temple, en 1844. En 1852, les conservateurs de Belfast l'envoyèrent siéger à la Chambre des communes, où il continua de représenter cette ville jusqu'à sa nomination de Lord juge d'appel, en 1866. Nommé avocat de la reine en 1856, M. Cairns fut créé chevalier au retour aux affaires de lord Derby, en 1858, et nommé solicitor (procureur) général. Il fit preuve, dans ces fonctions, d'habileté autant que de talent oratoire, et ses harangues d'alors sont considérées comme des chefs-d'œuvre d'éloquence. A son second retour au pouvoir, en 1866, lord Derby retrouva sir Hugh Cairns et le fit attorney général, puis Lord juge de la Cour d'appel (18 octobre) ; enfin, le 23 février 1867, la *London Gazette* annonçait son élévation à la pairie sous le titre de baron Cairns de Garmoyle, dans le comté d'Antrim. Il devint lord grand chancelier en février 1868 et conserva ce poste jusqu'à la défaite du parti conservateur et à la chute du ministère dont il faisait partie, en décembre de la même année ; il reprit alors son siège à la Chambre haute. En février 1874, au retour du parti conservateur au pouvoir, lord Cairns reprit son portefeuille de lord grand chancelier de la Grande-Bretagne. Il dut l'abandonner de nouveau, pour les mêmes causes, en avril 1880. En septembre 1878, il avait été créé vicomte Garmoyle et comte Cairns.

CAIROLI, Benedetto, homme d'état italien, né à Gropello, province de Pavie, le 28 janvier 1826 ; fit ses études aux universités de Pavie et de Zurich. Son père, qui était chirurgien, fut élu syndic de sa commune en 1848 ; il prit part au soulèvement de 1848 contre l'Autriche, ainsi que ses fils, dont plusieurs tombèrent sur le champ de bataille, soit à cette époque soit plus tard ; cette famille de patriotes ayant figuré dans toutes les luttes de l'indépendance italienne. Celui qui fait l'objet de cette notice était exilé depuis 1851 lorsqu'éclata la guerre de 1859 ; il s'engagea aussitôt dans le corps garibaldien des *cacciatori delle Alpi*. L'année suivante, il faisait parti des *Mille* qui s'emparèrent de la Sicile sous la conduite de l'illustre partisan, et fut grièvement blessé à la jambe au siège de Palerme. Il combattait dans le Trentin en 1866 et assistait l'année suivante aux batailles de Monterotondo et de Mentana. Député de Brivio dans le premier parlement italien, il y siégea à gauche, parmi les républicains, et ce n'est qu'après l'avènement d'un ministère de gauche au pouvoir, en 1876, qu'il se décida à faire acte d'adhésion à la monarchie constitutionnelle. En mars 1878, peu après l'avènement du roi Humbert, M. B. Cairoli fut appelé à former un nouveau ministère, avec la présidence du conseil, sans portefeuille, après avoir été élu président de la Chambre quelques jours auparavant, à l'ouverture de la session. Le 23 octobre suivant, le ministère donnait sa démission, mais M. Cairoli était chargé de former un nouveau cabinet, dans lequel il prenait le portefeuille des affaires étrangères. Le 17 novembre suivant, il accompa-

gnait le roi et la reine à Naples, lorsqu'eut lieu la tentative criminelle de Passanante; M. Cairoli, voulant préserver le roi du poignard de l'assassin, fut lui-même grièvement blessé. A la suite de cet évènement tragique, le premier ministre fut l'objet des félicitations des chambres et de la population italiennes, auxquelles se joignirent celles des souverains et des personnages les plus marquants de l'étranger; c'est à cette occasion, du reste, qu'il fut créé grand'croix de la Légion d'honneur. Malgré cela, M. Cairoli donnait sa démission le 11 décembre, ayant été mis en minorité sur une question de politique intérieure. Mais le ministère qui vint au pouvoir, sous la présidence de M. Depretis, ne put aller bien loin, et M. Cairoli rentrait au pouvoir en juillet 1879, pour se voir forcé, au mois de novembre suivant, de remanier son ministère, dans lequel M. Depretis acceptait le portefeuille de l'intérieur. Après l'expédition française à Tunis, que M. Cairoli, comme ministre des affaires étrangères, était accusé d'avoir laissé faire (la vérité est qu'il n'y pouvait pas grand'chose), le ministère dut donner sa démission, le 15 mai 1881. Il fut remplacé par un ministère Depretis, M. Sella, à qui la mission en avait été d'abord confiée, n'ayant pu réussir à former un cabinet homogène sous sa présidence.

CALCANO, Jose Antonio, poète vénézuelien, né à Cartagena (République du Venezuela) en janvier 1827. Poète élégiaque d'un sentiment délicat, M. J. A. Calcano a publié à Caracas, capitale de la République, plusieurs volumes de poésies très estimées, et surtout une quantité innombrable de pièces de vers éparses dans la plupart des publications littéraires périodiques de Caracas, et souvent reproduites dans les recueils similaires espagnols ou des républiques voisines.

CALDERON, Philip Hermogenes, peintre anglais d'origine espagnole, est né à Poitiers en 1833 et fut élève de Picot, à Paris et de Leigh, à Londres. — Ses premières œuvres les plus remarquables sont: la *Fille du geôlier*, exposée en 1858, à l'Académie royale de Londres; *Paysans français rencontrant leur enfant volé (1859); Jamais plus (1860);* la *Demande en mariage,* le *Retour de Moscou (1861);* la *Reine Catherine et ses femmes à l'ouvrage, Après la bataille (1862);* l'*Ambassade britannique à Paris pendant le massacre de la Saint-Barthélemy (1863);* l'*Enterrement d'Hampden,* les *Femmes d'Arles (1864).* M. Calderon fut élu, en 1864, associé de l'Académie royale de Londres. Il n'exposa point en 1865; mais dès l'année suivante, ses toiles reprenaient le chemin de l'Académie royale. Nous citerons: *Femmes de Poitiers lavant sur les bords du Clain, Dans les Pyrénées (1866);* la *Patrie après la victoire,* le *Soir (1867);* le *Jeune seigneur Hamlet à cheval sur le dos d'Yorick; Œnone, Où? (1868);* la *Duchesse de Montpensier poussant Jacques Clément à l'assassinat du roi, « Mire dans mes yeux tes yeux... »* un *Portrait* à l'aquarelle grandeur naturelle, etc. (1869); le *Berceau de la Vierge,* les *Orphelins,* le *Printemps chassant l'hiver,* etc. (1870); *Sur le chemin du trône,* les *Tableaux nouveaux (1871);* l'*Eté,* scène des bords de la Tamise; une *Jeune fille de haute naissance,* et plusieurs *Portraits (1872); Bonne nuit, Sérénade au clair de la lune, Victoire (1873);* la *Reine des Tournois, Demi-heures avec les auteurs illustres (1874);* les *Coquettes d'Arles, Toujours fidèle,* le *Grand sport (1875);* le *Nid, Margaret, Yeux éveillés (1876); Jeanne d'Arc,* le *Trois pour cent réduit, à la Banque d'Angleterre;* le *Marchand de fruits (1877);* le *Couvent de femmes de Loughborough,* la *Gloire de Dijon (1878).* Il avait principalement à l'Exposition universelle de 1878, ses deux tableaux de 1869: la *Duchesse de Montpensier* et *Mire dans mes yeux...* Il a exposé en 1881, à l'Académie royale, toute une série de panneaux décoratifs.

M. Calderon a été élu Académicien royal en 1867; la même année, il recevait à l'Exposition internationale de Paris, la 1re médaille décernée à l'art anglais. Il remporta également une des médailles accordées aux artistes exposants d'Angleterre, à l'Exposition de Vienne, en 1873; à l'Exposition universelle de 1878, il obtint un rappel de 1re médaille et fut décoré de la Légion d'honneur.

CALEMARD DE LA FAYETTE, Gabriel Charles, littérateur et agronome français, né au Puy-en-Velay en 1815. On lui doit: *Dante, Michel-Ange et Machiavel,* étude sur l'histoire et la littérature italienne (1852); une traduction en vers de l'*Enfer,* de Dante (2 volumes, 1855); *Petit Pierre ou le bon Cultivateur (1859);* la *Statue de Notre-Dame de France (1860);* le *Poème des Champs (1861),* couronné par l'Académie; la *Prime d'honneur (1866),* également couronné par l'Académie; l'*Agriculture progressive (1867); Attila,* tragédie non représentée (1867), etc. Président de la Société académique du Puy, M. Calemard de la Fayette est conseiller général de la Haute-Loire, pour le canton de Paulhaguet. Il a été élu, le 8 février 1871, représentant de la Haute-Loire à l'Assemblée nationale, où il a pris place au centre droit. Porté candidat à la députation aux élections du 20 février 1876, dans la 2e circonscription du Puy, il échoua contre le candidat républicain, M. Vissaguet. Sa candidature aux élections sénatoriales du 9 janvier 1879 eut le même insuccès. — M. Calemard de la Fayette est chevalier de la Légion d'honneur.

CALÈS, Jean Jules Godefroy, médecin et homme politique français, né à Villefranche-de-Lauraguais le 24 juillet 1828, est fils d'un représentant à la Constituante de 1848 et petit-neveu du conventionnel Calès. Il se fit recevoir docteur en médecine et alla s'établir dans sa ville natale. Conseiller municipal depuis 1865, il prit part au mouvement d'opposition républicaine qui signala les dernières années de l'empire, collabora aux journaux démocratiques et se porta candidat à diverses élections générales ou partielles, qui se produisirent dans la Haute-Garonne pendant cette période, échouant invariablement, mais avec une minorité considérable. Appelé à la sous-préfecture de Villefranche le 6 septembre 1870, le docteur Calès donna sa démission le mois suivant, prit du service comme volontaire et fut nommé directeur du service médical au camp de Toulouse. La paix signée, il reprit l'exercice de sa profession. En 1875, le docteur Calès devint maire de Villefranche, et il fut élu conseiller général de la Haute-Garonne. Il est, en outre, médecin inspecteur des eaux de Capvern, dans ce département, officier d'académie et chevalier de la Légion d'honneur. Porté sur la liste républicaine progressiste de la Haute-Garonne, aux élections de 1885, M. Calès fut élu au scrutin du 18 octobre. Il prit place à gauche et a voté l'expulsion totale des princes.

CALLEN, Jean, homme politique français, né le 30 octobre 1820 à Saint-Symphorien (Gironde). Membre du Conseil général de la Gironde pour le canton de Saint-Symphorien, M. Jean Callen fut élu, comme candidat républicain, sénateur de ce département le 9 janvier 1879. Il a voté l'expulsion des princes.

CALMANN-LÉVY, libraire-éditeur français, né à Phalsbourg le 19 octobre 1819, est devenu, par la mort de son frère Michel (5 mai 1875), l'unique propriétaire de l'importante maison de librairie de Paris, connue sous la raison *Michel Lévy frères* qu'il avait fondée avec lui en 1836. Cette maison qui, grâce à une direction intelligente, prit un développement des plus rapides, eut d'abord les publications théâtrales pour spécialité, publiant à mesure de leur apparition sur la scène les pièces en vogue et, en outre, un recueil d'ensemble des principales, sous le titre de *Bibliothèque dramatique* (gr. in-18 anglais), et un autre, format in-4°, sous celui de *Théâtre contemporain illustré.* MM. Michel Lévy frères devinrent, en 1858, propriétaires du journal de théâtre l'*Entr'acte.* Ils ont beaucoup contribué à répandre le goût de la lecture dans les masses par la publication de plusieurs journaux littéraires illustrés à bon marché, alimentés par un choix de romans des meilleurs auteurs et ornés de dessins soignés: le *Journal du Dimanche,* le *Journal du Jeudi,* les *Bons Romans.* En 1858, ils fondaient l'*Univers illustré,* qui est resté l'une des plus belles publications de ce genre dans notre pays, si longtemps inférieur à l'Angleterre, aux Etats-Unis et même à l'Allemagne sous ce rapport. Enfin les publications de littérature courante de la maison Michel Lévy frères, devenue maison Calmann-Lévy, sont divisées en trois grandes collections ayant pour titres: *Collection Michel Lévy* (volumes gr. in-18, à 1 fr. 25 c.), la *Bibliothèque contemporaine* (gr. in-18, 3 fr. 50 c.), et le *Musée littéraire contemporain* (in-4°). — M. Calmann-Lévy est en outre l'éditeur des œuvres complètes des principaux littérateurs de notre temps, ainsi que des œuvres nouvelles de beaucoup d'autres. Parmi les auteurs dont les œuvres complètes sont la propriété de cette maison, nous citerons: Balzac, Alexandre Dumas, George Sand, Frédéric Soulié, Scribe, Alfred de Vigny, Henri Murger, Ch. Baudelaire, Jules Janin, Ernest Feydeau, Stendhal, Ch. de Bernard, Emile Souvestre, Gérard de Nerval, Roger de Beauvoir, H. Heine, Prosper Mérimée, comtesse Dash, Ponsard, Mme de Girardin, L. Vitet et MM. Emile Augier, Alexandre Dumas fils, Octave Feuillet, Auguste Maquet, A. de Pontmartin, Gustave Flaubert, Cuvillier-Fleury, J. Autran, Victor de Laprade, Ch. Monselet, Louis Reybaud, Jules Noriac, Alphonse Karr, Hector Malot, Th. de Bentzon, Maurice Sand, etc., etc. Il est éditeur des œuvres ou nouvelles ou dernières de MM. Victor Hugo, Ernest Renan, Guizot, Villemain, Lamartine, de Tocqueville, Sainte-Beuve, Charles de Rémusat, Ed. Quinet, J. Sandeau, Saint-Marc Girardin, Méry, D. Nisard, comte de Viel-Castel, le duc d'Aumale, le prince de Joinville, Léon Gozlan, Ampère, F. Sarcey, Théophile Gautier, J. de Lasteyrie, Champfleury, comte Agénor de Gasparin, duc de Broglie, Amédée Achard, Fiorentino, Pierre Véron, de Loménie, Alfred de Bréhat, Hector Berlioz, Eugène de Mirecourt, Edouard Ourliac, Clémence Robert, Paul Féval, Edouard Cadol, etc., etc. Enfin M. Calmann-Lévy publie en outre des traductions de divers écrivains célèbres de l'étranger, tel que: Ch. Dickens, Thackeray, H. Conscience, Léopold Kompert, Edgar Poe, Macaulay, W. Reyncods, Anne Radcliffe, le capitaine Mayne Reid, Hildebrand, Nathaniel Hawthorne, W. Godwin, Achim d'Arnim, Bulwer Lytton, Auerbach, Mme Beecher-Stowe, William H. Ainsworth, Bret Harte, etc., etc.

CALMON, Marc Antoine, homme politique français, né à Carlucet (Lot) en 1815. Ayant fait son droit à Paris, il se fit admettre auditeur de 2e classe au Conseil d'État, en 1836, passa à la classe supérieure deux ans après et devint maître des requêtes en 1842. En 1852, M. Calmon fut considéré comme démissionnaire par refus de serment. Membre du Conseil général du Lot depuis 1840, et président de ce conseil de 1844 à 1847, il fit partie de la Chambre des députés de 1846 à 1848; réélu conseiller général en 1862, il tentait l'année suivante de se faire élire député au Corps législatif, mais sans succès; il échouait encore dans une seconde tentative, aux élections générales de 1869. Au renouvellement des conseils généraux, le 8 octobre 1871, M. Calmon était de nouveau élu membre de celui du Lot, dont il devint aussitôt président. A la formation du premier ministère de son gouvernement, M. Thiers appela, par arrêté en date du 23 février 1871, M. Calmon au poste de sous-secrétaire d'Etat au ministère de l'intérieur. Il conserva ce poste jusqu'au 7 décembre 1872, époque où il fut nommé préfet de la Seine, en remplacement de M. Léon Say, nommé au ministère des finances. Aux élections complémentaires du 14 décembre 1873, M. Calmon fut élu représentant du département de Seine-et-Oise, où il s'était porté comme candidat républicain conservateur, et siégea à l'Assemblée sur les bancs du centre-gauche, dont il fut l'un des vice-présidents. La retraite de M. Thiers avait nécessairement entraîné celle du préfet de la Seine nommé par lui, qui avait donné en effet sa démission le 26 mai précédent, M. Calmon a été élu par l'Assemblée, sénateur inamovible, le 12 décembre 1875. — Collaborateur du *Correspondant* et de la *Revue des Deux-Mondes,* M. Calmon a publié : *Les impôts avant 1789; William Pitt, étude financière et parlementaire; Histoire parlementaire des finances de la Restauration* (2 vol.); *Les crédits et l'amortissement; Etude sur les finances de l'Angleterre, depuis la réforme de Robert Peel jusqu'en 1869,* etc. On lui doit aussi une *notice* sur M. Thiers, pour le recueil des *Discours* de cet homme d'Etat. L'importance de ces travaux économiques, universellement reconnue, valut à son auteur son élection comme membre libre de l'Académie des sciences morales et politiques, en remplacement du jurisconsulte Pellat, le 24 février 1872. Il est membre de la Légion d'honneur depuis 1844.

CALVERT, George Henry, écrivain américain, descendant du fondateur de la colonie de Maryland, est né à Baltimore, le 2 janvier 1803; il commença ses études au collège d'Harvard, qu'il quittait en 1823 pour aller les achever à Gœttingen, en Allemagne. De retour aux Etats-Unis, il fut quelque temps directeur du *Baltimore American.* En 1832, il publia : *Eclaircissements sur la Phrénologie* (Illustrations of Phrenology), le premier ouvrage sur cette science paru en Amérique; puis vinrent : une traduction en vers du *Don Carlos* de Schiller et une traduction partielle de la *Correspondance de Gœthe et de Schiller (1840);* la même année il publiait encore : *Arnold and Andrew,* poème dramatique; *Count Julian,* tragédie et la première partie de son poème : *Cabiri,* dont la seconde partie parut seulement en 1864. En 1843, M. Calvert quitta Baltimore pour fixer sa résidence à Newport, dans l'Etat de Rhode-Island, ville dont il devint maire en 1853. Il a publié, depuis ce changement de résidence : *Scènes et idées d'Europe* (Scenes and thoughts in Europe, 2e partie, 1846 et 1852); *Comédies (1856);* le *Gentleman (1863);* la *Première année en Europe* (First year in Europe, 1867); *Ellen,* poème (1869); *Gœthe, sa vie et ses œuvres (1872),* etc.

CALVET ROGNIAT (vicomte), Henri Ferdinand Joseph, homme politique français, né le 12 novembre 1854, est fils de l'ancien député officiel de l'Aveyron au Corps législatif, mort au mois d'août 1875. Après avoir échoué aux élections législatives de 1881, dans l'arrondissement de Millau, M. Calvet-Rogniat a été élu le 4 octobre 1885 député de l'Aveyron, sur la liste conservatrice, et s'est fait inscrire au groupe de l' « Union des droites ».

CALVO, Carlos, littérateur et diplomate argentin, né à Buenos-Aires en 1824. Successivement chargé d'affaires de son pays près de divers gouvernements de l'Europe et notamment près du gouvernement français, il a publié, en langue française, plusieurs ouvrages d'une très grande importance, au point de vue soit de l'histoire, soit du droit international. Nous citerons : *Recueil complet des traités, conventions, etc., de l'Amérique latine (1862-1869,* 11 vol.), ouvrage bourré de documents statistiques, historiques et de législation comparée; *Une page du droit international de l'Amérique du Sud devant le droit des gens moderne (1864); Annales historiques de la Révolution de l'Amérique latine (1864* et suiv., 15 vol.); le *Droit international théorique et pratique (1872,* 2 vol.) *Etude sur l'émigration et la colonisation (1875);* l'*Instruction publique dans la République argentine (1877),* etc. — M. Calvo, correspondant de l'Institut historique depuis déjà longtemps, a été élu en 1869 correspondant de l'Académie des sciences morales et politiques pour la section de législation. Il a fait partie de la commission argentine près l'Exposition Universelle de 1878.

CAMBRAY-DIGNY (comte de), Guglielmo, homme d'Etat italien, fils du ministre de Ferdinand III, grand-duc de Toscane, comte Louis de Cambray-Digny, et petit-fils de Louis Guillaume de Cambray-Digny, mécanicien français, à qui est due l'introduction en Italie de la première machine à vapeur, est né à Florence en 1823. Après avoir terminé ses études à l'université de Pise, il revint à Florence en 1845 et y fut cordialement accueilli par le grand-duc Léopold II. Lors du mouvement réformiste de 1847, il fut un de ceux qui conseillèrent au grand-duc les concessions libérales auxquelles il consentit d'abord; et, en 1859, quand Léopold II fut, pour la seconde fois, obligé de fuir ses Etats, annexés au royaume de Piémont peu après, à la suite d'un vote de la population, M. de Cambray-Digny approuva ce nouvel état de choses, préliminaire évident de l'unité italienne. Il fut élu député de Toscane au parlement italien, puis gonfalonier de Florence et, en cette dernière qualité, présida, en 1865, aux fêtes célébrées dans cette ville à l'occasion du six-centième anniversaire de la naissance de Dante. Nommé en 1867 ministre des finances du royaume d'Italie, avec M. le comte Menabrea pour chef de cabinet, à une époque de crise effrayante et en présence d'un déficit de près d'un milliard, M. le comte de Cambray-Digny sut, au moins grâce aux sages conseils qu'il voulut bien entendre autant qu'à sa propre habileté, surmonter des difficultés en apparence insurmontables, quoiqu'à l'aide d'expédients fort épineux et même extrêmement impopulaires, tels que l'affermage des tabacs, et surtout l'impôt sur la mouture, dont l'application donna lieu, au début, à quelques troubles locaux. — Vers la fin de 1869, le cabinet Menabrea-Cambray-Digny, comme on l'appelait, après plusieurs modifications dans lesquelles ces deux hommes d'Etat avaient conservé leurs portefeuilles, était remplacé par un cabinet Lanza, de nuance plus libérale. M. de Cambray-Digny fut alors nommé sénateur.

CAMBRIDGE (duc de), Georges William Frederick Charles, maréchal et pair d'Angleterre, fils du premier duc de Cambridge, Adolphus Frederick, petit-fils du roi George III et cousin germain de la reine Victoria, est né à Hanovre le 26 mars 1819, et a succédé aux titres de son père le 8 juillet 1850. Colonel du 3 novembre 1837, il fut successivement promu au rang de major général en 1845 et à celui de lieutenant général en 1854. Il prit part à l'expédition de Crimée, comme commandant la pre-

mière division formée des deux brigades réunies de la garde et des Highlanders. Promu général en 1856, il fut nommé, en 1861, colonel de l'artillerie royale et du génie (royal engineers), et fait maréchal (field marshal) le 9 novembre 1862. Le duc de Cambridge a été successivement colonel du 17e dragons légers et des gardes fusiliers écossais, puis, à la mort du Prince consort, des grenadiers de la garde. En Crimée, il prit part avec distinction à la bataille de l'Alma et à celle d'Inkermann, où il eut un cheval tué sous lui. Peu après cette action, l'état de sa santé le contraignit à quitter son commandement et à se retirer à Constantinople; après quelque temps de repos à Péra, il passa à Malte; mais sa santé ne se rétablissant toujours pas, il dut retourner en Angleterre. A la retraite du vicomte Hardinge, en 1856, le duc de Chambridge a été nommé commandant en chef de l'armée de terre. En 1878, il se rendit à Malte pour inspecter les troupes indiennes qui venaient d'y débarquer.

CAMÉLINAT, N., homme politique français, né en 1840 à Mailly-la-Ville (Yonne), d'une famille de vignerons. Après avoir lui-même travaillé dans *les vignes, il* vint à Paris à l'âge d'environ vingt ans, se fit d'abord homme de peine, mais ne tarda pas, à force de travail et d'intelligence, à devenir un habile ouvrier monteur en bronze. L'un des fondateurs et le secrétaire de la Chambre syndicale des ouvriers en bronze, M. Camélinat concourut à l'organisation de la branche française de l'Association internationale des travailleurs. Il fut tout naturellement impliqué dans les poursuites dont cette association fut l'objet, et condamné à trois mois d'emprisonnement. Porte-drapeau au 200e *bataillon de la* garde nationale, pendant le siège de Paris, M. Camélinat fut nommé directeur de la Monnaie par le gouvernement de la *Commune. Dans ces fonctions*, il eut à faire frapper pour 2 millions de numéraire, et agit en ceci avec la plus scrupuleuse probité. Réfugié en Angleterre après la défaite de la Commune, M. Camélinat revint en France en 1880, et fut choisi par ses camarades de l'industrie du bronze comme leur délégué à diverses expositions étrangères. Il a été élu député de la Seine, comme *socialiste* et « *communaliste* », *au scrutin du* 18 octobre 1885. Cependant, lors de la grève des mineurs de Decazeville (avril à juin 1886), son attitude a paru un peu « *trop parlementaire* » à ceux qui ne rêvent que destruction, et qui sont heureusement peu nombreux, somme toute. Dans la question des princes, M. Camélinat a voté contre l'expulsion.

CAMERON, sir Duncan Alexander, général anglais, né en Écosse vers 1808. Entré dans l'armée en 1825, il devint capitaine en 1833, major en 1839, colonel en 1850. Il servit avec distinction dans la campagne de Crimée, où il commandait le 42e régiment à la bataille de l'Alma et la brigade de highlanders à la bataille de Balaklava; puis, il fut placé *à la tête des troupes de la* Nouvelle-Zélande, en 1863, avec le rang local de lieutenant-général. Le 9 septembre de la même année, il était fait colonel du 42e *régiment* d'infanterie, et était nommé en 1868, gouverneur du Collège royal militaire de Sandhurst. Il résigna ses fonctions en juin 1875. — Commandeur de l'ordre du Bain depuis 1864, le général Cameron a été promu grand'croix du même Ordre en 1873. Il a été promu général en janvier 1875.

CAMERON, Verney Lovett, marin et explorateur anglais, né en 1844 à Weymouth, dans le comté de Dorset. Élevé à Bruton (Somerset), il entrait dans la marine à treize ans et devenait successivement aspirant en 1860, enseigne en *1863, lieutenant en 1865 et capitaine de* frégate *(commander)* en juillet 1876. De 1872 à 1876, le capitaine Cameron a fait cette grande exploration africaine qui a illustré *son nom*, et dans laquelle il traversa l'Afrique centrale dans toute sa largeur. Il quittait Londres en novembre 1872, sous les auspices de la Société royale géographique, chargé de retrouver le docteur Livingstone, qu'on croyait mort. Il l'était en effet (4 mai 1873) avant que l'expédition Cameron eût pu l'atteindre et le secourir. Ce but écarté, le capitaine Cameron *songea* à en donner un autre à son voyage; *et c'est* ainsi qu'il entreprit de traverser le continent africain, entreprise qu'il réalisa avec le plus grand succès, en parcourant à pied près de 5,000 kilomètres dans des régions pour la plupart inconnues. La partie la plus intéressante de ce voyage est celle pendant laquelle M. Cameron explora, dans l'ouest de l'Afrique centrale, cette suite de lacs et de rivières découverts par Livingstone, et dont il établit les relations avec le Congo. De retour en Angleterre, le capitaine Cameron, promu capitaine de vaisseau, *servit sur divers bâtiments de l'État. En* septembre 1878, il repartait pour explorer l'Asie-Mineure, la Perse et l'Inde, avec mission de rechercher s'il était possible d'établir un chemin de fer allant de la Méditerranée dans l'Inde sans être forcé de suivre le cours de l'Euphrate. En 1882, il entreprenait avec le capitaine R. F. Burton, l'exploration du pays s'étendant à l'intérieur, au delà de la colonie britannique de la Côte d'Or, exploration dans laquelle la Société géographique de Londres aida les intrépides explorateurs par le prêt des *instruments nécessaires aux observations scientifiques.* Cette exploration eut de très beaux résultats pour les sciences naturelles et la géographie (Voy. Burton). Le commandant Cameron, avant d'entreprendre son grand voyage en Afrique, avait été longtemps en station sur la côte orientale et s'était assimilé dans la perfection la langue des naturels du Zanguebar, qui est la langue commerciale de ces contrées jusqu'à une très grande distance dans l'intérieur; il parlait également plusieurs dialectes indigènes, et se trouvait ainsi bien préparé pour *cette expédition. Officier laborieux et très instruit*, il possède en outre plusieurs langues européennes, et dès l'âge de vingt et un ans il recevait son diplôme d'interprète de français. On l'a pu entendre, du reste, en 1877, faire une relation de son voyage dans le grand amphithéâtre de la Sorbonne. Il reçut la grande médaille de fondateur de la Société géographique de Londres, le titre honorifique de docteur en droit civil de l'université d'Oxford et fut créé compagnon de l'ordre du Bain en 1876; la grande médaille d'or de la Société de géographie de Paris et les palmes d'officier de l'instruction publique, en 1877; il reçut également, la même année, une médaille d'or du roi d'Italie, qui le créa *en même temps officier de l'ordre de la Couronne*, la grande médaille d'or de la Société géographique portugaise, etc. Le commandant Cameron est membre de la plupart des sociétés géographiques de l'Europe. — Il a publié : *Essai sur la tactique de la vapeur (1865)*; une traduction des *Nouvelles bases de tactique navale*, de l'amiral Butakow; *A travers l'Afrique (1876); Notre grande route future (1880*, 2 vol.).

CAMESCASSE, Jean Louis Ernest, administrateur et homme politique français, né à Brest en 1837. Il fit son droit à Paris et s'inscrivit au barreau de cette ville en 1858. Très activement mêlé au mouvement d'opposition démocratique qui signala les dernières années de *l'empire*, M. Camescasse *fut nommé préfet du Finistère* après le 4 septembre. Il donna sa démission après le 24 mai 1873. Rentré dans l'administration en 1876, comme préfet de la Haute-Savoie, il était révoqué après le 16 mai 1877, le gouvernement d'alors ayant à préparer des élections générales dans un sens où il jugeait sans doute M. Camescasse peu propre à les diriger. Sa retraite fut de courte durée cette fois, car il était nommé préfet du Pas-de-Calais au mois de décembre suivant. En janvier 1881, M. Camescasse était appelé à *la direction de l'administration départementale* et communale, au ministère de l'intérieur; enfin il remplaçait M. Andrieux à la préfecture de police le 17 juillet 1881, fonctions qu'il conserva jusqu'au 21 avril 1885; il donna sa démission pour des raisons à peu près semblables à celles qui avaient motivé la retraite de son prédécesseur. — M. Camescasse, qui s'était présenté vainement aux élections du 21 février 1876, dans la première circonscription de l'arrondissement de Brest, y fut élu député au scrutin du 4 septembre 1881. Aux élections d'octobre 1885, il *figurait sur la liste républicaine* du Finistère, qui fut battue complètement par la liste monarchique. Le 14 février 1886, il se présentait à une élection sénatoriale partielle, dans le Pas-de-Calais, *qu'il* avait naguère administré; mais il y échouait contre M. d'Havrincourt. M. Camescasse a été promu commandeur de la Légion d'honneur le 30 décembre 1884.

CAMPARAN, Victor, médecin et homme politique français, né à Saint-Gaudens le 29 octobre 1832, suivit les cours de la faculté de médecine de Paris, où il prit le grade de docteur en 1856. Il vint exercer la pratique de son art dans sa ville natale et devint médecin de l'hospice de Saint-Gaudens et inspecteur des eaux thermales. Ayant manifesté son opposition au gouvernement de l'empire à l'occasion des élections de 1869, le docteur Camparan fut destitué de ses fonctions officielles, *qui lui furent rendues après la guerre. Conseiller* général de la Haute-Garonne depuis 1871, il posa sa candidature républicaine à la députation dans la 2e circonscription de Saint-Gaudens, le 20 février 1875 et le 14 octobre 1877; mais il échoua dans ces deux tentatives. Plus heureux en janvier 1879, il fut élu sénateur de la Haute-Garonne, et prit place à gauche. — M. Camparan a voté l'expulsion des princes.

CAMPARDON, Émile, littérateur français, né à Paris le 18 juillet 1834. Entré à l'École des chartes en 1857, il est resté depuis attaché aux Archives, où il est devenu chef de la section législative et judiciaire. On lui doit diverses publications sur le XVIIIe siècle, dont il a emprunté le texte aux documents des Archives. Nous citerons : *Histoire du tribunal révolutionnaire de Paris, d'après les documents originaux*, etc. (1861, 2 vol.); *Marie-Antoinette à la Conciergerie, pièces originales conservées aux Archives*, etc. (1862); *Marie-Antoinette et le procès du Collier (1863); Mémoires de Frédéric II*, avec M. E. Boutaric (1866); *Madame de Pompadour et la cour de Louis XV (1867); Documents inédits sur J.-B. Poquelin Molière (1871)*; les *Spectacles de la foire (1877)*; les *Comédiens du roi, de la troupe française, pendant les deux derniers siècles (1879)*, etc.

CAMPBELL-BANNERMAN, Henry, homme politique anglais, né en 1836 à Stracathro, dans le Forfarshire (Écosse). Il fit ses études à l'université de Glasgow et à celle de Cambridge (collège de la Trinité), où il reçut le diplôme de maître ès arts en 1861. Membre de la Chambre des communes *pour le district de Stirling* depuis décembre 1868, M. Campbell-Bannerman siège sur les bancs du parti libéral. Il a été secrétaire des finances au Ministère de la guerre de 1871 à 1874, fonctions qu'il reprit en 1880; en mai 1882, il fut nommé secrétaire de l'Amirauté. Dans le dernier cabinet libéral, formé sous la présidence de M. Gladstone le 4 février 1886, M. Campbell-Bannerman avait le portefeuille de secrétaire d'État à la Guerre. Il a quitté le pouvoir avec ses collègues, le 21 juillet 1886.

CAMPENON, Jean-Baptiste Marie Édouard, général et homme d'État français, né le 4 mai 1819 à Tonnerre. Entré à Saint-Cyr en 1838, il en sortit dans l'état-major, devint lieutenant en 1843 et capitaine en 1848. Arrêté au 2 décembre 1851, il fut expulsé de France; il se rendit alors à Tunis, dont le bey le chargea de la réorganisation de son armée. Après avoir passé quelques années à cette ingrate besogne, il obtint de rentrer en France et fut réintégré dans l'armée. M. Campenon servit alors en Algérie; en 1859, il fit la campagne d'Italie et fut promu chef d'escadron pendant la campagne. Il fit ensuite la campagne de Chine (1860), dont il revint lieutenant-colonel. Au début de la guerre de 1870, M. Campenon était colonel depuis le 16 juillet: *il fut nommé chef d'état-major* du général Legrand, qui fut tué à ses côtés. Le colonel Campenon, grièvement blessé lui-même, rejoignait peu de jours après l'armée de Bazaine, s'enfermait dans Metz avec elle et était envoyé en Allemagne comme prisonnier après la capitulation de cette place, pour ne nous revenir qu'après la signature de la paix. *Nommé chef* d'État-major de la 3e *division du* 1er *corps* d'armée, il devint sous-chef de l'état-major général du même corps, fut promu général de brigade et chef du même état-major général en novembre 1875, général de division le 18 octobre 1879, et appelé au commandement de la 5e division d'infanterie de l'armée de Paris. Le général Campenon a été admis dans le cadre de réserve le 4 mai 1884.

Le 14 novembre 1881, le général Campenon acceptait le portefeuille de la Guerre dans le ministère formé par *Gambetta, et qui donnait sa démission le 26 janvier 1882.* Il avait refusé de faire partie du nouveau ministère et se tint à l'écart des deux ou trois combinaisons qui se succédèrent; mais il accepta la succession du général Thibaudin dans le cabinet Ferry, le 10 octobre 1883. Il y fut remplacé par le général Lewal le 3 janvier 1885, ayant donné sa démission pour cause de différence d'opinion avec le président du conseil, à propos des affaires du Tonkin. Il fit enfin partie du ministère présidé par M. Henri Brisson, du 6 avril au 29 décembre 1885.

M. *le général Campenon* a été *élu sénateur* inamovible le 8 décembre 1883. Il a, en cette qualité, voté l'expulsion des princes prétendants. — Chevalier de la Légion d'honneur depuis 1855, il a été promu successivement officier en 1861, commandeur en 1872, grand officier en 1882 et grand'croix le 3 janvier 1885.

CANDOLLE (de), Alphonse Louis Pierre Pyramus: botaniste genevois, né à Paris le 27 octobre 1806. Il étudia à Genève les lettres, les sciences, puis le droit, et fut reçu docteur en droit en 1829. S'étant, en définitive, décidé pour la botanique, il devint le suppléant, puis le successeur de son père, le célèbre Augustin de Candolle, mort en 1841, et fut pendant dix-huit ans professeur à l'*Académie de Genève et directeur* du Jardin botanique. Il a été élu correspondant de l'Institut de France en 1851, et membre associé étranger en 1874, en remplacement de feu Agassiz. — Les principaux ouvrages de M. de Candolle sont : *Monographie des campanulées (1830); Introduction à l'étude de la botanique* (2 vol. 1834-35); *Sur le Musée botanique de M. B. Delessert (1845); Note sur une pomme de terre du Mexique (1852); Géographie botanique raisonnée* (2 vol. 1855); *Lois de la nomenclature botanique (1867); Histoire des sciences et des savants (1872); Constitution dans le règne végétal de groupes physiologiques applicables à la géographie botanique ancienne et moderne (1874)*, etc. Il a, en outre, publié une édition nouvelle de l'ouvrage de son père : *Théorie élémentaire de la botanique*, et achevé son *Prodromus systematis naturalis regni vegetabilis.* — M. de Candolle, décoré de plusieurs ordres étrangers, est chevalier de la Légion d'honneur depuis 1852.

CANNING, sir Samuel, ingénieur électricien anglais, ingénieur en chef de la « Telegraph construction and maintenance Company » chargée en 1866 de l'immersion du câble atlantique, est né dans le comté de Wilts le 21 juillet 1823. Son expérience relativement aux câbles télégraphiques sous-marins était aussi complète que possible lorsqu'il fut chargé de celui de 1866, car il s'était occupé tant de leur construction que de leur submersion depuis la première tentative de ce genre qui eût été faite, c'est-à-dire depuis 1852, et avait pris une très grande part à toutes les expériences ayant pour objet d'assurer ce moyen de communication rapide à travers les mers; aussi le succès de 1866 est-il dû, en grande partie, à son énergie et à son expérience consommée. Avec l'aide de M. Clifford, il perfectionna l'armature extérieure du câble, ainsi que le système de l'appareil de dévidement qui, installé à la proue du *Great Eastern*, déroulait peu à peu la « bobine » gigantesque arrimée dans la cale du vaisseau monstre. Ces perfectionnements n'aidèrent pas peu à l'immersion du nouveau câble et à la pêche de celui qui avait été précédemment perdu dans l'abîme. — Sir Samuel fut créé chevalier en 1866, en récompense des services qu'il avait rendus dans cette occasion, et reçut, le 14 mars 1867, une médaille d'or de la Chambre de commerce américaine de Liverpool.

CANOVAS DEL CASTILLO (de), don Antonio, homme d'État espagnol, né en 1830. Il fit ses débuts dans la politique sous les auspices de Rios Rosas et de Pacheco, comme *rédacteur en chef* du journal *Patria*, où il défendit les idées conservatrices. En 1854, il fut élu député par Malaga et continua depuis à siéger aux Cortès. En 1856, il fut envoyé comme chargé d'affaires à Rome, et rédigea le memorandum historique sur les relations de l'Espagne avec le Saint-Siège, qui servit de base au concordat. Il fut alors nommé successivement gouverneur de Cadix en 1857, directeur général de l'Administration en 1858, sous-secrétaire d'État au département de l'intérieur en 1861. En 1864, la reine l'appela au ministère avec M. Alejandro Mon; l'année suivante, O'Donnell lui confiait le portefeuille des finances et des colonies, en quelle situation il eut l'honneur de rédiger le texte de la loi abolissant la traite des nègres. Peu de temps avant la révolution de 1868, il soutint, seul de son parti, les autres ayant déserté les Cortès, la nécessité d'inaugurer les principes libéraux; mais en face de la *révolution victorieuse, il fut, par contre*, le premier à arborer courageusement le drapeau de la monarchie constitutionnelle, appuyé seulement par MM. José Elduayen et Bugallal et deux autres députés, en pleine assemblée constituante. Cette attitude loyale et courageuse augmenta l'estime que son parti professait déjà pour lui, et il en devint dès lors le chef reconnu. Réfugié à Paris près de la reine Isabelle, on se souvient que quelques jours avant la proclamation d'Alphonse XII comme roi d'Espagne, M. Canovas del Castillo quittait Paris assez *ostensiblement, se rendant en Espagne. Le nouveau roi* le choisit pour son président du conseil et chef du cabi-

net (décembre 1874). Il donnait sa démission en septembre 1875, pour revenir au pouvoir au commencement de décembre suivant. Elu député de Madrid en janvier 1876, il conserva le pouvoir jusqu'à la fin de 1879, époque à laquelle il y fut remplacé par le général Martinez Campos. Rappelé au commencement de 1881, il ne put se maintenir au delà de quelques mois. Le 18 janvier 1884, Alphonse XII confiait de nouveau à M. Canovas del Castillo la mission de former un ministère conservateur qui devait durer jusqu'à sa mort; en cette circonstance, M. Canovas lui-même reconnut la nécessité d'un ministère libéral, et M. Sagasta fut appelé en conséquence à former le cabinet actuel (juillet 1886). Elu président de la Chambre le 27 décembre 1885, il conserva le fauteuil jusqu'aux élections qui eurent lieu en mai 1886.

M. Canovas del Castillo est l'auteur de nombreux ouvrages de morale et de politique et d'une *Histoire de la maison d'Autriche* très estimée; il est membre de l'Académie de Madrid; décoré d'un grand nombre d'ordres étrangers, il est notamment grand croix de la Légion d'honneur. Alphonse XII lui avait conféré, en 1876, l'ordre de la Toison d'or.

CANROBERT, François Certain, maréchal de France, sénateur, fils d'un ancien officier de l'armée de Condé, est né le 7 juin 1809, à Saint-Céré (Lot). Entré à l'Ecole de Saint-Cyr en 1826, il en sortit en 1828 comme sous-lieutenant d'infanterie et devint lieutenant en 1832; en 1835, il suivait son régiment, le 47e de ligne, en Algérie, où il prit part à plusieurs affaires importantes, notamment à celle de Tlemcen; devint capitaine en 1837 et reçut en cette qualité sa première blessure sur la brèche, à l'assaut de Constantine (13 octobre). Il fut décoré de la Légion d'honneur. Rentré en France en 1839, il retourna en Algérie en 1841, avec le 6e bataillon de chasseurs à pied, se signala de nouveau dans les diverses affaires où il fut employé, devint chef de bataillon, placé à la tête du 5e bataillon de chasseurs, en 1842, lieutenant-colonel en 1845, colonel le 2 novembre 1847, et placé en cette qualité à la tête du 3e léger, puis successivement du 2e de ligne, du 2e régiment de la légion étrangère et du 3e zouaves. Au nombre des faits d'armes accomplis par le colonel Canrobert, nous citerons la prise de Zaatcha, où il fut un des premiers à l'assaut et fut, en récompense, promu commandeur de la Légion d'honneur (10 décembre 1849). Rentré en France au commencement de 1850, il fut nommé général de brigade (13 janvier), aide de camp du prince-président et reçut un commandement dans la division de Paris. On sait quelle part il prit à la répression qui suivit le coup d'Etat du 2 décembre 1851, et dont les boulevards Montmartre et Poissonnière ont gardé le souvenir. Nous n'insisterons pas sur ces « hauts faits » de nature particulière, dont le maréchal Canrobert a sans doute reconnu, depuis longtemps, l'inutilité pour son avancement, sans parler du tort qu'ils ont fait à sa gloire. Peu après il était envoyé dans les départements, comme commissaire extraordinaire, investi des pouvoirs les plus étendus, pour *étudier*, dit un de ses biographes, la situation politique. M. Canrobert fut promu général de division le 14 janvier 1853, et peu après détaché au camp de Saint-Omer, où la déclaration de guerre à la Russie le trouva. Appelé au commandement de la 1re division d'infanterie de l'armée d'Orient, il s'embarqua en mars 1854, prit part à la bataille de l'Alma, où il fut blessé et au succès de laquelle il contribua beaucoup, et recevait du maréchal Saint-Arnaud à peu près moribond, le 26 septembre, le commandement en chef de l'armée, conformément aux recommandations formelles contenues dans une lettre de l'empereur, reçue quelques jours plus tôt par le maréchal. Quoique commandant en chef, le général Canrobert prit encore une part personnelle très active à la bataille d'Inkermann (5 novembre); il y fut de nouveau blessé, mais légèrement, et eut un cheval tué sous lui pendant qu'il conduisait la charge irrésistible de *ses* zouaves. Quelques semaines plus tôt, il avait fait commencer les travaux de siège devant Sébastopol, cet inextricable réseau de tranchées qui devait amener l'investissement complet de cette place, dont une tentative infructueuse lui avait démontré l'impossibilité de s'emparer par un coup d'audace. De pareils travaux, entrepris dans une saison et sous un climat aussi meurtriers, où les faibles et les *lambins* gelaient sur pied, dans l'acception absolument littérale du mot, s'exécutaient sans murmures, avec entrain même; car le général en chef (ceci étonnera peut-être ceux qui ne le connaissent que par les exploits de sa brigade à Paris, le 4 décembre 1851) était un des généraux les plus humains de l'armée; sa sollicitude pour le soldat était incessante, et les travailleurs des tranchées en recevaient tous les jours des preuves palpables, sans lesquelles il leur eût été impossible de poursuivre leur pénible besogne : il fut distribué à cette époque, aux soldats de l'armée d'Orient astreints à des travaux extraordinaires, jusqu'à cinq *quarts* de vin et deux *quarts* d'eau-de-vie par homme et par jour. Ce supplément au maigre ordinaire des camps, qui se composait généralement alors de biscuit et de viande ou de lard salés, avec absence totale de légumes, excepté le riz, ne sera peut-être pas apprécié à sa juste valeur par ceux que leurs mœurs paisibles et casanières n'ont jamais éloignés du boulanger et de la verdurière, mais il l'était singulièrement du soldat; aussi l'armée entière se montra-t-elle désolée lorsque, par suite d'un désaccord avec lord Raglan, commandant l'armée anglaise, à propos d'un plan d'attaque qu'il avait conçu et voulait exécuter, le général Canrobert remit au général Pélissier, le 16 mai 1855, le commandement de l'armée, avec tout ce qu'il fallait pour devenir promptement et presque aisément duc de Malakoff, et reprit simplement le commandement de son corps d'armée, qu'il conserva encore pendant deux mois. Rentré en France au mois d'août suivant, il fut envoyé en mission en Suède et en Danemark, et reçut le bâton de maréchal le 18 mars 1856. Sénateur de droit, le maréchal se prononça, en 1861, contre le maintien de la puissance temporelle des papes.— Commandant supérieur des divisions de l'Est en 1858, le maréchal Canrobert fut appelé, en 1859, au commandement du 3e corps de l'armée des Alpes. En cette qualité, il contribua au succès de la bataille aventureuse de Magenta et surtout à celui de la bataille de Solférino. Nommé, en juin 1862, au commandement du camp de Châlons, il remplaçait, au mois d'octobre suivant, le maréchal Castellane à la tête de l'armée de Lyon (4e corps) et était nommé commandant de l'armée de Paris (1er corps) en 1865. Au début de la guerre de 1870-71, il occupait encore ce poste. Appelé au commandement des troupes de ligne et de garde mobile réunies au camp de Châlons, il y fut reçu d'une façon si peu sympathique par ces dernières, composées presque entièrement de jeunes gens de Paris, qu'il dut abandonner ce commandement. Il fut alors placé à la tête du 6e corps d'armée et prit part, avec les corps du maréchal Mac-Mahon et du général de Failly, à la désastreuse affaire de Wœrth, après laquelle, placé sous les ordres de Bazaine, il assista aux combats livrés autour de Metz; forcé bientôt de s'enfermer dans cette place, il fut, après la capitulation, emmené prisonnier en Allemagne. De retour en France, il vint se mettre à la disposition de M. Thiers, chef du gouvernement, qui l'accueillit avec faveur, mais ne lui donna pas de commandement. — Après avoir décliné l'offre d'une candidature à l'Assemblée nationale en 1874, dans la Gironde, et en 1875 dans le Lot, le maréchal Canrobert consentit à se laisser porter dans le département du Lot, aux élections sénatoriales du 30 janvier 1876, par le parti de l'Appel au peuple et fut élu, au deuxième tour de scrutin seulement, par 212 voix sur 385 électeurs. Au premier renouvellement triennal (5 janvier 1879), le maréchal Canrobert ne fut pas réélu; mais il fut élu dans la Charente, avec le général de Brémond d'Ars, au deuxième renouvellement partiel du Sénat, le 25 janvier 1885.

Le maréchal Canrobert est grand'croix de la Légion d'honneur depuis 1855, chevalier grand'croix honoraire de l'ordre du Bain, etc.

CANTAGREL, François Jean Félix, publiciste et homme politique français, né à Amboise le 27 juin 1810, fit ses études à Paris, où il fut reçut avocat, et devint collaborateur de l'*Artiste*. Devenu l'un des adeptes de la doctrine phalanstérienne, il fut ensuite attaché à la *Phalange*, puis à la *Démocratie pacifique*, où il était encore lorsqu'éclata la révolution de février. Elu représentant du département de Loir-et-Cher en 1849, M. Cantagrel prit place sur les bancs de la Montagne et fit partie des quarante représentants poursuivis pour participation à l'attentat du 13 juin. Mais il put échapper aux conséquences de ces poursuites en se réfugiant en Belgique, puis en Suisse, où il devint rédacteur en chef d'un journal, et rentra après l'amnistie. Candidat dans la première circonscription de Loir-et-Cher et dans la septième circonscription de la Seine aux élections générales de 1863, il échoua dans ces deux collèges. Aux élections générales de 1869, il posa de nouveau sa candidature à la fois dans le département de Loir-et-Cher et dans la septième circonscription de Paris, mais toujours sans succès; à Paris, il se désista avant le second tour, en faveur de M. H. Rochefort, resté seul concurrent de Jules Favre, et qui échoua à son tour. M. Cantagrel, élu conseiller municipal de Paris, le 30 juillet 1871, pour le quartier de la Chapelle, puis vice-président de cette assemblée, a été réélu le 29 novembre 1874. Aux élections complémentaires du 9 avril 1876, il fut élu député du XIIIe arrondissement de Paris, au scrutin de ballottage, et prit place à l'extrême-gauche. Il a été réélu le 14 octobre 1877 et le 21 août 1881 par le même collège, et élu député de la Seine au scrutin du 18 octobre 1885, comme radical et socialiste. — M. Cantagrel a voté l'expulsion totale des princes.

On a de M. Cantagrel divers ouvrages : le *Fou du Palais-Royal (1841)*, dialogue en faveur de la doctrine fouriériste, publié aux frais de l'Ecole sociétaire; une *Etude sur les colonies agricoles de Mettray et d'Ostwald (1842); De la nécessité d'un nouveau dogme, et Considérations sur quelques dogmes considérés comme essentiels (1858)*, publié en Belgique; *De l'élection véridique (1874)*, et diveres brochures d'actualité.

CANTU, Cesare, historien italien, né le 5 septembre 1805 à Brivio (province de Milan). Il fit ses études au collège de Sondrio, dans la Valteline, et il y devint professeur de littérature en 1824. Il se rendit ensuite à Côme; après avoir résidé pendant quelque temps dans cette ville, il alla s'établir à Milan, où il publia, en 1832, ses *Raggionamenti sulla Storia lombarda del secolo XVIII* (Considérations sur l'histoire lombarde au XVIIIe siècle), qui lui valut, de la part de la justice autrichienne, trois ans d'emprisonnement, pour excitation à la haine du gouvernement. Pendant les tristes loisirs de sa captivité, il écrivit un roman historique : *Margherita Pusterla (1835)*, ouvrage d'une véritable valeur et qui a été comparé aux *Fiancés* (I Promessi Sposi) de Manzoni. On lui doit, en outre, des hymnes patriotico-religieux, un poème patriotique : *Algiso, ou la ligue Lombarde* et des *Lectures pour la jeunesse* (Letture giovanelli), qui eurent en Italie un grand nombre d'éditions, et furent traduites ou imitées dans plusieurs langues; puis : *Storia universale (1843-49*, 19 vol. in-8°), ouvrage considérable, traduit dans toutes les langues européennes; *Histoire de la littérature italienne (1851); Histoire des cent dernières années (1852); Histoire des Italiens (1859)*; la *Réforme en Italie et les Précurseurs (1867); Milan, Histoire du peuple et pour le peuple* (Milano, Storia del Popolo e pel Popolo, 1871); *Italiani illustri ritratti (1873*, 2 vol.); *Chronique historique de l'indépendance italienne* (Cronistoria della independanza italiana, 3 vol., 1873-77); *Comento storico ai « Promessi sposi » di Alessandro Manzoni. o la Lombardia nel secolo XVII (1874); Donato ed Ercole Silva, conti di Biandrate, cenni biografici*, avec M. C. Rovida (1876); *Caratteri storici (1881)*, etc.

Son ouvrage capital est resté, toutefois, l'*Histoire universelle*. L'auteur y cherche à déprécier le mouvement philosophique du XVIIIe siècle. Il est de l'école qui mettait l'espoir de l'Italie dans la papauté, aussi est-il l'historien privilégié de ceux que nous appelons en France les ultramontains. Il fut, par exception, autorisé à assister aux séances du Concile œcuménique de 1869, en qualité d'historiographe. La même année, il avait été élu correspondant de l'Institut de France (Académie des sciences morales et politiques, section d'histoire générale et philosophique).

CANZIO-GARIBALDI, Stefano, patriote italien, né à Gênes en janvier 1837. Il était employé de commerce lorsqu'éclata la guerre de 1859; n'écoutant que la voix du patriotisme, il organisa la phalange génoise, dont il prit le commandement et qu'il plaça sous les ordres de Garibaldi. Toujours à la tête de sa phalange, le major Canzio prit part à de nombreux combats, principalement des combats d'avant-poste. L'année suivante, il faisait partie des Mille de Garibaldi, qui s'emparèrent de la Sicile, et il fut grièvement blessé à l'assaut de Palerme. Après l'annexion définitive du royaume de Naples au Piémont, M. Canzio accompagna son chef dans sa retraite de Caprera, où il épousait son héroïque fille, Teresita, le 25 mai 1861. M. Canzio, devenu général garibaldien, refusa constamment, comme un vrai et sincère patriote, les offres qui lui furent faites à diverses reprises d'un grade élevé dans l'armée italienne.

En juin 1883, le général Canzio est venu à Paris, où il assista, le 17, à un grand meeting organisé au Cirque-d'Hiver à l'occasion de l'anniversaire de Garibaldi; le lendemain, les députés de Paris lui offraient un déjeuner à l'Hôtel continental. Enfin, le 20 juin, le général Canzio était reçu solennellement par le Conseil municipal de Paris en séance : il venait lui remettre l'épée d'honneur jadis décernée à La Tour-d'Auvergne, premier grenadier de France, par les consuls de la République, laquelle avait appartenu en dernier lieu à Garibaldi.

CAPEL (Monsignor), Thomas John, prélat catholique anglais, né le 28 octobre 1836. Elevé par un précepteur qui prit soin de son éducation pendant six années, il devint co-fondateur et vice-principal du Collège normal de Sainte-Marie, à Hammersmith, en 1854, et fut ordonné prêtre par le cardinal Wiseman dans l'automne de 1860. Peu après son ordination, l'état de sa santé l'obligeant à résider momentanément sous un climat méridional, il s'installa à Pau, et y fonda la Mission catholique anglaise, dont il fut nommé officiellement aumônier. Sa santé rétablie, il retourna à Londres où il se fit une grande réputation comme prédicateur. Il fit entre temps plusieurs voyages à Rome, et, sur l'invitation expresse du souverain pontife, y donna des séries de sermons en anglais. Pendant sa cure à Pau, M. Capel avait été nommé camérier privé du pape Pie IX (1868), et après son retour en Angleterre, prélat domestique (1873). En février 1873, il fondait l'Ecole publique catholique de Kensington. Il a été nommé recteur de l'Ecole des Hautes études de Kensington, noyau de l'Université catholique anglaise, en 1874, par le suffrage unanime de tous les évêques catholiques romains du pays, et conserva cette position jusqu'en 1878. — Monsignor Capel passait pour avoir pris la résolution de ne rien publier avant sa quarantième année révolue. Mais la brochure publiée par M. Gladstone en novembre 1874, contre les décrets du Vatican, le fit sortir de sa réserve pour y répondre sans perdre de temps par une autre brochure : *A Reply to the Right Hon. W. E. Gladstone's Political Expostulation (1874)*. Un passage de cet ouvrage donna lieu ensuite à une polémique animée, dans les colonnes du *Times*, entre M. Capel et le chanoine Liddon, de l'Eglise d'Angleterre.

CAPOUL, Joseph Amédée Victor, chanteur français, né à Toulouse le 27 février 1839. Admis au Conservatoire à vingt ans, il y remportait deux seconds prix, chant et opéra comique, en 1860 et le premier prix d'opéra comique en 1861. M. Capoul débuta l'année même à l'Opéra-Comique, dans le *Chalet* et la *Fille du régiment*, y tint modestement quelques autres rôles, et se révéla pour ainsi dire tout d'un coup dans le *Premier jour de bonheur* d'Auber (février 1868). Ce succès fut décisif, car il lui valut une très brillante situation et le mit à la mode, dans la plus large acception du mot, M. Capoul n'étant pas moins bien doué sous le rapport de la beauté physique que sous celui de la voix et de l'art de s'en servir. Ses succès parisiens ne lui suffirent bientôt plus, et il accepta divers engagements à l'étranger, en Angleterre et aux Etats-Unis notamment, où il fit des tournées triomphales. Il reparut à l'Opéra-Comique dans *Marta*, en 1873; puis à la Gaîté devenue Théâtre-Lyrique, dans *Paul et Virginie (1877)*, qui lui rendit sa vieille réputation, qu'il avait pu croire un instant compromise. En 1878, il forma une troupe, avec laquelle il joua, à l'ancien Théâtre-Italien, les *Amants de Vérone*. Il joua ensuite à la Renaissance (1882), et fit par intermittences de nouvelles tournées fructueuses à l'étranger.

CARAYON-LATOUR (de), Joseph, agriculteur et homme politique français, né à Bordeaux le 10 août 1824. Au début de la guerre de 1870-71, il fut nommé chef d'un bataillon des mobiles de la Gironde, avec lequel il fit la campagne de l'Est. Nommé lieutenant-colonel après la bataille de Nuits et chevalier de la Légion d'honneur pour sa belle conduite à cette affaire, il fut obligé, après la défaite du général Bourbaki, de se réfugier en Suisse avec ses troupes. De retour en France après la signature des préliminaires de paix, M. de Carayon-Latour fut élu représentant de la Gironde à l'Assemblée nationale le 8 février 1871, et prit place sur les bancs de l'extrême-droite. Ce fut lui qui, dans la discussion des marchés de Lyon, qui offrait une si belle occasion de critiquer l'administration de M. Challemel-Lacour, alors préfet du Rhône, attribua à celui-ci cette dépêche laconique à des

plaintes formulées contre les mobiles : « Fusillez-moi tous ces gens-là » (1er février 1873), accusation dont aucune preuve ne put être fournie d'ailleurs. Vers la fin de décembre 1874, M. de Carayon-Latour se rendit à Frohsdorff pour porter au comte de Chambord les hommages des légitimistes français à l'occasion du jour de l'an, tandis que ceux-ci avaient à Paris de fréquentes conférences pour arriver à une entente relativement à la restauration de la monarchie légitime; mais la reprise des travaux de l'Assemblée (4 janvier 1875) et le message du maréchal-président (6 janvier), lui demandant de s'occuper sans retard de l'organisation des pouvoirs publics, vinrent mettre une fois de plus un terme à ces intrigues. — Aux élections générales du 20 février 1876, M. de Carayon-Latour, élu en 1871 en tête d'une liste de quatorze représentants, posa sa candidature dans la 4e circonscription de Bordeaux et échoua contre le candidat républicain, M. le comte de Lur-Saluces. Il échoua de nouveau et contre le même concurrent, aux élections du 14 octobre 1877. Mais il fut élu sénateur inamovible, en remplacement du général d'Aurelle de Paladines, décédé, le 10 février 1878.

CARDWELL (vicomte), Edward Cardwell, homme d'Etat anglais, fils d'un négociant de Liverpool, est né en 1813, a fait ses études à Winchester, puis au collège de Balliol, à Oxford, et s'est fait recevoir au barreau en 1838 : mais, préférant la carrière parlementaire à la carrière légale, il entra au parlement en 1842, comme représentant du bourg de Clitheroe. Ayant appuyé la politique financière de sir Robert Peel (1845-1846), pendant cette législature, il fut réélu par Liverpool en 1847, mais échoua aux élections générales de juillet 1852. En décembre suivant, toutefois, il fut renvoyé à la Chambre des communes par la cité d'Oxford. Battu de nouveau aux élections de mars 1857, une élection partielle de juillet suivant lui rendit de nouveau son siège, et il ne cessa plus de représenter Oxford à la Chambre des communes jusqu'à son élévation à la pairie. Secrétaire du trésor en 1845-1846, il fut ministre du commerce sous l'administration de lord Aberdeen, et y signala son passage par quelques réformes utiles. Quoique membre du parti de sir Robert Peel (Peelite party), M. Cardwell accepta le poste de secrétaire principal pour l'Irlande sous lord Palmerston, à son retour aux affaires en 1850, et fut chancelier du duché de Lancastre de 1861 à 1864, époque à laquelle il succéda au duc de Newcastle comme secrétaire d'Etat pour les colonies. Il tint ce même portefeuille sous l'administration du comte Russell et se retira enfin avec ses collègues en 1866. En décembre 1868, lors de la formation du cabinet Gladstone, il reçut le portefeuille de la guerre et entra dans la commission du Conseil pour l'éducation. — Lors de la défaite du parti libéral et de la chute du ministère dont il faisait partie (février 1874), M. Cardwell fut élevé à la pairie sous le titre de vicomte Cardwell. Lord Cardwell est un des exécuteurs testamentaires littéraires de Robert Peel, dont il publia les *Mémoires (1856*, 2 vol.) avec le comte Stanhope. Comme ministre de la guerre, lord Carwell a apporté d'importantes améliorations dans l'organisation de l'armée britannique; c'est à lui notamment qu'on doit l'adoption du service réduit et l'abolition de l'achat des grades.

CARLE, Gaston, journaliste et homme politique français, né à Laon le 25 mars 1843. Il fit son droit à Paris, suivant simultanément les cours de la faculté de médecine et ceux de la faculté des sciences, et prit le grade de licencié ès sciences. Il collaborait en même temps aux journaux de l'opposition avancée, et un article dans le *Peuple* de Jules Vallès le fit condamner à la prison. Au début de la guerre, M. G. Carle s'engagea dans un régiment de ligne; il fit partie de l'armée de l'Est et devint sous-lieutenant. Son engagement étant conditionnel, c'est-à-dire contracté pour la durée de la guerre seulement, il quitta l'armée au commencement de 1872 et reprit sa carrière de journaliste. Il collabora à l'*Evénement*, au *Courrier de France*, puis fonda le *Bulletin des Conseils municipaux*. En décembre 1876, il fut nommé sous-préfet de Lectoure; mais il fut révoqué après l'acte du 16 mai 1877 et alla fonder à Rennes le journal républicain le *Petit Breton*. Revenu à Paris en novembre suivant, il fut nommé secrétaire de la commission parlementaire d'enquête sur les élections du 14 octobre; puis il entra au journal le *Temps*, dont il devint secrétaire de la rédaction; il prit enfin la direction du journal la *Paix* en mai 1879. — Aux élections municipales complémentaires de Paris, du 31 janvier 1886, M. Gaston Carle posa sa candidature dans le 5e arrondissement et fut élu au second tour, en remplacement de M. A. Rey, élu député.

CARLEN (dame), Emilia Schmidt, romancière suédoise, née à Stockholm en 1810. Mariée d'abord avec un musicien nommé Flyggare, elle fut bientôt forcée de rompre cette union malencontreuse et, une fois divorcée, épousa M. Carlen, avocat, connu également comme poète et romancier. Son premier livre, *Waldemar Klein*, fut publié en 1838, et en 1851, elle avait déjà publié son vingt-deuxième ouvrage, non pas son vingt-deuxième volume, car son *Gustave Lindorm*, publié en 1839, ne compte pas moins de trois volumes. Mme Carlen est un des écrivains les plus féconds et les plus populaires de la Suède. Amenée à écrire par la nécessité de pourvoir aux besoins de sa famille, il lui arrive de mettre en scène des pauvres gens trop souvent, au gré des délicats, et les tableaux misérables ne manquent pas dans ses ouvrages; mais nous ne croyons pas que se soient là de bien grands défauts. Beaucoup de ses ouvrages ont été traduits en anglais et en allemand, quelques-uns en français, notamment le *Fidéicommis*, publié à Stockholm en 1844, et *Un an de mariage (1846)*. Nous citerons au hasard, parmi les autres ouvrages de Mme Carlen : les *Frères de lait*, le *Garçon de poste*, *Une nuit sur le lac Bullar*, la *Tour de la Pucelle*, l'*Héroïne de roman*, le *Tuteur*, la *Rose de Thistelæn*, *Une femme capricieuse*, le *Droit d'aînesse*, *Alma ou la Fiancée de l'Omber*, *Ivar ou l'Enfant de Skjut*, *Un brillant parti*, *Un nom*, *Marie Louise*, le *Gobelet magique*, *Dans six semaines*, *Jean*, les *Evénements de l'année*, le *Stratagème d'amour*, etc., etc. La plupart des ouvrages de Mme Carlen ont été traduits en allemand et surtout en anglais, quelques-uns l'ont également été en français.

CARLINGFORD (baron), Chichester Samuel Parkinson Fortescue, pair d'Angleterre, né le 18 janvier 1823 dans le comté de Louth (Irlande), a fait ses études à Eton et à l'église du Christ, à Oxford, où il reçut son diplôme de maître ès arts en 1847. Il entra au Parlement aux élections générales de 1847 pour l'un des collèges du comté de Louth, qu'il y représenta jusqu'aux élections générales de février 1874, où il fut battu. Entré au Trésor sous l'administration de lord Aberdeen (1854-55), il fut sous-secrétaire d'Etat pour les colonies en 1857-58, puis de 1850 à 1865. Dans cette dernière année, il fut fait chef-secrétaire pour l'Irlande, poste qu'il conserva jusqu'en juin 1866. A la formation du cabinet Gladstone, il le reprit et le quitta de nouveau en 1870 pour prendre le portefeuille du commerce. Avant de se retirer, en février 1874, M. Gladstone recommanda M. Chichester Fortescue à la reine pour l'obtention d'une pairie; et il fut, en conséquence, créé baron Carlingford. Après le retour de son parti au pouvoir, lord Carlingford fut appelé à remplacer le duc d'Argyll, démissionnaire, comme lord du Sceau privé (avril 1881). Il fut nommé lord-président du Conseil privé, en remplacement du comte Spencer, le 19 mars 1883, et quitta le pouvoir avec ses amis en juin 1885.

Lord Carlingford est lord-lieutenant du comté d'Essex, magistrat et député-lieutenant du comté de Louth, et magistrat du Somerset. Il est aussi membre de la Commission des manuscrits historiques, et a été créé chevalier de l'ordre de Saint-Patrick d'Irlande en février 1882.

CARLOS (don), **duc de Madrid**, Carlos Maria-de-los-Dolores Juan Isidro José Francisco Quirino Antonio Miguel Gabriel Rafael de Bourbon, né le 30 mars 1848 à Laybach (Autriche). Son père, Don Juan, était frère de don Carlos, connu des Carlistes, qui persistent à donner à son neveu le titre de Charles VII, sous celui de Charles VI, et du reste du monde sous celui, plus humble, de comte de Montemolin, et dont les prétentions au trône d'Espagne armèrent ses partisans en 1848, 1855 et 1860. Mort sans héritiers (13 janvier 1861), le comte de Montemolin transmit ses « droits » à son frère, qui les rétrocéda de son vivant, par convention en date du 3 octobre 1868, à son fils aîné, lequel fait l'objet de la présente notice. Don Carlos, élevé en Autriche, s'est marié le 4 février 1867, dans la chapelle du château de Frohsdorff, avec la princesse Marguerite de Bourbon, fille du feu duc de Parme, Ferdinand Charles III, et de Mademoiselle de France, duchesse de Parme, sœur du comte de Chambord. Aussitôt après l'abdication de son père en sa faveur, don Carlos adressa à ses principaux partisans une lettre-circulaire les convoquant individuellement à se réunir en conseil, à Londres, sous sa présidence. A l'issue de ce conseil, il publia, sous forme de lettre adressée à son frère, don Alphonse (Voyez ce nom), un manifeste dont les termes avaient été discutés avec grand soin; puis, il notifia aux cabinets européens la renonciation de don Juan à ses droits au trône d'Espagne. Dès lors, la levée de boucliers était résolue; mais il y a loin de la coupe aux lèvres, de la parole à l'action, et l'étendard carliste ne fut arboré en Espagne, et encore assez timidement, que le 21 avril 1872. Le 16 juillet suivant, don Carlos, dont les partisans devaient encore être bien longtemps sans apercevoir le béret, lance une proclamation aux habitants de la Catalogne, de l'Aragon et de Valence, les invitant à s'armer pour sa cause et leur promettant, en retour, de leur rendre leurs anciennes libertés. En décembre, le jeune frère de don Carlos, don Alphonse, prenait le commandement des bandes de la Catalogne qui avaient répondu à cet appel. Le 15 juillet 1873, don Carlos entrait à son tour en Espagne, ayant soin d'annoncer que c'était simplement dans le but de sauver le pays. Depuis cette époque l'insurrection fut poussée avec une vigueur incontestable qui semblait s'accroître de jour en jour, malgré les efforts du gouvernement de Madrid, quel qu'il fût, pour la vaincre. Après l'avènement d'Alphonse XII au trône si passionnément convoité, don Carlos adressa indirectement une proclamation à « son cousin Alphonse » pour lui manifester le chagrin que lui causait son attitude dans cette affaire, où, avec l'inexpérience de son âge, il consentait à se faire l'instrument des mêmes hommes qui l'avaient chassé avec sa mère quelques années plus tôt, en abreuvant d'outrages l'un et l'autre. Il ajoutait qu'il ne voulait pas protester autrement, si ce n'est par la voix du canon, rappelant ses victoires plus nombreuses qu'importantes, et affirmant sa confiance dans la sainte mission qu'il avait entreprise, et dont le but principal n'était pas tant de ceindre la couronne que d'en finir avec la révolution et l'impiété (6 janvier 1875). Alphonse XII répondit à ce verbiage par de nouveaux efforts, à ce qu'il semble mieux entendus que ceux qui avaient été tentés jusque-là contre « son cousin Carlos » et ses partisans. Il s'en fallait toutefois d'une année encore que l'insurrection fût vaincue définitivement. Cette année, don Carlos eut bien peu de difficulté à compter ses victoires; ses défaites, au contraire, furent nombreuses et répétées; la désaffection tant de fois signalée, à tort sans doute, s'empara de ses soldats et de leurs officiers; et il dut faire arrêter, juger et condamner plusieurs généraux, coupables surtout, du moins en apparence, de s'être fait battre. Enfin, Tolosa, le dernier refuge des carlistes tombait au pouvoir des Alphonsistes (février 1876), et ses défenseurs fuyaient en désordre, se réfugiant sur le territoire français. Qu'était devenu don Carlos, dans la bagarre? Il était entré en Espagne le dernier, mais il en est vraisemblablement sorti un des premiers. On sut peu après qu'il s'était réfugié à Londres. Les journaux annoncèrent bientôt que le prétendant s'était embarqué pour l'Amérique. Des doutes s'élevèrent; mais la nouvelle de son débarquement les leva bientôt (juin 1876). On lui prêta alors des projets sur le Mexique, trop peu raisonnables pour qu'il fût possible d'y accorder grande créance. En tout cas, la réalisation de ses projets *directs* sur l'Espagne est ajournée à longue échéance.

Don Carlos est revenu depuis en Europe. Il paraît avoir eu l'intention de fixer sa résidence à Paris. Mais ses intrigues avec les partisans du comte de Chambord le firent expulser du territoire français, en juillet 1881. La mort du roi Alphonse XII (25 novembre 1885) fut pour don Carlos une nouvelle occasion de manifester ses sentiments et ses espérances à laquelle il ne manqua pas, mais ce fut une manifestation vaine et qui ne souleva que de faibles échos. Il recommença, avec aussi peu de succès, à la naissance et à la proclamation d'Alphonse XIII, disant dans son manifeste d'alors (5 mai 1886), protester contre « l'usurpation qui eut lieu à la mort de Ferdinand VII et allait être confirmée par la proclamation comme roi d'Espagne du fils de mon cousin Alphonse »; réitérer sa « ferme et inaltérable résolution de maintenir, avec l'aide de Dieu, tous mes droits et de ne me prêter jamais à aucune espèce de renonciation ou de compromis »; assurant que « ces droits ne sont pas moins foulés aux pieds et violés par la présence sur le trône d'un prince ou d'une princesse, instrument inconscient de la *Révolution*, que par la *proclamation de la* République »; déclarant enfin que « pour assurer ces droits de la manière la plus efficace, je suivrai toujours, sans hésitation, la voie et emploierai les moyens que m'indique mon devoir »; et terminant par ces paroles solennelles adressées à ses *sujets* : « Jusqu'à mon dernier soupir, la vie de votre roi légitime vous appartient entièrement »! — C'est tout. Au commencement d'août 1886, toutefois, les feuilles carlistes nous apprenaient que don Carlos autorisait ses partisans à prendre part aux élections d'octobre pour les conseils provinciaux, ce qui ressemble fort à un « compromis ».

De son mariage avec la princesse Marguerite, don Carlos a eu cinq enfants : l'infante Blanca, née le 7 septembre 1868; l'infant don Jaime, prince des Asturies, né le 27 juin 1870; l'infante Elvira, née le 28 juillet 1871; l'infante Béatrice, née le 21 mars 1874 et l'infante Alice, née le 29 juin 1876.

CARNARVON (comte de), Henry Howard Molyneux Herbert, pair d'Angleterre, né à Londres le 24 juin 1831; fit ses études à Eton, puis à l'église du Christ, à Oxford. Lord Carnarwon, qui représente une des branches cadettes de la noble maison des Pembroke, succéda au titre de son père, troisième comte de Carnarvon, à la mort de celui-ci, en 1849, c'est-à-dire pendant sa minorité. Peu après son entrée à la chambre des lords, il prononça son *maiden speech* (premier discours) et reçut, à cette occasion, les compliments les plus chaleureux de lord Derby. Lord Carnarvon a publié quelques discours sur des questions d'histoire et d'archéologie, et est, en outre, l'auteur d'un petit ouvrage fort bien fait sur les *Druses du Mont Liban*, qu'il publia en 1860, au retour d'un voyage en Orient. Il a été sous-secrétaire d'Etat des colonies sous la seconde administration de lord Derby (1858-59), et secrétaire d'Etat au même département sous la troisième (1866-67). Il donna sa démission de ce poste le 2 mars 1867, pour cause de dissentiment avec ses collègues à propos de la présentation des projets de réforme électorale. A la formation du nouveau cabinet Derby-Disraéli, en février 1874, lord Carnarvon accepta pour la seconde fois le portefeuille des colonies; mais il donna sa démission, de nouveau pour cause de dissentiment, le 24 janvier 1878, à raison de l'entrée dans les Dardanelles de la flotte britannique. Il n'a pas fait partie de la combinaison arrivée au pouvoir avec lord Salisbury, le 18 juin 1885 ni du ministère conservateur du 2 août 1886.

Lord Carnarvon a édité, en 1869, un ouvrage de son père : *Souvenirs d'Athènes et de la Morée, extraits d'un journal de voyages en Grèce pendant l'année 1839, par le feu comte de Carnarvon*. Il est auteur de divers ouvrages, outre celui cité plus haut. Nous citerons : *Archéologie du Berkshire (1859)*; une préface annotée au *Rapport sur la discipline des prisons (1864)*; une traduction de l'*Agamemnon* d'Eschyle (1879). Il a aussi édité les *Hérésies des Gnostiques du premier et du second siècles*, de H. L. Mansell, doyen de Saint-Paul, ouvrage précédé d'une *Esquisse de la vie, de l'œuvre et du caractère* de l'auteur (1875). Député-lieutenant et magistrat du Hampshire, lord Carnarvon a été élu grand maître des francs-maçons d'Angleterre en 1875; il a été élu président de la Société des antiquaires en 1878 et membre de la Commission des manuscrits historiques en 1882.

CARNÉ (marquis de), Henri Jean-Baptiste Antoine, homme politique français, né le 17 janvier 1834 à Sévignac (Côtes-du-Nord). Conseiller général des Côtes-du Nord pour le canton de Brooms, où il possède de grandes propriétés, M. le marquis de Carné fut élu sénateur de ce département à l'élection complémentaire du 10 octobre 1880. Il a été réélu, en tête de la liste monarchique, au renouvellement partiel du 25 janvier 1885. M. de Carné siège à l'extrême droite du Sénat. — Il est chevalier de la Légion d'honneur.

CARNÉ (comte de), Jules, littérateur français, né à Mériel (Seine-et-Oise), le 2 juillet 1835, neveu de l'académicien Louis Marcein, comte de Carné, mort en 1876. M. Jules de Carné, sous son propre nom ou sous divers pseudonymes, dont le plus connu est celui de J. de Cénar (anagramme de *Carné*), a collaboré de bonne heure à divers journaux littéraires de Paris et de la province, et a publié : *Pécheurs et Pécheresses (1862)*; un *Homme chauve (1863)*; *Cœur et Sens (1868)*, recueil de nouvelles; *Charlotte Duval*, roman (1874); *Marguerite de Keradec (1876)*, etc.

CARNOT, Lazare Hippolyte, homme politique français, ancien ministre, sénateur, fils de l'illustre con

ventionnel, qu'il suivit en exil et près duquel il vécut, principalement en Allemagne, jusqu'à sa mort, arrivée le 2 août 1823; est né à Saint-Omer, le 6 avril 1801. Revenu en France après la mort de son père, il acheva à Paris ses études de droit commencées en Allemagne, fut reçu licencié et se fit inscrire au barreau de Paris. Devenu l'un des adeptes les plus zélés et les plus utiles de la doctrine de Saint-Simon, les tentatives réformatrices d'Enfantin le déterminèrent à la retraite, avec Pierre Leroux, Jean Reynaud, M. Edouard Charton et autres, protestant contre ce qu'ils appelaient, non sans quelque raison, l'organisation de l'adultère. M. Carnot, qui avait soutenu jusque-là de ses deniers, en même temps que rédigé, les publications périodiques de l'école saint-simonienne, fonda la *Revue encyclopédique*, organe des doctrines sociales répudiées par les partisans d'Enfantin. La mort de son frère aîné, Sadi Carnot, ingénieur distingué, ancien capitaine du génie, enlevé par le choléra (1832) le fit renoncer pour quelque temps à ses travaux littéraires et philosophiques, et il entreprit de visiter l'Angleterre, la Hollande et la Suisse. Revenu en France, il figura, en 1835, parmi les défenseurs des accusés d'avril, devint président du Comité électoral central de Paris et fut élu, en 1839, député du 6e arrondissement. Réélu en 1842 et 1846, il ne cessa de siéger à la gauche avec Dupont (de l'Eure), Arago, Crémieux, etc. En 1846, il publia une brochure: les *Radicaux et la Charte*, dont le but était de rapprocher le parti républicain du parti de l'opposition constitutionnelle. Les tendances ouvertement conciliatrices de cette brochure lui attirèrent de vives attaques de la part de la *Réforme* et, le 24 février, devaient faire repousser son nom de la liste des membres du gouvernement provisoire proposée à l'approbation de ce journal par le *National*. Malgré cela, M. Carnot fut nommé ministre de l'instruction publique. Il signala son passage aux affaires par diverses réformes, bonnes et mauvaises: la gratuité de l'Ecole normale, l'amélioration du sort des instituteurs, l'introduction de l'enseignement de l'agriculture dans les écoles primaires, etc., la fondation de l'Ecole d'administration, la suppression de la chaire d'économie politique au Collège de France, etc.; celles-ci, surtout la dernière, aussi inopportunes que possible, pour ne pas dire plus. Il avait en outre fait mettre à l'étude un projet de loi sur l'instruction gratuite et obligatoire, qu'il n'eut pas le temps de présenter à l'Assemblée. Maintenu au ministère par le général Cavaignac, M. Carnot succomba, le 5 juillet, sous un vote de l'Assemblée motivé par une brochure de M. Ch. Renouvier, intitulée: *Manuel républicain de l'homme et du citoyen, publié* SOUS LES AUSPICES DU MINISTRE PROVISOIRE DE L'INSTRUCTION PUBLIQUE, laquelle contenait des « maximes détestables », au dire des adversaires du ministre de l'instruction publique, parmi lesquels nous citerons Jules Favre. M. Carnot eut beau s'excuser, il était visiblement condamné d'avance, ainsi que les quelques réformes qu'il avait accomplies ou projetées. M. Carnot, qui était représentant de la Seine à la Constituante, reprit sa place sur les bancs de la gauche, et fit partie des cent soixante-huit représentants qui appuyèrent l'amendement Grévy. Après avoir échoué aux élections générales, M. Carnot fut envoyé à l'Assemblée législative par les électeurs de Paris, le 10 mai 1850, et y siégea jusqu'au coup d'Etat, qui le rendit à la vie privée. Élu au Corps législatif aux premières élections de l'empire (1852), il refusa, avec le général Cavaignac, comme lui député de Paris et M. Hénon, député de Lyon, de prêter serment, et ne put siéger; élu de nouveau à Paris en 1857, il opposa le même refus à la nécessité du serment préalable; mais, en 1863, en raison d'une nouvelle tactique adoptée par l'opposition démocratique, il consentit à prêter serment, fut élu dans la première circonscription de la Seine et entra au Corps législatif. Aux élections générales de 1869, il échoua contre la popularité naissante de Gambetta.

Après la révolution du 4 septembre 1870, M. Carnot fut nommé maire du 8e arrondissement de Paris et maintenu dans ses fonctions par les élections du mois de novembre suivant. Porté à la fois candidat à l'assemblée nationale, aux élections du 8 février 1871, dans les départements de Seine-et-Oise et de la Seine, il échoua dans ce dernier, mais fut élu dans l'autre, le cinquième sur onze; il alla siéger sur les bancs de la gauche républicaine, dont il devint président. Au mois de mars 1873, il fut également président du comité chargé d'appuyer la candidature de M. de Rémusat à Paris contre celle de M. Barodet. Il a été élu, le 15 décembre 1875, sénateur inamovible par l'Assemblée nationale. M. Carnot a voté l'expulsion des princes (22 juin 1886).

M. Carnot a publié: *Gunima*, nouvelle, traduite de Van der Welde (1824); *Chants helléniens*, traduits de Wilhelm Müller (1828); *Exposé de la doctrine saint-simonienne (1830); Mémoires de Henri Grégoire, ancien évêque de Blois* (1837, 1 vol.); *Quelques réflexions sur la domesticité*, et *Des devoirs civiques des militaires (1838); Sur les prisons et le système pénitentiaire (1840); Mémoires de Bertrand Barrère*, avec David d'Angers (1842-43, 4 vol.); *De l'esclavage colonial (1845); Mémoires sur Carnot, par son fils (1861-64*, 2 vol.); *De la suspension des droits électoraux (1868)* et l'*Instruction populaire*, avec M. J. Simon (1869), dans la Bibliothèque libérale; la *Révolution française* (1869-72, 2 vol.); des *Notices* sur divers personnages de la Révolution, dont la dernière est consacrée à *Lazare Hoche (1874)*; des discours, mémoires, brochures d'actualité, etc. Il a collaboré à l'*Organisateur*, au *Producteur*, au *Globe*, à l'*Encyclopédie nouvelle*, à la *Liberté de penser*, etc., outre les publications déjà citées. — M. Carnot est membre libre de l'Académie des sciences morales et politiques.

CARNOT, MARIE FRANÇOIS SADI, ingénieur et homme politique français, fils aîné du précédent, né à Limoges le 11 août 1841. Entré à l'Ecole polytechnique en 1857, puis à l'Ecole des ponts et chaussées en 1860, il sortit premier de cette dernière en 1863 et fut, l'année suivante, nommé ingénieur à Annecy (Haute-Savoie). Nommé, le 10 janvier 1871, préfet de la Seine-Inférieure, puis commissaire extraordinaire dans ce département et ceux de l'Eure et du Calvados, chargé d'y organiser la défense, il conserva ce poste jusqu'à l'armistice. Il a été élu, le 8 février 1871, représentant de la Côte-d'Or, le troisième sur huit et, le 20 février 1876, député de la deuxième circonscription de Beaune; il prit place à gauche et devint secrétaire de la Chambre. Réélu par le même collège le 14 octobre 1877 et 21 août 1881, M. Sadi Carnot a été élu député de la Côte-d'Or, sur la liste républicaine, au scrutin du 18 octobre 1885.

Rapporteur du budget des travaux publics pour 1879, il était nommé sous-secrétaire d'Etat à ce ministère le 26 août 1878, et y acceptait la succession de M. Varroy à l'avènement du ministère Jules Ferry, le 23 décembre 1880; il suivait ce dernier dans sa retraite le 10 novembre 1881. M. Sadi Carnot reprit le portefeuille des travaux publics, dans le cabinet Henri Brisson, du 6 avril 1885; mais il l'échangeait contre celui des finances quelques jours plus tard (16 avril), y remplaçant M. Clamageran. Il a été maintenu au ministère des finances dans la combinaison qui suivit, arrivée au pouvoir, sous la présidence de M. de Freycinet, le 7 janvier 1886.

CARNOTA (comte de), J. SMITH ATHELSTANE, Grand de Portugal, d'origine anglaise, est né à Londres le 9 mai 1818 et fit ses études à Salisbury. Il avait commencé déjà l'étude du droit, mais il l'abandonna à l'âge de dix-neuf ans, ayant perdu son père, et entreprit un voyage sur le continent. Etant à Lisbonne en 1835, il devint secrétaire du maréchal duc de Saldanha, alors premier ministre du Portugal. Il fut mêlé à beaucoup d'événements importants de la politique de ce pays, et suivit le maréchal dans diverses missions, ainsi qu'aux ambassades de Vienne, Londres, Paris et Rome. Il ne résida dès lors que fort peu à Londres, sauf en 1840. En 1843, il publia, en deux volumes, la première édition de son ouvrage sur le *Marquis de Pombal*, et à la suite de cette publication, la reine le créa commandeur de l'ordre du Christ. Marié en 1850, il acheta peu après une propriété en Portugal, et, veuf en 1856, il continua néanmoins à résider dans son pays d'adoption. — Par décret en date de Lisbonne, 9 août 1870, le roi Louis Ier élevait M. Athelstane à la dignité de Grand de Portugal, sous le titre de comte de Carnota. L'année suivante, une édition de son *Marquis de Pombal*, en un volume, paraissait à Londres. Il a publié depuis des *Mémoires sur la vie et la carrière agitée du duc de Saldanha, soldat et homme d'Etat (1880*, 2 vol.)

CARO, ELME MARIE, littérateur français, membre de l'Académie française, né à Poitiers le 4 mars 1826, commença ses études au collège de cette ville, où la chaire de philosophie était tenue par son père, vint les terminer à Paris, au collège Stanislas, et entra à l'Ecole normale en 1845. Nommé agrégé de philosophie en 1848, il fut successivement professeur aux lycées d'Angers, de Rennes et de Rouen, puis occupa la chaire de philosophie à la faculté des lettres de Douai, à laquelle il fut appelé en 1854. En 1857, il fut nommé maître de conférences à l'école Normale supérieure, inspecteur de l'Académie de Paris en 1861, professeur à la faculté des lettres de Paris en 1867 et élu, en février 1869, membre de l'Académie des sciences morales et politiques. — M. Caro avait été décoré en 1856, à la suite de la mission officielle qu'il était allé remplir, sous le ministère Fortoul, devant la Société littéraire d'Anvers: l'exposition des doctrines spiritualistes de l'Université de France, mission pour laquelle M. Caro était d'ailleurs tout préparé, que ces doctrines fussent ou non celles de l'Université; il a été promu officier de la Légion d'honneur en 1877. — M. Caro a été élu membre de l'Académie française, en remplacement de Vitet, le 29 janvier 1874, et cette illustre assemblée l'a choisi pour son président en 1886.

On cite de cet académicien: *Saint Dominique et les dominicains (1850); Essai sur le mysticisme au XVIIIe siècle (1852); Études morales sur le temps présent (1855)*; l'*Idée de Dieu et ses nouveaux critiques (1864)*; la *Philosophie de Gœthe (1866)*; le *Matérialisme et la science (1868)*; les *Jours d'épreuves (1871); Problèmes de morale sociale (1876)*; le *Pessimisme au dix-neuvième siècle (1878); Littré et le positivisme (1883)*, etc... On lui doit encore une *Vie de Pie IX*, publiée sous le pseudonyme de « Saint-Hermel » et divers mémoires, la plupart couronnés par l'Institut. M. Caro a en outre collaboré à la *Revue Contemporaine*, à la *Revue Française*, à la *Revue de l'Instruction publique*, à la *Revue des Deux-Mondes*, à la *France* (direction La Guéronnière), etc., etc.

CARQUET, FRANÇOIS, homme politique français, né le 23 novembre 1810 à Moutiers (Savoie). Il fit ses études à Chambéry et à l'université de Turin, où il prit le grade de docteur en droit, et s'inscrivit au barreau de sa ville natale. Il siégeait à la Chambre des députés sarde depuis 1848, lors de l'annexion de son pays à la France (1860), et fut élu alors conseiller général de la Savoie. Aux élections du 8 février 1871, M. Carquet fut élu représentant de la Savoie à l'Assemblée nationale en tête de la liste, et prit place sur les bancs de la gauche. Ayant échoué aux élections sénatoriales du 30 janvier 1876, il ne se présenta pas aux élections qui suivirent pour la Chambre des députés. Il fut élu sénateur de la Savoie au renouvellement partiel du 8 janvier 1882, et reprit sa place sur les bancs de la gauche. — M. Carquet a voté l'expulsion des princes.

CARREY DE BELLEMARE (de), ADRIEN ALEXANDRE ADOLPHE, général français, né à Paris le 14 décembre 1824. Sorti de Saint-Cyr en 1843, comme sous-lieutenant d'infanterie, il devint successivement lieutenant en 1848, capitaine en 1854, chef de bataillon en 1859, lieutenant-colonel en 1863, colonel en 1868 et général de brigade le 25 août 1870. Ayant réussi à s'échapper de Sedan, le général de Carrey de Bellemare vint à Paris se mettre à la disposition du gouvernement de la Défense nationale. Pourvu aussitôt d'un commandement, il fit, dans la direction de Pierrefite, une reconnaissance dans laquelle il chassa l'ennemi de ce village. Il organisa ensuite la défense de Saint-Denis, fit enlever le Bourget par une poignée de francs-tireurs de la presse, appuyée par la garde mobile de la Seine, mais ne put obtenir du gouvernement central les secours nécessaires pour conserver cette prise et tirer le profit convenable de cette victoire, qui se tourna en désastre. A la bataille de Champigny, il passa la Marne à la tête d'une division, poussant devant lui l'ennemi, faisant des prodiges de valeur aussi inutiles que ceux qui avaient été faits au Bourget, et fut ensuite chargé de protéger la retraite. Le 10 décembre, sur la proposition du général Ducrot, qui commandait en chef, il fut promu général de division, et commandait en cette qualité le centre de l'armée à Buzenval, le 19 janvier 1871. — Le 16 septembre suivant, malgré les protestations du général Ducrot, la Commission de revision des grades faisait rétrograder M. de Carrey de Bellemare au grade de général de brigade. Il adressa une requête au Conseil d'Etat contre cette décision, mais elle fut repoussée (15 novembre 1872); une pétition adressée à l'Assemblée nationale (22 mars 1873) n'eut pas un sort meilleur. Le 25 octobre suivant, au moment où les menées monarchiques atteignaient leur plus haute intensité, le général de Bellemare, alors à la tête de la subdivision de la Dordogne, adressait au ministre de la guerre une énergique protestation, le priant de le relever de son commandement à l'instant même où un vote de l'Assemblée aurait rétabli la monarchie. Le général du Barail, ministre de la guerre, répondit à cette protestation en mettant son auteur en non-activité, pour cause de retrait d'emploi, et en adressant à ce sujet un ordre du jour à l'armée. Mais les projets de restauration monarchique ayant échoué à court délai, le général de Carrey de Bellemare était rappelé à l'activité le 16 juin 1874, et pourvu d'un nouveau commandement le 6 août suivant. Promu général de division, il était à la tête du 5e corps d'armée, lorsqu'il fut appelé au commandement du 9e corps, en remplacement du général Schmitz, le 6 février 1856, et nommé membre du Conseil supérieur de l'armée. — Chevalier de la Légion d'honneur depuis 1853, le général de Carrey de Bellemare a été promu officier en 1868, commandeur en 1881 et grand officier le 8 juillet 1886.

CARRIER-BELLEUSE, ALBERT ERNEST, sculpteur français, élève de David d'Angers, est né le 12 juin 1824 à Anisy-le-Château (Aisne). On cite de cet artiste: l'*Amour et l'Amitié*, groupe en bronze (1857); *Jupiter et Hébé*, groupe en bronze (1858); une *Vestale*, buste en terre cuite; *Mort du général Desaix*, groupe en plâtre (1859); *Salve Regina*, groupe en plâtre; le buste en bronze de *Napoléon III*, et une demi-douzaine de bustes en terre cuite, dont ceux de *M. Renan* et de *Mme Marie Laurent (1861)*; une *Bacchante*, statue en marbre (1863); *On dine*, statue en marbre (1864); le buste en bronze d'*Eugène Delacroix (1865)*; *Angelina*, statue en marbre (1866), reparue à l'Exposition universelle, l'année suivante, avec les bustes en terre cuite de *Théophile Gautier*, de *Mme Pauline Viardot*, etc. (1867); le *Monument du général Masséna*, pour la ville de Nice (1868); *Hébé endormie*, statue en marbre et un *Projet de monument à la mémoire d'Ingres*, avec M. Davioud, architecte (1870); le buste en marbre de *M. Thiers* et une *Psyché abandonnée*, statue en marbre (1872); *Mlle Croizette*, buste en plâtre (1874); une *Grande Dame romaine*, buste en plâtre, et deux *Anges* en fonte de fer, pour Santiago-de-Chili (1875); des bustes en plâtre de *Molière*, et en terre cuite, de *Mathieu, de l'Institut (1878); Camille Desmoulins*, esquisse en bronze (1883); le buste en marbre de *François Arago (1884); Diane triomphante*, statuette en plâtre et un *Portrait de jeune fille*, buste en terre cuite (1885); *Henri Martin*, buste en terre cuite (1886), etc. — M. Carrier-Belleuse a obtenu une 3e médaille en 1861, le rappel en 1863, une médaille en 1866 et la médaille d'honneur en 1867. Décoré de la Légion d'honneur en 1867, il a été promu officier en 1885.

CARVALHO (dame), MARIE CAROLINE MIOLAN, cantatrice française, née à Marseille le 31 décembre 1827. Venue à Paris en 1843, elle entra au Conservatoire, où elle suivit la classe de Duprez jusqu'en 1847, remporta le premier prix de chant en 1849 et débuta la même année à l'Opera-Comique. Elle y parut avec succès dans *Giralda*, le *Pré aux clercs*, les *Noces de Jeannette*, etc., et quitta cette scène pour celle du Théâtre-Lyrique vers la fin de 1854. Elle avait épousé en 1853, un artiste de l'Opéra-Comique, entré à ce théâtre à peu près en même temps qu'elle, M. Léon Carvaille, dit CARVALHO, lequel devint, en 1856, directeur du Théâtre-Lyrique. Pendant la direction de son mari, Mme Carvalho a joué avec un brillant succès dans diverses pièces créées ou reprises au Théâtre-Lyrique: les *Noces de Figaro*, la *Reine Topaze*, *Fanchonnette*, *Faust*, etc. Engagée pour la saison de 1860, à Londres, elle rentra en 1862, au Théâtre-Lyrique, dont son mari était redevenu directeur, y reprit la plupart de ses rôles, en créa quelques autres, notamment *Mireille*, de MM. Mistral et Gounod, puis entreprit quelques tournées artistiques en province et à l'étranger. Après la déconfiture de son mari, dont la double entreprise du Théâtre-Lyrique et du Théâtre-Italien avait fini par une catastrophe, Mme Carvalho entra, vers la fin de 1868, à l'Opéra, et y parut notamment dans le *Faust* remanié, dans *Robert le Diable* et dans les *Huguenots*. L'année suivante, elle reprenait le cours de ses tournées, et remportait de grands succès dans les principales villes du Midi. En 1874, Mme Carvalho reparut à l'Opéra-Comique, dans *Mireille*, Isabelle du *Pré aux clercs* et divers autres rôles de son répertoire. Elle y chantait, en mars 1874, la *Marie Magdeleine* de M. Mas-

senet. Elle obtint, au mois de mars 1875, un engagement de deux années à l'Opéra et y reprit divers rôles, notamment celui d'Isabelle de *Robert le Diable*, avec un très grand succès. Le 5 décembre 1882, Mme Carvalho rentrait à l'Opéra-Comique, dont son mari est redevenu directeur depuis 1876, dans les *Noces de Figaro*; elle y donnait sa représentation d'adieux le 9 juin 1885.

CASELLI (abbé), GIOVANNI-BATTISTA, savant italien, né à Sienne le 25 mai 1815, fit ses études scientifiques à Florence, où il eut pour maître de physique le célèbre L. Nobili. En 1836, pour jouir d'un bénéfice ecclésiastique qui lui était offert, il entra dans les ordres, et fut ordonné diacre. A la mort de son professeur, en 1837, il publia son éloge: *Elogio di Leopoldo Nobili*, et fut admis à l'Athénée italien, comme membre ordinaire. Etabli depuis 1841, à Parme, où il avait été appelé comme précepteur particulier, lors des événements de 1848, il vota l'annexion du duché au Piémont, sous le sceptre de Charles-Albert, et fut en conséquence expulsé lors du retour du duc. Rentré à Florence, il s'appliqua avec une ardeur nouvelle aux recherches scientifiques, accordant une attention toute spéciale, bientôt même presque exclusive, à l'électricité et au magnétisme, et fonda, en 1854, la *Recreazione, giornale di Scienze fisiche e di Arti*, destiné à la vulgarisation scientifique. Ses recherches sur le magnétisme et l'électricité l'amenèrent, en 1856, à la découverte du télégraphe qui porte son nom. Nous n'avons pas à insister sur le « télégraphe Caselli », bien connu en France, où il fut appliqué pour la première fois, et qui fut mis en pratique régulière sur la ligne de Paris à Lyon, en 1865; le nom de *télégraphie autographique* par lequel on le désigne, donne d'ailleurs une idée exacte du système et rappelle assez les services qu'a rendus sa substitution au système précédent. Dès la même année, le télégraphe Caselli était introduit en Russie. — On doit encore à ce savant diverses autres découvertes, entre lesquelles celle du moteur électrique, qui fut également construit et appliqué en France pour la première fois, etc.

CASIMIR-PÉRIER, voy. **Perrier**.

CASSAGNAC (de), PAUL ADOLPHE MARIE PROSPER GRANIER, journaliste et homme politique français, né à la Guadeloupe le 2 décembre 1842. Il débuta dans le journalisme en 1863, à la *Nation*, journal dirigé par son père; il y écrivait, sous le pseudonyme de « Paul Walter », des articles bibliographiques principalement. Lorsque la *Nation* passa en d'autres mains, M. P. de Cassagnac entra au *Diogène*, où il se fit bientôt remarquer plus encore par l'âpreté provocante de sa polémique que par son talent d'écrivain. Cette violence héréditaire dans l'attaque ne devait pas tarder à produire ses effets; mais M. Paul de Cassagnac s'y attendait, et s'y était préparé de longue main. En 1864, il eut son premier duel, avec un autre écrivain de la petite presse, également violent dans la polémique et ayant déjà une grande réputation de duelliste habile et surtout heureux; ce duel eut un grand retentissement, car les conséquences faillirent en devenir fatales à M. Scholl. En 1866, M. Paul de Cassagnac, après avoir quitté le *Diogène* et fondé une feuille éphémère: l'*Indépendance parisienne*, entra à la rédaction du *Pays*, qu'il n'a plus quittée qu'en 1885, pour fonder l'*Autorité*, la propriété du *Pays* ayant changé de mains. Dès lors, ses violences de plume, alimentées par les haines de parti, surtout par les rancunes nombreuses et implacables que le passé de son père avait amoncelées sur son nom, et par les haines toutes fraiches qu'y appelait sa propre attitude, ne connut plus de bornes. Toutefois il faut reconnaître que l'attaque ne vint pas toujours de son côté. Actes de violence, voies de fait, duels, procès se succédèrent bientôt presque sans interruption. La liste des duels de M. Paul de Cassagnac avec des journalistes de l'opposition est longue, on aurait quelques difficultés à réunir les noms de tous ses adversaires; nous citerons MM. Henri Rochefort, Lockroy, Lissagaray, Gustave Flourens, Ranc. Ces duels n'ont jamais manqué d'être remarquables par un acharnement féroce, et c'est une sorte de miracle qu'aucun d'eux ne se soit terminé par la mort d'un des champions. Dans plusieurs circonstances, les provocations de l'un ou de l'autre des adversaires se terminèrent par des procès. Par exemple celles du *Courrier français (1867)* qui, chaque jour, reproduisait toutes les imputations infamantes dirigées en tout temps contre M. Granier de Cassagnac père, et donnait en prime la relation du trop fameux procès *Dujarrier-Beauvallon*. M. Paul de Cassagnac envoya inutilement des témoins à Vermorel, résolu, disait-il, à ne pas laisser supprimer la polémique par le duel; il l'attendit à la porte du journal, lui cracha au visage en pleine rue: cette affaire se termina (à peu près) par un procès. L'année suivante, M. Paul de Cassagnac, frappé par M. Lullier, ancien officier de marine, refusait à son tour de demander satisfaction de cet outrage par les armes, et l'affaire se terminait cette fois encore en police correctionnelle. M. Paul de Cassagnac a d'ailleurs, somme toute, refusé plus de duels qu'il n'en a accepté; mais si la matière ne lui a jamais fait défaut, nous ne faisons pas difficulté de reconnaître qu'elle n'a pas toujours été de qualité irréprochable, et qu'il est des affaires ridicules devant lesquelles il est permis au plus brave de reculer.

Devenu rédacteur en chef du *Pays*, M. Paul de Cassagnac fut fait chevalier de la Légion d'honneur le 15 août 1868. Quinze jours après, il attaquait si violemment le prince Napoléon, cousin de l'empereur, que le gouvernement se voyait forcé d'en manifester ses « regrets », le lendemain au *Journal officiel*. Ce fut encore malgré le gouvernement, malgré l'empereur lui-même, dit-on, que le *Pays* entreprit cette campagne contre le ministère Ollivier, qu'il n'abandonna que pour pousser à la guerre, laquelle était, disait-il nettement, « impérieusement réclamée par les besoins de la dynastie »; déclarant, le 14 juillet 1870, après la lecture à la Chambre de la dépêche du prince de Hohenzollern annonçant sa renonciation à la couronne d'Espagne, que le ministère, qui reculait, mériterait de s'appeler désormais le *ministère de la honte*. Comme ces provocations aux mesures violentes ne se produisaient pas seulement dans le *Pays*, mais avaient leur écho multiple dans l'entourage impérial, côté des Arcadiens, dont MM. Granier de Cassagnac étaient de beaucoup les plus persuasifs, le ministère fut bientôt forcé de revenir sur la satisfaction exprimée à la tribune par M. de Gramont, et nous eûmes la guerre; parce que la guerre seule (à la condition d'être victorieux, toutefois) apporterait à la dynastie impériale le baptême de sang qui devait la régénérer, permettrait de rejeter bien loin toute idée de concession libérale et de nous ramener au régime de 1852, rendant du même coup leur influence perdue à ces hommes si belliqueux, parce qu'ils voulaient reconquérir leurs propres positions; si braves, parce qu'ils avaient peur. La guerre déclarée, M. Paul de Cassagnac s'engagea dans le premier régiment de zouaves et assista au désastre de Sedan où, sans doute, il dut sentir les morsures du remords. Emmené prisonnier en Allemagne, il resta huit mois dans les casemates de Kosel, dans la Silésie prussienne. Après la paix, il se rendit à Venise, où il séjourna quelque temps pour rétablir sa santé ébranlée; il revint ensuite dans le Gers et y fonda un journal: l'*Appel au peuple*. Il revint enfin à Paris en janvier 1872, et reprit alors la direction du *Pays*. Condamné en juillet 1872, à huit jours de prison et 100 francs d'amende pour son duel avec M. Lockroy, il allait se battre avec M. Ranc, le 7 juillet 1873, sur la frontière du Luxembourg; en juillet 1874, il était poursuivi pour la publication dans le *Pays* d'articles « ayant pour but de troubler la paix publique et d'exciter à la haine des citoyens les uns contre les autres »; l'accusé se défendit lui-même, et fut acquitté. Au cours de cette même année 1874, il publia dans son journal une série d'articles relatifs à la capitulation de Sedan, en rejetant toute la responsabilité sur le général de Wimpffen. Le général de Wimpffen le poursuivit en diffamation: le tribunal civil se déclara d'abord incompétent (22 janvier 1875) et, devant la cour d'assises, M. Paul de Cassagnac fut acquitté (15 février 1875). Le 24 novembre suivant, le jeune et ardent rédacteur en chef du *Pays* faisait, dans une réunion privée, à Belleville, un discours tendant à présenter le retour de l'empire comme la condition essentielle du bonheur du peuple, etc. Le *Pays* publiait le lendemain ce discours, aussitôt reproduit par plusieurs autres journaux: tous étaient poursuivis et... acquittés en masse par le jury (13 décembre). Nous n'en dirons pas davantage sur la carrière de journaliste de M. P. de Cassagnac: il est évident que l'*Autorité* continue le *Pays*; mais les procès de presse sont plus rares maintenant qu'autrefois.

Maire de Couloumé-Mondébat, membre du Conseil général du Gers depuis 1860, M. Paul de Cassagnac, dont la candidature à l'Assemblée nationale avait été portée en son absence, mais sans succès, en février 1871, a été élu député du Gers pour l'arrondissement de Condom, le 20 février 1876. Il a pris plusieurs fois la parole à la tribune, et ne parait pas y être trop mal à l'aise; mais, si maître qu'il soit de son sujet lorsqu'il s'agit d'y traiter de questions de politique générale, c'est-à-dire d'y transporter l'argumentation équivoque et tronquée de la polémique de journal, les questions spéciales le font se fourvoyer facilement, ainsi qu'il l'a prouvé dans diverses occasions qu'il serait oiseux de rappeler aujourd'hui. Réélu député de Condom le 14 octobre 1877, la Chambre annula cette élection, après enquête, le 7 octobre 1878; mais, comme on pouvait le prévoir, M. P. de Cassagnac fut réélu au scrutin du 2 février 1879 que cette annulation avait rendu nécessaire. Le 21 août 1881, c'est dans l'arrondissement de Mirande, ancien collège de son père, décédé, qu'il se fit réélire. Il était, enfin, élu député du Gers, en tête de la liste monarchique, le 4 octobre 1885.

On doit à M. Paul de Cassagnac, en dehors de ses travaux de journaliste, l'*Histoire populaire de Napoléon III*, en collaboration avec son père, et une *Histoire abrégée de Napoléon III*, tirée du précédent ouvrage (1874); *Histoire de la troisième République (1875)* et quelques brochures politiques, tels que: *Empire et Royauté (1873); Bataille électorale (1875)*; l'*Aigle*, almanach, etc.

CASSE, EUGÈNE FRANÇOIS GERMAIN, homme politique français, né à la Pointe-à-Pitre le 23 septembre 1837. Il faisait son droit à Paris lorsque, à la suite d'un discours ultra-révolutionnaire prononcé au Congrès de Liège, il fut exclu de toutes les facultés de droit de France. Il devint alors collaborateur de divers journaux d'opposition « philosophique » et littéraire, publiés dans le quartier latin, puis du *Réveil*, de la *Marseillaise*, du *Vengeur* (première série), du *Rappel*, et plus récemment du *Ralliement*. Elu représentant de la Guadeloupe, le 5 octobre 1873, en remplacement de M. Rollin, démissionnaire, et député du 14e arrondissement de Paris, le 5 mars 1876, M. G. Casse siégea à l'extrême gauche. Il a été réélu député du 14e arrondissement de Paris, le 14 octobre 1877 et le 21 août 1881. Aux élections d'octobre 1885, il figurait sur la liste opportuniste et fut élu député de la Seine au scrutin du 18. Il a voté l'expulsion totale des princes.

CASTAN (abbé), EMILE FERDINAND XAVIER, neveu de M. Affre, archevêque de Paris, mort en juin 1848, est né à Belmont (Aveyron) le 27 février 1824, fit ses études au petit séminaire de sa ville natale et au grand séminaire de Saint-Sulpice, qu'il quitta en 1844, puis se rendit à Rome, où il reçut la prêtrise en 1845, et prit le grade de docteur en 1846. Secrétaire particulier de son oncle, l'archevêque de Paris, de 1846 à 1848, il devint, à cette dernière date, vicaire de la paroisse de Saint-Sulpice, qu'il quitta en 1855, étant nommé chanoine titulaire du diocèse de Moulins et membre du conseil privé de l'évêque, M. de Dreux-Brézé, qu'il refusa toutefois, par des raisons de santé, de suivre à Rome à l'époque du dernier concile. — On lui doit un grand nombre d'ouvrages, principalement religieux, parmi lesquels: la première traduction française de la *Chaîne d'or*, de saint Thomas d'Aquin; une *Vie de Mgr Affre*; *Exposition des mystères de la Souffrance*; *Origines du Christianisme, d'après la tradition catholique*; *Origines du Christianisme, d'après la critique rationaliste contemporaine*; *Du Progrès dans ses rapports avec l'Eglise catholique*; *De l'union de la Morale et de la Religion*; *De l'Idée de Dieu, d'après la tradition chrétienne*; *Méditations sur la Passion de N.-S. Jésus-Christ*; une *Histoire de la papauté* (1860-73, 3 vol.). — M. l'abbé Castan est chanoine honoraire de Paris.

CASTELAR Y RISSOLL, don EMILIO, professeur, écrivain et homme politique espagnol, né en 1832, collabora jeune aux journaux démocratiques de son pays, notamment à la *Tribuna* et la *Discusion* et prit une part active à toutes les manifestations républicaines qui signalèrent les dernières années du règne d'Isabelle II. En 1864, il fonda la *Democracia*, où il y exposa ses idées d'avenir démocratique et social, ce qui eut pour première conséquence sa destitution de la chaire d'histoire et de philosophie de l'université de Madrid qu'il avait obtenue au concours quelques années auparavant. Ayant pris part au mouvement révolutionnaire de 1866, il fut condamné à mort, et fut assez heureux pour échapper aux recherches dont il était l'objet. Réfugié en France, il ne tarda pas à s'y rencontrer avec la plupart des rédacteurs des journaux libéraux espagnols, comme lui condamnés à *mort en garote vil*, c'est-à-dire à la mort infamante des parricides, pour simples délits, ou crimes, si l'on veut, de presse: MM. Praxedes M. Sagasta, A. F. de los Rios, Manuel Becerra, Cristino Martos, Fr. Montenar, Carlos Rubio, Innocente Ortiz y Casado, directeurs ou collaborateurs de la *Iberia*, de la *Soberania nacional*, de la *Democracia*, d'*el Pueblo* et de *las Novedades (1867)*. Dès le début de la révolution de 1868, don Emilio Castelar s'empressa de rentrer dans son pays et devint, avec Pierrad et don J. Orense, marquis d'Albaïda, l'un des chefs républicains du mouvement. Après le triomphe de la Révolution, il fit tous ses efforts pour obtenir la proclamation de la République espagnole, mais sans succès; aux élections de février 1869, le parti républicain n'obtint qu'une minorité peu importante, et cela, il faut le dire, parce qu'aucun des chefs du parti n'avait jugé à propos de se donner la dixième partie du mal devant lequel n'avait pas reculé M. Castelar, et grâce auquel les républicains avaient obtenu la majorité dans les élections municipales précédentes. Dans ces conditions, ce fut évidemment sans espoir de succès que don Emilio Castelar, dans les discussions relatives à la constitution nouvelle, insista pour l'adoption d'institutions républicaines, et qu'il combattit si énergiquement le projet de régence. Le projet passa (1er juin 1869), et le maréchal Serrano, duc de la Torre, celui-là même qui avait écrasé la révolution de 1866, dont M. Castelar était le chef le plus important, fut investi des hautes fonctions de régent du royaume. En octobre suivant, les divers partis que l'avènement de M. Serrano ne satisfaisaient pas se soulevèrent, embrasant la plupart des provinces, s'enfermant, en dernier ressort, dans Valence, que le régent fit bombarder sans ménagement. M. Castelar se trouva sérieusement compromis dans ce soulèvement; mais la répression, pour si impitoyable qu'elle fut, n'eut pas de lendemain trop prolongé, ni trop impitoyable: l'état de siège était d'ailleurs levé dès le commencement de décembre.

Le lendemain de l'abdication du roi Amédée (11 février 1873), les Cortès espagnoles proclamèrent la République et formèrent un cabinet dans lequel don Emilio Castelar accepta le ministère des affaires étrangères. Le 24 août, il était élu président des Cortès par 135 voix contre 73, et devenait président du Pouvoir exécutif le 6 septembre suivant. Il prit des mesures énergiques, mais inefficaces, pour combattre l'insurrection carliste, envoya à Cuba le ministre de la guerre en personne, pour y protéger les intérêts espagnols, qu'on croyait menacés par les convoitises des Etats-Unis, et assuma un pouvoir dictatorial que les Cortès, lorsqu'elles se réunirent, le 2 janvier 1874, se refusèrent à approuver, par 120 voix contre 100. En conséquence de ce vote, don Emilio Castelar donna sa démission. C'est alors qu'eut lieu l'envahissement des Cortès et leur dispersion par le général Pavia, qui nomma un gouvernement provisoire ayant à sa tête le maréchal Serrano. Peu après le *pronunciamiento* en faveur d'Alphonse XII, l'ex-chef du pouvoir exécutif de la République espagnole quittait l'Espagne et se réfugiait à Genève, d'où il envoyait, le 29 mars 1875, sa démission de professeur de l'université de Madrid. Rentré depuis en Espagne, il a été élu député de Madrid aux Cortès, aux élections de janvier 1876, non sans quelque peine; il a été néanmoins réélu depuis, à chaque renouvellement des Cortès, y compris celui de mai 1886.

On doit à don Emilio Castelar, comme écrivain: *Ernesto, novela original de costumbres (1855)*; *Lucano, su Vida, su Genio, su Poema (1857)*; *Legendas populares, Ideas democraticas (1858)*; *La civilizacion en los cincos primeros siglos del cristianismo*, leçons faites à l'Athénée de Madrid (1858-59, 2 vol.); *Crónica de la guerra de Africa*, la *Redencion del esclavo* et une *Colleccion* de ses principaux articles politiques et littéraires (1859); *Cartas à un obispo sobre la libertad de la Iglesia (1864)*; *Discurso pronunciado en la noche de el 13 noviembre 1868*, pour l'installation du Comité républicain de Madrid (1868); *Discursos parlamentarios*, etc., (1871, 3 vol.); *Roma vieja y nueva Italia (1873)*; *Semblanzas contemporaneas de los personajes mas celebres del mundo en las Letras, las Ciencias y las Artes*, biographies des principaux personnages de l'univers, et principalement d'Espagne et de France; *Vida de lord Byron*; *Historia de un corazon*, romans, etc. — Il a été élu membre de l'Académie espagnole en janvier 1879, et reçu solennellement le 25 avril 1880.

CASTILLE, Charles Hyppolite, journaliste et littérateur français, né à Montreuil-sur-Mer, le 8 novembre 1820 ; fit ses études aux collèges de Cambrai et de Douai, puis vint à Paris où il entra au ministère des travaux publics en qualité de surnuméraire. Mais il abandonna bientôt cette modeste position pour se consacrer à la littérature. Il publia des nouvelles et des romans-feuilletons d'abord au *Musée des familles*, au *Commerce*, *(1843)*, à l'*Esprit public*, dont il dirigea bientôt la partie littéraire (1846) ; il écrivit ensuite au *Courrier Français*, à la *Démocratie pacifique* ; fonda, en 1847, avec M. G. de Molinari, le *Travail intellectuel* ; et avec Frédéric Bastiat, le lendemain de la Révolution de février 1848, la *République Française*, journal quotidien. Aux élections pour la Constituante, il se porta, mais sans succès, dans son département natal ; et reprenant alors la plume du journaliste, il devint rédacteur de la *Révolution démocratique et sociale*, de la *Tribune des peuples*, etc., et prit part aux diverses réunions socialistes. Les relations qu'il forma à cette époque lui fournirent les moyens de s'occuper activement par la suite d'affaires financières, ce qui le porta à abandonner, ou tout au moins à négliger une carrière qu'il avait adoptée, à ce qu'il semble, par vocation, mais dans laquelle il n'a pas trouvé la gloire qu'il se croyait évidemment due, ni même des succès bien brillants. — On a de M. H. Castille : les *Oiseaux de proie (1846)* ; l'*Ascalante (1852)* ; les *Ambitieux (1853)* ; le *Margrave des Claires (1854)* ; les *Compagnons de la Mort (1854)* ; la *Chasse aux Chimères (1857)* ; *Histoires de Ménage*, recueil de nouvelles, etc. A cela se résume à peu près l'œuvre purement littéraire de M. H. Castille. La plupart de ces ouvrages, publiés en brochures in-4° illustrées, ont été plusieurs fois réimprimés et quelquefois sous des titres différents, M. H. Castille a également publié des travaux historiques et biographiques dont il convient que nous citions les principaux : *Études sur les hommes et les mœurs sous le règne de Louis-Philippe (1853)* ; *Histoire de la seconde République française (1854-55*, 4 vol.) ; *Parallèle entre César, Charlemagne et Napoléon (1858)* ; *Histoire de soixante ans, 1789-1850 (1859-63*, 4 vol.). Ajoutons à ceci deux séries de petits volumes in-32 d'une soixantaine de pages, ayant pour titre général : *Portraits historiques au Dix-neuvième siècle*, ornés chacun d'un portrait et d'un autographe (1856-60), contenant en outre trois volumes spécialement consacrés à la presse : les *Journaux sous l'Empire et la Restauration* ; les *Journaux sous le règne de Louis-Philippe* ; les *Journaux depuis 1848*, ces deux derniers surtout abondant en souvenirs personnels d'un assez mince intérêt. Enfin, en 1869, M. H. Castille a jugé opportun de publier une brochure d' « actualité » ayant pour titre : les *Massacres de juin 1848*, laquelle n'est que la reproduction d'un chapitre de son *Histoire de la seconde République*, revu et corrigé.

M. H. Castille a été successivement, depuis 1860, rédacteur en chef de l'*Esprit public*, journal semi-quotidien et du *Globe*, journal quotidien, qui vécurent remarquablement peu, et qui eussent fourni une carrière bien moins longue encore s'ils avaient été alimentés par la seule contribution volontaire de leurs lecteurs. M. Castille, ardent républicain et socialiste, en 1848, était devenu, sous le second empire, sans cesser peut-être d'être socialiste, un publiciste gouvernemental non moins ardent. Il a, du reste, collaboré à des journaux fort divers de nuance politique ou philosophique, à cette époque et depuis. On lui a longtemps attribué les *Lettres d'Alceste* qui parurent dans l'*Universel* et celles qu'insérèrent successivement, plus tard, la *Constitution*, l'*Avenir national* et enfin le *Voltaire*, sans qu'il ait jamais accepté ouvertement ou repoussé cette attribution ; mais le *Figaro* ayant nommé un autre écrivain comme l'auteur de ces lettres, M. Castille lui a écrit pour en réclamer définitivement la paternité (21 juillet 1886), ajoutant qu'il en préparait une publication partielle et signée ; dont acte. — L'*Evénement* a publié, en 1884, un feuilleton de M. Hippolyte Castille intitulé : le *Masque de plâtre*.

CAUMONT, Aldrick Isidore Ferdinand, jurisconsulte français, né à Saint-Vincent-Cramesnil (Seine-Inférieure) le 15 mai 1825, d'une famille de pauvres paysans. Sa première jeunesse fut occupée aux travaux des champs ; mais, au prix d'un travail opiniâtre et des plus dures privations, il parvint à faire ses études, puis à venir suivre les cours de la faculté de droit de Paris. Reçu licencié en 1847, il se fit inscrire au barreau du Havre, dont il fait toujours partie, outre que la spécialité qu'il s'y est faite des questions de droit maritime l'ont fait nommer avocat du département de la marine. Il est professeur de droit commercial et maritime et de droit économique à l'hôtel de ville du Havre, membre correspondant de l'Institut historique de France, de l'Académie de législation de Toulouse, dont il est lauréat, membre effectif de l'Association internationale pour le progrès des sciences sociales, etc. ; chevalier de la Légion d'honneur et membre depuis 1869, à divers titres, de plusieurs ordres étrangers. En 1870, M. Aldrick Caumont, qui est comme un répertoire vivant de droit maritime, fut entendu comme témoin devant la commission d'enquête sur la marine marchande. On a de M. Aldrick Caumont : *Visions sur l'humanité (1853)* ; *Institution du Crédit sur marchandises (1859)* ; *De l'extinction des procès, ou l'Amiable composition remplaçant l'arbitrage (1859)* ; *Assurance du fret à faire et du profit espéré (1860)* ; *Revue critique de Jurisprudence maritime (1860)* ; *Plan de Dieu, ou Physiologie du travail (1861)* ; *Étude sur la vie et les travaux de Grotius, ou le Droit naturel et international (1862)* ; *Des gens de mer, Considérations générales sur les contrats nautiques (1863)* ; *Nantissement et vente des navires (1863)* ; *Application des warrants à la propriété maritime (1863)* ; *la Moralité dans le droit (1863)* ; *Abordage maritime (1865)* ; *Amendement des lois nautiques (1866)* ; *Discours de clôture d'un cours de droit économique (1865)* ; *Discours, etc., d'un cours de droit maritime*, professé à l'hôtel de ville du Havre ; *Cours public de droit maritime, etc. (1866)* ; *Dictionnaire universel de Droit maritime au point de vue commercial, administratif et pénal* (1867, 2e édition, 1869), ouvrage unique, et dont M. Caumont avait déjà fait paraître, en 1855, une édition, mais imparfaite, de telle sorte que son livre de 1867 est en réalité une œuvre toute nouvelle. Ajoutons : la *Langue universelle de l'Humanité, ou Télégraphie parlée par le nombre agissant, réduisant à l'unité tous les idiomes du globe* (1867, in-4°) ; *Direction de la liberté, ou la Loi (1867)*, discours de clôture d'un cours de droit économique ; la *Balance économique, ou les Harmonies de la Justice (1869)*, etc.

CAVAIGNAC, Godefroy, homme politique français, fils du général Eugène Cavaignac, qui fut président de la République en 1848, est né en 1853. Il fit ses études au lycée Charlemagne, et l'on se rappelle qu'au concours général de 1867, il refusa de recevoir le prix de version grecque des mains du jeune prince impérial, et du scandal qui en résulta, bien que l'incident dût être prévu. Engagé volontaire en 1870, il prit part à plusieurs sorties de l'armée assiégée et reçut la médaille militaire après l'affaire du plateau d'Avron. Entré à l'Ecole polytechnique en 1872, puis à l'Ecole des ponts et chaussées en 1874, il fut nommé à sa sortie ingénieur à Angoulême ; mais il acheva son droit, se fit recevoir licencié et fut nommé maître des requêtes au Conseil d'Etat en 1881. L'année suivante, le 26 février, il y avait dans l'arrondissement de Saint-Calais (Sarthe) une élection partielle motivée par le passage de M. Lemonnier au Sénat. M. Godefroy Cavaignac y fut élu à la presque unanimité des suffrages, et s'inscrivit au groupe de l'Union républicaine. Il fut élu secrétaire de la Chambre et devint sous-secrétaire d'Etat au ministère de la guerre dans le cabinet Brisson. Il a été rapporteur de la loi sur les chemins de fer de l'Etat. Elu député de la Sarthe le 4 octobre 1885, il a repris sa place à gauche. M. G. Cavaignac a voté l'expulsion des princes.

CAVAILLÉ-COLL, Aristide, facteur d'orgues né à Montpellier, le 4 février 1811. Venu à Paris en 1833, il obtint l'année suivante, au concours ouvert par l'Institut à cet effet, la commande du grand orgue de l'église de Saint-Denis. Sa réputation dès lors établie, on lui confia l'exécution d'un grand nombre d'œuvres semblables, parmi lesquelles nous citerons : les orgues de Saint-Roch, la Madeleine, Saint-Vincent-de-Paul, Saint-Sulpice, Saint-Louis-d'Antin, Sainte-Clotilde, Notre-Dame, la Trinité, à Paris ; des cathédrales d'Ajaccio, de Carcassonne, de Belley, de Luçon, de Toulouse, de Nancy, de Saint-Brieuc, de Bagneux, de Laval, de Saint-Omer, de Perpignan ; de Saint-Paul, de Nîmes ; de Saint-Nicolas, de Gand (Belgique), etc. Parmi les perfectionnements apportés à la construction des orgues par M. Cavaillé-Coll, il faut citer spécialement l'application du levier pneumatique, inventé par lui. Il a figuré, depuis 1834, à toutes les expositions industrielles, où il a obtenu les plus hautes récompenses, notamment la grande médaille de sa classe à l'Exposition universelle de 1878 ; il a été nommé chevalier de la Légion d'honneur en 1849 et promu officier le 28 octobre 1878. — M. Cavaillé-Coll a présenté à l'Académie des sciences divers *mémoires* ou *notes* sur des questions d'acoustique.

CAVALIÉ, Louis Henri Angeli, homme politique français, né à Albi le 4 mars 1831. Notaire à Albi, M. Cavalié était maire de sa ville natale, qu'il représente au Conseil général du Tarn, et fut révoqué par le ministère de Broglie (1873). Il fut élu, comme candidat républicain, député de l'arrondissement d'Albi le 6 mars 1876. Le 14 octobre suivant, le scrutin ne lui était plus favorable, mais l'élection de son concurrent ayant été annulée par la Chambre, il fut réélu le 27 janvier 1878, puis le 21 août 1881. M. Cavalié a été élu député du Tarn le 4 octobre 1885, sur la liste républicaine. Il a voté l'expulsion totale des princes.

CAVELIER, Pierre Jules, sculpteur français, né à Paris le 30 août 1814 ; fut élève de David d'Angers et de Paul Delaroche et remporta le grand prix de sculpture au concours de 1842, ayant pour sujet : *Diomède enlevant le Palladium*. La même année il exposait au Salon un *Jeune coureur grec vainqueur aux Jeux Olympiques*, qui lui valait une médaille de 3e classe. Il obtint la médaille d'honneur, avec sa statue de *Pénélope endormie*, au Salon de 1849. Il exposa ensuite : la *Vérité (1853)* ; *Cornélie*, une *Bacchante*, etc. (1855) ; deux *Bustes (1857)* ; un *Néophyte (1867)* ; *F. Duban*, buste, marbre (1873), etc. On lui doit en outre : la statue de *Blaise Pascal*, placée à la tour Saint-Jacques-la-Boucherie ; une statue d'*Abeilard*, au nouveau Louvre ; les bustes d'*Ary Scheffer*, d'*Horace Vernet*, de *M. Henriquel Dupont*, de *M. Isaac Pereire*, etc. ; *Napoléon Ier législateur*, statue en marbre ; la statue de *Mgr Affre*, pour la cour de la nouvelle sacristie de Notre-Dame de Paris et une statue de *Saint Mathieu* pour le portail ; *Fronton* et *cariatides* du pavillon Turgot au nouveau Louvre ; la *Renommée* du tympan du fronton du pavillon d'Henri IV, au Louvre ; les deux statues de la *Seine* et de la *Marne* qui surmontaient le cadran de l'horloge de l'Hôtel de Ville, étaient dues également au ciseau de M. Cavelier, dont nous négligeons forcément un grand nombre d'œuvres remarquables. Au mois d'octobre 1875, M. Cavelier recevait de M. Wallon, ministre de l'instruction publique, la commande des bustes de *Pils*, pour l'Académie des Beaux-Arts et de *Brunet de Presle*, pour l'Académie des Inscriptions et Belles-Lettres. — Fils d'un dessinateur pour l'orfèvrerie, M. Cavelier a également exécuté dans ce genre des modèles charmants. Il est membre de l'Institut (Académie des Beaux-Arts) depuis 1865 et a été promu officier de la Légion d'honneur en 1861.

CAVEROT, Louis Marie Joseph Eusèbe, prélat français, cardinal, est né le 26 mai 1806 à Joinville (Haute-Marne). Il était vicaire général à Besançon, lorsqu'il fut nommé évêque de Saint-Dié en 1849. Promu évêque de Lyon, avec le titre de primat des Gaules en 1876, il était créé cardinal le 12 mars 1877. M. Caverot est officier de la Légion d'honneur depuis le 20 octobre 1878.

CAZAUVIEILH, Octave, homme politique français, né le 4 mai 1834. Maire de la commune de Salles, dans laquelle il réside, après le 4 septembre, il représente depuis 1871 le canton de Belin au Conseil général de la Gironde, M. Cazauvieilh a été élu député de la 5e circonscription de Bordeaux au scrutin du 4 septembre 1881, et prit place sur les bancs de la gauche républicaine. Elu député de la Gironde en tête de la liste, le 4 octobre 1885, il a repris son siège à gauche et a voté l'expulsion totale des princes.

CAYLEY, Arthur, mathématicien anglais, né à Richmond, dans le Surrey, le 16 août 1821 ; fit ses études au Collège du roi, à Londres et au collège de la Trinité, à Cambridge ; bachelier en 1842, il fut admis au barreau, à Lincoln's Inn, en 1849 et pratiqua depuis comme *conveyancer* (avocat ayant pour spécialité la rédaction des contrats de transfert, etc.). En 1868, il fut nommé professeur de mathématiques pures à la chaire qui venait d'être créée à l'université de Cambridge. Il est membre de la Société royale, de la Société royale astronomique et de la Société de mathématiques de Londres, et de la Société philosophique de Cambridge. Il est auteur d'un grand nombre d'études et de mémoires de mathématiques transcendantes, publiés dans les recueils des diverses sociétés que nous venons de citer, ainsi que dans les publications périodiques de plusieurs autres sociétés scientifiques nationales et étrangères. M. A. Cayley est membre correspondant de l'Institut de France et de beaucoup d'autres académies et sociétés savantes étrangères. — Docteur en droit civil de l'université d'Oxford en 1864, et docteur en lois de l'université de Dublin en 1865, le Dr Cayley a été président de la Société astronomique en 1872-73 et a reçu le titre honorifique de docteur en mathématiques et physique de l'université de Leyde en 1875. Enfin la Société royale lui décerna la médaille de Copley en novembre 1882, en récompense de ses nombreux et savants travaux de mathématiques pures.

CAZEAUX, Dominique Émile, homme politique français, né à Bénac (Hautes-Pyrénées) le 12 décembre 1835. Ancien magistrat, il était substitut du procureur impérial à Paris, et avait en cette qualité occupé le siège du ministère public dans bon nombre de procès politiques et de presse, lorsque survint le 4 septembre 1870. Il fut destitué sans retard. Nommé capitaine des mobiles de son département, il fit partie de l'armée improvisée et fort mal équipée et armée du camp de Toulouse. M. Cazeaux se présenta à une élection partielle qui eut lieu dans les Hautes-Pyrénées, pour remplacer M. de Goulard, décédé, le 12 juillet 1875 ; élu, il prit place à l'Assemblée nationale sur les bancs du groupe de l'Appel au peuple, et agit en conséquence. Il fut élu député, dans la 1re circonscription de Tarbes au scrutin de ballottage du 6 mars 1876, réélu le 14 octobre 1877 et le 21 août 1881. Enfin, aux élections générales du 4 octobre 1885, M. Cazeaux triompha dans les Hautes-Pyrénées avec toute la liste réactionnaire.

CAZENOVE DE PRADINE (de), Edouard, homme politique français, né en 1821. Il prit part à la guerre de 1870-71 dans le corps des zouaves de Charette et eut un bras fracassé par un éclat d'obus à la bataille de Loigny, blessure fort grave et dont il fut longtemps à guérir. Elu le 8 février 1871 représentant de Tarn-et-Garonne sans l'avoir personnellement sollicité, M. de Cazenove de Pradine siégea quelque temps en uniforme à l'Assemblée nationale. Il est l'auteur de la proposition tendant à demander au clergé des prières pour la France. Après la séparation de l'Assemblée nationale, M. de Cazenove de Pradine ne reparait plus sur la scène politique, jusqu'aux élections partielles qui eurent lieu dans la Loire-Inférieure (un peu loin du Tarn-et-Garonne), le 14 septembre 1884, et où il fut élu. Aux élections du 4 octobre 1885, il triompha dans le même département, avec tous ses amis de la liste monarchique. M. de Cazenove de Pradine, a repris son siège à l'extrême droite. — Il est commandeur de l'ordre pontifical de Saint-Grégoire-le-Grand.

CAZOT, Théodore Joseph Jules, jurisconsulte et homme politique français, sénateur, est né à Alais (Gard) le 11 février 1821 ; il fit ses études de droit à Paris et se fit inscrire au barreau de cette ville. En 1848, M. Jules Cazot alla se fixer dans son département natal, où il se lia avec les principaux membres du parti républicain. Il plaida dans plusieurs procès politiques et figura parmi les défenseurs des accusés du complot de Lyon, en 1851. Arrêté après le coup d'Etat de décembre, il resta quelque temps en prison, puis fut interné pendant plusieurs années à Montpellier ; après quoi il revint à Paris et se voua à l'enseignement libre. En 1868, à l'occasion d'une élection partielle, il se porta candidat pour la 1re circonscription du Gard, mais sans succès ; sans succès encore, il renouvela la tentative aux élections générales de l'année suivante. Nommé le 7 septembre 1870 secrétaire général du ministère de l'intérieur, il accompagna la délégation à Tours et à Bordeaux et suivit M. Gambetta dans sa retraite. Il fut élu représentant du Gard à l'Assemblée nationale le 2 juillet 1871, et conseiller général pour le canton d'Anduze le 8 octobre suivant. A l'Assemblée, M. Cazot siégeait à l'extrême gauche. Il y prit la parole avec une grande autorité dans diverses circonstances ; combattit notamment la demande tardive en autorisation de poursuites contre M. Ranc (20 juin 1873) et appuya la réclamation formulée par le général de Carrey de Bellemare contre la commission des grades, qui l'avait fait rétrograder au rang de général de brigade (23 mars 1873). — M. Jules Cazot a été élu par l'Assemblée sénateur inamovible.

le 15 décembre 1875. Il siège à l'extrême gauche. Lors de la formation du ministère Freycinet, le 27 décembre 1879, M. Cazot accepta le portefeuille de la justice; il le conserva dans le cabinet Ferry, après la crise ministérielle du 18 septembre 1880 (23 septembre), et prit une grande part à l'exécution des décrets contre les congrégations religieuses non autorisées. Il se retira avec ses collègues du cabinet Jules Ferry, le 10 novembre 1881. M. Jules Cazot fut nommé, le 13 avril 1883, premier président de la Cour de cassation; il a donné sa démission de ce poste le 14 novembre 1884. — Il a voté l'expulsion des princes.

CECIL (lord), Eustace Henry Brownlow Gascoyne, homme politique anglais, frère puîné du marquis de Salisbury, est né à Londres en 1834, et fit ses études au collège d'Harrow, puis au Collège royal militaire de Sandhurst. Il entra dans l'armée comme enseigne au 43e régiment d'infanterie légère, en 1851, servit au Cap de Bonne-Espérance, aux Indes, en Crimée, et se retira comme capitaine et lieutenant-colonel des « Coldstream Guards » en 1863. Il représenta l'Essex méridional à la chambre des Communes, comme député conservateur, de juillet 1865 à décembre 1868, et à partir de cette date le district ouest de ce comté. Au Parlement, lord Eustace Cecil a pris un intérêt particulier à la question de l'instruction militaire, ainsi qu'à la question de falsification des denrées alimentaires. En 1868, il a fait partie de la commission d'enquête sur l'éducation militaire et la situation, à ce point de vue, des écoles spéciales de Woolwich et de Sandhurst. En 1872, il eut une grande part, avec M. Muntz, député de Birmingham, à l'adoption de « l'Adulteration Act ». A l'avènement au pouvoir de M. Disraeli, en février 1874, lord Eustache Cecil a été nommé inspecteur général de l'artillerie et conserva cette position jusqu'à la chute du parti conservateur en 1880. Il est l'auteur de : *Impressions of Life at Home and Abroad.*

CERRITO, Fanny, célèbre danseuse italienne, fille d'un ancien officier du roi Murat, est née à Naples le 11 mars 1821. Dès l'âge de treize ans, elle débuta comme première danseuse au théâtre San Carlo, dans un ballet intitulé : *l'Oroscopo*, et fut accueillie avec un véritable enthousiasme. Elle parcourut ensuite, non moins triomphalement, Rome, Florence, Gênes, Turin, Milan, Vérone, Vicence, Bologne, Parme, Padoue, Venise, Vienne, Berlin, Dresde, Pesth et Londres, où elle reparut à chaque saison, de 1840 à 1845; à Vienne, elle avait déjà été retenue deux années. Nous citerons parmi les ballets dans lesquels elle figura pendant cette période : *Alma, Il lago delle fate, Ondina,* la *Vivandiera,* la *Fioraia, Lalla Rouck,* écrits expressément pour elle; la *Sylphide, Grisella, Esmeralda,* les *Voyageurs à l'Ile d'Amour,* l'*Elève de la Nature, Il Delirio d'un Pittore.* — Ce que l'on raconte des succès de l'aimable *ballerina* qu'on devait baptiser plus tard, à Paris, bien entendu, « la quatrième grâce » est inouï; on se battait à la porte de la Scala à Milan lorsqu'elle devait paraître sur la scène; à Rome, l'élite du public qui l'applaudissait chaque soir lui fit don d'une couronne, or et pierreries, de vingt-cinq mille francs; à Florence, Ibrahim-Pacha lui proposa de l'enlever; à Londres, elle reçut, à trois reprises, une magnifique médaille à son effigie. Cette ville possédait déjà trois premiers sujets, auprès desquels il fallait être Fanny Cerrito pour n'être pas éclipsée : Fanny Elssler, Maria et Carlota Grisi. Ce fut à Londres, en 1845, qu'à l'apogée de sa gloire, elle épousa Arthur Saint-Léon, lui-même danseur et chorégraphe distingué. En 1846, elle était engagée à l'Opéra de Paris, et débutait dans la *Fille de Marbre,* ballet composé par son mari, qui y figurait également comme danseur, et que Louis-Philippe fit exécuter au palais de Saint-Cloud. Après s'être séparée de son mari, en 1850, elle partit pour Saint-Pétersbourg, et revint à Paris en 1852. Elle reparut alors à l'Opéra, notamment dans le ballet d'*Orphée,* d'Adolphe Adam. On lui doit plusieurs ballets, *Gemma* notamment.

CESENA (de), Amédée Gayet, littérateur et journaliste français, né en 1810 à Sestri (Sardaigne), d'un père français et d'une mère italienne dont le nom lui a sans doute paru plus euphonique. Il débuta dans la carrière littéraire par un « hymne » sur la *Conquête d'Alger (1830);* et fit paraître ensuite *Agnès de Méranie,* tragédie (1842). Il avait été dans l'intervalle secrétaire du baron Taylor, qu'il avait accompagné dans diverses missions. En 1843, il prenait la direction du *Journal de Maine-et-Loire,* feuille ministérielle d'Angers. Revenu à Paris, il devenait, le lendemain de la révolution de février, collaborateur du *Représentant du peuple,* de Proudhon; entrait à la *Patrie,* en 1850, et passait de là au *Constitutionnel,* avec Granier de Cassagnac, en 1852. Il quitta ce journal en 1857, et collabora à la *Semaine financière,* puis fonda la *Semaine politique,* devenue ensuite *Courrier du Dimanche;* reparut à la *Patrie,* au *Constitutionnel;* puis devint rédacteur du *Figaro (1869),* de l'*Histoire (1870);* de la *Presse (1871),* etc. — M. Amédée de Cesena a publié en outre : les *Césars et les Napoléons (1856); l'Angleterre et la Russie (1858); Campagne de Piémont et de Lombardie, en 1859 (1860);* la *Papauté et l'adresse (1862); Guide aux Environs de Paris (1864); Histoire de la guerre de Prusse (1871);* les *Courtisanes vierges,* roman (1873); les *Belles Pécheresses,* etc.

CHABRILLAT, Henri Louis, journaliste et littérateur français, né à Marseille le 28 décembre 1844; son père, d'abord libraire, devint directeur de théâtre; son grand-père le marquis de Belbèze fut soldat; il tint des deux origines et est à la fois homme de lettres et militaire. Comme journaliste, il a collaboré depuis vingt ans au *Figaro,* au *Gaulois,* à l'*Evénement,* au *Charivari,* au *Soleil,* au *Corsaire,* au *Constitutionnel,* au *Petit Journal,* au *Gamin de Paris,* etc. Comme romancier, on a déjà de lui six volumes, qui sont autant de succès : *Friquet,* la *Filliotte,* les *Amours d'une millionnaire,* l'*Amour en quinze leçons,* la *Fille de M. Lecoq,* la *Petite Belette.* Comme auteur dramatique, il a donné à diverses scènes : la *Belle Bourbonnaise,* les *Trois Margot,* les *Mirlitons,* la *Fiancée du Roi de Garbe, Il pleut, Dans le mouvement,* et une quinzaine de pièces en un acte. Comme directeur de théâtre, il conduisit brillamment l'Ambigu; c'est sous sa direction que le naturalisme triompha, avec l'*Assommoir* et *Nana.* — Comme militaire, il a de très beaux états de service : capitaine aux Francs-tireurs de Paris, il fut l'un des héros de la défense de Châteaudun, prit part à plus de trente combats, fut blessé deux fois, cité au *Journal officiel* et décoré par le général Chanzy, qui en fit son aide-de-camp. Il commande aujourd'hui le bataillon territorial de Boulogne-sur-Mer.

CHABRON (de), Marie Etienne Emmanuel Bertrand, général et homme politique français, sénateur, né à Retournac (Haute-Loire) le 5 janvier 1806. Après avoir commencé ses études militaires à l'école de Saint-Cyr, les avoir poursuivies quelque temps au prytanée de la Flèche, il s'engagea volontairement dans un régiment de ligne, à dix-huit ans (13 janvier 1824); y conquit tous ses grades, à commencer par celui de caporal, sans en omettre un seul; devint successivement fourrier, sergent-major et adjudant sous-officier, avant de passer sous-lieutenant (janvier 1830); fut employé en cette qualité à la répression des troubles qui avaient éclaté en Vendée (1831-34), devint lieutenant en 1832 et capitaine en 1838. Il passa au 7e bataillon de chasseurs à pied (formation nouvelle) en 1840; concourut à la répression de l'insurrection de juin, à Paris, puis fit partie, de 1849 à 1852, de l'armée d'occupation de Rome. Promu chef de bataillon à cette dernière date, il partit pour l'Algérie, prit part au siège de Lagouat, puis aux expéditions diverses qui eurent lieu jusqu'en 1854, époque à laquelle il fit partie de l'armée d'Orient. Dans cette campagne, il prit part à l'expédition de la Dobroutcha, aux combats ou batailles de l'Alma, de Balaklava, d'Inkermann, du Mamelon Vert, de Tracktir, et entrait un des premiers dans Sébastopol. M. de Chabron, qui n'avait reçu dans ces diverses affaires que des contusions sans gravité, avait été cité trois fois à l'ordre du jour de l'armée. Il était nommé colonel du 3e régiment de zouaves le jour même de la prise de Sébastopol (8 septembre 1855). Rentré en Algérie, il fut employé à réprimer l'insurrection des tribus arabes, prit part ensuite à l'expédition de la grande Kabylie (1857), de l'Oued-el-Kebir (1858) et de l'Aurès (1859). Le colonel de Chabron fit ensuite la campagne d'Italie, combattit à Palestro et fut cité de nouveau à l'ordre du jour. Le 21 juin 1859, il était promu général de brigade. Nommé, au retour, commandant de la première subdivision de la 20e division militaire (Puy-de-Dôme), il fut placé dans le cadre de réserve le 5 janvier 1868. M. le général de Chabron, rappelé à l'activité en juin 1870, reprit le commandement de sa subdivision; puis, le 25 septembre, il fut appelé au commandement de la 1re division du 15e corps, dans l'armée de la Loire; promu général de division, le 25 novembre, et placé à la tête de la 2e division du 25e corps, il enleva, le 28 janvier 1871, le faubourg de Blois, énergiquement disputé par l'ennemi. — Elu, le 8 février 1871, représentant du Puy-de-Dôme, le général de Chabron vint siéger au centre gauche, où il demeura jusqu'au 24 mai 1873; à partir de ce moment, il vota avec le centre droit, sauf à l'occasion de l'amendement Wallon, que son vote fit évidemment passer. Il se fit incrire alors au groupe Lavergne et vota avec ce groupe, c'est-à-dire avec la gauche. Porté sur la liste des gauches pour les élections des sénateurs inamovibles, il a été élu le 15 décembre 1875. Conseiller général du Puy-de-Dôme depuis 1859, M. de Chabron a été réélu le 8 octobre 1871 et devint président du conseil. Quand la question de l'expulsion des princes s'est présentée au Sénat (22 juin 1886), il a voté contre.

Commandeur de la Légion d'honneur depuis 1857, M. le général de Chabron est en outre commandeur de l'ordre militaire de Savoie, décoré du Medjidié, 3e classe, décoré de la médaille militaire et de la médaille de la valeur militaire de Sardaigne.

CHADOIS (de), Marc Antoine Marie Gabriel Paul, ancien officier, homme politique français, sénateur, né en 1830 à Saint-Barthélemy (Lot-et-Garonne). Elève de Saint-Cyr, il suivit quelque temps la carrière des armes; devenu capitaine, il donnait sa démission en 1867. Lors de la guerre avec la Prusse, M. de Chadois reprit du service; il fut nommé chef d'un bataillon de mobiles, puis lieutenant-colonel, prit part à diverses affaires, notamment à la bataille de Coulmiers, où il fut blessé, et fut promu officier de la Légion d'honneur. — Aux élections du 8 février 1871, M. le colonel de Chadois fut nommé représentant de la Dordogne à l'Assemblée nationale et prit place sur les bancs du centre gauche, dont il devint un des vice-présidents. Il a pris une part brillante à la discussion des lois militaires; et, à l'occasion des menées monarchiques d'octobre 1873, il a voulu faire une profession de foi accentuant avec un grand à-propos ses sympathies pour la forme républicaine. Porté sur la liste des gauches, M. le colonel de Chadois a été élu sénateur inamovible le 11 décembre 1875, au troisième tour de scrutin. — Il a voté contre l'expulsion des princes.

CHAIGNET, Anthelme Edouard, littérateur français, né à Paris le 9 septembre 1819, fit ses études au prytanée de la Flèche, où il devint répétiteur en 1839 et professeur de seconde en 1845. Il prit le grade de docteur ès lettres en 1863 et fut nommé, la même année, professeur de littérature ancienne à la faculté des lettres de Poitiers; il est devenu recteur de l'Académie de cette ville. — On a de M. Chaignet : *Question du Beau (1860),* ouvrage qui, présenté en 1853, sous forme de *mémoire,* à l'Académie des sciences morales et politiques, avait obtenu une mention honorable, et, sous sa forme nouvelle, y fut l'objet d'un rapport extrêmement flatteur de M. Barthélemy Saint-Hilaire; *De la Psychologie de Platon,* et *De Jambico versu (1863),* ses thèses de doctorat, dont la première fut honorée d'un premier prix de l'Académie française, et la seconde, complétée en 1865 par une notice sur les *Formes diverses du Chœur, dans la tragédie grecque,* de la mention d'honneur de la faculté des lettres de Paris; *Principes de la critique (1866),* mémoire également couronné par l'Académie; *Vie de Socrate (1868);* la *Vie et les écrits de Platon (1869),* qui n'est, dans l'esprit de l'auteur, que la première partie d'un travail considérable sur la philosophie de Platon, couronné par l'Académie des sciences morales et politiques; *Pythagore et la philosophie pythagoricienne (1872-73,* 2 vol.), qui a obtenu le prix Victor Cousin; *Théorie de la déclinaison (1874); Philosophie de la science du langage (1875);* la *Tragédie grecque (1877),* etc. — M. Chaignet a été élu correspondant de l'Académie des sciences morales et politiques en décembre 1876. Chevalier de la Légion d'honneur depuis 1868, il a été promu officier le 31 décembre 1884.

CHAILLU (du). Voy. **Du Chaillu.**

CHAIX, Bernard Cyprien, homme politique français, né à Gap le 11 novembre 1821. Avocat, ancien représentant à l'Assemblée législative de 1849, il fut arrêté au coup d'Etat de décembre 1851 et retenu plusieurs mois en prison. Il se retira alors à Gap et s'inscrivit au barreau de cette ville. Il ne reparut plus sur la scène politique qu'aux élections de 1869, où il se porta candidat contre Clément Duvernois, candidat officiel, lequel fut élu. Nommé préfet des Hautes-Alpes le 5 septembre 1870, il fut élu représentant de ce département le 8 février 1871; mais son élection fut annulée parce qu'il s'en fallait d'un jour ou deux qu'il eût quitté la préfecture dans le délai légal. Réinstallé dans sa préfecture, M. Cyprien Chaix se retira définitivement après la chute de M. Thiers (mai 1873). Aux élections générales du 20 février 1876, il fut élu député de l'arrondissement de Gap; réélu le 14 octobre 1877 et le 21 août 1881, il siégea constamment sur les bancs de la gauche républicaine. M. Cyprien Chaix a été élu député des Hautes-Alpes au scrutin du 4 octobre 1885. Il a voté l'expulsion des princes.

CHALAMET, Jean Marie Arthur, professeur et homme politique français, né à Vernoux en 1822. Agrégé de l'Université, M. Chalamet a professé successivement la rhétorique aux lycées de Tournon, Caen, Clermont-Ferrand, Lyon; il a fait, dans cette dernière ville, des conférences très suivies et collaboré à divers journaux du Rhône et de l'Ardèche. Aux élections du 8 février 1871, il échoua de quelques voix; élu député de la première circonscription de Privas, le 20 février 1876, il prit place à gauche. M. Chalamet a été réélu le 14 octobre 1877, contre M. Henri Chevreau, ancien ministre de l'empire. Il a été également réélu le 21 août 1881, contre M. Jules Roche, conseiller municipal de Paris, alors radical socialiste. Il devint sous-secrétaire d'Etat au ministère de l'instruction publique dans le cabinet Gambetta (14 novembre 1881 au 26 janvier 1882). Elu sénateur de l'Ardèche à l'élection complémentaire nécessitée, en 1883, par la mort du comte Rampon, M. Chalamet a été réélu au renouvellement partiel du 25 janvier 1885. Il siège à la gauche du Sénat, et a voté l'expulsion des princes.— M. Chalamet est chevalier de la Légion d'honneur depuis 1869.

CHALLAMEL, Jean-Baptiste Marie Augustin, littérateur français, né à Paris le 18 mars 1818; fit ses études au collège Henri IV, suivit ensuite les cours de l'Ecole de droit et fut reçu avocat en 1838. Mais il n'exerça pas et se consacra bientôt aux travaux littéraires. — M. Augustin Challamel a publié : les *Plus beaux tableaux du Téniers, Gérard Dow,* etc. (1839); *Album du Salon de 1840; Histoire-Musée de la République française, depuis l'Assemblée des notables jusqu'à l'Empire (1841,* 2 vol.); *Saint Vincent-de-Paul (1841);* les *Français sous la Révolution,* avec M. W. Tenint *(1843);* un *Eté en Espagne (1845); Isabelle Farnèse* (1851, 2 vol.); *Madame du Maine, ou les légitimes et les légitimés (1851-53); Histoire populaire de la France,* divisée en quatre parties ayant des titres différents : *Histoire de la Révolution, Histoire de Napoléon, Histoire de Paris, Histoire de France (1851); Histoire populaire des papes,* depuis saint Pierre jusqu'à la fondation du royaume d'Italie (1859-61); *Histoire anecdotique de la Fronde, Histoire du Piémont et de la Maison de Savoie (1860);* la *Régence galante (1861);* le *Roman de la plage (1863); Mémoires du Peuple français, depuis son origine jusqu'à nos jours* (1865-73, 8 vol.); *Histoire de la mode en France (1874);* les *Amuseurs de la rue (1876);* les *Revenants de la place de Grève (1879); Précis d'histoire de France, depuis les origines jusqu'à 1883 (1883),* etc.

M. Augustin Challamel a en outre collaboré à la *France littéraire,* à la *Revue française,* au *Musée des familles,* à la *Mosaïque,* etc.; il a signé plusieurs de ses ouvrages du pseudonyme de « Jules Robert ». Entré à la Bibliothèque Sainte-Geneviève en 1844, il en est devenu conservateur. Il a été décoré de la Légion d'honneur.

CHALLEMEL-LACOUR, Paul Armand, littérateur, publiciste et homme politique français, sénateurs né à Avranches (Manche) le 19 mai 1827; fit ses étude, à Paris, au lycée Saint-Louis, entra à l'Ecole normale en 1846 et en sortit premier, agrégé de philosophie en 1849. Nommé professeur de philosophie au lycée de Pau, la même année, il passait en la même qualité, deux ans plus tard, au lycée de Limoges. Mais, déjà convaincu de républicanisme, il fut arrêté au coup d'Etat de décembre, incarcéré et finalement exilé. Réfugié en Belgique, il y fit des conférences qui eurent un grand retentissement, visita ensuite l'Allemagne, puis l'Italie, et se fixa en Suisse, où il fut, en 1856, nommé professeur de littérature française au *Polytechnicon* de Zurich. Rentré en France en 1859, il tenta vainement de faire un cours public sur les Beaux-Arts, devint collaborateur du *Temps,* puis de la *Revue Nationale,* de la *Revue des cours scientifiques et littéraires,* de la *Revue Moderne,* dont il devint directeur, de la *Revue des Deux-Mondes*

où il remplaça M. de Mars comme gérant, etc. En 1868, il fonda avec MM. Brisson, Allain-Targé et Gambetta la *Revue politique*, dont il prit la direction, et subit en conséquence une condamnation pour publication des listes de souscription au monument du représentant Baudin. Il fut en outre l'un des fondateurs, en 1871, et le rédacteur en chef de la *République française*. — Nommé, après le 4 septembre 1870, préfet du Rhône et commissaire extraordinaire du gouvernement pour l'organisation de la défense du territoire, il resta à son poste pendant toute la durée de la guerre, malgré des difficultés inouïes, et bien que n'ayant pu s'opposer efficacement à l'établissement de la Commune de Lyon, qui subordonna en quelque sorte l'autorité préfectorale à l'autorité municipale, ni aux excès auxquels le meurtre du commandant Arnaud mit le comble. Démissionnaire après le vote des préliminaires de paix (5 février 1871), M. Challemel-Lacour fut élu représentant des Bouches-du-Rhône à l'Assemblée nationale le 7 février 1872, et vint prendre place à l'Assemblée sur les bancs de l'extrême gauche. Lors de la discussion des marchés de Lyon (1er février 1873), son administration fut violemment attaquée par des membres de la majorité, qui lui reprochèrent les uns sa faiblesse envers les agitateurs lyonnais, les autres sa connivence avec eux, sans parler d'une foule d'autres accusations parasites, non moins passionnées. M. de Carayon-Latour alla même jusqu'à l'accuser d'avoir répondu aux plaintes formulées contre les agissements des mobiles sous son commandement, par cette dépêche laconique, autant que légendaire: « Fusillez-moi tous ces gens-là ! » (dépêche qui ne put être retrouvée). Ces attaques n'eurent d'autre résultat que de fournir au représentant des Bouches-du-Rhône l'occasion d'être éloquent. Il a pris la parole dans diverses autres occasions, moins personnelles, avec un très grand succès, notamment à l'occasion de la loi relative à l'enseignement supérieur, où il répondit à M. Dupanloup; sur la levée de l'état de siège, etc. — Porté aux élections sénatoriales du 30 janvier 1876, avec MM. Pelletan et feu Esquiros, dans le département des Bouches-du-Rhône, il fut élu avec ses amis. C'est au Sénat que M. Challemel-Lacour devait remporter son véritable triomphe oratoire. Le discours prononcé par M. Challemel-Lacour au Sénat, dans la séance du 16 juillet 1876, sur l'éternelle question de la « liberté » de l'enseignement supérieur, ou plutôt, sur l'amendement tendant à enlever aux universités libres la « licence » de conférer les grades, est mieux encore qu'un morceau d'éloquence, car il est tout aussi important par le fond que remarquable par la forme; mais il ne pouvait convaincre une majorité réactionnaire et cléricale, dont le siège était fait.

En 1870, M. Challemel-Lacour, poursuivi par les frères de Caluire, près Lyon, dont l'établissement avait été occupé militairement pendant la guerre, comme responsable des dégâts causés, en sa qualité de préfet du Rhône, était condamné à 97,000 fr. de dommages-intérêts par la cour de Dijon. La même année, il faisait à son tour condamner à 2,000 fr. d'amende et 10,000 fr. de dommages-intérêts, sur la plaidoirie de Gambetta, un journaliste clérical de Paris, qui l'avait honnêtement accusé de tricher au jeu. Ces deux affaires étaient à peine terminées, que M. Challemel-Lacour était nommé ambassadeur à Berne (14 janvier 1879), d'où il était transféré à Londres le 11 juin 1880, étant remplacé à Berne par M. Emmanuel Arago et remplaçant à Londres M. Léon Say. A cette nouvelle, grand émoi dans la Vieille Angleterre, qui s'attendait à voir arriver une espèce de Jack Cade travesti en diplomate. M. O' Donnell demanda au gouvernement, à la Chambre des communes, si le nouvel ambassadeur de France était ce même *citoyen* Challemel-Lacour qui avait ordonné le massacre du bataillon de M. de Carayon-Latour et avait été condamné comme complice du pillage d'un couvent! et sur la réponse de sir Charles Dilke, sous-secrétaire des affaires étrangères, réponse qu'il jugea insuffisante, il demanda l'ajournement de la Chambre, que l'intervention de M. Gladstone put seule faire repousser. Cependant, M. Challemel-Lacour fut mieux accueilli à la cour de Saint-James qu'il n'aurait dû l'espérer, et sut se créer des sympathies dans ses fonctions. Il donna sa démission en février 1883. Appelé au ministère des affaires étrangères dans le cabinet Jules Ferry du 21 février 1883, il donnait sa démission le 20 novembre suivant, ayant manifesté son dissentiment avec ses collègues, sur la politique suivie envers la Chine particulièrement, par des absences fréquentes et plus ou moins motivées. — M. Challemel-Lacour a été réélu sénateur des Bouches-du-Rhône, en tête de la liste, au renouvellement partiel du 25 janvier 1885.

On doit à M. Challemel-Lacour: une traduction de l'*Histoire de la Philosophie* de Ritter, avec une introduction (1861); la *Philosophie individualiste, Etude sur Guillaume de Humboldt*, dans la « Bibliothèque de Philosophie contemporaine » (1864); une édition des *Œuvres de Madame d'Epinay (1869)*, etc.; outre un grand nombre d'articles politiques et de critique artistique, dramatique, littéraire et philosophique, d'études sur la littérature et la philosophie allemandes, épars dans les recueils que nous avons cités et dans d'autres.

CHAMBERLAIN, Joseph, homme politique anglais, né à Londres en 1836. Après avoir fait de bonnes études à l'université de Londres, il s'associa à une grande fabrique de vis en bois de Birmingham, la maison Nettlefold et Chamberlain, dont son père avait été avant lui l'associé, et ne tarda guère à se faire une célébrité locale par l'expression éloquente de ses opinions radicales. Président du comité exécutif de la Ligue pour l'éducation en 1868, il était nommé la même année conseiller municipal de Birmingham; il fut reçu en 1870 membre du bureau des écoles de cette ville, dont il devint président en 1873. M. Chamberlain quittait les affaires en 1874. Alderman de Birmingham, il fut à trois reprises, en 1874, 1875 et 1876, élu maire de Borough. En 1874, il se porta candidat à la Chambre des communes à Sheffield, contre M. Roebuck, il échoua, mais avec une minorité considérable. Dans une élection partielle qui se présenta à Birmingham en juin 1876, il fut plus heureux, et fut réélu aux élections générales d'avril 1880. Aussitôt après l'élection, il entra dans le cabinet Gladstone, comme ministre du commerce. Il était président de la Direction du gouvernement local dans le cabinet formé par le même homme d'Etat le 4 février 1886; mais il se sépara bientôt et avec éclat de son chef, et combattit avec une grande énergie son projet de *home rule* pour l'Irlande, qui fut repoussé grâce à cette opposition, dans laquelle M. Chamberlain avait groupé autour de lui un certain nombre de membres du parti libéral, unionistes avant tout. Après la dissolution qui suivit cette discussion mémorable, M. Chamberlain fut réélu à Birmingham (juillet 1886). — On doit à M. Chamberlain divers articles publiés dans la *Fortnightly Review*, notamment: le *Parti libéral et ses chefs (1873)*; la *Page prochaine du programme libéral (1874)*; la *Vraie méthode qui convient avec les Publicains (1876)*.

CHAMBERLAND, Charles, chimiste et homme politique français, né à Chilly-le-Vignoble (Jura) en 1850. Il fit ses études scientifiques à Paris, se fit recevoir docteur ès sciences physiques et agréger à la Faculté; mais il s'est principalement attaché à M. Pasteur, son maître et son compatriote, d'abord comme préparateur et actuellement comme sous-directeur des études scientifiques au laboratoire de l'illustre savant. Aux élections du 4 octobre 1885, M. Chamberland se porta candidat à la députation dans son département natal, sur la liste radicale. Il fut élu au scrutin du 18 et prit place à l'extrême gauche. M. Chamberland a repoussé de son vote les deux propositions d'expulsion des princes.

CHAMBRUN (comte de), Joseph Dominique Aldebert de Pineton, écrivain français, né à Paris le 10 novembre 1821, y fit ses études, suivit les cours de l'Ecole de droit, puis entreprit un voyage en Orient, au retour duquel il entra dans l'administration comme sous-préfet de Toulon (1850). Il passa en 1851 à la sous-préfecture de Saint-Etienne, et fut appelé, au mois de novembre suivant, à la préfecture du Jura, où il se trouvait naturellement au moment du coup d'Etat et se signala en marchant bravement en tête d'une colonne d'infanterie à la rencontre des insurgés de Poligny; mais en dépit de ce déploiement de forces au moins inutile, il n'y eut pas de collision. En 1854, M. de Chambrun donnait sa démission, et était élu en 1857, comme candidat officiel, par l'unique circonscription de la Lozère, dont il était conseiller général. Réélu en 1863 et 1869, quoique, cette fois, abandonné du gouvernement, qui lui opposait Ferdinand Barrot, M. le comte de Chambrun fut, dans cette dernière session, l'un des auteurs de l'interpellation des 116, qui devait avoir pour effet le retour au gouvernement parlementaire. En conséquence, il déclara, à la veille du vote plébiscitaire, par une lettre adressée à la *Presse*, que, le plébiscite étant la négation du système parlementaire, il s'abstiendrait, malgré son dévouement à la dynastie impériale. Il avait, au reste, présenté à la Chambre, au mois d'avril précédent (1870), une proposition tendant à ce qu'aucun plébiscite ne pût être soumis au peuple, qu'il n'eût été préalablement approuvé par les deux Chambres: tentative vaine, bien entendu. — Aux élections du 8 février 1871, M. de Chambrun fut élu représentant de la Lozère, et prit place au centre droit. Il n'a pris que peu de part aux discussions de cette assemblée, si ce n'est par ses votes et par la présentation de quelques amendements aux lois en discussion. Le 8 octobre, il était réélu membre du Conseil général de la Lozère pour le canton de Villefort, qu'il représentait depuis vingt ans à ce conseil et ne devait plus représenter que jusqu'en 1874. Enfin, il était élu sénateur de la Lozère le 30 janvier 1876, et ne pensait même pas à faire renouveler son mandat en 1879.

On a de M. de Chambrun: *De la forme du gouvernement (1848)*, qui est l'apologie un peu exagérée de la forme parlementaire; *Fragments politiques (1872)*, contenant des discours et des amendements prononcés ou présentés à la Chambre par l'auteur; *De l'institution d'une Régence (1874)*; le *Pouvoir exécutif aux Etats-Unis, étude de droit constitutionnel (1876)*; le *Philosophe et la muse*, dialogue (1884), etc. — Membre de la Commission supérieure des expositions internationales, M. de Chambrun était membre du jury international et vice-président du 15e groupe (instruments de musique), à l'Exposition universelle de Vienne, en 1873. — Il est chevalier de la Légion d'honneur depuis 1852, commandeur des ordres de Saint-Grégoire le Grand et de Charles III d'Espagne.

CHAMPFLEURY, Jules Fleury (dit), écrivain français, né à Laon le 10 septembre 1821. Il vint de bonne heure à Paris, où il entra comme employé dans une maison de librairie. C'est alors qu'il se trouva en relation avec des jeunes gens, écrivains ou artistes, qui devaient bientôt avoir une place dans les *Confessions de Sylvius* et dans *Mademoiselle Mariette*, ainsi que dans toutes les *Vies de Bohème*, d'Henri Murger: c'étaient MM. de Banville, Murger, Wallon, Pierre Dupont, Schann, les peintres Bonvin et Courbet, etc., dont plusieurs sont arrivés à la réputation. M. Champfleury écrivit d'abord au *Corsaire*, à l'*Artiste*, où il donna des nouvelles et des articles fantaisistes, publiés ensuite à part, sous les titres de *Contes d'Hiver*, de *Printemps*, d'*Eté*, d'*Automne (1848-54)*. Vers 1846, à l'exemple d'écrivains déjà célèbres, M. Champfleury s'éprit d'une belle passion pour Pierrot et le théâtre des Funambules, dont il devait être plus tard (1863) le directeur. Il donna donc au théâtre de Pierrot plusieurs pantomimes qui eurent beaucoup de succès: *Pierrot valet de la Mort (1846)*; la *Reine des carottes (1847)*; les *Trois filles à Cassandre (1849)*; *Trois Pierrots (1851)*, etc. Vers la même époque, il avait songé, avec quelques-uns de ses amis, à fonder une nouvelle école artistique et littéraire: l'Ecole réaliste, dont il devait être le chef dans la littérature, comme Courbet devait l'être dans l'art. M. Champfleury accentua donc sa « manière » en conséquence, et poursuivit son but malgré vent et marée, autrement dit malgré les critiques idéalistes, dont les attaques prirent plus d'une fois la forme de l'invective. — Parmi les œuvres les plus connues de cet écrivain, outre les précédentes, nous citerons: *Chien Caillou (1847)*; *Réalisme*. les *Oies de Noël (1849)*. les *Excentriques (1852)*; les *Aventures de Mlle Mariette (1853)*; *Contes vieux et nouveaux*, les *Bourgeois de Molinchart (1854)*; les *Premiers beaux jours*; l'*Usurier Blaizot (1855)*; les *Souffrances du professeur Deltheil*; *Souvenirs des Funambules*, les *Sensations de Josquin (1858)*; les *Amis de la nature*, le *Violon de Faïence (1858)*; la *Succession Lecamus (1860)*, l'un de ses meilleurs ouvrages, avec les *Bourgeois de Molinchart*, qui fondèrent sa réputation sur des bases désormais inébranlables, malgré l'accusation d'imiter servilement Balzac, qui ne lui fut pas épargnée. M. Champfleury avait été l'un des fondateurs, en 1848, de l'*Evénement*, mais non des plus actifs. La plupart des ouvrages que nous venons de citer avaient préalablement paru en feuilletons dans divers journaux ou revues, depuis la *Voie du Peuple* de Proudhon, jusqu'à la *Revue des Deux-Mondes*. Il fonda, en 1856, la *Gazette de Champfleury*, innovation, du moins en France, qui ne pouvait plaire à notre esprit pointilleux et d'une susceptibilité maladive sur les questions trop personnelles. La *Gazette* n'eut en effet que deux ou trois livraisons. M. Champfleury a publié depuis: *Monsieur de Bois d'Hyver (1861*, nouv. édit. 1876), publié en 1856 dans la *Presse*; *Grandes figures d'hier et d'aujourd'hui*, études biographiques; *De la littérature populaire en France*, *Recherches sur la légende du bonhomme Misère (1861)*; les *Peintres de la réalité sous Louis XIII (1862)*; les *Demoiselles Tourangeau*, *Journal d'un étudiant (1864)*; *Ma tante Péronne (1866)*; *Monsieur Tringle (1868)*; *Histoire de la caricature antique (1864)*; *Histoire de la caricature moderne* (*1865*, nouv. édit. 1872); *Histoire de la caricature sous la République, l'Empire et la Restauration (1870)*; *Histoire des faïences patriotiques sous la Révolution* (*1866*, nouv. édit. 1875); la *Comédie académique*, l'*Hôtel des Commissaires-priseurs (1867)*; les *Chats*, histoire, mœurs, etc.; *Histoire de l'imagerie populaire (1869)*; l'*Avocat trouble ménage (1870)*; les *Enfants, éducation, instruction*; *Souvenirs et portraits de jeunesse (1872)*; *Madame Eugenio (1874)*; les *Oiseaux chanteurs des bois et des plaines*, d'après l'allemand; le *Secret de M. Ladureau (1875)*; la *Petite Rose (1876)*; la *Pasquette (1877)*, etc.

M. Champfleury a été nommé directeur du musée céramique de la Manufacture de Sèvres, en mars 1872. Il est chevalier de la Légion d'honneur depuis 1867.

CHAMPVALLIER (de), John Alexandre Edgar Dumas, homme politique français, fils d'un ancien garde du corps de Louis XVIII, qui fut ensuite procureur du roi aux Antilles, de 1824 à 1830, est né le 19 avril 1827 à Saint-Pierre de la Martinique. Rentré en France avec son père, après la révolution de juillet, il vint faire ses études à Paris, puis s'occupa de l'exploitation du domaine paternel, situé près de Ruffec (Charente). M. de Champvallier est conseiller général de la Charente depuis 1864. Elu représentant à l'Assemblée nationale le 8 février 1871, il fut réélu membre du Conseil général le 8 octobre suivant. Il siégeait au centre droit à l'Assemblée nationale. Aux élections législatives du 20 février 1876, il se porta dans l'arrondissement de Ruffec; ayant échoué au premier tour, il se retira, laissant le champ libre au candidat bonapartiste, M. Ch. Fournier, qui fut élu au scrutin de ballottage du 5 mars. Il conserva cette attitude en 1877 et 1881; mais le 4 octobre 1885, la situation n'étant plus la même, il se porta sur la liste réactionnaire de la Charente, qui triompha complètement. — M. de Champvallier a publié: *De l'assimilation des chemins de grande communication aux routes départementales*; *De quelques questions de vicinalité*; *De l'assistance publique dans la Charente*, etc.

CHANSON, Antoine, homme politique français, né à Paris le 4 août 1838. Il y fit son droit et y exerça la profession d'avocat, puis acheta une étude d'avoué à Saint-Flour en 1867. Il se retira en 1883 et s'inscrivit au barreau de cette ville. Conseiller municipal de Saint-Flour depuis 1873, M. Chanson devint adjoint au maire en 1876, mais donna sa démission après l'acte du 16 mai 1877, pour ne reprendre l'écharpe qu'en 1879. Il entra enfin au Conseil général du Cantal en 1880. Aux élections d'octobre 1885, M. Chanson fut élu député du Cantal sur la liste républicaine au scrutin du 18, et prit place à gauche. Il a voté l'expulsion totale des princes.

CHANTAGREL, Jean, homme politique français, né à Sauxillanges (Puy-de-Dôme) le 14 avril 1822. Il fit son droit à Paris et se voua à l'enseignement libre, se faisant une spécialité de la préparation des jeunes candidats auditeurs au Conseil d'Etat. Refusant de profiter des avantages que lui offraient ses grandes relations dans le parti qui prit le pouvoir au 4 septembre 1870, M. Chantagrel fit partie, comme volontaire, des bataillons de marche de la garde nationale de Paris, et n'usa de son influence qu'en faveur des autres. Membre du Conseil général du Puy-de-Dôme depuis 1880, il a été élu député de ce département au scrutin du 18 octobre 1885, et a pris place dans les rangs de la gauche radicale. Il a voté l'expulsion totale des princes.

CHANTEMILLE, Joseph, homme politique français, né le 23 avril 1827 à Saint-Sauvier (Allier). Négociant à Montluçon, il se présenta comme candidat républicain dans la première circonscription de Montluçon, aux élections du 20 février 1876, et fut élu contre le candidat bonapartiste. Réélu le 14 octobre 1877 et le 21 août 1881, il siégea à la gauche républicaine dans ces diverses législatures. Le 25 janvier 1885, au renouvellement de la représentation sénatoriale de l'Allier qui

avait été monarchiste jusque-là, M. Chantemille fut élu à la tête de la liste républicaine. Il a voté l'expulsion des princes.

CHAPLAIN, Jules Clément, artiste français, graveur en médailles, né à Mortagne (Orne) le 12 juillet 1839. Elève de Jouffroy et de M. Oudiné, il remporta en 1860 un second prix et en 1863 le grand prix de Rome, et débuta au Salon de cette même année 1863, par des bustes et des dessins; mais quoique plusieurs bustes de cet artiste figurent encore aux Salons suivants, il s'est voué à peu près exclusivement à la gravure en médaille, et l'on cite de lui en ce genre : la *France victorieuse* et une *Tête de Cérès (1868)*; *Jetons de présence pour les professeurs de l'enseignement du dessin* et pour la *Comédie française (1870)*; la *Résistance de Paris (1872)*; Modèles de médailles pour l'*Enseignement primaire* et pour la *Médaille d'honneur des Salons (1873)*; *Médaille commémorative de la Commission du mètre (1874)*; *Minerve, Armes de la Ville de Paris*, modèles (1875); *Médaille commémorative de l'emploi des aérostats pendant le siège de Paris*, et de la *Construction de l'église Saint-Antoine (1876)*; *Médaille d'honneur de l'Exposition universelle de 1878*, modèle (1878); *Gambetta*, face et revers; *Médaille commémorative du congrès des électriciens*, face (1883); Modèles des médailles de la *Réédification de l'Hôtel de Ville de Paris*, et de la *Caisse d'épargne de Paris* (1885); *P. Baudry*, face et revers; *L. Gerome*, face et revers; *M. Zographos*, face; *Médaille de la réédification de l'Hôtel de ville de Paris*, face et revers; le *Souffle divin*, médaille de récompense pour une école des beaux arts, face; *Médaille de la Caisse d'épargne de Paris*, face et revers; *Victor Hugo*, face; *Mes enfants (1876)*; et un certain nombre de médaillons en bronze, notamment ceux de *M. Robert-Fleury*, de *M. E. Renan* et du *Maréchal de Mac-Mahon*. — M. Chaplain a obtenu une médaille en 1870, une 2e médaille en 1872 et une 1re médaille en 1878, et a été décoré de la Légion d'honneur en 1877. Il a été élu membre de l'Académie des Beaux-Arts en 1881.

CHAPMAN, sir Frederick Edward, général anglais, né dans la Guyane anglaise en 1816. Sorti de l'Ecole militaire de Woolwich en 1835, il entra dans le corps royal du génie, devint capitaine en 1846, colonel dans l'armée de ligne en 1855 et lieutenant-colonel du génie en 1859. Au commencement de 1854, il fut envoyé à Constantinople en mission spéciale et fut employé au relèvement des positions de l'armée turque avant l'arrivée de l'armée britannique dans ce pays. Le colonel Chapman prit part ensuite à la campagne de Crimée, assista aux batailles de l'Alma et d'Inkermann et servit tout le temps que dura le siège de Sébastopol dont il dirigea, pendant la première partie, les opérations d'attaque de gauche et, pendant la dernière, tout le service du génie anglais. En récompense de ses services il reçut la médaille de Crimée avec ses trois « agrafes », indiquant les trois actions auxquelles il avait assisté : l'Alma, Inkermann, Sébastopol, la médaille du mérite militaire de Sardaigne et la croix de Medjidié (3e classe); il fut fait, en outre, membre (companion) de l'ordre du Bain, et officier de la Légion d'honneur. En 1867, il fut promu commandeur de l'ordre du Bain et major général. De 1867 à 1870, il a rempli les fonctions de gouverneur et commandant en chef des Bermudes et, de 1870 à 1875, celles d'inspecteur général des fortifications et directeur des travaux de défense. Il est devenu lieutenant général dans l'armée et colonel commandant le corps royal du génie, en mai 1872, et a été promu général en octobre 1877, et grand'croix du Bain. Le général Chapman a été placé dans la section de réserve en 1881.

CHAPU, Henri Michel Antoine, sculpteur français, élève de Pradier, Duret et L. Cogniet, est né au Mée (Seine-et-Marne) le 29 septembre 1833. Après avoir obtenu deux fois un second prix, la première avec *Neptune faisant naître un cheval (1851)* et la seconde avec le *Désespoir d'Alexandre après la mort de Clitus (1853)*, il obtint le grand prix de Rome en 1855, sujet : *Cléobis et Biton*, et débuta brillamment au Salon de 1863. On cite de M. Chapu : *Mercure inventant le caducée (1863)*; *M. L. Bonnat*, buste en bronze (1864); le *Serment*, statue en plâtre (1865); *Mort de la nymphe Clytie*, statue en plâtre, et *M. le Dr Desmarres*, buste en bronze (1866); *Jeanne d'Arc*, médaillon, bronze (1868); *Jeanne Darc à Domrémy*, statue en plâtre (1870); la même en marbre (1872); la *Jeunesse*, statue en marbre, qui a été érigée dans une cour de l'Ecole des Beaux-Arts à la mémoire d'Henri Régnault et des élèves de l'Ecole victimes de la dernière guerre (1875); la *Pensée*, statue en plâtre pour le tombeau de Mme d'Agoult (Daniel Stern) et une statue en marbre de *Berryer* pour le Palais de Justice de Paris (1877); le *Monument de M. Schneider*, érigé au Creusot (1879). La *Mort de la Nymphe Clytie*, en marbre; la *Pensée* et d'autres ouvrages de M. Chapu figuraient à l'Exposition universelle de 1878. Citons encore : *Pluton*, statue en marbre et *Proserpine*, plâtre, destinées au parc de Chantilly (1884); *Madame la Duchesse d'Orléans*, statue en marbre, destinée à la chapelle de Dreux (1885); une *Statue décorative* en marbre, destinée au parc de Chantilly; *Portrait de M. Derville*, buste en marbre (1886); outre un assez grand nombre de bustes et de médaillons en bronze et en marbre. — M. Chapu a obtenu une 3e médaille en 1863, des médailles en 1865 et 1866, la médaille d'honneur en 1875 et en 1877; créé chevalier de la Légion d'honneur en 1867, il a été promu officier en 1872. Il a été, enfin, élu membre de l'Académie des Beaux-Arts en 1880.

CHARAVAY, Marin Etienne, littérateur français, fils du patient et habile collectionneur d'autographes Jacques Charavay, mort en 1867, est né à Paris le 17 avril 1848; élève de l'Ecole des chartes, il a été reçu archiviste-paléographe en 1869. — On a de lui : *Notice sur Nicolas Thoynard, d'Orléans, d'après les notes de J.-Ch. Brunet (1868)*; *Etude critique sur l'affaire Vrain-Lucas, et sur les moyens de reconnaître les faux autographes (1870)*; *Alfred de Vigny et Charles Baudelaire, candidats à l'Académie française (1879)*, etc. M. E. Charavay a publié en outre une nouvelle édition de la traduction d'Amyot du roman de Longus : *Daphnis et Chloé (1872)* et d'autres chefs-d'œuvre littéraires de diverses époques. Il dirige un journal spécial : l'*Amateur d'Autographes*, fondé par son père en 1862, et la *Revue des documents historiques*, fondée par lui-même en 1874, indépendamment du cabinet d'autographes qu'il tient également de son père et auquel il a donné une extension considérable.

CHARCOT, Jean Martin, médecin français, membre de l'Institut, né à Paris en 1825, y fit toutes ses études et fut reçu docteur de la faculté de médecine en 1853. Reçu médecin des hôpitaux en 1856, il fut attaché à l'hospice de la Salpêtrière en 1862; il en est devenu le médecin en chef et s'est fait remarquer dans ces dernières années par de fréquentes et fort curieuses expériences d'hypnotisme sur les aliénées de cet établissement; il était déjà avantageusement connu, du reste, par d'importants travaux sur les maladies du système nerveux, vers lesquelles il a fini par porter toute son attention. Reçu agrégé en 1860, il est devenu titulaire de la chaire d'anatomie pathologique à la faculté de médecine de Paris en 1873; il a échangé depuis cette chaire pour celle de clinique des maladies nerveuses. Elu membre de l'Académie de médecine en 1874, il entrait à l'Académie des sciences, section médecine et chirurgie, le 12 novembre 1883. M. Charcot a été promu officier de la Légion d'honneur le 4 août 1880. — M. Charcot, qui dirige les *Archives de physiologie*, a publié : *De l'expectation en médecine (1857)*; *De la pneumonie chronique (1860)*; la *Médecine empirique et la médecine scientifique (1867)*; *Leçons cliniques sur les maladies des vieillards*, recueillies par les docteurs Bull et Bouchard (1868-69, 2 séries); *Leçons sur les maladies du système nerveux (1873-74*, 2 séries, pl. et fig.); *Leçons sur les maladies du foie, des voies biliaires et des reins (1877)*, etc.

CHARDON, Alfred, homme politique français, né le 4 septembre 1828 à Bonneville (Haute-Savoie), fit ses études à l'université de Turin et s'y fit recevoir avocat. Après l'annexion de la province de Savoie à la France (1860), M. Chardon fut élu au Conseil général du nouveau département de la Haute-Savoie. Aux élections du 8 février 1871, il fut élu représentant de ce département à l'Assemblée nationale, où il siégea à gauche. Elu sénateur de la Haute-Savoie, avec M. Chaumontel, aux élections générales du 30 janvier 1876, M. Chardon a été réélu dans les mêmes conditions au deuxième renouvellement triennal du Sénat, le 8 janvier 1882. — Il a voté l'expulsion des princes.

CHARETTE DE LA CONTRIE (baron de), Athanase, homme politique français, d'une vieille famille vendéenne. Lorsqu'en 1860 Lamoricière entreprit d'organiser l'armée pontificale, M. de Charette alla le rejoindre à Rome, prit du service dans cette armée et y organisa le régiment d'élite des zouaves pontificaux, dont il devint le lieutenant-colonel, et avec lequel il combattit vaillamment à Castelfidardo (1860) et à Mentana (1867), et défendit Rome contre les troupes de Victor-Emmanuel, en 1870, jusqu'à la dernière extrémité. Fait prisonnier avec toute l'armée pontificale, M. de Charette fut transporté en France, avec ses zouaves de nationalité française. Il se rendit alors à Tours, siège provisoire de la délégation du gouvernement de la Défense nationale, et obtint sans difficulté l'autorisation de former un corps franc, la légion des volontaires de l'Ouest, dont le noyau serait composé des zouaves pontificaux, au nombre de près de 600, qu'il avait, dans le doute, laissés à Tarascon. La légion fut bientôt organisée, au Mans, avec l'uniforme des zouaves pontificaux, et fut alors attachée, sous le commandement de M. de Charette, au 17e corps d'armée. Elle ne tarda pas à se signaler par sa valeur, le 2 décembre, à la bataille de Patay, où elle figurait en première ligne; M. de Charette lui-même y fut grièvement blessé, et un moment abandonné parmi les morts, tandis que ses zouaves allaient se reformer à Poitiers. Recueilli dans une maison du voisinage, il n'était que très imparfaitement rétabli lorsqu'il alla rejoindre ceux-ci. Nommé général de brigade au titre auxiliaire le 14 janvier 1871, il partait pour Nantes le jour même avec ses hommes, et était appelé, quelques jours plus tard, au commandement d'une division de mobilisés. La capitulation de Paris, en suspendant les opérations militaires, vint mettre un terme à la carrière militaire du général de Charette en France. Elu représentant des Bouches-du-Rhône à l'Assemblée nationale, le 8 février 1871, quoique ayant formellement refusé toute candidature, il donna sa démission deux jours après, par une lettre adressée au président. L'attitude de M. de Charette, légitimiste intransigeant, a toujours été des plus correctes, aussi les partisans d'une restauration monarchique après « fusion » se passèrent-ils de sa participation et évitèrent-ils même de prononcer son nom. Il est officier de la Légion d'honneur depuis juillet 1871; mais, chose curieuse, nous ne le voyons figurer sur le contrôle d'aucun des ordres du Saint-Siège.

CHARLES Ier, Charles Frédéric Alexandre, roi de Würtemberg, fils aîné du feu roi, est né le 6 mars 1823, et succéda au trône de son père le 25 juin 1864. Il suivit la politique de celui-ci dans la question du Schleswig-Hoslteın; il est demeuré, depuis le traité du 13 août 1866, un fidèle allié de la Prusse, et nous avons eu plusieurs fois à nous mesurer, dans la dernière guerre, avec les hommes de son contingent, notamment sous les murs de Paris. — Le roi de Würtemberg a épousé, le 13 juillet 1846, la grande-duchesse de Russie Olga Nicolaïewna, tante du czar actuel. Il est colonel d'un régiment de dragons russe.

CHARLES Ier, Charles Eitel Frédéric Zéphirin Louis de Hohenzollern-Sigmaringen, *domnu*, puis roi de Roumanie, né le 20 avril 1839. Il appartient à la branche cadette non régnante de la famille princière de Hohenzollern-Sigmaringen. Elu et proclamé prince de Roumanie, avec succession héréditaire, par un plébiscite (8/20 avril 1866), il fit son entrée solennelle à Bucarest le 22 mai et fut définitivement reconnu par la Sublime-Porte, ainsi que par les puissances garantes, le 24 octobre. Avant son avènement au trône de Roumanie, vacant par l'expulsion du prince Couza, le prince Charles n'avait pas de plus haute situation dans son pays que celle de sous-lieutenant de dragons; mais l'action diplomatique de la Prusse, qui cherchait évidemment à avoir un pied en Orient, eut raison de cette insuffisance. Son règne a été surtout marqué par des dissensions intestines, des crises ministérielles ou parlementaires, par des persécutions en apparence systématiquement exercées contre les juifs en Moldavie, lesquelles donnèrent lieu aux protestations indignées de plusieurs gouvernements étrangers. En 1868, le prince, aidé par des officiers prussiens, entreprit la réorganisation de l'armée roumaine, et l'année suivante, il courut le bruit que des préparatifs de guerre sérieux s'opéraient dans les Principautés Danubiennes; mais ce fut tout. Il en fut de même lors de la guerre turco-serbe (1876-1877), la réorganisation de l'armée roumaine étant peut-être incomplète, ou plutôt les difficultés budgétaires s'opposant à des manifestations plus actives, jusqu'à ce que la Russie s'en mêlât. Une convention, conclue entre le czar et le prince Charles, permettait le passage du territoire roumain, en avril 1877, aux armées russes allant combattre les Turcs; en même temps, l'armée roumaine était mobilisée et se joignait à l'armée russe, et la guerre déclarée à la Turquie. En septembre suivant, Charles Ier prenait effectivement le commandement de l'armée de l'Ouest, composée en grande partie des Roumains, qui se distinguèrent à la prise de Plewna. Le prince Charles, en récompense de sa propre bravoure et de celle de ses soldats, fut décoré de l'ordre militaire de Saint-Georges, en échange duquel il envoya à Alexandre II son ordre de l'Etoile de Roumanie. Il paraît, toutefois, que le prince de Roumanie n'avait pas bien pris ses précautions avec son puissant allié, car le Turc réduit à merci, ce dernier lui offrit la Dobroutcha en échange de la Bessarabie, qui lui permettrait, en cas de besoin, de descendre en Roumanie sans en demander l'autorisation, et bon gré mal gré, en dépit de tous les efforts et des démarches réitérées de M. Bratiano (voy. ce nom), il fallut accepter cet échange onéreux. Charles Ier s'en consola en se faisant proclamer roi de Roumanie le 14/26 mars 1881, et couronner solennellement le 10/22 mai suivant.

Il avait épousé, le 15 novembre, la princesse Pauline Elisabeth Ottilie Louise, fille du feu prince Hermann de Wied, née le 29 décembre 1843, et qui s'est fait, depuis 1882, un nom dans les lettres, sous le speudonyme de **Carmen Sylva**.

CHARLES-EDMOND. — Voy. Choëcki.

CHARLOTTE, Marie Charlotte Amélie Auguste Victoire Clémentine Léopoldine, ex-impératrice du Mexique, fille du feu roi des Belges, Léopold Ier, et sœur du roi actuel, est née le 7 juin 1840 et s'est mariée le 27 juillet 1857, à Ferdinand Maximilien Joseph, archiduc d'Autriche, puis empereur du Mexique, suivant son acceptation, à laquelle il se décida près d'une année après qu'il fut proclamé (10 avril 1864), et fusillé le 19 juin 1867, à Queretaro. En présence des terribles difficultés qui lui firent bientôt obstacle, Maximilien envoya l'impératrice demander à Napoléon III des secours indispensables. Elle arrivait à Paris le 9 août et en repartait quelques jours après, ayant complètement échoué dans sa pénible mission. Elle se rendit alors auprès du pape, on ne saurait dire exactement dans quel but vraiment pratique, si elle en eut un, car c'est au cours de ce voyage que sa raison commença à l'abandonner. Transportée en Belgique, on lui donna pour résidence le château de Laeken, près de Bruxelles, où on l'entoura de soins dévoués, mais, à ce qu'il semble, inutiles. La malheureuse princesse ignore, dit-on, le sort de son mari; c'est au moins une consolation. Elle n'a eu, depuis lors, que des intervalles de plus en plus rares de lucidité, pendant lesquels on a prétendu qu'elle s'occupait à rédiger des mémoires sur l'empire du Mexique, ce qui nous semble assez invraisemblable, si nous admettons que ce sont bien ses intervalles de lucidité qu'elle emploie à cette besogne. Ce qui est malheureusement moins contestable, c'est que son état ne laisse aucun espoir.

CHARMES, Marie Julien Joseph François ou Francis journaliste français, né à Aurillac le 21 avril 1848. Il fit son droit à Paris, servit comme officier dans les mobiles du Cantal et fit, avec son régiment, la campagne de l'armée de la Loire; puis, de retour à Paris, rentra à la rédaction du *Dix-neuvième Siècle*, à laquelle il appartenait déjà. Au mois d'août 1872, le *Journal des Débats* ayant perdu, pour avoir résolu d'appuyer le gouvernement républicain, M. Saint-Marc Girardin et deux autres de ses collaborateurs, M. de Sacy, son rédacteur en chef, appela auprès de lui M. Francis Charmes et le chargea du bulletin politique quotidien. M. Charmes, qui avait fait entrer au *Journal des Débats* avec lui son plus jeune frère, mort récemment, mena admirablement, sous l'inspiration de M. Thiers, la campagne contre le gouvernement du 16 mai 1877, et fut décoré de la Légion d'honneur après la victoire. Il a été nommé sous-directeur (1880), puis directeur des affaires politiques au ministère de l'intérieur, avec le titre de ministre plénipotentiaire. — Elu député, aux élections du 21 août 1881, dans l'arrondissement de Murat, comme candidat républicain, M. F. Charmes se présenta sur la liste républicaine du Cantal aux élections d'octobre 1885; mais, bien qu'ayant réuni une importante minorité au premier tour, il échoua au second.

CHARNOCK, Richard Stephen, voyageur et philologue anglais, né à Londres le 11 août 1820, étudia au Collège du roi et fut reçu avoué (attorney) en 1841. [illegible]

voyagé par toute l'Europe, visité le nord de l'Afrique et l'Asie Mineure, et s'est principalement occupé, dans ses voyages, d'études anthropologiques, archéologiques et philologiques, surtout en ce qui concerne les langues celtiques et orientales. Il est président de la Société anthropologique de Londres, membre des Sociétés des antiquaires, philologique, royale asiatique, royale géographique, de la Société royale des Antiquaires du Nord, membre honoraire de la Société anthropologique de Paris et docteur en philosophie de l'université de Gœttingen. Outre un grand nombre d'articles disséminés dans la presse périodique scientifique, on doit au docteur Charnock: *Guide au Tyrol (1857)*; *Etymologie locale (1859)*; *Guide en Espagne et au Portugal (1865)*; *Verba nominalia (1866)*; *Ludus Patronymicus (1868)*; *les Peuples de la Transylvanie (1870)*; *Coutumes seigneuriales d'Essex, Patronymica Cornu-Britannica (1870)*; *Sur les caractères physique, moral et philologique des Wallons*; les *Sept Communes (1871)*; *Guide illustré en Espagne et au Portugal*, dans la collection Bradshaw (1876); *Glossaire du dialecte du comté d'Essex (1879)*; *Prænomina, ou Etymologie des principaux noms de baptême chrétiens de la Grande-Bretagne et de l'Irlande (1882)*.

CHARTON, Edouard Thomas, littérateur et homme politique français, sénateur, né à Sens le 11 mai 1807; fit ses études au collège de sa ville natale et vint faire son droit à Paris, où il fut reçu avocat en 1828; mais il n'exerça pas, et se consacra dès l'année suivante à la vulgarisation de l'instruction, devint rédacteur en chef du *Bulletin de la société pour l'instruction élémentaire* et du *Journal de morale chrétienne*, et fonda en 1833 le *Magasin pittoresque*, la première publication populaire de ce genre. Dès 1829, M. Ed. Charton avait embrassé les doctrines saint-simoniennes; mais il se retira en 1831, avec Pierre Leroux. Jean Reynaud, M. Carnot et autres, lors des modifications apportées par le P. Enfantin dans la constitution de l'École, et devint un des collaborateurs de M. Carnot à la *Revue encyclopédique*. Ce dernier, devenu ministre de l'instruction publique après la révolution de février 1848, appela près de lui ses anciens coreligionnaires, Jean Reynaud et M. Ed. Charton qui fut nommé secrétaire général. M. Charton fut élu représentant de l'Yonne, son département natal, à la Constituante. Dans sa profession de foi à ses électeurs d'alors, il avait pu dire, avec plus de vérité que n'en comporte nécessairement cette sorte de documents: « L'œuvre de toute ma vie a été de détruire l'ignorance, origine première des inégalités sociales, de tous les désordres, presque de tous les maux. » Sa conviction était d'ailleurs telle, en ce point, qu'il présenta à l'Assemblée une proposition tendant à priver du droit de suffrage les citoyens qui ne justifieraient pas d'une instruction primaire suffisante; ce qui serait une injustice, car si l'on veut n'avoir affaire qu'à des électeurs instruits, le bon sens indique qu'il faut au moins mettre les enfants en situation de le devenir dans la suite; si l'on n'a pas pris cette précaution, on est mal venu à arguer de l'ignorance des citoyens majeurs qui n'ont pas acquis l'instruction qu'on n'a pas pu ou voulu leur donner, quand il en était temps, pour les écarter du scrutin. Tant pis si l'intelligence du vote fait défaut: les sociétés devraient bien savoir qu'elles payent toujours leurs erreurs ou les produits directs de leur mauvaise foi, comme il est juste. M. Charton, par une autre erreur, vota le maintien de l'état de siège (7 septembre); mais, en revanche, il vota l'amendement Grévy. Au mois d'avril 1849, il fut élu conseiller d'Etat. Le coup d'Etat de décembre 1851 rendit M. Charton à la vie privée et à ses travaux littéraires. Il avait concouru, en 1843, à la fondation de l'*Illustration*; en 1856, il créa l'*Ami de la maison*, qui ne réussit pas; et prit, en 1860, la direction du *Tour du monde*, journal de voyages, le plus important et le plus beau recueil périodique illustré de cette nature. Peu après il entreprenait la publication de la bibliothèque de vulgarisation scientifique et artistique connue sous le nom de *Bibliothèque des merveilles*, collection illustrée des plus intéressantes, très soignée à tous les points de vue, malgré son extrême bon marché. Il a publié en outre: *Lettres sur Paris*, écrites en collaboration avec Doin (1830); *Guide pour le choix d'un état, ou Dictionnaire des professions (1842)*, livre très utile, devenu insuffisant aujourd'hui, mais dont on promet une édition nouvelle mise au courant du progrès; les *Doutes d'un pauvre citoyen (1847)*; les *Voyageurs anciens et modernes (1855-57*, 4 vol.*)*; *Histoire de trois enfants pauvres (1860)*; *Histoire de France depuis les temps les plus reculés jusqu'à nos jours, d'après les documents originaux et les monuments de l'art de chaque époque (1863*, 2 vol.), avec M. Bordier, etc.; outre sa collaboration au *Magasin pittoresque*, à la *Revue encyclopédique*, à l'*Encyclopédie nouvelle*, au *Bon sens*, au *Temps*, au *Monde*, etc.

Après le 4 septembre 1870, M. Edouard Charton fut nommé préfet de Seine-et-Oise; mais, quelques jours plus tard, l'entrée des troupes allemandes à Versailles le chassa de son poste. Elu représentant de l'Yonne à l'Assemblée nationale, le 8 février 1871, il prit place sur les bancs de la gauche. Aux élections des sénateurs inamovibles, il refusa la candidature qui lui fut offerte, et nous pouvons dire qu'il ne tenait qu'à lui d'être élu: il préféra tenir son mandat de ses concitoyens. M. Charton fut donc élu sénateur de l'Yonne, le 30 janvier 1876, et se fit inscrire au groupe de la gauche républicaine, dont il a été président dès le début de ses réunions. Son mandat lui a été renouvelé aux élections du 8 janvier 1882. Dans le vote sur l'expulsion des princes, M. Charton s'est abstenu. — M. Ed. Charton est membre libre de l'Académie des sciences morales et politiques, dont il était correspondant depuis 1857; il est en outre membre de plusieurs sociétés savantes, notamment de la Société de géographie, dont il a été élu vice-président pour l'exercice 1876-77.

CHARTRES (duc de) Robert Philippe Louis Eugène Ferdinand d'Orléans, officier français, fils du feu duc d'Orléans et frère du comte de Paris, est né à Paris le 9 novembre 1840 et a été élevé à Eisnach (Saxe-Weimar). Il rejoignit ensuite en Angleterre la famille royale exilée, et fit avec le comte de Paris, son frère aîné, un voyage dans le Liban en 1860. Peu après les deux princes se rendirent aux Etats-Unis, où la guerre de sécession venait d'éclater; le duc de Chartres entra dans l'armée du Potomac comme capitaine, attaché à l'état-major du général Mac Clellan, et assista à plusieurs batailles et sièges. Il donna sa démission en 1863 et revint en Europe. Au début de la guerre de 1870, le duc de Chartres adressa au ministre de la guerre une pétition tendant à être admis dans les rangs de l'armée française: mais il essuya un refus. Après le 4 septembre, il vint à Paris, incognito, avec les autres princes de la famille d'Orléans; le but de ce voyage était d'obtenir du gouvernement de la Défense l'autorisation de combattre pour la France; qu'il y eût une arrière-pensée dans cette démarche, c'est possible; dans tous les cas, sur une simple prière de ne pas accroître par leur présence les difficultés du moment, les princes se retirèrent sans qu'on soupçonnât même, dans le public, qu'ils eussent paru. Quelque temps après, sous le nom de Robert le Fort qui, à la rigueur, est le sien, le duc de Chartres se faisait admettre dans l'armée de Chanzy, comme capitaine au titre auxiliaire. Dans le peu de temps qu'il y servit, il se distingua assez pour motiver sa nomination de chevalier de la Légion d'honneur. Après la révocation des lois d'exil, M. Thiers nomma le duc de Chartres chef d'escadron, avec l'autorisation de servir, sans solde, dans l'armée; il fut promu lieutenant-colonel en 1875 et colonel en 1878, et placé à la tête du 12e régiment de chasseurs. A la suite du vote de la loi du 31 janvier 1883, le duc de Chartres fut mis en retrait d'emploi. La loi du 23 juin 1886 prononce l'expulsion des seuls prétendants, et il peut en conséquence demeurer en France, du moins dans les conditions actuelles, car s'il avait dû imiter l'attitude du duc d'Aumale, ce serait déjà fait. — On doit au duc de Chartres la relation d'une visite aux champs de bataille de la vallée du Rhin, sous ce titre: *Souvenirs de voyages (1869)*, et une *Introduction aux Campagnes de l'armée d'Afrique de 1835 à 1839*, de son père (1870).

CHASSIN, Charles Louis, écrivain et journaliste français, né le 11 février 1831 à Nantes, où il commença ses études qu'il vint achever à Paris, au collège Bourbon. En mars 1851, il écrivit à l'*Evénement* pour protester contre la suspension du cours de Michelet. Devenu collaborateur de plusieurs journaux d'opposition sous le second empire, il demanda, en 1861, l'autorisation de fonder un journal dont le titre aurait été la *Nation*; cette autorisation lui fut refusée, sous le prétexte qu'il avait collaboré, à une époque où il se trouvait sur les bancs du lycée de Nantes, à quelques feuilles parisiennes d'un atticisme douteux: le *Journal de la Canaille*, le *Père Duchêne*, etc. M. Chassin prouva aisément l'alibi; on reconnut l'erreur, mais il n'eut point l'autorisation sollicitée; M. Ch. L. Chassin a collaboré à l'*Athenæum français*, à la *Revue de Paris*, à l'*Illustration*, à la *Revue française*, au *Courrier de Paris*, au *Courrier du Dimanche*, au *Siècle*, à la *Démocratie*, journal hebdomadaire fondé par lui en 1868 (1868-70), au *Combat (1871)*, etc. — Il a publié: la *Légende du Petit Manteau bleu (1852)*; les *Ames sœurs, rêverie panthéiste (1854)*; la *Hongrie, son génie et sa mission*, suivi de *Jean Hunyad, récit du quinzième siècle (1855)*; *Edgar Quinet, sa vie et ses œuvres (1858)*; *Manin et l'Italie (1859)*; *Histoire politique de la révolution de Hongrie, 1847-49*, avec M. D. Iranyi (1859-60, 2 vol.); une traduction du poète hongrois Alexandre Petœfi (1860); *Ladislas Teleki (1861)*; *le Génie de la Révolution française (1863-69*, 2 vol.); l'*Armée et la Révolution (1867)*; la *Paix et la Guerre (1868)*; les *Cahiers de 89 et les Cahiers du Sénat (1875)*, brochure, etc. — En juin 1885, M. Ch. L. Chassin a proposé, pour l'Exposition universelle du centenaire de la République, l'organisation d'un Musée de la Révolution.

CHATROUSSE, Emile, sculpteur français, né à Paris en 1830. Il eut d'abord à surmonter des difficultés matérielles, puis une certaine hésitation à choisir entre les diverses branches de son art, et entra, en 1851 seulement, dans l'atelier de Rude, ayant toutefois reçu d'Abel de Pujol les premiers éléments de l'éducation artistique. Dès 1853, il débutait au Salon, et ne tardait pas à obtenir diverses récompenses: une mention à l'Exposition de 1857, le prix Maillé-la-Tour-Landry en 1857, le prix Lambert en 1861, des médailles aux Salons de 1863, 1864, 1865, etc., sans parler de plusieurs autres médailles remportées dans des expositions locales en province. — On a de lui un bas-relief tumulaire, en bronze, à Turin: la *Poudre retourne à la poudre*, etc. (1852); la *Reine Hortense faisant l'éducation du prince Louis Napoléon*, marbre, commandé par l'empereur (1853); *Résignation*, groupe marbre, à l'église Saint-Eustache, chapelle des Morts (1855); *Héloïse et Abeilard*, la *Cité et le Paraclet*, deux groupes marbre (1857); l'*Art chrétien*, marbre, au Louvre (1859); la *Renaissance (1861)*, cour d'honneur du palais de Fontainebleau; *Saint Gilles*, statue en pierre, chevet de l'église Saint-Leu, à Paris (1861); la *Petite Vendangeuse (1861)*; le *Général Beuret*, marbre, au musée de Versailles (1862); la *Comédie*, statue en pierre, au Châtelet (1862); *Cérès*, statue en pierre, cour d'honneur des Tuileries (1863); la *Madeleine au désert*, au musée de Douai (1864); *Jacob-Rodrigues Pereire instruisant des sourds-muets (1865)*, bas-relief; *Portalis*, au Conseil d'Etat; la *Marquise de Pompadour*, buste marbre (1866); la *Renaissance française*, marbre (1867); la *Muse grave* et la *Muse comique*, statuettes (1868); *Saint Joseph*, statue polychrome, à l'église Saint-Ambroise, à Paris; *Source et Ruisselet*, groupe marbre, au ministère des Beaux-Arts (1869); *Vercingétorix et Jeanne d'Arc*, projet de monument; le buste en marbre du chirurgien *Péan (1870)*; *Héloïse et Abeilard au Paraclet, dernier adieu*, groupe en bronze et *Ange encenseur*, pour la façade sud de Saint-Eustache (1873); les *Crimes de la guerre*, groupe marbre et une *Jeune Parisienne*, statue plâtre (1876); la même en marbre (1877 et Exposition universelle 1878); un buste de *Mme de Sévigné*, pour le musée Carnavalet (1879); *Jeune contemporaine*, statue marbre (1883); *Défense de la Patrie à travers les âges*, haut-relief, plâtre bronzé (1884); *Florimond Leroux*, statue en pierre, pour l'hôtel de ville d'Amiens (1885); *Jeanne Darc, libératrice de la France*, statue en plâtre, et *Feu A. de Liesville*, buste en plâtre (1886).

M. Chatrousse a également fourni quelques articles de critique d'art à plusieurs journaux ou publications périodiques, notamment à l'*Artiste*, au *Pays* et à la *Patrie*. — Il a été décoré de la Légion d'honneur en 1879.

CHATENAY (de), Alexandre Marie Genest, homme politique français, né à Bernicourt, dans l'arrondissement de Clermont (Oise) le 3 septembre 1839. Grand propriétaire agriculteur, conseiller général depuis 1870, M. de Chatenay s'était déjà présenté à une élection partielle qui se produisit dans l'Oise en 1878, mais sans succès; aux élections du 4 octobre 1885, il a été élu député de l'Oise avec la liste monarchiste tout entière.

CHATIN, Gaspard Adolphe, botaniste français né à Tullins (Isère) le 30 novembre 1813. Il fit ses études à Paris, suivit les cours de la Faculté de médecine et prit le grade de docteur en 1844. M. Chatin est devenu successivement pharmacien à l'hôpital Beaujon et à l'Hôtel-Dieu, puis professeur de botanique à l'Ecole supérieure de pharmacie (1874), poste que les élèves de l'Ecole ont cru pouvoir le forcer d'abandonner, par le moyen aussi connu que peu efficace des manifestations tumultueuses (avril 1886); mais le directeur a tenu bon, et il en est résulté que les vacances de l'Ecole supérieure de pharmacie ont été avancées de plusieurs mois, et que les élèves les plus bruyants ont été punis disciplinairement ou correctionnellement, suivant la gravité de leur cas. Toutefois, le directeur de l'Ecole supérieure de pharmacie n'a été victorieux qu'à moitié, tout au plus, car il était mis à la retraite au mois d'août suivant, par du titre de directeur honoraire comme fiche de consolation. M. Chatin a été élu membre de l'Académie de médecine en 1853, et de l'Académie des sciences en 1874; il est en outre membre du Conseil académique, du Comité consultatif de l'enseignement public, du Comité des travaux historiques et scientifiques, etc. Enfin, il est officier de la Légion d'honneur depuis 1878. — On a de ce savant: *Sur quelques principes de toxicologie*, sa thèse de doctorat (1844); *Etudes sur la physiologie végétale faites au moyen de l'acide arsénieux (1848)*; l'*Existence de l'iode dans les plantes d'eau douce*, etc. *(1851)*; la *Vallisneria spiralis (1855)*; *Anatomie comparée des végétaux*, illustrée de magnifiques planches (1866 et suiv.), etc.

CHAUDORDY (comte de), Jean-Baptiste Alexandre Damaze, diplomate français, né vers 1824. Attaché au ministère des affaires étrangères sous M. Drouyn de Lhuys, en 1848, il fut envoyé à Rome en 1850, comme attaché à l'ambassade française. Après avoir occupé le même poste dans les principales capitales de l'Europe, M. de Chaudordy, devenu premier secrétaire d'ambassade, fut nommé, au commencement de 1866, sous-directeur du cabinet de M. Drouyn de Lhuys, de nouveau ministre des affaires étrangères, poste qu'il occupa jusqu'à la retraite de ce ministre (1er septembre), et fut nommé ministre plénipotentiaire en 1867. Il était directeur aux affaires étrangères lors de la révolution du 4 septembre 1870, et fut désigné par Jules Favre, quelques jours après, pour aller représenter à Tours ce département; ce qu'il fit avec une habileté et une énergie des plus louables. Elu le 8 février 1871 représentant du Lot-et-Garonne à l'Assemblée nationale, il siégea à droite. Il figurait sur la liste de droite, qui échoua, aux élections des sénateurs inamovibles de décembre 1875. M. de Chaudordy a été nommé ambassadeur près le Confédération suisse, la légation de Berne étant élevée pour l'occasion au rang d'ambassade, le 6 décembre 1873; puis ambassadeur à Madrid, le 5 septembre suivant (1874). Appelé en 1878 à assister à la conférence de Constantinople, il alla ensuite reprendre son poste à Madrid et refusa l'ambassade de Constantinople. Il fut alors remplacé et mis en disponibilité (décembre). Il est membre de la Commission des archives diplomatiques au ministère des affaires étrangères. — M. de Chaudordy a été promu commandeur de la Légion d'honneur en 1876. Il a été nommé grand'croix de l'ordre de Charles III d'Espagne, le 27 juin de la même année.

CHAUMONTEL, Louis François, homme politique français, né à Annecy le 2 octobre 1823, fit ses études à l'université de Turin et se fit recevoir avocat. Devenu maire de sa ville natale, il fut révoqué en 1873, sous le ministère de Broglie, mais réintégré dans ses fonctions par M. Buffet. Président du Conseil général de la Haute-Savoie, il a été élu, le 30 janvier 1876, sénateur de ce département, le premier, le second étant M. Chardon, député, comme républicain modéré. Les deux sénateurs de la Haute-Savoie ont été réélus dans le même ordre, au renouvellement partiel du 8 janvier 1882. L'un et l'autre ont voté l'expulsion des princes.

CHAUVET, Jérome Auguste Emmanuel, professeur et écrivain français, né le 12 novembre 1819 à Caen, où il fit ses études; entra à l'Ecole normale supérieure en 1839, fut reçu agrégé de philosophie en 1845, et docteur ès lettres en 1855. Nommé en 1846 professeur de philosophie au lycée de Mâcon il passa ensuite, en la même qualité, au lycée de Caen, puis devint en 1858 professeur à la Faculté des lettres de Rennes, pour revenir en dernière analyse à celle de Caen, sa ville natale. M. Chauvet est membre du Conseil académique de Caen. — On a de lui: *Des théories de l'entendement humain*

dans l'antiquité; une traduction annotée des *Œuvres complètes de Platon,* avec M. A. Saisset (1864-65, 10 vol.); *Sénèque: Lettres à Lucilius,* traduction avec le texte en regard, une introduction et des notes (1865); *De l'éducation (1869);* les *Médecins philosophes contemporains (1870);* les *Médecins philosophes de l'antiquité (1878),* etc. — M. Chauvet est chevalier de la Légion d'honneur.

CHAVANNE, Alexis médecin et homme politique français, né à Lyon le 11 octobre 1824. Il était médecin de l'Hôtel-Dieu de Lyon et membre du Conseil général du Rhône, lorsqu'il se présenta aux élections sénatoriales du 30 janvier 1876; ce fut sans succès, mais à l'élection partielle du 29 septembre 1878 pour remplir à la Chambre des députés la place laissée vacante par la mort de M. Durand, député de la 3e circonscription de Lyon, M. le docteur Chavanne fut élu à une forte majorité, et prit place à l'extrême gauche. Il fut réélu le 21 août 1881 dans la 4e circonscription de Lyon, et aux élections d'octobre 1885, porté sur la liste radicale, il a été élu député du Rhône au scrutin du 18. M. le docteur Chavanne a voté l'expulsion totale des princes.

CHAVASSIEU, Jean-Baptiste, homme politique français, ancien maire de Montbrison, où il est né le 16 octobre 1814. Il fut représentant de la Loire à la Constituante, en 1848. Après avoir échoué aux élections du 8 février 1871, il fut élu représentant de son département le 2 juillet suivant et deputé la première circonscription de Montbrison le 20 février 1876. Réélu le 14 octobre 1877, il se présenta aux élections pour le premier renouvellement triennal du Sénat, le 5 janvier 1879, et fut élu. M. Chavassieu siège à gauche. Il a voté l'expulsion des princes.

CHAVETTE, Eugène **Vachette** (dit), littérateur français, fils du célèbre restaurateur parisien, est né à Paris en 1827. Il débuta fort jeune dans la petite presse, et publia notamment, au *Tintamarre,* un *Dictionnaire fantaisiste* absolument renversant; il collabora également aux *Pensées d'un emballeur,* non moins fantaisistes, de Commerson, puis entra au *Figaro* périodique, et devint rédacteur en chef du *Soleil,* fondé par Millaud, en 1865. Il a depuis collaboré au *Figaro* quotidien, à l'*Evénement,* etc. Parmi les fantaisies publiées par M. Vachette dans le *Tintamarre,* il faut citer à part le *Procès Pictompin et ses dix-huit audiences, recueillies et mises en ordre par Eugène Vachette,* non seulement parce que cette fantaisie eut un succès retentissant, mais encore parce que Commerson, qui n'y regardait pas de si près, en publia une édition sans l'autorisation de l'auteur et sans y mettre son nom; comme cette édition était tronquée abusivement, afin que le volume ne fût pas trop gros, car le directeur du *Tintamarre* avait toutes les économies, M. Vachette se borna à publier de son côté une édition « complète » du *Procès Pictompin,* avec préface explicative (1865). Il a publié depuis: *Restaurateurs et restaurés (1867);* le *Drame du carrefour (1872);* le *Rémouleur, Défunt Brichet, Pourquoi? (1873);* l'*Héritage d'un pique-assiette,* la *Chiffarde,* l'*Idée de M. de Vivonne (1874);* les *Petites comédies du vice,* nouvelles; la *Chambre du crime (1875);* la *Chasse à l'oncle (1876);* la *Recherche d'un pourquoi, Aimé de son concierge (1878); Si j'étais riche;* l'*Héritage mystérieux, Au fond d'une cave (1886,* 2 vol.), etc. M. Chavette a collaboré à quelques petites pièces, principalement avec Commerson. — Retiré à Montfermeil, M. Vachette est depuis plusieurs années complètement retenu par la maladie, sans que son humeur ait subi la moindre atteinte de cette triste situation.

CHAVOIX, Henri, homme politique français, notaire à Excideuil (Dordogne) et neveu du docteur Chavoix, ancien député de Périgueux, mort le 16 septembre 1881. M. Henri Chavoix se présentait à l'élection du 4 décembre 1881, dans la 2e circonscription de Périgueux, pour remplacer son oncle à la Chambre; il fut élu et prit place au groupe de l'Union républicaine. Réélu le 21 août 1881, il était élu député de la Dordogne en tête de la liste républicaine, le 4 octobre 1885. M. Chavoix a voté l'expulsion des princes.

CHENAVARD, Paul, peintre français, né à Lyon le 9 decembre 1808. Il suivit les ateliers de Hersent et d'Ingres, puis fit en Italie un séjour de quelques années, employé à l'étude des maitres. Il exposa à son retour, entre autres, deux toiles qui firent sa réputation et que la gravure a popularisées; le *Jugement de Louis XVI* et *Mirabeau répondant au marquis de Dreux-Brézé:* « Allez dire à votre maitre, etc. » Le gouvernement républicain le chargea, en 1848, de la décoration monumentale du Panthéon, œuvre colossale, qui ne devait pas être terminée: le Panthéon était rendu au culte religieux bien avant que M. Chenavard en fût là. Il avait pourtant achevé les grandes compositions suivantes: le *Déluge,* la *Mort de Zoroastre,* la *Guerre de Troie,* la *Mort de Socrate,* le *Passage du Rubicon,* la *Poésie italienne,* le *Siècle de Louis XIV,* tableaux caractéristiques, dans son esprit, de l'Histoire de la civilisation; quant au reste, il en exposa, en 1853, ce qu'il put, du moins les cartons: *Auguste fermant la porte du temple de Janus, Attila arrêté devant Rome,* les *Commencements de la Réforme.* On a encore de cet artiste un grand nombre de toiles historiques d'un très grand mérite, notamment la *Mort de Caton,* la *Mort de Brutus,* la *Convention nationale,* la *Naissance de Jésus-Christ,* la *Fin des Religions,* cette dernière au Salon de 1869 et qui, placee d'abord au salon d'honneur, dut en être enlevée, en présence des protestations véhémentes de personnes aussi influentes que dévotes. — Honoré de plusieurs médailles, M. Chenavard est chevalier de la Légion d'honneur depuis 1853.

CHENNEVIÈRES (marquis de), Charles Philippe, écrivain et administrateur français, né à Falaise le 23 juillet 1820, fit ses études à Caen et débuta de bonne heure dans la carrière littéraire par deux petits volumes dont nous parlerons tout à l'heure; il fit ensuite un voyage dans le midi de la France, une véritable exploration dans nos musées méridionaux, et fut, peu après son retour, attaché à l'administration des musées royaux. Nommé, en 1852, inspecteur des musées de province et chargé des expositions annuelles des artistes vivants, qu'il eut à organiser, notamment dans les Expositions universelles de 1855 et 1867; il fit partie des jurys internationaux des expositions de 1855 et 1867, et de l'exposition de Vienne de 1873. Inspecteur général des expositions d'art depuis 1855, M. le marquis de Chennevières a été nommé directeur des Beaux-Arts, en remplacement de Charles Blanc, le 24 décembre 1873. Il a été admis à la retraite le 27 mai 1878 et remplacé par M. Guillaume, sculpteur, sa pension ayant été liquidée à 5,000 fr. Il est officier de la Légion d'honneur depuis 1860.

On a de M. de Chennevières: *Contes normands,* par « Jean de Falaise » (Caen 1842); *Vers,* par « François-Marc de la Boussardière » (Caen 1842); *Histoires baguenaudières,* par « un Normand » (Aix-en-Provence, 1845); *Recherches sur la vie et les ouvrages de quelques peintres provinciaux de l'ancienne France (1847-51,* 3 vol.); *Lettres sur l'art français (1851); Notice sur la galerie d'Apollon, au Louvre (1851); Essai sur l'organisation des arts en province (1852); Portraits inédits d'artistes français (1853);* les *Derniers contes de Jean de Falaise (1860);* les *Aventures du petit roi Saint-Louis devant Bellesme (1865); Contes percherons,* par « M. de Saint-Santin » (Nogent-le-Rotrou, 1869), etc. M. de Chennevières a, en outre, collaboré à la publication des *Mémoires inédits sur la vie et les ouvrages des membres de l'Académie royale de peinture et de sculpture* et du *Journal de Dangeau,* ainsi qu'à diverses publications périodiques, notamment à l'*Artiste.* Il a fondé, avec M. de Montaiglon, en 1851, les *Archives de l'Art français,* recueil de documents artistiques inédits. Les *Contes, Vers,* etc., signés « *Jean de Falaise,* » « un Normand, » « Pointel » (nom de famille de Mme la marquise de Chennevières), « M. de Saint-Santin, » ont été tirés à petit nombre et sont très recherchés non seulement des bibliophiles et à cause de leur rareté, mais des véritables et fins gourmets littéraires et pour le charme du style et de la délicatesse émue des sentiments qu'il sert à exprimer.

CHERBULIEZ, Victor, littérateur français, d'origine suisse, né à Genève en 1828, est fils d'un professeur d'hébreu de cette ville, où il était d'abord lui-même professeur particulier, lorsqu'il débuta dans la carrière littéraire, par une fantaisie archéologique intitulée: *A propos d'un cheval, causeries athéniennes (1860),* réimprimée en 1864 sous le titre de *Un cheval de Phidias.* Venu à Paris vers 1862, il a publié, depuis cette époque, un certain nombre de romans dont la plus grande partie (la dernière) parut d'abord dans la *Revue des Deux-Mondes,* dont il est devenu le principal collaborateur, et le *Temps.*— Nous citerons, parmi ses principaux ouvrages: le *Comte Kostia (1863);* le *Prince Vitale (1864); Paule Méré (1865);* le *Roman d'une honnête femme (1866);* le *Grand Œuvre (1867); Prosper Randoce (1868);* l'*Aventure de Ladislas Bolski (1869);* l'*Allemagne politique, depuis le traité de Prague (1870);* la *Revanche de Joseph Noirel (1872); Meta Holdenis* et *Etudes de littérature et d'art (1873);* l'*Espagne politique (1874); Miss Rovel (1875);* le *Fiancé de Mademoiselle Saint-Maur (1876); Samuel Brohl et Cie (1877);* l'*Idée de Jean Têterol (1878);* la *Ferme de Choquart (1882),* transportée à la scène par M. W. Busnach; *Olivier Maugant (1885),* etc. Le *Comte Kostia* avait été transformé en pièce par M. Raymond Deslandes et représenté au Gymnase avec succès en 1875; *Samuel Brohl* et l'*Aventure de Ladislas Bolski* ont eu le même honneur; enfin l'*Idée de Jean Têterol* a été traduit en anglais sous ce titre: *The Wish of his Life.* — M. Cherbuliez, qui a obtenu des lettres de naturalisation, a été élu membre de l'Académie française en 1882, en remplacement de Dufaure.

CHÉRIF PACHA, homme d'Etat égyptien, d'une vieille famille musulmane, est né à Constantinople vers 1822 et a fait la plus grande partie de ses études en France. Elève de Saint-Cyr, il rentrait dans son pays vers 1840, puis se fixait en Egypte, en 1844, comme attaché à la maison du prince Halim, fils d'Abbas Pacha. En 1854, Saïd, avec qui il s'était lié à Paris, ayant succédé à Abbas comme vice-roi d'Egypte, il reçut un grade dans l'armée égyptienne, qu'il quittait comme général, en 1857, pour prendre le portefeuille des affaires étrangères. A l'avènement d'Ismaïl, en 1863, Chérif Pacha fut appelé au Ministère de l'intérieur. Il ne cessa dès lors d'occuper les plus hautes positions, tour à tour ministre des affaires étrangères, de l'instruction publique ou de l'intérieur, président du grand Conseil de justice (1867), premier ministre (1868); c'est à lui, du reste, qu'à trois reprises Ismaïl Pacha confia, en son absence, la régence. Cette confiance du khédive en Chérif Pacha, Ismaïl semble l'avoir léguée à son fils Tewfik, dont il fut également le ministre à diverses reprises. Lors des négociations avec le parti national soulevé, ce fut dans un cabinet présidé par Chérif Pacha qu'Arabi fit ses débuts d'homme d'Etat, comme sous-secrétaire à la guerre (septembre 1881). Mais débordé, en lutte avec l'Assemblée des notables qu'il avait lui-même convoquée, et qui voulait, en dépit du droit de contrôle des créanciers de l'Egypte, que le vote du budget lui fût attribué, Chérif se vit forcé de donner sa démission (2 février 1882). Rappelé le 27 juin, il ne restait au pouvoir guère plus de quinze jours, pour y revenir six semaines plus tard, après le bombardement d'Alexandrie, et alterner ainsi avec les Mahmoud, les Mustapha, les Riaz, les Ragheb, les Nubar, aussi incapables les uns que les autres de satisfaire, en même temps, et l'Europe et leur propre pays, que le seul parti national, défunt, aurait peut-être pu sauver de la ruine. — Chérif-Pacha est grand officier de la Légion d'honneur.

CHERUEL, Pierre Adolphe, littérateur et historien français, né à Rouen le 17 janvier 1809; commença ses études au collège de sa ville natale et entra à l'Ecole normale supérieure, d'où il sortit agrégé des classes supérieures des lettres en 1830, et fut envoyé comme professeur d'histoire au collège de Rouen. En 1849, il remplaçait M. H. Wallon comme maître des conférences à l'École normale, devenait inspecteur de l'Académie de Paris en 1859, puis inspecteur général de l'instruction publique, et enfin recteur de l'académie de Strasbourg en 1866 et inspecteur général honoraire quelques mois plus tard. Après la guerre fatale de 1870-71, qui eut pour résultat la séparation de l'Alsace et de la France, M. Chéruel fut quelque temps recteur de l'académie de Poitiers. — On lui doit: *Histoire de Rouen sous la domination anglaise* (Rouen, 1840); *Histoire de la commune de Rouen* (Rouen, 1844, 2 vol.); *De l'administration de Louis XIV (1661-1672) d'après les mémoires inédits d'Olivier d'Ormesson (1849); Histoire de l'administration monarchique en France, depuis l'avènement de Philippe-Auguste jusqu'à la mort de Louis XIV (1853,* 2 vol.); *Dictionnaire historique des institutions, mœurs et coutumes de la France (1855,* 2 vol.); *Marie Stuart et Catherine de Médicis (1856); Mémoires sur la vie publique et privée de Fouquet,* etc., *d'après ses lettres et des pièces inédites (1862,* 2 vol.); *Saint-Simon considéré comme historien de Louis XIV (1865),* etc. — M. Chéruel a publié en outre: les *Mémoires de Mademoiselle de Montpensier;* l'édition des *Mémoires du duc de Saint-Simon* publiée pour la première fois d'après le manuscrit original (1856-58, 20 vol.); une traduction du *Dictionnaire des antiquités romaines et grecques* d'Anthony Rich (1861); le *Journal d'Olivier Lefèvre d'Ormesson,* dans la Collection des documents inédits sur l'histoire de France (1860-62), etc. — Membre de plusieurs académies ou sociétés savantes, notamment du conseil d'administration de la Société de l'histoire de France, M. Chéruel a été élu membre de l'Académie des sciences morales et politiques, en remplacement d'Henri Martin, le 1er mars 1884. — Il est officier de la Légion d'honneur depuis 1863.

CHERVILLE (marquis de), Gaspard Georges Pecow, littérateur français, né à Chartres le 11 decembre 1821, appartient à une vieille famille beauceronne dont un grand nombre de membres ont figuré à diverses époques au parlement de Paris. M. de Cherville est entré assez tard et, pour ainsi dire, accidentellement dans la carriere littéraire. Il avait vingt-neuf ans, lorsque, ayant écrit un petit roman de chasse ayant pour titre: le *Lièvre de mon grand-père,* il le confia à son compatriote Hetzel. Alexandre Dumas père, qui était venu passer quelques jours chez l'éditeur, alors à Bruxelles, lut par hasard ce manuscrit, fut frappé des qualités de conteur qu'il révélait et offrit de l'acheter. Cette première affaire fut le point de départ d'une active collaboration entre le jeune écrivain et le grand romancier, et produisit: *Black,* le *Meneur de loups, Ingénue,* le *Père La Ruine,* les *Louves de Machecoul,* la *Marquise d'Escoman,* la *Maison Combet, Madame de Chamblay,* le *Médecin de Sava, Parisiens et Provinciaux,* etc. Avec une bonne grâce qui répond à bien des calomnies, non seulement Alexandre Dumas signala, dans les préfaces de quelques-uns de ses ouvrages, la part que M. de Cherville y avait eue, mais quand celui-ci se décida à publier un volume sous son propre nom: les *Aventures d'un chien de chasse,* il voulut le présenter lui-même au public, et il le fit dans les termes les plus flatteurs pour ce collaborateur resté jusqu'à la fin son ami. Après cette séparation, provoquée par les excursions multipliées de l'auteur des *Mousquetaires,* M. le marquis de Cherville devint le rédacteur en chef d'une magnifique publication consacrée à la vie rurale: la *Vie à la campagne,* que venait de fonder l'éditeur Furne. Il passa ensuite au *Journal des chasseurs,* où il publia plusieurs romans. Sous le titre: la *Vie à la campagne,* il a commencé en 1870, au journal le *Temps,* la publication de lettres de quinzaine sur les choses des champs, lesquelles se poursuivent encore aujourd'hui sans que leur succès ait diminué. Il a pris, en outre, une part active à la rédaction de la *Chasse illustrée,* de l'*Illustration,* du *Sport,* et a publié en librairie: les *Aventures d'un chien de chasse (1862);* l'*Histoire d'un trop bon chien (1867); Traité général des chasses,* (2 vol., gr. in-8°), en collaboration avec M. de la Rue; les *Chiens d'arrêt français et anglais,* avec MM. de la Rue et Ernest Bellecroix; *Pauvres bêtes et pauvres gens (1869);* l'*Histoire naturelle en action (1874);* la *Chasse aux souvenirs (1875);* les *Mois aux champs (1886),* etc. M. de Cherville n'a été décoré de la Légion d'honneur qu'en 1885.

CHESNEAU, Ernest, littérateur et critique d'art français, né à Rouen le 9 avril 1833, fit ses études au collège de Versailles et s'engagea à dix-huit ans dans un régiment de hussards. Venu à Paris en 1855, il s'y occupa de littérature, et principalement de littérature artistique, entra peu après, comme rédacteur, au musée du Louvre et fut nommé inspecteur des Beaux-Arts en 1869, fonctions dont il se démit après le 4 septembre 1870. — Il a publié: les *Intérêts populaires dans l'Art,* la *Vérité sur le Louvre:* le *Musée Napoléon III,* brochures (1862); les *Chefs d'Ecoles:* la *Peinture française au XIXe siècle (1862);* l'*Art et les artistes modernes en France et en Angleterre (1863);* le *Décret du 13 novembre et l'Académie des beaux-arts (1864),* brochure; les *Nations rivales dans l'Art: Peinture et sculpture (1867),* etc. Il a aussi rédigé le *Rapport officiel* du jury des classes des beaux-arts, à l'Exposition universelle de 1867. M. E. Chesneau a collaboré d'une manière régulière à l'*Opinion nationale,* puis au *Constitutionnel,* au *Pays,* au *Peuple français,* à l'*Estafette (1876),* etc.; il a également fourni des articles à diverses revues: la *Revue européenne,* la *Revue de France,* la *Revue des Deux-Mondes,* etc. Il est chevalier de la Légion d'honneur depuis 1865.

CHESNELONG, Pierre Charles, homme politique français, né à Orthez (Basses-Pyrénées) le 14 avril 1820,

fit ses études à Pau, et vint ensuite partager avec son père la direction d'une maison de commerce importante que celui-ci lui laissa en 1857. M. Chesnelong, membre du Conseil général des Basses-Pyrénées depuis 1852, fut nommé maire d'Orthez en 1855. Antérieurement à ces heureux événements, M. Chesnelong s'était déjà occupé de politique, et nous le voyons, en 1848, dans une réunion préparatoire pour les élections à l'Assemblée législative, exiger du candidat sur la sellette, M. Larrabure, l'engagement formel de « ne travailler qu'à l'établissement d'une république franchement démocratique », etc. En 1859, M. Chesnelong, qui avait évidemment changé d'avis sur la « marche providentielle des faits » et la nécessité de la « forme républicaine » était élu député au Corps législatif, en qualité de candidat officiel, par la deuxième circonscription des Basses-Pyrénées. En la même qualité encore, il était réélu en 1863 et 1869. Aux elections complémentaires du 7 janvier 1872, M. Chesnelong était de nouveau élu représentant à l'Assemblée nationale, contre le marquis de Noailles, candidat républicain. Il prit place sur les bancs de la droite, mais non, comme on pourrait le croire, dans le groupe de l'Appel au peuple : M. Chesnelong était subitement devenu légitimiste. L'année suivante, l'ancien député d'Orthez se signala comme l'un des agents les plus actifs de l'intrigue monarchiste. Ce fut lui qui, avec M. Lucien Brun, fut choisi pour porter à Frohsdorf le programme rédigé par la « Commission des neuf ». Il partait le 15 octobre 1873, avec son collègue; de retour quelques jours plus tard, il rendait à ses commettants un compte si exact de sa mission que le comte de Chambord était forcé de rétablir les faits par une lettre écrite à M. Chesnelong lui-même, mais envoyée à l'*Union* pour y être insérée; et elle y parut, en effet, le 13 octobre. — Aux élections générales du 20 février 1876, M. Chesnelong fut réélu député de l'arrondissement d'Orthez; mais lors de la vérification des pouvoirs, la Chambre invalida l'élection et renvoya l'élu devant ses électeurs, qui lui préférèrent décidément le candidat républicain, M. Vignancourt (21 mai 1876). Le 12 août suivant, les droites du Sénat appuyaient la candidature de M. Chesnelong au siège inamovible laissé vacant par la mort de Casimir Périer, contre celle de Dufaure; mais celle-ci triompha par 161 voix contre 109 données à la candidature Chesnelong. Il fut toutefois élu le 24 novembre suivant, à cinq voix de majorité, en remplacement de M. Wolowski. M. Chesnelong étant resté jusqu'ici attaché opiniâtrément à la foi légitimiste, il suffit de dire qu'il a pris part à tous les actes parlementaires et extra-parlementaires par lesquels son nouveau parti s'est manifesté dans ces derniers temps, et toujours au premier rang. — M. Chesnelong est officier de la Légion d'honneur depuis 1867; il est aussi grand'croix de l'Ordre pontifical de Saint Grégoire le Grand.

CHEVALIER, Charles, homme politique français, né à Coutances en 1844. Avocat du barreau de Coutances, membre du Conseil municipal de cette ville et du Conseil d'arrondissement depuis 1860, M. Ch. Chevalier venait d'être élu bâtonnier de son ordre lorsqu'il se présenta à une élection partielle qui eut lieu à Coutances en 1883. Il échoua, mais, aux élections générales du 4 octobre 1885, il a été élu député de la Manche sur la liste monarchique triomphante, et a pris place à la droite bonapartiste.

CHEVALIER, Ernest Armand, homme politique français, ancien magistrat, né à Villers-en-Vexin (Eure) le 14 août 1820. Il fit son droit à Paris, prit le grade de docteur et entra dans la magistrature en 1845, comme substitut du procureur du roi à Calais. Il était procureur général à Angers depuis 1867, lorsque survint le 4 septembre 1870. M. Chevalier donna alors sa démission et se retira dans ses propriétés de Chalonnes-sur-Loire, où il mit à la disposition de ses voisins, jusqu'à une assez grande distance, ses lumières de jurisconsulte consommé. Ceux-ci lui en manifestèrent leur reconnaissance en l'envoyant siéger d'abord au Conseil général de Maine-et-Loire dès 1871; et enfin M. E. Chevalier fut porté sur la liste monarchique de Maine-et-Loire, aux élections du 4 octobre 1885, et élu le second. Il a pris place à droite. — M. E. A. Chevalier est officier de la Légion d'honneur depuis 1868.

CHEVANDIER, Antoine Daniel, médecin et homme politique français, né à Serres (Hautes-Alpes) le 27 mai 1822. Il fit ses études médicales à Montpellier et fut reçu docteur en 1846. Etabli depuis 1848 dans la Drôme, M. le Dr Chevandier y était connu pour ses opinions démocratiques, qui le firent nommer sous-préfet de Die après le 4 septembre 1870. Démissionnaire deux mois après, il fut élu représentant de la Drôme le 8 février 1871 et député de Die le 20 février 1876. Il siégea à gauche. M. Chevandier a été réélu le 14 octobre 1877 et le 21 août 1881. Il a été élu député de la Drôme le 4 octobre 1885, sur la liste républicaine, et a voté l'expulsion totale des princes. — M. le Dr Chevandier s'est fait le promoteur du traitement thermo-résineux (c'est-à-dire par l'action de la térébenthine vaporisée) des maladies de poitrine, et a pris à Paris la direction d'un établissement médical où ce traitement est appliqué. Membre ou correspondant de plusieurs sociétés de médecine, on lui doit quelques ouvrages sur son art.

CHEVILLON, Joseph, médecin et homme politique français, né à Marseille en 1850. Médecin à Marseille, membre du Conseil municipal de cette ville depuis 1875 et du Conseil général des Bouches-du-Rhône depuis 1880, M. le Dr Chevillon a été élu député de ce département, le 4 octobre 1885, comme radical. Il a voté l'expulsion totale des princes. — M. Chevillon fit partie du Conseil supérieur des médecins créé à Marseille lors de l'épidémie de choléra qui sévit dans le midi en 1884-1885. Il est officier d'Académie.

CHEVILLOTTE, Jean Charles, industriel et homme politique français, né à Brest en 1838. Membre de la Chambre de commerce de sa ville natale depuis 1872, il en a été élu président en 1878; il est également président du tribunal de commerce de Brest depuis 1883. Riche armateur, on lui doit la création de plusieurs lignes de steamers reliant des ports français. Il a été en outre l'un des plus ardents protestataires contre la loi d'expulsion des congrégations non autorisées, et a concouru de sa bourse à la fondation à Brest des écoles libres destinées à remplacer les écoles des Frères, laïcisées de par la loi. Enfin, M. Chevillotte s'est fait connaître comme orateur en parlant dans diverses réunions réactionnaires, dont plusieurs organisées par ses propres soins. — C'était plus qu'il n'en fallait pour figurer, aux élections générales du 4 octobre 1885, sur la liste dite « conservatrice », laquelle a triomphé dans le Finistère.

CHEVREAU, Jules Henri, homme politique français ancien ministre, né à Belleville (Paris) le 28 avril 1823, Elevé dans la maison d'éducation dirigée par son père, à Saint-Mandé, il se livra ensuite à la littérature et publia, avec M. Laurent Pichat, en 1844 : les *Voyageuses*, poésies. La Révolution de Février le lança, ou plutôt l'attira dans la politique. Après avoir échoué aux élections pour la Constituante, il se livra avec toute l'ardeur de son âge à la propagande napoléonienne. Il fut récompensé de son zèle, un mois juste après le 10 décembre, par la préfecture de l'Ardèche, qu'il obtint d'emblée, n'ayant pas vingt-six ans. Après le 2 décembre, il fut nommé secrétaire général et directeur du personnel au ministère de l'Intérieur. Il avait été élu, en quittant la préfecture, membre du Conseil général de l'Ardèche, dont il devint président en 1852. Il fut nommé la même année conseiller d'Etat hors sections. En 1853, il fut appelé à défendre devant le Corps législatif le budget de son ministère; mais il ne le fit pas, sans doute, suivant les intentions de son chef, M. de Persigny, car il quitta son poste auprès de cet homme d'Etat et reçut en dédommagement la préfecture de la Loire-Inférieure, qu'il conserva jusqu'en septembre 1864, époque à laquelle il passa à la préfecture du Rhône, et fut fait sénateur le 15 mars 1865. Nommé préfet de la Seine, en remplacement de M. Haussmann, le 5 janvier 1870, il se trouva en présence d'une situation difficile qu'il n'eut pas le temps de débrouiller; car la guerre était survenue, le ministère du 2 janvier, tombé sous le vote de l'ordre du jour Duvernois, qui le déclarait « incapable », était remplacé par le ministère Palikao, et M. Chevreau prenait dans le nouveau cabinet (10 août) le portefeuille de l'intérieur, sans qu'il fût toutefois pourvu à son remplacement à la préfecture de la Seine. Après avoir fait tous les efforts possibles pour l'organisation des gardes mobiles, il quittait le ministère après le 4 septembre et se réfugiait en Belgique, d'où il ne tarda pas à se rendre en Angleterre auprès de l'ex-impératrice. Rentré depuis en France, il s'est présenté, mais sans succès, dans la 2e circonscription de Privas, aux élections du 20 février 1876. Aux élections générales du 4 octobre 1885, M. Chevreau, ancien préfet bonapartiste de l'Ardèche, était porté sur la liste réactionnaire présentée aux suffrages des électeurs de ce département, et qui triompha tout entière. Malheureusement, cette élection ayant été annulée par la Chambre, la liste républicaine prit sa revanche au scrutin du 14 février 1886. — M. H. Chevreau est grand officier de la Légion d'honneur depuis 1861.

CHEVREAU, Théophile Léon, homme politique français, frère du précédent, né à Saint-Mandé, banlieue de Paris, le 23 octobre 1827. Il entra dans la vie publique comme chef du cabinet de son frère aîné à la préfecture de l'Ardèche, en 1849, et devint successivement sous-préfet de Forcalquier, puis du Havre; puis préfet de l'Ardèche à son tour en 1853, préfet de la Sarthe en 1857 et préfet de l'Oise de 1860 à 1870. Le 13 août 1870, il était nommé directeur du personnel au ministère de l'intérieur, dont son frère était titulaire, et conseiller d'Etat hors sections. Aux élections du 20 février 1876, il se présenta dans la 1re circonscription de l'arrondissement de Beauvais, sous les auspices du « Comité national conservateur »; il fut élu, quoiqu'à une faible majorité, et prit place au groupe de l'Appel au peuple. Il fut réélu le 14 octobre 1877 et le 21 août 1881; enfin, aux élections du 4 octobre 1885, il fut élu député de l'Oise avec tous ses amis de la liste monarchique. — M. Léon Chevreau est commandeur de la Légion d'honneur depuis 1869.

CHEVREUL, Michel Eugène, savant chimiste français, né à Angers le 31 août 1786, fit ses études à l'Ecole centrale de sa ville natale, et vint en 1803 à Paris, où il devint successivement directeur du laboratoire de Vauquelin, préparateur du cours de chimie du Museum en 1810, professeur au lycée Charlemagne en 1813, directeur des teintures et professeur de chimie spéciale à la Manufacture des Gobelins en 1824, membre de l'Académie des sciences, section de chimie, en 1826 et, en 1830, professeur de chimie appliquée au Museum d'histoire naturelle, en remplacement de Vauquelin, son ancien maître. Nommé directeur du Museum, pour la période quinquennale réglementaire en janvier 1864, il a été maintenu dans ces fonctions en janvier 1869 et en janvier 1874; mais il s'en est démis au mois de novembre de cette dernière année, avec un assez grand éclat, — qui n'est pas de son fait, il faut le reconnaître. La raison de cette démission était une extension vraiment abusive du despotisme du gouvernement de combat qui, ne tenant aucun compte des propositions de M. le directeur du Museum, soit à des récompenses, soit aux chaires devenues vacantes, décorait des nullités bien pensantes et nommait professeurs des gens que l'école réclamait. Il a été admis à la retraite et nommé directeur honoraire en 1879. Officier de l'Université depuis 1813, M. Chevreul est président de la Société nationale d'Agriculture, membre de la Société royale de Londres et d'un grand nombre d'autres sociétés savantes. Grand officier de la Légion d'honneur depuis 1865, il a été promu grand croix le 5 janvier 1875. Dans ces derniers temps, et surtout depuis qu'il est entré dans sa *centième* année, M. Chevreul, qui s'intitula le « doyen des étudiants de France », a été l'objet de manifestations sympathiques qu'on ne saurait faire plus que de mentionner, tant elles ont pris de formes diverses : les titres universitaires honorifiques qui lui manquaient encore, entre autres, lui ont été en outre décernés : le dernier en date est celui de docteur en médecine de l'université d'Heidelberg, souvenir envoyé par la vieille université allemande fêtant son cinquième centenaire au savant centenaire français (5 août 1886).

Parmi les ouvrages nombreux de M. Chevreul, nous citerons : *Recherches chimiques sur les corps gras d'origine animale (1823)*, ouvrage dont l'industrie tira de si beaux résultats que la Société d'encouragement pour l'industrie nationale décernait à son auteur, en 1852, un prix de 12,000 francs; *Considérations générales sur l'analyse organique et sur ses applications (1824)*; *Leçons de chimie appliquée à la teinture (1828-31)*; *De la loi du contraste simultané des couleurs et de l'assortiment des objets coloriés*, etc. (1839, avec atlas); *Théorie des effets optiques que présentent les étoffes de soie (1848)*; *De la baguette divinatoire, du pendule et des tables tournantes (1854)*; *Lettres adressées à M. Villemain sur la Méthode en général (1855)*; *Des couleurs et de leurs applications aux arts industriels, à l'aide des cercles chromatiques* (*1864*, avec planches); *Considérations sur l'histoire de la partie de la médecine qui concerne la prescription des remèdes (1865)*; *Histoire des connaissances chimiques* (*1866* et suiv.; 4 volumes), etc., etc. — M. Chevreul a, en outre, collaboré au *Dictionnaire des Sciences naturelles*, au *Journal des Savants* et à diverses autres publications scientifiques considérables, périodiques ou non, sans oublier les *Comptes Rendus* de l'Académie des sciences. Il a été membre, jusqu'à ces derniers temps, des jurys internationaux des expositions de Paris et de Londres.

CHILDERS, Hugh Culling Eardley, homme d'Etat anglais, né à Londres en juin 1827, fit ses études au collège de la Trinité, à Cambridge, où il prit ses grades en 1850, et partit la même année pour l'Australie. Il fut membre du gouvernement de Victoria depuis son arrivée jusqu'au commencement de 1857, tant comme commissaire du commerce et des douanes que comme membre, pour Portland, de l'Assemblée législative. De retour en Angleterre en 1857, en qualité d'agent général de la colonie, il se porta sans succès, comme candidat liberal, à Pontefract en 1859. A la suite d'une enquête sur cette élection, toutefois, son heureux concurrent ayant été invalidé, il fut élu définitivement en février 1860, et a continué depuis à représenter ce bourg. M. Childers a été président du Comité de transportation en 1861 et membre de la Commission de servitude pénale en 1863, ses projets de modification dans ce service ayant été adoptés par le gouvernement. Il devint lord de l'Amirauté en avril 1864, et secrétaire des finances au Trésor, en août 1865, fonctions qu'il résigna à l'arrivée aux affaires, pour la troisième fois, de lord Derby, en 1866. A l'accession de M. Gladstone, en 1868, M. Childers fut nommé premier lord de l'Amirauté; mais il fut obligé de se retirer, pour cause de santé, en mars 1871. En janvier 1872, il accepta de nouveau le poste d'agent général de la colonie de Victoria près de la Métropole. Il fut chancelier du duché de Lancastre, d'août 1872 à août 1873, lors du remaniement du cabinet Gladstone. Au retour des libéraux au pouvoir en 1880, M. Childers devint ministre de la guerre; puis, le 16 décembre 1882, il remplaçait au poste de chancelier de l'Echiquier M. Gladstone lui-même, qui avait tenu jusque-là ce portefeuille concurremment avec celui de premier lord de la Trésorerie. Enfin, dans le dernier cabinet Gladstone, formé le 4 février 1886, M. Childers tenait le portefeuille de l'intérieur, qu'il résigna le 21 juillet 1886, se retirant avec ses collègues.

M. Childers a été élu membre de la Société royale le 16 janvier 1873. Il est auteur de brochures sur le libre échange, la police des chemins de fer et sur l'éducation nationale.

CHILDS, George Washington, éditeur américain, né à Baltimore en 1830. A l'âge de treize ans, il s'engagea dans la marine des Etats-Unis, où il servit pendant quinze mois. Il se rendit alors à Philadelphie, où il se fit garçon libraire. A l'âge de dix-huit ans, ayant su mettre quelques centaines de dollars de côté, il entreprit les affaires à son compte, et devint, avant d'avoir atteint sa vingt-et-unième année, associé de la maison Peterson, dont la raison sociale devint bientôt *Childs and Peterson*, et qui édita, entre autres ouvrages importants, le *Voyage d'exploration aux régions arctiques* du docteur Kane, le *Dictionnaire critique de littérature anglaise* etc. de M. Samuel Austen Allibone, l'*Histoire de la Guerre civile américaine*, illustrée, etc. etc. Le 5 décembre 1864, M. Childs devenait acquéreur du *Philadelphia Public Ledger*, l'un des plus importants et des plus répandus journaux non seulement de Philadelphie, mais des Etats-Unis, et devenu tel seulement sous la direction de son nouveau propriétaire. Un édifice splendide a été construit, en 1867, pour loger ce journal et ses annexes; à cette occasion, M. Childs a publié un volume in-8°, imprimé avec luxe : *The Public Ledger Building* (Philadelphie, 1868), où est consignée l'histoire de l'édification de cette sorte de Palais de la presse et des procédés qui-y furent mis en œuvre. — Nous avons raconté ailleurs l'origine et les progrès successifs du *Public Ledger* (*le Journal en Amérique*; « Revue de France », numéro du 31 août 1874).

CHIRIS, François Antoine Léon, industriel et homme politique français, né à Grasse le 13 décembre 1839, fit ses études partie au college Chaptal, à Paris et partie en Angleterre, puis vint prendre à Grasse la direction d'une grande manufacture de parfumerie. Elu, avec M. Médecin, représentant des Alpes-Maritimes le 14 octobre 1874, en remplacement de MM. L. Piccon et Bergondi, comme antirevisionniste et républicain-conserva-

teur. M. Chiris a été élu député de Grasse le 20 février 1876. Il siégea au centre gauche dans les deux assemblées et fut réélu le 14 octobre 1877 et le 21 août 1881. Le 8 janvier 1882, M. Chiris se présenta à l'élection sénatoriale partielle motivée dans les Alpes-Maritimes par la mort de Joseph Garnier, et fut élu à la presque unanimité des suffrages. Il a pris place à la gauche du Sénat et a voté l'expulsion des princes.

CHIVOT, Henri, et **DURU**, Alfred, auteurs dramatiques français, nés à Paris, M. Duru en 1829, et M. Chivot en 1830. Collaborateurs inséparables, mais non pas exclusifs, ils ont donné depuis au moins vingt-cinq ans aux scènes parisiennes, de genre ou d'opérettes, un grand nombre de comédies, vaudevilles, opérettes-bouffes, admettant quelquefois dans leur association, Siraudin, Marc Michel et autres vaudevillistes en vogue. — Nous citerons parmi les ouvrages de ces messieurs : *Mon nez, mes yeux, ma bouche (1858)*; la *Femme de Jephté (1859)*: les *Splendeurs de Fil d'Acier (1860)*; le *Songe d'une nuit d'avril (1861)*; le *Pifferaro (1863)*; les *Mères terribles (1864)*; la *Tante Honorine (1865)*; ces deux pièces, d'un genre plus soigné que leurs productions ordinaires, ont été joués à l'Odéon; les *Orphéonistes en voyage*, un *Homme de bronze*, les *Mediums de Gonesse (1865)*; les *Chevaliers de la Cible ronde*, opéra bouffe, musique de M. Hervé (1866); un *Pharmacien aux Thermopyles (1867)*; le *Luxe de ma femme*; l'*Ile de Tulipatan*, opérette bouffe, musique d'Offenbach, le *Soldat malgré lui*, opérette, musique de M. Frédéric Barbier (1868); le *Carnaval d'un merle blanc*, vaudeville en trois actes, musique nouvelle de M. Ch. Lecocq (1869); les *Cent vierges*, opérette bouffe. musique de M. Lecocq (1872); le *Pompon*, opéra bouffe, musique du même compositeur; la *Blanchisseuse de Berg-op-Zoom*, musique de M. Vasseur (1875); *Madame Favart*, musique d'Offenbach (1879); le *Truc d'Arthur*, comédie en 3 actes, au Palais-Royal; *Boccace*, opérette, 3 actes aux Folies Dramatiques, musique de M. Suppé (1882); la *Dormeuse éveillée*, musique de M. Audran, 3 actes, aux Bouffes; la *Princesse des Canaries*, opérette en 3 actes, musique de M. Lecocq, aux Folies Dramatiques; les *Pommes d'or*, opéra comique en 3 actes, musique de M. Audran, à la Comédie parisienne (1883); le *Grand Mogol*, opéra bouffe en 3 actes, musique de M. Audran, à la Gaîté; l'*Oiseau bleu*, opérette, 3 actes, musique de M. Lecocq, aux Nouveautés (1884); *Pervenche*, opérette, 3 actes, musique de M. Audran, aux Bouffes; les *Noces d'un réserviste*, vaudeville, 4 actes, au Palais-Royal (1885), etc. — MM. Chivot et Duru ont en outre écrit quelques ouvrages isolément ou en collaboration avec d'autres auteurs dramatiques.

CHOËCKI, Charles Edmond, publiciste et littérateur français, d'origine polonaise, né en 1822. Il fit ses études à l'université de Varsovie, mêlé à toutes les agitations de la jeunesse polonaise patriote, et fonda à dix-neuf ans un journal intitulé l'*Echo*. Frappé d'une condamnation par les tribunaux autrichiens, M. Choëcki, s'enfuit, gagna la Crimée, puis se réfugia en France et vint à Paris, où il collabora à la *Revue indépendante*, jusqu'à ce qu'il fut envoyé à la diète de Prague, en 1848. De nouveau condamné, comme révolutionnaire, il revint à Paris et écrivit au *Peuple* et à la *Voix du peuple*; puis condamné comme journaliste, par un tribunal français cette fois, il partit pour l'Allemagne où il séjourna quelque temps, visita la Suisse, l'Italie et s'embarqua pour l'Egypte. Rentré en France au commencement de 1852, M. Choëcki servait pendant la guerre d'Orient dans l'armée d'Omer Pacha, qu'il quittait avec le grade de lieutenant-colonel, après la conclusion de la paix. Il revint alors en France et se voua décidément à la littérature, particulièrement à la littérature dramatique, après avoir, toutefois, accompagné le prince Napoléon lors de son excursion dans la mer du Nord. A son retour, il fut nommé bibliothécaire au ministère de l'Algérie et des colonies, dont le titulaire était ce même prince Napoléon (1858); il passa en la même qualité à la bibliothèque du Sénat dont il est encore aujourd'hui le bibliothécaire en chef. M. Choëcki est officier de la Légion d'honneur depuis 1869. Il a collaboré à divers journaux et revues, notamment au *Temps*, auquel il est resté attaché. — On a de lui, tant en polonais qu'en français: *Souvenirs d'un voyage en Crimée (1845)*; la *Bohême et les Tchèques dans la première moitié du dix-neuvième siècle (1847)*; les *Révolutionnaires et le parti adverse (1849)*; *Alkhadar*, roman (1854, 3 vol.); *Voyage dans les mers du Nord, à bord de la corvette la « Reine Hortense » (1857)*; *Souvenirs d'un dépaysé (1862)*; le *Patriotisme (1864)*; la *Pologne captive et ses trois poètes (1865)*; l'*Egypte à l'Exposition universelle de 1867 (1867)*; *Zéphirin Cazavan en Egypte*; *Harald (1883)*, etc. — Il a donné au théâtre : la *Florentine*, drame en 5 actes, à l'Odéon (1856); les *Mers polaires*, drame en 5 actes, Gaîté (1858); l'*Africain*, comédie en 4 actes, Français (1860); l'*Aïeule*, drame en 5 actes, avec M. Dennery, à l'Ambigu (1864): le *Dompteur*, drame en 5 actes, avec le même et au même théâtre (1870); la *Baronne*, drame en 4 actes, avec Ed. Foussier (1871); le *Fantôme rose*, 1 acte, à l'Odéon (1873), etc,

CHOISEUL-PRASLIN (comte de), Eugène Antoine Horace, homme politique français, né à Paris le 23 février 1837, est fils du duc de Choiseul-Praslin, ancien pair de France dont le procès fit si grand bruit à la fin du règne de Louis-Philippe. Entré dans la marine à seize ans, M. le comte Horace de Choiseul l'abandonna au bout d'un an et s'engagea, en 1854, au 1er hussards, fit les campagnes de Crimée et d'Italie et, devenu sous-lieutenant. décoré de la médaille militaire et chevalier de la Légion d'honneur, quitta l'armée après douze ans de service (1866). Il se retira alors dans ses terres, près de Melun, fut envoyé l'année suivante au Conseil général, élu maire de Maincy, et se porta aux élections générales de 1869, comme candidat de l'opposition libérale dans la 1re circonscription de Seine-et-Marne, qui l'envoya siéger au Corps législatif, où il prit place sur les bancs du centre gauche. Au début de la guerre avec la Prusse, il se mit, mais inutilement, comme tant d'autres, à la disposition du ministre de la guerre. Il entra alors dans les rangs de la garde nationale de Paris et après le 4 septembre, fut élu chef du 96e bataillon. — Aux élections du 8 février 1871, il fut élu député de Seine-et-Marne en tête de la liste et siégea sur les bancs du centre gauche républicain. Nommé peu après ministre de France en Italie, il donna sa démission au mois de novembre suivant et revint prendre sa place à l'Assemblée. C'est M. le comte Horace de Choiseul qui proposa à l'Assemblée nationale de voter que M. Thiers avait bien mérité de la patrie; proposition qu'elle accepta avec entrain, quoiqu'elle ne dût pas tarder à chercher les moyens de renverser celui qui en était l'objet. Aux élections du 20 février 1876, M. Horace de Choiseul a été élu, comme candidat républicain, député de l'arrondissement de Melun, avec une majorité de plus des trois quarts. Il siégea à gauche, et quoique révoqué de ses fonctions de maire de Maincy le 2 août précédent, il fut réélu le 14 octobre 1877, et, le 21 août 1881, élu à la fois dans le même arrondissement et dans celui de Corte (Corse). Il remplit les fonctions de secrétaire d'Etat au ministère des affaires étrangères du 28 septembre 1880 au 10 novembre 1881. — Malgré ces antécédents, M. le comte Horace de Choiseul échoua dans le département de Seine-et-Marne aux élections du 4 octobre 1885 : ce fut une autre liste républicaine que celle sur laquelle il figurait qui triompha.

CHOLER, Adolphe, auteur dramatique français, né à Paris en 1824. M. Choler est devenu l'un des fournisseurs ordinaires des scènes dites de genre, auxquelles il donne des pièces écrites surtout en collaboration avec des auteurs en vogue, tels que Lambert Thiboust, Siraudin, Clairville, Delacour, Marc Michel, MM. Rochefort, Labiche, etc. Nous citerons : les *Marquises de la fourchette (1854)*; un *Cœur qui parle (1855)*; *Six demoiselles à marier*, opérette bouffe (1857); le *Fils de la Belle au Bois dormant (1857)*, féerie; le *Méli-mélo de la rue Meslay*, etc. (1859); *Comme on gâte sa vie*, *Fou-yo-Po (1860)*; *Bébé actrice*, parodie (1861); les *Finesses de Bouchavannes*, etc. (1862); les *Pinceaux d'Héloïse* et la *Vieillesse de Brididi (1863)*; une *Femme dégelée*, le *Procès Van Korn (1865)*; un *Pied dans le crime (1866)*; les *Chemins de fer (1867)*; *Mademoiselle Pacifique (1868)*; *Elle est bête (1871)*; *Bobinette (1874)*; *Tous dentistes (1875)*, etc. — M. Adolphe Choler a été, en outre, le collaborateur anonyme de plusieurs auteurs dramatiques dans une foule de pièces de genres divers. Il a été quelque temps codirecteur du Palais Royal, avec Dormeuil et M. Plunkett, aujourd'hui directeur de l'Eden-Théâtre.

CHRISTIAN IX, roi de Danemark, quatrième fils du feu duc Guillaume de Schleswig-Holstein-Sonderbourg-Glucksbourg, né le 8 avril 1818. Avant son avènement au trône de Danemark, il était inspecteur général et commandant en chef de la cavalerie danoise. Il avait épousé, en 1842, une fille du landgrave Guillaume de Hesse-Cassel, dont il eut plusieurs enfants, parmi lesquels la princesse Alexandra, mariée au prince de Galles, en 1863, et la princesse Dagmar, mariée en 1866 au czar Alexandre III. La succession lui en étant assurée par le protocole de Londres du 8 mai 1852, il monta sur le trône de Danemark, à la mort de Frédéric VII, le 15 novembre 1863. La situation était alors des plus difficiles, et l'horizon s'assombrissait de plus en plus du côté du Schleswig-Holstein. Le fils du duc d'Augustenbourg, dès qu'il avait appris la mort de Frédéric VII, avait réclamé la souveraineté des duchés, bien que son père, en 1852, eût, par mesure de compensation, résigné ses droits de souveraineté. D'un autre côté, la Diète germanique soutenait l'indépendance du Holstein plus spécialement et d'une partie du Schleswig, et, pour appuyer leurs prétentions en ce sens, elle envoyait une armée fédérale pour occuper les territoires disputés, et assurer, disait-elle, leur affranchissement du despotisme danois. Mais avant que la Diète eût conduit plus loin cette querelle d'Allemands, l'Autriche et la Prusse, coalisées, envoyaient une armée d'occupation dans les duchés afin d'obtenir, en dehors de la Diète, la solution de la question débattue. Ces deux puissances envahirent donc les duchés qui, après une courte et héroïque résistance des Danois, vaincus par le nombre, furent enfin violemment détachés du royaume. Christian IX, découragé de ne recevoir aucune assistance des puissances qui avaient sanctionné ses droits, après l'échec de la conférence réunie à Londres en 1864, entra en négociation pour la paix avec l'Autriche et la Prusse, et un traité fut signé à Vienne le 30 octobre 1864. Le roi de Danemark y renonçait à tous ses droits sur le Schleswig-Holstein et le Lauenbourg, et en cédait les territoires à la Prusse et à l'Autriche qui, au moment du partage, n'étant pas précisément d'accord, en vinrent aux mains, sans qu'il en résultât d'ailleurs le moindre avantage pour Christian IX. — Depuis lors, le roi de Danemark n'a plus cherché qu'à développer les ressources intérieures et les institutions nationales de son pays. Une nouvelle constitution fut inaugurée en novembre 1866, quand le roi ouvrit le premier Rigsdad dont les membres avaient été élus d'après la nouvelle loi électorale. L'armée et la marine furent également réorganisées de fond en comble; une grande impulsion fut donnée au commerce et à l'agriculture, et plusieurs lignes de chemins de fer furent construites. En mars 1867, Christian IX et la reine Louise allèrent à Londres rendre visite, à Marlborough House, à leur gendre le prince de Galles. Le mariage du prince royal de Danemark avec la princesse Louise, fille unique du roi de Suède, qui fut célébré à Stockholm le 28 juillet 1869, fut alors considéré comme un symptôme évident d'union entre les deux pays. Christian IX, parmi les réformes qu'il a introduites dans la situation politique du Danemark, a accordé à l'Islande une constitution nouvelle qui fut mise en vigueur au mois d'août 1874, à l'occasion du millième anniversaire de l'admission de l'Islande au rang de nation. Il se rendit à Reikiajvie à cette occasion et fut accueilli avec enthousiasme.

CHRISTIAN, Frédéric Christian Charles Auguste, prince de Schleswig-Holstein, frère du feu roi Christian Auguste de Schleswig-Holstein-Sonderbourg-Augustenbourg, mort en 1869, est né le 22 janvier 1831 et a épousé, le 5 juillet 1866, au château de Windsor, Helena Augusta Victoria, princesse de la Grande-Bretagne et d'Irlande, duchesse de Saxe, troisième fille de la reine Victoria, née le 25 mai 1846. Le prince Christian, qui est major général dans l'armée britannique, a reçu de la reine d'Angleterre le titre d'Altesse royale (Royal Highness). Il a été fait chevalier de la Jarretière en juillet 1866.

CHRISTIE, William Henry Mahony, astronome royal d'Angleterre, né à Woolwich le 1er octobre 1845, est fils d'un professeur à l'Ecole militaire de Woolwich. Il fit ses études au Collège du roi, à Londres, et à l'université de Cambridge, devint *fellow* de son collège (la Trinité) et fut reçu maître ès arts en 1871. Nommé dès 1870 directeur-adjoint de l'observatoire de Greenwich dont le directeur était sir George Biddel Airy, M. Christie apporta divers perfectionnements aux instruments en usage dans ce grand établissement, et y fit adopter une nouvelle forme de spectroscope, un instrument pour déterminer la couleur et l'intensité lumineuse des étoiles, un nouveau micromètre enregistreur, etc. Il dirigea principalement les études vers la spectroscopie et la photographie comme moyens infaillibles d'enregistrement des observations. Elu membre de la Société royale, et secrétaire de la Société royale astronomique en 1880, lorsque, l'année suivante, sir J.-B. Airy prit sa retraite d'astronome royal et directeur de l'observatoire de Greenwich, c'est M. Christie qui fut choisi pour le remplacer. — On doit à ce savant de nombreux mémoires et articles sur l'astronomie et l'optique, insérés dans les recueils de la Société royale et de la Société astronomique, et un *Manuel d'Astronomie élémentaire (1875)*. Il a fondé, en outre, et dirige un important recueil périodique intitulé : l'*Observatoire, revue mensuelle d'astronomie*.

CHRISTOPHLE, Albert Silas Médéric Charles, homme politique et administrateur français, né à Domfront (Orne) le 13 juillet 1830, fit ses études à Caen, suivit les cours de la faculté de droit de cette ville et remporta en 1850 le prix de droit français. Reçu licencié la même année et docteur en droit en 1852, il se fit inscrire au barreau de Domfront et acheta, en 1856, une charge d'avocat au Conseil d'Etat et à la Cour de cassation. Devenu rédacteur de la *Presse* en 1858-59, il collabora également à la *Revue pratique* et à la *Revue critique de jurisprudence* et publia, en 1862, un *Traité des travaux publics*, en deux volumes, très estimé des hommes spéciaux. M. Christophle a fait partie du conseil de l'ordre des avocats de Paris, de 1866 à 1869. Nommé préfet de l'Orne, le 6 septembre 1870, il s'occupa principalement de l'organisation et de l'équipement des mobiles et gardes nationaux mobilisés de son département. Il donna sa démission en décembre, pour protester contre le décret prononçant la dissolution des conseils généraux (25 décembre), et leur remplacement par des commissions départementales nommées par les préfets. Le 8 février 1871, M. Christophle fut élu représentant de l'Orne à l'Assemblée nationale, où il siégea au centre gauche. L'un des promoteurs de la réunion de ce groupe parlementaire, il en devint successivement l'un des vice-présidents, puis le président. Il a fait partie, pendant la première législature républicaine, de nombreuses commissions, a pris la parole, avec une autorité particulière, dans les questions d'affaires, et a voté, entre autres votes significatifs, pour le retour de l'Assemblée à Paris. Dans la séance du 27 juillet 1875, à l'occasion de la discussion sur le projet de loi enlevant la vérification de leurs propres pouvoirs aux conseils généraux, le vice-président du conseil, M. Buffet, avec toute l'aménité de son caractère, apostrophait M. Christophle en ces termes : « Je n'ai jamais été votre ami politique et je ne le serai jamais ! » Protestation puérile, surtout dans la circonstance, et à laquelle M. Christophle répondait, quelques jours plus tard, au banquet du Comice agricole de la Ferté-Macé, avec une dignité qui lui valait les applaudissements unanimes de ses auditeurs. — Aux élections du 20 février 1876, M. Albert Christophle fut élu député de l'Orne, pour la première circonscription de l'arrondissement de Domfront. — Il est entré, le 9 mars 1876, dans le ministère Dufaure, avec le portefeuille des travaux publics, qu'il conserva dans le ministère Jules Simon (13 décembre); il quittait le pouvoir avec ses collègues le 17 mai 1877. Le 14 octobre, il était réélu député de la 1re circonscription de Domfront, et était nommé gouverneur du Crédit foncier de France le 13 février 1878. Réélu député le 21 août 1881 à Domfront, M. Christophle, porté sur la liste républicaine de l'Orne aux élections d'octobre 1885, échoua avec la plupart de ses amis.

CHURCH, Frederick Edwin, peintre américain, né à Hartford, dans l'Etat de Connecticut, le 24 mars 1826. sa vocation artistique se déclara de bonne heure et il entra, en conséquence, dans l'atelier de Thomas Cole n'étant encore à peu près qu'un enfant. La première de ses toiles qui fixèrent l'attention publique est une *Vue d'East Rock, à New Haven*. Peu après vinrent plusieurs *Vues des montagnes de Catskill* qui établirent décidément sa réputation de paysagiste. En 1853, il fit, dans l'Amérique méridionale, un voyage fructueux; les sites magnifiques des Andes, particulièrement, lui fournirent d'amples sujets à reproduire par le pinceau. Ses *Vues de la grande chaîne de montagnes de la Nouvelle-Grenade*, où le peintre s'était livré à ce que nous appellerions en France « une orgie de couleurs », parurent au public américain une véritable révélation. En 1857, il termina une grande toile : les *Chutes du Njagara, vues de la rive canadienne*, qui lui fit une réelle célébrité. Ce ta-

bleau fut reproduit par la gravure à un grand nombre d'exemplaires; il fut en outre exposé en Angleterre en 1863, après avoir figuré à l'Exposition universelle de Paris l'année précédente. Cette même année 1857, M. Church fit un second voyage dans l'Amérique du Sud, d'où il rapporta: le *Cœur des Andes*, *Cotopaxi*, le *Matin*, *Sur les Cordillières*, *Sous le Niagara*; on lui doit encore: la *Montagne de glace*; un *Coucher de soleil sur le mont Désert en Islande*. En 1868, il visita l'Europe, l'Orient et la Terre Sainte, qui lui inspirèrent: *Damas (1869)*; *Jérusalem (1870)*; le *Parthénon (1871)*. D'esquisses prises dans un voyage aux Indes occidentales, il composa ensuite les *Scènes sous les tropiques*, exposées à New-York en 1873. — M. Frederick E. Church a envoyé quelques toiles aux expositions universelles de 1867 et de 1878, à cette dernière: le *Matin sous les tropiques* et à celle de 1867 ses *Chutes du Niagara*, qui lui ont valu une médaille de 2e classe.

CIALDINI, Enrico, duc de Gaete, général et homme d'Etat italien, né à Lombardina, dans la province de Modène, le 8 août 1811: il commença ses études au collège des Jésuites de Reggio et alla les continuer à Parme, où il suivait les cours de la faculté de médecine lorsqu'éclata dans l'Italie centrale la révolution de février 1831. Il s'enrôla dans les milices nationales formées sous les ordres du général Zucchi pour courir au secours de leurs frères des Romagnes; mais l'intervention autrichienne eut bientôt raison du mouvement. Refoulés jusqu'à Ancône, les insurgés n'eurent bientôt plus d'autre alternative que de se rendre ou de fuir. Le jeune Cialdini choisit ce dernier parti. Il passa en France et vint à Paris, où il fut d'abord réduit, pour vivre, aux maigres subsides accordés par le gouvernement aux réfugiés; il ne tarda pas toutefois à y ajouter le produit des travaux de traduction de divers ouvrages français, notamment des œuvres chirurgicales du docteur Velpeau. Il se trouva alors en état de poursuivre ses études médicales, suivit les cliniques de Dupuytren, Lisfranc, etc., et étudia la chimie sous Thénard. En 1832, à peine échappé d'une terrible attaque de choléra, il accepta les propositions qui lui furent faites au nom de don Pedro de Portugal recrutant des troupes à l'étranger pour combattre don Miguel, qui venait de déposséder sa pupille dona Maria à son profit, et s'engagea dans un régiment d'infanterie composé en grande partie d'Italiens et commandé par un Italien, le colonel Bosso de Carvinati. S'étant particulièrement distingué dans les diverses rencontres qui avaient eu lieu avec les troupes de l'usurpateur, et une croix de l'ordre de la Tour et l'Epée ayant été accordée à sa compagnie, le vote unanime de ses camarades la décerna au sergent Cialdini (car il était devenu sergent). Il fut fait sous-lieutenant à la fin de la campagne. N'ayant plus rien à faire en Portugal, il passa en Espagne avec un assez grand nombre de compatriotes et de Portugais qui avaient combattu avec lui et qui formèrent la légion d'Oporto, au service des Constitutionnels contre les Carlistes. Il se distingua de nouveau dans divers combats et parvint au grade de chef de bataillon, qu'il résigna pour entrer dans l'armée régulière comme simple sous-lieutenant d'infanterie; promu lieutenant, capitaine, puis chef de bataillon, il devint en 1843 aide de camp du maréchal Narvaez, fut promu lieutenant-colonel la même année et passa en 1844 dans le corps de gendarmerie avec le grade de commandant. Nommé lieutenant-colonel en 1847, il était envoyé en France vers la fin de cette même année avec mission d'y étudier l'organisation de notre gendarmerie. C'est en France que le trouva la nouvelle de la révolution italienne de 1848, suivant de si près la révolution française. Il se rendit aussitôt dans son pays, et après plusieurs démarches et tentatives inutiles pour obtenir un commandement actif, il alla rejoindre l'armée de Durando à Vicenze, où il combattit avec une valeur sans égale, reçut trois blessures, dont une extrêmement dangereuse: l'intestin crevé par une balle, et tomba aux mains des Autrichiens vainqueurs. Rendu à la liberté et *presque* guéri, il rentra en Piémont, et reçut le commandement d'un régiment de volontaires des Duchés, qu'il parvint, non sans peine, à discipliner et avec lequel il fit la campagne de 1849 et se comporta, principalement à Novare, malgré les souffrances que lui faisait endurer sa blessure au ventre, avec sa vaillance ordinaire. — Le colonel Cialdini fut désigné pour prendre le commande- d'une des cinq brigades formant, dans l'armée alliée d'Orient, le contingent piémontais, et fut nommé major général le 1er avril 1855. Il se signala, en Crimée, à la bataille de la Tchernaïa et, de retour en Italie, fut nommé aide de camp du roi, puis inspecteur général du corps des bersaliers. En 1859, il organisa le corps des chasseurs des Alpes, dont Garibaldi prit le commandement, et prit lui-même le commandement du 4e corps d'armée, qui se distingua dans diverses rencontres et surtout à Palestro. Le lendemain de cette victoire (1er juin), le major général Cialdini était promu au grade de lieutenant-général, autrement général de division. Il se préparait à agir dans le Tyrol, quand la paix de Villafranca vint l'arrêter. — En 1860, le général Cialdini reçu l'ordre d'envahir les Etats de l'Eglise. Il entreprit la campagne le 11 septembre, s'empara successivement de Pesaro, d'Urbino, de Perugia, de Spoleto, d'Ancône, d'où il avait été forcé de fuir, proscrit, dix-neuf ans auparavant, et anéantissait l'armée papale commandée par Lamoricière à Castelfidardo. Cette campagne avait duré dix-huit jours. Le général Cialdini fut alors promu au rang de général d'armée qui est l'équivalent de celui de maréchal en France. En novembre 1860, il s'emparait de Gaëte, puis de Messine quinze jours plus tard. Elu député par le collège de Reggio au mois d'avril 1861, il était envoyé à Naples en juillet comme lieutenant-général du roi, poste qu'il résigna au mois de novembre suivant. En 1862, il était envoyé en Sicile, avec pleins pouvoirs, pour s'opposer à la tentative de Garibaldi, impatient de parfaire la grande œuvre de l'Unité italienne. La victoire facile d'Aspromonte sur les Garibaldiens (27 août 1862) termi-nait sa mission. Il était élevé à la dignité de sénateur en mars 1864. Dans la campagne contre l'Autriche, en 1866, le rôle du général Cialdini n'eut pas le temps ni l'occasion de prendre une grande importance. La défaite de Custozza l'avait empêché, et ce n'est qu'après Sadowa qu'il concourut à précipiter la retraite de l'ennemi. Nommé chef d'état-major de l'armée au mois d'août, il fut nommé ministre d'Italie près la cour de Vienne en octobre 1867; mais la retraite de M. Rattazzi quelques jours après sa nomination à ce poste, l'empêcha d'en prendre possession, le roi l'ayant chargé de former un ministère dont la politique devait avoir pour base principale la Convention du 15 septembre, dont son prédécesseur n'avait pu empêcher un commencement de violation de la part de Garibaldi. Le cabinet Cialdini ne réussit pas mieux que le précédent; il ne put ni empêcher ni prévenir le drame de Mentana (4 novembre), et se vit obligé de confesser son impuissance. Il fut remplacé vers la fin ce même mois de novembre par le ministère Menabrea-Cambray-Digny qui, lui, malgré vents et marée, devait rester deux ans au pouvoir, non pourtant sans des modifications assez souvent répétées. — Le général Cialdini n'eut pas l'occasion de se signaler de nouveau lors de l'invasion définitive de ce qui restait des Etats Pontificaux (septembre 1870), préparant leur annexion au royaume d'Italie, et qui ne fut guère qu'une promenade militaire. Au mois de décembre suivant, le général Cialdini accompagnait en Espagne, le duc d'Aoste, devenu Amédée Ier, avec le titre d'ambassadeur extraordinaire; il revenait en Italie en 1873 avec l'ex-roi d'Espagne. Le 1er décembre, il était appelé à la présidence du Comité de l'état-major général et créé duc de Gaëte. Il a été nommé à l'ambassade de Paris, nouvellement créée (M. Nigra n'était que ministre plénipotentiaire), en juillet 1876. Il y était remplacé par le général Menabrea le 22 décembre 1882, étant depuis assez longtemps en congé.

Chevalier de l'ordre de la Tour et l'Epée de Portugal, le général Cialdini est en outre décoré d'une vingtaine d'ordres étrangers; il est notamment grand'croix de la Légion d'honneur et grand'croix de l'ordre des Saints Maurice et Lazare depuis 1860.

CIBIEL, Louis Alfred, homme politique français, né à Rouen le 11 mai 1841. Fils du financier de ce nom, candidat officiel malheureux dans la 3e circonscription de l'Aveyron en 1869, M. A. Cibiel fut nommé maire de Villefranche après le 24 mai 1873, mais donna sa démission après les élections municipales de l'année suivante qui ne lui avaient pas été favorables. Il a été élu député de la 1re circonscription de Villefranche-d'Aveyron le 20 février 1876 et a pris place à droite. Réélu le 14 octobre 1877, puis le 21 août 1881, M. A. Cibiel a triomphé aux élections du 4 octobre 1885, avec toute la liste monarchique de l'Aveyron.

CLADEL, Léon, littérateur français, né à Montauban le 13 mars 1835. Venu à Paris en 1857, il fut d'abord clerc d'avoué, hanta le Palais en conséquence et noua des relations avec le barreau; mais la littérature le sollicitait invinciblement. Fils d'ouvriers, il rêvait déjà de pouvoir dire, dans la forme pittoresque qui le caractérise, les souffrances des prolétaires. Il débuta dans la *Revue fantaisiste*, par des nouvelles qu'il traite lui-même d'échevelées. Mais bientôt, grâce à l'influence que prit sur lui son maître et son ami Charles Baudelaire, son style se modifia profondément. Son premier livre: les *Martyrs ridicules (1862)*, parut avec une préface magistrale de l'auteur des *Fleurs du mal* et des *Curiosités esthétiques*. Jules Janin, le premier, signala, dans le *Journal des Debats*, l'ouvrage du jeune écrivain qui, entraîné par le succès, se jeta dans la mêlée politique. Après quelques nouvelles populaires émouvantes données au *Boulevard* et au *Nain Jaune*, il écrivit *Pierre Patient*, qui parut en feuilletons dans l'*Europe*, de Francfort. Ce journal, où M. Léon Cladel avait pour collaborateurs MM. Gambetta, Floquet, Castagnary, Spuller, Frédéric Morin, Arthur Ranc, etc., fut interdit en France précisément à cause de son feuilleton. La réputation de M. Léon Cladel s'en accrut considérablement; tous les journaux lui furent ouverts désormais, et par une série de nouvelles très étudiées, il préluda, dans le *Siècle*, le *Rappel*, le *Corsaire* de 1869, aux succès qui l'attendaient en librairie, après les événements de 1870. Le *Bouscassié*, qu'il publia en 1869, sanctionna définitivement sa réputation de styliste, et ce fut avec une très vive curiosité qu'on lut sa *Fête votive de Saint-Bartholomée Porte-Glaive (1872)*, ouvrage dont Louis Veuillot avait déjà fait un éloge pompeux dans un Premier-Paris de l'*Univers*, à l'époque où il paraissait en feuilletons dans le *Constitutionnel*. Le livre, auquel servait de préface l'article de Louis Veuillot, accompagné d'une réponse du romancier, eut un double succès politique et littéraire. Tous les journaux démocratiques louèrent l'écrivain que les journaux réactionnaires ne se faisaient pas faute d'insulter, particulièrement les journaux bonapartistes, que la publication des *Fiancés de Champigny*, dans la *République française*, acheva de mettre en fureur. Deux autres nouvelles parurent peu après; une *Lutte*, dans le *Rappel* et *Nâzi*, dans l'*Evénement*, qui firent également quelque bruit. En 1873 parurent les *Va-nu-pieds*, qu'une feuille bonapartiste s'empressa de signaler à l'autorité: mais en présence des éloges qu'en faisaient les meilleurs critiques, l'ouvrage ne fut pas poursuivi; toutefois, on lui interdit la voie publique. Plus tard (1876), des poursuites furent dirigées contre M. L. Cladel, pour une nouvelle intitulée: une *Maudite*, parut dans l'*Evènement*, et dans laquelle fut relevé le délit d'attentat à la morale publique. M. Léon Cladel fut condamné à un mois de prison, qu'il fit à Saint-Pélagie, et qui ne parait pas l'avoir le moins du monde refroidi. — M. Léon Cladel a publié, outre les ouvrages cités plus haut: l'*Homme de la Croix-aux-Bœufs (1876)*; *Crête-Rousse*, le *Tombeau des lutteurs (1878)*; *Héros et Pantins*, *Quelques sires*, *N'a qu'un œil*, les *Petits Cahiers (1885)*, etc. Enfin il a collaboré au *Pirate*, à la *Revue fantaisiste*, au *Boulevard*, à l'*Europe*, à la *Revue nouvelle*, à la *Revue française*, au *Club*, au *Nain Jaune*, au *Figaro*, au *Siècle*, au *Corsaire*, à la *Situation*, au *Constitutionnel*, au *Rappel*, à la *République française*, à l'*Evènement*, à l'*Avenir national*, à l'*Opinion nationale*, au *Radical*, au *Bien public*, au *Gil Blas*, etc.

CLAIRIN, Georges Jules Victor, peintre français, né à Paris le 11 septembre 1843, élève de Picot et de Pils. Ami intime d'Henri Regnault, sur qui il publiait récemment (1886) des souvenirs extrêmement intéressants, il l'accompagna dans ses excursions en Bretagne, en Espagne, au Maroc, et était à ses côtés à Buzenval où le glorieux et infortuné artiste fut tué. Il fut le collaborateur en même temps que l'ami de Regnault, et a exposé notamment: un *Episode du « Conscrit de 1813 » (1866)*; *Brûleuses de varech en Bretagne*, *Pilleurs d'épaves de la baie des Trépassés (1868)*; les *Volontaires de la liberté, épisode de la révolution espagnole de 1868 (1869)*; *Portrait de Mlle Sarah Bernhardt (1873)*; le *Massacre des Abencérages à Grenade*, un *Conteur arabe à Tanger (1874)*; *Moïse*, le *Fils du cheik (1878)*; *Portrait de Mme Gabrielle Krauss, de l'Opéra (1883)*; *Portrait de Mlle Zucchi (1884)*; *Après la victoire*, les *Maures en Espagne (1885)*, etc. — M. Clairin a obtenu une 3e médaille en 1882, et une 2e en 1885.

CLAMAGERAN, Jean Jules, économiste et homme politique français, né à la Nouvelle-Orléans le 29 mars 1827, vint faire ses études à Paris. Sorti du collège Henri IV en 1846, il suivit les cours de la Faculté de droit, fut reçu licencié en 1850, docteur en 1851, et remporta en 1852 la première médaille d'or, au concours ouvert entre les docteurs de la Faculté de droit. Il se consacra dès lors à des travaux d'économie politique, prit part au congrès de Lausanne en 1860, puis à ceux de Gand, de Bruxelles, de Genève, de Londres; poursuivi en 1864, sous prévention d'avoir fait partie d'une réunion illicite de plus de vingt personnes, l'année précédente, pour avoir fait en réalité partie du comité électoral dit des *treize*, il fut condamné à 500 francs d'amende. Nommé adjoint au maire de Paris, après le 4 septembre, il donna sa démission le 15 février 1871. — Le 28 mai 1876, M. Clamageran était élu membre du Conseil municipal de Paris pour le quartier des Bassins (XVIe arrondissement), en remplacement de M. le Dr Marmottan, élu député le 20 février précédent. Réélu le 6 janvier 1878, il se présenta à la députation dans le VIIIe arrondissement, en remplacement de l'amiral Touchard, décédé, le 6 avril 1879, mais il échoua, et fut nommé conseiller d'Etat le 14 juillet suivant. Le 7 décembre 1882, M. Clamageran était élu sénateur inamovible, en même temps que M. Bardoux. Il accepta le portefeuille des finances dans le cabinet Brisson, le 7 avril 1885, mais donna sa démission dès le 17. — Dans la question des princes, M. Clamageran a voté l'expulsion. — On lui doit: *Des obligations naturelles*, thèse pour le doctorat (1851); *Du louage d'industrie, du Mandat et de la Commission, dans le droit romain, dans l'ancien droit français et dans le droit actuel (1856)*; couronné par la Faculté de droit; *De l'état actuel du protestantisme en France (1857)*; *Manuel électoral*, avec MM. Hérold, Dréo, E. Durier, J. Ferry et Floquet (1861); *Histoire de l'impôt en France* (3 vol., 1867-1876) le *Matérialisme contemporain (1869)*; *Souvenirs du siège de Paris, cinq mois à l'Hôtel de Ville (1872)*; la *France républicaine, études constitutionnelles, économiques et administratives (1873)*, etc. Il a collaboré à la *Revue pratique de jurisprudence*, au *Journal des économistes*, ainsi qu'à divers journaux démocratiques parisiens. — M. Clamageran est membre de la Société d'économie politique de Paris; protestant, il a pris part, en juin 1872, aux discussions du synode général des Eglises réformées de France.

CLARETIE, Jules Arnaud Arsène, littérateur français, né à Limoges le 3 décembre 1840; il vint à Paris avec sa famille en 1850, fit ses études au lycée Bonaparte et au collège Chaptal, collaborant dès le collège à divers journaux littéraires. Il débuta par des articles insérés dans le *Diogène*, l'*Artiste*, la *Revue fantaisiste*, la *Patrie*, la *France* (dans ce dernier journal, sous le pseudonyme d'« Olivier de Jalin »); la *Revue française*; puis, passa au *Figaro*, où il signa *M. de Cupidon*, en collaboration avec M. Ch. Monselet d'abord, et ensuite seul. Il y rédigea pendant trois années les « échos de Paris ». En 1866, il entra à l'*Avenir national* pour y faire une causerie quotidienne, en même temps qu'il donnait des articles à l'*Evénement*. M. Jules Claretie avait déjà publié plusieurs volumes: une *Drôlesse (1863)*; les *Ornières de la vie*; *Pierrille*, roman champêtre qui lui valut les éloges de George Sand; les *Victimes de Paris (1864)*; les *Contemporains oubliés: Elisa Mercœur, Georges Farcy, Alphonse Rabbe (1865)*; les *Voyages d'un Parisien (1865)*; *Pétrus Borel, le lycanthrope, sa vie et ses œuvres*; un *Assassin (1866)*, réimprimé depuis sous le titre de *Robert Burat*. Cette même année, 1866, il suivait en Italie la campagne contre l'Autriche, en qualité de correspondant de l'*Avenir national*. Il entra en 1870 à l'*Opinion nationale*, succédant à M. Francisque Sarcey dans la rédaction du feuilleton dramatique, et publiait la même année *Madeleine Bertin*, dont le succès fut grand et qui inaugurait le genre du roman politique dont on a beaucoup usé depuis. De cette époque date également une étude historique considérable: les *Derniers Montagnards*, qui valut à l'auteur des félicitations de Michelet. Citons encore, comme appartenant à cette période: *Mademoiselle Cachemire (1867)*; la *Libre Parole (1868)*, recueil d'articles et de conférences préparées que l'autorité avait interdites à deux reprises. En 1869, M. Jules Claretie était condamné à 1,000 francs d'amende pour avoir raconté, dans le *Figaro*, sous le pseudonyme de « Candide », la double exécution de Martin, dit Bidauré, par ordre du préfet du Var Pastoureau. En 1870, il suivait l'armée à Metz e

envoyait des lettres du théâtre de la guerre à *l'Opinion nationale*, à *l'Illustration* et au *Rappel* Après le 4 septembre, il fut nommé par Gambetta secrétaire de la Commission des papiers des Tuileries; puis, ayant donné bientôt sa démission de ces fonctions, chargé par M. Etienne Arago, maire de Paris, d'organiser une bibliothèque et une salle de conférences dans chacun des vingt arrondissements de Paris. — Il avait un moment commandé le 2e bataillon des volontaires de la garde nationale, qui fut dissous par le général Clément Thomas lorsque ces volontaires furent remplacés par les gardes nationaux mobilisés. M. Jules Claretie assista à presque tous les engagements livrés sous Paris, et, le 20 janvier 1871, en qualité d'officier d'état-major, il négociait avec l'aide de camp du prince royal de Prusse, la trêve qui permettait d'enlever les morts du champ de bataille de Buzenval. — Porté candidat aux élections générales du 8 février 1871, dans le département de la Haute-Vienne, M. Jules Claretie obtenait 16,000 voix, sans être élu; la liste républicaine, victorieuse à Limoges, ayant été écrasée par le vote des campagnes. Il reprit alors ses travaux littéraires, sa correspondance de quinzaine à *l'Indépendance belge*, un moment délaissée, et écrivit cette *Histoire de la Révolution de 1870-71*, le seul ouvrage de cette importance qui ait été publié sur l'ensemble des événements de cette époque mémorable, et dont le succès devint si populaire. M. Jules Claretie a donné depuis une *Histoire de Camille Desmoulins (1874)*, qui est le digne pendant de ses *Derniers Montagnards*; les *Muscadins (1875)*; le *Beau Solignac*, le *Renégat (1876)*; le *Train 17 (1877)*; la *Maison vide (1878)*; les *Amours d'un interne*, la *Maîtresse*, le *Troisième dessous*, *Une femme de proie*, la *Fugitive*, le *Petit Jacques*, *Michel Berthier*, le *Million*; *M. le Ministre (1882)*; *Noris*, le *Prince Zilah (1884)*; *Jean Mornas (1885)*, romans d'histoire ou de mœurs; *Molière et ses œuvres*, la *Vie moderne au théâtre*, *Cinq ans après : l'Alsace et la Lorraine depuis l'annexion*, livre pour lequel il fit un voyage à Metz et à Strasbourg; les *Prussiens chez eux*, ouvrages qui ont précédé les écrits, d'ailleurs si intéressants, de M. Tissot sur l'Allemagne; et enfin le *Drapeau (1886)*. — Au théâtre, M. Jules Claretie a donné la *Famille des Gueux*, avec M. Petruccelli della Gattina, député au Parlement italien (1869); *Raymond Linday (1869)*; les *Ingrats (1875)*; les *Muscadins (1875)*; le *Père (1877)*, 4 actes, au Gymnase; le *Régiment de Champagne*, 5 actes, au Théâtre historique (1877); *Petit Jacques*, 5 actes, à l'Ambigu (1881); *M. le Ministre*, 5 actes, au Gymnase (1883); le *Prince Zilah*, 4 actes, au même théâtre (1885), etc. Il a fait, en outre, de nombreuses conférences ou lectures, et a ouvert, en qualité de vice-président de la Société des gens de lettres, la séance fameuse de la lecture des *Châtiments*; il a été, depuis, président de cette société. En 1875, il succédait à Paul Foucher au feuilleton de la *Presse*. Quelques années plus tard, il entrait au *Temps* pour y rédiger une revue de quinzaine: la *Vie à Paris*, qu'il n'a abandonnée qu'au mois d'octobre 1885. — M. Jules Claretie a été nommé, le 21 octobre 1885, administrateur général de la Comédie-Française. Il a été décoré de la Légion d'honneur le 7 février 1878.

CLARK, Alvan, graveur, peintre, opticien et astronome américain, fils d'un petit fermier du Massachusetts, est né le 8 mars 1804 à Ashfield, dans cet Etat. A dix-huit ans, il occupait la position de graveur pour impressions sur calicot, dans la ville manufacturière de Lowell. Neuf ans plus tard, il s'établissait peintre de portraits à Boston. Il avait plus de quarante ans lorsque l'idée lui vint de s'occuper d'optique; et, aidé de ses fils, il construisit plusieurs télescopes d'une grande puissance et d'une grande exactitude. Il a inventé dans cette voie, entre autres, un instrument à double oculaire pour mesurer les petits arcs célestes. En 1863, l'Académie française a décerné à M. Clark le prix Lalande, pour la découverte que cet ingénieux savant a faite, à l'aide d'un télescope construit par lui-même sur des principes nouveaux, d'une nouvelle étoile près de Sirius. La liste de ses découvertes astronomiques, qui est longue, se trouve dans les *Proceedings of the Royal astronomical Society* de Londres, vol. XVII. Les *Comptes rendus* de l'Académie des sciences en ont mentionné plusieurs.

CLARKE, Hyde, philologue anglais, né à Londres en 1815. Il est secrétaire pour l'étranger et secrétaire de philologie comparée à la Société ethnographique de Londres; ancien secrétaire correspondant pour l'Asie septentrionale à la Société d'anthropologie, membre correspondant des Sociétés orientalistes d'Amérique et d'Allemagne et de la Société royale des antiquaires du Nord, de Copenhague, il a occupé diverses fonctions administratives aux Indes et en Turquie. Il est l'auteur de *Theory of Railway Investment* (Théorie de l'établissement des chemins de fer, 1846); *Engineering of Holland* (les Machines en Hollande, 1849); *Colonisation indienne (1857)*; *Philologie comparée (1858)*; *Grammaire anglaise contenant une prosodie nouvelle (1853)*; *Dictionnaire anglais (1855)*; *Aide-mémoire de la langue turque (1864)*. Il s'est voué plus particulièrement dans ces dernières années à l'étude des langues caucaso-thibétaines et à des recherches de philologie préhistorique. On a de lui, dans cet ordre de travaux: les *Habitants ibériens et pré-helléniques de l'Asie Mineure (1864)*; les *Amazones*; la *Langue paléo-géorgienne et les établissements des Caucaso-Thibétains en Asie*; la *Terre sainte et l'Europe (1870)*; *Classification de la langue basque et de la langue scytique*; *Rapports de la Grammaire comparée du Japonais et du basque (1872)*; *Rapports des langues de l'Inde avec celles de l'Afrique*, *Philologie préhistorique comparée (1875)*; le *Khita et l'époque khita-péruvienne (1877)*; les *Populations méditerranéennes, d'après des monnaies autonomes (1882)*, etc. M. H. Clarke a, en outre, collaboré activement à la presse périodique scientifique, sur des sujets d'ethnographie, de philologie ou d'archéologie, ainsi qu'aux publications des diverses sociétés dont il fait partie.

CLARKE, Mary Novello, dame Cowden, femme de lettres anglaise, fille aînée du compositeur de musique Vincent Novello et sœur de la cantatrice anglaise Clara Novello, comtesse Gigliucci, est née en juin 1809, et s'est mariée, en 1828, à M. Charles Cowden Clarke, homme distingué, ami des Lamb, des Keats, des Hazlitt, des Leigh Hunt, en un mot des gens de lettres les plus distingués de ce temps. Un an après son mariage, Mme Clarke commença cette minutieuse analyse de Shakspeare dans laquelle elle rapporte tout progrès à l'illustre poète comme à un centre commun, et qui lui prit seize années de travail constant: *Complete concordance to Shakspeare (1845)*. Cet ouvrage eut un grand succès, et plusieurs éditions successives s'épuisèrent en peu de temps. Outre cet ouvrage, caressé avec tant d'amour, on doit à Mme Clarke: les *Aventures de Kit Bam, matelot (1848)*; l'*Enfance des héroïnes de Shakspeare (1850)*; le *Cousin de fer* (The Iron Cousin, 1854); la *Chanson d'une Goutte d'eau, par Harry Wandworth Shortfellow (1856)*; les *Femmes du Monde (1857)*; une édition, revue avec le plus grand soin, comme on peut croire, des *Œuvres de Shakspeare* (Shakspeare's Works, with a scrupulous revision of the text); *Trust and Remittance, Love Stories*, etc. (1873); *A Rambling Story* (Histoire vagabonde, 1874, 2 vol.). Elle a également collaboré à plusieurs des principaux magazines, revues, etc., principalement sur des sujets de haute littérature dramatique, sans parler de quelques poèmes ou contes en vers, non imprimés à part. Elle a, en outre, publié en collaboration avec son mari, une édition annotée du *Théâtre de Shakspeare* (Shakspeare's Plays, 1869); et *Beaucoup d'heureux retours de ce jour, livre des anniversaires de naissance* (Many Happy Returns of the Day: a Birthday book, 1847 et 1860).

CLAUDE, Nicolas, industriel et homme politique français, sénateur, né à Celles-sur-Plaine (Vosges) en 1823; il débuta dans l'industrie cotonnière comme contremaître dans la manufacture dont il est aujourd'hui directeur, et devint promptement l'un des membres les plus importants du Comité industriel de Mulhouse. Partisan, en économie commerciale, d'une « sage » protection, il a défendu avec énergie, souvent avec éloquence, sa doctrine économique. M. Claude a coopéré, en janvier 1861, à la fondation du journal le *Temps*. Maire de Saulxures, au moment de l'invasion, M. Claude sut remplir ses délicates fonctions avec tact et dignité, et s'acquérir ainsi le respect de l'ennemi et la reconnaissance de ses concitoyens. Par ces raisons, le « Gouvernement de Combat » parait n'avoir pas osé révoquer M. le maire de Saulxures, quoique républicain; mais, après le vote de la loi municipale du 20 janvier 1874, celui-ci réclama contre cette *injustice*, dans une lettre à M. de Broglie, où il déclarait attendre, « non sans impatience, que l'Assemblée de Versailles cède enfin aux nécessités les plus pressantes qui aient jamais pesé sur notre pays, et qu'elle veuille bien, en prononçant sa dissolution, *rendre* à la France sa grande voix ». Et il lui fut donné satisfaction. M. Claude avait été élu représentant des Vosges à l'Assemblée nationale le 8 février 1871; il faisait partie du groupe de la gauche républicaine. Membre de plusieurs commissions importantes, il y montra toujours un esprit pratique et très libéral, même dans les questions économiques. Parmi ses votes que sa place sur les bancs de l'Assemblée ne trahissent pas nécessairement, nous citerons son vote contre la paix et son vote pour le retour de l'Assemblée à Paris. — Aux élections sénatoriales du 30 janvier 1876, la liste républicaine passa tout entière dans les Vosges, et M. Claude fut élu avec MM. Claudot et Georges, contre MM. Buffet, premier ministre, Mongeot et Grandjean; bientôt, il remplaçait ce dernier à la présidence du Conseil général des Vosges. Au Sénat, M. Claude siège au centre gauche républicain. Il s'est abstenu dans le vote sur l'expulsion des princes. — M. Claude est président du Comité industriel de l'Est, qui a remplacé l'ancien Comité industriel de Mulhouse.

CLAUDIN, Gustave, littérateur français, né en 1823 à la Ferté-sous-Jouarre. Il fit ses études à la maison et sous la direction paternelle, vint ensuite faire son droit à Paris et se fit recevoir licencié. M. Gustave Claudin débuta dans le journalisme à vingt-deux ans, collabora à la *Presse*, à l'*Assemblée nationale (1848)*, puis alla, en 1850, rédiger le *Nouvelliste* de Rouen. Revenu à Paris en 1855, il entra au *Pays*, d'où il passa au *Moniteur universel* en 1858. Il est resté depuis attaché à ce dernier journal, auquel il a fourni un grand nombre d'articles variétés et rédigé même le feuilleton des Théâtres à la place de Théophile Gautier, pendant les voyages que fit celui-ci en 1861 et 1862, tout en collaborant au *Petit Moniteur*, à la *Petite Presse*, au *Courrier français*, au *Courrier de Paris*, au *Messager de Paris*, au *Figaro*. M. G. Claudin s'est aussi beaucoup occupé de blason. — Il a publié, depuis 1849, un certain nombre de romans, recueils de nouvelles, etc., parmi lesquels nous citerons: *Palsambleu*, roman; *Point et virgule*, nouvelles; *Paris-Histoire*; *Entre minuit et une heure*, roman; *Biographie de Méry*; *Paris nouveau, jugé par un flâneur*; *Trois roses dans la rue Vivienne*, roman; les *Caprices de Diomède*, ibid.; *Fosca*, ib.; *Tout à l'ambre et tout à l'ail*, ib.; *Tarte à la crème*, histoires humoristiques; les *Vingt-huit jours d'Anaïs*, roman; *Lady don Juan*, ib.; le *Store baissé*, ib.; *Mes souvenirs, les boulevards de 1840 à 1870 (1884)*; les *Joyeuses commères de Paris (1885)*; le *Mariage de la Diva*, roman (1886) et des brochures de circonstance. — M. Gustave Claudin est chevalier de la Légion d'honneur depuis 1862.

CLAYS, Paul Jean, peintre belge, né à Bruges en 1819. Il vint à Paris, ayant déjà fait ses études artistiques, et fréquenta l'atelier de Gudin. On cite de cet artiste, qui débuta au Salon de 1844: *Chebec portugais désemparé, en vue de l'escadre française* et plusieurs autres « marines », jusqu'à l'Exposition universelle de 1855, où il avait envoyé: *Côtes de Flandre*, *Plage aux environs du Tréport*, toiles exposées aux salons précédents; et depuis: *Vue de la digue d'Ostende*, *Baie de la Somme*, *Plage du bourg d'Ault (1857)*; l'*Escaut à Anvers*, *effet du matin (1859)*; *Temps de grain*, le *Mœrdyk*, un *Gros temps*, *Calme plat*, le *Rupel* (Exposition universelle, 1867); *Entrée de la rivière de Southampton*, *Calme sur l'Escaut (1868)*; *Coup de vent sur l'Escaut (1874)*; *Calme par un temps orageux*, la *Tamise aux environs de Londres (1875)*; *Bruges*, la *Mer du Nord (1876)*; le *Zuyderzée par un temps calme*, un *Canal en Zélande (1877)*; la *Rade de Dordrecht, sortie du bassin d'Anvers*, la *Tamise, calme dans le Waring Wiet*, la *Rade d'Anvers* (Exposition universelle, 1878); le *Port d'Ostende*; *Zierkzee*, île de Schouwen, en Hollande (1883); *Accalmie aux environs d'Amsterdam*, effet du matin; *Mer houleuse*, côte de Flandre (1884); *En rade de Dunkerque*; *Brume*, effet du matin (1885); *Entrée en rivière* (Hollande), *Mer du Nord (1886)*. — M. Clays a obtenu une médaille de 2e classe en 1867 et une autre en 1878; décoré de la Légion d'honneur en 1875, il a été promu officier en 1881.

CLÉMENCEAU, Georges Benjamin Eugène, médecin et homme politique français, né à Mouilleron (Vendée) le 28 septembre 1841, fit ses études à Nantes, vint achever sa médecine à Paris en 1865 et, ayant été reçu docteur en 1869, alla s'établir à Montmartre. Après le 4 septembre 1870, il fut nommé maire du 18e arrondissement et membre de la Commission d'enseignement communal; il fut maintenu dans ses fonctions de maire, quoique ayant donné sa démission quelques jours auparavant, par le vote du 5 novembre. Aux élections du 8 février 1871, il fut élu représentant de la Seine à l'Assemblée nationale, le vingt-septième sur quarante-trois, alla prendre place à l'extrême-gauche, et vota contre les préliminaires de paix. Le 18 mars 1871, M. Clémenceau, apprenant le danger qui menaçait les généraux Lecomte et Clément Thomas, courut rue des Rosiers; mais il arriva trop tard; les deux malheureux officiers généraux venaient d'être exécutés. Son intervention tardive faillit lui coûter cher: *Le Comité central, siégeant à l'hôtel de ville*, le décréta d'accusation; il put échapper aux agents de police de l'insurrection chargés de l'arrêter, mais ce n'est assurément pas la faute de ses adversaires politiques si ceux du gouvernement légal ne se livrèrent pas à la même tentative. Le 29 novembre 1871, il comparaissait comme témoin devant le 3e Conseil de guerre, jugeant à Versailles les meurtriers des deux généraux; son retard à intervenir dans le drame sanglant de la rue des Rosiers lui fut durement reproché; quelques témoins contredirent même son témoignage sur divers points. Un de ces derniers, M. le commandant de Poussargues, ayant continué la discussion dans l'auditoire, en des termes naturellement moins mesurés que ceux qu'il avait employés à la barre, M. Clémenceau qui se trouvait près de lui intervint; un duel au pistolet s'ensuivit et M. de Poussargues fut blessé à la jambe. Poursuivi le mois suivant pour cette affaire, M. le Dr Clémenceau fut condamné à quinze jours de prison et 25 francs d'amende par la 7e chambre correctionnelle. Contrairement aux errements suivis jusque-là en pareil cas, son adversaire n'avait pas été compris dans la poursuite. S'il avait été vivement attaqué devant le Conseil de guerre, par certains témoins, M. Clémenceau avait été non moins chaudement défendu par le colonel Langlois et lavé par lui, pour tous les esprits impartiaux, des imputations dont sa *conduite à Montmartre, le 18 mars, avait été l'objet*. — Dès le 20 mars, M. Clémenceau avait déposé sur le bureau de l'Assemblée une proposition de loi tendant à autoriser des élections municipales à Paris, et signa le manifeste des maires et députés fixant les élections au 26 mars. Il prit part ensuite aux tentatives de conciliation entre Versailles et Paris, et, voyant leur inutilité, donna à la fois sa démission de représentant et de maire. Elu, le 23 juillet suivant et réélu le 29 novembre 1874, membre du Conseil municipal de Paris, il en devint successivement secrétaire, vice-président et enfin président en novembre 1875. Partisan de la laïcité entière de l'enseignement, il signa une proposition tendant à écarter des conseils de l'instruction les ministres de tous les cultes reconnus, et prit une part importante aux discussions du Conseil municipal relatives à l'enseignement et aux questions budgétaires. — Elu député de la Seine dans le 18e arrondissement de Paris, le 20 février 1876, par une majorité des quatre cinquièmes, M. Clémenceau devint secrétaire de la Chambre. Il donnait sa démission de conseiller municipal de Paris au mois d'avril et y était remplacé par M. Songeon aux élections municipales complémentaires du 28 mai. Réélu le 14 octobre 1877, il était élu à la fois dans les deux circonscriptions du 18e arrondissement de Paris et dans celle d'Arles, le 21 août 1881. Il opta pour la 2e circonscription du 18e arrondissement de Paris (*Montmartre*). Au *moment le plus critique des menées* monarchistes, sous l'administration du général de Rochebouët, M. Clémenceau fit partie du comité de résistance formé par la réunion des gauches. Doué d'une grande éloquence et d'un esprit politique incontestable, M. Clémenceau vit grandir progressivement son influence, et ne tarda pas à être reconnu pour le chef du parti radical à la Chambre. Il eut l'habileté de forcer le chef du parti opportuniste, Gambetta, dont il était devenu le rival, à prendre en main le pouvoir dans un moment inopportun, afin de l'user vite sinon complètement; de même, il sut réduire à plusieurs reprises le ministère Jules Ferry à ses dernières ressources, le repêchant au moment suprême, pour le sacrifier définitivement au moment qu'il avait lui-même choisi. Choisira-t-il aussi sûrement son heure ou, se laissant aller aux suggestions intéressées de ses adversaires, aux sollicitations non moins intéressées peut-être d'amis à courte vue, finira-t-il par la devancer, en acceptant prématurément le pouvoir, pour s'user plus vite encore et peut-être plus radicalement que Gam-

betta? L'avenir seul peut nous l'apprendre; mais jusqu'ici, le fait est qu'il a su parfaitement éviter le péril dont il a fait faire à d'autres la ruineuse expérience et vers lequel on n'a pas laissé échapper une seule occasion de le pousser. Aux élections d'octobre 1885, M. Clemenceau a été élu simultanément, au scrutin du 18, député de la Seine et député du Var. Il a opté pour ce dernier département. — Sur la question des princes, il a voté le projet d'expulsion totale.

M. Clémenceau est propriétaire et directeur politique du journal la *Justice*, qu'il a fondé en 1880 et dont M. Camille Pelletan est le rédacteur en chef.

CLEMENS, Samuel Langhorne, plus connu, même en France, sous son bizarre pseudonyme de **Mark Twain**, romancier et écrivain humoristique américain, né à Florence, dans l'Etat de Missouri, le 3 novembre 1835. A l'âge de treize ans, il entra comme apprenti chez un imprimeur de sa ville natale, puis exerça sa profession acquise à Saint-Louis du Missouri, à Cincinnati, à Philadelphie et enfin à New-York. En 1855, en descendant le Mississipi jusqu'à la Nouvelle-Orléans, il se lia d'amitié avec les pilotes des bateaux à vapeur qui sillonnent ce fleuve sans relâche, partageant leurs travaux, et devenant à la fin, pilote de rivière lui-même. En 1861, son frère ayant été nommé secrétaire pour le Territoire (depuis l'Etat) de Névada, « Mark Twain » le suivit en qualité de secrétaire privé, position officielle qui était une véritable sinécure, mais à laquelle n'était attaché aucune rétribution. Il visita les mines dont cet Etat est si riche, et, s'il faut l'en croire, y fit et défit plusieurs fortunes et d'où, ce qui est plus vraisemblable, il envoyait des correspondances aux journaux californiens. Il se rendit, en 1864, aux îles Hawaï, y séjourna environ six mois, et à son retour fit quelques conférences humoristiques sur ses impressions de voyage dans la Californie et la Nevada. En 1867, il visita les Etats atlantiques, où il publia *The Jumping Frog* (La grenouille qui saute), nouvelle humoristique. La même année, il s'embarquait avec un grand nombre d'autres voyageurs pour une excursion de plaisir dans la Méditerranée, en Egypte et en Terre-Sainte. Il a donné une curieuse relation de cette excursion dans son livre : les *Innocents en voyage* (The Innocents abroad, 1869). Il se retira alors à Buffalo, New-York, où il devint rédacteur en chef d'un journal quotidien et épousa une femme qui lui apporta en dot une grande fortune. Sous ce titre: *Roughing it*, il a publié, en 1872, une sorte d'autobiographie où l'imagination parait jouer un rôle considérable. La même année, il fit un voyage en Europe, donnant en Angleterre quelques « lectures » humoristiques qu'un éditeur de Londres rassembla et publia, mais en y ajoutant un certain nombre de pages dont Mark Twain déclina hautement la paternité. En 1874, il a fait représenter à New-York une comédie, *The Gilded Age* (l'Age doré), qui eut un grand succès. En Europe, où il a fait plusieurs voyages, il a souvent été accrédité comme correspondant des principales feuilles américaines ; il était notamment l'un des correspondants du *New York Herald* chargés du compte rendu des fêtes données au shah de Perse, lors de son voyage en Europe, en 1873, à Londres et à Paris. En juillet 1876, Mark Twain commençait, dans le *Temple Bar Magazine*, de Londres, un récit de mœurs américaines, intitulé, *The Facts concerning the recent carnival of crime, in Connecticut*. Il a donné depuis : les *Aventures de Tom Sawyer* parues à Londres et à New-York simultanément, en septembre 1876 ; *Frappez, frères! frappez (1878)*; *A Tramp abroad (1880)*; le *Prince et l'indigent*, roman ; l'*Eléphant blanc volé et autres histoires*, recueil de nouvelles (1882) ; la *Vie sur le Mississipi (1883)*; les *Aventures de Huckleberry Finn (1885)*, etc.

CLÉMENT, Pierre Léon, homme politique français, né le 29 octobre 1829 à Orsennes (Indre), fit son droit à Paris et acquit une charge d'avocat au Conseil d'Etat et à la Cour de cassation. Membre et président du Conseil général de l'Indre, M. Léon Clément fut élu le 8 février 1871 représentant de ce département à l'Assemblée nationale. Il montra d'abord une certaine hésitation dans la conduite qu'il devait tenir, prit place au centre gauche et appuya la politique de M. Thiers; mais il prit part ensuite aux tentatives de restauration monarchique (1873), pour en venir, en désespoir de cause, au vote des lois constitutionnelles (1875). Le 30 janvier 1876, M. L. Clément était élu sénateur de l'Indre, à une assez faible majorité ; il prit place à droite. Son mandat lui fut renouvelé par les électeurs sénatoriaux de l'Indre, le 5 janvier 1879, à une majorité encore plus faible (160 sur 301), mais après tout suffisante. M. Léon Clément est secrétaire du Sénat.

CLERCQ (de), Louis, homme politique français, né vers 1828. Grand propriétaire agriculteur, membre du Conseil général du Pas-de-Calais, maire d'Oignies, président du Comice agricole de la circonscription de Carvin, arrondissement de Béthune, M. de Clercq fut élu représentant du Pas-de-Calais à l'Assemblée nationale le 8 février 1871. Il siégea au centre droit, et par ses tentatives pour former une réunion composée de toutes les fractions de la droite et connue sous le nom de « groupe de Clercq », il donna à son nom une assez grande notoriété. On sait que ce groupe, fameux dans l'histoire des intrigues monarchistes de cette époque, repoussa de son vote les lois constitutionnelles, n'y trouvant pas de garanties « conservatrices », suffisantes, suivant l'heureuse expression de M. de Clercq lui-même. Malgré une célébrité parlementaire si rapidement conquise et à si peu de frais, malgré sa grande influence locale, M. de Clercq échouait dans la 2e circonscription de Béthune, aux élections du 20 février 1876, contre le candidat républicain, M. Brasme. Mais celui-ci étant mort dans l'intervalle, M. de Clercq fut élu à sa place, comme candidat officiel, le 14 octobre 1877. Il échoua de nouveau aux élections générales du 21 août 1881. Enfin, le 4 octobre 1885, M. de Clercq triompha dans le Pas-de-Calais avec toute la liste réactionnaire, et vint reprendre sa place à la Chambre sur les bancs de la droite.

CLÈRE, Georges, sculpteur, né à Nancy le 15 novembre 1829, fit ses études à Dijon, et suivit simultanément les cours de l'Ecole secondaire de Médecine et ceux de l'*Ecole des Beaux-Arts de cette ville*; ayant remporté la médaille d'honneur au concours de cette dernière école, en 1848, avec une *Figure d'après le modèle vivant*, il vint à Paris et entra dans l'atelier de Rude. Il a débuté au Salon de 1853, avec un groupe en plâtre : *Malvina au tombeau d'Oscar*. On cite de cet artiste : une *Vénus agreste*, marbre, au Louvre, cour François Ier ; un *Faune gymnaste*, acquis par le grand duc Michel de Russie (1859) ; *Histrion*, statue bronze, au palais de Fontainebleau (1862) : *Hercule étouffant le lion de Némée*, bronze, à M. V. Sardou (1865); un *Belluaire*, bronze (1865, et à l'Exposition universelle de 1867) ; *Phœbé*, au Louvre, cour Caulaincourt (1866) ; un médaillon en bronze du *Baron Larrey (1868)*: *Jeanne d'Arc écoutant les voix célestes (1869)*, etc. On lui doit encore les groupes de l'*Hiver*, la *Force*, la *Marine*, et le fronton les *Vendanges*, au nouveau Louvre : des frontons, des cariatides, etc., aux Tuileries, pavillon de Flore ; divers travaux de sculpture architecturale à la préfecture de Versailles, au Palais des facultés de Nancy, et à plusieurs résidences particulières. — M. Georges Clère a obtenu une médaille de 2e classe en 1872.

CLÈRE, Eugène Jules, publiciste français, né à Paris le 19 octobre 1850, y fit ses études au collège Henri IV et à l'Ecole de droit. Entré de bonne heure dans le journalisme, il débuta au *Courrier de Paris* par des articles de critique littéraire signés du pseudonyme anagrammatique de Jules Rècle. Il écrivit ensuite, tant sous son propre nom que sous ce pseudonyme et celui de E. Bossieux, de nombreux articles dans le *Courrier*, l'*Industriel*, l'*Avenir*, journal du Quartier latin, la *Réforme*, le *Courrier français*, la *Revue de Décentralisation*, dont il fut secrétaire de la rédaction, la *Revue universelle*, le *National*, le *Petit National*, etc. Attaché depuis 1871 à la rédaction du *National*, il y a rédigé à plusieurs reprises le bulletin politique, et y a fait régulièrement, depuis 1872, la revue des livres. On doit en outre à M. Jules Clère : les *Hommes de la Commune (1871)*, étude biographique intéressante et écrite avec impartialité ; *Histoire du Suffrage universel, depuis 1789 jusqu'à nos jours (1873)*, deux éditions ; *Biographie des députés, avec leurs principaux votes (1875)*; *Biographie complète des sénateurs (1876)*; *Biographie complète des députés, avec toutes les professions de foi, circulaires électorales*, etc. (1876) : cette dernière se rapporte naturellement aux membres de la deuxième législature de la République et diverses brochures sur des questions de droit international, notamment: *Etude historique sur l'arbitrage international (1874)*; le *Congrès de Bruxelles (1875)*, etc. — Membre de la Société d'économie politique et d'autres sociétés littéraires ou savantes, M. Jules Clère est devenu secrétaire-rédacteur à la Chambre des députés.

CLEVELAND, Grower, vingt-deuxième président des Etats-Unis de l'Amérique du Nord, est né à Caldwell, dans l'Etat de New-Jersey, où son père exerçait les fonctions de ministre de l'Eglise presbytérienne, le 18 mars 1837. Il fit ses études à Clinton (New-York), s'y établit ensuite comme instituteur, puis revint dans sa famille. Désireux d'une position plus brillante que celle de maître d'école, il résolut d'aller dans l'Ouest, comme c'était alors le temps d'en faire au moins la tentative, dans l'intention d'y faire fortune. Il choisit pour but de son voyage, à cause de la similitude de nom, à ce qu'on dit, la ville de Cleveland (Ohio). Mais au cours du voyage, il se rappela qu'il avait à Buffalo un oncle maternel, homme de loi, nommé Allen, et jugea qu'il était de son devoir de rendre visite à ce parent qu'il ne connaissait pas. Celui-ci retint le jeune aventurier, en fit son clerc et l'initia à la pratique du droit. Inscrit au barreau de Buffalo en 1859, M. Grower Cleveland s'occupa dès lors de politique et se fit connaître dans les réunions du parti démocrate. Elu sheriff du comté d'Érié en 1870, il créait l'année suivante à New-York un cabinet d'affaires sous la raison Cleveland, Bissel et Sicard, qui se fit rapidement une grande clientèle. Elu maire de Buffalo en 1881, comme démocrate-réformiste, il était élu gouverneur de New-York, sur le même *ticket*, en 1882, pour prendre ses fonctions au commencement de l'année suivante. Le 11 juillet 1884, la Convention nationale de Chicago choisissait à l'unanimité pour candidat à la présidence des Etats-Unis, M. Grower Cleveland, gouverneur de l'Etat de New-York. Elu en conséquence, M. Cleveland prenait possession de la Maison-Blanche le 4 mars 1885, remplaçant M. Chester A. Arthur.

CLOUÉ, Georges Charles, amiral français, ancien ministre, est né le 20 août 1817. Entré à l'École navale à quinze ans, il était promu successivement enseigne en 1839, lieutenant de vaisseau en 1846, capitaine de frégate en 1855, capitaine de vaisseau en 1862, contre-amiral en 1867 et enfin vice-amiral le 17 décembre 1874. Il commanda, en sous-ordre, à partir de 1862, la division navale des Antilles; devint plus tard major général à Cherbourg, puis gouverneur de la Martinique. En janvier 1875, l'amiral Cloué fut appelé à la préfecture maritime de l'arrondissement de Cherbourg; en octobre 1878, il recevait le commandement de l'escadre d'évolution de l'océan Atlantique. L'amiral Cloué a été ministre de la marine et des colonies, dans le premier cabinet Jules Ferry, du 23 septembre 1880 au 10 novembre 1881. — Grand officier de la Légion d'honneur depuis 1872, il a été promu grand croix de l'ordre le 6 juillet 1881. Il a été nommé pour trois ans, membre du Bureau central météorologique, en 1885.

On doit à l'amiral Cloué quelques ouvrages spéciaux, notamment : *Renseignements hydrographiques sur la mer d'Azof (1856)* et le *Pilote de Terre-Neuve (1870, 2 vol.)*.

COBBE, miss Frances Power, femme de lettres et philosophe socialiste anglaise, née le 4 décembre 1822 à Brighton, où elle fit ses études. Elle a de bonne heure collaboré à la presse périodique courante, et est l'auteur des ouvrages suivants: le *Dépôt de charité considéré comme hôpital* (the Workhouse as an hospital, 1861); les *Filles sans appui, comment les secourir* (Friendless girls, and how to help them, 1861) ; *Education des femmes (1862)*; l'*Action de grâce, chapitre des devoirs religieux* (Thanksgiving, etc., 1863) ; le *Drapeau rouge aux yeux de John Bull* (the Red flag in John Bull's eyes, 1863); *Essais sur le travail des femmes* (Essays on the pursuits of women, 1863); *Clartés intermittentes, Enquête sur l'état présent et à venir de la foi religieuse (1864)*; les *Cités du passé (1864)*, extraits du *Fraser's Magazine*; *Devoirs religieux (1864)*; les *Italiques, courtes notes sur la politique, le peuple et les villes d'Italie (1864)*; *Etudes anciennes et nouvelles sur des sujets de morale et de philosophie sociale (1865)*; *Heures de travail et de récréation (1867)*; les *Confessions d'un chien perdu (1867)*; *Lumières naissantes, Recherches sur les résultats séculaires de la Réformation nouvelle (1868)*; *Criminels, idiots, femmes et mineurs, n'est-ce pas là la classification orthodoxe? Examen des lois relatives à la propriété des femmes mariées (1869)*; la préface de *Seul à seul* (Alone tho the alone), *prières à l'usage des Déistes, par divers collaborateurs (1871)*; le *Darwinisme dans la morale, et autres essais (1872)*; les *Espérances de la race humaine en ce monde et dans l'autre, essai sur la vie et la mort et sur l'évolution du sentiment social* (the Hopes of the human race hereafter and here, essays on the life and death, and the evolution of social sentiment, 1874); *Re-échos (1876)*; *Aspects moraux de la vivisection (1877)*; les *Devoirs des femmes*, cours de lectures (1881).

COBBOLD, Thomas Spencer, médecin anglais, né à Ipswich le 26 mai 1828, fit ses études à l'université d'Edimbourg et y fut reçu docteur en médecine en 1851. Aussitôt après, il fut nommé curateur du Musée anatomique de l'université, et fit, avec la sanction du sénat académique, des cours d'anatomie. Il s'occupait en même temps de géologie et d'histoire naturelle, sous la direction d'Edward Forbes, et publiait de nombreux article, et mémoires dans les journaux scientifiques. Vers cette époque également, il fut nommé vice-président de la Société physiologique d'Edimbourg. A la mort de Forbes, il alla s'établir à Londres et fut appelé peu après à la chaire de botanique de l'hôpital Sainte-Marie. En 1860, il obtint la chaire de botanique, puis la chaire d'anatomie comparée à l'hôpital de Middlesex et en 1868, à la recommandation de sir R. Murchison, la chaire de géologie de Swiney, au Musée britannique, où un auditoire innombrable ne tarda pas à suivre assidûment ses cours. Le sujet préféré de ses études semble avoir été l'helmintologie; il a publié sur cette branche des sciences naturelles une quantité d'ouvrages, tant grands ouvrages illustrés que courtes notices, sans parler d'une centaine d'articles divers, la plupart ayant d'abord fait l'objet de lectures préalables à la Société royale, aux Sociétés linnéenne et zoologique ou à l'Association britannique pour l'avancement des sciences. Le Dr Cobbold a, malgré ses nombreux travaux scientifiques, pratiqué longtemps la médecine, se vouant tout particulièrement au traitement des affections parasites internes. En récompense des services qu'il a rendus à la biologie, qui comprend naturellement l'helmintologie, l'Académie des sciences naturelles de Philadelphie lui a conféré le titre de correspondant honoraire et l'Académie royale d'Agriculture de Turin celui de membre étranger. Il est en outre membre de la Société royale, de la Société linnéenne, de la Société zoologique, etc.

COCHERY, Louis Adolphe, homme politique français, né à Paris le 19 août 1820, fit ses études au collège Bourbon, suivit ensuite les cours de l'Ecole de droit, fut reçu avocat en 1840 et devint secrétaire de Liouville, puis de Crémieux. Après la révolution de février, il suivit celui-ci au ministère de la justice et devint son chef de cabinet. Il quitta peu après ces fonctions, en ayant même refusé de plus sûres, sinon de plus importantes, et reprit sa place au barreau de Paris. Il y plaida dans beaucoup d'affaires politiques, défendit notamment la *Voix du Peuple*, la *Réforme*, le *National*, la *République*, etc., et collabora plus tard à divers journaux libéraux. La loi de 1868 permit à M. Cochery de fonder à Montargis l'*Indépendance de Montargis*. Il habite près de cette ville, le château de Lisledon. — Aux élections législatives de 1869, il se présenta comme candidat de l'opposition démocratique, contre le candidat officiel, M. le marquis de Grouchy, dans la 3e circonscription du Loiret, et fut élu au second tour en dépit de l'action administrative, qui alla jusqu'à la suspension de son journal. Il vint siéger au centre gauche, au Corps législatif, signa la demande d'interpellation des Cent-Seize, fit partie de la Commission du budget et s'associa à tous les votes de la gauche. En juillet 1870, il interpella le Gouvernement au sujet de la candidature de Hohenzollern au trône d'Espagne ; il vota ensuite contre la guerre. M. Cochery resta étranger au mouvement du 4 septembre. Il prit part à la séance *in extremis* du Corps législatif, dans laquelle il fut résolu que les pouvoirs du gouvernement de la Défense nationale seraient législativement confirmés, à la condition du maintien provisoire de la Chambre actuelle, et fut délégué avec M. Grévy à l'Hôtel de Ville pour y porter cette proposition aux membres du gouvernement. Nommé commissaire général dans le Loiret, quelques jours après, il assista aux combats qui se livrèrent devant et à Orléans ; puis, il accompagna M. Thiers dans ses démarches relatives aux négociations pour amener une suspension d'armes. Il alla rejoindre ensuite le gouvernement, à Tours, puis à

Bordeaux, réclamant opiniâtrement la convocation d'une Assemblée nationale. Aux élections du 8 février 1871, M. Cochery fut élu représentant du Loiret le premier de la liste. Aux élections du 20 février 1876, aucun concurrent ne se présenta pour lui disputer les votes de l'arrondissement de Montargis. Vice-président du Conseil général du Loiret, il a été maintenu dans ses fonctions à chaque renouvellement du bureau, puis élevé à la présidence de cette assemblée.

Membre de la Commission du budget et rapporteur des budgets de la Guerre et de l'Algérie sous la précédente législature, M. Cochery a été investi de fonctions semblables dans la législature qui s'étend de 1876 à 1881, ayant été réélu le 14 octobre 1877. Il était appelé au ministère des finances, en qualité de sous-secrétaire d'Etat, en décembre suivant. Le 1er mars 1878, M. Cochery était appelé à la direction des postes et télégraphes réunis, direction qu'un décret du 5 février 1879 transformait en ministère. Il a conservé ce portefeuille, malgré les changements ministériels qui se sont produits dans l'intervalle, jusqu'à l'avènement du cabinet Brisson (6 avril 1885), dans lequel il fut remplacé par M. Sarrien. Il a laissé, du reste, des traces de son passage à ce ministère, qu'on ne saurait oublier sans ingratitude, car on lui doit la création du service des colis postaux, de celui des recouvrements et des abonnements, de la caisse d'épargne postale, l'abaissement du port des lettres, l'introduction de l'usage pratique du téléphone en France, et d'autres réformes qui nous échappent en ce moment et auxquelles il a préludé par l'organisation de l'Exposition internationale d'électricité de 1881. — M. Adolphe Cochery, qui avait été réélu à Montargis le 21 août 1881, fut élu député du Loiret, avec la liste républicaine tout entière, au scrutin du 18 octobre 1885. Il a voté l'expulsion des princes.

COCHERY, Georges Charles Paul, homme politique français, fils du précédent, est né à Paris le 20 mars 1855. Elève de l'École polytechnique, il en sortit en 1876 dans l'artillerie, mais donna sa démission d'officier en 1877, pour prendre la direction du cabinet de son père, qu'il suivit des finances aux postes et télégraphes. M. G. Cochery seconda activement son père dans l'accomplissement des réformes que nous avons mentionnées et prit une part directe à la conclusion de diverses conventions internationales relatives au service des postes et à la télégraphie. Il a été, en outre, délégué comme commissaire général français à l'Exposition internationale d'électricité de Vienne, en 1883. M. G. Cochery a naturellement suivi son père dans sa retraite, en avril 1885. Membre du Conseil général du Loiret, où il représente le canton de Bellegarde, il a été élu député républicain du Loiret au scrutin du 18 octobre 1885, a pris place à gauche et voté l'expulsion des princes. — M. Georges Cochery est chevalier de la Légion d'honneur depuis 1881.

CODRINGTON, sir William John, général anglais, né en novembre 1804, fit ses études à l'université de Cambridge et entra dans l'armée aux « Coldstream Guards », en 1821. Colonel depuis 1846, il l'était encore en 1854, au moment où éclatait la guerre d'Orient; mais il reçut le brevet de major général à Varna, et se distingua ensuite à l'Alma et à Inkermann. Successivement commandant de la première brigade de la division légère, puis de cette division elle-même, sir William Codrington fut appelé au commandement en chef de l'armée d'opération au mois de novembre 1855. Depuis son arrivée en Crimée jusqu'à son évacuation, le 12 juillet 1856, le général Codrington n'avait pas un instant quitté l'armée. Il fut fait commandeur de l'ordre du Bain pendant la guerre et grand croix en 1865. Il est en outre grand officier de la Légion d'honneur, grand croix de l'ordre militaire de Savoie et décoré du Medjidie, première classe. — En 1857, sir W. Codrington fut élu membre de la Chambre des communes par Greenwich; il résigna son siège en 1859, ayant été nommé gouverneur et commandant en chef de Gibraltar. Promu lieutenant général en 1857, il fut, en outre, nommé colonel du 23e régiment de fusiliers le 27 décembre 1860. Il a été promu au rang de général le 27 juillet 1863, et placé dans le cadre de réserve en octobre 1877.

COLBERT-LAPLACE (comte de), Pierre Louis Jean-Baptiste, homme politique français, fils du marquis de Colbert-Chabannais, qui fut député au Corps législatif, et petit-fils de l'illustre géomètre, marquis de Laplace, est né à Lisieux le 7 août 1843. Il fit de brillantes études, après lesquelles il entra au ministère des affaires étrangères, puis fut attaché à la légation française à Washington de 1864 à 1865 et à l'ambassade de Saint-Pétersbourg en 1866. Rentré au ministère l'année suivante et nommé secrétaire d'ambassade peu après, M. de Colbert servit pendant la guerre comme sous-officier dans les mobiles du Calvados. Il quitta la diplomatie après le 4 septembre. Après avoir échoué à une élection partielle qui se produisit dans le Calvados en 1872, M. de Colbert-Laplace, qui avait été autorisé à modifier ainsi son nom par un décret de décembre 1875, se porta candidat à la députation à Lisieux le 20 février 1876, et fut élu au scrutin de ballottage. Il prit place au groupe de l'Appel au peuple, et fut réélu le 14 octobre 1877 et le 21 août 1881. Aux élections d'octobre 1885, M. de Colbert-Laplace fut élu député du Calvados avec toute la liste monarchique. — Il a publié quelques brochures, notamment : le *Système des deux Chambres (1871); Observations sur la dernière lettre de M. Louis Blanc (1872); Suffrage universel et monarchie (1873).*

COLE, Vicat, peintre paysagiste anglais, né à Portsmouth en 1833, est élève de son père. Il a exposé, pour la première fois, à la British Institution, en 1852, un tableau représentant la *Colline de Leith, vue de Ranmoor Common.* En 1858, il fut élu membre de la Société des artistes britanniques et fut, pendant plusieurs années successives un exposant assidu aux salons de cette Société. Une de ses plus belles toiles exposées d'abord à cette société : un *Champ de blé,* parut en 1862 à la Galerie nationale et remporta la médaille de la Société pour l'encouragement des beaux-arts. En 1864, à l'exemple, d'ailleurs, de beaucoup d'artistes célèbres, M. V. Cole se retira de la Société des artistes pour briguer les honneurs de l'Académie royale. Les toiles les plus importantes qu'il exposa dès lors à cette académie sont : le *Déclin du jour (1864);* le *Printemps (1865),* inspiré d'une chanson de la comédie shakspearienne « Peines d'amour perdues »; le *Repos du soir* et la *Couronne d'or de l'été (1866);* la *Baie de Saint-Bride,* scène de tempête à la mer (1867); les *Rayons du soleil dorant les cimes des forêts d'automne (1868); une Halte pendant l'orage, au coucher du soleil* et *Fleurs d'été (1869); Ondées aux rayons du soleil* et le *Soir (1870);* l'*Or de l'automne (1871); Midi (1872);* la *Fenaison* et *Pluie d'été (1873);* le *Centre du Surrey* et une *Matinée brumeuse (1874); Richmond Hill;* le *Lac Scavaig, dans l'île de Skye; Midi en été (1875),* le *Déclin du jour (1876); Pluies d'été, Arundel (1877);* un *Jour pluvieux,* les *Alpes à Rosenlaui,* une *Pastorale dans le Surrey (1878); Rayons de soleil qui mûrissent, Leith Hill* et *Box Hill (1879);* les *Feuilles mortes, Sur la Tamise (1880); Journée d'août, Wargrave Streatley (1881);* les *Sources de la Tamise, Solitude dans les bois (1882); Windsor, Matinée d'automne (1883),* etc. M. V. Cole a été élu associé de l'Académie royale en février 1870, et membre titulaire le 16 juin 1880.

COLFAVRU, Jean Claude, homme politique français, né à Lyon le 1er décembre 1820, est fils de modestes ouvriers de cette ville. Ayant pris part, en juillet 1830, à une manifestation armée contre l'Hôtel de Ville, en qualité de tambour, il resta attaché à la garde nationale de Lyon jusqu'au mois de décembre suivant, et entra, le 22 de ce mois, comme boursier, au collège de Lyon. Ses études terminées, il entra comme professeur dans une institution libre de Grenoble, faisant son droit en même temps qu'il remplissait ses devoirs de professeur. Reçu avocat en 1845, il se fit inscrire au barreau de Paris vers la fin de la même année et se lia avec les membres du parti démocratique. Il fut élu représentant à l'Assemblée législative par le département de Saône-et-Loire, et fit une vive opposition à la politique napoléonienne. Arrêté à la suite du coup d'Etat de décembre 1851, il fut ensuite expulsé et se réfugia en Angleterre. Rentré après l'amnistie de 1859, M. Colfavru reprit sa place au barreau de Paris. Elu chef du 85e bataillon de la garde nationale après le 4 septembre 1870, il était nommé juge de paix du 17e arrondissement le 18 du même mois, mais il donna sa démission le 31 octobre suivant, pour prendre le commandement des compagnies de marche de son bataillon, avec lesquelles il assista aux combats de Champigny et de Buzenval. M. Colfavru a été décoré de la Légion d'honneur, comme soldat, le 12 février 1871. En 1880, après plusieurs années passées en Egypte, M. Colfavru fondait, à Paris, une revue ayant pour titre : la *Révolution sociale.* Porté, aux élections d'octobre 1885, sur la liste radicale de Seine-et-Oise, M. Colfavru a été élu député au scrutin du 18. Il a pris place à l'extrême gauche et a voté l'expulsion totale des princes. — On a de lui : le *Droit commercial comparé de la France et de l'Angleterre (1861); Du mariage et du Contrat de mariage en France, en Angleterre et aux Etats-Unis (1868),* etc.

COLLADON, Jean Daniel, ingénieur et physicien genevois, né le 15 décembre 1802. Venu à Paris en 1826, ayant fait au cours des années précédentes, avec son compatriote Sturm, des expériences sur la pression de l'eau et sur la propagation du son dans l'eau, dans le lac de Genève, il présenta à l'Académie des sciences un mémoire renfermant les résultats de ces expériences. conduites avec un soin minutieux assez rare par les deux collaborateurs. Ce mémoire : *Sur la compression des liquides et la vitesse du son dans l'eau,* fut récompensé, en 1827, par le grand prix de l'Académie des sciences. M. Colladon fut appelé, en 1829, à la chaire de mécanique de l'Ecole des arts et manufactures, qu'il occupa plusieurs années; puis il accepta la même chaire à l'université de sa ville natale. On lui doit de nombreux mémoires sur l'acoustique, la pneumatique et l'électricité, dont plusieurs insérés dans le *Recueil* de l'Académie des sciences, qui l'a élu son correspondant à Genève en 1876; l'invention de divers instruments d'expériences et d'application pratique, notamment d'un dynamomètre et des pompes de compression, à grande vitesse, qui ont servi au percement du Gothard. C'est à lui qu'on doit également l'emploi de l'air comprimé pour le percement des tunnels adopté, sous sa direction d'abord, au Mont-Cenis, puis au Saint-Gothard; il a écrit, sur ces grands travaux, des mémoires extrêmement intéressants. — M. Daniel Colladon a été décoré de la Légion d'honneur en 1874.

COLLINS, William Wilkie, romancier anglais, fils aîné d'un paysagiste distingué, William Collins, et de la sœur de Mme Carpenter, peintre de portraits, qui eut une grande renommée dans son pays, est né à Londres, en janvier 1814. Son éducation terminée, il passa deux ans en Italie avec ses parents, puis au retour, entra chez un négociant, en vertu d'un contrat dûment paraphé qui le liait pour quatre ans au commerce du thé. A la mort de son père, il avait abandonné le commerce et suivait les cours de droit de l'école de Lincoln's Inn. Sa première œuvre littéraire est une biographie de son père, avec un choix de ses notes de voyage et de sa correspondance : *Memoirs of the life of W. Collins,* etc. (1848, 2 vol.). A partir de cette époque, M. Collins se livra entièrement à la littérature et publia successivement : *Antonia ou la chute de Rome, roman du quinzième siècle (1850,* 2 vol.); *Promenades au delà des Chemins de fer, ou notes, prises à pied, sur le Cornouailles (1851); Bazil, histoire de la vie moderne (1852,* 3 vol.); *A Cache-Cache* (Hide and Seek, 1854, 3 vol). Vers cette époque, M. Collins devint l'un des collaborateurs des *Household Worlds,* revue populaire dirigée par Charles Dickens : *A la nuit (1856,* 2 vol.); et le *Lourd Secret (1857,* 2 vol.), y parurent d'abord. Vinrent ensuite : la *Reine des Cœurs (1857,* 3 vol.); la *Femme en blanc (1860,* 3 vol.); *Sans nom (1862,* 3 vol.). Ces deux derniers parurent dans les colonnes du journal par lequel Ch. Dickens avait remplacé le précédent : *All the year round,* avant de prendre la forme de volumes. Puis : *Mes mélanges (1863,* 2 vol.), *Armadale (1866,* 2 vol.); la *Pierre de Lune (1868,* 3 vol.); *Homme et femme (1870,* 3 vol.); *Pauvre Miss Finch !* la *Morte vivante (1872); Mademoiselle ou Madame, et autres histoires à l'état d'ébauche,* la *Nouvelle Madeleine (1873);* la *Loi et la Femme,* qui parut d'abord dans le *Graphic,* où il en fut dit beaucoup de mal, la publication achevée (1875); *Deux destinées (1876);* l'*Hôtel hanté (1878);* les *Feuilles tombées;* la *Vie d'un vagabond, depuis sa naissance jusqu'à son mariage (1879); Cœur et Science (1883),* etc.

Les principaux ouvrages de M. Collins, outre un grand nombre d'éditions en Angleterre et aux Etats-Unis, ont été traduits en français, en italien, en allemand, en hollandais, en danois, en russe, etc. Il est membre de la Société (Guild) de littérature et d'art, et a toujours pris une part très active aux représentations d'amateurs données à son bénéfice. Il a écrit, pour le théâtre : le *Phare* (the Lighthouse), d'abord joué chez Charles Dickens, et transporté ensuite sur la scène du Théâtre Olympique (1855); l'*Abîme* (the Frozen Deep), joué également chez Dickens, et par lui, assisté d'autres amateurs, puis à la « Gallery of Illustrations », au bénéfice de la souscription Jerrold; enfin, au Vaudeville, à Paris, en 1868; *Noir et Blanc,* en collaboration avec Fechter, joué au théâtre d'Adelphi en 1869; la *Pierre de Lune,* d'après son roman, au théâtre Olympique (1877), et *Rang et fortune,* au théâtre d'Adephi (1883).

COLOMB (de), Louis Joseph François Isidore, général français, né à Figeac (Lot) le 6 janvier 1823. Elève de Saint-Cyr, il en sortit en 1844, comme sous-lieutenant d'infanterie, alla rejoindre son régiment en Algérie et ne quitta plus la colonie pendant vingt-six ans. Il y conquit naturellement tous ses grades : promu lieutenant en 1849, capitaine aux chasseurs à pied en 1854, il fut nommé chef de bataillon au 90e de ligne en 1859, passa au 2e régiment étranger, devint lieutenant-colonel au 3e régiment de tirailleurs en 1860, passa au 2e régiment de la même arme, et fut promu colonel du 17e de ligne le 12 août 1864. M. de Colomb s'est signalé dans la plupart des expéditions contre les tribus insoumises et a mérité plusieurs citations à l'ordre du jour de l'armée. Appelé au commandement du cercle de Tiaret en 1867, puis successivement à celui de la subdivision d'Aumale et de la subdivision de Mascara, il fut nommé général de brigade le 30 mars 1870, et fit en cette qualité l'expédition de l'Oued Guir et celle d'Aïn Chaïr, sous le commandement du général de Wimpffen. Maintenu en Algérie, par besoin d'hommes spéciaux, lors de l'ouverture des hostilités contre les Prussiens, le général de Colomb remplaça le général Chanzy à la division de Tlemcen, quand celui-ci fut appelé au commandement de l'armée de la Loire. Nommé toutefois, à son tour, au commandement de la 1re division du 15e corps, il quitta l'Algérie, pour la première fois depuis son entrée dans la carrière, le 23 décembre 1870; il passa peu après du 15e au 17e corps, et prit part à la bataille du Mans, où, à la tête d'une faible division, il tint tête, pendant toute une journée, sur le plateau d'Auvones, devant Yvrée, à des forces beaucoup supérieures, dirigées par le prince Frédéric-Charles. Après la retraite de la seconde armée de la Loire, M. le général de Colomb fut appelé au commandement de l'armée de Bretagne, qui était à organiser et devait être licenciée avant, en vertu de l'armistice. Nommé général de division à la fin de décembre 1870, M. de Colomb fut maintenu dans son grade par la Commission de revision des grades, pour prendre rang du 16 septembre 1871. Il fit ensuite partie de la Commission de classement de l'infanterie au ministère de la guerre. M. le général de Colomb est grand officier de la Légion d'honneur depuis le 8 juillet 1881; il est également commandeur de l'ordre de Saint-Olaf de Suède et Norvège.

COLOMBET (de), Bernard Joseph Anatole, homme politique français, né le 7 septembre 1833 à Langogne (Lozère). Grand propriétaire, maire de sa ville natale qu'il représente au Conseil général, M. de Colombet fut élu représentant de la Lozère à l'Assemblée nationale le 8 février 1871; il y siégea à l'extrême droite et fit partie de la réunion dite des Réservoirs. Signataire de la proposition de rétablissement de la monarchie légitime et de l'adresse au pape à propos du *Syllabus,* il est l'auteur de l'amendement aux lois constitutionnelles qui interdit à tout membre des familles ayant régné en France la présidence de la République, amendement qui fut repoussé par l'Assemblée. Le 30 janvier 1876, M. de Colombet se faisait élire sénateur de la Lozère, et devint secrétaire du Sénat; mais au premier renouvellement triennal (5 janvier 1879), il fut pas réélu. Aux élections du 4 octobre 1885 pour la Chambre des députés, M. de Colombet se porta sur la liste monarchique, qui triompha dans la Lozère.

COLONNE, Edouard, musicien et chef d'orchestre français, né à Bordeaux vers 1838; il entra au Conservatoire, où il fut élève de M. Girard pour le violon, et y remporta un premier prix de fugue. Il a fait partie de l'orchestre de l'Opéra et de la Société de musique de chambre fondée par M. Lamoureux. Vers 1872, il fondait lui-même l'Association artistique, qui donna ses concerts d'abord à l'Odéon, puis au Châtelet. C'est à ce dernier théâtre qu'ont été exécutés : *Marie Magdeleine,* oratorio de M. Massenet; la *Forêt,* poème symphonique de Mme de Grandval; *Phaéton,* de M. C. Saint-Saëns, des fragments de *Fiesque,* opéra inédit de M. Edouard

Lalo; ainsi que la plupart des compositions émanant des jeunes musiciens français. Sous ce rapport, M. Colonne a certainement rendu de véritables services. C'est d'ailleurs un artiste intelligent, actif et capable.

COMBES, François, littérateur français, ancien professeur d'histoire à la faculté des lettres de Bordeaux, né à Alby le 27 septembre 1816, fit ses études dans sa ville natale et fut reçu agrégé d'histoire en 1850 et docteur ès lettres en 1856. Professeur au collège de Pamiers depuis 1844, il passa en la même qualité à Paris, au collège Stanislas en 1848 et au lycée Bonaparte en 1853; fut nommé inspecteur d'Académie à Lons-le-Saulnier en 1856 et professeur d'histoire à la faculté des lettres de Bordeaux en 1860. M. F. Combes a été mis à la retraite au mois d'août 1886. Chargé de diverses missions scientifiques à l'étranger : en Hollande en 1857, en Italie en 1864 et en Suisse en 1865, il en a publié le résultat, au retour, dans divers *mémoires* sur les documents historiques découverts dans les archives des pays qu'il venait de visiter, préalablement lus aux réunions annuelles des Sociétés savantes, à la Sorbonne. — Il a publié : l'*Abbé Suger, histoire de son ministère et de sa régence (1853)*, honoré d'une mention au concours de l'Institut; *Histoire générale de la Diplomatie européenne (1854-55*, 2 vol.) ; la *Russie en face de Constantinople et de l'Europe (1856)*; la *Princesse des Ursins, essai sur sa vie et son caractère politique (1858)*; le *Maréchal de Montmorency*, tragédie en 4 actes, jouée en 1866 sur le théâtre de Bordeaux, avec Ligier dans le rôle principal, et *Catherine de Médicis*, autre tragédie, en 3 actes (1874); *Correspondance française inédite du Grand-Pensionnaire Jean de Witt*, dans la Collection des Documents inédits sur l'Histoire de France (1873). On cite parmi les cours les plus remarquables professés par M. F. Combes, depuis 1866 notamment : *Histoire de la Monarchie prussienne et de sa fondation, principalement d'après la correspondance de Voltaire et de Frédéric II; Histoire des Invasions germaniques en France, depuis Clovis jusqu'à nos jours; Histoire des libérateurs de nations*, etc. — Membre de plusieurs sociétés savantes, il est chevalier de la Légion d'honneur depuis 1869.

COMBESCURE, Edouard Jean Clément, médecin et homme politique français, né le 15 janvier 1819 à Gignac (Hérault). Régent de mathématiques élémentaires au collège de Pézenas en 1843, il fut nommé à la chaire de mathématiques du lycée de Montpellier en 1852; mais ses opinions ouvertement républicaines le forcèrent bientôt à abandonner l'enseignement. Il étudia alors la médecine, et reçu docteur, alla s'établir à Pézenas. Pendant la dernière guerre, il servit en qualité de chirurgien, fut fait prisonnier dans l'action, mais réussit à s'évader des mains des Prussiens. — M. Combescure a été élu sénateur de l'Hérault au premier renouvellement triennal, le 5 janvier 1879. Il a pris place dans les rangs de la gauche républicaine et a voté l'expulsion des princes.

COMETTANT, Oscar, compositeur de musique et écrivain français, né en 1820 à Bordeaux, où il a fait ses études. Après un séjour assez prolongé aux Etats-Unis, il revint en France et collabora à divers journaux parisiens, notamment au *Siècle*, dont il est devenu le feuilletoniste musical et au *Menestrel*, journal de musique. Entre temps il composait des romances, des morceaux de musique pour piano, et se produisait comme virtuose dans des concerts où il exécutait surtout des morceaux de sa composition. Il a fondé, en 1871, avec Mme Comettant, l'*Institut musical*, école de musique pour dames, où sont donnés des cours de solfège, chant, piano, orgue, harmonie, accompagnement, etc. qui semblent avoir eu du succès. Au mois de mai 1886, M. Oscar Comettant a été chargé par le ministère de l'Instruction publique d'une mission dans la Suède et la Norwège pour l'étude des airs populaires scandinaves. — On doit à M. Comettant: *Trois ans aux Etats-Unis (1857)*; la *Propriété intellectuelle, au point de vue de la morale et du progrès (1857); Histoire d'un inventeur au dix-huitième siècle, Adolphe Sax, ses ouvrages et ses luttes (1860)*; le *Nouveau Monde, scènes de la vie américaine (1861); Musique et musiciens (1862)*; les *Civilisations inconnues (1863)*; l'*Amérique telle qu'elle est, voyage anecdotique de Marcel Bonneau dans le Nord et le Sud des Etats-Unis (1864)*; le *Danemark tel qu'il est (1865); Voyage pittoresque et anecdotique dans le Nord et le Sud des Etats-Unis d'Amérique (1865)*, illustré ; *De haut en bas, impressions pyrénéennes (1868)*; la *Musique, les musiciens et les instruments de musique chez les différents peuples du monde (1869); Francis Planté, portrait musical (1874)*, etc. — M. Oscar Comettant a été décoré de la Légion d'honneur le 9 juillet 1886.

COMPAYRÉ, Jules Gabriel, pédagogue et homme politique français, né à Albi le 2 janvier 1843, fit ses études à Castres, à Toulouse et enfin à Paris, au lycée Louis-le-Grand, d'où il passa à l'Ecole normale supérieure, section des lettres, en 1862. M. Compayré se fit ensuite recevoir agrégé de philosophie, et alla professer successivement, à partir de 1866, aux lycées de Pau, de Poitiers et enfin de Toulouse, où, s'étant fait recevoir docteur en 1873, il est devenu titulaire, en 1876, de la chaire de philosophie de la faculté des lettres ; il a été, en outre, chargé d'un cours de pédagogie à l'école normale d'institutrices de Fontenay-aux-Roses, à l'ouverture de cet établissement, en novembre 1880. — M. Compayré a été élu député, comme candidat républicain, dans l'arrondissement de Lavaur, le 21 août 1881 ; il prit place au groupe de l'Union républicaine et devint secrétaire de la Chambre ; il a été rapporteur de la commission de l'enseignement secondaire libre. Aux élections du 4 octobre 1885, M Compayré a été élu député du Tarn, le deuxième sur six. Il a voté l'expulsion des princes.

On doit à M. Compayré : *De Ramundo Sebondo ac de theologiæ naturalis libro* et *Philosophie de David Hume*, ses thèses de doctorat (1873) ; une traduction de la *Logique*, de Bain (1876, 2 vol.); *Histoire critique des doctrines de l'éducation en France*, qui obtint le prix Bordin (1879); des *Eléments d'éducation civique et morale (1881)*, lesquels ont été l'objet d'attaques très vives de la part des adversaires politiques de l'auteur. — Il a été décoré de la Légion d'honneur le 14 juillet 1880.

CONIL, Pierre, publiciste français, né à Saint-Denis (île de la Réunion) le 30 janvier 1832, fit ses études à Paris. Fils d'un ancien rédacteur en chef du *Temps*, en 1840, il débuta de bonne heure dans le journalisme. Il rendit compte du Salon de 1857 dans le *Messager de Paris*, fonda en 1859 la *Gazette des Etrangers*, sous le pseudonyme de « Paul de Chalandré, » et devint successivement rédacteur en chef de la *Gazette de Savoie*, de Chambéry, en 1860, du *Progrès de la Sarthe* en 1861 et du *Courrier des Deux Charentes* en 1862. Revenu à Paris vers le commencement de 1865, M. Conil a collaboré successivement au *Moniteur*, à l'*International*, au *Siècle*, à la *Liberté*, au *XIXe Siècle*, au *Gaulois* où, pendant le siége de Paris, il rédigeait une *Chronique de la Garde nationale*; et dirigé, de 1865 à 1872, l'*Illustration militaire*. Il a aussi collaboré au grand *Dictionnaire du XIXe siècle* de P. Larousse. On a de cet écrivain, outre les travaux indiqués ci-dessus: une traduction de la *Francesca di Rimini*, de Silvio Pellico (1853); *Liberté, égalité, fraternité, argent, crédit, association*, brochure (1870); *Monographie de la question des sucres (1871)*, où il prend la défense des intérêts économiques des colonies. Auteur de l'*Encyclopédie Populaire*, abrégé complet, en 2,300 pages, des connaissances humaines jusqu'à nos jours, M. P. Conil a été, en outre, rédacteur en chef de l'*Ordre* en 1881 et rédacteur du *Don Fabrice*, en 1883. Il est actuellement Directeur politique du *Libéral de l'Aube*, du *Libéral de l'Yonne* et du *Bonhomme champenois*, à Troyes, 1885-86.

CONKLING, Roscoe, homme politique américain, né à Albany (New-York) en 1828. Avocat, il fut élu représentant au Congrès en 1858 et réélu à chaque renouvellement jusqu'en 1867, époque à laquelle il devint sénateur. Réélu en 1873 et 1879, il acquit bientôt une influence considérable parmi les chefs du parti républicain et, en 1876, fut un des candidats à la présidence des Etats-Unis; mais on sait que ce fut M. Hayes qui fut définitivement choisi par la Convention nationale. En 1880, M. Conkling fit tous ses efforts pour assurer au général Grant une troisième élection, mais il avait contre lui l'immense majorité de l'opinion, qui regardait avec raison une troisième élection, refusée jadis par Washington lui-même, comme un danger pour la République. Il se tourna alors contre le président Garfield, auquel il fit toute l'opposition imaginable, combattant principalement ses nominations de fonctionnaires; toutefois, voyant, qu'il ne trouvait aucun appui sérieux dans le Sénat, il résigna son siège au commencement de 1881; mais lorsqu'il voulut le reprendre, il échoua, et rentra dans la vie privée. A son avènement au pouvoir après l'assassinat de Garfield, le président Arthur offrit à M. Conkling le poste de président de la Cour suprême des Etats-Unis, mais il refusa, et reprit l'exercice de sa profession d'avocat à New-York.

CONNAUGHT (duc de), Arthur William Patrick Albert, chevalier de la Jarretière, du Chardon, de Saint-Patrick, grand'croix de l'ordre de Saint-Michel et Saint-George, prince du Royaume-Uni, duc de Saxe, prince de Cobourg et Gotha, troisième fils de la reine d'Angleterre, est né au palais de Buckingham le 1er mai 1850. Entré à l'Académie militaire de Woolwich, en qualité de cadet, en 1866, il en sortit comme lieutenant dans le corps du génie royal, en 1868, et passa avec son grade dans l'artillerie royale, en février 1869. Il fut nommé lieutenant dans la Rifle brigade en août 1869 et promu capitaine à la suite en 1871. Il atteignait cette année-là sa majorité, et à cette occasion, le parlement d'Angleterre lui vota une liste civile de 15,000 livres (375,000 fr.) par an. — Le prince Arthur a été créé duc de Connaught et Strathearn et comte de Sussex, le 26 mai 1874, et prit possession de son siège à la Chambre des lords, le 8 juin suivant. Il a épousé à Windsor, le 13 mars 1879, la princesse Marguerite-Louise de Prusse, troisième fille du prince Frédéric-Charles et petite-nièce de l'empereur Guillaume ; sa liste civile fut en conséquence augmentée de 150,000 fr. Après avoir passé aisément d'un grade à l'autre, le duc de Connaught, qui avait été adjudant-général adjoint à Gibraltar d'octobre 1875 à avril 1876, fut fait général de brigade en 1880. Il commandait la brigade de la garde dans la première division de l'armée d'Egypte, en 1882.

CONSTANS, Jean Antoine Ernest, jurisconsulte et homme politique français, né à Béziers le 3 mai 1833. Après avoir fait ses études de droit, il partit en Espagne où il s'occupa de commerce pendant plusieurs années : puis il revint en France, se fit recevoir agrégé et alla professer le droit aux facultés de Douai, de Dijon et enfin de Toulouse. Devenu membre du conseil municipal et adjoint au maire de cette dernière ville, M. Constans s'occupa particulièrement de l'organisation des écoles laïques communales. Il donna sa démission d'adjoint en 1873. Aux élections générales de 1876, M. Constans se présenta dans la 1re circonscription de Toulouse et fut élu député au scrutin du 5 mars. Il s'inscrivit à l'Union républicaine et fut réélu le 14 octobre 1877. Le 27 décembre 1879, il entrait comme sous-secrétaire d'Etat au ministère de l'intérieur et des cultes ; il succédait au titulaire, M. Lepère, démissionnaire, le 17 mai 1880, et conservait son portefeuille après la retraite de M. de Freycinet, président du conseil, dans le cabinet reconstitué par M. Jules Ferry, le 23 septembre 1880. C'est à M. Constans qu'incomba plus particulièrement la mission de faire exécuter les décrets du 29 mars contre les congrégations religieuses non autorisées, et il la remplit avec une vigueur qui ne fut pas du goût de tout le monde, mais qui, peut-être, était nécessaire. Réélu le 21 août 1881 à Bagnères-de-Bigorre et à Toulouse, il opta pour Toulouse. Le 10 novembre suivant, il quittait le pouvoir avec ses collègues. En mars 1884, M. Constans déposait sur le bureau de la Chambre le projet de rétablissement du scrutin de liste d'après lequel ont été faites les élections de 1885. Après la retraite du second cabinet Ferry (mars 1885), M. Constans fut chargé de former un nouveau cabinet, mais il y renonça après quelques jours de négociations vaines. Il a été élu député de la Haute-Garonne, où le scrutin de liste a bien failli lui jouer un mauvais tour, au scrutin du 18 octobre 1885. M. Constans a voté l'expulsion des princes. — Il était nommé ministre plénipotentiaire en Chine, au mois de juin 1886, et s'embarquait à Marseille pour se rendre à son poste le 18 juillet suivant.

CONSTANT, Jean Joseph Benjamin, peintre français, élève de M. Cabanel et de l'Ecole des beaux-arts, est né à Paris le 10 juin 1845, et a débuté au Salon de 1869. On a de cet artiste : *Hamlet et le roi (1869)* ; *Trop tard (1870); Samson et Dalila (1872); Femmes du Riff, Bouchers maures à Tanger (1873); Coin de rue et carrefour à Tanger (1874); Prisonniers marocains, Femmes du harem*, portrait du *Dr Guéneau de Mussy (1875); Entrée de Mahomet II à Constantinople, le 29 mai 1453* et un portrait de *M. Emmanuel Arago* (1876) ; la *Soif*, le *Harem; Hamlet au cimetière*, dessin (1878) ; l'*Entrée de Mahomet II à Constantinople*, reparu à l'Exposition universelle de 1878 ; le *Soir sur les terrasses* (Maroc), la *Favorite de l'émir (1879)*; le *Caïd Tahamy (1883)*; les *Chérifas (1884)*; la *Justice du Chérif*, Espagne mauresque du XVe siècle (1885) ; *Judith, Justinien (1886)*; un certain nombre de *Portraits*, etc. — M. Benjamin Constant a obtenu une 3e médaille en 1875, une 2e médaille en 1876 et une 3e en 1878. Nommé chevalier de la Légion d'honneur en 1878, il a été promu officier le 13 juillet 1884.

CONSTANTIN, Nicolaievitch, second fils et quatrième enfant du feu czar Nicolas Ier et oncle du czar actuel, Alexandre III, grand-duc de Russie, grand amiral de la flotte impériale, etc., est né le 9/21 septembre 1827. Il fut élevé spécialement en vue du poste important qu'il occupe à la tête de la marine de l'empire et eut en conséquence pour précepteur le célèbre navigateur, amiral Lütke, sous les ordres duquel il servit ensuite et devint capitaine. Les deux grands-ducs Alexandre et Constantin différaient absolument de nature et d'opinions. Celui-ci était l'homme du vieux parti russe, tandis que celui qui devait être par la suite Alexandre II avait une tendance marquée vers le progrès et le libéralisme. Dans une certaine circonstance le grand-duc Constantin, grand amiral, se permit de mettre aux arrêts son frère aîné, qui se trouvait à bord de son vaisseau, action que l'empereur Nicolas punit de la peine du talion, en mettant aux arrêts l'amiral lui-même, et pour un temps assez long. Le grand-duc Constantin a fait une visite en Angleterre en 1847. Il a épousé le 30 août 1848, la princesse Alexandra, fille de Joseph, duc de Saxe-Altenbourg, dont il a eu plusieurs enfants. Outre son grade de grand amiral, le grand-duc Constantin est commandant de la 4e brigade d'infanterie de la garde, colonel du régiment de hussards du grand-duc Michel Paulowitch, membre du Conseil des écoles militaires et président du grand Conseil de l'empire. A la mort de l'empereur Nicolas, on craignait que le grand-duc de Constantin ne se posât en chef de l'opposition, étant, comme nous avons dit, le chef du parti national moscovite, ou vieux parti russe, en hostilité complète avec le parti modéré dont le grand-duc Alexandre était considéré comme le représentant. C'est cette crainte qui inspira au vieux czar moribond la pensée d'appeler ses deux fils à son lit de mort, et là, de faire renouveler à Constantin, en présence de sa mère, le serment de rester fidèle à l'héritier du trône, qu'il lui avait arraché déjà lors de la naissance du fils aîné d'Alexandre, devenu Alexandre III (1843). Peu après, Nicolas Ier expirait heureux, ayant donné sa bénédiction à ses deux enfants (2 mars 1855). — En 1857, le grand-duc Constantin faisait un voyage en France et en Angleterre, visitant avec attention les ports et les arsenaux de ces deux puissances. En juin 1862, il fut nommé vice-roi de Pologne, où les premiers symptômes de l'insurrection se manifestaient. Quoique reçu avec acclamation à son arrivee à Varsovie, il s'aperçut bientôt que toute sa bonne volonté échouerait en présence de l'exaltation des esprits. Il donna sa démission au bout de quelques mois. En 1871, il fit un nouveau voyage en Angleterre. Il s'est beaucoup occupé depuis son retour de la réorganisation de la flotte russe. Il a fait en outre de fréquents voyages en France. — On a de lui : *Histoire et description de la ville de Pavlovsk*, ouvrage anonyme.

CONYBEARE, Henry, ingénieur et architecte anglais, fils d'un géologue distingué, né à Brislington, dans le comté de Somerset, le 22 février 1823. En quittant Rugby, où il avait terminé ses études classiques, il alla suivre les cours de génie civil au Collège du roi, à Londres, pendant trois années, suivant en même temps les cours particuliers d'un professeur de mathématiques, M. Hall, qu'il accompagna en Cornouailles pour y étudier les mines, à l'époque de l'organisation de l'Ecole des mines de Cornouailles. En quittant le Collège du roi, M. Conybeare passa trois ans dans une manufacture de machines à vapeur de Newcastle, afin de se mettre au courant du travail mécanique. Son éducation professionnelle ainsi complétée, il partit pour les Indes avec le corps des ingénieurs du « Great Indian Peninsula Railway », et remplit les fonctions d'ingénieur civil de l'île de Bombay de 1849 à 1852, période pendant laquelle il rédigea un grand nombre de rapports sur le drainage, l'approvisionnement d'eau et de gaz de Bombay, qui furent publiés dans les *livres bleus* du gouvernement de l'Inde. A propos du manque d'eau dont souffrit Bombay à cette époque, il fut invité en 1854, par le gouvernement de cette présidence, à rédiger un mémoire

sur les moyens les meilleurs de faire cesser cette terrible disette; en apportant dans la ville et dans l'île une provision d'eau suffisante. Le mémoire terminé, et approuvé par le gouvernement suprême des Indes, il fut nommé directeur des travaux nécessaires à l'exécution de son plan. — Comme architecte, M. Conybeare, pendant sa résidence aux Indes, a dessiné les plans de l'église élevée à Colaba, à la mémoire des soldats tombés dans la campagne de l'Afghanistan, de l'église Saint-Jean, à Satara, ainsi que ceux de beaucoup de monuments publics et de maisons particulières. En qualité de juge de paix, il prit une grande part aux affaires judiciaires de Bombay, et lors des désordres provoqués par les musulmans en 1854, il fut nommé second magistrat de police rétribué. Pendant les six dernières années de son séjour aux Indes, il fut le correspondant indien du *Times*. Depuis son retour en Angleterre, en 1855, il a été ingénieur en chef de beaucoup de compagnies de chemins de fer et a été nommé membre de l'Institut des ingénieurs civils, aux discussions duquel il a toujours pris une part très active. En 1856, il dressa le plan des docks du port de Bombay et, la même année, fut nommé professeur de génie civil théorique et pratique au champ d'instruction du corps royal du génie, à Chatham. Le cours qu'il fit en cette qualité, et qui fut publié en 1857, contient pour la première fois la recommandation d'employer le fer dans les défenses de terre, ainsi que diverses autres suggestions, passées depuis dans la pratique. En avril 1869, M. Conybeare a été choisi par le ministre de l'intérieur pour faire le plan et exécuter les travaux de drainage ordonnés à Southover, dans le Sussex, sous la direction du ministère et du gouvernement local. En 1878, il acceptait l'entreprise de travaux importants à exécuter à Caracas (Venezuela).

COOKE, John Esten, littérateur américain, né à Winchester, dans l'Etat de Virginie, le 3 novembre 1830. Il étudia le droit et fut reçu avocat en 1851; mais il abandonna bientôt la profession légale pour la littérature. Il écrivit alors plusieurs romans et nouvelles dont les sujets sont empruntés aux sites et aux mœurs virginiens des premiers temps de la colonisation. — Pendant une partie de la guerre de Sécession, il servit dans l'état-major du général confédéré *Stonewall* Jackson, puis dans celui du général R. E. Lee. Après la guerre, il résida quelque temps à New-York où il s'occupa de journalisme, mais retourna bientôt à la ferme qu'il possède aux environs de Winchester. Outre de nombreuses esquisses, nouvelles et articles divers disséminés dans la presse périodique, on a de M. Cooke: *Bas de cuir et soie* (Leather Stocking and Silk, — 1854); la *Jeunesse de Jefferson (1855)*; les *Comédiens de la Virginie (1855)*; le *Dernier des forestiers (1856)*; *Ellie (1857)*; *Henry Saint-John, gentleman (1858)*. Depuis la guerre, les ouvrages écrits par M. Cooke ont plus particulièrement un caractère historique, quoique la plupart conservent la forme du roman: Ce sont: *Inspection du nid de l'Aigle, Vie de Stonewall-Jackson (1866)*, augmentée d'un travail anonyme antérieur; *Vêtu de gris (1867)*; *Mohun, ou les derniers jours de Lee et de ses paladins (1868)*; *Garde contre garde, ou jours et nuits sur le Shenandoah* (Hilt to hilt, etc., 1869); *Rapière et marteau (1870)*; *Vie de Robert E. Lee, Sorti de l'écume (1871)*; le *Docteur Van Dyke (1872)*; *Sa Majesté la reine (1873)*; *Justin Harley (1874)*; *Canolles (1877)*; *Histoire de l'ancienne Possession (1879)*; *l'Idée de M. Grantley (1880)*, etc.

COOPER, Thomas Sidney, peintre anglais, né à Canterbury le 26 septembre 1803. Ses parents étant dans une situation presque misérable, il fut d'abord obligé d'apprendre un métier; mais sa vocation artistique l'emporta. Il dessina pendant longtemps sans avoir reçu la moindre instruction artistique, empruntant les sujets de ses croquis aux monuments de sa ville natale et aux sites de la campagne environnante, et trouvant à les vendre, non pas un très haut prix naturellement. A dix-sept ans, il devint peintre de décors au théâtre d'Hastings et, pendant les trois années qu'il conserva cette position, put mettre quelque argent de côté. Il devint ensuite maître de dessin à Canterbury, mais, en 1827, un dessinateur français, étant venu s'établir à Canterbury, lui enleva tous ses élèves. Il avait pu toutefois, dans ses rares loisirs, étudier au Musée britannique, à la Galerie Angerstein et à l'Académie royale. En 1827 il partit pour le continent et, de Calais à Bruxelles, esquissa littéralement toutes les scènes qu'il rencontra sur son chemin, payant ses notes d'auberge en faisant les portraits des aubergistes. Mais à Bruxelles, il trouva des partisans et des amis, et par conséquent l'emploi de son talent. Il s'y établit donc, s'y maria, et s'y lia avec l'élite des artistes flamands. Il peignit dès cette époque le paysage, et aborda le genre de peinture qui lui a fait la haute réputation dont il jouit aujourd'hui: la peinture d'animaux. La révolution de 1830 le força de quitter la Belgique avec sa famille, et il reprit le chemin de l'Angleterre. Il exposa pour la première fois à la galerie de la Société des artistes anglais en 1833, un magnifique paysage qui lui valut, de la part de M. Vernon, la commande d'un tableau. Dix ans plus tard environ, il exposa à l'Académie royale ses groupes de *Bestiaux allant au pâturage, à l'abreuvoir, reposant au soleil d'une belle après-midi d'été*, et qui établirent définitivement sa réputation (1842). Depuis son début à l'exposition des artistes, le talent de M. Cooper n'a pas cessé de grandir, et son succès avec lui. Il a exposé également aux Expositions universelles de 1855 et 1867. Il a été élu associé de l'Académie royale des Beaux-Arts de Londres en 1845, et académicien royal en 1867. En 1882, M. Cooper fit don à la ville de Canterbury de la galerie artistique fondée par lui une douzaine d'années auparavant et dans laquelle il donnait depuis des leçons gratuites, à la condition que l'enseignement y fût continué gratis aux étudiants ouvriers.

COOPER, Thomas, poète et publiciste anglais, né le 28 mars 1805 à Leicester. Il apprit le métier de cordonnier qu'il exerça à Gainsborough, comté de Lincoln, où il était grand camarade d'enfance avec feu Thomas Miller, le poète-vannier, mort le 23 octobre 1874. Il employa ses loisirs à l'étude, apprit lui-même le latin, le grec, l'hébreu et le français, et devint maître d'école à vingt-trois ans. Ayant en même temps collaboré, comme correspondant ou *reporter*, à divers journaux de la province, il devint le chef des chartistes de Leicester en 1841, faisant des discours aux ouvriers des « potteries » à l'époque des émeutes. Il fut arrêté et écroué à la prison de Stafford, sous prévention de conspiration et de rébellion et, jugé coupable, condamné ensuite à deux années d'emprisonnement. Pendant sa captivité, il écrivit son poème épique: le *Purgatoire des suicidés*, et une série d'histoires intitulée: *Adages judicieux et exemples modernes* (Wise saws and modern instances), publiés, l'un et l'autre, en 1845. Son petit poème: la *Fête de Noël du baron* (Baron's Yule Feast) parut en 1846. Pendant la seconde partie de cette même année, il publia, dans le *Newspaper* de Douglas Jerrold, une série d'articles sur la *Condition du peuple*, explorant le nord de l'Angleterre et rendant compte de ses observations. Il publia en 1847 les *Triomphes de la persévérance* et les *Triomphes de l'initiative*. En 1848, il devint un orateur politique et historique fort répandu à Londres, et fonda en 1849 le *Plain Speaker* (Franc Parleur), journal politique radical hebdomadaire à deux sous (un penny); puis, en 1850, un journal hebdomadaire de philosophie sceptique, également à un penny: le *Cooper's Journal*. En 1851 et 1852, il fut surtout conférencier voyageur, parlant histoire, poésie et littérature générale. En 1853, il publia un roman: *l'Alderman Ralph* et un autre en 1854: le *Fief de famille* (the Family feud). Revenu à Londres à la fin de 1856, il y entreprit une série de conférences du dimanche soir pour combattre les opinions sceptiques qu'il avait jusque-là professées, et dont le néant le tourmentait depuis plus d'un an. Il continua ces conférences, agrémentées de discussions avec ses adversaires, jusqu'à la fin de mai 1858. A partir de cette époque, il n'a guère interrompu ses voyages en Angleterre et en Ecosse, semant sur son chemin conférences, discours et sermons sur l'évidence du Christianisme. — M. T. Cooper a publié son autobiographie en 1872, et une édition de ses *Œuvres poétiques*, en 1878.

COPE, Charles West, peintre anglais, né à Leeds, en 1811. Après de sérieuses études artistiques, sous la direction de M. Sass, d'abord, puis à l'Académie royale, son premier tableau, une *Sainte famille*, qu'il exposa, à peine âgé de plus de seize ans, attira vivement sur lui l'attention publique. M. Cope est un des rares privilégiés dont l'élévation a été sanctionnée, mais surtout aidée, par les décisions favorables de la Commission royale des beaux-arts. La série de ses nombreuses expositions régulières commence en 1831. Ces principales toiles sont: *Agar et Ismaël (1836)*; les *Compères* et *Paolo et Francesca (1837)*; *Osteria di campagna, près de Rome (1838)*; une *Mère flamande (1839)*; *Assiste ton père dans sa vieillesse (1840)*; l'*Aumône*, les *Curateurs de la loi des pauvres*, l'*Enfance (1841)*; le *Maître d'école*, inspiré de Goldsmith, le *Buisson d'épines*, etc., dus à la même inspiration (1842); le *Samedi soir (1843)*. Cette même année 1843, il remporta un prix de 7,500 fr. au concours de Westminster Hall, avec son carton: la *Première épreuve du Jury*; et en 1844, au concours des fresques, sa *Rencontre de Jacob et de Rachel* lui valut la commande de l'une des six fresques destinées à la décoration de la nouvelle Chambre des lords, laquelle représente *Edouard III conférant l'ordre de la Jarretière au Prince Noir*. Il reçut ensuite une commande particulière du prince Albert: les *Derniers Jours du cardinal Wolsey (1846)*; puis d'autres commandes pour le nouveau palais: la *Première épreuve de Griselda*; la *Soumission du prince Henry*, etc. Vinrent ensuite toute une série de tableaux de genre: la *Jeune mère*, l'*Enfant en prière* et *Méditation de jeune fille (1847)*; l'*Allegro et il Penseroso (1848)*; le *Coin du feu* et le *Premier né (1849)*; le *Rêve de Milton (1850)*; *Rampant comme un serpent* et *Florence Cope à l'heure du dîner (1852)*; *Etude de tête d'enfant* et la *Tournure de Baby (1853)*; les *Amis (1854)*. Nous retournons maintenant à la peinture historique et nous citons: les *Prisonniers royaux* et la *Mort de la princesse Elisabeth, fille de Charles Ier (1855)*; *Départ des Pères Pèlerins*, peint à la fois à l'huile et à fresque (1856); *Enterrement de Charles Ier*, fresque (1857); les *Regards au ciel (1858)*; *Cordelia recevant la nouvelle des mauvais traitements infligés à son père*, la *Sœur aînée*, *Repos (1859)*; *Prière du soir (1860)*; *Adieux de lord et lady Russell*, fresque (1861); *Convalescent (1862)*. Les huit fresques du corridor de la Chambre des pairs, dès lors terminées, représentent une série de tableaux de l'histoire d'Angleterre, indiquant les importantes modifications apportées à la constitution pendant les luttes du temps de Charles Ier, etc. Elles sont placées quatre de chaque côté, et offrent des scènes dont les sujets sont empruntés aux partis opposés, suivant le côté où elles se trouvent. Quelques-unes de ces fresques ont été citées dans la nomenclature précédente; les autres sont: l'*Etendard royal déployé*, la *Défense de Basing House*, l'*Expulsion des fellows d'Oxford ayant refusé de signer le traité d'alliance*, d'un côté; et de l'autre: le *Président Lenthal défendant les privilèges des Communes*, et la *Marche des convois allant au siège de Gloucester*. Entre temps, il ne fut guère possible à M. Cope de s'occuper de grands travaux de peinture à l'huile, et il n'a produit en effet, à cette époque, que *Deux Mères*, *Contemplations* et autres petites toiles peu importantes. Depuis l'achèvement de ses fresques de la Chambre des pairs, M. Cope a repris la série de ses expositions à l'Académie royale. Les principales toiles qui ont figuré à ces expositions sont; *Shylock et Jessica (1867)*; *Othello racontant ses aventures* et les *Deux Disciples d'Emmaüs (1868)*; un *Chapelain domestique* et *Rêves du foyer (1869)*; la *Sieste de Launcelot Goblo (1870)*; *Noble et Simple* et *Guy considérant les plans de son hôpital (1871)*; *Oliver Cromwell recevant une députation* et *Education de George Herbert (1872)*; *Oui et non* et l'*Art noble (1873)*; *Tais-toi, baby* et la *Mégère domptée (1874)*; l'*Attraction du foyer* et les *Deux captifs (1875)*; le *Choix des tableaux pour l'exposition de l'Académie royale (1876)*, les *Amoureux de Bianca (1877)*; la *Réception du lieutenant Cameron au retour de ses explorations en Afrique (1878)*; *Hamlet et Ophélie*, un *Club de province dans l'ancien temps (1879)*; le *Bon pasteur*, une *Enquête (1880)*; *Jeannette sauvée*, *Pensées lointaines (1881)*; *Temps d'été*, *Anne Page et Slender (1882)*, etc. — M. Cope a été élu en 1844 associé de l'Académie royale, et académicien royal en 1848, il est membre du Club des aqua-fortistes depuis l'origine. Il a été nommé en 1867 professeur de peinture à l'Académie royale, mais donna sa démission en 1874. Plusieurs de ses tableaux ont figuré aux Expositions universelles de Paris de 1855 et 1867.

COPE, Edward Drinker, naturaliste américain, né à Philadelphie le 28 juillet 1840, fit ses études à l'université de Pensylvanie, puis alla demander aux universités d'Europe un complément d'instruction scientifique. En 1864, il devint professeur de sciences naturelles au collège d'Haverford; mais il dut se retirer, à cause de sa mauvaise santé, en 1867 et se voua dès lors à l'étude de la zoologie et de la géologie. Sur ces sujets intéressants, il a écrit une quantité innombrable d'articles dans la presse scientifique périodique, parmi lesquels il importe de citer spécialement ses articles sur l'*Erpétologie des contrées tropicales* et sur l'*Ichtyologie*. Parmi ses autres ouvrages, nous citerons: *Synopsis des cétacés disparus des Etats-Unis* (Synopsis of the extinct cetacea of the U. S., 1867-68); l'*Origine de Genève (1868)*; *Synopsis des batraciens, reptiles et oiseaux disparus du nord de l'Amérique (1869)*; *Rapports systématiques des poissons (1871)*; *Méthode de la création*, ou les *Les lois du développement organique (1872)*; les *Vertébrés éteints des terrains éocènes du Wyoming et de la Nevada (1872)*; les *Nouveaux vertébrés du terrain tertiaire du Colorado (1873)*, etc., etc. La plupart des ouvrages du professeur Cope sont, d'ailleurs, des sortes de rapports sur les explorations géologiques et paléontologiques qui lui ont été confiées à diverses époques. Il a publié, en outre, de nombreux articles sur la doctrine de l'évolution, dans les recueils des sociétés savantes de Philadelphie et le *Pensylvania Monthly Magazine*. De ces explorations, il est resulté, notamment, la création d'une collection de plus de 600 espèces d'animaux vertébrés disparus, dont M. Cope a fait connaître au moins les deux tiers et décrit la structure étrange dans de nombreux mémoires communiqués aux sociétés scientifiques américaines. — Il est membre de l'Académie nationale des sciences et codirecteur de l'*American Naturalist*.

COPPÉE, François Edouard Joachim, poète français, né à Paris le 12 janvier 1842. Il fut quelque temps employé au ministère de la guerre, où son père était également commis, et devint, en 1866, l'un des collaborateurs du *Parnasse contemporain*, recueil de poésies édité par un libraire à qui sa jeunesse donnait un rare courage, M. Alphonse Lemerre, et qui d'ailleurs a réussi. La même année, M. Coppée publiait un volume: le *Reliquaire*, et un autre en 1868: les *Intimités*. En 1869, il faisait représenter, sur la scène de l'Odéon, un petit acte en vers, sans queue ni tête, mais plein de grâce et de fraîcheur: le *Passant*, qui obtint un succès très vif. Au mois de novembre de la même année. Beauvallet *déclamait* de lui, toujours à l'Odéon, un poème alors inédit: la *Grève des Forgerons*. dont nous ne voulons pas juger la forme, mais dont le fond est un tissu de banalités « anti-socialistes » débitées non pas contre le système ruineux des grèves, mais contre les grévistes, qui sont tous des coquins, à n'en pas douter — du moins M. Coppée n'en doute pas. On cite encore de cet écrivain: les *Poèmes modernes (1869)*; *Deux Douleurs*, drame en un acte, joué au Théâtre-Français (1870); *Lettre d'un mobile breton*, en vers, lue au Français (1870); *Fais ce que dois*, un acte, à l'Odéon, et l'*Abandonnée*, deux actes, au Gymnase (1871); les *Humbles*, poésies, et les *Bijoux de la délivrance*, scène en vers (1872); le *Cahier rouge (1874)*; une *Idylle pendant le siège*, roman, et *Olivier*, poème (1875); le *Luthier de Crémone*, un acte, en vers, au Français (mai 1876); l'*Exilée* (novembre 1876); *Severo Torelli*, drame en 5 actes, en vers, à l'Odéon (1883); les *Jacobites*, drame en 5 actes, en vers, au même théâtre (1885).

Nommé sous-bibliothécaire du Luxembourg en 1870, M. François Coppée a donné sa démission en 1872. Il fut nommé bibliothécaire-archiviste de la Comédie française en 1878, mais il donna également sa démission de ce poste, en janvier 1885, à la suite d'un échange de lettres avec M. Coquelin. M. Coppée a été élu membre de l'Académie française en remplacement du poète de Laprade, le 21 février 1884, et a été reçu solennellement le 10 décembre suivant. Il a été nommé chevalier de la Légion d'honneur le 9 février 1876.

COQUELIN, Benoit Constant, comédien français, né à Boulogne-sur-Mer le 23 janvier 1841, est fils d'un boulanger de cette ville. Entré au Conservatoire vers la fin de 1859, il devint bientôt le meilleur élève de Régnier, remporta le second prix de comédie l'année suivante, et débuta au Théâtre-Français, dans le rôle de Gros-René du *Dépit amoureux*, le 17 décembre 1860. Il y fut bien accueilli, et poursuivi ses succès dans le répertoire classique, en même temps qu'il reprenait ou créait divers rôles du répertoire moderne de manière à fixer définitivement les sympathies du public du Théâtre-Français. Citons les rôles d'Annibal, dans l'*Aventurière*; de Balandard, dans une *Chaîne*; de Lafleur, dans le *Baron Lafleur*; d'Anatole, dans une *Loge à l'Opéra*; de Julien, dans *Gabrielle*; de Gagneux, dans *Jean Baudry*; de Mi-

chaud, dans la *Maison de Penarvan;* de Destournelles, dans *Mlle de la Seiglière;* de Vincent, dans l'*Œillet blanc;* d'Aristide, dans le *Lion amoureux;* de Gringoire, dans... *Gringoire;* de Vivian, dans *Galilée;* de Beaubourg, dans *Paul Forestier;* de Diogène, dans la *Revanche d'Iris*, de Marcel, dans les *Ouvriers;* de Langlumeau, dans le *Testament de César Girodot*, passé au répertoire du Français; de *Tabarin*, dans la pièce du même nom (1871); de Roblot, dans *Jean de Thomeray (1874);* de Chorveron, dans *Chez l'avocat (1875);* de Filippo, dans *Luthier de Crémone (1876);* du duc de Septmonts, dans l'*Étrangère (1876);* de Léopold, dans les *Fourchambault (1878)*, etc. En 1879, il alla jouer à Londres avec Mme Sarah Bernhardt, qu'il devait y accompagner l'année suivante; mais l'administration de la Comédie française s'y opposa. On sait comment sa pétulante camarade enfreignit seule cette défense et quitta la Comédie française. — M. Coquelin a remporté, d'autre part, de grands succès à réciter des pièces de vers, soit dans les salons, soit dans des réunions diverses. Il a publié, en 1884, une étude très remarquable sur *Tartufe*. Elu sociétaire de la Comédie française dès 1863, M. Coquelin serait, d'après des bruits persistants, décidé à donner sa démission (1886). Il doit, en tout cas, donner quinze représentations, du 1er au 15 décembre 1886, dans une tournée limitée à l'Alsace-Lorraine, et s'embarquer ensuite pour l'Amérique. Il donnait, en août 1886, des représentations en province.

COQUELIN, ERNEST ALEXANDRE HONORÉ, dit COQUELIN CADET, comédien français, frère du précédent, est né à Boulogne-sur-Mer le 16 mai 1848. Il fut d'abord employé au chemin de fer du Nord, puis vint à Paris et, entraîné par la vocation ou par l'exemple des succès de son frère aîné, entra au Conservatoire en 1865, dans la classe de Régnier et obtint un premier prix de comédie en 1867. Il débuta la même année à l'Odéon avec succès, dans l'ancien répertoire, et entra à la Comédie française en 1868. Pendant la guerre de 1870-71, M. Coquelin cadet servit dans un régiment de marche et reçut la médaille militaire pour sa belle conduite devant l'ennemi, à Buzenval. En 1874, ne pouvant réussir à se faire admettre comme sociétaire, M. Coquelin cadet quitta la Comédie française et obtint un engagement aux Variétés. En 1876, il rentrait toutefois à la Comédie française, où il eut du reste de très beaux succès, dans les rôles de son emploi, du répertoire classique particulièrement, et aussi dans les rôles comiques du nouveau répertoire, tels que celui d'Isidore du *Testament de César Girodot;* d'Ulrich, dans le *Sphynx;* de Frippesauce, dans *Tabarin;* de Frédéric, dans l'*Ami Fritz*, etc. — M. Coquelin Cadet s'est fait, en outre, une spécialité de l'interprétation de monologues, de saynètes cocasses, dont c'est lui l'auteur bien souvent, et qui font la joie des salons, salles de conférences, réunions littéraires, etc., où il consent à paraître, et il y consent facilement. On lui doit, en outre, le *Livre des convalescents (1885)*. Il a d'ailleurs collaboré à divers journaux, au *Figaro* et à son supplément, par exemple.

CORBON, CLAUDE ANTHIME, homme politique français, sénateur, né à Arbigny-sous-Varennes (Haute-Marne) le 23 décembre 1808. Fils d'ouvriers, il entrait dès l'âge de sept ans dans une manufacture où il fut employé comme rattacheur de fils. Venu de bonne heure à Paris, il y devint compositeur typographe, s'occupa de suppléer par l'étude à l'instruction qui lui manquait, à quoi il réussit fort bien, et devint sculpteur sur bois. En 1840, il fondait le journal l'*Atelier*, avec le concours de quelques camarades instruits. Il en eut bientôt la direction et lui donna cette couleur particulière empruntée aux doctrines de Buchez qui, d'ancien *carbonaro*, était devenu catholique libéral, et avait fondé une sorte d'école aux vues nuageuses et mystiques, absolument vagues par prétention à trop de largeur et qui n'a jamais eu qu'un fort petit nombre de disciples. M. Corbon dut à sa position de directeur de l'*Atelier* d'entrer, en février 1848, au gouvernement provisoire, en qualité de secrétaire. Il mit dès lors son journal au service du parti modéré ou « modérateur » suivant le jargon du temps ; c'est-à-dire qu'il combattit les démocrates avancés, les socialistes, au profit de la politique du *National*. Elu représentant de la Seine à la Constituante par la bourgeoisie, il fut choisi comme vice-président de l'Assemblée par la majorité, laquelle se faisait une espèce de malin plaisir à opposer cet ouvrier honnête, laborieux, instruit, arrivé, aux « hommes du Luxembourg ». M. Corbon, qui n'était pas orateur, ne brillait pas plus au fauteuil présidentiel qu'à la tribune. Il vota constamment avec le parti modéré, — du moins dans tous les cas où quelque question importante ne mettait pas en désarroi les votes de ce parti. Par exemple, M. Corbon, vota la loi sur les attroupements présentée par Marie le 7 juin, et qui eut contre elle beaucoup de gens plus modérés; en revanche, il fit partie de la majorité qui repoussa l'amendement Grévy, en bonne compagnie d'ailleurs. Le 23 juin, M. Corbon fut un de ceux qui tentèrent de s'opposer à la suppression immédiate des ateliers nationaux, proposée par M. de Falloux, l'apologiste de l'Inquisition et de la Saint-Barthélémy, impatient de voir éclater l'insurrection. Mais il était trop tard. Après le 10 décembre, M. Corbon se rapprocha de la gauche ; mais trop tard encore. Il ne fut pas réélu à la Législative. Le 2 décembre l'éloigna définitivement de la vie politique, et il reprit courageusement le ciseau et la gouge. M. Corbon est devenu, vers 1863, collaborateur du *Siècle*, auquel il a donné quelques articles philosophiques et des études sur les *Hommes de 1848* fort interessantes, dans lesquelles perce une sympathie réelle pour des hommes qu'il avait autrefois combattus. Après la révolution du 4 septembre, M. Corbon fut nommé maire du XVe arrondissement de Paris, nomination qui fut confirmée par le vote du 5 novembre suivant, bien qu'il eût pour concurrent Victor Hugo : mais il est juste de dire que l'illustre poète avait décliné cette candidature. Il donna sa démission à l'armistice, et fit partie de la « ligue des droits de Paris » qui, au commencement de la Commune, fit de courageux mais inutiles efforts pour prévenir la lutte. Candidat aux élections du 8 février 1871, dans le département de la Seine, il échoua ; mais il fut élu aux élections complémentaires du 2 juillet suivant et alla siéger à l'extrême gauche. A l'Assemblée, M. Corbon a pris la parole contre la loi Dufaure sur l'Internationale, qu'il déclara inutile et dangereuse, contre l'érection de l'église du Sacré-Cœur sur la butte Montmartre : enfin il a appuyé la demande de crédit pour l'envoi d'ouvriers à l'Exposition de Vienne. Il a été élu sénateur inamovible, le 15 décembre 1875. M. Corbon est questeur du Sénat. Il a voté l'expulsion des princes. — On lui doit : *De l'enseignement professionnel (1859);* le *Secret du peuple de Paris (1863)*, outre les articles signalés. Ses opinions politiques et philosophiques se sont modifiées d'une manière sensible ; nous l'avons indiqué, à propos de ses études sur les *Hommes de 1848*, pour la politique. Quant à la philosophie, nous dirons seulement que l'ancien directeur de l'*Atelier*, si amèrement antivoltairien en 1848, a fait partie de la Commission chargée de l'emploi des fonds de la souscription du *Siècle* pour élever une statue à Voltaire.

CORBOULD, EDWARD HENRY, peintre anglais, né à Londres le 5 décembre 1815, est fils et petit-fils de peintres distingués. Ambitieux de se distinguer lui-même dans cet art, il peignait pour son début une *Chute de Phaéton*, pour laquelle il obtint la médaille d'or d'Isis de la Société des arts, en 1834. Il obtint le même prix l'année suivante, avec un *Saint Georges et le Dragon*, et une grande médaille d'or, en 1836, pour une *Course de chars*, inspirée d'Homère. Il exposa à l'Académie royale et à la Galerie de la Société des artistes anglais quelques toiles, la plupart inspirées de la *Reine des fées*, de Spencer, et se voua ensuite définitivement à l'aquarelle. Ses premières grandes compositions en ce genre sont : la *Réunion des pèlerins de Canterbury à l'auberge Tabard, Southwark ;* la *Femme adultère*, le *Tournoi d'Eglington, Sous la Rose, Salomé dansant devant Hérode*, la *Peste de Londres*, le *Baptême d'Ethelbert, Guillaume d'Eynesham racontant la victoire de Towton Field, Scène du « Prophète », Florette de Nérac, le premier amour de Henri IV de France*, l'*Entrée de l'Enfant-roi à Londres après son sacre à Paris*, la *Destruction des idoles, à Bâle*, etc. De 1851 à 1872, M. Corbould remplit les fonctions de précepteur de peinture historique dans la famille royale, lesquelles furent longtemps une sinécure, et finirent par lui échapper, faute d'élèves.

M. Corbould a envoyé à l'Exposition universelle de Paris, en 1855, trois aquarelles ; et à celle de 1867, une toile : la *Mort d'Arthur*, inspirée de Tennyson, achetée en 1864 par la reine pour la princesse Louise, et généralement considérée comme son meilleur ouvrage.

CORCELLES (de) CLAUDE FRANÇOIS PHILIBERT TIRECUIR, diplomate français, né à Marcilly-d'Azergue (Rhône), le 27 juin 1802. Son père, député sous la Restauration et la monarchie de Juillet faisait partie, sous ces deux gouvernements, de l'extrême gauche. En 1836, M. de Corcelles fut élu député par l'arrondissement de Séez, et siégea avec les libéraux indépendants. Elu à la Constituante par le département de l'Orne, après la révolution de 1848, il soutint l'élu du Dix décembre avec une fermeté d'autant plus grande que l'expédition de Rome, en flattant ses sentiments de fervent catholique, le lui rendait plus sympathique. Il fut envoyé à Rome et désavoua, au nom du gouvernement français, le traité conclu par M. Ferdinand de Lesseps avec les triumvirs, et, après la prise de Rome par les troupes françaises, il prit une part très active au rétablissement du gouvernement pontifical. Aux élections pour l'Assemblée législative, M. de Corcelles fut réélu représentant ; il y siégea, comme à la Constituante, à droite ; mais il ne tarda pas à rompre avec l'Elysée, et se retira de la vie publique après le coup d'État de décembre 1851, pour n'y plus rentrer qu'après la chute de l'empire. Aux élections du 8 février 1871, M. de Corcelles fut élu membre de l'Assemblée nationale par le département du Nord et prit place à l'extrême droite, avec laquelle il a constamment voté toutes les propositions réactionnaires aussi bien économiques que purement politiques. Nommé, le 12 janvier 1873, ambassadeur de la République française auprès du Saint-Siège. M. de Corcelles a donné sa démission de ce poste le 25 octobre 1876.

CORDEBO (chevalier), ANDREA, auteur dramatique italien, d'une famille patricienne distinguée, né à Modène en 1821, fit ses études au Collège des nobles de sa ville natale, d'où, entré en 1831, il sortit en 1841. Il publia aussitôt un volume de vers : *I Miei studi poetici*, dans lequel plusieurs pièces furent remarquées, notamment celle ayant pour titre : *Mia madre non è più* (ma mère n'est plus) et le sonnet, au milieu d'autres également dignes d'être cités, intitulé : *Una Morta*. Mais bientôt retentit un cri de guerre qui lui fit abandonner la *plume pour l'épée ; il entra dans les rangs de l'armée* piémontaise, où il servit comme officier des bersaliers et s'acquit une réputation de courage civil autant que militaire. Le thermomètre politique s'étant tout à coup abaissé à la paix, le chevalier Cordebo donna sa démission d'officier et se mit à écrire pour le théâtre. Il commença par des livrets d'opéra, et on lui doit, en ce genre, quelques bons ouvrages : *Camoëns, Stradella*, etc. ; puis il écrivit quelques bons gros et noirs mélodrames : *Arturo, Onta per Onta*, l'*Avventuriero*, etc. Mais il y eut peu de réussite, et put se convaincre que le temps n'était plus où le spectateur aimait à pleurer ou à s'échauffer le sang au spectacle des misères ou des crimes de l'humanité. Il aborda en conséquence un genre bien différent, un genre dont il fut l'introducteur sur la scène italienne, le genre de la comédie satirique, qui rit de tout et de tous et ne combat les mœurs qu'avec une sorte d'arme : le ridicule. Nous citerons parmi les pièces du chevalier Cordebo qui appartiennent à cette catégorie : *I Dramm, francesi, la Mascherata, Otello, l'Accademia, Gli Zuavii Miss Ella, la Contraddanza*, etc.

CORDELET, LOUIS AUGUSTE, homme politique français, né le 17 janvier 1834 à Périgné-l'Evêque (Sarthe). Avocat, ancien suppléant de juge de paix, M. Cordelet est devenu, en 1878, président du Conseil général de la Sarthe, où il représente le 3e canton du Mans depuis 1871, et maire de cette ville. Après avoir échoué aux élections de 1876 pour la Chambre des députés, contre le député inamovible de la 2e circonscription du Mans, feu M. Haentjens, M. Cordelet fut élu sénateur de la Sarthe au renouvellement partiel du 8 janvier 1882, et le premier sur la liste. Il a pris place à gauche, et, dans la question des princes, venue devant le Sénat le 22 juin 1886, il a voté l'expulsion. — M. Cordelet a été décoré de la Légion d'honneur en juin 1880.

CORDIER, ALPHONSE STANISLAS, industriel et homme politique français, sénateur, né à Ecouché (Orne) le 27 février 1820 ; il fit ses études au collège de Lisieux. Venu à Paris en 1838, comme commis dans une maison de tissus, il s'associa en 1845 à un chimiste et prit la direction d'une manufacture de toiles peintes, près de Rouen. Membre de la Société libre du commerce et de l'industrie en 1850, il en devint vice-président dès 1851, fut élu, en 1857, membre et peu après secrétaire de la Chambre de commerce de la Seine-Inférieure, et en 1869, conseiller municipal de Rouen. — Aux élections du 8 février 1871, M. Cordier fut élu représentant de la Seine-Inférieure à l'Assemblée nationale, le troisième sur seize ; il prit place au centre gauche et fut l'un des vice-présidents de la réunion de ce groupe parlementaire. Au renouvellement des conseils généraux, le 8 octobre 1871, M. Cordier a été élu membre de celui de la Seine-Inférieure. Républicain conservateur en politique, en économie il est partisan du système prohibitionniste comme M. Pouyer-Quertier, quoique n'ayant pas les mêmes raisons que celui-ci, et comme M. Thiers, qui l'a, en conséquence, choisi pour diverses missions en Alsace ayant pour objet l'industrie dont il est l'un des représentants les plus distingués. M. Cordier a été élu, le 10 décembre 1875, sénateur inamovible. Il a voté l'expulsion des princes. — On lui doit ; *Exposition universelle de 1855*, avec MM. J. Girardin et Burel (1855); *Etude sur les industries textiles du Nord (1860) ; Rapport sur la crise cotonnière (1864); Etude et enquête sur les industries de la Seine-Inférieure (1869)*; diverses brochures sur des questions d'industrie, de finance, d'agriculture, de colonisation, etc. — M. Cordier est membre du Conseil supérieur du commerce, de l'agriculture et de l'industrie ; il a fait partie de la Commission des Expositions internationales créée par décret du 30 décembre 1871, du jury international de l'Exposition de Vienne (5e groupe : *Industrie des matières textiles*, etc.) en 1873 et de celui de l'Exposition universelle de 1878. Chevalier de la Légion d'honneur depuis 1855, M. Cordier a été promu officier le 20 octobre 1878.

CORDIER, HENRI JOSEPH CHARLES, sculpteur français, né à Cambrai le 19 octobre 1827. Il vint à Paris où il entra, en 1845, à l'Ecole des Beaux-Arts et fut élève de Fauginet et de Rude. Il débuta au Salon de 1848, et fit ensuite un voyage en Afrique, aux frais du gouvernement, avec mission d'étudier les types des races humaines habitant ces contrées. On a de cet artiste : le buste de *Saïd Abdullah;* la *Vénus africaine; Epoux chinois ; Types nègres et mongols* (reparus à l'Exp. univ. de 1855) ; une *Tête de Vierge;* le buste du *Lieutenant E. Cordier*, son frère ; le *Maréchal Randon* et *Madame Randon;* douze bustes d'*Algériens (1857) ; Amphitrite*, groupe plâtre; statue du *Maréchal Gérard*, pour la ville de Verdun (inaugurée en 1856); la *Bella Gallinara*, statue marbre; la *Caprese*, buste marbre et bronze; un *Palicare grec ; Amphitrite*, statue marbre ; *l'Impératrice*, buste ; une *Juive d'Alger*, buste, bronze émaillé ; une *Mulâtresse (1864) ;* une *Femme arabe;* une *Femme du Transtevère ;* un *Fellah du Caire, Portrait du général Fleury, Groupe d'enfants* (Exp. univ. 1867) ; *Cheik arabe d'Egypte*, buste, bronze ; *Fontaine égyptienne*, plâtre (1869); *Fraternité*, groupe, marbre ; *Fellah lampadaire*, bronze, marbre et onyx (1870) ; *Ibrahim Pacha, vice-roi d'Egypte*, statue équestre, bronze (1872) ; l'*Harmonie*, la *Poésie; Triton et Néréide*, groupe, plâtre, et *Portrait de Madame B...*, buste, marbre (1873) ; *Prêtresse d'Isis jouant de la harpe*, bronze émaillé (1874) ; *Christophe Colomb*, réduction onyx mexicain et argent d'un monument élevé à Mexico, et un buste en marbre : *Portrait de M. A. Violet (1876) ; Psyché*, statuette, marbre (1877) : deux bustes d'*Esquimaux*, homme et femme (1878) : *Ariane abandonnée*, statuette en marbre et un *Portrait de femme*, buste, marbre (1883) ; *Romaine*, buste en marbre ; *Marraine et bébé*, groupe en marbre (1884) ; *Portrait de Mme Cordier*, médaillon en marbre, et un autre médaillon (1885) ; le *Vice-amiral Courbet*, buste en marbre, pour le musée de Versailles (1886), etc. — M. Cordier a obtenu une 3e médaille en 1851, une 2e en 1853 et le rappel en 1857; il a été décoré de la Légion d'honneur le 15 août 1860.

CORDIER, JULIEN, homme politique français, né à Toul le 16 février 1844. Reçu licencié en droit, il se fit inscrire au barreau de Nancy, devint conseiller municipal de Toul en 1874 et conseiller général de Meurthe-et-Moselle, pour le canton de Domèvre, en 1877. Il fut élu, enfin, député de Meurthe-et-Moselle le 4 octobre 1885, avec toute la liste républicaine. M. J. Cordier collaborait, sous l'empire, au journal d'opposition démocratique intitulé *Journal de la Meurthe et des Vosges;* depuis, il a donné des articles au *Courrier de Meurthe-et-Moselle;* il a aussi publié quelques brochures de circonstance, telles que : *Lettre à un monarchiste (1871);* les *Elections sénatoriales (1875);* les *Trois cent soixante-trois devant le suffrage universel (1877)*. — Il a voté l'expulsion des princes.

CORELLI, Pietro, auteur dramatique et romancier italien, né à Casale, province de Montferrat, le 27 avril 1820. Dès l'âge de quinze ans, c'est-à-dire en 1835, il faisait représenter sur le théâtre de sa ville natale, par la compagnie Verguano, une tragédie intitulée : *Dirce*, qui réussit pleinement, et valut au jeune auteur l'amitié de Silvio Pellico, pour lors de passage à Casale. En 1841, il fit représenter à Turin une nouvelle tragédie : *Rosmonda*, laquelle obtint assez de succès pour être reprise presque aussitôt à Venise et à Florence. Ensuite, furent jouées, par la Compagnie royale sarde, de 1842 à 1844, les tragédies suivantes du même auteur : *I Correggeschi di Parma, Alvise Pisano, Tancredi* et *Corrado di Monferrato*, représentées dans plusieurs des principales villes d'Italie successivement. L'*Alvise Pisano* fut même jouée, par une exception presque unique, au Théâtre-Royal de Turin, au carnaval de 1843, sur les instances de la duchesse Marie-Adélaïde de Savoie, qui y fit appeler auteur et acteurs dans ce but. M. Corelli donna en 1848 une nouvelle tragédie, dont l'épopée dantesque lui avait fourni le sujet; titre : *Farinata degli Uberti*; puis, en 1849, un drame : *La Rivoluzione di Napoli del 1799*, joué par la compagie Morelli, au théâtre Carignan (Turin). Nous citerons encore, parmi les œuvres dramatiques de cet auteur : *Lodovico il Moro, Luigia de La Valliere, Oliviero Cromwell, Caterina dei Medici o la Notte di san Bartolomeo, Il Conte Verde, Moliere e il suo Tartufo, la Cortigiana di Robespierre*, etc. On doit en outre à M. P. Corelli un certain nombre de romans d'histoire ou de mœurs, parmi lesquels nous devons citer : *Oliviero Capello, Frà Girolamo Savonarola, Emanuele Filiberto, Carlo Emanuele I, Vittorio Amedeo II*, ces quatre derniers réunis sous le titre général : *Da San-Quintino ad Oporto*. Ajoutons encore : *Gli Eroi di Casa Savoia*, ouvrage orné de gravures; la *Povera Donna*, roman intime; un grand nombre de nouvelles, légendes nationales, articles, poésies, etc.

CORMON, Pierre Etienne **Piestre**, dit Eugène Cormon (Cormon est le nom de sa famille maternelle), auteur dramatique français, né à Lyon, le 5 mai 1811. Venu de bonne heure à Paris, il débutait au théâtre dès 1832. A quelques rares exceptions près, il a toujours écrit en collaboration avec des auteurs dramatiques en renom, notamment avec MM. Grangé, Dennery, Laurencin, Lockroy, Michel Carré, Raymond Deslandes, etc., ou de jeunes auteurs dont il s'agissait de faciliter les débuts, les nombreuses pièces, drames, comédies, vaudevilles et *libretti* qu'il n'a cessé de produire à la scène depuis plus d'un demi-siècle. — Nous citerons parmi les plus connus : les *Faussaires anglais (1833)*; les *Gueux de mer (1835)*; le *Vagabond (1836)*; le *Pensionnat de Montereau* (même année); *Raphaël ou les mauvais conseils (1838)*; *Paul et Virginie (1841)*; *Paris la nuit (1842)*; le *Cana. Saint-Martin (1845)*; *Corneille et Rotrou* (Français, 1845); un *Mari qui se dérange (1846)*; *Philippe II, roi d'Espagne (1846)*; *Gastibelza*, opéra comique (1847); les *Paysans*, drame (1847); le *Moulin des Tilleuls (1849)*; la *Ferme de Primerose (1851)*; *Paris qui pleure et Paris qui rit (1852)*; la *Foire aux plaisirs (1855)*; le *Billet de faveur (1856)*; *Don Pedro*, opéra comique (1857) : les *Crochets du Père Martin (1858)*; les *Ducs de Normandie*, drame historique (1859); le *Château Trompette*, opéra comique (1860); les *Dragons de Villars*, opéra comique; les *Pêcheurs de Catane*, drame lyrique (1861); *Jocrisse*, opéra comique (1862); les *Pêcheurs de perles*, opéra comique (1863); le *Docteur Magnus*, opéra (1864); *Lara*, opéra comique (1865); le *Trésor de Pierrot*, opéra comique (1865); *José Maria*, opéra comique (1866); *Robinson Crusoé*, opéra comique (1867); les *Bleuets*, opéra comique (1868); *Mme Turlupin*, opéra comique (Athénée, 1872); les *Deux Orphelines*, drame (Porte-Saint-Martin, 1874); la *Filleule du Roi*, opéra comique (Renaissance, 1875); le *Carosse du Gouverneur*, opéra comique en 3 actes; *Gazouillette*, opérette, 1 acte; *Pierre*, vaudeville (1877), etc. etc. M. Cormon a été quelques années administrateur du Vaudeville, depuis 1874.

CORNE, Hyacinthe Marie Augustin, homme politique et littérateur français, né à Arras le 28 août 1802; il fit ses études au collège des Jésuites de Saint-Acheul, près d'Amiens, et son droit à Paris. Nommé conseiller-auditeur à la cour de Douai en 1826, il devint, en 1830, président du tribunal de première instance de cette ville. Il fut élu, en 1837, député de Cambrai, et siégea jusqu'en 1846 sur les bancs de l'opposition. Il ne fut pas réélu, et prit une part active à la campagne des banquets dans le Nord. Nommé, au lendemain de Février, procureur général à Douai, il fut appelé en la même qualité, au mois de juin suivant, à la Cour d'appel de Paris. Elu représentant du Nord à la Constituante, le second sur vingt-huit, il prit place sur les bancs de la gauche modérée, et quoique son opposition se sentit de cette modération, d'ailleurs naturelle à M. Corne, il fut remplacé comme procureur général à la Cour d'appel de Paris, par M. Baroche, le lendemain de l'élection de Louis-Napoléon à la présidence de la République. M. Corne fut réélu à la Législative par le département du Nord, mais seulement le dix-neuvième. Le Deux décembre, contre lequel il protesta à la mairie du Xe arrondissement, le rendit à la vie privée. Il n'en sortit qu'aux élections générales de 1869, peu favorables aux esprits « modérés »; aussi y échoua-t-il. Mais, aux élections du 8 février 1871, il fut élu en tête de la liste des vingt-huit représentants du Nord à l'Assemblée nationale, et vint y prendre place au centre gauche. M. Corne a fait partie à l'Assemblée nationale de plusieurs commissions importantes, la commission des grâces, notamment; il a été président de la commission de réorganisation de la magistrature et de la commission de la presse. Il a été enfin président de la réunion du centre gauche. M. Corne a été élu sénateur inamovible, par l'Assemblée, dans sa séance du 10 décembre 1875. Il a voté contre l'expulsion des princes. — M. Corne a publié : *Essai sur la littérature considérée dans ses rapports avec la constitution politique des différents peuples (1826)*; *Du Courage civil et de l'éducation propre à inspirer les vertus publiques (1828)*, ouvrage couronné l'année précédente au concours de la Société de morale chrétienne; *De l'éducation publique dans ses rapports avec la famille et avec l'État (1842)*; *Rapport et projet de loi sur les jeunes détenus, présentés à l'Assemblée législative le 14 décembre 1849 (1851)*; le *Cardinal Richelieu (1853)*; le *Cardinal Mazarin* (même année, 2e édition 1867); *Lettres à Adrien (1856)*; *Marcel (1858*, 2 vol.); *Souvenirs d'un proscrit polonais (1861)*; *Éducation intellectuelle (1873)*, etc.

CORNEAU, Emile Joseph, industriel et homme politique français, né à Charleville le 17 août 1820. Maître de forges et fonderies, maire de Charleville, il se présenta comme candidat républicain dans l'arrondissement de Mézières, à une élection complémentaire pour la Chambre des députés, motivée par le passage au Sénat de M. Gailly, et fut élu le 5 septembre 1880. Il s'inscrivit au groupe de l'Union républicaine, et fut réélu le 21 août 1881, à une énorme majorité. Le 4 octobre 1885, M. Corneau figurait sur la liste radicale, qui triompha dans les Ardennes au scrutin de ballottage. — Il a voté l'expulsion des princes.

CORNIL, André Victor, médecin et homme politique français, né à Cusset le 17 juin 1837; fit ses études médicales à Paris, devint interne des hôpitaux et prit le grade de docteur en 1864. Plusieurs fois lauréat de l'Institut et de l'Académie de médecine, il fut nommé chef de clinique en 1856, professeur agrégé de la faculté de médecine de Paris en 1869, et médecin des hôpitaux en 1870. Elu membre du Conseil général de l'Allier au mois de juin suivant, il fut nommé préfet de ce département par décret du 6 septembre 1870, mais donna sa démission le 23 du même mois. Réélu membre du Conseil général, au renouvellement de ces conseils, le 8 octobre 1871, M. Cornil en devint président peu après. Il a été élu député de l'arrondissement de la Palisse, le 20 février 1876, et a pris place sur les bancs de la gauche. Réélu le 14 octobre 1877 et le 21 août 1881, M. Cornil a été élu sénateur de l'Allier au troisième renouvellement triennal, le 25 janvier 1885. — Il a voté contre l'expulsion des princes.

M. le docteur Cornil s'est surtout occupé, dans ses recherches scientifiques comme dans son enseignement, d'histologie pathologique; il a fondé, rue Christine, un laboratoire important. On lui doit : de l'*Erysipèle du pharynx (1862)*; *Mémoires sur les lésions du rein dans l'albuminurie*, sa thèse de doctorat (1864); de la *Phtisie pulmonaire*, avec M. Hérard (1867); *Manuel d'histologie pathologique*, avec M. Ranvier (1869); *Manuel d'hygiène (1872)*; les *Bactéries et leur rôle dans l'anatomie et dans l'histologie pathologique des maladies infectieuses (1885*, 2e édition 1886), etc. Il a collaboré au *Dictionnaire encyclopédique des sciences médicales* et à diverses autres publications spéciales, périodiques ou non. — M. le docteur Cornil est chevalier de la Légion d'honneur.

CORNU, Marie Alfred, physicien français, né à Paris le 6 mars 1831. Elève de l'École polytechnique et de l'École des mines, il reçut son diplôme d'ingénieur en 1866, et est devenu ingénieur en chef des mines de 2e classe. Professeur de physique à l'École polytechnique depuis 1867, M. Cornu a été élu membre de l'Académie des sciences, en remplacement de Becquerel père, le 3 juin 1878. M. Cornu a attiré l'attention du monde savant par ses belles expériences tendant à déterminer la vitesse de la lumière et la densité moyenne de la terre. La Société royale de Londres lui a décerné, en 1878, sa grande médaille de Rumford. — On a de ce savant : *Recherches sur la réflexion cristalline*, thèse de doctorat; *Sur un nouveau polarimètre (1870)*; *Sur le renversement des raies spectrales des vapeurs métalliques (1871)*; *Sur le spectre de l'aurore boréale du 4 février 1872 (1872)*; *Extension des résultats au mode mineur (1873)*, et divers mémoires sur l'optique, l'acoustique, etc., insérés au *Journal de l'École polytechnique* et aux *Comptes rendus* de l'Académie des sciences. — M. Cornu est officier de la Légion d'honneur depuis le 10 décembre 1884.

CORNUAU, Charles Jules, administrateur et homme politique français, né à Saint-Amand-du-Cher le 16 septembre 1822. Ses études à peine terminées, il débuta dans la carrière administrative, comme chef de cabinet du préfet de l'Indre, en 1839, devint successivement chef de division à la préfecture de la Manche en 1843, sous-préfet de Château-Gonthier en 1849, secrétaire général de la Loire-Inférieure en 1853 et préfet des Landes le 30 octobre 1854. Nommé secrétaire général du ministère de l'intérieur, sous le général Espinasse, le 7 février 1858 et, le 7 novembre suivant, conseiller d'État en service ordinaire hors sections, il fut nommé, au retour aux affaires de M. de Persigny (14 décembre 1866), préfet de la Somme et conseiller d'État en service extraordinaire. Lors de l'épidémie cholérique qui sévit en 1866 à Amiens, le préfet de la Somme et surtout Mme Cornuau, firent preuve d'un véritable dévouement pour les victimes du fléau, et sans doute beaucoup de ses anciens administrés en ont conservé le souvenir. En tout cas, M. Cornuau en fut récompensé par le cordon de grand officier de la Légion d'honneur. Nommé préfet de Seine-et-Oise, le 30 janvier 1869, la révolution du 4 septembre 1870 a éloigné M. Cornuau de la vie publique. Il essaya pourtant d'y rentrer à la faveur d'une élection complémentaire à l'Assemblée nationale, ouverte dans la Somme, pour pourvoir au remplacement de M. Dauphin, démissionnaire, et qui eut lieu le 9 juin 1872; mais il échoua contre le candidat républicain, M. Jules Barni.

CORNULIER (marquis de), Gaston Charles Joseph, homme politique français, né en 1825. Grand propriétaire agriculteur, éleveur de chevaux, dans le Calvados, l'un des fondateurs et le président de la Société d'encouragement pour l'élève du demi-sang. M. le marquis de Cornulier était porté, aux élections d'octobre 1885, sur la liste monarchique, qui triompha tout entière dans le Calvados.

CORNULIER-LUCINIÈRE (comte de), Alphonse Jean Claude René Théodore, amiral français, frère puiné du sénateur mort au commencement de 1886, né à Lucinière (Loire-Inférieure) le 16 février 1811. Il entra dans la marine en 1827, servit dans l'escadre de la Méditerranée, puis dans les mers du Sud, et prit part à l'expédition du Tage en 1831. En 1832, il faisait partie du détachement de marins qui s'emparèrent de la Casbah de Bône, et reçut la croix de la Légion d'honneur pour sa belle conduite dans cette affaire. Nommé enseigne de vaisseau le 1er janvier 1833, il participa aux diverses expéditions entreprises sur la côte algérienne (1833-34), fit partie d'une expédition en Islande et au Groënland (1836), d'une autre dans l'Inde (1838-39) et fut promu lieutenant de vaisseau en 1840. Employé dans diverses stations et croisières dans l'intervalle, il était nommé capitaine de frégate le 2 décembre 1852. Appelé au commandement de la frégate le *Sané* dans la mer Noire, lors de la guerre d'Orient, il prit ensuite celui de la batterie cuirassée la *Lave*, avec laquelle il coopéra à l'attaque de Kinburn, et fut promu capitaine de vaisseau le 1er décembre 1855. M. de Cornulier-Lucinière servit ensuite dans les mers du Sud comme commandant de la *Galathée*. Adjoint au Conseil d'amirauté à son retour en France, il fut promu contre-amiral le 4 mars 1868 et nommé inspecteur général des équipages de la flotte à Cherbourg, Lorient et Rochefort, et préfet maritime provisoire à Cherbourg. Il fut, en 1869, commandant en chef en Chine et au Japon, puis gouverneur intérimaire de la Cochinchine en 1870. En cette qualité, il eut à négocier avec le roi de Siam et l'empereur d'Annam au nom de la colonie et réussit au mieux de ses intérêts; il mit, en outre, lors de la guerre de 1870-71, les côtes et les rivières de la Cochinchine en état de défense et inquiéta, autant qu'il le put, le trafic allemand dans ces contrées. — Rentré en France au commencement de 1871, M. le contre-amiral de Cornulier-Lucinière fut nommé grand officier de la Légion d'honneur le 14 mai. Il est, en outre, grand officier de l'ordre du Cambodge et de l'Éléphant blanc de Siam, commandeur de l'ordre de Pie IX, officier de l'ordre de la Tour et l'Épée de Portugal, et décoré du Medjidié (4e classe). — Nommé maire de Nantes par le gouvernement du 24 mai, M. l'amiral de Cornulier-Lucinière a donné sa démission à la suite des élections municipales suivantes, favorables à l'opinion républicaine.

CORRAL, Casimiro, homme politique et diplomate bolivien, né à la Paz le 4 mars 1831, y fit ses études et prit le grade de docteur en droit à l'université de cette ville en 1858, ayant déjà professé les mathématiques et les sciences naturelles dans diverses institutions et collaboré, en 1855 et 1856, à divers journaux. Secrétaire du conseil d'État de Bolivie sous l'administration du docteur Linarès, il protesta contre le coup d'État du 20 octobre 1861 et le massacre qui s'ensuivit, et finit par s'enrôler parmi les révolutionnaires, en 1862. Il prit part dans leurs rangs à la bataille de San Juan, et combattit avec courage derrière les barricades de la Paz. Cette double tentative ayant échoué, le docteur Corral, se réfugia au Pérou; il s'établit à Lima et y fonda le *Mercurio*, feuille libérale, collaborant en même temps à diverses revues de cette ville. Lorsqu'éclata la révolution de 1865, contre Melgasajo, le docteur Corral retourna en Bolivie; les insurgés le nommèrent préfet de la Paz qui, grâce à son courage et à son abnégation, fut sauvée du pillage. Après l'avortement de l'insurrection, Melgasajo, qui connaissait sa conduite, chercha à se l'attacher et lui offrit le portefeuille du Trésor, qu'il refusa, mais il accepta le poste de juge à la Cour de justice. Lors de l'incroyable agression de l'Espagne, l'alliance contre cette puissance ayant été décidée, le docteur Corral fut envoyé comme ministre plénipotentiaire à la République de l'Équateur, y représentant à la fois la Bolivie et le Pérou. Après la conclusion de la paix (1868), mécontent du despotisme toujours croissant de Melgasajo, il donna sa démission, et travailla activement à en affranchir son pays, à quoi il parvint enfin, après une assez longue campagne, le 15 janvier 1871. L'Assemblée constituante de 1871 lui vota des remerciements, et il accepta le portefeuille des affaires étrangères sous le gouvernement du général Moralès; il le conserva, après la mort de celui-ci, sous l'administration de Frias, mais ne tarda pas à donner sa démission pour prendre la direction du parti démocratique civil, qui le pressait de préparer sa candidature à la présidence de la République. Ayant échoué dans cette campagne aventureuse, il fut nommé ministre plénipotentiaire près la république de l'Équateur. Il est actuellement (1886) ambassadeur de la république de Bolivie à Washington.

CORVO Y CAMOENS, Joao de Andrade, écrivain et diplomate portugais, pair du royaume, est né à Torrès-Novas, dans l'Estramadure, le 30 janvier 1824. Il fit ses études à Lisbonne, entra à l'École royale du génie, d'où il sortit lieutenant en 1843, et suivit en même temps les cours de l'École de médecine. Il entra alors dans l'enseignement, devint professeur de botanique et d'économie rurale dans les grandes institutions d'enseignement de l'État, et fut élu membre de l'Académie de Lisbonne en 1855. La même année, il faisait partie du jury international de l'Exposition universelle de Paris, fonctions qu'il a remplies de nouveau aux expositions suivantes. M. de Andrade Corvo a été, en outre, chargé de missions scientifiques à l'étranger. Il a publié divers mémoires dans le recueil de l'Académie de Lisbonne, notamment : *Memoria sobre doença das vinhas na Madeira*; et publié à part : *Relatorio sobre a Exposição universal de Paris (Agricultura)*; *Estudô economico y higienico sobre a cultura do arroz*; *Um anno na corte*, roman historique, etc. Il a également fourni au théâtre : *D. Maria Telles* et *O Astrologo*, drames; *Um conto ao*

serão, comédie, etc. — M. de Andrade Corvo a été nommé envoyé extraordinaire et ministre plénipotentiaire du roi de Portugal près la République française, le 27 juillet 1883. Il est correspondant de l'Académie des sciences (section d'économie rurale), et grand'croix de la Légion d'honneur.

COSSON, Ernest Saint-Charles, médecin et botaniste français, né à Paris le 22 juillet 1819. Elève de Richard, d'Adrien de Jussieu et de Brongniard, en même temps qu'il étudiait la botanique avec une assiduité particulière, M. Cosson suivait les cours de l'Ecole de médecine et se faisait recevoir docteur en 1847. Etabli dans le VIIe arrondissement de Paris, il y remplit, de 1847 à 1850, les fonctions gratuites de médecin du bureau de bienfaisance; fut attaché, en 1851, à la Commission scientifique de l'Algérie et fit dans notre colonie, de 1852 à 1861, six voyages d'exploration scientifique, grâce auxquels on connait maintenant la flore et les lois qui président à la distribution des végétaux dans les diverses régions de l'Algérie. Membre de la Société botanique de France, il en a été, depuis 1854, secrétaire, vice-président et enfin président; il est en outre membre de la Société philomatique, de la Société de géographie, membre du conseil d'administration de la Société d'acclimatation, etc.; et a été élu à l'Académie des sciences en mars 1873, en remplacement du maréchal Vaillant. Il a été membre du Conseil général du Loiret, de 1869 à décembre 1870, pour le canton de Ferrières. — On doit à ce savant: *Observations sur quelques plantes critiques des environs de Paris*, avec M. E. Germain de Saint-Pierre (1840); et avec le même collaborateur: *Flore descriptive et analytique des environs de Paris (1840)*, *Synopsis de la Flore des environs de Paris, destiné aux herborisations*, etc. (1842); *Supplément au Catalogue raisonné des plantes vasculaires des environs de Paris (1845)*; Avec M. L. Krakli: *Sertulum tunetatum, notes sur quelques plantes du sud de la Régence de Tunis (1847)*. Viennent ensuite, après ses *Notes sur quelques plantes exotiques, rares ou nouvelles, et Additions à la Flore des environs de Paris*, publiées en 1849, ses importants travaux sur l'Algérie: *Rapport sur un voyage botanique en Algérie, d'Oran au Chott-el-Chergui (1853)*; *Rapport sur un voyage botanique en Algérie, de Philippeville à Biskra et dans les monts Aurès (1856)*; *Itinéraire d'un voyage botanique en Algérie, dans le sud des provinces d'Oran et d'Alger (1857)*; *Considérations générales sur le Sahara algérien et ses cultures (1859)*; *Flore de l'Algérie (1867)*; un ouvrage considérable sur la flore de l'Algérie, de Tunis et du Maroc: *Sylloge Floræ Algeriensis*, etc. Il a collaboré aux *Annales des sciences naturelles*, au *Bulletin de la Société botanique de France*, au *Bulletin mensuel de la Société d'acclimatation* et aux publications des diverses sociétés savantes dont il fait partie. — M. Cosson a été promu officier de la Légion d'honneur le 12 juillet 1880

COULLIÉ, Pierre Hector, prélat français, né à Paris le 14 octobre 1829. Après avoir terminé ses études au séminaire de Saint-Sulpice, il fut ordonné prêtre et nommé vicaire à Sainte-Marguerite, d'où il passa à Saint-Eustache, puis à Notre-Dame-des-Victoires. En 1874, M. l'abbé Coullié était nommé promoteur du diocèse de Paris, en remplacement de M. l'abbé d'Hulst; puis il devint chanoine de Nancy et de Saint-Dié. Nommé archevêque de Sidonie *in partibus infidelium* et coadjuteur de l'évêque d'Orléans, le 23 août 1876, il fut préconisé le 29 septembre et sacré à Notre-Dame de Paris le 19 novembre. Il a été nommé évêque d'Orléans, en remplacement du célèbre M. Dupanloup, décédé la veille, le 12 octobre 1878.

COURCELLE-SENEUIL, Jean Gustave, économiste français, né à Seneuil (Dordogne) le 22 décembre 1813. D'abord négociant, il abandonna les affaires pour se livrer entièrement à l'étude de l'économie politique, et collabora dès lors à divers journaux ou publications périodiques: le *National*, la *Réforme*, le *Bon sens*, le *Droit*, la *Revue républicaine*, la *Semaine*, la *République*, le *Temps*, etc.; ainsi qu'au *Dictionnaire politique* de Pagnerre et au *Dictionnaire de l'économie politique*. Nommé directeur des domaines au ministère des finances, après la révolution de février, il abandonna ce poste peu après, et fut chargé d'une mission en Angleterre. Il occupa ensuite la chaire d'économie politique à l'Institut national de Santiago de Chili, mais il donna sa démission, après quelque temps d'exercice et revint en France. M. Courcelle-Seneuil a été nommé conseiller d'Etat en 1879. Il a été nommé depuis maître d'une conférence d'économie politique à l'Ecole normale supérieure et élu membre de l'Académie des sciences morales et politiques (section d'économie politique). — Il est chevalier de la Légion d'honneur. — On a de M. Courcelle-Seneuil: *Lettres à Edouard sur les révolutions (1833)*; le *Crédit, la banque*, etc. (1840); *Traité théorique et pratique sur les opérations de banque (1852)*; *Traité... des entreprises commerciales, industrielles et agricoles (1854)*; *Traité... d'économie politique* (1858, 2 vol.); *Etudes sur la science sociale (1862)*; *Leçons élémentaires d'économie polititique (1864)*; *Agression de l'Espagne contre le Chili (1866)*; la *Banque libre (1867)*; *Liberté et socialisme (1868)*; l'*Héritage de la Révolution*, etc.; outre ses articles au *Dictionnaire de l'économie politique*, etc.

COUSIN, Jules, littérateur français, né à Paris le 4 mars 1830, y fit ses etudes et entra, en 1856, à la bibliothèque de l'Arsenal; devenu conservateur, il se retira en 1870 et fut nommé conservateur honoraire. Chargé de reconstituer la bibliothèque de la ville de Paris, incendiée pendant la Commune, M. J. Cousin offrit sa propre collection, formée de 6,000 volumes et plus de 8,000 estampes concernant spécialement l'histoire de Paris, et s'occupa aussitôt d'installer la nouvelle bibliothèque municipale, augmentée de dons sollicités de toutes parts, dans l'hôtel Carnavalet, ancienne résidence de Mme de Sévigné. Il en a été nommé conservateur. M. Jules Cousin est l'un des fondateurs de la Société de l'Histoire de Paris. — On lui doit: l'*Hôtel de Beauvais*, la *Cour du Dragon*, le *Tombeau de Watteau à Nogent-sur-Marne (1865)*; le *Comte de Clermont, sa cour et ses maîtres (1867*, 2 vol.), etc., outre des notices et articles publiés dans diverses revues. — M. J. Cousin est membre de la Commission de l'inventaire général des richesses d'art de la France. Il est chevalier de la Légion d'honneur.

COUSSET, Camille, homme politique français, né à Chambon (Creuse) en 1833. Fils d'un proscrit de décembre réfugié à Chambéry, c'est au barreau de cette ville que M. Cousset vint se faire inscrire aussitôt sa licence obtenue. Nommé procureur de la République après le 4 septembre 1870, il fut révoqué après la Commune, sans doute par défaut de complaisance, et reprit sa place au barreau de Chambéry. Il fonda à cette époque, avec le docteur Carret, son collègue à la Chambre, la *Savoie républicaine*. Après un court passage dans sa ville natale, M. Cousset alla s'établir à Limoges, où il parut comme défenseur dans plusieurs procès de presse. — Il a été élu député de la Creuse, sur la liste radicale, au scrutin du 18 octobre 1885, et a pris place à l'extrême gauche. Il a voté l'expulsion totale des princes.

COUTURIER, Henri Jean-Baptiste, médecin et homme politique français, né à Vienne (Isère) le 17 juillet 1813. Reçu docteur en 1841, il s'établit dans sa ville natale. Il était vice-président du Conseil général de l'Isère, lorsqu'il fut élu député de la 2e circonscription de Vienne le 20 février 1876, il s'inscrivit au groupe de l'Union républicaine, et fut réélu le 14 octobre 1877 et le 21 août 1881. — Il a été élu sénateur de l'Isère, en remplacement de M. Michal-Ladichère, décédé, le 25 janvier 1885. M. Couturier a voté l'expulsion des princes.

COVARRUBIAS, don Alvaro, homme d'Etat chilien, né en 1826. Elevé à l'Institut national de son pays, qui est un des établissements universitaires les plus célèbres de l'Amérique du Sud, il fut reçu avocat en 1847 et, en 1848, ne pouvant être investi du mandat de membre du Congrès, élu par l'opposition secrétaire de la Chambre des députés. Il quitta ces fonctions en 1851, pour avoir refusé de contresigner une proclamation du président de la République. Il prit alors place au barreau de Santiago, où il se fit une grande réputation et une clientèle brillante. En 1857, il fut élu député par le département de Rancagua, prit place sur les bancs de l'opposition, et combattit avec ardeur le gouvernement impopulaire de Montt. La même année, il avait été nommé membre de l'Université, pour la faculté des lois et sciences politiques. A la faveur du mouvement libéral de 1858, le gouvernement s'empressa de se débarrasser de cet adversaire dangereux; il fut déclaré déchu de son mandat de député, et sa place de membre de l'Université vacante, et fut poursuivi comme complice des auteurs du soulèvement. Acquitté par les tribunaux, Don Alvaro Covarrubias n'en fut pas moins tenu éloigné des affaires publiques jusqu'en 1861. Cette année-là, les élections présidentielles portèrent à la tête de la république Don Jose Joaquin Pérez, esprit sagement libéral. M. Covarrubias se rallia au parti représenté par le nouveau président et fut, aux élections de 1863, renvoyé à la Chambre des députés par les électeurs de Santiago. L'année précédente un vote de ses anciens collègues de l'Université lui avait rendu son siège à la faculté des lois et sciences politiques. Quelques mois après son élection à la Chambre des députés, il était nommé par le pouvoir exécutif, président de la Cour d'appel de Santiago. En 1864, un événement politique inouï vint, pour la première fois peut-être, faire sentir aux républiques de l'Amérique du Sud la nécessité de l'union, de l'entente commune, de la solidarité. Le 14 avril, l'amiral espagnol Pinzon s'emparait sans autre forme de procès, des îles Chincha, appartenant à la République du Pérou; ce fut une clameur universelle. Au Chili, le ministère Tocarnal, paraissant insuffisamment disposé à agir directement dans cette affaire, pour la défense de l'intégrité du territoire américain, fut renversé, et M. Covarrubias fut chargé de former un nouveau cabinet. Il choisit le portefeuille des affaires étrangères et se montra du premier coup à la hauteur d'une mission que les circonstances rendaient plus difficile encore. Il entama, avec l'Espagne, des négociations diplomatiques qui aboutirent à la convention connue sous le nom de traité Covarrubias-Tavira, assurant la paix et donnant satisfaction aux susceptibilités américaines, lequel, par malheur, ne fut pas sanctionné par le gouvernement de Madrid. C'était la guerre; et cette guerre se prolongea jusqu'en 1867, époque à laquelle la médiation des Etats-Unis, repoussée par M. Covarrubias, lui parut sur le point d'être acceptée par le président de la République. Il donna alors sa démission et fut élevé à la dignité de conseiller d'Etat en quittant le ministère, et en mai suivant (1868), président de la Cour suprême de justice. Elu membre du Sénat, en 1870, il fut aussitôt porté au fauteuil présidentiel par le vote de ses collègues. Forcé, par sa santé chancelante, d'entreprendre un voyage en Europe, M. Covarrubias résigna la présidence du Sénat, dont il a été réélu membre à chaque renouvellement depuis. En 1871, le parti libéral modéré le proclama candidat aux élections présidentielles; mais il déclina la candidature, et pria ses amis de reporter leurs suffrages sur Don Federico Errazuriz, qui fut élu en effet. — Don Alvaro Covarrubias a été nommé, en 1872, ministre plénipotentiaire de la République du Chili près de l'empire d'Allemagne.

COWEN, Frederick Hymen, musicien anglais, né le 29 janvier 1852, à Kingstown (Jamaïque). Il montra tout enfant un amour et une aptitude également extraordinaires pour la musique. Amené en Angleterre à l'âge de quatre ans, ses dispositions musicales, qui ne cessaient de se développer, inspirèrent l'idée de le faire instruire, malgré son extrême jeunesse, dans cet art pour lequel il semblait si évidemment né. Il fut d'abord placé sous la direction des professeurs Benedict et Goss et y resta jusqu'à l'hiver de 1865. Il alla étudier ensuite aux Conservatoires de Leipzig et de Berlin et revint à Londres en 1868. Son premier essai de composition musicale est une valse écrite à l'âge de six ans; puis vinrent de nombreux morceaux de genres divers, notamment une « operetta » intitulée *Garibaldi*. Après son retour de Berlin, il produisit une sonate, un trio, un quatuor, un concerto pour piano, et une symphonie en ut mineur; celle-ci d'abord exécutée dans un concert donné par l'auteur même, puis au palais de Cristal. Il a donné, en novembre 1870, à Saint-James's Hall, avec un grand succès, une cantate: la *Rose virginale*, et un autre: le *Corsaire*, au festival de Birmingham (1876). Il a écrit depuis: *Pauline*, opéra; le *Déluge*, oratorio; deux *Symphonies scandinaves*; *Sainte Ursule*, cantate sacrée, exécutée au festival de Norwich en 1881; enfin des ouvertures, des morceaux pour le piano et pour la voix, dont une quantité innombrable de romances, ballades, chansons, la plupart devenues populaires.

COWPER, John Curtis, tragédien anglais, né à Manchester le 7 juin 1830. Après avoir reçu une bonne éducation, il se prépara à la carrière dramatique pour laquelle il se sentait une vocation décidée. Il devint un membre actif de la Société de l'Athénée littéraire et dramatique de Manchester, où il prit des leçons de déclamation et d'art dramatique de Samuel Butler, alors un des principaux artistes du Théâtre-Royal de cette ville et de John Vandenhoff. Avant d'avoir atteint sa majorité, M. Cowper, qui s'occupait d'affaires commerciales, partit pour les Etats-Unis, d'où il revint au bout de quatre ans, pour prendre la direction d'une maison de Manchester en rapports avec celle qu'il quittait. Il succomba dans la crise commerciale de 1855; alors, à l'instigation de nombreux amis, il sollicita et obtint son premier engagement artistique au Théâtre-Royal, où il parut dans le rôle de Romeo, ayant pour Juliette une débutante également, et qui devait faire aussi parler d'elle plus tard, Miss Amy Sedgwick. M. Cowper obtint pour ses débuts un véritable succès. Ayant terminé son engagement, il fit une tournée en province, choisissant de préférence les théâtres les plus modestes, et conséquemment les plus mal organisés des petites villes, afin de se rompre aux difficultés de la scène. Il parut enfin à Liverpool, à l'Amphithéâtre royal, le 26 avril 1858, dans le rôle d'Iago, et y fut si bien accueilli, qu'il obtint un second engagement en juin, pendant lequel il joua *Claude Melnotte*, *Hamlet*, *Don César*, *Macbeth*, *The Stranger*, *Richard III*, etc. M. Cowper fit sa première apparition à Londres, au théâtre d'Adelphi, vers la fin de 1862, dans une représentation donnée au bénéfice de miss Avonia Jones. Il donna sa représentation d'adieux à Liverpool en octobre 1865, puis revint à Londres, où il débuta au théâtre de Sadler's Well, le 25 octobre, dans le rôle de Claude Melnotte. Il fut engagé à ce théâtre, comme acteur principal, pour la saison. Il joua Romeo avec miss Bateman, dans la représentation d'adieux de cette artiste au théâtre de Sa Majesté, le 22 décembre de la même année, après quoi il s'embarqua pour les Etats-Unis où il joua avec un grand succès à New York et à Boston. De retour en Angleterre en mai 1866, il reparut à l'Amphithéâtre de Liverpool, le 25 juin et au Lyceum de Londres, le 15 septembre, dans le drame de M. Dion Boucicault: *The Long Strike*. Ensuite, il parut à Drury-Lane, dans le rôle de Jacob Blount, membre du Parlement, de la *Grande Cité*, drame qui fut joué pendant tout l'été de 1867; puis dans celui de Bertucchio du *Doge de Venise* et dans celui de Joe, de l'*Enfant de personne* (Nobody's Child). — En août 1868, il entra au théâtre d'Holborn, où il joua John Drummond, de *Coup pour coup*. Lorsque M. B. Sullivan prit la direction de ce théâtre, M. Cowper y joua uniquement les grands premiers rôles de drame. Cette direction eut une fin soudaine et prématurée dont les intérêts de M. Cowper ne paraissent pas toutefois avoir beaucoup souffert, et il est resté engagé sous la direction suivante dans les mêmes conditions. Ses vacances sont employées à de fructueuses tournées dans les principales villes de la province.

COX, Samuel Sullivan, homme politique américain, né à Zanesville (Ohio) le 30 septembre 1824. Il fit ses études à l'université de Brown, devint homme de loi, puis éditeur, et voyagea en Europe pendant quelques années. Nommé, en 1855, secrétaire de la légation du Pérou, il était élu l'année suivante membre du Congrès des Etats-Unis, pour l'Etat de l'Ohio, et continua à être réélu en 1858, 1860 et 1862. Etant démocrate, il fit à l'administration une vive opposition pendant la guerre civile. Ayant fixé, en 1866, sa résidence à New-York, il fut élu par cette cité membre du Congrès en 1868 et en 1870, et a été au Congrès un des chefs du parti démocrate. Il a échoué en 1872, avec tous ses amis politiques portés avec lui sur la même liste électorale, mais fut renvoyé au Congrès en 1874, par une circonscription de New-York qui l'a réélu constamment depuis, et il a présidé cette assemblée, par intérim, à plusieurs reprises. Il a fait de nombreuses conférences et a publié divers ouvrages parmi lesquels nous citerons: *Huit ans au Congrès (1865)* et *A la recherche d'un rayon de soleil en hiver*, impressions de voyage en Italie, en Corse, en Algérie et en Espagne (1870); *Pourquoi nous rions (1876)*; *Terre libre et commerce libre (1880)*; *Rayons du soleil arctique* et *Rayons du soleil d'Orient (1882)*, etc.

COXWEL, Henry Tracey, aéronaute anglais, né le 2 mars 1819, à Wouldham, près du château de Rochester, fit ses études à l'Ecole militaire de Chatham. Il était destiné par sa famille à la carrière militaire, mais à la mort de son père, le capitaine Coxwell de la Marine royale, il abandonna ses études spéciales, vint à Londres, et se fit chirurgien-dentiste. Tout enfant, il avait manifesté une vocation réelle pour les ascensions aéro-

statiques et avait fait avec d'autres aréonautes quelques voyages dans les régions élevées, lorsqu'il résolut, vers 1844, de s'en faire une carrière professionnelle sérieuse. Il fonda, en 1845, et dirigea l'*Aerostatic Magazine*, et a fait depuis cette époque plus de sept cents ascensions, dont l'une des plus célèbres est certainement celle du 17 juillet 1862, dans laquelle, parti de Wolverampton, sous le patronage et dans l'intérêt de l'Association britannique pour l'avancement des sciences, il s'éleva à sept milles de hauteur (plus de 11,000 mètres, si ce chiffre n'est pas exagéré) avec M. Glaisher. Celui-ci était devenu insensible et son compagnon ne valait guère mieux ; heureusement, M. Coxwell, saisissant la corde entre ses dents, parvint à ouvrir la soupape : le ballon put alors descendre et la vie des aéronautes fut sauvée. M. Coxwell a écrit de nombreux articles et fait de non moins nombreuses conférences ou lectures sur l'aéronautique.

CRANBROOK (vicomte), GATHORNE HARDY, homme d'Etat anglais, né à Bradford le 1er octobre 1814, fit ses études à l'école de Shrewsbury et au collège Oriel, à Oxford. M. Hardy a représenté Leominster à la Chambre des communes de 1856 à juillet 1865, époque où il fut élu, contre M. Gladstone, après une lutte très vive, par l'université d'Oxford. Nommé sous-secrétaire d'Etat au département de l'intérieur sous la seconde administration de lord Derby en 1858, à la formation du troisième cabinet présidé par le même homme d'Etat, en juillet 1866, M. Hardy fut nommé président du Bureau de la loi des pauvres et, en mai 1867, M. Walpole ayant donné sa démission, il devenait secrétaire d'Etat à l'intérieur, poste qu'il conserva jusqu'à la chute du cabinet tory, en décembre 1868. M. Gathorne Hardy est revenu aux affaires avec son parti, en février 1874, comme ministre de la guerre. En mai 1878, il était élevé à la pairie, au titre de vicomte CRANBROOK, de Hemsted, dans le comté de Kent. Il succéda au marquis de Salisbury, comme secrétaire d'Etat pour l'Inde, et conserva ce poste jusqu'à la chute de son parti en mai 1880. Lord Cranbrook a été rappelé aux affaires, dans le ministère formé par le marquis de Salisbury le 2 août 1886, en qualité de lord président du conseil.

CRAUK, GUSTAVE ADOLPHE DÉSIRÉ, sculpteur français, élève de Ramey, Pradier et Dumont, est né à Valenciennes le 16 juillet 1827. Grand prix de Rome en 1851, il n'exposa au Salon qu'après son retour de la villa Médicis. — On cite de lui : *Bacchante et Satyre*, groupe en bronze (1857); *Omphale*, groupe, marbre (1859); *Faune*, statue, bronze (1861); *Saint Jean-Baptiste*, en pierre (1863); la *Victoire couronnant le drapeau français (1864)*; *Fronton de la manufacture de Sèvres*, plâtre (1866); *Dupuytren*, statue en bronze (1869); le *Crépuscule*, groupe, marbre (1870); l'*Intendant d'Etigny*, statue, plâtre (1873); les portraits du *Maréchal de Mac-Mahon, président de la République*, buste en plâtre, et de *Nasser-ed-Din, shah de Perse*, buste en bronze argenté; le *Maréchal Niel*, statue en plâtre (1884); les bustes en marbre du *Général Changarnier* et de l'architecte *E. Gilbert, membre de l'Institut (1875)*; le *Maréchal Niel*, en bronze, et la statue en marbre de *Claude Bourgelat, fondateur des écoles vétérinaires (1876)*; les bustes en marbre de *Samson* et de *Mlle Favart*, et plusieurs des œuvres déjà citées, la *Victoire couronnant le drapeau*, *Bacchante et Satyre* (Expos. univ. 1878); le *Général Faidherbe, commandant en chef de l'armée du Nord, en 1870 et 1871*, statue, plâtre, et le *Portrait de M. Victor Tissot*, buste en marbre (1883); la *Jeunesse et l'Amour*, groupe, marbre, et *Portrait d'Eugène Pelletan*, buste, plâtre (1884); le *Général Chanzy*, statue en bronze destinée au monument commémoratif de l'armée de la Loire, au Mans; le *Général de Gallifet*, buste, plâtre (1885); *Edmond About, de l'Académie française*, statue, plâtre, pour son tombeau; *Portrait de M. Francisque Sarcey*, buste, plâtre (1886); quantité de bustes, médaillons, etc. — M. Crauk a obtenu une 3e médaille en 1857, une 2e en 1859, une 1re en 1861 avec rappel en 1863 et 1864, une 1re médaille à l'Exposition universelle de 1867 et rappel à l'Exposition universelle de 1878. Décoré de la Légion d'honneur en 1863, il a été promu officier le 20 octobre 1878.

CRÉMIEUX, HECTOR JONATHAN, auteur dramatique français, né à Paris le 10 novembre 1828, fit ses études au lycée Bourbon et à l'Ecole de droit, et fut ensuite employé au ministère d'Etat, après avoir été officier de mobiles en 1848-49. Il a débuté en 1852 par une tragédie en 5 actes et 8 tableaux, écrite avec son frère Emile : *Fiesque*, d'après Schiller. Il a donné depuis, en collaboration avec divers autres écrivains dramatiques, une quantité de pièces et de livrets d'opérettes pour les scènes de genre de Paris, parmi lesquels nous citerons : *Qui perd gagne*, com. 1 acte, à l'Odéon et le *Financier et le Savetier*, opérette, aux Bouffes parisiens (1856); *Orphée aux Enfers*, opérette, dont le succès colossal n'est pas encore épuisé (1858) aux Bouffes; *Germaine*, drame en 5 actes, à la Gaîté (1858); le *Savetier de la rue Quincampoix*, ib., ib. (1859); la *Voie sacrée ou les étapes de la gloire*, drame en 5 actes et 8 tableaux, joué à la Porte-Saint-Martin, en 1859, à l'occasion de l'entrée triomphale des troupes de l'armée d'Italie; la *Chanson de Fortunio*, opérette, aux Bouffes (1861); le *Pont des Soupirs*, ib. (1861); la *Baronne de San Francisco*, ib. (1862); les *Bergers*, op. com. en 3 actes (1863); la *Bonne aux Camélias*, vaudeville en 1 acte, aux Bouffes (1867); le *Petit Faust*, musique de M. Hervé, aux Folies-Dramatiques (1869); les *Turcs*, aux Folies-Dramatiques, et le *Petit de la Jardinière*, au Vaudeville, opéras bouffes, musique du même compositeur (1870); le *Trône d'Ecosse*, opéra bouffe, 3 actes (1871); le *Tour du cadran*, vaudeville, 5 actes (1873); la *Bagatelle*, opéra comique, 1 acte et le *Salon cerise*, comédie en 1 acte, à la Renaissance ; la *Famille Trouillat (1874)*, et la *Jolie Parfumeuse (1875)*, opérettes, au même théâtre, ces trois dernières pièces en collaboration avec M. Ernest Blum; la *Belle Poule*, opéra bouffe (1876); la *Carte forcée*, 2 actes, avec M. Perbetty, au Gymnase (1882); *Autour du Mariage*, comédie, 5 actes, avec « Gyp », même théâtre (1883) ; la *Charbonnière*, drame en 5 actes, avec M. P. Decourcelle, à la Gaîté (1884), etc.

CRÉMIEUX, FERNAND, homme politique français, né à Pont-Saint-Esprit (Gard) en 1860. Avocat du barreau de Nîmes, M. Fernand Crémieux est cousin de Gaston Crémieux, fusillé à Marseille en 1871, par le parti de l'ordre, victorieux du mouvement communaliste dont cette ville avait été le théâtre, à l'époque où l'armée y était commandée par le général Espivent de la Villeboisnet. M. Fernand Crémieux fut porté sur la liste radicale du Gard aux élections d'octobre 1885, et fut élu au scrutin du 18. L'un des plus jeunes (s'il n'est le plus jeune) membres de la Chambre des députés, M. F. Crémieux a été appelé, en cette qualité, aux fonctions de secrétaire provisoire. Il a voté l'expulsion totale des princes.

CRISAFULLI, HENRI, littérateur et auteur dramatique français, est né à Naples en 1827 et a fait ses études à Paris, au collège Charlemagne (Institution Massin). Il a débuté au théâtre par un drame en 5 actes : *César Borgia*, joué à l'Ambigu en 1855. Il n'a pas cessé de produire, depuis cette époque, et a donné successivement soit seul, soit en collaboration, à l'ancien Cirque : *Marie Stuart en Ecosse*, drame en 5 actes; les *Deux faubouriens*, ib., ib.; le *Roi Lear*, ibid., ibid.; *Giroflé Girofla*, drame en 5 actes, à la Gaîté; *Esther Ramel*, comédie en 3 actes, au Vaudeville; les *Démons du jeu*, comédie en 5 actes, au Gymnase; *M. et Mme Fernel*, comédie en 5 actes, tirée du roman de M. L. Ulbach, au Vaudeville; le *Passé de M. Jonanne*, comédie en 4 actes, au Gymnase; le *Fou d'en face*, un acte, au Vaudeville; *Autour du lac*, 1 acte, et les *Loups et les Agneaux*, comédie en 5 actes, au même théâtre; à l'Ambigu : la *Chouanne*, les *Postillons de Fougerolles*, la *Falaise de Penmarck (1873)*; l'*Affaire Coverley*, drame en 5 actes *(1876)*; l'*Idole*, pièce en 4 actes, au théâtre des Arts (1874); *Lord Harrington*, comédie en 5 actes, au théâtre Cluny; l'*Hôtel Godelot*, comédie en 3 actes, au Gymnase (1876); *Une Perle*, comédie en 3 actes, avec M. H. Bocage, à la Comédie parisienne (1882); le *Vertigo*, opérette, 3 actes, avec le même, musique de M. Hervé, à la Renaissance (1883), etc. — M. H. Crisafulli a publié, en outre, un certain nombre de romans, parmi lesquels nous citerons : les *Invisibles de Paris* (*1866-67*, 5 vol.); la *Belle Rivière* (2 vol.); le *Roi Marthe* (*1872*, 1 vol.); *Max Havelaar* (2 vol.), traduction du hollandais; les deux premiers en collaboration avec Gustave Aimard.

CRISPI, FRANCESCO, homme politique italien, né à Ribera, province de Girgenti le 4 octobre 1819; fit ses études à Palerme d'où, reçu avocat, il alla se faire inscrire au barreau de Naples. Il prit part, avec toute la jeunesse napolitaine, aux conspirations provoquées par la tyrannie de Ferdinand II et qui amenèrent le soulèvement général de 1848. L'un des chefs de l'insurrection de Palerme, il fut élu député et devint secrétaire général à la guerre, en quelle qualité il sut prolonger, pendant deux ans, la résistance de la Sicile. Après la défaite, M. Crispi se réfugia en France, travaillant sans cesse, dans la mesure du possible, à l'affranchissement de son pays. Il fomenta, en 1859 et 1860, la révolution sicilienne, décida Garibaldi à passer alors en Sicile et débarqua avec lui à Palerme (mai 1860). Après avoir pris une part active aux combats qui eurent lieu alors, il s'occupa de réorganiser l'administration en Sicile, laissant Garibaldi marcher contre Naples, et préparant cette part considérable de l'unification italienne. Il fut élu député de Palerme au premier parlement italien, devint, grâce à son rare talent d'orateur aussi bien qu'aux services rendus à la cause italienne, le chef autorisé de l'opposition constitutionnelle, et favorisa, par esprit de conciliation, l'avènement du dernier ministère Rattazzi en 1867. M. Crispi a été réélu député aux élections de novembre 1876 et aux élections qui ont suivi, le plus souvent dans plusieurs collèges parmi lesquels il a choisi invariablement celui de Bari. Elu, le 21 novembre 1876, président de la Chambre des députés, il acceptait le portefeuille de l'intérieur dans le cabinet Depretis remanié, le 27 décembre 1877, mais donnait sa démission dès le 6 mars 1878, forcé à cette résolution par une affaire scandaleuse, une accusation de bigamie dont il se défendit plus que mal.

On lui doit, outre sa collaboration à divers journaux démocratiques, quelques brochures d'actualité, entre autres : *Republica e Monarchia*, brochure anti-mazzinienne (1865); les *Rages d'outre-tombe*, réponses aux lettres de G. La Farina, publiées sous le titre : l'*Epistolaire*, par Ausonio Franchi (1869), etc. Il a fondé, à Palerme, les journaux l'*Apostolato* en 1848 et le *Precursore* en 1859, et à Florence, en 1865, puis à Rome, la *Riforma*. En avril 1882, à l'occasion de l'anniversaire des Vêpres siciliennes célébré à Palerme (on se demande pourquoi), M. Crispi, qui avait depuis longtemps oublié sa mésaventure de 1878, écrivait à la *Riforma* une lettre ridiculement malveillante pour la France, qui pourtant est bien pour quelque chose dans l'unité italienne; mais depuis son voyage à Berlin, en 1877, M. Crispi est devenu gallophobe. — Heureusement pour la France, qu'elle peut collectionner sans danger les ennemis de la valeur morale de M. Crispi.

CROIZETTE, SOPHIE ALEXANDRINE, comédienne française, née à Saint-Pétersbourg le 19 mars 1847. Après avoir fait ses études à Versailles et obtenu le brevet d'institutrice, elle entra au Conservatoire, dans la classe de Bressant, en 1867, obtint un premier accessit dès l'année suivante et le premier prix de comédie en 1869. Engagée au Théâtre-Français, elle y débuta en janvier 1870 dans le rôle de la reine Anne du *Verre d'eau*, joua ensuite Marthe de *Dalila*, Elianthe du *Misanthrope*, Mme de Prie de *Mlle de Belle-Isle*, Hildegarde de la *Part du roi*, quelques autres rôles dans lesquels elle passa à peu près inaperçue, et enfin Suzanne du *Mariage de Figaro*, où elle fut remarquée. Son premier succès date, toutefois, de l'*Eté de la saint Martin (1872)*. Elle joua dès lors, avec un succès croissant, dans le *Gendre de M. Poirier*, *Mademoiselle de la Seiglière*, *Jean de Thomeray*; mais le rôle de Blanche, du *Sphynx (1874)*, fut son triomphe, et un triomphe bruyant et par conséquent populaire, grâce au réalisme, jugé brutal par quelques délicats, avec lequel elle y mourait sous les étreintes du poison. Elle s'est fait applaudir depuis lors dans les rôles de la baronne d'Ange du *Demi-Monde*, la duchesse de Septmonts de l'*Etrangère*, dans le *Marquis de Villemer*, etc. C'est aux leçons de Régnier, en somme, que Mlle Croizette dut ses premiers succès. Elle fut élue sociétaire le 1er avril 1873, aussitôt après pour ainsi dire. Mlle Croizette a quitté le théâtre en 1881.

CROOKES, WILLIAM, chimiste et physicien anglais, né à Londres en 1832, y fit ses études et entra en 1848 au Collège royal de chimie, où il eut pour maître le Dr Hofmann, actuellement professeur à l'université de Berlin, et dont il devint le préparateur. En 1854, il fut nommé directeur de la section météorologique à l'observatoire d'Oxford, et professeur de chimie au collège des sciences de Chester en 1855. En 1859, M. Crookes fonda les *Chemical News*, dont il a conservé la direction, et en 1864, il devint en outre rédacteur en chef du *Quarterly journal of Science*. Dès 1851, il publiait dans le *Quarterly journal of the Chemical Society*, son premier mémoire *Sur les séléno-cyanures*. Il découvrait en 1861, au moyen d'observations spectroscopiques et de réactions chimiques, le métal connu sous le nom de *thallium*, sur lequel il communiqua une note détaillée à la Société royale de Londres en février suivant, et dont il étudia, dans la suite, la nature et les propriétés, ainsi que celles de ses combinaisons, entretenant de temps en temps de ses découvertes la Société royale, qui l'admit dans son sein dès 1863. En 1865, il découvrait l'amalgame de soude pour séparer l'argent du minerai d'or. En 1871, il faisait partie de l'expédition envoyée à Oran pour observer l'éclipse totale de soleil qui se produisit au mois de décembre de cette année. L'année suivante, il abordait ses expériences célèbres ayant pour objet la répulsion résultant de la radiation, sur lesquelles il lisait son premier mémoire à la Société royale, le 11 décembre 1873 et d'où est résultée l'invention du radiomètre. En 1875, la Société royale récompensait les travaux de M. Crookes en lui décernant sa médaille royale. Nommé vice-président de la Société chimique en 1876 et membre du conseil de la Société royale en 1877, M. Crookes poursuivit avec succès le cours de ses expériences sur la « matière radiante » et la physique moléculaire. Devant l'Association britannique pour le développement des sciences, en 1879, il démontra, dans des expériences fort curieuses, que les gaz très raréfiés perdent la plupart des propriétés ordinaires des corps gazeux et « passent à un état ultragazeux » constituant comme un quatrième état physique : l'*état radiant*. Ici, l'éminent chimiste est allé évidemment trop loin, et quoique notre Académie des sciences lui ait décerné une médaille d'or et un prix de 3,000 fr. en 1880, pour ses découvertes, elle n'a pas été elle-même fort satisfaite en ceci du résultat des expériences du savant anglais, et son quatrième état des corps est, en fin de compte, resté dans les limbes de la science. Membre du jury de l'Exposition internationale d'électricité en 1881, M. Crookes ne reçut point de récompense nouvelle à cette occasion, mais le rapport officiel constate, et ce n'est que justice, que c'est à un vide plus complet obtenu grâce à ses travaux, qu'est dû le succès des lampes à incandescence. M. Crookes est, en outre, le premier qui ait appliqué la photographie à l'analyse du spectre solaire.

On a de ce savant éminent : *Méthode excellente d'analyse chimique*, dont la 2e édition a paru en 1884 ; *Fabrication du sucre de betterave en Angleterre*, *Guide de la teinture et de l'impression du calicot*, *Manuel de teinture et d'impression des tissus (1882)*, *Manuel de technologie chimique*, pour les candidats aux examens de l'Institution de Londres; des traductions anglaises du *Traité de Métallurgie* de Kerl, de l'*Aniline et ses dérivés* de Reimann, de la *Technologie chimique* de Wagner, de l'*Anthracène et ses dérivés* d'Auerbach, et des *Engrais artificiels* de G. Ville ; il a publié trois éditions successives du *Manual of Practical Essaying* de Mitchell, outre des brochures sur des questions d'hygiène publique, telles que : une *Solution de la question des égouts*, la *Disposition la plus avantageuse qu'on puisse donner aux égouts* et quantité de mémoires répandus dans les recueils périodiques spéciaux.

CROSS, sir RICHARD ASSHETON, homme d'Etat anglais, né à Red Scare près de Preston, le 30 mai 1823. Il fit ses études à l'école de Rugby, puis au collège de la Trinité, à Cambridge, et a été admis au barreau, à l'Inner Temple, Londres, en 1849. Il fut quelque temps attaché au ressort judiciaire du Nord, puis, en mars 1857, fut élu membre de la Chambre des communes par les conservateurs de Preston, et continua à représenter ce bourg jusqu'en mars 1862. Depuis décembre 1868, il représente à la Chambre des communes la circonscription sud-ouest du comté de Lancastre. Lors de la formation du cabinet Disraeli, en février 1874, sir Richard A. Cross fut nommé secrétaire d'Etat au département de l'intérieur, et conserva ce portefeuille jusqu'à la chute de son parti en avril 1880; mais il le reprit au retour des conservateurs au pouvoir, le 18 juin 1885, pour le résigner de nouveau, et dans les mêmes circonstances, le 1er février 1886. Enfin, sir Richard A. Cross fait partie du ministère formé par lord Salisbury le 2 août 1886, comme ministre des Indes. — On a de lui plusieurs ouvrages de jurisprudence criminelle. Il a été longtemps président des sessions trimestrielles du Lancashire.

CROWE, EYRE, peintre anglais, né à Londres en octobre 1824. Elève de Paul Delaroche, il suivit ce maître, avec ses autres élèves, à Rome, en 1844. Il s'attacha ensuite, comme secrétaire, au célèbre romancier anglais

William M. Thackeray et visita avec lui les Etats-Unis en 1852-53. Il a été inspecteur du département de la science et des arts, de 1859 à 1873. M. Crowe a peint: les *Pleureuses de Goldsmith (1863)*; les *Amis (1871)*; *Blue-coat subjects (1872)*; *Après une course* et les *Frères de la brosse (1873)*; *Savants français en Egypte (1875)*; la *Répétition (1876)*; les *Vers à soie*; le *Cortège nuptial à Saint-Maclou, à Rouen (1877)*; le *Repas à l'école (1878)*; *Marat, le 13 juillet 1793*; l'*Aveugle mendiant*, l'*Exécution du duc d'Enghien en 1804*; la *Reine de mai (1879)*; le *Tombeau de la reine Eléonore*, le *Sacrifice (1880)*; *Explosion de la porte de Cachemire à Delhi, en septembre 1857*; *sir Roger de Coverley et le Spectator à l'abbaye de Westminster (1881)*; la *Défense de Londres en 1843 (1882)*; *Vieux porche à Evesham*, la *Place du marché à Evesham*, *Un vieux bidet est un bidet rusé (1883)*, etc. — M. Crowe a été élu associé de l'Académie royale des beaux-arts en 1876.

CROWE (dame). Voy. **Bateman**.

CROWTER, Samuel Adjai, prélat nègre africain, élevé dans l'esclavage, est né vers le commencement de ce siècle. Son nom originaire est **Adjaï**, et sa famille vivait à Ochougou, dans le pays de Yoroubou, à 150 kilomètres environ à l'intérieur des terres, dans la baie de Benin. En 1821, il fut enlevé par les mahométans Eyo, et livré en échange d'un cheval; objet d'un nouvel échange, à Dahdah, il eut à subir de cruels traitements de son nouveau propriétaire, qui finit par le céder pour du tabac à un négrier. Celui-ci ayant été pris par un navire de guerre anglais, Adjaï fut débarqué à Sierra-Leone, en 1822. Baptisé en 1825, il prit, par reconnaissance, les noms du vicaire évangélique de l'église du Christ, Newgate Street: Samuel Crowter. Il épousa, en 1829, une fille indigène nommée Asano, qui avait été élevée à la même école que lui; fut ensuite quelque temps maître d'école à Regent's Town; puis, il accompagna la première expédition du Niger. Arrivé en Angleterre, il fut envoyé au collège des Missions, à Islington, et fut ensuite ordonné par l'évêque de Londres. En 1854, il accompagna la seconde expédition du Niger, dont il se fit avec succès l'historiographe; puis il exerça activement la profession cléricale à Akessa, traduisit la Bible en dialecte yoroubou et se livra à divers autres travaux littéraires importants, d'un caractère spécialement religieux, pour le bénéfice de ses frères d'Afrique. Il fut consacré premier évêque du territoire du Niger, Afrique occidentale, le 29 juin 1864. — La Société royale géographique de Londres lui a remis, en mai 1880, une magnifique montre d'or, en reconnaissance des services qu'il a rendus à la géographie.

CROZET-FOURNEYRON, industriel et homme politique français, né à Saint-Etienne le 22 avril 1837. Grand constructeur-mécanicien, il fut secrétaire général de la préfecture de la Loire pendant la guerre; il est membre du Conseil municipal de Saint-Etienne, et du Conseil général de la Loire depuis 1871. Elu député de la 2ᵉ circonscription de Saint-Etienne le 20 février 1876, il siégea à la Chambre sur les bancs de l'Union républicaine, et fut réélu le 14 octobre 1877; mais il échoua aux élections du 21 août 1881, contre le candidat radical. M. Girodet. — Il a été élu député de la Loire dans des conditions identiques au scrutin du 18 octobre 1885, et a voté l'expulsion des princes.

CRUVELLI, Sophie Cruwell (dite), vicomtesse **Vigier**, cantatrice allemande, née à Bielefeld (Prusse) le 29 août 1824, d'une famille d'origine italienne. Après avoir chanté sur différentes scènes allemandes, elle passa en Italie, modifia son nom, ou peut-être se borna à lui rendre son ancienne orthographe, et parut successivement à Venise, Milan et Gênes, où elle obtint bientôt un succès si retentissant, qu'elle fut engagée au Théâtre-Italien de Londres (1852). Elle y poursuivit le cours de ses succès, dans la *Norma*, la *Sonnambula*, la *Figlia del Reggimento*, *Fidelio*, *Nabucco*, etc., et fut engagée, en 1854, à l'Opéra de Paris, où elle parut notamment dans les *Huguenots* et les *Vêpres siciliennes*, et les applaudissements du public parisien confirmèrent sa grande réputation acquise sur les principales scènes de l'étranger. Vers la fin de 1856, Mˡˡᵉ Sophie Cruvelli épousa le baron, depuis vicomte Vigier, et quitta la scène. Elle a chanté depuis dans quelques salons amis et surtout dans des concerts de charité. On lui doit quelques compositions musicales.

CUCHEVAL-CLARIGNY, Philippe Athanase, littérateur et journaliste français, né à Calais le 1ᵉʳ février 1822, y commença ses études, qu'il vint terminer à Paris, au collège Henri IV, puis entra à l'Ecole normale. Reçu agrégé d'histoire, il n'aborda pas toutefois la carrière de l'enseignement, préféra suivre les cours de l'Ecole des chartes et se fit recevoir archiviste. Il obtint alors la place de bibliothécaire à l'Ecole normale, et devint ensuite conservateur à la bibliothèque Sainte-Geneviève. M. Cucheval-Clarigny fit partie de la rédaction du *Constitutionnel*, de 1845 à 1848, et fut l'un des fondateurs de la *Liberté de penser*. Porté candidat à la Constituante, dans le Pas-de-Calais, il échoua, et reprit sa place au *Constitutionnel*, dont il eut la direction après le 2 décembre. Forcé de donner sa démission, pour avoir mal rendu, sans doute, la pensée officielle dont le *Constitutionnel* était l'organe privilégié, M. Cucheval-Clarigny collabora pendant plusieurs années au *Moniteur* (alors *officiel*), à la *Patrie*, à la *Revue des Deux-Mondes*, etc., et devint, en 1866, directeur de la *Presse*, position qu'il ne conserva que peu de temps. La révolution du 4 septembre le rendit à la vie privée; sauf quelques intrigues électorales bonapartistes dans le Pas-de-Calais, auxquelles son nom a été mêlé, M. Cucheval-Clarigny ne paraît pas avoir pris de part bien active à la politique actuelle. — On doit à cet écrivain: *Histoire de la presse en Angleterre et aux Etats-Unis*, ouvrage curieux, mais insuffisant (1857); les *Budgets de la guerre et de la marine en France et en Angleterre (1860)*; *Considérations sur les banques d'émission (1864)*; *Histoire de la Constitution en 1852 (1869)*; *Des institutions représentatives et des garanties de la liberté (1874)*, etc. — Il est officier de la Légion d'honneur depuis 1860.

CUNEO D'ORNANO (baron), Gustave, journaliste et homme politique français, né à Rome, de parents corses alliés à la famille Bonaparte, le 17 novembre 1845. Avocat du barreau de Paris, M. Cuneo d'Ornano servit pendant la guerre de 1870-71, comme officier des mobiles de la Seine, et comme volontaire dans les rangs de l'armée de Versailles contre la Commune. Il entra ensuite à la rédaction du *Courrier de France*, dirigée par M. Robert Mitchell qu'il suivit à la *Presse*, rédigea le *Charentais* d'Angoulême, puis fonda dans la même ville le *Suffrage universel des Charentes*, après le vote de la Constitution de février 1875, et s'y distingua par une polémique bonapartiste des plus violentes. Elu député de Cognac au second tour, le 5 mars 1876, son élection fut invalidée par la Chambre; mais il était réélu le 21 mai suivant avec une majorité plus considérable, et prenait place au groupe de l'Appel au peuple. M. Cuneo d'Ornano a été réélu le 14 octobre 1877 et le 21 août 1881. Il a été élu le 4 octobre 1885, avec toute la liste monachiste, député de la Charente, et a repris sa place parmi les membres les plus bruyants du parti bonapartiste à la Chambre.

CUNLIFFE-OWEN, sir Francis Philip, administrateur anglais, né le 8 juin 1828. Fils d'un capitaine de vaisseau, il entra lui-même dans la marine à l'âge de douze ans, mais fut forcé d'abandonner cette carrière, par raison de santé, après cinq années de service. Attaché d'abord, en 1854, à la section des Arts et des Sciences à Marlborough House, embryon du musée actuel de South-Kensington, puis à ce dernier établissement lors de sa création en 1857, M. Cunliffe-Owen fit partie, en 1855, de la commission britannique, de l'Exposition universelle de Paris; il fut directeur de la section étrangère à celle de Londres en 1862, commissaire exécutif adjoint à celle de Paris en 1862 et secrétaire de la commission britannique à l'Exposition de Vienne en 1873 (le président de cette commission étant le prince de Galles). A la suite de cette dernière exposition, il était nommé compagnon de l'ordre du Bain (1874). La même année, il était nommé directeur du musée de South-Kensington, en remplacement de sir Henry Cole, démissionnaire. En juin 1875, il se rendit en Amérique, comme commissaire général, près l'Exposition du Centenaire, tenue à Philadelphie l'année suivante, mais il résigna ces fonctions en décembre suivant et reprit la direction du musée de South-Kensington, où il s'occupa très activement de l'organisation de la galerie scientifique. Enfin, M. Cunliffe-Owen était secrétaire de la commission royale britannique, présidée par le prince de Galles, à l'Exposition universelle de Paris en 1878. A la suite de cette exposition, il recevait la croix de chevalier-commandeur de l'ordre de Saint-Michel et Saint-George (3 octobre) et était créé chevalier par la reine, à Windsor, le 27 novembre suivant. Depuis lors, aucune exposition importante n'a eu lieu que sir Francis P. Cunliffe-Owen n'y ait mis la main. La dernière, ouverte par la reine à South-Kensington le 4 mai 1886, est certainement l'exposition coloniale la plus belle, la plus complète et la mieux oganisée qui se soit encore vue. Promu dans la Légion d'honneur à chacune de ses missions à Paris, il est devenu grand officier de l'ordre. — Sir Francis P. Cunliffe-Owen a épousé, en 1854, la fille aînée du feu baron von Reitzenstein, ancien commandant de la garde royale prussienne.

CURTIS, George William, écrivain américain, né à Providence (Rhode Island) le 24 février 1824. Il avait à peine quinze ans quand sa famille vint se fixer à New-York, où il fut, pendant un an, commis chez un négociant. En 1842, il partit avec son frère aîné pour se joindre à l'Association phalanstérienne de la ferme de Brook, dans le comté de Rosbury (Massachusetts), où ils demeurèrent dix-huit mois. Les deux frères se rendirent ensuite à Concord et s'engagèrent chez un fermier, où ils travaillèrent à la terre pendant dix-huit autres mois. En 1846, M. George W. Curtis fit un voyage en Europe, résida tour à tour en Allemagne et en Italie, puis fit une excursion en Egypte et en Syrie; de retour en Amérique en 1850, il publia *Notes de voyage d'un Howadji* (touriste) *au Nil*. Attaché peu après à la rédaction du *New York Tribune*, il écrivit dans ce journal, en 1851, des lettres datées de diverses villes d'eaux, réunies ensuite en un petit volume illustré sous ce titre: les *Mangeurs de lotus*. En 1852, il publia: l'*Howadji en Syrie*, suite de ses « Notes de voyage » en Orient. Vers la fin de cette même année parut le premier numéro du *Putnam's Monthly*, dont M. Curtis fut dès l'origine un des principaux rédacteurs. Trois ans après, cette revue passait en d'autres mains, et il en devenait copropriétaire, ayant consacré une somme de 50,000 francs à la création de la maison qui l'avait acquise, et qui faisait en même temps le commerce de librairie. Malheureusement, en 1857, cette maison suspendit ses payements et, quoi qu'il n'eût jamais pris aucune part à son administration, M. Curtis fut considéré comme associé de fait et responsable des dettes de la maison. Toute sa fortune privée, déjà considérable, y passa et il demeura, malgré tout, si grandement endetté envers les créanciers de cette lamentable entreprise, que ce ne fut qu'en 1873 qu'il se trouva définitivement libéré. Collaborateur du *Harper's Magazine*, il devint en 1857, à la fondation du *Harper's Weekly*, le rédacteur en chef de ce journal, et l'un des principaux rédacteurs du *Harper's Bazar*, fondé par la même maison en 1867. Il commença, dans ce dernier journal, une série d'« essays » sous le titre: *Mœurs de grands chemins* (Manners upon the Road), qu'il a continuée jusqu'en 1873. Il était en même temps l'un des conférenciers (lecturers) les plus populaires du pays, et visitait en cette qualité, presque toutes les parties des Etats-Unis, prenant à l'occasion une part importante aux débats politiques. Il avait d'ailleurs été, lors des élections présidentielles de 1856, un des orateurs républicains les plus ardents, tandis que les articles politiques du *Harper's Weekly* concouraient d'autre part au succès de ce parti. En 1862, le président Lincoln offrit à M. Curtis le poste de consul général en Egypte, mais il le refusa. En 1864, les électeurs républicains le choisirent pour candidat au Congrès, mais il ne fut pas élu. les démocrates étant en majorité dans le district. Cette même année, il fut nommé l'un des régents de l'université de l'Etat de New-York. Il fut élu, en 1867, délégué à la convention chargée de reviser la constitution de l'Etat de New-York et en 1868, électeur présidentiel. En 1871, le président Grant le nomma membre de la commission chargée de rédiger un nouveau règlement d'administration civile, puis membre de la chambre du conseil dans laquelle cette commission se fondit bientôt. Il résigna ce poste en 1873, pour cause de dissentiment avec l'administration. En outre, et ce qui fait singulièrement honneur à son bon sens et à son patriotisme, M. Curtis combattit avec énergie, en 1876 et 1880, les prétentions de Grant à une troisième présidence, et fut un des chefs du parti qui élut successivement MM. Hayes et Garfield. — Outre les ouvrages cités plus haut, M. Curtis a publié: les *Mémoires de Putiphar* (The Potiphar Papers, 1853); *Prudence et moi* (Prue and I, 1856), extraits du « Putnam's Monthly »; *Trumps*, roman (1862), extraits du *Harper's Weekly* de 1858 et 1859.

CURZON (de), Paul Alfred, peintre français, né à Poitiers (Vienne) le 7 janvier 1820, élève de Drœlling et de M. Cabat, il débuta au Salon en 1843, et fit ensuite un voyage en Italie. En 1849, il remportait, à l'Ecole des Beaux-Arts, le second prix de paysage historique et obtenait d'être envoyé en Italie pour un séjour de deux années. En revenant en France, il explora la Grèce, avec des compagnons de voyage tels qu'Edmond About, Théophile Gautier, M. Charles Garnier, etc. On doit à M. de Curzon: *Petit paysage (1843)*, sa toile de début; les *Houblons (1845)*: *Vue des bords du Clain*, les *Rives de la Loire (1846)*; les *Parques de Béranger*, etc., (1848); *Au bord de l'eau (1849)*; *Démocrite en méditation*, les *Ruines de Pæstum*, *Vue de Terracine*, envoi de Rome (1852-54); l'*Acropole d'Athènes*, les *Bords du Céphise (1855)*; *Dante et Virgile sur le rivage du Purgatoire*, *Aveugles grecs*, *Vue d'Ostie*, *(1858)*; le *Tasse à Sorrente*, *Environs de Civitta Castellana*, *Près des murs de Foligno (1858-59)*; *Ecco fiori!* souvenir des bouquetières de Naples, une *Lessive*, *Au fond des bois*, *Halte de pèlerins à Subiaco*, *Pêcheurs de Capri*, l'*Ilissus et les ruines du temple de Jupiter, près d'Athènes (1861)*; le *Vésuve*, une *Petite fille de Galinaro (1863)*; la *Vendange à Procida*, etc. (1864); l'*Ange consolateur*, *Au bord d'un torrent dans les Apennins (1865)*; *Rêve, dans les ruines de Pompéi (1866)*; la *Devineresse (1868)*; *Vue prise sur la côte de Sorrente*, les *Bords du Clain à Poitiers (1869)*; la *Naissance d'Homère*, *Au bord de l'Océan (1870)*; *Au bord d'un ruisseau*, *Vue de Toulon (1873)*; le *Premier portrait*, *Sérénade dans les Abruzzes (1874)*; *Triptyque (1875)*; *Ruines du temple de Jupiter, près d'Athènes (1876)*; *Graziella (1877)*; *Près d'un puits public à Amalfi*, les *Ruines de l'Acropole en 1852 (1878)*; *Pèlerins romains*, *Vue de la rade de Toulon* et plusieurs des précédents (1878, Exp. un.); *Acropole et campagne d'Athènes*; *Au pied du Taygète, Morée (1883)*; *Bords de Teverone, près de Lunghezza, dans la campagne de Rome*; *Campagne et golfe d'Athènes, vue prise de la colline de l'Observatoire (1884)*; *Dans la Forêt-Noire, près de Badenweiler (1885)*; la *Source du lion (1886)*; quelques *Portraits*, des aquarelles, des pastels et plusieurs lithographies.

M. P. de Curzon a obtenu une médaille de 2ᵉ classe en 1857, des rappels en 1859, 1861 et 1863, une médaille de 3ᵉ classe à l'Exposition universelle de 1867, une médaille de 2ᵉ classe, à l'Exposition universelle de 1878, et une médaille à l'Exposition universelle de Philadelphie en 1876. Il a été nommé chevalier de la Légion d'honneur en 1865.

CUVILLIER-FLEURY, Alfred Auguste, littérateur français, membre de l'Académie Française, né à Paris le 18 mars 1802; il fit ses études au collège Louis-le-Grand et devint, en 1820-21, secrétaire du prince Louis Bonaparte, ex-roi de Hollande, en Italie. Entré au collège Sainte-Barbe, comme directeur des études, en 1823, le roi Louis-Philippe lui confia, en 1827, l'éducation du duc d'Aumale, qui le conserva près de lui, son éducation terminée (1830), en qualité de secrétaire de ses commandements. M. Cuvillier-Fleury faisait déjà partie, depuis 1834, de la rédaction du *Journal des Débats*, dont il est resté l'un des principaux collaborateurs. En 1846, M. Cuvillier-Fleury se porta candidat à la députation à Guéret (Creuse); mais en dépit de l'appui et des efforts zélés de l'administration, il échoua. Les événements de février 1848 ne lui permirent pas de renouveler la tentative. Mais il demeura attaché au *Journal des Débats*, dans lequel il ne cessa de soutenir la cause de la famille royale exilée. Le 12 avril 1866, M. Cuvillier-Fleury était élu membre de l'Académie française, en remplacement de Dupin. Officier de la Légion d'honneur depuis 1845, il est, en outre, décoré de divers ordres étrangers. — Ses articles de critique bio-bibliographique ont été, pour la plupart, recueillis en volumes (une douzaine environ) publiés successivement, depuis 1851. Il n'a pas publié autre chose, sauf la *Duchesse d'Aumale (1870)* et *Réforme universitaire (1872)*.

CUVINOT, Louis Joseph, ingénieur et homme politique français, né à Liancourt (Oise) le 1ᵉʳ juin 1837. Elève de l'Ecole polytechnique et de l'Ecole des ponts et chaussées, il fut nommé en 1860 ingénieur hydrographe dans le département du Doubs, puis à Mantes (Seine-et-Oise). Pendant la guerre de 1870-71, M. Cu-

vinot fut chargé d'établir dans le lit de la Seine un câble destiné à mettre Paris en rapport avec la province, et fut attaché à la commission d'armement. Après un séjour de trois années à Saint-Dizier (1872-76), il fut rappelé à Paris et chargé de la direction du service de la navigation. M. de Freycinet, devenu ministre des travaux publics en décembre 1877, appela auprès de lui M. Cuvinot, qu'il avait déjà eu dans ses bureaux à Tours, après l'abandon de son projet de câble sous-fluvial, le nomma directeur du personnel de son ministère et chef de son cabinet, et de plus ingénieur en chef. Le 5 janvier 1879, M. Cuvinot fut élu sénateur de l'Oise, sur le *ticket* républicain. Il s'inscrivit à la gauche républicaine, avec laquelle il vota constamment. — Il a toutefois voté contre l'expulsion des princes, demandée par son ancien patron, M. de Freycinet.

CZACKI, Vladimir, prélat romain, cardinal, né en Pologne en 1834, d'une famille noble d'origine hongroise. De santé faible, resté boiteux à la suite d'un accident de son enfance, il fut amené fort jeune à Rome, auprès de la princesse Odescalchi, sa tante, dont il n'a guère quitté le palais depuis. Ayant embrassé la carrière ecclésiastique, il fut de bonne heure attaché au Vatican, et se fit si bien remarquer du cardinal Antonelli, que lorsque celui-ci imagina de faire deux sections du secrétariat d'Etat, pour n'avoir plus à s'occuper que de politique, c'est à M. Czacki qu'il confia la direction des « affaires ecclésiastiques ». Dans ce poste, M. Czacki commença à se faire connaître comme un très habile diplomate, et s'éleva de plus en plus dans la faveur du souverain pontife sous les administrations successives des cardinaux Simeoni, Franchi et Nina, qui ont précédé celle du cardinal Jacobini, au point que le pape Léon XIII prit à la fin l'habitude de le consulter journellement sur les affaires du Saint-Siège, comme s'il était son secrétaire d'Etat. M. Czacki eut notamment une grande part aux négociations qui ont précédé la reprise des relations avec l'Allemagne, à l'établissement d'universités catholiques en France et à la correspondance échangée avec le gouvernement russe au sujet des catholiques de Pologne. Envoyé à Paris en octobre 1879, comme nonce apostolique, en remplacement de M. Meglia, il fut alors créé archevêque de Salamine *in partibus infidelium*, puis créé cardinal par le pape Léon XIII dans le consitoire tenu au Vatican le 25 septembre 1882, et reçut le chapeau des mains de M. Grévy, à l'Elysée, le 4 octobre suivant. Il a été remplacé à la nonciature de Paris par M. di Rende, archevêque de Bénévent.

D

DABERT, Nicolas Joseph, prélat français, né à Henrichemont (Cher) le 17 septembre 1811, fit ses études au grand séminaire de Bourges et au séminaire de Saint-Sulpice, à Paris. Ordonné prêtre en 1835, il fut nommé la même année professeur de philosophie, et en 1836 professeur de théologie morale, au séminaire de Viviers; collaborateur de M. Guibert, alors évêque de Viviers, dans la réduction des statuts diocésains publiés en 1851, il devint son vicaire général. Il était en même temps directeur de plusieurs communautés religieuses. M. l'abbé Dabert a été appelé au siège épiscopal de Périgueux par décret du 16 mai 1863, et sacré le 22 novembre de la même année. — Il a publié une *Histoire des hérésies*; une nouvelle édition du *Solitaire des rochers*; *Vie de Ch. Vernet, supérieur du séminaire de Viviers*; *Histoire de saint Thomas de Villeneuve, dit l'Aumônier de l'ordre des Ermites de saint Augustin, évêque de Valence (Espagne)*; la *Bonne mère Saint-Jean, vie de Mme Julie Malleval, religieuse ursuline du couvent de Sainte Marie, à Annonay*; *Vie de la Révérende mère Arsène, deuxième supérieure générale des sœurs de la présentation de Marie*; *Histoire de saint François de Paule et des Minimes*, etc.

DALHOUSIE (comte de), John William Ramsay, lord Ramsay dans la pairie du Royaume-Uni et comte de Dalhousie, en Ecosse, est né en 1847. Il fit ses études à Oxford, entra ensuite dans la marine et devint lieutenant en 1867 et capitaine de vaisseau en 1874, écuyer du duc d'Edimbourg, etc. En 1880, lord Ramsay se présenta à Liverpool à une élection partielle pour la Chambre des communes; il échoua, mais fut élu aux élections générales qui suivirent à quelques mois de distance, et ne siégea d'ailleurs que peu de temps aux Communes, car au mois d'août de la même année, il héritait de la pairie et prenait siège à la Chambre des lords en conséquence. Il reçut en novembre 1881 les insignes de l'ordre écossais du Chardon.

DALLOZ, Edouard Victor, jurisconsulte et homme politique français, fils aîné du savant jurisconsulte Desiré Dalloz, mort en 1869, est né à Paris le 24 mai 1827. Aux élections de 1852, il se présenta, comme candidat officiel, aux électeurs de la première circonscription du Jura, qui l'envoyèrent siéger au Corps législatif et le réélirent en la même qualité en 1857, 1863 et 1869. Il a été secrétaire du Corps législatif pendant plusieurs années. La révolution du 4 septembre l'a fait rentrer dans la vie privée. M. Edouard Dalloz a collaboré aux récentes éditions du *Répertoire méthodique et alphabétique de jurisprudence générale*, de son père. On lui doit en outre un *Traité sur la propriété des mines*, un *Commentaire des lois et décrets relatifs à la garde nationale*; le *Code civil annoté et expliqué (1873-75, 2 vol.)*; *Code de l'enregistrement*, avec MM. Ch. Vergé, Gavois et Jamet (1878), etc. — Il est commandeur de la Légion d'honneur depuis le 14 août 1869 et commandeur de l'ordre de Guadalupé, du Christ de Portugal, etc.

DALLOZ, Paul, journaliste français, frère du précédent, né à Paris le 18 novembre 1829. Devenu, après le coup d'Etat de décembre 1851, codirecteur du *Moniteur universel*, il a activement collaboré à ce journal. En 1864, le gouvernement ayant résolu, en présence du succès du *Petit Journal*, fondé par Millaud en 1863, d'établir au même prix, c'est-à-dire à cinq centimes, une sorte de rejeton de l'organe officiel, M. P. Dalloz présida à l'organisation du *Petit Moniteur universel du soir*, qui eut promptement un très grand succès. Lorsqu'à la fin de 1868, le caractère officiel fut retiré par le gouvernement aux deux journaux dirigés par M. P. Dalloz, sur la proposition de M. Rouher, les deux *Moniteurs* n'en continuèrent pas moins d'exister, mais comme journaux d'opposition libérale. Et ils sont restés dans l'opposition, quoique l'épithète ait changé avec la forme du gouvernement. — M. Paul Dalloz a été élu membre suppléant des jurys internationaux de l'Exposition universelle de Londres, en 1862 et de celle de Vienne, en 1873. — Il est officier de la Légion d'honneur depuis le 16 mai 1874.

DALMAS (comte de), Pierre Albert, homme politique français, né à Paris le 10 juin 1822, y fit ses études et fut admis au barreau en 1843. Après s'être occupé quelque temps de journalisme, il fut attaché au ministère des affaires étrangères en 1849, et envoyé en mission dans l'Amérique du Sud. Passé au ministère de l'intérieur à son retour, M. de Dalmas prit aux événements du 2 décembre 1851 et surtout à leur préparation une part importante qui le fit remarquer du prince président, lequel se l'attacha, d'abord comme sous-chef de son cabinet, ensuite comme secrétaire, lorsqu'il fut empereur, fonctions qu'il conserva dix ans. En 1859, M. de Dalmas se présenta comma candidat officiel au Corps législatif, à l'occasion d'une élection complémentaire, et fut élu sans opposition. Il fut réélu au même titre aux élections générales de 1863; mais, s'étant séparé, vers la fin de cette législature, de la majorité ministérielle, pour se rapprocher du tiers parti libéral, le ministère lui opposa, sans pouvoir le faire échouer, un candidat ouvertement investi de sa confiance. Il fut dans cette dernière législature de l'empire, l'un des promoteurs de l'interpellation des 116. La révolution du 4 septembre le rendit momentanément à la vie privée. L'un des fondateurs du chemin de fer de Vitré à Fougères, le premier chemin de fer départemental créé en France, M. de Dalmas se présenta, sans succès, aux élections sénatoriales du 30 janvier 1876, pour le département d'Ille-et-Vilaine. Aux élections du 20 février suivant, pour la Chambre des députés, il sollicita les suffrages des électeurs de l'arrondissement de Fougères, par une profession de foi portant engagement de défendre la constitution du 25 février et, dans le cas de revision, de voter « son affermissement et son amélioration dans le sens libéral ». Cette déclaration fort nette lui assura le succès: le premier tour de scrutin n'ayant pas donné de résultat, le candidat républicain se désista en faveur de M. de Dalmas, qui fut élu le 5 mars 1876, contre M. de la Villegonthier candidat du parti légitimiste. M. de Dalmas prit place au centre droit constitutionnel. Mais après avoir donné au gouvernement du 16 mai son vote de confiance, n'ayant point obtenu son appui en retour, il ne se présenta pas aux élections du 14 octobre 1877, ni aux suivantes. — Outre diverses publications de circonstance, on doit à M. de Dalmas: le *Roi de Naples, sa vie, ses actes, sa politique*, qui lui valut la croix d'officier de l'ordre de François Ier. Il est officier de la Légion d'honneur depuis 1859.

DALTON, John Call, médecin et physiologiste américain, né à Chelmsford (Massachusetts) le 2 février 1825; il prit ses grades au collège d'Harvard en 1844, et fut reçu docteur à l'école de médecine de cette université en 1847. En 1851, il remporta le prix offert par l'Association médicale américaine, pour son *Essai sur le « Corpus luteum »*. Il publia, dès 1859, son *Traité de la physiologie humaine* (*1885*, 8e édit.), qui le plaça du coup au premier rang des physiologistes de l'Amérique et lui firent offrir les chaires de physiologie de plusieurs écoles de médecine. Il en accepta deux: celle de l'Ecole médicale de la ville de New-York et celle du Collège de l'hôpital de Long-Island, à Brooklyn. Pendant la guerre de sécession, le docteur Dalton servit comme chirurgien de volontaires. Il a publié, en 1868, un *Traité sur la physiologie de l'hygiène des écoles, des familles et des collèges*, et, en 1882, une *Méthode expérimentale de médecine*; plus un grand nombre de mémoires et articles sur sa spécialité, dans les journaux et revues de médecine et de physiologie; il fut un des principaux collaborateurs de l'*American Cyclopædia (1873-76)* et de l'*Universal Cyclopædia* de Johnson (1874-77).

DALY, César Daley (dit), architecte français, né à Verdun le 19 juillet 1811; fit ses études à Douai, puis vint à Paris, où il étudia l'architecture sous la direction de F. Duban. Il fut chargé, à partir de 1840, de divers travaux d'architecture, principalement de la restauration de la cathédrale d'Albi, et exposa au Salon de 1841 un *Projet de décoration intérieure de chapelle* et à celui de 1846, les *Dessins de la cathédrale d'Albi*, lesquels, présentés de nouveau à l'Exposition universelle de 1855, valurent une médaille de 2e classe à leur auteur. Associé dans sa jeunesse au mouvement d'idées mises en circulation par les publications fourriéristes, M. Daly, dans le cours d'un long voyage d'exploration artistique, alla visiter en 1855 la colonie communiste fondée par Cabet en Amérique; il explora, par la même occasion, tout le continent américain, étudiant les vestiges d'une architecture disparue. Il visita ensuite l'Orient: la Grèce, la Turquie, l'Asie Mineure, la Syrie, la Palestine. Architecte diocésain du Tarn, M. Daly est, en outre, membre d'un grand nombre de sociétés artistiques ou savantes; décoré du Medjidié de Turquie (3e classe), commandeur de l'ordre de Saint-Stanislas de Russie, il est chevalier de la Légion d'honneur depuis 1861. — On a de lui: *Des concours pour les monuments publics*, etc. (1861); l'*Architecture privée au XIXe siècle, sous Napoléon III* (*1860-75*, 7 vol.); *Motifs historiques d'architecture et de sculpture d'ornement* (*1864-76*, 4 vol.); *Des décorations intérieures et extérieures* (3 vol.); *Architecture funéraire (1873)*; les *Théâtres de la place du Châtelet (1875)*, etc.; publications médaillées aux Expositions universelles de 1855, 1862 et 1867, à Paris et à Londres. M. C. Daly a publié également un certain nombre de brochures sur des questions d'architecture et des arts qui s'y rapportent. Il a fondé, en 1840, la *Revue générale de l'architecture et des travaux publics*, dont il a conservé la direction et qui forme aujourd'hui une collection de plus de 30 volumes d'un très grand intérêt.

DANA, Charles Anderson, journaliste américain, né à Hinsdale (New-Hampshire) le 8 août 1819. Entré au collège d'Harvard en 1839, il n'y put rester que deux années, à cause d'une affection des yeux qui lui interdisait l'étude assidue. En 1842, il devint membre de la communauté de la ferme de Brook, espèce de phalanstère établi à Roxbury (Massachusetts), et qu'il quitta en 1844. Peu après, il fondait avec George Ripley, Parke Godwin et John S. Dwight, *the Harbinger* (l'Avant-Coureur), journal hebdomadaire prêchant la réforme sociale, tout en laissant une large place à la littérature (1844-47), et pendant une partie de la même période, le *Boston Chronotype*. Dès 1847, il entra à la rédaction du *New York Tribune*, dont il devint administrateur de 1856 à 1861. Dès 1855, il projetait, en société avec M. George Ripley, la *New American Cyclopædia*, en 16 volumes, dont ces deux messieurs se firent les éditeurs responsables, et qui, terminée en 1863, a été l'objet d'une nouvelle édition revue et augmentée, dont la publication, commencée en 1873, a été terminée en 1876. Il publia également, en 1858, un choix considérable de poésies lyriques empruntées aux meilleurs auteurs anglais et américains, sous le titre de *Household Book of Poetry* (Recueil de poésies pour les familles). De 1862 à 1865, il remplit les fonctions officielles d'auditeur des comptes du département militaire occidental, et ensuite celles de secrétaire-adjoint à la guerre, pendant deux années. Vers

1866, il devint rédacteur en chef, copropriétaire du *Chicago Republican*, journal quotidien publié à Chicago (Illinois); mais il abandonna ce journal dans l'automne de 1867, et en 1868, il achetait une part de propriété du *New York Sun*, journal quotidien (quelque chose comme le *Petit Journal* de New-York), dont il devint bientôt rédacteur en chef et directeur, et qui s'est fait particulièrement remarquer par son opposition passionnée à l'administration du général Grant. — M. Dana est un homme d'un savoir étendu, malgré des commencements que l'état de sa santé rendit pénibles, d'une profonde érudition et d'une remarquable éloquence; c'est un « public speaker » renommé et il possède parfaitement plusieurs langues. Enfin c'est surtout un journaliste de tempérament. Au mois de juillet 1876, il n'hésitait pas à aller au-devant de don Carlos, débarqué à New-York, dans l'espoir (qui ne devait pas être déçu) d'en tirer le premier quelques colonnes de *bonne copie*.

DANA, James Dwight, naturaliste américain, né à Utique (New-York) le 13 février 1813; il fit ses études au collège d'Yale, où il prit ses grades en 1833, et fut professeur de mathématiques dans l'escadre méditerranéenne de la marine des États-Unis, de 1833 à 1835, puis devint préparateur de chimie, de géologie, etc., du professeur Silliman. En décembre 1836, il fut adjoint à l'expédition d'exploration scientifique commandée par le commodore Wilkes, en qualité de géologue et minéralogiste et l'accompagnait quelques mois plus tard pour revenir seulement en 1842. Il avait, dès 1837, publié son premier ouvrage: *Mineralogy*, lequel, après plusieurs éditions, revu et considérablement augmenté, reparaissait en deux gros volumes, en 1868-69. Depuis 1846, M. James D. Dana est rédacteur de l'*American Journal of science*, et il a, dans ces dernières années, assumé presque tout le poids de cette importante publication, fondée par Silliman en 1818. Pendant plusieurs années, il avait été presque entièrement occupé par la préparation et la classification des trésors scientifiques apportés du Pacifique dans le long voyage accompli sous la direction du commodore Wilkes, ainsi que par la rédaction de ses trois rapports différents, accompagnés d'atlas où figurent diverses espèces animales nouvelles, ainsi que des formations géologiques inconnues et découvertes par lui; soit: *Sur les zoophytes (1846*, in-4° de 740 p.); *Sur la géologie du Pacifique* (in-4° de 756 p., 1849); et *Sur les crustacés* (in-4 de 1620 pages, avec atlas de 96 desseins, 1852-54). Nommé professeur d'histoire naturelle et de géologie à l'université d'Yale en 1850, il ne put prendre possession de sa chaire qu'en 1855. Il l'a conservée jusqu'ici et est, en même temps, membre du conseil de l'École scientifique de Sheffield, annexe de Yale College. — Outre les ouvrages déjà cités, on doit à ce savant: un *Traité élémentaire de géologie pour les écoles et les académies* (*1864*, 3° édition, 1880); les *Coraux et les îles du corail (1872)*, une 3° édition, très augmentée, de ce dernier ouvrage a paru à la fin de 1882; *Histoires géologiques brièvement racontées (1875)*, etc. — M. James D. Dana a été président de l'Association américaine pour l'avancement des sciences; il est membre actif et officier de l'Académie nationale des sciences et membre correspondant d'un grand nombre de sociétés scientifiques européennes. La Société géologique de Londres lui a décerné, en 1872, sa médaille d'or de Wollaston, et la Société royale sa médaille de Copley en 1877.

DANCLA, Jean Charles, violoniste et compositeur français, né le 19 décembre 1817 à Bagnères-de-Bigorre. Il reçut, de son père, les éléments de son art et devint ensuite élève de Baillot. Entré, en 1828, au Conservatoire de Paris, il y remportait le premier prix de violon en 1833, puis apprenait la composition avec Halévy et l'harmonie avec M. Barbereau. Il obtint un prix de fugue en 1837 et, l'année suivante, le second grand prix de Rome. M. Ch. Dancla a été nommé, en 1857, professeur de violon au Conservatoire. M. Dancla s'est produit comme virtuose dans un grand nombre de concerts, tant en France qu'en Angleterre, en Allemagne, en Russie, etc., avec un succès qui ne s'est jamais démenti. Il a obtenu, dans des concours divers, des médailles d'or, prix, distinctions de toute sorte, notamment en 1862, le prix de quatuor et en 1868, le prix de musique de chambre, prix décernés par l'Institut. Il est, en outre, chevalier de la Légion d'honneur depuis 1867. — Comme compositeur, on doit à M. Dancla de nombreux morceaux pour son instrument : trios, quatuors, morceaux d'ensemble, fantaisies, rêveries, etc. Il a publié des *Œuvres choisies de Viotti*, compositeur italien, et quelques brochures, notamment: *Lettre à M. Ch. Gounod*, à propos de la direction des orchestres par les compositeurs (1873); *Miscellanées musicales (1877)*.

DANELLE-BERNARDIN, Jean-Baptiste Fernand, industriel et homme politique français, né à Montreuil-sur-Blaise (Haute-Marne) le 16 septembre 1826. Il succéda à son père dans l'exploitation des forges du château de Buisson, en 1850. Membre du Conseil d'arrondissement de Vassy-sur-Blaise depuis 1856, M. Danelle-Bernardin a été élu, le 8 octobre 1871, membre du Conseil général pour le canton de Vassy. En 1863, il avait posé sa candidature dans la première circonscription de la Haute-Marne, en opposition avec celle de M. le baron Lespérut, candidat officiel, mais sans succès. Il voulut renouveler la tentative aux élections du 8 février 1871, et ne réussit pas mieux; mais, M. Lespérut mort, une élection complémentaire eut lieu le 29 mars 1874, dans laquelle M. Lespérut fils briguait la succession de son père. Cette fois, les électeurs de la Haute-Marne préférèrent M. Danelle-Bernardin qui, d'ailleurs, avait réuni près de 18,000 voix aux élections de février 1871. L'honorable candidat s'était prononcé nettement en faveur de la République non pas la veille du scrutin, mais dès 1870 : il obtint 35,000 voix et fut élu. — A l'Assemblée, il se fit inscrire au centre gauche, puis à la gauche républicaine. Aux élections du 20 février 1876, il fut élu sans concurrent député de l'arrondissement de Vassy-sur-Blaise. Sa profession de foi était une confirmation pure et simple de ses déclarations républicaines précédentes. Réélu le 14 octobre 1877 et le 21 août 1881, il fut élu député de la Haute-Marne, le 4 octobre 1885, sur la liste républicaine. Il a voté l'expulsion des princes. — M. Danelle-Bernardin est maire de Louvemont depuis 1859, membre du Conseil général de la Haute-Marne depuis 1871 et président de la Chambre consultative des arts et manufactures de Joinville. Il est, en outre, vice-président du conseil d'administration du chemin de fer de Vassy à Saint-Dizier, qu'il n'a pas peu contribué à faire construire.

DARCEL, Alfred, administrateur et écrivain d'art français, né à Rouen le 4 juin 1818. Ses études achevées, il vint à Paris et entra à l'École centrale des arts et manufactures, d'où il sortit ingénieur civil en 1843. Après avoir dirigé pendant quelques années, à Rouen, une manufacture de produits chimiques, il revint à Paris, fut attaché au service des expositions en 1852, puis entra comme employé au musée du Louvre. Nommé en 1862 conservateur des monuments du moyen âge et de la renaissance, puis administrateur de la manufacture des Gobelins en 1871, M. Darcel était nommé directeur du musée des Thermes et de l'hôtel de Cluny, en remplacement de M. du Sommerard, décédé, le 24 février 1885. Il est en outre membre de la Commission de l'inventaire des richesses d'art de la France. Chevalier de la Légion d'honneur depuis 1869, il a été promu officier le 25 juillet 1885. — On doit à M. Alfred Darcel : l'*Album de Villard de Honnecourt, d'après les notes de Lassus (1858)*; le *Trésor de l'église de Conques (1861)*; *Notices des faïences italiennes du musée du Louvre (1864)*; *Notice des émaux et de l'orfèvrerie du musée du Louvre (1867)*; *Recueil de faïences italiennes*, avec M. Delange (1869); *Collection Bazilewski*, précédé d'un *Essai sur les arts industriels (1874*, 2 vol.). Il a collaboré aux *Annales archéologiques*, à la *Gazette des Beaux-Arts*, à la *Chronique des Arts et de la Curiosité*, à l'*Illustration*, au *Journal de Rouen*, etc.

DARGENT, Edouard Yan', peintre français, né en 1824 à Saint-Servais (Finistère). — On a de cet artiste, qui a débuté au Salon de 1851 : le *Retour*, les *Baigneuses (1851)*; *Au bord de la mer (1852)*; les *Dénicheurs (1853)*; les *Bords de la mer à Lokirech*, *Sauvetage à Guisseny (1857)*; *Saint Houardon, patron de Landernau (1859)*; les *Lavandières de la nuit, ballade bretonne (1861)*; les *Vapeurs*, un *Soir dans la lande (1863)*; la *Vache récalcitrante (1864)*; *Mort du dernier barde breton (1865)*; *Souvenir d'enfance*, le *Menhir (1866)*; la *Roche Maurice*, *Kloarck en vacances (1868)*; le *Petit Poucet (1869)*; l'*Intempérance* et le *Travail (1870)*; le *Charron de Laouic (1872)*; le *Puits de Santa* et le *Sentier aux ramiers à Brézal, dans le Finistère*; l'*Éducation de la sainte Vierge* et *Sainte Anne visite la sainte Famille à Bethléem*, pour la cathédrale de Quimper (1873); *Saint Roch dans la solitude* et *Korn-boud, aux environs de Saint-Pol de Léon*; la *Mort de saint Joseph* et la *Fuite en Égypte*, ces deux dernières toiles pour la cathédrale de Quimper (1874); *Sentier près de Telgruc*, *Conversation extatique de saint Corentin et de saint Primel*, *Falaise à Goullien (1875)*; *Baptême de Notre-Seigneur Jésus-Christ*, *Prédication de saint Jean-Baptiste*, pour la cathédrale de Quimper (même année); les *Bords du Scorf-an-Sac'h*, *Falaise à Morgat*; et pour la cathédrale de Quimper : la *Conversion de saint Paul et saint Paul devant l'Aréopage (1876)*; outre des peintures murales et surtout de nombreux dessins sur bois pour les publications illustrées. — Il est chevalier de la Légion d'honneur depuis 1877.

DARISTE. Voy. **Ariste** (d').

DARLEY, Félix, dessinateur américain, né à Philadelphie le 26 juin 1822. D'abord commis dans une maison de commerce, il employait ses loisirs à l'étude du dessin, pour lequel il avait une vocation décidée; il publia dès lors quelques produits de son crayon qui le firent remarquer, et ses travaux en ce genre lui furent si bien payés qu'il se décida à abandonner la carrière commerciale. Il travailla plusieurs années à Philadelphie, produisant toute une série de dessins pour la *Bibliothèque des œuvres humoristiques américaines*; puis alla se fixer à New-York, où les illustrations des œuvres de Washington Irving lui furent d'abord confiées. Ces illustrations, principalement celles de *Rip Van Winkle*, de la *Legend of Sleepy Hollow* et de la *Magaret* de Judd (1856), le placèrent au rang des artistes les plus délicats et les plus sympathiques du jour. Il donna en outre plus de 500 dessins pour les œuvres de James Fenimore Cooper, illustra également quelques ouvrages de Charles Dickens, fournit aux principaux magazines des dessins innombrables, et dessina la plupart des bons du Trésor, billets de banques, etc., aux lignes compliquées pour le désespoir des contrefacteurs. En 1859 parut sa splendide composition du « Cortège de noces » pour le *Courtship of Miles Standish* de Longfellow. Il composa ensuite plusieurs grands dessins, parmi lesquels quatre commandés par le prince Napoléon à son passage à New-York. A la fin de la guerre de sécession, M. F. Darley fit son premier voyage en Europe, séjourna quelque temps à Rome, et rapporta dans sa patrie (1868) une quantité de dessins et d'esquisses, dont il publia une partie sous le titre de : *Sketches abroad with pen and pencil* (Esquisses des pays étrangers, à la plume et au crayon), dont il fournit aussi bien le texte que les illustrations. Il a entrepris, en 1875, une série de 500 dessins destinés à illustrer l'*Histoire des États-Unis*, dont le texte est dû à la plume de M. B. J. Lossing. Il est membre de l'Académie américaine et de la Société des aquarellistes américains.

DARU (comte), Napoléon, homme politique français, ancien pair de France sous la monarchie de Juillet, ancien ministre sous le second empire, ancien sénateur de la République, est né à Paris le 11 juin 1807. Il est filleul de Napoléon Ier et de l'impératrice Joséphine et fils du littérateur et homme d'État éminent du premier empire, mort en 1829. M. le comte Daru fit ses études au lycée Louis-le-Grand, puis entra à l'École polytechnique en 1825 et passa en 1827 à l'École d'application de Metz, comme sous-lieutenant-élève. Entré dans l'artillerie en 1830, il prit part à l'expédition d'Alger, où il fut blessé. Lieutenant en 1831, capitaine en 1836, capitaine en premier en 1840, M. le comte Daru donnait sa démission en 1847. Entré à la Chambre des pairs en 1832, il devint un des plus fermes soutiens de la monarchie de Juillet; toutefois, après le 24 février, il fit acte d'adhésion au nouvel ordre de choses. Élu représentant de la Manche à la Constituante, puis à la Législative, M. le comte Daru prit place à la droite de l'une et de l'autre assemblées; il fut vice-président de l'Assemblée législative en 1850 et 1851. Il avait été, en 1849, un des membres les plus remuants du comité de la rue de Poitiers. — Au 2 décembre 1851, M. le comte Daru réunissait chez lui, rue de Lille, un grand nombre de représentants à la tête desquels en sa qualité de vice-président de l'Assemblée, il prenait, vers dix heures du matin, le chemin du Palais législatif, manifestation qui n'était pas sans péril, après tout, puisque les honorables représentants, appartenant à peu près tous à la droite, furent fort mal reçus en arrivant place de Bourgogne, par la troupe, qui avait précisément mission de s'opposer à la tentative en question. Les représentants insistèrent, mais ils furent bousculés, quelques-uns même blessés légèrement et durent s'en retourner comme ils étaient venus. Réunis de nouveau à l'hôtel Daru, ils résolurent de se rendre à la mairie du X° arrondissement et de s'y constituer régulièrement en Assemblée nationale. Ainsi firent-ils. Et l'ont sait ce qu'il advint de cette séance extraordinaire, close sur ce cri héroïque : *Qu'on nous emmène à Mazas!* (sous-entendant, peut-être : « On y est plus en sûreté qu'ici »). Avec un certain nombre de ses collègues, M. le comte Daru, dont nous ne voyons pas cependant le nom figurer sur la liste de l'appel nominal fait à la caserne d'Orsay, pas plus que parmi ceux des membres du bureau de la réunion de la mairie du X° arrondissement, fut quelques jours retenu prisonnier à Vincennes. Rendu à la liberté, il se retira dans son département, et ne reparut dans l'arène politique qu'aux élections de 1869, où il fut élu, au scrutin de ballottage, député de la 4° circonscription de la Manche, comme candidat de l'« Union libérale ». Il prit place au centre gauche et fut l'un des promoteurs de l'interpellation des 116. Élu vice-président de l'Assemblée en décembre, il acceptait le portefeuille des affaires étrangères dans le cabinet du 2 janvier 1870. Les plus grandes difficultés, que rencontra M. Daru dans le poste qu'il avait accepté, lui vinrent du Concile du Vatican et des débats sur la doctrine du *Syllabus*; mais il s'en tira en ne faisant rien. A la Chambre, il fut chargé d'exposer le programme du nouveau cabinet, de répondre aux interpellations sur la politique intérieure, toutes choses qui n'étaient pas essentiellement de son ressort, de même que ses talents oratoires plus qu'insuffisants ne pouvaient justifier un pareil choix. Au mois d'avril, M. Daru donnait sa démission : il est admis depuis longtemps que le motif de cette détermination se trouve dans l'imminence du plébiscite, manœuvre à laquelle M. Daru était opposé. Membre du Comité de défense au début de l'invasion prussienne, M. le comte Daru se retira dans le département de la Manche après la révolution du 4 Septembre. Président du Conseil général de ce département, il s'y occupa activement de l'organisation de la défense, protesta contre la dissolution des conseils généraux (janvier 1871), puis se porta candidat à l'Assemblée nationale aux élections du 8 février. Il fut élu en tête de la liste et alla siéger au centre droit, puis se fit inscrire au groupe de Clercq. Président de la commission d'enquête sur la révolution et le gouvernement du 4 Septembre et de la commission d'enquête sur les événements du 18 mars, les procès-verbaux de cette dernière commission provoquèrent de nombreuses réclamations dont il fallut reconnaître le bien fondé, malgré qu'on en eût. Il a fait partie, en outre, de la commission des lois constitutionnelles, de la commission du budget, etc. En 1873, M. le comte Daru faisait partie de la commission des *neuf* qui s'était imposé la mission difficile de rétablir en France la monarchie légitime. — Aux élections des sénateurs inamovibles, le nom de M. Daru figurait sur la liste de droite, qui échoua (décembre 1875); mais il fut élu le 30 janvier 1876, sénateur de la Manche, comme candidat de l'Union conservatrice, et prit place au Sénat sur les bancs de la droite. Il n'a pas été réélu à l'expiration de son mandat, le 5 janvier 1879 : il n'obtint même qu'une minorité dérisoire, et se retira décidément de la lutte.

M. le comte Daru a collaboré au *Correspondant*; il est auteur d'un traité des *Chemins de fer*, publié en 1843, et d'une étude sur le *Comte Beugnot*, publiée en 1865. Il est membre de l'Académie des sciences morales et politiques depuis 1860, et officier de la Légion d'honneur depuis 1840.

DARWIN, Georges Howard, physicien anglais, fils aîné de l'illustre naturaliste Charles Darwin, est né en 1846. Il fit de brillantes études à l'université de Cambridge, collège de la Trinité, et fut reçu *fellow* de son collège en 1868; il s'adonna ensuite à l'étude du droit et fut admis au barreau à Lincoln's Inn en 1872, mais il n'aborda même pas la pratique de la profession d'avocat et retourna à Cambridge en 1873. En 1870-71, il avait fait partie d'une expédition chargée d'observer une éclipse de soleil en Sicile, mais que le mauvais temps avait empêché de remplir sa mission. Un mémoire sur l'*Influence des changements géologiques sur la rotation de l'axe terrestre*, inséré dans les *Transactions* de la Société royale en 1876, et suivi de divers autres, notamment un sur l'*Histoire des commencements de la terre (1878)*, le fit admettre dans le sein de cette société savante en 1879. M. Darwin s'est principalement

occupé, depuis 1875, de recherches physiques et mathématiques relatives à l'astronomie, quelquefois en collaboration avec son frère, M. F. Darwin. A sa réunion en 1882, l'Association britannique pour l'avancement des sciences le chargeait, avec un autre savant, de reviser la méthode d'observation des marées ; il assistait sir William Thomson dans la préparation d'une nouvelle édition de la *Physique* de Thomson et Tait. Il collabore activement, enfin, à la revue scientifique *Nature* et à d'autres recueils scientifiques estimés. M. G. Darwin a été nommé, le 16 janvier 1883, professeur d'astronomie et de physique expérimentale à l'université de Cambridge.

DAUBRÉE, Gabriel Auguste, géologue français, né à Metz le 25 juin 1814. Entré à l'Ecole polytechnique, il en sortit en 1834 dans le corps des mines, fut nommé en 1838, ingénieur des mines du département du Bas-Rhin et professeur de géologie et de minéralogie à la faculté des sciences de Strasbourg, dont il devint doyen en 1852. Nommé ingénieur en chef en 1855, il fut appelé, en 1861, à la chaire de géologie du Museum d'histoire naturelle, à Paris, et l'année suivante, à la chaire de minéralogie de l'Ecole des mines, dont il est devenu directeur au mois de juin 1872. Il a pris sa retraite au mois d'août 1884. Elu membre de l'Académie des sciences en 1861, M. Daubrée était nommé inspecteur général des mines le 24 février 1867. — On a de ce savant : *Carte géologique du département du Bas-Rhin*, avec texte descriptif (1852) ; *Observations sur le métamorphisme (1858)*; *Recherches expérimentales sur le striage des rochers dû au phénomène erratique* (même année) ; *Recherches expérimentales sur les phénomènes qui ont pu produire le métamorphisme (1860)*; la *Chaleur intérieure du globe, son origine, ses effets (1866)*; *Expériences synthétiques relatives aux météorites (1866)*; *Classification adoptée pour la collection des roches du Muséum d'histoire naturelle de Paris (1867*, broch. in-8°) ; *Rapports sur les progrès de la géologie expérimentale*, dans la collection des « Rapports officiels » sur l'Exposition universelle de 1867 ; *Etudes synthétiques de géologie comparée (1879)*, etc. M. Daubrée a publié en outre, sur les résultats de ses recherches dans les diverses branches de la géologie, au cours des missions qu'il a remplies à l'étranger, principalement en Hollande et en Suède, une foule de mémoires dans les *Comptes rendus de l'Académie des sciences*, les *Annales des Mines*, etc. Decoré de plusieurs ordres étrangers, M. Daubrée, commandeur de la Légion d'honneur depuis 1869, a été promu grand croix le 11 juillet 1881. Il est membre d'un grand nombre de sociétés savantes nationales et étrangères.

DAUDET, Ernest, littérateur et publiciste français, né à Nimes le 31 mai 1837, fit ses études dans son pays natal et vint à Paris en 1857. Il débuta dès lors dans la presse politique légitimiste et écrivit dans l'*Union* et le *Spectateur* (ancienne *Assemblée nationale*) ; il collabora ensuite à la *Nation*, au *Nord*, à l'*International*, à l'*Univers illustré*, à la *Revue française*, à la *Nouvelle Revue de Paris*, etc., ainsi qu'à divers journaux de province, en qualité de correspondant. Devenu, vers 1860, secrétaire-rédacteur au service des procès-verbaux et du compte rendu du Corps législatif, il était, dans les dernières années de l'empire, secrétaire de la présidence du Sénat. — M. E. Daudet a publié : *Thérèse*, roman (1859) ; les *Journaux religieux et les journalistes catholiques*, brochure (1860) ; la *Trahison d'Emile Ollivier*, broch. (1864); les *Duperies de l'Amour*, roman (1865) ; la *Vénus de Gordes*, avec M. Adolphe Belot (1866), roman, transporté au théâtre et représenté sur la scène de l'Ambigu en 1875 ; le *Crime de Jean Malory*, *Jean le Gueux*, *Marthe Varades*, la *Petite sœur*, le *Prince Pogoutzine*, le *Roman de Delphine*, *Jourdan coupe-têtes* ; *Diplomates et hommes d'Etat contemporains : le cardinal Consalvi, 1800-1824 (1867)* ; la *Succession Chavanet*, roman (1868, 2 vol.); le *Missionnaire (1869)*; *Fleur de péché (1872)*; un *Mariage tragique (1873)*; les *Aventures de Raymond Rocheray (1875)*; *Henriette; fragments du journal du marquis de Boisguerny, député (1875)*; la *Terreur blanche* (même année); *Mon frère et moi, souvenirs de jeunesse (1882)*; *Mademoiselle Vestris (1884)*; *Histoire de l'émigration : les Bourbons et la Russie pendant la Révolution française (1886)*, etc. Après l'échec des tentatives de fusion entre les deux branches de la « Maison de France », tentatives auxquelles il avait participé dans la mesure de ses moyens (1873), M. E. Daudet fit paraître une brochure anonyme : la *Vérité sur la fusion* qui fit quelque bruit tant qu'on n'en connut point le véritable auteur, et qu'on ne se fit pas faute d'imputer à une foule de personnages qui n'y étaient pour rien, ou pour fort peu de chose. — On lui doit encore : la *France et les Bonapartes, lettre à M. Conti (1871)*; le *Ministère de M. de Martignac, sa vie politique et les dernières années de la Restauration (1875)*, ouvrage auquel l'Académie française, sur le rapport de M. de Sacy, a, dans sa séance du 11 mai 1876, décerné le prix Bordin, en partage avec le *Corneille inconnu*, de M. Levallois (ce prix a été maintenu aux deux mêmes ouvrages, le 16 novembre 1876); le *Procès des ministres*, broch. (1877).

Au nombre des modifications de personnel amenées dans les branches les plus diverses de l'administration par l'avènement au pouvoir du ministère de combat dont M. le duc de Broglie fut le chef, il faut citer la nomination de M. Ernest Daudet comme rédacteur en chef du *Journal officiel*, en remplacement de M. Kaempfen (février 1874). Le résultat des élections de février 1876 força naturellement M. Daudet à se retirer. Le 1er mai suivant, il prenait la rédaction en chef de l'*Estafette*, sorte de *Figaro* au soir, créé par Villemessant. M. Daudet conserva cette position jusqu'au 5 juillet, époque à laquelle Villemessant jugeant l'entreprise mauvaise, cédait le journal, son titre et sa clientèle à M. Léonce Détroyat, propriétaire du *Bon Sens*. — M. Daudet est chevalier de la Légion d'honneur depuis 1868.

DAUDET, Alphonse, littérateur français, né à Nîmes le 13 mai 1840. Il est frère du précédent, avec lequel il vint à Paris en 1857. Attaché au cabinet de M. de Morny, président du Corps législatif, depuis 1861, il perdit cette position à la mort de celui-ci (mars 1865) et se consacra entièrement à la littérature. Il avait débuté par des poésies qui avaient eu un succès mérité : les *Amoureuses (1858)* et la *Double conversion (1861)*, sans parler des vers insérés dans diverses publications périodiques, notamment le *Monde illustré*. En 1862, il faisait représenter au Théâtre Français : la *Dernière Idole*, écrite en collaboration avec M. Ernest Lépine. En 1863, il débutait dans le roman par le *Roman du petit Chaperon rouge*, et revenait en 1865 au Théâtre Français, avec une nouvelle petite pièce due à la même collaboration que la première : l'*Œillet blanc*. M. A. Daudet a donné depuis lors au théâtre : les *Absents*, musique de M. Poise, à l'Opéra-Comique (1865) ; le *Frère aîné*, comédie, avec M. Lépine (Manuel), au Vaudeville (1865); le *Sacrifice*, au Vaudeville ; l'*Arlésienne*, au même théâtre (1872), reprise à l'Odéon en 1886, avec un certain succès ; *Lise Tavernier*, à l'Ambigu (1872) ; *Fromont jeune et Risler aîné*, drame tiré de son roman, par M. A. Belot, au Vaudeville (1876) ; le *Char*, opéra comique, avec M. P. Arène, à l'Opéra-Comique (1878); les *Rois en exil*, source identique, avec M. P. Delair, au Vaudeville (1882) ; *Sapho*, ibid., avec M. A. Belot, au Gymnase (1885). Il a collaboré à un assez grand nombre de journaux, notamment au *Figaro* où ses chroniques rimées, signées « Jean Froissart » et ses « Lettres de mon moulin » ont eu un véritable succès ; il est devenu l'un des collaborateurs littéraires habituels du *Moniteur universel*, où ont paru beaucoup de ses romans et nouvelles publiés depuis en volume ; écrivit au *Journal officiel*, sous la direction de son frère et depuis, à l'*Evénement*, etc. Nous citerons parmi ses ouvrages ou recueils d'articles publiés à part : le *Petit chose*, *Tartarin de Tarascon*, *Robert Helmont*, *Lettres de mon moulin*, *Lettres à un absent*, *Contes du lundi* ; les *Femmes d'artistes* ; et, plus récemment : *Jack, histoire d'un ouvrier (1878*, 2 vol.) ; *Fromont jeune et Risler aîné (1874)*, ouvrage auquel l'Académie française a décerné le prix Jouy, en juin 1875 ; le *Nabab (1879)*; les *Rois en exil (1880)*; l'*Evangéliste (1883)*; *Sapho (1884)*; *Tartarin sur les Alpes (1886)*. Le bruit ayant courut de sa candidature à l'Académie aux élections de décembre 1884, il adressa aux journaux une lettre dans laquelle il dit : « Je ne me présente pas, je ne me suis jamais présenté, je ne me présenterai jamais. » Dont acte. — M. Alphonse Daudet est chevalier de la Légion d'honneur.

DAUMAS, Augustin Honoré, homme politique français, né à Toulon le 25 mai 1826. Il exerçait la profession d'ouvrier mécanicien, lorsque, impliqué dans le « complot de Lyon » (1851), il fut condamné à dix ans de détention qu'il subit à Belle-Isle-en-Mer et au Mont Saint-Michel. Nommé par le gouvernement de la Défense nationale sous-préfet provisoire de Toulon, le 6 septembre 1870, il donnait sa démission, qui ne fut pas acceptée, huit jours après. Aux élections complémentaires du 2 juillet 1871, M. Daumas fut élu représentant du Var à l'Assemblée nationale par près de 30,000 voix, et vint siéger à l'extrême gauche. Il y prit plusieurs fois la parole, notamment dans la discussion de la loi sur les Conseils généraux et pour protester contre le principe de la gratuité des fonctions. Il s'abstint lors du vote des lois constitutionnelles. Porté candidat dans la première circonscription de Toulon, aux élections du 20 février 1876, M. Daumas fut élu au premier tour, bien qu'il eût contre lui trois adversaires de nuances diverses, lesquels eurent de la peine à réunir 1,800 voix à eux trois, tandis que le candidat républicain en obtenait 6,590. Réélu le 16 octobre 1877 et le 21 août 1881, il fut porté en octobre 1885 sur la liste radicale et fut élu, le 18, député du Var. Il a repris sa place à l'extrême gauche et a voté l'expulsion totale des princes.

DAUPHIN, Albert, homme politique français, sénateur, né à Amiens le 26 août 1827. Reçu licencié en droit, il s'inscrivit au barreau de sa ville natale et devint bâtonnier de son ordre. Il était maire d'Amiens lorsqu'éclata la guerre de 1870, et fut maintenu dans ses fonctions par le gouvernement de la Défense nationale. Pendant la durée de l'occupation allemande, M. Dauphin montra autant de tact que d'infatigable dévouement et rendit à ses concitoyens et aux habitants du pays environnant les services les plus précieux dans d'aussi tristes circonstances : il refusa du reste la candidature à l'Assemblée nationale, le 8 février 1871, pour ne point abandonner son poste de maire. Chargé de la direction de la préfecture, à titre provisoire, le 7 mars, il fut nommé préfet de la Somme le 28, et se retira en juillet. Le 9 janvier 1872, il fut élu contre son gré représentant de la Somme à l'Assemblée, en remplacement du général Faidherbe, qui avait donné sa démission parce qu'il jugeait que l'Assemblée outrepassait ses droits en siégeant après le vote du traité de paix. M. Dauphin, qui était du même avis, refusa de siéger et fut remplacé. Il donnait sa démission de maire d'Amiens le lendemain du 24 mai, en manière de protestation. M. Dauphin n'était pourtant pas un radical, tant s'en faut ; ce n'est pas même comme républicain, mais comme constitutionnel, qu'il se présenta aux élections sénatoriales du 30 janvier 1876, dans son département. Il fut élu à une faible majorité, et prit place au centre gauche. Il est président du Conseil général de la Somme. Au renouvellement partiel du 8 janvier 1882, il a été réélu sénateur de la Somme en tête de la liste républicaine, et a voté l'expulsion des princes. M. Dauphin a rempli les fonctions de procureur général près la Cour d'appel de Paris, de 1879 à 1882. Chevalier de la Légion d'honneur depuis 1871, il a été promu officier le 11 juillet 1881, et nommé officier de l'instruction publique le 15 juillet 1886.

DAUPHINOT, Jean Simon, industriel et homme politique français, sénateur, né à Reims le 24 janvier 1821. L'un des grands manufacturiers de la contrée, M. Dauphinot a été élu juge au tribunal de commerce en 1852, et président de ce tribunal en 1864; vice-président de la chambre de commerce de Reims en 1868, il en devenait président en 1872. Conseiller municipal depuis 1860, il était nommé maire de Reims en 1868 et élu membre du Conseil général en 1869. L'attitude de M. Dauphinot comme maire de Reims pendant la douloureuse époque de l'occupation allemande, qui ne dura pas moins de sept mois, lui mérita la reconnaissance de ses concitoyens, et il fut élu, le 8 février 1871, représentant de la Marne à l'Assemblée nationale, où il vint siéger au centre gauche, dont il devint un des vice-présidents. Il donna alors sa démission de maire de Reims. M. Dauphinot a toujours voté avec la fraction sincèrement républicaine du groupe parlementaire dont il faisait partie dans l'Assemblée précédente. Porté sur la liste républicaine, aux élections sénatoriales du 30 janvier 1876, il fut le seul élu de cette liste. Il s'est fait inscrire au centre gauche du Sénat, et a été élu questeur de cette assemblée parlementaire. Il a été réélu, au renouvellement partiel du 5 janvier 1879, et a voté contre l'expulsion des princes. M. Dauphinot a été membre du jury de l'Exposition internationale de Vienne, de 1873, pour le 5e groupe (Industrie des matières textiles, etc.). Il est officier d'Académie, et officier de la Légion d'honneur depuis le 20 octobre 1878.

DAUTRESME, Auguste Lucien, homme politique français, ingénieur, compositeur, né à Elbeuf le 21 mai 1826. Elève de l'Ecole polytechnique, M. L. Dautresme abandonna la carrière d'ingénieur qu'il avait d'abord embrassée, étudia la musique et se livra avec ardeur à la composition. Il a donné à l'ancien Théâtre Lyrique deux petits ouvrages qui ne manquent pas de valeur : *Cardillac* et *Sous les charmilles*. Conseiller général de la Seine-Inférieure, il a été élu, le 20 février 1876, député de la 2e circonscription de Rouen et siégea au centre gauche. Il a été réélu le 14 octobre 1877 et le 21 août 1881 par le même collège et le 4 octobre 1885, sur la liste des républicains « progressistes », député de la Seine-Inférieure. Le 9 novembre suivant, M. Dautresme remplaçait au ministère du commerce M. Pierre Legrand, démissionnaire; il résignait ses fonctions le 29 décembre, avec tous ses collègues du cabinet Brisson. — M. Dautresme a voté l'expulsion des princes.

DAVIDSON, Thomas, naturaliste écossais, vice-président de la Société paléontologique de Londres, membre de la Société royale, de la Société géologique, de la Société linnéenne, etc., est né à Edimbourg le 17 mai 1817. Il fit presque entièrement son éducation en Italie et à Paris, où il fréquenta même pendant plusieurs années l'atelier de Paul Delaroche, tout en suivant assidûment les cours de la faculté des sciences. Ses études scientifiques se portèrent principalement vers la géologie et la paléontologie, et il les dirigea d'une manière spéciale dans le sens de l'éclaircissement des caractère, classification, histoire, distribution géographique et géologique des brachiopodes récents et fossiles. Son grand ouvrage sur les *British Fossil Brachiopoda* (5 vol. in-4°, 230 gravures), est considéré comme une des plus importantes et des plus complètes monographies scientifiques jusqu'ici publiées. Il a également publié un grand nombre d'articles ou de mémoires sur des sujets scientifiques variés. Secrétaire honoraire de la Société géologique, en 1858, il recevait du conseil de cette société, en 1865, la médaille d'or de Wollaston, et en 1868, des mains de sir R. Murchison, l'un des pères incontestés de la géologie britannique, la médaille dite *silurienne*, en reconnaissance de son ouvrage intitulé : *Illustrations and history of the Silurian Life*. La Société royale lui décernait à son tour, en 1870, sa grande médaille d'or et la Société paléontologique récompensait également ses intéressants travaux l'année suivante. M. Thomas Davidson a pris la part la plus grande à l'organisation du nouveau Museum de Brighton, et est président du comité directeur de ce musée depuis sa fondation. Il a, en outre, deux fois rempli les fonctions de vice-président de section aux réunions de l'Association britannique pour l'avancement des sciences, et fait partie du comité général. Il a été chargé de la description des brachiopodes apportés par le *Challenger*, de sa mémorable exploration des fonds marins.

DAVIS, Jefferson, homme d'Etat américain, ex-président de la Confédération des Etats du Sud, pendant la guerre de Sécession, est né dans le Kentucky le 3 juin 1808. Il était encore enfant quand sa famille émigra dans l'Etat de Mississipi. Après avoir commencé ses études au Transylvania Collège (Kentucky) où il resta jusqu'en 1824, il entra à l'Académie militaire de West Point, d'où il sortit, comme second lieutenant, en 1828. La première période de sa carrière militaire ne dura pas moins de sept années, pendant lesquelles il servit avec distinction contre diverses tribus indiennes hostiles. Devenu premier lieutenant, il quitta le service militaire et retourna au Mississipi, où, ayant épousé la fille du général Taylor, qui fut ensuite président des Etats-Unis, il devint planteur de coton, occupation dans laquelle il resta confiné jusqu'en 1843. A cette époque, il prit part à la politique militante dans les rangs des démocrates, et s'employa efficacement en faveur de l'élection de Polk à la présidence des Etats-Unis. Elu membre du Congrès en 1845, il prit une part brillante aux débats relatifs au « tarif », à la question de l'Orégon, aux affaires militaires, aux préparatifs de l'expédition mexicaine, etc. Cette dernière résolue, M. Jefferson Davis fut élu colonel des volontaires du Mississipi, et alors, résignant son siège au Congrès, il alla rejoindre, sur le Rio-Grande, l'armée du général Taylor. Il assista au siège et à la prise de Monterey, et fut un des commissaires désignés pour traiter de la capitulation de cette place (septembre 1846) ; il se distingua de nouveau à la bataille de Buena-Vista (février 1847). A son retour, le président

Polk lui offrit le grade de général de brigade de volontaires; mais il refusa, sous prétexte que le pouvoir exécutif n'avait aucun droit à nommer les officiers de volontaires, ce droit appartenant, d'après la constitution, exclusivement aux États. En 1847, il fut élu sénateur du Mississipi, devint, en 1850, président du Comité des affaires militaires, et se distingua par son zèle dans la défense des droits particuliers de chaque État de l'Union et de la légitimité de l'esclavage. En 1851, il se démit de son siège au Sénat et s'occupa activement à faire triompher la candidature de Franklin Pierce à la présidence des États-Unis. Celui-ci, ayant été élu, confia à M. Jefferson Davis le portefeuille de la guerre. Il introduisit, dans son département et dans l'administration militaire en général, des réformes importantes, et se retira du ministère à l'accession de M. Buchanan à la présidence suprême. Il fut réélu au Sénat, mais à l'élection de Lincoln, il se retira, rappelé par le Mississipi, qui venait de prononcer sa séparation de l'Union. Le Congrès des États confédérés, réuni à Montgomery le 4 février 1861, l'élut président provisoire de la Confédération, en quelle qualité il fut installé le 22 février. L'année suivante, il était maintenu à la présidence des États confédérés pour six années consécutives, par des élections régulières.

Après la chute de Richmond, le président Davis, qui se disposait à la fuite, fut arrêté à Irwinsville, dans la Géorgie, le 10 mai 1865, et fut écroué à la forteresse Monroe, où il resta deux ans, attendant qu'on lui fît son procès. On le mit enfin en liberté provisoire sous caution, dans l'été de 1867. Il fut ensuite compris dans l'amnistie générale du 25 décembre 1868. M. Jefferson Davis fit alors un voyage en Europe et, à son retour, prit sa résidence à Memphis, dans la Tennessee. — Il a publié en 1881 : *The Rise and Fall of the Confederate Government* (2 vol.).

DAVIS, Henry William Banks, peintre et sculpteur anglais, né à Finchley le 26 août 1833; fit ses études dans sa ville natale et vint ensuite à Londres; il y suivit les cours de l'Académie royale des Arts où, en 1854, il obtint deux médailles d'argent : l'une pour la perspective et l'autre pour le modèle vivant. Il a exposé à l'Académie : *Rough Pasturage (1861); The strayed Herd* (Le Troupeau égaré, 1865); *Spring Ploughing* (Labour de printemps, 1866); *Dewy Eve* (Rosée du soir, 1870); *Moonrise* (Lever de lune, 1871); *The Prætorium, at Neufchatel (1871); A Panic (1872); A Summer, afternoon* (Une après-midi d'été, 1873), etc., etc. Il a également exposé, en 1872, à l'Académie royale, un *Taureau trottant* (Trotting Bull), bronze, lequel reparut à l'Exposition de Vienne en 1873, et y obtint une des médailles décernées à la sculpture. Il a exposé depuis : *Chemin bordé de haies, en France;* la *Fin du jour; En Picardie (1874);* une *Matinée de printemps; Jument et poulain, en Picardie (1876); Contentement, Après le soleil couché (1877); l'Approche de la nuit, Lumière matinale (1878);* le *Forage de la côte française,* une *Nuit d'été,* les *Vagabonds,* un *Troupeau en Picardie, Nuage et rayon de soleil (1879); Affection de famille,* le *Retour au parquage (1880); Mère et fils, Midi, l'Étoile du soir (1881); Dans le Rossshire, Vagues de mer et vagues de terre, Pluie de juin (1882);* le *Rassemblement du troupeau, Ben Eay, A Kinlochewe (1883),* etc. — M. Henry B. Davis a été élu associé de l'Académie royale des Arts en 1873 et membre titulaire le 18 juin 1877.

DAWKINS, William Boyd, géologue anglais, né au presbytère de Buttington, à Welshpool, dans le comté de Montgomery le 26 décembre 1838; il commença ses études à l'école de Rossall et alla les terminer à l'université d'Oxford. Devenu préparateur de géologie en 1862 et géologue principal en 1867, il a été nommé curateur du Muséum de Manchester en 1869, professeur de géologie au collège Owen de la même ville en 1870, et président de la Société géologique en 1874. M. le professeur Dawkins est auteur d'un grand nombre de mémoires ou d'études insérés dans les publications spéciales de la Société royale et des Sociétés géologique, palæontologique et anthropologique, principalement sur les mammifères fossiles. On lui doit encore : *Cave-Hunting : Researches on the Evidences of caves respecting the early inhabitants of Europe* (Recherches sur l'évidence de l'usage des cavernes par les premiers habitants de l'Europe, 1874), et *Early man in Britain, and his place in the tertiary période (1880).* En 1875, il fit un voyage au tour du monde par l'Australie et la Nouvelle-Zélande et, en passant en Amérique, fit une série de lectures à l'Institut Lowell, à Boston. En 1882, il fut nommé membre du comité scientifique du tunnel de la Manche (dont l'entreprise ne tarda guère à être abandonnée grâce aux intelligentes suggestions du général Wolseley et de quelques autres culottes de peau britanniques) et chargé des études géologiques nécessaires sur les côtes d'Angleterre et de France. Président de la section anthropologique de l'Association britannique pour l'avancement des sciences, en 1882, M. W. B. Davis fut élu la même année *fellow* du collège de Jésus, à l'université d'Oxford.

DAWSON, John William, savant paléontologiste canadien, né à Picton, dans la Nouvelle-Écosse, en 1820. Il alla faire ses études à l'université d'Edimbourg, et après son retour au Canada, se consacra à l'étude de l'histoire naturelle et de la géologie de la Nouvelle-Écosse et du Nouveau-Brunswick. Il a publié le résultat de ces études dans son *Acadian Geology* (3e édit. 1886). Collaborateur, depuis 1843, des *Proceedings* de la Société géologique de Londres, ainsi que de plusieurs publications scientifiques de la métropole et de la colonie, il a en outre publié un certain nombre de monographies estimées sur des sujets d'histoire naturelle et de géologie. On cite tout spécialement ses deux volumes, illustrés de dessins dus au crayon de sa fille, sur la *Devonian and Carboniferous Flora of Eastern North America,* ouvrage considéré comme le plus important qui ait été encore publié sur ce sujet. Citons enfin : *Archaia, or Studies on the Cosmogony and Natural History of the Hebrew Scriptures (1858);* et *The Story of the Earth and Man* (l'Histoire de la terre et de l'homme, 1872), ouvrage dans lequel il combat la théorie darwinienne de l'origine des espèces; *The Dawn of Life,* description des débris fossiles les plus anciens et de leurs rapports avec la période géologique et le développement du règne animal (1875); *The Origine of the World* (l'Origine du monde) (1877); *Fossil Men and theirmodern representatives* (les Hommes fossiles et leurs représentants modernes, 1878); *The Change of Life in the geologica time,* esquisse de l'origine et de la succession sur le globe des plantes et des animaux (1880), etc. — M. John W. Dawson est membre d'un grand nombre de sociétés savantes américaines et européennes; il est inspecteur de l'Éducation publique pour la Nouvelle-Écosse depuis 1850; nommé principal de l'université Mac Gill, de Montréal, en 1855, il en est devenu depuis vice-chancelier. — On doit à ce savant la découverte de l'*eozoon canadense,* la plus ancienne forme connue de la vie animale. Il a été décoré de l'ordre de Saint-Michel et Saint-George en 1881, et nommé la même année, par le gouverneur général, marquis de Lorne, président de la Société royale du Canada.

DE AMICIS, Voy. **Amicis (de)**

DÉANDREÏS, Elisée Léon, homme politique français, né à Montpellier le 21 juin 1838. Vice-président du camp de Montpellier, pendant la dernière guerre, il a fait partie du Conseil municipal de sa ville natale de 1871 à 1879. Il est banquier et membre de la chambre de commerce de Montpellier. Porté sur la liste républicaine, il a été élu député de l'Hérault le 4 octobre 1885. Il a pris place à la gauche radicale et a voté l'expulsion totale des princes. — M. Déandréïs a été l'un des fondateurs, en 1869, de la *Liberté* de l'Hérault, journal d'opposition démocratique de Montpellier.

DEBANS, Jean-Baptiste Camille, littérateur et journaliste français, né à Cauderan (Gironde) le 10 mai 1834, a fait son éducation au lycée de Bordeaux, puis son droit à Toulouse. Destiné par sa famille au notariat, il fut d'abord clerc de notaire, puis occupa un emploi chez un banquier. C'est en quittant ce dernier qu'il fonda à Bordeaux le journal le *Bonhomme* qui eut un certain retentissement et, à diverses reprises, un vif succès. Venu à Paris en 1859, il débuta presque aussitôt au *Figaro* bi-hebdomadaire; puis il écrivit dans diverses feuilles, revint au *Figaro*, le quitta, et publia un roman de longue haleine : *Octave Kellner,* au *Temps.* Il avait donné au public en 1862 un petit volume : *Sous-clef,* souvenir de quelques semaines passées sous les verrous pour avoir été mêlé à un duel malheureux; il eut plus tard, à Bordeaux, un autre duel. M. Debans a publié dans *Paris Magazine* et dans d'autres feuilles des nouvelles assez alertes, dont l'une : *l'Homme aux deux âmes,* est très originale. Il a donné, aussi sans nom d'auteur, un volume intitulé : *Discours contre le Spiritisme;* puis un autre ouvrage, sous ce titre : les *Drames à toute vapeur,* recueil de nouvelles très dramatiques et très mouvementées. Entré au *Petit Moniteur* comme secrétaire de la rédaction, il est resté huit ans dans la maison Dalloz et y a occupé diverses fonctions. Pendant la guerre, il fit le *Moniteur universel* et le *Petit Moniteur* à Tours et à Bordeaux. Ces travaux excessifs altérèrent sa santé et il s'adonna définitivement au roman. Il a publié *Mademoiselle La Vertu,* le *Capitaine Marche-ou-Crève, Go ahead, l'Aiguilleur;* la *Cabanette (1884);* les *Malheurs de John Bull (1885),* etc.

DEBERLY, Albert, homme politique français, né à Amiens le 31 mai 1844. Reçu avocat, M. Deberly s'inscrivit au barreau de sa ville natale. Il prit part à la défense de Paris comme lieutenant des mobiles de la Somme, et alla reprendre sa place au barreau d'Amiens après la guerre. Candidat malheureux aux élections pour le Conseil municipal d'Amiens et pour le Conseil général de la Somme, M. Deberly a été élu député de ce département, le dernier de la liste monarchique, au scrutin de ballottage du 18 octobre 1885. Il siège à droite.

DE BASSINI, Achille Bassi (dit), chanteur italien, fils d'un ancien soldat de Napoléon, est né à Milan en 1820. Il fit ses études classiques dans sa ville natale et étudiait la philosophie au lycée Sant' Alessandro, en même temps qu'il cultivait la musique avec une ardeur qui ne devait bientôt plus laisser de place à d'autres soucis intellectuels. Il s'y consacra bientôt tout entier. Ses succès au théâtre l'ont fait surnommer par ses compatriotes, bons juges en pareille matière, *il secondo Ronconi.* Il s'est fait entendre sur les principales scènes de l'Italie, à Saint-Pétersbourg et à Paris, où nous l'avons encore entendu en 1874, notamment dans un concert donné par M. Lopez, ténor et compositeur espagnol de beaucoup de talent. La belle voix de baryton de M. de Bassini n'avait rien perdu de son timbre magnifique, et le chanteur lui-même rien des qualités d'artiste et d'homme du monde qui ont tant aidé à sa grande renommée.

DEBRAY, Jules Henri, chimiste français, né le 26 juillet 1827, fit ses études à Paris et fut admis à l'École normale supérieure en 1847. Reçu agrégé en 1850 et docteur ès sciences en 1855, il devint successivement professeur au lycée Charlemagne, préparateur de chimie, puis maître des conférences à l'École normale, examinateur d'admission à l'École polytechnique, essayeur à la Monnaie, enfin professeur de chimie à la faculté des sciences de Paris et membre du Conseil supérieur de l'instruction publique. Il est entré à l'Académie des sciences en 1877, en remplacement de Balard. M. le Dr Debray est officier de la Légion d'honneur. — On lui doit : *Du glucium et de ses composés,* thèse de doctorat (1855); *Métallurgie du platine et des métaux qui l'accompagnent (1864); Cours élémentaire de chimie (1871-76,* 2 vol., 3e éd.); outre de nombreux mémoires, la plupart en collaboration avec H. Sainte-Claire Deville, sur l'osmium, l'iridium et d'autres corps simples encore peu connus. C'est aussi à cette collaboration qu'est dû le mètre étalon adopté par la Commission internationale.

DECAUX, Georges, éditeur et journaliste français, né en 1845. Après s'être occupé principalement de travaux bibliographiques, M. Decaux fonda en 1870, avec M. F. Polo, directeur du journal l'*Eclipse*, une librairie populaire qui prit rapidement de l'importance. A la mort de son associé, en 1874, M. Decaux devint seul propriétaire de la maison d'édition, qui prit le nom de *Librairie illustrée* qu'elle a conservé depuis.

Aussi bien par ses publications personnelles que par celles dont il a suggéré l'idée, soit à des éditeurs, ses confrères, soit à des littérateurs, M. Decaux a eu une influence marquée sur le mouvement de la librairie contemporaine. Certaines de ses créations, telles que le *Musée universel (1872)* et le *Journal des Voyages (1877),* ont suscité des imitations nombreuses, qui ont, en quelque sorte, renouvelé la forme du journalisme hebdomadaire illustré. M. Decaux a fondé un nombre considérable de journaux, qui en font l'émule de Girardin, de Villemessant et de Millaud. C'est ainsi qu'il a publié, en 1869, le *Petit Journal comique;* en 1870, la *Semaine illustrée,* le *Ballon-poste;* en 1872, le *Musée universel;* en 1873, le *Magasin illustré,* le *Monde pittoresque;* en 1875, *Sur terre et sur mer,* la *Science illustrée;* en 1876, les *Beaux-arts illustrés,* la *Revue de la musique;* en 1877, le *Journal des Voyages;* en 1878, l'*Exposition de Paris;* en 1879, le *Magasin de lecture,* le *Journal pour tous,* le *Père Gérard, La Récréation;* en 1880, la *Caricature;* en 1881, le *Magasin littéraire;* en 1882, la *Vie élégante;* en 1884, la *Mode, l'Actualité,* journal quotidien.

Comme éditeur, M. Decaux, si on laisse de côté une grande quantité d'ouvrages d'actualité, de brochures politiques, d'almanachs et de livraisons illustrées sans grande importance, a publié l'*Histoire de la Révolution de 1870-71,* de M. Jules Claretie; l'*Homme qui rit* et les *Travailleurs de la mer,* de Victor Hugo, remarquablement illustrés par Vierge; le *Vingtième siècle,* et tous les autres amusants volumes de M. A. Robida; la *Hollande* et la *Flandre à vol d'oiseau,* de beaux livres de M. Henry Havard, illustrés par M. Maxime Lalanne; l'*Art et l'Industrie de tous les peuples à l'Exposition de 1878;* le superbe *Rabelais* illustré par M. Robida; le *Drapeau,* de Claretie, illustré par A. de Neuville et Morin; les *Nouvelles conquêtes de la Science,* de M. Louis Figuier; le *Nouveau Dictionnaire encyclopédique,* de M. Jules Trousset. Enfin M. Decaux a mis en lumière de jeunes hommes de talent tels que MM. Jean Richepin, Louis Boussenard et Louis Moria, etc.

DECAZES (duc), Louis Charles Elie Amanieu, duc Decazes en France, et duc de Glucksberg en Danemark, homme d'État français, né le 9 mai 1819. Fils de l'ancien ministre de la Restauration, mort en 1860, il entra dans la carrière diplomatique de bonne heure; fut d'abord secrétaire d'ambassade à Londres, puis envoyé extraordinaire et ministre plénipotentiaire près les cours d'Espagne et de Portugal. Après la révolution de février 1848, M. Decazes, marquis Decazes alors, se retira avec son père de la vie publique. Il s'occupa d'affaires industrielles, devint membre du Conseil général de la Gironde et tenta, par deux fois, en 1863 et 1869, de se faire élire député au Corps législatif par les électeurs de la 5e circonscription de ce département, lesquels lui préférèrent, dans les deux cas, le candidat officiel, M. Chaix d'Est-Ange. Il fut élu, le 8 février 1871, le troisième sur quatorze, représentant à l'Assemblée nationale et prit place au centre droit. M. le duc Decazes a, dès lors, pris part à toutes les attaques qu'eut à subir, de la part des monarchistes, le gouvernement de M. Thiers, et après le triomphe de ses amis, le 24 mai 1873, il fut nommé ambassadeur à Londres (11 septembre). Le 26 novembre suivant, il était appelé au ministère avec le portefeuille des affaires étrangères qu'il a conservé depuis dans tous les cabinets qui se sont succédé et malgré la profonde modification de la politique gouvernementale qui dut forcément suivre les élections de 1876; il ne s'est retiré que le 30 octobre 1877. Il est vrai que M. le duc Decazes, comme beaucoup de monarchistes instruits par l'expérience, s'était, dans les derniers temps du gouvernement de combat, rapproché sensiblement de la République. Sans cette évolution opérée à propos, il était fort à craindre que M. le duc Decazes partageât l'infortune de M. Buffet, aux élections législatives de février-mars 1876. Porté à la fois à Villefranche (Aveyron) et dans le 8e arrondissement à Paris, dans la première de ces deux circonscriptions, il fut battu complètement dès le premier tour par le candidat républicain, M. Médal, ancien constituant de 1848; et à Paris, après avoir eu contre lui M. Raoul Duval fils, bonapartiste, M. Riant, légitimiste, et M. Victor Chauffour, républicain, il fut élu au scrutin de ballottage du 5 mars, surtout grâce à la retraite de M. Victor Chauffour, qui fit reporter sur son nom la plus grande partie des voix nettement républicaines. M. le duc Decazes a profité de l'ouverture de la session d'avril 1876, pour attester son respect profond de la loi et, en particulier, des lois « qui ont organisé le gouvernement de la République et les pouvoirs de son illustre président ». On ne saurait y voir une bien grande passion républicaine, cela est vrai; mais non plus une hostilité systématique, et c'est quelque chose. — Incertain toutefois d'un collège électoral qui voulût bien l'accepter franchement, M. le duc Decazes se porta, aux élections du 14 octobre 1877, dans la 2e circonscription de Libourne et dans l'arrondissement de Puget-Théniers. Il échoua à Libourne et à Puget-Théniers, son élection, à une faible majorité, avait eu lieu dans des circonstances telles, que la Chambre crut devoir en prononcer l'annulation (décembre 1878), après enquête. M. le duc Decazes a parti avoir dès lors renoncé à la vie politique. — Haut dignitaire de la plupart des ordres étrangers, il est grand

officier de la Légion d'honneur depuis 1876; il est, en outre, chambellan honoraire du roi de Danemark.

DECOURCELLE, Adrien, auteur dramatique français, né à Amiens le 28 octobre 1824, a fait ses études à Paris, au lycée Charlemagne. Il débuta de très bonne heure à la scène par des vaudevilles et des petites comédies fort bien accueillis. Devenu gendre de M. Dennery, voué au drame sombre et inextricable, M. A. Decourcelle n'a toutefois jamais abandonné le vaudeville et la comédie de genre, où il excelle. — Il a écrit, seul ou en collaboration, un grand nombre de pièces, dont quelques-unes sont restées populaires. Nous citerons : une *Soirée à la Bastille*, 1 acte en vers (1845); *Don Guzman, ou la journée d'un séducteur*, 5 actes en vers (1846); la *Marinette, ou le Théâtre de la farce*, 1 acte en vers (1847), au Théâtre-Français; les *Mémoires de Grammont*, 1 acte, au Gymnase; le *Roi de cœur*, 1 acte, au Vaudeville; *Un et un font un*, avec M. Deslandes; les *Portraits*, les *Douze travaux d'Hercule*, un *Vilain Monsieur*, avec Th. Barrière (1848); la *Petite Cousine*, avec le même; *Oscar XXVIII*, *Agénor le Dangereux*, avec M. Labiche; le *Bal du prisonnier*, avec Guillard (1849); *Diviser pour régner*, et le *Président de la Bazoche*, seul; un *Monsieur qui suit les femmes*, avec Th. Barrière; les *Petits moyens*, avec M. Labiche; l'*Echelle des femmes*, avec M. Dennery; *Jenny l'ouvrière*, avec M. Jules Barbier (1850); les *Dragons de la reine*, seul; un *Roi de la mode*, *Tambour battant*, l'*Enseignement mutuel*, *English Exhibition*, avec Th. Barrière; *Pierrot*, avec Lefranc (1851); une *Vengeance*, les *Femmes de Gavarni*, la *Tête de Martin*, avec Th. Barrière; la *Perdrix rouge*, avec Lambert Thiboust (1852); un *Ménage à trois*, avec Anicet Bourgeois et les *Orphelines de Valneige*, drame en 3 actes, tiré de *Geneviève*, de Lamartine (1853); le *Château des Tilleuls*, avec Jaime; la *Bête au bon Dieu*, avec M. Deslandes et A. Rolland (1854); *Monsieur mon fils*, avec Th. Barrière; *Je dîne chez ma mère*, avec Lambert Thiboust; la *Joie de la maison*, avec Marc Fournier; le *Fils de M. Godard*, avec Anicet Bourgeois (1855); un *Tyran domestique*, avec Lambert Thiboust; *Fais ce que dois*, 3 actes en vers, au Français, avec M. H. de Lacretelle (1856); *J'enlève ma femme*, avec Anicet Bourgeois; les *Petites lâchetés (1857)*; les *Mariages d'aujourd'hui*, avec Anicet Bourgeois; *Ma Femme est troublée (1862)*; la *Pupille d'un viveur*; le *Locataire du troisième*, seul (1867); les *Tribulations d'un témoin*; un *Jeune homme timide (1868)*; *Marcel*, avec J. Sandeau, au Français (1871); *Pierre Maubert (1872)*; le *Numéro 13 (1873)*; le *Premier tapis (1876)*; les *Débuts de Pluchette (1882)*, etc. — M. Adrien Decourcelle a publié, en outre, divers feuilletons dans la *Patrie*; et, dans le *Figaro*, de joyeux conseils quotidiens, sous le titre de *Formules du Dr Grégoire*, lesquelles formules ont été réunies plus tard en volume sous ce même titre. On lui doit enfin un roman publié chez Dentu : un *Homme d'argent*.

DEFFÈS, Pierre Louis, compositeur français, né à Toulouse le 24 juillet 1819. D'abord employé de commerce dans sa ville natale, il vint à Paris à vingt ans et se fit admettre, en 1839, au Conservatoire où il fut élève de Berton, puis d'Halévy et obtint le grand prix de l'Institut en 1847. Il passa trois années en Italie d'où il apportait une *Messe solennelle*, exécutée avec succès à Paris en 1858, puis en Allemagne, et débuta à la scène en 1855, par l'*Anneau d'argent*, représenté à l'Opéra-Comique. Il a donné depuis : la *Clef des champs*, 1 acte (1857), au même théâtre; *Brakovano*, opéra comique en 2 actes (1858), les *Petits violons du Roi*, 3 actes (1859), le *Café du Roi*, 1 acte (1861), au Théâtre Lyrique. Ce dernier ouvrage avait paru préalablement sur la petite scène du Kursaal d'Ems (même année), et fut repris en 1868, à l'Opéra-Comique. A quoi nous devons ajouter : les *Bourguignonnes*, jouées à Ems en 1862 et à l'Opéra-Comique l'année suivante; une *Boîte à surprises*, au Kursaal d'Ems et aux Bouffes parisiens (1864); *Passé minuit*, Bouffes (1864); la *Comédie en voyage*, à Ems (1867); les *Croqueuses de pommes*, 5 act., aux Menus-Plaisirs (1868); *Petit Bonhomme vit encore*, aux Bouffes (1868) : *Valse et menuet*, 1 act., Athénée (1870), représenté en 1865 à Ems; le *Trompette de Chamborom*, op. com., 2 act., au théâtre de Dieppe (1877); les *Noces de Fernande*, opéra comique en 3 actes, à l'Opéra-Comique (1878), etc.

DEFFIS, Amand, général et homme politique français, né à Momères (Hautes-Pyrénées) le 6 février 1827. Entré à Saint-Cyr en 1848, il quitta l'Ecole peu après et s'engagea dans un régiment d'infanterie, où il obtint dès 1852 l'épaulette de sous-lieutenant. Il prit part à la campagne de Crimée et fut promu lieutenant en janvier et capitaine en décembre 1855. Il devint alors successivement chef de bataillon en 1868, lieutenant colonel le 2 octobre 1870, colonel le 16 septembre 1871 et général de brigade le 3 juin 1879. Appelé d'abord au commandement de la 4e brigade d'infanterie, à Saint-Omer, il était nommé commandant de l'Ecole militaire de Saint-Cyr en 1881, membre du Comité consultatif de l'infanterie et enfin du Comité consultatif d'état-major, M. le général Deffis s'est présenté aux élections sénatoriales du 8 janvier 1882 dans les Hautes-Pyrénées, et a été élu. Lors du vote de la loi d'expulsion des princes (22 juin 1886), il s'est abstenu. — Chevalier de la Légion d'honneur depuis 1865, le général Deffis a été promu officier en 1872 et commandeur le 5 juillet 1882; il est grand officier de l'ordre de l'Etoile de Roumanie, etc.

DE GIOSA, Nicola, compositeur italien, né à Bari le 5 mai 1820, est élève de l'Ecole napolitaine. Nous citerons parmi ses œuvres les plus connues : la *Casa degli artisti*, opéra bouffe, au théâtre Nuovo, de Naples; *Elvina*, opéra semi sérieux, au même théâtre; l'*Arrivo del signor Zio*, opéra bouffe, au théâtre Sutera, de Turin; *Ascanio il Gioielliere*, opéra semi sérieux, au théâtre d'Augennes, à Turin; le *Due Guide*, tragédie lyrique, à la Pergola, de Florence; *Lo Zingaro*, tragédie lyrique, au San Carlo, de Naples; *Folco d'Arles*, tragédie lyrique, au même théâtre; *Don Cecco*, opéra bouffe, au théâtre Nuovo, de Naples; la *Modista*, au même théâtre; *Il Marito della vedova*, à Naples et à Gênes; *Napoli di Carnevale*, au théâtre Nuovo (1877), etc. — On doit en outre à ce musicien quelque trois cents compositions diverses, symphonies, messes, morceaux détachés, albums de romances et chansons napolitaines, etc.

DÉJARDIN, Ernest, industriel et homme politique français, né à Cambrai le 19 juin 1840. Il fit son droit et s'inscrivit au barreau de Paris, puis devint secrétaire de M. Cresson, lequel devait être préfet de police pendant le siège de Paris, tandis que M. Déjardin, après avoir participé à la mise en défense de Cambrai, revêtait la tunique galonnée de chef d'escadron de l'artillerie mobilisée du Nord. Passé avec le même grade dans l'armée territoriale, M. Déjardin donna sa démission le jour où la République montra qu'elle était décidée à ne pas laisser aux mains de ses ennemis, la plupart aussi bien préparés que M. Déjardin lui-même pour remplir le poste qui leur avait été confié, le commandement des régiments territoriaux. En 1876, M. Ernest Déjardin succédait à son père comme administrateur de la Société des mines d'Aniches; il est en outre président de la commission de vérification de la Compagnie des chemins de fer Paris-Lyon-Méditerranée. — Aux élections du 4 octobre 1885, M. Déjardin fut porté sur la liste monarchique, qui a triomphé entièrement dans le département du Nord. Il siège à droite.

DELABORDE (vicomte), Henri, peintre et littérateur français, né à Rennes le 2 mai 1811, fils du général de l'empire, comte Delaborde, est élève de Paul Delaroche. — On cite, parmi ses principales toiles : *Agar dans le désert (1836)*; la *Conversion de saint Augustin (1837)*; la *Mort de Monique (1838)*; la *Prise de Damiette (1841)*; *Offrande à Hygie (1842)*; les *Chevaliers de Saint-Jean de Jérusalem (1845)*; *Dante à l'Averno (1847)*; la *Passion du Christ (1848)*; les *Confessions de saint Augustin (1853)*, etc. — Il a publié : *Etudes sur les Beaux-Arts en France et à l'étranger (1864*, 2 vol.); *Lettres et pensées d'Hippolyte Flandrin (1865)*; *Mélanges sur l'Art contemporain (1866)*; *Ingres, sa vie, ses travaux, sa doctrine (1870)*; le *Cabinet des estampes de la Bibliothèque nationale (1875)*; la *Gravure (1883)*, etc., et collaboré à la *Gazette des Beaux-Arts*, à la *Revue des Deux-Mondes*, à divers autres recueils périodiques et à l'*Histoire des Peintres de toutes les écoles*. Nommé conservateur-adjoint au cabinet des estampes de la *Bibliothèque nationale* en 1855, puis conservateur en 1858, M. le vicomte Delaborde est aujourd'hui conservateur-honoraire de cet important établissement; il a été élu membre de l'Académie des Beaux-Arts en 1868, et est devenu secrétaire perpétuel de cette académie en 1874. Chevalier de la Légion d'honneur depuis 1860, il a été promu officier en 1870. — M. le vicomte Delaborde est membre du Conseil supérieur de l'instruction publique, du Conseil supérieur des Beaux-Arts, etc.

DELAFOSSE, Jules Victor, journaliste et homme politique français, né à Pontfarcy (Calvados) le 2 mars 1841. Il commença ses études au collège de Vire et vint les terminer à Paris, où il suivit les cours de la faculté des lettres et se fit recevoir licencié. Entré au *Journal de Paris* en 1870, il succéda à M. Weiss, après le 24 mai 1873, au *Paris-Journal*. Vers la fin de 1876, il fondait, avec M. Albert Duruy, le journal bonapartiste la *Nation*, qui n'eut qu'une courte existence et fut censé fusionner avec l'*Ordre*. M. Jules Delafosse fonda alors à Caen l'*Ami de l'Ordre*. Il s'était déjà présenté aux élections générales du 20 février 1876, dans l'arrondissement de Vire, comme candidat conservateur, et avait échoué; il y revenait le 14 octobre, comme candidat officiel et nettement bonapartiste, quoiqu'ayant débuté dans la presse orléaniste, et réussissait à se faire élire; mais la Chambre, peu tendre pour les candidats officiels de l'étrange régime sous lequel nous vivions alors, annula l'élection de Vire; M. Delafosse fut élu de nouveau, et réélu par le même collège le 21 août 1881. Il a même été élu député du Calvados, en tête de la liste monarchique triomphante, le 4 octobre 1885. — Il est chevalier de la Légion d'honneur.

DELAPLANCHE, Eugène, sculpteur et peintre français, élève de Duret pour la sculpture et de Pelouze pour la peinture, est né à Belleville (Paris) le 28 février 1836. Il remporta le grand prix de Rome en 1864, sujet : *Ulysse bandant l'arc que les prétendants n'ont pu ployer*, après avoir remporté un second prix en 1858, avec un *Achille saisissant ses armes*, et débuta au Salon de 1861 par un buste de *Jeune fille*. Il a exposé depuis : un *Petit pâtre (1863)*; *Enfant monté sur une tortue*, plâtre (1866); le bronze de la précédente statue et divers ouvrages exécutés pendant son séjour à Rome (Exposition universelle, 1867); un *Pecoraro*, statue, plâtre (1868); le bronze de la précédente (1869); *Eve après le péché*, marbre (1870); le *Message d'amour*, plâtre; *Sainte-Agnès*, marbre, pour l'église Saint-Eustache (1872); *Education maternelle*, groupe en plâtre *(1873)*; *Agar et Ismaël*, marbre; *Livie*, buste, marbre; le *Message d'amour*, marbre; la *Charpente* et la *Terrasse*, fronton de l'avant-foyer, au nouvel Opéra (1874); l'*Education maternelle*, marbre; *Esquisse d'un monument élevé à Mgr Affreingue à Notre-Dame de Boulogne-sur-Mer*, plâtre (1875); la *Vierge*, *Saint-Joseph*, l'*Enfant Jésus*, statues, pierre, pour l'église Saint-Joseph; *Portrait de Mme Eugénie Doche*, buste, marbre (1876); la *Musique*, statue en plâtre (1877); le marbre de la précédente et la *Vierge au lis*, marbre (1878); l'*Education maternelle*, *Eve*, le *Message d'amour* et quelques autres ouvrages déjà cités ont reparu à l'Exposition universelle. Citons encore : l'*Ensommeillée*, statue en plâtre (1883); l'*Aurore*, statue, marbre; la *Sécurité*, groupe en pierre, pour l'escalier du préfet de la Seine, à l'Hôtel de ville (1884); *Circé*, plâtre et *Portrait de M. François Coppée, de l'Académie française*, buste en marbre (1885); la *Danse*, statue en plâtre (1886), et un certain nombre de bustes divers. — M. Delaplanche a exposé en outre quelques paysages, notamment, au Salon de 1875 : la *Bièvre à Verrières-le-Buisson*, et à celui de 1884 : la *Rabette à Clairfontaine*. Il a obtenu des médailles aux Salons de 1866, 1868 et 1870, la médaille d'honneur au Salon et une 1re médaille à l'Exposition, en 1878; chevalier de la Légion d'honneur depuis 1876, il a été promu officier en 1886.

DELANNOY, Léopold Emile Edmond, acteur français, fils d'un officier supérieur du premier empire, est né à Arras le 7 février 1817. Il commença à jouer la comédie sur des théâtres de province, à Elbeuf, La Rochelle, etc., entra au théâtre de Montmartre en 1840, et obtint un engagement à Lille en 1843. Après avoir parcouru la Belgique, et avoir été même quelque temps directeur du théâtre des Nouveautés, à Bruxelles, il débuta au Vaudeville en 1848, dans la *Propriété c'est le vol*, bouffonnerie de Clairville, et y obtint un succès complet. Il parut ensuite, sur la même scène, dans les petites pièces politico-bouffonnes qui eurent une si grande vogue à cette époque : l'*Exposition des produits de la République*, la *Foire aux idées*, les *Représentants en vacances*, etc. Après un nouveau tour en Belgique, où il joua à l'occasion les premiers rôles, descendant aux troisièmes comiques le lendemain si besoin était, il revint à Paris et entra au Palais-Royal en 1858. M. Delannoy est rentré au Vaudeville quelques années plus tard, et ne l'a guère quitté, si ce n'est momentanément, pendant près de vingt ans. — Parmi les rôles, trop nombreux pour être tous mentionnés, qu'il a créés ou repris à ce théâtre, nous citerons : Chaboulard, de *Passé minuit*; Fromentel, des *Ganaches*; Marécat, de *Nos intimes*; Péponnet, des *Faux bonshommes*; Blandinet, des *Petits oiseaux*; François, du *Choix d'un gendre*; Samuel, de l'*Oncle Sam*; Lobligeois, du *Cachemire X. B. T.*; celui de Delobelle, dans la pièce de MM. Alphonse Daudet et Belot : *Fromont jeune et Risler aîné*; celui de Ribaudet, dans les *Mariages riches*, de M. Abraham Dreyfus (1876-77); celui de Lecouvreur, des *Députés en robe de chambre (1879)*, repris en 1886 à la Renaissance, etc.

DE LA RAMÉE, Louisa, Voy. **La Ramée** (de).

DE LA RUE, Warren, physicien et industriel anglais, né dans l'île de Guernesey le 18 janvier 1815. Il fit ses études au collège Sainte-Barbe, à Paris et fut ensuite associé à la grande manufacture et vente en gros de papeterie connue sous la raison sociale Thomas De La Rue et Cie, dont il est aujourd'hui le chef, il appliqua à l'industrie de la papeterie une foule de perfectionnements puisés dans ses connaissances scientifiques, qui sont très étendues, employa des procédés nouveaux de fabrication, inventa des machines dont plusieurs ont été brevetées, notamment des machines à imprimer en couleur et à plier les enveloppes de lettres. Il fut membre du jury et rapporteur de la classe XXIX, à l'Exposition de 1851; juré de la classe X, à l'Exposition de Paris, en 1855, président de la section B de la classe XXVIII, à l'Exposition de Londres de 1862, membre du jury de l'Exposition d'électricité et du Congrès électrique international tenus à Paris en 1881, et du Conseil consultatif de l'exposition analogue tenue à Londres l'année suivante.

M. De La Rue a inséré divers mémoires scientifiques dans les publications des sociétés savantes dont il est membre. Il a en outre établi à Cranford (Middlesex), un observatoire, démantelé depuis, et dont les instruments ont été offerts, en 1873, à l'université d'Oxford. Mais où il s'est particulièrement distingué, c'est dans l'application de la photographie aux études astronomiques. Il s'embarqua pour l'Espagne en 1860, avec l' « Himalayan Expédition », et obtint une collection de photographies des plus intéressantes de l'éclipse totale de soleil du 18 juillet. Il a publié, avec MM. Balfour Stewart et B. Loewy : *Recherches sur la physique solaire*, résultat des observations faites sous sa direction à l'observatoire de Kew. Il a pris également une grande part aux préparatifs pour les observations photographiques du passage de Vénus, en 1874. M. Warren De La Rue donnait, le 30 janvier 1881, lecture à l'Institution royale d'un mémoire sur le *Phénomène de la décharge électrique*, accompagnée d'expériences faites à l'aide d'une batterie de 14,400 éléments; celle dont il se sert actuellement dans son laboratoire privé n'en compte pas moins de 15,000. — M. W. De La Rue est membre de la Société royale de Londres; il a été élu, le 27 décembre 1880, correspondant de l'Académie des sciences (section de l'astronomie) et est correspondant ou associé d'un grand nombre d'autres sociétés savantes nationales et étrangères. Promu commandeur de la Légion d'honneur en 1881, M. Warren de la Rue est en outre dignitaire d'un grand nombre d'ordres étrangers.

DELASIAUVE, Louis Jean François, médecin aliéniste français, né à Garennes (Eure) en 1804, fit ses études à Paris où il prit le grade de docteur en 1830, et alla pratiquer la médecine dans son pays. De retour à Paris en 1839, ayant délaissé la pratique pour les recherches scientifiques, il collabora à divers journaux spéciaux : la *Revue médicale*, les *Annales médico-psychologiques*, l'*Expérience*, etc. Il fit un cours à l'Ecole pratique de la faculté de médecine et fut nommé, au concours, médecin de l'hôpital des aliénés de Bicêtre. Il a pris sa retraite en 1870. — On doit au docteur Delasiauve de nombreux mémoires sur l'aliénation mentale et les maladies qui s'y rapportent : un *Examen des diverses critiques de la phrénologie (1844)*; *Essai de classification des maladies mentales*, *De l'organisation médicale en France sous le triple rapport de la pratique, des établissements de bienfaisance et de l'enseignement (1845)*; *Traité de l'épilepsie, histoire, traitement, médecine légale (1854)*; *Des pseudomanies (1859)*. Il rédige, depuis 1861, le *Journal de médecine mentale*.

publication mensuelle. — M. le docteur Delasiauve est chevalier de la Légion d'honneur.

DELATTRE, Paul Eugène, homme politique français, avocat, né à Rambures (Somme) le 3 janvier 1830. Il fit son droit et s'inscrivit au barreau de Paris en 1852. Tout en exerçant sa profession, il s'occupait beaucoup de politique et était sur la fin de l'empire fort répandu dans les réunions publiques, comptant au nombre des orateurs radicaux les plus écoutés. Il fut en conséquence nommé préfet de la Mayenne aussitôt après le 4 septembre. Remplacé à cette préfecture le 20 mars de l'année suivante, il était élu par le quartier de la Villette au Conseil municipal de Paris, en 1874, et réélu aux deux renouvellements de 1877 et 1881. Aux élections générales d'août-septembre 1881, pour la Chambre des députés, M. Delattre fut élu au scrutin de ballottage dans la 1re circonscription de Saint-Denis, et prit place à l'extrême gauche. Il a été élu député de la Seine au scrutin du 18 octobre 1885. Il a voté l'expulsion totale des princes. — M. Delattre a plaidé dans de nombreux procès politiques et de presse. A la Chambre, sauf quelques interpellations, il s'est occupé principalement des questions relatives aux chemins de fer. Il a publié: *Tribulations des voyageurs et des expéditeurs en chemin de fer (1858); Canaux et chemins de fer (1861); Devoirs du suffrage universel (1863)*; la *Justice dans les prochaines élections (1864)*; les *Etrangleurs de la Bourse: illégalité de l'escompte des valeurs cotées (1866)*, etc.

DELAUNAY, Louis Arsène, comédien français, né à Paris le 21 mars 1826. Entré au Conservatoire en 1843, il en sortit en 1845, ayant obtenu un accessit de comédie, et débuta au mois d'octobre de la même année sur la scène de l'Odéon, où il tint avec succès, jusqu'en 1848, les emplois de jeune premier rôle. Il débuta au Théâtre-Français en avril 1848, dans le rôle de Dorante, du *Menteur*. M. Delaunay qui, dès lors, se distinguait par une grande pureté de diction, beaucoup de naturel, une grâce élégante et de la chaleur, fut toutefois accueilli par la critique, sur notre première scène dramatique, avec une faveur modérée; mais cette quasi-hostilité disparut bientôt pour faire place à la sympathie la plus franche et d'ailleurs la plus méritée. En 1850, M. Delaunay était élu sociétaire de la Comédie Française, dont il est aujourd'hui, avec M. Got, admis à la même époque, le doyen. M. Delaunay a rempli, avec le plus franc succès, beaucoup de rôles importants du répertoire classique et du répertoire moderne, et fait un assez grand nombre de brillantes créations. Nous citerons: le rôle de Dorante, du *Menteur*; ceux de Clitandre, des *Femmes savantes*; d'Horace, de l'*Ecole des femmes*; de don Juan, dans la comédie de Molière; de Télémaque, d'*Ulysse*; de Hernani, dans le drame de Victor Hugo; de Valentin, dans *Il ne faut jurer de rien*; de Fortunio, du *Chandelier*; de Perdican, dans *On ne badine pas avec l'amour*; du duc de Richelieu, dans *Mlle de Belle-Isle*; d'Albert, *Le Péril en la demeure*; d'Olivier de Jalin, du *Demi-Monde*; du vicomte, du *Lion amoureux*; de Gaston de Presle, du *Gendre de M. Poirier*; de Pierre Champlion, de *Lions et renards*; de Paul de Vineuil, de la *Cigale chez les fourmis*; de H. de Savigny, dans le *Sphynx*; et, pour abréger, dans les *Effrontés*, le *Fils de Giboyer*, *Maître Guérin*, *Paul Forestier*, le *Fils*, *Jean Baudry*, les *Faux ménages*, etc. — M. Delaunay est professeur de déclamation dramatique au Conservatoire. Il est chevalier de la Légion d'honneur, ayant été décoré en mai 1883, non comme professeur, mais comme artiste, ce qui est le premier exemple d'une semblable récompense donnée à un comédien. — Il a pris sa retraite de sociétaire de la Comédie française (liquidée à 8,000 fr.), en 1886.

DELAUNAY, Jules Elie, peintre français, élève de J. Sotta, H. Flandrin et L. Lamothe, est né à Nantes le 12 juin 1828. Après avoir obtenu un second prix de Rome en 1853, avec *Jésus chassant les marchands du temple*, il remporta le premier en 1856, avec le *Retour du jeune Tobie*. Il avait débuté au Salon de 1853. Nous citerons de cet artiste: les *Paludiers de Guérande (1853)*; la *Leçon de flûte (1859)*; le *Serment de Brutus*, *Mort de la nymphe Hespérie (1863)*; la *Communion des apôtres (1865)*; la *Peste à Rome*, le *Secret de l'Amour (1869)*; le *Calvaire*, la *Mort de Nessus (1870)*; *Diane (1872)*; *Ixion précipité dans les Enfers*; les *Quatre grands prophètes*: *Isaïe, Jérémie, Ezéchiel, Daniel*, dans le transept de l'église Saint-François-Xavier; douze *Figures personnifiant les Ministères*, au Conseil d'Etat (1876); *David triomphant*, portrait de *M. Legouvé lisant*, d'autres portraits et la *Peste à Rome*, à l'Exposition universelle (1878); *Portrait de M. H. Meilhac (1886)*, et une quantité innombrable d'autres portraits, généralement anonymes, ainsi que des peintures murales dans divers monuments publics, outre celles déjà citées. — M. Elie Delaunay a obtenu une 3e médaille en 1859, une 2e en 1863, une médaille en 1865, une 2e médaille en 1867 et une 1re en 1878. Chevalier de la Légion d'honneur en 1867, il a été promu officier en 1878. Enfin, il a été élu membre de l'Académie des Beaux-Arts en 1879.

DELDEVEZ, Edouard Marie Ernest, violoniste, compositeur et chef d'orchestre français, né à Paris le 31 mai 1817. Entré au Conservatoire en mars 1825, il y fut élève d'Habeneck pour le violon, d'Halévy pour le contrepoint et la fugue, et de Berton pour la composition idéale; il remporta dès 1829 un second prix de solfège, et le premier prix en 1831; la même année, il obtenait un second prix de violon, et le premier deux ans plus tard; en 1837, un second prix de contrepoint et fugue, et en 1838, le premier prix de cette classe. Enfin il obtenait, cette même année, le second prix au concours de l'Institut, avec sa cantate *Loyse de Montfort*. Il quitta alors le Conservatoire et se produisit comme virtuose dans les concerts, tout en se livrant avec ardeur à la composition. Devenu premier violon, puis, en 1859, second chef d'orchestre à l'Opéra, M. Deldevez prit sa retraite en cette dernière qualité; mais il rentra à l'Opéra comme premier chef d'orchestre après la mort de Georges Hainl (juin 1873) et devint à la même époque chef d'orchestre de la Société des concerts du Conservatoire. Il a été en outre professeur de la classe d'ensemble instrumental à cet établissement. Des raisons de santé ont forcé M. Deldevez de se démettre de ses fonctions de chef d'orchestre à l'Opéra, en juillet 1877, puis de ses fonctions au Conservatoire. Il est chevalier de la Légion d'honneur depuis 1874. — On doit à M. Deldevez un grand nombre de compositions pour son instrument, pour l'orchestre, la voix, etc., cantates, scènes lyriques, concertos, fantaisies, études pour piano, violon et violoncelle, ouvertures, symphonies, quatuors, trios, ainsi que de nombreux ballets, des morceaux de musique religieuse, des romances, ballades, etc... Nous citerons: *Paquita*, *Vert-Vert*, *Eucharis*, *Yanko le bandit*, *Lady Henriette*, la *Péri*, ballets; *Robert Bruce*, ouverture; une *Messe de Requiem*, pour les funérailles d'Habeneck, etc. Il a enfin publié: *Notation de la musique classique comparée à la notation de la musique moderne (1868)*; les *Curiosités musicales (1873)*; l'*Art du chef d'orchestre (1878)*.

DELELIS, Jules, homme politique français, né près de Dunkerque en 1826. Il s'occupa d'abord d'agriculture, puis s'établit à Dunkerque, où il devint adjoint au maire en 1855 et maire en 1865, fonctions qu'il résigna au 4 septembre 1870. Il est président de la Société d'agriculture de Dunkerque depuis 1880. M. J. Delelis a été élu député du Nord le 4 octobre 1885, avec tous ses amis de la liste monarchique. Il est chevalier de la Légion d'honneur depuis 1867.

DELIBES, Léo, compositeur français, membre de l'Institut, né à Saint-Germain du Val (Sarthe) en 1836. Entré au Conservatoire à douze ans, il devint en 1853 organiste de l'église Saint-Jean-Saint-François et accompagnateur au Théâtre Lyrique, et en 1865, second chef des chœurs de l'Opéra, fonctions qu'il résigna peu de temps après. M. L. Delibes est devenu professeur de composition, contrepoint et fugue au Conservatoire et membre du conseil d'enseignement pour les études musicales à cet établissement. — On lui doit: *Deux sacs de charbon*, opérette, 1 acte (1885); *Maître Griffard*, opéra-comique (1857); l'*Omelette à la Follembuche*, opérette (1859); *M. de Bonne-Etoile*, ib. (1860); le *Jardinier et son seigneur*, ib. (1863); le *Serpent à plumes*, ib. (1864); le *Bœuf Apis*, ib.; la *Source*, ballet en 3 actes et 4 tableaux, à l'Opéra (1866); *Coppélia*, ballet en 3 actes, à l'Opéra (1870); le *Roi l'a dit*, opéra comique, 2 actes, à l'Opéra-Comique (1873); *Sylvia*, ballet en 3 actes, à l'Opéra (1876); la *Mort d'Orphée*, scène lyrique (1877); *Lakmé*, opéra-comique en 3 actes, à l'Opéra-Comique (1883); des *chœurs* pour voix d'hommes, de nombreuses *mélodies*, une *messe*, etc. — M. Léo Delibes a été élu membre de l'Académie des Beaux-Arts le 5 décembre 1884. Il est chevalier de la Légion d'honneur et décoré de l'ordre du Lion et du Soleil de Perse (3e classe).

DELISLE, Léopold Victor, historien français, né à Valognes (Manche) le 24 octobre 1826, fit ses études à Paris; admis à l'Ecole des chartes en 1847, il obtint le diplôme d'archiviste-paléographe, et entra comme employé au département des manuscrits, à la Bibliothèque nationale, en 1852. Il en est devenu conservateur en 1871, et en 1874, administrateur général. — M. Léopold Delisle a donné à la « Bibliothèque de l'Ecole de chartes » divers mémoires parmi lesquels il faut mentionner à part: ses *Recherches sur les revenus publics en Normandie au douzième siècle* et ses *Recherches sur les monuments paléographiques concernant l'usage de prier pour les morts*, mémoires auxquels l'Institut décerna sa deuxième médaille d'or au concours des antiquités nationales de 1849. Ses *Recherches sur la condition de la classe agricole en Normandie au moyen âge*, qui obtinrent le prix du concours ouvert sur cette question par la Société des lettres, sciences et arts du département de l'Eure, en 1846, imprimées en 1851, reçurent en outre, la même année et l'année suivante, le prix Gobert de 8,000 francs de l'Académie des inscriptions et belles-lettres. Parmi les autres ouvrages de M. Léopold Delisle, nous citerons: *Cartulaire normand de Philippe-Auguste (1852)*; *Catalogue des actes de Philippe-Auguste (1856)*; *Recueil des jugements de l'Echiquier de Normandie au treizième siècle (1864)*; *Documents sur les fabriques de faïences de Rouen, recueillis par Haillet de Couronne (1865)*; *Observations sur l'origine de plusieurs manuscrits de la collection de M. Barrois (1866)*; *Histoire du château et des sires de Saint-Sauveur-le-Vicomte (1867)*; le *Cabinet des manuscrits de la Bibliothèque impériale (1868-78*, 2 vol.); *Inventaire des manuscrits du fonds latin (1868-71)*; *Inventaire général et méthodique des manuscrits français (1876* et suiv.), ce dernier ouvrage devant former environ huit vol. in-8°, etc., etc. — M. L. Delisle a publié également un grand nombre de mémoires dans le recueil de la Société des antiquaires de Normandie dont il est membre; il est aussi membre de la Société des antiquaires de France depuis 1855, de la Commission de publication du Recueil des historiens de France, du Comité des travaux historiques au ministère de l'instruction publique, du Comité de publication de la Société de l'Ecole des chartes, etc. Il a été élu membre de l'Académie des inscriptions et belles-lettres en 1857. Chevalier de la Légion d'honneur depuis 1857, M. Léopold Delisle a été promu officier en 1877 et commandeur le 3 mai 1883. Il est en outre commandeur de l'ordre du Danebrog, de Danemark (2e classe).

DELLESTABLE, François Antoine, homme politique français, médecin, né à Neuvic (Corrèze) le 31 décembre 1851. Fils d'un notaire de cette ville, il étudia la médecine, prit le grade de docteur et vint s'établir à Neuvic, dont il est devenu maire; il représente en outre le canton au Conseil d'arrondissement. M. Dellestable a été élu député de la Corrèze, comme candidat radical, au scrutin du 18 octobre 1885. Il a pris place à l'extrême gauche et a voté l'expulsion totale des princes.

DELPIT, Albert, littérateur français, né à la Nouvelle-Orléans (Louisiane) le 30 janvier 1849, d'une famille de négociants d'origine française. Venu en France pour faire ses études, qu'il commença à Sainte-Barbe et alla terminer au lycée de Bordeaux, il retourna ensuite dans son pays natal, mais il ne tarda pas à revenir en France et se fixa à Paris où il se lança dans la carrière littéraire sans le moindre retard. Il collabora d'abord aux journaux d'Alexandre Dumas le *Mousquetaire* et le *d'Artagnan*, et remporta en 1870 le prix offert par M. Ballande pour une *Apothéose de Lamartine*, qui fut jouée à la Gaîté. Il avait déjà publié alors un volume de poésies: les *Malédictions*, qui avait été très remarqué, et fait jouer à l'Odéon un acte en vers: la *Voix du maître*. Survint la guerre, pendant laquelle M. Albert Delpit se conduisit de telle sorte que, sur la proposition de l'amiral Saisset, il recevait la croix de la Légion d'honneur. Il publiait cependant, en novembre 1870, un nouveau volume de vers intitulé l'*Invasion*, dont une seconde édition augmentée, remportait un prix Montyon en 1872. La *Chasse aux Prussiens par quinze francs-tireurs* parut en 1871; puis vint un poème: le *Repentir ou Récit d'un curé de campagne*, sur les derniers moments de Vermorel, qui y est traité de *bandit*, à la vérité, lequel valut à son auteur une nouvelle récompense de l'Académie. M. Albert Delpit, à dater de cette époque, aborda à la fois, avec des destins divers, le théâtre et le roman. Dans ce dernier ordre d'ouvrages, il s'est assez rapidement acquis une réputation enviable. Nous citerons: les *Compagnons du roi (1873)*; *Jean Nu-Pieds* (2 vol.), la *Vengeresse (1874)*; le *Mystère du Bas-Meudon (1876)*; les *Fils de joie*, le *Dernier gentilhomme (1877)*; la *Famille Cavalié (1878*, 2 vol.); le *Fils de Coralie (1879)*; le *Supplice d'une mère*, *Solange de Croix-Saint-Luc (1885)*; les *Fils du siècle* et *Mademoiselle de Bressier (1886)*, etc. — Il a donné au théâtre: *Robert Pradel*, drame en 4 actes, à l'Odéon (1883); *Jean Nu-Pieds*, drame, 4 actes, en vers, tiré de son roman, au Vaudeville (1875); le *Message de Scapin*, comédie, un acte, en vers, au Théâtre-Français; les *Chevaliers de la Patrie*, drame, 5 actes, au Théâtre-Historique (1876); les *Maucroix*, pièce en 3 actes, au Théâtre-Français; le *Père Martial*, comédie, 4 actes, au Gymnase (1883), etc. — M. Delpit a collaboré à divers journaux et revues, notamment à la *Revue des Deux-Mondes*.

DELSOL, Jean Joseph, homme politique français, né à Saint-Christophe (Aveyron) le 27 octobre 1827; commença ses études au lycée de Rodez, vint les terminer à Paris au collège Henri IV, suivit les cours de la faculté de droit et, reçu licencié en 1849, puis docteur en 1851, se fit inscrire au barreau de Paris, où il se fit bientôt une place des plus honorables. Il prononça comme discours de rentrée de la conférence des avocats stagiaires, en 1854, l'*Eloge d'Antoine Lemaistre*. Il publia vers cette époque un commentaire estimé du Code civil: le *Code Napoléon expliqué d'après les doctrines généralement adoptées à la Faculté de Paris (1854-55*, 3 vol.). Membre du Conseil général de l'Aveyron, pour le canton de Conques, depuis 1864, il fut élu représentant de l'Aveyron à l'Assemblée nationale, le 8 février 1871. M. Delsol avait publié à cette occasion une profession de foi républicaine, où le principe de la résistance à outrance était posé et développé; une fois élu, il vota les préliminaires de paix; et le 24 mai 1873, il se ralliait à l'ordre du jour Ernoul qui renversait M. Thiers. Il est vrai qu'au début, il s'était fait inscrire à la réunion Feray; mais il n'avait pas tardé à passer au centre droit et faisait, vers la fin de la législature, partie du groupe orléano-bonapartiste de Clercq. M. Delsol a fait partie, dans la première Assemblée républicaine, de plusieurs commissions importantes, et a été chargé du rapport de quelques-unes, notamment de la commission chargée d'examiner le projet de loi sur la fabrication des armes de guerre. Ayant échoué comme candidat de la droite aux élections des membres inamovibles du nouveau Sénat, M. Delsol se présenta dans son département et fut élu au scrutin du 30 janvier 1876. Son mandat lui ayant été renouvelé aux élections du 25 janvier 1885, il a repris au Sénat sa place au centre droit réactionnaire, clérical et monarchique. — M. Delsol a publié, outre l'ouvrage cité plus haut, une *Etude sur La Roche-Flavin, savant jurisconsulte du XVIe siècle, premier président de la Chambre des requêtes au parlement de Toulouse*. Il est membre de la Société des lettres, sciences et arts de l'Aveyron.

DELUNS-MONTAUD, Pierre, homme politique français, né à Allemans (Lot-et-Garonne) le 5 juin 1845. Avocat du barreau de Marmande et adjoint au maire de cette ville, il y fut élu député, en remplacement de M. Faye, passé au Sénat, le 6 avril 1879 et s'inscrivit au groupe de la gauche républicaine; il fut réélu le 21 août 1881. Il a été élu député du Lot-et-Garonne le 4 octobre 1885, et a voté l'expulsion totale des princes. — M. Deluns-Montaud est membre du conseil de direction du journal la *République française*.

DEMIAUTTE, Louis, industriel et homme politique français, né à Saint-Léger (Pas-de-Calais) le 15 octobre 1829. Agriculteur et fabricant de sucre, il est secrétaire de la Chambre consultative d'agriculture d'Arras. Il a été élu sénateur du Pas-de-Calais au renouvellement partiel du 8 janvier 1882, comme candidat républicain. M. Demiautte a voté l'expulsion des princes,

DEMÔLE, Charles Etienne Emile, homme d'Etat français, né à Charolles (Saône-et-Loire) le 22 mars 1828. Il fit son droit à Paris et, sa licence obtenue, vint s'inscrire au barreau de sa ville natale. Elu sénateur de

Saône-et-Loire à une élection complémentaire, le 5 janvier 1879, M. Demôle prit place au groupe de l'Union républicaine. Il a été réélu au renouvellement partiel du Sénat du 8 janvier 1882. — M. Demôle a été appelé à faire partie du cabinet Brisson, avec le portefeuille des travaux publics, en remplacement de M. Sadi-Carnot, passé aux finances, par décret du 16 avril 1885. Il se retirait avec tous ses collègues le 29 décembre suivant, mais pour revenir en janvier, comme garde des sceaux, ministre de la justice, dans le cabinet présidé par M. de Freycinet, constitué par décret du 7 janvier 1886.

DENIAU, Eugène, homme politique français, né à Saint-Claude (Loir-et-Cher) le 1er janvier 1834. M. Deniau est un ancien négociant, devenu maire de sa ville natale et membre du Conseil général de Loir-et-Cher. Elu député de la 1re circonscription de Blois à une élection partielle, le 9 avril 1880, il s'inscrivit au groupe de l'Union républicaine; il fut réélu le 21 août 1881. Aux élections d'octobre 1885, M. Deniau a été élu député de Loir-et-Cher au scrutin du 18. Il a voté l'expulsion totale des princes.

DENNERY, Adolphe Philippe (dit), auteur dramatique français, né à Paris, de parents israélites, le 17 juin 1811. Il débuta de très bonne heure au théâtre, après avoir été clerc de notaire et avoir commencé l'étude de la peinture, et a écrit seul ou en collaboration, et pour commencer sous les noms d'Adolphe, de Philippe, d'Eugène, et enfin sous le pseudonyme de *Dennery* ou *d'Ennery*, environ deux cent cinquante pièces de genre divers, mais surtout des drames à spectacle, dont un certain nombre sont demeurés populaires. — Son premier drame, écrit en société avec Charles Desnoyer, a pour titre: *Emile, ou le fils d'un pair de France*, et date de 1831. Viennent ensuite parmi les plus connus: l'*Honneur de ma Fille, Tiburce (1835)*; le *Changement d'uniforme, Dolorès ou le pensionnat de Montereau (1836)*; le *Portefeuille, ou les deux familles (1837)*; *Femmes et pirates*, le *Mariage d'orgueil, M. et Mme Pinchon*, la *Reine des blanchisseuses, Gaspard Hauser (1838)*; *Pierre d'Arezzo, Jeanne Hachette, ou le siège de Beauvais (1839)*; le *Dernier oncle d'Amérique*, l'*Amour en commandite*, le *Tremblement de terre de la Martinique (1840)*; la *Grâce de Dieu*, la *Citerne d'Albi*, les *Pupilles de la Garde*, la *Dette à la bamboche, Paris dans la Comète (1841)*; la *Nuit aux soufflets, Fargeau, Amour et Amourette*, le *Nourrisseur, Halifax, Pauvre Jeanne, Feu Peterscott (1842)*; les *Mémoires de deux jeunes mariées*, les *Nouvelles à la main*, les *Bohémiens de Paris (1843)*; *Marjolaine, Pulcinella, Paris voleur, Colin Tampon*, le *Bal d'Enfants, Don César de Bazan*, la *Journée d'une jolie femme (1844)*; le *Marché de Londres*, les *Compagnons de la mansarde, Marie-Jeanne ou la femme du peuple*, la *Dame de Saint-Tropez*, l'*Ile du Prince Toutou, Parlez au portier, V'la c'qui vient d'paraître!* le *Porteur d'eau, Paris et la Banlieue, Noémi*, la *Vie en partie double (1845)*; l'*Etoile du Berger*, le *Temple de Salomon*, l'*Angelus*, l'*Article 213*, le *Roman comique*, la *Mère de famille (1846)*; la *Duchesse de Marsan*, le *Mari anonyme, Mademoiselle Agathe*, le *Maréchal Ney, Gastibelza ou le fou de Tolède (1847)*; le *Chemin de traverse*, les *Sept péchés capitaux (1848)*; le *Bouquet de violettes*, le *Marquis de Carabas et la princesse Fanfreluche, Mauricette (1849)*; la *Paysanne pervertie (1851)*; *Si j'étais Roi*, la *Bergère des Alpes (1852)*; la *Prière des Naufragés*, les *Sept merveilles du Monde*, la *Case de l'oncle Tom*, les *Mémoires de Richelieu (1853)*; les *Oiseaux de proie*, les *Cinq cents diables*, féeries; les *Lavandières de Santarem*, op. com. (1854); la *Bonne aventure*, le *Médecin des Enfants (1855)*; le *Donjon de Vincennes*, le *Paradis perdu (1856)*; les *Orphelines de la charité*, le *Fou par amour*, l'*Aveugle (1857)*; *Cartouche*, les *Fiancés d'Albano, Faust (1858)*; le *Naufrage de La Pérouse*, le *Savetier de la rue Quincampoix (1859)*; l'*Histoire d'un drapeau (1860)*; le *Lac de Glenaston*, la *Prise de Pékin, Valentine d'Armentières*, la *Fille du paysan*, le *Marchand de coco*, le *Sacrifice d'Iphigénie (1861)*; le *Château de Pontalec, Rothomago*, la *Chatte merveilleuse (1862)*; l'*Aïeule, Aladin ou la lampe merveilleuse (1863)*; *Marie de Mancini*, les *Drames du cabaret (1864)*; les *Mystères du vieux Paris (1865)*; les *Amours de Paris (1866)*; le *Premier jour de bonheur*, opéra comique d'Auber (1868); le *Dompteur*; le *Centenaire (1872)*; le *Prince de Moria (1873)*; le *Tour du monde en quatre-vingts jours*, les *Deux orphelines*, la *Fiancée du roi de Garbe*, opérette de M. Litolff (1874); la *Comtesse de Lerins*, drame en 5 actes, au Théâtre-Historique (octobre 1876). Le succès obtenu par l'adaptation à la scène du *Tour du monde* de M. J. Verne induisit les deux auteurs à renouveler l'expérience, et c'est ainsi que nous avons vu: les *Enfants du capitaine Grant (1879)*; *Michel Strogoff (1881)*; *Voyage à travers l'impossible*, pièce en 25 tableaux, à la Porte-Saint-Martin (1882); *Kéraban le Têtu*, à la Gaîté (1883). Il a donné, en outre: l'*Amour*, au Vaudeville et la *Nuit aux soufflets* aux Nouveautés *(1884)*, le premier de ces vaudevilles remis à neuf, le second transformé en opéra-comique, et tous deux ayant plus de quarante ans d'âge dans leur première forme. Il est aussi l'un des collaborateurs, avec MM. L. Gallet et Blau, au livret du *Cid* de M. Massenet (1885). Enfin, citons *Martyre!* drame en 5 actes, à l'Ambigu (1886), d'après le propre, l'unique roman de l'auteur, paru pour la première fois dans le *Petit Journal*, avec un succès modéré, en 1885, puis en volume in-18, puis en édition grand in-8°, illustrée, chez J. Rouff et Cie. *Martyre!* ce premier roman d'un auteur de soixante-quinze ans est tout simplement le roman intime le plus attachant, le plus dramatique, le plus exact dans les détails de la vie qui ait été écrit depuis longtemps. — Les collaborateurs ordinaires de M. d'Ennery, au théâtre, sont ou ont été MM. Alexandre Dumas, Brésil, Anicet Bourgeois, Cormon, Grangé, Gustave Lemoine, Dumanoir, Ferd. Dugué, Charles Desnoyer, Edouard Plouvier, Bricebarre, Decourcelle, Mallian, Albert, Gabet, Paul Foucher, Charles Edmond, Dartois, Clairville, Hector Crémieux, Hostein, Chabrillat, Jules Verne, Louis Davyl, Gallet, Blau, etc., sans parler des collaborateurs anonymes. M. d'Ennery a été, pendant quinze jours, directeur du Théâtre-Historique du boulevard du Temple (nov. 1850). Sociétaire, puis secrétaire général et, enfin, directeur-gérant de la Société thermale de Cabourg-Dives, il a su transformer ce désert aussi complètement et aussi heureusement que s'il se fût agi d'un simple changement de décors et du déplacement de quelques portants. Il est devenu maire de cette ville qu'il a presque créée. — M. Dennery est officier de la Légion d'honneur depuis 1859.

DENORMANDIE, Louis Jules Ernest, homme politique français, sénateur, est né à Paris le 6 août 1821. Après avoir terminé son droit et secondé son père dans la direction de son étude d'avoué près le tribunal civil de la Seine, il lui succéda en 1865, et fut plusieurs fois président de la Chambre des avoués de Paris. — Nommé, après le 4 septembre 1870, adjoint au maire du VIIe arrondissement, il se porta candidat aux élections du 8 février 1871 pour l'Assemblée nationale, et ne fut pas élu; mais il fut plus heureux aux élections complémentaires du 2 juillet suivant, où il était patronné par l'Union parisienne de la presse, et l'avait même été au début par l'Union républicaine, circonstance qui n'est peut-être pas étrangère à son succès. Elu, donc, représentant de la Seine à l'Assemblée nationale, M. Denormandie déclara se rallier au programme de M. Thiers. Il prit place au centre gauche, mais ne vota pas toujours avec ce groupe, n'entendant évidemment rien à la tactique parlementaire et n'ayant peut-être pas de convictions politiques bien arrêtées, si ce n'est qu'avoué de la famille d'Orléans, il est assez naturel qu'il éprouve de la sympathie pour ses clients. C'est ainsi qu'après avoir publiquement adhéré au programme de M. Thiers, il se crut obligé de venir le défendre, dans la mémorable séance du 24 mai 1873; mais il le fit de telle sorte, avec des réserves, des restrictions telles, que beaucoup mieux eût valu qu'il ne bougeât: il fut le Target de l'autre bord. Paris, en tout cas, a toujours eu en M. Denormandie un défenseur énergique et convaincu. Il n'a jamais laissé passer une occasion de défendre les intérêts et l'honneur de la grande ville calomniée, et certainement avec plus d'éloquence, d'à-propos et de tact que la plupart de ses collègues, quelle que soit d'ailleurs la bonne volonté de ceux-ci. Inutile de dire qu'il vota le retour de l'Assemblée à Paris. Mais après avoir voté contre le renversement de M. Thiers, il n'en a pas moins voté en faveur du ministère de Broglie, pour la loi des maires, l'état de siège, l'église du Sacré-Cœur, et contre la dissolution, en 1874. Il a voté, d'autre part, la proposition Casimir Périer, l'amendement Wallon, l'ensemble des lois constitutionnelles (25 février 1875). Il s'est, en somme, vers la fin de la législature, laissé doucement entraîner vers la République, et, lors des tentatives de restauration monarchique, était déjà de ceux dont, sans qu'ils se fussent nettement prononcés, on considérait le vote comme acquis à la République. — Il a été élu, par l'Assemblée nationale, sénateur inamovible, comme candidat des gauches, le 16 décembre 1875. Entre autres votes caractéristiques, il votait contre la dissolution de la Chambre après l'acte du 16 mai. Nommé gouverneur de la Banque de France en 1879, il y a été remplacé par M. Magnin. M. Denormandie a été créé chevalier de la Légion d'honneur le 6 avril 1876.

DENTU, Edouard Henri Justin, libraire-éditeur français, fils de Gabriel André Dentu, éditeur et imprimeur, mort en 1849 et petit-fils de Jean Gabriel Dentu, fondateur de la maison, mort en 1840, est né à Paris le 21 octobre 1830 et y est mort le 13 avril 1884.

En 1704, J. G. Dentu s'établissait libraire-imprimeur dans l'ancien passage Feydeau, qu'il quittait peu après pour s'installer définitivement au Palais-Royal. Il donna dès le début, une grande extension à sa nouvelle maison; fonda le *Journal des Dames*, qui fut, croyons-nous, la première publication périodique de ce genre en France et obtint un succès éclatant; édita des ouvrages de géographie, de voyages et d'histoire naturelle, signés de Dureau de la Malle, d'Eyriès, de Pauqueville, de Walkenaer, etc.; les œuvres de Bitaubé, de Vauvenargues; la traduction d'Ossian de Letourneur, les lettres de Bolingbroke; des œuvres diverses de Suard, Dulaure, l'abbé Galiani; les ouvrages sur le magnétisme du marquis de Puységur, etc.; sans parler d'un choix intelligent, fait aussi pour la première fois, des meilleurs romans traduits de l'allemand et de l'anglais. C'est aussi jusqu'au fondateur de la maison Dentu qu'il faut remonter pour constater la création d'une de ses plus importantes spécialités: la brochure d'actualité politique. Pendant les Cent-Jours, la publication d'une brochure de M. de Kergorlay: *Des lois existantes et du 9 mai 1815*, causa même l'arrestation du libraire, signalé du reste par l'ardeur de ses opinions légitimistes; et la seconde restauration le trouva en conséquence sous les verrous. En 1819, J. G. Dentu fonda le journal le *Drapeau blanc* qui, d'abord hebdomadaire, ne tarda pas à devenir quotidien et, sous cette nouvelle forme, fournit une longue et brillante carrière. Enfin, en 1826, il se retirait des affaires, laissant sa maison à son fils, alors âgé de trente ans, étant né en 1796.

Gabriel André Dentu, légitimiste encore plus fougueux que ne l'était son père, eut sous la monarchie de juillet une existence assez agitée, ayant eu à soutenir *vingt-sept* procès de presse. En 1833, notamment, la publication de trois pamphlets de Bérard *(Cancans décisifs, Cancans inflexibles et Cancans flétrissants)* lui coûtait 500 francs d'amende et six mois de prison. G. A. Dentu continua de produire des ouvrages d'histoire naturelle. Parmi les ouvrages d'histoire et de littérature qu'il publia également, il nous suffira de citer l'*Histoire comparée des littératures espagnole et française*, de M. du Puybusque; la *Collection des meilleures dissertations sur l'histoire de France*, de Leber (12 vol.); l'*Histoire des Morisques ou Arabes d'Espagne sous la domination des chrétiens*, de M. de Circourt. Ajoutons à cela une collection de bijoux typographiques, tels que le *Voyage sentimental* de Sterne, traduction de M. Moreau-Christophe et le *Werther* de Gœthe, traduction de M. de Serlinges.

A la mort de son père, en 1849, Edouard Dentu, qui n'avait pas vingt ans, prit la suite de ses affaires, du moins comme libraire-éditeur, l'imprimerie ayant été vendue. Il continua la publication des brochures d'actualité, et eut dans cette spécialité des succès incroyables. Dans une période qui s'étend de la guerre de Crimée à Sadowa, il en plut littéralement dans ses vitrines, mais surtout à l'époque où la question italienne était dans toute son intensité (1859-60): on en vit paraître jusqu'à trois ou quatre par jour. Le succès de plusieurs de ces écrits de circonstance est resté dans la mémoire de tous. Nous rappellerons: le *Pape et le Congrès*, dont la vente, tant en France qu'à l'étranger, y compris les traductions, dépassa 500,000 exemplaires; *Napoléon III et l'Italie*, attribuée à Arthur de la Guéronnière, dont le tirage ne fut pas beaucoup moins élevé; la *Paix*, par E. de Girardin; la *Prusse*, par Edmond About; *Lettre de Rome*, par M. de Persigny; la *Nation en deuil*, de Montalembert; l'*Appel à la nation*, du marquis de la Rochejacquelein; la *Fédération et l'Unité italienne*, de P. J. Proudhon. — En 1859, E. Dentu obtenait le titre de libraire de la Société des gens de lettres, et il publiait dès lors un grand nombre d'œuvres d'imagination dont nous citerons au hasard les auteurs les plus populaires: Paul Féval, Arsène Houssaye, Auguste Barbier, Hector Malot, Alfred Assolant, Emile Gaboriau, Ponson du Terrail, Xavier de Montépin, les frères de Goncourt, Adolphe Belot, Alphonse et Ernest Daudet, Philibert Audebrand, Emmanuel Gonzalès, Tony Révillon, Victor Tissot, etc., etc.; et dans un autre ordre, les œuvres philosophiques, d'économie politique ou d'histoire des Louis Blanc, des Lamennais, des Edgar Quinet, des Proudhon, des Le Play, etc.; et les ouvrages d'art ou de recherches littéraires de MM. de Goncourt, Edouard Fournier, Champfleury, Delvau, Guigard et tant d'autres. Les événements de 1870-71 ont encore fourni à M. Dentu une nouvelle catégorie d'écrits spéciaux, rédigés par les acteurs les plus considérables de ces drames aussi bien que par de simples comparses. Mais il faut borner nos citations. Propriétaire-gérant de la *Revue européenne*, de 1858 à 1862, il se rendit adjudicataire du *Catalogue officiel de l'Exposition de 1867*, dont le tirage fut fait avec une rapidité prodigieuse. La notice relative à la classe VI (Imprimerie et librairie) est de Dentu lui-même, qui avait été nommé membre du Comité d'admission de cette classe, ainsi que de la Commission d'encouragement pour les études d'ouvriers. Enfin, en 1869, E. Dentu devenait libraire de la Société des auteurs et compositeurs dramatiques. En cette qualité, il a édité deux nouvelles séries de publications sous les titres suivants: *Bibliothèque spéciale de la Société des auteurs et compositeurs dramatiques* et *Répertoire du Théâtre moderne*, lesquels comptent aujourd'hui une longue liste d'ouvrages dramatiques variés. — Edouard Dentu est mort le 13 avril 1884, comme nous l'avons dit, laissant à son gendre, M. Edmond Hippeau, la direction de la librairie toujours connue sous son nom, c'est-à-dire sous le nom de son fondateur.

DEPEYRE, Octave, homme politique français, ancien ministre, ancien sénateur, né en 1812, à Cahors. Son droit terminé, il se fit inscrire au barreau de Toulouse où il se fit une place honorable et devint rédacteur de la *Gazette du Languedoc*, feuille légitimiste et cléricale publiée dans cette ville. Sa réputation ne franchit toutefois de quelques stades les limites de sa province que lorsqu'il défendit devant le tribunal les étudiants compromis dans les troubles de l'école de droit de Toulouse. Aux élections générales de 1869, M. Depeyre, patronné par l' « Union libérale », posa sa candidature à Toulouse contre le candidat officiel, sans succès. Mais il fut élu le 8 février 1871, représentant de la Haute-Garonne, le dernier sur une liste de dix, et alla prendre place sur les bancs de la droite modérée. Il se fit rapidement une place importante dans son parti, par son activité autant et plus peut-être que par ses grandes dispositions à prendre la parole. Il fit partie de la fameuse députation qui vint apporter à M. Thiers l'*ultimatum* de la majorité, et ne cessa jamais de se montrer au premier rang des adversaires les plus acharnés de la politique de cet homme d'Etat. Auteur du projet de loi portant prorogation des pouvoirs du maréchal de Mac-Mahon, comme président de la République, pour sept années, adopté dans la séance du 20 novembre 1873, il était appelé, le 26, à remplacer M. Ernoul au ministère de la justice. Son passage aux affaires fut signalé par diverses mesures empreintes de l'esprit de réaction qui n'a jamais cessé de tourmenter les anciens nourrissons de l'Union libérale. Son acceptation de la succession de M. Ernoul, aussi bien que l'obligation qui en résultait pour lui de ne plus être d'accord sur tous les points avec son parti, le rendit suspect à celui-ci. Il fut remplacé au ministère de la justice le 23 mai 1874, par M. Tailhand, et a voté depuis contre l'amendement Wallon et l'ensemble des lois constitutionnelles, et en faveur de la loi sur l'enseignements supérieur. — Porté sur la liste de droite aux élections des sièges inamovibles du Sénat (9-21 décembre 1875), M. Depeyre échoua avec ses amis. Il ne se crut pas assez sûr, paraît-il, des suffrages des électeurs privilégiés de la Haute-Garonne, car ce fut dans son département natal, le Lot, qu'il posa sa candidature au Sénat. Il fut élu au second tour. Son mandat, qui expirait en 1879, ne lui fut pas renouvelé. M. Depeyre a remplacé M. de Germiny, démissionnaire, comme administrateur de l'Université catholique de Paris, au commencement de 1878.

DÉPRET, Louis, littérateur français, né à Lille le 9 octobre 1837, fit ses études et y débuta de très bonne

heure dans la carrière littéraire, par des poésies. — On a de cet écrivain : la *Cloche*, poème héroï-comique (1854) ; les *Feux-follets*, poésies (1855) ; les *Etapes du cœur, Gretchen*, ib. (1859), le *Va-et-Vient*, notices littéraires (1860), *Rosine Passmore*, roman (1861), les *Demi-vertus (1862)*; *Si jeunesse pouvait (1863)*; *Windsor, le château*, etc., récits et souvenirs (1864) : *Contes accélérés (1865)*; *Amours du Nord et du Midi* ; *De Liège à Anvers, en passant par la Hollande (1866)*; le *Mot de l'énigme (1868)*; *Lucie, En Autriche (1869)*; *Eucharis (1870)*; la *Fraynoise (1871)*; *Reine Planterose, Maurice Le Grandier (1872)*; *Contes de mon pays*, l'*Album de Karl (1874)*; *Silhouettes de villes, Mémoires de n'importe qui (1875)*; *Comme nous sommes*, notes et opinions ; *Nouvelles anciennes (1876)* : *Vous et moi*, le *Premier ami (1886)*, etc. M. Louis Dépret a collaboré au *Figaro*, au *Moniteur universel*, au *Monde illustré*, à la *Revue de l'instruction publique*, au *Musée universel*, à l'*Illustration*, etc. Il avait fait représenter sur le théâtre de Lille, en 1858, une comédie en prose, en un acte : la *Jalousie en partie double*.

DEPRETIS (commandeur), AGOSTINO, homme d'Etat italien, né en 1811 à Stradella (Piémont), fit ses études à l'université de Turin et, reçu avocat, s'inscrivit au barreau de sa ville natale. Il s'occupa principalement de politique, collabora à divers journaux, et fut élu député en 1850. Il prit place à la Chambre de Turin sur les bancs du tiers-parti, et fut constamment réélu par le collège de Stradella comme candidat de ce groupe parlementaire, qui siégeait au centre gauche ; il devint enfin vice-président de la Chambre des députés. Après la guerre de 1859, dont le résultat fut la réunion de la Lombardie au Piémont et la création du royaume d'Italie, le comte Cavour nomma M. Depretis préfet de Brescia, et l'année suivante, ayant donné sa démission pour suivre Garibaldi en Sicile, celui-ci le nommait prodictateur de sa conquête, en se retirant de l'île. Le 3 août 1861, M. Depretis proclamait à Palerme la constitution italienne. Cette manifestation n'ayant pas été du goût du général, M. Depretis se retira et reprit la route du continent. Il fut réélu député de Stradella et reprit sa place au centre gauche de la Chambre italienne, siégeant maintenant à Florence. En mai 1862, il acceptait le portefeuille des travaux publics dans le cabinet Rattazzi. Démissionnaire en décembre, il rentrait au pouvoir comme ministre de la marine dans le cabinet Ricasoli, formé le 20 juin 1866, c'est-à-dire à une époque particulièrement grave ; il eut beaucoup de peine à persuader l'amiral Persano de se rendre à son poste où, peut-être à cause de ses atermoiements voulus, il devait être si bien battu, à Lissa, par la flotte autrichienne, commandée par l'amiral Tegetthoff. Après le vote défavorable émis par la Chambre sur le projet Laugrand-Dumonceau relatif aux biens du clergé, le cabinet subit un remaniement dans lequel M. Depretis échangea son portefeuille contre celui des finances, mais l'état de choses nouveau ne dura que jusqu'au mois de mai. M. Depretis reprit sa place à la Chambre et devint, après la mort de M. Rattazzi (mai 1873) le chef de l'opposition constitutionnelle de toute nuance. Après la chute du ministère Minghetti (19 mars 1876), il fut chargé de former un nouveau cabinet, dans lequel il prit le portefeuille des finances avec la présidence du conseil. Il s'occupa aussitôt de réformer l'impôt sur la mouture ; et après la dissolution (7 octobre), les élections du 19 novembre ayant donné une forte majorité à son gouvernement, il fit adopter l'abolition de la contrainte par corps, l'impôt sur les sucres, etc. Sous son ministère également, fut adoptée la loi interdisant les manifestations religieuses hors de l'église, celle tendant à la répression des abus commis par les ministres des cultes dans l'exercice de leurs fonctions, et la loi de réorganisation de l'enseignement supérieur. Remplacé comme chef du cabinet par M. Cairoli en mars 1878, il lui succédait le 15 décembre suivant, il était de nouveau remplacé par lui, la Chambre ayant finalement repoussé son projet d'abolition de l'impôt sur la mouture, en juillet 1879. Au mois de novembre suivant, M. Cairoli était obligé de remanier son ministère, et M. Depretis acceptait dans la nouvelle combinaison le portefeuille de l'intérieur. En mai 1881, M. Cairoli ayant été forcé de donner sa démission et M. Sella ayant échoué dans la mission de former un nouveau ministère que le roi lui avait confiée, M. Depretis fut une fois de plus rappelé au pouvoir. Depuis lors, sauf de courts interrègnes qui prirent fin en mars 1884 et juin 1885, et par le moyen de remaniements habiles, M. Depretis s'est presque constamment maintenu au pouvoir jusqu'au moment actuel où il a conservé le portefeuille de l'intérieur. Il a profité des vacances du parlement italien pour venir faire une cure aux eaux de Contrexéville (juillet-août 1886). — M. le commandeur Depretis est grand croix de la Légion d'honneur.

DEPREZ, MARCEL, ingénieur électricien français, né à Châtillon-sur-Loing (Loire) le 19 décembre 1843. Dès le début de ses études, il manifesta pour la mécanique, en prenant ce mot dans son acception la plus étendue, une vocation aussi exclusive qu'irrésistible ; il ne put donc s'astreindre absolument à la discipline de l'enseignement officiel et préféra marcher en toute liberté dans la voie qu'il avait choisie. Il avait à peine vingt ans lorsqu'il eut la bonne fortune de se faire admettre comme secrétaire auprès de M. Combes, membre de l'Institut, professeur d'exploitation à l'École des mines et mathématicien très distingué. Dans ce milieu propice, l'esprit inventif de M. Marcel Deprez put se développer à l'aise. Il s'adonna d'abord à l'étude des machines à vapeur, puis des pressions élevées et des mouvements très rapides et peu étendus en proportion, et enfin se donna tout entier à l'électricité, bien préparé qu'il était par ses études précédentes aux découvertes que cette voie allait lui offrir, et où il débuta par l'invention des instruments nécessaires à ses recherches sur le transport de la force par cet agent assez peu maniable et mal connu encore, mais que la connaissance du principe de reversibilité des machines dynamo-électriques lui avait inspirées. C'est au Congrès international des électriciens, réuni à Paris à l'occasion de l'Exposition internationale d'électricité, en 1881, que M. Marcel Deprez développa ses idées sur le transport de la force par l'électricité, idées résultant de recherches et d'études constantes remontant à 1870, et s'appuyant sur des expériences souvent répétées et concluantes, dans une grande mesure. Des objections s'élevèrent ; on loua M. Deprez de ses efforts, mais on contesta la possibilité d'obtenir l'électricité à haute tension nécessaire pour transmettre par son moyen la force à une certaine distance. Le fait est que la chose n'était pas possible avec les machines dynamo-électriques en usage, mais avec les modifications que l'inventeur lui-même leur fit subir, l'objection a perdu, au moins depuis, beaucoup de sa force ; et en tout cas on aurait pu l'inviter à essayer. Ce fut à Munich, l'année suivante, que M. Deprez obtint cette satisfaction. Ayant exposé ses théories devant la commission de l'Exposition d'électricité de cette ville, il lui fut répondu par l'invitation de les appliquer sur l'heure, en mettant à sa disposition un fil télégraphique de 50 kilomètres de longueur. L'expérience, au moyen de deux machines dynamo anciennes, tirées de Paris, l'une agissant comme génératrice, l'autre renvoyant à la première le courant qu'elle en avait reçu, donna les résultats annoncés, avec un rendement estimé à 30 pour 100 de la force transmise. Le résultat n'était pas suffisant pour en permettre l'application pratique, sans doute, mais il l'était pour faire entrevoir la possibilité de cette application à bref délai. Ce fut alors que M. Deprez se mit à modifier les machines connues de manière à leur faire produire l'électricité à haute tension. En mars 1883, de nouvelles expériences eurent lieu dans les ateliers du chemin de fer du Nord, avec des machines transformées. Elles ne se sont plus arrêtées depuis ; au mois de mai suivant, c'est de Vizille à Grenoble (14 kilomètres) que la force d'une chute d'eau était transportée par l'électricité, avec un rendement de 62 pour cent. En octobre 1885, sur l'initiative et avec l'aide pécuniaire de M. de Rothschild, les expériences furent reprises, de la gare de Creil à celle de la Chapelle (Paris), c'est-à-dire à une distace de 56 kilomètres (soit 112 kilomètres de fil). En juillet 1886, enfin, on actionnait diverses machines-outils dans les ateliers de la gare de la Chapelle avec la force prise à Creil et transmise par la génératrice dynamo-électrique installée à la station de cette ville. Nous ne pouvons malheureusement pas entrer ici dans les détails de ces intéressantes expériences, qui amèneront dans un avenir peu éloigné, nous en avons la ferme confiance, une transformation radicale des procédés industriels ; et on ne peut qu'être reconnaissant à l'inventeur de sa persévérance dans la poursuite de ce grand résultat. — M. Marcel Deprez a été créé chevalier de la Légion d'honneur.

DERBY, (comte de), EDWARD HENRY SMITH STANLEY, homme d'Etat anglais, fils aîné du quatorzième comte de Derby, auquel il succéda après sa mort (23 octobre 1869), est né à Knowsley (comté de Lancastre) le 21 juillet 1826 ; il fit ses études à l'école de Rugby et au collège de la Trinité, à Cambridge, où il prit ses grades en 1848. La même année il posait, sans succès, sa candidature à Lancastre ; il s'embarquait ensuite pour l'Amérique, et c'est pendant ce voyage et conséquemment en son absence, qu'il était élu, au mois de décembre suivant, député de Lynn Regis, en remplacement de lord G. Bentinck. Ce collège ne cessa de réélire lord Stanley jusqu'à son accession à la pairie, au titre de comte de Derby, en 1869. Après un tour aux Indes occidentales, il revint en Angleterre, prit son siège à la Chambre des communes et, pendant la session de 1850, fit son premier discours à propos de la question des sucres. Il repartit pour l'Orient et était de nouveau aux Indes lorsqu'il reçut, en mars 1852, la nouvelle de sa nomination au poste de sous-secrétaire d'Etat aux affaires étrangères, dans le premier ministère de lord Derby, son père, qui devait prendre fin au mois de décembre de la même année. Au printemps de 1853, il présentait, à la Chambre des communes, un projet de réforme des affaires indiennes plus complet que celui du gouvernement. La mort de sir W. Molesworth (1855) ayant rendu vacant le ministère des colonies, lord Palmerston offrit ce portefeuille à lord Stanley, dont il avait su apprécier les talents et la popularité. Mais accepter eût été renier son parti, lord Stanley refusa donc. Il devint, un peu plus tard, secrétaire d'État pour les Indes, lors du retour aux affaires de lord Derby (1858-59), et ce fut sous son administration que la direction des affaires des Indes fut transférée du bureau des directeurs de la Compagnie des Indes orientales entre les mains d'un délégué responsable de la Couronne. Après avoir suivi son père dans sa retraite (15 juin 1859), lord Stanley revint avec lui au pouvoir, en juillet 1866, comme secrétaire d'Etat aux affaires étrangères. Dans ce poste, il contribua beaucoup au règlement amiable des difficultés soulevées par la question du Luxembourg, et se rendit par là très populaire. Il conserva le portefeuille des affaires étrangères jusqu'à l'arrivée au pouvoir du parti libéral, représenté par M. Gladstone, en décembre 1868. Lord Stanley fut alors installé comme lord recteur de l'université de Glasgow (1er avril 1869). La mort de son père, le 23 octobre de cette même année, le fit entrer à la Chambre des pairs, avec le titre de comte de Derby. Il s'y fit bientôt une place considérable par la part qu'il prit aux plus importantes discussions de cette assemblée. En février 1874, lorsque Disraeli, depuis comte de Beaconsfield, fut chargé de former un nouveau cabinet, lord Derby accepta de nouveau le portefeuille des affaires étrangères. Il fut élu lord recteur de l'université d'Edimbourg au mois de novembre suivant. Le 23 janvier 1878, le conseil de cabinet ayant décidé d'envoyer l'ordre à la flotte britannique de franchir les Dardanelles, lord Derby donna sa démission, en même temps que lord Carnarvon ; mais celle-ci fut seule acceptée, et l'ordre concernant la flotte ayant été contremandé, lord Derby consentit à reprendre la sienne ; mais ce fut pour peu de temps, et il se retirait le 28 mars d'une manière définitive. Il expliqua plus tard pourquoi il était opposé au projet de ses collègues, qui consistait à s'emparer de Chypre et d'un port de la côte de Syrie, par le moyen d'une expédition militaire envoyée de l'Inde, avec ou sans le consentement du sultan. Le marquis de Salisbury eut beau nier (tout mauvais cas est niable), l'avenir devait bientôt témoigner en faveur de lord Derby, qui fit plus, car il se séparait, en avril 1879, des associations conservatrices du Lancashire et déclarait nettement, dans une lettre adressée, le 22 mars 1880, au comte de Sefton, que non seulement il ne pouvait appuyer la politique extérieure du cabinet conservateur, mais encore qu'il considérait comme son devoir de la combattre. Et en effet, il acceptait le portefeuille des colonies dans le cabinet Gladstone, le 16 décembre 1882. Il ne fit toutefois pas partie de la dernière administration libérale (4 février-21 juillet 1886).

Avant son entrée à la Chambre des lords, lord Derby avait fait partie de plusieurs commissions parlementaires et extra-parlementaires importantes ; notamment de la commission royale des marchés de l'armée, en 1856-57 ; de la commission de l'université de Cambridge, en 1856-60 ; de la commission pour l'organisation de l'armée des Indes, en 1858-59, et avait été président de la commission d'enquête sur l'état sanitaire de l'armée des Indes (1859-61) et de la commission des brevets (1863-64). — Il a été créé chevalier de la Jarretière en mai 1884.

DÉROULÈDE, PAUL, littérateur et homme politique français, né à Paris le 2 septembre 1846. Neveu d'Emile Augier et arrière-petit-fils de Pigault-Lebrun, M. Déroulède appartient par son père à une vieille famille charentaise qui a donné à la France plusieurs officiers de mérite, entre autres le colonel Déroulède, tué en Cochinchine, lors de la conquête (1860). Après de fortes études dans divers lycées de Paris, M. Paul Déroulède se destinait à la carrière du barreau et aux lettres ; il avait terminé ses études de droit, et donné sous la signature de « Jean Rebel » un certain nombre de poésies au journal républicain la *Revue Nationale*, et le succès d'un acte en vers, représenté sous son nom au Théâtre français, *Juan Strenner*, semblait lui présager un brillant avenir dramatique, lorsque la guerre de 1870 l'appela à d'autres destinées, et fixa son rôle et sa vie. D'abord sous-lieutenant de mobiles, puis engagé volontaire au 3me zouaves, M Paul Déroulède prit part à la bataille de Sedan, et fut un de ceux qui tentèrent de percer les lignes ennemies ; son jeune frère ayant été blessé à ses côtés, M. Paul Déroulède, se sacrifiant pour le soigner, fut fait prisonnier dans des circonstances particulièrement cruelles, et interné à Breslau, d'où il s'évada au prix des plus grands périls. Nommé par Gambetta sous-lieutenant aux tirailleurs indigènes, M. Déroulède prit part à la campagne des armées de la Loire et de l'Est, et fut cité à l'ordre du jour et décoré pour sa belle conduite dans l'affaire de Montbéliard. La paix signée, M. Paul Déroulède resta au service, et porta les armes contre l'insurrection communaliste, guidé par une pensée de patriotisme supérieur et déclarant qu'il « ne voulait pas que la Prusse fît en France la police de la France » ! Après avoir contribué par son courage et sa modération à réprimer le mouvement dans l'un des arrondissements excentriques de Paris, M. Déroulède eut le bras cassé d'un coup de feu, à l'assaut d'une barricade de Belleville. C'est durant les loisirs forcés de sa convalescence qu'il écrivit et publia le fameux volume de *Chants du Soldat*, dont le retentissement fut grand et plaça le jeune auteur au premier rang des poètes patriotes. Successivement les *Nouveaux Chants*, les *Marches et Sonneries*, ont confirmé la renommée de M. Déroulède, dont l'œuvre a été souvent comparée à celle des allemands Arndt et Kœrner, et présente, avec des sentiments plus chevaleresques, la même ardeur, la même foi, le même éclat de formes populaires et justes. M. Paul Déroulède avait gardé son rang d'officier, et pendant six ans, il servit dans l'armée, jusqu'au jour où une chute de cheval l'obligea à renoncer au métier qu'il adorait. Son nom est encore entouré dans toute l'armée d'une sympathie des plus rares, qui prouve que là aussi M. Déroulède eût pu acquérir des titres nouveaux à l'estime de son pays. M. Déroulède possède le grade de lieutenant de réserve aux chasseurs à pied.

En 1876, M. Déroulède donna à l'Odéon son grand drame en vers, l'*Hetman*, qui lui valut un véritable triomphe. Le langage hardi de cette composition patriotique caractérise d'ailleurs la manière toute virile du poète, élevé à l'école de Corneille et dans les enseignements des tragiques espagnols et romains. Une grande propension aux antithèses vives et fortes, opposant les idées par le contraste des mots, dénote chez l'auteur la pratique quotidienne des œuvres de Sénèque ; c'est en effet, avec Paul-Louis Courier, son livre le plus familier. En 1881, M. Paul Déroulède allait donner au Théâtre français un second drame, la *Moabite*, lorsque la pièce fut interdite par la censure, comme pouvant provoquer des polémiques religieuses ; dans cette œuvre considérable, se trouve en effet développée une thèse chère à l'auteur : la nécessité d'un culte public pour mettre un frein aux passions sociales. Les critiques se sont accordés pour reconnaitre que la noblesse du but et de la forme, la beauté du vers, la vigueur et la concision du dialogue, font de la *Moabite*, l'œuvre capitale de M. Déroulède. Il écrivait un troisième drame, *Pierre le Grand*, destiné à plaider la cause de l'autorité en matière de gouvernement, lorsque M. Paul Bert l'appela à la Commission d'éducation militaire (janvier 1882). Après de vifs débats, qui ont fait l'objet d'une brochure publiée au mois de mars par M. Déroulède, le poète et ses amis adressèrent leur démission à M. Ferry, qui avait succédé à M. Paul Bert, et pour mettre en pratique les idées par

eux soutenues, résolurent de fonder une association qui prit son titre et son programme définitif dans une séance de l'Association des sociétés de gymnastique de la Seine, le 18 mai 1882, et s'appela la *Ligue des Patriotes*. Successivement délégué et président (avril 1885) de la Ligue, M. Déroulède en a été considéré à bon droit comme le principal inspirateur. Il a révélé, à la tête de cette puissante société, des qualités d'orateur et de publiciste vraiment remarquables; prodiguant sa parole dans des centaines de conférences applaudies par la France entière, il a en outre fondé d'une manière durable les concours nationaux de tir (1884 et 1885), dépensant pour le premier près de quatre-vingt-dix mille francs, et contribué à accroître l'importance des concours fédéraux de gymnastique. M. Déroulède s'est en outre signalé par une campagne très active en faveur de la protection du travail français; une brochure dite le *Discours de Rouen*, ou la *Défense Nationale* a été publiée par lui sur ces questions commerciales et a fourni le sujet de nombreux débats dans la presse et le public. Rappelons enfin que M. Paul Déroulède a inspiré la publication du journal le *Drapeau*, dont il a été constamment le principal rédacteur, qu'il a mené contre l'exhibition du drapeau rouge aux cérémonies patriotiques une campagne couronnée de succès, qu'il a été candidat à la députation, aux élections d'octobre 1885 à Paris, et est arrivé en tête de la liste d'union républicaine, avec plus de 105,000 voix. Depuis cette époque, M. Paul Déroulède, qui avait déjà établi entre les tireurs français et suisses des relations officielles, a entrepris à travers l'Europe un long voyage d'études, dont l'épisode le plus saillant a été sa participation généreuse aux dernières tentatives des Grecs en faveur des provinces grecques non encore délivrées des Turcs. — M. Paul Déroulède a publié durant ces derniers mois deux ouvrages, une biographie de *La Tour d'Auvergne* et la préface d'un fameux livre anonyme *Avant la bataille* (Paris, A. Lévy et Cie, 1886). Ce dernier morceau passe à bon droit pour la page maîtresse de ses écrits en prose.

DERVICH PACHA, général et diplomate ottoman, né à Constantinople (faubourg d'Eyoub) en 1817, d'un père iman, c'est-à-dire prêtre musulman. Entré à douze ans à l'Ecole du génie militaire, de fondation toute récente, il fit partie d'un convoi de jeunes gens envoyés en 1837 en Europe, par le sultan Mahmoud, pour y compléter leurs études. Il se rendit d'abord en Angleterre, puis vint à Paris en 1839, et y suivit les cours de l'Ecole des mines. De retour à Constantinople en 1842, il fut envoyé dans l'Asie Mineure comme ingénieur en chef des mines, puis fut rappelé à Constantinople pour professer, à l'Ecole militaire, la chimie et la physique. Nommé peu après directeur de l'Ecole, avec rang de brigadier général, il était promu général de division en 1840. Commissaire de la Porte pour la délimitation des frontières entre la Turquie et la Perse, Dervich Pacha, cette mission remplie, fut chargé d'aller réinstaller les hospodars Stirbey et Ghika à la tête des principautés moldo-valaques (1854). En 1855, il était nommé commandant en chef des Ecoles militaires de l'Empire ottoman. Délégué à la Conférence de Paris en 1856, puis chargé, comme commissaire spécial, d'assurer la rectification de la frontière de Bessarabie, il fut nommé par le nouveau sultan, Abd-ul-Azis, en 1861, directeur général des mines. Après avoir pris la plus grande part à la guerre avec le Monténégro en 1862, et à la pacification du Liban en 1866, et rempli diverses missions diplomatiques, Dervich Pacha fut appelé au commandement de la place de Batoum, pendant la guerre avec la Russie (1878), et repoussa toutes les tentatives des assiégeants, ce qui n'empêcha pas le traité de paix qui suivit d'attribuer aux Russes la possession de Batoum, à la seule condition d'en faire un port franc, condition qui a même été éludée ouvertement et impunément par la suite (juillet 1886). Lorsqu'il fallut remettre Batoum aux mains des Russes, le gouverneur civil s'y opposa et 10,000 *lazis*, qui avaient défendu si vaillamment déjà cette ville, se disposèrent à la défendre de nouveau. Dervich eut donc la pénible mission de les convaincre par la force de remettre la ville à ceux qui l'avaient gagnées eulement par voie diplomatique. Deux ans plus tard, il remplissait une mission analogue à Dulcigno, en présence d'une démonstration de la flotte combinée des puissances européennes. Comme il avait fait pour les lazis de Batoum, Dervich Pacha dut forcer la Ligue albanaise de céder ce port au Monténégro; il n'y réussit qu'en battant les troupes de la Ligue (20 avril 1881). Au commencement de juin 1882, Dervich Pacha était envoyé en mission en Egypte par le sultan, pour tâcher de mettre ordre à l'état de choses existant entre le khédive et le parti militaire et national ayant à sa tête Arabi-Pacha (Voy. ce nom). Il arrivait au Caire le 7 juin. Le 11 juillet, Alexandrie était bombardée par la flotte anglaise, et Arabi, au lieu d'obéir à l'ordre de se rendre à Constantinople dont il lui faisait part au nom du sultan, se disposait, à la tête de l'armée, à résister à l'invasion anglaise. On sait quel fut le dénouement de cette triste affaire et comment la mission de Dervich ne put être remplie.

DESCAURE, Jean Pierre Alexandre Charles, homme politique français, né à Fresnoy-la-Chaussée (Somme) le 11 mai 1848. Grand propriétaire agriculteur, maire de Fresnoy, membre du Conseil général de la Somme depuis 1876, membre et secrétaire de la Société hippique du sud de la Somme, M. Descaure a été élu député de ce département, sur la liste monarchique, le 4 octobre 1885.

DESCHANEL, Emile Augustin Etienne Martin, littérateur et homme politique français, né à Paris le 14 novembre 1819, fit ses études au collège Louis-le-Grand et entra à l'Ecole normale en 1839, ayant été treize fois lauréat au concours général. Nommé en 1842 professeur de rhétorique au collège de Bourges, il revint peu après professer la même classe à Paris et fut nommé maître des conférences à l'Ecole normale, pour la littérature grecque; il professa successivement, à Paris, aux lycées Charlemagne, Bonaparte et Louis-le-Grand. Il collaborait, en outre, à divers recueils et journaux: à la *Revue des Deux-Mondes*, à la *Revue indépendante*, à la *Liberté de penser*, au *National*, etc. M. Deschanel était professeur à Louis-le-Grand lorsque, ayant publié dans la *Liberté de penser*, en 1850, une étude de philosophie sociale intitulée: *Catholicisme et socialisme*, il fut cité devant le Conseil de l'instruction publique, non sans doute pour fournir des explications, mais pour entendre prononcer sa suspension de ses doubles fonctions. Il entra dès lors ouvertement dans la presse républicaine, où le 2 décembre l'ayant trouvé sans peine, il fut proscrit après une courte détention. Il se réfugia à Bruxelles, où il fit avec succès des cours publics, et refusa une chaire de littérature française que lui offrait la ville de Lausanne. Rentré après l'amnistie de 1859, il prit, au *Journal des Débats*, la place devenue vacante par la mort d'Hippolyte Rigault, qui l'avait remplacé, en 1851, comme professeur à Louis-le-Grand, et y publia une revue de quinzaine, où il était parlé de littérature, de théâtre, d'histoire, de voyages, etc. Il fut, en 1864, l'un des fondateurs des conférences de la rue de la Paix, par souvenir de celles qu'il avait fondées à Bruxelles, et y eut beaucoup de succès. — Porté candidat aux élections complémentaires du 2 juillet 1871, dans le département de la Seine, M. Deschanel échoua avec 80,000 suffrages. Il se présenta de nouveau aux élections du 20 février 1876, dans la troisième circonscription de Saint-Denis, et fut élu au scrutin de ballottage du 5 mars suivant. Réélu le 14 octobre 1877, il fut nommé professeur de littérature française moderne au Collège de France, le 25 janvier 1881 et dut se représenter devant ses électeurs, qui ne jugèrent pas à propos de lui confirmer le mandat parlementaire, à l'élection du 27 février 1878. Mais, le 23 juin suivant, M. Emile Deschanel était élu sénateur inamovible. Il siège à gauche et a voté l'expulsion des princes.

M. Emile Deschanel, outre les journaux et recueils cités plus haut, a collaboré à l'*Indépendance belge* et, dans ces derniers temps, au *National de 1869*. Il a publié à part: les *Courtisanes de la Grèce (1854)*; le *Mal qu'on a dit des femmes*, le *Bien qu'on a dit des femmes*, le *Mal qu'on a dit de l'Amour*, le *Bien qu'on a dit de l'Amour*, le *Bien et le Mal qu'on a dit des enfants*, petits volumes de compilation ingénieuse (1855-58); *Histoire de la conversation (1858)*; la *Vie des comédiens (1860)*; *Causeries de quinzaine*, extraites du *Journal des Débats*, *Christophe Colomb*, extrait du même journal (1861); *A pied et en wagon (1862)*; *Physiologie des écrivains et des artistes*, ou *Essai de critique naturelle (1864)*; *Etudes sur Aristophane*, en partie extraites d'articles publiés en 1849 dans la *Liberté de penser*, mais revus et augmentés (1867); *A Bâtons rompus (1868)*; *Annuaire des Conférences et de la Littérature (1869)*; la *Question des femmes et la morale laïque*, discours prononcé à l'occasion du couronnement de la rosière de Puteaux (1876); le *Romantisme des classiques*: 1. *Corneille, Rotrou, Molière*, etc.; 2. *Racine*; 3. *Pascal, Larochefoucauld, Bossuet*; 4. le *Théâtre de Voltaire (1882-86*, 5 vol.); une *Etude sur les « Maximes » de Larochefoucauld*, des éditions de la *Médée* d'Euripide, du *Brutus* de Cicéron, etc.

DESCHANEL, Paul Eugène Louis, littérateur et homme politique français, fils du précédent, né le 13 janvier 1856 à Bruxelles. Il fit ses études à Paris, au collège Sainte-Barbe et au lycée Condorcet, puis suivit les cours de l'Ecole de droit et se fit recevoir licencié en 1872; il avait déjà pris le grade de licencié ès lettres. M. Paul Deschanel débuta dans la carrière politique comme secrétaire de M. de Marcère, ministre de l'intérieur, en 1877; il remplit les mêmes fonctions auprès de M. Jules Simon, président du conseil avec le même portefeuille, et suivit cet homme d'Etat dans sa retraite, le 16 mai 1877. Nommé sous-préfet de Dreux en décembre suivant, il devint successivement secrétaire général de la préfecture de Seine-et-Marne en mai 1879, sous-préfet de Brest en décembre de la même année et sous-préfet de Meaux le 4 avril 1881. Un groupe d'électeurs républicains de Dreux lui ayant offert la candidature aux élections générales du 21 août 1881, M. Paul Deschanel accepta, donna sa démission de sous-préfet, et échoua contre M. Gatineau, député sortant, candidat radical. Porté sur la liste républicaine modérée, aux élections d'octobre 1885, il fut élu député d'Eure-et-Loir au scrutin du 18 octobre. Il a pris place sur les bancs de la gauche républicaine et a voté contre le projet d'expulsion des princes.

M. Paul Deschanel a collaboré à la *Revue politique et littéraire*, au *Journal officiel*, etc., et est attaché à la rédaction du *Journal des Débats* depuis 1876. Il a publié à part: la *Question du Tonkin (1883)*; la *Politique française en Océanie*, à propos du canal de Panama, avec préface de M. Ferdinand de Lesseps (1884).

DES CLOIZEAUX, Alfred Louis Olivier Legrand, physicien et minéralogiste français, né à Beauvais le 17 octobre 1817. Elève de l'Ecole normale supérieure, il fit plusieurs voyages d'exploration scientifique dans le nord de l'Europe après avoir achevé ses études, et assista en 1845 à une éruption de l'Hécla. De retour à Paris, il entra comme répétiteur à l'Ecole centrale, devint maître des conférences à l'Ecole normale en 1853 et fut appelé en 1876 à la chaire de minéralogie du Museum d'histoire naturelle. M. Des Cloizeaux a été élu membre de l'Académie des sciences, en remplacement du vicomte d'Archiac, le 15 novembre 1860; il est en outre membre de la Société royale de Londres et des principales sociétés savantes d'Europe, et a reçu de l'université de Leyde le titre honorifique de docteur en philosophie en 1875. — M. Des Cloizeaux a fourni de nombreux mémoires aux *Annales des mines*, aux *Annales de physique et de chimie* et aux *Comptes rendus* de l'Académie des sciences principalement, sur l'éruption de Hécla dont il fut témoin, sur les geysers d'Islande, sur les observations physiques, géologiques et minéralogiques faites au cours de ses voyages, etc. On a de lui, outre cela: *Sur la cristallisation et la structure intérieure du quartz (1855)*; *De l'emploi des propriétés optiques biréfringentes en minéralogie*; *Leçons de cristallographie*, professées à l'Ecole normale (1861); *Manuel de minéralogie (1862-70*, 2 vol., pl.); *Nouvelles recherches sur les propriétés optiques des cristaux naturels ou artificiels (1867)*, etc. — M. Des Cloizeaux est chevalier de la Légion d'honneur depuis 1863; il est aussi décoré de l'ordre de Saint-Stanislas de Russie (2e classe).

DESCLAUZAS, Marie, actrice française, née à Paris en 1842. Elle débuta sur la scène à l'âge de treize ans, et grâce à l'appui de Clarisse Miroy, qui l'avait remarquée, elle entrait quelques années plus tard au Cirque reconstruit sur la place du Châtelet et devenu peu après (1862) Théâtre du Châtelet. Elle y parut successivement dans la *Poule aux œufs d'or*, la *Prise de Pékin*, *Rothomago*, *Fanfan-la-Tulipe*, *Don César*, la *Jeunesse du roi Henri*, le *Diable boiteux* et surtout dans le rôle du prince Charmant de *Cendrillon*. Après cette série de succès, Mlle Desclauzas alla chanter en Amérique le répertoire d'opérettes d'Hortense Schneider; tournée fructueuse, au retour de laquelle elle visita les principales villes de France, puis revint à Paris et débuta à l'Athénée, dans *Fleur du thé*, de M. Lecocq (avril 1868). Elle poursuivit dès lors, avec un succès grandissant, la carrière de l'opérette après le douloureux intermède de la guerre, toutefois, pendant lequel elle servit à Paris comme ambulancière. Le rôle de Mlle Lange de la *Fille de Madame Angot*, qu'elle vint jouer à Paris (1873), après l'avoir interprété à Bruxelles avec un succès étourdissant, avait du reste mis le sceau à sa réputation. Depuis lors, Mlle Marie Desclauzas a paru dans la plupart des opérettes et des féeries qui ont eu quelque succès dans ces dernières années aux Folies-Dramatiques, à la Renaissance, au Châtelet, etc. Elle était engagée de nouveau à ce dernier théâtre, en août 1886, pour jouer le principal rôle dans *Frivoli*, l'opérette-féerie de M. Charles Lecocq dont l'Angleterre a eu la primeur.

DES ESSARTS, Alfred Stanislas Langlois, littérateur français, né à Passy (Paris) le 9 août 1814, fit ses études au collège Henri IV. Dès l'âge de seize ans, il publiait quelques poésies dans la presse périodique du temps. Chargé de la critique littéraire et dramatique à l'*Echo français* en 1836, il conserva ce poste jusqu'en 1846. Il fut trois fois lauréat aux concours de poésie de l'Académie, en 1841, 1843 et 1847 et entra en 1846, à la bibliothèque Saint-Geneviève, comme sous-bibliothécaire; il y est devenu conservateur et a aujourd'hui le titre de conservateur honoraire. — M. Alfred des Essarts a publié: une *Perle dans la mer (1841)*; le *Lord bohémien (1842)*; *Sous les ombrages (1845)*; les *Chants de jeunesse*, poésies (1846); l'*Univers illustré (1847)*; la *Comédie du monde*, roman en vers (1851); les *Hommes de la guerre d'Orient (1855)*; *Galerie de neuf peintres célèbres (1858)*; *François de Médicis*, le *Tour du cadran*, *Lectures d'hiver (1859)*; la *Gerbe, récits historiques (1860)*; les *Deux veuves (1861)*; les *Célébrités françaises (1861)*; *Contes Pompadour (1862)*; les *Fêtes de nos pères (1862)*; *Valentin (1863)*; *Souffrir c'est vaincre*, le *Champ de roses (1864)*; *Marthe (1865)* *Roquefeuille (1868)*; les *Masques d'or*, l'*Enfant volé (1870)*; *Récits légendaires (1872)*; le *Roman des mères*, la *Gerbe d'or (1875)*. Il a fait jouer au Français: la *Ligue des amants*, en vers, et au Vaudeville la *Noix dorée*. — M. Alfred Des Essarts est chevalier de la Légion d'honneur depuis 1868.

DES ESSARTS, Emmanuel Adolphe Langlois, littérateur français, fils du précédent, né à Paris le 2 août 1839, fit ses études au lycée Napoléon (Henri IV) et fut élève de l'Ecole normale de 1858 à 1861. Nommé à sa sortie professeur de rhétorique au collège d'Avignon, il professa successivement la même classe aux lycées de Moulins, d'Orléans, de Nancy, de Nîmes. Il a été reçu docteur ès lettres de la Faculté de Paris en 1871, a occupé depuis la chaire de littérature française à la faculté des lettres de Dijon, et occupe aujourd'hui la même chaire à la faculté de Clermont-Ferrand.

M. Emmanuel Des Essarts, qui remporta, sur les bancs du collège, un prix de poésie offert par la Société des gens de lettres, a débuté dans la carrière d'écrivain par deux volumes de poésies: les *Parisiens (1862)* et les *Elévations (1864)*. Il a publié: les *Voyages de l'esprit*, recueil d'articles (1869); l'*Hercule grec*, étude mythologique (1871); *Origines de la poésie lyrique en France, au seizième siècle (1873)*; les *Prédécesseurs de Milton (1874)*; le *Génie de Châteaubriand (1876)*; *Poèmes de la Révolution (1879)*; etc. Il a collaboré aux *Sonnets et Eaux-fortes*, au *Parnasse contemporain* et à divers journaux et revues. Il a aussi fait précéder d'une « Introduction » le livre de son père intitulé: *Souffrir, c'est vaincre (1864)*. — M. Emmanuel des Essarts est chevalier de la Légion d'honneur.

DESGOFFE, Blaise Alexandre, peintre français né à Paris en 1830, élève de Flandrin et de M. Bouguereau. Il s'est voué spécialement, et avec grand succès, à la nature morte reproduite en miniature. Nous citerons seulement quelques ouvrages de M. B. Desgoffe: *Deux coupes d'agate orientale du XVIe et du XVIIe siècle (1857)*; *Aiguière en sardoine onyx du XVIe siècle et tapis turc (1859)*; *Fruits et bijoux (1864)*; *Statuette de marbre, verre gravé et fruits (1865)*; *Fruits, fleurs et bijoux (1867*, Exposition universelle); *Réchaud en vermeil (1869)*; *Gibier sur tapis de velours bleu (1870)*; *Casque de Henri IV (1872)*; *Porcelaines, Frise de bois sculpté (1874)*; *Thé dans une chambre d'artiste (1875)*; *Casque et bouclier de Charles IX (1877)*; *Vase en cristal de roche (1878)*; *Statuette de buis*, *Etrier de François Ier*, *Pommeau d'épée*, etc. (1883); *Raisins, pêches, prunes et bijoux*; *Majoliques, dahlias et étoffe brodée (1884)*; *Objets d'art ancien de la collection de sir Richard Wallace, à Londres*, etc. (1885); *Raisins, coupe en*

cristal de roche et vase de porcelaine de Sèvres, etc. (1886). — M. Blaise Desgoffe a obtenu une 3e médaille en 1857, une 2e médaille en 1863 et la croix de la Légion d'honneur en 1878.

DESJARDINS, Abel, professeur et historien français, né à Paris en 1814. Élève de l'École normale supérieure, il fut reçu agrégé d'histoire en 1843 et docteur ès lettres l'année suivante. Nommé professeur d'histoire à la faculté des lettres de Dijon en 1847, il fut transféré à celle de Caen en 1856, et en 1857 à celle de Douai, dont il est devenu doyen. M. Abel Desjardins a été élu correspondant de l'Institut (Académie des inscriptions et belles-lettres) en 1878. — On lui doit : l'*Empereur Julien*, thèse de doctorat (1844); *Étude sur saint Bernard (1849)*; une *Vie de Jeanne d'Arc (1854)*; l'*Esclavage dans l'antiquité (1857)*; *Papiers relatifs aux rapports diplomatiques de la France et de la Toscane aux XVe et XVIe siècles*, recueillis par l'auteur dans deux missions officielles en Italie, en 1852 et 1855, et publiés dans les « Documents inédits pour servir à l'Histoire de France » (1859); *Charles IX, deux années de règne, 1570-1572 (1874)*; une *Congrégation générale des cardinaux en 1595 (1875)*, etc. — M. Abel Desjardins a été promu officier de la Légion d'honneur le 27 août 1867.

DESJARDINS, Ernest, historien et archéologue français, frère du précédent, né le 30 septembre 1823 à Noisy-sur-Oise (Seine-et-Oise). Successivement professeur à Angers, à Dijon, à Alençon, à Paris (lycée Bonaparte), puis maître de conférence de géographie à l'École normale, M. Ernest Desjardins fut chargé de plusieurs missions en Italie et en Égypte, devint membre de la Société de géographie et fut élu en 1875 membre de l'Académie des inscriptions et belles-lettres en remplacement de d'Avezac-Macaya. Il fit partie, comme secrétaire, de la Commission de publication des œuvres et de la correspondance du comte Borghesi, savant italien mort en 1860. — On a de M. E. Desjardins : un *Atlas de géographie ancienne de l'Italie (1852)*; *De Tabulis alimentariis* et *Sur la topographie du Latium*, ses thèses de doctorat (1854); *Voyage d'Horace à Brindes (1855)*; *Parme, ses antiquités, le Corrège, etc. (1856)*; le *Pérou avant la conquête espagnole (1858)*; le *Grand Corneille historien (1861)*; *Notice sur le musée Napoléon III*, *Du patriotisme dans les arts (1862)*; *Aperçu historique sur les embouchures du Rhône*, récompensé par l'Institut; les *Juifs de Moldavie (1867)*; la *Table de Peutinger*, d'après l'original conservé à Vienne (1869-78); *Géographie historique et administrative de la Gaule (1870-85*, 3 vol.*)*; *Musei nationalis hungarici (1873)*; *Notices sur les monuments épigraphiques de Bavay et du musée de Douai (1874)*; *Desiderata du Corpus inscriptionum latinorum de l'Académie de Berlin (1874-77)*; et une foule de mémoires dans le *Recueil des comptes rendus de l'Académie des inscriptions*, créé par lui en 1857. — M. Ernest Desjardins a été élu membre de la Commission des inscriptions et médailles de l'académie dont il fait partie, le 20 novembre 1885, en remplacement de feu Egger. Il est chevalier de la Légion d'honneur.

DESLANDES, Raymond, auteur dramatique français, né à Yvetot le 12 juillet 1825. Sa famille le destinant au barreau, il vint à Paris, après avoir terminé ses études au collège de Rouen, sous prétexte de faire son droit; il y débuta bientôt dans la petite presse, mais ses goûts le portaient surtout vers la littérature dramatique et il ne tarda pas à trouver bientôt l'occasion de les satisfaire. Il commença à donner, seul ou en collaboration avec MM. Armand Durantin, Clairville, Decourcelle, Delacour, Labiche, Cormon, Pol Mercier, Louis Lurine, J. Petit, Montjoie, Moreau, E. Grangé, et plus récemment MM. Busnach, Gondinet, etc., une série de pièces, vaudevilles, comédies ou drames qui, aujourd'hui, s'élèvent à un chiffre des plus respectables. Nous citerons : *Un et un font un (1848)*; les *Trois Racan (1849)*; la *Terre promise (1850)*; le *Méridien (1852)*; *On dira des bêtises (1853)*; le *Château des Tilleuls*, *D'une fenêtre à l'autre*, *Eva (1854)*; la *Femme d'un grand homme (1855)*; l'*Amant aux bouquets*, *Madame Bijou*, le *Camp des révoltées*, la *Boîte d'argent (1856)*; les *Comédiennes (1857)*; le *Dompteur de femmes (1859)*; une *Chasse à Saint-Germain (1860)*; *Colombe et Pinson*, les *Domestiques (1861)*; le *Marquis Harpagon (1862)*; la *Dernière grisette (1863)*; un *Mari qui lance sa femme (1864)*; les *Sabots d'Aurore*, un *Gendre (1866)*; le *Porte-cigare*, *J. Rosier, 34, rue Mogador (1871)*; le *Train des cocottes (1872)*; une *Fille d'Eve*, *Gilberte (1874)*; le *Comte Kostia*, la *Filleule du roi*, opérette (1875); *Antoinette Rigaud*, comédie en 3 actes, au Français (1883), etc. — M. Raymond Deslandes est directeur du théâtre du Vaudeville. Il est chevalier de la Légion d'honneur depuis 1866.

DESMONS, Frédéric, homme politique français, pasteur de l'Église réformée, est né à Brignon (Gard) le 14 octobre 1832. Élève de la faculté de théologie de Strasbourg, il y obtint le grade de docteur en 1856, et devint pasteur à Saint-Génies et président du consistoire de Saint-Chaptes. M. Desmons est en outre membre du conseil du Grand Orient de France. Une élection complémentaire à la Chambre des députés s'étant produite en mars 1878 dans la 1re circonscription d'Alais, M. Desmons s'y présenta, mais se désista au second tour en faveur d'un autre candidat républicain, M. Favond, qui avait réuni un plus grand nombre de voix. Celui-ci étant mort, M. Desmons fut élu à sa place le 19 juin 1881 et réélu aux élections générales du 21 août suivant. Il prit place à l'extrême gauche, et fut élu député du Gard au scrutin du 18 octobre 1885. M. Desmons a voté l'expulsion totale des princes. — On lui doit un *Essai historique sur le Mormonisme*, sa thèse de doctorat (1856); une *Réponse à la Lettre de l'évêque de Nîmes aux protestants du Gard (1859)* et quelques autres brochures de circonstance.

DESNOIRETERRES Gustave Le Brisoys, littérateur français, né à Bayeux (Calvados) le 20 juin 1817, fit ses études au collège de sa ville natale, et vint ensuite à Paris. En 1839, il publiait, dans le *Journal général de France*, un roman : la *Pensionnaire et l'artiste*. Deux ans plus tard, il fondait la *Province à Paris*, revue mensuelle, qui dura peu; puis il collabora à la *Revue de Paris*, à la *Revue française*, à l'*Époque*, à la *Semaine*, au *Globe*, au *Commerce*, à la *Mode*, etc. — Il a publié à part : la *Chambre noire (1843)*; *Jarnowick (1844)*; *Entre deux amours*, *Mademoiselle Zacharie (1845)*, romans; une *Étude sur Balzac (1851)*; une édition annotée du *Tableau de Paris*, de Mercier et un autre roman : un *Amour en diligence (1853)*; les *Talons rouges*, esquisses contemporaines (1854). A partir de cette époque, M. Desnoireterres s'est à peu près exclusivement borné à des études historiques ayant le dix-huitième siècle pour objet et dont la plupart furent d'abord insérées, au moins en partie, dans quelque revue, comme les *Intérieurs de Voltaire*, dans la *Revue de Paris (1855)*; les *Originaux*, dans la *Revue française (1855-58)*, etc. Citons : la *Jeunesse de Voltaire (1867)*; *Voltaire à Cirey (1868)*: *Voltaire à la cour (1869)*; *Voltaire et Frédéric (1870)*; la *Musique française au dix-huitième siècle (1872)*; *Voltaire aux Délices (1873)*, série d'ouvrages réunis sous le titre général de *Voltaire et la société française au dix-huitième siècle*, que l'Académie française a récompensée par le prix Bordin, le 1er juin 1875 et à laquelle l'auteur a donné pour complément : *Iconographie voltairienne (1878*, in-4°, pl.). On doit encore à cet écrivain : les *Cours galantes (1859-64*, 4 vol.); *Grimod de la Reynière et son groupe (1877)*; *Epicuriens et lettrés (1879)*; la *Comédie satirique au dix-huitième siècle (1885)*, et une comédie en 1 acte, jouée au Vaudeville en 1861 : *Monsieur Prosper*. — M. Gustave Desnoireterres est chevalier de la Légion d'honneur depuis 1869.

DESPREZ, Julien Florian Félix, prélat français, cardinal, né à Ostricourt, village de l'arrondissement de Lille le 14 avril 1807. Devenu curé de Notre-Dame de Roubaix, M. Desprez fut nommé évêque de Saint-Denis de la Réunion par décret du 12 juillet 1850, transféré à l'évêché de Limoges le 19 mars 1857 et promu à l'archevêché de Toulouse le 30 juillet 1859, préconisé en cette qualité le 26 septembre suivant. Créé cardinal le 12 mai 1879, il recevait la barette des mains de M. Grévy, président de la République. M. le cardinal Desprez est officier de la Légion d'honneur depuis 1865. — Il a publié un assez grand nombre de *mandements* et *d'instructions pastorales*.

DESROUSSEAUX, Alexandre Joachim, chansonnier français, né à Lille le 1er juin 1820. Il se rendit, dès l'âge de seize ans, populaire dans son pays, et bientôt après dans tout le Nord, par des chansons en patois lillois, dont il composait la musique aussi bien que les paroles et qui, d'abord chantées par lui à ses camarades d'atelier, car il était ouvrier, se répandirent rapidement, furent publiées dans divers recueils, notamment dans le recueil de la société chansonnière « les fils de Béranger », dont il faisait naturellement partie, et enfin à part, avec un véritable succès. Tombé au sort en 1840, il servit jusqu'en 1847 dans un régiment de ligne, où il fut chargé d'un cours de *solfège*. Revenu avec son congé, il devint employé, puis chef de bureau à la mairie de Lille. Encouragé par le succès de ses premières chansons, il employa ses loisirs à en écrire de nouvelles, qu'il interpréta lui-même, le plus souvent dans les concerts de bienfaisance que donnaient les principales villes du Nord, avec un très grand succès. Outre ses propres chansons, il a également composé la musique d'un certain nombre d'autres, notamment celle du recueil de M. C. Faucompret, intitulé : *Sous les saules*, album de cinquante mélodies, publié en 1854. Ses propres chansons ont été publiées sous le titre général de *Chansons et pasquilles lilloises* et forment aujourd'hui cinq volumes (1851-55-57-65-74). Il a également publié, de 1859 à 1861, des almanachs intitulés : *Mes étrennes*. M. Desrousseaux a reçu divers témoignages de reconnaissance, notamment une cafetière d'argent offerte par les habitants de Séclin (Nord), qu'il avait régalés à une certaine occasion de sa chanson sur le *Café*; il a reçu aussi, en 1861, une médaille d'or de la Société des sciences de Lille. Il est membre de plusieurs sociétés littéraires et artistiques et correspondant de la Société liégeoise de littérature wallone.

DESTREMX DE SAINT-CHRISTOL, Léonce, agronome et homme politique français, né à Alais le 5 décembre 1820, est arrière-petit-fils de Jacques Destremx, conseiller-secrétaire du roi près le parlement de Metz qui, devenu propriétaire de la terre seigneuriale de Saint-Christol, Montmoirac et Montèzes, se consacra à l'agriculture, comme devaient le faire après lui ses descendants, y compris celui qui fait l'objet de cette notice et qui ne compte plus les distinctions de tout genre obtenues dans les concours régionaux de la France entière. M. Destremx de Saint-Christol a fait en outre les plus louables efforts pour le développement de l'instruction élémentaire et de l'instruction agricole dans son département, créé des cours d'adulte, fondé des salles d'asile, etc. Membre du Conseil général de l'Ardèche pour le canton de Joyeuse depuis 1864, maire de Lablachère, il posait sa candidature aux élections générales de 1869 contre la candidature officielle, mais sans succès. Il fut élu représentant de l'Ardèche à l'Assemblée nationale, le 8 février 1871, comme candidat du comité national républicain, et se fit inscrire au centre gauche et à la gauche républicaine. Porté sur la liste républicaine, avec le comte Rampon, aux élections sénatoriales du 30 janvier 1876, il échoua contre M. Tailhand, ancien ministre de la Justice. — M. L. Destremx se présenta, le 20 février suivant, dans la 2e circonscription de Largentière, et fut élu député au premier tour. Mais aux élections d'octobre 1885, faites au scrutin de liste, M. Destremx, porté sur la liste radicale de l'Ardèche, échoua. — On doit à M. Léonce Destremx, outre sa collaboration à divers journaux ou recueils périodiques, principalement sur des questions d'économie agricole : *Légendes et Chroniques du Languedoc (1857)*; *Essai d'économie rurale et d'agriculture pratique (1861)*; *Agriculture méridionale : le Gard et l'Ardèche (1866)*; le *Chemin de fer d'Alais au Pouzin*, trois brochures (1868-70), etc. Il est membre de l'Académie du Gard, président de la Société littéraire et scientifique d'Alais, dont il est fondateur, membre correspondant de la Société nationale et centrale d'agriculture de France, de l'Académie royale de Turin, etc.

DETHOU, Alexandre René, homme politique français, né à Bléneau (Yonne) le 18 avril 1819. Riche propriétaire, connu depuis dix ans par ses opinions républicaines, il fut compromis dans le courageux soulèvement des départements de la Nièvre et de l'Yonne contre le coup d'État du 2 décembre 1851, et vécut exilé en conséquence jusqu'en 1859. Profitant de l'amnistie, M. Dethou rentra en France, mais ne s'occupa point de politique militante jusqu'aux élections de février 1871, auxquelles il obtint dans son département une minorité de plus de 12,500 voix. Élu le 20 février 1876 dans l'arrondissement de Joigny, il s'inscrivit au groupe de la gauche républicaine, et fut réélu par le même collège le 14 octobre 1877 et le 21 août 1881. Aux élections d'octobre 1885, M. Dethou a été élu, au scrutin du 18, député de l'Yonne. Il a voté l'expulsion totale des princes.

DÉTROYAT, Pierre Léonce, ancien officier de marine, journaliste et auteur dramatique français, né à Bayonne le 7 septembre 1829. Après avoir terminé à Lorient ses études classiques, il entra à l'École navale en 1845, fut embarqué comme aspirant en 1847, et fit partie, sous les ordres de l'amiral Page, d'une campagne dans la mer des Indes. Promu enseigne de vaisseau en 1852, il fit en cette qualité la campagne de Crimée, puis celle de Chine, y fut blessé (21 décembre 1859), mis à l'ordre du jour, et décoré de la Légion d'honneur en récompense de sa belle conduite dans cette affaire. Promu lieutenant de vaisseau en 1860, il prit part à l'expédition du Mexique dans les états-majors des généraux Berthier, F. Douay et Bazaine, et fut promu officier de la Légion d'honneur en 1864. Peu après, il devint sous-secrétaire d'État au département de la marine de l'empire mexicain et chef du cabinet militaire de Maximilien. Ce fut lui qui accompagna l'impératrice Charlotte à son fatal voyage en Europe. Son appréciation de la situation au Mexique, et particulièrement de l'attitude de Bazaine, lui fit interdire le retour dans ce pays. Il épousa, en 1866, Mlle Hélène Garre, nièce d'Émile de Girardin et, après avoir obtenu un congé de non-activité (1867), entra à la rédaction de la *Liberté* où, sous le pseudonyme de L. du Bourneuf, il traita principalement les questions militaires et de finance et la question espagnole. En 1869, il achetait ce journal, qui se rapprocha davantage du gouvernement sous sa direction, et dont il fit, en 1870, un agent de propagande plébiscitaire. Il le transporta à Bordeaux à la veille de l'investissement de Paris. Au mois de décembre 1870, il fut nommé général au titre auxiliaire et appelé au commandement du camp de la Rochelle. Aux élections du 8 février 1871, M. Détroyat, partisan de la résistance, posait sa candidature à l'Assemblée nationale dans le département d'Indre-et-Loire ; mais sa circulaire n'étant pas du goût de l'autorité allemande, qui voulait peut-être plus énergiquement la paix que les plus pacifiques d'entre nous, força, par un commencement de poursuites, M. Détroyat à abandonner la partie. Ayant alors fait liquider sa pension de retraite d'officier de marine, il reprit la direction de son journal, momentanément confiée à Grégory Ganesco. Au mois de mai 1876, M. Léonce Détroyat quittait la *Liberté* et fondait, quelques semaines plus tard, le *Bon Sens* ; enfin, le 5 juillet, il prenait la suite des affaires de l'*Estafette*, fondée par Villemessant au commencement de mai, et devenait en conséquence directeur politique d'un journal ayant pour titre : l'*Estafette*, pour sous-titre *Estafette et Bon Sens* réunis, et qui n'était autre que l'ancienne *Liberté*, sans que la nouvelle eût changé d'une manière bien sensible. Après avoir soutenu la politique du gouvernement du 16 mai (1877), M. Détroyat échouait aux élections du 14 octobre suivant, dans la circonscription de Neuilly, et conseillait en conséquence au maréchal Mac-Mahon *de se soumettre au verdict populaire*. Quelque temps après, il quittait l'*Estafette* et le *Bon Sens* réunis, et enfin devenait acquéreur, en 1885, du *Constitutionnel*, auquel il donnait une allure plus libérale, sans être absolument républicaine.

M. Léonce Détroyat a publié à part : la *Cour de Rome et l'empereur Maximilien (1868)*; l'*Intervention française au Mexique* (même année) ; le *Recrutement, l'organisation et l'instruction de l'armée française (1870)*, ouvrages composés en partie d'extraits du journal la *Liberté*. Il a également fait représenter au Vaudeville, en 1870, une comédie en un acte : *Entre l'enclume et le marteau*; et plus tard : *Henri VIII*, opéra en 4 actes, avec M. Armand Silvestre, musique de M. C. Saint Saëns, à l'Opéra (1883) ; *Aben Hamet*, opéra en 4 actes, avec M. de Lauzière-Thémines, musique de M. Th. Dubois, au Théâtre-Italien et *Pedro de Zulamea*, opéra en 4 actes, avec M. Armand Silvestre, musique de M. B. Godard, au Théâtre d'Anvers (1884). Décoré de l'ordre de Saint-Ferdinand d'Espagne en 1859, M. Détroyat, directeur politique de l'organe du parti alphonsiste en France, et qui assistait à Madrid à l'entrée triomphale du jeune roi Alphonse XII (janvier 1875), a reçu depuis les insignes les plus élevés des ordres espagnols, outre la rosette d'officier de la Légion d'honneur (11 février 1864).

DEVADE, Guillaume Amédée, homme politique français, médecin, né le 11 janvier 1818 à Saint-Martin-de-Vers. Après avoir obtenu son diplôme de docteur en médecine de la faculté de Paris, il s'établit à Gien, et devint médecin en chef de l'hôpital de cette ville en

1847. Très populaire déjà comme médecin, il le devint davantage par l'expression de ses sentiments républicains, à partir de 1848; de sorte que le gouvernement du 2 décembre, ne voyant pas de raisons suffisantes pour le proscrire, le révoqua, du moins, de ses fonctions de médecin en chef de l'hôpital de Gien. Conseiller municipal de cette ville depuis 1860. Ayant mérité la croix de la Légion d'honneur pour ses services dans les ambulances de l'armée de la Loire en 1870-71, M. le docteur Devade fut élu député de l'arrondissement de Gien, avec une majorité des deux tiers, le 20 février 1876, et s'inscrivit à la gauche républicaine. Réélu le 14 octobre 1877 et le 21 août 1881, M. Devade a été élu député du Loiret le 14 octobre 1885. Il a voté l'expulsion des princes.

DEVELLE, Louis Charles Edmond, homme politique français, né à Bar-le-Duc le 6 avril 1831. Avoué à Bar-le-Duc, conseiller général de la Meuse, il fut élu député de l'arrondissement de Bar-le-Duc le 6 avril 1879, en remplacement de M. Grandpierre, démissionnaire, et s'inscrivit au groupe de la gauche républicaine. Réélu par le même collège le 21 août 1881, sans concurrent, M. Develle était élu sénateur de la Meuse le 25 janvier 1885, en remplacement de M. Vivenot, décédé. Il a voté l'expulsion des princes.

DEVELLE, Paul Jules, homme politique français, frère du précédent, né à Bar-le-Duc le 12 avril 1845. Il fit son droit à Paris et s'inscrivit au barreau de cette ville en 1865. A la rentrée de la conférence des avocats stagiaires, en 1869, M. Jules Develle prononça le discours d'usage, dont le sujet était l'éloge de Berryer. Ancien secrétaire de M. Jules Grévy, il fut appelé en 1872 à la sous-préfecture de Louviers, d'où il passa à la préfecture de l'Aude en 1876. Révoqué par le gouvernement du 16 mai, M. J. Develle mit à profit les bons souvenirs qu'il avait eu le temps de laisser dans l'arrondissement de Louviers, où il accepta la candidature républicaine aux élections du 14 octobre 1877. Il fut élu contre M. Raoul Duval, député bonapartiste sortant, et prit place sur les bancs de la gauche républicaine. Nommé sous-secrétaire d'État à l'intérieur le 13 février 1879, il quittait ses fonctions le 4 mars suivant, en même temps que son chef, M. de Marcère. M. Jules Develle fut réélu député de l'arrondissement de Louviers le 21 août 1881; mais aux élections d'octobre 1885, faites au scrutin de liste, le département de l'Eure ne lui offrant pas une garantie de succès suffisante, il préféra poser sa candidature dans son département natal, et fut élu en effet député de la Meuse, sur la liste républicaine, au scrutin du 18. M. Jules Develle a été appelé au ministère de l'agriculture, dans le cabinet présidé par M. de Freycinet, le 7 janvier 1886.

DE VERE, Aubrey Thomas, poète et publiciste irlandais, né à Curragh Chase, dans le comté de Limerick, en 1814, fit ses études au collège de la Trinité, à Dublin. Il a publié, en fait de poésies: les *Waldenses, ou la chute de Rora, histoire lyrique (1842); A la recherche de Proserpine, Souvenirs de la Grèce et autres poèmes (1843); Poésies diverses et sacrées (1856); Chansons du printemps* (May Carols, 1857 et 1881); les *Sœurs et autres poèmes (1861)*; la *Noce de l'Infant* etc. (1864); *Odes irlandaises (1869); Légendes de saint Patrick (1872); Alexandre le Grand*, poème dramatique (1874): *Saint Thomas de Canterbury*, poème dramatique (1876); *Légendes des saints saxons (1879); Légendes des temps héroïques de l'Irlande (1882)*. Nous citerons parmi ses ouvrages en prose: *Tyrannie anglaise et crimes irlandais* (English misrule and Irish misdeeds (1848); *Esquisses pittoresques de la Grèce et de la Turquie (1850, 2 vol.)*; l'*Etablissement de l'Eglise d'Irlande, ou Hibernia Pacanda (1866); Propriété de l'Eglise d'Irlande et son légitime usage (1867); Plaidoyer en faveur de la sécularisation (1867); Action politique constitutionnelle et inconstitutionnelle (1881)*, etc. — Il a en outre rédigé, en 1878, sous le titre *Proteus and Amadeus*, une correspondance religieuse et philosophique.

DEVÈS, Pierre Paul, homme politique français, né à Aurillac le 3 novembre 1837. Avocat du barreau de Béziers, il fut nommé, après le 4 septembre 1870, procureur de la République au parquet de cette ville, fonctions qu'il ne conserva pas longtemps. Elu le 20 février 1876 député de la 2ᵉ circonscription de Béziers, M. Devès siégea à gauche, et fut réélu le 14 octobre 1877. Il devint président de la gauche républicaine et membre de la commission du budget pendant toute la durée de cette législature. Réélu en 1881, au scrutin du 4 septembre, par le même collège, M. Devès entra dans le cabinet formé par Gambetta le 14 novembre suivant, avec le portefeuille de l'agriculture. Le 18 décembre, il se faisait réélire, ayant abandonné Béziers, député de Bagnères-de-Bigorre, en remplacement de M. Constans, élu à la fois dans cet arrondissement et à Toulouse et qui avait opté pour ce dernier. Le 26 janvier suivant, il quittait le ministère avec tous ses collègues. M. Devès accepta ensuite le portefeuille de la justice dans le cabinet Duclerc (7 août 1882) et le conserva dans le cabinet suivant, présidé par M. Fallières (29 janvier 1883), simple remaniement du précédent nécessité par la démission de MM. Duclerc, président du conseil, le général Billot et l'amiral Jauréguiberry, ministres de la guerre et de la marine, et qui faisait place à un cabinet Jules Ferry le 21 février 1883. Aux élections d'octobre 1885, M. Devès se portait sur la liste républicaine des Hautes-Pyrénées; mais ce fut la liste monarchique qui triompha dans ce département. Il faisait une nouvelle tentative aux élections complémentaires de la Seine du 13 décembre suivant, mais également sans résultat.

DHULEEP SINGH, (le maharadjah), fils du fameux **Runjeet Singh**, rajah du Punjaub, est né en 1838. Il était encore enfant quand son père mourut, et l'administration anglaise, témoin de l'état de démoralisation dans lequel se trouvait cette principauté, se l'annexa, par pure commisération pour le jeune maharajah, auquel échéait un si triste héritage. Cette annexion fut consentie toutefois, à de certaines conditions, à la condition, notamment, de servir au prince Dhuleep une pension annuelle de quatre lacs de roupies (un million de francs). Ce prince, qui avait vendu, ou plus exactement, dont on avait ainsi vendu la principauté, parait s'être facilement habitué à sa nouvelle condition: cependant, il crut sans doute prudent de se tenir éloigné de ses anciens sujets, car il établit sa résidence en Angleterre, se fit naturaliser et se convertit au christianisme. Sa mère, la princesse Rance, l'avait accompagné en Angleterre, où elle mourut en 1863; mais, en dépit de ses obsessions, elle était demeurée fidèle à la foi de ses ancêtres. Le Maharadjah a épousé, au consulat anglais d'Alexandrie d'Egypte, en 1864, une jeune dame anglaise. Il a acheté, près de Thetford, un riche domaine qu'il habite ordinairement.

DICEY, Edward, journaliste anglais, né à Claybrook Hall, comté de Leicester, en mai 1832; fit ses études au collège de la Trinité, à Cambridge, et prit le grade de bachelier ès arts en 1854. Il vint ensuite à Londres et collabora à la *Fortnightly Rewiew*, au *Saint-Paul's Magazine*, au *Macmillan's Magazine* et autres publications périodiques. Il fut attaché pendant assez longtemps au *Daily Telegraph*, dont il fut le correspondant spécial sur divers points du continent européen et en Orient. Il était justement en Orient lorsque la rédaction en chef du *Daily News* lui fut offerte; il accepta, mais il ne garda ce poste que trois mois (1870), au bout desquels il se retira, indiquant dans une lettre adressée au *Spectator* que c'était pour cause de divergence d'opinion entre le propriétaire du journal et lui, et aussi de dissentiment sur les conditions auxquelles il avait consenti à prendre le poste qu'il résignait. Aussitôt qu'il eut quitté le *Daily News*, la direction de l'*Observer* fut offerte à M. Dicey, qui l'a acceptée et conservée jusqu'ici. — Il a publié: *A Memoir of Cavour: Rome in 1860; the Schleswig-Holstein war (1864); The Battle-fields of 1866* (les Champs de bataille de 1866); *Un mois en Russie, à l'époque du mariage du czarewitch (1867)*; le *Pays du Levant* (the Morning Land, relation d'un tour de trois mois en Orient, 1870); *Victor Emmanuel*, dans la publication appelée le « Nouveau Plutarque », etc.

DICKINSON, Anna Elizabeth, oratrice et femme de lettres américaine, née à Philadelphie le 28 octobre 1842. Restée à deux ans orpheline et la plus jeune de cinq enfants, que la mort du chef de la famille laissait dans la détresse, elle fut instruite aux écoles gratuites de la Société des Amis, à laquelle appartenait sa famille. A l'âge de quatorze ans, elle écrivit un « essai » qui fut publié dans un journal anti-esclavagiste: *The Liberator*, dirigé par William-Lloyd Garrison. Elle quitta l'école à dix-sept ans, fut institutrice pendant deux années et fit son premier discours public dans une réunion de quakers tenue à Philadelphie en janvier 1860, sur ce sujet: les *Droits et les torts de la femme* (Woman's Rights and Wrongs). A dater de ce moment, elle prit fréquemment la parole dans ces sortes de réunions, soit en faveur de la tempérance, soit contre l'esclavage. Elle obtenait pendant ce temps une place à la Monnaie des États-Unis, à Philadelphie, mais elle la perdit pour s'être exprimée d'une manière trop libre sur la bataille de Ball's Bluff, qui fut l'un des premiers engagements de la guerre de Sécession. Dès lors, elle se fit oratrice de profession, et prit la parole sur des questions de politique actuelle avec un véritable succès et une influence indéniable. Au commencement de 1863, le comité républicain du New Hampshire l'invita à prendre part aux discussions amenées par les élections présidentielles prochaines; elle fut de même engagée dans divers autres États, et le triomphe du parti républicain est bien dû, dans une certaine mesure, à miss Anna E. Dickinson. Elle n'a, toutefois, pas une méthode bien suivie, ni des vues politiques d'une netteté absolument limpide: elle combattit, en 1863, la réélection du président Lincoln et, en 1871, celle de Grant, assurément bien moins justifiée que la première. Miss Anna E. Dickinson a aussi publié, en 1868, un roman: *What answer?* (Que répondre?) et en 1879, *A Ragged Register of People, Places and Opinion*. — Vers 1875, elle voulut aborder le théâtre, à la fois comme autoresse et comme actrice; elle écrivit deux drames: *Marie Tudor (1876)* et *Anna Boleyn (1877)*, dans lesquels elle remplit les deux rôles principaux, non sans succès.

DIDE, Auguste, publiciste et homme politique français, né à Nîmes en 1840, vint faire son droit à Paris, et fonda au quartier latin, avec Gaston Crémieux, plus tard fusillé à Marseille pour donner satisfaction aux rancunes aveugles du grand parti de l'ordre, un journal littéraire qui dura peu, mais dans lequel ces jeunes gens, et particulièrement M. Dide, avaient eu le temps de donner la mesure de leurs aspirations républicaines. Signalé en conséquence, M. Dide fut arrêté et interné à Nîmes, puis alla à Nice, après l'attentat d'Orsini (14 janv. 1858). De cette dernière ville, encore italienne, M. Dide adressait au *National* de Bruxelles des correspondances qui émurent le gouvernement français, lequel demanda, par l'intermédiaire de notre ambassadeur en Italie, l'expulsion de ce correspondant mal avisé. Conduit avec tous les honneurs à la frontière suisse, M. Dide poursuivit sa route jusqu'à Genève, dont il fréquenta la faculté de théologie protestante, tout en correspondant avec les quelques journaux avancés qui paraissaient au quartier latin et, sous couleur de littérature et de philosophie, y professaient l'amour de la République et la liberté de penser; il publia aussi à cette époque un travail sur Paul-Louis Courier qui fut couronné par l'Académie de Genève. Il vint ensuite passer sa thèse à Strasbourg. Dans cette thèse, sur la *Conversion de saint Paul*, le miracle du chemin de Damas était nié, et par suite tous les miracles. L'audacieux récipiendaire fut toutefois reçu pasteur. Il revint alors à Paris, mais sans l'espoir d'exercer le saint ministère. Il y prit la direction d'un journal nouveau: le *Protestant libéral*; puis, en 1868, devint pasteur de l'Eglise libérale fondée par Athanase Coquerel. Dans le synode de 1872, dont il fit partie, il présenta un projet de résolution favorable à la séparation immédiate de l'Eglise et de l'État, mais le synode ne voulut pas le suivre jusque-là. M. Auguste Dide, qui s'est fait une réputation d'orateur en même temps que d'écrivain, a collaboré à la *Revue du protestantisme*, au *Lien*, au *Bien public*, à la *Nation*, au *XIXᵉ Siècle*, etc. et a publié à part quelques volumes composés d'extraits de ces journaux. — Au troisième renouvellement triennal du Sénat, M. le pasteur Dide se porta candidat dans le département du Gard. Il fut élu, et prit place à l'extrême gauche du Sénat. Il a voté contre l'expulsion des princes.

DIDIER, Henry Gabriel, homme politique français, né le 12 avril 1807 à Fresnes-en-Woëvre (Meuse). Il fit son droit à Paris et se fit recevoir licencié, tout en collaborant au *Bon sens*; puis il alla s'inscrire au barreau de Sedan, en 1834, et y fonda le *Nouvelliste des Ardennes*; il revint ensuite à Paris, s'inscrivit au barreau, et fut nommé juge-adjoint près le tribunal d'Alger en 1844, Devenu successivement procureur du roi à Philippeville, puis à Blidah, et enfin substitut du procureur général d'Alger en 1847, M. Didier fut élu représentant à l'Assemblée constituante (1848), puis à l'Assemblée législative (1849) par les électeurs d'Alger. Il siégea à gauche dans ces deux assemblées, et fit une vive opposition à la politique de l'Elysée; de sorte qu'après le coup d'État de décembre 1851, il ne lui resta qu'à reprendre sa place au barreau de Paris. Aux élections générales de 1869, M. H. Didier posa sa candidature à Paris, mais sans succès. Après le 4 septembre, 1870, il accepta de nouveau les fonctions de procureur de la République à Alger, qu'il résigna le 15 novembre 1871, pour revenir à Paris: il avait refusé les fonctions de gouverneur général civil de l'Algérie. Ayant échoué aux élections sénatoriales du 30 janvier 1876, dans la Meuse, il reprit sa place au barreau de Paris et fut nommé conseiller à la Cour de cassation en février 1879. — M. Henri Didier a été élu sénateur inamovible le 21 mai 1881, et a voté l'expulsion des princes. Il est conseiller honoraire à la Cour de cassation.

DIDIERJEAN, Marie Eugène, ingénieur français, né le 8 décembre 1835 à Azerailles (Meurthe). Sorti de l'Ecole centrale des arts et manufactures en 1857, avec le diplôme d'ingénieur, il entra, en qualité de chimiste, à la Compagnie des cristalleries de Baccarat, d'où il passa, au commencement de 1862, à celle des cristalleries de Saint-Louis, y devint la même année directeur de la fabrication, et administrateur-gérant de la compagnie en 1866. Parmi les progrès les plus importants que l'industrie de la cristallerie doit à M. Didierjean, nous citerons la production de verres opaques colorés au moyen de sels métalliques ou de sulfures et la fabrication du cristal à creusets découverts au moyen de la houille seule. Il et membre de la Société des ingénieurs civils, correspondant de la Société de secours des amis des sciences, et chevalier de la Légion d'honneur depuis 1867.

DIDON (le R. P.), prédicateur français, de l'ordre des dominicains, est né en 1842 à Grenoble. Entré chez les dominicains à l'âge de dix-huit ans, il y prononça ses vœux et fut envoyé à Rome, au collège de la Minerve, en 1862. De retour en France, il débuta dans la prédication à Saint Germain-des-Prés en 1868, avec succès. On cite particulièrement du P. Didon, son oraison funèbre de l'archevêque de Paris, M. Darboy, prononcée à Nancy en 1871 et son *Discours sur le patriotisme*, fait à Marseille l'année suivante. Il fut nommé, cette même année 1872, prieur des dominicains de la rue Saint-Jean-de-Beauvais, à Paris. Ses conférences sur l'*Homme selon la science et selon la foi*, à la chapelle des dominicains (1875); sur l'*Indissolubilité du mariage et le divorce*, à Saint-Philippe-du-Roule (1879); sur l'*Eglise devant la société moderne*, à la Trinité (1880), etc. ne furent pas toutes également bien accueillies par l'autorité diocésaine: celles sur le divorce furent suspendues par ordre de l'archevêque; celles sur l'Eglise et la société le firent appeler à Rome et condamner à passer plusieurs années dans un couvent corse; sans avoir pu obtenir une audience du pape, sur les sympathies duquel il croyait pouvoir compter, le P. Didon se résigna et se rendit en Corse au couvent de Corbara, où il a en effet résidé environ quatre ans. A la mort de Claude Bernard (février 1878), le P. Didon affirma, en dépit des affirmations contraires, avoir opéré la conversion *in extremis* de l'illustre savant. — Le P. Didon a publié plusieurs volumes de *Discours* et de *Conférences* et une brochure d'actualité: l'*Enseignement supérieur et les universités catholiques (1875)*. On a encore de lui un ouvrage intitulé: les *Allemands (1884)*.

DIDOT, Alfred Firmin, libraire, imprimeur et philologue français, fils d'Ambroise-Firmin Didot, de l'Institut, mort en février 1876 et neveu d'Hyacinthe Firmin Didot, mort en août 1880, est né à Paris en 1828. Principal représentant aujourd'hui de la célèbre famille d'imprimeurs et libraires Firmin Didot, établie à Paris en 1713, M. Alfred Didot, qui avait pris depuis longtemps déjà une part très active aux affaires de la maison en est devenu le chef. Nous ne donnerons pas la liste des belles et utiles publications qui ont rendu célèbre le nom de Firmin Didot; nous citerons seulement, entre autres auxquelles il a donné plus particulièrement ses soins, la *Chasse illustrée*, revue hebdomadaire illustrée de chasse et de sport en général, que M. Alfred Didot a fondée en 1867 et dont il a conservé la direction. Adonné spécialement à l'étude des langues anciennes, M. Alfred Didot a donné plusieurs traductions, notamment une traduction des *Fragments inédits de Nicolas de Damas*, récemment découverts (1852), insérés dans le tome III des

« Fragments des historiens grecs » faisant partie de la *Bibliothèque grecque* publiée par la maison. — M. Alfred Didot est chevalier de la Légion d'honneur.

DIETZ-MONNIN, Charles Dietz, industriel français, né à Barr (Bas-Rhin) le 13 septembre 1826, d'une famille vouée depuis longtemps à l'industrie cotonnière (filature et teinture), fit ses études aux collèges de Strasbourg et de Nancy, et entra à son tour dans la carrière industrielle. En 1853, il épousait Mlle Monnin-Japy et entrait dans la maison Japy frères et Cie, propriétaires d'établissements considérables d'horlogerie, quincaillerie, etc., dans le Haut-Rhin, et dont il devint associé en 1863. Il fut nommé vice-président de la Chambre syndicale de la quincaillerie, en 1866, et président en 1869, puis directeur du Comptoir des quincailleries de l'Est, à Paris et enfin juge-suppléant au tribunal de commerce de la Seine, la même année. Pendant le siège de Paris, M. Dietz-Monnin fut chargé, par la mairie du Xe arrondissement, de l'organisation de la cantine municipale de la Porte Saint-Martin, qu'il dirigea jusqu'à la fin de mars 1871. Elu représentant de la Seine. aux élections complémentaires du 2 juillet 1871, il siégea au centre gauche. Il échoua aux élections de février-mars 1876, dans le IIIe arrondissement, contre M. Spuller. Il a représenté le quartier des Bassins (XVe arrondissement) au Conseil municipal de Paris, et a été élu sénateur inamovible en 1885. Il a voté l'expulsion des princes. — M. Dietz-Monnin a été, à l'Exposition universelle de 1867, secrétaire de la classe 94, délégué de la classe 40 et adjoint au jury de la classe 85 ; à Philadelphie, en 1876, il a fait partie de la section française du jury international, pour le 2e département (produits manufacturés) ; enfin il était directeur de la section française à l'Exposition universelle de 1878. — Nommé chevalier de la Légion d'honneur le 10 avril 1877, M. Dietz-Monnin a été promu officier à la suite de l'Exposition universelle de 1878 et commandeur le 11 août 1883, comme président du tribunal de commerce de Paris. Il est en outre décoré de l'ordre de Saint-Stanislas de Russie (2e classe) de l'ordre de la couronne de fer d'Autriche (2e classe), commandeur de l'ordre royal de Wasa de Suède, de l'ordre du Christ de Portugal, etc.

DILKE, sir Charles Wentworth, baronnet, publiciste et homme politique anglais, né à Chelsea (Londres) le 4 septembre 1843, fit ses études à Cambridge (Trinity Hall) et se fit admettre au barreau, à Middle Temple, en 1866 Peu après son admission, il s'embarqua pour le Canada et les Etats-Unis, où il voyagea seul pendant plusieurs mois ; mais ayant rencontré, au mois d'août, Hepworth-Dixon à Saint-Louis, il traversa avec lui les Grandes Plaines et visita les cités mormones. Les deux voyageurs se séparèrent à Salt-Lake City. Dixon retournant en Angleterre, où bientôt il publiait et dédiait à sir Charles Dilke sa *New America*. Ce dernier poursuivit son excursion, traversa la Nevada et la Californie et, après un séjour assez prolongé à San Francisco, s'embarqua pour Panama, d'où il se rendit ensuite à la Nouvelle-Zélande, visita la Tasmanie, l'Australie, étudiant la politique de ces colonies et leurs espérances commerciales, fondées sur un présent plein de promesses. Il passa ensuite de l'Australie occidentale à Madras, visitant Ceylan en passant, puis Calcutta, d'où il atteignit Lahore, traversant toute l'Inde supérieure, et retourna en Angleterre par l'Indus, Kurrachee, Bombay, et l'Egypte, accomplissant ainsi le tour du globe. Il publia à son retour : *Greater Britain, a record of travel in english-speaking Countries, during 1866-67* (la *Très grande Bretagne, Journal de voyage dans les pays de langue anglaise pendant les années 1866-67*, 2 vol., 1868), ouvrage dans lequel l'auteur traite avec un véritable talent le sujet nouveau, ainsi traité, de l'influence de la race sur le régime politique et du climat sur la race, et qui eut un succès considérable. Ce succès ne fut pas lui-même sans influence sur l'élection de l'auteur, cette même année 1868, à la Chambre des communes, comme candidat radical, par le nouveau bourg de Chelsea, avec une majorité des deux tiers au moins. M. Dilke n'avait tout juste que vingt-cinq ans, et l'on fit à ce propos la remarque que jamais un collège électoral métropolitain n'avait auparavant choisi un représentant aussi jeune. Il s'occupa surtout, au parlement, des questions relatives aux Indes, aux colonies et à la politique étrangère. En 1871, il fut accusé de nourrir des préférences coupables pour la forme républicaine. Sir Charles Dilke n'hésita pas le moins du monde à repondre qu'en effet, il jugeait la forme républicaine bien préférable à la forme monarchique constitutionnelle. En conséquence, sa candidature à Chelsea fut combattue avec la dernière violence, aux élections de février 1874 ; mais il triompha malgré cela, et se vengea de l'opposition qu'on lui avait faite par une brochure satirique anonyme, dont on chercha longtemps l'auteur, laquelle, intitulée la *Chute du prince Florestan de Monaco* (the Fall of prince Florestan of Monaco), eut trois éditions successives et les honneurs de la traduction en français. Sir Charles Dilke a succédé à son père et à son grand-père dans la propriété de l'*Athenæum*, revue critique jouissant d'une grande estime et qui a eu pour correspondant parisien Edmond About, succédant à Philarète Chasles. Sir Charles Dilke, à l'exemple de son grand-père, s'est réservé la rédaction en chef de ce recueil. Il a en outre la propriété des *Notes and Queries*, et est le copropriétaire principal du *Gardener's Chronicle* et de l'*Agricultural Gazette*, publications bien connues par leur situation prospère. — Il a publié en 1875 les œuvres de son grand-père, précédées d'une notice sur sa vie, sous ce titre : *Papers of a Critic*. La même année, il entreprenait un nouveau tour du monde et envoya de la Chine et du Japon des correspondances à ses publications périodiques.

Comme député, sir Ch. Dilke s'est surtout occupé des écoles, a demandé la franchise municipale pour les femmes à défaut de la jouissance des droits de citoyen ; il a obtenu en 1878 l'extension de la durée du scrutin pour les élections parlementaires, ce qu'on a appelé par la suite la loi Dilke (Dilke's Act). A la formation du ministère Gladstone en mai 1880, sir Charles Dilke fut nommé sous-secrétaire d'Etat aux affaires étrangères, et en décembre 1882, président de la direction du gouvernement local avec siège au cabinet, poste où il a été remplacé par M. Chamberlain dans le cabinet libéral du 4 février 1886. C'est que dès lors, sir Charles Dilke était sous le coup d'un procès scandaleux en adultère, intenté sur la dénonciation de sa prétendue complice elle-même, dans une intention trop claire pour qu'il soit besoin d'y insister. Avec une habileté qu'il faut reconnaître, le procès Crawford-Dilke fut de nouveau évoqué devant la cour « dans l'intérêt de la loi », au moment de la crise provoquée par la discussion du projet de M. Gladstone relatif au *home rule* de l'Irlande, et qui se dénoua par la dissolution du parlement, suivie de nouvelles élections et d'un changement de ministère. Sir Charles Dilke, qui n'était pas directement en cause cette fois, au procès qui n'a pas cessé de porter son nom pour étiquette, et qui, par suite, dut se laisser insulter par l'avocat de la partie adverse, M. H. Mathews, sans pouvoir lui répondre, se présenta dans ces conditions à ses électeurs de Chelsea ; pour le coup, le candidat radical si énergiquement combattu, mais en pure perte, dans les élections précédentes, succomba avec une minorité de 176 voix (juillet 1886). Voilà une « manœuvre électorale » qui aura du moins réussi, quoiqu'il n'y ait pas lieu de s'en vanter. Mais ce n'est pas tout : l'avocat H. Mathews, qui a joué dans cette affaire un si beau rôle et avec un si grand succès, en a été récompensé par le portefeuille de l'intérieur dans le ministère conservateur du 2 août 1886.

DILLMANN, Christian Friedrich August, orientaliste allemand, né le 25 avril 1823 à Illingen, district de Maulbronn (Würtemberg) ; fit ses études au gymnase de Stuttgart et au séminaire de Schœnthal. De 1840 à 1844, il étudia spécialement la philosophie, la philologie orientale et la théologie à l'université et au séminaire de Tübingen. Ayant passé ses premiers examens officiels de théologie dans l'automne de 1844, il consacra une nouvelle année à l'étude des langues orientales. En 1845, il devint vicaire de paroisse à Tersheim, en Würtemberg. Reçu maître ès arts et docteur en philosophie de l'université de Tübingen, en mai 1846, M. Dillmann entreprit un voyage d'exploration qui dura de 1846 à 1848, à travers les bibliothèques de Paris, de Londres et d'Oxford, où il reçut des administrations de ces établissements la proposition de dresser les catalogues de leurs manuscrits Æthiopiens. A son retour en Würtemberg, en avril 1848, il devint répétiteur au séminaire de Tübingen ; en même temps il occupait la chaire d'exégèse de l'Ancien Testament à l'université, et continuait de l'occuper pendant les quatre années que l'absence d'Ewald la laissa vacante. Nommé professeur à la faculté de théologie de Tübingen en 1852, il était appelé en 1854, comme professeur extraordinaire de langues orientales, à l'université de Kiel, dans le Holstein, alors province danoise, et devenait professeur ordinaire à la même université le 2 décembre 1859. Il conserva cette chaire jusqu'à la guerre (1864), et accepta alors sa nomination de professeur ordinaire de théologie à l'université de Giessen (Grand-Duché de Hesse), où il resta jusqu'à octobre 1869, et fut deux fois investi des fonctions de recteur de cette université ; après quoi, il passa à la chaire d'exégèse de l'Ancien Testament à la faculté de théologie de l'université de Berlin, où il est encore aujourd'hui. — On doit au Dr Dillman : *Catalogus codicum manuscripti orientalium qui in Museo Britannico asservantur. Pars III, codices Æthiopicos continens. Londini, impensis curatorum Musei Britannici (1847)*; *Catalogus codicum MSS Bibliothecæ Bodleianæ Oxoniensis. Pars VII, codices Æthiopici (1848)*; *Liber Henoch, Æthiopice, ad quinque codicum fidem editus cum variis lectionibus* (Leipzig, 1851) ; *Das Buch Henoc ubersetzt und erklart, von A. Dillmann* (Le livre d'Enoch, traduit et expliqué, etc., Leipzig, 1853) ; le *Livre des jubilés ou la petite Genèse, traduit de l'Æthiopien et éclairé par les observations (1850-51)*, et le *Livre d'Adam oriental, traduit également de l'Æthiopien (1853)*, ces deux mémoires parus aux dates indiquées, dans le *Jahrbuch der Biblischen Wissenschaft*, d'Ewald (Gœttingen). Le Dr Dillmann a aussi entrepris la traduction en éthiopien de l'Ancien Testament. Nous citerons encore de ce savant, dont les publications sont beaucoup trop nombreuses pour être toutes indiquees : *Gramatick der Æthiopischen Sprache* (Grammaire de la langue éthiopienne, 1857) ; *Lexicon linguæ Æthiopicæ, cum indice Latino* (Leipzig, 1865, gr. in-4° de 1522 col. de texte) ; *Chrestomathia Æthiopica edita et Glossario explanata (1866)*; *Nouveau commentaire du Livre de Job (1869)*, etc. — Le Dr Dillmann a reçu, en octobre 1862, le titre honorifique de docteur en droit de l'université de Leipzig ; il est membre correspondant de la Société royale des sciences de Gœttingen, et chevalier de l'ordre du Mérite (première classe) de Philippe le Magnanime, de Hesse, etc.

DITTMAR, Wilhelm, chimiste allemand, né à Umstadt, près Darmstadt, le 14 avril 1833 ; a fait ses études à l'Ecole polytechnique de Darmstadt. Reçu pharmacien en 1856, il partit pour Heidelberg, où il devint élève de Bunsen, qui l'employa dans son laboratoire en qualité de préparateur. M. Dittmar se rendit ensuite en Angleterre, devint préparateur du docteur H. E. Roscoe, au collège Owen, à Manchester, puis préparateur en chef au laboratoire de chimie de l'université d'Edimbourg, de 1861 à 1869. Il fut nommé, en mars 1873, professeur suppléant au collège Owen et en septembre 1874, professeur titulaire à l'université Anderson, de Glasgow. — Le Dr Dittmar a publié un grand nombre de *mémoires* sur des recherches personnelles, ainsi que des articles importants dans le *Dictionary* de Watt, et dans le *Handworterbuch*, de Liebig. Il a collaboré en outre au *Jahresbericht über die Fortschritte der Chemie* pour 1870.

DOBSON, William Charles Thomas, peintre anglais, né à Hambourg, d'un père anglais, en 1817. Il vint à Londres étudier la peinture à l'Académie royale, fut élu membre associé de ce corps en 1860 et est devenu Académicien royal en 1872. Il a été élu membre de la Société des aquarellistes en 1874. — Les œuvres principales de M. William C. Dobson sont : *Tobie et l'ange (1853)* ; la *Charité de Dorcas (1854)* ; les *Bonnes œuvres de Dorcas (1855)*, peint par ordre de la reine ; les *Jours heureux de Job (1856)* ; la *Lecture des psaumes* et l'*Enfant Jésus descendant à Nazareth avec ses parents (1857)*; ces deux dernières faisant partie de la galerie de la baronne Burdett Coutts ; les *Contes de fées (1858)*; *Nazareth*, le *Christ au temple*, la « *Paix soit dans cette demeure* », l'*Aumône*, *Saint Paul à Philippes*, toile qui lui valut son diplôme d'Académicien royal (1872) ; *Pyrrha*, *Kate Kearney (1873)* ; les *Enfants des enfants sont la couronne du vieillard* et le *Jeune baigneur (1875)* ; l'*Offrande*, *Rébecca (1876)* ; le *Cueilleur de fougère*, *Una fascina di olive (1877)* ; la *Mère et l'enfant*, la *Mascarade*, *Ligeia (1878)* ; une *Jeune vénitienne (1879)*; *Ione*, *Mignon (1880)* ; *Ada aux cheveux d'or*, *Kezia (1881)* ; les *Carillons de Noël*, l'*Age d'or (1882)*; *Bianca Capello*, le *Matin (1883)*, etc. La plupart de ces tableaux ont été reproduits par la gravure. Parmi les aquarelles de M. Dobson, nous citerons : la *Jeune nourrice* ; le *Camélia (1873)* ; les *Contes de nourrice (1874)*, etc.

DOCHE (dame), Marie Charlotte Eugénie, actrice française, née à Bruxelles le 4 novembre 1823, de parents d'origine irlandaise. Elevée à Paris, elle débuta dans la carrière dramatique à Versailles, ayant à peine quatorze ans. Dès l'année suivante (janvier 1838), elle entrait au Vaudeville, où elle débutait dans *Renaudin de Caen*. Elle épousait en 1839 le chef d'orchestre de ce théâtre, Doche, violoniste distingué, qui mourut à Saint-Pétersbourg en 1849, séparé de sa femme depuis cinq ans au moins. Cependant Mme Doche obtenait tous les succès ; mais pour nous en tenir à l'art dramatique, elle quittait en 1845 le Vaudeville pour le Gymnase, où elle débutait dans l'*Image* en avril, pour reprendre dès le mois de décembre le chemin du Vaudeville, où la vogue la suivit. En 1848, le Vaudeville étant fermé, Mme Doche fit une grande tournée, visitant la Suisse, la Belgique, Londres, les principales villes de France, et enfin rentra au Vaudeville, où elle créa la Marguerite Gautier de la *Dame aux camélias* en 1852, avec un succès étourdissant. Elle joua ensuite sur la même scène : *Louise de Nanteuil*, la *Vie en rose*, *Madame Lovelace*, la *Pénélope normande*, le *Diable à Paris*. A partir de 1857, elle joua à l'Ambigu : *Rose Bernard* ; à la Porte-Saint-Martin : Scozzone de *Benvenuto Cellini*, Mme Bonacieux de la *Jeunesse des Mousquetaires*, etc. Rentrée au Vaudeville en 1863, elle y reprit la *Dame aux camélias* et y créa Sophie de la *Jeunesse de Mirabeau*, Pauline de *Jean qui rit*, Balbine de *M. de Saint-Bertrand*. Engagée à l'Odéon en 1865, elle y joua dans les *Parasites* et dans la *Contagion*, où elle créa le rôle de Navarette ; puis elle reparut au Vaudeville, dans la *Dame aux camélias*. la *Fiammina*, etc. Engagée à l'Odéon en 1873, au retour d'une tournée à l'étranger, Mme Doche y joua dans *Cendrillon*, le *Petit Marquis*, le *Marquis de Villemer*, etc. Elle alla jouer à la Porte-Saint-Martin, en 1875, les *Deux Orphelines* ; revint encore au Vaudeville (1877), entreprit une nouvelle tournée à l'étranger au cours de laquelle elle joua à Bruxelles (1878) les *Bourgeois de Pont-Arcy*, etc.

DODGE, Mary Abigail, femme de lettres américaine, plus connue sous le pseudonyme de **Gail Hamilton**, formé de la dernière syllabe de son prénom jointe au nom de sa ville natale, est née à Hamilton (Massachusetts) vers 1830. En 1851 et pendant deux ou trois années ensuite, elle enseignait les sciences physiques à l'Ecole supérieure publique de Hartford, dans l'Etat de Connecticut, et collaborait en même temps au *New York Independent* et à la *National Era* de Washington. Elle devint ensuite correspondant régulier du *Congregationalist*, et fut attachée, presque dès le début, à la rédaction de l'*Atlantic Monthly*, auquel elle a collaboré régulièrement pendant plusieurs années. Elle a écrit, en outre, dans diverses autres publications périodiques, notamment au *Magazine*, au *Weekly* et au *Bazar* des Harpers. Un certain nombre de ses articles ainsi disséminés ont été réunis plus tard en volumes. — On doit à cet écrivain : *Country Living and Country Thinking* (la Vie et les opinions au village) ; *Stumbling-Blocks* (les Pierres d'achoppement) ; *Gala days* (les Jours de fêtes) ; *Woman's Wrongs* (les Torts de la femme) ; *A Counter-Irritant ; A New Atmosphere ; Twelve miles from a lemon* (A douze milles d'un citron) ; *Nursery noonings* (Les méridiennes chez la nourrice, 1874) ; *Sermons adressés au clergé (1875)*; *Que pensez-vous du Christ?* et le *Premier amour est le meilleur (1877)*; *Notre système d'écoles communales (1880)*; la *Direction divine, memorandum d'Allen W. Dodge (1881)*, etc.

DŒLLINGER, Johannes Joseph Ignatius, théologien catholique et historien allemand, né à Bamberg (Bavière) le 28 février 1799, fit ses études à l'université catholique de Munich et fut ordonné prêtre en 1822. Presque aussitôt, il était nommé chapelain du diocèse de Bamberg. En 1826, il publiait un ouvrage sur la *Doctrine de l'Eucharistie dans les trois premiers siècles de l'Eglise*, et était nommé, la même année, à la chaire d'histoire ecclésiastique de l'université de Munich. La substance de ses cours parut en 1828, sous ce titre : *Manuel de l'Histoire de l'Eglise*. Le sujet, repris ensuite et développé, produisit le *Cours d'histoire de l'Eglise* (Lehrbuch der Kirchengeschichte), publié en 1838 et plusieurs fois réimprimé. En 1845, M. Dœllinger se tourna vers la politique ; il représenta l'université de Munich au parlement bavarois, puis, en 1851, fut délégué au parlement de Francfort, où il se déclara en faveur de la séparation de l'Eglise et de l'Etat. En 1851 aussi, il conseilla, par des discours publics

et par des écrits qui firent alors beaucoup de bruit, l'abandon pur et simple du pouvoir temporel du Saint-Siège. Nous citerons par exemple : la *Papauté et le pouvoir temporel (1861)*, traduit en français et en anglais l'année suivante, et plusieurs brochures. Plus récemment, M. Dœllinger s'est acquis une notoriété universelle par son opposition persistante aux décrets du concile du Vatican, notamment à celui qui déclare le pape infaillible. Il est devenu de fait le chef de tous les membres de l'Eglise catholique que cette prétention a séparés du Saint-Siège. Sa conduite, à cette occasion, fut approuvée par le gouvernement bavarois, quoiqu'il eût été formellement excommunié par l'archevêque de Munich le 18 avril 1871. Il avait été élu, le 28 février de la même année, par 54 voix contre 6, recteur de l'université de Munich. En 1872, le roi de Bavière lui conféra la croix de l'ordre du Mérite; l'université d'Oxford lui avait conféré, le 6 janvier 1871, le titre honorifique de docteur en droit civil; celle d'Édimbourg lui conférait, en 1872, celui de docteur en lois. A la mort du baron Liebig, en mai 1873, le docteur Dœllinger fut nommé président de l'Académie royale des sciences de Munich et, au commencement de 1874, l'empereur d'Allemagne, dont l'attitude du savant théologien faisait si bien l'affaire, le décora de l'ordre de l'Aigle rouge (2e classe).

En 1872, le docteur Dœllinger faisait à Munich, sur la possibilité de réunir les différentes Eglises catholiques dissidentes, une conférence qui fut fort remarquée. Il en faisait une autre en septembre 1874, à Bonn, à l'occasion du Congrès des « vieux catholiques », où il allait encore plus loin, déclarant que lui et ses coreligionnaires ne se considéraient pas du tout comme liés par les résolutions du concile de Trente. Il déclarait, en outre, que la célébration du mystère de l'eucharistie dans l'Eglise romaine n'a aucun rapport avec le grand sacrifice propitiatoire, dont il ne peut être considéré comme la continuation ou comme la résurrection. Le docteur Dœllinger n'a jamais varié dans son opinion sur la séparation absolue de l'Eglise et de l'Etat et ne voit, au contraire, d'autre issue pratique aux difficultés nées de la révolution religieuse, dont les promoteurs du dogme de l'infaillibilité papale doivent bien un peu porter la responsabilité.

On doit à ce savant théologien, outre les ouvrages cités : les *Origines du christianisme (1833-35)*; la *Religion de Mahomet (1838)*; la *Réformation, son développement intérieur et ses conséquences (1846-48)*; *Luther (1851)*; l'*Eglise et les Eglises, ou la Papauté et le pouvoir temporel (1861)*; les *Prophéties et l'esprit prophétique dans l'ère chrétienne, essai historique (1872)*, etc. Plusieurs de ces ouvrages ont été traduits en français, et presque tous, y compris le dernier, l'ont été en anglais. Le docteur Dœllinger a écrit, de plus, un grand nombre de brochures de circonstance, politiques ou théologiques, dont plusieurs furent également traduites dans les deux langues, ainsi qu'en italien, pour servir d'aliment à une polémique dont l'ardeur n'est qu'à peine, et depuis peu de temps, sensiblement calmée.

DOLLFUS, Jean, industriel et économiste alsacien, né à Mulhouse le 25 septembre 1800. Mis de bonne heure à la tête de l'établissement paternel, comprenant la filature, le tissage, la teinture, l'impression des étoffes de coton, avec ses frères pour associés, il ne cessa de lui donner de l'extension et d'y développer tous les progrès facilités par les découvertes de la science. Il fit plus, il fonda en 1853, autour de sa manufacture, une vaste cité ouvrière, une ville dans la ville, célèbre aujourd'hui dans le monde entier et s'efforça d'assurer, par tous les moyens suggérés par une sage philanthropie, le bien-être de ses ouvriers. Les produits de la maison Dollfus, comme conséquence, ont remporté les plus hautes récompenses à toutes les expositions et ses propriétaires ont été décorés de la Légion d'honneur. M. Jean Dollfus est commandeur de l'ordre depuis 1867. — Comme économiste, M. Jean Dollfus a constamment défendu, dans la presse et dans quelques brochures, les principes du libre échange, qu'il est venu défendre, en outre, et très éloquemment, devant la grande Commission d'enquête sur la situation économique, dont les séances avaient lieu au palais Bourbon, en 1870. — Après la guerre, M. Jean Dollfus, que des intérêts plus élevés que son propre intérêt retenaient à Mulhouse, est devenu Allemand. Aux élections de janvier 1877, ses concitoyens l'envoyèrent siéger au Reichstag, comme député de la protestation; et il y protesta, en effet, contre l'annexion. Il n'a pas cessé depuis d'y siéger.

DOLLFUS, Charles, littérateur alsacien, né à Mulhouse le 27 juillet 1827, fils du précédent. Il fit ses études en Suisse et à Paris, où il fit son droit et fut reçu avocat; s'inscrivit au barreau de Paris en 1849 et à celui de Colmar en 1852. Il ne tarda pas, toutefois, à suivre ses goûts littéraires et philosophiques. Revenu à Paris, il fonda, avec Nefftzer, en 1857, la *Revue germanique*, dont il devint directeur et à laquelle il donna le titre de *Revue moderne*. Dans l'intervalle, il était entré à la rédaction du *Temps*, fondé en avril 1861, sous la direction de Nefftzer. M. Charles Dollfus a également collaboré à quelques autres revues. Il a publié à part : *Lettres philosophiques (1851)*; le *Calvaire (1855)*; *Essai sur la philosophie sociale (1856)*; *Révélation et Révélateurs, liberté et centralisation (1858)*; la *Confession de Madeleine*, le *Saule*, le *Docteur Fabricius*, nouvelles (1859); *Etudes sur l'Allemagne (1864)*; *Méditations philosophiques*, le *Dix-neuvième siècle*, et une traduction de la *Nouvelle vie de Jésus* de D. F. Strauss, avec Nefftzer (1865); *Mardoche*, la *Revanche du hasard*, la *Villa*, nouvelles (1867); *De la nature humaine (1868)*; *Considérations sur l'histoire*, le *Monde antique*, la *Revanche de Sadowa (1872)*; *Dialogue sur la montagne*, *Loi et morale*, lettre au P. Hyacinthe (1874); l'*Ame dans les phénomènes de conscience (1876)*; le *Roman de Darwin (1877)*, etc.

DOMENECH (abbé), Emmanuel Henri Dieudonné, voyageur et écrivain français, né à Lyon le 4 novembre 1825, fit ses études au collège de Perpignan. Après avoir abordé diverses carrières sans s'arrêter à aucune, il se rendit en Sardaigne en 1842, entra chez un négociant de Sassari et compléta son instruction à l'université de cette ville. En 1846, il partait avec une société de missionnaires à destination du Texas et, après des pérégrinations prolongées, était ordonné prêtre, en 1848, à San Antonio de Bejar; après quoi il reprenait le cours de ses explorations dans le Texas et le Nouveau-Mexique. Venu en France, en 1850, pour recruter de jeunes missionnaires, il repartait bientôt pour l'Amérique, et ne revenait en Europe qu'en 1853. En Europe, M. l'abbé Domenech ne laissa pas que de donner satisfaction à son incessant besoin de locomotion et parcourut tour à tour l'Italie, la Suisse et la Grande-Bretagne. En 1861, il se rendait en Irlande à la recherche d'anciens manuscrits celtes relatifs aux premières émigrations irlandaises en Amérique, aux cinquième et sixième siècles. Retourné au Mexique en 1864, il y devint l'année suivante aumônier du corps expéditionnaire et en profita pour réunir diverses collections anthropologiques, ethnographiques, etc. Il fut peu après appelé à la direction de la presse par l'empereur Maximilien. De retour à Paris après la fin tragique de l'empereur mexicain, l'abbé Domenech fut attaché au bureau du colportage au ministère de l'intérieur, spécialement chargé de l'examen des ouvrages politiques religieux. Pendant la guerre de 1870-71, il fut attaché, comme aumônier des ambulances, au corps d'armée du maréchal Mac-Mahon et prit part en cette qualité aux campagnes de la Moselle, de la Meuse et de la Loire. L'abbé Domenech a publié : *Journal d'un missionnaire au Texas, 1846-52*, inséré d'abord dans la *Revue des Deux-Mondes (1857)*; *Voyage dans les solitudes américaines : le Minnesota (1858)*; *Manuscrit pictographique américain, précédé d'une notice sur l'idéographie des Peaux-Rouges* (*1860*, in-8°, 228 pl.), *fac-simile* d'un manuscrit de la bibliothèque de l'Arsenal, dans lequel le savant abbé crut découvrir tout un système idéographique indien fort ancien, mais où la critique allemande ne voulut voir qu'un cahier de gamin fantaisiste de sept ou huit ans, contenant des essais de dessin expliqués par des légendes en allemand vulgaire pur et simple. Ces critiques, reproduites en France, amenèrent une réplique de l'abbé Domenech : la *Vérité sur le Livre des sauvages* (*1861*, 10 pl.) où, admettant la présence de caractères allemands dans le manuscrit en question, il suppose, ou plutôt juge évident qu'il est l'œuvre d'un missionnaire cherchant à reproduire des faits historiques par l'idéographie, ou d'un aventurier allemand devenu chef de tribu. Quoi qu'il en soit, cette publication, faite avec le concours du gouvernement, eut un grand succès de curiosité, et l'édition s'épuisa rapidement; mais il n'en fut pas entrepris d'autre. On a encore de cet écrivain : l'*Empire au Mexique (1862)*; les *Gorges du diable*, voyage en Irlande (1864); *Légendes irlandaises*, souvenirs d'un touriste (1865); *Voyages et aventures en Irlande, la Chaussée des Géants* (même année); le *Mexique tel qu'il est, notes anthropologiques, géographiques et géodésiques sur les Hauts Plateaux du Mexique* et *Bergers et bandits*, souvenirs d'un voyage en Sardaigne (1867); *Histoire du Mexique*, depuis les temps les plus reculés jusqu'à l'exécution de Maximilien (1868, 3 vol.); *Quand j'étais journaliste*, le *Chemin des Femmes, étude de mœurs (1869)*; *Histoire de la campagne de 1870-71 (1871)*; *Voyage dans l'Ancienne Ichnusa (1874)*; la *Prophétie de Daniel* (*1875-76*, 2 vol.). M. l'abbé Domenech a publié en outre l'*Histoire du jansénisme*, du P. Rapin, et collaboré avec M. de Falloux à la publication des *Œuvres de Madame Swetchine*. Il a été, en 1863 et 1864, le rédacteur principal du journal l'*International*, et a collaboré à divers autres journaux et publications périodiques. — Il est chevalier de la Légion d'honneur et décoré de plusieurs ordres étrangers.

DOMPIERRE D'HORNOY (de), Charles Marius Albert, amiral et homme politique français, né à Hornoy (Somme) le 24 février 1816. Il est petit-fils du président au parlement de Paris et petit-neveu de Voltaire. M. de Dompierre d'Hornoy est entré dans la marine en 1828, et devenu successivement enseigne en 1834, lieutenant de vaisseau en décembre 1841, capitaine de frégate en mai 1849, capitaine de vaisseau le 17 octobre 1854, contre-amiral le 13 août 1864 et vice-amiral le 4 juin 1871. Il assista en 1838, en qualité d'enseigne, à la prise de Saint-Jean d'Ulloa et combattit devant Sébastopol, où il conquit l'épaulette de capitaine de vaisseau, à bord du vaisseau-amiral la *Ville de Paris*, placé sous son commandement. Il fut appelé ensuite au poste de chef d'état-major de la station du Levant de l'escadre d'évolution, nommé membre du Conseil d'amirauté, puis commandant de la division navale des côtes d'Islande. Comme contre-amiral, il fut appelé au commandement de l'*Aigle* et des yachts impériaux, et conduisit l'empereur sur les côtes algériennes en 1865; il passa ensuite au commandement de la division des navires cuirassés de la Manche, puis fut nommé directeur du personnel au ministère de la marine, en septembre 1869. Après le 4 septembre, l'amiral de Dompierre d'Hornoy fut nommé ministre de la marine par intérim, le titulaire étant le vice-amiral Fourichon; il remplaça de nouveau ce dernier à Paris, lorsqu'il fut envoyé à Tours avec la Délégation du gouvernement. Le 8 février 1871, il fut élu représentant de la Somme en tête de la liste, et prit place à droite. Les votes et l'attitude de l'amiral de Dompierre d'Hornoy n'ont donc pas besoin d'être autrement caractérisés, excepté en ce point, qu'il a combattu avec une énergie digne d'une meilleure cause l'amendement tendant à restituer aux colonies le droit d'être représentées dans les Chambres. Il occupa de nouveau le ministère de la marine du 24 mai 1873 au 22 mai 1874. — Aux élections sénatoriales du 30 janvier 1876, M. de Dompierre s'est présenté isolément aux électeurs de la Somme, affectant une attitude de parfaite indifférence politique, mais de résolution inébranlable quant à la défense des grands principes : « de l'ordre social, de la religion, de la famille, de la propriété. » Il fut élu par 482 voix sur 933 électeurs. Mais le 8 janvier 1882, les électeurs sénatoriaux de la Somme ne lui renouvelèrent pas son mandat. Alors M. de Dompierre vint demander une nouvelle investiture au suffrage universel, et il fut élu député de la Somme, comme candidat monarchiste, le 4 octobre 1885. Il était également candidat dans la Gironde, où la liste monarchiste fut complètement battue. — M. l'amiral de Dompierre d'Hornoy est grand officier de la Légion d'honneur depuis 1869.

DONNOT, Alexandre Edmond, homme politique français, né le 18 octobre 1827 à Orquevaux (Haute-Marne). Maire de Chaumont-en-Bassigny, où il dirige une maison de banque, de 1873 à 1880, président du tribunal de commerce et de la chambre de commerce de St-Dizier, M. Donnot fut élu sénateur de la Haute-Marne le 8 janvier 1882, en remplacement de M. Robert-Dehault, décédé, et prit place sur les bancs du centre gauche. Il a voté contre l'expulsion des princes. — M. Donnot a été décoré de la Légion d'honneur en 1878.

DOO, George Thomas, graveur anglais, né en janvier 1800. Il étudia sous les meilleurs maîtres et publia, en 1824, son premier ouvrage : le *Duc d'York*, d'après sir Thomas Lawrence, qui lui valut le titre de graveur de Son Altesse Royale. Il se rendit l'année suivante à Paris, travailla quelque temps dans l'atelier de Suisse et suivit les cours de Gros, dont il étudia particulièrement la manière d'enseigner le dessin d'après la figure humaine. Au retour, il prit part à la fondation d'une académie pour l'étude du modèle vivant et des meilleurs modèles de l'antiquité. Il fit des cours de gravure théoriques et pratiques et d'histoire de cet art au Kensington Museum, et à Harrow et en différents lieux, sur l'origine et les progrès de la peinture dans la Grèce antique, sur la renaissance des arts au douzième siècle en Italie, puis dans l'Europe occidentale. M. Doo fut nommé graveur historique ordinaire du roi George IV en 1836, et de la reine Victoria en 1842. Il est membre de la Société des arts d'Amsterdam, de l'Académie des Beaux-Arts de Pensylvanie, de l'Académie impériale de Saint-Pétersbourg, et membre correspondant de l'Académie de Parme. Associé de l'Académie royale des Arts, de Londres, en 1855, il est devenu Académicien royal en 1856. — On doit à cet artiste un grand nombre de reproductions de tableaux célèbres dont voici les principales : le *Christ enfant*, d'après Raphaël; *Ecce homo*, d'après le Corrège; les *Enfants de Calmady*, d'après Lawrence; le *Prêche de J. Knox*, d'après Wilkie; *Pèlerins en vue de la Ville sainte*, d'après Eastlake; la *Résurrection de Lazare*, d'après Sébastien del Piombo (1864); *Gervatius*, d'après Van Dyck, et cinq autres planches publiées dans le « National gallery Work », et six autres pour l' « Elgin Work », publié par le Musée britannique, etc. Outre plusieurs des gravures mentionnées ci-dessus admises à l'Exposition universelle de Paris, en 1855, M. Doo a envoyé à celle de 1867 : la *Résurrection de Lazare* et un *Portrait de Mme Holland*, d'après Ary Scheffer, exposés en 1861 à l'Académie royale de Londres et, de plus, le *Saint Augustin et sainte Monique*, d'après ce dernier peintre, gravure qui a eu un grand succès en France. — M. George T. Doo a obtenu une troisième médaille à l'Exposition universelle de 1855.

DOUCET, Charles Camille, auteur dramatique français, secrétaire perpétuel de l'Académie française, est né à Paris le 16 mai 1812. Après avoir fait son droit et s'être fait recevoir avocat, il entra dans une étude de notaire, qu'il quitta au bout de fort peu de temps pour entrer, en 1837, dans l'administration de la liste civile. La Révolution de février le rendit à la vie privée et à ses travaux littéraires; mais il devint, en 1852, chef de la division des théâtres au ministère d'Etat, puis directeur de l'administration des théâtres au ministère de la Maison de l'empereur en 1863, et enfin, lors de la suppression de la surintendance, directeur général de l'administration des théâtres (1866). — M. Camille Doucet a donné à la scène : *Léonce*, vaudeville, avec Bayard *(1838)*; *Versailles (1840)*; un *Jeune homme (1841)*; l'*Avocat de sa cause (1842)*; le *Baron Lafleur (1843)*; le *Chant du cygne*, le *Six juin 1606*, la *Chasse aux fripons (1846)*; le *Dernier banquet de 1847*, *Velasquez (1847)*; la *Barque d'Antonio (1849)*; les *Ennemis de la maison (1850)*; le *Seize mars 1856 (1856)*; le *Fruit défendu (1857)*; la *Considération (1860)*. Un choix des premières de ces pièces a été publié en 1858, en 1 vol. in-8°, sous le titre de *Comédies en vers*. Il a publié, en outre, d'assez nombreuses poésies détachées et fait le feuilleton dramatique du *Moniteur parisien*. M. Camille Doucet a été élu membre de l'Académie française le 7 avril 1865, en remplacement d'Alfred de Vigny. Il y a remplacé Patin comme secrétaire perpétuel, en avril 1876. — M. Camille Doucet a été membre du Conseil général de l'Yonne pour le canton de Villeneuve-l'Archevêque. — Il est commandeur de la Légion d'honneur depuis 1867.

DOUGLASS, Frederick Bailey, journaliste et homme politique américain, mulâtre, est né à Tuckahoe, dans l'Etat de Maryland, vers 1817. Il est fils d'un blanc et d'une négresse esclave appartenant au colonel Lloyd, et esclave lui-même, par *droit* de naissance, suivant l'usage établi. Lorsqu'il eut à peu près neuf ans, son maître le *prêta* à un de ses parents; celui-ci traita le jeune garçon avec bonté, et il eut assez de loisirs dans sa nouvelle condition pour apprendre à lire, écrire et calculer, quoique, en principe, son maître fût opposé à ce qu'il employât son temps à des choses aussi inutiles... à un esclave. En 1832, il fut vendu à un constructeur de navires de Baltimore, qui l'employa d'abord à servir les ouvriers et ensuite comme calfat. Mais son instruction, tout élémentaire qu'elle fût, se trahissait à chaque instant, et n'était pas du goût de son nouveau maître qui, jugeant que son esclave en tirait une vanité hors

de propos, conçut le projet de le soumettre par une exagération de mauvais traitements et, comme il avait sans doute peu de confiance dans ses propres moyens, il le confia dans ce but à un réputé dresseur ou plutôt *briseur* d'esclaves (negro-breaker). Il consentit en fin de compte à ce que son esclave indocile, ou prétendu tel, lui rachetât son propre temps moyennant trois dollars (15 francs) par semaine. Cet arrangement dura quelques années, jusqu'en septembre 1838, époque à laquelle Frederick, après une première tentative vaine, parvenait à s'enfuir et à se réfugier à New Bedford, où il obtenait du travail comme ouvrier calfat et se mariait bientôt après. Il prit alors le nom de Douglass, afin de dérouter les recherches possibles. Peu après, il fit la connaissance de William Lloyd Garrison, célèbre orateur abolitionniste, qui, découvrant dans cet esclave fugitif des dispositions intellectuelles peu ordinaires, l'encouragea et l'aida efficacement dans ses efforts pour s'instruire. Il assistait régulièrement aux *meetings* anti-esclavagistes et ne tarda pas à y prendre la parole. Sa réputation d'orateur fut établie en peu de temps et, en 1841, il était employé par la Société anti-esclavagiste américaine, comme un de ses orateurs publics officiels. Il remplit cet office avec un véritable dévouement et un talent qui faisait se presser autour de lui une foule compacte et émue, avide de l'entendre peindre les tristes scènes de la vie d'esclave. En 1845, il publia son autobiographie sous ce titre: *My Bondage and my Freedom* (Ma servitude et ma liberté), dont il publiait, en 1855, une édition nouvelle, revue avec soin et augmentée. Accusé par le gouverneur de la Virginie, M. Wise, d'avoir pris part à la révolte de John Brown (1859), et poursuivi dans l'Etat de Michigan, où il résidait alors, il quitta les Etats-Unis et se rendit en Angleterre où son éloquence lui attira un public nombreux et sympathique. Une souscription fut ouverte, qui produisit bientôt la somme largement suffisante (3,750 fr.) pour désintéresser son maitre, à qui cette somme fut envoyée. Douglass était désormais légalement libre, s'étant racheté, et n'avait donc plus rien à craindre, des revendications de son ancien maitre. — Après quelques années passées dans l'exercice de la parole, il s'établit à Rochester, dans l'Etat de New-York, où il fonda et rédigea un journal hebdomadaire auquel il donna d'abord le titre de *Fred. Douglass' Paper*, et ensuite celui de *The North Star* (l'Etoile du Nord). Pendant la guerre de Sécession, il y défendit naturellement avec énergie la cause du Nord; deux de ses fils servaient dans les rangs de l'armée fédérale, et lui-même s'occupait avec activité de l'enrôlement des soldats de couleur. Après la fameuse proclamation d'émancipation générale, le président Lincoln l'appela souvent à Washington pour donner son avis, à lui ou à son ministère, relativement aux besoins et aux intérêts de la race dont il était « le représentant le meilleur et le plus capable ». En 1870, il devint rédacteur en chef du journal *The New National Era*, publié à Washington, et dont il a abandonné depuis la direction à ses fils Lewis et Frederick. En 1871, il fut nommé secrétaire de la Commission de Saint Domingue et, à son retour, le président Grant le nomma membre du Conseil territorial du district de Colombie. Choisi, en 1872 et en 1876 comme électeur présidentiel pour l'Etat de New-York, il fut « marshal » des Etats Unis pour le district de Colombie de 1877 à 1881, époque à laquelle il s'est retiré de la vie publique.

DOUVILLE-MAILLEFEU (comte de), Louis Marie Gaston, ancien officier de marine, homme politique français, appartient à une très ancienne famille, fixée à Abbeville dès le XIIIe siècle, et est né à Paris le 7 août 1835. Il a assisté, comme officier de marine, au siège et à la prise de Bomarsund, a servi en Italie, en Chine, au Japon, et s'est retiré en 1860. Il reprit du service lors de la guerre de 1870-71, et servit comme adjudant-major du génie pendant le siège de Paris. Avant de venir s'enfermer à Paris, M. le comte de Douville avait tenté de lever une compagnie dont il eût pris le commandement et avec laquelle il eût concouru à la défense de son propre pays, plus directement menacé; il sollicita du sous-préfet d'Abbeville l'autorisation nécessaire; mais cette autorisation ne venant pas, malgré l'imminence du péril, M. de Douville se rendit chez le sous-préfet pour avoir des explications. Probablement les explications qu'il en obtint ne lui parurent pas satisfaisantes, car, dans un moment d'irritation, il se laissa aller à souffleter ce fonctionnaire. Poursuivi pour ce fait, et cité à comparaître devant le tribunal correctionnel d'Abbeville le 31 août 1870, M. de Douville ne put se présenter et fut condamné par défaut à deux ans de prison. Il fit appel; mais, n'ayant encore pu se présenter en temps opportun, un arrêt du 16 mars 1871 confirma par défaut le jugement du 31 août précédent. Opposition fut faite à cet arrêt, et le 8 juillet intervenait un arrêt définitif, toujours rendu par défaut. M. de Douville eût pu se présenter à cette dernière date; s'il ne le fit pas, c'est, paraît-il, pour obéir aux conseils d'Ernest Picard, alors ministre de l'intérieur, qui jugea que, dans un intérêt d'ordre public, il ferait mieux de s'abstenir. Le 22 août suivant, M. de Douville obtenait du président de la République remise entière de la peine prononcée contre lui. — Seulement, ce procès devait avoir d'autres inconvénients pour celui qui en avait été l'objet. La commission municipale d'Huchenneville, avant même que l'arrêt prononcé contre M. de Douville fût devenu définitif, le rayait comme indigne de la liste électorale (26 avril 1871); nommé conseiller municipal le 30 du même mois, son élection était en conséquence cassée le 24 mai par le Conseil de préfecture, dont l'arrêt était confirmé par décret du Conseil d'État du 23 mai 1872. Mais, ayant été élu conseiller général, le 8 octobre 1871, son élection était validée, et il avait pu exercer ces fonctions, tandis que celles de conseiller municipal lui étaient interdites!

Resté à Paris lorsque éclata la révolution du 18 mars, M. de Douville fut arrêté avec le général Clément Thomas et conduit avec lui rue des Rosiers. Il fut témoin de l'exécution de celui-ci et du général Lecomte, et sa déposition sur cette scène tragique a été, on le conçoit, d'une grande importance, lors de l'enquête sur les événements du 18 mars et du procès des individus compromis dans cette affaire. Incertain si le même sort ne lui était pas réservé, il put en tout cas s'y soustraire par la fuite. Porté candidat dans la seconde circonscription d'Abbeville, aux élections législatives du 20 février 1876, il fut élu comme républicain constitutionnel, et vint prendre place au centre gauche sur les bancs de l'Assemblée, où il a fini par siéger à l'extrême-gauche. Il vota l'amnistie pleine et entière. Lors de la vérification des pouvoirs, l'élection de M. le comte de Douville-Maillefeu fut vivement combattue par les membres de la droite, amis de son concurrent, M. Briet de Rainvillers; et aux détails sommaires que nous venons de donner relativement à ses démêlés avec le sous-préfet Mennecier et aux conséquences qui en résultèrent, on comprend qu'ils avaient beau jeu. La majorité de l'Assemblée, toutefois, passa outre et vota les conclusions du rapport de la commission chargée de l'examen de de cette élection: la validation. Le 14 octobre 1877, M. de Douville-Maillefeu échouait contre le même concurrent, candidat officiel; mais cette élection ayant été annulée par la Chambre, il triomphait à son tour au scrutin du 3 mars 1878, et était réélu, toujours dans les mêmes conditions de concurrence, le 21 août 1881. Aux élections d'octobre 1885, le scrutin de liste ne lui ayant pas été favorable dans la Somme, M. le comte de Douville-Maillefeu se présenta dans la Seine et fut élu au scrutin de ballottage des élections partielles de décembre, nécessitées par l'option pour les départements des deputés élus dans plusieurs collèges (27). — Il a voté l'expulsion totale des princes.

DRANER, Jules Renard (dit), dessinateur belge, né à Liége en novembre 1838. Après divers voyages à l'étranger, M. Renard, qui n'a appris le dessin que pendant trois mois, venait se fixer à Paris en 1861. Il a débuté par des aquarelles militaires signées du pseudonyme anagrammatique de *Draner* et qui eurent un très grand succès. Encouragé par ce début, M. Renard entreprit la publication des *Types militaires*, collection qui ne compte pas moins, actuellement, de cent cinquante grandes lithographies (Paris, Dusacq). Collaborateur du *Charivari*, depuis près de vingt ans et de l'*Eclipse*, il a également fourni des dessins à l'*Esprit Follet*, au *Journal amusant*, au *Monde comique*, à *Paris comique*, etc., et publié pendant le siège de Paris une série d'albums dont plusieurs planches ont été popularisées par les assiettes de la manufacture de Creil et Montereau. Il a dessiné, en outre, les costumes des principales opérettes des théâtres de genre, ainsi que ceux de certaines grandes féeries de la Gaîté. — M. Renard ne fait de dessin qu'en dehors de ses occupations administratives à la Société de la Vieille Montagne, à laquelle il est attaché depuis très longtemps.

DRAPER, John Christopher, chimiste et physiologiste américain, né dans l'Etat de Virginie le 31 mars 1825; il fit ses études à l'université de la cité de New-York, où il fut reçu docteur en médecine en 1857, et occupa la chaire de physiologie à la faculté de médecine de 1858 à 1860. Il fut ensuite, pendant trois ans, professeur de chimie à la Cooper Union, puis professeur de chimie également au collége médical de l'université et professeur de physiologie et d'histoire naturelle au collége de la cité de New-York. Il occupe encore aujourd'hui ces deux dernières chaires. — M. John C. Draper a collaboré activement aux journaux scientifiques des Etats-Unis et de la Grande-Bretagne et publié un traité sur la *Respiration*, et un *Manuel d'anatomie, de physiologie et d'hygiène* très estimés.

DRÉOLLE, Ernest, publiciste et homme politique français, né à Libourne le 1er juillet 1829. Il était attaché au cabinet du grand référendaire de la Chambre des Pairs, lorsqu'il débuta, en 1846, dans la carrière du journalisme. Il écrivit d'abord dans la *France théâtrale*, devint collaborateur du *Pays* en 1849, fondait en 1850 l'*Echo de la marine*, puis prenait la direction du *Journal de Saint-Quentin* en 1852. En 1857, il était rappelé à Paris, et, sur la proposition de M. Mocquard, secrétaire particulier de l'empereur, attaché au *Constitutionnel* comme rédacteur principal; en 1860, il passait à la *Patrie* comme rédacteur en chef. Forcé, par des difficultés intérieures, de quitter la *Patrie*, il fondait, en 1868, un nouveau journal ultra-gouvernemental, le *Public*, sous le patronage direct de M. Rouher. Candidat officiel dans la quatrième circonscription de la Gironde aux élections de 1869, il fut élu et alla siéger à la droite gouvernementale. Au Corps législatif comme dans son journal, il devint dès lors un des adversaires les plus acharnés du tiers-parti libéral, et, par suite, du ministère du 19 janvier 1870. Il fut un des « sept sages » et l'un des membres les plus actifs du comité de la rue de l'Arcade. En 1870, M. Dréolle fit partie de la Commission d'enquête sur la marine marchande, où il se trouva en communion d'idées avec plus d'un républicain. Aux élections du 20 février 1876, il se présenta dans l'arrondissement de Blaye avec une profession de foi ouvertement bonapartiste, sous les auspices du « comité national conservateur » et fut élu à une grande majorité. Il est allé siéger sur les bancs de l'Appel au peuple. Réélu le 14 octobre 1877 et le 21 août 1881, M. Dréolle arrivait dernier sur la liste réactionnaire, qui échoua dans la Gironde, aux élections d'octobre 1885.

M. Dréolle a été membre du jury international de l'Exposition universelle de 1867; il est fondateur de l'Association nationale pour l'encouragement au bien, membre de la Société de secours aux naufragés, etc. Il est officier de la Légion d'honneur depuis 1866, décoré de divers ordres étrangers et officier de l'instruction publique, il a publié un *Eloge biographique de M. Q. de la Tour, peintre du roi Louis XV*, avec notes et documents historiques (1856); une *Etude biographique sur M. Billault (1863)*, et un certain nombre de petites brochures de propagande bonapartiste (1874 et suiv.)

DREUX, Pierre Honoré, agriculteur et homme politique français, né à Villampuy (Eure-et-Loir) le 20 avril 1829, fit ses études au collège d'Orléans, puis revint à Cormainville seconder son père dans l'exploitation du domaine considérable qu'il possède en ce pays, depuis 1824. Il y succéda à son père en 1854; il lui succéda également comme maire de Cormainville en 1865, puis comme suppléant du juge de paix. Elu président du comice agricole de l'arrondissement de Châteaudun, il a été membre du Conseil d'arrondissement de 1867 à 1871 et est conseiller général d'Eure-et-Loir depuis 1870. — Aux élections législatives du 20 février 1876, M. Dreux s'est porté candidat avec une profession de foi nettement républicaine, dans l'arrondissement de Châteaudun, contre M. Amédée Lefèvre-Pontalis, et fut élu à une imposante majorité. Réélu le 14 octobre 1877 et le 21 août 1881, il a été élu sénateur d'Eure-et-Loir à l'élection complémentaire du 13 décembre 1885, pour le remplacement de M. Jumeau, décédé, et a pris place à gauche. Il s'est abstenu dans le vote de la loi sur l'expulsion des princes.

DREUX-BRÉZÉ (de), Pierre Simon Louis Marie, prélat français, troisième fils du grand maitre des cérémonies de la cour de Louis XVI, est né le 2 juin 1811 à Brézé (Maine-et-Loire). Il fit ses études au séminaire de Saint-Sulpice, fut ordonné prêtre en 1833 et, fort peu de temps après, devenait vicaire général de l'archevêque de Paris, M. de Quelen, avec le titre de chanoine honoraire. Nommé évêque de Moulins par décret du 28 octobre 1849, il était sacré au mois d'avril suivant. Les agissements de M. de Dreux-Brézé, dont les sentiments légitimistes et ultramontains n'avaient jamais été un secret, motivèrent deux appels comme d'abus devant le Conseil d'État, et lui attirèrent à deux reprises la censure des actes incriminés. La première fois, il s'agissait de l'emploi d'un petit moyen fort habile pour avoir entre les mains, avec leur avenir, leur existence même, les curés cantonaux, inamovibles en droit, mais en fait, et par le moyen de la démission en blanc que M. de Dreux-Brézé exigeait d'eux, étaient on ne peut plus incertains du lendemain. La seconde déclaration d'abus fut motivée par la lecture publique dans son diocèse, malgré la défense du gouvernement, de l'encyclique du 8 décembre 1864. Cette attitude systématiquement hostile à l'autorité civile, arrêta net l'avancement de M. de Dreux-Brézé, si rapide au début: il avait été le plus jeune évêque de France. — On vante, d'autre part, ses efforts en faveur des établissements religieux de son diocèse et de l'amélioration du sort du clergé pauvre. Le besoin d'une autorité despotique et sans contrôle sur le bas clergé, qu'indique l'adroit système de la démission en blanc, n'exclut pas nécessairement tout esprit de charité.

DREYFUS, Ferdinand Camille, publiciste et homme politique français, né à Paris le 19 août 1851. Engagé volontaire pour la durée de la guerre, en 1870, quoique fils de veuve, M. Camille Dreyfus, qui avait fait de brillantes études scientifiques, professa les mathématiques, la paix revenue; puis il alla au Mans, en 1873, prendre la direction de l'*Avenir de la Sarthe*, qui lui valut une condamnation à cinq mois de prison, comme convaincu d'outrages à l'adresse du maréchal-président. Il dirigea ensuite le *Libéral de la Vendée*, et finalement revint à Paris, où il collabora à la *Lanterne* et fonda plus tard la *Nation*, journal radical (avril 1884). En 1879, M. Camille Dreyfus avait été nommé chef du cabinet de M. Wilson, sous-secrétaire d'Etat au ministère des finances. Commissaire du gouvernement à l'Exposition internationale de Bruxelles, il fut au retour décoré de la Légion d'honneur. Conseiller municipal de Paris pour le quartier du Gros-Caillou, élu le 24 décembre 1882 et réélu le 4 mai 1884, il prit une grande part aux discussions relatives aux questions de finance, de commerce et de travaux publics, fut plusieurs fois rapporteur de commissions chargées de l'examen de telles questions, et, pour le reste, votant invariablement avec le groupe autonomiste du Conseil, dont il fut quatre fois élu secrétaire. — Aux élections pour la Chambre des députés qui eurent lieu en octobre 1885, M. Camille Dreyfus a été élu, au scrutin du 18, par près de 284,000 voix. Il prit place à l'extrême gauche, traita principalement des mêmes questions, agrandies, qu'au Conseil municipal de Paris et se fit une réputation d'économiste. — Il a voté le projet d'expulsion totale des princes.

M. Camille Dreyfus a publié plusieurs ouvrages estimés d'économie politique et financière. Il dirige, en outre, la rédaction de la *Grande Encyclopédie*, véritable monument de la littérature et des sciences contemporaines, dont il est le secrétaire général.

DROZ, Gustave, peintre et littérateur français, né à Paris le 9 juin 1832, est fils du sculpteur Jules-Antoine Droz, mort en janvier 1872. Il fit ses études aux collèges Henri IV et Stanislas, puis il entra à l'École des Beaux-Arts en 1852 et devint élève de Picot. Après avoir exposé à divers salons, il débuta dans une carrière différente, en 1864, par des articles humoristiques sur la vie élégante, publiés dans le journal que venait de fonder Marcellin, son ami: la *Vie parisienne*. Le charme spirituel et enjoué de ses observations fit un grand succès à leur auteur, qui signait alors « Gustave Z. » et fit avidement rechercher tout ce qui portait cette signature, dont on eût bien voulu lever le masque. Cet accueil encourageant engagea M. Gustave Droz à réunir en volume ses premiers articles, qui n'eurent pas moins de succès sous cette nouvelle forme. Il a ainsi donné successivement: *Monsieur, Madame et Bébé (1866)*; *Entre nous (1867)*; le *Cahier bleu de Mlle Cibot (1868)*; *Autour d'une source (1869)*; un *Paquet de lettres (1870)*;

Babolain (1872); les *Etangs (1875)*; une *Femme gênante (1876)*; *Tristesses et sourires (1884)*; l'*Enfant (1885)*, etc. Il a collaboré, en outre, à l'*Opinion Nationale* et à la *Revue des Deux-Mondes*, où ont paru d'abord la plupart de ses derniers ouvrages.

M. Gustave Droz a posé sa candidature au fauteuil laissé vacant à l'Académie française par la mort d'Edmond About, en concurrence avec MM. Manuel et Léon Say. Ce fut ce dernier qui triompha en fin de compte; mais à la première tentative d'élection, qui eut lieu le 25 juin 1885, l'Académie fatiguée, après cinq tours de scrutin sans résultat, dut renvoyer à six mois une nouvelle épreuve. C'est dire que l'élection de M. Droz est certaine dans un délai peu éloigné.

DUBIEF, Louis, administrateur français, directeur de l'institution Sainte-Barbe, est né à Paris le 1er novembre 1821, et a fait ses études à l'institution dont il est devenu le chef. Après de brillants succès universitaires, il suivit les cours de la faculté de droit, tout en s'occupant de travaux littéraires, collabora à diverses revues et entra dans l'administration sous le ministère de M. de Fortoul. Inspecteur d'académie dans la Meurthe, l'Allier, les Alpes-Maritimes et les Bouches-du-Rhône, de 1850 à 1861, M. Dubief devint, au mois de juin de cette dernière année, chef du cabinet de M. Rouland, ministre de l'instruction publique. Il résigna ses fonctions à l'avènement de M. Duruy, en juillet 1863, et fut nommé inspecteur de l'Académie de Paris, délégué à la préfecture de la Seine et chargé de la surveillance des écoles primaires et municipales de Paris. Membre du conseil d'administration de l'institution Sainte-Barbe depuis 1864, il fut choisi par ses collègues, en mars 1866, pour prendre la direction de cette institution, en remplacement de M. Labrouste qui venait de mourir. — Membre de la commission d'examen des livres scolaires depuis 1863, et du Conseil de l'enseignement secondaire spécial depuis 1864, il était nommé, à la fin de 1866, membre du Conseil supérieur de l'instruction publique, position dans laquelle il a été maintenu jusqu'ici. M. Dubief est officier de l'instruction publique depuis 1854; chevalier de la Légion d'honneur depuis 1862, il a été promu officier le 20 octobre 1878. — Il n'a pas publié autre chose que ses thèses de doctorat ès-lettres.

Aux élections municipales du 23 juillet 1871, M. Dubief fut élu au premier tour membre du Conseil municipal de Paris, pour le quartier de la Sorbonne (5e arrondissement). Il se représenta aux élections du 29 novembre 1874; mais cette fois il échoua, et ce fut M. Massol, son concurrent, qui fut élu, également au premier tour.

DU BODAN, Charles Michel Christophe Guillo, ancien magistrat et homme politique français, né à Quimper le 23 mai 1827. Procureur impérial à Orléans pendant la guerre, il résista énergiquement et non sans danger aux prétentions des Prussiens, maîtres de cette ville, et donna sa démission après la signature de la paix. Elu représentant du Morbihan le 27 avril 1873, en remplacement de M. Bouchet, et député de la première circonscription de Vannes le 20 février 1876, M. du Bodan, clérical ardent, habitué des pèlerinages, rallié au parti légitimiste, siégea à droite. Il a été réélu le 14 octobre 1877 et le 21 août 1881. Porté sur la liste monarchiste du Morbihan aux élections générales du 4 octobre 1885, M. du Bodan a été élu avec ses amis, la liste républicaine ayant été complètement battue dans ce département.

DUBOIS, Alphée, graveur en médailles, né à Paris le 17 juillet 1831; est élève de son père, mort en 1863, de Barre père et de Duret, et remporta le grand prix de Rome au concours de 1855, sujet: *Guerrier mourant sur l'autel de la patrie*. On cite parmi ses envois de Rome: le *Pape bénissant le prince impérial à sa naissance*; et parmi ses œuvres exposées aux salons annuels: la médaille commémorative de la *Réception des ambassadeurs du roi de Siam à Fontainebleau*, des médailles à l'effigie de *Viennet*, de *M. de Montigny (1863)*; de l'*Empereur*, de *M. Menier*, bronze (1864); deux camées: l'*Empereur et l'Impératrice*, sardonyx, et une *Transtévérine*, agate-onyx (1865); une médaille commémorative de l'*Inauguration de la statue de Napoléon Ier à Rouen*, et une autre à l'effigie du *Roi de Suède (1866)*; médaille commémorative de l'*Exposition internationale de pêche, de Boulogne-sur-Mer (1868)*; méd. com. de la *Découverte de la 103e petite planète*, et méd. de *Récompense pour les horticulteurs (1869)*; méd. com. de la *Découverte de l'atmosphère solaire*, et méd. com. du *Centenaire de Napoléon (1872)*; méd. com. de l'*Emprunt national de 1872*; *M. Chevreul, membre de l'Académie des sciences*, médaille, bronze, face et revers; la *Paix et le Progrès*, partie centrale d'une décoration pour Costa-Rica, bronze doré, face et revers (1873); *Becquerel père*, médaille en plâtre, modèle et épreuve en bronze, ib., ib., commandée par l'Académie des sciences (1874); le *Maréchal Reille*, épreuve argent, face et revers; *Louis Pasteur*, épreuve bronze, id. pour l'Académie des sciences; médaille pour les récompenses de 2e et 3e classes (section de peinture), épreuve argent, ib., commandée par le ministère de l'instruction publique et des beaux-arts (1875). Il avait envoyé à l'Exposition de 1867, dix-huit médailles. Au Salon de 1876, il avait trois *Médailles militaires*, pour le Danemark, épreuves argent, face et revers. Citons encore de cet artiste: *M. J.-B. Dumas*, médaille en bronze et clichés, face et revers, bronze doré, pour l'Académie des sciences (1883); *Médaille de Le Verrier*, épreuve, plâtre, face et revers; l'*Etude de la géographie*, modèle, plâtre; et un *Portrait*, médaillon en plâtre (1884); la *Médaille de Le Verrier*, en bronze; une méd. com. de la *Mission scientifique du cap Horn*; et l'*Etude de la géographie*, en bronze (1885). — M. Alphée Dubois est, en outre, l'auteur des coins de la monnaie de bronze frappée en 1866 par le gouvernement espagnol, et d'un grand nombre de coins de jetons de présence pour administrations. Il a obtenu une médaille en 1868 et une en 1869, et la croix de la Légion d'honneur en 1883.

DUBOIS, François Auguste, homme politique français, né à Arnay-le-Duc (Côte-d'Or) le 28 mars 1814. Après avoir exercé, jusqu'en 1865, les fonctions d'avoué près la Cour de Dijon, M. F. Dubois céda son étude et fut, cette même année, élu membre du Conseil municipal et nommé adjoint au maire de Dijon. Nommé maire en août 1870, il y fut maintenu après le 4 septembre, et remplit ses fonctions à l'époque douloureuse de l'occupation allemande, de telle sorte que la population dijonnaise lui remit, après la paix, une adresse de félicitations des plus flatteuses et des plus honorables. Aux élections générales du 8 février 1871, il fut élu, en tête de la liste, représentant de la Côte-d'Or à l'Assemblée nationale. M. Dubois prit place dans les rangs de la gauche républicaine. En 1872, il donna sa démission de maire de Dijon. Il est membre du Conseil général de la Côte-d'Or, pour le canton d'Arnay-le-Duc, depuis 1871. Malgré une menace de concurrence bonapartiste, M. François Dubois se présentait *seul* aux électeurs de la première circonscription de Dijon, lors des élections générales du 20 février 1876. Il fut élu par 11,000 voix et alla reprendre sa place à la gauche de la Chambre des députés. Réélu le 14 octobre 1877 et le 21 août 1881 par la même circonscription, M. Fr. Dubois se présenta aux élections d'octobre 1885 sur la liste radicale et fut le seul candidat élu député de la Côte-d'Or au premier tour. Il a voté l'expulsion totale des princes.

DUBOIS, Paul, sculpteur et peintre français, né à Nogent-sur-Seine (Aube) le 18 juillet 1829. Destiné par sa famille à la carrière de la magistrature, il suivit, après de brillantes études littéraires, les cours de la faculté de droit de Paris, mais pas longtemps; et entrait dans l'atelier de A. Toussaint, où il resta de 1856 à 1858, pour y étudier la statuaire. En 1859, sur les conseils de son maître, il entreprenait un voyage d'étude en Italie, qui devait durer jusqu'en 1862, et au cours duquel il visita Florence, Rome, Naples, étudiant les grands maîtres avec passion. M. Paul Dubois a exposé aux Salons annuels d'une manière assez irrégulière; nous citerons: un *Buste d'enfant* et un *Portrait (1857)*; un *Médaillon*, en marbre (1859); *Narcisse au bain*, *Saint Jean-Baptiste (1863)*; *Saint Jean-Baptiste enfant (1864)*, d'après une esquisse prise à Florence; le *Chanteur florentin au quinzième siècle (1865)*, acquis par la princesse Mathilde, et qui fut le succès du salon de cette année-là; la *Vierge et l'Enfant Jésus*, à l'Exposition universelle de 1867, en compagnie du *Chanteur florentin* et des principales de ses œuvres précédentes. Citons encore: *Eve naissante*, statue, plâtre (1873); *Narcisse*, statue, marbre (1874); *Portrait de M. Henner*, buste, plâtre, *Portrait du Dr J. Parrot*, buste, plâtre, *Portrait d'un enfant*, buste, plâtre (1875); le *Courage militaire* et la *Charité*, figures destinées au monument du général Lamoricière, à Nantes (1876), lesquelles ont reparu à l'Exposition universelle, avec la statue couchée du *Général Lamoricière* et le buste de *Paul Baudry (1878)*. Citons encore de M. Paul Dubois: la statue équestre du connétable *Anne de Montmorency*, en plâtre, pour le château de Chantilly et le *Portrait de M. Charles Gounod, membre de l'Institut*, buste en bronze (1880). — M. Paul Dubois a également exposé quelques dessins et quelques toiles, notamment: le *Christ mort*, d'après Sébastien del Piombo; *Tête de madone*, d'après Léonard de Vinci; *Portrait de femme*; *Adam et Eve*, d'après la fresque de Raphaël; la *Magdeleine*, d'après Andrea del Sarte; des *Portraits*, etc., dessins. Nous citerons également les toiles suivantes: *Portrait de mademoiselle L...*, *Portrait du jeune B... (1873)*; *Portrait de mademoiselle B. M. (1875)*; et au Salon de 1876: *Portraits de mes enfants* et *Portrait de madame ****, et d'autre *Portraits* anonymes, notamment aux Salons de 1883, 1884, 1885 et 1886. — M. Paul Dubois a obtenu, pour la sculpture: une 2e médaille en 1863, la médaille d'honneur en 1865, une 2e médaille en 1867 et de nouveau la médaille d'honneur en 1876 et en 1878; et pour la peinture: une 1re médaille en 1876 et une autre 1re médaille en 1878. Chevalier de la Légion d'honneur en 1867, il a été promu officier en 1874 et commandeur le 9 juillet 1886. Membre du comité des Beaux-Arts pour les Expositions internationales, il a fait partie du jury de l'Exposition de Vienne en 1873, pour le 25e groupe (beaux-arts). Il avait été élu, le premier, juré d'admission pour la section de sculpture à l'Exposition universelle de 1878. Elu membre de l'Académie des beaux-arts, en remplacement de Perraud, le 30 décembre 1876, M. Paul Dubois a succédé à M. Guillaume comme directeur de l'Ecole des beaux-arts le 30 mai 1878.

DU BOIS-REYMOND, Emil Heinrich, physiologiste allemand, descendant d'une famille d'origine française expatriée pour cause de religion (quoiqu'il n'ait pas manifesté une grande sympathie pour la France ni un respect exagéré pour la science française, dans des circonstances qu'il est inutile de rappeler), est né à Berlin le 7 novembre 1818. Il fit ses études aux universités de Bonn et de Berlin, et eut à cette dernière Johann Muller pour professeur d'anatomie et de physiologie. En 1851, ses recherches sur l'électricité animale, entreprises sur les conseils de son maître lui ouvraient les portes de l'Académie royale, aujourd'hui impériale, dont il devenait le secrétaire perpétuel en 1858. La même année, il succédait à J. Muller dans la chaire d'anatomie et de physiologie de l'université de Berlin. — On a de ce savant: *Quæ apud veteres de piscibus electricis extant argumenta*, sa thèse de doctorat ès-sciences naturelles (1843); *Recherches sur l'électricité animale (1848-49-60*, 3 vol.); *De fibræ muscularis reactione ut chemicis visa est acida (1859)*; *Description de quelques appareils et de quelques expériences dans les recherches électro-physiologistes (1863)*; *Sur l'enseignement des universités (1870)*; les *Idées de Leibniz et les sciences naturelles modernes (1871)*; les *Limites de la connaissance de la nature (1872)*, etc. Il a collaboré aux *Annales de Poggendorf*, aux *Actes* de l'Académie des sciences de Berlin et dirige les *Archives d'anatomie et de physiologie*. M. Du Bois-Reymond est en outre directeur du laboratoire et des appareils de physiologie et membre du Conseil privé de l'empereur.

DUBOST, Henri Antoine, dit Antonin, publiciste et homme politique français, né à l'Arbresle (Rhône) le 6 avril 1842. Il fut d'abord clerc dans une étude d'avoué, à Lyon, puis vint à Paris, et collabora aux journaux d'opposition radicale, tels que le *Courrier français*, la *Marseillaise*, etc. Nommé secrétaire général de la Préfecture de police, au 4 Septembre, il remplit ces fonctions pendant six semaines, fut nommé préfet de l'Orne le 3 janvier et alla prendre possession de sa préfecture par la voie aérienne; il donna sa démission au mois de mai suivant. Il devenait en février 1879 chef du cabinet du ministre de la justice et était nommé en même temps conseiller d'Etat en service extraordinaire. Une élection partielle s'étant offerte dans l'arrondissement de la Tour-du-Pin, par suite de la mort de M. Reymond le 19 décembre 1880, M. Antonin Dubost s'y présenta, fut élu et prit place au groupe de l'Union républicaine. Réélu par le même collège le 21 août 1881, M. Dubost est monté assez souvent à la tribune et a fait partie de nombreuses commissions dont plusieurs l'ont choisi pour rapporteur. Il a été élu député de l'Isère le 4 octobre 1885 et a voté l'expulsion totale des princes. — M. Antonin Dubost a publié: les *Suspects en 1858*, avec M. Ténot (1868); et diverses brochures: *Des conditions du gouvernement en France*, *Danton et la politique contemporaine*, *Danton et les massacres de septembre*, la *Situation actuelle et le régime parlementaire*, etc.

DUBOYS-FRESNEY, Etienne, général et homme politique français, sénateur, fils d'un colonel du génie, est né à Saint-Servan le 15 août 1808. Entré à l'Ecole polytechnique en 1825, il en sortit en 1827 dans l'arme du génie. Il fut député de Château-Gontier de 1842 à 1846 et siégea sur les bancs de l'opposition, devint commandant en second de l'Ecole polytechnique et fut promu général de brigade en 1867. — Elu représentant de la Mayenne à l'Assemblée nationale le 2 juillet 1871, le général Duboys-Fresney prit place au centre gauche républicain. Aux élections sénatoriales du 30 janvier 1876, il fut le seul candidat du parti républicain dans le département de la Mayenne, qui avait deux sénateurs à élire: il fut élu le premier des deux, et prit place à la gauche républicaine. Au renouvellement partiel du Sénat, qui eut lieu le 5 janvier 1879 pour la Mayenne, le général Duboys-Fresney fut réélu dans les mêmes conditions. Il a voté contre l'expulsion des princes.

Membre de la commission d'enquête sur l'affaire de l'Ecole polytechnique (communication de l'épure à certains élèves), le général Duboys-Fresney fut amené, avec MM. le général de Chanal, Sacaze et Sadi-Carnot, à protester contre le rapport trop partial de M. Bertrand (juillet-août 1876), lequel pour arrondir la phrase finale, jugée défectueuse, n'avait su trouver que des mots blâmant la conduite des élèves qui avaient dénoncé la fraude. — M. le général Dubois-Fresney est grand officier de la Légion d'honneur depuis le 25 janvier 1871.

DUBRAY, Vital Gabriel, sculpteur français, né à Paris le 27 février 1818. Elève de Ramey fils, il débuta au Salon de 1840 par un *Buste*. Nous citerons parmi les œuvres qu'il a exposées depuis: *Sainte Philomène (1842)*; *Saint Jean-Baptiste prêchant (1843)*; *Joueur de trottola (1844)*; *Saint Sébastien (1845)*; *Spontini et le génie de la musique* et un buste d'*Eschyle (1846)*; le *Maître à tous (1847)*; l'*Enfant prodigue (1849)*; le *Général Charles Abbatucci (1850)*; *Prévost d'Exiles (1851)*; *Napoléon III (1853)*; *M. Rouher*, l'*Amour vainqueur (1855)*; l'*Impératrice Joséphine*, au musée de Versailles, *Clodion*, *Sully*, *Lannes*, le *Sacre de Joséphine*, l'*Eté*, pour le nouveau Louvre, le *Cardinal Fesch*, pour la ville d'Ajaccio (1857); *Joseph Pothier (1859)*; le *Colonel Abbatucci (1861)*; l'*Incorrigible (1863)*; *Edouard Adam*, pour la ville de Montpellier (1864); *Napoléon Ier*, statue équestre, pour Rouen (1865); *Saint Bernard (1866)*; le *Poète Jasmin (1867)*, bronze; *Œdipe et le sphynx (1868)*; *Joseph Bonaparte (1869)*; le *Pauvre aveugle (1872)*; *Ange funèbre*, statue en bronze, destinée à la décoration d'une chapelle élevée à Canton à la mémoire des soldats français morts pendant l'expédition de Chine (1876); *Portrait de Mlle Giovanna Dubray*, terre cuite (1883); *Portrait de M. P. Calla*, buste en marbre; la *Nuit*, buste, marbre (1880) et une quantité de portraits-bustes anonymes. Citons encore les dix bas-reliefs en bronze qui décorent la statue de *Jeanne d'Arc* à Orléans et qui retracent les faits principaux de sa vie (1861); un *Saint Benoit*, à l'Eglise Saint-Etienne-du-Mont (1863); le fronton du théâtre de la Gaité (1864); l'*Apparition du Sacré Cœur*, groupe, pierre; un *Saint Joseph* et une *Vierge immaculée*, statues en pierre, pour l'église Sainte-Paterne, à Orléans (1884), etc. — M. Vital Dubray a obtenu une 3e médaille en 1844; il a été nommé chevalier de la Légion d'honneur en 1857 et promu officier en 1865.

DUBRUJEAUD, Albert, journaliste français, né à Paris le 21 février 1852. Après avoir collaboré à diverses petites feuilles éphémères écloses au quartier latin, M. Albert Dubrujeaud parut abandonner le journalisme pour le commerce et devint le principal associé d'une importante maison de librairie. Il demeura muet pendant cinq années, au bout desquelles il fit paraître, à ses propres risques, un pamphlet hebdomadaire: les *Propos d'un frondeur*, qu'il rédigea seul et dont il a mis tous ses soins, depuis, à retirer de la circulation jusqu'au dernier exemplaire. Devenu rédacteur au *Gaulois*, sous la direction de M. Robert Mitchell, il suivit celui-ci dans sa retraite. En 1884, M. Aurélien Scholl, qui allait fonder l'*Echo de Paris*, ayant remarqué les chroniques de M. Albert Dubrujeaud, l'appela auprès de lui; et c'est à sa collaboration à ce journal que le jeune chroniqueur

doit surtout la notoriété assez considérable qui s'est attachée à son nom. Il a également collaboré au *XIXe Siècle* et à d'autres journaux sous le pseudonyme d'« Albert Darnelle », et a donné sous celui de « Puck », en collaboration avec un jeune avocat de ses amis, quelques fantaisies au *Figaro*.

DU CAMP, Maxime, littérateur français, né à Paris le 8 février 1822. Ses études terminées, il fit, en 1844-45, un voyage en Orient, au retour duquel il s'occupa de photographie. En 1848, il combattit l'insurrection de Juin dans les rangs de la garde nationale, fut blessé et reçut la croix de la Légion d'honneur. Il fut chargé, l'année suivante, par le ministère de l'instruction publique, d'une mission spéciale en Orient, et parcourut l'Egypte, la Nubie, la Palestine, l'Asie Mineure, prenant sur son chemin des vues intéressantes, et rapporta à son retour, en 1851, une nombreuse collection de clichés photographiques destinés à l'illustration du grand ouvrage qu'il publiait peu après, dans lequel ce genre d'illustration fut employé pour la première fois. Dès 1851, il prenait part à la fondation de la *Revue de Paris*, à laquelle il collabora jusqu'à sa suppression en 1858. Il a également collaboré à la *Revue des Deux-Mondes*, à la *Revue de France*, au *Moniteur universel*, etc. — On doit à M. Maxime Du Camp : *Souvenirs et Paysages d'Orient, Smyrne, Ephèse, Magnésie, Constantinople, Scio (1848), Egypte, Nubie, Palestine, Syrie (1851*, in-f°); le *Livre posthume, mémoires d'un suicidé (1853)*; le *Nil, lettres sur l'Egypte et la Nubie (1853)*; les *Chants modernes*, poésies (1855); les *Beaux-Arts à l'Exposition universelle de 1855 (1855)*; l'*Eunuque, mœurs musulmanes (1856)*; les *Six aventures (1857)*; le *Salon de 1857 (1857)*; *Mes Convictions*, poésies (1858); *En Hollande, lettres à un ami (1859)*; le *Salon de 1859 (1859)*; *Expédition des Deux-Siciles, souvenirs personnels (1861)*; le *Salon de 1861 (1861)*; l'*Homme au bracelet d'or (1862)*; le *Chevalier du Cœur-Saignant (1862)*; les *Buveurs de cendres (1866)*; les *Beaux-Arts à l'Exposition universelle de 1867*, les *Forces perdues (1867)*; *Orient et Italie, souvenirs de voyages et de lectures (1868)*; *Paris, ses organes, ses fonctions, sa vie* (1869-75, 6 vol. in-8°), ouvrage le plus curieux et en même temps le plus complet qui ait jamais été écrit sur la capitale de la France et qu'il a, en quelque sorte, continué dans les ouvrages suivants : *Souvenirs de l'année 1848 (1876)*; les *Ancêtres de la Commune*, l'*Attentat Fieschi (1877)*; les *Convulsions de Paris* (1878-80, 2 vol.); la *Charité privée à Paris (1884)*, etc.

M. Maxime Du Camp figurait sur la dernière liste des sénateurs de l'empire, composée par M. Emile Ollivier, à côté d'Emile de Girardin; le décret de nomination était signé, mais les événements politiques ne permirent pas de le promulguer, et bientôt le Sénat lui-même disparut avec les autres institutions impériales. M. Du Camp a été élu membre de l'Académie française, le 26 février 1880, au fauteuil de Saint-René Taillandier. Il représentait l'Académie aux fêtes du *cinq-centième* anniversaire de l'université d'Heidelberg (août 1886). — M. Du Camp est officier de la Légion d'honneur depuis 1853.

A l'Académie, M. Maxime Du Camp s'est signalé à deux reprises par un esprit d'intolérance plus remarquable, à cause de son passé, chez lui que chez beaucoup d'autres. Il était directeur en 1885, et en conséquence, l'usage voulait qu'il représentât l'Académie française aux obsèques de Victor Hugo et fît un discours sur sa tombe. M. Du Camp se récusa, Victor Hugo ayant été, comme tout le monde sait, un partisan de la Commune, ou du moins un ami des hommes qui y ont participé ou ont été convaincus d'y avoir participé, et dont M. Maxime Du Camp s'est fait des ennemis personnels pour arriver plus sûrement à l'Académie. En 1886, c'est autre chose : M. Du Camp se récuse encore, et cette fois dans un cas où jusqu'à lui, personne n'avait même songé à le faire : la réception d'un nouveau collègue. Il a fallu que l'Académie désignât d'office un de ses membres pour répondre à M. Leconte de Lisle; et pourquoi? parce que c'est à Victor Hugo que M. Leconte de Lisle succède. Il suffit, vraiment, de signaler des faits pareils. Nous n'irons pas jusqu'à dire que M. Dupanloup est dépassé par M. Du Camp, mais c'est tout.

DU CHAILLU, Paul Belloni, voyageur américain d'origine française, né à Paris le 31 juillet 1835. Son père, agent consulaire, possédait un établissement commercial, près de l'embouchure du Gabon, sur la côte occidentale d'Afrique, où le jeune Paul se rendit de bonne heure et se familiarisa promptement avec les mœurs et le langage des tribus avoisinantes, s'occupant beaucoup en même temps d'histoire naturelle. En 1852, il se rendit aux Etats-Unis, où il se fit plus tard naturaliser, avec une cargaison de bois d'ébène. Il y publia alors, dans le *New-York Tribune*, une série d'articles sur le Gabon. En octobre 1855, il s'embarqua à New-York à destination de l'Afrique, se proposant d'explorer les régions, jusque-là inconnues, qui s'étendent à deux degrés de chaque côté de l'équateur. Il passa environ quatre ans dans ces régions, pénétrant jusqu'à 14° 15' Est, et visitant des parties du globe non encore explorées par aucun blanc. Pendant le cours de cette campagne, il tua et empailla deux mille oiseaux rares, parmi lesquels il s'en trouvait soixante espèces inconnues jusqu'à ce jour aux naturalistes, outre mille autres animaux divers, dont plusieurs gorilles d'espèces à peu près inconnues, et vingt espèces d'animaux non classés. Il revint à New-York en 1859, rapportant une collection nombreuse d'armes, d'outils et ustensiles de toute sorte en usage dans les tribus qu'il avait visitées et une énorme quantité de spécimens d'histoire naturelle; le tout y fut exposé publiquement et la plupart de ces objets furent ensuite achetés pour le Musée britannique. La relation de cette expédition a été publiée sous ce titre : *Explorations et aventures dans l'Afrique équatoriale* (New-York et Londres, 1861; nouvelle édition, revue, 1871). La publication de cet ouvrage fut, en Angleterre, l'objet d'une polémique ardente, où l'auteur avait pour adversaire le professeur Gray et pour défenseurs Owen et sir Roderick Murchison. Du Chaillu reçut les critiques du premier avec une loyauté et une déférence telles, qu'il ne voulut avoir recours à d'autres moyens, pour se justifier de l'accusation d'erreur et d'exagération qui pesait sur lui, qu'à celui d'une nouvelle exploration des mêmes contrées. Il s'y prépara par l'étude des sciences dont il ne possédait qu'une teinture superficielle, et apprit l'usage des instruments de physique et d'astronomie, ainsi que l'art de la photographie. Il fréta alors une goélette, partit d'Angleterre le 6 août 1863 et atteignit l'embouchure de l'Ogobai le 10 octobre suivant. Malheureusement, le canot qui portait ses instruments s'envasa et fut perdu; il fut, en conséquence, obligé de renvoyer en Angleterre pour en obtenir de nouveaux. En les attendant, il se livra à quelques campagnes de chasse qui lui fournirent les moyens d'étudier sur nouveaux frais les mœurs du gorille. En septembre 1864, ses instruments lui étant parvenus, il se dirigea vers l'intérieur, revit quelques-uns des lieux qu'il avait déjà parcourus, fit beaucoup d'observations minutieuses et pénétra enfin au milieu de tribus inconnues jusque-là de l'homme civilisé. A la suite d'un conflit avec une de ces tribus, conflit dans lequel il perdit tout ce qu'il possédait, excepté les plus importantes de ses notes, il dut battre en retraite vers la côte, en septembre 1865. Il a publié le récit de cette expédition sous ce titre : *Voyage à la terre d'Ashango* (Londres et New-York, 1867). Il passa ensuite quelques années aux Etats-Unis, faisant avec succès des lectures, écrivant pour la jeunesse des livres de lecture instructive et agréable, dont les épisodes saillants de ses aventures de voyage font le sujet. Ces ouvrages sont : *Histoire du pays des gorilles (1868)*; la *Vie sauvage sous l'équateur (1869)*; *Perdu dans les jungles (1869)*; *Mon royaume d'Apengé (1870)*; et le *Pays des nains* (The Country of the dwarfs, 1871). En 1872, M. du Chaillu fit un voyage en Suède, en Norwège, en Laponie et dans la Finlande. Il était de retour à New-York en décembre 1873. Il publia, plus tard, la relation de ce voyage sous ce titre : *The Land of the midnight sun* (la Terre du soleil de minuit, 1881).

Sauf quelques erreurs de dates sans importance, résultant de la perte de ses notes, la véracité des relations de voyage de M. du Chaillu a été maintes fois confirmée par les voyageurs qui ont visité les mêmes régions. Il ne semble pas toutefois qu'aucun autre voyageur, après lui, ait pénétré dans le pays du gorille et l'ait pu étudier, pour ainsi parler, chez lui. Les gorilles empaillés et les squelettes montés que M. du Chaillu a rapportés avec lui, les notes descriptives qu'il a publiées sur cette espèce gigantesque de la famille des singes, est à peu près tout ce que nous en savons encore aujourd'hui.

DUCHASSEINT, Jean-Baptiste Félix Delarchier, homme politique français, né le 20 janvier 1814 à Lezoux (Puy-de-Dôme). Licencié en droit, membre du Conseil d'arrondissement depuis 1840 et du Conseil général depuis 1848, M. Duchasseint protesta contre le coup d'Etat du 2 décembre 1851 par une lettre rendue publique, donna sa démission et rentra dans la vie privée, d'où il ne sortit qu'après la chute de l'empire, s'occupant principalement d'agriculture et prenant aux concours régionaux une part brillante. De nouveau conseiller général du Puy-de-Dôme depuis 1871, M. Duchasseint fut élu député de l'arrondissement de Thiers le 20 février 1876, et prit place dans les rangs de la gauche. Réélu le 14 octobre 1877 et le 21 août 1881, il figurait aux élections d'octobre 1885 sur la liste républicaine du Puy-de-Dôme et fut élu au scrutin du 18. Il a voté l'expulsion totale des princes.

DUCHATEL (comte), Charles Jacques Marie, diplomate et homme politique français, né à Paris le 19 octobre 1838, est fils de l'ancien ministre de Louis-Philippe. Il fit ses études à Paris et se fit recevoir avocat. Commandant de la garde nationale mobilisée de l'arrondissement de Jonzac (Charente-Inférieure) pendant la dernière guerre, M. le comte Duchâtel fut élu représentant de ce département à l'Assemblée nationale le 8 février 1871, et du canton de Mirambeau au Conseil général au mois d'octobre suivant. Il prit place au centre gauche de l'Assemblée, et est l'auteur de la proposition de transfert des pouvoirs publics de Versailles à Paris. Battu aux élections du 20 février 1876, dans l'arrondissement de Jonzac, par M. Eschassériaux fils, candidat bonapartiste, M. le comte Duchâtel était nommé en octobre suivant envoyé extraordinaire et ministre plénipotentiaire de la République française en Danemark, transféré en 1878 à Bruxelles en la même qualité et nommé ambassadeur à Vienne au mois d'avril 1880. Il donnait sa démission de ce dernier poste en juillet 1883, en manière de protestation contre les mesures dont étaient l'objet les princes de la famille d'Orléans. Aux élections d'octobre 1885, M. le comte Duchâtel se présenta isolément au premier tour et sur la liste républicaine au scrutin de ballottage, dans la Charente-Inférieure. Il fut élu le 18 octobre et reprit sa place au centre gauche. Inutile d'ajouter qu'il repoussa de son vote les deux propositions d'expulsion des princes.

DUCHÉ, Antoine Marie Scævola, homme politique français, fils d'un proscrit du 2 décembre, est né en 1843 à Saint-Etienne. Ayant nécessairement suivi son père dans son exil, en Angleterre, il rentrait avec lui en 1865 et prenait part dès lors aux luttes du parti républicain contre l'empire. Aux élections de février 1871, M. Duché échoua dans la Loire, avec une majorité importante. Conseiller général de ce département depuis 1880, successivement rédacteur à l'*Eclaireur de Saint-Etienne*, à la *République des Paysans*, au *Républicain de la Loire*, M. Scævola Duché fut élu député de la Loire au scrutin du 18 octobre 1885. Il siège à gauche et a voté l'expulsion des princes (projet Brousse).

DUCHER, Claude, homme politique français, médecin, né à Carmartin (Saône-et-Loire) en 1833. Il fit ses études médicales à Paris, fut nommé sous-aide major et fit en cette qualité la campagne de Crimée. De retour en France, il quitta l'armée, s'établit à Thoissey (Ain) et devint médecin en chef de l'Hôtel-Dieu. Membre du Conseil général de l'Ain depuis 1871 et maire de Thoissey depuis 1875, M. le docteur Ducher se présenta aux élections, sur la liste républicaine, le 4 octobre 1885, et fut élu. Il a pris place à gauche, et a voté l'expulsion totale des princes.

DUCHESNE, Albert, homme politique français, né à Paris vers 1848. Avocat à la cour d'appel de Paris, secrétaire de M. Rousse, de l'Académie française, M. Albert Duchesne a présidé la conférence Molé; il est en outre attaché à la rédaction de la *Gazette des tribunaux* et a collaboré à un grand ouvrage de jurisprudence criminelle publié par son père, M. Duchesne, greffier à la Cour de cassation, chevalier de la Légion d'honneur. Après avoir échoué aux élections de 1881 dans l'arrondissement de Compiègne, où se trouvent ses propriétés, M. Albert Duchesne a été élu député de l'Oise au scrutin du 18 octobre 1885, et a pris place dans les rangs de la droite, non parmi ceux de ses membres qui se font le plus remarquer par le calme de leur attitude.

DUCLERC, Charles Théodore Eugène, publiciste et homme politique français, ancien ministre, sénateur, né à Bagnères-de-Bigorre le 9 novembre 1812, fit ses études dans sa ville natale et vint ensuite à Paris où, bientôt aux prises avec les difficultés de la vie, il entra comme correcteur au journal le *Bon sens*, en 1836. Il devint peu après l'un des principaux rédacteurs de cette feuille, puis de la *Revue du progrès (1838)* et passa ensuite au *National*, auquel il resta attaché de 1840 à 1846 et où il traita spécialement et avec une très grande compétence les questions économiques et financières. Il collabora en outre au *Dictionnaire politique* de Pagnerre. Nommé, le 25 février 1848, adjoint au maire de Paris, il suivit Garnier Pagès au ministère des finances, en qualité de sous-secrétaire d'Etat, et le remplaça peu après (10 mai) comme ministre, à la tête de ce département. M. Duclerc avait été élu représentant des Landes à la Constituante. Il vota constamment avec la gauche, et se fit remarquer dans plusieurs circonstances par une attitude à la fois énergique et humaine. Pendant les journées de Juin, notamment, il exposait plusieurs fois sa vie, cherchant à ramener le peuple en armes à des sentiments plus justes (peut-être) des intentions de l'Assemblée à son égard, et revenait à l'Assemblée tenter de ramener celle-ci à une appréciation certainement plus saine, en tout cas plus humaine, de la situation, s'écriant : « Le peuple est bon, seulement il souffre horriblement... » A quoi Garnier Pagès répondait quelques minutes après par son trop fameux : « Il faut en finir avec les agitateurs ! » M. Duclerc, après l'écrasement de l'insurrection, combattit courageusement, mais vainement, toutes les mesures de répression proposées et finalement adoptées par l'Assemblée : l'état de siège, les transportations sans jugement, etc.; et lorsque ces mesures furent adoptées, il résigna son portefeuille, en manière de protestation. Il reprit alors son siège de représentant, qu'il conserva jusqu'à la dissolution de l'Assemblée constituante, puis rentra volontairement dans la vie privée, quelque peu dégoûté, croyons-nous, de la vie politique à laquelle il échappait. Il s'occupa dès lors d'affaires industrielles, devint administrateur de la Société de la canalisation de l'Ebre, en Espagne, puis directeur du Crédit mobilier espagnol. — Sous le second empire, M. Duclerc refusa plusieurs candidatures au Corps législatif. Il ne reparut sur la scène politique qu'après le 4 septembre : il fut nommé par le gouvernement de la Défense Nationale, le 29 décembre 1870, président de la commission de vérification des comptes des ministres pour 1870. Elu, le 8 février 1871, représentant des Basses-Pyrénées à l'Assemblée nationale, il prit place à gauche, devint président de la réunion de la gauche républicaine et vice-président de l'Assemblée nationale du 15 mars 1875 à la dissolution. M. Duclerc a fait partie des diverses commissions du budget et pris une part toute particulière aux discussions financières. Il a fait également partie de la Commission supérieure des expositions internationales, créée par décret du 30 décembre 1871. M. Duclerc a été élu par l'Assemblée, le 10 décembre 1875, au second tour de scrutin et le cinquième, sénateur inamovible. Il devint peu après vice-président du Sénat.

Lors de la crise ministérielle que signala le commencement de décembre 1876, il fut très sérieusement question que le maréchal-président avait jeté les yeux sur M. Duclerc pour lui confier la formation d'un nouveau cabinet. Une autre combinaison finit par prévaloir. Mais il accepta cette mission de M. Grévy, à la suite du vote de la Chambre refusant au ministère Freycinet les crédits nécessaires pour engager contre l'Egypte une action commune avec l'Angleterre. Le cabinet Duclerc était constitué le 7 août 1882; M. Duclerc y prenait, avec la présidence du conseil, le portefeuille des affaires étrangères. Dans la première session de 1883, plusieurs propositions d'ordre politique assez grave, notamment au sujet des princes prétendants, furent soulevées à la Chambre et dans le sein du conseil, y provoquant un désaccord irrémédiable. M. Duclerc donna en conséquence sa démission le 28 janvier, suivi dans sa retraite par les ministres de la marine et de la guerre, MM. le général Billot et l'amiral Jauréguiberry. Il fut remplacé par M. Fallières et reprit son siège de sénateur. Dans le vote de la loi sur l'expulsion des princes M. Duclerc s'est abstenu.

DUCROZ, Albert, homme politique français, ancien suppléant du juge de paix, avoué, maire de Bonneville (Haute-Savoie), est né à Sallanches le 21 mai 1820. Elu, le 20 février 1876, député de Bonneville, il siégea au centre gauche. M. Ducroz a été réélu, le 14 octobre 1877 et le 21 août 1881. Il a voté à peu près constamment

avec le groupe de l'Union républicaine. Elu député de la Haute-Savoie le 14 octobre 1885, M. Ducroz a repris son siège à la gauche de l'assemblée. Il a voté l'expulsion totale des princes.

DUFAY, Jean François Charles, médecin et homme politique français, né à Blois le 24 juin 1815, fit ses études au collège de sa ville natale et sa médecine à Paris, où il fut reçu docteur en 1845. Il s'établit alors dans sa ville natale, devint rédacteur en chef du *Républicain de Loir-et-Cher (1848-1849)*, puis médecin des tribunaux, de la gendarmerie, des prisons et des enfants assistés (1850-1855). Son dévouement pour les victimes du choléra de 1849 lui valut une médaille d'argent du ministère de l'intérieur. Président de l'Association médicale de Loir-et-Cher depuis 1864, M. le docteur Dufay est, en outre, membre du Conseil central d'hygiène et de salubrité publiques, de l'Association scientifique de France, de l'Association française pour l'avancement des sciences, etc. Nommé maire de Blois en 1871, M. Dufay a été élu, le 2 juillet de la même année, représentant de Loir-et-Cher à l'Assemblée nationale, et a pris place dans les rangs de la gauche républicaine, avec laquelle il a constamment voté. Il s'est présenté dans son département aux élections sénatoriales du 30 janvier 1876, mais sans succès. Le 20 février suivant, il se présentait comme candidat républicain à la députation dans la première circonscription de Blois; il en appelait, pour employer ses propres expressions, « du suffrage restreint au suffrage universel ». Il fut élu à une très grande majorité, et son mandat lui fut renouvelé aux élections sénatoriales du 5 janvier 1879. M. le docteur Dufay a voté l'expulsion des princes. Il est membre du Conseil général de Loir-et-Cher.

On a de M. le docteur Dufay : *De l'Affection varioleuse*, sa thèse de doctorat; divers mémoires adressés à l'Académie des sciences, sur : l'*Epidémie de choléra de 1849*, la *Fièvre typhoïde*, l'*Ethérisation*, l'*Hydrothérapie*, etc.; il a collaboré à la *Gazette hebdomadaire de médecine et de chirurgie*, à l'*Union médicale*, à *the Lancet*, de Londres, etc.

DUFF, Mountstuart Elphinstone Grant, homme politique et magistrat anglais, fils de l'auteur de l'*Histoire des Mahrattes*, est né en 1829. Il fit ses études à Edimbourg et au collège Balliol, à Oxford, et fut admis au barreau à l'Inner Temple en 1854. Il est député-lieutenant pour les comtés d'Elgin et d'Aberdeen, et magistrat pour les comtés d'Elgin, Banff et Aberdeen. Il représente le comté d'Elgin à la Chambre des communes depuis décembre 1857, et a été installé lord recteur de l'université d'Aberdeen le 22 mars 1867. Nommé sous-secrétaire d'Etat pour les Indes en décembre 1868, il conserva ce poste jusqu'à la chute du ministère Gladstone, en février 1874; mais il le reprit au retour de son parti au pouvoir, en mai 1880, et entra du même coup au Conseil privé. Nommé gouverneur de Madras en juillet 1881, M. Grant Duff donnait peu après sa démission de ses doubles fonctions. — Il a publié : *Etudes sur la politique européenne; Un plan de politique; Discours d'Elgin (1871)*, etc.

DUFFERIN (comte de), Frédérick Temple Blackwood, pair d'Angleterre, né à Florence en 1826; fit ses études à Eton, puis à l'Eglise du Christ, à Oxford; mais il quitta l'Université sans avoir pris aucun grade. Il succéda au titre paternel le 21 juillet 1841, et fut gentilhomme de la chambre de la reine sous la première administration de lord Jonh Russell (1846-52), charge qu'il remplit de nouveau de 1854 à 1858. A l'époque de la famine (1846-47), il se rendit en Irlande, accompagné d'un ami, et publia à son retour une relation de ce voyage: *Narration of a journey from Oxford to Skibbereen, during the year of the Irish famine*. En février 1855, il fut attaché à la mission de lord John Russell à Vienne. En 1859, il faisait un voyage en Islande, dont il publiait la relation l'année suivante, sous ce titre : *Letters from high latitudes*. Il fut envoyé en Orient par lord Palmerston, en 1860, comme membre de la commission d'enquête sur les massacres de Syrie et, en récompense de la fermeté qu'il avait déployée dans cette occasion, il fut fait chevalier-commandeur de l'ordre du Bain. Sous-secrétaire d'Etat pour l'Inde, de 1864 au commencement de 1866 et sous-secrétaire d'Etat à la guerre, de cette dernière date au mois de juin suivant, il fut nommé, à l'avénement du ministère Gladstone en 1868, chancelier du duché de Lancastre et conserva ce poste jusqu'en avril 1872, époque où il fut nommé gouverneur général du Canada. Remplacé dans ce poste par le marquis de Lorne, en octobre 1878, lord Dufferin était nommé ambassadeur à Saint-Pétersbourg, en remplacement de lord Loftus, en février 1879, d'où il fut transféré à Constantinople en mai 1881; et en cette dernière qualité, il conclut avec la Porte une convention militaire relativement à l'expédition d'Egypte, laquelle n'eut d'ailleurs aucune suite. Au mois d'octobre suivant, lord Dufferin était chargé d'une mission au Caire, au sujet du soulèvement du parti national dont Arabi Pacha (voy. ce nom) était le chef. On sait que lord Dufferin eut peu d'influence sur les événements qui se produisirent alors, et que son intervention avait servi de peu, en somme, lorsqu'il rentra en Angleterre en 1883. Il n'en fut pas moins promu grand croix du Bain. Lord Dufferin a été nommé vice-roi des Indes en septembre 1884. — Il avait été créé baron en 1850 et comte du Royaume-Uni en novembre 1871. Il est chevalier de l'ordre de Saint-Patrick depuis 1863. — Outre les ouvrages précités, on lui doit divers ouvrages de littérature légère, parmi lesquels une satire sur la *High life* au dix-neuvième siècle, intitulée *The Honourable Impulsia Gushington*. Il est aussi auteur de plusieurs ouvrages sur l'Irlande : *Irish emigration and the tenure of Land in Ireland; M. Mill's plan for the pacification of Ireland examined;* et *Contributions to an Inquiry, into the state of Ireland*. Il a été publié en 1882, une collection de ses *Speeches and Addresses*.

DUFFY, sir Charles Gavan, journaliste irlandais et homme d'Etat australien, d'une famille ancienne, ayant fourni nombre de professeurs et d'ecclésiastiques éminents, est né à Monaghan, en 1816. A vingt ans, M. Duffy était rédacteur en chef-adjoint du *Dublin Morning Register* et, peu après, rédacteur en chef d'un journal important de Belfast. Il retourna à Dublin en 1842, et y fonda la *Nation*, avec Thomas Davis et John Dillon. La *Nation*, organe du parti de la « Jeune Irlande », eut bientôt le plus grand tirage et l'influence la plus considérable qu'un journal eût jamais obtenus dans ce pays. C'est dans ce journal que M. Duffy publia d'abord ses *Ballades irlandaises* (Ballad Poetry of Ireland), lesquelles eurent un si grand succès, sous la forme de volume, que le volume atteignait sa *quarantième* édition en 1870. En 1844, il fut impliqué dans le procès d'O' Connell, comme atteint et convaincu de sédition; mais il fut acquitté devant la Chambre des lords. En 1846, O'Connell se brouilla avec la Jeune Irlande, qui repoussait la politique de temporisation, l'« opportunisme » du grand agitateur, et se sépara d'elle. La Jeune Irlande établit alors une Confédération irlandaise, dont M. Duffy fut l'un des chefs fondateurs. Il fut de nouveau poursuivi, avec plusieurs autres chefs, pour crime de haute trahison; mais il fut de nouveau acquitté. Il ressuscita alors la *Nation*, supprimée un moment, et après avoir excercé la profession d'avocat (ayant été admis au barreau irlandais en 1846) pendant quelques années, il se porta candidat à New-Ross, contre sir Thomas Redington, sous-secrétaire d'Etat pour l'Irlande, et qui l'avait persécuté, en conséquence, avec un zèle excessif. Il battit son adversaire et fut élu membre de la Chambre des communes en juillet 1852. M. Duffy a été l'un des fondateurs de la Ligue des fermiers et, avec MM. Frederick Lucas et George-Henry Moore, du parti irlandais indépendant à la Chambre des communes. Mais la défection d'un certain nombre de membres de ce parti l'induisit à résigner son siège en 1856, et il émigra en Australie, où il se fit inscrire au barreau de Melbourne. Il revint bientôt à la politique et, dès 1857, devint ministre des travaux publics dans le premier cabinet responsable de Victoria. En 1858, il devint ministre des terres, et accepta de nouveau ce portefeuille en 1862, dans la troisième administration coloniale. M. Duffy fut président d'une commission parlementaire et ensuite d'une commission royale ayant pour objet la fédération des colonies australiennes. Après un voyage de deux années en Europe, il retourna en Australie, rentra au parlement de Victoria et devint premier ministre de la colonie en 1871. Comme tel, en juin 1872, M. Duffy essuya un échec parlementaire qui lui fut fort sensible, et il demanda la dissolution; mais le gouverneur de Victoria, vicomte Canterbury, s'y étant opposé, il donna sa démission. Peu après, le gouverneur offrit à M. Duffy l'ordre de Saint-Michel et Saint-George, qu'il refusa; mais les services qu'il avait rendus à la colonie réclamaient une récompense; sans se froisser de ce refus, le vicomte Canterbury récrivit à son ex-premier ministre, lui offrant cette fois le titre de chevalier. Malgré ses scrupules, M. Duffy finit par accepter et il fut créé chevalier le 31 mai 1873. Après un voyage de deux années en Europe, sir Gavan Duffy était de retour à la colonie au commencement de 1876. A la première vacance qui se produisit, il fut de nouveau élu membre de l'Assemblée législative, dont il devint président en mai 1877, il recevait la même année, et acceptait cette fois, les insignes de chevalier de l'ordre des saints Michel et George. — Sir Gavan Duffy est président du Comité directeur de la Galerie nationale de Victoria, et a pris une part très active à toutes les mesures adoptées pour l'encouragement des arts, de la littérature et des entreprises industrielles dans cette colonie éloignée. Il a publié : la *Jeune Irlande*, *fragment de l'histoire irlandaise, 1840-1850 (1880)* et *Quatre ans de l'Histoire d'Irlande, 1845-1849*, suite ou plutôt accompagnement du précédent (1883).

DUFOUR (baron), Auguste François Bertrand Marie Désiré, homme politique français, fils d'un général du premier empire, est né à Lanzac (Lot) le 3 avril 1824. Sans antécédents politiques, il fut élu député de Gourdon le 20 février 1876 et siégea au groupe de l'Appel au peuple. Il est l'auteur d une proposition de poursuites contre les auteurs du 4 Septembre. M. le baron Dufour a été réélu le 14 octobre 1877 et au scrutin de ballottage du 4 septembre 1881 dans la même circonscription. Aux élections d'octobre 1885, il figurait sur la liste monarchique du Lot, et fut élu au scrutin du 18.

DUFOUR, Paul Guillaume, homme politique français, né à Paris le 23 février 1845. Il fut chargé, sous l'Empire, de diverses missions en Amérique et dans l'extrême Orient. Pendant le siège de Paris, il servait comme capitaine aux mobiles de l'Indre. Elu député de la deuxième circonscription de Châteauroux le 20 février 1876, il siégea au groupe de l'Appel au peuple. M. P. Dufour a échoué, le 14 octobre 1877, contre M. le Dr David, candidat républicain. — Le 4 octobre 1885, il faisait naturellement partie du groupe de candidats monarchistes qui triompha tout entier dans ce département.

DUGUÉ, Ferdinand, littérateur et auteur dramatique français, né le 18 février 1815 à Paris où, ses études terminées, il put se livrer sans contrainte à ses goûts littéraires. Il débuta de bonne heure, en conséquence, dans la carrière qu'il avait choisie et publia d'abord un roman : la *Semaine de Pâques (1825)*; puis un recueil de poésies : les *Horizons de la poésie (1836)*; puis *Geoffroy Rudel*, roman en deux volumes (1838). Cette même année 1838, il débutait à l'Odéon par un drame en vers : *Castille et Léon*, que suivait de près un autre drame en vers, joué au même théâtre : *Gaiffer (1839)*. Il publiait en même temps : les *Gouttes de rosée*, cent sonnets (1836), et le *Vol des heures*, poésies (1840). A partir de cette époque, il s'est voué presque exclusivement au théâtre. Nous citerons, parmi les nombreuses pièces de tout genre qui ont rendu populaire le nom de cet auteur : le *Dernais*, comédie en trois actes, en vers (1843); *Pharaons*, drame en vers (1838); la *Misère (1850)*; *Mathurin Régnier*, en vers; *Salvator Rosa*, en prose; *M. Pinchard*, drame en prose, interdit en France et joué à Bruxelles (1851); l'*Ambigu en habit neuf*, prologue de réouverture; *Roquelaure*; la *Prière des naufragés*, avec M. Dennery (1853); le *Paradis perdu*, avec le même; *William Shakspeare; France de Simiers*, en vers (1856); les *Fugitifs*, avec Anicet Bourgeois; les *Pirates de la savane*, avec le même; *Cartouche*, avec M. Dennery (1858); la *Fille du Tintoret*, avec Jaime fils (1859); le *Marchand de coco*, avec M. Dennery; le *Cheval fantôme*, avec Anicet Bourgeois (1860); les *Trente-deux duels de Jean Gigon*, avec Antoine Gandon; la *Fille du chiffonier*, avec A. Bourgeois (1861); la *Bouquetière des Innocents*, avec le même; le *Château de Pontalec*, avec M. Dennery (1864); l'*Enfant de la Fronde (1862)*; *Marie de Mancini*, avec M. Dennery (1864); les *Mystères du vieux Paris*, avec M. Dennery (1865); les *Treize*, avec M. Peaucellier (1868); les *Couteaux d'or (1869)*; *Ismène*, comédie (1873); *Cocagne*, avec Anicet Bourgeois (1874); *Henri de Senneterre (1876)*; le *Bollon Morel (1878)*; etc. — M. Ferdinand Dugué a publié encore quelques recueils de poésies : l'*Oasis (1850)*; *Payol et autres poèmes (1860)*; les *Eclats d'obus (1871)*; *Satires et poèmes (1876)*; les *Ressouvenirs (1886)*. — Il est chevalier de la Légion d'honneur depuis 1862.

DUGUE DE LA FAUCONNERIE, Henri Joseph, publiciste et homme politique français, ancien sous-préfet, né à Paris le 11 mai 1835, est neveu du précédent. Il fit ses études classiques au collège Charlemagne et son droit à Strasbourg. Après avoir obtenu le grade de licencié, il entra dans l'administration comme chef de cabinet du préfet de l'Orne, devint conseiller de préfecture dans la Mayenne, puis dans le Pas-de-Calais, sous-préfet à Saint-Jean d'Angély et ensuite à Mamers, et donna sa démission en 1866. Elu à la même époque membre du Conseil général de l'Orne, il devint président du Comice agricole de l'arrondissement de Mortagne. Aux élections générales de 1869, il fut porté comme candidat officiel dans la deuxième circonscription de l'Orne, et fut élu. Il prit place, au Corps législatif, parmi les défenseurs les plus énergiques de l'empire, entre le baron Jérôme David et M. de Guilloutet, et, lors du passage aux affaires de M. Emile Ollivier, fut un des plus intraitables adversaires du cabinet du 10 janvier. — Après le 4 septembre, M. Dugué de la Fauconnerie se retira dans le département de l'Orne, où il s'occupa de la défense, en même temps que du ravitaillement éventuel de la capitale. Rentré à Paris après la paix, il prenait, en 1872, la direction du journal bonapartiste l'*Ordre*, abandonnée par Clément Duvernois, et dont il se démettait à son tour au profit de MM. Jules Richard et Amigues, le 22 juillet 1876. — Aux élections législatives de février-mars 1876, M. Dugué de la Fauconnerie se présenta aux électeurs de la première circonscription de l'arrondissement de Mortagne et ne fut élu qu'au scrutin de ballottage du 5 mars, à une assez faible majorité. Il siégea sur les bancs de l'Appel au peuple. Il parut toutefois vouloir se rapprocher de la République, et peut-être eût-il persévéré dans ce sens si la République avait pu se résoudre à supporter les attaques des partis monarchistes sans y répondre, ce qui est assez difficile; et cela sans trop se compromettre auprès de ses électeurs, car, ainsi qu'il eut la franchise de le dire dans une certaine occasion, on s'inquiète assez peu, dans les campagnes, de la forme gouvernementale. En tout cas, il s'est présenté aux élections d'octobre 1885 sur la liste réactionnaire de l'Orne, dans laquelle les électeurs ont fait un choix qui, du moins, lui a été personnellement favorable. M. Dugué de la Fauconnerie a publié; le *Tribunal de la Rote (1859)*; la *Bretagne et l'empire (1861)* et diverses brochures de propagande bonapartiste, notamment : les *Calomnies contre l'empire (1874)*. — Il est chevalier de la Légion d'honneur depuis 1866, et officier de l'ordre italien des SS. Maurice et Lazare.

DUJARDIN-BEAUMETZ, Georges S., médecin français, né à Barcelonne le 27 novembre 1833; il fit à Paris ses études médicales, était reçu interne des hôpitaux en 1858 et remportait, en 1861, le prix de l'internat et celui de l'Ecole pratique, et le prix des thèses en 1862. Reçu docteur en 1862, il était nommé, en 1865, chef de clinique de la faculté de Paris, attaché en qualité de médecin à l'Exposition universelle de 1867, et nommé médecin des hôpitaux en 1870. Pendant le siège de Paris, M. le Dr Dujardin-Beaumetz, chirurgien-major du 84e bataillon de marche, a été cité à l'ordre du jour de l'armée pour son dévouement auprès de nos malheureux blessés de Montretout, et a été fait chevalier de la Légion d'honneur en 1871. Il est aujourd'hui médecin du ministère des travaux publics, de l'Ecole des ponts et chaussées et de l'Ecole normale supérieure des filles de la ville de Paris. — Il a publié divers mémoires : sur l'*Ataxie locomotrice*, sa thèse de doctorat (1862); les *Troubles de l'appareil oculaire dans les maladies de la moelle (1868)*; *Emploi du phosphore en médecine (1869)*; *De la myélite aiguë (1872)*; *Recherches expérimentales sur les alcools obtenus par fermentation (1875)*; *Leçons de clinique thérapeutique (1878-81*, 3 vol.); *Recherches expérimentales sur la puissance toxique des alcools*, avec le docteur Audigé (1880), etc. M. le docteur Dujardin-Beaumetz est en outre rédacteur en chef du *Bulletin de thérapeutique*. Il a été élu membre de l'Académie de médecine le 15 juin 1880, et promu officier de la Légion d'honneur le 7 juillet 1883.

DUMAINE, Louis François, artiste dramatique français, né à Lieusaint (Seine-et-Marne) au mois d'août 1831. Il vint fort jeune à Paris, où sa sœur aînée, Mme Person, jouait avec succès au Théâtre-Historique le répertoire d'Alexandre Dumas. D'abord employé de commerce, il devint, en 1848, secrétaire du célèbre écrivain, et enfin se produisit à son tour à la scène sur les théâtres

de la banlieue. En 1849, il parut même au Théâtre-Français dans un bout de rôle du *Moineau de Lesbie*. Il joua ensuite au Havre, puis à Marseille et revint à Paris en 1852, y joua quelque temps à la Gaité et entra à l'Ambigu en 1853. Il s'y produisit avec un succès qui alla toujours grandissant depuis lors, dans les grands premiers rôles, et souvent dans les troisièmes rôles (traitres). Il passa de l'Ambigu à la Porte-Saint-Martin, puis à la Gaité, au Cirque, et plus récemment au Châtelet, à la Gaité de nouveau, et de nouveau à la Porte-Saint-Martin. Ses principales créations, celles qui ont commencé sa réputation, appartiennent notamment aux pièces suivantes : le *Pendu*, l'*Homme à trois visages*, la *Légende de l'homme sans tête*, *César Borgia* (rôle de César), *Faust* (rôle de Faust), le *Paradis perdu*, le *Fils du diable*, les *Massacres de Syrie*, etc. A ses créations plus récentes, il a mêlé d'importantes reprises de rôles, principalement des drames d'Alexandre Dumas, dans lesquels il a repris les rôles de d'Artagnan, de la *Jeunesse des Mousquetaires* et de *Vingt ans après* ; celui du duc de Guise, dans *Henri III et sa cour*, etc. (Porte-Saint-Martin) Ses dernières grandes créations sont : de Rysoor, dans *Patrie*, de M. Victorien Sardou (1869) ; Henri de Lorraine, dans le drame de ce nom, de Victor Séjour ; Chopin, dans la *Charmeuse*, de Touroude (Ambigu, 1870) ; Archibald Corsican, du *Tour du Monde en quatre-vingts jours (1874-75)* ; Jean la Poste, dans le drame du même nom, et Coq-Hardy, également dans le drame de ce nom (1876), à la Porte-Saint-Martin. Au même théâtre, il a aussi repris le rôle de Coconas, de la *Reine Margot*, et celui de Crèvecœur des *Bohémiens de Paris*.

DUMAS, Alexandre, littérateur et auteur dramatique, membre de l'Académie française, fils de l'auteur des *Mousquetaires*, de *Monte-Christo* et de quelques centaines d'autres romans, sans parler des pièces de théâtre, vers et prose, mort en 1870, est né à Paris le 28 juillet 1824, fit ses études au collège Bourbon, et, poussé par une vocation précoce, publia dès 1841 un volume de vers ayant pour titre : *Péchés de jeunesse*. Après un voyage en Espagne et en Afrique, en compagnie de son père, il publia : *Histoire de quatre femmes et d'un perroquet* (*1846-47*, 6 vol.), roman fantastique qui eut surtout un succès de curiosité. Vinrent ensuite : le *Docteur Servans*, *Catherine*, la *Dame aux camélias*, le *Roman d'une femme (1848)*, dont les deux derniers surtout établirent sa réputation en même temps que sa personnalité, car il n'y avait plus aucune préoccupation de l'imitation paternelle, qui se trahissait trop dans son premier roman. Vinrent ensuite : *Antonine (1849)*; *Tristan le Roux*, *Trois hommes forts (1850)*; *Grangette*, *Diane de Lys (1851)*; les *Revenants*, le *Régent Mustel*, fantaisie littéraire qui réunit Paul et Virginie, Manon Lescaut et Desgrieux sous un même toit (1852); *Contes et nouvelles*, *Sophie Printemps (1853)*; la *Dame aux perles (1854)*; la *Boite d'argent (1855)*; la *Vie à vingt ans 1856)*; l'*Affaire Clémenceau (1867)*; *Thérèse*, nouvelles (1875); *Entr'actes*, recueil d'articles (1877-78, 2 vol.); outre diverses nouvelles « études » non réunies en volumes et publiées dans la *Gazette de France*, la *Presse*, le *Gaulois*, etc., et des brochures à prétentions philosophiques dont quelques-unes ont fait un bruit exagéré : *Lettres sur les choses du jour (1871)*; *Nouvelle Lettre sur les choses du jour* (février 1872); l'*Homme-Femme* (juillet 1872); une nouvelle *Lettre* sur l'*Affaire Marambat* (1875); les *Femmes qui tuent et les femmes qui volent (1880)*, etc. En 1869, la maison Michel Lévy frères a commencé la publication du *Théâtre complet* de M. Alexandre Dumas, avec une préface inspirée du même esprit que les *Lettres* et *Brochures* précitées, et qui a eu un succès de curiosité. — M. Alexandre Dumas a suivi un exemple devenu commun aujourd'hui, en transportant à la scène ses romans principaux. Il débuta dans cette voie nouvelle avec la *Dame aux camélias* qui, d'abord interdite pour cause d'immoralité, fut représentée au Vaudeville en 1852 ; ce même sujet, transformé en opéra sous le titre de la *Traviata*, musique de M. Verdi, était représenté à Venise en 1853. Vinrent ensuite : *Diane de Lys*, au Gymnase (1853); le *Demi-Monde*, au même théâtre (1855); la *Question d'argent (1857)*; le *Fils naturel (1858)*; le *Père prodigue (1859)*; l'*Ami des femmes (1864)*; le *Supplice d'une femme*, en collaboration avec Emile de Girardin, lequel, trouvant que cette collaboration avait *gâté* sa pièce, la répudia et se brouilla bruyamment avec ce collaborateur trop laborieux (1865); *Héloïse Paranquet*, avec M. Armand Durantin, pièce d'abord annoncée comme l'œuvre d'un inconnu (1866); les *Idées de madame Aubray (1867)*; le *Filleul de Pompignac*, sous le pseudonyme d' « Alphonse de Jalin » (1869); *Une visite de noces (1871)*; la *Princesse Georges* (même année); la *Femme de Claude* et *Monsieur Alphonse (1873)*; l'*Etrangère*, au Français, et la *Comtesse Romani*, au Gymnase, cette dernière en collaboration avec Gustave Fould et signée : « Gustave de Jalin » (1876); *Joseph Balsamo*, d'après le célèbre roman paternel, drame, à l'Odéon (1878); la *Princesse de Bagdad*, au Théâtre-français (1881); *Denise*, pièce en 4 actes, au Théâtre-français (1885). — Le Théâtre-Français a également accueilli plusieurs pièces de M. Alexandre Dumas créées sur la scène du Gymnase et ailleurs, le *Demi-Monde* et le *Fils naturel*, notamment.

M. Alexandre Dumas a été élu membre de l'Académie française, en remplacement de Pierre Lebrun le 30 janvier 1874. — Il est officier de la Légion d'honneur depuis 1867.

DUMAS, Ernest Charles Jean-Baptiste, chimiste, ancien député, fils de l'illustre chimiste J.-B. Dumas, de l'Institut, mort en avril 1884, est né à Paris le 26 février 1827, y fit ses études aux collèges Henri IV et Charlemagne, et entra à l'Ecole des Mines en 1847. Reçu en 1848 essayeur du commerce, il devint secrétaire particulier de son père, lors du passage de celui-ci au ministère de l'agriculture et du commerce (1850), secrétaire du Conseil des haras et secrétaire des *Annales agronomiques* en 1851. Nommé directeur de la Monnaie de Rouen en 1852, il passa en la même qualité à Bordeaux en 1860, et fut appelé en 1868, comme essayeur, au bureau de la garantie de la Monnaie de Paris. Il a été membre du jury international des expositions universelles, de Paris en 1855 et de Londres en 1862. — Elu comme candidat officiel dans la 3e circonscription du Gard, député au Corps législatif, à une élection partielle de 1868, il fut réélu en la même qualité aux élections générales de 1869. Il n'a pas reparu sur la scène politique depuis la révolution du 4 septembre 1870. Il est chevalier de la Légion d'honneur depuis 1858 et est également décoré de divers ordres étrangers. — On a de M. Ernest Dumas : *Lois et règlements relatifs au drainage en Angleterre (1854)*; *Essai sur la fabrication des monnaies (1856)*; *Notes sur l'émission en France des monnaies décimales de bronze (1868)*; *Fabrication des monnaies en Angleterre (1871)*; *Histoire générale des monnaies de cuivre et de bronze en France (1873)*, etc.

DU MAURIER, George Louis Palmella Busson, dessinateur anglais d'origine française, est né le 6 mars 1834 à Paris, où il fit ses études. Il appartient à une famille bretonne qui émigra en Angleterre pendant la Terreur. Retourné à Londres, à l'âge de dix-sept ans, il étudia la chimie au Collège de l'université, sous la direction du Dr Williamson, puis revint à Paris et suivit l'atelier de Gleyre. — M. Du Maurier a fourni un grand nombre de dessins aux publications anglaises illustrées, notamment au *Once a Week*, au *Punch*, au *Cornhill Magazine*, etc. Entre autres ouvrages importants, il a illustré, en outre, le *Henry Esmond*, de Thackeray, et l'*Histoire d'une plume* (the Story of a Feather). Il est actuellement attaché au *Punch* d'une manière plus spéciale. La renommée de M. Du Maurier, du reste, s'étend à la patrie de ses ancêtres et les grands périodiques illustrés de Paris publient depuis quelque temps de ses dessins.

DUMESNIL, Antoine Jules, écrivain et homme politique français, sénateur, né à Puiseaux (Loiret) le 25 novembre 1805. Ayant terminé son droit à Paris, il fit une courte apparition dans la magistrature et devint avocat à la Cour de cassation en 1833. Elu la même année membre du conseil général du Loiret pour le canton de Puiseaux où il possède de riches propriétés, il y a toujours été réélu depuis, et est, en consequence, le doyen des conseillers généraux de France. Enfin, M. Dumesnil est maire de Puiseaux depuis 1846. Après avoir écrit un assez grand nombre d'ouvrages de législation et de jurisprudence estimés, M. Dumesnil se tourna, après la révolution de février, vers la littérature artistique. Il fit, en 1850 et 1856, deux voyages en Italie, utiles aux travaux littéraires qu'il avait alors en préparation. M. Dumesnil, qui ne s'était, comme on voit, jamais occupé de politique jusque-là, manifesta hautement, lors des élections de 1874 pour les conseils généraux, la confiance que lui inspirait la République, confiance née de l'expérience suffisante qui avait été déjà faite de cette forme gouvernementale ; à l'occasion des élections sénatoriales du 30 janvier 1876, il renouvela cette déclaration, ajoutant qu'il ne consentirait à la revision de la Constitution du 25 février « qu'autant qu'elle devrait consolider, en les améliorant, les intitutions républicaines ». Il fut élu au premier tour et a pris place au centre gauche, puis réélu le premier au renouvellement triennal du 5 janvier 1879. M. Dumesnil siège à gauche. Il s'est abstenu lors du vote de la loi sur l'expulsion des princes. — M. Dumesnil a publié : *De l'organisation et des attributions des conseils généraux et des conseils d'arrondissement (1837)*; *Lois et règlements de la Caisse des dépôts et consignations dans ses rapports avec les particuliers (1839)*: *Manuel des pensionnaires de l'Etat (1841)*; *Traité de la législation spéciale du Trésor public en matière contentieuse (1846)*; *Résumé du Droit français pour les propriétaires, fermiers*, etc. (1847); et depuis, outre la préparation des éditions subséquentes de ces ouvrages spéciaux, dont la plupart ont 5 et 6 éditions : *Histoire des plus célèbres amateurs d'art italiens, et de leurs relations avec les artistes (1853)*; *Histoire des plus célèbres amateurs français* (*1856-58*, 3 vol.); *Histoire des plus célèbres amateurs d'art étrangers, espagnols, anglais, flamands, hollandais*, etc. (1859-60, 2 vol.); *Les voyageurs français en Italie, du seizième siècle jusqu'à nos jours (1864)*; une étude historique sur *Sixte-Quint (1868)*; une autre sur *Jules II (1874)*, etc. M. J. Dumesnil est officier de la Légion d'honneur depuis 1868. Il était membre du jury d'admission des œuvres d'art à l'Exposition universelle de 1878, pour la section de gravure.

DÜMICHEN, Johann, égyptologue allemand, né le 15 octobre 1833 à Wissholz, près de Grossglogau, en Silésie, où il reçut les premiers éléments de l'instruction de son père, qui était ecclésiastique ; il étudia ensuite au gymnase de Glogau, puis aux universités de Berlin et de Breslau, où il apprit la théologie et la philosophie. Il fut ensuite quelques années précepteur particulier, puis il retourna à Berlin dans le dessein d'étudier la langue et l'archéologie égyptiennes, sous la direction de Lepsius. En octobre 1862, il fit partie d'une expédition archéologique en Egypte, sous les auspices du gouvernement prussien. Arrivé à destination, il étendit son voyage à la Nubie et au Soudan, et passa plusieurs années à explorer la vallée du Nil. Il était de retour au mois d'avril 1865, chargé d'un portefeuille rempli d'inscriptions qu'il avait copiées et de notes de voyage. Il fit un second voyage en Egypte, en 1868, par ordre du roi de Prusse, et ajouta considérablement à son trésor de notes, d'inscriptions et de photographies de monuments. Le résultat de ces deux excursions fut publié à Berlin en deux splendides volumes, en 1869 et 1870. L'ouverture du canal de Suez lui fournit l'occasion, sur l'invitation expresse du khédive, de visiter une troisième fois les contrées arrosées par le Nil. Dans ce troisième voyage, il servit, en outre, de cicerone au prince héritier de Prusse dans ses excursions à travers l'Egypte. — Outre l'ouvrage mentionné, on doit à M. Dümichen : *Baukunde der Tempelanlagen von Dendera* (Leipzig, *1865*); *Geographische Inschriften* (2 vol. et 1 vol. de texte explicatif ; Leipzig 1865-66) ; *Altægypten Kalendarinschriften* (Leipzig, 1866, 120 planches) ; *Altægypten Tempelinschriften* (*1867*, 2 vol.) ; *Die Flotte einer ægypt. Kœnigin* (*1868*, 33 planches et texte) ; ouvrage publié simultanément à Leipzig et, en anglais, à Londres, le texte anglais, ou la traduction, due à la femme de l'auteur, qui est anglaise ; *Historische Inschriften altægypt. Denkmæler* (*1867-69*, 2 vol. in-f°) ; *Eine altægypt. Getreiderechnung (1870)*, etc., outre de nombreux articles publiés dans le *Journal de langue et d'antiquités égyptiennes*, de Lepsius et Brugsch. — M. Dümichen est actuellement professeur d'égyptologie à l'université de Strasbourg.

DUMMLER, Ernst Ludwig, historien allemand, né à Berlin le 2 janvier 1830, fit ses études aux universités de Bonn et de Berlin, puis alla se fixer en 1855 à Halle, où il est devenu professeur extraordinaire d'histoire en 1858 et professeur ordinaire en 1866. Il est membre de l'Académie de Munich depuis 1871 et correspondant de l'Institut de France depuis 1882. — On cite, parmi les principaux ouvrages de ce savant : le *Pèlerin de Passau et l'archevêché de Lorch (1854)* ; *Sur l'histoire primitive des Slaves en Dalmatie (1856)* ; le *Formulaire de l'évêque de Constance Salomon III (1857)* ; *Histoire du royaume des Francs d'Orient* (*1862-65*, 2 vol.) ; *Auxilius et Bulgarius (1866)* ; *Anselme le Péripatéticien (1872)* ; l'*Empereur Othon le Grand (1876)*, etc.

DUMON, Jean-Baptiste Augustin, homme politique français, sénateur, né à Agen le 20 septembre 1820. Elève de l'Ecole polytechnique, il en sortit en 1841 dans l'arme de l'artillerie, mais donna sa démission presque aussitôt, pour s'occuper de l'exploitation de ses vastes propriétés du Gers, consistant principalement en vignobles. Il était maire de Séailles depuis longtemps et membre du Conseil général du Gers, lorsque il fut élu, le 8 janvier 1871, représentant de ce département à l'Assemblée nationale. Il siégea à l'extrême droite et signa la proposition de rétablissement de la monarchie présentée à l'Assemblée par M. de La Rochefoucauld-Bisaccia (1874), et l'adresse au pape. Il repoussa les lois constitutionnelles, vota en un mot toutes les mesures réactionnaires, — et fut en récompense porté sur la liste des gauches aux élections des sénateurs inamovibles. Il fut élu le vingt-sixième, le 11 décembre 1875, et poursuivit au Sénat ses errements de l'Assemblée nationale.

DUNCAN, James Matthews, médecin écossais, né le 29 avril 1826 à Aberdeen ; fit ses études à Aberdeen, au collège Marischal, et à l'université, passa ensuite quelques mois à l'université d'Edimbourg, et vint étudier la médecine à Paris, où il se fit recevoir docteur. Il a été membre du conseil de la Société royale d'Edimbourg et est aujourd'hui membre du conseil du Collège royal des médecins. Le docteur Duncan a pris, en 1847, une part importante à la découverte des propriétés anesthésiques du chloroforme ainsi qu'à la diffusion de cette découverte. Il a contribué à étendre les opérations de la Caisse de bienfaisance médicale d'Edimbourg et a commencé, avec quelques collègues, l'organisation des services de l'Hôpital des enfants malades de cette ville, qui est devenu un des plus importants et des meilleurs hôpitaux de cette sorte du monde entier. Il avait commencé, dès 1853, des cours publics d'accouchement et des maladies des femmes et des enfants, sous les auspices de l'Ecole médicale des chirurgiens. S'étant présenté, en 1878, comme candidat à la chaire d'accouchement de l'université d'Edimbourg, il échoua grâce à des intrigues qui soulevèrent l'indignation publique ; et un meeting fut tenu à Londres par les intéressés, qui signifièrent à l'université d'Edimbourg d'avoir à s'assurer d'une méthode plus loyale d'élection de ses professeurs. Il était nommé en 1877 médecin accoucheur et professeur d'obstetrique à l'hôpital Saint Barthélemy, à Londres, et s'établit dès lors dans cette ville. — On doit au docteur Duncan : *On Perimetritis and Parametritis* ; *Researches in obstetricts* ; *Fecundity, fertility, sterility, and allied topics* ; *On the mortality of childbed and maternity Hospitals* ; *Contributions to the mechanism of natural and morbid parturition*, etc.

DUPLESSIS, Georges Victor Antoine Gratet, littérateur et iconographe français, né à Chartres le 19 mars 1834. Entré comme employé au département des estampes de la Bibliothèque nationale en 1853, M. Duplessis est devenu conservateur de ce département, en franchissant tour à tour tous les degrés hiérarchiques. On lui doit un grand nombre d'ouvrages relatifs à l'histoire, à la biographie et surtout à la bibliographie des beaux-arts, parmi lesquels nous citerons : la *Gravure française au Salon* et une édition du *Livre des peintres et graveurs* de l'abbé de Marolles (1855); les *Mémoires de J. G. Wille (1857)*; *Notice sur la vie et les travaux de Gérard Audran (1858)*; *Histoire de la gravure en France (1861)*; *Essai de bibliographie*, etc. sur l'histoire de la gravure (1862); *Costumes historiques des XVIe XVIIe et XVIIIe siècles*, texte descriptif et historique des dessins de E. Lechalier-Chevignard gravés par Léopold Flameng et autres (1864-73, 2 vol.); la revision et la mise en ordre des trois derniers volumes du *Peintre-graveur français* de Robert-Dumesnil (1865); *Essai d'une Bibliographie générale des beaux-arts (1867)*; les *Merveilles de la gravure*; *Michel de Marolles, amateur d'estampes (1869)*; le *Cabinet du roi*, collection d'estampes commandées par Louis XIV (1870); un *Curieux au XVIIe siècle, Michel Bégon, intendant de La Rochelle*; les *Ventes de tableaux, dessins, estampes, etc. aux XVIIe et XVIIIe siècles, essai de bibliographie (1874)*; *Histoire de la gravure de portrait en France*, et le texte des *Albums d'héliogravures d'Armand Durand (1875)*; *Gavarni*; le *Livre de Bijouterie de René Boyvin, d'Angers*,

et *Mémoire sur vingt-quatre estampes italiennes du XVe siècle (1876); Inventaire de la collection Michel Hennin, léguée à la Bibliothèque nationale (1877)*, etc. etc. — M. G. Duplessis a collaboré à la *Gazette des Beaux-Arts*, à la *Revue universelle des arts*, à la *Revue anecdotique* et autres recueils spéciaux. Il a été décoré de la Légion d'honneur en 1874.

DUPORTAL, PIERRE JEAN LOUIS ARMAND, journaliste et homme politique français, né à Toulouse le 17 février 1814. Dès l'âge de dix-huit ans, il collaborait à la presse démocratique toulousaine et, en 1848, entrait à l'*Émancipation*, feuille républicaine avancée qu'il devait ressusciter vingt ans plus tard, le coup d'État de 1851 l'ayant fait disparaître en même temps que son rédacteur était transporté en Afrique. Rentré en France sur sa demande, en 1853, M. Duportal occupa un emploi aux chemins de fer du Midi ; puis devint secrétaire général d'une maison de banque de Paris, où il fonda un journal spécial : le *Crédit minier*, lequel lui fit confier la direction de divers établissements miniers à l'étranger. En 1868, il faisait reparaître l'*Émancipation* à Toulouse ; le 4 septembre 1870 le trouvait à Sainte Pélagie, où il purgeait une dernière condamnation pour délit de presse. Nommé préfet de la Haute-Garonne, il mit à l'accomplissement de ses fonctions toute l'ardeur révolutionnaire qui est en lui et les conserva, bien que sa démission lui eût été demandée. Démissionnaire à la conclusion de la paix, il était compromis dans les troubles qui eurent lieu à Toulouse le 25 mars 1871 ; traduit devant la Cour d'assises de Pau, avec quelques amis, il fut acquitté. M. Duportal reprit alors l'*Émancipation*, qui fut bientôt suspendue et reparut quelques mois plus tard sous le nom d'*Émancipateur*. Candidat aux élections générales de 1869 et à celles de 1871, M. Duportal avait échoué dans ces deux tentatives; mais il fut élu député de la deuxième circonscription de Toulouse le 5 mars 1876, grâce au désistement de M. Gatien-Arnoult qui avait obtenu la majorité relative au premier tour. Il siégea à l'extrême gauche. M. Duportal a collaboré au *Peuple*, et fondé ou plutôt ressuscité, à Paris, la *Marseillaise*, puis le *Mot d'ordre* et enfin le *Réveil*, journaux auxquels les poursuites ne manquèrent pas plus qu'à l'*Émancipation*. Dans la chaleur d'une polémique engagée avec la *République française*, en 1878, M. Duportal se laissa emporter si loin, suivant sa coutume, que pour se débarrasser de lui, la feuille opportuniste publia la lettre par laquelle le fougueux journaliste radical sollicitait sa grâce en 1853, et offrait du même coup ses services à l'empire. M. Duportal répondit à cette révélation qu'il n'y avait là rien de plus qu'une manœuvre... Ses électeurs de Toulouse acceptèrent sans doute cette explication, car l'ayant réélu avant, ils le choisirent de nouveau pour leur député le 21 août 1881 ; enfin, aux élections d'octobre 1885, après pointage laborieux et ballottage, il a été élu député de la Haute-Garonne, et a repris sa place à l'extrême gauche. — M. Duportal a voté l'expulsion des princes.

DUPOUY, BERNARD EUGÈNE ALEXANDRE, avocat et homme politique français, né à Bordeaux le 1er juillet 1825. Élu représentant de la Gironde à une élection partielle du 27 avril 1873 et député de la troisième circonscription de Bordeaux, le 20 février 1876, il siégea à gauche. M. Dupouy a été réélu le 14 octobre 1877. Il avait posé sa candidature aux élections sénatoriales de la Gironde le 30 janvier 1876, et n'avait échoué que faute d'un petit nombre de voix. Au premier renouvellement partiel du Sénat (5 janvier 1879), qui affectait précisément son département, M. Dupouy renouvela sa tentative, et fut élu, cette fois, comme sénateur républicain de la Gironde, le deuxième sur quatre. Il a voté l'expulsion des prin

DUPRATO, JULES LAURENT ANACHARSIS, compositeur français, né à Nîmes le 20 avril 1827. Entré au Conservatoire à quatorze ans, il remportait le grand prix de Rome au concours de l'Institut, en 1848. De retour de Rome, M. Duprato a fait représenter sur différentes scènes de Paris des opéras comiques et d'autres ouvrages qui ont mis en lumière son talent musical, certainement hors ligne. — Nous citerons: les *Trovatelles*, un acte à l'Opéra-Comique (1854); *Pâquerette*, un acte, à l'Opéra-Comique; *Mossieu Landry*, un acte, aux Bouffes (1856); *Salvator Rosa*, 3 actes, à l'Opéra-Comique (1861); la *Déesse et le Berger*, œuvre charmante, véritable chef-d'œuvre de poésie, joué au même théâtre (1863); *Sacripant*, opérette en 2 actes; le *Baron de Groschaminet*, opérette en 1 acte, aux Fantaisies Parisiennes; le *Chanteur florentin*, 1 acte, au même théâtre (1866); la *Fiancée de Corinthe*, 1 acte, à l'Opéra (1867); le *Cerisier*, opéra comique en 1 acte, à l'Opéra-Comique (1874), etc. — M. Duprato a été nommé professeur d'harmonie au Conservatoire en 1866; il est devenu depuis membre du jury d'examen des candidats aux emplois de chef et de sous-chef de musique dans l'armée, et cela très heureusement pour lui, car c'est grâce à ces dernières fonctions que l'auteur de tant d'œuvres charmantes, après vingt ans d'excellents services dans l'enseignement et à près de soixante ans d'âge, a été décoré de la Légion d'honneur, « sur la proposition du Ministre de la guerre », le 6 août 1886.

DUPRÉ, GERMAIN, médecin et homme politique français, né à Argelès le 11 janvier 1811, fit ses études médicales à Montpellier, où il prit le grade de docteur en 1834. Il se fit agréger, et devint professeur de clinique à la faculté de Montpellier. Il était président du Conseil général des Hautes-Pyrénées lorsqu'il se présenta aux élections sénatoriales du 30 janvier 1876 dans ce département, comme candidat républicain, mais sans succès. Plus heureux au renouvellement partiel du 8 janvier 1882, M. G. Dupré fut élu sénateur des Hautes-Pyrénées, avec le général Deffis, et prit place au centre gauche. Il a voté contre l'expulsion des princes. — M. le docteur Dupré est correspondant de l'Académie de médecine de Paris et chevalier de la Légion d'honneur.

DUPRÉ, JULES, peintre français, né à Nantes en 1812. Il suivit d'abord, tout en prenant des leçons de dessin, l'industrie paternelle, qui était la fabrication de la porcelaine. Il aborda ensuite la peinture à l'huile et exposa, au Salon de 1831, cinq paysages. On cite encore de cet artiste : *Intérieur de cour rustique; Environs d'Abbeville;* divers *Paysages* du Limousin, de la Creuse, de l'Indre, de la Corrèze; plusieurs *Vues* prises en Angleterre; un *Pacage; l'Entrée d'un hameau dans les Landes; Soleil couchant*, etc. Après une dizaine d'années d'abstention, M. J. Dupré reparaissait à l'Exposition de 1867, avec : un *Passage d'animaux sur un pont, dans le Berry;* la *Gorge des Eaux-Chaudes* (Basses-Pyrénées), la *Forêt de Compiègne*, une *Bergerie dans le Berry, Environs de Saint-Junien* (Haute-Vienne), *Souvenir des Landes, Marais dans la Sologne, Route dans les Landes, la Route tournante de la forêt de Compiègne*, la *Vanne, Cours d'eau en Picardie*, la *Saulée*, le *Retour du troupeau*. Quelques toiles seulement exhibées depuis, et M. Jules Dupré n'a plus, de nouveau, donné signe de vie. — Il a obtenu deux médailles de 2e classe : une en 1833 et une en 1867, a été nommé chevalier de la Légion d'honneur en 1849 et promu officier en 1870.

DUPREZ, GILBERT LOUIS, célèbre chanteur et compositeur français, né à Paris le 6 décembre 1806, reçut d'un amateur, ami de sa famille, les premières notions de l'art musical, entra en 1815 au Conservatoire et suivit les cours de l'école de musique religieuse de Choron. En 1820, il chantait, pour la première fois, au Théâtre-Français, dans les chœurs d'*Athalie*. Après avoir consacré à l'étude de l'harmonie et de la composition le temps de mue de sa voix, il débutait à l'Odéon en 1825, dans le rôle du comte Almaviva du *Barbier de Séville*. Vers la fin de 1827, il épousait une jeune cantatrice, élève de Choron comme lui, Mlle Alexandrine Duperron. Il débutait peu après à l'Opéra-Comique dans la *Dame Blanche*, jouait quelques autres rôles du répertoire, puis partait en 1828, avec sa femme, pour l'Italie. Le 3 décembre 1828, ils débutaient tous deux à la Scala de Milan, dans *Sémiramide*, l'un dans le rôle d'Idrene, l'autre dans celui d'Azema; ils jouaient après cela, à Come, *Tancrède*; ils passèrent ensuite à Varese, puis à Novare, puis à Venise, au théâtre San Benedetto, et revinrent à Milan, d'où ils retournèrent peu après à Turin, où ils jouèrent *Olivo e Pasquale* et *il Pirata*, et de Turin à Lucques, engagés par l'impresario Alessandro Lanari, pour y jouer *Guillaume Tell* à des appointements dont le montant devrait être établi sur celui des recettes *(in ragione del buon esito)*, et ce fut une bonne affaire pour les artistes. Ils visitèrent successivement, après Lucques, Sinigaglia, Florence, Bologne, Rome et Naples, accueillis partout avec enthousiasme. Le 23 décembre 1836, ils abandonnaient l'Italie pour la France. M. Duprez débutait à l'Opéra en 1836, dans le rôle d'Arnold de *Guillaume Tell*, qui fut son triomphe, comme il l'avait d'ailleurs été en Italie. Il y joua ensuite, avec un succès inouï et des appointements absolument fabuleux pour l'époque, la *Juive, Robert le Diable*, la *Muette*, les *Huguenots*, le *Lac des fées, Stradella, Guido et Ginevra*, les *Martyrs*, etc. Il n'était pas de bourgade en France, en Europe peut-être, où l'on ne parlât de l'*ut* de poitrine de Duprez; mais ses qualités incomparables de chanteur et de comédien justifiaient bien plus sérieusement, à l'appréciation de véritables dilettantes, la vogue dont jouissait cet artiste. Professeur au Conservatoire de 1842 à 1850, il faisait ses adieux au théâtre en 1849 et parcourait, l'année suivante, avec quelques élèves formant le noyau de son école de chant dès lors projetée, les principales villes des départements. Au nombre de ces élèves, il nous suffira de nommer la fille du célèbre ténor, Mme Van den Heuvel (morte en avril 1875), Mme Carvalho-Miolan, Mlle Poinsot, etc. M. Duprez faisait ensuite construire, dans son hôtel de la rue Turgot, en 1852, un théâtre à l'usage de ses élèves, où furent exécutées plusieurs de ses propres compositions. On a de M. L. Duprez, comme compositeur : la *Cabane du pêcheur*, au théâtre de Versailles (1825); *Joannita*, au Théâtre-Lyrique (1852): la *Lettre au bon Dieu*, au même théâtre (1853); *Jeanne d'Arc*, au Grand Théâtre parisien (1865), opéra en 5 actes, avec prologue, paroles de Méry et d'Édouard Duprez, frère du chanteur (mort en juin 1879), auteur également des paroles des deux précédents ouvrages. M. L. Duprez a, en outre, écrit quelques courtes partitions pour son théâtre particulier, où il n'est pas rare non plus de voir représenter les productions de quelques autres musiciens ; nous citerons, par exemple, la *Sérénade*, opéra bouffe en un acte, représenté en mai 1874 à la « Salle Duprez », dont les paroles sont d'Édouard Duprez et la musique de M. C. de Colbert. Nous citerons encore de M. Louis Duprez un oratorio (paroles et musique): le *Jugement dernier*, exécuté au Cirque des Champs-Élysées en 1868, quelques compositions pour la voix, notamment la *Chute des feuilles*, etc. — M. Duprez est chevalier de la Légion d'honneur depuis 1865.

DUPUY, N., médecin et homme politique français, né à Boismont (Aisne) en 1846. Il fit ses études médicales à Paris, y fut interne des hôpitaux et y prit le grade de docteur en 1874. Établi médecin à Vervins, il s'y rendit bientôt populaire, et ayant hautement protesté contre la politique du gouvernement du 16 mai, fut élu conseiller général de l'Aisne et devint, peu après, maire de Vervins. Porté aux élections d'octobre 1885, sur la liste républicaine la plus avancée du département, M. le docteur Dupuy fut élu au scrutin du 18 octobre et prit place à gauche. Il a voté l'expulsion totale des princes.

DUPUY, CHARLES ALEXANDRE, homme politique français, né au Puy-en-Velay le 5 novembre 1851. M. Ch. Dupuy est agrégé de la faculté des lettres de Clermont et officier de l'instruction publique. Porté sur la liste républicaine de la Haute-Loire aux élections d'octobre 1885 pour la Chambre des députés, il a été élu en tête de cette liste au scrutin du 18. Il a pris place à gauche et a voté l'expulsion totale des princes.

DU PUYNODE, MICHEL GUSTAVE PARTOUNEAU, économiste français, né le 23 novembre 1817 aux Forges-de-Verrières (Vienne), fit son droit à Paris et prit le grade de docteur en 1841. Attaché au ministère de la justice en 1845, il donna sa démission après la révolution de février, et refusa même un emploi supérieur qui lui était offert par le nouveau gouvernement pour se consacrer tout entier à des travaux de jurisprudence et d'économie politique. — On a de M. du Puynode : *Études d'économie politique sur la propriété territoriale*, parues l'année précédente dans la *Revue du droit français et étranger (1843); De l'esclavage aux colonies (1846); Des lois du travail et des classes ouvrières (1847); Lettres économiques sur le prolétariat (1848); De l'administration des finances en 1848 et 1849 (1850); De la monnaie, du crédit et de l'impôt (1853*, 2 vol.); *Des lois du travail et de la population (1860*, 2 vol.); *Études sur les principaux économistes (1868)*; les *Grandes crises financières de la France (1875*, 1 vol. in-8°) etc. — M. G. du Puynode a collaboré au *Journal des économistes*, dont il est devenu un des principaux rédacteurs, à la *Revue du droit*, à l'*Artiste*, dans lequel il a inséré des travaux de critique littéraire et quelques poésies, etc. Il a fait en 1867 et 1868, un cours d'économie politique à l'École de médecine de Paris. — M. du Puynode est correspondant de l'Institut (Académie des sciences morales et politiques), et chevalier de la Légion d'honneur. Membre du Conseil général de l'Indre, il s'est présenté aux élections sénatoriales de ce département, au renouvellement partiel du 5 janvier 1879, mais sans succès.

DURAND, ÉMILE AUGUSTE CHARLES, dit **Carolus Duran**, peintre français, né à Lille le 4 juillet 1837. Il suivit d'abord les cours de l'École municipale de dessin de sa ville natale, puis vint à Paris où, en lutte avec les plus impérieuses difficultés de la vie, il n'en poursuivit pas moins courageusement ses études artistiques. Ayant remporté au concours le prix Wicar, consistant en une pension léguée aux jeunes artistes d'avenir, pour leur permettre un séjour de plusieurs années en Italie, par ce peintre lillois dont les débuts avaient été également fort pénibles, M. Carolus Duran partit pour l'Italie. Il débuta au Salon de Paris en 1865. — On cite de cet artiste : la *Prière du soir (1865)*; l'*Assassiné*, épisode de la campagne de Rome et le *Portrait de M. Ed. Reynart (1866)*. Après un voyage en Espagne, il envoya au Salon de 1868 un *Saint François d'Assises*, où se trahit l'influence des maîtres espagnols qu'il venait d'étudier. Il a exposé depuis : *Au bord de la mer, Portrait de Jacques *** (1873); Dans la rosée, Portrait de Mme la comtesse de ***, Portrait de Mlle M.-A Carolus Duran (1874); Fin d'été, Portrait de Mlle Sabine Carolus Duran* et un autre *Portrait (1874); Portrait de M. Émile de Girardin, Portrait de la marquise A... (1876)*. A l'Exposition universelle de 1878, M. Carolus Duran avait envoyé plusieurs des portraits ci-dessus, et d'autres, soit : le portrait équestre de Mlle Croizette, de la Comédie-Française *(Au bord de la mer)*; ceux d'Émile de Girardin, de Mlle Marie-Anne Carolus Duran, de Mme Feydeau, de Mme de Pourtalès, de M. Pasdeloup, de Gustave Doré, etc. ; et au Salon : *Gloria Mariæ Medicis*, plafond pour une salle du musée du Luxembourg. On doit encore citer parmi ses portraits, ceux de MM. *Jules Claretie, Falguière, Ph. Burty*, de *Lescure*, de *Mme Vandal; Vision (1883); Éveil (1886)*; et une quantité de portraits anonymes. — Enfin M. Carolus Duran s'est exercé à la sculpture et a produit quelques bustes, notamment le *Portrait de Mme Carolus Duran*, au Salon de 1873 et le *Pisan*, à celui de 1874, bustes en bronze. — M. C. Duran a obtenu des médailles aux Salons de 1866, 1869 et 1870, une 2e médaille à l'Exposition universelle de 1878 et la médaille d'honneur au Salon de 1879. Décoré de la Légion d'honneur en 1872, il a été promu officier le 20 octobre 1878.

DURAND, EUGÈNE FRANÇOIS JOSEPH, jurisconsulte et homme politique français, né à Tinténiac (Ille-et-Vilaine) le 13 avril 1838, fit toutes ses études à Rennes. Professeur titulaire de code civil à la faculté de Rennes, auteur de plusieurs ouvrages de droit fort estimés, membre du Conseil général d'Ille-et-Vilaine, M. Eugène Durand a été élu député de la deuxième circonscription de Saint-Malo, en remplacement de M. Le Pomellec, décédé, le 6 mai 1877. Il eut à peine le temps de prendre son siège à gauche, avant la dissolution de la Chambre. Il a été réélu le 14 octobre 1877 et le 21 août 1881, et a rempli dans cette dernière législature les fonctions de sous-secrétaire d'État au ministère de l'instruction publique. Élu député d'Ille-et-Vilaine le 4 octobre 1885, M. Durand reprit sa place au groupe opportuniste. Il a repoussé de son vote les projets d'expulsion des princes.

DURAND (dame), dite Henry GRÉVILLE. — Voy. **Gréville**.

DURAND-SAVOYAT, ÉMILE, agronome et homme politique français, né à Monestier (Isère) le 14 février 1847, et fils d'un ancien représentant du peuple de 1848. Reçu licencié en droit en 1869, M. Émile Durand-Savoyat s'inscrivit au barreau de Grenoble, devint membre du Conseil municipal et adjoint au maire de cette ville, puis conseiller général de l'Isère, en 1880, pour le canton de Monestier. Il a été élu député de l'Isère le 4 octobre 1885, sur la liste républicaine unique, et a pris place à gauche. M. Durand-Savoyat a voté l'expulsion totale des princes.

DURANTIN, ANNE ADRIEN ARMAND, auteur dramatique français, né à Senlis le 4 avril 1818 ; fit ses études à Paris et se fit inscrire au barreau de cette ville. M. Armand Durantin a débuté de bonne heure à la scène, en faisant jouer sur le petit théâtre du Panthéon, dès 1840, quelques vaudevilles signés du pseudonyme d' « Armand de Villevert ». Il a donné depuis : un *Déshonneur posthume (1842)*; un *Tour de roulette*, avec J. de Rieux, à l'Odéon ; l'*Italien et le Bas-Breton (1843)*; l'*Oncle à*

succession (1844), le *Serpent sous l'herbe (1846)*, au Gymnase; les *Spéculateurs*, drame en cinq actes, en vers (1846), au Théâtre-Français; l'*Elu du clocher (1848)*, à l'Odéon; un *Mariage par procuration*, avec M. Raymond Deslandes (1848); le *Chaperon du prince*, au Vaudeville (1848); la *Mort de Strafford*, drame en cinq actes, en vers (1849), à l'Odéon; les *Viveurs de la Maison d'Or*, avec M. L. Monrose (même année); les *Trois Racan*, avec M. Deslandes (1850), au Théâtre-Historique; la *Terre promise*, avec le même (1850), au Vaudeville; les *Gaietés champêtres*, avec Guyard et Desnoyers (1852), au Vaudeville; la *Femme d'un grand homme*, avec M. Deslandes, à l'Odéon, et la *Mère Rainette*, avec Charles Deslys, au théâtre de Belleville (1855); le *Luxe des femmes (1857)*, à l'Odéon; *M. Acker*, au Gymnase (1858); les *Comédiens de salon*, avec Anicet Bourgeois (1859), au Vaudeville; *Héloïse Paranquet*, avec M. Alexandre Dumas fils (1866), au Gymnase, comédie présentée d'abord sous le voile de l'anonymat le plus mystérieux, bien qu'elle dût réussir par son seul mérite; *Thérèse Humbert (1868)*, au même théâtre. — M. Armand Durantin a collaboré aux *Français peints par eux-même*, au *Cabinet de lecture*, à la *France littéraire*, à l'*Echo français*, à l'*Estafette*, à la *Revue et Gazette des théâtres*, au *Messager des théâtres*, au *Journal des chasseurs*, à la *Chasse illustrée*, etc. Il a publié un certain nombre de romans et ouvrages divers estimés : la *Légende de l'Homme éternel (1863)*; *Histoire du palais de Saint-Cloud (1861)*; *Un mariage de prêtre (1871)*; *Un Jésuite de robe courte (1872)*; les *Drames mystérieux (1873)*. — M. Durantin est chevalier de la Légion d'honneur depuis 1870 et décoré de plusieurs ordres étrangers.

DURUOF, Claude Jules Dufour (dit), aéronaute français, né à Paris le 9 décembre 1841. Ses débuts dans la carrière aéronautique datent des premières expériences du *Géant* de M. Nadar, à Lyon, puis à Amsterdam (1864-1865). Depuis lors, M. Duruof s'est occupé de la construction des aérostats et a fait, tant en France qu'en Italie, en Belgique, en Hollande et en Angleterre, un grand nombre d'ascensions dont plusieurs ont été marquées par des péripéties dramatiques terribles. Le 15 août 1865, il en faisait une à Calais, en compagnie de M. Gaston Tissandier (voyez ce nom) et d'un autre voyageur, dans laquelle, deux fois entraîné au-dessus de la mer par un courant aérien rapide, il sut deux fois gouverner de manière à trouver un courant opposé qui le ramenât à terre. A Monaco, le 26 septembre 1869, il fut, dans des circonstances semblables, entraîné au-dessus de la Méditerranée, à une distance assez considérable, et dut descendre et raser les eaux pour retarder la rapidité de sa marche, jusqu'à ce qu'un courant contraire intervînt qui le ramena à San Remo. Par ces deux exemples on peut juger de l'habileté, mais surtout du sang-froid que M. Duruof sait apporter à la manœuvre des ballons; on peut ajouter à ces qualités une audace rare, quoique nous ne manquions pas absolument d'exemples : il suffit de rappeler la mort glorieuse de Sivel et de Croce-Spinelli (15 avril 1875) pour le prouver. C'est à cette audace, à cette confiance en soi, mais sans doute aussi à une susceptibilité exagérée, qu'il faut attribuer l'ascension mémorable du 30 août 1874, à Calais, dans les conditions atmosphériques les plus défavorables. On se rappelle l'aventure, et comment M. Duruof et sa jeune femme dont c'était le début, pour échapper aux réclamations ridicules d'une foule insensée, malgré le temps, malgré le danger imminent et palpable, s'élevèrent dans les airs, emportés par un vent violent jusqu'à la mer du Nord, où des pêcheurs finissaient par les recueillir après une véritable chasse de plusieurs heures, exténués, brisés, trempés jusqu'aux os. *Nous ne pouvons suivre* ici dans cette odyssée terrible, qu'une fin tragique paraissait seule capable de dénouer, les courageux voyageurs aériens. Ils ont fait bien d'autres ascensions depuis, et nous espérons bien qu'ils en feront de plus nombreuses encore. Au commencement du siège de Paris, M. Duruof, avec le ballon *le Neptune*, gonflé sur la place Saint-Pierre de Montmartre, inaugurait la poste aérienne. Le premier, il traversait les lignes prussiennes (23 septembre 1870) et allait atterrir près d'Evreux. Il fut chargé à Tours de l'organisation des compagnies d'aérostiers militaire de l'armée de la Loire et de l'entretien des ballons venant de Paris. De retour à Paris dès l'ouverture des portes, il s'y trouvait au moment de l'explosion inopinée du 18 mars. Requis par la Commune, il fut bien obligé de se mettre à sa disposition et fut, en conséquence, longtemps poursuivi par les clameurs et les dénonciations des journaux qui, rentrés à Paris derrière l'armée de l'ordre, se sont fait autant qu'ils ont pu les pourvoyeurs des conseils de guerre; ils n'ont rien pu contre M. Duruof, toutefois, excepté de le faire écarter de la distribution de récompenses, à laquelle beaucoup ont été admis qui l'avaient moins mérité que lui.

DURUY, Jean Victor, historien français, ancien ministre, ancien sénateur, membre de l'Institut, né à Paris le 11 septembre 1811, fit ses études au collège Rollin et entra à l'Ecole normale en 1830. Envoyé à Reims en 1833, comme professeur d'histoire, il fut rappelé peu de temps après pour professer la même classe au collège Henri IV, puis au lycée Saint-Louis. Reçu docteur ès-lettres en 1853, il devint en 1861 inspecteur de l'Académie de Paris, maître des conférences à l'Ecole normale et, en 1862, inspecteur général de l'enseignement secondaire et professeur d'histoire à l'Ecole polytechnique; il fut enfin nommé ministre de l'instruction publique par décret du 23 juin 1863. Dès 1833, M. Duruy collaborait à divers ouvrages élémentaires d'histoire; cette collaboration était toutefois anonyme. Son premier ouvrage paraissait seulement en 1838 : *Géographie historique de la république romaine et de l'empire*, avec neuf cartes. En 1845, la publication des deux premiers volumes de son *Histoire romaine* lui valut la croix de la Légion d'honneur. Enfin, cette *Histoire romaine* elle-même devait causer la fortune de son auteur. L'empereur, qui méditait sa fameuse *Histoire de Jules César*, ayant pris goût à la lecture des ouvrages de M. Duruy, voulut connaître celui-ci, qu'il reçut, en effet, en décembre 1859, et avec lequel il eut une longue entrevue. Cette entrevue faillit faire d'emblée un inspecteur général de M. Duruy, dès 1861; le mauvais vouloir du ministre qu'il devait remplacer deux ans plus tard, M. Rouland, s'y opposa. Il ne fut cette fois qu'inspecteur de l'Académie de Paris; mais il devenait inspecteur général l'année suivante, puis ministre. Il avait été, pendant plusieurs mois, depuis décembre 1862 jusqu'à l'époque des inspections, employé pendant quelques heures par jour dans le cabinet de l'empereur. Chargé dans le cours de son inspection de voir les hauts fonctionnaires, les magistrats, les évêques, et de rendre compte à son souverain de l'impression qu'il recevait de ces visites, M. Duruy se défend d'en avoir rien fait, comme il se défend d'avoir collaboré à l'*Histoire de Jules César* autrement que par des réponses laconiques aux questions posées par l'impérial auteur. Sa nomination au ministère l'alla trouver dans cette tournée d'inspection, qu'elle interrompit. Les réformes introduites par M. Duruy, pendant son passage aux affaires, ne satisfirent pas toujours le parti libéral; mais elles lui aliénèrent surtout le parti clérical, qui lui manifesta, comme d'usage, une véritable animosité. En vain voulut-il l'amadouer par des concessions, qui n'étaient à ses yeux qu'une preuve de la faiblesse d'un adversaire prêt à succomber; en vain poussa-t-il la complaisance jusqu'à retirer sa chaire d'hébreu à M. Renan : les conjurés, loin de céder, redoublèrent d'efforts, et M. Duruy dut remettre son portefeuille (17 juillet 1869) à M. Bourbeau (ce qui pouvait lui être une espèce de consolation, car il était bien loin d'être remplacé) et fut créé sénateur. Il était grand officier de la Légion d'honneur depuis 1867.

M. Duruy siégea au Sénat jusqu'à la révolution du 4 septembre 1870. Pendant le siège de Paris, on put le voir, revêtu de l'uniforme de garde national, avec la plaque de grand-officier de la légion d'honneur, faisant courageusement, malgré son âge, le service des remparts. Aux élections sénatoriales du 30 janvier 1876, M. Duruy s'est présenté, mais sans succès, aux électeurs privilégiés du département de Seine-et-Oise. Il s'était déclaré dans sa profession de foi, datée de Villeneuve-Saint-Georges, 5 janvier 1876, pour « l'appel direct à la nation » à l'expiration du septennat.

Il est nécessaire de passer une rapide revue des réformes apportées par M. Duruy dans l'enseignement. Nous citerons le rétablissement de l'agrégation de philosophie, l'introduction de l'enseignement de l'histoire contemporaine dans les lycées, l'institution d'un tribunal arbitral des professeurs révoqués, la création de bibliothèques scolaires un peu partout, de cours d'adultes, de l'enseignement secondaire spécial (1865) pour les jeunes gens voués aux professions industrielles, et qui peuvent y apprendre les langues vivantes, la comptabilité, l'histoire et la géographie commerciales, les éléments des sciences appliquées, du droit civil, etc.; la suppression du système de la bifurcation des études, invention de M. Fortoul; l'introduction dans les lycées des exercices de gymnastique et des manœuvres militaires, qui eurent ce singulier résultat que, dans certaine ville de province, en 1870, ce fut à un élève en rhétorique qu'incomba la mission d'instruire la garde nationale. Nous devons citer encore l'organisation de l'instruction secondaire des filles, en dépit de l'hostilité cléricale; la création de l'Ecole des Hautes études, à laquelle le Jury international de l'exposition de Vienne a décerné, en 1873, sa médaille d'honneur unique; l'admission dans les cours libres de la Sorbonne de l'enseignement homéopathique, la création de laboratoires d'enseignement et de recherches, la réorganisation du Muséum, principalement dans le sens d'une part à accorder à l'enseignement agronomique; la proposition (repoussée par la Chambre) de l'instruction primaire gratuite et obligatoire : les encouragements donnés aux sociétés savantes de province et la centralisation de leurs travaux, etc., etc. On peut encore regarder comme un bienfait l'augmentation considérable du budget de l'instruction publique, due aux instances de M. Duruy, augmentation de 45 pour cent qu'il eût encore élevée, sans aucun doute, s'il fût demeuré au ministère. Au Sénat, M. Duruy, partisan de la liberté de l'enseignement supérieur dans le sens restreint que les cléricaux prêtent à cette expression, sauf la réserve de la collation des grades en faveur de l'Etat, présenta un projet de loi conforme à ces vues; il en présenta un autre, relatif à la réorganisation de nos facultés; enfin il en préparait un troisième, assurant à toutes les communes de France le service médical. Mais les événements de 1870 s'opposèrent à la réalisation, d'ailleurs fort aléatoire, de ces projets.

Ecrivain extrêmement laborieux, M. Duruy a publié un grand nombre d'ouvrages d'éducation, dont la plupart ont atteint le tirage énorme de *seize cent mille* exemplaires. Nous citerons les principaux : *Géographie politique de la république romaine et de l'empire (1838)*, *Géographie historique du moyen âge (1839)*; *Géographie historique de la France (1840)*; *Atlas de géographie historique universelle (1841)*; *Histoire des Romains et des peuples soumis à leur domination (1840-53*, 3 vol.); *Histoire sainte d'après la Bible (1845)*; *Histoire romaine jusqu'à l'invasion des Barbares (1848)*; *Histoire grecque (1851)*; *Histoire de France (1852*, 2 vol.); *Histoire de la Grèce ancienne (1862*, 2 vol.), couronnée par l'Académie; *Histoire des temps modernes, depuis 1453 jusqu'en 1789 (1863)*; *Histoire populaire contemporaine, illustrée (1864)*; *Introduction générale à l'Histoire de France (1865)*. *Histoire des Romains depuis les temps les plus reculés jusqu'à la fin du règne des Antonins (1870-76*, 5 vol.). — M. Duruy a été élu membre de l'Académie des inscriptions et belles-lettres en 1873, en remplacement de Vitet; membre de l'Académie des sciences morales et politiques en 1879, en remplacement de Naudet; enfin membre de l'Académie française le 4 décembre 1884, en remplacement de Mignet. Membre du Conseil supérieur de l'instruction publique, M. Duruy donnait sa démission lors de la réunion de ce conseil en juillet 1886, en la motivant sur les fatigues de l'âge.

DURUY, Albert, journaliste français, fils du précédent, est né à Paris le 3 janvier 1844. Elève de l'Ecole normale supérieure, il en sortait quelques mois seulement après son entrée, pour prendre la direction du cabinet de son père, devenu ministre de l'instruction publique (juin 1863). Après la retraite de ce dernier (juillet 1869), M. Albert Duruy se lança dans le journalisme. Il collabora d'abord au *Peuple français* sous le pseudonyme d'Albert Villeneuve, probablement en mémoire de Villeneuve-Saint-Georges, déjà résidence de la famille Duruy. Il passa ensuite à la *Liberté*, où il signa son vrai nom. C'est là que le trouva la guerre, au début de laquelle il s'engagea dans un régiment de *turcos*. Il prit part avec une réelle distinction aux combats de Wœrth et de Gravelotte, fut blessé à Sedan, et après la capitulation, fait prisonnier et interné à Mayence par les Allemands. Après la paix, il revint à Paris, collabora à la presse bonapartiste, fit un court passage au *Constitutionnel*, prit en mains la rédaction de la *Liberté* au printemps de 1875 et fonda en 1876 la *Nation*, qui se fondit peu après avec le *Petit Caporal*. M. Albert Duruy n'a pas cessé, du reste, d'appartenir à la presse bonapartiste. — Il a été décoré de la médaille militaire à Gravelotte.

DUSOLIER, François Alexis Alcide, littérateur et homme politique français, né à Nontron le 21 septembre 1836. Il fit ses études à Paris et débuta de bonne heure dans la carrière des lettres. Collaborateur du *Boulevard*, du *Nain jaune* et d'autres journaux analogues, il a publié à part : *Ceci n'est pas un livre*, recueil d'articles (1860); *Jules Barbey-d'Aurevilly*, biographie avec portrait (1862); *Nos gens de lettres (1864)*; les *Spéculateurs et la mutilation du Luxembourg (1866)*; *Propos littéraires et pittoresques de Jean de la Martrille (1867)*; *Politique pour tous (1869)*; *Ce que j'ai vu du 7 août 1870 au 1er février 1871 (1871)*, etc. — Nommé sous-préfet après le 4 septembre, à Nontron, M. Alcide Dusolier conserva quinze jours ces fonctions, qu'il abandonna pour celles de secrétaire du cabinet du ministre de la guerre à la Délégation de Tours, puis de Bordeaux. Membre du Conseil général de la Dordogne, il se présenta aux élections du 14 octobre 1877 dans l'arrondissement de Nontron, mais sans succès. Il renouvela la tentative le 21 août 1881, et cette fois fut élu. Il prit place sur les bancs de l'Union républicaine. Aux élections pour le renouvellement partiel du Sénat, du 25 janvier 1885, M. Alcide Dusolier fut élu sénateur de la Dordogne. — Il a voté l'expulsion des princes.

DUSSAUSSOY, Paul Antoine François, industriel et homme politique français, ancien garde général des Forêts, est né à Toulouse le 6 septembre 1820. Elu, le 8 février 1871, représentant du Pas-de-Calais, et député de la 2e circonscription de Boulogne-sur-Mer le 5 mars 1876, il siégea au groupe de l'Appel au peuple. Il a été réélu le 14 octobre 1877; mais son élection ayant été invalidée par la Chambre, M. Dussaussoy ne parvint à se faire réélire qu'à la faveur du scrutin de liste. Il figurait en effet sur la liste monarchique, qui triompha dans le Pas-de-Calais aux élections du 4 octobre 1885. M. Dussaussoy siège à la droite de la Chambre.

DUTAILLY, Didier Edme Rodolphe Gustave, naturaliste et homme politique français, né le 2 août 1846 à Meuvy (Haute-Marne). Il fit de brillantes études scientifiques à Lyon, prit le grade de docteur ès-sciences naturelles, fut chargé en 1879 d'un cours de botanique à la faculté des sciences de cette ville, et devint titulaire de la chaire de botanique l'année suivante et directeur du Jardin botanique. Il a publié divers mémoires dans les publications de la Société de botanique. — Aux élections du 21 août 1881, M. Dutailly se présenta dans l'arrondissement de Langres, comme candidat radical, et fut élu au scrutin du 4 septembre. A celles du 4 octobre 1885, il fut élu au premier tour, député de la Haute-Marne, et prit place à l'extrême gauche. Il a voté l'expulsion totale des princes.

DUVAL, Charles Edmond Raoul, magistrat et homme politique français, né à Amiens le 6 mars 1807. Fils d'un conseiller à la cour d'Amiens, M. Duval était destiné, pour ainsi dire dès le berceau, à la carrière de la magistrature. Il fit en conséquence son droit à Paris, puis devint substitut à Laon en 1830, procureur du roi à Péronne en 1832, conseiller à la cour d'Amiens en 1837, avocat général à Rennes en 1845 et procureur général à Nantes en 1846. Révoqué par le Gouvernement provisoire le 10 mars 1848, il était nommé procureur général à Dijon le 6 janvier 1849, et fit en cette qualité partie des commissions mixtes instituées pour statuer sur le sort des citoyens compromis dans la courageuse opposition du droit à l'usurpation du 2 décembre, ou simplement suspects de ne la point approuver. Nommé procureur général à Orléans au mois d'octobre 1852, il passait à Bordeaux au même titre deux mois plus tard. Il a été nommé premier président de la cour impériale de Bordeaux le 3 octobre 1861. *Il occupait ce poste lors de la* révolution du 4 Septembre, et prit nécessairement sa part du décret rendu par M. Crémieux (20 janvier 1871), excluant de la magistrature ceux de ses membres, qui avaient fait partie des commissions mixtes. L'Assemblée nationale ayant annulé ce décret, M. Raoul Duval reprit possession de son siège le 30 mai 1873. — Il a été élu sénateur de la Gironde le 30 janvier 1876, et est venu siéger sur les bancs du parti de l'Appel au peuple. Lors du vote du projet de loi sur l'enseignement supérieur relatif à la collation des grades, M. Raoul Duval se sépara de la droite, qui résolut de se venger. En effet, au renouvellement triennal du Sénat, le 5 janvier 1879, ses anciens collègues de la Gironde repoussèrent M. Duval

de leur liste, — laquelle échoua tout entière... M. Charles Raoul Duval se retira dès lors de la vie publique. Il est commandeur de la Légion d'honneur depuis 1859.

DUVAL, Edgar Raoul, ancien magistrat, homme politique français, fils du précédent, est né à Laon le 9 avril 1832. Il entra dans la magistrature en 1856, comme substitut du procureur impérial à Nantes; puis devint avocat général à Angers en 1861, à Bordeaux en 1864 et à Rouen en 1866; surpris dans ce dernier poste par la révolution du 4 Septembre 1870, il donna sa démission. Elu représentant de la Seine-Inférieure à l'Assemblée nationale, aux élections complémentaires du 2 juillet 1871, il prit place au centre droit et vota généralement avec le parti de l'Appel au peuple, sans toutefois se faire inscrire à ce groupe parlementaire. M. E Raoul Duval ne tarda pas à se signaler comme un des membres les plus remuants de l'Assemblée. Le 20 décembre 1871, il déposait une demande d'interpellation sur l'attitude du ministère relativement à « plusieurs membres de la Commune de Paris, notamment au sieur Ranc ». Cette interpellation ne devait produire d'effet que dix-huit mois plus tard; elle produisit toutefois un certain tapage immédiat. Il développait une autre interpellation, le 25 avril 1873, relativement à la participation de magistrats municipaux à des « manifestations hostiles à l'autorité de l'Assemblée ». Enfin M. Duval a pris surtout à tâche, un moment, de montrer la plus grande hostilité envers les membres du gouvernement du 4 Septembre, attaquant tous leurs actes, suspectant leurs intentions, épluchant leurs marchés avec le soin qu'on mettrait à retourner les poches d'un employé infidèle, et réussissant le plus souvent à mettre la majorité dans son jeu. Il est toutefois l'auteur d'un projet de loi d'un esprit excellent, repoussé par la commission d'initiative, demandant la création d'une chambre spéciale aux Conseils des prudhommes, pour juger les différends pouvant survenir entre les Compagnies de chemins de fer et leurs ouvriers (février 1872). — M. Edgar Raoul Duval s'associa à la campagne entreprise contre M. Thiers et dont le 24 mai 1873 vit le triomphe. Mais lorsque, profitant des vacances de l'Assemblée, messieurs les monarchistes commencèrent à démasquer leurs batteries, il parait en avoir éprouvé quelques regrets. Le président du fameux *Comité des neuf*, avec l'esprit d'à-propos dont il a si souvent donné des preuves, ne l'invita pas moins à se joindre à ce comité, en d'autres termes à participer à la restauration du trône légitime. Le général Changarnier s'attira, par cette démarche intempestive, une réponse très nette, qui fut publiée, par laquelle l'honorable député de la Seine-Inférieure, outre un refus péremptoire, donnait sur l'impopularité de la royauté légitime en France, dans les campagnes comme dans les villes, des renseignements dont le Comité des neuf se serait passé volontiers. Il combattit avec énergie la proposition de prorogation pour sept ans des pouvoirs du maréchal de Mac-Mahon, et souvent par des arguments d'une réelle valeur, et choisit cette occasion pour déposer une proposition d'appel au peuple qui fut repoussée. Dès le 9 juillet 1873, il déposait sur le bureau de l'Assemblée une proposition de dissolution, qui devait être repoussée; et, après avoir combattu sans relâche les divers projets de lois constitutionnelles, appuyait une nouvelle proposition de dissolution déposée par la gauche (février 1875), mais toujours en vain. Enfin, après avoir criblé d'amendements, repoussés d'ailleurs avec persévérance, le dernier projet de constitution du Sénat présenté le 22 février, il vota contre l'ensemble des lois constitutionnelles. En dehors de l'Assemblée, M. E. Raoul Duval prononça dans cette période plusieurs discours qui eurent un certain retentissement, notamment à Ménilmontant (8 mai), à Evreux (7 septembre) et à Louviers (21 octobre 1875). Aux élections législatives du 20 février 1876, M. Duval avait posé sa candidature à la fois dans le VIIIe arrondissement de Paris et dans l'arrondissement de Louviers; il dut, dans ces deux arrondissements subir l'épreuve d'un second tour de scrutin et ne fut élu que dans celui de Louviers, et à une très faible majorité. Il fonda à Paris, en octobre 1876, un nouvel organe du parti de l'Appel au peuple: la *Nation*, avec M. Albert Duruy pour rédacteur en chef. — Il fut, dans cette courte législature, rapporteur du budget de la marine et des colonies pour 1877 et, lors de la discussion de ce budget (8-9 novembre 1876), donna des preuves de connaissances étendues et d'un esprit libéral qui eût, certes, pu donner des fruits bien différents sous l'influence d'une autre éducation. Il refusa, du reste, son vote de confiance aux hommes du 16 mai. Après avoir échoué à Louviers aux élections du 14 octobre 1877, et à celles du 21 août 1881, contre M. Develle; il se présentait à Bernay, à l'élection complémentaire nécessitée par la mort de M. Janvier de la Motte père (1884), et était élu. Enfin, il était élu député de l'Eure le 4 octobre 1885 sur la liste monarchique. Il est conseiller général de l'Eure pour le canton de Pont-de-l'Ache. — Pendant les vacances d'août 1886, un programme d'entente entre les partis modérés, dressé l'hiver précédent par M. Edgar Raoul Duval, député de l'Eure, et Lepoutre, député du Nord, fut publié par le *Temps* (nº du 22). C'est, comme on l'a dit, une sorte de projet de constitution de *droite républicaine*, bien conçu, d'ailleurs, très politique, trop politique, et qui ne parait pas devoir, par cela même, obtenir de nombreux adhérents.

M. E. Raoul Duval a collaboré au *Dictionnaire d'économie politique*, et a publié quelques discours de rentrée: *Etude d'histoire des lois sur les céréales*, *M. de Martignac* et *De l'influence de Voltaire sur nos mœurs judiciaires*.

DUVAL, Joseph César, homme politique français, pharmacien, né à Saint-Julien (Haute-Savoie) le 20 janvier 1841. Pendant la dernière guerre, M. J. C. Duval servit en qualité d'aide-chirurgien major aux mobilisés de son départemnnt. Il est maire de Saint-Julien depuis 1881. Le 6 mai 1883, une élection complémentaire dans l'arrondissement de Saint-Julien, pour remplir le siège rendu vacant par la mort de M. Th. Dupont, envoyait M. J. C. Duval à la Chambre des députés; il se fit inscrire à l'Union républicaine. Elu député de la Haute-Savoie, en tête de la liste républicaine, le 4 octobre 1885, il reprit sa place à la gauche de l'Assemblée, et vota l'expulsion des princes. — On doit à M. J. C. Duval quelques ouvrages, principalement des notices d'histoire locale: un *Curé de Collonge-sous-Salève il y a cent ans, notes anecdotiques sur l'état de la Savoie au dix-huitième siècle (1874)*; *Ternier et Saint-Julien. essai historique*, etc., couronné par la Société florimontaine (1879); les *Terres et le chapitre de Saint-Victor dans l'ancien bailliage de Ternier (1880)*; les *Procès de sorciers à Viry, de 1534 à 1548*; la *Famille Paget*, biographie (1881); l'*Administration municipale de la commune et du canton de Viry, département du Mont-Blanc, de l'an I à l'an VII de la République française (1883)*, etc. Il est officier d'académie.

DUVAUX, Jules Yves Antoine, homme politique français, agrégé de l'Université, ancien professeur au lycée de Montpellier puis à celui de Nancy, est né dans cette dernière ville le 21 mai 1827. Président du cercle local de la Ligue de l'enseignement, conseiller municipal de Nancy, membre de la gauche du Conseil général de Meurthe-et-Moselle, M. J. Duvaux, bien que sa conduite comme professeur fût on ne peut plus correcte, fut envoyé par M. de Fourtou à Besançon, en 1878; mais il refusa et fut déclaré démissionnaire. Elu le 20 février 1876, à une majorité énorme, député de la première circonscription de Nancy, il siégea à gauche. Il a été réélu le 14 octobre 1877 et le 21 août 1881. Enfin le 4 octobre 1885, il était élu député de Meurthe-et-Moselle avec la liste républicaine, triomphante dans ce département. M. Jules Duvaux fut appelé par M. Jules Ferry, comme sous-secrétaire d'Etat, au ministère de la justice, dans le cabinet du 31 janvier 1882, présidé par M. de Freycinet, et qui donnait sa démission le 29 juillet, à la suite du vote de la Chambre refusant les crédits nécessaires à l'entreprise projetée contre l'Egypte de conserve avec l'Angleterre. Dans le cabinet suivant, formé par M. Duclerc, M. Duvaux acceptait le portefeuille de l'instruction publique; il le conservait sous l'administration suivante, présidée par M. Fallières (29 janvier 1883), pour le résigner à la chute de ce ministère, le 21 février suivant, entre les mains de son ancien chef, M. Jules Ferry, devenu président du conseil. M. Duvaux reprit alors son siège de député. — Il a voté l'expulsion des princes.

DUVERGER, Théophile Emmanuel, peintre français, né à Bordeaux le 17 septembre 1821. D'abord peintre de décors, il se mit à l'étude et à la reproduction des scènes de mœurs, et grâce au travail et à la persévérance, réussit à se faire une place honorable parmi nos peintres de genre les plus aimés. — Nous citerons de M. Duverger: l'*Attente du matin*, la *Gamelle du grand-papa (1861)*; les *Derniers sacrements (1862)*; les *Bohémiens*, la *Recette de l'aveugle (1863)*; la *Retenue*, *Cache-Cache (1864)*; la *Paralytique*, le *Laboureur et ses enfants (1865)*; la *Fille repentante (1866)*; la *Confirmation (1867)*; le *Berceau vide*, la *Première fredaine (1868)*; *Sollicitude filiale* et *Sollicitude maternelle, vingt ans après (1869)*; *Vice et misère*, *Travail et bonheur (1870)*; les *Cascarotes (1872)*; la *Retenue (1873)*; *Quand les chats n'y sont pas, les souris dansent (1874)*; l'*Enfant aux fruits*, le *Retour du marché (1875)*; *Trop de reconnaissance (1876)*; *Qui cherche trouve (1883)*; la *Veille du marché*, les *Poupées (1884)*: le *Nid*, *En recette (1885)*; *Sous les lilas*, le *Cachot (1886)*. — M. Duvergier a obtenu une 3e médaille en 1861, un rappel de 3e médaille en 1863 et une médaille en 1865

DUVEYRIER, Henry, géographe et explorateur français, fils d'un auteur dramatique et publiciste saint-simonien, est né à Paris en 1840. Dès 1859, M. Henry Duveyrier, pris de la passion des voyages, partait pour l'Algérie. Il explora, cette même année, diverses parties du Sahara algérien, atteignit El Goléa, mais fut obligé de rebrousser chemin devant l'attitude menaçante des indigènes. L'année suivante, il recommençait sa tentative et visitait le Sahara tunisien. Dans son voyage de 1861, il atteignit Ghadamès sans encombre, mais ne put pénétrer beaucoup plus avant; il réussit toutefois à lier des relations avec des chefs touaregs dont trois consentirent à l'accompagner à Paris et furent présentés par ses soins à l'empereur (1862). Il fut décoré de la Légion d'honneur et reçut la grande médaille d'or de la Société de géographie, qui l'accueillit dans son sein. M. Duveyrier a pris aux travaux de cette société une part très active; il y fit partie de ses commissions les plus importantes, concernant plus spécialement l'Afrique septentrionale; il en devint secrétaire en 1865 et président en 1884. En 1874, il avait accompagné feu le commandant Roudaire dans son exploration des chotts algériens, en vue de la création d'une mer intérieure, et dont il dressa des cartes très exactes. On lui doit: *Exploration du Sahara*, les *Touaregs du Nord (1864)*; *Histoire des explorations au sud et au sud-ouest de Géryville*, *Carl Claus von der Decken*, *Livingstone et ses explorations dans la région des lacs de l'Afrique orientale (1873)*; *Voyage au Sahara par Norbert Dourneaux-Dupéré (1874)*; *Rapport sur la mission des chotts du Sahara (1875)*; *De Mogador au Djebel Tabayoudt*, *Itinéraire de Methili à Hassi et d'El Golea à Methlili*; *Voyage dans l'Aouras*, *Sculptures antiques de la province marocaine de Sous*; *Traversée de la zone sud de l'Afrique équatoriale, 1873-1875 (1876)*, etc.; outre de nombreux mémoires insérés principalement au *Bulletin de la Société de Géographie* ou dans l'*Année géographique*, dont il a repris la publication avec M. C. Maunoir, secrétaire général de la société. — M. Henry Duveyrier a été promu officier de la Légion d'honneur le 1er juin 1884.

DUVIVIER, Nicolas Eugène, homme politique français, né à Rouen le 10 août 1817. Ancien négociant, juge au tribunal de commerce, il se porta comme candidat de l'extrême gauche dans la première circonscription de Rouen, où une élection avait lieu le 29 mai 1881, pour remplacer M. L.-Ph. Desseaux, décédé. Elu sans concurrent, M. Duvivier était réélu le 21 août suivant. Il triomphait enfin, dans la Seine-Inférieure, avec ses amis de la liste républicaine, aux élections du 4 octobre 1885. — M. Duvivier a voté l'expulsion totale des princes.

DYER, Thomas Henry, historien anglais, né à Londres le 4 mai 1804, reçut son instruction de précepteurs particuliers. Pendant la première partie de sa vie, M. Dyer fut associé d'une maison de commerce importante des Indes occidentales, dont l'émancipation des esclaves amena la ruine. Il se tourna alors vers la littérature. M. Dyer a beaucoup voyagé sur le continent européen et s'est principalement voué à l'étude de la topographie et des antiquités de Rome, d'Athènes, de Pompéi. Il a reçu en 1865, le titre honorifique de docteur en lois de l'université de Saint-Andrews. — On doit à M. Dyer: *Vie de Calvin (1850)*; *Histoire de l'Europe moderne (1861*, 3 vol.); *Histoire de la cité de Rome (1865)*; *Pompéi (1867)*; *Histoire des rois de Rome (1868)*; *Athènes ancienne (1873)*; outre un grand nombre d'articles dans le *Classical Museum*, dans le *Dictionnaire de biographie*, du Dr Smith, etc.

E

EARLY, Jubal A., général confédéré américain, né vers 1815, dans l'État de Virginie, est élève de l'Académie militaire de West-Point. Sorti de cette école comme lieutenant d'artillerie, il donna sa démission, étudia le droit et se fit recevoir avocat. Il reprit du service dans l'armée lors de la guerre avec le Mexique et devint major d'un régiment de volontaires virginiens. Lorsqu'éclata la guerre de Sécession, il entra dans l'armée confédérée, prit part à la plupart des batailles qui signalèrent la première partie de cette longue lutte, et devint général. En mai 1863, il tenait les lignes de Fredericksburg, tandis que Lee était engagé avec Hooker à Chancellorsville, et en juillet, il commandait une division à Gettysburg. En 1864, il commandait dans la vallée du Shenandoah où il remporta d'abord des succès signalés, mais fut finalement mis en déroute par Sheridan. Il fut relevé de son commandement en mars 1865. Après la guerre, il se réfugia en Europe. De retour dans son pays, à la faveur de l'amnistie, il reprit sa place au barreau de Richmond. — Il a publié, en 1867, des *Souvenirs de la dernière année de la guerre* (Memoirs of the last year of the war.)

EASTLAKE (dame), Elizabeth Rigby, femme de lettres anglaise, veuve du célèbre peintre sir Charles Lock Eastlake, mort le 23 décembre 1865, est née à Norwich en 1816. Son premier ouvrage, publié en 1841 : *Lettres des bords de la Baltique*, fonda sa réputation ; c'était une sorte de journal d'une visite rendue à sa sœur, établie depuis son mariage dans une ville des côtes de la Baltique. Elle a publié ensuite : *Contes livoniens*, comprenant trois petites histoires : le *Disponant*, les *Loups* et la *Juive (1846)*; on lui doit enfin, à des dates plus récentes : une *Histoire de Notre-Seigneur; Vie de John Gibson, académicien royal.* — Lady Eastlake a en outre collaboré à la *Quarterly Review* et à l'*Edinburgh Review*, où deux de ses séries d'articles, sur la *Toilette* et sur la *Musique*, ont été réimprimées à part dans la « Home and Colonial Library. »

EASTMAN (dame), Mary Henderson, femme de lettres américaine, née à Warrenton (Virginie) en 1817. Mariée en 1835 au capitaine Seth Eastman, de l'armée des États-Unis, auteur lui-même de plusieurs publications relatives aux Indiens, elle suivit son mari dans diverses stations de la frontière, où elle put à son tour étudier à loisir le caractère et les mœurs des Indiens, qu'elle a dépeints, avec un grand talent et un souci évident de la vérité, dans ses ouvrages. Nous citerons : le *Dacotah, ou vie et légendes des Sioux (1849)*; le *Roman d'une vie indienne (1852)*; *American Aborigina Portfolio*, illustré par M. Seth Eastman (1853); *Chicora et autres régions des conquérants et des conquis (1854)*. A quoi il faut ajouter un roman : la *Cabane de tante Phillis*, réponse à la *Cabane de l'oncle Tom (1852)*, ouvrage qui fut tiré à 18,000 exemplaires en quelques semaines.

ECCARIUS, Johann Georg, ouvrier tailleur et journaliste allemand, secrétaire général de l'Association internationale des travailleurs, est né le 23 août 1818, à Friedrichroda, dans le duché de Gotha, où son père exerçait le métier de tailleur. Le jeune Johann entra en apprentissage dès l'âge de dix ans. Sa matinée était toutefois consacrée à l'étude, et elle se composait de cinq heures de travail consécutives; après midi, il travaillait avec son père pendant sept heures au moins, souvent pendant dix heures. Il suivait très assidûment, en outre, l'école du dimanche et au premier examen public, il reçut la première médaille d'argent décernée au meilleur élève de cette école, de toute la ville, dans les mathématiques et la géométrie. Il fut ensuite chargé de l'enseignement des plus jeunes élèves. Il se rendit à Londres en 1846, et y fit partie de l'Arbeiter Bildungs Verein. Il débuta dans la presse par un article sur la profession de tailleur telle qu'elle est exercée à Londres, publié dans la revue *Neuen Rheinischen Zeitung*. Un autre article sur le même sujet publié en anglais dans le *Red Republican* de Julian Harney, lui ouvrit les colonnes de la presse chartiste, à laquelle il collabora *gratis*, jusqu'à la disparition du *People's Paper*, d'Ernest Jones. M. J. Eccarius prit une part très active à la fondation de l'Association internationale des travailleurs, en 1864; il fut membre de la première commission exécutive de la Ligue de la réforme, en 1865, mais donna peu après sa démission. En février 1866, il fut nommé rédacteur en chef de la *Commonwealth* (la République); mais il conserva peu de temps ces fonctions et reprit l'exercice de sa profession de tailleur. Il a publié en 1867, sous le titre de : *Réfutation de Stuart Mill par un ouvrier* (A Working Man's refutation of Stuart Mill), un recueil d'articles parus précédemment dans la *Commonwealth*, dont une édition en allemand, très augmentée, a été depuis publiée à Berlin, par Eichhoff (1869). M. J. Eccarius a été élu, en juillet 1867, secrétaire général de l'Association internationale des travailleurs.

EDHEM PACHA, diplomate et homme politique ottoman, né en Circassie en 1820. Amené à Paris dès l'âge de dix à onze ans, il y fit ses études, suivit les cours de l'École des mines, faisant entre temps quelques voyages d'étude et d'exploitation minière, tant en France que dans les contrées voisines. Il entra ensuite dans l'armée ottomane, avec le grade de capitaine, se distinguant principalement par ses travaux d'ingénieur, en quelle qualité il fut employé dans les mines d'Argana, en Asie Mineure; puis il fut nommé membre du Conseil des mines, élevé au rang de général de brigade, aide de camp du padischah, et enfin chef de sa maison militaire et général de division. Edhem Pacha accompagnait Abd-ul-Medjid dans son voyage en Asie Mineure en 1850, portait au prince de Serbie, en 1854, le décret garantissant les privilèges accordés à son pays, et prenait part, au retour, à la campagne de Crimée, toujours à la tête de la maison militaire du sultan, poste qu'il quittait en 1856. Il fut alors nommé membre du Conseil des réformes administratives (Tanzimat), et fut appelé peu après au ministère des affaires étrangères, et élevé au rang de muchir (maréchal), en remplacement d'Aali, nommé grand vizir, en janvier 1858, poste auquel il fut rappelé à différentes reprises, après l'avoir quitté l'année suivante, puis devint président du Conseil d'État, enfin nommé à l'ambassade de Berlin en 1875, poste dans lequel il ne fut pas assez heureux pour obtenir l'adhésion du grand chancelier. Il fut alors envoyé en mission extraordinaire auprès du czar, et reçut à cette occasion (1876) les insignes de l'ordre d'Alexandre Newski. A la conférence de Constantinople (1876-77), Edhem Pacha représentait son gouvernement comme second délégué; son attitude peu conciliante, et non sans raison, y fut très remarquée. Appelé au grand vizirat en remplacement de Midhat Pacha, en février 1877, Edhem-Pacha donnait sa démission en février 1878, après avoir inutilement lutté contre des difficultés sans cesse renaissantes. Il était nommé ambassadeur à Vienne à la fin de cette même année.

EDIMBOURG (duc d'), Prince Alfred Ernest Albert, duc de Saxe, prince de Cobourg-Gotha, chevalier de la Jarretière et de Saint-Patrick, second fils de la reine Victoria, est né au château de Windsor le 6 août 1844. Après avoir eu successivement pour précepteurs, MM. H. N. Birch et F. W. Cribs, le prince Alfred, confié aux soins du major du génie Cowell, allait étudier les langues modernes à Genève (1856-57). Il se résolut alors à entrer dans la marine; il revint en Angleterre où il se prépara aux examens nécessaires sous la direction du Rev. W. R. Jolly, à Alverbank, près de Grosport. Le 31 août 1858, il passait ses examens, était admis comme « naval cadet », et s'embarquait à bord de la frégate à vapeur de 51 canons, *Euryalus*. Le 27 octobre, il entrait sérieusement dans le service actif à la mer. Il fit partie de diverses stations étrangères, à bord du *Saint-George*, visita la plus grande partie des contrées voisines des côtes méditerranéennes et, plus tard, étendit ses voyages à l'Amérique et aux Indes occidentales. En 1862, l'offre du trône de Grèce lui fut faite, mais il la déclina. En février 1866, le Parlement lui vota une liste civile annuelle de 250,000 francs, plus une même somme de 250,000 francs à l'occasion de son mariage. Il fut créé duc d'Edimbourg, comte de Kent et comte d'Ulster, et pair du Royaume Uni le 24 mai 1866, et prit possession de son siège à la Chambre des Lords le 8 juin suivant. Le même jour, il recevait le titre de bourgeois de la Cité de Londres. Il avait été reçu maître de Trinity House, réunion d'officiers de la marine, le 21 mars précédent. Au commencement de 1867, il fut nommé au commandement de la frégate *Galathée*, sur laquelle il visita à peu près toutes les parties du monde. Le 26 février, la *Galathée* quittait Plymouth, se rendant directement en Australie. Le duc d'Edimbourg fut reçu par la population de la colonie avec un véritable enthousiasme; — toutefois, il fut, à Clontarf, près de Port-Jackson, dans la Nouvelle-Galles du Sud, l'objet d'un attentat de la part d'un Irlandais, nommé O'Farrell, lequel lui tira un coup de pistolet dans le dos (12 mars 1868). Le prince ne fut que légèrement blessé. L'assassin, arrêté sur-le-champ, était jugé le 31 mars, reconnu coupable et exécuté le 21 avril. En quittant l'Australie, le duc d'Edimbourg se rendit au Japon, où il fut reçu par le Mikado, tant officiellement que d'une manière privée et toute amicale; puis il visita la Chine et l'Inde. Il voyageait en Italie en 1873 et obtenait une audience du pape, au Vatican, le 20 avril. Le 23 janvier 1874, le mariage du prince avec la grande-duchesse Marie, fille unique d'Alexandre II, empereur de Russie, était célébré à Saint-Pétersbourg avec pompe. — Le duc d'Edimbourg a été promu vice-amiral en novembre 1882.

EDISON, Thomas Alva, inventeur américain, né à Akron (Ohio) en 1847. Il fit, à l'école primaire de son pays natal, des études qui ne durèrent pas plus de huit semaines, mais auxquelles suppléèrent amplement les soins de sa mère d'abord, et quand il sut lire, sa propre passion pour la lecture. Il avait un goût particulier pour les sciences physiques et, en particulier, pour la chimie, lequel se manifesta dès le début; malheureusement, il fut obligé de se suffire étant encore enfant, et se fit vendeur de journaux ambulant sur une ligne de chemin de fer : il n'avait que onze ans à cette époque. On le retrouve plus tard faisant le même métier, mais vendant, au lieu des journaux des autres, un journal rédigé et imprimé par lui-même, ce qui suppose un apprentissage vaille que vaille dans une imprimerie. Il employait ses loisirs à des expériences de chimie, et c'est ainsi qu'un jour où c'était le phosphore qui servait à ses expériences, il mit le feu au train sur lequel il avait licence de vendre son journal et s'en fit ignominieusement chasser. Il devint alors employé du télégraphe et servit, en cette qualité, sur diverses lignes, principalement dans l'État de Michigan. Les phénomènes électriques frappèrent l'imagination du jeune homme dès le début, et il se mit à les étudier avec une passion exclusive; il ne tarda pas à aborder la série presque innombrable des inventions dont cet agent devait lui fournir la matière. Il remplissait les fonctions d'opérateur de nuit, lorsqu'après des expériences répétées, sûr de lui, pensait-il, il proposa à son chef d'établir un système télégraphique permettant d'envoyer simultanément deux dépêches dans deux directions différentes avec un même fil. Le chef ouvrit de grands yeux et, ne doutant pas que son employé ne fût devenu fou, il s'empressa de se débarrasser de lui. Or, un monsieur, à qui le chef avait exposé le cas du jeune Edison, réalisait très peu de temps après le projet de celui-ci. M. Edison réclama, mais il n'obtint pas autre chose qu'un peu de bruit autour de son nom; ce bruit, toutefois, lui facilita une terrible erreur. Il prétendait faire communiquer télégraphiquement deux trains en marche : on l'avait déclaré fou à sa première conception de génie, on se garda bien de tomber dans la même erreur cette fois, et on le crut sur parole. L'expérience eut donc lieu, et il en résulta une collision entre les deux trains. L'inventeur, terrifié, s'enfuit. C'est à cette époque, croyons-nous, qu'il établit, à Adrian (Michigan), un atelier pour la réparation des appareils télégraphiques. D'Adrian il alla à Indianopolis (Indiana), où il inventa son répétiteur automatique, et enfin s'établit à Cincinnati (Ohio). Il s'y fit rapidement une grande réputation, et comme constructeur d'appareils télégraphiques, et comme inventeur, et fut nommé inspecteur de la Compagnie de l'indicateur de l'or pour les mines, dont le siège était à New-York. Il s'y transporta donc, et bientôt établit ses ateliers à Newark (New-Jersey). Devenu ingénieur-électricien de la Compagnie de l'Union télégraphique de l'Ouest, il inventait en 1874, avec son collègue, M. George Prescott, un appareil permettant la transmission simultanée de quatre dépêches avec un seul fil, deux dans une direction et les deux autres dans une direction opposée. Avant cette invention, M. Edison était déjà à la tête de soixante brevets concernant la télégraphie électrique, dont la Compagnie de l'Union de l'ouest s'était assuré l'exploitation par un traité avec l'inventeur. En 1876, M. Edison quitta la Compagnie de l'indicateur de l'or, voulant se vouer exclusivement aux travaux d'électricité expérimentale, il s'établit à cet effet à Menlo Park, à 40 kilomètres environ de New-York, où il installa une véritable usine avec un laboratoire muni des appareils, machines et ustensiles divers les plus nouveaux, à mesure qu'ils voient le jour. Il a cependant été obligé de quitter cette retraite en 1882, afin de surveiller lui-même l'installation et l'entretien de son système d'éclairage électrique. — Nous ne saurions donner une liste complète des inventions de M. Edison, et qui, outre la télégraphie, ordre d'inventions dont l'exploitation est réservée à l'Union télégraphique de l'ouest, comme nous l'avons dit, embrassent à peu près toutes les branches de la physique. Nous citerons seulement son téléphone perfectionné, son phonographe, sa lampe électrique à incandescence qui lui a pris tant d'années de recherches et de travail; l'aérophone, la plume électrique, le micro-tasimètre et divers modèles de machines dynamo-électriques propres à des applications variées, et dont on a pu voir, d'ailleurs, les principaux types à notre Exposition internationale d'électricité (1881), à l'issue de laquelle M. Edison a été créé officier de la Légion d'honneur.

Peu de personnages célèbres ont exercé plus que M. Edison l'imagination des chroniqueurs. On s'est plu surtout à le marier et de toutes les façons bizarres imaginables. M. Edison s'est marié, en effet, et le plus naturellement du monde : il a épousé Mlle Mina Miller, fille d'un riche manufacturier de l'Ohio, le 24 février 1886. — Il est retourné depuis à Newark, où il s'est fait construire un établissement dont on dit merveille, et dont il est toujours l'ouvrier le plus laborieux.

EDWARDS (miss), Amelia Blandford, femme de lettres anglaise, appartenant par sa mère à la famille Walpole, est née en 1831. Elle montra de fort bonne heure un goût très vif pour les arts et la littérature, et se fit connaître dès 1853, par sa collaboration à la presse

périodique. Depuis lors, quoique connue surtout comme romancière, elle a écrit plusieurs ouvrages d'éducation ou de récréation pour la jeunesse, outre des articles de critique d'art et de bibliographie, et même des articles de fond (leading articles) politiques, dans plusieurs des journaux hebdomadaires ou quotidiens de Londres. — Parmi les romans les plus connus de Miss Edwards nous citerons: la *Femme de mon frère (1855)*; l'*Echelle de la vie (1857)*; la *Main et le gant (1859)*; l'*Histoire de Barbara (1864)*; un *Demi-Million*, paru d'abord par feuilletons dans le *All the Year Round (1865)*; le *Vœu de Debenham*, paru d'abord dans les *Goods Words (1870)*; *Au temps de ma jeunesse (1872)*; *Monsieur Maurice (1873)*; *Miss Carew (1874)*; etc. Ajoutons ce choix, parmi les autres œuvres de miss Edwards: *Abrégé de l'histoire de France*, publié dans la « Useful Library » de MM. Routledge et Cie; le texte de la *Galerie de portraits historiques photographiques* de MM, Colnaghi; un volume de *Ballads*, publie en 1865; *Untrodden peaks and unfrequented valleys* (Montagnes non frayées et vallons peu fréquentés), relation de voyage dans la région dolomite, ornée d'illustrations d'après les dessins de l'auteur (1873); l'*Egypte, la Nubie et le Nil*, autre relation de voyage, illustrée dans les mêmes conditions (1875); un *Millier de milles sur le Nil (1878)*; *Zoan (1886)*, etc.

EDWARDS, Edward, bibliographe et numismate anglais, né à Londres en 1812. Après avoir été employé pendant plusieurs années au nouveau Catalogue général des imprimés du Musée britannique, M. Edwards est devenu, en 1851, bibliothécaire principal des bibliothèques libres de la ville de Manchester, les premières établies à la faveur de la loi de 1850. Il a conservé cette position jusqu'en 1858. Il a édité: les *Grands sceaux d'Angleterre (1836)* et les *Médailles de Napoléon (1837)*; ouvrages qui faisaient connaitre pour la première fois en Angleterre le procédé appliqué à la gravure des médailles en France et inventé par Achille Collas. Il est auteur de: *Remarques sur le projet ministériel d'un comité central d'examen aux concours de l'Université (1836)*; *Catalogue descriptif de la collection de médailles françaises du cabinet du Musée britannique (1838)*; l'*Economie des Beaux-Arts en Angleterre (1840)*; *Lettres sur l'état actuel de la question de l'éducation (1846)*; et de diverses autres publications sur la question des bibliothèques publiques en Angleterre et aux Etats-Unis; de nombreux articles bibliographiques et autres, dans la 8e édition de l'*Encyclopédie britannique*; et, dans les *Transactions de la Société historique de Liverpool: Considérations sur les divers systèmes qui ont été proposés pour la classification des connaissances humaines*, etc.

EDWARDS, Alphonse Milne, médecin et naturaliste français, fils du professeur H. Milne Edwards, administrateur du Museum, mort en juillet 1885, est né à Paris le 13 octobre 1835. Reçu docteur en médecine en 1859, et docteur ès sciences en 1861, il fut nommé aide naturaliste au Museum d'histoire naturelle en 1862 et professeur de zoologie à l'Ecole de pharmacie en 1865. Il a remplacé son père à la chaire de zoologie (mammifères et oiseaux) et comme administrateur du Museum, en 1876, et a été élu membre de l'Académie des sciences en avril 1877. — On a de lui: *De la famille des solanacées (1864)*; *Histoire des crustacés podophtalmaires fossiles (1865* et suiv.); *Recherches anatomiques et paléontologiques pour servir à l'histoire des oiseaux fossiles de la France (1866-71)*; *Recherches sur la faune ornithologique éteinte des îles Mascareignes et de Madagascar (1866-74)*; *Précis d'histoire naturelle*, de la collection du baccalauréat ès sciences (1868); *Recherches pour servir à l'histoire des mammifères*, avec son père (1870 et suiv.); les *Expéditions du Travailleur (1883)*; l'*Expédition du Talisman (1884)*, etc. M. Alphonse Milne Edwards dirige la partie paléontologique des *Annales des sciences géologiques*, fondées en 1870; on lui doit en outre un certain nombre de rapports ou mémoires insérés dans les recueils scientifiques spéciaux. En 1880, 1881, 1882 et 1883, M. Alphonse Milne Edwards a dirigé dans la Méditerranée et dans l'Atlantique des explorations des fonds marins qui ont été extrêmement fructueuses pour la science, tant par la mesure des fonds qu'elles ont rectifiée et les constatations thermométriques, etc., que par la découverte de nombreux specimens inconnus d'une faune vivante, à près de 3,000 mètres de profondeur. L'éminent naturaliste a communiqué à l'Académie des sciences d'importants mémoires sur ces découvertes et en a publié à part la relation. — Chevalier de la Légion d'honneur depuis 1868, M. A. Milne Edwards a été promu officier le 19 août 1884, et a reçu la même année la grande médaille d'or de la Société de géographie.

EDWARDS, Henry Sutherland, journaliste et littérateur anglais, correspondant spécial du *Times* de Londres, est né en 1828 à Londres, où il commença ses études à l'une des succursales du Collège du roi; il vint les terminer à Paris, où il vécut plusieurs années, puis prit occasion du couronnement de l'empereur Alexandre II, en 1856, pour visiter la Russie. Il séjourna quelques mois à Moscou et utilisa ce temps à apprendre la langue russe. De retour à Londres, il publia, d'abord dans un magazine, puis en volume: les *Russes chez eux* (Russians at home, 1858); suivi, en 1862, d'une *Histoire de l'Opéra*. Dans cette même année, M. Edwards se rendit en Pologne, où il semblait qu'un soulèvement se préparât et en Russie, où l'on se preparait aux mesures relatives à l'émancipation des serfs. Il était dans cette occasion accrédité comme « commissaire » du *Times*. Il publia au retour: la *Captivité polonaise (1863)*. Lors de l'insurrection polonaise de 1863, il fut de nouveau envoyé sur les lieux par le *Times*, il y prit part aux principales expéditions de la Gallicie contre la Pologne, et les décrivit dans ses lettres. Après la soumission de l'insurrection, il se rendit à Varsovie; mais, au débotté, il reçut l'ordre de quitter la ville dans les vingt-quatre heures. On lui laissa pourtant le choix de la route, et il en profita pour prendre la plus longue, se rendit à Saint-Pétersbourg, de Saint-Pétersbourg à Moscou et le sud de la Russie, retournant en Gallicie par Kiev et la Volhynie. En 1864, il publia une *Histoire intime d'une insurrection polonaise* (Private History of a Polish insurrection). Il partit comme correspondant spécial du *Times* dans le Luxembourg, en 1867, époque où la « question du Luxembourg » semblait ne pouvoir se résoudre que par la guerre; et, en juillet 1870, il fut accrédité en la même qualité auprès de l'état-major prussien, avec mission de suivre les opérations et d'en rendre compte. Il suivit le quartier général du roi Guillaume de Saarbrück à Beaumont, et, après Beaumont et Sedan, alla rejoindre le général von Werder devant Strasbourg, se rendit en Normandie après la capitulation de cette ville et demeura à Rouen, puis à Amiens, avec l'armée allemande du Nord, jusqu'à la fin de la guerre. M. Henry S. Edwards, outre les ouvrages cités, a écrit quelques romans et quelques pièces de théâtre. Le dernier de ses romans, paru en 1871, a pour titre *Malvina* (3 vol.). Il a publié depuis une traduction de la *Statistique de tous les pays*, du Dr Otto Hübner, directeur des archives statistiques prussiennes (1872), et une relation de l'invasion allemande intitulée: les *Allemands en France (1874)*.

EHNINGER, John Whetton, peintre et aquafortiste américain, né à New-York le 22 juillet 1827. Après avoir achevé ses études au collège de Colombie, à New-York, il vint à Paris en 1847 et suivit pendant deux années l'atelier de Thomas Couture, qu'il quitta pour aller poursuivre ses études dans les académies allemandes, notamment à Düsseldorf. De retour dans son pays, il y exposa en 1850 son premier tableau: *Peter Stuyvesant*, dont le sujet était emprunté à l'*Histoire de New-York*. A l'apparition du poème de Longfellow: *Miles Standish*, M. Ehninger prépara une série de huit illustrations de ce poème, dont la reproduction photographique est devenue extrêmement populaire de l'autre côté de l'Atlantique. Cet artiste s'est en outre beaucoup occupé de dessin d'illustration, et a obtenu dans ce genre de travail une très grande réputation. Il a pris part également à la mise en pratique d'un procédé de gravure photographique dont nous ignorons le sort final. On cite parmi ses meilleures toiles; *Qui m'aime aime mon cheval*; l'*Epée*; le *Foray*; *Lady Jane Grey*. On cite aussi tout particulièrement une collection d'eaux-fortes destinées à l'illustration du *Pont des Soupirs* (Bridge of Sighs), de Hood et Cie.

EICHTHAL (d'), Gustave, littérateur et ethnographe français, d'une famille de banquiers israélites d'origine allemande, est né à Nancy le 22 mars 1804; il fit ses études au collège de sa ville natale, s'occupa ensuite, pendant quelques années, d'affaires financières et d'études économiques, puis fit partie de l'école saint-simonienne, dirigée alors par le P. Enfantin, en devint promptement l'un des membres les plus actifs et collabora aux publications de la société. Après la dispersion de celle-ci, au soutien de laquelle il avait sacrifié une grande partie de sa fortune, M. d'Eichthal se rendit en Grèce et voyagea quelque temps en Orient. De retour en France, il fit paraître un ouvrage anonyme destiné à servir d'introduction à la *Turquie et ses ressources*, de M. David Urquhart, et intitulé: les *Deux mondes*. Il publia ensuite, dans les *Mémoires* de la Société d'ethnologie, dont il est un des fondateurs: *Histoire et origine des Foulhas* ou *Fellahs* et une *Etude sur l'histoire primitive des races océaniennes et américaines*. Ces deux études furent publiees à part ensuite, la première en 1842, la seconde en 1845. M. d'Eichthal est membre de la Société de géographie et a fait partie de la commission centrale de cette société. Après le 4 septembre 1870, il avait cru prudent de se réfugier en Angleterre, mais il est revenu depuis en France. — On doit à M. G. d'Eichthal, outre les travaux cités: *Lettres sur la race noire et blanche (1839)*, avec M. I. Urbain; *Les Evangiles (1863)*; *Etudes sur la philosophie de la Justice, Platon (1864)*; *De l'usage pratique de la langue grecque* (même année), avec M. Renieri, d'Athènes; les *Trois grands peuples méditerranéens et le Christianisme (1865)*; *Etudes sur les origines boudhiques de la civilisation américaine* (même année), parues en 1863 dans la *Revue archéologique*; la *Sortie d'Egypte, d'après les récits combinés du Pantateuque et de Manethon (1872)*; *Mémoire sur le texte primitif du premier récit de la Création*, le *Site de Troie selon M. Le Chevalier ou selon M. Schlieman (1875)*, etc.

EISENLOHR, August, égyptologue allemand, né le 6 octobre 1832 à Mannheim (grand-duché de Bade), où son père exerçait la profession de médecin; il commença ses études au lycée de sa ville natale, entra à l'université d'Heidelberg en 1850, y aborda l'étude de la théologie protestante, qu'il alla continuer à Gœttingen, et revint en 1853 à Heidelberg. Tombé malade peu après son entrée, l'étude lui fut rigoureusement interdite pour plusieurs années et, lorsqu'il fut en état de s'y remettre, son goût pour la théologie avait disparu; il se voua désormais à l'étude des sciences physiques, spécialement de la chimie, sous les professeurs R. Bunsen et Erlenmeyer, et prit le grade de docteur en philosophie en 1859. Après cela, il fonda une manufacture de produits chimiques. Ses rapports commerciaux avec la Chine le familiarisèrent avec la langue de ce pays, ce qui l'amena à l'étude des caractères hiéroglyphiques, étude qu'il a poursuivie avec une véritable passion depuis 1864, aidé des conseils de MM. Chabas et Brugsch. Il quitta les affaires commerciales pour la carrière universitaire et obtint son diplôme de professeur particulier de langue et d'archéologie égyptiennes, avec une thèse sur la partie démotique de l'Inscription de Rosette: *Die analytische Erklarung des demotischen Theils der Rosettana* (Theil I, Leipzig, 1869). Explication analytique de la partie démotique de l'inscription hiéroglyphique de Rosette. La même année, il entreprenait, aidé généreusement par le grand-duc, une exploration scientifique en Egypte. S'étant trouvé à l'inauguration du canal de Suez, il remonta le Nil jusqu'à la seconde cataracte de Wadi Halfa, étudiant, copiant, photographiant les inscriptions qu'il rencontrait. Il eut, en outre, la bonne fortune de pouvoir étudier le fameux papyrus magique de Harris, dans la maison même du feu consul anglais Harris, à Alexandrie; et il en prit des extraits qu'il traduisit ensuite. Il retournait dans son pays en mars 1870. En 1872, il se trouvait à Londres, et dans cette occasion, il aida Miss Harris, la fille du consul, à vendre au Musée britannique, pour une somme de 3,300 livres (82,500 fr.), la riche collection de papyri que lui avait léguée son père, et dont M. Eisenlohr a donné une description, avec traduction et commentaires, dans une brochure intitulée: *Der gross Papyrus Harris, ein Wichtiges Beitrag zur Ægyptischen Geschichte, ein 3,000 jahr alte Zeugniss, für die Mosaische Religionstiftung enthalten* (Le grand papyrus Harris, contribution des plus importantes à l'histoire de l'Egypte, etc. 1872). Il traita en outre la même question dans les *Transactions* de la Société d'archéologie biblique, en un article intitulé: *De la condition politique de l'Egypte avant le règne de Ramsès III*; mais ses assertions furent vivement critiquées par Chabas, dans ses *Recherches pour servir à l'histoire de la XIXe dynastie (1873)*, critiques auxquelles M. Eisenlohr a répondu la même année dans l'*Ægyptische Zeitschrift*, où il publia la traduction complète du grand papyrus Harris. — En décembre 1872, M. le Dr Eisenlohr a été nommé professeur extraordinaire à l'université d'Heidelberg. Il a été élu membre de la Société d'archéologie biblique de Londres et de la Société *El Chark* de Constantinople. Il assistait au Congrès des orientalistes tenu à Londres en 1874.

ELIOT, Samuel, historien et professeur américain, né à Boston le 22 décembre 1821, fit ses études au collège d'Harvard, qui est redevable à son grand-père de la fondation de la chaire Eliot, et y prit les plus hauts grades en 1839. Il entra alors dans une maison de commerce, pour laquelle il voyagea pendant deux ans et qu'il quitta ensuite, ainsi que le commerce en général. Etant à Rome en 1845, il forma le projet d'écrire une *Histoire de la Liberté*, à laquelle il se mit sur-le-champ. En 1849, il publiait quelques *Passages from the History of Liberty*, contenant principalement les vies d'Arnaud de Brescia, de Savonarole et autres réformateurs italiens, « passages » d'un ouvrage plus considérable qu'il méditait et dont il fit paraitre la première partie cette même année, sous le titre de: *la Liberté à Rome*, suivie en 1853 de la seconde partie: les *Premiers chrétiens*. En 1856, il publia un *Manuel de l'Histoire des Etats-Unis de 1492 à 1850*, très estimé pour le mérite de la composition et la clarté du style; et en 1880, un choix de *Poésies pour les enfants*. — Professeur d'histoire et de science politique au collège de la Trinité, à Hartford, de 1856 à 1864, M. S. Eliot a été président de ce collège de 1860 à 1866, et est aujourd'hui professeur de science politique et de droit constitutionnel à la même institution. Il a été chargé de cours à l'université d'Harvard de 1871 à 1873, principal de l'Ecole supérieure des filles de Boston de 1878 à 1880 et inspecteur général des écoles publiques de cette ville de 1878 à 1881.

ELLIOTT, Charles Wyllys, industriel et écrivain américain, descendant direct de « John Elliot, » l'*Apôtre indien*, est né à Guildford (Connecticut) le 27 mai 1817. Après quelques années passées dans le commerce, il étudia l'horticulture et le jardinage paysager et exerça cet art de 1840 à 1848, à Cincinnatti (Ohio); après quoi il retourna à New-York et s'associa à son frère, établi dans le commerce du fer, réservant toutefois une bonne part de son temps à des travaux littéraires et philanthropiques. Il fut un des fondateurs de la Société protectrice de l'enfance (Children's aid Society, en 1853), société ayant pour mission de venir en aide aux enfants négligés ou abandonnés de New-York, principalement en trouvant à la campagne des maisons qui les recueillent. En 1857, il fut nommé membre de la commission chargée de la transformation du Parc Central. Il s'est depuis retiré dans sa ville natale. — Il a publié: *Cottages and Cottage Life (1848)*; *Mysteries, or Glimpses of the supernatural* (les Mystères, ou Coup d'œil sur le monde surnaturel, 1852); *San-Domingo, its Revolution and its Hero (1855)*; *The New-England History (1857)*; *Remarkable Characters and Places in the Holy Land* (Personnages et lieux remarquables de la Terre-Sainte, 1867); *Wind and Whirlwind* (Vent et tourbillon), roman (1868); *Intérieurs américains (1877)*; *Poterie et porcelaine (1880)*, etc.

ELLIS, Alexander John, philologue et acousticien anglais, né à Hoxton le 14 juin 1814; fit ses études à Shrewsbury, à Eton et à Cambridge (collège de la Trinité), où il devint professeur. Il a été élu membre de la Société philosophique de Cambridge en 1837, membre de la Société royale en 1864, de la Société des antiquaires en 1870, du Collège des précepteurs en 1873; il a été président de la Société philologique pour 1872-74 et 1880-82. Il est en outre membre de la Société mathématique de Londres. Il s'est fait recevoir avocat à Middle-Temple, mais n'a jamais exercé. — On a de ce savant: *Alphabet of Nature (1848)*; *Essentials of phonectics (1848)*; *Plea of phonetic spelling* (Défense de l'épellation phonique, 1848); *Universal Writing and Printing* (Ecriture et impression universelles, 1856); *Early English pronunciation, with especial reference to Chaucer and Shakspeare (1869 à 1886*, 6 parties); *Glossic (1870)*; *Practical hints* (Conseils pratiques) *on the quantitative pronunciation of Latin (1874)*; *On the English, Dionysian and Hellenic pronunciation for Singers (1877)*; *Speech in Song (1878)*, ainsi que plusieurs autres ouvrages ou traités sur la « Phonétique ». Propriétaire et principal rédacteur du recueil intitulé *Phonetic*

News, il a en outre collaboré à une foule de compilations, traductions, travaux originaux, dont nous citerons les suivants : *Only English Proclamation of Henry III (1868)*; la traduction de l'ouvrage allemand du professeur Ohm, sur l'*Esprit de l'analyse grammaticale (1848)*; celle du savant ouvrage d'Helmholtz : *Die Lehre von den Tonempfindungen*, sous ce titre : *Sensations of tone as a physiological basis for the theory of Music*, avec un appendice (1875) ainsi que de nombreux articles sur la musique, l'hypsométrie barométrique, la logique, la signification géométrique des hallucinations, stigmatisations, etc., dans les *Proceedings of the Philological society*, qui contient également ses discours présidentiels annuels sur des sujets de pédagogie et sur la morale; dans l'*Educational Times* et dans le *Journal of the Society of arts*, où deux de ses articles : *On the measurement and settlement of Musical pitch (1877)* et *On the history of Musical pitch (1880)* furent récompensés l'un et l'autre par une médaille d'argent de la Société des arts.

ELLIS, Georges Edward, biographe américain, né à Boston le 2 août 1814, fit ses études au collège d'Harvard et au séminaire de Cambridge (Massachusetts) et, après un voyage d'une année en Europe, fut ordonné, en 1840, pasteur de l'Eglise unitaire d'Harvard, à Charlestown, fonctions qu'il résigna en 1869. De 1857 à 1864, il fut professeur de théologie doctrinale au séminaire de Cambridge. Il fut longtemps rédacteur en chef du *Christian Register*, organe des unitaires du Massachusetts, puis, avec le théologien George Putnam, du *Christian Examiner*. Il a, en outre, publié des *sermons* et des *discours* et collaboré activement à la presse périodique. On lui doit les biographies de *John Mason, Ann Hutchinson* et *William Penn*, dans l'*American Biography*, de Sparks; et il a publié à part : *The half-century of the Unitarian controversy* (Un demi-siècle de controverse, etc., 1857); *The aims and purposes of the founders of Massachusetts* (le But et les aspirations des fondateurs du Massachusetts, 1869); *Memoirs of Jared Sparks (1869)*; *Memoirs of sir Benjamin Thompson, comte Rumford (1871)*; *Histoire de la bataille de Bunker's Hill (1875)*; *Mémoires de Jacob Bigelow (1881)*; l'*Homme rouge et l'homme blanc (1882)*, etc.

ELSSLER, Teresa et Fanny, célèbres danseuses autrichiennes, nées à Vienne, la première en 1808, la seconde en 1811. Quoique les deux sœurs dansassent presque toujours ensemble, la célébrité de la plus jeune fut beaucoup plus grande que celle de l'aînée, et il est assez habituel de faire précéder le nom commun d'Elssler du seule prénom de Fanny, comme si la gloire de la famille lui fût due à elle seule. Fanny Elssler eut pour premier maître Herschelt, maître de ballet de l'Opéra viennois, et parut sur la scène du Kærnther Theater dès l'âge de six ans. Elle suivit alors les leçons d'Aumar, et des cours d'esthétique du baron F. Von Gentz. En 1827, les deux sœurs partirent pour Naples, où elles obtinrent toutes deux un engagement et s'occupèrent surtout de compléter leur éducation. De retour en Allemagne, en 1830, elles parurent d'abord à Berlin, où elles causèrent une sensation extraordinaire, mais Fanny était déjà distinguée de sa sœur, et des ovations continuelles la poursuivirent partout; la passion s'en mêla souvent, comme de juste, et à Vienne, la malignité publique imputa à l'aérienne Fanny le crime, d'ailleurs pardonnable, d'avoir hâté les jours du jeune duc de Reichstadt. De Vienne, les deux sœurs se rendirent à Saint-Pétersbourg, et de Saint-Pétersbourg à Paris (1834), où Fanny réussit presque à faire oublier la Taglioni. Son triomphe était la *Cachucha*. Il était vraiment prodigieux de voir exécuter à cette « frêle et délicate » jeune fille les tours de force que certains ballets lui imposaient, mais lorsqu'elle dansait la *Cachucha*, tout Paris était à ses pieds. Une quantité d'offres matrimoniales, et des plus brillantes, sans parler de celles du docteur Véron, lui furent faites, mais en vain. Les deux sœurs partirent pour Londres en 1838 et s'embarquèrent pour les Etats-Unis en 1841. — Teresa et Fanny se séparèrent en 1851 : la première pour épouser morganatiquement le prince Adalbert de Prusse, cousin de l'empereur d'Allemagne (25 avril), lequel l'a laissée veuve en 1873; la seconde, pour se retirer, avec une fortune énorme, dans un château magnifique qu'elle venait d'acheter aux portes de Hambourg, et où l'on annonce, depuis quelque temps, qu'elle prépare des mémoires sur sa vie dans l'intention de les publier bientôt (1886). — Teresa Elssler est morte le 19 novembre 1878.

ENAULT, Louis, littérateur français, né à Isigny en 1824. Il fit ses études à Paris et se fit admettre au barreau en 1846. Arrêté après l'insurrection de juin 1848, sous prétexte d'intrigues avec le parti légitimiste, qu'on voulait rendre responsable dans une certaine mesure des événements douloureux qui venaient de se produire, il resta détenu pendant quelques jours, à la suite desquels il entreprit un voyage dans les îles Britanniques, en Belgique et en Allemagne. De retour en 1861, il repartit pour une excursion en Orient en 1853. L'année suivante, il repartait, cette fois pour les pays Scandinaves et chargé d'une mission officielle. Attaché au journal belge le *Nord* et au *Constitutionnel*, où il a longtemps fait la critique artistique, en qualité de rédacteur littéraire, M. Louis Enault a également collaboré à la *Gazette de France*, au *Pays*, à la *France*, au *Figaro*, à l'*Illustration*, à la *Correspondance littéraire*, à l'*Athenæum français*, à la *Revue de France*, etc. Il a publié à part : *Promenade en Belgique et sur les bords du Rhin (1852)*; le *Salon de 1852*, l'*Oncle Tom*, traduit de l'anglais (1853); la *Terre Sainte, histoire de quarante pèlerins (1854)*; *Constantinople et la Turquie, tableau historique*, etc., et une traduction de *Werther (1855)*; la *Norwège (1857)*; *Christine*, roman (même année); la *Vierge du Liban (1858)*; *Alba, Nadèje*, deux romans, et un *Itinéraire de Paris à Cherbourg (1859)*; *De la littérature des Indous, Hermine (1860)*; l'*Amour en voyage*, nouvelles (même année); un *Amour en Laponie (1861)*; *Pêle-mêle*, recueil de nouvelles et la *Méditerranée, ses îles et ses bords (1862)*; *Stella (1863)*; *En province, Olga (1864)*; *Irène*, un *Mariage impromptu, Deux villes mortes (1865)*; l'*Amérique centrale et méridionale*, un *Drame intime*, roman (1866); le *Roman d'une veuve (1867)*; *Frantz Muller, Axel*, le *Rouet d'or*, nouvelles (1868); le *Secret de la confession (1870)*; *Paris brûlé (1871)*; le *Baptême du sang (1873)*; la *Vie à deux (1874)*; *Londres illustré (1876)*; les *Diamants de la Couronne (1885)*, etc. — M. Louis Enault est chevalier de la Légion d'honneur depuis 1861.

ERCKMANN-CHATRIAN, (Emile **Erckmann** et Alexandre **Chatrian**, littérateurs français, nés, le premier à Phalsbourg, le second à Soldatenthal, hameau du même ancien département français de la Meurthe; M. Erckmann le 20 mai 1822, M. Chatrian le 18 décembre 1826. Fils d'un libraire de Phalsbourg, M. Emile Erckmann fit ses études au collège de sa ville natale, après quoi il vint à Paris où il commença l'étude du droit. M. Alexandre Chatrian, qui appartenait à une famille de verriers alsaciens, avait lui-même suivi d'abord cette carrière, après avoir terminé ses études au collège de Phalsbourg. Il occupait un emploi important dans une verrerie belge, lorsqu'il accepta, éloigné de l'industrie par un goût très vif pour la littérature, la place de maître d'études au collège de Phalsbourg, où il fit la connaissance de M. Erckmann, par l'intermédiaire d'un des professeurs de cet établissement, resté en relations avec lui (1847). Cette connaissance se transforma bientôt en intimité à la faveur de goûts identiques et évidemment de cette parité de sentiments et d'humeur qui se remarque dans leurs œuvres, aujourd'hui que l'on sait qu'elles sont dues à deux auteurs, et qui ne laissa jamais soupçonner, avant cette découverte, qu'Erckmann-Chatrian ne fût pas une seule et même personne. Les deux nouveaux amis ne tardèrent pas à entamer cette collaboration devenue si féconde. Dès 1848, le *Démocrate du Rhin* publiait des feuilletons signés Erckmann-Chatrian, qui figurent dans leurs recueils de nouvelles. Ils travaillèrent également pour le théâtre, et firent représenter à Strasbourg un drame historique l'*Alsace en 1814*, fort bien accueilli, excepté de la préfecture, qui en interdit une troisième représentation. Ils avaient également présenté à l'Ambigu, qui l'avait accepté à *correction*, un autre drame : le *Chasseur des ruines*; mais ils préférèrent le retirer purement et simplement que de se soumettre aux modifications indiquées. Ils étaient pourtant loin d'être arrivés, et quoique produisant sans cesse, le revenu que leur plume paraissait capable de leur assurer était assez sensiblement inférieur à la somme de leurs besoins. Découragés, ils se séparèrent (1857). M. Erckmann reprit ses études de droit interrompues et qu'il ne devait pas achever, et M. Chatrian obtint un emploi dans une compagnie de chemin de fer. Sans doute, ils n'avaient pas abandonné la littérature sans esprit de retour; encore qu'ils en eussent eu l'intention, ils ne le pouvaient pas. Ils ne sont pas les seuls qui, ayant pris semblable détermination, n'ont plus trouvé de repos qu'ils n'y aient manqué. Donc, en 1859, ils publiaient un nouvel ouvrage : l'*Illustre docteur Matheus* dont le succès rappela promptement leur courage un instant abattu. — Nous citerons parmi les ouvrages devenus populaires en France et traduits en allemand et en anglais pour la plupart, que ces deux écrivains ont publiés depuis cette époque, outre l'*Illustre docteur Matheus (1859)*, les *Contes fantastiques* et les *Contes de la Montagne (1860)*; *Maître Daniel Rock (1861)*; *Contes des bords du Rhin*, le *Fou Yégof (1862)*; les *Confidences d'un joueur de clarinette*, paru d'abord au *Journal des Débats* et la *Taverne du jambon de Mayence (1863)*; *Madame Thérèse* (même année); l'*Ami Fritz, Histoire d'un conscrit de 1813 (1865)*; *Waterloo* et *Histoire d'un homme du peuple (1865)*; la *Guerre*, la *Maison forestière (1866)*; le *Blocus, Contes populaires (1867)*; *Histoire d'un paysan*, roman historique divisé en quatre volumes portant des titres distincts : 1er les *Etats généraux*; 2e la *Patrie en danger*; 3e l'*An Ier de la République*; 4e le *Citoyen Bonaparte (1868)*; *Histoire d'un sous-maître*, les *Deux frères (1870)*; *Lettre d'un électeur à son député* et *Histoire du plébiciste racontée par un des 7,500,000 « oui » (1872)*, paru d'abord dans le *Soir* (direction H. Pessard); une *Campagne en Algérie*, récits d'un chasseur d'Afrique (1874); le *Brigadier Frédéric (1875)*; *Maître Gaspard Fix, Histoire d'un conservateur*, l'*Isthme de Suez, souvenirs d'un chef de chantier*, suivi de l'*Exilé (1876)*; *Contes vosgiens (1877)*; les *Vieux de la vieille (1882)*; l'*Art et les idéalistes, Avant 89 (1885)*. La plupart des romans de MM. Erckmann-Chatrian ont été traduits dans les principales langues de l'Europe, surtout en anglais.

En 1869, MM. Erckmann-Chatrian faisaient représenter, avec un très grand succès, au théâtre de Cluny, une pièce en 3 actes empruntée à un de leurs « romans nationaux » : le *Juif polonais*. L'*Ami Fritz*, comédie en 3 actes des mêmes auteurs, que plusieurs mois à l'avance quelques journalistes bonapartistes avaient désignée aux sifflets de leurs amis, était représentée pour la première fois, au Théâtre-Français, le 4 décembre 1876, avec un très grand succès. Ils ont fait jouer depuis, sur divers théâtres : la *Taverne des Trabans*, opéra comique, en 3 actes, avec M. J. Barbier, musique de M. H. Maréchal, à l'Opéra-Comique; les *Rantzau*, comédie en 4 actes, au Français; *Madame Thérèse*, drame en 5 actes, au Châtelet (1882); le *Fou Chopine*, 1 acte, musique de M. Sellenick, à la Renaissance (1883); *Myrtille*, opéra comique en 3 actes, avec M. Maurice Drack, musique de M. Lacôme, à la Gaîté; la *Guerre*, drame en 4 actes et 9 tableaux, au Châtelet (1885), etc.

ERICSSON, John, ingénieur américain d'origine suédoise, est né dans la province de Vermeland (Suède) en janvier 1805. Il servit dans la marine suédoise et avait atteint le grade de lieutenant lorsqu'il se rendit en Angleterre, en 1826, pour présenter sa machine à flamme, destinée, dans sa pensée, à supplanter la machine à vapeur, mais qui n'eut aucun succès. En 1829, il prit part au concours de locomotives ouvert par la Compagnie de Liverpool-Manchester, avec une machine pourvue d'une chaudière de son invention, appelée *Novelty*; mais on sait que ce fut la *Fusée* de George Stephenson qui remporta le prix. La *Novelty* avait bien fourni une vitesse extraordinaire, supérieure même à celle de la *Fusée*, mais elle était détraquée au second tour. M. Ericsson, qui avait donné sa démission d'officier de la marine suédoise, pour se livrer entièrement à la construction des machines en Angleterre, poursuivit encore, pendant dix ans, le cours de ses travaux et de ses inventions. En 1839, il s'embarqua pour les Etats-Unis et s'établit à New-York. Deux ans après, il construisait le premier vapeur ayant son appareil propulseur au-dessous de la ligne de flottaison et, par conséquent, à l'abri de l'artillerie ennemie. Le vapeur le *Princeton* est, en fait, le premier navire à hélice. A l'Exposition de Londres, en 1851, M. Ericsson avait envoyé plusieurs de ses inventions, pour lesquelles il reçut les plus hautes récompenses. L'année suivante, il construisait l'*Ericsson*, navire de 2,000 tonneaux, mû par une machine à air chaud qu'il avait inventée en 1833, pendant son séjour en Angleterre, et qui n'avait pas reçu alors l'approbation des hommes compétents. Le fait est que cette machine ne développait pas une force suffisante pour communiquer au navire la vitesse nécessaire. L'inventeur se borna dès lors à appliquer son système aux machines fixes. Mais c'est pendant la guerre de sécession qu'il acquit une grande célébrité, par l'invention de ses navires en fer avec batteries tournantes auxquels il donna le nom de *Monitors*, que l'expérience leur a confirmé. On se rappelle que le premier *Monitor*, qui avait été construit en *cent jours*, réussit à couler, en mars 1862, le gros cuirassé confédéré *Merrimac*, qui avait détruit, sans la moindre peine, les deux plus belles frégates de la marine fédérale. Toutes les puissances voulurent alors avoir des *monitors*, et la construction de ces bâtiments valut à l'inventeur une fortune colossale. On lui doit aussi un système de batteries sous-marines. Il s'est occupé spécialement, dans ces derniers temps, du perfectionnement de la machine solaire. Veuf et sans enfants, M. J. Ericsson vit fort modestement à New-York. — A l'occasion de son quatre-vingtième anniversaire (janvier 1885), le roi d'Espagne Alphonse XII envoyait à M. Ericsson le grand cordon de l'ordre de Charles III avec plaque ornée de pierres précieuses.

ERNEST II, Auguste Charles Jean Léopold Alexandre Edouard, duc régnant de Saxe-Cobourg-Gotha, né à Cobourg le 28 juin 1818, succéda à son père, le duc Ernest Ier, le 29 janvier 1844, tandis que son frère puîné était, depuis quatre ans, prince-époux de la reine d'Angleterre. Il étudia principalement les sciences naturelles, l'économie politique et la philosophie, à l'université de Bonn, et cultiva la musique avec passion; ses études achevées, il voyagea dans les diverses parties de l'Europe et en Afrique, d'abord avec son frère, le prince Albert, puis seul et, au retour, entra dans la cavalerie des duchés. Il y devint major-général, puis général de cavalerie et colonel de cuirassiers dans l'armée prussienne. Peu après son avènement, le duc Ernest donnait à ses duchés de Saxe et de Cobourg une Constitution libérale commune (1846), qui lui valut la paix lors des troubles qui agitèrent le reste de l'Allemagne en 1848 et 1849. Il prit une grande part aux tentatives d'unification de l'Allemagne faites à cette époque, fit la guerre au Danemark et, en 1850, essaya de s'opposer au mouvement de réaction provoqué chez les vainqueurs par les troubles des années précédentes. Il se prononça, dès 1863, contre le Danemark dans la question des duchés et tenta en 1866, mais sans succès, d'empêcher le conflit entre la Prusse et l'Autriche. — En 1862, il avait fait, avec la duchesse sa femme, née princesse Alexandrine de Bade, un voyage en Egypte, dont il publia la relation en 1864. Mais c'est surtout comme musicien que le duc Ernest s'est fait connaître. On cite de lui plusieurs opéras : *Zaïre, Casilda, Santa-Chiara*, représenté sur la scène de l'Opéra de Paris en 1855; *Diane de Solanges*, joué à Cobourg en 1858; ainsi que des *hymnes*, des *lieder*, etc., dont plusieurs ont obtenu la popularité.

ESCANDE, Joseph Antoine Georges Front, homme politique français, médecin, né à Saint-Vincent-de-Cossé, canton de Saint-Cyprien (Dordogne), le 13 août 1847. Etabli médecin au chef-lieu de canton, dont il est devenu maire, et qu'il représente au Conseil général de la Dordogne, le docteur Escande échoua aux élections du 14 octobre 1877 pour la députation, dans la 2e circonscription de Sarlat; mais à celles du 21 août 1881, il triompha du même concurrent bonapartiste et vint siéger, à la Chambre, sur les bancs de l'Union républicaine. Il fut élu le 4 octobre 1885, au premier tour, député de la Dordogne. M. Escande a voté l'expulsion totale des princes.

ESCARGUEL, Lazare, homme politique français, riche minotier, né à Routier (Aude) le 23 mars 1816. M. Escarguel fit une ardente opposition à l'administration impériale et appuya la candidature de M. Emmanuel Arago aux élections de 1869. Nommé maire de Perpignan, où il réside, le 4 septembre 1870, il fut élu le 2 juillet 1871, représentant des Pyrénées-Orientales, et député de la 1re circonscription de Perpignan le 20 février 1876. Dans les deux Assemblées, M. L. Escarguel siégea à gauche. Il fut réélu, le 14 octobre 1877 et le 21 août 1881. Enfin il a été élu sénateur des Pyrénées-Orientales en 1883, en remplacement de M. Achille Farines, démissionnaire. Il a voté l'expulsion des princes.

ESCHASSÉRIAUX (baron), René François Eugène homme politique français, né le 25 juillet 1823 aux Arènes (Charente-Inférieure), est petit-fils de François Eschassériaux, membre de la Convention, rallié plus tard à l'Empire, et fils d'un ancien député de la Restau-

ration, grand propriétaire dans la Charente-Inférieure Après avoir terminé son droit à Paris, M. Eschassériaux se fit inscrire au barreau de cette ville. Elu représentant de la Charente-Inférieure à l'Assemblée législative, il prit place à droite et appuya la politique de l'Elysée. Il fit partie de la Commission consultative après le coup d'État de décembre 1851. Aux élections générales de 1852, il fut élu député de la 3e circonscription de la Charente-Inférieure au Corps-Législatif, en qualité de candidat officiel, et fut réélu en la même qualité en 1857, 1863 et 1869. Il avait siégé au bureau de la Chambre, comme secrétaire, pendant la première législature impériale. En 1869, M. le baron Eschassériaux fit partie du nouveau tiers-parti et signa, en conséquence, la demande d'interpellation des Cent-Seize. Il a pris plus particulièrement la parole dans les discussions relatives au système économique, en faveur du maintien des traités de 1860, dans la question des bouilleurs de crû, l'impôt sur les alcools, etc. Après le 4 septembre, le parti qu'il représentait étant naturellement en suspicion, M. le baron Eschassériaux ne fit pas tout ce que son patriotisme lui inspirait pour l'organisation de la défense; il fit toutefois ce qu'il put. Elu représentant de la Charente-Inférieure à l'Assemblée nationale, le 8 février 1871, il s'inscrivit à la réunion de l'Appel au peuple, dont il fut président. En novembre 1873, après avoir dénoncé les tentatives de restauration bourbonnienne, il déposait sur le bureau de l'Assemblée une proposition d'appel au peuple, qui fut naturellement repoussée. Comme pendant la dernière législature impériale, M. le baron Eschassériaux se prononça contre la dénonciation du traité de commerce avec l'Angleterre (31 janvier 1872). Aux élections du 20 février 1876, M. le baron Eschassériaux a été élu député de la 1re circonscription de l'arrondissement de Saintes; il a été réélu le 14 octobre 1877 et le 21 août 1881, cette dernière fois par l'arrondissement de Jonzac, un moment représenté par son fils. Aux élections d'octobre 1885, il n'a été élu qu'au second tour député de la Charente-Inférieure. — M. Eschassériaux est officier de la Légion d'honneur depuis 1868.

ESCHASSÉRIAUX, René, fils du précédent, est né à Agon le 11 mai 1850. Destiné à la carrière diplomatique, M. René Eschassériaux venait d'être nommé attaché à la légation de France près le gouvernement de Victor-Emmanuel, lorsqu'éclata la guerre avec la Prusse. Il s'engagea aussitôt dans un régiment de lanciers et prit part aux combats de Beaugency, Vendôme, du plateau d'Auvours, près le Mans, etc. Il a pris également part au siège de Paris contre la Commune et aux combats livrés dans les rues du 21 au 27 mai. Il quitta ensuite l'armée et alla prendre possession de son poste à Rome. En 1872, M. René Eschassériaux donna sa démission et voyagea quelque temps, parcourant une partie de l'Europe. — Le 20 février 1876, il posait sa candidature, contre celle du comte Duchâtel, dans l'arrondissement de Jonzac, sous les auspices du « Comité national conservateur ». Il fut élu et a pris place dans les rangs de l'Appel au peuple. Réélu le 14 octobre 1877, il ne s'est pas représenté aux élections suivantes.

ESCOFFIER, Marie Henri Amédée, journaliste et littérateur français, né en 1837 à Sérignon (Vaucluse). Il fit son droit à Paris et prit le grade de licencié. Destiné à succéder à son père, qui dirigeait une étude de notaire, il préféra la carrière des lettres et débuta à vingt ans au *Courrier de Paris*. Après avoir collaboré à divers journaux, il entrait au *Petit Journal* sitôt créé. Il en est devenu le rédacteur en chef en 1873, et c'est lui l'auteur de presque toutes les chroniques quotidiennes de ce journal qui portent la signature « Thomas Grimm ». Il y fait en outre, chaque année, depuis déjà longtemps, une revue du Salon très appréciée. — Il a publié à part: la *Grève des patrons et des bourgeois (1874)*; le *Mannequin (1875)*; les *Femmes fatales: la Vierge de Mabille (1876)*; *Chloris, la goule (1878)*; *Blonde aux yeux noirs (1884)*. — M. Escoffier est chevalier de la Légion d'honneur.

ESPIVENT DE LA VILLEBOISNET (comte), Henry, général et homme politique français, sénateur, né à Prinquiau (Loire-Inférieure) le 30 mai 1813, entra à l'Ecole de Saint-Cyr en 1830, à l'Ecole d'état-major en 1832, fut nommé peu après sa sortie, aide-de-camp du général Bedeau et servit en Algérie en cette qualité. Promu lieutenant en 1835, il devint successivement capitaine en 1839, chef d'escadron en 1847, lieutenant-colonel en 1849, colonel en 1852, général de brigade en 1860, et général de division du 14 juillet 1870. M. Espivent de la Villeboisnet, outre ses campagnes en Algérie, a fait l'expédition de Rome en 1849 et celle d'Italie dix ans après; il fut nommé chef d'état-major de l'armée de Lyon, au retour de cette dernière. Il prit part, enfin, aux opérations du 5e corps d'armée, pendant la guerre de 1870. M. Espivent de la Villeboisnet commandait la division de Marseille lors de la tentative communaliste du 23 mars 1871, dont il ne crut pas possible d'avoir raison sans le secours d'un bombardement en règle. D'une famille légitimiste de la Bretagne, M. Espivent de la Villeboisnet a conservé des convictions légitimistes et cléricales, qu'il a d'ailleurs manifestées en toute occasion, et en reconnaissance desquelles il a été créé comte romain par le pape en 1875. Nommé, le 28 septembre 1873, au commandement du 15e corps d'armée, avec résidence à Marseille (on pourrait aussi bien dire maintenu), il fut transféré au commandement du 11e corps, à Nantes, le 28 septembre 1876 et placé dans la section de réserve en 1878. — L'ex-commandant du 15e corps avait signalé son passage à Marseille par des mesures de rigueur incessantes, même depuis la levée de l'état de siège; on ne crut donc pas pouvoir l'y maintenir, à l'expiration du terme légal de trois années; mais on n'avait pu se résoudre à le priver de commandement: on eut du moins l'heureuse inspiration de l'envoyer dans son pays.

Porté aux élections sénatoriales dans la Loire-Inférieure sur la liste légitimiste, le général Espivent de la Villeboisnet fut élu avec ses collègues de cette liste, MM. de Lavrignais et de Lareinty. Il prit place à l'extrême droite, agit en conséquence et fut réélu au renouvellement du 5 janvier 1879. M. le général Espivent de la Villeboisnet est grand croix de la Légion d'honneur du 28 mai 1873.

ESTANCELIN, Louis Charles Alexandre, homme politique français, né à Eu (Seine-Inférieure) le 6 juillet 1823, fit ses études à Paris, au collège Henri IV, où il eut pour condisciple et pour ami le duc d'Aumale. Ses études terminées, il entra dans la diplomatie et devint rapidement secrétaire d'ambassade. Le 24 février 1848, M. Estancelin, se trouvant à Paris, put cacher chez lui la duchesse de Montpensier, à laquelle il parvint ensuite à faire quitter la France sans être inquiétée. Elu représentant de la Seine-Inférieure à l'Assemblée législative, en 1849, M. Estancelin prit place sur les bancs de la droite et fit aux institutions républicaines une guerre acharnée, à laquelle le coup d'Etat du 2 décembre vint mettre un terme, en faisant rentrer M. Estancelin dans la vie privée. Aux élections législatives de 1869, il se présenta comme candidat de l'opposition libérale, dans la 4e circonscription de la Seine-Inférieure et fut élu au second tour de scrutin. Il prit place au centre gauche, à côté de M. Thiers, et signa la demande d'interpellation des *Cent Seize*. Lors de la demande en autorisation de poursuites contre M. Henri Rochefort, M. Estancelin proposa l'ordre du jour pur et simple (10 janvier 1870), qui fut repoussé. Il défendit, le 2 juillet suivant, la pétition demandant l'abrogation des lois d'exil, au moins en ce qui concernait les princes d'Orléans, et le fit avec une chaleur de cœur dont la tribune parlementaire offre bien rarement le spectacle. Ce fut littéralement les larmes aux yeux qu'il rappela le temps où les fils du roi étaient, comme lui et avec lui, de simples écoliers partageant les triomphes et les *pensums* du premier venu, ceci pour prouver qu'il connaissait bien leur cœur, lui qui était resté leur ami si sincère et si dévoué, et qu'il savait bien que s'ils avaient « accepté le principe de la souveraineté nationale avec toutes ses conséquences et mis au-dessus des prérogatives de leur naissance, leurs droits de citoyens », contrairement au comte de Chambord qui avait déclaré ne pouvoir rentrer en France que comme roi, c'était sans arrière-pensée coupable. Son discours, qui dégageait pourtant une émotion intense, n'impressionna que le public des tribunes, mais ne produisit aucun effet sur ses collègues, dont le siège était fait. Ce fut en vain que, le 11 août suivant, il revint à la charge, à propos d'une lettre collective des princes demandant à défendre leur pays contre l'étranger à quelque titre que ce fut, lettre dont il donna communication à la Chambre.

M. Estancelin avait été nommé, le 11 février, membre de la Commission d'enquête sur la marine marchande, dont la guerre interrompit les travaux, et au sein de laquelle, aussi entêté protectionniste qu'orléaniste fervent, quoiqu'avec de moins bonnes raisons, il avait soulevé plus d'un « grain ». Après le 4 septembre, il fut nommé commandant supérieur de gardes nationales de la Seine-Inférieure. Il organisa la défense, créa des compagnies de francs-tireurs normands, avec plus d'activité et de bonne volonté sans doute que de science militaire. Après les défaites successives des armées de l'Ouest et du Nord, incapable de tenir à Rouen, il fit enclouer la grosse artillerie et se replia sur le Havre. — Candidat à l'Assemblée nationale dans la Seine-Inférieure, aux élections du 8 février 1871, M. Estancelin ne fut pas élu. Il n'eut pas plus de succès le 20 février 1876. Après une nouvelle tentative, qui ne servit qu'à accentuer encore son insuccès, M. Estancelin se le tint pour dit et ne reparut plus sur les hustings.

ESTOURMEL (marquis d'), Marie Reinhold, homme politique français, né à Paris le 16 janvier 1841. Elu député de la 3e circonscription de la Somme à une élection partielle ouverte en 1867, comme candidat de l'Union libérale, M. d'Estourmel vit son élection annulée, mais ses électeurs l'envoyèrent siéger au Corps législatif aux élections générales de 1869, en dépit du candidat officiel et de l'administration qui le soutenait. Il prit place au centre droit, signa l'interpellation des Cent Seize et vota contre la guerre. Aux élections d'octobre 1885, M. le marquis d'Estourmel figurait sur la liste monarchiste; il a été élu député de la Somme au scrutin du 18.

ETEX, Antoine, sculpteur, peintre, graveur et architecte français, né à Paris le 20 mars 1808. D'une famille d'artistes, il reçut de son père les premiers éléments de la sculpture, puis fut élève de Dupaty, de Pradier, d'Ingres et de Duban. Second grand prix en 1828, il obtint une pension et se rendit en Italie pour y étudier les maîtres pendant un séjour de deux années. A l'expiration de ces deux années, il visita l'Algérie, la Corse, l'Espagne, l'Allemagne et l'Angleterre. Ses œuvres principales sont, en sculpture: le *Jeune Hyacinthe tué par Apollon*, groupe, sujet du concours de 1828; *Caïn*, groupe colossal (1833); les statues de *Leda*, *Olympia*, *Rossini*, à l'ancien Opéra; le *Choléra*, *Blanche de Castille*, au musée de Versailles; *Héro et Léandre*, musée de Caen; *Charlemagne*, au Luxembourg; *Saint Augustin*, à la Madeleine; le *Général Lecourbe*, à Lons-le-Saulnier; *René et Outougamiz*, groupe colossal; les deux groupes: *Mil-huit-cent-quatorze* et *Mil-huit-cent-quinze* de l'Arc-de-Triomphe de l'Etoile; le *Tombeau de Géricault*; le monument du *Maréchal Vauban*, aux Invalides; *Saint Louis*, statue, à la barrière du Trône; *François Ier*, à Cognac; les bustes du *Duc d'Orléans*, de *MM. Thiers*, *Louis Blanc*, *Odilon Barrot*, *Vitet*, *Lablache*, *Dupont (de l'Eure)*, *Rostan*, *Sappey*, *Charlet*, *Proudhon*, *Pierre Leroux*, *Châteaubriand*, *Alfred de Vigny*, le *Général Cavaignac*, *Mmes Lenormand* et *Eugénie Garcia*, *Mlles Cambardi (1857)*; ceux de *MM Liouville*, *Martinet*, *Emile Chevé (1861)*; le *Génie du XIXme Siècle*, *l'Amour piqué par une abeille* (même année); le *Cardinal Antonelli*, *Mgr de Mérode*, *Mgr de Dreux-Brézé*, bustes (1863); le buste de *M. Louis Veuillot*, la *Vierge immaculée (1864)*; *Saint Benoît (1865)*; *Sainte Madeleine*, le *Bonheur maternel*, statues (1866); les *Naufragés*, groupe marbre et quelques bustes précédemment exposés (Exp. univ. de 1867); *Berryer*, buste, plâtre (1868); le monument d'*Ingres* et le buste de *M. Ferdinand de Lesseps (1869)*; plus une quantité innombrable de portraits, médaillons, bas-reliefs, etc. Nous citerons encore, parmi ses plus récentes expositions: *Pierre Leroux*, buste en fonte, et le *Général Chanzy*, buste en bronze (1873); *Enfant endormi*, statue en marbre, *Joseph explique les songes à ses frères*, bas-relief en marbre et *Portrait de M. Solacroup*, buste en marbre (1874); *Portrait de M. H. Labrouste*, buste en plâtre; *Alexandre Dumas père*, buste en bronze et *Suzanne surprise au bain*, statue en marbre (1875); *Châteaubriand* et *Eugène Delacroix*, bustes en plâtre (1876); *Emile de Girardin*, *M. H. Marinoni*, bustes en marbre (1877); le buste de *M. de Lesseps*, le *Monument d'Ingres*, etc. (1878, Exp. univ.); les portraits de *M. P. E. Mangeant* et de *Millière*, médaillons en bronze (1884); le buste en bronze de *Géricault* et la *Ville de Paris*, statue en plâtre (1885). Au Salon de 1874, M. A. Etex avait également, à la suite des ouvrages d'architecture, exposé les photographies du *Monument funéraire de T. Aligny, peintre de paysages* et du *Tombeau de François Huet*, philosophe, érigés par lui au cimetière Montparnasse.

En peinture, on doit à M. A. Etex: les *Médicis*, *Saint Sébastien, martyr*, et *Joseph expliquant les songes à ses frères (1844)*; le *Christ prêchant*, *Sapho*, *Roméo et Juliette*, *Dante et Béatrix*, *Faust et Marguerite*, les *Grands hommes des Etats-Unis* (à l'Hôtel de ville de New-York); *Jacob allant trouver Joseph en Egypte*, les *Deux fils de Joseph bénis par Jacob*, *Funérailles de Jacob*, la *Fuite en Egypte (1864)*; la *Mort de l'enfant Adeodatus (1875)*, projet de décoration; un *Christ*, la *Gloire des Etats-Unis*, allégorie (1885); des portraits, des pastels, ainsi qu'un grand nombre de dessins, aquarelles, gravures, etc. — Parmi ses principaux travaux d'architecture, nous citerons: le *Tombeau de Napoléon*; ceux de *Mme Raspail*, de *Mme Schœlcher*, d'*Armand Marrast*, de *Géricault*, de *Brizeux*; divers projets d'embellissement de Paris; un projet d'*Opéra* pouvant contenir deux mille spectateurs, exposé au Salon de 1861; un projet de *Fontaine monumentale (1862)*; projet d'*Ecole de natation* pour les lacs des bois de Boulogne et de Vincennes (1863); projet d'*Eglise des Sept sacrements et des Sept péchés capitaux (1864)*, etc., etc. — Enfin, M. A. Etex a publié: un *Essai sur le Beau (1851)*; un *Cours élémentaire de dessin appliqué à la peinture, à l'architecture et à la sculpture (1853)*; des études biographiques sur *J. Pradier* et *Ary Scheffer (1859)*. Il a fait des cours publics et de nombreuses conférences sur l'art, etc.; collaboré à un certain nombre de journaux et de recueils périodiques non seulement comme critique d'art, mais aussi comme écrivain politique. Combattant de Juillet 1830, républicain convaincu, il tenta en 1848 de se faire élire député à la Constituante, mais sans succès; il reprit alors sans trop de regret le chemin de l'atelier.

M. A. Etex est chevalier de la Légion d'honneur depuis 1841. Il est également décoré de l'ordre de Saint-Grégoire le Grand.

ETEX, Louis Jules, peintre français, frère du précédent, né à Paris en 1810, est élève d'Ingres. Il débuta au Salon de 1833 et fut, quelques années plus tard, chargé par le gouvernement de copier la *Madone de Saint-Sixte* de Raphaël, à Dresde, pour la cathédrale d'Agen. Après un nouveau voyage en Saxe, un autre en Italie, M. L. J. Etex a donné aux divers salons annuels, depuis 1838: la *Promenade du matin*, pastel; *Première impression de la mer sur l'homme*, le *Religieux et le philosophe*, les portraits de *Berryer* et de *Decamps*, une *Porteuse de fruits*; *Télésille, dame d'Argos*; *Diligence au bord de la mer, par un temps d'orage*; *Résurrection du fils de la veuve de Naïm*; *Lascaris, accompagné de savants grecs, va porter en Italie, après la prise de Constantinople par Mahomet II, les trésors des Belles-Lettres et des Arts, en 1463*; les *Fiancés*, *Famille de pêcheurs assistant à un sinistre*, le *Manteau et la lanterne (1838-59)*; *Portrait de Mme C... (1863)*; *Vestale rentrant au temple et tombant évanouie à la vue du feu éteint (1868)*; *Vestale se laissant entraîner hors du temple*, *Souvenir de La Varenne (1869)*; *Sainte Geneviève*, *Diane chasseresse*, *Portrait de M. L...*, *Portrait de M. A. B... (1876)*, et d'autres portraits, etc. — M. Louis Jules Etex a obtenu une médaille de 2e classe en 1833 et une autre en 1838; la première pour le portrait, la seconde pour la peinture historique.

EU (comte d'), prince Louis Philippe Marie Ferdinand Gaston d'Orléans, fils aîné du duc de Nemours et petit-fils de Louis Philippe Ier, né au château de Neuilly le 28 août 1842. Il n'avait donc que six ans, lorsqu'il dut prendre avec sa famille le chemin de l'exil (février 1848). Il y reçut une éducation toute militaire et partit pour l'Amérique du Sud. En 1864, il épousait la princesse Isabelle, fille aînée de Don Pedro II, empereur du Brésil, née le 29 juillet 1846. Il reçut, comme cadeau de noces, le titre de maréchal de l'empire. Depuis cinq ans, le Brésil était en lutte avec le Paraguay, dont le président, Lopez, n'avait cessé de tenir l'empire en échec, au grand détriment de la fortune publique, des deux côtés bien entendu. Le comte d'Eu, quoique encore bien jeune, voulut prendre occasion de cette guerre interminable pour justifier son élévation à la plus haute dignité militaire. Il se fit confier le commandement en chef de l'armée brésilienne et marcha contre Lopez, résolu à tenter un suprême et décisif effort. En 1869, il attaquait le dictateur dans une position formidable, à Peribebutry, d'où il le délogeait, après une lutte terrible

et prolongée, le 12 août. Poursuivant ses succès, le jeune prince battait, deux nouvelles fois en l'espace d'un mois, l'intrépide Paraguayen, lequel, surpris à Aquidubon, le 1er mars 1879, à la tête d'un infiniment petit corps d'armée resté fidèle à son destin, par le général de c valerie brésilien Camara, et ayant refusé de se rendre, fut tué dans cette suprême et inégale rencontre. Quelques jours plus tard, le comte d'Eu faisait son entrée triomphale à Rio de Janeiro, à la tête de l'élite de son armée victorieuse, et acclamé par une population en délire, comme c'est l'usage. — Dans les différentes occasions où l'empereur du Brésil s'absente de son empire, c'est au comte d'Eu qu'il en confie les rênes; et elles sont entre bonnes mains, à ce qu'il semble.

EUGÉNIE, Eugénie Marie de Guzman de Montijo, comtesse de Teba, ex-impératrice des Français, née à Grenade (Espagne) le 5 mai 1826, est fille de dona Maria Manuela Kirkpatrick, comtesse douairière de Montijo, dont le père était consul d'Angleterre à Malaga lors de son mariage avec le comte de Montijo, officier de l'armée espagnole, qui avait été partisan du premier empire, plus ou moins apparenté avec la famille du duc de Frias qui compte parmi ses ancêtres plusieurs amiraux de Castille et avec celle du duc de Fyars, et descendant des anciens rois d'Aragon. A la mort du comte de Montijo, sa veuve resta en possession d'une fortune d'ailleurs suffisante pour maintenir son rang avec dignité, avec deux filles, dont l'aînée épousa le duc d'Albe et Berwick, descendant direct de Jacques II et de miss Churchill; quant à la seconde, on sait qu'une destinée plus haute encore lui était réservée. Elevée tour à tour en France, où elle accompagnait sa mère dans des voyages presque continuels, elle se trouvait, avec celle-ci, à Paris en 1851. Elle y assista aux brillantes réceptions de l'Elysée, où elle fut remarquée tant par sa beauté et la grâce élégante de son attitude que par son esprit, plus cultivé que ne l'est d'ordinaire celui de ses compatriotes, ce qu'il faut attribuer à son éducation surtout anglaise et aussi à ses voyages, et elle y eut en conséquence un très grand et très légitime succès.

Peu après l'abandon de son projet d'union avec la princesse Carola Wasa de Suède, à laquelle les grandes puissances du Nord s'étaient vivement opposées, l'ex-président de la République française, devenu l'empereur Napoléon III, convoqua aux Tuileries les grands corps de l'Etat (22 janvier 1853) et leur fit officiellement part de sa résolution de prendre pour femme la fille de la comtesse de Montijo, dont il leur détailla toutes les qualités, en la comparant à l'impératrice Joséphine. Cette communication ne fut pas accueillie avec une satisfaction unanime, et plusieurs ministres parlèrent de se retirer; mais le temps faisait défaut pour une manifestation de ce genre, car la cérémonie devait avoir lieu sous huitaine. Pendant ce court intervalle, Mme de Montijo et sa fille s'installèrent au palais de l'Elysée. Le mariage était célébré le 29 janvier 1853, avec une pompe tout impériale. Le Conseil municipal (non élu, bien entendu) de Paris, vota une somme de 600,000 francs pour offrir une parure à la jeune mariée; mais celle-ci voulut que cette somme fût affectée à la fondation d'une école professionnelle pour des jeunes filles pauvres, idée qui ne fût jamais venue au Conseil municipal d'alors, il faut bien le reconnaître. La vie de l'impératrice Eugénie se passa dès lors dans la routine habituelle de l'étiquette des cours. Elle passait avec l'empereur une partie de l'année à Saint-Cloud; faisait, dans la saison, un séjour à Biarritz, la station préférée de sa famille au temps heureux de son enfance, et d'où elle faisait, de temps à autres, quelques excursions en Espagne. Elle fit aussi plusieurs voyages dans diverses parties de la France, avec l'empereur, qu'elle accompagna également en Angleterre en 1855. Ayant donné le jour à un héritier de la maison des Bonaparte, le 16 mars 1856, lorsque l'empereur partit pour la campagne d'Italie, en 1859, elle fut investie de la régence, comme elle devait l'être plus tard, dans une circonstance autrement grave. L'année suivante, elle l'accompagnait dans son voyage dans le midi de la France, Nice et la Savoie, nouvellement annexées, et en Algérie. Elle fit seule un voyage en Angleterre et en Ecosse en 1861, et en 1864 séjourna dans quelques stations balnéaires allemandes. En juillet 1866, après sa visite courageuse aux cholériques d'Amiens, elle faisait, avec le prince impérial, un voyage en Lorraine et assistait à la fête donnée à Nancy en commémoration de la réunion de la Lorraine à la France, réunion qui, hélas! devait avoir bien peu de durée à dater de ce moment; et en 1869, à l'occasion du centenaire de Napoléon Ier, elle se rendit en Corse, également accompagnée du prince impérial, qu'il s'agissait de montrer aux populations attendries. Enfin, au mois d'octobre de la même année, l'impératrice Eugénie entreprenait, à bord du vapeur l'*Aigle*, un voyage en Orient. Elle se rendit d'abord à Venise, puis à Constantinople et à Port-Saïd, et assista à l'ouverture du canal de Suez (17 novembre). Elle visita les monuments principaux de l'Egypte et de la Turquie, et était de retour en France à la fin de novembre. — Ici se ferme la période de prospérité de l'existence de l'ex-impératrice des Français.

Au début de la guerre avec la Prusse, elle fut de nouveau investie des fonctions de régente (23 juillet 1870), l'empereur ayant pris, par une déplorable inspiration, le commandement de l'armée. Le 4 septembre trouva absolument abandonnée, dans le désastre qui entraînait la dynastie à laquelle elle avait donné un héritier, cette femme aux pieds de laquelle, la veille encore, s'entassaient les protestations de dévouement sans bornes. Le soir même, sous la protection de M. de Lesseps, elle pouvait fuir ce palais, témoin de tant de platitudes, et quittait la France, où elle n'était plus en sûreté. Elle débarquait à Ryde, dans l'île de Wight, le 9 septembre 1870, et allait quelques jours plus tard rejoindre à Hastings son fils, qui l'avait devancée en Angleterre. L'ex-famille impériale de France choisit, peu après, pour résidence définitive, Cambden House, Chislehurst, où l'ex-empereur s'éteignait, inconscient, le 9 janvier 1873.

L'impératrice Eugénie ne s'occupa plus désormais que de l'éducation de son fils, qu'elle se flattait de ramener vers les hautes destinées marquées par sa naissance, mais par la route droite et non par les sentiers tortueux suivis par son père. Elle voulait qu'il fût un soldat, et un vaillant si c'était possible, au lieu d'être un simple soldat de parade, un polichinelle comme avaient été son père et ses oncles, et capable de se faire tuer à la tête de son armée compromise, plutôt que de se livrer, lui et les siens, sans souci d'autre chose que de sauver sa misérable vie. Elle y réussit dans la mesure du possible: le jeune prince sortait en effet de l'Académie militaire de Woolwich, le septième sur trente-quatre, au concours de février 1875. En février 1879, il quittait l'Angleterre pour le Cap, allant rejoindre l'armée d'Angleterre en lutte contre les Zoulous. C'était le baptême du feu qu'il allait recevoir, d'une manière plus sérieuse et surtout moins grotesque qu'à Wissembourg: mais ce n'était alors qu'un enfant. — Combien sa mère serait fière de lui, au retour!... Oui, mais il ne revint pas: il était tombé sous les coups de ces sauvages de l'Afrique australe, pas même dans une grande bataille, mais dans une embuscade, surpris au cours d'une sorte de reconnaissance inutile et sans but sérieux. La douleur de la pauvre mère l'eût certainement tuée, si elle n'avait été soutenue par la volonté de visiter le théâtre de son malheur et d'en ramener le corps de son fils. Elle remplit de point en point ce programme, malgré l'énergie tant physique que morale qu'il lui fallut déployer, ne rencontrant, d'ailleurs, sur sa route que respect et commisération pour une aussi grande infortune. De retour en Angleterre, et les derniers devoirs rendus à la dépouille de son fils, l'impératrice Eugénie achetait le domaine de Farnborough, dans le Hampshire, pour 1,125,000 francs, et quittait Cambden House pour cette nouvelle résidence, au commencement de 1881.

EVARTS, William Maxwell, jurisconsulte américain, né à Boston le 6 février 1816. Il fit ses études au collège d'Yale, puis suivit les cours de l'Ecole de droit d'Harvard et se fit inscrire au barreau de New-York, où il se fit promptement une brillante position, en 1841. Lors du procès du président Andrew Johnson, en 1868, M. Evarts fut le premier avocat du défendeur, et de juillet 1868 à la fin de l'administration de Johnson, il remplit les fonctions d'attorney général des Etats-Unis. En 1872, il fut envoyé, comme avocat des Etats-Unis, près le tribunal arbitral de Genève réuni pour résoudre la question de l'Alabama. En 1875, M. Evarts assistait, comme principal conseil, M. H. W. Beecher (Voyez ce nom) dans le procès qu'il soutenait contre Tilton. Enfin, il a été secrétaire d'Etat pendant la durée de l'administration du président Hayes (1877-81). M. Evarts n'a publié que quelques discours, parmi lesquels nous citerons: *Centennial oration before the Linonian Society of Yale Collège (1853)*, et *Address before the New England Society (1854)*. Il a reçu le titre de docteur en lois du collège de l'Union, à New-York, en 1857, du collège d'Yale en 1865, et de celui d'Harvard en 1870.

EYMARD-DUVERNAY, Jean Marie Michel Adolphe, homme politique français, né à Miribel (Isère) le 3 janvier 1816. Avocat du barreau de Grenoble, grand propriétaire foncier, M. Eymard-Duvernay avait été membre du Cousoil général de 1848 au coup d'Etat. Aux élections du 8 février 1871, il fut élu, le troisième sur onze, représentant de l'Isère à l'Assemblée nationale, où il siégea à gauche, et rentra au Conseil général au mois d'octobre suivant. A l'Assemblée, M. Eymard-Duvernay fuit de ceux qui trouvèrent que la majorité abusait un peu de la situation pour s'éterniser sur les bancs parlementaires où elle sentait bien qu'elle ne reviendrait pas: il présenta donc une proposition de dissolution pour février 1873, laquelle fut naturellement repoussée. Elu sénateur de l'Isère le 30 janvier 1876, M. Eymard-Duvernay était réélu au renouvellement partiel du 5 janvier 1879, en tête de la liste. Il siégea à la gauche républicaine et, ayant déjà voté à l'Assemblée nationale contre l'abrogation des lois d'exil, a voté l'expulsion des princes.

EYRE, Edward John, célèbre administrateur anglais, ancien gouverneur de la Jamaïque, est né dans le comté d'York en 1815; il fit son éducation aux écoles de Louth et de Sedbergh. N'ayant pu obtenir une commission dans l'armée, il résolut d'aller chercher fortune en Australie et s'embarquait en conséquence, lesté d'un capital de 10,000 francs, en 1833. En Australie, il s'occupa de cette industrie alors peu développée encore et qui devait faire la fortune de la colonie en faisant celle des colons: l'élevage des moutons pour leur laine et le transport des bestiaux. Il y réussit à merveille et employa les profits de son industrie à l'achat d'un vaste domaine situé sur le Murray inférieur, où il demeura plusieurs années, pendant lesquelles il fut nommé magistrat résident de son district et « protecteur des aborigènes », chargé de régler les différends qui s'élevaient fréquemment entre les naturels et les colons. Il publia en 1845 un ouvrage ayant pour titre: *Discoveries in Central Australia*, dans lequel il plaide, d'ailleurs, énergiquement en faveur des tribus aborigènes nomades. A cette époque, M. Eyre se distingua également comme explorateur: il explora toute l'étendue de côtes, inconnues jusque-là, situées entre le 118e et le 134e degrés de longitude est, entre le détroit du roi George, dans l'Australie occidentale et Port Lincoln, dans l'Australie méridionale. M. Eyre put alors se convaincre qu'il n'existait aucune route praticable pour le transport des bestiaux dans cette direction, ainsi que le prétendait la rumeur publique, à laquelle il était au reste absolument opposé. Parti le 20 juin 1840, à la tête d'une expédition entreprise dans ce but, il atteignait Albany, sur le détroit du roi George, le 8 juillet 1847, après toute sorte de vicissitudes et de privations parfaitement édifiantes: il y avait longtemps qu'on les croyait perdus, à Sidney, lorsqu'on reçut enfin de leurs nouvelles. — M. Eyre retourna en Angleterre en 1845, et en 1846, il fut nommé par le comte Grey, alors secrétaire d'Etat pour les colonies, lieutenant-gouverneur de la Nouvelle-Zélande. Il y resta six ans. Rentré en Angleterre en 1853, ayant accompli le terme officiel de ses fonctions dans la Nouvelle-Zélande, il était dès l'année suivante nommé gouverneur de l'île Saint-Vincent. Après six ans passées dans ce nouveau poste, il fut transféré à l'île d'Antigua, comme gouverneur intérimaire des îles Leeward, dont le titulaire se trouvait en congé d'absence. Il revint en Angleterre en 1860. En 1862, il était choisi par le nouveau secrétaire d'Etat pour les colonies, duc de Newcastle, comme gouverneur en chef de la Jamaïque et de ses dépendances, en remplacement du gouverneur Darling, en congé pour cause de santé. Mais celui-ci ayant renoncé à son gouvernement, M. Eyre fut nommé capitaine-général, gouverneur, général en chef et vice-amiral de l'île de la Jamaïque, le 15 juillet 1864. En octobre 1865, par des raisons difficiles à pénétrer, une insurrection éclatait dans l'île: une simple émeute disent quelques-uns, une révolution terrible suivant M. Eyre et ses tenants. Le gouverneur, quoi qu'il en soit, proclama la loi martiale et employa les mesures les plus rigoureuses pour comprimer le mouvement. Les événements, leurs conséquences immédiates, la mise en jugement de M. le gouverneur Eyre, accusé par la voix publique d'excès de pouvoir et de cruauté gratuite, firent alors un grand bruit en Europe. Le procès, la condamnation, l'exécution du mulâtre George-William Gordon, dans la même journée, parut un tour de force de répression vraiment excessif. Le cœur se soulevait aux récits des exploits du gouverneur Eyre. Des manifestations se produisirent, qui provoquèrent l'institution d'une commission d'enquête, laquelle fut envoyée à la Jamaïque, pour s'éclairer sur les faits; et M. Eyre, suspendu de son commandement, y fut remplacé provisoirement par sir Henry Storks. En juin 1866, la commission publiait son rapport, exonérant le gouverneur de la Jamaïque des accusations terribles portées contre lui. Il fut néanmoins rappelé pour être déféré aux tribunaux et remplacé définitivement par sir P. Grant. M. Eyre revint alors en Angleterre. Il débarquait à Southampton le 11 août, et le 21, il assistait à un banquet organisé en son honneur par d'ardents partisans de la répression à outrance. Un comité se forma: le *Jamaica Committee*, comité formé de « noblemen » et de « gentlemen » et présidé par le comte de Shrewsbury, pour la défense du gouverneur et de ses officiers compromis, recueillant des souscriptions importantes. Deux officiers, le colonel Nelson et le lieutenant Brand, accusés de meurtre, étaient acquittés par le grand jury le 11 avril 1867: cela promettait. Et en effet, les magistrats de Market Drayton, devant lesquels M. Eyre était traduit sous la même prévention de meurtre, le renvoyèrent absous. Pendant plus de quatre années, l'ex-gouverneur de la Jamaïque fut poursuivi devant toutes les juridictions criminelles ou civiles; mais il y avait précédent, et il devait s'en tirer le mieux du monde, quoique au prix de 250,000 francs environ de dépenses et frais de toute sorte, à ce qu'on assure. — Heureusement, les souscriptions étaient là.

F

FABINY, Théophile, jurisconsulte et homme d'État hongrois, né à Pesth en octobre 1822. Il fit à Pesth ses études classiques, puis alla suivre les cours de l'académie de droit d'Eperies, qui lui décerna le diplôme d'avocat en 1845. Entré dans la magistrature en 1850, M. Fabiny occupa le siège de juge dans divers tribunaux jusqu'en 1869, époque à laquelle il fut nommé conseiller à la Cour de cassation. Il entra ensuite à la Cour des magnats hongrois, à Pesth, dont il devint vice-président en 1873, et fut nommé président de section à la Haute-Cour de justice en 1880. — Le 17 mai 1886, M. Théophile Fabiny était appelé par l'empereur-roi à prendre le portefeuille de la justice dans le ministère hongrois, en remplacement de M. Pauler, mort quelques jours auparavant.

FABRE, Ferdinand, littérateur français, né en 1830 à Bédarieux (Hérault), d'un père architecte. Destiné dès l'enfance à l'état ecclésiastique, il fut élevé par son oncle, l'abbé Fulcran, curé de Camplong, prêtre austère et convaincu, et soigneusement entretenu dans l'idée que sa vocation l'appelait au sacerdoce, par une tante, dévote extatique, qui n'avait d'autre ambition dans cette vie que de voir son neveu officier à l'autel et de mourir ensuite. Il quitta son oncle pour entrer au petit séminaire de Saint-Pons, d'où il passa au grand séminaire de Montpellier. Mais renonçant décidément à sa prétendue vocation, il vint à Paris, se fit d'abord clerc d'avoué et ne tarda guère à débuter, dans la carrière littéraire, par un volume de poésie : *Feuilles de lierre (1853)*. Après quelques années passées dans sa famille à rétablir sa santé compromise, il revint à Paris avec un bagage littéraire d'une valeur peu commune, et publia, sous le titre général de *Scènes de la vie cléricale*, deux volumes coup sur coup : les *Courbezon (1862)*, qui établit sa réputation et fut couronné par l'Académie française, et *Julien Savignac (1863)*, fort utile à la critique pour établir une comparaison avec le premier, et de déductions en déductions, tirer l'horoscope du jeune auteur. Il donna ensuite, avec un succès toujours croissant : *Mademoiselle de Malavieille (1865)*; *le Chevrier*, scènes de la vie rustique, écrites en vieux langage (1868); *l'Abbé Tigrane, candidat à la papauté (1873)*; le *Marquis de Pierrerue*, en deux parties : le *Carmel de Vaugirard* et la *Rue du puits qui parle (1874)*; *Barnabé (1875)*; la *Petite mère*, en quatre parties : la *Paroisse du Jugement dernier*, le *Calvaire de la baronne Fuster*, le *Combat de la fabrique Bergonnier* et l'*Hospice des enfants assistés (1876-1878)*; le *Roman d'un peintre*, biographie du peintre Jean-Paul Laurens, ami de l'auteur (1878); l'*Hospitalière (1880)*; *Mon oncle Célestin (1883)*; le *Roi Ramire*, *Lucifer (1884)*; *Monsieur Jean (1886)*. Il publiait, en août 1886, dans la *Revue bleue*, l'histoire de sa jeunesse sous ce titre : *Ma vocation*, qui sera probablement celui d'un prochain volume. M. F. Fabre a été nommé conservateur de la bibliothèque Mazarine en avril 1883, en remplacement de Jules Sandeau, décédé. Il a été décoré de la Légion d'honneur.

FAED, John, peintre écossais, né en 1820 à Burley Mill, dans le district de Kirkcudbright, où son père était ingénieur, ayant pour spécialité la construction des moulins. Son goût pour la peinture se manifesta dès sa plus tendre jeunesse et à l'âge de douze ans, il terminait un tableau avec un succès qui décida de son avenir. Il se mit dès lors à peindre des miniatures dans son voisinage. En 1841, il se rendait à Edimbourg, où il trouvait de l'occupation comme dessinateur et exposait quelques tableaux représentant des scènes de la vie modeste et vulgaire, et un tableau intitulé *Shakspeare et ses contemporains (1850)*. Il dessina également, à Edimbourg, deux séries d'illustrations : le *Samedi soir* et le *Retour du soldat*, de Cotter. Il vint à Londres en 1864 et y exposa : le *Concours de tir* (the Wappenshaw or Shooting match); *Catherine Sefton*; la *Vieille mode* (The old Style); *Tom O'Shanter*; *Haddon Hall of Old*; la *Chanson* (the Ballad); l'*Ancien temps* (Old Age); le *Coup de l'étrier* (the Stirrup Cup); le *Vieux potier* (the Old Crockery man); *John Anderson, my Jo*; la *Séparation d'Evangeline et de Gabriel*; le *Vieux brocart*; *Auld mare Maggie* (la Vieille jument Maggie, *écoss.*); la *Fille du garde-chasse* (Gamekeeper's Daughter); la *Foire du louage* (the Hiring Fair), etc. — Il est membre de l'Académie royale écossaise.

FAED, Thomas, peintre écossais, frère du précédent, né à Burley Mill en 1826. Il perdit son père dans son enfance, mais il fut aidé par son frère, exerçant son art à Edimbourg avec succès, et put suivre ses penchants artistiques. Il étudia à l'École de dessin d'Edimbourg, où il eut quelque temps sir W. Allan pour maître, et remporta un certain nombre des prix décernés annuellement par cette école. La première œuvre qu'il exposa publiquement fut une aquarelle : le *Vieux baron anglais*. Il se consacra ensuite à la peinture à l'huile, se bornant à peu près, au début, à la représentation de jeunes bergers, de joueurs de dames et autres sujets semblables. Il fut élu associé de l'Académie royale écossaise en 1849, et, après avoir encore exposé à Edimbourg, parmi d'autres œuvres estimées, son tableau populaire de *Walter Scott et ses amis à Abbotsford*, alla s'établir à Londres, en 1852, et exposa dès lors ses tableaux à l'Académie royale. Nous citerons : l'*Enfant sans mère* (the Mitherless Bairn, *écoss.*), en 1855, que la critique proclama « le tableau de la saison »; *Home and the Homeless (1856)*; *the First break in the family* (le Premier vide dans la famille, 1857), etc. Ses œuvres les plus récentes sont : *Sunday in the backwood*; *His only pair*; *From dawn to Sunset* (De l'aurore au coucher du soleil); *Baith Faither and Mither* (A la fois père et mère, *écoss.*); *the Last o' the Clan* (le dernier du Clan); *Pourquoi ai-je quitté mon pays ?* (Highlander assis, rêveur, au bord du lac Ontario, 1886), etc. — Associé de l'Académie royale des beaux-arts depuis 1859, M. T. Faed a été élu académicien royal en 1864, et membre honoraire de l'Académie royale de Vienne en janvier 1875.

FAGOT, Jean-Baptiste, homme politique français, né à Mazerny (Ardennes) le 1er janvier 1831. Grand agriculteur, il a obtenu dans les expositions et les concours régionaux, de nombreuses récompenses, et le prix de culture dans son département en 1878. Maire de sa commune, M. Fagot, connu par ses opinions républicaines, fut révoqué en 1877, après le 16 mai. Il est, du reste, le fondateur du *Nord-Est*, journal républicain de Mézières-Charleville, dans lequel il a publié des articles d'économie politique et rurale principalement. — Porté sur la liste radicale des Ardennes aux élections d'octobre 1885, M. Fagot a été élu au scrutin du 18, le troisième sur cinq. Il a voté l'expulsion des princes.

FAIDHERBE, Louis Léon César, général et savant ethnographe et philologue français, né à Lille le 3 janvier 1818. Admis à l'École polytechnique en 1838, il la quittait en 1840, pour entrer comme sous-lieutenant élève à l'École d'application de Metz. Nommé lieutenant au premier régiment de génie en 1842, il servit en cette qualité dans la province d'Oran, en 1844 et 1845, fut nommé capitaine en 1848 et envoyé à la Guadeloupe. S'étant beaucoup occupé de la question de colonisation, et dès lors habitué à la vie des tropiques, le capitaine Faidherbe adressait, en 1850, une demande au ministre de la guerre afin d'être attaché à l'état-major du Sénégal ; mais comme il n'existait aucune vacance, il ne put être fait droit à sa requête, et il retourna en Algérie, dans la province de Constantine, où il construisit le fort avancé de Bou-Saada et prit part à la campagne de Kabylie sous le général Saint-Arnaud (1851) et sous le général Bosquet (1852). Les services signalés qu'il rendit à l'époque du désastre qui termina cette dernière campagne, lui valut la croix de la Légion d'honneur. A la fin de la même année, ayant réitéré sa demande relative au Sénégal, il y fut envoyé comme sous-directeur du génie et, après deux années de séjour, il avait visiblement acquis une si parfaite connaissance des besoins, des dangers, de la politique pratique de la colonie, que le ministre de la marine, qui était alors M. Ducos, n'hésita pas à lui en confier le gouvernement suprême (1854). Il avait été presque simultanément promu chef de bataillon. *Le commandant Faidherbe, à partir de ce moment*, se dévoua entièrement à la tâche qu'il avait toujours désiré entreprendre : la rénovation de la colonie. Après une guerre de quatre années, pendant et à la fin de laquelle il était promu lieutenant-colonel (1856) puis colonel (1858), il reprit sur les Moors la rive gauche de la rivière Trarza (1858), annexa aux possessions françaises les côtes de Baool, Sine, Saloum et Cazamanza ; établit un système de forts, forteresses et blockaus en bois, garantissant la sécurité de la colonie ; construisit un réseau télégraphique ; ouvrit de nouveaux comptoirs à Dagana, Podor, Matan et Saldé ; et finalement engagea une guerre d'extermination contre le prophète El Hadji Omar, qui avait conçu le projet magnifique de fonder un vaste empire musulman dans l'Afrique centrale, en expulsant les étrangers et en réunissant les tribus aborigènes en une sorte de confédération. Cette guerre, qui était pour la colonie française une question de vie ou de mort, s'étendait sur un territoire ne mesurant pas moins de 300 lieues, et ses résultats magnifiques, la soumission d'El Hadji Omar et l'annexion de 400 kilomètres carrés de nouveaux territoires (1860), peut être considérée comme l'exploit capital de M. Faidherbe, et bien suffisant à la gloire d'un homme, si ambitieux soit-il. Après avoir couronné son œuvre par l'établissement de communications régulières avec le royaume de Cayor, État puissant qui sépare nos deux établissements de Saint-Louis et de Gorée, il quitta le Sénégal, en octobre 1861, ayant été appelé au commandement de la subdivision de Sidi-bel-Abbès, et y fut remplacé par M. Jauréguiberry. Il avait été promu commandeur de la Légion d'honneur le 10 août précédent. Pendant son absence des côtes de l'Atlantique, il semble que les autorités coloniales dédaignèrent, ou simplement négligèrent, l'application d'un programme qu'une longue et laborieuse expérience avait suggéré au colonel Faidherbe. Il s'ensuivit une crise menaçante, que le gouvernement métropolitain ne crut pouvoir conjurer qu'avec le secours de l'ancien gouverneur du Sénégal. En conséquence, M. Faidherbe, promu général de brigade le 20 mai 1863, allait reprendre les rênes du gouvernement sénégalien. Deux ans plus tard (*juillet 1865*), *l'état de sa santé* le forçait à demander lui-même son rappel pour des cieux plus cléments, et il était nommé au commandement de la subdivision de Bône.

Lorsqu'éclata la guerre avec la Prusse, le général Faidherbe fit de vaines démarches pour obtenir un emploi dans l'armée d'opération, et fut maintenu en Algérie, où il commandait alors la division de Constantine ; mais après le 4 septembre, ayant renouvelé sa demande au nouveau ministre de la guerre, Gambetta, il fut appelé au commandement en chef de l'armée du Nord (22e corps) en formation, et nommé général de division le 23 novembre 1870. Il livra peu après, au général Manteuffel, la bataille de Pont-Noyelles, près d'Abbeville, laquelle dura deux jours, et eut au moins pour résultat de dégager le Havre et la côte normande, tout en infligeant des pertes énormes à l'ennemi. Les 3 et 4 janvier, il livrait et gagnait la bataille de Bapaume, après laquelle il marchait sur Péronne, afin de dégager cette place, prématurément rendue par le commandant. Enfin, le 19 janvier, jour de la sortie de Montretout, il se portait sur Saint-Quentin, livrait au général de Gœben une bataille dans laquelle il n'avait malheureusement à engager qu'une armée insuffisante, harassée, mal équipée et mal armée, formée de mobilisés et de jeunes recrues, avec les débris de laquelle il fut, en fin de compte, obligé de se replier sur Lille et Cambrai, après avoir toutefois fait subir des pertes sensibles à l'ennemi, et en emmenant son artillerie et ses équipages. — C'était la fin !...

Le 8 février 1871, le général Faidherbe était élu représentant de la Somme à l'Assemblée nationale, mais donnait sa démission dans la séance du 10. Réélu aux élections complémentaires du 2 juillet, dans la Somme, le Pas-de-Calais et le Nord, avec une majorité énorme dans chacun de ces départements, il ne crut pas devoir, cette fois, repousser une pareille marque d'estime et de reconnaissance. Il opta pour son département natal, et alla siéger à la gauche de l'Assemblée. Après le vote sur le pouvoir constituant (20 août), il donnait de nouveau sa démission de représentant, motivée sur ce que « l'Assemblée s'attribuait d'autres droits que ceux qui lui avaient été conférés par les électeurs ». Ce qui était incontestablement vrai, en dépit de toute la casuistique parlementaire. Le général Faidherbe était également opposé à la suppression des gardes nationales. Mis depuis quelque temps en disponibilité, sur sa demande, le gouvernement le chargea d'une mission scientifique dans la Haute-Egypte. De retour au mois de février 1872, les villes de Saint-Quentin et d'Amiens lui remettaient, en juillet suivant, une épée d'honneur obtenue par souscription publique. Il avait été promu grand officier de la Légion d'honneur le 15 juin 1871.

Aux élections sénatoriales du 30 janvier 1876, le général Faidherbe était candidat dans le Nord ; il échoua : cela doit paraître étrange, mais le fait est qu'il échoua. Au renouvellement triennal du 5 janvier 1879, par contre, il fut élu le troisième sur cinq, et prit place à la gauche du Sénat. Quelques jours plus tard (le 13 janvier), le général Borel ayant été obligé de quitter le ministère de la guerre, le portefeuille vacant fut offert au général Faidherbe, qui ne put accepter, à cause de l'état déjà fort précaire de sa santé, qui devait bientôt, du reste, lui interdire tout moyen de locomotion autre qu'un fauteuil mécanique : et c'est dans ce fauteuil, et porté à la tribune du Sénat par quatre de ses collègues, la droite s'étant opposée à ce que l'urne lui fût portée à son banc, que le général Faidherbe vota, dans la séance du 22 juin 1886, pour le projet d'expulsion des princes prétendants. — Le 28 février 1880, le général Faidherbe était nommé grand chancelier de la Légion d'honneur en remplacement du général Vinoy, presque moribond et qui s'éteignait le 20 avril suivant. Il avait été promu grand croix de la Légion d'honneur le 3 février. — Il a été élu membre de l'Académie des inscriptions et belles-lettres le 6 avril 1884, comme académicien libre.

On a du général Faidherbe : *Notice sur la colonie du Sénégal et sur les pays qui sont en relations avec elle (1859)*; l'*Avenir du Sahara et du Soudan (1863)*, avec cartes; *Chapitres de géographie sur le Nord-Ouest de l'Afrique, avec une carte de ces contrées, à l'usage des écoles de la Sénégambie (1865)*; *Recherches anthropologiques sur les dolmens d'Algérie (1868)*; *Inscriptions lybiques et aperçus ethnographiques sur les Numides (1870)*; *Epigraphie phénicienne (1873)*, *Essai sur la langue poule (1875)*; le *Zenaga des tribus sénégalaises, étude sur la langue berbère (1877)*, etc.; outre un grand nombre de *mémoires* publiés dans le *Bulletin* de la Société de géographie, les *Nouvelles annales des voyages* et autres publications périodiques. Il a fondé, en 1860,

un Annuaire du Sénégal en quatre langues: français, yolof, toukouleur et sarraklolé. Enfin, il a publié en 1871 une brochure ayant pour titre : *Bases d'un projet de réorganisation d'une armée nationale* et une relation de la *Campagne de l'armée du Nord*, dédiée à Gambetta. — Les Sénégalais se préparent à élever au général Faidherbe, sur une place de la ville de Saint-Louis, un monument en bronze, témoignage de leur reconnaissance pour les services qu'il a rendus à la colonie, comme gouverneur (août 1886).

FAILLY (de), Pierre Louis Charles Achille, général français, ancien sénateur, né le 21 janvier 1810 à Rozoy-sur-Serre (*Aisne*). Sorti de Saint-Cyr en 1828, comme sous-lieutenant d'infanterie, il assista à la prise d'Alger et fut promu lieutenant au mois de décembre 1830. Capitaine en 1837, il devint officier d'ordonnance de Louis-Philippe en 1841, fut promu chef de bataillon en 1843, lieutenant-colonel en 1848, appelé peu après au commandement de l'Ecole secondaire de tir de Toulouse et, promu colonel du 20e de ligne en 1851, servit trois années en Algérie. Le 2 avril 1854, il partait à la tête de son régiment pour l'expédition de Crimée en cette qualité. Nommé général de brigade sur le champ de bataille de l'Alma (29 août), il assista ensuite à la bataille de Balaklava, fut chargé du commandement supérieur à Constantinople, puis placé à la tête de la 2e brigade de la 5e division le 5 septembre. Il se signala à l'attaque du Mamelon-Vert (8 juin 1855), et surtout à la défense du pont de Tracktir, ce qui lui valut une citation spéciale à l'ordre du jour de l'armée. Appelé au commandement de la 1re brigade des voltigeurs de la garde, le 29 août, il prit part à l'assaut de Malakoff et fut promu le jour même (22 septembre) général de division. De retour en France, le général de Failly fut nommé aide de camp de l'empereur le 12 mai 1856. Dans la campagne d'Italie, il commandait la 3e division du 4e corps, commandé par le maréchal Niel ; il prit part en cette qualité à la bataille de Magenta et à celle de Solférino où il se signala tout particulièrement, perdit deux colonels, quatre chefs de bataillon et eut un cheval tué sous lui. En octobre 1867, M. de Failly recevait le commandement en chef du corps expéditionnaire chargé de défendre Rome contre les garibaldiens, et d'expérimenter le fusil Chassepot, qui « fit merveille », comme on sait, à Mentana (4 novembre). Cette expédition, couronnée par la victoire de Mentana, rendit le nom du général de Failly populaire, mais dans le mauvais sens du mot, surtout à cause de cette expression malheureuse de son rapport constatant les « *merveilles* » accomplies par un instrument meurtrier dont la perfection ne pouvait cependant faire oublier l'usage, et qui était en si flagrant désaccord avec la réserve naturellement imposée au vainqueur, même peu généreux. Quoi qu'il en soit, M. de Failly était, en récompense des services rendus à Rome, nommé sénateur le 12 mars 1868. Au mois d'octobre 1869, il était appelé au commandement du 3e corps d'armée, à Nancy. La déclaration de guerre à la Prusse le trouva dans cette situation où, bien placé pour connaître au moins une partie de la vérité sur les forces et les dispositions militaires de nos ennemis, il fit, dit-on, son possible pour empêcher le gouvernement de se lancer dans cette désastreuse aventure, mais sans succès. Le 15 juillet 1870, il était appelé au commandement du 5e corps d'armée, qui fut échelonné entre ceux du général Douay et du maréchal Mac-Mahon, à portée de secourir l'un et l'autre. Appelé au secours de Mac-Mahon, à Reischoffen, il arriva trop tard. Le 30 août, il se laissait lui-même surprendre à Beaumont par l'armée fort supérieure en nombre du général Von der Thann. Le lendemain, il était remplacé à la tête du 5e corps par le général de Wimpffen, appelé d'Algérie en toute hâte, mais trop tard également. Après avoir assisté aux dernières péripéties du désastre de Sedan, il fut fait prisonnier et emmené en Allemagne, où il fut interné à Mayence, puis à Wiesbaden. A sa rentrée de captivité, le général de Failly publia à Bruxelles une brochure justificative de sa conduite, dans laquelle il rappelle dans ses plus petits détails le rôle quotidien du 5e corps d'armée, et conclut pour sa part à l'irresponsabilité. C'est trop, car les faits sont patents. En tout cas, le général de Failly, en disponibilité depuis 1871, supporte avec une dignité triste le sort que la fatalité lui a fait, si c'est la fatalité qu'il faut accuser de nos malheurs et des siens. Il habite Compiègne, et passe la belle saison au château de la Chesnaye, près de Pierrefonds, menant une existence fort retirée et relativement modeste. Un de ses fils est officier de cavalerie. — Le général de Failly est grand officier de la Légion d'honneur depuis 1869.

FAIRÉ, Alexandre, homme politique français, né à Laval le 1er mars 1824. Reçu avocat en 1848, il s'inscrivit au barreau d'Angers, où il s'est fait une clientèle considérable et est devenu bâtonnier de l'ordre. Membre du Conseil municipal d'Angers depuis 1870 et adjoint au maire depuis 1874, M. Fairé fut élu député par la 2e circonscription de cette ville le 21 février 1876; mais l'élection fut annulée par la Chambre. Le 14 octobre 1877, M. Fairé fut élu de nouveau député de la 2e circonscription d'Angers, et de nouveau son élection fut annulée (2 mai 1878), sans qu'il réussit à se faire réélire. M. Fairé avait du moins eu le temps de marquer sa place à droite et l'occasion de manifester ses sentiments à la tribune. C'était assez pour trouver accueil parmi les candidats monarchiques, dont la liste triompha dans le département de Maine-et-Loire aux élections du 4 octobre 1885; et M. Fairé fut enfin élu tout de bon, le dernier des huit députés de ce département. Il a repris son siège à droite.

FAITHFULL, miss Emily, économiste pratique et femme de lettres anglaise, née au rectorat de Headley (Surrey), dont son père était titulaire, en 1835. Elevée dans un pensionnat de Kensington, elle s'y distingua surtout par l'énergie et l'indépendance de son caractère. Présentée à la cour à l'âge de vingt et un ans, elle partagea quelque temps les plaisirs mondains de la vie de Londres ; mais bientôt elle s'intéressa vivement à la condition des femmes en général et en particulier des femmes appartenant fatalement aux classes laborieuses, et se mit en tête d'élargir à leur profit la sphère des occupations rémunératrices, si étroite pour elles. En 1860, elle rassembla une *équipe* de femmes compositeurs-typographes et, en dépit de difficultés, fonda une imprimerie dans Great-Coram street, où elle n'employa que des femmes comme compositeurs, fondation pour laquelle elle reçut l'approbation de la reine Victoria. Parmi les travaux de premier ordre sortis de ses presses, nous citerons le *Victoria Regia*, dédié à la reine par autorisation spéciale, et qui valut à miss Faithfull le brevet d'imprimeur et éditeur ordinaire de la reine. En mai 1863, elle commença la publication d'une revue mensuelle intitulée le *Victoria Magazine*, dans lequel elle traitait avec talent et énergie la question si intéressante du travail des femmes. Au printemps de 1868, miss Faithfull publia un roman: *Changement sur changement* (Change upon change), qui fut très bien accueilli, tant par le public que par la presse, et eut une seconde édition dans le mois même de son apparition. Peu après, elle faisait son début comme conférencière dans les salons d'Hanover square, où elle traita particulièrement des sujets relatifs aux grandes institutions littéraires et philosophiques. En 1872-73, miss Faithfull visita les Etats-Unis, où elle reçut, à Steinway Hall, la plus flatteuse réception qui jamais y ait été faite, dit-on, à une femme. — A son retour en Angleterre, elle publia un journal hebdomadaire à un penny (10 centimes), intitulé : *Women and Work* (les Femmes et le Travail), qui n'est pas seulement un journal de doctrine, mais un guide à consulter pour les ouvrières en quête d'ouvrage et les personnes qui ont besoin d'ouvrières.

FALCON, Marie Cornélie, cantatrice française, née à Paris le 28 janvier 1814, entra au Conservatoire à l'âge de treize ans et y devint élève de Pellegrini pour le chant et d'Adolphe Nourrit pour la déclamation lyrique. Mlle Falcon obtenait en 1830 le premier prix de vocalisation, et le premier prix de chant l'année suivante, ainsi que le premier prix d'opéra. Elle débutait à l'Opéra en juillet 1832, dans le rôle d'Alice, de *Robert le Diable*, avec un très grand succès. Parmi ses plus brillantes créations, nous rappellerons le rôle de la *Juive (1835)* et celui de Valentine, des *Huguenots (1836)*. Malheureusement, Mlle Falcon perdit, peu après cette dernière création, cette voix magnifique qui avait fait une si vive impression sur les habitués de notre première scène lyrique, et dut se résoudre à abandonner le théâtre qui lui promettait les plus éclatants triomphes. Elle parut encore de temps en temps dans divers concerts.

FALGUIÈRE, Jean Alexandre Joseph, sculpteur et peintre français, élève de Jouffroy et de l'École des beaux-arts, est né à Toulouse le 7 septembre 1831. Après avoir débuté au Salon de 1859, avec une statue en plâtre de *Thésée enfant*, il remportait le grand prix de Rome en 1859, pour la sculpture. — On cite parmi les œuvres exposées par cet artiste: le *Vainqueur au combat de coqs*, statue en bronze (1864); *Tarcinus, martyr chrétien*, plâtre (1867) ; le marbre de la statue précédente (1868) ; *Ophélie*, plâtre (1869); *Pierre Corneille*, statue en marbre pour la Comédie-Française, et la précédente en marbre (1872) ; *Danseuse égyptienne*, statue en marbre (1873); *La Suisse accueille l'armée française*, groupe en plâtre offert à la Suisse par la ville de Toulouse (1874); *Lamartine*, statue en plâtre; *Portrait de M. Carolus Duran*, buste en bronze (1875); *Lamartine*, en bronze, pour la ville de Mâcon (1877); le *Tarcinus*, le *Vainqueur au combat de coqs*, etc., ont reparu à l'Exposition universelle de 1878. Citons encore: l'*Asie*, statue en marbre (1883); *Nymphe chasseresse*, statue en plâtre; *Portrait de Mlle Mary Kalb, de la Comédie-Française*, buste en marbre (1884); la *Nymphe chasseresse*, en bronze (1885); *Bacchantes*, groupe en plâtre et *Portrait de M. Coquelin cadet*, buste en marbre (1886). M. Falguière est aussi l'auteur d'un projet de décoration de l'arc de triomphe de l'Etoile, dont le modèle en plâtre couronne depuis plusieurs années ce monument, en butte aux traits de la critique et des injures du temps. — Nous devons aussi mentionner les toiles exposées par M. Falguière, soit: *Près du château (1873); Lutteurs (1875); Caïn et Abel (1876)*; la *Décollation de saint Jean-Baptiste (1877)*; le *Sphynx*, *Portrait de Mme C*** (1883); Hylas, Offrande à Diane (1884); Acis et Galatée (1885); l'Aïeule et l'enfant*, inspiré des *Contemplations* de Victor Hugo (1886). — M. Falguière a obtenu, pour la sculpture, une médaille en 1864, une autre en 1867 et une 1re médaille à l'Exposition universelle la même année, la médaille d'honneur en 1868 et un rappel de 1re médaille à l'Exposition universelle de 1878; pour la peinture, une médaille de 2e classe en 1875. Décoré de la Légion d'honneur en 1870, il a été promu officier en 1878. Il a été élu membre de l'Académie des beaux-arts en 1882.

FALLIÈRES, Clément Armand, homme politique français, né à Mézin (Lot-et-Garonne) le 6 novembre 1841. Avocat distingué du barreau de Nérac, connu par ses opinions républicaines, il fut nommé maire de Nérac après le 4 septembre 1870, puis révoqué par le gouvernement du 24 mai 1873. Devenu membre du Conseil général de Lot-et-Garonne, M. Fallières fut élu député de l'arrondissement de Nérac le 20 février 1876, prit place à gauche, et vota la proposition d'amnistie pleine et entière. Réélu le 14 octobre 1877, il était nommé sous-secrétaire d'Etat au ministère de l'intérieur et des cultes. Il fut de nouveau élu député de Nérac le 21 août 1881. Le 10 novembre suivant, il quittait le ministère avec ses collègues du cabinet J. Ferry; il était élu vice-président de la Chambre le 11 février 1882. Le 7 août 1882, M. Fallières acceptait le portefeuille de l'intérieur dans le cabinet présidé par M. Duclerc, à qui il succédait comme président du conseil le 29 janvier 1883, prenant par surcroît l'intérim des affaires étrangères. Il donnait sa démission le 21 février suivant et était remplacé, comme président du conseil, par M. Jules Ferry. — M. Fallières a été élu député de Lot-et-Garonne le 4 octobre 1885. Il a voté l'expulsion totale des princes.

FANTIN-LALOUR, Ignace Henri Jean Théodore, peintre et lithographe français, élève de son père et de M. Lecoq de Boisbaudran, est né à Grenoble le 14 janvier 1836. Il fréquenta quelque temps l'atelier de Courbet, et débuta au Salon de 1861. — On cite parmi les tableaux de cet artiste exposés aux salons annuels : la *Lecture (1863); Hommage à Delacroix*, portrait du maître entouré de ceux de ses principaux partisans (1864); le *Toast*, ouvrage du même genre, groupant des artiste et des écrivains contemporains autour d'une statue de la Vérité (1865) ; *Portrait d'Ed. Manet (1867)*; l *Lever (1869)*; un *Atelier aux Batignolles (1870); Coin de table (1872); Fleurs et objets divers (1874); Fleurs*, l'*Anniversaire*, en l'honneur de Berlioz (1876) ; la *Lecture*, plus deux pastels : *Souvenir de Beyrouth* et *Festival de Richard Wagner*, et deux lithographies. l'*Anniversaire*, cité plus haut comme toile et une *Scène du « Tannhauser » (1877); Duo des « Troyens* , « *Rynaldo* » de J. Brahms, pastels; *Scènes du « Rheingold »*, lithographie; un groupe de portraits de famille, peinture (1878); *Frontispice*, l'*Aurore*, pastels; *Evocation, Parsifal*, lithographies, etc. (1883); *Nuit de printemps*, l'*Etude*, peintures; *Sarah la baigneuse*, l'*Anniversaire*, pastels; *Tannhauser*, de Wagner, *Harold*, de Berlioz, le *Paradis et la Péri*, de Schumann, *Musique et Poésie*, 4 lithographies (1884); *Autour du piano*, peinture; *Frontispice* et *Erda*, pour le *Sigfried*, de Wagner; *Italie*, pour les *Croyances*, de Berlioz; *Gotterdammerung*, de Wagner, lithographies (1885); *Tannhauser*, peinture; *Sigfried et les filles du Rhin*, le *Jugement de Paris*, pastels; *Frontispice*, le *Vaisseau fantôme, Lohengrin, Tristan et Iseult*, l'*Or du Rhin, Apothéose*, pour le *Richard Wagner* de M. Adolphe Jullien; *Poème d'amour*, de J. Brahms et *Parsifal*, de Wagner, lithographies (1886); plus un assez grand nombre de portraits anonymes, etc. — M. Fantin-Latour a obtenu, comme peintre, une médaille en 1870 et une 2e médaille en 1875, et comme lithographe une mention honorable ; il a été décoré de la Légion d'honneur 1879.

FARCY, Eugène Jérome, ancien officier de marine, inventeur et homme politique français, né à Passy (Paris) le 20 mars 1829. Embarqué en 1845 sur le navire-école l'*Oriental*, il fit le tour du monde et devint successivement aspirant en 1847, enseigne de vaisseau en 1851 et lieutenant de vaisseau en 1859. Il s'était livré, depuis 1852, à des recherches scientifiques et avait fait diverses inventions, telles que: modèles de fusils, de cartouches, d'affûts d'artillerie ; un indicateur à sonnerie, et enfin la canonnière qui porte son nom et qui, malgré le succès incontestable des expériences, ne fut toutefois pas acceptée par le conseil des travaux de la marine (1868). Lors de la guerre de 1870-71, une canonnière Farcy venait d'être terminée, sur commande du Danemark. L'inventeur réussit, non sans peine, à la faire employer à la défense de Paris, où elle donna les meilleurs résultats. Cette canonnière se compose d'un affût flottant de 15 mètres de longueur sur une largeur de 4 mètres 60, d'un tirant d'eau d'un mètre seulement, afin de pouvoir passer impunément au-dessus des torpilles et toucher terre à peu près partout. Une hélice fait marcher l'embarcation; une autre hélice, indépendante de la première, la fait tourner sur elle-même au besoin. Sur cet affût, un canon rayé de 24; dix hommes d'équipage, commandant compris : tels sont l'engin, ses accessoires et son personnel. Promu capitaine de frégate, puis officier de la Légion d'honneur (28 janvier 1871). Il a quitté depuis la marine. Le 8 février 1871, M. Farcy était élu, le dernier de la liste, représentant de la Seine à l'Assemblée nationale ; il pris place à l'extrême gauche, vota contre les préliminairer de paix et la dissolution des gardes nationales et pout le retour de l'Assemblée à Paris; ses autres votes s'expliquent d'eux-mêmes par la place qu'il occupait à l'Assemblée. En juillet 1871, il a présenté un projet de *Réorganisation de l'armée en armée nationale de quatre millions d'hommes*, que M. Thiers ne pouvait naturellement pas préférer au sien. Aux élections législatives de 1876, il a été réélu par le XIIe arrondissement de Paris, au scrutin de ballottage du 5 mars. Réélu le 14 octobre 1877 et le 21 août 1881, M. Eugène Farcy avait sollicité et obtenu sa mise à la retraite, la loi constitutionnelle ayant établi l'incompatibilité entre le mandat législatif et le grade d'officier, même supérieur. Il n'a pas cessé depuis de perfectionner sa principale invention, et l'on sait que la canonnière Farcy a été employée au Tonkin avec succès. — M. Farcy a été élu député de la Seine au scrutin du 18 octobre 1885. Il a repris sa place à l'extrême-gauche et voté l'expulsion des princes.

FARGUEIL, Anaïs, actrice française, née à Toulouse le 21 mars 1819. Se destinant à la carrière lyrique, elle entra en 1831 au Conservatoire de Paris, où elle eut pour maîtres Panseron et Marco Bordogni, et remporta le premier prix de chant en 1834. En février 1835, elle débuta à l'Opéra-Comique, dans la *Marquise* et parut ensuite dans le *Diable à quatre*, le *Cheval de bronze*, etc. ; mais une maladie du larynx la forçant à abandonner la carrière lyrique, elle acceptait, en 1838, un engagement au Vaudeville, où elle débuta avec un très grand succès dans le *Démon de la nuit*. Après une tournée fructueuse en province, elle revint à Paris, joua au Palais-Royal (1842-43), puis au Gymnase (1844-45), fit une nouvelle tournée, et rentra en 1852 au Vaudeville, auquel elle est demeurée attachée jusqu'en 1873, sauf quelques courtes absences, par exemple en 1866 et en 1869. Elle a depuis paru dans divers théâtres, engagée seulement pour un nombre de représentations déterminé, mais toujours bien accueillie.

Nous citerons parmi les rôles que Mme Fargueil a

créés avec son talent de comédienne si élevé, dans cette dernière période de sa vie artistique : ceux d'Olympe, dans le *Mariage d'Olympe;* de Lucie, dans *Lucie Didier;* de Marco, dans les *Filles de Marbre;* de Leonora, dans *Dalila;* de Thérèse, dans les *Lionnes pauvres;* de Madeleine, dans *Rédemption;* de Claire, dans les *Femmes fortes;* de Cécile, dans *Nos intimes;* de Claire, dans *Maison neuve;* de Fernande, dans *Miss Multon,* rôle qu'elle a repris à l'Ambigu, en 1876. Toutes ces pièces appartiennent au répertoire du Vaudeville. Citons encore ; Dolorès, dans *Patrie (1869),* à la Porte-Saint-Martin; Suzanne, dans les *Pattes de mouche,* au Vaudeville ; et plus récemment : Mme Bellamy, dans l'*Oncle Sam,* au Vaudeville (1873); Rose Michel, dans la pièce de ce nom à l'Ambigu (1875); la comtesse, dans la *Comtesse de Lérins,* au Théâtre-Historique (1876). A la fin de 1876, Mlle Fargueil partait pour Saint-Pétersbourg, où l'appelait un engagement au grand théâtre de cette ville. Revenue à Paris, elle donnait sa représentation de retraite au Vaudeville, le 8 novembre 1883. — Elle s'est vouée depuis au professorat libre.

FARLEY, James Lewis, économiste et littérateur irlandais, né à Dublin le 9 septembre 1823. Sa famille le destinait à la profession légale. Mais ayant terminé ses études à l'université de Dublin, au moment où, après la guerre de Crimée et le traité de Paris (1856), des capitalistes anglais fondèrent la Banque ottomane, il accepta le poste de chef de la comptabilité générale de la banque d'Etat de Turquie, à Constantinople, qui fusionna ensuite avec la Banque impériale ottomane. M. James L. Farley a collaboré fréquemment aux journaux de la métropole, traitant principalement les questions relatives au commerce et aux finances de la Turquie, et fut le correspondant spécial du *Daily News* à l'époque du voyage en Egypte du sultan Abd-ul-Aziz (1863), et pendant les visites impériale et royale à Constantinople en 1869. Il est également l'auteur de plusieurs ouvrages de valeur, notamment : *Deux ans en Syrie (1858);* les *Druses et les Maronites (1861);* les *Ressources de la Turquie (1862);* la *Banque en Turquie (1863); Turquie (1866).* — M. Farley est considéré comme l'homme qui a fait le plus pour renseigner son pays sur la richesse naturelle et la condition sociale de la Turquie. En reconnaissance de ses services rendus dans cette voie si mal famée de la publicité, il a été nommé, en mars 1870, consul de Turquie à Bristol. Depuis lors, il a publié dans une feuille de cette ville des *Lettres sur la Turquie* d'un grand intérêt pratique, et fait tous ses efforts pour développer le commerce de son port avec le Levant. Il est membre de la Société de statistique de Londres et de l'Institut égyptien d'Alexandrie, fondé, comme on sait, par Napoléon Ier.

FARRE, Jean Joseph Frédéric Adolphe, général français, sénateur, est né le 5 mai 1816 à Valence-sur-Rhône. Sorti de l'Ecole polytechnique en 1837, dans l'arme du génie, il devint successivement lieutenant en 1839, capitaine en 1843, chef d'escadron en 1858, lieutenant-colonel en 1863, colonel en 1868 et général de brigade le 31 octobre 1870. Il commandait le génie de l'armée d'occupation des Etats pontificaux lorsqu'éclata la guerre franco-allemande ; rappelé en France, il fit alors partie de l'armée de Metz, et réussit à s'échapper de la place livrée par Bazaine, avec d'autres officiers, avant d'être fait officiellement prisonnier. Le colonel Farre se rendit alors à Tours, où siégeait la Délégation gouvernementale, et reçut un commandement dans l'armée du Nord, commandée par le général Faidherbe; il prit part à toutes les opérations de cette armée, et après la guerre fut envoyé en Algérie comme commandant supérieur du génie. Promu divisionnaire le 30 septembre 1875, le général Farre fut nommé membre du Comité des fortifications, puis chargé de l'inspection générale permanente des travaux d'armement des côtes. Proposé pour le ministère de la guerre en 1879, cette proposition n'obtint pas l'approbation du maréchal-président, l'impétrant étant suspect d'opinions insuffisamment « conservatrices ». Il fut toutefois appelé à remplacer le général Bourbaki à la tête du 14e corps d'armée et au commandement militaire de Lyon. Le 27 décembre 1879, le général Farre acceptait le portefeuille de la guerre dans le cabinet Freycinet; il le conserva après la démission de ce dernier (19 septembre 1880), dans le cabinet présidé par M. Jules Ferry; mais il se retira avec tous ses collègues, le 10 novembre 1881. Il avait été élu sénateur inamovible, comme candidat des gauches, le 25 novembre 1880. Quoique ayant atteint la limite d'âge pour le service actif, le général Farre a été maintenu dans la 1re section de l'état major général. Il a été nommé membre, pour trois ans, du bureau central météorologique le 10 juillet 1884. Comme sénateur, le général Farre a voté l'expulsion des princes. Il est grand officier de la Légion d'honneur depuis le 16 juillet 1880.

FAUCIT, Hélène, actrice anglaise, née en 1816. Fille d'artiste, elle se destina de bonne heure au théâtre et fit son début à Covent-Garden, le 5 janvier 1836, dans le rôle de Julia, du *Hunchbach* (le Bossu). Elle fit de rapides progrès et devint bientôt l'un des membres les plus importants de la troupe de Macready, jouant Shakspeare à Covent-Garden et à Drury-Lane. Elle parut ensuite dans la *Lady of Lyons, Money, The Sea captain, Richelieu* et *The Duchess de la Vallière,* de Lord Lytton ; *Strafford, The Blot on the scutcheon* (la Tache à l'écusson) et *Colombe's birthday* (l'Anniversaire de Colombe), de M. Robert Browning ; la *Fille du Patricien,* le *Cœur et le monde* (The Heart and the World) et *Marie de Méranie,* de M. Westland Marston; *Nina Sforza,* de M. Troughton, etc., etc. Elle interpréta également avec un très grand succès les rôles shakspeariens de Juliette, Béatrice, Constance, Imogène, Portia, Rosalinde et Lady Macbeth; et parut enfin dans deux « adaptations » du danois : *Antigone* et la *Fille du Roi René,* de M. Theodore Martin, qu'elle a épousé en 1851. — Mme Martin n'a plus paru sur la scène depuis son mariage, qu'à de rares intervalles. Elle a pourtant accepté un engagement au théâtre de Drury-Lane, en 1864 et 1865, pour un nombre de représentations limité.

FAURE, Pierre Hippolyte, homme politique français, pharmacien, né à Châlons-sur-Marne le 26 août 1816. Reçu pharmacien à vingt-cinq ans, il s'établit dans sa ville natale, s'intéressa aux affaires de son pays et fit partie de son Conseil municipal. Devenu maire de Châlons et conseiller général de la Marne, il se présenta le 20 février 1876 dans son arrondissement, mais échoua contre le « candidat du maréchal », dont il triompha toutefois aux élections prochaines du 14 octobre 1877. Il prit place au groupe de la gauche républicaine et fut réélu le 21 août 1881. Aux élections d'octobre 1885, M. Hippolyte Faure, qui figurait sur la liste républicaine, fut élu député de la Marne au scrutin du 18. Il a voté l'expulsion des princes. — Au mois d'août 1886, un groupe d'électeurs sénatoriaux lui ayant offert la succession de M. Le Blond, décédé, M. H. Faure répondit, dans une lettre adressée au *Libéral* de Châlons, qu'il préférait conserver « le mandat que lui avaient confié 52,000 électeurs ».

FAURE, Jean-Baptiste, chanteur français, né à Moulins le 15 janvier 1830, vint fort jeune à Paris, où son père devint chantre à Notre-Dame. Lui-même entrait, dès l'âge de neuf ans, comme enfant de chœur à cette église. Il avait à peine douze ans lorsqu'il fut admis au Théâtre-Italien, comme soprano-choriste, et peu après comme soliste à la maîtrise de la Madeleine, quoique ayant été refusé à celle de Notre-Dame. Il y reçut des leçons d'Hippolyte Trévaux, maître de chapelle, entra ensuite au Conservatoire, dont il suivit les cours dès 1843, mais où il ne fut admis comme pensionnaire qu'en 1850, non sans peine, et devint élève de Ponchard. L'époque de la mue de la voix fut terrible pour M. Faure, il dut passer cette époque critique à jouer de la contre-basse à l'Odéon, et aussi, dit-on, dans les bals publics; il remplit aussi quelque temps les fonctions d'organiste à Saint-Nicolas. Enfin, la voix lui revint; mais au lieu du jeune sopraniste à qui elle avait naguère appartenu, elle revenait à un baryton superbe. Le 20 octobre 1852, M. Faure débutait à l'Opéra-Comique en sa nouvelle qualité de baryton, modestement, jouant des bouts de rôles du répertoire. Et, chose étrange pour un chanteur célèbre à juste titre, dont les commencements ont été si pénibles, M. Faure n'a jamais dédaigné de jouer à l'occasion quelque bout de rôle oublié. Il fut enfin appelé à doubler Battaille, et ne tarda pas, dans cette nouvelle situation, à révéler toute l'étendue de son talent dans l'*Etoile du Nord,* surtout dans *Joconde,* où il eut un succès éclatant (1857); il reprit également *Don Juan, Manon Lescaut,* le *Chien du jardinier;* créa *Quentin Durward (1858)* et se fit, en fin de compte, une réputation si parfaitement établie, que c'est expressément à son intention que Meyerbeer écrivit le rôle de Hoël, du *Pardon de Ploërmel,* son triomphe (1859). Alphonse Royer, alors directeur de l'Opéra, voulut s'attacher M. Faure qui, malgré les représentations de la critique, débuta sur notre grande scène lyrique le 14 octobre 1861, et y réussit à merveille. Il y chanta successivement dans *Pierre de Médicis,* la *Favorite, Moïse,* l'*Africaine,* opéra dans lequel Meyerbeer lui avait destiné le rôle de Nelusko; le *Don Juan* de Mozart, le *Don Carlos* de M. Verdi, *Hamlet,* de M. Ambroise Thomas, le *Faust* de M. Gounod, le *Charles VI* d'Halévy, etc. Pendant les vacances, qui concordent justement avec les « saisons » de Bade et de Londres, M. Faure a chanté dans ces deux villes son répertoire (pas à Bade depuis la guerre, bien entendu). Il parut notamment, en juin 1873, au théâtre de Covent-Garden, à Londres, dans une représentation donnée en l'honneur du shah de Perse, portant à son programme les deuxième et troisième actes de *Faust.* Au mois d'octobre 1874, à la suite d'un désaccord grave survenu entre le directeur de l'Opéra, M. Halanzier et M. Faure, celui-ci crut devoir donner sa démission. La cause de cette détermination fâcheuse était celle-ci : Un engagement verbal existant entre l'artiste et le directeur interdisait à ce dernier d'allouer, à aucun artiste nouveau à l'Opéra, des appointements plus élevés que ceux dont M. Faure se contentait. Malgré cela, M. Halanzier avait engagé la Patti pour un certain nombre de représentations, à raison de 5,000 francs l'une, et pour tirer de ce capital important la plus grosse somme d'intérêts possible, avait élevé le prix des places pour le jour de ces représentations coûteuses. M. Faure se fâcha avec d'autant plus de raison, que M. Halanzier, très avare de son baryton, n'avait pas voulu, quelques jours auparavant, permettre qu'il prît part à une soirée donnée au bénéfice des Alsaciens-Lorrains. Il donna donc sa démission. L'affaire fit grand bruit ; les journaux se divisèrent en deux camps, les uns prenant parti pour M. Halanzier, qui avait tort et ne le niait en aucune façon, les autres pour M. Faure ; les premiers reprochaient au baryton d'avoir saisi un prétexte dont il avait besoin, pour aller tendre ses poches à « l'or de l'étranger », étrange accusation, en vérité, adressée à un artiste qui, sauf l'emploi légitime de vacances bien gagnées, n'a jamais voulu quitter son pays, malgré les offres les plus brillantes. Quoi qu'il en soit, l'affaire s'arrangea à la fin, à la satisfaction de tout le monde. Il a fait, vers la fin de 1876, une tournée fructueuse en province. Après un long silence, M. Faure reparaissait en public, au concert Colonne, le 21 mars 1886, y chantait des fragments des *Pêcheurs de perles* de Georges Bizet, une mélodie de M. Paladilhe et la célèbre romance de Martini : *Plaisir d'amour,* et y retrouvait ses succès d'antan.

En 1857, M. Faure a remplacé son ancien maître, Ponchard, comme professeur au Conservatoire. Il épousait, en 1860, Mlle Caroline Lefebvre, artiste de l'Opéra-Comique. On lui doit un certain nombre de morceaux de musique sacrée fort estimés. Il a publié, en 1886 : la *Voix et le chant, traité pratique,* qui a été apprécié à une haute valeur par la critique compétente. — M. Faure est décoré des divers ordres de Belgique, d'Italie, d'Espagne, de Portugal et de Turquie.

FAURE, François Félix, homme politique français, né à Paris le 30 janvier 1841, armateur au Havre, consul du royaume de Grèce, membre et ancien président de la chambre de commerce et juge au tribunal de commerce de cette ville, M. Félix Faure servit, pendant la dernière guerre, comme commandant d'un bataillon des mobiles de la Seine-Inférieure. Il devint ensuite membre du Conseil municipal et adjoint au maire du Havre. Elu député de la 3e circonscription de cet arrondissement, le 21 août 1881, M. Félix Faure siégea à gauche; il remplit les fonctions de sous-secrétaire d'Etat pour les colonies au ministère du commerce de novembre 1881 à janvier 1882, et au ministère de la marine du 24 septembre 1883 à mai 1885. M. F. Faure a pris part aux discussions des questions relatives aux colonies principalement et des questions économiques; il a fait partie de la commission du budget, de celle chargée du projet de conversion de la rente, de celle relative aux conventions avec les chemins de fer, etc., et a été rapporteur du budget du ministère du commerce en 1883. M. F. Faure a été élu député de la Seine-Inférieure le 4 octobre 1885 et a repris sa place à gauche. Il a voté contre les projets d'expulsion des princes.

FAURE, Maurice, publiciste, administrateur et homme politique français, né à Saillans (Drôme) le 17 janvier 1850, fit ses études à Paris et s'occupa de bonne heure de journalisme. Il fonda à Paris le *Sifflet,* journal satirique illustré, collabora à l'*Evénement,* à l'*Indépendant du Midi,* au *Petit méridional,* au *Journal de Valence,* et est l'un des fondateurs des sociétés des Félibres et de la Cigale. Il a collaboré, en outre, au *Dictionnaire de l'administration française* de M. Maurice Block. Entré au ministère de l'intérieur à l'époque du séjour à Bordeaux de la Délégation gouvernementale, M. Maurice Faure y devint chef du cabinet de la direction pénitentiaire. L'un des fondateurs et secrétaire-général adjoint de la Société de patronage des libérés, il a été le secrétaire du Congrès international pénitentiaire tenu à Paris en 1878. Il est lauréat de la Société nationale d'encouragement au bien. — Aux élections du 4 octobre 1885, M. Maurice Faure a été élu député de la Drôme. Il a pris place à gauche et a voté l'expulsion des princes.

FAURE, Fernand, homme politique français, économiste, né en 1853. Agrégé des facultés de droit, M. F. Faure est professeur d'économie politique à la faculté de Bordeaux. Il s'est fait une certaine notoriété par ses conférences d'économie politique en opposition aux doctrines socialistes et spécialement aux doctrines collectivistes, et par sa collaboration à la presse républicaine locale. A ces causes peut être attribuée son élection à la Chambre des députés, sur la liste de l'Union républicaine de la Gironde, au scrutin du 18 octobre 1885. M. Fernand Faure a voté l'expulsion des princes.

FAURÉ, Justin François, homme politique français, ancien magistrat, né à Lombez, où son père était juge d'instruction, le 3 janvier 1842. Il était substitut du procureur impérial de Lectoure depuis le mois de janvier 1870, lorsque la révolution du 4 Septembre le rendit à la vie privée. Il s'inscrivit alors au barreau de Lectoure et se mêla activement aux intrigues des partisans de l'Appel au peuple, si remuants dans le Gers. Devenu conseiller général de ce département, il se présenta à la députation, comme bonapartiste, aux élections du 20 février 1876, dans l'arrondissement de Lombez, et fut élu. Il fut réélu le 14 octobre 1877 et le 21 août 1881 par le même collège, et aux élections du 4 octobre 1885, député du Gers sur la liste monarchiste triomphante.

FAVART (Mlle), Pierrette Ignace Pingaud, actrice française, fille adoptive de M. Favart, fils des comédiens de ce nom et ancien consul, est née à Beaune le 16 février 1833. Après de brillantes études au Conservatoire de Paris, elle débuta en 1848 au Théâtre-Français, où elle joua fort longtemps des rôles tragiques du répertoire classique. En 1851, elle parut aux Variétés ; mais elle retourna bientôt au Français où, délaissant la tragédie, elle aborda les rôles d'ingénue d'abord, pour en venir progressivement aux premiers rôles de comédie moderne. Elle a été admise comme sociétaire de la Comédie-Française en 1854, en même temps que Bressant, et a pris sa retraite depuis plusieurs années. — Le talent de Mlle Favart dans le genre qu'elle a définitivement choisi, a pris un développement rapide qui l'a fait placer, très jeune encore, au rang des premières comédiennes de son temps. Nous citerons parmi ses plus heureuses créations : Elise, de *Rêves d'amour;* Laure, de la *Considération ;* Célie, de l'*Aventurière;* Camille, d'*On ne badine pas avec l'amour;* Adrienne Lecouvreur, dans la pièce de ce nom (reprise); Louise, d'*Une chaîne* (reprise); Mathilde, du *Supplice d'une femme;* le *Fils de Giboyer, Maître Guérin;* Geneviève, du *Fils;* Antoine, de *Galilée;* Dona Sol, de *Hernani* (reprise); Lea, de *Paul Forestier;* la Muse, de la *Nuit d'octobre;* Esther, des *Faux ménages ;* le principal rôle, dans *Julie ;* Catherine, de *Lions et renards;* Leonora, de *Dalila;* la baronne, de *Jean de Thomeray;* la Marquise, de *Jean Dacier,* etc. Mlle Favart jouait aussi à l'occasion ses anciens rôles du répertoire classique, dans la tragédie aussi bien que dans la comédie, et les jouait supérieurement. Elle a fait en province et à l'étranger de brillantes et fructueuses tournées.

FAVÉ, Ildephonse, général et écrivain militaire français, né à Dreux le 12 février 1812. Elève de l'Ecole polytechnique, il en sortit dans l'artillerie en 1832. Il était en 1859 colonel et officier d'ordonnance de l'empereur, avec lequel il a longuement collaboré sur l'histoire de l'artillerie. Professeur d'art militaire à l'Ecole polytechnique depuis 1855, il était nommé commandant en chef de cet établissement en 1865, et promu général de brigade le 13 août de la même année. Placé dans le cadre de réserve en 1874, le général Favé était élu membre de

l'Académie des sciences le 10 juillet 1876, en remplacement du baron Séguier. — Le général Favé a publié: *Nouveau système de défense des places fortes*, avec atlas; *Histoire et tactique des trois armes et particulièrement de l'artillerie de campagne*, avec atlas (1845); *Histoire de l'artillerie*, avec M. Reinaud (1845-47, 2 vol. et atlas); *Nouveau système d'artillerie de campagne du prince Louis-Napoléon Bonaparte (1851); Histoire des progrès de l'artillerie*, rédigée d'après les notes de l'empereur (1862, in-4°, pl.) et divers autres ouvrages dus à la même collaboration et formant le complément des *Etudes sur le passé et l'avenir de l'artillerie* dont Napoléon III avait commencé la publication en 1846 (1846-72, 6 vol.); la *Décentralisation (1870); Nos revers (1871); Deux combats d'artillerie sous Paris: Champigny, Ville-Evrard; M. le duc d'Audiffret-Pasquier et la réforme administrative du département de la guerre (1874); De la réforme administrative de l'armée française*, avec un projet de loi annexé; l'*Armée française depuis la guerre (1875)*, etc. — Il est grand officier de la Légion d'honneur depuis le 7 mars 1874.

FAYARD, Ennamond Dominique Nicolas, magistrat et homme politique français, né à Saint-Vallier (Drôme) en 1816. Reçu licencié en droit, il s'inscrivit au barreau de Lyon, puis entra peu après dans la magistrature, passa dans la magistrature assise et devint conseiller à la Cour d'appel de Lyon. Il a fait partie du conseil d'administration des hôpitaux et hospices de cette ville. Sans autres antécédents, sauf la publication d'un assez grand nombre d'ouvrages de jurisprudence et d'administration, visant surtout l'assistance publique et plus spécialement les enfants trouvés, M. Fayard se présenta aux élections sénatoriales de la Drôme le 25 janvier 1885, comme candidat républicain, et fut élu. Il a pris place à gauche et a voté l'expulsion des princes. M. Fayard est chevalier de la Légion d'honneur.

FAYE, Hervé Auguste Etienne Albans, astronome français, né à Saint-Benoit-du-Sault (Indre) le 5 octobre 1814. Entré à l'Ecole polytechnique en 1832, il n'y resta guère plus d'une année, se rendit en Hollande et s'occupa d'industrie jusqu'en 1836, époque à laquelle, sur la recommandation d'Arago, il entrait à l'Observatoire de Paris en qualité d'élève astronome. En 1844, l'Académie des sciences lui décernait le prix Lalande pour sa découverte, le 22 novembre de l'année précédente, de la comète qui porte son nom. En 1846, il présentait à cette académie un mémoire sur la *Parallaxe d'une étoile anonyme de la Grande Ourse*, et un second mémoire sur un *Nouveau collimateur zénithal et une limite zénithale nouvelle*. Le 18 janvier de l'année suivante, il était élu membre de l'Académie des sciences (section d'astronomie) en remplacement de Damoiseau. M. Faye a été, de 1848 à 1854, chargé du cours de géodésie à l'Ecole polytechnique et fut nommé, en 1854, recteur de l'Académie de Nancy et professeur d'astronomie à la faculté des sciences de cette ville. Il est devenu successivement, depuis, inspecteur général de l'enseignement secondaire pour les sciences, membre titulaire du Bureau des longitudes (1862), membre du Conseil supérieur de l'instruction publique (1864); professeur d'astronomie à l'Ecole polytechnique (1873), président du Bureau des longitudes (1876) et inspecteur général pour l'enseignement supérieur des sciences, en remplacement de Leverrier (1877). — M. Faye a commencé, en 1846, une traduction du *Cosmos* d'Alexandre de Humboldt, en collaboration avec M. Ch. Galusky (2° édition, 1864, 4 vol.). Il a publié en outre: *Leçons de cosmographie (1852); Sur une méthode nouvelle proposée par M. de Littrow, pour déterminer en mer l'heure et la longitude (1864)*; et lu devant l'Académie des sciences de nombreux mémoires, parmi lesquels nous citerons ceux sur l'*Anneau de Saturne*, les *Déclinaisons absolues*, la *Formation des nuages*, la *Formation de la grêle*, les *Taches du soleil*, etc.

La gloire du savant ne lui suffisant plus, sans doute, M. Faye se portait aux élections du 14 octobre 1877, comme candidat du maréchal de Mac-Mahon à la députation, dans le XVI° arrondissement de Paris; ayant échoué avec une minorité dérisoire, il acceptait le portefeuille de l'instruction publique, abandonné par M. Brunet, dans le ministère de Rochebouët, le 23 novembre suivant; il quittait le pouvoir le 13 décembre, après vingt jours d'exercice, avec ses collègues, abandonnant non sans regrets leurs projets de coup d'Etat, et peu disposé, croyons-nous, à renouveler cette triste expérience. — M. H. Faye est commandeur de la Légion d'honneur depuis le 7 août 1870.

FAYE, Etienne Léopold, avocat et homme politique français, né à Marmande le 16 novembre 1828. Avocat du barreau de sa ville natale et lié avec les membres les plus influents du parti démocratique, quoique, à proprement parler, sans passé politique, M. Faye fut nommé maire de Marmande après le 4 Septembre. Aux élections du 8 février 1871, il posa sa candidature à l'Assemblée, sans succès, mais fut élu, aux élections complémentaires du 2 juillet suivant, représentant de Lot-et-Garonne. Il se fit inscrire à la réunion de la gauche républicaine, vota en conséquence et déposa sur le bureau de la Chambre, sans le moindre succès, une proposition tendant à rendre applicable aux élections pour les conseils généraux la loi relative aux réunions publiques électorales politiques. Aux élections du 20 février 1876, M. Faye se porta candidat dans l'arrondissement de Marmande et fut élu. Elu questeur de la Chambre, après la mort de M. Ricard et son remplacement au ministère de l'intérieur par M. de Marcère (mai 1876), M. Faye fut nommé sous-secrétaire d'Etat à ce ministère. Il donnait sa démission le 13 décembre pour suivre dans sa retraite M. de Marcère, remplacé au ministère de l'intérieur par M. Jules Simon. — Après avoir été élu membre du Conseil général du Lot-et-Garonne pour le canton de Marmande, en 1871, et réélu en 1874, M. Faye devenait président de cette assemblée départementale. Réélu député de Marmande le 14 octobre 1877, il se présentait avec succès aux élections sénatoriales du 5 janvier 1879 dans son département. Il siège au Sénat sur les bancs de la gauche et a voté l'expulsion des princes. — M. Léopold Faye est conseiller-maitre à la Cour des comptes depuis le 28 mai 1879.

FEBVRE, Alexandre Frédéric, acteur français, fils d'un officier d'administration, est né à Paris le 21 février 1835. Ayant fait d'assez bonnes études musicales, il dirigeait, à ses moments perdus, l'orchestre peu nombreux d'un petit théâtre de société, et c'est sur ce théâtre qu'il débuta, remplaçant au pied levé l'amoureux absent au moment solennel, dans une pièce qui ne pouvait s'en passer. Il y eut un succès tel que, quelques jours plus tard, il était engagé au Havre. De retour à Paris, après une année d'absence à peu près, il joua successivement à Beaumarchais, dans *Paul d'Artenay*, *André le Mineur*, et surtout dans le *Mauvais gas*, de M. Henri de Kock (1853), où il fit une véritable impression sur le public de l'endroit, pas aussi facile à émouvoir et surtout à tromper qu'on pourrait le supposer. Il parut ensuite à l'Ambigu, à la Gaîté, à l'Odéon, où ses créations dans le *Rocher de Sisyphe*, *Daniel Lambert*, et principalement celle de Célestin du *Testament de César Girodot (1858)*, établirent sa réputation. Il passa l'année suivante à l'Ambigu, où il parut dans la *Maison du pont Notre-Dame*; retourna à l'Odéon, pour s'y essayer dans le répertoire classique, et entra au Vaudeville en 1861, pour y remplir le rôle de Perrin dans les *Mariages de Paris*, d'Edmond About. Il y créa successivement Maurice, dans *Nos intimes (1861)*; Richard, dans un *Homme de rien (1863)*; Mirabeau, dans la *Jeunesse de Mirabeau (1864)*; Didier, dans la *Famille Benoiton*; pièces auxquelles il nous faut ajouter: la *Frileuse*, l'*Attaché d'ambassade*, le *Vrai courage*, les *Plantes parasites*, un *Duel sous Richelieu*, les *Brebis de Panurge*, *Germaine*, le *Mariage d'Olympe*, les *Ressources de Quinola*, le *Roman d'un jeune homme pauvre*, le *Drac*, *Jean qui rit*, la *Belle au Bois dormant*, *Monsieur de Saint-Bertrand*, les *Deux sœurs*, etc. Entré au Théâtre-Français en septembre 1866, il était reçu sociétaire le 1er mai 1867. Nous citerons parmi les rôles créés ou repris à ce théâtre par M. Febvre, dont le talent n'a fait que s'affirmer de jour en jour: Philippe II, dans *Don Juan d'Autriche*; Georges Bernard, dans *Par droit de conquête*; Stamply, dans *Mademoiselle de la Seiglière*; Saint-Géran, dans *Une chaîne*; d'Aubigny, dans *Mademoiselle de Belle-Isle*; Maurice de Cambry, dans *Julie (1869)*; de Vaugris, dans le *Lion amoureux*; André Roswein, dans *Dalila (1870)*; Georges, dans l'*Autre motif*; Nanjac, dans le *Demi-Monde*; Louis de Nohant, dans *Petite pluie*; le comte de Briac, dans la *Grand'maman (1875)*; Clarkson, dans l'*Etrangère (1876)*; Fritz Kobus, dans l'*Ami Fritz*, de MM. Erckmann-Chatrian (1876). Nous citerons encore les pièces suivantes dans lesquelles M. Febvre a créé ou repris le rôle principal: le *Baiser anonyme*, la *Valise de Molière*, *A deux de jeu*, la *Parvenue*, *Bataille de dames*, *Mercadet*, les *Fausses confidences*, le *Jeu de l'amour et du hasard*, *Tartufe* (rôle de Tartufe), les *Femmes savantes*, *Ruy-Blas*, etc. — On doit en outre à M. Febvre un certain nombre de compositions musicales légères. Il est décoré de plusieurs ordres étrangers.

FÉRAUD, François Tiburce, homme politique français, né à Arreau (Hautes-Pyrénées) le 19 août 1821, est le petit-neveu du conventionnel Féraud, tué d'un coup de revolver par une mégère, en voulant s'opposer à l'invasion de l'assemblée par l'émeute, le 1er prairial an III, et dont la tête fut ensuite portée au président Boissy d'Anglas, au bout d'une pique. — M. Féraud s'était présenté sans succès à une élection législative sous l'empire, et n'avait pas renouvelé la tentative. Nommé préfet des Hautes-Pyrénées par M. Thiers, il donna sa démission après la mort de M. de Goulard, son beau-frère (juillet 1874). Il fut peu après nommé trésorier général de l'Aude, fonctions dont il fut révoqué en octobre 1884. Il s'était encore une fois présenté sans succès à une élection partielle, en 1879, mais aux élections générales d'octobre 1885, M. Féraud triompha avec la liste monarchique, et fut élu député des Hautes-Pyrénées.

FÉRAY, Ernest, industriel et homme politique français, sénateur, né à Paris le 29 mai 1804. M. Féray, petit-fils d'Oberkampf, exploite à Essonnes (Seine-et-Oise) un établissement industriel considérable, comprenant des ateliers de filature et de tissage, de construction de machines diverses, une fonderie de fer, etc. Maire d'Essonnes depuis 1858, ancien membre de la Chambre de commerce de Paris, M. Féray s'était exclusivement renfermé dans l'industrie et n'avait en conséquence nul antécédent politique, lorsqu'éclata la révolution du 4 septembre 1870, provoquée par des désastres lamentables. Sa ferme et patriotique attitude en présence des envahisseurs, le désignèrent naturellement aux suffrages de ses concitoyens, et aux élections du 8 février 1871, il fut élu représentant de Seine-et-Oise, le quatrième sur onze. A Bordeaux, M. Féray fonda une réunion qui prit son nom, dont firent partie la plupart des membres de l'Assemblée appartenant à l'industrie; le programme de la réunion Féray était: « reconstitution du pays par des institutions libérales et sous la forme républicaine, la constitution définitive à donner à la France étant réservée. » Il appuya constamment la politique de M. Thiers et déclarait, dans une lettre adressée aux journaux, en avril 1873, qu'il y avait nécessité impérieuse à proclamer définitivement la République. Il était devenu vice-président du groupe Casimir Périer; après le 23 mai, il devint vice-président du centre gauche. Il combattit avec énergie le ministère de combat, et protesta contre les tentatives de restauration monarchique. En juillet 1875, il opposait à une demande de prorogation présentée par M. Malartre, une proposition contraire, c'est-à-dire tendant à ce que l'Assemblée ne prît pas de vacances avant l'achèvement de la discussion des lois organiques et l'élection des sénateurs inamovibles. Mais ce fut la proposition de prorogation qui l'emporta. M. Féray a fait partie, en novembre 1875, de la commission de permanence de l'Assemblée. Aux élections sénatoriales du 30 janvier 1876, dans le département de Seine-et-Oise, M. Féray était porté sur la liste républicaine avec MM. Gilbert-Boucher, président du Conseil général de ce département et Léon Say, ministre des finances. On sait quel bruit ce rapprochement de noms, aussi honorables et aussi modérément républicains l'un que l'autre, et par conséquent tout naturel, fit dans le camp des réactionnaires; nous avons dit comment M. Buffet (voyez ce nom), suffoqué d'indignation, exigea de son collègue aux finances qu'il faussât compagnie à ses amis compromettants ou donnât sa démission de ministre, et comment. M. Léon Say ayant renoncé à son portefeuille, ses collègues, simplement jaloux de leur propre dignité, déclarèrent le suivre dans sa retraite, contraignant ainsi M. Buffet à rester seul ou à ronger son frein. De même la presse à la dévotion de M. Buffet jeta feu et flammes, représentant le ministre des finances comme à jamais compromis, perdu par ses relations avec les « pires ennemis du maréchal » avec des « radicaux » tels que MM. Gilbert-Boucher et Féray! Malgré toutes ses misérables criailleries, la liste républicaine passa tout entière dans le département de Seine-et-Oise (Il est vrai qu'en revanche, M. Buffet ne passa dans aucun). Au renouvellement partiel du 8 janvier 1882, les trois sénateurs républicains de Seine-et-Oise étaient réélus. M. Féray a voté contre le projet d'expulsion des princes. — M. Féray a fait partie du Conseil général de Seine-et-Oise de 1840 à 1870; il est membre du consistoire de l'Eglise réformée de Paris. Comme industriel, il a reçu diverses récompenses aux expositions; officier de la Légion d'honneur depuis 1842, il a été promu commandeur à la suite de l'Exposition universelle de 1878.

FERGUSSON, James, architecte écossais, né à Ayr en 1808. Après avoir commencé ses études à l'Ecole supérieure d'Edimbourg, il vint les achever en Angleterre, dans une institution particulière, entra ensuite dans une maison de commerce importante, qu'il alla, peu après, représenter aux Indes et dont il devint ensuite associé. Ayant, jeune encore, quitté les affaires, il parcourut l'Orient dans le but d'en étudier les richesses architecturales. L'un des premiers résultats de ces études nouvelles, fut la publication d'un ouvrage intitulé: *Illustrations of the Rockcut Temples of India (1845)*, orné de gravures et de plans dus, aussi bien que le texte, à M. Fergusson. Vinrent ensuite: *Picturesque Illustrations of Ancient Architecture in Hindostan* et un *Essay on the Ancient Topography of Jerusalem (1847); Historical inquiry into the true Principles of Art, more especially with reference to Architecture (1848); Essay on a proposed new system of Fortification (1849)*, ouvrage indiquant un système nouveau d'ouvrages de terre qui, accueilli favorablement par l'armée anglaise, fut appliqué par les Russes à la défense de Sébastopol et plus tard par les Américains, à l'époque de la guerre de Sécession. On doit encore à M. James Fergusson: *the Palaces of Nineveh and Persepolis restored (1851)*, ouvrage qui lui fit confier la construction de la salle ninivite au palais de cristal de Sydenham; *Handbook of Architecture (1855); History of the modern styles of Architecture (1862); History of Ancient and Modern Architecture (1865*, 3 vol., 2° édition, 1875, 4 vol.); *Tree and Serpent Worship* (le culte de l'Arbre et du Serpent), ouvrage publié aux frais du gouvernemens indien, illustré de plus de 100 planches et dessins dans le texte (1868, in-4°; 2° édition, 1873); *the Temples of the Jews and the other Buildings in the Haram Area at Jerusalem* (les Temples des Juifs et autres édifices, etc., 1878). — L'Institut royal des Architectes britanniques a décerné sa grande médaille d'or annuelle à M. James Fergusson, en 1871. Il est membre de la Société royale de Londres et de plusieurs autres sociétés savantes, et a reçu de l'université d'Edimbourg le titre honorifique de docteur en lois en 1882.

FERGUSSON, sir James, baronnet, administrateur anglais, né à Edimbourg en 1832, fit ses études à l'école de Rugby et entra ensuite aux grenadiers de la Garde, où il devenait capitaine en 1854. Peu après, il donnait sa démission. Il représenta le comté d'Ayr à la Chambre des communes, comme député conservateur de 1854 à 1857 et de 1859 à 1868; fut sous-secrétaire d'Etat pour les Indes de juin 1866 à juillet 1867; passe en la même qualité, à cette dernière date, au ministère de l'intérieur, et conserva ce dernier poste jusqu'au mois d'août 1868, époque où il fut nommé gouverneur de l'Australie méridionale et membre du Conseil privé. Nommé gouverneur de la Nouvelle-Zélande, le 2 mars 1873, sir James Fergusson donnait sa démission l'année suivante. Il a été nommé gouverneur de Bombay en 1880. Lors du retour aux affaires du parti conservateur, en août 1886, sir J. Fergusson est entré dans le ministère constitué sous la présidence du marquis de Salisbury, comme sous-secrétaire d'Etat aux affaires étrangères.

FERNI, Virginia et Carolina, violonistes italiennes, nées à Come (Lombardie), Virginie en 1840, et Caroline en 1842. Leur père cultivait lui-même le violon, et elles l'accompagnaient dans ses tournées artistiques en Italie et en Suisse. Etant à Genève, elles assistèrent à un concert donné par deux de leurs compatriotes, les sœurs Milanollo, que la mort ne devait pas tarder à séparer, et dont l'archet magique décida de leur vocation. Les deux sœurs Ferni reçurent les premières leçons de violon de Bianchi et du célèbre Gamba, et aussitôt qu'elles se jugèrent en état de le faire, elles se mirent à voyager en Italie, en Suisse, en Belgique, en Hollande, recevant partout un accueil sympathique de plus en plus mérité. Elles revinrent ensuite à Genève; de là passèrent à Lyon, puis à Marseille, visitèrent les principales villes du midi de la France, et enfin Paris (1854-55). Là, ayant eu recours aux conseils des grands violonistes de

l'époque, d'Allard, de Robbrelsh, de Bériot, ce Dancla et de Vieuxtemps, elles se produisirent hardiment et avec un très grands succès, à la salle Herz, dans divers salons, au concert de la France musicale, aux Italiens et à l'Opéra. Dès lors, elles se mirent à parcourir, avec pleine confiance, les principales villes de l'Europe, marchant de triomphe en triomphe. — Le contraste du jeu de ces deux artistes est frappant: Celui de Virginie exprime la douceur, la tendresse, la mélancolie qui se borne aux larmes et aux soupirs; tandis que Caroline est l'énergie même, la vigueur, la chaleur, la passion ardente: « *l'una*, dit un de leurs biographes, *è l'angelo del suo istrumento, l'altra ne è il demonio.*

FERRARI, Paolo, poète et critique dramatique italien, né à Modène en 1820, fit de brillantes études, prit le grade de docteur ès lettres et se livra de bonne heure à la littérature dramatique; mais ses premières productions en ce genre sont absolument sans valeur et, à la vérité, peu de celles qui suivirent les surpassent de beaucoup. Sa *Poltrona Storica* eut toutefois un très grand succès. Son ouvrage sur *Goldoni et le sue sedici Commedie nuove*, fit en peu de temps, par contre, le tour de l'Italie, et établit la réputation d'écrivain critique du docteur Ferrari. Il fit paraître ensuite, avec un succès presque égal: *Parini e la sua Satira.* La *Prosa*, qui parut un peu plus tard, fut très vivement critiquée par les adversaires de l'auteur, qui n'y virent qu'une audacieuse apologie personnelle et des attaques peu mesurées à l'adresse de ceux qui ne trouvent pas parfaites toutes ses œuvres et principalement ses comédies en dialecte de Modène, lesquelles ne valent pas le diable, comme nous avons dit; ce qui ne saurait empêcher le docteur Ferrari d'en faire lui-même l'éloge, dans son propre ouvrage. Il a été nommé professeur d'histoire à l'université de Modène en novembre 1859. — Le 24 mars 1875, on donnait au Théâtre Manzoni, de Milan, une représentation au profit du monument à élever à Venise à Carlo Goldoni, laquelle s'ouvrait par un *Prologo* du Dr Ferrari, dont le sujet roule sur une curieuse histoire de supercherie dramatique qui avait fait beaucoup de bruit en Italie peu auparavant: Un certain M. Barti, fatigué de se voir refuser les nombreux manuscrits qu'il colportait de théâtre en théâtre, s'était avisé d'écrire à l'impresario Bellotti-Bon, directeur du théâtre Manzoni, qu'il venait de découvrir un ouvrage inédit de Goldoni intitulé: l'*Egoista per progetto*, et le mettait à sa disposition. M. Bellotti-Bon accepta, reçut ce manuscrit, dont l'auteur n'était autre que ce M. Barti, lequel avait été repoussé avec empressement partout, et se disposait à le mettre à la scène lorsque, nous ne nous souvenons pas bien de quelle manière (par la déclaration du *trovarobe* Barti lui-même, il nous semble, pourtant), la supercherie fut découverte. C'est cet événement mémorable dans les fastes dramatiques d'Italie que M. Paolo Ferrari a traité dans son *Prologue*. Mais il faut bien dire que, si l'amusante scène du poète, dite excellemment par l'acteur Ceresa, a mis de son côté les rieurs, dans la soirée du 24 mars 1875, ces mêmes rieurs, pendant un bon bout de temps, n'avaient pas été précisément du côté de M. Bellotti-Bon; — et il n'y avait vraiment pas de quoi, en effet.

FERRARIS, Amalia, danseuse italienne, née en 1830 à Voghera. Passionnée pour la danse dès sa plus tendre jeunesse, elle reçut les premiers éléments de son art du professeur Chouchoux, de l'École de danse de Turin, puis elle se rendit à Milan, où elle devint élève du célèbre Carlo Blasis. Elle débuta à la Scala, dans un pas de deux qu'elle dansait avec le célèbre Mérante, en 1844. A partir de ce moment, la jeune danseuse avança dans la carrière au milieu des triomphes. Engagée au théâtre San-Carlo de Naples, son engagement y fut renouvelé trois fois; elle passa ensuite trois saisons au Théâtre royal de Turin, deux au Carlo-Felice, de Gênes, deux au Théâtre de la Reine, à Londres, une à Vienne, une à Sinigaglia, deux à Vicence, deux à Milan, puis à Florence; puis elle accepta un engagement pour une tournée artistique à Vérone, Mantoue et Trente. Après avoir dansé au théâtre Apollo, à Rome (1854-55), elle était engagée en 1856 à l'Opéra de Paris, auquel elle resta attachée pendant plusieurs années sans voir se ralentir le cours des triomphes que lui faisait l'enthousiasme public, lequel prenait les formes les plus variées, dans ses manifestations sans cesse renaissantes. En 1864, la Ferraris quittait Paris pour Bruxelles. — Le répertoire de la Ferraris est très étendu, nous citerons parmi les ballets où elle eut le plus de succès: le ballet de *Faust*, ceux d'*Esmaralda*, d'*Odetta*, de *Gisella*, de *la Figlia del bandito*, la *Silfide*, la *Peri*, la *Vivandiera*, etc.; outre ceux qui ont été expressément écrits pour elle, comme *Diana ed Endimione*, à Turin; *Ondina*, *Armida*, la *Regina delle rose*, *Fiorita*, à Naples; le *Delizie del serraglio*, l'*Isola degli amori*, et *Il passo delle grazie* (dansé avec Maria Taglioni et Carlotta Grisi), à Londres; l'*Encantadora di Madrid* et l'*Ammante Zeffiro*, à Gênes; *Diavoletta e Paquita*, à Milan; *Raffaelle e la Fornarina*, à Florence; *il Giucatore*, *Ibéria*, à Rome, etc. A Paris, elle parut principalement dans un « divertissement » introduit dans *Pierre de Médicis*, du prince Poniatowski, et intitulé: les *Amours de Diane*; dans *Sacountala*, *Orfa*, les *Elfes*; à Bruxelles, dans l'*Etoile de Messine*, etc. — Elle a quitté le théâtre depuis quelques années déjà.

FERRARY, Barthélemy Amédée, homme politique français, entrepreneur de travaux publics, est né à Embrun le 29 avril 1827. Il alla terminer ses études à Aix, puis revint à Embrun, continua l'industrie paternelle, et fut nommé maire de sa ville natale en 1871. Démissionnaire après la chute de M. Thiers, M. Ferrary était élu député d'Embrun à l'élection partielle nécessitée par la mort de M. de Césanne, en septembre 1876, et prit place à gauche. Battu aux élections d'octobre 1877, par son concurrent légitimiste, M. de Prunières, il obtenait de la Chambre l'annulation de cette élection, et triomphait de nouveau à l'élection du 7 juillet 1878. Réélu sans concurrent le 21 octobre 1881, M. Ferrary siégea à la gauche radicale, et c'est comme candidat radical qu'il fut élu député des Hautes-Alpes au scrutin du 18 octobre 1885. Il a voté l'expulsion totale des princes.

FERRIER, Paul, auteur dramatique français, né en 1843 à Montpellier. Il vint faire son droit à Paris, mais en s'abandonnant volontiers au penchant qui l'entraînait vers la littérature, et principalement vers la littérature dramatique. Il débuta heureusement au Théâtre-Français, en 1868, par la *Revanche d'Iris*, comédie en un acte, en vers; et à dater de ce moment, il ne cessa plus de produire des pièces diverses pour les théâtres de genre et des livrets d'opéras comiques et d'opérettes. Nous citerons: *Un mari qui voisine (1869)*, *Une femme est comme votre ombre (1870)*, comédies en 1 acte, en vers, au Vaudeville; la *Crémaillère*, 1 acte en vers, à l'Odéon (1872); *Gilbert*, 3 actes, en prose, même théâtre (1872); *Chez l'avocat*, saynète en vers libres, jouée par M. Coquelin et Mme Sarah Bernhardt, au Français; les *Incendies de Massoulard*, vaudeville en 1 acte, au Palais-Royal (1873); *Tabarin*, comédie en 2 actes, en vers, au Français (1874); la *Partie d'échecs*, vaudeville en 1 acte, au Palais-Royal; les *Cinq filles de Castillon*, 1 acte, au Gymnase; les *Compensations*, 3 actes en vers, même théâtre (1876); *Au grand col*, vaudeville en 1 acte, et la *Chaste Suzanne*, comédie-vaudeville en 2 actes, au Palais-Royal (1877). La réputation de M. Ferrier était désormais établie; il avait surtout acquis l'expérience scénique qui lui fit quelque temps défaut, et il marcha dès lors de succès en succès, les partageant toutefois avec quelque habile collaborateur le plus souvent. Nous rappellerons, parmi ses derniers ouvrages: le *Parisien*, vaudeville en 3 actes, avec MM. Vast-Ricouart (1881); *Fanfan la Tulipe*, opéra-comique en 3 actes, avec M. Prével, musique de M. L. Varney, aux Folies-Dramatiques; la *Rue Bouleau*, avec MM. Vast-Ricouart, pièce en 3 actes, aux Menus-Plaisirs (1882); la *Vie facile*, avec M. Albéric Second, comédie en 3 actes, au Vaudeville; *Madame est jalouse*, 1 acte au Palais Royal (1883); la *Flamboyante*, comédie en 3 actes, avec MM. Félix Cohen et Albin Valabrègue, au Vaudeville; *Babolin*, opérette en 3 actes, avec M. Prével, musique de M. L. Varney, aux Nouveautés; la *Nuit aux soufflets*, opéra comique en 3 actes, tiré d'un vieux vaudeville de M. d'Ennery, musique de M. Hervé, au même théâtre (1884); la *Doctoresse*, comédie en 3 actes au Gymnase, avec M. Henri Bocage; *Tabarin*, opéra en 2 actes, musique de M. Emile Pessard, à l'Opéra; *Coco-Fêlé*, féerie en 4 actes, avec MM. P. Burani et Ed. Floury, au Châtelet; les *Petits Mousquetaires*, opéra comique en 3 actes, avec M. J. Prével, musique de M. L. Varney, aux Folies-dramatiques; la *Vie Mondaine*, opérette en 4 actes, avec M. de Najac, musique de M. Ch. Lecocq, aux Nouveautés (1885); *Joséphine vendue par ses sœurs*, avec MM. Carré et V. Roger, aux Bouffes (1886). — M. P. Ferrier a publié en outre, en 1885, un volume de vers intitulé: les *Muses*.

FERROUILLAT, Jean-Baptiste, homme politique français, sénateur, né le 4 mai 1820 à Lyon, d'une famille appartenant à l'industrie; il fit ses études au collège de sa ville natale et son droit à la faculté de Paris, fut reçu docteur en 1843 et devint secrétaire de Bethmont. Il fut élu, en 1848, représentant à la Constituante et fit partie, comme l'un de ses membres les plus jeunes, du bureau provisoire de l'Assemblée, en qualité de secrétaire. Il vota ordinairement avec les démocrates modérés, appuya la politique de l'Elysée après le Dix Décembre; mena en un mot si bien sa barque qu'il ne fut pas réélu à la Législative. Il se fit alors inscrire au barreau de Paris. En 1856, M. Ferrouillat quittait Paris et entrait au barreau de Lyon; il était élu membre du Conseil général du Rhône en 1864, pour le deuxième canton de Lyon; démissionnaire en 1867, avec plusieurs de ses collègues, en protestation de l'interdiction qui leur était signifiée de formuler des vœux relatifs à la municipalité lyonnaise, il était, avec les autres conseillers démissionnaires, réélu à une grande majorité. Elu conseiller municipal de Lyon après le 4 Septembre, M. Ferrouillat y présida, pendant la guerre, le comité de résistance. Il fut élu représentant du Var à l'Assemblée nationale, aux élections complémentaires du 2 juillet 1871, et prit place à l'extrême gauche. Il a pris plusieurs fois la parole à l'Assemblée, principalement pour défendre le Conseil municipal de Lyon et pour combattre le projet de réorganisation municipale de la cité suspecte, supprimant la mairie centrale. Porté sur la liste républicaine, aux élections sénatoriales du Var, le 30 janvier 1876, M. Ferrouillat a été élu avec son ancien collègue de la gauche à l'Assemblée, M. Charles Brun. Les deux honorables sénateurs républicains du Var ont été réélus au renouvellement du 8 janvier 1882. M. Ferrouillat a pris place à l'extrême gauche du Sénat. Il fut l'un des signataires de la proposition d'amnistie pleine et entière présentée par Victor Hugo, et, en juin 1886, a voté le projet d'expulsion des princes.

FERRY, Jules François Camille, homme d'Etat français, avocat, né à Saint-Dié (Vosges) le 5 avril 1832, fit ses études de droit à Paris, où il se fit admettre au barreau en 1854. Collaborateur de la *Gazette des Tribunaux*, il publia, en 1861, avec MM. Clamageran, Dréo, Floquet et Hérold, un *Manuel électoral* qui eut de nombreuses éditions, et une brochure sur la *Lutte électorale* en 1863. Cette même année 1863, une vacance s'étant produite dans la 5e circonscription de Paris, par suite de l'option pour Lyon de Jules Favre, M. J. Ferry y posa sa candidature en concurrence avec celle de Garnier-Pagès; mais il se retira avant le scrutin. Impliqué dans le procès intenté par le ministère public au comité électoral dit des Treize, il fut condamné en 1864 pour délit d'association illicite. En 1865, il entrait à la rédaction du *Temps*, où il commençait presque aussitôt cette série d'articles dirigés contre l'administration du préfet de la Seine, qui furent réunis ensuite sous le titre heureux de *Comptes fantastiques d'Haussmann.* Ce titre était une véritable trouvaille, et valut à M. J. Ferry une réputation d'homme d'esprit parmi tous ceux (et le nombre en est grand) qui, dans un livre, ne consultent jamais que le titre. Porté de nouveau, cette fois dans la 6e circonscription de la Seine, aux élections législatives de 1869, M. Jules Ferry fut élu au second tour de scrutin. Il avait eu pour concurrents au premier tour Augustin Cochin et Adolphe Guéroult, mais celui-ci s'étant désisté, il n'avait plus en face de la sienne que la candidature de Cochin au ballottage. Il alla prendre place sur les bancs de la gauche, à côté de Jules Favre, son maître et son modèle, à la suite duquel il ne cess de marcher. Il fit partie de diverses commissions importantes, notamment de la commission chargée de régler le budget extraordinaire de la ville de Paris, — en souvenir sans doute des fameux « Comptes fantastiques » et se signala par des interpellations nombreuses, remarquables par leur peu de clarté en général et quelquefois par leur véhémence insolite. Parmi les propositions qu'il soumit à la Chambre, nous citerons celle relative à l'élection du Conseil municipal de Paris et celle portant abolition de la juridiction de la Haute-Cour de Justice, qui venait d'acquitter le prince Pierre Bonaparte. En mai 1870, M. Jules Ferry organisa le comité démocratique parisien antiplébiscitaire. Il s'éleva, avec ses collègues de la gauche, contre la guerre et, après la déclaration, réclama sans succès l'abrogation de la loi de 1834 sur la fabrication des armes, ou tout au moins sa suspension. Membre du gouvernement provisoire, dit de la Défense nationale, comme député de Paris, le 4 septembre 1870, il était nommé secrétaire du gouvernement le 5, et préfet de la Seine le 6 (toujours en souvenir des « Comptes fantastiques »). Nous ne dirons rien de son administration: le poste eût été difficile pour n'importe qui à une époque pareille, et personne n'eût pu se livrer à plus d'efforts tendant au mieux que ne le fit M. J. Ferry. Lors de la tentative du 31 octobre, il fut quelques heures prisonnier à l'Hôtel de Ville, puis délivré par la garde nationale de l'Ordre. La légende du 22 janvier 1871 assure que M. Ferry résista courageusement à la tentative coupable des bataillons révolutionnaires contre l'Hôtel de Ville, littéralement bondé de mobiles. — Il avait présidé quelques jours auparavant la réunion des maires qui avait résolu le rationnement du pain (mesure tardive et devenue bien inutile, puisque les chiens même le refusaient) et les perquisitions non moins tardives à la recherche des comestibles cachés. — Le 26 janvier, Paris capitulait.

Aux élections du 8 février 1871, M. Jules Ferry était élu représentant non de la Seine, qu'il avait administrée et qui le connaissait assez, mais des Vosges, son département natal, et le cinquième sur huit. Il donna alors sa démission de préfet de la Seine, quoiqu'il dût rester en fonctions jusqu'au 18 mars. Rentré à Paris derrière l'armée de Versailles, le 22 mai, il était de nouveau nommé préfet de la Seine par M. Thiers le 24. Cette nomination souleva une protestation unanime, laquelle contraignit celui qui en était l'objet à se retirer au bout de dix jours. Il fut remplacé par M. Léon Say, qui, si on ne peut porter à son avoir aucune brochure à titre humoristique, est du moins et incontestablement un administrateur. Mais M. Ferry avait des amis puissants autant que hardis: on parla comme d'une chose décidée de sa nomination au poste de ministre de France à Washington (mars 1872). Nouvelles clameurs, et si peu mesurées, que la nomination n'osa pas se montrer officiellement, et M. Ferry dut se contenter du poste de ministre à Athènes (15 mai), où il parvint avec assez de succès à débrouiller l'affaire des mines du Laurium. Il donna sa démission après le 24 mai (1873), et reprit sa place dans les rangs de la gauche républicaine de l'Assemblée dont il devint président. Réélu député de l'arrondissement de Saint-Dié, aux élections générales du 20 février 1876, M. Jules Ferry était de nouveau élu président de la gauche républicaine, dont il exposait le programme, dans un discours fort discuté, lors de la rentrée des Chambres. Elu membre du Conseil général des Vosges pour le canton de Thillot, contre M. Buffet, le 8 octobre 1871, il devint vice-président, puis président de cette assemblée départementale. A la Chambre M. Ferry prit part, dans cette courte législature, à toutes les discussions politiques importantes, comme orateur de la gauche républicaine; il fut rapporteur de la loi d'organisation municipale et, naturellement, l'un des 363 adversaires déclarés du cabinet de Broglie. Réélu député de Saint Dié le 14 octobre 1877, il reprit sa position à la Chambre, et ne tarda pas à ouvrir le feu de son éloquence contre le ministère non plus de combat, mais d'attaque, présidé par le général de Rochebouët, dont aucun des membres n'appartenait au parlement et qui dut, faute de mieux, céder la place à un ministère Dufaure. M. J. Ferry eut à cette époque, entre autres fonctions, la présidence de la commission du tarif général des douanes. Les élections sénatoriales du 5 janvier 1879 ayant enfin donné une majorité républicaine à la première Chambre, la gauche se sentit maîtresse du terrain parlementaire et prit ses dispositions pour en profiter. Dès le 20 janvier, un ordre du jour de confiance en faveur du ministère Dufaure, rédigé par M. Jules Ferry, de manière à ce qu'il n'y eût pas de doute possible sur son véritable caractère de mise en demeure, était voté à une grande majorité. Mais les élections sénatoriales devaient avoir d'autres conséquences: le 30 janvier, le maréchal de Mac-Mahon, décidé à ne pas se soumettre, donnait sa démission, et était remplacé à la présidence suprême par M. Jules Grévy. M. Dufaure ayant voulu suivre le maréchal dans sa retraite, un nouveau cabinet fut constitué sous la présidence de M. Waddington, dans lequel M. Jules Ferry entra, avec le portefeuille de l'instruction publique et des beaux-arts réunis (4 février).

Grâce à une étonnante faculté d'assimilation et à une puissance de travail extraordinaire, le nouveau ministre

de l'instruction publique et des beaux-arts se mettait au courant des affaires de son département, pour ainsi dire du jour au lendemain, avec le secours, toutefois, du sous-secrétaire d'État qu'il s'était adjoint pour les beaux-arts, M. Edmond Turquet, député de l'Aisne. Pour ce qui revient plus spécialement à M. J. Ferry des réformes alors effectuées ou simplement projetées, nous signalerons la suppression des lettres d'obédience et son projet de loi sur l'enseignement supérieur restituant à l'État le droit exclusif de collation des grades, dont le fameux article 7, interdisant l'enseignement aux membres des congrégations non légalement reconnues devait produire une agitation si grande, et son rejet par le Sénat des conséquences si graves, voire tout à fait dramatiques en divers points de la France. En effet, l'article 7 rejeté par le Sénat, c'était le droit d'enseignement reconnu, sanctionné pour les congrégations religieuses non autorisées, jésuites, dominicains, etc. Le gouvernement ne se tint pas pour battu, et puisque les congrégations, qu'il avait le droit strict de chasser du territoire de la République, conservaient malgré lui le droit d'enseigner la haine de la République, il n'y avait qu'un moyen d'avoir raison d'elles, et il y recourut sans hésitation : les congrégations non autorisées par la loi, en général parce qu'elles avaient dédaigné de solliciter cette autorisation, furent décrétées expulsées de France (septembre 1880). La difficulté, maintenant, était d'assurer l'exécution de ces décrets, car on pense bien que les membres des congrégations enseignantes frappées ne devaient se soumettre qu'à la force, appuyés, encouragés dans leur résistance par toutes les notabilités cléricales, parlementaires et extra-parlementaires. M. de Freycinet, qui avait succédé à M. Waddington, le 27 décembre 1879, ne se sentit pas le courage de mener à bien cette entreprise, dont il prévoyait sans doute les difficultés terribles, jugeant probablement aussi que l'homme d'État assez aveuglément audacieux pour l'entreprendre échouerait, et se rendrait à tout jamais impossible. Il donna sa démission (19 septembre), et fut aussitôt remplacé à la présidence du conseil par l'homme audacieux en question, par M. Jules Ferry, qui saisit cette occasion, quelle qu'elle fût, d'arriver enfin au faîte du pouvoir (23 septembre); et les décrets furent exécutés, non sans délai ni sans peine, mais ils le furent, et le chef actuel du cabinet n'en fut que plus solidement assis.

Ayant conservé le portefeuille de l'instruction publique, M. Jules Ferry s'occupa activement de réaliser dans l'école le triple principe de la gratuité, de l'obligation et de la laïcité, et lutta avec énergie pour écarter les obstacles que lui suscitait le Sénat, dont la majorité républicaine n'était pas aussi compacte, aussi « radicale » surtout, prise en masse, que celle de la Chambre des députés. En dehors de l'instruction publique et comme chef du cabinet, il faut aussi attribuer à M. Ferry la direction imprimée aux affaires d'Algérie et de Tunisie, la guerre contre les Khroumirs de la frontière et l'établissement du protectorat français à Tunis, au milieu de complications de tout genre qui, plus d'une fois, mirent le chef de cabinet dans un grand embarras vis-à-vis des chambres. Mentionnons encore les tentatives, rarement couronnées de succès, de renouvellement des traités de commerce avec les puissances étrangères dont les traités étaient près d'expirer. Survinrent les élections du 21 août 1881 (date anticipée), et M. J. Ferry fut réélu, à une très forte majorité, député de la 1re circonscription de Saint-Dié. La rentrée des chambres eut lieu le 28 octobre, et toute affaire cessante, le ministère fut mis sur la sellette. Le président du conseil défendit sa politique avec son énergie et son éloquence ordinaires, et il eut fort à faire, surtout au sujet des affaires tunisiennes, plus spécialement visées par les interpellateurs de toute nuance; enfin, il fallut clore cette discussion par le vote d'un ordre du jour qui décidât du sort du cabinet : il en fut rédigé *vingt-six!* L'ordre du jour voté par la Chambre, et à une énorme majorité (365 contre 68), approuvait, en somme, la politique ministérielle; mais il avait pour auteur Gambetta, et ce vote était trop visiblement dû à son influence, pour que M. Jules Ferry ne reconnût pas que le maître de la situation n'était pas lui-même, mais son rival, et quel rival!... Il jugea donc le moment bien choisi pour lui transmettre la suite de ses affaires, passablement embrouillées et qu'il allait être évidemment forcé d'abandonner, de manière ou d'autre, dans un délai de quelques jours. Le lendemain donc (10 novembre), le cabinet Jules Ferry avait vécu.

Le cabinet constitué par Gambetta le 15 novembre 1881, dans de telles circonstances, se suicidait en quelque sorte le 26 janvier 1882, et était remplacé le 30 du même mois par un nouveau cabinet Freycinet, dans lequel M. Jules Ferry reprenait son portefeuille de l'instruction publique et des beaux-arts, dans les anciennes conditions. Le vote de la Chambre refusant au ministère les crédits nécessaires pour coopérer avec l'Angleterre à la pacification de l'Égypte (29 juillet) ayant provoqué la retraite de M. de Freycinet, M. J. Ferry quitta le pouvoir avec ses collègues. Le 21 février 1883, il acceptait la mission de former un nouveau ministère, en remplacement du ministère Fallières, qui avait succédé au précédent. Il y reprit le portefeuille de l'instruction publique, mais ayant été chargé, pendant l'absence de M. Challemel-Lacour, de l'intérim des affaires étrangères, il prit définitivement ce portefeuille après la démission du titulaire (21 novembre 1883). Les affaires de Madagascar et du Tonkin, les négociations avec la Chine au sujet de son intervention hostile dans celles-ci et la guerre qui s'ensuivit avec cette puissance, tels sont, rappelés sommairement, les événements qui amenèrent cette modification, événements qui appartiennent à l'histoire et qui ne sauraient être analysés ici, à propos d'une administration politique dont ils provoquèrent la chute prématurée par leurs complications inattendues. A la suite d'une communication faite à la Chambre sur le désastre de Langson, dans les termes les plus pitoyables, par le chef du cabinet croyant sans doute enlever plus aisément par ce moyen le vote des crédits nécessaires pour poursuivre l'aventure du Tonkin, un vote de défiance forçait M. Jules Ferry à donner sa démission (29 mars 1885). Il était remplacé au pouvoir par M. Henri Brisson le 6 avril suivant. — Peu d'administrations ont été autant remplies d'événements aussi importants. Le chef de cette administration, pour la peine, y a pu donner la vraie mesure de sa valeur en tant qu'homme d'État, après l'avoir donnée comme administrateur depuis longtemps: c'est toujours l'homme des « Comptes fantastiques »; mais il est du métier, et nous ne désespérons nullement de le voir présider de nouveau aux destinées de la France. Il faut reconnaître, d'autre part, qu'il a eu toutes les chances: jusqu'à une tentative d'assassinat, ou quelque chose qui pouvait en avoir l'air de loin, mais qui n'a jamais été bien élucidée, dirigée contre lui (ou à côté)! Après avoir enterré son rival et l'avoir remplacé à la tête de l'Union républicaine, il avait l'occasion de prononcer, à l'érection de sa statue à Cahors, le 14 avril 1884, un discours accueilli par des applaudissements enthousiastes. Après sa retraite précipitée de fin mars 1885, M. Jules Ferry fit un voyage à Rome et y eut avec les hommes d'État du royaume d'Italie, en fonctions ou en disponibilité, des entrevues très agréables pour son amour-propre d'homme d'État incompris. Il rentra en France, devint directeur politique du journal le *Temps*, dont il avait été l'un des collaborateurs les plus modestes au début de sa carrière; puis il quitta ce journal pour la *République française*, voulant jusqu'au bout, sans doute, marcher dans les bottes de Gambetta. — Aux élections du 4 octobre 1885, M. Jules Ferry était élu député des Vosges en tête de la liste républicaine. Il a voté l'expulsion des princes. Il a été réélu conseiller général des Vosges et maintenu comme président pour la session d'août 1886. Au comice agricole de Saint-Dié, tenu à la même époque, M. Jules Ferry faisait un discours approuvé par tous les agriculteurs de la région; c'est à croire qu'il s'occupe lui-même d'agriculture d'une manière toute spéciale — ou qu'il suffit d'être avocat.

FERRY, Albert Joseph, homme politique français, né à Fraize (Vosges) le 27 février 1833, est complètement étranger à la famille du précédent. Avocat du barreau de Saint-Dié, il est maire de cette ville, membre et secrétaire du Conseil général des Vosges, où il représente le canton de Gérardmer. Il a été élu député de la 2e circonscription de Saint-Dié, en même temps que M. Jules Ferry de la 1re, le 21 août 1881; et le 4 octobre 1885, député des Vosges sur la liste républicaine. M. Albert Ferry siège au groupe de la gauche républicaine. Il a voté l'expulsion des princes.

FEUILLET, Octave, littérateur français, né à Saint-Lô, où son père était secrétaire général de la préfecture, le 11 août 1822, fit de brillantes études au collège Louis-le-Grand, à Paris, et débuta dans la carrière littéraire par la publication, au feuilleton du *National*, d'un roman écrit en collaboration avec MM. Paul Bocage et Albert Aubert : le *Grand Vieillard (1845)*. M. O. Feuillet, qui avait signé cet essai du pseudonyme de « Désiré Hazard », publia, dès lors sous son véritable nom, un certain nombre de romans, nouvelles, etc., parus d'abord, au moins pour la plupart, dans quelque recueil périodique : la *Revue nouvelle*, la *Revue des Deux-Mondes*, notamment. Nous citerons : *Alix (1848)*; *Rédemption (1849)*; *Bellah (1850)*; la *Partie de dames*, la *Clef d'or (1853)*; l'*Hermitage*, le *Village*; l'*Urne*, poésies (1852); le *Cheveu blanc (1853)*; la *Petite comtesse (1856)*; le *Roman d'un jeune homme pauvre (1858)*; *Histoire de Sibylle (1862)*; *Monsieur de Camors (1866)*; *Julia de Trécœur (1872)*; un *Mariage dans le monde (1875)*; les *Amours de Philippe (1877)*; le *Journal d'une femme (1879)*; la *Morte (1884)*, etc. Il a donné au théâtre : la *Nuit terrible*, au Palais-Royal (1846); le *Bourgeois de Rome*, à l'Odéon (1847); la *Crise* et le *Pour et le contre*, au Gymnase (1854), ces deux pièces avaient été précédemment publiées dans la *Revue des Deux-Mondes*; *Péril en la demeure (1855)*, et le *Village (1856)*, au Théâtre-Français; la *Fée*, le *Cheveu blanc (1856)*, *Dalila (1857)*, le *Roman d'un jeune homme pauvre (1858)*; la *Tentation*, la *Rédemption (1860)*, au Vaudeville; *Montjoye*, au Gymnase (1863); la *Belle au bois dormant*, au Vaudeville (1865); le *Cas de conscience*, au Français (1867); *Julie*, au Vaudeville (1869) : la *Clé d'or*, opéra comique, musique de M. Eug. Gautier; l'*Acrobate*, un acte, au Français (1873); le *Sphynx*, drame en 4 actes, au Français (1874); les *Portraits de la marquise*, comédie en un acte, au Français; un *Roman parisien*, comédie en 5 actes, au Gymnase (1882); la *Partie de dames*, comédie en un acte, au même théâtre (1883); *Chamillac*, au Français (1886), etc.; sans parler d'une collaboration anonyme, souvent considérable, à plusieurs pièces de MM. Alexandre Dumas père et P. Bocage. — M. Octave Feuillet a été élu membre de l'Académie française, en remplacement de Scribe, le 3 avril 1862. Il est officier de la Légion d'honneur depuis 1863.

FEUILLET DE CONCHES (baron), Félix Sébastien, littérateur français, ancien fonctionnaire, né à Paris le 4 décembre 1798. Entré au ministère des affaires étrangères à vingt ans, il prenait sa retraite, comme directeur, en 1874, après avoir rempli divers emplois ou missions, l'emploi d'introducteur des ambassadeurs sous l'empire notamment. — M. Feuillet de Conches, qui a collaboré à la *Biographie universelle*, à l'*Encyclopédie des gens du monde*, à la *Revue des Deux-Mondes*, etc. a donné à part : *Léopold Robert, sa vie, ses œuvres et sa correspondance (1845)*; *Méditations métaphysiques et correspondance de Malebranche avec Dortous de Mairan (1848)*; *Réponse à une incroyable attaque de la Bibliothèque nationale touchant une lettre de Montaigne (1851)*; *Contes d'un vieil enfant (1859)*; *Causeries d'un curieux, variétés d'histoire et d'art tirées d'un cabinet d'autographes et de dessins (1861-67*, 4 vol.); *Lettres inédites de Michel de Montaigne et de quelques autres personnages (1863)*; *Louis XVI, Marie-Antoinette et Madame Elisabeth, lettres et documents inédits (1864-73*, 6 vol.); *Correspondance de Madame Elisabeth de France (1867)*; *Souvenirs de jeunesse d'un curieux septuagénaire (1877*, anonyme); les *Salons de conversation du XVIIIe siècle (1883)*, etc. — M. Feuillet de Conches est commandeur de la Légion d'honneur depuis 1856. Il est en outre décoré du Nicham Iftikhar de Turquie (1re classe), commandeur des ordres de Charles III et d'Isabelle la Catholique d'Espagne, de Saint-Jacques de Portugal, de l'ordre royal de François Ier des Deux-Siciles, du Lion de Zaehringen (Bade), de Louis (Hesse grand-ducale) et du Danebrog de Danemark.

FÉVAL, Paul Henri Corentin, littérateur français, né à Rennes le 27 septembre 1817, d'une famille de magistrats, fit toutes ses études dans sa ville natale, où il fut admis au barreau en 1837. Après une première cause, il abandonna la carrière d'avocat et vint à Paris pour tenter celle des lettres. Il eut des débuts difficiles et dut se faire correcteur d'épreuves pour vivre, sa mère, qui l'avait d'abord soutenu et dont les ressources étaient bornées, n'ayant pu continuer. Il réussit pourtant à faire insérer dans le *Nouvelliste*, auquel il était attaché comme correcteur, quelques articles, travailla pour la librairie et brossa des couplets de vaudeville. Le peu de loisirs que lui laissait cette besogne multiple, peu attrayante, mais qui lui assurait l'indépendance, il l'employait à des travaux littéraires d'un ordre différent, vers lequel sa vocation l'entraînait. En 1841, la *Revue de Paris* publiait son premier roman : le *Club des phoques*, bientôt suivi des *Chevaliers du firmament*, puis du *Loup blanc (1843)* dans le *Courrier français*, dont le rédacteur en chef demanda aussitôt à M. P. Féval de lui écrire un long roman d'aventures ayant pour titre : les *Mystères de Londres*, et qu'il signerait d'un nom anglais. La publication des *Mystères de Londres*, par « Francis Trolloppe », commença au *Courrier français* en 1844, et le roman eut un succès presque aussi grand que les *Mystères de Paris*, qui l'avaient évidemment inspiré. Dès lors, M. Paul Féval était un homme « arrivé », que les journaux s'arrachaient. Il publiait ensuite, à l'*Époque*, le *Fils du diable*; la *Quittance de minuit* et les *Amours de Paris*, au *Journal des Débats*, etc. — Après le 24 février 1848, M. Paul Féval, subissant l'influence des temps, voulut tâter de la politique et collabora à quelques journaux frondeurs attaquant, de tout leur cœur, le nouvel ordre de choses. Il fonda même le *Bon Sens du peuple* et dirigea un certain *Avenir national*; mais tout cela dura peu et M. P. Féval, qui en appelait si éloquemment au bon sens des autres, eut celui de revenir à ses romans, dont il lui parut plus intelligent de fournir les journaux existants que d'essayer de faire concurrence à ceux-ci. Il publia en conséquence : les *Belles de nuit*, dans l'*Assemblée nationale*; les *Parvenus*, dans la *Revue contemporaine*; le *Paradis des femmes*, dans la *Presse*; *Madame Gil-Blas ou Mémoires d'une femme de notre temps*, dans le même journal; le *Bossu*, au *Siècle*; l'*Homme de fer*, les *Compagnons du silence*, au *Journal pour tous*; les *Errants de nuit*, au *Pays*. Nous citerons encore de M. Paul Féval, à partir de cette époque, où il menait quatre feuilletons à la fois dans quatre journaux de Paris (1856-57) : le *Tueur de tigres*, le *Mendiant noir*, les *Couteaux d'or*, la *Louve*, *Bouche de fer*, *Cœur d'acier*, les *Habits noirs*, la *Fabrique de mariages*, *Roger Bontemps*, *Annette Laïs*, la *Duchesse de Nemours*, le *Jeu de la mort*, les *Nuits de Paris*, *Aimée*, la *Cavalière*, le *Capitaine fantôme*, le *Château de velours*, *Jean Diable*, les *Fanfarons du roi*, le *Quai de la ferraille*, les *Nuits de Paris*, l'*Arme invisible*, le *Chevalier de Keramour*, les *Compagnons du trésor*, la *Fée des grèves*, la *Fontaine aux perles*, la *Pécheresse*, le *Cavalier Fortune*, le *Dernier vivant*, le *Chevalier Ténèbre*, *Maman Leo*, *Mademoiselle Saphir*, l'*Avaleur de sabres*, la *Reine des épées*, les *Deux femmes du roi*, *Contes bretons*, le *Drame de la jeunesse*, la *Province de Paris*, la *Cosaque*, la *Rue de Jérusalem*, les *Revenants*, la *Bande Cadet*, l'*Hôtel Carnavalet*, la *Tontine infernale*, le *Volontaire*, l'*Homme du Gaz*, la *Tache rouge*, la *Ville vampire*, *Gavotte*, les *Cinq*, l'*Ogresse*, *Premières aventures de Corentin Quimper*, etc. (1856-76). — M. Paul Féval a transporté à la scène, avec divers collaborateurs, quelques-uns de ses romans les plus populaires et donné quelques drames originaux, le tout avec des fortunes diverses, sans succès comparables à ceux que lui ont valu ses romans. Nous citerons les *Mystères de Londres*, le *Fils du diable (1847)*; *Frère Tranquille*, à la Porte-Saint-Martin (1853); les *Belles de nuit*, les *Puritains d'Écosse*, les *Mousquetaires du roi*, le *Bonhomme Jacques*, *Cotillon III*, *Mauvais-Cœur*, le *Bossu (1862)*, ce dernier mis au point par M. Victorien Sardou; *Jean qui rit (1865)*; la *Chouanne (1867)*, etc.

De 1873 à 1875, M. P. Féval a fait quelques conférences spéciales, notamment aux matinées Ballande, dans lesquelles la question d'un théâtre des familles ou d'un « théâtre pour tous » fut traitée avec un très grand succès actuel, qui eût pu faire croire que quelque chose en ce genre était faisable; mais le bruit qu'on fit d'abord à ce propos alla s'éteignant graduellement, et il n'en fut bientôt plus question. Il en resta toutefois un livre de M. P. Féval : le *Théâtre-Femme*, qui vaut la peine d'être lu, quoique sérieux. Il avait fait précédemment d'assez nombreuses conférences sur des sujets variés, et tenté d'acclimater en France les « lectures » dont nos voisins d'outre-Manche et surtout les Américains font tant de cas, même lorsqu'il leur faut entendre un « lecturer » beaucoup moins éloquent que M. Paul Féval. Mais il n'y réussit pas. Il a publié en 1851 une *Histoire des Tribunaux* en 8 volumes, qui devait être suivie d'une foule d'autres « histoires » dont il a abandonné le projet pour retourner au roman. Une adaptation de son *Cavalier Fortune* à la scène américaine, sous le titre de : *The Hero of the Hour*, a été produite à New-York à la fin de

1876; mais, malgré un commencement de négociations préalables, l'auteur français, négligé par l'« adaptateur » américain, a dû décliner toute participation à cette besogne. M. Paul Féval a été président de la Société des gens de lettres et vice-président de la Société des auteurs dramatiques. Il est officier de la Légion d'honneur depuis 1869. — Victime de mauvaises spéculations financières, de son propre aveu, M. Paul Féval consentait, vers la fin de 1876, à se laisser représenter comme revenu à la foi de son enfance, et conformément à un traité passé avec une société catholique, il publiait des éditions « expurgées » de quelques-uns de ses romans de jeunesse, outre quelques ouvrages nouveaux: les *Etapes d'une conversion, Château pauvre (1877)*; les *Merveilles du Mont-Saint-Michel (1879)*. Cette même année 1879, M. Paul Féval perdait un procès que lui avait intenté un éditeur catholique de province, pour avoir manqué aux dispositions d'un traité consenti entre eux, relatives aux délais dans lesquels il devait livrer à cet éditeur la copie d'un ouvrage religieux. — Peu après, le malheureux écrivain, déjà ruiné, était frappé de paralysie.

FEYEN-PERRIN, Augustin François Nicolas, né à Bey-sur-Seille (Meurthe-et-Moselle) en 1829, reçut à l'école de dessin de Nancy les premiers éléments de son art, puis vint à Paris où il fréquenta l'Ecole des Beaux-Arts et fut élève de Léon Cogniet et de M. Yvon. Il débuta au Salon de 1855, et figura dès lors avec succès aux salons annuels, quoique ayant échoué au concours pour le prix de Rome, par manque de persévérance surtout. — On cite de M. Feyen-Perrin: le *Retour à la chaumière (1855)*; la *Barque de Caron (1857)*; le *Cercle des voluptueux*, de l'« Enfer » de Dante (1859); une *Fête vénitienne (1861)*; la *Muse de Béranger (1863)*; la *Leçon d'anatomie du Dr Velpeau*, reproduite à très grand nombre par la gravure; la *Grève (1864)*; *Charles le Téméraire retrouvé après la bataille de Nancy*, et l'*Elégie (1865)*; *Femmes de l'île de Batz attendant la chaloupe du passeur (1866)*; la *Vanneuse (1867)*; *Naufrage de l'« Evening Star » (1868)*; la *Ronde des Etoiles (1869)*; *Mélancolie (1870)*; le *Printemps de 1872 (1872)*; *Cancalaise à la source*, Retour du marché (1876); *Retour de la pêche des huîtres (1874)*; trois portraits, dont celui du *Général Billot (1875)*; les *Cancalaises*, *Portrait de M. Alphonse Daudet (1876)*; la *Parisienne à Cancale (1877)*; la *Mort d'Orphée (1878)*; *Printemps*, la *Danse au crépuscule (1888)*; le *Bain*, *Armorica (1884)*; le *Remords*; *Rêverie, souvenir de Cancale (1885)*; *Nymphe*; *Rentrée des glaneuses d'huîtres, souvenir de Cancale (1886)*. — M. Feyen-Perrin a obtenu des médailles aux Salons de 1865 et 1867, une 3e médaille à celui de 1874 et a été décoré de la Légion d'honneur en 1878.

FFOULKES, Edmund Salusbury, théologien anglais, né à Eriviatt, comté de Denbigh (Galles) le 12 janvier 1819, fit ses études à l'école de Shrewsbury et au collège de Jésus, à Oxford, dont il devint professeur. En 1855, il donnait sa démission et se faisait admettre dans l'Eglise catholique. Il est retourné à l'Eglise d'Angleterre en 1870. M. Ffoulkes a publié un *Manuel d'histoire ecclésiastique*; les *Divisions du christianisme*; deux lettres à l'archevêque Manning: *The Church's creed and the Crown's creed* et *The Roman Index (1869)*; le *Symbole de saint Athanase* (the Athanasian creed), *par qui il a été écrit et par qui publié*; les *Difficultés actuelles, comment on peut les combattre*; *Huit sermons prêchés à l'église Saint-Augustin, Queen's Gate* (1872). etc.

FIELD, Cyrus West, industriel américain, auquel est due l'idée de relier les deux mondes par un câble télégraphique sous-marin, ainsi que les premières tentatives faites dans ce but, est né à Stockbridge (Massachusetts) le 30 novembre 1819; il fit ses études dans sa ville natale et entra ensuite dans un comptoir de New-York, où il devint bientôt lui-même propriétaire d'un établissement considérable dont la prospérité rapide lui permit de quitter les affaires dès 1853. Après un voyage dans l'Amérique du Sud, M. Cyrus W. Field conçut, en 1854, le projet d'établir des fils télégraphiques sous-marins, et s'occupa sans tarder de la réalisation de ce projet. Il obtint de la Législature de Newfoundland (Terre-Neuve), le privilège lui garantissant le droit exclusif, pendant cinquante ans, d'établir un télégraphe sous-marin reliant le continent américain à cette colonie et celle-ci à l'Europe. Depuis lors, M. Cyrus W. Field s'est exclusivement dévoué à cette grande entreprise; il s'occupa d'abord de la construction des lignes télégraphiques de terre dans l'île de Terre-Neuve, puis des deux tentatives successives pour relier le cap Ray au cap Breton à l'aide de câbles immergés à travers le golfe Saint-Laurent. Il fit ensuite deux voyages en Angleterre, en 1854 et en 1856, et accompagna les deux expéditions de 1857 et 1858 pour la pose du câble entre Terre-Neuve et Valentia (Irlande). Nous ne pouvons raconter ici les péripéties de ces deux audacieuses expéditions, dont la seconde devait enfin se terminer par le triomphe non seulement de la science, mais du courage et de l'opiniâtreté humaines. Le 18 août 1858, M. Cyrus W. Field pouvait envoyer d'Amérique en Europe une dépêche qui avait traversé l'Océan en trente-cinq minutes! Il avait été reçu, à son arrivée aux Etats-Unis, par des ovations répétées. En 1859, il retourna en Angleterre et prit une part active aux nouvelles expéditions de 1865 et 1866, avec le *Great Eastern*, et le succès final de cette dernière année a été en grande partie dû à ses efforts. Pendant cette campagne, il avait traversé l'Atlantique plus de cinquante fois. Le 14 mars 1867, la chambre de commerce américaine de Liverpool offrait un banquet à M. Field et à ses collaborateurs. Le Congrès des Etats-Unis lui décerna une médaille d'or, ainsi qu'à plusieurs de ces derniers, et l'Exposition universelle de Paris sa grande médaille d'honneur. Le chef du ministère britannique exprima le regret qu'il ne fût pas citoyen anglais, afin de pouvoir lui décerner les plus grands honneurs nationaux. — M. Cyrus West Field n'a pas cessé de s'occuper de télégraphie sous-marine. En 1871, il fut l'un des fondateurs d'une nouvelle compagnie ayant pour objet l'établissement d'un câble sous-marin à travers l'océan Pacifique, par les îles Sandwich, la Chine et le Japon et à partir de 1877, il s'est occupé activement de la construction du chemin de fer suspendu de New-York, en qualité de président d'une des compagnies qui ont exécuté cette grande entreprise.

FIELD, Stephen Johnson, magistrat américain, frère du précédent, né à Haddam (Connecticut) le 4 novembre 1816. A l'âge de treize ans, il se rendit en Orient pour se livrer à l'étude des langues orientales vivantes, et séjourna environ trois années, tant à Smyrne qu'à Athènes. Au bout de ce temps, il retourna aux Etats-Unis et entra au collège Williams, où il prit ses grades en 1837. Il étudia ensuite le droit avec son frère aîné, dont il devint l'associé. En 1849, il partit pour la Californie, où il réside depuis lors. En 1857, il devenait juge de la Cour suprême de l'Etat et *Chief Justice* en 1859. Nommé par le président Lincoln, en 1863, juge à la Cour suprême des Etats-Unis, il fut nommé en 1873, par le gouverneur de l'Etat de Californie, membre de la commission d'examen du code des lois de cet Etat, chargée d'y proposer des amendements. Membre de la commission des quinze nommée par le Congrès pour décider qui avait obtenu le plus de votes, de M. Hayes républicain ou de feu M. Tilden, démocrate, à l'élection présidentielle de 1877, M. S. J. Field fit partie de la minorité de sept (contre huit) qui se prononça en faveur de ce dernier et avec justice. Mais ce fut M. Hayes qui l'emporta.

FIELD, Henry Martin, littérateur américain, frère des précédents, né à Stockbridge le 3 avril 1822. Il fit ses études au collège Williams, y prit ses grades en 1838, et étudia ensuite la théologie; en 1842, il devint pasteur d'une église presbytérienne à Saint-Louis du Missouri; mais il donna sa démission en 1847 et vint en Europe, où il résida pendant deux années. Nommé à son retour, en 1851, pasteur à West-Springfield (Massachusetts), il est devenu en 1854 l'un des propriétaires du *New York Evangelist*, journal religieux. Il fit en 1858 un nouveau voyage en Europe et un troisième en 1867, pour visiter l'Exposition universelle de Paris, et comme délégué de l'Eglise libre d'Ecosse et de l'Eglise presbytérienne d'Irlande. — Il a publié: le *Bien et le mal dans l'Eglise catholique romaine (1848)*; les *Confédérés irlandais, épisode de l'insurrection de 1798 (1851)*; *Scènes d'été de Copenhague à Venise (1860)*; *Histoire du télégraphe atlantique (1872)*; *Voyage autour du monde (1876)*; *Des lacs de Killarney à la Corne d'or* et *De l'Egypte au Japon (1878)*, etc.

FIGUIER, Guillaume Louis, écrivain scientifique français, né à Montpellier le 15 février 1819, fit ses études dans sa ville natale sous la direction de son oncle, Pierre Figuier, professeur de chimie, à l'Ecole de pharmacie de cette ville et se fit recevoir docteur en médecine en 1841. Venu à Paris la même année, il entra au laboratoire de chimie de la Sorbonne. Après avoir concouru, dès 1844, pour l'agrégation, il fut nommé professeur à l'Ecole de pharmacie de Montpellier, en 1846, prit le grade de docteur ès sciences à Toulouse en 1850, et fut reçu agrégé à l'Ecole de pharmacie de Paris, en 1853. Il s'était fait connaître, depuis 1847, par une collaboration assidue au *Journal de pharmacie*, aux *Annales des sciences* et à la *Revue scientifique*. En 1855, il entrait comme rédacteur du feuilleton scientifique à la *Presse*, qu'il quitta en 1862 pour entrer à la *France* au moment de sa fondation. Il est rentré depuis à la *Presse*, mais pour peu de temps, ce journal ayant disparu après une courte carrière comme journal à un sou. — On a de M. Louis Figuier, ses thèses pour l'agrégation et le doctorat: *Du tissu adipeux et des matières grasses dans la série animale (1844)*; *Sur le dosage du brôme* et *Action de la lumière sur quelques substances (1850)*; *De l'application méthodique de la chaleur aux composés organiques* et *De l'importance et du rôle de la chimie dans la médecine (1853)*. Puis viennent les grands ouvrages de vulgarisation scientifique qui ont rendu son nom populaire: *Exposition et histoire des principales découvertes scientifiques modernes (1851-53*, 3 vol.); l'*Alchimie et les alchimistes (1854)*; *Histoire du merveilleux dans les temps modernes (1859-60*, 4 vol.); la *Photographie au Salon de 1859 (1860)*; les *Eaux de Paris* et le *Savant du foyer (1861)*; la *Terre avant le Déluge (1862)*; la *Terre et les mers (1863)*; *Histoire des plantes (1864)*; la *Vie et les mœurs des animaux (1865)*; *Vie des savants illustres depuis l'antiquité jusqu'au XIXe siècle (1866-72*, 5 vol.); les *Merveilles de l'industrie (1872-76*, 4 vol.); le *Lendemain de la mort ou la Vie future selon la science (1872)*; les *Races humaines* (2 édit., 1873); les *Grandes inventions dans les sciences, l'industrie et les arts (1873-74*, 1 vol.); le *Grand tunnel du mont Saint-Gothard (1876)*; *Connais-toi toi-même*, éléments de physiologie humaine (1878); les *Nouvelles conquêtes de la Science (1881-85*, 4 vol.); le *Téléphone*; les *Chemins de fer métropolitains de Londres, New-York, Philadelphie, Berlin et Paris (1886)*, etc. Il publie en outre, régulièrement chaque année, depuis 1856, l'*Année scientifique et industrielle, ou Exposé des travaux scientifiques en France et à l'étranger pendant le cours de l'année*, recueil estimé, dont la circulation est énorme, et qui est le type des publications de même sorte fondées depuis en France. — Ses principaux ouvrages de vulgarisation scientifique ont été traduits en plusieurs langues. Il en existe notamment diverses éditions littérales ou abrégées en Angleterre et aux Etats-Unis.

M. Louis Figuier a voulu acclimater au théâtre le drame scientifique, inspiration louable, mais qui lui a coûté cher, car ce n'est qu'à ses risques qu'il a pu en essayer la réalisation, et les risques étaient grands. C'est ainsi qu'il a donné, notamment, les *Six parties du Monde*, drame à grand spectacle, au Théâtre-Cluny (1878) et *Denis Papin*, drame en 5 actes, à la Gaîté (1882); ensuite il a essayé d'une tournée en province et en Alsace-Lorraine, où il a rencontré le même insuccès ruineux. Est-ce à dire que le drame scientifique est impossible, comme le prétendait tout récemment encore un critique dramatique? Non. Seulement, il ne faut pas qu'il ait l'air de ce qu'il est, autrement le public croit qu'on veut le mener à l'école et n'y va qu'en rechignant. Le *Drame au fond de la mer*, de feu Richard Cortambert et de M. Ferd. Dugué est aussi une pièce scientifique; elle n'en fut pas moins jouée avec un très grand succès au Théâtre-Historique, en 1878, et reprise plusieurs fois depuis; mais parce que c'est un « drame », outre ses qualités scéniques, qu'il se passe au fond de la mer ou ailleurs: si ce drame se fût appelé le *Scaphandre* ou le *Câble atlantique*, personne n'aurait voulu en entendre parler. — M. L. Figuier est chevalier de la Légion d'honneur depuis 1859.

FISH, Hamilton, homme d'Etat américain né à New-York le 3 août 1808, d'une des plus anciennes familles de cette ville. Il y fit ses études, au collège Columbia, où il prit ses grades en 1828, fit son droit et fut admis au barreau de New-York en 1830. Elu membre de la législature de l'Etat en 1837, puis membre du Congrès des Etats-Unis en 1842, il fut gouverneur de New-York de 1847 à 1850 et élu sénateur des Etats-Unis en 1851. A l'expiration de son mandat, en 1857, M. Hamilton Fish fit, avec sa famille, un voyage de plusieurs années en Europe, étudiant les mœurs gouvernementales et les institutions des diverses nations qu'il visitait. Il était de retour aux Etats-Unis au début de la guerre civile et employa toute son influence, ses efforts et sa fortune à maintenir intactes les institutions de son pays. En 1869, M. E. B. Washburne ayant donné sa démission de secrétaire d'Etat et été nommé ambassadeur en France, le président Grant appela M. Fish pour le remplacer, et le maintint dans ce poste après sa réélection à la présidence (4 mars 1873). — A M. H. Fish appartient l'idée de la commission supérieure anglo-américaine réunie en 1871, pour régler diverses difficultés survenues entre les deux nations. Dans les négociations relatives au traité de Washington, il fit preuve des plus hautes qualités diplomatiques. En novembre 1873, il négociait avec le ministre d'Espagne, amiral Polo, le règlement de l'épineuse affaire du *Virginius*, vaisseau américain saisi par les autorités espagnoles pour avoir transporté des hommes, des armes et des munitions à Cuba, au profit des insurgés. M. Hamilton Fish a suivi le général Grant dans la retraite en 1877.

FITZGERALD, Percy Hetherington, magistrat et littérateur irlandais, né à Fane Valley, comté de Louth, en 1834, fit ses études au collège de Stonyhurst et à l'université de Dublin, et fut admis au barreau, puis nommé procureur royal *(crown prosecutor)* dans le ressort judiciaire du nord-est. Il est l'auteur d'un assez grand nombre de romans et de nouvelles, qui n'ont pas tous été réunis en volumes: *Jamais oublié*, la *Seconde madame Tillotson*, la *Chère fille*, le *Zéro fatal*, la *Mixture du docteur*, le *Pont des soupirs* et l'*Amoureux entre deux âges* (The Middle aged Lover), parus d'abord dans l'*All the year round*, puis: *Bella Donna*, dans le *Dublin University Magazine*; l'*Avocat Mildrington, 75 Brook Street*, dans la même revue; *Beauty Talbot*, *Jenny Bell*, *Polly*, l'*Epée de Damoclès*, publiés d'abord dans *Once a week*; le *Révérend Alfred Hoblush*, la *Femme aux cheveux jaunes*, dans les *Household Words*; la *Malle de nuit*, *Diana Gay*, la *Fée Alice*. Nous citerons encore, dans un ordre de travaux différent: la *Vie de Sterne* (2 vol.); la *Vie de Garrick* (2 vol.), *Charles Townshend*; un *Faux célèbre, ou Vie du docteur Dodd*; *Charles Lamb*; *Principes de la comédie*; le *Sport à Bade*; *Proverbes et comédiettes (1869)*; les *Jours d'école à Saxonhurst, autobiographie d'un petit garçon*; les *Amours des hommes célèbres*; *Scènes de la vie d'écolier et de l'enfance*; *Histoire de mon oncle Toby*; les *Kembles* (2 vol., 1871); *Vie et aventures d'Alexandre Dumas*; le *Roman du théâtre anglais*; une édition de la *Vie de Boswell*, de Johnson, en 3 volumes; *Voyages de jeunes Célèbes* (3 vol.); *Vie de George IV* (2 vol.); les *Récréations d'un homme de lettres* (2 vol.) le *Monde vu de derrière la toile*; une *Nouvelle Histoire du théâtre anglais* (2 vol., 1882); les *Ducs et princesses de la famille de George III* (2 vol.); *Rois et reines d'une heure, souvenirs d'amours, de romans, de singularités et d'aventures* (*1884*, 2 vol.), etc.

FITZPATRICK, William John, littérateur et magistrat irlandais, né le 31 août 1830, à Griffinrath comté de Kildare, commença ses études dans une école protestante et les termina au collège catholique de Clongowes Wood. Il est magistrat et membre du Grand Jury pour le comté de Dublin. Il a publié: le *Docteur Doyle, évêque de Kildare et Leighlin, sa vie, son temps et sa correspondance* (2 vol.); *Lord Cloncurry, sa vie, son temps, ses contemporains*; les *Amis, les ennemis et les aventures de Lady Morgan*; *Lady Morgan, sa carrière littéraire et personnelle*, suite du précédent; *Mémoires anecdoctiques sur l'archevêque Whately* (2 vol.); *Lord Edward Fitzgerald et ses dénonciateurs, ou Notes sur les Papiers de Cornwallis*; le *Prétendu Squire et les « Informers » de 1798*; l'*Irlande avant l'union, avec le journal inédit du lord Chief Justice Clonmel, 1774-1798*; *Génies et hommes illustres de l'Irlande, compris le docteur Lanigan, sa vie et son temps (1873)*; une biographie du romancier irlandais *Charles Lever*, etc., outre un certain nombre de brochures de circonstance. — A la mort de M. Moore, le représentant populaire de Tipperary, M. Fitzpatrick fut désigné par la presse et par le public comme seul digne de le remplacer à la Chambre des communes; mais par une lettre écrite au *Times* et conçue dans les termes les plus modestes, il déclina l'offre flatteuse de cette candidature. M. Fitzpatrick a collaboré à l'*Athenæum*, au *Fraser's Magazine*, au *Dublin University Magazine*, à l'*Imperial Dictionary of Biography* et à plusieurs des grandes revues tri-

mestrielles du Royaume-Uni. Il est membre de l'Académie royale irlandaise, et membre à vie de la Société royale de Dublin. Nommé professeur d'histoire à la *Royal Hibernian Academy* en 1876, il était nommé haut shériff du comté de Longford, pour la seconde fois, en 1883.

FLAMENG, Léopold, graveur et aquafortiste français, né à Bruxelles, de parents français, le 22 novembre 1831, est élève de Calamatta. Venu à Paris en 1853, il s'y fit promptement connaître par de nombreuses eaux-fortes et gravures au burin, sa collaboration à la *Gazette des Beaux-Arts* et l'illustration de plusieurs ouvrages de luxe, tels que *Picciola, Christophe Colomb*, le *Sabot de Noël*, les *Récits enfantins*, etc., ainsi que des scènes de romans, frontispices, etc., ornant des livres nouveaux. M. Léopold Flameng a, en outre, exposé aux divers salons annuels depuis 1859 : le portrait de la *Comtesse d'Agout*, d'après Claire-Christine et celui de *Miss Graham*, d'après Gainsborough (1859); *Saint Sébastien*, d'après Léonard de Vinci et *Monuments et scènes parisiennes (1861): Angélique*, la *Source*, d'après Ingres (1862); le *Doreur*, d'après Rembrandt (1863); la *Naissance de Vénus*, d'après M. Cabanel, *Marguerite à la fontaine*, d'après Ary Scheffer, eaux-fortes (1864); la *Dernière poupée*, d'après Amaury-Duval, *Jésus au milieu des docteurs*, d'après M. Bida (1865); *Portrait de Mgr Mermillod (1866); Marino Faliero*, d'après Eugène Delacroix, l'*Innocence*, d'après Prudhon, etc., à l'Exposition universelle de 1867; le *Secret de l'amour*, d'après M. Jourdan, et trois eaux-fortes (1868); *Stratonice*, d'après Ingres, et cinq eaux-fortes (1869); *Brevet pour les belles actions civiles*, d'après M. Mazerolle, commandé par le ministère de l'Intérieur, et *Portrait de M. P. H.*, eau-forte (1873); la *Ronde de nuit*, d'après Rembrandt, eau-forte (1874); l'*Abondance*, d'après Rubens, pour la calcographie du Louvre (1875); la *Leçon d'anatomie* et les *Syndics*, eaux-fortes d'après Rembrandt (1876); *Portrait de Rubens et de sa femme*, d'après Rubens (1877); *Gille*, d'après Watteau; la *Sainte Vierge en prière*, d'après Murillo (1878), plus une vingtaine de planches, à l'Exposition universelle. Citons encore : *Darwin*, d'après John Collier; les *Accordailles*, d'après M. Mosler (1883); le *Veuf*, d'après Luke Fidès; *Huxley*, d'après J. Collier (1884); la *Mort de sainte Geneviève*, d'après M. Jean Paul Laurens (1886). Il a exposé en outre quelques toiles, notamment : *Au coin de l'âtre (1884)* et le *Feu sous la cendre (1885)*. — M. Léopold Flameng a obtenu trois médailles, en 1864, 1866 et 1867, et une médaille à l'Exposition de Philadelphie (1876), une 3e médaille à l'Exposition universelle de 1878 et la médaille d'honneur en 1886. Il a été nommé chevalier de la Légion d'honneur en 1870.

FLAMENG, François, peintre français, fils du précédent, né à Paris en 1859, élève de son père et de MM. Cabanel, Jean-Paul Laurens et Hédouin. Il a débuté par des eaux-fortes, mais s'est voué depuis à la peinture et au dessin d'illustration, où il s'est acquis une grande notoriété. On a de cet artiste : un *Lutrin* et un portrait de femme (1875); un portrait d'évêque espagnol, et *Barberousse visitant le tombeau de Charlemagne (1876); Portrait de M. Léopold Flameng (1877)*; l'*Appel les Girondins, le 30 octobre 1793 (1879); Un duel (1883)*; le *Massacre de Machecoul, le 10 mars 1793 (Guerre de la Vendée)*, une *Répétition au XVIIIe siècle (1884); Joueurs de boules, Marie-Antoinette allant au supplice (16 octobre 1793)*, toiles, et dix dessins pour l'illustration des *Œuvres de M. François Coppée (1885)*; le *Bain (XVIIIe siècle)*, le *Jeu de fusil, à Dieppe, en 1795*, toiles, et douze dessins pour l'illustration des *Œuvres de Victor Hugo (1886)*. — M. François Flameng a obtenu une 2e médaille et le prix du Salon en 1879, et la médaille d'honneur (section gravures et dessins) en 1886. Il a été décoré de la Légion d'honneur en 1885.

FLAMMARION, Camille, astronome français, né à Montigny-le-Roi (Haute-Marne) le 25 février 1842, commença ses études au petit séminaire de Langres, qu'il quitta en 1856 pour venir les terminer à Paris. Bachelier ès lettres, et ès sciences physiques et mathématiques, il entrait, en 1858, comme élève astronome, à l'Observatoire de Paris, suivant en cela les conseils de Babinet qui, à la suite de ses examens, avait reconnu chez le jeune bachelier une aptitude toute particulière pour l'astronomie. Il fut, jusqu'en 1862, attaché au bureau des longitudes pour les calculs de la connaissance du temps. Il donna sa démission à cette époque, à la suite de difficultés survenues entre le difficultueux directeur de l'Observatoire, Leverrier, et lui. Il entra alors au *Siècle* pour y rédiger le feuilleton scientifique, remplaça à la direction du *Cosmos* l'abbé Moigno et fit des conférences sur l'astronomie qui le rendirent promptement populaire. En 1864, il fondait à l'Ecole municipale Turgot un cours public et gratuit d'astronomie. Enfin il étendit aux départements, comme membre de l'Association polytechnique, le bienfait de ses utiles et intéressantes conférences. Nommé officier d'Académie en 1868, il présida cette même année le jury de la section des sciences à l'exposition maritime du Havre. En 1868 également, il commençait l'application des ascensions aérostatiques à l'étude des phénomènes météorologiques. Il a depuis fait un grand nombre de ces voyages aériens d'exploration scientifique, lesquels ont donné d'excellents résultats. M. Flammarion est président de la Ligue de l'enseignement, vice-président de la Société aérostatique de France, membre du conseil de la Société pour l'instruction élémentaire et d'un grand nombre de sociétés savantes françaises et étrangères. Il est chevalier de la Légion d'honneur. — M. Camille Flammarion a publié : la *Pluralité des mondes habités (1862)*; les *Mondes imaginaires et les mondes réels (1864)*; les *Merveilles célestes (1865); Dieu dans la nature (1866); Histoire du ciel (1867)*, les *Derniers jours d'un philosophe*, traduit de l'anglais de sir Humphrey Davy (1868); *Contemplations scientifiques (1868); Voyages aériens (1869)*; l'*Atmosphère (1871)*, *Vie de Copernick (1872); Récits de l'Infini, Lumen, Histoire d'une planète (1873)*; les *Terres du ciel (1876)*; l'*Astronomie populaire (1882)*; le *Monde avant la création de l'homme (1885)*, etc.; outre un grand nombre de *Mémoires* présentés à l'Académie des sciences et pour la plupart insérés dans ses *Comptes rendus*. Il a fondé en outre, en 1882, l'*Astronomie*, revue mensuelle d'astronomie et de physique du globe, dont le succès est universel.

FLANDRIN, Jean Paul, peintre français, frère d'Hippolyte Flandrin, mort en 1864, est né à Lyon le 8 mai 1811. Elève d'Ingres, M. Paul Flandrin étudia simultanément la peinture historique et le paysage et finit par se consacrer à peu près exclusivement à ce dernier genre. Il débuta au Salon en 1834. Parmi les plus connues de ses premières œuvres, on cite : les *Adieux d'un proscrit*, les *Pénitents de la Campagne de Rome*; des *Vues des Alpes, de la villa Borghèse, de Rivoli*; *Promenade du Poussin sur les bords du Tibre, Rêverie, Dans les bois, Dans les montagnes*, des *Portraits*; les *Bords du Rhône*, les *Gorges de l'Atlas*, une *Nymphée*, la *Lutte*, les *Bords du Gardon*, les *Tireurs d'arc, Verger, Jésus et la Chananéenne, Environs de Marseille*, portrait de *M. Ambroise Thomas*, les *Falaises du Tréport*, le *Ruisseau, Souvenir de Provence, Vue du parc de Vaux-le-Peng*, la *Fuite en Egypte, Vallée de Montmorency, A Brunoy, Souvenir de l'Yères, Souvenir du Midi*, et un assez grand nombre d'autres paysages et de portraits (1835-65). Nous citerons encore, parmi les œuvres plus récentes de M. Paul Flandrin : *Paysage du Languedoc, Souvenir du Bugey (1866); Solitude, Paysage en Provence* et des dessins (Exposition universelle, 1867); *Au bord de l'eau, Carrière abandonnée (1863); Idylle, Pendant la moisson*, aux environs de Montmorency (1869); le *Palais des Papes, vu de Villeneuve-lès-Avignon, Groupe de chênes verts (1870)*; portrait de *M. Godard Faultrier*, dessin, etc. (1872); *Souvenir de Provence*; portrait de *M. A. D.*, dessin (1873); *Souvenir de Provence, Idylle*, une *Prairie près de Nantua*, et trois dessins (1874); *Souvenir du Bas-Bréau, forêt de Fontainebleau; Lisière d'un bois de pins*, et trois dessins (1875); *Paysage, Dans les bois*, et deux dessins (1876); les *Bords du Gardon (1877); Près d'Etretat (1878); Paysage, En automne près de Montmorency; Portrait d'Ingres* et *Têtes d'étude d'après nature*, dessins (1883); *En automne, Terrassiers au travail*, et sept dessins (1884); *Souvenirs d'automne dans les montagnes du Bugey, Ombrages*, et trois dessins (1885); la *Vallée du Chalet à Thenay-Bugey*, toile, et un *Portrait*, dessin (1886). On doit encore à M. P. Flandrin des peintures murales, notamment à la chapelle baptismale de l'église Saint-Séverin et à l'Hôtel de Ville (quant à ces dernières, elles n'existent naturellement plus), ainsi que dans plusieurs résidences particulières. — Cet artiste a obtenu une deuxième médaille en 1839, une première en 1847 et une deuxième en 1848. Il est chevalier de la Légion d'honneur depuis 1852.

FLINT, Austin, physiologiste américain, fils du médecin du même nom, professeur à l'hôpital de Long-Island, à Brooklyn, mort en mars 1886, est né à Northampton (Massachusetts) le 28 mars 1836; étudia la médecine et fut nommé, dès 1858, professeur de physiologie au Collège médical de New-York. Il fit ensuite un voyage d'études en Europe, et à son retour, en 1861, fut appelé à la chaire de physiologie de l'hôpital de Bellevue, à New-York, chaire qu'il occupe encore aujourd'hui. Il a obtenu un prix Monthyon de 1,500 fr., décerné par l'Académie française, en 1869. On lui doit, entre autres ouvrages, une *Physiologie de l'Homme*, en 5 volumes, dont le premier parut en 1866 et le dernier à la fin de 1874 et qui est très estimé; un *Traité de physiologie humaine (1875)*; les *Sources de la force musculaire (1878)*, etc. Comme son père, M. Flint a été l'un des collaborateurs de l'*American Cyclopædia*.

FLOQUET, Charles Thomas, avocat et homme politique français, né à Saint-Jean-Pied-de-Port le 5 octobre 1828, fit ses études à Paris, au lycée Saint-Louis, et entra en 1848 à l'Ecole d'administration. A la suppression de cette école, M. Floquet profita de la compensation offerte à ses élèves sous forme d'inscriptions de droit, suivit les cours de la Faculté, fut reçu avocat et s'inscrivit au barreau de Paris en 1851. Il devint vice-président de la conférence Molé, plaida dans un grand nombre de procès politiques, notamment dans l'affaire de l'Opéra-Comique et de l'Hippodrome, et collabora à la presse démocratique : au *Siècle*, au *Temps*, etc. En 1861, il publia avec MM. Hérold, Dréo, Clamageran et Jules Ferry, un *Manuel électoral* qui eut une très grande circulation. Aux élections de 1863, il se porta candidat à la fois dans l'Hérault et dans la Côte-d'Or, mais sans succès. Impliqué dans le procès des Treize, il était l'année suivante condamné à l'amende pour association illicite. En 1867, il poussait au nez du czar Alexandre II, venu pour assister à l'Exposition universelle et qu'attendaient d'autres désagréments, le cri inopportun de « Vive la Pologne! » Il fut ensuite poursuivi et condamné pour cela. Aux élections générales de 1869, il se présentait de nouveau, mais encore sans succès, dans la deuxième circonscription de l'Hérault : il obtint pourtant une minorité importante de près de 9,000 voix. L'année suivante, M. Ch. Floquet se faisait remarquer dans les réunions antiplébiscitaires. Lors du procès du prince Pierre Bonaparte devant la Haute Cour de Justice réunie à Tours, après le meurtre de Victor Noir, il plaida avec succès la question des dommages civils envers la famille de la victime. Le 5 septembre 1870, M. Charles Floquet était nommé adjoint au maire de Paris. Le 31 octobre, il acceptait les co 'litions des chefs improvisés du mouvement et consentait à ce qu'il fût procédé à des élections municipales. Mais le lendemain, désavoué par les membres du gouvernement, dont quelques-uns avaient fait la même concession au moment du danger plus apparent que réel qui les menaçait, il donnait sa démission, en même temps que son collègue Henri Brisson, que M. Etienne Arago, son chef à la mairie centrale et que d'autres fonctionnaires : le clan des susceptibilités naïvement ombrageuses. Elu représentant de la Seine, le trentième sur quarante-trois, aux élections du 8 février 1871, M. Floquet votait contre les préliminaires de paix, pour le retour de l'Assemblée à Paris, etc. Il prit part, *lors du soulèvement du 18 mars*, aux tentatives de conciliation faites par les députés de la Seine unis aux maires et aux adjoints de Paris. C'est en présence de l'inutilité de ces courageux efforts qu'il s'oublia jusqu'à traiter de *fous*, en pleine séance, les membres de la droite de l'Assemblée, qui ne voulaient rien entendre. Il fut rappelé à l'ordre pour cela, bien que, peu de temps après, les mêmes représentants dussent s'attirer du chef du pouvoir exécutif même une apostrophe autrement humiliante (dont ils tirèrent vengeance avec le temps, ainsi que M. Thiers l'avait d'ailleurs prédit). Le jour de l'ouverture des hostilités, c'est-à-dire le 2 avril 1871, M. Charles Floquet résigna son mandat de député, déclarant vouloir « partager les souffrances et les périls réservés à ses mandataires ». Il avait signé avec MM. Lockroy, Tolain, Clémenceau et Greppo, l'affiche engageant les Parisiens, même et surtout ceux hostiles au mouvement communaliste, à se rendre au scrutin, le jour fixé par le comité central, c'est-à-dire le 26 mars. On le lui a beaucoup reproché, comme à ses collègues. On a malheureusement pu s'apercevoir aux conséquences que le conseil était sage et qu'il aurait été désirable qu'il fût suivi. Il prit part ensuite à la *Ligue d'union républicaine des droits de Paris*, dans un but de conciliation que nul cœur un peu généreux ne pouvait complètement abandonner, et en fut élu président. Il partit au mois de mai, comme délégué par la « *ligue* », avec *MM. Clémenceau, Corbon, Lechevalier* et Villeneuve, pour se rendre auprès du congrès des conseils municipaux, projeté à Bordeaux, dans le but de rechercher un moyen pratique de mettre fin à la lutte. Mais poursuivi par les clameurs de la presse réactionnaire, qui le dénonçaient comme agent de la Commune, chargé de soulever la province, il fut arrêté et conduit au château de Pau, où il resta jusqu'à la fin du mois suivant. Le 29 avril 1872, il était élu conseiller municipal de Paris pour le quartier Saint-Ambroise (XIe arrondissement), en remplacement de M. Mottu, démissionnaire, et réélu le 29 novembre 1874. Au mois de janvier 1875, il était élu premier vice-président du conseil, président au mois de mai suivant, et maintenu en cette qualité en juillet, en dépit des efforts de la presse réactionnaire qui nous menaçait presque d'une invasion russe pour avoir placé à la tête du Conseil municipal de la capitale de la France celui qui, en 1867, criait : vive la Pologne! en présence de l'autocrate qui avait rayé de la carte de l'Europe le nom même de cette nation malheureuse. C'était là prêter au czar, ce nous semble, des sentiments un peu bien prudhommesques; il ne manqua pourtant pas de pauvres hères disposés à croire qu'il justifierait ce prêt. Comme conseiller général de la Seine, M. Floquet signait, le 14 mai 1872, l'adresse au chef du pouvoir exécutif en faveur de l'amnistie et de la levée de l'état de siège.

Après avoir échoué *aux élections senatoriales* de la Seine, le 30 janvier 1876, M. Charles Floquet était élu député du XIe arrondissement de Paris, aux élections législatives du 20 février suivant, par 21,889 voix contre 1,664 données à son concurrent, M. Mazaroz. Réélu le 14 octobre 1877, il fit partie du comité de vigilance, dit des dix-huit, chargé d'organiser la résistance aux manœuvres méditées par le cabinet de Rochebouët. Il fit partie ensuite de la grande commission d'enquête électorale. Les électeurs du XIe arrondissement de Paris lui ayant renouvelé son mandat le 21 août 1881, M. Ch. Floquet fut appelé le 6 janvier suivant *à la préfecture* de la Seine, en remplacement de M. Hérold, décédé, et résigna en conséquence son mandat de député de la Seine. Il se maintint dix mois et demi dans ce poste difficile, entretenant d'assez bonnes relations avec le Conseil municipal d'une part et le gouvernement central de l'autre, et supportant assez bien les criailleries d'ennemis politiques qui ne laissaient jamais échapper une occasion, et qui firent particulièrement beau tapage à propos de l'expulsion des sœurs de l'école de la rue de la Lune (septembre); ce bruit fait autour d'un arrêté de son prédecesseur dont il n'avait fait que retarder l'exécution, joint aux difficultés résultant de l'opposition systématique du gouvernement central au principe de l'autonomie communale de Paris, dont il est lui-même partisan, le décidèrent à donner sa démission de préfet de la Seine (*29 octobre* 1882), afin de profiter d'une élection partielle à Perpignan, pour se faire rouvrir les portes de la Chambre des députés. Aux élections d'octobre 1885, M. Floquet, porté dans la Seine et dans les Pyrénées-Orientales, fut élu dans ce département au second tour, et dans la Seine au premier et le second de la liste. Il a opté pour la Seine. Il avait remplacé au fauteuil de la présidence de la Chambre des députés, le 8 avril 1885, M. Brisson, devenu premier ministre; la Chambre l'a maintenu au fauteuil à chaque nouvelle session depuis lors. C'est en cette qualité que M. Floquet s'est abstenu *dans le vote de l'expulsion des princes*.

FŒRSTER, Ernest Joachim, peintre et iconograph allemand, frère de l'historien et poète distingué Friedrich Fœrster, mort en 1868, est né à Munchengosserstædt le 8 avril 1800. Il étudia d'abord la théologie et la philosophie, mais sa vocation artistique ne tarda pas à l'emporter, et il entra dans l'atelier de Peter Cornelius, à Munich. Il a travaillé aux fresques de l' « Aula » à Bonn, et à celles de la Glypthotèque et des Arcades, à Munich; mais il doit surtout sa réputation à la découverte de tableaux anciens et à *ses travaux sur l'histoire de l'art*. Sa trouvaille la plus importante est celle des fresques d'Avanzo, datant de 1376, dans la chapelle de San Gior-

gio à Padoue. Quant à ses ouvrages, tous écrits en allemand, nous citerons : *Etudes relatives à l'Histoire de l'art moderne (1835); Lettres sur la peinture (1838); Histoire de l'art allemand; Monuments de l'architecture, de la sculpture et de la peinture allemandes (1855); Histoire de l'Art italien (1869)*; des *Guides* du voyageur à Munich, en Allemagne et en Italie très estimés, etc. M. Fœrster a publié également une *Vie de Jean Paul Richter* et édité plusieurs de ses ouvrages.

FOLLIET, André Eugène, publiciste et homme politique français, avocat, né à Saint-Jean-de-Maurienne (Savoie) le 18 mars 1838, fit ses études à Turin et y fut reçu docteur en droit en 1861. L'année suivante, devenu Français par l'annexion de son pays, il se faisait inscrire au barreau de Paris. Il se livra dès lors à des travaux de littérature et de jurisprudence, et collabora, jusqu'en 1869, à la *Nouvelle Revue de Paris*, à la *Revue libérale*, à la *Revue moderne*, à l'*Investigateur*, journal de l'Institut historique de France, et aussi au grand *Dictionnaire universel du dix-neuvième siècle*, de P. Larousse. En 1871, il collaborait au *Peuple souverain*, alors dirigé par Pascal Duprat. — Aux élections complémentaires du 2 juillet 1871, M. Folliet fut élu représentant de la Haute-Savoie contre M. le baron d'Yvoire, monarchiste clérical, et prit place sur les bancs de la gauche républicaine avec laquelle il a constamment voté. Il est l'auteur de diverses propositions, notamment d'impôts sur les valeurs mobilières, de retenues sur les gros traitements et tendant à la distraction des dettes dans le paiement des droits de succession. Il a combattu très vivement le projet de loi présenté par le gouvernement, au mois d'août 1871, contre certaines intrigues séparatistes dont les départements annexés en 1860 se trouvaient alors le théâtre. Il a écrit, à ce sujet, deux *Lettres* qui furent publiées par le *Peuple souverain*. Aux élections législatives du 20 février 1876, M. André Folliet était le candidat républicain de l'arrondissement de Thonon; mais il échoua contre le candidat « conservateur », M. de Boigne. La Chambre ayant annulé cette élection, M. Folliet triompha de son adversaire, le 21 mai suivant, avec près de 1,200 voix de majorité. Réélu le 14 octobre 1877 et le 21 août 1881, il a fait partie de diverses commissions importantes et a été rapporteur de la loi municipale. Il a été élu député de la Haute-Savoie, avec toute la liste républicaine, le 4 octobre 1885, et a voté l'expulsion des princes prétendants. — On a de M. Folliet, outre sa collaboration aux publications citées et à d'autres encore : *De la décentralisation administrative (1861)*, sa thèse de doctorat; la *Presse italienne et sa législation (1869)* et diverses brochures d'économie politique. — Il est officier d'Académie.

FONBELLE, Georges, homme politique français, né à Labuchellerie (Dordogne) le 29 juin 1846. Il fit son droit à Paris et fit partie, comme secrétaire, d'un des comités électoraux du 7e arrondissement de Paris qui appuyaient la candidature de Jules Favre contre celle de M. Henri Rochefort, en 1869. De retour dans sa ville natale, où il s'est établi notaire, M. Fonbelle fut l'un des organisateurs du cercle périgourdin de la Ligue de l'enseignement. Membre du Conseil général de la Dordogne, il était porté sur la liste républicaine qui triompha dans ce département le 4 octobre 1885, et vint prendre sa place à la Chambre sur les bancs de la gauche républicaine. Dans la question de l'expulsion des princes, M. Fonbelle s'est abstenu. — Il est officier d'Académie.

FONTENEAU, Jean Emile, prélat français, né à Bordeaux le 14 août 1825. Il était vicaire général à Bordeaux lorsqu'il fut nommé au siège épiscopal d'Agen par décret du 14 novembre 1874. Il a été promu à l'archevêché d'Albi par décret du 22 septembre 1884. M. Fonteneau est comte romain; il avait reçu, en outre, du pape Pie IX les titres de prélat de sa maison et d'assistant au trône pontifical. Il est chevalier de la Légion d'honneur. On a, de ce prélat, un certain nombre de *mandements* et d'*instructions pastorales*, dont plusieurs ont été fort remarqués.

FONTPERTUIS (de), Adalbert Frout, publiciste français, né à Rennes le 8 décembre 1825, fit ses études aux colleges d'Auray et de Lorient, et s'engagea en 1844 au régiment d'artillerie de la marine et des colonies, qu'il quitta en 1851 avec le grade de maréchal-des-logis, comptant quatre années de séjour aux Antilles françaises. Il entra alors dans les bureaux de la préfecture d'Ille-et-Vilaine, devint chef de cabinet, puis chef de division à la préfecture de la Haute-Loire (1853-1865), collaborant en même temps aux feuilles locales et publiant divers ouvrages. Il écrivit à cette époque, dans le journal la *Haute-Loire*, sous le titre de : *Lettres du Velay*, une série d'articles d'archéologie et d'histoire locales ; puis, une *Etude sur la misère*, d'abord insérée dans les *Annales* du Congrès scientifique de France pour 1855 ; les *Biens communaux*, dans les *Annales* de la Société académique du Puy, dont l'auteur est membre ; *Analyse des procès-verbaux inédits du Conseil général de la Haute-Loire de 1809 à 1842*; deux brochures sur l'*Organisation des bureaux de préfecture (1858-1863)*; *Etudes de littérature étrangère* (Le Puy, 1859); *Etudes sur les enfants assistés* (Paris, Guillaumin, 1860) ; *Contarini Fleming*, traduction du roman de lord Beaconsfield (Le Puy, 1863) ; les *Français en Amérique : le Canada (1865)* ; les *Etats-Unis de l'Amérique septentrionale, leur origine, leur émancipation et leurs progrès (1873); Chine, Japon, Siam et Cambodge (1882)* ; *Etats latins de l'Amérique (1883)*. M. de Fontpertuis a fourni en outre un grand nombre d'articles d'économie politique, de géographie, etc., à la *Revue du monde catholique (1869-70)*, au *Journal des économistes*, à l'*Economiste français*, fondé au mois d'avril 1873, dont il a été pendant quinze mois le secrétaire et où il a principalement traité la question sociale et ouvrière en Angleterre et aux Etats-Unis, à la *Revue de France*, à la *Revue scientifique*, à la *Revue politique et littéraire*, à la *Nature*, au *Sur terre et sur mer*, à la *Science illustrée*. Il a été également attaché à la rédaction du journal le *XIXe siècle*, à sa fondation, et y a traité pendant neuf mois les questions militaires et administratives. — M. Adalbert F. de Fontpertuis est membre du « Cobden club », de Londres.

FONVIELLE (de), Wilfrid, physicien et publiciste français, né à Paris en 1828, fit ses études au collège Sainte-Barbe et se voua ensuite à l'étude des sciences. Après avoir professé quelque temps les mathématiques, il renonça à la carrière de l'enseignement, collabora à divers journaux et publications périodiques, notamment à la *Presse*, à la *Liberté*, à l'*Histoire*, au *Petit moniteur*, au *Monde illustré*, au *Musée universel*, à la *Nature*, au *Journal des voyages*, etc., et a été rédacteur en chef de la revue scientifique l'*Electricité (1881-82)*; il publia des ouvrages de vulgarisation scientifique et des brochures d'actualité, fit des conférences sur des sujets variés et prit une part active aux progrès de la science aérostatique appliquée dans ces dernières années, ainsi qu'aux tentatives ayant la navigation aérienne pour objet. Il a accompli un nombre incroyable d'ascensions intéressantes pour la science et dont quelques-unes n'ont pas été sans danger. Pendant le siège de Paris, il a pu franchir les lignes prussiennes en ballon. Pendant la Commune, il aurait été, paraît-il, condamné à mort. — Parmi les ouvrages scientifiques de M. de Fonvielle nous citerons : l'*Homme fossile*, étude de philosophie (1865) ; les *Merveilles du monde invisible* (même année) ; *Eclairs et tonnerre (1866)*; l'*Astronomie moderne (1868)*; les *Voyages aériens (1870)*; les *Ballons pendant le siège de Paris (1871)*; *Physique des miracles (1872)*; la *Conquête de l'air (1875)*; *Aventures aériennes (1876)*; *Comment se font les miracles en dehors de l'Eglise (1879)*; l'*Espion aérien (1884)*; les *Affamés du pôle nord (1885)*; les *Voyages d'un enragé (1886)*, dans le « Journal des voyages », etc. On lui doit en outre: le *Souverain (1853)*, imprimé à Jersey ; l'*Insurrection de l'Inde*, avec L. Legault (1857) ; l'*Entrevue de Varsovie (1860)*; la *Croisade en Syrie* (même année) ; *Plaidoyer en faveur de Paris*, la *Terreur*, *Paris en flammes*, la *Foire aux candidats*, les *Dernières causeries de Rochefort*, *M. Thiers historien de la Révolution*, *Lettre d'un condamné à mort par la Commune*, *Confession d'un peuple souverain*, etc., brochures de circonstance.

FORBES, Archibald, littérateur et journaliste écossais, né en 1838, dans le comté de Moray. Après avoir terminé ses études à l'université d'Aberdeen, il servit quelque temps dans les dragons royaux, ce qui le prépara le mieux du monde aux fonctions de correspondant militaire du *Daily News*, qu'il remplit pendant la guerre franco-prussienne de 1870-71. M. Archibald Forbes a suivi l'armée allemande depuis le commencement jusqu'à la fin cette terrible campagne, assista aux combats livrés par l'armée régulière aux fédérés communaliste, et à la fin sinistre de la Commune, visita les Indes pendant la famine de 1874 et fut témoin des principaux combats dont l'Espagne a été le théâtre dans ces derniers temps, tantôt mêlé aux carlistes, tantôt aux alphonsistes, tantôt aux républicains. Il accompagna ensuite (1875-76) le prince de Galles dans son voyage dans l'Inde. Durant l'été et l'automne de cette dernière année, il assistait aux combats qui eurent lieu entre les Turcs et les Serbes, du côté de ceux-ci ; puis fit avec l'état major russe la campagne de 1877, assistant notamment à la bataille de Plevna et à celle de la passe de Chipka (juillet); aux assauts désespérés, cinq fois repoussés par les Turcs, dont Plevna fut l'objet en septembre, et finalement à la prise de cette place. En 1878, il se rendait à Chypre, toujours comme « commissaire » du *Daily News*. On est d'ailleurs assuré de le voir sur quelque point du globe où se déroulent des événements d'un intérêt capital ou du plus grand intérêt relatif. — M. Archibald Forbes s'est marié le 19 juin 1886. Il a épousé la fille du général Meigs, de l'armée britannique. Parmi les ouvrages publiés par M. Forbes, nous citerons: *Tiré de la vie* (Drawn from Life), roman militaire ; *Mes souvenirs de la guerre entre la France et l'Allemagne* (My Experiences of the war between France and Germany, 1872); *Guerroyant et écrivaillant* (Soldiering and scribbling, a series of sketches, 1884), etc. Ses « Expériences » de la guerre franco-allemande ont été traduites en français et publiées dans le *Constitutionnel*.

FORCKENBECK (von), Max, homme politique allemand, né à Munster le 21 octobre 1821. Il fit ses études aux universités de Giessen et de Berlin, se fit recevoir avocat et entra de bonne heure dans la magistrature. Juge au tribunal de Glogau en 1847, M. de Forckenbeck se jeta dans le mouvement politique qui aboutissait, l'année suivante, à un soulèvement général. Après la défaite et la dissolution de l'Assemblée nationale allemande (1849), il présida le comité électoral libéral de Silésie; mais forcé de quitter cette province sous l'administration de Manteuffel, il passa dans la Prusse propre et s'établit à Mohrungen. Elu député de Kœnigsberg à la Chambre prussienne en 1858, il fut réélu en 1866, puis en 1869 par Cologne, et par le district d'Elbing-Marienbourg depuis lors, et devint bourgmestre de Breslau en 1873. La même année, M. de Forckenbeck entrait à la Chambre des seigneurs. Successivement membre du parlement de l'Allemagne du Nord, du parlement douanier, puis du Reichstag de l'empire, il devenait président de cette dernière assemblée en 1874, en remplacement du Dr Simson. Dans les diverses assemblées dont il fit partie, M. de Forckenbeck s'occupa principalement des questions économiques et budgétaires, et par suite des questions de réorganisation militaire. Maintenu au fauteuil le 28 mai 1879 et réélu d'autre part premier bourgmestre de Berlin, M. de Forckenbeck résignait ces deux postes peu après, opposé qu'il était à l'élévation des droits sur les céréales demandée par M. de Bismarck, et reprenait son siège sur les bancs du parti national-libéral.

FORGEMOL DE BOSTQUÉNARD, Léonard Léopold, général français, né à Azerables (Creuse) le 17 septembre 1821. Il commença ses études au prytanée de la Flèche et, entré à l'Ecole militaire de Saint-Cyr en 1839, en sortit dans l'état-major, le cinquième sur 159, en 1841. Capitaine en 1848, il fit les deux campagne de Kabylie, de 1854 et 1857, comme aide de camp du général Maissiat; puis il fut chargé, vers la fin de cette dernière année, du commandement du cercle de la Calle. Peu de temps après, un effroyable incendie de forêt lui fournissait l'occasion de se signaler autrement que comme soldat, et il était porté à l'ordre du jour de la division. Transféré à la tête du cercle de Biskra en 1859, il était promu chef d'escadron en 1860 et lieutenant-colonel en 1865. Promu colonel à la veille de la guerre de 1870, il demanda à faire partie de l'armée du Rhin, mais fut maintenu en Algérie et nommé chef du bureau politique des affaires arabes, en remplacement du général Gresley qui, lui, était appelé en France ; mais il ne tarda guère à être appelé à son tour au secours de la patrie envahie. Le colonel Forgemol fit alors partie du 17e corps de l'armée de la Loire, comme chef d'état major de la 3e division d'infanterie d'abord, et ensuite comme chef d'état major général, ayant été promu général de brigade le 30 janvier 1871. La commission de revision des grades maintint le général Forgemol dans le grade auquel il n'avait été nommé qu'à titre provisoire. Nommé chef d'Etat major général de l'armée de Versailles en 1872, le général Forgemol passait en la même qualité au 7e corps d'armée, alors commandé par le duc d'Aumale, au commencement de 1874, et était appelé peu après, comme secrétaire, au Conseil supérieur de guerre. Il était promu général de division le 4 mars 1879 et appelé au commandement de la division de Constantine. Il était donc tout porté pour prendre le commandement de l'armée d'opération contre les Khroumirs, qui devint, plus vite qu'on n'était en droit de l'espérer, l'armée d'occupation de Tunisie, après avoir, toutefois, réprimé le soulèvement menaçant des tribus de l'Aurès (1879). C'est aussi au général Forgemol que nous devons, outre la conquête de la Tunisie, l'organisation de cette conquête, de quelque nom qu'on préfère l'appeler, sur des fondements qui ne paraissent pas facilement ébranlables. Rappelé en France et placé à la tête du 11e corps d'armée dont le quartier général est à Nantes, le général Forgemol de Bostquénard a été maintenu dans le cadre d'activité sans limite d'âge, par décret du mois d'août 1886. — Créé chevalier de la Légion d'honneur en 1852, il a été promu successivement officier en 1862, commandeur en 1875 et grand officier le 13 juillet 1881.

FORNEY, John Wein, journaliste américain, né à Lancastre (Pensylvanie) le 30 septembre 1817. En 1833, il entrait comme apprenti dans l'imprimerie du journal de sa ville natale et devenait, en 1837, rédacteur et copropriétaire du *Lancaster Intelligencer*, avec lequel le *Lancaster Journal* fusionnait en 1840. En 1845, M. Forney alla s'établir à Philadelphie, où il devint rédacteur du *Pennsylvanian*, journal démocrate important. Choisi comme secrétaire de la Chambre des représentants en 1851, il fut réélu à ce poste en 1853. Après avoir été quelque temps rédacteur en chef de l'*Union*, organe des démocrates de Washington, M. Forney donna sa démission en 1856. En 1857, il posait sa candidature au Sénat des Etats-Unis dans la Pensylvanie, mais sans succès. Au mois d'août de la même année, il fondait à Philadelphie un journal démocrate indépendant qui, depuis, est devenu l'un des plus importants de cette ville : *The Press*, où il s'entoura d'écrivains de talent, parmi lesquels nous citerons le Dr R. Shelton Mackensie. Hebdomadaire à l'origine, la *Philadelphia Press* devint quotidienne au mois d'octobre 1862. Il avait fondé quelques années auparavant, à Washington, un journal hebdomadaire : *the Chronicle*, qu'il transforma en journal quotidien en même temps que la *Press*. Il céda quelques années après sa part de propriété dans le *Chronicle*. — Secrétaire du Sénat des Etats-Unis, de 1861 à 1868, M. Forney fit en 1867 un voyage en Europe, d'où il envoya à ses journaux des correspondances, plus tard réunies en volume sous ce titre : *Letters from Europe (1869)*. Il publia également en 1873 : *Anecdotes of public Men* (Anecdotes relatives à des hommes publics), extraits d'articles parus dans le *Chronicle* et la *Press*. En novembre 1874, M. Forney vendait à M. Alexander Mac-Clure sa part de propriété (la moitié) du journal la *Press* pour la somme de 700.000 francs. Il vint ensuite en Europe comme commissaire général de l'Exposition de Philadelphie, et résida quelque temps à Paris, ne laissant pas que d'envoyer de spirituelles correspondances aux journaux pensylvaniens.

FORSTER, William Edward, homme d'Etat anglais, né à Bradpole, comté de Dorset, le 11 juillet 1818. Il fit ses études à l'école de la Société des Amis de Tottenham, et devint ensuite filateur de laines à Bradford. Candidat libéral à Leeds, en avril 1859, il échoua; mais il fut envoyé, en février 1861, à la Chambre des communes par les électeurs de Bradford, qu'il n'a pas cessé d'y représenter depuis. M. W. Forster a été sous-secrétaire pour les colonies dans l'administration de lord Russell, de novembre 1865 à juillet 1866, et vice-président du comité du Conseil pour l'éducation, de décembre 1868 à février 1874. Il fit preuve de tact et d'habileté politique dans beaucoup de circonstances, notamment lors de la discussion du *bill* d'éducation, en 1870, et de celui sur le scrutin secret, en 1871. Lorsque M. Gladstone donna sa démission de chef de l'opposition, au commencement de 1875, M. Forster fut regardé comme son successeur possible à la tête du parti libéral dans la Chambre des communes; mais il s'empressa, par une lettre datée du 1er février, de détourner ses amis de le choisir, déclarant que, dans sa conviction, il ne

pourrait sans doute pas réunir autour de lui toutes les forces du parti libéral, et par conséquent les diriger comme il serait désirable dans toutes les circonstances. Ce fut alors que le choix du parti se porta sur le marquis de Hartington. — Au retour au pouvoir des libéraux, en avril 1880, M. Forster fut nommé chef secrétaire pour l'Irlande, avec siège dans le cabinet. Ce fut sous son administration que le *land bill* fut voté et que des mesures de répression furent prises contre les agitateurs irlandais : la *land league* fut dissoute, les prisons se remplirent de suspects, compris M. Parnell et quelques autres membres du parlement. Plusieurs membres du cabinet ayant émis l'avis de relaxer les prisonniers appartenant à la Chambre des communes, M. Forster et le comte Cowper, vice-roi d'Irlande, donnèrent leur démission en avril 1882. M. Forster n'a plus fait partie, depuis lors, d'aucune combinaison ministérielle libérale. Membre de la Société royale depuis 1875, il fut élu le 13 novembre de la même année lord recteur de l'université d'Aberdeen, laquelle université lui conférait, en 1876, le titre honorifique de docteur en lois. — M. Forster a publié : la relation d'une visite qu'il fit alors en Irlande (1847); *William Penn et T. B. Macaulay, brèves observations sur les accusations portées contre le caractère de William Penn dans l'*Histoire d'Angleterre *de Macaulay (1849); Comment nous traitons l'Inde : conférence sur la condition de l'Inde sous le gouvernement britannique (1858); Discours prononcé à la pose de la première pierre de la première école construite par le Bureau des écoles de Liverpool (1873).* Il est magistrat et député-lieutenant du district ouest du comté d'York.

FORSYTH, William, magistrat et homme politique anglais, né à Greenock en 1812, fit ses études au collège de la Trinité, à Cambridge, où il prit le grade de maître ès-arts en 1837 et suivit ensuite les cours de droit de l'Inner Temple, où il fut admis au barreau en 1839. Il alla exercer dans le ressort judiciaire nord, devint avocat de la reine en 1857 et avocat plaidant à l'Inner Temple. Il est conseil du secrétariat d'Etat pour les Indes et commissaire de l'université de Cambridge. M. Forsyth avait été élu membre de la Chambre des communes par le bourg de Cambridge, comme candidat conservateur, en juillet 1865; mais il fut, cette fois, invalidé, en conformité des conclusions d'une pétition déclarant incompatibles avec le siège de député ses fonctions de conseil dans un ministère, considérées comme fonctions gouvernementales rétribuées. Il se présenta sans succès à Bath, en octobre 1873; mais il était enfin, aux élections générales de février 1874, élu par le bourg de Marylebone, qu'il a représenté à la Chambre des communes jusqu'à 1880. — M. Forsyth est l'auteur d'un projet de loi tendant à accorder aux femmes le droit de suffrage. Ce projet de loi, venu en seconde lecture à la Chambre des communes le 26 avril 1876, fut repoussé, mais seulement par 239 voix contre 157, ce qui mérite certainement d'être constaté. Il a publié un certain nombre d'ouvrages de jurisprudence et de littérature. Nous citerons : *On the law of composition with creditors (1841); Hortensius, or the duty and office of an advocate (1849); On the law relating to the custody of infants (1850); The History of trial by jury (1852); Napoleon at St-Helena and sir Hudson Lowe (1853); The Life of Cicero (1864); Cases and opinions in constitutional Law (1869); The Novels and novelists of the eighteenth century, in illustration of the manners and morals of the age (1871); Hannibal in Italy, an historical drama (1872); Essays, critical and narrative (1874); The Slavonic Provinces south of the Danube (1876)*, etc... Il a aussi collaboré aux *Quarterly* et *Edinburgh Reviews* et à diverses autres publications périodiques importantes.

FORTESCUE (comte), Hugh Fortescue, pair d'Angleterre, né le 4 avril 1818. Elevé à Harrow, il entra au parlement en 1841, étant encore vicomte Ebrington, élu par Plymouth, qu'il a représenté, comme député libéral, jusqu'en 1852. A cette dernière date, il se présentait sans succès, à Barnstaple. En décembre 1854, il était réélu par Marylebone, et résignait son siège le 5 décembre 1855, étant appelé à la Chambre-Haute comme successeur de son père à la baronnie de Fortescue, auquel il succédait comme troisième comte, à sa mort, le 14 septembre 1861. Le comte Fortescue a été lord de la Trésorerie de 1846 à 1847, et secrétaire du Comité de la loi des pauvres de 1847 à 1851; il fut en même temps membre actif, puis président des diverses commissions des égouts qui se succédèrent. En mai 1856, en visitant un hôpital militaire, dans le but de préparer une proposition de réforme sanitaire dans l'armée, qu'il présenta en effet, en 1858, il attrapa une ophtalmie qui lui fit perdre un œil et atteignit assez gravement le second pour le tenir éloigné de la Chambre des communes. — Lord Fortescue est l'auteur de brochures sur l'*Hygiène des villes (1844)*; les *Salaires officiels (1852); Representative Self-Government for the Metropolis (1854)*; la *Réforme parlementaire (1859)*; et d'un ouvrage assez considérable sur les *Ecoles publiques pour les classes moyennes (1864)*.

FOUCAUX, Philippe Edouard, orientaliste français, né à Angers le 15 septembre 1811. Ses études terminées au collège de sa ville natale, il vint à Paris en 1838 et suivit, au Collège de France, le cours de sanscrit d'Eugène Burnouf. En même temps, il apprenait absolument seul le thibétain, l'un des idiomes les plus rebelles de l'Asie, et parvenait à s'en rendre maître dans un temps fort court; car, dès 1842, il était chargé d'un cours de langue thibétaine à la Bibliothèque royale. Il devint, en 1852, suppléant de Burnouf à la chaire de sanscrit au Collège de France, fut chargé plusieurs fois du cours et devint enfin titulaire de cette chaire en 1862. — On cite parmi les principaux ouvrages de M. Edouard Foucaux : *Grammaire de la langue thibétaine (1839); Histoire du Buddha Sakya Mouni*, texte et traduction (1848, 2 vol.); *Parabole de l'enfant égaré*, sanscrit, thibétain et français (1854); le *Trésor des belles paroles*, choix de sentences, etc. (1858); *Vikramorvada*, drame de Kalidâsa (1861); *Onze épisodes du Mahâbhârata (1861); Doctrine des Bouddhistes sur le Nirvâna (1864); Sakountala*, autre drame sanscrit de Kalidâsa (1867); le *Religieux chassé de la Communauté*, conte boudhique (1873), etc. M. Ed. Foucaux est chevalier de la Légion d'honneur depuis 1864.

FOUCHER DE CAREIL (comte), Louis Alexandre, littérateur, publiciste et diplomate français, sénateur, né à Paris le 1er mars 1826; il est fils d'un général du premier empire. Après de brillantes études universitaires, M. Foucher de Careil entreprit d'importants voyages d'études, en Europe d'abord, et plus tard aux Etats-Unis. Il s'est fait de bonne heure une réputation d'écrivain philosophique par ses travaux sur Leibniz, dont il avait puisé les éléments à des sources nouvelles que lui avaient décelées ses recherches dans les bibliothèques de l'Allemagne. Ces travaux étaient déjà, pour la plupart, publiés et il avait été décoré de la Légion d'honneur (1859), lorsqu'il fut élu membre du Conseil général du Calvados pour le canton de Dozulé, où il possède de grandes propriétés (1861). Il y fut constamment réélu jusqu'en 1870. Il fit, en cette qualité, une vive opposition à l'empire, presque dès le début, quoique ne s'étant point présenté comme un adversaire des institutions et de la politique impériales. A Paris, il fit des conférences qui eurent tous les succès, même celui d'être interdites par l'autorité. Aux élections législatives de mai 1869, M. le comte Foucher de Careil se portait candidat de l'opposition démocratique dans la 1re circonscription du Calvados, contre M. de Germiny, candidat officiel, mais sans succès. C'est alors qu'il partit pour les Etats-Unis. De retour en France au moment de la guerre, M. Foucher de Careil fut directeur général des ambulances des légions mobilisées de la Bretagne. Nommé préfet des Côtes-du-Nord le 23 mars 1871, il passait à la préfecture de Seine-et-Marne le 8 mai 1872. Il fut révoqué peu après la chute de M. Thiers. En 1875, il se portait candidat à une élection partielle des Côtes-du-Nord, contre M. de Kerjégu, candidat légitimiste, appuyé par le gouvernement; mais ce fut celui-ci qui l'emporta. Porté sur la liste républicaine, aux élections sénatoriales du 30 janvier 1876 dans le département de Seine-et-Marne, il fut élu, et réélu au renouvellement partiel du 8 janvier 1882. Nommé ambassadeur à Vienne le 4 août 1883, en remplacement du comte Duchâtel, M. Foucher de Careil donnait sa démission de ce poste à la suite du vote, par le Sénat, de la loi d'expulsion des princes (juin 1886).

On doit à M. Foucher de Careil, outre son édition des *Œuvres de Leibniz : Réfutation inédite de Spinosa par Leibniz (1854); Lettres et opuscules inédits de Leibniz (1854); Nouvelles lettres et opuscules inédits de Leibniz (1857); Lettres de Leibniz, Bossuet, Pellisson*, etc. (1859); *Mémoire sur le projet d'expédition en Egypte présenté par Leibniz à Louis XIV; Rome, ou Espérances et chimères de l'Italie (1860); Leibniz, la philosophie juive et la cabale (1861); Descartes et la princesse Palatine (1862); Hegel et Schopenhauer (1862); Leibniz, Descartes et Spinoza (1863); Gœthe et son œuvre (1865); Leibniz et les deux Sophies (1876)*; diverses études sur Gœthe, Dante, etc.; une polémique savante soutenue contre M. Albert de Broglie sur le *Systema theologicum*, de Leibniz; des brochures de circonstance : la *Liberté des haras et la crise chevaline en 1864*; le *Luxembourg à la Belgique*, avec pièces justificatives (1867); les *Habitations ouvrières et les constructions civiles (1873)*; un volume de *Discours* sur la décentralisation, la dépopulation des campagnes, etc. Dans cette liste incomplète des œuvres de M. Foucher de Careil, figurent les volumes parus de son édition de Leibniz, qu'on reconnait sans peine aux titres. — M. le comte Foucher de Careil a été promu officier de la Légion d'honneur en septembre 1871 et décoré de l'Ordre du Mérite agricole le 1er janvier 1885. Il est, en outre, décoré des ordres des Saints Maurice et Lazare d'Italie, de l'Etoile polaire de Suède, grand croix de l'ordre de Saint-Etienne d'Autriche-Hongrie, etc. Il est membre de la Société nationale d'agriculture et de la Société d'économie politique.

FOURNEL, François Victor, littérateur français, né à Cheppy (Meuse) le 8 février 1829, fit ses études à Verdun et à Paris, où il prit le grade de licencié ès-lettres, et embrassa la carrière littéraire. Il collabora d'abord à la *Revue de Paris (1854)*; puis à l'*Athenæum français*, devenu ensuite la *Revue contemporaine*, au *Musée des familles*, à l'*Illustration*, à l'*Artiste*, à la *Revue française*, au *Journal pour tous*, à l'*Ami de la religion*, à la *Liberté* (direction Ch. Müller), à la *Gazette de France*, au *Français*, au *Journal de Bruxelles*, etc. — On doit à M. V. Fournel : *Ce qu'on voit dans les rues de Paris (1858); Du rôle des coups de bâton dans les relations sociales et en particulier dans l'histoire littéraire* (même année); *Curiosités théâtrales anciennes et modernes (1859)*; les *Spectacles populaires (1860); Tableau du vieux Paris (1862)*; la *Littérature indépendante et les écrivains oubliés du XVIIe siècle (1864)*; le *Danemark en 1867 (1868); Par ballon monté (1871); Paris et ses ruines en mai 1871 (1874*, in-fo, pl.); les *Vacances d'un journaliste (1876); Esquisses et croquis (1876-78*, 2 vol.); les *Contemporains de Molière* (4 vol.); les *Rues du vieux Paris (1879)*, etc. On lui doit en outre une édition du *Roman comique* et du *Virgile travesti*, de Scarron, ainsi que de divers autres ouvrages.

FOURNIER, Hugues Marie Henri, homme politique et diplomate français, né à Paris le 29 juillet 1821. Entré aux archives des affaires étrangères en 1844, M. H. Fournier devint successivement attaché à la légation de Carlsruhe, secrétaire d'ambassade de 2e classe à Saint-Pétersbourg en 1851, secrétaire à la légation de Hanovre en 1852, à celle de La Haye en 1854; secrétaire d'ambassade de 1re classe à Francfort-sur-le-Mein en mai 1857, à Madrid en août suivant, à Saint-Pétersbourg en 1859; ministre plénipotentiaire à Stockholm en 1862 et à Rome en 1872 et 1873. Au mois de décembre de cette dernière année, M. H. Fournier refusa la légation de Washington qui lui était offert, avec le titre de ministre plénipotentiaire de 1re classe, et fut mis en disponibilité sur sa demande. Aux élections sénatoriales du 30 janvier 1876, M. Fournier, conseiller général d'Indre-et-Loire, se présenta comme candidat républicain dans ce département; mais il échoua. En 1878, il accepta l'ambassade de Constantinople, il remplit ses fonctions au mieux des intérêts de la République, pendant une période particulièrement difficile, et fut, en récompense de ses services, promu grand officier de la Légion d'honneur le 30 juillet; il était commandeur depuis 1865. — Elu sénateur d'Indre-et-Loire au renouvellement partiel du 5 janvier 1879, M. Fournier prit place à gauche. Il a voté contre le projet d'expulsion des princes.

FOURNIER, Casimir Ignace Joseph, homme politique français, avocat, né au Quesnoy (Nord) le 19 février 1826, fit ses études à Valenciennes et son droit à Paris. Reçu licencié en 1848 et docteur en droit en 1850, il devint avocat au Conseil d'Etat et à la Cour de cassation, charge qu'il abandonna en 1871, pour devenir successivement chef du cabinet des ministres de l'intérieur Hérold, Picard et Lambrecht, puis directeur du service de l'Algérie et conseiller d'Etat en service extraordinaire. La chute de M. Thiers, dont il était l'ami, entraina la révocation de M. Casimir Fournier, qui se présenta aux élections sénatoriales du 30 janvier 1876 dans le département du Nord, échoua cette première fois, mais fut élu au renouvellement triennal qui, pour les sénateurs du Nord, s'effectuait le 5 janvier 1879. Il siégea à gauche et vota en conséquence, notamment pour la loi d'expulsion des princes. — M. C. Fournier a publié un *Manuel des pensions civiles*, un *Traité des contributions directes*, etc.; il a collaboré à diverses revues et recueils spéciaux, dont le *Dictionnaire d'économie politique* de M. Maurice Block. Il a été décoré de la Légion d'honneur pour services rendus pendant la guerre, en 1871.

FOURNIER, Henry, publiciste et homme politique français, sénateur, né à Bourges, le 1er septembre 1830. Il vint à Paris faire son droit et fut en même temps élève à l'Ecole des chartes. Reçu avocat en 1852, il s'inscrivit au barreau de sa ville natale, où il exerça jusqu'en 1865. Elu à cette époque membre du Conseil municipal de Bourges, il fut en outre conseiller d'arrondissement puis conseiller général pour le canton de Levet, en 1869. M. H. Fournier est l'un des fondateurs de la *Revue du Berry*; outre sa collaboration plus assidue à ce journal, il a également publié divers travaux historiques dans les *Mémoires de la Société historique du Cher*, dont il fait partie. Elu représentant du Cher à l'Assemblée nationale le 8 février 1871, M. H. Fournier prit place au centre droit et fit partie de la réunion Saint-Marc Girardin. Il a été rapporteur de la loi Tréveneuc sur le rôle des conseils généraux et prit part, mais sans grande autorité, à diverses discussions importantes, notamment sur la loi électorale et le droit de pétition. Il a signé l'adresse d'adhésion au *Syllabus*. Candidat de l' « Union conservatrice » dans le Cher, aux élections sénatoriales du 30 janvier 1876, M. H. Fournier, orléaniste, a été élu avec M. le duc de Rivière, légitimiste, porté sur la même liste que lui : un trait d'union clérical rapprochant suffisamment ces deux honorables sénateurs; mais le renouvellement partiel du Sénat, le 25 janvier 1885, leur enleva leurs sièges pour les donner à deux républicains.

FOURTOU (de), Marie François Oscar Bardy, homme politique français, né à Ribérac le 3 janvier 1836. Après avoir fait son droit à Poitiers, M. de Fourtou se fit inscrire au barreau de Bergerac; il fut même quelque temps sous-préfet de l'arrondissement dont Bergerac est le chef-lieu, dans les dernières années de l'empire. Elu représentant de la Dordogne à l'Assemblée nationale le 8 février 1871, il prit place au centre droit bonapartiste. M. de Fourtou prit une part active, dès le début, aux travaux de la Chambre; le 3 avril 1871, il se faisait l'avocat du vote au canton; au mois d'août de la même année, il présentait à l'Assemblée le rapport concluant à l'abrogation du décret du 24 octobre 1870, par lequel Crémieux naturalisait en masse tous les israélites indigènes de l'Algérie. Là, M. de Fourtou avait certainement beau jeu; mais il préféra s'en tenir aux lieux communs et dauber sur le gouvernement du 4 Septembre. Et, en effet, ce décret, que l'honorable ministre de la justice du gouvernement de la Défense nationale rendait avec la certitude de faire beaucoup de bien à ses coreligionnaires algériens, n'en faisait peut-être pas autant qu'il se l'imaginait à certains pauvres diables d'israélites, pour en faire plus, et même trop, à certains gros turbans du négoce. Mais M. de Fourtou ne parait pas s'être douté des arguments qu'il avait à sa disposition contre l'économie même du décret. Il eut à prendre de nouveau la parole en diverses circonstances; mais nous ne pouvons y découvrir ce qui put attirer sur lui le choix de M. Thiers, qui l'appelait, le 7 décembre 1872, à succéder à M. de Larcy, au ministère des travaux publics. M. de Fourtou conserva le portefeuille des travaux publics jusqu'au 19 mai 1873, date à laquelle il l'échangea contre celui des cultes, détachés de l'instruction publique, et qu'il résignait le 24 mai, avec ses collègues les leurs, suivant, ne fût-ce que pour peu de temps, M. Thiers dans sa retraite. Le 20 novembre suivant, M. de Fourtou rentrait au ministère, remplaçant M. Batbie au département de l'instruction publique et des cultes de nouveau réunis. Il signala son passage à ce ministère important par une mesure d'une grande importance aussi : il remplaça sur la porte d'un lycée le nom de *Condorcet* par celui de *Fontanes*. Le 23 mai 1874, le maréchal-président l'appelait au ministère de l'intérieur en remplacement de M. le duc de Broglie. Il n'y resta que peu de temps;

M. Magne ayant donné sa démission, M. de Fourtou insista pour qu'il fût remplacé dans le cabinet par un membre du même parti, c'est-à-dire par un bonapartiste; n'ayant pu obtenir cette satisfaction, il se retira lui-même le 19 juillet 1874. Il ne prit plus aux discussions de l'Assemblée, qu'une part insignifiante, agissant surtout par ses votes: il vota, par exemble, contre les lois constitutionnelles. Porté sur la liste du « Comité national conservateur », dans l'arrondissement de Ribérac, M. de Fourtou a été élu député aux élections législatives du 20 février 1876 avec une profession de foi « constitutionnelle ». Il reprit sa place à droite, et entrait le 16 mai 1877 dans le gouvernement de combat, où sa place était marquée d'avance, avec le portefeuille de l'intérieur. Il procéda sans tarder à une hécatombe de préfets, de sous-préfets et autres administrateurs dépendant de son ministère, si peu que ce fût soupçonnés de préférences pour la forme du gouvernement dont ils étaient les représentants, sans parler des maires révoqués en masse. Tout ce monde de fonctionnaire était remplacé par un autre monde de fonctionnaires d'opinions diamétralement opposées, quoique peu d'accord entre elles, et le prétexte, c'est que ces fonctionnaires, ainsi que les députés de la gauche, voire du centre gauche, étaient tous des partisans avérés de la Commune. A la rentrée des Chambres, le 16 juin, M. de Fourtou vint défendre devant la Chambre des députés, dont il demandait la dissolution, le message présidentiel; la discussion qui s'ensuivit fut close par un ordre du jour de défiance adopté par 363 députés de la gauche et du centre gauche. On sait comment il fut répondu à ce vote; un « gouvernement de combat » n'agit pas, d'ailleurs, comme un gouvernement ordinaire: le 23 juin, le Sénat, dont la majorité était alors monarchique et par conséquent gouvernementale, accorda au gouvernement ce qu'il lui demandait, et la Chambre des députés fut dissoute.

Nous ne rappellerons pas dans quelles conditions furent faites les élections d'octobre 1877, ni les manœuvres de tout genre qui les préparèrent, le maréchal-président mené à travers la France par M. de Fourtou pour être exhibé comme une pièce curieuse aux populations ravies, le manifeste du 19 septembre appelant les électeurs au scrutin, que M. de Fourtou rédigeait et contresignait dans sa propre maison de Ribérac, où il recevait avec éclat le maréchal de Mac-Mahon, au vu et au su de tous ses électeurs, manifeste où il était dit que si les électeurs renvoyaient à la Chambre des députés hostiles à la politique du maréchal, celui-ci se passerait de cette Chambre et gouvernerait avec le Sénat seul. Toute cette agitation, toutes ces menaces ne paraissent avoir profité qu'à M. de Fourtou, qui fut réélu, le 14 octobre, avec une énorme majorité: un candidat qui reçoit chez lui le président de la République, maréchal de France pardessus le marché, vous pensez! Les choses ont autrement tourné depuis pour M. de Fourtou, mais alors... L'ensemble des élections, somme toute, eut pour résultat de donner à la Chambre une majorité républicaine plus nombreuse, plus compacte et surtout plus déterminée. Le ministère n'en resta pas moins à son poste de combat, cachant autant que possible son découragement sous un masque de rage impuissante; et M. de Fourtou particulièrement osa venir défendre devant les députés sa propre conduite et celle du gouvernement. La Chambre, pour toute réponse, élut une commission chargée de faire une enquête sur les abus de pouvoir exercés pendant la période électorale. Le ministère donna enfin sa démission le 23 novembre. Le rapport de la commission d'enquête, lu à la tribune par M. Ch. Floquet, eut pour conséquence, en ce qui concerne le député de Ribérac, l'invalidation de son élection (18 novembre 1878) dont la vérification avait été renvoyée au terme des travaux de l'enquête. C'est dans cette séance mémorable qu'après s'être attiré une verte réplique de M. Dufaure, ministre en exercice, qu'il attaquait pour faire diversion, il reçut de Gambetta un démenti formel. Un duel au pistolet s'ensuivit entre les deux hommes d'Etat, un de ces duels ridicules où, après l'échange d'une balle qui ne touche jamais personne, l'honneur est invariablement déclaré satisfait.

Cependant, M. de Fourtou se présentait de nouveau devant ses électeurs de Ribérac, et était réélu député le 2 février 1879, mais avec près de 2,700 voix de moins que le 14 octobre 1877, le maréchal n'étant plus là. Une proposition de mise en accusation du cabinet de Broglie-Fourtou ayant été déposée, M. de Fourtou eut du moins le bon esprit de ne point la combattre, sachant parfaitement que ces choses-là se terminent comme les duels au pistolet; celle-ci, toutefois, se termina par un vote de flétrissure (mars 1879), imprimé et placardé dans toutes les communes de France, et qui aurait pu produire quelque effet si c'eût été aux frais du flétri. — Le 7 mars 1880, une vacance s'étant produite dans la représentation sénatoriale de la Dordogne, M. de Fourtou fut élu à une assez faible majorité, laquelle lui fit même complètement défaut au renouvellement triennal du 25 janvier 1885. De sorte que l'homme qui, il y a quelques années à peine, a fait tant de bruit dans un grand pays comme la France, est redevenu dans ce même pays, en tant qu'homme public, un simple petit avocat de province.

FOUSSET, Ernest Eugène, homme politique français, négociant, né à Orléans le 24 juillet 1830. Adjoint au maire de sa ville natale, juge au tribunal de commerce, M. E. Fousset fut élu député de la 1re circonscription d'Orléans le 6 avril 1879, en remplacement de M. Robert de Massy, devenu sénateur, et prit place au groupe de l'Union républicaine. Réélu le 21 août 1881, il figurait aux élections d'octobre 1885 sur la liste républicaine du Loiret, et fut élu au scrutin du 18. Il s'est abstenu dans le vote sur l'expulsion des princes.

FOWLER, John, ingénieur anglais, président de l'Institution des ingénieurs civils, est né à Sheffield en 1817. Après ses études terminées, il devint élève de l'éminent ingénieur hydraulicien J. F. Leather qui, à cette époque, dirigeait la construction des immenses réservoirs fournissant l'eau à la ville de Sheffield. Il acquit en même temps des connaissances spéciales dans la construction des chemins de fer, et fut chargé du tracé de la ligne de Stourbridge à Birmingham, par Dudley et Wolverhampton, que Brunel commençai; seulement vingt ans plus tard et que lui, M. Fowler, était chargé d'achever. Comme employé de M. Rastrick, il compléta d'ailleurs son éducation dans cette branche spéciale. A vingt-sept ans il était choisi comme ingénieur pour la construction du réseau de chemins de fer connu sous la nom de « Manchester, Sheffield and Lincolnshire railway » et des ouvrages d'art qui en dépendent. Il s'établit ensuite à Londres, où il n'a pas cessé d'être employé à la construction de nouvelles lignes ferrées, de docks, etc., tant dans le Royaume-Uni que sur le continent. Mais il s'est fait surtout un nom populaire par la construction de l'*inner circle*, c'est-à-dire la portion souterraine du chemin de fer métropolitain et de ses locomotives, à ce point qu'on le désigne familièrement comme le *Fowler du chemin de fer souterrain* (Fowler of the underground Railway). — M. Fowler est ingénieur consultant de la compagnie du chemin de fer de Manchester-Sheffield et Lincolnshire, du Great-Western, etc.; il est en outre ingénieur en chef du gouvernement égyptien, pour lequel il a dirigé d'importants travaux jusqu'à la dernière crise, qui a démontré au khédive, entre autres choses, la nécessité impérieuse de faire des économies.

FRANÇAIS, François Louis, peintre français, né à Plombières le 17 novembre 1814. Il se destinait à l'Ecole polytechnique et étudiait les mathématiques dans le but de s'y faire admettre; mais il ne put achever ses études spéciales, à cause de la position de fortune modeste de ses parents. Venu à Paris en 1829, il obtint un emploi de garçon de magasin chez un libraire, étudia le dessin avec passion et, après cinq ans de lutte et de privations, appuyé par quelques gens de lettres avec lesquels son humble position le mettait en rapports, il obtint des commandes de vignettes et de lithographies pour des éditions de luxe telles que le *Paul et Virginie* de Curmer et la *Touraine* de Mame, et de dessins pour des journaux tels que l'*Illustration*; il se fit, surtout dans la lithographie, une réputation honorable. Etudiant en même temps la peinture avec Corot et M. Gigoux, il débutait au Salon de 1837 par une *Chanson sous les saules*, peint en collaboration avec H. Baron. De l'œuvre devenue considérable de M. Français, nous citerons: *Jardin antique (1840)*; un *Chemin dans la forêt de Fontainebleau (1841)*; le *Parc de Saint-Cloud (1846)*, avec figures de M. Meissonnier; *Soleil couchant sur les Marais Pontins (1848)*, au musée du Luxembourg; *Paysan rabattant sa faulx (1849)*; la *Fin de l'hiver (1850)*; le *Ravin de Nepi (1851)*; *Vue des environs de Rome (1853)*; le *Ruisseau de Neufpré*, environs de Plombières; un *Buisson, Souvenir de la vallée de Montmorency*, un *Sentier dans les blés (1857)*; *Etude d'hiver*, vallée de Munster; une *Belle journée d'hiver (1858)*; les *Bords du Gapeau*, les *Hêtres de la côte de Grâce (1859)*; *Vue prise au Bas-Meudon*, le *Soir (1860)*; le *Bord de l'eau*, environs de Paris (1861); *Orphée au tombeau d'Eurydice (1863)*, au musée du Luxembourg; une *Villa italienne aux environs de Rome*, le *Bois sacré*, au musée de Lille (1864); les *Nouvelles fouilles de Pompéi (1865)*; *Environs de Rome*, le soir aux bords du Tibre et *Environs de Paris*, le matin aux bords de la Seine et par le brouillard (1866); *Maison de campagne*, et plusieurs autres toiles parues aux salons des années précédentes (Exposition universelle, 1867); les *Regains*, vallée de Munster; l'*Arrivée*, villa d'Este, avec H. Baron (1868); le *Mont Blanc vu de Saint-Cergues (1869)*; *Daphnis et Chloé*, *Vue prise aux Vaux de Cernay (1872)*; *Souvenir de Nice*, *Portrait de M. Ildefonse Rousset (1873)*; la *Source*, une *Terrasse à Nice (1874)*; le *Ravin du Puits-Noir*, le matin (1875); le *Miroir de Scey, à la tombée de la nuit*, souvenir de Franche-Comté (1876); le *Mont Cervin*, le *Lac de Nemi (1878)*; la *Vallée de Rossillon, le matin (1879)*; *Rivage de Capri*, panneau décoratif; un *Coin de villa, à Nice (1883)*; une *Matinée à Clisson*; *Derniers jours d'automne sur les bords du Géhard, dans les Vosges (1884)*; le *Lac de Nemi*, vue prise des hauteurs; *Rivière ombragée, à Clisson (1885)*; *Dans un ravin, près de Plombières*, étude de printemps; *Pont sur l'Eaugronne*, près de Plombières (1886); des dessins, des aquarelles, des lithographies. — M. Français a obtenu une médaille de 3e classe en 1841, des médailles de 1re classe en 1848, 1855 (Exposition universelle) et 1867 (Exposition universelle) et la médaille d'honneur à l'Exposition universelle de 1878. Décoré de la Légion d'honneur en 1853, il a été promu officier en 1867.

FRANCE, Jacques Anatole, littérateur français, fils de libraire, né à Paris le 16 avril 1844, fit ses études au collège Stanislas et débuta dans la carrière des lettres par une étude biographique sur *Alfred de Vigny (1868)*. M. A. France a publié depuis: les *Poèmes dorés (1873)*; les *Nuits corinthiennes*, poésies (1876); *Jocaste*, roman, suivi du *Chat maigre*, nouvelle; et une étude sur *Lucile de Châteaubriand, sa vie, ses contes, ses poèmes et ses lettres (1879)*, etc. il a été attaché en 1876 à la bibliothèque du Sénat, et a écrit des études littéraires placées en tête d'éditions de bibliophiles de divers ouvrages célèbres, du XVIIe siècle principalement. M. Anatole France a collaboré, en outre, à plusieurs journaux et revues et a succédé en octobre 1885 à M. Jules Claretie, nommé administrateur général de la Comédie Française, comme chroniqueur du *Temps*, chargé de l'article hebdomadaire intitulé: la *Vie à Paris*.

FRANCESCHI, Louis Julien ou Jules, sculpteur français, élève de Rude, né à Bar-sur-Aube le 11 janvier 1825, de parents d'origine italienne. On cite de cet artiste: *Jeune berger soignant son chien malade*, plâtre (1850); les *Roses*, plâtre (1852); *Napolitain jouant à la morra*, statue en plâtre (1853); *Jeune chasseur attaquant un renard* et *Andromède*, plâtres (1857); *Mieczislas Kamienski, tué à Magenta*, statue en bronze pour son tombeau (1861); *Danaïde*, marbre et *M. L. H., aspirant de marine*, statue en bronze (1863); la *Foi (1864)*; *Saint Sulpice (1867)*; le *Réveil*, plâtre (1869); le marbre de la statue précédente (1873); *Mort du commandant Baroche, au Bourget, le 30 octobre 1870*, bas-relief pour la chapelle du Bourget; *Portrait de M. Régnier, de la Comédie-Française*, buste en plâtre (1874); *Portrait de Mme Carvalho*, buste en marbre (1878); *Portrait de M. le docteur E. Mesnet*, buste en marbre (1884); *Portrait de M. Emile Augier* et *Portrait de Mme Baretta-Worms*, bustes en marbre (1885); la *Fortune*, statue en marbre, et un grand nombre de bustes en plâtre, en marbre et en bronze. — M. J. Franceschi a obtenu une médaille de 3e classe en 1861, des médailles en 1864 et 1869, et la croix de la Légion d'honneur en 1874.

FRANCHI, Ausonio (Francesco Bonavino, *dit*), philosophe italien, né en 1828 à Pegli, province de Gênes. Il étudia la théologie et fut ordonné prêtre à vingt-cinq ans; mais l'étude assidue des philosophes rationalistes ayant détruit toute foi en lui, il donna sa démission en 1849, abandonnant jusqu'à l'institution prospère qu'il dirigeait à Gênes, et se composant un pseudonyme caractéristique (de *Ausonio*, italien et *franco*, libre), il s'institua philosophe et mena la vie indépendante de l'homme de lettres. — On a de lui: une *Grammaire latine* et une *Grammaire générale italienne (1850)*; la *Philosophie des écoles italiennes (1852)*; *Etude philosophique et religieuse du Sentiment (1854)*; le *Rationalisme du peuple* (Paris, même année): la *Religion du XIXe siècle*, etc. Il publia, en 1868, sous ce titre: l'*Epistolario*, une collection de lettres de Giuseppe La Farina, mort en 1863, à laquelle M. Crispi, qui n'est pas enragé, répondit par son pamphlet: les *Rages d'outre-tombe*, ce qui ne calma qu'à demi l'émotion produite parmi les membres de la gauche parlementaire par cette publication inattendue. — Ausonio Franchi avait fondé à Turin, en 1854, une revue hebdomadaire: la *Ragione* (la Raison).

FRANCILLON, Robert Edouard, littérateur anglais, d'une famille d'origine française, né à Gloucester en 1841. Il fit ses études au collège de Cheltenham et à l'université de Cambridge, où il prit les plus hauts grades en 1862, fut reçu au barreau à Gray's Inn en 1864, et fut quelque temps attaché au cercle judiciaire d'Oxford en 1867, il était rédacteur en chef du *Law Magazine* et fit partie un peu plus tard de la rédaction du *Globe* de Londres. Mais il avait débuté de bonne heure dans la littérature d'imagination. On cite de M. Francillon en ce genre: l'*Engagement de Grace Owen*, paru dans le *Blackwood Magazine*, en 1868; et qui fut suivi de: le *Repaire du comte (1870)*; *Perle et Emeraude (1872)*; la *Fortune de Zelda (1873)*; *Olympia (1874)*; *Un chien et son ombre (1876)*; *Eaux bizarres (1878)*, etc. Il a été le principal rédacteur des publications de Noël intitulées: *En boule de neige (1874)* *Rayé d'or (1875)* et le seul de celles intitulées: *Bonheur rare (1876)*; *Dans l'ombre (1877)*, etc. Il a fourni, en outre, nombre de nouvelles, d'historiettes et d'articles variés au *Blackwood Magazine*, au *Gentleman's Magazine*, à l'*All the year round* et à diverses autres publications périodiques, et a publié dans un autre ordre de travaux: *Caractères nationaux* et *Flore et faune de Londres (1872)*, esquisses parues d'abord dans le *Globe*. On doit enfin à M. Francillon nombre de chansons et romances mises en musique et les paroles des cantates de M. F. H. Cowen (Voy. ce nom): la *Rose virginale* et le *Corsaire*.

FRANCIS, Francis, naturaliste et littérateur anglais, né en 1822 à Seaton, dans le comté de Devon, fit ses études à l'école de Saint-Paul, de Southsea. M. Francis a collaboré de bonne heure à la presse périodique et publié divers ouvrages. Nommé commissaire des pêcheries d'huitres d'Irlande, en 1869, il est directeur du Hammam, ou Bain Turc, a été longtemps celui de l'aquarium de Brighton et est chargé depuis un demi-siècle environ de la rédaction de la partie « Pêches et pêcheries » du recueil spécial important intitulé *the Field*, de Londres. M. Francis a étudié sur place les pêcheries d'huitres de la France et de la Grande-Bretagne et les pêches maritimes d'Irlande. On lui doit plusieurs ouvrages spéciaux: *the Angler's register* (le Carnet du pêcheur à la ligne); *Fish culture* (Pisciculture); *A Book on angling* (Traité de la pêche à la ligne); *By lake and river (1871)*; *Sporting sketches*; divers rapports relatifs à la *Pêche du saumon*, etc. Il a écrit également plusieurs ouvrages d'imagination: *Pickakifax*; *The Real salt*; *Newton Dogane*; *Sidney Bellew*, etc. — M. F. Francis a obtenu diverses médailles des gouvernements de la France et de l'Australie pour les services qu'il a rendus à l'industrie des pêches.

FRANCK, Adolphe, littérateur et philosophe français, né à Liocourt (Meurthe) le 9 octobre 1809, appartient à une famille israélite. Il fit ses études classiques à Nancy, puis étudia à la faculté de Toulouse le droit, la théologie et la philosophie, à laquelle il finit par se consacrer tout entier. Reçu le premier agrégé de philosophie au concours de 1842, il professa successivement cette classe à Douai, à Nancy, à Versailles, puis au collège Charlemagne à Paris (1840). Il se faisait recevoir la même année agrégé pour les facultés, au concours nouveau institué par Cousin et ouvrait à la Sorbonne un cours public de philosophie. Elu membre de l'Académie des sciences morales et politiques en 1844, il ouvrait un nouveau cours public de philosophie sociale à la Sorbonne, en 1847, suppléait M. Barthélemy Saint-Hilaire au Collège de France de 1848 à 1852 et, chargé du cours depuis 1854, devenait titulaire de la chaire de droit international, au Collège de France, en 1856. Membre du Conseil supérieur de l'instruction publique depuis 1858, M. A. Franck a été nommé conservateur-adjoint à la Bibliothèque nationale en remplacement de Walkenaer. Il a été nommé vice-président du Consis-

toire central des israélites de France. — Outre un certain nombre de *Notices critiques et historiques* sur divers personnages appartenant plus ou moins à la philosophie, publiées dans le *Recueil* spécial de l'Académie des sciences morales, des mémoires ou articles insérés au *Journal des savants*, à la *Liberté de penser*, au *Journal des Débats*, dont il est un des plus anciens collaborateurs, au *Journal des économistes* et ailleurs, on a de M. Adolphe Franck : *Esquisse d'une histoire de la logique (1838)*; la *Kabbale, ou philosophie religieuse des Hébreux (1843)*, traduit en allemand ; le *Communisme jugé par l'histoire (1849*, 3e édit. 1871) ; *Etudes orientales (1861)*; *Réformateurs et publicistes de l'Europe (1863)*; *Philosophie du droit pénal* et *Philosophie du droit ecclésiastique (1864)*; la *Philosophie mystique en France à la fin du dix-huitième siècle (1866)*; *Philosophie et religion (1867)*; *Morale pour tous (1868)*; *Moralistes et philosophes (1871)*; *Essais de critique philosophique*; la *Religion d'Etat (1885)*, etc Il a aussi dirigé la publication du *Dictionnaire des sciences philosophiques* auquel il a personnellement beaucoup travaillé (1844-52, 6 vol., nouv. édit. 1875). — M. Adolphe Franck est commandeur de la Légion d'honneur depuis 1869.

FRANÇOIS, Alphonse, graveur français, né à Paris en 1811, élève de l'Ecole des beaux-arts et de M. Henriquel-Dupont. Il a débuté au Salon de 1842, par un *Portrait du Titien*. Il a donné depuis, principalement, des reproductions des œuvres de Paul Delaroche: *Pic de la Mirandole (1850)*; *Bonaparte franchissant les Alpes (1853)*; *Marie-Antoinette après sa condamnation (1857)*; puis un grand nombre de *Portraits*; à l'Exposition universelle de 1867: le *Couronnement de la sainte Vierge*, d'après Fra Angelico, etc. — M. A. François a obtenu une médaille de première classe (taille-douce) en 1851, un rappel en 1857 et la médaille d'honneur en 1867. Nommé chevalier de la Légion d'honneur en 1857, il a été promu officier en 1867. Il a enfin été élu membre de l'Académie des Beaux-Arts en 1873 et vice-président de cette Académie pour 1876. Il faisait partie du jury d'admission des ouvrages d'art à l'Exposition universelle de 1878, pour la section de gravure.

FRANÇOIS II, François Marie Léopold de Bourbon, ex-roi de Naples, né le 31 janvier 1836, succéda en 1858 à son père Ferdinand II, mieux connu sous le nom de *Bomba*. Il commença par rendre à la liberté Poerio, Settembrini et autres détenus politiques, et l'Angleterre et la France, qui avaient rompu avec l'impossible roi Bomba, s'empressèrent d'accréditer des représentants auprès de son successeur. On pouvait espérer, en effet, du jeune François II des réformes désirables et un système gouvernemental moins follement despotique; mais la coupe était remplie, et si les intentions que nous prêtons au dernier roi des Deux-Siciles étaient bien les siennes, le temps de les réaliser ne devait pas lui être laissé. En 1860, une insurrection éclata en Sicile; Palerme et Messine furent bombardées: mais bientôt une expédition dirigée par Garibaldi débarquait dans l'île et battait les Napolitains dans toutes les rencontres. Peu après (7 septembre), Naples était occupée par les Garibaldiens, qui avaient poussé l'audace jusqu'à y annoncer leur entrée à jour fixe, ce qui avait permis au roi de s'enfuir la veille. Il se retira à Gaëte avec sa famille, et là, du moins, se défendit bravement, et ne céda, après un siège de six mois, que devant l'intervention piémontaise, le 14 juillet 1861. — François II se retira à Rome, d'où il envoya d'inutiles protestations à toutes les autres cours européennes, et tenta, également en vain, de faire naître dans ses anciens Etats des soulèvements contre le nouvel ordre de choses. Il a résidé depuis à Saint-Mandé, près de Paris, se contentant de protester de temps à autre contre la détention abusive de ses Etats par le roi d'Italie, notamment en janvier 1879, après la mort de Victor Emmanuel et l'accession au trône du roi Humbert Ier.

FRANÇOIS-JOSEPH Ier, François Joseph Charles de Habsbourg-Lorraine, empereur d'Autriche, roi de Hongrie et de Bohême, etc., né le 18 août 1836 et élevé au trône le 2 décembre 1848, à l'abdication de son oncle Ferdinand Ier. Il est le fils de l'archiduc François Charles, héritier du trône, l'empereur Ferdinand, son frère, n'ayant pas d'enfants; mais, par un accord tacite, l'abdication de l'empereur fut immédiatement suivie de la renonciation de son héritier direct au profit de son fils, déclaré majeur peu de jours auparavant. François Joseph trouva, à son avènement au trône, l'empire d'Autriche fort ébranlé. La Hongrie, en pleine insurrection, refusa de le reconnaître comme souverain et se constitua en république, sous la présidence de Kossuth, et l'on était en guerre avec le Piémont. Le jeune monarque s'était annoncé par des promesses de réformes libérales, qui ne tardèrent pas à recevoir un commencement d'exécution apparente, par la charte constitutionnelle qu'il octroyait à ses sujets, le 4 mars 1849. Cependant, le 23 du même mois, la victoire de Novare mettait fin à la guerre, et lui permettait de tourner toute son attention et tous ses efforts contre la Hongrie, qu'un contingent de 100,000 Russes venait aider l'Autriche à écraser. En septembre suivant, l'insurrection hongroise était en effet vaincue complètement, et ses principaux chefs condamnés à mort et exécutés. Alors l'empereur abrogea la charte constitutionnelle dont on n'avait encore pu faire le moindre usage. Par l'édit de Schœnbrunn du 26 septembre 1851, il déclara le ministère responsable envers nulle autre autorité politique que le trône. En un mot, c'était le rétablissement pur et simple du pouvoir absolu, auquel son prédécesseur avait dû renoncer. Assisté du prince Schwarzenberg, et, après sa mort, du comte Buol et du baron Bach, il mettait à exécution son projet de centralisation du pouvoir, réunissant en un seul faisceau les Etats divers, les nationalités hétérogènes qui constituent l'empire d'Autriche, et avec l'aide de M. de Bruck, inaugura une série de réformes commerciales et fiscales, telles que l'abolition des douanes qui séparaient ses provinces allemandes de ses provinces italiennes ou hongroises, créa des Etats provinciaux, purement consultatifs et dont les éléments étaient choisis avec soin, et chercha à s'attacher la bourgeoisie par diverses autres réformes qui pouvaient lui être profitables.

En 1853-54, l'empereur François-Joseph tenta, mais sans succès, de détourner l'empereur Nicolas de ses projets ambitieux contre la Turquie, et se l'aliéna en refusant de l'assister contre les puissances occidentales, sans se rendre sympathiques la France ni l'Angleterre avec lesquelles, ayant signé le traité d'alliance du 2 décembre 1854, il refusait néanmoins de marcher, sous le prétexte des satisfactions données par la Russie sur divers points qui lui suffisaient. Cette attitude prudente, habile même en apparence, n'en est pas moins la cause évidente des désastres qui ne devaient pas tarder à fondre sur l'empire d'Autriche. — Marié en 1854, à la princesse Elisabeth Amélie Eugénie, fille de Maximilien Joseph, duc de Bavière, il faisait avec l'impératrice, en 1857, une visite à ses Etats italiens et hongrois, et saisissait cette occasion d'amnistier les condamnés politiques de ces deux nations. Bien accueilli partout, ainsi que la jeune souveraine, peut-être rentra-t-il à Vienne satisfait du présent et confiant dans l'avenir; cependant 1859 était proche. Refusant de soumettre à l'arbitrage d'un congrès européen la question du royaume Lombard-Vénitien, il donnait l'ordre au général Gyulay d'envahir le Piémont. Celui-ci, après avoir un instant menacé Turin, était battu à Montebello par nos troupes, le 20 mai, et était obligé de repasser en hâte le Tessin; battu à Magenta, il était forcé d'évacuer Milan. Enfin, le 24 juin, la perte de la bataille de Solférino, où François Joseph avait donné lui-même les plus grandes preuves de bravoure, terminait cette courte campagne. Les préliminaires de Villafranca, ratifiés par le traité de Zurich, lui conservaient la Vénétie, mais lui faisaient perdre la Lombardie. Cependant l'agitation continue dans la Vénétie, et la Hongrie est dans un état d'ébullition constante; le moindre incident pourrait provoquer une explosion. L'expédition de Garibaldi dans les Deux-Siciles augmente d'autre part les inquiétudes de François-Joseph, qui se décide à inaugurer une politique libérale. Il accorde donc, et suivant les nationalités, des institutions constitutionnelles à ses peuples. Ces mesures conjurent une crise imminente; mais c'est de la politique étrangère de l'Autriche, qui a trouvé des admirateurs partout, que doivent naître tous ses malheurs. Unie à la Prusse pour faire valoir contre le Danemark de prétendus droits de l'Allemagne sur les duchés de Schleswig-Holstein, l'Autriche recevait pour sa part, en vertu de la convention de Gastein, signée le 14 août 1865, le Holstein, tandis que la Prusse s'emparait du Schleswig. Tout semblait devoir être terminé, et François-Joseph publiait un manifeste contenant l'exposé des intentions les plus conciliatrices à l'égard de ses peuples de la Hongrie et de la Croatie. En décembre, il allait ouvrir en personne la Diète hongroise. En janvier 1866, un traité de commerce était échangé entre l'Autriche et l'Angleterre. Au commencement de 1865, l'empereur avait aussi gracié le général polonais Joseph Langiewicz. Enfin, il semblait que les réformes intérieures, dans le sens de la conciliation, devaient occuper toute la sollicitude de l'empereur d'Autriche, lorsque M. de Bismarck imagina qu'il pourrait bien y avoir quelques doutes sur les droits dont il s'était fait l'un des champions contre le Danemarck, et une certaine disposition à soutenir ceux que le duc d'Augustenbourg prétendait avoir sur les duchés partagés. Il s'ensuivit des discussions très vives, de celles qui ont pour conséquences premières les armements ruineux et pour résultat la guerre. Le 6 mai, un ordre impérial établissait l'armée sur le pied de guerre et prescrivait la concentration de l'armée du Nord sur les frontières de la Bohême et de la Silésie et, le 12 juin, le ministre de Prusse recevait ses passe-ports. — Le 3 juillet suivant, le général Benedeck essuyait la terrible et décisive défaite de Sadowa. Dans l'impossibilité de couvrir sa capitale et de continuer la guerre, François-Joseph accepta les préliminaires de Nicolsbourg (22 juillet), ratifiés par le traité de Prague. Son adversaire ayant pour alliée l'Italie, il avait donc été attaqué simultanément au nord et au sud; vainqueur des Italiens, il avait cependant été obligé de battre en retraite par ses défaites dans le nord, et dut plus tard abandonner la Vénétie, qu'il remit à la France, pour ne pas la remettre à un adversaire qu'il avait vaincu (septembre). — Cette campagne désastreuse paraissait devoir amener la dislocation prompte de l'empire d'Autriche. C'est précisément le contraire qui arriva. François-Joseph résolut d'entrer franchement, cette fois, dans la voie des réformes libérales et, pour l'y aider, il appelait dans ses conseils, dès le mois d'octobre, l'ancien premier ministre de Saxe, comte de Beust (voyez ce nom), qui resta au pouvoir jusqu'en novembre 1870, époque où il fut remplacé par le comte Andrassy. Nous nous sommes occupés ailleurs des réformes apportées au régime politique de l'Autriche par M. de Beust, dont l'un des principaux résultats fut la réconciliation avec la Hongrie et le couronnement de l'empereur d'Autriche comme roi de Hongrie, le 8 juin 1867, à Pesth.

L'empereur François-Joseph assistait à l'ouverture du canal de Suez, en novembre 1869. En 1871, il eut à Gastein une entrevue mémorable avec son ancien ennemi, le nouvel empereur d'Allemagne. Nous rappellerons encore l'entrevue des trois empereurs d'Autriche, de Russie et d'Allemagne, à Berlin, dans l'automne de 1872, entrevue qui s'est renouvelée en 1875-1876 et bien souvent depuis, mais où leurs ministres remplissaient les rôles les plus en vue, raison pour laquelle nous n'y insistons pas, renvoyant aux notices relatives à ceux-ci. En février 1874, l'empereur François-Joseph était, en outre, allé rendre visite à l'empereur Alexandre II à Saint-Pétersbourg. Il se rencontrait, événement plus caractéristique encore, avec Victor Emmanuel à Venise, en avril 1875. En 1878, le Congrès de Berlin autorisait l'Autriche à occuper, c'est-à-dire à s'annexer la Bosnie et l'Herzégovine, ce qui ne se fit pas sans peine, mais ce qui se fit, après tout. Depuis lors, les deux ennemis de 1866 n'ont pas cessé d'échanger les témoignages d'une heureuse entente et de la plus parfaite cordialité. — Au mois d'avril 1879, l'empire d'Autriche célébrait par des réjouissances variées et au milieu d'une pompe tout impériale les noces d'argent de ses souverains, l'empereur François-Joseph et l'impératrice Elisabeth de Bavière.

FRANKLAND, Edward, chimiste anglais, né à Churchtown, près de Lancastre, le 18 janvier 1825, fit ses études au collège de Lancastre, au Muséum de géologie pratique, à Londres et en Allemagne, aux universités de Marbourg et de Giessen. Il fut nommé successivement professeur de chimie au collège Owen, à Manchester, en 1851 ; à l'hôpital Saint-Barthélemy, à Londres, en 1857 ; à l'Institution royale de la Grande-Bretagne en 1863, au Collège royal de chimie (Ecole royale des mines) en 1865, à l'Ecole normale des sciences du musée de South Kensington en 1881 ; commissaire royal d'enquête sur les causes de la corruption des rivières en 1868, président de la Société de chimie en 1871 et président de l'Institut de chimie en 1877. Le Dr Frankland a été élu membre de la Société royale de Londres en 1853, membre correspondant de l'Académie des sciences de Paris (section de chimie) en 1866, membre étranger de l'Académie royale de Bavière en 1868 et des académies de sciences de Berlin, de Saint-Pétersbourg, etc. — On a de lui : *Recherches sur l'isolation des radicaux des composés organiques, et autres recherches de chimie organique*, récompensé par une médaille d'or de la Société royale en 1858 ; *Recherches sur la manufacture et la purification du gaz de houille* ; *De l'influence de la pression atmosphérique sur la lumière du gaz, de la bougie et autres flammes* ; *Sanitariums d'hiver dans les Alpes et ailleurs* ; *Recherches sur la composition et les qualités de l'eau potable* (Composition and qualities of water used for drinking and other purposes) ; *Purification des eaux ménagères des villes et autres liquides souillés*. Il est également le coauteur, avec M. J. Norman Lockyer, des intéressantes *Recherches sur l'atmosphère du soleil* (Researches connected with the Atmosphere of the Sun). En 1882, il fit, au cours du soir de l'Institution royale de la Grande-Bretagne, une conférence sur le *Climat dans les villes et à la campagne*, qui eut un très grand succès.

FRANKLIN, Alfred Louis Auguste, littérateur et bibliophile français, né à Versailles le 16 décembre 1830, fit ses études à Paris, au collège Bourbon et débuta dans la carrière littéraire par des feuilletons et des revues dramatiques publiés dans la presse périodique de l'époque. En 1856, il publiait une brochure politique : l'*Intervention à Naples et le règne de Ferdinand II*. Attaché peu après à la bibliothèque Mazarine, cette position décida de sa carrière d'écrivain. Nous voyons dès lors M. A. Franklin collaborer au *Bulletin du bouquiniste* au *Bulletin du bibliophile*, au *Bibliophile illustré*, à la *Nouvelle biographie générale*, à *Paris à travers les âges*, au *Bulletin* de la Société de l'histoire du protestantisme français, dont il est membre, au *Protestant libéral*, au *Lien*, au *Disciple de Jésus-Christ*, à l'*Intermédiaire des chercheurs et des curieux*, qu'il a dirigé quelque temps, etc. Il a été nommé administrateur-adjoint de la bibliothèque Mazarine en janvier 1885, en remplaçant de M. Baudry, décédé.

On doit à M. Alfred Franklin : *Histoire de la bibliothèque Mazarine depuis sa fondation jusqu'à nos jours (1860)*; la *Bibliothèque impériale, son organisation, son catalogue (1861)*; les *Origines du palais de l'Institut, recherches historiques sur le Collège des Quatre-Nations, d'après des documents entièrement inédits (1862)*; *Recherches sur la bibliothèque publique de l'église Notre-Dame au XIIe siècle, d'après des documents inédits (1863)*; *Recherches historiques sur la bibliothèque de la faculté de médecine de Paris*, ibid, ibid. (1864); *Histoire de la bibliothèque de l'abbaye Saint-Victor de Paris*, ibid. (1865); les *Anciennes bibliothèques de Paris: églises, monastères, collèges* (Imprimerie nationale, 1867-73, 3 vol. in-fol.), ouvrage commandé par le préfet de la Seine ; *Préface du catalogue de la bibliothèque Mazarine, rédigée en 1751 par le P. Desmarais, bibliothécaire*, traduite en français et annotée (1867) : *Etude historique et topographique sur le plan de Paris de 1540, dit « plan de tapisserie » (1869)*; *Mémoire confidentiel adressé à Mazarin par Gabriel Naudé, après la mort de Richelieu, publié d'après le manuscrit autographe et inédit (1870)*; *Estat, nom et nombre de toutes les rues de Paris en 1636 (1873)*; les *Rues et les cris de Paris au treizième siècle (1874)*; *Ameline Dubourg*, couronné par l'Académie ; *Dictionnaire des noms, surnoms et pseudonymes latins de l'histoire littéraire du moyen âge (1875)*; les *Sources de l'histoire de France (1877)*; les *Anciens plans de Paris (1878-80)*, etc. Ajoutons à cette nomenclature incomplète une édition de la *Vie de Calvin*, de Théodore de Bèze, augmentée et précédée d'une introduction (1864). M. A. Franklin a été décoré de la Légion d'honneur le 9 février 1876, pour ses « travaux importants relatifs à la Ville de Paris ».

FRÉBAULT, Charles Victor, général français, sénateur, né le 1er février 1813. Entré en 1833 à l'Ecole polytechnique, il en sortait deux ans après comme sous-lieutenant dans le corps d'artillerie de la marine. Il fut promu successivement lieutenant en 1837, capitaine en 1840, commandant en 1848, lieutenant-colonel en 1854, colonel en 1856, général de brigade en 1861 et général de division le 6 novembre 1867. Il a été, dans le cours de sa carrière, attaché à la direction de l'artillerie, à Brest, puis à l'inspection générale de l'artillerie de la marine, directeur de la fonderie de Nevers, commandant de l'école de pyrotechnie de Toulon et membre du Conseil des travaux de la marine. Nommé gouverneur de la Guadeloupe en 1859, il était rappelé en France en 1864

et nommé directeur de la marine au ministère de la marine et des colonies. Commandant en chef de l'artillerie de la 2e armée, au siège de Paris, il assista en cette qualité à la bataille de Champigny, où il se signala d'une manière particulière. — Aux élections du 8 février 1871, le général Frébault fut élu représentant de la Seine, le vingt-sixième, et alla prendre place à la gauche de l'Assemblée, avec laquelle il vota constamment. Il prit part avec autorité, mais sans succès, à la discussion des lois militaires. Le 10 décembre 1875, il était élu par l'Assemblée nationale sénateur inamovible le troisième sur soixante-quinze. Au Sénat, comme à l'Assemblée nationale, il fait partie de la gauche. Il a voté l'expulsion des princes. — Grand officier de la Légion d'honneur depuis 1866, le général Frébault a été promu grand croix le 16 décembre 1870. Il a été maintenu dans le cadre de l'activité, quoique ayant atteint la limite d'âge, par décret du 20 janvier 1878.

FRÉBAULT, Félix Charles, médecin et homme politique français, né à Metz le 7 mars 1815. Reçu docteur en médecine de la faculté de Paris en 1840, il s'établit dans le quartier du Gros-Caillou, où il est demeuré depuis. Il servit comme chirurgien du 15e bataillon de la garde nationale pendant le siège de Paris et eut, en outre, la direction de trois ambulances pendant le second siège. Arrêté lors de l'entrée à Paris des troupes régulières, il fut, toutefois, aussitôt relâché. M. le docteur Frébault qui s'est acquis, dans son quartier, une légitime popularité, était élu, le 30 juillet 1871, au second tour de scrutin, membre du Conseil municipal de Paris pour le quartier du Gros-Caillou (7e arrondissement), et était réélu au même titre, mais au premier tour et à une grande majorité, le 29 novembre 1874. M. le docteur Frébault a été élu député du VIIe arrondissement de Paris, au scrutin de ballottage du 5 mars 1876, contre M. Bartholoni, candidat bonapartiste, et siégea à l'extrême gauche. Réélu le 14 octobre 1877 et 21 août 1881, il poursuivit la même politique, s'occupant, quant aux questions spéciales, d'instruction populaire surtout. Aux élections d'octobre 1885, le docteur Frébault figurait sur la liste radicale. Il fut élu au scrutin du 18. — Il a voté l'expulsion totale des princes.

FRECHETTE, Louis Honoré, littérateur et journaliste franco-canadien, né à *Levis*, près de Québec, le 16 novembre 1839, fit ses études aux collèges Sainte-Anne et Nicolet de cette dernière ville, fit son droit, et fut admis au barreau du Bas-Canada en 1864. Il s'occupa de bonne heure de journalisme, collabora activement à la presse française de la province, puis fonda successivement le *Journal de Québec* et le *Journal de Levis*. En 1862, il publiait un volume de poésies intitulé : *Mes loisirs ;* puis deux drames : *Papineau* et l'*Exilé* Elu membre de la législature locale de Québec par sa ville natale, il fut élu député au parlement du Dominion, en 1872, et y a représenté, jusqu'en 1878, la ville de Levis. M. Frechette a publié pendant cette période : les *Fleurs boréales* et les *Oiseaux de neige,* poésies qui furent couronnées par l'Académie française en 1880 ; un autre volume de poésies, intitulé *Pêle-mêle,* en 1877, etc.

FRÉDÉRIC-GUILLAUME, Nicolas Charles, fils aîné de l'empereur Guillaume Ier et héritier présomptif de la couronne impériale d'Allemagne, est né le 18 octobre 1831. Entré de bonne heure dans l'armée prussienne, il était promu lieutenant-général en 1860, faisait en cette qualité la campagne des duchés (1864), dans l'état-major du feld-maréchal Wrangel et était nommé général au début de la guerre avec l'Autriche, en 1866, et placé à la tête de trois corps d'armée, outre les gardes du corps commandés par le prince Auguste de Würtemberg. Le prince Frédéric-Guillaume conduisit son armée, forte de 125,000 hommes, de la Silésie prussienne en Bohême, par les passes des monts Sudètes, opération pleine de difficultés dont il triompha, poursuivant sa route au prix de quelques combats livrés à Trantenau, Nachod, Skælitz et Schweinschadel, réussissant à opérer sa jonction avec l'armée du prince Frédéric-Charles en plein champ de bataille de Sadowa (3 juillet 1866), au moment où les Autrichiens ne l'attendaient plus, et décidant évidemment le succès de la journée. Sa marche hardie, marquée par des succès répétés, à travers la Bohême, l'action décisive de son intervention à Königgrätz établirent sa réputation militaire qui n'avait guère eu l'occasion de s'affirmer jusque-là et, lorsqu'éclata la guerre de 1870, il fut placé à la tête de la troisième armée allemande, comprenant les 5e, 6e et 11e corps de la Confédération du Nord et les 1er et 2e corps bavarois ainsi que les contingents badois, würtembergeois et hessois : en tout, environ 200,000 hommes et 500 canons. Le 4 août, il attaquait les positions du général Abel Douay, à Wissembourg. Victorieux, comme on ne le sait que trop, il remportait, le 6, à Reichshoffen, une victoire plus brillante encore sur le maréchal Mac-Mahon. Arrivé le 5 au soir de Wissembourg avec 130,000 hommes, il attaquait les positions françaises le lendemain à sept heures. L'armée française était de moitié moins nombreuse ; ses lignes furent tournées sur deux points, sa gauche et son centre forcés, en dépit de la charge désespérée ordonnée par le maréchal en dernier ressort et dont l'histoire perpétuera l'héroïque souvenir. Après une série de mouvements décelant un tacticien consommé et un chef d'armée d'une remarquable décision, l'armée de Frédéric-Guillaume jointe à celle de Frédéric-Charles et appuyée par les Bavarois sous les ordres du général Von der Tann, faisait subir, à Sedan, à l'armée française commandée par le maréchal de Mac-Mahon, blessé dès le début de l'affaire, un de ces désastres irréparables comme l'histoire en compte bien peu (1er septembre). On sait le résultat de cette douloureuse affaire : l'empereur, dont il est presque impossible que la présence au milieu de l'armée n'ait pas entravé ou gêné le commandement, faisait hisser le drapeau blanc à 4 heures, et capitulait avec 83,000 hommes, 10,000 chevaux et 400 pièces de canon. L'émotion produite à Paris fut immense et douloureuse ; aussi est-ce unanimement que la révolution du 4 Septembre, qui s'ensuivit, y fut acclamée. Après Sedan, le prince Frédéric-Guillaume se dirigea vers Paris et entrait à Versailles, le 20 septembre, sans avoir rencontré d'obstacles sur sa route. Il commença, dès lors, l'investissement sérieux de la capitale, dont son armée occupa les positions de la rive gauche, tandis que celle du prince royal de Saxe investissait la rive droite. Il demeura, quant à lui, avec ses troupes jusqu'à la conclusion de la paix. Nous ne raconterons pas les épisodes du siège : le bombardement de Paris, qui devait amener ce « moment psychologique » sur lequel nos ennemis comptaient tant et qui ne vint pas ; la capitulation (26 janvier 1871) ; la Commune, dont le spectacle sinistre dut singulièrement régaler nos vainqueurs. Ces événements appartiennent exclusivement à l'histoire générale. — Le prince Frédéric-Guillaume créé feld-maréchal de Prusse en même temps que son cousin, le prince Frédéric-Charles (28 octobre 1870), était créé feld-maréchal de Russie le 8 novembre suivant. En juillet 1871, il faisait un voyage en Angleterre, avec la princesse Victoria, sa femme, et devenait l'hôte de sa belle-mère, la reine Victoria, à Osborne, après quelques jours passés à Londres. Il a été depuis chargé de diverses missions, notamment en Italie et en Espagne, et désigné comme régent par l'empereur son père, blessé par la balle d'un assassin en 1878. — Il a épousé, le 25 janvier 1858, Victoria Adélaïde, princesse royale de la Grande Bretagne, dont il a eu sept enfants : Frédéric Guillaume Victor Albert, né le 27 janvier 1859 ; Victoria Elisabeth Augusta Charlotte, née le 24 juillet 1860 ; Albert Guillaume Henry, né le 20 août 1862 ; Frédérica Amélia Wilhelmina Victoria, née le 12 avril 1866 ; Joachim Frédéric Ernest Waldemar, né le 10 février 1868 ; Sophie Dorothée Ulrique Alice, née le 14 juin 1870 ; et Marguerite Béatrix Féodore, née le 22 avril 1872

FREMIET, Emmanuel, sculpteur français, né en 1824 à Paris, est élève de Rude, son oncle. Après avoir exécuté, pendant plusieurs années, des *études* anatomiques destinées au musée Orfila, il débutait au Salon de 1843, par une *Gazelle*, étude en plâtre. Il a donné depuis un *Dromadaire*, en cire (1847). *Ravaude* et *Mascareau*, études de chiens (1848) ; *Matador*, chien ; plusieurs groupes de *Chats ; Renard, Héron, Chameau tartare (1849) ; Ours blessé, Chien courant blessé*, au musée du Luxembourg, *Poules cochinchinoises (1850) ; Ravageot* et *Ravageode*, deux études de chiens et le *Cheval à Montfaucon*, ce dernier acheté par le ministère d'Etat (1853) ; *Carabinier, Artilleur à cheval, Gendarme à cheval, Voltigeur, Brigadier des guides*, statuettes (Exp. univ., 1855) ; le *Centaure, Chat de deux mois (1861) ; Cavalier gaulois (1862) ; Centaure emportant un ours (1863) ; Paon et ours*, un *Chef gaulois*, statue équestre (1864) ; *Cavalier romain* (Exp. univ., 1867) ; *Napoléon Ier*, statue équestre, *Métamorphose de Neptune en cheval (1868)* ; un *Marabout*, statuette, bronze (1869) ; *Fauconnier*, statuette, bronze argenté et *Damoiselle*, ibid., ibid. (1873) ; *Jeanne Darc*, statue équestre commandée par le ministère des Beaux-Arts et érigée sur la place de Rivoli, œuvre vivement critiquée et avec raison : c'était une erreur que l'artiste lui-même a, croyons-nous, reconnue (1874) ; *Jeanne Darc*, statue tumulaire en plâtre ; *Homme de l'âge de pierre*, statue en bronze, étude magnifique, faite à l'aide de la reconstitution du modèle sur des fragments humains de l'âge de pierre, *Menestrel du XVe siècle*, statuette, bronze argenté (1875) ; *Rétiaire et gorille*, groupe, terre cuite, d'une belle et juste exécution et une *Dame de la cour, au XVIe siècle (1876) ; Saint Grégoire de Tours*, statue en pierre ; *Chevalier errant*, statue équestre, plâtre (1878) ; *Saint Michel*, un *Spadassin*, statuette en bronze doré et argenté (1880) ; *Porte-falot à cheval du XVe siècle*, plâtre ; *Charmeur de serpents*, statuette en bronze (1883) ; *Ours et hommes de l'âge de pierre*, groupe en plâtre ; *Chevaux de courses*, groupe en bronze (1885) ; *Chiens courants* et *Levriers*, bronze (1886). — M. E. Fremiet a produit, en outre, pour les éditeurs, un grand nombre de statuettes en bronze, plâtre, etc., une statue équestre de Napoléon III et pour lui, ainsi qu'une collection complète des armes de l'armée française. — Il a obtenu deux médailles de 3e classe, en 1849 et 1855, et deux médailles de deuxième classe, en 1851 et 1867 ; décoré de la Légion d'honneur en 1860, il a été promu officier en 1878. M. E. Fremiet a été nommé professeur de dessin d'animaux au Museum d'histoire naturelle, en remplacement de Barye, en 1875.

FRÉMONT, John Charles, général, homme politique et explorateur américain, d'origne française, né à Savannah, dans l'Etat de Georgie, le 21 janvier 1813. Son père, émigré de peu de ressources, s'était établi d'abord à Norfolk, dans la Virginie, comme professeur de français. Il mourut en 1818, laissant une veuve et trois enfants. John Charles, entré au collège de Charleston (Caroline du Sud) à quinze ans, ne tarda guère à s'en faire expulser sommairement. Il se fit alors professeur de mathématiques et prit la direction d'une école du soir. En 1833, il devint professeur de mathématiques à bord du sloop de guerre *Natchez*, prêt à prendre la mer pour une croisière dans l'Amérique du Sud. De retour après une absence de deux années, il fut nommé professeur de mathématiques de la marine. Mais il donna bientôt sa démission et devint inspecteur de chemins de fer. En 1839, le président Van Buren lui donna une commission de lieutenant dans le corps du génie topographique. En 1841, il s'enfuyait avec une fille du sénateur Benton, du Missouri, dont la main lui avait été refusée et qu'il épousait. En 1842, M. Frémont entreprenait le relevé géographique de toute la région s'étendant du fleuve Missouri à l'océan Pacifique. Pendant sa première expédition, il explora le passage au sud par les montagnes Rocheuses dont il gravit le sommet le plus élevé, appelé depuis par cette raison le pic Frémont, qui a 13,570 pieds d'élévation. Il publia en 1843 son rapport sur cette expédition et en entreprit immédiatement une autre, ayant pour but le relèvement des contrées inconnues situées entre les montagnes Rocheuses et le Pacifique. Il partit en mai 1843, avec trente-neuf hommes, et le 6 septembre, après avoir franchi une distance de 1,700 milles, il atteignait le Grand Lac Salé, sur lequel on n'avait encore que des renseignements fort vagues ; son rapport sur le pays qui l'entoure eut une influence décisive sur l'immigration mormone dans l'Utah. Du Grand Lac Salé M. Frémont se dirigea vers la source du fleuve Columbia, dont il descendit ensuite le cours jusqu'au fort Vancouvert, près de son embouchure, et se disposait, le 10 novembre, à effectuer son retour dans les Etats, par la route Nord-Est, à travers un pays traversé par des chaînes de montagnes escarpées. Il ne tarda pas à y rencontrer des neiges épaisses qui lui interdirent le passage des montagnes, et il lui fallut redescendre dans une plaine immense et déserte, avec la perspective plus ou moins prochaine de mourir de froid et de faim, lui et ses compagnons. Ayant constaté, par des observations astronomiques, qu'il se trouvait à peu près sous la même latitude que la baie de San Francisco, quoique séparé de la Californie par des montagnes couvertes de neige que les Indiens déclaraient inaccessibles à l'homme, il en entreprit le passage sans guide, et après quarante jours de marche, atteignit le fort Sutter, sur le Sacramento, au commencement de mars. Ses hommes étaient réduits à l'état de squelettes, et sur soixante-sept chevaux, il lui en restait trente-trois vivants. Il se remit en route le 24 mars et atteignit le Kansas en juillet (1844), ayant été absent quatorze mois. — Ayant reçu le brevet de capitaine, il entreprit, au commencement du printemps de 1845, une troisième expédition ayant pour objectif le grand bassin et la région maritime de l'Orégon et de la Californie. L'été fut employé à l'examen des eaux supérieures des fleuves qui ont leurs sources dans les montagnes séparant la vallée du Mississipi du Pacifique, et, au mois d'octobre, il campait de nouveau sur les bords du Grand Lac Salé. De là, traversant la Sierra Nevada au milieu de l'hiver, il se dirigea, avec quelques hommes, vers la vallée de San Joaquin, en Californie, où il laissa reposer ses hommes et se rendit à Monterey, la capitale, pour obtenir des autorités mexicaines la permission de poursuivre son voyage. Cette permission, d'abord accordée, lui ayant presque aussitôt été retirée, M. Frémont refusa d'obéir à cette tardive interdiction. En conséquence, le gouverneur général Castro rassembla ses troupes, avec l'intention de s'opposer par la force aux projets des aventuriers américains. Ceux-ci, de leur côté, se mirent en devoir de résister. Frémont avait avec lui soixante-deux hommes bien armés et pourvus abondamment de munitions ; il fit abattre des arbres, construire une sorte de fort primitif, mais d'une solidité éprouvée, avec les troncs de ces arbres, et attendit l'attaque des Mexicains. Cette attaque ne s'étant pas produite, après quatre jours d'attente, il reprit son voyage le soir du quatrième jour et traversa sans être inquiété, toute la vallée du Sacramento, jusqu'à l'Orégon. Au commencement de mai 1846, il fut rejoint par une expédition envoyée à sa recherche, avec des dépêches de Washington lui donnant pour instruction de veiller sur les intérêts américains en Californie, attendu qu'il y avait quelque raison de craindre que les Mexicains ne fussent en train de négocier la cession de cette contrée à la Grande-Bretagne. Il retourna en conséquence en Californie, tandis que le général Castro réunissait ses troupes pour détruire les établissements américains du Sacramento. Les *settlers* se réfugièrent dans le camp de Frémont ; et peu après, la Californie septentrionale était affranchie de la domination mexicaine, et M. Frémont élu gouverneur de cette nouvelle terre américaine. Vers le même temps, la guerre éclatait entre le Mexique et les Etats-Unis, et les Américains s'emparaient de Monterey, fait d'armes initial d'une campagne qui ne devait se terminer que par la conquête de la Californie, sanctionnée par le traité conclu le 13 janvier 1847, entre le commodore Stockton et les autorités mexicaines. Le commodore Stockton avait nommé Frémont commandant militaire et gouverneur civil de la Californie, lorsqu'arriva le général Kearny, à la tête d'un détachement de dragons. Celui-ci voulut prendre le commandement général, que le commodore Stockton ne voulut pas lui céder ; il s'ensuivit des ordres contradictoires adressés à Frémont par ses deux supérieurs en état d'hostilité ; mais il ne consentit à en recevoir que du commodore. De Washington cependant, Stockton reçut bientôt l'ordre de remettre le commandement au général Kearny et celui-ci se vengea de Frémont, désormais sous ses ordres, en le faisant arrêter et écrouer au fort Leavenworth, où il avait pris la précaution, plus habile que noble, de se faire accompagner par lui sous un prétexte quelconque. A force de réclamer sa mise en jugement, Frémont obtint de passer devant une cour martiale, à la fin de janvier 1848, sous prévention de rébellion contre son supérieur. Jugé coupable, il fut condamné à être rayé des cadres de l'armée. Tout en approuvant la sentence, le résident Polk voulut conserver son grade à un officier aussi méritant que le capitaine Frémont ; mais celui-ci s'opposa à cet acte de clémence, et donna sa démission. Au mois d'octobre suivant, il partait pour une quatrième expédition, organisée à ses propres frais. Avec trente-trois hommes et cent vingt mules, il se mit en marche, longeant le cours supérieur du Rio Grande, à travers un pays occupé par des tribus indiennes hostiles, dans le but de trouver par là une route praticable conduisant en Californie. En traversant la Sierra Nevada, son guide s'égara, et l'expédition eut cruellement à souffrir, tant du froid que de la faim. Quelques malheureux se livrèrent même au cannibalisme ; un tiers des hommes et tous les animaux périrent, et il fut forcé de rétrograder vers Santa Fe, dans le Nouveau-Mexique. Là, il reforma sa troupe, repartit avec trente hommes et réussit enfin à découvrir une route nouvelle, par laquelle il atteignit le Sacramento au printemps de 1849. Il résolut alors de s'établir en Cali-

fornie où il avait acheté, en 1847, la propriété de Mariposa, dont une étendue considérable était traversée par de riches mines d'or. Ses titres à cette propriété lui furent longtemps contestés et ce n'est qu'en 1855 que la Cour suprême des Etats-Unis prononça son arrêt en sa faveur. — En 1849, M. Frémont fut élu sénateur de la Californie, devenu l'un des États de l'Union américaine. Le plus court terme lui étant échu au sort, son mandat expirait le 4 mars 1851. Il ne fut pas réélu, pour avoir affirmé des opinions anti-esclavagistes qui n'étaient pas du goût des Californiens. En 1852, il entreprit un voyage en Europe, qu'il prolongea pendant deux années. Mais ayant appris que le Congrès avait résolu d'envoyer à la découverte de trois routes de la vallée du Mississipi au Pacifique, il organisa immédiatement une nouvelle expédition à ses frais, pour compléter les études qu'il avait faites du sujet dans une précédente occasion, quitta Paris au mois de juin 1853, trouva les passes dans les montagnes entre les 38e et 39e degrés de latitude et atteignit la Californie, non sans de laborieux efforts. Au printemps de 1855, il s'établit à New-York et écrivit la relation de cette dernière expédition. Le nom de Frémont commençait à être prononcé dans les discussions préparatoires aux élections présidentielles, dans les cercles politiques opposés à l'extension de l'esclavage. La Convention nationale républicaine, réunie à Philadelphie le 17 juin 1856, le choisit pour candidat, tandis que le parti dit « américain » choisissait Filmore, et les démocrates Buchanan. Ce fut ce dernier qui l'emporta par 174 voix, émanant de 19 Etats et représentant un vote populaire de 1,838,000 voix. Frémont obtint, de 11 Etats, 114 voix, représentant 1,341,000 voix du premier degré, et Filmore eut les 8 voix de l'État de Maryland, représentant 874,000 votes populaires. — De 1858 à 1860, Frémont résida principalement en Californie. Lorsque la guerre civile éclata, il fut fait major général et appelé au commandement du district occidental, avec son quartier général à Saint-Louis. Le 8 août 1861, il proclamait l'émancipation des esclaves appartenant aux citoyens de ce district, en armes contre l'Union. Le président Lincoln, jugeant la mesure prématurée, rapporta cet ordre. En novembre, Frémont fut relevé de son commandement; mais, trois mois plus tard, il reçut celui du district montagneux de la Virginie, où il dirigea contre Stonewall Jackson des opérations malheureuses. Peu après, le général Pope ayant été nommé au commandement général de l'armée de Virginie, Frémont donna sa démission pour ne pas servir sous un officier d'un rang moins élevé que le sien, et ne prit plus aucune part à la guerre. — En mai 1864, une fraction du parti républicain, mécontent de Lincoln, choisit Frémont pour candidat à la présidence. C'est alors qu'il fonda un journal, dont Cluseret fut le rédacteur en chef. Mais, en septembre suivant, convaincu que sa candidature n'avait aucun succès, il y renonça, ainsi qu'au journalisme, et ne prit plus aucune part aux affaires publiques. Il s'occupa toutefois activement, et ce n'est sans doute pas ce qu'il fit de mieux, à en juger par les résultats, de l'établissement de ce fameux Transcontinental railroad, dont les titres, venus sur le marché français par le canal des tripoteurs d'affaires, et cotés à la Bourse de Paris, entrainèrent la ruine de bon nombre de souscripteurs naïfs, tout en enrichissant les intermédiaires. Un procès retentissant s'ensuivit, dans lequel le général Frémont fut impliqué (mars 1873); mais il ne jugea pas à propos de se présenter, et laissa condamner ses mandataires, y compris son propre gendre, et lui-même. — Il est vrai que le général Frémont a protesté de son ignorance des moyens employés en France pour duper les malheureux actionnaires du Transcontinental-Memphis-El Paso, et par conséquent de son innocence. Il est également vrai qu'après l'arrêt de la 7e chambre correctionnelle de Paris, le condamnant à l'amende et à la prison, la presse américaine se montra unanime pour attester la probité inattaquable du général Frémont. Mais on ne peut nier qu'il eût eu plus de gloire à se présenter devant les tribunaux français et à y donner des explications qui lui eussent peut-être évité une condamnation, en tout cas fâcheuse, et l'eussent probablement évitée aussi à quelques autres, dont le nom se trouvait mêlé pour la première fois, et à cause de lui, à celui d'un essaim de tripoteurs qu'une autre affaire aurait menés aussi bien où ils sont, à défaut de celle du « Transcontinental ». — Le général Frémont a été gouverneur du territoire de l'Arizona de 1878 à 1881. Il s'est ensuite retiré à New-York, où il exerce, dit-on, la profession d'avocat.

FRÉMY, Arnould, littérateur français, né à Versailles le 17 juillet 1809, fils de Charles Frémy, savant chimiste et ancien professeur à l'École de St-Cyr, fit ses études à Paris et se fit recevoir docteur ès-lettres en 1843, avec une thèse sur les *Variations du style français au dix-septième siècle.* M. Arnould Frémy, cependant, était depuis longtemps déjà lancé dans la carrière d'écrivain et même, qui pis est, de « petit » journaliste; aussi, nommé professeur suppléant de littérature française à Lyon, se voyait-il bientôt révoqué pour cette seule cause. Rentré dans l'enseignement en 1847, comme suppléant à la même chaire, à Strasbourg, la révolution de février le décidait à abandonner définitivement cette carrière et à s'en tenir à celle d'homme de lettres, quelque honnie qu'elle soit des hommes graves. — On doit à M. Arnould Frémy : *Elfride*, les *Deux anges (1833)*; une *Fée de salon (1836)*; la *Chasse aux fantômes*, les *Roués de Paris (1838)*; les *Femmes proscrites (1840)*; *Physiologie du rentier*, avec Balzac (1841); le *Journal d'une jeune fille (1854)*; les *Maîtresses parisiennes (1855-58*, 2 vol.); les *Confessions d'un bohémien (1857)*; les *Mœurs de notre temps (1860)*; les *Amants d'aujourd'hui (1862)*; la *Comédie du printemps (1863)*; *Révolution dans le journalisme (1865)*; les *Batailles d'Adrienne (1866)*; les *Gens mal élevés (1867)*; la *Guerre future (1875)*, etc. Il a collaboré en outre à une foule de journaux ou de revues, notamment au *Peuple*, au *Siècle*, au *Charivari*, à la *Revue de Paris*, à la *Revue britannique*, etc., et fait représenter à l'Odéon : le *Loup dans la bergerie*, 1 acte (1853) et la *Réclame*, 5 actes (1857).

FRÉMY, Edmond, chimiste, frère du précédent, né à Versailles le 28 février 1814. Élève de son père, il devint dès 1831 préparateur du cours de Pelouze à l'École polytechnique, le suivit en la même qualité au Collège de France en 1836, puis devint successivement répétiteur à l'École polytechnique en 1840, suppléant de Gay-Lussac au Muséum en 1842, professeur titulaire à l'École polytechnique en 1846, et professeur de chimie minérale au Muséum en 1850. En 1857, il était élu membre de l'Académie des sciences, en remplacement de Thénard. L'enseignement expérimental de la chimie, inauguré au Muséum en 1864, est l'œuvre de M. Frémy. Il a été enfin nommé directeur de ce grand établissement scientifique en février 1879, en remplacement de M. Chevreul. Membre de la Société philomatique depuis 1836, il est également membre de la plupart des sociétés savantes européennes. Il est commandeur de la Légion d'honneur depuis le 20 octobre 1878 et décoré de plusieurs ordres étrangers. — On doit à M. Edmond Frémy un très grand nombre de *mémoires* insérés dans les *Comptes rendus* de l'Académie des sciences et dans les *Annales de chimie et de physique*. On lui doit en outre : *Traité de chimie générale, analytique, industrielle et agricole (1844-57*, 6 volumes; 3e édit., 1867, 7 volumes) avec Pelouze; *Abrégé de chimie*, avec la même collaboration (6e édit. 1869, 3 vol.); le *Métal à canon (1874)*; *Sur la génération des ferments (1875)*, etc.

FREPPEL, Charles Emile, prélat français, né à Obernai (Bas-Rhin) le 1er juin 1827, fit ses études à Strasbourg, au petit, puis au grand séminaire, et fut ordonné prêtre en 1850. Il devint alors successivement professeur au petit séminaire de Strasbourg, professeur de philosophie à l'école des Carmes, à Paris, chapelain de Sainte-Geneviève, et fut appelé, en 1854, à la chaire d'éloquence sacrée de la faculté de théologie de Paris. L'abbé Freppel se fit bientôt une grande réputation comme professeur, comme prédicateur, et nous pouvons ajouter comme écrivain. Ses cours de la Sorbonne furent très suivis; de même ses conférences, dédiées surtout à la jeunesse des écoles. Il a prêché le Carême à la chapelle des Tuileries en 1862. Nommé chanoine honoraire de Troyes, de Strasbourg et de Notre-Dame de Paris en 1864, il devint en 1867 doyen du chapitre de l'église Sainte-Geneviève. Appelé à Rome, au mois d'août 1869, pour prendre part aux travaux préparatoires du Concile œcuménique, il était nommé évêque d'Angers par décret impérial en date du 27 décembre suivant, préconisé le 21 mars, et sacré à Rome le 18 avril 1870. Il était à peine installé que la guerre éclatait. M. Freppel s'empressa d'organiser des secours, établissant des ambulances jusque dans son palais épiscopal; il écrivit, lui Alsacien, une lettre au roi de Prusse, l'adjurant de cesser la guerre, mais inutilement, cela va sans dire; il protesta alors contre l'annexion de l'Alsace à l'empire allemand. Porté aux élections complémentaires pour l'Assemblée nationale du 2 juillet 1871, dans le département de la Seine, l'éminent évêque échoua, avec 68,300 voix, minorité fort respectable. Il fut élu député de la 3e circonscription de Brest, le 6 juin 1880, en remplacement de M. de Kerjégu, décédé, et réélu par le même collège le 21 août 1881; enfin il a été élu député du Finistère le 4 octobre 1885. M. Freppel a fréquemment pris la parole à la tribune de la Chambre des députés, pour la défense du clergé le plus souvent, il est vrai, mais aussi pour des questions plus hautes et dans lesquelles son attitude est celle du patriote avant tout. C'est ainsi qu'il vota les crédits du Tonkin, expliquant que « lorsque le drapeau est engagé, on ne doit pas regarder aux mains qui le tiennent ». Quelques jours après (2 janvier 1884), en présence du mécontentement de la droite, il montait de nouveau à la tribune pour établir et caractériser le rôle politique d'un clergé patriote, n'ayant pas l'air de s'apercevoir qu'il parlait à des sourds. — Tenace, on pourrait dire entêté comme un Alsacien dans ce qu'il croit être son droit, l'éminent prélat s'est laissé déférer comme d'abus au Conseil d'État sur une question d'administration de fonds (caisse des vieux prêtres du diocèse d'Angers), et a été déclaré tel le 27 mars 1884.

On a de M. Freppel : les *Pères apostoliques et leurs époques (1859)*; les *Apologistes chrétiens au deuxième siècle (1860)*; *Saint Irénée et l'éloquence chrétienne dans la Gaule aux deux premiers siècles (1861)*; *Examen critique de la « Vie de Jésus », de M. Renan (1863)*; *Conférences sur la divinité de Jésus-Christ (1863)*; *Tertullien (1864)*; *Saint-Cyprien et l'Église d'Afrique au troisième siècle (1864)*; *Clément d'Alexandrie (1865)*; *Examen critique des « Apôtres », de M. Renan (1866)*; *Origène (1868)*; *Discours et panégyriques (1869)*; *Œuvres oratoires et pastorales (1869-83*, 8 vol.); *Œuvres polémiques (1874-85*, 8 vol.); plus quelques conférences, discours, oraisons funèbres tirés à part. La plus grande partie des ouvrages de M. Freppel se composent, d'ailleurs, de ses leçons faites à la Sorbonne, de ses discours, sermons, articles de critique et de recherches historiques publiés dans le *Monde*, dont il a été longtemps le collaborateur ou dans diverses revues catholiques. Il y a en outre plus de dix ans qu'on a parlé pour la première fois d'un grand drame sacré intitulé *Sainte-Geneviève*, dont le poème serait dû à la plume de l'évêque d'Angers et dont M. Gounod aurait écrit la musique; mais cet ouvrage n'a pas vu le jour encore, et peut-être ne le verra-t-il jamais. — M. Freppel est chevalier de la Légion d'honneur depuis 1868 et officier de l'Université depuis 1869.

FRÈRE, Charles Théodore, peintre français, né à Paris le 24 juin 1815. Élève de J. Coignet et de C. Roqueplan, il débuta au Salon de 1834. En 1836, il partait pour l'Algérie; il y assista à la prise de Constantine, puis parcourut le désert, visita l'intérieur de la province, ainsi que celles d'Oran et d'Alger. Il explora ensuite la Grèce, Constantinople, l'Asie-Mineure, la Syrie, l'Egypte; accompagna l'impératrice Eugénie dans son voyage sur le Nil, en 1869, et exécuta, sur son ordre, un Album d'aquarelles, représentant les principaux sites parcourus dans cette occasion. M. Ch. Théodore Frère finit par se fixer au Caire, où il demeura longtemps; puis il revint à Paris. — On a principalement de cet artiste : *Vue de Strasbourg*, sa toile de début (1834) : une *Écurie dans le Loiret (1835)*; le *Pont de Saint-Ouen*, le *Pont des Carmes (1836)*; le *Faubourg Bab-a-Zoum*, le *Bab-el-Oued*, le *Marché de l'Arva*, la *Rue des Juifs, à Constantine*, la *Caravane au gué*, le *Bazar de Janina*, le *Marché de Constantine (1840-48)*; *Halte d'Arabes (1850)*; une *Mosquée à Beyrouth*, une *Rue de Constantinople*, un *Bazar à Damas*, une *Cour à Tauthat (1855)*; *Bazar à Beyrouth*, une *Halte à Gyzeh (1857)*; un *Harem au Caire, Anes et âniers du Caire*, le *Café Mohammed, au Caire (1859)*; *Halte du soir à Minieh, Arabe buvant à une fontaine* (Caire), *Restaurant arabe à la porte de Choubrah (1860)*; une *Fête chez un uléma, à Constantinople (1861)*; *Ruines de Karnac, à Thèbes (1862)*; un *Bazar à Girgeh*, un *Potier à Esné*, dans la Haute-Egypte (1863); *Okale, le matin (1864)*; le *Café de Galata, à Constantinople*, l'*Ile de Philæ*, en Nubie (1865); une *Noce arabe au Caire*, la *Prière du soir (1866)*; plusieurs toiles déjà exposées, notamment le *Café de Galata* (Exposition universelle, 1867); le *Simoun (1869)*; le *Théâtre de Karagheuz, Halte du soir au bord du Nil (1870)*; *Caravane de la Mecque*, appartenant à Nubar-Pacha, et *Crépuscule au Caire*, outre deux fusains : *Halte d'une caravane aux environs du Caire* et *Arabes syriens en voyage (1875)*; l'*Ile de Philæ, en Nubie*; *Tombeaux des califes au Caire (1876)*; un *Soir dans la Haute-Egypte (1877)*; le *Nil le soir*, le *Désert à midi (1878)*; le *Caire, côté nord (1883)*; le *Nil à Nagadi, Haute-Egypte, le matin (1884)*; *Pyramide et plaine de Gyzeh pendant l'inondation du Nil*, crépuscule; *Rue de Boulak, au Caire (1885)*; *Gyzeh, environs du Caire (1886)*. — M. Théodore Frère a obtenu une médaille de 2e classe en 1848 et une médaille en 1865.

FRÈRE-ORBAN, Hubert Joseph Walter, homme d'État belge, né à Liège le 22 avril 1812. Ayant fait son droit, en partie à Paris, il s'inscrivit au barreau de sa ville natale, s'y fit promptement une place des plus honorables, en même temps qu'il se créait dans le parti libéral des relations assez puissantes et étendues. Collaborateur de la presse révolutionnaire (1830), membre de diverses associations libérales, il fut élu représentant de Liège par les électeurs libéraux, en 1847. La même année, il acceptait le portefeuille des finances dans le cabinet Rogier; après avoir été quelque temps ministre des travaux publics, il rentrait, en 1848, aux finances, et dirigea ce département jusqu'en 1852. Nommé de nouveau ministre des finances en 1861, M. Frère-Orban, opposé au traité de commerce avec la France, ayant essuyé un échec sur ce point, donnait sa démission au mois d'avril 1862; il était rappelé toutefois au cabinet par le roi, comme ministre d'État, et reprenait à la fin de l'année le portefeuille des finances. Au commencement de 1868, il fut nommé chef du nouveau cabinet. En juillet 1870, le cabinet libéral, M. Frère-Orban en tête, donnait sa démission pour faire place à une administration cléricale, ayant été mis en minorité de quatorze voix par les élections générales de juin. Chef de l'opposition libérale, M. Frère-Orban soutint le principe de la liberté de l'enseignement supérieur et fit voter un projet de loi dans ce sens sur la collation des grades. Les élections générales de 1878 ayant restitué la majorité aux libéraux, M. Frère-Orban fut chargé de former un nouveau cabinet, dans lequel il prit le portefeuille des affaires étrangères (13 juin). Un ministère spécial de l'instruction publique fut alors créé; une loi sur les écoles primaires, y interdisant l'instruction religieuse (1879), fut votée; il résulta de ce vote une agitation bruyante et prolongée, provoquée par le parti clérical exaspéré; mais la loi n'en fut pas moins exécutée. Le dernier cabinet Frère-Orban quittait le pouvoir le 12 juin 1884 et était remplacé par un ministère Malou, auquel a succédé depuis un ministère Bernaerts; mais les élections de 1886, loin de ramener la majorité aux libéraux, ont accentué au contraire leur mouvement opposé. — Haut dignitaire des divers ordres de chevalerie, grand croix de l'Aigle rouge de Prusse et grand croix de la Légion d'honneur notamment, M. Frère-Orban a reçu de l'empereur d'Autriche les insignes de l'ordre de Saint-Etienne, en mai 1881.

FRESCHEVILLE (de), J. A. Bosquillon, général et homme politique français, né à Cassel (Nord) en 1825. Élève de l'École polytechnique, il en sortit en 1845 dans le corps de l'artillerie, et fit notamment la campagne de Crimée. Il était colonel lorsqu'éclata la guerre de 1870, et fit partie de l'armée de Metz, dont il subit le destin. Après la paix, M. de Frescheville fut appelé au commandement de l'École d'artillerie, puis à la tête du 27e régiment de l'arme. Promu général de brigade, il fut nommé commandant de la 4e brigade d'infanterie (1er corps) à Saint-Omer. Placé dans le cadre de réserve en 1884, il se retira à Cassel, au sein de sa famille, où il s'occupa de travaux agricoles. Aux élections du 4 octobre 1885, pour la Chambre des députés, M. de Frescheville figurait sur la liste monarchique, qui triompha dans le Nord. Il a pris place à droite. — M. de Frescheville est commandeur de la Légion d'honneur depuis le 27 décembre 1884.

FRESNEAU, Armand, homme politique français, né en 1822 à Redon. Il fit ses études à Rennes, se destinant à la carrière diplomatique; mais la révolution de février 1848 étant survenue, il se présenta aux élections pour l'Assemblée constituante et fut élu représentant d'Ille-et-Vilaine, comme candidat réactionnaire et clérical. Réélu à la Législative en tête de la liste, M. Fresneau y reprit sa place à l'extrême droite. Il fut rendu

à la vie privée par le coup d'Etat de décembre 1851 et n'en bougea qu'aux élections de février 1871 pour l'Assemblée nationale, où il se présenta dans le Morbihan, et fut élu. Il prit place à l'extrême droite, signa l'adresse au pape et la proposition de rétablissement de la royauté légitime, et présenta une proposition d'organisation du service religieux dans l'armée. Ses votes se devinent. En 1876, M. Fresneau s'abstint, aux élections pour la Chambre des députés comme à celles pour le Sénat. Le 5 janvier 1879, porté sur la liste monarchique, il fut élu sénateur du Morbihan, non sans peine.

FREYCINET (de), Charles Louis de Saulces, ingénieur et homme d'État français, né à Foix le 14 novembre 1828. Admis à l'École polytechnique en 1846, il en sortait le quatrième en 1848, dans le corps des mines, et recevait la même année diverses missions du gouvernement. Nommé ingénieur des mines à Mont-de-Marsan, il passait à Chartres en 1854 et à Bordeaux en 1855, en suivant l'échelle de l'avancement hiérarchique. En 1855, la compagnie des chemins de fer du Midi choisissait M. de Freycinet pour son chef d'exploitation. Pendant les cinq années qu'il remplit ces importantes fonctions, il a su donner à la compagnie du Midi une organisation typique, à laquelle les autres compagnies ne se sont pas fait faute d'emprunter. M. de Freycinet fut alors chargé par le gouvernement de plusieurs missions scientifiques ou industrielles tant à l'étranger qu'en France. Nommé ingénieur ordinaire de première classe en 1864, il faisait en outre partie du Conseil général de Tarn-et-Garonne, au moment de la guerre de 1870. Après le 4 septembre, il fut nommé préfet de Tarn-et-Garonne. Le 10 octobre suivant, Gambetta ayant pris possession, en province, du ministère de la guerre, appela auprès de lui M. de Freycinet, dont il fit son délégué, chargé de la direction supérieure de ce département. Dans ce poste éminent et surtout difficile, M. de Freycinet sut se mettre à la hauteur de toutes les difficultés et s'attirer les hommages des hommes les plus compétents et les moins bien disposés envers le nouvel ordre de choses. « Il y a un homme, disait, devant la Commission d'enquête sur les actes du gouvernement de la Défense nationale, le général Borel, qui, sous le titre modeste de délégué à la guerre, a rendu d'immenses services dont on ne lui est pas reconnaissant, parce qu'il n'a pas réussi. Depuis, cet homme s'est effacé; c'est à lui que nous devons l'improvisation de nos armées, auxquelles manquaient la force morale, la discipline, l'instruction de nos militaires, la confiance en soi et l'organisation que la tradition peut seule nous donner. » — L'homme a fait du chemin depuis, mais c'est surtout aujourd'hui qu'il est à propos de rappeler ces paroles d'un général aussi peu suspect de sympathies *à priori* pour des républicains, et surtout pour des civils se mêlant d'organisation militaire.

La paix conclue, M. de Freycinet s'effaça donc, suivant l'expression du général Borel; en d'autres termes, il se retira momentanément de la vie politique. Il publia en 1871 : la *Guerre en province pendant le siège de Paris* (in-8°), ouvrage dédié à Gambetta et qui fut l'objet de quelques protestations intéressées, notamment de la part du général d'Aurelles de Paladines. N'y insistons pas. — Aux élections sénatoriales de la Seine (30 janvier 1876), la candidature de M. de Freycinet, appuyée personnellement par Gambetta, triompha sans peine; il fut élu le premier. Il a pris place dans les rangs de la gauche républicaine du Sénat, qui l'a nommé membre de son comité de direction. Pour répondre aux critiques des adversaires de M. de Freycinet et de ses actes comme délégué à la guerre, il suffit de constater que la Commission de la loi sur l'administration de l'armée, dont M. l'amiral Pothuau était président, le choisit pour rapporteur, et que le Sénat adoptait, en deuxième lecture, les conclusions du rapport de M. de Freycinet, dans sa séance du 21 novembre 1876, sans modifications importantes, à l'unanimité, moins *une* voix. M. de Freycinet était nommé membre du Conseil supérieur du commerce de l'agriculture et de l'industrie (section du commerce), en remplacement de M. Wolowski, le 20 janvier 1877. Le 14 décembre 1877, il entrait dans le ministère Dufaure avec le portefeuille des travaux publics. C'est sous son administration que fut décidé le rachat progressif par l'État des lignes de chemins de fer dont l'ensemble constitue ce qu'on appelle le réseau des chemins de fer de l'Etat. Il employa les vacances qui suivirent en voyages dans le nord et l'ouest, ayant surtout pour but l'étude de nos ports de commerce et des projets d'agrandissement qu'il serait possible de leur appliquer, accompagné le plus souvent par M. Léon Say, ministre des finances, qui appuyait de son autorité les déclarations de son collègue. Au retour, dès l'ouverture de la session parlementaire, M. de Freycinet présentait au maréchal de Mac-Mahon son rapport sur les voies navigables à réorganiser et à compléter, rapport dont l'approbation eut pour conséquence la création de commissions techniques chargées de dresser le programme des travaux à exécuter dans les cinq bassins de la France. — Le 30 janvier 1879, M. Grévy était appelé par le Congrès à la présidence suprême, en remplacement du maréchal de Mac-Mahon, démissionnaire. Un nouveau ministère était formé sous la présidence de M. Waddington (4 février), dans lequel M. de Freycinet conserva son portefeuille. Le 27 décembre, M. Waddington s'étant retiré, il était appelé à la présidence du conseil, et échangeait dans cette nouvelle combinaison le portefeuille des travaux publics pour celui des affaires étrangères. L'exécution des décrets contre les congrégations religieuses ayant amené des complications au milieu desquelles il préférait qu'un autre se débattît, M. de Freycinet donnait sa démission le 19 septembre 1880, et était remplacé à la présidence par M. Jules Ferry (voy. ce nom), dont c'était plutôt l'affaire, en effet.

Aux élections sénatoriales du 8 janvier 1882, pour le deuxième renouvellement triennal de la haute assemblée, M. de Freycinet fut élu dans quatre collèges : la Seine, l'Ariège, le Tarn-et-Garonne et l'Inde française. Il opta pour la Seine. Cependant, un ministère Gambetta avait succédé au ministère Ferry (15 novembre 1881), lequel tombait le 26 janvier 1882 sous un vote de la Chambre, hostile au scrutin de liste que Gambetta lui proposait prématurément. M. de Freycinet fut de nouveau chargé de la formation du cabinet, qui fut constitué le 31, et dans lequel il reprit le portefeuille des affaires étrangères, déclarant dès le lendemain ajourner les questions qui avaient si profondément troublé le parlement, pour s'occuper spécialement des questions de politique pratique. Après le vote de la Chambre refusant les crédits nécessaires pour permettre en Egypte une action commune avec l'Angleterre (29 juillet), M. de Freycinet se retirait et était remplacé par M. Duclerc à la présidence du conseil dans une administration nouvelle, à laquelle succédèrent les ministères Fallières (29 janvier 1883) et Ferry (21 février). Ce dernier poursuivit sa carrière agitée jusqu'au 29 mars 1885, et dut alors se retirer devant un vote de la Chambre, condamnant ses agissements à propos des affaires du Tonkin et ne parlant de rien de moins qu'une mise en accusation. M. de Freycinet, chargé par le président de la République, dans ces circonstances particulièrement difficiles, de constituer un ministère nouveau, se vit forcé de renoncer à accomplir cette mission, après plusieurs jours de démarches et de négociations, et ce fut M. H. Brisson qui s'en chargea (5 avril). Le cabinet Brisson, le lendemain de la réélection de M. J. Grévy à la présidence de la République (28 décembre 1885) par le Congrès, donnait sa démission, et M. de Freycinet constituait, cette fois sans peine, le ministère du 7 janvier 1885, dans lequel il a repris le portefeuille des affaires étrangères. Parmi les événements mémorables qui ont marqué cette administration, il nous suffira de rappeler le vote de la loi d'expulsion des princes prétendants par la Chambre le 11 et par le Sénat le 22 juin et l'expulsion de M. le duc d'Aumale, en réponse à la lettre de protestation contre sa radiation des cadres de l'armée française, que celui-ci avait adressée au président de la République. Si ces faits n'ont pas une aussi grande importance que veulent bien lui en donner les adversaires du gouvernement, ils sont, du moins, de ceux qui ont le plus passionné l'opinion publique dans ces derniers temps.

Le 29 octobre 1885, M. de Freycinet, en traversant en voiture le pont de la Concorde, avait été l'objet *apparent* d'un attentat commis par un malheureux fou, qui avait tiré un coup de revolver pour attirer l'attention sur lui, faute d'un meilleur moyen. Nous devons dire cependant que, contrairement à l'attitude ordinaire en pareil cas de tout homme public assez heureux pour avoir été l'objet d'un attentat, il fut le premier à protester contre le tapage qu'on en faisait, déclarant que le coupable n'avait certainement pas tiré sur lui.

Outre la *Guerre en province pendant le siège de Paris*, on doit à M. de Freycinet un certain nombre d'ouvrages techniques et scientifiques de grande valeur, soit : un *Traité de mécanique rationnelle (1858); De l'analyse infinitésimale (1860); Des pentes économiques en chemins de fer (1861); Emploi des eaux d'égout en agriculture (1869); Principes de l'assainissement des villes et Traité d'assainissement industriel (1870)*. Depuis cette époque, la politique l'a entièrement absorbé.

FREYTAG, Gustav, romancier, auteur dramatique et journaliste allemand, né à Kreuzbourg, dans la Silésie prussienne, le 13 juillet 1816, reçut l'instruction élémentaire au collège d'Oels, puis étudia aux universités de Breslau et de Berlin. Docteur en philosophie en 1838, agrégé de la faculté des lettres de Berlin en 1839, il fondait à Leipzig, en 1847, avec Julian Schmidt, un journal auquel il donna le nom de *Der Grentzboten* (le Messager de la frontière) et dont il fut le rédacteur principal. Il avait publié, deux années auparavant, un volume de poésies intitulé : *A Breslau*, et une comédie historique : les *Fiançailles, ou Kuntz von Rosen*, couronné au concours du Théâtre-Royal de Berlin. Vinrent ensuite : *Valentine (1847)*, le *Comte Waldemar (1848)*, drames; les *Journalistes* (Die Journalisten), comédie (1854); auxquels il faut ajouter : le *Savant*, drame; une *Pauvre âme de tailleur*, comédie, etc. Les œuvres dramatiques de M. G. Freytag ont été réunies en volumes. Il convient de citer, tout particulièrement, le beau roman qui valut à M. G. Freytag un succès populaire des mieux mérités : *Soll und Haben* (Leipzig, 1855, 3 vol.), traduit en français, en 1857, par M. W. de Suckau, sous le même titre : *Doit et Avoir* (Paris, 3 vol.) et la même année en anglais, par Mme Macolm : *Debit and Credit* (Londres, 1 vol. in-8°), et par L. C. C., même titre (Edimbourg, 2 vol.). M. Freytag a donné depuis : *Scènes du passé allemand (1858); Nouvelles scènes de la vie allemande* (Neue Bilder aus dem Leben des deutschen Volkes, Leipzig, 1862); le *Manuscrit perdu* (Die verloren Handschrift, Leipzig, 1864); le *Nid du roitelet (1873)*; le *Roi Marcus (1876)*, etc. — A la suite de différends avec l'éditeur du *Grentzboten*, M. Gustav Freytag abandonnait, en 1870, la direction de ce journal, qu'il avait conservée pendant vingt-trois ans, pour en fonder un autre dans la même ville. — Lorsque l'armée allemande occupait déjà une partie importante de notre malheureux pays, il nous souvient d'avoir lu un appel adressé par M. Freytag aux bons sentiments de ses compatriotes, pour les engager à traiter avec humanité et à respecter les vaincus. C'est un exemple que peu d'Allemands, surtout de Prussiens, étaient sans doute disposés à imiter et que peu ont suivi; mais il faut en savoir gré à celui qui a eu le courage et l'honneur de le donner.

FRITH, William Powell, peintre anglais, né à Studley, près de Ripon, en 1819. Orphelin de bonne heure, il entra en 1836 à l'Académie des arts dirigée par M. Sass, où il étudia pendant trois ans le dessin et la composition. En 1839, il exposait à l'Institution britannique le portrait de l'un des enfants de son professeur. Ce début fut suivi, en 1840, par *Othello et Desdemona*, toile qui fut favorablement accueillie par la critique, et *Malvolio en présence de la comtesse Olivia*, exposé la même année à l'Académie. Vinrent ensuite : *Entrevue d'adieux entre Leicester et Amy Robsart (1841); Scène du « Voyage sentimental »* de Sterne, et *Scène du « Vicaire de Wakefield »* de Goldsmith : *Olivia et le squire cherchant à s'assurer lequel est le plus grand des deux (1842)*; ce dernier tableau eut un succès immense, et fut acheté dès le lendemain de l'ouverture de l'Exposition; *Dolly Varden*, du « *Barnaby Rudge* » de Dickens; la *Scène du duel*, de la « *Nuit des Rois* » de Shakespeare, et *Falstaff et ses amis avec les joyeuses commères de Windsor (1843); Entrevue de Knox et de Marie, reine d'Ecosse* et le *Squire décrivant ses expériences de la vie à la ville à Mme Primrose et à ses filles*, autre scène du *Vicaire de Wakefield (1844); Sterne dans la boutique de la grisette* et le *Pasteur de village (1845)*. C'est à ce dernier tableau que M. Frith dut son admission comme associé de l'Académie royale. Il a exposé depuis : *Norah Creina*, une *Scène du « Bourgeois gentilhomme »* de Molière, et le *Retour du labour (1846)*; un *Divertissement anglais d'il y a cent ans*, et la *Tête de Sarrazin*, inspiré d'une anecdote du *Spectator (1847); Vieille femme accusée d'avoir jeté un sort à une fille de paysan, sous le règne de Jacques Ier*; une *Diligence en 1850*, et une autre *Scène du « Bourgeois gentilhomme »* (1848); la *Majorité (1849); Portrait d'une lady, Scène du « Goodnatured man »* (Bon enfant), et *Sancho racontant une histoire au duc et à la duchesse*, etc. (1850); le *Glaneur, Hogarth arrêté comme espion et conduit devant le gouverneur de Calais (1851); Enfant faisant sa prière du soir, Yeux pervers*, portrait de femme, et *Pope faisant la cour à lady Mary Wortley Montagu (1852)*; la *Vie au bord de la mer*, acquis par la reine Victoria, le *Gage d'amour, Portrait d'Ann Page, Scène de la « Fiancée de Lammermoor »*, la *Coupe de poison (1854); Maria dupant Malvolio*, les *Amoureux*, une *Dame à l'Opéra*, les *Veaux à l'engrais (1855)*; le *Parterre, Beaucoup d'heureux retours de ce jour, Rêve d'avenir (1856)*, les *Sables de Ramsgate*, le *Jour du Derby (1858); Portrait de Charles Dickens (1859); Claude Duval (1860)*; la *Station du chemin de fer*, à la galerie de Haymarket, et le Portrait de *Th. Creswick, de l'Académie royale (1862); Juliette au balcon (1863)*; le *Mariage de LL. A. R. le prince de Galles et la princesse Alexandra de Danemark à la chapelle Saint-George de Windsor, le 10 mars 1863*, pour la reine (1865); la *Veuve Wadman fait le siège de mon oncle Tobie (1866)*; le *Dernier dimanche de Charles II (1867); Avant le dîner, chez Boswell, dans Bond-street, en 1769*, toile vendue 125,000 fr. en 1875 (1868); *Espoir et crainte; Altisidora, se prétendant amoureuse de Don Quichotte, feint de s'évanouir à sa vue; Homme armé de pied en cap, Nell Gwyn, Malvolio rêveur (1870); Sir Roger de Coverley et la perverse veuve, Amy Robsart et Jeannette (1871)*; le *Salon d'or à Hambourg* et *Je connais une fille belle à voir (1871); Henry VIII et Anne de Boleyn chassant le daim dans la forêt de Windsor (1872)*; la *Bénédiction des petits enfants, scène de la grande procession annuelle de Notre-Dame à Boulogne (1874); Tom Jones et Sophie (1875)*; une scène de l'*Amour médecin* de Molière et une autre du *Vicaire de Wakefield; Sous le palais du doge à Venise, en 1460 (1876)*; le *Chemin de la ruine*, 5 tableaux (1878); *Pêcheuses* et *Marchandes de crevettes de Tenby (1880); Pour le mieux et pour le pire, Swift et Vanessa (1882); Lune de miel en Suisse, Kate Kearney*, un *Joueur de guitare (1883)*; le *Dr Johnson (1886)*, etc.

Cet artiste, qui a exposé en France à quelques salons et surtout aux Expositions universelles de 1855, 1867 et 1878, avait envoyé à cette dernière : le *Salon d'or de Hambourg*, le *Jour du Derby*, la *Station de chemin de fer*, le *Dernier dimanche de Charles II* et *Sous le palais du doge à Venise*, déjà cités; il a obtenu une médaille de 2e classe en 1855 et a été décoré de la Légion d'honneur à la suite de l'Exposition de 1878. Membre de l'Académie royale des beaux-arts de Londres depuis 1852, il était élu membre honoraire de l'Académie de Vienne en 1869, de celle de Belgique en 1871, de l'Académie royale de Suède en décembre 1873, etc.

FROMENT, Eugène, graveur français, né à Sens (Yonne) le 2 décembre 1844. Il vint de bonne heure à Paris où il fit ses premières études artistiques à l'Ecole nationale de dessin, et devint ensuite élève de M. Tauxier. Après avoir travaillé pour divers journaux, M. E. Froment partit pour Londres, où il pensait trouver les moyens de développer ses idées particulières sur la gravure sur bois. Il y trouva en effet ce qu'il cherchait et interpréta avec succès les splendides dessins de MM. Gregory, Small, Green, Gascow, etc. Après avoir résidé quelque temps à Londres, M. Eugène Froment, revenu à Paris, a principalement collaboré aux journaux anglais illustrés : le *Graphic* et l'*Illustrated London News*, et a exposé aux divers Salons des travaux remarqués, parmi lesquels nous pouvons citer : *Descente d'un bateau de sauvetage*, d'après M. Gregory, les *Docks de Londres*, d'après M. Small (1874) ; la *Caronade*, la *Barque*, d'après M. Small (1874) ; *Bateau de Maharagah, Spectateurs*, d'après M. C. Gascow ; *Pèlerinage à Balda* (Irlande), d'après M. Green (1875) ; la *Décoration du Serapis, par son équipage*, d'après M. Small (1876) ; les *Oies de la Saint-Michel*, d'après Emslie ; *A l'office*, d'après Junning Ring (1883) ; *Scène de la guerre de l'indépendance d'Amérique (1884)* ; les *Cherifas*, d'après M. Benjamin Constant (1886) — M. Eugène Froment a obtenu une médaille de 3e classe au Salon de 1875 et une médaille de 2e classe à celui de 1884.

FROMENTEL (de), Louis Edouard Gourdan, médecin et paléontologiste français, né à Champlitte (Haute-Saône) le 27 août 1824, fit ses études au collège de Langres, puis se rendit à Strasbourg où il commença l'étude de la médecine et fut successivement externe à l'hôpital de Strasbourg et préparateur de chimie et de

physique à l'Académie de médecine de cette ville. Il se voua plus particulièrement à l'étude de l'histologie et de l'anatomie microscopique, se fit admettre à l'hôpital du Val-de-Grâce et vint alors à Paris, où il fut reçu docteur en médecine en 1849. Il alla s'établir à Gray, où il eut bientôt à se signaler auprès des victimes du choléra. Il y a été nommé successivement médecin des épidémies et médecin cantonal en 1851, membre de la commission de statistique en 1852, membre du conseil d'hygiène en 1853, vice-président de ce conseil en 1854, et la même année médecin des prisons. Il a reçu des médailles pour son dévouement pendant les épidémies cholériques de 1849 et 1854. Enfin, M. de Fromentel a été élu conseiller d'arrondissement, pour le canton de Champlitte, en 1869, 1871 et 1874. — Outre sa thèse de doctorat, qui fut alors très remarquée, *Essai sur le suc nourricier et ses modifications pathologiques*, M. de Fromentel a publié : *Description des polypiers fossiles de l'étage néocomien (1857)*; *Introduction à l'étude des polypiers fossiles (1858-61)*; *Introduction à l'étude des éponges fossiles (1859)*; *Catalogue des spongitaires de l'étage néocomien (1860)*; *Monographie des polypiers jurassiques supérieurs (1862)*; *Polypiers coralliens des environs de Gray (1865)*; *Études sur les microzoaires ou infusoires proprement dits (1872-76)*, etc. Il a donné à la *Paléontologie française* une monographie des *Zoophytes du terrain crétacé*, présenté divers *mémoires* à l'Académie des sciences et à l'Académie de médecine de Paris et collaboré aux publications spéciales des sociétés savantes dont il est membre, et qui sont : la Société d'émulation du Doubs, les Sociétés des sciences historiques de Bordeaux, de l'Yonne et de Maine-et-Loire, la Société linnéenne de Normandie, etc. Il est également membre fondateur du comité paléontologique de la Société géologique de France. — On doit aussi à M. de Fromentel diverses inventions ou perfectionnements mécaniques importants, notamment : un appareil de plongeur et un ventilateur d'une grande puissance qu'il a baptisé du nom caractéristique d'*aérospire*, lequel a obtenu une médaille d'or au concours régional de Gray. M. de Fromentel a été lauréat du concours des Sociétés savantes en 1872. Il a été décoré de la Légion d'honneur en 1874.

FROUDE, James Anthony, littérateur anglais, né à Dartington, dans le Devonshire le 23 avril 1818, fit ses études à Westminster et à Oxford, et fut élu *fellow* du collège d'Exeter en 1842. Il fut quelque temps attaché au parti de la Haute Eglise d'Angleterre, et collabora aux *Vies des Saints anglais*. Il publia ensuite : les *Ombres des nuages* (The Shadows of the clouds) en 1847 et la *Némésis de la Foi* en 1849, deux ouvrages condamnés par les autorités universitaires. En 1850, il devint collaborateur de la *Westminster Review* et du *Fraser's Magazine*, auxquels il donna principalement des études sur l'histoire d'Angleterre. En 1856, il publia les deux premiers volumes de son *Histoire d'Angleterre depuis la chute de Wolsey jusqu'à la défaite de l'Armada espagnole*, dont les deux derniers (vol. 11 et 12) ont été publiés en 1870. Ses *Petites études sur de grands sujets*, extraites de diverses publications périodiques, parurent en 1867. M. Froude fut installé recteur de l'université de Saint-Andrews le 23 mars 1879, et reçut à cette occasion le titre de docteur en lois. Il fut quelque temps rédacteur en chef du *Fraser's Magazine*, mais il résigna ces fonctions au mois d'août 1871. Dans l'automne de 1872, M. Froude fit un voyage aux Etats-Unis où il donna une série de conférences sur les rapports de l'Angleterre avec l'Irlande. Suivant l'orateur anglais, les Irlandais ne devraient s'en prendre qu'à eux-mêmes de l'abaissement de leur propre pays, dû en grande partie à leur propre jalousie, à leurs luttes intestines, à leur manque de patriotisme. Ces conférences furent suivies de discussions passionnées entre M. Froude et le P. Thomas Burke, l'orateur dominicain. A la fin de 1874, M. Froude était envoyé par le comte de Carnarvon, secrétaire d'Etat des colonies, au Cap de Bonne Espérance, pour y faire une enquête sur les causes de l'insurrection cafre. Il était de retour à Londres en mars 1875. Ses plus récents ouvrages sont : l'*Angleterre en Irlande au XVIIIe siècle (1871-75*, 3 vol.); *César, esquisse (1879)*; *Souvenirs du rétablissement de la Haute-Eglise (1881)*. Nommé exécuteur testamentaire de Thomas Carlyle, il publia des *Réminiscences* sur ce grand écrivain (1881, 2 vol); *Thomas Carlyle, histoire des quarante premières années de sa vie (1882)* et *Réminiscences de son journal irlandais en 1849 (1883)*.

En novembre 1876, M. Froude, qui est un conférencier distingué, mais surtout audacieux, faisait une « lecture » à Edimbourg, sur la propriété territoriale, où il vantait l'excellence du système anglais, réunissant dans quelques mains une propriété foncière immense, la loi de primogéniture si favorable à ce système, ainsi que le despotisme exercé par certains *landlords* sur leurs malheureux fermiers. Il donnait ses preuves, citait des exemples que nous sommes obligé, malheureusement, de négliger ici; et, tout en reconnaissant que la division de la propriété en France avait donné naissance à une classe de paysans, petits propriétaires industrieux, économes, bons cultivateurs et dans une situation prospère évidente, n'ayant aucun rapport avec celle de de leurs ancêtres d'avant la Révolution, il concluait que rien ne serait plus désastreux pour l'Angleterre, que l'adoption d'un pareil système, qui serait la mort de toute industrie et ferait croître l'herbe dans les rues de Manchester *(Grass would grow in the streets of Manchester !)*. La presse française, suivant son habitude, a laissé passer inaperçues ces allégations ridicules, mais la presse américaine, après avoir rendu justice au système français, nous pourrions dire au système révolutionnaire, invite le conférencier anglais à visiter plus attentivement, qu'il ne l'a sans doute fait la première fois, les grandes villes industrielles des Etats-Unis, et de lui dire s'il y trouvera beaucoup d'herbe entre les pavés des rues, quoique la terre y soit très divisée.

FUERTES, Mariano Soriano, compositeur et musicographe espagnol, né à Madrid en 1820. Il eut pour premier maître son père, chef de la *musique de la chambre* de Ferdinand VII, qui, sans doute, n'était pas satisfait de sa condition, car il fit tout ce qu'il put pour empêcher son fils de se consacrer à la carrière artistique et lui faire embrasser celle des armes. Mais M. Soriano Fuertes, devenu officier de cavalerie, ne put résister à sa vocation. Il donna sa démission et fonda le premier journal de musique qui ait paru en Espagne : la *Feria musical y literaria*. Il fonda ensuite un théâtre de musique, devint professeur à l'Institut espagnol et directeur des théâtres de Madrid, Cadix, Séville et des lycées de Cordoue et de Barcelone. Il trouva dans ces fonctions diverses la fortune en même temps que la réputation. — On cite parmi les compositions dramatiques de M. Soriano Fuertes : *Geronima la Castanera*, *el Ventorillo* (l'auberge) *de Alparache*, *la Feria de Santiponce*, *A bolen van los zagales*, *el Tio Caniyitas*. On lui doit en outre plusieurs publications très estimées d'histoire et d'érudition musicales : *Histoire de la musique espagnole depuis l'arrivée des Phéniciens jusqu'à l'année 1850* (4 vol.); *Histoire de la musique arabe*; *les Orphéons et les Sociétés chorales en Espagne*, avec une *Préface* de Rossini, etc.

FULLERTON, Lady Georgiana, femme de lettres anglaise, seconde fille du premier comte Granville, qui fut pendant plusieurs années ambassadeur à la cour de France sous le gouvernement de Juillet, est née vers 1815. En 1833, elle épousait, à Paris, M. Alexander George Fullerton. Elle débuta dans la carrière littéraire en 1844, par un roman intime : *Ellen Middleton*, bientôt suivi de : *Grantley Manor*, roman du temps des guerres de religion. Puis vinrent : *Lady Bird (1852)*, roman publié peu après la conversion de l'auteur à la religion catholique, et qui a été traduit en français sous le titre de : l'*Oiseau du bon Dieu*; *Vie de sainte Françoise de Rome (1857)*, également traduite en français; la *Comtesse de Bonneval* et *Rose Leblanc*, romans écrits en français par l'auteur même (1860); *Laurentia, histoire japonaise (1861)*; *Trop étrange pour n'être pas vrai (1864)*; *Constance Sherwood*, autobiographie (1865); *Une existence orageuse (1867)*; la *Nièce de madame Gérald (1869)*; *Vie de Louisa de Carvajal (1873)*; *Vie du P. Henry Young, de Dublin (1874)*, etc.

FUSTEL DE COULANGES, Numa Denis, historien français, né à Paris le 18 mars 1830. Elève de l'Ecole normale supérieure et de l'Ecole française d'Athènes, il se fit recevoir agrégé en 1857 et docteur ès lettres en 1858. D'abord professeur de rhétorique au lycée d'Amiens (1857), M. Fustel de Coulanges fut rappelé à Paris et nommé professeur suppléant d'histoire au lycée Saint-Louis en 1850. Deux ans après, il était envoyé à Strasbourg comme professeur d'histoire à la faculté des lettres de cette ville. Nommé maître des conférences à l'Ecole normale supérieure, M. Fustel de Coulanges devint directeur de ce grand établissement. Il a pris sa retraite en octobre 1883 et a été nommé directeur honoraire. Il a été élu membre de l'Académie des inscriptions et belles-lettres en remplacement de Guizot, le 15 mai 1875. — On doit à ce savant professeur : *Quid Vestæ cultus in institutis veterum privatis publicisque valuerit* et *Polybe ou la Grèce conquise par les Romains*, ses thèses de doctorat (1858); *Mémoire sur l'île de Chio (1857)*; la *Cité antique, étude sur le culte, le droit, les institutions de la Grèce et de Rome*, ouvrage qui a eu plusieurs éditions et a été couronné par l'Académie française (1864); l'*Alsace est-elle allemande ou française (1870)*; *Histoire des institutions politiques de l'ancienne France*, également couronnée par l'Académie française (1875-83, 4 vol.). M. Fustel de Coulanges a été promu officier de la Légion d'honneur le 13 juillet 1881.

G

GACHARD, Louis Prosper, historien et littérateur belge, d'origine française, est né à Paris en 1800. Il quitta la France pour la Belgique vers 1820, prit part à la Révolution de 1830, et se fit naturaliser citoyen belge l'année suivante. Il devint alors successivement archiviste général du royaume de Belgique, secrétaire de la Commission historique et fut élu, en 1834, membre de l'Académie de Bruxelles. M. Gachard a été chargé, à plusieurs reprises, de recherches relatives à l'histoire de la Belgique, dans les bibliothèques tant nationales qu'étrangères. Il a publié : *Analectes belgiques (1839)*; *Rapport sur les produits de l'industrie belge (1835)*; *Documents politiques et diplomatiques sur la révolution belge de 1790 (1843)*; *Documents inédits (1845)*; *Extraits des registres des consaux de Tournai (1846)*; *Relation des troubles de Gand sous Charles Quint (1846)*; *Mémoires sur les bollandistes et leurs travaux depuis 1773 jusqu'à 1789 (1847)*; *Inventaire des Archives du royaume (1849)*; *Correspondance de Guillaume le Taciturne (1851-59*, 6 vol.); *Correspondance de Charles-Quint et d'Adrien VI (1859)*; *Don Carlos et Philippe II (1863*, 2 vol.); *Actes des Etats-Généraux des Pays-Bas, de 1576 à 1585 (1866)*; la *Belgique sous Philippe V (1867)*; *Correspondance de Marguerite d'Autriche avec Philippe II (1867-70)*; *Jeanne la folle (1869)*, ouvrage dans lequel M. Gachard apporte, sur le cas de l'infortunée mère de Charles-Quint, des renseignements et des appréciations en opposition avec ceux de George Bergenroth ; les *Archives farnésiennes, à Naples (1869)*; la *Bibliothèque des princes Corsini, à Rome (1870)*; la *Bibliothèque du Vatican (1874)*; les *Bibliothèques de Madrid et de l'Escurial (1875)*; *Notices et extraits des documents manuscrits de la Bibliothèque nationale de Paris, concernant l'Histoire de la Belgique* (*1876-79*, 8 vol.); *Philippe II (1884)*. — M. Gachard a été élu membre correspondant de l'Académie des sciences morales et politiques dans la section d'histoire, le 30 décembre 1876.

GADAUD, Antoine, homme politique français, médecin, né vers 1838. Reçu docteur en médecine, il s'établit à Périgueux d'où, lorsqu'éclata la guerre de 1870, il partit avec les ambulances de l'armée, assista aux batailles de Sedan, de Coulmiers, et fut décoré de la Légion d'honneur pour les services qu'il a rendus dans ses fonctions de chirurgien militaire volontaire. M. le docteur Gadaud est maire de Périgueux et conseiller général de la Dordogne. Porté sur la liste républicaine de ce département aux élections générales du 4 octobre 1885, il a été élu député de la Dordogne par plus de 61,000 voix. Il a pris place à gauche et a voté contre les projets d'expulsion des princes.

GADE, Niels Wilhelm, compositeur danois, né à Copenhague le 22 octobre 1817. Il montra de bonne heure de grandes dispositions pour la musique, et ce fut sans le moindre effort qu'il devint un virtuose très distingué sur le violon et sur le piano. Il accepta alors un emploi de premier violon à la chapelle royale. Il se livrait dès cette époque (1840) à la composition et obtenait le prix de la Société musicale de Copenhague, pour une ouverture intitulée : *Echo d'Ossian*. Le roi de Danemark lui accorda alors un subside pour faire un voyage d'études à l'étranger, et il partit aussitôt pour l'Allemagne. En 1843, il faisait exécuter à Leipzig, avec succès, une *symphonie* et une *ouverture de sa composition*. Il fit ensuite un voyage en Italie, puis revint à Leipzig où, en l'absence de Mendelssohn, la direction de la salle des concerts lui fut confiée. Il la conserva jusqu'en 1849, et retournait en 1850 à Copenhague, où il devenait aussitôt chef d'orchestre de l'Union musicale. En 1875, il célébrait le 25e anniversaire de son entrée dans ces dernières fonctions et recevait, à cette occasion, un cadeau d'une valeur de 9,000 couronnes. M. Niels Gade est devenu maître de la chapelle du roi de Danemark en 1862, et chef d'orchestre du Théâtre royal de Copenhague peu après. Il a été élu membre étranger de l'Académie des arts de Berlin en 1874. En 1876, la Chambre des députés (Folkething) danoise a voté deux pensions viagères de 3,000 couronnes, pour deux compositeurs, dont l'un

est M. Niels Gade. Enfin il a été élu correspondant de l'Académie des Beaux-Arts en novembre 1878. M. N. Gade a fait, depuis son retour dans son pays, de fréquents voyages en Allemagne, où sa réputation a pris naissance, surtout à Leipzig. Sa renommée se répandit bientôt en Angleterre, où il fut mandé à plusieurs reprises, et où il écrivit, pour un « festival », une cantate intitulée : *the Crusaders;* mais il est resté peu connu en France, où l'on n'a guère exécuté que son *Echo d'Ossian*, une ou deux *symphonies* et son *andante sostenuto* pour orchestre, aux Concerts populaires. On lui doit une quantité de symphonies, cantates, ouvertures, compositions dramatiques pour voix seules, pour chœurs et orchestre; *Comala*, drame lyrique; les *Niebelungen*, opéra; des mélodies, etc.

GAGNEUR, JUST CHARLES WLADIMIR, homme politique et économiste français, né à Poligny (Jura) le 9 août 1807. Ayant terminé son droit à Paris, il retourna dans sa ville natale et s'y occupa d'économie sociale, s'efforçant de propager parmi les ouvriers, surtout les ouvriers agricoles, les idées d'association. Après la révolution de 1848, M. Gagneur se mêla à la politique plus activement qu'il ne l'avait fait jusque-là, se jeta dans le mouvement républicain et, lors du coup d'Etat, se trouva être l'un des organisateurs de ce mouvement insurrectionnel de Poligny, qu'on exagéra si fort par la suite, pour la plus grande gloire de M. le comte de Chambrun, alors préfet du Jura, lequel en avait triomphé non pas tout à fait modestement. Toutefois M. Gagneur, pris « les armes à la main », mais sans s'en être autrement servi, fut condamné à dix ans de transportation à Cayenne. Cette condamnation commuée en exil, il se rendit à Bruxelles, où le gouvernement belge le chargea d'un rapport sur les associations agricoles françaises. Peu après, il lui était permis de rentrer en France, et il reprenait ses travaux socialistes à peu près où il les avait laissés, c'est-à-dire sans y mêler de préoccupation politique, collaborant à divers journaux et publiant des brochures. Il avait déjà publié avant cette époque, à Poligny, un écrit tendant à provoquer la création d'associations ouvrières pour la fabrication des fromages : les *Fruitières (1839)*; un autre sur le crédit : le *Crédit à bon marché, ou Guerre à l'usure (1849)*; le *Socialisme pratique*, ouvrage contenant la description d'associations agricoles modèles (1850), etc. Aux élections législatives de mai 1869, M. W. Gagneur acceptait la candidature d'opposition démocratique dans la 3e circonscription du Jura. Cette candidature, appuyée par M. Jules Grévy, quoique tardivement présentée, triompha au premier tour. M. Gagneur, élu député, vint prendre place au Corps législatif, sur les bancs de la gauche. Il fut, en 1870, président du Comité antiplébiscitaire et vota contre la guerre. Après le 4 Septembre, il fit partie de la commission chargée de dépouiller et de publier les *Papiers et Correspondance de la famille impériale* trouvés aux Tuileries. Le 8 février 1871, M. Gagneur échouait avec près de 20,000 voix; mais aux élections complémentaires du 27 avril, il était élu membre de l'Assemblée nationale par 43,209 voix. Le 20 février 1876, il était élu député de l'arrondissement de Poligny, et réélu par le même collège le 14 octobre 1877 et le 21 août 1881. Enfin M. Gagneur, dont l'attitude et les votes n'ont jamais varié, était élu député du Jura, comme candidat radical, le 4 octobre 1885. — Il a voté l'expulsion totale des princes.

GAGNEUR (dame), MARIE LOUISE MIGNEROT, femme de lettres française, épouse du précédent, née à Domblans (Jura) vers 1837, fut élevée dans un couvent. En 1855, elle publiait une brochure sur les associations ouvrières dont la lecture fit naître dans l'esprit de M. Gagneur, son compatriote, bon juge en pareille matière, le désir de connaître l'auteur. Peu après, il l'épousait. Depuis son mariage, Mme Gagneur a publié une série de romans socialistes et anti-cléricaux qui lui firent rapidement une grande notoriété. Nous citerons : *Une expiation (1859); Une femme hors ligne (1861); Un drame électoral (1863)*; la *Croisade noire (1865)*, roman qui souleva une véritable tempête dans le camp clérical, excellente réclame, d'ailleurs, qui le fit avidement rechercher; il eut donc une circulation énorme et fut traduit en plusieurs langues; le *Calvaire des femmes (1867)*; les *Réprouvés (1867)*; les *Forçats du mariage (1869)*; les *Crimes de l'amour (1870); Chair à canon (1872)*; les *Droits du mari (1876)*, et le *Roman d'un prêtre*, publié en feuilletons dans le journal la *Tribune*, dont il causa la saisie au 26e feuilleton (7 novembre 1876). Une protestation de M. W. Gagneur, insérée le lendemain dans la *Tribune*, nous apprend même qu'il était question de saisir le reste du roman, manuscrit, par conséquent, ce qui eût été une innovation assez curieuse dans cette voie de la répression, déjà si féconde pourtant. Il demeure entendu, toutefois, que nous nous garderons bien de juger l'œuvre de Mme Gagneur et de décider si la saisie de ce qui en avait déjà été publié était une mesure justifiée. En tout cas, l'affaire n'eut pas d'autre suite — du moins pour son auteur.

GAILHABAUD, JULES, archéologue français, né à Lille le 29 août 1810. D'une famille de commerçants, il débuta lui-même dans cette carrière, après avoir fait de bonnes études dans sa ville natale, et vint en 1834 à Paris, où, tout en consacrant la plus grande partie de son temps au commerce, il occupait ses loisirs aux recherches historiques et archéologiques, auxquelles il finit par se vouer tout entier, à partir de 1839. Au mois de novembre de la même année, il commençait la publication, par livraisons, des *Monuments anciens et modernes (1839-50*, 5 vol. in-4°). Dans les mêmes conditions, il avait publié en même temps : la *Bibliothèque archéologique, ou Recueil de documents sur l'histoire, l'archéologie, etc. (1845-46)*. Vinrent ensuite : l'*Architecture et les arts qui en dépendent, du Ve au XVIIe siècles (1850-58*, ... vol. in f°); l'*Art dans ses diverses branches, ou l'architecture, la peinture, la sculpture, la fonte, la ferronnerie, le mobilier, etc., chez tous les peuples et à toutes les époques, jusqu'en 1789 (1863-65*, 1 vol. gr. in-4°); *Quelques notes sur Jean Goujon, etc. (1863)*. M. Jules Gailhabaud a fondé la *Revue archéologique*, qu'il dirigea quelque temps au début; il a collaboré au *Moyen âge archéologique*, à l'*Univers pittoresque*, etc. — M. Jules Gailhabaud, avait amassé, de 1830 à 1866, une « collection historique » unique, formée d'environ 8,500 volumes, tant manuscrits qu'imprimés, et de 25,000 dessins ou gravures. En 1866, il vendait cette magnifique collection à la Ville de Paris. Elle a été entièrement détruite dans l'incendie de l'Hôtel de Ville, en mai 1871. Il reste à cet infatigable et savant collectionneur une collection d'œuvres d'art, ainsi qu'un immense Recueil de documents archéologiques auxquels il ne cesse d'ajouter.

GAILLARD, CLAUDE FERDINAND, peintre et graveur français, né à Paris le 5 janvier 1834, entra à l'Ecole des Beaux-Arts, suivit l'atelier de Léon Cogniet et remporta le prix de Rome (gravure) en 1856. Parmi les ouvrages que M. Gaillard a exposés aux divers salons (peintures, gravures ou dessins), nous citerons : l'*Education d'Achille*, gouache, d'après une peinture de Pompéi (1863); *Tête de vieillard, Etude d'enfant*, peintures; la *Joconde*, portrait d'après Bellini; *Horace Vernet*, d'après un dessin de P. Delaroche, gravures (1864); *Tête de jeune fille*, peinture (1865); la *Vierge*, d'après G. Bellini; *Statue équestre de Gatta Malata*, gravures; la *Toilette*, aquarelle, d'après une peinture antique du musée de Naples (1866); *Portrait du Pérugin*, gouache; *Marie de Médicis*, d'après Van Dick; la *Cène*, d'après L. de Vinci, dessins; *Vénus* et *Mercure*, d'après Thorvaldsen, gravures (1867); *Portraits* du comte et de la comtesse R. D., peintures; *Œdipe*, d'après Ingres, dessin (1868); l'*Homme à l'œillet*, de Van Dick; la *Vierge de la maison d'Orléans*, de Raphaël, gravures (1869); Portraits de *Mme Anderdon*, de *l'abbé Rogerson*, de *M. Ferry d'Escland*, du *Prince Dadian de Mingrélie*, *Tête de femme de la Franche-Comté*, peintures; la *Sainte Vierge*, de Botticelli, calcographie (1872); *Portrait du comte de Chambord*, peinture (1873); *Portrait de S. S. Pie IX*, dessin et gravure (1874); *Portrait du prince B.*, et de *Mgr de Mérode*, dessins et gravures; *Cécile*, eau-forte (1875); *Saint Sébastien*, toile; le *Crépuscule*, d'après Michel-Ange, pour la *Gazette des Beaux-Arts*, gravure au burin (1876); le *Christ au tombeau (1878); Tête d'enfant*, aquarelle; les *Pèlerins d'Emmaüs*, d'après Rembrandt et un *Portrait* à l'huile (1883); *Portrait de Mgr de Ségur*, dessin (1884); la *Vierge au lis*, toile; *Saint-Georges*, d'après Raphaël et portrait du R. P. Hubin, gravure (1885); et nombre de portraits anonymes, peinture, dessin et gravure. — M. Gaillard a obtenu des médailles aux Salons de 1867 et 1869, une médaille de première classe (gravures et dessins) et une médaille de deuxième classe pour la peinture au Salon de 1872, et une de 1re classe à l'Exposition universelle de 1878. Il a été nommé chevalier de la Légion d'honneur en 1876.

GAILLARD, GILBERT, homme politique français, manufacturier, né en 1843 à Maringues (Puy-de-Dôme); il est élève de l'Ecole polytechnique et dirige à Clermont une importante manufacture. Elu conseiller municipal de Clermont en 1870, adjoint au maire en 1871, il donnait sa démission après le 24 mai 1873; réélu à la prochaine occasion, il se retirait de nouveau après le 16 mai 1877; il fut réélu aux élections suivantes et est devenu maire de Clermont en mai 1880. Elu député de Clermont à une élection partielle qui eut lieu en avril 1883, M. G. Gaillard s'inscrivit à l'Union républicaine. Il fit partie dans cette législature de plusieurs commissions importantes, dont quelques-unes le choisirent pour rapporteur. Aux élections d'octobre 1885, M. Gilbert Gaillard a été élu député du Puy-de-Dôme le troisième sur neuf, par plus de 78,000 voix. Il a voté l'expulsion des princes. — M. G. Gaillard est chevalier de la Légion d'honneur et officier d'Académie.

GAILLARD (de), LÉOPOLD, publiciste français, né à Bollène (Vaucluse) le 20 avril 1820, fit ses études à Fribourg (Suisse) et au collège de Nîmes, son droit à Toulouse, et se fit inscrire au barreau de cette dernière ville en 1847. Il n'exerça point, toutefois, et entra presque aussitôt à la *Gazette du Languedoc*, journal légitimiste et clérical de Toulouse. Après février, il alla fonder à Avignon, avec Raousset-Boulbon, son ami, la *Liberté*, journal de même nuance. Après le coup d'Etat de décembre 1851, contre lequel il avait courageusement protesté, il entra à l'*Assemblée nationale* de Paris, qui ne tarda guère à être supprimée. Il prit peu après la direction de la *Gazette de Lyon*, laquelle subit le même sort. Le journalisme lui étant de la sorte interdit en fait, M. Léopold de Gaillard se le tint pour dit et n'essaya pas de faire accepter sa collaboration compromettante. En 1863 et 1869 il posa, dans la première circonscription de Vaucluse, sa candidature au Corps législatif contre le candidat officiel, mais sans succès. M. Léopold de Gaillard, d'abord rédacteur politique du *Correspondant*, est devenu directeur de cette importante revue. Ami du comte de Montalembert, il a été chargé de la publication de ses œuvres posthumes, avec MM. Cochin, le vicomte de Meaux et Léon Cornudet. — Il a été élu par l'Assemblée nationale, le dernier sur vingt-deux, membre du conseil d'Etat réorganisé, le 26 juillet 1872, et a donné sa démission en 1879. — Outre un certain nombre de brochures politiques de circonstance, notamment : les *Montagnards*, les *Socialistes*, la *Terreur*, etc., publiées à Avignon, en 1849, on a de M. Léopold de Gaillard : *Lettres politiques sur la Suisse*, dédiées à M. le comte de Montalembert (1852, Genève); *Questions italiennes : voyage, histoire, politique (1860)*; l'*Expédition de Rome, en 1849*, avec pièces justificatives et documents inédits (1861); *Nicolas Bergasse, publiciste, avocat au parlement de Paris, député de Lyon à l'Assemblée constituante*, discours de réception à l'Académie de Lyon (1862); les *Candidatures officielles autrefois et aujourd'hui, adresse au Corps législatif (1864); Venise et la France (1866)*; l'*Agriculture et la démocratie (1869)*; la *Leçon du plébiscite (1870)*; les *Eloges de l'opinion, 1871-1872 (1873)*, etc.

GAILLY, GUSTAVE, industriel et homme politique français, né à Charleville (Ardennes) le 25 janvier 1825, fit ses études au collège de sa ville natale. Riche maître de forges, il a été président du tribunal de commerce de Charleville, et était maire de cette ville à l'époque de l'invasion. Le 8 février 1871, il était élu, le troisième sur six, représentant des Ardennes à l'Assemblée nationale où, quoique « venu sans parti pris », comme il le dit plus tard, il ne tarda pas à prendre place au centre gauche, qui le choisit pour questeur, et à adopter sincèrement les idées républicaines. Le 8 octobre suivant, M. Gailly était élu conseiller général des Ardennes pour le canton de Charleville; réélu en 1873, il devint vice-président de ce conseil. Le 20 février 1876, M. Gailly a été élu député de l'arrondissement de Mézières, par 12,570 voix. La Chambre des députés l'a élu questeur, le premier, par 352 voix, et réélu le 11 janvier 1877. Réélu député de Mézières le 14 octobre 1877, il fut élu sénateur des Ardennes, en remplacement de M. Cunin-Gridaine, décédé, le 9 mai 1880, et réélu au renouvellement triennal du 25 janvier 1885. M. Gailly a voté l'expulsion des princes.

GALE, JAMES, inventeur anglais, aveugle, né à Crabtree près de Plymouth en juillet 1833, fit ses études à Tavistock. Il fut affligé de la perte totale de la vue étant tout jeune encore, mais supportant avec courage cette terrible épreuve, il se voua à l'étude, devint associé dans une manufacture et exerça ensuite à Plymouth la profession de médecin électricien. Son nom vint à la connaissance du public en 1865, lorsqu'il annonça qu'il venait de découvrir le moyen de rendre la poudre à canon non explosive et explosive ensuite à volonté, moyen très simple, peu coûteux, attendu que la quantité de poudre servant à la démonstration peut être aisément débarrassée de la substance qui la rend inexplosive et être utilisée comme devant. Des expériences eurent lieu à Plymouth le 27 juin 1865, en présence d'un grand nombre d'officiers de la marine et de l'artillerie, et produisit les meilleurs résultats. Ces expériences furent répétées avec le même succès à Wimbledon, à Londres, à Woolwich et sur la côte du Sussex, ainsi qu'en présence de la reine et de la famille royale, par l'inventeur lui-même. Le procédé consiste à mélanger avec la poudre du verre pulvérisé, ce qui la rend inexplosible, et à en éliminer le verre, ce qui rend à la poudre ses propriétés ordinaires. M. Gale a également inventé un fusil, divers systèmes de bombes et d'obus, etc. Il a été élu membre de la Société de chimie en 1866, de la Société royale géologique la même année, et a reçu le diplôme de docteur en philosophie de l'université de Rostock en 1867. Il a paru à Londres, en 1868, une notice biographique sur le Dr Gale, écrite par M. John Plummer, sous ce titre : *The Story of a Blind Inventor* (Histoire d'un inventeur aveugle).

GALEZOWSKI, XAVIER, médecin oculiste français, d'origine polonaise, né le 5 janvier 1833, fit ses études à Saint-Pétersbourg, où il fut reçu docteur en médecine et obtint une médaille d'or en 1858. Venu à Paris ensuite, il se fit admettre dans les services des docteurs Nélaton, Trousseau, Barthez et Desmarres, fut chef de clinique oculistique de ce dernier de 1859 à 1864, et prit en 1865 le grade de docteur en médecine de la faculté de Paris. Sa thèse : *Etude sur les altérations du nerf optique et les maladies cérébrales dont elles dépendent*, fut couronnée par la faculté l'année suivante. C'est à cette époque que M. le Dr Galezowski fondait sa clinique des maladies des yeux, où il a soigné et opéré gratuitement un grand nombre de malades pauvres. Pendant le siège de Paris, il servit comme chirurgien-major au 53e bataillon de la garde nationale, faisant en même temps le service de chirurgien à l'ambulance de l'église Saint-Gervais. Il avait pris soin de se faire préalablement naturaliser français. — On a du Dr Galezowski : *Observations cliniques sur les maladies des yeux (1862); De la pupille artificielle et de ses indications (1863); Recherches ophtalmoscopiques sur les maladies de la rétine et du nerf optique (1878); Tableaux synoptiques de la réfraction : choix des lunettes (1865); Sur l'existence de vaisseaux capillaires d'origine cérébrale dans la pupille du nerf optique (1865)*, mémoire lu à l'Académie des sciences; *Sur les altérations de la pupille et de la choroïde dans la diathèse tuberculeuse*, mémoire lu au Congrès scientifique international (1867); *Du diagnostic des maladies des yeux par la chromatoscopie rétinienne*, précédé d'une *Etude sur les lois physiques et physiologiques des couleurs (1868*, in-8°, 31 fig., une échelle chromatique à 14 teintes, etc.); *Traité des maladies des yeux (1871-72*, 2 vol. in-8°, 350 fig.), etc. M. le Dr Galezowski est professeur d'ophtalmologie à l'Ecole pratique de la faculté de Paris, membre de la Société d'émulation, etc. Chevalier de la Légion d'honneur du 16 mars 1872, il a été promu officier le 10 juillet 1885.

GALLAIT, LOUIS, peintre belge, né à Tournai en 1810. Elève de l'Académie royale des beaux-arts d'Anvers et de l'Ecole des beaux-arts de Paris, il débuta à Bruxelles, au Salon de 1833, par *Montaigne visitant le Tasse dans sa prison*, tableau qui eut un vif succès et établit du coup la réputation du jeune artiste. Ses autres toiles sont principalement inspirées de l'histoire des Pays-Bas. Nous citerons parmi ses ouvrages exposés aux salons de Paris : le *Duc d'Albe dans les Pays-Bas*, les *Musiciens ambulants (1835)*; la *Mort de Palestrina*, aquarelle (même année); *Job et ses amis*, au Luxembourg; le *Maréchal de Gontaut*, galeries de Versailles (1837) : la *Bataille de Cassel*, la *Prise d'Antioche*, *Baudouin couronné empereur de Constantinople*, aux galeries de Versailles (1840); l'*Abdication de Charles-Quint (1841)*; le *Maître des pauvres, Art et liberté!* une *Séance du Conseil de sang*, la *Tentation de saint*

Antoine, les *Derniers moments d'Egmont (1842-53)*. Ce dernier tableau, l'*Abdication de Charles-Quint* et un troisième: les *Derniers Honneurs rendus aux comtes d'Egmont et de Horn*, figuraient dans la galerie étrangère à l'Exposition internationale de Londres, en 1862. Ils y eurent un très grand succès et et les artistes et amateurs de la Grande-Bretagne donnèrent un banquet magnifique à leur auteur. — M. Gallait a obtenu à Paris deux médailles de deuxième classe, en 1835 et en 1848, et la croix de chevalier de la Légion d'honneur en 1841. Membre de l'Académie royale de Belgique, il a été élu membre honoraire de l'Académie royale de Londres le 15 décembre 1879, et associé étranger de notre Académie des Beaux-Arts, le 29 janvier 1870, à la place laissée vancante par la mort du peintre allemand Overbeck.

GALLES (prince de), Albert Edouard, duc de Cornouailles, dans le « peerage » d'Angleterre, duc de Rothsay, baron de Renfrew et lord des Iles en Ecosse, et comte de Dublin et de Carrick en Irlande, duc de Saxe et prince de Saxe-Cobourg-Gotha, chevalier de la Jarretière, général dans l'armée et colonel du 10e hussards, fils aîné de la reine Victoria et du feu prince Albert, héritier présomptif de la couronne britannique, est né au palais de Buckingham le 9 novembre 1841. Il fit ses études d'abord sous divers précepteurs particuliers, puis successivement à Edimbourg, à Oxford (Eglise du Christ) et à Cambridge, où il suivit les cours publics. En 1858, il était nommé colonel dans l'armée et en cette qualité résida quelque temps au camp de Curragh, où il alla rejoindre son régiment en juin 1861. L'année précédente il avait employé la plus grande partie de l'été à un voyage aux Etats-Unis et au Canada, où il fut accueilli avec une vive sympathie (1860). En 1862, le prince de Galles entreprenait un nouveau voyage, en Orient cette fois, accompagné du doyen Stanley, avec lequel il visita Jérusalem et la Terre Sainte. Le 10 mars 1863, il épousait la princesse Alexandra Caroline Marie Charlotte Louise Julie, fille du prince Christian de Danemark, devenu le 15 novembre suivant, roi de Danemark, sous le nom de Christian IX.

Vers la fin de 1871, le prince de Galles fut atteint de la fièvre typhoïde, et sa vie fut même, pendant plusieurs semaines, sérieusement en danger. Il se remit cependant, quoique avec lenteur, et pouvait assister au mémorable service d'actions de grâces célébré à la cathédrale de Saint-Paul en reconnaissance de sa guérison, le 22 février 1872. Il fut élu en 1874 grand maître des francs-maçons d'Angleterre, en remplacement du marquis de Ripon, et admis comme tel à la loge tenue à l'Albert Hall, South Kensington, le 28 avril 1875. Dans l'automne de cette même année 1875, l'héritier de la couronne d'Angleterre s'embarquait à bord du *Sérapis*, pour un voyage aux Indes, une des plus merveilleuses excursions qu'il pût faire. Arrivé à Bombay le 8 novembre, il en repartait le 13 mars 1876 et était de retour en Angleterre le mois suivant, fort satisfait de ce qu'il avait vu et de l'accueil qui lui avait été fait. Il a rapporté de ce voyage des collections de toute sorte, entre autres, une collection d'histoire naturelle qui, réunie dans la galerie de peinture des jardins de la Société zoologique de Londres, a été ouverte au public au commencement de 1877. Nous avons pu la voir à notre tour (en partie), au Champ-de-Mars, l'année suivante. Le prince de Galles présidait la Commission royale britanique près l'Exposition universelle de Paris en 1878. — A l'occasion des noces d'argent du prince Frédéric-Guillaume de Prusse, marié avec une princesse d'Angleterre, auxquelles il assistait en mars 1883, le prince de Galles fut nommé par l'empereur feld-maréchal de l'empire d'Allemagne.

De son mariage avec la princesse Alexandra de Danemarck, le prince de Galles a eu plusieurs enfants : le prince Albert Edward Victor Christian, duc de Cornouailles, né à Frogmore le 8 janvier 1864 ; le prince George Frederick Ernest Albert, né à Marlborough House le 3 juin 1865 ; la princesse Louise Victoria Alexandra Dagmar, née le 20 février 1867 ; la princesse Victoria Alexandra Olga Mary, née en juillet 1868 et la princesse Maud Charlotte Mary Victoria, née le 26 novembre 1869.

GALLETTI-GIANOLI, Isabella, cantatrice italienne, considérée par ses compatriotes comme leur plus grande chanteuse dramatique actuelle, est née vers 1835. C'est en effet une artiste d'une très grande valeur, tant au point de vue du sentiment scénique que par sa voix sonore, souple, étendue et l'art avec lequel elle la conduit. Son embonpoint exagéré, par malheur, et qui évidemment la gêne, n'ôte rien pourtant à la grâce, à l'élégance de la virtuose ni au charme de sa voix. La preuve, c'est qu'elle était engagée, vers la fin de 1876, au théâtre Apollo, de Rome, pour une série de représentations, moyennant 1,800 francs par soirée, chiffre exorbitant pour l'Italie. Mme Galletti-Gianoli, qui n'a pas, croyons-nous, quitté l'Italie, s'est en revanche fait applaudir sur les principales scènes de son pays, notamment à Milan, au théâtre dal Verme, dans la *Favorite*, en 1873 et dans la *Dolores* de M. Anteri Manzocchi, à Florence. en 1875, etc.

GALLI, Amintore, compositeur et musicographe italien, né à Rimini le 12 octobre 1845, fit ses études au gymnase de sa ville natale, et après y avoir suivi spécialement les cours de dessin, de mathématiques et de philosophie, se tourna tout à coup vers la musique et entra au Conservatoire de Milan, où il devint l'élève de M. G. B. Croff pour la composition. Il a fait exécuter dans cet établissement, en 1867, une cantate intitulée: l'*Espiazione*. Apres avoir passé quelque temps à Modène, comme directeur d'une école de musique, il se livra ardemment à la composition et à la littérature musicale. Il produisit dès lors plusieurs opéras: *Cesare al Rubicone*, *il Risorgimento* (à Rome), *il Corno d'oro*; puis plusieurs *messes*, un *Stabat Mater* et un oratorio: *Cristo al Golgota*, accueilli avec une très vive sympathie. Il publiait en même temps: l'*Arte fonetica* et la *Musica ed i musicisti, dal secolo X sino ai nostri giorni, ovvero Biografie cronologiche d'illustri maestri* (Milan, Canti, 1871, in-8°). Ce dernier ouvrage est surtout pédagogique ; la seule partie originale, l'opinion de l'auteur sur le génie de certains *maestri* contemporains, a été vivement critiquée, et non sans raison: nous citerons, pour preuve, son appréciation du génie de M Ambroise Thomas qui, suivant lui, est « l'heureux disciple de Wagner ». — M. A. Galli dirige à Milan le grand établissement musical de M. Edoardo Sonzogno, occupé surtout de répandre en Italie les chefs-d'œuvre de l'école française, et il écrit les notices de toutes les partitions faisant partie de la *Musica per tutti*, que publie cette maison ; il est en outre le rédacteur musical du *Secolo*, toujours du même propriétaire. Il a publié en 1877, un opuscule intitulé l'*Ortofonia*, et depuis: la *Musica militare in Europa*, ouvrage à la fois théorique et historique (1880), etc.

GALLI-MARIÉ (dame), chanteuse dramatique française, fille de M. Marié, baryton, qui fut pendant une quinzaine d'années attaché à l'Opéra. Douée de très grandes aptitudes scéniques, et malgré le peu d'étendue de sa voix de mezzo-soprano elle embrassa de bonne heure la carrière du théâtre et tint avec succès l'emploi des fortes chanteuses d'opéra dans plusieurs villes importantes de province. Elle était à Strasbourg en 1859, à Toulouse en 1860 et en 1861 à Lisbonne, où elle chantait le répertoire italien au théâtre San-Carlos. En 1862, elle jouait à Rouen, avec un très grand succès; elle y créait au mois d'avril le rôle principal dans la *Bohémienne*, opéra de Balfe encore inconnu à Paris. Le bruit de ses succès parvint aux oreilles de M. Perrin, alors directeur de l'Opéra-Comique ; il se rendit aussitôt à Rouen, entendit Mme Galli-Marié, et l'engagea séance tenante. La jeune artiste débutait à l'Opéra-Comique au mois d'août suivant, dans la *Servante maîtresse* de Pergolèse, qui n'avait pas été représentée depuis quelques quatre-vingt-dix à cent ans et qu'on avait exhumée exprès pour elle. Elle fut accueillie avec une très vive sympathie, tant par la critique que par le public, surtout pour son goût musical, sa diction élégante et juste et son talent de comédienne. Son engagement à Rouen n'étant pas expiré, elle dut se partager pendant toute la fin de la saison théâtrale entre Paris et Rouen ; après quoi, elle fit exclusivement partie du personnel de l'Opéra-Comique, où elle fit plusieurs créations importantes qui montrèrent l'étonnante souplesse de son talent et ce tempérament artistique d'une incomparable originalité qui lui permet de faire siens absolument les rôles dont on lui confie la reprise. Mme Galli-Marié s'est fait applaudir à l'Opéra-Comique dans une foule d'ouvrages où elle représentait des personnages de caractères différents, quelquefois radicalement opposés, avec la même aisance et le même succès: *Lara*, le *Capitaine Henriot*, *Fior d'Aliza*, la *Petite Fadette*, *José Maria*, *Robinson Crusoé*, *Fantasio*, le *Passant*, *Don César de Bazan*, *Carmen*. Citons en outre, parmi les pièces du répertoire qu'elle a reprises: *Marie*, les *Porcherons*, les *Amours du Diable*, les *Dragons de Villars*, etc., etc. — Après une courte absence, pendant laquelle elle parcourut la Belgique, Mme Galli-Marié est rentrée à l'Opéra-Comique au mois d'octobre 1874. Elle y donnait sa représentation d'adieux en décembre 1883, et partait aussitôt après pour l'Italie. Elle y rentrait de nouveau le 27 octobre 1884, dans *Carmen*.

GALLIFFET (marquis de), Gaston Alexandre Auguste, général français, né à Paris le 23 janvier 1830. Engagé volontaire aux chasseurs d'Afrique en 1848, il passa par tous les grades et obtint l'épaulette de sous-lieutenant en décembre 1853. Il devint alors successivement lieutenant en 1857, capitaine en 1860, chef d'escadrons en 1863, lieutenant-colonel en 1865, colonel en 1867 et placé à la tête du 3e régiment de chasseurs d'Afrique. Rappelé d'Algérie à la déclaration de guerre de juillet 1870, avec son régiment, le colonel de Galliffet fit partie de l'armée du Rhin ; il fut promu général de brigade le 30 août. Pendant la lutte contre la Commune de Paris, le général de Galliffet commandait une brigade de l'armée de Versailles, avec laquelle il participa à la répression sommaire qui suivit la défaite de l'armée insurrectionnelle. Nommé au commandement de la subdivision de Batna en 1872, il prit une part considérable au châtiment des tribus soulevées. A la réorganisation des corps d'armée, il fut appelé au commandement de la 31e brigade de cavalerie à Bourges. Il était promu général de division le 3 mai 1875 et placé à la tête de la 15e division d'infanterie, à Dijon ; puis appelé au commandement du 9e corps d'armée, avec son quartier général à Tours, en février 1879. Lors des grandes manœuvres de cavalerie, le général de Galliffet se distingua d'une manière toute particulière. Il ne s'est pas moins fait remarquer par ses relations avec Gambetta et la manifestation de plus en plus accentuée de ses sympathies pour le gouvernement, et par suite pour le parti républicain, qui n'a pas hésité à le considérer, dans des circonstances difficiles, comme l'un de ses soutiens éventuels. Le général de Galliffet est membre du Conseil supérieur de la guerre et président du Comité consultatif de la cavalerie. Il a été promu grand officier de la Légion d'honneur le 12 juillet 1880.

GALPIN, Gaston Georges, homme politique français, né à Alençon le 9 janvier 1841. Entré jeune dans l'administration, il fut successivement chef du cabinet du préfet de la Moselle, puis de celui de la Côte-d'Or, et enfin conseiller de préfecture à la préfecture de l'Yonne, où le 4 Septembre étant venu le trouver, il donna sa démission. M. G. Galpin fut attaché au quartier général de la deuxième armée de la Loire en qualité de sous-intendant militaire auxiliaire. Conseiller général de la Sarthe, maire d'Assé-le-Boisne, commune qu'habite sa famille, M. Gaston Galpin a fondé en 1880 le comice agricole de Fresnay-sur-Sarthe, dont il est président. Il a été élu député de la Sarthe sur la liste monarchique, au scrutin du 18 oct. 1885 et a pris place à la droite bonapartiste.

GALTIER, Jean Antoine Auguste, homme politique français, né en 1841 au Caylar (Hérault). Avocat du barreau de Montpellier, il fut fait sous-préfet de Lodève après le 4 Septembre, mais donna sa démission peu après et fut placé à la tête d'un bataillon de mobilisés de son département. Appelé à la sous-préfecture d'Aix en 1878, il devint successivement préfet de l'Aveyron, puis du Doubs. Il donna sa démission en 1883, et fut élu député à une élection partielle qui eut lieu cette année-là dans une circonscription de Montpellier. Il prit place à gauche, et fut élu député de l'Hérault le 4 octobre 1885. M. Galtier a voté l'expulsion totale des princes.

GALTON, Francis, médecin et voyageur anglais, petit-fils d'Erasmus Darwin, cousin, par conséquent, de feu Charles Darwin, est né à Duddleston, près de Birmingham, en 1822. Il commença l'étude de la médecine à l'hôpital de Birmingham, alla la continuer au Collège du roi, à Londres, et prit ses grades à l'université de Cambridge en 1844. En 1846, il entreprenait un voyage dans l'Afrique septentrionale et explorait le Nil-Blanc, alors rarement visité. En 1850, il faisait un nouveau voyage d'exploration, cette fois dans les régions occidentales de l'Afrique du Sud, et dont au retour il publiait la relation sous ce titre : *Narrative of an explorer in tropical South-Africa (1853)*. La Société royale géographique lui avait décerné, en 1852, sa médaille d'or. M. Galton prit dès lors une grande part aux travaux de cette société, dont il devint successivement membre du conseil, secrétaire, puis vice-président. M. Galton est aussi l'auteur d'un ouvrage sur la pratique des voyages, très utile et en conséquence très apprécié des voyageurs et des émigrants, et qui atteignit rapidement sa cinquième édition : *Art of travel, or shifts and contrivances in wild countries* (l'Art de voyager, ou expédients et subterfuges pour se tirer d'affaire dans les contrées désertes), et d'une carte météorographique qui est, croyons-nous, le premier ouvrage de cette sorte : *Meteorographica (1863)*. Nommé, sur la présentation de la Société royale, membre du comité du Bureau du commerce, il est devenu l'un des membres du comité directeur du « Meteorological Office. » — On doit à ce savant, outre les ouvrages précités : *Hereditary genius, its laws and consequences (1869)*; *English men of science, their nature and nurture (1874)*; ainsi que divers mémoires sur des sujets scientifiques variés, principalement relatifs à l'hérédité, dans les *Proceedings* de la Société royale et autres publications spéciales. Il a été secrétaire général de l'Association britannique pour l'avancement des sciences, de 1863 à 1868, et président de sa section géographique à Brighton, en 1872, vice-président de la Société royale, de la Société géographique, de la Société anthropologique et membre des conseils de plusieurs autres corps savants.

GAMBETTA, Léon Michel, homme d'Etat français, né à Cahors, de parents français mais d'origine génoise, le 2 avril 1838, fit son droit à Paris et se fit inscrire au barreau de cette ville en 1859. Secrétaire de Crémieux, président de la conférence Molé, il débuta au Palais, en mars 1862, dans l'affaire des cinquante-quatre (Greppo, Miot, etc.) accusés de société secrète. Dès l'année suivante, il prenait une part active à l'agitation électorale, et se trouva un moment impliqué dans l'affaire dite des Treize. Gambetta plaida dès lors avec éclat dans plusieurs procès politiques et de presse ; mais sa popularité date incontestablement de sa plaidoirie en faveur du journal le *Réveil*, poursuivi pour avoir ouvert dans ses colonnes une souscription publique à l'effet d'élever au représentant Baudin, tué le 3 décembre 1851 sur la barricade du faubourg Saint-Antoine, un monument funèbre à la place de la pierre modeste et rongée de mousse qui recouvrait sa dépouille au cimetière Montmartre. Dans cette plaidoirie, ou plus exactement dans cet acte d'accusation dressé contre l'empire, le *Réveil* était bien un peu oublié, volontairement sans doute, mais les auteurs du 2 Décembre y étaient flagellés en termes sanglants, comme ils ne l'ont jamais été, ni avant ni depuis, et il faut s'être trouvé sous le charme de la parole chaude, entrainante, persuasive du jeune avocat pour comprendre comment le tribunal le laissa aller jusqu'au bout. L'empire y était condamné par les considérations les plus péremptoires ; puis, semblant oublier que c'était précisément pour s'opposer à ce qu'une telle chose pût se produire que son client était traduit devant le tribunal, il s'écriait dans un magnifique élan d'enthousiasme : « Désormais, nous aurons une fête civique à célébrer au nom de nos martyrs: ce sera le 2 Décembre ! » Le *Réveil* fut condamné, comme de raison ; mais l'empire le fut à la même heure par la conscience du pays tout entier. Beaucoup qui, par insouciance ou par ignorance des faits, n'avaient jamais songé à interroger le passé, l'oreille bercée par la musique énervante du langage officiel, se prirent à réfléchir ; en un mot, la conscience publique se réveilla aux éclats de cette parole accusatrice et, nous le répétons, le réveil de la conscience publique, c'était la condamnation sans appel possible du pouvoir né du 2 Décembre 1851. — La lecture de la plaidoirie de Gambetta dans cette affaire produisit donc une véritable explosion ; on ne pouvait croire que cela eût été dit sans provoquer l'écroulement des murs du prétoire, et on exaltait, non pas tout à fait à tort, le courage de celui qui avait osé faire entendre de telles paroles à des juges. Après le *Réveil*, ce fut le tour du *Progrès du Nord*, que Gambetta alla défendre à Lille ; puis celui de l'*Emancipation* de Toulouse, à l'occasion duquel il fut accueilli par de bruyantes ovations. Désormais, le jeune avocat était devenu un homme politique, et justement l'homme politique nécessaire, attendu ; il lui était impossible désormais de se choisir une autre destinée. Aux élections générales de 1869, les comités républicains posaient la candidature de Gambetta, à la fois dans la première circonscription de Paris (Belleville) et dans

la première circonscription des Bouches-du-Rhône (Marseille), et il déclarait, dans sa circulaire, qu'il n'acceptait « d'autre mandat que le mandat d'une *opposition irréconciliable* ». A Paris, où il avait pour concurrent, M. Carnot, il fut élu au premier tour par 21,734 voix, contre 9,142 ; à Marseille, il fut élu au second tour par 12,865 voix, après avoir obtenu au premier une majorité relative contre des hommes tels que MM. Thiers, Ferdinand de Lesseps et le marquis de Barthélemy. Il opta pour Marseille et vint prendre place sur les bancs de l'extrême gauche au Corps législatif. Mais la rude campagne électorale qu'il venait de faire, les nombreux discours qu'il lui avait fallu prononcer, avaient altéré sa santé et il fut forcé de se tenir quelque temps éloigné de la Chambre où, une laryngite incomplètement guérie ne lui permit pas tout de suite, lorsqu'il y eut repris son siége, de prendre part, autrement qu'en tirailleur, aux luttes de la tribune. Le 7 février 1870, toutefois, il protestait par un discours indigné contre l'arrestation dont M. Henri Rochefort, qui avait été élu à sa place par les électeurs de Belleville, avait été l'objet à sa sortie du Palais-Bourbon. Mais le 5 avril suivant, à l'occasion du plébiscite, il prononça ce discours mémorable dans lequel, discutant juridiquement, pour ainsi dire, la valeur, la raison d'être, l'économie des divers systèmes politiques, il exposait comment et pourquoi le système républicain était préférable à tous les autres, et semblait presque inviter cette chambre profondément antirépublicaine à en faire l'essai, sans s'attirer la moindre protestation, l'interruption la plus anodine, — si ce n'est : *Reposez-vous, reposez-vous, vous êtes fatigué !...* car le larynx était toujours un peu malade et l'on s'en apercevait ; — tenant en un mot, pendant plus de trois heures, une assemblée notoirement hostile à ses idées et à lui-même sous le charme de sa puissante éloquence. Il ne pouvait pas, par exemple, ambitionner d'autre triomphe : il charma mais il ne persuada point. Il signa le manifeste de la gauche, invitant les électeurs plébiscitaires à voter NON ; peu après, il avait à s'élever contre la déclaration de guerre ; enfin, le 3 septembre, il signait la proposition de Jules Favre déclarant déchue la dynastie napoléonienne. Lors de l'envahissement de la Chambre, le lendemain, il insista auprès de la foule pour qu'un caractère légal pût être donné à la Révolution, par le vote de la proposition de déchéance ; mais ce fut en vain. Il se porta donc, avec ses collègues de la Seine, à l'Hôtel de Ville, et fut proclamé membre du gouvernement provisoire et choisi par ses collègues comme ministre de l'intérieur.

Le ministre de l'intérieur du gouvernement de la Défense nationale demeura peu à Paris. Ses collègues comptaient beaucoup, et avec raison, sur son activité, sa jeune énergie et la magie de sa parole pour soulever les populations de la province contre l'envahisseur et faire face à toutes les nécessités de ce cruel moment. Il partit donc de Paris, en ballon, le 8 octobre, et alla toucher terre dans le département de la Somme, près de Montdidier. Le 9, il était à Tours, où se trouvaient déjà MM. Crémieux, Glais-Bizoin et Fourichon, formant la délégation gouvernementale de province. Il adressa aussitôt aux populations une proclamation dans laquelle, exaltant le sentiment patriotique, il faisait des moyens de défense dont Paris disposait un tableau sans doute un peu exagéré, mais destiné à la fois à relever le courage abattu des nôtres et à montrer à l'ennemi qu'il avait affaire à des adversaires résolus et puissants en dépit des désastres qui les avaient frappés. Il y adjurait les « citoyens des départements » de ne pas se laisser distraire du seul vrai but : la guerre, la défense à outrance, par des considérations politiques, et d'accepter le gouvernement sorti surtout de la nécessité, quitte à le discuter après. Cet appel fut entendu, et les hommes les plus opposés, par leurs convictions, à l'état de choses politique actuel, les adversaires les plus irréconciliables sur ce terrain dangereux, se tendirent la main dans un élan de patriotisme et s'offrirent à exécuter les ordres de ce gouvernement qui, lui-même, avec une modestie dont on ne lui sut pas un gré suffisant, s'intitulait simplement : « Gouvernement de la Défense nationale ».

Un autre que Gambetta aurait-il pu accomplir un tel miracle ? Il nous sera au moins permis d'en douter.

Il prenait en même temps la direction des deux départements les plus importants : l'intérieur et la guerre, et devenait en réalité, quoique sans parti pris évidemment, un véritable dictateur, mais un dictateur bienveillant et surtout bien agissant, créant des armées, organisant la résistance, parcourant les pays menacés, communiquant à tous son ardeur patriotique, allant, venant, haranguant, ne se lassant jamais. Certes, nous ne pouvons oublier qu'on a traité cette dictature de « dictature de l'incapacité » ; mais que n'attendre point d'un milieu où des officiers, victimes ou complices d'une capitulation honteuse, reprochent à ceux qui n'ont pas capitulé le temps passé dans une casemate ? Cette dictature de l'incapacité, pour y revenir, menaça pourtant un instant de changer le sort des armes ; par malheur survint la capitulation de Metz qui, libérant une armée considérable d'un service ardu et surtout forcé, jetait en même temps toutes les forces de l'ennemi sur nos armées de province à peine organisées. Le courage du dictateur ne se laisse pas abattre, pourtant ; de nouvelles armées sont en formation : alors voici que Paris aussi a capitulé, et qu'un armistice a été conclu ! Les hostilités sont donc interrompues forcément ; mais Gambetta, tout en se soumettant, proteste en demandant « la guerre à outrance et la résistance jusqu'à complet épuisement ». Il publie le décret de convocation des électeurs pour l'Assemblée nationale, mais en stipulant l'inéligibilité des anciens fonctionnaires de l'empire et des anciens candidats officiels. A cette mesure, M. de Bismarck, qui était le maître beaucoup plus qu'il ne l'eût espéré au fond, répondait par une protestation « au nom de la liberté des élections stipulée par l'armistice ». Et le gouvernement central, lui donnant raison, annulait le décret de Gambetta. Celui-ci résista un moment : mais l'arrivée de M. Jules Simon, chargé de faire exécuter le décret de convocation tel qu'il avait été conçu par le gouvernement central, c'est-à-dire sans la disposition complémentaire de Gambetta, porta celui-ci à résigner ses pouvoirs et à se retirer d'un gouvernement avec lequel il était désormais en plein désaccord. Nous devons rappeler maintenant les actes politiques principaux par lesquels il signala son passage au pouvoir, principalement ceux qui lui furent le plus durement reprochés par les intéressés, ceux qu'il se fût bien gardé d'accomplir si, dans ce moment, il n'eût songé qu'au soin de sa popularité : la dissolution des conseils généraux élus sous la pression de l'administration impériale et la destitution des membres de la magistrature, même inamovibles, ayant fait partie des commissions mixtes de 1852.

Aux élections du 8 février 1871, Gambetta fut élu représentant de l'Assemblée nationale dans dix départements : le Bas-Rhin, le Haut-Rhin, la Moselle, la Meurthe (votes significatifs), les Bouches-du-Rhône, le Var, la Seine, Seine-et-Oise, Alger et Oran. Il opta pour le Bas-Rhin, comme protestation contre tout projet de traité portant démembrement de la France. Il s'éleva avec une chaleureuse indignation, dans les bureaux, contre le traité de paix soumis à la ratification de l'Assemblée, refusa de le voter, et signa aussitôt après le vote la lettre de démission des représentants de l'Alsace devenue allemande. Il se retira alors en Espagne, à Saint-Sébastien, où il demeura jusqu'aux élections complémentaires du 2 juillet. A cette date, il fut élu représentant dans les Bouches-du-Rhône, le Var et la Seine, et opta pour ce dernier département. Il prit place à l'extrême gauche et se fit inscrire à l'Union républicaine, qui le choisit pour son président. En butte à des attaques incessantes et passionnées à propos de son passage au pouvoir, Gambetta s'est fait une loi de n'y jamais répondre, dans ce que ces attaques avaient de personnel. Son attitude à l'Assemblée, jusqu'au 23 mai 1873, a toujours été celle de la conciliation ; même après, sous le « gouvernement de combat », on ne peut dire qu'il fit une opposition systématique à l'état de choses existant. Décidé à apporter au gouvernement de M. Thiers le concours de son parti, parce qu'il le voyait clairement accomplir l'œuvre rêvée : la fondation de la République, il s'en sépara pourtant dans une occasion, ainsi que de toute la gauche républicaine, M. Jules Grévy en tête, pour appuyer à Paris la candidature de M. Barodet en opposition à celle de M. de Rémusat. Par contre, si nous pouvons dire, il fit tous ses efforts pour amener ses amis de l'extrême gauche (et ces efforts ont été pénibles dans une certaine mesure) à voter l'ensemble de la constitution du 25 février 1875.

Ce serait sans doute ici le lieu de parler des voyages politiques de Gambetta ; nous ne pouvons le faire que d'une manière sommaire. A l'occasion des élections de janvier 1872, il parcourait le Midi ; l'année suivante, c'était le Nord et l'Ouest qui étaient l'objet de ses visites. En 1872 encore, il assistait à Versailles au banquet donné en l'honneur de l'anniversaire de Hoche ; le 14 juillet suivant, à l'occasion de l'anniversaire de la prise de la Bastille, il prononçait à la Ferté-sous-Jouarre un discours empreint surtout de cet esprit de conciliation qui n'exclut pas l'énergie des convictions, mais en fait comprendre la légitimité aux masses irréfléchies et les leur fait souvent adopter ; le 1er octobre, c'est à Annecy qu'il parlait, puis à Grenoble, où son évocation des « nouvelles couches sociales » eut tant d'écho, jusque dans les profondeurs des couches anciennes, que le président de la République fut vivement interpellé à ce sujet au sein de la commission de permanence et que le général Changarnier, qui ne pouvait pourtant prendre la chose pour une personnalité, interpellait quelques jours après le gouvernement à l'Assemblée nationale de nouveau réunie. Gambetta se donna la peine, dans une séance suivante, d'expliquer ce qu'il entendait par couches sociales anciennes et nouvelles. Après le vote de la constitution, il venait l'expliquer et en faire l'apologie dans une réunion privée tenue à Belleville, démontrant que cette seconde chambre, le Sénat, à l'institution de laquelle il était opposé en principe, serait, par son organisation même, comme un « grand conseil des Communes françaises », — ce qui pouvait bien être, après tout, qu'une simple illusion d'optique politique, à moins que ce ne fût tout simplement une façon habile de dorer la pilule. Peu après, le 20 mars, il prononçait, sur la tombe d'Edgar Quinet, un nouveau discours d'appel à la conciliation.

En juin 1874, l'agitation provoquée par l'affaire du comité central de l'Appel au peuple amena des incidents de séance fort orageux, au milieu desquels Gambetta souffleta les bonapartistes de l'épithète de *misérables*. Ce n'était pas la première fois, si nous avons bonne mémoire. Mais cette fois-là, quelques bonapartistes, que la chose touchait d'une façon plus sensible, se fâchèrent ; il y eut à la gare Saint-Lazare, aux heures de départ et d'arrivée des trains parlementaires, des désordres ; et il se trouva un bonapartiste, un certain M. de Sainte-Croix, qui aurait eu, à ce qu'il semble, un intérêt bien entendu à cacher mieux ses antécédents, pour venir frapper Gambetta en plein visage. — Signe des temps : il s'en fallut de peu que ce ne fût Gambetta qu'on arrêtât, et il y eut en effet quelques députés momentanément appréhendés. Mais la chose dut tourner autrement à la fin, et l'opinion publique fit connaissance avec le bonapartiste Sainte-Croix et en tira, avec sa logique excessive, des conséquences peu favorables aux autres. — En janvier 1876, Gambetta faisait à Aix un discours exposant, avec cette clarté dont il avait le secret, les devoirs des délégués des conseils municipaux chargés de l'élection des sénateurs. Aux élections du 20 février suivant, il se présentait à la fois à Belleville, à Marseille, à Lille, à Bordeaux et à Avignon, cherchant par ce moyen à faire juger dans divers colléges, les plus éloignés possibles les uns des autres, la « politique d'opportunité » qu'il avait adoptée définitivement. Il se rendit sur tous ces points si opposés, pour défendre lui-même sa cause et celle de sa politique. Il n'échoua qu'à Avignon, où les partisans de son adversaire avaient ameuté contre lui tout ce qu'il y avait de gens sans aveu dans le pays. Cette manière de triompher sur le *poll* ne fut toutefois pas approuvée par l'Assemblée, qui ordonna une enquête sur l'élection de l'arrondissement d'Avignon, et qui, après enquête, l'annula, renvoyant le concurrent heureux de Gambetta, M. du Demaine, devant ses aimables électeurs (novembre 1876). Gambetta soutenait en même temps, dans le 8e arrondissement de Paris, la candidature de M. Victor Chauffour contre celle de M. le duc Decazes, qui ne fut élu qu'au second tour et après désistement de M. Chauffour. Quant à lui, il opta pour la Seine. — Dans la question de l'amnistie, Gambetta s'était prononcé pour l'amnistie par catégories. Cette attitude lui fut durement reprochée par un certain nombre de ses électeurs de Belleville, auxquels il voulut donner des explications, dans une réunion privée tenue le 27 octobre 1876. Gambetta partait invariablement de ce principe qu'il faut demander peu, demander ce que l'on pourrait, avec quelque complaisance, consentir à vous donner, plutôt que de demander beaucoup et de se voir refuser net. C'est là une appréciation, et il est possible qu'elle soit juste. Il est d'ailleurs incontestable que la République doit beaucoup à l'*opportunisme*, comme on dit dans le jargon du jour ; mais il serait peut-être dangereux d'en abuser. — Elu successivement membre des deux commissions du budget de 1877 et 1878, Gambetta fut deux fois choisi pour président par ses collègues. Il fit, dans cette situation délicate et nouvelle, preuve d'un tact qui ne saurait étonner, mais aussi de capacités spéciales qui n'ont pas tardé à réduire au silence les critiques de la première heure. — Gambetta prononçait un nouveau grand discours parlementaire dans la séance du 28 décembre 1876, à propos de la question de savoir si la Chambre devait discuter à nouveau le budget des dépenses pour l'exercice 1877, qui lui était renvoyé amendé par le Sénat. Il défendit avec une grande énergie, s'appuyant uniquement sur des considérations juridiques, les prérogatives constitutionnelles de la Chambre des députés en matière de finances ; remonta aux antécédents les plus lointains de l'histoire parlementaire et prouva qu'accéder aux prétentions du Sénat, admises par le gouvernement, c'était faire une innovation que nul n'avait osé faire jusque-là, et une innovation dangereuse. La Chambre, toutefois, dans la crainte d'un conflit dont la menace était au moins dans l'air, repoussa par son vote les conclusions absolument justes de l'honorable député de la Seine.

Cette session, signalée par une série de luttes sur tous les terrains entre le « gouvernement de curés » de MM. de Fourtou et de Broglie et les républicains, était fatalement condamnée à une clôture anticipée ; mais ce ne fut pas seulement la session, ce fut la législature elle-même qui fut close, après l'acte inqualifiable du 16 mai 1877. Le Sénat, s'empressa de donner au gouvernement et au maréchal-président l'autorisation de dissoudre cette Chambre qui osait leur tenir tête, ces républicains qui défendaient la République. « En 1830, on est parti 221 et l'on est revenu 270, disait Gambetta au ministère dans la séance tumultueuse du 16 juin. J'affirme que, partant 363, nous reviendrons 400. » Si ce n'a pas été cela tout à fait, il s'en est fallu d'assez peu. L'agitation électorale recommença, en attendant, dans toute la France, avec des péripéties que nous laisserons à l'histoire. Gambetta se multiplia. A Lille, le 15 août, après un banquet que lui avaient offert les anciens députés du Nord ayant à leur tête M. Testelin, sénateur du département, Gambetta prononçait ce discours fameux, qui se terminait par ces mots dont le retentissement fut immense : « Quand la France aura fait entendre sa voix souveraine, croyez-le bien, messieurs, il faudra se soumettre ou se démettre ». Poursuivi pour ce discours, avec M. Murat, gérant de la *République française*, qui l'avait reproduit, et comme complice de ce dernier, Gambetta et son coaccusé étaient condamnés par le tribunal correctionnel le 11 septembre 1877, à trois mois de prison et 2,000 fr. d'amende chacun, mais par défaut, le tribunal ayant refusé une remise nécessitée par l'état de santé de Me Bétolaud, bâtonnier, défenseur de Gambetta et par la remise tardive en conséquence du dossier au nouveau défenseur, Me Allou. L'affaire revenue à l'audience du 22 septembre, et les conclusions d'incompétence développées par Me Allou ayant été repoussées par le tribunal, le jugement du 11 fut confirmé par défaut. Gambetta fut en outre poursuivi pour sa circulaire aux électeurs du XXe arrondissement de Paris. Ce dernier procès fut jugé le 12 octobre, avant-veille des élections. Gambetta et l'imprimeur de sa circulaire, M. Lefebvre, qui y était impliqué, furent condamnés *par défaut*, le premier à trois mois de prison et 4,000 fr. d'amende et le second à 15 jours et 2,000 fr. Le surlendemain, Gambetta était élu député du XXe arrondissement de Paris, par 13,912 voix, environ 2,500 de plus qu'en 1876.

Cependant, un fait considérable s'était produit, la mort de M. Thiers (3 sept.), qui faisait en quelque sorte Gambetta son héritier et, par suite, le chef unique de l'opposition républicaine de toutes les nuances, sauf les extrêmes. Dès ce moment, on peut remarquer que la *République française*, considérant la démission du maréchal comme inévitable, présente M. Jules Grévy comme son successeur nécessaire. A la rentrée, Gambetta fut choisi de nouveau pour président de la commission du budget ; il votait avec les autres membres de cette commission, le 24 novembre, le refus d'examiner le budget tant que le ministère de Rochebouët resterait en fonctions, vote qui amena un premier acte de soumission : le 14 décembre un ministère Dufaure était constitué. Gambetta profita des vacances du jour de l'an pour aller en Italie ; il y rendit visite à plusieurs hommes d'État et déjeuna avec le roi Humbert, à la stupéfaction générale, sans

parler du grand dîner que lui offrit le duc de Noailles, ambassadeur de France. Pendant les vacances de septembre, outre ses voyages politiques semés de discours, Gambetta figurait de nouveau au Palais, comme avocat de M. Challemel-Lacour, dans un procès en diffamation intenté par celui-ci à un journaliste clérical, qu'il faisait condamner à 10,000 fr. de dommages-intérêts. — Après la rentrée, Gambetta reprit la présidence de la commission du budget. Lors de la vérification de pouvoirs de M. de Fourtou, dont nous avons raconté l'odyssée électorale d'octobre 1877, il se laissa emporter à traiter de mensonges certaines allégations de celui-ci : il y eut rencontre entre les deux hommes d'Etat, et échange d'une balle de pistolet qui ne fit pas autre chose que de donner satisfaction à l'honneur de chacun.

Le 30 janvier 1879, enfin, le maréchal Mac-Mahon donnait sa démission et était remplacé à la présidence de la République par M. Jules Grévy ; Gambetta accepta alors la succession de celui-ci à la présidence de la Chambre des députés, où 314 voix sur 405 le portèrent. Aux élections de 1881, il se présenta de nouveau à Belleville, divisé en deux circonscriptions, et ne voulut se présenter que là. La lutte fut extrêmement vive dans ces deux circonscriptions du XXe arrondissement, qui avaient continué de marcher en avant et étaient encombrées de candidats plus avancés encore. Gambetta fut cependant élu au premier tour dans la première ; dans la seconde, il avait été proclamé élu également, mais vérification faite, il n'y avait pas obtenu tout à fait la majorité absolue. Il se contenta de son succès acquis. Pendant la période électorale, il avait renouvelé ses voyages de propagande, sur lesquels on nous permettra de ne pas insister. A la rentrée, il fut réélu à la présidence de la chambre, où il devait conserver une très grande autorité jusqu'à la fin. Le 9 novembre, M. Jules Ferry ayant donné sa démission, après le vote d'un ordre du jour rédigé par Gambetta et appuyé naturellement par lui, qui était toutefois un vote de confiance, celui-ci, qui avait décliné si souvent l'offre de constituer un ministère, reconnut qu'il ne pouvait plus se dérober. Il prit donc le pouvoir, avec le portefeuille des affaires étrangères, en s'entourant d'hommes nouveaux et plus ou moins préparés (14 novembre). Les élections sénatoriales du 8 janvier 1882 avant renforcé encore la majorité républicaine dans la Haute Chambre, il se crut probablement autorisé, malgré ses déclarations récentes, à aborder une réforme qu'il avait particulièrement à cœur, et présenta en conséquence à la Chambre un projet de revision des lois constitutionnelles dans lequel le scrutin de liste était substitué au scrutin d'arrondissement pour l'élection des députés. La Chambre accueillit fort mal cette proposition, et la commission de trentre-trois membres à laquelle elle en confia l'examen se trouva y être hostile à l'unanimité moins *une* voix. Le 23 janvier suivant, toutes les démarches pour faire revenir sur sa résolution le président du conseil étant restées vaines, le rapporteur de la commission, M. Andrieux, apportait à la tribune ses conclusions, soit le rejet de la proposition ministérielle. La discussion eut lieu le 26 ; le résultat ne pouvait être douteux : par 268 voix contre 218, les conclusions des rapport de M. Andrieux étaient adoptées. Le même jour, le ministère Gambetta avait vécu ; mais on a pu dire avec grande apparence de raison, quelles que soient les difficultés qui aient pu l'y pousser, qu'il est mort par suicide, c'est-à-dire de la propre main de son président. Le fait est que ce « grand ministère » dont les intéressés avaient fait tant de bruit avant son avènement, n'avait montré de vraiment grand que celui-ci.

Gambetta reprit tranquillement sa place à la Chambre et à la tête de la *République française*. Son administration ayant été taxée de gouvernement personnel, il réunissait au pavillon d'Armenonville, le 6 avril, ses anciens collaborateurs et un certain nombre d'amis politiques, auxquels il exposait ses idées sur la direction à donner à la politique républicaine, saisissant cette occasion de protester contre l'accusation en question. Quant à cela, par exemple, nous doutons qu'il eût pu appuyer sa protestation de quelque fait absolument probant. Quelques jours plus tard, il prenait officiellement la présidence de la commission de la réorganisation de l'armée. Il assistait, le 10 mai, avec Victor Hugo, au banquet organisé par les mécaniciens et chauffeurs de chemin de fer en l'honneur de l'un d'eux, créé chevalier de la Légion d'honneur, et y prononçait un discours politique. Il ne devait plus reprendre, aux discussions de la Chambre, la part importante qui lui revenait toujours de droit. Le 28 novembre, on apprenait que Gambetta, qui habitait la propriété des Jardies, illustrée déjà par le séjour de Balzac, à Ville d'Avray, s'était blessé à la main et à l'avant-bras, en maniant imprudemment un revolver qu'il ne savait pas chargé. On n'y fit pas attention, et ses blessures paraissaient en pleine voie de guérisson (du moins ses amis, qui laissaient pénétrer peu de monde jusqu'à lui, présentaient-ils les choses ainsi), lorsque le 30 décembre, on apprit, avec une émotion singulière, que des complications étaient survenues, dues à une diathèse organique spéciale, mais peut-être insuffisamment caractérisée, et que tout était à craindre. Et en effet, dans la nuit du 31 décembre 1882 au 1er janvier 1883, Gambetta rendait le dernier soupir. La fin prématurée de cet homme de quarante-quatre ans, en pleine gloire, comme on eût pu le croire en pleine vie, produisit une émotion que les frontières françaises furent impuissantes à contenir. Le moment n'est pas encore venu, croyons-nous, de juger les actes de cet homme d'Etat avec le sang-froid nécessaire. Mais n'oublions jamais que, de son vivant même, ses adversaires les plus irréconciliables (je parle seulement des adversaires sérieux et honorables) n'ont cessé de rendre justice à ce grand caractère, à cette âme chaude, loyale et juste, que dans l'entrainement de discussions passionnées et passagèrement ; et qu'il aurait pu se vanter d'avoir fait sortir de terre des armées pour la défense du sol envahi, dans le moment même où tant de grands personnages n'étaient occupés que du soin d'y faire rentrer ce qu'ils en rencontraient à la surface, de peur de s'attirer les représailles de l'envahisseur.

Le 6 janvier avaient lieu les obsèques solennelles de cet homme justement illustre. La journée fut trop courte pour le défilé de toutes les délégations tant nationales qu'étrangères qui y assistaient. C'est tout ce que nous en dirons, si ce n'est qu'une solennité pareille ne s'était pas encore vue. Les restes de Gambetta ne sont toutefois pas restés à Paris. Par les soins de son père, ils étaient transportés au cimetière de Nice quelques jours après.

Gambetta avait fondé en 1868, avec MM. Challemel-Lacour, Henri Brisson, Allain-Targé et Clément Laurier, la *Revue politique*, dont l'existence fut brillante, mais courte. Il avait été, un peu auparavant, correspondant de l'*Europe* de Francfort, et avait publié quelques portraits des maîtres du barreau dans une revue spéciale. Il fondait, le 5 novembre 1871, le journal la *République française*, organe du parti dont il était le chef. La plupart de ses discours parlementaires ont paru isolément, en éditions populaires ; en outre, il existe une publication intitulée : *Discours et plaidoyers de Gambetta*, dont le second volume a paru en 1884. Il a été enfin publié, en cette même année 1884 : le *Ministère Gambetta*, par M. J. Reinach, et *Gambetta, sa vie, ses idées politiques*, par M. Neucastel (1885).

GAMBON, Charles Ferdinand, homme politique français, ancien représentant, ancien membre de la Commune de Paris, est né à Bourges le 19 mars 1820. Il fit son droit à Paris, fut reçu avocat en 1839 et nommé juge suppléant au Tribunal de Cosne (Nièvre) en 1846. Organisateur du banquet démocratique de Cosne en 1847, il y prononça un discours où il affirmait la souveraineté du peuple, et refusa de porter la santé du roi. Il fut condamné, pour ce fait, à cinq ans de suspension. Elu représentant de la Nièvre à la Constituante en 1848, il prit place à la Montagne et vota contre l'ensemble de la constitution. Adversaire résolu de la politique de l'Elysée, il signa la demande de mise en accusation du président et de ses ministres à l'occasion de l'expédition de Rome. Il fut réélu, le premier de la liste des représentants de la Nièvre, à l'Assemblée législative, prit place à l'extrême gauche et fit partie de la « Solidarité républicaine ». Compromis dans l'attentat du 13 juin, il fut condamné avec ses coaccusés, sauf deux ou trois, à la déportation, par la Haute Cour de Versailles. Il fut écroué au fort de Belle-Isle et y demeura jusqu'à l'amnistie de 1859. Rendu à la liberté, M. F. Gambon retourna dans la Nièvre et s'occupa d'agriculture, mais non sans faire une vive opposition au gouvernement de l'empereur. Il lui arriva même de conseiller, comme la meilleure forme d'opposition à mettre en pratique, le refus de l'impôt. Il prêcha d'exemple, et en conséquence, son modeste bien fut saisi à la requête du fisc, y compris, comme de raison, la vache unique qui vivait tranquille et étrangère aux agitations politiques dans son étable. La manifestation, courageuse après tout, de M. Gambon ne produisit pas l'effet qu'il en attendait sans doute : tous les journaux à caricatures offrirent au public le portrait authentique de « la vache à Gambon », il y eut des chansons sur « la vache à Gambon » — et ce fut tout pour le moment. Cependant, aux élections du 8 février 1871, M. Gambon était élu représentant de la Seine à l'Assemblée nationale, le quatorzième, par 136,249 électeurs dont l'immense majorité s'était beaucoup amusée naguère de sa vache. Le 26 mars suivant, il était élu membre de la Commune de Paris pour le Xe arrondissement, par 10,734 voix, acceptait ce dernier mandat et résignait celui de représentant : les deux mandats ayant été déclarés incompatibles par la Commune. Il fut successivement adjoint à la Commission de justice, délégué aux prisons, membre du second Comité de salut public, après avoir voté pour l'institution du premier. M. F. Gambon faisait, en conséquence, partie de cette majorité de la Commune que la minorité traitait de « fous frénétiques ». Il prit part, en effet, aux mesures les plus radicales et signa les ordres et les proclamations terrifiantes des derniers jours du règne de l'insurrection. A la rentrée des troupes de l'ordre à Paris, il réussit à s'échapper et à quitter la France. — M. F. Gambon à collaboré à la presse républicaine dès l'époque où il était étudiant et où il participa à la fondation du *Journal des Ecoles* ; depuis son retour en France, il avait écrit occasionnellement dans les journaux d'opposition de la Nièvre et de Paris, et collaborait, pendant le siège de la Commune, au *Vengeur*, puis à la *Commune*. — Aux élections d'octobre 1885, M. Gambon était porté dans la Seine sur les listes du comité central radical socialiste, de la coalition socialiste révolutionnaire et fédérale socialiste ; mais il échoua : il y avait des nouveaux, et le suffrage universel est de son essence très volage et absolument ingrat.

GAMUCCI, Baldassare, compositeur et musicographe italien, né à Florence le 14 décembre 1822, fit ses études au seminaire de cette ville, tout en travaillant le piano avec Carlo Fortini, puis étudia le contrepoint et la composition sous la direction de Luigi Picchianti. Il s'adonna ensuite à l'enseignement et à la composition et, tout en écrivant des œuvres nombreuses et importantes, fonda en 1849 la Société chorale, *del Carmine*, qui eut une existence longue et prospère et dont la plupart des élèves furent ensuite incorporés dans l'Ecole chorale de l'*Institut musical de Florence*, école dont M. Gamucci est actuellement directeur. M. Gamucci est aussi membre de l'Académie de l'Institut de Florence. — On doit à cet artiste : six messes de *Gloria*, à trois ou quatre voix ; une messe de *Requiem*, à quatre voix d'hommes avec orchestre ; diverses autres messes *a capella* ; *Beatrice*, *Gli Esuli in Babylonia* et une paraphrase italienne du *Psaume XIV*, cantates exécutées dans la salle de la Société philarmonique de Florence ; des psaumes, motets, introïts, graduels, litanies, hymnes, etc. ; ainsi qu'un grand nombre de morceaux de piano et de chant. Il a écrit, en outre, la musique d'un opéra en 4 actes : *Ghismonda di Salerno*. Enfin, M. Gamucci a collaboré à divers journaux spéciaux, notamment au *Boccherini*, et a publié : *Interno alla vita ed alle opere di Luigi Cherubini, Fiorentino, ed al Monumento esso innalzato in Santa-Croce* (Florence, 1869) ; Un manuel élémentaire de musique : *Rudimenti di lettura musicale, per uso di tutti gl' istuti, si publici che privati, d'Italia*. Il a de plus communiqué à l'Académie de l'Institut musical plusieurs mémoires importants, insérés dans les *Actes* de cette société.

GANAULT, Gaston Alfred Auguste, homme politique français, né à Laon le 15 mai 1841. Avocat du barreau de Laon, membre du Conseil municipal, il fut nommé adjoint au maire après le 4 Septembre. Elu député de l'Aisne à l'Assemblée nationale aux élections complémentaires du 2 juillet 1871, M. Ganault prit place à gauche. Après la dissolution de l'Assemblée, il reprit sa place au barreau de Laon et ne se présenta plus aux suffrages des électeurs qu'aux élections du 21 août 1881, en remplacement de M. Aimé Roux, qui se retirait. Il fut élu député de Laon, et s'inscrivit au groupe de l'Union républicaine. Il prit une grande part aux discussions économiques, dans l'intérêt des principes protectionnistes, et fit partie de diverses commissions. Aux élections d'octobre 1885, M. Ganault a été élu député de l'Aisne au scrutin du 18. Il a voté l'expulsion des princes.

GANIVET, Louis Alban, homme politique français, né à Angoulême le 12 août 1819. Avocat du barreau d'Angoulême, il fut élu représentant de la Charente le 8 février 1871, et député de la deuxième circonscription d'Angoulême le 20 février 1876 ; il siégea dans les deux assemblées au groupe de l'Appel au peuple, dont il fut un des membres les plus actifs. M. Ganivet a été réélu le 14 octobre 1877 par la même circonscription ; mais il y échoua d'emblée aux élections du 21 août 1881. A celles du 4 octobre 1855, il fut élu sur la liste monarchiste, et vint reprendre sa place au groupe bonapartiste. — M. Ganivet est chevalier de la Légion d'honneur.

GARNIER, Jean Louis Charles, architecte français, né à Paris le 6 novembre 1825, étudia d'abord la rondebosse et la sculpture à l'Ecole spéciale de dessin, puis entra à l'Ecole des Beaux-Arts en 1842, devint élève de Leveil et de Lebas et remporta le grand prix d'architecture en 1848, le sujet du concours étant : un *Projet de Conservatoire pour les Arts-et-Métiers*. Après le séjour réglementaire à Rome, M. Charles Garnier explora le reste de l'Italie, la Grèce et une partie de la Turquie : il revint en France en 1854, et fut nommé sous-inspecteur des travaux de la Tour Saint-Jacques-la-Boucherie, puis de ceux exécutés aux anciennes barrières, et devint en 1860 architecte de deux arrondissements de Paris. En 1861, il prenait part au concours ouvert pour la construction d'une nouvelle salle d'Opéra à Paris, et voyait son plan adopté, à l'unanimité, par le jury. Il fut en conséquence chargé de son exécution. Cette œuvre colossale, commencée en 1863, ne fut terminée qu'en 1874 ; il est vrai de dire que des événements terribles survenus dans l'intervalle en avaient fait suspendre forcément les travaux. Nous n'entreprendrons ni de la décrire, ni même de rappeler les critiques dont chaque partie importante fut l'objet à son apparition. L'œuvre est là, dans sa splendeur coûteuse, avec ses défauts, mais aussi avec de merveilleuses qualités artistiques. L'inauguration eut lieu le 5 janvier 1875 ; à cette occasion, M. Charles Garnier recevait la rosette d'officier de la Légion d'honneur. — M. Charles Garnier a figuré à divers Salons, notamment avec le *Forum de Trajan (1849)* le *Temple de Jupiter Serapis, à Pouzzoles (1851)* ; *Restauration polychrome du Temple de Jupiter panhellénien*, dans l'île d'Egine (1851), reparue à l'Exposition universelle de 1855 ; plus divers dessins ou aquarelles pris de ses œuvres en cours d'exécution en 1857, 1859 et 1863. Il a publié : *Mémoires explicatifs sur le temple d'Egine (1865)*, dans la *Revue archéologique* ; *A travers les arts*, causeries et mélanges (1869) ; *Etudes sur le théâtre (1871)*, manuel de l'architecture spéciale aux salles de spectacle ; *Histoire du nouvel Opéra*, publication splendide, par fascicules in-f° (1876 et suiv.), etc. ; il a collaboré à la *Revue de l'architecture*, à la *Revue de l'Orient*, à la *Science pour tous*, au *Dictionnaire encyclopédique*, à la *Gazette des Beaux-Arts*, au *Temps*, au *Moniteur universel*, etc. — M. Charles Garnier a obtenu une médaille de troisième classe au Salon de 1857 et une médaille de première classe en 1863 ; nommé chevalier de la Légion d'honneur en 1864, il a été promu officier de l'ordre en 1875. Il a été élu membre correspondant de l'Institut des architectes anglais en 1867 et membre de l'Institut de France (Académie des Beaux-Arts) en remplacement de Baltard le 14 mars 1874. Il est membre du Conseil supérieur d'enseignement à l'Ecole nationale des Beaux-Arts et de diverses commissions relatives aux beaux-arts, et inspecteur général des bâtiments civils.

GARRIGAT, Jean Zacharie Albert, médecin et homme politique français, né à Bergerac le 25 janvier 1839. Il se fit remarquer sous l'empire par son ardente opposition au plébiscite et servit pendant la guerre comme médecin major des mobilisés de la Dordogne. Elu député de la première circonscription de Bergerac, le 20 février 1876, M. le Dr Garrigat siégea à gauche. Réélu au scrutin de ballottage du 28 octobre 1877 et le 21 août 1881, il se présentait aux élections sénatoriales de la Dordogne le 25 janvier 1885, et était élu le second sur trois. Il a voté l'expulsion des princes.

GASCOIGNE, Caroline Leigh, femme de lettres anglaise, fille de feu John Smith, qui fut longtemps membre de la Chambre des communes et femme du général Gascoigne, née à Dall Park le 2 mai 1813. Mme Gascoigne s'est fait de très bonne heure une place distinguée dans la littérature de son pays. On lui doit : *Tempta-*

tion, or a wife's perils et *The School for wives* (Tentation, ou les périls d'une femme, et l'École des femmes, 1839); *Evelyn Harcourt (1842); Belgravia*, poème (1851); *Spencer's Cross, Manor-House*, conte pour les enfants et *Recollections of the Crystal Palace*, poème (1852); *the Next door neighbours* (les Plus proches voisins, 1855); *Doctor Harold (1865); My Aunt Prue's railway journey* (le Voyage en chemin de fer de ma tante Prue, 1866); *Doctor Harold's Note-Book* (le Carnet du docteur Harold, 1869), etc.

GASTELIER, C., homme politique français, né à Montanglaust (Seine-et-Marne) en 1830. D'abord ouvrier briquetier, comme son père avant lui, il devint, par son intelligence et sa persévérance au labeur, d'ouvrier patron, et fut bientôt à la tête de deux usines céramiques considérables. Président de l'Union céramique et chaufournière de France, conseiller municipal de Coulommiers, conseiller général de Seine-et-Marne, M. Gastelier a été élu le 4 octobre 1885, le troisième sur cinq, député de Seine-et-Marne sur la liste républicaine. Il a pris place à gauche et a voté l'expulsion des princes.

GASTINEAU, Benjamin, littérateur et journaliste français, né à Montreuil-Bellay (Maine-et-Loire) le 12 juillet 1823. D'abord compositeur d'imprimerie, M. Benjamin Gastineau prit part, dès 1843, au mouvement socialiste et publia divers ouvrages imbus de cet esprit. Il collabora en même temps à plusieurs journaux socialistes de Paris et de la province, et se mêla activement à la politique après la révolution de Février, sans toutefois se compromettre sérieusement. Mais après le coup d'État de décembre 1851, il fut arrêté à Auch, où il dirigeait l'*Ami du peuple*, et traduit devant la cour d'assises pour y répondre d'articles insérés dans ce journal, on sait sous quelle impression. Acquitté par le jury, M. Benjamin Gastineau fut déporté en Algérie par décision de la commission mixte du Gers. Rentré en France en 1854, il devint en 1856 rédacteur du *Guetteur de Saint-Quentin*. En 1858, à la suite de nous ne savons plus quel complot, il fut de nouveau déporté en Algérie sans autre forme de procès. De retour en France en 1861, il allait rédiger à Tours un journal d'opposition démocratique et y entreprenait la publication d'un ouvrage assez important : la *Touraine illustrée*. Il vint ensuite à Paris, collabora à divers journaux et publia quelques petits ouvrages purement littéraires. Rédacteur du *Combat* pendant le siège de Paris et la Commune, M. Benjamin Gastineau fut nommé par le gouvernement insurrectionnel directeur de la Bibliothèque nationale ; il se disposait à un immense travail de classement des trésors de la Bibliothèque, lorsque l'entrée des troupes régulières vint s'opposer à cette audacieuse entreprise. Il réussit à quitter Paris et se réfugia en Belgique. Un conseil de guerre l'a condamné, par contumace, à l'emprisonnement pour usurpation de fonctions. — On a de cet écrivain : *Lutte du catholicisme et de la philosophie (1844)*; le *Bonheur sur terre* (même année ; 2e édit., 1845); l'*Orpheline de Waterloo (1847)*; le *Règne de Satan (1848)*, roman qui eut un succès populaire et fut souvent réimprimé, tant sous ce titre que divisé en deux parties : *Comment finissent les pauvres (1849)* et *Comment finissent les riches (1850)*. Depuis son retour d'Algérie, il a publié : les *Femmes et les mœurs de l'Algérie (1861), Histoire de la folie humaine, le Carnaval ancien et moderne (1862)*; les *Femmes des Césars (1863)*; les *Amours de Mirabeau et de Sophie de Monnier (1864)*; les *Génies de la Liberté*, les *Socialistes*, la *Dévote*, les *Drames du mariage (1865)*; les *Petits romans de Paris (1866); Nouveaux romans de Paris*, les *Victimes d'Isabelle II (1868)*; la *Vie en chemin de fer*, les *Transportés de Décembre 1851 (1869)*; l'*Impératrice du Bas-Empire (1870)*; les *Deux ménages*, les *Romans du mariage (1875)*, etc. Il a collaboré à la presse algérienne, au *Courrier du Dimanche*, à la *Revue de Paris*, à la *Presse*, au *Siècle*, etc.; et fait jouer, en 1856, un *Mari dans les nuages*, vaudeville en un acte.

GATIEN-ARNOULT, Adolphe Félix, littérateur et homme politique français, né à Vendôme le 30 octobre 1800, fit ses études à Vendôme, puis à Orléans, où il prit ses grades, et se consacra à l'enseignement. Il professa la philosophie successivement à Bourges de 1824 à 1826, à Reims de 1826 à 1827 et à Nancy de 1827 à 1830 ; prenant en même temps les grades de licencié, de docteur et enfin d'agrégé de la faculté des lettres de Paris. En 1830, il publiait à Nancy un *Programe d'un cours complet de philosophie* qui attira sur lui l'attention de M. Cousin, lequel profita de son passage au pouvoir pour nommer le jeune professeur à la chaire de philosophie de la faculté de Toulouse. Il y eut dès le début un très vif succès, du moins auprès de ses élèves, grâce à l'esprit très libéral dont il donna les preuves dans son enseignement; par contre, il s'attira les rigueurs cléricales, et fut signalé nominativement à la haine des dévots, dans un mandement de M. d'Astros, archevêque de Toulouse, visant plus particulièrement sa *Doctrine philosophique*, qu'il venait de publier (1835). Dès lors, le parti libéral le reconnut pour un de ses chefs. Elu mainteneur des Jeux floraux en 1833, il fut élu également membre de l'Académie des sciences, inscriptions et belles-lettres de Toulouse, dont il est le secrétaire perpétuel depuis 1864. — M. Gatien-Arnoult était conseiller municipal et adjoint au maire de Toulouse pour la seconde fois, lorsqu'éclata la révolution de février 1848 ; président de la commission municipale provisoire de cette ville qui proclama la République, il fut porté aux fonctions de maire. L'un des chefs principaux du parti démocratique libéral, il avait concouru à la fondation du journal l'*Emancipation*; mais il avait quitté ce journal lorsqu'il était devenu ce qu'il devait redevenir en 1868, sous la direction de M. Armand Duportal, l'organe de la démocratie avancée. Il n'en fut pas moins élu représentant de la Haute-Garonne à la Constituante, le quatrième sur douze, comme candidat de la liste démocratique. Il prit place à l'extrême gauche, avec laquelle il vota ordinairement, et fit une vive opposition à la politique de l'Elysée après l'élection du 10 décembre, combattant avec une énergie particulière l'expédition contre Rome. M. Gatien-Arnoult fit, comme membre de la Constituante, parti du comité de l'instruction publique. Aux élections pour la Législative, la loi sur les incompatibilités le contraignant à opter entre sa chaire à la faculté de Toulouse et son siège au parlement, M. Gatien-Arnoult refusa la candidature. Il a conservé sa chaire pendant toute la durée de l'empire et a été nommé recteur de l'Académie de Toulouse au mois d'avril 1871. Il a pris sa retraite en 1873 et a été nommé recteur honoraire.

De nouveau président de la commission municipale provisoire et maire de Toulouse après le 4 Septembre, M. Gatien-Arnoult donnait sa démission au commencement de février 1871, à la suite de dissentiments avec la préfecture, alors dirigée par M. Armand Duportal. Le 8, il était élu, en tête de la liste, représentant de la Haute-Garonne à l'Assemblée nationale ; il fut l'un des organisateurs de la réunion dite de la gauche républicaine, groupe parlementaire qui touchait, sans s'y confondre, à l'Union républicaine ou extrême gauche, et fut choisi comme président de cette réunion par ses collègues. Ses votes n'ont pas besoin d'être relevés, étant conséquents avec l'attitude du groupe dont il faisait partie, sauf pourtant ceux donnés en faveur du retour de l'Assemblée à Paris et contre l'abrogation des lois d'exil. Il a également voté les préliminaires de paix. Aux élections de 1876, M. Gatien-Arnoult se présentait dans la deuxième circonscription de Toulouse en concurrence avec M. Armand Duportal, républicain de nuance plus foncée, un candidat légitimiste et un candidat bonapartiste. Au scrutin du 20 février, M. Gatien-Arnoult obtenait la majorité relative ; il se retira néanmoins de la lutte, laissant le champ libre à son concurrent républicain, qui fut élu à une très grande majorité au scrutin du 5 mars. — Membre d'un grand nombre de sociétés savantes, M. Gatien-Arnoult a publié, outre les ouvrages précités : *De la liberté d'enseignement et de l'instruction publique (1831); Cours de lectures philosophiques (1838); Eléments généraux de l'histoire comparée de la philosophie, de la littérature et des événements publics, depuis les temps les plus reculés jusqu'à nos jours (1841); Histoire des doctrines morales, politiques et religieuses en Gaule, avant la domination romaine (1856); Histoire de la philosophie en France (1859); Victor Cousin, l'école éclectique et l'avenir de la philosophie française (1867)*, etc. Il a, de plus, revu, complété et publié la traduction des *Monuments de la littérature romane depuis le XIVe siècle*, intitulée les *Fleurs du Gai-Savoir*, de MM. d'Aguilar et d'Escouloubre

GATLING, Richard Jordan, inventeur américain, né dans la Caroline du Nord le 12 septembre 1818. Etant encore enfant, il aidait son père à perfectionner une machine à semer la graine de cotonnier et une autre pour le travail de la plante. Il inventa à son tour une machine à semer le riz, qu'il appliqua à Saint-Louis, où il s'établit en 1844, au semage du blé. En 1849, M. Gatling allait s'établir à Indianopolis où il s'occupa d'entreprises de chemins de fer et de spéculation sur les immeubles ; il y inventait, en 1850, une machine à double action pour battre le chanvre, et en 1857, une charrue à vapeur qui ne parait pas avoir donné de grands résultats pratiques. Enfin, en 1861, M. Richard J. Gatling, inventait le canon-revolver, ou à batterie tournante, qui porte son nom. Il en construisit six à Cincinnati, mais ils furent détruits dans un incendie qui réduisit sa fabrique en cendres. Il en fit cependant fabriquer douze autres dans des manufactures voisines, lesquels furent employés sur la rivière James, par le général Butler, pendant la guerre de Sécession. En 1865, il apporta à son invention des perfectionnements qui la faisaient admettre l'année suivante, après des expériences satisfaisantes, dans l'armement des Etats-Unis. Ce canon a été également adopté par plusieurs gouvernements européens. — M. Gatling réside actuellement à Hartford, dans l'Etat de Connecticut. Il est docteur en médecine, mais n'a jamais pratiqué. Il a fait toutefois, dans diverses circonstances, des conférences médicales, notamment à Cincinnati.

GAUDIN DE VILLAINE, Adrien Paul Marie Sylvain, homme politique français, né au château de Moulines (Manche) le 12 décembre 1852. Il se préparait à entrer à Saint-Cyr lorsque survint la guerre, et s'engagea alors dans un bataillon de chasseurs, où il atteignit en quelques mois le grade de lieutenant, et fut attaché à l'état major du général Bruat. En mars 1871, il fut arrêté à Paris, en même temps que le général Chanzy, écroué à la prison de la Santé, et ne dut vraisemblablement son salut qu'à l'intervention de Charles Beslay, un « communard » à qui le grand parti de l'ordre parait commencer à rendre justice, depuis tantôt dix ans qu'il est mort. M. Gaudin de Villaine quitta l'armée en 1875 et rentra dans sa famille. Il devint successivement conseiller municipal, puis maire de Saint-Jean (1881) et conseiller général de la Manche (1883) ; il a été élu, comme monarchiste, député de la Manche le 4 octobre 1885. M. Gaudin de Villaine est membre de la Société des agriculteurs de France.

GAUDINEAU, Jean-Baptiste François, homme politique français, sénateur, né à Saint-Michel-en-l'Herm (Vendée) le 24 mai 1817. Conseiller général de ce département pour le canton de Luçon, dont il a été vingt-cinq ans maire, M. Gaudineau s'est présenté aux élections du 30 janvier 1876 pour le Sénat. Elu, il prit place à l'extrême droite de la Haute Chambre, où il a voté très assidûment avec ses collègues légitimistes, sans jamais faire entendre le moindre mot. Il a été réélu, le dernier des trois sénateurs de la Vendée, au renouvellement triennal du 25 janvier 1882. M. Gaudineau est décoré de la Légion d'honneur.

GAUDRY, Albert, savant géologue français, membre de l'Institut, est né à Saint-Germain-en-Laye, en 1827. Il fit ses études à Paris et se fit recevoir docteur ès sciences naturelles. Après avoir voyagé pendant plusieurs années en Orient, il revint à Paris en 1860 et fut nommé aide-naturaliste, préparateur du cours de paléontologie au Muséum d'Histoire naturelle. Il a été nommé à cette chaire de paléontologie en 1872 et a été élu membre de l'Académie des sciences, section de minéralogie, en 1883. M. Albert Gaudry est chevalier de la Légion d'honneur. — On doit à ce savant: *Recherches scientifiques en Orient (1855); Contemporanéité de l'espèce humaine et de diverses espèces animales aujourd'hui éteintes (1861); Géologie de l'île de Chypre (1862); Considérations générales sur les animaux de Pikermie (1866); Animaux fossiles et géologie de l'Attique (1867); Des lumières que la géologie peut jeter sur quelques points de l'histoire ancienne des Athéniens (1868); Animaux fossiles des monts Lébéron, Considérations sur les mammifères de l'époque miocène (1873); Cours de paléontologie, Etude des temps primaires (1874); Matériaux pour l'histoire des temps quaternaires (1876)*; les *Enchaînements du monde animal dans les temps géologiques (1878)*; etc.

GAUDY, François Étienne Félix, homme politique français, né à Besançon le 3 mars 1832. Grand propriétaire, maire de Vuillafans, conseiller général du Doubs, M. Gaudy fondait à Besançon, en 1871, le *Républicain de l'Est*, dont il confia la rédaction à M. Léon Beauquier, député. Elu représentant du Doubs à l'Assemblée nationale, le 2 juillet 1871, il s'inscrivit au groupe de l'Union républicaine, dont il devint secrétaire. Elu député de la 2e circonscription de Besançon, le 20 février 1876, il fut réélu le 14 octobre 1877 et le 21 août 1881. Au renouvellement triennal du Sénat, le 25 janvier 1885, M. Gaudy était élu sénateur du Doubs. Il a voté l'expulsion des princes.

GAUTHIER, Charles, sculpteur français, né à Chauvirey-le-Châtel (Haute-Saône) le 7 décembre 1831. Elève de Jouffroy, il a débuté au Salon de 1861.— On cite parmi les œuvres de cet artiste: *Pêcheur lançant l'épervier*, statue en plâtre (1861); la *Marguerite*, statue en plâtre (1863); *Agar dans le désert*, statue en plâtre (1865); *Saint Sébastien*, statue en plâtre ; *Saint Mathieu*, statue en pierre ; *Agar dans le désert*, bronze (1866); *Portrait de Weber*, buste en marbre (1867); *Portrait d'Amédée Hédin*, buste en bronze (1868); *Jeune braconnier*, groupe en plâtre ; *Portrait de M. Th. L.*, buste en plâtre (1869); *Episode d'un naufrage*, statue en plâtre (1870); le *Jeune braconnier*, en marbre (1872); *Andromède*, statue en plâtre (1873); les portraits de *M. Marcel Fiorentino*, statue en terre cuite ; de *Mademoiselle C. Hédin*, buste en plâtre et de *M. Artur*, buste en terre cuite (1874); *Andromède*, statue en marbre (1875); *Portrait de madame Gauthier*, médaillon en pierre et la *France triomphante à l'Exposition de Vienne*, statue en marbre (1876); la *Seine* et la *Marne*, modèles de bas-reliefs (1883); *Premières leçons*, groupe, en plâtre (1884); *Claude de Jouffroy, marquis d'Abbans*, modèles en plâtre de la statue inaugurée à Besançon en 1884 et des trois bas-reliefs ornant le piédestal de cette statue (1885); le *Matin*, statue en plâtre et *Portrait de M. Noirot*, buste en bronze (1886). On doit encore à M. Ch. Gauthier, outre divers travaux particuliers : la *Modération*, statue en marbre, au foyer de l'Opéra et quatre *Statues d'enfants*, en bronze, à la fontaine de la place du Théâtre-Français. — Médaillé aux Salons de 1865, 1866 et 1869, M. Charles Gauthier a été nommé chevalier de la Légion d'honneur en 1872.

GAUTIER, Emile Théodore Léon, littérateur français, né au Havre le 8 août 1832, fit ses études au collège de Laval et entra comme élève à l'Ecole des chartes en 1852. Nommé archiviste de la Haute-Marne en 1855, puis correspondant du ministère de l'instruction publique, il fut rappelé à Paris en 1859, comme archiviste aux Archives nationales. M. Léon Gautier a été nommé, en septembre 1874, professeur de paléographie à l'Ecole des chartes. Il est chevalier de la Légion d'honneur depuis 1870. — Il a publié : *Œuvres d'Adam de Saint-Victor, précédées d'une Introduction sur sa vie et ses ouvrages (1858, 2 vol.)*; *Comment faut-il juger le moyen âge? (1858); Quelques mots sur l'étude de la paléographie et de la diplomatique (1858); Définition catholique de l'histoire (1860); Scènes et nouvelles catholiques (1861); Voyage d'un catholique autour de sa chambre (1862); Benoît XI, étude sur la papauté au XIVe siècle (1863); Etudes historiques pour la défense de l'Eglise (1864); Etudes littéraires pour la défense de l'Eglise (1865); Etudes et controverses historiques (1866)*; les *Epopées françaises*, étude sur les origines de la littérature nationale (1866-67, 2 vol.), ouvrage qui a remporté deux fois le second prix Gobert, en 1866 et 1867, et le premier en 1868 ; *Portraits littéraires (1868)*; une édition de la *Chanson de Roland (1871*, 3e édit., 1872), qui obtint le second prix Gobert en 1872 et le prix Guizot en 1875 ; *Portraits contemporains et questions actuelles (1873)*, etc. Il a collaboré en outre au journal le *Monde* ainsi qu'à la plupart des publications périodiques catholiques, d'où sont extraits d'ailleurs une grande partie de ses derniers ouvrages, et a écrit, pour le *Charlemagne* de M. A. Vétault (Tours, Mame, 1878), une introduction remarquable.

GAUTIER, Judith, femme de lettres française, fille du poète et critique dramatique Théophile Gautier, mort le 23 octobre 1872, est née à Paris en 1850. Elle apprit fort jeune la langue chinoise d'un lettré réfugié, commensal de son père, et débuta dans la carrière littéraire, à dix-sept ans à peine, par une collection de pièces diverses, vers et prose, traduites du chinois sous ce titre : le *Livre de Jade (1867)*, signé Judith Walter. Elle publia ensuite : le *Dragon impérial*, roman chinois (1869), signé Judith Mendès. Elle avait en effet, dans l'intervalle, épousé un jeune écrivain de talent, M. Catulle Mendès ; mais elle se sépara bientôt de son mari et, reprenant

sa liberté, reprit tout simplement son nom de jeune fille. Elle a publié depuis sous ce nom : l'*Usurpateur*, roman japonais, couronné par l'Académie française (1875, 2 vol.) ; le *Jeu de l'amour et de la mort*, *Lucienne (1877)*; les *Peuples étranges*, recueil d'articles publiés dans le *Rappel* sur la section ethnographique de l'Exposition de 1878. Elle a également rendu compte dans ce journal du salon annuel des beaux-arts et de diverses expositions particulières d'un caractère identique. Citons encore : *Iskender, histoire persane (1886)*.

GAVARDIE (de), Henri Edmond Pierre Dufaur, homme politique français, sénateur, né à Rennes le 2 décembre 1823, fit ses études au prytanée de la Flèche ; mais, renonçant à la carrière militaire que son père, ancien officier supérieur, désirait lui voir embrasser, il vint à Paris, suivit les cours de l'Ecole de droit, se fit recevoir avocat en 1845 et s'occupa de journalisme. Après s'être publiquement rallié au coup d'Etat du 2 décembre 1851, il sollicita et obtint d'entrer dans la magistrature et fut nommé successivement substitut à Orthez le 21 août 1852, à Mont-de-Marsan en 1853, procureur impérial à Dax en 1855, à Pau en 1858 et substitut du procureur général à la cour de cette même ville en 1869. Rétrogradé au poste de procureur impérial de sixième classe en 1864, il donna sa démission et demeura deux ans éloigné de la magistrature. Il y rentra en 1866, comme procureur impérial à Saint-Sever-sur-l'Adour, où le 4 Septembre le retrouva et l'eût vraisemblablement laissé en paix s'il n'avait jugé à propos de se mêler aux réunions publiques pour y attaquer avec véhémence l'état de choses nouveau. Il avait même un ami bien influent dans les conseils de la Délégation de province, M. de Freycinet, et il ne négligea pas d'y recourir, lorsqu'il eut reconnu son erreur par le châtiment qu'elle lui attirait ; mais il était trop tard : M. de Gavardie fut révoqué le 20 décembre 1870. Comme compensation, il fut élu représentant des Landes à l'Assemblée nationale, aux élections du 8 février 1871 ; il prit place à l'extrême droite et se fit inscrire à la réunion dite des Réservoirs. On devine l'attitude que prit M. de Gavardie en face de ce gouvernement qu'il avait attaqué et qui n'avait pas voulu le reprendre après l'avoir révoqué ; la place qu'il avait choisie à l'Assemblée indique suffisamment la nature et la signification de tous ses votes. Il s'est fait en outre une grande réputation, comme interrupteur infatigable et comme auteur de diverses propositions caractéristiques, parmi lesquelles nous nous bornerons à citer la proposition de créer à l'Ecole des Beaux-Arts une chaire de théologie ainsi qu'un conseil supérieur des Beaux-Arts surtout composé d'évêques, à fin de nous mettre à l'abri de ce fléau de « filles de marbre » qui décorent nos jardins et nos monuments publics sous les noms les plus divers, mais que M. de Gavardie appelle des « nymphes républicaines », puisque, ajoute-t-il finement, elles sont sans culottes... » — Par cet exemple, on peut juger de l'éloquence parlementaire selon M. de Gavardie. Aux premières élections sénatoriales, il se porta dans les Landes, sur la même liste que M. de Ravignan, et fut élu, le second sur deux, au scrutin de ballottage du 6 février 1876. Il fut réélu, au troisième tour, au renouvellement triennal du 5 janvier 1879. Inutile d'ajouter qu'il a suivi au Sénat les mêmes errements qu'à la Chambre des députés. — M. de Gavardie a publié des *Etudes sur les vraies doctrines sociales et politiques (1862)* et divers autres ouvrages peu importants de politique et de jurisprudence.

GAVAZZI, Alessandro, prédicateur et homme politique italien, né à Bologne en 1809. Admis dans les ordres mineurs en 1825 il devint ensuite professeur de rhétorique à Naples. Doué d'une vive éloquence, il entreprit de faire des conférences dans les principales villes d'Italie, et y traita les matières de religion de façon à se faire accuser d'hérésie. A l'avènement de Pie IX au trône pontifical, en 1846, il crut le moment venu de faire connaître les idées qu'il nourrissait depuis si longtemps sur les rapports entre le pays et l'Eglise sur les bases d'une liberté progressive. Lorsqu'on eut appris à Rome l'insurrection lombarde et la défaite des Autrichiens, Gavazzi, invité par le peuple à parler, se rendit au Capitole et prononça une touchante et chaleureuse oraison funèbre sur les patriotes tombés à Milan. Il prit pour étendard la croix tricolore, et harangua le peuple pendant plusieurs semaines sans désemparer, dans le Colisée, sur les droits et sur l'avenir des Italiens. Pie IX, qui avait accueilli favorablement ces tentatives de soulèvement en faveur de la nation italienne, le nomma aumônier général du corps expéditionnaire en voie d'organisation, et formé des gardes nationales et de volontaires, destiné à soutenir la cause de l'Italie, et il suivit en cette qualité l'armée romaine sous les murs de Vicence. Mais, sous l'influence néfaste d'Antonelli, l'esprit hésitant de Pie IX s'était ravisé, et la légion romaine fut rappelée, Gavazzi se rendit alors en Toscane et souleva Florence par ses appels patriotiques ; chassé du duché, il se réfugia à Gênes, d'où il fut peu après rappelé pour ramener le calme à Bologne soulevée contre l'autorité papale. Lorsqu'il fut à bonne portée, le ministre Rossi, devenu l'un des principaux conseillers de Pie IX, le fit arrêter et conduire à la prison de Cornetto, sous une formidable escorte ; mais les habitants de Viterbe s'étant soulevés et se portant au-devant du cortège pour délivrer le prisonnier, Pie IX donna ordre de le relâcher. Après la fuite du pape et le meurtre de Rossi, le gouvernement républicain de Rome rendit à Gavazzi son titre d'aumônier général de l'armée ; il prit la surveillance des hôpitaux militaires et organisa une société de dames, appartenant pour la plupart à la noblesse romaine, pour assurer des soins aux blessés, pendant la guerre qui suivit et le siège de Rome. Il accompagnait en outre Garibaldi sur les champs de bataille, notamment lorsque, durant l'armistice conclu avec le général Oudinot, les Romains exécutèrent une sortie sous le commandement de Garibaldi, pour rejeter hors de leur territoire qu'elles venaient d'envahir les troupes du roi de Naples. Après la défaite des envahisseurs, il assista avec une véritable charité chrétienne les blessés et les mourants des deux partis. Il rentra ensuite à Rome dont il ne cessa d'encourager les défenseurs qu'au moment où ils dûrent céder devant les forces bien supérieures des Français. Après la prise de Rome, Gavazzi quitta sa patrie. Il gagna l'Angleterre, où il dut, par nécessité de gagner sa vie, enseigner la langue italienne ; puis il entreprit une série de conférences contre l'Eglise catholique qui eurent un grand succès. Pendant plus de six mois, il y eut foule autour de lui, à Londres. Il visita ensuite l'Ecosse, où son succès fut au moins aussi grand. En 1851, il publia ses *Mémoires* en anglais et en italien, et quelques mois plus tard, ses *Harangues*. D'Ecosse, il passa aux Etats-Unis, où il fut moins bien accueilli, et des Etats-Unis au Canada, foyer de papisme exalté, de ce que nous appellerions en France l'ultramontanisme, sans pouvoir faire comprendre l'exagération d'attachement aveugle au Vatican qui distingue le catholique canadien. Le P. Gavazzi, qui ignorait sans doute cette particularité, fut reçu au Canada comme un chien dans un jeu de quilles et, après avoir presque provoqué une émeute par ses premiers discours, dut s'enfuir au plus vite sous peine d'être lapidé... De retour en Angleterre, il reprit ses occupations habituelles, ne cessant toutefois de se tenir en correspondance avec son pays et d'y entretenir autant que possible l'esprit national et patriotique. En 1860, il accompagnait Garibaldi en Sicile. — Depuis que Rome est devenue capitale de l'Italie, le P. Gavazzi y a pris sa résidence. Il a fait à diverses reprises des voyages en Angleterre, mais de peu de durée. Félix Mornand avait publié en 1860 un recueil des *Sermons du P. Gavazzi*, traduits en français.

GAVINI, Denis, homme politique français, né à Campile (Corse) le 8 octobre 1820, vint faire son droit à Paris et se fit inscrire au barreau de sa ville natale en 1842. En 1848, il fut élu, comme candidat très nettement républicain, représentant de la Corse à l'Assemblée constituante ; il y siégea à gauche et, lors de l'agitation électorale pour la présidence suprême, il se livra dans son département à une active propagande en faveur du général Cavaignac. Réélu à la Législative, il se rallia à la politique de l'Elysée et approuva le coup d'Etat du 2 Décembre. En janvier 1852, pour la peine, il entrait au Conseil d'Etat comme maître des requêtes ; six mois après, il fut appelé à la préfecture du Lot, qu'il quitta pour celle de l'Hérault en 1856. M. Gavini était préfet des Alpes-Maritimes depuis 1861 lorsqu'éclata la révolution du 4 Septembre. Il donna sa démission. Elu représentant de la Corse, le premier sur cinq, aux élections du 8 février 1871, il fit à l'Assemblée partie du groupe de l'Appel au peuple et fut l'un des cinq députés bonapartistes qui protestèrent à Bordeaux contre le vote de déchéance de la dynastie impériale ; il est presque inutile d'ajouter qu'il vota toutes les propositions d'appel au peuple qui se produisirent dans le cours de cette longue législature. Aux élections du 20 février 1876, M. Gavini se présenta dans l'arrondissement de Corte, sous les auspices du « comité national conservateur » et fut élu à une assez importante majorité, contre M. Limperani, député sortant, appartenant au centre gauche républicain. La Chambre ayant, dans sa séance du 28 mars, annulé son élection, M. Gavini reparut le 14 mai suivant, en présence du même concurrent, devant ses électeurs qu'il se borna à prier de maintenir et faire respecter leur volonté. Il fut réélu à peu près dans les mêmes conditions. Aux élections du 4 octobre 1885, M. Gavini figurait sur la liste bonapartiste, qui passa tout entière dans la Corse ; mais la Chambre ayant annulé cette élection, ce fut la liste républicaine qui triompha définitivement le 14 janvier 1886, M. Gavini en tête de l'autre. — L'un des agents bonapartistes les plus actifs, M. Gavini, bien qu'ayant rarement abordé la tribune, s'y est toutefois révélé comme orateur d'affaires. Membre du Conseil général de la Corse depuis longtemps, il a en été vice-président. — M. D. Gavini est commandeur de la Légion d'honneur depuis 1864.

GAYOT, Emile René, homme politique français, ancien magistrat, fils d'Amédée Gayot, mort sénateur de l'Aube le 6 novembre 1880, est né à Troyes le 2 février 1834. Entré dans la magistrature en 1860, comme juge suppléant au tribunal civil de Nogent-sur-Seine, il passa en la même qualité à Châteaudun l'année suivante, puis devint juge à Dreux en 1864, à Epernay en 1865, à Troyes en 1866 et juge d'instruction au tribunal civil de la Seine le 9 mars 1880. A l'élection sénatoriale qui eut lieu dans l'Aube le 26 décembre 1880, après la mort de son père, M. Gayot fut élu et alla occuper au Sénat la place que celui-ci avait laissée vacante à la gauche républicaine. Il fut réélu le premier des deux, au renouvellement triennal du 25 janvier 1885. M. Emile Gayot a voté contre l'expulsion des princes. Il est juge honoraire au tribunal civil de la Seine.

GEFFROY, Edmond Aimé Florentin, comédien et peintre français, né en 1806 à Maignelay (Oise), fit ses études à Angers, puis devint clerc d'avoué, d'abord dans cette ville, puis à Senlis. Gendre d'une actrice en renom, Mme Eulalie Dupuis, qui lui facilita l'accès d'un milieu de sa nature fort exclusif, il débutait au Théâtre-Français en 1829, était élu sociétaire en 1836 et prenait sa retraite en 1865. On cite parmi les rôles où M. Geffroy obtint ses plus brillants succès et est resté comme un type inimitable, les principaux rôles des pièces suivantes, si divers, si opposés même et interprétés malgré cela avec une perfection égale : la *Mort de Chatterton*, la *Famille de Lusigny*, *Louis XI*, *Tartufe*, le *Bourgeois gentilhomme*, le *Misanthrope*, etc. En 1867, il rentrait occasionnellement au Théâtre-Français, pour y créer le rôle du *Galilee* de Ponsard. En février 1877, il créait à l'Odéon le rôle de Gherasz. dans l'*Helman*, drame en 5 actes et en vers, de M. Paul Déroulède. — Comme peintre, on cite de M. Geffroy, élève de M. Amaury-Duval ; la *Vierge et l'enfant Jésus*, *Pierre Corneille*, l'*Acteur Mirecourt (1840)*; les *Sociétaires de la Comédie-Française ou le Foyer du Français (1841)*; *Ariane et Thésée (1844)*; *Molière et les caractères de ses comédies (1857)*; *Sganarelle, dans l'Ecole des maris (1863)*; les *Sociétaires de la Comédie-Française, années 1863 et 1864*; *Hylas (1868)*. — M. Geoffroy a obtenu au Salon, une médaille de 3e classe en 1840, une de 2e classe en 1841 et un rappel en 1857.

GEFFROY, Mathieu Auguste, littérateur français, né à Paris le 21 avril 1820, y fit ses études au collège Charlemagne. Entré en 1840 à l'Ecole normale, il en sortit en 1843 et fut envoyé, comme professeur d'histoire, au collège de Dijon. Reçu agrégé en 1845 et docteur ès lettres en 1848, il professa successivement la même classe au lycée de Clermont en 1846-47 et à Louis-le-Grand en 1847-48. Appelé à la chaire d'histoire de la faculté de Bordeaux en 1852, M. A. Geffroy est devenu successivement maître des conférences à l'Ecole normale, professeur suppléant, puis titulaire d'histoire ancienne à la faculté de Paris, directeur de l'Ecole archéologique et membre de l'Académie des sciences morales et politiques en 1874. Il était nommé, le 22 novembre 1875, directeur de la nouvelle Ecole française à Rome, établie par décret en date du 20. — On a de M. A. Geffroy : *Histoire des Etats scandinaves (1851)*; *Lettres inédites de Charles XII*, texte et traduction (1852). Ses études spéciales sur les Etats scandinaves, que ces deux ouvrages signalaient à l'attention, le firent charger par le gouvernement d'une mission de recherches dans les bibliothèques de ces Etats. Il en rapporta l'ouvrage suivant : *Notices et extraits des manuscrits français en Suède et en Danemark (1855)*, et reçut la croix de la Légion d'honneur, sa mission lui ayant déjà valu, en Suède et en Danemark, les décorations du Danebrog et de l'Etoile polaire. M. Geffroy a publié depuis lors : *Lettres inédites de Madame des Ursins*, avec une introduction et des notes (1860) ; *Gustave III à la cour de France* (*1867*, 2 vol. in-8°), ouvrage couronné par l'Académie française ; la *Germanie de Tacite (1873)*; *Correspondance de Marie Antoinette, reine de France, avec Marie Thérèse, accompagnée des rapports secrets adressés par le comte de Mercy-Argenteau à l'impératrice* (*1873-74*, 3 vol., 2e édition, 1876), ouvrage publié en collaboration avec M. d'Arneth, directeur des Archives impériales de Vienne ; *Rome et les barbares (1874)*, etc. — Il a été promu officier de la Légion d'honneur le 18 janvier 1881.

GEIKIE, Archibald, géologue écossais, né à Edimbourg en 1835, fit ses études à l'université de sa ville natale. Entré à la « Geological Survey » en 1855, il est membre des Sociétés royales de Londres et d'Edimbourg, de la Société géologique de Londres, président de la Société géologique d'Edimbourg, etc. M. Geikie a publié un grand nombre de mémoires sur la géologie dans le *Quarterly Journal of the Geological Society* d'Edimbourg, dans les *Transactions* de la Société royale de la même ville, les *Memoirs of the Geological Survey*, la *Quarterly Review*, la *North-British Review*, *Nature*, etc. — On lui doit en outre : *The Story of a Boulder (1858)*; *The Life of professor Edward Forbes*, en collaboration avec le docteur George Wilson (1861); *The Phenomena of the glacial drift of Scotland (1863)*; *The Scenery of Scotland viewed in connection with its physical geology (1865)*; *Geology, one of the « Science Primers » (1874)*; *Memoir of sir Roderick I. Murchison, with Notices of his scientific contemporaries and of the rise and progress of Palæozoic Geology in Britain* (*1874-75*, 2 vol.); *Carte géologique de l'Ecosse (1876)*; *Manuel de géographie physique (1877)*; *Outlines of field-geology (1879)*; *Geological Sketches at home and abroad (1882)*; *Tex-book of Geology (1883)*. M. Geikie a été le collaborateur de sir Roderick Murchison dans la détermination de la véritable composition géologique des highlands écossaises, dans la préparation du *Mémoire* relatif à cette région et d'une nouvelle carte géologique de l'Ecosse, que tous deux publièrent en 1861. Lors de l'extension donnée au service géologique, en 1867, il fut nommé directeur de ce service en Ecosse, et en décembre 1870, il fut appelé, le premier, par sir Roderick Murchison lui-même, à la nouvelle chaire de minéralogie et géologie fondée à l'université d'Edimbourg par ce savant et par la Couronne. Il a été nommé docteur en lois de l'université de Saint-André en février 1872, directeur général du service géologique du Royaume-Uni, et directeur du Muséum de géologie pratique de Londres en 1881.

GELIBERT, Jules Bertrand, peintre français, élève de son père et de l'Académie de Toulouse, est né à Bagnères-de-Bigorre le 27 novembre 1834. Il s'est voué exclusivement, et avec succès, à la peinture d'animaux et de sujets de chasse. — On cite de cet artiste : *Quête de lièvre, Chiens briquets et de chenil (1859)*; *Souvenirs des hauts pâturages dans la vallée de Campan (1858)*; le *Lancer d'un lièvre* et le *Loup dans la bergerie (1861)*; *Départ d'une caille, Prise d'un lièvre, Quête d'un lièvre (1863)*; *Episode de chasse au marais, Intérieur de bergerie (1864)*; *Hallali de chevreuil, Chasse au renard (1865)*; *Chevreuil hallali courant, Hallali de sanglier (1866)*; *Sanglier faisant tête aux chiens, Briquets ardennais (1867)*; *Coup double*, les *Toutous et le gibier*, *Cerf au bat-l'eau*, fusain (1868) ; *Loup faisant tête aux chiens, Rallye Sivry! Sanglier faisant tête aux chiens (1869)*; *Bataille, Hautes-Pyrénées ; Rustaud, Fouaras, Cerbère et Louveteau, griffons vendéens (1870)*; la *Sortie du chenil (1872)*; *Sanglier hallali courant, forêt de Fontainebleau (1873)*; *Mare, près de la Belle-Croix*, forêt de Fontainebleau ; *Relais sous bois, Au coin du feu, Harde de cerfs au ressui*, fusain (1874) ; *Spunkee! Episode de chasse en Ecosse, Hallali de cerf dans les mares de Belle-Croix*, forêt de Fontainebleau ; *Nouvelles connaissances (1875)*; *Prise d'un brocart, Hallali d'un tiers-an, près le carrefour de Clair-Bois*, forêt de Fontainebleau ; *Un relais*, fusain (1876) ; *Prise d'un renard*,

Chasse d'un vieux loup, toiles; un *Chenil*, *Retour de chasse*, aquarelles (1883); *Limiers pour loup*, *Prêts à partir (1884)*; *Prise d'un louvard*, équipage du baron de Ruble, et *Ecoutant les chiens d'attaque (1885)*; *Dans les bois*, tryptique cynégétique, et *Chasse au chien d'arrêt: arrêt, coup de fusil et rapport*, toiles; « *Ferme roulant* », fusain rehaussé (1886). — M. Jules Gélibert a exécuté, en outre, un assez grand nombre de travaux pour la décoration d'opulentes résidences particulières et a fourni des dessins au *Journal des chasseurs*, à la *Chasse illustrée* et à diverses autres publications spéciales. Il a obtenu une médaille en 1869 et une 2me médaille en 1883, ainsi que plusieurs autres médailles dans les expositions de province.

GENT, Joseph Antoine Alphonse, avocat et homme politique français, né à Roquemaure (Gard) le 27 septembre 1813, fit ses études à Nîmes, puis vint à Paris, où il commença son droit, qu'il alla terminer à Aix. Inscrit d'abord au barreau de Nîmes, il se fit inscrire ensuite à celui d'Avignon, se lia avec les principaux membres de l'opposition démocratique de cette ville, et devint, dès le 15 février 1848, président du comité central républicain de Vaucluse. Nommé peu après maire d'Avignon, il ne conserva ses fonctions que quelques jours, ayant été choisi comme commissaire du gouvernement dans le département de Vaucluse. Il occupait encore ce poste important, lorsqu'il fut élu représentant à la Constituante, à une élection complémentaire de mai, ce qui fut cause que son élection fut invalidée. Réélu en septembre, il avait, à la suite de la lutte électorale, deux duels: un avec Raousset-Boulbon, rédacteur en chef du journal légitimiste la *Liberté*, d'Avignon, et l'autre avec M. Léo de Laborde qui lui cassait le bras d'un coup de pistolet. Il ne put en conséquence prendre son siège à l'Assemblée qu'au mois de décembre, et siégea à la Montagne. Il ne fut pas réélu à la Législative. — Au mois de novembre 1849, M. Alphonse Gent se rendait à Lyon pour défendre devant le conseil de guerre un *lot* d'accusés de complot. Il s'occupa ensuite d'organiser dans le Midi la résistance au coup d'Etat que chacun pressentait, cette résistance étant le seul moyen de déjouer un « complot » quand ce sont les puissants qui complotent. M. Gent, qui ne se doutait peut-être pas que c'était lui qui complotait, fut arrêté le 24 octobre 1850 et, après dix mois et plus de prison préventive, il fut condamné par un conseil de guerre séant à Lyon, le 28 août 1851, à la déportation *simple*, comme coupable de complot contre la sûreté de l'Etat. Il fut en conséquence enchaîné avec deux autres condamnés coupables du même crime et conduit de la sorte de Lyon à Brest, étape par étape. Pendant ce temps, le vrai complot éclatait et réussissait au delà des espérances de leurs auteurs — qui devaient rester impunis. Quant à M. Gent, plusieurs députés avaient, sans résultat, rappelé à l'Assemblée qu'il avait, le 13 juin 1849, sauvé la vie au ministre Lacrosse; il fut embarqué pour Noukahiva, le 21 décembre. Il avait fallu faire une application rétroactive de la loi pour en faire profiter ce condamné exceptionnellement dangereux; en arrivant à Noukahiva, on l'enferma dans un fort, pour lui donner une idée de ce qu'on entendait par déportation *simple* quand besoin était. Il y demeura jusqu'en 1854, époque où Noukahiva fut délaissé comme lieu de déportation, et sa peine fut alors commuée en celle du bannissement. M. Gent avait toutefois une bien grande consolation dans son malheur: sa courageuse femme l'avait accompagné et avait partagé sa longue captivité. Conduit au Chili, M. Gent s'établit avocat à Valparaiso, où il demeura jusqu'en 1861. A cette époque, il se rendit en Italie, puis se fixa, en 1863, à Madrid, d'où il envoyait des correspondances au *Siècle* et au *Temps*. — Aux élections générales de 1869, M. Gent posa sa candidature dans la 2e circonscription de Vaucluse, et tint en échec le candidat officiel, qui ne triompha qu'au scrutin de ballottage et avec une majorité tout juste suffisante. Il échouait de nouveau au mois de novembre suivant, dans la 8e circonscription de la Seine, où il avait pour concurrent M. Emmanuel Arago. — Après le 4 septembre 1870, M. Gent, qui avait refusé les fonctions de commissaire de la Défense nationale dans le département de Vaucluse, fut envoyé en mission extraordinaire en Algérie. Nommé préfet des Bouches-du-Rhône au commencement de novembre, investi de pleins pouvoirs administratifs et militaires, il se rendit à Marseille alors en pleine anarchie, avec Cluseret à la préfecture, fit une proclamation empreinte d'un esprit conciliant qui fut bien accueillie: mais, en pénétrant seul dans la préfecture, malgré les vociférations des quelques énergumènes qui l'occupaient, il reçut un coup de pistolet qui, fort heureusement, ne lui fit qu'une contusion grave, mais sans danger. Il réussit néanmoins à rétablir l'ordre à Marseille, et obtint de l'industrie privée quatre-vingts batteries d'artillerie pour la défense — qui ne devaient servir à rien. Il donna sa démission à l'armistice. Elu représentant de Vaucluse à l'Assemblée nationale le 8 février 1871, le douxième sur cinq, il donnait sa démission avec ses collègues du même département, à la suite de la demande d'enquête en bloc formulée par l'Assemblée. Il fut réélu le 2 juillet suivant, ainsi que ses collègues, à une majorité plus considérable encore que la première fois. Il siégea à l'extrême-gauche et fit partie de la réunion de l'Union républicaine, dont il fut l'un des vice-présidents, puis le président. M. Alphonse Gent a été élu le 20 février 1876, député de l'arrondissement d'Orange. Il échouait le 14 octobre 1877, avec tous les candidats républicains, d'ailleurs, grâce à la pression administrative, mais les élections du département de Vaucluse ayant été annulées, après enquête, il triomphait définitivement de son concurrent légitimiste, au scrutin du 7 avril 1878. — M. Gent fut nommé gouverneur civil de la Martinique le 21 octobre 1879; mais les journaux bonapartistes, qui avaient déjà porté contre M. Gent des imputations diffamatoires, ayant pour objet des faits antérieurs à 1848, s'attaquèrent à lui avec un acharnement tel, que le gouvernement crut devoir revenir sur cette nomination (25 novembre). M. Gent, qui avait donné sa démission de député, dut se représenter devant ses électeurs, qui le réélirent sans difficulté (21 décembre). Réélu le 21 août 1881, il se présentait au renouvellement de la représentation sénatoriale de Vaucluse, le 8 février 1882, et était élu. Il siège à l'extrême-gauche du Sénat et a voté l'expulsion des princes.

GEORGE, Eustache Emile, homme politique français, né à Ville-sur-Ollen (Vosges) le 3 octobre 1830. Il fit son droit à Paris et, reçu licencié, s'inscrivit au barreau d'Epinal. L'un des chefs du parti démocratique, il fut choisi pour préfet des Vosges par le gouvernement du 4 Septembre. Il fit preuve, pendant l'occupation allemande, de beaucoup d'énergie et d'un dévouement absolu à la chose publique, et fut en récompense élu représentant des Vosges à l'Assemblée nationale le 8 février 1871. Il vota contre les préliminaires de paix et donna sa démission avec ses collègues des territoires retranchés de la France en vertu du traité de paix, mais son propre pays restant français, après tout, il retira sa démission au bout de quelques jours, et siégea à la gauche républicaine. Aux élections du 30 janvier 1876 pour le Sénat, M. George fut élu sénateur des Vosges, et ses électeurs lui ont confirmé son mandat au renouvellement du 8 janvier 1882. M. George a voté l'expulsion des princes. Il est conseiller général des Vosges.

GEORGE Ier, Christian Guillaume Ferdinand Adolphe George, roi de Grèce, second fils du roi de Danemark Christian IX, né le 24 décembre 1845. Après l'abdication d'Othon Ier, en 1863, le trône de Grèce fut offert au prince *Alfred d'Angleterre, depuis duc d'Edimbourg*; mais le gouvernement anglais refusa l'offre. On s'adressa alors au prince Ernest de Saxe Cobourg-Gotha, qui refusa également; puis au prince Christian de Danemark, lequel, avec l'assentiment de sa famille et des grandes puissances, accepta et devint roi des Hellènes sous le nom de Georges Ier, abdiquant ses droits au trône de Danemark, par acte en date du 12 septembre, au profit de son frère cadet et de ses descendants mâles. Il débarquait à Athènes le 30 octobre suivant (1863). Le 28 novembre 1864, il prêtait serment à la nouvelle charte *constitutionnelle de la Grèce*.

Son règne a été signalé principalement par des difficultés avec l'empire ottoman, suzerain du royaume hellène, au sujet de l'insurrection crétoise, à laquelle la Porte accusait le gouvernement d'Athènes de donner des encouragements et même des secours. Les rapports diplomatiques furent même suspendus, et une conférence se réunit à Paris en janvier 1869, pour dénouer le conflit. Par une véritable injustice, pour ne pas dire davantage, on ne voulut y accorder que voix consultative à l'envoyé grec, M. Rizo Rangabé, l'un des hommes les plus distingués de son pays, tandis que voix délibérative était accordée au représentant ottoman. M. Rangabé se retira après la première séance. Les difficultés n'en furent pas moins levées, moyennant une déclaration conforme aux conclusions de la conférence, consentie par le roi George. Malgré la bonne volonté du jeune roi pour assurer la prospérité intérieure du pays, il est certain qu'il est placé de manière à recevoir le contrecoup de toutes les agitations, modifications, révolutions dont Constantinople est le siège, état de fièvre intermittent qui se trahit presque exclusivement, pour l'étranger, indifférent par situation géographique, par des changements de ministère répétés. — Le roi George Ier a épousé le 27 octobre 1867, à Saint-Pétersbourg, la princesse Olga, fille du grand-duc Constantin de Russie, née le 3 septembre 1851 et dont il a eu six enfants: trois fils et trois filles. En 1876, LL. MM. faisaient en Europe un assez long voyage; elles se trouvaient à Rome au mois de mai et visitaient Pie IX et le cardinal Antonelli. Il semble que les instances de leurs ministres n'aient pas été inutiles, quoique longtemps impuissantes, pour les arracher aux agréments de ce voyage de touristes royaux et les ramener aux tristes réalités du pouvoir. Pendant la guerre de 1876-78, le roi George fut contraint, par la désorganisation de son armée, à garder l'expectative, quand il aurait pu tirer le plus grand profit de la situation; il n'a même pas pu profiter de l'importante extension de frontière que lui assurait le traité de Berlin, grâce à l'initiative de la France. Par contre, en 1885-86, des difficultés avec les puissances garantes, la France exceptée, à raison des armements de la Grèce, pendant le conflit serbo-bulgare, faillirent compromettre gravement la sécurité de cette puissance, qui dut céder devant une manifestation, suivie de blocus, de la flotte combinée, manifestation suggérée, d'ailleurs, par une mauvaise foi évidente.

GÉRARD (baron), Henri Alexandre, homme politique français, neveu de l'illustre peintre, baron de l'empire, est né à Orléans le 22 mars 1818. Attaché comme vérificateur à la direction des musées de 1840 à 1849, il s'est retiré dans le Calvados et est devenu maire de Barbeville et membre du Conseil général de son département. Il a fait partie, en outre, du conseil d'administration des Chemins de fer de l'Ouest. Aux élections d'août-septembre 1881, il fut élu, au second tour, député de l'arrondissement de Bayeux, et prit place à droite. Porté sur la liste monarchiste du Calvados, le 4 octobre 1885, il a été élu le douxième. — M. le baron Gérard a fait imprimer: *Œuvres du baron François Gérard, avec notice et éclaircissement (1852)* et *François Gérard, correspondance (1867)*. Ce dernier ouvrage n'a pas été mis dans le commerce.

GERMAIN, Antoine Marie Henri, administrateur et homme politique français, né à Lyon le 19 février 1824. Gendre de feu M. Vuitry, qui fut sous le second empire ministre présidant le Conseil d'Etat, M. Germain dirige depuis une vingtaine d'années l'important établissement connu sous le nom de Crédit Lyonnais. Aux élections législatives de 1869, il se porta dans la 3e circonscription de l'Ain, comme candidat de l'opposition libérale, contre M. Bodin, candidat officiel, et triompha avec plus de 8,000 voix de majorité. Il siégea sur les bancs du centre gauche. Lors du plébiscite, M. Germain, comme un assez grand nombre de ses collègues, plus opposés que lui en principe, peut-être, au système et plus résolument opposés à l'empire, mais ennemis des révolutions, engagea ses électeurs à voter oui, attitude qui devait naturellement le rendre suspect aux hommes du 4 Septembre. — Elu, le 8 février 1871, représentant de l'Ain, le troisième sur sept, il reprit sa place au centre gauche et s'inscrivit à la réunion Saint-Marc Girardin. Il ne tarda pas trop, toutefois, à se rapprocher des républicains, auquel il apporta l'appoint de son vote dans diverses circonstances importantes. Il a pris la parole principalement dans les discussions relatives aux finances, avec l'autorité d'un praticien consommé et d'un orateur disert, et a parlé notamment en faveur de l'impôt sur le revenu. Aux élections du 20 février 1876, il s'est présenté dans l'arrondissement de Trévoux et a été élu sans concurrent et à la presque unanimité des votants: 1,500 voix environ s'étaient égarées sur le nom du colonel Denfert-Rochereau, qui ne s'était pas porté candidat. Le centre gauche parlementaire choisit M. Germain pour président dès ses premières réunions. — Dans diverses circonstances, M. Germain a prononcé quelques discours parlementaires, surtout vers la fin de l'Assemblée nationale, dans lesquels se trahissait une tendance progressive vers la forme républicaine, qu'il a définitivement et sincèrement adoptée. Membre de toutes les commissions budgétaires de l'Assemblée nationale, il a fait également partie de la commission du budget de 1877, à la Chambre des députés. Président du Conseil général de l'Ain, où il représente le canton de Châtillon-sur-Chalaronne, il a été réélu à la session d'août 1876. Membre de la Commission du budget de 1877, M. Germain a décliné la candidature pour celle du budget de 1878. Il fut réélu député de Trévoux le 14 octobre 1877 et le 21 août 1881; mais aux élections du 4 octobre 1885, s'étant présenté isolément, en dehors de toute liste, il échoua. — Il a publié une brochure sur l'*Etat politique de la France en 1886*, dont le pessimisme pourrait bien n'avoir d'autre source d'inspiration que cet échec.

GERNSHEIM, Friedrich, pianiste et compositeur allemand, d'origine israélite, né à Worms, dans le Palatinat, le 17 juillet 1839. Il commença à apprendre le piano avec sa mère, pianiste amateur de premier ordre, et montra dès l'enfance une vocation véritable pour la musique. Ses parents, quoique riches, encouragèrent ces dispositions, et lui donnèrent pour professeur de piano Louis Liebe, directeur de musique à Worms. Il se rendit ensuite à Francfort, puis, après un tour en Italie, entra au Conservatoire de Leipzig, où il reçut des conseils de Moscheles, de Rietz et du célèbre professeur de contrepoint Hauptmann. De Leipzig, M. Gernsheim vint à Paris, où il résida six années. En 1861, il acceptait à Sarrebrück la place de directeur de musique, qu'il conserva quatre ans. Il fut ensuite nommé professeur de piano au Conservatoire de Cologne. En 1870, M. Gernsheim est venu se faire entendre à Paris, au Conservatoire. Il s'est fixé depuis 1874 à Rotterdam, où il dirige la musique de la Société pour l'encouragement de l'Art musical. On doit à cet artiste un grand nombre d'ouvrages, pour la plupart publiés, et parmi lesquels nous citerons: trois quatuors pour instruments à cordes, deux quatuors pour piano, violon et violoncelle; une symphonie à grand orchestre, une ouverture; un concerto pour piano et orchestre, un *Salve Regina* pour chœur de femmes, solo et orchestre; *Nordische Sommernacht* (Nuit d'été dans le Nord), pour chœur et orchestre; *Salamis*; plusieurs recueils de *lieder* et d'ouvrages pour le piano.

GEROME, Jean Léon, peintre français, fils d'orfèvre, né à Vesoul le 11 mai 1824. Ses études terminées, il vint à Paris en 1841 et entra peu après dans l'atelier de Paul Delaroche. Il suivit quelque temps également les cours de l'Ecole des Beaux-Arts. En 1844, Paul Delaroche faisait un voyage en Italie, accompagné de ses élèves, parmi lesquels figurait M. Gérôme, comme nous avons dit. — M. Gérôme a débuté au Salon en 1847. On cite de cet artiste, qui s'est fait une des plus grandes réputations de ce temps: *Jeunes Grecs faisant combattre des coqs (1847)*; la *Vierge, l'enfant Jésus et saint Jean*; *Anacréon, Bacchus et l'Amour (1848)*; *Bacchus et l'Amour ivres*, *Souvenir d'Italie*, *Intérieur grec (1850)*; *Pœstum (1852)*: la *Frise* du Vase commémoratif de l'Exposition de Londres de 1851, pour la Manufacture de Sèvres; *Idylle*, *Etude de chien (1853)*; *Gardeur de troupeaux*, *Pifferaro*, le *Siècle d'Auguste et la Naissance de Jésus-Christ (1855)*; la *Sortie du bal masqué*, *Recrues égyptiennes traversant le désert*, *Chameaux à l'abreuvoir*, *Memnon et Sesostris*, *Vue de la plaine de Thèbes*, la *Prière chez un chef arnaute*, *Pifferari (1857)*; les *Gladiateurs* (Ave, Cœsar imperator, etc.), le *Roi Candaule (1859)*; *Socrate venant chercher Alcibiade chez Aspasie*, *Phryné devant le tribunal*, les *Deux augures*, *Hache-paille égyptien*, *Rembrandt faisant mordre une planche à l'eau-forte*, *Portrait de Rachel (1861)*; *Louis XIV et Molière*, le *Prisonnier*, *Boucher turc à Jérusalem (1863)*; l'*Almée*, un *Portrait (1864)*; *Réception des ambassadeurs siamois par l'empereur au palais de Fontainebleau*, la *Prière (1865)*; *Porte de la mosquée El Assanein au Caire*, *Cléopâtre et César (1866)*; *Marché d'esclaves*, la *Mort de César*, *Arnautes jouant aux échecs*, et plusieurs autres toiles déjà parues aux Salons précédents (Exp. univ. de 1867); le *Sept septembre 1815, à neuf heures du matin*; *Jérusalem (1868)*; *Promenade du harem*, *Marchand ambulant au Caire (1869)*; *Rex tibicen*, *Une collaboration*, l'*Eminence grise (1874)*; *Santon à la porte d'une mosquée*, *Femmes au bain (1876)*. — En dehors de ses envois aux

Salons, on doit à M. Gérôme : la *Peste à Marseille* et la *Mort de saint Jérôme* à l'église Saint-Séverin; *Lionne rencontrant un jaguar*, toile qui appartint à Théophile Gautier, et divers ouvrages de peinture décorative. A l'Exposition universelle de 1878, il avait envoyé plusieurs des toiles précédentes, les *Femmes au bain*, le *Santon*, l'*Eminence grise* notamment. Il a encore exposé, dans ces dernières années : *Vente d'esclaves à Rome*, la *Nuit au désert (1884)*; *Grande piscine de Brousse (1885)*; *Œdype*, le *Premier baiser du soleil (1886)*. — Nommé professeur à l'Ecole des Beaux-Arts en 1843, M. Gérôme a été élu membre de l'Institut en 1865. Il a obtenu une médaille de 3e classe en 1847, des médailles de 2e classe en 1848 et 1855, la médaille d'honneur à l'Exposition universelle de 1867, de nouveau la médaille d'honneur en 1874 et le rappel de médaille d'honneur en 1878. Chevalier de la Légion d'honneur depuis 1855, il a été promu officier en 1867 et commandeur en 1878. Il est également décoré de plusieurs ordres étrangers. Enfin M. Gérôme s'est aussi occupé de sculpture, et avec assez de succès pour avoir mérité une médaille de 2e classe en 1878 et une de 1re classe en 1881. — Il est membre de la Commission supérieure des Expositions internationales. Membre du jury international de l'Exposition universelle de 1867, il a fait également partie de celui de l'Exposition de Vienne en 1873. Il a été nommé membre du Conseil supérieur des Beaux-Arts en octobre 1876 et membre de la commission d'admission et de classification de l'Exposition historique de l'Art ancien dans tous les pays et de l'ethnographie des peuples étrangers à l'Europe, groupe de l'Exposition universelle de 1878 (9e section, Ethnographie, etc.).

GEVAERT, François Auguste, compositeur belge, né le 30 juillet 1828 à Huysse, près de Gand. D'une famille de laboureurs, il fut lui-même employé tout jeune aux travaux des champs. Dès cette époque il montra des aptitudes musicales telles que, sans même avoir appris à solfier, il chantait derrière la charrue des airs de sa composition. Ses dispositions précoces frappèrent plusieurs personnes intelligentes du village, notamment le médecin, qui finit par persuader le père du futur directeur du Conservatoire de Bruxelles de confier son fils aux soins d'un artiste distingué, Mengal, professeur au Conservatoire de Gand. Admis dans cet établissement, M. Gevaërt fit des progrès rapides. Il remporta successivement le prix d'harmonie et celui de contrepoint, et, en 1847, le grand prix de Rome. Ses parents, craignant pour un si jeune homme les conséquences d'un voyage en Italie, demandèrent et obtinrent un délai de deux années. Le jeune lauréat employa bien ces deux années, pendant lesquelles il fit représenter sur le théâtre de Gand : *Hugues de Zonnerghem*, opéra en 3 actes et un petit opéra comique : la *Comédie à la ville*, 1 acte. Avant de se rendre en Italie, M. Gevaërt vint faire une visite à Paris, où il séjourna quelques mois. Après son séjour à Rome, il visita tour à tour, aux frais du gouvernement belge, l'Italie, l'Espagne, la France et l'Allemagne. En 1853, M. Gevaërt venait se fixer à Paris. Il fit représenter la même année, au Théâtre-Lyrique, un opéra bouffe : *Georgette*, et l'année suivante : le *Billet de Marguerite*, opéra comique en 3 actes qui eut un très vif succès; puis, les *Lavandières de Santarem (1856)*; *Quentin Durward*, à l'Opéra-Comique (1857); le *Diable au moulin*, 1 acte, à l'Opéra-Comique, et le *Retour de l'armée*, cantate, à l'Opéra (1859); *les Deux amours*, opéra comique en 2 actes, au Théâtre de Bade (1861); le *Capitaine Henriot*, 3 actes, à l'Opéra-Comique (1864); la *Poularde de Caux*, opérette en 1 acte, jouée au Palais-Royal, en collaboration avec MM. Bazille, Clapisson, Gautier, Jonas, Mangeant et Poise. Parmi les compositions non dramatiques de M. Gevaërt, nous citerons : *Canticum natalitiæ*, solo et chœur, avec accompagnement de piano et orgue; les *Filles de Marie*, chœur religieux à trois voix, avec orgue; les *Cloches de Noël*, solo avec orgue ; *Au nouveau lévite*, solo et chœur, avec accompagnement de piano et harmonium; le *Départ*, cantate à trois voix; *Jérusalem*, double chœur, sans accompagnement; *Chants lyriques de Saül*, *Madrid*, le *Mois de mai*, *Seigneur, protège-nous*, *Sur l'eau*, la *Bienfaisance*, l'*Absence*, l'*Adieu du brave*, l'*Amitié*, *Gentille blonde*, le *Drapeau*, la *Fraternité*, l'*Exode*, le *Chant du crépuscule*, *Chanson bachique*, les *Emigrants irlandais*, la *Veillée du nègre*, la *Grande route*, *Toulouse*, le *Lion flamand*, les *Nornes*, sérénade; les *Orphéonistes*, les *Proscrits*, les *Ouvriers*, les *Pêcheurs de Dunkerque*, chœurs sans accompagnement; *Jacques van Artevelde*, cantate avec orchestre; *Flandre au lion*, ouverture pour harmonie militaire, etc.

M. Gevaërt a été nommé, en 1867, directeur de la musique à l'Opéra, emploi supprimé depuis la mort de Girard et rétabli en sa faveur, en dépit des critiques. Il avait tenté, dans les années précédentes, de faire représenter à l'Opéra un ouvrage en 3 actes, mais sans succès; il parut dès lors renoncer à la composition dramatique et s'occuper de travaux de théorie, d'archéologie et d'histoire musicales. Il publia d'abord un *Traité d'instrumentation*, puis annonça un recueil d'un grand intérêt, dont malheureusement le premier volume a seul paru : les *Gloires de l'Italie, chefs-d'œuvre de la musique vocale italienne aux XVIIe et XVIIIe siècles, collection de morceaux de théâtre, de concert et de chambre, recueillis et publiés avec accompagnement de piano par F. A. Gevaërt, traduction française par Victor Wilder* (Paris, 1868, in-fol.), collection précédée d'une introduction historique et de notices biographiques sur les compositeurs dont les œuvres y figuraient. Très versé dans la connaissance des langues et de l'histoire de la musique, M. Gevaërt s'occupa dès ce moment de réunir les matériaux de son grand ouvrage sur la musique grecque. Il faisait en même temps, à la Société des compositeurs de musique, des conférences sur l'Histoire de l'harmonie et collaborait à la *Revue des lettres et des arts* et à la *Revue et Gazette musicale*. En 1870, dès les premières menaces d'investissement, M. Gevaërt quitta Paris et retourna à Bruxelles; à la mort de Fétis, l'année suivante, il fut appelé à lui succéder comme directeur du Conservatoire de cette ville. — Outre les ouvrages cités plus haut, l'éminent directeur du Conservatoire de Bruxelles a édité un certain nombre de morceaux de musique ancienne faisant partie du répertoire de la Société des concerts de l'établissement qu'il dirige; collaboré à la publication des *Chansons du XVe siècle, publiées d'après le manuscrit de la Bibliothèque nationale, par G. Paris, et accompagnées de la musique, transcrite en notation moderne, par F. A. Gevaërt* (Paris, 1875, in-8e); et publié : *Histoire et théorie de la musique de l'antiquité* (Gand, 1875-78, 2 vol. in-8e), ouvrage d'un intérêt capital, d'une science et d'une érudition peu communes et, d'autre part, unique; *Académie royale de Belgique : Discours prononcé dans la séance publique de la classe des Beaux-Arts, en présence de Leurs Majestés le roi et la reine, le 24 septembre 1876, par François Auguste Gevaërt, directeur de la classe* (*1876*, in-4e). — M. Gevaërt a été élu associé étranger de l'Académie des Beaux-Arts en remplacement de Mercadante, en janvier 1873; il est commandeur de la Légion d'honneur.

GÉVELOT, Jules Félix, industriel et homme politique français, né à Paris le 6 juin 1826. M. Gévelot possède aux Moulineaux, près de Paris, une manufacture de capsules et de cartouches auxquelles il a donné son nom; il est en outre grand propriétaire dans l'Orne et membre du Conseil général de ce département pour le canton de Messey. Aux élections législatives de 1869, il se présenta, comme candidat indépendant, dans la 3e circonscription de l'Orne et fut élu contre le candidat officiel, M. le marquis de Torcy. Il prit place au centre gauche, s'éleva contre les candidatures officielles, et appuya la déclaration de guerre. Pendant le siège de Paris, M. Gévelot a été président de la commission d'armement au ministère des travaux publics et membre du comité scientifique de défense. Elu, le troisième sur huit, représentant de l'Orne à l'Assemblée nationale, aux élections du 8 février 1871, il prit place au centre gauche républicain, avec lequel il vota constamment. Il se présenta aux élections sénatoriales du 30 janvier 1876, dans l'Orne, sur la liste républicaine et échoua faute de quelques voix. Le 20 février suivant, il était élu, à une grande majorité, député de la 2e circonscription de Domfront, contre le candidat légitimiste, et réélu depuis sans difficulté, le 14 octobre 1877 et le 21 août 1881. M. Gévelot est président du comice agricole de Domfront. Il a obtenu des récompenses, comme industriel, à de nombreuses expositions, entre autres à l'Exposition universelle de Philadelphie, de 1876, où les compétitions étaient peut-être plus nombreuses. — Aux élections du 4 octobre 1885, M. Gévelot a été l'unique candidat de la liste républicaine élu dans l'Orne, et le premier des deux députés élus au premier tour, l'autre étant M. de Mackau. Il a repris sa place à gauche, et a repoussé de son vote les propositions d'expulsion des princes.

GHIKA, Hélène, princesse Koltzoff-Massalsky, connue dans le monde des lettres sous le pseudonyme de **Dora d'Istria**, nièce de l'ex-hospodar Alexandre Ghika, fille du grand ban Michel Ghika, tous deux morts aujourd'hui et femme du prince russe, ou plutôt slave, Koltzoff-Massalsky Rurikovitch, qu'elle épousa en 1849. Mme Dora d'Istria est née à Bucarest le 22 janvier 1829; elle fit de très solides études sous la direction du célèbre professeur et archeologue grec G. G. Pappadopoulos, visita dans sa première jeunesse les principales villes de l'Europe, apprit les langues des diverses peuples européens et s'acquit de bonne heure une légitime réputation de savoir. A quinze ans, elle traduisait l'*Illiade* en allemand et écrivait ensuite pour le théâtre. Après son mariage, elle suivit son mari en Russie et prit rang à la cour. Artiste aussi bien que savante, elle exposait à Saint-Pétersbourg, en 1854, deux *Paysages*, pour lesquels elle reçut une médaille d'argent. Elle reprenait dès l'année suivante le cours de ses voyages, visitant la Suisse, la Belgique, la Hollande, l'Italie, etc. Après avoir réside longtemps en Suisse, elle a fait dans ces dernières années un séjour assez prolongé en France; elle réside actuellement, croyons-nous, en Italie. En 1867, la Chambre des députés d'Athènes, par loi spéciale votée d'acclamation, conférait à Mme Dora d'Istria la grande naturalisation. Elle est membre d'un grand nombre d'académies et de sociétés littéraires et savantes, même de celles qui, jusque-là, n'avaient pas admis de femmes. — Nous citerons parmi ses ouvrages principaux, semés un peu partout et écrits en des langues diverses : la *Vie monastique dans l'Eglise orientale (1855)*; *Gli Eroi della Rumenia* et *I Rumeni ed il Papato (1857)*, en italien; les *Femmes en Orient* (Zurich, 1858 : 2 vol.); *Des Femmes, par Une femme* (Paris, 1864); la *Vénitienne* (ibid.) Elle a collaboré en outre à une foule de journaux et de recueils littéraires de l'Allemagne, de la Belgique, de la Suisse, de l'Italie, de la Grèce, etc. : au *Diritto*, à la *Revue des Deux-Mondes*, à l'*Americano*, revue espagnole publiée à Turin, etc., etc.

GHISLANZONI, Antonio, littérateur italien, né à Lecco le 25 novembre 1824. Après de brillantes études littéraires, il aborda celle du chant et fut engagé comme baryton, au théâtre Carcano, à Milan; mais il n'y resta que peu de temps et embrassa d'une manière définitive la carrière des lettres. Tour à tour, ou même à la fois, romancier, journaliste, critique musical, auteur dramatique, M. Ghislanzoni s'est fait dans ses dernières années une réputation considérable comme librettiste, qui le fait ardemment rechercher des compositeurs et par suite des directeurs de théâtres d'opéra. Son éducation musicale le sert d'ailleurs merveilleusement dans cette sorte de travail et, jointe à ses relations habituelles, elle le porte à émailler ses romans de chapitres très intéressants sur la musique ou sur les musiciens. Nous citerons par exemple : *Gli Artisti dal teatro* (Milan, 1858, 3 vol. in-12), roman dont une centaine de pages sont consacrées à des notes biographiques sur les virtuoses, les chanteurs et les compositeurs de l'Italie contemporaine. Dans un autre ouvrage : *Reminiscenze artistiche*, dont le titre indique au reste suffisamment le sujet, il a introduit une notice sur le pianiste compositeur *Adolfo Fumagalli*, un autre sur la *Casa di Verdi a Sant' Agata* et plusieurs autres chapitres relatifs à la musique. — M. Ghislanzoni, qui est un des principaux rédacteurs de la *Gazetta musicale*, de Milan, a écrit plus de cinquante livrets d'opéra, parmi lesquels il faut citer : *Salvatore Rosa*, musique de M. Gomez; *I Lituani*, de M. Ponchielli; *I Promessi Sposi*, de M. Petrella; *Papà Martin*, de M. Cagnoni; *Aïda*, de M. Verdi; *Sara* de M. Gibelli (1876), etc. Il est aussi l'auteur des paroles de la cantate : *Omaggio a Donizetti*, mise en musique par M. Ponchielli.

GIACOMOTTI, Félix Henri, peintre français, né à Quingey (Doubs) le 18 novembre 1828. Elève de Picot et de l'Ecole des Beaux-Arts, M. Giacomotti remportait le grand prix de Rome en 1854, le sujet de ce concours étant : *Abraham recevant les anges*. Il s'est fait depuis, tant dans le portrait que dans la peinture historique, une très honorable réputation. — On cite de cet artiste : le *Martyre de saint Hippolyte*, *Nymphe et satyre (1861)*; l'*Amour se désaltérant (1863)*; *Agrippine quitte le camp (1864)*; l'*Enlèvement d'Amymone, fille de Danaüs (1865)*, au Luxembourg; le *Christ bénissant les enfants (1867)*; la *Dernière épingle de Carmela (1868)*; la *Pentecôte (1870)*; *Vénus et l'Amour (1873)*; le *Calvaire (1875)*; *A Sonnino (Italie), souvenir (1876)*; la *Gloire de Rubens*, panneau décoratif pour le musée du Luxembourg (1878); l'*Hiver*, panneau décoratif (1883); l'*Innocence (1884)*; *Mirage*, *Lady Macbeth (1886)*. Quant aux portraits, dont il a exposé un grand nombre aux divers salons, nous citerons ceux de *MM. Edmond About*, le *Comte de Montholon*, de *Saint-Brice*, *Hood*, *Hornby* et de Mmes *J. David*, la *Comtesse de Moreton-Chabrillan*, la *Marquise de Canisy*, la *Marquise de Vennevelles*, la *Comtesse de Jourdan-Savonnières*, *Paillet*, *de Roux-Larcy*, *Barthe-Banderoli (1874)*, *Dugué de la Fauconnerie (1877)*; sans compter la foule des portraits anonymes. Il a en outre exécuté pour l'église Saint-Etienne-du-Mont, qui possède plusieurs autres de ses toiles, le *Christ au milieu des docteurs*; pour la mairie de Besançon, les portraits en pied des généraux *Marulaz* et *Morand* et celui du *Chancelier d'Aguesseau*, au Palais de Justice de Paris (1875). — M. F. Giacomotti a obtenu des médailles en 1864, 1865 et 1866 et a été décoré de la Légion d'honneur en 1867.

GICQUEL-DESTOUCHES, Albert Auguste, amiral français, fils d'un capitaine de vaisseau, est né à Brest le 10 avril 1818. Entré dans la marine en 1832, il était promu successivement enseigne en 1838, lieutenant de vaisseau en 1843, capitaine de frégate en 1850, capitaine de vaisseau en 1858, contre-amiral le 6 avril 1867 et vice-amiral le 3 août 1875. Comme capitaine de vaisseau, M. Gicquel-Destouches, outre divers commandements, exerça les fonctions de chef d'état-major de l'escadre d'évolution de la Méditerranée, puis celle de directeur du personnel au ministère de la marine. En 1867, il reçut le commandement de la division navale de la Méditerranée. En 1870, M. le contre-amiral Gicquel-Destouches faisait, devant la commission d'enquête sur la marine marchande, une substantielle déposition concluant principalement au maintien de l'inscription maritime. On lui doit, au reste, une brochure sur cette importante question du recrutement des équipages de la flotte. — Commandeur de la légion d'honneur depuis 1864, l'amiral Gicquel-Destouches a été promu grand officier le 27 décembre 1872. Il a fait partie, comme ministre de la marine, du cabinet éphémère du 16 mai 1877.

GIDE, Théophile, peintre français, né à Paris le 15 mars 1822. Elève de Paul Delaroche et de Léon Cogniet, M. Gide a abordé divers genres avec un égal succès. Son tableau de début au Salon, la *Chute des feuilles*, fut bientôt suivi du *Retour du marché (Pyrénées)*. Il a exposé depuis : *Messe dans une église des Pyrénées*, le *Jugement de Cinq-Mars et de de Thou (1855)*; *Résurrection du fils de la veuve de Naïm (1857)*; *Louis XI et Quentin-Durward*, *Messe dans la campagne des environs de Naples*, *Italienne (1859)*; le *Récit*, *Episode de la jeunesse de Lesueur*, la *Récréation au couvent (1861)*; *Sully quittant la cour de Louis XIII*, les *Femmes à la fontaine (Pyrénées)*, *Neuvaine à la madone (1863)*; les *Adieux au couvent*, *Chanteurs napolitains (1864)*; une *Présentation*, *Moines à l'étude (1865)*; *Répétition d'une messe en musique (1866)*; *Visite de S. S. le Pape dans un couvent*, la *Partie d'échecs (1867)*; le *Réfectoire de la Grande-Chartreuse*, la *Dictée (1868)*; *Chœur du couvent de Saint Barthélemy, près de Nice (1869)*; l'*Ecole*, les *Derviches hurleurs de Scutari (1870)*; une *Ambulance au couvent de Cimiès, à Nice*; *Terrasse du couvent de Saint-Barthélemy (1872)*; *Lesueur chez les chartreux*, le *Cavalier galant (1873)*; *Le 22 août 1572, Coligny ayant été blessé grièvement d'un coup d'arquebuse, en sortant du Louvre, Charles IX, Catherine de Médicis, les deux ducs d'Anjou et d'Alençon avec plusieurs de leurs grands serviteurs, se rendirent chez l'amiral*; *Deux mauvaises connaissances*; l'*Atelier du tonnelier (1874)*; une *Confidence indiscrète*, « *Encore un verre!* » *(1875)*; *Charles IX est contraint de signer l'ordre de massacrer les huguenots, le 24 août 1572, jour de la Saint-Barthélemy*, une *Querelle de jeu (1876)*; l'*Importun*, les *Visiteurs au palais de Fontainebleau (1883)*; *Prenez garde*, *Echec et mat (1884)*; *Qui s'y frotte s'y pique (1885)*; *Goûtez-moi ça (1886)*. — M. Théophile Gide a obtenu une médaille de 3e classe en 1861, une médaille en 1865, une médaille et la croix de la Légion d'honneur en 1866.

GIDEL, Charles Antoine, littérateur français, né à Gannat (Allier) le 5 mars 1823, fit ses études au collège de cette ville et à l'Ecole normale supérieure, et fut reçu licencié ès lettres en 1850, premier agrégé des classes supérieures en 1853 et docteur ès lettres en 1857. Professeur de quatrième au collège du Puy en 1852, il professa la classe de rhétorique à Brest de 1853 à 1855, à Angers de 1855 à 1857 et à Nantes de 1857 à 1860; il occupait en même temps, dans cette dernière ville, la chaire de littérature française à l'école préparatoire. En 1860, il fut appelé à Paris et chargé du cours de troisième au lycée Bonaparte où il devint professeur de rhétorique en 1864. Cette même année 1864, l'Académie des inscriptions et belles-lettres décernait un de ses prix Bordin à M. Gidel, pour un *Mémoire sur les imitations faites en grec, depuis le XII*e *siècle, de nos anciens poèmes de chevalerie*, et l'Académie française le prix d'éloquence, en 1866, pour une *Etude sur Saint-Evremond* et en 1868, pour un *Discours sur Jean-Jacques Rousseau*. Il a pris une part très active aux conférences libres ou officielles depuis l'adoption chez nous de ce système d'enseignement, notamment à la Sorbonne (1863), et depuis en divers lieux, mais surtout au théâtre de la Gaîté, sur les chefs-d'œuvre du répertoire classique. Nommé proviseur au lycée Henri IV en 1872, il était transféré à Louis-le-Grand en 1878. — M. Gidel a publié: les *Troubadours et Pétrarque* et *De Philippide Guillelmi Britonis (1857)*, ses thèses de doctorat; *Nouveau recueil de morceaux choisis d'auteurs français (1865); Etudes sur la littérature grecque moderne (1866-78*, 2 vol.), couronnées par l'Académie; une édition annotée du *Conciones*; une édition des *Œuvres de Boileau*, précédées d'une substantielle et très intéressante *Etude sur Boileau et l'histoire littéraire du XVII*e *siècle (1869)*; les *Français du XVII*e *siècle (1873); Etudes sur la littérature moderne : la Littérature française (1875)*, etc. On lui doit encore la publication de divers manuscrits grecs, des *Œuvres choisies de Saint-Evremond* et de plusieurs éditions d'ouvrages classiques, ainsi qu'une collaboration active à la *Revue de l'instruction publique*, à la *Revue de l'Anjou*, à la *Revue archéologique*, à la *Revue Contemporaine*, à la *Revue des Cours littéraires*, à l'*Annuaire* de l'Association pour l'encouragement des études grecques, aux *Proceedings* de la Société philologique de Londres, etc. — Chevalier de la Légion d'honneur depuis 1869, M. Gidel a été promu officier le 31 décembre 1884. Il est en outre décoré de l'ordre du Sauveur de Grèce, et officier d'Académie.

GIERS (de), Nicolas Carlovitch, diplomate et homme d'Etat russe, né le 9 mai 1828. Il fit ses études au lycée impérial de Tzarskoe-Selo et entra à dix-huit ans au ministère des affaires étrangères, comme attaché au département asiatique. En 1841, il fut attaché au consulat russe en Moldavie; en 1848, un ordre impérial l'envoyait au quartier général des troupes russes en Transylvanie, durant la campagne de Hongrie, en qualité d'agent diplomatique sous les ordres du commandant en chef, général Lueders. Le zèle et l'habileté qu'il déploya dans cette occasion lui valurent le titre de conseiller de cour et la décoration de l'ordre de Saint-Stanislas (4e classe). Après son retour de Transylvanie, en 1850, M. de Giers fut nommé premier secrétaire d'ambassade à Constantinople; de là il fut transféré en Roumanie, comme directeur de la chancellerie du ministre plénipotentiaire russe dans ce qu'on appelait encore, à cette époque (1853), les Principautés de Moldavie et de Valachie, et y demeura une année entière. Lorsqu'éclata la guerre avec la Turquie et ses alliés d'Occident, M. de Giers fut rappelé au ministère, puis envoyé, en 1855, avec des instructions importantes, auprès des gouverneurs généraux de la Nouvelle-Russie et de la Bessarabie. En 1856, il fut nommé conseiller d'Etat, et consul général en Egypte; d'où il fut transféré, au bout de deux ans, en Moldo-Valachie, en la même qualité, mais dans la position de conseiller d'Etat en service ordinaire. Il y resta cinq ans, et fut récompensé des services importants qu'il avait rendus dans ce poste difficile par la décoration de l'ordre de Sainte-Anne, première classe. En 1863, M. de Giers fut envoyé à Téhéran, comme envoyé extraordinaire et ministre plénipotentiaire. On attribue à la présence et à l'action de cet habile diplomate à la cour du schah de Perse le maintien des bonnes relations entre son pays et celui-ci, objet d'intrigues si acharnées, au moindre point noir qui se montre au ciel de l'Orient, toujours prêt à se tourner contre les Russes dans leurs conflits périodiques avec leurs voisins de Turquie, et qui ne le fait presque jamais. A son retour, en 1869, M. de Giers fut décoré de l'ordre Saint-Wladimir (2e classe) et entra au Conseil privé; puis il fut nommé ministre à Berne. Remplacé dans ce poste au bout de trois ans, par le fils du prince Gortchakoff, M. de Giers alla de son côté remplacer en la même qualité M. Daschkoff à Stokholm. Il demeura plus longtemps en Suède, et reçut de son souverain les ordres élevés de l'Aigle blanc et de Saint-Alexandre Nevski, comme marque de sa satisfaction pendant qu'il y exerçait ses fonctions. Lors de la visite du roi de Suède au czar, en 1875, M. de Giers fut appelé à Saint-Pétersbourg et resta attaché à Sa Majesté scandinave tout le temps que celle-ci passa en Russie. En décembre de la même année, il était nommé adjoint au ministre des affaires étrangères ayant la direction du département des affaires asiatiques. Il faudrait refaire l'histoire des événements qui se sont produits en Asie, et surtout de ceux qu'ont amenés la rivalité de l'Angleterre et de la Russie dans l'Asie centrale pour donner une idée de l'importance de ce poste en Russie et de l'activité incessante, des connaissances étendues, de l'habileté diplomatique consommée qu'il exige de l'homme qui l'occupe, surtout quand cet homme arrive à satisfaire les intérêts de son pays comme l'a fait M. de Giers.

A partir de 1876, à raison des fréquentes absences du prince Gortchakoff, qu'il remplaçait dans ces occasions à la tête du ministère, on peut dire que M. de Giers est de fait le ministre des affaires extérieures de l'empire russe. Il l'y remplace, en effet, en 1876 d'abord, puis pendant sept mois de l'année 1877, durant la guerre turque; puis en 1878, pendant la durée du congrès de Berlin, où le prince Gortchakoff représentait la Russie. Dès la fin de ce mémorable congrès, le chancelier impérial donne des signes de la fatigue intellectuelle qui le rendit bientôt incapable de s'occuper d'affaires; il passe la plupart du temps à la recherche de la santé qu'il a perdue, occupé surtout de retenir la vie qu lui échappe; il n'est pas remplacé officiellement dans son poste de chancelier de l'empire, mais un autre en remplit effectivement les fonctions, et cet autre est naturellement M. de Giers. Enfin, au mois d'avril 1882, le prince Gortchakoff se retire, et M. de Giers est nommé à sa place. — Presque aussitôt, il adopte les habitudes erratiques qui, depuis quelque temps distinguent les chanceliers de Russie et d'Autriche-Hongrie. Dès le commencement de décembre, il est à Rome et obtient une audience du pape; quelques jours plus tard, il était à Varzin; en janvier, il était à Vienne et était reçu par l'empereur François-Joseph le 26. L'année suivante, après le sacre du czar Alexandre III (mai), il adressait des remerciements, accompagnés d'assurances de paix générale, comme toujours, aux puissances qui s'étaient fait représenter à cette cérémonie. L'automne venu, il reprenait le chemin de Berlin... Il y est encore.

GIGOUX, Jean François, peintre français, né à Besançon le 8 janvier 1809, élève de l'Ecole des Beaux-Arts, M. Jean Gigoux débuta au Salon de 1831 par quelques dessins et portraits à la mine de plomb et des lithographies. Il a ensuite abordé la peinture à l'huile et a successivement exposé, tant toiles que dessins: *Henri IV écrivant des vers sur le missel de Gabrielle*, la *Toilette de Mme Dubarry*, la *Mort de Léonard de Vinci*, la *Bonne aventure*, la *Mort de Cléopâtre*, le *Martyre de sainte Agathe*, le *Corps du Christ veillé par les anges*, *Antoine et Cléopâtre après la bataille d'Actium*, le *Comte de Comminges reconnu par sa maîtresse*, le *Baptême de Clovis*, *Saint Pierre-ès-liens*, le *Christ au jardin des Oliviers*, la *Manne dans le désert*, *Saint Philippe guérissant des malades*, *Saint Louis enterrant les morts sur un champ de bataille*, *Saint Louis pardonnant aux révoltés après la bataille de Taillebourg*, le *Mariage de la Vierge*, *Héloïse recevant les restes d'Abeilard au Paraclet*, *Sainte Geneviève*, la *Nativité*, *Madeleine pénitente*, la *Mort de Manon Lescaut*, *Charlotte Corday*, dessin, etc. (1833-1852); et depuis: *Galathée*, les *Vendanges (1853)*; la *Moisson (1855)*: ces deux tableaux, qui ornaient le grand escalier de la Cour des comptes, ont été détruits par les incendies de mai 1871; le *Bon Samaritain*, la *Veille d'Austerlitz (1857)*; une *Arrestation sous la Terreur (1859)*; une *Tête de Sarrasin*, *Portrait du comte de Müszech (1861)*; *M. Lefebvre-Duruflé, sénateur (1865)*; la *Poésie du Midi (1866)*; *Première rêverie (1868)*; le *Dernier ravissement de Sainte Marie-Madeleine (1870)*; le *Pêcheur et le petit poisson (1872)*; le « *Père Lecour* » *(1875)*; un *Jeune garçon (1876)*; la *Jeunesse de Ruyter (1877)*; la *Fontaine de Jouvence*, *Sainte Madeleine au désert (1878)*; un *Paresseux (1883)*; le *Dernier jour de Jeanne d'Arc à Domrémy*, *Tête de jeune fille*, étude (1886). Il faut ajouter, à cette liste, un certain nombre de portraits à l'huile; ceux de *Charles Fourier*, du *Roi Jérôme*, du *Général Donzelot*, du *Maréchal Moncey*, du *Général Dwernicki*, du *Comte Ostrowski*, de *G. Laviron*, de la *Comtesse George de Müszech*, de *M. Arsène Houssaye*; et ceux du *Baron Gérard*, de *Paul Delaroche*, *Eugène Delacroix*, *Barrye*, *Lamartine*, *Considérant*, *Alfred de Vigny*, *Sigalon*, les frères *Johannot*, *Taillandier*, etc. (pastels ou lithographies); un grand nombre de dessins d'illustration, notamment 500 vignettes pour les *Aventures de Gil Blas de Sentillane*; la *Prise de Gand*; et le *Portrait de Charles VIII* pour les salons de Versailles; la *Fuite en Egypte*, le *Repos de la Sainte-Famille*, la *Mise au tombeau du Christ*, la *Résurrection*, à l'église Saint-Gervais-et-Saint-Protais, ainsi que divers travaux de peinture décorative à la chapelle Sainte-Geneviève de l'église Saint-Germain-l'Auxerrois, à l'église Saint-Merry, etc. — M. Jean Gigoux a obtenu une médaille de 2e classe en 1833, une médaille de 1re classe en 1835 et une autre en 1848. Chevalier de la Légion d'honneur depuis 1842, il a été promu officier le 12 juillet 1880.

GILBERT, sir John, peintre anglais, président de la Société des aquarellistes, est né en 1817. Il débuta à la Société des artistes anglais en 1836, par une aquarelle: l'*Arrestation de lord Hastings par le Protecteur, Richard duc de Gloucester*; il avait toutefois, la même année, une peinture à l'huile admise à l'Académie royale. Il exposa pour la première fois à l'Institution britannique en 1839, et a continué depuis lors à envoyer ses ouvrages à cette galerie artistique, ainsi qu'à celle de l'Académie royale, au moins de temps en temps. Nous citerons, parmi les œuvres les plus connues de sir John Gilbert: *Don Quixote donnant des conseils à Sancho Panza (1839)*, accompagné ou suivi de divers autres sujets empruntés à Cervantes; puis: l'*Education de Gil Blas*; une scène du *Tristram Shendy* de Sterne; *Othello devant le Sénat*; le *Meurtre de Thomas Becket*; le *Théâtre de Shakespeare*, réunion des principaux caractères du Théâtre du « cygne de l'Avon »; *Charge de cavaliers à Naseby*; un *Drawing-room au palais de Saint-James*; un *Régiment de cavalerie royaliste*; *Rubens et Téniers*; l'*Atelier de Rembrandt*; *Wolsey et Buckingham*; une *Convocation du clergé*; *Entrée de Jeanne d'Arc à Orléans*, etc. Ses plus récentes expositions sont: le *Camp du drap d'or (1874)*; l'*Abbaye de Tewkesbury: la Reine Marguerite amenée captive à Edouard après sa défaite*; *Don Quixote et Sancho au château du Duc et de la Duchesse (1875)*; les *Croisés*, *Richard II résignant la couronne entre les mains de Bolingbroke (1876)*; le *Cardinal Wolsey à l'abbaye de Leicester*, *Doge et sénateurs de Venise (1877)*; *Vite!* et *Rosée de mai (1878)*. Il avait à l'Exposition universelle de 1878: le *Cardinal Wolsey à l'abbaye de Leicester*, l'*Abdication de Richard II* et *Doge et sénateurs de Venise*, envoi qui lui valut une 3e médaille et la croix de la Légion d'honneur. — Sir John Gilbert a en outre collaboré, comme dessinateur, à diverses publications de luxe ainsi qu'à bon nombre de journaux illustrés, notamment à l'*Illustrated London News*, pendant plusieurs années à partir du premier numéro. La plupart des meilleures éditions des classiques anglais ont été illustrées par lui, y compris une édition de Shakespeare à laquelle il travailla trois ans. — Sir John Gilbert a été élu associé en 1852 et en 1853 membre titulaire de la Société des aquarellistes, dont il est devenu le président en 1871. Peu après, il était créé chevalier. Il est membre honoraire de la Société des aquarellistes et de la Société des artistes de Belgique, président honoraire de la Société des peintres d'aquarelle de Liverpool et a été élu membre de l'Académie royale des arts de Londres, dont il était associé depuis 1872, le 29 juin 1876.

GILBERT, Pascal, homme politique français, né en 1835. M. P. Gilbert dirige à Blaye une maison de banque et y est président du tribunal de commerce. Vice-président du cercle local de la Ligue de l'enseignement, il est membre du Conseil municipal et a été adjoint au maire de Blaye. Aux élections d'octobre 1885, M. P. Gilbert a été élu député de la Gironde, comme candidat républicain, au scrutin du 18, par 88,740 suffrages, et a pris place à gauche. Il a voté l'expulsion des princes.

GILBERT, William Schwenck, auteur dramatique anglais, né à Londres le 18 novembre 1836. Après avoir pris ses grades à l'université de Londres, il suivit les cours de droit de l'Inner Temple et se fit recevoir avocat en novembre 1864. Il avait été attaché au secrétariat du Conseil privé de 1837 à 1862, et fut nommé capitaine des Highlanders royaux du comté d'Aberdeen (milice) en 1868. M. William S. Gilbert collabora de bonne heure à la presse périodique, et débutait au théâtre en janvier 1866. Sa première pièce: *Dulcamara*, fut jouée au théâtre de Saint-James, à la date que nous venons d'indiquer. Il a donné depuis, sur diverses scènes, un certain nombre de pièces, principalement de comédies féeries: *Old Score*, *The Princess*, *Ages ago*, *Randall's Thumb*, *Creatures of impulse*, *A Sensation novel*, *Happy Arcadia*, *The Palace of Truth (1870)*, *Pygmalion and Galatea (1871)*, *The Wicked World (1873)*, *Charity*, pièce en 4 actes (1874) au théâtre de Haymarket, où furent également jouées les trois précédentes, toutes trois comédies féeries en trois actes; *Sweet hearts* (Les amants), drame en deux actes, joué au théâtre du prince de Galles en novembre 1874; *Broken hearts* (Cœurs brisés), comédie féerie au Théâtre de la Cour: *Tom Cobb*, comédie bouffe en 3 actes, à Saint-James (1876); *Trial by jury*, *Daniel Bruce*, *Engaged*, au même théâtre et *Ne'erdo-Weel*, à l'Olympic (1878); *Gretchen*, à l'Olympic: *Foggerty's Fairy (1879)*, au Criterion. M. Gilbert a écrit aussi, le plus souvent avec M. Arthur Sullivan, de nombreux livrets d'opéras comiques, opéras bouffes, opérettes, etc. Nous citerons: le *Sorcier*, 2 actes (1877); *Pinafore*, les *Pirates de Penzance*, *Patience (1881)*. Les opérettes de M. Gilbert ont eu, pour la plupart, une vogue inouïe. On doit encore à M. W. Gilbert quelques publications humoristiques: *Bab ballads*, d'abord publié dans le *Fun*, journal satirique de Londres, a, par exemple, paru depuis en volume.

GILLE, Philippe Emile François, auteur dramatique et journaliste français, né à Paris le 18 décembre 1831, y fit ses études et entra comme employé à la préfecture de la Seine. Il étudia la sculpture, puis devint en 1861 secrétaire du Théâtre-Lyrique et, les relations aidant, s'occupa de journalisme. M. Philippe Gille collabora principalement aux journaux de Millaud: le *Petit-Journal*, le *Soleil*, l'*Histoire*, puis au *Figaro*, où il rédige, encore aujourd'hui (1886) le bulletin bibliographique. Il a écrit en outre, seul ou en collaboration, un assez grand nombre de comédies, vaudevilles, livrets d'opéras comiques, d'opérettes et de ballets, dont plusieurs ont eu un vif succès; c'est d'ailleurs par là qu'il a commencé. — Nous citerons: la *Prêtresse*, opérette, musique de Georges Bizet, jouée à Bade en 1854; *Vent du soir (1857)*; *M. de Bonne-Etoile*, musique de M. Delibes (1860); le *Bœuf Apis*, avec le même (1865); les *Bergers*, opéra comique en 3 actes, avec M. H. Crémieux, musique d'Offenbach; la *Cour du roi Pétaud*, musique de M. L. Delibes; les *Horreurs de la guerre*, musique de M. Jules Costé (1869); les *Prés Saint-Gervais*, tiré de la pièce de M. Sardou, musique d'Offenbach; *Garanti dix ans*, comédie, avec M. E. Labiche (1874); les *Trente millions de Gladiator*, avec le même (1875); *Pierrette et Jacquot*, opérette, aux Bouffes (1876); les *Charbonniers*, le *Docteur Ox*, opéra comique en 3 actes tiré de l'amusante nouvelle de M. J. Verne, musique d'Offenbach, aux Variétés (1877); *Yedda*, ballet, musique de M. Olivier Métra, à l'Opéra (1879); la *Farandole*, ballet, musique de M. Th. Dubois, à l'Opéra (1881). Il a donné dans ces derniers temps, avec M. H. Meilhac: le *Mari à Babette*, comédie en 3 actes, au Palais-Royal (1882); *Ma camarade*, 5 actes, au même théâtre (1883); la *Ronde du commissaire*, 3 actes, au Gymnase; *Rip van Winkle*, opéra comique en 3 actes, musique de M. Planquette, aux Folies-Dramatiques; *Manon*, opéra comique, 5 actes et 6 tableaux, musique de M. Massenet, à l'Opéra-Comique (1884), etc.

GILLET, René, homme politique français, médecin, né à Ligny-sur-Ornain (Meuse) le 5 août 1845. Reçu docteur en médecine, il s'établit à Beauzée en 1871, devint conseiller municipal puis maire de cette ville (1875) et conseiller général de la Meuse en 1880. Son dévouement aux intérêts bien entendus du département, particulièrement en ce qui concerne l'établissement de lignes locales de chemins de fer le fit remarquer au con-

seil départemental et porter sur la liste républicaine de la Meuse aux élections d'octobre 1885, où il fut élu député de ce département au scrutin du 18. M. le Dr Gillet siège à gauche, quoique n'appartenant officiellement à aucun groupe. Il a voté l'expulsion totale des princes.

GILLMORE, Quincy Adams, officier supérieur du génie et écrivain militaire américain, ancien général de division de volontaires pendant la guerre de Sécession, est né dans le comté de Lorraine (Ohio) le 28 février 1825. Il fit ses études à l'Académie militaire de West-Point, d'où il sortit premier en 1849; il fut alors employé comme sous-lieutenant du génie aux fortifications de Hampton Roads. De 1852 à 1856, il servit à West-Point comme instructeur-adjoint de génie pratique, fut promu lieutenant en premier à cette dernière date, et employé à New-York à l'achat et au transport des matériaux pour les fortifications en cours de construction, ainsi qu'à l'édification du nouveau fort de Sandy-Hook. C'est à cette dernière occupation que le surprit l'explosion de la guerre sécessionniste (1861). Il fut promu capitaine du génie et attaché à l'état-major du général Sherman, commandant le corps d'expédition de la Caroline du Sud. En cette qualité, il ouvrit les opérations contre le fort Pulaski, sur le Savannah (Georgie), en février 1862, et il commandait les colonnes d'assaut qui s'emparèrent de ce fort peu après. Nommé brigadier-général de volontaires, il fut envoyé dans l'Ouest, comme commandant du district de la Virginie occidentale, du département militaire de l'Ohio. Peu après, il fut appelé au commandement d'une division dans l'armée du Kentucky. Envoyé ensuite dans la Caroline du Sud, il prit le commandement de l'armée de terre employée au siège de Charleston, et fut promu au rang de major général de volontaires. Lorsque le général Grant fut devenu commandant en chef des armées des Etats-Unis, le général Gillmore reçut l'ordre de se porter avec ses troupes vers le général Butler, à la forteresse de Monroe, comme commandant du dixième corps d'armée, et il coopéra avec ce dernier à l'occupation de la rive sud du fleuve James, ainsi qu'à diverses autres opérations importantes. Il coopéra également avec le général Sherman, au mouvement exécuté par celui-ci à travers la Caroline du Sud, et fut placé à la tête du nouveau département militaire embrassant cet Etat tout entier, le 27 juin 1865. Mais il fut remplacé dans son commandement quelques mois plus tard, par le général Sickles. Après la paix, le général Gillmore quitta le service volontaire, mais il fut maintenu avec le grade de major (chef de bataillon ou l'équivalent) dans le corps du génie des Etats-Unis, et chargé spécialement des travaux de défense des côtes de l'Atlantique. — On a de M. Gillmore : *A Practical Treatise on limes, hydraulic cements and mortars (1863); Siege and reduction of Fort Pulaski, Georgia (1863); Official reports of operations against the defences of Charleston Harbour (1863); A Supplementary report on the engineer an artillery operations (1865); Coignet-béton et autres pierres artificielles (1871); A Practical Treatise on construction of roads, streets and pavements;* et un *Rapport sur la force des pierres à bâtir des Etats-Unis (1876);* outre des articles scientifiques dans l'*American Cyclopædia* (New-York, 1873-76), et dans l'*Universal Cyclopædia* de Johnson.

GILLY, Numa, industriel et homme politique français, né à Sommières (Gard) en 1834. Etabli tonnelier à Nimes en 1859, il s'est de bonne heure fait remarquer par ses opinions avancées, a été vice-président de la Ligue républicaine du Midi et est devenu, sous la République, conseiller municipal, puis adjoint au maire de Nimes (1881). Porté aux élections d'octobre 1885 sur la liste radicale du Gard. M. Numa Gilly a été élu député au second tour. Il a pris place à l'extrême-gauche et a voté contre les lois d'expulsion des princes,

GINAIN, Louis Eugène, peintre français, né à Paris le 26 juillet 1818. Elève de Charlet et d'Abel de Pujol, il débuta au Salon de 1839, fit un voyage en Afrique et suivit en 1844 le duc de Montpensier en Espagne. — On cite principalement de cet artiste : le *Duc d'Aumale pendant la campagne du Teniah*, le *Colonel Daumas recevant la soumission de Mahi-ed-Din en 1835, Attelage à la Daumont*, la *Bataille de Marengo*, le *Combat de l'Affroun*, les *Zouaves*, le *Camp de Châlons; Exercices militaires*; la *Rentrée à Paris de l'armée d'Italie*, le 12 août 1859, pour les galeries de Versailles (1841-1861); le *Printemps; Voyage de l'empereur à Alger*; l'*Automne (1863); Fantasia (1864); Chevaux de halage, Cavalier arabe (1865);* le *Grand chérif Hadj-Ali-ben-Brahim (1866); El Halib (1868);* le *Retour d'une colonne après une razzia (1869); Cheval de Gaada (1870); Campagne d'Algérie de 1840 (1872);* la *Revue du 29 juin 1871 (1873)*, commandé par le ministre de l'instruction publique et des beaux-arts; *Convocation d'un goum par le caïd (1874): Sur la route : chevaux de poste ; Entrée de l'écurie : chevaux de poste; Obstacle : chevaux de chasse (1875);* le *Chérif, souvenir de Mostaganem* (province d'Oran); la *Retraite, Cavaliers réguliers d'Abd-el-Kader (1876); Artillerie en marche (1878)*, etc. — M. Ginain a obtenu une médaille de 3e classe en 1857, un rappel en 1861 et une médaille de 2e classe en 1863, il a été décoré de la Légion d'honneur en 1878.

GINOUX DE FERMON (comte), César Auguste, homme politique français, petit-fils d'un ministre de Napoléon Ier, est né à Paris le 20 avril 1828. Ancien auditeur au Conseil d'Etat, il fut élu représentant de la Loire-Inférieure le 8 février 1871 et député de Châteaubriant au scrutin de ballottage du 5 mars 1876. Il siégea dans les deux chambres au groupe de l'Appel au peuple. Réélu le 14 octobre 1877 et le 21 août 1881 par le même collège, il figure en tête de la liste monarchique élue dans la Loire-Inférieure le 4 octobre 1885.

GIORZA, Paolo, compositeur italien, né à Milan en 1832, reçut les premiers éléments de son art de son père, célèbre baryton et miniaturiste de talent, lequel, devenu organiste à Desio, et atteint de paralysie, s'adjoignit son fils, qui fut chargé de toucher l'orgue pour lui. Mais Paolo n'était pas destiné à remplir cette mission, pour laquelle il n'avait aucun goût; sa destinée était d'écrire la musique d'une quantité innombrable de ballets qui ont rendu son nom célèbre dans son pays. Il voulut aussi tenter la fortune dans l'opéra, mais son *Corrado, o Console Lombardo* éprouva une chute si lourde que l'auteur en revint promptement et sagement à ses ballets. En février 1864, M. Giorza faisait représenter à Paris, sur la scène de l'Opéra, un ballet écrit expressément pour la circonstance : *la Maschera*, qui fut loin d'avoir le succès que sa réputation faisait espérer. Peut-être est-ce la raison pour laquelle la tentative ne fut pas renouvelée. — Quant aux ouvrages qui l'ont rendu célèbre de l'autre côté des Alpes, nous citerons : *Un Fallo, o il Fornaretto* et *i Bianchi ed i Negri (1853); il Giucatore (1854); Shakespeare, ossia il Sogno di una notte d'estate (1855); il Conte di Monte-Cristo (1857); Rodolfo (1858); il Pontoniere* et *Cleopatra (1859); Giorgio Reeves (1860); il Vampiro, la Contessa d'Egmont (1861)*, à la Scala, de Milan; *un' Avventure di Carnevale à Parigi (1863)*, au Carlo Felice, de Gênes; *Farfaletta (1863)*, à Londres; la *Maschera ou les Nuits de Venise (1864)*, à Paris; *Leonilda (1865); Fiammella*, avec M. Meiners et *Emma*, avec M. Bernardi (1866), à la Scala, de Milan; et plus récemment : *la Capanna del zio Tom*, à la Pergola, de Florence: *Folgore, o l'anello infernale, Nostradamus, la Silfide a Pechino*, avec MM. Madoglio et Sarti; *il Biricchino di Parigi, un Ballo Nuovo, Carlo il Guastatore, i Palleschi ed i Piagnoni, uno Spirito maligno, il Sogno dell' esule, il Genio Anarack; Jola Badœr, Zagranella, Funerali e Danze, l'Ultimo Abenceragio, la Giocoliera, Gazelda, Don Cesare di Bazan, Cherubina o la Rosa del Posilippo, Salammbo, la Vendetta, Pedrilla*, etc. En dehors de ses ballets, M. P. Giorza a publié un assez grand nombre de morceaux de musique de danse, principalement sous forme d'albums : *Alle Dame milanesi, Pierrot o la Settimana grassa a Milano; Maschere italiane; Petit Bouquet; Quattro Salti, Alle Dame fiorentine, l'Album di Rigoletto*, etc. On lui doit aussi quelques compositions légères pour le piano, des mélodies vocales et divers morceaux de musique religieuse. Au début de la guerre de 1866, M. Giorza écrivit la musique d'un hymne guerrier dont les paroles étaient de M. Plantuli, secrétaire du général Garibaldi. C'est du reste sur l'invitation de l'illustre patriote, qui l'en remercia par une lettre de félicitations peut-être un peu hyperboliques, si l'on considère que l'hymne en question est parfaitement oublié aujourd'hui, que M. P. Giorza avait écrit ce morceau.

GIRARD, Jules Augustin, littérateur français, né à Paris le 24 février 1825, fit ses études au collège Louis-le-Grand et fut admis à l'Ecole normale supérieure en 1844. Agrégé des lettres en 1847, il fut envoyé comme professeur de rhétorique au collège de Vendôme et entra l'année suivante comme élève à l'Ecole française d'Athènes, d'où il était de retour à Paris en 1851. Il fut nommé aussitôt professeur de rhétorique au lycée de Lille, passa en la même qualité au lycée de Montpellier en 1853 et, ayant pris le grade de docteur ès lettres, fut chargé de la conférence de littérature grecque (2e et 3e années) à l'Ecole normale en 1854, dont il devint titulaire trois ans plus tard. En 1868, il fut chargé d'un cours complémentaire de littérature grecque à la faculté des lettres de Paris et nommé en 1869 suppléant de Patin à la chaire de poésie latine. Il y occupe aujourd'hui, depuis 1874, la chaire de poésie grecque. — Chevalier de la Légion d'honneur depuis 1863, et aussi décoré de l'ordre du Sauveur de Grèce, M. J. Girard a été élu membre de l'Académie des inscriptions et belles-lettres le 29 mai 1873. Il a été promu officier de la Légion d'honneur le 18 janvier 1881. — M. Girard a publié : *Mémoire sur l'île d'Eubée*, inséré dans les *Archives des missions scientifiques et littéraires (1852);* ses thèses de doctorat : *Des caractères de l'atticisme dans l'éloquence de Lysias* et *De Megarentium ingenio et moribus (1854); Thucydide (1860)*, couronné par l'Académie française; *Hypéride, sa vie et ses écrits (1861);* un *Procès en corruption chez les Athéniens (1862);* le *Sentiment religieux en Grèce, d'Homère à Eschyle (1868)*, couronné par l'Académie française; *Etude sur l'éloquence attique; Lysias, Hypéride, Démosthène (1875)*, etc.

GIRARDIN, Marie Alfred Jules, littérateur français, né à Loches le 4 janvier 1832, fit ses études à Châteauroux et à Paris. Elève de l'Ecole normale supérieure, il se fit agréger pour les classes de grammaire et celles des lettres, et alla professer dans divers lycées de province; il est attaché actuellement au lycée de Versailles. M. J. Girardin a collaboré à la *Revue européenne*, à la *Mosaïque*, au *Magasin pittoresque*, à la *Revue des Deux-Mondes*, et est un des collaborateurs habituels du *Journal de la jeunesse*, auquel il donne principalement des nouvelles d'un style aimable et gracieux et d'une portée morale évidente. — On cite de cet écrivain : les *Braves gens*, couronné par l'Académie (1874); *Nous autres (1875);* la *Toute petite, Fausse route (1876);* l'*Oncle Placide (1877);* le *Neveu de l'oncle Placide* (1878-79, 3 vol.); *Petits contes alsaciens, Un peu partout*, les *Gens de bonne volonté, Chacun son idée*, la *Disparition du grand Krause*, etc. Il a traduit de l'anglais, *Pascarel*, roman de Ouida (miss De la Raméo), *Tom Brown à l'école* et la *Terre de servitude*, de H. M. Stanley; de l'allemand, *Mycènes*, du docteur Schliemann; du russe, des contes, etc. — M. J. Girardin est chevalier de la Légion d'honneur depuis 1877.

GIRAUD, Sébastien Charles, peintre français, élève de son frère, est né à Paris le 18 janvier 1819. Il suivit, à partir de 1835, les cours de l'Ecole des Beaux-Arts et se livra à la peinture de genre. De 1843 à 1847, il fit un voyage aux îles Haïti et en Amérique, et accompagna le prince Napoléon dans le Nord en 1856. M. Charles Giraud a été nommé chevalier de la Légion d'honneur à son retour d'Amérique en 1847. — On cite principalement de cet artiste : *Scène d'atelier (1850); Souvenir d'Haïti (1853);* la *Fin de la guerre d'Haïti*, la *Salle à manger de la princesse Mathilde (1855);* la *Pêche aux phoques (1857);* le *Salon de la princesse Mathilde*, le *Cabinet de M. de Nieuwerkerke (1859);* un *Intérieur au XVe siècle, Vue de Tinyvalla (Islande)* et deux autres *Intérieurs (1861); Retour du chasseur, Intérieur d'une chambre au XVe siècle (1862); Intérieur d'une serre, Cabaret en Bretagne (1865); Musée Napoléon III au Louvre, Intérieur d'un salon (1866); Galerie des armes au musée de Cluny*, la *Salle des Preuses au château de Pierrefonds (1868); Jeu de boules à Pont-Aven (1869); Retour de la pêche (1870); Fileuses en Bretagne (1873);* le *Débarcadère de Brientz, en Suisse (1874);* l'*Adieu (1875); Intérieur flamand (1876);* la *Cueillette des pommes (1877);* un *Dimanche en Bretagne (1878); Intérieur au XVe siècle (1883); Intérieur d'atelier (1885)*, etc.

GIRAUD, Etienne Henri, homme politique français, président honoraire du tribunal civil de Niort, ancien maire de cette ville en 1848, démissionnaire après le 2 décembre 1851, est né à Montreuil (Vendée) le 2 septembre 1814. Aux élections du 20 février 1876, M. Giraud, candidat républicain dans l'arrondissement de Melle (Deux-Sèvres), échoua contre M. Aymé de la Chevrelière, membre de la droite de la précédente assemblée; mais l'élection ayant été annulée, il fut élu, le 21 mai suivant, et prit place au centre gauche. Réélu contre le même adversaire le 14 octobre 1877, puis le 21 août 1881. M. Henri Giraud a pris, dans cette dernière législature, la parole contre le projet de loi de M. Naquet sur le rétablissement du divorce. Il a aussi voté contre le scrutin de liste. Il n'en a pas moins été élu député des Deux-Sèvres par ce même scrutin de liste, au scrutin du 18 octobre 1885. M. Henri Giraud n'a pas pris part au vote sur l'expulsion des princes, étant absent par congé. — Il est président de la Société d'agriculture des Deux-Sèvres et chevalier de la Légion d'honneur.

GIRAULT, Jean, homme politique français, né au Moulin-des-Forges, près de Saint-Amand (Cher) le 11 octobre 1825. Associé de bonne heure aux travaux de son père, meunier du Moulin-des-Forges, il avait en fait la direction de cet établissement dès l'âge de quinze ans Très populaire dans son pays, grâce à son esprit libéral, il fut, en 1848, l'un des organisateurs du comité démocratique de Saint-Amand, et délégué par la garde nationale du canton pour assister à la fête de la Constitution, à Paris. Il protesta contre le coup d'Etat de décembre 1851, tout en employant son influence à calmer les esprits, à Saint-Amand, émus par les nouvelles venues de Paris et bientôt irrités au dernier point par le meurtre gratuit d'un citoyen, accompli froidement par le commissaire de police de cette ville. Il se livra ensuite tout entier à son industrie, délaissant volontiers la politique. En 1867, M. Girault se retirait des affaires avec une petite fortune noblement acquise. Jeune encore, il résolut de consacrer ses loisirs, dans la mesure de ses moyens, aux affaires publiques. Aux élections générales de 1869, il se présenta dans la 2e circonscription du Cher contre M. Massé, candidat officiel, et fut élu au second tour. Le Corps législatif, lors de la vérification des pouvoirs, invalida l'élection par un vote de surprise, sans discussion, sans qu'on s'en doutât presque, sans que M. Girault, qui était présent à la séance et, comme de raison, fort tranquille au milieu du calme qui l'entourait, se doutât qu'on méditait son exécution et quittât son banc, en conséquence, pour défendre une élection qui n'était pas combattue. Un violent tumulte s'éleva pour répondre à cet acte inouï; l'élection de la 2e circonscription du Cher fut remise, ou plutôt mise en discussion, et M. Girault monta à la tribune pour la défendre, sans aucun embarras, avec une grande simplicité de langage et un accent de terroir exempt de tout maladroit effort de dissimulation et plein de la plus incontestable franchise, le *meunier du Cher* gagna aisément sa cause et put aller, triomphant et chaudement félicité, reprendre la place qu'il s'était choisie sur les bancs de l'extrême gauche. M. Girault fut l'un des membres les plus actifs de l'opposition pendant la dernière législature impériale. Il se fit également entendre dans diverses réunions publiques et devint très populaire à Paris, où il n'eût tenu qu'à lui de l'être davantage. Si les choses eussent tourné autrement et qu'il eût bien voulu donner son adhésion à ce projet, nous savons, en effet, qu'il était fort question dans les groupes démocratiques avancés d'offrir à M. Girault une candidature à Paris à la première occasion. Au Corps législatif, il protesta contre l'arrestation de Rochefort et fut un de ceux qui s'élevèrent le plus énergiquement contre la guerre; il avait donné à ses électeurs le conseil de voter non au plébiscite de 1870, et avait également pris part, avec une certaine autorité, à la discussion relative aux traités de commerce. Le 4 septembre 1870, lors des premières tentatives d'invasion de la salle des délibérations, il réussit à maintenir le président à son fauteuil et obtint même un moment l'évacuation de la salle. Le lendemain, il acceptait de Gambetta la mission d'organiser la défense dans son département, mais il donnait sa démission huit jours après, en présence de la mauvaise volonté qu'il avait rencontrée et contre laquelle il lui était impossible de lutter. Conseiller général du Cher pour le canton de Saint-Amand, il fut réélu avec une grande majorité le 8 octobre 1871. Mais, après avoir échoué aux élections du 8 février précédent pour l'Assemblée nationale, il échouait de nouveau aux élections complémentaires du 2 juillet suivant, quoique avec une importante

minorité : c'est là, d'ailleurs, une des surprises assez ordinaires du scrutin de liste. Le 20 février 1876, M. Girault était élu député du Cher, au premier tour, pour la première circonscription de l'arrondissement de Saint-Amand, par 6,884 voix, contre 4.186 obtenues par le candidat bonapartiste, baron Corvisart et 2,001 par le candidat « conservateur », M. de Bonnault. Il reprit sa place à l'extrême gauche et vota l'amnistie pleine et entière. Réélu le 14 octobre 1877 et le 21 août 1881, il se présenta à l'élection pour le renouvellement triennal du Sénat, le 25 janvier 1885 ; il fut élu le premier, et seul au premier tour. M. Girault, sénateur radical du Cher, a voté le projet de loi sur l'expulsion des princes. — Il a publié quelques articles ou *Lettres* à ses électeurs dans divers journaux de Paris, notamment dans la *Tribune* (1876).

GIRDLESTONE, Edward, ecclésiastique anglais promoteur de l'Union des travailleurs agricoles, est né à Londres le 6 septembre 1805. Il fit ses études à l'université d'Oxford, y prit le grade de maître ès arts en 1829 et devint vicaire de Deane, dans le comté de Lancastre, en 1830. Après divers changements, le Rév. Edward Girdlestone était nommé en 1872 au « vicarage » d'Olveston, près de Bristol. Depuis 1867, il n'a pas cessé de défendre publiquement, et avec insistance, la cause de l'ouvrier des champs. A une assemblée de l'Association britannique, tenue à Norwich en 1868, ce fut lui qui, le premier, suggéra l'idée d'une Union des travailleurs agricoles. A partir de ce moment, à Londres, à Exeter, à Bristol, à Bath, etc., aux *meetings* de l'Association britannique, au congrès de la Science sociale, au congrès ecclésiastique, il ne cessa de faire des conférences ou de prononcer des discours en faveur de la réalisation de cette idée féconde. Il alla plus loin : il fit émigrer non moins de 600 familles d'agriculteurs des districts de l'ouest, où ils étaient payés d'une façon dérisoire, aux districts du nord où la main d'œuvre était beaucoup mieux rétribuée. C'est donc avec raison qu'on peut dire que M. Girdlestone a donné la première impulsion à ce grand mouvement, devenu général par la suite, et qui a fait de l'amélioration du sort des ouvriers agricoles de la Grande-Bretagne, dont nul ne s'était inquiété jusque-là, du moins à ce point, une des questions les plus importantes du problème social et à la solution de laquelle les esprits les plus rebelles doivent accorder l'attention qu'elle mérite. — Le Rév. Edward Girdlestone a publié un volume de sermons sous ce titre : *Reflected Truth*, et diverses brochures de circonstance, principalement sur la question des ouvriers agricoles.

GIRERD, Cyprien Jean Jacques Marie Frédéric, avocat et homme politique français, né à Nevers le 1er mai 1832, est fils d'un ancien représentant du peuple. Après avoir terminé son droit, il se fit inscrire au barreau de sa ville natale où il prit bientôt une place distinguée, et devint bâtonnier de l'ordre. Adversaire déclaré de l'empire, il fonda pour mieux le combattre un journal démocratique, l'*Indépendant du Centre*, qui fut mainte fois l'objet des rigueurs administratives. Nommé préfet de la Nièvre après le 4 Septembre, son attitude relativement indépendante, dictée d'ailleurs par un patriotisme ardent et sincère, le fit révoquer le 11 janvier 1871. Elu le 8 février suivant représentant de la Nièvre, le troisième sur sept, M. Cyprien Girerd siégea à gauche et prit part à plusieurs discussions importantes. Ayant, peu de temps après l'élection de M. de Bourgoing, trouvé dans un wagon certain document compromettant pour le parti bonapartiste, il donna lecture à l'Assemblée de ce fameux document, coté L. B. 17, et le publia dans la *République* de Nevers. Ce fut le point de départ de l'enquête contre les menées bonapartistes et le « comité central de l'Appel au peuple », lequel, suivant M. Rouher, n'était autre chose qu'un simple *comité de comptabilité*, qui donna lieu à la déposition mémorable du préfet de police d'alors, M. Léon Renault, et au non moins mémorable rapport de M. Savary. L'affaire fit beaucoup de bruit, en somme ; mais ce fut à peu près tout. Aux élections sénatoriales du 30 janvier 1876, M. Girerd échoua avec une minorité importante. Il fut élu, le 20 février suivant, député de la 1re circonscription de Nevers, contre deux concurrents, l'un « conservateur », l'autre bonapartiste. M. Cyprien Girerd a fait partie des commissions du budget pour 1877 et 1878. Réélu le 14 octobre 1877, il fit partie du cabinet Dufaure comme sous-secrétaire d'Etat au ministère de l'agriculture et du commerce, et eut une grande part à l'organisation de l'Exposition de 1878. Il n'en échoua pas moins aux élections d'août 1881.

GIROT-POUZOL, François Jean Amédée, homme politique français, né au Broc (Puy-de-Dôme) le 18 avril 1832, est fils d'un ancien représentant du peuple et petit-fils d'un conventionnel. M. Amédée Girot-Pouzol débuta dans la vie politique à l'occasion de la mort de M. de Morny, qui laissait vacant le siège de député de la 2e circonscription du Puy-de-Dôme au Corps législatif ; il se présenta, comme candidat indépendant, aux élections de juin 1865, et fut élu contre le candidat officiel. Il vota avec la gauche. Aux élections générales de 1869, combattu avec la dernière énergie par l'administration, il échouait, quoique avec une importante minorité. Nommé préfet du Puy-de-Dôme le 5 septembre 1870, M. Girot-Pouzol donnait sa démission le 6 février 1871, et se portait candidat à l'Assemblée nationale, aux élections du 8. Elu, le troisième sur onze, par 75,000 suffrages, il donnait sa démission le 4 mars, déclarant ne pouvoir se résoudre à voter le traité de paix présenté la veille à l'Assemblée, tout en reconnaissant que la grande majorité de ses électeurs serait sur ce point d'un avis différent. Il se représenta à une élection partielle du 12 octobre 1873, fut élu sans concurrent, et prit place sur les bancs de la gauche républicaine avec laquelle il a constamment voté. Aux élections du 20 février 1876, M. Girot-Pouzol était réélu député du Puy-de-Dôme pour l'arrondissement d'Issoire, contre M. O. Burin-Desroziers, son concurrent heureux de 1869. Réélu le 14 octobre 1877 et le 21 août 1881, il était élu sénateur du Puy-de-Dôme à une élection partielle, en 1885. M. Girot-Pouzol a voté contre l'expulsion des princes.

GLADSTONE, William Ewart, homme d'Etat anglais, quatrième fils de feu sir John Gladstone, baronnet, de Fasque, dans le comté de Kincardine (Ecosse), riche négociant de Liverpool, est né le 29 décembre 1809. Il fit ses études à Eton, puis à l'Eglise du Christ à Oxford, où il prit ses grades en 1831. Il fit alors un voyage sur le continent, et à son retour, aux élections générales de décembre 1832, il fut élu, comme candidat conservateur, représentant de Newark à la Chambre des communes. Il entrait au parlement au moment où la lutte des partis avait atteint sa période aiguë ; l'année suivante, il se faisait admettre au barreau, que ses succès politiques devaient lui faire abandonner au bout de six ans. Son origine, ses succès universitaires, son habitude des affaires, son caractère élevé le firent promptement remarquer de sir Robert Peel qui, en décembre 1834, le nommait lord adjoint de la Trésorerie et, en février 1835, sous-secrétaire aux affaires coloniales. M. Gladstone suivait, au mois d'avril suivant, son chef ministériel dans la retraite, et restait dans l'opposition jusqu'au retour aux affaires de sir Robert Peel, en septembre 1841. Dans cette administration, M. Gladstone accepta les doubles fonctions de vice-président du Bureau de commerce et de directeur de la Monnaie, et entra au conseil privé. Dans sa nouvelle position, il eut à expliquer et à défendre dans la Chambre basse la politique commerciale du gouvernement et, fils de marchand, on comprend combien ses connaissances pratiques lui facilitèrent sa tâche. La revision du tarif, en 1842, fut presque exclusivement son œuvre, œuvre considérée comme si parfaite de tout point, que les deux chambres l'approuvèrent à peu près sans discussion. En 1843, M. Gladstone remplaça le comte de Ripon comme président du Bureau du commerce. Mais il donna sa démission au commencement de 1845. En janvier 1846, sir Robert Peel ayant annoncé qu'il proposerait une modification aux lois sur les céréales, M. Gladstone, qui avait remplacé lord Stanley (depuis lord Derby, père du lord Derby actuel) au poste de secrétaire d'Etat pour les colonies, adhérait aux projets de sir Robert Peel ; mais, comme il devait sa position, c'est-à-dire son entrée au parlement, au patronage du duc de Newcastle, qui était d'un avis contraire, il ne voulut pas avoir à combattre celui à qui il devait le siège qu'il occupait à la Chambre des communes, et, ayant résigné ce siège, il se trouva quelque temps éloigné du parlement. Ce fut pour peu de temps, après tout, car aux élections générales d'août 1847, il fut, avec sir Robert Harry Inglis, élu par l'université d'Oxford. Pendant la législature de 1847-52, de graves questions furent agitées au sein du parlement, parmi lesquelles celles de la réforme de l'Université et de l'admission des israélites au parlement. Ses sympathies premières attachaient évidemment M. Gladstone à la Haute-Eglise et au parti tory ; il sentait toutefois que, sur ces deux points spéciaux, les exigences des temps réclamaient au moins d'importantes concessions et, en conséquence, après s'être mainte fois trouvé en désaccord avec ses anciens amis, il se séparait du « grand parti conservateur » (c'est également le terme usuel en Angleterre), en février 1851. Aux élections générales de juillet suivant, M. Gladstone fut réélu par l'université d'Oxford, malgré la plus vive opposition. A la formation du cabinet Aberdeen, désigné sous le nom de « ministère de coalition », en décembre 1852, M. Gladstone fut nommé chancelier de l'Echiquier, poste dans lequel il trouva de nouveau l'emploi de ses connaissances spéciales, developpées encore par une expérience déjà longue, et fut d'un grand secours au ministère. Après la retraite du cabinet Aberdeen, ou plutôt sa reconstitution sous la direction de lord Palmerston, au commencement de 1855, M. Gladstone conserva d'abord le même poste ; mais il se retira au bout de quelques semaines, le ministère, pris collectivement, ne se montrant pas disposé à s'opposer au vote de censure qu'impliquait la proposition de M. Roebuck de nommer une commission d'enquête relative à la condition de l'armée britannique devant Sébastopol et aux causes de ses souffrances. Pendant un certain temps, M. Gladstone resta sans position officielle, appuyant toutefois officieusement le cabinet. Dans l'hiver de 1858-59, il accepta, dans la seconde administration de lord Derby, une mission spéciale aux îles Ioniennes, pour résoudre certaines difficultés survenues dans l'administration de cette possession ; en juin 1859, il reprit les fonctions de chancelier de l'Echiquier, dans le nouveau cabinet de lord Palmerston. C'est alors qu'entre autres mesures excellentes, il provoqua le rappel de l'impôt sur le papier, et fut l'un des promoteurs des négociations dont Cobden eut la direction et qui eurent pour résultat le traité de commerce entre la France et l'Angleterre. Quoiqu'opposé en principe à l'intervention de l'Etat dans la question de la réforme universitaire, il prêta de temps en temps un concours utile au gouvernement, en appuyant les propositions des commissaires de l'université d'Oxford, dont il était le représentant au parlement, et grâce à son influence personnelle et officielle sur les autorités de cette université.

Homme d'Etat éminent, M. Gladstone s'est acquis en outre une célébrité de bon aloi comme écrivain. Son premier ouvrage fut un traité intitulé : l'*Etat dans ses rapports avec l'Eglise*, publié en 1838 (4e édition, augmentée, 1841), suivi, en 1841, des *Principes de l'Eglise considérés dans leurs résultats*. Ces deux ouvrages sont dédiés à l'université d'Oxford, comme les premiers fruits, d'ailleurs reconnaissables, de l'enseignement et de l'éducation que l'auteur y avait reçus. Aussitôt après leur apparition, ils furent l'objet d'un long examen dans la *Revue d'Edimbourg*, de la part de lord Macaulay. Ses *Observations sur la législation commerciale récente*, publiées en 1845, à la veille d'un changement important dans le système commercial, avaient été conçues dans le but de préparer à une modification du système restrictif des lois sur les céréales, et contiennent une explication sommaire, très lucide, des bienfaits résultant du tarif de 1842. Dans un voyage qu'il fit à Naples en 1850, il apprit qu'un grand nombre de citoyens honorables de cette ville, qui avaient fait partie de l'opposition à la Chambre des députés, avaient été exilés ou emprisonnés par Ferdinand II, et avait entendu affirmer que plus de 20,000 personnes gémissaient dans les prisons du royaume de Naples comme simplement soupçonnées de « dissentiment politique ». S'étant assuré de la vérité des faits, M. Gladstone écrivit au comte d'Aberdeen pour obtenir qu'il intervint en faveur de ces malheureux. Mais les remontrances du noble lord n'ayant eu aucun résultat, M. Gladstone publia une *Lettre* indignée sur les persécutions de Naples, qui fut aussitôt (1851) traduite dans toutes les langues de l'Europe. Elle fut envoyée par Lord Palmerston aux ambassadeurs et aux ministres de la Grande-Bretagne sur le continent, avec ordre d'en faire remettre des exemplaires aux cours près desquelles ils étaient accrédités. En 1858, M. Gladstone publia un ouvrage considérable sur Homère : *Studies on Homer and the Homeric Age* (3 vol.). — Il avait traduit, en outre, de l'italien, l'*Histoire des Etats romains*, de Farini (1851-52, 3 vol.).

Au mois de juillet 1861, les électeurs libéraux de la circonscription sud du comté de Lancastre offrirent la candidature à M. Gladstone. Le succès était certain ; mais M. Gladstone ne voulut pas abandonner ses anciens commettants, et refusa l'offre. Aux élections générales de 1865, ce furent pourtant ceux-ci qui abandonnèrent leur ancien et fidèle mandataire, et M. Gladstone accepta alors, quoique tardivement, les propositions des électeurs du South-Lancashire, qui le renvoyèrent à la Chambre. Après la mort de lord Palmerston (18 octobre), il conserva les fonctions de chancelier de l'Echiquier dans la seconde administration de lord John Russell. Dans la discussion du *bill* de réforme électorale, au commencement de la session de 1866, une motion contre le gouvernement ayant été votée (18 juin) à une majorité de onze voix, M. Gladstone et ses collègues donnèrent leur démission. La division qui s'était produite dans les rangs des libéraux l'avait empêché de vaincre M. Disraeli, son heureux adversaire, auteur du bill de Réforme, auquel il était vivement opposé. Dans la première partie de la session de 1868, M. Gladstone, devenu chef de l'opposition, présenta et fit accepter par la Chambre des communes une serie de résolutions ayant pour objet l'abolition de l'Eglise établie d'Irlande, dont la proposition fut formulée dans un bill spécial, lequel fut adopté en seconde lecture par la Chambre des communes, le 22 mai 1868, par 312 voix contre 258, mais fut rejeté peu après par la Chambre des lords, à une majorité de 95 voix. Cette question de la suppression de l'Eglise privilégiée d'Irlande passionnait au dernier point les esprits et était particulièrement propre (comme aujourd'hui la question du *home rule*) à diviser les partis, car, de même que bien des conservateurs ou *tories* y étaient favorables, un plus grand nombre encore de libéraux y étaient opposés. Le résultat de cette campagne fut, pour M. Gladstone, qu'après une lutte acharnée, il échoua dans le South-Lancashire, aux élections générales de 1868 ; mais un autre collège, Greenwich, avait adopté spontanément sa candidature, et lorsqu'il fut démontré que le scrutin lui était défavorable dans le comté de Lancastre, il y avait déjà plusieurs jours qu'il était devenu le représentant de Greenwich. Au mois de décembre suivant, le cabinet Derby-Disraeli ayant été forcé de se retirer, M. Gladstone fut appelé à former un ministère libéral. Il choisit le portefeuille de premier lord de la Trésorerie, et appela aux affaires, entre autres, le célèbre agitateur réformiste, M. Bright (Voyez ce nom). Les principaux actes de son administration furent : l'adoption de la loi portant abolition de l'Eglise d'Irlande, que la Chambre Haute n'avait votée d'abord qu'avec certains amendements, pour ne pas se dédire tout à fait, mais que, mise au pied du mur, elle se décida à adopter telle quelle (1869) ; de la loi sur la possession des terres en Irlande et de celle sur l'éducation élémentaire (1870) ; de l'abolition de l'achat des grades dans l'armée, obtenue par décret royal après rejet par la Chambre des lords, et la négociation du traité de Washington, sur les réclamations relatives à l'Alabama (1871) ; l'adoption de la loi sur le scrutin secret (1872) ; l'adoption de la loi de judicature (1873). La plus importante mesure proposée par le gouvernement dans la session de 1873 fut celle relative à l'éducation universitaire en Irlande, qui fut vivement combattue par les représentants catholiques irlandais, lesquels votant dans cette occasion avec les conservateurs, c'est-à-dire contre la proposition, le firent rejeter par 287 voix contre 284 (11 mars). Après cet échec, M. Gladstone envoya sa démission à la reine, qui fit appeler M. Disraeli. Mais M. Disraeli, n'étant pas prêt, déclina l'invitation de constituer un cabinet. En conséquence, M. Gladstone reprit, quoique avec répugnance, la direction des affaires (16 mars). Au mois d'août suivant, aussitôt après la clôture de la session, le cabinet fut considérablement modifié et M. Gladstone y prit le portefeuille de chancelier de l'Echiquier outre celui de premier lord de la Trésorerie. Le 23 janvier 1874, quinze jours avant l'ouverture de la session, on apprit avec quelque surprise que la chambre était dissoute. Dans la circulaire que M. Gladstone adressait ensuite à ses commettants de Greenwich, en vue des nouvelles élections, il promettait l'abolition de l'*income tax* et diverses autres réformes susceptibles de rendre le corps électoral favorable au gouvernement, c'est-à-dire aux candidats du parti libéral. Les élections de février 1874, qui eurent lieu, pour la première fois en Angleterre, au scrutin secret, furent au contraire fatales au cabinet Gladstone. Tout compte fait, elles donnaient 351 conservateurs pour 302 libéraux, encore comprenait-on dans ce dernier chiffre les membres irlandais *home rulers*, en fait indépendants et votant tantôt avec un parti, tantôt avec l'autre. Dès lors, il n'y avait pas à hésiter, et M. Gladstone n'hésita pas : il

donna immédiatement sa démission et Disraeli fut chargé de former un nouveau ministère, mission que, cette fois, il accepta. Dans la session de 1874, M. Gladstone, qui avait été réélu par Greenwich, ne fit que de rares apparitions à la Chambre des communes. Il fit toutefois, vers la clôture, une vive opposition à la loi sur les travaux publics.

Dans l'agitation de la vie politique, M. Gladstone n'a toutefois jamais cessé de consacrer une partie de son temps aux travaux littéraires. Il a publié dans les *Goods Words*, puis à part, sous forme de volume : *Ecce Homo (1868)* et la même année, une brochure sur la question de l'Eglise d'Irlande, intitulée : un *Chapitre d'autobiographie;* puis : *Juventus mundi, ou les dieux et les hommes des temps héroïques (1869)*. En octobre 1874, il donnait à la *Contemporary Review* un article sur le *Ritualisme* qui souleva des discussions animées. Dans cet article, il combattait vivement le Vatican, qu'il accusait de faire appel à une politique de violence et de répudier l'histoire ancienne aussi bien que la pensée moderne. Sommé de s'expliquer par ceux de ses amis qui appartiennent à la foi catholique, il publiait, le 7 novembre suivant, une brochure importante intitulée : *The Vatican Decress in their bearing on civil Allegiance : a political expostulation*, laquelle lui attira de nombreuses réponses de Mgr Capel, du docteur Newman, de l'archevêque Manning et d'autres membres distingués de l'Eglise catholique romaine. M. Gladstone répliqua à son tour par une nouvelle brochure : *Vaticanism, an Answer to replies and reproofs (24 février 1875)*. Il poursuivit ses attaques contre l'Eglise catholique romaine dans un article sur les *Discours de Pie IX* (The Speeches of Pius IX) dans le numéro de la *Quarterly Review* de janvier 1876.

Trois semaines avant l'ouverture du parlement, M. Gladstone, dans une lettre adressée à lord Granville (13 janvier 1875), exprimait sa ferme intention d'abandonner la direction du parti libéral : « à l'âge de soixante-cinq ans, disait-il dans cette lettre, et après quarante-deux ans de vie publique laborieuse, je me crois autorisé à prendre ma retraite. Cette détermination m'est dictée par mes opinions personnelles sur la meilleure manière de passer les dernières années de mon existence ». Après bien des démarches, bien des discussions qui, un moment, amenèrent une rupture entre les radicaux et les libéraux, l'entente finit par se faire sur le nom du marquis de Hartington (Voyez ce nom), qui devint en conséquence le *leader* de l'opposition libérale à la Chambre des communes, tandis que lord Granville la dirigeait à la Chambre des lords. M. Gladstone, en dépit de ces projets de retraite, n'a pas cessé de prendre une part active aux discussions de la Chambre, et même à divers *meetings*, notamment à ceux de la fin de 1876, meetings d'indignation contre la Turquie et les horreurs commises par ses troupes irrégulières sur les Bulgares et les insurgés slaves et, en fin de compte, fort hostiles à la politique extérieure du gouvernement. Mais être opposé à la politique extérieure d'un ministre qui fait mal, n'est pas une preuve qu'on ferait mieux à sa place. — Lors de la guerre franco-prussienne, c'était M. Gladstone qui était premier ministre et lord Granville était chef du Foreign Office. Or le cabinet Gladstone ne s'est aperçu que sa politique extérieure était déplorable que lorsque la Russie, profitant de notre écrasement et de l'isolement volontaire de la Grande-Bretagne, réclama, par la voix du prince Gortchakoff, la revision des traités de 1856 : qu'elle obtint comme de raison, et qui annulait d'un trait de plume les résultats si péniblement acquis de la guerre de Crimée ! L'Angleterre était aussi intéressée que nous au maintien des traités, sinon plus ; mais, pour nous avoir abandonnés à nous-mêmes dans la défaite, quelque fautes que nous eussions commises, elle ne pouvait plus appuyer utilement ses justes prétentions, c'est-à-dire lutter avec la Russie et l'Allemagne coalisées de fait. Les conséquences de cette maladresse indisposèrent une grande partie du pays, et à partir de ce moment, le cabinet Gladstone ne se maintint aux affaires qu'au prix de luttes sans cesse renaissantes. Les élections du 24 février 1874 lui firent enfin comprendre qu'il avait totalement perdu la confiance du pays.

Au sujet des affaires d'Orient et des actes de barbarie commis par les Turcs dans les provinces soulevées, M. Gladstone ne s'est pas borné à protester par la parole contre cet actes, il a publié une brochure sur les *Atrocités bulgares et la question d'Orient*, qui eut immédiatement un tirage de cent mille exemplaires et fut traduite en français, forme sous laquelle elle eut également un grand succès (novembre 1876). A la *Pall Mall Gazette* qui, ne pouvant nier les faits articulés dans cette brochure, prétendit que les Russes ne s'étaient pas conduits d'une manière moins cruelle à l'égard du Turkestan, M. Gladstone répondit par une réfutation en règle, fort lumineuse sans doute, mais peut-être pas aussi exacte qu'elle en a l'air, intitulée : *Lessons in massacre, an Exposition of the conduct of the Porte in and about Bulgaria, since May 1876 (1877)*. Il prit, en fait, la part la plus active au mouvement de réprobation provoqué en Angleterre par les massacres de Bulgarie, et dirigé surtout contre la politique étrangère du parti conservateur, laquelle, en passant par le traité de Berlin, aboutit à la convention anglo-turque d'octobre-novembre 1877. Il fit aussi, à cette époque, une visite à l'Irlande, et reçut en passant le droit de bourgeoisie de la cité de Dublin. Le 15 novembre, il était élu lord recteur de l'université de Glasgow, en remplacement de lord Beaconsfield.

Le 9 mars 1878, M. Gladstone écrivait au président du comité libéral de Greenwich, pour lui annoncer qu'il ne représenterait plus ce collège que jusqu'aux élections générales prochaines. Au cours de l'année suivante, il collabora à la *Quarterly Review* par un article sur le mouvement religieux et publia une collection de pièces fugitives sous ce titre : *Gleanings of Past Years*. Malgré sa prétendue détermination de rentrer dans la vie privée, M. Gladstone s'était laissé gagner par les instances des électeurs libéraux du Midlothian, et après la dissolution de 1880 et une campagne électorale laborieuse à l'excès, avec échange de discours et d'ovations enthousiastes, jusqu'à perte d'haleine, M. Gladstone rentrait à la Chambre des communes où, vérification faite, il se trouva que ces élections avaient choisi 349 libéraux contre 243 conservateurs ; de sorte qu'il fallut bien que l'élu du Midlothian reprît le pouvoir. La reine avait bien envoyé chercher le chef officiel du parti, le marquis de Hartington, mais sur l'avis même de celui-ci, c'est à M. Gladstone qu'elle s'adressa en fin de compte, et M. Gladstone accepta la mission de former un nouveau cabinet, remettant à plus tard la réalisation de sa théorie sur la meilleure manière d'achever sa vie (23 avril) ; il y prit même, comme il avait déjà fait, le double portefeuille de premier lord de la Trésorerie et de chancelier de l'Echiquier ; il résigna toutefois ce dernier en faveur de M. Childers (voy. ce nom) en 1883. Au commencement d'août 1880, celui qu'on commençait à appeler *the Great old Man* (le Grand Vieillard) fut atteint d'une maladie assez sérieuse, dont il se remit toutefois avec l'heureuse hâte de la jeunesse ; une promenade autour des îles Britanniques, sur le yacht d'un ami, acheva la convalescence. Cette administration de M. Gladstone fut signalée par des événements très importants, surtout à l'extérieur où, sans parler de celles de l'Extrême-Orient, il se produisit en Egypte des complications d'une gravité particulière. M. Gladstone avait essayé d'entraîner la France à une action commune contre l'Egypte, dont le succès eût été, certes, plus profitable à son pays qu'au nôtre. Après le vote de notre Chambre des députés, repoussant la demande des crédits indispensables, M. Gladstone venait assurer à la Chambre des communes que rien ne serait entrepris contre l'Egypte qui pût rompre l'entente avec la France (août 1882). Quelques mois plus tard M. Gladstone, qui avait célébré le 11 décembre 1882 le cinquantième anniversaire de son entrée dans la vie parlementaire, venait faire une visite aux hommes d'Etat de la France et à M. Grévy en particulier. Il semble avoir remporté de ce voyage une nouvelle provision de confiance dans l'avenir, fort bien venue dans l'état présent des affaires, des affaires extérieures surtout ; quant aux questions intérieures, son projet de dégrèvement des impôts locaux, après l'avoir conduit deux fois au bord du précipice, provoque enfin sa chute. Le 8 juin 1885, le ministère libéral donne sa démission et est remplacé au pouvoir par un cabinet conservateur présidé par le marquis de Salisbury. A la fin de cette même année, des élections nouvelles avaient lieu, qui donnaient une majorité relative aux libéraux, relative en ceci que les Parnellistes pouvaient déplacer cette majorité ; mais ils votaient assez souvent avec les conservateurs pour que ceux-ci n'en prissent pas grand ombrage. Toutefois, le 1er février 1886, lorsque Sir Michael-Hicks Beach vint annoncer à la Chambre des communes le dépôt prochain d'un *bill* pour la suppression de la Ligue nationale irlandaise, l'affaire fut aussitôt jugée et le cabinet Salisbury, mis en minorité sur la première question venue, dut donner sa démission.

M. Gladstone était donc au pouvoir de nouveau (4 février 1886). Dès la rentrée des chambres, il annonçait son intention de leur présenter un bill sur le gouvernement de l'Irlande et sur le rachat des terres dans ce pays. Ce dépôt était fait le 8 avril, et M. Gladstone défendit ce jour-là et bien des jours ensuite ses deux projets, accueillis, surtout celui relatif à l'autonomie irlandaise, avec une hostilité évidente, même dans les rangs des amis du premier ministre. Dès lors, le gouvernement se divisa, lord Hartington, sir H. James, MM. Goschen, Chamberlain, Trevelyan donnèrent leur démission ; le parti libéral se divisa de même, en *Gladstoniens* et *Unionistes ;* des *meetings* se formèrent dans les deux camps, au dehors ; à la Chambre, douze séances furent employées à la discussion des « bills irlandais » ; et en dépit des atermoiements obtenus par M. Gladstone, de ses concessions même, les bills étaient repoussés, dans la séance de nuit du 7 juin, par 341 voix contre 314. Le Grand Vieillard ne voulut pas se tenir pour battu, et quelques jours plus tard, la Chambre était dissoute ; mais les élections de juin-juillet étaient décidément défavorables aux Gladstoniens et aux *home rulers*, et le ministère donnait sa démission le 21 juillet. — M. Gladstone a publié depuis (août) une brochure substantielle où il examine la question et prédit son sort avec une clairvoyance rare ; à notre sens, mais dans laquelle il s'applique surtout à prouver qu'il n'a nullement, comme on l'en a accusé, « jeté la question du *home rule* dans les jambes de ses amis », sans crier gare, sans qu'ils pussent s'attendre à une pareille algarade ; et s'il n'y réussit pas absolument, ce n'est certes pas sa faute. — M. Gladstone est associé étranger de notre Académie des Sciences morales et politiques.

GLAIZE, Auguste Barthélemy, peintre français, élève d'Achille et d'Eugène Dévéria, est né à Montpellier en 1813. Il débuta au Salon de 1836. — On cite de cet artiste : *Luca Signorelli, Après la guerre, Faust et Marguerite, Pauvre famille, Psyché*, la *Fuite en Egypte*, les *Baigneurs du palais d'Armide, Sainte Elisabeth de Hongrie, Suzanne au bain* (pastel) ; le *Sang de Vénus, Dante écrivant son poème*, la *Mort du Précurseur*, les *Femmes gauloises, Portrait de l'auteur, Portrait de madame Ducos*, le *Pilori*, galerie historique des génies persécutés, que l'auteur a reproduite lui-même en lithographie ; *Ce qu'on voit à vingt ans (1836-1855); Devant la porte d'un changeur*, les *Amours à l'encan (1857); Allocution de l'empereur à la distribution des aigles (1858); Portrait de M. Louis Figuier (1859)* ; la *Pourvoyeuse Misère, Autour de la gamelle*, un *Trou de meulière à la Ferté-sous-Jouarre (1861)*; les *Ecueils (1864)*; un *Esclavage (1865)*; la *Mort et la Volupté (1866); Mort de saint Jean le Précurseur (1868); Insulte au Christ*, une *Facétie de Caligula (1869); Jésus rédempteur, Psyché abandonnée par l'Amour (1870); Spectacle de la folie humaine (1872); Salomé*, la *Mort de Saint Jean, Hérodiade*, tryptique (1873) ; les *Cendres*, une *Allée à Rosebois (1874)*; la *Femme adultère est traînée devant le Christ*, l'*Insecte (1875); Cynique et philanthrope (1876)*: l'*Aveugle et le paralytique (1877)*; la *Force (1878): Deux voisines (1879)*: le *Vote de Gaspard Duchâtel (1883); Autour de la Vérité*, les *Heures de la vie (1884)*. — M. Glaize a obtenu une médaille de 3e classe en 1842, une médaille de 2e classe en 1844, une de 1re classe en 1845, deux de 2e classe en 1848 et 1855. Il a été décoré de Légion d'honneur en 1855.

GLOVER, sir John Hawley, marin et administrateur anglais, né à Cologne, où son père était chapelain anglican, en 1829. Il entra de bonne heure dans la marine, fut promu lieutenant en 1851 et fit en cette qualité la campagne de la Baltique en 1854 ; il fut appelé ensuite au commandement du vapeur l'*Otter*, employé au service spécial de la côte occidentale d'Afrique, en mars 1855, et promu capitaine de frégate *(commander)* en 1862. Il quitta peu après le service de la mer pour entrer dans l'administration coloniale, et devint gouverneur de Lagos, île et port de la côte de Guinée, où il se fit bientôt une grande réputation d'habile administrateur. Sir John H. Glover résigna le poste de gouverneur de Lagos en 1872. L'année suivante, il était nommé commissaire spécial près des chefs indigènes amis des établissements anglais de la Côte-d'Or, avec mission de lever une armée de plusieurs milliers d'hommes destinée à prendre les Ashantis par le flanc droit, en partant du Volta dans la direction du nord-ouest. A la fin de décembre 1873, il franchissait ce fleuve à la tête de 12,000 hommes, marchant vers la rivière Prah. Arrivé à Adoumassie, à vingt milles de Coomassie, le commissaire Glover fit halte, attendant des ordres du commandant en chef de l'expédition. Le 8 février 1874, il apprit la capture de la capitale des Ashantis par le général Wolseley. Il ouvrit alors des communications avec ce dernier, et put, en traversant Coomassie, atteindre la côte sans rencontrer d'opposition. A son retour en Angleterre, le Parlement vota des remerciments à sir John Hawley Glover, qui fut en outre créé grand croix de l'ordre des Saints Michel et George. Nommé gouverneur de Terre-Neuve en 1876, il conserva ce poste jusqu'en juin 1881, et reçut alors le gouvernement des îles Leeward.

GLYN, Isabella, actrice écossaise, née à Edimbourg le 22 mai 1825. Appartenant à une famille presbytérienne de mœurs fort sévères, son goût pour le théâtre fut longtemps contrarié ; mais le hasard l'ayant mise en rapport avec une société d'amateurs qui s'étaient engagés à donner une représentation au théâtre Saint-James de Londres, elle les y suivit et y tint le premier rôle de femme. Elle se rendit ensuite à Paris, prit des leçons de Michelot au Conservatoire et se prépara à la scène française ; puis, de retour dans son pays en 1846, elle aborda définitivement la carrière dramatique anglaise. Charles Kemble l'aida puissamment de ses conseils dans ses études de Shakespeare, et lui obtint une audition au Théâtre-Royal de Manchester le 8 novembre 1847, dans le rôle de Lady Constance, du *Roi Jean*, laquelle lui valut aussitôt un engagement au Théâtre-Olympique de Londres, où elle parut dans le rôle de lady Macbeth. Lors de la retraite de madame Warner du théâtre de Sadler's Wells, miss Glyn fut engagée pour la remplacer et commença en septembre 1848 une série de représentations par le rôle de Volumnia, de *Coriolan*. Elle y fit une impression très favorable qui se trouva confirmée par les divers rôles qu'elle interpréta ensuite, notamment ceux d'Hermione, de *Belvidera*, et surtout celui de la Reine Catherine. Pendant la saison suivante, outre ces rôles, elle joua ceux de Marguerite d'Anjou, de Portia dans le *Marchand de Venise*, d'Isabella dans *Mesure pour mesure*, d'Émilia dans *Othello*, de Cléopâtre dans *Antoine et Cléopâtre* et de Julia dans le *Bossu* (The Hunchback), avec un succès toujours grandissant. Dans la troisième année de son engagement, miss Glyn compléta son triomphe, en jouant *Isabella*, la tragédie de Southern, dont le principal rôle est considéré comme abordable seulement par une grande artiste. Elle joua avec un égal succès Bianca, dans *Fazio* et la duchesse de Malfi, dans le drame du même nom, de Webster, en 1852. Après avoir donné, tant en province que dans la métropole, des lectures publiques de Shakespeare, partout accueillies avec enthousiasme, miss Glyn reparut en 1867 au Théâtre-de-la-Princesse, dans le rôle de Cléopâtre. En 1870, elle partait pour les Etats-Unis, en tournée de lectures. — Mariée en 1853, à Glasgow, à un M. Dallas, son mariage a été dissous en 1874, par la cour des divorces, sur sa propre requête.

GOBATI, Stefano, compositeur italien dont la célébrité soudaine fit naguère beaucoup de bruit dans l'Europe artiste, est né vers 1830, dans un village de la Lombardie. M. Gobati n'avait pas plus de vingt ans lorsqu'il écrivit son premier opéra : *i Goti*, qu'il s'empressa d'aller porter à la Scala de Milan. Mais les *impresarii* italiens ne sont pas plus confiants dans la jeunesse que les directeurs français ; il leur faut une bonne marque, c'est une condition rigoureuse ; et la marque Gobati n'ayant pas encore cours, le jeune compositeur se vit éconduit. Il partit pour Bologne, et fut assez heureux pour rencontrer un directeur ayant précisément besoin d'un ouvrage nouveau et qui n'en avait pas sous la main ; il accepta donc l'ouvrage de ce jeune inconnu, le monta et en fut largement récompensé par un succès inouï, qui répandit aussitôt le nom de M. Gobati non seulement par toute l'Italie, mais jusqu'au quatre coins de l'Europe. Ceci se passait vers la fin de 1873. Lorsque les Bolonais l'eurent assez applaudi pour le moment, l'opéra *i Goti* fut reproduit, avec le même succès sur les principales scènes de l'Italie. Le directeur du Théâtre communal de Bologne commanda aussitôt un nouvel ouvrage à M. Gobati, et ce second ouvrage, dont le sujet est emprunté à

histoire de la domination espagnole à Naples et le titre *Luce*, opéra en cinq actes, fut représenté pour la première fois à Bologne le 25 novembre 1875, avec un succès égal à celui du premier. Depuis lors, le succès a continué de sourire à l'heureux compositeur.

GOBLET, René Marie, homme politique français, né à Aire-sur-la-Lys le 26 novembre 1828, fit son droit à Paris, où il prit les grades de licencié en 1848 et de docteur en 1850, et s'inscrivit au barreau d'Amiens. Il s'y fit bientôt une place importante et était bâtonnier de l'ordre lorsqu'éclata la révolution du 4 Septembre. L'un des membres les plus distingués du parti démocratique et fondateur du *Progrès de la Somme* en 1869, M. René Goblet fut nommé procureur général d'Amiens le 7 septembre 1870. Il se disposait à se porter candidat aux élections complémentaires du 2 juillet 1871, lorsqu'une circulaire ministérielle du 19 juin enjoignit aux magistrats amovibles d'opter entre leur position de magistrat et la candidature à l'Assemblée; il donna donc sa démission, posa sa candidature et fut élu représentant de la Somme à l'Assemblée nationale par 75,503 voix. Il prit place dans les rangs de la gauche républicaine, dont il devint l'un des membres les plus influents. Porté aux élections de février-mars 1876, dans la 2e circonscription d'Amiens, M. René Goblet échouait contre M. le baron de Septenville, candidat bonapartiste, au scrutin de ballottage du 5 mars; mais le 14 octobre 1877, ayant déserté la 2e circonscription pour la première, il était réélu, et entrait comme sous-secrétaire d'Etat au ministère de la justice en février 1879. Réélu par le même collège le 21 août 1881, M. René Goblet acceptait le portefeuille de l'intérieur dans le cabinet Freycinet (du 30 janvier au 29 juillet 1882). Lors de la formation du ministère Henri Brisson, le 6 avril 1885, M. Goblet fut appelé au ministère de l'instruction publique, des beaux-arts et des cultes. Il a conservé ce portefeuille dans le cabinet présidé par M. de Freycinet, qui a succédé à celui-ci le janvier 1886.

GOBRON, Gustave, homme politique français, né à Buzoncy le 15 juin 1846. Avocat du barreau de Paris, puis conseiller à la préfecture des Ardennes, il servit pendant la guerre comme officier d'ordonnance du général Chanzy, son parent, et fut décoré de la Légion d'honneur pour sa conduite dans ces fonctions. Il est capitaine dans l'armée territoriale. Conseiller général des Ardennes depuis 1875, M. G. Gobron était porté aux élections d'octobre 1885 sur la liste républicaine des Ardennes, et fut élu au second tour. Il a voté l'expulsion totale des princes.

GODDARD, miss Arabella, dame Davison, pianiste anglaise, née à Saint-Servan (Ille-et-Vilaine), de parents anglais, en janvier 1836. Elle avait un peu plus de quatre ans lorsqu'elle parut en public, dans un concert de charité, où elle exécuta une fantaisie sur des motifs du *Don Juan* de Mozart, et y eut un tel succès que ses parents l'emmenèrent à Paris, où elle reçut des leçons de Kalkbrenner. De retour à Londres après la révolution de février, M. et Mme Goddard confièrent à Mme Anderson, pianiste de la reine, le soin de continuer l'éducation musicale de leur enfant. Peu après, elle était invitée à jouer au palais de Buckingham, devant la reine et le prince Albert, qui la complimentèrent vivement. Après avoir achevé son éducation musicale sous la direction de Thalberg, elle se produisit, d'une manière sérieuse cette fois, en public dans une matinée donnée par son père à sa propre résidence, le 30 mars 1850, et débuta aux grands Concerts nationaux, en octobre suivant, exécutant une fantaisie intitulée l'*Elisire*, et la *Tarentella* de Thalberg avec un très vif succès. A partir de cette époque, miss Arabella Goddard joua fréquemment dans les concerts des morceaux variés de Thalberg, Prudent et autres. Après avoir joué aux concerts du Théâtre-de-Sa Majesté des œuvres appartenant principalement à l'école romantique moderne, et avoir abordé avec un égal succès les œuvres classiques, elle étudia l'harmonie et la composition avec M. G. A. Macfarren; puis elle visita successivement Paris, Leipzig, Berlin, Vienne, Florence et à peu près toutes les principales villes de France, d'Allemagne et d'Italie, y donnant des concerts. De retour en Angleterre, elle épousait en 1860 M. Davison, le critique musical du *Times*, conservant en public son nom de jeune fille, dès lors célèbre. Miss Goddard a fait ses adieux au public anglais à Saint-James Hall, le 11 février 1873, et peu après elle s'embarquait pour une tournée artistique en Australie et en Amérique. Elle était retour en Angleterre en 1876.

GODESBKI, Cyprien, sculpteur polonais, fils de Xavier Godebski, écrivain polonais réfugié en France en 1852 et petit-fils de Cyprien, le poète-soldat tué à la bataille de Raszyn en 1809, est né à Méry-sur-Cher le 30 octobre 1835, fit ses études à l'école polonaise des Batignolles, où son père était professeur, puis suivit l'atelier de Jouffroy et débuta au Salon de 1857, par le buste en plâtre de l'*Amiral Lassus*. Occupé surtout de l'exécution d'importantes commandes, M. C. Godebski a exposé assez irrégulièrement. On cite parmi ses envois aux divers Salons : la *Pologne*, groupe en plâtre (1864); le *Réveil*, statue en marbre, et *Rossini*, buste en marbre (1866); l'*Enfant au Chevreau*, groupe en marbre (1867); le portrait de *Madame Sophie Godebski*, buste en marbre et celui de *M. G. Maillard*, médaillon en marbre (1868); la *Délivrance*, statue en marbre (1872); *Odium* (la Haine), buste en plâtre galvanisé (1876). *Moujik ivre*, buste en marbre (1878); *Portrait de Vieuxtemps*, buste en marbre (1878); *Portrait du prince Gortchakoff*, buste en marbre et *Portrait du général Microszlawski*, buste en bronze (1883); l'*Ange de la patrie prenant sous sa protection deux orphelins*, bas-relief en plâtre; *Portrait d'Armand Sylvestre*, buste en terre cuite (1884); *Tombeau de Mme Tamberlick*, marbre; *Persuasion*, groupe en bronze (1886). — En dehors de ses expositions, on doit à cet artiste la décoration de l'*Hôtel des Invalides* de Lemberg (Gallicie); les statues en marbre des généraux *Landon* et *Lassy*, pour l'arsenal de Vienne (Autriche); celle du célèbre violoncelliste belge *François Servais*, son beau-frère, érigée sur la place de l'Hôtel de Ville de Hal (Belgique); le monument du compositeur polonais *Moniusko*, pour la cathédrale de Varsovie; le monument commémoratif de la *Guerre de Crimée*, pour la ville de Sébastopol; le monument funèbre de *Théophile Gautier*, au cimetière du Nord, à Paris (1874), etc., etc. — M. Cyprien Godebski est chevalier de l'ordre de Léopold de Belgique. Il est en outre membre de l'Académie de Saint-Pétersbourg.

GODET DE LA RIBOULLERIE, Louis, agriculteur et homme politique français, né dans la Vendée en 1828. Grand propriétaire, président du comice agricole de Fontenay, conseiller général de la Vendée, M. Godet de la Riboullerie fut élu, le 8 février 1871, représentant à l'Assemblée nationale. Il siégea à droite et s'inscrivit à la réunion Saint-Marc Girardin. Il ne s'est représenté aux suffrages des électeurs de la Vendée qu'aux élections d'octobre 1885, et a été élu au premier tour, le quatrième sur sept, la liste monarchiste ayant triomphé tout entière dans ce département.

GODWIN, Parke, littérateur et journaliste américain, né à Paterson, dans le New-Jersey, le 25 février 1816; il fit ses études au collège du Princeton où il prit ses degrés en 1834, fit ensuite son droit, mais, reçu avocat, il se livra à la littérature de préférence à la profession du barreau. Devenu le gendre du poète-journaliste William C. Bryant, mort le 12 juin 1878, il a été depuis 1837, sauf quelques intervalles, l'un des principaux rédacteurs du *New-York Evening Post*, journal de son beau-père. En 1843 et 1844, il dirigea le *Pathfinder*, journal littéraire qui disparut pour cause de faillite de l'éditeur. Il fut l'un des collaborateurs de la *Democratic Review*, le directeur du *Putnam's Magazine* pendant une assez longue période commençant avec les débuts de ce journal, qualité en laquelle il fut attaché au *Putnam's Monthly* réorganisé, pendant tout le cours de son existence (1867-70). M. Parke Godwin a traduit l'*Autobiographie* et le *Wilhelm Meister* de Gœthe; les *Nouvelles*, *Ondine*, *Sintram et ses compagnons* de Zschokke; publié un *Manuel de biographie universelle* (1851), dont une nouvelle édition a été publiée en 1871, sous le titre de *Cyclopædia of Biography*. Citons en outre, parmi ses œuvres originales : *Aperçu populaire des doctrines de Fourier (1844)*; *Constructive Democracy (1851)*; *Vala, histoire mythologique (1848)*; une *Histoire de France* dont un seul volume a paru; deux volumes d'articles de critique et d'érudition littéraire extraits du *Magazine* de Putnam, sous ce titre : *Out of the Past*; *Histoire et organisation du travail (1876)*; *Moisson d'hiver* (Winter Harvest, 1877) et un volume sur le *Dix-neuvième siècle, ses hommes illustres et ses actes* (1880).

GOLDSCHMIDT (madame), Jenny Lind, célèbre cantatrice suédoise, fille d'un professeur de langues de Stockholm, où elle est née le 21 octobre 1821. Douée de dispositions precoces et vraiment extraordinaires pour la musique, elle pouvait, dès l'âge de trois ans, chanter un morceau quelconque qu'elle avait entendu une seule fois. Malheureusement, la situation de ses parents ne leur permettait pas de lui donner les maitres qu'une vocation aussi victorieusement démontrée semblait exiger; mais grâce à l'appui d'une actrice distinguée de Stockholm, Mme Lundberg, qui avait eu l'occasion de l'entendre, elle fut placée sous la direction du célèbre professeur Croelius. Bientôt, sur la recommandation de Croelius et du comte Pücke, directeur du Théâtre-de-la-Cour, qui d'abord n'avait pas voulu entendre parler de cette enfant, mais l'avait admise avec enthousiasme à la première audition, elle entra à l'Académie de musique, où elle ne tarda pas à faire de rapides progrès. Jusqu'à l'âge de douze ans, elle remplit au théâtre de Stockholm, à diverses reprises, des rôles d'enfant; mais à cet âge, sa voix subit la crise ordinaire, et elle dut se borner à l'étude théorique de la musique pendant les quatre années qui suivirent. Au bout de ce temps, une occasion de tenter de nouveau l'épreuve se présenta : on préparait un grand concert à l'Académie de musique, au programme duquel figurait le quatrième acte de *Robert le Diable*, et personne ne voulait se charger du modeste rôle d'Alice. Le directeur de l'Académie, Berg, quoique peu rassuré, le confia à sa jeune pensionnaire. Jenny Lind l'accepta avec reconnaissance, et prouva bientôt que son registre avait recouvré toute sa puissance et toute sa pureté. Elle fut accueillie avec enthousiasme. Elle fut aussitôt engagée au théâtre, et y débuta dans le rôle d'Agathe du Freischutz, avec le plus éclatant succès. Pendant dix-huit mois, elle demeura l'étoile de la scène de Stockholm; cependant elle ne se jugeait pas aussi favorablement que ses auditeurs, et son rêve était de venir à Paris compléter son éducation. N'ayant pas les moyens suffisants pour accomplir son projet, elle entreprit une série de concerts dans les principales villes de la Suède et de la Norwège, qui les lui fournirent bientôt. Arrivée à Paris en 1841, Jenny Lind prit des leçons de Garcia, qui ne l'encouragea guère au début, qui faillit même la décourager, en dépit de tous ses triomphes passés : Garcia jugeait tout simplement qu'il n'y avait rien à faire d'une voix de si peu d'étendue. Heureusement que Meyerbeer était d'un autre avis; grâce à son appui, elle put poursuivre ses études, elle obtint même du directeur de l'Opéra, qui était alors M. Léon Pillet, une audition, puis un début; mais ce début fut pour elle un échec complet. Comment cela put-il se faire? On parla, à l'époque, de la jalousie puissante d'une cantatrice qui, voyant en elle une rivale, fit tout pour l'éloigner de son voisinage (1843). Le fait est que Jenny Lind échoua dans cette occasion, et fut si mortifiée de cet échec qu'elle se jura à elle-même de ne jamais reparaître devant un public français — parole qu'elle a rigoureusement tenue. Meyerbeer n'était pas homme à renoncer à l'opinion qu'il s'était faite de la jeune cantatrice suédoise pour si peu qu'une mésaventure due à une intrigue de coulisses; il lui offrit un engagement magnifique à Berlin. Mais elle refusa, préférant retourner dans sa patrie, où elle fut accueillie avec un fol enthousiasme.

En 1844, Jenny Lind se rendit à Dresde; en 1845, elle chantait dans les fêtes données sur le Rhin à l'occasion de la visite de la reine d'Angleterre, à Berlin; elle passa de Berlin à Francfort, puis à Cologne, puis à Vienne, où elle parut dans la *Fille du Régiment*, la *Norma*, le *Camp de Silésie*, provoquant invariablement l'enthousiasme de ses auditeurs. En mai 1847, elle paraissait pour la première fois à Londres; elle fit son début devant le public anglais dans son premier rôle d'Alice, de *Robert le Diable*, puis parut dans la *Somnambule*, la *Fille du Régiment*, les *Puritains*, etc., accueillie à chaque nouvelle apparition avec un enthousiasme confinant à la frénésie, et comme la scène anglaise n'en avait pas encore eu d'exemple. En 1848, elle chanta pour la première fois dans un oratorio sacré : *L'Elijah*, de Mendelssohn, exécuté à Exeter Hall, au profit d'une fondation de chaires musicales en l'honneur de Mendelssohn. En 1850, elle allait visiter les Etats-Unis, sous les auspices du célèbre M. Barnum (voyez ce nom), avec lequel elle parcourut les principales villes de l'Union. Son engagement avec M. Barnum était de 150 concerts; mais elle le rompit après le quatre-vingt-treizième, en juin 1851, et se maria avec M. Otto Goldschmidt, pianiste et chef d'orchestre très distingué. Mme Goldschmidt abandonna dès lors le théâtre. Elle y reparut cependant, pour quelques soirées seulement, en 1855, en 1861, en 1863 et en 1864, et a participé à bon nombre de concerts de bienfaisance, notamment en 1866, à Cannes. Bienfaisante habituellement, d'ailleurs, elle a beaucoup donné, en tout temps, aux établissements de charité des pays qu'elle a visités. — Il a été un moment question de sa réapparition à Paris dans un concert, au commencement de 1886, mais ce projet, s'il exista jamais sérieusement, ne s'est point réalisé.

GOLDSCHMIDT, Meyer, poète, romancier et journaliste danois, d'origine israélite, né à Vordinborg, dans l'île de Jutland, le 26 octobre 1819; il fit ses études à l'université de Copenhague, au sortir de laquelle il collabora à divers journaux, puis fonda, en 1840, le *Corsaire*, journal hebdomadaire satirique, dans lequel il combattit le gouvernement, alors despotique, de son pays, en dépit des persécutions, qui ne lui manquèrent pas. Traduit devant la Haute Cour en 1843, pour attaques contre le gouvernement, il fut condamné à la prison; mais son opposition ne se refroidit pas pour si peu, et le triomphe final de la politique libérale devait le récompenser des luttes soutenues et des persécutions subies. En 1848, il prit la direction d'un magazine : *Nord et Sud*, dans lequel il s'appliqua surtout à l'éducation du peuple, afin de le préparer à jouir de ses droits avec intelligence, et à combattre cette politique qu'il prévoyait devoir causer fatalement les désastres que le Danemark subit en effet. — On doit à M. Meyer Goldschmith : *Un Juif*, ouvrage d'esthétique morale qui fut traduit en anglais et en allemand; *Sans abri* (Hjembœs), roman également traduit en anglais et en allemand; l'*Héritier*, le *Rocher*, romans; *Histoires d'amour de divers pays*, etc. Il a publié également plusieurs poèmes et des drames, dont deux ont été couronnés par l'Académie de Copenhague.

GOMEZ, Carlos A., compositeur brésilien, né à Campinos le 11 juillet 1839. Il commença dans son pays son éducation musicale, que l'empereur du Brésil l'envoya compléter en Europe. Il se rendit à Milan et étudia sous la direction de M. Lauro Rossi, alors directeur du Conservatoire de cette ville. M. Gomez fit ses débuts de compositeur dramatique à Milan, par la musique d'une revue jouée au petit théâtre Fossati, en janvier 1867 : *Se sa minga!* (On ne sait pas!) Il écrivit aussi vers le même temps une chanson, dite du *Fusil à aiguille*, qui devint rapidement populaire. Il donna en mars 1870, au théâtre de la Scala, un opéra : *il Guarany*, interprété par Mme Marie Sass, MM. Villani, Storti et Maurel. Au même théâtre paraissait, en 1873 : *Fosca*, opéra, qui fut un échec, malgré des qualités réelles; et, en 1874, au théâtre Carlo-Felice, de Gênes : *Salvator Rosa*, opéra en 4 actes qui, après avoir obtenu un grand succès sur ce théâtre, a été applaudi sur plusieurs autres scènes de l'Italie. Enfin, M. Gomez a écrit, pour les fêtes du centenaire de l'Indépendance américaine et de l'Exposition de Philadelphie, en 1876, un grand hymne patriotique intitulé : le *Salut du Brésil*, sur l'invitation expresse de son souverain. Cet hymne a été exécuté dans le palais de l'Exposition.

GOMOT, Pierre Eugène Hippolyte, homme politique français, ancien magistrat, né à Riom le 12 octobre 1838. Avocat du barreau de sa ville natale, M. Gomot entrait dans la magistrature en 1864, comme substitut du procureur impérial à Gannat; transféré à Riom dès 1865, en la même qualité, il y fut maintenu par le gouvernement du 4 Septembre et nommé procureur de la République au même lieu en 1874. Il donna sa démission pour protester contre les violences du 16 mai (1877) et reprit sa place au barreau; mais il reçut dès 1878 la récompense de son attitude, par sa nomination au siège de conseiller à la cour d'appel de Riom. Ses concitoyens l'avaient déjà envoyé siéger au Conseil général du Puy-de-Dôme. Lors de la retraite de M. Rouher, député de la 1re circonscription de Riom, en 1881, M. Gomot se porta dans cette circonscription, comme candidat républicain, et fut élu contre le candidat bonapartiste, avec une majorité des deux tiers. Il s'inscrivit à l'Union républicaine et fit partie de nombreuses commissions, dont beaucoup le choisirent pour rapporteur; il se fit dès lors apprécier non seulement comme orateur, mais comme un député laborieux et capable. Aux élections du 4 octobre 1885,

M. Gomot figurait sur la liste républicaine du Puy-de-Dôme; il fut élu, le deuxième sur neuf, au scrutin de ballottage. Le 9 novembre, un décret du président de la République l'appelait au ministère de l'agriculture en remplacement de M. Hervé Mangon, à qui les élections au scrutin de liste avaient été défavorables et qui avait donné sa démission en conséquence. M. Gomot quittait le pouvoir le 29 décembre suivant, avec tous ses collègues du cabinet Henri Brisson, et reprenait son siège de député. Il a repoussé de son vote les deux propositions d'expulsion des princes. — M. Gomot a collaboré à divers journaux et revues, notamment au *Temps*. Il a donné à la *Revue libérale* une étude sur le peintre Marilhat, et a publié deux volumes d'histoire locale : le *Château de Tournoel* et l'*Abbaye de Mozat*, auxquels on reconnait un véritable mérite.

GONCOURT (de), Edmond Louis Antoine et Jules Alfred Huot, littérateurs français, nés, le premier à Nancy le 22 mai 1822, et le second à Paris le 17 décembre 1830. Bien que ce dernier soit mort depuis seize ans, il nous serait à peine possible de séparer son nom de celui de son frère, tant ces deux noms se trouvent intimement liés dans l'œuvre commune. Fils d'un ancien officier supérieur de cavalerie et petits-fils d'un député à l'Assemblée nationale de 1789, ils se vouèrent de bonne heure à la carrière des lettres, s'occupant de critique d'art, d'études historiques et morales, romans, théâtre, etc., fondant des journaux littéraires tels que l'*Eclair*, *Paris*, la mort seule ayant eu le pouvoir de rompre cette collaboration fraternelle constante et d'ailleurs heureuse. — Nous citerons parmi les œuvres de MM. de Goncourt : *En 185... (1851)*; le *Salon de 1852*; les *Mystères des théâtres*, la *Lorette (1853)*; *Histoire de la Société française pendant la Révolution (1854)*; la *Révolution dans les mœurs*, la *Société française pendant le Directoire*, la *Peinture à l'Exposition universelle de 1855*, les *Actrices*, une *Voiture de masques (1855)*; *Sophie Arnould, d'après sa correspondance et ses mémoires inédits (1857)*; *Portraits intimes du XVIIIe siècle (1857-58*, 2 vol.); *Histoire de Marie-Antoinette (1858)*; les *Saint-Aubin (1859)*; les *Maîtresses de Louis XV (1860*, 2 vol.); l'*Art au XVIIIe siècle (1860-70*, 18 vol.); les *Hommes de lettres (1860)*; *Sœur Philomèle (1861)*; la *Femme au XVIIIe siècle (1862)*; *Renée Mauperin (1864)*; *Germinie Lacerteux (1865)*; *Idées et sensations (1866)*; *Manette Salomon* (*1867*, 2 vol.); *Madame Gervaisais (1868)*; *Gavarni, l'homme et l'artiste*; la *Patrie en danger*, drame non représenté (1873); *Charles Demailly*, nouvelle édition des *Hommes de lettres (1876)*, etc., etc. Ajoutons à cette liste un drame en trois actes, en prose : *Henriette Maréchal*, admis au Théâtre-Français grâce à une haute intervention, et joué en décembre 1865, au milieu d'un tapage infernal, protestation évidente contre les hardiesses de l'œuvre elle-même ou plutôt contre la haute intervention grâce à laquelle elles étaient interprétées sur notre première scène comique : c'est là une question non encore résolue. Le fait est que *Henriette Maréchal* dut disparaitre promptement de l'affiche du Théâtre-Français. Il est vrai qu'on a vivement reproché à MM. de Goncourt l'exagération réaliste qui caractérise leurs ouvrages; mais c'est là une querelle d'école qui n'ôte rien à leur valeur littéraire considérable. Quant au drame bruyamment sifflé au Français, il fut aussitôt après publié en volume, précédé d'un *Exposé historique* et d'un *Prologue* en vers de Théophile Gautier. Il a été repris à l'Odéon, avec succès, en 1885. Un nouvel ouvrage signé E. et J. de Goncourt : *Quelques créatures de ce temps*, a paru en 1876, mais ce n'est qu'une refonte de la *Voiture de masques*. M. Edmond de Goncourt a publié seul, la même année, un *Catalogue raisonné de l'Œuvre de Prud'hon*. La librairie Charpentier a entrepris d'autre part, en 1876 également, la réimpression des œuvres principales de ces deux écrivains, sous la direction du survivant, qui a donné depuis : l'*Œuvre de Watteau*, catalogue raisonné; la *Fille Elisa*, roman ultra-naturaliste (1877); les *Frères Zemgano (1879)*, et quelques autres romans. Enfin le *Figaro* a commencé, au mois d'août 1886, la publication du *Journal des Goncourt*, d'un intérêt rétrospectif assez peu commun. — M. Edmond de Goncourt est chevalier de la Légion d'honneur depuis 1867. Son frère Jules est mort le 20 juin 1870.

GONDINET, Edmond, auteur dramatique français, né le 7 mars 1829 à Laurière (Haute-Vienne). Il entra d'abord dans l'administration des finances, où il devint sous-chef; mais ses succès au théâtre lui firent donner sa démission en 1868, pour suivre en toute liberté cette nouvelle carrière. Aujourd'hui, les pièces de tout genre que M. Gondinet a écrites, seul ou en collaboration, ont atteint un chiffre énorme, qui grossit encore tous les jours. — Nous citerons : *Trop curieux*, 1 acte en vers, au Théâtre Français (1863); les *Victimes de l'argent*, 3 actes, en vers, au Gymnase et les *Révoltées*, 1 acte (1865); la *Cravate blanche*, 1 acte, en vers libres, même théâtre (1867); le *Comte Jacques*, 3 actes, et les *Grandes demoiselles*, 1 acte (1868), même théâtre; *Gavaud, Minard et Cie*, 3 actes et le *Plus heureux des trois*, avec M. Labiche, au Palais-Royal (1869-70); *Christine*, 4 actes, au Français; *Paris chez lui*, 3 actes, au Gymnase (1872) : *Le roi l'a dit*, opéra comique en 3 actes, musique de M. Léo Delibes, à l'Opéra-Comique (1873); *Libres!* drame en 5 actes à la Porte-Saint-Martin; le *Chef de division*, 3 actes et le *Homard*, 1 acte, au Palais-Royal; *Gilberte*, 4 actes, avec M. Deslandes, au Vaudeville (1874); le *Panache*, 3 actes, au Palais-Royal (1875); le *Dada*, 3 actes (1876); le *Tunnel*, 1 acte; les *Convictions de papa*, 1 acte; le *Professeur pour dames*, 1 acte, même théâtre; le *Club*, 3 actes, avec M. Jules Cohen, au Vaudeville; la *Belle madame Donis*, 4 actes, avec M. H. Malot, au Gymnase (1877); les *Vieilles couches*, 3 actes; *Tant plus ça change...*, 3 actes, au Gymnase; les *Cascades*, 1 acte, avec M. P. Véron, au Gymnase (1878); les *Tapageurs*, 3 actes, au Vaudeville (1879); le *Volcan*, 3 actes, au Palais-Royal (1882); les *Affolés*, 4 actes, avec M. Pierre Véron, au Vaudeville; *Peau neuve*, 3 actes, avec M. Debrit, au Palais-Royal (1883), *Lackmé*, opéra comique en 3 actes, musique de M. Leo Delibes, à l'Opéra-Comique, *Clara Soleil*, 4 actes, avec M. Civrac, au Vaudeville; *Mam'zelle Gavroche*, 3 actes, avec MM. E. Blum et Saint-Albin, aux Variétés (1885), etc. — M. Gondinet est chevalier de la Légion d'honneur depuis 1869.

GONZALÈS, Louis Jean Emmanuel, littérateur français, né à Saintes le 25 octobre 1815, est le fils du médecin en chef de l'hôpital militaire de cette ville et descend d'une des familles anoblies par Charles-Quint dans la principauté de Monaco. Il fit ses études à Nancy, où son père avait été transféré, et vint ensuite à Paris, où il aborda le droit, mais le délaissa bientôt pour la littérature, carrière dans laquelle il avait déjà débuté à Nancy, sur les bancs du collège, par des nouvelles et des articles divers, signés de pseudonymes, insérés dans le *Patriote de la Meurthe*. A Paris, il collabora presque dès le début, soit sous son nom soit sous des pseudonymes pittoresques et variés, à une foule de publications littéraires et participa à la fondation de la *Revue de France*. Il fut enfin admis à la *Presse*, pour y écrire des articles sur l'Espagne auxquels sa signature authentique ne pouvait faire moins que de donner une saveur particulière. Il entra ensuite au *Siècle*, où il a succédé à Louis Desnoyers, comme directeur de la partie littéraire, en 1868. Il a été également rédacteur en chef de la *Caricature*, a publié pendant trois ou quatre ans une *Revue des voyages* et n'a pas cessé de collaborer à la presse littéraire. Vice-président de la Société des gens de lettres de 1852 à 1855, il en a été président en 1864 et en est aujourd'hui président honoraire et délégué. — On cite de cet écrivain, parmi ses nombreux romans, dont quelques-uns écrits en collaboration, et qui tous ont paru d'abord en feuilletons dans le *Siècle*, la *Patrie*, le *Courrier Français*, etc. : *Souffre douleur (1838)*; les *Mignons de la lune (1839)*; le *Livre d'amour (1840)*; les *Frères de la côte ou les Pêcheurs de perles (1841)*; la *Belle novice ou les Francs-Juges (1847)*; les *Sept baisers de Buckingham (1848)*; *Esaü le lépreux (1850-51)*; le *Vengeur du mari (1852)*; le *Chasseur d'hommes (1853)*; la *Fille de l'aveugle (1854)*; les *Mémoires d'un ange (1855)*; une *Princesse*, le *Serment de la veuve (1856)*; le *Prince noir*, les *Chercheurs d'or (1857)*; la *Table d'or (1859)*; les *Trois fiancés (1860)*; les *Sabotiers de la Forêt-Noire*, le *Maréchal d'Ancre (1861)*; la *Maîtresse du proscrit (1862)*; l'*Hôtesse du connétable (1863)*; l'*Epée de Suzanne*, les *Proscrits de Sicile (1865)*; l'*Heure du berger*, les *Amours du vert-galant (1866)*; la *Fiancée de la mer (1867)*; les *Gardiennes du trésor (1872)*; les *Danseuses du Caucase (1875)*, etc. Un drame en cinq actes et huit tableaux a été tiré de son roman les *Frères de la côte*, avec la collaboration de M. Henri de Kock, et joué en 1856 à l'ancien théâtre du Cirque, avec succès. — M. Emmanuel Gonzalès est chevalier de la Légion d'honneur depuis 1861.

GOSCHEN, Georges Joachim, homme d'Etat anglais, fils d'un négociant de Londres d'origine allemande, est né à Londres en 1831, et a fait ses études à l'école de Rugby et au collège Oriel, à Oxford. M. Goschen a beaucoup écrit sur des questions de finances et on lui doit, entre autres, un ouvrage important sur la *Theory of Foreign Exchanges*, qui a été traduit en français par M. Léon Say. Elu représentant libéral de la cité de Londres à la Chambre des communes, à une élection complémentaire, en mai 1863, il prit une part active au mouvement en faveur de l'admission des dissidents dans les universités et de l'abolition, par suite, du certificat de religion. Il fut réélu, le premier, par la cité de Londres aux élections générales de juillet 1865, devint vice-président du Bureau du commerce le 20 novembre de la même année, puis membre du Conseil privé et chancelier du duché de Lancastre le 26 janvier 1866. Il suivit dans sa retraite le ministère Russell au mois de juin suivant. A l'avènement de M. Gladstone, en décembre 1868, M. Goschen fut nommé président du Comité de la loi des pauvres, poste qu'il quitta, en mars 1871, pour celui de premier lord de l'Amirauté. Il se retirait à la chute du parti libéral, en février 1874, et était le seul candidat libéral élu par la Cité aux élections générales qui suivirent. En 1876, M. Goschen fut choisi, en même temps que M. Joubert en France, comme délégué des créanciers de la dette égyptienne chargé de concerter, avec son collègue français et le gouvernement, les mesures relatives à la conversion de cette dette, mission qui se termina par l'arrangement du 18 novembre. M. Goschen prit ensuite part à la conférence monétaire internationale tenue au ministère des affaires étrangères, à Paris, en août 1878. Il ne s'était pas présenté aux élections générales de cette année; mais au retour des libéraux au pouvoir, en mai 1880, il accepta le poste d'ambassadeur extraordinaire à Constantinople, en remplacement de sir Henry Layard, censé en congé. Dans cette situation, M. Goschen visita les centres politiques les plus importants de l'Europe, dans le but de préparer les voies au « concert européen », en vue de la réalisation des articles du traité de Berlin jusque-là négligés, ou, en tout cas, à la conférence de Constantinople qui eut lieu l'année suivante. La rectification de la frontière grecque qui résulta de la conférence, ne fut, à la vérité, accueillie par les puissances directement intéressées qu'avec mécontentement; mais M. Goschen n'en est pas moins enchanté de passer pour avoir eu la part la plus importante à ce semblant de solution. — M. Goschen est un des membres du parti libéral que la question du *home rule* a séparés, trop violemment et bruyamment pour que ce soit sans esprit de retour, de M. Gladstone; et il s'est fait élire dans son ancien collège de la Cité contre le candidat gladstonien, aux élections générales de juillet 1886.

GOSSELIN, Athanase Léon, chirurgien français, né à Paris le 16 juin 1815, fit ses études à Versailles et à Paris, au collège Charlemagne et à l'Ecole de médecine. Reçu docteur en 1838, il tourna ses études vers la médecine opératoire; il fut nommé professeur à l'Ecole pratique en 1842, reçu agrégé en 1844 et nommé chef des travaux anatomiques en 1846. Chirurgien des hôpitaux depuis 1848, il était attaché, en cette qualité, à l'hôpital Cochin en 1854. Au mois de décembre 1858, M. le docteur Gosselin fut appelé à la chaire de pathologie chirurgicale de la faculté de médecine. Elu membre de l'Académie de médecine en 1860, il remplaçait Velpeau à la chaire de clinique chirurgicale de l'hôpital de la Charité en 1867. M. Gosselin a été élu membre de l'Académie des sciences, en remplacement de Nélaton, le 16 mars 1874. Il est commandeur de la Légion d'honneur depuis 1871. — On doit au docteur L. Gosselin : *Des pansements rares (1851)*; *Recherches sur les kystes synoviaux de la main et du poignet (1852)*; *Traité des maladies des yeux (1855)*; *Sur les résultats obtenus par l'opération de la temporisation dans l'étranglement herniaire (1861)*; *Traité des hémorrhoïdes (1866)*; *Tumeurs cirsoïdes artérielles chez les adolescents et les adultes (1867)*; *Mémoire sur l'origine par contagion des conjonctivites catarrhales (1869)*; *Clinique chirurgicale de l'hôpital de la Charité* (*1872-73*, 2 vol.); l'*Urine ammoniacale et la fièvre urineuse (1874)*, etc. Il a pris, avec M. C. Denonvilliers, à partir de la 8e livraison, la continuation du *Compendium de chirurgie pratique* de A. Bérard de Denonvilliers, et collaboré au *Nouveau dictionnaire de médecine et de chirurgie pratiques*, aux *Mémoires de l'Académie de médecine*, aux *Archives de médecine* et autres publications spéciales.

GOSSELIN, Charles, peintre paysagiste français, élève de Gleyre et de M. Ch. Busson, est né à Paris le 26 janvier 1834, et a débuté au Salon de 1863. — On a de cet artiste : *Bois de chênes et de pins en automne (1863)*; *Soir d'automne (1864)*; *Une route, le soir (1865)*; *Environs de Beuzeval*, Calvados (1866); *Intérieur de forêt (1867)*; l'*Abreuvoir*, *Crépuscule dans le bois (1868)*; *Chemin creux, environs de Foncine-le-Bas*, Jura (1869); *Route dans une forêt*, *Bord de l'Ain (1870)*; *Soir d'été (1872)*; *Ferme d'Hédouville*, Seine-et-Oise; *Environs du Crotoy*, Somme (1873); les *Bûcherons (1874)*; *Marée basse*, *Lisière de bois (1875)*; *Pâturage dans les dunes, Baie de Somme (1876)*; le *Château d'Arques (1883)*; *Entre Dieppe et Trouville (1884)*; le *Grand Berneval*, dans la Seine-Inférieure (1885); le *Sphynx (1886)*, etc. — M. Charles Gosselin a obtenu des médailles en 1865 et 1870 et une médaille de 2e classe en 1874. Il a été décoré de la Légion d'honneur.

GOT, François Jules Edmond, comédien français, né à Lignerolles (Orne) le 1er octobre 1823, fit ses études à Paris, au collège Charlemagne, et commença à suivre les cours de l'Ecole de droit : mais il y renonça bientôt, fut quelque temps employé à la préfecture de la Seine, fit un court passage à la rédaction du *National* et finalement entra au Conservatoire, dans la classe de Provost. Il obtenait le second prix de comédie en 1842, et le premier en 1843. Conscrit l'année suivante et tombé au sort, il fut désigné pour la cavalerie où il servit pendant quelques mois, se fit ensuite remplacer et vint débuter au Théâtre-Français à la fin de l'été de 1844. Il alla jouer ensuite au Grand-Théâtre de Nantes; mais il revenait à Paris dès le mois d'avril 1845, rappelé par un engagement en bonne et due forme au Français. Il s'y fit promptement une grande réputation, d'abord dans les emplois de valet de l'ancien répertoire, ensuite dans les rôles comiques les plus divers, enfin dans beaucoup des rôles principaux des comédies de genre modernes. Elu sociétaire en 1850, M. Got est aujourd'hui le doyen de la société du Théâtre-Français et membre du comité d'administration. — Homme indépendant autant qu'artiste supérieur, M. Got donnait ou plutôt renouvelait sa démission, au printemps de 1865 et intentait un procès à la Société, dont il se séparait pour des raisons que nous n'avons pas à examiner ici, mais qui avaient pour l'artiste toute l'importance d'une question de dignité. L'affaire, en somme, après avoir fait beaucoup de tapage, n'eut pas de suite. Comme contre-partie de cet incident de la vie artistique de M. Got, nous devons rappeler son attitude, encore pleine de dignité suivant nous, quoique jugée diversement, à l'occasion de la représentation extraordinaire donnée par la Société des gens de lettres sur la scène du Théâtre-Français, au mois de novembre 1870 et portant sur son programme la lecture des *Châtiments* de Victor Hugo. L'artiste refusa par une lettre adressée au président de la Société des gens de lettres, dans laquelle il expliquait, et justifiait à notre appréciation, son refus dans ces termes : « Un sentiment que je n'ose pas bien définir ici, mais que j'éprouve invinciblement au fond de la conscience, m'empêche de venir m'associer à une lecture des *Châtiments* sur une scène qui acceptait si bénévolement, il y a quelques semaines, le titre de Théâtre des *Comédiens ordinaires de l'empereur*. Les cadeaux, les diners et les fêtes, et Compiègne, et Fontainebleau, m'ont toujours soulevé le cœur, je l'atteste et on le sait; mais si j'étais un des rares opposants de la veille, qu'on me permette aujourd'hui de me tenir encore à part des trop nombreux fanfarons du lendemain... » Pendant le siège de Paris, M. Got servit dans la garde nationale, faisant avec zèle, quoique probablement sans plaisir, son service aux remparts. — Parmi les principaux rôles de l'ancien et du nouveau répertoire qu'il a créés ou repris avec un véritable bonheur, il nous faut citer ceux de Sganarelle, de Maître Jacques, de l'Intimé, de Purgon, de Gros-René, de Petit-Jean; de Cliton, dans le *Menteur*; de Trissotin, d'Arnolphe, d'Hector, dans le *Joueur*; de Figaro, de Michonnet, dans *Adrienne Lecouvreur*; de Noël, dans la *Joie fait peur*; de Mercadet, dans la pièce de ce nom; de Rodolphe, dans l'*Honneur et l'argent*; de Dubois, dans les *Fausses confidences*; de Clérambeau, dans *Une chaîne*;

de Poirier, dans le *Gendre de M. Poirier;* d'Hippolyte Richoud, dans le *Demi-Monde*, etc. Et parmi ses principales créations : l'Abbé, dans *Il ne faut jurer de rien;* Tibia, dans les *Caprices de Marianne;* le capitaine Baudrille, dans le *Cœur et la dot;* Spiegel, dans la *Pierre de touche;* Francisque, dans les *Jeunes gens;* Jean de Rieux, dans le *Duc Job;* Giboyer, dans les *Effrontés (1861)* et le *Fils de Giboyer (1863);* le rôle principal, dans *Maître Guérin* et celui de la Porcheraie, dans *Moi (1864);* Pierre de Bréville, dans *Henriette Maréchal* et Dumont, dans le *Supplice d'une femme (1865);* Mauvergnat, dans *Jean Baudry (1866);* André Lagarde, dans la *Contagion*, qu'il alla jouer, par autorisation impériale, à l'Odéon (1866) puis sur les principales scènes de province avec une troupe organisée dans ce but; Michel, dans *Paul Forestier (1868);* Favart, dans *Maurice de Saxe;* Raymond, dans le *Dernier quartier (1870);* Jonquières, dans *Jean de Thomeray (1873);* le docteur Rémonin, dans l'*Etrangère (1876);* David Sichel, dans l'*Ami Fritz* (décembre 1876); Bernard, dans les *Fourchambault (1878)*, etc., etc. — On doit en outre à M. Got, entre autres travaux littéraires, le livret de *François Villon*, opéra en un acte, joué à l'Opéra en 1857; et celui de l'*Esclave*, en collaboration avec Edouard Foussier, opéra en 5 actes et 6 tableaux, musique de Membrée, de même que *François Villon*, joué sur la même scène, le 13 juillet 1874, après avoir failli être joué au Français, mais alors comme tragédie, en 1851. Professeur de déclamation dramatique au Conservatoire, M. Got a été décoré de la Légion d'honneur en cette qualité.

GOUIN, Eugène, homme politique français, sénateur, né à Saint-Symphorien (Indre-et-Loire) le 18 septembre 1818, est fils de l'ancien ministre de Louis-Philippe, député, puis sénateur sous l'empire, mort en mai 1872. En 1843, M. Eugène Gouin prenait la direction de la maison de banque Gouin frères de Tours. Il devint successivement juge au tribunal de commerce de cette ville en 1848 et conseiller municipal la même année, membre de la chambre de commerce en 1853, président de cette chambre en 1858 et maire de Tours en 1866. Une élection complémentaire, nécessitée par l'entrée de M. Gouin père au Sénat, ayant eu lieu en janvier 1868, dans la 1re circonscription d'Indre-et-Loire, M. Gouin fils s'y présenta, espérant d'autant plus raisonnablement recueillir l'héritage paternel que l'appui de l'administration lui était assuré; il échoua pourtant, contre M. Houssard, candidat de l'opposition libérale, et ne se présenta pas aux élections générales de 1869. Pendant l'invasion, M. Eugène Gouin, étant toujours maire de Tours, rendit à sa malheureuse population des services dont elle devait lui être reconnaissante. Aux élections du 8 février 1871, il était en effet élu représentant d'Indre-et-Loire à l'Assemblée nationale, le deuxième sur six. Il se fit inscrire aux deux centres, vota ordinairement avec le centre gauche, jusqu'au 24 mai 1873, où il se prononça contre l'ordre du jour Ernoul, en d'autres termes contre le renversement de M. Thiers. L'acte consommé, il se rapprocha de la droite; mais en 1875, il se rallia, avec MM. de Lavergne et Wallon, aux lois constitutionnelles qui ont fondé la république le 25 février. M. Gouin, très compétent en ces matières, a fait partie de toutes les commissions du budget et a été nommé rapporteur général de plusieurs. Porté sur la liste de gauche, il a été élu sénateur inamovible par l'Assemblée nationale, le 15 décembre 1875. Il siège au centre constitutionnel. Il s'abstint lors du vote sur la demande de dissolution de la chambre des députés en juin 1877. Dans la question de l'expulsion des princes, venue au Sénat le 22 juin 1886, il a voté contre le projet de loi. — M. Gouin est officier de la Légion d'honneur depuis le 17 octobre 1871.

GOULD, Benjamin Apthorp, astronome américain, né à Boston le 27 septembre 1824, fit ses études au collège d'Harvard, puis traversa l'Atlantique et alla étudier à l'université de Gœttingen, où il prit ses grades en 1848. Il fut quelque temps aide-astronome à l'observatoire d'Altona. Après avoir visité les principaux observatoires de l'Europe, il retourna en Amérique, fut employé d'abord au relevé des côtes, ayant pour mission spéciale la détermination des longitudes, et apporta de grands perfectionnements à la méthode employée jusque-là à cette opération. En 1856, il fut nommé directeur de l'observatoire Dudley, à Albany, capitale de l'Etat de New-York; mais il abandonna ce poste au commencement de 1859, par suite de dissentiments avec les administrateurs de cet établissement, et bien qu'une commission de savants lui eût entièrement donné raison. En 1868, M. Gould fut appelé par le gouvernement de la République argentine pour organiser et diriger l'observatoire de Cordova. L'édifice construit, il se mit aussitôt au travail avec quatre aides, en 1870. Depuis lors, il a complété une série de cartes des étoiles visibles de l'observatoire, à l'œil nu, et entrepris des séries d'observations par zones, des étoiles du sud, dont plus de 83,000 avaient été déjà observées en 1874. M. Benjamin A. Gould avait fondé dès 1849, à Cambridge (Massachusetts), l'*Astronomical Journal*, qu'il rédigea jusqu'en 1861 et entretint à ses propres frais et à ceux de quelques amis pendant tout ce temps. Ses principaux ouvrages sont : *Rapport sur la découverte de la planète Neptune*, dans les Rapports de l'Institution smithsonienne (1850): *Recherches sur l'orbite de la comète* V. (1847); *Discussion des observations faites par l'expédition astronomique des Etats-Unis au Chili, pour déterminer la parallaxe du soleil (1856); sur la longitude transatlantique (1868); Statistique militaire et anthropologique des soldats américains (1869);* les *Ancêtres de Zacheus Gould (1872);* ainsi que diverses cartes des corps célestes. — M. B. A. Gould a été élu correspondant de notre Académie des sciences (section d'astronomie).

GOUNOD, Charles François, compositeur français, né à Paris le 17 juin 1818, fit ses études au lycée Saint-Louis et entra au Conservatoire en 1836. Elève de Reicha, dont il prenait déjà des leçons avant son entrée au Conservatoire, de Lesueur et d'Halévy, il remportait un second prix en 1838 et le grand prix de Rome en 1839. Il résida en Italie quatre ans, fit ensuite un voyage en Allemagne et, à son retour à Paris, fut attaché comme maître de chapelle à l'église des Missions étrangères. Il professait une passion véritable pour la musique sacrée ; ayant fait exécuter aux Missions plusieurs messes de sa composition, il songeait, pour ne plus se séparer de l'Eglise, à se faire prêtre et entrait en 1845 au séminaire de Saint-Sulpice. Il en sortait en 1848, fort peu résolu encore sur la carrière qu'il devait choisir. L'année suivante, il faisait exécuter à Saint-Eustache une *Messe solennelle* qui eut un très grand succès et attira l'attention sur lui. Enfin, en 1850, Mme Pauline Viardot lui ouvrait les portes de l'Opéra, indiquant au jeune compositeur la voie à suivre et lui en facilitant l'accès. En dépit des chicanes d'une critique méticuleuse, l'auteur de *Faust* est incontestablement une des gloires les plus éclatantes de l'Art français. Son génie, d'une si grande puissance, est vivement discuté, d'accord ; mais il ne le serait pas, il n'aurait pas lieu de l'être, si l'on avait d'abord pris soin de le nier. Son immense talent participe, par part presque égale, de l'inspiration et de la science. M. Gounod n'est pas seulement un homme d'une instruction littéraire très étendue, dans la connaissance des langues et des chefs-d'œuvre de la littérature et de l'art ; son érudition musicale est presque illimitée ; il n'est pas un grand musicien, en tout cas, qu'il ne sache, pour ainsi parler, par cœur. L'étude, et une étude constante, constitue donc une base inébranlable à l'édifice de son talent, et c'est le cas de tous les artistes vraiment supérieurs. D'autre part, une extrême impressionnabilité, une tendance mystique que nous avons déjà signalée, une profonde connaissance du cœur humain, lui permettent de donner à son œuvre la couleur personnelle et originale, et caractérisent son génie d'une manière toute spéciale. M. Gounod a touché à peu près à tous les genres, et y a réussi. Ses symphonies, ses nombreuses mélodies vocales, qui rappellent le *lied* allemand, ses chœurs orphéoniques, ses cantates, ses chœurs avec orchestre, renferment de ces beautés qui ne donnent pas seulement la vogue, mais le succès durable en dépit des vicissitudes des temps. Mais c'est surtout dans ces compositions de musique religieuse, où les tendances de son esprit trouvaient amplement à se donnner carrière, qu'il a attiré et séduit l'attention publique. Nous n'en citerons aucune, car on les trouvera toutes à la liste qui termine cette notice. Rappelons seulement qu'il y a quelques années, on a parlé beaucoup d'un grand drame sarré, intitulé *Sainte Geneviève*, dont M. Gounod avait écrit la musique et M. Freppel, alors doyen du chapître de Sainte-Geneviève de Paris, aujourd'hui évêque d'Angers, avait écrit le poème, ouvrage qui n'a pas encore vu le jour. — A l'époque de la guerre de 1870, M. Gounod se rendit à Londres, où il a résidé plusieurs années. Il y forma un chœur d'amateurs des deux sexes, qui prit le nom de « Chœur de Gounod » *(Gounod's Choir)*, avec le secours duquel il a donné de nombreuses séances musicales où furent exécutées beaucoup de ses compositions. Le public anglais n'a pas cessé de montrer à l'illustre compositeur français une sympathie enthousiaste, saisissant avec empressement toutes les occasions favorables pour se manifester, comme on peut en voir une exemple dans l'accueil qui lui fut fait à l'Albert Hall, lors de l'inauguration de l'Exposition universelle, le 1er mai 1871, à l'occasion de laquelle il fit exécuter sous sa direction sa grande cantate : *Gallia*, écrite expressément pour la circonstance (et remarquons en passant que de semblables manifestations ne s'arrêtent pas brusquement à l'homme qui en est l'objet immédiat, mais s'étendent à la nation à laquelle il appartient, surtout lorsqu'à cette nation, malheureuse et abandonnée, il fait pleurer devant un auditoire ému, les larmes éloquentes de Jérémie !) Cependant, il se trouva, en 1872, une bonne plume de petit journaliste parisien pour insinuer que l'*anglais* Gounod s'inquiétait assez peu des malheurs de sa patrie, excepté pour en repousser le partage, et songeait à se faire naturaliser (nous croyons même qu'il fut dit nettement qu'il l'était) anglais. L'auteur de *Gallia*, instruit de cette petite infamie, y répondit par une protestation pleine de dignité et de mesure en même temps, qu'on ne pouvait faire moins que d'accueillir. Il y avouait que l'accueil dont il avait été l'objet en Angleterre ne le trouvait pas ingrat ; que, s'il n'était français, il voudrait être anglais; mais il ajoutait que, sans vouloir juger les personnes qui se font naturaliser, la notion de patrie n'était, à ses yeux, « nullement une notion géographique, mais une notion morale. » Il rappelait enfin que Hændel n'avait pas renié son pays pour avoir passé trente ans de sa vie en Angleterre, ni Meyerbeer, ni Rossini les leurs, pour avoir résidé de longues années en France. M. Gounod a fait mieux: il est revenu dans son pays et s'est remis à l'œuvre aussitôt. C'est pendant son séjour en Angleterre qu'il termina sa partition de *Polyeucte*, commencée depuis longtemps, et qu'il écrivit celle de *Georges Dandin*, sur la prose même de Molière. Depuis son retour, il s'est occupé de la musique de *Cinq Mars*, opéra comique dont le livret a pour auteurs MM. Poirson et Louis Gallet. — M. Charles Gounod a été nommé, en 1852, directeur du chant de la ville de Paris, fonctions qui lui inspirèrent la plupart de ses beaux chœurs orphéoniques. Il a été élu membre de l'Institut de France (Académie des Beaux-Arts), en remplacement de Clapisson, le 19 mai 1866. La même année, il était promu officier de la Légion d'honneur, étant chevalier de l'ordre depuis 1857; il a été promu, depuis, commandeur en 1877 et grand officier le 12 juillet 1880. Enfin M. Gounod a été nommé membre de la Commission supérieure des Beaux-Arts, en novembre 1876.

Voici la liste, aussi complète que possible, des œuvres de M. Gounod : — 1° Musique dramatique : *Sapho*, opéra en 3 actes, à l'Opéra (1851), remanié, mis en 4 actes et joué à l'Opéra-Comique en 1884 ; Chœurs pour *Ulysse*, tragédie de Ponsard, au Français (1852) ; la *Nonne sanglante*, opéra en 5 actes, à l'Opéra (1854) ; le *Médecin malgré lui*, opéra comique en 3 actes, au Théâtre Lyrique (1848), repris à l'Opéra-Comique ; *Faust*, opéra en 5 actes (1859), repris à l'Opéra comique, après les remaniements nécessaires, en 1869 ; *Philémon et Baucis*, opéra en 3 actes, au Théâtre Lyrique (1860) repris à l'Opéra-Comique en 1866 ; la *Reine de Saba*, opéra en 4 actes, à l'Opéra (1862) ; *Mireille*, opéra comique en 5 actes, bientôt réduit en 3 actes, tiré du poème provençal *Mireio*, de M. Frédéric Mistral, au Théâtre-Lyrique (1864), repris à l'Opéra-Comique, sous sa dernière forme, en 1874 ; *Romeo et Juliette*, opéra en 5 actes, au Théâtre-Lyrique (1867), repris à l'Opéra-Comique en 1873 ; Chœurs et musique symphonique pour les *Deux reines de France*, drame en 4 actes de M. Ernest Legouvé, au Théâtre Ventadour (1872) ; Chœurs et musique symphonique pour *Jeanne Darc*, drame de M. J. Barbier, à la Gaîté (1874) ; *Georges Dandin; Cinq Mars*, 4 actes et 8 tableaux, à l'Opéra-Comique (1877) ; *Polyeucte*, à l'Opéra (1879) ; le *Tribut de Zamora*, au même théâtre (1881). — 2° Musique religieuse : Messe de *Requiem*, exécutée à l'église Saint-Charles, de Vienne (1842) ; Messe solennelle, à Saint-Eustache, de Paris (1849) ; Messe brève ; deuxième messe de *Requiem ;* deux Messes ; *Messes du Sacré cœur de Jésus*, pour quatre voix, chant et orchestre, exécutée à Saint-Eustache (1876) ; *Stabat Mater ; Tobie*, oratorio ; les *Sept paroles du Christ ;* Messe *Angeli custodes ; Pater Noster ; Près du fleuve étranger*, chœur avec accompagnement d'orchestre : *Jésus de Nazareth ; Ave verum ; O salutaris hostia*, pour voix seule, avec chœur et orgue ; *Te Deum ; Magnificat ; Vexilla regis ; Christus factus est*, offertoire à une voix ; six nouveaux *Cantiques*, pour solo ou chœurs ; le *Ciel a visité la terre*, le *Nom de Marie, Chantez voix bénies*. le *Départ des Missionnaires*, l'*Anniversaire des Martyrs* et *Notre-Dame des petits enfants*. — 3° Musique symphonique : Première symphonie en *ré*; Deuxième symphonie en *mi-bémol ;* la *Reine des apôtres*, symphonie ; *Marche romaine ; Prélude* de Bach, orchestre, exécuté aux Concerts populaires en décembre 1867. — 4° Musique instrumentale : *Méditation* sur le 1er prélude de Bach, pour soprano, violon, piano et orgue ; le *Calme*, méditation pour violon solo, avec orchestre ; la *Pervenche*, le *Ruisseau*, le *Soir*, le *Calme, Chanson de printemps*, romances sans paroles, pour piano ; *Marche pontificale*, pour piano ; Valse ; la *Valse des fiancés ;* le *Rendez-vous*, suite de valses ; *Souvenance*, nocturne ; *Convoi funèbre d'une marionnette :* le tout pour piano ; *Dodelinette*, berceuse à quatre mains ; une *Méthode de cor à piston*, contenant, avec les principes élémentaires de l'instrument, des mélodies et des morceaux d'étude. — 5° Musique vocale : *Hymne à la musique*, pour l'inauguration du Théâtre-Lyrique, salle nouvelle (1862) ; *A la frontière !* cantate exécutée à l'Opéra, le 8 août 1870 ; *Gallia*, élégie biblique avec chœurs, soli, orchestre et orgue, exécutée pour la première fois au Royal-Albert Hall, de Londres, le 1er mai 1871 ; la *Rédemption*, exécutée au festival de Birmingham en 1882 ; *Mors et vita*, au festival de 1886 de la même ville. Douze chœurs et une cantate : le *Vendredi-Saint*, à six voix ; la *Nuit*, à six voix ; *Ave verum*, à cinq voix ; la *Chasse*, à quatre voix ; *Noël*, à trois voix : *D'un cœur qui t'aime*, double chœur ; *Stabat Mater*, à six voix ; l'*Affût*, à quatre voix ; *Sicut servus*, motet à quatre voix ; *Prière du soir*, à six voix ; le *Crucifix*, à six voix ; *Matinée dans la montagne*, à six voix ; et le *Temple de l'Harmonie*, cantate avec chœurs, avec accompagement ; Chœurs orphéoniques à quatre voix d'hommes, sans accompagnement : la *Cigale et la fourmi*, le *Corbeau et le renard*, la *Danse de l'épée, Chœur de chasseurs*, le *Vin des Gaulois, Vive l'empereur ! Hymne à la France*, l'*Enclume, Chœur des amis*, etc. ; *Dans une étable*, chœur avec accompagnement d'orchestre ; les *Gaulois*, id. ; *En avant !* chanson militaire pour solo et chœur, avec accompagnement d'orchestre ; *Chants lyriques de Saül ; Pastorale* sur un *Noël* du XVIIIe siecle, chœur et orchestre ; Chœurs dédiés à la société chorale de l'Albert Hall (Londres, 3 vol.) ; Quatre recueils de mélodies, pour chant et piano ; Quinze duos, id., id. ; *Biondina*, poème lyrique comprenant douze mélodies écrites sur des paroles italiennes de M. Zaffira ; outre un grand nombre d'autres mélodies écrites sur des paroles anglaises, françaises et italiennes, notamment : *If thou art spleeping, maiden ; O happy home ! Evening song; Sweet baby ; O that we two...*, avec accompagnement d'alto; *April song ; the Worker ; the Maid of Athens ; Thy wille be done ; My belowed spake*, avec accompagnement de violoncelle ; *My true love hath my heart; the Fountain mingles with the river ; the Sea hath its pearls ; To God ye choir above ; There is dew ; When in the early morn ; Queen of love ; Loin du pays ; Ma belle amie est morte; Fauvette; Si vous m'ouvrez ;* le *Pays bienheureux ; Heureux sera le jour ; the Message of the breeze* (duo) ; *Little Celandine* (duo) ; *Perché piangi ? Quanti mai ; Barcarola* (duo) ; la *Siesta* (duo) ; *Sotto un capello rosa*, etc., etc.

Il a été beaucoup question dans la presse, ces temps derniers (1886), d'un grand ouvrage que M. Ch. Gounod destinerait à l'Opéra, mais pour être représenté seulement en 1880. Le sujet de cet ouvrage serait tiré de l'histoire ou de la légende d'Héloïse et Abélard. Au reste, et comme il s'agit ici d'une forme nouvelle de l'art, voici ce que le *Figaro* nous apprenait de cette œuvre nouvelle de l'illustre maître français, car ces détails ne sauraient être lus avec indifférence : « C'est un poème intitulé *Maître Pierre*, dont il avait été déjà question il y a huit ans, et qui, primitivement, avait été conçu sous la forme dramatique ordinaire. Mais M. Ch. Gounod a renoncé à le traiter sous cette forme. Le poème de *Maître Pierre*, agencé par M. Louis Gallet, ne représente plus, à proprement parler, un ouvrage dramatique ; il n'en a plus,

du moins, l'esprit de suite. C'est plutôt un cycle légendaire en quatre parties, reproduisant les principaux épisodes de la vie du célèbre docteur. Les tableaux se succèdent, le lieu de l'action se déplace, sans souci des transitions. Cela fournit une série de scènes commençant à la dispute célèbre de Guillaume de Champeaux et de Maître Pierre Abélard et finissant à la mort d'Héloïse. *Maître Pierre* ne sera ni un opéra ni un drame lyrique, mais une suite dramatique en quatre actes. Il n'y a que quatre ou cinq rôles et d'importantes masses chorales. La composition est depuis longtemps achevée. Les interprètes sont choisis, idéalement du moins, et il n'y a pas lieu de les nommer actuellement, car trois années peuvent modifier bien des éléments dans la composition de la troupe de l'Opéra. »

GOURDON DE GENOUILLAC, Nicolas Jules Henri, littérateur français, né à Paris le 25 décembre 1826. Elève de l'institut polymathique, il débuta de bonne heure dans la carrière littéraire, en donnant quelques vaudevilles sur les scènes secondaires: le *Droit au travail (1849)*, l'*Ecran du roi*, une *Pluie de bouquets*, la *Banlieue de Paris*, etc.; puis il fournit des nouvelles et des romans-feuilletons à divers journaux. Il s'occupa ensuite de recherches héraldiques, et dans cet ordre de travaux, on a de M. Gourdon de Genouillac: *Grammaire héraldique (1853); Dictionnaire héraldique des ordres de chevalerie (1854); Histoire des grandes charges, dignités et titres créés en France (1856); Recueil d'armoiries des maisons nobles de France (1860); Dictionnaire des fiefs, seigneuries, châtellenies de l'ancienne France (1862); Nobiliaire des Bouches-du-Rhône*, avec M. le marquis de Pialenc (1863); les *Mystères du blason, de la noblesse et de la féodalité (1868)*; les *Ordres religieux, histoire, constitution*, etc., (même année); *Supplément au Dictionnaire des ordres de chevalerie (1869); Dictionnaire des anoblissements* (même année); *Histoire de l'abbaye de Fécamp et de ses abbés (1872)*. — Parmi ses romans-feuilletons, la plupart réunis en volumes, nous citerons: la *Misère en habit noir*, la *Chevalière d'Armenson*, les *Filets de Versailles*, les *Convulsionnaires de Paris*, les *Accapareurs*; puis: l'*Amour à coups d'épée (1864); Comment on tue les femmes (1865), Un noyé (1866)*; les *Damnés de l'Autriche (1867); Une luronne (1870)*; le *Crime de 1804 (1872)*; les *Chasseurs de nuit (1873)*; les *Voleurs de femmes (1874)*; l'*Avocat Bayadère (1876)*; le *Capitaine Bernard (1884)*; le *Roi rouge (1885)*; l'*Eglise et la chasse (1886)*, etc. Nous citerons à part: *Paris à travers les siècles* (1879-82, 5 vol. in-8° illustrés, Paris, F. Roy, éditeur). — M. Gourdon de Genouillac a collaboré en outre au *Grand Dictionnaire du XIXe siècle* de P. Larousse, et à un assez grand nombre de journaux tant politiques que spéciaux. Il a été rédacteur en chef de l'*Indicateur*, du *Mercure galant*, du *Passe-Temps*, du *Journal des employés*, du *Journal des médaillés de l'empire*, du *Journal de Fécamp* et a fondé en 1862 le *Monde artiste*. Il est membre de plusieurs sociétés savantes des départements et de l'étranger et décoré de divers ordres étrangers.

GOURKO (comte), Joseph Vasilievitch, général russe, d'origine polonaise, est né en 1828. Elevé au corps impérial des pages, il entra aux hussards de la garde, avec le grade d'enseigne à dix-huit ans, il était promu capitaine en 1857, chef d'escadrons en 1860 et nommé aide de camp de l'empereur la même année, et colonel en 1861. En 1866, le colonel Gourko était placé à la tête du 4° régiment de hussards de Marioupol; l'année suivante, il était promu major général et recevait le commandement des grenadiers de la garde impériale, puis celui de la 1re brigade de la 2° division de la cavalerie de la garde en 1873. Le comte Gourko prit part, en qualité de lieutenant, à la guerre de Crimée, avec son régiment, cantonné un moment à Belbeck, près de Sébastopol. Pendant la guerre russo-turque de 1877, il commandait l'avant-garde de l'armée moscovite. Le 23 juin, avec un détachement de cavalerie et une batterie d'artillerie, il s'emparait par un hardi coup de main de la ville de Tirnovo, fortement occupée et défendue. Le 5 juillet, il occupait Késanlyk et le village de Chipka, puis la passe de Chipka qu'il mit en état de défense, Hanko et divers autres points importants; après quoi, avec le général Radetzky, il traversa les Balkans en plein hiver, en dépit de la gelée et des tempêtes de neige, ne subissant au total que des pertes insignifiantes et amenant les troupes russes victorieuses dans les riantes et fertiles vallées qui s'étendent au delà, occupant tour à tour Sofia, Philopopoli et Andrinople. Le général Gourko s'est conduit dans toute cette campagne avec la bravoure aventureuse d'un excellent général de cavalerie. Traverser les Balkans en hiver est un de ces exploits qu'on ne recommence pas; quand le succès a couronné une première tentative de ce genre, on doit se regarder comme amplement satisfait. Il a réussi, c'est fort bien, c'est d'autant mieux qu'après tout les passes étaient bravement défendues; les pertes qu'il y a subies sont-elles aussi insignifiantes qu'on le prétend? c'est une autre affaire. — Promu adjudant-général et décoré de l'ordre de Saint-George (2° classe) en récompense, le général Gourko fut en outre créé comte par l'empereur en avril 1878.

GOUTAY, J. T., homme politique français, né à Paris en 1804, y fit son droit et alla s'inscrire au barreau de Thiers. Représentant du Puy-de-Dôme à l'Assemblée nationale en 1848, M. Goutay vota généralement avec les démocrates modérés; il combattit la politique napoléonienne après le 10 décembre et présenta à l'Assemblée un rapport concluant à l'amnistie des transportés. M. Goutay ne fut pas réélu à la Législative. Il se retira dès lors de la vie politique et alla s'établir à Riom. Aux élections sénatoriales du 30 janvier 1876, M. Goutay se présenta sans succès dans son département. Il échoua de nouveau à une élection complémentaire. Enfin au renouvellement triennal du 8 janvier 1882, il fut élu sénateur du Puy-de-Dôme. — Il a pris place à gauche et a voté l'expulsion des princes.

GRAMMONT (marquis de) Ferdinand, homme politique français, né à Villersexel (Haute-Saône) le 6 juin 1805. En 1837, M. Ferdinand de Grammont succédait à son père à la Chambre des députés, comme député de Lure et il continua de représenter ce collège jusqu'en 1848, dans les rangs de l'opposition. Il ne prit toutefois aucune part à l'agitation des banquets. En 1848, M. le marquis de Grammont fut élu, en tête de la liste, représentant de la Haute-Saône à la Constituante et prit place dans les rangs de la droite modérée. Il vota cependant contre le cautionnement des journaux et le remplacement militaire, et fit partie de diverses commissions parlementaires importantes. Non réélu à la Législative, il acceptait, en 1852, le patronage officiel; il fut élu, dans ces conditions, député au nouveau Corps législatif, pour la deuxième circonscription de la Haute-Saône et réélu en 1857; en 1863, il était réélu sans patronage, mais aussi sans hostilité de la part du gouvernement, et l'était encore en 1869, cette fois malgré l' « activité dévorante » déployée contre lui par l'administration. Pendant la dernière législature impériale, M. le marquis de Grammont siégea au centre gauche et signa la demande d'interpellation des *Cent-Seize*. Aux élections de février 1871, M. de Grammont fut élu représentant de la Haute-Saône et vint siéger au centre-droit; il vota, avec ce groupe, toutes les propositions réactionnaires que l'Assemblée vit défiler dans sa longue carrière, jusques et y compris l'ordre du jour Ernoul, entraînant la retraite de M. Thiers. C'est à lui, en outre, qu'était due quelques semaines plus tôt la retraite de M. J. Grévy, comme président de l'Assemblée. C'est, en effet, M. de Grammont qui traita d'*impertinence* l'emploi, par M. Le Royer, du mot *bagage* pour qualifier l'ensemble des arguments invoqués contre la mairie de Lyon; c'est lui que M. Grévy rappela à l'ordre en conséquence, et c'est à la suite du tumulte provoqué par ce rappel à l'ordre, sur les bancs de la droite, que M. Grévy abandonna le fauteuil de la présidence (1er avril 1873). — M. de Grammont se présenta, avec cette recommandation de son plus récent passé, devant les électeurs sénatoriaux de la Haute-Saône, le 30 janvier 1876, mais il ne fut pas élu. Il se le tint pour dit et ne se présenta même pas au renouvellement de 1882.

GRANDPERRET, Michel Etienne Anthelme Théodore, homme politique français, ancien magistrat, ancien garde des sceaux de l'empire, est né à Caluire (Lyon) le 26 janvier 1818, fit ses études auprès de son père, chef d'institution distingué et archiviste de la ville de Lyon, et son droit à Paris. Inscrit au barreau de Lyon en 1844, M. Th. Grandperret s'occupa d'histoire locale et de littérature à l'exemple de son père qui, devenu directeur du journal le *Rhône*, organe de la préfecture, lui ouvrit les colonnes de cette feuille; il faisait, en même temps, la critique des théâtres au *Courrier de Lyon*. Nommé, en 1849, substitut du procureur de la République, puis en 1852, du procureur général de Lyon, il devint avocat général à Bourges en 1855, puis à Toulouse en 1859, procureur général à Orléans en 1861 et enfin procureur général près la cour de Paris en 1867. Il était nommé, en outre, conseiller d'Etat en service ordinaire hors sections. M. Th. Grandperret a eu à s'occuper, dans le cours de sa carrière de magistrat, d'une foule d'affaires importantes, mais les dernières ont eu trop de retentissement pour permettre aux souvenirs de remonter plus haut; nous voulons parler, à quelques semaines de distance, des affaires Troppmann et Pierre Bonaparte (décembre 1869, janvier 1870). On cite surtout, comme un pur chef-d'œuvre, le réquisitoire qu'il prononça, le 26 mars, devant la Haute-Cour de justice de Tours, dans cette dernière affaire; et l'on sait que Napoléon III lui en fit parvenir de chaleureux compliments. A ces affaires retentissantes, il faut pourtant ajouter celle du complot pré-plébiscitaire, sur lequel il adressait son rapport au garde des sceaux le 5 mai, autre chef-d'œuvre, auquel l'imagination n'était pas sans avoir une certaine part. Le 11 juin suivant, il était nommé procureur général près la Haute-Cour de Blois, convoquée pour juger les accusés; mais la nouvelle de nos premiers désastres interrompit les plaidoiries et précipita le verdict. D'ailleurs, le lendemain ou le surlendemain, le ministère Ollivier tombait sous un vote humiliant, et M. Th. Grandperret était appelé à succéder à M. Emile Ollivier, comme garde des sceaux, ministre de la justice, dans le cabinet du 10 août. La date du 4 Septembre étant peu éloignée de cette dernière, on voit que M. Grandperret ne fut pas longtemps ministre. Depuis la paix, il s'est fait inscrire au barreau de Paris. Dans cette situation, il défendit M. Paul de Cassagnac dans le procès en diffamation que lui intenta le général de Wimpffen au commencement de 1875, et en 1878, les prétentions des héritiers de l'ex-empereur concernant la dotation mobilière de la couronne, le musée chinois et les collections de Pierrefonds. La majorité sénatoriale, alors monarchiste, ne pouvait laisser dans l'ombre salutaire de la vie privée un homme de la valeur et surtout de la notoriété de M. Grandperret. Elle le choisit donc pour candidat au siège inamovible laissé vacant par la mort de M. Lepetit; et il y fut élu, en effet, en novembre 1877. M. Grandperret a pris naturellement place au groupe de l'Appel au peuple. Il est commandeur de la Légion d'honneur depuis 1878. — Orateur élégant, M. Grandperret passe, en outre, pour un musicien distingué et un connaisseur au goût fin et sûr en matière de littérature et d'art. Il a été deux fois lauréat de l'Académie de Lyon, dont il est membre depuis 1847, avec un travail intitulé: *De l'état politique de la ville de Lyon depuis le Xe siècle jusqu'à l'année 1789 (1843)*, et avec un *Eloge de Madame la marquise d'Aligre (1844)*.

GRANDVAL (vicomtesse de), Marie Félicie Clémence de Reiset, musicienne française, née au château de la Cour-du-Bois (Sarthe) le 21 janvier 1830. Elle étudiait la musique dès l'âge de six ans et, à douze, elle s'exerçait à la composition sous la direction de M. de Flotow, un ami de sa famille. Mais celui-ci quitta la France peu après, laissant fort incomplète l'éducation de son élève, qui ne s'en mit pas moins à composer vaille que vaille de la musique instrumentale, de nombreuses mélodies vocales, et même à ébaucher quelques opéras. Devenue vicomtesse de Grandval, elle se confia à la direction de M. C. Saint-Saëns pour refaire son éducation musicale. Douée d'une vive imagination, d'une faculté de production vigoureuse et, en somme, d'un réel talent, Mme de Grandval n'a pas cessé de produire depuis lors, abordant avec succès les genres les plus divers. — On lui doit en fait de musique dramatique: le *Sou de Lise*, opérette en 1 acte (sous le pseudonyme de « Caroline Blangy »), joué aux Bouffes-Parisiens (1859); les *Fiancés de Rosa*, opéra comique en 1 acte (sous le pseudonyme de « Clémence Valgrand »), au Théâtre-Lyrique (1863); la *Comtesse Eva*, opéra comique en 1 acte, au théâtre de Bade (1864); la *Pénitente*, opéra comique en 1 acte, à l'Opéra-Comique (1868); *Piccolino*, opéra italien en 3 actes, au Théâtre-Italien (1869); la *Forêt*, poème lyrique en 3 parties (paroles et musique), pour *soli*, chœurs et orchestre, exécuté à la salle Ventadour, le 30 mars 1875. A quoi nous devons ajouter, pour la musique religieuse: plusieurs *Messes*; deux *O Salutaris*, pour une ou deux voix; un *Stabat Mater*, pour *soli*, chœurs et orchestre, exécuté au Conservatoire au printemps de 1870, au profit d'une œuvre de bienfaisance: un *Pater Noster*, pour soprano, avec piano et orgue; *Sainte Agnès*, oratorio exécuté à l'Odéon, dans un concert spirituel, le 13 avril 1876. Mme de Grandval a produit, en outre, des *Esquisses symphoniques* (Concerts populaires, 1874); des morceaux variés, trios, duos, sonates, nocturnes, concertinos, musettes, pour piano, piano et flûte, piano et violon, piano, violons et violoncelle, violons, etc., et de nombreux morceaux pour la voix, dont voici les principaux: *Jeanne Darc*, scène pour contralto, avec piano et orgue; un album de sept mélodies: *Barcarole*, la *Cloche*, *Consolatrix*, *Chant d'hiver*, la *Fleur*, le *Grillon* et *Promenade*; les *Lucioles*, rêverie pour mezzo-soprano, violon solo, piano et orgue; *Rose et Violette*, duo pour deux sopranos; le *Bal*, valse chantée; et enfin des mélodies, rêveries, chansons, dont plusieurs sont devenues populaires: l'*Attente*, les *Clochettes*, *Chrysa*, *Chanson*, la *Jeune fille et le lis*, *Mignonne*, *Ne le dis pas*, la *Chanson de la coquille*, *Dieu seul peut tout savoir*, l'*Etoile du soir*, *Juana*, la *Fileuse*, la *Chanson de Barberine*, *Ne grandis pas*, le *Myosotis*, *Pâquerette*, *Petit oiseau*, *Rappelle-toi*, le *Rendez-vous*, *Rosette*, la *Sirène*, *Si tu m'aimais*, la *Source*, *Trilby*, etc., etc.

GRANET, Etienne Armand Félix, homme politique français, arrière-petit-fils du conventionnel Omer Granet, est né à Marseille le 29 juillet 1849. Il était secrétaire de la commission départementale des Bouches-du-Rhône pendant la guerre. Nommé secrétaire général à la préfecture de la Lozère en 1876, il était transféré l'année suivante à celle de Montpellier. Révoqué au 16 mai, il était nommé préfet de la Lozère le 18 décembre suivant (1877), passait à la préfecture de la Vienne en septembre 1879 et était appelé au ministère de l'intérieur, comme directeur du personnel, le 15 juin 1880. Il donna sa démission de ces fonctions en 1881, pour se présenter aux élections générales du 21 août, dans l'arrondissement d'Arles, et obtint une minorité très importante au premier tour, mais il se désista au second, au profit de M. Clémenceau, qui fut élu. Celui-ci, élu dans plusieurs départements, ayant opté pour celui de la Seine, une élection complémentaire eut lieu à Arles le 18 décembre suivant, à laquelle M. Granet fut élu député à une forte majorité. Il prit place à l'extrême gauche de la Chambre. Porté sur la liste radicale, aux élections d'octobre 1885, M. Granet fut élu député des Bouches-du-Rhône, au scrutin du 18, le deuxième sur huit. Il a été appelé au ministère des postes et télégraphes, en remplacement de M. Sarrien, passé au département de l'intérieur, dans le cabinet présidé par M. de Freycinet constitué par décret du 7 janvier 1886. — M. Granet a été créé chevalier de la Légion d'honneur, le 12 juillet 1880.

GRANGÉ, Pierre Eugène Basté (dit), auteur dramatique français, né à Paris le 16 décembre 1813. Depuis quarante ans, M. Grangé, seul ou avec un ou plusieurs collaborateurs, a fourni aux scènes les plus diverses de Paris une quantité innombrable de vaudevilles, comédies, drames, pièces, opéras comiques, opérettes, etc., lesquels ont eu pour la plupart un succès populaire. Les collaborateurs ordinaires de M. Grangé, pour ne pas répéter leurs noms à chaque instant, ont été ou sont: MM. Cormon, Dumas père, Lambert Thiboust, Dennery, Clairville, Raymond Deslandes, X. de Montépin, de Najac, Dupeuty, Emile Abraham, Thierry, Tréfeu, Albert Wolf, Koning, Jules Noriac, V. Bernard, H. Buguet, Alb. Millaud, etc. Nous citerons, parmi ses ouvrages les plus connus: le *Fils du portier*, 1 acte et *Eric le fou*, 2 actes (1837); les *Enfants d'Adam et d'Eve*, 2 actes (1840); *Amour et amourette*, 5 actes (1842); *Pauvre Jeanne*, 3 actes, et les *Bohémiens de Paris*, 8 tableaux (1843); les *Premières armes du diable*, 5 actes (1844); les *Amours d'une rose*, 3 actes (1846); les *Paysans*, 5 actes (1847); les *Premiers beaux jours*, 3 actes (même année); *Fualdès*, 5 actes et le *Journal d'une grisette*, 3 actes (1848); les *Chevaliers du lansquenet*, 10 tableaux et les *Frères corses*, 5 tableaux (1850); la *Gothon de Béranger*, 2 actes (1851); les *Sept merveilles du monde*, féerie en 5 actes et le *Carnaval des maris*, actes (1853); les *Lavandières de Santarem*, opéra comique en 3 actes, musique de M. Gevaërt (1854); la *Foire aux plaisirs*, 5 tableaux (1855); le *Donjon de Vincennes*, 5 actes (1856); le *Punch Grassot*, l'*Ut-dièze*, la *Mariée du mardi-gras*, la *Fête des loups*, la *Clef sous le paillasson (1857-58)*; la *Chasse aux papillons*, le *Théâtre des zouaves*, les *Domestiques*, la *Beauté du diable*. M. m

Bamboche, la *Sirène de Paris*, 8 tabl.; le *Crétin de la montagne*, 5 actes (1859-61); *Salvator Rosa*, opéra comique, musique de M. Duprato (1861); la *Boîte au lait*, 5 actes; le *Pays des chansonnettes*, 2 actes (1862); *Sortir seule!* les *Chevaliers du pince-nez (1863)*; les *Coiffeurs*, 3 actes (1864); la *Voleuse d'enfants*, 5 actes, le *Supplice d'un homme*, 3 actes et un *Clou dans la serrure*, 1 acte (1865); la *Bergère d'Ivry*, 5 actes (1866); les *Thugs à Paris*, 3 actes (même année); *Voyage autour du demi-monde (1867)*; les *Croqueuses de pommes*, 5 actes; le *Lis dans la vallée*, 3 actes (1868); le *Puits qui chante (1871)*; *Entre deux trains*, la *Dame au passe-partout*, au Vaudeville; le *Grelot*, musique de M. L. Vasseur; le *Baptême du petit Oscar*, com. vaud., 5 actes (1873), le *Chignon d'or*, opérette, musique de M. Jonas, aux Variétés (1874); les *Flâneurs de Paris*, les *Hannetons*, revue de printemps, avec musique d'Offenbach (1878); le *Moulin du Vert-Galant*, opérette, musique de M. Serpette; la *Boîte au lait*, opérette en 4 actes, musique de M. J. Offenbach, laquelle est le produit d'un profond remaniement du vaudeville en 5 actes de 1862, exécuté par les auteurs mêmes. MM. Grangé et Jules Noriac: ces deux opérettes jouées aux Bouffes-Parisiens; *Voyage à Philadelphie*, à l'Ambigu (1876); les *Cricris de Paris*, revue de l'année (1877): la *Brebis égarée*, 3 actes au Palais-Royal (1882), etc. — On doit en outre à M. E. Grangé, un grand nombre de romances, mélodies et chansonnettes qui ont été, en leur temps, en possession incontestée de la vogue. Membre de la société du *Caveau* depuis un temps infini, il en a été élu président en 1868 et réélu très fréquemment depuis. Il a publié en 1871 un volume de chansons politiques intitulé les *Versaillaises*.

GRANT, James, littérateur écosssais, né à Edimbourg le 1er août 1822. Fils d'un officier d'infanterie qui, ayant été placé à la tête d'un détachement destiné à Terre-Neuve, l'emmena avec lui alors qu'il avait à peine dix ans, le jeune James mena en Amérique, où il demeura près de sept années, la vie des camps à laquelle il doit le style et le caractère même de la plupart de ses ouvrages. De retour en Angleterre en 1839, il obtint une commission d'enseigne au 62e régiment d'infanterie, dont il alla rejoindre le bataillon provisoire à Chatham, et eut l'année suivante le commandement du dépôt. Il donna sa démission peu après, pour se vouer entièrement à la littérature et à l'étude des antiquités écossaises. Son premier ouvrage: le *Roman de la guerre*, ou les *Highlanders en Espagne*, parut en 1846; l'année suivante, il ajoutait un nouveau volume au *Roman de la guerre*, avec ce sous-titre: les *Highlanders en Belgique*. Suivirent: les *Aventures d'un aide-de-camp, ou une campagne en Calabre (1848)*; *Mémoires de Kircaldy de Grange (1849)*; *Walter Fenton, ou le cavalier écossais*; *Souvenirs du château d'Edimbourg*, illustrés par l'auteur (1850); *Bothwell, ou le siècle de Marie, reine d'Ecosse*; *Mémoires de sir John Hepburn, maréchal de France et colonel de la brigade écossaise (1851)*; *Jane Seton, ou l'avocat du roi (1853)*; *Philip Rollo, ou les mousquetaires écossais (1854)*; *Frank Hilton, ou le bien de la reine*; la *Frégate jaune (1855)*; le *Régiment fantôme*, *Harry Ogilvie, ou le dragon noir (1856)*; *Laura Everingham*; *Mémoires du marquis de Montrose*, illustrés de dessins de l'auteur (1857); *Arthur Blane, ou les cent cuirassiers*, les *Cavaliers de fortune (1858)*; *Lucy Arden, histoire de 1715*; les *Légendes de la garde noire (1859)*; *Marie de Lorraine (1860)*; *Olivier Ellis, ou les fusiliers (1861)*; *Dick Rodney, ou les aventures d'un collégien d'Eton*; *Capitaine de la garde*; *Aventures de Rob Roy (1862)*; le *Second de personne (1864)*; l'*Entourage du roi (1865)*; le *Connétable de France (1866)*; la *Cocarde blanche (1867)*; *Premier amour et dernier amour, épisode de la rébellion indienne (1868)*; la *Dépêche secrète*, la *Jeune fille qu'il épousa (1869)*; le *Vœu de lady Wedderburn, épisode de la guerre de Crimée (1870)*; *Un seul drapeau (1871)*; *Sous le dragon rouge (1872)*; les *Batailles anglaises sur terre et sur mer* (1er vol. 1873; 2e vol. 1875); les *Héros anglais des guerres étrangères (1873*, nouvelle édition); *Plus belle qu'une fée*, *L'obtiendrai-je? (1874)*; *Il y a six ans (1877)*, etc. — La plupart de ces ouvrages ont été réimprimés aux Etats-Unis; tous ont été traduits en danois et en allemand; plusieurs l'ont été également en français. M. James Grant a collaboré, en outre, au *Dublin university Magazine*, à l'*United service magazine*, etc., principalement par des notices biographiques. En décembre 1875, il abjura le protestantisme et fut reçu membre de l'Eglise catholique romaine par le cardinal archevêque de Westminster.

GRANVILLE (comte), Granville George Leveson-Gower, homme d'État anglais, fils aîné du premier comte Granville, est né le 11 mai 1815. Après avoir achevé, à l'université d'Oxford, ses études commencées à Eton, il fut, en 1835, attaché à l'ambassade de Paris. L'année suivante, il entra à la Chambre des communes comme représentant libéral du bourg de Morpeth, qui le réélut en 1837. En 1840, il acceptait le poste de sous-secrétaire d'Etat aux affaires étrangères, qu'il resignait, à la chute de son parti, en septembre 1841. Peu après, il rentrait à la Chambre des communes comme représentant de Lichfield. Lord Leveson-Gower (tel était le nom qu'il portait alors) se fit surtout remarquer aux Communes par sa défense énergique et convaincue des principes du libre-échange. En 1846, il succédait au titre de son père et à son siège à la Chambre des lords. Lord Granville fut nommé en 1848 vice-président du Bureau de commerce, puis entra au cabinet le 24 décembre 1851, remplaçant aux affaires étrangères lord Palmerston, que son empressement maladroit à approuver le coup d'Etat bonapartiste du 2 décembre avait rendu momentanément impossible. Mais il se retirait avec le ministère Russell, battu par les tories, en février suivant. Lord Granville, qui a, en outre, occupé les postes de grand veneur de payeur général de l'armée, de trésorier de la marine et de chancelier du duché de Lancastre, fut nommé président du Conseil privé en 1853 et devint l'orateur du ministère à la Chambre des lords. Vice-président, en 1850, de la commission royale pour la grande Exposition de 1851, dont il fut un des membres les plus laborieux, il acceptait en 1860 la présidence de la nouvelle commission pour l'Exposition internationale de 1862. En 1856, lord Granville fut envoyé en mission extraordinaire à Saint-Pétersbourg, pour y représenter l'Angleterre au couronnement du czar Alexandre II. Il quittait, en février 1858, la présidence du Conseil privé, suivant dans sa retraite le ministère Palmerston; mais il la reprenait en juin 1859, après avoir échoué lui-même dans la mission de former un cabinet, sous la seconde administration de lord Palmerston. Il conserva ce poste jusqu'à la défaite de la seconde administration de lord Russell, en juin 1866. Il avait été nommé, en décembre 1865, lord gardien des Cinq Ports. En décembre 1868, lord Granville acceptait, dans le ministère Gladstone, le poste de secrétaire d'Etat pour les colonies; il remplaçait, en juillet 1870, le comte de Clarendon aux affaires étrangères, et quittait les affaires à la chute du ministère libéral, en février 1874. Au commencement de l'année suivante, lord Granville, d'un consentement unanime, devenait le chef de l'opposition libérale, en remplacement de M. Gladstone, qui avait déclaré, dans une lettre adressée au noble lord, en date du 13 janvier, renoncer à ce poste de confiance. On sait que lord Harlington était choisi peu après comme orateur du parti à la Chambre des communes. On ne sait pas moins bien, sans doute, que M. Gladstone, revenu sur sa résolution, reprenait le pouvoir en mai 1880: lord Granville reprit alors le portefeuille des affaires étrangères, qu'il conserva pendant une période singulièrement agitée: les affaires d'Orient, d'Egypte, de Tunisie, de Madagascar, ne lui laissèrent, certes, que peu de loisir. On ne pouvait donc s'étonner qu'en quittant le pouvoir, en juin 1885, il déclarât renoncer à la vie politique et se retirer dans son château de Windsor, laissant la direction du parti à lord Roseberry. Et en effet, au retour des libéraux aux affaires, en février 1886, lord Roseberry remplaçait lord Granville au ministère des affaires étrangères.

GRAY, Asa, botaniste américain, né à Paris, dans le comté d'Oneida (New-York) le 18 novembre 1810, fit ses études médicales au collège de Fairfield, où il prit le grade de docteur en 1831. Après quelques années de pratique, il abandonna la médecine et étudia exclusivement la botanique. Nommé en 1834 botaniste attaché à l'« United-States exploring Expédition », il donnait sa démission en 1837, époque à laquelle cette expédition n'était pas encore prête à prendre la mer. Il fut nommé en 1842 à la chaire d'histoire naturelle du collège d'Harvard. Outre ses cours professés à ce collège (université de Cambridge), il a fait à l'Institut Lowel, à Boston, d'autres cours de botanique. — On doit au Dr Asa Gray: *Eléments de botanique*, publiés en 1836, repris ensuite, augmentés et publiés sous le titre de: *Botanical text-book*; *The Flora of North-America*, commencée en 1838, avec le Dr Torrey (3 vol.); *Manuel de botanique pour les Etats-Unis du Nord (1848)*; *Genera Boreali-Americana Illustrata* (1er vol. 1848), cet ouvrage, dont trois volumes sont parus, n'est pas encore achevé: chaque espèce et chaque genre, dans les limites de chacun des Etats organisés de l'Union, y sont décrits avec soin; *Botany of the United-States Pacific Exploring Expedition, under Captain Wilke (1854-57)*. On lui doit de plus un certain nombre d'ouvrages, la plupart classiques, publiés depuis, notamment: *Comment croissent les plantes*; *Leçons de botanique, avec dessins d'après nature*; *Manuel de botanique*; *Livre de botanique pour l'école et le terrain*; *Botanique méthodique et systématique*; *Guide de botanique*, avec 1,300 illustrations; *Flore des Etats-Unis du Sud*; *Libre examen du traité de Darwin (1861)*; *Darwiniana (1876)*; *Nouvelle Flore de l'Amérique septentrionale (1878)*; *Science et Religion naturelle (1880)*, etc., etc. — Le professeur Gray a visité l'Europe pendant les années 1838-39 et 1850-51. En 1873, il a quitté l'enseignement actif, se vouant à des recherches scientifiques et aux soins que réclame le magnifique herbier du collège d'Harvard. Il a été nommé, en 1874, regent de l'Institution smithsonienne en remplacement d'Agassiz. Enfin, il a été élu correspondant de l'Académie des sciences (section de botanique) en juillet 1878.

GREGOROVIUS, Ferdinand, historien allemand, né à Neidenbourg (Prusse) en 1821. Il fit ses études à l'université de Kœnigsberg, après quoi il fit un assez long séjour en Italie. De retour, il se voua à la littérature et plus spécialement aux travaux historiques. On cite de cet écrivain; *Waldemar et Wladislas (1845)*; le « *Wilhelm Meister* » *de Gœthe et ses éléments sociaux (1849)*; la *Mort de Tibère (1851)*; *Histoire de l'empereur romain Hadrien et de son temps* (même année); la *Corse (1854*, 2 vol.); *Figures, histoires et scènes d'Italie* (2 vol.); *Voyage à Naples et dans la Sicile (1855)*; *Euphorion*, épopée pastorale inspirée de l'antiquité (1857); les *Tombeaux des papes de Rome (1858)*, ouvrage traduit en italien en 1879 par ordre de la municipalité et qui valut à l'auteur le droit de bourgeoisie de cette cité. Citons encore de M. Gregorovius sa *Lucrèce Borgia*, d'après des documents inédits et des correspondances contemporaines (1874), ouvrage qui eut un succès de curiosité, l'auteur y réfutant les accusations terribles et pour la plupart invraisemblables, d'ailleurs, que l'histoire fait peser sur cette princesse.

GREGORY, Charles Hutton, ingénieur anglais, fils d'un mathématicien distingué, est né en 1817. Après avoir terminé ses études, qu'il fit dans une institution particulière, il entra comme élève chez l'ingénieur Timothy Bramah. Il fut ensuite attaché, comme aide-ingénieur, à Robert Stephenson, sur le « Manchester-and-Birmingham railway », puis à M. James Walker, à l'arsenal de Woolwich, et devint en 1840, ingénieur président du « London-and-Croydon railway, « Le chemin de fer de Croydon à Epsom fut construit sous sa direction, et il succéda à Brunel, en 1846, comme ingénieur en chef de la ligne de Bristol à Exeter; en cette dernière qualité il eut à établir plusieurs lignes nouvelles dans l'ouest de l'Angleterre. En 1855, il fut nommé par le gouvernement membre du comité supérieur de l'artillerie, poste qu'il conserva environ trois années. Il a été pendant assez longtemps attaché à la direction générale des Postes, ayant principalement dans ses attributions l'établissement, après discussion contradictoire, du prix à payer pour les trains-poste. M. Gregory a exécuté divers grands travaux à l'étranger; notamment le dessèchement du lac Fucino en Italie et le chemin de fer de Béziers à Graissessac en France furent commencés sous sa direction et d'après ses plans. Il est l'auteur, avec M. Horace Jones, d'un plan d'élargissement du pont de Londres annexé à la dernière pétition adressée dans ce but au parlement (1874), et qui fut dès l'abord accepté en principe. Enfin, M. Gregory est ingénieur en chef des chemins de fer « Somerset-Central » et « Dorset-Central », ingénieur consultant des chemins de fer de Ceylan et de Pernambuco et, depuis 1868, président de l'Institution des ingénieurs civils. — Il a été créé compagnon de l'ordre de Saint-Michel et Saint-George en 1876 et promu commandeur en 1883.

GREPPO, Louis, homme politique français, né à Pouilly (Rhône) le 8 janvier 1810, vint de bonne heure à Lyon pour y faire son apprentissage de *canut*, et devint, d'ouvrier, chef d'atelier dans une manufacture de soieries. Il appartenait, sous la monarchie de Juillet, au parti républicain avancé et fit partie de l'association des *Mutuellistes*; puis, cette association ayant été dissoute, des diverses sociétés secrètes qui lui succédèrent. L'un des chefs reconnus du parti avancé et jouissant d'une grande popularité, lorsqu'éclata la révolution de 1848, il fut élu représentant du Rhône à l'Assemblée constituante et alla siéger à la Montagne: il y fit partie du comité du travail. Dans la séance du 31 juillet, il protesta seul, par son vote, en apparence favorable à la proposition par laquelle Proudhon voulait que l'Etat s'emparât d'un tiers des fermages, des revenus, etc., contre l'ordre du jour motivé par lequel l'Assemblée le repoussait, en la déclarant « une atteinte odieuse aux principes de la morale publique et un appel aux plus mauvaises passions ». M. Greppo a d'ailleurs constamment repoussé l'accusation d'avoir eu, dans cette circonstance, l'intention de donner une adhésion au système de Proudhon, et il est bien clair qu'en votant *contre* un pareil ordre du jour, on ne vote pas nécessairement *pour* la proposition que cet ordre du jour repousse en des termes blessants pour son auteur et dans un jargon dont heureusement nous commençons à nous déshabituer. Après l'élection du 10 décembre, M. Greppo fit une vive opposition à la politique de l'Elysée, combattit le projet d'expédition de Rome, signa la demande de mise en accusation du président Louis-Napoléon et de ses ministres et vota contre la Constitution. Réélu à l'Assemblée législative, le septième sur quatorze (il n'avait été élu que le dernier à la Constituante), il reprit sa place à l'extrême-gauche et son attitude d'opposition à la politique de l'Elysée. Au coup d'Etat du 2 Décembre, M. Greppo fut en conséquence arrêté, emprisonné puis expulsé du territoire, après avoir touché de fort près la déportation à Cayenne. Il se retira d'abord en Belgique, puis en Angleterre, d'où il revint en France à l'amnistie générale de 1859. Mais dès 1862, il était poursuivi, avec Jules Miot et cinquante autres accusés, sous l'inculpation de délit de société secrète, et condamné à la prison. — Nommé maire du 4e arrondissement de Paris, après le 4 Septembre, M. Greppo donna sa démission à la suite des événements du 31 octobre. Elu le 8 février 1871, le vingt-quatrième sur quarante-trois, représentant de la Seine à l'Assemblée nationale, il signa, après l'explosion du 18 mars, la proclamation des députés de la Seine et des maires de Paris, acceptant pour le 26 les élections municipales, et prit part à toutes les tentatives de conciliation entre Versailles et Paris, faites alors avec tant d'insistance et si inutilement. A l'Assemblée, M. Greppo siégea à l'extrême gauche et vota en conséquence: il vota notamment contre les préliminaires de paix et pour l'ensemble des lois constitutionnelles. Aux élections du 20 février 1876, il s'est présenté dans le XIIe arrondissement de Paris, et a été élu au premier tour. Il a repris sa place à l'extrême-gauche et a été élu vice-président de ce groupe parlementaire. M. Greppo, qui a voté l'amnistie pleine et entière, était trésorier de la caisse des secours aux familles des détenus politiques. Réélu le 14 octobre 1877 et le 21 août 1881, dans le même arrondissement, M. Greppo, porté sur la liste de l'alliance républicaine, a échoué aux élections générales de la Seine d'octobre 1885. — On lui doit quelques brochures politiques de circonstance.

GRESLEY, Henri François Xavier, général et homme politique français, né à Vassy (Haute-Marne) le 9 février 1819. Entré à l'Ecole polytechnique en 1838, il en sortit dans l'état-major en 1840: promu lieutenant en 1843 et capitaine en 1845, il était nommé aide de camp du général Herbillon, en Algérie, en 1847, et assistait à la prise de Zaatcha, à laquelle il fut blessé (1849). Il fut promu ensuite chef d'escadron en 1855, lieutenant colonel en 1861 et colonel en 1865. Le colonel Gresley était, depuis près de vingt ans, dans le service des affaires arabes, il avait commandé le cercle à Djijelli et dirigé le bureau politique à Alger, lorsqu'éclata la guerre de 1870. Promu général de brigade le 12 août 1870, chef d'état-major de la cavalerie du 1er corps, il assista aux batailles de Bazeilles, Balan et Sedan. Sous-chef d'état-major général au ministère de la guerre, au retour de la paix, le général Gresley a pris une part considérable aux travaux de réorganisation de l'armée; il fut nommé chef d'état-major général en 1874 et promu divisionnaire le 3 mai 1875. Nommé conseiller d'Etat en service extraor-

Guerre, le 14 avril 1876, il défendit devant les deux chambres, comme commissaire du gouvernement, les projets relatifs à l'armée. A la formation du ministère de Rochebouët, le général Gresley quitta le ministère de la guerre. — L'un des candidats des gauches à une élection de sénateurs inamovibles, le 15 novembre 1878, le général Gresley échoua de 4 voix contre l'avocat Numa Baragnon, candidat des droites. Appelé au ministère de la guerre en remplacement du général Borel, démissionnaire, le 12 janvier 1879, le général Gresley conserva son portefeuille dans le premier ministère de la présidence de M. Jules Grévy, qui succédait au maréchal de Mac-Mahon le 30 janvier. Le 27 mai suivant, il était élu sénateur inamovible. Le 28 décembre de la même année, après la discussion d'une interpellation qui avait froissé sa susceptibilité, le général Gresley donnait sa démission et remettait son portefeuille au général Farre. Il reprit son siège au centre gauche du Sénat, où il a voté contre la loi sur l'expulsion des princes. — Il est grand officier de la Légion d'honneur depuis le 8 février 1880, et décoré de la médaille militaire.

GRÉVILLE, Henry (Alice Marie Céleste Henry, dame Durand, dite), femme de lettres française, née à Paris le 12 octobre 1842. Elle avait reçu une brillante instruction de son père, qu'elle suivit à Saint-Pétersbourg, où il était nommé professeur à l'université et à l'école de droit. Pendant son séjour en Russie, Mlle Henry se mit aisément au fait de la langue et des mœurs du pays et débuta de bonne heure dans la carrière littéraire, par la publication dans les journaux et revues russes de nouvelles signées déjà Henry Gréville. Mariée à M. Durand, professeur à l'école de droit de Saint-Pétersbourg et lui-même écrivain distingué, elle revint en France avec son mari en 1872 et commença à publier, dans le *Figaro*, le *Siècle*, le *Temps*, le *Journal des Débats*, le *Petit Journal*, la *Revue des Deux-Mondes*, etc., des récits pleins d'intérêt dont sa parfaite connaissance des mœurs et coutumes du peuple russe lui fournit les sujets les plus ordinaires. — Nous citerons, parmi les ouvrages, devenus fort nombreux, publiés par Mme Henry Gréville : *Dosia*, l'*Expiation de Savéli*, la *Princesse Oghérof (1876)*; les *Koumiassine* (2 vol.), *A travers champs*, *Autour d'un phare*, *Suzanne Normis*, *Sonia*, *Pierrot ermite*, comédie en 1 acte, en vers (1877); la *Maison de Maurèze*, *Nouvelles russes*, l'*Amie (1878)*; le *Violon russe (1880)*; le *Vœu de Nadia*, *Rose Rozier (1883)*; *Perdue*, un *Crime*, *Idylle (1884)*; le *Mors aux dents*, *Clairefontaine (1885)*.

GRÉVIN, Alfred, dessinateur français, né en janvier 1827 à Epineuil, près de Tonnerre. Il débuta par être employé de chemin de fer. Tout en griffonnant des *états* dans les bureaux de la compagnie Paris-Lyon-Méditerranée, il risquait d'ici et de là, quelques croquis qui venaient pour ainsi dire tout seuls au bout de sa plume de bureaucrate; car, sans études préalables et sans visées à la production artistique, il ne dessinait guère que pour s'amuser et d'inspiration. Il fallut, pour le convaincre de la valeur relative de ses essais, que quelques-unes de ces pochades eussent été montrées par un ami à Philipon, le directeur du *Journal amusant*, qui appela à lui le jeune employé, lui donna des conseils et ne tarda pas à se l'attacher comme collaborateur ordinaire. L'apparition de Grévin fut remarquée, bien qu'il ne dût arriver que quelques années plus tard à se créer une manière qui lui fût personnelle. « Il reflète, dit M. P. Véron, les ridicules et les vices avec la rapidité de l'objectif photographique, s'emparant de l'image qui passe devant lui... Un trait alerte enveloppe, d'un seul coup, le personnage mis en action. Les femmes, qu'il excelle à photographier, sont marquées à son empreinte. On dirait que son crayon ait glissé le long de leur corps à la façon d'une caresse. » Ajoutons que la plupart des légendes qui accompagnent les compositions de Grévin sont frappées au meilleur coin de la fine observation, de la mordante ironie. Il en est beaucoup qui sont devenues fameuses : entre autres cette exclamation d'un flâneur en arrêt devant un pêcheur à la ligne : « Faut-il que des gens aient de la patience!... Il y a deux heures que je le regarde, et il n'a pas pris un malheureux goujon!... » Grévin s'est fait, à côté de sa réputation de dessinateur amusant, une véritable notoriété comme peintre de costumes pour les pièces à spectacle. — Propriétaire à Saint-Mandé, qu'il habite, Grevin a fait, pendant plusieurs années, partie du Conseil municipal de cette ville, et il eut même, dans l'exercice de ses fonctions, à faire plus d'une fois preuve de qualités fort étrangères à son art, par exemple pendant le siège et pendant la Commune. — Il a collaboré à quelques pièces, notamment au *Bonhomme misère*, 3 actes, écrit avec M. Ernest d'Hervilly et représenté à l'Odéon en 1877. Enfin, il créait peu après, au passage Jouffroy, le *Musée Grévin*, exposition plastique des scènes d'actualité les plus empoignantes à un titre quelconque.

GRÉVY, François Paul Jules, homme d'Etat, président de la République française, est né à Mont-sous-Vaudrey (Jura) le 15 août 1813, d'une famille de cultivateurs. Après avoir fait ses études aux collège de Poligny et de Besançon, il vint à Paris pour faire son droit. La révolution de juillet 1830, à laquelle il prit une part active, interrompit ses études, mais il les reprit aussitôt le calme revenu. Reçu avocat, il se fit inscrire au barreau de Paris, où il s'acquit une réputation honorable et une grande notoriété en plaidant dans divers procès politiques, notamment pour les accusés Quignot et Philippe, membres de la société des *Saisons*, compromis avec Barbès, Blanqui et autres dans la tentative d'insurrection du 12 mai 1839 et la prise du poste de la Conciergerie. M. J. Grévy ne prit pas autrement part à la vie politique sous le gouvernement de Juillet, mais il était notoirement connu pour un des membres des plus distingués du parti démocratique. Après la révolution de février 1848, il fut en conséquence choisi par le gouvernement provisoire comme commissaire dans le Jura. Il s'acquit promptement, dans ce poste difficile, l'estime de tous, par sa fermeté unie à la modération et par une impartialité entière servie par la rectitude du jugement, qualités fort rares en des temps pareils. Aux élections générales pour la Constituante, M. J. Grévy fut élu représentant du Jura en tête de la liste et à la presque unanimité des suffrages. Il prit place à la gauche de l'Assemblée, fut élu vice-président et fit partie du comité de justice. M. Grévy prit part à beaucoup de discussions importantes, et se fit dès le début la réputation d'un orateur précis, sobre et habile en même temps, dans son éloquence simple, quoique loin de manquer d'élégance. Mais son nom est surtout resté attaché à l'amendement qu'il présenta à la constitution, et portant sur les articles 43 et 45 relatifs au mode d'élection et aux attributions du président de la République. Comme les adversaires de M. Grévy ont feint de ne trouver dans son amendement autre chose que la copie modifiée à peine de l'amendement présenté sur le même sujet par l'honorable M. Leblond, il nous parait utile de rappeler ici succinctement les faits. — L'article 43 du projet de constitution présenté par la commission disait : « Le peuple français délègue le pouvoir exécutif à un citoyen qui reçoit le titre de « président de la République : » et l'art. 44 : Il est élu pour quatre ans, etc. » L'amendement Leblond demandait purement et simplement que le *président de la République* fût élu par l'Assemblée, au lieu d'être élu par le peuple ; tandis que l'amendement Grévy supprimait la fonction de président de la République, outre qu'il modifiait profondément les conditions dans lesquelles la fonction qu'il y substituait, pour ainsi dire, serait exercée. Voici du reste le texte de cet amendement : « l'Assemblée nationale délègue le pouvoir exécutif à un citoyen qui reçoit le titre de *Président du conseil des ministres*. — Le président du conseil des ministres est nommé par l'Assemblée nationale, au scrutin secret et à la majorité absolue des suffrages. — Elu pour un temps illimité, il est toujours révocable. » M. Grevy défendit son amendement dans un discours où il faut bien reconnaitre un sens politique supérieur et une perspicacité qui lui donne en quelque sorte le don de prophétie. En relever les traits principaux ne saurait être hors de saison, car la vérité est de tous les temps, quoiqu'il soit rare qu'on l'entende s'exprimer en des termes aussi lucides. « Je dis que le seul fait de l'élection populaire, disait M. Grévy, donnera au président une force excessive. Oubliez-vous que ce sont les élections de l'an X qui ont donné à Bonaparte la force de relever le trône et de s'y asseoir? voilà le pouvoir que vous élevez. Et vous dites que vous voulez fonder une République démocratique! Que feriez-vous de plus si vous vouliez, sous un nom différent, restaurer la Monarchie? Un semblable pouvoir conféré à un seul, quelque nom qu'on lui donne, roi ou président, est un pouvoir monarchique; et celui que vous élevez est plus considérable que celui que vous avez renversé. Il est vrai que ce pouvoir, au lieu d'être héréditaire, sera temporaire et électif; mais il n'en sera que plus dangereux pour la liberté. Etes-vous bien sûrs que, dans cette série de personnages qui se succéderont tous les quatre ans *au trône de la Présidence*, il n'y aura que de purs républicains empressés d'en descendre? Etes-vous sûrs qu'il ne se trouvera jamais un ambitieux tenté de s'y perpétuer? Et si cet ambitieux est un homme qui a su se rendre populaire, si c'est un général victorieux, entouré de ce prestige de la gloire militaire auquel les Français ne savent pas résister; si c'est *le rejeton d'une des familles qui ont régné sur la France*, et s'il n'a jamais renoncé expressément à ce qu'il appelle ses droits; si le commerce languit, si le peuple souffre, s'il est dans un de ces moments de crise où la misère et la déception le livrent à ceux qui cachent sous des promesses des projets contre sa liberté, répondez-vous que cet ambitieux ne parviendra pas à renverser la République?... » — Eloquence perdue : l'amendement fut repoussé par 643 voix contre 158 (7 octobre 1848).

Après l'élection du 10 décembre, M. Grévy fit une vive opposition à la politique de l'Elysée et s'éleva notamment contre l'expédition de Rome. Réélu à la Législative, il vint reprendre sa place dans les rangs de la représentation democratique. Il est bien de remarquer, toutefois, que M. Grévy, malgré son énergique opposition à toutes les mesures despotiques présentées aux deux assemblées et votées par elles, telles que la loi sur l'état de siège, sur les attroupements, etc., malgré ses propositions *radicales* et surtout radicalement républicaines, a toujours tenu à honneur de ne s'inspirer que de sa conscience, ne faisant cause commune avec aucun groupe. — Lors du coup d'Etat, M. Grévy, arrêté à la mairie du Xe arrondissement, fut quelque temps détenu à Mazas. Rendu à la liberté, il reprit l'exercice de sa profession d'avocat; il n'a plaidé, en fait de procès politiques, depuis lors, que dans le procès des *Treize (1864)*. En août 1868, déjà membre du conseil de l'ordre des avocats de Paris, il était élu bâtonnier. La même année, cédant enfin aux sollicitations de ses amis, il acceptait la candidature dans une élection partielle de la 2e circonscription du Jura, où il fut élu contre le candidat officiel, avec une majorité de plus des deux tiers. M. Grévy s'était montré jusque-là absolument rebelle au serment préalable, au prix duquel seulement il était possible de se présenter comme candidat au Corps législatif; en acceptant cette nécessité, il n'est pas niable qu'il n'ait obéi à des considérations politiques supérieures à toute préférence personnelle, mais sa réputation d'intégrité, de rectitude était telle qu'aucun de ceux qui, comme lui, avaient opiniâtrement refusé de s'y soumettre, n'aurait osé revenir sur sa résolution s'il n'avait fait les premiers pas. Il faut reconnaitre que de ces premiers pas date, en somme, une ère nouvelle pour la cause démocratique, quelles que soient les conséquences qu'on veuille tirer de l'événement. M. Grévy vint prendre place sur les bancs de la gauche. Aux élections générales de 1869, le gouvernement ayant reconnu l'inutilité de combattre sa candidature, ne trouva rien de mieux à faire que de remanier les circonscriptions électorales du Jura, abandonnant à M. Grévy, de bonne grâce, toutes les voix qui lui étaient notoirement acquises, mais enlevant à la 2e circonscription du Jura, pour en renforcer les autres, le plus possible de celles qui devaient s'évertuer en vain contre lui. On n'a jamais fait plus habilement la part du feu, quoiqu'il n'y eût pas grand'chose à gagner. Il est inutile de dire que M. Grévy eut une majorité énorme. — Dans la dernière législature de l'empire, M. Grévy prit part à plusieurs discussions importantes. On se rappelle la discussion qui eut lieu à propos de la pétition des princes d'Orléans demandant le rappel des lois de bannissement (2 juillet 1870), et dans laquelle, ne voulant pas donner son vote à une loi de proscription, mais ne tenant « ni de ses commettants ni de sa conscience » le droit de rouvrir les portes à la royauté, M. Grévy voulu expliquer le sentiment qui le contraignait à s'abstenir. M. Thiers l'interrompit par cette exclamation (le *Journal officiel* dit « une voix derrière l'orateur », mais cette voix était celle de M. Thiers) : « C'est parler en soutien du gouvernement! » — « C'est parler, lui rétorqua M. Grévy, en républicain qui ne veut être *ni dupe ni complice* de la royauté. » Il présida la réunion de la rue de la Sourdière, qui prit le nom de « gauche fermée », produit d'une scission de la gauche, amenée par la formation d'un groupe distinct, sous la présidence d'Ernest Picard, au commencement de 1870, et que M. Grévy, dans une lettre rendue publique, avait qualifié « une *gauche ouverte* aux compromis dynastiques ». Il combattit le *plébiscite à la tribune* et signa le *manifeste de* la gauche et de la presse démocratique. Il voulut enfin s'opposer à la déclaration de guerre, mais dut renoncer à la parole en présence de l'hostilité bruyante de la majorité. — Dans la dernière séance du Corps législatif, le 4 Septembre, M. Grévy se ralliait, à la tribune, à la proposition J. Favre, tendant à faire proclamer par un vote de la Chambre la déchéance de la dynastie impériale. L'envahissement de la salle des délibérations empêcha qu'il fût donné suite à cette proposition, et M. Grévy se renferma alors dans une attitude passive vis-à-vis de ce gouvernement qu'il considérait comme fondé *illégalement*, ne cessant de réclamer la convocation d'une Assemblée. Mais, très respecté toujours, il ne fut pas écouté, comme c'est assez l'habitude des gens isolés, et conséquemment impuissants, eussent-ils cent fois raison. Lors de la dissolution des conseils généraux, il protesta contre cette mesure arbitraire.

Aux élections du 8 février 1871, M. J. Grévy fut élu représentant à l'Assemblée nationale dans les Bouches-du-Rhône et le Jura; dans la Seine où il ne s'était pas porté, 51,560 suffrages s'étaient spontanément portés sur son nom. Il opta pour le Jura et alla reprendre à gauche sa place à l'Assemblée de Bordeaux; il y fut l'un des signataires de la proposition tendant à nommer M. Thiers chef du pouvoir exécutif de la République française. Cette proposition adoptée, M. Grévy fut élevé à la *présidence* de l'Assemblée (15 février 1871) par 519 suffrages sur 536 votants. Il fut maintenu au fauteuil par huit votes successifs, presque unanimes. Le 2 avril 1873, il donnait sa démission à la suite d'un incident de séance ridicule. Dans la discussion relative à la municipalité lyonnaise, M. Le Royer, représentant du Rhône, combattant les conclusions du rapporteur, M. le vicomte de Meaux, s'était servi, pour qualifier l'ensemble des arguments invoqués, du mot *bagage*, à coup sûr bien innocemment. La droite protesta avec bruit, et M. le marquis de Grammont, qui n'est plus en situation de faire de semblables interruptions, s'écria que c'était une « impertinence ». Sur quoi, rappel à l'ordre, suivi d'un tumulte inouï; le président prit alors la parole en ces termes : « ... Je n'ai ni demandé ni recherché les fonctions dont vous m'avez investi. Je les ai remplies selon mes forces, dans toute ma justice et mon impartialité. Si je ne trouve pas en retour, chez vous, messieurs, la justice à laquelle je crois avoir droit, je saurai ce qu'il me reste à faire. » Il leva la séance et se retira. Le lendemain, il donnait sa démission. Un scrutin eut lieu sur l'heure, pour lequel les droites présentèrent M. Buffet : M. Grévy fut néanmoins réélu par 349 contre 231 données à M. Buffet. Mais il maintint sa démission. M. Buffet fut donc élu à sa place, par 348 voix sur 556 votants : on peut ainsi faire un rapprochement instructif; malgré cela, on peut dire que l'impartialité ne siégeait pas précisément au fauteuil de la présidence, à la célèbre séance du 24 mai, et la chute de M. Thiers suivit de près celle de M. Grévy, chutes voulues toutes les deux ou au moins consenties, bien entendu, mais chutes.

M. Grévy reprit son siège dans les rangs de la gauche et se fit inscrire à la réunion de la gauche républicaine. Il se renferma dans la plus grande réserve pendant quelque temps, à l'Assemblée; au dehors, il prit avec énergie la défense de la candidature de M. de Rémusat, à Paris, contre celle de M. Barodet, ancien maire de Lyon. On sait que c'est ce dernier qui fut élu (29 avril). A l'époque des intrigues fusionnistes, quelques mois plus tard, il publiait une substantielle brochure : le *Gouvernement nécessaire*, concluant ainsi : « La France ne trouvera son salut que dans l'organisation de la démocratie. » Il combattit, dans la séance du 19 novembre, le projet de prorogation des pouvoirs du maréchal de Mac-Mahon. Ayant refusé de reconnaître à l'Assemblée le pouvoir constituant, il s'abstint lors du vote des lois constitutionnelles. De même, ayant toute sa vie été contraire au système des deux chambres, il refusa de se laisser porter sur la liste des candidats au siège de sénateur inamovible, en décembre 1875. Ses votes à l'Assemblée nationale ont été rares, parce que, président de cette Assemblée, il s'est constamment abstenu, par une réserve que rien dans nos lois ne lui impose, bien qu'elle soit expressément imposée, et avec raison, croyons-nous, au *speaker* de la Chambre des communes d'Angleterre; autrement il a voté la paix, le retour de l'Assemblée à Paris, le traité douanier et, comme nous avons dit, la proposition Rivet; il a voté contre la dissolution des

gardes nationales, la loi sur l'enseignement supérieur, le scrutin d'arrondissement, l'ajournement de la loi municipale, etc.

Aux élections du 20 février 1876, M. Jules Grévy était élu député du Jura pour l'arrondissement de Dôle, par 12,417 voix, contre 3,300 accordées à son concurrent réactionnaire, M. Picot d'Aligny. Nommé président provisoire de la Chambre des députés à la rentrée, le 9 mars, il était maintenu au fauteuil lors de la constitution définitive du bureau, par 462 voix sur 468, les 6 voix d'écart étant représentées par des bulletins blancs. Nous passerons sur les difficultés qu'à une époque aussi troublée le président d'une chambre républicaine, et par conséquent suspecte au gouvernement, devait nécessairement rencontrer de la part d'une minorité dite « conservatrice » qui, se sentant au pouvoir et, quoique minorité, triomphante de ses adversaires, ne gardait plus aucune retenue, pas même celle qu'impose le respect de soi-même aux gens bien élevés; des événements plus sérieux nous sollicitent, quoique les plus graves de ces violences aient été provoquées par l'émotion résultant du coup de force du 16 mai 1877. Quelques jours après, le ministre de l'intérieur, M. de Fourtou, venait lire à la tribune le message de prorogation. Il n'y avait pas à en douter, la Chambre ainsi envoyée en congé ne serait pas rappelée, ou ne le serait que pour s'entendre inviter à partir une bonne fois. Quand le ministre eut achevé sa lecture, M. Grévy se leva : « Restez dans la légalité, Messieurs, dit-il aux députés si lestement traités, restez-y avec fermeté, avec confiance. » Et il leva la séance. Le 23 juin suivant, la Chambre était de nouveau réunie, c'était pour entendre la lecture du décret de dissolution, le Sénat ayant, pendant qu'il le pouvait encore, sacrifié l'autre chambre aux intrigues gouvernementales. La crise électorale était donc de nouveau à l'ordre du jour. Nous n'en referons pas l'histoire. Nous rappellerons seulement que Gambetta en profitait pour poser nettement la candidature éventuelle de M. Jules Grévy à la présidence de la République. Le 14 octobre 1877, M. Grévy était élu dans le IXe arrondissement de Paris et dans l'arrondissement de Dôle, pour lequel il opta. Il n'avait, d'ailleurs, accepté la candidature à Paris que comme une sorte d'héritage de M. Thiers, mort le 8 septembre précédent, et sur la tombe duquel il avait pris le premier la parole, pour exprimer les regrets qui, dans ces circonstances particulièrement critiques, étaient dans le cœur de tous les républicains, si peu républicain que fût, au fond, cet homme d'Etat. Cependant la nouvelle Chambre, quoique sa composition fût loin de répondre aux espérances du maréchal de Mac-Mahon, qui avait pourtant menacé les électeurs de se passer d'elle pour gouverner si elle s'avisait de contrecarrer sa politique, était convoquée le 12 novembre, et elle choisissait de nouveau M. Grévy comme président. Le ministère qui avait fait les élections, peu soucieux de se retrouver en présence d'une Chambre au moins autant républicaine que celle qu'il avait dissoute, s'était retiré; et le maréchal-président n'avait trouvé rien de mieux, pour le remplacer, qu'une petite collection de personnages d'aussi grande valeur, sans aucun doute, mais choisis en dehors du parlement et présidés par un général ! On était en pleine crise ; le soupçon d'un coup d'Etat imminent, ayant pour lui toutes les vraisemblances, était partout ; il fallait mettre un terme à cet état de choses dangereux. Les présidents des deux Chambres, MM. Grévy et d'Audiffret-Pasquier fut mandés à la présidence, et ils n'hésitèrent pas, plus l'un que l'autre, à démontrer au duc de Magenta qu'il lui fallait avant tout rentrer dans les principes du régime parlementaire, et donner à un pays aussi nettement républicain un gouvernement républicain, c'est-à-dire choisi dans les rangs de la majorité parlementaire, ou tout craindre. Cette entrevue donna, au moins, au maréchal une notion plus saine et plus exacte de la situation, et en dépit des intrigues, des excitations, des injures presque du parti monarchique, le ministère de Rochebouët était remplacé par un ministère Dufaure, républicain dans une certaine mesure, en tout cas intéressé au maintien de la République (14 décembre).

Plutôt que de céder spontanément à ce qu'il pouvait regarder comme les exigences du suffrage universel, le maréchal de Mac-Mahon eût préféré se retirer dès lors ; s'il ne le fit pas, ce fut sur les instances des présidents des deux Chambres. Mais il est bien certain qu'un ministère républicain n'était pas de son goût, et qu'il ne s'entendrait avec un pareil gouvernement qu'à la condition de concessions multipliées et sans réciprocité aucune. Vinrent enfin les élections pour le premier renouvellement triennal du Sénat ; il faudrait voir ce qu'elles donneraient : elles donnèrent une majorité républicaine à cette Chambre sur laquelle il s'était promis de s'appuyer, le cas échéant ! Dès ce moment, la retraite du maréchal de Mac-Mahon était décidée; une difficulté avec ses ministres au sujet des grands commandements militaires, question sur laquelle il était moins disposé à transiger que sur toute autre, et il donnait sa démission (30 janvier 1879). Le même jour, M. Jules Grévy était élu président de la République pour sept ans, par les Chambres réunies en Congrès, 563 suffrages sur 713 votants s'étant portés sur son nom. Ce n'était pas sans une grande appréhension que les plus sages entrevoyaient ce moment critique de la transmission du pouvoir suprême : cette transmission s'était affectuée dans le plus grand calme, sans le plus petit incident. On peut dire que, ce jour-là, un immense soupir de soulagement s'exhala de la poitrine de la France, aspirant surtout à la tranquillité, et par conséquent au maintien et au développement naturel des institutions républicaines. Le 6 février, le nouveau chef de l'Etat adressait aux Chambres un message dont nous ne voulons retenir que le passage où il promet de ne jamais entrer en lutte avec la volonté du pays, parce que c'est le point capital. Il a tenu cette promesse, et chef d'Etat ayant un ministère responsable, il a toujours su se garder des erreurs dangereuses du gouvernement personnel.

Le 28 décembre 1885, les Chambres, de nouveau réunies en congrès à Versailles, pour procéder à l'élection du président de la République, réélisaient M. Jules Grévy pour sept nouvelles années, par 457 voix sur 576. Les droites s'étaient abstenues, autrement le nombre d'électeurs se serait élevé à 867. Mais cette séance est mémorable surtout par le scandale — non pas sans précédent, pourtant — dont les droites abstentionnistes jugèrent à propos de l'agrémenter. — J'ai entendu émettre l'avis que le bulletin de vote était une arme qui avait sur toutes les autres l'avantage de la légalité, et que ceux qui dédaignent de s'en servir n'ont plus qu'à se taire ; mais ce n'est pas dans le parlement que cet avis a chance d'être accueilli, encore moins dans un groupe conservateur ».

M. Jules Grévy est de ces hommes qu'on peut juger exactement sur leurs actes, parce qu'ils n'ont jamais dévié. Avec plus de vérité que beaucoup, que trop d'autres candidats, il pouvait dire, aux élections de 1876, à ses anciens commettants : « Vous me connaissez depuis longtemps ; il y a vingt-huit ans que vous m'avez honoré pour la première fois d'un mandat législatif. Ce que j'étais alors, je le suis aujourd'hui... » Un tel homme n'est pas seulement l'honneur d'un parti, mais encore l'honneur de l'humanité. — Dans sa déposition devant la commission d'enquête sur les causes de la Révolution du 4 Septembre, feu M. Schneider, ancien président du Corps législatif impérial, s'exprimait ainsi sur le compte de M. Grévy : « Dans un temps où il y a tant d'affaissement des caractères, on éprouve un véritable bonheur à trouver un caractère aussi grave, aussi intact et aussi élevé que celui de M. Grévy. » — Une appréciation d'un caractère différent, car elle porte surtout sur l'avocat, est due à un de ses confrères au barreau et à la Chambre, où il siégea d'abord près de lui, et ensuite fort loin ; nous voulons parler de M. Clément Laurier. Voici en quels termes il s'exprime : « A la barre, il est un redoutable adversaire, précis, serré, sans faconde, professant et pratiquant l'horreur de la phrase. Il plaide avec une simplicité extraordinaire, sans faste, presque sans bruit, comme un homme qui ne s'attache qu'au raisonnement et ne fait aucun cas du reste. Il parle d'une voix claire, nette, peut-être un peu molle, contraste singulier avec le nerf de sa dialectique, mais sous cette parole négligée et comme flottante, on sent bien vite une argumentation de premier ordre. Incapable d'ailleurs d'employer un moyen non mauvais, mais douteux, préoccupé non de séduire, mais de convaincre, il plait néanmoins malgré lui par une espèce de bonhomie ronde et chaleureuse en même temps, qui donne à sa logique une saveur particulière et fait de lui une sorte de Phocion légèrement teinté de Franklin. » Enfin voici le portrait que trace de M. Grévy, dans son *Histoire de la Révolution de 1848*, Daniel Stern, l'historien regretté, au sujet des discussions relatives à la loi sur l'état de siège, en juin 1848 : « L'un des représentants qui parla le plus fortement dans les bureaux contre l'état de siège, ce fut M. Grévy, représentant du département du Jura. C'était un esprit ferme et tempéré, à qui l'amour du bien et l'habitude des choses honnêtes traçaient toujours, sans qu'il eût besoin d'efforts, la ligne la plus droite. Sa parole était grave, lucide ; il possédait cette logique invincible de la sincérité qui gagne tous les bons esprits. L'un des nouveanx venus dans l'Assemblée, il s'y était promptement acquis, sans intrigue et même sans ambition, une considération particulière. Républicain par réflexion plutôt que par entrainement, il ne concevait le progrès que par la liberté. Se tenant dans cette notion très simple, mais bien rare dans les querelles de parti, il parut constamment au sein de l'Assemblée comme une expression modeste de sa meilleure conscience, comme un exemple parfait de l'esprit parlementaire appliqué dans toute sa sincérité à l'affermissement et à l'extension des institutions démocratiques. » — Ces appréciations empruntées à des sources aussi diverses, émanant toutes de juges désintéressés, peignent un homme, ou rien ne serait capable de le faire. Nous n'y ajouterons rien, si ce n'est ce mot, qui est de lui : Ce qu'il était au début de sa carrière, il l'est à la fin ; et jamais carrière plus glorieuse n'aura été mieux remplie, en dépit des injures de ses adversaires politiques, et que la politique seule peut inspirer.

M. Jules Grévy, qui n'était pas même chevalier de la Légion d'honneur à son accession au pouvoir suprême, est grand maitre de l'ordre et grand croix du 4 février 1879. Il est de plus chevalier de la Toison d'or et haut dignitaire de la plupart des ordres étrangers.

GRÉVY, Paul Louis Jules, général et homme politique français, frère du précédent, né à Mont-sous-Vaudrey le 5 septembre 1820. Elève de l'École polytechnique, il en sortit en 1843 dans l'arme de l'artillerie. Il servit en Algérie, fit la campagne de Crimée, celle d'Italie comme capitaine et fut promu chef d'escadron en 1864, lieutenant-colonel le 17 août 1870, colonel en août 1871 et général de brigade le 30 décembre 1875. Il fut appelé au commandement de la 4e brigade d'artillerie du 4e corps d'armée, au Mans, puis à celui de la brigade du 19e corps, et enfin promu général de division en 1882. Le général Grévy a été élu sénateur du Jura à une élection complémentaire, le 15 août 1880, en remplacement de M. Tamisier, décédé. Il a pris place à gauche et a voté l'expulsion des princes. — Il a été promu grand officier de la Légion d'honneur le 29 décembre 1882, et a pris sa retraite en 1885. Le général Grévy est membre du conseil de l'ordre de la Légion d'honneur.

GRÉVY, Albert, homme politique français, frère des précédents, est né à Mont-sous-Vaudrey le 23 août 1824. M. Albert Grévy fit son droit à Paris et s'inscrivit au barreau de cette ville où il fit son stage et se fit remarquer à la conférence des jeunes avocats, de 1850 à 1852. Inscrit ensuite au barreau de Besançon, il y devint bâtonnier, outre qu'il y fut l'un des principaux chefs reconnus de l'opposition démocratique. En 1870, à l'occasion du plébiscite, il ouvrit au théâtre de Besançon des conférences dans lesquelles il démontra la nécessité de voter NON et les dangers du vote contraire. Après le 4 Septembre, le gouvernement de la Défense nationale nomma M. Albert Grévy commissaire général dans les départements du Doubs, de la Haute-Saône et du Jura ; mais il donna sa démission peu de temps après. Aux élections du 8 février 1871, il fut élu représentant du Doubs à l'Assemblée nationale en tête de la liste. Il se fit inscrire à la gauche républicaine, dont il fut élu président. Il prit la parole dans diverses discussions importantes et fut rapporteur de la loi ayant pour objet la répartition sur toute l'étendue du territoire de la France des sacrifices imposés par la guerre et ses conséquences, de la commission d'enquête sur les agissements du « comité de comptabilité » bonapartiste, à l'occasion de la lecture à la tribune, par M. Girerd, du document L. B. 17, et du projet de loi connexe sur la presse et la levée de l'état de siège. Dans cette dernière occasion, M. Albert Grévy demanda la disjonction, concluant au rejet de la loi sur la presse et à la levée de l'état de siège. Ces conclusions furent repoussées. Aux élections du 20 février 1876, M. Albert Grévy se présenta dans la 1re circonscription du Doubs. Il fut élu par 6,965 voix contre 1.658 obtenues par son concurrent. La gauche républicaine le choisit de nouveau pour son président. Il fut remplacé au fauteuil pour l'exercice 1877 par M. Leblond, et élu membre du comité de direction le 24 janvier 1877. Vice-président de la commission du budget de 1877, M. Albert Grévy déclinait la candidature pour celle du budget de 1878. Il a fait partie de plusieurs autres commissions importantes, et a été président de celle chargée de reviser et de codifier les lois sur la presse. Réélu le 14 octobre 1877, il fit partie de la grande commission d'enquête électorale. Envoyé en Algérie comme directeur civil politique, à titre de mission temporaire, par décret du 15 mars 1879, M. Albert Grévy était maintenu dans ses fonctions, pour une nouvelle période de six mois, comme le veut la loi, le 15 septembre suivant. De retour au commencement de 1880, il était élu sénateur inamovible en remplacement de Crémieux, le 6 mars. En mai 1879, il avait eu à réprimer une insurrection d'indigènes à Batna. — M. Albert Grévy a voté l'expulsion des princes,

GRIFFE, Charles Antoine Jules, homme politique français, magistrat, né à Thézan (Hérault) le 18 octobre 1825. Après avoir fait son droit et pris le grade de licencié à la faculté de Toulouse, en 1847, il alla s'inscrire au barreau de Béziers. En novembre 1870, M. Griffe était nommé président du tribunal civil de Nimes. Il est conseiller général de l'Hérault depuis 1871. — M. Griffe, qui avait échoué aux élections sénatoriales de l'Hérault, le 30 janvier 1876, a été plus heureux au renouvellement triennal du 5 janvier 1879. Il a pris place à la gauche républicaine du Sénat, et a voté l'expulsion des princes. — M. Griffe est chevalier de la Légion d'honneur depuis 1879.

GRIPON, Emile, physicien français, né à Château-Gontier le 20 avril 1825, commença ses études au collège de sa ville natale et vint les terminer à Paris au collège Charlemagne. Reçu à la fois, en 1844, à l'École polytechnique et à l'École normale supérieure, il opta pour celle-ci, résolu à se vouer à l'enseignement. Agrégé des sciences physiques en 1848, il professa successivement la classe de physique à Saint-Étienne, à Avignon, à Brest et à Angers, et créa dans cette dernière ville des cours publics de physique appliquée à l'industrie, en 1855. Reçu docteur ès sciences physiques en 1865, M. Gripon était appelé la même année à la chaire de physique de la faculté des sciences de Lille, et passa en la même qualité à la faculté de Rennes, où il est encore, en 1868. — On a, de M. E. Gripon, un certain nombre de *Mémoires*, notamment sur l'acoustique, et plusieurs *Traités élémentaires de physique appliquée*. Il est officier de l'Instruction publique et chevalier de la Légion d'honneur.

GROS, Louis Jules, homme politique français, né à Besançon le 17 janvier 1838. Avocat du barreau de Besançon, il fut l'un des fondateurs, en 1869, du journal d'opposition démocratique le *Doubs*, dans cette ville; puis il devint, après le 4 Septembre, rédacteur en chef de la *Démocratie franc-comtoise*. Il vint ensuite à Paris, collabora à la presse républicaine, et fut nommé sous-préfet de Montbéliard en 1878; nommé administrateur du territoire de Belfort en 1880, il donnait sa démission en 1882, et fondait à Besançon le *Petit-comtois*, journal quotidien *ferryste*. Porté sur la liste républicaine unique, M. J. Gros fut élu député du Doubs le 4 octobre 1885. Il a voté l'expulsion totale des princes.

GROUSSET, Paschal, littérateur et homme politique français, ancien membre de la Commune de Paris, né en Corse vers 1842, fit ses études à Paris, suivit les cours de la faculté de médecine et débuta très jeune dans le journalisme. Lors de la fondation de l'*Epoque*, en 1865, par Ernest Feydeau, il fut attaché à ce journal comme rédacteur scientifique. Ses feuilletons furent très remarqués, autant par la vivacité et la correction du style que par la valeur irréprochable du fond, de sorte que, dès que l'*Epoque* se trouva la proie des vicissitudes qui devaient amener sa transformation, le *Figaro* recueillit avec empressement son rédacteur scientifique, lequel y écrivit, sous la signature *Docteur Blasius*, des chroniques dont le ton s'accordait parfaitement au reste du journal. A l'*Epoque*, M. Grousset avait fait la connaissance de Victor Noir ; au *Figaro*, il fit celle de M. Henri Rochefort qu'il suivait, après avoir collaboré assez irrégulièrement à quelques feuilles éphémères d'opposition, à la *Marseillaise*. Corse, il devint par surcroit le correspondant parisien d'un journal républicain fondé en Corse par M. Tommasi : la *Revanche*, lequel commença bientôt avec l'*Avenir de la Corse* une polémique irritante qui devait avoir une issue tragique. A la suite d'un article violent, publié par le prince Pierre Bonaparte dans

rette dernière feuille contre la *Revanche* et ses rédacteurs, et d'une non moins violente réplique, non seulement de la *Revanche* mais aussi de la *Marseillaise*, le prince Pierre Bonaparte adressait un cartel à M. Henri Rochefort, ne voulant pas avoir affaire à « ses manœuvres ». Mais celui-ci n'eut pas le temps d'y répondre, ou du moins ses témoins arrivaient à peine à Auteuil que ceux de M. Grousset, MM. Ulric de Fonvielle et Victor Noir avaient déjà eu une entrevue avec le prince Pierre, et que le prince Pierre avait tué Victor Noir d'un coup de revolver et tenté à plusieurs reprises de faire subir le même sort au second témoin de M. Grousset (9 janvier 1870). Arrêté et mis au secret, où il fut maintenu deux mois, M. Grousset comparut devant la Haute-Cour de Tours (mars) en qualité de témoin, s'il faut en croire la citation, mais bien plus comme accusé, à en juger par la façon dont il y fut traité. On sait que le prince meurtrier fut acquitté. M. Grousset commença alors dans la *Marseillaise* une campagne bien plus violente que jamais contre l'empire, laquelle lui valut une série de condamnations sévères. Finalement, la révolution du 4 Septembre lui ouvrit les portes de Sainte-Pélagie. M. Henri Rochefort, en sa qualité de membre du gouvernement de la Défense nationale, étant astreint à une réserve ne lui permettant pas de reprendre la direction de son journal qui, suspendu pendant quelques jours, après son arrestation (9 février), avait volontairement disparu le 25 juillet, M. Grousset prit la résolution de ressusciter la *Marseillaise* (9 septembre). Ce premier numéro, qui fut le seul, contenait un article du général Cluseret, d'une telle violence, que M. Henri Rochefort protesta contre cet article dans une lettre indignée et que cet unique numéro d'une *Marseillaise* mal venue fut aussitôt saisi par la foule et publiquement lacéré et brûlé. M. Paschal Grousset, jugeant qu'au reste il y avait quelque chose de meilleur à faire dans un pareil moment, s'engagea dans un bataillon de chasseurs. Libéré après l'armistice, il fondait, après le 18 mars, la *Nouvelle République* (19 mars à 1er avril 1871), qu'il remplaçait le 2 avril par l'*Affranchi* (2 à 25 avril); mais, dès le 22 avril, une note annonçait que M. Grousset était étranger à la rédaction de cette feuille depuis plus de huit jours. Il avait été, dès le 22 mars, délégué aux relations extérieures par le Comité central et, élu membre de la Commune pour le XVIIIe arrondissement, le 26 mars, il avait été maintenu dans ces fonctions après la constitution de la Commune de Paris, et nommé en outre membre de la Commission exécutive le 21 avril, date à laquelle il faut faire remonter sa retraite du journalisme. Dans son poste de délégué aux affaires étrangères, sinécure apparente, M. Grousset a déployé une activité qu'on eût pu croire impossible dans les circonstances, comme le prouvent sa correspondance avec le général prussien Fabrice, ses manifestes adressés à la province, etc. Le 5 avril, il notifiait officiellement aux représentants étrangers, la constitution du gouvernement communal de Paris. Lors de l'entrée des troupes régulières à Paris, M. Grousset réussit à se tenir caché, et ne tenta de fuir que le 3 juin, déguisé en femme. Il fut reconnu et arrêté. Il était condamné, le 3 septembre 1871, à la déportation dans une enceinte fortifiée, et embarqué le 13 juin 1872, pour la Nouvelle-Calédonie. Dans la nuit du 19 au 20 mars 1874, M. Paschal Grousset s'évadait sur un trois-mâts anglais, en compagnie de M. Henri Rochefort et de quatre autres condamnés pour participation à la Commune. Il a collaboré depuis, avec l'ancien rédacteur en chef de la *Marseillaise* et du *Mot d'ordre*, à une nouvelle série de *Lanternes*, publiée d'une façon un peu ambulante et, dit-on, à divers journaux radicaux de Paris. Après avoir quelque temps résidé en Belgique, en Suisse et en Angleterre, visité l'Allemagne, la Russie, etc., M. Paschal Grousset rentrait en France en 1881. Quelque temps après, il était attaché à la rédaction du *Temps* où, sous le pseudonyme de **Philippe Daryl**, il n'a cessé de donner des études très intéressantes sur l'Angleterre, l'Irlande, etc., des traductions d'ouvrages anglais et des articles ou des feuilletons originaux. Il collabore également, sous le même pseudonyme, à l'*Illustration*. — On cite de M. Paschal Grousset : le *Bilan de l'année 1868*, avec MM. Castagnary, Ranc et Francisque Sarcey; la *Conspiration du général Malet*, les *Origines d'une dynastie (1869)*, etc.; et de Philippe Daryl : *Wasili Tamarin, Signe Meltroe (1883); Lettres de Gordon à sa sœur*, la *Vie publique en Angleterre*, le *Monde chinois (1885)*; la *Petite Lambton (1886)*.

GROVE, sir William Robert, physicien et magistrat anglais, né à Swansea le 14 juillet 1811, fit ses études à Oxford (Brasenose college), où il prit le grade de maître ès arts en 1833, puis suivit les cours de l'école de droit de Lincoln's Inn, où il fut reçu avocat en 1835. Forcé, par la maladie, de suspendre momentanément l'exercice de sa profession, il occupa ses loisirs de convalescent à l'étude de l'électricité, et réussit, en 1839, à construire la puissante batterie électrique qui porte son nom. Il fut professeur de philosophie expérimentale à l'Institution de Londres de 1840 à 1847 et, comme membre du conseil de la Société royale, prit une part très active à la réforme de la constitution de cette société, effectuée en 1847 après des débats longs et animés. Cette même année 1847, il recevait la médaille de la Société royale, pour ses cours sur l'*Ignition voltaïque* et sur la *Décomposition de l'eau par la chaleur*. Sir W. Grove est auteur d'un *Cours sur le Progrès des sciences physiques depuis l'origine*, imprimé pour l'Institution de Londres (1842); d'un traité de la *Corrélation des forces physiques*, développement du principe posé dans le « cours » précédent, lequel a été publié en 1846 et est aujourd'hui à sa sixième édition. Ce traité a été traduit en français, en allemand, en flamand, etc., et réimprimé en Amérique. Il a publié un grand nombre de mémoires sur ses découvertes, dans les *Transactions* de la Société royale, le *Philosophical Magazine*, l'*Electrical Magazine*, etc. Ses principales découvertes sont : la pile voltaïque de Grove, d'abord; puis la pile à gaz, l'action moléculaire de l'étincelle électrique, l'électricité de la flamme, la gravure voltaïque des plaques daguerriennes, la polarité électro-chimique des gaz, des combinaisons nouvelles des verres objectifs de télescopes, etc., etc. Sir William Grove présida l'Association britannique, réunie à Nottingham, en 1866; il choisit pour sujet de son discours d'ouverture, la *Continuité des phénomènes naturels démontrée par les progrès récents de la science*, dans lequel il cherche à prouver que les changements produits dans le monde inorganique, la succession des êtres organisés et le progrès des connaissances humaines sont le résultat de variations imperceptibles, mais continues. Nommé conseil de la reine en 1853, sir W. Grove a été quelque temps à la tête des ressorts judiciaires de South-Wales et de Chester. Il est membre de la commission métropolitaine des égouts et de la commission royale de la loi des brevets. Il a été nommé juge de la cour des plaids communs en novembre 1871, fonctions dont il s'est démis en 1875, et a été créé chevalier le 21 février 1872.

GUBERNATIS (de), Angelo, littérateur, poète dramatique et orientaliste italien, né à Turin le 7 avril 1840, fit ses études à l'université de sa ville natale, où il reçut le grade de docteur en philologie et fut nommé, en 1860, professeur de rhétorique au gymnase de Chiari. En 1862, il était envoyé, aux frais du gouvernement, à Berlin, où il étudia sous les professeurs Bopp et Weber, devint en 1863 professeur extraordinaire de sanscrit et de littérature comparée à l'*Istituto di studii superiori e di perfezionamento*, de Florence, et professeur ordinaire en 1869. M. de Gubernatis s'est fait une très grande réputation à la fois comme poète dramatique et lyrique, comme journaliste, critique, orientaliste et mythologiste. Il a débuté par une tragédie : *Pier delle Vigne*, dans laquelle le célèbre acteur italien Ernest Rossi remplissait le rôle principal. Il a publié, depuis, les drames en vers suivants : *La Morte di Catone, Romolo (1874) ; Il rè Nala, Il rè Dasarata* et *Mâyâ*, drames indiens; *Romolo Augustolo, Savitri; idillio dramatico indiano (1878)* et fondé cinq journaux ou revues : l'*Italia letteraria (1862)*, la *Civiltà italiana (1866)*, la *Rivista orientale (1867)*, la *Rivista europea (1869)*, et le *Bollétino italiano degli studii orientali (1876)*. La *Revista europea*, dont il a conservé la direction, est promptement devenue la plus populaire des grandes revues italiennes. M. de Gubernatis est, en outre, le correspondant italien de l'*Athenæum* et de la *Contemporary Review* de Londres, de l'*International Review* de New-York de la *Deutsche Rundschau* de Berlin, de la *Wiestnik Evrop* de Saint-Pétersbourg et de la *République française* de Paris. Parmi les ouvrages d'érudition de M. de Gubernatis, nous citerons : *Piccola Enciclopedia indian* et *Fonti vediche dell'epopea* (Florence, 1867); *Memoria sui viaggiatori italiani nelle Indie orientali* (Florence, 1868); *Storia comparata degli usi nuziali indo-europei* (Milan, 1869); *Zoological Mythology, or the Legends of animals*, publiée en anglais (Londres, 1872, 2 vol.), traduite en allemand et publiée à Leipzig en 1873, et en français et publiée à Paris en 1874; *Ricordi biografici, Letture son a la Mitologia vedica* (Florence, 1874); *Storia dei viaggiatori italiani nelle Indie* (Livourne, 1875); *Matériaux pour servir à l'histoire des études orientales en Italie* (Paris et Florence, 1876); *Storia comparata degli usi funebri e natalizi* (Milan, 1877); *Mythologie des plantes* (Paris, 1878, 2 vol.), etc. — M. Angelo de Gubernatis est secrétaire général de la Société orientale italienne, membre étranger de l'Institut royal de philologie et d'ethnographie des Indes néerlandaises, etc., etc. En 1878, il donnait à Oxford une série de trois lectures sur la vie et les œuvres du poète Manzoni, qu'il a réunies ensuite et publiées à Florence sous ce titre : *Alessandro Manzoni, studio biografico (1879)*.

GUEYDON (comte de), Louis Henri, amiral et homme politique français, né à Granville le 22 novembre 1809, entra à l'école navale d'Angoulême en 1825. Sorti avec le numéro 1 en 1827, il était promu enseigne de vaisseau en 1830, lieutenant de vaisseau en 1835 et capitaine de corvette en 1840, ayant été proposé, au lendemain de l'affaire de Saint-Jean d'Ulloa (décembre 1838), en récompense de sa brillante conduite. Le capitaine de Gueydon, qui avait déjà servi au Brésil, en Hollande, à la Martinique, dans la Méditerranée, sur les côtes d'Espagne, à Cuba et au Mexique, fit la campagne de l'Archipel, comme second de l'*Inflexible*. On lui doit la création des rôles d'équipages, précisément vers cette époque (1842). Il prit ensuite le commandement du brick le *Génie*, avec lequel il fit campagne dans les mers du Sud, fut promu capitaine de vaisseau en 1847 et nommé membre du Conseil des travaux de la marine. Appelé, en 1850, au commandement du *Henri IV*, il fut envoyé dans le Tage pour assurer la protection de nos nationaux pendant un mouvement révolutionnaire, prit part au bombardement de Salé (Maroc) et fut de nouveau rappelé dans le sein du Conseil des travaux en 1852. Gouverneur de la Martinique de 1853 à 1856, M. de Gueydon fut nommé contre-amiral le 2 décembre 1855. Deux ans commandant de la station des Antilles et du Mexique, il fut ensuite nommé préfet maritime de Lorient en 1858, et de Brest en 1861. Le 4 mars 1861, il était promu au grade de vice-amiral. Il fut appelé, en 1866, au commandement de l'escadre d'évolutions, nommé vice-président du Comité consultatif des colonies en 1868, et membre du Conseil d'amirauté le 2 mai 1870. — Après la révolution du 4 Septembre, l'amiral de Gueydon fut appelé au commandement de l'une des deux escadres de la mer du Nord, avec laquelle il dirigea, sur les côtes allemandes, une croisière exceptionnellement pénible, jusqu'à la signature de l'armistice. Le 2 mai 1871, M. de Gueydon était nommé gouverneur civil de l'Algérie. Il alla prendre son poste en pleine insurrection arabe, dont il réussit à triompher en dépit d'obstacles terribles et de plus d'un genre, et réussit, en outre, à indemniser les colons qui avaient souffert de l'insurrection, à l'aide de la contribution de guerre imposée aux tribus soulevées. Parvenu à la limite d'âge, l'amiral de Gueydon quittait le gouvernement de l'Algérie, où il était remplacé, le 11 juin 1873, par le général Chanzy. Il fut maintenu, toutefois, dans le cadre de l'activité, par décret, comme ayant commandé en chef devant l'ennemi. — Aux élections générales d'octobre 1885, l'amiral de Gueydon se laissa porter sur la liste monarchiste de la Manche, qui triompha dans ce département, et il siège à la droite de la Chambre des députés. Promu grand croix de la Légion d'honneur le 28 janvier 1871, il est, en outre, décoré de la médaille militaire, sans compter un certain nombre de décorations étrangères.

GUEYMARD (dame), Pauline Deligne-Lauters, cantatrice belge, fille d'un peintre distingué, professeur à l'Académie royale des Beaux-Arts de Bruxelles, est née dans cette ville le 1er décembre 1834. Elle se destinait à la peinture et reçut de son père les premiers éléments de cet art; mais, douée d'une voix extrêmement remarquable à la fois par le timbre, le caractère et l'étendue des amis lui conseillèrent vivement de la cultiver, et elle finit par céder à leurs instances. Après de bonnes études au Conservatoire de Bruxelles, Mlle Lauters, qui avait obtenu un premier prix de chant, épousait un artiste appelé Deligne et venait à Paris en 1854. Elle se produisit d'abord dans plusieurs concerts et fut enfin engagée au Théâtre-Lyrique, où elle débutait sous le nom de Mme Deligne-Lauters, le 7 octobre 1855, dans un opéra de son compatriote, M. Gevaërt : le *Billet de Marguerite*. La jeune débutante fit sensation et remporta, du premier coup, un succès complet de talent, de grâce et de beauté. Elle parut peu après dans un nouvel opéra de M. Gevaërt : les *Lavandières de Santarem*, puis dans le rôle d'Annette de *Robin des Bois*. A la fin de 1856, Mme Deligne-Lauters était engagée à l'Opéra; elle y débutait, le 12 janvier suivant, dans le *Trouvère*, avec un succès éclatant. Elle avait d'ailleurs fait de grands progrès depuis son arrivée à Paris, tant sous le rapport du chant que pour les qualités scéniques que la pratique peut seule faire acquérir, et l'on se plaisait à saluer en elle l'aurore d'une grande artiste. Devenue veuve, Mme Deligne-Lauters épousait, en 1858, M. Gueymard, artiste de l'Opéra, mort à son tour, en juillet 1880. Sous ce nom nouveau de Mme Gueymard, elle a paru dans plusieurs ouvrages du répertoire : la *Favorite*, les *Huguenots*, le *Prophète*, *Roméo et Juliette*, *Don Juan*, etc., et créé les rôles principaux d'œuvres nouvelles importantes : la *Reine de Saba*, la *Magicienne*, *Herculanum*, *Pierre de Médicis*, *Roland à Roncevaux*, *Don Carlos*, *Hamlet*, la *Coupe du roi de Thulé*. Chacun de ces rôles fut un triomphe pour Mme Gueymard; mais, dans aucun peut-être, elle ne s'est élevée aussi haut que dans ceux de Valentine des *Huguenots*, et de Fidès du *Prophète*. — La voix de *mezzo-soprano* de Mme Gueymard est d'une ampleur, d'une puissance, d'un timbre presque incomparables; son étendue est de plus de deux octaves; c'est un instrument merveilleux guidé avec une intelligence et un goût rares. Ajoutons que plus de vingt ans d'un usage constant ne lui a rien fait perdre de sa fraîcheur et de son charme. Mme Gueymard est, en outre, douée d'un profond sentiment dramatique et d'une intelligence musicale tout à fait hors ligne. En 1874, Mme Gueymard chantait le rôle de Marie Madeleine dans le drame sacré de Massenet, et dans le *Messie*, oratorio du même compositeur, avec un grand succès. Elle créa, au Théâtre-Italien, en 1876, le rôle d'Amneris, dans *Aïda*, de M. Verdi.

GUIGARD, Joannis, bibliographe et écrivain héraldique français, né à Lyon le 4 novembre 1825, fit ses études à Paris, où il suivit, comme externe, les cours de l'Ecole polytechnique, et fut ensuite employé aux études préliminaires de plusieurs lignes de chemins de fer départementales. M. J. Guigard a été attaché à la Bibliothèque nationale de 1850 à 1866. — On a de lui : *Bibliothèque héraldique de France*, comprenant la bibliographie systématique et raisonnée de tous les ouvrages qui ont paru sur le *Blason*, etc. (1861); l'*Indicateur du Mercure de France*, contenant les noms des maisons nobles sur lesquelles le *Mercure* donne des renseignements biographiques, généalogiques, etc., avec les numéros des tomes et des pages où se trouvent ces renseignements (1868); *Armorial du bibliophile (1869)*; *Histoire des fiefs lyonnais (1870)*, etc. Il a en outre fourni un grand nombre d'articles, principalement de critique littéraire et de bibliographie à l'*Illustration*, au *Monde illustré*, au *Bulletin du bibliophile*, à la *Revue moderne*, au *Messager de Paris*, au *Progrès de Lyon*, au *Journal de Rouen*, etc., et collaboré au *Grand Dictionnaire du XIXe siècle* de P. Larousse.

GUIGUE, Marie Claude, archéologue français, né à Trévoux le 16 octobre 1832. Elève de l'Ecole des chartes, il reçut, en 1856, le diplôme d'archiviste-paléographe. M. Guigue est devenu successivement correspondant de la Commission de la topographie des Gaules en 1865, associé-correspondant de la Société des antiquaires de France et correspondant du ministère de l'instruction publique pour les travaux historiques et archéologiques en 1868, archiviste du département de l'Ain en 1873 et archiviste en chef du Rhône et de la ville de Lyon en 1877. — On lui doit : *Notice sur l'ancienne imprimerie de Trévoux (1855)*; *Notice historique sur le château de Trévoux (1856)*; *Essai sur les causes de dépopulation de la Dombes et sur l'origine de ses étangs (1857)*; *Testament de Guichard III et d'Humbert IV de Beaujeu (1858)*, *Notice historique sur Reyrieux (1859)*; *Histoire de la question de la Dombes (1860)*; *Notice généalogique sur la famille de Chollier de Cibeins*; *Notice généalogique sur la famille de Garnier des Garets (1861)*; *Histoire de la souveraineté de Dombes, par Samuel Guichenon*, avec notes, etc.; *Notes historiques sur les fiefs et paroisses de l'arrondissement de Trévoux*; *De l'origine de la signature et de son emploi au moyen âge, principalement dans les pays de droit écrit (1863)*, *Lettr a M. Valentin Smith sur une inscription*

bilingue trouvée à Genay (1868); Cartulaire de l'église collégiale de Notre-Dame de Beaujeu (1864); Inscriptions de l'arrondissement de Trévoux du XIIIe au XVIIIe siècle (1865); Histoire de l'hôpital de Trévoux par de Graire (1866); Mémoires pour servir à l'histoire de Dombes, par Louis Aubret (1866, 3 vol.); *Notes sur des deniers du Xe siècle aux noms de Sabon, archevêque de Vienne, de Conrad le Pacifique et de Hugues, comte de Lyon, trouvés à la Villette d'Aulhon (1866); Obituarium Lugdunensis ecclesiæ*, etc., du IXe au XVe siècle (1867); *Documents pour servir à l'histoire de Dombes, du Xe au XVe siècle; Notice sur la Chartreuse d'Arvières-en-Bugey (1869); Obituarium ecclesiæ sancti Pauli Lugdunensis*, du IXe au XIIIe siècle (1872); *Topographie historique du département de l'Ain, ou notices sur les communes, etc., des anciennes provinces de Bresse, Bugey, Dombes, Valromey, pays de Gex et Franc-Lyonnais*, etc., (1873); *Necrologium ecclesiæ sancti Petri Matisconensis*, du IXe au XIIIe siècle (1874); le *Réseau des voies antiques du grand Lagus Lugdunensis, déterminé par les hôpitaux du moyen âge (1876); Voies antiques du Lyonnais, du Forez, du Beaujolais*, etc. (1878), etc.; outre de nombreux articles dans les journaux et les publications particulières de diverses sociétés littéraires et savantes. — M. Guigue a été nommé chevalier de la Légion d'honneur en avril 1878.

GUILBERT, Aimé Victor François, prélat français, né à Cerisy-la-Forêt (Manche) le 15 novembre 1812, fit ses études au collège de Saint-Lô, et entra ensuite au séminaire de Coutances, y devint professeur et reçut les ordres en 1836. Nommé peu après professeur de rhétorique au petit séminaire de Muneville-sur-Mer, il devint, en 1851, chanoine honoraire de Coutances et supérieur du petit séminaire de Mortain; puis il alla fonder le collège diocésain de Valognes, en 1853. Il fut nommé en 1855 curé-archiprêtre de Valognes et vicaire général du diocèse, chanoine honoraire de Luçon en 1858 et d'Auch en 1864. Nommé au siège épiscopal de Gap le 16 mai 1867, il était préconisé au mois de septembre suivant et sacré le 10 novembre à l'église de Valognes. M. Guilbert fut transféré à l'évêché d'Amiens le 2 septembre 1879 et promu archevêque de Bordeaux par décret du 5 juin 1883. — On doit à ce prélat, outre ses *mandements, instructions* et *lettres pastorales*, un ouvrage de philosophie religieuse: la *Divine synthèse, ou l'Exposé, dans leur enchaînement, des preuves de la religion révélée (1864)*. Chevalier de la Légion d'honneur, du 11 août 1866, il a été promu officier de l'ordre le 30 janvier 1877.

GUILLAUME, Claude Jean-Baptiste Eugène, sculpteur français, né à Montbard (Côte-d'Or) le 3 février 1822, fit ses études à Dijon et vint ensuite à Paris, où il entra à l'École des beaux-arts et suivit l'atelier de Pradier. Grand prix de Rome en 1845, au concours ayant pour sujet: *Thésée trouvant sur un rocher l'épée de son père*, il envoyait de la villa Médicis: le *Démon de Socrate*, bas-relief; une *Amazone, Anacréon*, un *Faucheur* et le *Tombeau des Gracques*. De retour à Paris, il exposait aux divers salons, d'abord son *Anacréon (1852)*; puis: les *Hôtes d'Anacréon*, bas-relief et les *Gracques*, double buste en bronze (1853); le buste de *M. Hittorff (1855*, Expos. univ.); la *Vie de sainte Clotilde*; la *Vie de sainte Valère*, pour l'église sainte Clotilde; le *Fronton* et les *Cariatides* du pavillon Turgot et la statue de *L'Hospital*, pour le nouveau Louvre (1857); le *Monument de Colbert*, pour la ville de Reims, modèle en plâtre (1861); *Napoléon Ier*, buste en marbre (1862), reparu avec sept autres bustes en marbre de *Napoléon Ier*, le r présentant aux principales époques de sa vie, à l'Exposition universelle de 1867, etc. Ses expositions les plus récentes sont: *Source de poésie*, statue en marbre et *Mgr Darboy* buste en plâtre (1873): *Mgr Darboy*, buste en marbre et un *Terme*, modèle en plâtre (1875); le *Terme* en marbre et *Tombeau d'une Romaine*, buste en plâtre (1876); *Mariage romain*, groupe et le buste d'*Ingres*, plâtres (1877); *Rameau*, statue en marbre pour la ville de Dijon; *Orphée*, plâtre (1878); *M. Buloz*, buste en bronze (1879); *Castalie*, statue en marbre; *Portrait de M. Patin, secrétaire général de l'Académie française*, buste en marbre (1883); *Monument élevé à Duban à l'École des beaux-arts*, buste en bronze; *J.-B. Dumas, de l'Académie française, secrétaire perpétuel de l'Académie des sciences*, buste en plâtre (1884); les bustes en marbre de *J.-B. Dumas* et de *Paul de Saint Victor (1885); Portrait de M. Henri Germain* et *Portrait de mon père*, buste en marbre (1886).

M. Guillaume a été élu membre de l'Institut (Académie des beaux-arts), en remplacement de Petitot, en 1862; nommé professeur à l'École des beaux-arts à l'époque de sa réorganisation, à la fin de 1863, directeur de l'École le 20 décembre 1865, en remplacement de M. Robert Fleury nommé directeur de l'Académie de France à Rome, il remplaçait M. de Chennevières à la direction générale des Beaux-Arts le 27 mai 1878, fonctions qu'il conserva jusqu'à leur suppresion, en février 1879. M. Guillaume, dont le talent est fort apprécié à Londres, où son *Tombeau des Gracques* figura avec honneur à l'Exposition universelle de 1862, a été élu, en outre, membre honoraire de l'Académie royale des beaux-arts de Londres le 15 décembre 1869. Il a obtenu une médaille de 2e classe en 1852, une médaille de 1re classe à l'Exposition universelle de 1855 et la médaille d'honneur à l'Exposition universelle de 1867. Chevalier de la Légion d'honneur depuis 1855, il a été promu successivement officier en 1867 et commandeur de l'ordre en 1875. M. Guillaume est en outre membre du Conseil supérieur de l'instruction publique, de la Commission supérieure des beaux-arts, de celle des expositions internationales, de la commission de perfectionnement de la manufacture nationale de Sèvres, etc., etc. Il était président du jury du 9e groupe (céramique, etc.) à l'Exposition de Vienne, en 1873, membre du jury des beaux-arts à l'Exposition internationale de 1878, etc. Il a collaboré à la *Revue des Deux Mondes*.

GUILLAUME Ier, Frédéric Louis, empereur d'Allemagne et roi de Prusse, fils de Frédéric Guillaume III et de la princesse Louise de Mecklembourg-Strélitz et frère puîné du précédent roi de Prusse, Frédéric Guillaume IV, est né le 22 mars 1797. Entré fort jeune dans l'armée, il prit part aux campagnes de 1812 et 1815. Nommé gouverneur de Poméranie en 1840, à l'avènement au trône de son frère, il conserva ce poste jusqu'à la révolution de 1848, qui le contraignit à chercher un refuge en Angleterre. Élu membre de l'Assemblée constituante en mai 1848, il retourna à Berlin et prit son siège le 8 juin. Au mois de juin 1849, il fut nommé commandant en chef des forces prussiennes envoyées contre les insurgés de Bade. Après la pacification, il fut fait gouverneur militaire des provinces rhénanes, et en 1854, il fut nommé colonel-général de l'infanterie et gouverneur de Mayence. Lorsqu'éclata la guerre d'Orient, il protesta contre l'attitude passive adoptée par la Prusse. Il devint vers cette même époque président de toutes les loges maçonniques de son pays. En 1858, la santé de son frère étant compromise au point d'influer considérablement sur ses facultés intellectuelles, il fut nommé régent. Il manifesta dès lors la résolution d'adopter une politique libérale, peut-être seulement en haine du parti aristocratique qui avait cherché à s'opposer à son accession au pouvoir comme régent, peut-être simplement pour se rendre populaire en vue de l'avenir. Le 2 janvier 1861, Frédéric Guillaume IV mourait sans enfants, laissant par conséquent la couronne de Prusse à son frère. La cérémonie du couronnement eut lieu à Kœnigsberg, en quelle occasion Guillaume Ier crut devoir insister avec énergie sur le droit divin des rois, déclarant que c'était à Dieu seul qu'il reconnaissait devoir la couronne qu'il se plaçait sur la tête en même temps. Quelques jours plus tôt, le roi de Prusse était allé faire une visite à Compiègne, à l'empereur Napoléon III. Les dispositions libérales qu'avait montrées le prince-régent avaient fait espérer que le roi de Prusse, Guillaume Ier, gouvernerait dans un sens identique. Mais celui-ci n'était pas plus tôt solidement assis sur son trône qu'il montrait très clairement qu'on s'était trompé sur son compte. En opposition violente dès le début avec la Chambre des députés, les élections générales qui venaient d'avoir lieu, lors de la cérémonie du couronnement, avaient été favorables à l'opposition, et c'était évidement pour marquer qu'il n'avait aucun compte à tenir de cette manifestation imposante de l'opinion publique qu'il s'était livré, à Kœnigsberg, à cette exhumation de la théorie du droit divin qui n'eût été que ridicule dans toute autre circonstance, et sur laquelle il revint dans son discours d'ouverture des chambres avec une insistance bien inutile. Inutile en effet, car la Chambre des députés n'en tint aucun compte et vota contre le gouvernement, en dépit du droit divin, à l'occasion de la discussion du budget. Mais le roi n'accepta pas la démission de ses ministres, conséquence naturelle de ce vote. La Chambre des députés, réunie le 14 janvier (1862), était dissoute le 11 mars; et le pays, de nouveau convoqué dans ses comices, la réélut, renforcée encore dans le sens de l'opposition. Cette fois, le roi ne voulut point ouvrir la session en personne. Il sentait bien que son système d'intimidation ne valait rien et, bien qu'il n'en voulût pas démordre, il doutait en vérité de l'excellence de sa théorie du droit divin. En effet, quelques jours après l'ouverture de la session, la Chambre des députés repoussait, à une imposante majorité, les demandes de crédit du gouvernement pour la réorganisation de l'armée. M. de Bernstorff avait succédé au prince de Hohenlohe à la tête du cabinet; le roi Guillaume ne savait plus trop à qui confier la succession de M. de Bernstorff: ce fut alors qu'il appela M. de Bismarck (22 septembre 1862) de l'ambassade de Paris, qu'il occupait seulement depuis le mois de mai, et le fit premier ministre, avec le titre de ministre de la Maison du roi et des affaires étrangères.

M. le comte de Bismarck n'obtint pas plus de la Chambre des députés que ne l'avaient fait ses prédécesseurs, qui eussent trouvé tout aussi bien que lui, s'ils l'y avaient cherché, un appui dans la Chambre des seigneurs. Cette Chambre osa déclarer nul le vote de la Chambre élective, et autoriser les dépenses qu'elle avait interdites. Les députés protestèrent: il leur fut répondu par la brusque clôture de la session. Des journalistes, des fonctionnaires, des magistrats protestèrent au nom de la légalité, de la constitution; les poursuites, les suppressions, les destitutions répondirent. Mais la situation était trop tendue pour qu'il fût permis d'y espérer une solution prochaine et satisfaisante; en fait, on se trouvait à la veille d'une guerre civile, et les complications survenues, avec les troubles de Pologne, pour la répression desquels la Prusse conclut un traité secret avec la Russie (février 1863), contrairement aux vœux du pays, n'étaient pas faites pour éclaircir l'horizon. Ce traité est en effet blâmé par la Chambre des députés. Le gouvernement, voyant l'audace même le mal servir, emploie l'impertinence. les ministres refusent de reconnaître l'autorité du président, ou du moins d'en tenir compte en ce qui les concerne: ils sont bien au-dessus d'un méchant président de Chambre élective! — et le fait est que Guillaume Ier leur donne raison. La Chambre est dissoute une fois de plus en mai 1863, par impossibilité de trouver un autre moyen de se passer d'elle. — Mais ici, il nous semble à propos de rappeler que l'histoire de la Prusse, de sa politique, de ses accroissements successifs et enfin de la reconstitution de l'empire d'Allemagne à son profit et au profit de son roi est intimement liée à l'histoire personnelle de M. de Bismarck (voyez ce nom) et nous avons déjà eu à nous en occuper à propos de cet homme d'État. Il nous suffira de dire que, sans la diversion heureuse produite par le triomphe facile des armes prusso-autrichiennes dans le Schleswig-Holstein, la guerre civile éclatait inévitablement en Prusse; Guillaume Ier n'aurait probablement jamais osé espérer ceindre la couronne de l'empire d'Allemagne, malgré son insatiable ambition et sa présomption rare; et M. de Bismarck, l'homme d'État désormais illustre et auquel on ne peut refuser au moins l'habileté à profiter des événements et une brutalité d'action qui est son côté le plus original, serait demeuré au rang effacé de ces petits politiciens de circonstance dont l'histoire a toutes les peines du monde à se souvenir. La guerre contre le Danemark ayant distrait l'attention publique des affaires intérieures de la Prusse, en flattant le sentiment patriotique, très ardent dans ce pays, il s'agissait de profiter de ce revirement, qui pouvait n'être que passager. Puisqu'il n'y avait qu'en l'éblouissant par des faits d'armes brillants que l'on pouvait avoir raison de ce peuple affamé de liberté, mais de gloire plus encore, il était d'une politique habile, quoique dangereuse, de porter ses coups au dehors; et c'était la politique que M. de Bismarck devait faire prévaloir. Plus d'une fois, certainement, le premier ministre du roi Guillaume sentit qu'il jouait le tout pour le tout; et plus d'une fois le roi Guillaume, qui ne le sentait pas moins, tâcha de s'opposer aux projets de son ministre. Mais celui-ci parvint toujours à avoir le dernier mot, notamment dans cette guerre contre l'Autriche, entreprise après que des préparatifs formidables avaient été achevés, mais contre le gré de roi de Prusse, dont l'audace était loin d'atteindre le niveau de celle de son ministre. Une alliance offensive et défensive fut conclue avec l'Italie, un ultimatum adressé aux petits États du nord de l'Allemagne, qui envoyaient aussitôt leur contingent, sauf quelques-uns qui hésitaient ou prenaient ouvertement parti pour l'Autriche et devaient subir les conséquences de leur loyale attitude; et cette guerre rapide, terminée à Sadowa (3 juillet 1886) par la défaite complète des Autrichiens, était aussitôt entreprise (17 juin). Les conséquences de cette campagne aussi décisive que rapide, sanctionnée par le traité de Nickolsbourg, on les connaît et nous n'y reviendrons pas en détail. En fait, le roi de Prusse se trouvait, en 1867, le chef suprême de la puissante confédération de l'Allemagne du Nord, composée de vingt-deux États, comptant une population de 29 millions d'habitants, et soumis à une Constitution fédérale unique; un Conseil fédéral formé des délégués de chaque État et une seconde Chambre élue par le suffrage universel, telles sont les bases de cette nouvelle constitution, laquelle est mise en vigueur le 1er juillet 1867, en même temps que M. de Bismarck est nommé chancelier de la Confédération germanique et président du Conseil fédéral. Nous passons rapidement sur les difficultés qui menacèrent un moment de nous mettre les armes à la main, si nous avions eu des armes, contre la nouvelle Confédération, à l'occasion du Luxembourg. Nous avons dit ailleurs (Voyez Bismarck) la raison qui, malheureusement, nous força de baisser pavillon à cette époque. Cependant, l'armée et la marine ne cessaient d'être, pour le roi Guillaume et son chancelier, l'objet de la plus vive sollicitude; et il est clair que les améliorations constantes dont ils les faisaient profiter cachaient des projets ou des appréhensions de guerre prochaine. Nous pourrions sans doute ajouter que la rupture entre la Prusse et la France, rendue définitive par l'incroyable démarche de M. Benedetti (Voyez ce nom) à Ems, le 14 juillet 1870, était prévue depuis longtemps comme une éventualité fatale; mais nous n'irons pas jusqu'à dire que le roi de Prusse eut l'*habileté* de se faire déclarer la guerre par l'empereur des Français; il a eu cette fortune incroyable, il est vrai, mais nous croyons qu'il ne l'espérait pas et nous serions étonné qu'il l'eût désirée. La chose une fois résolue, par exemple, il l'accepta peut-être avec satisfaction. Le 28 juillet, le roi quittait Berlin, qu'il déclarait en état de siège; il proclamait l'amnistie des crimes et délits politiques, supprimant quelques journaux pour faire contre-poids, et tirait de l'oubli le vieil ordre de la Croix de fer, pour l'usage des héros auxquels il allait fournir l'occasion de se signaler dans une série de victoires inouïes. Pendant cette guerre si désastreuse pour la France et si glorieuse, après tout (quoique cette gloire ne soit pas sans taches), pour les armes allemandes, le roi Guillaume ne se manifeste guère que par ses lettres hypocritement pathétiques, pour qui connaît l'homme, adressées des divers champs de bataille à la reine Augusta, et par celle qu'il écrivit à « Monsieur son frère » à Sedan pour lui dire qu'il acceptait son épée. — Enfin, on le voit paraître dans un cadre qu'il affectionne, au milieu de la pompe d'un nouveau couronnement, non plus à Kœnigsberg, mais à Versailles, dans le palais légendaire des rois de France, ce qu'il n'oublie pas de constater, dans la Galerie des glaces; et ce n'est plus une simple couronne royale, mais la couronne de l'empire d'Allemagne qu'il ceint, le 18 janvier 1871, aux applaudissements des princes plus ou moins dépossédés qui ne sont plus que ses humbles vassaux, bien que quelques-uns d'entre eux fussent naguère aussi puissants que lui. La guerre ayant pris fin peu après, il retournait en Allemagne, où les populations, plus disposées à le lapider quelques années seulement plus tôt, l'acclamèrent avec enthousiasme. Le Reichstag, dont on craignait bien un peu l'opposition, approuva le grand événement arrivé à Versailles, parce qu'il approuvait en même temps l'unification de l'Allemagne.

Il faut signaler parmi les actes du gouvernement de Guillaume Ier, empereur d'Allemagne, la lutte ardente soutenue contre les catholiques et l'expulsion des jésuites (4 juillet 1872); la réunion des trois empereurs de Russie, d'Autriche et d'Allemagne à Berlin, dans l'automne de la même année; la double visite de l'empereur Guillaume au czar, à Saint-Pétersbourg, au mois d'avril 1873, et à l'empereur François-Joseph, à Vienne, en octobre suivant; la visite d'Alexandre II à Guillaume Ier à Berlin, au mois de mai 1875, et le renouvellement de cette visite un an après, presque jour pour jour. Enfin,

on se rappelle la correspondance échangée entre le Pape et l'empereur d'Allemagne, à propos des persécutions exercées contre l'Eglise catholique, et qui a été publiée à Berlin le 14 octobre 1873. Quant aux visites faites et rendues entre empereurs, et dont les dernières ont eu la question d'Orient pour objet, elles n'ont pas cessé d'être accompagnées de visites semblables et d'entretiens probablement plus décisifs entre *chanceliers*, de sorte que nous avons eu déjà à nous en occuper aux notices relatives à ces derniers. Elles ont, du reste, perdu tout leur intérêt, depuis qu'elles semblent passées à l'état d'habitude; et le reste de l'Europe, qu'elles avaient le don d'émouvoir au début, commence à n'y voir qu'une comédie trop prolongée dont les acteurs ne résisteraient probablement pas au premier coup de sifflet. — Dans l'après-midi du 11 mai 1878, l'empereur Guillaume passait en voiture découverte dans l'allée des Tilleuls lorsqu'un prétendu socialiste, un pauvre diable sans ressources nommé Hœdel, tira sur lui deux coups de revolver sans l'atteindre. L'assassin ne tarda pas à être arrêté; il fut jugé, condamné à mort et exécuté, comme il devait s'y attendre. Mais un autre attentat contre l'empereur, qui eut des conséquences plus graves pour ce dernier, était perpétré, toujours *Unter den Linden* (sous les Tilleuls), dès le 2 juin suivant, par un certain docteur Nobiling, qui l'atteignit de deux coups de fusil, chargées de balles mâchées, au bras et au cou. Nobiling tourna son arme contre lui, et c'est de la blessure qu'il s'était infligé lui-même qu'il mourut à l'hôpital quelques jours après. Quant à Guillaume Ier, longtemps malade de ses blessures, il dut appeler à la régence le prince-héritier; il se remit toutefois, après une convalescence lente et douloureuse, et reprit les rênes du gouvernement, ou du moins les remit à M. de Bismarck, qui les croyait bien perdues à tout jamais pour lui. Ces deux attentats, à un intervalle si court, contre la vie du souverain furent mis naturellement au compte des partis politiques dont le chancelier de fer avait quelque bonne petite vengeance à tirer, et il ne laissa pas échapper l'occasion. Les persécutions contre les socialistes principalement, le rapprochement plus ou moins sincère entre l'Allemagne protestante et le Saint-Siège (1885), etc. sont les fruits de la politique de M. de Bismarck, et nous pourrions nous dispenser même de les signaler dans une notice consacrée à l'empereur Guillaume. Pour ce qui le concerne d'une manière tout à fait directe, la Bourse est agitée par intermittences de la nouvelle qu'il est indisposé, malade, mort même, nouvelle invariablement démentie par les dépêches du soir, mais destinée à être vraie un jour, pourtant, et sous sa forme la plus décisive: je présume que personne n'en doute.

Guillaume Ier a épousé, le 11 juin 1829, la princesse Marie Louise Catherine *Augusta*, fille de Charles Frédéric, duc de Saxe-Weimar, dont il a eu deux enfants: le prince *Frédéric-Guillaume* Nicolas Charles, héritier présomptif de la couronne royale de Prusse et de la couronne impériale d'Allemagne, né le 18 octobre 1831 et la princesse Marie Louise Elisabeth, née le 3 décembre 1838, mariée le 20 septembre 1856 au prince Frédéric Guillaume Louis, grand-duc de Bade.

GUILLAUME III, Alexandre Paul Frédéric Louis, roi des Pays-Bas, prince d'Orange-Nassau, grand-duc de Luxembourg et duc de Limbourg, fils aîné du feu roi Guillaume II et de la reine Anne Pauline, sœur du czar Nicolas Ier, est né à Bruxelles le 10 février 1817. Il succéda à son père le 17 mars 1849, et se voua au développement sincère des institutions libérales dont Guillaume II avait doté récemment le pays, à l'amélioration des services publics et des finances, donnant ce rare exemple de désintéressement de faire réduire sa liste civile de 1,200,000 à 800,000 florins, et allégeant ainsi, autant qu'il était possible, le fardeau d'impôts qui pesait sur son peuple, tout en ne négligeant aucun des travaux nécessaires à l'augmentation du bien-être matériel et au progrès du trafic commercial. Parmi les travaux les plus importants accomplis en Hollande sous le règne de Guillaume III, nous devons citer le dessèchement de la mer de Haarlem (1855), rendant à l'agriculture une énorme étendue de terrain que la mer avait envahie en 1531; en 1875, une entreprise plus grande encore, le dessèchement du Zuyderzee (lac ou mer du sud), formé de la même manière, était résolue et des fonds votés pour cet objet par les chambres. Ce sont là des victoires autrement glorieuses, à notre appréciation, que celles dont le sort des armes seul décide, et qui font en même temps la prospérité d'un peuple, quand les autres causent infailliblement sa ruine, immédiate ou différée. La politique coloniale de Guillaume III a été longtemps tout aussi fortunée que sa politique intérieure; malheureusement, depuis 1874, des soulèvements se sont produits parmi les indigènes de l'Inde hollandaise, dont la répression a nécessité de fort lourds sacrifices de toute nature. — Le roi Guillaume est en outre célèbre dans le monde entier comme musicien et protecteur vigilant et éclairé des arts et des artistes. Dans sa jeunesse, il a pris des leçons de chant de la célèbre Malibran; il est compositeur; et, doué d'une organisation toute particulière, possédant une connaissance approfondie de tout ce qui touche au domaine de la musique, il possède un jugement très sûr, qui ne permet pas à ses bienfaits de s'égarer misérablement. En 1871, le roi des Pays-Bas, de sa propre initiative, a fondé une institution où des pensionnaires reçoivent une éducation musicale complète, dans le chant, l'art lyrique et dramatique, le piano, le violon, le violoncelle et la composition, le tout à ses propres frais. Il a acheté à Bruxelles un hôtel destiné aux demoiselles pensionnaires de la classe de chant naguère dirigée par M. G. Cabel, où elles sont logées et placées sous la surveillance d'une dame de compagnie, et peuvent compléter leurs études pour aborder ensuite la carrière dramatique. Pour être admise comme pensionnaire pour le chant, il faut passer un examen préalable devant le commissaire du roi, M. Van der Does, travailler ensuite pendant six mois avec un professeur désigné par lui et donner des preuves non équivoques d'aptitudes sérieuses pour le chant et pour la scène. Le roi a en outre décrété qu'un examen comparatif sera fait tous les trois ans, ainsi qu'un concours de chant où sera décernée une médaille d'or enrichie de diamants, dite *médaille Malibran*, en mémoire de son propre professeur, aux pensionnaires de première classe pour l'art lyrique et dramatique. Un autre concours triennal, pour les pensionnaires instrumentistes et compositeurs, a été institué par le roi Guillaume; trois médailles y sont distribuées: une médaille d'or pour la meilleure composition d'une symphonie ou d'une ouverture à grand orchestre; une médaille d'argent pour la meilleure œuvre de musique de chambre, trio, quatuor ou quintette pour piano et instruments à cordes; enfin, une médaille de bronze pour le meilleur ouvrage pour piano seul ou pour chant avec accompagnement de piano. Tous les ans, Guillaume III donne, à son château du Loo, de splendides fêtes musicales pour l'audition de ses meilleures pensionnaires, en présence d'un jury composé d'artistes néerlandais et de maîtres étrangers, lesquels, conviés à ces solennités par invitation spéciale, sont toujours sûrs de trouver à la résidence royale un accueil des plus sympathiques et des plus courtois.

Le roi des Pays-Bas a épousé, le 18 juin 1839, la princesse Sophie Frédérique Mathilde, fils du roi Guillaume Ier de Würtemberg, née le 18 juin 1818, morte le 3 juin 1877, dont il a eu deux fils morts également tous deux. Il a épousé en secondes noces le 7 janvier 1879, la princesse Adélaïde Emma de Waldeck-Pyrmont, née le 2 août 1858, de qui il a une fille: Wilhelmine Hélène Pauline Marie, née le 31 août 1880.

GUILLAUMOT, Auguste Alexandre, graveur et dessinateur français, élève de Lemaître et de Viollet-le-Duc, est né à Paris en 1813. Il a fourni de bonne heure une quantité de planches à diverses publications artistiques, parmi lesquelles nous pouvons mentionner: les *Monuments de Ninive*, le *Voyage en Perse*, la *Monographie de la cathédrale de Chartres*, les *Promenades artistiques dans Paris et ses environs*, etc. Nous citerons parmi ses expositions: *Porche sud de la cathédrale de Chartres, Sculptures relevées à Ninive, Phalante et Ethra, Sculptures françaises au XIIIe siècle, Panorama d'Oran (1845-52)*; la *Statuaire de la cathédrale de Chartres*, et plusieurs des précédents (1857, Exposition universelle); le *Parc de Marly*, d'après un dessin original et la *Sainte-Chapelle*, d'après M. Adams (1857), *Vue de Marly-le-Roi (1859); Vue restaurée de la Demi-lune, dans l'ancien parc de Marly le-Roi*, aquarelle, et *Façade principale du Palais du commerce à Lyon*, gravure au trait, d'après M. R. Dardel (1864): *Vue de l'ancien parc de Marly-le-Roi (1865); Stalles du chœur de la cathédrale d'Auch (1866); Porche nord de la cathédrale de Chartres* (Exposition universelle de 1867); *Couronne patriarcale du trésor de Moscou, Paysages*, panneaux décoratifs (1868); *Château de Marly-le-Roi*, quatre gravures (1869): *Entrée principale du château de Marly-le-Roi en 1680, restitution d'après les documents des archives et de la Bibliothèque nationale*, dessin: *Emplacement du château de Marly-le-Roi* et *Cadre décoratif, style Louis XVI*, eaux-fortes (1874); *Hallebarde provenant du château de Marly-le-Roi*, dessin (1876); le *Château de la Morlaye*, d'après M. Sanson; *Grille du château du Lua (1883); Château de Tracy-le-Val*, d'après M. Sanson (1886). — M. Auguste Guillaumot a obtenu une médaille de 3e classe en 1845, le rappel en 1861 et 1863 et une médaille en 1864.

GUILLEMAUT, Charles Alexandre, général et homme politique français, sénateur, est né à Louhans (Saône-et-Loire) le 18 septembre 1809. Elève de l'Ecole polytechnique, il en sortit en 1830 dans l'arme du génie, où il fit toute sa carrière, et fut directeur des fortifications au Havre, ayant atteint le grade de colonel; en quelle qualité il contribua à la défense de Paris pendant le siège, et se distingua particulièrement au plateau d'Avron. Il fut promu général de brigade, le 16 septembre 1871 et passa peu après dans le cadre de réserve. — Porté comme candidat républicain, aux élections complémentaires du 2 juillet 1871, M. Guillemaut fut élu représentant de Saône-et-Loire par 78,074 voix, et membre du Conseil général pour le canton de Louhans, le 8 octobre suivant. Il se fit inscrire, à l'Assemblée nationale, à la réunion de la gauche républicaine. Il y prit une part importante aux discussions des lois sur l'armée, combattit la création de l'aumônerie militaire, vota contre la construction de l'église du Sacré-Cœur, la loi sur l'enseignement supérieur, le pouvoir constituant, etc., et en faveur du retour de l'Assemblée à Paris, de la proposition Casimir-Périer et de l'ensemble des lois constitutionnelles. Aux élections du 30 janvier 1876, M. le général Guillemaut était élu sénateur de Saône-et-Loire avec deux autres candidats républicains, MM. Charles Rolland et Pernette; il a été réélu le premier, au renouvellement triennal du 8 janvier 1882. Le général Guillemaut fait partie de la gauche républicaine du Sénat, comme il l'a fait de l'Assemblée nationale, et il a voté la loi sur l'expulsion des princes. — Il est commandeur de la Légion d'honneur depuis 1863.

GUILLEMAUT, Lucien Alexandre, médecin et homme politique français, neveu du précédent, né à Louhans le 21 août 1842. Reçu docteur en médecine, M. Guillemaut s'établit dans sa ville natale, dont il est devenu maire et qu'il représente au Conseil général de Saône-et-Loire; il est en outre président de la société d'agriculture de l'arrondissement. La mort de M. Logerotte, député de l'arrondissement de Louhans, ayant ouvert une vacance, M. le docteur Guillemaut se présenta pour la remplir, et fut élu le 8 juin 1884. Il prit place à gauche, sans s'inscrire à aucun groupe parlementaire, et vota généralement avec la gauche radicale. Porté sur la liste républicaine du département de Saône-et-Loire, M. Guillemaut a été élu le deuxième, au premier tour. — Il a voté l'expulsion totale des princes.

GUILLEMIN, Amédée Victor, écrivain scientifique et publiciste français, né à Pierre (Saône-et-Loire) le 5 juillet 1826, fit ses études à Beaune, puis à Paris, et professa les mathématiques de 1850 à 1860, tout en se livrant au journalisme. Il se voua ensuite plus particulièrement aux travaux de vulgarisation scientifique, et s'est fait dans cette voie une réputation considérable. Aux élections générales de 1871, M. Amédée Guillemin était porté sur la liste des candidatures républicaines dans son département natal; il obtint le chiffre considérable, mais pourtant insuffisant de 40,000 voix. Il n'a pas fait d'autre tentative. — On doit à M. Guillemin: les *Mondes, causeries astronomiques (1861)*; les *Chemins de fer (1862)*; le *Ciel (1864)*, ouvrage traduit en anglais, en allemand et en italien; la *Lune (1865)*; les *Phénomènes de la physique, Eléments de cosmographie (1868)*; le *Soleil (1869)*; l'*Instruction républicaine (1872)*, en partie extrait de l'*Avenir national*; les *Applications de la physique (1873)*; la *Vapeur* (même année); la *Lumière et les couleurs (1874)*; les *Comètes (1875)*; le *Son (1876)*; le *Monde physique (1881-85*, 5 vol.), etc. Il a en outre écrit les articles concernant l'astronomie, dans la 2e édition du *Dictionnaire d'histoire naturelle* de d'Orbigny, et collaboré à la *Revue philosophique*, à l'*Illustration*, à l'*Avenir national*, à la *République française*, etc. Il a dirigé un journal d'opposition démocratique fondé à Chambéry aussitôt après l'annexion: la *Savoie*, mais peu de temps, l'administration impériale n'étant pas d'humeur à laisser longtemps vivre, nulle part, un journal hostile.

GUILLOT, Louis, homme politique français, né à Grenoble le 7 novembre 1844. D'abord élève en médecine, puis interne des hôpitaux de la marine, M. Guillot se tourna vers la carrière légale, se fit recevoir licencié en droit et s'inscrivit au barreau de Lyon en 1867. Il y plaida surtout des procès politiques, ample matière dans des temps comme ceux-ci, et défendit quelques membres de la Commune devant les conseils de guerre. En 1874, M. Louis Guillot était élu au Conseil général de l'Isère; rédacteur au *Petit Lyonnais*, par surcroît, une élection partielle qui se produisit dans la 3e circonscription de Grenoble, le 7 juillet 1878, par suite de la mort de M. Breton, l'envoya siéger à la Chambre des députés, où il s'inscrivit à la fois aux deux groupes de l'Union républicaine et de la gauche radicale, puis se retira de tous les deux. Il fut réélu, sans concurrent, le 21 août 1881. Aux élections du 4 octobre 1885, M. L. Guillot a été élu député de l'Isère en tête de la liste républicaine. Il a voté l'expulsion totale des princes.

GUILLOUTET (marquis de), Louis Adhémar, homme politique français, né le 6 août 1810. Riche propriétaire du département des Landes, il était membre du Conseil général de ce département et maire de Parleboscq, lorsqu'il fut choisi, aux élections générales de 1863, comme candidat du gouvernement à opposer à Victor Lefranc dans la première circonscription des Landes. Il fut élu et vint prendre place parmi les dévoués de l'empire, opiniâtrément rebelles à toute concession du pouvoir personnel et absolu. M. le marquis de Guilloutet ne prit guère la parole que pour lancer çà et là une interruption plus ou moins bruyante à travers le discours d'un adversaire, sauf dans une circonstance mémorable. Lors de la discussion de la loi sur la presse, dans la séance du 11 février 1868, il fit accepter un amendement, devenu l'article 11 de la loi, portant que le parquet peut poursuivre d'office, avec le simple consentement de la partie intéressée, toute allégation relative à la vie privée, faite par la voie de la presse. M. de Guilloutet, en développant son amendement, s'était surtout appuyé sur l'inviolabilité du « mur de la vie privée ». Cette figure heureuse, quoique peu neuve, lui fit en moins de rien la plus grande notoriété dont se puisse vanter un député que ne désigne pas à l'attention une grande valeur personnelle ou une extravagance de paroles et d'actes hors de pair. Il ne fut plus question que du « mur Guilloutet ». Plusieurs théâtres s'emparèrent de la formule et donnèrent au public le spectacle d'un « mur de la vie privée », escaladé avec une plus ou moins grande adresse et les engins les plus inattendus. Quant à M. le marquis de Guilloutet, désormais populaire, il fut ou abaissé à la condition de *maçon de la vie privée* ou élevé à la dignité de *duc du Mur*. — Aux élections générales de 1869, il l'emportait de nouveau sur son concurrent de 1863, Victor Lefranc. Il vint reprendre sa place au Corps législatif, où il fut des *sept sages* qui restèrent fidèles, jusqu'au dernier moment, au pouvoir personnel dans toute son intégrité; il faisait partie de la réunion de la rue de l'Arcade, fondée en 1868, et dont Granier de Cassagnac père était l'un des chefs principaux. — Nommé chef du 2e bataillon de la garde nationale des Landes, presque au début, M. de Guilloutet se réfugia derrière le « mur de la vie privée » aussitôt après la guerre. Il fut toutefois réélu membre du Conseil général des Landes, le 8 octobre 1871. Aux élections du 20 février 1876, il se présenta dans la première circonscription de Mont-de-Marsan et fut élu député; il prit naturellement place au groupe de l'Appel au peuple. Réélu le 14 octobre 1877 et le 21 août 1881, M. de Guilloutet figurait sur la liste monarchiste qui triompha dans le département des Landes, le 4 octobre 1885. Seulement, la Chambre ayant annulé l'élection des Landes, ce fut l'autre liste qui fut élue au scrutin du 14 février 1886, et M. de Guilloutet dut se réfugier de nouveau derrière son « mur ». Il est officier de la Légion d'honneur depuis 1869. — Maintenant, nous devons reconnaître que le fameux mur que nous-même nous sommes laissé entraîner à plaisanter n'était pas une construction aussi ridicule qu'on a voulu le faire croire; mais c'est contre les amis de M. de Guilloutet qu'il faudrait l'élever aujourd'hui.

GUILMANT, Félix Alexandre, organiste et compositeur français, né à Boulogne-sur-Mer le 12 mars 1837, eut pour premier maître son père, organiste de l'église Saint-Nicolas de cette ville. A douze ans, il le rempla-

çait déjà à l'orgue; à partir de cet âge, il reçut des leçons d'harmonie de M. Gustave Carulli, fils du fameux guitariste de ce nom. On peut presque dire cependant que M. Alexandre Guilmant s'est formé seul, à force de travail *et de v lonté, lisant de nombreux traités, étu*diant les œuvres des maîtres et s'imprégnant de leur génie, s'enfermant chaque jour deux ou trois heures dans l'église pour y travailler l'instrument qu'il adorait, enfin écrivant constamment et méditant sans cesse sur son art. A peine âgé de seize ans, il était nommé organiste de l'église de Saint-Joseph, et à dix-sept ans, il faisait exécuter à Saint-Nicolas sa première messe solennelle (en *fa*), bientôt suivie de deux autres messes (en *sol* mineur et en *mi* bémol majeur), et de plusieurs motets, également avec orchestre, œuvres accueillies avec une égale faveur. Devenu, en 1857, maître de chapelle de Saint-Nicolas, il était, peu de temps après, nommé professeur de solfège à l'école communale de musique. Il s'occupa alors de la création d'un orphéon qui, sous sa direction, remporta des prix importants à divers concours. Enfin, vers le même temps, il tenait une partie d'alto à la Société philarmonique En 1860, le célèbre organiste belge Lemmens, ayant eu l'occasion de l'entendre, fut frappé de ses qualités et lui offrit ses conseils; le jeune artiste accepta et devint l'élève favori du maître. Bientôt M. Guilmant se fit remarquer dans de nombreuses séances données dans différentes villes pour l'inauguration de nouvelles orgues, et son talent s'y affirma avec un éclat particulier. Après avoir participé avec plusieurs autres artistes à l'inauguration de l'orgue admirable de Saint-Sulpice, à Paris, le 29 avril 1862, il donnait seul, le 2 mai suivant, une séance particulièrement intéressante sur ce merveilleux instru*ment. M. Guilmant vint* à *Paris en 1871, mais sa réputation* était déjà solidement établie, comme on voit, et elle ne fit que s'accroître encore par les voyages qu'il eut l'occasion de faire à l'étranger, particulièrement en Angleterre, où son talent est surtout apprécié, pour l'inauguration des orgues de diverses églises. L'une des séances qui lui firent le plus d'honneur, sous ce rapport, est celle qui eut lieu à Paris, pour l'inauguration du grand orgue de Notre-Dame, et dans laquelle il fit entendre, avec un grand effet, sa superbe *Marche funèbre*. Chauvet, organiste de la Trinité, étant mort au mois de janvier 1871, d'une maladie de poitrine, M. Guilmant fut appelé à le remplacer, et depuis lors, il a pris place au nombre de nos meilleurs artistes en ce genre. M. Guilmant possède en effet toutes les qualités qui fon les grands organistes: à une instruction solide, étendue et variée, à une ardeur de lecture infatigable, à une mémoire toujours exercée et tenue en haleine qui lui permet de retenir les plus grandes œuvres des maîtres immortels de l'art, il joint les connaissances théoriques et pratiques qui forment le musicien consommé; enfin par l'étude constante qu'il a faite des ressources multiples de l'instrument, de l'emploi du mélange de ses divers jeux, il en sait tirer les effets les plus opposés, les plus inattendus et les plus variés. Son talent comme compositeur, n'est pas moins remarquable. Les œuvres de M. Guilmant, dont le succès est toujours considérable en Angleterre, comprennent quatre messes solennelles, des motets à plusieurs voix, des recueils de *cantiques*, un psaume à quatre voix *seules et chœur*, avec orgue; un recueil de pièces de différents styles pour orgue, un autre recueil du même ordre: l'*Organiste pratique;* une sonate pour le grand orgue, un grand nombre de morceaux pour harmonium, des duos pour piano et harmonium; enfin quelques morceaux de genre pour le piano et pour la voix, plus un oratorio-symphonie en deux parties: *Geneviève de Paris*, etc., etc.

GUIMET, Emile, industriel, musicien et littérateur français, né à Lyon le 2 juin 1836, est fils de J.-B. Guimet, ingénieur en chef des ponts-et-chaussées, inventeur d'un procédé économique de fabrication du bleu d'outremer qu'il exploita lui-même, et qui est mort le 8 avril 1871. Après avoir fait d'excellentes études dans sa ville natale, M. Emile Guimet seconda activement son père, auquel il a fini par succéder dans la direction de sa manufacture, dont les produits ont obtenu de nombreuses récompenses aux expositions, et a été décoré à la suite de celle de Philadelphie, en 1876. Les affaires, cependant, ne l'empêchèrent pas de se livrer à son penchant pour la musique, d'ailleurs irrésistible; il l'étudia au contraire avec passion, travailla le piano, puis se livra à l'étude de l'harmonie successivement avec MM. Joseph Luigini, Debillemont et Richard Lindau. Dès 1850, il publia un recueil de *Dix scènes et mélodies* (Paris, Flaxland), qu'il fit bientôt suivre d'une série de petites pièces pour le piano, intitulées *Croquis espagnols*. On lui doit en outre la musique d'un ballet en 2 actes et 4 tableaux, représenté au *Grand-Théâtre de Lyon*, le 26 novembre 1867: l'*Œuf blanc et l'œuf rouge* et un grand oratorio, ou plutôt une « Orientale symphonique »: le *Feu du ciel*, vaste composition pour *soli*, chœurs, orchestre et fanfare, écrite sur des vers de Victor Hugo, que l'auteur fit exécuter pour la première fois à Londres, au Saint-James Hall, en juillet 1872, puis à Paris, au théâtre du Châtelet, dans deux concerts donnés par lui en février 1873. La partition du *Feu du ciel* a été très favorablement accueillie par la critique, qui y trouva du talent, de la verve, de la grandeur. M. Guimet a publié aussi quelques chœurs orphéoniques: l'*Hymne à la Musique*, le *Conscrit*, le *Saint-Jean*, les *Faucheurs*, etc. Comme écrivain, M. Emile Guimet a publié la relation d'un *Voyage en Espagne (1862)*; des *Croquis égyptiens (1867)*; l'*Orient d'Europe au fusain (1869)*; *Cinq jours à Dresde*, relation intéressante de la grande fête des chanteurs d onnée dans cette ville du 22 au 26 juillet 1865; la *Musique populaire; Esquisses scandinaves (1875); Aquarelles africaines (1877); Promenades japonaises*, illustrées par M. F. Régamey (1878), etc. M. Guimet a beaucoup aidé, par ses efforts personnels autant que par sa fortune, au progrès du mouvement musical et en particulier du mouvement orphéonique à Lyon. Il est membre de l'Académie des sciences, belles-lettres et arts de cette ville, que son père a longtemps présidée, et officier d'académie.

Les ouvrages de M. Guimet sont le fruit de nombreux voyages, notamment en Amérique, en Afrique, en Chine, au Japon, dans l'Inde, dont il a rapporté également des objets d'arts et d'ethnographie extrêmement intéressants et assez nombreux pour constituer un musée. Une partie de ces collections a figuré à l'Exposition universelle de 1878. L'ensemble forme, en effet, un musée très important, que M. Guimet, après l'avoir installé et entretenu pendant assez longtemps à Lyon, a offert à la ville de Paris, sous le nom caractéristique de *Musée des religions*.

GUIRAUD, Ernest, compositeur français, né à la Nouvelle-Orléans (Etats-Unis) le 23 juin 1837, est fils d'un musicien, et offre le curieux exemple, et le seul connu, d'un fils de prix de Rome, prix de Rome à son *tour. Elevé dans un milieu essentiellement artiste* et doué de précieuses facultés, M. Ernest Guiraud reçut de son père son éducation musicale. Lorsqu'il eut une douzaine d'années, celui-ci l'amena à Paris, non pour l'y laisser, mais, à ce qu'il semble, pour lui montrer la terre promise et stimuler son ambition. Après l'avoir présenté à ses anciens camarades et à ses amis et avoir fait choix d'un certain nombre de livrets d'opéras, dans le but de l'exercer à la composition, M. Guiraud reprit avec son fils le chemin de l'Amérique. Parmi ces livrets achetés à Paris, M. Ernest Guiraud, alors âgé d'environ quinze ans, s'empara de celui du *Roi David*, le premier ouvrage de M. Mermet, qui avait été représenté à l'Opéra en 1846, et le remit en musique. Le nouveau *Roi David* fut joué par la troupe française de la Nouvelle-Orléans et obtint un véritable succès. Peu après ce début, M. Ernest Guiraud quittait l'Amérique et venait à Paris pour y compléter son éducation musicale et s'y préparer l'avenir de ses rêves. Il n'était pas un étranger à Paris, qu'il avait *vu*, et où il se trouva naturellement en relations avec les amis de son père, des membres de sa famille même, dès son arrivée. Il entra presque aussitôt au Conservatoire dans la classe de piano de M. Marmontel, dont il devint en peu de temps un des meilleurs élèves, obtint un premier accessit en 1855, le second prix en 1857, et le premier en 1858. En même temps il étudiait l'harmonie avec M. Barbereau, qui avait été élève de Reicha avec M. Guiraud père, puis entrait dans la classe de composition d'Halévy. Il fit des progrès d'une *rapidité extraordinaire et, dès 1859, à son premier concours* à l'Institut, il remportait le grand prix de Rome, qui lui fut décerné à l'unanimité. La cantate de concours avait pour titre: *Bajazet et le joueur de flûte;* l'auteur des paroles était Edouard Monnais, mort en 1868. M. Guiraud quitta en conséquence le modeste emploi de timbalier qu'il tenait à l'orchestre de l'Opéra-Comique et partit pour Rome, d'où il envoya à l'Académie des beaux-arts, la première année une messe solennelle, la seconde année un opera bouffe italien: *Gli Avventurieri*, et la troisième un opéra comique en un acte: *Sylvie*. Par une fortune dont peu de prix de Rome peuvent se vanter, M. Ernest Guiraud était à peine de retour à Paris, que l'Opéra-Comique donnait *Sylvie* (14 mai 1864). Ce petit ouvrage, d'une facture charmante, fut très bien accueilli; cependant son auteur, qui avait débuté sous d'aussi heureux auspices, attendit cinq ans une nouvelle occasion de se produire. Le 5 mars 1869, enfin, il faisait représenter au Théâtre-Lyrique un nouvel ouvrage en un acte: *En prison* (ajoutons que ce fut même contre le gré du compositeur, mécontent du livret et même de sa partition, que cet acte fut joué). L'année suivante, il donnait à l'Opéra-Comique un troisième ouvrage en un acte: le *Kobold*, qui réussit parfaitement, mais dont les événements arrêtèrent le succès: la première représentation avait lieu le 3 juillet 1870. Quinze jours plus tard, il était question de bien autre chose que d'opéras comiques! Dès nos premiers désastres, M. Ernest Guiraud, dédaigneux de l'exemption du service militaire *attachée à sa qualité de prix de Rome, s'engagea dans* un régiment de marche. Il prit part notamment aux deux sanglantes batailles de Champigny et de Montretout, et eut le bonheur de s'en tirer sans blessure. Dès le 28 janvier 1872, M. Guiraud faisait exécuter aux Concerts populaires une *Suite d'orchestre* qui fut très remarquée; le 28 novembre suivant, il donnait au théâtre de l'Athénée: *Madame Turlupin*, opéra comique en deux actes, accueilli par la critique avec une distinction marquée, puis, le 5 mai 1873, à l'Opéra: *Gretna Green*, ballet en un acte. L'année suivante il reparaissait aux Concerts populaires avec une *Ouverture de concert* (mars) et un *Air de ballet* (décembre). Enfin, le 11 avril 1876, M. Guiraud donnait un ouvrage en 3 actes: *Piccolino*, également bien reçu de la critique et du public. Outre les ouvrages dramatiques précités, cet artiste a publié: *Suite d'orchestre* en 4 parties, partition d'orchestre et arrangement à quatre mains; *Mignonne*, mélodie; *Sérénade de Ruy-Blas; Crépuscule*, mélodie, etc. Il a donné à l'Opéra-Comique, en 1882, *Galante aventure*, op. com. en 3 actes. — M. Guiraud a été nommé professeur d'harmonie et accompagnement au Conservatoire, en remplacement d'Edouard Batiste, en novembre 1876, d'où il est passé depuis à la classe de composition, contre-point et fugue. Il est décoré de la Légion d'honneur.

GUINOT, Charles, homme politique français, entrepreneur de chemins de fer, maire d'Amboise, est né dans cette ville le 17 octobre 1827. Il a reçu une médaille d'or pour services rendus lors de l'inondation de la Loire. Elu représentant d'Indre-et-Loire le 2 juillet 1871, et député de la deuxième circonscription de Tours le 20 février 1876, M. Ch. Guinot a siégé à gauche dans ces deux Assemblées. Il a été réélu à une majorité énorme, le 14 octobre 1877, malgré tous les efforts de l'administration, qui soutenait la candidature monarchiste de M. Houssard fils; et au premier renouvellement partiel du Sénat, le 5 janvier 1879, il était élu sénateur d'Indre-et-Loire, le premier. M. Ch. Guinot siège à la gauche du Sénat et a voté l'expulsion des princes. Il est président du Conseil général d'Indre-et-Loire.

GUIZOT, Maurice Guillaume, littérateur et professeur français, fils de l'homme d'Etat et historien illustre mort le 14 septembre 1874, est né à Paris le 11 janvier 1833, fit ses études au collège Bourbon, puis suivit les cours de la faculté de droit et fut reçu licencié en 1857. En 1864, M. Guillaume Guizot fut appelé à suppléer M. de Loménie à la chaire de langue et de littérature françaises modernes au Collège de France. Nommé chef de la division des cultes non catholiques, au ministère de l'instruction publique, des cultes et des beaux-arts après la révolution du 4 septembre 1870, M. G. Guizot fut nommé professeur de langues et de littératures d'origine germanique au Collège de France, en remplacement de Philarète Chasles, en février 1874. Il a été décoré de la Légion d'honneur par décret du 9 décembre 1876. — On a de lui: *Ménandre, étude historique sur la littérature et sur la comédie et la société grecques (1855)*, ouvrage couronné par l'Académie française

GULL, sir William Withey, baronet, médecin anglais, fils, dit-on, d'un pauvre batelier, est né dans le comté d'Essex en 1816. Elevé dans une école particulière, il alla ensuite faire ses études médicales à l'hôpital de Guy, à Londres, et se fit recevoir docteur en médecine à l'université de cette ville en 1846. Le docteur Gull a été professeur de physiologie à l'Institution royale de la Grande-Bretagne, de 1847 à 1849, et de 1847 à 1857, médecin et professeur à l'hôpital de Guy, où il est rentré, en 1871, comme médecin de consultation. Il a été élu membre du Collège royal des médecins en 1848. Le 20 janvier 1872, le docteur Gull fut créé baronet, en reconnaissance des soins qu'il avait prodigués au prince de Galles, atteint d'une maladie dangereuse, vers la fin de l'année précédente; le mois suivant, il était nommé médecin extraordinaire de Sa Majesté. Sir William Gull est président de la Société clinique, membre de la Société royale médico-chirurgicale, du Conseil général médical, docteur honoraire en droit civil de l'université d'Oxford, et membre de la Société royale (1869). — On a de lui: *Gulstonian lectures on paralysis; Report on choléra (1854)*, pour le Collège royal des médecins; l'*Observation clinique dans ses rapports avec la médecine moderne (1861)*; son *Harveian Oration*, discours prononcé devant le Collège royal des médecins le 24 juin 1870, et dans lequel il attaque la théorie vitaliste, ce qui lui a valu une réplique du docteur Lionel S. Beale, et divers traités sur l'*Hypocondrie*, sur les *Abcès du cerveau*, etc., etc. — Le docteur Gull a été appelé à donner ses soins à l'ex-empereur Napoléon III, dans sa dernière maladie; il y eut moins de succès, on se le rappelle, qu'avec le prince de Galles, car son impérial client mourait le 3 juin 1873. Il ne nous appartient pas de nous étendre sur la polémique entre savants qui suivit cet événement. — Il a résigné, en 1888, ses fonctions de membre du Conseil médical général.

GUNTHER, Albert Karl Ludwig Gotthilf, naturaliste allemand, né à Esslingen (Würtemberg) le 3 octobre 1832, fit ses études aux universités de Tübingen, Berlin et Bonn, et prit le grade de docteur en médecine. En 1858, il entrait, comme aide-naturaliste, au département zoologique du Musée britannique, et est devenu conservateur de ce département en 1875. Il est membre de la Société royale de Londres et de plusieurs autres Sociétés savantes allemandes ou anglaises. — On a du docteur Günther, en allemand: *Die Fische des Neckar (1853); Medicinische zoologie (1858);* et en anglais: *Catalogue of colubrine snakes of the British Museum (1858); Catalogue of the batrachia salientia in the collection of the British Museum (1859); the Reptiles of British India (1864); Catalogue of fishes* (1859-70, 8 volumes); *the Fishes of the south seas (1873-78); the Gigantic land tortoises, living and extinct (1878):* outre de nombreux articles dans les *Philosophical Transactions*, les *Proceedings* de la Société zoologique, etc... Il a fondé à Londres le *Record of zoological literature*, dont il a rédigé les six premiers volumes (1864-70), et collabore aux *Annals and Magazine of natural history*, etc

GUYOT, Arnold Henry, géographe et naturaliste suisse, né à Neufchâtel le 8 septembre 1807, fit ses études au collège de Neufchâtel, aux gymnases de Stuttgart et de Carlsruhe et à l'université de Berlin. A Carlsruhe, il rencontra Agassiz, avec lequel il se lia intimement et qui eut sur son avenir une salutaire influence. Il étudia pendant quatre ans la théologie à Neufchâtel et à Berlin; cependant ses propres goûts, aussi bien que la société d'Agassiz, de Carl Ritter, de Steffens et de Humboldt, le déterminèrent à se consacrer exclusivement à l'étude des sciences naturelles. Ayant pris, en 1835, le grade de docteur en philosophie à l'université de Berlin, il vint à Paris, suivit divers cours scientifiques et fit plusieurs voyages d'étude en France, en Belgique, en Hollande et en Italie, explorant principalement les glaciers. En 1839, il retournait à Neufchâtel, où il fut, jusqu'à 1848, professeur de géographie historique et physique à l'Académie de cette ville. En 1848, à la suite d'un soulèvement politique, l'Académie fut dissoute. Agassiz qui, depuis 1846, avait émigré aux Etats-Unis, occupait alors une chaire à l'université de Cambridge (Massachusetts), et s'y trouvant bien, il engagea vivement son ami à venir le rejoindre. M. Guyot s'embarqua. Il demeura pendant plusieurs années auprès d'Agassiz, à Cambridge. Dès l'hiver de 1848-49, il y ouvrait un cours, en français, sur les rapports de la géographie physique et de l'histoire, qui eut un grand succès et fut traduit en anglais et publié par le professeur Felton, sous le titre de la *Terre et l'homme* (The Earth and Man). Il fut peu après employé, par le Bureau d'éducation du Massachusetts, pour instruire les élèves professeurs, dans les écoles normales,

des meilleures méthodes de l'enseignement de la géographie; puis, par l'Institution smithsonienne, pour la détermination de la structure physique et de l'élévation du système des monts Alleghanies. En 1855, il fut nommé professeur de géographie physique au collège de New-Jersey, à Princeton. — M. Arnold H. Guyot a publié une série d'ouvrages classiques très estimés sur la géographie, parmi lesquels nous citerons : *Géographie primaire (1846)*; *Géographie secondaire (1870)*; *Géographie physique*, avec une collection de cartes murales (1872). Il a fait des cours scientifiques nombreux et très suivis et a laborieusement collaboré à la presse scientifique périodique. M. Guyot a été l'un des principaux rédacteurs de l'*Universal Cyclopædia*, de Johnson (1874-77), dont il a, en fait, partagé la direction avec le président Barnard, du collège Columbia (New-York). Outre les ouvrages cités, on doit à ce savant professeur : *Instructions pour les observations météorologiques (1850)*; *Tables météorologiques (1852)*; *Introduction à l'étude de la géographie (1866)*; *Géographie des écoles secondaires (1874)*, etc. Il s'est appliqué à déterminer l'altitude exacte d'un grand nombre de montagnes américaines et publié des cartes à l'appui de ses travaux, notamment la *Carte des monts Catskill*, en 1879.

GUYOT, Emile, homme politique français, médecin à Saint-Georges-de Reneins (Rhône), est né à Saint-Dizier, le 13 mars 1830. Elu le 11 mai 1873, avec M. Ranc, représentant du Rhône à l'Assemblée nationale, comme candidat du comité de la rue Grolée, il a été élu député de la première circonscription de Villefranche, le 20 février 1876. M. le docteur Guyot a siégé à l'extrême gauche dans les deux chambres et a été réélu le 14 octobre 1877 et le 21 août 1881. Aux élections sénatoriales pour le renouvellement de la représentation du Rhône, le 8 janvier 1882, M. Emile Guyot a été élu le troisième. Il a voté l'expulsion des princes.

GUYOT, Yves, publiciste et homme politique français, né à Dinan le 6 septembre 1843, fit ses études à Rennes et vint à Paris en 1863, déterminé à se faire aéronaute. Il entra en effet à la rédaction de la petite revue ayant pour titre l'*Aéronaute*, dont il devint secrétaire, fut attaché peu après comme *reporter* à la *Liberté* dont Emile de Girardin venait de prendre la direction, puis collabora à la *Pensée nouvelle* et au *Courrier français*. Il alla, vers la fin de 1868, fonder à Nimes l'*Indépendant du midi*, et l'année suivante, les actionnaires de ce journal s'étant ralliés à l'empire libéral, il fondait les *Droits de l'homme* à Montpellier. Revenu à Paris, il fut secrétaire du comité de la rue de la Sourdière pendant la campagne antiplébiscitaire, puis entra au *Rappel*. Au début de la Commune, il fit partie de la Ligue d'union républicaine. Il quitta peu après le *Rappel* pour le *Radical*, d'où il passa au *Bien public*, devenu la propriété de Menier, le fabricant de chocolat, député de Seine-et-Marne, en qualité de rédacteur en chef : M. Yves Guyot était devenu quelque temps auparavant secrétaire de cet homme politique frais émoulu. Il a fondé depuis les *Droits de l'homme*, à Paris; et à la disparition de ce journal, qui lui valut une condamnation à six mois de prison, entre autres, il devint rédacteur de la *Lanterne*. Elu conseiller municipal de Paris pour le quartier Notre-Dame en 1874, M. Yves Guyot y fit partie de l'extrême gauche et du groupe autonomiste. Il ne se présenta pas aux élections de 1878, étant pour lors occupé à soigner sa candidature à la députation, à une élection partielle de Bordeaux, où il échoua d'ailleurs. Aux élections générales d'octobre 1885, M. Yves Guyot, porté sur la liste radicale patronnée par M. Clémenceau, fut élu député de la Seine au *scrutin* du 18. Il a pris place à l'extrême gauche et a voté l'expulsion totale des princes. —On a de M. Yves Guyot : l'*Inventeur*, livre remarquable, surtout pour une œuvre de début (1866); les *Lieux communs*, les *Préjugés politiques*, *Etudes sur les doctrines sociales du christianisme*; l'*Histoire des prolétaires*, avec M. Sigismond Lacroix (1873); la *Vérité sur l'empire (1875)*; une remarquable étude sur la *Prostitution (1882)*; la *Famille Pichot, scènes de l'enfer social (1883)*; *Un fou (1884)*; *Un drôle*, *Lettres sur la politique coloniale (1885)*; *Paris ouvert*, brochure exposant les avantages qui résulteraient de la démolition des fortifications de Paris (1886), etc.

GUYOT-DESSAIGNE, Edmond, homme politique français, né à Brioude le 25 décembre 1833, est le frère de feu Guyot-Montpayroux, ancien député de la Haute-Loire sous l'Empire et sous la République. Il fit son droit à Paris, prit le grade de licencié en 1856 et celui de docteur en droit en 1859, et se fit inscrire au barreau de Paris d'abord, à celui de Clermont-Ferrand ensuite. Entré peu après dans la magistrature, comme substitut du procureur impérial à Clermont, procureur impérial à Issoire avocat-général près la cour de Riom, puis juge au tribunal de la Seine. Il donna sa démission en 1880 et se retira, avec le titre de juge honoraire, à Cunlhat, chef-lieu de canton du Puy-de-Dôme, qu'il allait représenter au Conseil général l'année même et dont il devenait maire en 1881. Porté sur la liste républicaine du Puy-de-Dôme aux élections d'octobre 1885, M. Guyot-Dessaigne fut élu au scrutin du 18. Il a voté l'expulsion totale des princes. — Il est chevalier de la Légion d'honneur.

GUYOT-LAVALINE, Jean-Baptiste Charles, homme politique français, né à Vic-le-Comte (Puy-de-Dôme) le 15 juillet 1827. Conseiller général depuis 1856, maire de sa ville natale. M. Guyot-Lavaline était destitué en 1865 pour cause d' « opinions subversives » trop ouvertement manifestées. Ses fonctions lui furent rendues après le 4 Septembre, et il devenait vice-président du Conseil général en 1874. M. Guyot-Lavaline fut élu sénateur du Puy-de-Dôme à la faveur d'une élection partielle, le 8 janvier 1879 et réélu le 9 janvier 1882, au renouvellement triennal. Il siège à la gauche républicaine et a voté l'expulsion des princes.

H

HACHETTE, Jean Georges, libraire français, fils de Louis Hachette, fondateur de l'importante librairie connue sous son nom, mort en 1864, est né à Paris le 8 février 1838; il fit ses études au lycée Louis-le-Grand, suivit les cours de la faculté de droit et prit le grade de licencié en 1861. Associé aux affaires de la librairie deux ans plus tard, M. Georges Hachette eut sous sa direction spéciale les publications scientifiques et géographiques. Il est juge au tribunal de commerce de la Seine. Président du cercle de la librairie et de l'imprimerie en 1878, il fit partie du comité d'installation de la classe de la librairie à l'Exposition universelle. A la suite de l'Exposition internationale de Vienne, en 1873, il avait été nommé chevalier de la Légion d'honneur. — A l'Exposition de 1878, la librairie Hachette, dont il n'y a plus à faire l'histoire, recevait une grande médaille dans la classe librairie et imprimerie, une autre grande médaille dans la classe géographie, une médaille d'or dans la classe enseignement primaire et enfin une autre médaille d'or dans la classe enseignement secondaire. La mention de ces récompenses, venues après tant d'autres, suffit bien à l'éloge d'une maison.

HAECKEL, Ernst Heinrich, naturaliste allemand, né à Potsdam le 18 février 1834, fit ses études aux universités de Berlin et de Würtzbourg, et fut reçu docteur en 1857. Après un voyage en Italie, il se faisait agréger à l'université d'Iéna. Nommé en 1862 professeur extraordinaire d'anatomie comparée à cette université, puis professeur ordinaire de zoologie (chaire nouvelle) en 1865, il se rendait à Londres en 1866, liait connaissance avec l'illustre Charles Darwin, puis visitait Madère, Ténériffe, les Canaries, les côtes du Maroc et l'Espagne, étudiant principalement l'anatomie et les mœurs des animaux inférieurs de ces contrées. Le vice-roi d'Egypte ayant mis un navire à sa disposition en 1873, il en profitait pour aller étudier les récifs de corail de la mer Rouge. M. Haeckel a adopté les théories de Darwin, et cherche à ramener à un organisme primitif rudimentaire toutes les espèces; comme son illustre maître, il ne manque pas d'adversaires habiles, mais ils ont aussi affaire à forte partie. — On a de ce savant : les *Radiaires*, avec un atlas (1862); *Morphologie générale des organismes (1866, 2 vol.)*; *Histoire naturelle de la création des êtres organisés (1868)*; *Sur le développement des syphonophores (1869)*; *Des monères*, *Origine et généalogie de l'espèce humaine*, la *Vie dans les profondeurs de la mer (1870)*; *Monographie des spongiaires calcaires (1872)*; *Anthropogénie (1873)*; le *Corail de l'Arabie (1877)*; le *Règne des protistes*, la *Psychologie cellulaire (1879)*, etc. Les plus importants de ces ouvrages ont été traduits en français et en anglais.

HAENEL DE CRONENTHALL (de), Louise Augusta Marie Julia, marquise d'**Héricourt de Valincourt**, musicienne française d'origine allemande, née en Saxe en 1839, elle n'aborda qu'à dix-sept ans l'étude de la musique, en même temps qu'elle achevait en France ses études littéraires. Successivement élève de Tariot, Franchomme, Camille Stamaty, Eugène Prevost, Demerssemann, elle fit des progrès rapides, et ne tarda pas à se livrer avec ardeur à la composition. On doit à Mme de Haënel de Cronenthall, nom sous lequel elle s'est fait connaître, une centaine de compositions diverses, dont une grande partie a été publiée, et parmi lesquelles nous citerons : la *Cinquantaine villageoise*, épisode de la vie de campagne, *Salut au printemps*, la *Fantastique*, *Apollonia*, symphonies; *Bonheur pastoral*, la *Simplicité*, *Gracioza*, la *Bonne journée*, *Vieux style*, la *Dramatique*, *Léontia*, *Une partie de chasse*, *Mittweydæ*, *Satisfaction*, *Heureux jour*, la *Pathétique*, *Naïveté*, *Maestosa*, *Gaieté classique*, l'*Enfance de Beethoven*, *Georgina*, sonates; *Cremone*, quatuor pour instruments à cordes; *Nocturne*, *Regrets et souvenirs*, la *Patrie absente*, *Ne m'oublie pas*, *Filius dolorosus*, *Florence*, nocturnes; *Au bord de la mer*, *Villanelle*, *Méditation*, *Fragilité de la vie*, l'*Adieu*, *Rêve sur l'océan*, *Crépuscule*, l'*Horizon*, le *Naufrage du bonheur*, romances sans paroles; la *Naissance de Jésus*, Noël pour piano et chant; le *Retour des moissonneurs*, marche; *Musettes gasconnes*, en forme de rondes; les *Cloches du soir*, fantaisies, la *Pastorale*, bluette; la *Source*, impromptu; *Alla militare*, scherzo capricioso; *Ophelia*, romance dramatique pour piano et violoncelle; *Joyeuse humeur*, rondo; l'*Elégance*, polonaise; *Jonquille*, gavotte; des valses, polkas, mazurkas, varsoviennes, etc., lesquelles, arrangées à grand orchestre, ont fait longtemps partie du répertoire du concert des Champs-Elysées, plus un certain nombre de romances et mélodies vocales. A l'Exposition universelle de 1867, Mme de Haënel, qui est également auteur d'un opéra comique : la *Journée d'épreuves*, a transcrit pour l'orchestre du Jardin chinois, quelques airs populaires de l'empire du Milieu, et a reçu en récompense la grande médaille d'honneur de l'Exposition et celle des commissions impériales française et chinoise. Plusieurs de ces morceaux, transcrits pour le piano, ont été publiés; ce sont : la *Descente de l'hirondelle*, air faisant partie du recueil des chants populaires de Confucius; la *Grande tournante*, danse en l'honneur des sacrifices offerts par l'empereur sur l'Autel Rond; la *Chanson du thé*, composée par l'empereur Khien-Long; le *Chalumeau de Niou Va*, pastorale composée par Ta-Joun, musicien de l'empereur Hoang-Ti, en l'honneur de la princesse Niou-Va - la *Danse des plumes*, ballet dont l'objet est d'inviter à la fête des Lanternes de Yang-Cheu les esprits des quatre parties du monde; la *Tasse d'or*, chanson à boire de l'empereur Hoang-Ti et la *Joueuse de flûte de Sou-Tchou-Fou*, couplets et refrain.

HALANZIER-DUFRENOY, Olivier, administrateur français, ancien directeur de l'Opéra, fils d'une comédienne d'un très grand talent qui fut longtemps directrice de théâtres en province, est né à Paris en 1818 et a fait ses études à Fontainebleau. Après la mort de sa mère, M. Halanzier devint à son tour directeur de théâtre; mais contrairement à celle-ci, qui ne s'est jamais occupée que de comédie, il aborda presque immédiatement l'opéra. M. Halanzier a successivement dirigé des théâtres à Strasbourg, Marseille, Bordeaux, Lille, Bruxelles et Lyon. Se trouvant à Paris lors de la démission de M. Emile Perrin, en 1871, il s'offrit pour gérer provisoirement l'Opéra, pour le compte des artistes et fut agréé; ce fut dans le cours de cette gestion qu'il monta l'*Erostrate* de M. Reyer, retiré par l'auteur après la seconde représentation, bien qu'il eût droit à une troisième épreuve. Malgré cet échec, les affaires de l'Opéra arrangées, M. Halanzier en fut nommé le directeur, poste qu'il convoitait depuis longtemps et où il a, du reste, amplement justifié la confiance qu'on lui a montrée. Administrateur d'une grande habileté, il a su, tout en faisant, dans une carrière ardue, une fortune assez considérable, laisser des regrets partout où il a passé et où nul, aussi largement et aussi loyalement que lui, ne tira jamais le meilleur parti possible des subventions accordées à l'art dramatique et lyrique et qu'il sut plus d'une fois faire augmenter. Il quitta la direction de l'Opéra à l'expiration de son traité et y fut remplacé par Vaucorbeil en mai 1879. — M. Halanzier a été décoré de la Légion d'honneur en 1870, c'est-à-dire avant d'être à Paris et a été promu officier le 7 février 1878. On lui doit plusieurs *mémoires* sur sa gestion, adressés à l'Assemblée nationale.

HALE, Edward Everett, théologien et littérateur américain, né à Boston le 3 avril 1822, fit ses études au collège d'Harvard et au séminaire de Cambridge. Nommé pasteur d'une église unitaire de Worcester, il fut rappelé à Boston en la même qualité, en 1856. Rédacteur en chef pendant plusieurs années du *Christian Examiner*, que son père avait fondé, il dirigea ensuite le *Old and New Magazine* avec lequel l'*Examiner* avait

fusionné. Il a enfin collaboré laborieusement à plusieurs revues et magazines de Boston, notamment à l'*Atlantic Monthly*, et lu un assez grand nombre de mémoires historiques devant l'*American Antiquarian Society*, qui les a publiés dans son recueil spécial. — On doit en outre à M. Hale : l'édition bostonienne de l'*Histoire d'Angleterre* de Lingard, et parmi ses œuvres originales : le *Rosaire (1848)*; *Margaret Percival en Amérique (1850)*; *Scènes de l'histoire chrétienne* (même année); *Kansas et Nebraska (1855)*; *the Ingham Papers*; l'*Homme sans patrie*; le *Pain quotidien et autres histoires (1870)*; *Dix fois un font dix* (même année); *Çà et là*; la *Meilleure direction*; *Sybaris et autres lieux (1871)*; les *Ménages d'ouvriers*, *Vacances d'été*, *En son nom (1874)*; *Notre nouvelle croisade*, une *Centaine d'années (1875)*; les *Amis de Philippe Nolan (1876)*; *G. T. T., ou les Aventures merveilleuses d'un « pullmann » (1877)*; les *Elèves de Mme Merriam (1878)*; la *Bible et sa révision*, la *Vie en commun et autres sermons (1879)*; *Crusoé à New-York*, *Histoires de la guerre (1880)*; *Histoires de la mer*, *Excursion d'une famille à travers la France*, *l'Allemagne*, etc. (1881) et *Excursion d'une famille à travers l'Egypte et la Syrie (1882)*, ces deux derniers avec la collaboration de Mme Hale; *Histoire d'Espagne (1886)*; outre divers recueils de sermons d'articles, etc.

HALÉVY, Léon, littérateur français d'origine israélite, frère de l'illustre compositeur F. Halévy, mort en 1862, est né à Paris le 14 janvier 1802. Après de brillantes études au lycée Charlemagne, il fit son droit et devint, de 1831 à 1834, professeur adjoint de littérature à l'Ecole polytechnique. Entré au ministère de l'instruction publique en 1837, il y était devenu chef du bureau des Monuments historiques, lorsqu'il fut mis en disponibilité en 1853. M. Léon Halévy débuta dans la carrière littéraire par des traductions d'Horace, en vers, publiées dans l'*Israël français* et par une cantate, *Egée*, dès 1817. Nous citerons parmi ses autres ouvrages, très nombreux : *Emma ou la huit de noces (1820)*; le *Vieux guerrier au tombeau de Napoléon*, élégie (1821); la *Peste de Barcelone*, poème (1822); les *Cyprès*, élégie (1824); *Bessière et l'Empécinade*, poème (1825); *Opinions littéraires, philosophiques et industrielles*, avec MM. le Dr Bailly, H. Saint-Simon et O. Rodrigue (1825); *Résumé de l'Histoire des Juifs (1827-28*, 2 vol.); *Poésies européennes (1827)*; *Saint-Simon*, ode (1831); les *Œuvres lyriques d'Horace (1831)*; *Luther*, poème dramatique (1834); *Histoire résumée de la littérature française (1838*, 2 vol.); deux recueils de *Fables (1843-53)*, couronnés par l'Académie; la *Grèce tragique*, traduction en vers des principales tragédies grecques (1846-58-61, 3 vol.), couronnée par l'Académie; une traduction en vers de *Macbeth (1853)*; *Fr. Halévy, sa vie et ses œuvres (1862)*; *Martin Luther, ou la Diète de Worms*, autre poème dramatique (1866); la *Mort de Nostradamus*, poème dramatique (1875), etc. — Il a donné au théâtre, outre une quantité de vaudevilles et de livrets d'opérettes en collaboration : le *Duel*, 1 acte au Français (1826); le *Czar Démétrius*, tragédie en cinq actes, même théâtre (1827); l'*Espion*, drame en cinq actes, avec Fontan et Drouineau, à l'Odéon (1828); la *Dilettante d'Avignon*, opéra comique en un acte, musique de Fr. Halévy, au théâtre Feydeau (1820); *Beaumarchais à Madrid*, drame en trois actes, à la Porte-Saint-Martin (1831); *Indiana*, d'après George Sand, drame en cinq actes, avec Fr. Cornu, à la Gaîté (1833); le *Chevreuil*, comédie en trois actes, avec Jaime, aux Variétés (1834); la *Rose jaune*, un acte, au Vaudeville (1839); *Leone Leoni*, drame en trois actes, d'après George Sand, à l'Ambigu (1840); *Un mari S. V. P.*, avec Pitre Chevalier, au Vaudeville (1843); le *Balai d'or*, vaudeville en trois actes, avec Jaime, au même théâtre (1843); un *Fait-Paris*, avec M. Ludovic Halévy, aux Variétés (1850); *Ce que fille veut*, à l'Odéon (1858); *Electre*, tragédie en quatre actes, au même théâtre (1864), etc. — M. Léon Halévy est chevalier de la Légion d'honneur depuis 1846.

HALÉVY, Ludovic, de l'Académie française, auteur dramatique, neveu du célèbre compositeur F. Halévy et fils de M. Léon Halévy, est né à Paris en 1834, fit ses études au lycée Louis-le-Grand et entra dans l'administration, comme rédacteur au secrétariat général du ministère d'Etat, en 1852. En 1858, M. Ludovic Halévy quitta le ministère d'Etat et devint chef de bureau au ministère de l'Algérie et des colonies; il conserva ces nouvelles fonctions jusqu'en 1861, époque à laquelle il devint rédacteur au Corps législatif. Il a, depuis, donné sa démission, pour se consacrer entièrement au théâtre. — On doit surtout à M. Ludovic Halévy, outre quelques actes de début signés « Jules Servières », une quantité de livrets d'opéras comiques et d'opérettes, écrits en collaboration avec MM. Léon Halévy, Léo Battu, Hector Crémieux, mais principalement avec M. Henri Meilhac, et le plus souvent ornés de la musique d'Offenbach, dont quelques-uns eurent un succès fou. Nous citerons : *Bataclan (1856)*; l'*Impresario (1856)*; *Rose et Rosette (1858)*; le *Mari sans le savoir*, avec son père, et mis en musique par le duc de Morny (1860); *Orphée aux enfers*, la *Chanson de Fortunio*, le *Pont des soupirs (1861)*; les *Brebis de Panurge*, la *Clef de Metella (1862)*; les *Moulins à vent*, le *Brésilien (1863)*; le *Train de minuit*; *Nemea*, ballet, à l'Opéra (1864); la *Belle Hélène (1865)*; le *Singe de Nicolet*, un acte; *Barbe Bleue (1866)*; la *Vie parisienne* (même année); la *Grande-Duchesse de Gerolstein (1867)*; la *Périchole (1868)*; le *Château à Toto*, le *Bouquet*, *Fanny Lear*, comédie en cinq actes (1868); la *Diva*, *Froufrou*, comédie en cinq actes, au Gymnase (1869); les *Brigands*, opéra bouffe en trois actes aux Variétés; les *Méprises de Lambinet*, un acte au même théâtre (1870); *Tricoche et Cacolet*, 5 actes, au Palais-Royal (1871); *Madame attend Monsieur*, un acte; les *Sonnettes*, un acte, aux Variétés; le *Réveillon*, trois actes, au Palais-Royal (1872); *Toto chez Tata*, un acte, au Gymnase; le *Roi Candaule*, un acte, au Palais-Royal; *Pomme d'api*, un acte; l'*Eté de la Saint-Martin*, comédie en un acte, au Théâtre-Français (1873); l'*Ingénue*, un acte, aux Variétés; la *Petite marquise*, 3 actes, aux Variétés; la *Veuve*, 3 actes, au Gymnase; la *Boule*, 3 actes et la *Mi-Carême*, un acte, au Palais-Royal (1874); le *Passage de Vénus*, un acte; la *Boulangère a des écus*, opéra bouffe en 3 actes, aux Variétés (1875); l'*Homme à la clef*, un acte; *Loulou*, un acte; le *Prince*, 4 actes, au Palais-Royal (1876); la *Cigale*, 3 actes (1877); le *Petit hôtel*, comédie en un acte, au Théâtre-Français; *Samuel Brohl*, comédie en 5 actes, tirée du roman de M. V. Cherbuliez; le *Mari de la débutante*, 4 actes, au Palais-Royal; les *Petites Cardinales*, ibid. *(1880)*, etc. — M. Ludovic Halévy a collaboré en outre à divers journaux, principalement au *Temps* et à la *Vie parisienne*. Il a publié l'*Invasion*, recueil d'articles extraits du premier de ces journaux (1872); *Madame et Monsieur Cardinal*, scènes parues d'abord dans la *Vie parisienne*; puis, dans un genre un peu différent : *Mon oncle Constantin (1882)*; *Criquette (1883)*; *Trois coups de foudre (1886)*, etc. — M. L. Halévy est chevalier de la Légion d'honneur depuis 1864. Il a été élu membre de l'Académie française, en remplacement du comte d'Haussonville, le 4 décembre 1884.

HALLIWELL, James Orchard, bibliographe anglais, né à Chelsea (Londres) le 21 juin 1820, fit ses études au collège de Sutton et à l'université de Cambridge. Doué d'un goût très vif pour les recherches bibliographiques, il publiait, dès 1839, son premier ouvrage : une édition des *Œuvres de sir John Mandeville*; et, dès 1841, il commençait la publication de ses travaux sur Shakespeare : *Shakespeariana*, suivi, l'année suivante de la *Première esquisse des Joyeuses commères de Windsor*. Cette même année 1842 voyait paraître de M. Halliwell : *Histoire primitive de la franc-maçonnerie en Angleterre*, *Torrent de Portugal* et un *Catalogue des manuscrits européens de la Bibliothèque Chatam*, à Manchester. Il publia en 1843 : *Chansons de nourrice d'Angleterre* et une *Vie de Shakespeare*, suivie bientôt d'un *Index descriptif des Archives de Stratford-sur-Avon*, patrie de Shakespeare. Citons encore les *Romances de Thornton (1844)*, un *Dictionnaire des expressions archaïques et provinciales (1844-45*, 2 vol.); *Lettres des rois d'Angleterre (1846)*; *Chansons populaires et contes de nourrice*, et *Notice descriptive des contes populaires (1849)*; une édition illustrée, avec notes et commentaires, des *Œuvres de Shakespeare*, publiée par souscriptions privées (1852-65, 15 vol., in-f°); *Explication de la New Place, à Stratford-sur-Avon (1864)* et un dernier ouvrage sur le grand poète anglais, sous ce titre : *Illustration of the Life of Shakespeare in a discursive series of Essays on a variety of subjects connected with the personal and literary history of the great dramatist (1874-78*, 2 parties). — M. James-O. Halliwell est membre de la Société royale de Londres et de plusieurs autres sociétés littéraires ou savantes.

HAMEL, Louis Ernest, historien et journaliste français, né à Paris le 2 juillet 1826, fit ses études au collège Henri IV, où il eut pour condisciples les princes d'Orléans, et suivit les cours de l'Ecole de droit de 1845 à 1848. Nommé lieutenant de la garde nationale, il combattit l'insurrection de juin, dont les vraies causes lui échappaient. Inscrit au barreau de Paris, il plaida pendant plusieurs années, mais plutôt pour donner satisfaction à sa famille. Il s'occupait en revanche, avec la plus grande ardeur, de travaux littéraires, accumulant poésies, romans, comédies, drames, etc. Nous pouvons citer, par exemple, en fait de théâtre : *Etienne Marcel*, la *Jeunesse de Louis XI*, les *Vanités bourgeoises*, une *Vengeance du duc de Guise*, *Lorenzo*, la *Femme trompée*; cette dernière pièce seule vit la rampe, encore était-elle signée d'un pseudonyme. En 1851, M. Ernest Hamel publiait les *Derniers chants*, recueil de poésies fort mêlées dénotant surtout une grande incertitude d'opinion, le tâtonnement d'un esprit qui se cherche et échappe avec peine aux tendances réactionnaires de la première éducation. Appartenant à une famille imbue de sentiments bonapartistes, ce ne fut qu'au spectacle même du césarisme en action qu'il dut de reconnaître son erreur. Ce phénomène, qui s'accomplissait vers 1853, l'amena à se consacrer d'une manière exclusive aux études historiques, philosophiques et politiques. En 1857, il publiait une brochure contre les titres de noblesse : les *Principes de 1789 et les titres de noblesse*. Aux élections générales de la même année, il se présentait dans la circonscription de Péronne contre le candidat officiel, le docteur Conneau, ami de l'empereur. Il échoua avec 2,500 voix. Dès cette époque, M. Hamel préparait l'histoire du conventionnel *Saint-Just*, qu'il publia en 1859, avec une préface contenant une profession de foi républicaine des plus accentuées. L'ouvrage fut saisi, poursuivi et sommairement brûlé dans les caves du Palais de Justice. L'année suivante, il publiait l'*Histoire de Marie Tudor* (Marie la Sanglante), précédée d'une étude sur la papauté en Angleterre; puis une brochure sur *Victor Hugo*, éloge chaleureux du grand proscrit; vint ensuite l'*Histoire de Robespierre (1862-65*, 3 vol.). Après la publication du premier volume, les éditeurs, menacés, refusèrent de continuer l'impression; un procès s'ensuivit, et MM. Lacroix et Verboeckhoven furent condamnés à remplir leurs engagements avec l'auteur à leurs risques et périls. En même temps, M. Ernest Hamel collaborait à l'*Opinion nationale*, au *Courrier du dimanche*, au *Siècle*, à la *Presse libre*, à la *Réforme*, au *Réveil (1864-70)*; il faisait, en outre, des conférences à l'Athénée et à la salle du boulevard des Capucines, où la parole lui fut enfin interdite, à l'occasion de sa conférence annoncée sous le titre d'un *Duel littéraire sous Louis-Philippe*. En 1867, il fit paraître la *Statue de J.-J. Rousseau*. Vinrent ensuite : *Michelet historien (1868)*; *Précis de l'Histoire de la Révolution (1870)*; *Histoire de la République sous le Directoire et le Consulat (1871)*; *Histoire de la deuxième République et Histoire du second Empire (1872-1874*, 8 vol. illustrés); *Histoire des deux conspirations du général Malet (1873)*. — M. Ernest Hamel s'était encore porté candidat de l'opposition démocratique dans la 3e circonscription de la Somme, contre le docteur Conneau, aux élections générales de 1863, et avait obtenu, cette fois, 5,000 suffrages; il se présentait de nouveau dans la Somme le 8 février 1871, et échouait avec toute la liste républicaine. Enfin, en 1876, il échouait, avec 7,470 voix, contre M. Jametel, républicain centre-gauche. Aux élections d'octobre 1885, il figurait sur la liste radicale, qui échoua complètement dans la Somme. Il est membre du Conseil municipal de Paris, pour le quartier des Quinze-Vingts (11e arrondissement) depuis janvier 1878. — M. Ernest Hamel a fondé, vers la fin de 1876, avec Louis Blanc, le journal l'*Homme libre*, dont il est devenu le directeur politique en 1877, mais qui dura peu.

HAMILTON, lord George Francis, homme politique anglais, troisième fils du duc d'Abercorn, est né à Brighton en décembre 1845 et a fait ses études au collège d'Harrow. Nommé enseigne dans la Rifle brigade en 1864, il passa en la même qualité au Coldstream guards en 1868. Aux élections générales de décembre 1868, il fut envoyé à la Chambre des communes comme l'un des représentants du comté de Middlesex qu'il y représente encore aujourd'hui, ayant été de nouveau réélu par le même collège en juillet 1886. A la formation du cabinet Disraeli, en février 1874, lord George Hamilton a été nommé sous secrétaire d'Etat parlementaire au ministère de l'Inde; il était nommé vice-président du comité du Conseil d'éducation le 4 avril 1878, et entrait au Conseil privé. Démissionnaire à la chute de son parti, en avril 1880, il faisait de nouveau partie du ministère formé par le marquis de Salisbury (juin 1885-février 1886), et revenait au pouvoir avec le même homme d'Etat, comme premier lord de l'Amirauté, le 2 août 1886.

HAMILTON, Gail. Voy. Dodge.

HAMLIN, Hannibal, homme d'Etat américain, né à Paris, dans le comté d'Oxford (Maine), le 27 août 1809. Reçu avocat en 1833, il exerça sa profession à Hampden, dans le même Etat, jusqu'en 1851. De 1836 à 1840, M. Hamlin a été membre de la législature du Maine et président de la Chambre pendant trois ans. En 1843, il fut nommé membre du Congrès par les démocrates, quoique favorable à l'abolition de l'esclavage. Il fut réélu en 1845 et s'acquit la réputation d'un des plus intelligents et des plus laborieux membres du Congrès. Une élection partielle l'envoya siéger, en 1848, au Sénat des Etats-Unis où le confirmèrent, pour six années, les élections de 1851. Ayant abandonné le parti démocrate en 1856, il fut élu, par les républicains, gouverneur de l'Etat du Maine et resigna son siège au Sénat au mois de janvier 1857, lors de son installation comme gouverneur. Réélu sénateur une troisième fois, par la législature du Maine, il acceptait de nouveau ce mandat et donnait sa démission de gouverneur le 4 mars suivant (1857), les deux fonctions étant incompatibles. En novembre 1860, M. Hamlin fut élu vice-président des Etats-Unis, avec Abraham Lincoln comme président; mais à la deuxième élection de ce dernier (1864), Andrew Johnson fut préféré à M. Hamlin, sans cause sérieuse, puisqu'il jouissait de l'estime et de la sympathie générales et de la confiance de son parti, mais par un de ces incidents de scrutin qu'on ne saurait prévoir. Lors de l'élévation de Johnson à la présidence, après l'assassinat de Lincoln (1865), le nouveau président nomma son ancien compétiteur directeur des douanes du port de Boston, poste qu'il résignait dès l'année suivante, parce que la politique du président n'était plus la sienne. — En 1869, M. Hamlin a été réélu sénateur pour une nouvelle période de six années, et réélu en 1875. En 1881, il était nommé ministre des Etats-Unis en Espagne.

HAMMAN, Edouard Jean Conrad, peintre belge, né à Ostende le 24 septembre 1819. Elève de l'Ecole des beaux-arts d'Anvers et de N. de Kayser, il débuta aux salons de Bruxelles, et vint se fixer à Paris en 1846. L'année suivante, il exposait au Salon. On a de lui : le *Réveil de Montaigne enfant*; *Préparatifs pour la sérénade*, ou les *Etudiants espagnols*; la *Lecture pantagruélique*, ou *Rabelais à la cour*; *Hamlet*; *Charles IX et Ambroise Paré*; la *Visite du doge*; la *Fille du supplicié (1847-53)*; *Christophe Colomb*; le *Compositeur flamand Adrien Villaert à Venise (1855)*; l'*Etude du blason*, le *Commencement et la fin (1857)*; *Stradivarius*, *André Vesale professant à Padoue*, *Dante à Ravenne (1859)*; les *Contes de Marguerite d'Angoulême*; *Premier épisode de la Journée des dupes*, 11 *novembre 1630*; les *Adieux (1861)*; *Enfance de François Ier*, *Enfance de Charles-Quint*, *Marie Stuart quittant la France (1863)*; les *Femmes de Sienne travaillant aux retranchements de la ville assiégée par Charles Quint*, la *Galerie du Titien (1864)*; *Evviva la sposa! (1865)*; *Bluette*, la *Dernière entrevue (1866)*; la *Fête du Bucentaure à Venise*, l'*Education de Charles-Quint (1867)*; l'*Oratoire*, la *Tentation (1868)*; l'*Enfant trouvé*, *l'Atelier de Stradivarius (1869)*; *Famille protestante fugitive après la révocation de l'édit de Nantes (1870)*; les *Secrets de Madame*, le *Secret de la soubrette (1873)*; le *Roman*, la *Leçon d'aquarelle (1877)*; *Haendel (1878*, Exp. un.); les *Souvenirs du père*; l'*Attente*, aquarelle (1878); les *Brisants*, côtes de Normandie (1884); un *Portrait au fusain* (1886). M. Hamman a exécuté en outre beaucoup de travaux pour le gouvernement belge, et fourni des dessins à plusieurs publications françaises et belges illustrées. Il a obtenu une médaille de 3e classe en 1853 et en 1855, une de 2e classe en 1859, le rappel en 1863, et la croix de la Légion d'honneur en 1864. Il est également décoré de l'ordre de Léopold de Belgique.

HAMMOND, William Alexander, médecin américain, né à Annapolis (Maryland) le 28 août 1828, fit

ses études à l'université de New York et y fut reçu docteur en médecine en 1848. En 1849, il entrait dans le service médical de l'armée des Etats-Unis en qualité d'aide-chirurgien; devenu chirurgien, avec assimilation au rang de capitaine, en 1860, il se retira, fut nommé à la chaire d'anatomie et de physiologie de l'université de Maryland, à Baltimore, et se fit dans cette ville une clientèle riche et étendue, comme praticien. Pendant ses douze années de service militaire, le Dr Hammond avait pu visiter et étudier avec soin le service médical des armées et les hôpitaux militaires des principaux Etats européens; aussi, lorsqu'au début de la guerre civile, il abandonnait sa position sans marchander, pour entrer dans l'armée de l'Union comme simple aide-chirurgien, ses rares capacités d'organisateur furent-elles promptement remarquées. La réorganisation du Bureau médical, en avril 1862, lui en ayant offert l'occasion, la Commission de santé des Etats-Unis le proposa pour le poste de chirurgien général de l'armée, et il y fut nommé en effet. Mais, en dépit de son activité infatigable, des merveilles de transformation qu'il sut accomplir dans le service médical, le jeune chirurgien général devait échouer contre l'hostilité systématique des anciens qui ne pouvaient lui pardonner de leur avoir passé sur le dos et d'être devenu leur supérieur. Epié constamment, il fut à la fin dûment constaté que si les malades et les blessés n'avaient jamais été si bien et si efficacement soignés que sous sa direction, du moins le chirurgien général n'était pas homme à pousser jusqu'à leurs extrêmes limites les minuties d'une comptabilité assez compliquée et, en s'y prenant mieux, on découvrit enfin quelques irrégularités dans divers marchés passés avec les fournisseurs des ambulances, hôpitaux, etc. Dénoncé, il fut contraint à donner sa démission en 1864, et quitta l'armée. Mais en 1878, le président et le Congrès réformèrent la sentence prononcée contre lui, il fut réintégré dans son grade et placé dans le cadre de réserve. — Le Dr Hammond, aussitôt qu'il eut quitté l'armée, avait été nommé professeur à l'hôpital Bellevue, du Collège de médecine de New-York et médecin en chef de l'hôpital de l'Etat de New-York pour les maladies du système nerveux, double position qu'il a jusqu'ici conservée. Rédacteur en chef du *Journal de médecine psychologique*, le Dr Hammond a en outre publié: *Hygiène militaire* et *Mémoires de physiologie (1863)*; *Maladies vénériennes (1864)*; le *Sommeil et ses accidents nerveux* (Sleep, and its nervous derangements, 1869); *Physique et physiologie du spiritisme*; *Etude médico-légale sur le cas de Daniel Mac Farland (1870)*; *Traité des maladies du système nerveux (1871)*; *l'Aliénation mentale dans ses rapports avec le crime* (Insanity in its relations to crime, 1873): *Sur le travail mental et les désordres causés par l'émotion*; *Hypérémie cérébrale (1878)*; le *Jeûne des femmes (1879)*, etc.

HAMPTON, Wade, général américain confédéré, né à Columbia (Caroline-du-Sud) en 1818. Son père, mort en 1835, était probablement le plus riche planteur des Etats-Unis; il était propriétaire de 3,000 esclaves. Le fils, qui fait l'objet de la présente notice, fit ses études à l'université de la Caroline-du-Sud, y compris son droit, et fut élu presque aussitôt après membre de la législature de l'Etat. Au début de la guerre de Sécession, il prit du service dans l'armée confédérée à la tête d'un régiment de cavalerie qu'il avait levé, monté et équipé et qu'il commandait à la bataille de Bull Run. Il fut, à la suite de cette affaire, qui se termina par la victoire des Confédérés, promu général de brigade, servit en cette qualité pendant la campagne de la Péninsule (1862) et fut blessé à Gettysburg, le 2 juillet 1864. En 1864, il fut fait lieutenant-général et commanda un corps de cavalerie en Virginie; il fut ensuite envoyé dans la Caroline-du-Sud, au commencement de 1865, pour prendre le commandement de l'arrière-garde de l'armée confédérée, qui fut défaite par le général Sherman. D'énormes quantités de coton étaient en réserve à Columbia; à l'approche des forces de l'Union, on l'empila sur une place ouverte, le feu y prit et une grande partie de la ville devint la proie des flammes, qu'il fut impossible de circonscrire. Qui mit le feu à cette agglomération de coton? Il semble que ce doive être par l'autorité confédérée, ou tout au moins par son ordre, qu'il fut mis. D'ailleurs, c'est sous cet aspect que l'événement fut présenté, principalement de ce côté de l'Atlantique. Cependant, les généraux Hampton et Sherman s'en accusèrent réciproquement avec une grande véhémence et une bonne foi égale; et on ne doute guère plus, en effet, que la conflagration a été purement accidentelle. S'il reste aux Etats-Unis des doutes sur ce point, nous devons à la vérité de dire que c'est justement le général confédéré qui en profite. Elu gouverneur de la Caroline-du-Sud en 1876 et 1878, le général Wade Hampton a été élu sénateur des Etats-Unis en 1880 et réélu en 1885.

HANOTEAU, Hector, peintre français, né à Decize (Nièvre) le 25 mai 1823. Il s'était déjà livré à la peinture de genre, lorsqu'il se décida pour le paysage et entra dans l'atelier de M. J. F. Gigoux; il débuta au Salon de 1847. — On doit à cet artiste: *Sur l'herbe* et *Vue prise dans la forêt de Compiègne (1847)*; quatre paysages: *Soleil couchant*, *Pêche*, *Chasse*, *Etude (1848)*; *Etude d'après nature au Jean-de-Paris, dans la forêt de Fontainebleau (1849)*; le *Bon samaritain*; *Troncs de bouleau, étude d'après nature*; les *Bords de l'Yonne*, une *Cabane*, *Gibier*, *Fruits (1850)*; *Rendez-vous de chasse*, *Souvenir du Morvan*, la *Cave (1852)*. A cette époque, M. Hanoteau fit un voyage en Algérie, d'où il rapporta quelques sujets de tableaux, mais il s'en tint de préférence aux paysages français. Il reparut à l'Exposition universelle de 1855, avec un *Campement arabe sous les murs d'El-Aghouat*; et a exposé depuis: un *Etang dans le Nivernais*, l'*Etang de Charancy*, le *Vigneron (1857)*; une *Matinée sur les bords de la Canne*, le *Picotin (1858)*; le *Gué de Charancy*, la *Canne au Chaillou*, une *Prairie sur les bords de la Laudarge (1859)*; les *Environs de Saint-Pierre-le-Moutier*, une *Matinée de pêche*, un *Ruisseau à Charancy (1861)*; la *Nourrice du pauvre*, *Chevaux libres dans les bois du Nivernais (1855)*; la *Hutte abandonnée*, le *Paradis des oies (1864)*; un *Coin de parc dans le Nivernais (1865)*; *Après la pêche*, le *Soir à la ferme (1866)*; un *Lièvre aux écoutes*, les *Heureux de l'ouverture (1867)*; le *Garde manger des renardeaux (1868)*; la *Passée du grand gibier*, les *Roseaux (1869)*; l'*Appel*, la *Mare (1870)*; une *Chaumière (1872)*; *Chèvrefeuille (1873)*; la *Loge du bûcheron*, le *Poirier de Messire-Jean*, le *Bois coupé (1874)*; les *Grenouilles (1875)*; l'*Eau qui rit*, les *Biquets (1876)*; le *Moulin*, le *Chef de l'âtre (1877)*; *Portrait du général Hanoteau*, la *Tournée du meunier (1878)*; une *Victime du réveillon (1879)*; la *Haie mitoyenne (1883)*; *Septembre*, *Avril (1884)*; les *Pics du bocage*, l'*Homme utile (1885)*; les *Nénufars*, le *Bois des nids (1886)*, etc., et de nombreux portraits. — La plupart des sujets traités par M. Hector Hanoteau ont été popularisés par la gravure et la lithographie. Médaillé aux Salons de 1864, 1868 et 1869, sans parler de plusieurs récompenses obtenues dans les expositions de province, cet artiste a été décoré de la Légion d'honneur en 1870.

HARCOURT, sir William George Granville Venables Vernon, jurisconsulte et homme politique anglais, né le 14 octobre 1827, fit ses études au collège de la Trinité, à Cambridge et fut reçu avocat à l'Inner Temple en 1854. Il exerça dans le ressort judiciaire de l'intérieur et dirigea, entre autres, la défense du colonel Crawley devant la cour martiale d'Aldershot, en décembre 1863. M. Harcourt fut nommé avocat de la reine en 1866 et élu professeur de droit international à l'université de Cambridge le 2 mars 1869. Elu membre de la Chambre des communes, comme représentant libéral de la cité d'Oxford en 1868, M. Harcourt a cessé de représenter ce collège en 1880, époque à laquelle, après avoir échoué à Oxford, il était élu par Derby. Il a fait partie des commissions royales relatives à l'amendement des lois de neutralité et des lois de naturalisation. Nommé solicitor-général en novembre 1873, il fut créé chevalier à cette occasion. Au mois de février suivant, la retraite du cabinet Gladstone le forçait à résigner ses fonctions. Au retour des libéraux au pouvoir, sir W. Harcourt fut nommé secrétaire d'Etat au département de l'intérieur (mai 1880). Il fit également partie des divers cabinets libéraux qui se sont succédé depuis, avec M. Gladstone pour premier ministre, et du dernier (février à août 1886) comme chancelier de l'Echiquier. — Sir W. Harcourt a été l'un des rédacteurs d'origine de la *Saturday Review* et a écrit plusieurs brochures politiques. Il a aussi publié au *Times*, sous le pseudonyme de *Historicus*, des lettres sur le droit international qui ont été fort remarquées, et ont été depuis réunies en volume. La ville de Glasgow lui a décerné le droit de bourgeoisie en octobre 1881.

HARCOURT (comte d') Pierre Louis Bernard, officier français, ancien représentant, né à Paris le 10 août 1842. Sorti de Saint-Cyr en 1864, il entra au 1er régiment de chasseurs d'Afrique comme sous-lieutenant; il prit part à plusieurs expéditions en Algérie; il assistait notamment à la campagne du Maroc, au commencement de 1870. Appelé en France avec les troupes algériennes au début de la guerre avec la Prusse, il devint officier d'ordonnance du maréchal Mac-Mahon, et assista en cette qualité aux batailles de Wissembourg, de Reichshoffen et de Sedan, et fut fait prisonnier. De retour après l'armistice, il reprit son poste d'officier d'ordonnance du duc de Magenta et prit part avec lui à la campagne contre la Commune de Paris. Il était promu lieutenant au mois de juillet 1871. — Elu, aux élections complémentaires du 2 juillet, représentant du Loiret, où se trouve le château de la Forêt, propriété personnelle de Mme la duchesse de Magenta, sa parente, M. Bernard d'Harcourt siégea au centre droit. Il a été rapporteur de la loi relative à l'option des Alsaciens-Lorrains. Resté attaché à la personne du maréchal-président, M. le comte d'Harcourt a été vivement attaqué par la presse républicaine à propos de son attitude ouvertement sympathique aux membres les plus compromis de l'ex-gouvernement de combat, malgré la réserve que devaient lui imposer ses fonctions quasi-officielles. Aux élections du 20 février 1876, il se présenta dans l'arrondissement de Pithiviers, comme candidat constitutionnel; mais ce fut le candidat bonapartiste M. Brierre, maire de Pithiviers (destitué peu après l'élection), qui fut élu. Et le même fait se reproduisit le 17 octobre 1877. — M. le comte Bernard d'Harcourt est chevalier de la Légion d'honneur du 2 juin 1871.

HARDY, L. Philippe Alfred, médecin français, né le 30 novembre 1811 à Paris, où il fit toutes ses études, et fut reçu docteur en médecine en 1836. Ancien interne, puis chef de clinique à la Charité, il fut attaché au bureau central de 1841 à 1845, nommé médecin de l'hôpital de Lourcine en 1846 et de l'hôpital Saint-Louis en 1851. Reçu la même année au concours d'agrégation, il a été nommé professeur à la faculté de médecine de Paris en 1867, et élu membre de l'Académie de médecine. — On doit au docteur A. Hardy: *Leçons sur les maladies de la peau*, professées à l'hôpital Saint-Louis et recueillies par deux de ses élèves (1858-59, 2 vol.); *Sur un moyen nouveau pour reconnaître la pureté du chloroforme*; *De la diffusion moléculaire et de la dyalise dans leurs rapports avec la physiologie*; *Leçons sur les affections cutanées dartreuses (1862)*; *Leçons sur la scrofule et les scrofulides*, *Des effets toxiques de la digitaline (1864)*; *Clinique photographique de l'hôpital Saint-Louis (1867 et suiv.)*, etc. Nous devons citer à part son *Traité élémentaire de pathologie interne*, écrit en collaboration avec M. Béhier (2e édition, 1858-64-72-79, 4 vol.). Le docteur Hardy a collaboré à plusieurs publications spéciales notamment au *Nouveau Dictionnaire de médecine et de chirurgie pratiques*. — Il est officier de la Légion d'honneur depuis le 7 août 1870.

HARDY, Léopold Amédée, architecte français, né à Paris en 1834. M. Hardy est architecte diocésain du département de Meurthe-et-Moselle, et à ce titre on lui doit d'importants travaux d'architecture, notamment la restauration de nombreuses églises de ce département; mais il est surtout connu comme l'architecte du palais du Champ-de-Mars, de l'Exposition universelle de 1878. En 1867, il avait eu déjà une très grande part à la construction du palais de l'Exposition élevé sur le même lieu; il concourut de nouveau en 1878, et son projet ayant été couronné par le jury, il fut chargé de l'exécuter. Nommé chevalier de la Légion d'honneur en 1867, M. Hardy était promu officier le 1er mai 1878, jour de l'ouverture de l'Exposition. Après l'Exposition, il reprenait son poste à Nancy.

HARDY, Gathorne, homme d'Etat anglais. — Voy. **Cranbrook** (vicomte).

HARGRAVES, Edmond Hammond, voyageur anglais, célèbre par la découverte des mines d'or de l'Australie, est né à Gosport en 1815. Embarqué comme mousse à quatorze ans, après une navigation de plusieurs années il s'établissait en Australie, ayant à peine dix-huit ans. En 1849, il suivait le mouvement qui entraînait les aventuriers des deux mondes vers la Californie, n'ayant sans doute pas fait fortune encore. Tout en travaillant aux mines, M. Hargraves remarquait que la formation géologique des terrains dans lesquels on trouvait l'or, en Californie, ressemblait étonnamment à celle de certains terrains australiens bien connus de lui. A son retour, en 1851, il chercha à s'assurer si, dans ces derniers terrains, l'or ne se trouverait pas également: il ignorait, tout naturellement, qu'il en avait été trouvé accidentellement bien avant cette époque et ne comptait guère sur le succès. Ce fut à Bathurst, dans la Nouvelle-Galles du Sud, dont la colonie de Victoria faisait alors partie, que l'ancien mineur californien fit sa première découverte, en avril; quatre mois plus tard, il découvrait à Ballarat un gisement d'une grande richesse évidente, propre à être mis immédiatement en exploitation. Il fit part de cette découverte au secrétaire colonial, qui le nomma commissaire des terrains de la Couronne; il organisa une compagnie de mineurs, les dirigea sur Ballarat et se mit, en vertu de sa mission officielle, à la recherche des gisements aurifères que pouvait recéler cette contrée. Sa mission terminée, M. Edmond Hargraves donna sa démission. Il reçut une pension de 250.000 francs que lui vota par reconnaissance le Conseil législatif de la Nouvelle-Galles du Sud, ainsi que d'autres riches présents, soit des autres colonies australiennes, soit d'associations particulières, enrichies par sa découverte, et retourna en Angleterre en 1854. L'année suivante, il publiait à Londres, sous ce titre: *Australia and its goldfields*, une intéressante relation de ses découvertes.

HARISPE, Jean Charles, homme politique français, né à Saint-Etienne-de-Baigorry le 17 juillet 1817. Parti très jeune pour l'île de Cuba, il s'y livra longtemps au commerce et revint dans son pays avec une belle fortune. Il était conseiller général des Basses-Pyrénées, lorsqu'il se présenta dans l'arrondissement de Mauléon, aux élections générales du 20 février 1876, comme candidat réactionnaire; il fut élu et prit place dans le groupe de l'Appel au peuple. Réélu le 14 octobre 1877, il échouait aux élections d'août 1881 contre le candidat républicain. Mais le 4 octobre 1885, il a été élu député des Basses-Pyrénées, en tête de la liste monarchiste triomphante.

HARPIGNIES, Henri Joseph, peintre français, élève de J. Achard, est né à Valenciennes en 1829. Il débuta au salon de 1853. — On cite de cet artiste: *Chemin creux près de Valenciennes (1853)*; *Vue de Capri (1855)*; les *Chercheurs d'écrevisses (1857)*; un *Orage (1859)*; *Lisière de bois*, le *Soir sur les bords de la Loire (1861)*; les *Corbeaux (1863)*; la *Promenade (1864)*; *Rome vue du mont Palatin (1865)*; le *Soir*, le *Vésuve (1866)*; *Solitude*, *Prairie (1867)*; *Souvenir de la Meurthe (1868)*; la *Rivière*, le *Chemin des roches (1869)*; la *Vallée d'Egérie*, panneau décoratif pour l'Opéra (1870); *Ruines du château d'Hérisson (1872)*; le *Saut de loup (1873)*; l'*Aumance*, un *Public bienveillant (1874)*; *Chênes de Château-Renard*, la *Vallée de l'Aumance (1875)*; *Prairie du Bourbonnais (1876)*; le *Village de Chasteloy (1877)*; divers paysages déjà cités à l'Exposition universelle de 1878. Il a encore exposé depuis: les *Bois de la Trémellerie à Saint-Privé*, et une *Après-midi à Saint-Privé*, département de l'Yonne (1883); le *Loing, vue prise dans le bois de la Trémellerie* et un *Lever de lune sur l'étang de Grande-Rue*, dans l'Yonne (1884); la *Loire à Briare*, la *Ferme de la Cour-Chaillot (1885)*: *Saules et aulnes*, souvenir de Saint-Privé; *De Saint-Privé à Bléneau (1886)*. — M. Harpignies a obtenu des médailles aux salons de 1866, 1868 et 1869 et une médaille de 2e classe à l'Exposition universelle de 1878; décoré de la Légion d'honneur en 1875, il a été promu officier en 1883.

HARRISON, Frederick, jurisconsulte et philosophe positiviste anglais, né à Londres, le 18 octobre 1831, fit ses études au Collège du roi, à Londres, et à l'université d'Oxford, où il prit le grade de maître ès-arts en 1857, et se fit admettre au barreau, à Lincoln's Inn, en 1859. Après avoir pratiqué quelque temps comme *conveyancer* (avocat rédacteur de contrats) et comme avocat plaidant en Chancellerie, M. Harrison devint membre de la Commission royale des associations ouvrières (1867-69), secrétaire de la Commission du Digeste (1869-70) et fut nommé en 1873, par le Conseil d'éducation légale, examinateur en droit civil, jurisprudence et droit international. Il s'est beaucoup occupé des questions ouvrières, et a étudié avec soin les sociétés coopératives, industrielles et d'éducation, principalement dans les comtés populeux d'York et de Lancastre; a été l'un des fondateurs du Collège des ouvriers et du Collège des ou-

vrières, ainsi que de l'Ecole positiviste, en 1870, et de la Newton Hall, en 1881. — M. F. Harrisson a écrit un certain nombre d'articles dans la *Westminster Review* de 1860 à 1863 et dans la *Fortnightly Review* de 1863 à 1874; il est un des collaborateurs du *Nineteenth Century*, de la *Contemporary Review* et du *Times*. Il a publié à part : le *But de l'histoire (1862)*; la *Politique internationale (1866)*, en collaboration; *Questions relatives à la réforme du parlement (1867)*; la *Loi martiale* (même année), publié par le comité de la Jamaïque formé pour la défense du gouverneur Eyre (voyez ce nom); *Ordre et progrès (1875)* et une traduction anglaise de la *Statique sociale (1876)* formant le 2e volume de l'édition anglaise de la *Politique positiviste*, d'Auguste Comte, dont M. Frédéric Harrison est un disciple fervent et éclairé. Le 13 juin 1886 (25 Saint-Paul du calendrier positiviste), il venait à Paris, à la tête de près de deux cents positivistes anglais, faire une sorte de pèlerinage à l'ancien appartement d'Auguste Comte, situé 10, rue Monsieur le Prince, et à divers autres lieux consacrés, pèlerinage auxquels se joignirent les positivistes parisiens, ayant M. P. Laffite à leur tête, et qui se termina par un banquet.

HARTE, Francis Bret, poète et littérateur américain, né à Albany (New-York) le 25 août 1839. Parti en Californie en 1854, il y fut successivement mineur, maître d'école, messager, imprimeur et finalement journaliste. Nommé, en 1864, secrétaire de la succursale de la Monnaie des Etats-Unis, à San-Francisco, poste qu'il conserva jusqu'en 1870, il collabora activement dès cette époque à la presse périodique californienne, à laquelle il fournit des poésies, des esquisses et des nouvelles, et, à la fondation de l'*Overland Monthly*; en 1868, il devint rédacteur en chef de ce recueil. En 1869, M. Bret Harte publiait un poème humoristique intitulé *the Heathen Chinee*, qui eut un très grand succès et eut plusieurs éditions consécutives. Vers la même époque, il était nommé professeur de littérature moderne à l'université de Californie. En 1871, il retourna dans l'Est et fixa sa résidence d'abord à New-York et ensuite à Boston. Ses ouvrages qui, pour la plupart, ont préalablement paru dans quelque recueil périodique, lui on fait une réputation devenue européenne maintenant que sous le titre de *Récits californiens (1873)*, et de *Nouveaux récits californiens (1876)*, Mme Th. Bentzon a traduit en français un choix de ses plus aimables nouvelles. — Nous citerons de M. Bret Harte : *Condensed Novels (1867*, nouv. édit. augmentée, 1871); *Poems (1870)*; *Luck of Roaring Camp, and other sketches (1870)*; *East and West Poems (1871)*; *Poetical Works*, illustrés (1871); *Mrs Skagg's Husbands* (les Epoux de madame Skagg, 1872); *Poèmes choisis, Echoes of the Foot Hills (1874)*; *Tales of the Argonauts, Daniel Conroy*, roman (1875), transporté à la scène et joué à New-York en 1876; *Two men of Sandy Bar*, drame extrait également d'un roman portant le même titre, joué pour la première fois le 17 juillet 1876 à l'Union Square Theatre; *Thankful Blossom (1877)*; *Story of a mine, Drift from two shores (1878)*; *The Twins of Table Mountain, and other stories*, recueil de nouvelles (1879); *In the Carquinez Woods (1883)*; *The Queen of the Pirate isle*, conte de Noël illustré par miss Kate Greenaway (1886), etc.

HARTINGTON (marquis de), Spencer Compton Cavendish, homme d'Etat anglais, fils aîné de William, 7e duc de Devonshire et de Lady Blanche Georgina Howard, quatrième fille de George, 6e comte de Carlisle, est né le 23 juillet 1833 et a fait ses études au collège de la Trinité, à Cambridge, où il prit le grade de bachelier ès arts en 1854 et fut fait docteur en lois en 1862. Il fut attaché à la mission spéciale du comte Granville en Russie, en 1856 et, en mars 1857, il était élu membre du parlement, comme candidat libéral, par le district nord du comté de Lancastre. A l'ouverture du nouveau parlement, en 1859, il provoqua contre le gouvernement de lord Derby un vote de défiance qui réunit 323 voix contre 310. Nommé lord de l'Amirauté en mars 1863, il était nommé sous-secrétaire d'Etat au ministère de la guerre le mois suivant. Dans la reconstitution de la seconde administration de lord Russell, en février 1866, le marquis de Hartington fut secrétaire d'Etat au département de la guerre, et se retira avec ses collègues au mois de juillet de la même année. Aux élections générales de décembre 1868, lord Hartington perdit son siège dans le North-Lancashire, mais il fut aussitôt réélu par le bourg de Radnor et nommé directeur général des Postes dans le cabinet de M. Gladstone. Il conserva le poste jusqu'en janvier 1871, époque à laquelle il remplaça M. Chichester Fortescue comme secrétaire en chef pour l'Irlande. Il quitta enfin le pouvoir, avec ses collègues, à la suite des élections générales de février 1874, qui mettaient les libéraux en minorité. — Lorsque, un peu avant l'ouverture de la session de 1875, M. Gladstone annonça sa résolution d'abandonner le poste de chef du parti libéral, il y eut réunion des membres de l'opposition au Reform Club (3 février), sous la présidence de M. John Bright. Sur la proposition de M. Villiers, appuyée par M. Samuel Morley, la réunion résolut d'inviter lord Hartington à prendre la succession de M. Gladstone, c'est-à-dire le poste de chef de l'opposition libérale à la Chambre des Communes. Cette résolution lui ayant été notifiée, le marquis de Hartington, après réflexion, accepta ce poste honorable. Il ne devait pas le conserver longtemps. Les élections d'avril 1880, auxquelles il fut réélu dansle Nort-East Lancashire, ayant ramené la majorité aux libéraux, la reine voulut lui confier la mission de former le nouveau cabinet, qui devait succéder au cabinet tory, démissionnaire; mais il déclina cette mission, et le comte Granville en ayant fait autant, le « Grand Vieillard » dut reparaître en scène. Dans le ministère formé en conséquence par M. Gladstone (mai), le marquis de Hartington reprit le portefeuille de la guerre. Des dissentiments, survenus principalement au sujet de la question irlandaise, ont séparé depuis le marquis de Hartington de M. Gladstone, sur lesquels nous n'insisterons pas ici, l'ayant déjà fait assez compendieusement dans la notice consacrée à cet éminent homme d'Etat, notice à laquelle nous renvoyons le lecteur. — Aux élections de juillet 1886, lord Hartington a été réélu à Rosendale, comme *unioniste* (un nouveau vocable de la langue politique anglaise) avec une énorme majorité. Il avait été élu lord recteur de l'université d'Edimbourg en 1879.

HATIN, Louis Eugène, littérateur et bibliographe français, né à Auxerre le 8 septembre 1809, fit ses études au collège de sa ville natale et vint ensuite à Paris où, tout en remplissant les fonctions absorbantes de correcteur d'épreuves typographiques, il se livrait à divers travaux anonymes de librairie. Il a collaboré en outre au *Dictionnaire des dates*, à l'*Histoire des villes de France*, au *Complément* de l'*Encyclopédie du XIXe siècle*, etc., et publié les ouvrages suivants : *Histoire pittoresque de l'Algérie (1840)*; la *Loire et ses bords (1843)*; *Histoire pittoresque des voyages dans les cinq parties du Monde (1843-47*, 5 vol. in-8°, grav. et cartes); *Histoire du journal en France (1846)*, nouvelle édition, considérablement augmentée (1853) ; *Histoire politique et littéraire de la presse en France (1859-61*, 8 vol.) ; les *Gazettes de Hollande et la presse clandestine aux XVIIe et XVIIIe siècles (1865)* ; *Bibliographie historique et critique de la presse périodique française (1866)*; la *Presse périodique dans les deux Mondes, essai historique sur les origines du Journal (1866)*; *Manuel théorique et pratique de la liberté de la presse (1868*, 2 vol.), etc. — M. Eugène Hatin est chevalier de la Légion d'honneur depuis 1867.

HATTON, Joseph, journaliste et littérateur anglais, né à Andover en 1837, est fils d'un éditeur de province, propriétaire d'un journal, le *Derbyshire Times*, où il commença de très bonne heure la carrière de journaliste. Après avoir collaboré à diverses feuilles, il devint à son tour propriétaire du *Berrow's Worcester Journal*. En 1861, il publia un petit volume composé d'articles et de nouvelles extraites du *Bristol Mirror*, journal qu'il avait dirigé pendant plusieurs années; il fut attaché à la direction des magazines *London Society* et *Belgravia* et collabora ensuite au *Graphic*. Il a publié : *Douceurs amères*, une *Histoire d'amour (1865*, 3 vol.) ; *Contre le courant (1866)*; les *Tallants of Barton (1867)*. En 1868, il devint rédacteur en chef du *Gentleman's Magazine*, dont il fit, d'un grave et érudit archéologue, un recueil de littérature pure et souvent même légère, et où il publia notamment : *the Memorial window* et un roman intitulé *Christopher Kenrick*. Il abandonna le fauteuil directorial après six ans d'exercice et reçut de ses principaux collaborateurs, à l'occasion de sa retraite, un service d'argenterie accompagné d'une adresse de compliments et de regrets. Il fonda alors le *School-Board Chronicle* et peu après, l'*Illustrated Middland News*, le premier journal illustré paru en province. — Les plus récents ouvrages publiés par M. Joseph Hatton sont : *Pippins and cheese* (Pommes de reinette et fromage); *Kites and Pigeons* (Milans et pigeons); *With a Show in the North : Reminiscences of Mark Lemon (1871)*; *The Valley of Poppies* (la Vallée des Pavots, 1861, 2 vol.); *In the Lap of Fortune* (Dans le giron de la Fortune, 1872, 3 vol.); *Clytie (1874*, 3 vol.); la *Reine de Bohême (1877-78*, 2 vol.); *Londres cruel (1878*, 3 vol.); *Trois Conscrits (1880*, 3 vol.); l'*Amérique aujourd'hui* (2 vol.), et le *Nouveau Ceylan (1881)*; *Londres journaliste (1882)*; *Terre-Neuve*, avec M. Harvey, et un *Moderne Ulysse (1883)*, etc. Il a en outre adapté au théâtre plusieurs de ses romans, notamment *Clytie* et écrit quelques pièces en collaboration. — En 1876, M. Hatton a fait un voyage aux Etats-Unis et au Canada, au retour duquel il fut accrédité comme correspondant du *New York Times* à Londres. Il est retourné en Amérique depuis, et en 1881, il se trouvait à New-York, d'où il envoyait au *Standard* de Londres des câblegrammes quotidiens; on cite tout particulièrement la dépêche dans laquelle il décrivait dans les moindres détails l'assassinat du président Garfield, et qui était la plus étendue qui eût jamais traversé l'Atlantique. Pendant son séjour en Amérique, M. Hatton collabora au *Harper's Magazine* et à d'autres publications.

Son fils, M. Frank Hatton, jeune explorateur du plus bel avenir, et qui lui avait fourni les matériaux de son livre : le *Nouveau Ceylan*, a été tué il y a quelques années dans cette île, au cours d'une chasse à l'éléphant.

HAURÉAU, Jean Barthélemy, historien, publiciste et administrateur français, né à Paris le 9 novembre 1812, y fit ses études aux collèges Louis-le-Grand et Bourbon et débuta dès 1832 dans la carrière de publiciste, par une brochure politique intitulée : la *Montagne*. Il entra aussitôt au journal la *Tribune*, et fut successivement attaché au *Peuple* et au *National*, tout en collaborant au *Droit* et à la *Revue du Nord*. En 1838, il accepta la direction du *Courrier de la Sarthe*, journal publié au Mans, et auquel il sut donner une importance peu ordinaire dans la presse départementale française, surtout dans les villes secondaires. Il devint bibliothécaire de la ville du Mans peu après son arrivée et profita de ses fonctions pour poursuivre ses études favorites d'histoire et d'érudition. Destitué de sa place de bibliothécaire à la suite du discours adressé au duc de Nemours par M. Trouvé-Chauvel, son ami, M. Hauréau quitta le Mans (1845) et revint à Paris. Rentré au *National*, il fut nommé, après la révolution de février, conservateur des manuscrits à la Bibliothèque nationale; quelques jours plus tard, le département de la Sarthe l'envoyait siéger à la Constituante, où il vota avec le parti du *National*. Resté étranger à la politique depuis la dissolution de la Constituante, M. B. Hauréau donnait sa démission de conservateur de la bibliothèque fatalement destinée à devenir impériale dans un avenir prochain, après le coup d'Etat du 2 décembre. — En 1848, M. B. Hauréau avait obtenu le prix proposé par l'Académie des sciences morales et politiques pour un *Examen critique de la philosophie scolastique*; les tomes XIV, XV et XVI de la *Gallia Christania*, dont il est l'auteur, obtenaient le grand prix Gobert décerné cinq fois de suite par l'Académie des inscriptions et belles-lettres (1856-65). Nommé bibliothécaire de l'ordre des avocats de Paris, en 1861, il était élu membre de l'Académie des inscriptions et belles-lettres le 5 décembre suivant, et décoré de la Légion d'honneur en 1863. Après le 4 Septembre, M. Hauréau a été nommé, par le gouvernement de la Défense nationale, directeur de l'Imprimerie nationale. Il a résigné ce poste depuis quelques années, tout en restant attaché à la Commission des demandes d'impression gratuite. M. Hauréau a été promu officier de la Légion d'honneur en 1875 et commandeur le 12 juillet 1880. — On a de ce savant écrivain : *Critique des hypothèses métaphysiques de Manès Pelage*, etc. (Le Mans, 1840); *Histoire littéraire du Maine* (Le Mans et Paris, 1843-1877, 2e édit., 12 vol.); le *Manuel du clergé, ou examen de l'ouvrage de M. Bouvier* (Angers, 1844); *Histoire de la Pologne* (Paris, 1844); *Examen critique de la philosophie scolastique (1848)*; *Charlemagne et sa cour (1852)*; *François Ier et sa cour (1853)*; *Gallia Christiana (1856-70*, tomes XIV, XV et XVI), ces trois derniers volumes de l'œuvre commencée, et poursuivie jusqu'au treizième volume par les bénédictins de la congrégation de Saint-Maur, ont été écrits en latin par M. B. Hauréau, afin de conserver son unité à l'œuvre tout entière; *Hugues de Saint-Victor (1859)*; *Singularités historiques et littéraires (1861)*; *Catalogue chronologique des œuvres de J.-B. Gerbier (1863)*; *Histoire de la philosophie scolastique (1873*, t. I); *Bernard Délicieux et l'inquisition albigeoise (1877)*, etc.; ainsi que diverses traductions, notamment celles de la *Pharsale* de Lucain et de la *Facétie sur la mort de Claude*, pour la *Collection des classiques latins*, de M. Nisard.

HAUSSMANN (baron), Georges Eugène, administrateur français, né à Paris le 27 mars 1809. Il venait d'être reçu avocat lorsqu'éclata la révolution de Juillet, et profita des profonds remaniements qui suivirent pour entrer dans l'administration. Secrétaire général de la préfecture de la Vienne en 1831, il devint successivement sous-préfet d'Issingeaux en 1832, de Nérac en 1833, de Saint-Girons en 1840, de Blaye en 1842. La révolution de février 1848 le rendit momentanément à la vie privée, mais il ne perdit rien pour attendre : nommé préfet du Var le 23 janvier 1849, il passait à la préfecture de l'Yonne l'année suivante, à celle de la Gironde en 1851, et enfin était appelé à remplacer M. Berger à la préfecture de la Seine, le 23 juin 1853. M. Haussmann a administré Paris et le département de la Seine jusqu'à l'avènement du ministère Ollivier. Invité alors à donner sa démission, il s'y refusa et fut, en conséquence, « relevé de ses fonctions » par décret impérial du 5 janvier 1870 et remplacé par M. Henri Chevreau (Voyez ce nom). M. Haussmann a profondément transformé Paris, dont il étendit l'enceinte aux fortifications. Nous ne suivrons pas jour à jour les progrès de cette transformation inouïe, de même que nous ne pouvons suivre les opérations financières, emprunts ostensibles ou déguisés, virements, etc., qui en furent la conséquence. Les *Comptes fantastiques d'Haussmann* ont été l'objet d'attaques très vives de la presse, mais ne peuvent faire ici l'objet d'un examen minutieux. Nous nous bornerons à constater qu'à son départ de la préfecture de la Seine, M. Haussmann laissa la ville de Paris avec un passif de plus de 600 millions, outre la dette constituée par les emprunts. Quant à lui, sa pension de retraite fut liquidée à 6,000 fr. (mars 1870), et il se retira dans une magnifique villa qu'il possède à Nice, et où le surprit la révolution du 4 Septembre. Il quitta la France en toute hâte, mais revint peu après la conclusion de la paix. — Créé baron par l'empereur, M. Haussmann a été élevé à la dignité de sénateur au mois d'août 1857. Il a été élu membre libre de l'Académie des beaux-arts, en remplacement de M. Fould, le 7 décembre 1867 et a fait partie du Conseil impérial de l'instruction publique. Porté candidat à l'Assemblée nationale, aux élections complémentaires de la Seine du 2 juillet 1871, M. Haussmann se rendit promptement compte du peu de succès qui attendait sa candidature, et la retira avant le scrutin. Aux élections du 20 février 1876, pourtant, il se présenta dans le premier arrondissement de Paris et, après avoir obtenu 2,950 voix au premier tour, ne jugea pas à propos de pousser l'expérience jusqu'à son extrême limite, c'est-à-dire jusqu'au scrutin de ballottage. Aux élections d'octobre 1885, toutefois, M. Haussmann, qui figurait sur la liste monarchiste de la Gironde, obtint au premier tour 65,669 voix, mais le second tour fut décidément fatal à cette liste. M. Haussmann a été nommé directeur du Crédit mobilier en septembre 1871. Il est grand'croix de la Légion d'honneur depuis 1862.

HAUSSONVILLE (vicomte d'), Paul Gabriel Othenin de Cléron, littérateur et homme politique français, fils de l'académicien mort en 1884, est né à Gurcy-le-Châtel le 21 septembre 1843, et a fait ses études à Paris. — Aux élections pour l'Assemblée nationale. du 8 février 1871, il se présenta à Paris, où il obtint 30,687 voix, à peu près le dixième des suffrages exprimés, et dans le département de Seine-et-Marne, où il fut élu le cinquième sur sept. Il prit place au centre droit de l'Assemblée et vota en conséquence, par exemple, l'ordre du jour Ernoul (24 mai 1873) qui provoqua la retraite de M. Thiers. Il a fait partie de la commission de permanence, en 1872. Aux élections générales de 1876, M. d'Haussonville se présenta à Provins, où un second tour de scrutin fut nécessaire; à ce second tour (5 mars), il échouait avec 5,090 voix contre 6,953 obtenues par le candidat républicain, M. Sallard. Il échoua de même le 14 octobre 1877, quoique candidat officiel, et se le tint pour dit. — M. d'Haussonville, littérateur distingué, collaborateur à la *Revue des Deux-Mondes*, a publié à part : *Sainte-Beuve, sa vie et ses œuvres (1875)*;

les *Établissements pénitentiaires en France et aux colonies*, couronné par l'Académie (même année), l'*Enfance à Paris (1879)*, etc.

HAVET, Ernest Auguste Eugène, littérateur français né à Paris le 11 avril 1813, fit de brillantes études au lycée Saint-Louis et fut admis à l'École normale en 1832, dans les deux sections littéraire et scientifique à la fois. Agrégé des classes supérieures en 1834, il fut nommé professeur de rhétorique au collège de Dijon. Rappelé à Paris en 1836, il fut chargé, en 1840, de la conférence de littérature grecque à l'École normale, et de la conférence de littérature française en 1841. Il prit le grade de docteur en 1843, fut nommé, l'année suivante, professeur suppléant à la chaire d'éloquence latine à la Sorbonne et devint professeur titulaire du même cours au Collège de France, en 1854. M. Havet a été, en outre, professeur de littérature à l'École polytechnique, de 1853 à 1863. Il a été élu membre de l'Académie des sciences morales et politiques, en remplacement de Louis Reybaud, le 1er février 1880. — On a de M. Havet, ses thèses de doctorat: *De la Rhétorique d'Aristote* et *De Homericorum poematum origine et unitate (1843)*; une édition, accompagnée d'une *Étude* sur l'auteur, de notes et de commentaires, des *Pensées de Pascal (1852)*; diverses *Notices* sur les manuscrits grecs relatifs à la musique et sur d'autres sujets, ainsi qu'une brochure intitulée: *Pascal a-t-il imité Bossuet? (1858-59)*; *Discours d'Isocrate sur lui-même; Sur l'« Antidosis »*, traduit par Auguste Cartelier, revu et annoté (1862); *Jésus dans l'histoire*, à propos de la *Vie de Jésus* de M. Renan (1863); le *Christianisme et ses origines (1872-80, 4 vol.)*; *Mémoire sur la date et les écrits qui portent les noms de Bérose et de Manéthon (1874)*, et de nombreux mémoires insérés dans le recueil de l'Académie des sciences morales et politiques. M. Ernest Havet a collaboré au *Journal de l'instruction publique*, au *Temps*, à la *Revue moderne*, à la *Revue contemporaine*, à la *Revue des Deux-Mondes*, etc. — Officier de la Légion d'honneur depuis 1875, il a été promu commandeur le 20 octobre 1878. Il fait partie du Conseil de l'ordre depuis 1879.

HAVRINCOURT (marquis d'), Alphonse Pierre de Cardevac, industriel et homme politique français, d'une des plus nobles familles de l'Artois, est né le 12 septembre 1806. Sorti de l'École polytechnique en 1828, comme sous-lieutenant élève d'artillerie, il entra à l'École d'application de Metz et en sortit comme lieutenant. Il donna sa démission en 1832 et se retira dans le Pas-de-Calais où il fonda une fabrique de sucre. Conseiller général pour le canton de Bertincourt depuis 1846, il fut élu représentant du Pas-de-Calais à l'Assemblée législative, en 1849, et siégea à droite. Il ne reparut sur la scène politique qu'aux élections générales de 1863, comme candidat officiel, dans la sixième circonscription du Nord, où il triompha de M. Thiers. Mais aux élections de 1869, il échoua à son tour. Après avoir échoué de nouveau aux élections du 20 février 1876, M. le marquis d'Havrincourt était élu le 14 octobre 1877, comme candidat officiel encore une fois, député de la deuxième circonscription d'Arras. Il ne se présenta pas aux élections de 1881, ni même aux élections sénatoriales de janvier 1882; mais il fut élu sénateur du Pas-de-Calais à l'élection partielle nécessitée par la mort de M. V. Hamille, contre M. Camescasse, candidat républicain, le 14 février 1886, et reprit son siège à droite, au groupe bonapartiste.

HAWTHORNE, Julian, littérateur américain, fils du célèbre romancier Nathaniel Hawthorne, mort en 1864, est né à Boston le 22 juin 1846; il fit ses études au collège d'Harvard, entra ensuite à l'École scientifique, qui forme des ingénieurs, mais n'y resta que quelques mois, et partit au mois d'octobre 1868 pour l'Europe. Il passa deux années à l'École d'arts et manufactures de Dresde, au bout desquelles il retourna aux États-Unis, chassé par la guerre franco-allemande. Il fit alors partie du corps des ingénieurs hydrographes de New-York, auxquels il resta attaché jusqu'en 1872; mais dès 1871, il publiait des articles et de courtes nouvelles dans les recueils périodiques, et le succès ayant répondu à ses efforts dans cette voie, il se décida pour la littérature. En 1872, il fit un nouveau voyage en Europe, séjourna quelque temps en Angleterre, puis retourna à Dresde où il passa encore près de deux années, pendant lesquelles il publia en Angleterre et en Amérique ses deux premiers romans: *Bressant (1873)* et *Idolatry (1874)*. En 1874 il retournait en Angleterre, et y publiait dans la *Contemporary Review*, puis en volume, ses *Saxon Studies (1875)*, puis un roman intitulé: *Garth (1877)*. Vers cette époque, il fit en France un séjour de plusieurs mois, continuant sa collaboration aux périodiques anglais. Il publia pendant cette période: *The Laughing Mill*, recueil de nouvelles; *Archibald Malmaison*, nouvelle; *Ellice Quentin*, et autres nouvelles; la *Femme du prince Saroni*, etc.; *Yellow-Cap*, histoires fantastiques, parues en Angleterre et en Amérique simultanément, en 1880. Dans l'automne de 1881, M. J. Hawstorne visita le sud de l'Irlande, il résida trois mois dans le voisinage de Cork, puis repartit pour l'Amérique en mars 1882. Il a publié depuis, outre un roman posthume de son père, intitulé: le *Secret du docteur Grimshaw (1882)* et sa biographie (1883): *Fortune's Fool* et *Dust (1883)*; *Love and Name (1885)*; *John Parmelee's Curse* (Londres 1886), etc.

HAY (sir), John Charles Dalrymple, baronet, amiral et homme politique anglais, né le 11 février 1821 à Dunragit (Wigtonshire), fit ses études à Rugby et entra de bonne heure dans la marine. Il servit, comme aspirant, pendant les opérations de 1841 sur les côtes de Syrie, assista au siège de Saint-Jean d'Acre, et, comme lieutenant de pavillon de sir Thomas Cochrane, prit une grande part aux opérations des côtes de Bornéo en 1846. Commandant du *Columbine*, en 1849, il coopéra à la destruction de quelques pirates qui inquiétaient sérieusement le commerce de la Chine, et reçut comme marque de reconnaissance un service en argenterie des négociants chinois, sans compter sa promotion au grade supérieur. Pendant la guerre de Crimée, sir John commandait l'*Hannibal*, avec lequel il prit part à la prise de Kertch et de Kinburn et au bombardement de Sébastopol. Il commanda ensuite l'*Indus*, dans l'Amérique du Nord et les Indes occidentales (1857-59). De retour en Angleterre, il occupa divers emplois importants; il succéda à son père comme troisième baronet, en mars 1861. En 1862, sir John fut élu, comme conservateur, représentant de Wakefield à la Chambre des communes; il perdit son siège aux élections générales de juillet 1865 et essuya un nouvel échec à Tamworth la même année; mais le collège de Stamford l'élut en mai 1866 et n'a cessé depuis de le réélire, qu'en 1880, époque à laquelle il fut heureusement repêché par le bourg de Wigtown. Il a été promu contre-amiral en 1866 et placé dans le cadre de réserve en 1870. — Sir John Ch. Darlymple Hay a publié: *The Flag list and its prospects*; *Our naval Defences*; *the Reward of Loyalty*, considérations relatives aux colonies américaines (1862); *Memorandum on my compulsory retirement from the Bristish Navy (1870)*; *Remarks on the loss of the « Captain » (1871)*; *Asnanti and the Gold-Coast, and what we know of it, a Sketch (1874)*. Il a été lord de l'Amirauté de juin 1866 à décembre 1868, et est vice-président de l'Institut des architectes de la marine. Décoré de trois médailles commémoratives de faits militaires et de l'ordre turc du Medjidié (4e classe), sir John est en outre compagnon de l'ordre du Bain et commandeur de la Légion d'honneur. Il est aussi membre de la Société royale.

HAYES, Rutherford Birchard, dix-neuvième président des États-Unis de l'Amérique du Nord, est né à Delaware (Ohio) le 14 octobre 1822; il fit ses études dans sa ville natale et à l'université d'Harvard, à Cambridge (Massachusetts), d'où, ayant pris le grade de bachelier en droit en 1845, il alla s'établir avocat à Cincinnati. Il s'y était fait une brillante position, tant par son talent que par la droiture de sa conduite et l'affabilité de ses manières, lorsqu'éclata la guerre de Sécession. Il prit alors les armes pour défendre l'Union menacée, et entra dans le 23e régiment des volontaires de l'Ohio, où il reçut une commission de major. M. R. Hayes se distingua dans plusieurs affaires importantes, fut blessé et atteignit le rang de brigadier-général de volontaires. La paix conclue, il reprit sa place au barreau de Cincinnati, puis fut élu, peu après, membre de la Législature de l'État, et enfin gouverneur de l'Ohio, fonctions dans lesquelles une réélection l'avait maintenu, lorsqu'au printemps de 1876, l'agitation commença en vue de la prochaine élection présidentielle. Il est remarquable toutefois que c'est à peine si, au début, il est question de M. Hayes; cinq ou six candidatures d'hommes influents dans le parti républicain sont mises en avant par la presse et discutées avec passion, mais on parle à peine de celle qui, en définitive, sera choisie, la veille même de la réunion de la Convention nationale républicaine. Le seul grand avantage qu'il semble y avoir eu pour M. Hayes, dans cette occasion solennelle, bien qu'il se tînt tranquillement à sa résidence officielle de Columbus, capitale politique de l'Ohio, se trouve dans ce fait que la Convention se réunit de tradition à Cincinnati. Hors de son État natal, le futur président de la grande République américaine, comme tous les hommes sans ambition malsaine ou bruyante personnalité, était peu connu; mais là, il n'y avait qu'une voix pour célébrer l'honnêteté de sa vie, la sincérité de ses convictions républicaines, son ardent désir de réforme administrative (la grande question du parti) et la fermeté inébranlable de son caractère. Comment ne pas subir l'influence de cette renommée locale? Il fut donc choisi pour candidat par la Convention républicaine (juin 1876), en opposition avec le candidat de la Convention démocratique de Saint-Louis, M. Tilden, mort en juillet 1886. La lutte entre les républicains et les démocrates fut chaude, et l'on sait que c'est à une voix de majorité seulement, après un interminable pointage des votes et des discussions sans fin, que M. Hayes fut proclamé président des États-Unis, le 4 mars 1877, et comme tel installé à la Maison Blanche, dont M. Grant lui remit aussitôt les clefs, après le petit discours d'usage. — L'administration de M. Hayes a été remarquable bien plus par une grande honnêteté que par une politique particulière bien caractérisée. En retirant, toutefois, les troupes de l'Union, qui occupaient encore les États du Sud et en rendant à ceux-ci leur autonomie locale, il a fait, en tout cas, tout ce qui était possible pour rayer de la politique générale une question irritante au suprême degré. Il introduisit dans l'administration quelques réformes utiles, pas autant qu'il l'eût voulu peut-être; et enfin, il eut quelque peu à souffrir de l'ardeur d'opposition de M. Conkling (voy. ce nom), son adversaire déclaré dans le Sénat sur cette question des réformes. Le 4 mars 1881, M. Rutherford B. Hayes remettait à son tour le pouvoir à son successeur, l'infortuné M. Garfield, et retournait dans l'Ohio reprendre tranquillement ses anciennes occupations.

HAZLITT, William Carew, littérateur et bibliographe anglais, petit-fils du célèbre « essayiste », né le 22 août 1834 à Londres, où il fit ses études à l'école des Marchands tailleurs, puis suivit les cours de droit de l'Inner Temple et y fut reçu avocat en 1861. — M. Hazlitt est l'auteur d'une *Histoire de la République de Venise, son développement, sa grandeur et sa civilisation (1860, 4 vol.)* et d'un roman: *Sophy Laurie (1865, 3 vol.)*. Il a publié en outre des éditions nouvelles des *Poésies de Henry Constable (1859)*, *de Richard Lovelace (1864)* et *de Robert Herrick (1869, 2 vol.)*; le *Old English Jest-Book* (Recueil des vieilles plaisanteries anglaises, 1864, 3 vol.); les *Premières poésies populaires d'Angleterre 1863-66, 4 vol.*); les *Œuvres de Charles Lamb (1868-71, 4 vol.)*; *Mémoires de William Hazlitt, 1778-1830 (1877, 2 vol.)*; *Bibliographie de la littérature anglaise ancienne (1867)*; *Proverbes anglais et phrases proverbiales*, avec notes (1869); *Antiquités populaires de la Grande-Bretagne (1870, 3 vol.)*; *Histoire de la Poésie anglaise*, de Warton (1871, 4 vol.); une édition des *Tenures of land and customs of manors*, de Blount (1874) et *Mary and Charles Lamb, poems, letters, and remains, now first collected, with reminiscences and notes* (Marie et Charles Lamb, poésies, lettres et manuscrits inédits, recueillis pour la première fois, et publiés avec des notes et souvenirs; *Contes de fées, légendes et romans éclairant Shakespeare et autres vieux écrivains anglais*; *Bibliothèque shakespearienne* (6 vol.); *Œuvres de Thomas Randolph*; *Œuvres fugitives* (écrites en vers) *expliquant l'état du sentiment religieux et politique en Angleterre et la condition de la société dans ce pays pendant une durée de deux siècles, 1493-1700* (2 vol.): tous ces ouvrages ont paru en 1875; *Collections et notes bibliographiques (1876-82, 2 séries)*; les *Chants et chansons anciens de Ritson*; *Récréations poétiques (1877)*; les *Essais de Montaigne (1878, 3 vol.)*; *Essais et critiques sur les beaux arts*, de *Thomas-Griffiths Wainewright (1880)*; *Catalogue of the Huth library*, 5 volumes, etc.

HÉBERT, Edmond D., géologue français, né à Villefargeau (Yonne) le 12 juin 1812, fit ses études à Auxerre et entra à l'École normale (section des sciences) en 1833. Nommé professeur à Meaux, en 1835, il fut rappelé à Paris en 1838 et rentra à l'École normale comme préparateur du cours de chimie. Tour à tour répétiteur de physique, conservateur des collections, sous-directeur puis directeur des études scientifiques et maître des conférences de géologie (1852), il prit le grade de docteur ès sciences naturelles en 1857 et fut nommé à la chaire de géologie de la faculté des sciences de Paris, chaire qu'il occupe encore. Il est en outre directeur du laboratoire de géologie à l'École pratique des hautes études. — On a de M. Hébert: les *Mers anciennes et leurs rivages dans le bassin de Paris (1857)*; *Mémoires sur les fossiles de Montreuil-Bellay (1861)*, les *Oscillations de l'écorce terrestre (1868)*, etc. Il a publié en outre un grand nombre de *mémoires*, *notes*, etc., sur la géologie, dans les *Comptes rendus* de l'Académie des sciences et plusieurs recueils spéciaux de sociétés savantes françaises et étrangères, et a fondé avec M. Alphonse Milne Edwards, en 1870, les *Annales des sciences géologiques*. M. E. Hébert a été élu membre de l'Académie des sciences (section de géologie), en remplacement de Ch. Sainte-Claire Deville, le 19 mars 1877. Chevalier de la Légion d'honneur depuis 1847, il a été promu officier en 1878 et commandeur le 3 août 1885.

HÉBERT, Antoine Auguste Ernest, peintre français, né à Grenoble le 3 novembre 1817, fit ses études au collège de sa ville natale et vint à Paris en 1835, pour y faire son droit. En même temps, il suivit l'atelier de David d'Angers, puis celui de Paul Delaroche. Il ne semble pas que l'intention de M. Hébert fût alors de se faire une carrière dans les arts, mais sur les avis de son dernier maître, il concourut pour le prix de Rome en 1839, et le remporta. Le sujet du concours était: la *Coupe trouvée dans le sac de Benjamin*. Au lieu des cinq années réglementaires, il en passa huit en Italie, d'où il revint le carton gonflé de dessins et de croquis et rapportant même quelques toiles toutes faites. Il avait envoyé de la villa Medici deux *Odalisques* et une copie de la *Sybille Delphica*, et avait fait admettre au Salon de 1839 une toile déjà remarquable: le *Tasse en prison*, achetée pour le musée de Grenoble. M. Hébert a exposé depuis son retour d'Italie: *Rêverie orientale*, la *Sieste*, *Pâtre italien*, l'*Almée*, le *Matin au bois*, *Paysanne de Guérande battant du beurre (1848)*; la *Mal'aria (1850)*; le *Baiser de Judas*, le *Prince Napoléon*, et autres portraits (1853); la *Crescenza*, les *Filles d'Alvito (1855)*; les *Fienaroli de Sant'Angelo offrant du foin* (fieno) *à l'entrée de la ville de San-Gennaro (1867)*; *Rosa Nera à la fontaine des Cervaroles (1859)*; une *Rue de Cervara*, *Portrait de la princesse Marie-Clotilde (1861)*; une *Rue de Cervara*, la *Jeune fille au puits*, *Pasqua Maria (1863)*; deux *Portraits (1864)*; le *Banc de pierre*, *Perle noire (1865)*; deux *Portraits* anonymes (1866); la *Zingara*, les *Feuilles d'automne*, *Portrait de David d'Angers*, et trois autres *Portraits (1867)*; la *Lavandara*, la *Pastorella (1869)*; le *Matin et le soir de la vie*, la *Muse populaire italienne (1870)*; la *Madonna addolorata*, la *Tricoteuse (1873)*; *Portrait de la princesse de W... (1874)*; trois *Portraits* anonymes (1875); la *Muse des bois (1877)*; la *Sultane (1879)*; le *Petit violonneux (1883)*; la *Muse (1884)*; *Mélodie irlandaise*, inspiré de Thomas Moore (1885); deux *Portraits* anonymes (1886) et quantité d'autres portraits. — Directeur de l'Académie de France à Rome de 1866 à 1873, M. Hébert a été rappelé à ce poste le 22 juillet 1884. Il a été élu, en 1874, membre de l'Institut (Académie des Beaux-Arts). Cet artiste éminent a obtenu deux premières médailles en 1851 et 1855 (Exposition universelle) et une médaille de 2e classe à l'Exposition universelle de 1867. Chevalier de la Légion d'honneur en 1853, il a été promu officier de l'ordre en 1867 et commandeur en 1874.

HÉBRARD, François Marie Adrien, journaliste et homme politique français, sénateur, né à Grisolle (Tarn-et-Garonne) le 1er janvier 1834. Il fit ses études à Toulouse, vint ensuite à Paris et s'occupa principalement de journalisme. Entré au *Temps*, peu après sa fondation en 1861, M. Hébrard en est le directeur politique depuis plus de dix ans, et c'est à lui qu'on attribue la prospérité toujours croissante de cet organe accrédité de l'opinion républicaine libérale. On lui attribue également diverses améliorations d'ordre administratif, qui ont une grande importance auprès du public, quoique beaucoup de journalistes de profession n'y apportent qu'une attention médiocre; l'agrandissement du format du *Temps*,

par exemple, réalisé à l'ouverture de l'Exposition universelle de 1878, seulement à titre d'essai, croyons-nous, en permettant de donner un plus grand développement à certaines matières généralement négligées faute de place, malgré leur intérêt, telles que les comptes rendus des séances des académies et sociétés savantes, les correspondances de l'étranger, a certainement concouru à augmenter la circulation du journal de M. Hébrard, très exactement informé, d'autre part, grâce aux grandes et nombreuses relations de son directeur. — Porté aux élections du 8 février 1871 à l'Assemblée nationale dans le département de la Seine, M. A. Hébrard échoua avec 47,322 voix. Au premier renouvellement partiel du Sénat, il se présenta dans la Haute-Garonne, comme candidat républicain, et fut élu le 5 janvier 1879, le second sur trois, sénateur de ce département. Il s'est abstenu dans le vote de la loi d'expulsion des princes prétendants. — M. A. Hébrard est membre de la Commission supérieure des bâtiments civils et palais nationaux, du Conseil supérieur des Beaux-Arts, du Conseil supérieur des monuments historiques, etc.

HÉDOUIN, Edmond, peintre et graveur français, né à Boulogne-sur-Mer en 1819. Élève de Célestin Nanteuil et de Paul Delaroche, il se livra principalement au paysage animé et débuta au Salon de 1844. — Nous citerons de cet artiste: les *Bûcherons des Pyrénées (1844)*; la *Halte (1846)*; *Souvenir d'Espagne (1847)*; *Café nègre*, *Moulin arabe à Constantine (1848)*; *Femmes d'Ossau (Basses-Pyrénées) à la fontaine (1850)*; *Soirée chez les Arabes (1852)*; la *Moisson dans le Loiret*, les *Scieurs de long (1855)*; *Glaneuses*, la *Chasse*, la *Pêche (1857)*; un *Semeur à Champbaudoin*, *Berger*, *Porchère (1859)*; *Colporteurs espagnols (1861)*; le *Marché aux moutons à Saint-Jean-de-Luz (1863)*; *Feuille d'éventail*, quatre *Médaillons* pour le foyer du Théâtre Français (1864): *Sardinières de Fontarabie débarquant à Hendaye*, une *Allée des Tuileries (1865)*; un *Café à Constantinople (1868)*; le *Printemps*, *Coin de parc au mois de mai (1873)*; *Intérieur d'une cour à Constantinople (1874)*; le *Marché aux cochons à Saint-Jean-de-Luz (1875)*; *Paysanne ossalaise (1876)*; une *Vieille femme espagnole (1878)*; *Arabes sous la tente (1879)*; quatre gravures pour une édition des *Œuvres de Molière* et un *Portrait (1883)*; autres gravures pour l'édition de *Molière*, aux salons de 1884, 1885 et 1886; plus deux gravures, d'après M. Bida, pour une édition du *Cantique des cantiques (1886)*. M. Edmond Hédouin est aussi l'auteur d'un assez grand nombre d'eaux-fortes remarquables, notamment: cinq *Eaux-fortes*, d'après M. Bida, pour une édition des *Saints Evangiles*; les *Invalides*, d'après sir Henry Roeburn; les *Oranges*, d'après Mme Harriet Browne (1873); le *Printemps*, d'après l'auteur (1874); Six *Eaux-fortes* pour une édition du *Voyage sentimental*: *Portrait de Sterne*, la *Tabatière*, le *Mari*, le *Pâtissier*, la *Tentation*, le *Cas de délicatesse*; et le frontispice du *Livre de Ruth*: « Elle prit l'enfant et le mit dans son sein », d'après M. Bida (1876). — M. Hédouin a obtenu, pour la peinture: une médaille de 2e classe en 1848, une de 3e classe en 1855 et un rappel en 1857; pour la gravure: une médaille en 1868 et une médaille de 1re classe en 1872. Il a été nommé chevalier de la Légion d'honneur en 1872.

HEFELE (von), Karl Joseph, historien et théologien catholique allemand, évêque de Rottenberg, est né le 15 mars 1809, à Unterkochen, dans le district de Aalen (Würtemberg), fit ses études à Ellwangen et à Ehinghen, puis suivit les cours de philosophie et de théologie de l'université de Tübingen où il prit ses grades en 1834. Il se fit précepteur particulier en 1836 et, en 1838, fut reçu docteur en théologie. En 1840, il fut nommé professeur d'histoire et d'archéologie ecclésiastiques à la faculté de théologie de l'université de Tübingen. Peu après, il était créé chevalier de l'ordre de la Couronne de Würtemberg. De 1842 à 1845, le Dr von Hefele fut membre de la Chambre des députés du royaume de Würtemberg. — Il a été consacré évêque de Rottenberg en 1869 et, peu après, se rendit à Rome pour assister au concile du Vatican. Il était alors considéré comme « inopportuniste », mais sa conduite au concile fut dictée sans doute par son élévation récente à l'épiscopat. Le fait est qu'il donna son entière adhésion à la doctrine de l'infaillibilité papale. En octobre 1874, il refusa l'archevêché de Fribourg, que lui offrait le gouvernement badois, arguant de l'impossibilité où il se trouvait, pour obéir à sa conscience, de prêter le serment exigé des prélats en Prusse et à Bade, et de se soumettre aux nouvelles lois ecclésiastiques. L'ouvrage le plus important du Dr von Hefele est son *Histoire des conciles, d'après les documents originaux*, publiée par séries, à Tübingen (1855-74), et qui s'étend depuis l'origine jusqu'au concile de Nicée, en 325. Ses autres ouvrages sont: l'*Introduction du Christianisme dans le sud-ouest de l'Allemagne (1837)*; le *Cardinal Ximenès et la situation de l'Église en Espagne au XVe siècle (1851*, 2e édit.); une édition des *Œuvres des Pères apostoliques (1855*, 4e édit.); un choix des *Homélies de Chrysostome*, traduites en allemand; *Chrysostomus Postille (1857*, 3e édit.); *Contributions à l'histoire, l'archéologie et la liturgie de l'Église (1864-65*, 2 parties); *Honorius et le sixième concile œcuménique*; la *Question d'Honorius (1870)*, etc. — Tous ces ouvrages ont été publiés à Tübingen; la plupart ont été traduits en anglais, quelques-uns en français, notamment son *Histoire des conciles*, traduite par l'abbé Goschler et l'abbé Delarc (Paris, 1869-76, 11 vol. in-8°).

HEILBUTH, Ferdinand, peintre français d'origine allemande, né à Hambourg vers 1828. Au début de sa carrière, M. Heilbuth se fit un certain renom comme dessinateur de costumes; mais il ambitionnait davantage, et alla en conséquence continuer ses études artistiques en France et en Italie. Fixé définitivement à Paris, il a exposé assez régulièrement aux salons annuels depuis trente ans. Pendant la guerre franco-allemande, M. Heilbuth, dont les sympathies étaient pour la France, se réfugia en Angleterre. Il revint à Paris en 1872 et obtint des lettres de grande naturalisation en juillet 1879. — On cite de cet artiste: *Une répétiton chez Palestrina (1857)*; l'*Autodafé*, la *Boutique du prêteur sur gage (1831)*; le *Tasse et les deux Léonora*, *Cardinaux prenant de l'exercice sur le monte Pincio (1869)*; l'*Absolution à Saint-Pierre de Rome*, l'*Antichambre du cardinal*, exposés à l'Académie royale de Londres; *Printemps*, les *Bords de la Seine*, la *Moisson d'amour*, exposés à Berlin (1871); les *Bords de la Tamise*, exposé à Glasgow (1878); la *Promenade (1884)*; *Lawn-tennis*, la *Présentation (1885)*; *Villégiature*, un *Samedi sur les bords de la Seine (1886)*; de nombreux *Portraits*, etc. — M. Heilbuth a obtenu une médaille de 2e classe en 1857 et le rappel de cette médaille en 1856 et 1861; nommé chevalier de la Légion d'honneur en 1861, il a été promu officier le 13 juillet 1881.

HEILLY (d'), Georges. — Voyez **Heylli** (d'), etc.

HELLER, Stephen, pianiste et compositeur hongrois, né à Pesth le 15 mai 1813. Ses parents, qui le destinaient au barreau, consentirent avec peine à le laisser suivre son penchant pour la musique. Il reçut des leçons d'un artiste du nom de Meixner, puis d'un des professeurs les plus distingués de Pesth, le pianiste F. Braener. Il alla en 1826 compléter ses études à Vienne, sous la direction de Halm. Il donna avec succès plusieurs concerts à Vienne, s'étant du reste produit en public à Pesth dès l'âge de neuf ans. De retour à Pesth en 1828, il y fit exécuter quelques-unes de ses compositions, qui furent accueillies avec sympathie. L'année suivante, accompagné de son frère, il entreprenait une tournée artistique, visitant la Hongrie, la Pologne et l'Allemagne. Il s'arrêta à Augsbourg, seul, et y résida six années, poursuivant ses études et se livrant avec ardeur à la composition, tout en se produisant comme virtuose dans divers concerts. Ce fut en 1838 que, sur les conseils de Kalkbrenner, M. Heller vint à Paris, avec l'intention d'y passer un hiver, — et où il est encore aujourd'hui et a produit tant de charmantes compositions, d'une délicatesse si exquise et d'une si gracieuse originalité, qui ont de bonne heure fait placer leur auteur au premier rang. — Au nombre des œuvres principales de cet artiste, nous citerons: plusieurs recueils d'*Études pour le piano*; *Caprice symphonique*; la *Chasse*, étude caractéristique; *Caprice*, sur le *Déserteur*; *Valse élégante*, *Valse villageoise*, *Valse sentimentale*, *Arabesques*, *Tarentelles*, *Scènes pastorales*, *Vénitienne*, *Sérénade*, *Fantaisie*, *Rêverie*, *Canzonetta*, *Scherzo fantastique*, *Sonates*, *Capricio*, *Presto capricio*, *Chant national de Mendelssohn*, *Chant du matin*, *Chant du dimanche*, *Chant du troubadour*, *Chant du chasseur*, *Chant du berceau*, l'*Adieu du soldat*, *Saltarello*, *Promenades d'un solitaire*, *Nouvelle suite de promenades*, *Préludes*, *Nuits blanches*, *Scènes italiennes*; *Trente mélodies de Schubert*, transcrites pour piano; *Pensées fugitives*, pour piano et violon, plusieurs en collaboration avec M. H. W. Ernst; la *Vallée d'amour*, mélodie de Mendelssohn; la *Fontaine*, mélodie de Schubert; *Dans les bois*, *Pastorale*, *Aux mânes de Chopin*, élégie et marche funèbre; des *Valses*, *Feuillets d'album*, etc., ainsi que des *Caprices* ou des *Fantaisies* sur des motifs d'opéras: la *Favorite*, le *Chérif*, le *Guitarrero*, *Richard Cœur-de-Lion*, la *Juive*, le *Val d'Andorre*, *Charles VI*, l'*Enfant prodigue*, le *Prophète*, etc., etc. — M. Stephen Heller a été décoré de la Légion d'honneur en février 1884.

HELMHOLTZ (von), Hermann Louis Ferdinand, physicien et physiologiste allemand, fils d'un professeur au gymnase de Potsdam, où il est né le 31 août 1821, et où il fit ses études. Il partit ensuite pour Berlin, étudia la médecine à l'Institut militaire de cette ville, fut quelque temps attaché à l'hôpital de la Charité, puis retourna à Potsdam comme chirurgien militaire. Nommé, en 1848, professeur d'anatomie à l'Académie des beaux-arts de Berlin, il était appelé en 1850 à la chaire de physiologie de l'université de Kœnigsberg, passait en la même qualité à l'université de Bonn en 1855, puis à celle d'Heidelberg en 1858. Il est, depuis 1871, professeur de physique à l'université de Berlin, après y avoir occupé la chaire de physiologie. — Le Dr Helmholtz est l'auteur d'un grand nombre de *mémoires* ou articles sur des questions d'optique, d'acoustique et d'électricité, insérés dans les *Annales de Poggendorff*, les *Archives d'anatomie*, de J. Müller et autres publications scientifiques spéciales: mais les ouvrages qui ont rendu son nom célèbre dans les deux mondes, sont surtout ses études physiologiques sur les impressions des sens. Nous citerons: *Ueber die Erhaltung der Kraft (1847)*, traduit en français avec le concours de l'auteur, par M. Louis Pérard, professeur à l'université de Liège, sous ce titre: *De la conservation de la force* (Paris, 1869); *Handbuch der Physiologisch Optik (1856)*, traduit par MM. le Dr Em. Javal et Th. Klein, sous le titre d'*Optique physiologique*; *Die Lehre von den Tonempfindungen (1865)*, traduit en français par MM. G. Guéroult et Wolf, sous le titre de *Théorie physiologique de la musique, fondée sur l'étude des sensations auditives (1868* in-8°, fig.) et en anglais, par M. Alexandre John Ellis sous le titre de *Sensations of Tone, as a Physiological basis for the Theory of Music (1875)*, augmenté d'un appendice. Il a également paru à Londres, en 1873, un recueil des principaux cours et conférences publiés de l'illustre savant allemand, réunis et traduits par le Dr E. Atkinson sous ce titre: *Popular Lectures on scientific Subjects*. Il a aussi publié, en 1875: la *Chaleur considérée comme source des mouvements*, d'après Tyndall. Une conférence sur le *Son et la musique*, faite occasionnellement à l'université de Bonn en 1877, a été traduite en français par M. Blaserna, professeur de l'université de Rome. — La Société Royale de Londres a décerné à M. Helmholtz, le 1er décembre 1873, sa médaille d'or de Copley, pour services rendus a la science. L'Académie des sciences l'a élu correspondant de sa section de physique en 1870. M. Helmholtz est commandeur de la Légion d'honneur. Le 1er février 1883, l'empereur d'Allemagne lui conférait des lettres de noblesse.

HÉMENT, Félix, professeur et écrivain scientifique français, né à Avignon le 22 janvier 1827. M. Hément a pris le grade de licencié ès-sciences mathématiques en 1853; après avoir professé pendant plusieurs années en province, il revint à Paris et y professa successivement au collège Chaptal, à l'école Turgot, à l'école polonaise et au grand séminaire israélite. Il a été nommé officier d'Académie en 1864 et officier de l'Instruction publique en 1869. Il est membre de l'Association philotechnique, des Sociétés pour l'instruction élémentaire, d'économie politique, géographique, etc., inspecteur de l'instruction primaire de la Seine, délégué récemment dans les fonctions d'inspecteur général, et membre du Conseil supérieur de l'instruction publique. M. Félix Hément, qui a pris une grande part au développement de l'instruction populaire, autant par la création de bibliothèques et de conférences que par ses publications scientifiques, a collaboré à un assez grand nombre de journaux, notamment à la *France*, au *Siècle*, au *Petit journal*, au *Journal littéraire*, au *Journal de Paris* et à l'*Ordre*, et a lu à l'Académie des sciences, un assez grand nombre de mémoires sur divers sujets. Il a publié: *Premières notions d'histoire naturelle*, *Premières notions de physique et de météorologie*, *Premières notions de géométrie*, l'*Aluminium*, conférence à l'Asile de Vincennes, *Premières notions de cosmographie*, *Menus propos sur les sciences*, la *Toilette d'Alice*, l'*Agriculture et l'industrie en France*, l'*Homme primitif*, les *Conférences du quai Malaquais*, les *Grandes évolutions du globe*, *De la force vitale*, etc. — M. Hément a été nommé chevalier de la Légion d'honneur le 8 février 1877.

HENNEQUIN, Alfred Nicoclès, auteur dramatique français d'origine belge, né à Liège le 13 janvier 1842. Élève de l'École royale des mines de Liège, il obtint le diplôme d'ingénieur et fut attaché, en cette qualité, aux chemins de fer de l'État, mais il s'occupait dès lors de théâtre. Il fit représenter, en 1869, aux Galeries-Saint-Hubert, à Bruxelles, sous un pseudonyme: *J'attends mon oncle*, comédie en 2 actes, qui réussit; l'année suivante, il y donnait les *Trois chapeaux*, comédie en 3 actes. Venu à Paris vers cette époque, comme directeur d'une entreprise de tramways, il obtint de la direction du Vaudeville la reprise des *Trois chapeaux (1871)*, qui eut du succès; mais la pièce qui établit à Paris la réputation de M. Hennequin, c'est le *Procès Vauradieux (1875)*, dont le succès n'est pas encore épuisé et induisit l'auteur à abandonner ses fonctions administratives pour se consacrer entièrement à la carrière dramatique. Vinrent ensuite: les *Dominos roses*, au même théâtre (1876), nouveau succès; *Bébé*, 3 actes, avec M. E. de Najac, au Gymnase (1877); *Nounou*, même théâtre (1878). Ses ouvrages les plus récents sont: *Lili*, comédie vaudeville en 3 actes, avec M. Albert Millaud, musique de M. Hervé, aux Variétés; *Ninetta*, opéra comique en 3 actes, avec M. A. Bisson, musique de M. Raoul Pugno, à la Renaissance (1882); le *Train de plaisir*, 4 actes, avec MM. Mortier et Saint-Albin, au Palais-Royal; les *Trois devins*, avec M. Valabrègue, opérette en 3 actes, musique de M. Okolovitz, à l'Ambigu; le *Présomptif*, opérette, avec le même, musique de M. de Gregh, à la Renaissance (1884); *Cherchez la femme*, 3 actes, avec M. de Najac, au Vaudeville; le *Gant de Suède*, 1 acte, aux Variétés (1885). — M. Hennequin est chevalier de la Légion d'honneur.

HENRION, Paul, compositeur français, né à Paris en 1818. M. Henrion s'est fait de bonne heure une très grande popularité dans le genre de la romance et de la chansonnette et a écrit, de son propre aveu, environ douze cents compositions de ce genre. Ceci explique pourquoi nous renonçons à en donner la liste: nous nous bornerons à rappeler le titre de quelques-unes des plus populaires, dont tout le monde se souvient: *Bouquet fané*, *Moine et bandit*, la *Gitana*, les *Vingt sous de Périnette*, *Vive le roi!* le *Muletier*, le *Pandero*, la *Pavana*, *Si loin!* la *Fille de Simonette*, *Ne pars point, mon fils*; la *Manola*, la *Reine des prairies*, *Sarah la bohémienne*, etc., etc. M. Henrion qui, au début, signait ses compositions du pseudonyme d'« Henri Charlemagne », chantait dans les salons et les concerts ses propres œuvres. Il s'est essayé à la musique dramatique et a donné, au Théâtre-Lyrique, le 26 avril 1854, un opéra comique en deux actes: *Une rencontre dans le Danube*, qui n'eut aucun succès. Il revint donc à ses compositions légères où l'attendaient des succès certains. Il a également écrit plusieurs opérettes pour les cafés-concerts: le *Soleil et la lune*, *Estelle et Némorin*, *A la bonne franquette*, les *Suites d'une polka*, *Balayeur et balayeuse*, l'*Étudiant de Heidelberg*, *Cupidon*, *Paolo et Pietro*, etc. Ajoutons la *Treille du roi*, opérette non représentée, publiée dans le *Magasin des Demoiselles*.

HENRIQUEL-DUPONT, Louis Pierre, graveur français, né à Paris le 13 juin 1797. Il étudia d'abord la peinture dans l'atelier de Pierre Guérin, où il entra en 1812. Mais au bout de trois ans, il se décida pour la gravure et devint élève de Bervic. Ouvrant à son tour un atelier en 1818, il travailla d'abord pour la librairie. Il débuta au Salon de 1822, avec un *Portrait en pied d'une jeune femme avec son enfant*, d'après van Dyck. A partir de cette époque, M. Henriquel-Dupont exposa successivement: *Portrait de M. de Pastoret*, *Strafford*, l'*Ensevelissement du Christ*, d'après P. Delaroche; l'*Abdication de Gustave Wasa*, d'après L. Hersent; le *Portrait de Louis-Philippe*, d'après Gérard; le *Portrait de M. Bertin*, d'après Ingres; le *Christ consolateur*, d'après Ary Scheffer; la *Grande fresque de l'hémicycle des Beaux-Arts*, d'après Paul Delaroche, qui lui coûta dix années de travail (1853); la *Sainte Vierge et l'enfant Jésus*, d'après le dessin de Raphaël: *Carle Vernet*, *Mira-*

beau et deux autres *Portraits*, d'après P. Delaroche; *Tardieu*, d'après Ingres; *Alexandre Brongniard* et un autre portrait, d'après ses propres dessins; ces derniers ouvrages et plusieurs des précédents à l'Exposition universelle de 1855. On lui doit encore *Cromwell*, d'après P. Delaroche, aquatinta; le *Mariage mystique de Sainte Catherine*, d'après le Corrège; *Moïse*, d'après P. Delaroche; le *Général Lariboisière et son fils*, d'après les portraits de Gros; *Ary Scheffer*, d'après Benouville: ces cinq dernières gravures, à l'Exposition universelle de 1867; les *Pèlerins d'Emmaüs*, d'après Paul Veronèse (1869), etc. — M. Henriquel-Dupont a obtenu une médaille de 2e classe en 1822, la médaille d'honneur en 1853 et la grande médaille d'honneur à l'Exposition universelle de 1855; chevalier de la Légion d'honneur en 1831, il a été promu officier en 1855 et commandeur le 20 octobre 1878. Élu membre de l'Académie des Beaux-Arts en 1849, en remplacement de Richomme, il était nommé, en décembre 1863, professeur de gravure en taille-douce à l'École des Beaux-Arts. M. Henriquel-Dupont a été élu membre honoraire de l'Académie royale de Londres, le 15 décembre 1869. Il a été nommé membre de la Commission supérieure des Beaux-Arts en 1876.

HERBERT, John Rogers, peintre anglais né à Maldon (Essex), où son père était receveur des Douanes le 23 janvier 1810. Encouragé par celui-ci dans son penchant pour la peinture, il entra à l'Académie royale de Londres en 1826; mais, devenu orphelin en 1828, il dut interrompre ses études artistiques et se créer des ressources. Il se mit alors à peindre des portraits, et avait acquis, à vingt-quatre ans, la confiance et la protection de plusieurs hauts personnages, parmi lesquels il faut citer la princesse Victoria, depuis reine d'Angleterre. M. Herbert débuta aux expositions artistiques, en 1830, par des portraits et en 1834, dans la peinture de genre, par une petite toile ayant pour titre l'*Heure du rendez-vous* (the Appointed Hour); laquelle fut suivie de *Haydée* et la *Prière (1835)*; *Captifs rançonnés par des condottieri (1836)*; *Desdemone intercédant pour Cassio (1837)*; la *Constance*, l'*Amour éludant la surveillance d'un gardien assoupi* et les *Fiancés de Venise*; la *Procession de 1528 (1839)*; *Monastère du XIVe siècle, Chasseur de sangliers rafraîchis à la porte d'un monastère* et le *Signal*, sujet du temps de la chevalerie (1840). ce dernier tableau obtint le prix de l'Institution britannique; *Pirates de l'Istrie enlevant les fiancées de Venise (1841)*; *Première introduction du Christianisme en Grande-Bretagne (1842)*; le *Christ et la femme de Samarie (1843)*; *Sir Thomas Moore et sa fille témoins de l'exécution de quatre moines (1844)*; *Saint-Grégoire enseignant le chant aux enfants de Rome (1845)*; *Notre Sauveur soumis à ses parents, à Nazareth (1847)*; *Saint Jean devant Hérode (1848)*; *Lear déshéritant Cordelia (1849)*, envoyé à l'Exposition universelle de Paris en 1855. En 1848, M. Herbert fut chargé de la décoration d'une grande partie des salles du nouveau Palais du parlement, notamment de la salle des poètes, par des sujets tirés de Shakespeare, et de plusieurs salles de la Chambre des lords par des sujets tirés de l'Ancien Testament, entre autres une série ayant pour titre général: *Illustration of Justice on the Earth and its Development in Law and Judgment*, qui fut complétée en 1864 et lui valut une gratification en sus du prix fixé, que lui vota le parlement. Son *Moïse descendant du Sinaï avec les tables de la loi*, se trouve dans la principale salle des comités de la Chambre des lords. On cite parmi ses autres fresques à sujets bibliques: le *Jugement de Salomon*, *Visite de la reine de Saba*, la *Condamnation des faux prophètes*, *Daniel dans la fosse aux lions*, l'*Édification du temple*, etc. Il a exposé encore, en 1881, le *Jugement de Daniel*, tableau destiné à la chambre des lords, et en 1886, un autre *Daniel*, *Jésus calmant les flots* et *Jésus marchant sur la mer de Génésareth*. — En 1856, M. Herbert eut la douleur de perdre son fils aîné, Arthur J. Herbert, qui était en même temps son élève, et dont le *Philippe et Velasquez*, exposé la même année, donnait de réelles espérances, ruinées par cette mort prématurée. Depuis cette époque, il s'est exclusivement livré à la peinture religieuse, et beaucoup de ses sujets ont été empruntés à la Vie de sainte Marie-Madeleine. Il s'était converti au catholicisme pendant un séjour à Venise, vers 1839. Associé de l'Académie royale de Londres depuis 1842, M. Herbert fut élu membre titulaire en 1846; il a été élu correspondant de l'Académie des Beaux-Arts en décembre 1869, en remplacement du feu baron Leys.

HEREDIA (de), Severiano, homme politique français d'origine espagnole, ou plutôt cubaine, étant né à La Havane le 8 novembre 1836. Riche planteur, élevé en France, il y revint au moment où l'île de Cuba était en pleine insurrection contre le gouvernement métropolitain, et se fit naturaliser français en octobre 1870. Au mois d'avril 1873, M. de Hérédia était élu conseiller municipal de Paris pour le quartier des Ternes, et réélu par le même quartier jusqu'en 1881, époque à laquelle les élections du 21 août l'envoyèrent siéger à la Chambre comme député de la 1re circonscription du XVIIe arrondissement de Paris. Candidat radical dans la Seine aux élections d'octobre 1885, il fut élu au scrutin du 18. M. de Hérédia, qui siège à la gauche radicale de la Chambre, a voté l'expulsion des princes. — Il a pris part, en 1876, à la fondation du journal radical la *Tribune*, quotidien, dirigé par M. F. Trébois.

HÉRISSON, Anne Charles, avocat et homme politique français, né à Surgy (Nièvre) le 12 octobre 1831, fit ses études au collège de Clamecy et à Paris, au lycée Saint-Louis, suivit les cours de l'École de droit et, reçu avocat en 1853, se fit inscrire au barreau de Paris. Lauréat de la faculté, il prenait le grade de docteur en 1855. En 1858, il achetait une charge d'avocat au Conseil d'État et à la Cour de cassation. L'un des membres les plus actifs du parti démocratique, il prit part à l'agitation électorale de 1863 et, impliqué dans le procès des *Treize*, fut condamné à 500 francs d'amende, comme les autres prévenus, avec la plupart desquels il avait collaboré, en 1861, au *Manuel électoral*. Il a collaboré en outre à la *Revue pratique du droit français* de MM. Demangeat et Émile Ollivier, à la *Revue critique de législation*, à plusieurs journaux politiques de Paris, et dirigé le *Bulletin des Tribunaux (1863-64)*. — Le 5 septembre 1870, M. Hérisson fut nommé maire provisoire du VIe arrondissement de Paris et membre de la commission d'enseignement communal; le 13 octobre suivant, il était nommé adjoint au maire de Paris. Confirmé dans les fonctions de maire du VIe arrondissement par les élections du 5 novembre, il fut expulsé de la mairie le 18 mars 1871, non sans avoir opposé une vive résistance. Il fut porté néanmoins, sans son aveu, aux élections pour la Commune, le 26 mars, et obtint une minorité considérable. Nommé préfet de la Marne quelques jours plus tard, il refusait ce poste et reprenait possession de la mairie du VIe arrondissement de Paris, le 25 mai suivant. Le 5 août, il donnait sa démission. Aux élections complémentaires pour l'Assemblée nationale, du 2 juillet 1871, M. Hérisson échouait dans la Seine avec près de 80,000 voix; il se portait candidat, le 30 du même mois, au Conseil municipal de Paris, dans le quartier de la Monnaie et, sur 2,840 votants, obtenait juste la moitié, c'est-à-dire 1,420 voix, qui est le chiffre également obtenu par son concurrent, M. L. Bréton, associé de la maison Hachette. Celui-ci fut toutefois proclamé membre du Conseil municipal de Paris par bénéfice d'âge et siégea pendant trois mois, au bout desquels, vérification faite des listes d'émargement, et sur la requête de M. Hérisson, l'élection fut annulée. Renvoyé devant ses électeurs, le 26 novembre suivant, M. Hérisson fut élu. Au mois de mars 1872, il était élu vice-président du Conseil. Lors des élections complémentaires du 8 février 1874, pour l'Assemblée nationale M. Hérisson était élu représentant de la Haute-Saône; il prit place à gauche et se présenta aux élections générales du 20 février 1876, dans l'arrondissement de Lure; mais il échoua contre le candidat « conservateur » M. Émile Desloye. De nouveau candidat aux élections municipales complémentaires de Paris, mai-juin, 1876, dans le XIXe arrondissement (quartier d'Amérique), il était élu au scutin de ballottage du 4 juin, et porté par ses collègues au fauteuil présidentiel, le 4 juillet suivant. Réélu en 1878 pour le quartier Notre-Dame des Champs, il se portait le 7 juillet suivant candidat à la députation dans le VIe arrondissement, pour remplacer le colonel Denfert-Rochereau, décédé. Élu, il donnait sa démission de conseiller municipal de Paris et prenait place à la Chambre sur les bancs de l'Union républicaine. Il fut réélu le 21 août 1881. Le 21 février 1883, M. Hérisson était appelé au ministère du commerce dans le cabinet présidé par M. Jules Ferry. Il donnait sa démission le 9 mars 1885, et était remplacé par M. Rouvier. Il ne s'est pas présenté aux élections de 1885.

HÉRISSON, Marie Sylvestre, homme politique français, frère du précédent, né à Surgy vers 1828. Avoué dans sa ville natale, il en devint maire et fut élu au Conseil général de la Nièvre. Aux élections du 21 août 1881, M. Hérisson se présenta dans l'arrondissement de Clamecy contre M. Le Pelletier d'Aulnay, député sortant, bonapartiste. Il fut élu, et s'inscrivit à la gauche radicale. Porté sur la liste radicale de la Nièvre aux élections d'octobre 1885, il fut élu au scrutin du 18. Il a voté l'expulsion totale des princes.

HERKOMER, Hubert, peintre anglais, d'origine allemande, né à Waal (Bavière) en 1849, d'un père graveur sur bois, qui émigra aux États-Unis avec sa famille en 1851, vint en Angleterre et s'établit à Southampton en 1857. Il entra à l'école d'art de cette ville en 1862, et y emporta une médaille de bronze. En 1865, il alla à Munich avec son père, chargé d'un travail qui nécessitait ce voyage, et y reçut les conseils du professeur Echter. En 1866, il entra à l'école de South-Kensington, mais au bout de cinq mois, il retournait à Southampton, où il ouvrit une école de dessin pour l'étude du modèle vivant. Ayant imaginé de faire une exposition des travaux de ses élèves et des siens à la Noël de cette année, il y vendit son premier tableau. Il rentra à South-Kensington en 1867, pour quelques mois, puis alla s'établir au village de Hythe, et y peignit deux tableaux, qu'il exposa à la galerie Dudley en 1868. Il se rendit ensuite à Londres, où il fit surtout des aquarelles et des dessins sur bois pour la gravure, sans négliger la peinture, et commença à exposer aux diverses galeries, principalement des dessins de sujets bavarois et quelques portraits, puis des tableaux parmi lesquels nous citerons: *Après le travail du jour (1873)*, qui eut un grand succès à l'Académie royale; la *Dernière revue*, son tableau célèbre, représentant les pensionnaires de l'hôpital de Chelsea, vieux marins invalides, suivant le service du dimanche, et qui, après son succès à la salle de lecture de Burlington House, en 1875, parut à l'Exposition universelle de 1878, remportant une des deux grandes médailles d'honneur obtenues par les artistes anglais. Il a exposé depuis à l'Académie royale: *A la porte de la mort*, paysans des Alpes bavaroises attendant le retour du prêtre en train d'administrer les derniers sacrements à un membre de la famille (1876); *Der Bittgang*, paysans bavarois priant pour avoir une bonne récolte (1877); la *Soirée*, scène à l'Union de Westminster: une *Femme galloise*; *Souvenir de Rembrandt (1878)*; *Racontant son aventure (1879)*; le *Reliquaire*, le *Favori de grand papa*, les *Deux côtés de la question* et *Balayé par le vent (1880)*; *Manquant*, scène aux portes de l'arsenal de Portsmouth après le naufrage de l' « Atalanta » (1881); *Chez soi (1882)*; les *Ennemis naturels (1883)*; outre des aquarelles, des dessins et des gravures. — M. Herkomer, qui a obtenu une grande médaille d'honneur, comme nous l'avons dit, à l'Exposition universelle de 1878, avec son admirable tableau: la *Dernière revue*, était élu associé de l'Académie royale de Londres l'année suivante, et la même année, membre honoraire de l'Académie impériale de Vienne; il recevait, en septembre 1881, le diplôme de membre et maître de l'Institut *(Hochstiftung)* de Francfort-sur-le-Mein.

HERMARY, Jules Hippolyte Joseph, homme politique français, né le 15 décembre 1834 à Barlin (Pas-de-Calais). Élève de l'École centrale des arts et manufactures, il y obtint le diplôme d'ingénieur civil et retourna dans son pays, où il se fit brasseur. Maire de sa ville natale depuis 1865, conseiller général du Pas-de-Calais depuis 1868, secrétaire du comice agricole de l'arrondissement de Béthune, M. Hermary fut élu député de la 1re circonscription de Béthune le 20 février 1876, comme candidat « constitutionnel ». Il prit place au centre droit, fut réélu le 14 octobre 1877, mais échoua le 21 août 1881. Il échouait également aux élections sénatoriales du 8 janvier 1882. Aux élections du 8 octobre 1885, M. Hermary figurait sur la liste monarchiste, qui a triomphé dans le Pas-de-Calais.

HERMITE, Charles, mathématicien français, né à Dieuze (Meurthe) le 25 décembre 1822. Entré à l'École polytechnique en 1842, il publiait dès l'année suivante un remarquable travail sur les fonctions abéliennes; il résolut dès lors de se consacrer à l'étude et à l'enseignement des mathématiques et refusa d'entrer dans les services publics à sa sortie de l'École. En 1848, il fut nommé répétiteur d'analyse mathématique et examinateur d'admission à l'École polytechnique, et y devint examinateur de sortie en 1863; nommé maître des conférences à l'École normale en 1864 et professeur d'analyse à l'École polytechnique en 1869, M. Hermite est devenu, en 1870, professeur d'algèbre supérieure à la faculté des sciences de Paris. Chevalier de la Légion d'honneur depuis 1859, il a été promu officier en 1857 et commandeur le 13 juillet 1884. — M. Ch. Hermite est membre de l'Académie des sciences (section de physique générale), où il remplace Binet, depuis 1856. — Les travaux de M. Ch. Hermite se rapportent principalement à la théorie des nombres et à celle des fonctions elliptiques et ultra-elliptiques ou *abéliennes*; ils ont été insérés dans les *Comptes rendus* de l'Académie des sciences, le *Recueil des savants étrangers*, le *Journal des mathématiques pures* de Liouville, les *Œuvres complètes de Jacobi*, le *Journal de Crelle* et dans diverses autres publications spéciales de la France et de l'étranger. Il a publié à part plusieurs mémoires, notamment: *Théorie des fonctions modulaires*, *De la réduction des formes cubiques à deux indéterminées (1859)*; *Théorie des fonctions elliptiques*, *Sur les fonctions de sept lettres (1863)*; *Sur l'équation du 5e degré (1866)*; *Sur la fonction exponentielle (1874)* et son *Cours d'analyse professé à l'École polytechnique (1873* et suiv.).

HERNANDO, Rafael José Maria, compositeur espagnol, né à Madrid le 31 mai 1822. Il fit ses études musicales au Conservatoire de Madrid, où il entra en 1837, sous la direction de Ramon Carnicer, et vint à Paris en 1843, se perfectionner dans son art. Il commença dès lors à se livrer à la composition et écrivit un *Stabat Mater* qui fut exécuté, avec quelques autres œuvres, aux concerts de la société Sainte-Cécile, puis un opéra italien qu'il ne réussit pas à faire jouer. De retour à Madrid après quelques années de séjour en France, il écrivit une saynète: *las Sacerdotisas del Sol* (les Prêtresses du Soleil) qui fut représentée sur le théâtre de l'Institut. Il donna ensuite en 1849: le *Bâton d'aveugle* (El Palo de Ciego), zarzuela en un acte qui eut beaucoup de succès et *Étudiants et soldats* (Colegiales y Soldados). C'est au succès de cette dernière qu'est due la formation d'une entreprise pour l'exploitation, au théâtre des Variétés, du genre national de la « zarzuela ». M. Hernando fut choisi pour directeur du théâtre, auquel il s'engagea à fournir quatorze actes de musique par année, au besoin; mais son *Esprit follet* (El Duende) représenté pour la première fois le 6 juin 1849, eut cent vingt représentations consécutives et sa seconde pièce *Bertoldo y Comparsa*, zarzuela en 2 actes, n'eut pas moins de succès. — En 1851, il se forma à Madrid une société d'auteurs pour cultiver le genre lyrique espagnol; M. Hernando fut nommé président de cette société; il écrivit à cette époque la musique de plusieurs zarzuelas: *El Novio pasado por agua*, 3 actes; *Cosas de Juan*, 3 actes; *Una Noche en el Serallo*, 2 actes (non représentée); *El Tambor*, 1 acte, au bénéfice des soldats de l'armée d'Afrique; *Aurora*, 3 actes et quelques ouvrages écrits en collaboration: *Escenas de Chamberi*, *Por Seguir a una mujer*, *Dom Simplicio Bobadilla*, etc. En 1852, M. Hernando fut nommé secrétaire du Conservatoire de Madrid, position dans laquelle il rendit d'éminents services administratifs. Il y écrivit en outre: un *hymne* inaugural chanté par les élèves du Conservatoire au théâtre du Palais-Royal; une fantaisie symphonico-religieuse, *el Nacimiento*, pour la séance musicale donnée au Conservatoire à la naissance du prince des Asturies, depuis Alphonse XII; *Premios á la Virtud*, hymne exécuté par les élèves, sous sa direction, à la première distribution des prix du Conservatoire; enfin un *Chœur* et une *Marche triomphale*, exécutés par les élèves du Conservatoire et ceux de l'Université, au retour de l'armée d'Afrique. M. Hernando a publié un *Proyecto-Memoria para la creacion de una Academia espanola de música y de fomento del arte*, accueilli avec une grande faveur, mais resté lettre morte. Nommé professeur d'harmonie supérieure au Conservatoire, M. Hernando se démit de ses fonctions de secrétaire pour se dévouer tout entier à l'enseignement. Il a fondé une société artistique musicale de secours mutuels, dont il fut élu aussitôt secrétaire général. — Outre ses compositions dramatiques, on doit à M. Hernando un certain nombre d'œuvres de musique religieuse; parmi lesquelles on cite tout particulièrement une *Messe votive*, exécutée à l'église de Notre-Dame-de-Lorette (de Madrid), le 22 novembre 1867, jour de la Sainte-Cécile.

HERVÉ, Florimont Ronger (dit), compositeur et auteur dramatique anglais, d'origine française, né à Houdain (Pas-de-Calais) le 30 juin 1825. Il fit ses études musicales à Paris, à la maîtrise de Saint-Roch, et devint organiste dans diverses églises. Il écrivit, en 1848, la musique d'une espèce d'intermède intitulé *Don Quichotte et Sancho Pança*, qu'il chanta lui-même, avec Joseph Kelm, lequel devait être longtemps son partenaire dans la suite, à l'Opéra-National. En 1851, il devenait chef d'orchestre du Palais-Royal, et prenait en 1854 la direction d'un café-concert appelé les Folies-Mayer, du nom de son fondateur, et situé sur le boulevard du Temple. Ces « Folies-Mayer » à la suite de transformations diverses et de non moins diverses modifications de titre, sont du reste redevenues le Théâtre-Déjazet. Il obtint, par privilège spécial, l'autorisation de transformer son établissement en petit théâtre, où il pût jouer des saynètes musicales à deux personnages et des pantomimes, et cela fait, l'ayant baptisé Folies-Concertantes, il l'ouvrit plein de confiance. M. Hervé était à la fois ou tour à tour, à son théâtre, auteur, compositeur, chanteur, chef d'orchestre, décorateur et machiniste, écrivant lui-même les paroles et la musique de la plupart des pièces qu'il donnait, en jouant souvent le rôle principal, s'emparant du bâton de chef d'orchestre lorsqu'il n'était pas retenu sur la scène. Par cette infatigable activité, il sut amener le succès sur cette petite scène. Il y donna, en 1855 et 1856, une série de pochades musicales, ultra-fantaisistes quant aux paroles, mais d'une valeur réelle et d'un tour aimable quant à la musique, qui lui firent dès lors une certaine réputation et qui ont donné naissance au genre de l'opérette. Nous citerons parmi les ouvrages de M. Hervé datant de cette époque: *Vadé au cabaret, Un drame en 1779*, le *Compositeur toqué*, la *Fine fleur de l'Andalousie*, la *Perle de l'Alsace*, la *Belle Espagnole* (paroles et musique, sauf *Vadé*); *Fifi et Nini;* ajoutons la musique de plusieurs pantomimes : le *Possédé*, les *Deux rosières*, *Pierrot amoureux*, etc. M. Hervé cédait en 1856, à MM. Huart et Altaroche, la direction de son théâtre, qui prit dès lors le titre de Folies-Nouvelles, y restant toutefois attaché tant comme acteur que comme compositeur. Une aventure malheureuse, dont nous n'avons pas à nous occuper autrement, mais dont le souvenir n'est probablement pas étranger à son récent changement de nationalité, en tenant forcément M. Hervé éloigné de la scène, empêcha que cette clause du traité pût être remplie. Mais il continua de fournir les Folies-Nouvelles de petites pièces qu'il signait de pseudonymes divers. A cette période appartiennent: *Toinette et son carabinier*, et *Femme à vendre*, signées « Brémond »; le *Pommier ensorcelé, Dent de sagesse, Alchimiste*, signées « Louis Heffer » (1856-58). A cette dernière date, M. Hervé accepta un engagement au grand théâtre de Marseille, en compagnie de Joseph Kelm, pour y jouer son répertoire. De Marseille, il se rendit à Montpellier comme second ténor, et la chronique provinciale affirme qu'il y joua imperturbablement les rôles de Cantarelli du *Pré aux clercs*, d'Hector de Biron des *Mousquetaires de la reine*, voire d'Arthur de *Lucie!* De retour à Paris, après une excursion au Caire, il fit jouer sur la petite scène des Délassements-Comiques, en 1862 : le *Hussard persécuté* (paroles et musique) et la *Fanfare de Saint-Cloud*. Il fut ensuite engagé au café-concert de l'Eldorado, comme comédien, chef d'orchestre et compositeur, et produisit à cet établissement une quantité innombrable de chansons, chansonnettes, saynètes, opérettes, etc.; quittant fort souvent, dans la même soirée, l'orchestre pour la scène et la scène pour l'orchestre. Indépendamment d'un pareil labeur, écrasant pour plus d'un autre, M. Hervé trouvait encore le moyen et le temps d'écrire la musique, et souvent les paroles, de nombreuses pièces, telles que : les *Toreadors de Grenade*, un acte, paroles et musique, au Palais-Royal (1863); le *Joueur de flûte*, un acte, aux Variétés (1864); une *Fantasia*, un acte, même théâtre (1865); la *Revue pour rien, ou Roland à Ronge-veau*, parodie en deux actes, aux Bouffes (1865); les *Chevaliers de la Table-Ronde*, trois actes, aux Bouffes (1866). En 1865, M. Hervé quittait l'Eldorado et reparaissait à la Porte-Saint-Martin, comme acteur, dans la *Biche aux bois*, vieille féerie qu'il avait, par surcroît, rajeunie de quelques airs nouveaux; puis dans une grande revue, en 1867, également relevée de quelques airs de sa composition. Cependant, M. Hervé voyait avec douleur un rival heureux s'emparer d'un genre qu'il avait effectivement créé, en se bornant à en étendre le cadre, et remporter des succès étourdissants avec *Orphée aux enfers, Barbe Bleue*, la *Grande-Duchesse*, la *Belle Hélène*, etc. En un mot les lauriers d'Offenbach empêchaient de dormir M. Hervé, d'autant plus qu'il les considérait comme cueillis dans son propre jardin. C'est à ce sentiment de jalousie que nous devons l'*Œil crevé*, trois actes (paroles et musique), représenté avec un succès étourdissant aux Folies-Dramatiques (1867). Il donna ensuite, au Palais-Royal: le *Roi d'Amatibou*, pochade musicale en un acte, (1868); puis, aux Folies-Dramatiques, une nouvelle pièce en trois actes, paroles et musique : *Chilpéric (1868)*, qui n'atteignit pas le niveau du succès de l'*Œil crevé*, et dont il donnait néanmoins la parodie à l'Eldorado, deux mois après la première représentation, sous le titre de *Chilméric*. Ce fut ensuite le *Petit Faust (1869)*, opérette en trois actes, dont il n'écrivit que la musique, et qui obtint un succès non encore épuisé; puis, les *Turcs*, au même théâtre (même année), trois actes; le *Trône d'Ecosse*, trois actes, aux Variétés (1871); le *Nouvel Aladin*, trois actes, au théâtre Déjazet (1871), pièce jouée d'abord en anglais, à Londres, et dont le livret, écrit par M. Thompson, fut traduit en français par M. Hervé lui-même; la *Veuve du Malabar*, trois actes, aux Variétés (1873); le *Hussard persécuté*, deux actes, amplification de l'acte joué aux Délassements-Comiques plus de dix ans auparavant (1875); *Alice de Nevers*, trois actes, paroles et musique, aux Folies-Dramatiques (1875); la *Belle Poule*, trois actes, au même théâtre (1875); *Estelle et Némorin*, trois actes à l'Opéra-Bouffe, ancien théâtre des Arts (1876); la *Marquise des rues*, 3 actes et *Panurge*, 3 actes, aux Bouffes (1879); *Lili*, 3 actes, aux Variétés (1882); *Mam'zelle Nitouche*, 3 actes, même théâtre (1883); la *Nuit aux soufflets*, 3 actes, aux Nouveautés (1884); *Fla Fla*, 3 actes, aux Menus-Plaisirs (1886), insuccès complet, etc. — Nous devons ajouter à la nomenclature incomplète qui précède, la partition d'une opérette en un acte : *Deux portières pour un cordon*, représentée en 1869 au Palais-Royal et que M. Hervé a écrite en société avec MM. Ch. Lecocq et Legouix, sous la pseudonyme collectif d'Alcindor; celle de la *Cocotte aux œufs d'or*, avec MM. Cœdès et Raspail (Menus-Plaisirs, 1873); sans parler d'une foule de pochades de cafés-concerts : *Entre deux vins, Moldave et Circassienne, Trombolino*, les *Métamorphoses de Tartempion*, etc., etc.

M. Hervé, nous en avons eu des exemples, possède au plus haut degré l'intelligence de tout ce qui touche à la scène, une activité littéralement infatigable et enfin une faculté d'assimilation étonnante. C'est ainsi qu'en 1870, il acceptait hardiment un engagement à Londres, pour y jouer son répertoire en anglais — ne sachant pas un traître mot d'anglais. Mais c'est là un détail puéril : quelques mois d'études, et le voilà au courant de la chose, parfaitement en état de paraître sur une scène anglaise et de se faire applaudir par un auditoire anglais, à cent lieues de se douter de rien. Il met de la musique sur une partition anglaise (le *Nouvel Aladin*), rapporte à son retour (1871) la pièce à Paris, la traduit en français, et la donne au Théâtre-Déjazet — non pas sans doute avec un succès fou : M. Hervé n'en a plus eu guère depuis le *Petit Faust*. En 1874, ayant pris langue, comme on dit, il retournait à Londres et organisait, au théâtre de Covent-Garden, des promenades concerts, dont il conduisait l'orchestre, et qui furent une des *great attractions* de la *season* cette année-là. Finalement, il s'est si bien habitué aux personnes et aux choses de l'Angleterre, qu'il s'est fait Anglais et qu'il ne nous appartient plus. On en parlait depuis quelque temps, mais sans être sûr de rien, lorsque M. Hervé prit la peine d'éclairer l'opinion par une lettre adressée au *Figaro*, datée de Paris (où il dirigeait les répétitions de *Fla-Fla)*, 16 août 1886. Dans cette lettre, le compositeur de tant de pochades nous apprenait qu'aimant les mœurs anglaises et ayant passé l'âge de la lutte, il avait acheté une « modeste propriété » à Folkestone, et s'était fait naturaliser Anglais pour éviter l'expulsion « en cas de conflit international ». M. Hervé est donc bel et bien Anglais, et il assure que cela ne regarde personne. Sans doute. Toutefois, c'est d'un autre ton qu'un compositeur français, qui vaut bien M. Hervé, au moins, repondait à l'accusation d'avoir foulé aux pieds sa qualité de Français (voy. Gounod).

HERVÉ, Aimé Marie Edouard, journaliste, membre de l'Académie française, né à Saint-Denis (Ile de la Réunion) le 28 mai 1835, est fils d'un professeur de mathématiques au collège de cette ville, où il commença ses études, terminées d'une manière particulièrement brillante à Paris, au lycée Napoléon. Entré en 1854, premier de la promotion, à l'Ecole normale (section des lettres), il donnait sa démission peu de temps après pour se faire journaliste. M. Hervé collabora d'abord à la *Revue de l'instruction publique* et à la *Revue contemporaine*, où il fut chargé, en 1860, du bulletin politique; il fut ensuite rédacteur du *Courrier du Dimanche* en 1863, du *Temps* en 1864, de l'*Epoque* (direction Feydeau) en 1865. Les tracasseries de l'administration ayant rendu à peu près impossible sa collaboration à un journal français, il devint, vers la fin de 1865, correspondant du *Journal de Genève*. Mais à la suite de la lettre impériale du 19 janvier, M. Hervé reparaissait sur la scène parisienne, en fondant, avec M. J.-J. Weiss qui, lui, venait de quitter le *Journal des Débats*, le *Journal de Paris*, dont le premier numéro parut le 28 avril 1867, et le dernier le 28 avril 1876. — Aux élections générales de 1869, M. Hervé se porta candidat de l'opposition libérale dans la première circonscription du Pas-de-Calais, contre M. Sens, candidat officiel; mais celui-ci fut élu à une grande majorité. M. Emile Ollivier, à son avènement au pouvoir (2 janvier 1870), lui offrit la préfecture de Bordeaux, qu'il refusa, comme il devait refuser d'autres offres, plus tard, voulant rester, dit-il, journaliste; il ne laissa pas, toutefois, que de donner son appui à cet essai tardif, et d'ailleurs peu loyal, de gouvernement parlementaire, étant parlementaire avant tout; mais il s'en sépara dès la première proposition, si peu parlementaire, d'un plébiscite. En même temps que M. Hervé refusait une préfecture de première classe, son ami et collaborateur, M. Weiss, acceptait les fonctions de secrétaire-général au ministère des Beaux-Arts, dont le titulaire était, comme on sait, M. Maurice Richard; de sorte que M. Hervé resta dès lors seul directeur du *Journal de Paris*. Resté à Paris pendant le siège, il ne le quitta pas davantage pendant la Commune. Il signa la protestation des journalistes contre les élections décrétées par le Comité central et combattit avec une ardeur qu'on devine, mais avec une convenance de termes qu'on serait bien embarrassé de trouver dans le demeurant de la presse conservatrice, les actes et les proclamations, ordres, décrets, etc. de la Commune de Paris. Ce ne fut pourtant que le 15 mai que parut l'arrêté du délégué à la Sûreté générale, Ferré, supprimant le *Journal de Paris*, qui avait eu le tort de protester contre la suppression de six autres journaux opérée la veille. En conséquence, le *Journal de Paris* ne parut pas le 17 mai : ce fut l'*Echo de Paris*, lequel était à son tour supprimé le 19 mai, par arrêté du Comité de salut public, cette fois. Le *Journal de Paris*, naturellement, reparut aussitôt après l'occupation de Paris, ou plutôt du quartier où se trouvait son imprimerie, par les troupes du gouvernement. Lorsque, le calme établi dans une mesure suffisante, l'Assemblée nationale eut repris le cours de ses travaux, M. Edouard Hervé, qui les suivait avec une profonde attention, appuya d'abord le gouvernement de M. Thiers; mais lorsqu'il eût vu celui-ci décidé à fonder la République, il se tourna brusquement contre lui et prit, à la campagne qui devait amener la bataille alors décisive du 24 mai 1873, une part très active. Il avait fondé, le 27 février précédent, le *Soleil*, grand journal à un sou, renfort assez important dans la circonstance. Quelques mois après cette journée mémorable du 24 mai, une polémique fort vive s'établit entre le *XIXe Siècle* et le *Journal de Paris*, à l'occasion des intrigues fusionnistes; les rédacteurs en chef de ces deux journaux, MM. Edouard Hervé et Edmond About ne crurent pouvoir mieux faire pour la terminer que de se rencontrer à longueur d'épée. M. About fut légèrement blessé dans cette rencontre (6 août) et les choses reprirent alors leur trantran accoutumé. — Le 28 avril 1876, M. Edouard Hervé annonçait aux lecteurs du *Journal de Paris* la disparition de ce journal, après neuf années d'une existence agitée; il est resté depuis à la tête du *Soleil*. On a peu de chose de M. Hervé, en dehors de ses travaux de journaliste et de ses études historiques et politiques insérées dans diverses publications périodiques. Il a publié à part, en 1869, *Une page d'histoire contemporaine*, étude sur les hommes d'Etat et les hommes politiques de l'Angleterre, et en 1885, une autre étude, sur la *Crise irlandaise*. Ses remarquables études sur l'Angleterre, sur ses hommes d'Etat, sur ses élections, sur le fonctionnement du système parlementaire, etc., ont fait également l'objet de quelques conférences à la salle du boulevard des Capucines. Mais M. Hervé n'est pas orateur; sa voix douce, sympathique, ne saurait convenir au *lecturer* public, qui doit faire violence à son auditoire, l'*empoigner*, pour parler net. — Aux élections d'octobre 1885, M. Edouard Hervé était porté sur la liste conservatrice présentée aux électeurs du département de la Seine, et qui échoua complètement; mais M. Hervé tenait la tête de cette liste, avec 136,600 voix, au second tour. Il prenait sa revanche à l'Académie française, où il était élu au premier tour, en remplacement du duc de Noailles, le 10 février 1886. — Il est chevalier de la Légion d'honneur depuis le 11 octobre 1873.

HERVÉ-MANGON. Voyez Mangon, Hervé.

HERVILLY (d'), Marie Ernest, littérateur et auteur dramatique français, né à Paris le 26 mai 1839. Il fit ses études au lycée de Versailles et entra au chemin de fer du Nord, en qualité de dessinateur en 1858; il devint, l'année suivante, piqueur des ponts-et-chaussées; mais ses préférences pour la carrière littéraire ne lui permirent pas de conserver longtemps ces fonctions. Il collabora au *Diogène*, au *Boulevard*, à l'*Artiste*, au *Grand Journal*, à la *Lune*, à l'*Eclipse*, à *Paris-Caprice*, au *Nain jaune*, au *Sur terre et sur mer*, au *Rappel*, et publia successivement : la *Lanterne en vers de couleurs*, plaquette in-8° (1868); les *Baisers*, poésies (1872); le *Harem*, poésies et *Contes pour les grandes personnes (1874); Mesdames les Parisiennes (1875); Histoires divertissantes (1876); D'Hervilly-Caprices (1877); Histoires de mariage (1879);* l'*Heureux jour (1884)*, etc. — Il a donné, en outre, au théâtre : le *Malade réel (1874);* le *Docteur Sans-Pareil (1875)* et la *Belle Saïnara*, 1 acte en vers (1876), à l'Odéon; le *Magister*, au Théâtre-Français; le *Bonhomme Misère*, légende en 3 tableaux, avec M. A. Grévin, à l'Odéon; le *Bibelot*, 1 acte, au Palais-Royal (1877); l'*Ile aux corbeaux*, 1 acte en vers, à l'Odéon; *Mal aux cheveux*, 1 acte, au Palais-Royal (1885); *Molière en prison*, à-propos en 1 acte, en vers, au Théâtre-Français (1886); des saynètes, dont plusieurs insérées dans le *Théâtre de campagne*, publié par M. P. Ollendorf, etc.

HEULHARD, Louis Octave Arthur, journaliste et écrivain musical français, né à Lormes (Nièvre) le 11 mai 1849. Il débuta de très bonne heure dans la presse démocratique parisienne et fut attaché successivement au *Courrier de Paris*, journal hebdomadaire, à la *Réforme*, dont il fut secrétaire de la rédaction, et au *Courrier français (1869-70)*. Il rédigeait dans ce dernier journal, qui cessa de paraître au moment de l'investissement de Paris par l'armée allemande, une chronique politique quotidienne. Dilettante éclairé, M. Heulhard était, en même temps, collaborateur de l'*Art musical* et de la *France chorale*. Il a publié à part, une *Etude* sur une Folie à Rome, *opéra bouffe de Federico Rici* (in-12 avec portrait, 1870); puis, la *Fourchette harmonique, histoire de cette société gastronomique, littéraire et musicale*, avec des notes sur la musicologie en France (in-12, 1872). Au mois de juillet 1873, M. Arthur Heulhard fondait la *Chronique musicale*, recueil unique en ce genre dans le monde entier, sous le rapport des conditions littéraires et artistiques, et qui fut honoré d'une souscription de la direction des Beaux-Arts à titre d'encouragement. M. Heulhard a été le rédacteur musical du journal l'*Evénement* pendant environ une année (1874-75); plus récemment (1876), il a rédigé la Chronique parisienne des *Nouvelles de Paris*. Il a publié depuis : la *Foire Saint-Laurent (1877*, 1 vol. in-12); *Rabelais et son maître (1884); Bravos et sifflets (1886)*, etc.

HEUZEY, Léon, archéologue français, né à Rouen le 1er décembre 1831. Elève de l'Ecole normale et de l'Ecole française d'Athènes, il est devenu professeur d'histoire et d'archéologie à l'Ecole des beaux-arts et membre du conseil supérieur d'enseignement de l'Ecole; il est en outre professeur d'archéologie orientale à l'école du Louvre et conservateur du département des antiquités orientales et de la céramique antique au Musée, membre du Conseil supérieur des beaux-arts, du Comité des travaux historiques et scientifiques, etc. Il a été nommé membre de l'Académie des inscriptions et belles-lettres, en remplacement de M. Beulé, en mai 1875. — M. L. Heuzey a publié : le *Mont Olympe et l'Acarnanie (1862); Mission*

archéologique de Macédoine (1864 et suiv.); *Reconnaissance archéologique d'une partie du cours de l'Erigan et des ruines de Stobé (1873)*; les *Figurines antiques de terre cuite du musée du Louvre (1878* et suiv.), etc. — Décoré de la Légion d'honneur en 1865, M. Léon Heuzey a été promu officier le 13 juillet 1882.

HEYLLI (d'), Georges (Edmond Poinsot, dit Georges d'Heilly, puis), littérateur français, né à Nogent-sur-Seine (Aube) le 16 août 1833. S'étant fait connaître dans les lettres sous un pseudonyme qui se trouvait être le nom véritable d'une famille aussi obscure que pointilleuse, M. Poinsot dut, en 1869, sur les réclamations de cette famille, modifier l'orthographe de ce nom, dont la notoriété acquise lui rendait l'abandon pénible. Collaborateur du *Mousquetaire* d'Alexandre Dumas, du *Journal de Paris*, du *Figaro*, etc., M. Georges d'Heylli a publié: le *Scandale au théâtre (1861*, in-18); *Maladie et mort de Louis XV (1866*, in-16); *Morts royales:* Louis XIV, Mme de Maintenon, Pierre III, Catherine II, Paul Ier, Napoléon II, Marie-Amélie, etc.; *Cotillon III:* Mme Dubarry (1867, in-18); les *Fils de leurs œuvres (1868*, in-16); *Extraction des cercueils royaux à Saint-Denis, en 1793 (1868*, in-18); *Dictionnaire des pseudonymes, Procès du maréchal Ney (1869*, in-18); *Madame Emile de Girardin* (Delphine Gay), notice biographique (1869, in-16); *Entrevue de Ferrières (1870*, in-18); *Télégrammes militaires de M. Gambetta, Journal d'un habitant de Neuilly pendant la Commune*, les *Manifestes du comte de Chambord*, le *Livre rouge de la Commune, M. Thiers à Versailles* (l'Armistice de 1870), la *Légion d'honneur et la Commune, Victor Hugo et la Commune (1871*, in-18); *Journal du siège de Paris (1871*, 3 vol. in-8°); le *Moniteur prussien de Versailles (1871*, 2 vol. in-8°); le *Cercueil retrouvé du cardinal de Retz; Régnier, de la Comédie-Française*, notice biographique (1872, in-18); *Histoire de la Comédie-Française, 1680-1874 (1874)*; *Lettres inédites de Robbé sur Damiens*; l'*Opéra*," *histoire et répertoire (1875*, in-18); *Madame Arnould-Plessy*, notice biographique (1876); *M. Bressant, de la Comédie-Française*, notice biographique (1877); *Léon Guillard, archiviste de la Comédie-Française*, avec portrait (1878); *Journal intime de la Comédie-Française, 1852-70 (1879)*, etc. — M. Georges d'Heylli a donné en outre des éditions du *Théâtre complet de Beaumarchais* (4 vol. in-8°), du *Diable boiteux*, de *Manon Lescaut*, de *Vert-Vert*, du *Théâtre de Marivaux*, du *Théâtre de Sedaine*, du *Théâtre de Régnard* (2 vol.), etc. Il a fondé le 1er janvier 1879 la *Gazette anecdotique*, publication bi-mensuelle. Il est chevalier de la Légion d'honneur depuis 1880.

HICKS-BEACH, sir Michael. Voy. **Beach**.

HIGNARD, Jean Louis Aristide, compositeur français, né à Nantes le 20 mai 1822. Il vint à Paris compléter son éducation musicale, fut admis en 1845 au Conservatoire dans la classe de composition d'Halévy, et remporta au concours de l'Institut, en 1850, le deuxième second grand prix. Il faisait représenter, dès le mois de janvier de l'année suivante, sur le théâtre de sa ville natale, un opéra comique en un acte: le *Visionnaire*. Il a donné depuis, à Paris: le *Colin-Maillard*, un acte (1853), et les *Compagnons de la Marjolaine*, un acte (1855), au Théâtre-Lyrique; *M. de Chimpanzé*, un acte (1858) et le *Nouveau Pourceaugnac (1860)*, aux Bouffes-Parisiens; l'*Auberge des Ardennes*, 2 actes (1860), au Théâtre-Lyrique; les *Musiciens de l'orchestre*, 2 actes (1861), aux Bouffes, avec MM. Léo Delibes et Erlanger. Depuis lors, M. Hignard n'a pu de nouveau aborder la scène. Il a écrit un grand opéra. Ou plutôt une « tragédie lyrique » en 5 actes, *Hamlet*, qu'il a fait entendre par fragments, dans diverses réunions intimes, et dont la partition pour chant et piano a été gravée chez l'éditeur Heu. — On doit à M. Hignard un très grand nombre de compositions vocales, parmi lesquelles il nous faut citer: *Rimes et mélodies*; plusieurs *Chœurs*, avec accompagnement d'orchestre; six chœurs pour voix de femme avec accompagnement de piano à quatre mains; douze chœurs pour voix d'homme, sans accompagnement; des duos, des *Valses concertantes* et des *Valses romantiques* pour piano à quatre mains, etc.; enfin deux opérettes de salon: le *Joueur d'orgue* et *A la porte*. — L'Académie des beaux-arts lui a décerné le prix Trémont en 1871.

HILLEMACHER, Eugène Ernest, peintre français, élève de M. Léon Cogniet, est né à Paris en 1820. — On cite de cet artiste: *Saint Sébastien mourant (1842)*; la *Madeleine au sépulcre (1845)*; la *Vieille et les enfants (1847)*; *Pêcheurs napolitains*, le *Confessionnal (1848)*; le *Satyre et le passant (1850)*; les *Assiégés de Rouen en 1418 (1852)*; le *Voyage de Vert-Vert (1853)*; le *Dimanche des Rameaux, Rubens faisant le portrait de sa femme (1855)*; les *Deux écoliers de Salamanque*, la *Partie de whist (1857)*; l'*Enfance de Jupiter (1858)*; *Molière consultant sa servante, Boileau et son jardinier (1859)*; un *Cierge à Notre-Dame des Sept douleurs dans l'Eglise Saint-Laurent, à Paris*; *Présentation du Poussin au roi Louis XIII par Cinq-Mars*; *Jean Gutenberg, aidé de Jean Faust, fait ses premières épreuves typographiques (1860)*; *James Watt*, la *Poste enfantine*, les *Bulles de savon (1861)*; *Napoléon Ier avec Gœthe et Wieland, Antoine rapporté mourant à Cléopâtre*, les *Deux Corneille (1863)*; *Philippe IV et Velasquez, Don Juan (1864)*; *Psyché aux enfers*, d'après Apulée; l'*Amateur de bouquins (1859)*; *Marguerite d'Anjou arrêtée avec son fils Edouard par un brigand*, l'*Indécision (1866)*; le *Petit Jehan de Saintré et la Dame des belles cousines, Souvenirs (1868)*; *Aristide et le paysan*, un *Portrait (1869)*; le *Bourgeois gentilhomme et ses professeurs, Jameray Duval gardant les vaches de l'ermitage Sainte-Anne (1873)*; le *Jeune Turenne endormi sur l'affût* d'un canon, le *Coffre de mariage* (époque Louis XIII), *Voisinage (1874)*; la *Belle au bois dormant*, un *Repas de famille en Picardie, Souvenir du bourg d'Ault*; un *Portrait (1875)*; *Entrée des Turcs dans l'église Sainte-Sophie, lors de la prise de Constantinople, en 1453*; le *Ménage du serrurier*, autre souvenir du bourg d'Ault, dans le département de la Somme (1876); *Archimède, Phidias (1877)*; *Julien de Médicis (1878)*; *Astolphe et Joconde consultant la Fiammetta, Piccola moneta (1879)*; *Edward Jenner faisant ses premières expériences de vaccine à Berkeley, Lisabetta de Messine (1884)*; *Enée et Didon (1885)*; le *Vieux Mortimer et son neveu Richard Plantagenet (1886)*; un certain nombre de portraits, etc. — M. Hillemacher a obtenu une médaille de 2e classe en 1848, un rappel en 1857, une médaille de 1re classe en 1861 et le rappel de cette médaille en 1863. Il a été nommé chevalier de la Légion d'honneur en 1865.

HILLION, Joseph Laurent Marie, homme politique français, né à Bourbriac (Côtes-du-Nord) le 3 septembre 1821. Il fit son droit, prit le grade de licencié et devint juge de paix. Membre du Conseil général des Côtes-du-Nord depuis 1867, la loi de 1870 sur les incompatibilités le força à donner sa démission; mais révoqué comme juge de paix en 1882, il fut réélu en 1883. Il est, en outre, président du comice agricole du canton de Bourbriac. — M. Hillion a été élu député des Côtes-du-Nord sur la liste réactionnaire, le 4 octobre 1885.

HIMLY, Louis Auguste, historien et géographe français, né à Strasbourg le 28 mars 1823, commença ses études dans sa ville natale, les continua à Berlin et vint les terminer à Paris, où il entra ensuite à l'Ecole des chartes en 1845. Reçu agrégé de l'université en 1845, il fut nommé, l'année suivante, professeur d'histoire au collège Rollin, quitta l'École des chartes en 1848 et prit le grade de docteur ès-lettres en 1849; nommé suppléant à la chaire de géographie de la Sorbonne, il en est devenu titulaire en 1863, et l'a conservée jusqu'ici, tout en devenant doyen de la faculté des lettres. M. Himly est, en outre, membre du Conseil académique, du Comité des travaux historiques et scientiques, membre et vice-président de la Société de géographie, etc., et a été élu membre de l'Académie des sciences morales et politiques, le 14 juin 1884, en remplacement de Mignet. Nommé chevalier de la Légion d'honneur en 1867, il a été promu officier le 31 décembre 1881; il est aussi officier de l'instruction publique. — On a de M. Himly: *Walla et Louis le Débonnaire* et *De Sancti romani imperii nationis germanicæ Indole*, etc. (1849), ses thèses de doctorat; *De la décadence carlovingienne (1851)*; *Histoire de la formation territoriale de l'Europe centrale (1876)*, etc.

HIND, John Russell, astronome anglais, fils d'un fabricant de dentelles de Nottingham, où il introduisit l'un des premiers les métiers Jacquard, est né dans cette ville le 12 mai 1823. Dès l'âge de six ans, il manifesta une véritable passion pour l'astronomie, dévora tous les ouvrages traitant de cette science et collabora, en 1839-40, aux publications locales: le *Nottingham Journal*, et le *Dearden's Miscellany*, auxquels il fournit des articles intéressants sur divers problèmes d'astronomie. En 1840, il se rendit à Londres et entra chez un ingénieur civil; mais il réussit à obtenir, par l'intermédiaire de Wheatstone, qui l'appuya auprès de M. Airy, une place d'aide, dans la section de magnétisme et météorologie, à l'Observatoire royal de Greenwich. En 1843, il fut employé pendant trois mois, comme membre de la commission gouvernementale, au relevé de la longitude exacte de Valentia (Irlande). En 1844, il quittait Greenwich et était attaché à l'Observatoire particulier de M. G. Bishop, dans Regent's Park; il était nommé, en décembre suivant, membre de la Société astronomique. — M. Hind a publié son premier ouvrage, le *Système solaire*, en 1846. En 1847, il acceptait le poste de secrétaire de la Société royale astronomique, pour l'étranger; il recevait une médaille d'or du roi de Danemark pour la découverte d'une nouvelle planète qu'il avait faite au mois de février, et était élu correspondant de la Société philomatique de Paris en 1848. Cette même année 1848, il publiait son *Expected return of the great comet of 1264 and 1556* et était nommé correspondant de l'Institut de France (Académie des sciences), pour la section d'astronomie, au mois de mai 1850, en remplacement du professeur Schumacher, d'Altona. Le 13 septembre de la même année, il découvrait la planète *Victoria*; puis *Irène*, le 19 mai 1851; *Melpomène*, le 24 juin 1852, *Fortuna*, le 22 août 1852; *Calliope*, le 16 novembre 1852; *Thalie*, le 15 décembre 1852. Il publia, en 1851, son *Vocabulaire astronomique*. La même année, la Société royale astronomique lui décernait sa médaille d'or, il recevait du gouvernement une pension annuelle de 5,000 fr. et l'Académie des sciences de Paris lui décernait, pour la troisième fois, le prix Lalande, pour la découverte de quatre nouvelles planètes dans la courte période d'une année. Il publiait également, en 1852, ses *Réponses aux questions relatives à la comète de 1556*. En 1853 parut son *Illustrated London Astronomy*, et il découvrit la même année, le 8 novembre, une nouvelle planète, *Euterpe*, et une autre, *Uranie*, le 22 juillet de l'année suivante. M. Hind a publié depuis: *Eléments d'algèbre (1855)*; *Traité descriptif sur les comètes (1857)*, etc. Il a collaboré aux *Transactions* de la Société royale astronomique, aux *Comptes rendus* de l'Académie des sciences de Paris, aux *Astronomische Nachrichten* d'Altona, à *Nature*, à l'*Athenæum*, etc. Il a présidé la Société royale astronomique pendant l'exercice 1882.

HIOLLE, Ernest Eugène, sculpteur français, élève de Jouffroy et de Grandfils, est né à Valenciennes le 5 mai 1834. Il suivit en outre les cours de l'Ecole des beaux-arts et remporta le grand prix de Rome en 1862. — On cite de cet artiste: *Brutus*, marbre et *Arion*, esquisse en plâtre (1867); *M. Robert Fleury*, marbre et un buste en bronze anonyme (1868); un buste d'enfant et *Narcisse*, statue, marbre (1870); le buste de *Mademoiselle Ballue* et un autre (1872); bustes du *Général de Martimprey* et de *M. Cantagrel (1873)*; la *Statue commemorative* du monument élevé par Cambrai aux soldats morts pendant la guerre franco-allemande et les bustes de *Viollet-le-Duc* et de *M. Chenavard (1874)*; le *Dr Dereins*, buste (1875); *Saint-Jean de Matha*, statue en plâtre (1876); les bustes de *Jouffroy* et de *Carpeaux (1877)*; la statue en bronze du *Général Foy*, pour la ville de Ham et un *Enfant (1878)*; l'*Arion* et le *Narcisse*, déjà nommés, à l'Exposition universelle de 1878; le buste en plâtre teinté de *M. Mascart, professeur (1879)*; le *Général de Lafayette*, statue en bronze pour la ville du Puy; *Eve*, statue en marbre (1883); *Portrait du frère Libanos* et une *Jeune Italienne*, bustes en plâtre (1884); *Portrait de M. Harpignies*, buste en plâtre et le *Modèle*, figure en plâtre (1885); un buste de *Jeune fille*, en marbre (1886), etc. On lui doit encore les deux *groupes* entourant le cadran de l'Hôtel de Ville de Paris (1883). — M. E. Hiolle a obtenu des médailles aux salons de 1867, 1869 et 1870, deux médailles d'honneur au salon de 1870 et à l'Exposition universelle de 1878; il a été décoré de la Légion d'honneur en 1873.

HIRN, Gustave Adolphe, physicien alsacien, né au Logelbach, près de Colmar le 21 août 1815. Entré à dix-neuf ans dans la manufacture de cotons imprimés tenue par son grand-père il en eut bientôt la direction, et fit profiter cet établissement de ses connaissances scientifiques étendues et auxquelles il n'a cessé d'ajouter. De nombreux mémoires insérés au *Bulletin* de la Société industrielle de Mulhouse, dont il est membre, puis aux *Comptes rendus* de l'Académie des sciences, le faisaient nommer par ce dernier corps savant, dès 1867, son correspondant pour la section de physique générale. — M. Hirn a publié à part: *Recherches sur l'équivalent mécanique de la chaleur (1858)*; *Théorie mécanique de la chaleur (1865)*; *Conséquences philosophiques et métaphysiques de la thermodynamique, Analyse élémentaire de l'univers (1869)*; *Mémoire sur les anneaux de Saturne (1872)*; *Sur les propriétés optiques de la flamme des corps en combustion (1873)*; *Etude sur une classe particulière de tourbillons (1878)*. — En mai 1886, l'empereur du Brésil lui faisait remettre la plaque de commandeur de l'ordre de la Rose.

HODGSON, John Evan, peintre anglais, né à Londres le 1er mars 1831. Il passa une partie de ses premières années en Russie, où son père s'était établi négociant en 1835, fit ses études en Angleterre, à l'école de Rugby et fut ensuite attaché à la maison de commerce paternelle. Mais, en 1863, il retournait en Angleterre, abandonnant les affaires, et entrait comme élève à l'Académie royale. Il exposa sa première toile en 1856 et a continué depuis à figurer à presque toutes les expositions. Il commença par des tableaux de genre, puis aborda la peinture historique, en 1861; en 1869, un voyage dans le nord de l'Afrique apporta, avec de nouveaux sujets, une modification nouvelle dans sa manière. — On cite de M. Hodgson: *Arrestation d'un braconnier (1857)*; le *Dépouillement du scrutin (1858)*; la *Femme du patriote* (la Femme d'un prisonnier politique subornant un geôlier autrichien pour qu'il lui donne accès auprès de son mari, 1859); une *Répétition de musique dans une ferme (1860)*; la *Fille de sir Thomas More dans l'atelier d'Holbein (1861)*; *Retour de Cadix de sir Francis Drake (1862)*; *Première apparition de l'Armada (1863)*; la *Reine Elisabeth à Purfleet (1864)*; la *Mariée conduite à sa nouvelle demeure (1865)*; *Juive accusée de sorcellerie (1866)*; *Plaint-chant*, intérieur d'une église du Shropshire (1867); *Dames chinoises* et *Curiosités européennes (1868)*; *Trirème romaine à la mer (1868)*; *Conteur arabe (1869)*; *Arabes prisonniers, Gardes noirs du Bacha, Arabes pasteurs (1870)*; la *Poste*, un *Patriarche arabe (1871)*; la *Réorganisation de l'armée au Maroc*, le *Charmeur de serpents*, un *Beau chaland (1872)*; *Jack Ashore* et un *Marchand d'oiseaux tunisien (1873)*; un *Rémouleur besogneux*, le *Salut rendu, Petit poisson (1874)*; *Boutique de barbier à Tunis*, le *Talisman*, un *Combat de coqs (1875)*; le *Temple de Diane à Zaghouan, suivant la charrue (1876)*; l'*Activité commerciale en Orient (1877)*; une *Question d'Orient*, le *Pacha (1878)*; *Gehazi, la servante d'Elisha* et le *Naturaliste français à Alger (1879)*; *Retenu à la maison (1880)*; *Naufragé guettant une voile (1881)*; *Un jour passé depuis longtemps, Peintre et critique*, le *Pays d'Hobbema, Dans les Pays-Bas (1882)*; l'*Egypte, Ragass-el-ma*, la *Danse de l'eau (1883)*, etc. — Associé de l'Académie royale depuis 1879, il a été élu membre titulaire en 1881.

HOE, Richard Marsh, inventeur américain, fils d'un habile mécanicien anglais établi à New-York, où il est né le 12 septembre 1812. Il prit, en 1832, la suite des affaires de son père, et attira bientôt l'attention publique par de nombreuses inventions ou des perfectionnements d'instruments divers, machines et machines-outils; mais son nom est devenu célèbre dans les deux mondes surtout par les perfectionnements qu'il a apportés à la machine à imprimer et par ses inventions de presses spécialement destinées à l'impression des grands journaux quotidiens. En 1873, il inventait sa fameuse presse à journaux donnant vingt-quatre mille exemplaires à l'heure, imprimés des deux côtés.

HOFMANN, August Wilhelm, chimiste allemand, né le 18 avril 1818 à Giessen. En 1836, il entrait comme étudiant à l'université de cette ville et y prenait le grade de docteur en philosophie en 1842. Il entra ensuite, comme préparateur de chimie, dans le laboratoire du baron Liebig, et y resta jusqu'en 1844. En 1845, il fut nommé répétiteur de chimie à l'université de Bonn, et devint la même année professeur au Collège royal de chimie, puis, en 1853, à l'Ecole royale des mines, de Londres. Nommé en 1863, professeur de chimie à l'université de Bonn, le Dr Hoffmann y fut chargé de l'organisation du nouveau laboratoire; en 1865, il était transféré à Berlin, en remplacement de Mitzscherlich, et eut à s'y occuper

également de l'organisation d'un nouveau laboratoire. On doit au Dr Hofmann un très grand nombre de monographies chimiques, principalement de chimie organique, et plusieurs rapports relatifs aux expositions industrielles. Nous citerons à part son *Introduction à l'étude de la chimie moderne,* ouvrage très estimé. — Il est membre de l'Académie impériale des sciences de Berlin et de la Société royale de Londres, et correspondant de l'Institut de France, et des Académies de Saint-Pétersbourg, de Vienne, d'Amsterdam, de Bavière et de beaucoup d'autres sociétés scientifiques ; il est en outre docteur en médecine de l'université de Bonn et docteur en lois des universités d'Aberdeen et de Cambridge; officier de la Légion d'honneur, chevalier de l'ordre de la Couronne de Prusse, des SS. Maurice et Lazare et de la Couronne d'Italie, chevalier-commandeur de l'ordre de François-Joseph d'Autriche, etc. En 1875, la Société royale de Londres lui a décerné sa médaille de Copley pour ses nombreux travaux de chimie.

HOHENLOHE-SCHILLINGSFURST (prince de), CLODWIG CARL VICTOR, diplomate et administrateur allemand, né à Rothenburg le 31 mars 1819, est le second fils de François Joseph, prince de Hohenlohe-Schillingsfürst, de la branche de Waldenbourg. Le prince Clodwig venait de terminer ses études de droit à l'université de Gœttingen lorsque son père mourut, en 1841. Un an plus tard, ayant passé brillamment ses examens, il était admis comme stagiaire *(auscultator)* au barreau d'Ehrenbreitstein. Il devint référendaire du gouvernement à Potsdam. Sur ces entrefaites, le landgrave de Hesse-Rheinfels-Rothenburg mourut sans héritiers directs, laissant à la maison de Hohenlohe ses titres et possessions, y compris les domaines de Ratibor et Corvey, auxquels le roi Guillaume IV ajouta le titre de duc et qui allèrent au frère aîné du jeune prince, dont la position ne fut pas changée. Mais à la mort de son frère Philippe Ernest (1845), le prince Clovis succéda, avec le consentement de son frère aîné, à la principauté de Schillingsfürst en Bavière. Il quitta dès lors le service de la Prusse et s'établit sur sa nouvelle principauté. Devenu, par suite de cette option, membre héréditaire du parlement bavarois, il fut nommé successivement ambassadeur à Athènes, à Florence et à Rome et était de retour à Francfort en 1849. Marié, depuis 1846, à la princesse Marie de Sayn-Witgenstein-Berlebourg, dont il a eu une nombreuse famille, le prince de Hohenlohe demeura pendant une dizaine d'années éloigné des affaires publiques, faisant d'assez fréquents voyages, notamment en France, en Italie et en Angleterre. Il reparut d'une manière sérieuse au parlement en 1860, et se montra favorable à l'alliance prussienne. Ayant été prié par le jeune roi de Bavière, vers la fin de 1866, de lui soumettre son programme politique, et ce programme ayant reçu l'approbation royale, le prince de Hohenlohe fut nommé, le 1er janvier 1867, ministre de la maison du roi et des affaires étrangères et président du conseil, en remplacement du baron de Pfordten. Toutes les puissances secondaires de l'Allemagne adoptèrent le programme de M. de Hohenlohe et, en 1868 et 1869, il fut élu vice-président du parlement douanier de la Confédération germanique. L'influence qu'il avait acquise lui fit attribuer, par les journaux de M. de Bismarck, le projet d'élever contre la Confédération de l'Allemagne du Nord une Confédération du Sud hostile aux tendances envahissantes du ministre prussien. Que tel fût en effet le projet de M. de Hohenlohe, les événements politiques se précipitèrent avec une telle hâte, malheureusement pour nous, qu'ils le déjouèrent. A l'intérieur, l'administration de M. de Hohenlohe s'est surtout fait remarquer par l'appui donné aux « vieux catholiques » dans leur opposition aux décisions du concile du Vatican et par son énergique défense des principes de la civilisation moderne contre les agissements de Rome, prenant à ce propos l'initiative de démarches auprès des principaux cabinets européens, dans le but d'une entente efficace. Elu, après la guerre, membre du premier Reichstag allemand par le collège de Forchheim, il fut choisi pour vice-président par ses collègues. M. le prince de Hohenlohe a succédé à M. le comte d'Arnim, au mois de mai 1874, comme ambassadeur d'Allemagne près la République française. En 1878, il fut un des plénipotentiaires allemands au congrès de Berlin. — Nommé statthalter d'Alsace-Lorraine en juillet 1885, en remplacement du maréchal de Manteuffel, décédé, il était remplacé à Paris par M. le comte de Munster le 5 novembre 1885. — M. le comte de Hohenlohe-Schillingsfürst est grand croix de la Légion d'honneur.

HOHENZOLLERN-SIGMARINGEN (prince de), LÉOPOLD ÉTIENNE CHARLES ANTOINE GUSTAVE EDOUARD THASSILO, fils aîné du feu prince Charles Antoine de Hohenzollern-Sigmaringen, seconde branche non-régnante de la maison de Hohenzollern, est né le 22 septembre 1835. Il fit ses études aux universités de Bonn et de Berlin et devint major à la suite dans le premier régiment d'infanterie de la garde prussienne. Marié, le 12 septembre 1861, à la princesse Antonia de Portugal, appartenant lui-même à la religion catholique et de plus, très versé, dit-on, dans la langue, dans la littérature et l'histoire de l'Espagne, le prince Léopold de Hohenzollern dut à toutes ces qualités l'honneur de fixer le choix du maréchal Prim, qui lui offrait, en juillet 1870, la couronne d'Espagne, refusée déjà une demi-douzaine de fois. — On sait ce qu'il advint de l'acceptation, bientôt retirée d'ailleurs, de cette couronne d'un placement si difficile, par le prince Léopold : la déclaration de guerre du 15 juillet et les désastres inouïs de 1870-71. — Nous n'avons pas à y insister.

HOLL, FRANK, peintre anglais, né à Kentish Town le 4 juillet 1845. Après avoir fait de bonnes études au collège de l'université de Londres, il entra comme élève à l'Académie royale en 1860. Deux ans après, il obtenait une médaille d'argent pour le meilleur dessin d'après l'antique et un prix de 250 francs. Vers le même temps, il peignait pour un marchand de Rochedale, une *Mère et son enfant malade,* qui ne fut pas exposé. En 1863. M. Holl obtenait au concours de l'Académie une médaille d'or pour la peinture historique, et une bourse de 1,375 francs pendant deux années, avec son *Sacrifice de Jacob,* plus une médaille d'argent pour le dessin d'après nature. Il débuta aux expositions de l'Académie royale en 1864, avec un *Portrait* et une toile intitulée : *Chassé de l'église.* Il a exposé depuis : un *Cueilleur de fougères (1865)*; l'*Epreuve (1866)*; un *Convalescent* et *Face au feu (1867)*; le *Portrait* de son père (1868). « *Le seigneur me l'avait donné, le Seigneur me l'a repris : que le nom du Seigneur soit béni » (1869),* toile qui valut à l'artiste une bourse de voyage de deux années : *Mieux vaut un diner d'herbes avec l'amour qu'un bœuf à l'étable avec la haine (1870)*; l'*Hiver* et *Nouvelles de la mer,* commandé par la reine (1881) ; « *Je suis la résurrection et la vie* », funérailles au village (1872); le *Départ,* scène à une station de chemin de fer (1873); *Déserté (1874)*; *Son premier-né (1876)*; *Allant à la maison (1877)*; *Newgate : en prévention (1878)*; *Présents des fées,* la *Fille de la maison, Caché (1879)*; *Placé de face (1880)*; le *Retour au foyer (1881)*; *Millicent (1883),* et de nombreux portraits. — M. Frank Holl a été élu associé de l'Académie royale de Londres en 1878, et membre titulaire le 29 mars 1883.

HOLLINGSEAD, JOHN, journaliste, littérateur et directeur de théâtre anglais, né à Londres le 9 septembre 1827. Il fit ses études à Homerton et entra de bonne heure dans la pratique des affaires commerciales, dont ses goûts littéraires finirent toutefois par le détourner complètement. Il collabora à divers journaux quotidiens ou hebdomadaires, ainsi qu'aux principaux magazines de la métropole, fut attaché aux *Household Words* en 1857 et travailla également à l'*All the Year Round,* au *Cornhill Magazine,* aux *Good Words,* à l'*Once a week,* etc. En 1859, il publiait un volume composé d'extraits du premier de ces magazines, intitulé *Sous les cloches* (Under bow Bells), scènes de la vie de Londres ; puis, en 1868, un autre recueil d'articles, politiques et d'économie sociale ceux-là, sous le titre pittoresque : *Rubbing the gilt off* (Enlevons la dorure), et un choix amusant de *Petits voyages* (Odd Journeys), extraits de l'*All the Year Round.* Citons encore : *Ways of life* (les Chemins de la vie, 1861), *Ragged London in 1861* (Londres déguenillé en 1861), promenade d'une gaîté contestable à travers les ménages pauvres de Londres ; *Underground London* (Londres souterrain), description des égouts et des conduites d'eau et de gaz de la capitale anglaise (1862); *Rough Diamonds* (Diamants bruts), recueil de contes (1863); l'*Histoire officielle de l'Exposition internationale,* préparée pour la Commission royale (1863); *Aujourd'hui* (To day), mélanges (1864), etc. M. Hollingshead a écrit également deux ou trois pièces de théâtre originales et adapté, sous le titre : *The Grasshopper,* qui est la traduction de son titre français, la *Cigale* de MM. Meilhac et L. Halévy (1877). Une édition de ses œuvres choisies a été publiée en 1874, sous ce titre : *Miscellanies : Stories and Essays* (3 vol.). Enfin M. Hollingshead a été, pendant dix ans, le critique dramatique du *Daily News* et de la *London Review.* Il est membre de la Société des auteurs dramatiques anglais. — Libre-échangiste en économie politique, M. Hollingshead a poursuivi en toute circonstance l'application des principes de la liberté commerciale, mais tout particulièrement à l'occasion de la lutte soutenue par les salles de concerts (Music-Halls) contre les directeurs de théâtre, résolus à maintenir rigoureusement ce qu'ils croyaient être leurs privilèges. D'accord avec M. Dion Boucicault (Voyez ce nom), il organisa une puissante « agitation » en faveur des Music-Halls ; en présence de cette agitation, le parlement s'émut, une commission parlementaire fut chargée d'étudier la question (1866) et, après avoir entendu M. Hollingshead, elle conclut dans son sens, c'est-à-dire à la liberté des théâtres. Ce mouvement eut encore un autre résultat, qui fut d'attirer l'attention des capitalistes sur la situation défectueuse, au point de vue de l'installation, des scènes les plus importantes de Londres. Dix-huit théâtres nouveaux furent bâtis en conséquence. En décembre 1868, M. Hollingshead prenait la direction de l'un de ces nouveaux théâtres : la Gaîté, dans le Strand, laquelle est toujours entre ses mains. Du reste, M. Hollingshead a eu jusqu'à trois théâtres métropolitains à la fois sous sa direction, avec la troupe d'artistes la plus intelligemment formée. Il est, de plus, directeur du principal théâtre de Manchester. En 1879, il invita les artistes de la Comédie-française à visiter Londres et les retint à la Gaîté pendant six semaines ; c'est à lui, par conséquent, qu'est due la rupture de Mme Sarah Bernhardt avec notre première scène dramatique.

HOLMES, OLIVIER WENDELL, médecin et poète américain, né à Cambridge (Massachusetts) le 29 août 1809, fit ses études dans sa ville natale, au collège d'Harvard, y prit ses grades en 1829, et aborda l'étude du droit, qu'il abandonna bientôt pour celle de la médecine. Après un voyage en Europe, durant lequel il suivit les hôpitaux de Paris et d'autres capitales, il revint s'établir à Boston en 1835, et se fit recevoir docteur en médecine l'année suivante. En 1338, il fut élu professeur d'anatomie et de physiologie au collège de Darmouth ; il donna sa démission deux ans plus tard, et fut nommé à une même chaire au collège d'Harvard en 1847. En 1849, il se retirait définitivement pour se livrer à la littérature et plus spécialement à la poésie. Dès 1836, le Dr Holmes collaborait à la presse périodique et sa réputation de poète s'était promptement établie parmi ses compatriotes, qui lui donnent aujourd'hui la première place parmi leurs poètes lyriques ; ses poésies sont surtout remarquables par le fond de bon sens et de bonne humeur qui y règnent. Il publia successivement plusieurs « essais » en vers et se fit également une réputation de conférencier populaire. En 1857, il commençait dans l'*Atlantic Monthly* une série d'articles sous le titre de *the Autocrat of the Breakfast Table,* suivie plus tard de *the Professor at the Breakfast Table,* et complétée en 1872 par une troisième série : *the Poet at the Breakfast Table.* En même temps paraissait : *Elsie Venner, a romance of Destiny (1861),* traduit en français l'année suivante, par M. E. D. Forgues ; *Songs in many keys* et *Soundings from the Atlantic (1864)*; *the Guardian Angel (1868)*; *Mechanics in thought and morals (1870)*; *Songs of many seasons (1874)*; *John L. Motley,* notice biographique (1878); *The Iron Gate* (la Porte de fer) et autres poèmes (1880), etc. Une édition de ses œuvres poétiques a paru en 1851. Le Dr Wendell Holmes s'est aussi distingué par ses recherches sur l'auscultation et la micrographie et par une collaboration importante à la presse périodique médicale. Au printemps de 1886, le Dr Olivier W. Holmes fit un dernier voyage en Europe, et un accueil particulièrement sympathique lui fut fait en Angleterre, — mais il était malade au retour.

HOLYOAKE, GEORGE JACOB, publiciste et sociologue anglais, né à Birmingham le 13 avril 1817, fit ses études à la Mechanics' Institution de cette ville. Il fut nommé directeur du personnel de la première exposititíon des arts et manufactures tenue à Birmingham en 1839, et devint ensuite professeur de mathématiques à la Mechanics' Institution et chargé du cours d'analyse du système social de Robert Owen (1841). M. Holyoake a publié un grand nombre d'ouvrages sur l'éducation des classes laborieuses, la critique théologique, la politique et la coopération. Nous citerons : *Uses of Euclid; Logic of facts; Public speaking and debate; Trial of theism; History of Middlesborough-on-Tees; Letters to lord John Russell on an Intelligence franchise; the History of cooperation in Rochdale,* ouvrage dont la publication donna lieu à la fondation de plus de deux cent cinquante sociétés coopératives en deux ans, et qui fut traduit dans les principales langues de l'Europe et de l'Inde ; *History of the cooperative and social Institutions of Halifax; History of the cooperation in England* (2 vol.); *A New Defence of the ballot,* etc. Il a rédigé trente volumes du *Reasoner* et est aujourd'hui rédacteur en chef du *Présent,* revue coopérative et « sécularaliste ». M. Holyoake a eu l'honneur d'être la dernière personne emprisonnée en Angleterre sous l'accusation d'athéisme (six mois de prison), et la dernière aussi poursuivie pour avoir publié des journaux non timbrés, pour venir en aide à la Société pour le rappel des « droits sur l'intelligence » (taxes upon knowledge). De ce chef, M. Holyoake avait encouru des amendes dont la somme totale s'élevait à la bagatelle de plus de 15,000,000 de francs (600,000 liv. st.), qu'il avait dû prier le chancelier de l'Echiquier de vouloir bien recevoir seulement par fractions hebdomadaires, lorsque le rappel de la loi sur le timbre des journaux vint interrompre les poursuites et lui faire faire une assez notable économie. M. Holyoake eut également une grande part à l'acceptation de l' « Evidence Amendment Bill », admettant la validité légale de la simple affirmation au lieu du serment : ce que nous n'avons pas encore en France. Ce courageux citoyen avait toute sa vie refusé de prêter serment, et comme il s'était trouvé dans une foule de circonstances où le serment était légalement exigé, sous des peines plus ou moins sévères, les persécutions ne lui avaient pas non plus fait défaut de ce côté. On doit à M. Holyoake l'idée, et aussi le plan jusque dans ses plus petits détails, du dernier *Livre Bleu* publié par lord Clarendon, le premier d'une série de renseignements pleins d'intérêt, sur la *Condition des classes industrielles à l'étranger* (Condition of the industrial classes in Foreign Countries), dont la publication est continuée par le Foreign Office. — Il a fait partie de la légion britannique du général Garibaldi, en qualité de secrétaire (acting secretary). Enfin M. Holyoake est le fondateur du système social et antireligieux connu sous le nom de *Sécularisme,* basé sur l'accord complet de la morale et de la science à l'exclusion de l'athéisme et de la théologie. Le fond de la doctrine du « sécularisme » est que, si Dieu existe, ce qu'il se garde bien de nier, il est impossible d'en rien savoir et, partant, il est inutile de s'en inquiéter ; de même, notre origine et notre fin étant des problèmes parfaitement impénétrables, nous devons les regarder avec indifférence et vivre le plus honnêtement possible « dans le siècle ». Cette doctrine, publiquement soutenue, ne l'a pas toujours été sans danger. Nous venons de dire que M. Holyoake avait été emprisonné sous prévention d'athéisme ; mais on voit qu'il n'en faisait pas absolument profession. — Son dernier ouvrage est une *Vie de Joseph Rayner Stephens, prédicateur et orateur politique (1882).*

HOOKER, sir JOSEPH DALTON, botaniste et voyageur anglais, né à Halesworth (Suffolk) le 30 juin 1817, fit ses études à l'université de Glasgow, où il prit le grade de docteur en médecine en 1839 ; il se fit admettre comme aide-chirurgien à bord de l'*Erèbe,* armé pour une expédition dans l'océan Antarctique, sous le commandement de sir James Ross, dans le but d'étudier, outre le phénomène du magnétisme terrestre, la botanique des contrées traversées par l'expédition. De retour, après quatre années d'absence, il publia sa *Flora antarctica,* contenant la description d'un grand nombre de plantes nouvelles et leur comparaison avec celles de même famille existant dans d'autres parties du monde. Cet ouvrage a eu une grande influence sur le progrès de nos connaissances de la distribution des plantes sur la surface de la terre. En 1847, le Dr Hooker entreprit un voyage scientifique dans l'Inde. De retour en 1851, il publia les résultats de ses explorations en deux volumes, sous le titre de : *Himalayan Journals.* Etant encore dans l'Inde, en 1850, il avait publié quelques notes intéressantes sur les *Rhododendrons de l'Himalaya,* qui furent plus tard publiées en Angleterre. Les expéditions scientifiques entreprises par le Dr Hooker l'ont été en partie à ses propres dépens, quoique sous le patro-

nage et avec une subvention plus ou moins considérables du gouvernement. Avant de partir pour l'Inde, il remplissait les *fonctions de botaniste au service géologique* de la Grande-Bretagne, sous la direction de sir H. De la Beche; il avait collaboré aux *Transactions* de cette institution, par des notes ou mémoires sur la *Végétation de la période carbonifère comparée à celle de l'époque actuelle* et sur la *Structure des charbons fossiles*. Il fut nommé, en 1855, directeur-adjoint des jardins botaniques de Kew, près de Londres, dont son père avait la direction, et à la mort de celui-ci, en 1865, il lui succéda comme directeur de ces jardins. Il a été quelque temps examinateur des sciences naturelles pour les candidats aux emplois du service médical militaire et du service des Indes orientales et examinateur de botanique à l'université de Londres et à la Société des apothicaires. Le Dr Hooker a présidé l'Association britannique pour l'avancement des sciences en 1868, et a été nommé compagnon de l'ordre du Bain (section civile) en 1869. Il est membre et a été président de la Société royale de Londres, membre des sociétés linnéenne et géologique et d'un assez grand nombre d'autres sociétés savantes nationales et étrangères. — En avril 1871, le Dr Hooker entreprit un nouveau voyage d'exploration scientifique, cette fois au Maroc, contrée peu éloignée, il est vrai, mais peut-être, sous quelques rapports, moins connue que l'Inde. Le 16 mai, il faisait avec ses compagnons l'ascension du Grand-Atlas, dont le sommet n'avait jamais porté un pied européen auparavant, croyons-nous. A la fin de juin, il était de retour à Kew, avec une ample collection de plantes marocaines. En 1877, il était créé chevalier commandeur de l'Etoile de l'Inde. La même année il faisait une visite aux Etats-Unis pour répondre à une invitation du directeur du service topographique et géologique à participer à une exploration du Colorado et de l'Utah, et à la suite de laquelle il visitait, avec le Dr Asa Gray, professeur de botanique à l'université d'Harvard, la Névada et la Californie, rédigeant au retour, avec le même savant, un *Rapport* sur la botanique des contrées explorées. A son retour, en octobre, le Dr Hooker rapporta à Kew un herbier annoté d'un millier de plantes d'Amérique, des graines, etc. Elu président de la Société royale en 1873, il donnait sa démission en décembre 1878. Il reçut cette année-là la médaille de fondateur de la Société royale de géographie et en 1883, la médaille Albert de la Société des Arts. Il est correspondant de l'Institut de France depuis 1866.

Outre les ouvrages cités, on doit au Dr Hooker: *Botany of the antarctic voyage (1847-60*, 6 vol.); *Rhododendrons of the Sikkim Himalaya (1849-51)*; la *Flore de la Nouvelle-Zélande (1852)*; *Himalayan Journals (1855*, 2 vol.); *Illustrations of Himalayan plants (1850)*; *Flora Tasmanica* (1re partie, 1856); *Genera Plantarum (1862-83)*; *the Student's Flora of the British Islands (1870)*; *the Flora of British India (1874)*; *Journal of a tour in Mongeco and the Great Atlas (1878)*, etc.

HORTEUR, Jules François, homme politique français, avocat, né le 17 septembre 1842 aux Chavannes (Savoie), dont il est devenu maire. Il est en outre conseiller général de la Savoie pour le canton de La Chambre, depuis 1871. Elu, le 5 mars 1876, député de l'arrondissement de Saint-Jean-de-Maurienne, comme candidat républicain, M. Horteur prit place à la gauche républicaine. Il fut réélu le 14 octobre 1877 et le 21 août 1881 par le même collège électoral, et fit en dernier lieu partie du groupe de l'Union républicaine. Aux élections du 4 octobre 1885, M. Horteur a été élu député de la Savoie en tête de la liste républicaine. Il a voté l'expulsion des princes.

HOUDAILLE, Jean Nicolas Pierre, homme politique français, avocat, né à Avallon le 24 avril 1816, fit son droit à Paris et, reçu licencié, alla s'inscrire au barreau de sa ville natale. Devenu successivement conseiller municipal, adjoint, puis maire d'Avallon et enfin conseiller général de l'Yonne, il est en outre président du comice agricole et industriel d'Avallon depuis 1879 et membre de diverses commissions ayant charge des intérêts agricoles ou viticoles de la contrée, ainsi que de plusieurs sociétés de bienfaisance. Aux élections d'octobre 1885, M. Houdaille, qui figurait sur la liste républicaine progressiste, fut élu député de l'Yonne au scrutin du 18, et s'abstint dans le vote des projets d'expulsion des princes. Il est officier d'académie.

HOUSSAYE, Arsène, littérateur français, né à Bruyères (Aisne) le 28 mars 1815, d'une famille de cultivateurs, dont ses goûts précoces pour la littérature et surtout pour la poésie ne faisaient pas précisément l'affaire. Son père, même, s'opposa d'une manière absolue à leur développement. Ce que voyant, le jeune Arsène s'enfuit de la maison paternelle et vint à Paris, déterminé à rimer à loisir. Il avait alors à peu près dix-sept ans. Pendant quatre années, il eut à lutter contre les difficultés d'un début difficile, contre la misère, pour dire le *mot*, faisant de gros mélodrames condamnés à n'être jamais joués, des chansons trop chantées, se livrant en un mot à toutes sortes de travaux peu littéraires, quoique des gens incapables d'autre chose ne se gênent pas pour s'octroyer le titre de « littérateurs ». M. Arsène Houssaye était capable de beaucoup mieux et ne tarda pas à le prouver. Dès 1835, il publiait un roman, qui fut assez bien accueilli pour que son libraire lui en demandât un second, mais à des conditions ridicules, qui furent repoussées. Ce premier livre s'appelle la *Couronne de bluets*; le second parut l'année suivante, mais chez un autre libraire; il a pour titre: la *Pécheresse*, et valut à l'auteur une lettre de félicitations, puis l'amitié du « prince des critiques », Jules Janin. Il était déjà intimement lié avec Théophile Gautier, Gérard de Nerval, Alphonse Esquiros, Ourliac, Roger de Beauvoir, Clésinger le sculpteur, le peintre Célestin Nanteuil, etc., ces vrais créateurs de la bohème artiste et littéraire, dont M. Houssaye est le seul survivant. Vers 1838, M. Arsène Houssaye entrait à la *Revue de Paris*, pour y faire le compte rendu des salons de peinture et de sculpture, qu'il continua jusqu'en 1843. En 1840, il faisait en Hollande un voyage d'exploration artistique, puis un second en 1843, dont il rapporta les matériaux de son *Histoire de la peinture flamande et hollandaise (1846)*, vivement attaquée par M. Alfred Michiels, critique d'art flamand, qui accusa M. Houssaye de plagiat, sans preuves bien établies, à ce qu'il nous semble. Néanmoins, M. Michiels eut ses partisans, et les articles et les brochures d'attaque plurent naturellement sur M. Houssaye, qui répondit par une brochure pétillante d'esprit et de bon sens, qui lui assura le dernier mot: *Un martyr littéraire, touchantes révélations (1847)*. Son *Histoire de la peinture flamande* valut à M. Arsène Houssaye la croix de la Légion d'honneur. — En 1843, M. Arsène Houssaye achetait l'*Artiste*, qu'il a dirigé jusqu'en 1849 d'abord, mais dont il a repris la direction. Il y a repris ses comptes rendus des expositions artistiques, et c'est de l'*Artiste* que fut extraite sa *Revue du Salon de 1844 (1844)*. Il continua toutefois sa collaboration à la *Revue de Paris*, et c'est à cette même époque qu'il y commença ses *Portraits du dix-huitième siècle*, continués au *Constitutionnel* et réunis ensuite en trois volumes. Il collaborait également à la *Presse*, dont il devint plus tard l'un des principaux propriétaires. Mêlé activement à l'agitation réformiste, en 1848, M. Arsène Houssaye présida le banquet des étudiants, au Château-Rouge, fonda un club et se présenta aux élections pour la Constituante, comme candidat démocratique, dans l'Aisne, mais sans succès. Peu fait pour la lutte politique, il ne tarda pas à revenir à ses travaux littéraires, qu'il regrettait peut-être d'avoir jamais quittés. Au mois de novembre 1849, il était nommé administrateur de la Comédie-Française, dont la société était en république depuis la retraite de M. Buloz, après la révolution de Février. Sous sa direction, la Comédie-Française revit des jours prospères depuis longtemps oubliés, grâce au système qui, sacrifiant tout le reste à Rachel, n'amenait dans la caisse que deux jours de recettes par semaine. M. Houssaye fit jouer un grand nombre d'ouvrages nouveaux de MM. Victor Hugo, Emile Augier, Jules Sandeau, Léon Gozlan, Alfred de Musset, Ponsard, Félicien Mallefille, Alexandre Dumas, Mme Em. de Girardin, etc., sans négliger les pièces de l'ancien répertoire où la présence de l'illustre tragédienne ne se justifiait pas; il utilisa comme il méritait de l'être le talent insuffisamment employé dans la précédente direction des Samson, des Régnier, des Provost, des Got, de Mlles Brohan, Dennin, Delphine Fix, etc.; fit restaurer la vieille salle, renouveler les costumes et les décors, etc. En 1856, la mort d'une femme aimée, après une union de neuf années à peine, le détermina à quitter la direction de la Comédie-Française, où il fut remplacé par Empis. Il fut alors nommé inspecteur général des musées de province, poste créé exprès pour lui. Devenu en janvier 1861 directeur littéraire de la *Presse*, il y publia un assez grand nombre de variétés littéraires, outre un feuilleton hebdomadaire intitulé: l'*Histoire en pantoufles* et signé « Pierre de l'Estoile. » Parmi les nombreux pseudonymes de M. Houssaye, nous citerons celui de « René de la Ferté », le plus connu de tous, au point qu'on crut un moment qu'il cachait une personnalité distincte. En 1871, M. Arsène Houssaye fondait un grand journal quotidien, la *Gazette de Paris*, dont le premier numéro parut le 4 octobre. Au nombre des collaborateurs de la *Gazette* figuraient: MM. J. Janin, Théophile Gautier, Paul de Saint-Victor, Théodore de Banville, Théodore Barrière, Henri Houssaye, etc.; une pareille *équipe* devait être un gage de succès en tout autre temps; en ce temps-là, on y fit à peine attention. Le journal, au bout de quelques mois, passait aux mains d'une société de spéculateurs qui finit mal. C'est dans la *Gazette de Paris* que parut d'abord l'étrange roman de M. Houssaye intitulé: le *Chien perdu et la femme fusillée*.

Nous citerons de cet écrivain, dont l'œuvre est si nombreuse et si variée: la *Couronne de bluets (1835)*; la *Pécheresse (1836)*; les *Aventures galantes de Margot (1837)*; le *Serpent sous l'herbe*, la *Belle au bois dormant (1838)*; les *Revenants*, avec J. Sandeau (1839); les *Onze maîtresses délaissées (1840)*; les *Sentiers perdus*, poésies (1841); *Mme de Vandeuil, Mlle de Kerouare (1842)*; *Milla et Marie (1843)*; la *Vertu de Rosine (1844)*; la *Poésie dans les bois (1845)*, *Romans, contes et voyages (1846)*; les *Trois sœurs (1847)*; le *Voyage à Venise (1849)*; *Philosophes et comédiennes*, volume complémentaire de la *Galerie de portraits du XVIIIe siècle*, citée plus haut (1850); la *Pantoufle de Cendrillon*, *Voyage à ma fenêtre (1851)*; les *Filles d'Eve*, *Sous la Régence et sous la Terreur (1852)*; le *Repentir de Marion (1854)*; l'*Histoire du 41e fauteuil de l'Académie française (1855)*; les *Poèmes antiques (1855)*; le *Violon de Franjolé (1856)*; le *Roi Voltaire, sa généalogie, sa cour, ses ministres, son peuple, sa dynastie*, etc. (1858); *Mlle Mariani (1859)*; *Histoire de l'Art français*, *Mlle de la Vallière et Mme de Montespan (1860)*; les *Femmes comme elles sont (1861)*; les *Femmes du temps passé (1862)*; les *Charmettes: J.-J. Rousseau et Mme de Warens (1863)*; *Blanche et Marguerite*, *Mlle Cléopâtre (1864)*; le *Roman de la duchesse*, les *Légendes de la jeunesse (1865)*; *Notre-Dame de Thermidor* (même année), le *Palais pompéien de l'avenue Montaigne*, avec Théophile Gautier et Ch. Coligny (1855); la *Symphonie des vingt ans*, poésies (1867); les *Grandes dames*, les *Courtisanes du monde (1868)*; les *Parisiennes (1869)*; la *Question des jeux*, les *Mille et une nuits parisiennes*, *Cent et un sonnets (1870)*; le *Chien perdu et la femme fusillée (1872)*, *Tragique aventure de bal masqué (1873)*; la *Belle Rafaella*, les *Mains pleines de roses, pleines d'or et pleines de sang*; le *Roman des femmes qui ont aimé par madame la Princesse ****, *commenté par* Arsène Houssaye (1874); *Lucia, histoire d'une fille perdue*, les *Amours de ce temps-là*, les *Dianes et les Vénus (1875)*; *Histoire étrange d'une fille du monde*, les *Femmes du diable (1876)*; *Bianca, Mlle Phryné, Alice*, le *Roman de la duchesse*, les *Trois duchesses (1877)*; les *Charmeresses*, les *Larmes de Jeanne (1878)*; la *Robe de la mariée (1879)*; les *Princesses de la Ruine*; *Molière, sa femme et sa fille*; *Histoire du XVIIIe siècle*: la *Régence, Louis XV, Louis XVI*, la *Révolution* (4 vol.); les *Destinées de l'âme (1880-83)*; la *Comédienne*, les *Douze nouvelles nouvelles (1884)*; les *Confessions (1885)*; les *Comédiens sans le savoir (1886)*, etc. — M. Arsène Houssaye a donné au théâtre: les *Caprices de la marquise*, 1 acte, à l'Odéon (1844); la *Comédie à la fenêtre (1852)*; les *Comédiennes*, comédie en 5 actes, reçue aux Variétés en 1857, puis retirée par l'auteur; *Mlle Trente-six vertus*, 5 actes, à l'Ambigu (1873). En somme, M. Houssaye n'a pas trouvé au théâtre les succès que lui ont valu ses romans et ses études sur le XVIIIe siècle, et il n'y a pas insisté plus qu'il n'était nécessaire pour s'en convaincre. Ses recueils de poésies, sauf les *Cent et un sonnets*, ont été réunis et publiés soit sous le titre de *Poésies complètes*, soit sous celui d'*Œuvres poétiques* et ont eu plusieurs éditions. Parmi les publications périodiques auxquelles a collaboré M. Arsène Houssaye, outre celles déjà indiquées, nous devons mentionner la *Revue des Deux-Mondes*. — Le 15 juillet 1875, M. Arsène Houssaye était choisi, parmi d'assez nombreux compétiteurs, pour directeur du Théâtre national Lyrique; mais, en présence des obstacles incroyables qu'il rencontra dans l'accomplissement du mandat qu'il avait accepté, il y renonçait définitivement le 30 octobre suivant. — L'auteur du *Quarante et unième fauteuil* a pris plus au sérieux, un moment, les quarante autres. Le 8 juin 1876, notamment, il se portait candidat au fauteuil laissé vacant à l'Académie française par la mort de Patin, en concurrence avec M. Gaston Boissier, qui fut élu, il est vrai, mais en laissant à M. Arsène Houssaye, au premier tour, une magnifique minorité d'onze voix (sur 34 votants), qui était une promesse pour l'avenir; il n'y est pourtant pas revenu. — M. Arsène Houssaye a été élu président de la Société des gens de lettres le 30 mars 1884. Créé chevalier de la Légion d'honneur en 1846, il est officier de l'ordre depuis le 30 juillet 1858.

HOUSSAYE, Henri, littérateur français, fils du précédent, est né à Paris le 24 février 1848. Ses études, en partie faites au lycée Napoléon, M. Henri Houssaye les termina sous la direction particulière de Philoxène Boyer, puis il se tourna vers la peinture, qu'il abandonna bientôt, du reste, pour se vouer tout entier, à ce qu'il semble, à l'étude de l'antiquité, et principalement de l'antiquité grecque. Pour rassembler les matériaux des ouvrages qu'il avait en projet, il fit, en 1868, un voyage en Grèce. Pendant le siège, M. H. Houssaye servit en qualité d'officier au 4e bataillon des mobiles de la Seine, et assista à la plupart des combats livrés sous Paris, notamment aux affaires de Bagneux, Châtillon, Choisy-le-Roi et à la bataille de Champigny. Il a été nommé chevalier de la Légion d'honneur le 28 octobre 1871. Il est, en outre, officier d'académie et officier de l'instruction publique. A la suite de son voyage en Grèce, il avait été décoré de l'ordre du Sauveur; il est également décoré de plusieurs autres ordres étrangers. — M. Henri Houssaye a publié: *Histoire d'Apelles, études sur l'art grec (1867)*, qui eut trois éditions en un an et fut traduit en anglais et en allemand; *Histoire d'Alcibiade et de la République athénienne, depuis la mort de Périclès jusqu'à l'avènement des trente tyrans (1873*, 2 vol.), ouvrage qui obtint le prix Thiers de 20,000 fr., en 1874; outre des études d'histoire et d'archéologie grecques dans divers journaux ou publications périodiques et dont plusieurs ont été imprimées à part, notamment: l'*Armée dans la Grèce antique (1867)*; la *Grèce à l'Exposition universelle (1867)*; une *Peinture antique inédite (1869)*; et depuis: le *Premier siège de Paris, en 52 avant J.-C. (1876)*, nouvelle édition sous le titre: *Athènes, Rome, Paris (1878)*, etc. — M. H. Houssaye a collaboré à l'*Artiste*, à la *Gazette des Beaux-Arts*, à la *Revue française*, à la *Revue du XIXe Siècle*, à la *Presse*, à la *Gazette de Paris*, au *Journal des Débats*, à la *Revue des Deux-Mondes*, etc. Il est membre du comité des Sociétés des beaux-arts des départements.

HOUZEAU, Jean Charles, astronome belge, né à Mons le 7 octobre 1820, fit ses études à l'université de Bruxelles, puis vint à Paris, où il suivit assidûment les cours de la faculté des sciences. De retour à Bruxelles, il entra à l'observatoire royal de cette ville, où il était nommé aide-astronome en 1846. Deux années plus tard, il était obligé de quitter cet établissement, et même son pays, pour cause d'opinions démocratiques trop ouvertement manifestées. Il séjourna plusieurs années tour à tour en Allemagne et en Angleterre, puis passa aux Etats-Unis, d'où, au début de la guerre de Sécession, il était obligé de fuir à la Jamaïque, ayant défendu trop énergiquement l'émancipation des nègres dans un pays esclavagiste. Peu après, il rentrait en Belgique. Il avait été élu membre de ce corps savant, avec lequel il n'avait pas cessé de se tenir en relations, en 1856. Rentré à l'observatoire royal de Bruxelles, M. J. C. Houzeau a été nommé directeur de ce grand établissement en 1876, il a résigné ces fonctions au commencement de 1884. — Il a collaboré très activement à la presse périodique, à l'*Annuaire* de l'Académie des sciences de Belgique et à celui de l'observatoire royal de Bruxelles, à la *Revue des questions scientifiques*, à *Ciel et Terre*, revue populaire d'astronomie et de météorologie à la fondation de laquelle il a contribué (1er mars 1881), etc.; et a publié à part: *Physique du globe et météorologie* et *Règles de climatologie (1852)*; *Essai d'une géographie physique de la Belgique (1854)*; *Histoire du sol de l'Europe (1857)*; *Etudes sur les facultés mentales des animaux comparées à celles de l'homme (1872)*; le *Ciel mis à la portée de tout le monde (1873)*; *Etude de la nature* [illegible] *ses* [illegible]

charmes et ses dangers (1876); Uranométrie (1878); Bibliographie générale de l'astronomie, ou catalogue méthodique des ouvrages, des mémoires et des observations astronomiques publiés depuis l'invention de l'imprimerie jusqu'en 1880, avec M. A. Lancaster (1880-82, t. I et II); *Vade-Mecum de l'astronome (1882); Traité élémentaire de météorologie,* avec M. Lancaster (1883), etc.

HOVELACQUE, Abel, littérateur, linguiste et homme politique français, né à Paris le 14 novembre 1843, y fit son droit, mais se livra de préférence aux études de linguistique, d'anthropologie et d'ethnographie, et devint professeur libre à l'École d'anthropologie fondée par Broca en 1876, et directeur de la *Revue de linguistique.* Il a publié : la *Théorie spécieuse de Lautverschiebung (1868); Racines et éléments simples dans le système linguistique indo-européen, Grammaire de langue zende (1869); Instructions pour l'étude élémentaire de la linguistique indo-européenne (1872); Mémoire sur la primordialité de la prononciation du R vocal sanskrit (1873);* la *Linguistique (1876);* le *Chien dans l'Avesta (1876); Notre ancêtre, recherches d'anatomie et d'ethnographie (1877); Études de linguistique et d'ethnographie;* l'*Avesta, Zoroastre et le mazdéisme (1878); Mélanges de linguistique et d'anthropologie (1880);* les *Débuts de l'humanité (1882),* etc. — Élu en 1878 et en 1881 conseiller municipal de Paris pour le quartier de l'École militaire, M. Hovelacque fit partie de l'extrême-gauche et du groupe autonomiste de cette assemblée, où il a rendu des services très sérieux, surtout dans les questions d'enseignement. Il a échoué aux élections de 1884, mais a été réélu aux élections complémentaires du 31 janv. 1886, par le quartier de la Salpêtrière. Aux élections d'octobre 1885 pour la Chambre des députés il figurait sur la liste du comité central radical socialiste' mais il n'obtint qu'un chiffre de voix presque insignifiant'

HOVIUS, Auguste Jean, homme politique français, né à Saint-Malo le 1er août 1816. Armateur, président du tribunal de commerce et de la chambre de commerce, maire de Saint-Malo, membre du Conseil général d'Ille-et-Vilaine, M. Hovius fut chargé de recevoir en 1874, au nom de la chambre de commerce de Saint-Malo, le président de la République, maréchal de Mac-Mahon, en voyage d'exploration politique, et prononça à cette occasion un discours dans lequel les causes de la crise industrielle, qui sévissait déjà alors, étaient exposées et caractérisées d'une façon peu agréable pour l'illustre visiteur. Aux élections du 20 février 1876, M. Hovius se présenta dans la 1re circonscription de Saint-Malo, comme candidat républicain, contre M. Lachambre; il échoua, de quelques voix seulement, et renouvela la tentative le 14 octobre 1877, également sans succès; mais la Chambre ayant annulé l'élection de M. Lachambre, M. Hovius triompha enfin de son concurrent le 7 avril 1878. Il prit place dans les rangs de la gauche républicaine et fut réélu le 21 août 1881. Élu député d'Ille-et-Vilaine le 4 octobre 1885, il a voté contre les projets d'expulsion des princes. M. Hovius est chevalier de la Légion d'honneur.

HOWARD, Oliver Otis, général américain, né à Leeds (Maine) le 8 novembre 1830, fit ses études au collège Bowdoin, où il prit ses grades en 1850, puis entra à l'école militaire de West-Point. En 1854, il en sortait comme second lieutenant dans l'artillerie. Promu lieutenant en premier et professeur suppléant à la chaire de mathématiques de West-Point en juillet 1857, il donna sa démission de son grade dans l'artillerie et de sa place de professeur en 1861, lorsqu'éclata la guerre de Sécession, pour accepter une commission de colonel dans un régiment de volontaires. Il commandait une brigade à la bataille de Bull-Run, où sa brillante conduite fut récompensée par le grade de brigadier-général de volontaires, le 3 septembre 1861. La brigade du général Howard fit partie de l'armée du Potomac, commandée par le général Mac Clellan, sous les ordres duquel il combattit. A la bataille de Fair-Oaks, le 31 mai 1862, il perdit le bras droit. Après la bataille d'Antietam (septembre) il prenait malgré cela le commandement de la division de Sedgwick, dans le corps d'armée de Sumner, faisant partie de l'aile droite de l'armée du Potomac, et fut fait major-général de volontaires le 29 novembre 1862. Appelé au commandement du 11e corps le 1er avril 1863, il reçut le premier choc de la furieuse attaque de « Stonewall » Jackson, à Chancellorsville (2 mai) et le 11e corps, culbuté sur le centre de l'armée, fut mis en complète déroute; il se releva de cet échec à Gettysburg (1-3 juillet) et reçut des remerciements du président et du Congrès pour la bravoure qu'il avait déployée dans cette affaire, dont les résultats devaient être décisifs. Le 11e corps, réuni au 12e, fut ensuite désigné pour aller renforcer l'armée de l'Ouest à Chattanooga. Il prit une part glorieuse à la prise du Fort Buchan, à Mission-Ridge, le 25 novembre, poursuivit l'ennemi avec ardeur les jours suivants et se porta au secours de Burnside, à Knoxville. Le général Howard prit part, ensuite, à la campagne de l'Atlantique et fut appelé au commandement en chef de l'armée du Tennessee, le 21 juillet 1864. Les 29 et 31 août, il livra aux confédérés deux des plus rudes batailles de la campagne, lesquelles assurèrent l'occupation d'Atlanta par les forces de l'Union; puis il suivit sa marche vers la mer, dans laquelle il tenait l'aile droite de l'armée, ainsi que dans la campagne des Carolines, qui vint après. Le 21 décembre 1864, le général Howard fut promu brigadier-général dans l'armée régulière et reçut, en mars 1865, le brevet de major-général. Le 12 mai suivant, il était nommé membre de la commission du « Bureau of Freedmen, Refugees and Abandoned Lands, » et fut chargé de la liquidation des comptes de cette commission, fonctions qui l'occupèrent jusqu'en 1872. En 1869, il fut nommé président de l'université Howard pour les élèves de couleur », dont il était administrateur depuis plusieurs années, poste qu'il résigna en 1873. Il avait été envoyé, comme commissaire spécial, aux Indiens du Nouveau-Mexique et de l'Arizona, en mars 1872. Dans l'été de 1874, le général Howard, accusé de malversation dans la direction du Bureau des Affranchis (freedmen), fut traduit devant une cour martiale, mais il fut acquitté. — Il a servi depuis, et jusqu'en 1881, sur la frontière indienne; placé à la tête de l'Académie militaire de West-Point depuis cette époque, il a été élevé au rang du général en janvier 1886.

HUBBARD, Nicolas Gustave, économiste français, né à Fourqueux (Seine-et-Oise) en 1829. Élève de l'École d'administration en 1848, il profita des inscriptions de droit offertes en compensation aux élèves de cette école, lors de sa suppression en 1849, suivit les cours de la faculté, se fit recevoir avocat et s'inscrivit au barreau de Paris. Il a été, en 1851, secrétaire du comité pour la propagation des sociétés de prévoyance. Républicain convaincu, M. Gustave Hubbard, dont le frère, Arthur, était condamné comme faisant partie d'une société secrète, après le procès de l'Opéra-Comique, jugea plus sûr de s'expatrier momentanément et passa en Espagne, d'où il ne revint qu'en 1868. M. Gustave Hubbard est membre de la Société d'économie politique et de plusieurs autres sociétés savantes. On a de lui : *Défense de l'École d'administration (1849); De l'organisation des sociétés de prévoyance et de secours mutuels, et des bases scientifiques sur lesquelles elles doivent être établies (1852),* ouvrage couronné par l'Académie des sciences morales et politiques (médaille d'or du prix de statistique); *Saint-Simon, sa vie et ses travaux,* suivi de fragments de ses écrits (1857); *Histoire contemporaine de l'Espagne (1869-79,* 4 vol.); *Histoire de la littérature contemporaine en Espagne (1876),* etc. Il a collaboré à la *Presse,* au *Journal des économistes,* à l'*Industrie,* à la *Nation souveraine (1871),* etc. — Secrétaire de la commission du budget de 1876, M. Gustave Hubbard a été chargé, au mois d'avril de cette année, d'une mission en Angleterre afin d'étudier à fond le système d'impôt sur le revenu *(income-tax)* en vigueur de l'autre côté du détroit, pour l'édification de la commission. Il a été nommé depuis secrétaire général de la questure de la Chambre des députés.

HUBBARD, Gustave Adolphe, homme politique français, fils du précédent, est né à Madrid le 22 mai 1858. Rentré en France avec sa famille en 1868, il fit ses études à Paris, prit le grade de licencié en droit et succéda à son père dans les fonctions de secrétaire de la commission du budget de la Chambre des députés, quand celui-ci fut appelé au secrétariat général de la questure, puis devint chef du cabinet du sous-secrétaire d'État au ministère de la guerre, dans le cabinet Gambetta. Élu au Conseil municipal de Paris, pour le quartier Montparnasse, aux élections municipales du 4 mai 1884, M. Hubbard se présentait pour la députation, sur la liste radicale, dans le département de Seine-et-Oise, aux élections du 4 octobre 1885, et était élu. Il a pris place à l'extrême-gauche et a voté l'expulsion totale des princes.

HUBNER (baron de), Joseph Alexandre, diplomate et littérateur autrichien, né à Vienne le 26 novembre 1811, fit ses études à l'université de cette ville et fut attaché en 1833 au cabinet de M. de Metternich, à la Chancellerie d'État. En 1837, il suivit à l'ambassade de Paris M. le comte d'Apponyi, mais il le quittait l'année suivante, rappelé à Vienne par M. de Metternich. Nommé, en 1840, secrétaire de l'ambassade autrichienne près la reine Maria de Portugal, il passait comme chargé d'affaires, en 1844, à Leipzig, où il fut élevé peu après au rang de consul général. Pendant les troubles de 1848, M. de Hübner fut chargé de la correspondance de l'archiduc Renier, vice-roi de Lombardie, avec les princes italiens, et fut détenu comme otage par l'insurrection milanaise triomphante, puis échangé. Il alla ensuite rejoindre, à Olmütz, l'empereur d'Autriche, chassé de Vienne par la révolution. En 1849, le baron de Hübner, venu à Paris avec une mission spéciale, était nommé ambassadeur près du prince-président, et en cette qualité, siégeait au Congrès de Paris, réuni après la guerre de Crimée, et signait le traité du 30 mars. Ce fut au baron de Hübner que Napoléon III manifesta, en janvier 1859, son mécontentement de l'attitude de l'Autriche vis-à-vis de l'Italie. Il fut rappelé de Paris à la suite de cette déclaration, fut employé dans diverses missions délicates, auxquelles elle avait donné naissance, notamment à Naples et à Rome, et finalement rentrait à Vienne au mois d'août 1859, rappelé pour prendre dans le nouveau ministère le portefeuille de la police, qu'il résignait au bout de quelques mois. Nommé ambassadeur à Rome en janvier 1866, M. de Hübner fut chargé, l'année suivante, des négociations relatives à l'abolition du concordat. Il fut rappelé peu de temps après, se retira définitivement en 1868 et commença sa « promenade autour du monde », comme lui-même qualifie ce grand voyage. — On doit à M. le baron de Hübner plusieurs ouvrages publiés à Paris, notamment : *Sixte-Quint, sa vie et son temps (1870),* et *Promenade autour du monde en 1871 (1873,* édit. de luxe, illustrée, 1876). M. le baron de Hübner a été élu associé étranger de notre Académie des sciences morales et politiques en 1877. Il est grand officier de la Légion d'honneur.

HUDE, Antoine Auguste, homme politique français né à Bercy (Paris) le 6 juillet 1851. Simple garçon marchand de vin au début, puis employé chez un négociant en vins, il est depuis 1877 à la tête d'une importante maison de vins en gros d'Issy. Mêlé de bonne heure au mouvement politique, il fondait dès 1873 un comité républicain à Issy, et à Sceaux un comité cantonal dont il fut élu et réélu secrétaire. Il est conseiller municipal et maire d'Issy depuis 1878. Porté à la fois sur les listes patronnées par MM. Clémenceau et Rochefort, aux élections d'octobre 1885, M. Hude, à peu près inconnu en dehors du canton de Sceaux (sauf des syndicats de son industrie), n'en fut pas moins élu au scrutin du 18, par près de 280,000 suffrages. Il a pris place à l'extrême-gauche, et voté l'expulsion totale des princes.

HUGGINS, William, astronome anglais, né à Londres le 7 février 1824, commença ses études à l'école de la Cité de Londres, puis aborda les mathématiques et les langues classiques et vivantes avec des maîtres particuliers et se livra avec ardeur à des expériences de chimie, de magnétisme, d'électricité, etc., pour lesquelles il réunit un grand nombre d'appareils et d'instruments qui concoururent à ses progrès rapides dans l'étude de ces sciences. Il fut de bonne heure attiré d'une façon toute particulière vers l'astronomie, mais comme il résidait à Londres avec ses parents, ses observations n'eurent pas d'abord un très grand succès, pratiquées qu'elles étaient avec peine entre les cheminées fumeuses de la métropole. Il aborda aussi d'une manière spéciale l'étude du microscope, et fut élu en 1852 membre de la Société microscopique de Londres. En 1855, M. Huggins établissait, à sa résidence d'Upper-Tulse Hill, un observatoire convenablement pourvu d'instruments, parmi lesquels un équatorial de cinq pouces d'ouverture, qu'il remplaça en 1858 par un télescope de huit pouces, construit par M. Alvan Clark (V. ce nom). Dès le début de ses études astronomiques, M. Huggins résolut d'abandonner les sentiers battus pour s'occuper de l'application à cette science d'observation des connaissances qu'il possédait déjà dans les autres branches de la physique et de la chimie. La découverte par Kirchhoff de la méthode d'analyse chimique des corps éloignés au moyen du prisme, par la décomposition de leur lumière, lui vint puissamment en aide; ce ne fut toutefois qu'au commencement de 1862 qu'il la mit sérieusement en pratique. Il travailla alors assidûment, avec son ami, feu le Dr William Allen Miller, à la comparaison du spectre des étoiles et des nébuleuses avec celui de diverses matières connues d'origine terrestre. Ces deux savants firent dans cette voie quelques intéressantes découvertes, en partie analysées dans les *Philosophical Transactions* pour 1864. Élu membre de la Société royale de Londres le 1er juin 1865, M. Huggins obtenait en novembre 1866 l'une des médailles royales mises à la disposition de cette société. En 1867, la médaille d'or de la société astronomique fut décernée à MM. Huggins et Miller conjointement, pour les recherches auxquelles ils avaient pris part ensemble. M. Huggins a continué ses recherches avec le secours d'un puissant spectroscope; il a étudié le spectre de quatre comètes et a pu constater que leur lumière est différente de celle du soleil, découverte que confirma pleinement son observation de la planète Coggia, dans l'automne de 1874, et qui l'a conduit à conclure que le carbone, probablement en combinaison avec l'hydrogène, constitue l'un des éléments de la matière des comètes. M. Huggins a également étudié avec fruit le mouvement propre des étoiles, le spectre des protubérances solaires et modifié la méthode d'observation pratiquée jusque-là. Il a pu aussi déterminer la somme de chaleur que la terre reçoit de quelques étoiles fixes. Il a été chargé, en 1869, d'un cours sur les recherches astronomiques à l'aide du spectroscope, à l'université de Cambridge. La Société royale lui remit, en 1871, un télescope de quinze pouces de diamètre, construit à ses frais par MM. Grubb, de Dublin, pour être placé dans son observatoire de Upper-Tulse Hill. L'Académie des sciences de Paris lui décernait, en octobre 1872, le prix Lalande pour ses recherches sur la constitution physique des corps célestes. M. Huggins a été élu membre étranger de l'Académie dei Lincei, de Rome, en 1872 de la Société royale de Danemark et de la Société philosophique de Lund (Suède) en 1873, membre correspondant de l'Académie des sciences de Paris en janvier 1874, de la Société royale de Gœttingen et de la Société royale de Bohême en 1877. Il est docteur en lois des universités de Cambridge (1870) et d'Édimbourg (1871), docteur en droit civil de l'université d'Oxford (1870) et docteur ès-sciences physiques et mathématiques de l'université de Leyde (1875). — En mars 1873, l'empereur du Brésil fit une longue visite à l'observatoire de M. Huggins et conféra au savant astronome, comme marque de sa satisfaction, la croix de commandeur de l'ordre de la Rose. Le 13 janvier 1877, M. Huggins qui, depuis longtemps, s'occupait avec des succès partiels d'obtenir la photographie du spectre des étoiles, communiquait à la « Physical Society » de Londres les résultats, couronnés cette fois d'un plein succès, de ses dernières expériences, et montrait une photographie très nette du spectre de l'étoile A de la Lyre, à laquelle, seule, une des lignes du calcium manquait. Il est vrai que, suivant M. Lockyer, il est douteux que le calcium soit un corps élémentaire. En tout cas, le résultat obtenu par M. Huggins est d'une grande importance pour la science, et le premier obtenu, après beaucoup d'efforts.

HUGO (comte), Victor Marie, célèbre poète et littérateur français, membre de l'Académie française, sénateur, est né à Besançon le 26 février 1802. Son père, qui était alors colonel, après s'être engagé comme volontaire dans l'armée républicaine, fut l'un des généraux les plus distingués de l'Empire et remplit les fonctions de gouverneur de plusieurs provinces importantes de l'Espagne et de l'Italie, notamment de la province d'Avellino, en Calabre, où il donna une chasse terrible au bandit Fra Diavolo. Après avoir suivi l'armée avec son père, qui l'emmena à l'île d'Elbe d'abord, mais trop jeune pour pouvoir affirmer avec certitude qu'il la vit; à Paris (1805-06), puis en Italie, à Rome, à Florence, à Naples, etc., le jeune voyageur, qui avait, suivant son expression propre, parcouru « l'Europe avant la vie », rentra à Paris en 1809, et fut placé au couvent des Feuillantines, où il demeura deux ans avec sa mère, recevant les leçons du général royaliste proscrit Victor de Lahorie, son parrain qui, trahi à la fin, fut livré à l'autorité impériale, condamné et exécuté. En 1811, il alla rejoindre son père à Madrid et entra au séminaire des nobles de cette ville, où il demeura un peu plus d'une année, et revint en 1813 au couvent des Feuillantines. En 1814, son père le plaçait, avec son frère Eugène, dans une école préparatoire à l'école polytechnique, ayant résolu de faire des soldats de

ses deux fils, résolution qui rencontra, de la part du jeune Victor du moins, une résistance involontaire mais opiniâtre, à laquelle le général comte Hugo eut le rare esprit de céder. Poète en naissant, Victor Hugo faisait des vers, et des vers déjà remarquables, à dix ans ; à quatorze ans, outre quelques poésies lyriques, il écrivait une tragédie intitulée *Irtamène*, et à quinze, il concourait pour le prix de poésie offert par l'Académie française, sur ce sujet : les *Avantages de l'étude*. La pièce de Victor Hugo méritait incontestablement le prix, et l'illustre aréopage le lui eût décerné sans hésiter, si le jeune poète n'avait commis l'imprudente coquetterie d'y insérer un hémistiche : « Poète de quinze ans » qui fut pris en mauvaise part, l'Académie soupçonnant l'auteur de vouloir se moquer d'elle, ou tout au moins de vouloir influencer sa décision ; comme elle se devait à elle-même de ne pas repousser la meilleure pièce du concours par pure susceptibilité, elle lui accorda une mention. Il envoya au concours des Jeux floraux : les *Vierges de Verdun*, le *Rétablissement de la statue de Henri IV* et *Moïse sur le Nil (1819-21)*, odes qui furent toutes les trois couronnées, et publia en 1822 le premier volume des *Odes et Ballades*, dont le succès fut immense. Arrivé dès lors à la gloire, à l'âge où le commun des hommes, même des grands, cherchent encore leur voie, il devint l'ami de toutes les célébrités du temps ; mais un triomphe autrement précieux pour lui, ce fut d'obtenir la main de Mlle Foucher, qui avait été sa compagne d'enfance au couvent des Feuillantines, et qu'il aimait peut-être depuis lors ; cette main si ardemment convoitée, on la lui avait jusque-là toujours refusée, prétextant sa jeunesse et surtout son manque absolu de position. Sa position était donc regardée comme faite et l'avenir du poète que tout le monde acclamait, comme assuré. Après la publication de *Han d'Islande* (1823), il fonda un *cénacle* romantique, composé de jeunes gens, comme lui animés d'idées de révolution dans la littérature et dans l'art, ou entraînés par son exemple, et parmi lesquels Sainte-Beuve, Émile et Antony Deschamps, Louis Boulanger, Alfred de Vigny, Alfred de Musset, etc. Ils fondèrent un « organe », la *Muse française*, dans lequel fut publié le manifeste de la nouvelle école. En 1825, Victor Hugo publiait un nouveau roman : *Bug Jargal* et le second volume des *Odes et ballades* en 1826. Il reçut la croix de la Légion d'honneur en 1825. Ses ouvrages se succédèrent bientôt rapidement, et leur apparition était toujours un événement littéraire, discuté avec chaleur par les classiques et les romantiques, désormais aux prises. *Cromwell*, drame qui fut écrit en vue de présenter une sorte de type dramatique de la nouvelle école, mais non destiné à la scène, parut en 1827, précédé d'une préface importante tant par les théories qui y étaient développées que par son étendue. Viennent ensuite : les *Orientales*, poésies (1828) ; le *Dernier jour d'un condamné* (1829). Il écrivit vers ce même temps son drame de *Marion de Lorme*, pour obéir aux sollicitations de ses admirateurs ; mais la censure, qui ne comptait sans doute pas parmi ces derniers, en interdit la représentation, qui ne put avoir lieu qu'après la révolution de Juillet. En attendant, Victor Hugo écrivait sa seconde pièce : *Hernani* qui, en dépit de l'opposition la plus violente et la plus insensée, manifestée jusqu'aux pieds du trône royal, fut représentée au Théâtre-Français, le 26 février 1830. Cette date mérite d'être conservée, car elle a marqué dans les fastes dramatiques, d'abord par les scènes tumultueuses du parterre du Théâtre-Français, ensuite par le triomphe incontestable et définitif du drame sur la tragédie. *Marion de Lorme*, sauvée des mains de la censure, put être enfin représentée au mois d'août 1831, à une époque où le gouvernement de Juillet ne pouvait pas encore reprendre d'une manière ostensible les errements du gouvernement auquel il succédait, sous prétexte d'un esprit plus libéral ; mais lorsqu'il fut un peu plus vieux, il s'empressa d'interdire, après la première représentation (22 novembre 1832), le nouveau drame de Victor Hugo : le *Roi s'amuse*, dans lequel, à ce qu'il paraît, l'auteur était accusé de vouloir enlever à François Ier, ce qui eût été vraiment condamnable, le prestige dont l'histoire officielle a entouré ce vertueux roi. Vinrent ensuite, sans trop d'encombre : *Lucrèce Borgia* et *Marie Tudor* (1833) ; *Angelo* (1835) ; *Ruy-Blas* (1838) ; les *Burgraves*, le seul de ses drames qui ne puisse être repris à la scène, du moins sans de profondes modifications et qui n'eut aucun succès à son apparition, quoique d'une lecture si attachante. Entre temps, Victor Hugo publiait un assez bon nombre de volumes, vers et prose, qui ajoutaient encore à sa réputation. Ce fut d'abord, en 1831, son magnifique roman de *Notre-Dame de Paris*, qui produisit tant d'imitations grotesques et fut traduit dans plusieurs langues, notamment en anglais et, ce qui est bizarre, sous un titre qui semble prouver que ce que nos voisins y ont trouvé de plus intéressant, c'est Quasimodo : *The Hunchback of Notre-Dame* (Le Bossu de Notre-Dame) ; puis vinrent : les *Feuilles d'automne* (1831) ; une *Étude sur Mirabeau* et *Littérature et philosophie mêlées* (1834) ; *Claude Gueux* (même année) ; les *Chants du crépuscule* (1835) ; les *Voix intérieures* (1837) ; les *Rayons et les Ombres* (1840) ; le *Rhin*, souvenirs de voyage (1842).

La popularité de Victor Hugo était immense, mais sa renommée n'était pas moins grande, à quelque école qu'ils appartinssent, dans le monde des artistes et des lettrés : on ne nie pas la lumière, quelque goût que l'on professe pour l'obscurité. On peut donc exactement dire que Victor Hugo força les portes de l'Académie, où il n'avait que des adversaires, et si bienveillants, que c'est à eux surtout qu'il devait l'interdiction de ses premières pièces, sans parler des attaques continuelles dont il était l'objet de la part des écrivains de l'école classique. Cette assemblée hostile l'élut donc au nombre de ses membres, en remplacement de Népomucène Lemercier, le 7 janvier 1841, et le reçut solennellement le 3 juin suivant. Le 16 avril 1845, il était élevé à la dignité de pair de France. Il ne prit toutefois de rôle politique qu'après la révolution de février, lorsque, élu représentant de Paris à la Constituante, aux élections partielles du 4 juin, il se trouva jeté dans la mêlée. Dans des temps calmes, Victor Hugo fût sans doute resté simplement un grand poète et un philosophe humanitaire, bienveillant et ému ; mais, justement à cause de son grand cœur, il ne pouvait rester indifférent aux luttes politiques et aux dangers que ne manquent pas de faire courir au pays les mesures arbitraires, vexatoires, parfois même coupables, recours ordinaire contre le peuple qui les a acclamés, de ceux qui gouvernent dans les temps de crise et dont l'oreille est trop souvent ouverte aux conseils de l'ambition, du ressentiment ou de la peur. Incertain d'abord de la place qui lui convenait dans cette cohue, comme tout homme sincère, exempt d'ambition et de parti pris, il siégea à droite et fit partie du comité de la rue de Poitiers, simplement parce qu'il appartenait d'instinct au parti de l'ordre ; mais il vota avec indépendance, et selon son inspiration. C'est ainsi qu'il repoussa les demandes en autorisation de poursuites contre Louis Blanc et Caussidière, ainsi que la proposition de déclarer que Cavaignac avait bien mérité de la patrie, et qu'il vota contre l'ensemble de la constitution, surtout parce que, partisan de l'institution des deux chambres, et considérant celle d'une chambre unique comme extrêmement périlleuse, il n'avait pas cru devoir, ainsi qu'il l'écrivit au *Moniteur* (6 novembre) « voter une constitution où ce germe de calamité est déposé. » On peut n'être pas de son avis en ce point et pourtant reconnaître qu'une seconde chambre aurait pu opposer au coup d'État de décembre 1851 un obstacle probablement invincible. Par contre il s'associa aux votes de la droite contre les clubs, l'abolition du remplacement militaire, etc. et repoussa, en compagnie fort convenable, et surtout mêlée, l'amendement Grévy. — A peine est-il utile de rappeler que l'auteur du *Dernier jour d'un condamné* et de *Claude Gueux* réclama, en vain, bien entendu, l'abolition de la peine de mort. — Après avoir appuyé la candidature du prince Louis Napoléon, par la plume autant que par la parole (il avait fondé un journal : l'*Événement*, auquel les persécutions ne devaient pas être longtemps ménagées), Victor Hugo, réélu à la Législative, fit à la politique de l'Élysée une opposition des plus vives et devint un des orateurs, un des chefs de la gauche. Son éloquence ne manquait pas d'aliment, et quoiqu'on ait pu dire, il nous paraît que l'évolution politique, d'ailleurs lente, progressive de Victor Hugo fut provoquée, ou mieux entraînée par les événements, plutôt que déterminée par les sollicitations d'amis ou par aucun sentiment personnel. En présence des mesures réactionnaires chaque jour proposées, des audacieuses palinodies dont la tribune parlementaire était le théâtre, était-il possible de ne point s'indigner ? L'expédition de Rome, résolue par ceux-là même qui avaient été naguère des apôtres si chaleureux de la fraternité des peuples, pouvait-elle le laisser indifférent ? Il parla également avec énergie contre la loi Falloux sur l'enseignement, contre la loi électorale, le cautionnement et le timbre des journaux, la mutilation du suffrage universel (loi du 31 mai), la loi de déportation, le projet de révision de la constitution, etc., avec une véhémence souvent jugée excessive par ses adversaires, mais avec la conviction profonde d'accomplir un devoir, non pas toujours, sans doute, d'habile politique, mais d'honnête homme. De tant d'admirables discours, nous ne relèverons que ces paroles étrangement prophétiques de celui qu'il prononça dans la discussion de la loi du 31 Mai : « Messieurs, il y a une intrigue, j'ai le droit de la fouiller : je la fouille. Allons ! le grand jour sur tout cela ! Il ne faut pas que la France soit prise par surprise et se trouve un beau matin avoir un empereur sans savoir pourquoi !... Quoi ! parce que, après des années d'une gloire immense, d'une gloire presque fabuleuse à force de grandeur, il (Napoléon Ier) a, à son tour, laissé tomber d'épuisement ce glaive et ce sceptre, après avoir accompli tant de choses colossales, vous voulez, vous, les ramasser après lui, comme il les avait ramassés, lui Napoléon, après Charlemagne ! Vous voulez prendre dans vos petites mains ce sceptre des titans, cette épée des géants ! Pourquoi faire ?... Quoi ! après Auguste, Augustule ! Quoi ! parce que nous avons eu Napoléon le Grand, il faut que nous ayons Napoléon le Petit ! » On ne pouvait rien, ou tout au moins que bien peu de choses contre le représentant du peuple : il en était autrement du journaliste. En conséquence, l'*Événement*, poursuivi, traqué, condamné, fut à la fin supprimé. Il reparut toutefois, en changeant une lettre à son titre, et vraiment cette modification faisait de ce titre même une ironie : l'*Avènement*. Dans un procès intenté à son journal pour un article contre la peine de mort, Victor Hugo plaida lui-même, et ce qui lui fut l'occasion d'un de ses plus beaux triomphes oratoires, mais de rien de plus. Maintenant, il était naturel que l'évolution vers la démocratie de l'auteur des *Odes et ballades* ne se fit pas sans soulever les clameurs de ses amis de la veille. M. de Montalembert fut un des plus acharnés à lui reprocher sa « désertion » ; il était accompagné ordinairement d'un chœur d'interrupteurs jetant à la face de son adversaire les vers de sa jeunesse, presque de son enfance. Nous n'exhumerons pas les répliques, victorieuses à notre appréciation, de Victor Hugo ; mais nous pouvons citer les quelques lignes suivantes, tirées de la préface de l'édition de 1853 des *Odes et ballades*, qui caractérisent en peu de mots un phénomène assez rare, après tout, car une évolution dans le sens contraire, c'est-à-dire vers le pouvoir, est malheureusement jugée plus politique, presque plus honorable et est à coup sûr plus fructueuse : « De toutes les échelles qui vont de l'ombre à la lumière, la plus méritoire et la plus difficile à gravir, certes, c'est celle-ci : être né aristocrate et royaliste et devenir démocrate... Dans cette âpre lutte contre les préjugés sucés avec le lait, dans cette lente et rude élévation du faux au vrai, qui fait en quelque sorte de la vie d'un homme et du développement d'une conscience le symbole abrégé du progrès humain, à chaque échelon qu'on a franchi, on a dû payer d'un sacrifice matériel son accroissement moral, abandonner quelque intérêt, dépouiller quelque vanité, renoncer au bien et aux honneurs du monde, risquer sa fortune, risquer son foyer, risquer sa vie. Aussi, ce labeur accompli, est-il permis d'en être fier... surtout, lorsque l'ascension faite, on a trouvé au sommet de l'échelle de lumière la proscription, et qu'on peut dater cette préface de l'exil. »

En effet, le grand poète datait maintenant de l'exil tout ce qu'il écrivait : dans les petits travaux préparatoires du 2 Décembre, son nom figurait en vedette sur la première liste de proscription. Le décret parut le 9 décembre. Victor Hugo se retira avec sa famille dans l'île de Jersey, qu'il dut quitter en 1855, pour avoir signé une protestation contre l'expulsion des trois réfugiés français : les autres signataires de cette protestation furent également expulsés de Jersey. Il s'établit alors à Guernesey. Il publia dans l'exil *Napoléon le Petit*, pamphlet d'une violence extrême contre le héros de Décembre, interdit en France, bien entendu, mais qu'on lisait ouvertement dans les ateliers du faubourg Saint-Antoine quinze jours après son apparition à Bruxelles ; les *Châtiments*, poésies inspirées du même esprit (1853) ; les *Contemplations*, la *Légende des siècles (1856)* ; les *Misérables (1862*, 10 vol.), ouvrage traduit d'avance en plusieurs langues et publié le même jour dans les principales capitales de l'Europe et à New-York : une étude sur *William Shakespeare (1864)* ; les *Chansons des rues et des bois (1865)* ; les *Travailleurs de la mer (1866*, 3 vol.) ; l'*Homme qui rit (1869*, 4 vol.). — Ayant déjà repoussé l'amnistie en 1859, par la raison qu'il niait le droit, usurpé par celui qui s'appelait alors Napoléon III, de le condamner comme de lui faire grâce, il repoussa avec plus de hauteur encore la dernière amnistie du règne, celle du 15 août 1869 ; au moment du plébiscite de mai 1870, il protesta dans le *Rappel*, avec une extrême vivacité, contre cette manœuvre et se vit poursuivi avec le journal pour excitation à la haine et au mépris du gouvernement. Il ne rentra en France qu'après le 4 Septembre et s'enferma dans Paris assiégé. Il y fut reçu avec enthousiasme et fit don à la Défense de deux canons qui furent baptisés le *Victor-Hugo* et le *Châtiment*. Après avoir obtenu plus de 4,000 suffrages dans le 15e arrondissement aux élections des maires et adjoints de Paris, du 5 novembre 1870, bien qu'il eût refusé toute candidature, Victor Hugo était élu représentant de la Seine, le second sur quarante-trois, aux élections générales du 8 février 1871. Il alla siéger à l'Assemblée de Bordeaux dans les rangs de l'extrême-gauche et s'éleva contre les préliminaires de paix, qu'il repoussa ensuite de son vote (1er mars). Dans le débat qui s'éleva sur la vérification des pouvoirs du général Garibaldi, élu représentant du peuple français dans plusieurs départements, notamment dans celui de la Seine, le troisième, mais qui avait donné sa démission depuis près d'un mois, Victor Hugo prit la parole pour rappeter les services de l'illustre Niçois. L'Assemblée ne tarda pas à couvrir la voix de l'orateur par les éclats de protestations violentes, qui n'avaient évidemment pas d'autre but. En présence de cette hostilité voulue, Victor Hugo descendit de la tribune, s'arrêta près de la table des sténographes et, empruntant à l'un d'eux sa plume, rédigea, debout, sa lettre de démission, ainsi conçue : « Il y a trois semaines, l'Assemblée a refusé d'entendre Garibaldi ; elle refuse de m'entendre : je donne ma démission. » Et il quitta immédiatement la salle. Vingt-quatre heures furent employées à tâcher de le faire revenir sur sa détermination ; mais ces tentatives, faites par des amis sincères, sans doute, mais incontestablement maladroits, restèrent vaines, et M. Grévy, président de l'Assemblée, n'eut plus d'autre alternative que de lire la lettre de démission de cet homme illustre que tant de... collègues étaient résolus, paraît-il, à tolérer seulement dans les rôles muets.

Peu de jours après (13 mars), Victor Hugo, condamné à voir tomber autour de lui tous les siens, depuis sa fille Léopoldine, morte noyée avec son mari, Charles Vacquerie, dans une joyeuse promenade en mer, au Havre (1843), jusqu'au dernier de ses fils, François-Victor (1873), perdait l'aîné de ceux-ci, Charles, frappé d'une congestion cérébrale. Il rapporta son corps à Paris, où il arrivait précisément le 18 mars. L'enterrement eut lieu au milieu d'une foule énorme et sympathique, empressée de rendre ce témoignage public au grand poète, au grand patriote, au grand citoyen, si douloureusement frappé dans ses affections. Victor Hugo demeura quelque temps à Paris ; il protesta à la fois, dans une pièce de vers insérée au *Rappel*, contre les décrets de la Commune ordonnant la destruction de la colone Vendôme et contre Versailles bombardant l'Arc de Triomphe. Forcé de se rendre à Bruxelles, où l'appelaient les intérêts de ses petits-enfants et pupilles, il écrivait, après l'écrasement de l'insurrection communaliste, une lettre par laquelle il offrait aux réfugiés l'abri de sa propre maison. Aussitôt, le ministère belge lui intima l'ordre de quitter la Belgique, et pendant la nuit, sa maison fut l'objet d'un attentat sauvage de la part d'une foule fanatique, aux brutalités de laquelle la police ne put le faire échapper qu'avec peine. Rentré à Paris, après une excursion dans le Luxembourg et un voyage à Londres, vers la fin de l'année, Victor Hugo acceptait de nouveau la canditature à l'Assemblée nationale, aux élections complémentaires du 7 juin 1872, contre M. Vautrain. Dans cette occasion, et pour la première fois, il fut question du *mandat contractuel*, qu'il définit, substitua au mandat impératif et déclara accepter. Il obtint 95,000 voix sans être élu et ce fut M. Vautrain qui l'emporta. — Dès son retour, il intercéda vivement en faveur de plusieurs chefs de la Commune condamnés, ainsi que pour M. H. Rochefort ; mais ce fut sans succès : l'heure de la clémence était loin de sonner. Élu délégué du Conseil municipal de Paris pour les élections sénatoriales, Victor Hugo adressait aux communes de France un manifeste les appelant à voter de manière à assurer la consolidation de la République. Il était élu lui-même, au se-

cond tour de scrutin et le quatrième sur cinq, sénateur de la Seine, le 5 février 1876. Il prit place à l'extrême-gauche. Il déposa, dès les premières réunions, sur le bureau du Sénat, une proposition d'amnistie pleine et entière pour les condamnés de la Commune, laquelle fut, comme on sait, repoussée. — Le 16 avril 1876, Victor Hugo faisait, avec Louis Blanc, une conférence au théâtre du Château d'Eau, dont le produit fut consacré à l'envoi d'une délégation des ouvriers de Paris à Philadelphie. Une autre conférence, qu'il fit avec Louis Blanc également, en faveur des ouvriers lyonnais, le 25 mars 1877, fut l'occasion de quelques troubles causés surtout par le zèle de la police. Après le 16 mai, Victor Hugo fit partie du comité de résistance organisé par les diverses fractions républicaines pour « résister » au coup d'Etat que l'on pressentait. C'est à cette occasion qu'il publia le premier volume de l'*Histoire d'un crime*. En janvier 1879, il présentait au Sénat une nouvelle proposition d'amnistie générale, qu'il défendait à la tribune avec une ardeur digne d'un meilleur sort. Il était réélu sénateur de la Seine, à sa vraie place cette fois, c'est-à-dire en tête de la liste, au renouvellement triennal du 8 janvier 1882.

Pour fêter son entrée dans sa quatre-vingtième année, une immense manifestation nationale eut lieu en l'honneur de Victor Hugo le 26 février 1881. Toute la journée et toute la nuit, le petit hôtel qu'il habitait avenue d'Eylau fut assiégé par une foule enthousiaste venant, bon nombre de ceux qui la composaient chargés de présents, souhaiter à l'illustre poète, « beaucoup de retour de cet heureux anniversaire » ; cette manifestation se termina par un hommage municipal auquel celui qui en était l'objet dut être très sensible : la partie de l'avenue d'Eylau qu'il habitait fut débaptisée et devint l' « avenue Victor-Hugo ». L'année suivante, à la même date, nouvelle manifestation, moins imposante, mais non moins enthousiaste. Décidément, c'était une habitude prise. Chaque année désormais, le 26 février, Paris tout entier, au moins, fêterait ainsi l'anniversaire du poète. Mais cela ne devait pas durer bien longtemps : deux fêtes encore, et la série allait se trouver brusquement close. — Le *Rappel* du 18 mai 1885 nous apprenait que Victor Hugo, qui avait été pris le 14 d'une indisposition d'apparence légère, était atteint d'une congestion pulmonaire.

Pendant quelques jours les bulletins des docteurs A. Vulpian, Germain Sée et Emile Allix se succédèrent, notant les alternatives d'espoir et de crainte qu'inspiraient les phases de la maladie du grand poète ; l'émotion était générale, on s'arrachait les bulletins, c'est-à-dire les journaux qui les publiaient, comme on fait à l'époque des crises politiques les plus intenses. Le 22 mai, enfin, à une heure et demie de l'après-midi, le grand homme, chez lequel le bulletin de la veille indiquait un mieux sensible, rendait le dernier soupir. La nouvelle de cette mort d'un homme, pour ne parler ni du poète ni de l'homme politique, qu'on avait pu voir quelques jours seulement auparavant, robuste et plein de vie, causa une stupeur profonde et générale ; c'est tout au plus si les affaires n'en furent point suspendues, mais elles subirent certainement un ralentissement notable. Le Sénat, le Conseil municipal de Paris suspendirent leur séance. La foule se pressait bientôt vers la maison du grand mort, et à la sortie des ateliers cette foule s'augmentait encore de tous les ouvriers, qui voulurent prendre leur part à cette grande manifestation de douleur. Les bouquets, les couronnes, arrivaient dès 3 heures, et dans la soirée des télégrammes de condoléance affluaient de tous les points du globe où la nouvelle avait été portée de la même manière. Ce n'était pas seulement un deuil national, mais un deuil universel. Les obsèques eurent lieu le 1er juin. Nous n'en saurions rappeler que les traits principaux : l'exposition du corps sous l'Arc de Triomphe, dans un catafalque exécuté sur les dessins de M. Charles Garnier ; la foule stationnant jour et nuit autour de cette chambre mortuaire d'un nouveau genre, emplissant les avenues, pourtant assez larges, qui y convergent, surtout pendant la dernière nuit ; les manifestations sans cesse répétées ; la marche de l'immense cortège, son arrivée au Panthéon, désaffecté et rendu une fois de plus à la sépulture des hommes illustres de la France ; les discours au départ et à l'arrivée ; enfin le dépôt dans les caveaux du Panthéon. On n'avait encore rien vu d'aussi magnifique, d'aussi imposant que les funérailles de Gambetta : les funérailles de Victor Hugo furent bien autre chose. C'est que Gambetta appartenait à la France, et encore une partie de la France persistait-elle à le rejeter, comme funeste à ses aspirations politiques ; tandis que Victor Hugo, le poète, l'homme de génie, appartenait à l'humanité.

Victor Hugo a publié, depuis son retour en France : l'*Année terrible*, poésies (1872) ; la *Libération du territoire*, vendu au bénéfice des Alsaciens-Lorrains ; *Quatre-vingt-treize*, grand roman historique, publié en plusieurs langues en même temps (1873) ; *Mes fils* et *Actes et paroles : Avant l'exil (1874), Pendant l'exil (1875)* et *Depuis l'exil (1876)* ; la *Légende des siècles*, deuxième série (1877, 2 vol.) ; l'*Art d'être grand père (1877)* ; l'*Histoire d'un crime (1877-78*, 2 vol.) ; le *Pape (1878)* ; la *Pitié suprême (1879)* ; *Religions et Religion (1880)* ; les *Quatre vents de l'esprit (1880-81*, 2 vol.) ; *Torquemada (1882)*. Il préparait une édition définitive de ses *Œuvres complètes*, quand la mort est venue l'interrompre dans ce travail. Cette édition n'en suit pas moins son cours, et elle a donné, en fait d'œuvres inédites : *Théâtre et liberté* et la *Fin de Satan*, qui est une suite à la *Légende des siècles (1886)*. — En mars 1875, il adressait au maréchal de Mac-Mahon un éloquent plaidoyer, intitulé : *Pour un soldat*, en faveur d'un malheureux soldat condamné, auquel il priait le président de la République de faire grâce, comme il avait fait grâce à l'ex-maréchal Bazaine. Il eut cette fois le bonheur d'être écouté. Son éloquent appel *Pour la Serbie*, publié dans le *Rappel* du 30 août 1876, n'était pas destiné au même succès. — On lui doit, outre les ouvrages que nous avons cités et qui sont les plus importants de son œuvre immense et glorieuse : un *Choix moral des lettres de Voltaire (1824*, 4 vol.) ; puis un premier drame, écrit avec Ancelot : *Amy Robsart*, joué à l'Odéon en 1826 ; un opéra en 4 actes, tiré de *Notre-Dame*, joué en 1836 : la *Esméralda* ; des recueils de *Discours*, prononcés tant à la Chambre des pairs qu'aux Assemblées constituante et législative et à l'Académie française ; sa *Circulaire électorale* de 1848 ; *Œuvres oratoires et Discours de l'exil (1853)* ; les *Enfants, livre des mères*, recueil des poésies qu'il a dédiées à l'enfance, ou que l'enfance lui a inspirées (1858) ; *John Brown (1859)* ; une *Voix de Guernesey*, protestation contre le combat de Mentana (1868), etc. Outre le *Rappel* et, en d'autres temps, l'*Evénement* et l'*Avènement*, il a collaboré au *Conservateur littéraire*, à la *Revue des Deux-Mondes*, au *Globe* et à diverses revues anglaises. — Dessinateur distingué, Victor Hugo a fourni en outre des esquisses extrêmement remarquables à plusieurs publications, notamment à l'*Artiste*, au *Livre d'étrennes*, à *Paris à l'eau-forte*. Il a été publié, en 1862, une collection de ses dessins, accompagnés d'un texte de Théophile Gautier ; enfin, plusieurs des illustrations qui ornent l'édition populaire de *Quatre-vingt-treize*, publiée en 1876, sont également dues au crayon de Victor Hugo, ainsi que plusieurs de celles de la splendide édition nouvelle de la *Notre-Dame de Paris (1877* et suiv.)

HUGOT, Louis Anatole, homme politique français, né à Montbard (Côte-d'Or) le 3 avril 1836. Nommé maire de Montbard en 1871, révoqué après le 25 mai 1873, M. A. Hugot fut élu député de Semur le 20 février 1876, et siégea à la gauche républicaine. Réélu le 14 octobre 1877 et le 21 août 1881 dans le même arrondissement, il se présentait aux élections pour le renouvellement triennal du Sénat dans la Côte-d'Or, le 25 janvier 1885, et fut élu le deuxième. M. Hugot s'est abstenu dans le vote sur l'expulsion des princes.

HUGUES, Clovis, poète et homme politique français, né à Menerbes (Vaucluse) le 3 novembre 1851. Il débuta très jeune dans la presse démocratique, et en 1871, Marseille étant sous le régime de l'état de siège, un article publié dans le Journal la *Fraternité*, de cette ville, lui valait une condamnation à trois ans de prison et 6,000 francs d'amende ou deux années de contrainte par corps : il fit cinq ans. Entré en 1876 à la *Jeune République*, il avait en décembre 1877 un duel avec un rédacteur de l'*Aigle*, journal bonapartiste, qui l'avait grossièrement insulté dans sa vie privée, et le tuait. Il se réfugia précipitamment en Italie, voulant avant tout éviter la prison préventive. Traduit pour ce fait devant la cour d'assises d'Aix, le 22 février 1878, il fut acquitté. Après la mort de Raspail, M. Clovis Hugues se présenta candidat à la députation dans la 2e circonscription de Marseille, contre M. Amat : il échoua de 140 voix au scrutin du 17 mars 1878 ; mais il fut élu au second tour, dans la même circonscription, le 4 septembre 1881, et prit place à l'extrême-gauche. Aux élections d'octobre 1885, il était élu député des Bouches-du-Rhône au scrutin du 18. Il a voté l'expulsion totale des princes. — En 1883, M. Clovis Hugues intentait un procès en diffamation à un agent d'affaires véreux qui, une victime lui étant nécessaire, n'avait trouvé rien de mieux que de mêler le nom de Mme Clovis Hugues aux débats d'un procès scandaleux auquel elle avait incontestablement tous les droits à rester étrangère ; exaspérée des lenteurs d'une affaire conduite en réalité par son trop habile adversaire et des insultes dont celui-ci n'avait cessé de l'abreuver, Mme Clovis Hugues, rencontrant cet homme au Palais, déchargea sur lui plusieurs coups de révolver (27 novembre). Quelques jours plus tard, le malheureux succombait à ses blessures. Immédiatement arrêtée, Mme Clovis Hugues comparaissait devant la cour d'assises de la Seine le 8 janvier 1884, et était acquittée. Inutile d'ajouter que cet arrêt fut fort discuté dans la presse et ailleurs : la grande majorité, toutefois, l'approuva. On peut, certes, condamner l'acte même, et tenir compte pourtant de l'affreuse situation faite à cette jeune femme non seulement par les insultes d'un homme que sa mort défend désormais, mais encore par la lenteur indifférente de la justice. — M. Clovis Hugues a publié quelques brochures politiques de circonstance, mais surtout des volumes de vers tels que la *Petite Muse* et *Poèmes de prison (1875)* ; les *Evocations (1885)*, etc., qui font regretter qu'il n'en ait pas publié davantage.

HUGUET, Auguste Victor, homme politique français, né à Boulogne-sur-Mer le 21 décembre 1822. Nommé adjoint au maire de Boulogne après le 4 Septembre, il en devenait maire en 1871, mais était révoqué par le ministre de l'intérieur, M. Beulé, en novembre 1873, quoiqu'il dût conserver assez longtemps encore ses fonctions, faute d'un remplaçant. Elu sénateur du Pas-de-Calais le 30 janvier 1876, M. Huguet prit place au centre gauche républicain. Il a été réélu, en tête de la liste, au renouvellement triennal du 8 janvier 1882, et a voté l'expulsion des princes.

HUMBERT, Gustave Amédée, jurisconsulte et homme politique français, sénateur, né à Metz le 28 juin 1822, fit ses études au lycée de sa ville natale et son droit à Paris. Reçu docteur en 1844, il obtint l'année suivante le premier prix au concours entre docteurs, avec un mémoire sur les *Conséquences des condamnations pénales*. Devenu répétiteur de droit, ses opinions républicaines bien connues le firent nommer après la révolution de février 1848, sous-préfet de Thionville. Révoqué en 1851, il rentra dans l'enseignement, obtint en 1857 un prix de l'Institut avec un mémoire sur les *Régimes nuptiaux*, se fit recevoir agrégé de la faculté de droit de Paris en 1859, et fut nommé professeur-suppléant et chargé de cours à Toulouse, puis à Grenoble, pour revenir dans la première de ces villes, comme titulaire de la chaire de droit romain, en 1861. Il n'a plus quitté Toulouse, dont l'Académie de législation le nommait son secrétaire perpétuel en 1864. — Elu le 8 février 1871 représentant de la Haute-Garonne à l'Assemblée nationale, le troisième sur dix, M. G. Humbert se fit inscrire à la gauche républicaine, dont il fut vice-président puis président. Il est l'auteur d'une proposition de retour de l'Assemblée à Paris, repoussée par l'Assemblée (décembre 1871) et d'un article additionnel à la loi électorale, établissant une pénalité pour les fonctionnaires convaincus d'avoir pris part à la distribution de circulaires ou de bulletins électoraux. M. G. Humbert a pris en outre la parole dans beaucoup de discussions importantes, notamment sur la condition civile des déportés, sur la propriété en Algérie, sur le projet de modification de l'article 331 du code civil, dont il obtint le renvoi au Conseil d'Etat. Rapporteur de la proposition de dissolution présentée par M. Raoul Duval en juillet 1871, il conclut à l'adoption, mais la Chambre repoussa ses conclusions. Il a été président de la commission relative au projet de réforme judiciaire en Egypte, etc. M. Humbert élu sénateur inamovible par l'Assemblée nationale, le 11 décembre 1875, au troisième tour de scrutin, a repris au Sénat sa place sur les bancs de la gauche républicaine. — On doit à M. Gustave Humbert un assez grand nombre de travaux de jurisprudence, d'histoire et d'archeologie, publiés dans des recueils spéciaux, tels que le *Recueil de l'Académie de législation*, de Toulouse, la *Revue de Toulouse* ; la *Revue historique de droit*, etc. Il a collaboré également au *Dictionnaire d'antiquités grecques et romaines*, de MM. Ch. Daremberg et E. Saglio. M. G. Humbert se faisait recevoir franc-maçon par la « Loge encyclopédique » de Toulouse, le 28 septembre 1876. Il fut nommé procureur général à la Cour des comptes en 1877, à l'avènement du cabinet Dufaure, mais donna sa démission pour prendre le portefeuille de la justice et des cultes, dans le cabinet de Freycinet, du 30 janvier au 29 juillet 1882. M. G. Humbert est premier vice-président du Sénat. Il a voté l'expulsion des princes. — Chevalier de la Légion d'honneur du 18 janvier 1879, il était promu officier le 12 juillet 1880.

HUMBERT, Frédéric, homme politique français, fils du précédent, est né le 10 juillet 1857 à Paris, où il fit son droit et s'inscrivit au barreau. Nommé chef du cabinet de son père, devenu ministre de la justice et des cultes, dans le cabinet de Freycinet succédant au cabinet Gambetta, en janvier 1882, à la chute de ce cabinet, en juillet suivant, il se retirait dans sa propriété de Seine-et-Marne, s'y occupait d'agriculture et se faisait élire peu après au Conseil général pour le canton de Melun-Sud. — Aux élections du 4 octobre 1885, M. Fr. Humbert a été élu député de Seine-et-Marne sur la liste radicale. Il a voté l'expulsion totale des princes. — On cite de lui un ouvrage intéressant sur l'*Invasion de 1814 en Seine-et-Marne*.

HUMBERT, Pierre François Albert, écrivain et dessinateur français, né à Vesoul le 24 février 1835. Après avoir terminé ses études au collège de sa ville natale, il vint à Paris et débuta en 1857, au *Journal amusant* ; puis il travailla à la *Vie parisienne*. M. A. Humbert a d'ailleurs plus ou moins activement collaboré à la plupart des journaux comiques illustrés qui se sont produits à Paris depuis cette époque. Huit jours après la publication du premier numéro de la *Lanterne* de M. H. Rochefort, il publiait le *Réverbère de deux sous*, « imprimé sur du papier à chandelle ». Enfin, en juillet 1868, il fondait sa désopilante *Lanterne de Boquillon*, dont le succès ne s'est pas démenti. — On doit en outre à M. Humbert un certain nombre de romans comiques, écrits dans le style désopilant inauguré par l'immortel Boquillon.

HUMBERT, Ferdinand, peintre français, né à Paris le 8 octobre 1842, élève de Picot, de Fromentin et de M. Cabanel. — Cet artiste a exposé, notamment : la *Fuite de Néron (1865)* ; *Œdipe et Antigone retrouvant les corps d'Etéocle et de Polynice (1866)* ; l'*Enlèvement (1867)* ; *Ambroise Paré implorant la pitié du duc de Nemours (1869)* ; *Messaouda (1869)* ; *Saint Jean-Baptiste*, une *Tireuse de cartes (1872)* ; *Dalila* et un *Portrait (1873)* ; la *Vierge, l'enfant Jésus et saint Jean-Baptiste (1874)* ; *Jésus-Christ à la colonne (1875)* ; la *Femme adultère (1877)* ; l'*Enlèvement de Déjanire (1878)* ; *Portrait d'enfant (1884)* ; la *Fin de la journée*, panneau décoratif pour la salle des mariages de la mairie du Xe arrondissement de Paris (1885) ; *En temps de guerre*, panneau décoratif destiné à la mairie du 15e arrondissement de Paris ; *Pro Patria*, panneau décoratif destiné au Panthéon (1886), et un certain nombre de portraits. — M. Humbert a obtenu des médailles en 1866, 1867 et 1869, et une médaille de 3e classe à l'Exposition universelle de 1878, avec la *Vierge, l'enfant Jésus et saint Jean-Baptiste* ; décoré de la Légion d'honneur en 1878, il a été promu officier le 11 juillet 1885.

HUMBERT Ier, Humbert Rénier Charles Emmanuel Jean Marie Ferdinand Eugène, roi d'Italie, fils aîné du feu roi Victor Emmanuel, est né le 14 mars 1844. Mêlé de bonne heure, par le roi son père, à la vie politique et militaire, il assistait à la guerre de l'indépendance italienne en 1859, quoique trop jeune pour y prendre une part active. Il prit, par exemple, une part plus importante dans les événements qui suivirent, tendant à compléter l'unification de l'Italie. C'est ainsi qu'il participa aux travaux de réorganisation, en province italienne, de l'ancien royaume des Deux-Siciles. En 1866, la guerre entre la Prusse et l'Autriche étant imminente et l'alliance de l'Italie avec la Prusse un fait accompli, le prince Humbert fut envoyé à Paris pour s'assurer que cette alliance n'était pas vue d'un trop mauvais œil par le gouvernement français. Les hostilités ouvertes, il prit le commandement d'une division avec le grade de lieutenant général, dans l'armée du général Cialdini, et se signala à Custozza non seulement par sa bravoure, mais aussi par son sang-froid et sa prudence, qui prévinrent incontestablement une première catastrophe. Il était nommé, en août 1866, président honoraire de la section italienne à l'Exposition de Paris. Après la prise de Rome par les

troupes italiennes, en 1870, le prince Humbert se fixait, avec la famille royale et la cour, dans la Ville Éternelle. A la mort de son père, le 9 janvier 1878, le prince Humbert fut proclamé roi d'Italie. L'année même, à son entrée à Naples, en voiture, le 17 novembre, un assassin nommé Giovanni Passanante tentait de poignarder le jeune roi, qui ne reçut qu'une égratignure, grâce au dévouement de son ministre, M. Cairoli (Voy. ce nom), qui l'accompagnait, lequel, en voulant détourner l'arme de la poitrine du roi Humbert, fut lui-même grièvement blessé. L'assassin, condamné à mort, vit sa peine commuée par le roi (mars 1879). — Le roi Humbert a épousé, le 22 avril 1863, la princesse Marguerite Marie Thérèse Jeanne de Savoie, fille du feu duc Ferdinand de Gênes, frère de Victor Emmanuel. Le 11 novembre 1869, à Naples, la princesse donnait le jour à un fils qui reçut les noms de Victor Emmanuel Ferdinand Marie Janvier et le titre de prince de Naples.

HUNT, William Holman, peintre anglais, l'un des membres fondateurs les plus distingués de l'école dite *préraphaélite*, est né à Londres en 1827. Il débuta aux expositions de l'Académie royale en 1846. — On cite de cet artiste : le *Dr Rochecliffe célébrant le service divin dans la maison de campagne de Joceline Joliffe, à Woodstock (1847)*; la *Fuite de Madeline et de Porphyre*, emprunté à la *Sainte-Agnès* de Keat *(1848)*; *Rienzi jurant d'obtenir justice du meurtre de son frère (1849)*; une *Famille britannique convertie donnant asile à un apôtre chrétien contre les persécutions des Druides (1850)*; *Valentin recevant Sylvie et Protée (1851)*; le *Berger mercenaire (1852)*; *Claudio et Isabella* et *Nos côtes d'Angleterre (1853)*; la *Lumière du monde* et le *Réveil de la conscience (1854)*. A l'Exposition universelle de Paris, de 1855, il avait envoyé la *Lumière du monde, Claudio et Isabella* et une nouvelle toile : les *Moutons égarés*. Il a donné ensuite : le *Bouc émissaire* (the Scapegoat), en 1856 ; *Découverte du Sauveur dans le Temple (1860)*; *Après le coucher du soleil, en Espagne (1862)*; le *Pont de Londres, le soir du mariage du prince de Galles (1864)*, envoyé à l'Exposition universelle de Paris, en 1867 ; le *Festival de saint Swithin (1868)*, etc. M. W. Holmann Hunt a fait, dans ces derniers temps, un séjour de quatre ans en Palestine. Il en a rapporté sa plus grande toile : *the Shadow of Death* (l'Ombre de la mort), représentant la prévision du crucifiement (1873). Il y est retourné en 1878 et s'est installé à Jérusalem.

HUON DE PENANSTER, Charles Marie Pierre, homme politique français, né à Lannion le 11 octobre 1832. Riche propriétaire, représentant le canton de Plestin au Conseil général des Côtes-du-Nord depuis 1861, M. Huon de Penanster fut élu représentant de ce département à l'Assemblée nationale, le 8 février 1871, et prit place à l'extrême-droite. Il conserva, pendant toute la durée de l'Assemblée nationale, une attitude conforme à ce choix, et fut élu député de la première circonscription de Lannion le 20 février 1876, et réélu le 14 octobre 1877, après avoir approuvé la politique du cabinet de Broglie-Fourtou. C'est M. Huon de Penanster qui, frappé de rappel à l'ordre pour cause d'interruption, dans la séance du 21 février 1879, par le président Gambetta, rappela à celui-ci, avec les preuves officielles à l'appui, certaine séance où il avait interrompu dix-huit fois l'orateur à la tribune sans s'attirer un seul rappel à l'ordre ; il obtint ainsi le retrait des deux siens, car il y en avait deux. — Après le terme de cette législature (1881), M. Huon de Penanster ne s'est plus présenté à aucune élection, jusqu'au 27 juin 1886, où il s'agissait de remplacer au Sénat M. Le Provost de Launay, décédé. Il fut élu, à cette date, sénateur des Côtes-du-Nord et a repris à la Haute Chambre un siège à l'extrême-droite.

HURLBERT, William Henry, journaliste américain, né à Charleston (Caroline du Sud) le 23 juillet 1827, fit ses études au collège d'Harvard et alla les compléter à Berlin, sous la direction de Ritter, de von Raümer et de Ranke. De retour aux Etats-Unis en 1851, il étudia le droit pendant deux ans. En 1855, il devint rédacteur du *Putnam's Magazine*, de New-York, puis fut attaché à la rédaction du *New-York Times*, de 1857 à 1861. Au commencement de la guerre de Sécession, en juin 1861, obligé de se rendre à Charleston, sa ville natale, pour affaires particulières, M. Hurlbert fut arrêté comme espion par les autorités confédérées, envoyé à Richmond et écroué à la prison de cette ville, d'où il parvint à s'échapper au bout de quatorze mois de captivité. Il entra dès lors (octobre 1862) à la rédaction du *New-York World*, dont il a pris la direction, en juin 1876, en remplacement de M. Manton Marble. M. William H. Hurlbert a voyagé, en qualité de correspondant des journaux auxquels il a appartenu, au Mexique, dans l'Amérique centrale et méridionale et dans diverses contrées de l'Europe ; il a, en outre, collaboré à la presse périodique newyorkaise et écrit divers poèmes, dont quelques hymnes faisant partie des collections de l'Eglise unitaire, et publié : *Gan Eden, or Pictures of Cuba (1854)*; *General Mac Clellan and the Conduct of the War (1864)* et un ouvrage sur *the Pacific Countries of South-America (1876)*. Il a quitté la direction du *World* en 1885 et réside maintenant à Londres comme correspondant du *Sun* de New-York.

HUXLEY, Thomas Henry, naturaliste anglais, né à Ealing, dans le Middlesex, le 4 mai 1825, fit ses études au collège de sa ville natale et vint ensuite à Londres où il suivit les cours de l'école de médecine de l'hôpital de Charing-Cross. Nommé en 1846 aide-chirurgien à bord du *Rattlesnake*, avec lequel il prit part à l'exploration du sud de l'océan Pacifique et du détroit de Torres, il revint en Angleterre en 1850 et était élu deux ans après membre de la Société royale, dont il devint secrétaire en 1873. En 1854, il remplaçait Edward Forbes comme professeur d'histoire naturelle à l'Ecole des mines ; il était nommé, la même année, professeur de physiologie à l'Institution royale et examinateur de physiologie et d'anatomie comparée à l'université de Londres. Membre du comité des écoles de Londres, en 1870, il prit une part très active aux délibérations de ce comité, dont il s'est retiré en janvier 1872. En 1875 et 1876, il a remplacé à la chaire d'histoire naturelle d'Edimbourg le professeur Wyville Thomson, attaché à l'expédition du *Challenger*. M. Huxley a été lord recteur de l'université d'Aberdeen pendant trois ans, de 1874 à 1878. Il est l'auteur d'un grand nombre de *mémoires* sur l'histoire naturelle, publiés dans les *Transactions* et *Journaux* des Sociétés royale, linnéenne, géologique et zoologique et dans les *Memoirs of the Geological survey of Great Britain*, sociétés dont il fait partie. On doit en outre à ce savant professeur : les *Hydrozoaires océaniens (1862)*; la *Place de l'homme dans la nature (1863)*; *Leçons d'anatomie comparée (1864)*; *Leçons de physiologie élémentaire (1866)*; *Introduction à la classification des animaux (1869)*; *Sermons laïques, allocutions et critiques (1870)*; *Manuel d'anatomie des animaux vertébrés (1771)*; *Critiques et discours (1873)*; *Instruction pratique sur la biologie élémentaire (1875)*; *Hume, sa vie et ses travaux*; *Discours d'Amérique, avec une « lecture » sur l'étude de la biologie (1877)*; *Physiologia, introduction à l'étude de la nature*; *Anatomie des invertébrés (1878)*; la *Seiche, introduction à l'étude de la zoologie (1879)*; *Science et culture (1882)*, etc. Le professeur Huxley a reçu la médaille de Wollaston de la Société géologique en 1876 ; il a été élu correspondant de l'Académie des sciences française, pour la section d'anatomie et zoologie en juin 1879, et membre étranger du conseil de l'Académie nationale des Etats-Unis en 1883.

HYACINTHE, Louis Hyacinthe Duflost (dit), acteur comique français, né à Paris le 25 avril 1814, faisait partie, dès l'âge de sept ans, du fameux théâtre des « Jeunes élèves » de Comte. Lorsqu'il eut atteint sa seizième année, il fut poliment mais inexorablement expulsé de la jeune troupe, pour avoir grandi d'une manière presque soudaine et, en tout cas, dans des proportions démesurées. Il entra alors au Vaudeville, où il fit peu parler de lui ; puis, vers 1836, aux Variétés, où il commença sa réputation, par la création de types ridicules fort bien réussis, dans les pièces suivantes, entre autres : le *Maître d'école*, *Ma maîtresse et ma femme*, les *Saltimbanques*, les *Cuisinières*, etc. En 1847, M. Hyacinthe entrait au Palais-Royal, qu'il n'a plus quitté. Il y joua d'abord le répertoire d'Alcide Touzez, qui venait de mourir, et s'y fit promptement remarquer, ainsi que dans beaucoup de créations heureuses, parmi lesquelles, n'en pouvant donner la liste complète, nous rappellerons le rôle de Peau-de-Satin, dans la *Mariée du mardi gras (1857)*; Choufleury, dans les *Mémoires de Mimi-Bamboche (1861)*; divers rôles, dans *Fernandinette, ou la rosière d'en face*, le *Sabot de Marguerite*, etc. ; ceux de Rasoir, dans *Poterie* ; de Gondremarck, dans la *Vie Parisienne* ; de Castel-Bombé, dans la *Vie de château (1869)*; d'Alfred, dans le *Réveillon (1872)*; de Gargaret, dans *Doit-on le dire ?* de Hochart, dans les *Samedis de madame* ; du duc Emile, dans *Tricoche et Cacolet* ; d'Ernest Fador, dans la *Pièce de chambertin* ; de Marachard, dans la *Mi-Carême (1874)*; d'Alcide de Malicorne, dans *Ici, Médor !* de Birochet, dans le *Panache (1875)*; de Frédéric, dans *Loulou* ; de Marocain, dans les *Jocrisses de l'amour* ; de M. de Catalpa, dans *Mon mari est à Versailles (1876)*; du prince Poupoulos, dans la *Clef (1877)*, etc., etc.

HYACINTHE (le Père), — voyez **Loyson** Charles Hyacinthe.

I

IDDESLEIGH (comte d'), Stafford Henry Northcote, homme d'Etat anglais, né à Londres le 27 octobre 1818, fit ses études à Eton et au collège Balliol, à Oxford, puis se fit admettre au barreau à *l'Inner Temple*, en 1847. Il débuta dans la vie publique comme secrétaire particulier de M. Gladstone, alors vice-président du Bureau du commerce et directeur de la Monnaie (1841) ; secrétaire de l'Exposition industrielle en 1851, il fut créé compagnon du Bain, section civile, pour services exceptionnels rendus dans ces fonctions. Elu, en qualité de conservateur, représentant de Dudley à la Chambre des communes, en mars 1855, il échoua dans la circonscription nord de Devon aux élections de mars 1857, mais il fut réélu par Stamford en juillet de l'année suivante et continua de représenter ce bourg jusqu'en mai 1866, époque où il fut élu de nouveau par le North-Devon, qu'il a représenté jusqu'à son élévation à la pairie. Sir Stafford Northcote (tel était alors son nom, ayant hérité le titre de baronet de son grand-père en 1851) a été secrétaire financier à la Trésorerie de janvier à juin 1859. Président du Bureau du commerce dans le cabinet Derby, en 1866, il fut secrétaire d'Etat pour les Indes de mars 1867 à décembre 1868. Elu directeur de la compagnie de la baie d'Hudson, le 12 janvier 1869, il présida le congrès de l'Association de la science sociale tenu à Bristol la même année et fut nommé, le 2 novembre 1870, commissaire chargé de faire une enquête sur les sociétés mutuelles. En 1871, il a fait partie de la haute commission dont les travaux aboutirent au traité de Washington. *Lors du retour de son parti aux affaires, en février 1874*, sir Stafford Northcote a été nommé chancelier de l'Echiquier ; au mois d'août 1872, M. Disraéli ayant été élevé à la pairie avec le titre de comte Beaconsfield, il l'avait *remplacé à la Chambre des communes comme orateur* du gouvernement, poste rendu exceptionnellement épineux par les complications extérieures. La veille de la retraite du cabinet dont il faisait partie, en avril 1880, il était promu grand croix du Bain. *Il fit de nouveau partie* du ministère conservateur présidé par le marquis de Salisbury, de juin 1885 à février 1886, et à la chute de ce ministère, il entra à la Chambre des lords, au titre de comte d'Iddesleigh. *Le 2 août 1886, les conservateurs* ayant ressaisi le pouvoir, lord Iddesleigh fut appelé au ministère des affaires étrangères dans le cabinet constitué par le marquis de Salisbury. — Le comte d'Iddesleigh est membre de la Société royale de *Londres* depuis 1875 ; il faisait partie de la commission royale britannique près l'Exposition universelle de 1878.

IGNATIEF, Nicolas Paulovitch, général et diplomate russe, né à Saint-Pétersbourg le 29 janvier 1832, est fils d'un capitaine d'infanterie qui, lors de l'insurrection militaire provoquée à Saint-Pétersbourg par l'avènement un peu forcé du grand-duc Nicolas au trône de Russie, en 1825, passa le premier, avec sa compagnie, du côté du nouveau czar, défection qui assura le triomphe de celui-ci et valut au capitaine Ignatief et à sa famille la puissante protection de Nicolas Ier. Celui qui fait l'objet de cette notice eut, pour commencer, l'empereur pour parrain. Elevé à l'Ecole des cadets, il fit brillamment ses premières armes sur les bords de la mer Caspienne. De retour à Saint-Pétersbourg, il entra dans la diplomatie, comme attaché à la section asiatique de la Chancellerie ; deux ans plus tard, ayant atteint (1858) le grade de major général, il était nommé ministre plénipotentiaire à Pékin (1860) ; en 1864, il était appelé à l'ambassade de Constantinople. Dans ce poste important, il sut mettre le sceau *à sa réputation d'habileté*, qui date de ses *débuts*, releva rapidement le prestige de la Russie et ne tarda pas à devenir même une sorte de conseil du sultan Abd-ul-Aziz, après l'avoir complètement rassuré sur les intentions de son gouvernement. D'autre part, il s'était acquis une popularité considérable par sa bienveillance et son affectation de protection des faibles, c'est-à-dire des habitants non-musulmans de la Turquie, si bien qu'on le désignait habituellement sous le nom de *roi de Péra*. Le général Ignatief était donc une véritable puissance à Constantinople, et le czar n'avait qu'à se louer de son ra-

présentant qui, tout en endormant le Turc, avait su réveiller ou du moins accroître les sympathies des populations chrétiennes pour la Russie. La déposition d'Abd-ul-Aziz, le 30 mais 1876, événement imprévu par lui, qui croyait tout prévoir, vint renverser l'édifice si habilement construit. Après l'avortement de la conférence de Constantinople et le départ des plénipotentiaires (décembre), le général Ignatief faisait une tournée diplomatique à Vienne, Berlin, Paris et Londres, dont le résultat était la signature du protocole de Londres (mars 1877). Remplacé à Constantinople par le prince Labanoff le 2 mai 1878, le général Ignatief resta quelque temps sans emploi officiel, et vint même passer une partie de l'hiver de 1879 à Nice. Il avait été un moment question de l'investir de la souveraineté bulgare, mais cette idée n'avait pas eu de suite. Quelque temps après, il était appelé au pouvoir comme ministre de l'Intérieur, mais il résignait son portefeuille en juin 1882. — Le général Ignatief est sénateur, membre du Conseil de l'empire et président de l'Académie impériale de Saint-Pétersbourg. Il est grand officier de la Légion d'honneur.

IMBERT, Agamemnon, ingénieur et homme politique français, né en 1835 à Bourg-Saint-Andéol (Ardèche), où son père exerçait l'état de maréchal-ferrant. Elève des écoles d'arts et métiers, M. Imbert travailla d'abord lui-même comme ouvrier forgeron, puis comme dessinateur mécanicien. Ayant obtenu le diplôme d'ingénieur civil, il est devenu directeur d'une usine de construction de chaudières à vapeur, câbles métalliques, etc., connue sous la raison sociale Imbert frères, à Saint-Chamond, dont les produits, récompensés à toutes les expositions, obtenaient notamment une médaille d'or à l'Exposition universelle de 1878 (cl. LIV, machines et appareils de la Mécanique générale). Conseiller municipal de Saint-Chamond depuis près de vingt ans, M. Imbert était porté, aux élections d'octobre 1885, sur la liste républicaine de la Loire. Elu député au scrutin du 18, il a pris place à gauche et a voté l'expulsion totale des princes.

IRVING, John Henry Brodribb, acteur anglais, né à Keinton, près de Glastonbury, le 6 février 1838, fit ses études dans une institution de Londres. Il parut pour la première fois sur la scène au théâtre de Sunderland, le 29 septembre 1856. Après avoir passé deux ans et demi à Edimbourg, il débuta le 25 septembre 1859, au théâtre de la Princesse, à Londres, où il resta trois mois, fit ensuite quelques conférences dramatiques à la salle Crosby, puis partit pour Glasgow au mois d'avril 1860, resta attaché au théâtre de cette ville jusqu'en septembre suivant, et joua ensuite au Théâtre-Royal de Manchester jusqu'à fin mars 1865. Cette année-là, il prit part, avec M. Macrabe, à des représentations données pour servir de cadre aux fameuses « spiritual séances » des frères Davenport. De janvier à juillet 1866, il fut engagé au théâtre du Prince-de-Galles, à Liverpool, puis revint à Manchester, engagé par M. Dion Boucicault, avec Miss Kate Terry, pour jouer dans son nouveau drame intitulé *Hunted Down*. Cette circonstance lui valut un engagement sérieux à Londres, où il débuta au théâtre Saint-James, dans le rôle de Doricourt du *Belle's Stratagem*. Il passa au Théâtre-de-la-Reine en décembre 1867, fit quelques tournées en province, et entra au mois de mai 1870 au théâtre du Vaudeville, dans le rôle de Digby Grant des *Deux roses*, comédie de M. Albery, qui eut trois cents représentations consécutives. En novembre 1871, il paraissait au Lyceum dans les *Bells*, adaptation du *Juif polonais* de MM. Erckmann-Chatrian. Il parut ensuite dans les rôles de *Charles Ier*, *Richelieu*, *Eugène Aram*, etc. En 1874, il donna une série de représentations d'*Hamlet* accueillies avec enthousiasme par le public, mais dont la critique a vivement discuté le mérite. M. Irving est revenu depuis principalement aux *Bells*, qu'il a jouées de nouveau au Lyceum en 1876 et 1877, avec un succès toujours plus grand. Il parut également dans le rôle de Philippe de la *Reine Marie*, drame de Tennyson (1876); dans celui de Lesurques du *Courrier de Lyon (1877)*; dans le principal rôle de *Vanderdecken*, drame de MM. Percy Fitzgerald et W. G. Wills (1878). La retraite de Mme Bateman lui ayant laissé la direction du Lyceum, il y reprit, le 30 décembre 1878, ses représentations shakespeariennes par la tragédie d'*Hamlet*. Il y joua ensuite: les *Frères Corses*, la *Coupe*, le *Belle's Stratagem*, etc. En juillet 1883, il partait pour les Etats-Unis, emmenant avec lui la troupe du Lyceum. A cette occasion, un banquet d'adieux lui était offert à Saint-James Hall, dans lequel c'était lord Coleridge, le lord *Chief Justice* d'Angleterre, qui occupait le fauteuil de la présidence. Après une tournée fructueuse, M. Irving revenait en Angleterre et reprenait la direction du Lyceum. Il y jouait, dans la saison de 1886, entre autres pièces shakespeariennes et autres, *Faust*, drame de MM. W. G. Wills, qui a eu sur la scène anglaise un succès énorme et qu'un correspondant conseillait récemment d'adapter à la scène française.

ISABELLE II, Maria Isabella Luisa, reine-mère d'Espagne, née à Madrid le 30 octobre 1830, fille aînée de Ferdinand VII et de sa quatrième femme, Marie-Christine, sous l'influence de laquelle il signa, le 29 mars 1830, la Pragmatique sanction, abolissant la loi salique en Espagne. En conséquence de cette mesure, par laquelle Ferdinand VII, n'ayant pas d'enfants mâles, dépouillait son frère et héritier don Carlos, la jeune princesse Isabelle fut proclamée reine à la mort de son père (29 septembre 1833), sous la régence de sa mère Marie-Christine, et une insurrection formidable éclatait, qui n'était que le prologue d'un drame dont nous n'avons, sans doute, pas encore vu l'épilogue. Pendant sept ans, pour commencer, les *Carlistes* et les *Christinos* en lutte désolèrent la malheureuse Espagne. Enfin, les victoires d'Espartero et la capitulation de Bergara (31 août 1839) mirent fin à la lutte pour cette fois. Don Carlos, dont les Cortès avaient prononcé la déchéance, en sanctionnant les droits d'Isabelle, se réfugia en France, frappé d'exil ainsi que ses principaux partisans. Cependant, ce succès obtenu, on crut pouvoir se passer des Cortès, et elles furent dissoutes dès le mois qui suivit la victoire décisive remportée sur les Carlistes (septembre). Une révolte formidable souleva à la fois Madrid et Barcelone, en réponse à cet acte impolitique, et la reine-régente, contrainte par Espartero, habile à profiter de la circonstance, se démit de la régence en faveur de celui-ci et se réfugia en France à son tour. Confirmé dans ce poste par un vote des Cortès, le 8 mai 1841, qui remettait aux mains d'Arguelles la tutelle de la jeune reine, Espartero fut impuissant à ramener le calme dans son pays, et ne parait d'ailleurs pas avoir tenté de bien sincères efforts dans ce sens. Un goût trop prononcé pour les répressions sanglantes et les violences sauvages finit par le perdre. Deux fois bombardée par ses soins, en moins d'un an, Barcelone se soulevait une troisième fois, organisait un gouvernement provisoire qui déclarait le régent traître à la patrie et déchu de toutes ses dignités (juillet 1843), et envoyait contre Madrid un nombreux corps d'insurgés, commandé par Narvaez. Mais le régent avait si bien travaillé, qu'abandonné de tous, il avait dû se réfugier à bord d'un bâtiment anglais, laissant le champ absolument libre à son ennemi Narvaez. Après la fuite d'Espartero, la régence fut confiée au général Castanos, qui ne la conserva que quelques mois, les Cortès ayant déclaré la reine Isabelle majeure le 15 octobre 1843. L'Espagne n'en fut pas moins courbée sous le joug de la dictature militaire de Narvaez, ayant l'état de siège comme moyen de gouvernement. La reine Marie-Christine revint de France et reprit à peu près son influence sur la direction des affaires, comme si sa fille était toujours mineure. Cette influence se manifesta tout particulièrement dans la question des mariages espagnols, qui remua bientôt toute l'Europe. Ce grand remue-ménage s'explique par la raison que chaque puissance présentait son candidat à la main de la jeune reine. La Russie appuyait le comte de Montemolin, fils de don Carlos, le meilleur choix politique peut-être qui pût être fait dans la circonstance; l'Angleterre avait pour client le prince Léopold de Cobourg; puis venait le comte de Trapani, fils du roi des Deux-Siciles et enfin don Maria Fernand Francisco-de-Assis, fils de l'infant Francisco-de-Paula, cousin d'Isabelle, candidat de Marie-Christine et de la France. Ce fut celui-ci qui triompha, et tandis que la reine Isabelle II épousait son cousin Francisco-de-Assis, sa propre sœur, l'infante Dona Maria Luisa Fernanda de Bourbon épousait le duc de Montpensier (10 octobre 1846), moyen ingénieux de créer un nouveau prétendant à la couronne d'Espagne, ainsi que l'avenir le prouva. Cet heureux événement eut pour effet de faire appeler les libéraux au pouvoir, dans la personne de MM. Serrano et Salamanca, pas immédiatement toutefois, mais seulement en septembre 1847; et encore Narvaez était-il rappelé le mois suivant. Cependant, le comte de Montemolin, qui avait une double raison de rancune contre la reine d'Espagne, profitait des événements de 1848, pour faire, avec l'aide de Cabrera, une nouvelle tentative armée, qui n'eut, il est vrai, aucun résultat.

Le 20 décembre 1851, la reine Isabelle avait une fille. Le 2 février 1852, comme elle allait faire ses relevailles, elle était frappée d'un coup de couteau par un prêtre carliste, nommé Martin Merino. Cet attentat fut le prétexte de nouvelles mesures réactionnaires. Les Cortès, coupables de s'être donné un président libéral, furent dissoutes; la nouvelle chambre de 1853, grâce à une nouvelle coalition comme en provoquent toujours les gouvernements despotiques, qui ne tiennent compte de l'opinion que pour la combattre, présenta une opposition autrement formidable que la précédente aux agissements du gouvernement. Elle fut de nouveau dissoute (8 avril); mais le gouvernement n'y survécut pas. Il fit place à un ministère absolutiste, qui débuta par le bannissement des généraux appartenant au parti constitutionnel. L'armée se souleva; le nouveau ministère fut renversé et remplacé le 18 juillet par un ministère conservateur, sous la présidence du duc de Rivas, lequel est désigné par le nom caractéristique de ministère des *Quarante heures*, ayant été à son tour renversé par une émeute madrilène quarante heures après son installation. A la suite de cet événement, la reine Marie-Christine reprenait le chemin de la France et Espartero était de nouveau appelé à former un ministère définitif, mais d'une nature peu rassurante, car il y avait pour collaborateur l'un de ses adversaires les plus résolus: O'Donnell. L'entente entre ces deux hommes ne pouvait être de longue durée, et comme ils représentaient deux partis différents, la division qui régnait entre eux avait pour corollaire la division du pays, désolé à la fois par les émeutes partielles, une crise financière terrible, l'agitation religieuse et en proie par conséquent à une situation intolérable. En présence de l'impossibilité de vivre en bonne intelligence avec son collègue et de la préférence dont il était évidemment l'objet à la cour, Espartero se retira le 14 juillet 1856. Une insurrection formidable suivit la retraite du duc de la Victoire, mais comme celui-ci ne donna pas signe de vie, elle fut promptement écrasée, et servit comme toujours de prétexte à de nouvelles rigueurs et à des mesures de réaction qui n'eurent d'autre terme que la chute d'O'Donnell et son remplacement par Narvaez à la tête d'un cabinet un peu plus libéral (8 octobre 1857). Mais ce cabinet ne tint pas longtemps et ce fut un nouveau cabinet O'Donnell qui le remplaça, le 1er juillet 1858. Celui-ci dura, grâce surtout à une politique extérieure d'une habileté incontestable. A la suite de la guerre du Maroc, terminée par une paix glorieuse pour l'Espagne (février 1860), le gouvernement français agissait diplomatiquement auprès des autres gouvernements pour faire reprendre à cette grande nation son rang de puissance de premier ordre, que ses dissensions intestines lui avaient fait perdre; ce qui ne l'empêchait pas, après avoir agi d'abord de concert avec l'Angleterre et la France au Mexique, d'abandonner celle-ci au dernier moment. — Cependant deux nouveaux soulèvements avaient lieu, en janvier 1866 et au mois d'août 1867. Ils furent réprimés et, par extraordinaire, le dernier fut suivi d'une amnistie. Malgré cela toute une année fut encore marquée par des émeutes partielles, qui donnèrent lieu à toute sorte de rigueurs contre les journalistes et contre les généraux dont la sympathie paraissait douteuse. Plusieurs, condamnés à mort, vinrent se réfugier en France. Enfin, le 16 septembre 1868, une révolution décisive éclata, dont le signal fut donné par la flotte de Cadix, et qui se répandit bientôt d'un bout à l'autre de la Péninsule. Le 29, la reine Isabelle, qui s'était par précaution rapprochée de la frontière française, était déclarée déchue du trône d'Espagne et se réfugiait au château de Pau avec son mari, ses enfants et son conseiller intime Marfori, dont les conseils autant que l'intimité étaient certainement pour beaucoup dans sa chute et dans les tribulations qui l'avaient précédée. Un gouvernement provisoire fut installé à Madrid, dont faisaient partie les généraux Prim et Serrano et l'amiral Topete. Quelques semaines plus tard, la reine détrônée venait s'installer à Paris, où elle ne parut s'intéresser à la politique qu'autant qu'on l'y contraignit. Le 25 juin 1870, elle abdiquait ses droits au trône d'Espagne en faveur du prince des Asturies, son fils aîné. Pendant la guerre franco-prussienne, la reine Isabelle se réfugia à Genève, mais dès que le calme y fut rétabli, elle revint à Paris, qu'elle quittait, le 28 juillet 1876, pour aller rejoindre son fils, roi d'Espagne. Elle emmenait avec elle sa suite ordinaire, y compris le « conseiller » Marfori: mais celui-ci fut expulsé d'Espagne par mesure spéciale, et, comme il n'approuvait pas la mesure, et qu'il s'avisa de le publier dans des termes injurieux pour le gouvernement d'Alphonse XII, il fut appréhendé, jugé et condamné à la prison comme un simple mortel. Quant à la reine Isabelle, elle rentrait en France le 2 octobre 1886. — La reine Isabelle a eu cinq enfants: l'infante Marie Isabelle Françoise-d'Assise Christine Françoise-de-Paule Domingua, née le 20 décembre 1851; Alphonse XII, roi d'Espagne, né le 28 novembre 1857, mort le 25 novembre 1885; l'infante Maria-del-Pilar, etc., née le 4 juin 1861; l'infante Maria-de-la-Paz Jeanne Amélie, etc., née le 23 juin 1862, et l'infante Marie Eulalie, née le 12 février 1864.

ISAMBERT, Gustave François, littérateur et journaliste français, né à Châteaudun le 20 octobre 1841, fit ses études au lycée de Vendôme et s'occupa dès lors de journalisme. Il débuta, en 1858, à l'*Union agricole* de Chartres. Venu à Paris vers la fin de 1860, il prit successivement une part active à la rédaction de la *Jeune France*, de la *Jeunesse*, du *Mouvement* et de la *Voix nouvelle*, journaux d'étudiants. De 1862 à 1865, M. Gustave Isambert fut un des principaux rédacteurs du *Courrier du Dimanche*, qu'il quitta à la suite de dissentiments intérieurs. Il entra alors au *Temps*, où il rédigea le « bulletin du jour »; puis alla, en 1868, fonder à Reims l'*Indépendant rémois*. Après avoir quitté, en 1870, ce journal où son opposition à l'empire paraissait trop accentuée aux propriétaires, il revint au *Temps*, dont il fut l'un des correspondants militaires au début de la guerre. En cette qualité, il fut arrêté et emprisonné à Rethel par ordre du colonel Stoffel, prévôt de l'armée de Châlons. Après le 4 Septembre, M. Isambert entra au ministère de l'intérieur et fit partie de la délégation du gouvernement de la Défense nationale, à Tours et à Bordeaux, d'abord comme attaché à la direction du personnel, puis comme chef du service de la presse. Il donna sa démission lors de la retraite de Gambetta (3 février 1871). Aux élections du 8, 8,000 voix se portèrent sur son nom dans le département d'Eure-et-Loir. Rentré à Paris, il fut, pendant la Commune, l'un des secrétaires de la Ligue d'union républicaine des droits de Paris. Il a été, en novembre 1871, l'un des fondateurs et est resté jusqu'à la fin de 1883, l'un des rédacteurs les plus actifs de la *République française*, dont il avait, dans les derniers temps, la direction. — M. Gustave Isambert a publié: la *Loi militaire expliquée*, avec Coffinhal-Laprade (1868), ouvrage qui a eu dix-sept éditions; l'*Impôt et son emploi*, même année; *Combat et incendie de Châteaudun (1871)*, et des éditions, avec préface, des *Lettres de Mlle de Lespinasse* (Lemerre, 1876, 2 vol. in-16), et du *Neveu de Rameau* (Decaux, 1876, in-32). Il a aussi collaboré au *Livre d'or des peuples*, à l'*Encyclopédie générale*, à la *Vie littéraire*, etc., et fait, en 1875, une série de conférences remarquées sur le XVIIIe siècle.

ISELIN, Henri Frédéric, sculpteur français, né à Clairegoutte (Haute-Saône) en 1824, est élève de Rude. — On cite de cet artiste, qui a débuté au Salon de 1849 par des *Bustes: Jean Goujon*, statue; *Jeune Romain*, buste (1852); *Murat*, buste, pour la Galerie de Versailles; l'*Observation*, buste allégorique (1855); le *Génie du feu*, groupe (1856), au nouveau Louvre; le *Duc de Bauffremont*, *M. Lefébure*, bustes (1857); *E. Picard*, buste (1859); le *Duc de Morny*, *Bugnet*, professeur à l'Ecole de droit; *Desloyes*, le *Président Boileau*, bustes (1861); *Napoléon III*, le *Comte de Persigny (1862)*; *Augustin Thierry*, *Courtenay (1864)*; un nouveau *Napoléon III*, pour le Corps législatif (1865); un nouveau *Duc de Morny (1866)*; une statue d'*Euripyle*, au Louvre; l'*Elégance*, statue, au foyer de l'Opéra (1872); le *Baron Poisson* et un autre *Portrait*, bustes en marbre (1873); le *Général Lamoricière* et un *Portrait*, bustes en marbre (1875); un *Portrait*, médaillon en bronze (1876); l'*Abbé Cochet*, pour le musée de Rouen, buste en bronze; *Lagrange*, pour le bureau des longitudes, buste en marbre (1877); *Claude Bernard*, pour les galeries de Versailles, buste en marbre (1879); *M. Durot*, buste monumental en bronze, destiné à une place publique; *François Miron*, statue en pierre, pour la façade principale de l'Hôtel de Ville de Paris (1883); *Portrait de feu Henry*, architecte de l'Ecole polytechnique (1884); *Portrait de Mme la vicomtesse Chandon de Briailles*, buste en marbre (1886), et bon nombre d'autres portraits. — M. Iselin a obtenu une médaille de 3e classe en 1852 et en 1855, le rappel

en 1857, une médaille de 2e classe en 1861, le rappel en 1863; il a été décoré de la Légion d'honneur en 1863.

ISIDOR, Lazare, grand rabbin du consistoire central des Israélites de France, est né à *Lixheim* (Meurthe) le 15 juillet 1813. Après avoir terminé ses études à l'Ecole rabbinique de Metz, il fut nommé rabbin à Phalsbourg en 1837. Appelé à succéder à M. Ennery, comme grand rabbin à Paris, en 1847, M. Isidor est devenu, en 1866, grand rabbin du consistoire central. Il s'est fait, dans ses fonctions diverses, une grande réputation de charité, et a prêté son concours empressé à toutes les œuvres ayant pour objet le développement de l'instruction parmi ses coreligionnaires. — Chevalier de la Légion d'honneur depuis 1859, M. Isidor a été promu officier le 12 mars 1878.

ISMAEL, Jean Vital Ismael Jammes (dit), chanteur dramatique français, né à Agen le 28 avril 1827. Fils d'un pauvre tailleur de cette ville, ses parents ne pouvaient lui fournir les moyens de cultiver ses heureuses aptitudes musicales et de développer, par l'étude, une magnifique voix de baryton. Ce que voyant, et poussé par une vocation irrésistible, le jeune Ismaël abandonna le toit paternel, se rendit à pied à Bordeaux, puis à Nantes, s'arrêtant de ville en ville en faisant, pour vivre, le métier précaire de chanteur ambulant. A Nantes, il fut assez heureux pour obtenir un engagement de choriste au Grand-Théâtre et, l'occasion aidant, fut appelé, un beau jour, à remplir le rôle de Max dans le *Chalet*: il avait à peine seize ans. Venu peu après à Paris, il ne put réussir à se faire admettre au Conservatoire, prit quelques leçons d'un artiste de peu de notoriété, et accepta un engagement pour l'emploi de baryton et de basse-chantante dans une petite ville de Belgique. Doué d'une intelligence et d'une force de volonté peu communes, le jeune artiste, qui avait commencé par apprendre seul à lire et à écrire, apprit également la musique presque sans maîtres, se mit en état de lire les partitions et fit, d'une manière absolument pratique, son apprentissage de chanteur et de comédien sur les scènes secondaires de la province. Après Tournai, il vint tenir son emploi à Orléans, puis à Amiens, à Saint-Etienne et enfin à Bordeaux, où il remporta ses premiers grands succès, jouant tous les grands rôles de l'opéra et de l'opéra comique. Dès lors, il se produisit exclusivement sur les scènes des grandes villes de province: Rouen, Lyon, Marseille, ainsi que Bruxelles. La réputation de M. Ismaël avait fini par trouver un écho à Paris, et M. Carvalho, directeur du Théâtre-Lyrique, l'engageait en 1863. Il débuta, le 30 septembre, dans les *Pêcheurs de perles* de G. Bizet. Il se produisit ensuite dans *Rigoletto*. M. Ismaël avait une voix sympathique, joignant à un grand sentiment pathétique la mesure convenable de verve comique; aussi, malgré quelques hésitations, justifiées par certains défauts que contractent forcément en province les artistes les mieux doués, M. Ismaël réussit et devint promptement le favori du public. On lui doit des créations nombreuses dans *Rigoletto*, *Cardillac*, la *Fiancée d'Abydos*, les *Joyeuses commères de Windsor*, *Mireille*, *Macbeth*, etc., au Théâtre-Lyrique; et, à l'Opéra-Comique, où il a été engagé en 1871, dans *Fantasio*, le *Roi l'a dit*, *Gille et Gillottin*, surtout ce dernier ouvrage, auquel il dut un de ses plus grands succès. Il a, en outre, repris une foule de rôles de son emploi, montrant, en même temps que l'ampleur, la souplesse et la variété de son talent. Atteint, malheureusement, peu après son entrée à l'Opéra-Comique, d'une affection vocale, il a été, à plusieurs reprises, contraint de se tenir éloigné de la scène. Chanteur et acteur éminemment distingué, M. Ismaël est, en outre, un artiste soigneux de toutes choses, précieux sous tous les rapports. Le Conservatoire l'avait placé à la tête de sa classe d'opéra depuis déjà plusieurs années, lorsqu'il fut révoqué par arrêté ministériel du 29 décembre 1876, à la suite du refus de donner sa démission, qui lui était demandée. Il n'est pas sans intérêt de constater, sans vouloir autrement entrer dans la discussion des actes de l'administration du Conservatoire, que *treize* (sur *quatorze*) des élèves de la classe d'opéra ont voulu protester contre la révocation un peu sommaire de leur professeur, et que cette manifestation leur fut interdite sous menace de *renvoi*. — M. Ismaël a pu reparaître depuis au théâtre. Il chantait à Toulouse au printemps de 1886.

ISMAIL-PACHA, ex-khédive d'Egypte, petit-fils du célèbre Mehemet-Ali, est né au Caire en 1830 et succéda à son oncle, Saïd-Pacha, le 18 janvier 1863. Il fit ses études à Paris et suivit les cours de l'Ecole d'état-major. De retour en Egypte en 1849, il fit une vive opposition au vice-roi Abbas-Pacha, lequel chercha à s'en venger en l'accusant d'assassinat, en 1853, et en commençant contre lui des poursuites criminelles que des influences puissantes arrêtèrent toutefois à temps. En 1855, il vint en France, chargé d'une mission confidentielle, puis se rendit à Rome, où il porta de riches présents au pape. Il remplit diverses fonctions importantes sous le gouvernement de Saïd, fut membre du Conseil d'Etat et eut même la direction intérimaire du gouvernement pendant un voyage du vice-roi aux Lieux-Saints (1861). Nommé à la fin de cette même année, général en chef de l'armée égyptienne, il eut à réprimer le soulèvement des tribus de la frontière du Soudan. En montant sur le trône, Ismaïl-Pacha déclara qu'il suivrait en tout la politique de son prédécesseur, qui peut se résumer dans le développement des richesses naturelles du pays. Il donna, en effet, une extension considérable à la culture du coton, source de richesse pour l'Egypte, surtout pendant la guerre de Sécession américaine (1861-65), mais cette extension eut pour effet immédiat d'enlever beaucoup de bras à la Compagnie du canal de Suez, qui, forte des clauses de son traité, se fâcha; diverses autres difficultés avaient surgi dans le même temps entre le khédive et la Compagnie, habituée à plus de bienveillance de la part de Saïd, qui furent soumises à l'arbitrage de Napoléon III, accepté par Ismaïl-Pacha, et arrangées en conséquence. A partir de ce moment (août 1864), le khédive prit à l'entreprise un très vif intérêt et, en 1869, l'œuvre étant près de son terme, il rendit visite à la plupart des souverains, qu'il invita aux fêtes de l'inauguration. Mais ces démarches, ces rapports directs et comme d'égal à égal du vice-roi d'Egypte avec les souverains européens, indisposèrent vivement contre lui son suzerain, le sultan qui en manifesta beaucoup d'irritation, lui retira tous les privilèges accordés et lui signifia même la résolution de présider l'inauguration du canal de Suez, de manière à bien constater que c'était chez lui, sur son territoire, administré pour lui par son vassal Ismaïl, que la chose avait lieu. Après bien des négociations épineuses, le vassal pourtant put faire aux étrangers les honneurs de chez lui, lors de l'inauguration du canal, le 20 novembre 1869. Un nouveau firman fut publié qui maintenait et confirmait les privilèges accordés précédemment au khédive, et qu'il avait, en somme, bien payés, et lui fut notifié avec toutes les formalités voulues. Enfin, un nouveau firman du sultan au khédive, en date du 8 juin 1873, sanctionne l'entière autonomie de l'Egypte et déclare exécutoire la loi de 1866 portant, contrairement à la loi d'hérédité musulmane, que la transmission du trône de l'Egypte se fera désormais, dans la famille d'Ismaïl-Pacha, en ligne directe. Dans son désir d'acclimater en Egypte les pratiques de l'Europe civilisée, Ismaïl-Pacha créa, en 1866, un parlement égyptien. On lui doit aussi, avec le secours de Nubar-Pacha, l'introduction dans son pays de l'opérette. Ismaïl-Pacha introduisit, somme toute, assez de réformes heureuses dans son pays, mais il négligea d'apporter des réformes, de plus en plus nécessaires pourtant, dans ses folles dépenses, de sorte qu'il conduisit l'Egypte à deux doigts de la banqueroute. Ce que voyant, les puissances européennes, créancières de l'Egypte, intervinrent; on fit déclarer par la cour d'appel, récemment instituée, les biens du khédive saisissables, qu'un agent anglais estima *175 millions* (mai 1876). Les commissaires anglais et français, M. de Blignières et sir Charles Rivers Wilson, rédigèrent un rapport dont les conclusions étaient l'abandon par le khédive de tous ses biens personnels; ce rapport fut présenté le 19 août 1868 à Ismaïl-Pacha, qui l'approuva et en accepta les conclusions, avec trop de facilité vraiment, si ce n'eût été pour avoir la paix et pour gagner du temps. En effet, le khédive se débarrassait, en février 1879, de MM. Wilson et de Blignières, à la faveur d'une émeute. Il n'y gagna pas grand'chose: un nouveau ministère fut constitué, sous la présidence de son fils et héritier Tewfik, dans lequel les représentants européens avaient voix prépondérante. Ismail ne tarda pas à trouver que ce ministère administrait mal, et que les mesures qu'il prenait étaient contraires aux intérêts des porteurs de *bonds* et dommageables pour le crédit public; et en conséquence, il le révoqua (avril). Au milieu des difficultés croissantes, que la mauvaise volonté évidente du khédive n'était pas faite pour débrouiller, on s'adressa au sultan, son suzerain, pour qu'il obtînt sa démission. Ismail déclina d'abord l'invitation, mais il finit par se décider, et abdiqua en faveur de son fils Tewfik-Pacha, le 26 juin 1879. Le 1er juillet, il quittait l'Egypte et allait s'établir à Naples, le sultan lui ayant refusé Constantinople. Il fut bien reçu du roi Humbert, qui mit à sa disposition le palais de la Favorite. Ismaïl habite également Rome, où il a loué la villa Telner. Il était à Paris au commencement d'octobre 1886.

ISRAELS, Jozef, peintre hollandais, né à Groningue en 1824, étudia la peinture à Amsterdam, sous la direction de Kruseman, puis vint à Paris, où il suivit l'atelier de Picot. M. J. Israëls a exposé à Paris, à Bruxelles, à Rotterdam, à Londres et obtenu des récompenses à toutes ces expositions. Longtemps établi à Amsterdam, il réside maintenant à la Haye. — On cite principalement de cet artiste: la *Maison tranquille*, appartenant à M. Brouker, à Bruxelles: les *Naufragés* et le *Berceau*, à M. Arthur Lewis, à Londres; *Intérieur d'un orphelinat à Katwick*, le *Vrai soutien*, appartenant au comte de Flandres; la *Mère*, à M. Forbes, de Londres, les *Enfants de la mer*, faisant partie de la collection de la reine de Hollande. En 1863, M. Jozef Israël exposait à la Galerie française de Pall Mall, à Londres: la *Garde du troupeau*, et au salon de Paris: les *Dormeuses (1868)*; le *Débarquement des pêcheurs (1869)*; *Préparatifs pour l'avenir (1873)*; un *Intérieur de village (1876)*; les *Bons camarades (1877)*; *Seul au monde*, l'*Anniversaire*, le *Dîner des savetiers*, les *Pauvres du village*, à l'Exposition universelle (1878); *Beau temps*, l'*Enfant qui dort (1883)*; la *Lutte pour l'existence*, la *Rentrée (1884)*; *Quand on devient vieux (1886)*. — M. J. Israël a obtenu en France une médaille de 3e classe et la croix de la Légion d'honneur à l'Exposition universelle de 1867, une médaille de 1re classe à celle de 1878 à la suite de laquelle il a été, en outre, promu officier de la Légion d'honneur. Il est également décoré de l'ordre de Léopold de Belgique.

ISSARTIER, Henri, homme politique français, médecin, né à Miramont (Lot-et-Gar.) en 1816, fit sa médecine à Paris et fut reçu docteur en 1840. Etabli à Monségur (Gironde), le docteur Issartier s'occupa, en même temps que de la pratique de son art, d'entreprises agricoles. Devenu maire de Monségur en 1848, il n'abandonna ces fonctions qu'au moment du plébiscite de 1870, auquel il lui répugnait de participer. Il rentra à sa mairie après le 4 septembre, et après le vote de la nouvelle loi municipale, y fut maintenu par le suffrage de ses collègues du Conseil. Révoqué trois fois, en 1873, 1876 et 1877 (après le 16 mai), il fut trois fois réélu. Aux élections sénatoriales du 30 janvier 1876, M. Issartier figurait sur la liste républicaine qui, pour cette fois, échoua dans la Gironde; mais il fut élu, le troisième sur quatre, au renouvellement partiel du 5 janvier 1879, et s'inscrivit à la gauche républicaine du Sénat. M. Issartier a voté l'expulsion des princes. — On lui doit: *Culture des arbres fruitiers (1862)*; *Cours familier d'agriculture (1864)*; le *Trésor du cultivateur (1875)*; des *Rapports* aux congrès régionaux, etc.

J

JACCOUD, François Sigismond, médecin français, né à Genève le 20 novembre 1830, fit dans sa ville natale ses études littéraires, puis vint à Paris pour y étudier la médecine. Reçu externe (1854), puis interne des hôpitaux (1855), il remportait la grande médaille d'or au concours des internes en 1859; il prit le grade de docteur en 1860, fut reçu le premier, au concours, médecin des hôpitaux en 1862 et agrégé de la faculté en 1863. Chargé la même année d'une mission du gouvernement en Allemagne, pour y étudier l'organisation des facultés de médecine, il publiait au retour un *Rapport* très remarquable sur les résultats de sa mission. M. le docteur Jaccoud fut chargé, en 1866, du cours de pathologie médicale à l'hôpital de la Charité, en remplacement du Dr Natalis Guillot, dont il avait été suppléant et qui venait de mourir. Il devint ensuite médecin de l'hôpital Lariboisière, et est actuellement médecin en chef de l'hôpital de la Pitié. En 1867, il remplit les fonctions de secrétaire-général au congrès médical international. M. le docteur Jaccoud a été nommé professeur de pathologie interne (2e chaire) à la faculté de Paris le 16 décembre 1876 et élevé à la première chaire le 13 janvier suivant. Il a été transféré, sur sa demande, à la chaire de clinique médicale en octobre 1883. Il a été élu membre de l'Académie de médecine (section de pathologie médicale) le 3 janvier 1877. — Il a publié: *Conditions pathogéniques de l'albuminurie (1860)*, thèse de doctorat; l'*Humorisme ancien comparé à l'humorisme moderne (1863)*, thèse d'agrégation; un ouvrage sur les *Paraplégies et l'ataxie*, un autre de *Clinique médicale*; les *Actes du Congrès médical international de 1867*; un *Traité de pathologie interne (1875*, 3 vol.), etc. Il dirige la rédaction du *Nouveau dictionnaire de médecine et de chirurgie pratiques*,

magnifique publication en cours, qui ne formera pas moins de 30 volumes in-8° de 800 pages, avec gravures dans le texte. — Chevalier de la Légion d'honneur depuis 1866, M. le Dr Jaccoud a été promu officier de l'ordre le 10 avril 1877.

JACOBINI, Lodovico, prélat romain, cardinal, secrétaire d'Etat du Saint-Siège, est né à Genzano, dans la Campagne romaine, le 6 mai 1832. Il fut, sous Pie IX, prélat domestique et référendaire au sceau; puis secrétaire de la section de la Congrégation *de propaganda fide* chargée de la surveillance des Eglises d'Orient. Il devint ensuite *consultore* de la Propagande, ayant dans son département l'examen des décrets et ordonnances des synodes provinciaux, sur lesquels il avait à faire son rapport. En 1867, il fit partie de la commission chargée d'étudier et de préparer les matières destinées à être présentées à l'approbation du concile œcuménique projeté. En 1874, il fut appelé à la nonciature de Vienne en remplacement de M. Falcinelli-Antoniacci, rappelé à Rome et créé cardinal. A cette occasion, il reçut la consécration épiscopale avec le titre d'archevêque de Thessalonique *in partibus infidelium*. Il fut créé cardinal à son tour, le 19 septembre 1879; mais l'habileté diplomatique dont il avait donné des preuves dans ses difficiles fonctions l'y firent maintenir, afin de lui permettre de poursuivre les négociations qu'il avait entamées avec l'Allemagne et la Russie, et de régler avec l'Autriche-Hongrie les nouveaux arrangements ecclésiastiques concernant la Bosnie et l'Herzégovine, mais conformément à l'étiquette pontificale, qui interdit d'employer un cardinal aux fonctions de nonce, le cardinal Jacobini, après son élévation à la pourpre, prit le titre de *pro-nuncio*. Son Eminence fut rappelée de Vienne en octobre 1880 et nommée secrétaire d'Etat par Léon XIII, en remplacement du cardinal Nina. L'habileté diplomatique du cardinal Jacobini est aussi proverbiale que sa taille exiguë, son éternel sourire et, pouvons-nous ajouter, que l'austérité de sa vie privée. On a l'habitude de l'opposer au cardinal Czacki (voyez ce nom), lequel, théoricien politique parfait, précieux dans les conseils, ne vaudrait rien dans l'action par trop de fougue : il ne vaudrait rien, du moins, dans la pensée de Léon XIII, qui lui est cependant fort attaché. Par contre, la prudence extrême, la constante diplomatie, tranchons le mot, la duplicité du cardinal Jacobini font absolument l'affaire du pape, dont le caractère absolu et autoritaire, en tout état de cause, ne saurait s'accomoder que d'un ministre docile, recevant ses ordres sans discussion et les exécutant non seulement fidèlement, mais avec une habileté extrême. Il n'est pas étonnant que, dans de telles conditions et sans en avoir l'air, le cardinal Jacobini ait une très grande influence sur l'esprit du pontife, ce dont ne tardent pas à s'apercevoir les diplomates étrangers accrédités auprès du Saint-Siège. Récemment (fin août 1886) il a couru certains bruits sur l'état de santé du secrétaire d'Etat du Saint-Siège et sur l'imminence de sa retraite; on a même nommé son remplaçant, M. Vanutelli, nonce à Lisbonne Le fait est que M. Jacobini est de santé précaire, très fatigué et que, dépourvu d'ambition personnelle, il ne demanderait pas mieux que de se reposer; il a donc, à plusieurs reprises déjà, sollicité du pape l'autorisation de le faire; mais celui-ci n'a jamais voulu y consentir : « Nous nous en irons ensemble », lui aurait-il répondu dans une occasion récente.

JACOLLIOT, Louis, littérateur français, né en 1837 à Charolles (Saône-et-Loire). Il fit son droit à Paris, prit le grade de licencié et entra dans la magistrature des colonies. Président du tribunal de Chandernagor, puis de Taïti, il occupa ses loisirs à l'étude de la langue et des mœurs des peuples qui l'entouraient, et à son retour en France, tira d'abord le plus heureux parti de ces études. — Il a publié : la *Bible dans l'Inde, Vie de Jezeus Cristna*, la *Devasassi (1868)*; la *Vérité sur Taïti, affaire de la Roncière*, brochure (1869); les *Fils de Dieu*, les *Mœurs et les femmes dans l'extrême Orient, Voyage au pays des bayadères (1873)*; *Cristna et le Christ, Histoire des Vierges*, les *Peuples et les continents disparus (1874)*; le *Spiritisme dans le monde, l'initiation et les sciences occultes dans l'Inde et chez tous les peuples de l'antiquité; Fétichisme, polythéisme, monothéisme, la Genèse de l'humanité; Manou, Moïse, Mahomet, traditions religieuses comparées; Voyage aux ruines de Golconde et à la Cité des morts (1875)*; la *Côte d'ébène*, le *Dernier des négriers*; le *Paria dans l'humanité*; les *Législateurs religieux*; les *Traditions indo-européennes et africaines (1876)*; *Voyage au pays de la liberté, la vie communale aux Etats-Unis; Voyage aux pays des éléphants, Voyage aux pays des perles, Trois mois sur le Gange et le Brahmapoutre; l'Afrique mystérieuse*, les *Animaux sauvages; Voyage humoristique au pays des kangourous (1884)*; les *Mangeurs de feu (1886)*, etc. etc. Il a collaboré à divers journaux et recueils périodiques, notamment au *Figaro*, au *Journal des voyages* au *Monde pittoresque*, à la *Science populaire*, et a été rédacteur en chef de la *Médecine populaire (1881-82)*. M. L. Jacolliot a fait aussi, à la salle du boulevard des Capucines et ailleurs, de nombreuses conférences sur des sujets scientifiques divers.

JACQUEMART, Henri Marie Alfred, sculpteur français, né à Paris le 24 février 1824, fut quelque temps élève de Paul Delaroche et débuta au Salon de 1847. — On a de cet artiste : *Hérons*, groupe en plâtre (1847); *Etude de cheval tunisien (1849)*; *Tigre à l'affût (1850)*; *Lion (1855)*; *Lion de ménagerie (1857)*; *Molock*, étude de chien courant, en marbre, et une *Statue équestre du général Bonaparte en 1796*, en plâtre (1863); la *Statue équestre* précitée, coulée en bronze (1864); *Prisonnier livré aux bêtes (1865)*; *Michel Ney, le 7 décembre 1815*, statue en plâtre (1868); *Louis XII*, statue équestre, haut relief en bronze, pour l'Hôtel de ville de Compiègne (1869); *Statue équestre de Napoléon III*, en plâtre (1870); statue équestre colossale de *Mehemet-Ali Pacha*, sur la place des Consuls, à Alexandrie d'Egypte (1872); quatre *Lions* colossaux pour la décoration du pont de Kars-el-Nil, au Caire (1873); *Suleiman-Pacha, major-général de l'armée égyptienne sous Ibrahim*, statue en bronze (1874), destinée à la décoration d'une place publique, au Caire; *Mohamed Bey Lazzoglou, premier ministre de Mehemet-Ali*, même destination (1875); *Jeune bûcheron*, buste en plâtre; un *Chamelier de l'Asie mineure*, groupe en plâtre (1877); le *Chamelier* précédent, en bronze (1878); *Dromadaire nubien*, en bronze (1879). On doit, en outre, à cet artiste les deux *Griffons* de la fontaine Saint-Michel, des travaux de restauration à la fontaine de la Victoire, place du Châtelet, et divers autres travaux aux monuments publics de Paris. — M. H. Jacquemart a obtenu une médaille de 3e classe en 1857, le rappel en 1863, une médaille en 1865 et la croix de la Légion d'honneur en 1870.

JACQUEMART, Eugène Alfred, homme politique français, né le 3 octobre 1836 à la Neuville-aux-Tourneurs (Ardennes), fit ses études à Paris, puis s'adonna à la culture des sciences et à leur enseignement. En 1870, M. Jacquemart faisait partie du comité anti-plébiscitaire. Il servit, pendant la guerre, dans les rangs des volontaires Schœlcher. Depuis, il a fait de nombreuses conférences scientifiques, notamment à la salle du boulevard des Capucines; et aux élections du 21 août 1881, il se porta candidat dans l'arrondissement de Charleville, mais sans succès. Aux élections d'octobre 1885, M. Jacquemart, porté dans les Ardennes sur la liste radicale, fut élu au scrutin du 18. Il a pris place à l'extrême-gauche et voté l'expulsion des princes. — Il est officier d'Académie.

JACQUES, Remy, homme politique français, avocat, né à Breteuil (Oise) le 17 janvier 1817, fit son droit à Paris et, reçu licencié, alla s'inscrire au barreau d'Oran. Aux élections pour l'Assemblée nationale, le 7 juillet 1871, M. Jacques fut élu représentant de l'Algérie; mais le recensement des votes ne s'étant pas effectué régulièrement, l'Assemblée annula l'élection; le 7 janvier 1872, M. Jacques était réélu à une grande majorité et venait reprendre à l'Assemblée son siège à l'extrême-gauche. Le 20 février 1876, il était élu député de la 2e circonscription d'Oran sans concurrent, et était réélu dans le même collège le 21 août 1881. Après avoir refusé la candidature au Sénat en 1876, M. Jacques l'acceptait au renouvellement partiel du 8 janvier 1882 : 70 voix sur 76 se portèrent sur son nom. M. Jacques siège au Sénat, comme à l'Assemblée nationale et à la Chambre des députés, sur les bancs de l'extrême-gauche. Il a pris une grande part à toutes les discussions touchant à l'Algérie et a fait partie de diverses commissions, notamment de la commission du budget; il a voté l'expulsion des princes.

JACQUET, Jean Gustave, peintre français, élève de M. Bouguereau, est né à Paris le 25 mai 1846, et a débuté au Salon de 1865. Cet artiste, qui s'est fait assez rapidement une honorable réputation, a exposé jusqu'ici : la *Modestie* et la *Tristesse (1865)*; *Portrait de M. J. Jacquet, Portrait de M. Guillemin en costume du XVIe siècle (1866)*; *Portrait de Mlle Fanny Mengozzy* et l'*Appel aux armes, XVIe siècle (1867)*; *Sortie d'armée au XVIe siècle : lansquenets, soldats, mercenaires allemands (1868)*; la *Judice, Jardin dans le Finistère (1869)*; *Jeune fille tenant une épée (1872)*; *Grande fête en Touraine au XVIe siècle* et *Portrait de Mlle A. H.* (1873); l'*Atelier mystérieux (1874)*; la *Rêverie, Halte de lansquenets, Vedette (1875)*; la *Paysanne, Portrait de Mme Jacquet (1876)*; la *Pauvrette (1877)*; *Jeanne Darc priant pour la France (1878)*; la *Première arrivée (1879)*; la *Pavane, danse solennelle du XVIe siècle (1883)*; l'*Espiègle*, la *Reine du camp (1885)*; *Portrait de Mme la duchesse d'Uzès (1886)*, etc. — M. Gustave Jacquet a obtenu une médaille en 1868, une médaille de 1re classe en 1875 et une de 3e classe à l'Exposition universelle de 1878. Il a été décoré de la Légion d'honneur en 1879.

JACQUIER, Jean Louis, homme politique français, né à Belfort le 26 octobre 1835. La conscription le fit soldat à vingt ans; libéré, il entra dans les ateliers du chemin de fer de Paris-Lyon-Méditerranée, à Oullins, puis à Lyon. Dès la fin de l'empire, M. Jacquier avait collaboré aux journaux lyonnais d'opposition démocratique; il avait été l'un des organisateurs de la fameuse manifestation de l'Alcazar du 24 février 1870. Pendant la guerre, il servit comme capitaine de la garde nationale lyonnaise. Dès lors conseiller municipal de la commune de Sainte-Foy, dont il est devenu maire, M. Jacquier quitta le chemin de fer pour se consacrer à la politique. Il a collaboré au *Défenseur des droits de l'homme*, à la *République républicaine*, à la *France républicaine*, au *Progrès de Lyon*, au *Petit Lyonnais*, etc. En 1871, le procureur de la République Andrieux le poursuivait pour des articles relatifs à la Commune et publiés dans le *Vengeur*; sous le préfet Ducros, il était obligé de quitter Lyon, où il était de retour en 1876. Membre des divers groupes radicaux représentés au comité de la rue Grolée, M. Jacquier s'employa activement, avec ses collègues, à faire triompher les candidats radicaux dans les élections. Son tour vint enfin, et aux élections d'octobre 1885, il était élu député du Rhône au scrutin du 18. Il a pris place à l'extrême-gauche et voté l'expulsion totale des princes.

JALABERT, Charles François, peintre français, né à Nîmes le 1er janvier 1819. Venu à Paris à vingt ans, ayant commencé ses études artistiques, il entra à l'Ecole des Beaux-Arts et suivit l'atelier de Paul Delaroche. Il prit part à trois concours pour le prix de Rome et obtint enfin le second prix en 1842. Il se rendit alors en Italie, d'où il ne revint qu'après un séjour, bien employé, de près de quatre ans, et débuta au Salon de 1847 avec son *Virgile chez Mécène lisant les Géorgiques*, au musée du Luxembourg. Il a exposé depuis : la *Villanella, souvenir de Rome (1849)*; les *Nymphes écoutant Orphée (1850)*; les *Quatre évangélistes*, sur émail, pour la manufacture de Sèvres (1852); l'*Annonciation (1853)*, à la chapelle des Tuileries; le *Christ au jardin des oliviers*, au Luxembourg : *Portrait de M. Adolphe Fould (1855)*; *Roméo et Juliette, Raphaël dans son atelier (1857)*; une *Veuve, Portrait de Mme Adolphe Fould (1861)*; *Maria Abruzze*, le *Christ marchant sur la mer (1863)*; sept *Portraits* de femmes (1864-69); *Portrait de la Grande-Duchesse Marie de Russie (1870)*; le *Réveil (1872)*; deux *Portraits* de femmes (1873), etc. — On lui doit en outre un assez grand nombre de portraits non exposés, notamment ceux de la comtesse de Montijo et de la duchesse d'Albe, du comte et de la comtesse de Paris, du duc et de la duchesse d'Aumale, du duc et de la duchesse de Chartres, de la princesse Marguerite de Nemours et d'importantes peintures décoratives pour des hôtels particuliers. — M. Jalabert a obtenu une médaille de 3e classe en 1847, une médaille de 2e classe en 1851, une médaille de 1re classe en 1853, une autre à l'Exposition universelle de 1855 et une médaille de 2e classe à l'Exposition universelle de 1867. Chevalier de la Légion d'honneur en 1855, il a été promu officier de l'ordre en 1867. Il a été membre du jury d'admission des ouvrages d'art à l'Exposition universelle de 1878.

JAMAIS, Emile, homme politique français, avocat, né à Aigues-Vives (Gard) en 1857. Il fit brillamment son droit à Paris et prit le grade de docteur en droit en 1881, Inscrit au barreau, il était chargé en 1880 du discours de rentrée à la conférence des avocats stagiaires, et choisissait pour sujet : l'*Esprit libéral au barreau sous la Restauration*. En dehors du palais, M. Emile Jamais a fait à la salle du boulevard des Capucines des conférences sur la politique étrangère révélant une parfaite connaissance du sujet. Aux élections d'octobre 1885, M. Emile Jamais figurait sur la liste républicaine du Gard; il fut élu au scrutin de ballottage, prit place à gauche et vota l'expulsion totale des princes. — On lui doit quelques brochures : l'*Armée et l'Ecole (1883)*; *Projet de construction des canaux dérivés du Rhône*, les *Idées politiques de Diderot (1884)*. Il est membre du comité de l'Union française de la jeunesse.

JAMES, Constantin, médecin français, né à Bayeux en 1813, étudia la médecine à Paris, fut interne des hôpitaux et prit le grade de docteur en 1840. L'année suivante, il ouvrait un cours de médecine à l'Athénée. En 1853, le Dr Constantin James recevait du gouvernement la mission d'aller inspecter les eaux minérales de l'île de Corse. Il a été chargé depuis de diverses autres missions scientifiques officielles. — On cite principalement du Dr Constantin James : *Leçons sur les phénomènes physiques de la vie (1837*, 3 vol.) et *Leçons sur le système nerveux (1839*, 2 vol.), traduites de l'anglais, de Magendie; *Des névralgies et de leur traitement (1841)*; *Voyage scientifique à Naples (1844)*; *Etudes sur l'hydrothérapie (1846)*; *Guide pratique aux eaux minérales (1851)*; *Rapport sur les eaux minérales de la Corse (1854)*; *De l'emploi des eaux minérales (1855)*; *Toilette d'une Romaine au temps d'Auguste et cosmétiques d'une Parisienne au XIXe siècle (1865)*; *Premiers soins à donner avant l'arrivée du médecin (1868)*; *Des causes de la mort de l'empereur (1873)*; le *Darwinisme et l'homme-singe (1877)*, etc. Il a écrit en outre de nombreux mémoires sur divers sujets de médecine et collaboré à plusieurs journaux, notamment au *Figaro*, — M. Constantin James est chevalier de la Légion d'honneur depuis 1854.

JAMETEL, Gustave Louis, homme politique français, né à Paris le 28 mai 1821, suivit les cours de la faculté de droit et se fit recevoir avocat en 1845. Agréé au tribunal de commerce de la Seine en 1851, il se retirait en 1861 et allait s'établir dans le département de la Somme, à Marmoutiers, où il s'occupa dès lors d'agriculture. Maire de sa commune sous l'empire, il se présentait pour le Conseil général de la Somme aux élections du 8 octobre 1871, avec une profession de foi où il se déclarait, en politique, pour une « République sagement organisée », et fut élu. Candidat républicain conservateur, aux élections législatives du 20 février 1876, dans l'arrondissement de Montdidier, M. Jametel fut élu contre M. Ernest Hamel, républicain d'une nuance plus accentuée, et prit place au centre gauche. Il fut réélu le 14 octobre 1877 et le 21 août 1881. M. Jametel a été membre de la commission du budget et l'un des rapporteurs de la commission des tarifs de douane. Porté aux élections d'octobre 1885 sur la liste républicaine de la Somme, M. Jametel a été élu au scrutin du 18. Il s'est abstenu lors du vote sur l'expulsion des princes.

JANET, Paul, philosophe et littérateur français, né à Paris le 30 avril 1823, fit ses études au lycée Saint-Louis et entra à l'Ecole normale en 1841. Reçu agrégé de philosophie en 1844, il fut appelé à professer cette classe au collège de Bourges en 1845, se fit recevoir agrégé des facultés, et docteur ès-lettres en 1848; nommé la même année professeur de philosophie à la faculté de Strasbourg, il était rappelé à Paris pour occuper la chaire de logique au lycée Louis-le-Grand, en 1857, et nommé, en 1864, à la chaire d'histoire de la philosophie moderne à la Sorbonne. Le 13 février de la même année, M. Paul Janet était élu membre de l'Académie des sciences morales et politiques, en remplacement de Villermé. — On lui doit : *Essai sur la Dialectique de Platon*, thèse de doctorat (1848); la *Famille, leçons de philosophie morale (1855)*, couronné par l'Académie; une traduction des *Confessions de saint Augustin (1857)*; *Histoire de la philosophie morale et politique dans l'antiquité et les temps modernes (1858*, 2 vol.), mémoire couronné, en 1853, par l'Académie des sciences morales et politiques; *Etudes sur la dialectique, dans Platon et Hegel (1860)*; *Essai sur le médiateur plastique de Cudworth* (même année) : ces deux derniers ouvrages sont, en fait, deux secondes éditions de ses thèses de doctorat et d'agrégation, dont la première est citée plus haut et dont la seconde était publiée en même temps en latin : *De Plastica Naturæ vita*, etc.; la *Philosophie du bonheur*

(1862); le *Matérialisme contemporain en Allemagne, examen du système du docteur L. Büchner (1864)*; la *Crise philosophique (1865)*; le *Cerveau et la pensée (1867)*; *Eléments de morale (1870)*; *Histoire de la science politique dans ses rapports avec la morale (1872)*, sorte d'édition nouvelle, très augmentée, du mémoire couronné en 1853 par l'Académie des sciences morales et politiques et publié en 1858; a été, sous cette nouvelle forme, couronné par l'Académie française; les *Problèmes du XIXe siècle (1872)*; la *Morale (1874)*; *Philosophie de la Révolution française (1875)*; les *Causes finales (1876)*; *Saint-Simon* et le *saint-simonisme*; et une traduction de *Dieu, l'homme et la béatitude*, de Spinosa (1878); la *Philosophie* française contemporaine (1879), etc. Il a, en outre, collaboré aux principaux recueils périodiques: la *Liberté de penser*, la *Revue des Deux-Mondes*, etc., ainsi qu'au journal le *Temps* et au *Dictionnaire des sciences philosophiques*. — M. Paul Janet, chevalier de Légion d'honneur depuis 1860, a été promu officier de l'ordre le 8 février 1877. Il est membre de la section permanente du Conseil supérieur de l'instruction publique.

JANSSEN, Pierre Jules César, physicien et astronome français, né à Paris le 22 février 1824. Après de brillantes études classiques, il suivit les cours de la faculté des sciences et y obtint successivement les grades de licencié ès sciences mathématiques en 1852, de licencié ès sciences physiques en 1855 et de docteur ès sciences physiques en 1860. Suppléant de cours scientifiques au lycée Charlemagne dès 1853, il fit un cours de physique générale à l'Ecole spéciale d'architecture de 1865 à 1871. Elu membre titulaire de la Société philomatique en 1865, M. Janssen recevait la même année une récompense de 1,500 fr. sur le prix Bordin, pour ses travaux d'optique; en 1868, il obtenait le prix Lalande *porté au quintuple*, en récompense de sa découverte, au cours de son voyage d'observation dans l'Inde, de la nature des protubérances solaires et de la méthode pour les étudier en tous temps. Il était élu correspondant de l'Académie royale de Rome, associé de la Société astronomique et membre étranger de la Société royale de Londres en 1872; membre de l'Académie des sciences (section d'astronomie) en remplacement de Laugier, le 10 février 1873, et au mois de mai suivant, membre du Bureau des longitudes. Nommé en septembre 1875 directeur de l'Observatoire d'astronomie physique de Meudon, la Société royale de Londres lui décernait sa médaille Rumford en novembre 1876. Chevalier de la Légion d'honneur depuis 1868, M. Janssen a été promu officier le 8 février 1877.

Outre sa thèse de doctorat: *Sur l'absorption de la chaleur rayonnante obscure dans les milieux de l'œil*, publiée dans les *Annales de chimie et de physique*, on a de M. Janssen un grand nombre de mémoires sur les observations et les découvertes faites au cours de ses missions, également nombreuses, et publiés dans le recueil précité, dans les *Archives des missions scientifiques* et enfin dans les *Comptes rendus* de l'Académie des sciences. Les missions dont ce savant éminent a été chargé à diverses époques de sa laborieuse carrière, sont les suivantes: Mission au Pérou et à l'Equateur, travaux de physique du globe et en particulier détermination de l'équateur magnétique sur la côte du Pérou (1857-58); études des raies telluriques du spectre solaire, en Italie (1861-62); continuation de la précédente dans les Alpes (1864); observation de l'éclipse annulaire à Trani (Italie); études optiques, magnétiques et topographiques sur le volcan de Santorin, alors en éruption; études magnétiques et topographiques des Açores, avec Charles Sainte-Claire Deville (1867); observation, en Asie, de l'éclipse du 18 août 1868; Erection et surveillance d'observatoires militaires pendant le siège de Paris, avec le colonel Laussédat; observation de l'éclipse du 22 décembre 1870, en Algérie (pour laquelle M. Janssen, parti de Paris en ballon le 2 décembre, traversa les lignes prussiennes et alla atterrir en Bretagne, à Savenay, cinq heures après); dans cette ascension, M. Janssen fit diverses observations scientifiques et imagina le *compas aéronautique*, permettant de fixer à chaque instant sur la carte la position de l'aérostat; observation de l'éclipse totale du 12 décembre 1871, en Asie, pendant laquelle il découvrit une dernière enveloppe gazeuse du soleil, à laquelle il donna le nom de *coronale*, et détermina la position de l'équateur magnétique pour l'inclinaison au sud de l'Inde; il en rapporta en outre, une collection d'animaux vivants ou conservés pour le Muséum; en septembre 1874, M. Janssen est nommé chef de la mission envoyée au Japon pour l'observation du passage de Vénus; en avril 1875, il va observer dans le royaume de Siam une éclipse totale de soleil; enfin, il se rend encore en Océanie, pour observer, des îles Carolines, l'éclipse de soleil du 8 juillet 1883.

JAURÉGUIBERRY, Jean Bernard, amiral et homme d'Etat français, né à Bayonne le 26 août 1815. Entré à l'école navale de Brest en 1831, il devint successivement aspirant en 1832, enseigne en 1839, lieutenant de vaisseau en 1845, capitaine de frégate en 1856 et capitaine de vaisseau en 1860. Il prit part en 1832-33, au blocus des ports de la Hollande et, en 1839-40, à la campagne de la Plata. Chargé de diverses missions importantes de 1852 à 1854, il dut rentrer en France, son équipage ayant été décimé par la fièvre jaune. M. Jauréguiberry fit alors partie de l'escadre de l'armée d'Orient, se signala comme commandant de la canonnière la *Grenade* à la prise de Kinburn et fut cité à l'ordre du jour de l'armée: il prit ensuite une part des plus brillantes à la campagne de Chine, assista à la prise de Touranne, de Saïgon, de Pékin, etc., exerça divers commandements et fut plusieurs fois porté à l'ordre du jour. Appelé à remplacer le colonel Faidherbe, comme gouverneur du Sénégal, en octobre 1861, il était obligé de remettre, au commencement de 1863, le gouvernement aux mains de celui qu'il y avait remplacé et dont la grande expérience des besoins et des aspirations de la colonie était devenue nécessaire pour la sauver d'une crise (Voyez Faidherbe). Après avoir exercé divers commandements dans la flotte, M. Jauréguiberry était promu contre-amiral, le 24 mai 1869, et nommé major de la flotte à Toulon. Au début de la guerre avec la Prusse, l'amiral Jauréguiberry reçut le commandement d'une division dans l'escadre de la mer du Nord, puis fut chargé du commandement en chef des lignes de Carentan (septembre). Enfin, mis à la disposition du ministre de la guerre, il était appelé au commandement de la 1re division du 16e corps d'armée, avec laquelle il se distingua à la bataille de Patay (1er décembre), et fut cité à l'ordre du jour de l'armée. Le 6 décembre, le général Chanzy ayant été appelé au commandement en chef de l'armée de la Loire, il le remplaçait à la tête du 16e corps. Il fit preuve, dans les pénibles événements qui suivirent, d'une indomptable énergie que les dépêches officielles constatèrent en mainte occasion, et réussit, après la bataille du Mans, à couvrir la retraite de l'armée, attaquée, dans son mouvement vers la Mayenne (15 janvier 1871), par des forces ennemies considérables. M. Jauréguiberry fut élevé au grade de vice-amiral, pour prendre rang du 9 décembre 1870. — Candidat à l'Assemblée nationale, le 8 février 1871, dans la Sarthe et les Basses-Pyrénées, il fut élu représentant par ce dernier département, le sixième sur neuf, et alla prendre place au centre droit. Nommé, le 29 mai, préfet maritime à Toulon, et la loi sur le cumul lui faisant une nécessité d'opter entre ses fonctions et son mandat de représentant, il résignait celui-ci le 4 décembre. Entré au Conseil d'amirauté en septembre 1875, l'amiral Jauréguiberry était appelé au commandement en chef de l'escadre d'évolutions de la Méditerranée en septembre 1876. Lors de la formation du premier ministère de l'administration de M. Jules Grévy, sous la présidence de M. Waddington, le 4 février 1879, l'amiral Jauréguiberry y accepta le portefeuille de la marine; il le conserva dans la combinaison suivante, avec M. de Freycinet, qu'il suivit dans la retraite le 18 septembre 1880. Il avait été élu sénateur inamovible le 27 mai 1879. M. de Freycinet, étant revenu au pouvoir le 30 janvier 1882, après la chute du ministère Gambetta, confia de nouveau la marine à l'amiral Jauréguiberry, qui consentit à conserver ce portefeuille dans le cabinet Duclerc (7 août): mais déjà mécontent des lenteurs apportées à la direction de l'impopulaire expédition du Tonkin, lors de la discussion des premières mesures hostiles aux princes prétendants, le ministre de la marine manifesta l'intention bien arrêtée de se séparer de ses collègues, et il donna en effet sa démission le 27 janvier 1883, avec le ministre de la guerre, général Billot, suivi de près, au reste, par M. Duclerc lui-même. M. Jauréguiberry a repris son siège à la gauche du Sénat, et a voté contre l'expulsion des princes venue devant le Sénat le 22 juin 1886. — Il est grand croix de la Légion d'honneur depuis le 14 janvier 1879.

JAURÈS, Constant Louis Jean-Baptiste, amiral et homme politique français, sénateur, né à Alby le 3 février 1823, est fils du vice-amiral Jaurès, mort en juillet 1870. Entré à l'école navale de Brest en 1839, il fut nommé successivement aspirant en 1841, enseigne en 1845, lieutenant de vaisseau en 1850, capitaine de frégate en 1861 et capitaine de vaisseau le 22 mai 1869. M. Jaurès prit part aux campagnes de Crimée, d'Italie, de Chine, de Cochinchine et du Mexique, et au début de la guerre de 1870, reçut le commandement de la frégate cuirassée l'*Héroïne*, dans l'escadre de la mer du Nord. Mis par le ministre de la marine à la disposition de son collègue de la guerre, M. Jaurès fut nommé général de brigade et chargé de l'organisation du 21e corps, dont il prit le commandement en novembre. A la tête de ce corps d'armée, le général Jaurès donna des preuves d'une grande valeur personnelle, d'une énergie indomptable et de capacités militaires dont bien des *terriens* pouvaient être jaloux. Après le combat de Mamers, il réussit, par une retraite habile à travers les collines du Perche, à dérober à l'ennemi 12,000 hommes, qu'il ramenait au Mans, après vingt-sept heures d'une marche pénible, mais au prix de laquelle ils échappaient à un écrasement complet, inévitable. Le général Jaurès prit part, d'ailleurs, dans cette courte et pénible campagne, à une série de combats, ceux de Marchenoir, Vendôme, Lorges, Bonnétable, Lambron, le Pont-de-Gennes, Savigné-l'Evêque, Sillé-le-Guillaume, etc., qui marquent combien elle fut laborieuse pour des siens. A la suite de cette dernière affaire (16 janvier 1871), M. Jaurès fut promu général de division. Après la signature de la paix, la commission de révision des grades, qui ne pouvait naturellement maintenir dans l'armée de terre un officier de marine aussi distingué, invitait le ministre de la marine à le nommer au grade de contre-amiral « en reconnaissance des services éminents qu'il avait rendus ». Ce qui fut fait, par décret en date du 16 octobre suivant. — Aux élections du 8 février 1871, la candidature de l'amiral Jaurès, produite spontanément dans son département natal, avait réuni 38,000 suffrages, chiffre insuffisant; mais aux élections complémentaires du 2 juillet, il fut élu représentant du Tarn par 46,111 voix. Sa profession de foi contenait une adhésion formelle au « gouvernement représenté par M. Thiers ». Il prit place au centre gauche, dont il fut un des membres les plus distingués. Il a été vice-président de ce groupe parlementaire. L'amiral Jaurès a voté, entre autres propositions, en faveur du retour à Paris, de la proposition Casimir Périer, de la dissolution en 1874; contre le pouvoir constituant, la loi des maires, l'état de siège, la loi sur l'enseignement supérieur, etc. Il a été élu par l'Assemblée sénateur inamovible, le 13 décembre 1875. — En mai 1876, M. l'amiral Jaurès prit le commandement de la division navale envoyée à Salonique pour obtenir satisfaction de l'assassinat commis sur le consul français dans cette ville, M. Paul Moulin, le 6 mai, et sa patriotique fermeté sut avoir raison à la fin du mauvais vouloir, ou tout au moins de l'indifférence coupable du gouvernement ottoman. Au mois d'octobre suivant, il était appelé au commandement de l'escadre de la Manche. Promu vice-amiral le 31 octobre 1878, l'amiral Jaurès était nommé ambassadeur à Madrid le 12 décembre suivant. Nommé à Saint-Pétersbourg le 17 février 1882, il était remplacé dans ce poste important par le général Appert le 10 novembre 1883 et venait reprendre son siège à la gauche du Sénat. Dans le vote de la loi sur l'expulsion des princes, l'amiral Jaurès s'est abstenu. — Il a été promu grand officier de la Légion d'honneur le 10 juillet 1880.

JAURÈS, Jean, homme politique français, parent du précédent, est né à Castres le 3 septembre 1859. Elève de l'Ecole normale supérieure, agrégé des facultés des lettres, il professa d'abord au lycée d'Albi, en 1879 et 1880, puis fut envoyé comme maître de conférences à la faculté de Toulouse. Porté sur la liste républicaine dans son département natal, aux élections d'octobre 1885, M. Jaurès fut élu député du Tarn, en tête de la liste et au premier tour. Il a pris place à gauche et a voté l'expulsion totale des princes.

JAVAL, Louis Emile, homme politique français, médecin, né à Paris en 1839. Reçu docteur en médecine de la faculté de Paris en 1868, il se fit une spécialité de l'étude des maladies des yeux et devint directeur du laboratoire d'ophtalmologie de la Sorbonne. Il a collaboré à la *Revue scientifique*, aux *Annales d'oculistique*, etc. M. le docteur Javal a été élu membre de l'Académie de médecine; il est également membre de la Société de biologie. Entré dans la vie parlementaire aux élections de 1881, le docteur Javal, sans s'inscrire à aucun groupe, vota ordinairement avec la gauche. Il a été élu député de l'Yonne, le 18 octobre 1885. Il s'est abstenu dans le vote sur l'expulsion des princes.

JEAFFRESON, John Cordy, littérateur anglais, né à Framlingham (Suffolk) en janvier 1831. Ses études achevées, il aborda la médecine, mais y renonça bientôt et entra au collège Penbroke, à Oxford, prit le grade de bachelier ès arts en 1852, suivit les cours de l'école de droit de Lincoln's Inn et fut admis au barreau en 1859. Etudiant à Oxford, il collaborait déjà aux journaux et aux magazines; il se consacra définitivement à la littérature malgré son admission au barreau. Il avait publié, dès 1854, son premier roman: *Crewe Rise*, suivi de *Hinchbrook*, publié dans le *Fraser's Magazine* en 1855; puis de *Isabel, the young wife and the old love*, *Novels and novelists from Elizabeth to Victoria* et *Miriam Copley*. Vinrent ensuite: *Sir Everard's daughter* (la Fille de sir Everard), traduit en français, et *Book about doctors (1860)*; *Olive Blake's good work (1862)*; *Live it down (1863)*, traduit en allemand; *Not dead yet* (Pas encore mort), et *Life of Robert Stephenson (1864)*; *A Book about lawyers (1866)*; *A Noble woman (1868)*; *A Book about clergy* (2 vol.), *Annals of Oxford (1870*, 2 vol.); *A Woman in spite of herself* (Femme en dépit d'elle-même), et *Brides and bridals* (Mariées et mariages, 1872, 2 vol.); *Lottie Darling (1873*, 3 vol.); *A Book about the table* (Traité de la table, 1874, 2 vol.); *A young squire of the seventeenth century (1877)*; *The Rapiers of Regent's Park (1882)*; *The Real life of lord Byron, new views of the poet's life (1883*, 2 vol.), etc.

JEFFERSON, Joseph, acteur américain, né à Philadelphie le 20 février 1829, est petit-fils d'un acteur anglais émigré aux Etats-Unis en 1795 et qui s'y fit un grand renom, et fils d'une cantatrice américaine, qui fut célèbre aussi dans son pays: Mme Burke. M. Joseph Jefferson, qui débuta fort jeune au théâtre, s'y est fait rapidement une grande réputation d'acteur comique, en Angleterre aussi bien qu'aux Etats-Unis. Son répertoire est des plus étendus; on cite d'une manière toute spéciale le rôle de *Rip van Winkle*, dans la pièce du même nom, tirée du roman de Washington Irving par M. Dion Boucicault. Cet artiste a joué non seulement sur les principales scènes des Etats-Unis, mais aussi en Angleterre et en Australie; mais depuis quelques années, une affection des yeux ne lui permet d'aborder le théâtre que par intervalles irréguliers. Riche, d'ailleurs, M. J. Jefferson possède dans l'Etat de New-Jersey, à quelques milles seulement de New-York, une ferme magnifique, ainsi qu'une riche plantation sucrière en Louisiane, où il passe ordinairement l'hiver, quand il ne joue pas.

JENNER, sir William, baronet, médecin anglais, né à Chatham en 1815, fit ses études au Collège de l'université de Londres et étudia la médecine. D'abord attaché à la Maternité, comme chirurgien-accoucheur, il prit le grade de docteur en 1844. En 1848, il devint membre du Collège royal des médecins et fut nommé, la même année, professeur d'anatomie pathologique au Collège de l'université et médecin-adjoint à l'hôpital de ce collège. Chargé d'un cours au Collège des médecins en 1852, il fut nommé, la même année, médecin de l'hôpital des enfants malades qui venait d'être fondé, médecin-adjoint de l'hôpital des fiévreux de Londres en 1853, médecin de l'hôpital du Collège de l'université en 1854 et professeur de clinique médicale en 1857. En 1861, il fut appelé à succéder au feu docteur Baly comme médecin extraordinaire de la reine, dont il devint médecin ordinaire en 1862. En 1862 également, il fut appelé à la chaire des principes et de la pratique de la médecine au Collège de l'université, et fut nommé médecin ordinaire du prince de Galles en 1863. A sa nomination de médecin ordinaire de la reine, le docteur Jenner résigna ses fonctions de médecin de l'hôpital des fiévreux et celles de médecin de l'hôpital des enfants malades. Il a soigné avec dévouement, pendant sa dernière maladie, le feu prince-consort, ainsi que le prince de Galles, atteint de la fièvre typhoïde, à la fin de 1871. En récompense, il fut créé *baronet* en 1868 et nommé chevalier-commandeur de l'ordre du Bain, le 20 janvier 1872. — On doit à sir William Jenner de nombreux travaux sur la *Fièvre*, les *Maladies spéci-*

fiques aiguës, la *Diphtérie*, les *Maladies des enfants*, les *Maladies du cœur et des poumons*; les *Maladies de la peau*; sur les *Ressemblances et les dissemblances qui existent entre la fièvre typhoïde et le typhus*, etc., la plupart disséminés dans les recueils spéciaux. — Il a été élu membre de la Société royale en 1864, et président du Collège des médecins en 1881.

JENSEN, Adolphe, compositeur allemand, né à Kœnigsberg le 12 janvier 1837. Il apprit tout seul les éléments de la musique, puis, pendant deux années, reçut les conseils bienveillants d'Ehlert et de Marpurg, que son talent précoce avait séduits. Grâce aux études sérieuses qu'il fit sous leur direction, il fut bientôt en état d'écrire de nombreuses compositions : sonates, ouvertures, quatuors, lieder; mais ces professeurs ayant quitté la ville, le jeune compositeur se retrouva sans maîtres avec une éducation incomplète. Il se rendit en Russie en 1856, dans le but de donner des leçons de piano et de gagner, par ce moyen, l'argent nécessaire pour se rendre auprès de Schumann, dont il avait toujours rêvé d'être l'élève. Mais, bien avant d'avoir atteint son but, il apprit la mort du grand musicien. De retour en Allemagne en 1857, il résida successivement à Berlin, Leipzig, Weimar et Dresde. Nommé, la même année, chef d'orchestre du théâtre de Posen, il n'occupa ce poste que peu de temps et se rendit à Copenhague, où il fit la connaissance de Niels Gade. Deux années plus tard, il revenait à Kœnigsberg et s'y livrait avec succès à l'enseignement. Nommé premier professeur à l'École de virtuoses de Berlin, en 1866, il quittait cette position en 1868 pour aller à Dresde, puis à Grætz, en Bohême, où il s'est fixé. — Les œuvres de M. A. Jensen sont très nombreuses. Elles comprennent des morceaux de musique d'orchestre, de musique de piano et un grand nombre de morceaux pour la voix dont nous ne saurions donner la liste. Assez peu connu en France, un seul des recueils publiés en Allemagne par ce musicien, celui qui porte le titre d'*Erotikon*, a été publié à Paris, par Flaxland, sous celui de *Chants d'Ionie*. Il se compose de sept esquisses antiques d'une mélodie élégante, d'une harmonie pleine d'intérêt, mais d'une exécution assez difficile.

JOACHIM, Joseph, violoniste et compositeur autrichien, né à Kittsee, près de Presbourg, de parents israélites, le 15 juillet 1831. Il entra très jeune au Conservatoire de Vienne, où il fut élève de Joseph Boehm. A douze ans, il se produisit à Leipzig où son talent précoce fit une profonde sensation, et à quatorze ans, c'est-à-dire en 1845, il remportait à Londres, où Mendelssohn l'avait emmené, de véritables triomphes. De retour à Leipzig vers la fin de cette même année, il reprit la place qu'il avait obtenue dans l'orchestre de la Gewandhaus, où il exécutait, dans un concert donné au mois de décembre, un adagio et rondo, avec accompagnement d'orchestre, qui est sa première composition. En même temps il poursuivait ses études sous la direction de Hauptmann et de M. Ferdinand David. En 1850, M. Joachim fit son premier voyage à Paris, et se fit entendre dans quelques concerts où il fut bien accueilli. Nommé cette année même directeur des concerts à Weimar, il quitta ces fonctions en 1854, pour celles de maître de la chapelle royale de Hanovre, auxquelles il fut obligé de renoncer après les événements de 1866 et l'annexion du Hanovre à la Prusse. Il vint alors à Paris où il se fit entendre à l'Athénée et aux Concerts populaires et remporta de nouveaux triomphes. Sa renommée était d'ailleurs européenne, et à bon droit; car il n'est pas seulement un virtuose de premier ordre, mais aussi un des plus admirables quartettistes que l'on puisse entendre, et avec cela chef d'orchestre habile et compositeur distingué. Enfant prodige, son talent n'a pas cessé de grandir avec l'âge, jusqu'à ce qu'il eût atteint le développement merveilleux qui fait de cet illustre virtuose l'un des plus grands violonistes dont on puisse citer le nom dans toute l'histoire de l'art. M. Joachim est aujourd'hui fixé à Berlin, où il est devenu directeur du conservatoire particulier fondé en cette ville sous le titre d'Académie de musique et a été élu membre de l'Académie des arts. Il a de plus été élu docteur de musique de l'université de Cambridge (Angleterre), le 8 mars 1877. On lui doit, outre l'ouvrage cité, d'assez nombreux morceaux symphoniques et plusieurs concertos de violon, parmi lesquels on remarque surtout son *Concert à la mode hongroise* (Concert in ungarischer Weise). Il a été nommé, en 1882, directeur de l'Académie royale de musique de Berlin et directeur pour la musique de l'Académie royale des arts de cette ville. — M. Joachim a épousé, en 1863, une cantatrice d'un grand talent, mademoiselle Amélie Weise, qui se fait surtout remarquer dans l'exécution des *Lieder*.

JOBARD, Louis Charles, industriel et homme politique français, sénateur, né à Gray le 11 décembre 1821. Il fit son droit à Dijon et, ayant pris le grade de docteur, aida son père dans la direction de son établissement d'exploitation minière et forestière, qu'il a dirigée depuis avec son frère. Successivement membre du Conseil municipal et du Conseil d'arrondissement de Gray et membre du Conseil général de la Haute-Saône, il fut nommé maire de Gray en 1869, et maintenu dans ses fonctions, après le 4 Septembre, par le vote de ses collègues du Conseil municipal. Le fléau de l'invasion offrit à M. Jobard l'occasion de donner à ses concitoyens des preuves de dévouement et de fermeté dont ils lui surent évidemment gré, et qui rendirent inattaquable, même pour le « gouvernement de combat », la position qu'elles lui avaient faite. M. Jobard a été élu sénateur de la Haute-Saône, comme candidat républicain, le 30 janvier 1876, et a pris place au centre gauche. Réélu au renouvellement partiel du 8 janvier 1882, il a voté l'expulsion des princes. — M. Jobard a collaboré au journal l'*Agriculteur*, dont il est l'un des fondateurs.

JOBBÉ-DUVAL, Armand Marie Félix, peintre et homme politique français, né à Carhaix (Finistère) le 16 juillet 1821, était encore enfant lorsqu'il vint à Paris. Elève de Paul Delaroche et de Gleyre, il remporta plusieurs médailles à l'École des Beaux-Arts et débuta au Salon de 1841. On cite de cet artiste : *Portrait de M. Kgram (1841); Portrait de M. Théophile Gautier (1842)*; le *Cercueil*, le *Repas (1843); Marguerite dans le jardin de Marthe (1845)*; la *Sainte famille au nid (1848)*; la *Moisson*, l'*Evanouissement de la Vierge*, le *Baiser (1849)*; l'*Hiver*, le *Printemps*, la *Jeune malade (1850); Portrait de M. Jobbé-Duval père*, la *Fiancée de Corinthe (1853)*; l'*Oaristis*, inspiré d'André Chénier, la *Toilette d'une fiancée*, *Portrait de M. Bellot (1855)*; le *Calvaire*, le *Rêve*, les *Juifs chassés d'Espagne (1857)*; trois *Portraits (1859); Marthe et Marie-Madeleine au tombeau du Christ* et deux *Portraits (1863); Saint François commence à Thonon la conversion des protestants, Saint François apporte des secours à des malheureux réduits à la misère par la chute d'avalanches*, peintures à la cire pour l'église Saint-Louis-en-l'Ile (1864); la *Conscience soutient le Devoir (1865); Descente du calvaire*, la *Douleur (1866); Portrait de Mlle Jobbé-Duval (1869)*; Portraits de *M. Camescasse* et de *M. Parent*, architecte (1870); *Désirs, Bouquet de roses (1872)*; les *Mystères de Bacchus (1873); Portrait de l'auteur, Portraits de Mlle J. Jobbé-Duval* et de *Mme Guinan-Locoureins (1874)*; trois *Portraits* anonymes (1875); la *Mer (1878); Bords de l'Isolle*, Finistère (1879); *Electre (1883)*; le *Bureau du Conseil municipal de Paris, qui a pris possession du nouvel Hôtel de Ville le 11 Juillet 1883 (1885)*, etc. En dehors de ses expositions, M. Jobbé-Duval a exécuté un grand nombre de *Portraits* et d'importants travaux dans les monuments publics : les *Vertus théologales*, la *Peste de Milan*, la *Mort* et l'*Apothéose de saint Charles Borromée*, pour une chapelle de l'église Saint-Séverin, à Paris (1853); quatre sujets religieux pour la chapelle du monastère de la Visitation, à Troyes : l'*Agriculture et le Commerce*, l'*Industrie et l'Art*, deux médaillons au Tribunal de commerce de la Seine : la décoration de la grande salle des fêtes de l'Hôtel de Ville de Lyon, le plafond de la cour d'assises, au Palais de Justice de Bordeaux : le *Crime, poussé par les mauvaises passions, répand la désolation sur la terre*; la *Vérité confond les criminels*; la *Justice, assistée du Droit et de la Loi, renvoie l'innocence et remet le criminel entre les mains de la Force*; la décoration de la Chapelle des âmes du purgatoire, à l'église Saint-Gervais, à Paris (1873), etc. M. Jobbé-Duval a obtenu une médaille de 3e classe en 1851 et le rappel en 1857. Il a été nommé chevalier de la Légion d'honneur en 1861. — Après la révolution du 4 septembre 1870, M. Jobbé-Duval fut nommé adjoint au maire du 15e arrondissement de Paris, fonctions dans lesquelles les élections du 7 novembre le confirmèrent. Candidat à l'Assemblée nationale dans son département, il ne fut pas élu. Lors de l'insurrection du 18 mars, il se maintint courageusement dans sa mairie, qu'il ne quitta qu'après les élections du 26 à la Commune. L'un des organisateurs de la Ligue républicaine des droits de Paris, il fit, avec ses collègues de la ligue, les efforts les plus louables, quoique malheureusement vains, pour prévenir les terribles événements qui devaient suivre. — M. Jobbé-Duval a été élu, le 23 juin 1871, membre du Conseil municipal de Paris pour le quartier Necker (15e arrondissement), qui l'a réélu à une très grande majorité, le 29 novembre 1874. Le 20 janvier 1876, il se portait candidat à la députation dans son arrondissement, mais n'ayant réuni qu'une faible minorité au premier tour de scrutin, il se retirait avant le second tour. Il a été constamment réélu au Conseil municipal, en 1878, 1881 et 1884, par le quartier Necker.

JOHNSON, Eastman, peintre américain, né à Lowell (Maine) le 29 juillet 1824. Après avoir commencé à se faire connaître par des dessins, il partit pour l'Europe, étudia à l'École des Beaux-Arts de Düsseldorf pendant deux années, puis se rendit à La Haye, où il résida quatre ans, et donna, outre de nombreux portraits : le *Savoyard* et les *Joueurs de cartes*, ses premières compositions en peinture à l'huile. M. Johnson visita ensuite les principaux musées d'Europe et résida quelque temps à Paris, puis il retourna aux Etats-Unis en 1856. Il a donné, depuis cette époque, de nombreuses toiles justement estimées, inspirées principalement des scènes rustiques avec accompagnement de nègres, qu'offre la vie américaine. Nous citerons : *The Old Kentucky Home (1859); Mating (1860)*; *the Farmer's sunday morning* (le Dimanche matin chez le fermier, 1860); *the Village blacksmith* (le Forgeron de village, 1861); *Fiddling his way (1865)*; *the Boyhood* (l'Enfance) *of Abraham Lincoln (1867)*; *the Barefoot boy* (l'Enfant aux pieds nus, 1867); *the Old stage coach* (l'Ancienne diligence, 1871); *the Wounded drummer* (le Tambour blessé, 1872); *the Pedlar* (le Colporteur, 1873); *Dropping off (1875)*; *A Glass with the Squire (1880)*; *The Founding Bill (1882)*, etc. — La plupart de ces tableaux ont été popularisés en Amérique par la chromo-lithographie.

JOHNSTON, Joseph Eggleston, général confédéré américain, né en février 1807 dans l'Etat de Virginie (comté du Prince Edward). Elevé à l'Académie militaire de West-Point, il en sortit en 1829, comme second lieutenant d'artillerie, fut promu lieutenant en premier en 1834 et servit comme aide de camp du général Scott dans la guerre contre les Séminoles. En 1837, il quittait l'armée pour devenir ingénieur civil, mais il y rentrait l'année suivante, avec son grade de premier lieutenant, cette fois dans le corps du génie topographique; il prit part à diverses missions dépendant de son service, tant sur les côtes que pour fixer les limites frontières entre les Etats-Unis et les possessions britanniques, puis servit, comme capitaine du génie, dans la guerre du Mexique. Deux fois blessé, il fut promu successivement, dans le cours de cette campagne, major, lieutenant-colonel et colonel du régiment des voltigeurs, corps spécial qui fut licencié en 1848. M. Johnston rentra dans l'armée régulière avec son grade de capitaine. Employé aux travaux d'amélioration des fleuves de l'Ouest de 1853 à 1855, il remplit ensuite diverses missions dans le Kansas, l'Utah, etc. En 1860, il fut fait brigadier-général et chargé du service de l'Intendance. Le 22 avril 1861, le général J.-E. Johnston résignait sa commission et passait à l'armée confédérée. Il reçut le commandement de l'armée qui devait combattre à Bull Run; mais, arrivé seulement quelques heures avant l'action, ce fut au plan du général Beauregard que fut donnée la préférence. Pendant la première partie de la campagne du général Mac Clellan, en 1862, le général Johnston commandait les forces confédérées dans la péninsule de la Floride et de Richmond. Il fut grièvement blessé à la bataille de Fair Oaks (31 mai) et tenu plusieurs mois éloigné du champ de bataille. En novembre, il reprenait son service, et appelé au commandement du département du Tennessee, malgré l'hostilité personnelle du président Davis. Pendant la campagne de Vicksburg, dirigée par le général Grant, et avec une armée relativement faible, il tenta de porter secours au général Pembleton, mais il fut repoussé à Jackson (Mississipi) le 14 mai 1863, et contraint d'abandonner Vicksburg à sa destinée; cette ville capitula le 4 juillet. Après la défaite de Braxton Bragg, en novembre suivant, le général Johnston fut nommé commandant de l'armée de l'Ouest et du Sud, ayant son quartier général à Dalton (Géorgie). Les positions ayant été tournées par l'armée du général Sherman, il dut se retirer successivement devant des forces beaucoup plus considérables à Resaca, Allatoona Pass et Kenesaw Mountain; il prit enfin position à Atlanta, place militaire d'une grande importance, renfermant d'ailleurs les manufactures d'armes et les munitions des confédérés. Il était résolu à la défendre jusqu'à la dernière extrémité; mais les autorités de Richmont, mécontentes de ses revers, lui envoyèrent l'ordre de remettre son commandement, le 17 juillet 1864, et il resta pendant quelques mois en disponibilité. Vers la fin de février 1865, lorsque le général Sherman, après avoir pu, sans rencontrer d'obstacles, exécuter sa marche d'Atlanta à Savannah, la poursuivait vers la Caroline du Sud, le général Johnston, sur les instances de Lee, fut appelé à prendre le commandement de ce qui restait de l'armée du Tennessee et de toutes les forces de la Caroline du Sud, de la Georgie et de la Floride; mais toute l'armée qu'il put réunir était de beaucoup inférieure en nombre aux troupes fédérales, et il lui fut impossible de s'opposer à la marche en avant de l'armée victorieuse, en dépit d'un succès partiel remporté à Bentonville, dans la Caroline du Nord, le 18 mars. La nouvelle de la capitulation de Lee lui étant ensuite parvenue, il capitulait à son tour, à Durham Station. — Depuis la conclusion de la paix, le général Johnston s'est employé avec zèle à la reconstitution du Sud, principalement en ce qui concerne les entreprises agricoles, industrielles et commerciales. Il réside à Savannah, dans l'Etat de Georgie. Il est considéré comme l'un des généraux les plus capables, et par beaucoup même comme le plus capable général que les confédérés aient eu à leur service. Il a publié une *Relation des opérations militaires*, par lui dirigées, *pendant la guerre entre les Etats* (New-York, 1874).

JOIGNEAUX, Pierre, agronome, publiciste et homme politique français, né à Varennes (Côte-d'Or) le 23 décembre 1815, fit ses études à Paris, où il suivit les cours de l'École centrale des arts et manufactures et collabora de bonne heure à la presse démocratique. Il écrivit notamment au *Journal du peuple* et à l'*Homme libre*. Sa collaboration à ce dernier journal, qui s'imprimait clandestinement, lui valut une condamnation à trois ans d'emprisonnement. Il fut traité en prison avec la dureté ordinairement employée envers l'espèce dangereuse de criminels à laquelle il appartenait; sa santé en fut notablement altérée et il acheva sa peine, sur l'intervention personnelle du directeur de la prison, dans une maison de santé. Rendu à la liberté, il publia : les *Prisons de Paris*, par un « ancien détenu » (1841), retourna dans son département peu après et y fonda, à Beaune, les *Chroniques de Bourgogne*; il alla ensuite diriger à Dijon le *Courrier de la Côte-d'Or*, le *Vigneron des deux Bourgognes*, et la *Revue industrielle et agricole de la Côte-d'Or*. Il se livra ensuite à l'agriculture, exploita une ferme près de Beaune, puis une autre, la ferme des Quatre-Bornes, près de Châtillon-sur-Seine, qu'il dirigeait encore lorsque éclata la révolution de février 1848. Nommé sous-commissaire du gouvernement de la République dans l'arrondissement de Châtillon-sur-Seine, M. P. Joigneaux fut ensuite élu représentant de la Côte-d'Or, le huitième sur dix, à l'Assemblée constituante, où il siégea à l'extrême-gauche. Il y fit partie du comité des travaux publics et vota avec la Montagne, notamment contre l'ensemble de la constitution. Après l'élection du 10 décembre, il combattit ardemment la politique de l'Elysée. Réélu à la Législative, il reprit sa place à la Montagne. Désigné pour la transportation, lors du coup d'Etat du 2 décembre, il réussit à gagner la Belgique, où il se réfugia à Saint-Hubert, dans la province de Luxembourg, reprit ses travaux agricoles, fonda un journal spécial : la *Feuille du cultivateur*, prit part avec grand succès aux divers concours et expositions, organisa un grand nombre de sociétés d'agriculture et fonda littéralement l'enseignement agricole et horticole en Belgique. Le gouvernement belge lui offrit, à plusieurs reprises, des récompenses et des distinctions, mais il les refusa constamment. M. Joigneaux ne rentra en France qu'après l'amnistie de 1859. Il collabora dès lors à divers journaux démocratiques, notamment au *Siècle*, auquel il a continué d'écrire jusqu'ici, et publia quelques ouvrages d'agriculture. Aux élections générales de 1869, il fut présenté simultanément par les comités démocratiques dans la Côte-d'Or et la Sarthe et échoua dans ces deux circonscriptions, mais avec une minorité imposante. Lors de l'investissement de Paris, il fut chargé de la création de cultures maraîchères dans les terrains vagues, pour

l'alimentation de la capitale assiégée, et rendit dans cette mission, de grands services. Il rédigeait en même temps le *Moniteur des communes*. — Aux élections du 8 février 1871, M. P. Joigneaux fut élu représentant à l'Assemblée nationale, le neuvième sur quarante-trois, par la population parisienne reconnaissante, et le quatrième sur huit par son département natal, en faveur duquel il opta. Il prit place à l'extrême-gauche. La conduite de M. Joigneaux fut toujours d'une telle rectitude que ses votes n'ont aucun besoin d'être relevés, sauf son vote contre les préliminaires de paix; il ne prit autrement de part active qu'aux discussions intéressant l'agriculture. Elu conseiller général de la Côte-d'Or pour le canton sud de Beaune, lors du renouvellement du 8 octobre 1871, et réélu en 1874 et depuis, M. Joigneaux a organisé l'enseignement de l'agriculture dans les écoles primaires de son département. Aux élections du 20 février 1876, il était élu dans la première circonscription de l'arrondissement de Beaune, par 10,811 voix, contre 5,531 accordées à son concurrent, candidat du comité « conservateur », M. Dupont-Marey et reprit sa place à l'extrême-gauche (Union républicaine). Il a été réélu le 14 octobre 1877 et le 21 août 1881. Enfin, aux élections du 4 octobre 1885, il a été élu député de la Côte-d'Or le second sur six. — M. P. Joigneaux a été l'ami et le collaborateur de Proudhon. Outre sa collaboration à une foule de journaux et de publications spéciales, et la rédaction de sa *Feuille du village*, dont nous avons omis de mentionner la fondation en 1848, on lui doit: *Histoire anecdotique des professions en France (1843)*; les *Paysans sous la royauté* (*1850-51*, 2 vol.); *Dictionnaire d'agriculture pratique* (*1855*, 2 vol.); l'*Agriculture dans la Campine (1859)*; *Légumes et fruits (1860)*; les *Veillées de la ferme du Tourne-Bride, ou Entretiens sur l'agriculture*, etc. (1861), sous le pseudonyme de P. J. de Varennes; *Conseils à la jeune fermière (1861)*; le *Livre de la ferme et des maisons de campagne*, avec la collaboration d'une société d'agronomes (1861-64, 2 vol. avec 1,720 fig.); *Culture de la vigne et fabrication des vins en Belgique (1862)*; *Pisciculture et culture des eaux (1864)*; *Causeries sur l'agriculture et l'horticulture* (même année); *Conférence sur le jardinage et la culture des arbres fruitiers (1865)*; *Agriculture*, dans la collection de l'*Ecole mutuelle (1865)*; *Journal de la ferme et des maisons de campagne*, revue complémentaire du *Livre de la ferme*, publié du 1er janvier 1865 au 31 décembre 1866, sous la direction de M. Joigneaux; *Traité des graines de la grande et de la petite culture (1867)*; *Nouvelles lettres aux paysans (1871)*; les *Ephémérides Joigneaux (1878)*, etc.

JOINVILLE (prince de), François Ferdinand Philippe Louis Marie d'Orléans, troisième fils de Louis Philippe, est né à Neuilly (Paris) le 14 août 1818. Il fit, comme ses frères, ses études à Henri IV, sous la direction d'un précepteur particulier et, après quelques excursions préparatoires sur les côtes méditerranéennes, entra à l'école navale de Brest. Il devint successivement enseigne en 1835, et lieutenant de vaisseau en 1836, rallia en cette qualité l'escadre du Levant, avec laquelle il visita les côtes de Syrie, etc. En 1837, étant à bord d'un vaisseau chargé d'une mission transatlantique, il débarquait à Bône dans l'intention d'assister au siège de Constantine. Il ne put qu'entrer tranquillement dans la ville déjà prise. Il se rembarqua alors, visita les Etats-Unis et le Brésil, puis, en 1838, prit part, à bord de la corvette la *Créole*, à la guerre du Mexique, notamment à l'attaque de Saint-Jean d'Ulloa, où sa belle conduite le fit citer à l'ordre du jour de l'armée. A la tête de ses compagnies de débarquement, il força les portes de la Vera-Cruz, entra dans la place et fit lui-même prisonnier le général Arista. Il fut promu, en récompense de ce brillant fait d'armes, capitaine de vaisseau et décoré de la Légion d'honneur. Après la paix, il alla rejoindre l'escadre du Levant, comme chef d'état-major de l'amiral Lalande puis, nommé au commandement de la *Belle-Poule*, il fut chargé, en 1840, de ramener de Sainte-Hélène en France le corps de Napoléon Ier. L'année suivante, il était détaché à la station de Terre-Neuve, puis aux Etats-Unis et au Sénégal. Le 1er mai 1843, il épousait à Rio de Janeiro la sœur de l'empereur actuel du Brésil, don Pedro II, la princesse Francisca de Bragance, et était nommé au retour contre-amiral et membre du Conseil d'amirauté, avec voix délibérative. En 1845, il commandait l'expédition du Maroc, bombardait Tanger et prenait Mogador et, promu vice-amiral, était appelé, en 1846, au commandement de l'escadre d'évolutions de la Méditerranée. En 1847, il faisait élever aux îles Baléares un monument en l'honneur des victimes de la capitulation de Baylen. Le prince de Joinville se trouvait à Alger, avec son frère le duc d'Aumale, gouverneur de l'Algérie, lorsque éclata la Révolution de février 1848. Il remit aussitôt son commandement aux mains des autorités républicaines et alla rejoindre en Angleterre la famille royale exilée. Il se contenta de protester avec beaucoup de dignité contre le décret portant bannissement de la branche cadette, et demeura scrupuleusement éloigné de toutes les intrigues politiques nées des événements sanglants qui bouleversaient alors l'Europe tout entière. Le 21 août suivant, il se signalait de la manière la plus généreuse, en aidant efficacement au sauvetage des passagers de l'*Ocean Monarch* dévoré par les flammes au large de Southampton. Vers la fin de 1861, le prince de Joinville accompagnait aux Etats-Unis son fils et ses neveux, le comte de Paris et le duc de Chartres. Après avoir fait entrer son fils à l'Ecole de marine, il se rendait au camp du général Mac Clellan, qui admit les deux jeunes gens comme officiers dans son armée, tandis que leur oncle suivait, avec l'état major du général américain, toute la campagne de Virginie, de 1862, dont il a d'ailleurs donné une relation très remarquable à la *Revue des Deux-Mondes*, l'année suivante.

Par une pétition venue en discussion dans la séance du Corps législatif du 2 juillet 1870, les princes d'Orléans, confiants dans les promesses libérales de l'empire devenu vieux, demandaient l'abrogation des lois de bannissement qui les frappaient, il n'est que juste de le dire, bien innocemment, et l'autorisation de rentrer dans leur pays en qualité de simples citoyens. Malgré l'éloquence émue de leur avocat, M. Estancelin (Voyez ce nom), leur pétition fut repoussée par une majorité énorme. Le 11 août suivant, époque à laquelle la nouvelle de nos premiers désastres venait de leur parvenir, M. Estancelin montait de nouveau à la tribune pour donner communication à la Chambre d'une lettre collective par laquelle les princes d'Orléans demandaient à défendre leur pays contre l'étranger à quel que titre que ce fût. Démarche vaine encore. En même temps, le prince de Joinville s'adressait isolément à son ancien compagnon d'armes, l'amiral Rigault de Genouilly, alors ministre de la marine, pour obtenir son appui. Mais tout fut inutile. Après la révolution du 4 septembre, dont la nouvelle vint les trouver à Bruxelles, le duc d'Aumale, le prince de Joinville et le duc de Chartres se rendirent à Paris, espérant que la loi qui les frappait d'exil pouvait être considérée comme abrogée; mais le nouveau gouvernement leur ayant représenté le danger que leur présence ne pouvait manquer de faire courir à la tranquillité publique, ils reprirent le chemin de l'Angleterre. Mais les princes ne se considéraient pas comme battus, et le prince de Joinville moins qu'un autre. Il finit par obtenir du général d'Aurelle de Paladines l'autorisation de servir dans l'armée de la Loire, sous le nom de Lutherod, colonel de l'armée des Etats-Unis. Il assista aux combats qui furent livrés autour d'Orléans et défendit cette ville contre l'ennemi avec les batteries de l'artillerie de marine. Au mois de decembre suivant, le prince de Joinville était présenté au général Chanzy par l'amiral (alors général) Jaurès, et bien accueilli du général en chef, qui permit au colonel Lutherod de suivre les opérations de son armée, sauf toutefois l'approbation du ministre de la guerre. Le ministre de la guerre donna si peu son approbation à ce compromis, qu'il fit arrêter, conduire à Saint-Malo et embarquer pour l'Angleterre le pseudo-colonel américain (janvier 1871). — Aux élections du 8 février 1871, le prince de Joinville fut élu représentant du peuple à l'Assemblée nationale par les départements de la Manche, le premier sur onze et de la Haute-Marne, le premier sur cinq. Il opta pour ce dernier. Les princes ne purent siéger, d'abord, avant que les lois d'exil fussent rapportées; conformément à une convention intervenue entre eux et M. Thiers, ils ne prirent même pas possession de leur siège après la validation de leurs pouvoirs (8 juin); ils la prirent toutefois, malgré les termes formels de cette convention, aussitôt après le vote de la proposition Rivet, attribuant pour deux années à M. Thiers la présidence de la République, arguant de ce fait, qu'il y avait une forme définitive de gouvernement (19 décembre 1871). Le prince de Joinville n'a d'ailleurs pris part à aucun vote important, si ce n'est qu'il s'est déclaré en faveur du retour de l'Assemblée à Paris et a écrit qu'il l'eût voté s'il avait été présent à la séance du 2 janvier 1872. Il n'a également pris aucune part aux discussions purement politiques. En 1872, il obtenait sa réinscription dans le cadre de la marine, comme vice-amiral. Il était admis dans la 2e section du cadre de réserve de l'état-major de l'armée navale le 14 août 1883, et enfin rayé des cadres, à la suite du vote de la loi d'expulsion des prétendants (juin 1886) qui, du moins, le laisse libre de résider en France. Le prince de Joinville parait avoir accepté cette situation. A l'exemple des autres membres de sa famille, il avait refusé toute candidature à partir des élections générales de 1876.

Le prince de Joinville a eu deux enfants: la princesse Françoise Marie Amélie d'Orléans, né le 14 août 1844, et le prince Pierre Philippe Jean Marie d'Orléans, duc de Penthièvre, né le 14 novembre 1845, admis en 1871 à servir dans la marine française avec le grade, qu'il avait acquis régulièrement aux Etats-Unis, de lieutenant de vaisseau, et rayé également depuis.

On doit au prince de Joinville plusieurs ouvrages importants publiés d'abord dans la *Revue des Deux-Mondes*: des études sur la marine, la guerre de Chine, la guerre de Sécession américaine, etc. Nous citerons: *Notes sur l'état des forces navales de la France (1844)*; *Etudes sur la marine (1859)*, recueils d'articles; l'*Angleterre, étude sur le self-government (1860)*; la *Guerre d'Amérique: campagne du Potomac (1863)*; une étude comparative des *Flottes des Etats-Unis et de la France (1865)*; une autre sur la *Campagne de Sadowa et la réorganisation militaire en France (1868)*, etc. — Ces articles, réunis ou non en brochures, ne portent point la signature de l'auteur. Dans la *Revue des Deux-Mondes*, ils sont généralement signés soit du nom d'un des collaborateurs de la revue, soit de celui du gérant.

JOKAI, Maurus, littérateur et journaliste hongrois, né à Komorn le 19 février 1825. Son père était avocat; il appartenait à la secte calviniste et éleva en conséquence son fils dans les doctrines puritaines les plus strictes, au moins jusqu'à l'âge de douze ans, époque à laquelle celui-ci devint orphelin. A la mort de son père, il était depuis deux ans à Presbourg, où il apprenait la langue allemande; il fut alors envoyé à l'Ecole supérieure de Pâpa où il demeura jusqu'en 1840, puis à celle de Kecskemét qu'il quittait en 1842, ses études achevées. Il avait eu, dans l'une et dans l'autre de ces deux écoles, le poète Petœfi pour condisciple. En 1844, il se rendit à Pesth pour étudier le droit et se fit recevoir avocat, bien qu'il ne dût jamais pratiquer. Dès 1846, il était rédacteur du journal hebdomadaire *Wochenblatt*, et prenait part au soulèvement de 1848. La même année, M. Jôkaï épousait la célèbre tragédienne hongroise Rosa Laborfalvi. En 1849, il suivit le gouvernement hongrois à Debreczin, où il fonda l'*Abendblatter*. Il assista à la capitulation de Vilagos le 28 août, et, fait prisonnier, il était résolu à échapper par le suicide à ses ennemis, lorsque l'arrivée de sa femme le détourna de ce fatal projet. Mme Jôkaï avait quitté Pesth à la hâte, après avoir converti en argent ses bijoux, pour courir au secours de son mari; elle parvint à assurer sa fuite. Traversant l'armée russe, ils trouvèrent un refuge momentané dans la forêt de Bukk, et purent atteindre Pesth sans encombre. Dans les dix années qui suivirent ces douloureux événements, la littérature hongroise n'exista pour ainsi dire plus, ou, du moins, ne se manifesta-t-elle par aucune œuvre de quelque valeur. Maurus Jôkaï résolut de la tirer de la tombe: le journalisme politique étant devenu bien décidément impraticable, il se voua à la littérature d'imagination et ne tarda pas à donner des preuves non de son talent d'écrivain, qui était bien connu, mais d'une fécondité inouïe. Un de ses biographes, qui écrivait en 1875, établissait qu'à cette époque Maurus Jôkaï avait publié 160 volumes, 25 romans, 320 nouvelles et 6 drames, dont il avait été tiré plus d'un demi-million d'exemplaires pour les six millions de Magyares qui constituent la population de la Hongrie, sans parler des traductions qui en furent faites en plusieurs langues. Les ouvrages les plus populaires de M. Jôkaï sont: les *Bons vieux assesseurs*; un *Nabab hongrois*; le *Sultan carpathe* (Zoltân Kârpâthy), suite du précédent; *Tristes temps: Océanie*; la *Rose blanche*; la *Famille maudite*; l'*Age d'or de la Transylvanie*; les *Turks en Hongrie*; les *Derniers jours des janissaires en 1820*; *Pauvres gens riches*; le *Monde sens dessus dessous*; *Administration des asiles d'aliénés*; le *Nouveau propriétaire*; les *Diamants noirs (1870)*; *Et pourtant elle tourne! (1872)*; le *Roman du siècle prochain (1873)*; les *Comédiens de la vie (1877)*, etc., etc. La plupart de ces ouvrages, dont quelques-uns comportent jusqu'à huit volumes et plus, ont été traduits en allemand, et quelques-uns en anglais. En 1863, M. Jôkaï a fondé à Pesth, le *Hon* (la *Patrie*), organe de la gauche, qui est le journal hongrois le plus répandu.

JOLIBOIS, Claude Emile, archéologue français, né à Chaumont-en-Bassigny le 5 mai 1813, fit ses études au collège de sa ville natale et se consacra à l'enseignement. Professeur d'histoire au lycée de Colmar de 1845 à 1849, il fut mis en disponibilité à cette dernière date, pour cause politique, et prit la direction du *Républicain du Rhin*. Au coup d'Etat du 2 décembre 1851, le *Républicain* fut supprimé et son directeur arrêté. Redevenu libre en 1853, M. Jolibois vint à Paris et s'y livra à l'enseignement libre. Il a été nommé archiviste du département du Tarn en 1859. Correspondant de l'Académie des sciences et belles-lettres de Toulouse ainsi que de plusieurs autres corps savants, le Congrès archéologique lui décernait une médaille de vermeil en 1863 et la ville d'Albi une médaille d'or en 1866, en récompense de ses travaux d'histoire et d'archéologie sur cette ville. — M. Jolibois a publié: la *Diablerie de Chaumont (1838)*; les *Chroniques de l'Evêché de Langres*, du P. Jacques Vignier, traduites et annotées (1843); *Histoire de la ville de Rethel (1847)*; *Histoire de la ville de Chaumont (1856)*; la *Roue de fortune*, chronique du xive siècle, traduite et commentée (1857); la *Haute-Marne ancienne et moderne (1858-61)*; le *Livre des consuls de la ville d'Albi (1865)*; *Inventaire sommaire des archives communales de la ville d'Albi*; *Notice sur les bibliothèques publiques du Tarn (1870)*; *Albi au moyen-âge (1871)*; *Dévastation de l'Albigeois par les compagnies de Montluc (1872)*; *Inventaire sommaire des archives de la ville de Gaillac (1873)*; *Inventaire sommaire des archives départementales du Tarn (1873-75*, 2 vol. in-4°), etc.; outre divers mémoires sur les *Archives de la Haute-Marne*, sur *Quelques monnaies de Champagne* et des notices biographiques sur *Bouchardon*, *Guyard* et *P. A. Laloy*. — M. Jolibois a été chargé, en 1860, de la rédaction historique de l'*Annuaire du Tarn*, dont la publication continue, et il a fondé en 1876 la *Revue historique, scientifique et littéraire* du département du Tarn (ancien pays d'Albigeois).

JOLIBOIS, Eugène, homme politique français, ancien magistrat, ancien administrateur de l'Empire, est né à Amiens le 4 juin 1819. Après avoir achevé son droit à Paris, il se fit inscrire au barreau de cette ville, puis entra dans la magistrature et devint procureur-général. Il quitta ensuite la magistrature pour l'administration et fut nommé préfet de la Savoie, puis entra au Conseil d'Etat. Après la révolution du 4 septembre 1870, M. Jolibois rentra au barreau de Paris et plaida dans divers procès intentés aux journaux bonapartistes, ses clients, avec un succès qui ne s'est guère démenti. Aux élections du 20 février 1876, M. Jolibois se présentait dans la 2e circonscription de Saintes avec la recommandation puissante de M. le baron Eschassériaux. Il fut élu par 6,933 voix contre 6,526 obtenues par son concurrent républicain constitutionnel, M. Anatole Lemercier, et réélu le 14 octobre 1877 et le 21 août 1881 par le même collège. M. Jolibois est un des orateurs les plus brillants et des interrupteurs les plus bruyants du parti de l'Appel au peuple, et ses succès à la tribune parlementaire ne font aucun tort à ses succès de palais, qu'il a soin de renouveler de temps en temps. Aux élections d'octobre 1885, il a été élu député de la Charente-Inférieure au scrutin du 18. — Il est officier de la Légion d'honneur depuis 1864.

JOLIET, Charles, littérateur français, né à Saint-Hippolyte-sur-le-Doubs le 8 août 1832, fit ses études au collège de Chartres et au lycée de Versailles, où il prit son diplôme de bachelier ès-lettres en 1851. Entré au ministère des finances en 1854, il suivit la campagne d'Italie en 1859, comme attaché à la trésorerie de l'armée. Après la campagne, il reprit sa place au ministère. Il collaborait sous son nom ou sous divers pseudonymes, notamment sous celui de « J. Telio », anagramme de *Joliet*, à la plupart des revues et des journaux littéraires: à l'*Artiste*, à la *Revue française*, à la *Revue européenne*, à la *Revue fantaisiste*, au *Monde*

illustré, au *Musée des familles*, à l'*Illustration*, au *Journal amusant*, à la *Vie parisienne*, au *Boulevard*, au *Figaro*, au *Grand Journal*, à l'*Evénement*, au *Charivari*, etc. En 1864, il quittait l'administration pour se consacrer entièrement à ses travaux littéraires. — M. Charles Joliet a publié : l'*Esprit de Diderot (1859)*; la *Bougie rose*, comédie en un acte (1863); le *Médecin des dames*, suivi de deux petites comédies : la *Pluie* et le *Baiser de Judas (1865)*; les *Athéniennes*, poésies; *Romans microscopiques*, nouvelles; l'*Envers d'une campagne*, le *Roman de deux jeunes mariés (1866)*; *Une reine de petite ville*, les *Pseudonymes du jour*, *Huit jours en Danemark (1867)*; le *Livre noir*, le *Livre rouge*, la *Société des gens de lettres*, brochures (1868); *Dominique*, les *Fils d'amour*, le *Comte Horace*, le *Mariage de Frédérique*, *Mademoiselle Chérubin*, la *Vie parisienne (1870)*; *Trois hulans*; *Carnet de campagne : Paris, Tours, Bordeaux, Versailles 1870-71*; l'*Almanach de la guerre (1871)*; la *Foire aux chagrins*, le *Roman de Bérengère*, le *Train des maris (1872)*; les *Filles d'enfer*, la *Vicomtesse de Jussey*, le *Gardien du phare (1873)*; le *Budget d'un Parisien, en 1873*; *Ecritures secrètes dévoilées*; le *Mariage d'Alceste*, comédie en un acte, en vers (1874); *Carmagnol (1875)*; *Jeune ménage*, la *Balle de cuivre*, nouvelle publiée dans la *Chasse illustrée (1876)*; *Robinson*, nouvelle (1877), dans le *Journal de la Jeunesse*; *Diane (1878)*; *Roche d'or (1880)*; le *Capitaine Harold* (1886, 2e éd.), etc.

JONAS, Emile, compositeur français, né à Paris le 5 mars 1827, entra au Conservatoire en 1841, obtint le 1er prix d'harmonie en 1857 et le second grand prix de Rome en 1859. Professeur de solfège depuis 1847, il fut chargé d'une des classes d'harmonie créées au Conservatoire pour les élèves militaires, lors de la suppression du Gymnase musical (1859). Il était en même temps chef de musique d'une des subdivisions de la garde nationale de Paris. Nommé, en 1867, secrétaire du comité d'organisation des festivals militaires de l'Exposition universelle, il eut à s'occuper de presque tout le travail de ces festivals, et fut, en récompense, nommé chevalier de la Légion d'honneur. — On lui doit, comme compositeur : *Job et son chien*, un acte, aux Bouffes-Parisiens (1863); le *Manoir de la Renardière (1864)*, un acte; *Avant la noce*, un acte (1865), au même théâtre; les *Deux arlequins*, un acte, aux Fantaisies-Parisiennes (1866); *Marl-b'rough s'en va-t-en guerre*, 4 actes, avec MM. Léo Delibert, Bizet et Legouix, à l'Athénée (1867); le *Duel de Benjamin*, un acte, aux Bouffes-Parisiens (1868); le *Canard à trois becs*, 3 actes, aux Folies-Dramatiques (1869); *Désiré, sire de Champigny*, un acte, aux Bouffes (1869) : *Javotte*, 3 actes, à l'Athénée (1871), ouvrage représenté à Londres, au théâtre de la Gaîté, quelques mois auparavant sous le titre de *Cinderella*; le *Chignon d'or*, 3 actes, à Bruxelles (1874); la *Bonne aventure*, opérette bouffe, 3 actes, à la Renaissance (1882); le *Premier baiser*, opéra comique, 3 actes, aux Nouveautés (1883), etc. Il lui revient en outre, une part avec MM. Bazille, Clapisson, Eugène Gautier, Gevaërt, Mangeant et Poise, dans la musique de la *Poularde de Caux*, opérette représentée au Palais-Royal.

JONCIÈRES (de), Félix Ludger, dit Victorin, compositeur et critique musical français, fils d'un journaliste officieux du second empire, qui avait été saint-simonien, est né à Paris le 1er avril 1839. Il reçut fort jeune, d'une de ses tantes, les premiers principes de l'art musical et aborda l'étude du piano. Entré ensuite au lycée Bonaparte, il y avait terminé ses études à seize ans. Son père destinait le jeune bachelier au barreau; mais lui, sûr d'une vocation qu'il estimait invincible, voulut se faire peintre et suivit en conséquence l'atelier de Picot. Il reprit toutefois, mais seulement comme amateur, l'étude de la musique; il écrivit même la partition d'un petit opéra comique, brodé par un de ses amis sur le thème du *Sicilien ou l'Amour médecin*, de Molière, lequel fut représenté sur la petite scène du Théâtre de la Tour d'Auvergne, par des élèves du Conservatoire, en 1859. Le critique de la *Patrie*, Franck Marie, qui assistait à la représentation, engagea très fort le jeune compositeur-amateur à abandonner le pinceau et à se vouer exclusivement à la musique. M. de Joncières suivit ce conseil; il fit un cours d'harmonie sous la direction d'Elwart, et entra ensuite au Conservatoire, dans la classe de fugue et de contrepoint de M. Leborne. Il se préparait à concourir à l'Institut, lorsqu'à la suite d'une discussion avec son professeur, à propos de Richard Wagner, qui venait de donner son premier concert au Théâtre-Italien, il quitta le Conservatoire. Il se livra dès lors sérieusement à la composition ; fit jouer aux Concerts Musard, une ouverture, une marche et divers morceaux d'orchestre; puis écrivit, sur l'*Hamlet* de MM. A. Dumas et P. Meurice, une partition comprenant une ouverture, une marche, des entr'actes et des mélodrames, qu'il fit entendre, en 1864, dans un concert organisé à ses frais. En 1867, il se rendait à Nantes, pour en diriger l'exécution dans une représentation d'*Hamlet* au Grand-Théâtre de cette ville, où Mme Judith, de la Comédie-française, remplissait le rôle d'Hamlet. L'année suivante, le même drame, joué par la même artiste, paraissait sur la scène de la Gaîté, accompagné de la musique de M. de Joncières. Dès le 8 février 1867, le jeune compositeur avait fait de véritables débuts à la scène, en donnant au Théâtre-Lyrique un grand opéra en 3 actes, *Sardanapale*, dans lequel Mlle Nilsson, dont c'était la première création, remplissait le principal rôle. Malgré cette bonne fortune, *Sardanapale* n'eut qu'un médiocre succès. Le *Dernier jour de Pompéi*, opéra en 4 actes, donné au même théâtre, ne réussit pas mieux; la critique le trouva même inférieur au précédent. Il eut plus de succès avec *Dimitri*, opéra en 5 actes, écrit sur des paroles de MM. de Bornier et Armand Sylvestre, représenté sur le nouveau Théâtre national Lyrique, le 5 mai 1876. Citons encore : la *Reine Berthe*, opéra en 2 actes, joué trois fois à l'Opéra (1878); le *Chevalier Jean*, drame lyrique en 4 actes, écrit sur un livret de MM. Louis Gallet et Ed. Blau, à l'Opéra-Comique (1885). On lui doit, en outre, quelques romances, des morceaux pour le piano, un concerto de violon, exécuté au Conservatoire par M. Danbé, en 1870; une *Symphonie romantique*, exécutée au Concert national au mois de mars 1873, etc. — M. Victorin de Joncières rédige, depuis 1871, le feuilleton musical du journal la *Liberté* sous son propre nom, et sous le pseudonyme de « Jennius », la chronique théâtrale quotidienne du même journal. — M. de Joncières a été nommé chevalier de la Légion d'honneur le 8 février 1877.

JOUAUST, Damase, libraire et imprimeur français, né à Paris le 25 mai 1834, fit ses études au collège Bourbon, suivit les cours de l'École de droit et prit le grade de licencié. Il entra ensuite dans l'imprimerie de son père avec lequel il travailla jusqu'en 1864, époque de la mort de celui-ci. Resté seul à la tête de l'imprimerie, M. D. Jouaust, tout en poursuivant les perfectionnements d'exécution qu'il y avait abordés dès le début, fondait en 1869 la Librairie des bibliophiles, aujourd'hui universellement connue et appréciée comme elle le mérite, et qui a déjà donné tant d'éditions remarquables d'œuvres anciennes et aussi d'ouvrages nouveaux choisis avec goût. Le mérite des éditions publiées par la maison Jouaust réside surtout dans le soin que son chef apporte aux plus petits détails et le choix intelligent qu'un lettré comme lui, servi par un goût sûr et de rares connaissances artistiques et littéraires, peut seul réussir. M. D. Jouaust n'emploie à l'impression de ses ouvrages que des caractères elzéviriens, gravés exprès sur les modèles les plus élégants du XVIe siècle; lorsqu'il appelle à son aide l'art du dessinateur et du graveur, c'est aux meilleurs artistes qu'il s'adresse : les Gérôme, les Flameng, les Hédouin, etc. — Pendant le siège de Paris, M. Jouaust conçut et mit en pratique l'idée de publier la *Lettre-Journal, gazette des absents*, feuillet double portant, imprimé sur deux pages, le résumé des événements et des impressions du moment, et dont les deux autres pages, restées blanches, étaient réservées à la correspondance et à l'adresse du destinataire ; le tout ne pesait que bien juste le poids réglementaire de 4 grammes qui en permettait le transport par les ballons. La *Lettre-Journal* eut un succès immense et dut paraître trois fois par semaine, ayant commencé par paraître deux fois seulement. Elle donna lieu à de nombreuses imitations ; mais celles-ci ne réussirent point. M. Jouaust a obtenu des récompenses aux Expositions universelles de Paris (1867 et 1878), Lyon (1872), Vienne (1873) et Philadelphie (1876). Il a été nommé chevalier de la Légion d'honneur en 1872. — M. Jouaust s'est associé récemment M. Sigaux, un autre lettré.

JOUBERT, Léo, littérateur et journaliste français, né à Bourdeilles (Dordogne) le 13 décembre 1826, fit ses études à Périgueux et à Paris, et débuta dès l'âge de vingt ans dans la carrière littéraire. La même année (1846), il acceptait une place de précepteur en Moldavie. De retour en 1850, il collabora au journal l'*Ordre* et, de 1852 à 1862, à la *Biographie générale* publiée par la maison Firmin Didot, fournissant en même temps des articles à la *Revue européenne* et à la *Revue contemporaine*, dont il devint secrétaire de la rédaction littéraire en 1862. Il a également fourni des articles sur la littérature anglaise au *Dictionnaire des littératures* de M. G. Vapereau. Depuis lors M. Léo Joubert a collaboré à divers journaux quotidiens, notamment à l'*Epoque* et au *Moniteur universel*, dont il est devenu le rédacteur principal en 1869 et qu'il a quitté en 1877. — Il a publié : *Essai de critique et d'histoire*, recueil d'articles de revues (1863); *Lexna, histoire athénienne (1867)*; la *Bataille de Sedan (1873)*. — M. Léo Joubert a été nommé chevalier, de la Légion d'honneur le 12 octobre 1873.

JOUBERT, Léon, homme politique français, né à Chinon le 26 septembre 1845, est fils du docteur Léon Joubert, ancien député républicain de Chinon dans la précédente législature, mort en 1885. Porté sur la liste républicaine du département d'Indre-et-Loire aux élections d'octobre 1885, M. Léon Joubert fut élu au scrutin du 18, et prit place à gauche. Il a voté l'expulsion totale des princes.

JOUFFRAULT, Camille, homme politique français, avocat, né à Argentan-Château (Deux-Sèvres) le 22 mars 1845. Il fit son droit à Paris et s'inscrivit au barreau. Membre du Conseil municipal et maire d'Argentan depuis 1877, membre du Conseil général des Deux-Sèvres depuis octobre 1877, M. Jouffrault l'emporta sur M. de la Rochejaquelein aux élections du 14 octobre 1877, dans l'arrondissement de Bressuire, et s'inscrivit au groupe de l'Union républicaine ; mais il échoua contre le même concurrent le 21 août 1881. — Aux élections du 4 octobre 1885, M. Jouffrault fut élu député des Deux-Sèvres sur la liste républicaine. Il a voté l'expulsion totale des princes.

JOULE, James Prescott, physicien anglais, né à Salford le 24 décembre 1818, d'une famille de brasseurs, fit ses études dans sa ville natale et sous la direction de maîtres particuliers. Il est auteur d'un ouvrage intitulé : *Découverte des lois relatives à l'émission de la chaleur par les courants électriques*, et d'un autre : *Découverte de l'équivalent mécanique de la chaleur*, qui sont très estimés. Le 30 novembre 1870, la Société royale décernait la médaille de Copley à M. Joule, après lui avoir décerné sa médaille royale dès 1850, en récompense de ses recherches sur la théorie dynamique de la chaleur. Il a présidé le congrès de l'Association britannique tenu à Bradford en 1873. — M. Joule est docteur en lois de l'université d'Edimbourg depuis 1871, et docteur de mathématiques et physique de l'université de Leyde depuis 1875. Il est membre de la Société royale de Londres et de diverses autres sociétés savantes nationales ou étrangères, et a été élu correspondant de notre Académie des sciences en mai 1870. Il reçoit de l'Etat depuis 1878, une pension annuelle et viagère de 5,000 francs en récompense de ses précieuses découvertes et spécialement de sa découverte de l'équivalent mécanique de la chaleur et des applications avantageuses qui en ont été faites.

JOURNAULT, Louis Geneviève Léon, publiciste et homme politique français, né à Paris le 25 février 1827. Il venait d'être reçu avocat lors du coup d'Etat de décembre 1851 et se mit à la disposition du comité de résistance organisé par Victor Hugo. Devenu plus tard principal clerc de M. Péan de Saint-Gilles, notaire à Paris, M. Léon Journault, quoique toujours attaché au parti républicain, se tint en dehors des agitations politiques jusqu'en 1869, époque à laquelle il entra à la rédaction de la *Tribune*, journal hebdomadaire fondé par MM. Pelletan, Glais-Bizoin et Hénon. Il collaborait en même temps au *Libéral* et à l'*Union libérale* de Seine-et-Oise. Après la révolution du 4 Septembre, il fut nommé maire de Sèvres et remplit ces fonctions difficiles, en face de l'invasion, de sorte que le Conseil municipal vota, après la signature de la paix, la déclaration que « M. Journault avait bien mérité de la commune de Sèvres ». Elu représentant de Seine-et-Oise à l'Assemblée nationale, le sixième sur onze, aux élections du 8 février 1871, M. Léon Journault se fit inscrire à la réunion de la gauche républicaine, avec laquelle il a constamment voté. Il a fait partie de plusieurs commissions importantes, notamment des commissions de permanence. Très porté à dénoncer les actes d'arbitraire commis par les agents de l'administration, il fut, l'un des premiers, révoqué de ses fonctions de maire de Sèvres, dès que M. de Broglie fut armé de sa fameuse loi des maires (janvier 1874). Aux élections du 20 février 1876, M. Journault fut élu député de la deuxième circonscription de l'arrondissement de Versailles, par 5,078 voix, contre 3,315 données à son concurrent conservateur. Il reprit sa place au groupe de la gauche républicaine, qui le choisit pour secrétaire. M. Journault a été rapporteur de la loi sur l'Exposition universelle de 1878, des propositions relatives à la publicité des comptes rendus des séances des conseils généraux, de la loi sur les chemins de fer algériens, etc. Nommé, le 11 novembre 1879, secrétaire général du gouvernement de l'Algérie, dont le titulaire était M. Albert Grévy, et conseiller d'Etat en service extraordinaire, il résigna son mandat de député. Mais s'étant trouvé en désaccord avec M. A. Grévy, il donna bruyamment sa démission le 1er mars 1880. Candidat républicain dans la première circonscription de Lorient, dans une élection partielle qui eut lieu le 20 juin suivant, M. Journault échoua. Mais A. Joly, député de la première circonscription de Versailles, étant venu à mourir, il fut élu à sa place, sans concurrent, le 23 janvier 1881, et réélu aux élections générales du 21 août suivant. Porté sur la liste républicaine opportuniste de Seine-et-Oise, aux élections d'octobre 1885, M. Journault échoua encore. Il a été élu sénateur de Seine-et-Oise le 18 avril 1886, en remplacement de M. Tréville, décédé. — M. Journault a voté l'expulsion des princes.

JOUVENCEL (de), Paul, écrivain et homme politique français, né à Versailles en 1818, fit son droit à Paris et prit le grade de licencié, puis se livra à l'étude de l'économie politique et des sciences naturelles. Nommé commissaire du gouvernement dans le département de Seine-et-Oise, après la révolution de 1848, M. Paul de Jouvencel n'accepta pas et se présenta aux élections pour la Constituante; mais il y échoua, ainsi qu'aux élections pour la Législative, quoique avec une minorité très importante. Son attitude, principalement comme membre du comité démocratique de la Seine, le fit proscrire après le coup d'Etat de décembre; il se réfugia en Belgique et ne rentra en France qu'à l'amnistie générale de 1859. — Aux élections législatives de 1863, M. de Jouvencel se présenta à Paris, dans la sixième circonscription, mais sans le moindre succès; il était toutefois élu en 1869, comme candidat de l'opposition démocratique, dans la deuxième circonscription de Seine-et-Marne. Il prit place au centre gauche. Il vota notamment contre le plébiscite et contre la guerre. Après le 4 Septembre, il organisa le corps franc des chasseurs de Neuilly, puis il alla rejoindre la délégation gouvernementale de province par la voie aérienne (22 octobre), fut nommé colonel au titre auxiliaire et placé à la tête d'un régiment de mobilisés. Après avoir refusé la candidature en Seine-et-Oise pour l'Assemblée nationale de 1871, il se portait à une élection partielle de juillet 1878, dans le cinquième arrondissement de Paris, et échouait. Porté sur la liste radicale de Seine-et-Oise aux élections d'octobre 1885, il fut élu député de ce département au scrutin du 18. Il a voté l'expulsion totale des princes.

M. Paul de Jouvencel a publié : *Du droit de vivre, de la propriété et du garantisme (1847)*; *Genèse selon la science : les commencements du monde* (Bruxelles, 1858); la *Vie, sa nature et son origine* (Bruxelles, 1859); les *Déluges, Des développements du globe et de l'organisation géologique (1861)*; *De l'emploi du pouvoir financier, lettres à MM. Pereire (1863)*; l'*Allemagne et le droit des Gaules (1867)*; les *Elections prochaines (1868)*; *Récits du temps : Siège de Paris, Campagne de 1870 (1872)*; *Aide-mémoire du partisan* (1875-77, 2 vol.); *De la diffamation en matière électorale (1878)*, etc.

JUDIC (dame), Anna Damiens, actrice française, née à Semur le 18 juillet 1850. Petite nièce de Lemoine-Montigny, directeur du Gymnase, ses parents la destinaient au commerce et elle fut même quelque temps employée dans un magasin de lingerie; mais sa vocation l'emportant, elle entra, grâce à l'influence de son grand-oncle, au Conservatoire, dans la classe de Régnier, et prit concurremment des leçons de chant et de piano. Enfin, elle débuta au Gymnase le 2 juin 1867; mais, plus portée vers le chant, elle y restait peu et signait, en 1868, un engagement de trois ans pour l'Eldorado, dont le directeur engageait en même temps, comme régisseur

général, M. Judic, qu'elle avait épousé le 25 avril 1867 et qui est mort en juillet 1884. Mme Judic devint bientôt la chanteuse favorite de l'Eldorado et fit le succès de bien des chansonnettes et autres morceaux de musique vocale qui autrement ne valaient pas le diable. Survint alors la guerre, et la jeune cantatrice se trouva forcée à une tournée artistique qui la conduisit successivement à Bruxelles, Liége, Anvers, etc., où elle remporta de véritables triomphes. Au commencement de 1871, elle donna à Lille une représentation très fructueuse au profit des blessés, en reconnaissance de laquelle la municipalité lui fit présent d'un magnifique médaillon. Elle alla ensuite chanter à Marseille, puis revint à Paris. Mme Judic a paru successivement, à Paris, aux Folies-Bergère, dans *Ne me chatouillez pas*, *Memnon*, etc.; puis à la Gaîté, où elle remplit le rôle de Cunégonde dans le *Roi Carotte*; aux Bouffes-Parisiens, où elle a paru successivement dans la *Timballe d'argent (1872)*; la *Rosière d'ici*, le *Grelot*, le *Mouton enragé*, la *Petite reine*, la *Quenouille de verre (1873)*; les *Parisiennes*, la *Branche cassée*, *Mariée depuis midi*, *Mme l'Archiduc*, *Mlle Bagatelle (1874)*; la *Créole (1875)*, etc. Cette artiste, dès lors populaire, a pu employer très fructueusement ses vacances à Bruxelles et à Londres, où le succès l'a accompagnée. En 1876, elle quittait les Bouffes-Parisiens et entrait aux Variétés. Elle parut à ce théâtre dans diverses opérettes en vogue persistante, telles que la *Belle Hélène*, la *Périchole*, le *Docteur Ox* (rôle de Praskavia), les *Charbonniers*, etc.— Mme Judic rentrait à Paris, de sa dernière tournée à l'étranger, le 20 septembre 1886, ayant en perspective, aux Variétés toujours, la création de *Mlle Lahadens*, de MM. Philippe Gille et A. Millaud, et la reprise de *Lili*, de la *Belle Hélène*, la *Grande Duchesse* et autres triomphes d'Hortense Schneider et d'elle-même.

JULLIEN, Philippe Emile, homme politique français né à Mer (Loir-et-Cher) le 10 juillet 1845. Avocat du barreau de Blois, conseiller général de Loir-et-Cher, M. Jullien, après avoir échoué à une élection partielle, dans la première circonscription de Blois, en avril 1879, était élu député de Romorantin, en remplacement de M. Lesguillon, décédé, le 27 février 1881 et réélu aux élections générales du 21 août suivant. Il s'inscrivit au groupe de l'Union républicaine et fut secrétaire de la Chambre. M. Jullien a été élu député de Loir-et-Cher en tête de la liste, le 4 octobre 1885. Il a voté l'expulsion totale des princes.

JURIEN DE LA GRAVIÈRE, Jean-Baptiste Pierre Edmond, amiral français, né à Brest le 19 novembre 1812, est fils d'un vice-amiral, pair de France sous la monarchie de juillet. Entré à l'École navale en 1828, il devenait aspirant la même année, puis successivement enseigne en 1832, lieutenant de vaisseau en 1837, capitaine de corvette en 1841 et capitaine de vaisseau en 1850. Après avoir navigué, comme aspirant et comme enseigne, dans les mers du Sud, sur les côtes du Sénégal et du Levant, il faisait en 1841, comme commandant de la corvette la *Bayonnaise*, une campagne dans les mers de Chine. Pendant la guerre d'Orient, il fut employé dans la mer Noire, comme chef d'état-major de l'amiral Bruat, et assista à la prise de Kinburn. Le 1er décembre 1855, M. Jurien de la Gravière était promu contre-amiral et appelé à la présidence de la commission de réorganisation des équipages de la flotte. Nommé, en 1858, au commandement de la division de l'Adriatique, il eut pour mission de bloquer pendant la campagne de 1859, le port de Venise. En 1861, il fut nommé commandant de la division du golfe du Mexique; au mois de décembre suivant, il était placé à la tête de l'expédition française contre la République mexicaine, avec des pouvoirs politiques aussi bien que militaires. Il signait, en conséquence, au nom de la France, la fameuse convention de la Soledad, avec les représentants de l'Espagne et de l'Angleterre; cette convention mettait fin à l'expédition, mais on sait que le gouvernement français désavoua son représentant, résolu qu'il était à faire seul la guerre, à tous risques. Au moment de l'ouverture des hostilités, l'amiral Jurien de la Gravière remettait le commandement des troupes de terre au général Lorencez, conservant seulement celui de la flotte. Promu vice-amiral le 15 janvier 1862, M. Jurien de la Gravière entrait au Conseil d'amirauté le 29 juin 1863, et était nommé aide de camp de l'empereur le 25 janvier 1864. Appelé au commandement de l'escadre d'évolutions de la Méditerranée en 1868, il était chargé de sa réorganisation en décembre 1870, en prévision de complications possibles amenées en Orient par la révision du traité de 1856, que la Russie réclamait avec insistance, désirant profiter de l'impossibilité où nous nous trouvions de nous y opposer. Cette escadre, toutefois, ne quitta pas le golfe Jouan, ou plutôt nos côtes méditerranéennes qu'elle surveilla quelque temps. Il a été nommé depuis au commandement de la station du Levant Atteint par la limite d'âge, il a été maintenu dans le cadre de l'activité, comme ayant commandé en chef devant l'ennemi. L'amiral Jurien de la Gravière a collaboré à la *Revue des Deux-Mondes* et publié : *Guerres maritimes sous la République et l'Empire (1844*, 2 vol., plusieurs éditions); *Rapport sur la campagne de la corvette la* Bayonnaise *dans les mers de la Chine (1851)*; *Voyage en Chine et dans les mers et archipels de cet empire, pendant les années 1847, 1848, 1849 et 1850 (1854*, 2 vol.); *Souvenirs d'un amiral (1860*, 2 vol.), d'après les notes de son père; la *Marine d'autrefois (1865)*; la *Marine d'aujourd'hui (1871)*; la *Station du Levant (1876)*; les *Marins du XVe et du XVIe siècles, origines de la marine moderne (1879)*; les *Marins de Ptolémée (1883)*; *De la guerre navale*, les *Derniers jours de la marine à rames (1885)*; *Doria et Barberousse, épisode de la lutte de la chrétienté contre les Ottomans (1886)*, etc. — L'amiral Jurien de la Gravière est grand croix de la Légion d'honneur depuis le 4 janvier 1876 et a été décoré de la médaille militaire en 1870. Il a été élu membre de l'Académie des sciences (Section de géographie et navigation), en 1866. Directeur du dépôt des cartes et plans au ministère de la marine, il a été nommé meme bre de la commission scientifique de l'Observatoire, le 25 janvier 1877.

JUSTE, Théodore, historien belge, né à Bruxelles en 1818. M. Th. Juste est devenu successivement secrétaire de la Commission centrale d'instruction, membre de l'Académie archéologique belge, de la Société des lettres, sciences et arts du Hainaut, etc., et conservateur du Musée royal d'artillerie. Outre une collaboration considérable aux journaux et revues, on a de cet écrivain un grand nombre d'ouvrages relatifs à l'histoire de la France et à celle des Pays-Bas. — Nous citerons : *Histoire élémentaire et populaire de la Belgique (1838)*; *Histoire populaire de la Révolution française*; *Un tour en Hollande (1839)*; *Histoire du Consulat et de l'Empire (1840)*; *Essai sur l'histoire de l'instruction publique en Belgique (1844)*; *Précis de l'Histoire moderne considérée dans ses rapports avec la Belgique (1845)*; *Histoire de la Révolution belge de 1790 (1846*, 3 vol.); *Charlemagne (1846)*; *Précis de l'histoire du moyen âge (1848*, 3 vol.); *Histoire des Pays-Bas sous Philippe II (1855*, 2 vol.); *Charles-Quint et Marguerite d'Autriche (1858)*; les *Pays-Bas au XVIe siècle (1858-63*, 2 parties); la *Belgique en 1860*; *Christine de Lalaing, princesse d'Epinoy (1861)*; *Histoire du soulèvement des Pays-Bas contre la domination espagnole (1862-63*, 2 vol.); *Souvenirs diplomatiques du XVIIIe siècle (1863)*; *Histoire des Etats-généraux des Pays-Bas (1864*, 2 vol.); les *Fondateurs de la monarchie belge (1865)*; le *Comte Lehon et le Régent (1867)*; le *Soulèvement de la Hollande en 1813 et la fondation du royaume des Pays-Bas (1867)*; *Notes historiques et biographiques*, formant une suite aux *Fondateurs de la monarchie belge (1871)*; la *Révolution belge de 1830 (1872*, 2 vol.); *Guillaume le Taciturne (1873)*, etc.

K

KAEMPFEN, Albert, journaliste français, né à Versailles le 15 avril 1826, d'un père suisse d'origine, qui servit comme chirurgien-major dans l'armée française. M. Kaempfen, son droit terminé, se fit naturaliser français et inscrire au barreau de Paris en 1840. Collaborateur à la *Gazette des tribunaux*, de 1855 à 1866, il fut ensuite chargé à l'*Illustration* de la « gazette du Palais » et du « courrier de Paris. » Il fournit en outre des articles au *Courrier de Paris*, au *Courrier du dimanche*, à l'*Epoque*, à la *Revue des provinces*, à la *Revue moderne*, à la *Vie parisienne*, à l'*Univers illustré*, au *Magasin des demoiselles*, au *Magasin d'éducation et de récréation*, au *Rappel*, au *Temps* dont il rédigeait la « chronique parisienne » sous le pseudonyme de *X. Feyrnet*, à la *Discussion* de Lyon, dont il fut le correspondant parisien, etc. M. A. Kaempfen a été rédacteur en chef du *Journal officiel*, de février 1871, époque à laquelle il y remplaça M. Lavertujon, nommé consul général à février 1874, époque à laquelle il fut remplacé dans ces fonctions par M. Ernest Daudet. Rentré à l'*Univers illustré*, il a été nommé directeur des Beaux-Arts, au ministère de l'instruction publique et des beaux-arts en 1879. — On a de M. Kaempfen, outre ses travaux de journaliste : la *Tasse à thé*, roman (1865); *Paris capitale du monde*, avec M. Edmond Texier (1867), etc. Il a signé la plupart de ses articles de journaux de pseudonymes dont les principaux sont : *X. Feyrnet*, *Henrys* et *Henri d'Este*. En 1869, il assistait comme journaliste à l'inauguration du canal de Suez. — Il est chevalier de la Légion d'honneur.

KALAKANA, David, roi des îles Sandwich ou Hawai, est né en 1838. Il appartient à l'une des familles les plus considérables de l'île. A la mort de Kamehameha V, en 1872, David Kalakana posait sa candidature au trône vacant en concurrence avec William Lunalilo; celui-ci fut élu par un plébiscite, sanctionné par le vote de la Législature. Lunalilo régna un peu plus d'une année et mourut à son tour. Alors, une assemblée de députés fut spécialement convoquée, le 12 février 1874, pour élire son successeur: et cette assemblée choisit pour roi des îles Sandwich, par trente-six voix contre six accordées à la reine Emma, veuve de Kamehameha IV, mort en 1863, David Kalakana. Cette élection n'alla pas toute seule : les partisans de la reine Emma se soulevèrent, bousculèrent les cinq députés chargés de notifier sa nomination à Kalakana, après avoir brisé leurs voitures; puis ils envahirent la maison du Congrès, maltraitèrent les députés qui y étaient réunis, brisèrent les meubles et se fussent infailliblement livrés à toutes les extrémités sans l'intervention opportune de détachements de matelots anglais et américains, qui réussirent à rétablir l'ordre pour ce jour-là. — Le roi Kalakana a reçu une excellente éducation; ses mœurs sont exemplaires, ses manières élégantes; il parle plusieurs langues, l'anglais surtout, dans la perfection. L'ordre rétabli par les matelots américains et anglais et maintenu par eux pendant quelques jours, fut de nouveau troublé après leur départ, et les Sandwich se trouvèrent en proie à l'insurrection. Cependant, contrairement aux prévisions d'Emma, le gouvernement anglais reconnut le nouveau roi, et la reine Victoria lui envoyait, dès le mois de juin, une lettre de félicitations au sujet de son élévation au trône. Cette démarche officielle fit cesser les hostilités, et Kalakana régna désormais sans opposition. Il a fait, à la fin de 1874 et au commencement de 1875, un assez long voyage aux Etats-Unis, et a conclu avec cette nation un traité de commerce et d'amitié. Il a fait, en outre, un court voyage en Europe en 1881. — Le roi Kalakana, n'ayant pas d'enfants, a proclamé héritier présomptif du trône havaïen, son frère William Pitt Leleiohoku, né vers 1852, ayant reçu une éducation soignée et, dit-on, très aimé dans le pays.

KAMECKE (von), Georg Arnold Karl, général prussien, né le 14 juin 1817. Entré dans l'arme du génie en 1834, il devenait capitaine en 1850, passait dans l'état-major d'où, après avoir occupé plusieurs emplois, il passait dans l'arme de l'infanterie et devenait colonel en 1861. Nommé major général en 1865, il fit la campagne de 1866 contre l'Autriche, comme chef d'état-major du 2e corps d'armée. Nommé directeur du génie en 1867, il était promu lieutenant général en 1868, et appelé au commandement de la 14e division d'infanterie (1re armée), lors de la campagne de 1870. Il prit une grande part aux combats livrés sous Metz et, après la capitulation de cette place, fut chargé de mettre le siège devant Thionville, Verdun et La Fère, mission qu'il remplit trop bien. Appelé alors devant Paris, le général de Kamecke y reprit le commandement du génie. C'est le général de Kamecke qui commandait les 30,000 allemands qui occupèrent le quartier des Champs-Elysées pendant vingt-quatre heures, aux termes de la capitulation de Paris, signée le 26 janvier 1871. — Rentré en Allemagne, le général de Kamecke fut nommé chef-adjoint des affaires militaires, avec rang de ministre, en janvier 1873; en novembre suivant, il remplaçait le maréchal von Roon au ministère de la guerre. Promu général de l'infanterie le 22 mars 1873, il quittait le ministère, où il était remplacé par le général Bronsart von Schellendorf (voy. ce nom), le 7 mars 1883.

KARCHER, Théodore, publiciste français, né à Saar-Union le 21 décembre 1821, fit ses études littéraires à Bouxwiller et son droit à Strasbourg, puis se lança dans le journalisme. Rédacteur en chef du *Républicain des Ardennes*, à Sedan, en 1848, il prit une part active à l'organisation des associations ouvrières du département. En 1850, il encourait une double condamnation à deux ans de prison pour avoir attaqué la loi du 31 mai, restrictive du suffrage universel. Il réussit à passer en

Belgique, mais il en fut expulsé et se réfugia en Angleterre, où il collabora à la *Voix du Proscrit*. Après le coup d'Etat, la commission mixte des Ardennes condamnait M. Théodore Karcher à l'exil perpétuel, soi-disant en raison des articles par lui publiés dans ce dernier journal. Il se fixa dans le pays hospitalier où il se trouvait déjà depuis près de deux ans et fut successivement nommé professeur à l'Académie militaire de Woolwich en 1858, examinateur d'admission aux fonctions civiles de l'administration des Indes et examinateur à l'université de Londres en 1864. Porté aux élections du 8 février 1871, sur la liste républicaine des Ardennes, en son absence, M. Théodore Karcher obtint 9,000 voix sans être élu. Aux élections de 1876, il se présentait dans l'arrondissement de Rethel, où, après avoir obtenu la majorité relative au premier tour de scrutin, il échouait au second tour (5 mars), de quelques centaines de voix, contre M. Drumel, républicain de nuance moins accusée. — M. Karcher est allé reprendre sa chaire à l'Académie militaire de Woolwich; il est également professeur à l'institution des Hautes études d'artillerie. Il a publié : *Biographies militaires* (Londres, 1861); *Rienzi*, drame en vers (1864); les *Ecrivains militaires de la France (1865); Questionnaire français (1865); Etudes sur les institutions politiques et sociales de l'Angleterre (1867); Impressions recueillies dans les départements français occupés par l'armée prussienne (1872)*, etc. On lui doit également des traductions d'ouvrages politiques ou historiques de divers auteurs anglais, notamment la traduction de la première partie de l'*Histoire de la Guerre de Russie*, de M. Kinglake, intitulée : l'*Invasion de la Crimée, origine et histoire de la guerre d'Orient jusqu'à la mort de lord Raglan* (Bruxelles, 1864, 3 vol.), ouvrage qui eut beaucoup de succès, mais hors de la France, dont l'accès lui fut interdit, principalement à cause du chapitre publié ensuite à part par M. Karcher, sous le titre d'*Histoire du Deux-Décembre* (Bruxelles, Londres et New-York, 1867). M. Théodore Karcher a collaboré, en outre, au *Spectator* anglais, au *Pionnier* allemand et au *Courrier* (français) *de Londres*; au *Barreau*, à la *Revue du progrès*, à la *Revue nationale*, à la *Revue moderne*, à la *République française*, etc.

KARR, Jean-Baptiste Alphonse, littérateur français, né à Paris le 24 novembre 1808, fit ses études au collège Bourbon, où il devint ensuite professeur de cinquième. Une pièce de vers adressée au *Figaro* lui ouvrit les portes de ce journal et celles de la carrière des lettres; on n'inséra pas, bien entendu, ses vers, mais on lui demanda des articles. Au commencement de 1839, il devenait rédacteur en chef du *Figaro* et fondait, à la fin de la même année, une sorte de revue satirique mensuelle, intitulée les *Guêpes*, et qui, abandonnée et reprise plusieurs fois, se publiait encore en 1877, à Nice. La vivacité mordante de cette petite brochure rapporta surtout M. Alphonse Karr des inimitiés non moins vives, sans parler d'un léger coup de poignard porté par une main féminine aujourd'hui glacée. — Aux élections pour l'Assemblée constituante, en 1848, M. Alphonse Karr, qui avait toutes les ambitions, se présentait dans le département de la Seine-Inférieure, sous prétexte qu'il y avait découvert Etretat; mais ce fut sans succès. Il fonda alors le *Journal*, organe officieux du gouvernement du général Cavaignac et du parti qui le représentait à l'Assemblée. En 1852, il écrivait au *Siècle* une série d'articles sous le titre de *Bourdonnements*, sorte de continuation des *Guêpes*. Dans cette même période il publiait quelques brochures politiques à prétentions plus sérieuses et, enfin, quittait Paris en 1858 pour aller s'occuper, à Nice, d'horticulture, non sans y entreprendre dès lors une nouvelle série de *Guêpes*. — Outre les journaux que nous avons cités, M. Alphonse Karr a collaboré à l'*Artiste*, aux *Cent et un*, à la *Revue des Deux-Mondes*, à l'*Esprit*, aux *Français peints par eux-mêmes*, aux *Fleurs animées*, au *Courrier du dimanche*, à l'*Opinion nationale*, au *Figaro* quotidien, etc., etc. Il a publié : *Sous les tilleuls*, sorte d'autobiographie (1832); *Une heure trop tard (1833); Fa-dièze (1834); Vendredi soir*, nouvelles (1835); le *Chemin le plus court*, autre quasi-autobiographie (1836); *Einerley (1837); Ce qu'il y a dans une bouteille d'encre (1838); Clotilde (1839); Hortense (1842); Am Rauchen* (même année); *Pour ne pas être treize* et *De midi à quatorze heures (1843); Feu Bressier (1844); Voyage autour de mon jardin (1845)*; la *Famille Alain*, le *Livre des cent vérités (1848); Histoire de Rose et de Jean Duchemin (1849)*; les *Fées de la mer (1850); Clovis Gosselin (1851); Contes et nouvelles, Agathe et Cécile (1852); Fort en thème*, les *Soirées de Sainte-Adresse (1853)*; les *Femmes, Lettres écrites de mon jardin (1854); Raoul Desloges, Au bord de la mer (1855); Promenades hors de mon jardin (1857); Une poignée de vérités* (même année); la *Pénélope normande, Trois cents pages*; le *Canotage en France*, avec Léon Gatayes, le comte de Chateauvillard, etc. (1858); *Menus propos (1859)*; la *Pêche en eau douce et en eau salée*, etc. (1860); *Dieu et diable, Sous les Orangers, En Fumant (1862)*; les *Dents du dragon (1869)*; les *Gaietés romaines*, la *Maison close (1870)*; la *Queue d'or (1872)*; la *Promenade des Anglais (1874); Plus ça change... (1875); ...Plus c'est la même chose* (même année); le *Credo du jardinier (1876); Notes de voyages d'un casanier (1877)*; le *Livre de bord*, souvenirs personnels (1879, 3 vol.); les *Points sur les i (1882); A bas les masques (1883); Roses et chardons (1886)*, outre plusieurs volumes de *Guêpes*. — La librairie Charpentier a mis en vente, au commencement de 1877, un volume intitulé : l'*Esprit d'Alphonse Karr*. — M. Alphonse Karr a donné au théâtre : la *Pénélope normande*, pièce en 5 actes, au Vaudeville (1860) et les *Roses jaunes*, comédie, au Français (1866). Ces deux ouvrages tirés de deux de ses romans. Il est chevalier de la Légion d'honneur depuis 1845 et decoré de plusieurs médailles d'honneur pour faits de sauvetage.

KATE (ten), Hermann Frédéric Charles, peintre hollandais, né à la Haye le 16 février 1822. Elève de C. Kruseman, à Amsterdam, il vint à Paris en 1848 et y résida pendant environ une année, quoique dans un moment fort agité, avec l'intention de s'y perfectionner dans son art. De retour à Amsterdam en 1849, il s'est établi depuis à la Haye où il réside actuellement. — On cite principalement, parmi les œuvres de M. ten Kate, remarquables par l'esprit d'observation : plusieurs *Intérieurs*; les *Prisonniers calvinistes sous Louis XIV*, la *Bénédiction paternelle*, etc.; et parmi celles qui ont figuré aux divers Salons de Paris : les *Discussions politiques, Fête champêtre (1855)*; l'*Enrôlement militaire*, les *Pêcheurs de Marken*, au Musée de Bordeaux (1857); l'*Alerte*, les *Joueurs au cabaret (1859)*, etc. — M. ten Kate a obtenu plusieurs médailles dans les Expositions nationales, notamment la grande médaille d'or à l'Exposition de La Haye en 1857. — Il faisait partie de la Commission néerlandaise à l'Exposition universelle de Paris de 1878, à laquelle il avait envoyé : la *Pointe de l'épée* et la *Pointe du pinceau*, toiles; le *Vainqueur et le vaincu* et le *Corps de garde*, aquarelles.

KAYSERLING, Moïse, rabbin et écrivain israélite allemand, né à Hanovre le 17 juin 1829, fit ses études dans sa ville natale et à l'université de Berlin. Nommé, en 1861, rabbin des israélites suisses par le gouvernement du canton d'Argovie, le docteur Kayserling était nommé en 1870, rabbin et prédicateur de la communauté israélite de Pesth (Hongrie). — On a de M. Kayserling, *Sephardim : Romanische Poesien der Juden in Spanien (1859); Ein Feiertag in Madrid, zur Geschichte der Spanisch-Portugiesischen Juden* (un Jour de fête à Madrid, chapitre de l'histoire des Juifs hispano-portugais, 1859); *Geschichte der Juden in Spanien und Portugal* (Histoire des israélites d'Espagne et de Portugal, 1860); *Menasse-ben-Israel, sein Leben und Wirken* (Menasse ben I., sa vie et ses œuvres, 1861); *Geschichte der Juden in England (1861); Moses Mendelssohn, sein Leben und Wirken (1862); Zum Siegesfeste, Dankpredigt und Danklieder von M. Mendelssohn (1866); Der Dichter Ephraim Kuh, ein Beitrag zur Geschichte der deutschen Literatur* (le Poète E. Kuh, contribution à l'histoire de la littérature allemande, 1867); *Die Rituale Schlachtfrage oder ist Thierquælerei (1867); Schlachten Bibliothek jüdischer Kanzelredner* (Bibliothèque du prédicateur israélite, etc.), publication commencée à Berlin en 1870, et qui est continuée. Le docteur Kayserling a publié, en outre, un certain nombre de sermons et fourni des articles de littérature et d'histoire au *Deutsche Museum* de Prutz, au *Frankel's Monatschrift*, au *Jahrbuch für Israeliten in Wien*, à la *Steinschneider's hebraische Bibliographie*, etc.

KELLER, Emile, homme politique français, né à Belfort le 8 octobre 1828, fit de brillantes études au collège Louis-le-Grand et passa avec succès ses examens pour l'Ecole polytechnique en 1846; il n'y entra pas, cependant, retourna dans sa famille et s'occupa d'études historiques et de philosophie religieuse. Elu député de la troisième circonscription du Haut-Rhin, comme candidat officiel, en 1857, il se montra au Corps législatif l'un des plus zélés défenseurs du pouvoir temporel du pape, en 1859, et combattit sur cette question la politique impériale. En souvenir de cette opposition, la candidature de M. Keller, présentée cette fois dans la quatrième circonscription, fut vivement combattue par l'administration aux élections générales de 1863, et elle échoua; mais M. Keller fut réélu, aux élections de 1869, député de la quatrième circonscription du Haut-Rhin, et prit place au centre droit. Au mois d'août 1870, il demandait en vain, au gouvernement aveugle de cette néfaste époque, l'armement des gardes nationaux et des francs-tireurs de l'Alsace, livrée en quelque sorte pieds et poings liés à l'invasion, ainsi que l'envoi à Strasbourg d'un commissaire extraordinaire chargé d'y organiser la résistance, ajoutant ces paroles d'une ardeur patriotique sincère : « Si l'honneur d'être désigné comme commissaire m'était fait, je pourrais y laisser ma vie, mais les choses se passeraient autrement qu'elles se passent aujourd'hui ! » Le gouvernement combattit cette proposition, il serait difficile de dire pourquoi, et elle ne réunit pas seulement le quart des votes de la Chambre. Aux premières nouvelles qu'il reçut du bombardement de la capitale de l'Alsace, M. Keller vint dénoncer le fait à la tribune. Il obtint, cette fois, le vote unanime d'une motion ainsi conçue : « L'héroïque population de Strasbourg a bien mérité de la patrie. *Jamais, jamais elle ne cessera d'être française !...*

Après le 4 Septembre et la dissolution du Corps législatif, M. Keller se rendit en hâte en Alsace et organisa un corps de volontaires à la tête duquel, avec un courage infatigable, il ne cessa de se distinguer pendant cette douloureuse campagne. Elu représentant du Haut-Rhin, le premier sur onze, aux élections du 8 février 1871, M. Keller protesta contre l'annexion à l'Allemagne de l'Alsace et de la Lorraine, dans un discours ému auquel il fut répondu par des « paroles de sympathie »; et son opposition n'empêcha ni ne retarda le vote des préliminaires de paix. Il signa alors la lettre de démission collective des représentants d'Alsace-Lorraine. Aux élections complémentaires du 2 juillet 1871, M. Keller se presenta dans l'arrondissement de Belfort contre le défenseur de cette place, le colonel Denfert-Rochereau et lui fut préféré; il prit place dans les rangs de la droite cléricale, avec laquelle il a constamment voté, fut rapporteur du projet de loi sur la composition du conseil de guerre chargé de juger Bazaine et de celui relatif à l'édification sur la butte Montmartre de l'eglise du Sacré-Cœur; prit part aux plus importantes discussions, notamment sur le projet de réorganisation de l'armée, se prononçant pour le service obligatoire et le terme de trois ans, bien qu'il dût, en février 1877, combattre un projet emanant de la gauche reproduisant précisément cette disposition, sous prétexte que l'admettre serait jeter la perturbation dans l'armée, prétexte spécieux d'ailleurs. Il a pris egalement la parole pour combattre le maintien au gouvernement de la collation des grades, point de discussion passionnée du projet de loi sur la liberté de l'enseignement supérieur. — Aux élections du 20 février 1876, M. Keller, qui avait refusé une candidature au Sénat inamovible dont le succès ne pouvait faire aucun doute, ne voulant pas, dit-il, y trouver un refuge contre le jugement de nos électeurs, se présenta dans l'arrondissement de Belfort, après y avoir appuyé, le 30 janvier précédent, la candidature sénatoriale de M. Thiers. Il fut élu par 7,673 voix, contre 4,650 données au candidat républicain. — Politiquement, M. Keller est surtout clérical, aussi a-t-il pu se donner à ses électeurs comme constitutionnel. Les malheurs de son pays l'ont rendu l'un des ennemis les plus implacables de l'Empire, dont il juge sainement les actes, avec sa haute intelligence et son cœur de patriote. Réélu le 14 octobre 1877, il échouait le 21 août 1881; enfin, aux élections d'octobre, il était élu l'un des deux députés du territoire de Belfort, et même le dernier, au scrutin du 18. — On doit à M. Keller une *Histoire de France (1858, 2 vol.)*; l'*Encyclique et les libertés de l'Eglise gallicane (1866)*, brochure; l'*Encyclique du 8 décembre 1864 et les principes de 1789 (1865)*; le *Général Lamoricière, sa vie militaire, politique et religieuse* (*1873*, 2 vol.), et diverses autres brochures de circonstance.

KELLOG (miss), Clara Louisa, cantatrice américaine, née à Sumter (Caroline du Sud) en juillet 1842, montra de bonne heure de grandes apititudes musicales et, après plusieurs années d'études spéciales sérieuses, débuta à l'Académie de musique de New-York en 1860. Un premier, puis un second échec ne la découragèrent pas et elle eut, dans une troisième tentative, un succès modéré qui donnait au moins des espérances. Un banquier de New-York, M. H. G. Stibbins voulut bien se charger alors des frais nécessaires au complément de l'éducation musicale de la jeune cantatrice. Elle fut déjà beaucoup mieux accueillie en 1861, lorsqu'elle reparut à l'Académie musicale, dans le rôle de Gilda de *Rigoletto*; mais ce ne fut qu'après quatre années d'études assidues qu'elle fut en état de donner la mesure de son talent. Pendant la saison 1864-65, elle joua le rôle de Marguerite, du *Faust* de M. Gounod, de manière à se faire proclamer par ses compatriotes une des plus grandes cantatrices de son temps. Son succès ne fut pas moins grand dans *Crispino*, la *Linda di Chamouni*, il *Barbiere di Seviglia*, la *Sonnambula*, *Lucia di Lmamermoor* et autres opéras, dans lesquels elle parut au cours des deux années qui suivirent. Elle se rendit ensuite à Londres, et y débuta avec un franc succès dans son rôle de Marguerite, de *Faust*, qu'elle reprenait après la Patti, Christine Nilsson, Pauline Lucca et autres *prime donne* dont la réputation était établie depuis longtemps. De retour aux Etats-Unis en 1868, miss Kellog revenait à Londres en 1872, et y jouait à Drury-Lane. Pendant l'hiver de 1873-74, elle organisa une troupe d'opéra anglais avec laquelle elle parcourut les principales villes des Etats-Unis, d'où elle n'est plus revenue.

KEMBLE, Frances Anne (dite Fanny), tragédienne et femme de lettres anglaise, fille ainée du célèbre tragédien Charles Kemble et nièce de Mme Siddons, non moins célèbre tragédienne, est née à Londres en 1811. Son prénom de Frances n'a pas été, à proprement parler, modifié par elle en celui de Fanny : *Fanny* est tout bonnement le diminutif de Frances, ou *Françoise*. Fanny Kemble débuta à la scène le 5 octobre 1829, au théâtre de Covent-Garden, alors dirigé par son père, dans le rôle de Juliette, auquel elle prêta une grâce si touchante que ce début fut un triomphe. Le 9 décembre suivant, on exhumait exprès pour elle *Venise sauvée*, drame dans lequel elle joua Belvidera avec un égal succès, qui établit dès lors sa réputation. Elle demeura trois ans attachee au théâtre de Covent-Garden, dont elle fit la gloire, en même temps qu'elle relevait la fortune compromise de sa famille; elle y parut successivement dans les rôles suivants du répertoire tragique anglais, dont il est à peu près inutile, même pour un lecteur français, de rappeler la source : la Fille grecque, Mme Beverley, Portia, Isabella, lady Townley, Calista, Bianca, Béatrice, Constance, lady Teazle, la reine Catherine, Louise de Savoie (dans sa propre tragédie de *François Ier*), lady Macbeth, Julia (du *Bossu*), etc. En 1832, elle fit avec son père un voyage aux Etats-Unis, et parut avec lui dans une série de représentations données dans les principales villes, qui ajoutèrent encore à sa réputation. Pendant son séjour aux Etats-Unis, miss Fanny Kemble épousa un M. Pierre Butler, planteur et propriétaire d'esclaves dans la Caroline du Sud, lequel passait le meilleur de son temps à Philadelphie, où elle le rencontra. Après avoir résidé une année sur une de ses plantations, elle obtenait le divorce contre lui en 1839. M. Butler est mort en 1867. Quant à miss Kemble elle reprit son nom de fille après le divorce et se retira à Lenox, dans l'Etat de Massachusetts, où elle résida, sauf une absence d'une année passée en Italie, pendant vingt ans. De retour en Angleterre en 1860, elle reprenait le chemin de Lenox en 1866. Elle fit un nouveau voyage en Europe en 1869 et donna, dans diverses villes, des lectures sur l'art dramatique, sur Shakespeare principalement. Elle est retournée aux Etats-Unis en 1873 et s'est établie, définitivement, à ce qu'il semble, près de Philadelphie. — On doit à miss Fanny Kemble : *François Ier*, tragédie, écrite par elle à l'âge de dix-sept ans, représentée au théâtre de Covent-Garden en 1829; *Journal d'un séjour en Amérique (1836)*; l'*Etoile de Séville*, drame (1837); un volume de *Poésies (1842)*; la traduction de plusieurs drames de Schiller, etc.; *Une année de consolation (1847)*, souvenirs d'un sejour d'une année passée en Italie dans la maison de M. Sartoris, mari de sa sœur Adelaide, morte en 1879, *Résidence sur une plantation géorgienne*, en 1838-39 (1863), *Souvenirs du temps où j'étais jeune fille (1878*, 3 vol.); *Souvenirs de ma vie récente (1882*, 2 vol.). Des passages importants de ces « souvenirs »

avaient paru auparavant dans l'*Atlantic Monthly*

KENT, WILLIAM CHARLES MARK, poète et journaliste anglais, né à Londres le 3 novembre 1823; il fit ses études aux collèges catholiques de Prior Park et d'Oscott, et se fit admettre au barreau de Middle Temple, en 1859. M. Charles Kent est petit-fils du navigateur qui découvrit le groupe d'îles portant son nom dans le golfe de Saint-Vincent. Il se livra de bonne heure à la poésie, et publia son premier ouvrage : *Aletheia, ou la condamnation de la Mythologie*, avec quelques autres poèmes en 1850, publication qui lui valut les félicitations de Lamartine ; il publia ensuite, en fait de vers : le *Pays des rêves, ou les poètes chez eux (1862)*. M. Ch. Kent a publié également un certain nombre d'ouvrages en prose : la *Vision de Cagliostro ;* le *Ministère Derby*, série de portraits des membres de ce ministère, signée du pseudonyme de « Marck Rochester » ; un *Dictionnaire mythologique ;* un traité politico-religieux : le *Catholicisme dans les siècles d'ignorance*, « par un Oscottien » ; *Chemin battu (1864);* le *Gouvernement Gladstone*, « par un étudiant en droit » (1869), nouvelle série de portraits d'hommes d'Etat. Son poème de bienvenue, adressé à *Longfellow en Angleterre*, parut à cette époque dans le *Times*, signé des initiales C. K. et fit le tour de la presse anglaise et américaine. En 1870, il publiait une édition de ses *Poésies complètes*, et en 1872, simultanément en Angleterre et aux Etats-Unis, son *Charles Dickens conférencier* (Ch. Dickens as a reader). Lié d'amitié avec l'éminent écrivain, c'est lui qui reçut la dernière lettre qu'il dût écrire, dans laquelle Dickens lui donnait rendez-vous pour le lendemain, presque à l'heure précise où il mourait. Egalement lié avec le célèbre romancier et homme d'Etat lord Lytton, M. Charles Kent était chargé par ce dernier, en 1874, du soin de diriger la publication de l'édition, dite de Knebworth, de toutes ses œuvres diverses. Il a publié en outre la *Popular centenary edition of the Works of Charles Lamb*, avec introduction et notes (1875) ; les *Poetical Works of Robert Burns (1879);* la *Centenial edition of the Works of Thomas More (1879);* les *Works of Father Prout (1881) ;* les *Sept Merveilles du monde moderne*, revue des principales et des plus récentes inventions (1884), etc. — M. Charles Kent a été pendant vingt-cinq ans (1845-70) rédacteur en chef, et pendant les huit dernières années propriétaire du journal *the Sun*. Il a pris, en 1874, la rédaction en chef du *Weekly Register and Catholic Standard*, qu'il a abandonnée en 1881. Il a, en outre, collaboré à la *Westminster Review*, à la *Dublin Review*, au *Blackwood's Magazine*, aux *Household Words* à l'*Athenæum* et autres recueils périodiques éminents, et a fourni de nombreuses biographies à l'*Encyclopædia Britannica*, actuellement en cours de publication.

KEPPEL, sir HENRY, amiral anglais, frère puîné du comte d'Albemarle, est né le 14 juin 1809. Entré fort jeune dans la marine, il devint successivement lieutenant en 1829, major en 1833 et capitaine de vaisseau en 1837. Comme commandant du *Childers*, il servit sur les côtes méridionales de l'Espagne pendant la guerre civile de 1834-35, puis sur la côte occidentale d'Afrique ; il fut ensuite employé de 1841 à 1845, comme commandant de la *Dido*, d'abord en Chine pendant la guerre de 1842, puis à la destruction des pirates qui infestaient l'archipel Indien. De 1847 à 1851, il commanda le *Meander* aux stations des mers de Chine et du Pacifique et, en mai 1853, fut appelé au commandement du *Saint-Jean-d'Acre*, de 101 canons ; il servit dans la Baltique et la mer Noire, échangea son commandement contre celui du *Rodney* et obtint enfin le commandement de la brigade navale opérant devant Sébastopol. Après la chute de cette place, le capitaine Keppel, de retour en Angleterre, reçut le commandement du *Colossus;* en 1856, il prenait celui du *Raleigh* et faisait voiles vers la Chine ; mais arrivé presque à destination, il fit naufrage, ayant donné contre un écueil qu'aucune carte ne signalait. Il concourut néanmoins à la destruction de la flotte de guerre chinoise dans la baie de Fa-Tshan, le 1er juin 1857. Il reçut, en récompense de ses services dans cette campagne, la croix de chevalier-commandeur de l'ordre du Bain. En 1859, il fut nommé gentilhomme de la chambre de la reine, charge qu'il résigna en 1860 pour prendre le commandement naval en chef du Cap de Bonne-Espérance, d'où il passa ensuite à la station du Brésil. En janvier 1867, sir Henry Keppel arborait son pavillon à bord du *Rodney*, comme vice-amiral commandant en chef la station de la Chine et du Japon. De retour en Angleterre en décembre 1869, il fut promu amiral, reçut le diplôme de docteur en droit civil de l'université d'Oxford en 1870, et fut promu grand-croix du Bain en 1871. Il est en outre commandeur de la Légion d'honneur, décoré du Medjidié, seconde classe, et est devenu amiral de la flotte en 1877. — L'amiral Keppel a publié : *Expédition à Bornéo, relation accompagnée du journal du Rajah Brooke (1847)* et *Visite à l'archipel Indien (1853)*,

KÉRATRY (comte de), EMILE, écrivain et homme politique français, né à Paris le 20 mars 1832, est fils d'un pair de France et petit-fils d'un président des Etats de Bretagne ; il fit ses études aux lycées Saint-Louis et Louis-le-Grand, et s'engagea au 1er régiment de chasseurs d'Afrique en 1854, fit la campagne de Crimée avec ce régiment, puis, après être passé successivement aux spahis et au 1er cuirassiers, fut nommé sous-lieutenant au 5e lanciers en 1859 et passa en 1861 au 3e chasseurs d'Afrique, avec lequel il fit la campagne du Mexique. Capitaine provisoire commandant le 2e escadron de la sinistre contre-guérilla du colonel Dupin, en 1864, il devint ensuite officier d'ordonnance du maréchal Bazaine. M. de Kératry avait été nommé chevalier de la Légion d'honneur en 1863, après le combat de San-Lorenzo ; il était porté pour l'avancement, au choix, pour le grade de lieutenant, lorsqu'il donna sa démission en 1865. Il vint alors à Paris et publia dans la *Revue contemporaine* des articles très vifs contre les agissements du gouvernement et la conduite personnelle de Bazaine dans la campagne du Mexique. Il prit peu après la direction de la *Revue moderne*, où il poursuivit la même campagne et dénonça la trop fameuse affaire des bons Jecker, que le gouvernement semblait considérer comme une plaisanterie mais sur laquelle il ne consentit toutefois pas à ce que M. de Kératry, suivant son offre désintéressée, fît plus de lumière. Il fondait vers le même temps, à Brest, un journal d'opposition : l'*Electeur du Finistère* et, aux élections générales de 1869, posait sa candidature dans la 2e circonscription de Brest. Il fut élu au second tour de scrutin, en dépit de la plus vive opposition, tant de la part de l'administration que de celle du clergé, et prit place au centre gauche. M. de Kératry, dans la très courte session de 1869, signa l'interpellation des Cent-Seize ; la prorogation de la Chambre dépassant les limites constitutionnelles, il en réclama hautement la convocation au plus tard pour le 26 octobre, invitant, dans le cas de refus, tous les députés indépendants à lutter contre le gouvernement sur le terrain de la légalité et à se joindre à lui pour siéger, convoqués ou non, au Palais-Bourbon. Cet appel, comme de raison, n'eut pas d'écho ; on se moqua tout bas de M. de Kératry et cette journée du 26 octobre, attendue avec tant d'anxiété, ne fut marquée que par un archi-discours de feu M. Gagne à l'obélisque. A l'ouverture de la session de 1870, M. de Kératry se rapprocha sensiblement de la gauche et finit par faire partie du groupe présidé par Ernest Picard sous le nom de gauche ouverte. Il demanda au cabinet du 2 janvier la restitution aux Archives nationales de documents qui en avaient été détournés dans l'intérêt de la famille régnante ; présenta plusieurs propositions relatives à la réorganisation de l'armée et une proposition tendant à éloigner du scrutin les électeurs ne sachant pas lire. Il prit part à diverses discussions importantes, notamment sur la question algérienne et à propos de la pétition des princes d'Orléans, demandant s'il existait « un seul fait justifiant la peine du bannissement qui les frappait ». Sur les affirmations du gouvernement que nous étions « prêts », il vota la guerre. Mais le 11 août, en présence de nos premiers désastres et de l'évidence du mensonge dont la Chambre avait été la dupe, lorsque le maréchal Lebœuf avait déclaré qu'il ne nous manquait pas « un bouton de guêtre », M. de Kératry demanda l'institution d'une commission d'enquête chargée d'appeler à sa barre le maréchal et l'intendance ; ce fut en vain. Il ne fut pas plus heureux, lors de l'organisation du Comité de défense, dans sa proposition d'adjoindre neuf députés à ce comité, pour laquelle il demandait l'urgence. Au 4 Septembre, M. de Kératry fut nommé préfet de police. Il profita de cette situation pour faciliter la fuite de l'impératrice et faire quitter sans bruit la capitale au prince de Joinville, au duc d'Aumale et au duc de Chartres, qui y étaient venus pour offrir leurs services au gouvernement de la Défense nationale, et leur permettre de regagner l'Angleterre avant qu'on se fût douté de leur présence en France. Il fit expulser des départements de la Seine et de Seine-et-Oise les Allemands qu'on y avait tolérés, révoqua les employés de la police politique, licencia le corps des sergents de ville, qu'il transforma en troupe active, le remplaça par le corps des gardiens de la paix, et, après quelques autres mesures radicales exigées par les circonstances, adressa au gouvernement, qui l'approuva d'abord, un rapport très remarquable, quoique reproduisant tous les arguments connus des adversaires de cette institution, proposant la suppression de la Préfecture de police. L'affaire, malgré l'approbation du gouvernement, n'eut pas d'autre suite, et celui qui l'avait proposée donnait sa démission le 10 octobre. Il était remplacé le 11 par Edmond Adam. Le 13, M. de Kératry chargé d'une mission en Espagne, quittait Paris en ballon ; puis il se rendait à Tours. Nommé le 22 octobre, général de division commandant en chef les forces mobilisées de la Bretagne, il fit appel aux anciens marins et rassembla au camp de Conlie plus de 6,000 mobilisés ; mais les retards de l'administration de la guerre, des dissentiments survenus entre Gambetta et lui, amenèrent M. de Kératry à donner, le 27 novembre, sa démission, qu'il motiva dans une lettre très vive, suivant son habitude. M. de Kératry se retira momentanément de la vie publique ; mais, le 27 mars 1871, M. Thiers le nommait à la préfecture de la Haute-Garonne. Son caractère énergique bien connu le désignait évidemment au choix de M. Thiers, car Toulouse était depuis deux jours en proie au désordre le plus accentué, en fait la Commune y avait été proclamée. Il parvint néanmoins à se rendre maître de la situation, sans arrestations et sans violence : ce qui mérite d'être noté. Appelé à la préfecture des Bouches-du-Rhône le 15 novembre 1871, dans des circonstances également difficiles, il n'hésita pas cette fois à recourir à la force des armes pour réprimer quelques tentatives de désordre qui ne semblaient pas réclamer cependant des moyens plus extraordinaires à Marseille que ceux qui lui avaient réussi à Toulouse. Lors de la première démission de M. Thiers (19 janvier 1872) et de la crise qui suivit, M. de Kératry prit des mesures formidables pour prévenir tout mouvement, prenant soin d'annoncer à la presse, sur un ton où l'on a voulu voir une intention provocatrice, qu'il était résolu à réprimer vigoureusement les troubles qui pourraient se produire. La note une fois donnée, il était bien difficile au préfet des Bouches-du-Rhône d'y mettre une sourdine, et son administration fut désormais marquée par une série de conflits avec la Commission départementale, puis avec le Conseil municipal de Marseille, dont il finit par réclamer la dissolution. N'ayant pu obtenir satisfaction sur ce point, il donnait sa démission le 4 août 1872. — M. de Kératry se présenta dans le département de Seine-et-Oise, en qualité de candidat « septennaliste » lors de l'élection partielle à l'Assemblée nationale nécessitée par la mort de M. de Pourtalès, le 7 février 1874. Il obtint 4,121 voix sur 101,861 suffrages, dont le surplus se partagea entre M. Valentin, ancien préfet de Strasbourg plus tard sénateur de Seine-et-Oise, qui fut élu et le candidat bonapartiste, duc de Padoue.

On a de M. de Kératry, outre sa collaboration à divers journaux et revues, notamment au *Soir* et à la *Revue des Deux-Mondes*, pour ne pas rappeler ceux déjà cités : *A bon chat bon rat*, comédie en un acte (1856) ; la *Toile de Pénélope*, proverbe en un acte (1858) ; la *Guerre des blasons*, comédie en trois actes (1860) ; la *Vie de club*, drame en cinq actes (1862) ; la *Contre-guérilla au Mexique* et la *Créance Jecker (1867) ;* l'*Elévation et la chute de Maximilien (1868);* le *Camp de Conlie, etc. (1873);* l'*Armée de Bretagne, 1870-1871 (1874); Mourad V, prince, sultan, prisonnier d'Etat (1878)*, etc. — Chevalier de la Légion d'honneur depuis 1863, M. de Kératry était promu officier en 1871 et commandeur en 1872 ; il est en outre grand-croix de l'ordre d'Isabelle-la-Catholique et commandeur de celui de Charles III, d'Espagne, décoré de l'ordre de Medjidié, de celui de Notre-Dame de Guadalupe et d'une médaille d'honneur pour fait de sauvetage.

KERDREL (de), AUDREN. — Voy. **Audren de Kerdrel**.

KERGARIOU (de), CHARLES MARIE, homme politique français, avocat, né en 1846. Capitaine des mobiles des Côtes-du-Nord, il est de ceux qui ont pris part à la défense de Paris, pendant le dernier siège. Membre du Conseil général des Côtes-du-Nord et du Conseil municipal de Lannion, il représentait la 1re circonscription de ce département sur les bancs de la droite de la Chambre des députés, pendant la législature 1881-1885. Il a été élu député des Côtes-du-Nord le 4 octobre 1885 sur la liste monarchiste.

KERMENGUY (vicomte de), EMILE CILLART, agriculteur et homme politique français, né à Saint-Pol de Léon le 12 décembre 1810. Grand propriétaire dans le Finistère, il s'est occupé de bonne heure d'agriculture, et était membre du Conseil général depuis 1842 et maire de sa commune depuis 1848, lorsqu'il donna sa démission de ces doubles fonctions après le coup d'Etat de décembre 1851. Aux élections générales de 1863, il se présenta dans la circonscription de Morlaix, comme candidat de l'opposition légitimiste et cléricale ; il échoua avec une minorité importante. Le 8 février 1871, il était élu représentant du Finistère, le cinquième sur treize ; il prit place à l'extrême-droite, et fit partie de la réunion dite des « chevau-légers, » signa la proposition de rétablissement de la monarchie et l'adresse d'adhésion au *Syllabus*, et figura au pèlerinage de Paray-le-Monial. Le 20 février 1876, M. de Kermenguy, candidat dans la deuxième circonscription de Morlaix, était élu député par 7,480 voix contre 5,005 données au candidat républicain. Réélu le 14 octobre 1877 et le 21 août 1881, il figurait aux élections du 4 octobre 1885 sur la liste monarchiste, qui triompha entièrement dans le Finistère.

KERN, JACQUES CONRAD, diplomate et homme d'Etat suisse, né à Berlingen, dans le canton de Thurgovie, en 1808. Après avoir terminé ses études au gymnase de Zurich, il entra à l'université de Bâle pour étudier la théologie. Il abandonna bientôt la théologie pour le droit, qu'il alla d'abord étudier à Berlin, puis à Heidelberg et enfin à Paris. Représentant de son canton, soit à la Diète sous l'ancien système, soit à l'Assemblée fédérale, depuis 1833, après avoir débuté, en 1832, comme député au grand conseil de Thurgovie, M. Kern remplit, en outre, à dater de 1837, les fonctions de président du tribunal suprême et celles de président du conseil de l'instruction publique dans le canton de Thurgovie. Connu depuis longtemps pour ses tendances libérales, il prit une grande part à la réorganisation des institutions cantonales. En 1838, le gouvernement français ayant insisté par l'entremise de son ambassadeur, le duc de Montebello, pour obtenir l'expulsion du prince Louis Bonaparte, qui résidait avec la reine Hortense, sa mère, dans le canton de Thurgovie, M. Kern protesta au sein de la Diète contre les prétentions de toute puissance étrangère à s'immiscer dans les affaires intérieures de la Suisse pour y réglementer le droit d'hospitalité et y entraver la liberté des citoyens. A son retour, il rendit compte de sa conduite au grand conseil de Thurgovie, dans un discours où il engageait ses concitoyens à ne pas se laisser intimider par les menaces de la France, et qui se terminait par ces fières paroles : « Fais ce que dois, advienne que pourra. » Un vote unanime du conseil approuva ses conclusions. Heureusement le départ volontaire du prince prévint un conflit qui n'eût certes pas été à l'honneur de la France. En 1849, M. Kern faisait partie de la Diète qui vota la dissolution du Sonderbund par les armes. Il y siégeait parmi les principaux chefs des douze, à côté d'Ochsenbein, de Drucy, de Munzinger, de Furrer, de James Fazy, etc. Il fut l'un des sept membres de la Diète chargés, sous le nom de « commission extraordinaire », d'aviser aux moyens d'exécuter le décret de dissolution ; puis il alla avec M. Naef à Lucerne, pour y faire les dernières démarches pacifiques auprès des sept cantons ligués. Après la victoire de l'armée fédérale et la dissolution du Sonderbund, M. Kern fit partie, avec Drucy, des commissions de la Diète constituante chargées de rédiger les rapports sur le projet de constitution, et, lors de la formation des grands corps du nouvel Etat fédéral, M. Kern fut élu membre du tribunal fédéral, dont il a été le premier président. En 1852, il était nommé président de l'Ecole polytechnique. — Les événements de 1856 et le conflit de Neuchatel allaient le mettre plus en relief encore. Le Conseil fédéral adjoignit M. Kern, dont le nom devait être particulièrement sympathique à Napoléon III, au ministre suisse à Paris, le colonel Barman. L'empereur fit bon accueil à son ancien compatriote et lui fit des offres de médiation en termes si positifs que le Conseil fédéral crut pouvoir les accepter et les fit admettre aux

Chambres. Si la guerre a été ainsi évitée, on le dut en grande partie à l'influence du Dr Kern. En 1857, celui-ci remplaça définitivement à Paris le colonel Barman. Il ne cessa d'y rendre des services importants. En 1860, il n'eut pas trop de toute son influence pour apaiser le conflit naissant au sujet de l'annexion de la Savoie. En 1864, il présida aux délibérations relatives au premier grand traité de commerce conclu par la Suisse avec la France. Les événements de 1870 firent aussi à M. Kern un rôle important. Il était déjà doyen du corps diplomatique accrédité à Paris et, comme tel, fut chargé par le corps diplomatique de protester, auprès du grand état-major allemand de Versailles, contre le bombardement de la capitale. La carrière publique de M. Kern embrasse un demi-siècle tout entier : de 1832 à 1857 en Suisse et de 1857 à 1882 à Paris. Jugeant en conséquence qu'il avait bien droit au repos, il donnait sa démission de ministre à Paris en novembre 1882 et était remplacé dans ce poste le 1er mars 1883, par M. Lardy.

KERVYN DE LETTENHOVE (baron), Joseph Marie Bruno Constantin, homme d'Etat et historien belge, né à Saint-Michel, près de Bruges le 17 août 1817. Il s'est livré de bonne heure à l'étude de l'histoire et de l'archéologie, rassemblant les matériaux des ouvrages qui lui ont valu une si grande réputation tant en France qu'en Belgique. En 1856, l'Académie française couronnait un ouvrage remarquable de M. Kervyn de Lettenhove : *Etude sur les Chroniques de Froissart*. Membre de l'Académie royale de Belgique, il était élu correspondant de l'Académie des sciences morales et politiques, dans la section d'histoire générale et philosophique, en 1863. Depuis longtemps l'un des membres les plus distingués du parti conservateur catholique à la Chambre des représentants belges, il acceptait en 1870 le portefeuille de l'intérieur dans le cabinet d'Anéthan ; il le résignait en décembre 1871 et se retirait avec ses collègues, pour reprendre sa place sur les bancs de la droite. On doit à ce savant écrivain : une traduction nouvelle des *Œuvres choisies de Milton*, publiée à Paris (1839, anonyme); *Histoire de Flandre* (Bruxelles, 1847-50, 6 vol.); une édition des *Chroniques des comtes de Flandre* (Bruges, 1849) et des *Mémoires de Jean de Dadizeele, souverain bailli de Flandre, haut bailli de Gand, 1431-1481* (Bruges, 1850); *Etude sur les Chroniques de Froissart (1857)*; *Jacques d'Artevelde* (Gand, 1863); une édition des *Lettres et négociations de Philippe de Commines*, avec un commentaire historique et biographique (Bruxelles, 1868); *Lettres inédites de Marie-Thérèse et de Joseph II*; la *Flandre pendant les treize derniers siècles (1876)*, etc. Sa magnifique édition de *Froissart* a été complétée par la publication des quatre derniers volumes (du XIVe au XVIIe siècle), en 1872.

KHALIL-CHERIF PACHA, homme d'Etat ottoman, connu auparavant sous le nom de Khalil Bey, est né à Siout, capitale de la Haute-Egypte, le 20 juin 1831. Il vint en 1843 à Paris, où il fit son éducation, étudiant simultanément les langues, les sciences, la jurisprudence, et retourna dans son pays en 1849. Le vice-roi Abbas Pacha l'attacha à sa personne comme second secrétaire; il remplit ensuite diverses fonctions administratives jusqu'à la mort de ce dernier, puis, après l'avènement de Saïd Pacha, fut envoyé à Paris comme commissaire près l'Exposition universelle de 1855. Mais l'ambition de Khalil Bey était d'entrer dans l'administration de la Porte et il offrait l'année suivante ses services à A'ali Pacha, qu'il accompagnait à Paris, où il se rendait comme l'un des plénipotentiaires chargés de la conclusion du traité du 30 mars 1856. A son retour à Constantinople, le grand vizir nomma Khalil Bey envoyé extraordinaire et ministre plénipotentiaire de la Porte à Athènes. Il occupa ce poste jusqu'en 1849, époque à laquelle une grave affection des yeux lui fit solliciter un congé. Abd-ul-Aziz, lorsqu'il monta sur le trône (juin 1861), nomma Khalil Bey envoyé extraordinaire et ministre plénipotentiaire à Saint-Pétersbourg, où il devint rapidement l'ami du czar et de toute la haute société russe. On voit dans la salle d'entrée de son palais de Foundoukli, sur le Bosphore, une preuve palpable de l'amitié dans laquelle le tenait Alexandre II; cette preuve, c'est un ours empaillé, d'une taille gigantesque, offert au ministre ottoman par le czar, qui l'avait tué de sa propre main. D'ailleurs Khalil Bey refusait, dès 1864, le poste d'ambassadeur à Vienne, pour ne pas quitter Saint-Pétersbourg ; mais la rigueur du climat, qui devait être plus sensible encore à un Egyptien, le forçait à se retirer de lui-même en 1866. Il établit alors sa résidence à Paris, où la fortune considérable que lui avait laissée son père, mort l'année précédente, lui permit de faire des largesses et de mener une existence fastueuse qui lui firent une popularité rapide. On citait sa galerie de tableaux comme une des plus belles et des plus riches collections particulières de la France ; on sait en outre que c'est lui qui faisait courir sous le nom de *major Fridolin* et que son écurie était célèbre autant en Angleterre qu'en France. Cette écurie a été vendue le 2 décembre 1875. Khalil Bey retournait à Constantinople en 1868, et devenait peu après sous-secrétaire d'Etat (*mustéchar*) au ministère des affaires étrangères. Lors du conflit survenu entre le khédive et le sultan, à propos de l'inauguration du canal de Suez, il rendit de très grands services aux deux parties par son esprit éminemment conciliant, et reçut en récompense, en février 1870, le grand cordon de l'ordre du Medjidié. Au mois d'août suivant, il était nommé ambassadeur de la Sublime Porte à Vienne. En septembre 1872, il succédait à Djémil Pacha comme ministre des affaires étrangères, et, en présentant ses lettres de rappel à l'empereur d'Autriche, il recevait de ce souverain la grande croix de l'ordre de Saint-Etienne. Il avait été élevé au rang de *muchir* le 10 août 1881, et avait à cette occasion ajouté le nom de son père à son propre nom, pour s'appeler désormais Khalil-Chérif Pacha. Un moment écarté des affaires publiques, Khalil-Chérif Pacha rentrait au ministère des affaires étrangères à l'avènement de Mourad V (juin 1876). Remplacé peu après par Safvet Pacha, il était nommé ambassadeur près la cour de Berlin, mais celle-ci refusa de ratifier cette nomination (janvier 1877). Khalil-Chérif Pacha fut alors nommé ambassadeur près la République française en mars 1877, en remplacement de Sadyk Pacha. *Il était remplacé par Aarifi Pacha le 3 septembre de la même année.*

KIENER, Chrétien Henri, homme politique français, né le 16 novembre 1805 à Hunawihr (Alsace). Propriétaire de grandes manufactures de coton, tant en Alsace que dans les Vosges, M. Kiener a opté pour la nationalité française et réside dans ce dernier département, à Eloyes. Il a été maire d'Epinal de 1867 à 1877 et président de la chambre de commerce de cette ville, et fut élu, en 1871, conseiller général des Vosges. Il a été élu sénateur des Vosges au renouvellement du 8 janvier 1882, sur la liste républicaine, et s'est abstenu au vote de la loi sur l'expulsion des princes.

KIMBERLEY (comte de), John Wodehouse, homme d'Etat anglais, né le 7 janvier 1826, fit ses études à Eton et à Oxford (Eglise du Christ), succéda à son grand-père comme troisième baron Wodehouse le 29 mai 1846, et fut créé comte de Kimberley le 1er juin 1866. En décembre 1852, il accepta le poste de sous-secrétaire d'Etat des affaires étrangères, qu'il conserva sous l'administration de lord Aberdeen et sous celle de lord Palmerston, jusqu'en 1856, époque où il fut nommé ambassadeur à Saint-Pétersbourg. De retour en 1858, il reprit ses fonctions de sous-secrétaire d'Etat aux affaires étrangères sous la seconde administration Palmerston, le 19 juin 1859, pour les résigner le 14 août 1861. En 1863, il fut envoyé en mission spéciale dans le nord de l'Europe, relativement à la question du Schleswig-Holstein. En octobre 1864, il succédait au comte de Carlisle, comme lord lieutenant d'Irlande, fonctions dont il se démit à la chute du second ministère Russell, en juillet 1866. Le comte de Kimberley a rempli les fonctions de lord du sceau privé sous l'administration Gladstone, de décembre 1868 à juillet 1870 et celles de secrétaire d'Etat pour les colonies depuis cette dernière date jusqu'à la chute du parti libéral, en février 1874. Il reprit ce portefeuille au retour de son parti au pouvoir en mai 1880, l'échangeant en juin 1882 pour celui de chancelier du duché de Lancastre, abandonné par M. Bright, et prenait, en décembre suivant, celui de l'Inde. Dans le dernier cabinet Gladstone (février-juillet 1886), le comte de Kimberley occupait de nouveau le ministère des colonies.

KINGLAKE, Alexander William, écrivain et homme politique anglais, né en 1811 à Wilton House, près de Taunton, fit ses études à Eton et à Cambridge, puis suivit les cours de droit à Lincoln's Inn et fut admis au barreau en 1837. Il a quitté le barreau en 1856. M. Kinglake s'est fait une grande réputation par la publication d'un ouvrage ayant pour titre le seul mot grec *Eothen* (D'Orient), en 1844, et qui eut une circulation énorme, bien que tous les libraires, unis à tous les directeurs de publications périodiques, se fussent opiniâtrément refusés, pendant plusieurs années, à le publier. Elu en mars 1857, comme candidat libéral, représentant de Bridgewater à la Chambre des communes, il prit une part active à plusieurs discussions importantes, notamment à propos du *Cagliari*, en 1858 et du *Charles et George*, en 1859, et s'éleva avec beaucoup d'énergie, en 1860, contre l'annexion à la France de la Savoie et du comté de Nice. M. Kinglake publia, en 1863, la première partie de son *Histoire de la guerre de Russie de 1854-56*, intitulée : l'*Invasion de la Crimée*, dont un long chapitre surtout, traduit à part en français par M. Théodore Karcher (voyez ce nom), sous le titre d'*Histoire du Deux Décembre*, fut publié en même temps à Londres, à Bruxelles et à New-York et eut une très grande circulation : mais non pas en France, dont l'entrée lui fut interdite, et pour cause. Le cinquième et dernier volume de cet important ouvrage a paru en 1875. En 1868, M. Kinglake fut de nouveau élu représentant de Bridgewater, mais son élection fut invalidée. Depuis lors, depuis la mise en pratique de la *réforme électorale, ce bourg a été destitué de son représentant.*

KLAPKA, Georges, général et homme politique hongrois, né à Temesvar, le 7 avril 1820. Entré dans l'armée en 1838, il fut d'abord attaché à l'artillerie, compléta son éducation à Vienne et fut envoyé, en 1847, dans un régiment faisant le service de la frontière. Ce poste ne tarda pas à lui déplaire et il donna sa démission. Il se préparait à un grand voyage à l'étranger lorsqu'éclata la révolution de 1848. Il s'empressa d'offrir ses services à son pays, fut chargé d'abord d'une mission en Transylvanie puis, lorsque la levée en masse fut décrétée, il prit le commandement d'une compagnie de *honveds*, se distingua sur le Danube contre les Serbes, devint chef d'état-major du général Kis et, promu général, fut appelé à remplacer Messaros au ministère de la guerre, en janvier 1849. Dans ce poste élevé, il se distingua autant par sa prudence que par sa bravoure et infligea de terribles échecs, avec ses soldats improvisés, aux vieilles troupes de l'Autriche, dans mainte rencontre. Lorsque, le gouvernement transporté à Debreczin, Kossuth eut proclamé l'indépendance de la Hongrie, le général Klapka fut nommé ministre de la guerre. Il entra franchement dans les vues de Kossuth et prépara la campagne d'été de manière à porter la guerre chez l'ennemi même, c'est-à-dire en Autriche; mais Gœrgei était opposé à ce système et voulut, contre l'avis de Klapka, reprendre la ville d'Ofen, dont il entreprit aussitôt le siège, donnant ainsi le temps aux Autrichiens de se refaire en attendant l'intervention russe. Après la prise d'Ofen, le général Klapka donna sa démission et prit le commandement de la place de Komorn. Il fit des efforts inutiles, malheureusement pour la cause magyare, pour réconcilier Kossuth et Gœrgei. Celui-ci semblait d'ailleurs agir en dépit du bon sens, et si l'histoire va trop loin en le flétrissant du nom de traître, au moins faut-il croire que l'orgueil et l'envie l'inspiraient plus qu'un ardent patriotisme. Tandis que le général Klapka tenait à Komorn, tandis que, par des sorties audacieuses et répétées, il avait réussi à débloquer cette place, à la ravitailler et menaçait de nouveau l'Autriche, Gœrgei, en effet, débattait avec l'ennemi les conditions de la capitulation de Vilagos (13 août 1849). Lorsque la nouvelle de cet événement désastreux parvint au général Klapka, il s'enferma dans Komorn, résolu à tenir jusqu'à la dernière extrémité. Toute la Hongrie soumise, Komorn restait levée, faisant échec à toute l'armée impériale. De cette résistance héroïque date la popularité universelle du jeune général. Forcé enfin de capituler, le 27 septembre, il obtint du moins, contrairement aux premières prétentions de la cour de Vienne, la vie sauve et la liberté pour les héroïques défenseurs de Komorn. M. Klapka quitta son pays et se rendit à Londres, puis en Allemagne, en Italie et enfin à Genève, où il se fixa et se fit naturaliser Suisse. En 1856, il fut élu membre du Conseil fédéral. En 1859, il se préparait à provoquer le soulèvement de ses compatriotes du littoral de l'Adriatique, lorsque la paix de Villafranca vint rendre inutile cette diversion; mais, lorsque le général Garibaldi se disposa à envahir les Etats-Pontificaux et publia, en juillet 1862, un appel à l'insurrection adressé aux Hongrois et daté de Palerme, M. Klapka répondit par une proclamation qui les invitait à rester chez eux et leur démontrait, ou du moins prétendait leur démontrer qu'un soulèvement, suivi de leur réunion aux partisans italiens, attirerait sur la tête des uns et des autres les conséquences les plus terribles. Les Hongrois ne bougèrent donc pas, et sûrement cette attitude n'était pas dangereuse pour eux; mais les Garibaldiens auraient eu de la peine à plus mal rencontrer, s'ils se fussent soulevés. Ayant cru l'heure choisie, après la défaite de l'Autriche à Sadowa, en 1866, le général Klapka tenta, mais en vain, de soulever ses compatriotes. L'échec fut complet, et il dut s'enfuir au plus vite. En 1873, l'agitateur hongrois acceptait du gouvernement ottoman la mission de réorganiser l'armée turque. Son attitude dans la question d'Orient, telle qu'elle s'est de nouveau présentée dans ces derniers temps, ne saurait étonner. Serbes et Magyars éprouvent les uns pour les autres une de ces haines de races qui ne cèdent qu'après l'écrasement complet de l'une des parties, et le général Klapka verrait avec moins de déplaisir l'Europe courbée sous la domination du Croissant que les Serbes vengés et indépendants, surtout quand la Hongrie resterait, elle, résignée et asservie. En septembre 1875, il refusait le commandement que lui offraient les Herzégoviniens soulevés; il se rendait ensuite à Constantinople, où il obtenait un poste plus de son goût dans l'armée ottomane, mais que la jalousie des généraux indigènes ne permit pas de lui confirmer. M. Klapka a publié des *Mémoires*, à Leipzig, en 1850, suivis de la *Guerre nationale en Hongrie et en Transylvanie (1851*, 2 vol.) On lui doit en outre plusieurs brochures patriotiques de circonstance, des proclamations, etc.

KLEMING, Gustave Edouard, littérateur et archéologue suédois, né à Stockholm le 5 septembre 1823, fit ses études à l'université d'Upsal et entra, en 1847, à la bibliothèque royale de Stockholm, dont il est devenu directeur. Ses études des manuscrits les plus rares du moyen âge, qu'il s'est appliqué dès 1840 à traduire en langue moderne, l'ont conduit à l'exécution de la part la plus importante de son œuvre. — On doit à ce savant écrivain la traduction de *Flore et Blancheflore (1844)*, *Valentin et Urson (1846)* et le *Duc Frédéric de Normandie (1853)*, romans suédois du moyen âge; la *Bible suédoise du moyen-âge (1848-55*, 2 vol.); les *Révélations de sainte Brigitte (1857-62*, 4 vol.); *Méditations de saint Bonaventure sur la vie du Christ (1860)*; *Desiderata Bibliothecæ regiæ Holmiensis (1863-67*, 3 vol.); *Littérature dramatique suédoise (1865)*; la *Chronique rimée de la Suède au moyen âge (1865-68*, 3 vol.); *Extraits des collections d'un annotateur (1869)*, etc.

KNAUS, Louis, peintre allemand, né à Wiesbaden (Nassau) le 10 octobre 1829. Elève de Jacobi, peintre de la cour, il fut envoyé à Dusseldorf aux frais de l'Etat. Il y débuta aux expositions de l'Académie par une *Fête rustique (1847)*; puis il exposa successivement : le *Jeu de cartes*, aujourd'hui au musée de Dusseldorf; l'*Instituteur et ses abeilles*, la *Fête du village*, le convoi *funèbre*, auquel une médaille d'or fut décernée à l'Académie de Berlin (1852). Peu après, M. Knaus faisait un voyage à Paris, et il s'y plut si bien qu'il n'en repartait qu'après un séjour de huit années. Il donnait à l'Exposition universelle de 1855 : le *Matin après une fête de village*, l'*Incendie de la ferme* et un *Campement de bohémiens*. Il a exposé depuis aux salons annuels et aux Expositions universelles : *Convoi funèbre*, les *Petits fourrageurs (1857)*; la *Cinquantaine (1859)*; le *Départ pour la danse*, le *Saltimbanque (1863)*; la *Femme du cordonnier, son enfant et un apprenti regardant une souris prise dans une souricière*; *Femme jouant avec deux chats*, *Paysanne cueillant des fleurs*, un *Invalide*, *Paysans recevant une réprimande de leur curé*, *Garçons cordonniers (1867)*; un *Enterrement*, *Paysans délibérant*, un *Elève plein d'avenir*, *Fête d'enfants*, une *Bonne affaire (1878)*. — Cet artiste a obtenu à Paris : une médaille de 2e classe en 1853, une médaille de 1re classe en 1855, des rappels de 1re médaille en 1857 et 1859 et une médaille d'honneur en 1867; chevalier de la Légion d'honneur depuis 1859, il a été promu officier en 1867.

KOCK (de), Henri, littérateur français, fils du célèbre romancier Paul de Kock, est né à Paris en 1821. Il débuta de bonne heure dans la carrière littéraire, où il ne tarda pas à donner des preuves d'une rare fécondité. Il a produit un grand nombre de nouvelles et de romans dans tous les genres, publiés soit en feuilletons dans les journaux, soit en volumes, et donné au théâtre, la plupart du temps en collaboration, des pièces d'une

égale variété. — Nous citerons parmi les romans de M. Henri de Kock: *Berthe l'amoureuse (1843)*; le *Roi des étudiants et la reine des grisettes (1844)*; *Lorettes et gentilshommes (1847)*; les *Lorettes vengées (1853)*; l'*Amant de Lucette (1855)*, les *Femmes de la Bourse (1857)*; *Brin d'amour*, le *Médecin des voleurs* (même année), la *Dame aux émeraudes (1859)*; les *Baisers maudits (1860)*; la *Haine d'une femme*, l'*Héritage maudit (1861)*; le *Démon de l'alcôve (1862)*, les *Buveurs d'absinthe*, les *Démons de la mer (1863)*; les *Hommes volants*, les *Mémoires d'un cabotin*, la *Nouvelle Manon (1864)*; les *Treize nuits de Jeanne*, *Ma petite cousine (1865)*; la *Reine des grisettes*, l'*Auberge des treize pendus*, la *Tigresse (1866)*; les *Amoureux de Pierrefonds (1867)*; le *Marchand de curiosités*, le *Crime d'Horace Lignon (1868)*; la *Tribu des gêneurs*, les *Petits chiens de ces dames*, les *Petites chattes de ces messieurs*, la *Chute d'un petit*, *Nini Guignon*, la *Fée aux amourettes*, *Ni fille, ni femme, ni veuve*, la *Fille à son père*, *Mlle Croquemitaine (1871)*; les *Alcôves maudites (1874)*; le *Futur de ma cousine*, les *Trois luronnes (1876)*, etc.; outre diverses compilations prétendues historiques pour servir de base aux spéculations de la librairie populaire. — Il a donné au théâtre: l'*Eau et le feu (1846)*, avec P. de Kock; la *Danse aux écus (1849)*; l'*Hôtel de Nantes (1850)*; le *Mauvais gars (1853)*; la *Vie en rose*, avec M. Th. Barrière (1854); les *Frères de la côte*, avec M. Emmanuel Gonzalès (1856); *Après la pluie (1857)*; *Une maîtresse bien agréable (1858)*; *Il n'y a plus d'enfants*, comédie, avec M. Ernest Blum (1859); la *Maison du pont Notre-Dame*, avec M. Th. Barrière (1861); la *Fée aux amourettes (1866)*, etc. — Depuis plusieurs années déjà, M. Henri de Koch vit retiré dans sa propriété de Limay, près de Mantes.

KOLB-BERNARD, Charles Louis Henri, industriel et homme politique français, sénateur, né à Dunkerque le 16 janvier 1798. Il entra de bonne heure dans l'industrie et devint associé d'une importante maison de *fabrication et de raffinage de sucre lilloise*, qui obtint des récompenses à plusieurs expositions et lui valut la croix de la légion d'honneur en 1849. Membre du Conseil municipal et président du tribunal de commerce de Lille, il fut élu représentant du Nord à la Législative en 1849, siégea à droite et rentra dans la vie privée après le coup d'Etat, contre lequel toutefois il ne parait pas qu'il ait protesté. A une élection partielle d'août 1859, M. Kolb-Bernard était élu député au Corps législatif, comme candidat officiel, pour la 2e circonscription du Nord. Il fut réélu au même titre en 1863 et, en 1869, seulement comme candidat « agréé », ayant tout récemment fait preuve d'un certain libéralisme en votant l'amendement des Quarante-cinq. Il signait, par suite, la demande d'interpellation des Cent-seize. Les principaux traits qui caractérisent M. Kolb-Bernard sont son ardent cléricalisme et son attachement, qu'explique sa situation industrielle, au système protecteur en économie politique. Élu représentant du Nord, le onzième sur vingt-huit, aux élections du 8 février 1871, M. Kolb-Bernard siégea dans les rangs de la droite cléricale, avec laquelle il a constamment voté. Signataire de l'adresse d'adhésion au *Syllabus*, il fut en outre vice-président du congrès des comités catholiques de France tenu à Paris en 1874. — M. Kolb-Bernard, porté sur la liste de droite, aux élections des sénateurs inamovibles, fut élu, grâce à l'appoint des voix de l'extrême-droite que lui valurent ses convictions catholiques, le 11 décembre 1875. — Il est officier de la Légion d'honneur depuis 1869.

KOSSUTH, Louis, homme politique, dictateur de la Hongrie pendant la révolution de 1848-49, est né à Monok, dans le comitat de Zomplin, le 16 septembre 1802, *d'une famille noble de fortune modeste. Il fit ses études* au collège protestant de Scharasehpatack et fut reçu avocat en 1826. Devenu, en 1830, agent de la comtesse Szapary, il siégea à l'Assemblée du comitat où ses discours libéraux lui firent dès lors une certaine popularité; il s'établit ensuite à Pesth comme avocat, et siégea à la Diète de Presbourg comme représentant d'un magnat. Il imagina alors de publier des comptes rendus critiques des débats de la Diète, d'abord lithographiés, pour échapper à la loi qui en interdisait la publication dans les journaux, puis, ces feuilles lithographiées ayant été supprimées par l'autorité, sous forme de circulaires manuscrites. Cette publicité clandestine donnée aux débats parlementaires contribuait puissamment à développer l'esprit politique chez les Hongrois et, à ce titre, ne pouvait être tolérée par le gouvernement. Kossuth et ses amis, ou ses « complices » si l'on veut, furent poursuivis sous l'inculpation de crime de haute trahison et condamnés à quatre années d'emprisonnement (1839). Après dix-huit mois environ de captivité, une amnistie vint les rendre à la liberté. En janvier 1841, M. Kossuth devenait rédacteur en chef du *Pesti Hirlap*, organe du parti libéral, qui ne tarda pas à avoir un tirage considérable; mais l'éditeur de ce journal ayant manqué aux conventions, qui portaient augmentation du traitement du rédacteur en chef proportionnellement à celui du chiffre des abonnés, il l'abandonna en 1844. Il créa ensuite une société nationale de secours mutuels ayant des succursales dans tout le pays, création qui eut pour conséquence de l'appauvrir peut-être un peu, mais de répandre son nom jusque dans les plus petites bourgades de la Hongrie et d'accroître singulièrement son influence sur ses compatriotes. Elu représentant du comitat de Pesth à la Diète de Presbourg en 1847, il y devint promptement le chef reconnu du parti démocratique et dressa le programme des revendications de ce parti, en tête duquel figuraient l'affranchissement des paysans et la liberté de la presse. Après le triomphe de la révolution du 13 mars, il se rendit à Vienne à la tête d'une députation, félicita les insurgés triomphants et réclama la mise en pratique des réformes demandées par son parti. Il obtint que la Hongrie aurait une administration particulière, sous la vice-royauté de l'archiduc Etienne; un ministère distinct lui fut donné, dont le comte Batthyany prit la présidence et lui-même le portefeuille des finances. Ce ne fut pas sans beaucoup de défiance que le patriote hongrois accepta ces concessions, aussi s'empressa-t-il d'assurer des ressources à son pays par l'émission de billets de banque garantis par le comte Esterhazy, et qui, toutefois, lithographiés par une maison de Londres, firent l'objet en 1860 d'un procès intenté contre cette maison (Day and Sons) par le gouvernement autrichien, et dans lequel satisfaction fut donnée à ce dernier. — Cependant, les appréhensions de M. Kossuth ne tardèrent pas à se vérifier: l'Autriche soulevait en effet, contre la Hongrie, les Dalmates, les Croates, les Esclavons, etc., la contraignant ainsi à abandonner ses alliés d'Italie et provoquant dans le ministère nouveau des conflits qui se terminèrent par la retraite de ses membres modérés, à commencer par le comte Batthyany, son président. M. Kossuth assuma dès lors toute la responsabilité, avec le titre de président du Comité de défense, activa les armements et transporta le siège du gouvernement à Debreczin, où, le 14 avril 1849, étaient proclamés l'indépendance de la Hongrie et l'établissement de la République. — Nous ne suivrons pas dans toutes ses péripéties l'histoire de la Révolution hongroise; les plus importantes ont nécessairement été signalées ailleurs, et nous savons déjà combien l'indiscipline manifeste (pour ne pas dire plus) de Gœrgei, encouragée, suivant quelques auteurs, par la faiblesse dont le dictateur fit preuve, contraint, absolument ou non, envers lui, fut fatale à la cause magyare. Toutefois, n'oublions pas que le dénouement de ce drame héroïque fut surtout dû à l'intervention de cent mille Russes, et qu'il se fût produit dans de tout autres conséquences, si le gouvernement révolutionnaire avait consenti à placer sur la tête d'un prince russe la couronne de Saint-Etienne. En tout cas, persuadé de l'impossibilité d'une résistance plus longue, après avoir abdiqué en faveur (en faveur est peut-être exagéré) de Gœrgei, à qui il laissait la responsabilité de la capitulation désastreuse mais inévitable de Vilagos (13 août 1849), M. Kossuth passa en Turquie, espérant, de Constantinople, s'embarquer pour un port de l'Angleterre. Il atteignit Schumla, avec Bem, Dembinski, Perczel et Guyon, suivis de 5,000 hommes. Mais il fut arrêté et interné avec *quelques-uns de ses compagnons* à Widdin, en Serbie. La Russie et l'Autriche firent alors des démarches auprès du gouvernement ottoman, pour obtenir l'extradition des réfugiés, et cet excellent ami des Hongrois s'y fût probablement décidé sans l'intervention énergique des gouvernements français et anglais: il refusa donc. Les réfugiés furent ensuite transportés à Koutahia, dans l'Asie mineure, lieu de leur internement jusqu'au 22 août 1851, date à laquelle les réclamations constantes des gouvernements de l'Angleterre et des Etats-Unis, auxquelles il devenait à la fin assez dangereux d'opposer le silence qui constitue le fond de la politique orientale, les firent rendre à la liberté. M. Kossuth quitta Koutahia le 1er septembre et, après avoir touché à la Spezia, où le peuple lui fit une ovation, débarqua à Marseille, espérant pouvoir traverser la France; mais l'autorisation lui en fut refusée. Il se rembarqua aussitôt, passa à Gibraltar et à Lisbonne, où il fut reçu avec enthousiasme, et atteignit Southampton le 28 octobre. Il s'embarquait pour les Etats-Unis le 21 novembre. En Amérique, il fit de nombreuses conférences en faveur de la nationalité hongroise et de la politique de non-intervention, contre la Russie, qui avait manqué à ce principe et contre la maison de Habsbourg. Il retourna au bout de peu de mois en Angleterre, où il résida quelque temps, écrivant pour les journaux et faisant des conférences. En 1861, le patriote hongrois s'établissait définitivement dans la modeste habitation, située près de Turin, qu'il occupe encore aujourd'hui. La même année, il publiait dans la *Perseveranza*, de Milan, une longue lettre dans laquelle, exposant la situation de la Hongrie, il engageait vivement les Italiens à attaquer l'Autriche, afin de permettre aux Hongrois de développer leurs forces contre cette puissance. De nouveau le 6 juin 1866, il publiait une adresse chaleureuse à ses compatriotes, pour les porter à un soulèvement; et, après la défaite des Autrichiens, il les engageait à rejeter les concessions de l'empereur François-Joseph (Voyez ce nom).

Elu député à la Diète hongroise pour Waitzen, le 1er août 1867, M. Kossuth n'accepta pas ce mandat. Les complications survenues en Orient, en 1876-1877 notamment, lui inspirèrent plusieurs lettres adressées à la nation hongroise, qui ont fait alors beaucoup de bruit. Il est bien entendu que ces lettres avaient pour objet d'animer ses compatriotes contre les Russes, les Serbes par extension, et en faveur des Turcs. Une autre lettre du célèbre agitateur, adressée à un membre du Reischrath de l'Empire, combattait la politique étrangère du gouvernement autrichien, qui lui semblait disposé à suivre la Russie, *quand précisément* il devait, à tout prix, s'opposer à un accroissement de sa puissance et à l'envahissement de l'Europe par le panslavisme; pouvant tenir pour assuré, d'ailleurs, que toutes les chances seraient du côté de l'Autriche dans le cas d'un conflit avec la Russie. Cette attitude fut vivement approuvée par ses compatriotes, qui se livrèrent à des manifestations significatives; et la ville de Czégleel élut M. Kossuth député au Reischrath de l'Empire (janvier 1877). Mais de nouveau il refusa ce mandat, ne voulant, dit-il, pactiser ni de près ni de loin avec la monarchie. La monarchie s'en vengea, en faisant voter par la Chambre des députés hongrois, en novembre 1879, une loi déclarant que tout citoyen hongrois résidant volontairement à l'étranger plus de dix ans, perdrait *ipso facto* son état civil. — Dans ces dernières années, l'ancien dictateur de la Hongrie s'est beaucoup occupé de recherches scientifiques. Il a écrit, en allemand, un ouvrage remarquable sur le changement de couleur des étoiles; *Farbenveränderung der Sterne (1871)*. Il a en outre écrit ses *Mémoires*, dont la publication a été terminée en 1882.

KOUANG-SIU, empereur de Chine, né le 15 août 1871. Il est fils du prince Chun, septième fils de l'empereur Tao-kwang, mort en 1850 et frère de Hieng-foung, père du dernier empereur, Toung-tchi, mort le 12 janvier 1875. Il avait donc un peu plus de quatre ans lorsqu'il fut proclamé empereur, et en cette année 1886, où il commence à exercer personnellement le pouvoir, il a quinze ans. Avant son avènement au trône, le très jeune empereur s'appelait **Tsae-tin**, mais suivant l'usage traditionnel pour les souverains du Céleste Empire, on lui donna alors celui de Kouang-siu, qui signifie « succession illustre ». Le souverain actuel de la Chine est le neuvième successeur de Taï-tsou, le fondateur de la dynastie tartare des Taï-thsing (extrêmement pure), qui succéda en 1616 à la dynastie des Ming.

KRANTZ, Jean-Baptiste Sébastien, ingénieur et homme politique français, sénateur, né à Givet le 17 janvier 1817, fit ses études à Paris, où il fut successivement élève de l'Ecole polytechnique et de l'Ecole des ponts-et-chaussées. Nommé ingénieur ordinaire de 2e classe en 1843, il fut promu à la première classe en 1855 et devint enfin ingénieur en chef de 1re classe le 12 mars 1864. Il fut, en cette qualité, chargé de la direction du chemin de fer Grand-Central, puis, en 1867, de la construction du palais de l'Exposition universelle. Auteur de divers travaux hydrauliques remarqués, M. Krantz fut mis à la tête du service de la navigation de la Seine au commencement de 1870. Pendant le siège de Paris, il fut appelé à diriger les travaux de défense d'une partie de l'enceinte et fit exécuter les ponts mobiles au moyen desquels l'armée du général Ducrot passait la Marne le 1er décembre, à Champigny; mais un retard malheureux dans *l'accomplissement de cette opération*, en permettant la concentration de l'ennemi, ne permit pas d'en tirer tout le parti qu'on était en droit d'espérer. C'est encore à cet ingénieur qu'on doit l'installation à Paris des moulins à vapeur qui réduisirent en farine toutes ces matières hétéroclites dont on fit le « pain du siège ». — Aux élections du 8 février 1871, M. Krantz obtenait à Paris, sans être élu, 61,081 voix (le dernier élu en comptait 69,798); mais aux élections complémentaires du 2 juillet, il passait, le quatorzième sur vingt et un, avec 108,319 voix. Il prit place au centre gauche républicain, et fit partie de plusieurs commissions importantes. Il a été notamment rapporteur de la commission d'enquête sur la navigation intérieure et de divers projets relatifs aux chemins de fer, à quelle occasion il combattit avec énergie, et souvent avec succès, le ministre des travaux publics d'alors, zélé partisan des grandes compagnies, M. Caillaux (voyez ce nom). Porté sur la liste de gauche, aux élections des sénateurs inamovibles, M. Krantz a été élu le quatrième sur soixante-quinze, le 10 décembre 1875. — Nommé, par décret du 5 août 1876, commissaire-général pour l'Exposition universelle de 1878, M. Krantz était admis, par décret du 12 février 1877, à faire valoir ses droits à la retraite comme ingénieur en chef de première classe, et nommé inspecteur général honoraire des ponts-et-chaussées. Il est grand officier de la Légion d'honneur depuis le 20 octobre 1878. — M. Krantz a publié: *Etude sur l'application de l'armée aux travaux d'utilité publique* et *Projet de création d'une armée des travaux publics*, brochures in-8° (1847); *Etudes sur les murs de réservoirs (1870)*; *Observations au sujet des chemins de fer d'intérêt général et local et Observations sur les chemins de fer économiques à voie normale et à voie réduite (1875)*, etc. — Lorsque la loi sur l'expulsion des princes est venue en discussion au Sénat (22 juin 1886), M. J.-B. Krantz l'a repoussée de son vote.

KRANTZ, Jules François Emile, amiral français, frère du précédent, né à Givet le 29 décembre 1821, entra dans la marine en 1837 et devint successivement aspirant en 1839, enseigne en 1843, lieutenant de vaisseau en 1848, capitaine de frégate en 1861 et capitaine de vaisseau le 6 avril 1867. En 1869, il était appelé au commandement du *Louis XIV*, vaisseau-école de canonnage et, le 15 septembre 1870, commandant du fort d'Ivry, il fut en outre chargé, pendant l'armistice, du commandement des douze bataillons de marins réunis à l'Ecole militaire. Nommé chef du cabinet de l'amiral Pothuau, ministre de la marine, et directeur du mouvement de la flotte, le 19 janvier 1871, il était promu contre-amiral le 4 juin suivant. — Il quittait le ministère après le 24 mai. Nommé, le 20 octobre suivant (1873), au commandement en chef de la division des mers de la Chine, il fut quelque temps gouverneur intérimaire de nos possessions de Cochinchine (1874-75). Revenu en France, il était promu vice-amiral en 1877. Il fut de nouveau, en décembre, chef de cabinet de l'amiral Pothuau, redevenu ministre de la marine (1877-79). Il est commandant en chef et préfet du cinquième arrondissement maritime à Toulon. — On doit à l'amiral Krantz des travaux techniques importants publiés dans les recueils périodiques spéciaux. Il a publié en outre à Toulon, en 1852, un ouvrage très estimé ayant pour titre: *Eléments de la théorie du navire*, etc. (in-8°); et en 1867, un autre ouvrage intitulé: *Considérations sur le roulis des bâtiments (1867)*.

KRAUSS, Gabrielle, cantatrice autrichienne, née à Vienne le 24 mars 1842. Elle montra dès l'enfance des dispositions extraordinaires: à six ans, elle chantait dans la perfection la cantate d'Haydn, *Ariane à Naxos*; à onze, elle était admise au Conservatoire de Vienne, où elle abordait au début l'étude du piano et de l'harmonie. A dix-huit ans, elle débutait dans le rôle de Mathilde, de *Guillaume Tell*, à l'Opéra impérial; après quoi elle paraissait successivement, et avec un succès toujours grandissant, dans les rôles de Bertha, du *Prophète*; d'Alice, de *Robert le Diable*; de Pamina, de la *Flûte enchantée*; d'Elisabeth, du *Tannhäuser*; d'Elsa, de *Lohengrin*; de Valentine, des *Huguenots*; de Leonora, du *Trovatore*; d'Agathe, du *Freischütz*; d'Anna, de la *Dame blanche*, etc. — En avril 1868, elle chantait à la salle Ventadour, à Paris, l'*Ave Maria* de Schubert et le

Sàbat de Rossini. Elle parut ensuite, avec un succès qui finit par la fixer en France, dans *Fidelio*, le *Freischütz*, *Otello*, *Norma*, le *Trovatore*, etc. Mlle Krauss inaugurait enfin la nouvelle salle de l'Opéra, le 5 janvier 1875, dans la *Juive*. Elle y parut ensuite dans la *Jeanne d'Arc*, de Mermet (1876); dans le *Polyeucte*, de Gounod (1878); dans le *Faust*, du même, dont elle abordait, pour la première fois, le rôle de Marguerite, le 13 janvier 1882, etc. En mai 1886, elle chantait le *Mors et vita* de ce dernier compositeur, dans l'immense salle des fêtes du Trocadéro. Vers le même temps, elle quittait l'Opéra, à la suite de dissentiments avec la nouvelle administration sur la question d'appointements; mais elle y rentrait dès le mois d'août suivant. Mlle Krauss est une artiste dont on ne se sépare pas de gaieté de cœur, d'autant moins qu'elle ne montre pas toute l'exigence qu'elle pourrait.

KRUPP, Frédéric, fondeur prussien, propriétaire de l'immense manufacture d'Essen, célèbre dans le monde entier par les énormes canons en acier fondu qui portent son nom, mais qui a toutefois d'autres titres et des meilleurs à la célébrité. M. F. Krupp est né vers 1818; son père fondait en 1827 cette manufacture, aujourd'hui la plus vaste peut-être du monde entier, et dans laquelle la collaboration de deux ou trois ouvriers lui suffit longtemps. Sous la direction de son fils, la maison devait prendre progressivement des proportions colossales. M. Frédéric Krupp est le premier qui obtint l'acier fondu en grandes masses; dès l'Exposition de Londres de 1851, il pouvait offrir un bloc d'acier fondu pesant plus du double de ce qu'on pouvait obtenir jusqu'à cette époque. Ce poids même (45 quintaux allemands) a été dépassé depuis dans des proportions fabuleuses, puisqu'il peut être obtenu un bloc d'acier de près de cinq mille quintaux. La fonderie d'Essen produit en grande quantité une foule d'articles utiles aux travaux de la paix, mais son nom est plus particulièrement attaché à cette terrible artillerie de siège dont un spécimen parut à l'Exposition universelle de Paris, en 1867, avec un succès qui ne devait être dépassé que par sa seconde apparition, autrement imposante, chez nous: nous voulons dire à l'occasion du siège et du bombardement de Paris. M. Frédéric Krupp, à qui la découverte d'un procédé pour obtenir, comme il le fait, de pareilles masses d'acier fondu, méritait assurément de hautes récompenses, ne vit les honneurs pleuvoir sur sa tête qu'à propos de ses engins de mort. En 1864, il avait le bon esprit de refuser des lettres de noblesse que lui offrait le roi de Prusse, dont il a incontestablement fait la fortune.

KUPPER, sir Augustus Léopold, amiral anglais, né en 1809. Il entra dans la marine en 1823, fut employé successivement aux stations de l'Amérique du Sud et de la Méditerranée et, en 1841, servit avec distinction en Chine, où il prit une part active aux opérations contre Canton. Major depuis 1839, il fut promu capitaine de vaisseau en 1841, et contre-amiral en 1861. Cette même année, il était nommé commandant en chef de la station de l'Inde orientale et de la Chine, avec rang temporaire de vice-amiral et, en cette qualité, dirigea les opérations sur les côtes du Japon en 1864. Promu amiral en 1872, il était placé dans le cadre de réserve en 1875. Il jouit, depuis 1874, d'une pension annuelle de 7,500 fr. — Nommé chevalier commandeur du Bain en 1864, l'amiral Kupper a été promu grand croix de l'ordre en 1869. Il est, en outre, grand officier de la Légion d'honneur.

L

LABAT, Jean François Jules, homme politique français, né à Bayonne le 28 janvier 1819. Maire de sa ville natale de 1853 à 1870, M. Labat a essayé, sous son administration, d'y apporter des embellissements presque aussi considérables, comparativement, que ceux dont M. Haussmann a doté Paris, quoique plus utiles, à tout prendre. Bayonne lui doit en effet ses halles, un hôpital magnifique, des ponts, sans parler des travaux d'assainissement dans des quartiers qui en avaient bien besoin. Convive bien reçu de Napoléon III, toutes les fois qu'il passait quelque temps à Biarritz, M. Labat mit à profit autant qu'il le put, pour le bien de sa ville, ses relations avec son impérial hôte; mais il ne put obtenir de lui la démolition des remparts qui étouffent Bayonne, à son appréciation du moins. — Aux élections générales de 1869, M. Labat fut envoyé au Corps législatif, comme candidat officiel, par l'immense majorité des électeurs de Bayonne. Il siégea sur les bancs de la majorité, fit partie, en 1870, de la commission d'enquête sur la marine marchande, et vota la guerre. Retiré à Biarritz depuis le 4 septembre 1870, M. Labat se présentait aux élections du 20 février 1876, comme candidat à la députation, toujours animé de sentiments bonapartistes, au choix des électeurs de l'arrondissement de Bayonne. Il fut élu au scrutin de ballottage du 5 mars et prit place au groupe de l'Appel au peuple. Réélu le 14 octobre 1877 et le 21 février 1881, il figurait, aux élections du 4 octobre 1885, sur la liste réactionnaire, qui triompha d'emblée dans ce département.

LA BATIE (de), Marie Julien, homme politique français, né au Puy le 2 septembre 1832. Il fit son droit à Paris. Reçu licencié, il alla s'inscrire au barreau de sa ville natale, et devint plusieurs fois bâtonnier de son ordre. Conseiller municipal du Puy depuis l'année précédente, M. de la Batie fut porté candidat à la députation dans la Haute-Loire, aux élections d'octobre 1885, en tête de la liste monarchiste : il fut le seul de cette liste qui fut élu au scrutin du 18.

LA BATUT (vicomte de), Anne Charles Ferdinand de la Borie, homme politique français, né à Bergerac le 9 mai 1854. Il fit son droit à Paris, prit le grade de docteur et entra dans la magistrature; il est juge-suppléant au tribunal de première instance de la Seine. Maire de Montbazillac et conseiller général de la Dordogne, M. de la Batut figurait aux élections du 4 octobre 1885 sur la liste républicaine, qui a triomphé dans ce département. Il a voté contre l'expulsion des princes.

LABICHE, Eugène Marin, auteur dramatique français, membre de l'Académie française, né à Paris le 5 mai 1815; il fit ses études au collège Bourbon, puis suivit les cours de l'Ecole de droit, s'occupant toutefois dès lors de travaux littéraires. A vingt ans il débutait dans la petite presse du temps, collaborait bientôt à la *Revue de France* et publiait en 1838 un roman : la *Clef des champs*. Mais il y avait déjà deux ans qu'il avait débuté au théâtre du Palais-Royal, auquel il devait fournir une si nombreuse kyrielle de comédies de genre et de bouffonneries, par un vaudeville écrit en collaboration avec Lefranc qui, avec Marc Michel et Edouard Martin, fut un de ses premiers et de ses plus fidèles collaborateurs. Nous citerons parmi les pièces de M. Labiche jouées au Palais-Royal, aux Variétés, au Vaudeville, au Gymnase, etc.: une *Femme tombée du ciel*, avec Lefranc (1836); *Coyllin, ou l'homme infiniment poli*, avec le même et M. Michel (1838), pour les débuts de Grassot; l'*Article 960*, avec Ancelot et Lefranc (1839); *Pascal et Chambord*, le *Fin mot (1840)*; un *Grand criminel (1841)*; une *Femme compromise (1843)*; *Deux papas très bien (1845)*; *Frisette (1846)*; l'*Enfant de Quelqu'un*, une *Existence décolorée (1847)*; *Madame Larifla*, un *Tigre du Bengale (1849)*; *Embrassons-nous, Folleville (1850)*; *En manches de chemise*, les *Petits moyens*, un *Chapeau de paille d'Italie*, une *Femme qui perd ses jarretières (1851)*; *Edgar et sa bonne*, le *Misanthrope et l'Auvergnat*, *Maman Sabouleux (1852)*; un *Ut de poitrine (1853)*; *Otez votre fille, S. V. P. (1854)*; *Si jamais je te pince (1855)*; la *Perle de la Canebière (1856)*; l'*Affaire de la rue de Lourcine (1857)*; *En avant les Chinois! (1858)*; l'*Omelette à la Follembûche*, les *Petites mains (1859)*; le *Voyage de M. Perrichon*, au Gymnase, avec Ed. Martin (1860); la *Poudre aux yeux*, les *Vivacités du capitaine Tic (1861)*, avec le même; la *Station de Champbaudet*, avec Marc Michel; les *Petits oiseaux (1862)*; *Célimare le bien-aimé*, les *Trente-sept sous de Montaudouin*, les *Finesses de Bouchavannes (1863)*; *Moi*, comédie en 3 actes, avec Edouard Martin, jouée à la Comédie-Française (1864); un *Mari qui lance sa femme*, le *Point de mire*, la *Cagnotte (1864)*; l'*Homme qui manque le coche*, avec Delacour; le *Premier prix de piano (1865)*; *Un pied dans le crime (1866)*; le *Fils du brigadier*, opéra comique en 3 actes, avec Delacour (1867); le *Papa du prix d'honneur*, avec Théodore Barrière (1868); le *Choix d'un gendre (1869)*, pour l'inauguration de la nouvelle salle du Vaudeville; le *Plus heureux des trois*, au Palais-Royal, avec M. Gondinet, 1870; le *Petit voyage*, l'*Ennemie*, avec M. Delacour, au Vaudeville; un *Mouton à l'entresol*; *Vingt-neuf degrés à l'ombre*; *Doit-on le dire?* le *Cachemire X. B. T.*; la *Mémoire d'Hortense*, *Brûlons Voltaire*, *Garanti dix ans*, la *Pièce de chambertin*; *Madame est trop belle*, avec M. Duru (1871-74); les *Samedi de Madame*, avec le même; les *Trente millions de Gladiator*, avec M. Ph. Gille et la *Guigne*, avec MM. Leterrier et Vanloo, aux Variétés (1875); la *Grammaire*, un *Jeune homme pressé*; le *Prix Martin*, avec M. Augier, au Palais-Royal; le *Roi dort*, vaudeville féerie en 3 actes, avec Delacour, aux Variétés (1876); la *Clef*, avec M. Duru, au même théâtre (1877), etc., etc. — M. Labiche a été élu membre de l'Académie française, en remplacement de M. Saint-René Taillandier, le 26 février 1880. Il est officier de la Légion d'honneur depuis août 1870.

LABICHE, Jules Hyacinthe Romain, homme politique français, né à Sourdeval (Manche) le 9 août 1826. Après un certain nombre d'années passées aux Etats-Unis, où il se livra avec succès au commerce des cotons, M. J. Labiche revint se fixer dans son pays natal. Conseiller municipal de Sourdeval depuis 1860, membre du Conseil général de la Manche depuis 1871, il échoua aux élections générales du 20 février 1876, dans l'arrondissement de Mortain, contre un candidat bonapartiste; il renouvella la tentative le 14 octobre 1877, et avec un sort pareil. Mais aux élections du 5 janvier 1879, pour le renouvellement partiel du Sénat, il fut élu, et prit place au groupe de la gauche républicaine. M. J. Labiche était absent lors du vote de l'expulsion des princes.

LABICHE, Emile Charles Didier, homme politique français, né le 25 novembre 1827 à Déville (Eure-et-Loir). Il fit son droit à Paris et y prit le grade de docteur en 1852. Grand propriétaire dans le département d'Eure-et-Loir, il y combattit les candidatures officielles sous l'Empire, et se porta lui-même candidat aux élections de 1869, mais sans succès, dans la 1re circonscription de ce département, contre le candidat de l'administration, M. Reille. Après le 4 Septembre, il fut appelé à la préfecture d'Eure-et-Loir, d'où il passa, en février 1871, au secrétariat général du ministère de l'Intérieur. Démissionnaire le 11 juin suivant, M. Emile Labiche se présentait dans son département, aux élections sénatoriales du 30 janvier 1876. Elu, il s'inscrivit au groupe de la gauche républicaine et prit part, en dehors des questions purement politiques, aux discussions agricoles et financières plus particulièrement. Il a été réélu, le premier, au renouvellement triennal du Sénat du 25 janvier 1885. — M. Emile Labiche a voté contre l'expulsion des princes.

LABORDÈRE, Jean Marie Arthur, officier supérieur et homme politique français, fils d'un ancien magistrat, ancien représentant du Nord aux assemblées constituante et législative de 1848, mort en 1884, est né à Beauvais le 12 octobre 1835. Entré à Saint-Cyr en 1854, il en sortait deux ans après comme sous-lieutenant d'infanterie, et était promu successivement lieutenant en 1859, capitaine en 1867, major en 1876 et chef de bataillon en 1877, ayant fait les campagnes d'Italie en 1859 et de l'Est en 1870-71. A la tête d'un bataillon du 14e régiment d'infanterie de ligne, en garnison à Limoges, à l'époque où l'attitude du gouvernement du maréchal de Mac-Mahon justifiait les craintes d'un coup d'Etat imminent, confirmées d'ailleurs par les ordres venus du ministère de la guerre, le commandant Labordère protesta ouvertement, déclarant qu'il ne prêterait pas les mains à un coup d'Etat. Il fut mis en retrait d'emploi, et le général commandant la brigade dans laquelle s'était produit un fait aussi anormal fut lui-même mis en disponibilité. Le retrait d'emploi du commandant Labordère ne fut pas de longue durée : un emploi de son grade étant venu à vaquer au 41e de ligne, il y était appelé en mars 1879. L'acte du commandant Labordère a été diversement apprécié; et si l'on s'en tient à l'opinion des avocats, il est certain que c'est un acte abominable, subversif de toute discipline militaire, attendu que le soldat n'est pas autre chose qu'un automate, et que, pour agir, il doit attendre qu'un avocat le remonte. Il est probable, toutefois, qu'il a suffi, quoiqu'isolé, à nous épargner au moins les désagréments d'une tentative criminelle contre la République, dont le projet était beaucoup plus sérieux qu'on n'a affecté de le croire depuis que le danger a disparu. — Lors des élections de janvier 1882 pour le renouvellement partiel du Sénat, les électeurs délégués de la Seine offrirent la candidature au commandant Labordère, qui accepta, et fut élu comme candidat radical socialiste, au second tour. Il prit place à l'extrême gauche, participa aux discussions relatives aux questions militaires, à la révision de la constitution, etc., et avec si peu de succès, qu'il finit par donner sa démission, le 11 décembre 1884. Il se présenta l'année suivante aux élections pour la Chambre des députés, dans le département de la Seine également, et fut élu, mais seulement le 25 décembre 1885, au scrutin de ballottage des élections com-

plémentaires. Il a voté l'expulsion totale des princes. — M. le commandant Labordère est chevalier de la Légion d'honneur depuis 1870.

LABOULAYE (de), Charles Pierre Lefebvre, industriel et écrivain scientifique français, né à Paris en 1813. Entré à l'Ecole polytechnique en 1831, d'où il passait à l'Ecole d'application de Metz en 1833, il était promu lieutenant d'artillerie en 1835, et donnait sa démission l'année suivante pour se consacrer à l'industrie. Il entra d'abord dans la maison Didot, où il se mit au courant de la fonte des caractères typographiques, puis créa lui-même un établissement dans lequel, grâce à ses connaissances spéciales, il sut employer à la fonte des caractères des améliorations très importantes; et ses produits, présentés aux diverses expositions depuis 1839, lui valurent plusieurs médailles d'or. Membre du jury international de l'Exposition de Londres en 1862, il était créé chevalier de la Légion d'honneur à la suite de cette solennité. M. Ch. Laboulaye a été président du cercle de la Librairie; il fait partie de diverses sociétés savantes, notamment de la Société d'encouragement pour l'industrie nationale, qui l'a choisi pour secrétaire en 1877. — On doit à M. Charles Laboulaye; *Dictionnaire des Arts et Manufactures*, avec plusieurs collaborateurs (1847, 2 vol. gr. in-8°, fig.; 5e édit. 1876-84, 5 vol.) *Organisation du travail (1848); De la démocratie industrielle (1848); Traité de cinématique (1849); Un mot sur l'Imprimerie nationale (1851); Essai sur l'art industriel (1856); Essai sur l'équivalent mécanique de la chaleur (1858); De la production de la chaleur par les affinités chimiques et des équivalents mécaniques (1860); Almanach des progrès de l'industrie et de l'agriculture (1862)*; le *Droit des ouvriers (1873)*, etc.

LABOULBÈNE, Jean Joseph Alexandre, médecin et naturaliste français, né à Agen le 25 août 1825, fit ses études au collège de sa ville natale et vint ensuite à Paris pour suivre les cours de la faculté de médecine. Reçu interne des hôpitaux en 1849, il remportait la même année le premier prix de l'Ecole pratique et la grande médaille d'or de l'internat en 1853. Il prenait le grade de docteur en 1854 et recevait l'année suivante une médaille d'argent en récompense de son dévouement pendant l'épidémie cholérique. Nommé agrégé en 1860 et médecin des hôpitaux en 1861, il est devenu médecin de l'hôpital Necker, puis de l'hôpital de la Charité, où il est encore, et a été élu membre de l'Académie de médecine en 1873. Il a été nommé en 1879 à la chaire d'histoire de la médecine à la faculté. — On doit au Dr Laboulbène : *Sur le nævus en général et sur une modification particulière et non décrite, observée dans un nævus de la paupière supérieure (1854)*, sa thèse de doctorat; *Faune entomologique française*, avec M. L. Fairmaire (1856); *Observation sur les insectes tubérifores, et réfutation de l'erreur qui, attribuant les truffes à la piqûre des insectes, les a fait assimiler aux galles végétales; Des névralgies viscérales*, sa thèse d'agrégation (1860); *Recherches cliniques et anatomiques sur les affections pseudomembraneuses (1861*, gr. in-8°, planches coloriées), ouvrage couronné par l'Institut; *Des corps étrangers dans le larynx (1872); Nouveaux éléments d'anatomie pathologique (1878)*, etc. Il a collaboré en outre au *Dictionnaire encyclopédique des sciences médicales*, du docteur A. Dechambre, et à diverses publications spéciales, périodiques ou non. — Chevalier de la Légion d'honneur depuis 1860, le docteur Laboulbène a été promu officier de l'ordre en 1871.

LA BOURDONNAYE (vicomte de), Raoul Marie Ferdinand, homme politique français, né à Paris en 1837. Entré à vingt ans au ministère des affaires étrangères, M. de la Bourdonnaye fut successivement attaché à l'ambassade de Londres en 1859, secrétaire d'ambassade à Vienne en 1864, et mis en disponibilité sur sa demande en 1867. Conseiller général de Maine-et-Loire, pour le canton de Champtoceaux, depuis 1871, il était élu député de la 2e circonscription de l'arrondissement de Cholet, en remplacement du comte de Durfort de Civrac, décédé, le 6 avril 1884. Il prit place à droite, faisant d'ailleurs partie du comité royaliste de Maine-et-Loire. M. de la Bourdonnaye a été élu député de Maine-et-Loire, on sait sur quelle liste, le 4 octobre 1885. Il est chevalier de la Légion d'honneur depuis 1867.

LABUSSIÈRE, Alphonse René Claude Antoine, homme politique français, ancien magistrat, né à Chantelle-le-Château (Allier) le 1er février 1845. Avocat du barreau de Clermont-Ferrand, où il s'était fait inscrire en 1875, M. Labussière était nommé, en novembre 1879, procureur de la République près le tribunal de cette ville. Aux élections du 21 août 1881, pour la Chambre des députés, il se présenta et fut élu dans l'arrondissement de Gannat, et s'inscrivit au groupe de l'Union républicaine. Il se distingua à la Chambre, principalement dans les discussions d'affaires. Elu député de l'Allier le 4 octobre 1885, il a voté l'expulsion des princes.

LACAVE-LAPLAGNE, Louis, homme politique français, fils d'un ancien ministre des finances du gouvernement de Juillet et petit-fils d'un membre du Tribunat, est né à Paris le 3 octobre 1835. Conseiller général du Gers depuis 1861, il tenta par deux fois de faire échec, à Mirande, au candidat du gouvernement, A. Granier de Cassagnac, mais sans succès; il fut enfin élu représentant du Gers à l'Assemblée nationale le février 1871, prit place au centre droit réactionnaire, repoussa l'amendement Wallon et s'abstint sur le vote des lois constitutionnelles. Aux élections sénatoriales du 30 janvier 1876, il était élu, en qualité de candidat « constitutionnel » attendant « l'heure légale », sénateur du Gers, et réélu au renouvellement partiel du 5 janvier 1879. Il a été un moment secrétaire du Sénat.

LA CAZE, Louis Jacques, homme politique français, né à Paris le 20 janvier 1826, y fit ses études, fut reçu licencié en droit et entra comme auditeur au conseil d'Etat en 1850. Fils d'un ancien député et neveu d'un ancien pair de France sous la monarchie de Juillet, M. Louis La Caze appartenait, par ses relations comme par ses propres préférences, au parti orléaniste. Il donna sa démission après le coup d'Etat, et se retira dans les Basses-Pyrénées, berceau de sa famille. Conseiller général du département, pour le canton de Lasseube, depuis 1850, il a été réélu en 1871 et depuis. Aux élections générales de 1863 et 1869, M. Louis La Caze se présenta, sans succès, dans la 2e circonscription des Basses-Pyrénées, contre M. Chesnelong, alors candidat du gouvernement impérial; à cette dernière date, pourtant, il avait obtenu 13,000 voix contre 19,000 données à son heureux concurrent. Le 8 février 1871, il était élu représentant de son département, le premier sur six, et prenait place à l'Assemblée nationale dans les rangs du centre gauche: il devint l'un des vice-présidents de ce groupe parlementaire. Rallié à la République par des considérations qu'il développait dans une lettre adressée à ses électeurs au mois d'octobre 1872, M. Louis La Caze s'est prononcé en 1873 contre toute tentative de restauration monarchique. En décembre 1875 et en janvier 1876, M. La Caze déclina toute candidature au Sénat, soit à l'Assemblée, soit dans son département, déclarant vouloir soumettre sa conduite aux électeurs du suffrage universel. Il se présenta, le 20 février 1876, dans l'arrondissement d'Oloron, fut élu par 9,825 voix contre 2,405, et reprit sa place au centre gauche. Réélu le 14 octobre 1877 et le 21 août 1881, il acceptait toutefois la candidature au renouvellement partiel du Sénat, et était élu le 8 janvier 1882. M. La Caze siège au centre gauche au Sénat comme il a fait à la Chambre. Il a voté contre la loi d'expulsion des princes. — On doit à M. Louis la Caze : les *Libertés provinciales en Béarn, archives inédites d'un pays d'Etat (1867)* et plusieurs brochures politiques : une *Lettre d'un conseiller général sur les dépenses départementales*, et des discours contre la décentralisation, sur la Légion d'honneur, etc., prononcés à l'Assemblée nationale.

LACAZE-DUTHIERS (de), Félix Joseph Henri, savant naturaliste français, né en 1821. Il étudia la médecine, mais s'adonna bientôt exclusivement à l'étude des animaux inférieurs. Nommé professeur de zoologie à la faculté des sciences, il allait explorer, en 1862, par mission du gouvernement, les fonds de la Méditerranée, exploration qu'il devait renouveler plus tard aux mêmes lieux et ailleurs. Il fut nommé en 1864 maître des conférences à l'Ecole normale; suppléant de Valenciennes à la chaire de zoologie du Muséum, il lui succédait en 1865 d'où il passait à la faculté des sciences en 1868, pour y occuper la même chaire. En 1873, M. de Lacaze-Duthiers créait sur la côte de Bretagne, à Roscoff, le premier laboratoire zoologique de ce genre qu'il y ait eu en France, évidemment inspiré de celui qu'Agassiz avait crée à New-York plusieurs années auparavant et qui a servi de modèle à bien d'autres. Cet établissement, et les sondages presque incessants qu'il facilite, ont rendu d'immenses services, surtout pour l'étude des zoophytes marins. M. de Lacaze-Duthiers a été élu membre de l'Académie des sciences, en remplacement de Longet, le 21 juillet 1871. Il a été élu membre de la Société nationale d'agriculture et membre libre de l'Académie de médecine en 1886. Il est officier de la Légion d'honneur depuis 1870. — On doit à ce savant : *Histoire de l'organisation et du développement des mœurs du dentale (1858); Histoire naturelle du corail (1863)* et de nombreux mémoires et rapports sur ses sondages et les travaux du laboratoire de Roscoff. Il a fondé en 1873 les *Archives de zoologie expérimentale*.

LACOME D'ESTALENX, Paul Jean Jacques, compositeur français, né le 4 mars 1838, à Hauga (Gers). Fils et petit-fils de musiciens amateurs distingués, il reçut dès l'enfance les principes de son art et poursuivit ses études musicales en même temps que ses études universitaires. Tout jeune et sans aucune notion de l'harmonie, il écrivit plusieurs actes d'opéra comique, même un grand opéra complet. Il avait dix-neuf ans lorsqu'il fit la connaissance de l'organiste d'Aire-sur-l'Adour, don Jose Puig y Absubide, contre-pointiste de beaucoup de talent qui, pendant trois ans, lui enseigna la composition. M. Lacome avait terminé son cours lorsque, répondant à l'appel du *Musée des familles*, qui mettait au concours une opérette destiné aux Bouffes-Parisiens, il prit part à ce concours, remporta le prix et vint alors à Paris. Mais les Bouffes-Parisiens changeaient alors fréquemment d'administration, au grand détriment de la malheureuse opérette : le *Dernier des paladins* qui, ballottée de l'une à l'autre, finit par être laissée entièrement de côté. Pendant ce temps, M. Lacome avait réussi à faire accepter sa collaboration à divers journaux : le *Musée des familles*, le *Grand Journal*, le *Menestrel*, le *Magasin d'éducation et de récréation*, l'*Art musical*, l'*Armée illustrée*, la *Revue et Gazette musicale*, la *Chronique musicale*, etc. lui insérèrent beaucoup d'articles. D'autre part, il se livrait courageusement à la composition et publiait un certain nombre de morceaux de genres divers. En juillet 1870, il faisait représenter sur la scène des Folies-Marigny : *Epicier par amour*, opérette en un acte; en 1872, à la Tertulia : *J' veux mon peignoir* et *En Espagne*; puis, en 1873, à l'Athénée : la *Dot mal placée*, opéra bouffe en 3 actes, très favorablement accueilli et qui, traduit, fut peu après représenté sur une scène espagnole Il donnait la même année, aux Bouffes, une saynète intitulée le *Mouton enragé*; et en 1874, à la salle Taitbout : *Amphitryon*, ouvrage en 1 acte d'une importance réelle, tiré exprès des cartons de l'Opéra-Comique, où il sommeillait depuis neuf ans. Il avait, un peu auparavant, fait exécuter sur la même scène un acte de *Callirhoé*, opéra de Destouches, dont il avait retouché et augmenté l'orchestration, tout en respectant le caractère de l'œuvre. Enfin les Folies-Dramatiques donnaient pour la première fois, le 26 octobre 1876, un opéra comique en 3 actes de M. Lacome : *Jeanne, Jeannette et Jeanneton*, livret de Clairville et Delacour. — Citons enfin : la *Nuit de la saint Jean*, opéra comique en 1 acte, à l'Opéra-Comique (1882); *Madame Boniface*, opéra comique en 3 actes, aux Bouffes (1883) et *Myrtille*, opéra comique en 3 actes, paroles de MM. Erckmann-Chatrian, à la Gaîté (1885). — M. Lacome a publié, outre les ouvrages cités, un grand nombre de morceaux divers pour piano, violoncelle, instruments à vent, pour la voix, etc., et édité : le *Bon vieux temps; Douze airs de société, à fredons, à danser et à boire*, à une ou deux voix, par divers auteurs oubliés des XVIIe et XVIIIe siècles, transcrits avec accompagnement de piano, *Echos d'Espagne, chansons et danses populaires, recueillies et transcrites par P. Lacome et J. Puig y Absubide, traduction française de Paul Lacome et du comte J. de Lau de Lusignan*; le *Tour du monde, en dix chansons nationales et caractéristiques*. — Il a enfin publié, avec M. Edmond Neukomm : l'*Année musicale (1867)*, publication qui n'a eu que ce volume.

LACOTE, Auguste, homme politique français, médecin, né en 1838 à Dun-le-Palleteau (Creuse) où, reçu docteur en médecine, il vint se fixer en 1864. Devenu conseiller général de la Creuse, il se présenta aux élections du 21 août 1881 pour la Chambre des députés, dans l'arrondissement de Guéret, comme candidat radical, et fut élu. Il figurait également sur la liste radicale aux élections d'octobre 1885, où il fut élu député de la Creuse au scrutin du 18. M. le docteur Lacôte a voté l'expulsion totale des princes.

LACRETELLE (de), Henri, littérateur et homme politique français, fils de l'historien et neveu de l'encyclopédiste du même nom, est né à Paris le 21 août 1815; il fit ses études au collège Bourbon et se consacra ensuite à la littérature. Propriétaire dans le département de Saône-et-Loire et professant des opinions démocratiques, M. H. de Lacretelle fit partie, en 1848, de la commission préfectorale de ce département. Il s'est présenté, comme candidat de l'opposition, dans la circonscription de Mâcon, aux élections législatives de 1863, mais sans succès. Elu représentant de Saône-et-Loire aux élections complémentaires du 2 juillet 1871, il se fit inscrire au groupe de l'Union républicaine, avec lequel il a constamment voté, et a déposé sur le bureau de l'Assemblée plusieurs propositions de loi tendant au développement de l'instruction et à l'augmentation du traitement des instituteurs. Elu le 20 février 1876, dans la deuxième circonscription de Mâcon, par 11,320 voix contre 2,038, M. de Lacretelle reprit son siège à l'extrême-gauche et vota l'amnistie pleine et entière. Il a été réélu par le même collège le 14 octobre 1877 et le 21 août 1881. Aux élections d'octobre 1885, il figurait sur la liste radicale et fut élu au scrutin du 18. M. de Lacretelle a voté l'expulsion totale des princes. — On lui doit comme écrivain; les *Cloches*, poésies (1841); *Dona Carmen (1844); Valence de Simian (1845); Nocturnes*, poésies (1846); les *Vendeurs du temple*, dans le journal la *Réforme (1847); Henri de Bourbon*, dans l'*Evénement (1851); Jean Huss, Gabrielle d'Estrée*, les *Saturnales*, drames réunis sous le titre d'*Avant-scènes (1855); Fais ce que dois*, comédie en trois actes, en vers, avec Decourcelle, jouée au Français (1856); *Contes de la méridienne*, les *Noces de Pierrette (1859)*; les *Nuits sans étoiles*, poésies; l'*Amant malgré lui*, la *Poste aux chevaux (1861)*; le *Colonel Jean (1863)*; le *Notaire de province*, dans le journal la *Presse (1866)*; le *Capitaine Tranquille*, dans l'*Epoque (1867)*; le *Chef de bandes*, dans la *France (1867)*; le *Salon de Fernande*, dans le *Figaro*; et le *Malfaiteur*, dans la *Liberté (1868); Sous la hache*, dans le *National (1872)*; les *Filles de Bohême* (1877, nouv. édit.), etc.

LACROIX, Jules, littérateur français, né à Paris le 7 mai 1809. Il s'est fait d'abord connaître par un grand nombre de romans, à peu près oubliés aujourd'hui, mais doit surtout sa réputation à ses œuvres dramatiques, dont plusieurs ont eu un véritable succès. Nous citerons : le *Testament de César*, drame en cinq actes et en vers (1849); *Valéria*, drame en cinq actes, en vers également, en société avec M. Auguste Maquet (1851), joués tous deux au Théâtre-Français; la *Fronde*, grand opéra, avec le même, musique de Niedermeyer (1853); *Œdipe roi*, traduction littérale de la tragédie de Sophocle, jouée au Français (1858) et qui valut à son auteur le grand prix de dix mille francs de l'Académie française en 1862; la *Jeunesse de Louis XI*, à la Porte-Saint-Martin (1859); le *Roi Lear*, traduit de Shakespeare, à l'Odéon (1868). On doit, en outre, à M. Jules Lacroix quelques volumes de vers : les *Pervenches (1838)*; une traduction de *Macbeth (1860)*; l'*Année infâme (1872)*. — M. Jules Lacroix est le frère du bibliophile Jacob, mort en 1884. Il a épousé une sœur de feu Mme H. de Balzac, née princesse de Rzewuska. Chevalier de la Légion d'honneur depuis 1847, il a été promu officier en 1865.

LACROIX, Sigismond Krynaowski, publiciste et homme politique français, d'origine polonaise, né à Varsovie le 26 mai 1845. Venu jeune en France, avec ses parents, il fit ses études au lycée d'Angers, puis vint à Paris, où il fit son droit et prit le grade de licencié. Secrétaire de M. Emile Acollas, il entra ensuite dans les bureaux de la ville. Mais il s'occupa de bonne heure d'agitation politique et de journalisme. Secrétaire du comité républicain de Maine-et-Loire qui appuyait la candidature de M. Maillé à la députation, il a collaboré à la *Lanterne*, au *Réveil social*, à la *Vérité*, au *Radical* et a fondé la *Révolution française*; il a écrit: l'*Histoire des prolétaires*, avec M. Yves Guyot (1873) et diverses brochures, dont les *Glorieux droits de l'homme (1876)*, au nom desquels il fut frappé d'une condamnation à trois mois de prison. Naturalisé français aussitôt que cela lui fut légalement possible, il était élu membre du Conseil municipal de Paris pour le quartier de la Salpêtrière (XVe arrondissement) en 1874; il fut réélu en 1876 et en 1881, et devint successivement secrétaire, vice-prési-

dent et enfin président (1881) de cette assemblée, où il s'est fait remarquer par des connaissances profondes et variées et une activité infatigable. Il a fait partie, au Conseil municipal, de nombreuses commissions et a été rapporteur, notamment, du projet d'organisation municipale de la ville de Paris, concluant à l'autonomie. Après avoir combattu la candidature de Gambetta aux élections d'août 1881, M. Sigismond Lacroix était élu à sa place député de la première circonscription du XXe arrondissement en 1883. Il prit place à l'extrême-gauche, et poursuivit à la Chambre sa campagne en faveur de l'autonomie communale de Paris. Aux élections d'octobre 1885, porté à la fois sur les deux listes radicale et intransigeante, il fut élu au scrutin du 18. Il a voté l'expulsion totale des princes.

LADMIRAULT (de), Louis René Paul, général français, sénateur, né à Montmorillon (Vienne) le 17 février 1808, fit ses études militaires à l'Ecole de Saint-Cyr. Nommé sous-lieutenant du 62e régiment d'infanterie de ligne le 1er octobre 1831, M. de Ladmirault alla rejoindre son régiment en Afrique, où il servit jusqu'en 1852, et conquit par conséquent tous ses grades. Il se distingua à la prise de Constantine, à l'affaire de la Mouzaïa (1840), où il commandait le premier bataillon de chasseurs et fut cité à l'ordre du jour de l'armée, et dans diverses autres expéditions. Appelé, l'année suivante, au commandement du cercle de Cherchell, il fut promu en 1844 colonel de zouaves, et nommé en 1845 au commandement du cercle d'Aumale. Le colonel de Ladmirault prit part ensuite, sous le commandement du maréchal Bugeaud, à l'expédition de la Grande Kabylie, où il se distingua de nouveau, fut cité à l'ordre du jour et promu commandeur de la Légion d'honneur. Il fut nommé général de brigade le 12 juin 1848, commanda successivement les subdivisions de Batna et de Médéah, dirigea plusieurs expéditions dans le Sud en 1849 et 1851, puis fut appelé en 1852 au commandement de la subdivision de Versailles. Promu général de division le 13 janvier 1853, il fut appelé, l'année suivante, au commandement d'une division du camp de Boulogne, passa ensuite à l'armée de Paris et fut placé en 1859 à la tête de la 2e division du 1er corps de l'armée d'Italie, avec laquelle il combattit à Melegnano (Marignan) et à Solférino, où il fut blessé. Au retour de cette campagne, le Conseil municipal de sa ville natale lui faisait présent d'une épée d'honneur. Appelé au commandement de la 1re division de l'armée de Paris, puis d'une division de la garde, le général de Ladmirault fut nommé sous-gouverneur de l'Algérie, dont le maréchal de Mac-Mahon était gouverneur, en 1864. Le 20 décembre 1866, il était nommé sénateur Nommé commandant supérieur du 2e corps d'armée, à Lille, le 2 mars 1867, puis commandant supérieur du camp de Châlons, il avait repris le commandement du 2e corps lorsqu'éclata la guerre de 1870. Il reçut alors le commandement du 4e corps de l'armée du Rhin. Après nos premiers désastres, le général de Ladmirault dut se replier sous Metz et prit part aux combats livrés autour de cette place, et qui se terminèrent par son investissement. Emmené prisonnier en Allemagne après la capitulation, il rentra en France à la paix et se mit à la disposition du gouvernement de Versailles, qui lui confia le commandement du 1er corps d'armée opérant contre Paris (6 avril 1871); il pénétra dans cette place par la porte Saint-Ouen, le 22 mai, et s'emparait le lendemain des buttes de Montmartre. Le 24 juin, le général de Ladmirault était nommé gouverneur de Paris et commandant de la 1re (aujourd'hui 20e) division militaire. Le 3 juin 1873, il était nommé, en outre, commandant en chef de l'armée de Versailles. Promu grand officier de la Légion d'honneur le lendemain de la bataille de Solférino, le général de Ladmirault était élevé à la dignité de grand-croix de l'ordre en 1867, et décoré de la médaille militaire en 1871. — Après avoir échoué dans le département de la Vienne, aux élections complémentaires du 2 juillet 1871, M. de Ladmirault a été élu, le 30 janvier 1876, le second des deux sénateurs de ce département et pris place à droite. Il a été vice-président du Sénat de 1876 à 1879, et a été réélu sénateur de la Vienne au renouvellement triennal du 8 janvier 1882. Maintenu dans le cadre de l'activité, quoique ayant atteint la limite d'âge, comme ayant commandé en chef devant l'ennemi, le général de Ladmirault a rempli, jusqu'en février 1878, le poste de gouverneur de Paris.

LA FAYETTE (de), Edmond François du Motier, homme politique français, sénateur, né en 1818 à Chavignac (Haute-Loire), dans le château de son grand-père, le général de la Fayette. Il fit ses études à Paris, fut reçu avocat et, en 1848, se présenta aux électeurs de la Haute-Loire, qui l'envoyèrent siéger à la Constituante, le troisième sur huit; il devint l'un des secrétaires de cette assemblée. M. Edmond de la Fayette siégea d'abord à droite; mais, après l'élection présidentielle du 10 décembre, il combattit la politique de l'Elysée et se rapprocha de la gauche, avec laquelle il vota désormais jusqu'à la dissolution Il ne fut pas réélu à la Législative. — Aux élections sénatoriales du 30 janvier 1876, M. Edmond de la Fayette qui, depuis 1849, n'avait pas pris part aux luttes de la vie politique autrement que comme conseiller général, se présenta dans la Haute-Loire sur la liste républicaine et fut élu avec M. Jacotin, le second candidat de cette liste. Il s'inscrivit à la gauche républicaine, et son mandat lui fut confirmé au renouvellement partiel du 5 janvier 1879.

LA FERRONNAYS (marquis de), Henri Marie Auguste Ferron, officier et homme politique français, né à Paris le 15 septembre 1842. Engagé volontaire dans l'arme de l'artillerie en 1861, il entrait à Saint-Cyr en 1863, et en sortait en 1865 avec le grade de sous-lieutenant dans un régiment de cuirassiers. Admis à l'Ecole d'état-major, il obtenait ensuite l'autorisation de se joindre à la légion pontificale d'Antibes, avec laquelle il fit la campagne de 1867, et y devint adjudant major. Rentré au 7e cuirassiers comme sous-lieutenant au moment de la guerre, il se signala à Rezonville et fut cité à l'ordre du jour. Enfermé à Metz, il y fut fait prisonnier à la capitulation et emmené en Allemagne. Après la paix, M. de la Ferronnays rentra à son régiment, puis fut envoyé à l'ambassade de Berlin comme attaché militaire, et promu lieutenant (1871). Promu capitaine en 1875, il était attaché à l'ambassade de Berne, puis à celle de Londres, et enfin envoyé à la conférence de Berlin, comme deuxième commissaire technique pour la France, sur la question de la délimitation des frontières de Grèce. Il était porté au tableau d'avancement pour le grade de chef d'escadrons, lorsque les décrets rendus contre les congrégations religieuses le décidèrent à donner sa démission, en novembre 1880. — Conseiller général de la Loire-Inférieure depuis 1876, maire de Saint-Mars-la-Jaille, M. le marquis de la Ferronnays a été élu député de la Loire-Inférieure, sur la liste monarchiste, le 4 octobre 1885. Chevalier de la Légion d'honneur depuis 1872, il est en outre décoré des ordres pontificaux.

LAFOND DE SAINT-MUR (baron), Guy Joseph Remy, homme politique français, né à la Roche-Canillac (Corrèze) le 8 décembre 1817. Il fit son droit à Paris, entra ensuite dans l'administration, et devint conseiller de préfecture, puis secrétaire général de la préfecture de la Corrèze. Choisi comme candidat officiel dans la première circonscription de la Corrèze, aux élections générales de 1857, il quitta l'administration, après dix ans d'exercice. Elu sans peine au Corps législatif, il fut réélu de même en 1863 et en 1869. La révolution du 4 Septembre le rendit momentanément à la vie privée. Mais aux élections sénatoriales du 30 janvier 1886, M. Lafond de Saint-Mür fut élu, le premier, sénateur de la Corrèze, et prit place au groupe de l'Appel au peuple. Il a été réélu le 25 janvier 1885, comme candidat républicain, et s'est abstenu sur la question de l'expulsion des princes. — Il est officier de la Légion d'honneur depuis 1866.

LAFONT, Jean Anne Antoine, homme politique français, né à Toulouse le 2 avril 1825. Il vint de bonne heure à Paris, s'occupa de journalisme et fit à l'Empire *toute l'opposition possible*. Attaché à la rédaction du *Temps*, il y remplit jusqu'au 4 septembre les fonctions de reporter parlementaire. Il participa très activement à l'organisation de la garde nationale de Paris, s'il ne put, étant boiteux, en faire lui-même partie, et devint adjoint de M. Clémenceau, maire du XVIIIe arrondissement. En cette qualité, il fut quelque peu accusé, comme ce dernier, de complicité dans l'exécution sommaire des généraux Lecomte et Clément Thomas, accusation dont le témoignage du colonel Langlois réussit à le justifier. Il avait, d'autre part, été emprisonné pendant la Commune. Elu, en juillet 1871, membre du Conseil municipal de Paris, pour le quartier des Grandes-Carrières (XVIIIe arrondissement), il fut réélu en 1874, 1878 et 1881. Le 21 août de cette dernière année, M. Clémenceau était élu député dans les deux circonscriptions de Montmartre; il optait pour la deuxième, et M. Lafont se présentait, le 18 décembre suivant, pour le remplacer dans la première. Sa tentative fut couronnée de succès, et il vint prendre sa place à l'extrême-gauche de la Chambre. Aux élections d'octobre 1885, M. Lafont fut élu député de la Seine au scrutin du 18, et vota l'expulsion totale des princes.

LAFONTAINE, Louis Marie Henri Thomas (dit), acteur et littérateur français, né à Bordeaux le 29 novembre 1826, commença ses études au séminaire de sa ville natale, dont il s'enfuit pour s'embarquer comme matelot à bord d'un bâtiment marchand faisant voiles pour la Réunion; à son retour, il devint employé de commerce, et ce fut à cette époque que l'occasion s'offrit pour lui d'aborder la scène, pour laquelle il s'était toujours senti un irrésistible attrait; il y parut dans la *Tour de Nesle*, sous un premier pseudonyme. Décidé à venir tenter fortune à Paris, mais dépourvu des ressources nécessaires pour les frais d'un pareil voyage, il se chargea d'une *balle* de colporteur et ce fut à pied et dans cet équipage qu'il fit la route. Il débuta au théâtre des Batignolles, dans l'*Eclat de rire*, en 1847. Après un court passage à la Porte Saint-Martin, M. Lafontaine obtenait en 1850 un engagement au Gymnase, où il se fit rapidement une grande réputation. Il y parut notamment dans *Brutus, lâche César! Faust*; la *Femme qui trompe son mari*; le *Mariage de Victorine (1852)*; *Un fils de famille, Philiberte, Diane de Lys (1853)*; le *Pressoir (1854)*; *Flamminio (1855)*, etc. Du Gymnase, M. Lafontaine alla débuter au Français, d'où il passa au Vaudeville et joua successivement dans: *Dalila (1857)*; le *Roman d'un jeune homme pauvre (1858)*; la *Seconde jeunesse (1859)*, etc. De retour au Gymnase, il s'y fit de nouveau applaudir dans: les *Pattes de mouches (1860)*; la *Famille Puymené*, le *Gentilhomme pauvre*, la *Vertu de Célimène (1861)*; la *Perle noire*, l'*Echéance*, les *Ganaches (1862)*; le *Démon du jeu (1863)*. — Le 23 février 1863, M. Lafontaine épousait une de ses jeunes camarades, Mlle Victoria (voyez ci-après), avec laquelle il passait au Français, où tous deux étaient admis comme sociétaires. M. Lafontaine y débuta dans le *Dernier quartier (1864)*, et a paru depuis dans le *Supplice d'une femme (1865)*; *Gringoire (1866)*; *Julie (1869)*, etc., quant aux créations. Il a en outre repris avec succès les grands rôles du répertoire classique ainsi que plusieurs de son propre répertoire, dans des pièces nouvelles. — Démissionnaire en 1871, M. Lafontaine a paru depuis sur diverses scènes parisiennes, notamment à l'Odéon, dans le rôle de *Ruy Blas (1872)*; à la Gaîté, où il a créé le rôle d'Orso Savagnano, dans la *Haine (1874)*; au Vaudeville, pour y créer celui de Rodolphe Caverlet, dans *Madame Caverlet*, de M. Emile Augier (1876), etc. Il a fait également plusieurs tournées artistiques en province. — Enfin M. Lafontaine s'est adonné, dans ces derniers temps, non sans succès, à la littérature d'imagination. Il a publié plusieurs romans et nouvelles, notamment: la *Servante (1883)* et les *Bons camarades (1885)*. Du premier de ces deux ouvrages il a tiré une pièce qui, après avoir été acceptée par Mme Sarah Bernhardt pour la Porte Saint-Martin, est annoncée pour l'hiver 1886-87, à Bruxelles et dans laquelle il remplira le rôle principal.

LAFONTAINE (dame), Victoria Valous, actrice française, née à Lyon vers 1840. Après avoir cultivé très jeune l'art dramatique sur un petit théâtre d'amateurs lyonnais, elle partit avec une troupe qui exploitait les principales villes de la France méridionale; puis elle vint à Paris, où elle débutait au Gymnase en 1857. Elle s'y fit promptement une place considérable et méritée non seulement par son talent et sa beauté, mais surtout par le travail, la conscience qu'elle mettait au service de son art. Les pièces où elle brilla principalement au Gymnase, sont: *Piccolino (1861)*; la *Perle noire*, les *Fous*, les *Ganaches (1862)*; le *Démon du jeu (1864)*. Mariée, le 23 février 1863, avec M. Lafontaine (voyez ci-dessus), elle passait avec lui au Théâtre-Français, où elle parut successivement dans: *Il ne faut jurer de rien*, d'Alfred de Musset, son début; puis dans: *Madame Desroches (1867)*; *Paul Forestier (1868)*; *Maurice de Saxe (1870)* et dans divers rôles du répertoire classique, par exemple dans celui d'Agnès, de l'*Ecole des femmes*. Mme Victoria a quitté le Théâtre-Français avec son mari, en 1871. Elle a paru depuis sur divers théâtres, notamment en 1873, au Châtelet, dans la reprise de la *Maison du baigneur*, et a créé au Vaudeville, en 1876, le rôle de Claire Fromont, dans *Fromont jeune et Rissler aîné*, etc.

LA FORGE (de), Anatole, publiciste et homme politique français, né à Paris le 1er avril 1821, fit ses études au collège Louis-le-Grand et à la faculté de droit et entra dans la carrière diplomatique. Après avoir été attaché à la légation de Florence, puis secrétaire d'ambassade à Turin et à Madrid, il était chargé, en 1846, d'une mission spéciale en Espagne, et était au retour décoré de la Légion d'honneur. En 1848, M. Anatole de la Forge se lançait dans le journalisme. Après avoir collaboré au *Portefeuille* et à l'*Estafette*, il entrait au *Siècle* pour y traiter les questions de politique étrangère. Il y rédigeait depuis plusieurs années la chronique parlementaire, lorsqu'éclata la révolution du 4 septembre 1870. Nommé préfet de l'Aisne, quand la moitié du département, chef-lieu compris, était déjà au pouvoir de l'ennemi, M. Anatole de la Forge installa son administration à Saint-Quentin, où il organisa la défense et soutint, à la tête des gardes nationaux et de la compagnie de pompiers de cette courageuse ville, l'attaque des troupes allemandes bien supérieures en nombre, sans parler de l'armement. Blessé grièvement à la jambe presqu'au commencement de l'action, l'énergique préfet de l'Aisne ne voulut se retirer que lorsqu'il eut vu l'ennemi battre en retraite. C'était le premier exemple d'une ville ouverte résistant à l'invasion, aussi M. Anatole de la Forge, publiquement félicité par le gouvernement de la Défense nationale, fut-il promu officier de la Légion d'honneur. Nommé à la préfecture des Basses-Pyrénées en février 1871, M. de la Forge y fit une ardente propagande en faveur de l'idée d'une résistance à outrance. Il donnait sa démission à la suite du vote des préliminaires de paix, et reprenait sa place à la rédaction du *Siècle*. — Après avoir échoué dans le VIIIe arrondissement de Paris, contre l'amiral Touchard, aux élections du 14 octobre 1877, il était nommé directeur de la presse au ministère de l'intérieur dont le titulaire était M. de Marcère, dans le cabinet Dufaure, constitué le 4 décembre suivant, et résignait ces fonctions en mai 1879. Le 29 mai 1881, il était élu député dans le IXe arrondissement de Paris, en remplacement d'Emile de Girardin, décédé. Aux élections générales du 21 août suivant, l'arrondissement ayant été divisé en deux sections, M. de la Forge se présentait avec succès dans la première. Enfin, aux élections d'octobre 1885, il était élu député de la Seine le troisième. M. Anatole de la Forge siège à l'extrême-gauche, son caractère d'une parfaite rectitude nous dispense d'insister sur ses actes et sur ses votes, cette mention faite. Il a repoussé les deux propositions d'expulsion des princes. M. de la Forge est vice-président de la Chambre des députés depuis le 5 mai 1885. — Il a publié: l'*Instruction publique en Espagne (1847)*; *Des vicissitudes politiques de l'Italie dans ses rapports avec la France (1850)*; *Histoire de la République de Venise sous Manin (1858, 2 vol.)*; la *Peinture contemporaine en France (1856)*; la *Guerre c'est la paix*, l'*Autriche devant l'opinion*, la *Question des duchés*, brochures (1859): les *Utopistes en Italie*, la *Liberté (1862)*; la *Pologne devant la Chambre (1863)*; la *Pologne en 1864, lettres à M. Emile de Girardin (1864)*; *Lettres à Mgr Dupanloup à propos de la Pologne (1865)*, etc. Outre la rosette d'officier de la Légion d'honneur, M. de la Forge est décoré de la médaille militaire.

LAGACHE, Célestin, sténographe et homme politique français, né à Courcelles-Epayelles (Oise) le 28 août 1809. Il vint terminer ses études à Paris et entra comme sténographe au *Moniteur* en 1830. Après la révolution de février 1848, il se présenta dans son département natal, aux élections pour l'Assemblée constituante, comme candidat du parti avancé, et fut élu représentant du peuple, le quatrième sur dix. Il n'en vota pas moins avec la droite, et, pour la peine, ne fut pas réélu pour l'Assemblée législative. Entré, sous l'empire, au service sténographique du Corps législatif, il en devint le directeur, conserva ces fonctions après le 4 septembre, et a pris depuis sa retraite, avec le titre de directeur honoraire. Aux élections sénatoriales du 5 janvier 1879, M. Célestin Lagache a été élu sénateur de l'Oise. Il a pris place au centre gauche et a repoussé de son vote le projet d'expulsion des princes. M. Lagache est officier de la Légion d'honneur depuis 1874.

LAGRANGE, Victor Etienne, homme politique

français, né à Dijon le 3 janvier 1845. D'abord ouvrier typographe, employé à l'imprimerie du *Progrès de la Côte-d'Or*, il devint gérant de ce journal et subit en cette qualité plusieurs condamnations. Après la guerre, M. Lagrange se fixa à Lyon, où il collabora à la *République républicaine*, au *Censeur*, à la *Tribune des travailleurs*, au *Progrès*, et fut élu conseiller municipal. Le 14 décembre 1881, il était élu député dans la 3e circonscription de Lyon, en remplacement de M. Bonnet-Duverdier, et prenait place à la gauche radicale. Aux élections d'octobre 1885, M. Lagrange était élu député du Rhône au second tour. Il a voté l'expulsion totale des princes.

LAGUERRE, Georges, avocat et homme politique français, né à Paris le 24 juin 1858. Ayant fait ses études de droit et pris le grade de licencié, il s'inscrivit au barreau de Paris, fut secrétaire de la conférence des avocats et collabora au journal de M. Clémenceau, la *Justice*. Au barreau, il se fit rapidement une grande réputation par une éloquence incisive particulièrement appropriée aux nombreux procès politiques qu'il a plaidés. Il a défendu notamment Blanqui, Mlle Louise Michel, les principaux accusés de la grève de Montceau-les-Mines, sans parler de criminels aux procès retentissants, tels que Pel et le pseudo Campi. Peu après le procès des grévistes de Montceau-les-Mines, une vacance s'étant produite dans le département de Vaucluse, la candidature y fut offerte à M. Laguerre, qui accepta et fut élu député. Il prit place à l'extrême-gauche. Aux élections d'octobre 1885, il figurait, dans le même département, sur la liste radicale, et fut élu au scrutin du 18. Il a voté contre les deux projets de loi tendant à l'expulsion des princes.

LAING, Samuel, administrateur anglais, neveu de Malcolm Laing, l'auteur de l'*Histoire d'Ecosse*, est né à Edimbourg en 1810, fit ses études à Cambridge, où il resta d'abord comme professeur de mathématiques, suivit les cours de droit de Lincoln's Inn et se fit admettre au barreau en 1840. Peu après, il devenait secrétaire particulier de M. Labouchère, ministre du commerce (mort en 1869) qui l'attacha à la nouvelle division des chemins de fer en qualité de secrétaire. Il se distingua bientôt dans l'application de ses connaissances spéciales à cette branche nouvelle de l'activité humaine, et donna, en 1844, un *Rapport sur les chemins de fer anglais et étrangers* qui fut très remarqué. Membre de la commission des chemins de fer instituée l'année suivante, sous la présidence de Lord Dalhousie, il eut à rédiger un nouveau rapport dans lequel il recommandait des mesures qui, on le reconnut trop tard, eussent prévenu la crise industrielle d'alors si on les avait prises. Mais le parlement repoussa ses conclusions et la commission fut dissoute. M. Laing, en conséquence, se démit des fonctions qu'il avait occupées jusque-là sous diverses administrations et reprit sa place au barreau. En 1848, il occupa les fonctions de président du conseil d'administration, directeur de la compagnie du chemin de fer de Brighton, dont il sut doubler le trafic en cinq ans; il devint, en 1852, président de la Société du Palais de Cristal, fonctions qu'il résigna en 1855 en même temps que celles de directeur du chemin de fer de Brighton. En juillet 1852, M. Samuel Laing fut élu, comme candidat libéral, représentant du district de Wick à la Chambre des communes. Réélu en 1859, il donnait sa démission en octobre 1860, pour aller remplir aux Indes le poste de ministre des finances. De retour en Angleterre en 1865, M. Laing était réélu député de Wick en juillet suivant; il y échoua cependant aux élections de novembre 1868, mais fut élu, en janvier 1873, représentant des îles Orkney et Shetland. Secrétaire des finances à la Trésorerie, de juin 1859 à octobre 1860, M. Samuel Laing a dû nouveau accepté, en 1867, la présidence de la compagnie du chemin de fer de Brighton. Nous devons ajouter que le nom de M. Laing est attaché à beaucoup d'autres grandes opérations de chemins de fer nationaux ou étrangers, notamment aux chemins du Centre de la France, à ceux d'Anvers et de Rotterdam, au Grand-Ouest canadien, etc.

LAISANT, Charles Anne, mathématicien et homme politique français, né le 1er novembre 1841, à Basse-Indre (Loire-Inférieure). Elève de l'Ecole polytechnique, il en sortait en 1863 dans l'arme du génie et avait atteint le grade de capitaine en 1870. Pendant le siège de Paris, il fut chargé des travaux de défense du fort d'Issy. En octobre 1871, il était élu conseiller général de la Loire-Inférieure, et quoique envoyé en Corse, puis en Algérie avec sa compagnie, il ne laissa pas en souffrance ses devoirs politiques, et combattit ardemment dans le sein du conseil l'administration réactionnaire. Ayant résigné son grade vers la fin de 1875, il se présentait dans la 1re circonscription de Nantes, comme candidat républicain, le 20 février 1876 et était élu député. Il s'inscrivit à l'Union républicaine et vota notamment l'amnistie pleine et entière. Réélu le 14 octobre 1877 et le 4 septembre 1881 par le même collège, c'est dans la Seine qu'il se présentait aux élections d'octobre 1885, admis sur trois listes radicales de nuance peu différente. Il fut élu au second tour et reprit sa place à l'extrême gauche. M. Laisant est l'auteur d'une proposition de réduction à trois ans de la durée du service militaire et de suppression du volontariat, présentée à la Chambre en 1876, reprise en 1877, 1878 et plus tard, sans succès jusqu'ici, mais fatalement destinée à aboutir. Il prit en 1879 la direction du *Petit Parisien*, où les questions militaires furent surtout traitées avec une compétence particulière, mais qu'il ne conserva que peu de temps. M. Ch. Laisant a voté l'expulsion totale des princes. — M. Laisant s'est fait recevoir docteur ès-sciences en 1877. On lui doit : les *Applications mécaniques du calcul des quaternions* et *Nouveau mode de transformation des courbes et des surfaces*, ses thèses de doctorat; *Introduction à l'étude des quaternions (1881)*; une traduction de l'*Exposition des méthodes des équipollences* de Bellavitis; etc.

LAJARTE (de), Théodore Edouard Dufaure, compositeur et musicographe français, né à Bordeaux le 18 juillet 1826; il étudia la musique dans sa ville natale, y travailla le violon et le piano et vint à Paris, où il fut admis au Conservatoire dans la classe de fugue et composition de Leborne, en 1850. Leborne prit en affection son élève; il le conduisit chez Seveste, alors directeur du Théâtre-Lyrique, auquel il le recommanda chaudement, et lui fit obtenir un poème : le *Secret de l'oncle Vincent*, opéra comique en un acte qui fut joué, en 1855, soixante-dix fois consécutives. M. de Lajarte donna ensuite au même théâtre : le *Duel du Commandeur*, 1 acte (1857); *Mam'zelle Pénélope*, 1 acte (1859); et le *Neveu de Gulliver*, opéra ballet en 3 actes (1861). Il a fait jouer depuis : la *Farce de maistre Villon*, 1 acte à l'Athénée (1872); *Pierrot ténor*, un acte, joué par les artistes de l'Opéra-Comique à Enghien (juillet 1876). Comme compositeur de musique militaire, M. Th. de Lajarte a fait exécuter à Saint Roch, le 18 mars 1857, par cent cinquante choristes militaires et la musique du 1er grenadiers de la garde, une *Messe militaire;* et il a publié les compositions suivantes : l'*Orphéon de l'armée*, six chœurs avec accompagnement de fanfare, dédiés au maréchal Niel; *Nouveau répertoire des musiques d'harmonie et des fanfares civiles et militaires*, vingt-cinq marches et pas redoublés; *Six pas redoublés; Marche triomphale*, pour harmonie; *Fantaisie symphonique*, pour harmonie; *Six ouvertures*, pour harmonie; *Air de ballet*, pour harmonie; le *Beau grenadier*, pas redoublé pour fanfare, etc. — M. Théodore de Lajarte, comme écrivain spécial, a collaboré à la *Presse*, à la *Patrie*, à l'*Avenir libéral*, au *Globe*, au *Public*, à l'*Assemblée nationale de 1871*, au *Courrier diplomatique*, au *Moniteur des arts*, à la *France musicale*, au *Ménestrel*, à la *Chronique musicale*, à l'*Illustration*, au *Monde illustré*, etc., et a publié, en 1867, une brochure intitulée : *Instruments Sax et fanfares civiles.* Attaché depuis 1873 aux Archives de l'Opéra, il a su y rendre de grands services, en mettant dans la bibliothèque un ordre inconnu avant lui, et en en dressant scrupuleusement l'inventaire. Ce travail d'ordre lui inspira l'idée d'un ouvrage intitulé : *Bibliothèque musicale du théâtre de l'Opéra, catalogue historique, chronologique, anecdotique, publié sous les auspices du ministère de l'instruction publique et des beaux-arts, et rédigé par Théodore de Lajarte, bibliothécaire attaché aux Archives de l'Opéra* (Paris, Jouaust, 1876-80, 3 vol. in-8°). On doit encore à M. de Lajarte un petit recueil des *Airs à danser, de Lulli à Méhul, transcrits d'après les manuscrits originaux de la bibliothèque de l'Opéra;* quelques autres travaux de bibliographie musicale et un petit opéra de salon : *On guérit de la peur.*— Il a donné encore au théâtre, dans ces derniers temps : le *Portrait*, opéra comique en 2 actes, joué à l'Opéra-Comique et le *Roi de carreau*, opéra comique en 3 actes aux Nouveautés (1883).

LALANDE, François Louis Armand, industriel et homme politique français, né à Bordeaux le 10 décembre 1820. Grand propriétaire, négociant en vins, ancien président de la chambre de commerce et adjoint au maire de Bordeaux, ancien vice-président du bureau de bienfaisance et directeur de la caisse d'épargne, M. A. Lalande fut élu député de l'arrondissement de Lesparre le 4 septembre 1881 à une grande majorité, et prit place au groupe de l'Union républicaine. Il a été élu député de la Gironde au scrutin de ballottage le 18 octobre 1885, et a voté contre les projets d'expulsion des princes. — M. Armand Lalande a pris part aux discussions économiques principalement. Il est libre-échangiste, bien entendu, et l'un des fondateurs de la société du libre-échange de Bordeaux. Récompensé d'un diplôme d'honneur à l'Exposition universelle de 1878 pour ses vins, exposés par la chambre de commerce, il fut promu officier de la Légion d'honneur le 20 octobre suivant, étant chevalier depuis 1862. Il a publié en août 1886 son *Discours sur la politique coloniale.*

LALANNE, Léon Louis Chrétien, ingénieur français, sénateur, membre de l'Institut, né à Paris le 3 juillet 1811. Elève de l'Ecole polytechnique, il en sortit en 1831 dans le service des ponts et chaussées, et s'occupa particulièrement de recherches scientifiques et d'inventions d'instruments, travaux consignés dans de nombreux mémoires récompensés de médailles d'or par la Société des ingénieurs. Constructeur, avec M. Arnoux, du chemin de fer de Paris à Sceaux, en 1846, il fut placé, en 1848, à la tête des Ateliers nationaux. En 1852, il acceptait la direction des travaux publics en Valachie, d'où l'invasion russe le fit partir. Il a dirigé depuis les travaux de diverses lignes de chemins de fer étrangers, notamment ceux de l'Ouest-Suisse et du Nord de l'Espagne. Il avait atteint le grade d'inspecteur général de première classe des ponts et chaussées depuis plusieurs années, lorsqu'il fut appelé, par décret du 20 janvier 1877, à la direction de l'Ecole des ponts et chaussées. Il a été élu membre libre de l'Académie des sciences en 1879 et sénateur inamovible en 1883. En cette dernière qualité, il a voté contre la loi sur l'expulsion des princes prétendants. — On doit à M. Léon Lalanne : *Essai philosophique sur la technologie (1840)*; *Tables nouvelles pour abréger divers calculs* (même année); *Table graphique à l'usage des chemins de fer (1843)*; *Description et usage de l'abaque, ou compteur universel (1845)*; *Instruction sur les règles à calcul (1851)*, etc. Il a collaboré en outre à une foule de publications et de journaux spéciaux : les *Annales des ponts et chaussées*, l'*Encyclopédie nouvelle*, l'*Instruction populaire*, les *Cent traités*, un *Million de faits*, *Patria*, la *Biographie portative universelle*, etc., etc. — Il est grand officier de la Légion d'honneur.

LALANNE, Maxime Ludovic Chrétien, littérateur et archiviste français, frère du précédent, est né à Paris le 23 avril 1815. Elève de l'Ecole des chartes, il fut attaché en 1846 à la Commission des travaux historiques. En cette qualité, il fut désigné, en 1850, comme expert dans l'affaire du trop célèbre bibliophile Libri, condamné à dix ans de réclusion (20 juin), pour soustraction de livres et manuscrits précieux au préjudice de diverses bibliothèques. Directeur de l'*Athenæum français* de 1852 à 1856, il a dirigé, à partir de cette dernière date et jusqu'en 1865, la *Correspondance littéraire.* M. Ludovic Lalanne a collaboré en outre à la *Bibliothèque de l'Ecole des chartes*, aux *Archives de l'art français*, au *Million de faits*, à la *Biographie portative*, à *Patria*, etc. — M. Ludovic Lalanne a publié à part : *Recherches sur le feu grégeois et sur l'introduction de la poudre en Europe (1841)*, couronnées par l'Académie des inscriptions et belles-lettres; *Curiosités littéraires*, *Curiosités bibliographiques*, *Curiosités biographiques*, *Curiosités des institutions, mœurs et légendes*, *Curiosités militaires (1845-47*, 5 vol.); *Dictionnaire de pièces autographes volées* (affaire Libri) *aux bibliothèques publiques de France (1851-53)*, avec M. Bordier; *Dictionnaire historique de France (1872)*, et des éditions de d'*Aubigné*, *Marguerite de Navarre*, des *Mémoires et correspondance de Bussy-Rabutin*, de *Malherbe*, dans les *Grands écrivains de la France (1862-1869*, 5 vol.); des *Œuvres de Brantôme (1865-79*, 9 vol.), pour la Société de l'histoire de France, etc. — M. Ludovic Lalanne est sous-bibliothécaire à la bibliothèque de l'Institut depuis 1875.

LALO, Edouard, violoniste et compositeur français, est né vers 1830 et a fait ses études musicales au Conservatoire de Lille. Venu ensuite à Paris, il se produisit comme virtuose dans les séances de musique de chambre fondées par MM. Armingaud et Léon Jacquard, tout en se livrant à la composition. Il publia dès lors des mélodies vocales et quelques œuvres instrumentales empreintes d'un sentiment élevé de l'art et de tendances progressives en avance sur le goût public, qui furent très remarquées en Allemagne, mais pas du tout à Paris. Découragé par l'accueil fait à ses travaux dans son pays, M. Lalo fut plusieurs années sans rien produire. Toutefois, le Théâtre-Lyrique ayant ouvert un concours d'opéra, il y prit part avec un grand opéra en trois actes : *Fiesque*, dont M. Charles Beauquier avait écrit le poème. Dans ce concours, auquel prirent part cinquante-deux compositeurs, ce fut le *Magnifique*, de M. Philippot qui remporta le prix; mais des sept ouvrages qui suivaient l'ouvrage couronné, et qui furent mentionnés élogieusement par le jury, le premier classé était la *Coupe et les lèvres*, de M. Canoby et le second *Fiesque*. Un membre du jury parla de cette partition à M. Perrin, alors directeur de l'Opéra. Celui-ci voulut l'entendre, fut frappé des qualités de la musique, mais trouva le poème défectueux. On tomba d'accord pour qu'il fût remanié, et tout devait aller au mieux, si M. Lalo, fatigué des lenteurs malheureusement habituelles en pareil cas, ne se fût décidé à retirer sa partition et à la publier. Quelques années plus tard, l'intervention de M. Gounod amenait le directeur du théâtre de la Monnaie, de Bruxelles, M. Vachot, à s'engager à représenter *Fiesque;* mais la chose entendue, les rôles distribués, l'ouvrage prêt à entrer en répétitions, M. Vachot se trouve en désaccord avec la municipalité de Bruxelles et donne sa démission. *Fiesque* ne put donc être représenté à Bruxelles plus qu'à Paris, bien que ce soit une œuvre de valeur, dont plusieurs fragments exécutés dans des concerts et la publication de la partition pour piano et chant ont pu faire apprécier tout le mérite. Après avoir publié plusieurs *mélodies* nouvelles et composé un *Divertissement* pour orchestre, exécuté avec succès dans les concerts, M. Lalo commença un opéra, *Savonarole*, sur un poème de M. Armand Silvestre, et écrivit sur la demande de M. Sarasate un *concerto* de violon avec accompagnement d'orchestre, qui fut exécuté par ce virtuose au Concert national le 18 janvier 1874, et ensuite aux Concerts populaires, avec un franc succès; puis, pour M. Sarasate encore, une *Symphonie espagnole*, exécutée l'année suivante; et enfin un *Allegro symphonique* exécuté aux Concerts populaires, en janvier 1876. — M. Lalo a publié, en fin de compte, une quantité d'œuvres variées, très remarquées par l'élégance, le style et la couleur. L'Opéra a donné de lui, en 1882, un ballet en 2 actes : *Namouna*, qui a eu beaucoup de succès.

LA MARTINIÈRE (de), Edouard Marie Tirel, homme politique français, né à Rennes le 17 février 1840. Il fit son droit à Paris, prit le grade de docteur et fut nommé au concours auditeur au Conseil d'Etat, en 1873. Six semaines après, il était nommé chef de cabinet du sous-secrétaire d'Etat au ministère de l'intérieur dans le « gouvernement de combat » et devint ensuite chef-adjoint du cabinet du ministre et directeur du personnel, puis chef de cabinet du vice-président du conseil (avril 1874), fonctions qu'il résigna en mars 1875. Nommé en 1877 substitut du procureur de la République près le tribunal de la Seine, M. de la Martinière était révoqué au mois de mars 1879, dès que la République fut enfin maitresse de la situation. Il songea dès lors à se faire mieux connaitre dans le département de la Manche, où est sa résidence, et où il avait déjà figuré pendant la guerre comme capitaine de mobiles (à vingt et un ans !) et devint successivement maire de Vindefontaine, membre du Conseil général de la Manche, président du comice agricole. Enfin, il se présentait à la députation, sur la liste réactionnaire, aux élections du 4 octobre 1885, qui l'envoyèrent siéger à la Chambre. Il a pris place au centre droit. — M. de la Martinière est chevalier de la Légion d'honneur.

LAMARZELLE (de), Gustave Louis Edouard, homme politique et jurisconsulte français, né à Vannes le 4 août 1852. Il fit son droit à Paris, prit le grade de docteur et s'inscrivivit au barreau de la Cour d'appel; il est enfin professeur à la faculté de droit de l'Institut catholique de Paris. M. de Lamarzelle, jurisconsulte éminent, a été élu député du Morbihan le 4 octobre 1885, sur la liste monarchiste. Il est secrétaire de la Chambre des députés.

LAMBER, Juliette. — Voyez **Adam** (dame).

LAMBERT, Louis Eugène, peintre français, né à Paris en 1825, élève d'Eugène Delacroix. — On cite de cet artiste : *Intérieur d'étable (1852)*; *Dans la coulisse (1855)*; *l'Expiation, Chat et perroquet (1857)*; *Remède pire que le mal*, un *Marché de petite ville (1861)*; *Chasse à courre, l'Abreuvoir (1864)*; *Terrier de renard*, une *Horloge qui avance (1865)*; *Relais de chasse (1866)*; la *Cheminée du garde*, la *Place enviée (1867)*; un *Orage qui gronde, Vol avec escalade (1868)*; les *Maîtres de la maison (1869)*; *Chatte et ses petits*, *l'Antichambre (1870)*; *Grandeur déchue, Convoitise (1872)*; « *A boire!* » le *Sommeil interrompu (1873)*; *Installation provisoire*, l'*Heure du repas (1874)*; *Jack, Sam, Shot*; *l'Ennemi, Envoi (1875)*; *Pepito, Toc, d'Artagnan, En famille (1876)*; *Pendant l'office (1877)*; les *Chats du cardinal de Richelieu (1878)*, etc. — M. Eugène Lambert a obtenu des médailles en 1865, 1866 et 1870, une médaille de 3ᵉ classe en 1878, et a été décoré de la Légion d'honneur en 1875.

LAMBERTERIE (baron de), Paul, administrateur et homme politique français, né à Paris le 20 mai 1839. Il fit son droit et entra dans l'administration à vingt-six ans. Sous-préfet de Briançon en 1870, il servit pendant la guerre, comme officier, dans les mobilisés de la Haute-Vienne, et redevint sous-préfet après la conclusion de la paix. Il administrait l'arrondissement de Saintes, lorsque la chute du ministère de Broglie et Fourtou vint l'avertir que l'heure de la retraite avait également sonné pour lui. Il donna sa démission, se retira dans le Lot et s'occupa d'agriculture. Il a été élu député du Lot au scrutin du 18 octobre 1885, comme candidat monarchiste. — M. de Lamberterie est chevalier de la Légion d'honneur.

LAMI, Louis Eugène, peintre français, né à Paris le 12 janvier 1800. Elève de Gros, d'Horace Vernet et de l'Ecole des beaux-arts, il débuta au salon de 1824. M. Lami s'occupa concurremment de gravure sur pierre, de lithographie et d'aquarelle, et fut en ceci le professeur des princes d'Orléans. Il collabora à de nombreuses publications illustrées et publia divers recueils de lithographies de genre, notamment un *Voyage en Angleterre et en Ecosse* qui eut du succès. M. Lami a fait divers voyages dans lesquels il a visité à peu près toute l'Europe et notamment la Crimée, au moment de la guerre. — On cite, parmi les expositions de cet artiste : le *Combat de Puerto-Miravente, Etudes de chevaux*, le *Combat de Tramerced*, une *Mêlée dans la campagne du Balkan*, *Charles Iᵉʳ recevant une rose en se rendant en prison*, les *Manœuvres russes au sacre de Nicolas Iᵉʳ*, *Attelage rustique, Course au clocher, Trait de bravoure moscovite*, une *Voiture de masques, Cromwell*, la *Scène du sonnet du Misanthrope* et de nombreux *Portraits (1824-53)*; la *Bataille de l'Alma (1855)*, etc. Parmi ses aquarelles, genre auquel il s'est presque exclusivement consacré dans ces derniers temps, nous citerons : un *Bal aux Tuileries, Courses à Chantilly*, la *Prise de Constantine*, la *Revue des chasseurs*, un *Bal à l'Opéra*, les *Palais Durazzo et San Lorenzo*, et la *Via Novissima à Gênes*, le *Lever de la reine d'Angleterre*, l'*Orgie, Sujets tirés des Œuvres d'Alfred de Musset*, l'*Escalier de marbre à Versailles, Costumes de 1760*, l'*Abdication de Marie Stuart* (Expos. univ., 1867); le *Dernier autodafé à Madrid, en 1670*; *Trianon en 1750 (1853-73)*, etc. Enfin il a peint pour les Galeries de Versailles : le *Combat d'Hondschoot*, la *Bataille de Cassano*, l'*Affaire de la Claye*, la *Prise de Maëstricht*, la *Capitulation d'Anvers*, etc. — M. Eugène Lami a obtenu une médaille de 2ᵉ classe en 1855 (Expos. univ.) avec sa *Bataille de l'Alma*; chevalier de la Légion d'honneur depuis 1837, il a été promu officier en 1862.

LAMOUREUX, Charles, violoniste et chef d'orchestre français, né le 28 septembre 1834 à Bordeaux, où il commença l'étude du violon. Venu à Paris en 1850, il entra au Conservatoire, dans la classe de Girard, alors chef d'orchestre de l'Opéra. Après avoir obtenu un second accessit en 1852, il remportait, en 1853, le second prix, et le premier en 1854. D'abord premier violon dans l'orchestre du Gymnase, il entra bientôt à celui de l'Opéra. Il continuait néanmoins ses études musicales, apprenait l'harmonie avec Tolbecque, le contre-point avec Leborne, et achevait ses études théoriques avec Chauvet. Après quoi, M. Lamoureux se consacra à l'enseignement et fonda, avec MM. Colonne, Adam et Régnault, une Société de musique de chambre dont les séances eurent beaucoup de succès. Devenu sous-chef d'orchestre de la Société des concerts du Conservatoire, M. Lamoureux songea à doter son pays d'une institution toute nouvelle pour lui. Il fit plusieurs voyages en Angleterre et en Allemagne, où il se lia avec les deux célèbres chefs d'orchestre Michaël Costa et Ferdinand Hiller, et étudia alors les moyens de faire connaître en France, à leur imitation, les œuvres impérissables des Bach, des Haendel et des Mendelssohn. Malgré les obstacles que les hommes d'initiative rencontrent toujours sur leurs pas, M. Charles Lamoureux fondait en 1873 la « Société de l'harmonie sacrée », sur le modèle de la *Sacred harmonic Society* de Londres, avec ses seules ressources. Il organisa un orchestre, un nombreux personnel choral, qu'il mit sur-le-champ aux prises et, le 19 décembre 1873, avait lieu, dans la salle du Cirque des Champs-Elysées, la première audition du *Messie*, oratorio de Haendel. L'orchestre et les chœurs étaient dirigés par M. Lamoureux. L'exécution fut admirable et le succès prodigieux. Après plusieurs auditions du *Messie*, M. Lamoureux donna la *Passion* de Jean-Sébastien Bach; puis, la saison suivante, le *Judas Macchabée* de Haendel, qui eut un succès inouï. Pour varier ses programmes, en réservant une place à l'élément contemporain, il fit exécuter la cantate de M. Gounod : *Gallia*, et le « mystère » en trois parties de M. Massenet : *Eve*. Ces œuvres remarquables furent accueillies avec la faveur la plus marquée, et leur exécution révéla M. Lamoureux comme un chef d'orchestre hors ligne. Il fut chargé de la direction musicale des fêtes du centenaire de Boïeldieu, données à Rouen en 1875. Lorsque M. Carvalho fut nommé directeur de l'Opéra-Comique, en remplacement de M. du Locle, il s'empressa d'attacher M. Lamoureux à ce théâtre, en qualité de chef d'orchestre (1876). M. Ch. Lamoureux a donné sa démission de ces dernières fonctions au commencement de mai 1877, et n'a pas cessé depuis de diriger les Concerts auxquels il a donné son nom.

LANDELLE, Charles, peintre français, né à Laval le 2 juin 1821. Elève de Paul Delaroche, il s'est principalement consacré à la peinture historique et religieuse, sans préjudice d'un assez grand nombre de portraits, et a débuté au salon de 1841 par son propre portrait. — Nous citerons : *Portrait de l'auteur à l'âge de vingt ans (1841)*; *Fra Angelico da Fiesole (1842)*; l'*Idylle*, l'*Elégie*, la *Charité (1854)*; la *Vierge et les saintes femmes, Fleurette abandonnée par Henri IV (1845)*; les *Petits bohémiens, Jeune juif (1846)*; *Portrait d'enfant, Jeune égyptienne (1847)*; *Sainte Cécile, Sainte Clotilde, Eucharis (1848)*; la *République (1849)*; *Jésus-Christ et ses apôtres Pierre et Jean, Sainte Véronique (1850)*; *Béatitude (1852)*; la *Renaissance*, l'*Antiquaire (1853)*; le *Repos de la Vierge (1855)*; la *Messe du dimanche à Béost (Basses-Pyrénées)*, les *Vanneuses de Béost (1856)*; la *Juive de Tanger, Jeune fille finlandaise, Femme arménienne (1857)*; le *Pressentiment de la Vierge*, la *Jeune fille aux oiseaux, Jeune fille de la campagne de Rome*, les *Deux Sœurs, Génie funèbre (1859)*; les *Femmes de Jérusalem captives à Babylone, Visite de l'empereur et de l'impératrice à la manufacture de Saint-Gobain et Chauny, Chemin de croix (1861)*; *Far niente (1863)*; le *Réveil (1864)*; *Pensierosa (1865)*; *Femme fellah, Arménienne du Caucase (1866)*; l'*Enfant d'Aïssaoui, charmeur de serpents*, la *Prison de Tanger*, et plusieurs toiles exposées aux précédents salons (Exp. univ. 1867); *Femme mauresque*, et *Paul et Georges*, enfants de la précédente (1868); *Montagnard aragonais*, l'*Enfant malade (1869)*; *Velléda (1870)*; l'*Almée (1872)*; *Jeune bohémienne serbe*, la *Samaritaine (1873)*; *Rêverie de seize ans (1874)*; la *Mort de Saint Joseph*, esquisse d'une peinture pour l'église Saint-Sulpice ; l'*Ange de pureté*, l'*Ange des douleurs* fragments du tableau : la *Mort de Saint Joseph (1875)*; *Salmacis (1877)*; *Isménis (1878)*; la *Sirène*, la *Messagère des tempêtes (1879)*; *Jeune fille polonaise*, pastel ; *Femme de Bethléem, Bazar des tapis au Caire*, toiles (1883); le *Pays des fruits d'or (1884)*; le *Droit moderne : la Liberté, la Loi, la Justice et le Droit*, pour la ville de Laval ; la *Petite orpheline (1885)*; l'*Aveugle de Biskra*, la *Saison des oranges à Alger*, toiles ; *Jeune fille* et *Portrait de M. Hetzel*, pastel (1886). — On doit en outre à M. Ch. Landelle des peintures murales : la *Loi*, la *Justice* et le *Droit*, dans la salle d'attente du Palais du Conseil d'Etat, incendié en mai 1871 ; six *Dessus de porte*, pour le salon des aides-de-camp, au palais de l'Elysée ; la décoration des deux *Salons des arts* de l'Hôtel de ville, également détruits en 1871, etc. Au nombre des portraits exposés par lui à diverses époques, nous devons mentionner ceux de *Stackelberg*, de l'*Amiral Baudin*, de la famille *Hély d'Oissel*, des *Filles de la baronne Mallet*, de *Mᵐᵉ Achille Fould*, de la *Princesse de Broglie*, de la *Princesse d'Essling*, d'*Alfred de Musset*, de *Delphine Fix*, de la *Comtesse d'Andlau*, de la *Comtesse Fitz-James (1874)*, d'*Hetzel (1886)* et un grand nombre de portraits anonymes. — M. Charles Landelle a obtenu une médaille de 3ᵉ classe en 1842, une médaille de 2ᵉ classe en 1845, une médaille de 1ʳᵉ classe en 1848 et une de 3ᵉ classe en 1855 (Exposition universelle) ; il a reçu également une médaille à l'Exposition de Philadelphie en 1877. Il est chevalier de la Légion d'honneur depuis 1855.

LANESSAN (de), Jean Marie Antoine, naturaliste et homme politique français, né à Saint-André de Cubzac (Gironde) le 13 juillet 1843. Il commença à Bordeaux ses études médicales et s'embarqua, en 1862, comme aide-chirurgien à bord d'un navire. De retour en France, il vint terminer ses études à Paris, se fit recevoir docteur en 1868, et fut nommé, en 1876, professeur agrégé d'histoire naturelle à la faculté de médecine. Pendant la guerre, il servit comme chirurgien dans les mobilisés de la Charente-Inférieure. En 1879, le docteur de Lanessan était élu conseiller municipal de Paris pour le quartier de la Monnaie (VIᵉ arrondissement) et réélu en 1881, et y fit partie du groupe autonomiste. Aux élections du 21 août 1881, il se présenta comme candidat de l'extrême-gauche à la députation, dans la deuxième circonscription du Vᵉ arrondissement de Paris, et fut élu. Il prit place à l'extrême-gauche, fit partie de diverses commissions, notamment de la commission du budget, et fut rapporteur de quelques-unes. Aux élections d'octobre 1885, il était élu député de la Seine au scrutin du 18. Il a voté l'expulsion des princes. — M. de Lanessan fonda, en octobre 1881, le *Réveil*, journal quotidien, qu'il abandonnait pour la *Marseillaise* quelques mois plus tard. Il dirige, en outre, la revue *Science et nature*. Il a publié, enfin : *Du protoplasma végétal*, thèse (1876) ; *Manuel d'histoire naturelle médicale*; la *Matière, la vie et les êtres vivants (1879)*; *Etudes sur la doctrine de Darwin (1881)*; une traduction du *Manuel de zootomie* de Mojsicovics Elder ; l'*Expansion coloniale de la France*, étude économique, politique et géographique sur les établissements français d'outre-mer (1886), etc. — M. de Lanessan a été, en août 1886, chargé d'une mission officielle dans nos colonies, à l'effet d'en étudier les ressources ainsi que les meilleures conditions dans lesquelles la colonisation peut en être effectuée, pour celles où c'est encore une question non résolue. Après une première tournée, M. de Lanessan faisait, au Cercle des conférences internationales, le 3 septembre, une conférence sur la Tunisie qui nous fait bien augurer de sa mission... pourvu qu'on l'écoute.

LANGENIEUX, Benoit Marie, prélat français, cardinal, né à Villefranche-sur-Rhône le 15 octobre 1824. Il fit ses études au séminaire de Saint-Nicolas, à Paris, et débuta comme vicaire à Saint-Roch. En 1859, M. Morlot, archevêque de Paris, l'appelait à la chancellerie archiépiscopale. Curé de Saint-Ambroise en 1863 et de Saint-Augustin en 1867, il était nommé archidiacre de Notre-Dame et vicaire général en 1871. Nommé évêque de Tarbes le 18 juin 1873 et préconisé le 25 juillet suivant, il était promu à l'archevêché de Reims le 11 novembre 1874 et préconisé le 21 décembre suivant. Il a été créé cardinal par Léon XIII, dans le consistoire tenu au Vatican le 7 juin 1886. — M. Langénieux est chevalier de la Légion d'honneur depuis mars 1870.

LANGEVIN, Hector Louis, homme d'Etat canadien, né à Québec le 15 août 1820. Après avoir achevé ses études au collège de sa ville natale, il alla suivre les cours de l'école de droit de Montréal et se fit admettre au barreau en 1850. Il fut quelque temps rédacteur en chef des *Mélanges religieux*, journal paraissant à Montréal trois fois par semaine, puis devint l'un des rédacteurs du *Courrier du Canada*, journal quotidien de Québec, et publia : *Droit administratif des paroisses, or Parochial laws and customs of Lower-Canada (1862)*, dont le titre est écrit dans les deux langues ainsi que nous le reproduisons. — Elu maire de Québec en 1857, M. Langevin a été réélu en 1858 et 1859. Le 2 janvier 1858, il était élu membre du Parlement provincial, comme candidat du parti conservateur, pour le comté de Dorchester. En mars 1864, il devint solicitor général pour le Bas-Canada, avec siège dans le cabinet de sir E. P. Taché ; il échangea ces fonctions pour celles de directeur général des postes en novembre 1866. Lors de la réorganisation du cabinet du *Dominion* en 1867, M. Langevin fut nommé secrétaire général du Canada, surintendant général des affaires des Indes et registrar-général ; puis, ministre des travaux publics en novembre 1869, fonctions qu'il résigna à la chute du gouvernement Macdonald, en 1873. Aux élections de 1878, il fut élu député de Trois-Rivières, qu'il n'a pas cessé de représenter depuis, et redevint, la même année, directeur général des postes, dans le ministère conservateur-libéral ; en mai 1879, il échangeait ce portefeuille contre celui de ministre des travaux publics. Décoré de l'ordre du Bain en 1866, M. Langevin a été nommé chevalier-commandeur de l'ordre de Saint Michel et Saint George en 1881.

LANGLOIS, Amédée Jérôme, homme politique français, fils du peintre de ce nom, membre de l'Institut, est né à Paris le 7 janvier 1819. Il entra à l'Ecole navale en 1835, et devenait successivement aspirant en 1838 et enseigne de vaisseau en 1841 ; détaché en 1847 au ministère de la marine pour y remplir les fonctions de secrétaire de la Commission supérieure chargée de réviser le règlement général des bâtiments de la flotte, il donna sa démission après la révolution de 1848, pour se lancer dans la politique militante. Il entra au journal le *Peuple*, de Proudhon, dont il devint le disciple et l'ami et qui le nomma son exécuteur testamentaire, lorsqu'il mourut, presque dans ses bras, en 1865. Porté en 1849, aux élections pour la Législative, sur la liste démocratique-socialiste de la Seine, M. Langlois échoua avec 105,000 voix. Arrêté dans les bureaux du *Peuple*, à l'occasion de la manifestation du 13 juin 1849, il était condamné par la Haute Cour de Versailles, le 13 novembre suivant, à la déportation, comme coupable de complot ayant pour but de changer la forme de gouvernement. M. Langlois revint en France après l'amnistie de 1859. En janvier 1865, comme nous l'avons dit, il assistait, dans ses derniers moments, Proudhon, mort à Passy le 26 de ce mois ; après quoi, en sa qualité d'exécuteur testamentaire du défunt, il surveillait, avec la plus grande sollicitude, l'impression de ses œuvres posthumes. Il prenait, en outre, une part personnelle très active au mouvement socialiste, et publiait en 1867 un ouvrage remarquable, exposé substantiel de ses doctrines, qu'il dédiait à Proudhon : l'*Homme et la Révolution* (2 vol.). En 1869, il assistait, comme délégué de la section française de l'Association internationale, au Congrès de Bâle, où il prit la défense de la propriété individuelle. De 1868 à 1870, M. Langlois fut très répandu dans les réunions publiques organisées sous l'empire de la nouvelle loi, et le 12 juillet 1870, il protestait publiquement contre la guerre, à la tête d'une manifestation qui fut dispersée violemment par la police, par manière de contre-protestation. Lorsque la nouvelle du désastre de Sedan fut connue à Paris, il fut un des premiers organisateurs des manifestations en faveur de la déchéance de la dynastie impériale. Elu, après la révolution du 4 Septembre, chef du 116ᵉ bataillon de la garde nationale de Paris, il organisa le premier bataillon de marche, à la tête duquel il se signala à la prise de la Gare-aux-Bœufs et fut cité à l'ordre du jour de l'armée. Promu lieutenant-colonel commandant le 18ᵉ régiment de Paris, M. Langlois donnait de nouvelles preuves de courage militaire à la gare de Montretout et à Buzenval, où il fut blessé grièvement, cité de nouveau à l'ordre du jour et décoré de la Légion d'honneur. Le 18 mars 1871, dès qu'il eut appris la tournure que les choses avaient prises à Montmartre, à la suite de l'inqualifiable tentative faite pour s'emparer des canons parqués sur les buttes, M. Langlois s'employa avec la plus louable activité pour amener une solution pacifique de ce regrettable incident (il n'était pas encore question, bien entendu, de la double exécution des généraux Lecomte et Thomas); mais ce fut sans succès, et on le vit sortir désespéré d'une conférence qu'il venait d'avoir avec le chef du gouvernement, absolument intraitable, à ce qui paraît avéré. M. Langlois avait, dès lors, accepté le commandement en chef des gardes nationales de Paris ; il résignait ce commandement le 19 mars au matin, le remettait aux mains de l'amiral Saisset et acceptait, le 20, le poste de chef d'état-major de l'amiral, lequel devait échouer dans sa mission, comme on sait, bien qu'on sache beaucoup moins ce qu'il tenta d'utile pour y réussir.

Aux élections du 8 février 1871, le colonel Langlois avait été élu représentant de la Seine, le vingt-cinquième sur quarante-trois, et siégeait dans les rangs de la gauche. On raconte que, souffrant encore de sa blessure et le bras en écharpe, le colonel Langlois, se trouvant dans un café de Bordeaux où un lieutenant traitait de lâches, sans doute de bonne foi, tant la légende en avait été habilement répandue dans les rangs de l'armée régulière, les gardes nationaux de Paris, ne put contenir son indignation et souffleta l'officier : argument *ad hominem* qui devait lui prouver son erreur, venant d'un colonel de ladite garde nationale. — M. Langlois fit partie, à l'Assemblée nationale, de plusieurs commissions importantes, notamment de la commission du budget. Il est l'auteur d'une proposition d'impôt sur les revenus et a pris la parole contre la loi sur l'Internationale, et dans la discussion des impôts nouveaux, celle de la loi sur les cadres de l'armée, etc. — Aux élections de 1876, M. Langlois, après avoir décliné la candidature sénatoriale que lui offraient les républicains de Seine-et-Marne, se porta candidat à la députation dans la deuxième circonscription de Pontoise, et fut élu au scrutin de ballottage du 5 mars 1876. Il reprit son siège à gauche, a fait partie de la commission du budget pour 1877 et 1878, et a été rapporteur du budget de la guerre. Il a pris notamment la parole dans la discussion de la loi sur les aumôniers militaires, de la proposition de M. Laisant tendant à modifier la loi du 27 juillet 1872 sur le recrutement de l'armée, de celles relatives à la création d'un port et d'un chemin de fer à la Réunion, au service hospitalier de l'armée, dans la discussion des lois de finances, etc. — D'un tempérament fougueux, d'une irrésistible impétuosité de parole, M. Langlois est un de ces rares caractères qui jouissent de l'entière estime, nous dirions presque de la sympathie de tous, même de leurs adversaires politiques les plus résolus. Cependant, il échouait dans le département de Seine-et-Oise, aux élections d'octobre 1885. — M. Langlois a publié : *Correspondance de P. J. Proudhon, 1837-49*, précédé d'une *Notice* (*1875*, 3 vol.).

LANJUINAIS (comte), Paul Henri, petit-fils du célèbre membre de la Convention, homme politique français, né à Paris le 24 juillet 1834. Elève de l'école militaire de Saint-Cyr, il en sortit comme officier de cavalerie, mais donna bientôt sa démission. Aux élections du 21 août 1881, il se porta dans la 1re circonscription de Pontivy, comme candidat légitimiste : il fut élu, prit place à l'extrême-droite, et en dehors de la politique courante, prit une grande part aux discussions sur l'organisation de l'armée. Aux élections du 4 octobre 1885, il figurait naturellement sur la liste monarchiste, qui triompha au premier tour dans le Morbihan.

LANSAC (de), François Emile, peintre français, né à Tulle en 1805 ; élève d'Ary Scheffer et de Langlois, il se consacra d'abord à la peinture historique et, dans ces dernières années, plus spécialement à la peinture d'animaux et de sujets de chasse ; on lui doit également de nombreux portraits très estimés. — On cite principalement de cet artiste : *Episode du siège de Missolonghi*, *Jeune fille à la fontaine*, *Trait de courage du commandant Daru (1842)*; *Sujet tiré des Confessions de J. J. Rousseau (1846)*; les *Chasseurs au marais (1852)*; les portraits équestres de *Napoléon Ier*; *Olivier de Clisson*, le *Duc d'Orléans*, le *Prince Louis-Napoléon*; puis le *Trompette des guides*, l'*Aumônier du régiment (1855)*; *Chevaux en liberté*, *Chien terrier anglais (1857)*; le *Siège de Vallon*, *Costume des Pyrénées (1859)*; la *Mort de Ravenswood*, inspiré de la *Fiancée de Lammermoor* et *Vaches dans la prairie (1861)*; *Déjanire et le centaure Nessus (1863)*; *Chien terrier-bull*, *Charles II (1864)*; *Saint Gérard de Lunel*, *Portrait équestre du baron d'Or (1866)*; la *Sangle cassée (1868)*; *Attelage russe (1870)*; *Départ pour la chasse au faucon*, *Cheval de phaéton (1874)*; *Animaux à la fontaine (1875)*; un *Commandant de chasseurs montagnards*, *Chasse en hiver (1876)*; *Charles Ier (1877)*; un *Page (1878)*, etc. — M. de Lansac a obtenu une médaille de 3e classe en 1836 et une de 2e classe en 1838.

LANSYER, Maurice Emmanuel, peintre français, né à l'Ile-de-Bouin (Vendée) le 18 février 1835. Se destinant d'abord à l'architecture, il fut élève de Viollet-le-Duc, puis il suivit les ateliers de Courbet et de M. Harpignies et adopta la peinture de marine et de paysage, dans des sujets tirés pour la plupart des départements bretons. M. Lansyer débuta au Salon de 1864, avec deux toiles portant le même titre : *Pins maritimes sur les côtes de Bretagne*, offrant, l'une un effet du matin, l'autre un effet du soir. Il a exposé depuis : *Matinée de Septembre à Douarnenez* et les *Bords de l'Ellée, au Faouet (1865)*; une *Rivière en Bretagne*, un *Lavoir à marée basse sur les côtes de Bretagne (1866)*; *Femmes à la fontaine (1867)*; une *Source en Bretagne (1868)*; le *Château de Pierrefonds*, le *Bac de Port-Rue (1869)*; *Promenade en automne*, la *Rivière de Pouldahut à marée basse (1870)*; les *Alpes liguriennes de Menton à la Bordighera*, une *Citerne sous les oliviers à Menton (1872)*; l'*Anse de Treffentec à marée montante*, les *Récifs de Kilvouarn*, vues prises de la baie de Douarnenez (1873); une *Vue prise au pied du pont des Arts, à Paris*, et plusieurs des toiles citées plus haut ont figuré à l'Exposition universelle de Vienne (1873); les *Brisants du Stang*, la *Lande de Kerlouarneck*, *Marée basse à Tréboul*, toiles ; *Capucine et cyclamen dans un vase japonais*, *Fantaisie japonaise* et un *Coin de mon atelier*, aquarelles (1874); les *Rochers d'Arvechen à marée basse*, *Marée montante à Ploumanac'h*, l'*Anse de Plomac'h (1875)*; la *Mort d'un chêne*, un *Grain sur la côte du Finistère (1876)*; *Avril en fleurs*, *Moulins à vent des environs de Lille (1877)*; *Landes fleuries (1878)*; la *Baie de Douarnenez à marée basse*, *Pleine mer à Granville (1879)*; l'*Ecueil*, la *Rosée (1883)*; *Brume d'octobre*, la *Falaise (1884)*; les *Pampres de Mariaude, près Loches*; *Lever de soleil sur la mer (1885)*; le *Menhir*, *Ouessant (1886)*. M. Lansyer a exécuté en outre, dans le grand vestibule du palais de la Légion d'honneur, une grande peinture représentant une *Vue du palais de la Légion d'honneur, prise du quai d'Orsay (1876)*. — Cet artiste a obtenu des médailles en 1865 et 1869 et une médaille de 3e classe en 1873. Il a été décoré de la Légion d'honneur en 1881.

LA POMMERAYE (de), Pierre Henri Victor Berdalle, littérateur et conférencier français, né à Rouen le 20 octobre 1839. Il fit son droit à Paris, fut reçu avocat, mais n'exerça pas. Entré comme employé à la préfecture de la Seine, il était nommé chef du service des pétitions, au Sénat, en 1865. Dès 1862, M. de la Pommeraye s'était fait connaître comme conférencier à l'Association polytechnique, et s'est fait une réputation comme tel en prenant la parole à la salle du boulevard des Capucines, aux matinées littéraires du Théâtre-Cluny, de la Gaîté, etc. et en créant, en 1874, le « feuilleton parlé », ou critique dramatique orale. Il avait débuté en 1871, au *Bien public*, dans le « feuilleton écrit », et entrait en 1874 à la *France* en cette même qualité de critique dramatique. Il a depuis collaboré au *Rappel*, etc. Nommé secrétaire-rédacteur au Sénat en 1876, M. H. de la Pommeraye était appelé, en 1878, à la chaire d'histoire et de littérature dramatique au Conservatoire, chaire qu'il occupe encore. — Il a publié : les *Sociétés de secours (1857)*; les *Invalides du travail*, l'*Art d'être heureux (1868)*; *Un conseil par jour (1870)*; la *Critique de la « Visite de noces »*, de M. Alexandre Dumas (1871); *Histoire du début d'Alexandre Dumas fils au théâtre*, les *Jeunes (1872)*; *Molière et Bossuet (1877)*, etc. M. H. de la Pommeraye est chevalier de la Légion d'honneur.

LAPORTE (de), Jean Roger Amédée, homme politique français, avocat, né à Niort le 20 juin 1848. Il fit de brillantes études au collège de sa ville natale, vint faire son droit à Paris, fut reçu avocat en 1869 et s'inscrivit au barreau de Paris. Nommé au concours auditeur au Conseil d'Etat en 1873, il fut chef du cabinet du ministre des travaux publics, M. Christophle, de mars 1876 à mai 1877. Le 14 octobre suivant, il était élu député de la 2e circonscription de Niort. Il s'inscrivit au groupe de la gauche républicaine, puis à celui de l'Union républicaine, dont il devint secrétaire. Réélu le 21 août 1881, il était nommé administrateur des chemins de fer de l'Etat en janvier 1882, mais donnait sa démission en juillet 1883, à la suite de la discussion des conventions avec les grandes compagnies, qu'il avait énergiquement combattues. M. de Laporte a été élu député des Deux-Sèvres, en tête de la liste républicaine, le 4 octobre 1885. Il a voté l'expulsion des princes. — M. de Laporte a été nommé sous-secrétaire d'Etat aux colonies, dans le cabinet du 7 janvier 1886.

LARCHEY, Etienne Lorédan, littérateur français, fils d'un général d'artillerie mort en janvier 1881, est né à Metz le 26 janvier 1831 et a fait ses études au collège de sa ville natale et au lycée Saint-Louis, à Paris ; après quoi il suivit quelque temps les cours de l'Ecole de droit, puis s'engagea dans un régiment d'artillerie. En 1850, au terme de son engagement, il revint à Paris, devint élève de l'Ecole des chartes et fut attaché à la bibliothèque Mazarine en 1852. Chargé de plusieurs missions, notamment en 1855 et 1859, M. Lorédan Larchey était devenu bibliothécaire à la bibliothèque Mazarine depuis plusieurs années, lorsqu'il fut nommé conservateur-adjoint à la bibliothèque de l'Arsenal, en janvier 1874. Il est devenu conservateur de cette bibliothèque, et a été créé chevalier de la Légion d'honneur en 1877. — M. Lorédan Larchey a collaboré à un grand nombre de journaux et revues, notamment la *Revue contemporaine*, la *Bibliothèque universelle de Genève*, le *Courrier de Paris*, le *Figaro*, le *Moniteur universel*, le *Paris-Magazine*, le *Bibliophile français*, le *Monde illustré*, la *Mosaïque*; fondé, en 1855, la *Revue anecdotique*, qu'il a dirigée jusqu'en 1861, et la *Petite Revue (1863-64)*; et publié : *Journal de Jehan Aubrion, bourgeois de Metz, avec sa continuation par Pierre Aubrion, 1465-1512 (1857)*; les *Excentricités du langage (1860)*; le *Roman de Parise la duchesse (1861)*; les *Bombardiers de Metz (1861)*; *Origine de l'artillerie française (1862)*, suivi, ou plutôt accompagné de *Planches autographiées d'après les monuments des XVIe et XVIIe siècles, avec texte descriptif (1863*; in-fol.); les *Mystifications de Caillot-Duval (1864)*; *Jean Bouhier, président du parlement de Dijon* (s. d.), avec M. E. Mabille ; *Correspondance intime de l'armée d'Egypte (1865)*; *Notes du lieutenant de police d'Argenson*, avec M. Mabille (1866) ; les *Joueurs de mots (1867)*; *Gens singuliers (1867)*; *Documents pour servir à l'histoire de nos mœurs (1869* et suiv.); *Almanach des assiégés (1870)*; *Mémorial illustré des deux sièges de Paris (1871)*; *Bibliothèque des Mémoires du XIXe siècle (1872)*; *Dictionnaire des noms (1880)*; *Dictionnaire historique d'argot*, 9e édition des *Excentricités du langage (1882)*.

LAREINTY (baron de), Clément Gustave Henri de Baillardel, homme politique français, né à Toulon le 19 janvier 1824. Il débuta de bonne heure dans la carrière diplomatique, mais la révolution de 1848 l'en détourna. Devenu capitaine d'état-major de la garde nationale de Paris et officier d'ordonnance du général Changarnier, il se retira avec ce dernier. Il avait pris part à la répression de l'insurrection de juin 1848. Retiré dans la Loire-Inférieure, où il possède de grandes propriétés, il fut conseiller général de ce département à partir de 1861. Pendant la guerre, M. de Lareinty se trouva à la tête d'un bataillon de mobiles Bretons, enfermés dans Paris assiégé, et à la défense duquel il prit une grande part ; il fut fait prisonnier à Montretout le 9 janvier 1871 et interné en Allemagne. Il était de retour, lorsqu'éclata l'insurrection du 18 mars. Ayant reçu mission de dégager, s'il était possible, les généraux Lecomte et Clément Thomas, prisonniers des insurgés, il faillit rester lui-même entre les mains de ceux-ci ; le dévouement de deux officiers fédérés lui permit de s'en échapper à temps. Il prit place alors dans les rangs de l'armée de Versailles, qui faisait subir à Paris un second siège, sous les yeux même de l'ennemi heureux de la voir se charger d'une besogne qu'ils n'eussent peut-être pu mener à si bonne fin ; et il était récompensé de ses services par la rosette d'officier de la Légion d'honneur, qui lui fut décernée le 8 juin. — Elu sénateur de la Loire-Inférieure, comme légitimiste et clérical, le 30 janvier 1876, M. de Lareinty était réélu dans les mêmes conditions le 5 janvier 1879. A la suite du vote de la loi d'expulsion des princes prétendants (22 juin 1886), le duc d'Aumale rayé des cadres de l'armée, ayant protesté par une lettre peu mesurée à l'adresse du président de la République, était expulsé à son tour par décret. Le gouvernement fut interpellé à cette occasion au Sénat, par M. Chesnelong, le 15 juillet ; et le général Boulanger, ministre de la guerre, pour justifier la mesure, insista sur la lettre *impertinente* du prince, expression qui souleva une tempête sur les bancs de la droite, et au cours de laquelle, M. de Lareinty se laissa emporter à qualifier de *lâcheté* le fait d'attaquer ainsi un absent, qu'il reprochait au ministre. Le surlendemain, l' « affaire » n'ayant pu s'arranger, M. de Lareinty et le général Boulanger (Voy. ce nom) se rencontraient le pistolet au poing dans le bois de Chalais ; ils échangèrent une balle, et la paix fut rétablie à peu près, car la presse fit beaucoup de bruit autour de cette affaire assez peu intéressante en elle-même, mais qui servit de prétexte à la presse monarchique pour poursuivre de ses brocards le ministre de la République et élever une sorte de piédestal au représentant de la réaction monarchiste, peut-être un peu honteux lui-même de son intervention brutale et surtout des suites grotesques que lui donnaient des amis aussi mal inspirés que l'ours de Lafontaine.

LARGENTAYE (baron de), Marie Ange Rioust, homme politique français, d'une riche famille des Côtes-du-Nord anoblie en 1814, est né à Pluduno le 26 octobre 1820. Conseiller général pour le canton de Plancoët sous l'empire, il a été réélu en 1871 et depuis est devenu vice-président de cette assemblée. Il était, en outre maire de la commune de Saint-Lormel lorsqu'il fut élu, le 8 février 1871, représentant des Côtes-du-Nord à l'Assemblée nationale, le neuvième sur treize ; il prit place à droite et s'inscrivit aux réunions Colbert et des Réservoirs. Légitimiste-fusioniste, M. de Largentaye eut pour concurrents, aux élections du 20 février 1876, M. J. P. de Champagny, bonapartiste et M. de Lorgeril fils, légitimiste intransigeant ; il fut, malgré cela, élu au premier tour député de la deuxième circonscription de l'arrondissement de Dinan et réélu par cette même circonscription le 14 octobre 1877 et le 21 août 1881. Il était, enfin, élu député des Côtes-du-Nord le 4 octobre 1885, sur la liste monarchiste.

LA ROCHEFOUCAULD-BISACCIA (de), Charles Gabriel Marie Sosthène, comte de La Rochefoucauld, duc de Bisaccia, dans les Deux-Siciles, homme politique et diplomate français, fils du grand d'Espagne, intendant des Menus plaisirs sous Charles X, mort en 1864, est né à Paris le 1er septembre 1825. Resté jusque-là étranger à la politique, M. de La Rochefoucauld-Bisaccia était élu, le 8 février 1871, représentant de la Sarthe à l'Assemblée nationale, le dernier sur neuf. Il prit place à l'extrême-droite et devint bientôt l'un des chefs les plus actifs du parti légitimiste. Le 28 juin 1872, il fit partie de la délégation de la majorité, dite des *bonnets à poil*, chargée d'imposer à M. Thiers une politique conforme à ses vues, fut un des membres du comité électoral qui appuyait la candidature Stoffel contre les candidatures Barodet et de Rémusat à Paris, en avril 1873, et joignit sa signature aux signatures bonapartistes recommandant aux électeurs, dans des proclamations affichées à profusion, cette candidature vouée d'avance à l'insuccès. Après avoir participé de son mieux au renversement de M. Thiers, M. de La Rochefoucauld-Bisaccia fut nommé ambassadeur de la République française à Londres, le 6 décembre 1873, et l'y représenta avec un faste dont les chroniques mondaines ont retenti, soutenant ses intérêts, par exemple, avec une sollicitude pleine de discrétion, dont on peut trouver le commentaire dans la proposition de rétablissement de la monarchie qu'il présentait à l'Assemblée nationale le 15 juin 1875, comme une réponse à la proposition contraire de M. Casimir Périer. Il avait donné sa démission d'ambassadeur à Londres le 20 avril 1874, en présence des dispositions assez naturelles de la gauche, d'interpeller le gouvernement sur son maintien dans ce poste de confiance, en dépit de ses intrigues peu dissimulées en faveur d'une restauration monarchique. — Aux élections sénatoriales de 1876, M. de La Rochefoucauld-Bisaccia se présenta dans la Sarthe ; mais en présence des nombreuses compétitions « conservatrices » ne lui laissant que peu de chance de succès, il se retirait avant le scrutin, pour se présenter le 20 février comme candidat à la députation, dans la première circonscription de Mamers. Il fut élu au scrutin de ballottage du 3 mars, par 6,526 voix, grâce au désistement en sa faveur du candidat bonapartiste, contre 6,102 voix obtenues par M. Granger, candidat républicain qui avait obtenu une majorité relative considérable au premier tour. Il s'était également présenté dans le VIIe arrondissement de Paris, mais s'était désisté avant le scrutin. Réélu le 14 octobre 1877, il voyait son élection annulée par la Chambre, où ses électeurs le renvoyaient siéger le 3 mars 1878, bien qu'il eût déclaré être fier d'en sortir. Il était élu de nouveau à Mamers le 21 août 1881. Enfin, le 4 octobre 1885, M. de La Rochefoucauld-Bisaccia était élu député de la Sarthe.

LA ROCHEJACQUELEIN (marquis de), Julien Marie Gaston du Vergier, homme politique français, petit-fils du général en chef de l'armée vendéenne, tué en 1815 en combattant l'armée impériale et fils de l'ancien pair de France sous la Restauration, mort sénateur

de l'Empire en 1867, est né à Chartres le 27 mars 1833. Riche propriétaire dans les Deux-Sèvres, conseiller général pour l'un des cantons de Bressuire, M. de la Rochejacquelein se présentait aux élections générales de 1869, comme candidat de l'opposition légitimiste, mais sans succès. Elu représentant des Deux-Sèvres à l'Assemblée nationale, le cinquième sur sept, le 8 février 1871, il prit place sur les bancs de la droite cléricale et s'inscrivit à la réunion des Réservoirs. Le 15 juin 1874, il signa la proposition de rétablissement de la monarchie présentée par M. de la Rochefoucauld-Bisaccia; il avait voté, malgré l'engagement contraire pris dans sa circulaire électorale, la loi du 20 janvier 1874, qui enlevait aux conseils municipaux la nomination des maires et adjoints, et pris la parole en quelques occasions solennelles, par exemple lors de la discussion des lois constitutionnelles, qu'il repoussa de son vote. Elu, au scrutin de ballottage du 5 mars 1876, député de l'arrondissement de Bressuire, par 8,998 voix contre 8,769 données au candidat républicain, M. Bernard, grâce encore au désistement motivé du candidat bonapartiste, M. le marquis de la Rochejacquelein vit son élection annulée dans la séance du 31 mars, pour les excès auxquels s'étaient livrés les partisans de son élection, notamment en faisant distribuer une circulaire aux « habitants du Bocage » dans laquelle les républicains étaient dénoncés comme étant en disposition de célébrer leur victoire du 20 février en pendant les curés et vendant les églises. M. de la Rochejacquelein, nous devons le dire, a regretté lui-même ces excès, auxquels il s'est déclaré étranger. Il était réélu le 21 mai suivant par 8,934 voix contre 8,918. — Le 14 octobre 1877, il était de nouveau élu de Bressuire, dans des conditions analogues à celles de février-mars 1876. Invalidé encore, il échouait contre le candidat républicain à l'élection du 2 février 1879, et donnait après cet échec sa démission de conseiller général des Deux-Sèvres, paraissant décidé à abandonner la vie politique. — Il allait pourtant au-devant d'un nouvel échec, en se présentant aux élections du 4 octobre 1885.

LAROCHE-JOUBERT, Edgar, homme politique français, fils d'Edmond Laroche-Joubert, ancien député, fondateur de la papeterie coopérative d'Angoulême, mort en 1884, est né à Angoulême vers 1844. Après de brillantes études, il fut associé à la maison de son père, qu'il seconda très activement et fut bientôt en état de suppléer d'une manière complète. Elu conseiller municipal d'Angoulême, puis adjoint au maire en 1870, il était conseiller général de la Charente depuis quelques mois à peine quand son père mourut. En septembre suivant (1884), il était réélu à sa place député de la 1re circonscription d'Angoulême. Il prit place sur les bancs du groupe de l'Appel au peuple. Aux élections du 4 octobre 1885, M. Laroche-Joubert fut élu député de la Charente en tête de la liste monarchiste. — Ce serait pourtant une question de savoir s'il est bien réellement « monarchiste ».

LAROCHETTE (de), Ernest Léon Zacharie Poictevin, homme politique français, fils d'un sénateur inamovible mort, avant d'avoir siégé, en janvier 1876, et frère puiné de M. Antoine de la Rochette, député, mort en mars 1879. M. Ernest de la Rochette est né à Asserac (Loire-Inférieure) le 20 mai 1847. Elu député de la 2e circonscription de Saint-Nazaire, en remplacement de son frère, le 6 avril 1878, il prit place à droite. Il a été élu, le 4 octobre 1885, député de la Loire-Inférieure sur la liste monarchiste.

LAROZE, Alfred, homme politique français, avocat, né dans la Gironde le 5 avril 1834. Inscrit au barreau de Bordeaux en 1856, ancien bâtonnier, il fut élu, le 4 septembre 1881, député de l'arrondissement de Bazas, comme candidat républicain, et s'inscrivit au groupe de l'Union républicaine. Il fut sous-secrétaire d'État au ministère de l'intérieur, dont le titulaire était M. Waldeck-Rousseau, de 1884 à mars 1885. Aux élections d'octobre 1885, M. Alfred Laroze a été élu député de la Gironde au scrutin du 18. Il a voté l'expulsion des princes.

LAROZE, Léon, homme politique français, né en 1835. Il est grand propriétaire agriculteur, vice-président du comice agricole de La Réole et maire de Saint-Martin-de-Lern (Gironde). Il a été élu député de la Gironde le 18 octobre 1885, a pris place au groupe de l'Union républicaine et voté l'expulsion des princes.

LARREY (baron), Félix Hippolyte, médecin français, fils de l'illustre chirurgien de l'Empire, est né à Paris le 18 septembre 1808 et a fait ses études au collège Louis-le-Grand. Entré à l'hôpital militaire du Val-de-Grâce en 1828, comme élève du service de santé militaire, il fut nommé chirurgien sous-aide à l'hôpital militaire de Strasbourg en 1829, puis rappelé à Paris, à l'hôpital de la garde royale du Gros-Caillou. Les soins qu'il donna, lors des journées de Juillet, aux blessés civils aussi bien que militaires, lui valurent la croix de Juillet. En 1832, M. H. Larrey prenait le grade de docteur de la faculté de Paris et était chargé la même année du service à l'hôpital Picpus, en pleine épidémie cholérique; il assistait comme chirurgien aide-major au siège d'Anvers, à la suite duquel il fut porté pour la croix de la Légion d'honneur, qu'il n'obtint pas cette fois, et fut décoré de l'ordre de Léopold de Belgique. Reçu agrégé en 1835, M. H. Larrey fit à l'Ecole pratique un cours de chirurgie militaire, et un autre à l'hôpital de la Clinique, et obtint au concours, en 1841, la chaire de la pathologie chirurgicale du Val-de-Grâce. Promu chirurgien en chef de l'hôpital du Gros-Caillou en 1850, il passait en la même qualité au Val-de-Grâce en 1852, et devenait successivement chirurgien consultant de la Légion d'honneur et chirurgien ordinaire de l'empereur en 1852, directeur du service de santé de la garde impériale au camp de Châlons en 1857 et inspecteur du service de santé des armées. Il avait été élu membre de l'Académie de médecine en 1850. Il a fait la campagne d'Italie (1859) en qualité de médecin en chef de l'armée et eut un cheval tué sous lui à Solferino. M. le baron Larrey fait partie d'un grand nombre de sociétés savantes; il a été président de l'Académie de médecine, de la Société de chirurgie de Paris et de la Société médicale d'émulation, et est membre du Conseil d'hygiène et de salubrité de la Seine. Il a été élu membre libre de l'Académie des sciences, en remplacement de Civiale, en 1867. Président du Conseil de santé des armées, M. Larrey, qui était chevalier de la Légion d'honneur depuis 1845 et avait été promu commandeur après Solferino, fut nommé grand officier de l'ordre en octobre 1871, en prenant sa retraite. Il est, en outre, haut dignitaire des principaux ordres de l'Europe ainsi que de la Perse et du Brésil. — M. le Dr Larrey a publié un grand nombre de mémoires ou d'articles sur des sujets de médecine, de chirurgie et d'hygiène militaires, principalement dans la *Clinique*, la *Gazette médicale*, la *Gazette des Hôpitaux*, etc., et à part : *Relation chirurgicale des événements de Juillet à l'hôpital militaire du Gros-Caillou (1830)*; *Histoire chirurgicale du siège de la citadelle d'Anvers (1833)*; *Du meilleur traitement des fractures du col du fémur* (sa thèse d'agrégation, 1835); *Discours sur la méthode analytique en chirurgie (1841)*; *Kyste pileux de l'ovaire, etc. (1846)*; *Mémoire sur l'adénite cervicale (1852)*; *Diagnostic et curabilité du cancer (1854)*; *De l'éthérisation sous le rapport de la responsabilité médicale (1857)*; *Notes sur quelques accidents de la revaccination (1858)*; *Rapport chirurgical sur le camp de Châlons (1859)*, etc.

Après avoir échoué aux élections du 20 février 1876, dans l'arrondissement de Bagnères-de-Bigorre. M. le baron Larrey était élu député de ce même arrondissement le 14 octobre 1877, comme candidat du gouvernement. Il siégea au groupe de l'Appel au peuple. Mais il ne se représenta pas aux élections du 21 août 1881, ni depuis.

LASALLE (de), Albert, journaliste et musicographe français, né au Mans le 16 août 1833, fit ses études à Paris, prit les grades de bachelier ès-lettres et ès-sciences physiques et de licencié en droit, puis se tourna vers la musique, pour laquelle il avait toujours eu beaucoup d'aptitude et de goût. Dès 1854, M. Albert de Lasalle débutait dans la presse, comme collaborateur de l'*Illustration*, et, à la fondation du *Monde Illustré*, en 1858, il était chargé dans ce journal, qu'il n'a plus quitté depuis, de la critique musicale. Il a souvent été appelé aux mêmes fonctions dans d'autres recueils, en même temps qu'il les continuait au *Monde illustré*, par exemple à la *Nouvelle revue de Paris*. Il a également collaboré au *Figaro*, au *Charivari*, au *Moniteur universel*, au *Petit Moniteur*, au *Journal amusant*, à la *Vie Parisienne*, au *Boulevard*, à la *Chronique musicale*, et publié à part plusieurs ouvrages d'histoire, de biographie ou de fantaisie musicales, notamment : *Histoire des Bouffes-parisiens (1860)*, la *Musique à Paris (1863)*, avec M. E. Thoinan, annuaire musical de 1862, très estimé; *Meyerbeer, sa biographie et le catalogue de ses œuvres*, l'*Hôtel des haricots*, maison d'arrêt à l'usage de la garde nationale (1864); *Dictionnaire de la musique appliquée à l'amour (1868)*, ouvrage de fantaisie aimable et savante, accompagné d'une liste annotée de tous les Dictionnaires de musique publiés en français; la *Musique pendant le siège de Paris*, impressions du moment et souvenirs anecdotiques sur la *Marseillaise*, le *Rhin allemand*, les *Girondins*, le *Chant du départ*, les chansons de la rue et des théâtres, la musique religieuse, les concerts de l'Opéra, les concerts au profit des canons, les instruments de musique militaire, etc. (1872); les *Treize salles de l'Opéra (1875)*, histoire et chronique de l'Opéra d'après les salles qu'il a successivement occupées; *Mémorial du Théâtre-Lyrique*, catalogue raisonné des 182 opéras qui y ont été représentés depuis sa fondation jusqu'à l'incendie de la salle du Châtelet, etc. (1877).

LASBAYSSES, Jean Marie Joseph Jules, homme politique français, avocat, né le 12 février 1831 à Lezat (Ariège). Inscrit au barreau de Pamiers, maire de cette ville, révoqué après le 16 mai 1877, il était élu député de l'arrondissement le 14 octobre suivant comme candidat républicain, et venait s'inscrire au groupe de l'Union républicaine. Réélu le 21 août 1881 dans le même collège à une majorité énorme, il était élu député de l'Ariège le 4 octobre 1885, sur la liste radicale. M. Lasbaysses a voté l'expulsion totale des princes.

LA SICOTIÈRE (de), Pierre François Léon Duchesne, archéologue et homme politique français, sénateur, né à Valframbert (Orne) le 3 février 1812, fit ses études au collège d'Alençon et à la faculé de droit de Caen, où il fut reçu avocat en 1835. Inscrit au barreau d'Alençon, il s'y fit rapidement une place distinguée et fut plusieurs fois bâtonnier de l'ordre. Elu membre du Conseil municipal d'Alençon en 1842 et du Conseil d'arrondissement en 1845, il donna sa démission après le coup d'État, fut élu, en 1862, membre du Conseil général de l'Orne, dont il devint vice-président élu en 1870, mais ne fut pas réélu en 1871. Aux élections du 8 février 1871 pour l'Assemblée nationale, M. de la Sicotière fut élu représentant de l'Orne, le deuxième sur huit, et prit place au centre droit libéral; il fit partie de diverses commissions importantes, fut chargé du rapport de plusieurs et fut en outre rapporteur de l'enquête sur la situation de l'Algérie sous le gouvernement de la Défense nationale. Il a voté les lois constitutionnelles. Il a été élu, le premier, sénateur de l'Orne, le 30 janvier 1876 et a été réélu le 8 janvier 1882. Il siège au Sénat, comme à l'Assemblée, au centre droit. Membre de plusieurs sociétés savantes, notamment de la Société des antiquaires de Normandie dont il est, depuis 1843, le président, correspondant du ministère de l'instruction publique pour les travaux historiques, M. de la Sicotière a publié un assez grand nombre d'ouvrages d'archéologie et d'histoire, parmi lesquelles nous citerons : *Mémoir sur le roman historique (1839)*; la *Cour de la reine de Navarre à Alençon*, *Considération sur le Symbolisme religieux*, *Etude sur Jehan Rigueur, poète du XVIe siècle (1844)*; *l'Orne pittoresque et archéologique (1845-52*, in-f°); *Notes statistiques sur le département de l'Orne (1861)*; *Bio-bibliographie de Marie-Antoinette (1863)*; *A propos d'autographes : Marie-Antoinette, Mme Roland, Charlotte Corday (1864)*; *Documents pour servir à l'histoire des élections aux États-Généraux de 1789, dans la généralité d'Alençon (1866)*; *Notes pour servir à l'histoire des jardins, etc., dans le département de l'Orne (1867)*; *Notice sur G. Mancel, conservateur de la bibliothèque de Caen (1870)*; *Coup d'œil sur les historiens du Perche (1874)*; le *Curé Cantiteau*; *Notes sur les Cathelineau*; la *Mort de Jean Chouan et sa prétendue postérité (1877)*, etc. Il a, de plus, collaboré au journal le *Droit*, aux *Supercheries littéraires* de Quérard, aux *Anonymes*, à la *Revue des questions historiques*, à la *Revue de la Normandie*, au *Bulletin monumental*, et autres publications de sociétés de province.

LASSERRE, Joseph, homme politique français, né à Toulouse le 23 mai 1836. Grand propriétaire de Tarn-et-Garonne, maire de Saint-Nicolas-de-la-Grave, M. Lassere fut élu, le 8 octobre 1871, membre du Conseil général de Tarn-et-Garonne pour son canton; c'était son début dans la vie publique. Le 20 février 1876, il se présentait, comme candidat républicain, dans l'arrondissement de Castelsarrazin. Il n'avait, dans le principe, que M. Belmontet pour concurrent, mais la « candidature ambulante » de M. Buffet survint, devant laquelle celle du poète impérial jugea « magnanime » de s'effacer; on peut croire que la lutte fut sérieuse : elle le fut à tel point que le maire de Castelsarrazin s'oublia jusqu'à frapper l'innocent afficheur de M. Lasserre. Mais malgré des faits d'intimidation révoltants, dont il nous suffit de rappeler celui-là, M. Lasserre fut élu au premier tour. par 9,642 voix contre 9,996 obtenues par le maître de l'administration et des élections, qui devait échouer encore plus complètement partout où il avait osé se présenter. M. Lasserre, républicain par réflexion, s'était nettement exprimé sur l'impossibilité « de tous les trônes », sur sa résolution formelle de s'opposer à toute révision de la constitution du 25 février 1875, « qui s'attaquerait au principe du gouvernement établi ». Il prit place au centre gauche et fut réélu dans le même collège le 14 octobre 1877 et le 21 août 1881. Aux élections d'octobre 1885, la liste monarchiste passa tout entière dans le département de Tarn-et-Garonne, mais cette élection ayant été annulée par la Chambre, l'élection complémentaire qui s'ensuivit fut favorable à M. Lasserre, qui a repris son siège à gauche et voté l'expulsion totale des princes.

LATHAM, Robert Gordon, médecin et philologue anglais, né à Billingborough, dans le comté de Lincoln en 1812, fit ses études à Eton et à Cambridge. Il aborda ensuite la médecine et devint médecin assistant à l'hôpital de Middlesex, où il fut chargé d'un cours de médecine légale et de matière médicale. Il est toutefois plus connu dans le monde savant par ses recherches ethnologiques et philologiques. On lui doit dans cet ordre de travaux : la *Norwège et les Norwégiens*; une traduction du suédois du *Frithiof Saga* et d'*Axel*, de Tegner (1840); les *Variétés de l'espèce humaine*, l'*Ethnologie de l'Europe (1852)*; la *Langue anglaise (1855)*; *Ethnologie descriptive (1859)*; les *Nationalités de l'Europe (1863)*; *Philologie comparée (1866)*; divers articles sur la *Logique* et une édition nouvelle du *Dictionnaire de Johnson (1870)*; *Esquisses de philologie générale* et les *Russes et les Turcs considérés d'un point de vue géographique, etnographique et historique (1878)*, etc. — M. Latham est membre de la Société royale de Londres.

LATOUR SAINT-YBARS, Isidore Latour (dit), poète dramatique et littérateur français, né à Saint-Ybars (Ariège) le 19 mars 1807, fit toutes ses études à Toulouse et s'inscrivit au barreau de cette ville en 1822; mais il s'occupa surtout de travaux littéraires, collaborant à la presse locale et prenant part aux concours de l'Académie des Jeux floraux, et vint à Paris dès 1835. Aux élections générales de 1857, M. Latour Saint-Ybars voulut tenter la fortune politique, et se présenta dans l'Ariège, comme candidat de l'opposition monarchiste, mais sans le moindre succès. — On doit à cet écrivain : *Suzanne de Foër* et le *Comte de Gowrie (1835-36)*, drames joués, non sans succès, sur le théâtre de Toulouse; *Vallia*, tragédie, au Théâtre-Français (1841); le *Tribun de Palerme*, drame en prose, à l'Odéon (1842); *Virginie*, tragédie, jouée par Rachel (1845) et le *Vieux de la Montagne (1847)*, au Français; le *Syrien*, à l'Odéon (1847); les *Routiers*, à la Porte Saint-Martin (1851); le *Droit chemin*, à l'Odéon (1853); *Rosemonde*, au Français (1862); la *Folle du logis*, comédie en prose, au Gymnase (1863); *Alexandre le Grand*, tragédie, reçue à correction, pour ne pas dire refusée; par le comité de la Comédie-Française, non sans bruit (1868); l'*affranchi*, à l'Odéon (1870), etc. M. Latour Saint-Ybars a collaboré au *Figaro* en 1868 et publié : *Chants du néophyte*, poésies catholiques (1837) et une *Histoire de Néron (1865)*, d'une valeur réelle à coup sûr, mais où l'essai de réhabilitation du tyran tenté par l'auteur n'a été pris au sérieux par personne. — M. Latour Saint-Ybars est chevalier de la Légion d'honneur depuis 1846.

LAUGÉE, Désiré François, peintre français, né à Maromme (Seine-Inférieure) le 25 janvier 1823. Elève de Picot et de l'Ecole des Beaux-Arts, il débuta au Salon de 1845, par des *Portraits*; il aborda ensuite la peinture historique et la peinture de genre. — On cite de cet artiste : *Van Dyck à Saventhem*, le *Meurtre de Rizzio*, la *Mort de Zurbaran (1850)*; le *Siège de Saint-Quentin*, *Mort de Guillaume le Conquérant (1853)*; *Lesueur chez les chartreux (1856)*; *Sainte Elisabeth de France*, le *Déjeuner du moissonneur*, *Sur le pas de la porte (1857)*;

les *Maraudeurs*, la *Leçon d'équitation (1859)*; la *Récolte des œillettes*, la *Sortie de l'école*, la *Bonne nouvelle (1861)*; *Saint Louis lavant les pieds aux pauvres*, la *Bouillie*, le *Nouveau-né (1863)*; *Episode des guerres de Pologne en 1863*, le *Repos (1864)*; *Sainte Elisabeth de France lavant les pieds aux pauvres (1865)*, reparu à l'Exposition universelle de 1867; la *Via dei Tolomei*, *Jeune fille de Picardie (1869)*; *Louis IX et ses trois intimes* (trois vieux pauvres), *Hymne à Sainte Cécile (1874)*; la *Jeune ménagère (1875)*; *Ange thuriféraire (1876)*; *Allant à matines*, le *Cierge à la madone (1877)*; une *Vieille femme* et un *Vieillard (1878)*; le *Triomphe de Flore (1879)*; le *Linge de la ferme*, *Pour la soupe (1883)*; le *Battage des œillettes en Picardie*, les *Pèlerins (1884)*; le *Jour des pauvres, à Nauroy (1885)*; *Victor Hugo sur son lit de mort (1886)*; un grand nombre de *Portraits*; des peintures murales dans diverses églises, notamment à Saint-Pierre-Saint-Paul, de Saint Quentin et à la Trinité de Paris (chapelle de saint Denis): la *Mort de saint Denis* et *Saint Denis portant sa tête (1876)*. — M. D. Laugée a obtenu une médaille de 3e classe en 1851, une médaille de 2e classe à l'Exposition universelle de 1855, une médaille de 1re classe en 1861, et le rappel en 1863. Il est chevalier de la Légion d'honneur depuis 1865.

LAURENCIN, Paul Aimé Chapelle (dit), auteur dramatique français, né à Honfleur le 10 janvier 1806, vint de bonne heure à Paris et débuta au théâtre vers 1832, signant de pseudonymes divers, jusqu'à ce qu'il adoptât celui de *Laurencin*, probablement parce que le succès l'avait particulièrement favorisé. Il a fourni, depuis cette époque, à divers théâtres, un nombre presque incalculable de pièces variées, principalement de vaudevilles et de comédies-bouffes, soit seul, soit en collaboration avec MM. Michel Delaporte, Varin, Duport, Labiche, Grangé, Adenis, etc. — Nous citerons: *Ibrahim*, drame (1833); *Mathilde ou la jalousie*, *Ma femme et mon parapluie (1835)*; *Lestocq (1836)*; *Une maîtresse femme (1837)*; *Matteo ou les deux Florentins*; *Peau d'âne*, féerie; le *Bon ange*, drame (1838); le *Père Pascal (1839)*; *Bocquet père et fils (1840)*; l'*Abbé galant*, la *Fille du militaire*, l'*Aveugle et son bâton (1841)*; *Quand l'amour s'en va (1843)*; *Turlurette (1844)*; le *Vicomte Giroflée (1846)*; la *Chasse aux millions*, *Simon le voleur (1847)*; les *Cascades de Saint-Cloud (1849)*; *Paris qui pleure et Paris qui rit (1850)*; la *Douairière*, le *Sire de Beaudricourt*, *J'ai marié ma fille (1851)*; les *Filles sans dot (1852)*; un *Brelan de maris (1854)*; le *Billet de faveur (1856)*; le *Beau-père (1857)*; la *Nouvelle Hermione (1858)*; les *Trois fils de Cadet-Roussel (1860)*; une *Femme emballée (1861)*; *M. et Mme Denis*, opérette (1862); *Folambô*, parodie de *Salammbô (1863)*; *Lord Kincester (1864)*; *Ces scélérates de bonnes (1866)*; *Trois fenêtres sur le boulevard (1870)*; les *Dames avant tout (1872)*; le *Portrait*, opéra comique en 2 actes, musique de M. de Lajarte, à l'Opéra-Comique (1883), etc. — M. Paul Laurencin a été directeur du théâtre des Variétés de 1854 à 1856.

LAURENCIN, Paul Adolphe Chapelle, publiciste et écrivain scientifique français, né à Paris en 1837, y fit ses études, suivit les cours de la faculté de médecine et s'occupa de bonne heure de vulgarisation scientifique. Collaborateur à la *Science du foyer*, à l'*Illustration*, à l'*Universel*, au *Gaulois*, au *Temps*, rédacteur scientifique du *Public* en 1870 et plus tard de l'*Ordre*, il est devenu rédacteur en chef de la *Science pour tous*. M. Paul Laurencin a publié d'abord un volume de nouvelles intitulé: *Des Batignolles à Landerneau (1868)*. Il a donné depuis: l'*Etincelle électrique (1870)*; un *Almanach scientifique (1870 et suiv.)*; la *Pluie et le beau temps (1873)*, etc. On lui doit encore une traduction des *Œuvres de lord Byron*.

LAURENÇON, Léon André Hippolyte, homme politique français, avocat, né le 16 octobre 1841 à Saint-Chaffrey (Hautes-Alpes). Il fit son droit, prit le grade de docteur, s'inscrivit au barreau de Briançon et devint conseiller général des Hautes-Alpes. L'un des hommes éminents du département qui avaient accueilli la candidature officielle de Clément Duvernois, en 1869, c'est également comme candidat officiel qu'il fut élu député de l'arrondissement de Briançon le 14 octobre 1877. Il prit néanmoins place au centre gauche, et se représenta, aux élections du 21 août 1881, comme candidat républicain modéré. Elu de nouveau, sans concurrent d'ailleurs, M. Laurençon vota généralement avec la gauche républicaine. Aux élections du 4 octobre 1885, il se présenta dans les Hautes-Alpes comme candidat indépendant, ne figurant sur aucune liste: il fut le seul candidat élu au premier tour. M. Laurençon a voté contre les propositions d'expulsion des princes.

LAURENS, Jules Joseph Augustin, peintre et lithographe français, né à Carpentras en 1825, est élève de son frère, J. B. Laurens et de Paul Delaroche. Il débuta au Salon de 1840. En 1847, chargé d'une mission officielle; il parcourut une grande partie de l'Orient avec le voyageur Hommaire de Hell, et rapporta de cette excursion un grand nombre de dessins plus tard réunis et publiés. — On cite de cet artiste, quant à ses expositions: *Vue de la Grande-Chartreuse*, les *Environs de Vaucluse*, les *Bords du Danube*, *Téazich, sur la route de Téhéran*; *Campagne de Téhéran*; *Près de Marlotte*, toiles (1840-57); *Méditation*, *Chiens*, d'après Diaz, le *Christ au tombeau*, l'*Amour couronné*, *Solitude*, *Religieuse*, lithographies (1840-59); la *Mer Noire à Sinope*, *Batteuse de beurre*, *Paysage dans l'ancien Comtat Venaissin*, toiles; la *Sadzouno de Tauves*, aquarelle; l'*Abreuvoir*, d'après Mlle Rosa Bonheur; *Jeune ménage*, d'après Van-Muyden; *Velléda*, d'après M. Cabanel, lithographies (1861); *Village fortifié de Lasguirt dans le Khorassan*; *Station de Tcharvadars*, tableaux; *Etude de canards*, eau-forte: l'*Amour désarmé*, d'après Diaz; *Cerfs et biches*, d'après Mlle Rosa Bonheur; *Passage d'un gué*, d'après Aug. Bonheur, lithographies (1863); *Téhéran*, *Laveuses de Tauves*, toiles; le *Lac*, d'après Decamps; *Moine romain*, d'après M. Cabanel, lithographies (1864); *Sur les toits de Téhéran*, *Souvenir de décembre*, toiles; *Plaisirs d'été*, d'après Diaz; *Chienne perdue*, d'après Ph. Rousseau, lithographies (1865); *Cimetière turc*, *Tcheschmeh-Ali, à Rey*, toiles; *Truands de campagne*, eau-forte; *Dormoir*, d'après A. Bonheur; *Chloé*, d'après Cœssin-Delafosse, lithographies (1866); l'*Hiver en Perse*, toile (Exp. univ. 1867); *Forêt de Fontainebleau*, *Plateau d'Auvergne*, toiles et huit lithographies (1868); le *Chemin des sables*, *Giroflées et chrysanthèmes*, et neuf lithographies (1869); *Sodome: la femme de Loth*, etc.; *Au faubourg d'Eyoub, à Constantinople*, toiles; un *Jannissaire*, d'après Decamps, lithographie (1873); le *Bosphore*, *A Tauris (Perse)*, *Reines marguerites*, tableaux; l'*Arrêt*, d'après Barye; *Vaches normandes*, d'après Troyon; la *Tempête*, d'après M. Isabey; *Pivoines*, d'après Diaz (1874); une *Halte à la porte de Téhéran*, *Lac et forteresse de Van (Arménie)*, *A Saint-Waast par un temps de pluie*, toiles; *Lapereau*, eau-forte typographique, et plusieurs chromo-lithographies (1875); *Frontières du Khorassan et de l'Asterabad*, *Lavandières auvergnates*, tableaux; la *Campagne romaine*, d'après le marquis de Sabran; le *Soir*, d'après Corot, lithographie (1876); *Chrysanthèmes (1877)*; *Temple antique à Vernègues*, *Dahlias de Provence* et huit gravures (1878); l'*Ermitage de Humières*, *Reines marguerites de Provence*; trois *Vues des Vosges*, d'après M. Bellel, lithographies (1879); *Campagne de Constantinople*, *Chrysanthèmes (1883)*; le *Mont Ventoux (1884)*; *Souvenir d'Anatolie (1885)*; la *Route de Carpentras à Bedoin, au pied du Mont-Ventoux*, *Etude de fleurs (1886)*. Ajoutons enfin à cette nomenclature, son *Voyage en Turquie et en Perse*, nombreuse collection de dessins publiés par livraisons grand in-folio (1856-58), et dont plusieurs ont été exposés ou insérés dans nos principaux recueils périodiques. — M. J. Laurens a obtenu, pour la peinture, une médaille de 3e classe en 1857 et une médaille en 1867, et pour la lithographie, une médaille de 3e classe en 1853, un rappel en 1859 et une médaille de 2e classe en 1861. Il est chevalier de la Légion d'honneur depuis 1868.

LAURENS, Jean Paul, peintre français, né à Fourqueraux (Haute-Garonne) le 29 mars 1838, élève de l'Ecole des Beaux-Arts de Toulouse, puis de Léon Cogniet et de M. Bida, il débuta au salon de 1863. M. Ferdinand Fabre, dans son *Roman d'un peintre*, a raconté les débuts laborieux et pénibles de ce grand artiste, dont les œuvres principales sont: la *Mort de Caton (1863)*; la *Mort de Tibère (1864)*; *Hamlet (1865)*; *Après le bal (1866)*; « *Moriar!* » *Jésus et l'Ange de la mort*, le *Souper de Beaucaire*, *Portrait de l'auteur (1867)*; *Vox in deserto*, *Portrait de M. Ferdinand Fabre*; l'*Apothéose d'Hercule*, faïence (1868); *Jésus guérissant un démoniaque*, *Hérodiade et sa fille*, la *Vision d'Ezéchiel*, dessin; la *Séduction*, faïence (1869); *Jésus chassé de la synagogue*, *Saint Ambroise instruisant Honorius (1870)*; la *Mort du duc d'Enghien*, le *Pape Formose et Etienne VII (1872)*; la *Piscine de Betsaïda, à Jérusalem (1873)*; *Saint Bruno refusant les offrandes de Roger comte de Calabre*, le *Cardinal*, *Portrait de Marthe (1874)*; l'*Excommunication de Robert le Pieux*, l'*Interdit*, un *Portrait (1875)*; *François de Borgia devant le cercueil d'Isabelle de Portugal*, *Portrait de l'auteur* et onze dessins pour une édition de l'*Imitation de Jésus-Christ (1876)*; l'*Etat-major autrichien devant le corps de Marceau (1877)*; Ses principales toiles depuis 1872 (Exp. univ. 1878); *Bernard Délicieux délivrant les emmurés de Carcassonne (1880)*; le *Pape et l'inquisiteur*, les *Murailles du Saint-Office (1883)*; la *Vengeance d'Urbain VI (1884)*; *Faust (1885)*; le *Grand inquisiteur chez les rois catholiques*, *Portrait de Marthe (1886)*. — M. J. P. Laurens a obtenu une médaille en 1869, une médaille de 1re classe en 1872 et la médaille d'honneur en 1877; chevalier de la Légion d'honneur en 1874, il a été promu officier le 28 octobre 1878.

LAURENT, Marie Luguet, dame Laurent, puis dame Desrieux, actrice française née à Tulle en 1826, est fille d'artistes et sœur de M. René Luguet du Palais-Royal et d'Henri Luguet, professeur au Conservatoire, mort en septembre 1875. Mme Marie Laurent joua dès l'enfance sur diverses scènes de province. En 1843, elle débuta à l'Odéon, dans le rôle de Tullie de la *Lucrèce* de Ponsard et, en 1846, elle était engagée au théâtre de Bruxelles pour y tenir les premiers emplois. Elle parut ensuite à Marseille, sous le nom de Marie Laurent, (1846), puis revint à Paris et y joua successivement à l'Odéon, à l'Ambigu, à la Porte Saint-Martin, à la Gaîté, au Châtelet et au Théâtre-Historique. Nous citerons parmi les pièces où elle a particulièrement brillé: *François le Champi*, à l'Odéon (1849); *Maître Favilla*, au même théâtre (1851); la *Poissarde*, la *Case de l'oncle Tom*, à l'Ambigu (1853); le *Fils de la Nuit*, les *Chevaliers du Brouillard*, rôles de Jack Sheppard, qu'elle a repris au théâtre de la Gaîté en 1872, à la Porte Saint-Martin (1857), etc. Elle a créé ou repris dans ces dernières années divers rôles de drame dans lesquels elle a constamment remporté les plus francs succès: la *Czarine*, Porte Saint-Martin (1868); *Marianne*, Ambigu (1869); *Lucrèce Borgia*, avec Mélingue, Porte Saint-Martin (1870); Uberta dans la *Haine*, à la Gaîté (1874); *Marie Jeanne*; Sara Walters dans la *Voleuse d'enfants*; Regina dans *Regina Sarpi*, au Théâtre-Lyrique-Dramatique (1875); Suzanne dans les *Fugitifs*, au Châtelet (1875), rôle créé par elle à l'Ambigu en 1858; Géméa dans la *Tireuse de cartes*, au Théâtre-Historique; Marthe dans l'*Espion du Roi*, à la Porte Saint-Martin (1876); la Marucha dans l'*Hetman*, à l'Odéon (1877); Mme de La Marche dans *Martyre!* à l'Ambigu (1886), etc. — Au mois d'août 1886, Mme Marie Laurent formait avec MM. Lacressonnière Taillade, Villeray et autres, une association d'artistes pour l'exploitation de l'ancien Théâtre des Nations, sous le titre de Théâtre de Paris.

LAURENT DE RILLÉ, François Anatole, compositeur français, né à Orléans en 1828. Après avoir commencé l'étude de la peinture, il se décida pour la musique, prit d'abord des leçons d'un maître italien nommé Comoglio, puis devint élève de M. Elwart. Toutes les questions relatives au chant populaire l'intéressèrent de bonne heure; il devint inspecteur de l'enseignement du chant dans les lycées et les écoles normales et écrivit un grand nombre de chœurs orphéoniques qui obtinrent pour la plupart une véritable vogue, d'ailleurs méritée. Nous citerons seulement quelques-uns des plus remarquables: le *Martyr aux arènes*, la *Noce du village*, les *Buveurs*, la *Saint-Hubert*, le *Chant des travailleurs*, la *Révolte à Memphis*, le *Soir*, la *Retraite*, les *Fils d'Egypte*, l'*Orphéon en voyage*, le *Départ du régiment*, les *Ruines de Gaza*, les *Batteurs de blé*, etc. M. Laurent de Rillé a également écrit quelques opérettes: *Trilby*, 1 acte; *Aimé pour lui même*, 1 acte; *Bel-Boul*, 1 acte; le *Jugement de Paris*, 1 acte (1857); *Achille à Scyros*, le *Moulin de Catherine*, la *Demoiselle de la Hochetromblon (1858)*, le *Sultan Mysapouf (1859)*, toutes ces opérettes, en 1 acte, représentées aux Folies-Nouvelles; *Frasquita*, 1 acte, aux Bouffes-Parisiens (1859); *Au fond du verre*, 1 acte, au théâtre de Bade; le *Petit Poucet*, 3 actes et 4 tableaux, à l'Athénée (1868); *Pattes blanches*, 1 acte, aux Bouffes-Parisiens (1873); la *Liqueur d'or*, 3 actes, au théâtre des Menus-Plaisirs, 1873), etc. Ajoutons à cette liste, une opérette en 1 acte: la *Part à Dieu*, publiée dans le *Magasin des demoiselles* (non jouée), et **1867**, cantate exécutée le 15 août 1867 à l'Opéra-Comique. — On doit encore à M. Laurent de Rillé plusieurs ouvrages de musique religieuse. Il a publié: *Messe brève* facile, à deux voix égales, avec accompagnement d'orgue *ad libitum*; *Messe*, à deux ou quatre voix, avec accompagnement d'orgue ou de fanfare; un Recueil de *Morceaux de chant à une, deux ou trois voix, composés on choisis pour les cours de chant des lycées impériaux, des écoles normales et des écoles primaires (1870)*; et un petit roman musical: *Olivier l'orphéoniste*, publié chez Hachette. Enfin un drame en cinq actes et sept tableaux, intitulé la *Tête noire*, signé Laurent de Rillé et Baric, a été représenté au Théâtre-Montparnasse, en 1877. — M. Laurent de Rillé est chevalier de la Légion d'honneur.

LAUSSÉDAT, Aimé, officier supérieur du génie et savant français, né à Moulins le 19 avril 1818. Sorti de l'Ecole polytechnique dans l'arme du génie, en 1840, M. Laussédat fut employé aux fortifications de Paris, aux travaux de défense de nos frontières des Pyrénées orientales, remplit diverses missions à l'étranger et devint répétiteur des cours d'astronomie et de géodésie à l'Ecole polytechnique en 1851. Nommé professeur titulaire de ce cours en 1856, puis professeur suppléant de géométrie appliquée aux arts à l'Ecole des Arts et Métiers en 1865, il est devenu titulaire de cette dernière chaire en 1873, et directeur du Conservatoire des arts et métiers, en remplacement de M. Hervé Mangon devenu député, le 25 octobre 1881. Il avait résigné sa chaire de l'Ecole polytechnique en 1871. M. Laussédat avait été promu commandant en 1863 et lieutenant-colonel en novembre 1870; promu colonel le 11 novembre 1874, il a pris sa retraite comme tel en 1879. On doit au colonel Laussédat l'invention ou le perfectionnement de divers instruments scientifiques, et de méthodes d'observation; notamment l'application de la chambre claire de Wollaston au lever des plans, celle de la photographie aux observations astronomiques et l'invention, dans ce but, d'un appareil adopté pour l'observation du passage de Vénus sur le soleil (1874). Pendant la guerre de 1870-71, M. le colonel Laussédat présidait une commission de savants chargés spécialement d'établir, par-dessus les lignes ennemies, des correspondances optiques. Il s'est, en outre, beaucoup occupé depuis d'expériences d'aérostation militaire, et l'on se rappelle, sans doute, la catastrophe de l'*Univers*, suivant de près celle du *Zénith*, quoique due à une cause différente. Le 9 décembre 1885, l'*Univers* enlevait le colonel Laussédat, MM. Albert Tissandier, Eugène Godard et plusieurs officiers du génie. La température était extrêmement défavorable; sous l'influence du givre, le ballon se déchira soudain à quelque 250 mètres d'élévation, et se mit à descendre avec une vitesse vertigineuse, quoi qu'on fit pour la modérer. Le colonel Laussédat eut la jambe droite cassée, le commandant Magnin la jambe gauche, le capitaine Bitard les deux péronés, M. Eugène Godard la rotule brisée; les autres voyageurs n'avaient que des contusions sans gravité. — M. le colonel Laussédat a publié: *Leçons sur l'art de lever les plans (1860)*; la traduction des deux premiers volumes des *Mémoires de la commission de la carte d'Espagne (1860-63)*; *Notice biographique sur Gustave Froment (1865)*, etc.; ainsi que de nombreux *mémoires* dans les *Comptes rendus* de l'Académie des sciences, les *Annales du Conservatoire des Arts et Métiers*, la *Revue scientifique*, les *Comptes rendus* de l'Association française pour l'avancement des sciences, le *Mémorial de l'officier du génie*, le *Spectateur militaire*, le *Bulletin de la réunion des officiers*, etc. Membre de plusieurs sociétés savantes, il a été président, en 1876, de la Société française de navigation aérienne. Il est en outre membre du Conseil supérieur de l'instruction publique. — Officier de la Légion d'honneur depuis 1868, M. le colonel Laussédat a été promu commandeur le 13 janvier 1871; il est, en outre, décoré de l'ordre de Charles III d'Espagne et officier de l'instruction publique.

LAVALLEY, Alexandre Théodore, ingénieur français, sénateur, né en 1821, fit ses études au collège de Tours et à l'Ecole polytechnique, d'où il sortit en 1842, dans le génie militaire. Il quitta l'armée peu après son

incorporation, résolu à aborder la carrière du génie civil, passa en Angleterre, et travailla comme ouvrier mécanicien dans les principales usines ; se fit chauffeur de locomotives, puis mécanicien, et réussit de cette façon à acquérir les connaissances pratiques les plus étendues et qui font malheureusement le plus défaut à la grande majorité de ses confrères français. Mis par ce long apprentissage en état de gagner, comme ouvrier, les salaires les plus élevés. M. Lavalley revint en France, il entra dans les ateliers de M. Ernest Gouin, son ancien condisciple, qui lui confia la direction de ses travaux les plus importants, notamment la construction des locomotives, qu'il avait étudiées de si près et dans leurs plus petits détails. Lors de l'ouverture des travaux de percement du canal de Suez, M. Lavalley s'associa avec feu l'ingénieur des ponts-et-chaussées Borel, pour l'entreprise du draguage du canal, à l'aide de machines dont l'action équivalait à la somme de travail de plus de cent mille hommes, et qui ont été présentées à l'Exposition universelle. M. Lavalley a obtenu, avec M. Pallu de la Barrière, du Conseil général de l'île de la Réunion, la concession des travaux de construction et de l'exploitation du port de la Pointe des Gallets et d'un chemin de fer reliant ce port à tous les districts producteurs de l'île, concession approuvée, après une longue et intéressante discussion, par la Chambre des députés, le 19 février, et par le Sénat le 1er mars 1877. — Candidat républicain à la députation dans l'arrondissement de Lisieux, aux élections du 20 février 1876 et du 14 octobre 1877, sans succès, M. Lavalley a été élu sénateur du Calvados au renouvellement triennal du 25 janvier 1885. Il était absent au moment du vote de la loi d'expulsion des princes.

LAVELEYE (de), Emile Louis Victor, économiste et littérateur belge, né à Bruges le 5 avril 1822, commença dans sa ville natale ses études qu'il vint terminer à Paris, au collège Stanislas, puis suivit les cours de droit de l'université de Gand. Voué entièrement aux études d'économie politique à partir de 1848, il défendit dans la presse belge le parti libéral et ses principes et publia en 1858 dans la *Revue des Deux-Mondes*, un article extrêmement remarquable sur la *Lombardie*, qui le fit attacher à la collaboration régulière de ce recueil. En 1861, M. de Laveleye se portait candidat à la députation, et échouait, faute d'un petit nombre de voix. En 1864, il était appelé à la chaire d'économie politique à l'université de Liège, et il faisait partie du jury de l'Exposition universelle de 1867, dans la section de peinture, dont il fut secrétaire. Membre correspondant de l'Académie royale de Belgique, il était élu, en 1869, correspondant de notre Académie des sciences morales et politiques. — M. Emile de Lavelaye a publié notamment : *Mémoire sur la langue et la littérature provençales (1844)*; *Histoire des rois francs (1847)*; l'*Armée et l'enseignement (1848)*; le *Sénat belge (1849)*; l'*Enseignement obligatoire (1859)*; la *Question de l'or (1860)*; une traduction des *Nibelungen (1861)*; *Questions contemporaines*, *Essai sur l'économie rurale de la Belgique (1863)*; *Etudes d'économie rurale*, la *Néerlande (1864)*; le *Marché monetaire depuis cinquante ans (1865)*; *Rapport sur l'Exposition universelle de Paris, peinture, sculpture*, etc. (1868); *Etudes et essais (1869)*; la *Prusse et l'Autriche depuis la bataille de Sadowa (1870)*; l'*Instruction du peuple (1872)*; le *Parti clérical en Belgique*, *Des causes actuelles de la guerre en Europe et de l'arbitrage international (1873)*; *De la liberté et de ses formes primitives (1874)*; *De l'avenir des peuples catholiques*, le *Protestantisme et le catholicisme (1875)*; *Du respect de la propriété privée en temps de guerre (1876)*; l'*Afrique centrale et la Conférence géographique (1878)*; *Eléments d'économie politique (1882)*; *Lettres d'Italie (1883)*; *Nouvelles lettres d'Italie (1885)*, etc. Il a collaboré à la *Revue des Deux-Mondes*, à la *Libre recherche*, à la *Revue trimestrielle*, à la *Revue Britannique*, à la *Revue Germanique*, etc., etc. — M. Emile de Laveleye est officier de la Légion d'honneur.

LAVERGNE, Bernard Martial Barthélemy, médecin et homme politique français, né à Montredon (Tarn) le 11 juin 1815. Représentant du Tarn à la Législative, en 1848, il y siégea à la gauche modérée. Il combattit l'empire dans la *Gironde*, le *Temps*, et a collaboré depuis au *Patriote albigeois*. Après avoir échoué aux élections du 8 février 1871, il fut élu député de Gaillac, le 20 février 1876 et siégea au centre gauche. Poursuivi pour la publication de deux écrits en patois, adressées *as paysans : Lou 16 dé mai* et *Las affitsos de la Communo*, M. Bernard Lavergne, condamné à 50 fr. d'amende pour le premier, était acquitté par le tribunal d'Albi, le 30 août 1877, pour le second ; mais, sur appel *à minimâ* du ministère public, la cour de Toulouse condamnait M. B. Lavergne, pour son dernier écrit, à 500 fr. d'amende, et l'imprimeur à 200 fr., le 17 septembre. Le 14 octobre suivant, il était réélu député de Gaillac, et l'était de nouveau e 21 août 1881. Il a siégé dans ces deux législatures au groupe de l'Union républicaine. Elu député du Tarn le 4 octobre 1885, M. Bernard Lavergne a repris sa place à gauche et a voté l'expulsion totale des princes. Il est maire de Montredon. — On lui doit un certain nombre d'ouvrages principalement relatifs à l'agriculture : *Agriculture des terrains pauvres (1863)*; l'*Enquête et les souffrances de l'agriculture (1866)*; la *Crèche (1869)*; et diverses brochures politiques, parmi lesquelles, outre des brochures en patois citées plus haut : les *Elections de 1869*, *Au clergé catholique (1869)*; l'*Ultramontanisme et l'Etat (1876)*. Il est un des principaux collaborateurs de la *Revue générale*.

LAVERTUJON, André Justin, journaliste et homme politique français, né le 23 juillet 1827 à Périgueux, où il fit ses études et débuta dans la presse, comme collaborateur du *Républicain de la Dordogne*, dès 1849. Il vint à Paris la même année et fut membre du comité démocratique. Au coup d'Etat, il quitta la France, se rendit dans les Principautés danubiennes, d'où il revint en 1854 seulement. L'année suivante, il était nommé rédacteur en chef du journal la *Gironde*, de Bordeaux, conservateur alors, fondé d'ailleurs par M. Delamarre, de la *Patrie*, et alimenté dans le principe par les articles tout clichés du journal parisien. Aux mains de M. Lavertujon, la *Gironde* devint rapidement, au prix de persécutions de tout genre dont le defilé serait fastidieux, l'organe du parti démocratique local, et l'un des principaux journaux d'opposition de la province. Candidat du parti démocratique dans la première circonscription de la Gironde, aux élections générales de 1863 et de 1869, M. Lavertujon échoua, dans ces deux tentatives, faute de quelques voix, et obtint chaque fois une grande majorité dans la ville même de Bordeaux. En 1868, il fondait à Paris, avec E. Pelletan et Glais-Bizoin, le journal hebdomadaire la *Tribune*. Nommé secrétaire-général du gouvernement de la Défense nationale, le 5 septembre 1870, il devint rédacteur en chef du *Journal officiel* et vice-président de la commission chargée de réunir et de publier les *Papiers et correspondance de la famille impériale* trouvés aux Tuileries. A l'armistice, il fut désigné pour accompagner à Bordeaux M. Jules Simon, chargé d'opérer une « entente » assez difficile entre le Gouvernement et sa Délégation de province. Il fut peu après nommé consul général à Amsterdam, fonctions qu'il résigna après la chute de M. Thiers (27 mai 1873). Depuis, M. Lavertujon a collaboré à divers journaux de Paris, au *Temps* notamment. On lui doit quelques travaux sur des questions d'intérêt local, des brochures de circonstance et une *Histoire de la législature de 1857-63* (Bordeaux, 1863). Appelé à remplacer le comte de Montebello comme président de la délégation française de la Commission internationale des Pyrénées, M. A. Lavertujon était nommé ambassadeur à Athènes le 31 juillet 1886, en remplacement de M. de Mouy.

LAVILLE, André Gilbert Adolphe, homme politique français, né à Montaigut (Puy-de-Dôme) le 6 juin 1831. M. Laville a été notaire dans sa ville natale, dont il est devenu maire ; il est conseiller général du Puy-de-Dôme depuis trente ans et chevalier de la Légion d'honneur. Elu le 21 août 1881 député de la 2e circonscription de Riom, il s'inscrivit à l'Union républicaine. Il a été élu député du Puy-de-Dôme le 4 octobre 1885 et a voté l'expulsion totale des princes.

LAVOIX, Henri Marie François, littérateur et administrateur français, né à Paris le 26 avril 1846, est fils d'un ancien conservateur-adjoint au cabinet des médailles de la Bibliothèque nationale, et est entré lui-même, ses études terminées, en 1866, au département des imprimés du même établissement. M. H. Lavoix, animé d'un goût très vif pour la musique, a étudié le contrepoint et l'harmonie avec M. H. Cohen. Il s'est surtout distingué par ses intéressantes recherches historiques sur la musique, et on lui doit, dans cet ordre de travaux, plusieurs ouvrages estimés pour la sûreté des informations qu'ils contiennent et leur caractère ingénieux. Ce sont : les *Traducteurs de Shakespeare en musique (1869)*; la *Musique dans la nature (1873)*; la *Musique dans l'Ymagerie au moyen-âge (1875)*. Au concours ouvert en 1875, par l'Académie des Beaux-Arts, pour le meilleur mémoire sur l'*Histoire de l'instrumentation depuis le XVIe siècle jusqu'à nos jours*, le travail présenté par M. Henri Lavoix a obtenu une mention (1878). M. Lavoix a collaboré au *Monde artiste*, à la *Revue nationale et étrangère*, à la *Gazette musicale*, au *Moniteur universel*, à la *Mosaïque*, à la *Revue de France*, à la *Chronique musicale*, etc. — Il a été nommé administrateur de la bibliothèque Sainte-Geneviève, en remplacement de M. X. Marmier, en janvier 1885. M. H. Lavoix est chevalier de la Légion d'honneur.

LAYA, Alexandre, littérateur français, fils de l'auteur de l'*Ami des Lois*, et frère aîné de Léon Laya, suicidé le 5 décembre 1872, est né à Paris en novembre 1809. Entré jeune au ministère de l'intérieur, alors dirigé par M. de Montalembert, il y devint chef de bureau, puis donna sa démission et fit un séjour assez prolongé en Angleterre. Il vint ensuite s'inscrire au barreau de Paris. Quelque temps rédacteur en chef de l'*Ordre (1849)*, il passa en Suisse après le coup d'Etat et fut chargé successivement des cours de droit romain, de droit anglais, puis de droit international à l'académie de Genève, par l'influence de James Fazy. Dans les dernières années de l'empire, M. Alexandre Laya prit une grande part à l'agitation politique, parcourut les réunions publiques et y posa même, quoique sans succès, sa candidature au Corps législatif, aux élections générales de 1869. Après la révolution du 4 Septembre, il fonda à Paris, avec James Fazy, un journal quotidien : la *Nouvelle République*, qui eut six numéros (26 octobre au 1er novembre 1870). M. Alexandre Laya a fait avec succès, en 1876-78, des conférences littéraires ; il a traité dans un grand nombre de journaux les questions de politique, de jurisprudence, de littérature et d'histoire, notamment au *Bien-Etre universel*, au *Siècle*, au *Temps*, à la *Revue parlementaire et administrative*, etc. — M. A. Laya a publié : *Œuvres de J. L. Laya*, son père, en collaboration avec Léon Laya (1836, 5 vol.) ; le *Guide municipal, etc.*, pour 1843 ; *Droit anglais, ou résumé de la législation anglaise sous forme de codes (1845*, 2 vol.) ; *Etudes historiques sur la vie privée, politique et littéraire de M. Thiers*, *Histoire de quinze ans (1846*, 2 vol.) ; *De la présidence de la République (1848)*; les *Romains sous la République (1850)*; le *Congrès des peuples à Paris (1854)*; *Philosophie du droit (1865)*; l'*Armée noire et Caïn*, drame biblique (1873) ; des brochures d'actualité, etc. Il a paru, en 1854, sous le titre de *Théâtre de M. Alexandre Laya*, un recueil de pièces non jouées jusque-là, mais dont quelques-unes l'ont été depuis, notamment *Corinne*, au Théâtre Taitbout (1875).

LAYARD, Austin Henry, antiquaire et diplomate anglais, né à Paris le 5 mars 1817. Ayant commencé l'étude du droit, son éducation terminée, il l'abandonna subitement et entreprit avec un ami, en 1839, un voyage en Orient. Il se rendit par l'Albanie et la Roumélie, à Constantinople, où il s'arrêta quelque temps, adressant des correspondances à un journal de Londres, puis, il parcourut diverses parties de l'Asie, apprit les langues arabe et persane et dirigea son attention sur les points de ces contrées regardés comme recélant les vestiges d'antiques cités. A Mossoul, près de la digue de Nimroud, lieu où la tradition voulait que se fût élevée Ninive, il apprit que Botta, consul de France, y ayant exécuté des fouilles pour le compte de son gouvernement, avait fait, en effet, de précieuses découvertes ; il n'en fallait pas davantage pour faire naître dans l'esprit de M. Layard la louable ambition d'enrichir son propre pays des trésors que lui promettait un travail intelligent. Il retourna à Constantinople et exposa ses projets à l'ambassadeur anglais, sir Stafford Canning qui, en 1845, s'offrit généreusement à contribuer aux dépenses nécessitées par de pareils travaux. M. Layard repartait à l'automne suivant pour Mossoul et commençait aussitôt des fouilles dans un lieu désert et tranquille. Il ne tarda pas à y faire la découverte de nombreux spécimens de l'art assyrien, dont il enrichit le Musée britannique, bien que les autorités de cet établissement, ainsi que le gouvernement, fussent quelque temps avant de se décider à apprécier à leur véritable valeur les travaux de M. Layard et leurs résultats. M. Layard fut nommé, le 5 avril 1849, attaché à l'ambassade de Constantinople, puis sous-secrétaire d'Etat aux affaires étrangères sous la première administration de lord Russell en 1852. Il ne conserva ce poste que quelques semaines : lord Derby, à son avènement au pouvoir, en février de la même année, lui avait offert de l'y conserver jusqu'à l'arrivée de lord Stanley, son fils, en Angleterre et de lui confier ensuite un poste diplomatique, mais il refusa ; il refusa de même l'offre de diverses fonctions sous le cabinet de conciliation de lord Aberdeen. En 1853, la Cité de Londres lui décernait le droit de bourgeoisie, en reconnaissance de ses découvertes des ruines de Ninive et, la même année, il suivait lord Stratford de Redcliffe à Constantinople ; mais n'ayant pu s'entendre avec son chef, il revenait en Angleterre au bout de peu de mois. M. Layard, élu représentant d'Aylesbury, prit son siège à la Chambre des communes, il s'y fit rapidement une grande place dans le parti libéral et parla en faveur d'une action plus décisive dans la question d'Orient. En 1854, il partit de nouveau pour l'Orient et suivit en spectateur les opérations de la guerre de Crimée, fut témoin de la bataille de l'Alma, dont il suivit les péripéties du haut du grand mât de l'*Agamemnon*, et demeura en Crimée jusqu'après la bataille d'Inkermann. De retour à Londres, il fut l'un des plus énergiques parmi les membres de la Chambre des communes demandant l'institution d'une commission d'enquête sur la situation de l'armée, qu'il avait étudiée de près. On sait que cette demande fut couronnée de succès. A la formation du ministère Palmerston, un poste officiel lui fut de nouveau offert, mais il le refusa, et devint l'un des chefs de l'association pour la réforme administrative, dont il porta, sans succès, les doléances à la Chambre des communes. M. Layard se rendit aux Indes, à l'occasion de la révolte de 1857-58, voulant se rendre compte des causes qui l'avaient amenée. Réélu par Aylesbury en 1852, M. Layard échouait aux élections générales de 1857 et à une élection complémentaire à York, en avril 1859 ; mais il fut élu l'un des représentants du bourg de Southwark (Londres), en décembre 1860. Sous la seconde administration de lord Palmerston, en juillet 1861, il accepta le poste de sous-secrétaire d'Etat aux affaires étrangères, et l'abandonna seulement à la chute de la seconde administration de lord Russell, en juillet 1866. Nommé commissaire général des travaux publics sous le ministère Gladstone, en décembre 1868, il quittait le parlement en novembre 1869, étant nommé envoyé extraordinaire et ministre plénipotentiaire à Madrid. Il était nommé en même temps membre du Conseil privé. M. Layard a été nommé ambassadeur à Constantinople, en remplacement de sir Henry Elliot le 30 mars 1877. Au retour de M. Gladstone au pouvoir, en avril 1880, il fut placé en congé d'absence et bientôt après remplacé par M. Goschen. M. Layard a été lord recteur de l'université d'Aberdeen en 1855 et 1856 et a été nommé administrateur du Musée britannique en février 1866. Il a été élu correspondant de l'Institut de France (Académie des Inscriptions et Belles-Lettres), en 1854. — M. Layard a publié, en 1848-49 : *Ninive et ses ruines*, ouvrage auquel il a donné une seconde partie en 1853 ; les *Monuments de Ninive (1849-53)*, et une édition abrégée du premier de ces ouvrages en 1851. Il a été fait grand croix de l'ordre du Bain en juin 1878.

LAZERGES, Jean Raymond Hippolyte, peintre français, né à Narbonne le 5 juillet 1817. Fils d'un boulanger dont toute l'ambition était de voir son fils lui succéder dans l'exploitation de sa maison de commerce, il ne put d'abord utiliser les aptitudes artistiques qu'il avait manifestées dès son jeune âge. Ce ne fut qu'à vingt ans qu'il put enfin se livrer à ses goûts. Venu à Paris en 1837, M. Lazerges suivit successivement les ateliers de David d'Angers et de Bouchot, et débuta au Salon de 1841, avec un *Portrait*. — Il a exposé depuis : une *Descente de croix*, pour la chapelle du château d'Eu (1842) ; *Jésus au jardin des oliviers (1843)*; *Saint Jean l'évangéliste (1844)*; *Notre-Dame de résignation*, *Femmes d'Alger (1845)*; *Rêve de jeune fille*, la *Foi et l'Espérance*, *Bergers arcadiens (1847)*; *Refugium peccatorum (1848)*; le *Printemps*, figure de jeune fille (1849) ; le *Génie éteint par la Volupté*, *Sommeil de la Vierge (1850)*; l'*Eden (1852)*; la *Mort de la Vierge*, pour la chapelle des Tuileries (1853) ; nouvelle *Descente de croix*, *Ecce Homo*, *Saint Sébastien mis au tombeau (1855)*; la *Vierge et l'enfant Jésus*, *Suzanne au bain*, l'*Empereur distribuan*

des secours aux inondés de Lyon, l'Albane regardant jouer ses enfants (1857); Reniement de Saint Pierre, Jésus embrassant la croix, Dernières larmes de la Sainte Vierge, le *Printemps, Rêverie (1859); Kabyles moissonnant dans la plaine de la Mitidja, Sid'n Aissa revenant de la prière au jardin des oliviers,* la *Danse des Aissaouas (1861); Jésus priant pour ses persécuteurs (1864);* le *Christ priant pour l'humanité (1865);* autre *Descente de croix, Evanouissement de la Vierge (1866);* le *Christ après la flagellation, Madeleine voyant Jésus pour la première fois (1867);* le *Christ au calice (1868); Foyer du théâtre de l'Odéon un soir de première (1869),* galerie de portraits des personnages célèbres de l'époque, popularisée par la lithographie et fort critiquée par ceux qui n'y figurent pas; le *Chemin du calvaire (1870); Ave (1872);* le *Christ au XIX*^e^ *siècle (1873); Stabat Mater (1874);* la *Résurrection, Louis XVI et Marie Antoinette à Versailles, Jésus est conduit en prison (1875); Caravane de Kabyles (1876); Fatma la chanteuse (1877); Biskri* et *Jésus charpentier (1878);* une *Epave (1883); Femmes kabyles (1884); Descente de croix (1885);* les *Trois compagnons, route de la Maison carrée, près d'Alger (1886);* un certain nombre de portraits, etc. On doit à M. Lazerges, en dehors de ses expositions, divers travaux, notamment à Notre-Dame de Bon-Secours, près de Rouen, et à la chapelle du couvent des Dames de la Providence dans cette ville; le plafond du théâtre de Nantes, etc. — Il a obtenu une médaille de 3e classe en 1843, une médaille de 2e classe en 1848, le rappel de cette dernière en 1857, et la croix de la Légion d'honneur en 1867.

M. Hippolyte Lazerges est aussi musicien, et on lui doit dans cet art un assez grand nombre de mélodies vocales dont plusieurs, comme: *Vive Paris !* et le *Retour en France* sont devenues populaires. Il a enfin collaboré à divers journaux et publié: l'*Institut et l'Ecole des Beaux-Arts (1868); Des associations artistiques* (même année) et *De la réorganisation des Beaux-Arts (1871).*

LE BASTARD, Edgar Denis Marie François, industriel et homme politique français, né à Tinchebray (Orne) le 21 janvier 1836. Il fit ses études à Rennes, où il prit le grade de licencié en droit, et fonda ensuite une tannerie très considérable. Membre du Conseil municipal, il devint adjoint, puis maire de Rennes après le 4 Septembre; il est, en outre, président de la chambre de commerce de cette ville depuis 1877, et représente un de ses cantons au Conseil général d'Ille-et-Vilaine. Républicain convaincu, M. Le Bastard présida, après le 16 mai, le comité électoral républicain de son département, dont le succès fut des plus brillants aux élections du 14 octobre suivant. M. Le Bastard a été élu sénateur d'Ille-et-Vilaine au renouvellement partiel du 5 janvier 1879. Il a pris place au groupe de la gauche républicaine et a voté l'expulsion des princes.

LEBLANC, Edmond Marie Lucien, homme politique français, né au Rilay (Mayenne) en 1840. Avocat du barreau de Mayenne depuis 1865, il devint membre du Conseil général du département en 1877. Il appartient au parti de la réaction et c'est sur la liste monarchiste qu'il a été élu député de la Mayenne aux élections du 4 octobre 1885.

LEBŒUF, Edmond, maréchal de France, ancien ministre de l'Empire, est né à Paris le 5 novembre 1809. Entré à l'Ecole polytechnique en 1828, il prit part à la révolution de juillet 1830, coopéra à la prise de la caserne de Babylone et reçut la croix de Juillet. Entré peu après, comme sous-lieutenant élève, à l'Ecole d'application de Metz, il en sortit avec le numéro un, comme lieutenant en second d'artillerie, en 1832, fut promu lieutenant en premier l'année suivante, capitaine en second en 1837, en premier en 1841, chef d'escadron en 1846, lieutenant-colonel en 1850 et colonel en 1852. Comme lieutenant et comme capitaine, M. Lebœuf servit avec distinction en Algérie, notamment à la prise de Constantine, où il reçut la croix. Officier d'ordonnance du maréchal Vallée en 1838, il était cité à l'ordre du jour de l'armée pour sa belle conduite dans l'expédition de Djidjelli et au combat de l'Oued-Halleg (1839) et méritait deux autres citations l'année suivante, à l'occasion des expéditions de Médéah et de Milianah, et la rosette d'officier de la Légion d'honneur. Commandant en second à l'Ecole polytechnique de 1848 à 1850, il était nommé chef d'état-major de l'artillerie à l'armée d'Orient le 15 avril 1854. Promu général de brigade au mois de novembre suivant, il était cité trois fois à l'ordre du jour, et promu commandeur de la Légion d'honneur en 1855. Le général Lebœuf, à son retour de Crimée, fut placé à la tête de l'artillerie de la garde impériale. Il assistait la même année aux cérémonies du couronnement du czar Alexandre II, et était promu général de division le 31 décembre 1857. Commandant en chef de l'artillerie de l'armée d'Italie en 1859, le général Lebœuf inaugura le nouveau système de canons rayés qui venait d'être adopté. Il devint aide de camp de l'empereur en novembre suivant et président du Comité de l'artillerie, dont il était membre depuis 1858, en 1864. En 1866, le général Lebœuf fut envoyé à Venise comme commissaire impérial, pour remettre au gouvernement italien, après plébiscite, la province que l'Autriche vaincue nous avait abandonnée. Nommé commandant en chef du camp de Châlons en 1868, il prenait le commandement du 6e corps d'armée, à Toulouse, en janvier 1869. Le 21 août suivant, il remplaçait le maréchal Niel au ministère de la guerre. Démissionnaire avec ses collègues le 27 décembre suivant, il reprenait son portefeuille dans le cabinet du 2 janvier 1870, et peut-être eût-il mieux fait de le refuser, même dans l'intérêt de sa propre gloire. Le 24 mars suivant, il était élevé à la dignité de maréchal de France.

Nous ne pouvons passer en revue tous les actes de M. Lebœuf, en tant que ministre de la guerre, actes jugés avec passion depuis que nous ont frappés les désastres dus en grande partie, sans aucun doute, à l'ignorance des faits où le ministre de la guerre était tenu. Certes, quand le maréchal Lebœuf affirmait qu'il ne nous manquait pas un « bouton de guêtre », il n'est personne de bonne foi qui puisse douter de sa sincérité: il ne fut pas le premier ministre de la guerre de l'Empire trompé à ce point; mais cette fois, les résultats devaient être terribles. Quant à l'organisation d'une garde mobile, résolue par son prédécesseur, et qui avait reçu un commencement d'exécution, il n'est pas exact de dire que M. Lebœuf n'y renonça que contraint par l'opinion ou par l'opposition, qui voulait réaliser des économies sur le budget de la guerre. M. Lebœuf y renonça parce qu'il était opposé à ce système autant qu'on peut l'être, au point qu'il ne pouvait en parler sans manifester, ne fût-ce que par un sourire, tout le dédain qu'il lui inspirait. Un sentiment identique l'animait visiblement pour « l'utopie » d'un gouvernement civil de l'Algérie, question qu'il eut à discuter avec forte partie, défendue qu'elle était à la fois à droite et à gauche du Corps législatif, par le comte Le Hon et par Jules Favre.

Le maréchal Lebœuf, nommé, le 15 juillet 1870, major général de l'armée, ne fut pas remplacé au ministère de la guerre; le général Dejean fut simplement appelé à gérer *ad interim* ce département pendant l'absence du titulaire. Après les défaites de Wissembourg, de Reichshoffen et de Forbach, il résigna les fonctions de major général de l'armée (12 août). Quelques jours plus tard, malgré les protestations véhémentes de l'opinion, malgré les accusations d'incurie que l'opposition ne lui ménageait pas au Corps législatif, il prenait le commandement du 3e corps d'armée. D'une bravoure personnelle inattaquable, le maréchal Lebœuf fit des prodiges de valeur à la tête de son corps d'armée à Rezonville, à Saint-Privat, à Noisseville, Gravelotte, etc. Dans son chagrin de voir les désastres succéder aux désastres, on a prétendu qu'il cherchait la mort sur les champs de bataille: c'est en tout cas la preuve qu'il y paya largement de sa personne. Enfermé dans Metz, il se prononça contre la capitulation. Sa voix fut impuisante, et il dut se rendre, le 29 octobre 1870, avec ses troupes. Prisonnier de guerre en Allemagne, il se retira en Hollande après la signature de la paix. En décembre 1871, le maréchal Lebœuf fut appelé à déposer devant la Commission d'enquête sur les actes du gouvernement de la Défense nationale, puis devant le Conseil d'enquête sur les capitulations, où il s'éleva, avec une grande énergie, contre les agissements de Bazaine à Metz. — Promu grand officier de la Légion d'honneur à la suite de la campagne d'Italie, le maréchal Lebœuf fut fait grand croix de l'ordre en 1866 et décoré de la médaille militaire en 1867. Il est, en outre, décoré d'un grand nombre d'ordres étrangers.

LEBOURG, Charles Auguste, sculpteur français, né à Nantes le 29 septembre 1830, élève de Rude, débuta au Salon de 1853. — On cite de cet artiste: *Enfant nègre jouant avec un lézard,* statuette en bronze (1853), reparue à l'Exposition universelle de 1855; *Joueur de biniou dansant,* statuette en bronze (1857); *Vierge gauloise marchant au sacrifice,* statue en marbre (1859); une *Mère,* groupe en marbre, la *Rosée* et le *Parfum,* statuettes en terre cuite; *Danaé,* statue en plâtre (1861); *Homéride,* statue en marbre (1864); *Jeune mère,* groupe en plâtre; la *Folie,* buste en terre cuite (1865); *Saint Jacques,* statue en pierre pour l'église de la Trinité; *Jeune oiseleur rendant la liberté à une hirondelle* et *Enfant jouant avec une sauterelle,* statues en plâtre (1866); les *Jeux de l'amour,* groupe en terre cuite; *Mme A. Sarry,* buste en marbre (1867); le *Jeune oiseleur* et l'*Enfant à la sauterelle,* en bronze (1868); le *Centaure Eurytion enlevant la fiancée de Pirithoüs,* groupe en plâtre (1869); *Prêtresse du temple d'Eleusis,* statue en plâtre; *M. Emile Barrault,* buste en bronze (1870), *Lady Wallace,* buste en marbre (1872); *Portrait de M. A. Boissage,* statuette en marbre (1873); la *Prêtresse d'Eleusis,* en bronze; le *Discobole,* statue en plâtre; le *Joyeux devis,* groupe en faïence (1874); *Eole et Thétis,* bas-relief en terre cuite; le *Joyeux devis,* en bronze (1876); le *Travail,* statue en plâtre; *Mlle Feyghine,* buste en plâtre (1883); le *Travail,* en bronze (1885), etc. En dehors de ses expositions, M. Lebourg a exécuté de nombreux portraits, notamment ceux de MM. Garnier-Pagès, Havin, le général Mellinet, le marquis d'Hertford; de Mmes de Metternick, de Morny, etc.; la statue en marbre de Mme la vicomtesse de Tocqueville; les deux modèles des fontaines Wallace, ainsi que de nombreux travaux décoratifs, notamment *Pygmalion et Galathée,* bas-relief en pierre dure, à l'entrée principale du magasin de nouveautés de Pygmalion; la décoration de l'hôtel du journal le *Siècle;* celles de plusieurs maisons particulières à Paris, de l'Hôtel de Ville de Fontainebleau, etc., etc. — M. Lebourg a obtenu une médaille de 3e classe au Salon de 1853, le rappel de cette médaille à celui de 1859 et une médaille en 1868.

LECHERBONNIER, Auguste, avocat et homme politique français, né à Issoudun le 9 septembre 1822, vint faire son droit à Paris où, en 1843, il fondait le *Journal des Ecoles,* et se lia avec les membres principaux représentants du jeune parti démocratique. Reçu avocat, il se fit inscrire au barreau de sa ville natale. Après la révolution de février, M. Lecherbonnier fut secrétaire général à la préfecture de l'Indre, mais il fut révoqué en 1849 et encourut même une condamnation à huit mois de prison pour son opposition décidée à l'esprit de réaction qui triomphait désormais. Enfin, le coup d'Etat de décembre 1851 le chassa de son pays, sans toutefois l'expulser de France. M. Lecherbonnier se réfugia à Brives (Corrèze) et chercha, vainement d'abord, à se faire admettre au barreau de cette ville; il y réussit à la fin, et fut élu conseiller municipal en 1865. Après le 4 septembre 1870, M. Lecherbonnier opéra sur la scène politique une rentrée modeste, mais fort utile à l'idée républicaine, à en juger sur les apparences: il fonda la *République de Brives.* Enfin, il se présentait aux élections de 1876, dans la première circonscription de l'arrondissement de Brives, et, après avoir obtenu une majorité relative considérable, était élu au scrutin de ballottage du 5 mars, par 8,143 voix contre 3,449 obtenues par M. de Jouvenel, monarchiste, député sortant. M. Lecherbonnier siégea à gauche, et fut réélu député de Brives le 14 octobre 1877 et le 21 août 1881. Au renouvellement triennal du 25 janvier 1885, M. Lecherbonnier fut élu sénateur de la Corrèze le premier des deux. Il a voté l'expulsion des princes.

LECKY, William Edward Hartpole, historien irlandais, né près de Dublin le 26 mars 1830, fit ses études au collège de la Trinité de cette ville, y prit le grade de maître ès-arts en 1863 et se consacra aux travaux littéraires et historiques qui lui ont fait une grande réputation, justement méritée. — On cite principalement de cet écrivain: les *Meneurs de l'opinion publique en Irlande (1861,* anonyme; nouvelle édition, avouée, 1871-72); *Histoire de l'origine et de l'influence de l'esprit rationaliste en Europe (1865,* 2 vol.); *Histoire des mœurs européennes d'Auguste à Charlemagne (1869,* 2 vol.); *Histoire de l'Angleterre au XVIII*^e^ *siècle (1878-82,* 4 vol.), etc.

LECOCQ, Alexandre Charles, compositeur français, né à Paris le 30 juin 1832. Il était déjà pianiste habile lorsqu'il fut admis au Conservatoire, dans la classe d'harmonie et accompagnement de M. Bazin, le 5 novembre 1849. Dès l'année suivante, il obtenait un premier prix, entrait dans la classe de fugue et de composition d'Halévy, puis devenait élève de M. Benoist pour l'orgue. Après avoir remporté un second accessit de fugue en 1851, le second prix en 1852, et un premier accessit d'orgue, il quitta le Conservatoire en 1853 et se voua à l'enseignement, non toutefois sans ambitionner secrètement les succès du compositeur; mais l'occasion est plus rare et plus chauve pour un jeune musicien que pour tout autre mortel au monde, peut-être. Elle se présenta pourtant une première fois à bonne portée, et M. Lecocq s'empressa de la saisir: Offenbach venait de fonder le théâtre des Bouffes-Parisiens; il ouvrit un concours pour la composition d'une opérette en un acte, intitulée: le *Docteur Miracle,* et M. Lecocq, avec soixante-dix-sept concurrents, entra en lice. Classé d'abord parmi les six premiers, avec MM. Bizet, Demerssemann, Erlanger, Limagne et Manniquet, il vit en fin de compte sa partition couronnée avec celle de Georges Bizet. Le *Docteur Miracle,* en conséquence de ce double choix, fut représenté pour la première fois sur la scène des Bouffes, avec la musique de M. Lecocq, le 8 avril 1857 et avec celle de Bizet le lendemain, pour alterner ainsi jusqu'à extinction de succès, ce qui ne fut pas long, aucune des deux partitions n'ayant produit un très vif enthousiasme. Après deux ans d'attente vaine, M. Lecocq donnait aux Folies-Nouvelles, le 29 janvier 1859, une opérette en un acte: *Huis clos,* qui ne fut pas même achevée, par la faute du livret. Il lui fallut encore attendre plusieurs années l'heure de la revanche. Il réussit enfin à faire représenter au petit théâtre des Champs-Elysées plusieurs opérettes en un acte, dont l'inspiration facile et la facture gracieuse finirent par attirer l'attention sur le compositeur. Ce sont: le *Baiser à la poste, Liline et Valentin,* les *Ondines au champagne (1865),* et le *Cabaret de Ramponneau (1867).* En mai 1866, il avait fait représenter au Palais-Royal une opérette en un acte: *Myosotis,* dont il avait écrit la musique sur un livret très spirituel et très gai de Cham, l'excellent caricaturiste, et qui avait eu un succès véritable. Lors de la fondation de l'Athénée, M. Lecocq fit jouer à ce théâtre: l'*Amour et son carquois* (janvier 1868), opéra comique en deux actes, et au mois d'avril suivant: *Fleur de Thé,* opérette bouffe en 3 actes, qui fut son premier succès retentissant, et eut plus de cent représentations consécutives. Cette pièce fut reprise plus tard aux Variétés et aux Folies-Dramatiques, puis traduite en plusieurs langues et jouée à l'étranger avec autant de succès qu'à Paris. La partition *Fleur de Thé,* sans briller par des qualités d'originalité de premier ordre, décelait au moins chez son auteur ce souci de la forme qui est devenu un des traits caractéristiques de son talent et le distinguait dès lors des maîtres de l'opérette, faisant aisément pressentir les succès qui l'attendaient dans un avenir prochain. Il écrivit la même année, pour le théâtre de l'Athénée, les *Jumeaux de Bergame,* opéra comique en un acte, qui n'y fut pas représenté, et quelques morceaux nouveaux pour un vaudeville en 5 actes: le *Carnaval d'un merle blanc,* joué au Palais-Royal; et l'année suivante, deux opérettes en un acte: *Gandolfo* et le *Rajah de Mysore.* Il donnait également deux opérettes au même théâtre dans le courant de 1870; le *Testament de M. de Crac* et le *Barbier de Trouville.* Pendant la guerre de 1870-71 M. Ch. Lecocq, dont les services ne pouvaient être d'aucune utilité à la patrie (affligé d'une douloureuse infirmité, M. Lecocq ne peut se mouvoir qu'à l'aide de deux béquilles), s'était retiré à Bruxelles, où il fit jouer, avec un succès éclatant, les *Cent vierges,* opéra bouffe en 3 actes qui, après avoir fourni plus de cent représentations à Bruxelles, devait avoir un succès encore plus prolongé à Paris, où il fut représenté sur la scène des Variétés, le 13 mai 1872. Cependant ce succès fut dépassé de bien loin par celui de la *Fille de Mme Angot,* autre ouvrage en 3 actes, donné également à Bruxelles d'abord, le 4 décembre 1872, puis aux Folies-Dramatiques, le 21 février 1873, et qui eut plus de quatre cents représentations consécutives, sans parler des reprises, dont le chiffre dépasse certainement celui de la première série. Désormais populaire, le nom de M. Ch. Lecocq devint le rêve de toutes les affiches de théâtre. En conséquence, il donnait presque en même temps (1874): *Giroflé Girofla,* à la Renaissance, opérette jouée à Bruxelles d'abord, et les *Prés Saint-Germain* aux Variétés, succès modeste celui-ci; puis viennent: le *Pompon,* aux Folies-Dramatiques (novembre 1875), également sans succès, mais par la faute évidente du livret; la *Petite mariée,* à la Renaissance (1875), qui fut une bril-

lante revanche des échecs précédents; *Kosiki*, opéra comique en 3 actes, au même théâtre (1876); la *Marjolaine*, opéra bouffe en 3 actes, même théâtre, et le *Dompteur*, opérette, aux Variétés (1877); le *Petit Duc*, opérette en 3 actes; la *Camargo*, *ibid.*, à la Renaissance (1878); le *Cœur et la main*, *ibid.*, aux Variétés (1882); la *Princesse des Canaries*, *ibid.*, aux Folies-Dramatiques (1883); l'*Oiseau bleu*, *ibid.*, aux Nouveautés (1884); la *Vie mondaine*, opéra bouffe en 4 actes, même théâtre (1885), etc.

Les ouvrages de M. Ch. Lecocq, que les théâtres secondaires, voués au culte de l'opérette, ont pu seuls faire connaître, trahissent chez leur auteur une sorte de révolte constante contre le rôle que les circonstances lui ont imposé. Artiste instruit et distingué, loin de rabaisser la musique, comme ce semble être le souci des créateurs de l'opérette, Offenbach et Hervé, afin de la mettre au niveau des instincts grossiers du public, on sent que M. Lecocq cherche, au contraire, à épurer le goût de ses auditeurs, à leur inspirer le désir d'autre chose. Il y a un abime entre la véritable opérette et ce que M. Lecocq est obligé d'appeler de ce nom; chez lui, l'opérette tourne visiblement à l'opéra comique, c'est-à-dire à la comédie et non à la bouffonnerie musicale; il accepte le titre qu'il tient des exigences des temps, mais tout ce qu'il peut faire pour modifier la chose elle-même, il le fait et il réussit, ma foi, trop bien dans ses efforts pour permettre de croire qu'il n'a pas raison. — M. Lecocq a publié, en dehors du théâtre, un certain nombre de compositions, parmi lesquelles nous citerons: *Miettes musicales*, vingt-quatre esquisses de style pour le piano (Paris, d'Aubel); les *Fantoccini*, ballet pantomime pour le piano; *Gavote*, pour le piano; *Noël*, à deux voix; *Berceuse*, mélodie vocale: *Lettre d'une cousine à son cousin*, *Ma femme est blonde*, le *Langage des yeux*, chansons (Paris, Brandus); *Garde à vous!* la *Grosse gourmande*, le *Pays des amours*, etc., chansons (Paris, Feuchot). Il a, en outre, écrit en société avec MM. Hervé et Legouix, sous le pseudonyme collectif d'Alcindor, la musique de *Deux portières pour un cordon*, opérette en un acte, représentée sur le théâtre du Palais-Royal, en mars 1869.

LECOINTE, Alphonse Théodore, général et homme politique français, né à Evreux le 12 juillet 1817. Elève de Saint-Cyr, il en sortit dans l'infanterie en 1839, fut promu lieutenant en 1841, capitaine en 1848, major en 1854, lieutenant-colonel en 1859 et colonel en 1864. Lorsqu'éclata la guerre de 1870-71, M. Lecointe, qui avait fait les campagnes de Crimée, d'Italie et du Mexique, était à la tête du 2ᵉ régiment de grenadiers de la garde impériale, avec lequel il prit part à la campagne de France et se distingua d'une manière toute particulière à Rezonville (16 août). Enfermé dans Metz, il parvint à s'échapper au moment de la capitulation et vint offrir son épée au gouvernement de Tours. Nommé général de brigade le 14 novembre, il reçut le commandement d'une division de l'armée du Nord, et se distingua de nouveau au combat de Villers-Bretonneux, chassa l'ennemi de Gentelles en lui infligeant des pertes très sensibles, et dix jours plus tard (8 décembre), lui reprenait Saint-Quentin et Ham. Le 24, le général de Manteuffel l'attaqua vainement et fut forcé de se retirer. Le 3 janvier 1871, il rejetait sur Bapaume la division Kummer. Le général Lecointe qui, dans cette malheureuse campagne, ne compta que des succès, était promu divisionnaire le 16 septembre 1871; appelé d'abord au commandement de la 1ʳᵉ division du 1ᵉʳ corps, à Lille, il était placé, en décembre 1878, à la tête du 17ᵉ corps, à Toulouse. En janvier 1880, il remplaçait le général Farre comme gouverneur militaire de Lyon, et en mars 1881 le général Clinchant, décédé, comme gouverneur de Paris. Elu sénateur de l'Eure en remplacement de M. Lépouzé, dont l'élection avait été annulée et qui ne se représentait pas (il est mort le 16 février 1882), le 26 février 1882, le général Lecointe a été réélu au renouvellement triennal du 25 janvier 1885. Il siège à gauche et s'est abstenu lors du vote de la loi d'expulsion des princes prétendants. — Le général Lecointe est grand officier de la Légion d'honneur depuis le 8 janvier 1881. Il a été maintenu par décret dans le cadre de l'activité, sans limite d'âge, comme ayant commandé en chef devant l'ennemi.

LECOINTRE, Marie François Louis, homme politique français, né à Poitiers le 8 septembre 1840. Grand propriétaire agriculteur et viticulteur, M. Lecointre est membre du Conseil municipal de Poitiers, et du Conseil général de la Vienne depuis 1880. Il a été élu député de la Vienne, sur la liste monarchiste, le 4 octobre 1885.

LECOMTE DU NOUY, Jules Jean Antoine, peintre français, élève de Gleyre et de MM. Signol et Gérôme, est né à Paris le 10 juin 1842; il débuta au Salon de 1863 et remporta en 1865 le second grand prix de Rome, ayant pour sujet: la *Mort de Jocaste*. — On a de cet artiste: *Francesca di Rimini et Paolo Malatesta aux enfers (1863)*; les *Portraits de M. et de Mme Morin (1864)*; *Sentinelle grecque (1865)*; l'*Invocation à Neptune (1866)*; *Job et ses amis*, *Danseuse fellah (1867)*; la *Folie d'Ajax le Télamonien (1868)*; l'*Amour qui passe et l'Amour qui reste*, *Portrait de la femme au châle (1869)*; le *Charmeur (1870)*; les *Porteurs de mauvaises nouvelles*, au Luxembourg; *Démosthène s'exerçant à la parole (1872)*; le *Philosophe sans le savoir (1873)*; *Eros*, imité d'une pierre antique; *I Macellaj* (les Bouchers) *de Venise (1874)*; la *Lune de miel (Venise au XVIᵉ siècle)*, le *Songe de Cosrou*, inspiré des *Lettres persanes (1875)*; *Saint Vincent-de-Paul ramène les galériens à la foi*, pour l'église de la Trinité; *Homère mendiant (1876)*; la *Porte du sérail* et le *Portrait de l'auteur (1877)*; les *Chrétiennes au tombeau de la Vierge*, *Portrait d'Ad. Crémieux (1878)*; *Saint Vincent-de-Paul secourant les Alsaciens et les Lorrains après leur réunion à la France (1879)*; les *Travailleurs de la mer*, fragment d'un pentaptique; le *Marabout-prophète Sidna-Aissa*, au Maroc (1884); les *Orientales*, les *Contemplations*, inspirées de Victor Hugo (1885); un grand nombre de *Portraits*, etc. En dehors de ses expositions, on doit à M. Lecomte du Nouy un certain nombre de tableaux pour des galeries particulières, notamment: *Marchande à Pompéi*, *Chrétiennes au tombeau de la Vierge*, *Prêtre mendiant* (égyptien), le *Repos du chérif*, la *Nuit de Noël à Jérusalem*, *Chloé à la fontaine*, etc.; quelques portraits, celui de *Bérenger de la Drôme*, pour le musée de Valence, entre autres, etc. — Il a obtenu une médaille en 1866 et 1869 et une médaille de 2ᵉ classe en 1872; et aux expositions étrangères, il a reçu des récompenses à Londres en 1862, à Vienne en 1873, etc. Il a enfin été décoré de la Légion d'honneur en 1876.

LE CONTE, Joseph, médecin et naturaliste américain, né le 26 février 1823, dans le comté de Liberty (Géorgie), fit ses études au collège de médecine et de chirurgie de New-York, y prit le grade de docteur en 1848 et alla s'établir à Macon, dans l'Etat de Géorgie. En 1850, il se rendit à Cambridge (Massachusetts) et devint un des disciples d'Agassiz, qu'il accompagna dans son expédition scientifique en Floride. Il devint ensuite professeur dans divers collèges, notamment professeur de chimie et géologie au collège de la Caroline du Sud (1856-69), et à l'université de Californie, où il occupe depuis 1869 la chaire de géologie et d'histoire naturelle. — On a du Dʳ Joseph Le Conte, outre un certain nombre de mémoires et d'articles sur l'éducation et les beaux-arts, divers ouvrages dont voici les principaux: l'*Action du Gulf Stream dans la formation de la péninsule de la Floride*; *De la corrélation de la force vitale avec les forces chimiques et physiques*; *Sur le phénomène de la vision binoculaire*; *Théorie de la formation des grands linéaments de la surface de la terre*; *Sur quelques-uns des anciens glaciers des Sierras*; *Sur la formation et l'âge des montagnes de la Cascade*; *Sur le grand courant de lave du Nord-Ouest*; les *Rapports mutuels de la religion et de la science* (1874); la *Vue (1881)*, etc.

LECONTE DE LISLE, Charles Marie, poète français, membre de l'Académie française, est né à Saint-Paul (Réunion) le 23 octobre 1818. Ses études terminées, il fit plusieurs voyages, notamment dans l'Inde, vint ensuite en France et se fixa à Paris en 1847. En 1848, il prit une certaine part à l'agitation révolutionnaire, mais il retourna bientôt aux travaux littéraires et particulièrement à la poésie, pour laquelle il avait de très bonne heure manifesté de grandes dispositions. La *Revue des Deux-Mondes* lui ouvrit ses portes et il y publia d'abord la plupart de ses *Poèmes antiques*, qui firent d'emblée sa réputation. Cependant, la poésie n'était pas assez productive pour que M. Leconte de Lisle, dont les ressources étaient bornées, pût se dispenser entièrement d'un travail plus rémunérateur: il donna des leçons de grec, ce qui l'amena naturellement à traduire les poètes de la Grèce antique. Il s'y prit d'une ardeur particulière et il en vint, grâce à son respect pour l'original, trop visible dans l'exactitude de la traduction, à traiter son sujet de manière à faire dresser les cheveux au calme, savant et excellent père de *Peisistratos* Caxton, le héros de Bulwer. Malgré les protestations des modernes, on ne saurait se refuser à reconnaitre la profonde érudition, en rien préjudiciable à la grâce de la forme, dont les travaux de M. Leconte de Lisle fournissent la preuve évidente. En 1855, il lui fut accordé, sans sollicitation de sa part, mais aussi sans que le donateur ignorât qu'il eût affaire à un adversaire politique, une pension de 3,600 francs sur la cassette impériale, ce qui lui permit de poursuivre ses travaux d'érudition sans crainte des soucis énervants que causent trop souvent les exigences de la vie matérielle. Cette pension lui fut beaucoup reprochée depuis, non par ses coreligionnaires politiques, mais par les autres, surtout lorsqu'en 1871, il publia son *Petit catéchisme républicain*. Il est pourtant bien clair qu'il ne s'agissait là, en aucune façon, d'attaques envers l'homme qui l'avait pensionné, mais tout au plus de mise en garde contre l'ambition de ceux qui, sans avoir osé rien faire ouvertement pour se débarrasser de cet homme, méditaient de le remplacer. — M. Leconte de Lisle a publié: *Poèmes antiques (1853)*; *Poèmes et poésies (1855)*; *Poésies complètes*, contenant un certain nombre de pièces inédites (1858); *Idylles de Théocrite* et *Odes anacréontiques*, traductions (1861); *Poésies barbares (1862)*; l'*Iliade*, traduction (1867); *Hésiode* et *Hymnes orphiques*, traductions (1869); l'*Odyssée*, traduction (1870); le *Sacre de Paris*, le *Soir d'une bataille (1871)*; *Œuvres complètes d'Eschyle (1872)*; *Œuvres d'Horace (1873, 2 vol.)*; les *Erinnyes*, drame antique, en vers, en deux parties, représenté à l'Odéon en janvier 1873; *Œuvres de Sophocle (1877)*, etc. Il a collaboré à la *Revue des Deux-Mondes*, à la *Revue française*, au *Parnasse contemporain*, etc. — Attaché à la bibliothèque du Luxembourg en 1872, M. Leconte de Lisle a été nommé sous-bibliothécaire en 1873; la même année il posait, sans succès, sa candidature au fauteuil du P. Gratry, à l'Académie française. Mais il était élu membre de l'illustre assemblée, au fauteuil de Victor Hugo, le 10 février 1886. Chevalier de la Légion d'honneur depuis 1870, il était promu officier le 12 juillet 1883.

LECOQ DE BOISBAUDRAN, Paul Emile François, chimiste français, d'une vieille famille protestante du Poitou, est né à Cognac en 1838. Il fit toutes ses études à la maison paternelle; porté vers l'étude de la chimie, il s'y adonna complètement, et par des expériences isolées, fut conduit à des découvertes importantes. C'est ainsi qu'il découvrit le nouveau métal auquel il donna le nom de *gallium (1875)*, découverte qui fut récompensée, en 1872, par le prix Bordin de l'Académie des sciences et par des distinctions de toutes sortes décernées à M. Lecoq de Boisbaudran par divers corps savants de la France et de l'étranger. On lui doit des mémoires et des notes insérés dans les *Comptes rendus* de l'Académie des sciences et d'autres publications spéciales, sur la chimie, l'électricité, la physique moléculaire, la spectroscopie, etc., et un ouvrage intitulé: *Spectres lumineux, spectres prismatiques, destinés aux recherches de chimie minérale (1874)*. — M. Lecoq de Boisbaudran a été élu membre de l'Académie des sciences, section de chimie, le 10 juin 1878. La même année, il recevait un grand prix à l'Exposition universelle et l'année suivante, la Société royale de Londres lui décernait sa grande médaille d'or de Davy; enfin, l'Académie des sciences lui décernait, en 1880, le prix Lacaze de 10,000 francs, il a été nommé chevalier de la Légion d'honneur en 1876 et officier d'académie le 1ᵉʳ mai 1885.

LE COUR DE GRANDMAISON, Charles, homme politique français, armateur, né à Nantes le 12 février 1848. Docteur en droit, juge au tribunal de commerce et membre de la chambre de commerce de sa ville natale, M. Le Cour est en outre conseiller général de la Loire-Inférieure. Il a été élu député de la Loire-Inférieure, le 4 octobre 1885, sur la liste monarchiste et a pris place à l'extrême-droite de la Chambre.

LEDOCHOWSKI (comte), Mieczislas, prélat polonais, cardinal, ancien archevêque de Gnesen et Posen et primat de Pologne, est né à Gorki, d'une famille polonaise ancienne et illustre le 29 octobre 1822. Il commença ses études théologiques chez les Lazaristes du collège Saint Jean, à Varsovie, et à l'âge de dix-huit ans reçut les ordres et l'habit des mains de l'évêque de Sandomir. Après quelques études à Vienne, il se rendit à Rome et entra à l'*Academia ecclesiastica*, fondée par Pie IX pour donner un enseignement spécial aux jeunes ecclésiastiques qui se sont distingués par leur intelligence et leurs connaissances acquises. Pie IX le nomma successivement prélat domestique et protonotaire apostolique, l'envoya à Madrid, en mission diplomatique, puis, comme auditeur de la nonciature, à Lisbonne, à Rio de Janeiro, et à Santiago de Chili. Nommé archevêque de Thèbes *in partibus infidelium* et nonce du Saint-Siège à Bruxelles le 30 septembre 1861, il était nommé, en janvier 1866, archevêque de Gnesen et Posen, siège qui lui donnait le titre de primat de Pologne. La résistance énergique opposée par M. Ledochowski aux lois ecclésiastiques prussiennes (1874), donnèrent lieu à des poursuites contre ce prélat, suivie d'une condamnation à l'emprisonnement, qu'il subissait au donjon d'Ostrowo, lorsqu'il fut créé cardinal par le pape dans un consistoire secret tenu à Rome le 15 mars 1875. Rendu à la liberté le 3 février 1876, M. Ledochowski fut conduit sous escorte, par Berlin, à la frontière de Bohême. De Prague, où il fut reçu avec acclamation, il se rendit à Cracovie et, sur l'invitation du gouvernement autrichien de ne pas prolonger son séjour en Gallicie, il partit pour Rome, où il arriva le 6 mars et où une réception magnifique lui fut faite par les soins des hauts dignitaires de l'Eglise. Comme, de Rome, il ne cessait de diriger les affaires de son diocèse, le cardinal Ledochowski se vit l'objet de poursuites répétées pour infractions aux lois de mai, devant les tribunaux allemands, poursuites invariablement suivies de condamnations de plus en plus sévères, mais qu'il ne pouvait être forcé de subir, étant un peu loin pour cela. Enfin, cette lutte quelque peu ridicule a pris fin, l'empire d'Allemagne s'étant réconcilié avec le Saint-Siège; mais le cardinal Ledochowski n'y a pas gagné grand' chose, car le prince Bismarck ayant exigé que les catholiques allemands fussent dirigés par des prélats allemands, Léon XIII, en dépit qu'il en eût, consentit à donner à l'ancien archevêque de Posen, un remplaçant allemand, dans la personne de M. Dinder (mai 1886).

LEES, Edwin, botaniste anglais, né à Worcester le 12 mai 1800, fit ses études dans sa ville natale et à Birmingham, et entra dans le commerce; mais il abandonna bientôt cette carrière pour l'étude de l'histoire naturelle et plus particulièrement de la botanique. Il s'occupa surtout de l'histoire naturelle du Worcestershire et aida sir Charles Hastings à l'établissement d'une Société d'histoire naturelle dans ce comté, dont il fut le premier curateur honoraire; il devint ensuite le premier président du Club des naturalistes du Worcestershire et le premier vice-président de celui de Malvern. M. Edwin Lees, bien connu par ses cours de botanique, est l'auteur de: l'*Herborisateur* (the Botanist looker-out) *en Angleterre et dans la principauté de Galles*; *Affinités des plantes et des animaux, leurs analogies et associations*: *Tableaux de la nature sur les côteaux de Malvern et dans la vallée de la Severn*; la *Botanique des montagnes de Malvern*; la *Botanique du comté de Worcester (1868)*; de poésies et de nombreux articles disséminés dans les recueils périodiques d'histoire naturelle et dans ceux de diverses sociétés savantes, dans le *Worcester Journal*, etc. Nous devons citer à part une série d'articles sur les vieux arbres curieux, reliques des forêts de l'Angleterre, publiés en 1874 et 1875 dans le *Gardeners' Chronicle*, et réunis en volume, sous ce titre: *The Forest en chace of Malvern, its ancient and present state (1877)*. Son dernier ouvrage est intitulé: *Scenery and Thought, in poetical Pictures of various Landscape scenes and Incidents*, et a été publié en 1880. En 1869, les membres du Club des naturalistes du Worcestershire et de Malvern se sont cotisés pour offrir à M. Edwin Lees son portrait et un service de déjeuner en argenterie, en reconnaissance des services qu'il a rendus à la science locale pendant plus d'un quart de siècle. — Il est membre de la Société linnéenne et de la Société géologique.

LEFÉBURE, Albert Léon, économiste et homme politique français, né à Colmar le 31 mars 1838, vint faire son droit à Paris et, après des voyages en Europe et en Algérie, entra comme auditeur au Conseil d'Etat en 1864. Propriétaire dans la province d'Oran

il avait été élu, l'année précédente, membre du Conseil général de cette province, dont il était devenu secrétaire, et devenait également, en 1867, conseiller général et secrétaire du Haut-Rhin. Aux élections générales de 1869, M. Léon Lefébure, candidat « agréé », fut élu député de la première circonscription de ce département. Député laborieux et extrêmement actif, M. L. Lefébure fit partie de plusieurs commissions importantes et prit part aux discussions sur le régime économique, sur la situation de l'Algérie, etc. Il prit place dans les rangs du tiers-parti libéral et signa l'interpellation des Cent-Seize. Secrétaire de la commission d'enquête sur le régime économique, il fut chargé du rapport sur les admissions temporaires qui, seul, fut prêt avant que les événements vinssent interrompre les travaux de la commission. Pendant la guerre M. L. Lefébure combattit dans les rangs de la garde mobile du Haut-Rhin et, après l'armistice, opta pour la nationalité française. Elu, le 2 juillet 1871, représentant de la Seine à l'Assemblée nationale, par plus de cent mille suffrages, il siégea au centre droit et prit, comme toujours, une part considérable aux travaux de l'Assemblée. Nommé membre du Conseil supérieur de l'agriculture, du commerce et de l'industrie en 1873, M. Magne le choisissait, le 26 novembre suivant, comme sous-secrétaire d'Etat au ministère des finances; il conserva ce poste jusqu'en juillet 1874. M. Léon Lefébure ne s'est plus présenté aux élections suivantes. — Membre d'un grand nombre de sociétés savantes ou d'utilité publique, il a été secrétaire du jury spécial à l'Exposition universelle de Paris en 1867, et membre de la section française du jury international à celle de Vienne en 1873. Il est chevalier de la Légion d'honneur depuis 1867. — M. L. Lefébure a collaboré au *Temps*, à la *France*, à la *Presse*, à l'*Industriel alsacien*, à la *Revue contemporaine*, etc., et a publié à part : une étude sur l'*Economie rurale*, avec M. Tisserand ; une autre *Etude sur la condition de l'ouvrier et sur les institutions rurales de l'Alsace au moyen âge* ; l'*Allemagne nouvelle (1872)*; *Questions vitales (1875)*; la *Renaissance religieuse en France (1886)*, etc.

LEFEBVRE, Charles, homme politique français, né en 1825. Maire d'Avon, il était en outre conseiller général de Seine-et-Marne, lorsqu'il fut élu député de l'arrondissement de Fontainebleau le 21 août 1881. Il prit place à la gauche radicale. Porté sur la liste radicale, aux élections du 8 octobre 1885, M. Ch. Lefebvre a été élu député de Seine-et-Marne, le deuxième sur cinq. Il a voté l'expulsion totale des princes.

LEFEBVRE, Jules Joseph, peintre français, né à Tournan le 10 mars 1836; élève de l'école municipale de dessin d'Amiens et de Léon Cogniet, il débuta à l'Exposition universelle de 1855, avec le portrait de son premier maître de dessin, *M. Fusilier*, et remporta le grand prix de Rome en 1861, le sujet du concours étant : la *Mort de Priam*. — On a de cet artiste : *Portrait de Mme Lemaire (1857)*; *Portrait de M. Lemaire, Portrait du père de l'auteur (1859)*; la *Veille de Noël, Portrait de M. Pelpel (1861)*; *Jeune homme peignant un masque tragique* (envoi de Rome) ; et au Salon : la *Charité romaine (1864)*; *Pèlerinage au Sacro Speco, couvent de San-Benedetto*, et *Jeune fille endormie (1865)*; *Nymphe et Bacchus (1866)*; *S. S. Pie IX à Saint Pierre de Rome (1867)*; *Femme couchée, Portrait de la sœur de l'auteur (1868)*; *Pascuccia, Portrait de Mme Laisné (1869)*; la *Vérité, Portrait de Mme la marquise de Montesquiou (1870)*; la *Cigale (1872)*; *Portrait du prince impérial (1874)*; *Rêve*, inspiré d'Ossian; *Chloé*, inspiré d'André Chénier; un *Portrait* de femme (1875); *Madeleine, Portrait de M. Léonce Reynaud, directeur général des phares (1876)*; *Pandore (1877)*; *Mignon (1878)*; *Diane surprise (1879)*; *Psyché (1883)*; l'*Aurore (1884)*; *Laure (1885)*; de nombreux portraits, etc. — M. Jules Lefebvre a obtenu des médailles en 1865, 1868 et 1870, une médaille de 1re classe en 1878 et la médaille d'honneur en 1886, il a été décoré de la Légion d'honneur en 1870 et promu officier le 20 octobre 1878.

LEFEBVRE, Charles Edouard, compositeur français, né à Paris le 10 juin 1843. Elève de M. Ambroise Thomas, il reçut aussi des leçons et des conseils de M. Gounod. M. Lefebvre prit part, en 1870, au concours de l'Institut et obtint le premier grand prix de Rome conjointement avec M. Henri Maréchal, pour la cantate intitulée le *Jugement de Dieu*, dont les événements empêchèrent l'exécution en séance publique. Il fit ensuite un voyage à Rome et dans le reste de l'Italie, en Grèce et en Turquie, et à son retour, fit exécuter dans une séance publique de l'Institut, le 15 novembre 1873, une ouverture portant le même titre que sa cantate de concours. Il a fait entendre au Conservatoire, à la séance d'audition des envois de Rome, le 23 mai 1874, une *Suite symphonique*, déjà produite au mois d'avril précédent dans une séance de la Société nationale de musique, et le *Psaume XXIII* pour chœur et orchestre. Après un second voyage à Rome, où il écrivit une symphonie en *mi* bémol et un drame lyrique en trois parties : *Judith*, M. Ch. Lefebvre faisait entendre, dans la séance d'audition des envois de Rome du 27 mai 1875, des fragments de ces deux œuvres importantes, qui furent très favorablement accueillis. — On doit encore à M. Lefebvre les compositions suivantes : *Pièces symphoniques*, exécutées aux concerts du Châtelet (1875); un *Chœur* et une *Romance* pour cor, à la Société nationale de musique (même année) : *Ouverture dramatique*, aux concerts du Châtelet; *Dalila*, scènes pour orchestre, d'après le roman de M. Octave Feuillet, à la Société nationale de musique (1876), etc. Il a aussi publié : *Six poésies mises en musique* (Paris, Hartmann) ; plusieurs morceaux détachés pour chant et piano et sa *Judith*, drame lyrique en 3 parties et 4 tableaux, partition chant et piano réduite par l'auteur (Paris, Mackar, 1877, in-8°).

LEFÈVRE, François Ernest, publiciste et homme politique français, né au Havre le 15 août 1833. Il fit ses études au lycée de sa ville natale et son droit à Paris; reçu licencié, il s'inscrivit au barreau de la capitale, et devint rédacteur et administrateur du journal le *Rappel* dès sa fondation en 1869. Elu conseiller municipal de Paris en 1874, pour le quartier des Epinettes (XVIIe arrondissement) et réélu en 1878, il est devenu président de ce conseil et du Conseil général de la Seine. Après avoir échoué dans la 1re circonscription du Havre, aux élections générales du 21 août 1881, M. Ernest Lefèvre était élu le 4 décembre suivant député de la 2e circonscription du Xe arrondissement de Paris, en remplacement de M. Camille Pelletan, optant pour Aix, qui l'avait également élu. Il prit place à l'extrême gauche. Aux élections d'octobre 1885, il était élu député de la Seine au scrutin du 18. Il a été élu vice-président de la Chambre. — On a de M. E. Lefèvre : *Des légistes et de leur influence aux XIIe et XIIIe siècles (1858)*.

LEFÈVRE, André, littérateur français, né à Provins le 9 novembre 1834, fit ses études au collège Sainte-Barbe, suivit ensuite les cours de la faculté de droit et entra à l'Ecole des chartes; il fut reçu archiviste-paléographe en 1857, prit aussi le grade de licencié en droit et débuta de bonne heure dans la carrière des lettres. M. André Lefèvre a surtout collaboré au *Magasin pittoresque*, à l'*Histoire de France par les monuments*, de MM. Ed. Charton et Bordier, à la *Revue de l'instruction publique*, à la *Revue des Deux-Mondes* et à l'*Illustration*, où il a remplacé J. de Wailly, comme critique littéraire, en 1864. Il a également collaboré à la *Libre pensée* et à la *Pensée nouvelle* et devint, à sa fondation, directeur de la partie littéraire de la *République française*. — Il a publié : les *Finances de la Champagne aux XIIIe et XIVe siècles (1857)*; la *Flûte de Pan*, poésies (1861); la *Vallée du Nil*, d'après les notes de M. H. Cammas, photographe (1863); les *Merveilles de l'architecture* et la *Lyre intime*, poésies (1865); *Virgile et Kalidâsa* : les *Bucoliques et le Nuage messager*, traductions en vers français (1866); les *Parcs et les jardins*, dans la « Bibliothèque des Merveilles » (1867) ; l'*Epopée terrestre*, poème (1868); la *Nature*, traduit de Lucrèce; les *Finances particulières de Napoléon III*, d'après les documents recueillis aux Tuileries (1873); *Religions et mythologies comparées (1877)*; la *Philosophie (1878)*; l'*Homme à travers les âges (1880)*, etc.

LEFÈVRE-PONTALIS, Germain Antonin, homme politique français, né à Paris le 10 août 1830, fit ses études au collège Bourbon et à la faculté de droit, et prit le grade de licencié ès lettres en 1853 et celui de docteur en droit en 1855. Il avait été admis comme auditeur au Conseil d'Etat dès 1852, mais à l'approche des élections générales de 1863, il donna sa démission et se présenta dans la 2e circonscription de Seine-et-Oise, comme candidat de l'opposition ; il échoua avec une très forte minorité, et aux élections de mai 1869, il fut élu dans la même circonscription, malgré les efforts de l'administration ; il prit place au centre gauche du Corps législatif, et signa la demande d'interpellation des Cent-Seize. Elu, le 8 février 1871, représentant de Seine-et-Oise à l'Assemblée nationale, M. Antonin Lefèvre-Pontalis s'inscrivit à la réunion Feray (centre gauche); mais après la chute de M. Thiers, il se rapprocha de la droite, avec laquelle il vota souvent; il vota toutefois les lois constitutionnelles. Il n'en échoua pas moins aux élections du 20 février 1876, dans la 2e circonscription de Pontoise et dans l'arrondissement d'Avesnes (Nord) où il se présentait également, ainsi qu'à celles du 14 octobre 1877 et du 21 août 1881. Le scrutin de liste lui fut plus favorable, et il a été élu député du Nord le 4 octobre 1885, mais sur la liste monarchiste. Il siège donc décidément à la droite monarchiste. — M. Antonin Lefèvre-Pontalis a publié : la *Condition légale de la femme mariée*, sa thèse de doctorat (1855); la *Hollande au XVIIe siècle (1864)*; les *Lois et les mœurs électorales en France et en Angleterre (1865)*; *Jean de Witt (1885)*. Il a collaboré à la *Revue des Deux-Mondes*, au *Journal des Débats*, etc.

LE FLO, Adolphe Emmanuel Charles, général et homme politique français, ancien ambassadeur à Saint-Pétersbourg, est né à Lesneven (Finistère) le 2 novembre 1804. Entré à l'Ecole militaire de Saint-Cyr en 1823, il en sortit en 1825, comme sous-lieutenant au 2e léger, fut promu lieutenant en 1830 et partit pour l'Afrique avec son régiment l'année suivante; promu capitaine en 1836, il était nommé chef de bataillon aux zouaves en 1840, puis, successivement, lieutenant-colonel au 22e léger en 1841, colonel du 32e régiment de la même arme en 1844, et enfin, général de brigade le 12 juin 1848. Il prit part en Algérie, où il demeura jusqu'à sa nomination au grade de général de brigade, à un grand nombre d'affaires, et fut blessé notamment à Constantine, par l'explosion d'une mine (octobre 1837), à l'Oued-Djir le 30 avril 1840, à Milianah peu après, et obtint dix citations à l'ordre du jour de l'armée. Chargé d'une mission diplomatique à Saint-Pétersbourg au mois d'août 1848, le général Le Flô était élu, le 17 septembre suivant, représentant du Finistère à l'Assemblée constituante et résignait, à la fin de l'année, ses fonctions diplomatiques pour venir siéger à l'Assemblée, où il prit place dans les rangs de la droite et appuya la politique de l'Elysée. Réélu à la Législative, il reprit sa place parmi les adversaires de la République, jusqu'à la scission qui se produisit dans les rangs de la droite parlementaire; alors il combattit avec ardeur la politique napoléonienne et, comme questeur, tenta de s'opposer, jusqu'au dernier moment, aux empiètements du pouvoir exécutif. Arrêté à l'hôtel de la Présidence, dès le matin du 2 Décembre, il fut quelque temps enfermé au fort de Ham, puis expulsé du territoire français en janvier 1852. Le général Le Flô se retira en Belgique, puis à Jersey où il demeura jusqu'en 1859. Rentré en France, le général Le Flô vécut dans la retraite jusqu'au moment où la nouvelle de nos premiers désastres vint le trouver à son château de Hec'hoât; alors il fit des démarches pour être autorisé à apporter son concours à la défense du pays, mais ce fut en vain. Le 4 septembre 1870, il était nommé ministre de la guerre et, le 16, réintégré dans les cadres de l'armée, avec le grade de général de division, pour prendre rang du 2 septembre 1851. Pendant le siège de Paris, le général Le Flô travailla dans la mesure du possible, sans doute, à l'armement des gardes nationales et de l'armée; partisan des mesures énergiques de résistance, avec le concours des gardes nationales, pour lesquelles l'état-major général affichait un dédain qu'il eût été au moins plus convenable de dissimuler un peu, il est certain qu'il ne put faire ce qui eût été facile en d'autres circonstances. Elu représentant du Finistère aux élections du 8 février 1871, le premier sur treize, le général Le Flô fut maintenu au ministère de la guerre dans le cabinet de conciliation formé par M. Thiers le 19 du même mois. Dans le conseil des ministres tenu le 17 mars, il se prononça énergiquement, dit-on, contre le procédé plus audacieux qu'habile, pour ne rien dire de plus, grâce auquel le général Vinoy prétendait enlever les canons parqués sur la butte Montmartre : protestation vaine, comme on le sait trop. Le 5 juin suivant, le général Le Flô quittait le ministère et était nommé ambassadeur à Saint-Pétersbourg, fonctions dans lesquelles il fut remplacé par le général Chanzy en février 1879. Le général Le Flô, qui avait refusé des gauches la candidature à un siège sénatorial inamovible, ne se présenta pas davantage à la députation, et a vécu, depuis 1879, dans la retraite. Le bruit a couru qu'il y préparait ses *Mémoires*. — Il a été promu grand-officier de la Légion d'honneur le 5 novembre 1873.

LE FORT, Léon Clément, médecin français, né à Lille le 5 décembre 1829, fit ses études dans sa ville natale et y entra à l'hôpital militaire en 1848. Venu à Paris en 1850, il était reçu externe la même année et interne en 1852, entrait dans le service de Malgaigne, à l'hôpital Saint-Louis, en 1853, et devint aide d'anatomie en 1858 et prosecteur en 1860. Reçu docteur en 1858 et agrégé de la faculté en 1863, il était nommé chirurgien des hôpitaux la même année et professeur de médecine opératoire à la faculté de médecine en 1873, puis de clinique chirurgicale. M. Le docteur Le Fort s'est occupé d'une façon toute spéciale des questions hospitalières et a fait, dans ce but, plusieurs voyages en Angleterre, en Hollande, en Suisse, en Allemagne et en Russie. Il a été successivement chirurgien de l'hospice des Enfants assistés, de l'hôpital du Midi, des hôpitaux Cochin, Lariboisière, Beaujon et enfin de l'hôpital Necker où il est actuellement. Après avoir fait la campagne d'Italie, en 1859, comme chirurgien volontaire, il allait étudier, en 1864, les ambulances des armées en présence pendant la guerre du Schleswig-Holstein; ces études spéciales lui permirent de rendre à l'armée française, pendant la dernière guerre, de grands services. Nommé chirurgien en chef, il organisa les premières ambulances volontaires et dirigea une des ces ambulances pendant toute la durée du siège de Metz. Il a été élu membre de l'Académie de médecine en 1876. — On cite principalement du docteur Le Fort : *Recherches sur l'anatomie du poumon (1858)*; *De la résection du genou (1859)*; *De la résection de la hanche (1861)*; *Mémoire sur l'hygiène hospitalière en France et en Angleterre (1862)*; *Des anévrysmes (1866)*; *Des maternités* (1866, in-4°, 11 pl.); *Des indications du trépan dans les fractures du crâne*; *De l'influence du recrutement de l'armée sur le mouvement de la population (1867)*; *Plaies et anévrysmes de la carotide*, etc. (1868); *Des hôpitaux sous tente (1869)*; la *Chirurgie militaire et les Sociétés de secours en France et à l'étranger (1872)*; *Etude sur l'organisation de la médecine en France et à l'étranger (1875)*, etc. — Il a collaboré à la *Revue des Deux-Mondes*, à la *Gazette hebdomadaire*, au *Dictionnaire encyclopédique des sciences médicales*, etc. — Chevalier de la Légion d'honneur depuis 1870, le docteur Le Fort a été promu officier le 12 juillet 1884.

LE GAVRIAN, Paul, homme politique français, ingénieur civil, est né à Lille en 1825. Elève de l'Ecole centrale des arts et manufactures, il y obtenait le diplôme d'ingénieur en 1858 et succédait, l'année suivante, à son père, décédé, à la tête d'une importante usine de constructeur mécanicien, dont il a conservé la direction jusqu'en 1882. Juge au tribunal de commerce et membre de la chambre de commerce de Lille, il a été élu député du Nord, le 4 octobre 1885, sur la liste monarchiste, qui a totalement triomphé dans ce département.

LÉGLISE, Félix, homme politique français, né à Bayonne le 13 décembre 1846. Il a été élu député de la deuxième circonscription de Dax, comme candidat républicain, le 21 août 1881, battant le député sortant, bonapartiste, de 2,000 voix. Aux élections d'octobre 1885, il échouait dans les Landes, avec la liste républicaine tout entière; mais cette élection ayant été annulée par la Chambre, ce fut le contraire qui se produisit à l'élection partielle du 14 février 1886, et M. Léglise fut élu député des Landes en tête de la liste républicaine. — Il a voté l'expulsion totale des princes.

LEGOUVÉ, Gabriel Jean-Baptiste Ernest Wilfrid, littérateur français, fils de l'auteur du *Mérite des femmes*, est né à Paris le 15 février 1807. Il débuta dans la carrière par un poème sur la *Découverte de l'imprimerie*, auquel l'Académie française accorda le prix de poésie en 1827. Il publia, à partir de cette époque, des ouvrages nombreux et variés. En 1847, il faisait, au Collège de France, un cours gratuit sur l'*Histoire morale des femmes*; il a fait, depuis, beaucoup de conférences ou de causeries sur divers sujets, toujours accueillies avec une grande sympathie. M. Ernest Legouvé a été élu membre de l'Académie française, au fauteuil d'Ancelot, en 1855; la dernière réception qu'il y fit d'un nouveau membre, en qualité de directeur, est celle de M. Gaston Boissier, le 21 décembre 1876. — On cite de M. Ernest Legouvé :

Max, roman (1833); les *Vieillards*, poème (1834); *Edith de Falsen*, roman (1840); *Guerrero, ou la trahison*, tragédie non représentée (1845); *Histoire morale des femmes (1847)*; les *Morts bizarres*, poèmes dramatiques (1852); *Béatrix ou la Madone de l'Art (1860)*; *Lectures à l'Académie (1862)*; la *Croix d'honneur et les comédiens (1863)*; la *Femme en France au XIXe siècle*, brochure et *Jean Reynaud*, biographie (1864); *Messieurs les enfants (1868)*; les *Pères et les enfants au XIXe Siècle (1870*, 2 vol.); *Un tournoi au XIXe siècle*, relatif à l'étude de l'escrime, dont M. Legouvé est un des maitres reconnus (1872); *Conférences parisiennes*; *l'Art de la lecture (1877)*; *Petit traité de lecture à haute voix (1878)*; la *Lecture en actions (1882)*; *Soixante ans de souvenirs (1886)*, etc. — Il a donné au théâtre: *Louise de Lignerolles*, drame en 5 actes, en prose, avec P. Dinaux (1840); *Adrienne Lecouvreur (1849)*; *Bataille de dames* et les *Contes de la reine de Navarre (1851)*, avec Scribe: ces quatre pièces ont été représentées au Théâtre-Français et y font partie du répertoire; une tragédie en cinq actes, *Médée*, écrite pour Rachel, qui avait donné un si éclatant succès à *Adrienne Lecouvreur*, fut en fin de compte refusée par elle; un procès s'ensuivit, que l'illustre tragédienne perdit, naturellement, ce qui ne la fit point revenir sur son refus. *Médée*, en conséquence, devenue *Medea*, fut jouée par la Ristori, avec beaucoup de succès, d'abord au Théâtre-Italien de Paris, puis dans toutes les capitales de l'Europe et a fini, je crois, par passer l'Atlantique avec la grande artiste italienne. En Italie, on l'a, de plus, tranformée en opéra. M. Legouvé a donné depuis au Français: *Par droit de conquête (1855)*; le *Pamphlet*, comédie satirique (1857); les *Doigts de fée*, avec Scribe (1858); *Béatrix*, comédie en cinq actes en prose, pour les débuts sur la scène française de Mme Ristori, à l'Odéon (1861), pièce tirée du roman cité plus haut: *Béatrix ou la Madone de l'Art*; *Un jeune homme qui ne fait rien*, un acte en vers, au Français (1861); *Miss Suzanne*, comédie en quatre actes, au Gymnase (1867); *A Deux de jeu*, un acte en prose, au Français (1868); les *Deux reines de France*, drame en quatre actes en vers, dont M. Legouvé lisait des fragments à la séance annuelle de l'Institut, dès 1864, joué pour la première fois au théâtre Ventadour, avec des chœurs et des morceaux symphoniques de M. Gounod, en 1872; l'*Amour africain*, opéra comique en un acte, tiré d'une nouvelle de Prosper Mérimée, musique de M. Paladilhe, à l'Opéra-Comique; la *Cigale chez les fourmis*, un acte, avec M. Labiche, au Français (1876); la *Fleur de Tlemcen*, un acte, joué à la Porte Saint-Martin, dans une représentation donnée par l'Association de l'Union française de la jeunesse (8 avril 1877); *Anne de Kervilliers*, un acte en prose, au Français (1879), etc. — Aux élections sénatoriales de janvier 1876, un groupe d'électeurs offrit une candidature à M. Legouvé, mais il la refusa. Il est officier de la Légion d'honneur depuis 1864.

LEGRAND DE LECELLES, Louis, homme politique français, avocat, né à Saint-Amand (Nord) en 1827. Avocat du barreau de Douai, membre et vice-président du Conseil général du Nord et vice-président du conseil d'administration des mines de Douchy, M. Legrand (de Lecelles) fut inscrit sur la liste monarchiste du Nord aux élections du 4 octobre 1885, et triompha avec ses amis. Il siège à droite.

LE GUAY (baron), Léon, homme politique français, né à Paris le 3 juillet 1827. Grand propriétaire agriculteur dans le Maine-et-Loire, il fut nommé préfet de ce département en mars 1871, puis appelé par Beulé au ministère de l'intérieur, comme secrétaire général, le 17 juin 1873 et nommé conseiller d'Etat en service extraordinaire. Nommé en décembre suivant préfet du Nord, il était élu sénateur de Maine-et-Loire, sur la liste de l'Union conservatrice le 30 janvier 1876, et prenait place à droite. Il fut réélu, avec quelque peine, au renouvellement triennal du 5 février 1879. — Il est officier de la Légion d'honneur depuis 1873; il est de plus commandeur de l'ordre pontifical de Saint-Grégoire le Grand.

LEIGHTON, sir Frederick, peintre anglais, né à Scarborough le 3 décembre 1830. Il montra fort jeune une très vive passion pour les arts du dessin, et reçut sa première éducation artistique à Rome, vers l'âge de onze ans. Entré en 1843 à l'Académie de Berlin, il alla continuer ses études à Francfort. Pendant l'hiver de 1845-46, qu'il passa à Florence avec son père, celui-ci résolut sur l'avis motivé du sculpteur Hiram Power, de le destiner à la peinture. Le jeune artiste reprit au printemps suivant ses études à Francfort et les continua de 1846 à 1848; il se rendit alors à Bruxelles, où il produisit sa première œuvre: *Cimabué rencontrant Giotto dessinant dans les champs*. Venu à Paris, où il s'occupa à copier les maitres, au Louvre, il retourna ensuite à Francfort, où il fut pendant trois années élève du professeur E. Steinle, de Vienne. Il produisit sous la direction de cet élève d'Orverbeck plusieurs ouvrages remarquables, notamment un grand tableau représentant la *Mort de Brunellesco*. Les hivers de ces trois années, M. Leighton les passa en grande partie à Rome, et c'est dans cette période qu'il y peignit une autre grande toile: *Cimabué*, représentant la *Madonna* de ce maitre illustre promenée en triomphe dans les rues de Florence. Ce tableau fut exposé à l'Académie Royale de Londres en 1855, et y fit d'autant plus sensation qu'il venait d'un artiste anglais absolument inconnu dans son pays. Il fut acheté par la reine. M. Leighton revint alors à Paris, où il prit résidence et reçut les conseils d'Ary Scheffer, de Robert Fleury et d'autres peintres célèbres. M. Leighton a produit depuis cette époque un grand nombre de toiles importantes, dont plusieurs ont figuré à divers Salons de Paris et parmi lesquelles nous citerons: le *Triomphe de la musique*, *Orphée arrachant sa femme aux enfers (1856)*; les *Pêcheurs et la sirène*, une *Scène de Romeo et Juliette (1858)*; les *Champs en automne (1859)*; *Capri, au lever du soleil (1860)*; *Paolo et Francesca*, *Lieder ohne Worte* (Romances sans paroles) et un *Rêve (1861)*; l'*Odalisque*, l'*Etoile de Bethléem* et *Michel-Ange soignant son serviteur mourant (1862)*; *Achab et Jezabel*, *Jeune fille donnant à manger à un paon*, *Jeune fille portant un panier de fruits* et un *Arbalétrier italien (1863)*; *Orphée et Eurydice*, *Heures dorées* et *Dante en exil (1854)*; *David*, *Hélène de Troie*, la *Mère et l'enfant (1865)*; *Fiancée syracusaine conduisant des bêtes féroces en procession au temple de Diane (1866)*; une *Vénus nue*, *Danseuse espagnole de Cadix*, le *Joueur d'osselets (1867)*; *Jonathas fait un présent à David*, *Ariane abandonnée par Thésée*, *Acmé et Septimius* et *Actéa, la nymphe du rivage (1868)*; *Saint Jérôme*, *Dédale et Icare*, *Electre au tombeau d'Agamemnon*, *Helios et Rodos (1869)*; une *Femme du Nil (1870)*; *Hercule disputant à la Mort le corps d'Alceste*, *Filles grecques ramassant des cailloux dans la mer* et *Cléobule instruisant sa fille Cléobuline (1871)*; *Après vêpres*, *Lune d'été* et un *Condottiere (1872)*; *Tressant la couronne*, les *Arts industriels de la paix (1873)*; *Jardin moresque*, un *Rêve de Grenade*, le *Vieillard de Damas*, une *Jongleuse antique*, *Clytemnestre épiant des murs d'Argos les signaux lumineux qui doivent annoncer le retour d'Agamemnon (1874)*; *Partie de l'intérieur de la grande mosquée de Damas*, la *Petite Fatima*, *Jeune fille vénitienne*, *Frondeur oriental attrapant des oiseaux (1875)*; la *Daphnéphoria*, *Paolo*, *Térésina*, *Portrait du capitaine Burton (1876)*; la *Leçon de musique*, l'*Atelier (1877)*; *Nausicaa*, etc. (1878); *Elie dans le désert*, *Biondina*, *Catarina (1879)*; *Baiser de sœur*, la *Lumière du harem (1880)*; *Elie relevant le fils de la Sulamite*; *Portrait du peintre*, pour la collection de portraits d'artistes peints par eux-mêmes de la Galerie des Offices, de Florence; *Idylle*, *Viola*, *Bianca (1881)*; *Rêves du jour*, *Phryné à Eleusis*, *Antigone*, *Melittion (1882)*; la *Danse*, frise décorative, et deux toiles (1883), etc. Il avait envoyé à l'Exposition universelle de 1878: la *Leçon de musique*, *Elie dans le désert* et le *Portrait du capitaine Burton*, outre un groupe en marbre: *Athlète luttant avec un python*. A l'exposition annuelle de l'Académie royale, sir Frederick Leighton avait encore, en 1886, un plafond; *Mnémosyne et ses filles*, destiné au salon de musique d'un millionnaire américain. M. Frédéric Leighton a exécuté aussi quelques dessins pour la librairie; parmi ses travaux de cette sorte, nous devons mentionner spécialement ses illustrations de la nouvelle florentine de George Eliot, intitulée: *Romola*. — Il a été élu membre de l'Académie royale des arts en 1869 et a obtenu une médaille de 2e classe au Salon de Paris de 1859, une médaille de 1re classe à l'Exposition universelle de 1878 et la croix d'officier de la Légion d'honneur. Il était nommé, en novembre la même année, président de l'Académie royale et était créé chevalier quelques jours plus tard. En 1883, il présidait la commission anglaise près l'exposition internationale des arts graphiques de Vienne. Il faisait partie du jury de la classe de peinture à l'Exposition de 1878, et en cette qualité refusa toute récompense; aussi est-ce comme sculpteur qu'il a été médaillé et fait officier de la Légion d'honneur. Il est en outre associé de notre Académie des beaux-arts.

LEITNER, Gottlieb Wilhelm, philologue et orientaliste hongrois, né à Pesth le 14 octobre 1830, fit ses études à Constantinople, à Brousse, à Malte, et vint les terminer à Londres, au Collège du roi, qu'il quitta en 1855 pour prendre, au Commissariat britannique, les fonctions d'interprète de première classe, qu'il remplit pendant toute la durée de la guerre d'Orient. Chargé de cours d'arabe, de turc et de grec moderne au Collège du roi en 1859, il y devint professeur d'arabe et de droit mahométan en 1861, époque de la création d'une division orientale à ce collège. En 1862, l'université de Fribourg lui conférait les grades de maitres ès-arts et de docteur en philosophie. Le Dr Leitner a fondé, tant en Angleterre qu'aux Indes, une soixantaine d'institutions diverses, collèges, écoles, sociétés littéraires, bibliothèques libres, etc., et créé six journaux publiés en anglais, en arabe, en ourdou, etc. En 1866, il révélait au monde les idiomes des peuplades du Dardistan, puis de celles situées entre Kaboul, Kashmir et Badakhshar. A l'Exposition universelle de Vienne, en 1873, le Dr Leitner obtint le seul grand diplôme d'honneur accordé pour l'avancement de l'instruction, pour lequel il se trouvait naturellement en compétition avec tous les ministères de l'instruction publique. M. Leitner a pu amener en Europe le premier « Yarkandi » et le premier « Siah Posh Kafir », ainsi que la plus vaste collection de curiosités et d'antiquités de l'Asie centrale. — On a de lui: *Théorie et pratique de l'éducation*, *Grammaire philosophique de la langue arabe*, qu'il a traduite ensuite en arabe et en ourdou; le *Sinin-ul-Islam* (Histoire et littérature du Mahométisme dans leurs rapports avec l'histoire générale); les *Races de la Turquie*; *Grammaire et vocabulaire comparatifs des langues dardou*; *Dialogues dans les langues dardou*; *Histoire du Dardistan, chants, légendes*, etc.; *Découvertes greco-bouddhistes*; une *Université nationale au Punjaub*; *Aventures d'un « Siah Posh Kafir »*, etc. Il a présidé, en 1878, le congrès des orientalistes tenu à Florence. Le Dr Leitner lit, parle et écrit vingt cinq langues ou idiomes différents.

LEJEUNE, Pierre, homme politique français, né à Paris en 1842. Propriétaire agriculteur dans l'Indre, il servit pendant la guerre de 1870-71 comme officier des mobiles de ce département, devint chef de bataillon, se distingua à la bataille de Champigny et fut décoré de la Légion d'honneur. Il commandait, le 31 octobre 1870, le bataillon de l'Indre chargé de la garde de l'Hôtel de ville de Paris. Maire de Buzançais et membre du Conseil général de l'Indre depuis 1871, M. Lejeune, connu par ses opinions réactionnaires, fut inscrit sur la liste monarchiste de ce département, dont il fut élu péputé le 4 octobre 1885.

LELAND, Charles Godfrey, littérateur américain, né à Philadelphie le 15 août 1824. Après avoir pris ses grades au collège de Princeton en 1846, il partit pour l'Europe, fréquenta les universités de Heidelberg, de Munich et de Paris, où il se trouvait lorsqu'éclata la révolution de Février et lors de la terrible insurrection de juin 1848. Dans l'automne de cette année, il reprit le chemin des Etats-Unis, aborda l'étude du droit, fut admis au barreau en 1851, mais se tourna de préférence vers la littérature, collabora activement à la presse périodique et publia, entre autres ouvrages, pour la plupart comiques ou humoristiques; *Poésie et mystère des songes (1855)*; le *Livre d'esquisses de Meister Karl* (même année); *Scènes de voyage*; une traduction des *Reisebilder* de Heine (1856); *Rayons de soleil dans la pensée (1862)*; les *Légendes des oiseaux (1864)*; les *Ballades de Hans Breitmann*, écrites dans un patois fabriqué du mauvais allemand pensylvanien mélangé d'anglais (1867-68, 5 parties; édition complète, 1870); les *Leçons de musique de Confucius, et autres poésies (1871)*; *Gaudeamus*, traduction des poèmes comiques de Scheffel (1872): *Croquis égyptiens* et les *Gypsies anglais et leur langage (1873)*; *Fow-Sang ou la Découverte de l'Amérique par des prêtres boudhistes chinois au Ve siècle (1875)*; *Chansons des Gypsies anglais (1876)*; *Abraham Lincoln (1879)*; les *Arts mineurs (1880)*; les *Gypsies (1883)*; les *Légendes des Algonquins de la Nouvelle-Angleterre (1885)*, etc.

LELEUX, Adolphe, peintre français, né à Paris le 15 novembre 1812, apprit son art absolument seul et, pour se créer les ressources dont il avait impérieusement besoin, pendant qu'il poursuivait ses études, il exécuta des photographies, des vignettes, des dessins d'illustration. Il débuta au Salon de 1835, et commença aussitôt un premier voyage artistique. M. Adolphe Leleux a parcouru tour à tour la Bretagne et les côtes de la Manche, les Pyrénées aragonaises, l'Algérie, dont il a reproduit dans ses tableaux les types et les scènes de mœurs avec un succès peu ordinaire, principalement dû à la minutieuse exactitude qu'il y met. — On a de cet artiste: le *Voyageur*, aquarelle (1835); *Chasseur des côtes de Picardie (1836)*; *Gardeur de porcs*, *Joueur de musette (1837)*; *Mendiant dans son intérieur*, un *Marché en Basse-Bretagne (1838)*; *Braconniers bretons (1839)*; *Jeunes filles bretonnes*, *Bûcherons bas-bretons (1840)*; le *Rendez-vous de chasse (1841)*; la *Danse bretonne*, le *Paralytique (1842)*; *Pêcheurs picards*, *Chanteur espagnol à la porte d'une posada (1843)*; *Cantonniers navarrais (1844)*; *Départ pour le marché*, *Pâtres bas-bretons (1845)*; *Faneuses bas-bretonnes*, *Chariot de bœufs*, les *Contrebandiers espagnols (1846)*; *Départ du contrebandier espagnol*, aquarelle; les *Bergers des Landes*, *Retour du marché*, *Jeunes pâtres espagnols (1847)*; *Faneuses bretonnes*, l'*Improvisateur arabe*, *Femmes arabes du désert (1848)*; la *Danse des Djinns*, le *Mot d'ordre (1849)*; *Patrouille de nuit à cheval*, la *Sortie*, scènes de février et de juin 1848; *Chemin creux*, la *Forge et l'étable*, *Famille de Bédouins attaquée par des chiens*, *Promenade publique à Paris (1850)*; un *Suicide breton*, *Petits marchands de hannetons*, un *Jeune marchand de chiens (1851)*; un *Convoi de prisonniers de juin 1848*, la *Place du marché à Dieppe*. *Paysage bourguignon*, *Chien tourmenté par des dindons (1852)*; le *Dépiquage des blés en Algérie*, la *Demande en mariage* (scène de *François le Champi*); l'*Arrivée au champ de foire*, *Petits Bédouins à une source*, les *Terrassiers (1853)*; *Poules et coqs*, *Enfants conduisant des oies*, *Deux jeunes pâtres*, *Portrait de jeune fille*, le *Champ de foire de Saint-Fargeau (1855)*; la *Petite Provence à Paris*, *Cour de cabaret*, *Enfants effrayés par un chien*, *Jeunes tricoteuses*, *Pêcheurs à l'étang*, *Machine à battre (1857)*; *Marché de bestiaux*, *Bûcherons à l'heure du repas*, *Moissonneurs (1859)*; une *Noce en Bretagne*, *Joueurs de boules*, le *Maréchal ferrant bas-breton (1861)*; les *Pêcheurs de Villerville*, *Marché conclu*, une *Noce en Basse-Bretagne (1863)*; *Halte de chasseurs*, *Lutteurs bas-bretons (1863)*; un *Jour de fête en Basse-Bretagne*, le *Meunier, son fils et l'âne (1865)*; *Vanneur breton*, *Femme de pêcheur attendant le retour des barques sur la falaise (1866)*; *Enterrement en Bretagne*, *Paysan breton*, le *Repos*, *Village breton*, une *Etable*, une *Rencontre*, *Fileuse*, *Maréchal ferrant (1867)*; la *Récolte des noix (1868)*; deux *Portraits (1869)*; *Rendez-vous de chasseurs*, une *Table dans une cour d'auberge bretonne (1870)*; *Petits pâtres bretons*, le *Coup de l'étrier (1872)*; l'*Enfant et le maitre d'école*, les *Voleurs et l'âne*, inspirés de Lafontaine (1873); *Fleurs printanières*, *Aux environs d'une ferme* et une *Salle à manger de Crénille*, dans le département de Seine-et-Marne (1874); un *Jour de marché dans le Finistère*, le *Col d'Anterne dans les Alpes*, *Gibier (1875)*; *Tonnelier et vigneron*, et *A Crénille*, dans le département de Seine-et-Marne (1876); *Famille de sabotiers (1877)*; *Lavandières dans le Berry (1878)*; *Chasseurs et rabatteurs (1879)*; les *Lutteurs* (Basse-Bretagne); le *Chasseur au repos (1883)*; l'*Abreuvoir*, en Bretagne; l'*Anier*, en Brie (1884); *Meulières à Mers* (Somme); *Terrassiers à Paris (1885)*; *Douce ivresse* (Basse-Bretagne), *Portrait de l'auteur (1886)*, etc. — Outre d'assez nombreuses récompenses dans les expositions de province, M. Adolphe Leleux a obtenu au Salon de Paris une médaille de 3e classe en 1842, des médailles de 2e classe en 1843 et 1848, et a été décoré de la Légion d'honneur en 1855.

LELOIR, Jean-Baptiste Auguste, peintre français, né à Paris le 27 juillet 1809, est élève de Picot et de l'Ecole des Beaux-Arts, et débuta au Salon de 1835, par un *Portrait*. — Les œuvres principales exposées par cet artiste sont: *Ruth et Noémi*, la *Parabole des dix vierges*, le *Bon ange*, *Sainte-Cécile*, *Marguerite en prison (1839)*; *Homère*, *Jeunes paysans au bas de la Voie sacrée (1842)*;

la *Cène*, le *Christ et la Samaritaine, Famille chrétienne livrée aux bêtes*, la *Nuit de la Toussaint*, les *Athéniens captifs à Syracuse*, les *Chrétiens dans les catacombes*, la *Vierge et saint Jean après la mort du Christ (1855)*; le *Dépar. du jeune Tobie (1857)*; la *Mort d'Homère (1859)*; *Daphnis et Chloé, Portrait de Petitot (1863)*; *Sapho au cap Leucade (1864)*; *Jeanne Darc en prison*, une *Ame au ciel (1865)*; la *Madeleine au tombeau (1866)*; *Saint-Vincent diacre à Valence, en 304 (1868)*; *Jeanne Darc enfant, Barcarolle (1869)*; *Au printemps*, un *Portrait (1873)*; le *Mariage de la Vierge (1874)*; un *Martyr : couloir du colisée conduisant dans l'arène (1876)*; la *Sainte famille en Egypte (1877)*; *Horace à Tibur (1878)*; *Renaud et Armide (1879)*; *Portrait de M. Henri de Chennevières*, la *Femme du pêcheur (1883)*; de nombreux portraits, des études d'enfants, etc. On lui doit également divers travaux décoratifs, notamment aux églises Saint-Germain l'Auxerrois et Saint-Merry à Paris, à celle de Saint-Leu-Taverny et à l'église Saint Jean de Belleville (1874), etc. — M. Auguste Leloir a obtenu une médaille de 3ᵉ classe en 1839 et une de 2ᵉ classe en 1841; il a été nommé chevalier de la Légion d'honneur en 1870.

LEMOINNE, John Emile, publiciste, membre de l'Académie française, est né à Londres le 17 octobre 1815 et a fait ses études mi-partie en Angleterre et en France, possédant également bien les deux langues et les deux littératures. Entré en 1840 au *Journal des Débats*, spécialement chargé de la correspondance d'Angleterre, M. John Lemoinne y a en outre traité les questions de politique étrangère générale d'une manière suivie, et incidemment la politique intérieure; il y a également inséré des articles de critique littéraire, de biographie et d'histoire; enfin, il en est devenu le rédacteur en chef en 1873. C'est alors que, parlementaire avant tout, M. John Lemoinne comprit que, dans la situation, une République parlementaire était la seule forme gouvernementale qui convint à la France. Il prit en conséquence hautement la défense de la République et combattit avec ardeur, avec la logique éloquente d'une conviction arrêtée et avec esprit, ce qui ne gâte rien, de 1873 à 1877, un gouvernement dont toutes les aspirations étaient tendues vers une restauration monarchique. Et, certes, il est bien pour quelque chose dans le triomphe final de la République, par la conviction qu'il a fait passer dans l'esprit d'une classe de lecteurs d'abord rebelle à l'idée républicaine, qu'en dehors d'elle, tout n'était que confusion et malheur. M. John Lemoinne a aussi collaboré assidûment à la *Revue des Deux-Mondes*, et réuni en volumes un certain nombre des études historiques, biographiques et littéraires publiées dans cette revue et aux *Débats*. — M. John Lemoinne a été élu membre de l'Académie française, en remplacement de Jules Janin, le 13 mai 1875, et y a été solennellement reçu, le 2 mai 1876, par M. Cuvillier-Fleury. Elu sénateur inamovible le 23 février 1880, il était nommé ministre plénipotentiaire à Bruxelles le 17 avril, mais donnait sa démission quinze jours après. Il siège au Sénat sur les bancs du centre gauche. Il a naturellement voté contre l'expulsion des princes. — M. J. Lemoinne est chevalier de la Légion d'honneur.

LE MONNIER DE LARIÈRE, Pierre Jean-Baptiste, médecin et homme politique français, maire de Château-du-Loir, est né à Lucé (Sarthe) le 5 septembre 1814. Suspect au gouvernement impérial, à cause du peu de sympathie qu'il lui avait toujours manifesté, M. le docteur Le Monnier fut arrêté chez lui, en vertu de la loi de sûreté générale, en 1858, et transporté en Afrique sans autre forme de procès. Elu député de l'arrondissement de Saint-Calais le 20 février 1876, il prit siège à gauche. Réélu le 14 octobre 1877 et le 21 août 1881, M. Le Monnier a été nommé sénateur de la Sarthe au renouvellement partiel du 8 février 1882. Il a voté l'expulsion des princes.

LEMOYNE, Camille André, poète français, né à Saint Jean-d'Angély le 22 novembre 1822, fit son droit à Paris et s'inscrivit au barreau de cette ville en 1847. Des revers de fortune ne lui ayant pas permis d'attendre une clientèle lente à venir, il dut se faire ouvrier typographe. Tout en exerçant cette profession il collaborait à divers recueils périodiques, notamment à l'*Artiste*, à la *Revue de Paris* et à la *Revue française*, et plus récemment au *Parnasse contemporain*, etc. — M. André Lemoyne a publié : *Stella Maris, Ecce Homo, Renoncement*, une *Larme de Dante*, etc., poésies (1860), couronnées par l'Académie française, les *Sauterelles de Jean de Saintonge (1863)*; les *Roses d'antan (1865)*, également couronnées par l'Académie; les *Charmeuses (1867)*; une *Idylle normande*, roman (1874); *Alice d'Evran*, roman (1876), etc. Le libraire Lemerre a publié en 1874 ses *Poésies complètes*, en un volume de sa « Bibliothèque elzévirienne. » — L'Académie a décerné en 1876 le prix Maillé-Latour-Landry à M. Lemoyne, pour son *Idylle normande*, en partage avec M. Alexandre Piédagnel. M. André Lemoyne est chevalier de la Légion d'honneur depuis 1870.

LENEPVEU, Jules Eugène, peintre français, né à Angers le 12 décembre 1819. Elève de Picot, il remporta le grand prix de Rome au concours de 1847, le sujet étant : la *Mort de Vitellius*. Il avait débuté au Salon de 1843. — On a de cet artiste : *Une idylle (1843)*; *Portrait d'enfant (1844)*; *Saint Saturnin (1847)*; les *Martyrs aux Catacombes, Pie IX à la Chapelle Sixtine*, le *Jour de la Fête-Dieu à Venise (1855*, Exposition universelle); *Noce vénitienne (1857)*; *Moïse secourant les filles de Madian*, l'*Amour piqué (1859)*; la *Vierge au calvaire (1861)*; *Hylas (1865)*; des *Portraits*, des *Dessins*, etc. — En dehors de ses expositions, M. Lenepveu a exécuté de nombreux travaux décoratifs, notamment dans le chœur de la chapelle de l'hospice Sainte-Marie, à Angers; à la chapelle de la Vierge et au transept de l'église Sainte-Clotilde, à la chapelle Saint-Denis de l'église Saint-Louis-en-l'Ile et à la chapelle Sainte-Anne de l'église Saint-Sulpice, à Paris; à la préfecture de Grenoble; la coupole du Nouvel Opéra, à Paris, etc. — M. Lenepveu a obtenu une médaille de 3ᵉ classe en 1847, une de 2ᵉ classe en 1855 (Exposition universelle), le rappel en 1861. Chevalier de la Légion d'honneur depuis 1862, il a été promu officier le 11 janvier 1876. M. Lenepveu a été élu membre de l'Académie des Beaux-Arts en 1869 et a été directeur de l'Académie de France à Rome, de 1873 à 1878.

LENEPVEU, Charles Ferdinand, compositeur français, né le 4 octobre 1840 à Rouen, où il fit ses études classiques. Son père, avocat du barreau rouennais, le destinait à la même carrière et s'opposait en conséquence à toute préoccupation susceptible de l'en détourner. Le jeune homme, qui se sentait une véritable vocation pour la musique, dut se soumettre, du moins momentanément. Reçu bachelier ès lettres en 1859, il manifesta le désir d'aller suivre à Paris les cours de la faculté de droit. L'autorisation paternelle lui ayant été accordée, il vint à Paris, étudia loyalement le Code et le Digeste, mais pour se délasser de cet exercice antipathique, il prit simultanément, et pendant trois années consécutives, des leçons de solfège et d'harmonie de M. Augustin Savard, professeur au Conservatoire. Au cours de ses études, et la Société des Beaux-Arts de Caen ayant mis au concours une cantate destinée à la célébration du centième anniversaire de la fondation de la Société d'agriculture et de commerce de la même ville, M. Lenepveu prit part à ce concours, remporta le premier prix, consistant en une médaille d'or, et sa cantate fut exécutée à l'hôtel de ville de Caen le 29 juillet 1862. Ce premier succès encouragea beaucoup le jeune compositeur; il obtint l'année suivante son admission au Conservatoire dans la classe de M. Ambroise Thomas, grâce à l'appui de M. Savard et, après deux années consacrées à l'étude du contrepoint, de la fugue et de la composition idéale, il se présenta au concours pour le prix de Rome en 1865, fut reçu second en loge, et remporta le grand prix au concours définitif. Avant son départ pour Rome, M. Lenepveu fit entendre, dans la salle des concerts du Conservatoire, le 5 janvier 1866, sa cantate : *Renaud dans le jardin d'Armide*. Un duetto extrait de cette partition a été publié par l'éditeur Hielard. Pendant son séjour à Rome, M. Lenepveu se livra à divers travaux de composition. Il prit part à l'un des concours de composition dramatique ouverts par le ministère des Beaux-Arts, et revint à Paris, en juillet 1868, avec sa partition du *Florentin* entièrement terminée. En attendant le résultat du concours, il reprit ses études de contre-point et fugue avec le regretté Alexis Chauvet, l'éminent organiste de la Trinité. En novembre 1869, M. Lenepveu était proclamé lauréat du concours d'opéra comique, auquel soixante-trois compositeurs avaient pris part. Malheureusement pour lui, les événements politiques retardèrent longtemps la représentation du *Florentin*, qui ne put avoir lieu, après des démarches sans nombre, que le 26 février 1874, sur la scène de l'Opéra-Comique. Ce premier ouvrage dramatique du jeune lauréat fut assez favorablement accueilli. — En attendant la représentation sans cesse remise du *Florentin*, M. Lenepveu écrivit une messe de *Requiem*, qui fut exécutée pour la première fois à Bordeaux, le 20 mai 1871, au profit des victimes et des orphelins de la guerre; des fragments de ce *Requiem* ont été exécutés à Paris en 1872, par la Société des concerts du Conservatoire, et aux Concerts populaires en 1873. L'œuvre entière a eu depuis de nouvelles auditions à Bordeaux. M. Charles Lenepveu a publié, outre les ouvrages cités, des morceaux de piano d'une excellente facture : *Barcarole, Berceuse*, etc., et un certain nombre de mélodies : la *Jeune captive, Rappelle-toi, Chanson, Je ne le dirai pas*, etc. (Paris, Hiélard). La partition du *Florentin* a été publiée chez M. Achille Lemoine, à Paris.

LENIENT, Charles Félix, littérateur français, né à Provins le 4 novembre 1826, fit ses études au collège de sa ville natale et au collège Henri IV, à Paris, où il remporta divers premiers prix, et fut admis à l'Ecole normale supérieure, le premier, en 1847. Reçu également le premier à la licence ès-lettres l'année suivante, et à l'agrégation des classes supérieures en 1850, M. Lenient fut nommé professeur de seconde au lycée de Montpellier, puis rappelé à Paris quelques mois après, comme suppléant de la classe de troisième au lycée Napoléon, où il devenait, en 1854, professeur-adjoint de rhétorique; reçu docteur ès-lettres l'année suivante, il fut nommé professeur titulaire au même lycée quelque temps après. En 1863, M. Lenient a pris une part brillante aux conférences de la Sorbonne. Il a été nommé maitre des conférences à l'Ecole normale en 1865, et professeur de poésie française à la faculté des lettres de Paris. Il a été appelé, en outre, à la direction de l'Ecole normale primaire de la Seine et est membre du Conseil supérieur de l'instruction publique. — On doit à M. Ch. Lenient : *Etude sur Bayle* et *De Ciceroniano bello*, thèses de doctorat (1885); la *Satire en France au moyen âge (1859)*, ouvrage couronné par l'Académie l'année suivante; la *Satire en France ou la littérature militante au XVIᵉ siècle (1868)*. — M. Lenient est chevalier de la Légion d'honneur depuis 1863.

LENOEL, Emile Louis, homme politique français, né à Carentan le 23 mars 1827, fit son droit à Paris, s'inscrivit au barreau de cette ville en 1847 et prit le grade de docteur en droit en 1848. En 1851, M. E. Lenoel était devenu chef de cabinet du ministre de l'intérieur, M. de Thorigny, et ce fut lui qui reçut, le 2 décembre, M. de Morny, venu, escorté d'une manière imposante, pour s'emparer nuitamment du portefeuille de ce ministre, qui n'était pas dans la confidence. Toute résistance étant impossible, M. Lenoel se borna à protester et, refusant l'offre que lui fit le nouveau ministre de l'intérieur de passer « du côté du manche » avec lui, il reprit sa place au barreau parisien. L'année suivante, M. E. Lenoel achetait une charge d'avocat au Conseil d'Etat et à la Cour de cassation. Membre du Conseil municipal de Montmartin (Manche), en 1862, puis du Conseil d'arrondissement, il se présenta, sans succès, aux élections générales de 1869, dans la 1ʳᵉ circonscription de la Manche. Nommé préfet de la Manche après le 4 septembre, il donnait sa démission au commencement de 1871 et était élu, le 8 février, représentant de la Manche à l'Assemblée nationale, le neuvième sur onze. Mais aux élections du 20 février 1876, il échouait dans l'arrondissement de Saint-Lô, avec 5,206 voix contre 6,143 obtenues par son concurrent bonapartiste, M. Rauline, maire de Saint-Lô. Devenu directeur des affaires criminelles et des grâces au ministère de la justice et conseiller d'Etat en service extraordinaire, le 8 mars 1877, il donna sa démission à la chute du cabinet Jules Simon, le 17 mai suivant. M. Lenoel a été élu sénateur de la Manche au renouvellement triennal du 5 janvier 1879, et a pris place à la gauche républicaine. Il a repoussé de son vote la loi portant expulsion des princes prétendants. — M. E. Lenoel a publié : les *Nègres libres et les travailleurs indiens (1857)*; *Des sciences politiques et administratives et de leur enseignement (1864)*, couronné par l'Institut; *Des actionnaires ruinés par la jurisprudence (1867)*; *Qu'est-ce que la République?* etc.; il a collaboré aux recueils de jurisprudence et à divers journaux.

LÉON (prince de), Alain Charles Louis de Rohan-Chabot, homme politique français, né à Paris le 1ᵉʳ décembre 1844. Il servit, pendant la dernière guerre, comme officier des mobiles du Morbihan. C'est au prince de Léon qu'est due la création dans ce département du premier cercle catholique d'ouvriers. Elu, le 20 février 1876, député de l'arrondissement de Ploërmel, il prit naturellement place à l'extrême-droite légitimiste et cléricale, et fut plusieurs fois élu secrétaire de la Chambre. Réélu député de Ploërmel le 14 octobre 1877 et le 21 août 1881, M. le prince de Léon a été élu député du Morbihan, le deuxième sur huit, aux élections du 4 octobre 1885.

LÉON XIII, Vincenzo Gioacchino, comte Pecci, pape et le deux cent cinquante-septième successeur de saint Pierre, est né le 2 mars 1810 à Carpineto, dans les anciens Etats de l'Eglise. En 1818, il entrait, avec son frère aîné Giuseppe, au collège des jésuites de Viterbe, et en novembre 1824, il se rendait à Rome et entrait au collège romain, dont la direction avait été rendue aux jésuites, et y abordait en 1827 l'étude des mathématiques. L'année suivante, il remportait le premier prix de physique et de chimie et un premier accessit de mathématiques. Il aborda alors l'étude de la philosophie, dont il fut bientôt en état de donner des répétitions au collège allemand, et de la théologie. Reçu docteur en 1831, il suivit les cours de droit civil et de droit canon à l'université, prit le grade de docteur en droit, et fut fait prélat domestique et référendaire au sceau par le pape Grégoire XVI, en mars 1837; le 23 décembre suivant, il était ordonné prêtre par le cardinal Carlo Odescalchi, célèbre par son humilité, qui le porta à renoncer à la pourpre pour revêtir l'habit des jésuites. Grégoire XVI le nomma alors protonotaire apostolique, délégué dans les provinces de Bénévent, Pérouse et Spolète. En 1843, il était nommé nonce en Belgique et préconisé archevêque de Damiette *in partibus infidelium*. Il était nommé évêque de Pérouse, et rappelé en conséquence de Bruxelles, le 10 janvier 1846. Au mois de juin suivant, Pie IX remplaçait Grégoire XVI sur le trône pontifical, mais M. Pecci n'y perdit rien. Le 19 décembre 1853, le nouveau pontife le créait cardinal. Nommé camerlingue de la Sainte Eglise romaine, en remplacement du cardinal de Angelis, décédé en septembre 1877, il agissait en cette qualité, après la mort de Pie IX (7 février 1878), comme chef de l'Eglise en matière temporelle, ordonna les obsèques solennelles du pontife, reçut les ambassadeurs et enfin prépara le conclave qui devait nommer le nouveau pape. Soixante-deux cardinaux prirent part à ce conclave, qui commença ses travaux le 18 février. Au premier scrutin, le cardinal Pecci obtint dix-neuf voix; au second, qui eut lieu le mardi soir (19), il en avait trente-quatre; enfin, au troisième scrutin, fermé seulement le 20 au matin, le cardinal camerlingue était élu pape par quarante-quatre voix. A une heure un quart, ce grand événement était annoncé au peuple du haut de la galerie de Saint-Pierre; et on apprenait en même temps que le nouveau pontife prenait le nom de Léon XIII. Le 3 mars suivant, il était couronné à la chapelle Sixtine avec toutes les cérémonies d'usage, sauf pourtant la bénédiction *urbi et orbi*, que le nouveau pontife était dans la coutume de donner du haut de la *loggia* de Saint Pierre, et dont Léon XIII s'abstint.

Les conditions particulières dans lesquelles Léon XIII est monté sur le trône pontifical, qui n'est plus, en fait, un trône souverain, du moins sous le rapport temporel, diminuent considérablement l'importance de son action sur le monde politique et même l'influence de ses décisions sur les esprits en général. Néanmoins, comme chef de l'Eglise catholique romaine, cette influence est très réelle sur les gouvernements, qui comptent tous un grand nombre de catholiques romains parmi leurs sujets, même ceux chez lesquels ceux-ci sont en minorité sensible. Il ne laisse pas, du reste, d'avoir un secrétaire d'Etat, qui est actuellement le cardinal Jacobini (Voy. ce nom), et des représentants auprès des gouvernements étrangers, chargés de les rappeler de temps en temps, aux conventions quelconques qui les lient avec le Saint Siège, et qui ne le font pas toujours inutilement. Il faut d'ailleurs reconnaître qu'avec la République française, dont tous les actes n'ont pas été pour lui plaire, et même avec le nouveau royaume d'Italie, Léon XIII a observé une réserve digne, dont l'habileté n'est pas discutable. Cette habileté est encore plus évidente, peut-être, dans les résultats que sa diplomatie obtient actuellement en Allemagne, et qu'on eût pu croire impossibles il y a quelques mois à peine. — On doit à

Léon XIII, ou plutôt au cardinal Pecci, quelques écrits, notamment : *l'Eglise et la civilisation*, ouvrage qui a été traduit en français.

LÉOPOLD II, Léopold Louis Philippe Victor, roi des Belges, fils du feu roi Léopold Ier, auquel il succéda après sa mort (10 décembre 1865), est né à Bruxelles le 9 avril 1835. Comme duc de Brabant, avant son avènement au trône, il prit part, dans le sein du Sénat belge, à diverses discussions importantes ; il avait dans l'armée le grade de major-général et le titre de commandant du régiment de grenadiers. Le roi des Belges a fait, comme prince royal, de très fréquents voyages dans les diverses cours de l'Europe, voyages souvent commentés par les journaux. Son règne continua sans transition appréciable celui de son père, dont Léopold II avait déclaré vouloir suivre la politique libérale à l'intérieur et conciliatrice au dehors, ce qu'il fit ; il n'a pourtant pas été jusqu'ici absolument paisible. Après un commencement de brouille avec la France, en 1868, à l'occasion de la question du Luxembourg, la Belgique eut à subir, en 1874, les menaces de soudard de M. de Bismarck, cela parce que les rênes du gouvernement belge étant passées aux mains des cléricaux, les journaux de ce parti tonnaient — non pas tout à fait à tort — contre les lois ecclésiastiques allemandes et les rigueurs exercées en leur nom contre le clergé catholique. Par malheur, survint la découverte du complot Duchesne, contre la vie du grand chancelier : ce fut le comble. Après avoir lutté courageusement contre les exigences de l'Allemagne prussifiée et avoir donné le spectacle d'une attitude pleine de dignité, exemple d'un petit état offert aux plus grands, la Belgique, convaincue que son puissant voisin avait raison, surtout en ce point que « la force prime le droit », céda, et introduisit dans le Code de ses lois une disposition tendant à punir le délit ou le crime que le sieur Duchesne s'était soi-disant offert à commettre, et à permettre à M. de Bismarck un sommeil exempt de mauvais rêves. Nous n'insisterons pas sur les désagréments, légers en comparaison, qui peuvent être résultés pour le gouvernement belge de la présence sur le territoire du royaume des réfugiés de la Commune et de ceux du droit divin ; il est possible d'ailleurs que ces désagréments ne se fussent pas produits sous une administration différente. — Le roi des Belges a épousé le 22 août 1853, l'archiduchesse Marie d'Autriche, née le 23 août 1836. Il en a eu trois enfants : Louise Marie Amélie, duchesse de Saxe, née à Bruxelles le 18 février 1858, mariée, le 4 février 1875, au prince Philippe de Saxe-Cobourg ; Léopold Ferdinand Elie Victor Albert Marie, duc de Brabant, comte de Hainault, etc., prince royal de Belgique, né à Laeken le 12 juin 1859, mort le 22 janvier 1869 ; et Stéphanie Clotilde Louise Hermine Marie Charlotte, née à Laeken le 21 mai 1864. — Le 22 août 1878, le roi Léopold célébrait comme un bon bourgeois, mais à plus de frais, ses noces d'argent, à l'occasion desquelles il y eut de grandes réjouissances publiques.

L'EPINE, Ernest Louis Victor Jules, littérateur et musicien français, connu aussi sous les pseudonymes de E. Manuel, Pierre Le Hestre et surtout sous celui de Quatrelles, est né à Paris le 12 septembre 1826. Après avoir abordé l'étude de la peinture et suivi les ateliers de Schopin et de Léon Cogniet, étudiant en même temps la musique sous Barbereau et Clapisson, il entra dans l'administration des postes en 1849 et devint, en 1853, secrétaire particulier puis, l'année suivante, chef du cabinet du duc de Morny, devenu président du Corps législatif. Celui-ci ayant été nommé ambassadeur à Saint-Pétersbourg en 1856, M. L'Epine l'accompagna, et passa à cette occasion une année en Russie. A la mort du duc de Morny, il fut nommé conseiller référendaire à la Cour des comptes (1865). Attaché à la classe instruction publique, à l'Exposition universelle de 1867, il y exerça les fonctions de secrétaire du comité de composition musicale ; il représentait en outre, comme délégué, l'île de Cuba à l'Exposition. Pendant le siège de Paris, M. L'Epine a rempli les fonctions de chef de la cinquième ambulance active. Il est officier de la Légion d'honneur depuis 1878, et décoré des ordres d'Isabelle la Catholique, et de Charles III d'Espagne, du Medjidié et de Saint-Stanislas de Russie (commandeur). Il a collaboré, sous ses divers pseudonymes, à un assez grand nombre de journaux et de recueils périodiques, notamment au *Moniteur universel* au *Monde illustré*, à *Paris-Journal*, à la *Vie Parisienne*, au *Ménestrel*, etc. ; publié beaucoup d'ouvrages d'une grande variété, travaillé pour le théâtre et cultivé la musique avec assiduité, tout en remplissant ses fonctions administratives. — M. L'Epine a d'abord composé la musique d'une opérette en un acte : *Croquignolle XXVI*, représentée aux Bouffes-Parisiens le 14 janvier 1860. Il a donné depuis au théâtre : la *Dernière idole*, à l'Odéon (1862) ; *l'Œillet blanc*, au Français (1865) ; le *Frère aîné*, au Vaudeville (1867) ; trois comédies en un acte, en prose, écrites en société avec M. Alphonse Daudet ; le *Sapeur et la maréchale*, au Palais-Royal (1871). — Il a publié : *Histoire aussi intéressante qu'invraisemblable de l'intrépide capitaine Castagnette (1862)* et la *Légende de Croquemitaine (1863)*, ouvrages destinés à l'enfance ; les *Joies dédaignées (1865)* ; la *Princesse Éblouissante*, conte pour les enfants (1870) ; le *Chevalier Beautemps, Voyage autour du grand monde (1872)* ; la *Vie à grand orchestre (1873)*, la *Guerre à coups d'épingle, Sans queue ni tête (1874)* ; *A coups de fusil (1875)* ; *l'Arc-en-ciel (1876)* ; *Une date fatale (1878)* ; *Mon petit dernier (1885)*, etc. Parmi les nombreuses romances composées et publiées par M. Ernest L'Epine, nous citerons : *A qui pense-t-il ? Madrid, Chinoiserie, Barcarole, l'Enfant, Si j'étais le bon Dieu, Cousine Marie, Mon petit ange, l'Ombre des blés, Isabella, le Printemps, Sous les tilleuls, les Goëlands, A bord, le Bois-Joli, Regrets d'amour*, etc., etc. ; plus un recueil de vingt-quatre mélodies, intitulé *Scènes et chansons* (Paris, Flaxland, 1868) et un autre recueil de dix mélodies, ayant pour titre *Poésie chantée* (Paris, Hartman, 1874).

LE PROVOST DE LAUNAY, Auguste Louis Marie, avocat et homme politique français, né le 8 juin 1850, est fils de l'ancien préfet de l'empire, ancien sénateur de la République, mort en 1886. Inscrit au barreau de Paris, il s'engagea aux chasseurs d'Afrique au début de la guerre de 1870, fit la campagne de l'Est, et devint sous-officier. Rentré dans ses foyers à la paix, il acheva ses études de droit interrompues, prit le grade de docteur et s'inscrivit au barreau de Paris en 1872. Il fut élu conseiller général des Côtes-du-Nord en 1875 et député de la deuxième circonscription de Lannion le 20 février 1876. Il siégea au groupe de l'Appel au peuple. Réélu le 14 octobre 1877 et le 21 août 1881, M. Le Provost de Launay a été élu député des Côtes-du-Nord, le 4 octobre 1885, en tête de la liste monarchiste.

LEQUESNE, Eugène Louis, sculpteur français, né à Paris le 15 février 1815, fit son droit et s'inscrivit au barreau de Paris en 1839 ; mais il abandonna bientôt la carrière et entra, en 1841, dans l'atelier de Pradier. Il débutait au Salon de 1842, pendant un voyage en Italie, et remportait le grand prix de Rome en 1844, avec la *Mort de Priam* pour sujet de concours. Il repartit en conséquence pour l'Italie, d'où il adressa aux Beaux-Arts, entre autres envois, une copie du *Faune* de Barbieri. — On cite de M. Lequesne : une *Tête de saint Joseph (1842)* ; *Jeune fille jouant avec une coquille* et un *Buste (1843)* ; le modèle en plâtre du *Faune dansant* et un autre *Buste (1850)* ; le *Buste d'Etienne*, pour le foyer de l'Opéra (1853) ; le *Faune dansant* et les bustes d'*H. Guérin*, du *Maréchal Soult* et de *Visconti* (Exposition universelle de 1855). M. Lequesne, qui avait déjà été chargé de l'exécution du *Tombeau de Mme de Trayrou*, pour la chapelle du château de Montrichard (Haute-Saône) et, par Pradier, dont la mort était prochaine, de l'achèvement des *Victoires* du tombeau de Napoléon Ier, aux Invalides, exécutait en 1855, au nouveau Louvre, les sculptures du couronnement du pavillon Mollien, les œils-de-bœuf du pavillon Denon et la statue de *Philippe de Commines*. Il a exposé depuis : *Lesbie*, une *Baigneuse*, statuettes ; le *Maréchal Saint-Arnaud*, statue en pied pour Versailles, *Soldat mourant*, d'après une esquisse de Pradier (1857) ; *Jeune fille pesant des Amours (1859)* ; *Clapisson* et quatre autres *Bustes (1861)* ; *l'Esclave romain*, *Portrait de Mlle Adelina Patti*, *Griffon ailé*, bronze (1863) ; *l'Été*, statue en fonte et le buste de *M. Reinaud, de l'Institut (1864)* ; celui du *Général Daumas (1866)* ; un *Nègre* (1867, Exposition universelle) ; une *Prêtresse de Bacchus*, le *Vicomte de Paiva*, buste (1868) ; *A quoi rêvent les jeunes filles*, statue en plâtre, *Portrait de M. de Maupas, ancien ministre*, buste en marbre (1874) ; *Gaulois au poteau*, statue en plâtre (1876) ; *Laënnec*, buste en plâtre (1879) ; le même en bronze et *Portrait de M. Lassalle*, buste en plâtre (1883) ; les portraits de *Mlle Rosita Mauri* et de *M. Mérante*, bustes en plâtre (1884) ; la *France au Tonkin*, buste en plâtre ; *Jeune Romaine*, tête d'étude, en bronze (1885) ; un nouveau *Buste* en plâtre (1886), etc. — M. Lequesne a été chargé, en outre, de divers travaux de décoration à l'église Saint-Augustin, entre autres monuments, ainsi que de l'exécution de la fontaine monumentale élevée sur la place principale de Nevers. — Cet artiste a obtenu une médaille de première classe en 1851 et une autre à l'Exposition universelle de 1855 ; il avait également reçu, dans l'intervalle, une première médaille à l'Exposition universelle de Londres, de 1852. M. Lequesne est chevalier de la Légion d'honneur depuis 1855.

LE REBOULLET, Adolphe Louis Auguste, publiciste français, né à Strasbourg le 30 mai 1845, fit au lycée de Strasbourg des études très complètes et se fit recevoir bachelier ès sciences et bachelier ès lettres. Son père, doyen de la faculté des sciences et professeur d'anatomie comparée, tout en encourageant sa vocation littéraire, voulut qu'il se préparât aux luttes de l'avenir par une culture scientifique approfondie. Dès sa sortie du collège, M. Ad. Le Reboullet fut nommé préparateur d'anatomie comparée à la faculté des sciences et chargé de la direction du laboratoire : il occupa ce poste de l'âge de dix-huit à l'âge de vingt-cinq ans. Il suivait, en même temps, les cours de la faculté de médecine. Son père vint à mourir dans l'intervalle, frappé d'une attaque d'apoplexie. Livré du jour au lendemain à ses propres ressources, M. Ad. Le Reboullet, sans quitter sa position officielle à la faculté, entra dans un établissement libre d'enseignement secondaire et y enseigna, pendant quatre années, les sciences naturelles, la littérature, l'histoire et la philosophie, sans cesser de s'occuper, en même temps, de politique et de littérature. Collaborateur au *Courrier du Bas-Rhin*, correspondant de l'*Industriel alsacien* de Mulhouse, il publiait également, dans le *Magasin d'éducation et de récréation* de l'éditeur Hetzel, des nouvelles alsaciennes, signées Prosper Chazel. Il prit, d'autre part, en 1870, avec un petit groupe de républicains de Strasbourg, l'initiative d'un vaste pétitionnement en faveur de l'instruction obligatoire. En moins de trois mois, le comité qui avait répondu à son appel réunit plus de 350,000 signatures. Cette pétition, sans exemple en France et ailleurs, venait d'être déposée sur le bureau du Corps législatif, quand la déclaration de guerre vint en ajourner indéfiniment l'examen. Mais M. Ad. Le Reboullet n'abandonna pas son idée : il la reprit à Paris, deux ans plus tard, avec le concours de la Ligue de l'enseignement. Le pétitionnement arriva au chiffre de un million deux cent cinquante mille adhésions. Tous ces résultats ont été consignés dans une brochure intitulée : *Un million de signatures*, laquelle a été publiée chez Dentu en 1872. — Les événements de la guerre obligèrent M. Ad. Le Reboullet à renoncer à ses études scientifiques, qui allaient être couronnées par le grade de docteur en médecine et de licencié ès lettres. Le bombardement de Strasbourg lui avait fait perdre ce qu'il possédait. Il fut appelé à Mulhouse pour prendre la rédaction en chef du journal l'*Industriel alsacien*, dont le rédacteur en chef avait été emmené en captivité par les Prussiens. Il réussit, malgré l'occupation allemande, à maintenir, jusqu'au dernier jour, un journal exclusivement rédigé en français. Le 6 février 1871, à la veille des élections, l'*Industriel alsacien* fut saisi, sa publication interdite et M. Ad. Le Reboullet reçut, de l'autorité allemande, l'ordre de quitter l'Alsace dans les quarante-huit heures. Il se rendit à Bordeaux, où il fonda un petit journal, l'*Alsace-Lorraine*, qui cessa naturellement sa publication le jour où les préliminaires de la paix furent approuvés par l'Assemblée nationale. Il entra ensuite au journal la *Gironde* et, quelques jours après, la direction du *Temps* l'attacha définitivement à ce dernier journal. M. Ad. Le Reboullet n'en conserva pas moins des liens étroits avec la *Gironde*, dont il est resté le correspondant politique parisien. Il a publié dans le *Temps* de nombreux articles d'instruction publique, des articles politiques, des variétés littéraires et scientifiques, et une revue mensuelle des livres. Depuis 1872, il est chroniqueur en titre du même journal. — Sous son pseudonyme de Prosper Chazel, M. Ad. Le Reboullet a publié, dans l'*Opinion nationale*, un roman-feuilleton intitulé la *Haie Blanche*, diverses nouvelles dans les journaux littéraires, le *Chalet des Sapins*, roman (Paris, Hetzel, 1875), etc.

LEROUX, Marie Guillaume Charles, peintre et homme politique français, né à Nantes le 25 avril 1814. Il fit son droit à Paris, mais, se sentant peu de goût pour la carrière du barreau, il suivit en même temps l'atelier de Corot et débuta au Salon de 1834. En 1842, il quittait Paris et se retirait d'abord dans sa ville natale, puis à Corsept (Deux-Sèvres) dont, s'étant rallié au parti qui triompha au coup d'Etat du 2 Décembre, il devint maire en 1852. Membre du Conseil général du département pour le canton de Châtillon-sur-Sèvre, M. Ch. Leroux était choisi comme candidat officiel à une élection partielle qui eut lieu en 1860, dans la troisième circonscription des Deux-Sèvres ; il fut élu et réélu au même titre en 1863 et 1869. Rendu à la vie privée par la révolution du 4 Septembre, il se présentait comme candidat de l'Appel au peuple aux électeurs de Bressuire, le 20 février 1876, et, n'ayant obtenu au premier tour de scrutin qu'une minorité dérisoire, se désistait au second tour en faveur du candidat légitimiste, M. le marquis de La Rochejacquelein. — M. Ch. Leroux a exposé notamment : *Souvenir de Fontainebleau (1834)* ; *Marais de la Sèvre, Allée d'ormes (1842)* ; *Fête dans le Haut-Poitou*, une *Mare (1843)* ; *Lande (1846)* ; la *Prière des ormeaux*, les *Dunes d'Escoublac, Ruisseau (1847)* ; *Vue du Croisic, Terrain (1848)* ; le *Bourg de Batz, Souvenir de Pornic (1853)* ; le *Marais de la Robinière*, un *Vallon, Lisière de bois (1855)* ; l'*Erdre pendant l'hiver, Marais de Gorion, Bords de la Loire (1857)* ; *Iles de la basse Loire, Bords de l'Erdre (1859)* ; *Souvenir du Poitou*, une *Mare (1869)* ; *Embouchure de la Loire (1870)* ; *Souvenir du Poitou (1873)* ; *Sous les grands châtaigners* ; l'*Embouchure de la Loire, vue prise au Pasquiau, près Paimbœuf (1874)* ; un *Marais au lever du soleil* ; le *Bourg de Batz et le Croisic, par un effet d'orage* ; l'*Approche d'un grain sur les côtes de Bretagne (1875)* ; la *Mer montante à Préfailles, vue prise aux Soulliers*, dans les Deux-Sèvres (1876) ; les *Bords de la Loire à marée basse (1877)* ; l'*Allée de châtaigniers (1878)* ; *Lever de brume, près de Paimbœuf (1879)* ; l'*Etang de Thau, près Cette* ; *Environs de Narbonne (1883)* ; *Chemin près de Saint-Brévin (Loire-Inférieure)* ; *Dunes des chênes verts*, ib. (1884) ; un *Marais dans la basse Loire*, le *Grand champ du Côteau-aux-Soulliers (1885)* ; un *Marais du bas de la Loire* et un autre *Marais (1886)*. — M. Charles Leroux a obtenu une médaille de 3e classe en 1843, deux de 2e classe en 1846 et en 1848 et le rappel en 1850. Chevalier de la Légion d'honneur en 1859, il a été promu officier en 1868.

LEROUX, Georges Anne Jean Paul, homme politique français, né à Paris le 24 septembre 1850, est fils de feu M. Alfred Leroux, ancien ministre de l'empire. Il fit son droit à Paris et prit le grade de licencié. Élu député de la 2e circonscription de Fontenay-Vendée, aux élections générales du 21 août 1881, M. Paul Leroux prit siège à la droite bonapartiste de la Chambre. Il a été élu député de la Vendée, en tête de la liste monarchiste triomphante, le 4 octobre 1885.

LEROY, Paul Arthur, homme politique français, ancien avoué, né à Châtillon-sur-Seine le 8 juillet 1821. Membre du Conseil municipal de sa ville natale depuis 1860, adjoint au maire depuis 1865, il donnait sa démission de ces dernières fonctions en janvier 1870. Nommé sous-préfet de l'arrondissement de Châtillon après le 4 Septembre, il quitta l'administration en avril 1871. Il fait partie du Conseil général de la Côte-d'Or depuis 1874. Après avoir échoué une première fois aux élections du 20 février 1876, dans l'arrondissement de Châtillon, M. Leroy y était élu député le 14 octobre 1877 et se faisait inscrire au groupe de l'Union républicaine. Il fut réélu dans le même arrondissement, le 21 août 1881. Il a fait partie, dans ces deux législatures, de beaucoup de commissions importantes, et plusieurs l'ont choisi pour rapporteur : telle la commission du budget, pour le budget colonial, etc. Le 4 octobre 1885, M. Leroy était élu député de la Côte-d'Or, sur la liste républicaine. Il a voté l'expulsion des princes.

LEROY-BEAULIEU, Pierre Paul, économiste français, né à Saumur le 9 décembre 1843, fit ses études à Paris, au lycée Bonaparte et à l'école de droit, et voyagea ensuite en Allemagne, en Italie, en Algérie, etc. M. Leroy-Beaulieu s'est livré de bonne heure à l'étude de l'économie politique ; rédacteur du *Temps*, puis du *Journal des Débats*, il a également collaboré à la *Revue contemporaine*, à la *Revue nationale*, à la *Revue des Deux-Mondes*, au *Journal des économistes* et fondé, en 1873, l'*Economiste français*, journal hebdomadaire, qui a acquis rapidement une grande autorité. Il a été chargé d'un cours d'organisation financière à l'École

libre des sciences politiques, lors de sa fondation (1872); suppléant de Michel Chevalier à la chaire d'économie politique au Collège de France, il a été nommé titulaire de cette chaire, qu'il occupe toujours, le 1er mai 1880. Après s'être présenté plusieurs fois sans succès, M. Leroy-Beaulieu a été élu membre de l'Académie des sciences morales et politiques le 6 juillet 1878, en remplacement du marquis d'Audiffret. — On doit à M. Paul Leroy-Beaulieu de nombreux travaux d'économie politique et sociale, notamment : *De l'influence de l'état moral et intellectuel des populations sur le taux des salaires (1867)*; les *Guerres contemporaines, recherches économiques, historiques et statistiques (1869)*; *De l'impôt foncier et de ses conséquences économiques*; *De la colonisation chez les peuples modernes*; *De l'administration locale en France et en Angleterre (1870)*; la *Question ouvrière au XIXe siècle (1871)*; *Du travail des femmes au XIXe siècle (1862)*; *Traité de la science des finances (1877, 2 vol. in-8°)*, un *Homme d'Etat russe (1884)*; les *Catholiques libéraux (1885)*, etc. L'Académie des sciences morales a couronné la plupart de ces ouvrages. M. P. Leroy-Beaulieu s'est présenté à plusieurs reprises, mais inutilement, aux élections municipales de Paris et aux élections législatives dans divers collèges. Il est chevalier de la Légion d'honneur.

LE ROYER, Philippe Elie, homme politique français, né à Genève, d'une famille protestante française établie dans cette ville au XVIe siècle, le 27 juin 1816. Il fit ses études à l'université de Genève, termina son droit à Paris, et en 1839 réclama ses droits de citoyen français, en invoquant les dispositions de la loi des 9 et 15 décembre 1790 (art. 22) qui reconnait la qualité de Français à tout descendant de français expatriés pour cause de religion. Après avoir figuré successivement au tableau des avocats de Paris, puis de Châlons-sur-Marne, il alla s'inscrire au barreau de Lyon en 1855. C'est là que le trouva la révolution du 4 septembre. Nommé procureur général, il lui fallut une énergie peu commune pour résister aux troubles sans cesse renaissants qui agitèrent Lyon pendant cette période, assez courte, pourtant, puisqu'il donna sa démission dès le mois de janvier 1871. Elu représentant du Rhône à l'Assemblée nationale, le deuxième sur treize, le 8 février suivant, M. Le Royer prit place au groupe de la gauche républicaine, dont il devint président. Mêlé à diverses discussions d'une grande importance, M. Le Royer prit particulièrement à cœur la défense de Lyon, et combattit avec ardeur la loi de réorganisation municipale élaborée en haine de cette ville, par la majorité réactionnaire de l'Assemblée (1873). C'est à propos de cette question que M. Le Royer, épluchant les arguments de la commission, qualifia *bagage* l'ensemble des documents sur lesquels s'appuyait son rapporteur; et c'est alors que la droite protesta avec indignation contre l'emploi de cette expression, et que le marquis de Grammont déclara que c'était une « impertinence ». L'incident, au lieu de se terminer là-dessus, prit au contraire des proportions inattendues, le président de l'Assemblée ayant cru devoir rappeler M. de Grammont à l'ordre. Finalement, M. Grévy donnait sa démission de président de l'Assemblée et refusait obstinément de la reprendre. Dans tout cela, le plus étonné était sans doute M. Le Royer, cause innocente de ce tumulte évidemment prémédité. M. Le Royer fut, plus tard, membre, puis vice-président de la commission des Trente, chargée d'élaborer les lois constitutionnelles. Elu sénateur inamovible au mois de décembre suivant, il vota constamment avec la gauche. En janvier 1879, après le premier renouvellement triennal, qui donnait au Sénat une majorité républicaine, M. Dufaure offrait à M. Le Royer le poste de procureur général à la Cour de cassation, mais il le refusa. Le 4 février, il entrait dans le cabinet Waddington, premier de l'administration de M. Jules Grévy, comme garde des sceaux et ministre de la justice. Il donnait sa démission et cédait son portefeuille à M. Cazot le 27 décembre suivant. Après la démission de M. Martel (mai 1880), M. Le Royer fut élu président du Sénat. Invariablement réélu à chaque session, le président de la République lui a offert à plusieurs reprises la mission de former un cabinet, mais il s'est toujours récusé. Comme président de la Haute Assemblée, M. Le Royer s'est généralement abstenu, et notamment sur la question de l'expulsion des princes, de prendre part aux votes. — C'est naturellement M. Le Royer qui présidait, le 29 décembre 1885, la séance tumultueuse du Congrès dans lequel M. Jules Grévy a été réélu président de la République.

LESAGE, Casimir, agriculteur et homme politique français, né à Varnay (Cher) en 1836. Devenu maire de sa commune (Verneuil) et conseiller général de son canton (Dun-le-Roi), M. C. Lesage a été élu, le 18 octobre 1885, député du Cher sur la liste républicaine. Il a pris place à gauche et a voté l'expulsion des princes.

LESGUILLIER, Désiré Jules, homme politique français, ingénieur, né à Lhuys (Aisne) le 15 juillet 1825. Elève de l'Ecole polytechnique et de l'Ecole des ponts et chaussées, il était promu ingénieur en chef dans la Haute-Vienne le 12 août 1874, et nommé directeur des chemins de fer de l'Etat en 1878. Elu député de l'arrondissement de Château-Thierry le 6 février 1881, en remplacement de M. de Tillancourt, décédé, il s'inscrivit à l'Union républicaine, et fut réélu sans concurrent, aux élections générales du 21 août suivant. Il fut sous-secrétaire d'Etat aux travaux publics dans le cabinet Gambetta (novembre 1881-janvier 1882). Elu député de l'Aisne, le 4 octobre 1885, M. Lesguillier a voté l'expulsion totale des princes. — Il est chevalier de la Légion d'honneur.

LESLIE, George Dunlop, peintre anglais, fils de Charles Robert Leslie, célèbre peintre, membre de l'Académie royale des arts, mort en 1859, est né à Londres le 2 juillet 1835, fit ses études à l'école des Merciers, et reçut de son père les premiers éléments de son art. Après avoir étudié quelque temps à l'école artistique de M. F. Cary, il commença à suivre les cours de l'Académie royale en avril 1854. Son premier tableau : *Espérance*, parut à l'exposition de l'Institution britannique, en 1857, et fut acheté par lord Houghton. La même année, M. George Leslie exposait deux autres petites toiles à l'Académie royale, aux expositions de laquelle il a depuis régulièrement participé. — On cite principalement de cet artiste : *Mathilde, Bethléem (1860)*; *Jour de jeûne au couvent (1861)*; *Chanson d'été (1862)*; le *Collier perdu* et la *Sommation de guerre (1863)*; la *Fleur et la feuille (1864)*; la *Défense de Lathom House (1865)*; *Clarisse (1866)*, admis à l'Exposition universelle de Paris l'année suivante; *Saule, Saule...*, les *Cousins de campagne*, *Dix minutes pour se décider*, la *Moisson de roses (1867)*; *Nouvelles du pays*, la *Manche vide (1868)*; le *Berceau de Celia*, la *Malédiction de l'Amour (1869)*; les *Destinées*, *Apporté! (1870)*; *Nausicaa et ses compagnes (1871)*; *Lavinia*, *Une évasion en 1790*, *Lucy et Puck (1872)*, la *Fontaine (1873)*; *Pot-pourri*, la *Fille aux cheveux châtains*, *Cinq heures (1874)*; *Retour à l'école*, le *Sentier de la rivière*; *Sur les bords de la Tamise, en l'an 200 (1875)*; les *Roses*. *Mes devoirs envers mes voisins*, *Violette (1876)*; les *Primevères*, la *Jeune fille de Richmond Hill (1877)*; « *Home, sweet home* » *(1878)*; *Méchante Kitty! Alice au pays des merveilles*, tableau contenant les portraits de la femme et de la fille de l'auteur (1879); *Tout ce qui brille n'est pas or*, la *Poule et les poussins (1880)*; *Molly, Sally*, une *Sœur de charité (1882)*; *Filles d'Eve*, le *Repos au bord de la route (1883)*; *Polly*, paysanne, grandeur nature (1886), etc. — M. George D. Leslie a été élu membre titulaire de l'Académie royale des beaux-arts, dont il était associé depuis 1868, le 29 juin 1876.

LESSEPS (vicomte de), Ferdinand, diplomate et ingénieur français, né à Versailles le 19 novembre 1805. Il entra dans la carrière consulaire en 1825, comme attaché au consulat général de Lisbonne; employé au bureau de la direction commerciale au ministère des affaires étrangères en 1827, il fut nommé élève-consul l'année suivante et attaché au consulat général de Tunis, dirigé par son père. Après la conquête d'Alger (1830), il fut envoyé en mission auprès du maréchal Clauzel, relativement à la soumission de la province de Constantine et fut nommé vice-consul en Egypte l'année suivante, puis consul de 2e classe en 1833. Chargé de la gestion du consulat général d'Alexandrie pendant la terrible peste de 1834-35, son dévouement dans ces tristes circonstances lui mérita la croix de la Légion d'honneur (1836). Appelé à prendre la gestion du consulat de Rotterdam en 1838, il était nommé consul de 1re classe à Malaga en 1839 et à Barcelone en 1842. Pendant l'insurrection et le bombardement de cette ville, au mois de novembre suivant, M. F. de Lesseps s'employa, avec autant d'humanité que d'énergie, à la protection non seulement de nos nationaux, mais de toutes les personnes étrangères au mouvement, menacées dans leur existence aussi bien que dans leur fortune. A cette occasion, il reçut des adresses de remerciements des chambres de commerce de Barcelone et de Marseille, des félicitations publiques et les décorations d'un grand nombre de gouvernements, une médaille commémorative que firent frapper les résidents français et la rosette d'officier de la Légion d'honneur, enfin la chambre de commerce de Barcelone fit exécuter son buste en marbre. En janvier 1847, M. de Lesseps fut élevé sur place au rang de consul général. Rappelé à Paris après la révolution de Février, il était envoyé comme ministre de France à Madrid au mois d'avril suivant. De retour en février 1849, il se disposait à aller prendre la légation de Berne, lorsque l'attaque dirigée contre Rome par l'armée française, le 10 avril, sans ordre précis ou qu'on voulût avouer, l'y fit envoyer comme plénipotentiaire. M. de Lesseps eut le tort de prendre au sérieux sa mission conciliatrice et, lui qu'on ne pouvait guère, même à cette époque, soupçonner de républicanisme outré, osa manifester la bonne impression qu'avaient faite sur son esprit les républicains romains. Il fut rappelé et désavoué, et ordre fut donné de reprendre les hostilités. M. de Lesseps réclama alors sa mise en disponibilité. Cité devant le Conseil d'Etat pour y rendre compte de ses actes, il a publié un *Mémoire au Conseil d'Etat* ainsi qu'une *Réponse à l'examen de ses actes* qui, pour tout homme impartial, sont en même temps une justification complète de ses actes et la condamnation du gouvernement à double face qui osait les inculper.

M. de Lesseps qui, pendant son séjour en Egypte, avait conçu le vaste projet de relier la mer Rouge et la Méditerranée au moyen d'un canal creusé à travers l'isthme de Suez, projet dont les circonstances ne lui avaient pas permis d'aborder la réalisation, se reprit à l'examen de cette grande idée et, en 1852, il s'adressait à la Porte, exposant son projet désormais mûri et demandant l'autorisation de former une société financière pour le mettre à exécution. Renvoyé au gouvernement égyptien, il s'embarquait pour l'Egypte. M. de Lesseps parvint à trouver l'occasion de s'ouvrir de son projet au vice-roi Saïd-Pacha; celui-ci demanda un mémoire détaillé, que M. de Lesseps rédigea aussitôt et qu'il publia plus tard sous ce titre : *Percement de l'isthme de Suez, exposé et documents officiels (1856)*. Saïd-Pacha approuva l'entreprise et M. de Lesseps reçut un firman sanctionnant cette approbation, et la concession nécessaire lui fut accordée par le vice-roi en janvier 1856. En 1854-55, l'isthme vit un grand nombre d'explorateurs, dont quelques-uns fort peu favorables à l'entreprise; d'autre part, la plus grande partie des ingénieurs anglais, parmi lesquels feu G. Stephenson, la déclaraient impraticable, sans doute pour n'en pas avoir eu la première idée; enfin la jalousie de l'Angleterre, exerçant sur la Porte une influence fâcheuse, soulevait toute sorte de difficultés; et c'est ainsi que le firman de concession ne put être enfin délivré qu'en janvier 1858 et que les travaux ne purent être commencés qu'en 1859. M. de Lesseps, dont la gloire était fort aventurée dans ces longs atermoiements, ne parait pas s'être un seul instant laissé décourager. Grâce à une opiniâtreté qu'on voit rarement mise au service d'une aussi grande et noble idée, à une énergie prodigieuse, se multipliant, faisant des démarches, des conférences publiques, il parvint à obtenir des souscriptions pour plus de deux cents millions de francs, sans le secours des banquiers. La Compagnie du canal de Suez formée, les souscriptions réalisées, les travaux commencèrent. Par son traité, la Compagnie était autorisée à employer à ses travaux les *fellahs* égyptiens; à la mort de Saïd-Pacha, en 1863, son successeur Ismaïl, qui paraissait d'ailleurs assez peu favorable à l'entreprise, lui enleva un grand nombre de ces travailleurs pour les employer à la culture du coton, industrie nouvelle, née de la crise américaine; la Compagnie réclama; on lui opposa toute sorte de mauvaises chicanes. Enfin le différent fut porté devant Napoléon III, qui amena les deux parties à se faire quelques concessions mutuelles, au prix desquelles les travaux purent être repris. Le 15 août 1869, les eaux de la mer Rouge et de la Méditerranée se réunissaient et, le 17 novembre suivant, le canal était inauguré solennellement au milieu de fêtes splendides, sur lesquelles nous ne saurions nous étendre. Lorsqu'on songe aux incroyables difficultés que M. de Lesseps eut à surmonter pour atteindre son but, aux obstacles de toute nature que la politique, la mauvaise foi, la spéculation financière semèrent à plaisir sur ses pas jusqu'au dernier moment, à l'hostilité de l'Angleterre qui, après avoir déclaré presque ridicule ce projet grandiose aujourd'hui réalisé, refusait de l'y aider au début et, à la fin, s'empara presque subrepticement de toutes les actions de la Compagnie qu'elle put se procurer et principalement de celles qui se trouvaient en la possession du vice-roi Ismaïl, on est surpris non pas que l'entreprise ait pu être menée à son terme, mais qu'elle ait pu l'être par l'homme qui en fut le promoteur; car le génie ne suffit pas dans de semblables circonstances, il faut encore un tempérament d'une trempe singulière.

M. de Lesseps ne devait pourtant pas s'en tenir là. Le projet de percement de l'isthme de Panama, qu'il roulait depuis longtemps dans sa tête, y avait pris corps enfin, et au commencement de 1879, il entreprenait une vigoureuse campagne en faveur de sa réalisation. Mais l'hostilité des Américains fit échouer la première souscription qu'il avait ouverte dans ce but. — Le trait caractéristique de M. de Lesseps, c'est son énergie indomptable et son activité. A chaque instant, malgré ses quatre-vingts ans, on apprend tout à coup que l'infatigable novateur vient de s'embarquer, soit pour l'Egypte, comme dans la récente occasion de la révolution égyptienne dont les Anglais allaient profiter pour confisquer le canal, soit pour l'Amérique, soit pour les antipodes... A cette époque, il n'avait que soixante-quinze ans, il est vrai. Il n'hésita donc pas et partit pour l'Amérique, décidé à combattre l'ennemi dans son propre repaire. Il y fit des conférences, organisa huit expéditions différentes pour aller lever des plans sur le terrain, et prouver par là l'excellence de son projet, défendit enfin sa cause avec la plus surprenante énergie, visitant les hauts fonctionnaires et les chefs de l'opinion aux Etats-Unis, rencontrant partout sur son chemin les plus vives sympathies personnelles, n'échappant à une ovation populaire que pour tomber dans une autre; mais n'oubliant jamais son but et y marchant bien lentement sans doute, mais avec assurance. Tant d'efforts, de persévérance, de dévouement à une œuvre quelle qu'elle soit ne peut manquer d'assurer son succès. C'est ce qui arriva pour celle-ci. Une nouvelle souscription, ouverte au retour de M. de Lesseps à Paris (1880), réussit pleinement cette fois, et les travaux du canal de Panama ne tardèrent pas à être entrepris. Ce n'est pas que l'hostilité des Etats-Unis ait cessé de se manifester depuis lors; mais en présence des faits, les théories sont impuissantes. Les manœuvres, généralement peu loyales, des adversaires du canal de Panama ont pu influer sur le cours des valeurs de l'entreprise industrielle, dans diverses circonstances; mais elles n'ont pas réussi à entraver la marche régulière de l'œuvre elle-même, que nous verrons certainement arriver à son terme. Elles ont pourtant, en 1885, contraint M. de Lesseps à un nouveau voyage en Amérique, à de nouvelles démarches auprès des hommes influents et des personnages officiels des Etats-Unis, à de nouvelles expéditions au canal pour en faire apprécier les travaux aux plus récalcitrants. A son retour, et la nécessité de nouveaux fonds pour poursuivre ces travaux étant démontrée, ce qui est une preuve, après tout, que ces travaux sont en bonne voie, M. de Lesseps s'adresse au gouvernement pour obtenir l'autorisation d'émettre des valeurs à lots. Mais les atermoiements, les lenteurs parlementaires, prolongées encore par les hésitations de la commission chargée d'examiner sa demande, ses comparutions répétées devant cette commission, qui éprouve à chaque instant le besoin d'être éclairée, fatiguent plus M. de Lesseps qu'autant de voyages aux antipodes. Il renonce donc à son premier projet, remercie par lettre le président de cette commission, M. Germain Casse, de son extraordinaire bonne volonté, et ouvre une souscription qui, sans l'appât de la loterie, est couverte plusieurs fois (juill. 1886). Le canal de Panama se fera donc, et se fera en dehors de toute intervention officielle et contre toutes les hostilités; cela, parce que c'est M. de Lesseps qui a partout la haute direction de l'affaire, et qu'il n'y a pas au monde un nom comme le sien pour inspirer la confiance, une confiance qui s'appuie sur les garanties offertes par tout un long passé d'honneur et surtout de succès.

Nous n'avons pu que grouper les faits principaux de ce passé, et à grands traits; de même, nous ne parlerons que des principales récompenses décernées à M. de

Lesseps, de celles qui ont une valeur réelle pour un homme de cette importance. En février 1870, la Société de géographie de Paris décernait son nouveau prix de 10,000 francs, fondé par l'impératrice, à M. de Lesseps, qui versait cette somme dans la caisse de la Société pour l'exploration de l'Afrique équatoriale. Le 30 juillet de la même année, la Cité de Londres lui décernait publiquement le droit de bourgeoisie. Promu grand croix de la Légion d'honneur le 19 novembre 1869, il recevait en décembre suivant le grand cordon des SS. Maurice et Lazare d'Italie et était nommé par la reine Victoria, le 19 août 1870, chevalier grand commandeur honoraire de l'Etoile de l'Inde. M. de Lesseps est d'ailleurs membre et haut dignitaire de la plupart des ordres étrangers. Elu membre libre de l'Académie des sciences, en remplacement de M. de Verneuil, en juillet 1873, il fait également partie d'un grand nombre d'autres corps savants. Il a présidé le Congrès des orientalistes réuni à Marseille du 4 au 10 octobre 1876 et a été élu, en mars 1877, président du comité national français de la Commission internationale d'exploration et de civilisation de l'Afrique centrale. Enfin M. de Lesseps était élu membre de l'Académie française, en remplacement d'Henri Martin, le 21 février 1884, *et reçu solennellement, par M.* Renan, le 23 avril 1885. D'autre part, il avait été porté par la droite sénatoriale, le 15 mars 1876, au siège inamovible laissé vacant au Sénat par la mort de M. de la Rochette, mais c'était sans son aveu, et pour faire échec à la candidature de M. Ricard, que la droite s'était emparée de son nom ; cette candidature échoua donc, avec 84 voix contre 174. La preuve, du reste, que M. de Lesseps n'ambitionnait pas un siège au Sénat, c'est qu'il refusa la candidature que lui offrait spontanément la population parisienne, représentée par les électeurs de *la Seine, en 1885, candidature dont le succès était* absolument assuré. — Outre divers mémoires, rapports, etc., publiés dans le cours de l'œuvre gigantesque qui immortalisera son nom, on doit à M. de Lesseps un ouvrage ayant pour titre : *Lettres, journal et documents pour servir à l'histoire du canal de Suez — 1854, 1855 et 1856* (Paris, Didier, 1876, 2 vol.) et — *1859-60* (ib. ib. 1877, 1 vol.), aux deux premiers volumes duquel l'Académie française a décerné, en 1876, le prix Marcelin Guérin, de la valeur de 5,000 francs. Il a aussi réuni en brochure ses *Conférences sur les travaux du canal de Suez*, etc.

LETELLIER, Alfred Ferdinand Sévère, homme politique français, avocat, né à Alger le 17 mars 1838. Il fit son droit à Paris, fut quelque temps secrétaire de Crémieux et collabora aux journaux avancés du quartier des Ecoles et au *Courrier du dimanche*. Il retourna à Alger, y fonda le *Journal des colons* et le *Bulletin judiciaire de l'Algérie*, et devint successivement défenseur près les tribunaux, président de la Commission judiciaire et membre du Conseil général du département. Il se présenta aux élections générales du 21 août 1881 dans la 1re circonscription d'Alger, comme candidat radical, et fut élu contre M. Gastu, député sortant, centre gauche. Il s'inscrivit au groupe de l'Union républicaine. M. Letellier a été élu député de l'Algérie le 14 octobre 1885, et a voté l'expulsion des princes.

LEVALLOIS, Jules, littérateur français, né à Rouen le 10 mai 1829, fit ses études au collège de sa ville natale et vint à Paris en 1850 ; il fut peu après attaché à la rédaction du *Moniteur universel*, et devint secrétaire de Sainte-Beuve en 1855. En 1859, il entrait à la *rédaction de l'Opinion nationale*, dont il dirigea longtemps le feuilleton littéraire ; il quittait ce journal en 1872. M. Jules Levallois a collaboré à la *Revue européenne*, au *Correspondant* et à divers autres recueils ou journaux, et a publié : *Critique militante, étude de philosophie littéraire (1862)*; la *Piété au XIXe siècle (1864); Déisme et christianisme (1866)*; la *Petite bourgeoisie*, les *Contemporains chantés par eux-mêmes (1868)*; la *Politique du bon sens (1869)*; l'*Année d'un ermite (1870); Sainte-Beuve (1872); Corneille inconnu (1876)*, ouvrage auquel l'Académie française décernait, dans sa séance du 11 mai 1876, le prix Bordier de 3,000 francs, en partage avec l'*Histoire du ministère Martignac* de M. Ernest Daudet. — On lui doit aussi, avec M. Milliet, le livret d'un opéra comique en un acte, *Mathias Corvin*, musique de M. de Bertha, représenté à l'Opéra-comique en 1883.

LEVASSEUR, Pierre Emile, historien, géographe et économiste français, né à Paris le 8 décembre 1828, fit ses études au collège Bourbon et entra à l'Ecole normale supérieure en 1849. Professeur de seconde au lycée d'Alençon, de 1852 à 1854, il fut reçu dans cette dernière année, docteur ès lettres en juin et agrégé en octobre, et nommé professeur de rhétorique au lycée de Besançon. Professeur adjoint de seconde, au lycée Saint-Louis, de 1856 à 1861, il était nommé, en février 1861, professeur d'histoire au lycée Napoléon et chargé en 1868 du nouveau cours d'*Histoire des faits et doctrines économiques* au Collège de France. Il était élu la même année membre de l'Académie des sciences morales et politiques, en remplacement du comte Duchâtel. Il avait été plusieurs fois lauréat de cette Académie. M. Levasseur a été nommé professeur d'économie politique et de législation industrielle au Conservatoire des Arts et Métiers, en remplacement de Wolowski, le 6 septembre 1876. Membre de la commission supérieure des Expositions internationales, il a fait partie de la section française du jury international à l'Exposition de Philadelphie en 1876, et assistait au Congrès de statistique tenu en octobre de la même année à Buda-Pesth. Il a été choisi comme président de la Société des voyages d'étude autour du monde (1877). Il est membre de la Société de géographie vice-président de la Société de géographie commerciale de Paris, dont il est l'un des fondateurs, président de la Commission de statistique de l'enseignement primaire et membre d'un grand nombre de sociétés savantes. — On doit à M. E. Levasseur : *Recherches historiques sur le système de Law* et *De pecuniis publicis apud Romanos (1854)*, theses de doctorat ; la *Question de l'or (1855)*; *Histoire des classes ouvrières en France depuis la conquête de Jules César jusqu'à la Révolution (1859*, 2 vol.); la *France industrielle en 1789 (1865)*; l'*Imprévoyance et l'épargne*, le *Rôle de l'intelligence dans la production*, l'*Assurance*, brochure (1866-67); *Histoire des classes ouvrières en France depuis 1789 (1867*, 2 vol) ; une série de publications pour l'enseignement géographique, outre de nombreuses cartes murales : la *France et ses colonies (1868); Vade mecum du statisticien*, annexe du précédent (1869); l'*Europe moins la France* et la *Terre moins l'Europe (1880)*, accompagnées d'un autre *Vade mecum* statistique; *Cours d'économie rurale, industrielle et commerciale (1869)*; l'*Etude et l'enseignement de la géographie (1871); Cours de géographie à l'usage de l'enseignement secondaire*, et *Cours complet de géographie*, en 3 vol. (1875, atlas) ; la *Question de la houille (1876)*, etc. — Officier de l'instruction publique depuis 1860, M. Levasseur a été nommé chevalier de la Légion d'honneur en 1866 et promu officier le 9 février 1880 ; il est en outre décoré de plusieurs ordres étrangers.

LÉVÊQUE, Jean Charles, philosophe français, né à Bordeaux le 17 août 1818, fit ses études au lycée de sa ville natale et entra à l'Ecole normale supérieure en 1838. Professeur au lycée d'Angoulême en 1841-42, il fut reçu agrégé de philosophie en 1842 et a professé cette classe au lycée de Besançon jusqu'en 1847. Admis à cette époque à l'Ecole française d'Athènes, qui venait d'être créée, il était de retour l'année suivante et nommé à la chaire de philosophie du lycée de Toulouse. Reçu docteur ès lettres en 1852, après avoir professé quelque temps la philosophie aux facultés de Besançon et de Nancy, il fut rappelé à Paris et délégué à la Sorbonne en 1855, puis chargé du cours de philosophie grecque et latine au Collège de France l'année suivante et nommé titulaire de cette chaire en 1861, en remplacement de M. Barthélemy Saint-Hilaire. M. Charles Lévêque a été élu membre de l'Académie des sciences morales et politiques, en remplacement de Saisset, en 1865. Officier de l'instruction publique, il a été décoré de la Légion d'honneur en 1868 et de l'ordre du Sauveur de Grèce. Il a été promu officier de la Légion d'honneur le 11 juillet 1885. — M. Lévêque a collaboré à la *Revue des Deux-Mondes*, à la *Revue des cours publics*, au *Journal de l'Instruction publique*, au *Journal des savants*, dont il a été élu rédacteur en 1873, etc. On a de lui : le *Premier moteur et la nature dans le système d'Aristote*, et *Quid Phidiæ Plato debuerit (1852)*, ses thèses de doctorat ; *Leçons sur Albert le Grand et saint Thomas (1855); Notice sur la vie et les œuvres de Simart (1856)*; la *Science du Beau, étudiée dans ses principes* etc. (1860, 2 vol.) ouvrage auquel l'Académie des sciences morales décernait son prix ordinaire en 1859, l'Académie française le prix Montyon de 3,000 fr. (1860), et que l'Académie des Beaux-Arts couronnait également la même année ; *Etudes de philosophie grecque et latine (1863); Du Spiritualisme dans l'Art (1864)*; la *Science de l'Invisible (1865)*; les *Harmonies providentielles (1873)*, etc.

LEVÊQUE, Henri Frédéric, homme politique français, né à Léry (Côte-d'Or) le 8 août 1820. Il fit son droit à Dijon, prit le grade de docteur et s'inscrivit au barreau de cette ville, dont il était conseiller municipal et adjoint au maire depuis 1865, lorsqu'il fut nommé procureur de la République après le 4 septembre 1870. *L'énergie qu'il déploya devant l'invasion valut à M. H. Levêque d'être* arrêté par les autorités militaires allemandes (31 octobre), lesquelles l'expédièrent à Epinal, où il fut d'abord emprisonné, puis interné. Il réussit toutefois à s'enfuir, avant son transfert imminent dans une forteresse allemande, et était élu représentant de la Côte-d'Or le 2 juillet 1871. Il siégea à gauche, fut élu député de la deuxième circonscription de Dijon le 20 février 1876, réélu le 14 octobre 1877 et le 21 août 1881, et enfin élu député de la Côte-d'Or le 4 octobre 1885. Il a voté l'expulsion des princes. — M. H. Levêque est sous-gouverneur du Crédit foncier de France.

LEVERT, Charles Alphonse, administrateur et homme politique français, né à Sens le 18 juin 1825, fit son droit à Paris et fut reçu avocat en 1848. M. Levert entra dans l'administration en octobre 1850, comme conseiller de la préfecture de Lot-et-Garonne, d'où il passait un mois plus tard à celle du Pas-de-Calais ; il devint ensuite sous-préfet de Saint-Omer en 1851 et de Valenciennes en 1855, préfet de l'Ardèche en 1857, d'Alger en 1859, de la Vienne en 1860, du Pas-de Calais en 1864, de la Loire le 22 février 1866 et des Bouches-du-Rhône le 31 décembre suivant. C'est à Marseille que le trouva la révolution du 4 septembre. Le 5 au soir, l'hôtel de la préfecture était envahi par une foule armée à laquelle il essaya vainement de résister, et il fut même blessé assez grièvement dans la bagarre. Apres s'être tenu caché pendant douze heures, dans l'hôtel même, avec sa femme et ses enfants, M. Levert pu s'échapper et alla se réfugier en Suisse, puis en Belgique, d'où il se rendit à Wilhelmshoe auprès de l'ex-empereur. M. Levert s'était fait, dans les dernières années de l'Empire, une réputation d'énergie qui l'avait fait classer parmi ceux qu'on appelait alors les administrateurs *à poigne*; il donna de nouvelles preuves de cette énergie en relevant hardiment, le premier, le drapeau vaincu de l'Empire sur le terrain électoral. Le 7 janvier 1872, le département du Pas-de-Calais, où son administration lui avait créé beaucoup de sympathies et de reconnaissance, l'envoyait siéger à l'Assemblée nationale, comme bonapartiste, par 74,629 voix. Il avait pour concurrent le préfet nommé par le gouvernement de la Défense nationale. Il prit place au groupe de l'Appel au peuple, qui le choisit peu après pour président. Son influence dans le Pas-de-Calais concourut puissamment au triomphe des deux candidats bonapartistes à l'Assemblée nationale, aux élections partielles qui eurent lieu en février et novembre 1874. Porté aux élections sénatoriales, dans le même département, le 30 janvier 1876, sur la liste bonapartiste dont il tenait naturellement la tête, il y échoua avec ses amis. Le 20 février suivant, il se présentait dans la 2e circonscription de Saint-Omer, appuyé par le « comité national conservateur ». Il fut élu député par 7,567 voix contre 4,150 obtenues par son concurrent, candidat constitutionnel. Réélu le 14 octobre 1877 et le 21 août 1881, M. Levert était élu député du Pas-de-Calais, le troisième sur douze, aux élections du 4 octobre 1885. Il avait fait liquider sa pension de retraite à 6,000 fr., en 1874. — M. Levert est commandeur de la Légion d'honneur depuis 1867, et officier de l'instruction publique depuis 1860.

LEVET, Jean Georges Auzel, homme politique français, né à Montbrison le 13 avril 1834. Elève de l'Ecole polytechnique, il n'entra pas dans les services publics. Il servit pendant la guerre de 1870 comme lieutenant-colonel des mobilisés de la Loire, puis devint maire de Montbrison et conseiller général de la Loire. Elu député de la 1re circonscription de Montbrison, en remplacement de M. Chavassieu, passé au Sénat, le 6 avril 1879, il s'inscrivit au groupe de l'Union républicaine et fut réélu le 21 août 1881. Il a fait partie notamment de la commission de réorganisation de l'armée, comme partisan de la réduction du service à trois ans et de l'abolition du volontariat, et fut le promoteur de la loi sur la liberté de la fabrication des armes de guerre. Aux élections d'octobre 1885, M. Levet fut élu député de la Loire au scrutin du 18. Il a voté l'expulsion totale des princes. — M. Levet est officier de l'instruction publique.

LÉVIS-MIREPOIX (vicomte de), Félix, homme politique français, né à Paris le 1er mai 1846. Elève de Saint-Cyr, *ancien officier de cavalerie démissionnaire*, M. de Lévis-Mirepoix servit pendant la dernière guerre dans l'armée de la Loire (15e corps). Il se retira ensuite dans ses propriétés de l'Orne, où il s'occupa principalement d'agriculture. Aux élections d'octobre 1885, M. de Lévis-Mirepoix a été élu député de l'Orne sur la liste monarchiste, au scrutin du 18.

LÉVY, Emile, peintre français, né à Paris le 29 août 1826, élève d'Abel de Pujol et de Picot, débuta au Salon de 1851 par des *Portraits*, et remporta le grand prix de Rome en 1854. — On cite de cet artiste : la *Célébration de la fête des cabanes dans une famille juive, au moyen âge (1852); Noé maudissant Cham*, envoi de Rome (1855, Expos. univ.); le *Souper libre, Ruth et Noémi (1859)*; la *Rentrée des foins (1861)*; la *Paix entre deux nations (1862)*; la *Messe aux champs, Vercingétorix se rendant à César, Vénus ceignant sa ceinture (1863)*; une *Idylle* et une *Tête de jeune fille (1864); Diane (1865)*; autre *Idylle*, le *Gué*, la *Mort d'Orphée (1866)*; l'*Amour des écus*, le *Vertige*, idylle (1867); l'*Arc-en-ciel*, les *Lilas*, idylles (1868); l'*Hésitation*, la *Musique (1869); Apollon et Midas, Scène des champs (1870)*; la *Lettre, Jeune fille portant des fruits (1872)*; le *Sentier*, idylle; un *Enfant (1873)*; l'*Amour et la Folie (1874)*; le *Ruisseau*, le *Bateau*, idylle (1875); le *Saule, Baigneuse (1876); Caligula (1878)*; les *Jeunes époux (1879); Portraits de petites filles (1883)*; l'*Enfance*, partie d'une décoration destinée à la mairie du XVIe arrondissement (1885); la *Jeunesse*, la *Famille*, panneaux, même destination (1886). On doit encore, à M. E. Lévy, un assez grand nombre de portraits, exposés ou non, diverses toiles commandées et des travaux décoratifs dans plusieurs hôtels particuliers, au ministère d'Etat, au théâtre des Bouffes-Parisiens (le plafond), au Cercle de l'Union artistique, à l'église de la Trinité, etc. — M. Emile Lévy a obtenu des médailles de 3e classe en 1859 et 1867, des médailles en 1864 et 1866, une médaille de 1re classe à l'Exposition universelle de 1878, et la croix de la Légion d'honneur en 1867.

LEYDET, Victor, homme politique français, né à Aix-en-Provence le 3 juillet 1845. Grand négociant en produits du midi, il fut élu conseiller municipal et devint adjoint au maire et juge au tribunal de commerce d'Aix. L'un des fondateurs du *National*, journal républicain de cette ville, il fit partie de la commission de l'Exposition universelle de 1878. M. V. Leydet était conseiller général des Bouches-du-Rhône depuis l'année précédente, lorsqu'il fut élu député dans la première circonscription d'Aix le 4 décembre 1881, en remplacement de M. Lockroy, optant pour la Seine. Il a été élu député des Bouches-du-Rhône le 18 octobre 1885, et a voté l'expulsion totale des princes.

LEYGUES, Jean Claude Georges, homme politique français, né à Villeneuve-sur-Lot en 1857. Avocat du barreau de sa ville natale, il y est devenu adjoint au maire, et y a fondé l'*Avenir de Lot-et-Garonne*; il fait partie de la Ligue de l'enseignement et de la Ligue des patriotes. Aux élections d'octobre 1885, M. Leygues a été élu député de Lot-et-Garonne aux élections du 18, comme candidat républicain. Il a voté l'expulsion des princes. — On doit à M. Leygues deux volumes de poésies : le *Coffret brisé (1880)* et la *Lyre d'airain*, recueil de chants patriotiques couronné par l'Académie française. Il est officier d'académie.

LHOMEL (de), Emile, homme politique français, né à Montreuil-sur-Mer le 11 novembre 1813. Banquier à Saint-Omer, M. de Lhomel est conseiller général du Pas-de-Calais pour le canton de Montreuil, depuis 1848, maire de Montreuil et vice-président de la chambre de commerce de Boulogne. Il a été élu député du Pas-de-Calais, sur la liste réactionnaire, le 4 octobre 1885.

LIAIS, Adrien, homme politique français, ancien magistrat, né à Caen en 1839. Il était procureur de la République à Avranches, lorsqu'il quitta la magistrature en 1883, frappé par la loi de réforme. Porté sur la liste monarchiste, aux élections d'octobre 1885, M. A. Liais fut élu député de la Manche au premier tour, et prit place à droite conformément à ses origines.

LI-HUNG-CHANG, général et homme politique chinois, né à Hofei, dans la province An-Houei, le 16 février 1823 Son père était un lettré; d'abord professeur au collège impérial de Pékin, il devint ordonnateur des fêtes à la cour; il eut quatre fils, dont celui qui fait l'objet de cette notice est le second. Dès sa plus tendre jeunesse, Li-Hung-Chang manifesta de grandes aptitudes littéraires. Elevé au collège impérial, il était nommé lettré de seconde classe (quelque chose comme docteur chez nous) en 1847, et devint professeur au collège impérial en 1853. Mais il inspirait une telle confiance par ses aptitudes diverses, qu'on l'envoyait presque aussitôt dans sa province, pour organiser les troupes destinées à combattre les Taïpings qui la dévastaient. Ayant réussi dans cette mission et vaincu les rebelles comme s'il n'avait fait que cela toute sa vie, Li-Hung-Chang vit les honneurs pleuvoir sur sa tête. Il reçut le bouton de mandarin de sixième rang et la plume noire des victorieux; puis il reçut la plume de paon, et fut nommé préfet après la prise de Hang-Schienn. Il ne paraît pas que Li ait pris aucune part aux événements de 1860. En 1862, il fut nommé gouverneur de la province de Kiang-sou, étant encore à combattre les Taïpings, avec le concours du général anglais Staveley. Ses rapports avec les soldats européens lui ouvrirent les yeux sur les avantages qu'il y aurait, pour l'armée chinoise, à adopter leur système. Mais l'important, pour le moment, était d'avoir enfin réduit, par une série d'éclatantes victoires (1863-64), les rebelles à merci. A son retour à Pékin, il fut promu au septième rang, grade héréditaire, et nommé gouverneur du prince héritier, puis gouverneur des deux provinces de Kiang. Mais les Taïpings n'étaient pas aussi écrasés qu'ils en avaient l'air et, en 1866, leurs forces en vinrent à menacer la capitale. Li-Hung-Chang qui, à la tête des forces de l'empire, n'avait pu s'opposer à la marche audacieuse des rebelles, fut l'objet d'une dénonciation d'incapacité à la cour et tomba en disgrâce, mais sans s'en douter : la lettre impériale qui lui enlevait son commandement et le dépouillait de tous les honneurs et dignités qui lui avaient été précédemment décernés, n'avait pas eu le temps d'arriver à destination, que les Taïpings étaient battus, jetés dans le plus grand désordre, laissant leur chef parmi les morts ! De nouveau, Li fut proclamé un héros et au lieu de le destituer, on le nomma premier gouverneur du prince et vice-roi de Houn-Kouang (1867). Mais son destin n'était pas de jouir longtemps des bienfaits de la paix et de la gloire acquise. En 1870, il reprenait les armes pour marcher contre les rebelles mahométans de la province de Schen-se. Il avait à peine pris ses dispositions dans ce but, que l'assassinat du consul français et le massacre des missionnaires à Tien-tsin (juin) nécessitèrent sa présence dans cette ville. Grâce à son habileté diplomatique, Li réussit à maintenir, en dépit des circonstances tragiques, les relations amicales avec la France, sérieusement menacées. En récompense de ce nouveau service rendu à son pays, il fut nommé vice-roi de la province métropolitaine de Tché-li (29 août), poste qu'il conserva jusqu'à la mort de sa mère, affliction qui le tint longtemps éloigné des affaires publiques. Pendant son administration comme vice-roi, *Li-Hung-Chang* prit part à de nombreuses négociations politiques et diplomatiques de la plus haute importance, dont il se tira toujours avec honneur et profit pour son pays et pour lui-même. Il sut préserver l'intégrité de la Corée, menacée à diverses reprises soit par la Russie, soit par le Japon, résolu à ouvrir cette contrée au commerce général, non par prédilection, mais comme il le disait, dans une certaine occasion, « parce que c'est par le poison qu'on guérit le poison ». Il eut, entre temps, à négocier divers traités avec le Japon (1871), le Pérou (1874), avec l'Angleterre à l'occasion d'un nouveau meurtre d'un agent diplomatique (1876), etc. Au début des difficultés soulevées entre la Chine et la France, à l'occasion des affaires du Tonkin, Li Hung-Chang était toujours vice-roi du Tché-li. Il prit le commandement en chef de l'armée. Mais il ne tarda pas à être suspect à la cour, où le parti de la guerre, un moment tout-puissant, avait ses créatures. Il fut destitué de la surintendance du commerce des ports du Nord dont il était investi depuis longtemps, en juin 1884; le mois suivant, on lui adjoignait, pour les négociations entamées avec les représentants de la France, un second ayant toutes les apparences d'un surveillant. Il a été aussi plusieurs fois remplacé dans son commandement dans le cours de cette campagne, dont plus d'un côté nous paraît encore étrange et difficile à expliquer, et qui devait se terminer comme on sait. De sorte que le véritable rôle de Li-Hung-Chang ne nous paraît pas plus clair que le reste.

LINDAU, Paul, journaliste et littérateur allemand, né Magdebourg le 3 juin 1839, fit ses études au gymnase de sa ville natale, puis aux universités de Halle, de Leipzig et de Berlin, et vint ensuite à Paris, décidé à acquérir une connaissance approfondie de la langue française non seulement usuelle et de littérature courante, mais ancienne, et y passa en conséquence plusieurs années à poursuivre ce but, avec une ardeur infatigable à l'étude. Il commença dès lors à envoyer quelques articles aux journaux allemands. Après une tournée en Italie, en Angleterre, en Belgique et en Hollande, M. Lindau rentra en Allemagne et prit le grade de docteur. Dans le même temps (1864), il était nommé rédacteur en chef de la *Düsseldorfer Zeitung*. L'année suivante, il était attaché à l'agence télégraphique Wolf. Devenu rédacteur en chef de l'*Elberfelder Zeitung* en 1866, il conserva cette position jusqu'en 1869 et fonda en 1870 le *Neue Blatt*, à Leipzig. L'année suivante, il se fixait à Berlin où, d'abord, il prit la direction littéraire du *Bazar*, puis fonda en 1872 le *Gegenwart* (le *Présent*), journal hebdomadaire de politique et de littérature, et en 1878 la revue mensuelle *Nord und Sud*. Il abandonna la direction du *Gegenwart* en 1881, collabora à la *Gazette de Cologne*, puis s'embarqua pour l'Amérique, comme correspondant de la *National Zeitung*, à laquelle il adressa des correspondances pleines d'intérêt, d'abord sur les fêtes de l'inauguration de la ligne du Northern-Pacific Railway, reliant l'Atlantique au Pacifique, puis sur les mœurs et la vie du peuple américain. — Les principaux ouvrages de M. Paul Lindau se ressentent de son séjour en France et de sa prédilection pour la littérature française, prédilection qui n'a pas été sans influence sur son style. Nous citerons de cet écrivain : *A Venise (1863); A Paris (1865); Litterarische Rücksichts losigkeiten (1870); Harmlose Briefe eines deutschen Kleinstädters, Petites histoires, Contes modernes (1871); Molière*, dans le supplément de la « Vie des Poètes » (1872); *Beaumarchais, Essais sur la littérature de notre temps*, le *Goût des voyages, Dramaturgische Blätter*, 2 vol. (1875); *Froides lettres de Baireuth (1876); Ueberflüssige Briefe an eine Freundin, Wie ein Lustspiel ensteht und vergeht, Zwei ernsthafte Geschichten* et *Alfred de Musset (1877); Du Nouveau-Monde, lettres de l'Est et de l'Ouest des Etats-Unis (1885)*, etc. — Il a donné au théâtre : *Marion, In diplomatischer Sendung, Maria und Magdalena. Diana, Ein Erfolg*, réunis et publiés sous le titre *Theater (1873-75)*; la *Tante Thérésa*, la *Pomme de discorde (1876); Johannistrieb (1879)*; la *Comtesse Lea, Verschämte Arbeit (1880)*, etc.

LINTON, William James, graveur et publiciste anglais, né à Londres en 1812. Elève de C. W. Bonner, il s'associa en 1842 avec Orrin Smith, l'éminent graveur sur bois, mort en 1845, avec lequel il fut chargé des premiers travaux importants publiés par l'*Illustrated London News*. M. W. Linton s'est fait depuis une réputation de premier ordre dans la gravure sur bois. Zélé chartiste dès sa jeunesse, il s'est lié intimement avec les principaux réfugiés politiques de tous les pays à Londres, les aidant de tout son pouvoir par la plume et par la parole. En 1844, il appelait l'attention de la Chambre des communes sur la violation de la correspondance de Mazzini par sir James Graham, et il fut délégué vers le gouvernement provisoire de Paris, en 1848, pour lui porter la première adresse de félicitations des ouvriers anglais. En 1851, M. Linton prenait une grande part à la fondation du journal radical le *Leader*, dont il se séparait pour divergence d'opinion avec le reste de la rédaction, et devenait, en 1855, le directeur et rédacteur en chef du *Pen and Pencil* (la Plume et le Crayon); il publia régulièrement, pendant plusieurs années, des poésies dans le journal la *Nation*, de Dublin, sous la direction de M. Duffy (voy. ce nom). Il a collaboré à la *Westminster Review*, à l'*Examiner*, au *Spectator*, etc., et a publié : *Histoire de la gravure sur bois*; une collection des *Œuvres des artistes anglais décédés (1860); Claribel et autres poésies (1865)*; une *Vie de Thomas Paine*; la *République anglaise* (3 vol.), œuvre de propagande républicaine; *Quelques conseils sur la gravure sur bois (1879)*, etc. — En 1867, M. Linton s'embarquait pour les États-Unis. Il résida pendant plusieurs années à New-York, où il eut à exécuter des travaux de gravure importants, et s'établit ensuite à New-Haven, dans l'Etat de Connecticut, où il dirige un grand atelier de gravure.

LINTON (dame), Eliza Lynn, romancière et publiciste anglaise, fille d'un vicaire de Cumberland et femme du précédent, est née à Keswick en 1832, débuta de bonne heure dans la carrière des lettres où elle se fit rapidement une grande réputation, et épousa M. William J. Linton en 1858. — On a de cet écrivain ; *Azeth, l'Egyptien (1846); Amymome, roman du temps de Périclès (1848); Réalités*, récit de la vie moderne (1851) ; *Contes de sorcière (1861)*; la *Région du lac*, illustrée par son mari (1864); *Lizzie Lorton de Greyrigg*, et *Qui sème le vent... (1866)*; l'*Histoire véritable de Josuah Davidson, chrétien et communiste*, ou plutôt : l'*Histoire véritable de Jésus, fils de David*, etc. (1872), ouvrage dans lequel Mme Linton suppose un anglais moderne renouvelant les exploits de Jésus de Nazareth, modifiés suivant les exigences du progrès, et poursuivi par des lois également perfectionnées, mais non moins implacables envers les révolutionnaires politiques ou religieux; *Patricia Kemball (1874)*, roman traduit en français par M. Odysse Barot (voyez ce nom); le *Fou Willoughby* et autres histoires (1876); l'*Expiation de Leam Dundas (1877); Ione (1883)*, etc. On attribue également à Mme Lynn Linton un travail de philosophie socialiste intitulé : la *Fille du Siècle* (Girl of the Period), publié dans la *Saturday Review*, ainsi que la plupart des articles publiés dans ce journal sur la question des femmes. Sur cette même question elle a publié en outre un volume d' « Essays » intitulé : *Nous-mêmes* (Ourselves), en 1867. — Mme Linton a collaboré au *Morning Chronicle*, au *Daily News*, au *Morning Star*, aux *Household Words*, à la *Saturday Review* et à un grand nombre d'autres revues, magazines ou journaux.

LIOUVILLE, Henri, médecin et homme politique français, né à Paris le 17 août 1837, est fils de l'ancien bâtonnier des avocats de Paris, neveu du mathématicien mort en septembre 1882 et beau-frère de feu Ernest Picard. M. H. Liouville vint terminer à Paris, au collège Sainte-Barbe, ses études commencées au collège de Toul, y suivit les cours de la faculté de médecine, devint interne des hôpitaux en 1865, remporta le prix Corvisart la même année, le prix de médecine et de chirurgie de l'Institut en 1867 et fut nommé, au concours, chef de clinique en 1870. La même année, il était reçu docteur avec une thèse sur la *Généralisation des anévrysmes miliaires*, laquelle obtenait une médaille de 1re classe de la faculté et une récompense de l'Académie de médecine. Chargé de diverses missions à l'étranger, M. Liouville se rendait à Amiens en 1866, pour y combattre l'épidémie cholérique. Son dévouement dans cette circonstance lui valut une médaille spécialement frappée par les habitants du faubourg Saint-Pierre, ainsi que diverses autres récompenses, tant de la municipalité d'Amiens que du gouvernement. Au commencement de la guerre, M. le Dr Liouville alla s'enfermer dans Toul, dont l'investissement se complétait pour ainsi dire sur ses talons, y concourut à l'organisation des hôpitaux militaires et se fit remarquer par son dévouement pour les malheureux blessés de manière à se faire citer dans le rapport officiel du commandant de la place et proposer pour la croix. Après la capitulation, il réussit à s'échapper et se rendit auprès de la *Délégation de Tours*, qui l'envoya à l'armée de la Loire, puis la Société de secours aux blessés lui confia la direction d'une ambulance au Mans, pendant l'investissement de cette ville et la campagne à laquelle elle a donné son nom. Après la paix, le Dr Liouville coopéra activement à l'organisation des laboratoires annexés aux cliniques de la faculté, notamment de celui de l'Hôtel-Dieu, dont il fut nommé chef en 1871. Il a été nommé, depuis, professeur agrégé de la faculté de Paris en 1874 et médecin des hôpitaux en 1876. — Aux élections du 8 février 1871, et en son absence, la candidature de M. le Dr Liouville fut présentée dans le département de la Meurthe : elle y réunit un chiffre de voix considérable, mais insuffisant. Mais le 20 février 1876, il était élu député de l'arrondissement de Commercy, par 10,596 voix contre 8,365 accordées à M. Buffet, président du conseil des ministres. On rappela à cette occasion que M. Buffet avait débuté dans la vie comme secrétaire de M. Liouville père. Le nouvel élu de la Meuse prit place dans les rangs de la gauche républicaine. Réélu le 14 octobre 1877 et le 21 août 1881, il a été élu le 18 octobre 1885 député de la Meuse, et a voté l'expulsion totale des princes. — On doit au Dr Liouville des travaux importants et nombreux sur des questions de médecine, d'hygiène, d'anatomie, de physiologie, etc., publiés dans les *Mémoires de la Société de biologie*, la *Gazette médicale*, les *Archives de physiologie*, le *Bulletin* de la Société anatomique, le *Dictionnaire encyclopédique des sciences médicales*, etc. — Il a publié : *Note sur l'enquête du projet d'un nouvel Hôtel-Dieu de Paris (1864); Considérations diagnostiques et thérapeutiques sur les maladies aiguës des organes respiratoires*, recueillies du professeur Grisolle (1865); *Etudes sur le curare*, avec le Dr Voisin (1866); *De l'albuminurie argentine (1868); De la diathèse anévrysmatique (1868); Observations détaillées de sclérose en îlots multiples et disséminés du cerveau, de la moelle et des nerfs rachidiens (1868-69*, pl.); *Coexistence d'altérations anévrysmales dans la rétine avec des anévrysmes des petites artères dans l'encéphale (1870); Relation du cas de transfusion opérée avec succès par le Dr Béhier, de l'Hôtel-Dieu de Paris (1874); De l'abus en thérapeutique (1875)*. M. le Dr Liouville est membre des Sociétés anatomique, de biologie, de médecine légale, de la Société de micrographie, dont il est l'un des fondateurs, ainsi que de diverses autres sociétés scientifiques nationales et étrangères. Il a assisté, comme délégué de la France, au Congrès international d'hygiène tenu à la Haye en 1884. — Il ne faut pas oublier sa campagne grotesque en faveur de la revaccination obligatoire, car elle obtint un succès partiel de la sottise administrative.

LIPPINCOTT (dame), Sarah Jane Clarke, dite **Grace Greenwood**, femme de lettres américaine, né à Pompey, dans l'Etat de New-York, le 23 septembre 1823. Depuis sa douzième jusqu'à sa dix-neuvième année, elle résida à Rochester, dans le même Etat, où elle reçut une brillante éducation littéraire. En 1843, elle suivit son frère à New-Brighton (Pensylvanie) et, tout en s'occupant avec zèle des soins du ménage, elle employait ses loisirs à écrire pour les magazines et les journaux périodiques. En 1853, miss Clarke épousait M. Leander K. Lippincott, de Philadelphie, où elle fondait en 1854, le *Petit pèlerin*, journal pour les enfants, qui eut un grand succès. — Mme Lippincott a publié : les *Feuilles de Greenwood (1850-52); Histoire de mes favoris (1850); Poésies (1851); Souvenirs de mon enfance (1852); Aventures et mésaventures d'un voyage en Angleterre (1854)*; la *Joyeuse Angleterre (1855)*; la *Tragédie de la forêt, et autres histoires (1856); Contes et légendes de voyage (1858); Histoire pour les enfants (1858); Histoires tirées des chansons célèbres (1860); Contes de divers pays; Histoire et tableaux de France et d'Italie*; et *Souvenirs de cinq années (1867); Vie nouvelle dans de nouveaux pays (1873)*, etc. — Mme Lippincott a fait, depuis son mariage, plusieurs voyages et parfois un séjour assez prolongé en Europe, comme il y paraît assez, d'ailleurs, aux titres de ses ouvrages et aux intervalles existant entre leur publication. Sa dernière visite à nos contrées date seulement de 1876, et son retour aux Etats-Unis du mois de novembre de cette année-là. Elle s'est fait aussi une grande réputation comme conférencière.

LITOLFF, Henry, pianiste, compositeur et chef d'orchestre français, né à Londres le 6 février 1818, d'un père français. Venu jeune en France, il s'y mariait à dix-huit ans, dans une petite ville où il était professeur de piano; mais ayant perdu sa femme et les enfants qu'il avait eus d'elle, au bout de quelques années de mariage, il vint à Paris en 1839, et commença peu après l'existence vagabonde qu'il a si longtemps menée. Il parcourut la plus grande partie de l'Europe, se produisant à Bruxelles après Paris, puis à Varsovie, à Prague, à Francfort, à Leipzig, à Dresde, Berlin, Amsterdam, La Haye, Brunswick, Vienne, Gotha, Liège, Anvers, Wiesbaden etc., se faisant applaudir partout, tour à tour comme compositeur, comme pianiste et comme chef d'orchestre; semant sur son chemin opéras, symphonies, ouvertures, concertos, morceaux de piano et de chant etc.; œuvres d'une valeur incontestable, mais inégales, fantasques, fiévreuses, images de sa jeunesse agitée et vagabonde. Après avoir été quelque temps maître de chapelle du duc de Saxe-Cobourg-Gotha, il revint à Paris en 1857 et finit par s'y fixer, donnant çà et là quelques concerts, mais visant évidemment un autre but. Il y écrivit, sur un poème d'Edouard Plouvier, un opéra en trois

actes : *Nahel*, qui fut joué au Kursaal de Bade en août 1863, et fut bien accueilli. Il écrivit ensuite un autre ouvrage en trois actes : l'*Escadron volant de la reine*, destiné à l'Opéra-Comique, mais qui n'a été joué jusqu'ici ni sur cette scène ni sur aucune autre. En 1869, M. Litolff forma le projet de donner dans la salle de l'Opéra une série de grands concerts où seraient exécutés des œuvres importantes de la musique moderne. Ayant obtenu l'autorisation nécessaire, il ouvrit en effet la série de ses séances, en décembre de la même année; mais l'entreprise échoua. Revenu à la composition dramatique, M. Litolff donnait à la fin de 1871, au théâtre des Folies-Dramatiques, un ouvrage en 3 actes : la *Boîte de Pandore*. La partition était bonne, mais le livret ridicule, et, en dépit des qualités musicales signalées par la critique, la *Boîte de Pandore*, n'eut aucun succès. Le 17 octobre 1872, il donnait au même théâtre *Héloïse et Abeilard*, opéra bouffe en 3 actes qui, cette fois, réussit complètement, comme il le méritait. Il donna ensuite, au Châtelet : la *Belle au bois dormant* (avril 1874), opéra féerie en 4 actes, qui n'eut qu'un petit nombre de représentations; puis, la *Fiancée du roi de Garbe*, opéra bouffe en 3 actes, joué aux Folies-Dramatiques le 29 octobre 1874, et qui n'eut pas un sort meilleur. Enfin, en janvier 1876, M. Litolff donnait aux Fantaisies-Parisiennes, de Bruxelles, un autre ouvrage du même genre : la *Mandragore*, qui ne réussit pas davantage. Parmi les compositions fort nombreuses de cet incontestablement grand artiste, en dehors du théâtre, nous devons signaler : *Ruth et Booz*, petit oratorio; *Marche funèbre* à la mémoire de Meyerbeer; six morceaux caractéristiques pour piano : 1° *Rapsodie hongroise*, 2° *Sur le Danube*, 3° *Rapsodie polonaise*, 4° le *Chant du nautonnier*, 5° *Un rêve*, 6° *Vienne*; un *Ave Maria* à voix seule, trois caprices-valses pour piano : 1° *Légèreté*, 2° *Grâce*, 3° *Abandon*; l'*Invitation à la polka*, l'*Invitation à la tarentelle*; *Caprice de concert*; *Divertissement fantastique*, etc. Il a également écrit et publié un assez grand nombre de mélodies vocales : l'*Aurore*, la *Charité*, le *Poète*, *Je t'aimerai*, la *Reine Mab*, valse chantée, *N'effeuillez pas la marguerite*, le *Chant du gondolier*, duo; *Enfants dormez toujours*, etc., etc. Pendant l'été de 1876, M. Litolff a accepté la direction de l'orchestre d'un café-concert aux Champs-Elysées, et a été quelque temps également chef d'orchestre de Frascati, établissement musical d'ordre inférieur : double faiblesse qui a été appréciée sévèrement dans le monde artiste. — Le 25 janvier 1886, le théâtre de la Monnaie, de Bruxelles, donnait les *Templiers*, opéra en 5 actes et 7 tableaux de M. Litolff, livret de MM. J. Adenis et Arm. Silvestre, qui eut, cette fois, un franc succès.

LIZOT, Pierre Gustave, homme politique français, ancien magistrat, né au Havre le 13 avril 1831. Il fit son droit à Paris, prit le grade de docteur en 1855, puis entra dans la magistrature, comme substitut du procureur impérial à Rouen. Substitut du procureur général près la cour de cette même ville depuis six ans, lors de la révolution du 4 septembre 1870, M. Lizot fut nommé préfet de la Seine-Inférieure le 20 mars 1871, passa à la préfecture du Nord en 1877, fut rappelé à Rouen le 26 mai 1877, et révoqué en décembre suivant. Au renouvellement partiel du Sénat, le 8 janvier 1882, M. Lizot fut élu sénateur de la Seine-Inférieure sur la liste monarchiste, et prit place à droite. — Il est officier de la Légion d'honneur depuis 1874.

LLOYD, Marie Emilie, actrice française, née à Alger le 1er janvier 1845, entra au Conservatoire, dans la classe de Régnier, en 1860. En 1862, Mlle Lloyd remportait le premier prix de comédie et quittait le Conservatoire, et elle débutait à la Comédie-Française, dont elle est devenue sociétaire, en janvier suivant, dans le rôle de Célimène du *Misanthrope*. Elle a paru depuis, avec succès, dans des rôles très divers, tant du nouveau que de l'ancien répertoire, parmi lesquels nous citerons ceux d'Elmire du *Tartufe*, de Dorimène du *Mariage forcé*, d'Armande des *Femmes savantes*, d'Angélique dans *Georges Dandin*, le *Menteur* et le *Joueur*, d'Elise, de la *Critique de l'Ecole des femmes*, de Céphise d'*Andromaque*, de Josabeth d'*Athalie*, de Lydie d'*Horace et Lydie*, d'Isabelle de l'*Ecole des Maris*, d'Edouard des *Enfants d'Edouard*, de Rosine et de Chérubin dans le *Barbier* et le *Mariage de Figaro*, de madame Montalan des *Deux Ménages*, d'Agathe des *Folies amoureuses*, de la Princesse d'*Adrienne Lecouvreur*, de la comtesse de la *Pluie et le beau temps*, d'Hortense du *Testament de César Girodot*, de miss Clarkson de l'*Etrangère (1876)*, etc.

LOCKROY, Joseph Philippe Simon (dit), artiste et auteur dramatique français, né à Turin le 17 février 1803. Après avoir abordé l'étude du droit, il se fit acteur vers 1827, c'est-à-dire à peu près en même temps qu'il se faisait connaître comme écrivain, et ne quitta la scène qu'en 1840. Directeur du Vaudeville en 1846, il était nommé commissaire du gouvernement près la Comédie-Française en 1848; il a été aussi, pendant quelque temps à partir de sa fondation (1863), directeur du théâtre du Prince-Eugène. M. Lockroy a écrit une grande variété de pièces pour le théâtre, en collaboration avec Scribe, Alexandre Dumas, Arnoud, Anicet Bourgeois, H. Cognard, etc., parmi lesquelles nous pouvons citer : la *Marraine (1827)*; *Catherine II (1831)*; *Périnet Leclerc*, un *Duel sous Richelieu (1832)*; *Pourquoi? (1833)*; l'*Impératrice et la juive*, *C'est encore du bonheur (1834)*; *Karl ou le châtiment (1835)*; le *Frère de Piron (1836)*; la *Vieillesse d'un grand roi*, le *Bon garçon*, opéra comique (1837); *Marie Rémond*, *Passé minuit (1839)*; les *Trois épiciers*, le *Chevalier du guet*, la *Première ride (1840)*; *Charlot et le maître d'école (1841)*; l'*Extase (1843)*; les *Deux compagnons du tour de France (1845)*; le *Chevalier d'Essonne*, *Irène ou le magnétisme (1847)*; la *Jeunesse dorée (1849)*; *Bonsoir, M. Pantalon*, opéra comique (1851); la *Croix de Marie*, opéra comique (1852); la *Conscience (1854)*; le *Chien du jardinier*, opéra comique (1855); la *Reine Topaze*, les *Dragons de Villars*, opéras comiques (1856); la *Fée Carabosse*, opéra comique (1859); l'*Envers d'une conspiration*, le *Gentilhomme de la Montagne*, avec Alex. Dumas, seul nommé, comme dans la *Conscience* et ailleurs (1860); *Ondine*, opéra comique (1863), etc., etc. — Pendant le siège de Paris, M. Lockroy servait avec bravoure dans les compagnies de marche du 226e bataillon de la garde nationale commandées par son fils (voy. ci-après), et fut blessé à Buzenval. Il est chevalier de la Légion d'honneur depuis 1867.

LOCKROY, Etienne Antoine Edouard Simon (dit), journaliste et homme politique français, fils du précédent, est né à Paris le 17 juillet 1838, y fit ses études et songea d'abord à se destiner à la peinture; mais il interrompit presque dès le début ses études artistiques pour accompagner Alexandre Dumas en Italie : c'est grâce à ce voyage qu'il assista et prit une certaine part aux débuts de la campagne de Garibaldi en Sicile, en 1860. De retour en France, M. Lockroy s'attacha à M. Ernest Renan, qu'il suivit en Orient, surtout en qualité de dessinateur. Ce second voyage achevé, M. Edouard Lockroy se lança dans le journalisme; il collabora d'abord au *Figaro*, puis au *Diable-à-quatre*, où il commença à mettre l'autorité à sa poursuite, et entra enfin au *Rappel*, dont il est resté le collaborateur et dans lequel il rédigea quotidiennement une *Petite guerre*, plus sensible probablement que beaucoup de grandes, puisqu'elle lui valut une condamnation « en quatre mois d'emprisonnement et 3,000 francs d'amende ». Elu chef du 226e bataillon de la garde nationale après le 4 Septembre, M. Edouard Lockroy prit le commandement des compagnies de guerre de son bataillon, à la tête desquelles il se signala à Champigny et à Buzenval, et eut son père blessé à ses côtés à cette dernière affaire. — Elu représentant de la Seine à l'Assemblée nationale, le quinzième sur quarante-trois, aux élections du 8 février 1871, M. Lockroy prit place à l'extrême-gauche et vota contre les préliminaires de paix. Au lendemain de la révolution du 18 mars, il signa la proclamation des maires de Paris et des représentants de la Seine, acceptant les élections municipales fixées au 26 par le Comité central; il prit alors une part très active aux tentatives de conciliation entre Paris et Versailles et, en présence de l'inutilité de ses efforts, il donnait sa démission de représentant dès l'ouverture des hostilités (2 avril). Arrêté à Vanves quelques jours plus tard, il fut conduit à Versailles, puis à Chartres, où il demeura emprisonné jusqu'au mois de juin. Rendu à la liberté sans autre forme de procès, M. Lockroy revint à Paris, et était élu, le 23 juillet, membre du Conseil municipal pour le quartier de la Roquette (Ier arrondissement). En mai 1872, il devint rédacteur en chef du *Peuple souverain*, petit journal quotidien dans lequel un article signé de lui : *Mort aux traîtres!* le fit traduire devant la Cour d'assises, qui l'acquitta. Le 1er juin, il avait, avec M. Paul de Cassagnac, un duel qui l'amenait en police correctionnelle avec son adversaire; tous deux furent condamnés à huit jours de prison, et l'on remarqua, à ce propos, que c'était la première fois qu'en pareille affaire le blessé était poursuivi et surtout condamné. Le 28 mars 1873, un article intitulé la *Libération du territoire* lui valait une nouvelle condamnation à un mois de prison et 500 francs d'amende. — Aux élections partielles du 27 avril 1873, M. Edouard Lockroy, qui avait accepté la candidature radicale dans les Bouches-du-Rhône, était élu représentant de ce département par 57,000 voix. Le 20 février 1876, il était élu à la fois dans le XVIIe arrondissement de Paris et dans la première circonscription de l'arrondissement d'Aix-en-Provence, dans cette dernière, au scrutin de ballottage du 5 mars; il opta pour Aix et reprit sa place à l'extrême-gauche. M. Lockroy a prononcé, dans diverses circonstances importantes, des discours qui ont surtout provoqué de très vives protestations de la part de la droite; il a défendu et voté la proposition d'amnistie pleine et entière; il avait voté, par raison, l'ensemble des lois constitutionnelles. Réélu député de la première circonscription d'Aix, le 14 octobre 1877, il fit partie du comité de résistance aux entreprises du cabinet de Rochebouët élu par la majorité républicaine. Il réclama de nouveau l'amnistie pleine et entière et vota la mise en accusation du ministère du 16 mai. Aux élections du 21 août 1881, M. Lockroy fut réélu député par la première circonscription d'Aix, et élu par la deuxième circonscription du VIe arrondissement de Paris nouvellement créée. Il opta pour Paris. Aux élections du 4 octobre 1885, il a été élu député de la Seine en tête de la liste. Le 7 janvier 1886, il était appelé, par décret du président de la République, au ministère du commerce et de l'industrie, dans le ministère présidé par M. de Freycinet. — M. Lockroy a publié : *A bas le progrès (1869)*; la *Petite guerre*, le *Sénatus-consulte*, les *Aigles du Capitole (1870)*; la *Commune et l'Assemblée (1871)*; l'*Ile révoltée*, souvenirs de l'expédition de Sicile en 1860 (1877), etc.; outre un vaudeville en un acte, joué en 1868 : le *Zouave est en bas*. — Il a épousé, le 3 avril 1877, Mme veuve Charles Hugo.

LOCKYER, Joseph Norman, astronome anglais, né à Rugby le 17 mai 1836, fit ses études partie en Angleterre et partie sur le continent, et entra en 1857 au ministère de la guerre, où il remplit diverses fonctions importantes. En 1870, il fut nommé secrétaire de la Commission royale pour l'instruction scientifique et l'avancement des sciences. M. Lockyer a collaboré laborieusement à la presse scientifique, sur la physique et plus spécialement sur l'astronomie. Nommé membre de la Société royale astronomique en 1866, il a publié, dans les *Mémoires* de cette société, un mémoire substantiel sur la *Configuration de la terre et de l'eau dans la planète Mars*. Vers le même temps, il commençait ses observations télescopiques du soleil et proposait, dès 1866, une méthode nouvelle pour observer les flammes rouges qui se manifestent autour d'une éclipse, méthode que M. Janssen (voy. ce nom) et lui appliquaient simultanément, quoique sans entente préalable, en 1868. En commémoration de cette découverte, le gouvernement français faisait frapper une médaille en 1872. M. Lockyer fut élu membre de la Société royale en 1869, et communiqua à cette société, cette même année et les suivantes, soit isolément, soit en collaboration avec M. Franckland, plusieurs découvertes intéressantes. Il fut le chef de l' « English Government Eclipse Expédition » en Sicile en 1870, et dans l'Inde en 1871, et a été chargé d'un cours à l'université de Cambridge en 1871, et d'un autre à la Société royale en 1874. Cette même année, la Société royale lui décernait sa médaille Rumford. — M. Lockyer a publié : *Leçons élémentaires d'astronomie*, *Contributions à la physique solaire (1873)*; le *Spectroscope et ses applications* (même année); le *Premier livre d'astronomie (1874)*; *Etudes d'analyse spectrale (1878)*; l'*Observation des étoiles dans le passé et à présent*, etc. Il a été élu membre correspondant de l'Académie des sciences de Paris, dans la section d'astronomie, le 29 janvier 1875; il se rendit à Paris à cette occasion et vint occuper son siège à l'Institut au mois de septembre suivant. Un peu auparavant, il avait été chargé, par son gouvernement, d'une enquête sur la situation de la météorologie en France. M. Lockyer est aussi membre de plusieurs autres académies et corps savants étrangers.

LOFTUS, sir Augustus William Frederick Spencer, plus ordinairement désigné sous le titre de lord Loftus, diplomate anglais, quatrième fils du second marquis d'Ely, est né en 1817, et a fait ses études au collège de la Trinité, à Cambridge. Entré de bonne heure dans la carrière diplomatique, il devint successivement attaché surnuméraire à la légation de Berlin en 1837, et attaché à celle de Stuttgart en 1844. Chargé de missions spéciales à Berlin et à Vienne en 1848, il fut nommé secrétaire de légation à Stuttgart en 1852, puis à Berlin l'année suivante, et fut employé comme chargé d'affaires dans cette dernière capitale en 1853, 1855 et 1857. Nommé envoyé extraordinaire à Vienne en 1858, lord Loftus fut transféré en la même qualité à Berlin en 1860, à Munich en 1862 et élevé à la 1re classe à cette occasion, puis de nouveau à Berlin en 1865; accrédité auprès de la Confédération de l'Allemagne du Nord en 1868, il fut appelé à l'ambassade de Saint-Pétersbourg, en remplacement de sir Andrew Buchanan, nommé à Vienne, en juillet 1871. Lord Loftus a quitté ce poste en février 1879, époque à laquelle il a été nommé gouverneur de la Nouvelle-Galles du Sud. Il s'était laborieusement mais inutilement employé, en 1876-77, à donner à la question d'Orient, réveillée d'une façon si menaçante, une solution pacifique. — Chevalier-commandeur de l'ordre du Bain depuis décembre 1862, lord Loftus a été promu grand croix le 6 juillet 1866.

LOISELEUR, Jean Auguste Jules, littérateur français, né à Orléans le 4 octobre 1816, est devenu, en 1856, bibliothécaire de cette ville, qui doit à son initiative, comme membre du Conseil municipal, la statue équestre de *Jeanne d'Arc*, de Foyatier, qui s'élève sur la principale place publique d'Orléans. Membre de plusieurs sociétés savantes de province, M. J. Loiseleur est, en outre, correspondant du ministère de l'instruction publique pour les travaux historiques. Il a collaboré aux publications spéciales des sociétés auxquelles il appartient, à divers journaux et recueils périodiques, notamment à la *Revue contemporaine* et au *Journal du Loiret*, et est, depuis un certain nombre d'années, un des collaborateurs du journal le *Temps* et du splendide recueil l'*Art*. — M. Jules Loiseleur a publié à part : les *Résidences royales de la Loire*, les *Crimes et les peines dans l'antiquité et dans les temps modernes (1863)*; les *Anciennes institutions de la France (1866)*; *Problèmes historiques (1867)*; la *Doctrine secrète des Templiers (1871)*; les *Archives de l'académie d'Orléans (1872)*; *Ravaillac et ses complices (1873)*; les *Points obscurs de la vie de Molière (1877)*; *Trois énigmes historiques (1883)*, et un certain nombre de monographies, telles que : le *Château de Gien*, le *Château de Sully*, le *Masque de fer devant la critique moderne*, *Compte des dépenses faites par Charles VII pour secourir Orléans pendant le siège de 1428*, la *Préméditation de la Saint-Barthélemy*, la *Révolution de Naples de 1647*, la *Mort de Mme Henriette d'Angleterre*, la *Légende du chevalier d'Assas*, etc. Il a fait représenter jadis, sur la scène du Gymnase, une petite comédie intitulée *Lenore*. — M. Loiseleur est chevalier de la Légion d'honneur depuis 1868.

LOMBARD, Louis Félix, homme politique français, né à Vienne le 21 mai 1851. Avocat du barreau de sa ville natale, membre de son Conseil municipal depuis 1877 et du Conseil général de l'Isère depuis 1882, M. Lombard a été élu député de ce département, sur la liste républicaine, le 4 octobre 1885. Il a voté l'expulsion des princes.

LONGSTREET, James, ex-général de l'armée confédérée américaine, est né dans la Caroline du Sud, en 1820. Après de brillantes études, il était admis à l'Académie militaire de Westpoint, comme cadet, en 1838, et entrait dans l'armée des Etats-Unis, comme second lieutenant d'infanterie, le 1er juillet 1842. Le lieutenant Longstreet fut employé sur la frontière du Mexique jusqu'en 1846, prit part, de 1846 à 1848, à la guerre contre cette puissance, y fut blessé, fut promu au grade de capitaine et reçut le brevet de major. Il servit ensuite dans le Texas, devint trésorier-payeur de l'armée des Etats-Unis, puis major d'état-major en 1858. Il donna sa démission pour prendre part à la guerre civile, avec le Sud, le 1er juin 1861; appelé au commandement de la 4e brigade du 1er corps d'armée du général Beauregard, près de Centreville, il assistait à la bataille de Bull Run le 21 juillet. Pendant la première moitié de 1862, il parvint au grade de major-général et se fit, sous le général Lee, une grande réputation dans les campagnes contre

Mac Clellan, Pope et Burnside. Après la bataille de Frédéricksburg (13 décembre), le général Longstreet fut appelé au commandement d'un corps d'armée et promu lieutenant-général. Il prit une part active à la bataille de Gettysburg (1-3 juillet), de manière à ajouter encore à sa réputation, se distingua par de grandes qualités militaires de prudence, d'habileté et de résolution, dans la campagne du Désert (1-6 mai 1874) et fut grièvement blessé le 6 mai. — Rétabli, le général Longstreet tenta de porter secours au général Early, dans la vallée de Shenandoah, mais sans succès, et dut se replier sur les lignes de Richmond. Il se rendait avec le général Lee, en avril 1865. — Après la guerre, le général Longstreet employa toute son influence à rétablir la bonne harmonie entre les deux partis, en guerre pendant quatre années, qui divisaient la grande République. Il s'appliqua, pour son compte, à provoquer l'amélioration du système de transports qui, jusque-là, avait toujours laissé à désirer dans son pays, défaut qui allait être évidemment bien plus sensible qu'au temps de l'esclavage. Il prit sa résidence à la Nouvelle-Orléans et s'occupa avec une grande activité de l'extension du réseau des chemins de fer du Sud. Amnistié par le président Johnson, sa conduite conciliante, même cordiale envers l'administration, le fit choisir par le président Grant pour les fonctions d'inspecteur du port de la Nouvelle-Orléans, nomination qui fut confirmée par le Sénat. En 1875, le général Longstreet se retira en Géorgie. Nommé en 1880, ministre des Etats-Unis à Constantinople, il conserva ce poste un peu plus d'une année et revint ensuite en Amérique. Il a été nommé depuis *marshal* des Etats-Unis pour le district septentrional de la Géorgie, où il avait repris sa résidence.

LONLAY (marquis de), EUGÈNE, poète et littérateur français, né à Argentan le 6 mars 1815, fit ses études au lycée de Caen et vint à Paris ayant à peine vingt ans. Le marquis Eugène de Lonlay s'est fait connaître de bonne heure par la publication d'un grand nombre de romances, dont plusieurs, comme le *Lilas blanc*, la *Sœur de lait*, le *Premier bal d'Emma*, etc., etc., ont eu une grande popularité. Il a publié également des nouvelles et des romans originaux ou traduits du russe et de l'allemand, ainsi que de nombreux recueils de poésies. Nous citerons : *Bluettes (1842)*; *Simples amours (1844)*; la *Pomme d'Eve (1846)*; *Chastes paroles (1846)*; *Larmes de bonheur (1847)*; *Poésies nouvelles (1851)*; le *Grand monde russe*, roman traduit du russe, du comte Sollohoub, et *Nouvelles choisies*, du même écrivain (1854); *Chansons populaires*, la *Chasse aux jupons* et l'*Héritage imprévu*, comédies en 1 acte (1854); *Poésies lyriques (1859)*; *Poésies intimes (1860)*; *Eloge des femmes (1862)*; les *Eaux de Bagnoles*, le *Premier roman d'une jeune femme*, *Octavie de Valdorne*, un *Duel à mort*, traduit du russe, de Lermontof, romans; l'*Amour et la jeunesse*; *Anecdotes piquantes*; *Hymnes et chants nationaux de tous les pays, etc. (1863)*; la *Chasse aux maris*; *Chants de jeunesse*; *Hymnes religieux pour toutes les fêtes de l'Eglise romaine*, le *Brigand gentilhomme*, traduit de Pouchkine, la *Protégée*, traduit du comte Sollohoub (1864); *Ce que vierge ne doit lire*, le *Fruit défendu*, les *Amours d'un page*, *Il Bacio*, série de plaquettes qu'il ne faut pas juger sur le titre, bien que ce soit au titre qu'elles doivent l'énorme circulation qu'elles obtinrent (1864-66); *Ce que la forêt se raconte*, traduit de l'allemand (1866); le *Faubourg Saint-Germain (1867)*; *Mes visites académiques*; les *Derniers jours de bonheur*; l'*Art de plaire*; le *Nouvel art d'aimer (1868)*; *Anacréon, sa vie et ses œuvres*; le *Fou des Tuileries (1869)*; *Recueil complet de tous les genres de poésie française (1870)*; les *Drames de la guerre*, *Eloge de la noblesse*, *Contes historiques*; *Histoire incroyable du sire de Tournebœuf, rôti par le diable*; le *Page de la reine de Navarre*, diverses *Légendes*, etc., (1872); l'*Amour maître chanteur*; *Argentan et ses légendes*, et autres *Légendes infernales, historiques*, etc. (1873); le *Livre d'or des enfants*, la *Grève des femmes*, comédie en vers; *Légendes fantastiques (1874)*, etc. M. le marquis de Lonlay a fait usage de divers pseudonymes dont le plus connu est *Max d'Apreval*; il a écrit dans ces dernières années quelque petits ouvrages sous un pseudonyme nouveau : *Dom Leylo*, notamment ses *Contes* publiés en 1872. Il est officier d'académie et commandeur de Saint-Grégoire le Grand.

LOOMIS, ELIAS, mathématicien américain, né dans le comté de Tolland (Connecticut) en août 1811, fit ses études au collège d'Yale, et y remplit des fonctions professorales de 1833 à 1836. Il vint ensuite compléter son éducation à Paris, où il demeura un an, et fut à son retour nommé professeur de sciences naturelles au « Western Reserve College » de l'Ohio. Là, il commença ses observations astronomiques et météorologiques. En 1844, il fut appelé à la chaire de physique de l'université de New-York, qu'il conserva jusqu'en 1860, quoique de 1845 à 1849 il dût sacrifier une partie de son temps au service géodésique, pour déterminer la différence de longitude entre New-York et les autres villes de l'Union, au moyen du télégraphe électrique. Pendant ces expériences, il détermina pour la première fois la vitesse du courant électrique suivant le fil télégraphique. M. Elias Loomis est professeur de physique au collège d'Yale depuis 1860. — On a de ce savant : *Trigonométrie plane et sphérique (1845)*, les *Progrès de l'astronomie (1850)*; *Géométrie et calcul analytique* et *Eléments d'algèbre (1851)*; *Eléments de géométrie et sections coniques (1852)*; nouv. édit. augmentée, 1871); *Tables des logarithmes (1855)*; *Astronomie pratique (1856)*; *Physique (1858)*; *Eléments d'arithmétique (1863)*; *Traité de météorologie (1868)*; *Eléments d'astronomie (1869)*; et les *Descendants de Joseph Loomis*, son ancêtre (1870). En 1879-80, le professeur Loomis faisait beaucoup parler de lui à propos d'une invention destinée peut-être à mieux réussir avec le temps, et sur laquelle la *Science populaire* s'exprimait en ces termes, en mars 1880 : « Un savant américain, le professeur Elias Loomis, poursuit ses intéressantes expériences dans les montagnes de la Virginie occidentale, pour démontrer qu'à une certaine hauteur existe dans l'atmosphère un courant électrique naturel au moyen duquel on peut envoyer des signaux sans le secours d'aucun conducteur. On prétend qu'il a réussi à envoyer des messages à une distance de onze milles, au moyen de cerfs-volants en communication avec le sol par des fils de cuivre. Lorsque les cerfs-volants ont atteint la même altitude et se trouvent par conséquent dans le même courant, il devient possible d'établir entre eux une communication au moyen d'un appareil ressemblant à celui de Morse. Mais toute communication cesse dès que l'un des cerfs-volants change de hauteur. Pour poursuivre cette expérience, M. Loomis fait construire, sur deux collines éloignées de vingt milles, deux tours au sommet desquelles s'élèvent des tiges d'acier pénétrant dans la région du courant électrique. » Quoique ces expériences, patiemment poursuivies longtemps encore, aient donné des résultats encourageants, il n'en est sorti jusqu'ici rien de pratique.

LORET, CLÉMENT, organiste et compositeur belge, né à Termonde en 1833. Son père et son grand-père, auxquels il doit en grande partie son éducation musicale, furent organistes de l'église Notre-Dame de Termonde, et son père, M. Hippolyte Loret, habile facteur d'orgue en même temps, lui faisait dès l'âge de sept ans jouer à l'église de petits offertoires et des sorties. Dès l'âge de huit ans, même, il le remplaçait souvent. M. H. Loret ayant été nommé organiste à Mons en 1846, son fils y acheva ses études de lecture musicale avec Denefve, directeur de l'Ecole de musique, puis entra au Conservatoire de Bruxelles en 1851. Il y fut élève de Fétis pour le contre-point et de Lemmens pour l'orgue, et remporta le premier prix d'orgue en 1853. Il vint à Paris en 1855, et y devint successivement organiste au Panthéon, à Suresnes, à Notre-Dame-des-Victoires. En 1857, Niedermeyer lui confia les fonctions de professeur d'orgue à l'Ecole de musique religieuse qu'il dirigeait. M. Clément Loret, depuis cette époque, a formé un grand nombre d'élèves dont plusieurs occupent actuellement d'honorables positions. Il a beaucoup contribué dès le début à rendre populaires en France les œuvres de Jean Sébastien Bach. Vers le même temps et sur la proposition de Niedermeyer, alors maître de chapelle à Saint Louis d'Antin, il accepta à cette église l'emploi d'organiste, qu'il y occupe toujours. — Dès 1859, M. Loret s'est fait connaître comme compositeur en publiant dans le journal la *Maîtrise*, dirigé par d'Ortigue et Niedermeyer, ses premiers *Exercices d'orgue*, suivis bientôt de *Vingt-quatre études* pour le même instrument. Vinrent ensuite *Cinquante pièces d'orgue pour messes et vêpres*; *Vingt-quatre morceaux pour orgue* sans pédales; l'*Office divin*, recueil de morceaux faciles; trois recueils de *Douze morceaux* pour harmonium et piano; *Dix mélodies*, *Douze morceaux de piano* et quelques compositions détachées. Il a également publié une série de *Douze concertos de Haendel* pour orgue et orchestre, transcrits par lui pour orgue solo, avec une préface de M. Lefèvre, directeur de l'Ecole de musique religieuse.

LORGERIL (vicomte de), HIPPOLYTE LOUIS, poète et homme politique français, né à Chalonge (Côtes-du-Nord) le 28 mai 1811, fit ses études au petit séminaire de Dinan, puis aux collèges de Rennes et de Nantes. Il se consacra à la littérature, fit quelques voyages insignifiants et vint prendre en 1842, la direction de l'*Impartial de Bretagne*, feuille légitimiste nantaise, qu'il quittait l'année suivante, après y avoir surtout inséré des vers. En 1843, il allait visiter la famille royale réfugiée à Londres. Au retour, il s'occupa exclusivement d'agriculture. Il fut élu membre du Conseil général des Côtes-du-Nord en 1848, pour le canton de Plélan, et y a été réélu depuis 1871 par le canton de Jugon. M. de Lorgeril est en outre membre de la Société d'agriculture du département. Elu le 8 février 1871, le huitième sur treize, représentant des Côtes-du-Nord à l'Assemblée nationale, il prit place à l'extrême-droite, et s'y fit surtout remarquer par ses sorties étranges contre l'Ecole des hautes études, l'Ecole française d'Athènes, l'Opéra nouveau, etc.; par ses attaques passionnées contre M. Thiers, et par ses interruptions fréquentes. L'excès même de son culte légitimiste le porta, lors des élections sénatoriales réservées à l'Assemblée, à prendre part à la coalition de l'extrême-droite et des gauches en haine du centre droit orléaniste; il fut élu sénateur inamovible en conséquence, le 15 décembre 1875, au sixième tour de scrutin. — M. de Lorgeril a publié diverses lettres politiques dans l'*Univers* et des poésies dans ce même journal et dans la *Revue de la Bretagne et de la Vendée*; on lui doit en outre quelques volumes : une *Etincelle*, poésies; la *Chaumière incendiée*; *Récits et ballades*; l'*Art de parvenir*, poème satirique; un nouveau recueil de *Poésies (1872)*, etc.

LORNE (marquis de), JOHN GEORGE EDWARD HENRY DOUGLAS SUTHERLAND CAMPBELL, homme politique anglais, fils aîné du duc d'Argyll et gendre de la reine Victoria, est né à Londres en 1845. Elu, en février 1868, membre de la Chambre des communes par le comté d'Argyll, comme représentant libéral, il devint, au mois de décembre suivant, secrétaire privé de son père au ministère des Indes. L'évènement principal de la vie du marquis de Lorne est son mariage avec la princesse Louise, quatrième fille de la reine d'Angleterre, à l'occasion duquel il fut créé chevalier de l'ordre du Chardon. Le mariage fut célébré à Windsor, à la chapelle Saint George, par l'évêque de Londres, assisté des évêques de Winchester, d'Oxford et de Worcester. — On doit au marquis de Lorne un ouvrage sans importance publié sous ce titre : *A Trip to the Tropics, and Home through America* (un Voyage aux Tropiques, etc.), publié en 1867, qui fut suivi de : *Guido and Lita, a tale of the Riviera*, poème (1875); les *Psaumes littéralement traduits en vers (1877)*. — Le marquis de Lorne fut nommé en juillet 1878 gouverneur général du Canada, en remplacement de lord Dufferin, poste dans lequel il fut remplacé par le marquis de Lansdowne en 1883. Il avait été nommé grand croix de l'ordre des Saints Michel et George en 1878.

LOROIS, EDMOND, homme politique français, fils d'un ancien préfet du Morbihan sous la monarchie de Juillet, est né à Laeken (Belgique) le 8 juin 1819. Conseiller général du Morbihan depuis 1871, M. Lorois fut élu député de la deuxième circonscription de Vannes, au scrutin de ballottage du 5 mars 1876, et siégea à droite. Réélu le 14 octobre 1877 et le 21 août 1881, il était élu député du Morbihan le 14 octobre 1885, sur la liste monarchiste.

LOROIS, LÉON PAUL, homme politique français, cousin du précédent, est né à Lorient le 13 octobre 1839. Il fit son droit à Paris, fut attaché au ministère des affaires étrangères sous le gouvernement du 16 mai, et ne le quitta que pour se porter comme candidat officiel, monarchiste bien entendu, aux élections du 14 octobre 1877, dans l'arrondissement de Quimperlé, contre M. Corentin Guyho, député sortant, républicain; élu, il vit son élection annulée par la Chambre, et le 5 mai 1878, c'était son concurrent qui triomphait. Il en fut de même aux élections du 21 août 1881. Enfin, le 4 octobre 1885, M. L. Lorois était élu député du Finistère sur la liste monarchiste.

LORY, CHARLES, géologue français, né à Nantes le 30 juillet 1823, fit ses études au collège de sa ville natale et concourut pour l'Ecole normale supérieure, avec dispense d'âge, en 1840; il y fut admis, avec le numéro 2, dans la section des sciences. Reçu agrégé des sciences physiques, il fut nommé professeur au lycée de Grenoble en 1843. Il prit le grade de docteur ès sciences naturelles de la faculté de Paris en 1847, professa successivement aux lycées de Poitiers et de Besançon, devint professeur-suppléant de géologie à la faculté des sciences de cette dernière ville (1849), puis à celle de Grenoble où il fut nommé professeur titulaire en 1852. Chargé, comme suppléant temporaire, du cours de géologie de la faculté de Paris en 1869, M. Ch. Lory a été nommé doyen de la faculté de Grenoble en 1871. Il est en outre directeur du laboratoire départemental d'analyses et de la station agronomique de cette ville. Officier de l'instruction publique, chevalier de la Légion d'honneur depuis 1861. M. Charles Lory, membre de plusieurs sociétés savantes des départements, a été élu correspondant de l'Académie des sciences, dans la section de minéralogie, le 12 février 1877. — On doit à ce savant : *Essai géologique sur le groupe de montagnes de la Grande Chartreuse*, avec cartes (1853); *Carte géologique du Dauphiné (1858)* et *Description géologique du Dauphiné*, explication de la carte précédente (1860-64), ouvrage couronné au concours des Sociétés savantes de 1861; *Carte géologique du département de la Savoie (1868)*, etc.; outre un grand nombre de mémoires géologiques insérés dans les publications spéciales de diverses sociétés savantes.

LOSSING, BENSON JOHN, dessinateur, graveur et écrivain américain, né à Beekman, dans l'Etat de New-York, le 12 février 1813. Il entra, à l'âge de treize ans, en apprentissage chez un horloger de Poughkeepsie, dans ce même Etat, et devint successivement l'ouvrier puis l'associé de son patron; mais il abandonna les affaires en 1835, pour devenir copropriétaire et rédacteur du *Poughkeepsie Telegraph*, auquel il adjoignit peu après un journal littéraire semi-mensuel, le *Poughkeepsie Casket*, apprenant entre temps le dessin et la gravure sur bois, afin d'être en état d'illustrer lui-même son journal. Vers 1838, il alla s'établir à New-York comme graveur sur bois, et y publia le *Family Magazine*, M. Lossing publia en 1841 : *An Outline history of the Fine Arts* (Esquisse d'une histoire des Beaux-Arts), volume faisant partie de la « Bibliothèque des familles » de la maison Harper. Dans l'intervalle de cette publication à la suivante, il fut chargé de l'illustration, dessins et gravure, d'un grand nombre de publications; puis il donna, en 1847, son *Seventeen Hundred and Seventy-Six* (Dix-sept cent soixante-seize), ouvrage illustré sur la Révolution américaine, suivi des *Vies des signataires de la Déclaration d'Indépendance (1848)*. A la même époque, il publiait aussi le *Miroir de la jeunessse* (the Young people's Mirror), et commençait son *Pictorial Field Book of the Revolution* (Guide pittoresque aux champs de bataille de la Révolution), qui lui coûta quatre années de travail (1848-52), et contient plus de mille dessins exécutés par lui, sur les lieux-mêmes illustrés par la guerre de l'Indépendance. Cet ouvrage fut accueilli par le plus grand succès; mais malheureusement, la destruction de l'établissement de l'éditeur Harper, chez qui il était en vente, par un incendie, entraina celle d'une grande partie de la première édition; la seconde ne put être mise en vente qu'en 1855. Parmi les autres ouvrages de M. Lossing, nous citerons : une *Histoire illustrée des Etats-Unis, destinée aux écoles et aux familles (1854)*; *Nos compatriotes, ou courtes notices sur les Américains éminents (1856)*; *Mount Vernon (1859)*; *Souvenirs et notes privées de Washington (1859)*, ouvrage préparé et signé par W. Parke Curtis, mais en fait remanié, annoté et illustré par M. Lossing; *Philippe Schuyler, sa vie et son temps (1860*, 2 vol.); *Vie de Washington (1861*, 3 vol.); l'*Hudson, depuis le Désert jusqu'à la mer (1868)*; *Histoire pittoresque de la guerre civile aux Etats-Unis (1866-69*, 3 vol.). *Histoire pittoresque de la guerre de 1812 (1869*, 2 vol.); *Histoire d'Angleterre, Washington et la République américaine (1871)*; le *Collège Vassar et son fondateur*, *Histoire des Etats-Unis*, destinée à la jeunesse (1878, gr. in-4°); ce dernier ouvrage est illustré de dessins dus au crayon de M. Félix Darley; *Histoire de nos guerres avec la Grande Bretagne*, le *Centenaire américain (1875)*; *Histoire de la marine*

des Etats-Unis (1880); Encyclopédie populaire de l'histoire des Etats-Unis (1882), etc. Il a en outre activement collaboré aux recueils périodiques américains, et a rassemblé, dit-on, une collection unique de documents sur l'histoire de son pays. — M. Lossing a reçu en 1842 le diplôme de docteur en droit honoraire de l'université de Michigan.

LOUANDRE, Charles Léopold, littérateur et bibliographe français, fils d'un archiviste d'Abbeville, est né dans cette ville le 15 mars 1812. Il débuta dans sa ville natale par la publication de plusieurs *Essais historiques* écrits seul ou en collaboration avec M. Ch. Labitte, et du *Catalogue de la Bibliothèque communale de la ville d'Abbeville (1838*, 2 vol.). Venu à Paris, M. Ch. Louandre collabora à la *Littérature française contemporaine (1844-48)*, et publia : la *Sorcellerie (1844)*; une traduction nouvelle de *Tacite*, avec texte latin (1845, 2 vol.); des éditions annotées de *Pascal, Lafontaine, Molière, Voltaire, Racine, Montaigne, Machiavel*, etc. (1846-62); les *Arts somptuaires (1857*, 4 vol.); *Dictionnaire de géographie et d'histoire (1859); Dictionnaire usuel des sciences (1862); Histoire de la littérature française par les monuments (1864*, 2 vol.); les *Idées subversives de notre temps ; Chefs-d'œuvre des conteurs français avant Lafontaine (1873); Chefs-d'œuvre des conteurs français contemporains de Lafontaine (1874); Chefs-d'œuvre des conteurs français après La Fontaine*; les *Œuvres politiques de Benjamin onstant (1875)*, etc., etc. Il a collaboré au *Journal de l'instruction publique*, à la *Revue des Deux-Mondes*, à la *Revue contemporaine* dont il a été quelque temps rédacteur en chef, à la *Revue de Paris*, à l'*Encyclopédie nouvelle*, à *Patria*, etc. — M. Ch. Louandre fait partie du Comité des travaux historiques. Il est chevalier de la Légion d'honneur.

LOUBET, Emile, homme politique français, né à arsanne (Drôme) le 31 décembre 1838. Avocat du barreau de Montélimar, maire de cette ville, conseiller général de la Drôme, il fut élu député de l'arrondissement de Montélimar le 20 février 1876, sans concurrent, et prit place à la Chambre sur les bancs de la gauche républicaine. Réélu le 14 octobre 1877 et le 21 août 1881, il se présentait le 25 janvier 1885 aux élections pour le renouvellement de la représentation sénatoriale de la Drôme et était élu le premier, au premier tour. M. Loubet a repris sa place à gauche dans la haute Chambre et a voté l'expulsion des princes.

LOUDUN, Eugène Balleyguier, (dit), littérateur et publiciste français, né à Lassay, près de Loudun, le 8 juillet 1818, fit ses études à Nantes et son droit à Poitiers, où il prit le grade de licencié en 1843. Après avoir été quelque temps professeur au collège de Châtellerault, il vint à Paris et publia dans divers journaux des articles de critique et de littérature. Attaché à la rédaction de l'*Ere nouvelle* et du *Correspondant* en 1848, il devenait, au commencement de l'année suivante, secrétaire particulier de M. de Falloux, ministre de l'instruction publique. Lors de la retraite de celui-ci (juillet), M. Balleyguier fut nommé sous-bibliothécaire à la bibliothèque de l'Arsenal, où il était devenu conservateur, lorsque la publication d'un almanach de propagande bonapartiste, intitulé l'*Abeille*, commencée en 1872, lui attira le même désagrément, ou à peu près, qu'un almanach républicain publié quelques années plus tôt aurait pu attirer à son auteur : la révocation. M. Loudun a toutefois le titre de conservateur honoraire depuis cette époque. Sous l'empire, après avoir été rédacteur littéraire de l'*Union*, il avait été chargé de la partie politique au *Journal des instituteurs*. — Il a publié : le *Couvent des carmes pendant la Révolution (1845); Physionomie de l'Assemblée (1848)*; le *Présent et l'avenir de la Révolution* (même année); la *Vendée (1849)*; les *Trois races, ou les Allemands, les Anglais et les Français (1852)*; le *Général Charles Abbatucci (1854)*; les *Derniers orateurs, ou la tribune française de 1848 à 1852 (1855); Etude sur les œuvres de Napoléon III (1857)*; les *Victoires de l'Empire (1859)*; les *Pères de l'Eglise (1860)*; la *Bretagne, paysages et récits (1861)*; les *Deux paganismes : l'antiquité*; les *Nouveaux jacobins (1869)*; les *Précurseurs de la Révolution (1865-69-74*, 3 vol.); *Journal d'un parisien pendant la Commune*, la *Révolution de Septembre et la Commune (1871)*; le *Mal et le bien (1876)*; outre plusieurs revues du *Salon de Paris (1852-55-58)*, des articles au *Pays*, à la *Revue du monde catholique*, etc. — M. Eugène Loudun est chevalier de la Légion d'honneur depuis 1860 et décoré de divers ordres étrangers.

LOUSTALOT, Gustave, avocat et homme politique français, né à Dax en 1826. Quatre fois bâtonnier et avocat du barreau de Dax, connu par ses opinions démocratiques, M. G. Loustalot fut nommé sous-préfet de son arrondissement après le 4 Septembre. Elu représentant des Landes le 2 juillet 1871, il échouait le 20 février 1876, dans la première circonscription de Dax, contre M. de Cardenau, légitimiste ; mais l'Assemblée ayant annulé l'élection de celui-ci, M. G. Loustalot fut élu le 21 mai 1876. Il siégea à gauche. Il échouait le 14 octobre 1877, contre son ancien concurrent légitimiste, M. de Cardenau : nouvelle invalidation, nouveau retour de fortune à l'élection partielle du 7 avril 1878, en faveur de M. Loustalot, qui était élu dans la même circonscription le 21 août 1881, sans concurrent cette fois. Le 4 octobre 1885, la liste républicaine échouait tout entière dans les Landes ; mais cette élection ayant été annulée par la Chambre, les candidats revenaient en présence le 14 février 1886, et c'était le résultat contraire qui se produisait. M. Loustalot reprit en conséquence sa place à la Chambre des députés, et votait l'expulsion des princes en juin suivant.

LOUIS Ier, Louis Philippe Marie Ferdinand Pierre d'Alcantara Antoine Michel Raphael Gabriel Gonzague Xavier François-d'Assise Jean Jules Auguste Volfando de Bragance-Bourbon, roi de Portugal et des Algarves, duc de Saxe, second fils, mais l'aîné des survivants, de donna Maria II et de don Fernand, prince de Saxe-Cobourg, est né le 31 octobre 1838, et a succédé au trône de Portugal à la mort de son frère Don Pedro V, le 11 novembre 1861. Intelligent, animé de sentiments libéraux, le roi de Portugal semble sincèrement résolu à gouverner constitutionnellement, ce qui n'empêche pas que son royaume ait quelquefois été troublé par les agitations politiques. Il a épousé, le 6 octobre 1862, la princesse Maria Pia, fille du roi d'Italie, dont il a eu deux fils : Charles Ferdinand Louis, duc de Bragance, prince royal, né le 28 septembre 1863 et Alphonse Henri Napoléon, duc d'Oporto, né le 31 juillet 1865. — Le règne de Louis Ier a été marqué par l'acquisition de la presqu'île de Macao (août 1862) ; la suppression des passe-ports à l'intérieur (1863); l'Exposition internationale de Porto (1865-66) ; l'adoption des mesures métriques décimales et la division du Portugal en départements (1867); l'abolition de l'esclavage dans les possessions portugaises, la réduction spontanée de la liste civile par mesure d'économie (1868), le refus formel de la couronne d'Espagne par Don Luis, la vente des biens du clergé et des municipalités pour parer à la crise financière (1869) et par d'autres mesures dénotant une sagesse incontestable et assez rare. En outre, le roi de Portugal est un littérateur distingué. On lui doit notamment une traduction portugaise d'*Hamlet (1877)*, du *Marchand de Venise (1881)*, et de *Richard III (1882)*. La première édition d'*Hamlet*, tirée à petit nombre, avait été distribuée aux amis de Sa Majesté ; mais un éditeur brésilien ayant jugé avantageux d'en publier une édition populaire dans son pays, le roi Louis fit présent à un asile de charité de Lisbonne de ses droits d'auteur sur cet ouvrage, dont une seconde édition a été mise en vente dans ces conditions en 1880.

LOWE, Edward Joseph, naturaliste anglais, né à Highfield, près de Nottingham le 11 novembre 1825. Dès 1840, M. Lowe commençait ses observations météorologiques quotidiennes qu'il n'a pas cessées depuis. En 1846, il publiait un *Traité des phénomènes atmosphériques* et en 1849, un petit volume intitulé : *Pronostics du temps* (Prognostications of the Weather). Viennent ensuite : le *Climat du comté de Nottingham* et la *Conchyliologie du comté de Nottingham (1843)*. Il assistait en même temps le professeur Edward Forbes dans la compilation de son ouvrage sur les *Mollusques de l'Angleterre* et publiait le premier volume de son *Histoire naturelle des fougères britanniques et exotiques*, suivi de : les *Graminées anglaises (1858)*; les *Plantes à feuillage ornemental (1861)*; les *Fougères, espèces rares ou nouvelles (1862)*; la *Chronologie des saisons (1875*, 1re partie), etc. M. Lowe a collaboré en outre aux recueils des sociétés savantes et de l'Association britannique. Il a fait partie de diverses expéditions pour l'observation d'éclipses ; il envoie quotidiennement, comme nous avons dit, des télégrammes météorologiques au Bureau du commerce, et est l'inventeur de la poudre sèche employée pour les observations de l'ozone, dans les ascensions scientifiques. On lui doit également la découverte d'espèces nouvelles zoologiques et botaniques, principalement dans la famille des fougères. — M. Lowe est membre de la Société météorologique, dont il est l'un des fondateurs, de la Société royale astronomique, des Sociétés linnéenne, géologique, d'horticulture, et de la Société royale.

LOWELL, James Russell, littérateur et diplomate américain, né à Cambridge (Massachusetts) le 22 février 1819, fit ses études à l'université d'Harvard, fut admis au barreau, mais n'exerça point. M. Lowell était encore sur les bancs du collège qu'il publiait des poésies. Il a donné depuis : la *Vie d'une année*, recueil de vers (1841) ; *Poésies*, volume contenant entre autres, la *Légende bretonne, Prométhée*, etc. (1845) : *Entretiens sur quelques anciens poètes (1845)*; un troisième volume de *Poésies*, et la *Vision de sir Launfal*, poème (1848) ; une *Fable dédiée aux critiques*, revue satirique de la presse américaine et les *Mémoires de Biglow* (the Biglow Papers), série de poèmes humoristiques sur des sujets politiques, écrits en dialecte *yankee (1858)*; *Voyages au coin du feu*, et la seconde partie des *Biglow Papers (1864)*; *Sous les saules*, et autres poésies (1869); la *Cathédrale*, poème épique (1870) ; *A travers mes livres*, études (même année) ; les *Fenêtres de mon cabinet (1871)*; *Trois poèmes commémoratifs (1876)*, etc. Une édition nouvelle de ses *Œuvres complètes* a paru en 5 volumes en 1881. — En 1855, M. James R. Lowell succédait à Longfellow, comme professeur de langue et de littérature modernes, au collège d'Harvard ; il a fait en outre, à l'Institut Lowell, à Boston, une série de leçons sur les poètes anglais. De 1857 à 1862, il a dirigé l'*Atlantic Monthly* ; il avait collaboré auparavant au *Pioneer*, à l'*Antislavery Standard*, au *Putnam's Monthly* ; et a été rédacteur en chef de la *North-American Review* de 1863 à 1872. — Le poste de ministre à Saint-Pétersbourg fut offert en 1874 à M. Lowell, qui le refusait ; en mai 1877, celui de Vienne lui était également offert sans succès ; mais il acceptait, la même année, celui de ministre en Espagne, qu'il échangeait en 1880 pour celui de ministre des Etats-Unis dans la Grande-Bretagne.

LOYSEL, Charles Joseph Marie, général français, né à Rennes le 14 février 1825. Elève de Saint-Cyr et de l'Ecole d'application d'état-major, M. Loysel débuta dans la carrière en Algérie, où il prit part aux principales expéditions ; il fit ensuite la campagne de Crimée, assista à la bataille de l'Alma, à la prise de Sébastopol et retourna en Afrique après la paix. En 1859, il prit part à la campagne d'Italie, puis à celle du Mexique et devint aide de camp de l'empereur Maximilien. Il avait atteint le grade de colonel d'état-major lorsqu'éclata la guerre de 1870, et fut employé à l'armée de Metz. Après la capitulation de cette place il fut emmené prisonnier en Allemagne, mais ayant réussi à s'échapper, il alla offrir ses services au gouvernement de la Défense nationale et fut appelé au commandement d'un corps d'armée en Normandie, avec le grade de général de brigade, dans lequel la commission de révision le maintint, et fut promu divisionnaire en 1878. — Elu le 8 février 1871, représentant d'Ille-et-Vilaine, le deuxième sur douze, le général Loysel siégea d'abord au centre gauche et vota pour le retour à Paris et le message de M. Thiers ; ensuite il passa à droite et fut l'un des partisans les plus ardents de l'élévation à vingt-cinq ans de l'âge exigé pour l'électorat : une proposition dans ce sens, présentée par lui, fut repoussée par l'Assemblée, au scrutin secret. Il était élu, le deuxième sur trois, sénateur d'Ille-et-Vilaine, le 30 janvier 1876 ; mais il échoua au renouvellement partiel du 5 janvier 1879. Appelé peu après au commandement de la division d'Alger, le général Loysel, atteint, pour la seconde fois, d'affection mentale au mois d'août 1886, a dû être relevé de son commandement. — Il avait été promu commandeur de la Légion d'honneur le 10 février 1883.

LOYSON, Charles Hyacinthe, prêtre français, s'est rendu célèbre d'abord sous le nom de **Père Hyacinthe**, par ses prédications à Notre-Dame de Paris. Il est né à Orléans le 10 mars 1827, et a fait ses études à l'académie de Pau dont son père avait été nommé recteur. Après s'être fait remarquer dès sa première jeunesse par des essais poétiques qui n'étaient pas sans valeur, il entra au séminaire de Saint-Sulpice en 1847 et fut ordonné prêtre en 1851. Nommé d'abord professeur de philosophie au grand séminaire d'Avignon ; il fut appelé, en 1854, à la chaire de théologie de celui de Nantes et devint vicaire de l'église Saint-Sulpice, à Paris, en 1856. En 1859 et 1860, attiré vers la chaire sacrée, il faisait son noviciat au couvent des carmes de Broussey, près de Bordeaux et était ensuite admis dans cet ordre sous le nom de Père Hyacinthe. Il commença dès lors à se livrer à la prédication dans plusieurs grandes villes de France ; il prêcha notamment le carême de 1862 à Lyon, l'avent et le carême de l'année suivante à Bordeaux et le carême de 1864 à Périgueux. Venu dans le courant de la même année à Paris, il parut d'abord à la Madeleine, puis à Notre-Dame, où il prêcha l'avent de 1865 à 1869, et s'y acquit promptement une grande popularité. Toutefois les conférences du P. Hyacinthe ne furent pas toujours du goût du parti ultramontain, dont l'organe favori, l'*Univers*, dénonça le prédicateur de Notre-Dame en cour de Rome, au commencement de 1868. Mandé par le Saint Père, le Père Hyacinthe parvint à se justifier ; mais, au mois de juin suivant, dans une séance de la Ligue internationale de la paix, s'étant oublié jusqu'à prononcer un discours empreint du plus louable esprit de tolérance, il fut de nouveau poursuivi. Il répondit aux attaques dont il était l'objet par sa fameuse lettre du 20 septembre, au général des carmes déchaussés, à Rome, dans laquelle il protestait contre la perversion sacrilège de l'Evangile, et déclarait que l'anarchie sociale à laquelle les races latines sont en proie est due à « la manière dont le catholicisme est depuis longtemps compris et interprété. » Cette manifestation avait une importance d'autant plus grande, qu'elle se produisait à la veille du concile. L'excommunication fut prononcée contre son auteur, qui s'embarqua aussitôt pour l'Amérique. — L'ex-Père Hyacinthe débarquait à New-York le 19 octobre 1869. Les principaux membres des diverses sectes protestantes aux Etats-Unis se portèrent à sa rencontre et lui firent un accueil enthousiaste ; il y répondit franchement, fraternisa avec ces messieurs, mais ne cessa de protester de son attachement irrévocable à l'Eglise catholique romaine. Après bien des sollicitations, Pie IX consentit enfin à le relever de ses vœux monastiques, en février 1870 ; et il redevint alors prêtre séculier, sous le nom de l'abbé Loyson. L'abbé Loyson, qui avait protesté avec énergie contre le dogme de l'infaillibilité proclamé par le concile, quitta les Etatst Unis et se rendit à Rome, dès que la Cité éternelle fut devenue la capitale de l'Italie, pour y faire des conférences et des discours sur son système d'interprétation du catholicisme et sur la réforme de l'Eglise. Il assista aux congrès des Vieux Catholiques, à Munich en 1871, à Cologne en 1872, à Constance en 1873.

Le 2 septembre 1872, l'abbé Loyson épousait au « Registry Office » de Marylebone, à Londres, une jeune veuve américaine appartenant à l'Eglise catholique, Mme Emily Butterfield, veuve de M. Edwin Ruthven Merriman, en présence notamment du Dr Stanley, doyen de Westminster et de sa femme lady Augusta Stanley. — En 1873, l'abbé Loyson alla faire à Genève des conférences sur les réformes de l'Eglise catholique, à la suite desquelles il fut élu curé de Genève, conformément à la décision du Conseil fédéral, en date du 10 février 1873, établissant qu'à l'avenir les curés de ce canton seraient nommés à l'élection. Le 7 mai suivant, l'abbé Loyson disait sa première messe à l'église protestante : le lendemain, à l'église catholique, il était donné lecture de l'excommunication qui frappait toutes les personnes coupables d'avoir assisté à cette messe, ou de méditer d'assister aux suivantes. Nous n'insisterons pas sur l'agitation dont le canton de Genève fut le théâtre à cette époque, et qui l'amena à rompre toute relation avec le Vatican. Quant à l'abbé Loyson, il rompit lui-même, en 1874, avec les « catholiques libéraux » de Genève, déclarant qu'ils étaient animés d'un esprit qui n'était « ni libéral en politique ni catholique en religion. » Il continua pourtant ses conférences dans cette ville. En février 1877, il revenait à Paris et demandait l'autorisation de faire, dans la salle du Théâtre des Italiens, des conférences *religieuses*, projet dû évidemment à des réminiscences américaines. Cette autorisation lui fut refusée. Il se résolut alors à faire des conférences *morales* en se servant de la forme légale de la réunion publique ; elles sont suivies par un auditoire nombreux, charmé et édifié, en vérité, beaucoup plus qu'à la plupart des ser-

mons orthodoxes. — En 1881, il établit une église gallicane rue d'Arras. Il a donné depuis de nombreuses conférences, notamment au Cirque d'été. — On a de l'abbé Loyson : *Conférences prêchées à Notre-Dame de Paris sur la famille (1866)*; *Conférences etc. sur la société civile dans ses rapports avec le christianisme (1867)*; *De la réforme catholique (1872)*; *Lettre sur mon mariage (1872)*; *Catholicisme et protestantisme*, l'*Ultramontanisme et la Révolution*, etc. — Mme Loyson a également fait un choix de « Lettres, discours et fragments » extraits des œuvres de son mari, qu'elle a traduits et publiés à Londres sous le titre de *Catholic Reform (1874)*, avec préface du feu Dr Stanley, doyen de Westminster.

LUBBOCK, sir John, baronet, banquier, homme politique et naturaliste anglais, né à Londres le 30 avril 1834, fit ses études à Eton. Fils aîné du physicien sir John William Lubbock, le troisième baronet, il succéda au titre de son père, à la mort de celui-ci, en juin 1865. Comme banquier, sir John a été le promoteur de diverses mesures d'intérêt public; il a été, pendant plusieurs années, secrétaire honoraire de la Société des banquiers de Londres. Candidat du parti libéral, dans la circonscription occidentale du Kent, aux élections générales de 1865 et 1868, sir John Lubbock échoua dans ces deux occasions; il fut élu représentant à la Chambre des communes en février 1870, pour le bourg de Maidstone, qui l'a réélu en 1874. En 1880, il perdit son siège, mais il fut presque aussitôt élu par l'université de Londres. — C'est toutefois comme savant que sir John Lubbock s'est fait une réputation étendue et méritée. Il a été président des Sociétés ethnologique et entomologique et de l'Institut anthropologique, vice-président de l'Association britannique, de la Société linnéenne et de la Société royale, membre de Commission internationale monétaire, de la Commission des écoles publiques et de la Commission pour l'avancement des sciences, de la Société des antiquaires, de la Société géologique, de la Société des arts, etc. Il était vice-chancelier de l'université de Londres; mais il dut donner sa démission en devenant représentant de cette université en 1880. Il a été nommé, en 1878, l'un des administrateurs du Musée britannique, et fut choisi pour président de l'Association britannique au « jubilé » tenu à York en 1881. — On doit à sir John Lubbock : les *Temps préhistoriques, d'après les anciens monuments, les mœurs et les usages des sauvages modernes* (3e édition, considérablement augmentée, 1870); l'*Origine de la civilisation et la condition primitive de l'homme*, ouvrage qui a eu, comme le précédent, et à peu près dans le même temps, trois éditions, et qui a été de même traduit en français; *Origine et métamorphoses des insectes (1874)*; les *Fleurs sauvages de l'Angleterre dans leurs rapports avec les insectes (1875)*; *Monographie des thysanoures et des collemboles (1878)*; *Lectures and addresses* (*1880*, 2 vol.); un ouvrage plus récent sur les *Fourmis, les abeilles et les guêpes*, etc., etc., outre des monographies et une foule de mémoires publiés dans les *Transactions*, journaux ou recueils des Sociétés savantes dont il fait partie, sur des sujets d'archéologie, de physiologie ou de zoologie, notamment sur cet intéressant et inépuisable sujet des rapports des insectes avec les plantes, qui a fourni encore la matière d'une lecture des plus curieuses faite par sir John Lubbock à la Société des arts, en février 1877, et qui constitue véritablement une branche nouvelle des connaissances humaines, dont il aura été l'initiateur.

LUCAS, Charles Jean Marie, administrateur et économiste français, né à Saint-Brieuc le 9 mai 1803, vint faire son droit à Paris et se fit inscrire au barreau de cette ville en 1825. Il s'y fit promptement remarquer en plaidant dans plusieurs procès de presse ou relatifs au commerce de la librairie, pendant qu'il se signalait d'autre part par des pétitions adressées aux Chambres, réclamant des réformes dans l'instruction primaire, le régime pénitentiaire et, plus tard, l'abolition de la peine de mort; il publiait, en même temps, divers ouvrages à l'appui de ses réclamations. Nommé inspecteur général des prisons en 1830, M. Ch. Lucas fondait, en 1833, la Société de patronage pour les jeunes libérés de la Seine, qui fut bientôt suivie de fondations identiques à Lyon (1835), à Besançon (1839) et à Saumur (1841). En 1847, il fondait, sur sa propriété du Val d'Yèvre, à huit kilomètres de Bourges, une colonie pénitentiaire agricole, pour les jeunes délinquants acquittés comme ayant agi sans discernement, laquelle a produit des résultats très heureux. M. Ch. Lucas n'a pas cessé de pétitionner en faveur de l'abolition de la peine de mort; il renouvelait ses premières tentatives infructueuses à l'Assemblée constituante de 1848 et au Sénat impérial de 1867 : on sait avec quel succès. Il n'en a tiré jusqu'ici que deux médailles d'or qu'ont frappées, à son intention, les villes de Genève et de Turin. Devenu président du conseil des inspecteurs généraux des services administratifs au ministère de l'intérieur, M. Lucas a pris sa retraite en 1865. Elu membre de l'Académie des sciences morales et politiques, en remplacement de Rœderer, en 1836, il a été en outre admis, comme membre associé ou correspondant, dans de nombreuses sociétés savantes ou humanitaires de l'Europe et de l'Amérique. Il est commandeur de l'ordre de la Légion d'honneur depuis 1865 et décoré de divers ordres étrangers. — M. Charles Lucas a publié notamment : *Du système pénitentiaire en Europe et aux Etats-Unis* (*1826-30*, 3 vol.), ouvrage auquel fut décerné le prix Montyon de 6,000 fr., en 1831; *Du système pénal en général et de la peine de mort en particulier (1827)*, couronné dans deux concours ouverts simultanément sur cette question, à Genève et à Paris; *Recueil des débats législatifs sur la peine de mort*, *Dissertation sur l'usure (1830)*; *De la réforme des prisons, ou de la théorie de l'emprisonnement* (*1836-38*, 3 vol.); *De la ratification donnée par l'Assemblée nationale au décret de l'abolition de la peine de mort, d'après le résumé des débats législatifs de 1789 et 1848 (1848)*; *Des moyens et des conditions d'une réforme pénitentiaire en France (1848)*; la *Civilisation de la guerre par la codification du droit des gens (1872)*; le *Droit de légitime défense dans la pénalité et dans la guerre (1873)*; la *Conférence internationale de Bruxelles et les lois sur les coutumes de la guerre (1874)*; l'*Orphelinat agricole et l'utilité qu'il peut retirer des résultats de l'essai du Val d'Yèvre*, mémoire lu à l'Académie des sciences morales et politiques en juillet 1876, etc.; outre un grand nombre de mémoires sur de pareils sujets, insérés dans le recueil de cette académie.

LUCCA, Pauline Lucas (dite), cantatrice autrichienne, née à Vienne le 26 avril 1841. Ses parents appartenaient à la foi israélite, qu'elle abjura de bonne heure, et étaient trop pauvres pour donner à leur enfant l'instruction que semblaient réclamer ses grandes dispositions et son intelligence éveillée. Par hasard, un chanteur de profession, nommé Erl, ayant remarqué la voix charmante et pleine de promesses de l'enfant, entreprit généreusement de lui enseigner son art. Il y réussit au mieux, et son élève fit de si rapides progrès qu'à quinze ans elle était engagée au Karinther Thor Theater et était employée le dimanche dans les chœurs à l'église Karl (1856). Ce fut justement l'église qui lui fournit l'occasion de se produire avec avantage, grâce à l'absence d'une soliste qu'elle fut admise à remplacer dans une solennité religieuse. Elle fit littéralement sensation, et comme plusieurs des maîtres de l'art musical viennois assistaient à cette manifestation inattendue, ceux-ci résolurent de compléter l'éducation de la jeune artiste. Dès lors, son avenir était assuré, car, laborieuse et passionnée pour son art qu'elle était, elle fit des progrès étonnants par leur importance et leur rapidité. Elle put alors accepter un engagement sérieux au théâtre d'Olmütz, où elle débuta en septembre 1859, dans le rôle d'Elvira d'*Ernani*, avec un succès si réel qu'elle reçut immédiatement des offres des théâtres les plus importants de l'Allemagne. Elle demeura au théâtre d'Olmütz, cependant, et y renouvela son premier engagement. Elle devait y rencontrer une aventure qui, pour assez désagréable qu'elle fut dans le moment, ne laissa pas que d'augmenter sa popularité. Ayant été insultée par une de ses camarades, elle informa le directeur qu'elle ne reparaîtrait sur la scène qu'autant qu'elle aurait reçu ample et complète satisfaction. Celui-ci, fort de l'engagement que la Lucca lui avait consenti, la menaça purement et simplement de la prison, si elle ne revenait sur sa décision; mais sa jeune et énergique pensionnaire, loin d'être effrayée par cette menace, se rendit délibérément à la citadelle d'Olmütz, et s'y fit bel et bien incarcérer. Vingt-quatre heures après, son directeur, averti par le public qu'il avait fait une sottise, obtenait la réparation demandée et venait réclamer Pauline Lucca à la prison. Après avoir terminé son engagement à Olmütz, elle se rendit à Prague, où elle parut, en mars 1860, dans le rôle de Valentine des *Huguenots*, puis dans *Norma*. Elle y obtint de nouveaux succès et la protection active de la princesse Colloredo, sœur du gouverneur, le comte de Clam-Gallas. Peu après son début à Prague, Meyerbeer qui, avec le directeur du Hof Opera de Berlin, était à la recherche d'une *prima donna* à qui confier le rôle de Selika, dans son dernier ouvrage, l'*Africaine*, tourna les yeux vers cette étoile qui se levait. Il se rendit à Prague, entendit la Lucca dans le rôle de Valentine, en fut littéralement charmé et la fit engager à Berlin pour trois ans, séance tenante. Elle y devint rapidement l'idole du public, qui n'hésita pas à la classer au rang des plus célèbres, les Sontag, les Schrœder-Devrient, les Jenny Lind. La beauté de sa voix était, au reste, appuyée des qualités scéniques rares et d'une souplesse de talent prodigieuse, qui lui permettait de jouer tour à tour, donnant à chaque rôle son caractère propre, Marguerite de *Faust*, Cherubin des *Noces de Figaro*, Valentine des *Huguenots*, Zerline de *Fra Diavolo*. Avec cela, une faculté de travail, une énergie, une force de volonté incomparables, grâce auxquelles elle parvint à se composer un répertoire ne s'élevant pas à moins de cinquante-six rôles aujourd'hui, de genres et de caractères tout à fait différents, notamment le *Trouvère*, l'*Africaine*, la *Favorite*, etc. On a affirmé que Meyerbeer avait écrit le rôle de Selika, de l'*Africaine*, expressément à son intention; ce qui est vrai, car le rôle était écrit avant que Meyerbeer soupçonnât l'existence de la Lucca, c'est qu'il tenait énormément à ce qu'elle vint le créer à Paris; mais ayant conscience de son détestable accent allemand, celle-ci refusa toutes les propositions qui lui furent faites dans ce sens par le maître lui-même. A cette époque, d'ailleurs, elle semblait résolue à ne jamais quitter Berlin, se bornant à aller passer chaque année trois mois à Londres. Depuis, elle s'est fait entendre tour à tour à Vienne, Saint-Pétersbourg, New-York et dans plusieurs villes de l'Italie. Engagée par l'impresario Merelli, elle a donné à Bruxelles, au commencement de 1876, une série de représentations qui n'a pas été autre chose qu'une série de triomphes, qu'elle est allée reprendre en décembre suivant. — Mariée à Berlin en 1860, à un officier supérieur de l'armée prussienne, le baron von Rhoden, dont elle a eu une fille, Mme Pauline Lucca, en arrivant à New-York, en 1872, commençait contre son mari un procès en divorce, qu'elle gagna. Le 2 juin 1873, en effet, intervenait un arrêt prononçant le divorce à son profit, lui assurant la garde de sa fille et lui permettant de se remarier, faculté que le même arrêt interdisait au mari. Le 4 juin, c'est-à-dire quarante-huit heures après que cet arrêt était rendu, elle épousait M. le baron Emile von Wallhofen, prussien comme son premier mari; mais le mariage religieux fut célébré seulement le 25 mars 1874, à New York. Quant à celui-ci, ce fut en vain qu'il interjeta appel, et qu'il épuisa toutes les juridictions pour se faire au moins autoriser, à l'exemple de sa femme, à recommencer l'expérience matrimoniale. — Mme Pauline Lucca excelle surtout dans les rôles animés d'une passion ardente. Elle dépasse parfois le but, en cherchant l'effet, dans les rôles d'un caractère tendre et mélancolique; cependant, elle sait leur donner généralement une nuance particulière pleine de charme, et lorsqu'elle parvient à se contenir, elle atteint aux dernières limites du pathétique. Elle y est en tout cas incontestablement supérieure sous le rapport du chant proprement dit. Rappelons que, merveilleusement douée par la nature, elle a sans cesse ajouté à un talent magnifique, presque natif, par les plus sérieuses études, par un labeur de tous les instants. Le jugement de ses fanatiques, affirmant qu'elle est sans rivale en tant que tragédienne lyrique, n'est donc pas aussi exagéré qu'il en a l'air, en admettant même qu'il le soit.

LUCE, Auguste Siméon, historien et littérateur français, né à Bretteville-sur-Ay (Manche) le 29 décembre 1833, fit ses études à Paris et suivait les cours de l'école de droit lorsqu'il fut admis, le premier, à l'Ecole des chartes, en 1856. Nommé archiviste du département des Deux-Sèvres en 1858, il était élu à l'unanimité auxiliaire de l'Académie des inscriptions et belles-lettres en 1859, et se faisait recevoir docteur ès lettres de la faculté de Paris l'année suivante. Chargé, à diverses époques, par l'Académie des inscriptions, de missions scientifiques importantes, M. Simeon Luce est devenu l'un des directeurs de la *Bibliothèque de l'Ecole des chartes*, archiviste aux Archives nationales en 1866, membre du conseil de la Société de l'histoire de France en 1874, et membre de l'Académie des inscriptions et belles-lettres en 1883. — M. Siméon Luce a publié : *Histoire de la Jacquerie, d'après des documents inédits (1859)*; *De Gaidone poemate gallico vetustiore, disquisitio critica (1860)*; *Gaidon*, chanson de geste (1862), dans une collection des *Anciens poètes de la France*; *Chronique inédite des quatre premiers Valois, 1327-1393*, publiée pour la Société de l'histoire de France (1862); les *Chroniques de Froissard*, édition nouvelle devant comprendre vingt volumes (1866-80, 8 vol.), dont les premiers ont obtenu le grand prix Gobert en 1870; *Histoire de Bertrand Duguesclin et de son époque (1876)*, auquel le premier prix Gobert a été également décerné par l'Académie des inscriptions et belles-lettres, au concours de 1876, etc.

LUGUET, René, acteur français, frère aîné d'Henri Luguet, mort professeur au Conservatoire, en septembre 1875 et de Mme Marie Laurent (voyez ce nom), est né à Paris en 1820. Embarqué comme mousse à onze ans, après trois années de navigation pendant lesquelles il eut l'avantage d'assister au siège d'Alger, M. René Luguet songea à choisir une autre scène sur un terrain plus sûr et moins accidenté. Il se fit acteur, comme l'étaient ses parents, et joua successivement à Apt, Nancy, Nantes, Bruxelles, faisant complaisamment tout ce qui concerne son état. Enfin, en mai 1842, grâce à l'appui de Mme Dorval, dont il devint plus tard le gendre, il débutait à Paris, sur la scène du Gymnase, où il fut aussitôt engagé pour y remplir les rôles d'amoureux. En 1845, M. René Luguet quittait le Gymnase pour le Palais Royal, auquel il est revenu, après un intervalle de quatre ans passés au Vaudeville avec M. Bouffé (1848-52), et qu'il n'a plus quitté depuis, au grand avantage de ce théâtre. — Parmi les pièces où il a principalement brillé, soit au Palais-Royal soit au Vaudeville, nous citerons : le *Serment de la reine*, *Daniel le tambour*, *Thomas le rageur*, l'*Amant malheureux*, un *Vieux de la vieille*, *Emma*, l'*Avocat pédicure*, la *Marquise de Pretintaille*, la *Recherche de l'inconnue*, la *Corde sensible*, les *Gaietés champêtres*, la *Dame aux camélias*, le *Décaméron*, l'*Esprit frappeur*, la *Moustache grise*, *Sur la terre et sur l'onde*, un *Drôle de pistolet*, les *Mémoires de Mimi-Bamboche*, les *Suites d'un bal masqué*, la *Consigne est de ronfler*, les *Pommes de terre malades*, le *Baiser de l'étrier*, le *Roman chez la portière*, les *Pommes du voisin*, *Poterie*, *Madame Pot-au-feu*, *Deux portières pour un cordon* (rôle de Mme Chalumeau), *Une noce sur le carré*, la *Cagnote*, *Bobinette*, les *Chemins de fer*, les *Noces de Boisjoli*, le *Roi Candaule*, la *Boule* une *Avant-scène*, le *Prince*, *Au grand col*, le *Tunnel*, etc., etc.

LUMINAIS, Evariste Vital, peintre français, né à Nantes en 1821, est élève de Troyon et de Léon Cogniet, et débuta au Salon de 1843. — On cite principalement de cet artiste : *Scène de guerre civile sous la République*, *Intérieur d'écurie*, *Foire bretonne*, *Jeune fille malade*, *Jeunes filles passant un gué*, *Après le combat*, *Déroute de Germanicus à Tolbiac*, le *Soir*, *Siège de Paris par les Normands*, les *Pilleurs de mer*, le *Retour de la foire*, la *Leçon de musette*, etc. (1843-50) : *Berger breton (1852)*, la *Lecture du testament*, la *Récolte du varech (1853)*; *Dénicheurs d'oiseaux de mer*, le *Grand carillon*, la *Leçon de plain-chant (1855)*, le *Pèlerinage*, *Pâtre de Kerlat (1857)*; *Scène de cabaret*, le *Cri du Chouan (1859)*; *Retour de chasse*, *Champ de foire (1861)*, reparus à l'Exposition universelle de 1867; *Une consultation*, *Hallali*, *Tendresse (1863)*; les *Deux gardiens (1864)*; *Par-dessus la haie*, la *Veuve (1865)*, les *Deux rivaux*, *Un braconnier (1868)*; *Désespérée*, *Vedette gauloise (1869)*; l'*Eclaireur*, les *Gaulois en vue de Rome (1870)*; l'*Envahissement : guerriers gaulois surpris à la vue d'une femme noire*; *Retour de chasse dans les Gaules (1873)*; *Gauloise à son réveil*, *Brunehaut (1874)*; le *Roi Morvan*, *Troupeau enlevé à l'ennemi (1875)*; les *Suites d'un duel en 1625*, un *Portrait (1876)*; *A toute volée*, un *Prisonnier en fuite (1877)*; une *Chasse sous Dagobert*, *Repos d'un chasseur gaulois (1878)*; *Mort de Chramm (1869)*; le *Dernier mérovingien : Childéric III (1883)*; *Fuite du roi Gradlon*, un *Possédé (1884)*; *Mort de Chilpéric Ier*; *Prisonnières évadées (1885)*; *Pilleur de mer*, la *Première mère (1886)*, outre de nombreux dessins et des portraits. — M. Luminais a obtenu une médaille de 3e classe en 1852 et une autre à l'Exposition universelle de 1855, et le rappel en 1857 et 1861, ainsi que des récompenses

aux expositions étrangères, notamment à celle de Philadelphie (1876). Il est chevalier de la Légion d'honneur depuis 1869.

LUPPÉ (comte de), Joseph Louis, homme politique français, né en 1837 à Corbères (B.-Pyr.). Conseiller général des Basses-Pyrénées depuis 1871, M. le comte de *Luppé échouait dans la 1re circonscription de Pau comme* candidat à la députation, le 20 fév. 1876, contre M. Marcel Barthe. Elu le 14 octobre 1877, grâce aux efforts de l'administration, il avait déjà choisi sa place à l'extrême-droite, lorsque la Chambre annula son élection, et il échoua de nouveau à l'élection partielle du 7 juillet 1878, puis au scrutin de ballottage du 4 septembre 1881. Le scrutin de liste fut plus favorable à M. le comte de Luppé, qui fut élu, le 4 octobre 1885, député des Basses-Pyrénées, sur la liste monarchiste.

LURO, Bertrand Victor Onésime, homme politique français, sénateur, né le 16 octobre 1823 à Villecomtal (Gers), fit ses études à Auch, son droit à Paris et s'inscrivit au barreau de cette ville. En 1847, il prit une *grande part à l'agitation démocratique*, parcourut les clubs et signa, comme vice-président du comité républicain du Gers à Paris, la fameuse proclamation tant reprochée à son président, M. Batbie (voyez ce nom); dans le même temps, il publiait une brochure anti-socialiste sur le *Travail*. Il se présenta sans succès, l'année suivante, comme candidat à l'Assemblée législative. Avocat au Conseil d'Etat et à la Cour de cassation, en remplacement de M. Pascalis devenu conseiller, en 1850, il était chargé après le coup d'Etat de défendre les pourvois des condamnés en conseil de guerre. M. Luro eut le courage dans cette circonstance de plaider l'incompétence et de la motiver sur ce fait que les citoyens ainsi frappés par la juridiction militaire s'étaient levés uniquement pour la defense de la loi. Il céda sa charge vers 1857 et se retira dans son département. En 1866, le canton de Miélan l'envoyait siéger au Conseil général; il combattit alors, dans le *Courrier du Gers*, le pouvoir personnel et les candidatures officielles et s'éleva, dans le *Conservateur* du même département, après la révolution du 4 Septembre, contre la politique du gouvernement de la Défense. — Elu, le 8 février 1871, représentant du Gers, le cinquième sur six, M. Luro prit d'abord place au centre droit et combattit la politique républicaine; ce n'est qu'éclairé par l'inanité de toute tentative de restauration monarchique, qu'il se rapprocha, au commencement de 1875, du parti républicain, vota l'ensemble des lois constitutionnelles et soutint jusqu'à la dissolution la politique de la gauche. M. Luro fut elu sénateur inamovible au quatrième tour, le *13 décembre* 1875. Il a voté contre l'expulsion des princes. — On lui doit: *Du travail et de l'organisation des industries dans la liberté (1848)*; et *Marguerite d'Angoulême, reine de Navarre et la Renaissance (1867)*.

LUR-SALUCES (comte de), Thomas Joseph Henri, homme politique français, né à La Réole le 11 decembre 1808. Ancien officier de cavalerie, démissionnaire en 1830, M. de Lur-Saluces prit le commandement des mobilisés de la Gironde pendant la guerre de 1870-71. Elu député de la quatrième circonscription de Bordeaux le 20 février 1876, il siégea au centre gauche. M. le comte de Lur-Saluces a été réélu le 14 octobre 1877, contre M. de Carayon-Latour, chaudement appuyé par le Marechal-Président. *Porté sur la liste républicaine* aux élections pour le renouvellement de la représentation senatoriale de la Gironde, le 5 janvier 1879, M. le comte de Lur-Saluces a été élu le premier. Il a voté l'expulsion des princes prétendants.

LYONNAIS, André, homme politique français, né au Creusot (Saône-et-Loire) le 30 avril 1842. Entré comme employé à l'usine du Creusot étant encore enfant, il y devint chef de la comptabilité, puis quitta cet établissement *en 1873, pour remplir* les mêmes fonctions à la société anonyme des constructions navales, au Havre. Enfin, M. Lyonnais se fixait à Paris en 1881, ayant accepté les fonctions de caissier dans une grande maison de commerce. Il avait été, l'année précédente, rapporteur général du Congrès ouvrier du Havre; il était conseiller municipal de cette ville depuis 1877, et avait précédemment pris part à l'organisation de plusieurs chambres syndicales ouvrières dans la Seine-Inférieure. Porté candidat aux élections du 21 août 1881, dans le XVIIe arrondissement de Paris, M. Lyonnais avait échoué. Il a été élu député de la Seine-Inférieure le 4 octobre 1885, et a voté l'expulsion totale des princes. — A la fin de septembre 1886, M. Lyonnais, ayant voulu rendre compte de son mandat à un groupe de ses électeurs ouvriers du Havre, fut quelque peu accusé de trahison par eux, pour avoir un peu trop complètement passé aux « opportunistes ». — Il a été décoré de la médaille militaire pour faits de guerre pendant la campagne de 1870-71.

LYONS (vicomte), Richard Bickerton Pemell Lyons, diplomate anglais, fils de l'amiral, premier baron Lyons, mort en 1858, est né à Lymington le 26 avril 1817. Après avoir fait ses études à Winchester et à l'Eglise du Christ, à Oxford, il entra dans la diplomatie comme attaché surnuméraire à Athènes en 1839, passa comme attaché à la même légation en 1844, puis à Dresde en 1852, et à Florence (avec résidence à Rome) en 1853; nommé secrétaire de légation au même lieu et dans les mêmes conditions, il fut envoyé en Toscane en 1858, et au mois de décembre suivant, accrédité comme envoyé extraordinaire à Washington. De retour en Angleterre, par raison de sante, en février 1865, lord Lyons était nommé ambassadeur à Constantinople au mois d'août de la même année, et passait à l'ambassade de Paris, qu'il occupe encore, en juillet 1867. — Lord Lyons a été créé chevalier-commandeur du Bain en 1860, et promu grand croix de l'ordre en 1862. Il est de plus grand croix de l'ordre de Saint-Michel et Saint-George. Il est entré au Conseil privé le 9 mars 1865, et a reçu le diplôme de docteur de l'université d'Oxford le 21 juin suivant. Enfin, lord Lyons a été créé vicomte Lyons, de Christ-Church, dans le comté de Southampton, en novembre 1881.

LYTTON (comte), Edward Robert Bulwer-Lytton, litterateur et diplomate anglais, fils unique du grand litterateur, orateur et homme d'Etat, longtemps connu sous le nom d'Edward Bulwer, et qui est mort le 18 janvier 1873. Lord Lytton est né le 8 novembre 1831; il commença ses études a Harrow et alla les completer en Allemagne, a l'universite de Bonn, où il s'appliqua surtout à l'etude des langues modernes. Vers l'âge de dix-huit ans, il entra dans la diplomatie et fut nommé, le 12 octobre 1849, attache surnumeraire a Washington où son oncle, sir Henry Bulwer, depuis lord Dalling et Bulwer, mort le 23 mai 1872, était alors ambassadeur; passé à Florence le 5 fevrier 1852, il était transféré en la même qualité à l'ambassade de Paris, le 12 août 1854; nommé attache à La Haye en 1856, premier attaché à Saint-Péterbourg en 1858, le 1er avril, il passait à Constantinople au mois de juin suivant en la même qualité, puis à Vienne le 6 janvier 1850. Dans ce dernier poste, il fut chargé à deux reprises, d'importantes missions en Serbie et occupa pendant une couple de mois (février-mars 1860) le consulat général de Belgrade. En récompense de ses services, M. Robert Lytton fut promu second secrétaire d'ambassade à Vienne, le 1er octobre 1862, puis, le 16 janvier 1883, secrétaire de légation à Constantinople, poste dans lequel il dut remplir deux fois les fonctions de chargé d'affaires. Transféré à Athènes le 18 mars 1864, puis à Lisbonne un an plus tard, il eut encore, dans ce dernier poste, à assumer à trois reprises les fonctions de chargé d'affaires, conclut en cette qualité un traité de commerce entre l'Autriche et la Grande-Bretagne, en février 1868, et fut transféré à Madrid à la fin du même mois. Nommé, six mois plus tard, premier secrétaire à l'ambassade de Vienne, il passait en la même qualité à Paris, le 5 octobre 1872; il y fut deux fois investi des fonctions de chargé d'affaires et, en 1874, pendant l'absence de son chef, fut accrédité comme ministre plénipotentiaire près le gouvernement français. En décembre 1874, lord Lytton était nommé ambassadeur *à la cour de Lisbonne; après avoir refusé* en mai 1875 le gouvernement de Madras, vacant par la mort de lord Hobart, il était nommé, en janvier 1876, vice-roi et gouverneur général des Indes, en remplacement de lord Northbrook. En décembre 1877, après la proclamation de la reine Victoria comme impératrice des Indes, lord Lytton fut fait grand croix de l'ordre du Bain, puis de l'Etoile de l'Inde en 1878. Ayant donné sa démission à la chute du parti conservateur, en avril 1880, lord Lytton fut élevé, le 28 du même mois, au rang de comte de Lytton, dans le comté de Derby et vicomte Knebworth, dans le comté de Herts.

Lord Lytton a débuté dans la carrière littéraire par un volume de vers, signé « Owen Meredith », pseudonyme qu'il a dès lors adopté, peut-être pour que sa propre renommée ne dût rien à l'éclat dont brillait celle de son père. On a de lui : *Clytemnestre*, le *Retour du comte, l'Artiste, et autres poésies*, par « Owen Meredith » (1856); le *Vagabond, collection de poésies de tous les pays (1857)*; *Lucile*, roman en vers (1860), dont on a fait en 1868 une magnifique édition in-4°, illustrée par M. Du Maurier; *Tannhaüser, ou la Bataille des bardes (1861)*, écrit en collaboration avec feu son ami Julian Fane, qui signa « Neville Temple », tandis que lui-même signait « Edward Trevor »; *Serbski Pesme*, recueil des chants nationaux de Serbie (1861): l'*Anneau d'Amasis*, roman en prose (1863), soi-disant extrait des papiers d'un medecin allemand; *Œuvres poétiques d'Owen Meredith*, réunies en deux volumes et publiés en 1867; *Orval ou le fou du temps*, poème dramatique, paraphrase du polonais, et fondé principalement sur la *Nieboska Komedyja* (la Comédie infernale) du comte N. A. Z. Kaninski (1869); *Julian Fane, notice (1871)*; *Fables en chansons (1874*, 2 vol.). La même année, lord Lytton publiait également deux volumes des *Discours et écrits politiques inédits* de son père, précédés d'une notice : *Speeches of Edward, lord Lytton, with some of his Political Writings, hitherto unpublished, and a Prefatory Memoir, by his son (1874*, 2 vol.). Il a encore publié, en 1885, un roman en vers intitulé : *Glen Averil, ou les métamorphoses.* — Une traduction des premières *Œuvres poétiques* de lord Lytton, par M. Odysse Barot, a été publiée en 1875 : il avait été également publié une traduction, ou plutôt une imitation de son *Anneau d'Amasis*, dans la « Bibliothèque des meilleurs romans étrangers », plusieurs années auparavant.

M

MAC CABE, Edouard, prélat catholique irlandais, cardinal, archevêque de Dublin, est né dans cette ville en 1816, fit ses études au collège de Maynooth et fut ordonné prêtre en 1839. Nommé à une cure du comté de Clontarf, il fut rappelé à Dublin par l'archevêque Murray en 1853, y occupa divers emplois, fut nommé curé de la paroisse Saint-Nicolas par l'archevêque Cullen en 1856, puis de la paroisse de Kingstown en 1865, et nommé vicaire-général. En 1876, M. Mac Cabe était promu évêque *in partibus infidelium* et nommé coadjuteur du vénérable archevêque de Dublin, auquel il succédait en mars 1879. Il a été créé cardinal de l'ordre des prêtres, dans un consistoire tenu par Léon XIII le 27 mars 1881, et reçut le chapeau des mains de Sa Saintete le 30.

MAC CARTY, Justin, littérateur et homme politique irlandais, né à Cork en novembre 1830, fit ses etudes dans sa ville natale et fut attaché, dès 1853, à la rédaction d'un journal de Liverpool. Reporter parlementaire du *Morning Star* en 1860, il devint rédacteur de la partie étrangère, puis, en 1863, rédacteur en chef de ce journal, qu'il quittait en 1868 pour entreprendre aux Etats-Unis un voyage qui dura trois années. Il en rapporta un ouvrage très intéressant intitulé : la *Législation prohibitive aux Etats-Unis*, étude sur les effets de l'application des lois sur les spiritueux dans divers Etats de l'Union. M. Mac Carthy a collaboré aux *Revues Fortnightly, de Londres, de Westminster*, au *Nineteenth Century* et à divers autres recueils périodiques anglais et américains. Radical en politique, un groupe d'électeurs lui offrit la candidature aux élections générales de février 1874, mais il les remercia. Il accepta cependant, aux élections génerales de 1879, la candidature dans le comté de Longford (Irlande), comme *home ruler*, et fut nommé sans concurrent: il a été réélu dans les mêmes conditions après la dissolution de 1880 et depuis. M. Mac Carthy est vice-président du parti parlementaire irlandais à la Chambre des communes. — M. Mac Carthy a publié, outre l'ouvrage cité plus haut : les *Voisins de Waterdale (1867)*; la *Fille de mon ennemi (1869)*; *Lady Judith (1871)*; *Un vrai Saxon (1878)*; *Linley Rochfort (1874)*; *Chère lady Dédain (1875)*; *Miss Misanthrope (1877)*; *Donna Quichotte (1879)*; la *Comète d'une saison (1881)*; le *Destin (1886)*, romans; *Con amore*, recueil d'articles de critique; *Histoire de notre temps*, depuis l'avènement de la reine Victoria jusqu'à 1880 (1878-80), son ouvrage le plus important; *Histoire de l'époque de la Réforme (1882)*, etc.

MACDONALD, George, poète et romancier écossais, né à Huntly, dans le comté d'Aberdeen, en 1825, fit ses études à l'école de sa paroisse puis à l'université d'Aberdeen; il se prépara ensuite à la carrière ecclésiastique au collège indépendant de Highbury, Londres, et exerça quelque temps comme ministre indépendant; mais il se retira bientôt et s'établit à Londres, résolu à suivre la carrière des lettres. — On a de cet écrivain : *Dedans et dehors*, poème dramatique (1855); *Poésies (1857)*; *Phantastes*, roman fantastique (1858); *David Elginbrod (1862)*; la *Vie cachée*, et autres poésies (1863); *Adela Cathcart* et le *Présage, une histoire de seconde vue (1864)*; *Alec Forbes de Howglen (1865)*; *Annales*

d'un voisinage paisible, *Sermons non prononcés (1866)*; *Guild Court*. *Rapports avec les Fées (1867)*; la *Discipline* et autres poésies, la *Paroisse au bord de la mer* et *Robert Falconer (1868)*, l'*Enfance de Ronald Bannerman (1869)*; *Derrière le vent du Nord* et un traité théologique sur les *Miracles de Notre-Seigneur (1870)*; *Wilfrid Cumbermede* et la *Princesse et le lutin (1871)*; *Malcolm (1874)*; *Saint George et saint Michel (1875)*; *Thomas Wingfield, curé (1876)*; le *Marquis de Lossie (1878)*; les *Dons de l'Enfant-Christ* et autres poésies, 2 vol; le *Château de Warlock*, 3 vol.; *The Princess and Curdie*, roman fantastique (1882), etc.

MAC DOWELL, Irvin, général américain, né à Columbus (Ohio) le 15 octobre 1818, fit ses études en France et entra à l'Académie militaire de West Point, d'où il sortit second lieutenant d'artillerie en 1838. Il était major lorsqu'éclata la guerre de Sécession et fut nommé brigadier-général et placé à la tête des troupes fédérales cantonnées à Alexandria, puis de l'armée concentrée à Manassas et destinée à opérer contre celle de Beauregard, son ancien condisciple à West-Point (juillet 1861). Cette armée, par malheur, était peu instruite et absolument indisciplinée; après quelques avantages insignifiants, le général Mac Dowell éprouvait à Bull Run un échec complet (21 juillet). Il fut relevé de son commandement à la suite de cette défaite et remplacé par le général Mac Clellan. Il reçut ensuite le commandement des troupes d'Arlington, fut promu major-général de volontaires le 14 mars 1872 et nommé le 14 avril suivant commandant du département militaire du Rappahannock. Il prit une grande part aux diverses affaires de juin à août 1862, sous le commandement supérieur soit de Mac Clellan soit de Pope; mais comme il s'y trouva, par une fortune malheureuse, invariablement battu, il fut relevé de son commandement d'une manière définitive le 5 septembre. Après avoir présidé la Cour chargée de la recherche des exportations en fraude du coton et le Bureau de réforme des officiers invalides, il fut investi, de juillet 1864 à juin 1865, du commandement du département militaire du Pacifique. — Retiré du service volontaire en 1866, le général Mac Dowell reçut le brevet de major général dans l'armée régulière en 1872. Il a été placé dans le cadre de réserve en 1882.

MACÉ, Jean, littérateur français, né à Paris le 22 avril 1815, d'une famille d'ouvriers. Elève du collège Stanislas, qu'il quittait en 1835, il y rentra l'année suivante chargé d'un cours d'histoire, devint répétiteur au lycée Louis-le-Grand, puis maître des conférences au lycée Henri IV, et servit comme soldat et comme caporal au 1er léger, de 1842 à 1845. Son ancien professeur d'histoire, Théodose Burette, l'ayant fait remplacer, se l'attacha comme secrétaire. Après la mort de Burette, en 1847, M. Macé se fit journaliste et collabora notamment à la *République*, après la révolution de Février. Le coup d'Etat du 2 Décembre éloigna de Paris M. Macé, qui entra au pensionnat du Petit-Château à Beblenheim. M. Macé a donné une vive impulsion à l'instruction populaire et à la création des bibliothèques communales, dont on compte un grand nombre aujourd'hui par toute la France, en organisant en 1863 la Société des bibliothèques communales du Haut-Rhin, après avoir fondé l'année précédente la bibliothèque communale de Beblenheim; par la fondation, en 1866, de la Ligue de l'enseignement; par la propagande active qu'il consacra à ces institutions si utiles. M. Jean Macé, qui a collaboré à une foule de publications périodiques et de journaux, a fondé avec Hetzel, en 1864, le *Magasin d'éducation et de récréation*, qui a obtenu, en 1867, un prix Montyon de l'Académie française. Elu sénateur inamovible en 1883, il s'est abstenu lors du vote de la loi d'expulsion des princes. — On a de M. J. Macé: *Histoire d'une bouchée de pain (1861)*, charmant ouvrage de vulgarisation scientifique destiné à la jeunesse, qui a eu de nombreuses éditions; les *Contes du Petit-Château* et le *Théâtre du Petit-Château (1862)*; *Arithmétique du grand-papa, ou Histoire de deux petits marchands de pommes (1863)*; *Morale en action (1865)*; les *Serviteurs de l'estomac*, suite à l'*Histoire d'une bouchée de pain (1866)*; les *Idées de Jean-François (1872-73)*, etc.; plus de nombreuses brochures: *Lettres d'un paysan d'Alsace sur l'instruction obligatoire*, le *Génie de la petite ville*, l'*Anniversaire de Waterloo*, une *Carte de France*, le *Gulf-Stream*, etc., etc.

MAC FARREN, sir George Alexander, compositeur anglais, fils d'un auteur dramatique, est né à Londres le 2 mars 1813 et a fait son éducation artistique à l'Académie royale de musique. Nommé membre du bureau des professeurs de l'Académie en 1860, et du comité de direction en 1868, il est devenu premier président de ce comité et l'un des directeurs de l'Académie en 1875, professeur de musique de l'université de Cambridge en mars de la même et créé docteur de musique de cette université le mois suivant. A cette occasion, le sénat universitaire élevait le traitement annuel attaché à la chaire Gresham, à laquelle M. Macfarren était appelé, à la somme de 5,000 francs. Examinateur des candidats à l'obtention des grades, il fait en outre chaque année un cours d'enseignement musical. Il a été créé chevalier par la reine, au château de Windsor, le 24 mai 1883. — On a de M. Macfarren: *Devil's Opera*, au théâtre du Lyceum (1838); *Emblematical Tribute*, représenté à l'occasion du mariage de la reine, au théâtre de Drury-Lane (1841); *Don Quixote*, même théâtre (1846); *King Charles II*, au théâtre de la Princesse (1849); *Sleeper awakened* (le Dormeur éveillé), au théâtre de Sa Majesté (1850); *Robin Hood*, même théâtre (1860); *Freya's Gift*, à Covent Garden (1863), à l'occasion du mariage du prince de Galles; *Jessy Lea*, à la Galerie d'Illustration (1863); *She Stoops to conquer* (Elle s'humilie pour mieux triompher), à Covent-Garden (1864); *Soldier's Legacy* (l'Héritage du soldat), à la Galerie d'Illustration (1864); *Helvellyn*, à Covent-Garden (même année); les oratorios de *Saint Jean-Baptiste*, exécuté au festival de Bristol (1873); la *Résurrection*, au festival de Birmingham (1876); *Joseph*, à celui de Leeds (1877); les ouvertures du *Merchant of Venice*, *Romeo and Juliet*, *Chevy Chase*, *Don Carlos* et *Hamlet*; des symphonies; des sonates pour piano et pour piano et flûte; un trio pour piano, violon et violoncelle; des quatuors pour instruments à cordes; un quintette pour violon, viole, violoncelle et double basse; des cantates: *Leonora (1851)*, *May-Day (1856)*, *Chistmas (1859)*; *Songs in a Cornfield (1868)*, la *Dame du lac (1877)*, et divers autres *Chants* (Songs), tirés des *Idylles* de Tennyson, des *Nuits arabes* de Lane, des *Poëmes* de Kingsley et toute une série de *Shakespeare Songs* à quatre voix, tirés de ses œuvres dramatiques (1860-64). Ajoutons à cela plusieurs centaines de chants, chansons, duos, etc.; des morceaux variés pour des pièces de théâtre et, en fait de musique religieuse: *Cathedral service*, en mi-bémol (1863); *Introits for the Holy Days and Seasons of the English Church (1866)*; plusieurs motets, etc. — M. Mac farren a écrit la vie des musiciens pour l'*Imperial Dictionary of universal biography*, a collaboré à diverses autres publications spéciales et publié: *Rudiments of Harmony (1860)*, *Six lectures on Harmony (1867)*; revu et édité les *Old English Ditties* (Vieilles chansons anglaises), en 13 volumes (1857-69); les *Moore's Irish Melodies (1859)*; *Scottish Ditties (1860-81)*; *Counterpoint, a course of practical study (1879*, 5e édition 1885), etc. Il a fait, enfin, des cours ou des conférences sur la musique à l'Institution royale, à l'Institution de Londres et à d'autres établissements.

MAC GREGOR, John, voyageur et écrivain anglais, né à Gravesend le 24 janvier 1825, est le fils aîné du général sir Duncan Mac Gregor. Quelques semaines après sa naissance, son père, alors major, s'embarquait avec sa femme, son jeune fils et son régiment, sur le *Kent*, vaisseau de la compagnie des Indes, qui était la proie des flammes dans la baie de Biscaye, le 1er mars 1825. Celui qui fait l'objet de cette notice, ainsi que ses parents du reste, figurait naturellement au nombre de 557 passagers sauvés de ce désastre par le capitaine du *Cambria*. Après avoir commencé ses études à Canterbury, il dut les continuer dans les écoles que les changements de garnison de son père mettaient à sa portée, puis il entra à l'université de Dublin et enfin à l'université de Cambridge, où il prit ses grades. En 1845, M. Mac Grégor débutait dans la carrière littéraire comme rédacteur du *Punch* et en 1847, il entrait à l'école de droit de l'Inner Temple. Il se trouvait à Paris pendant la révolution de 1848, visitait ensuite l'Orient, l'Egypte et la Palestine, puis reprenait au retour ses études de droit et était admis au barreau en 1851. Peu après, il entreprenait un nouveau voyage, visitait toute l'Europe, en commençant par la Russie, puis l'Algérie et la Régence de Tunis et enfin les Etats-Unis et le Canada. C'est en 1865 qu'il fit le premier de ses curieux voyages en canot, dont il publia, en 1866, une relation pittoresque qui eut 8 éditions successives: *A Thousand Miles in the* Rob Roy *canoe, on rivers and lakes of Europe* (Mille milles dans le *Rob Roy*, sur les cours d'eau et les lacs d'Europe). Il fit alors construire un nouveau canot, auquel il donna également le nom de *Rob Roy*, et qui, mesurant 14 pieds de longueur, pesait, gréement et tout, soixante-dix livres (moins de 32 kilog.); il explora avec celui-ci le Schleswig-Holstein, le Danemark, la Suède, la Norvège et la Baltique. Il donna la relation de ce voyage: *The* Roy Rob *on the Baltic*, puis repartit et fit, dans le canal de la Manche et sur les côtes de France, une excursion de 1500 milles, absolument seul dans sa yole *Rob Roy*. Il en rapporta: *The Voyage alone* (tout seul) *in the yawl* Rob-Roy. Ce voyage fut suivi d'un autre en Egypte, en Palestine et dans les eaux de Damas dont il a également publié le récit: *le* Rob-Roy *sur le Jourdain* (The *Rob-Roy* on the Jordan, 1869, 4e édit. 1874). — M. Mac Gregor est capitaine du *Royal canoe Club*, dont le prince de Galles est commodore; il est président du comité des écoles industrielles au Bureau des écoles de Londres. M. Mac Gregor, outre les ouvrages cités, a publié plusieurs brochures de circonstance ou spéciales à l'art nautique, et a collaboré sur ce dernier sujet aux *Transactions* de l'Association britannique.

MACKAU (baron de), Aimé Frédéric Armand, homme politique français, fils de l'amiral baron de Mackau, ancien ministre sous la monarchie de Juillet, mort sénateur de l'Empire en 1855, et petit-fils d'une sous-gouvernante des enfants de Louis XVI, est né à Paris le 29 novembre 1832, fit son droit à Paris et entra comme auditeur au Conseil d'Etat. Il fut ensuite attaché au ministère de l'intérieur, puis membre du conseil du sceau. Choisi aux élections générales de 1869, comme candidat officiel dans la 4e circonscription de l'Orne, il fut élu contre M. le duc d'Audiffret-Pasquier, et prit place à droite. M. de Mackau prit part à plusieurs discussions importantes, notamment sur la marine marchande, et vota la guerre. Rendu à la vie privée par la révolution du 4 Septembre, M. le baron de Mackau ne se représenta à ses électeurs qu'aux élections générales de 1876, où il fut élu, sans concurrent, député de l'arrondissement d'Argentan, et vint siéger sur les bancs du parti de l'Appel au peuple. Réélu le 14 octobre 1877 et le 21 août 1881, il était élu député de l'Orne sur la liste monrchiste le 4 octobre 1885. — M. de Mackau est chevalier de la Légion d'honneur. Il a publié quelques brochures politiques d'actualité.

MACKAY, Charles, poète écossais, né à Perth, en 1814, appartient à l'ancienne famille montagnarde dont le chef est lord Reay. Il complétait ses études en Belgique lorsqu'éclata la révolution de 1830. De retour en Angleterre, il publia, en 1834, un petit volume de poésies qui le fit admettre au *Morning Chronicle*, auquel il resta attaché pendant neuf ans, période pendant laquelle il publia son deuxième volume de vers: *the Hope of the World* (l'Espérance du monde). En 1844, M. Mackay devint rédacteur en chef du *Glasgow Argus*, mais à la suite d'une scission dans le parti libéral, lors des élections générales, il résigna ce poste en 1847 et retourna à Londres. Il fournit au *Daily News* une suite de poèmes intitulée les *Voix de la foule* (Voices of the Crowd), réunis ensuite en volume. Il a publié depuis: *Amour et Immortalité* (the Salamandrine, or Love and Immortality (1742); *Légendes des îles* et autres poésies (1845); *Voix des montagnes (1846)*; *Chants de la ville (1847)*; *Egérie (1850)*; le *Tas d'or (1855)*; *Sous la ramée (1857)*; un *Cœur d'homme (1860)*; *Etudes d'après l'antique et croquis d'après nature (1864)*; *Sous le ciel bleu (1871)*; *Beautés perdues de la langue anglaise: appel aux écrivains, aux membres du clergé et aux orateurs publics (1874)*; *Etymologie gaëlique de la langue anglaise (1880)*. Il avait déjà publié, en 1841, un ouvrage en prose: *Memoirs of extraordinary popular delusions* (Notices sur d'étranges erreurs populaires), qui eut un grand succès. M. Mackay a collaboré quelque temps à l'*Illustrated London News* et fondé, en 1860, la *London Review*; il a collaboré en outre au *Robin Goodfellow*, à l'*All the Year round* et autres magazines.

MAC MAHON (comte de), Marie Edme Patrice Maurice, duc de Magenta, maréchal de France, ancien président de la République française, est né à Sully le 12 juin 1808; il commença ses études dans un séminaire, les termina à Versailles dans une école préparatoire, et fut admis à l'Ecole militaire de Saint-Cyr, en 1825. Le maréchal de Mac Mahon descend d'une noble famille catholique irlandaise, qui sacrifia tout à son dévouement pour le dernier des Stuarts et le suivit en France après sa chute (1689); son père était pair de France et lieutenant général du royaume sous la Restauration, il fut un des amis personnels de Charles X; le duc de Magenta est le douzième et l'avant-dernier de ses enfants. Sorti de Saint-Cyr dans l'état-major, avec le no 4, M. de Mac Mahon, d'abord attaché au 4e hussards, permuta avec un camarade du 20e de ligne pour faire la campagne d'Alger, fut décoré à l'expédition du col de la Mouzaïa (1830) et rentra en France, comme lieutenant au 8e cuirassiers, l'année suivante. Aide de camp du général Achard, il assista avec lui au siège d'Anvers et fut promu capitaine en 1833. En 1834, il retournait en Afrique, se signalait dans diverses occasions et était blessé à l'assaut de Constantine, en montant le premier sur la brèche (1837). Promu officier de la Légion d'honneur, il fut rappelé en France en 1838, mais ne tarda pas à retourner en Afrique. Chef d'escadron d'état-major en 1839; M. de Mac Mahon sollicita et obtint le commandement du 10e bataillon de chasseurs, qu'il organisa, et à la tête duquel il ne tarda pas à se distinguer, notamment aux Oliviers, à Bab-el-Tayer, Tlemcen, etc. Promu lieutenant-colonel dans la légion étrangère en 1842, il était nommé colonel au 41e de ligne, en France, en 1845; passa au 9e régiment pour pouvoir retourner en Algérie (1847), prit part aux dernières opérations contre Abd-el-Kader et fut nommé général de brigade et appelé au commandement de la subdivision de Tlemcen, le 12 juin 1848. Le 12 juillet 1852, il était promu général de division et nommé au commandement de la division de Constantine. Rappelé en France et chargé du commandement d'une division de l'armée du Nord en avril 1855, le général de Mac Mahon obtenait au mois d'août suivant le commandement d'une division d'infanterie dans le corps du maréchal Bosquet, faisant partie de l'armée de Crimée. Lorsqu'il s'agit de donner l'assaut général à Sébastopol (8 septembre), le général de Mac-Mahon fut chargé d'enlever avec sa division, à laquelle son caractère éminemment sympathique avait su communiquer son ardeur, les redoutables ouvrages de Malakoff, proprement la clef de la place. Il s'y maintint pendant plusieurs heures, sous une pluie de fer et de feu, repoussant avec une énergie indomptable les attaques désespérées des Russes, qui finirent par céder. Sans nous arrêter à examiner ce qu'ont de vraisemblable, dans ces circonstances, les paroles que lui prête le lyrisme d'admirateurs inconséquents, puisqu'ils ne font pas attention qu'ils l'accusent de désobéissance à des ordres supérieurs dictés peut-être par une modification du plan d'attaque qu'il n'avait pas à discuter, nous pouvons dire que cette action glorieuse entre toutes, presque sans seconde, eut encore le mérite d'être décisive, et ajouter que M. de Mac Mahon seul, peut-être, était capable de la conduire à bonne fin. Promu grand croix de la Légion d'honneur, le héros de Malakoff était élevé à la dignité de sénateur à son retour en France (24 juin 1856). Enfin, vers la même époque, il était nommé chevalier grand croix de l'ordre du Bain par la reine d'Angleterre.

Après avoir pris, en 1857, une grande part à la dernière campagne de la grande Kabylie, le général de Mac Mahon était nommé commandant en chef des forces de terre et de mer en Algérie. Mais dès le début de la guerre d'Italie, il fut appelé au commandement du 2e corps d'armée. Il eut avec l'ennemi quelques combats heureux et arriva juste à temps à Magenta (3 juin) pour décider la victoire et surtout pour sauver l'armée française qui, fusillée des fenêtres, écrasée par la mitraille dans le lamentable traquenard en entonnoir où elle avait été conduite, était infailliblement écrasée sans son intervention opportune. L'empereur nomma aussitôt M. de Mac Mahon maréchal de France et duc de Magenta, sur le champ de bataille même. A Solférino (24 juin), le nouveau maréchal commandait le centre de l'armée. — Chargé, en 1861, de représenter la France au couronnement du roi de Prusse, Guillaume III, le duc de Magenta déploya dans cette circonstance solennelle une pompe extraordinaire dont on fit alors beaucoup de bruit, mais qui était inspirée par un sentiment d'orgueil patriotique dont la manifestation était parfaitement en son lieu. Appelé en 1862 à la tête du 3e corps d'armée, en remplacement du maréchal Canrobert, le maréchal de Mac Mahon était nommé, le 1er septembre 1864, gouverneur général de l'Algérie. Il se rendit aussitôt à son poste,

chargé de l'application d'un programme tendant visiblement à la création d'un royaume arabe, dont les résultats furent loin de répondre aux idées qu'on s'était faites du système et aux efforts de celui qui l'avait fait sien et dont l'intention ne pouvait être d'amener la ruine et la famine dans ce pays qu'il aime. Que le maréchal de Mac Mahon fût un partisan convaincu et opiniâtre de l'excellence du régime militaire en Algérie, il n'y a là rien d'étonnant: tout soldat est du même avis, comme tout colon est de l'avis contraire, à moins de raisons toutes personnelles et par conséquent sans valeur. Nous ne nous étendrons pas davantage sur cette période de la vie publique du duc de Magenta, nous bornant à constater que le système dont il avait tenté l'application, avec un zèle digne d'un objet meilleur, était absolument condamné, lorsque l'avènement du ministère Ollivier (2 janvier 1870) vint fournir un bon prétexte pour y renoncer. Deux fois, en mars et en juin, le maréchal adressa sa démission au cabinet, qui la refusa, espérant l'amener à ses idées et trouver en lui un auxiliaire plutôt qu'un adversaire. Les événements devaient retarder indéfiniment la réalisation d'un semblable projet et et entraîner les esprits à de bien autres préoccupations. Rappelé en France, au début de la guerre avec l'Allemagne, le maréchal de Mac Mahon fut placé à la tête du 1er corps d'armée, et installa son quartier général à Strasbourg. Le 4 août, son avant-garde, commandée par le général Abel Douai, était écrasée à Wissembourg, et celui-ci tué dans l'action, dans des circonstances bien faites pour suggérer l'idée d'un suicide. Attaqué le 6, par l'armée du prince royal de Prusse, il était battu lui-même à Reichshoffen par des forces au moins doubles des siennes, faute d'avoir pu obtenir à temps les secours qu'il avait réclamés par plusieurs dépêches pressantes. Ses positions furent tournées sur deux points et son centre et sa gauche rompus, malgré la charge désespérée et désormais légendaire des cuirassiers du général Michel, et il fut contraint d'abandonner la ligne des Vosges, ralliant avec peine 18,000 hommes, la moitié de son armée, dans sa retraite sur le camp de Châlons. Là, le nouveau ministre de la guerre, comte de Palikao, réunissait une nouvelle armée, forte numériquement, mais sans organisation, sans instruction, à peu près sans armes; le commandement en était confié au maréchal de Mac Mahon, avec un *plan à exécuter qu'il désapprouvait, et non sans raison*, mais qu'il se mit aussitôt en mesure de suivre. Il s'agissait de marcher sur Metz au secours de Bazaine; dans son mouvement, la nouvelle lui parvint que les Allemands, au lieu de continuer leur marche sur Paris, le suivaient; il revint aussitôt à son propre plan, qui était de tenir la campagne sous Paris, pour donner le temps aux armées de province de s'organiser; mais il reçut aussitôt l'ordre de s'en tenir à ses instructions premières et de marcher au secours de Bazaine: le maréchal de Mac Mahon, dans son patriotisme naïf, ne *considérait que l'intérêt de la France; le ministre* de la guerre lui apprit qu'un intérêt bien plus grand, celui de la dynastie napoléonienne, primait tout, et que cet intérêt suprême serait à jamais compromis si, de l'exécution de son plan, résultait une retraite sous Paris. Il fallait obéir; mais, tout mauvais que fût le plan suivi, il perdit encore aux hésitations que nous venons de signaler; cette marche, au lieu d'être rapide autant que les circonstances l'exigeaient, fut d'une désespérante lenteur, entravée par des combats partiels, et aboutit enfin au désastre de Sedan. — Nous ne ferons pas l'histoire de Sedan et de cette capitulation lamentable, eu égard aux circonstances dans lesquelles elle se produisit: l'héroïque soldat qui fait l'objet de cette notice n'y pouvait rien. Jeté dans un traquenard qu'il ne pouvait éviter, pour avoir suivi un plan qu'il jugeait détestable, il avait été grièvement blessé d'un éclat d'obus dès le matin du 1er septembre. Le bruit de sa mort s'était même répandu à Paris, et quiconque s'y trouvait à cette époque doit se rappeler le deuil immense que cette nouvelle étendit sur la ville: on a accusé le peuple français, et principalement le peuple de Paris de vouer aux gémonies les généraux vaincus, de les calomnier à plaisir; le maréchal de Mac Mahon était cependant bien un vaincu, et aucun autre ne jouissait au même point que lui de la confiance, du respect et de l'admiration populaires. Ces sentiments, hautement et invariablement manifestés, sembleraient indiquer que d'autres raisons que leur défaite ont empêché certains vaincus d'en profiter au même degré.

Fait prisonnier de guerre sur parole, le maréchal fut transporté dans un village de la frontière belge où il se fit soigner. Guéri, il se rendit en Allemagne et fut interné à Wiesbaden jusqu'à la conclusion de la paix. De retour en France, il trouva Paris en pleine insurrection. M. Thiers le plaça à la tête de l'armée de Versailles avec laquelle il combattit, nous ne dirons plus seulement avec courage, mais avec abnégation, Paris révolté. Lorsqu'il en fut devenu maître, après deux mois de combats dont huit jours dans les rues, il adressait aux habitants une proclamation empreinte de l'esprit de modération qui n'a pas cessé de l'animer, mais dont se sont beaucoup trop départis, certainement à son insu, les officiers de tout grade sous ses ordres. — Aux élections complémentaires du 2 juillet 1871, plusieurs départements lui ayant offert la candidature, le maréchal de Mac Mahon la refusa de tous, déclarant n'être pas et ne vouloir pas devenir un homme politique. Le *Figaro* ayant réuni une somme de 40,000 francs, par voie de souscription, pour lui offrir une épée d'honneur, le maréchal refusa l'épée, mais il accepta la somme, dont il fit don aussitôt à une œuvre de bienfaisance. Prié de nouveau, en janvier 1872, d'accepter la candidature à l'Assemblée nationale dans le département de la Seine, il refusait de nouveau. Le 20 de ce même mois de janvier 1872, M. Thiers, que le vote de l'Assemblée sur l'impôt des matières premières avait vivement affecté, donnait sa démisssion; le maréchal de Mac Mahon se rendit auprès de lui et, au nom de l'armée, le pria de revenir sur sa détermination. Enfin, après avoir refusé aux représentants du centre droit de se laisser porter à la vice-présidence de la République, fonctions qui auraient été infailliblement rétablies s'il avait voulu les accepter, il insistait encore auprès de M. Thiers, le 24 mai 1873, pour lui faire reprendre sa démission, et ce n'est qu'en présence de l'inutilité, évidente cette fois, de ses généreux efforts, qu'il consentit à accepter les propositions des droites de l'Assemblée, qui l'élurent président. Le 20 novembre 1873, les pouvoirs du maréchal président de la République étaient confirmés pour sept années, par 378 voix contre 310. — Les voyages qu'il a faits dans l'Ouest et le Nord en 1874, aussi bien que l'éclatante manifestation d'opinion dont les élections de 1876 ont été l'occasion, semblaient avoir eu une certaine influence sur l'esprit du maréchal de Mac Mahon, favorable à l'idée républicaine. L'acte du 16 mai 1877 pouvait être, après tout, d'un chef constitutionnel impatient, résolu à user en entier des droits que lui conférait la constitution et plus habitué aux manœuvres à découvert des champs de bataille qu'aux « finesses » de la stratégie politique; mais c'était aussi l'acte d'un esprit mal influencé, mal inspiré, qui courait fatalement à un Sedan parlementaire. Après les élections du 14 octobre 1877, qui maintenaient à la Chambre des députés une majorité républicaine, le maréchal parla déjà de démission: il ne voyait pas d'autre issue aux embarras où il s'était mis, et voyait juste; sans l'audacieuse mise en demeure de Gambetta: « se soumettre », il se fût certainement retiré à ce moment-là, en dépit de tous les efforts pour le retenir. Mais il eût paru céder, et c'est à cette considération surtout que MM. Grévy et d'Audiffret durent leur victoire. Le maréchal resta, mais il céda quelque peu, en confiant à M. Dufaure la mission de former un cabinet républicain, ou à peu près (13 décembre). Jusqu'au premier renouvellement triennal du Sénat, aux élections du 5 janvier 1879, les choses conservèrent une allure pacifique et tranquille. Mais ces élections, en déplaçant la majorité dans la première Chambre, jusque-là si salutairement antirepublicaine, mettaient le président de la République dans un grave et nouvel embarras: comment se passer de la Chambre des députés et s'appuyer pour gouverner sur le Sénat, désormais infesté du même esprit? Comment appeler *l'une pour chasser l'autre* avec *la moindre chance* de succès? — Décidément la position n'était plus tenable, elle devenait même dangereuse. Le duc de Magenta n'hésita plus: au premier prétexte, il donnait sa démission (30 janvier 1879) et se retirait avec dignité et réserve, très heureux probablement d'avoir secoué le fardeau.

Le maréchal de Mac Mahon a publié un *Discours sur une pétition relative à la constitution de l'Algérie (1870)* et son rapport sur les opérations de l'*Armée de Versailles (1881)*. Il est haut dignitaire de la plupart des ordres étrangers qui valent la peine d'être portés; *il recevait notamment les insignes* de la Toison d'or, d'Espagne, en avril 1875.

MADIER DE MONTJAU, Noel François Alfred, homme politique français, né à Nîmes le 1er août 1814, fit son droit à Paris, où il se fit inscrire au barreau en 1838. Il s'y fit promptement remarquer en plaidant dans divers procès politiques, notamment dans l'affaire Barbès devant la Cour des pairs et dans l'affaire Meunier et Dupoty. Après la révolution de février 1848, à laquelle il prit une part active, M. Madier de Montjau se présenta aux élections pour la Constituante dans la Seine et le Pas-de-Calais, il échoua dans ces deux départements, avec 106,000 voix dans le premier et 60,000 dans le second. Il défendit ensuite un grand nombre d'insurgés de juin et plaida pour plusieurs journaux républicains, notamment pour le *Peuple*. Elu représentant de Saône-et-Loire à l'Assemblée législative, en mars 1850, son élection fut d'abord annulée, mais il fut réélu, siégea sur les bancs de la Montagne avec laquelle il vota constamment, et prit la parole à diverses reprises pour la défense de la presse et du droit de réunion. Lors du coup d'Etat de décembre, M. Madier de Montjau prit part aux premières tentatives de résistance; il signa le placard déclarant Louis-Napoléon traître et hors la loi et, élu membre du comité de résistance, avec Victor Hugo, Schœlcher, Michel de Bourges, Carnot, etc., il particips à la construction de la barricade du faubourg Saint-Antoine, où Baudin devait trouver la mort quelques instants plus tard; puis, avec Jules Bastide, il allait tenter le soulèvement de Belleville, sur les murs duquel il placardait un énergique appel aux armes. Tous ces généreux efforts devaient échouer devant l'apathie d'une population trop souvent leurrée, trop souvent abandonnée par ceux-là même qu'elle s'est donnés pour guides, qui paye trop cruellement ses erreurs et n'est jamais récompensée de ses sacrifices. Expulsé de France, M. Madier de Montjau se réfugia à Bruxelles d'où, refusant l'amnistie, il ne revint en France qu'après la chute de l'Empire. Aux élections générales de 1869, il avait refusé la candidature démocratique dans le Gard. Il se présenta dans la Drôme à une élection partielle nécessitée par la mort de M. Dupny, membre de l'extrême-gauche, le 8 novembre 1874, et fut élu représentant par 40,000 voix. Il prit place dans le groupe des républicains intransigeants, qui refusèrent de voter les lois constitutionnelles. En juillet 1875, il déposait, avec plusieurs de ses collègues, une proposition de dissolution et réclamait l'amnistie plénière. — Aux élections du 20 février 1876, il fut élu député de l'arrondissement de Valence avec une majorité énorme. Il a pris souvent la parole dans la nouvelle assemblée, soit pour réclamer l'amnistie, soit pour protester contre certains compromis « opportunistes », accusant en tout cas une grande netteté de vues et une fermeté de convictions inébranlable. Il combattit notamment, à la tribune, les conclusions du rapport sur la demande en autorisation de poursuites formée contre M. Paul de Cassagnac, pour délit de presse (mars 1877), conclusions favorables à la demande du chef du parquet, simplement par la raison qu'étant partisan de la liberté entière de la presse, il ne pouvait donner son autorisation, qui était ici nécessaire, pour exercer des poursuites contre un journaliste: raison qui fut peu goûtee de beaucoup d'autres partisans de cette liberté, dont la casuistique est rarement à court d'arguments.

Réélu le 14 octobre 1877 et le 21 août 1881 dans l'arrondissement de Valence, M. Madier de Montjau ne modifia naturellement pas son attitude. Aux élections d'octobre 1885, il fut élu député de la Drôme en tête de la liste républicaine au scrutin du 4, député du Gard à celui du 18, et opta pour la Drôme. Questeur de la Chambre des députés presque depuis l'origine, M. Madier de Montjau était réélu à ce poste à la rentrée, le 14 novembre 1885. — Il a voté l'expulsion totale des princes.

MADVIG, Jean Nicolas, philologue et homme politique danois, d'origine israélite, est né dans l'île de Bornholm le 7 août 1804. Il fit ses études au collège de Frederiksborg et à l'université de Copenhague, où il devenait professeur de langue et littérature latines en 1829. Député à la Diète nationale depuis 1839, il fut l'un des promoteurs des réformes réalisées depuis dans l'enseignement classique et l'avocat le plus ardent des priviléges de l'université. En 1848, il faisait partie du parti radical avancé et devint, en novembre de cette année, ministre des cultes. Il résigna ce portefeuille en janvier 1852 et fut nommé directeur de l'instruction publique. Depuis lors, il a fait partie des Chambres danoises où il eut toujours une influence considérable. — M. Madvig a publié: *De Asconii Pediani commentariis in Ciceronis orationes (1826); Emendationes in Ciceronis libros philosophicos (1827); Epistola critica ad Orellium de orationibus Verrinis (1828)*; une édition du *De finibus bonorum et malorum (1829)* et de douze autres traités de Cicéron (1830-48); des travaux sur Lucrèce, Juvénal, Tite-Live, sur la *Grammaire* d'Apulée, etc.; *Opuscula academica* (1834-42, 2 vol.); *Coup d'œil sur les constitutions de l'antiquité (1840); Grammaire latine à l'usage des écoles*, d'abord en danois (1841), puis en allemand; *De l'essence, du développement de la vie du langage (1842); Sur l'instruction classique supérieure (1843); Sur les fondements de l'ancienne métrique (1845); Syntaxe de la langue grecque (1847); Observations sur divers points du système d'enseignement du latin* (Bemerkungen über verschieden Punkte des Systems der Lat. Sprachlehre), publié en allemand; et plus recemment: *Adversaria critica ad scriptores Græcos et Latinos (1871)*. Un grand affaiblissement de la vue l'a contraint, en 1879, à résigner sa chaire à l'université de Copenhague. Le titre de *rector magnificus* lui a été alors décerné. — M. Madvig a été nommé chevalier du Lion néerlandais en février 1875. L'Académie des Inscriptions et Belles-Lettres l'a élu membre associé en decembre 1876, en remplacement du philologue Ritschl, mort le mois précédent. Il est, en outre, grand-officier de la Légion d'honneur.

MADRAZO Y KUNT (de), Frederico, peintre espagnol, né à Madrid, d'un père artiste, le 12 février 1815. Il reçut ses premières leçons de son père, puis vint à Paris, fréquenta l'atelier de Winterhalter, et exposa aux Salons annuels. — On cite de cet artiste: *Godefroy de Bouillon (1838); Godefroy proclamé roi de Jérusalem*, au musée de Versailles (1839); *Marie-Christine, en religieuse, au chevet de Ferdinand VII (1843)*; la *Reine Isabelle II (1845)*; la *Duchesse de Medina-Cœli (1847)*; le *Roi don Francisco-de-Assis*, la *Duchesse d'Albe, MM. Posada-Herrera, Ventura de la Vega, P. de Madrazo*, etc.; les *Saintes femmes au tombeau* (*1855*, Exp. univ.); et de temps à autres un assez grand nombre de portraits, principalement des illustrations espagnoles, en dernier lieu, à l'Exposition universelle de 1878.— M. F. de Madrazo a obtenu aux Salons de Paris: une médaille de 3e classe en 1833, une de 2e classe en 1839, des médailles de 1re classe en 1845, 1855 et 1878. Chevalier de la Légion d'honneur en 1846, il a été promu officier en 1860 et commandeur en 1878. Correspondant de l'Académie des Beaux-Arts depuis 1853, il a été élu associé étranger, en remplacement de Schnorr, en janvier 1878. M. F. Madrazo est directeur de l'Académie des Beaux-Arts de Madrid et sénateur du royaume d'Espagne.

MADRAZO Y KUNT (de), Raimondo, peintre espagnol, fils du précédent, est né à Rome le 24 juillet 1841. Elève de son père, il vint à Paris, où il fit un séjour de quelque durée et suivit les cours de l'Ecole des Beaux-Arts. M. Raymond de Madrazo n'est guère connu en France que par la collection de portraits, pour la plupart costumés d'étoffes aux couleurs vives et chatoyantes qu'il envoya à l'Exposition universelle de 1878, et qui lui a valu une médaille de 1re classe et la croix de la Légion d'honneur.

MAGAUD Dominique Antoine, peintre français, né à Marseille le 4 août 1817. Elève de l'école des Beaux-Arts de sa ville natale et de Léon Cogniet. Il a débuté au Salon de 1841. — On a de cet artiste: *Environs de Marseille (1841); Episode du massacre des Innocents (1842); Chrétiens en prison secourus par leurs frères (1844)*; le *Christ déposé au pied de la croix, Vue des Aygalades*, aux environs de Marseille (1845); *Virgo Divina, Femmes à la fontaine (1846); Mgr Douare, évêque d'Amata*, portrait en pied (1848); *Mater dolorosa (1852)*; un *Plafond à Marseille* (*1855*, Expos. univ.); *Saints Bonaventure et Thomas d'Aquin*, la *Démence de Charles VI*, les *Deux sœurs de lait, Bachi-bouzouk, Magicien turc (1857); Dante, conduit par Virgile, arrive au sommet du Purgatoire et aperçoit le Paradis, le poète Stace les suit; Vue de Marseille et du lazaret, prise du Château-Vert; Bienfaisance*; deux cartons d'un *Grand plafond (1859); Philosophie; Courage civil: les échevins de Marseille pendant la peste de 1720 (1860)*; l'*Agriculture*, la *Musique (1861)*; le *Grand Condé sur le champ de bataille de Rocroi, Volta (1863); Saint-Bernard prêchant la croi-*

sade à Vezelay, Bossuet introduisant le Dauphin (1864); Saint Paul à Athènes (1865); quatre *Plafonds* pour l'hôtel de la préfecture de Marseille, cartons (1866); la *France protégeant les arts, les sciences et les lettres; l'Empereur et l'impératrice reçus à l'ancienne préfecture*, panneaux, pour le même édifice (1868); la *Paix*, plafond; le *Mariage*, la *Famille*, l'*Instruction*, le *Travail*, médaillons; la *France protégeant l'agriculture*, plafond, même destination (1869); les *Quatre parties du monde*, voussures; le *Génie du Progrès répandant la lumière sur le monde*, plafond, ib. (1872); *Voûte du huitième grand salon des fêtes de la préfecture de Marseille (1873)*; la *Modestie (1874); Portrait de S. S. le Pape Pie IX (1876)*. — On doit à M. Magaud, en dehors de ses expositions, des portraits et tableaux divers et de nombreux travaux décoratifs exécutés à la préfecture de Marseille, au cercle religieux et dans plusieurs établissements publics de la même ville, à la chapelle de la Tour-Sainte à l'église Saint-Pierre de Cette, etc., dont nous citerons les plus récents : une *Descente de croix (1874); Tobie ensevelissant les morts (1875)*, pour la chapelle des Carmélites à Marseille; *Phidias, Appelle, Ictinus*, trois panneaux dans la grande salle de l'école des Beaux-Arts de Marseille (1883); l'*Orfèvrerie*, les *Vitraux*, la *Tapisserie*, la *Céramique*, figures allégoriques; *Tympans* de la grande salle et de la bibliothèque du même édifice (1885). — Outre un grand nombre de médailles aux expositions de province, M. Magaud a obtenu, aux salons de Paris: une médaille de 3e classe en 1861 et le rappel de cette médaille en 1863. Membre de l'académie de Marseille et directeur de l'école des Beaux-Arts de cette ville depuis 1859, il a été nommé correspondant de l'Institut (Académie des Beaux-Arts), en décembre 1874.

MAGNARD, Francis, journaliste et littérateur français, né à Bruxelles le 11 février 1837, fut élevé à Paris, où il vint fort jeune. Entré dans l'administration des contributions directes, il débuta dans la petite presse, en 1859, par des articles fantaisistes parus dans le *Gaulois*, journal satirique hebdomadaire qui jouissait d'une certaine réputation. Il collabora à diverses autres feuilles analogues du même temps, puis entra, en 1863, au *Figaro* périodique et simplement littéraire, où sa collaboration fut tout de suite très appréciée du directeur, H. de Villemessant, pour lequel il devint un auxiliaire particulièrement précieux lorsque le *Figaro* fut transformé en journal politique quotidien (1869) et accompagné d'un frère jumeau, l'*Evénement*. M. F. Magnard donna d'abord à ces deux journaux une revue des journaux ayant pour titre *Paris au jour le jour*, outre quelques articles d'actualité très goûtés. En 1876, la rédaction en chef fut confiée à M. Magnard par Villemessant lui-même, et après la mort de celui-ci, en avril 1879, il fut maintenu dans ces fonctions, outre qu'il fut nommé cogérant du journal, dont la situation n'a jamais été plus prospère, malgré les nombreuses concurrences qui se sont créées dans ces derniers temps. — M. Francis Magnard, qui a fait usage de divers pseudonymes, a collaboré également au *Grand journal*, au *Paris-Magazine*, autres créations de Villemessant; à la *Vogue parisienne*, au *Journal de Paris*, au *Temps*, à l'*Opinion nationale*, et a publié à part : l'*Abbé Jérôme (1869); Vie et aventures d'un positiviste (1877)*, etc.

MAGNIEN, Gabriel Adolphe, homme politique français, né le 5 janvier 1836 à Châlons-sur-Marne. Il fit son droit, prit le grade de licencié et s'établit avoué à Autun. Pendant la guerre de 1870-71, il servit dans l'armée de Garibaldi. Conseiller municipal, puis maire d'Autun, il fut révoqué après l'acte du 16 mai 1877; M. Magnien représente un canton d'Autun au Conseil général de Saône-et-Loire. Elu député de ce département, sur la liste radicale, le 18 octobre 1885, M. Magnien a pris place à l'extrême-gauche; il a voté l'expulsion totale des princes.

MAGNIER, Edmond, homme politique français, né à Boulogne-sur-Mer en 1841. Il avait publié une étude sur *Dante et le moyen âge* (1860), collaboré aux journaux de sa ville natale, notamment à la *France du Nord* et dirigé à Amiens le journal la *Somme*, lorsqu'il vint à Paris en 1870 et entra à la rédaction du *Figaro*, qu'il dirigea même quelque temps à l'époque du siège de Paris. Il le quitta après la paix, et avec Auguste Dumont, l'administrateur de ce journal, il fondait, au commencement d'avril 1872, l'*Evénement*, concurrence au *Figaro* avec la nuance républicaine pour caractère distinctif. Quelque temps après, Dumont quittait l'*Evénement* pour lui créer une concurrence à son tour, sorte de jeu dont il avait pris l'habitude dans les dernières années de sa vie, laissant M. Magnier maître de la situation. L'*Evénement* soutint d'abord la politique de M. Thiers; en 1873, pourtant, il appuya à Paris la candidature de M. Barodet contre celle de M. de Rémusat : il est républicain, après tout, et c'est déjà quelque chose d'en être assuré. — Après avoir échoué aux élections du 20 février 1876, dans la deuxième circonscription de Saint-Denis (Seine), M. Magnier se portait candidat dans la deuxième circonscription de Nice le 14 octobre 1877, mais sans succès également. Il n'y est pas revenu. — Outre l'ouvrage cité plus haut, on doit à M. Edmond Magnier un travail historique sur sa ville natale, intitulé : *Histoire d'une commune de France au XVIIIe siècle (1875)* et de nombreux articles sur des sujets très variés dans son journal.

MAGNIEZ, Victor Henri Emile, agriculteur et homme politique français, petit-fils d'un membre de la Convention et fils d'un constituant de 1848; il est maire d'Ytres (Somme), *où il est né le 9 septembre 1835*, et membre du Conseil général de la Somme. Elu représentant de son département le 8 février 1871, et député de la deuxième circonscription de Péronne le 20 février 1876, M. Magniez fit partie du centre gauche dans les deux chambres. Réélu le 14 octobre 1877 et le 21 août 1881, il se présentait aux élections sénatoriales de la Somme, le 8 janvier 1882, et était élu. Il s'est abstenu lors du vote sur l'expulsion des princes.

MAGNIN, Pierre Joseph, homme politique français, ancien ministre, sénateur, né à Dijon le 1er janvier 1824, est fils d'un ancien constituant de 1848, maître de forges dans la Côte-d'Or. Maître de forges lui-même, membre du Conseil municipal de Dijon et du Conseil général du département, pour le canton de Saint-Jean-de-Losne, M. Joseph Magnin, qui jouissait d'une grande influence dans le pays, où ses opinions démocratiques étaient connues, se présentait dans la première circonscription de la Côte-d'Or, aux élections générales de 1863, contre le candidat officiel, M. Vernier, qui l'emporta sur lui. Mais celui-ci ayant été nommé conseiller d'Etat, M. Magnin était élu à sa place, le 13 décembre suivant, contre le nouveau candidat officiel, M. Saunac. Il prit place à gauche et se fit bientôt remarquer dans les discussions relatives aux questions économiques et financières. Réélu à une grande majorité en 1869, il devint secrétaire du Corps législatif et fit partie de la commission d'enquête sur le régime économique. Nommé ministre de l'agriculture et du commerce par le gouvernement du 4 septembre 1870, M. Magnin rendit à Paris assiégé tous les services que lui permirent sa grande intelligence pratique et son activité aux prises avec l'apathie de ceux qui auraient dû le seconder. Après l'armistice, il réussit à assurer le prompt ravitaillement de la capitale affamée, en n'épargnant ni les démarches, ni les voyages, ni les fatigues de toute sorte. Elu représentant de la Côte-d'Or à l'Assemblée nationale, le 8 février 1871, le deuxième sur huit, il prit place sur les bancs de la gauche républicaine qu'il a longtemps présidée. Le 19 février, il quittait le ministère, où il était remplacé par feu M. Lambrecht. Il a fait partie à l'Assemblée de la commission de décentralisation, de plusieurs commissions budgétaires, etc. Réélu membre du Conseil général de la Côte-d'Or en 1871, M. Magnin en est devenu le président. *Il a été élu sénateur inamovible par l'Assemblée* nationale, le 16 décembre 1875, au septième tour de scrutin, et a pris place au groupe sénatorial de la gauche républicaine, qui le choisit pour son président. M. Magnin a été directeur politique du journal le *Siècle* de janvier 1877 à décembre 1879, époque à laquelle il fut appelé de nouveau au ministère des finances, dans le cabinet présidé par M. de Freycinet, et qui quittait le pouvoir en septembre 1880. Il fut nommé peu après gouverneur de la Banque de France. — M. Magnin a été élu vice-président du Sénat.

MAHY (de), François Césaire, médecin et homme politique français, né à Saint-Pierre (île de la Réunion) le 22 juillet 1830, vint à Paris faire ses études de médecine et prit le grade de docteur en 1857. Il alla s'établir alors dans sa ville natale et se fit rapidement une grande popularité par son dévouement pour les malades pauvres. Rédacteur du *Courrier de Saint-Pierre*, journal aussi évidemment républicain qu'il était possible, il y défendit avec une grande énergie les droits et les intérêts de la colonie, pour laquelle il ne cessa de réclamer le régime du droit commun français. Aux élections du 8 février 1871, M. de Mahy fut élu avec M. de Laserve, de Saint-Denis, autre candidat républicain, représentant de la Réunion à l'Assemblée nationale, à une énorme majorité. Il prit place sur les bancs de la gauche républicaine, et fit partie, à dater de 1873, de toutes les commissions de permanence, au sein desquelles il n'a pas cessé de protester contre les excès du fonctionnarisme, avec une énergie digne d'un meilleur succès. A la séance de l'Assemblée du 12 juillet 1873, M. de Mahy protestait, avec bien de la modération suivant nous, contre les allégations de M. Audren de Kerdrel relatives aux troubles de la Réunion, provoqués par les jésuites, en décembre 1868, et dont le bilan se solde par une trentaine de personnes absolument inoffensives tuées ou blessées grièvement dans les rues de Saint-Denis par les aimables sujets des compagnies de discipline, commandés par des chefs qui n'ont pas paru très empressés à s'en vanter depuis. M. de Mahy a pris assez souvent la parole, principalement dans les questions intéressant directement la colonie qu'il représente, comme l'extension du jury aux colonies, les droits sur les sucres coloniaux, etc.; il a fait partie de la commission de la marine marchande et de plusieurs autres commissions importantes, et a présidé celle relative à Madagascar. Aux élections du 15 mars 1876, il fut élu député de la Réunion à l'unanimité moins seize voix, sur 11,095 votants. En février 1877, M. de Mahy a pris une grande part à la discusion relative au projet d'établissement d'un port à la Pointe-des-Gallets, et d'un chemin de fer à la Réunion, qu'il n'a pas hésité à appuyer, quoique peut-être défavorable à sa propre ville en particulier. Réélu en 1877 et 1881, M. de Mahy remplaça le colonel Denfert-Rochereau, décédé, comme questeur de la Chambre des députés. Il a été ministre de l'agriculture dans le cabinet de Freycinet et le cabinet Duvaux qui lui succéda, du 30 janvier 1882 au 20 février 1883. Aux élections d'octobre 1885, M. de Mahy a triomphé de deux coucurrents, le petit-fils du ministre de Charles X, M. de Villèle et l'évêque de Grenoble; il a été élu député de la Réunion au scrutin de ballottage et a repris sa place à la gauche de la Chambre. Il a voté l'expulsion des princes.

MAILLÉ, Alexis, homme politique français, menuisier, président de la chambre syndicale des entrepreneurs, juge au tribunal de commerce d'Angers, est né dans cette ville le 13 août 1815. Conseiller municipal d'Angers, réélu en 1871 en tête de la liste, il en devint maire à cette époque, mais fut révoqué après le 24 mai 1873. *Elu représentant de Maine-et-Loire*, au *second* scrutin, en septembre 1874, il siégea à gauche. Aux élections du 20 février 1876, il échoua contre le candidat clérical; mais l'élection de celui-ci ayant été annulée, il l'emportait sur lui aux élections du 21 mai suivant et reprenait sa place à gauche, comme député de la deuxième circonscription d'Angers. M. Maillé échoua encore le 14 octobre 1877, contre M. Fairé, avocat, candidat légitimiste; mais l'élection ayant été annulée par la Chambre, il était réélu au scrutin du 7 juillet 1878, et le 21 août 1881 sans conteste. Aux élections d'octobre 1885, la liste monarchiste ayant triomphé dans le Maine-et-Loire, M. Maillé échoua avec ses amis.

MAILLÉ DE LA JUMELLIÈRE (comte de), Armand Urbain Louis Hardouin, homme politique français, maître de forges, né à Paris le 1er juillet 1816. Ancien officier, il commanda pendant la guerre de 1870 les mobiles de Maine-et-Loire. Elu représentant de ce département en février 1871, il fit partie de la commission du 4 Septembre et de la commission des grâces et fut élu député de la première circonscription de Cholet, le 20 février 1876. M. le comte de Maillé a siégé à droite dans les deux assemblées. Il a été réélu le 14 octobre 1877 et le 21 août 1881. Aux élections du 4 octobre 1885, il était élu député de Maine-et-Loire en tête de la liste réactionnaire triomphante.

MAILLET, Jacques Léonard, sculpteur français, né à Paris le 12 juillet 1823, est élève de Fauchère et de Pradier. Il obtint le second prix au concours de l'École des Beaux-Arts en 1841 et le grand prix de Rome en 1847, sur ce sujet : *Télémaque rapportant les cendres d'Hippias à Phalante*. — On cite de cet artiste : *Agrippine et Caligula*, envoi de Rome; une *Novice de Vesta, Portrait de jeune fille*, buste (1853); *Primaverà della vita*, statue en plâtre et les deux premières des œuvres précédentes (1855, Expos. univ.); deux *Groupes* pour le Nouveau Louvre (1857); la *Science, Gérard Audran*, l'*Abondance*, statues, même destination; une *Jeune Syracusaine (1859); Agrippine portant les cendres de Germanicus*, reparu à l'Expos. univ. de 1867, et la *Réprimande (1861)*; la *Primaverà della vita*, en marbre et un *Chasseur (1863); Chasseurs*, groupe en bronze; le *Roi Jérôme en 1812*, statue en bronze, destinée au monument de la famille Napoléon à Ajaccio (1864); *Charles Christofle*, buste (1865) : *Portrait de M. C. Hippeau*, buste en marbre; *Portrait de M. H. de Jacobi*, buste en plâtre (1873); deux *Portraits médaillons*, l'un en bronze, l'autre en terre cuite (1874); le *Satyre et l'Amour*, groupe en plâtre; *Eurydice*, statuette en terre cuite (1876); *César*, groupe en plâtre (1877); *Jeune Syracusaine, Jeune Corinthienne*, statuettes, terre cuite polychrome (1878); et plusieurs des ouvrages cités, notamment le *Satyre et l'Amour*, à l'Expos. univ. Il a exécuté en outre des travaux décoratifs aux églises Saint-Séverin, Sainte-Clotilde, Saint-Leu, au nouveau Louvre, au nouvel Opéra, etc. — M. Maillet a obtenu une médaille de 1re classe en 1853, une de 2e classe en 1855, un rappel de première médaille en 1857 et une médaille de 3e classe à l'Exposition universelle de 1867. Il est chevalier de la Légion d'honneur depuis 1861.

MAISIAT, Johanny, peintre français, né à Lyon le 5 mai 1824, fit ses études artistiques à l'école des Beaux-Arts de sa ville natale, s'occupa d'abord d'art industriel et, après avoir débuté aux expositions artistiques de Lyon en 1849, débuta l'année suivante au Salon de Paris. M. Maisiat s'est fait une spécialité de la peinture des fleurs et des fruits. On a de cet artiste : *Groupe de roses (1850)*; la *Source (1852); Eglantier dans un bois, Bruyères (1853); Fleurs et fruits d'automne* (1855, Expos. univ.); *Fleurs et fruits de Fontainebleau, Roses et géraniums, Chemin en Touraine (1857); Nymphes (1859)*; une *Matinée rose, Roses et capucines, Vase de fleurs (1861); Eglantier au printemps, Bouquet de roses dans un vase (1863); Fruits cueillis (1864); Fruits à terre (1865)*; ces deux dernières toiles ont reparu à l'Exp. univ. de 1867; *Roses mousseuses (1866)*; le *Bord d'un chemin en Touraine, Bouquet de roses mousseuses; Fleurs et fruits (1867), Une ortie (1868); Fruits tombés, Branche de prunier (1869); Berge de la Loire en Touraine, le matin (1872); Premières fleurs, Fruits à terre (1873); Bouquet de roses mousseuses et de roses thé, Raisins et pêches de vigne (1874); Corbeille de pêches et de raisins, Mousseuses roses et blanches, Coucous et violettes (1875); Au bord de la Marne, à Vignely (1876); Poires et pêches*, une *Branche cassée (1883)*; les *Rosiers du vieux parc, Fruits (1885); Fruits (1886)*. — M. J. Maisiat a exposé en outre un assez grand nombre de tableaux à Lyon et dans d'autres villes de province, il a peint aussi beaucoup de portraits accompagnés de fleurs sur pied, dans des vases ou à la main. Il a obtenu au Salon de Paris une mention en 1853, une médaille en 1864, une autre en 1867 et une médaille de 2e classe en 1872.

MAJOR, Richard Henry, archéologue et bibliographe anglais, né à Londres en 1818. Membre de la Société des antiquaires et de diverses autres sociétés savantes nationales et étrangères, M. Major a été nommé conservateur des cartes et plans au département des imprimés du Musée britannique en janvier 1844. De 1849 à 1858, il a été secrétaire honoraire de la Société Hackluyt, pour laquelle il a publié: *Lettres choisies de Christophe Colomb (1847)*; l'*Histoire du travail dans la Virginie britannique, par W. Strachey, premier secrétaire de la colonie (1849); Notes sur la Russie*, traduites du latin de Herberstein (1851-52); et écrit des *Introductions* pour la *Chine* de Mendoza, ouvrage publié par sir George Staunton (1853) et les *Conquérants tartares en Chine*, ouvrage publié par le comte d'Ellesmere (1854). On lui doit en outre : l'*Inde au XVe siècle (1857)*; les *Premiers voyages en Australie (1859)*, ouvrage auquel il a donné comme suite une *Lettre*, lue par lui à la Société des antiquaires en 1861, de laquelle il résulte que, d'après des documents manuscrits, la découverte de l'Australie serait due non aux Hollandais, mais aux Portugais, qui l'auraient faite en 1601. Cette découverte valut à M. Major la croix de l'ordre de la Tour et l'Epée, que lui envoya aussitôt le roi de Portugal, don Pedro V. En 1875, il présentait à la même société un *Mémoire* sur une mappemonde de Léonard de Vinci, qui

serait la plus ancienne connue où le nom de l'Amérique fût inscrit; cette carte se trouve dans la collection royale, à Windsor. En 1868, M. Major publia sa *Vie du prince Henri de Portugal, surnommé le Navigateur*, dont le roi actuel de Portugal, don Luis Ier, le remercia en l'élevant au grade d'officier de la Tour et l'Epée et en lui envoyant lui-même le collier d'or insigne de cette dignité; il l'a créé depuis chevalier-commandeur du « très ancien et très noble » ordre de Santiago, et l'empereur du Brésil l'a nommé officier de l'ordre de la Rose. Le roi d'Italie, de son côté, a fait M. Major commandeur de la couronne d'Italie, en récompense de sa publication des *Voyages des frères Nicolo et Antonio Zeno dans les mers du Nord, au XIVe siècle, comprenant les plus récentes indications connues relatives aux colonies des Northmen en Amérique avant Colomb (1873)*. — M. Major est un des vice-présidents de la Société royale géographique de Londres.

MALEVILLE (marquis de), Guillaume Jacques Lucien, ancien magistrat et homme politique français, ancien pair de France, sénateur, né à Sarlat (Dordogne) le 30 août 1805, fit son droit à Paris et entra dans la magistrature en 1827, comme juge-auditeur au tribunal de Reims. Nommé conseiller-auditeur à la cour de Paris en 1830, puis conseiller à la cour de Bordeaux en 1834 et à la cour de Paris en 1843, M. le marquis de Maleville a été mis à la retraite et nommé conseiller honoraire en 1865. Conseiller général de la Dordogne depuis 1837, il fut élu député de l'arrondissement de Sarlat en 1837 et 1842, et créé pair de France en 1846. Il resta éloigné de la politique à partir de 1848, jusqu'aux élections générales de 1869, où il se présenta contre le candidat officiel, M. de Bosredon, dans la 4e circonscription de la Dordogne, et échoua avec une minorité considérable. Il fut élu représentant de ce département, le septième sur dix, aux élections du 8 février 1871, et se fit inscrire à la réunion du centre-gauche. Rallié à la République après bien des hésitations, M. le marquis de Maleville fut porté sur la liste de la gauche aux élection des sièges inamovibles du Sénat, et a été élu, le dernier des soixante-quinze privilégiés, le 26 décembre 1875. — Il est officier de la Légion d'honneur depuis 1840.

MALÉZIEUX, François Adrien Ferdinand, homme politique français, né au Petit-Fresnay (Aisne) le 3 janvier 1821, fit son droit à Paris et se fit inscrire au barreau de Saint-Quentin; mais il dut abandonner momentanément le barreau par raison de santé, et se livra à l'agriculture. Après un voyage d'étude en Orient, puis en Allemagne, en Angleterre et dans les Pays scandinaves, il publia dans les *Annales de l'agriculture française* des *Etudes agricoles sur la Grande-Bretagne*, qu'il réunit ensuite en volumes (1858); il publia également diverses brochures ou monographies agricoles, notamment sur la *Question chevaline (1862)*, et une édition nouvelle du *Manuel de la fille de basse-cour* de Pannetin (1866). Elu bâtonnier de son ordre en 1863, M. Malézieux se présentait la même année comme candidat de l'opposition dans la 2e circonscription de l'Aisne, et avec un plein succès; il triomphait de nouveau du candidat officiel, aux élections de 1869. M. Malézieux siégea sur les bancs de la gauche au Corps législatif, et signa le manifeste de ce groupe en octobre 1869. Il vota contre la guerre en 1870. Après le 4 septembre, il fut nommé maire de Saint-Quentin, et prit part, aux côtés de M. Anatole de la Forge (voyez ce nom) à l'énergique résistance de cette ville ouverte, dans laquelle l'ennemi comptait, mais sans son hôte, entrer comme chez lui. — Elu en tête de la liste des onze représentants de l'Aisne à l'Assemblée nationale le 8 février 1871, M. Malézieux se fit inscrire aux réunions du centre gauche et de la gauche républicaine. Il fit partie de plusieurs commissions; délégué de celle des chemins de fer pour aller étudier le fonctionnement des chemins anglais, il fit sur cette question un *Rapport* qui fut très admiré des hommes compétents. Aux élections du 20 février 1876, M. Malézieux était élu, sans concurrent, député de la 2e circonscription de l'arrondissement de Saint-Quentin. Réélu le 14 octobre 1877 et le 21 août 1881, il se présenta avec succès aux élections pour le renouvellement de la représentation sénatoriale de l'Aisne, le 25 janvier 1885.

MALMESBURY (comte de), John Howard Harris, homme d'Etat, pair d'Angleterre, petit-fils du célèbre diplomate du règne de George III, élevé à la pairie en 1788 avec le titre de vicomte Fitz Harris, et fils aîné du deuxième comte de Malmesbury, est né à Londres le 25 mars 1807. Il fit ses études à Eton et au collège Oriel, à Oxford, où il prit le grade de bachelier ès arts en 1828. Elu, comme conservateur, représentant du bourg de Wilton, en juin 1841, il succédait aux titres de son père le 19 septembre de la même année et entrait à la Chambre des lords. Secrétaire d'Etat aux affaires étrangères sous la première administration de lord Derby, en février 1852, lord Malmesbury se signala assez mal à propos par l'empressement qu'il mit à reconnaître l'Empire, rétabli en France, au profit d'un homme avec lequel il s'était lié d'amitié pendant le séjour de celui-ci en Angleterre, et eut quelque peine à justifier cette hâte intempestive devant le parlement, qui était loin de l'approuver. Il occupa de nouveau le ministère des affaires étrangères sous la seconde administration de lord Derby (1858-59), et chercha dans cette situation à empêcher la guerre entre la France et l'Italie, d'une part, et l'Autriche de l'autre, sans y parvenir, comme on sait. Lors du retour de lord Derby aux affaires, en 1866, lord Malmesbury prétexta des raisons de santé pour décliner l'offre du portefeuille des affaires étrangères, qui lui était faite de nouveau, et ne voulut accepter que le poste de lord du sceau privé, qu'il conserva jusqu'en décembre 1868 et qu'il reprit en février 1874; mais il l'a définitivement résigné le 12 août 1876. — Lord Malmesbury a publié les *Diaries and Correspondence* de son grand-père (1844) et *the First lord Malmesbury, his family and friends, a series of letters from 1745 to 1820* (le Premier lord Malmesbury, sa famille et ses amis, recueil de lettres de 1745 à 1820, 1870, 2 vol.). Il est entré au Conseil privé en février 1852 et a été élevé à la dignité de grand croix de l'ordre du Bain en 1859.

MALOT, Hector Henri, littérateur français, né à la Bouille (Seine-Inférieure) le 20 mai 1830, fit ses études à Rouen et à Paris où il suivit les cours de l'Ecole de droit. Sa famille le destinant à la magistrature, il travaillait dans une étude de notaire tout en faisant son droit, mais bientôt il abandonna le tout pour suivre son penchant, qui l'entraînait vers la carrière des lettres. Réduit dès lors à ses propres ressources, il eut des débuts laborieux et difficiles, collabora à divers journaux, à la *Biographie générale* de Didot, à des « machines » mélodramatiques, entreprit des travaux de librairie, rédigea des brochures pour une notoriété politique du Sénat impérial, subit en un mot cette longue et irritante épreuve d'un noviciat qui en a lassé bien d'autres et à laquelle les forts seuls peuvent résister. Enfin, en 1859, il commençait dans le feuilleton du *Constitutionnel* la publication d'une sorte de trilogie, intitulée les *Victimes d'amour*, dont la première partie : les *Amants*, passa sans encombre, mais dont il ne put faire publier les deux autres qu'au moyen d'un jugement en bonne forme obtenu contre le gérant du *Constitutionnel*. La première partie, publiée en volume, avait pourtant obtenu un franc succès, qui lui ouvrait dans l'intervalle les portes de l'*Opinion nationale*. Dans ce dernier journal, M. Hector Malot a publié, en outre, des correspondances d'Angleterre et des articles variés. Il a depuis fourni des romans et des nouvelles à divers journaux et recueils périodiques : au *Magasin d'éducation et de récréation*, au *Siècle*, etc. — On cite de cet écrivain : les *Amants (1859)*; les *Epoux (1865)*; les *Enfants (1866)*; les *Amours de Jacques (1860)*; la *Vie moderne en Angleterre (1862)*, un *Beau-frère (1868)*; *Romain Kalbris*, *Madame Obernin (1869)*; *Une bonne affaire (1870)*; *Souvenirs d'un blessé* (2 vol.), un *Curé de province*, un *Miracle (1872)*, un *Mariage sous le second Empire*, la *Belle madame Donis*, *Clotilde Martory (1873)*, le *Mariage de Juliette*, une *Belle-mère*, le *Mari de Charlotte*, la *Fille de la comédienne*, l'*Héritage d'Arthur (1874)*, l'*Auberge du monde (1875-76*, 4 vol.); les *Batailles du mariage (1877*, 3 vol.); *Cara*; *Sans famille*, couronné par l'Académie française *(1878)*, le *Docteur Claude (1880)*; le *Sang bleu (1885)*; *Zyte*, roman parisien (1886), etc. Plusieurs de ses romans ont été ensuite portés à la scène, en tout ou partie, notamment la *Belle Madame Donis*, au Gymnase. — M. Hector Malot est chevalier de la Légion d'honneur.

MAME, Alfred Henri Armand, imprimeur et libraire français, né à Tours le 17 août 1811. En 1833, M. Alfred Mame prenait, avec son beau-frère et cousin germain, M. Ernest Mame, la direction de l'imprimerie de Tours, fondée par son père trente ans auparavant, mais qui se bornait à peu près jusque-là à l'impression d'ouvrages commandés en grande partie par des éditeurs parisiens et à la clientèle locale. Les deux associés commencèrent à donner une grande extension à la maison; ils se séparèrent en 1845 et M. Alfred Mame, qui s'est depuis associé avec son fils, M. Paul Mame, resta seul à la tête des affaires. C'est à cette date surtout qu'il faut faire remonter la période d'accroissement continu de cette maison, devenue une immense usine où, entrant à l'état de matière première, dans l'acception stricte du mot, le livre en sort imprimé, relié, orné avec tout le luxe imaginable, cartonné en toute simplicité ou plus modestement encore broché. L'établissement n'occupe pas moins, tant au dehors qu'au dedans, de douze cents personnes, ce qui, dans l'impossibilité où nous sommes d'entrer dans les détails, suffit à donner une idée de son importance. Au fonds primitif, qui se composait de livres de liturgie ou d'éducation religieuse et d'ouvrages pour les distributions de prix, se sont ajoutées des collections remarquables à tous les titres d'ouvrages d'instruction ou de récréation, comme la *Bibliothèque illustrée*, gr. in-8°, composée surtout d'ouvrages de vulgarisation scientifique magnifiquement illustrés. Nous nous bornerons à citer, parmi les livres tout à fait exceptionnels de la Maison Mame, la *Touraine* (in-f°), ouvrage illustré, comme le plus beau qui eût paru jusque-là, et qui remporta la grande médaille à l'Exposition universelle de 1855, la *Sainte Bible*, avec les illustrations de Gustave Doré, les *Jardins*, les *Chefs-d'œuvre de la langue française*, illustrés d'eaux-fortes, etc. A l'Exposition universelle de 1877, la maison Mame obtenait le grand prix unique de sa classe et, la même année, l'un des prix de 10,000 francs destinés aux « établissements modèles où règnent au plus haut degré l'harmonie sociale et le bien-être des ouvriers », ce qui nous dispense d'insister sur les institutions qui lui ont mérité cette récompense, lui était également décerné. Cette maison a, d'ailleurs, remporté beaucoup et des plus hautes récompenses à toutes les expositions nationales ou étrangères, notamment aux deux Expositions universelles de Londres, de 1851 et 1862. A la suite de cette dernière, M. Alfred Mame, qui avait été nommé chevalier de la Légion d'honneur en 1849, était promu officier de l'ordre. Il a été promu commandeur en 1874. M. Alfred Mame est membre de la Commission supérieure des expositions internationales. Il a fait partie en cette qualité de la section française du jury international à l'Exposition de Vienne, en 1873 (12e groupe, arts graphiques, etc.). — Aux élections générales d'octobre 1877, M. Alfred Mame, demeuré jusque-là en dehors des luttes politiques, accepta la candidature officielle dans la 1re circonscription de Tours; mais il échoua, et n'y est pas revenu.

MAMIANI (comte), Terenzio della Rovere, poète, philosophe et homme politique italien, né à Pesaro, dans les anciens Etats de l'Eglise, en 1800. Il prit une part active au formidable soulèvement qui marqua l'avènement de Grégoire XVI au trône pontifical (février 1831) et s'étendit aux Romagnes et aux duchés de Parme et de Modène, et fit partie du gouvernement provisoire établi à Bologne. Inspirée de la révolution de Juillet, cette révolution italienne espérait l'appui, au moins moral, de la France, mais le gouvernement de Louis-Philippe répondit par une déclaration de non-intervention enveloppée de compliments hypocrites, et l'Autriche, qui n'avait soufflé mot, intervint, mais pour comprimer, suivant une habitude invétérée et qui finit par lui coûter cher, cette aspiration intempestive vers l'unité italienne. Le comte Mamiani se réfugia alors en France, et fonda à Paris un comité de propagande dont Leopardi et Mazzini firent partie. Après l'avènement de Pie IX (juin 1846), il rentra en Italie, à la suite de la proclamation d'amnistie sans conditions, qui suivit d'assez près celle d'une amnistie à la condition d'exprimer le regret « des erreurs passées », à laquelle il n'avait pas voulu répondre. Il rentrait à Rome au commencement de 1848, prenait place parmi les membres les plus actifs du parti libéral modéré, et était appelé par Pie IX, le 4 mai, au ministère de l'intérieur et à la présidence du conseil, en remplacement du cardinal Antonelli; mais il ne put s'y maintenir longtemps, placé qu'il était, lui modéré, philosophe éclectique, entre le pape hésitant mais entraîné vers la réaction et le parti avancé formé de ses anciens amis; il ne put même parvenir à faire connaître aux Chambres, réunies le mois suivant, son programme, qui était l'indépendance de l'Italie et la formation d'une ligue contre l'Autriche entre Rome, la Toscane, Naples et le Piémont. A la suite d'une émeute dans laquelle un des membres du cabinet s'était compromis, le comte Mamiani donnait sa démission et était remplacé par Edoardo Fabbri. Il se rendit à Turin et fonda, avec Gioberti et autres, la société de l'Union italienne dont il devint président. Après l'assassinat de Pellegrino Rossi, qui avait succédé à Fabbri (15 novembre), une émeute le ramenait au pouvoir avec MM. Galetti, Sterbini et Rosmini. Il prit dans ce cabinet le portefeuille des affaires étrangères. — Ce fut alors que Pie IX s'enfuit de Rome. En présence de cette complication nouvelle, M. Mamiani déclara rompre toutes relations avec la cour de Gaëte, et un gouvernement provisoire fut installé; mais refusant de proclamer la déchéance de Pie IX, le comte Mamiani dut se retirer du ministère (décembre). Resté à Rome, cette fois, il accueillit les ouvertures de l'ambassadeur de France, qui proposait une intervention armée, ne croyant pas à une solution raisonnable des difficultés pendantes par d'autres secours; ne se rendant, surtout, pas un compte exact des conséquences que devait amener cette intervention. Lorsque celle-ci commença à se dessiner, M. Mamiani se retira à Gênes, se fit naturaliser sarde, et fut élu, en 1856, député de cette ville à la Chambre piémontaise. Après la guerre de 1859, il fut élu député au parlement de Turin. Appelé au ministère de l'instruction publique en janvier 1860, il était nommé ambassadeur à Athènes en mars 1861; il alla également représenter à Berne le gouvernement italien en 1865. En 1870, M. le comte Mamiani est devenu rédacteur en chef de la *Filosophia delle scuole italiane*, revue trimestrielle. Il a collaboré activement, d'autre part, à la presse politique et aux périodiques philosophiques et littéraires de l'Italie, notamment à la *Revista contemporanea* de Turin. Il a fondé l'Académie philosophique de Gênes. — On cite du comte Mamiani : *Rinnovamento della filosophia antica italiana (1835-36)*; *Poeti dell' Età-Media* (Paris, 1842); *Dialoghi di scienza prima* (ib. 1846); *Della impossibilità d'una scienza assoluta*, *Del bello in ordine alla teoria del progresso*, *Dell' uso della metafisica nelle science fisiche*, *Sull' origine, natura e constituzione della sovranità*, *Del diritto di proprietà*, *Del fondamento della filosofia del diritto* (Gênes et Naples, 1849-51); *Del papato* (Paris, 1851); *Scritti politici* (Florence, 1853); *Poesie* (ib. 1857, nouv. édit.); *il Nuovo diritto europeo* (Turin, 1859); *Teoria della religione et dello stato (1868)*, condamné, avec le *Nuovo diritto*, par la Sacrée Congrégation de l'index (1869); *Le meditazioni cartesiane rennovate dal secolo XIX*, *Kant e l'ontologia (1870)*; *Compendio e sintesi della propria filosophia, ossia nuovi prolegomeni ad ogni presente e futura metafisica* (Turin, 1876); *Della psicologia di Kant (1877)*; *Critica delle rivelazioni*, la *Religione de l'avvenire (1880)*; *Delle questioni sociali et particolarmente dei proletarj et del capitale (1882)*; de nombreuses brochures de circonstance, poésies, articles, etc., etc.

MANBY, Charles, ingénieur anglais, fils du directeur des forges et hauts fourneaux de Horsley, dans le comté de Stafford, où il est né en 1804. Elève de son père, il fut mêlé tout jeune encore à la révolution apportée par l'application de la vapeur dans le matériel de la marine, et dessina et construisit, dès 1820, le premier navire à vapeur en fer qui eût jamais navigué et auquel il donna le nom de son père : *Aaron Manby*. Il dirigea la construction des appareils à gaz pour l'éclairage de Paris, devint l'un des directeurs de l'usine de Charenton, puis entra à celle du Creusot et fut nommé ingénieur en chef des manufactures de tabac par le gouvernement de la Restauration. Retourné en Anglerre à la fin de 1829, il fut d'abord attaché pendant sept ans à une manufacture de fer du pays de Galles, puis s'établit à Londres comme ingénieur civil en 1836. Secrétaire de l'Institut des ingénieurs civils de 1839 à 1859, il est encore aujourd'hui secrétaire honoraire de cette société et chef de la maison Robert Stephenson et Cie, de Newcastle-sur-Tyne. M. Ch. Manby a fait partie, avec M. Barthélemy-Saint-Hilaire et autres, de la commission chargée d'examiner la question du percement de l'isthme de Suez, dont il fut secrétaire-adjoint jusqu'en 1858, ainsi que de beaucoup d'autres commissions scientifiques; il est membre de la Société géologique, de la Société royale, etc., chevalier de la Légion d'honneur, des Saints-Maurice et Lazare d'Italie, du Danebrog de Danemark, officier de la Rose du Brésil et commandeur

de l'ordre de Wasa de Suède et Norwège. M. Ch. Manby est, en outre, lieutenant-colonel du corps d'Etat-major des volontaires ingénieurs et des chemins de fer, qu'il a lui-même organisé.

MANCINI, Pasquale, homme d'Etat italien, né à Ariano en 1816, fit ses études à l'université de Naples, fut reçu avocat et professait le droit à Naples lorsqu'il épousa, en 1840, non sans avoir eu à surmonter de grandes difficultés, Mlle Beatrice Oliva, qui s'est fait depuis un nom célèbre dans la poésie, et est morte en 1869. M. Mancini prit une part active à la révolution de 1848, et dut s'expatrier aussitôt après le « rétablissement de l'ordre ». Il s'établit alors à Turin, qu'il n'a plus quitté jusqu'à la constitution du royaume d'Italie. Élu député au parlement italien, il siégea d'abord dans les rangs de la gauche modérée, dont il ne tarda pas à devenir un des chefs reconnus. Au commencement de mars 1862, il prenait le portefeuille de l'instruction publique dans le cabinet Rattazzi, lequel, après une existence extraordinairement agitée et précaire, donnait sa démission le 1er décembre suivant. En 1865, M. Mancini présentait à la Chambre des députés italiens une proposition de loi tendant à l'abolition de la peine de mort; cette proposition fut adoptée. Mais, en 1874, M. Vigliani, ministre de la justice, présentait à son tour un projet de code pénal où la peine de mort était subrepticement rétablie. Ce projet, adopté par le Sénat à la majorité d'*une* voix, fut repoussé à une grande majorité par la commission de la Chambre des députés. A la chute du ministère Minghetti, le 19 mars 1876, M. Mancini, remplaçant M. Vigliani au ministère de la justice, reprenait, comme de raison, son projet d'abolition de la peine de mort, peine qui disparait en effet du projet de code unique qu'il proposait à l'approbation de la Chambre des députés italiens. Il quittait le pouvoir en mars 1878, pour y rentrer comme ministre des affaires étrangeres, en mai 1881, avec M. Depretis. Maintenu aux affaires étrangères dans le remaniement subi par le cabinet Depretis le 30 mars 1884, M. Mancini ne conservait son portefeuille que quelques mois de plus et ne faisait pas partie du nouveau ministère Depretis arrivé aux affaires en juin 1885 et qui s'y est maintenu jusqu'ici. — On doit à M. P. Mancini *divers ouvrages de jurisprudence et des brochures* d'actualité, principalement relatives à la nécessité de faire disparaitre la peine de mort de nos codes. A la séance de l'Académie des sciences morales et politiques du 7 avril 1877, M. Ch. Lucas présentait au nom du ministre de la justice du royaume d'Italie, une *Statistique de la contrainte par corps* et la première partie de son projet de *Code pénal unique*. — M. Mancini est grand croix de la Légion d'honneur.

MANGEANT, Sylvain, violoniste, compositeur et chef d'orchestre français, né vers 1828, fit ses études artistiques au Conservatoire de Paris, où il obtint un accessit de violon en 1847. Peu après, il devint second, puis premier chef d'orchestre au Théâtre-Historique, remplit les mêmes fonctions à la Gaité, puis au Palais-Royal, et enfin fut chargé, en 1863, de la direction de l'orchestre du Théâtre-Français de Saint-Pétersbourg, fonctions qu'il a conservées jusqu'ici. M. S. Mangeant a écrit pour le Palais-Royal un certain nombre d'airs de vaudeville, et a fait représenter les opérettes suivantes: la *Recherche de l'inconnue*, 1 acte, aux Folies-Nouvelles (1858); *Tu ne l'auras pas, Nicolas*, 1 acte (1859), et *Danaé et sa bonne*, 1 acte (1862), ces deux dernières au Palais-Royal. Il est également l'un des sept musiciens associés auxquels on doit la partition de la *Poularde de Caux*, opérette en 1 acte jouée au même théâtre. Enfin, M. Mangeant a écrit la cantate: la *Savoie française*, exécutée au théâtre du Palais-Royal le 14 juin 1860, à l'occasion de l'annexion à la France de la Savoie et du comté de Nice.

MANGIN, Arthur, écrivain scientifique français, né à Paris en 1824, y fit ses études et suivait les cours de la faculté des sciences dans l'intention de se consacrer à la chimie, lorsque éclata la révolution de février 1848, à laquelle il prit une part active dans les rangs des étudiants. Il entra alors au ministère de l'intérieur avec Ledru-Rollin, qu'il suivit dans sa retraite (24 juin), et cessa bientôt, sans toutefois répudier ses convictions, toute participation à la politique militante, pour se consacrer à des travaux plus tranquilles, et peut-être plus salutaires, de vulgarisation scientifique. Outre de nombreux articles au *Dictionnaire du commerce et de la navigation* et autres publications encyclopédiques, M. Arthur Mangin a collaboré au *Nouveau journal des connaissances utiles*, au *Magasin pittoresque*, au *Musée des familles*, au *Correspondant*, à la *Vie pratique*, à l'*Avenir national*, au *Phare de la Loire*, au *Progrès de Lyon*, etc. Il rédige, depuis 1871, le compte rendu des séances de l'Académie des sciences morales et politiques au *Journal officiel*. Enfin, M. A. Mangin a publié notamment: les *Savants illustres de la France (1856)*; *Voyage scientifique autour de ma chambre (1862)*, *Voyages et découvertes outre mer au XIXe siècle* (même annee); les *Mystères de l'Océan (1864)*; l'*Air et le monde aérien (1865)*; le *Désert et le monde sauvage (1866)*; les *Jardins (1867)*; les *Poisons (1868)*; les *Plantes utiles (1869)*; *Nos ennemis et nos alliés, études zoologiques (1870)*; *Pierres et métaux (1872)*; l'*Homme et la bête (1873)*; un *Guide des aspirants au volontariat d'un an (1874-75)*; les *Mémoires d'un chêne (1886)*, etc.

MANGON, Charles François Hervé, ingénieur français, ancien ministre, né à Paris le 13 juillet 1821. Sorti de l'Ecole polytechnique en 1842, il entra à l'Ecole des ponts et chaussées et devint ingénieur en chef en 1865. M. Mangon était professeur de travaux agricoles et de génie rural au Conservatoire des arts et métiers et à l'Institut agronomique, et d'hydraulique agricole à l'Ecole des ponts et chaussées, membre de l'Académie des sciences, où il remplace Payen dans la section d'économie rurale, depuis 1872, lorsqu'il fut appelé à la direction du Conservatoire en remplacement du général Morin, décédé, le 17 février 1880. — M. Hervé Mangon, qui s'était présenté sans succès, comme candidat républicain, aux élections d'octobre 1877, dans l'arrondissement de Valognes (Manche), fut élu député de cet arrondissement le 21 août 1881, et fut, en conséquence, obligé de quitter le Conservatoire, où M. le colonel Laussédat le remplaça. Il a été nommé membre du Bureau central météorologique de France pour une période de trois ans, le 10 juillet 1884, et président de ce bureau pour 1886. — Le 1er avril 1885, M. Mangon entrait dans le cabinet Brisson, avec le portefeuille de l'agriculture. Mais il échouait aux élections générales du 4 octobre suivant, et donnait sa démission de ministre de l'agriculture; le 9 novembre, il remettait son portefeuille à M. Gomot. — On doit à ce savant éminent un assez grand nombre d'ouvrages sur l'agriculture, les constructions et l'hydraulique agricole, outre un *Traité sur le génie rural*, avec gravures dans le texte et un atlas (Paris, 1875-80). Il est commandeur de la Légion d'honneur depuis 1878.

MANNERS, lord John James Robert, homme politique anglais, second fils du feu duc et frère puiné du duc actuel de Rutland, est né le 13 décembre 1818 au château de Belvoir, dans le comté de Leicester, et a fait ses études à Eton et au collège de la Trinité, à Cambridge, où il prit le grade de maître ès arts en 1839. L'un des promoteurs de la Société Camden, fondée pour la restauration des églises sur les principes de l'architecture gothique, il était élu, avec M. Gladstone, représentant du bourg de Newark, au titre conservateur, en juin 1841. Aux élections générales suivantes (1847), il se présentait sans succès à Liverpool et échouait également à une élection partielle de la Cité de Londres, avec le baron Rothschild, en juin 1849; élu en février 1850 par le bourg de Colchester, il échangeait ce mandat en mars 1857, contre celui de représentant de la circonscription nord du comté de Leicester, qui l'a constamment réélu depuis. Lord John Manners est l'un des plus fermes défenseurs des droits de l'Eglise d'Angleterre et des intérêts de l'agriculture en tant qu'ils s'accordent avec les principes du système prohibitionniste; il a combattu avec ardeur le projet de rappel des lois sur les céréales (1841), ainsi que les mesures économiques, dans le sens de la liberté des échanges, prises par sir Robert Peel (1845-46). Nommé premier commissaire du Bureau des travaux et membre du Conseil privé sous la première administration de lord Derby (1852) et sous la seconde (1858-59), il y fut réintégré de nouveau, mais avec siege au cabinet, sous la troisième (1866-67). Enfin, au retour des conservateurs au pouvoir, en février 1874, lord John Manners a été nommé directeur-général des Postes. A la retraite de son parti en avril 1880, il fut créé grand croix du Bain. Il fait partie du ministère conservateur constitué, le 2 août 1886, sous la présidence du marquis de Salisbury, avec le portefeuille de chancelier du duché de Lancastre. — On lui doit des *Notes de voyage en Irlande*, une *Croisière dans les eaux écossaises*, autre recueil de *Notes* de voyage d'agrément, deux volumes de *Poésies* et quelques brochures de circonstance.

MANNING, Henry Edward, prélat catholique anglais, cardinal, archevêque de Westminster, né à Totteridge, dans le comté d'Hertford, le 15 juillet 1808, est fils d'un négociant de Londres qui fut membre du parlement. Il fit ses études à Harrow et au collège Balliol d'Oxford, où il prit le grade de bachelier ès arts en 1830, et devint, la même année, agrégé du collège Merton. Après avoir été quelque temps l'un des prédicateurs favoris d'Oxford, il fut nommé, en 1834, recteur de Lavington et Graffham (Sussex), et archidiacre de Chichester en 1840. Mais il donna sa démission et se convertit au catholicisme en 1851. Ordonné prêtre par le cardinal Wiseman, il se rendit à Rome pour étudier la théologie catholique, et revint en Angleterre en 1854. En 1857, il fondait à Bayswater une congrégation religieuse à laquelle il donna le nom d'oblats de Saint Charles-Borromée. Il reçut alors le titre de docteur en théologie de Rome, devint prévôt du chapitre de Westminster, protonotaire apostolique et prélat domestique du pape. A la mort du cardinal Wiseman, le 8 juin 1865, M. Manning fut nommé à sa place archevêque de Westminster. Le pape Pie IX l'a créé cardinal le 15 mars 1875. — Le cardinal Manning a publié, avant sa conversion, quatre volumes de *Sermons* et plusieurs autres écrits théologiques. Depuis, il a donné: les *Fondements de la foi (1852)*; la *Souveraineté temporelle des papes (1860)*; les *Dernières gloires du Saint-Siège plus grandes que les premières (1861)*; la *Crise actuelle du Saint-Siège prévue par les prophéties (1861)*; le *Pouvoir temporel du vicaire de Jésus-Christ (1862)*; *Sermons sur des sujets ecclésiastiques, précédés d'une introduction sur les rapports de l'Angleterre avec le christianisme (1863)*; deux *Lettres à un ami anglican sur le concile (1864)*; la *Mission temporelle de l'Esprit-Saint, ou Raison et révélation (1865)*; la *Réunion de la chrétienté, lettre pastorale au clergé (1866)*; le *Pouvoir temporel du pape considéré au point de vue politique (1866)*; le *Centenaire de Saint Pierre et le concile général* et *Angleterre et chrétienté (1867)*; l'*Irlande, lettre au comte Grey (1868)*; le *Concile œcuménique et l'infaillibilité du pontife romain*, lettre pastorale au clergé (1869); le *Concile du Vatican et ses définitions*, lettre pastorale (1870); *Petri Privilegium*, trois lettres pastorales au clergé du diocèse de Westminster; la *Quadruple souveraineté de Dieu (1871)*; le *Démon de Socrate (1872)*; la *Mission spirituelle de l'Esprit-Saint (1875)*; les *Décrets du Vatican* (the Vatican Decrees in their bearing on Civil Allegiance), réponse à l'*Expostulation* de M. Gladstone (1875); le *Péché et ses conséquences (1876)*; la *Vraie histoire du concile du Vatican (1877)*; *Miscellanées* (*1878*, 2 vol.); l'*Eglise catholique et la société moderne (1880)*; le *Sacerdoce éternel (1883)*, et un grand nombre d'autres brochures de circonstance, lettres pastorales, sermons, etc.

MANTZ, Paul, littérateur et critique d'art français, né à Bordeaux le 28 avril 1821, fit son droit à Paris et aborda, dès 1844, la carrière littéraire. Il collabora d'abord à l'*Artiste*, puis débuta comme écrivain d'art à l'*Evénement*, en 1848. Se bornant désormais à cette dernière branche de la littérature, il écrivit successivement à la *Revue de Paris*, à la *Revue française*, etc., et écrit encore aujourd'hui d'une manière assidue, à la *Gazette des Beaux-Arts* et au journal le *Temps*. M. Paul Mantz, qui s'est acquis une grande réputation de critique savant, élégant et consciencieux, a rédigé de nombreux *Catalogues*, fourni à l'*Histoire des peintres* de nombreuses notices, publié avec M. F. Kellerhoven, les *Chefs-d'œuvre de la peinture italienne*, splendide album in-folio dont il a rédigé les 270 pages de *texte* (1869), et rédigé le texte d'autres grandes publications artistiques, telles que *Hans Holbein (1879)*, *François Boucher, Lemoine et Natoire (1880)*, etc. — M. Paul Mantz a fait partie du jury d'admission des ouvrages d'art (4e section, gravure et lithographie), à l'Exposition universelle de 1878. Il a fait également partie du jury de plusieurs salons annuels. Il est directeur général honoraire des Beaux-Arts, membre du Conseil supérieur, etc., et officier de la Légion d'honneur depuis 1881.

MANUEL, Eugène, littérateur français, d'origine israélite, né à Paris le 13 juillet 1823, est fils d'un médecin distingué. Il fit ses études au lycée Charlemagne et fut admis à l'Ecole normale supérieure en 1843. Agrégé des classes supérieures des lettres en 1847, il fut successivement professeur de seconde à Dijon et de rhétorique à Grenoble, puis à Tours. Rappelé à Paris, il fut chargé de l'enseignement spécial au lycée Charlemagne, puis au lycée Saint-Louis, devint suppléant, puis professeur titulaire de seconde au lycée Bonaparte, professeur de rhétorique au collège Rollin, passa en la même qualité au lycée Henri IV et fut, en 1871, chef du cabinet du ministre de l'instruction publique, M. Jules Simon. Nommé, en 1873, inspecteur de l'Académie de Paris, il a été promu inspecteur général de l'instruction publique en 1878. — On a de M. E. Manuel: une édition des *Œuvres lyriques de J.-B. Rousseau*, suivies d'un choix des lyriques français, avec notes et commentaires (1852); la *France*, livre de lecture scolaire, avec M. E. Levi-Alvarès (1854-55, nombr. édit.); *Pages intimes*, recueil de poésies, couronné par l'Académie française (1866, 5e édit., 1877); les *Ouvriers*, drame en 1 acte, en vers, joué au Théâtre-Français en janvier 1870; *Pour les blessés*, scène en vers (1870); *Bon jour, bon an, compliment au public*; *Henri Regnault*; les *Pigeons de la République (1871)*, pièces dites au Théâtre-Français, avec un très vif succès, pendant le siège de Paris; *Poésies populaires* (*1871*, 4e édit. 1877), couronnées par l'Académie française; *Pendant la guerre (1872)*; l'*Absent*, drame en 1 acte, en vers, au Théâtre-Français (1873), etc. — Chevalier de la Légion d'honneur depuis 1866, il a été promu officier le 12 juillet 1883.

MAQUET, Auguste Jules, littérateur français, né à Paris le 13 septembre 1813, fit ses études au collège Charlemagne, où il devint professeur-suppléant en 1831. Après avoir passé, sans succès, ses examens pour le doctorat ès lettres, M. Maquet abandonna la lutte, renonça à l'enseignement et se voua à la littérature. Avec Gérard de Nerval, son ami, il écrivit successivement plusieurs pièces de théâtre, notamment l'*Expiation*, drame en un acte, en vers qui, reçu à l'Odéon, ne fut toutefois jamais joué. Il présenta ensuite à la Renaissance un drame en prose, en trois actes, qui fut reçu et joué, après remaniement par Alexandre Dumas, sous le titre de *Bathilde*; le titre primitif était un *Soir de carnaval*: telle fut l'origine des relations de M. Auguste Maquet avec le célèbre romancier, dont il devint dès lors le laborieux collaborateur. M. Maquet avait tout prêt un roman: *le Bonhomme Buvat*, dont le placement, malgré son mérite réel, était tout aussi difficile que celui de ses pièces; il le soumit à Alexandre Dumas, qui le fit aussitôt paraître dans le *Siècle*, sous son propre nom et après avoir changé le titre primitif pour celui, plus romantique certainement, de *Chevalier d'Harmental*. La collaboration d'Alexandre Dumas à ce roman de M. Maquet s'est-elle bornée là? nous l'ignorons; ce que nous savons, d'après les accusations d'Eugène de Mirecourt et l'écho des procès que M. Maquet, ne pouvant tirer de sa collaboration à l'œuvre du célèbre écrivain, au moins le paiement dont on est tenu envers un secrétaire ou un employé, lui fit pour obtenir l'autorisation d'en partager la gloire en la signant, c'est que M. Maquet a eu une part considérable aux ouvrages les plus populaires et les plus justement estimés parmi ceux qui portent la signature *Alexandre Dumas* pour marque de fabrique. Ce sont, outre le *Chevalier d'Harmental*: les *Trois mousquetaires*, *Vingt ans après* et le *Vicomte de Bragelonne*; *Monte-Cristo*; *Une fille du Régent*; le *Chevalier de Maison-Rouge*; la *Reine Margot*; la *Dame de Monsoreau* et les *Quarante-cinq*; le *Bâtard de Mauléon*; la *Guerre des femmes*; *Joseph Balsamo* et le *Collier de la reine*; *Ange Pitou*; *Olympe de Clèves*; la *Tulipe noire* et *Ingénue*. Outre cette collaboration, qui ne prit fin qu'en 1851, M. A. Maquet a publié, pendant et après: le *Beau d'Angennes (1843)*; *Deux trahisons (1844)*; *Histoire de la Bastille*, avec Arnould et Alboize (1844); les *Prisons de l'Europe*, avec Alboize (1844-46, 8 vol.); la *Belle Gabrielle (1853-55)*; le *Comte de Lavernie (1855)*; la *Maison du baigneur (1856)*; les *Dettes de cœur (1857)*; l'*Envers et l'endroit (1858)*; la *Rose blanche (1859)*; les *Vertes-feuilles (1862)*, publié au *Journal des Débats* l'année précédente; *Voyages au pays bleu*, contes fantastiques (1865). Il a donné au théâtre, d'abord avec la collaboration d'Alexandre Dumas, dans des pièces qu'on reconnaîtra: les *Mousquetaires (1846)*; la *Reine Margot*, le *Chevalier de Maison-Rouge* et *Monte-Cristo (1847)*; *Catilina (1848)*; le *Chevalier d'Harmental*, la *Guerre des femmes (1849)*; la *Jeunesse des mousquetaires (1850)*; *Urbain Grandier (1851)*; *Valeria*, drame en vers, au Français (même an-

née) et la *Fronde*, opéra, musique de Niedermeyer (1853), avec M. Jules Lacroix; le *Comte de Lavernie (1855)*; la *Belle Gabrielle (1857)*; les *Dettes de cœur (1859)*, seul; la *Dame de Monsoreau (1860)*, avec Alexandre Dumas; et seul de nouveau : la *Maison du Baigneur (1864)*; le *Hussard de Bercheny (1865)*. — M. Auguste Maquet, qui a été plusieurs fois élu président de la Société des Gens de lettres, est officier de la Légion d'honneur depuis 1861.

MARCÈRE (de), Emile Louis Gustave Deshayes, homme politique français, ancien ministre, né à Domfront le 16 mars 1828, fit son droit à Caen et fut attaché au ministère de la justice en 1850. Il devint successivement substitut à Soissons en 1853 et à Arras en 1856, procureur impérial à Saint-Pol en 1857, président du tribunal d'Avesnes en 1863 et conseiller à la cour de Douai le 20 avril 1866. Il occupait ces dernières fonctions lorsqu'il publia, en 1869, une brochure qui fut alors très remarquée de tout le monde, lui valut les éloges de la presse libérale et faillit lui attirer des peines disciplinaires : la *Politique d'un provincial*. Après le 4 Septembre, lorsque la convocation des électeurs paraissait devoir être plus prochaine, il publia une nouvelle brochure : *Lettre aux électeurs à l'occasion des élections pour la Constituante (1870)*, dans laquelle il affirmait ses préférences motivées pour la forme républicaine, conclusion résultant naturellement des prémisses posées dans le précédent opuscule. Aux élections du 8 février 1871, M. de Marcère était, en conséquence, élu représentant du Nord, le sixième sur vingt-huit, par 205,588 suffrages. Il se fit inscrire à la réunion Feray, puis fit partie du centre gauche, qui le choisit pour vice-président et plus tard pour président, et ne cessa, en toute occasion, de chercher à démontrer la nécessité de l'établissement définitif de la République. M. de Marcère fit partie de beaucoup de commissions importantes et monta fréquemment à la tribune pour prendre part aux discussions relatives principalement à la magistrature, aux lois municipales, budgétaires, électorales et sur la révision des services administratifs. Son rapport sur le projet de prorogation des conseils municipaux fut imprimé aux frais des trois gauches et répandu à un chiffre énorme d'exemplaires. Il fit également partie de la dernière commission des Trente et rédigea, avec M. Ricard, un rapport sur la loi électorale municipale, qui contient l'apologie de l'élection au scrutin de liste, présentée à coup sûr avec une grande éloquence. Aux élections du 20 février 1876, M. de Marcère se présenta dans la deuxième circonscription de l'arrondissement d'Avesnes, qui l'élut par 10,202 voix contre 7,160 accordées à M. Bottieau, député sortant, appartenant à la droite. Le 12 mars suivant, il suivait au ministère de l'intérieur, comme sous-secrétaire d'Etat, son ami M. Ricard, dont il avait été le collaborateur en tant d'autres occasions, et auquel il devait succéder après sa mort (1er mai 1876). M. de Marcère quittait le ministère le 13 décembre suivant, remettait son portefeuille à M. Jules Simon et reprenait sa place sur les bancs du centre gauche. Réélu député d'Avesnes le 14 octobre 1877, M. de Marcère faisait partie du comité de résistance dit des Dix-huit, aussitôt la rentrée. Le 14 décembre suivant, il entrait dans le cabinet Dufaure avec le portefeuille de l'intérieur, et apportait dans le personnel administratif, un remaniement général bien nécessaire. Resté dans le cabinet formé après l'élection de M. Grévy, sous la présidence de M. Waddington, M. de Marcère quittait le ministère le 3 mars 1879, à la suite de difficultés avec la gauche, nées principalement de l'enquête sur la préfecture de police, provoquée par les révélations de la *Lanterne*. Il avait fait, pendant quelque temps, l'intérim du ministère des cultes. Aux élections du 21 août 1881, M. de Marcère était réélu député dans la deuxième circonscription d'Avesnes. Il était élu sénateur inamovible le 28 février 1884, en remplacement de M. Gauthier de Rumilly, décédé. Il a voté contre la loi d'expulsion des princes prétendants. — Outre les deux brochures précitées, on lui doit : la *République et les conservateurs (1873)*.

MARCOU, Jacques Hilaire Théophile, avocat, journaliste et homme politique français, né à Carcassonne le 18 mai 1813. Proscrit de décembre 1851, il se réfugia en Espagne et ne rentra en France qu'en 1867. L'année suivante, il fondait la *Fraternité*, journal d'opposition radicale, dans sa ville natale, où il avait pris place au barreau et était devenu bâtonnier de son ordre. Maire de Carcassonne après le 4 Septembre, révoqué après le 24 Mai, il avait échoué aux élections du 8 février 1871, mais fut élu représentant de l'Aude à l'élection partielle du 14 décembre 1873 et député de Carcassonne le 20 février 1876. Il siégea à l'extrême-gauche dans les deux assemblées. Réélu le 14 octobre 1877 et le 21 août 1881, il se présentait le 25 janvier 1885 aux élections pour le renouvellement de la représentation sénatoriale de l'Aude, et était élu au second tour. Il a pris place à l'extrême-gauche et voté l'expulsion des princes.

MARÉCHAL, Charles Henri, compositeur français, né à Paris le 22 janvier 1842. Il entra au Conservatoire en 1866, dans la classe d'orgue de M. Benoist et dans la classe de composition de Victor Massé. Sans avoir obtenu aucune récompense aux concours de l'Ecole, auxquels nous ignorons d'ailleurs s'il prit part, M. Maréchal se présentait au concours de l'Institut en 1870, et remportait d'emblée le grand prix de Rome, en partage avec M. Charles Lefebvre (voyez ce nom), pour la cantate intitulée le *Jugement de Dieu*, qui ne fut pas exécutée en séance publique, grâce aux trop memorables événements qui ne tardèrent guère à se produire. En 1875, à la séance d'audition des envois de Rome, on a exécuté au Conservatoire des fragments de la *Nativité*, drame sacré de M. Maréchal, dont plusieurs fragments avaient déjà été entendus aux seances de la Société nationale de musique. Enfin, le 8 mai 1876, M. Henri Maréchal faisait représenter sur la scène de l'Opéra-Comique un ouvrage en un acte : les *Amoureux de Catherine*, écrit sur un poème de M. Jules Barbier, et qui a été fort bien accueilli. Il a donné plus récemment, au même théâtre : la *Taverne des Trabans*, opéra comique en 3 actes, livret de MM. Erckmann-Chatrian et Jules Barbier (1882).

MARET, Henry, journaliste et homme politique français, né à Sancerre en 1838, fit ses études au lycée de Bourges, puis vint à Paris, où, avec l'appui du duc de Bassano, son parent, il entra dans les bureaux de la préfecture de la Seine. Il débuta de bonne heure, toutefois, dans la carrière des lettres, par des nouvelles insérées dans la *Semaine des familles* et ailleurs; puis collabora au *Charivari*, à l'*Illustration*, à la *Vie parisienne*; donna des feuilletons à l'*Opinion nationale*, au *Temps*; rédigea le feuilleton des théâtres à la *Presse libre*, bientôt devenue la *Réforme* et entra ensuite au *Rappel*. Collaborateur au *Mot d'ordre* de M. Henri Rochefort, son ancien collègue à la préfecture de la Seine, pendant le siège de Paris et la Commune, M. H. Maret se vit condamner par un conseil de guerre à cinq ans de prison et 500 fr. d'amende : c'était une condamnation à mort, s'il avait dû la subir, et assez peu méritée; il en fut quitte pour quatre mois. Rentré dans la vie active, et il était temps, M. Maret collabora aux journaux de M. E. Portalis : à la *Constitution* et à l'*Avenir national*, puis à la *Marseillaise* nouvelle et au nouveau *Mot d'ordre*, dont il devint rédacteur en chef. Devenu rédacteur principal de la *Vérité* en octobre 1880, il prenait, dix mois après, la direction du *Radical*, qu'il a conservée jusqu'ici. — Elu membre du Conseil municipal de Paris en 1878, pour le quartier des Epinettes, en remplacement de M. Ernest Lefèvre, démissionnaire, M. H. Maret fut réélu le 4 mai 1881. Au scrutin de ballottage du 4 septembre suivant, il était élu député de la 2e circonscription du XVIIe arrondissement de Paris. Porté aux élections d'octobre 1885 dans la Seine et le Cher, il fut élu dans ces deux départements et opta pour le Cher. Membre de la commission chargée d'examiner la proposition d'expulsion des princes, il se prononça énergiquement contre et décida l'attitude de presque tout le groupe radical sur cette question. — On cite de M. Henry Maret : le *Tour du monde parisien (1862)*; les *Compagnons de la Marjolaine (1864)*; *Arcachon, Promenade à travers bois (1865)*; on cite aussi les *Parents criminels*, avec Gabriel Guillemot (illustré), mais ce roman est resté inachevé. Il a écrit en outre, avec M. Lecœur, le *Baiser de la reine*, comédie en 2 actes (Bordeaux, 1864).

MARGAINE, Henri Camille, homme politique français, capitaine d'infanterie démissionnaire en 1863, maire de Sainte-Menehould, révoqué après le 24 mai 1873, malgré les services rendus pendant l'occupation, est né dans cette ville le 4 décembre 1829. Il est décoré de la Légion d'honneur. Elu représentant de la Marne le 8 février 1871, et député de Sainte-Menehould le 20 février 1876, il siégea à gauche dans les deux chambres et a été questeur de la seconde. Il a publié dans le *XIXe Siècle* des lettres très remarquables sur la politique du jour. Réélu le 14 octobre 1877 et le 21 août 1881, M. Margaine était élu député de la Marne en tête de la liste républicaine, aux élections d'octobre 1885. Il a voté l'expulsion totale des princes. — M. Margaine a été maintenu invariablement dans ses fonctions de questeur à chaque nouvelle session.

MARION (de Faverges), Joseph Edouard, homme politique français, fils d'un ancien magistrat, membre de la Chambre des députés sous la monarchie de Juillet et de la Constituante de 1848, est né à Grenoble le 27 décembre 1829, fit son droit à Paris et se fit recevoir avocat; il exerça ensuite les fonctions d'agent de change à Marseille, puis à Paris et se retira au château de Faverges en 1861, pour se livrer à l'agriculture. Candidat de l'opposition démocratique dans la 4e circonscription de l'Isère, aux élections générales de 1869, il fut élu à une grande majorité; mais son élection fut annulée par des considérations étrangères à la politique, quoiqu'évidemment suggérées par elle; le 7 février 1870, il était réélu avec une majorité augmentée de plus de 2,500 voix et reprenait sa place sur les bancs de la gauche. Après le 4 Septembre, M. Marion fut nommé commissaire du gouvernement dans l'Isère, comme son père l'avait été en 1848, et prit le commandement des mobilisés de son département, avec le grade de général. Il est membre du Conseil général de l'Isère pour le canton de Morestel et maire des Avenières. Aux élections du 20 février 1876, M. E. Marion a été élu député de la 2e circonscription de La Tour-du-Pin, par 8,070 voix contre 4,580 accordées à M. de Quinsonas, député sortant appartenant à la droite. Réélu le 14 octobre 1877 et le 21 août 1881, M. Marion était élu sénateur de l'Isère le 25 janvier 1885, en remplacement de M. Michal-Ladichère, décédé. Il a voté l'expulsion des princes.

MARKHAM, Clements Robert, explorateur et écrivain anglais, né à Stillingfleet, près d'York, le 20 juillet 1830, fit ses études à l'école de Westminster et entra dans la marine en 1844. Embarqué comme élève (naval cadet) sur le *Collingwood*, portant le pavillon de sir George Seymour, pour la station du Pacifique, il devint aspirant en 1846, lieutenant en 1850 et abandonna la carrière en 1851. Employé au Comité de contrôle en 1855, M. Markham devint secrétaire-adjoint au Bureau de l'Inde en 1867 et directeur du département géographique de cette administration en 1868. Il était nommé secrétaire de la Société Hakluyt en 1858 et de la société géographique de Londres en 1863; membre en outre de la Société linnéenne, de la Société des antiquaires et de la Société royale, M. Markham a été créé compagnon de l'ordre du Bain en 1871, commandeur de l'ordre du Christ de Portugal en 1874 et chevalier de l'ordre de la Rose du Brésil la même année. — M. Markham a fait partie de l'expédition arctique envoyée à la recherche de sir John Franklin, en 1850-51; exploré le Pérou et les forêts des Andes orientales, en 1852-54; introduit la culture du quinquina dans l'Inde, en 1860-61; visité Ceylan et les Indes en 1865 et 1866; il accompagna, en qualité de géographe, l'expédition abyssinienne de 1867-68, et assista à la prise de Magdala et à la mort de Théodoros, le 13 avril de cette dernière année. Il a publié : les *Traces de Franklin (1852)*; *Cuzco et Lima (1856)*; *Voyages au Pérou et dans l'Inde (1862)*; *Grammaire et Dictionnaire quichua (1863)*; l'*Irrigation espagnole (1867)*; *Histoire de l'expédition d'Abyssinie (1869)*; *Vie du grand lord Fairfax (1870)*; *Ollanta, drame quichua*; *Mémoire sur les inspections indiennes (1871)*; *Esquisse générale de l'histoire de la Perse (1873)*; les *Abords de la région inconnue (1874)*; *Notice sur la comtesse de Chinchon (1875)*; *Missions au Thibet (1877)*; l'*Ecorce péruvienne*, le *Pérou (1880)*; la *Guerre entre le Chili et le Pérou, 1879-81 (1883*, 3e édition), etc. Outre la traduction de plusieurs ouvrages pour la Société Hakluyt et de nombreux articles dans le *Journal de la Société géographique*, on lui doit encore les *Rapports sur les progrès matériels et moraux de l'Inde*, pour 1871-72 et 1872-73. — M. Markham a été le rédacteur en chef du *Geographical Magazine*, de 1872 à 1878.

MARMIER, Xavier, littérateur français, né à Pontarlier le 24 juin 1809, fit ses études à Besançon, collabora à la presse locale, puis visita la Suisse, l'Allemagne et la Hollande et vint se fixer à Paris en 1830. Il publia dès son arrivée un volume de poésies, retourna en Allemagne en 1832, puis, de 1836 à 1838, visita les contrées septentrionales de l'Europe, chargé d'une mission archéologique, à l'issue de laquelle il fut décoré de la Légion d'honneur. Familiarisé de bonne heure avec les langues et les littératures du Nord, M. X. Marmier fut rédacteur en chef de la *Revue germanique* de 1832 à 1835; chargé en 1839 du cours de littérature étrangère à Rennes, il était nommé l'année suivante bibliothécaire au ministère de l'intérieur, d'où il passait, à la fin de 1846, à la bibliothèque Sainte-Geneviève en qualité de conservateur. Devenu administrateur de cette bibliothèque, il donnait sa démission de ces fonctions en janvier 1885, conservant le titre d'administrateur-adjoint et remplacé effectivement par M. H. Lavoix. De 1842 à 1849, il fut presque constamment en voyage et visita la Russie, l'Orient, l'Algérie, l'Espagne et l'Amérique. M. X. Marmier a été élu membre de l'Académie française en 1870, en remplacement de Pongerville. Il a été promu officier de la Légion d'honneur en 1873, et est en outre décoré de plusieurs ordres étrangers. — On a de cet écrivain : *Esquisses poétiques (1830)*; *Choix de paraboles de Krummacher (1833)*; *Pierre ou les suites de l'ignorance*, l'*Arbre de Noël* et quelques autres livres destinés à l'enfance (1833-35); *Etudes sur Gœthe (1835)*; *Nouveau choix de paraboles de Krummacher (1837)*; *Langue et littérature islandaises* et *Histoire de l'Islande depuis sa découverte jusqu'à nos jours (1838)*; *Histoire de la littérature en Danemark et en Suède*; une nouvelle édition de l'*Allemagne*, de Mme de Staël et une traduction nouvelle du *Théâtre de Gœthe (1839)*; *Lettres sur le Nord : Danemark, Suède, Laponie et Spitzberg (1840*, 2 vol.); *Souvenirs de voyages et traditions populaires* et le *Théâtre de Schiller*, traduction (1841); *Chants populaires du Nord, traduits en français* et *Lettres sur la Hollande (1842)*; les *Contes fantastiques d'Hoffmann*, traduction (1843); *Poésies d'un voyageur*, *Relation de voyage de la commission scientifique du Nord (1844)*; *Nouveaux souvenirs de voyage en Franche-Comté (1845)*; *Du Rhin au Nil* (2 vol.), *Lettres sur l'Algérie (1848)*; *Lettres sur la Russie, la Finlande et la Pologne (1848*, 2 vol.); *Lettres sur l'Amérique (1852*, 2 vol.); *Lettres sur l'Adriatique et le Monténégro (1854*, 2 vol.); *Un été au bord de la Baltique et de la mer du Nord (1856)*; les *Fiancés du Spitzberg*, ouvrage couronné par l'Académie (1858); *Voyage pittoresque en Allemagne (1858-59*, 2 vol.); *En Amérique et en Europe (1859)*; *Gazida*, fiction et réalité, roman, couronné par l'Académie, et *Histoires allemandes et scandinaves (1860)*; *Voyage en Suisse*, illustré; *Mémoires d'un orphelin (1861)*; *Hélène et Suzanne*, roman; *Voyages et littérature (1862)*; *En Alsace, l'Avare et son trésor (1863)*; *En chemin de fer, nouvelles de l'Est et de l'Ouest (1864)*; *Sous les sapins, nouvelles du Nord (1865)*; le *Roman d'un héritier*, *Histoire d'un pauvre musicien, 1770-1793 (1866)*; *De l'Est à l'Ouest, voyages et littérature*; *Souvenirs d'un voyageur (1867)*; les *Hasards de la vie*, contes et nouvelles et les *Drames du cœur (1868)*; les *Voyages de Nils (1869)*; *Robert Bruce (1871)*; *En Franche-Comté (1884)*; *Esquisses provinciales (1885)*; *Passé et présent, récits de voyage (1886)*, etc. M. Xavier Marmier a collaboré à de nombreuses publications périodiques : à la *Revue des Deux-Mondes*, à la *Revue de Paris*, à la *Revue germanique*, à la *Revue britannique*, au *Journal des jeunes personnes*, à l'*Histoire des villes de France*, etc. Il a donné en outre un grand nombre de traductions de l'allemand, du danois, du russe, etc., notamment les *Aventures d'une colonie d'émigrants en Amérique* de Gerstaeker, les *Nouvelles danoises* de Heiberg et, avec L. Viardot, les *Scènes de la vie russe* d'Ivan Tourgueneff, qui font partie de la « Bibliothèque des meilleurs romans étrangers. » — Aux élections du 20 février 1876, M. Xavier Marmier se présenta comme candidat conservateur dans l'arrondissement de Pontarlier; mais il échoua contre le candidat républicain, M. G. Colin. Il renouvela la tentative le 14 octobre 1877, avec le même succès.

MARMONNIER, Henri, homme politique français, avocat, né à Belleville (Rhône) le 16 septembre 1855. En faisant son droit à Paris, il collaborait à la *Semaine républicaine* et se mêlait activement à l'agitation radicale. Devenu secrétaire de M. Henri Brisson, il le suivit à la présidence de la Chambre des députés comme chef-adjoint de son cabinet (1881) et au ministère de la justice, le 6 avril 1885, comme chef du cabinet. Docteur en droit, président de la Société d'agriculture de l'arrondissement de Villefranche et secrétaire-général du co-

mice agricole du Beaujolais, dont il est le fondateur. M. H. Marmonnier a été élu député du Rhône au scrutin du 13 octobre 1885, et a pris place à gauche. Il a voté l'expulsion des princes. — M. Marmonnier est un des collaborateurs de la *Grande Encyclopédie*.

MARMONTEL, ANTOINE FRANÇOIS, pianiste et compositeur français, né à Clermont-Ferrand le 16 juillet 1816, est arrière-petit-neveu de l'auteur des *Incas* et des *Contes moraux* et a été élevé par son grand-père, professeur au collège d'Orléans, qui développa de bonne heure ses précoces dispositions pour la musique. M. A. Marmontel fit ses premières études artistiques à Orléans et à Clermont, et, amené à Paris par son grand-père, entra en 1828 au Conservatoire, dans les classes de Zimmermann et de Dourlen. Il devint ensuite élève de Lesueur et d'Halévy et remporta successivement le prix de solfège en 1820, un prix de piano l'année suivante, un second prix d'harmonie en 1832 et un second prix d'accompagnement et fugue en 1835. Il quitta alors le Conservatoire pour se vouer à l'enseignement particulier, dont sa position de fortune lui faisait une nécessité, et se produisit à l'occasion, comme virtuose, dans divers concerts. Nommé en 1836 professeur-adjoint de solfège au Conservatoire, il devint titulaire de cette chaire en 1844, fut chargé, pendant l'absence de M. Henri Herz, parti pour l'Amérique en 1847, de sa classe de piano, et fut nommé à celle de Zimmermann en 1848. — M. A. Marmontel a publié un grand nombre de romances, mélodies, morceaux de piano, sonates, nocturnes, musique de danse, etc. ; des *Etudes pour piano : études élémentaires, progressives, difficiles, transcendantes*, à deux et quatre mains ; l'*Art de déchiffrer*, l'*Ecole du mécanisme*, etc. On remarque parmi ses autres œuvres : trois *Grandes sonates*, un *Allegro*, plusieurs *Nocturnes*, le *Menuet de Mlle de La Vallière*, etc. On lui doit enfin un ouvrage intéressant intitulé : *Art classique et moderne du piano, conseils d'un professeur sur l'enseignement technique et l'esthétique du piano (1876)* ; et la *Première année de musique (1886)*. Il est chevalier de la Légion d'honneur depuis 1862.

MARQUET DE VASSELOT, JEAN JOSEPH MARIE ANTOINE, sculpteur français, né à Paris le 16 juin 1840, y fit ses études et fut attaché comme rédacteur au ministère de l'intérieur en 1860. Après avoir rempli auprès de l'ambassade du roi de Siam à Paris, en 1863, les fonctions de premier secrétaire, il se décida pour la carrière artistique en 1865, devint élève de MM. Jouffroy, Lebourg et Bonnat et débuta au Salon de 1866 par un portrait de l'*Abbé Listz*, médaillon en plâtre. Ce début fut suivi de : *Mme L. Marquet de Vasselot*, médaillon en bronze (1866) ; *Honoré de Balzac*, buste en plâtre ; *Abraham Lincoln*, médaillon en terre cuite (1868) ; *Chloé à la fontaine*, statue en plâtre ; *Jeanne de Sombreuil*, médaillon en terre cuite (1869) ; le *Christ au tombeau*, statue en plâtre et *H. de Balzac* en bronze (1870) ; *N.-S. Jésus-Christ*, en marbre, pour la Compagnie de Jésus ; le *Comte de Chambord*, buste en marbre (1872) ; la *Chloé* en marbre (1873) ; *Patrie*, statue en marbre ; les portraits de *M. C. de Wendel* et du *Dr de Wecker*, bustes en marbre (1874) ; *Balzac*, buste en marbre, pour le Théâtre-Français ; *Honneur à nos morts!* bas-relief en plâtre et un *Buste* en marbre (1875) ; *Christ au tombeau*, statue en marbre noir et bronze ; le *Jeune Thésée trouvant l'épée de son père*, statue en plâtre (1876) ; *Ung ymagier du roi*, statue en bronze ; *Portrait de M. Cathelin aîné*, buste en marbre (1883) : un *Mineur*, statue en bronze à cire perdue ; *Rose Anaïs*, buste en bronze à cire perdue (1884) ; *Henri Martin*, buste en marbre ; le *Souffle suprême*, buste en bronze (1885) ; un *Rabbin*, statue en bronze ; *Jean-Jacques Rousseau*, statuette en bronze (1886). On lui doit en outre un *Fronton* pour le musée de Rouen (1876) et une statue de *Lamartine*, inaugurée au square Lamartine en 1886. — M. Marquet de Vasselot a obtenu une médaille de 3e classe en 1873 et une de 2e classe en 1876, outre de nombreuses récompenses aux expositions de province et de l'étranger, notamment à l'Exposition de Philadelphie, en 1876. Il est décoré de la médaille militaire pour sa belle conduite à la bataille de Buzenval, à laquelle il a pris part comme capitaine au 16e régiment de Paris, d'une médaille d'honneur de sauvetage et de plusieurs ordres étrangers.

MARQUISET, JEAN GASTON, homme politique français, né à Saint-Loup (Haute-Saône) le 4 novembre 1826. Ancien substitut du procureur impérial à Gray, rallié à la République, il se présenta comme tel dans la 2e circonscription de Lure, aux élections du 14 octobre 1877 ; il échoua de quelques voix contre le candidat officiel, dont l'élection fut invalidée par la Chambre ; à une nouvelle épreuve, venue le 27 janvier 1878, M. Marquiset triompha de son adversaire et prit place sur les bancs de la gauche républicaine. Réélu le 21 août 1881, il était élu député de la Haute-Saône le 4 octobre 1885. Il a voté contre les projets d'expulsion des princes. — M. Marquiset est chevalier de la Légion d'honneur.

MARSH, OTHNIEL CHARLES, paléontologiste américain, né à Lockport (New-York) le 29 octobre 1831, fit ses études au collège puis à l'école des sciences d'Yale, après quoi il partit pour l'Europe et suivit les universités de Berlin, Heidelberg et Breslau, de 1862 à 1865. A son retour en Amérique, en 1866, il fut nommé professeur de paléontologie au collège d'Yale. Il se voua dès lors à la recherche des espèces éteintes de vertébrés de la région des Montagnes Rocheuses et a organisé chaque année, depuis 1868, des expéditions scientifiques qu'il dirige dans cette région. Dans ces expéditions, M. Marsh a découvert plus de trois cents espèces nouvelles de vertébrés disparus, dont plusieurs constituent des ordres absolument nouveaux, et qu'il a décrits dans de nombreux articles ou mémoires publiés en grande partie dans l'*American Journal of Science*. Parmi ces fossiles découverts et décrits par le savant professeur, nous citerons les *Ichthyornithes*, ordre nouveau d'oiseaux cétacés pourvus de dents et ayant des vertèbres biconcaves ; les premiers *Ptérodactyles*, ou lézards volants, découverts en Amérique, et dont quelques-uns mesurent vingt-cinq pieds d'envergure ; le *Dinocerata*, gigantesque mammifère éocène à six cornes ; le *Brontotheridæ*, énorme mammifère myocène pourvu d'une seule paire de cornes ; ainsi que les premiers spécimens fossiles de singes, de chauves-souris et de marsupiaux trouvés en Amérique. — Le professeur Marsh a été chargé, en 1874, de préparer un *Rapport* substantiel, destiné à être publié aux frais du gouvernement, avec de nombreuses illustrations, sur ses découvertes dans l'Ouest. Nous ignorons où en est cet important travail.

MARSHALL, WILLIAM CALDER, sculpteur écossais, né à Edimbourg en 1813, commença ses études artistiques dans sa ville natale, puis vint à Londres, où il suivit quelque temps les ateliers de Chantrey et de Bailey, et débuta aux expositions de l'Académie royale en 1835. Après avoir visité Rome en 1836, il revint en Angleterre et se fixa définitivement à Londres en 1839. Elu membre associé de l'Académie royale écossaise en 1842 et associé de l'Académie royale en 1844, il devenait membre titulaire de cette dernière en 1852. — On cite principalement de cet artiste : la *Cruche cassée (1842)* ; *Rebecca (1843)* ; le *Premier murmure d'amour*, primé 7,500 francs par l'Art-Union (1845) ; la *Danseuse au repos*, qui remporta le prix de 12,500 francs offert par la même société (1846) ; *Sabrina (1847)*, réduite en statuette de porcelaine par Copeland, l'*Amour captif (1848)* ; *Zéphir et l'aurore (1849)*, la *Jeune indienne (1852)* ; *Pandore (1853)* ; la *Concorde (1855)* ; *Imogène endormie (1856)*. M. Marshal a été l'un des trois sculpteurs employés à la décoration du nouveau Palais du parlement, pour lequel il a exécuté les statues de *lord Clarendon*, de *lord Somers* ; il a en outre exécuté de nombreuses statues érigées par souscriptions publiques : celle de *Sir Robert Peel*, en bronze, pour Manchester et celles de *Jenner*, de *Campbell*. La statue de Jenner érigée d'abord à Tafalgar square, a été transportée depuis au jardin de Kensington. En 1857, M. Marshall remportait le premier prix, de 17.500 francs, pour son dessin d'un monument national destiné au duc de Wellington. Parmi les autres monuments publics exécutés par M. Marshall, nous devons encore mentionner la statue en bronze de *Crompton* l'inventeur de la machine à filer, pour la ville de Bolton. une statue en marbre de *Sir George Grey*, ancien gouverneur du Cap de Bonne-Espérance, pour Cape Town ; et une statue de *James, septième comte de Derby*, érigée sur le lieu où il fut exécuté, à Bolton. Il avait envoyé à l'Exposition universelle de 1878 une *Nausicaa* et des *Joueurs de tali* qui lui ont valu la croix de la Légion d'honneur.

MARSTON, WESTLAND, poète et auteur dramatique anglais, né à Boston, dans le comté de Lincoln le 30 janvier 1820. Après avoir terminé ses études de droit, il entra dans l'étude de son oncle, avoué à Londres, mais il la quitta bientôt pour se livrer à la littérature et principalement à la littérature dramatique, où il a obtenu de grands succès. On cite, parmi les meilleures pièces de M. Marston, la *Fille du praticien*, tragédie (1841) ; le *Cœur et le monde*, comédie (1847) ; *Strathmore*, tragédie (1849) ; *Anne Blake*, comédie (1852), toutes ces pièces sont en cinq actes ; puis viennent : *Philippe de France*, tragédie en 5 actes, la *Rançon de la vie*, comédie ; la *Politique au village*, pièce comique en 2 actes, une *Lutte cruelle*, drame en un acte ; *Trevanion ou la fausse position*, comédie en 3 actes, en collaboration ; *Or pur*, comédie en 4 actes ; le *Portrait de l'épouse*, drame en 2 actes ; *Donna Diana*, comédie en 3 actes, tirée en partie de données allemandes, le *Favori de la fortune*, comédie jouée au théâtre de Haymarket en 1866, un *Héros de roman*, adapté du français, au même théâtre (1867) ; *Vie pour vie*, comédie en vers blancs, première création de Mlle Neilson, jouée au Lyceum en 1868, etc. — M. W. Marston a été l'un des rédacteurs attitrés du *National Magazine* et a fourni à l'*Athenæum*, plusieurs pièces de vers, parmi lesquelles on cite tout particulièrement celle intitulée : la *Chevauchée de la mort à Balaklava* (Death Ride at Balaclava), publié en 1856. Il a publié en outre : *Gerald*, poème dramatique, etc. (1842), une *Dame dans son droit*, roman (1860) et un recueil de nouvelles insérées d'abord dans la presse périodique, sous le titre de *Family Credit, and other tales (1861)*.

MARTEL, LOUIS JOSEPH, homme politique français, sénateur, ancien ministre de la Justice, né à Saint-Omer le 15 septembre 1813, fit son droit à Paris et se fit inscrire au barreau de sa ville natale, où il était juge au tribunal, lorsqu'il fut élu représentant du Pas-de-Calais à l'Assemblée législative, en 1849. Il y vota avec la droite. Rentré au barreau de Saint-Omer après le coup d'Etat de décembre 1851, M. Martel fut élu par le canton d'Andruick, membre du Conseil général, où il représente aujourd'hui celui de Calais. En 1863 il était élu, contre le candidat officiel et en 1869, sans concurrent, député au Corps législatif, dont il fut élu secrétaire à plusieurs reprises ; il siégea au centre gauche et signa la demande d'interpellation des Cent-Seize. Elu le 8 février 1871 représentant du Pas-de-Calais à l'Assemblée nationale, le premier sur quinze, M. Martel prit place au centre gauche et appuya la politique de M. Thiers ; élu vice-président de l'Assemblée dès la constitution de son premier bureau, il a été constamment maintenu dans ces fonctions jusqu'à la dissolution ; il a été plusieurs fois opposé par les groupes de gauche à M. Buffet, depuis la retraite de M. J. Grévy, pour la présidence, mais sans succès. Depuis la chute de M. Thiers, M. Martel s'est de plus en plus intimement associé à la politique du centre gauche et rallié à la République. Il a présidé la commission des grâces. Porté par les gauches aux élections des sénateurs inamovibles, M. Martel a été élu le deuxième au premier scrutin du 9 décembre 1875, et premier vice-président du Sénat à la première réunion du Parlement. — Appelé au ministère de la justice, en remplacement de M. Dufaure, le 13 décembre 1876, dans le cabinet Jules Simon, M. Martel donnait sa démission à la suite de la lettre adressée par le maréchal président de la République à ce dernier, le 16 mai 1877, et quittait le ministère avec la plupart de ses collègues. Après les élections sénatoriales du 5 janvier 1879, qui donnèrent à la première chambre du parlement une majorité républicaine, M. Martel fut élu président ; c'est donc lui qui, le 30 du même mois, présidait le Congrès dans lequel M. J. Grévy fut élu président de la République. Il présidait également, le 18 juin, celui qui décidait le retour du Parlement à Paris. A la fin de 1879, sa santé compromise força M. Martel à prendre un congé illimité ; il donna sa démission, que le Sénat n'accepta définitivement que le 25 mai 1880. M. Martel a peu paru aux séances du Sénat depuis lors, sa santé étant restée fort précaire. Il assistait cependant à celle du 22 juin 1886, dans laquelle il votait contre la loi d'expulsion des princes prétendants.

MARTIN, JOSEPH, dit MARTIN D'AURAY, homme politique français, négociant, est né à Auray en 1833. Entré à l'Assemblée nationale à la faveur d'une élection partielle le 20 octobre 1872, comme représentant monarchiste et clérical du Morbihan, il signa la proposition de rétablissement de la monarchie et l'adresse d'adhésion au *Syllabus*. Après s'être abstenu aux élections de 1876 et 1877, M. Joseph Martin était élu député de la 2e circonscription de Lorient au scrutin du 4 septembre 1881. Il a été élu député du Morbihan, sur la liste monarchiste, le 4 octobre 1885.

MARTIN, sir THÉODORE, littérateur anglais, né à Edimbourg en 1816, fit ses études à l'école supérieure de cette ville et y exerça pendant plusieurs années la profession de solicitor (avoué). En 1846, il s'établit à Londres comme solicitor et agent parlementaire pour l'Ecosse, et y épousa, en 1851, la célèbre actrice miss Helen Faucit. M. Martin se fit connaître comme écrivain, peu après son arrivée à Londres, par une collaboration active à la presse périodique, sous le pseudonyme de « Bon Gaultier », et par de nombreuses traductions de l'allemand, du danois, de l'italien et du latin. Il publia, avec feu le professeur Aytown, le *Book of ballads* et un volume de traductions des poésies de Gœthe sous le titre de *Poems and ballads of Gœthe (1858)*. Il avait déjà précédemment traduit du danois et adapté à la scène anglaise le magnifique drame de Henri Hartz : la *Fille du roi René*, qui fut représenté avec un très grand succès, auquel Mme Martin ne fut d'ailleurs pas étrangère, et a traduit et publié deux autres ouvrages dramatiques danois, de Oehlenschlæger : *Correggio (1854)* et *Aladdin, ou la lampe merveilleuse (1857)*. Vinrent ensuite une traduction de *Catulle (1861)*, un volume de poésies variées originales, et de traductions de Gœthe, Schiller et Uhland, imprimé à petit nombre ; une traduction de la *Vita Nuova* de Dante (1862) ; une *Vie de Son Altesse Royale le Prince-consort (1874-80*, 5 vol.) ; les *Poems and ballads* d'Henri Heine (1878), etc. — M. Théodore Martin a été créé compagnon de l'ordre du Bain en mars 1875, et l'université d'Edimbourg lui conférait, le mois suivant, le titre honorifique de docteur en lois. Cinq jours après la publication du dernier volume de sa *Vie du Prince-consort*, le 20 mars 1880, M. Th. Martin était créé chevalier par la reine et promu chevalier-commandeur du Bain, et le 25 novembre suivant, il était élu recteur de l'université de Saint-André.

MARTIN-FEUILLÉE, FÉLIX, avocat et homme politique français, né à Rennes le 25 novembre 1830, y fit toutes ses études et s'y inscrivit au barreau en 1854. Pendant la guerre de 1870-71, il servit comme capitaine des mobiles d'Ille-et-Vilaine, prit part à la défense de Paris et fut décoré de la Légion d'honneur. Président du Conseil général de son département depuis 1871, il s'était présenté sans succès aux élections du 8 février précédent, et échoua de nouveau aux élections sénatoriales du 30 janvier 1876, dans son département. Elu député de la deuxième circonscription de Rennes le 20 février 1876, il siégea à gauche. M. Martin-Feuillée a été réélu le 14 octobre 1877, contre M. le marquis de Piré de Rosnivinen, bonapartiste, ancien député au Corps législatif, de désopilante mémoire. Nommé sous-secrétaire d'Etat au ministère de l'intérieur en mars 1879, puis au ministère de la justice en décembre suivant, il était réélu sans concurrent député de la 2e circonscription de Rennes le 21 août 1881. M. Martin-Feuillée était appelé à faire partie du cabinet Ferry, comme garde des sceaux et ministre de la justice, par décret du 21 février 1883. En cette qualité, il eut à appliquer la loi sur la réforme de la magistrature, dirigée contre les magistrats inamovibles hostiles à la République. Il quittait le pouvoir avec ses collègues le 29 mars 1885. — Aux élections d'octobre suivant, M. Martin-Feuillée était élu député d'Ille-et-Vilaine au scrutin du 18. Il a voté contre les projets d'expulsion des princes.

MARTINEZ-CAMPOS, ARSENIO, général et homme d'Etat espagnol, fils de général, est né en 1834. Sorti de l'Ecole d'état major avec le grade de lieutenant, il fit la campagne du Maroc (1859) dans l'état-major d'O'Donnell, et malgré le peu de durée de cette campagne, en revint chef d'escadron. Cinq ans plus tard, il était promu colonel et envoyé à Cuba et, de retour en 1870, était promu brigadier-général et allait rejoindre l'armée du Nord qui combattait les carlistes. Après l'abdication d'Amédée (février 1873), l'attitude hostile du général Martinez-Campos envers le nouvel état de choses le fit mettre en disponibilité d'abord, puis arrêter. De sa prison, il écrivit au ministère de la guerre, général Zabala, pour lui demander la grâce de combattre les carlistes comme simple soldat. On eut la faiblesse de répondre à cet acte de forfanterie non seulement par la mise en

liberté de l'auteur, mais en le plaçant à la tête d'une division, avec laquelle, il prit part aux combats qui forcèrent les carlistes à lever le siége de Bilbao (1er mai 1874). Il reçut alors, dans l'armé réorganisée par Concha, le commandement du 3e corps, et combattit avec une grande bravoure. Le 27 juin, jour où Concha était tué à l'attaque de Monte-Moru, le général Martinez-Campos était lui-même assiégé dans Zurruguay, il parvint cependant à s'ouvrir un passage à travers le gros de l'armée ennemie, avec une colonne d'une faiblesse numérique extrême, et à rejoindre le quartier général, à Murillo, d'où il organisa la retraite. Peu après, de complicité avec le général Jovellar, à Sagonte, il proclamait roi d'Espagne don Alphonse prince des Asturies, entraînant ses troupes dans un pronunciamiento d'enthousiasme (29 décembre 1874). On sait que ce coup d'audace, considéré par les plus chauds partisans d'Alphonse XII comme un coup de folie, réussit complètement. Le nouveau roi nomma le général Martinez-Campos capitaine général de la Catalogne et commandant en chef de l'armée. Il chassa en quelques semaines les bandes carlistes qui infestaient la contrée, il prit alors le commandement de l'armée du Nord et termina enfin la guerre, pour cette fois, par la défaite complète des carlistes à Pena de Plata, en mars 1876. Il fut élevé à la dignité de capitaine général de l'armée en récompense de ses exploits. Il fut comblé d'honneurs par le roi que, nouveau Warwick, il avait fait, et qui lui devait bien cela.

Envoyé à Cuba, soulevée depuis sept ans contre le gouvernement métropolitain, il put s'assurer qu'il serait plus difficile de pacifier cette île que la Catalogne, et, malgré ses succès répétés sur les insurgés, il n'en fût probablement pas venu à bout sans l'intervention du gouvernement de Madrid, d'ailleurs évidemment sollicitée par lui, et sans ses propres promesses : la reconnaissance des droits politiques des Cubains et d'autres concessions réclamées par eux, firent plus en effet que toute une série de victoires. De retour en Espagne, le général Martinez-Campos fut chargé par Alphonse XII de former un ministère, dans lequel il prit naturellement le portefeuille de la guerre (mars 1879). Son premier soin fut de chercher à remplir les promesses qu'il avait faites aux Cubains, pour hâter l'heure de la pacification ; mais rencontrant jusqu'au sein du cabinet une vive hostilité sur ce point, il donnait sa démission au commencement de décembre suivant. Cependant, au commencement de 1881, le cabinet Canovas del Castillo, qui avait succédé au cabinet Martinez-Campos était renversé, et ce dernier revenait au pouvoir, avec M. Sagasta comme président du conseil. Ce ministère était à son tour renversé en octobre 1883, à la suite de l'ovation faite à son passage à Paris au roi d'Espagne de retour de Berlin, où il avait paradé en uniforme de hulan, ovation dont le cabinet Sagasta-Martinez-Campos n'avait pu obtenir la satisfaction qu'exigeaient non les Espagnols, mais les partisans exaltés du jeune roi, dont le tact s'était si heureusement manifesté dans cette occasion. Après la mort du roi Alphonse XII (25 novembre 1885), M. Sagasta fut de nouveau chargé de former un ministère libéral, mais c'est le général Jovellar qui prit le portefeuille de la guerre dans la nouvelle combinaison. — Le général Martinez-Campos est grand croix de la Légion d'honneur.

MARTINS, Charles Frédéric, naturaliste français, né à Paris le 5 février 1805, se fit recevoir docteur à la faculté de médecine en 1834 et agrégé en 1839. Après avoir rempli à la Sorbonne les fonctions d'aide-naturaliste, il y suppléa Constant Prévost, et Achille Richard à la faculté de médecine de Montpellier, en 1851. M. le docteur Martins a fait plusieurs voyages scientifiques au Spitzberg et en Laponie, dans l'Algérie, l'Asie-Mineure, etc., sans parler de plusieurs excursions en France, notamment dans les Alpes et les Pyrénées. En 1844, il fit avec Bravais une ascension scientifique mémorable au Mont Blanc. Membre de la Société géologique, associé de l'Académie de médecine, de l'Association britannique, de la Société géologique de Londres et de plusieurs autres sociétés savantes nationales et étrangères, il est correspondant de l'Académie des sciences (section d'économie rurale) depuis 1863. — On doit à ce savant : *Principes de la méthode naturelle appliqués à la classification des maladies de la peau*, sa thèse de doctorat (1834) ; *Œuvres d'histoire naturelle de Gœthe (1837)*, traduction ; *Causes générales des syphilides, Essai sur la topographie du mont Ventoux (1838) ; Du microscope et de son application à l'étude des êtres organisés (1839) ; Observations sur les glaciers du Spitzberg comparés à ceux de la Suisse ; Délimitation des régions végétales sur les montagnes du continent (1840) ; De la vitesse du son entre deux stations également ou inégalement élevées au-dessus du niveau de la mer*, avec Bravais ; *Sur la croissance du pin sylvestre dans le nord de l'Europe*, avec le même ; *Voyage botanique en Norwège (1841) ; Cours complet de météorologie* de Kaemtz, traduit et annoté (1843) ; *Météorologie et botanique de la France (1845) ; Sur la température de la Mer glaciale (1848) ; De la tératologie végétale ; Terrains superficiels de la vallée du Pô (1851)* ; le *Jardin des plantes de Montpellier (1854) ; Sur la température des oiseaux palmipèdes du Nord (1856) ; Promenade botanique le long des côtes de l'Asie-Mineure, de la Syrie et de l'Egypte (1858) ; Du froid thermométrique*, etc., 1859 ; *Sur l'accroissement nocturne de la température dans les couches inférieures de l'atmosphère (1861) ; Du Spitzberg au Sahara (1865)* ; les *Glaciers actuels et leur ancienne extension pendant la période glaciale (1867) ; Essai sur l'ancien glacier de la vallée d'Argelès (1868)*, avec M. Ed Collomb ; *Eléments de botanique* de A. Richard, édition nouvelle, annotée (1870) ; l'*Hiver de 1870-71 au Jardin des plantes de Montpellier ; Observations sur l'origine glacière des tourbières du Jura (1871) ; Une otation géodésique au sommet du Canigou (1872) ; Aigues-Mortes, essai géologique et historique (1874)*, etc., etc. Il a fourni en outre de nombreux mémoires aux recueils académiques, ainsi qu'au *Dictionnaire encyclopédique des sciences médicales*, à *Patria*, à la *Bibliothèque universelle* de Genève, à la *Revue des Deux-Mondes*, etc., et a été, en 1849, l'un des fondateurs de l'*Annuaire météorologique*. — Chevalier de la Légion d'honneur depuis 1846, le Dr Martins a été promu officier en 1870, il est aussi décoré de l'Etoile polaire de Suède.

MASCART, Eleuthère Elie Nicolas, physicien français, membre de l'Institut, né le 20 février 1835 à Quarouble (Nord). Elève de l'Ecole normale supérieure (section des sciences), il fut reçu agrégé en 1861 et docteur ès sciences en 1864. Nommé conservateur des collections scientifiques de l'Ecole, il devint professeur de physique au collège Chaptal, puis suppléant de Regnault à la chaire de physique générale et expérimentale au Collège de France, dont il devint titulaire en mai 1872. Il a été élu membre de l'Académie des sciences le 15 décembre 1884. — On doit à ce savant : *Eléments de mécanique (1866) ; Traité d'électricité statique (1876) ; Leçons sur l'électricité et le magnétisme*, avec M. J. Joubert (1882-84, tomes 1 et 2), etc. — Chevalier de la Légion d'honneur depuis 1871, M. Mascart a été promu officier le 29 décembre 1881.

MASPERO, Gaston Camille Charles, égyptologue français, membre de l'Institut, né à Paris le 24 juin 1846. Elève de l'Ecole normale supérieure (section des lettres), il devint répétiteur d'archéologie égyptienne à l'Ecole des hautes études, puis suppléant de M. de Rougé à la chaire de philologie et d'archéologie égyptiennes, dont il devint titulaire en février 1874. Après la mort de Mariette, il fut appelé à la direction de la mission française au Caire et du musée de Boulaq, et poursuivit les fouilles et les découvertes archéologiques qui avaient illustré le nom de son prédécesseur. M. G. Maspero a été élu membre de l'Académie des inscriptions et belles-lettres le 30 novembre 1883. — On a de lui : *Mémoires sur quelques papyrus du Louvre (1865) ; Essai sur l'inscription dédicatoire du temple d'Abydos* et la *Jeunesse de Sésostris ; Hymne au Nil*, d'après les deux textes du Musée britannique (1869) ; une *Enquête judiciaire à Thèbes au temps de la vingtième dynastie (1872) ; De Carchemis oppidi situ et historia antiquissima (1873) ; Histoire ancienne des peuples de l'Orient (1875)* ; une traduction de l'*Egypte ancienne* d'Ebers (1880), etc. ; plus de nombreux articles et mémoires dans la *Revue archéologique*, la *Bibliothèque de l'Ecole des hautes études*, le *Journal de la Société asiatique*, le *Journal de Paris*, etc. — Nommé chevalier de la Légion d'honneur le 15 janvier 1879, M. G. Maspero a été promu officier le 30 décembre 1882.

MASSÉ, Jean-Baptiste, homme politique français, né à Germigny (Cher) le 9 mars 1817. Exilé au coup d'État de décembre 1851, M. Massé, rentré en France, s'établit à Pougues (Nièvre), dont il devint maire après le 4 septembre 1870. Conseiller général de la Nièvre depuis 1871, il se présenta dans l'arrondissement de Cosne aux élections du 20 février 1876, mais il échoua, quoique avec une très forte minorité. Au renouvellement de la représentation sénatoriale de la Nièvre, le 5 janvier 1879, M. Massé fut plus heureux. Elu sénateur de la Nièvre, il prit place à l'Union républicaine. Il a voté l'expulsion des princes.

MASSENET, Jules Emile Frédéric, compositeur français, né à Montaud (Loire) le 12 mai 1842, est le dernier d'une famille de onze enfants. Entré au Conservatoire à l'âge de dix ans, il obtint dès l'année suivante (1853) un 3e accessit de solfège, et entrait dans la classe de piano de M. Laurent, où il remportait un 3e accessit en 1854, un 1er en 1856 et le 1er prix de piano en 1859, il suivait en même temps les cours d'harmonie de Bazin, qui finit par le traiter de façon à le décourager complètement ; cependant, il trouva chez M. Reber un maitre ou plus indulgent ou plus éclairé, suivit sa classe avec succès et remporta un 1er accessit d'harmonie en 1860. Aussitôt après, sur les conseils de son maitre, qui le jugeait insuffisamment récompensé de son talent et de sa science acquise, il passait dans la classe de composition de M. Ambroise Thomas. Il s'y signala tout d'abord par l'ardeur avec laquelle il se livrait à la composition : les mélodies, les symphonies, des scènes d'opéra même pleuvaient littéralement de sa plume, et nous en aurons dit assez en ajoutant qu'informes sans doute dans l'ensemble, ces morceaux étaient loin d'être sans valeur. En 1862, l'infatigable *piocheur* obtenait à la fois un 2e prix de fugue et une mention honorable au concours de l'Institut, et l'année suivante le 1er prix de fugue et le grand prix de Rome, avec la cantate de M. Gustave Chouquet, intitulée *David Rizzio*. De Rome, au lieu de s'y tenir le temps réglementaire, M. Massenet fit une visite à l'Allemagne et à la Hongrie. Etant à Pesth en 1865, il écrivit ses *Scènes de bal* pour piano et esquissa ses *Scènes hongroises*. Au commencement de 1866, il envoyait de Rome à l'Académie des Beaux-Arts une *Grande ouverture* de concert et un *Requiem* à quatre et huit voix avec accompagnement de grand orgue, violoncelles et contrebasses. De retour quelques semaines plus tard à Paris, il fit exécuter au Casino une œuvre importante : *Pompeia*, fantaisie symphonique, puis deux autres symphonies pour orchestre aux Champs-Elysées, dès l'été suivant. Sa première *Suite d'orchestre* fut exécutée en mars 1867, aux Concerts populaires, puis aux concerts l'Athenée où M. Pasdeloup voulut les transporter. Le mois suivant, il débutait au théâtre avec un opéra comique en un acte : la *Grand'tante*, joué à l'Opéra-Comique (3 avril 1867). Il prit part au concours pour la cantate de l'Exposition universelle, mais sa partition n'obtint que le numéro 3 ; plus heureux cette fois, sa cantate du 15 août suivant, *Paix et liberté*, fut exécutée au Théâtre-Lyrique. Il échoua de nouveau au concours ouvert par l'Opéra pour la *Coupe du roi de Thulé*, et si justement, de son propre avis, qu'il détruisait sa partition de ses mains. Il entreprit alors d'écrire la musique d'un grand opéra en 3 actes, prologue et épilogue, intitulé *Manfred*, sur un poème de M. Jules Ruelle, mais il y renonça aussitôt pour écrire, sur des vers d'Armand Silvestre, ces deux charmants recueils de fantaisies mélancoliques, sortes de poèmes dramatiques intimes, qui s'appellent le *Poème d'avril* et le *Poème du souvenir*, il donna encore, vers ce même temps, des mélodies vocales, des *Chants intimes* et l'*Improvisateur, scène italienne*. M. Massenet faisait exécuter sa deuxième *Suite d'orchestre (Scènes hongroises)*, aux Concerts populaires le 26 novembre 1871 ; puis, à la Société classique Armingaud : *Introduction et variations*, pour 2 violons, contrebasse, flûte, hautbois, clarinette, cor et basson, œuvre pleine d'élégance et de charme. Viennent ensuite : le *Roman d'Arlequin, pantomimes enfantines pour le piano*, cinq morceaux de caractères différents spécialement écrits pour les petites mains ; la musique écrite pour les *Erinnyes*, tragédie antique de M. Leconte de Lisle, représentée à l'Odéon le 6 janvier 1873, et dont il fit sa troisième suite d'orchestre ; ses *Scènes pittoresques*, quatrième suite, au Concert national ; ses *Scènes dramatiques*, d'après Shakespeare, cinquième suite, aux concerts du Conservatoire, et l'ouverture de *Phèdre*, aux Concerts populaires. M. J. Massenet avait produit, entre temps, un nouvel ouvrage dramatique : *Don César de Bazan*, opéra comique en trois actes, dont il dut écrire la musique en trois semaines, lequel fut représenté à l'Opéra-Comique le 30 novembre 1872, et échoua complètement. Mais l'auteur se releva bientôt et remportait un des plus grands succès que puisse rêver un jeune artiste, avec sa *Marie Magdeleine*, drame sacré en trois parties, représenté sur la scène de l'Odéon le 11 avril 1873. Il donna en suite, au mois d'avril 1875, au cirque des Champs-Elysées, un ouvrage sacré de proportions plus modeste que le précédent, mais qui fut reçu avec un véritable enthousiasme : *Eve*, oratorio, ou plutôt « mystère », comme l'auteur préfère l'appeler. Enfin, M. Massenet a fait représenter sur la scène de l'Opéra le 27 avril 1877, le *Roi de Lahore*, grand opéra en 5 actes et 6 tableaux. — Il a donné depuis, notamment : *Hérodiade*, opéra, au Théâtre-Italien (1882) ; *Manon*, opéra comique en 5 actes et 6 tableaux, à l'Opéra-Comique (1884) ; le *Cid*, opéra en 4 actes à l'Opéra (1885). — M. Jules Massenet a été nommé chevalier de la Légion d'honneur le 25 juillet 1876. Il est membre de l'Académie des Beaux-Arts, membre du Conseil supérieur des Beaux-Arts, etc.

MASSEY, Gerald, poète anglais, né à Tring, dans le comté d'Hertford le 29 mai 1828. D'une famille absolument indigente, il fut dès son plus jeune âge employé dans une manufacture de soieries, puis devint tresseur de paille. Ne fréquentant guère que les écoles du dimanche, il n'eut donc qu'une instruction première tout à fait misérable, à laquelle il ajoutait autant qu'il pouvait par la lecture de la Bible, de *Robinson Crusoé*, des *Voyages du pèlerin*, de Bunyan, des *Histoires grecque et romaine* élementaires, seuls ouvrages alors à sa disposition. Son bagage ne se composait pas d'autre chose lorsqu'il se rendit à Londres, à l'âge de quinze ans, pour faire fortune. Il se fit commissionnaire, occupation qui lui permit de s'abandonner à son goût pour l'étude et de s'essayer à la poésie. En 1846 il publiait, à Tring, son premier volume de poésies intitulé *Poèmes et chansons*, fondait en 1848 un journal socialiste : l'*Esprit de liberté* et publiait l'année suivante son deuxième volume : *Paroles de liberté et chants d'amour* (Voices of Freedom and Lyrics of Love). La même année (1849), il était nommé l'un des secrétaires de la Société des socialistes chrétiens, dont l'objet était le développement de l'esprit coopératif parmi les ouvriers. M. G. Massey a publié depuis cette époque : la *Ballade de Babe Crystabel (1853)*, dont une cinquième édition, augmentée de poésies diverses, paraissait dès 1855 ; *Craigcrook Castle (1856) ; Havelock's March* et autres poésies (1861), les *Sonnets de Shakespeare et ses amis intimes*, étude biographique et littéraire (1863) ; une *Histoire de l'éternité* et autres poésies (1869). M. G. Massey a collaboré en outre à la presse périodique et fait des conférences sur des sujets très divers. Il a reçu en 1863, une pension sur la liste civile. — En 1873, M. Massey s'embarquait pour les Etats-Unis dans l'intention d'y donner des lectures dans les principales villes. Il n'y obtint qu'un succès médiocre, qui est d'ailleurs la règle pour tout Européen assez hardi pour venir disputer la palme aux *lecturers* américains, à de bien rares exceptions près ; toutefois, il y fut fait un tapage infernal autour d'une de ces lectures dont le sujet était : *Pourquoi Dieu ne tue-t-il pas le diable ?* (Why does not God kill the Devil ?), question insidieuse et qui fut déclarée nettement blasphématoire.

MASSIET DU BIEST, Emile Louis, homme politique français, ancien juge de paix, né le 2 novembre 1823. Conseiller général du Nord, il fut élu député de la première circonscription d'Hazebrouck, au scrutin de ballottage du 5 mars 1876 et prit place au centre gauche. Empêché de se présenter aux élections du 14 octobre 1877 par la maladie, M. Massiet du Biest était élu sénateur du Nord au renouvellement triennal du 5 janvier 1879. Il siège au centre gauche du Sénat et a voté l'expulsion des princes.

MATEJKO, Jean Aloïs, peintre polonais, né à Cracovie le 30 juillet 1838. Elève de l'Ecole des Beaux-Arts de Cracovie, il suivit en outre les académies de Munich et de Vienne, ainsi que celle de Paris, et a souvent exposé à nos salons annuels. On cite de cet artiste, qui s'est fait une réputation considérable dans la peinture historique : *Charles Gustave devant le tombeau du roi Ladislas (1858) ; Sigismond III accordant les privilèges de la noblesse aux professeurs de l'université de Cracovie (1859) ; Empoisonnement de la reine Bona (1860) ; Jean Sobiesky se préparant à secourir Vienne ; Skarga prêchant devant la cour du roi Sigismond (1865)*, la *Diète de Pologne en 1772 (1867)* ; l'*Union de Lublin*

(1870); *Portrait du roi Etienne Batory (1873)*; le *Roi Etienne Batory devant Pskow (1884)*; *Baptême de la cloche-Sigismond (1875)*, reparu à l'Exposition universelle de 1878 avec l'*Union de Lublin*; la *Bataille de Grünwald (1880)*; *Albert, duc de Prusse, feudataire de la Pologne, prête serment de fidélité au roi Sigismond Ier sur la grande place de Cracovie, le 10 août 1825*. M. Matejko a en outre publié, en 1860, une collection des costumes de la Pologne depuis 1200 jusqu'à 1795, en 11 planches in-f°. Il a obtenu aux salons de Paris: une médaille en 1865, une médaille de 1re classe à l'Exposition universelle de 1867 et une médaille d'honneur à celle de 1878. Il a été décoré de la Légion d'honneur en 1870. M. J. Matejko est directeur de l'Académie des Beaux-Arts de Cracovie, correspondant de notre Académie des Beaux-Arts depuis 1873, il était élu associé étranger, en remplacement de Kaulbach, le 21 novembre 1874.

MATHÉ, Henri, homme politique français, né à Moulins le 27 mai 1837. Elève de l'école supérieure de commerce de Paris, il servit pendant le siège dans la garde nationale et fut l'un des fondateurs du comité de secours aux familles des détenus politiques, dont il fut le secrétaire trésorier (1871-80). Entré au Conseil municipal de Paris (quartier de la Roquette), en remplacement de M. Lockroy élu député, en 1874, il fut réélu en 1881 et 1884. M. H. Mathé siégea à l'extrême-gauche de l'assemblée communale, s'y fit une réputation de conseiller capable et actif et y fut longtemps président de la 7e commission, ayant la préfecture de police dans ses attributions, ce qui est assez dire, et deux fois président du conseil. Porté sur les listes radicales aux élections d'octobre 1885, M. H. Mathé a été élu député de la Seine au scrutin du 18. Il a voté l'expulsion totale des princes.

MATHÉ, Félix, homme politique français, frère du précédent, né comme lui à Moulins. Il organisa la défense dans son département dès les débuts de l'invasion, devint conseiller municipal de Moulins en 1881, et a été élu député de l'Allier, le second sur six le 4 octobre 1885. Il siège aux côtés de son frère, à l'extrême-gauche de la Chambre, et a voté comme lui l'expulsion totale des princes.

MATHEY, Alfred, homme politique français, avocat, né à Chalon-sur-Saône le 23 septembre 1818. Il fit son droit à Paris et y exerça la profession d'avocat. Rédacteur au *National* depuis deux ans, lorsqu'éclata la révolution de février, il fut élu capitaine d'artillerie de la garde nationale. En juin, il était nommé préfet des Ardennes. Il quittait l'administration un peu moins d'une année après et reprenait sa place au barreau. M. A. Mathey resta étranger à la politique jusqu'à la révolution du 4 septembre 1870, s'occupant principalement de viticulture. Devenu maire d'Ameugny, conseiller général de Saône-et-Loire, il était élu sénateur de Saône-et-Loire en remplacement de M. Ch. Rolland, décédé, en 1878 ; il a été élu au renouvellement triennal du 8 janvier 1882. M. Mathey siège à gauche et a voté l'expulsion des princes.

MATHILDE (princesse), Mathilde Lætitia Wilhelmine Bonaparte, fille de l'ex-roi Jérôme et de la princesse Catherine de Würtemberg, et cousine de l'ex-empereur Napoléon III, est née à Trieste le 27 mai 1820. Le 10 octobre 1841, elle épousait à Florence le prince russe Anatole Demidoff de San Donato, dont elle était séparée judiciairement au bout de trois ans et demi d'union. Assurée d'une pension considérable que son mari était forcé de lui faire, elle se fixa à Paris, où elle ne tarda pas à être à la mode. Son cousin, le prince Louis-Napoléon, ayant été élu président de la République en décembre 1848, la princesse Mathilde fut chargée de faire les honneurs de l'Elysée aux invités du président. Au rétablissement de l'Empire, et jusqu'à ce que Napoléon III eût pris femme, sa position resta la même auprès de lui ; elle fut comprise au nombre des membres de la famille ayant rang à la cour, et reçut, en conséquence, le titre d'altesse. La princesse Mathilde établit dès lors sa résidence d'été à Saint-Gratien, près d'Enghien ; elle y recevait les notabilités des arts, des lettres, voire des sciences et même de la politique ; d'autre part, elle s'était acquis par sa générosité l'affection et la reconnaissance des gens du pays. Tenue quelque temps éloignée de France par les événements de 1870-71, Mme la princesse Mathilde y est d'ailleurs rentrée depuis et a repris possession du château de Saint-Gratien. — Elève de Giraud, la princesse Mathilde a exposé quelques aquarelles aux Salons de Paris, de 1859 à 1867, et a obtenu une médaille en 1865.

MAUBANT, Henri Polydore, acteur français, né à Chantilly le 23 août 1821. D'abord apprenti horloger à Paris, la fréquentation de la salle Molière fit naître en lui le goût du théâtre ; après s'être exercé quelque temps sur la petite scène du passage du Saumon, il entra au Conservatoire en 1839, y obtint un second prix de tragédie en 1841 et débuta au Théâtre-Français l'année suivante, dans le rôle d'Achille d'*Iphigénie en Aulide*. Il poursuivit ses débuts dans *Manlius* et *Œdipe à Colonne*. Il passa ensuite à l'Odéon, les conditions de l'engagement qu'on lui offrait au Français ne lui ayant pas paru acceptables, surtout en ce qu'elles le privaient de l'espoir de jouer de longtemps des rôles de quelque valeur. Après avoir passé à l'Odéon plusieurs mois peu brillants, il rentra au Théâtre-Français pour y tenir l'emploi de père noble. Artiste soigneux, épris de son art, doué d'un talent véritable dès lors et d'une diction remarquablement correcte, il se fit bientôt une place importante sur notre première scène, et ne tarda pas à y rendre son remplacement au moins fort difficile, tenant avec un égal bonheur son emploi dans la tragédie et la comédie classiques aussi bien que dans la comédie et le drame modernes. M. Maubant a été élu sociétaire de la Comédie française en 1852 et membre du comité d'administration en 1864. Parmi les créations les plus remarquables de cet artiste, nous citerons celles de : Danton, dans *Charlotte Corday (1850)*; Eumée, dans *Ulysse*; Dumège, dans le *Cœur et la dot (1852)*; Léonard, dans *Lady Tartufe*; Vanderk, dans le *Mariage de Victorine*; Marc-Antoine, dans *Cléopâtre*; Don Pèdre, dans *Dolorès*; le meunier, dans *Corneille à la butte Saint-Roch (1862)*; Lacroix, dans la *Volonté (1864)*; Vidal, dans l'*Œillet blanc (1865)*; le comte d'Ars, dans le *Lion amoureux*; Louis XI, dans *Gringoire (1866)*; l'inquisiteur, dans *Galilée (1867)*; *Maurice de Saxe*, dans le drame de ce nom; Morin, dans les *Ouvriers (1870)*; Jumelin, dans l'*Absent*; le comte, dans *Jean de Thommeray (1873)*; l'amiral, dans le *Sphinx (1874)*; Charlemagne, dans la *Fille de Roland (1875)*; Fabius, dans *Rome vaincue (1876)*; Berthaut, dans *Jean Dacier (1877)*, etc. Quant aux reprises nombreuses et variées dans lesquelles il a tenu sa place, nous pouvons citer : *Esther*, *Phèdre* (Thésée), *Zaïre* (Lusignan), *Athalie* (Joad), *Héraclius*, le *Cid* (Don Diègue), *Don Juan*, *Don Juan d'Autriche*, les *Enfants d'Edouard*, le *Joueur*, le *Menteur* (Géronte), *Tartufe* (Cléante), *Amphitryon* (Jupiter), l'*Ecole des maris* (Ariste), *Psyché*, la *Mère coupable*, le *Misanthrope* (Alceste), le *Philosophe sans le savoir* (Vanderk), l'*Aventurière* (Monte Prado), *Hernani* (Ruy Gomez) etc., etc.

MAUNOURY, Jacques Hippolyte Pol, homme politique français, avocat, ancien magistrat, né à Chartres le 30 juin 1824. Nommé substitut à Chartres en 1848, il donna sa démission motivée après le coup d'Etat de 1851, puis alla ouvrir un cabinet d'avocat à Alexandrie d'Egypte. Attaché à la compagnie de Suez en qualité de conseil, de 1863 à 1867, M. Maunoury fut chargé par Nubar-Pacha, à cette dernière date, de la préparation d'un code de lois basé sur nos codes français. Il a rempli diverses missions importantes pour le compte du gouvernement égyptien, jusqu'à la retraite de Nubar-Pacha du ministère des affaires étrangères, en 1874. Elu député de la deuxième circonscription de Chartres, le 20 février 1876, il siégea à gauche. M. Maunoury a été réélu le 14 octobre 1877 et le 21 août 1881 par le même collège. Il a été élu député d'Eure-et-Loir au scrutin du 18 octobre 1885 et a voté l'expulsion totale des princes.

MAUPAS (de), Charlemagne Emile, homme politique, ancien ministre et sénateur de l'Empire, né à Bar-sur-Aube le 8 décembre 1818. Il fit son droit à Paris et entra dans l'administration en 1845, comme sous-préfet d'Uzès. Transféré à Beaune en 1847, il était révoqué après le 24 février. Après l'élection du 10 Décembre, M. de Maupas noua des relations avec quelques membres influents du parti de l'Elysée et ne tarda pas à être réintégré dans ses fonctions, où son zèle lui valut un avancement exceptionnellement rapide. Nommé à la sous-préfecture de Boulogne-sur-Mer pour commencer, il passait la même année (1849) à la préfecture de l'Allier, puis à celle de la Haute-Garonne en 1850 et enfin à la préfecture de police, en remplacement de Carlier, en novembre 1851 : c'était le coup d'Etat qui se préparait, et l'on peut deviner que M. de Maupas était dès lors dans la confidence et prêt à tout. La part qu'il y a prise est d'ailleurs connue de tous, et nous n'y insisterons pas. Le 22 janvier 1852, le ministère de la police générale était rétabli au profit de M. de Maupas. Il y déploya une activité extraordinaire, mais sans réussir à justifier l'existence de cette institution, qui fut supprimée le 10 juin 1853. Dix jours après, il était créé sénateur de l'Empire. M. de Maupas fut ensuite nommé ambassadeur à Naples, où il demeura jusqu'au mois d'avril 1856, époque à laquelle il revint à Paris et reprit son siège au Sénat ; il s'y montra invariablement partisan des mesures les plus restrictives et l'adversaire déclaré des propositions quelque peu libérales soumises à l'examen de la haute assemblée. De septembre 1860 à décembre 1866, M. de Maupas administra le département des Bouches-du-Rhône. Enfin le 4 septembre le rendit à la vie privée. Mais il sut se faire attribuer par le nouveau régime une pension annuelle de 6,000 francs, pour « cause d'infirmités contractées dans l'exercice de ses fonctions ». — Aux élections du 20 février 1876, M. de Maupas posait sa candidature dans l'arrondissement de Bar-sur-Aube, mais sans succès ; il y revenait cependant le 14 octobre 1877, cette fois avec l'appui du gouvernement, mais il n'y réussit pas davantage. Il paraît se l'être tenu pour dit, et a mis à profit les loisirs de sa retraite en écrivant ses *Mémoires du second Empire (1884-85*, tomes I et II). — M. de Maupas est grand croix de la Légion d'honneur depuis 1866. Il est aussi grand croix de l'ordre royal de saint Janvier et de l'ordre constantinien des Deux-Siciles.

MAUREL, Augustin Baptistin, homme politique français, né à Toulon le 16 juillet 1841. Ancien avoué, membre du Conseil général du Var, M. Maurel fut appelé le 9 septembre 1870 à la sous-préfecture de Toulon, qu'il conserva deux mois ; il passa successivement à Lodève et à Montluçon et fut révoqué par le gouvernement de combat. Elu député de la 2e circonscription de Toulon le 21 août 1881, M. Maurel prit place à l'extrême-gauche. Il a été élu député du Var sur la liste radicale au scrutin du 18 octobre 1885, et a voté l'expulsion des princes.

MAURICE, Léon, homme politique français, né à Douai le 2 février 1834. Avocat du barreau de Douai, il fut nommé juge-suppléant au tribunal civil de cette ville en 1859, puis substitut du procureur impérial, substitut du procureur général en 1871 et conseiller à la cour en 1874. Révoqué en 1883, à la suite de la nouvelle loi sur la magistrature, il fut inscrit, aux élections d'octobre 1885, sur la liste réactionnaire, qui triompha tout entière dans le département du Nord.

MAURY, Louis Ferdinand Alfred, littérateur et archéologue français, né à Meaux le 23 mars 1817. Il se préparait à l'Ecole polytechnique lorsqu'il fut attaché, en 1836, à la Bibliothèque royale. Cette position convenait mieux à ses goûts, cependant elle exigeait une certaine assiduité qui le dérangeait de ses études, et il la résigna au bout de deux ans, pour pouvoir suivre en liberté les cours publics à la Sorbonne, au Collège de France et ailleurs ; il étudia également la médecine et les sciences naturelles, fit son droit et prit le grade de licencié. Rentré à la Bibliothèque en 1840, M. Maury fut nommé sous-bibliothécaire de l'Institut en 1844, fonctions qu'il résigna en 1857, ayant été élu membre de l'Académie des inscriptions et belles-lettres en remplacement de Dureau de la Malle. Nommé bibliothécaire des Tuileries en 1860, puis professeur d'histoire et de morale au Collège de France, en remplacement de Guigniaut, admis à la retraite, en 1862, il était nommé en 1868 directeur général des Archives en remplacement du marquis de Laborde, élevé à la dignité de sénateur. Il remplaçait en même temps le même sénateur comme membre de la commission de publication de la *Correspondance de Napoléon Ier*, et était appelé à faire partie de la direction de l'Ecole pratique des hautes études. Enfin, la même année encore, il était élu rédacteur du *Journal des savants*. Membre de nombreuses sociétés savantes, M. Alfred Maury a été, de 1855 à 1859, secrétaire général de la Société de géographie ; il a présidé la Société des antiquaires de France en 1853 et l'Académie des inscriptions et belles-lettres en 1875. — On doit à ce savant écrivain : *Essai sur les légendes pieuses du moyen âge (1843)*; les *Fées du moyen âge (1845)*; *Histoire des grandes forêts de la Gaule et du moyen âge (1850)*, ouvrage refondu et réédité sous le titre : les *Forêts de la Gaule et de l'ancienne France, aperçu sur leur histoire*, etc. (1867) ; la *Terre et l'homme (1856)*; *Histoire des religions de la Grèce antique (1857-60)*; la *Magie et l'astrologie (1860)*; le *Sommeil et les rêves (1861)*; *Croyances et légendes de l'antiquité (1863)*; les *Académies d'autrefois : l'Acienne académie des sciences (1864)*; l'*Ancienne académie des inscriptions et belles-lettres (1865)*; *Rapport sur les progrès de l'archéologie en France (1867)*, etc. Il a en outre collaboré aux principales publications périodiques et aux *Bulletins*, *Mémoires* ou *Recueils* des sociétés savantes dont il fait partie, ainsi qu'aux deux derniers volumes des *Religions de l'antiquité* de feu Guigniaut, à l'*Encyclopédie nouvelle*, au *Moniteur*, etc., et a continué la publication du *Musée de sculpture ancienne et moderne* du comte de Clarac. — M. Alfred Maury est commandeur de la Légion d'honneur depuis 1870.

MAY, sir Thomas Erskine, administrateur et écrivain politique anglais, né en 1815, fit ses études à l'école de Bedford et fut nommé bibliothécaire-adjoint à la Chambre des communes en 1831. Il poursuivait en même temps ses études de droit à l'école de Middle-Temple, où il fut admis au barreau en 1838. Après avoir rempli diverses fonctions au parlement, il était nommé clerc de la Chambre des communes en 1871. Nommé compagnon de l'ordre du Bain en 1860, sir Thomas E. May était promu chevalier-commandeur en 1866. — On lui doit : *Traité du droit, des privilèges, de la procédure et des usages du Parlement (1844)*; *Remarques et suggestions tendant à faciliter l'expédition des affaires publiques devant le Parlement (1849)*; *Sur la consolidation des lois électorales (1850)*; *Histoire constitutionnelle de l'Angleterre depuis l'avènement de Georges III, 1760-1860*, continuation du grand ouvrage de Hallam (1861-63, nouvelle édition, 1871, 3 vol.) ; *Histoire de la Démocratie en Europe (1877*, 2 vol.). Il a recueilli et coordonné pour la première fois, en 1854, les *Règlements, ordonnances et formes de procédure de la Chambre des communes*, ouvrage imprimé par ordre de la Chambre. — Sir Thomas E. May a collaboré en outre à la *Penny Cyclopædia*, à l'*Edinburgh Review*, au *Law Magazine*, et autres recueils périodiques.

MAYNARD DE LA CLAYE (de), Auguste Bonaventure Adolphe, homme politique français, grand propriétaire dans la Vendée, où il est né en 1827. Elu député de la 1re circonscription de La Roche-sur-Yon, comme candidat légitimiste et clérical, le 21 août 1881, M. de Maynard de la Claye a été, dans les mêmes conditions, élu député de la Vendée le 4 octobre 1885.

MAYRAN, Casimir Antoine, homme politique français, ancien négociant, né à Espalion le 4 mars 1818. Chef d'une maison de commerce considérable de Paris retiré dans son pays après fortune faite, M. Mayran s'occupa d'agriculture, devint maire d'Espalion et conseiller général de l'Aveyron. Aux élections sénatoriales du 30 janvier 1876, il fut élu sénateur de l'Aveyron comme clérical et monarchiste, le premier sur trois ; au renouvellement triennal du 25 janvier 1885, il fut réélu au même titre, mais seulement le second. — M. Mayran est officier de la Légion d'honneur depuis 1869.

MAZADE-PERCIN (de), Charles, littérateur et publiciste français, né en 1821 à Castelsarrazin, fit ses études au collège de Bazas et son droit à la faculté de de Toulouse. Venu à Paris à vingt ans, il y publia aussitôt un volume de poésies. Après avoir collaboré à la *Presse*, à la *Revue de Paris*, et à divers autres journaux ou recueils périodiques, il entra à la *Revue des Deux-Mondes* en 1852, et ne l'a plus quittée. Outre la chronique qu'il rédigea pendant plusieurs années à cette dernière revue, M. de Mazade y a publié de nombreux articles de critique littéraire et de biographie et des études sur l'Italie, l'Espagne, la Pologne, etc., dont se composent surtout les ouvrages qu'il a publiés à part et parmi lesquels nous citerons : l'*Espagne moderne (1855)*; l'*Italie moderne, récits des guerres et des révolutions italiennes (1860)*; la *Pologne contemporaine, récits et portraits de la révolution polonaise (1863)*; l'*Italie et les Italiens (1864)*; *Deux femmes de la Révolution (1866)*; les *Révolutions de l'Espagne contemporaine (1868)*; *Lamartine, sa vie littéraire et politique (1872)*; la *Guerre de France* et *Portraits d'histoire politique et morale du temps (1875)*; le *Comte de Cavour (1877)*; le *Comte de Serre*, la *Politique modérée*

sous la Restauration (1879); M. Thiers (1880); Cinquante années d'histoire contemporaine (1884); Correspondance du maréchal Davout (1885), etc. — M. de Mazade a été élu membre de l'Académie française le 7 décembre 1882, en remplacement de M. de Champagny, et reçu solennellement le 6 décembre 1883.

MAZE, Hippolyte, homme politique français, ancien professeur, est né à Arras le 5 novembre 1839. Elève de l'Ecole normale supérieure, il se fit recevoir agrégé d'histoire en 1863, fut chargé de cours au lycée de Douai et appelé à la chaire d'histoire du lycée de Versailles en 1867. Nommé préfet des Landes après le 4 septembre 1870, M. Maze quittait ces fonctions en avril 1871. Il reprenait plus tard sa chaire au lycée de Versailles, d'où il passait à Paris en 1875, à la troisième chaire du lycée Condorcet. Elu le 21 décembre 1879 député de la 2e circonscription de Versailles, il prit place au groupe de la gauche républicaine, et fut réélu dans la même circonscription le 21 août 1881. Aux élections d'octobre 1885, M. Maze, porté sur la liste républicaine de Seine-et-Oise, échouait; mais il était élu, le 4 avril 1886, sénateur du même département, en remplacement de M. Gilbert-Boucher, décédé. Il a voté l'expulsion des princes.

MAZEAU, Charles Jean Jacques, homme politique français, né le 1er septembre 1825 à Dijon, où il fit ses études et fut reçu docteur en droit en 1848. Venu à Paris, il prenait en 1856 une charge d'avocat au Conseil d'Etat et à la Cour de cassation. Conseiller général de la Côte-d'Or depuis 1869, M. Mazeau fut élu représentant de ce département à l'Assemblée nationale, aux élections complémentaires du 2 juillet 1871, et s'inscrivit à la gauche républicaine. Il se présentait avec succès aux élections sénatoriales de la Côte-d'Or le 30 janvier 1876, et était réélu le premier, au renouvellement partiel du 25 janvier 1885. M. Mazeau a voté en faveur de la loi portant expulsion des princes prétendants.

MAZZELLA (le R. P.), cardinal et jésuite italien, né le 10 février 1833 à Vitulano, dans l'archidiocèse de Bénévent. Il fit ses études au collège des jésuites de cette ville, fut ordonné prêtre, par dispense spéciale, à l'âge de vingt-deux ans et entra dans la Compagnie de Jésus deux ans après. Le R. P. Mazzella est un des membres les plus distingués de l'Académie romaine de Saint Thomas-d'Aquin. Il a été créé cardinal par Léon XIII dans un consistoire tenu au Vatican le 7 juin 1886.

MEAUX (vicomte de), Marie Camille Alfred, homme politique français, ancien sénateur, ancien ministre, est né à Montbrison le 18 septembre 1830. Gendre de M. de Montalembert, M. de Meaux collabora au *Correspondant*. A l'approche des élections de 1863, il prit une part très active au mouvement d'opinion qui donna naissance au parti de l'opposition libérale, composé d'éléments si hétérogènes et dont l'attitude, sous une apparence de netteté et de franchise, devait être en fin de compte si équivoque. Candidat de cette « opposition libérale » aux élections de 1863 et 1869, dans la troisième circonscription de la Loire, M. de Meaux échoua dans les deux cas contre le candidat officiel, M. Bouchetal-Laroche, devenu toutefois simplement « agréable » en 1869. Membre du Conseil municipal de Montbrison, lorsque éclata la révolution du 4 Septembre, il signa avec les autres membres de la commission de permanence, la proclamation aux habitants de cette ville contenant une adhésion formelle, pour ne pas dire enthousiaste, à la République. M. de Meaux fut élu, le 8 février 1871, représentant de la Loire à l'Assemblée nationale, le huitième sur onze. Il prit place dans les rangs de la droite, dont il fut un des membres les plus remuants et des orateurs intarissables, et devint secrétaire de l'Assemblée. M. de Meaux a fait partie de plusieurs commissions importantes et a été rapporteur, notamment, de la convention de Francfort, de la commission d'enquête sur le 18 mars, de la commission relative à la proposition de loi sur la municipalité lyonnaise; c'est à l'occasion de son rapport sur cette dernière proposition, dans lequel un représentant de Lyon, M. Le Royer, eut le regret de ne trouver qu'un *bagage* insignifiant et l'audace de le dire, et à la suite des incidents enfantins soulevés par ce mot, que M. J. Grévy quittait la présidence de l'Assemblée (2 avril 1873). Membre de la droite cléricale, les votes de M. le vicomte de Meaux n'ont aucun besoin d'être relevés; mais comme, en politique pratique, les événements ne suivent que par exception une ligne régulière et raisonnable, nous croyons devoir mentionner le dernier vote de M. de Meaux simple représentant: le 25 février 1875, il repoussait l'ensemble des lois constitutionnelles. En conséquence, M. de Meaux entrait, le 11 mars suivant, dans le cabinet Buffet-Dufaure, chargé de l'application de la constitution nouvelle, où il avait jugé tout naturel d'accepter le portefeuille de l'agriculture et du commerce. Elu sénateur de la Loire le 30 janvier 1876, M. le vicomte de Meaux se retirait du ministère avec son chef malheureux, M. Buffet, le 9 mars suivant, remettant à M. Teisserenc de Bort son portefeuille. Après avoir fait entendre un moment, comme ministre de la République, un langage un peu plus libéral que ses actes antérieurs n'autorisaient à l'espérer, M. de Meaux a repris, au Sénat, sa place à l'extrême-droite. Rentré au ministère de l'agriculture et du commerce, en remplacement de M. Teisserenc de Bort, dans le cabinet de Broglie du 17 mai 1877, il y était remplacé par M. Ozenne le 14 novembre suivant, et échouait au renouvellement de la représentation sénatoriale de la Loire, le 5 janvier 1879. Aux élections d'octobre 1885, pour la Chambre des députés, M. de Meaux figurait sur la liste monarchiste de la Loire, mais il échouait encore dans cette dernière tentative. — On lui doit quelques ouvrages, notamment: la *Révolution et l'Empire (1867)*, et les *Luttes religieuses au XVIe siècle (1879)*.

MEDING, Oscar, littérateur allemand, plus connu sous son pseudonyme de **Gregor Samarow**, est né à Kœnigsberg le 11 avril 1829, son père étant gouverneur de la Prusse orientale. Il fit ses études à l'université de sa ville natale et à celles d'Heidelberg et de Berlin (1848-51), puis alla s'établir avocat à Marienwerder. Après un court passage dans la magistrature et dans l'administration, il quittait le service de la Prusse pour celui du Hanovre, où il devint conseiller d'Etat et fut employé par le roi Georges V à diverses missions confidentielles. Il accompagnait le roi à Francfort en 1863, et était en mission auprès de l'électeur de Hesse en 1866, lorsqu'à son retour en Hanovre, il trouva le royaume envahi par les armées prussiennes. Il rejoignit le roi, qui était à la tête de son armée, et après la catastrophe de Langensalza, il le suivit à Vienne. En 1867, il vint à Paris, en qualité de représentant des intérêts du roi dépossédé. Mais en 1870, M. Meding donnait son adhésion à l'état de choses établi en Allemagne par la Prusse, sans prendre autrement part aux événements. Il passa environ deux années en Suisse et à Stuttgart, puis vint se fixer à Berlin, où, se tenant écarté de la politique et mettant à contribution ses souvenirs personnels, il commença à écrire des romans, qu'il signa du pseudonyme bientôt célèbre de « Gregor Samarow », et dont nous citerons les principaux: *Pour le sceptre et la couronne* (Um szepter und Kronen), dont la première partie, en 4 volumes, portant le titre général, parut à Stuttgart en 1872; les quatre autres parties, portant les titres suivants, ont paru successivement: *Mines et contre-mines d'Europe (1873); Deux couronnes impériales (1875)*; la *Croix et l'épée* (même année) et *Héros et empereur (1876)*. Ses autres ouvrages sont: l'*Expédition romaine des Epigones (1873)*, dont le vrai sujet est le Congrès des princes souverains allemands à Francfort en 1863; le *Salut des légions allant à la mort* (Der Todesgruss der Legionen, 1874); *Hauteurs et profondeurs* (Höhen und Tiefen), roman social ne comprenant pas moins de 20 volumes, divisé en trois parties: *Oublié, Or et sang, Expiation et bénédiction (1879-80)*; la *Reine Elisabeth*, roman historique en 6 volumes (1881), etc. M. Meding a publié en outre, sous son propre nom, des *Mémoires d'histoire contemporaine* (Memoiren zur Zeitgeschichte), dont le premier volume a paru en 1881.

MEILHAC, Henri, auteur dramatique français, né à Paris en 1832, fit ses études au lycée Louis-le-Grand, fut quelque temps commis-libraire et collabora au *Journal pour rire*, comme dessinateur et écrivain tout à la fois, de 1852 à 1855. Il a collaboré à la *Revue de Paris*, à la *Vie parisienne* et à divers autres recueils littéraires; mais c'est au théâtre, où il débuta en 1855, qu'il devait remporter non seulement des succès, mais de véritables triomphes populaires, dans la comédie et surtout dans l'opérette. M. Meilhac a écrit quelques pièces seul, d'autres avec divers collaborateurs et le plus grand nombre avec M. Ludovic Halévy (voyez ce nom). — Nous citerons: *Satania* et *Garde-toi, je me garde*, comédies, chacune en 2 actes, au Palais-Royal (1855); la *Sarabande du cardinal*, un acte, même théâtre (1856); le *Copiste*, un acte, au Gymnase (1857); l'*Autographe*, un acte, même théâtre; *Péché caché*, un acte, au Palais-Royal (1858); le *Petit-fils de Mascarille*, cinq actes; le *Retour d'Italie*, à-propos, un acte (1859); *Ce qui plaît aux hommes*, un acte, aux Variétés, en collaboration avec M. L. Halévy pour la première fois; l'*Etincelle*, un acte, au Vaudeville; *Une heure avant l'ouverture*, prologue en un acte, avec M. A. Delavigne, au même théâtre (1860); la *Vertu de Célimène*, cinq actes, au Gymnase; l'*Attaché d'ambassade*, trois actes; les *Bourguignonnes*, opéra comique en un acte; le *Café du Roi*, opéra comique en un acte; le *Menuet de Danaé*, un acte (1861); les *Moulins à vent*, trois actes; l'*Echéance*, les *Brebis de Panurge*, la *Clef de Métella*, un acte (1862); le *Brésilien*, un acte; le *Train de minuit*, deux actes (1863); les *Curieuses*, un acte; *Néméa, ou l'Amour vengé*, ballet en deux actes; la *Belle Hélène*, trois actes; le *Photographe*, un acte (1864); *Fabienne*, trois actes; les *Méprises de Lambinet*, le *Singe de Nicolet*, un acte (1865); *Barbe-bleue*, trois actes; la *Vie parisienne*, cinq actes; *Jose Maria*, opéra comique, trois actes (1866); la *Grande-duchesse de Gérolstein*, trois actes; *Tout pour les dames*, un acte (1867); le *Château à Toto*, trois actes; *Fanny Lear*, cinq actes; la *Périchole*, deux actes; le *Bouquet*, un acte; *Suzanne et les deux vieillards*, un acte (1868); *Vert-Vert*, opéra comique en trois actes; la *Diva*, trois actes; l'*Homme à la clef*, un acte; *Frou-Frou*, cinq actes; les *Brigands (1869)*; *Nany*, comédie en quatre actes, avec M. de Najac, au Français; le *Réveillon*, trois actes; les *Sonnettes*, un acte (1872); l'*Eté de la Saint-Martin*, un acte, au Théâtre-Français; le *Roi Candaule*, un acte (1873); l'*Ingénue*, un acte; la *Boule*, trois actes; la *Veuve*, trois actes; *Tricoche et Cacolet*, cinq actes; *Toto chez Tata*, un acte; la *Mi-Carême*, un acte; la *Petite marquise (1874)*; le *Passage de Vénus*, un acte; la *Boulangère a des écus*, trois actes; *Carmen*, opéra comique en quatre actes, musique de feu G. Bizet (1875); *Loulou*, un acte; le *Prince*, quatre actes, au Palais-Royal (1876); la *Cigale*, le *Petit hôtel*, le *Mari de la débutante (1879)*; *Mme le Diable*, féerie opérette en quatre actes, musique de M. G. Serpette, à la Renaissance (1882); le *Nouveau régime*, un acte, avec M. J. Prével, au Gymnase; *Mamz'elle Nitouche*, avec M. Millaud, musique de M. Hervé, aux Variétés (1883); la *Duchesse Martin*, comédie en un acte, au Français; *Manon*, opéra comique en cinq actes et six tableaux, avec M. Ph. Gille, musique de M. Massenet, à l'Opéra-Comique; la *Ronde du commissaire*, trois actes, avec M. Ph. Gille, au Gymnase; la *Cosaque*, comédie vaudeville en trois actes, avec M. A. Millaud, aux Variétés (1884), etc. — Chevalier de la Légion d'honneur depuis 1869, M. Henri Meilhac a été promu officier le 1er janvier 1885.

MEISSONIER, Jean Louis Ernest, peintre français, né à Lyon en 1814. Elève de Léon Cogniet, M. Meissonier a mis d'abord son originalité à faire très petit quoique aussi soigné, sinon plus, dans les détails que les plus grandes toiles, et a mérité ainsi d'être appelé le Metzu ou le Terburg français. — On cite principalement de cet artiste: *Bourgeois flamands (1834); Joueurs d'échecs*, le *Petit messager (1836); Religieux consolant un malade (1838)*; le *Docteur anglais (1839)*; le *Liseur (1840)*; la *Partie d'échecs (1841)*; le *Peintre dans son atelier (1843)*; le *Corps de garde*, la *Partie de piquet (1845); Trois amis*, la *Partie de boules*, les *Soldats (1848)*; le *Fumeur (1849)*; le *Dimanche*, le *Joueur de luth (1850)*; les *Bravi (1852); A l'ombre des bosquets, Jeune homme lisant en déjeunant (1853)*; la *Lecture*, la *Rixe*, avec les *Bravi et la Partie de boules* (1855, Expos. univ.); *Confidence*, un *Peintre*, l'*Attente, Homme en armes*, un *Homme à sa fenêtre*, l'*Amateur de tableaux, Jeune homme du temps de la Régence*, portrait du violoncelliste *Alexandre Batta (1857), Napoléon III à Solférino*, un *Maréchal ferrant*, un *Musicien (1861)*; l'*Empereur à Solférino (1864); Suites d'une querelle de jeu*, portrait de *M. Ch. Meissonier (1865)*; une *Halte*, le *Maréchal Ney (1866); Lecture chez Diderot*, le *Capitaine, Cavalier se faisant servir à boire*, le *Général Desaix à l'armée du Rhin*, l'*Ordonnance*, etc. (1867, Expos. univ.); Portrait de *M. Alexandre Dumas fils (1877)*; reparu à l'Exposition universelle de 1878, avec: les *Cuirassiers (1805)*, un *Peintre vénitien, Sur l'escalier*, le *Portrait du sergent, Moreau et son chef d'état-major Dessoles avant Hohenlinden*, un *Philosophe, Vedette, Petit poste de grand'garde*, le *Peintre d'enseignes*, etc., en tout seize toiles. Il a donné, depuis, un *Portrait d'Hetzel (1879)*; le *Voyageur*, l'*Adieu (1880)*, etc. M. Meissonier a exécuté, en outre, beaucoup de travaux commandés qui n'ont pas été exposés; nous nous bornerons à citer son *Mil-huit cent-sept*, acheté par un millionnaire américain, un prix fou. On lui doit aussi des eaux-fortes, des lithographies, ainsi que des dessins fournis à diverses publications illustrées. — M. Meissonier a obtenu une médaille de 3e classe en 1840, une de 2e classe en 1841, une de 1re classe en 1843 et en 1848, la grande médaille d'honneur à l'Exposition universelle de 1855 et à celle de 1867, et le rappel de médaille d'honneur à celle de 1878. Chevalier de la Légion d'honneur depuis 1846, il a été promu officier en 1856, commandeur en 1867 et grand officier le 12 juillet 1880. Il a été élu membre de l'Académie des Beaux-Arts en 1861, en remplacement d'Abel de Pujol et a présidé cette Académie en 1876. M. Meissonier est membre de la Commission supérieure des Beaux-Arts, etc.

MELIKOF (comte), Loris, général russe, d'origine arménienne, fils d'un négociant de Moscou, y est né en 1824 et a fait ses études à l'Institut de cette ville. Il parle les langues russe, arménienne, tartare, persane et française. Entré jeune dans la carrière militaire, il y débuta dans les hussards, à Saint-Pétersbourg. Il avait atteint le grade de colonel et commandait un régiment de cavalerie légère opérant en Turquie, au début de la guerre de Crimée; il concourut, en cette qualité, à la prise de Kars et fut nommé commandant de cette place avec rang de général. Il prit part également aux opérations militaires dans le Caucase et, après la pacification, fut envoyé comme gouverneur à Vladicaucase, en 1860. Le général Loris Melikof avait pris, dans ces derniers temps, un congé illimité pour des raisons de santé. Il en a profité pour visiter la France, a résidé quelque temps à Paris, puis s'est rendu en Allemagne. Il était à Wiesbaden lorsque la déclaration de guerre de la Russie à la Turquie le rappela au service actif. Nommé adjudant général du grand-duc Michel, lieutenant impérial commandant en chef l'armée du Caucase, c'est lui en réalité qui dirigea toutes les opérations, dans un pays que nul, d'ailleurs, ne connaît mieux que lui; et c'est à lui, notamment, qu'est due la prise d'Ardahan par les troupes russes, le 17 mai 1877. La campagne terminée, il fut élevé au rang de général de cavalerie et créé comte, puis nommé gouverneur d'Astrakan, et gouverneur général commandant en chef la circonscription militaire de Kharkoff en avril 1879. Rappelé à Saint-Pétersbourg après l'attentat du 17 février 1880 contre Alexandre II et nommé président de la Commission exécutive aux pouvoirs illimités, créée à cette occasion pour la recherche et le châtiment des nihilistes dans toute l'étendue de l'empire, le général Mélikoff fut lui-même l'objet d'un attentat dès le 3 mars: un certain Maladzyetsky lui tirait un coup de revolver qui n'eut de conséquence grave que pour l'auteur de l'attentat, lequel était condamné à mort et exécuté en moins de quarante-huit heures.

MEINADIER, Pierre Jacques Ernest, homme politique et officier supérieur français, né à Saint-André-de-Valborgne (Gard) le 16 juillet 1812. Il était élève de l'Ecole polytechnique depuis un an, lorsque éclata la révolution de Juillet 1830; il y prit part, et fut blessé. Il sortait de l'Ecole l'année suivante, dans l'arme de l'artillerie, et avait atteint le grade de capitaine au moment de la guerre de Crimée. M. Meinadier fit cette campagne, puis celle d'Italie, fut promu après celle-ci lieutenant-colonel et adjoint au commandant de l'artillerie à Bourges. Promu colonel et appelé à la direction de l'artillerie à Strasbourg en 1868, il prenait sa retraite l'année suivante et se retirait dans son pays. Il était membre du Conseil général du Gard depuis 1871, lorsqu'il se présenta aux élections sénatoriales du 30 janvier 1876, et fut élu le premier. M. le colonel Meinadier s'inscrivit à la gauche républicaine du Sénat, et prit une grande part aux discussions intéressant l'armée. Il vota contre le retour des Chambres à Paris. Le colonel Meinadier a été réélu sénateur du Gard au renouvellement du 25 janvier 1885 et a voté l'expulsion des princes. — Il est officier de la Légion d'honneur depuis 1859.

MÉLINE, Félix Jules, homme politique français, né à Remiremont le 30 mai 1838, fit son droit à Paris, tout en collaborant aux petits journaux du quartier latin: la *Jeunesse*, la *Jeune France*, le *Travail* et autres, fut reçu avocat et s'inscrivit au barreau de Paris. Adjoint au

maire du Ier arrondissement pendant le siège, M. Méline était élu membre de la Commune le 26 mars 1871, par les électeurs de cet arrondissement, mais il donnait presque aussitôt sa démission. Il prit part, toutefois, aux tentatives de conciliation entre Paris et Versailles, faites par les maires et les adjoints réunis aux députés de la Seine, et qui n'aboutirent malheureusement pas. M. Méline, qui s'était présenté dans son département natal, comme candidat républicain, aux élections du 8 février 1871, n'avait obtenu que 18,945 voix, chiffre insuffisant; il se présenta de nouveau le 20 octobre 1872, pour remplacer M. Steinheil, démissionnaire, et cette fois fut élu. Il siégea à gauche et se fit inscrire aux groupes de la gauche républicaine et de l'union républicaine ou extrême-gauche. Le 20 février 1876, il était élu, sans concurrent, député de l'arrondissement de Remiremont. M. Méline est membre du Conseil général des Vosges, dont il a été secrétaire. La nuance politique du député de Remiremont paraît s'être atténuée dans ces derniers temps, et l'on a été quelque peu surpris, notamment, des termes dans lesquels il combattit la proposition d'amnistie plénière présentée par M. Raspail, au commencement de la session de 1876. Nommé sous-secrétaire d'État au ministère de la justice, dont le titulaire était M. Martel, le 21 décembre 1876, M. Méline suivait son chef dans la retraite, le 16 mai 1877. Réélu le 14 octobre 1877 et le 21 août 1881, M. Méline fut sous-secrétaire d'État au ministère de l'intérieur, sous M. de Marcère, du 4 février au 4 mars 1879. Il entra dans le cabinet formé sous la présidence de M. J. Ferry le 21 février 1883, avec le portefeuille de l'agriculture, et quittait le pouvoir avec ses collègues le 6 avril 1885. C'est à M. Méline ministre que l'on doit l'institution de l'ordre du Mérite agricole. Aux élections du 4 octobre 1885, M. Méline a été élu député des Vosges en tête de la liste républicaine. Il s'est abstenu au vote des projets d'expulsion des princes.

MENABREA (comte), Luigi Federico, comte Menabrea, marquis de Valdora, général et homme d'État italien, né à Chambéry le 4 septembre 1809, fit ses études à l'université de Turin, y prit le grade de docteur ès sciences mathématiques et entra dans l'armée comme officier du génie. Son service ne l'empêcha pas de se livrer avec ardeur à l'étude des sciences; il publia divers mémoires sur des questions de physique mathématique et de fortification et envoya des communications aux académies des sciences de Turin et de Paris. Professeur à l'université, à l'académie militaire et à l'école d'artillerie de Turin, il était élu membre de l'Académie des sciences de cette ville en 1839. Il avait atteint le grade de capitaine lorsque, en 1848, Charles Albert l'envoya en mission dans les duchés, dont il contribua à faire voter l'annexion au Piémont. Élu membre de la Chambre des députés, M. Menabrea fut nommé attaché militaire au ministère de la guerre, puis à celui des affaires étrangères, fonctions dont il se démit peu après, mais qu'il reprit après la défaite de Novare. Lors de la guerre de 1859, le comte Menabrea fut nommé major général commandant en chef du génie de l'armée italienne. On lui doit, notamment dans cette occasion, les travaux d'investissement de Peschiera; il assista, en outre, aux principales batailles de cette courte campagne: Palestro, Solferino, etc. Lors de l'annexion de son pays à la France, le général Menabrea opta pour la nationalité italienne, bien qu'il eût un frère magistrat qui se décida pour l'option contraire. Victor Emmanuel l'en récompensa en l'élevant à la dignité de sénateur. Promu peu après lieutenant-général et nommé président du Comité du génie, il fut appelé au ministère de la marine par le baron Ricasoli, successeur de Cavour à la présidence du conseil (juin 1861), et suivit son chef dans la retraite, le 2 mars 1862. Il fut nommé, peu après, aide-de-camp du roi d'Italie. — En août 1866, le général Menabrea était envoyé en Allemagne, comme ministre plénipotentiaire d'Italie, en quelle qualité il signait le traité de Prague. Chargé, en 1867, de former un cabinet, il y prit le portefeuille des affaires étrangères et confia celui des finances à M. le comte de Cambray-Digny (voyez ce nom), avec lequel il se maintint, au milieu des plus grandes difficultés, principalement financières, et après trois remaniements, jusqu'en décembre 1869, date à laquelle le cabinet Menabrea-Cambray-Digny faisait place au ministère Lanza. Au nombre des difficultés qu'eut à subir le cabinet Menabrea, il ne faut toutefois pas oublier celles résultant de la trop fameuse convention du 15 septembre relative à l'occupation de Rome par les troupes françaises, violée en fait par la tentative de Garibaldi contre la ville éternelle, et celles nées de l'agitation préliminaire pour la convocation prochaine et menaçante du concile œcuménique. En fin de compte, le général Menebrea s'est trouvé aux prises avec les convulsions peut-être les plus terribles qui aient marqué l'enfantement si long et si douloureux de l'indépendance italienne aujourd'hui accomplie. M. le comte Menabrea a été nommé ambassadeur à Vienne, en remplacement de M. Minghetti, au mois de novembre 1870. Il était rappelé, sur sa demande, l'année suivante. Après avoir occupé divers commandements et rempli diverses missions, il a été nommé, le 14 avril 1876, ambassadeur à Londres, d'où il a été transféré à Paris le 21 décembre 1882. Créé chevalier en 1843 et comte en 1861, il a été fait marquis de Valdora en 1875. — Le général Menabrea est chevalier de l'ordre suprême de l'Annonciade, commandeur de la Légion d'honneur et décoré de plusieurs autres ordres nationaux et étrangers. Il a reçu, en juin 1883, le diplôme de docteur ès-sciences de l'université d'Oxford.

MENARD-DORIAN, Paul François Marie Antoine, industriel et homme politique français, né à Lunel le 21 avril 1846, est gendre de M. Dorian, ancien ministre de la République, mort en 1873, et auquel il a succédé à la tête de l'usine métallurgique Jacob et Holtzer, d'Unieux (Loire). Élu le 14 octobre 1877, comme candidat républicain, député de la 1re circonscription de Montpellier, M. Ménard-Dorian prit place à l'extrême-gauche et fit partie de la commission d'enquête sur les élections. Il fut réélu le 21 août 1881 dans la même circonscription. M. Ménard-Dorian a été élu député de l'Hérault le 4 octobre 1885. Il a voté l'expulsion totale des princes.

MENDÈS, Catulle, littérateur français, né à Bordeaux en 1840. Il fit ses études à Versailles et à Paris, et se livra de très bonne heure aux travaux littéraires. Dès 1860, il fondait la *Revue fantaisiste*, et y insérait, entre autres travaux, le *Roman d'une nuit*, qui fut poursuivi et valut une condamnation assez sévère à l'imprimeur, l'auteur étant à l'abri de semblable mésaventure à raison de son âge. En 1876, M. Mendès a dirigé la *République des lettres*, et en 1881-83 la *Vie populaire*, publications hebdomadaires. Il a publié: *Philomela, livre lyrique (1864); Histoire d'amour*, roman (1868); *Hesperus, poème swedenborgien (1869)*; la *Colère d'un franc-tireur*, ode guerrière, et les *Soixante-treize journées de la Commune (1871); Contes épiques (1872)*; les *Folies amoureuses (1877)*; la *Vie et la mort d'un clown (1879)*; le *Rose et le noir*, le *Fin du fin, Jupe courte, Monstres parisiens, Lili et Cocotte (1885); Contes choisis; Zo'har*, roman contemporain (1886), etc. — Il a donné au théâtre: la *Part du roi*, comédie en un acte, en vers (1870); *Justice*, drame en 3 actes, à l'Ambigu (1877); les *Mères ennemies*, drame en 3 actes et 11 tableaux, au même théâtre, avec un très grand succès (1882); *Gwendoline*, opéra en 2 actes et 3 tableaux, musique de M. Emm. Chabrier, représenté au théâtre de la Monnaie de Bruxelles, en avril 1886, etc. — M. Catulle Mendès a épousé, en 1866, Mlle Judith Gautier (voyez ce nom), dont il s'est séparé depuis.

MERCIÉ, Marius Jean Antonin, sculpteur et peintre français, né à Toulouse le 30 octobre 1845. Élève de Jouffroy, de M. Falguière et de l'École des beaux-arts, il remporta le grand prix de Rome en 1868. La même année il débutait au Salon par un portrait de *Jeune fille*, médaillon. Il envoya de Rome, en 1872, un *David*, statue en plâtre et une *Dalila*, buste en bronze; et en 1874, son groupe en plâtre, *Gloria Victis!* qui fit du coup sa réputation. Avec le bronze de ce groupe, qui fut acheté par l'État et figure aujourd'hui dans le square Montholon, il exposait au Salon de 1875, le *Loup, la mère et l'enfant*, bas-relief en bronze. Viennent ensuite: *David avant le combat*, statuette en marbre et *Fleur de mai*, buste en plâtre (1876); le *Génie des arts*, haut-relief colossal, en bronze, placé au-dessus du guichet des Tuileries et *Junon vaincue*, statuette en marbre (1877); le *Gloria victis* et la statue de *David* en bronze, les statuettes en marbre de *Junon vaincue* et de *David avant le combat* (Exposition universelle 1878); le bas-relief, en plâtre, destiné au tombeau de *Michelet*, au Père Lachaise; la statue d'*Arago* et un des bas-reliefs de son monument à Perpignan, en plâtre (1879); *Judith (1880); Portrait de Mlle Gabrielle Williams*, médaillon en marbre (1883); le *Souvenir*, marbre funéraire; l'*Art*, statue en pierre et la *Justice*, groupe en pierre, pour l'Hôtel de ville de Paris (1885); *Groupe* en marbre, pour le tombeau du roi Louis Philippe et de la reine Amélie et un *Portrait*, médaillon en marbre (1886). — M. Antonin Mercié a obtenu une médaille de 1re classe et la croix de la Légion d'honneur pour son début, avec son *Gloria Victis!* en 1872, la médaille d'honneur en 1874 et 1878 (Exposition universelle), et a été promu officier de la Légion d'honneur en 1879.

Depuis quelques années, M. Antonin Mercié se livre également, et avec succès, à la peinture. Nous citerons parmi ses envois au Salon dans ce genre d'ouvrages: une *Vénus* et un *Portrait* de femme, au salon de 1883 (médaille de 3e classe); *Léda (1884); Michel-Ange étudiant l'astronomie (1885); Sang de Vénus (1886)*.

MERCIER, Théodose, homme politique français, né à Nantua le 11 janvier 1825. Professeur au collège de sa ville natale, il fut révoqué en 1848 pour un article de journal. Il entra alors au barreau de Nantua, où il reprit sa place après plusieurs mois de prison subis à l'occasion du coup d'État, et devint bâtonnier. Élu représentant de l'Ain le 2 juillet 1871 et député de Nantua le 20 février 1876, cette dernière fois avec les neuf dixièmes des voix, M. Th. Mercier vota constamment avec la gauche. Il a été réélu le 14 octobre 1877 et le 21 août 1881, dans les mêmes conditions, par le même collège. Enfin, au renouvellement de la représentation sénatoriale de l'Ain, le 25 janvier 1885, M. Th. Mercier était élu sénateur. Il a voté en faveur de la loi sur l'expulsion des princes prétendants.

MEREDITH, George, littérateur anglais, né dans le Hampshire, vers 1828. Il fit ses études en grande partie dans les universités allemandes, fit son droit, mais abandonna promptement la carrière du barreau pour celle des lettres. Il a débuté en 1851 par un volume de *Poems*, suivi de: *The Shaving of Shagpat, an Ariabian entertainment*, bouffonnerie mi-partie vers et prose (1855); *Farina, a Legend of Cologne (1857); the Ordeal of Richard Feveril*, roman philosophique touchant, avec une réelle autorité, aux plus délicates questions de l'éducation morale (1859); *Mary Bertram (1860); Evan Harrington (1861)*, paru d'abord dans *Once a Week; Modern Love, poems and ballads (1862); Emilia in England (1864)*, roman d'un vif intérêt et d'une très grande originalité, dont E. D. Forgues nous a donné une « réduction » française sous ce titre: *Sandra Belloni (1866); Rhoda Fleming (1865); Vittoria (1866); the Adventures of Harry Richmond (1871); The Egoist*, roman en 3 volumes (1881); the *Tragic Comedians*, roman brodé sur le canevas du destin tragique de Ferdinand Lassalle, le socialiste allemand (1881); *Poems and Lyrics of the Joy of Earth (1883)*, etc.

MÉRILHON, Daniel, homme politique français, né à Bordeaux en 1852. Avocat du barreau de Bordeaux, conseiller municipal, adjoint au maire, conseiller général de la Gironde depuis 1883. M. D. Mérilhon a été élu député de la Gironde, sur la liste de l'Union républicaine, le 4 octobre 1885. Il s'est abstenu lors du vote sur l'expulsion des princes.

MERLIN, Charles Auguste, homme politique français, né à Lille le 22 décembre 1825, est un descendant du conventionnel Merlin de Douai. Avocat à la cour de Douai, deux fois bâtonnier, il devint maire de Douai après le 4 Septembre et fut révoqué par le « gouvernement de combat ». Il fut élu, sans concurrent, député de la première circonscription de Douai, le 20 février 1876 et siégea à gauche. M. Merlin a été réélu le 14 octobre 1877, et au renouvellement triennal du 5 janvier 1879, il était élu sénateur du Nord. Il a voté l'expulsion des princes.

MERMET, Auguste, compositeur français, né vers 1820, est fils et neveu de deux généraux de l'Empire, dont l'un a son nom inscrit à l'Arc de Triomphe de l'Étoile, et cousin du baron A. de Pellaert, musicien et littérateur belge. Il se prépara à l'École polytechnique pour obéir aux vœux de son père, qui voulait en faire un soldat; mais un penchant invincible pour la musique, qu'il avait déjà étudiée avec passion, le détourna de cette carrière. Il abandonna les mathématiques, compléta ses études musicales et se livra avec ardeur à la composition. M. Mermet débuta au théâtre par un opéra intitulé: la *Bannière du roi*, dont les paroles étaient de Carmouche et qui fut joué sur le théâtre de Versailles; puis vint le *Roi David*, poème d'Alexandre Soumet et Félicien Mallefille, opéra en 3 actes (1845); *Roland à Roncevaux*, opéra en 5 actes, dont il écrivit lui-même le livret et qui, après être resté une vingtaine d'années dans les cartons, fut représenté à l'Opéra en 1864; *Jeanne d'Arc*, opéra en 4 actes, paroles et musique, joué le 5 avril 1876, après quelques dix ans d'attente. — Il est chevalier de la Légion d'honneur.

MERMILLOD, Gaspard, prélat suisse, né à Carouge en 1824. Ordonné prêtre en 1846, il s'adonna à la prédication et se fit bientôt une réputation d'éloquence exaltée en même temps qu'il affirmait ses doctrines ultramontaines. Il vint se faire entendre à Paris en 1862, à Lyon un an plus tard, assez pour se convaincre que son genre d'éloquence ne lui ferait chez nous qu'un fort petit nombre d'admirateurs. Il était devenu quelques années auparavant curé de Genève, et l'évêque de Lausanne venait de le nommer son grand vicaire, chargé de ses pleins pouvoirs dans le canton de Genève, lorsqu'il fut sacré évêque d'Hébron *in partibus infidelium* et nommé officiellement auxiliaire de l'évêque de Lausanne à Genève. M. Mermillod assista au concile œcuménique et profita de l'occasion, tout en se montrant un partisan plus exigeant du principe de l'infaillibilité que le pape lui-même, pour faire un exposé très édifiant de ses doctrines affolées. De retour à Genève, ainsi retrempé, il agit dans son prétendu diocèse comme s'il en était réellement l'évêque, et un évêque singulièrement intolérant. Le Conseil fédéral finit par se fâcher. Opposé à l'établissement d'un nouvel évêché, il représenta à M. Mermillod qu'il ne voulait reconnaître d'autre autorité ecclésiastique catholique que celle de l'évêque de Lausanne, et l'invita à s'abstenir désormais de tout acte épiscopal. Le curé de Genève ne tint aucun compte de ces représentations. Alors le Conseil fédéral supprima purement et simplement son traitement de curé (sept. 1872). En janvier suivant, un bref pontifical instituait le territoire de Genève en vicariat apostolique et y nommait M. Mermillod. Le Conseil d'État, saisi, déclara la décision du Saint-Siège nulle, pour avoir été prise sans avis du pouvoir civil (février) et le Conseil fédéral se prononça de son côté pour la nullité. Défense fut donc faite au « vicaire apostolique » d'exercer ses fonctions. Mais l'évêque d'Hébron, à qui il fallait un scandale à la faveur duquel il pût cueillir la palme des martyrs modernes, refusa de se soumettre à cette décision; en conséquence, le Conseil fédéral prit contre lui un arrêté d'expulsion (17 février 1873), qui fut exécuté. M. Mermillod fit beaucoup de bruit, à son habitude, cria à la persécution, et au mois d'octobre suivant, se donna la satisfaction d'excommunier l'abbé Loyson (voy. ce nom) qui, ayant été élu curé de Genève, avait eu l'abomination d'accepter. Fixé d'abord à Ferney, M. Mermillod résida à Paris à plusieurs reprises, puis à Rome, et fut surtout activement mêlé à toutes les manifestations du parti ultramontain. Enfin, après dix ans d'exil, M. Mermillod rentrait en Suisse par la route droite, ce qui a dû ôter pour lui de la saveur à l'événement. Le 24 mars 1883, il était nommé au siège vacant de Lausanne et préconisé évêque de Lausanne et Genève. Le Conseil fédéral ne fit aucune objection à cette nomination, parfaitement régulière. — On doit à M. Mermillod un grand nombre de sermons, conférences, discours, panégyriques, etc.

MESTREAU, Frédéric, homme politique français, négociant à Saintes, est né au Château (île d'Oléron) le 15 février 1825. Il était, sous l'Empire, l'un des chefs reconnus de l'opposition démocratique. Nommé préfet de la Charente-Inférieure le 5 septembre 1870, démissionnaire en février 1871, il fut élu représentant de ce département aux élections complémentaires du 2 juillet suivant. Le 20 février 1876, M. Mestreau échoua dans la première circonscription de Saintes, contre le baron Eschassériaux; mais il fut élu député de l'arrondissement de Marennes, en remplacement de M. Dufaure, élu sénateur inamovible, le 12 novembre 1876; il siégea à gauche. Réélu le 14 octobre 1877 et le 21 août 1881 dans la même circonscription, il était élu sénateur de la Charente-Inférieure, le premier des trois, au renouvellement triennal du 25 janvier 1885. Il a voté l'expulsion des princes.

METTERNICH-WINNEBURG (prince de), Richard Clément Joseph Lothaire Hermann, diplomate autrichien, né à Vienne le 7 janvier 1829. Destiné, pour

ainsi dire dès le berceau, à la carrière diplomatique, il suivait son père, nommé ambassadeur à Londres, en 1848, passait à Bruxelles avec lui en 1850, recevait enfin sa nomination officielle d'attaché d'ambassade à Paris en décembre 1852, et était promu secrétaire de légation en 1854. A l'occasion des difficultés qui devaient amener la guerre de 1859, le prince de Metternich fut envoyé à Paris par son gouvernement, avec une mission spéciale, qui échoua; mais, personnellement, il avait gagné les sympathies de la cour impériale, de sorte qu'après la conclusion de la paix, à la fin de 1859, il fut nommé ambassadeur de l'empire austro-hongrois à Paris. Il avait épousé en 1856 la princesse Pauline Sandor, née le 25 février 1836, et qui, pendant plus de dix ans, donna le ton à la ville aussi bien qu'à la cour, non sans s'attirer de vives critiques et des haines féminines bien trempées. — Nommé conseiller héréditaire de l'empire d'Autriche-Hongrie en 1861, le prince de Metternich a été nommé conseiller intime en novembre 1864. Après les événements de 1870-71, il demanda à être remplacé à l'ambassade de Paris, et le fut en janvier 1872, par le feu comte Rudolph d'Apponyi. — Le prince de Metternich est grand croix de la Légion d'honneur.

MEUNIER, Amédée Victor, publiciste et écrivain scientifique français, né à Paris le 2 mai 1817. M. Victor Meunier a débuté de bonne heure dans la presse scientifique et s'est fait rapidement un nom parmi les premiers et les meilleurs vulgarisateurs; il a collaboré également, comme écrivain politique, à la presse démocratique et publié diverses brochures de circonstance. — On cite principalement de cet écrivain: *Embryogénie comparée*, rédigée d'après le cours de M. Coste au Muséum d'histoire naturelle, avec M. Gerbe (1837); *Histoire philosophique des progrès de la zoologie générale (1839 et suiv.)*; *Jésus-Christ devant les conseils de guerre*, extrait de la *Démocratie pacifique (1848)*, traduit en plusieurs langues; *Union démocratique et sociale (1849)*; les *Cités ouvrières*; *Essais scientifiques (1851-58, 3 vol.)*; les *Tables tournantes et parlantes (1854)*; l'*Apostolat scientifique (1855)*; *Science et démocratie (1865)*; les *Grandes chasses (1866)*; les *Grandes pêches (1867)*; la *Science et les savants (1867)*; les *Animaux d'autrefois (1868)*; la *Philosophie zoologique (1869)*; les *Ancêtres d'Adam (1875)*; *Paléontologie pratique (1885)*; les *Animaux perfectibles (1886)*, etc. — M. Victor Meunier a collaboré, au début, à l'*Écho du monde savant*; devenu en 1842 rédacteur en chef de la *Revue synthétique*, il eut en même temps la direction du *Dictionnaire élémentaire d'histoire naturelle*; en 1848, il collaborait à la *Phalange* et à la *Démocratie pacifique*; puis il devint rédacteur scientifique du journal la *Presse*, qu'il quitta en 1855 pour fonder l'*Ami des sciences*. Il a collaboré depuis au *Siècle*, à l'*Opinion nationale*, à l'*Avenir national* et au *Rappel*, auquel il est resté attaché jusqu'ici.

MEUNIER, Étienne Stanislas, géologue français, fils du précédent, né à Paris le 18 juillet 1843. Au cours de ses études scientifiques, il devint préparateur des cours de chimie de M. Frémy à l'École polytechnique. Entré au laboratoire de géologie du Muséum d'histoire naturelle en 1866, il fut nommé aide-naturaliste en 1867. En 1869, M. Stanislas Meunier était reçu docteur ès sciences avec une thèse sur les *Météorites*. M. Meunier organise chaque année pendant la belle saison, depuis déjà longtemps, des excursions géologiques du dimanche très suivies et très fructueuses, dans un rayon assez étendu autour de Paris. On lui doit de nombreux mémoires, principalement sur les *Météorites*, présentés à l'Académie des sciences et plusieurs ouvrages sur le même sujet ou sur la géologie proprement dite: *Étude sur les météorites (1867)*; *Lithologie terrestre et comparée (1869)*; le *Ciel géologique (1871)*; *Cours élémentaire de géologie appliquée (1872)*; *Cours de géologie comparée (1874)*; *Géologie des environs de Paris (1875)*; *Géologie technologique*, traduite de D. Page (1877); les *Causes actuelles en géologie (1879)*, etc. — M. Stanislas Meunier a collaboré à plusieurs journaux spéciaux ou politiques, à l'*Opinion nationale*, à la *Nature*, où il rédige le compte rendu des séances de l'Académie des sciences, etc.

MEURICE, François Paul, littérateur et journaliste français, frère du célèbre orfèvre Froment Meurice, mort en 1855, est né à Paris en 1820. M. Paul Meurice fit ses études au collège Charlemagne et suivit les cours de la faculté de droit; mais il s'occupait plus de littérature, semble-t-il, que de jurisprudence, car il débutait à l'Odéon, dès 1842, avec une pièce en trois actes et en vers, dont le sujet et le personnage principal étaient empruntés à Shakespeare: *Falstaff*, et qu'il avait écrite en société avec Théophile Gautier et M. Auguste Vacquerie. Il donna ensuite au même théâtre, avec M. Vacquerie, une imitation de l'*Antigone* de Sophocle (1844) et le *Capitaine Paroles*, un acte, encore inspiré de Shakespeare; et au Théâtre-Historique, avec Alexandre Dumas, une traduction d'*Hamlet*, en 5 actes et en vers, reprise avec succès au Français en septembre 1886. — Outre une part de collaboration anonyme à divers ouvrages dramatiques de Dumas, M. Meurice a donné: *Benvenuto Cellini*, drame en cinq actes, écrit expressément pour Mélingue (1852); *Schamyl* et *Paris (1855)*, à la Porte Saint-Martin; l'*Avocat des pauvres*, à la Gaîté (1856); *Fanfan la Tulipe (1858)*; le *Maître d'école (1859)*; le *Roi de Bohême (1860)*; les *Beaux messieurs de Bois-Doré*, avec George Sand (1862) et *François les Bas-Bleus (1863)*, à l'Ambigu; le *Drac*, pièce fantastique, avec George Sand, au Vaudeville (1864); les *Deux Dianes*, à la Porte Saint-Martin (1865); la *Vie nouvelle*, quatre actes, à l'Odéon (1867); *Cadio*, avec George Sand, à la Porte Saint-Martin (1868). M. Paul Meurice a aussi publié plusieurs romans: la *Famille Aubry*, les *Tyrans de village* et les *Chevaliers de l'esprit: Césara*, sans parler de sa collaboration anonyme à divers romans d'Alexandre Dumas: *Ascanio*, les *Deux Dianes*, *Amaury*, etc. Il a donné également des poésies à quelques revues. — Lié depuis longtemps d'amitié avec Victor Hugo et professant d'ailleurs des opinions démocratiques très décidées, M. Paul Meurice participa, en 1848, à la fondation de l'*Événement*, dont il fut rédacteur en chef et gérant, fonctions qui lui valurent, en 1851, une condamnation à neuf mois de prison, pour avoir inséré un article du grand écrivain sur la peine de mort. Il a de nouveau pris une grande part à la fondation du *Rappel*, en 1869, et a été, jusqu'à ces derniers temps, l'un des rédacteurs en chef, avec M. Auguste Vacquerie. Enfin, Victor Hugo le chargeait, en 1881, de diriger la publication de l'édition définitive de ses *Œuvres complètes*.

MEYER, Marie Paul Hyacinthe, paléographe français, directeur de l'École des chartes, membre de l'Institut, est né à Paris le 17 janvier 1840. Élève de l'École des chartes, il en sortait en 1861 et était nommé archiviste à Tarascon. En 1863, il était attaché au département des manuscrits à la Bibliothèque nationale et nommé archiviste aux Archives nationales, puis secrétaire de l'École des chartes en 1872. Appelé à la chaire de langue romane de l'École, comme suppléant de Guessard, il en est devenu titulaire à la mort de ce dernier; il avait été nommé professeur du cours de langues et de littératures de l'Europe méridionale au Collège de France en 1876. M. Paul Meyer a été nommé directeur de l'École des chartes en remplacement de J. Quicherat, décédé, en 1882. Il a été élu membre de l'Académie des inscriptions et belles-lettres le 30 novembre 1883. — M. Paul Meyer a collaboré à la *Revue archéologique*, au recueil de l'École des chartes et autres publications spéciales, et a fondé la *Revue critique* et la *Romania*. Nous citerons, parmi ses nombreuses publications: *Recherches sur l'épopée française* et le *Salut d'amour dans les littératures provençales (1867)*; *Recherches sur les auteurs de la Chanson de la croisade albigeoise (1868)*; *Documents manuscrits sur l'ancienne littérature de France* conservés dans les bibliothèques de la Grande-Bretagne (1871); *Mémoire sur les dialectes de la langue d'oc au moyen âge*, couronné par l'Académie des inscriptions et belles-lettres (1874), etc. On lui doit aussi des éditions d'anciens ouvrages de littérature méridionale, notamment de la *Chanson de la croisade albigeoise (1875)*; d'un *Recueil d'anciens textes bas-latins, provençaux et français (1876)*, etc. M. P. Meyer est chevalier de la Légion d'honneur.

MÉZIÈRES, Alfred, littérateur et homme politique français, fils de l'ancien recteur de l'académie de Metz, mort en 1872, est né à Rehon, près de Metz, le 19 novembre 1826, fit ses études au lycée de cette dernière ville et entra à l'École normale supérieure en 1845. Il retourna à Metz comme professeur de rhétorique au lycée, en 1848, puis entra à l'École française d'Athènes en 1850. Nommé professeur de rhétorique au lycée de Toulouse en 1853, M. Alfred Mézières fut reçu docteur ès lettres la même année et chargé l'année suivante du cours de littérature à la faculté des lettres de Nancy, devint titulaire de la chaire en 1856, fut chargé du même cours à la Sorbonne en 1861, et nommé titulaire en 1863. M. Alfred Mézières a été choisi pour représenter l'université de France au jubilé de Shakespeare en 1864, et à celui de Dante en 1865; il représentait également l'Académie française au cinquième centenaire de la mort de Pétrarque à Avignon, en juillet 1874. M. Mézières avait été élu membre de l'Académie française, en remplacement de Saint-Marc Girardin, le 29 janvier 1874. Il est, en outre, membre de l'Académie della Crusca. Chevalier de la Légion d'honneur depuis 1865, il a été promu officier le 9 août 1877; il est en outre décoré des ordres du Sauveur de Grèce et des SS. Maurice et Lazare d'Italie. — Aux élections pour la Chambre des députés, du 14 octobre 1877, M. A. Mézières acceptait la candidature républicaine dans l'arrondissement de Briey (Meurthe-et-Moselle), mais il échouait contre le baron de Ladoucette. Plus heureux le 21 août 1881, il était élu, et prenait place à gauche. Il a été élu député de Meurthe-et-Moselle le 4 octobre 1885. Il a voté contre les projets d'expulsion des princes. — M. Alfred Mézières a publié, outre sa thèse de doctorat, *De Fluminibus inferiorum (1853)*; *Études sur les Œuvres politiques de Paul Paruta (1853)*; un *Mémoire sur le Pélion et l'Ossa* et un autre sur la *Laconie* (même année); *Shakespeare, ses œuvres et ses critiques (1861)*, ouvrage récompensé du prix Montyon par l'Académie française; *Prédécesseurs et contemporains de Shakespeare (1863)*, également couronné par l'Académie; *Contemporains et successeurs de Shakespeare (1864)*; *Dante et l'Italie nouvelle (1865)*; *Pétrarque, Étude d'après de nouveaux documents (1867)*; couronné par l'Académie l'année suivante; la *Société française (1869)*; *Récits de l'invasion, Alsace et Lorraine (1871)*; *Gœthe, les œuvres expliquées par la vie (1872-73, 2 vol.)*, etc. — M. Mézières collabore à la *Revue des Deux-Mondes* et au *Temps*.

MICHEL, Alfred, homme politique français, né à Saint-Hippolyte (Vaucluse) le 7 mars 1848. Représentant de commerce, ancien adjoint au maire de Carpentras, M. Alfred Michel a toujours pris une très grande part à l'agitation électorale dans son arrondissement. Il a été élu député de Vaucluse, sur la liste radicale, le 4 octobre 1885 et a voté l'expulsion totale des princes.

MICHEL (grand-duc), Nicolaievitch, oncle d'Alexandre III, empereur de Russie et quatrième fils du feu czar Nicolas Ier, est né le 13 (25) octobre 1832. Général et grand maître de l'artillerie, aide de camp général du czar, chef de divers régiments d'artillerie, de cavalerie et d'infanterie, le grand-duc Michel est en outre gouverneur général du Caucase, propriétaire du 26e régiment d'infanterie autrichien, chef du régiment de hussards prussien de Silésie n° 4, etc. Il a épousé, au mois d'août 1857, la princesse Olga Feodorovna, fille du feu grand-duc de Bade Léopold, et en a eu plusieurs enfants, dont l'aîné, le grand-duc Nicolas, est né le 26 avril 1859. — Le grand-duc Michel a visité à plusieurs reprises les autres parties de l'Europe, curieux surtout des progrès militaires accomplis chez les autres nations ensuite d'une expérience chèrement acquise. A Paris, en juin 1876, il accompagnait le maréchal de Mac-Mahon à la grande revue passée le 15, à Longchamp. Il repartait le lendemain. — Dans la dernière guerre d'Orient, le grand-duc Michel avait le commandement en chef de l'armée du Caucase.

MICHEL-LÉVY. Voy. Calmann-Lévy.

MICHELIN, Henri, homme politique français, né à Paris le 3 mai 1847. Avocat du barreau de Paris, docteur en droit, professeur libre, il a été adjoint au maire du VIIe arrondissement de Paris (1881-82); membre du Conseil municipal, pour le quartier de la Folie-Méricourt (XIe arrondissement), élu à une élection complémentaire du 2 juillet 1882 et réélu aux élections générales du 4 mai 1884, il devint successivement secrétaire, vice-président et enfin président de cette assemblée, et s'y fit remarquer par une grande activité et une compétence incontestable dans les questions les plus ardues. Il a été envoyé comme délégué du conseil au congrès de La Haye en 1884, à Londres et au congrès d'hygiène de Bruxelles en 1885. Élu député de la Seine au scrutin du 18 octobre 1885, il a pris place à l'extrême-gauche et voté l'expulsion totale des princes.

MICHIELS, Joseph Alexandre Xavier, littérateur belge, né à Rome le 25 décembre 1813, vint en France, pays de sa mère, étant encore en bas-âge, et fit ses études à Paris, au collège Henri IV et au lycée Saint-Louis. En 1834, il alla suivre les cours de droit de la faculté de Strasbourg, se familiarisa en même temps avec la langue et la littérature allemandes et entreprit ensuite de visiter l'Allemagne à pied. De retour à Paris l'année suivante, il donna au *Temps* des articles dont il prenait les éléments dans ses notes de voyage. En 1840, il faisait un voyage en Angleterre dont les souvenirs lui fournirent les matériaux de nouvelles publications; et en 1843, il faisait un séjour à Bruxelles, renouvelé depuis, aux frais du gouvernement belge et pour la préparation de travaux relatifs notamment à l'histoire de la peinture flamande. Il est devenu sous-bibliothécaire à l'École des Beaux-Arts. — On a de M. Xavier Michiels: *Études sur l'Allemagne (1839, 2 vol.)*; *Histoire des idées littéraires en France au XIXe siècle et de leurs origines dans les siècles antérieurs (1842, 2 vol.)*; *Souvenirs d'Angleterre (1844)*; *Histoire de la peinture flamande (1845, 4 vol., 2e édit. 1864-75, 10 vol.)*, ouvrage qui provoqua une des plus ardentes polémiques qu'on ait vues, entre M. Michiels et M. Arsène Houssaye, et que l'auteur fit suivre de deux brochures: *Un entrepreneur de littérature* et les *Nouvelles fourberies de Scapin (1847)*, auxquelles M. Houssaye répondait aussitôt par une autre brochure qui mit, autant qu'il nous en souvienne, les rieurs de son côté: un *Martyr littéraire, touchantes révélations*. M. Michiels a publié depuis: une traduction de la *Case de l'oncle Tom*, de Mme H. Beecher-Stowe, précédée d'une notice biographique sur l'auteur (1852); le *Capitaine Firmin, ou la vie des nègres en Afrique (1853)*; l'*Architecture et la peinture en Europe, depuis le Ve siècle jusqu'à la fin du XVIe siècle* (même année), les *Œuvres de Regnard*, précédées d'une *Théorie du comique et des combinaisons théâtrales (1854)*; le *Nouveau péché originel*, le *Lundi de la Pentecôte*, et les *Bûcherons et les schlitteurs des Vosges (1856)*; *Contes des montagnes (1857)*, les *Œuvres poétiques de Philippe Desportes*, précédées d'une *Étude sur Desportes et la littérature française au XVIe siècle (1858)*; *Histoire secrète du gouvernement autrichien (1859)*, les *Anabaptistes des Vosges*, les *Chasseurs de chamois* et les *Contes d'une nuit d'hiver (1860)*; *Histoire de la politique autrichienne depuis Marie-Thérèse (1861)*, l'*Autriche dans la question polonaise (1863)*; *Drames politiques (1865)*, les *Chefs-d'œuvre des grands maîtres*, avec Kellerhoven (1866); les *Droits de la France sur l'Alsace et la Lorraine (1870)*; le *Comte de Bismarck, sa biographie et sa politique (1871)*; *Histoire de la guerre franco-prussienne et de ses origines (1872, in-8°, grav.)*, l'*Art flamand dans l'est et le midi de la France (1877)*. Il a paru à part deux extraits importants de son *Histoire de la peinture flamande*: les *Peintres brugeois (1846)*, et *Rubens et l'école d'Anvers (1854)*. — Enfin, M. Alfred Michiels a collaboré, outre le *Temps*, que nous avons cité, à l'*Artiste*, à la *Revue indépendante*, à la *Réforme*, à la *France littéraire*, à l'*Illustration*, au *Siècle*, à la *Revue britannique*, au *Tour du monde*, au *Magasin pittoresque*, à la *Revue de France*, etc.

MILANO Ier, Obrenovitch, roi de Serbie, petit-neveu du prince Miloch et cousin issu de germain du précédent prince régnant Michel qui, n'ayant pas eu d'enfants, l'a adopta. Le prince Milano est né à Jassy le 18 août 1854; envoyé à Paris en 1864, pour y faire son éducation, il suivit les classes du lycée Louis-le-Grand, sous la direction d'un précepteur français, feu François Huet; mais il fut rappelé prématurément en Serbie, par la mort de son père adoptif, assassiné dans le parc de Topchidéré, le 18 juin 1868, par deux partisans des Karageorgevitch. Arrivé à Belgrade, accompagné de son précepteur, le 23 juin 1868, il fut proclamé prince de Serbie par la Skouptchina et sacré le 5 juillet suivant. Le 17 octobre 1875, le prince Milano épousait la princesse Nathalie de Kieyko. La Bosnie et l'Herzégovine étaient déjà en pleine insurrection contre les Turcs mais il ne semblait pas alors que la Serbie dût prendre une part active aux événements. Ce n'est qu'au mois de juin 1876, que cet incident nouveau de la question d'Orient se produisit. Le 29, les dépêches annonçaient que le prince Milan quittait Belgrade pour aller prendre le commandement

le l'armée serbe, qui franchissait la frontière le 3 juillet. Cette expédition ne fut pas heureuse, et, bien que l'armée ait proclamé roi de Serbie le prince Milano, le 18 septembre suivant, le fait est qu'elle avait essuyé de terribles revers et que l'avenir lui en réservait d'autres. Une suspension d'armes avait d'ailleurs été consentie la veille et grâce aux démarches des puissances européennes, après des négociations sans fin pendant lesquelles les hostilités continuaient au grand détriment des Serbes, un armistice de deux mois, conclu le 1ᵉʳ novembre, était prorogé jusqu'au 1ᵉʳ mars 1877. Avant l'expiration de ce terme et après la conférence de Constantinople, dont nous ne pouvons pas suivre ici les travaux et apprécier les résultats, la paix était signée entre la Serbie et la Porte. Le roi de Serbie redevenait, à des conditions honorables et probablement inespérées, prince de Serbie, et se retirait dans sa capitale pacifiée. Après la conclusion de la paix, l'indépendance de la Serbie fut reconnue et ses frontières délimitées par le traité de Berlin (13 juillet 1878). Cependant, la question de transformation de la couronne de Serbie n'était que partie remise, *et le 6 mars 1882, la Skouptchina de Belgrade* votait la loi qui érigeait la principauté en royaume. Depuis, sauf quelques semaines de lutte contre la Bulgarie au commencement de 1886, le « royaume » de Serbie n'a été le théâtre d'aucun événement important. — Il faut toutefois mentionner l'attentat dont le roi Milan fut l'objet de la part d'une dame, la veuve du lieutenant-colonel Markovitch, exécuté comme conspirateur cinq ans auparavant, le 23 octobre 1882. Au moment où le roi et la reine entraient dans la cathédrale de Belgrade, cette malheureuse femme tirait un coup de pistolet sur le roi, et blessait... une femme de l'assistance, tout à fait étrangère à ce drame.

MILLAIS, John Everett, peintre anglais, est né à Southampton le 8 juin 1829, d'une vieille famille de l'île de Jersey, d'origine française. Encore dans sa neuvième année, il entrait à l'école de peinture de Sass, à Londres, et suivait les cours de l'Académie royale des arts dès l'âge de douze ans. Il y remporta les principaux prix de dessin, ayant déjà à neuf ans obtenu sa première médaille à la Société des arts. Il débuta aux expositions de l'Académie des arts en 1846, avec *Pizarre s'emparant de l'Inca du Pérou*. Ce premier tableau fut suivi de la *Reine Elgiva arrêtée par les émissaires de Dunstan* et un immense carton destiné au concours pour la décoration du palais de Westminster: le *Denier de la veuve (1847)*; la *Tribu de Benjamin enlevant les filles de Shiloh (1848)*; *Isabella (1849)*. Mécontent de la routine conventionnelle par laquelle l'enseignement académique se distingue, M. Millais, avec ses amis William Holman Hunt et Dante G. Rosetti, prit la résolution de rompre avec ces traditions, qui contraignent à reproduire la nature *d'après l'antique* et *non d'après elle-même*, et de s'en tenir au témoignage des sens, comme ce devait être l'usage des artistes antérieurement à Raphaël et aux maîtres du seizième siècle. Ces doctrines nouvelles, que partagèrent bientôt Charles Collins et d'autres jeunes peintres, exigeait la fondation d'une nouvelle école, qui fut désignée, moitié sérieusement moitié par ironie, l'*Ecole préraphaélite*; il fallut aussi un « organe » pour défendre ces doctrines, et le *Germ, or Art and Poetry*, vit le jour (1850); il vécut peu à la vérité. Sous l'influence de ces nouvelles idées, M. Millais donna: *Notre Sauveur* et *Ferdinand trompé par Ariel (1850)*; *Marianna dans la ferme isolée*, et la *Fille du bûcheron (1851)*; le *Huguenot* et *Ophélie (1852)*; l'*Ordre de mise en liberté* et le *Proscrit royaliste (1853)*; Portrait de *M. Ruskin (1854)*; le *Secours (1855)*; la *Paix est conclue*, les *Feuilles d'automne* et l'*Enfant du régiment (1856)*; un *Rêve du passé: Sir Isumbrus au gué (1857)*; l'*Hérétique (1858)*, la *Vallée du repos* et *Fleurs du printemps (1860)*; le *Black Brunswicker (1861)*; *Mon premier sermon (1863)*; *Mon second sermon* et *Charlie est mon favori (1864)*; *Jeanne d'Arc* et les *Romains quittant la Grande-Bretagne (1865)*; le *Sommeil*, le *Réveil*, *Jephté (1867)*; les *Sœurs*, *Rosalinde et Célia*, *Stella*, les *Pèlerins à Saint-Paul*, *Souvenir de Velasquez (1868)*; la *Femme du joueur*, *Vanessa*, la *Fin du chapitre* et un *Rêve à l'aube (1869)*; une *Marée*, le *Chevalier errant*, l'*Enfance de Raleigh (1870)*; le *Froid octobre*, *Josué combattant avec Amalech*, un *Somnambule*, *Oui ou Non (1871)*; *Coulant vers le fleuve*, *Coulant vers la mer (1872)*; les *Anciens jours*, *Œufs frais*, *Lalla Rouck (1873)*; *Sapins écossais*, *Chauffage d'hiver*, le *Tableau de la santé*, le *Passage Nord-Ouest*, *Attends un moment*, un *Rêve de jour (1874)*, la *Lisière de la bruyère*, la *Couronne d'amour*, *Non! (1875)*; le *Fruit défendu*, etc. (1876), un *Yeoman de la garde*, la *Profondeur de bien des eaux*, *Oui! (1877)*, les *Princes dans la Tour*, un *Lis de Jersey*, l'*Eté de la Saint-Martin*, une *Bonne résolution*, la *Fiancée de Lammermoor (1878)*; la *Tour de la forteresse* et un *Portrait de M. Gladstone (1879)*; un *Portrait de l'auteur*, pour la collection des portraits d'artistes peints par eux-mêmes de la Galerie des Offices de Florence, un *Portrait de M. Bright* et « *Cuckoo* » *(1880)*; portraits de *M. Caird*, du *Comte de Beaconsfield* et de l'*Evêque de Manchester*, et *Cinderella (1881)*; *Portrait du cardinal Newman (1882)*; une *Grande dame*, la *Dame grise*, *Portrait du marquis de Salisbury*, « *Ne m'oubliez pas* » *(1883)*. M. Millais a figuré aux Expositions universelles de Paris de 1855, 1867 et 1878, avec plusieurs de ses meilleures toiles, et a obtenu une médaille de 2ᵉ classe à celle de 1855, une médaille d'honneur et la croix d'officier de la Légion d'honneur à celle de 1878. Elu membre associé de l'Académie royale des arts en 1853, il en est devenu membre titulaire en 1868. Il a été élu associé étranger de l'Académie des Beaux-Arts (Institut de France), en remplacement du peintre italien Dupré, en 1882.

MILLAUD, Henri Edouard, homme politique français, né à Tarascon, de parents israélites, le 27 septembre 1834, vint faire son droit à Paris et, reçu avocat, s'inscrivit au barreau de Lyon en 1857. Il collabora activement à la presse démocratique lyonnaise, et était notoirement connu comme l'un des principaux membres du parti, lorsque survint la révolution du 4 septembre 1870. Nommé premier avocat général près *la cour de Lyon*, M. Millaud eut à remplir, au commencement de 1871, les fonctions de procureur général intérimaire. Forcé de poursuivre des journaux républicains signalés aux foudres du parquet, il préféra donner sa démission, le 14 mai 1872. Le 2 juillet suivant, il était élu représentant du Rhône à l'Assemblée nationale et prenait place au groupe de l'Union républicaine (extrême-gauche); il a pris part à plusieurs discussions importantes et présenté diverses propositions, une entre autres ayant pour objet la saisie et la vente des biens de Napoléon III et l'emploi des fonds ainsi recueillis au payement des frais de guerre. Après avoir échoué aux élections sénatoriales du Rhône, le 30 janvier 1876, M. Millaud était élu, le 20 février suivant, député de la 1ʳᵉ circonscription de Lyon à une majorité de plus des trois quarts des suffrages exprimés. Il reprit sa place à l'extrême-gauche de la nouvelle assemblée, qui le choisit comme vice-président de ses réunions, et fut élu secrétaire de la commission du budget de 1878. Il a voté l'amnistie pleine et entière. Réélu le 14 octobre 1877, il était élu sénateur du Rhône à la faveur d'une élection complémentaire, le 14 mars 1880, et réélu en tête de la liste au renouvellement triennal du 8 janvier 1882. Il a voté l'expulsion des princes. L'un des fondateurs de la Société d'économie politique de Lyon, M. Millaud a fait, en 1869, des conférences économiques favorables au système de la liberté des échanges. Il a publié: *Etude sur l'orateur Hortensius (1859)*; *De l'organisation de l'armée*, *Daniele Manin*, *Lois et coutumes de Venise (1867)*; *Devons-nous signer la paix? (1871)*, et plusieurs brochures de circonstance, sans parler de sa collaboration à divers journaux et revues.

MILLET, Aimé, *sculpteur français*, né à Paris en 1816, fut élève de David d'Angers et hésita quelque temps entre la peinture et la sculpture qu'il avait étudiées concurremment. Pendant une dizaine d'années, de 1842 à 1852, il exposa des dessins au Salon annuel; puis il se décida pour la sculpture et s'y est acquis rapidement une grande réputation. — M. Aimé Millet a débuté comme sculpteur au Salon de 1845, avec une *Bacchante*; il a donné ensuite: *Narcisse*, les bustes du *Dʳ A. Richard*, et de *Gay-Lussac*; une *Jeune fille couronnée de fleurs (1853)* qui, avec les deux précédents ouvrages, reparut à l'Exposition universelle de 1855; *Ariane*, au musée du Luxembourg (1857); le *Maréchal Magnan*, *Léon Rocher (1861)*; *Mᵐᵉ Pauline Viardot (1863)*; *Vercingétorix (1865)*; *Enfantin*, *Portrait de femme*, bustes (1866); reparus avec d'autres ouvrages à l'Exposition universelle de 1867; autre *Portrait de femme (1869)*; *Mᵐᵉ Compoint*, buste en marbre (1872); *Vercingétorix*, statue en pierre, réduction de la statue colossale en cuivre repoussé, érigée à Alise-Sainte-Reine; *Portrait de mademoiselle M. Parant*, buste en marbre (1874); *Cassandre se met sous la protection de Pallas*, statue en marbre (1877); *Edmond Adam*, buste en marbre (1878); *George Sand*, buste en marbre; *Rocafuerte*, ex-président de la république de l'Equateur (Exposition universelle 1878); *Tombeau de S. A. R. le prince de Saxe-Cobourg-Gotha, duc de Saxe, etc., mort à Ebenthal (Autriche) le 26 juillet 1881*; *George Sand*, statue en marbre pour la ville de La Châtre (1884): *Edgar Quinet*, statue en bronze, inaugurée à Bourg le 14 mai 1883; *Portrait de M. Lemercier*, buste en bronze (1885), etc. — On doit en outre à M. Aimé Millet un *Mercure*, au Louvre; la *Justice civile*, à la Mairie du 1ᵉʳ arrondissement de Paris; la *Jeunesse effeuillant des roses*, gracieuse statue allégorique placée sur le tombeau d'Henri Murger au cimetière Montmartre; le magnifique groupe d'*Apollon élevant la lyre d'or* qui surmonte l'Opéra, etc. — Cet artiste a obtenu une médaille de première classe en 1857 *et une autre en 1867 (Exposition universelle)* et un rappel de 1ʳᵉ médaille à l'Exposition de 1878; nommé chevalier de la Légion d'honneur en 1859, il a été promu officier de l'ordre en 1870. Il est membre du Comité des Beaux-Arts pour les expositions internationales, a fait partie, comme membre suppléant, de la section française du jury de l'Exposition de Vienne en 1873 et a été membre élu du jury d'admission des ouvrages d'art à l'Exposition universelle de 1878.

MILOCHAU, Emile, homme politique français, né au Luet (Eure-et-Loir) le 15 mars 1846. Secrétaire du comice agricole de Chartres pendant quinze ans, il en est devenu vice-président en 1882; il a occupé quelques mois, après le 4 septembre, la sous-préfecture de Châteaudun et est maire de sa commune, Béville-le-Comte. M. Milochau a été élu député d'Eure-et-Loir le 4 octobre 1885, *sur la liste républicaine. Il a voté contre les* propositions d'expulsion des princes.

MINGHETTI, Marco, économiste et homme d'Etat italien, né à Bologne le 8 septembre 1818, d'une famille de riches négociants; il fit de bonnes études à l'université *de sa ville natale, puis entreprit un voyage en Italie*, en France, en Allemagne et en Angleterre où il résida quelque temps, étudiant de préférence les institutions et les lois économiques des pays qu'il visitait. Ces études l'amenèrent à se prononcer en faveur de la liberté du commerce et des échanges et, à son retour à Bologne, en 1846, il donna lecture, à la Société d'agriculture de cette ville, d'un mémoire sur la réforme des lois sur les céréales en Angleterre, tout imprégné de cette doctrine. L'avènement de Pie IX annonçant l'ouverture d'une ère de liberté jusque-là inconnue, il fonda à Bologne un journal, le *Felsineo*, et fonda des conférences économiques et agricoles. A la fin de 1847, il était appelé à Rome, comme membre de la Consulte des finances. Confiant dans les promesses de libéralisme dont Pie IX fut si prodigue à cette époque, il accepta le portefeuille des travaux publics dans le cabinet du 10 mars 1848, lequel se dispersait avec empressement à la suite de l'encyclique du 29 avril. Radicalement désabusé, M. Minghetti ne resta pas plus longtemps à Rome. Il courut au camp de Charles Albert, qui le nomma capitaine d'état-major, et combattit avec ardeur les ennemis *de l'Italie, sûr au moins, cette fois, de ne pas se* tromper. Il fut promu major après la bataille de Goito et décoré de l'ordre des SS. Maurice et Lazare après celle de Custozza. Il refusait, en septembre suivant, l'offre d'un portefeuille qui lui était faite par l'infortuné Rossi et, après la paix de Milan, retournait à Bologne, où il reprit ses travaux et ses études favorites, entretenant avec le comte Cavour des relations suivies, mais ne prenant pas autrement part aux affaires publiques. M. Minghetti, appelé par le Congrès de Paris, en 1856, pour prendre part à la rédaction de son memorandum, entreprenait peu après un voyage en Orient. *Mais les événements* de 1859, dont l'annonce le vint trouver en Egypte, le firent revenir promptement en Italie. Il fut nommé aussitôt secrétaire général au ministère des affaires étrangères, par Cavour. M. Minghetti conserva ce poste jusqu'à la paix de Villafranca, retourna ensuite à Bologne et fut élu membre de l'Assemblée des Romagnes, dont il devint ensuite président; puis, après l'annexion, député de Bologne au parlement italien. Ministre de l'intérieur, dans le cabinet Cavour, en octobre 1860, à la mort de cet homme d'Etat (6 juin 1861), il conserva son portefeuille dans l'administration Ricasoli; mais son projet d'organisation intérieure, basé sur le principe des libertés provinciales, ayant échoué devant les chambres, il se retira peu après et fut élu vice-président de la Chambre des députés. A la chute du ministère Rattazzi, dont il avait été l'un des adversaires les plus acharnés (décembre 1862), M. Minghetti était appelé à former un nouveau cabinet où il prit le portefeuille des finances. En juin suivant, il avait un duel à l'épée avec son prédécesseur. — En quittant le cabinet, en juillet 1868, M. Minghetti fut nommé ambassadeur à Londres. En mai 1869, lors du troisième remaniement du cabinet Menabrea-Cambray-Digny, il acceptait modestement, lui, ancien chef du cabinet, le portefeuille de l'agriculture. Ce cabinet ayant fait place au cabinet Sella-Lanza (décembre 1869), M. Minghetti fut nommé ambassadeur à Vienne, d'*où il fut rappelé sur sa demande, et remplacé par le* général Menabrea, en novembre 1870. Le 10 juillet 1873, il était appelé de nouveau à former un cabinet, dans lequel il reprit le portefeuille des finances, qu'il échangea dans la suite pour celui des affaires étrangères. Il donnait sa démission le 19 mars 1876 avec tout son ministère, remplacé par un ministère de gauche sous la présidence de M. Depretis (voyez ce nom). — On a principalement de M. Marco Minghetti: *Della economia publica e delle sue attinenze con la morale et col diritto* (De l'Economie publique dans ses rapports avec la morale et le droit), son ouvrage le plus important et d'une valeur d'ailleurs considérable (Bologne, 1859), traduit en français par M. Saint-Germain Leduc (1863); *Opuscoli letterari ed economici* (Florence, 1872); *le Donne italiane nelle belle arti ai secoli XV e XVI (1877)*; *la Chiesa e lo Stato (1878)*, etc. Elu correspondant de l'Académie des sciences morales et politiques, dans la section d'économie politique (Institut de France), en 1864, il a été élu, en janvier 1876, associé étranger de ce corps savant, en remplacement de Quételet. — M. Minghetti est major honoraire d'état-major et officier d'ordonnance honoraire du roi. Il est grand croix de l'ordre des SS. Maurice et Lazare, grand croix de la Légion d'honneur et haut dignitaire de divers autres ordres nationaux et étrangers.

MISAELIDIS, Misael, musicien grec, premier chantre et directeur de la musique de l'église Saint-Dimitri, à Smyrne, est l'un des musiciens les plus distingués de l'Orient. M. Bourgault-Ducoudray a dit de cet artiste, dans ses *Souvenirs d'une mission musicale en Grèce et en Orient*: « Misaël Misaëlidis est un homme intelligent *et instruit. S'il n'arrive pas à régénérer* la musique byzantine, il aura, par ses travaux, rendu d'incontestables services à l'Orient... Il raisonne, il réfléchit, il remonte aux sources. Il a lu les traités des anciens et, dans un ouvrage important, qui n'est malheureusement pas encore imprimé, il montre les contradictions qui existent entre leurs principes et ceux des modernes. Il ne s'est pas contenté de relever les nombreuses erreurs dont fourmillent ces théories qui prétendent donner pour base à la musique byzantine la musique antique, il a fait une grammaire comparée. Grâce à lui, tout musicien byzantin pourra arriver en peu de temps à lire la portée européenne, et *vice versa*, tout Grec connaissant la musique européenne pourra apprendre facilement la notation orientale. — Misaëlidis a compris l'immense intérêt qu'il y aurait à abattre la barrière qui sépare l'Orient de l'Occident au point de vue musical, etc. ».

MISTRAL, Frédéric, poète et philologue provençal, né le 8 septembre 1830 à Maillane (Bouches-du-Rhône), fit ses études au lycée d'Avignon, son droit à Aix et se fit recevoir avocat, mais n'exerça pas. Retiré dans son pays natal, il s'occupa surtout d'études philologiques et de poésie dans le dialecte provençal. Il avait déjà publié de nombreuses pièces détachées dans divers recueils, notamment dans l'*Armana prouvençaou*, lorsqu'il fit paraître, en 1859, une sorte de roman en vers, écrits en langue provençale, mais accompagnés de la traduction française et précédés d'une introduction: *Mireille* (Mirèio), auquel l'Académie française décerna une médaille de la valeur de 2,000 francs en 1861, et la critique littéraire ses plus vifs éloges. Avec le concours de Michel Carré, M. Mistral en tira même un livret d'opéra comique en cinq actes (*bientôt réduit en trois actes, par exemple*), dont M. Gounod écrivit la musique et qui fut joué au Théâtre-Lyrique, avec succès, en 1864. M. Mistral a publié depuis, dans le même genre et le même idiome: *Calendau (1867)*, les *Sabots d'or (1875)* et *Nerto (1884)*. On a annoncé, il y a quelque temps, qu'il mettait la der

nière main à un *Dictionnaire de la langue d'oc*, ouvrage considérable embrassant tous les dialectes parlés dans le midi de la France. — M. Frédéric Mistral est chevalier de la Légion d'honneur depuis 1863, il est en outre décoré des ordres d'Isabelle la Catholique et de Charles III d'Espagne, et de l'ordre de la Couronne d'Italie.

MITCHELL, Isidore Hyacinthe Marie Louis Robert, journaliste et homme politique français, né à Bayonne le 21 mai 1839, d'un père anglais et d'une mère espagnole, eut pour parrain Don Carlos qui, en manière de présent de bienvenue, déposa dans son berceau le brevet de capitaine dans son armée, pour lors en pleine débandade. Venu de bonne heure à Paris, il collaborait à la *Presse théâtrale* dès 1856; en 1857, il allait rédiger à Londres un journal anglais, l'*Atlas*. Revenu en France, il s'engageait volontairement afin de pouvoir affirmer sa nationalité de Français; il ne resta pas, d'ailleurs, plus qu'il ne fallait pour cet objet, attaché au service militaire, qui ne le séduisait pas. Entré aux « journaux réunis » en 1860, comme rédacteur politique du *Constitutionnel*, il passa, en 1862, au *Pays* en la même qualité; l'année suivante, il quittait ce dernier journal, entrait à la rédaction du *Nord* de Bruxelles, puis à celle de l'*Etendard* en 1865, rentrait au *Constitutionnel* en 1866 et, après un court passage à la *Patrie*, faisait en 1867, une seconde rentrée au *Constitutionnel*, où il remplaçait M. Baudrillart comme rédacteur en chef en 1869. Dans cette situation, M. Robert Mitchell se fit l'organe du nouveau tiers-parti libéral et ne fut pas sans influence sur le mouvement d'opinion qui devait amener M. Emile Ollivier au pouvoir. Il appuya la politique du nouveau gouvernement, non sans risquer çà et là quelques critiques trop justifiées et, dès le début de l'agitation née de l'acceptation de la couronne d'Espagne par un prince allemand, il se prononça contre la guerre avec une énergie d'autant plus louable qu'elle lui valut les injures et les menaces de la tourbe d'agitateurs en blouses blanches très belliqueuse alors, et résolue à entrer à Berlin sans retard. Nommé commandant des mobiles des Basses-Pyrénées au début de la guerre, M. R. Mitchell, n'ayant pu obtenir d'être attaché à un corps d'armée opérant sur le Rhin, donna sa démission et s'engagea aux zouaves de la garde. Il alla aussitôt (17 août) rejoindre l'armée du maréchal de Mac-Mahon, prit part, en conséquence, aux opérations de cette armée et assista au désastre de Sedan, où il fut fait prisonnier. Emmené en Allemagne, il fut retenu trois mois dans les casemates de Kosel et quatre dans la forteresse de Neisse (Silésie prussienne). De retour en France en avril 1871, il fondait, le 4 décembre suivant, avec M. Hubert Débrousse, le *Courrier de France* qui, au début, parut devoir appuyer la république modérée, en tout cas abandonner toute idée de retour à « un système qui a ruiné la France ». Cependant, le *Courrier de France* ne tarda pas à attaquer M. Thiers et son gouvernement avec un acharnement véritable. M. Débrousse ayant cédé le *Courrier*, M. Robert Mitchell passa à la *Presse*, en 1873, comme rédacteur en chef et y poursuivit la même campagne; mais, loin d'appuyer les projets de fusion, lorsqu'ils se manifestèrent, il les combattit avec ardeur et dut, en conséquence, quitter la *Presse*. En avril 1874, M. Mitchell prenait la direction du *Soir*, qu'il conserva jusqu'aux élections de 1876. — Elu alors député de la Gironde pour l'arrondissement de la Réole, contre M. Cadue, républicain modéré, député sortant, M. Robert Mitchell prit place au groupe de l'Appel au peuple. Il se fit remarquer à l'Assemblée, peu à son avantage à coup sûr, par ses interruptions bruyantes et répétées et par l'étonnante fantaisie de ses propositions. Réélu le 14 octobre 1877, il ne se représenta pas aux élections du 21 août 1881, mais figura, sans succès, sur la liste monarchiste, à celles d'octobre 1885. — A la nouvelle de la mort de l'ex-prince impérial au Cap (novembre 1878), M. Robert Mitchell se rangea aussitôt sous la bannière du prince Napoléon-Jérôme, dont il n'a cessé de défendre la cause. Il est devenu, en 1885, rédacteur en chef du *Pays* et a fondé la *Souveraineté* en octobre 1886. — M. Mitchell est chevalier de la Légion d'honneur depuis 1868.

MITRE, Don Bartolomé, général et homme d'Etat, ancien président de la République argentine, est né à Buenos-Aires le 26 juin 1821. Il fut élevé avec le plus grand soin par son père, qui remplissait les fonctions d'officier du trésor à Patagones et, dès l'enfance, manifesta un goût profond pour la littérature. Il avait à peine quinze ans lorsqu'il publia un premier recueil de *Poésies lyriques*. Forcé de fuir les persécutions du dictateur Rosas, son père, qui appartenait au parti libéral et unitaire, se réfugia à Montevideo; sur ce théâtre plus grand, le jeune Bartolomé s'empressa de compléter ses études, tout en collaborant aux journaux; enfin, cédant à un enthousiasme soudain, il s'engagea comme simple volontaire dans l'artillerie uruguayenne. Son avancement fut des plus rapides: il était capitaine à dix-huit ans et lieutenant-colonel d'artillerie à vingt-trois. En cette dernière qualité, il se distingua à la défense de Montevideo, ainsi qu'il l'avait déjà fait comme lieutenant en 1838, et comme capitaine à la bataille d'Agaucha en 1839 et dans la campagne d'Entre-Rios, contre Rosas, en 1842. Après la défaite de l'armée libératrice à l'Arroyo Grande, Mitre rentra à Montevideo, qui fut bientôt assiégée par l'infâme lieutenant de Rosas, Manuel Oribe. C'est pendant ce siège mémorable, qui dura de 1843 à 1846, que le colonel Mitre avec son régiment d'artillerie, préposé à la défense des ouvrages extérieurs de la ville, se signalèrent par un héroïsme dont l'histoire américaine a recueilli le souvenir. Ses devoirs de soldat n'empêchaient pas le jeune colonel de se livrer à ses goûts d'écrivain; il collabora successivement au *Comercio*, à l'*Iniciador*, au *Nacional* et devint enfin rédacteur en chef de la *Nueva Era*, tous journaux faisant au dictateur, est-il besoin de le dire, une opposition acharnée. Il fondait en même temps, à Montevideo, l'Institut historique et géographique et publiait un traité militaire qui fut très apprécié: *Instruccion practica de artilleria*. Peu après, ayant eu à se plaindre du gouvernement de Montevideo, il quitta cette ville et se rendit en Bolivie, où il fut reçu avec la plus grande cordialité par le président Ballivian, qui lui confia aussitôt la direction d'un collège militaire. Le Pérou et la Bolivie étant à cette époque en hostilité ouverte, quoique en paix apparente, il prit la rédaction en chef de la *Epoca*, dans laquelle il plaida avec éloquence, et avec l'autorité que lui donnait sa connaissance approfondie de toutes les questions qui pouvaient diviser les républiques du Sud, la cause de la Bolivie. Bientôt éclata contre le gouvernement de Ballivian, à Chuquisaca, une insurrection évidemment fomentée par le Pérou. Il accepta le poste de chef d'état-major de l'armée bolivienne et concourut puissamment à réduire ce mouvement. Mais un autre soulèvement se préparait; un de ses amis, le général Guilarte, était signalé comme chef du complot: il alla le trouver et réussit à le dissuader de se mettre à la tête de la révolution; ce fut tout ce qu'il obtint. La révolution éclata néanmoins et ne trouva devant elle que Mitre et son régiment. Ayant refusé les offres des insurgés vainqueurs, il reçut l'ordre de quitter le pays dans les deux heures et fut conduit sous escorte jusqu'à la frontière du Pérou. Mais le Pérou le reçut en ennemi et le força par ses persécutions, en plein hiver, à traverser la Cordillière déserte pour aller se réfugier à Tapia. Là, il reçut l'offre, d'un parti assez considérable, de prendre le commandement d'un mouvement révolutionnaire ayant pour objet l'indépendance du sud du Pérou; mais il refusa et partit pour le Chili. Dans ce pays, il fut tour à tour rédacteur du *Mercurio* de Valparaiso, du *Progreso* et du *Comercio* de Santiago, journaux d'opposition; il prit d'ailleurs la direction de l'opposition, à laquelle appartenait toute la jeunesse chilienne. Il fut poursuivi, mis en prison, transféré sur un ponton, et finalement renvoyé au Pérou, après que les autorités eurent saisi l'imprimerie qu'il avait fondée et le journal qu'il publiait. Au Pérou, il se mêla de nouveau à l'agitation démocratique, combattit le gouvernement par la plume et la parole et eut une influence décisive sur la révolution qui éclata peu après, mais à laquelle il ne paraît pas qu'il ait pris une part active. Il retourna ensuite à Montevideo et, après la chute de Rosas (1852), rentra à Buenos-Aires. Investi dans sa ville natale de diverses fonctions municipales importantes, Bartolomé Mitre fut élu membre de la législature de Buenos-Aires, où il se fit promptement remarquer comme orateur et devint si populaire, qu'aux élections de 1860, ce fut lui qui obtint le plus grand nombre de suffrages, le second élu étant un homme tout jeune encore à cette époque, plus tard président de la République argentine, le docteur Don Nicolas Avelleneda. Nommé ministre de la guerre de l'Etat de Buenos-Aires, il était nommé gouverneur de cet Etat et recevait, à l'occasion de la signature de la paix entre les Etats de la République, le titre de brigadier-général dans l'armée nationale (juillet 1860). Cette paix ne fut pas de longue durée; un soulèvement eut lieu à San Juan, dont le directeur provisoire (le titulaire ayant été assassiné) fut exécuté, comme coupable d'y avoir trempé peu ou prou, par ordre d'un simple officier supérieur. Indigné, Mitre demanda au président de la République, Derqui, le désaveu solennel de son subordonné et, n'obtenant pas satisfaction, prit les armes à son tour, après en avoir appelé au Congrès. Il va sans dire que la diplomatie européenne tenta d'arranger les choses et que ce fut avec son insuccès invariable. — Mitre, vainqueur dans toutes ses rencontres avec Urquiza, général de l'armée gouvernementale, conclut la paix avec celui-ci en février 1862, lui laissant le gouvernement de la province d'Entre-Rios, qu'il avait déjà exercé sous Rosas, contre lequel il se tournait en dernier lieu. A l'ouverture de la législature de Buenos-Aires (1er mai), Mitre annonça par un message le triomphe du parti libéral, sans parler de toutes sortes de prévisions rassurantes. Au mois d'août, il était élu unanimement président de la République argentine, pour la période constitutionnelle de six années commençant le 12 octobre 1862; en même temps, par convention spéciale, Buenos-Aires devenait le siège du gouvernement central. Son gouvernement a été principalement marqué par l'alliance avec le Brésil contre le Paraguay, dont le président, Lopez, tint tête pendant cinq ans (1865-70) avec une rare énergie, à des forces coalisées presque toujours beaucoup plus nombreuses que les siennes, les battant invariablement, jusqu'au moment où, épuisé de ressources et déclaré hors la loi par le gouvernement provisoire qui s'était tranquillement, sinon bravement, installé à l'Assomption, pendant qu'il exposait sa vie chaque jour, depuis cinq ans, à la tête de ses soldats, il céda, non sans résistance, aux forces brésiliennes commandées par le comte d'Eu, à qui il était difficile de trouver une meilleure et plus sûre occasion de justifier, par un succès éclatant, sa récente promotion au grade de maréchal de l'armée brésilienne. Céder n'est toutefois pas le mot exact: Lopez mourut les armes à la main, après avoir refusé de se rendre, le 1er mars 1870.

Remplacé au pouvoir suprême, le 12 octobre 1868, par Don D. Faustino Sarmiento, le général Mitre, signataire du traité d'alliance avec le Brésil dans l'occasion que nous venons de rappeler, fut nommé, en 1872, envoyé extraordinaire et ministre plénipotentiaire de la République argentine, près la cour de San Cristobal, avec mission de s'entendre avec les plénipotentiaires brésiliens sur l'interprétation, déjà fort controversée, de ce fameux traité. Porté de nouveau candidat à la présidence de la République en août 1874, en remplacement de M. Sarmiento, il échoua contre Nicolas Avellaneda, déjà nommé. Il prit aussitôt les armes. Mais les mesures énergiques prises par M. Sarmiento, toujours en fonctions jusqu'à l'installation de son successeur, laquelle ne devait avoir lieu que le 12 octobre suivant, eurent assez rapidement raison de ce mouvement où, cette fois comme bien d'autres, l'opinion publique n'était pas avec M. Mitre. Celui-ci, forcé de mettre bas les armes (2 décembre), fut quelque temps interné. Il fut gracié en définitive, par le nouveau président, M. Avellenada et se retira au Chili. Rentré depuis à Buenos-Aires, il y est le chef reconnu du *parti Uni*, en quelle qualité il faisait appel, aux élections présidentielles d'avril 1876, à la lutte... sur le terrain légal d'abord, sur le champ de bataille au besoin. On n'en est pas venu jusque-là, heureusement.

On lui doit, outre les ouvrages cités, *Historia de Belgrano*, ouvrage communiqué avec éloge à l'Académie des Inscriptions et Belles-Lettres, par M. Levasseur, en avril 1882.

MOLESCHOTT, Jacques, physiologiste italien, d'origine hollandaise, membre du sénat du royaume d'Italie, est né à Herzagenbusch le 9 août 1822. Il fit ses études à l'université d'Heidelberg et, fils d'un médecin distingué, suivit lui-même les cours de médecine de cette université, prit le grade de docteur en 1845 et alla s'établir à Utrecht comme médecin. Tout en suivant à Heidelberg les cours de médecine, il se livrait avec passion à l'étude des sciences physiques, et son amour des recherches scientifiques l'empêcha de poursuivre la modeste carrière du médecin praticien. Il revint donc à Heidelberg en 1847, se fit recevoir agrégé et ouvrit des cours particuliers de chimie physiologique et d'anthropologie dans lesquels il ne tarda pas à développer les idées matérialistes dont l'étude l'avait pénétré. Il eut alors à soutenir une de ces luttes opiniâtres, incessantes, quelque peu envenimées dans lesquelles les ressources de leur imagination et l'élasticité de leurs doctrines servent admirablement les spiritualistes éclectiques, sans parler de l'appui de l'autorité qui, par bon ton, est toujours et partout de leur côté. Le docteur Moleschott en fut bientôt réduit, malgré son énergie, à l'alternative étroite de se taire ou de déguerpir; ce fut à ce dernier parti qu'il se décida. Nommé peu après professeur de physiologie à l'université de Zurich, il passait en la même qualité à celle de Turin en 1851. S'y trouvant bien, le docteur Moleschott y pratiqua en même temps la médecine et finalement se fit naturaliser Italien. Son cours, très suivi, ne l'a pas empêché de se livrer à l'étude, de publier divers ouvrages, dont plusieurs très importants, ni de se mêler aux polémiques scientifiques soulevées dans ces derniers temps en Allemagne, en France et ailleurs aussi bien qu'en Italie. Il a été nommé, par décret royal, sénateur du royaume d'Italie, en novembre 1876. — On a surtout de ce savant: *Considérations critiques sur la théorie de Liebig relative à la nutrition des plantes* (Haarlem, 1845), ouvrage couronné par l'Académie de Haarlem; *De Malpighianis pulmorum vesiculis*, sa thèse de doctorat (Heidelberg, 1845); l'*Essai de chimie physiologique* de Mulder, traduit du hollandais en allemand (1846); *Physiologie des aliments (1850)*; *Traité populaire de l'alimentation (1850)*; la *Circulation de la vie (1852*, nouv. édit., 2 vol. 1868); *Physiologie de la transformation des substances dans les plantes et dans les animaux* (même année); *George Forster, le naturaliste du peuple (1854)*; la *Lumière et la vie (1857)*; *Esquisses physiologiques (1861)*, etc.

MOLESWORTH, Guilford Lindsay, ingénieur anglais, né à Millbrook (Hants), en 1828, fit ses études au Collège des ingénieurs civils de Putney, près de Londres, puis devint élève ingénieur-civil, sous la direction de M. Docking, au London and North-Western Railway, et apprit la construction des machines chez sir William Fairbairn, à Manchester. Il fut ensuite employé à divers travaux, spécialement à des travaux de chemins de fer dans le pays de Galles, et devint en 1852 ingénieur en chef-adjoint au chemin de fer de Londres, Brighton et les côtes du Sud. Pendant la guerre de Crimée, M. Molesworth fut chargé de diriger la construction des bâtiments et des machines à l'Arsenal royal de Woolwich et, après la paix, il s'établit ingénieur consultant à Londres. En 1858, il obtint de l'Institution des ingénieurs civils la médaille Watt et le prix Manby, pour son mémoire sur la *Transformation du bois par l'emploi des machines*. L'année suivante, il fut attaché comme ingénieur au chemin de fer de Ceylan, et devint ingénieur en chef des chemins de fer du gouvernement en 1862, directeur-général des chemins de fer en 1865, directeur des travaux publics en 1867 et ingénieur-consultant du gouvernement des Indes en 1871. — M. Molesworth a publié un *Pocket-book of Engineering Formulæ* qui a eu six éditions dans l'année même de son apparition et est considéré comme le *Vade-mecum* indispensable de l'ingénieur.

MOLINARI (de), Gustave, économiste belge, fils du baron Philippe de Molinari, ancien officier de l'empire, qui s'établit plus tard à Bruxelles comme médecin homéopathe et a publié plusieurs ouvrages de médecine, est né à Liège le 3 mars 1819. Venu à Paris dans les dernières années du règne de Louis-Philippe, il collabora aux journaux de l'opposition, notamment au *Courrier français*, ainsi qu'au *Journal des économistes*. En 1846, il prenait part, avec Fréderic Bastiat, Wolowski, Joseph Garnier, Michel Chevalier, etc., à la fondation d'une association pour la liberté des échanges, sur le modèle de la ligue fondée en Angleterre par Cobden, et dont les principes venaient d'y triompher, tandis qu'en France tous les efforts dans le même sens devaient rester stériles longtemps encore. L'association fut d'ailleurs dissoute en 1848, et ses membres se bornèrent désormais à combattre dans la presse courante, par des arguments tirés des principes de l'économie politique, les théories socialistes de toutes les écoles. Après le coup d'Etat de décembre 1851, M. G. de Molinari retourna en Belgique. Il fut nommé professeur d'économie politique au Musée de l'industrie de Bruxelles, et conserva cette chaire jusqu'en 1859, époque vers laquelle il revint à Paris, qu'il n'a plus quitté. A Bruxelles il a fondé avec son frère, M. Eugène de Molinari, avocat, rédacteur de la *Revue trimestrielle* belge et auteur de plusieurs ouvrages estimés, deux journaux spéciaux: l'*Economiste*

Belge et la *Bourse du travail*. Il a collaboré à Paris, au *Courrier français*, à la *Patrie*, au *Libre-échange*, à la *Revue nouvelle*, au *Journal des économistes* dont il est le rédacteur en chef, au *Journal des Débats* dont il a été le redacteur en chef de 1871 à 1876 et auquel il a adressé d'Amérique, où il est allé visiter la grande Exposition de Philadelphie en 1876, des lettres très remarquables qu'il a ensuite réunies en volume, etc. M. de Molinari a été élu, le 28 mars 1874, correspondant de l'Institut de France (Académie des sciences morales et politiques). — On doit à ce savant économiste : *Des moyens d'améliorer le sort des classes laborieuses (1844)*; *Etudes économiques (1846)*; *Histoire du tarif*; les *Fers et les houilles*; les *Céréales (1847)*; les *Soirées de la rue Saint-Lazare (1869)*; les *Révolutions et le despotisme* (Bruxelles, 1852); *Cours d'économie politique (1855*, 2 vol., 2ᵉ édit., 1863); *Conversations familières sur le commerce des grains* (*1856)*; *Etude sur l'abbé de Saint-Pierre*, en tête d'une édition de ses *Œuvres (1857)*; *De l'enseignement obligatoire (1859)*; *Lettres sur la Russie (1861*, 2ᵉ édit., 1877); *Napoléon III publiciste (1861)*; *Questions d'économie politique et de droit public (1862*, 2 vol.), le *Congrès européen (1864)*; *Galerie des financiers belges (1866)*; les *Clubs rouges (1870)*; le *Mouvement socialiste (1872)*; la *République tempérée*, broch. in-8ᵒ (1875); *Lettres sur les Etats-Unis et le Canada (1876)*; la *Rue des nations*, études sur l'Exposition universelle de 1878 (1878); l'*Evolution économique au XIXᵉ siècle (1880)*; l'*Evolution politique et la Révolution (1884)*, etc.

MOLTKE (comte de), Hellmuth Carl Bernhard, feld-maréchal de l'empire d'Allemagne, chef d'état-major général des armées allemandes, d'une vieille famille mecklembourgeoise, est né le 26 octobre 1800, à Parchim, près de quelle ville son père, ancien officier du régiment de Mollendorf, possédait le domaine de Gnewitz. Mais peu après la naissance de Hellmuth, ses parents allèrent s'établir dans le Holstein, et quant à lui, il entrait à l'école militaire de Copenhague, n'ayant guère plus de neuf ans. En 1822, il était lieutenant dans l'armée danoise lorsque, mécontent sans doute de l'insuffisance de l'instruction militaire, il demanda un congé de trois années, avec solde, pour y suppléer par des études à l'étranger, principalement en Allemagne, le congé lui fut accordé, non la solde : en conséquence il donna sa démission. Il entra aussitôt dans l'armée prussienne comme lieutenant au 8ᵉ régiment d'infanterie, et suivit les cours de l'Académie militaire. Après avoir passé quelque temps à l'École de division de Francfort-sur-l'Oder, il fut admis dans l'état-major. Ayant obtenu un congé en 1835, il fit un voyage en Orient et fut présenté au sultan Mahmoud qui voulut le charger de la réorganisation de son armée d'après les théories nouvelles, et obtint pour cet objet une prolongation de congé de plusieurs années au jeune officier prussien. Il prit part en 1839 à l'expédition de Syrie contre le vice-roi d'Égypte Mohemet-Ali et Ibrahim Pacha son fils adoptif. De retour en Prusse en 1845, il publiait une relation de ses impressions en Turquie. Il devint l'année suivante aide-de-camp du prince *Henri de Prusse*, retiré à *Rome* et, après la mort de celui-ci, en 1847, entra dans l'état-major de l'armée du Rhin et fut nommé en 1849 chef d'état-major du 4ᵉ corps d'armée à Magdebourg. Aide-de-camp du prince Frédéric Guillaume, en 1856, il était nommé en 1858 chef d'état-major-général de l'armée prussienne et, en 1859, promu lieutenant-général. M. de Moltke suivit la campagne de 1859 dans le quartier-général autrichien. Lors de la guerre contre le Danemark en 1864, ce fut lui qui dressa le plan de campagne, et il assista à son exécution, qu'il dirigeait en fait. Il prit une part semblable à la guerre de 1866 contre l'Autriche, le plan de la campagne de Bohême lui est entièrement dû et, après la bataille de Kœniggrætz, à laquelle il assistait, ce fut lui qui détermina la marche hardie de l'armée prussienne sur Olmutz et Vienne, lui encore qui traita de l'armistice et des préliminaires de paix. Promu général d'infanterie au début de la campagne, il fut décoré, à la suite des négociations de paix, de l'ordre de l'Aigle noire, et reçut une dotation nationale.

Le père Moltke *(Vater Moltke)*, comme on l'appelle familièrement, paraît-il, dans l'armée prussienne, est considéré à juste titre comme le premier stratégiste de notre temps, mais il a encore un autre don, plus précieux peut-être, celui de la prévision. Personne au monde n'est moins disposé que lui à s'endormir sur ses lauriers, une guerre terrible n'a pas plus tôt pris fin qu'il en prévoit — nous ne disons pas qu'il en cherche ou qu'il en rêve — une autre. Un plan dressé par ses soins, longtemps d'avance souvent, a réussi : aussitôt il se remet à l'œuvre, dresse un nouveau plan pour la campagne la plus prochaine, autant que ses prévisions l'en peuvent avertir. C'est ainsi que, depuis longtemps, la campagne de 1870-71 était préparée. On sait avec quelle précision, quelle rigueur et quel bonheur en même temps le plan en fut suivi, sous la direction même de celui qui l'avait préparé et avait reçu le commandement en chef des armées allemandes. Nous n'y insisterons pas davantage. — M. de Molke fit partie, comme il était juste, de tous les conseils chargés de discuter les conditions de la capitulation de Paris, de l'armistice, des préliminaires de paix et des évacuations successives du territoire français. Baron héréditaire, il fut créé comte le 28 octobre 1870, élevé à la dignité de feld-maréchal de l'empire d'Allemagne le 17 juin 1871, nommé chef d'état-major général des armées allemandes en septembre suivant et membre de la Chambre des seigneurs le 28 janvier 1872. Il lui fut voté en outre une nouvelle dotation nationale. En octobre 1870, le feld-maréchal de Moltke recevait de l'empereur Alexandre II la décoration de l'ordre de Saint-Georges, l'ordre militaire le plus élevé de la Russie, et son propre souverain lui conférait la grande croix de l'ordre de la Couronne de fer le 22 mars 1871. Ajoutons qu'il est également grand croix de la Légion d'honneur, — jouissant en Allemagne d'une grande popularité aussi bien que d'une grande influence sur l'empereur personnellement et sur la direction des affaires politiques, le maréchal de Moltke est surtout le chef du parti militaire, et il serait merveilleux qu'il en fût autrement. Il semble même que son influence s'étende à la politique extérieure. *C'est ainsi que seul il accompagnait Guillaume Iᵉʳ lors de* sa visite à Victor Emmanuel II, à son arrivée à Milan, le 19 octobre 1875, pour ne citer que cet exemple. A la séance du Reichstag allemand du 24 avril 1877, le maréchal de Moltke, pour obtenir de la commission du budget le supplément de crédit nécessaire à la création de cent cinq emplois nouveaux de capitaine d'infanterie, a prononcé un discours fort commenté, mais qui, au fond, était réellement une menace, ou plutôt une tentative d'intimidation contre la France, indiquant la direction de ses études actuelles et l'objet des plans de cet infatigable organisateur de batailles, qui ne s'est jamais laissé aveugler par la générosité. M. de Moltke représente au Reichstag la ville et circonscription de Memel. Ses électeurs, libre-échangistes, ont protesté, en avril 1877, contre ses votes sur la question économique ; mais, vérification faite, ils ont reconnu que leur député n'avait jamais émis un vote contraire au gouvernement : et c'est là toute la morale de l'histoire. — M. le comte de Moltke a publié notamment : l'*Expédition turco-russe dans la Turquie d'Europe (1835)*; *Lettres sur les événements de Turquie de 1835 à 1839 (1841)*; l'*Expédition d'Italie en 1859 (1863)*, un travail semblable sur la campagne de 1866 ; *Observations sur l'influence des armes de précision sur la tactique moderne (1869)*; *Rapport de l'état-major allemand sur la campagne de 1870-1871 (1872)*; *Lettres sur la Russie (1874*, nouv. édit. 1877), etc.

MOMMSEN, Théodor, historien et épigraphiste allemand, né à Garding, dans le Schleswig, le 30 novembre 1817, fit ses études aux universités d'Altona et de Kiel, puis visita aux frais du gouvernement, la France et l'Italie. A son retour, en 1848, il collabora au *Journal du Schleswig-Holstein*, dont il devint presque aussitôt rédacteur en chef, et fut nommé professeur de droit à Leipzig. Révoqué pour s'être compromis dans les événements politiques de l'époque, il passa en Suisse et devint professeur à Zurich en 1852, puis à Breslau, en 1854 ; en 1858, il était appelé à la même chaire à l'université de Berlin, d'où il est passé à la chaire de jurisprudence de l'université de Leipzig en 1864. Membre de l'Académie des sciences de Berlin, dont il est secrétaire perpétuel depuis 1874, M. Mommsen est correspondant de l'Institut de France depuis 1860 ; il était aussi correspondant de la Société des antiquaires de France, mais il en a été rayé en février 1872, en représailles de son attitude envers la France, dont il avait été l'hôte bien accueilli, et envers la science française, au moment de nos malheurs, attitude qui donne la mesure du caractère de ce savant. Il est en outre chevalier de la Légion d'honneur et commandeur des Saints Maurice et Lazare d'Italie depuis 1878. Membre de la Chambre des députés de Prusse depuis 1873, il se faisait poursuivre, en juin 1882, devant les tribunaux de Berlin, sous l'inculpation de diffamation, commise dans un discours électoral, envers le prince de Bismarck. Acquitté en première instance, il était de nouveau acquitté par la cour d'appel de Leipzig, le 7 avril 1882. L'opinion, même dans son pays, ne l'a pas encore acquitté de sa diffamation envers la France. M. Mommsen appartient, en politique, au groupe national-libéral. On doit à ce savant de nombreux ouvrages sur l'épigraphie romaine, une étude sur les *Dialectes de la basse Italie (1850)*; une *Histoire de la monnaie chez les Romains (1860)*; surtout une *Histoire romaine (1853-56*, 3 vol.) qui en est à sa septième édition et a été traduite en anglais et en français.

MONDENARD (de), Adolphe Joseph, homme politique français, né à Fieux (Lot-et-Garonne) le 26 janvier 1839. Il fit son droit à Paris, se mêlant activement aux manifestations politiques dont le quartier des Ecoles fut le théâtre à diverses reprises, collaborant aux journaux d'étudiants, et n'en fut pas moins reçu licencié. Après le 4 Septembre, M. de Mondenard devint rédacteur en chef du *Réveil de Lot-et-Garonne*, puis de la *Constitution* et enfin de l'*Indépendant* du même département. Il s'occupe en outre de viticulture, et a publié sur ce sujet un *Petit manuel de viticulture franco-américaine* très estimé. Membre du Conseil municipal de sa commune et du Conseil général de Lot-et-Garonne, M. de Mondenard a été élu député de ce département le 18 octobre 1885. Il a voté l'expulsion totale des princes.

MONIS, Ernest Antoine Emmanuel, homme politique français, né à Châteauneuf (Charente) le 23 mai 1846. Avocat du barreau de Cognac, il eut à plaider plusieurs procès de presse et prit part à l'agitation électorale. Passé au barreau de Bordeaux en 1879, il s'y fit une réputation d'éloquence, en même temps qu'il se faisait connaître en dehors du prétoire par ses opinions républicaines. M. Monis a été élu député de la Gironde le 4 octobre 1885, sur la liste républicaine. Il a voté l'expulsion totale des princes.

MONNERAYE (comte de la), Charles Ange, homme politique français, né à Rennes le 3 février 1812. Ancien officier d'état-major, membre du Conseil général du Morbihan depuis plus de vingt-cinq ans, M. le comte de la Monneraye était élu député de la 1ʳᵉ circonscription de ce département, comme candidat de l'opposition, aux élections générales de 1869. Aux élections pour l'Assemblée nationale, du 8 février 1871, il était élu représentant du Morbihan, le troisième sur dix. Il siégea à l'extrême-droite, signa la demande de rétablissement de la monarchie et l'adresse au pape et repoussa les lois constitutionnelles. M. de la Monneraye a été élu sénateur du Morbihan le 30 janvier 1876 et réélu au renouvellement du 5 janvier 1879. Il n'a jamais pris part aux débats parlementaires autrement que par son vote. — M. de la Monneraye est l'auteur d'un *Essai sur l'histoire de l'architecture religieuse en Bretagne pendant les XIᵉ et XIIᵉ siècles*, qui n'est pas sans mérite.

MONSELET, Charles, littérateur français, né à Nantes le 30 avril 1825, commença ses études dans sa ville natale et alla les terminer à Bordeaux, où il débuta brillamment et de fort bonne heure dans la carrière littéraire, tant par des articles, des poésies, des nouvelles fournis au *Courrier de la Gironde*, que par la publication, à dix-sept ans, d'un poème charmant et la représentation de plusieurs pièces, prose ou vers, au théâtre de Bordeaux, notamment une parodie de la *Lucrèce* de Ponsard. Venu à Paris en 1846, il donnait des feuilletons à la *Patrie* et à l'*Epoque* presque au débotté, et collaborait au *Pays*, à l'*Assemblée nationale*, à l'*Athenæum français*, à l'*Artiste*, et plus récemment à la *Revue de Paris*, au *Constitutionnel*, au *Figaro*, au *Moniteur*, au *Monde illustré*, à la *Mosaïque* et enfin à l'*Evénement*. En 1857, il fondait le *Gourmet*, journal hebdomadaire de gastronomie, qui vécut peu. — M. Ch. Monselet a publié : *Marie et Ferdinand*, poème (Bordeaux, 1842) ; *Histoire du tribunal révolutionnaire (1850)*; *Statues et statuettes*, portraits contemporains (1851) : *Restif de la Bretonne (1853)*; *Figurines parisiennes (1854)*; les *Vignes du Seigneur*, poésies (1855); la *Lorgnette littéraire*, revue des écrivains contemporains, et les *Oubliés et les dédaignés*, portraits du siècle dernier (1857); les *Chemises rouges*, les *Folies d'un grand seigneur*, *Monsieur de Cupidon (1858)*; la *Franc-maçonnerie des femmes*, les *Tréteaux de Charles Monselet (1859)*; *Théâtre de Figaro (1861)*; l'*Argent maudit*, les *Galanteries du XVIIIᵉ siècle (1862)*; les *Originaux du siècle dernier (1863)*; les *Femmes qui font des scènes*, *Fréron ou l'illustre critique (1864)*; le *Plaisir et l'amour*, *De Montmartre à Séville*, *Monsieur le duc s'amuse* et l'*Almanach du gourmand (1865)*; *Portraits après décès*, la *Fin de l'orgie*, *François Soleil (1866)*; les *Premières représentations célèbres (1867)*; les *Créanciers*, œuvre de vengeance (1870); *Chanvallon, histoire d'un souffleur de la Comédie-Française (1872)*; *Gastronomie*, les *Frères Chantemesse*; les *Marges du code*; le *Canif de Damiens (1873)*; *Lettres gourmandes*; les *Amours du temps passé*, les *Années de gaieté (1875)*; les *Ressuscités*, *Scènes de la vie cruelle (1876)*; *Panier fleuri*, prose et vers (1878) ; une *Troupe de comédiens*, le *Petit Paris (1879)*, etc., etc. — On lui doit aussi quelques pièces de théâtre, notamment : les *Femmes qui font des scènes*, 3 actes, avec M. Alph. Lemonnier (1872) ; *Venez, je m'ennuie*, 1 acte (1873), représenté d'abord au kursaal de Bade ; l'*Ilote*, un acte en vers, avec M. P. Arène, au Français (1875) et la *Revue sans titre*, deux actes, aux Variétés (1876).

M. Charles Monselet est chevalier de la Légion d'honneur depuis 1859.

MONTAIGNAC (marquis de), Louis Raymond de Chauvance, amiral français, ancien ministre, sénateur, né à Paris le 14 mars 1811. Entré à l'Ecole navale de Brest en 1827, il en sortit à la fin de la même année avec le grade d'aspirant, devint enseigne en 1833, lieutenant de vaisseau en 1840, capitaine de frégate en 1848 et capitaine de vaisseau en 1855. Après avoir fait, comme aspirant, un voyage autour du monde à bord de la frégate l'*Artémise* et pris part à plusieurs autres campagnes, M. de Montaignac était chargé, en 1842, des expériences relatives à l'application de l'hélice. En 1855, il fut appelé au commandement de la batterie flottante la *Dévastation*, avec laquelle il coopéra au bombardement et à la prise de Kinburn. Successivement commandant de la station des mers du Nord, puis de celle de Terre-Neuve, il fut promu contre-amiral en 1865 et nommé major-général de la marine à Cherbourg. En 1869, il était nommé membre du Conseil des travaux de la marine et du conseil de perfectionnement de l'Ecole polytechnique. M. l'amiral de Montaignac était appelé, au moment de l'investissement de Paris par les armées allemandes, au commandement du 7ᵉ secteur, qui fut le plus exposé au feu de l'ennemi. Sa brillante conduite dans ces pénibles circonstances lui valut sa promotion à la dignité de grand officier de la Légion d'honneur, le 23 janv. 1871. — Aux élections du 8 février 1871, M. l'amiral de Montaignac fut élu représentant de la Seine-Inférieure, le huitième sur seize et de l'Allier, le troisième sur sept ; il opta pour ce dernier département et siégea sur les bancs de la droite. Il signa l'adresse d'adhésion au *Syllabus envoyée au pape* par quelques représentants et fut président de la commission de la marine et vice-président de la commission de réorganisation de l'armée. Nommé, le 15 juillet 1872, inspecteur de la flotte et des ports de la Manche, il était appelé au ministère de la marine, en remplacement de l'amiral de Dompierre d'Hornoy, le 23 mai 1874, conservait son portefeuille dans le cabinet Buffet-Dufaure du 18 mars 1875 et le remettait enfin à l'amiral Fourichon le 10 mars 1876. — M. de Montaignac a été élu sénateur inamovible par l'Assemblée, le 21 décembre 1875, le *soixante-quatorzième sur soixante-quinze*. Placé dans le cadre de réserve en 1873, il a pris sa retraite au commencement d'octobre 1886.

MONTAUBRY, Jean-Baptiste Edouard, chef d'orchestre et compositeur français, né à Niort le 27 mars 1824, est fils d'un musicien de province auquel il doit ses premières leçons. Venu jeune à Paris, il entra au Conservatoire dans la classe d'Habeneck et remporta un accessit de violon en 1843. Il fut nommé peu après second chef d'orchestre au Vaudeville après y avoir tenu l'emploi de premier violon, et y remplaça Doche comme premier chef, lors du départ de celui-ci en Russie. M. Ed. Montaubry se fit d'abord connaître comme compositeur par des couplets, des chansons, des rondes pour quelques pièces représentées à son théâtre et dont plusieurs eurent un succès populaire : nous rappellerons seulement la ronde de Marco, des *Filles de marbre*, et celle de la

Vie en rose. Quelques livrets d'opérettes lui furent alors confiés : le *Nid d'amours*, le *Rat de ville et le rat des champs*, les *Néréides et les cyclopes*, petits ouvrages qui furent joués avec succès sur la scène du Vaudeville. Il écrivit ensuite un ouvrage en un acte l'*Agneau de Chloé*, représenté au Théâtre-Lyrique (1858). Il reste à ajouter quelques opérettes données aux Folies-Nouvelles : *Freluchette (1856)*; la *Perruque de Cassandre (1858)*; et *Vendredi (1859)*. — Vers 1862, M. Edouard Montaubry, voulant suivre l'exemple de son frère Félix (voyez ci après), travailla le chant et, abandonnant une position toute faite et fort honorable, partit pour la province où il tint l'emploi des ténors. Cette tentative ne fut pas aussi heureuse qu'il l'espérait, oubliant qu'il n'était plus tout à fait assez jeune pour un débutant.

MONTAUBRY, Achille Félix, chanteur français, frère du précédent, est né à Niort le 12 novembre 1826, tient de son père les premières notions de son art. Elève du Conservatoire de Paris, il fut d'abord musicien d'orchestre, et était violoncelle au Vaudeville lorsque son frère n'y était encore que premier violon. Mais, ayant bientôt découvert qu'il possédait une jolie voix, il s'empressa de rentrer au Conservatoire, y devint élève de Panseron pour le chant, de Moreau-Sainti pour l'opéra comique et obtint, en 1846, un second prix d'opéra comique. Il accepta alors un engagement pour l'Amérique et fit une campagne très brillante à la Nouvelle-Orléans. Revenu en Europe après deux années d'absence, il y obtint dès lors de grands succès dans l'emploi de ténor léger à Lille, Bruxelles, La Haye, Strasbourg, Marseille, Bordeaux, etc. Lorsqu'il prit la direction de l'Opéra-Comique, Roqueplan fit offrir à M. Montaubry un engagement de cinq années aux appointements annuels de 40,000 fr. Celui-ci, ayant accepté, débuta à l'Opéra-Comique le 16 décembre 1858, dans le rôle de Dalayrac, des *Trois Nicolas*, écrit expressément à son intention par Clapisson. Son succès fut dès l'abord très grand, et bientôt M. Montaubry devint l'artiste favori du public, bien qu'il ne fût pas complètement irréprochable sous le rapport du style, de l'élégance et du sentiment dramatique, au contraire. Il reprit avec succès un grand nombre de rôles du répertoire : *Fra Diavolo*, le *Songe d'une nuit d'été*, les *Mousquetaires de la reine*, *Zampa*, le *Postillon de Longjumeau*, le *Petit Chaperon rouge*, *Rose et Colas*; et plusieurs créations importantes : le *Roman d'Elvire*, la *Circassienne*, le *Joaillier de Saint-James*, *Lalla-Roukh*, *Lara*, etc. En 1868, M. Montaubry quittait l'Opéra-Comique, sa voix ayant perdu un peu de sa fraîcheur, et fondait une école de chant. Il acheta bientôt le petit théâtre des Folies-Marigny, dont il se fit directeur, et fit représenter sur cette scène exiguë une opérette de sa composition : *Horace*, où il remplissait lui-même un rôle (1870). Ayant abandonné cette entreprise, il était engagé à la Gaîté en 1873, pour y jouer le rôle principal dans *Orphée aux Enfers*, repris à ce théâtre.— M. Montaubry a épousé, en 1850, à La Haye, Mlle Caroline Prévost, chanteuse de talent, fille d'une cantatrice distinguée, Mlle Zoé Prévost. Dans son premier engagement à l'Opéra-Comique, M. Félix Montaubry avait fait insérer une clause par laquelle ce théâtre devait jouer un ouvrage en deux actes de son frère Edouard, dans lequel il remplirait le premier rôle; mais celui-ci ne profita pas de cet avantage dû à l'affection fraternelle.

MONTAUT, Louis Bernard, ingénieur et homme politique français, né à Paris en 1823. Elève de l'Ecole polytechnique et de l'Ecole des ponts et chaussées, il reçut son diplôme d'ingénieur et fut nommé à Tarbes, au retour d'une mission en Algérie. Il passa ensuite à Auxerre et fit, en dehors de ses travaux, des cours publics de drainage dans diverses villes de l'Yonne, rendant ainsi de très grands services aux cultivateurs. Attaché aux premiers travaux du canal de Suez, il fut quelque temps vice-consul à Damiette; puis, rentré en France, devint successivement ingénieur dans le Lot, l'Eure et la Seine-et-Marne. Au début de l'invasion, M. Montaut, qui remplissait ses fonctions dans ce dernier département, fut placé à la tête de la garde nationale de Coulommiers, puis vint prendre part à la défense de Paris avec une partie de ses hommes. En 1874, M. Montaut était nommé ingénieur en chef du département de l'Allier, poste qu'il échangeait pour celui d'ingénieur en chef de Seine-et-Marne en 1879. Rappelé à Paris en 1883, il prenait sa retraite en août 1885. — Elu député de Seine-et-Marne le 4 octobre suivant, M. Montaut prenait place à l'extrême-gauche et votait, en juin 1886, l'expulsion totale des princes. Il est chevalier de la Légion d'honneur.

MONTÉGUT, Emile, littérateur français, né à Limoges le 24 juin 1826, fit ses études au collège de sa ville natale et vint commencer son droit à Paris, mais se livra tout aussitôt à des travaux littéraires et publia dès 1847, dans la *Revue des Deux-Mondes*, une intéressante étude sur la doctrine du philosophe américain Ralph Waldo Emerson, mort en 1882, parfaitement ignorée en France. Devenu un collaborateur assidu de cette revue, M. Montégut y remplaçait Gustave Planche en 1857, en qualité de critique littéraire, fonctions qu'il remplit en outre au *Moniteur* (officiel), de 1862 à 1865, sans cesser d'écrire à la *Revue des Deux-Mondes*, qu'il n'a d'ailleurs pas quittée jusqu'ici. Il a collaboré également à quelques autres journaux, dont le *Journal de Paris*, au *Dictionnaire de politique et d'administration* de M. Maurice Block, etc. Enfin, M. Montégut a publié : *Essais de philosophie américaine*, traduction des *Essays* d'Emerson, précédée d'une introduction (1850); la traduction de l'*Histoire d'Angleterre*, de Macaulay (1853 et suiv.); *Du génie français (1857)*; *Libres opinions morales et historiques (1858)*; *Œuvres de Shakespeare*, traduction (1868-70), 3 vol. gr. in-8° illustré, et 10 vol. in-18), ouvrage auquel l'Académie française a décerné, en 1877, probablement de confiance, le prix Langlois (prix de traduction); les *Pays-Bas, Souvenirs de Flandre et de Hollande (1869)*; *Impressions de voyage et d'art (1873)*; *Tableau de la France, Souvenirs de Bourgogne (1874)*; *En Bourbonnais et en Forez (1875)*; l'*Angleterre et ses colonies australes (1879)*; les *Ecrivains modernes de l'Angleterre (1885)*, etc. — M. Emile Montégut est chevalier de la Légion d'honneur depuis 1865.

MONTÉPIN (de), Xavier Aymon, romancier et dramaturge français, né à Apremont (Haute-Saône) le 18 mars 1824, est neveu de l'ancien pair de France, mort en 1873. M. Xavier de Montépin avait déjà fait représenter un vaudeville ou deux et publié une douzaine de volumes de cabinet de lecture lorsque éclata la révolution de février 1848, qui lui fournit l'occasion de manifester son ardeur antirévolutionnaire, d'abord en fondant le *Canard*, ensuite en collaborant à quelques autres feuilles indigentes de nuance pareille, telle que le *Pamphlet* et le *Lampion*, et enfin en publiant une couple de brochures satiriques contre l'ordre de choses nouveau. Quelques mois ayant suffi à cette besogne laborieuse et exceptionnelle, M. de Montépin revint sagement au théâtre et au roman, surtout au roman, qui lui promettait du moins des succès populaires. Parmi ses nombreux ouvrages en ce genre, nous citerons : les *Chevaliers du lansquenet (1847)*; les *Viveurs d'autrefois (1848)*; les *Amours d'un fou*, *Brelan de dames (1849)*; les *Confessions d'un bohème (1850)*; le *Loup noir*, *Mignonne (1851)*; la *Reine de Saba*, l'*Epée du Commandeur*, le *Vicomte Raphaël*, *Geneviève Gaillot*, *Mlle Lucifer (1852)*; un *Roi de la mode*, le *Club des hirondelles*, les *Fils de famille*, les *Oiseaux de nuit*, le *Fil d'Ariane*, les *Valets de cœur (1853)*; l'*Auberge du Soleil d'or*, un *Gentilhomme de grand chemin (1854)*; la *Perle du Palais-Royal*, les *Amours de Vénus*, les *Filles de plâtre*, ouvrage qui lui valut une condamnation pour outrage aux mœurs (1855); les *Viveurs de Paris (1856)*; l'*Officier de fortune*, *Souvenirs intimes d'un garde du corps (1857)*; la *Maison rose (1858)*; les *Viveurs de province (1859)*; la *Gitane*, le *Compère Leroux (1860)*; un *Amour maudit*, les *Marionnettes du diable (1861)*; les *Compagnons de la torche (1862)*; le *Reine de la nuit (1863)*; les *Pirates de la Seine (1864)*; les *Enfers de Paris*, la *Ferme des Oliviers (1865)*; la *Fille du meurtrier (1866)*; la *Maison maudite*, l'*Homme aux figures de cire*, le *Moulin rouge (1867)*; les *Drames de l'adultère*, les *Tragédies de Paris*, le *Ventriloque*, la *Sorcière rouge*, le *Pendu*, la *Bâtarde (1871-77)*; la *Voyante* (6 vol.); *Sa Majesté l'argent* (1877-78, 5 vol.); les *Drames du mariage* (1878, 2 vol.); le *Médecin des folles* (1879-82, 5 vol.); *P. L. M...*, la *Belle Angèle*, *Rigolo*, les *Yeux d'Emma-Rose* (1884-85, 6 vol.); la *Porteuse de pain*, l'*Incendiaire*, les *Métamorphoses d'Ovide*, *Maman Lison* (1885-86, 6 vol.); *Blanche Vaubaron*, 2 vol.; l'*Agence Rodille*, 2 vol. (1886), etc., etc. : une partie de ces derniers, publiés d'abord au *Figaro* ou au *Petit Journal*, ont paru sous forme de volumes. — Il a donné au théâtre, avec divers collaborateurs, dont Alexandre Dumas, ou seul : les *Fleurs animées*, les *Trois baisers*, le *Rossignol des salons*, vaudevilles en un acte; les *Etoiles, ou le voyage de la fiancée*, trois actes; le *Connétable de Bourbon*, cinq actes et douze tableaux; le *Vol à la Duchesse*, huit tableaux; *Pauline*, dix tableaux; les *Chevaliers du lansquenet*, dix tableaux; les *Frères Corses*, trois actes et cinq tableaux (1846-51); la *Tour Saint-Jacques-la-Boucherie*, onze tableaux (1856); les *Viveurs de Paris*, huit tableaux (1857); la *Nuit du 20 novembre*, huit tableaux (1858); la *Sirène de Paris*, huit tableaux (1860); l'*Homme aux figures de cire*, cinq actes; *Lantara*, comédie en deux actes (1865); *Bas-de-cuir*, cinq actes; l'*Ile des sirènes (1866)*; la *Magicienne du Palais Royal*, cinq actes; le *Médecin des pauvres*, six actes; le *Talion*, six actes; *Tabarin*, cinq actes; les *Tragédies de Paris*, sept actes; le *Béarnais*, cinq actes et neuf tableaux (1868-76), etc., etc. — Ces pièces ont été jouées, les drames à la Porte-Saint-Martin, à l'Ambigu, au Théâtre-Historique (l'ancien), à la Gaîté, au théâtre Beaumarchais et au théâtre du Château d'Eau; les autres au théâtre Dejazet, au théâtre des Nouveautés, etc.

MONTÉTY (de), Louis Albert Henri, homme politique français, né à Séverac-le-Château (Aveyron) en 1844. Avocat du barreau de Rodez, ancien bâtonnier, conseiller municipal depuis l'année précédente, M. de Montéty a été élu député de l'Aveyron, le 4 octobre 1885, sur la liste monarchiste.

MONTPENSIER (duc de), Antoine Marie Philippe Louis d'Orléans, cinquième fils du roi Louis Philippe, est né à Versailles le 31 juillet 1824; il fit, comme ses frères, ses études au collège Henri IV et se prépara à la carrière militaire. Reçu, après examen, officier d'artillerie en 1842, il entra comme lieutenant au 3e régiment de l'arme, partit en Afrique comme capitaine en 1844 et prit part aux expéditions de Biskra et du Ziban; blessé légèrement à la tête dans cette dernière, il fut décoré de la Légion d'honneur et promu chef d'escadron. Après avoir accompagné son père dans sa visite à la reine d'Angleterre, en 1845, il retourna en Afrique comme lieutenant-colonel, prit part à quelques nouveaux faits d'armes et partit pour un voyage en Orient, au retour duquel il fut promu colonel du 5e régiment d'artillerie, général de brigade quelques mois après, grand croix de la Légion d'honneur, et épousait, le 10 octobre 1846, à Madrid, la princesse Marie Louise Fernande de Bourbon, sœur de la reine Isabelle II (voyez ce nom). Cette affaire des mariages espagnols causa une grande irritation en Angleterre et fut bien près d'amener une rupture avec cette puissance. Après la révolution de février 1848, le duc de Montpensier, qui se trouvait alors absent de France, rejoignit sa famille en Angleterre, il passa peu après en Hollande et enfin alla s'établir à Séville et se fit naturaliser espagnol. Il reçut à cette occasion le titre d'infant d'Espagne et devint, en 1859, capitaine-général de l'artillerie espagnole. A la veille de la crise suprême qui détermina la chute d'Isabelle II, le gouvernement espagnol, qui craignait l'influence du duc de Montpensier, l'invita à quitter l'Espagne. Il obéit à cette « invitation », mais auparavant, se démit de son grade dans l'armée et de son titre d'infant et renvoya ses décorations espagnoles. Après le triomphe de la révolution de septembre 1868, il envoya son adhésion au gouvernement provisoire et obtint l'autorisation de rentrer à Séville. Sa candidature au trône d'Espagne devenu vacant ne tarda pas à être posée et appuyée d'une manière sérieuse par le parti libéral presque tout entier; mais son duel malheureux avec son cousin don Enrique de Bourbon (12 mars 1870) vint lui ôter toute chance de succès. L'orgueil national se révolta, on ne vit que ce fait irritant, pour un Espagnol : un prince espagnol tué par un prince français ! Nous ne pouvons nous étendre sur cet événement sanglant, mais il nous est impossible de ne pas rappeler que ce duel fut amené par une *Lettre aux Montpensiéristes*, datée de Madrid, 7 mars 1870, dans laquelle le prince français était insulté de la manière la plus grossière, et que déjà, le 14 janvier précédent, don Enrique, en demandant au régent sa réintégration dans le grade qu'il avait occupé dans la marine espagnole et dont il avait été destitué par Narvaez plusieurs années auparavant, manifestait pour son cousin de France toute sa haine et tout son mépris, dans des termes qui eussent dès lors amené une rencontre entre de simples particuliers. — Le 12 avril, le duc de Montpensier était condamné par une cour martiale à un mois de bannissement de la capitale et à payer une indemnité de 30,000 francs à la famille du défunt. Il se rendit à Paris, où la duchesse mit tout en œuvre pour empêcher sa sœur, l'ex-reine, d'abdiquer en faveur de son fils don Alphonse résolution à laquelle elle était vivement poussée par les partisans du jeune prince réunis à ses propres partisans (et elle en avait beaucoup, sans compter le nombre considérable de ses adversaires, qui étaient bien plutôt ceux de son entourage compromettant). Enfin, l'événement que voulaient prévenir la duchesse de Montpensier et ses partisans s'accomplit le 25 juin 1870. Alphonse XII ne fut toutefois proclamé que le 29 décembre 1874. Dans l'intervalle, les Montpensiéristes, d'abord indécis, s'étaient ralliés à la cause de don Alphonse. — Après, l'installation d'Alphonse XII comme roi d'Espagne, le duc de Montpensier est retourné à Séville. Le 23 janvier 1878, il mariait sa troisième fille, la princesse Maria-de-las-Mercedes, née le 24 juin 1860 à Madrid, au roi Alphonse XII : la jeune reine mourait le 26 juin suivant, à l'âge de dix-huit ans tout juste. Sa fille aînée est Mme la comtesse de Paris, et il lui reste un fils : Antoine Louis Philippe Marie, né à Séville le 23 février 1866.

MOORE, Thomas, horticulteur anglais, né à Stoke-près-Guildford le 29 mai 1821. Il est, depuis 1848, administrateur de l'ancien jardin botanique de la Société des apothicaires de Chelsea. Secrétaire du comité floral de la Société royale d'horticulture depuis sa fondation (1859), M. Th. Moore était nommé en 1865 directeur floral des jardins de cette société à Chiswick. Il était secrétaire de la grande exposition internationale d'horticulture ainsi que du congrès botanique tenus à Londres en 1866 et est examinateur de floriculture à la Société des arts et à la Société royale d'horticulture. — On doit à M. Th. Moore : *Culture du concombre et du melon (1844)*; *Manuel des fougères britanniques (1848)*; les *Fougères et les plantes alliées (1851)*; *Fougères de la Grande-Bretagne et de l'Irlande, d'après nature (1856)*; *Eclaircissements sur les orchidées* et *Index Filicum (1857)*; *Atlas des fougères reproduites d'après nature* (1859-60, 2 vol.); *Guide pratique du botaniste : Iles-britanniques (1862)*; *Eléments de botanique (1865)*, etc. M. Moore a été rédacteur en chef-adjoint du *Gardeners' Magazine of botany* de 1850 à 1852, rédacteur en chef du *Floral Magazine* en 1861 et du *Treasury of botany* en 1866; il a fourni de nombreux articles de botanique et d'horticulture, à la nouvelle édition du *Dictionnaire des sciences* de Brandt (1865-66), l'article *Horticulture* à la nouvelle édition, en cours, de l'*Encyclopædia britannica*, et est actuellement rédacteur en chef du *Florist and Pomologist*. — Il a publié, en 1877, une édition nouvelle du *Gardeners' Assistant* de Thompson, et l'*Orchid Album* en 1880; son dernier ouvrage est intitulé : *Epitome of gardening (1882)*.

MOREAU, Mathurin, sculpteur français, né à Dijon vers 1822, est fils d'un statuaire de talent dont il reçut les premières notions de son art, et suivit à Paris les ateliers de Ramey et de A. Dumont. Il obtint un second prix au concours de l'Institut en 1842, et débuta au Salon de 1848. — On a de cet artiste : l'*Elégie*, statue en plâtre (1848); la *Fée aux fleurs*, groupe en bronze (1853); l'*Eté*, statue en marbre (1855); *Enfants endormis*, groupe en marbre (1857); la *Fileuse*, statue en bronze (1858); l'*Etude*, groupe en bronze; l'*Avenir*, buste en marbre (1859); la *Fileuse*, en marbre; la *Méditation*, groupe en bronze (1861); le *Printemps*, statue en bronze; une *Fontaine monumentale (1863)*; *Etude d'enfant*, statue en plâtre (1864); *Studiosa*, statue en plâtre (1865), en marbre (1866); *Cornélie*, groupe en bronze; les *Bas-reliefs* des portes de l'Eglise Saint-Augustin; *Saint Grégoire le Grand*, *Saint Jérôme*, statues en pierre pour l'Eglise de la Trinité (1865); *Saltarella*, groupe en plâtre; la *Vierge*, buste en plâtre et plusieurs des œuvres précédentes (Exposition universelle 1867); le groupe de *Saltarella*, coulé en bronze et le buste de la *Vierge*, reproduit en marbre (1868); le *Repos*, statue en plâtre, un *Portrait*, buste en marbre (1869); *Néréide*, statue en plâtre (1870); *Primavera*, groupe en bronze (1872); *Circé*, statuette en bronze; *Libellule*, statue en plâtre (1873); le *Sommeil*, groupe en marbre (1874), *Ismaël et Candeur*, deux bustes en bronze (1875); *Baigneuse*, statue en marbre (1876); *Océanie*, *Phryné (1878)*; *Nébuleuse*, statue en plâtre (1880); *Rêverie*, statuette en bronze (1883); les *Exilés*, groupe en plâtre; la *Vigneronne*, statuette en marbre (1884); l'*Avenir*, statue en marbre (1886). — M. Mathurin Moreau a obtenu une médaille de 2e classe à l'Exposition universelle de 1855, une médaille de 1re classe au salon de 1859, le rappel de cette dernière en 1861 et 1863, une médaille d'

2e classe à l'Exposition universelle de 1867, une médaille pour l'art à l'Exposition universelle de Vienne de 1873 et une médaille de 1re classe à l'Exposition de 1878. Il est chevalier de la Légion d'honneur depuis 1865.

MOREL, Joseph François Marie, homme politique français, né à Arras le 26 août 1844. Il venait d'être reçu licencié en droit au moment de la guerre de 1870, fut incorporé dans la légion des mobilisés du Nord et fit la campagne du Nord comme officier; il est aujourd'hui capitaine dans l'artillerie territoriale. Maire de la commune de Lallaing (Nord) depuis 1874, M. Joseph Morel a été élu député de ce département sur la liste monarchiste le 4 octobre 1885.

MORLEY, John, publiciste et homme politique anglais, né à Blackburn (Lancastre) en 1838, fit ses études au collège de Cheltenham et à Oxford (collège Lincoln). Quelque temps rédacteur en chef de la *Literary Gazette*, dont le titre fut changé en celui de *Parthenon*, M. J. Morley est devenu rédacteur en chef de la *Fortnightly Review* en 1867. Aux élections générales de 1869, il s'est présenté comme candidat libéral à Blackburn, mais sans succès. Il échoua également à Westminster en 1880, mais fut élu à Newcastle-sur-Tyne, comme libéral avancé, en février 1883. — M. John Morley a publié : *Edmond Burke, étude historique (1867)*; *Mélanges critiques (1871)*; *Voltaire (1872)*; *Sur compromis (1874)*; *J. J. Rousseau (1876)*; *Diderot et les encyclopédistes (1878*, 2 vol.); *Vie de Richard Cobden (1881)*, etc.

MORTILLET (de), Louis Laurent Gabriel, naturaliste, archéologue et homme politique français, né à Meylan (Isère) le 29 août 1821. Il fit ses études au collège des jésuites de Chambéry, vint ensuite à Paris et suivit plus spécialement les cours du Conservatoire des arts et métiers et ceux du Muséum d'histoire naturelle. En même temps il collaborait à la *Revue indépendante*, dont il devint propriétaire en 1847. Lors de la tentative d'insurrection du 13 juin 1849, dont le quartier général était au Conservatoire des arts et métiers, c'est M. Gabriel de Mortillet, qui était attaché au laboratoire de M. Péligot, qui facilita l'évasion de Ledru-Rollin. Poursuivi, il se tint caché quelque temps. Il était de nouveau poursuivi peu après pour la publication d'un pamphlet socialiste, et condamné à deux ans de prison. Alors il se réfugia en Savoie, et y occupa principalement ses loisirs à prêcher l'annexion à la France, ce que voyant, le gouvernement sarde le pria d'aller porter ailleurs sa propagande, et il passa en conséquence la frontière suisse. M. de Mortillet résida quelque temps à Genève, où il fut chargé du classement des collections du Musée l'histoire naturelle. En 1856, il quitta Genève pour aller prendre les fonctions d'ingénieur attaché à la construction des chemins de fer de l'Italie centrale. Entre temps, il se livrait à l'étude des glaciers des Alpes, et poursuivait ses études d'archéologie préhistorique commencées à l'époque des premières découvertes de cités lacustres en Suisse. Rentré en France en 1864, il créa presque aussitôt un recueil périodique intitulé *Matériaux pour l'histoire primitive et naturelle de l'homme*. Il s'occupa aussi dès lors de l'organisation de sociétés et de congrès d'anthropologie et d'archéologie préhistoriques, et devint membre, puis président de la Société d'anthropologie de Paris. Chargé de l'organisation de la section préhistorique de la galerie de l'histoire du travail, à l'Exposition universelle de 1867, M. de Mortillet fut attaché en 1868 au Musée des antiquités nationales installé au château de Saint-Germain, et dont il est devenu conservateur-adjoint. Pendant l'occupation prussienne, il réussit à sauvegarder les richesses archéologiques confiées à sa garde du vandalisme prussien. En 1875, il concourut, avec Broca, à la fondation de l'Ecole d'anthropologie de Paris, dont il devint professeur. Après l'Exposition universelle de 1878, où il y avait une exposition d'anthropologie dont l'Ecole faisait presque tous les frais, M. G. de Mortillet fut décoré de la Légion d'honneur. — Ses travaux scientifiques n'empêchaient toutefois pas M. de Mortillet de s'occuper de politique. Il devenait successivement conseiller municipal, puis maire de Saint-Germain-en-Laye, fonctions dans lesquelles il a manifesté dans ces derniers temps un esprit peut-être un peu autoritaire, en s'engageant dans une voie où il vaut mieux ne pas aller trop loin, parce qu'elle tourne décidément un peu court, en des temps comme les nôtres. Enfin, aux élections d'octobre 1885, M. Gabriel de Mortillet, qui figurait sur la liste radicale, a été élu député de Seine-et-Oise au scrutin du 18. Il a pris place à l'extrême gauche et a voté l'expulsion totale des princes. — M. de Mortillet, qui a collaboré activement à la *Revue archéologique*, au *Bulletin* de la Société d'anthropologie, à la *Revue scientifique*, etc., a publié à part, notamment : *Histoire des mollusques terrestres et d'eau douce de la Savoie et du bassin du Léman (1854)*; un *Guide de l'étranger en Savoie (1856)*; *Revue scientifique italienne (1862)*; une étude sur le *Signe de la croix avant le christianisme (1866)*; *Promenade au musée de Saint-Germain (1869)*; les *Potiers allobroges, ou les sigles figulins étudiés par les méthodes de l'histoire naturelle (1879)*, etc.

MOUCHEZ, Amédée Ernest Barthélemy, amiral français, directeur de l'Observatoire de Paris, est né le 24 août 1821. Elève de l'Ecole navale, il devint aspirant en 1839 et fut promu successivement enseigne en 1843, lieutenant de vaisseau en 1848, capitaine de vaisseau en 1868 et contre-amiral le 29 juin 1878. Chargé par le gouvernement de travaux d'hydrographie sur les côtes d'Algérie et sur celles de l'Amérique du Sud, M. Mouchez était envoyé à l'île Saint-Paul par l'Académie des sciences pour observer le passage de Vénus sur le soleil en décembre 1874. Peu après son retour, le 19 juillet 1875, il était élu membre de l'Académie des sciences, en remplacement de Mathieu, dans la section d'astronomie. Il avait été nommé membre du Bureau des longitudes en juin 1873. Enfin, M. Mouchez était nommé directeur de l'Observatoire de Paris le 26 juin 1878, trois jours avant sa promotion au grade de contre-amiral. — On doit à ce savant : *Recherches sur la longitude de la côte orientale de l'Amérique du Sud (1867)*; les *Côtes du Brésil, description et instructions nautiques (1869-76)*; *Rio de la Plata, description et instructions nautiques (1873)*, etc., publiés par le bureau du Dépôt des cartes et plans de la marine. — M. l'amiral Mouchez est commandeur de la Légion d'honneur depuis le 8 juillet 1875.

MOUCHY (duc de), Antoine Just Léon Marie de Noailles, prince-duc de Poix, homme politique français, grand d'Espagne de première classe, chevalier héréditaire de l'ordre de Malte, d'une des plus anciennes familles de France et fils d'un ancien sénateur du premier Empire, est né à Paris le 19 avril 1841. Propriétaire dans l'Oise, M. le duc de Mouchy y a fondé une société de protection pour l'enfance, placée alors sous le patronage de l'impératrice, et s'est surtout occupé de philanthropie. Marié en 1865 à la princesse Anna Murat, il fit partie de la commission impériale de l'Exposition universelle de 1867, et fut choisi, aux élections générales de 1869, comme candidat officiel dans la première circonscription de l'Oise, où il fut élu presque sans opposition. Dans la session de juillet, il signa l'interpellation des Cent-Seize. Rendu à la vie privée par la révolution du 4 Septembre, M. le duc de Mouchy se présentait à l'élection partielle du 8 novembre 1874, dans l'Oise; il fut élu à une très grande majorité et prit place au groupe de l'Appel au peuple. Aux élections générales du 20 février 1876, il fut élu député de la première circonscription de Beauvais, mais cette fois, à une assez faible majorité : 8,224 voix contre 7,184 obtenues par le candidat républicain, et ne fut pas réélu le 14 octobre 1877, ni le 21 août 1881. Aux élections du 4 octobre 1885, M. le duc de Mouchy a été élu député de l'Oise. Il est chevalier de la Légion d'honneur depuis 1867.

MOUKHTAR PACHA GHAZI, Achmet, *muchir* ou maréchal de l'empire ottoman, né à Brousse (Turquie d'Asie) en 1837. Après avoir terminé ses études à l'Ecole militaire de Constantinople, il fut quelque temps, mais peu, précepteur du fils aîné d'Abd-ul-Aziz, Youssouf-Izzeddin (voy. ce nom). Il entra ensuite dans l'état-major, et devint successivement *yusbachi* (capitaine) en 1860, *binbachi* (commandant) en 1862 et colonel en 1868. De 1860 à 1861, il fut détaché au Monténégro, et accompagna en 1867 le sultan dans son voyage en Europe et sa visite à l'Exposition universelle de Paris. Promu *liva* (général de brigade) dès la fin de 1868, Moukhtar Pacha, envoyé à l'armée de l'Yémen, y remplaçait presque en arrivant le général en chef, Rédif Pacha, tombé malade. Après avoir triomphé de l'insurrection, il était promu presque coup sur coup, en 1869, *férik* (général de division) et *muchir* (maréchal). Nommé plus tard *vali* ou gouverneur général de l'île de Crète, il fut depuis successivement gouverneur général ou commandant d'armée en Bulgarie, en Arménie et plus récemment en Herzégovine, fut renvoyé en Crète comme vali et peu après rappelé à Constantinople pour prendre part aux négociations de paix avec le Monténégro. Nommé commandant en chef du 4e corps d'armée et chargé de la défense de l'Arménie, dès le début de la guerre avec la Russie, Moukhtar Pacha s'est, en fin de compte, couvert de gloire dans cette mission. Le Sultan lui envoyait, le 2 octobre 1877, la plaque de l'Osmanié en diamants et le titre de *ghazi* (victorieux). — L'armée russe commandée par le grand-duc Michel, ou plutôt par le général Loris Mélikoff, et supérieure en nombre de plus du double à celle de Moukhtar Pacha, faisait éprouver à celui-ci, les 14 et 15 octobre 1877, devant Kars, un échec sanglant, à la suite duquel ses communications étant coupées, il ne put que se replier en hâte sur Erzeroum. Rappelé à Constantinople, il fut nommé grand-maître de l'artillerie en avril 1878, puis commandant de Janina, et enfin gouverneur de l'île de Crète (28 août), dont son caractère bienveillant et l'estime dont il jouit auprès des chrétiens comme des musulmans amena presque facilement la pacification rapide. Envoyé ensuite en Albanie, pour y assurer l'exécution de certaines clauses du traité de Berlin, que les Albanais repoussaient de toutes leurs forces, car il s'agissait d'augmenter à leurs dépens le territoire du Monténégro, il y fut reçu par des manifestations tellement hostiles que le bruit de son assassinat courut un moment. Il réussit finalement à accomplir sa mission, mission inique, il faut le dire, mais qu'il n'avait pas la liberté de discuter (1879-80). En 1883, Moukhtar Pacha, avec le titre d'ambassadeur extraordinaire près l'empire d'Allemagne, suivait en Allemagne, les grandes manœuvres d'automne, et avait plusieurs entrevues avec le prince de Bismarck, dans lesquelles il fut supposé qu'il était question de l'admission éventuelle de la Turquie dans l'alliance austro-allemande. Plus récemment, Moukhtar Pacha était envoyé par le sultan en Egypte, pour tâcher de mettre un terme au désordre général qui désole ce malheureux pays et le livre à l'étranger : il y est encore. — On doit à cet homme éminent un ouvrage d'astronomie : *Fenni Bassite, ou la science du cadran solaire, pour la mesure du temps turc*, dont l'importance sera comprise lorsqu'on saura que les Turcs mesurent le temps sur la marche du soleil, et que par conséquent l'heure varie tous les jours chez eux.

MOUNET-SULLY, Jean, acteur français, né à Bergerac le 27 février 1841, fit ses études au collège de sa ville natale et à Toulouse dans une institution particulière. Ce ne fut qu'en 1868 qu'il put vaincre la répugnance de sa famille pour la carrière dramatique et entrer au Conservatoire de Paris dans la classe de Bressant. Après avoir remporté, la même année, un prix de comédie et le premier accessit de tragédie, il était engagé à l'Odéon où son passage fut peu remarqué. La guerre venue, M. Mounet-Sully fit partie de l'armée de la Loire comme officier de mobiles, et ne revint à Paris qu'après la Commune. Après une tournée en province avec Mlle Agar, il se représenta à l'Odéon; mais les offres qu'on lui fit le découragèrent complètement; il les refusa et n'aurait peut-être plus fait aucune tentative pour rentrer dans la carrière sans l'intervention de Bressant, grâce à l'appui duquel il fut engagé au Théâtre-Français et débuta dans le rôle d'Oreste d'*Andromaque*, le 4 juillet 1872, avec succès. Il parut ensuite dans *Britannicus*, *Phèdre*, *Zaïre*, *Marion Delorme*, etc., etc., avec un succès qui ne s'est plus démenti, qui au contraire n'a fait que s'affirmer. Parmi les quelques créations heureuses qu'il put faire dans un temps si court, nous citerons : Jean, dans *Jean de Thommeray (1873)*; Gérald, dans la *Fille de Roland (1875)*; Gérard, dans l'*Etrangère*; Vestapor, dans *Rome vaincue (1876)*; *Hernani*, etc. — M. Mounet-Sully a été élu sociétaire de la Comédie française en 1874.

MOURAD V, Mehemet, ex-sultan ou empereur des Turcs, né le 21 septembre 1841, est le fils aîné d'Abd-ul-Medjid et le neveu du précédent padischah, Abd-ul-Aziz, dont il aurait été, en même temps, l'héritier présomptif, si ce dernier n'avait jugé à propos de changer l'ordre de succession établi par la loi ottomane et de substituer son fils à son neveu. Mourad-Effendi, pour n'être plus héritier du trône, n'en était pas moins tenu dans un isolement énervant. Il avait pu toutefois, grâce aux soins de son père, acquérir une instruction assez étendue; il parle, dit-on, plusieurs langues, au moins le français, l'anglais et l'italien, outre le turc et l'arabe, et possède une bonne instruction. L'ardeur de la jeunesse poussait Mourad-Effendi à échapper par tous les moyens à l'étouffement du sérail. On a raconté qu'il avait sollicité de Napoléon III un grade dans l'armée française, où il n'aurait pas manqué de faire de l'effet, quoiqu'on le dise bon soldat. Cette satisfaction ne put lui être accordée. Le 30 mai 1876, Mourad-Effendi était proclamé sultan par les *softas* et les principaux membres du ministère, qui venaient d'arracher son abdication à Abd-ul-Aziz. Mais l'ombre dans laquelle il avait vécu planait toujours sur son esprit, du moins il faut le croire; la rumeur publique, après s'être fait l'écho des réjouissances officielles, des espérances bruyamment exprimées, après avoir répété sur tous les tons l'énumération complaisante des talents et des vertus du nouveau padischah, commença bientôt à parler de la mauvaise santé, de la faiblesse d'esprit de Mourad V. Enfin, au bout de trois mois de règne, le successeur d'Abd-ul-Aziz était à son tour déposé, remplacé par son frère Abd-ul-Hamid II, et voici en quels termes l'ambassade ottomane à Paris communiquait cette nouvelle aux journaux :

« Constantinople, 31 août, 1 h., soir.

» La cruelle maladie dont le sultan Mourad-Khan a été atteint dès le dixième jour de son avènement au trône et qui n'a fait que s'aggraver depuis, l'ayant mis dans l'impossibilité manifeste de tenir plus longtemps les rênes de l'empire, S. M. le sultan Hamid II, héritier présomptif du trône impérial, a été proclamé empereur de Turquie, en vertu du *fetva* rendu par S. A. le cheikh-ul-islam, et conformément aux lois qui règlent l'exercice de la souveraineté dans l'empire. »

On n'en a plus entendu parler depuis.

MULLER, Charles Louis, peintre français, né à Paris le 27 décembre 1815, entra à l'Ecole des Beaux-Arts en 1832 et suivit les ateliers de Gros et de Léon Cogniet. M. Charles Müller, qui s'est fait dans la peinture historique une très grande réputation, s'est livré également avec succès à la peinture de genre; il a débuté au Salon de 1833. — On cite dans cet artiste : *Elgive et Edwig (1833)*; une *Taverne (1836)*; le *Lendemain de Noël (1837)*; le *Martyre de saint Barthélemy (1838)*; l'*Assassinat du duc de Bretagne*, *Diogène cherchant un homme*, *Saint Jérôme en extase (1839)*; *Satan emportant Jésus sur la montagne*, le *Massacre des Innocents (1840)*; une *Fête d'Héliogabale*, les *Centaures et les Lapithes (1841)*; *Entrée de Jésus à Jérusalem (1844)*; le *Sylphe endormi*, *Fanny Puck (1845)*; *Primavera (1846)*; la *Ronde de mai*, la *Folie d'Haydée (1848)*; l'*Appel des victimes de la Terreur (1850)*; *Vive l'empereur!* et la toile précédente, qui eût suffi à illustrer le nom de l'auteur (1855, Expos. univ.); la *Reine Marie-Antoinette à la Conciergerie* et l'*Arrivée de la reine d'Angleterre à Saint-Cloud (1857)*; *Proscription des jeunes Irlandaises catholiques en 1655 (1859)*; *Madame Mère*, *Léda (1861)*; le *Jeu*, une *Messe sous la Terreur (1863)*; *Tête de mendiante*, dessin (1856); la *Captivité de Galilée*, *il Penseroso (1867)*; *Desdemona*, un *Ecolier (1868)*; *Lanjuinais à la tribune (1869)*, etc. Après un assez long silence, M. Ch. Müller a reparu à quelques Salons avec : *Démence du roi Lear*, *Attente* et *Un instant seul (1875)*; *Mort d'un Gitano (1876)*; *Mater Dolorosa* et *Thomas Diafoirus (1877)*; la *Déesse Raison (1880)*, etc. — On lui doit, en outre, les travaux décoratifs de la salle des Etats, au Louvre, ceux de la coupole du pavillon Denon, etc. — M. Charles Müller a obtenu une médaille de 3e classe en 1838, une de 2e classe en 1846, une de 1re classe en 1848 et une autre en 1855. Chevalier de la Légion d'honneur depuis 1849, il a été promu officier de l'ordre en 1859. Il a été élu membre de l'Académie des Beaux-Arts, en remplacement d'Hippolyte Flandrin, en 1864.

MULLER, Friedrich Max, orientaliste allemand, fils du poète Wilhelm Müller, est né à Dessau le 6 décembre 1823, fit ses études à l'université de Leipzig, où il prit ses grades en 1843, puis se livra tout entier à l'étude du sanscrit sous la direction du professeur Brockhaus, et publia dès 1844, à Leipzig, un recueil de fables sanscrites intitulé : *Hitopadesa*. Il se rendit ensuite à Berlin pour y suivre les cours de Bopp et de Schelling et y étudier les manuscrits sanscrits, et, l'année suivante, partit pour Paris, afin de compléter son instruction sous la direction d'Eugène Burnouf, lequel lui donna des conseils et de précieuses indications pour préparer son édition du *Rig-Veda* et ses commentaires du *Sâyanâcârya*. Après avoir achevé la copie et le collationnement des

manuscrits de la Bibliothèque royale, M. Müller se rendit en Angleterre, en juin 1846, pour en faire autant des manuscrits appartenant au Musée des Indes orientales et à la Bibliothèque bodléienne, d'Oxford. Il était sur le point de s'en retourner en Allemagne lorsque, ayant fait la connaissance du chevalier de Bunsen, alors ambassadeur de Prusse à Londres, celui-ci l'engagea vivement à demeurer; et, grâce à son appui et à celui du professeur Wilson, M. Müller obtint de la Compagnie des Indes orientales qu'elle se chargerait des dépenses de son édition du *Rig-Veda*. En 1848, il s'établit à Oxford, où son ouvrage devait être imprimé, et le premier volume, de mille pages in-4°, parut en effet dès 1849. Invité par l'université d'Oxford à faire des cours de philologie comparée, comme professeur-adjoint, en 1850, il devint titulaire de cette chaire en 1854, sans parler des honneurs académiques qui lui furent en même temps décernés, et administrateur de la Bibliothèque bodléienne en 1856. Candidat à la chaire de sanscrit de l'université d'Oxford en 1860, il échoua contre une coalition des partis théologiques. En 1868, l'université ayant fondé une nouvelle chaire de philologie comparée, M. Max Müller en fut désigné, dans les statuts de fondation même, comme le premier titulaire. Il a résigné cette chaire en décembre 1875; mais l'université le retint, lui nomma un suppléant et le chargea de la traduction des *Livres sacrés de l'Orient*. Une première série de ces ouvrages, comprenant 22 vol., était publiée en 1881, et M. Max Müller en abordait la seconde série en 1883. Membre de l'Académie de Munich depuis 1852, il a été élu correspondant de l'Institut de France (Académie des Inscriptions et Belles-Lettres) en 1858 et associé étranger en 1869. Il est aussi membre d'un grand nombre d'autres corps savants et chevalier de l'Ordre du Mérite de Prusse. — Outre l'*Hitopadesa*, déjà cité, M. Max Müller a publié : *Meghadûta*, élégie indienne de Kalidâsa, avec des notes (Kœnigsberg, 1848); *Essai sur le bengali et ses rapports avec les langues aryennes*, dans les *Transactions* de l'Association britannique (même année); *De la philologie comparée des langues indo-européennes*, etc. (1849), mémoire qui a obtenu le prix Volney; *Essai sur la Logique indienne, dans les « Lois de la pensée » de Thompson (1853); Propositions pour un alphabet uniforme des missions, et Suggestions sur l'érudition et les langues du siège de la guerre en Orient, avec une carte linguistique (1854); Lettre au chevalier de Bunsen, sur la classification des langues touraniennes dans son ouvrage : « le Christianisme et l'humanité » (1855)*; les *Hymnes du Rig-Veda, avec le texte et la traduction du Prâtiçâkhya, ouvrage ancien sur la grammaire et la prononciation sanscrites* (Leipzig, 1856-57), l'édition d'Oxford de cet ouvrage était à peine terminée (1849-54-56, 3 vol. in-4°) que celle de Leipzig paraissait, enrichie de l'appendice important dont nous avons parlé; *le Boudhisme et les pèlerins boudhistes (1857)*; *les Classiques allemands du IVe au XIXe siècle*, et *Essai de mythologie comparée (1859)*; *Histoire de la littérature sanscrite ancienne (1860, 2e édit.)*; *Lectures sur la science du langage (1860-68, 8e édit., 1875)*; *Grammaire sanscrite pour les commençants (1860, 2e édit., 1870)*; *Copeaux tirés d'un atelier allemand* (Chips from a German Workshop), recueil d'Essais, divisé en trois parties : *Essais sur la science de la religion; Essais sur la mythologie, les traditions et les coutumes; Essais de littérature, de biographie et d'archéologie*, la plupart parus isolément dans les années précédentes (1868-70, 3 vol.); un choix en a été publié, en outre, sous ce titre : *Selected Essays*, en 1882; les *Hymnes aux Maruts ou dieux de la tempête*, premier volume de sa traduction anglaise du *Rig-Veda*, parurent en 1869; en 1873, il publiait son édition des deux textes, et en 1874, le 6e et dernier volume de sa grande édition du *Rig-Veda* avec les commentaires du *Sâyanâcârya*. — M. Max Müller a collaboré, en outre, à diverses publications académiques, aux *Revues d'Édimbourg* et *Trimestrielle* (Quarterly), au *Times*, et à beaucoup d'autres publications littéraires ou savantes de l'Angleterre, de la France et de l'Allemagne. Il a fait en décembre 1873, sur l'invitation du doyen Stanley, une intéressante conférence sur les *Religions de l'univers*, à l'abbaye de Westminster.

A partir de l'année 1870, le professeur Max Müller s'est surtout dévoué à l'éducation de plusieurs prêtres bouddhistes qui lui ont été envoyés du Japon pour apprendre le sanscrit, et qu'il est même venu présenter à l'Académie de Paris; ce qui le conduisit à apprendre qu'il existait au Japon des manuscrits sanscrits de la plus haute antiquité, à l'aide desquels il fut en état de publier divers textes boudhistes, tels que le *Sukhâvatîvyûha*, dans le *Journal* de la Société asiatique (1880) et le *Vagrakkhedikâ* dans les *Anecdota oxoniensia (1881)*, tandis qu'un de ses disciples, M. Bunyiu Nanjio dressait un catalogue complet du *Tripitaka* boudhiste, le canon sacré des boudhistes chinois et japonais (1883). M. Max Müller a encore publié dans ces derniers temps : une édition de la *Correspondance de Schiller avec le prince Frédéric Christian de Schleswig (1875)*; une étude biographique sur *J.-B. Basedow*, son arrière grand-père (1877) et une nouvelle traduction de la *Critique de la raison pure* de Kant (1884).

MULLER, Eugène, littérateur français, né le 31 juillet 1826 à Vernaison, petit village du Lyonnais, où son père, élève de Redouté, était dessinateur dans une manufacture d'indiennes. Rien ne faisait prévoir qu'il dût suivre un jour la carrière des lettres, car, outre qu'il ne fréquenta guère les classes après sa onzième année, il embrassa la profession paternelle, qu'il exerça, pour ainsi dire, jusqu'au jour de ses débuts littéraires, qui furent relativement tardifs. Relativement, disons-nous, car si, dès l'âge de seize ans, encouragé, soutenu par sa mère, femme d'une intelligence remarquable, il écrivit et rima, ce ne fut que douze ou treize ans plus tard, que, après avoir fait seul ses études classiques, il vint à Paris tenter la publicité par des vers, des comédies, des drames, dont aucun d'ailleurs ne devait voir le jour. Il collabora d'abord à plusieurs petites feuilles fantaisistes, qui laissaient son nom dans l'obscurité, quand l'attention fut attirée sur lui par la publication d'un simple récit villageois intitulé : *la Mionette*, qui fut un des événements littéraires de l'année 1858, et dont le succès n'a pas été épuisé par les nombreuses éditions ou reproductions qui en ont été faites depuis. Les grands journaux et les revues ayant dès lors recherché sa collaboration, il donna plusieurs autres romans fort bien accueillis. Il prenait place en même temps parmi les écrivains spéciaux, en publiant, dans les journaux et collections destinés à la jeunesse de nombreux articles de vulgarisation scientifique et industrielle, et plusieurs livres très goûtés. Après avoir été, pendant plusieurs années, chroniqueur scientifique du *Monde illustré*, il devint rédacteur en chef de la *Mosaïque*, puis du *Musée des familles*. Il est collaborateur assidu du *Journal de la jeunesse*, où il écrit souvent sous le pseudonyme d' « Oncle Anselme », du *Magasin d'éducation et de récréation*, du *Journal des demoiselles*, etc. — Il a fait jouer en 1860, au théâtre du Vaudeville, une comédie rustique, le *Trésor de Blaise*, qui a eu une cinquantaine de représentations. En 1873, il a obtenu un des prix Montyon de l'Académie française pour un recueil de nouvelles, les *Récits champêtres*. Elu membre du comité de la Société des gens de lettres en 1860, il a été vice-président de cette Société en 1870 et président en 1873. Il est devenu, en décembre 1884, conservateur, chargé de la comptabilité, à la bibliothèque de l'Arsenal, délégué cantonal pour l'instruction primaire, et secrétaire de la caisse des écoles du XIIIe arrondissement. Il a été nommé officier d'Académie en janvier 1876, et chevalier de la Légion d'honneur le 15 janvier 1879. — Les principaux ouvrages de M. E. Muller sont : *la Mionette (1858); Véronique, Mme Claude (1860); Récits enfantins (1861); Contes rustiques (1862); Jeunesse des hommes célèbres (1863); Pierre et Mariette*, la *Driette (1865)*; les *Filles du sonneur, Jacques Moutier (1866)*; l'*Héritage de Jean Rémy*, la *Boutique du marchand de nouveautés*, le *Chef-d'œuvre du père Victor (1867)*; les *Mémoires d'un franc-tireur (1871); Robinsonette (1873); Jacques Brunon (1875)*; les *Femmes d'après les auteurs français, Morale en action par l'histoire (1876)*; la *Forêt (1877)*; un *Français en Sibérie (1878)*; le *Géant et l'oiseau (1880)*; *Entretiens de science familière*; *Nizelle*, souvenirs d'un orphelin (1886); des *Lettres sur la botanique*, sur l'*Origine des professions industrielles*, etc.

MULOCK, Miss Dinah Maria, femme de lettres anglaise, veuve du littérateur anglais George Lillie Craik, est née en 1826 à Stoke-sur-Trent, dans le comté de Stafford. Miss Mulock s'est livrée de bonne heure à la littérature d'imagination et s'y est rapidement acquis une réputation populaire. Elle a publié : les *Ogilvies (1849); Olive (1850)*, le *Chef de la famille*, tableau de la vie bourgeoise en Écosse, et *Alice Learmont (1851)*, le *Mari d'Agathe (1853)*; *John Halifax, gentleman (1857)*; *Vie pour vie (1859)*, l'*Erreur d'un chrétien (1860)*; *Deux mariages (1863)*; *Noble existence (1866)*, la *Mauvaise parole, et autres histoires (1869)*, la *Belle France, impressions d'un voyageur (1870)*, l'*Éclat modeste d'un jour de fête, scène de la vie (1871)*; *Hannah* (même année, 2 vol.); les *Aventures d'un lutin (1872)*; *Ma mère et moi (1884)*, le *Petit prince boiteux et son manteau de voyage, Sermons hors de l'église (1875)*; *Un Testament, ou vie et mort de John Martin, maître d'école et poète (1878, 2 vol.)*, la *Libre parole (1882)*, etc. Elle a écrit, en outre, une assez nombreuse collection d'œuvres fugitives, telles que; *Contes romantiques, Contes domestiques, Rien de nouveau, Etudes d'après nature, Pensées d'une femme sur les femmes*, un volume de *Poésies*, des livres destinés à la jeunesse, notamment : *Comment on se fait aimer, ou la leçon de Rhoda; Cola Monti, ou l'histoire d'un génie*; *un Héros, ou le livre de Philippe; Little Lychetts, Notre année*, le *Pain et l'eau*, etc. — En 1864, miss Mulock obtenait une pension littéraire annuelle de 1,500 francs. L'année suivante, elle épousait George Lillie Craik, qui mourut au mois de juin 1866. Les ouvrages de miss Mulock, depuis 1857, ont été signés l'*auteur de John Halifax*.

MUN (comte de), Albert, homme politique français, né à Lumigny (S.-et-M.) le 28 février 1841. Officier de cuirassiers, M. de Mun trouva l'emploi de ses loisirs dans la création de nombreux « cercles catholiques d'ouvriers » et fit, au profit de l'œuvre, des conférences ultracléricales dont le retentissement le contraignit bientôt à donner sa démission. Élu député de Pontivy, au scrutin de ballottage du 4 mars 1876, après une lutte d'autant plus acharnée que le clergé lui-même était aux prises (le principal concurrent de M. de Mun étant l'abbé Cadoret, chanoine de Saint-Denis), et dans laquelle intervinrent l'évêque de Vannes, l'archevêque de Paris et jusqu'au pape, la Chambre décida qu'une enquête aurait lieu sur cette élection, qu'elle annula, lorsqu'elle fut pleinement éclairée. M. le comte de Mun fut réélu le 27 août 1876 et admis le 15 décembre suivant. Réélu, le 14 octobre 1877, dans des conditions analogues, son élection fut de nouveau l'objet d'une enquête, puis annulée le 6 décembre 1878, le 3 février 1879, il se représentait devant les électeurs, mais il échouait. Il était élu de nouveau, le 21 août 1881, dans la 2e circonscription de Pontivy, nouvellement établie, et reprenait sa place à l'extrême-droite. M. le comte de Mun a été élu député du Morbihan le 4 octobre 1885. — Il est assez piquant de rappeler que M. de Mun est l'arrière petit-fils d'Helvétius.

MUNIER, Louis Auguste, homme politique français, né à Gex le 21 novembre 1821. Ancien avoué à Lyon, premier adjoint au maire, il a été élu sénateur du Rhône au renouvellement du 8 janvier 1882, comme candidat républicain. M. Munier a voté la loi portant expulsion des princes prétendants.

MUNIER, Marie Charles Louis, homme politique français, né Pont-à-Mousson le 17 mai 1837. Ancien notaire, adjoint au maire de sa ville natale depuis 1871, M. Munier a été élu député de Meurthe-et-Moselle, commme candidat républicain, le 4 octobre 1885. Il a voté l'expulsion des princes.

MUNKACSY, Mihaly (Michel), peintre hongrois, né en 1844 à Munkacs. Fils de parents tombés victimes de l'intervention russe, lors de la révolution de 1849, il était orphelin à cinq ans, et commença la vie comme apprenti emballeur à Pesth, maniant dès lors le pinceau pour illustrer les caisses d'emballage des initiales et signes conventionnels des destinataires, et ne laissant pourtant pas de manifester à l'occasion ses dispositions extraordinaires pour la peinture. Il avait près de dix-neuf ans, lorsqu'il réussit enfin à obtenir quelques leçons de Ligeti, paysagiste distingué. Il partit peu après pour Vienne, où il fréquenta l'Académie des beaux-arts, puis résida tour à tour à Munich et à Düsseldorf. Il exposa à l'Académie de Düsseldorf, en 1868 et 1869 : *Pâques*, l'*Enrôlement* et la *Fiancée*, toiles qui commencèrent à attirer l'attention sur lui. Venu ensuite à Paris, il exposait au salon de 1870 son *Dernier jour d'un condamné*, qui établit sa réputation et a été popularisé par la gravure. Il a exposé depuis : *Épisode de la guerre de Hongrie en 1848*, femmes faisant de la charpie en écoutant le récit d'un blessé (1873), le *Mont de piété* et les *Rôdeurs de nuit (1874)*, le *Héros du village*, en Hongrie (1875), *Intérieur d'atelier (1876)*, le *Récit de chasse (1877)*; *Milton aveugle dictant le « Paradis perdu » à ses filles*, les *Recrues hongroises (1878)*. — Il a obtenu une médaille au salon de 1870, une médaille de 2e classe à celui de 1874 et une médaille d'honneur à l'Exposition universelle de 1878; nommé chevalier de la Légion d'honneur en 1877, il a été promu officier en 1878. Depuis lors, M. Munkacsy n'a plus paru qu'à des expositions particulières, à Paris et à Vienne principalement, avec un succès toujours grandissant. Son *Christ au tombeau*, promené pendant plusieurs années d'exposition en exposition, a été surtout très remarqué.

MURAT (comte), Joachim Joseph André, homme politique français, fils d'un ancien député et petit-fils du frère aîné du roi de Naples, est né à Paris le 12 décembre 1828. Entré de bonne heure dans la diplomatie, il fut successivement attaché à la légation de Florence en 1849 et à celle de Stockholm en 1850, puis chargé d'affaires dans la première de ces villes en 1852 et dans la seconde l'année suivante. Il faisait partie, en 1856, de l'ambassade de M. de Morny qui assista au couronnement du czar Alexandre II à Moscou. En 1854, M. le comte Murat était élu, comme candidat officiel, député de la première circonscription du Lot, à l'élection partielle nécessitée par la mort de M. Lafon de Caix, il était nommé la même année membre du Conseil général du Lot. Réélu député au Corps législatif à chaque renouvellement, il y fut d'abord secrétaire, puis secrétaire élu de 1860 à 1863, époque où il résigna ces fonctions. Il y prit la parole à des intervalles assez éloignés, mais toujours dans d'importantes discussions, surtout celles relatives aux chemins de fer. Dans la courte session de juillet 1869, M. le comte Murat a signé la demande d'interpellation des Cent-Seize, il a fait partie, en 1870, de la commission extra-parlementaire de décentralisation présidée par Odilon Barrot. Membre du Conseil général du Lot, dont il a été secrétaire et vice-président sous l'Empire, depuis 1854, il a été maire de La Bastide-Murat de 1861 à 1870. — Aux élections générales de 1871, M. le comte Murat, qui avait formellement décliné toute candidature et dont le nom ne figurait sur aucune liste, fut néanmoins élu représentant du Lot, le dernier sur six, il siégea parmi les représentants bonapartistes, et protesta contre le vote de déchéance de la dynastie impériale. Aux élections de 1876, il fut élu député par la 1re circonscription de Cahors, contre M. Thiers, dont la candidature ne paraît pas d'ailleurs avoir été sérieusement posée. Il prit place au groupe de l'Appel au peuple, et fut réélu le 14 octobre 1877 et le 21 août 1881. Aux élections du 4 octobre 1885, M. le comte Murat a été élu député du Lot en tête de la liste monarchiste. — M. le comte Joachim Murat a publié : le *Couronnement de l'empereur Alexandre, souvenirs de l'ambassade de France (1856)*. Il est, en outre, l'auteur de plusieurs proverbes joués en société par des artistes du Théâtre-Français. Officier de l'instruction publique, décoré de divers ordres étrangers, il est officier de la Légion d'honneur depuis 1862.

MUSURUS-PACHA, Constantin, diplomate ottoman, né à Constantinople le 18 février 1807. Son père, Paul Musurus, était natif de Rétimo, dans l'île de Crète, et descendait d'une ancienne famille patricienne. Constantin fit à Constantinople des études excellentes de littérature grecque et romaine, de langues modernes et de sciences. Secrétaire du prince de Samos, Stefanaki Vogorides, en 1832, il accompagnait l'année suivante les commissaires français, anglais et russe, chargés d'exhorter les habitants de Samos à faire leur soumission à la Porte. Cette démarche ayant échoué, Musurus entreprit la pacification de l'île en 1834, et y réussit fort bien sans moyens violents; il organisa l'administration intérieure sur des bases libérales et gouverna le pays pendant quatre ans à la satisfaction de la population. A son retour à Constantinople, il épousa la princesse Anne, seconde fille du prince Vogorides, née en 1819, laquelle frappée subitement d'une attaque de maladie de cœur au bal donné dans les salons du Foreign Office, à Londres, le 19 juillet 1867, mourait la nuit même. — En 1840, Musurus fut envoyé à Athènes par la Porte, comme plénipotentiaire; sa mission eut pour dénouement la rupture des négociations entre les deux pays et une tentative d'assassinat sur la personne du diplomate ottoman, mais aussi, en fin de compte, le triomphe de la politique turque. A la fin de 1848, il était rappelé d'Athènes, où il avait été renvoyé en 1847, et nommé ministre à

Vienne. Il y fit preuve d'une grande habileté diplomatique, surtout dans la délicate question des réfugiés hongrois qui avaient pris part à la récente insurrection et dont le gouvernement autrichien réclamait l'extradition. Sa réputation s'en accrut considérablement, bien qu'il soit juste de dire que l'opposition de la France et de l'Angleterre aux prétentions de l'Autriche appuyées par la Russie, l'aida beaucoup à en triompher. Nommé envoyé extraordinaire et ministre plénipotentiaire à Londres en 1851, il y était élevé au rang d'ambassadeur le 30 janvier 1856; et à celui de *muchir*, avec le titre de pacha, lors de la visite faite à Londres par le sultan Abd-ul-Azis, en juillet 1867. Maintenu dans ses fonctions d'ambassadeur à Londres par Mourad et Abd-ul-Hamid, ce serait sur une de ses dépêches au ministre des affaires étrangères, que le gouvernement ottoman aurait repoussé le protocole des puissances rédigé après la fameuse conférence de Constantinople (avril 1877). Cette attitude de la Porte a, comme on sait, déterminé la Russie à lui déclarer la guerre. Musurus-Pacha a été nommé membre du premier sénat ottoman, en mars 1877. Il est décoré des ordres du Medjidié et de l'Osmanié de première classe, et haut dignitaire de divers ordres étrangers. — On doit à Musurus-Pacha quelques travaux littéraires, notamment une traduction de l'*Inferno* de Dante, en grec moderne, dont on annonçait la publication à Londres en 1882.

N

NADAR, Félix Tournachon (dit), artiste, littérateur et aéronaute français, né à Paris le 5 avril 1820, fit ses études au collège de Versailles et au lycée Bourbon, puis alla commencer à l'école secondaire de Lyon, berceau de sa famille, l'étude de la médecine; mais il travailla surtout pour la petite presse lyonnaise et revint à Paris en 1842, dans le but évident d'y poursuivre ce genre de travail. Il collabora à la *Vogue*, au *Négociateur*, à l'*Audience* (le seul journal judiciaire paraissant le lundi !), signant déjà du pseudonyme de *Nadar*; devint en 1844 secrétaire de M. Ch. de Lesseps, rédacteur en chef du *Commerce* et l'année suivante secrétaire du député d'Elbeuf, Victor Grandin. Doué à la fois d'un véritable talent de dessinateur et d'un esprit quelque peu goguenard qu'il alla promener en Prusse, en 1848, il fut interné à Eisleben pendant près d'un mois, ayant, à ce qu'il semble, fait tout son possible pour faire croire aux autorités prussiennes qu'il était une sorte d'espion activement occupé à lever des plans. De retour à Paris, il fondait en 1849 la *Revue comique*. Il était déjà collaborateur, par la plume et le crayon, du *Corsaire*, du *Charivari*, du *Journal pour rire*, etc. En 1852, M. Nadar fondait rue Saint-Lazare un atelier de photographie qu'il exploita d'abord avec son frère, lui céda, lui reprit en lui faisant interdire par jugement l'usage du pseudonyme *Nadard jeune* dont il avait pris l'habitude (1856) et transporta successivement boulevard des Capucines et en dernier lieu (1872), rue d'Anjou. M. Nadar s'est en outre beaucoup occupé, et d'une manière très active, de navigation aérienne. Il fit des conférences pour démontrer l'excellence de la théorie du « plus lourd que l'air » et résolut de faire des ascensions publiques à l'aide d'un ballon de proportions énormes, afin de frapper l'imagination des spectateurs et de tâcher d'obtenir d'eux les fonds nécessaires à la construction de l'appareil à hélice qu'il méditait. On n'a pas oublié les quatre ascensions du *Géant (1863-64-65)* dont l'une, celle du 18 octobre 1863, fut suivie d'une descente en Hanovre extrêmement périlleuse. En somme, la tentative n'eut aucune réussite; loin de recueillir l'argent dont il avait besoin, M. Nadar en perdit du sien, et l'aventure se dénoua par un procès avec ses associés, MM. Godard frères. Pendant le siège de Paris, M. Nadar commanda la compagnie d'aérostiers de la place Saint-Pierre de Montmartre, occupée surtout d'observer les mouvements de l'ennemi, de la nacelle d'un ballon captif. — M. Nadar a publié : la *Robe de Déjanire 1841)*; *Nadar-Jury au Salon*, album comique (1853); la première feuille d'une grande galerie des célébrités contemporaines, annoncée comme devant en avoir quatre, et qui eut un très grand succès sous le nom de *Panthéon Nadar (1854)*; *Quand j'étais étudiant*, nouvelles (1857); *Nadar-Jury au Salon de 1857*; le *Miroir aux alouettes*, nouvelles (1858); *Mémoires du Géant*; *A Terre et en l'air (1864)*; le *Droit au vol (1865)*; les *Ballons en 1870 (1871)*. Il a fait jouer deux pantomimes : *Pierrot ministre*, aux Funambules (1847) et *Pierrot boursier*, aux Folies-Nouvelles (1854), etc.

NADAUD, Martin, homme politique français, né à la Martinèche, près de Bourganeuf, le 17 novembre 1815, d'une famille de laboureurs dont le chef faisait à Paris le métier plus lucratif de maçon. Après avoir aidé sa mère aux travaux des champs, le jeune Martin, à peine âgé de 14 ans (mars 1830), accompagnait son père à Paris pour y exercer l'humble métier de manœuvre. Bien qu'il sût à peine lire et écrire, son intelligence était très développée, il devint promptement de manœuvre compagnon et était chef de chantier avant d'avoir atteint sa vingtième année. En 1834, il fut amené par ses relations de chantier à faire partie de la Société des Droits de l'homme; cette affiliation eut pour effet de le mettre en rapports avec la jeunesse démocratique intelligente et instruite et de lui faire sentir tout ce qui l'en séparait réellement. Dès ce moment, il suivit avec ardeur les cours gratuits, employa tous ses loisirs à la lecture et, à partir de 1838, en consacra une partie à l'instruction de ses compatriotes, ignorants comme il l'avait été. Attiré naturellement vers l'étude des questions sociales, M. Martin Nadaud devint un des plus fervents disciples de Cabet. Les préoccupations de sa propre culture intellectuelle ne le détournaient pas des devoirs de sa profession, qu'il remplit toujours scrupuleusement, et lorsqu'éclata la révolution de Février, il était chargé de conduire les travaux de la mairie du Panthéon. Il présida le club des enfants de la Creuse et, en 1849, fut élu représentant de son département à l'Assemblée législative. Il ne fallait rien de moins pour le décider à abandonner le chantier. M. M. Nadaud siégea dans les rangs des démocrates socialistes, déposa plusieurs propositions en faveur des associations ouvrières, réclama la continuation de divers travaux importants, ainsi que des modifications législatives qui n'avaient aucune chance d'être accueillies, bien que plusieurs d'entre elles n'aient pas attendu la troisième république pour être exécutées sans faire trembler le monde sur ses bases. Arrêté après le coup d'Etat, M. Martin Nadaud fut expulsé de France. On le conduisit à la frontière belge, mais il préféra se réfugier en Angleterre, où il reprit bravement la truelle. Après avoir vécu pendant quatre années de son dur métier de maçon, M. Nadaud tomba malade; lorsqu'il fut rétabli, quelques-uns de ses compagnons d'exil en position de le faire, Louis Blanc notamment, lui firent obtenir une place de professeur de langue française dans une institution de Brighton, d'où il passa en 1858 à l'École militaire de Wimbledon, où il était encore lorsqu'éclata la révolution du 4 Septembre. Il avait refusé, aux élections générales de l'année précédente, la candidature que lui offraient ses compatriotes de la Creuse, parce qu'il s'agissait de serment à prêter; mais il ne crut pas devoir refuser la préfecture de la Creuse, que lui offrait un ministre républicain, Gambetta. Il donna sa démission quand celui-ci se retira du pouvoir et se présenta aux élections du 8 février 1871 dans son département; mais il échoua, avec 10,500 voix. Rentré à Paris, il fut élu le 23 juillet membre du Conseil municipal de cette ville, pour le quartier du Père Lachaise (XXe arrondissement), et réélu aux élections générales du 29 novembre 1874. — Le 20 février 1876, il était élu député de l'arrondissement de Bourganeuf, par 4,083 voix contre 3,768 partagées entre ses deux concurrents, constitutionnel et bonapartiste, et fut élu questeur peu après la rentrée. Réélu le 14 octobre 1877 et le 21 août 1881, M. Martin Nadaud était élu député de la Creuse en tête de la liste républicaine, le 4 octobre 1885, et votait, le 11 juin 1886, l'expulsion totale des princes. Il a été constamment maintenu dans les fonctions de questeur de la Chambre des députés. M. Martin Nadaud a collaboré, au *Réveil (1860-70)*, au *Rappel (1871)* et depuis à la *République française*; il a publié une *Histoire des classes ouvrières en Angleterre (1872)* et un *Traité des sociétés coopératives (1873)*, l'un et l'autre très estimés.

NADAUD, Gustave, poète et musicien français, né à Roubaix le 20 février 1820, d'une famille de commerçants, fit ses études à Paris, au collège Rollin, puis retourna dans sa famille et aborda la carrière commerciale à laquelle il était destiné, bien qu'il n'y eût aucun goût. En 1840, il revenait à Paris avec ses parents, qui fondaient, place des Victoires, une maison pour la vente des tissus à la tête de laquelle ils le placèrent. Mais la crise qui suivit la révolution de 1848 le décida à abandonner tout à fait le commerce pour se consacrer à ses goûts, si différents. Les chansons qu'il composait depuis longtemps, et qu'il chantait dans des cercles d'amis, avaient eu, publiées en volume, un très vif succès, qui fut sans doute pour beaucoup dans cette détermination, car la critique n'avait pas hésité à le placer du coup au premier rang de nos meilleurs chansonniers. M. Gustave Nadaud a publié successivement une quantité presque innombrable de chansons, dont aucune n'est sans valeur et dont beaucoup sont de véritables petits chefs-d'œuvre de grâce, de légèreté, de satire bouffonne ou de sentiment, et pour la plupart desquelles il a écrit la musique qu'il fallait. Il les chante lui-même dans les salons avec un succès toujours renaissant, qui s'adresse moins encore au chanteur qu'au poète et au musicien. Une partie des chansons de M. Nadaud ont été publiées en album et l'ensemble a fait l'objet de nombreuses éditions sans cesse augmentées, de 1847 à 1870, sous le simple titre de *Chansons de Gustave Nadaud*, beaucoup ayant paru d'abord, le plus souvent avec la musique, dans divers recueils périodiques, tels que l'*Illustration*, l'*Univers illustré*, etc. On lui doit en outre quelques opérettes de salon : le *Docteur Vieuxtemps*, la *Volière*, *Porte et fenêtre*, paroles et musique; des *Contes*, *Proverbes*, *Scènes*, et *Récits en vers*; *Idylle*, roman (1861); *Mes notes d'infirmier*, recueillies pendant la guerre par l'auteur, attaché à la 1re ambulance lyonnaise (1871), etc. Une édition de luxe de ses *Chansons* a été publiée en 3 volumes, avec eaux-fortes d'Edmond Morin, en 1880 et 1881 et lui a valu le prix Vitet de l'Académie française en 1882. On lui doit encore : *Solfège poétique et musical (1886)*. — M. Gustave Nadaud est chevalier de la Légion d'honneur depuis 1861.

NADAULT DE BUFFON, Alexandre Henri, magistrat et littérateur français, né à Chaumont-en-Bassigny le 16 juin 1831, fit ses études à Paris, au lycée Louis-le-Grand, alors Descartes, suivit les cours de la faculté de droit et s'inscrivit au barreau de Paris en 1853. Entré dans la magistrature comme substitut du procureur impérial à Valognes en 1856, il passa en la même qualité à Châlon-sur-Saône l'année suivante, fut nommé substitut du procureur général à Rennes en 1863 et avocat général près la même cour en 1867. Frappé de cécité depuis 1872, il donnait sa démission au commencement de 1878. Membre de la Société philotechnique, de l'Académie de législation, etc., décoré de la Légion d'honneur le 3 mai 1849, pour avoir été blessé en combattant l'insurrection de juin 1848 dans les rangs de la garde nationale, il a été promu officier de l'ordre le 11 avril 1877; il est enfin décoré d'une médaille d'honneur de 1re classe pour fait de sauvetage et des palmes d'officier de l'instruction publique. — On a de M. H. Nadault de Buffon : *Des donations ayant le mariage pour objet (1852)*; *Etude critique sur la loi des aliénés (1854)*; *Montbard et Buffon (1855)*; *Buffon et Jean Nadault (1856)*; *Correspondance inédite de Buffon (1860, 2 vol.)*; *Buffon, sa famille, ses collaborateurs et ses familiers (1863)*; l'*Education de la première enfance (1863)*; *Episode de la vie littéraire de Frédéric le Grand*; les *Musées italiens : Milan, Venise, Florence*, etc. *(1867)*; le *Magistrat, étude sur les Parlements (1866)*; une *Question de liberté*, à propos de la loi des aliénés; *Rome antique dans Rome moderne*; *Biographie populaire de Buffon (1866)*; *Daubenton (1867)*; l'*Homme physique chez Buffon, ses maladies, sa mort (1868)*; le *Premier président Nadault (1868)*; *Notre ennemi le luxe*; le *Colonel Niepce (1869)*; *Traité théorique et pratique des eaux de source et des eaux thermales*; le *Comte Louis de Cibrario (1870)*; une *Question d'ordre public*, étude sur la surveillance de la haute police; le *Général de Cissey (1871)*; les *Temps nouveaux (1872)*, etc. — M. H. Nadault de Buffon avait fondé à Rennes un journal illustré : les *Annales du bien*, organe des sociétés de sauvetage, d'assistance mutuelle, etc. qu'il y a également fondées; il a collaboré à la *Revue britannique*, à la *Revue française*, à la *Revue moderne*, à la *Revue pratique de droit français*, à la *Revue archéologique*, au *Messager de la semaine*, à la *Gazette médicale* (sur la question des aliénés), à la *Liberté*, à la *France*, au *Grand dictionnaire* de Larousse, etc.

NAJAC (comte de), Emile Fernand, auteur dramatique français, né à Lorient le 14 décembre 1828, fit ses études à Paris, où il se fixa ensuite, pour suivre le penchant qui l'entraînait vers la littérature dramatique. M. de Najac a donné à divers théâtres un grand nombre de vaudevilles, de comédies, de livrets d'opérettes, même de drames, le plus souvent en collaboration avec MM. Edmond About, Ch. Deulin, Scribe, Grangé, Delacour, Ed. Martin, Decourcelle, Meilhac, Nus, Hennequin, Ferrier, Millaud, H. Bocage, etc. — Nous citerons : *Chasse aux lions (1852)*; un *Mari en 150 (1853)*; une *Soubrette de qualité (1854)*; une *Croix dans la cheminée*, *Deux veuves pour rire (1855)*; le *Réveil du mari (1856)*; *Monsieur et madame Rigolo (1857)*; *Plus on est de fous...*; *Mam'zelle Jeanne*, opérette, musique de M. L. Cohen (1858); la *Clef sous le paillasson*, la *Fête des loups*, la *Fille de*

trente ans (1859); *Jeune de cœur*, le *Capitaine Billerlin (1860)*; la *Poule et ses poussins*; la *Beauté du diable*, op. com., musique de J. Alary; un *Mariage de Paris (1861)*; *Vents au profit des pauvres*, *Gaëtana*, collaboration anonyme (1862); les *Oiseaux en cage (1864)*; *Bégaiements d'amour*, op. com., musique d'Albert Grisar (1865); *Nos gens*, *Au pied du mur*; *Bettina*, op. com., musique de M. L. Cohen (1866); *Petit bonhomme vit encore*, opérette, musique de M. L. Deffès; *Histoire ancienne (1868)*; *Retiré des affaires (1869)*; *Calomnie*, opérette, musique de M. Ten Brink (1870); *Garçon de café*, opérette, musique de M. Adrien Talexy; le *Docteur Rose*, op. bouffe, musique de Federico Ricci; *Nany*, comédie en 4 actes, au Français (1872); *Nos maîtres*, 1 acte (1873); la *Dernière poupée*, 1 acte; *Lea*, drame en 3 actes, adapté de l'anglais, de M. Dion Boucicault (1875); *Bébé*, comédie en 3 actes, au Gymnase (1877); *Nounou*, comédie en 3 actes, au même théâtre (1879); la *Bonne aventure*, opérette en 3 actes, musique de M. Jonas, à la Renaissance (1882); le *Premier baiser*, op. com. en 3 actes, avec le même, aux Nouveautés (1883); *Cherchez la femme*, 3 actes, au Vaudeville; *Elle et lui*, 3 actes et *Bijou et Bouvreuil*, 3 actes, au Palais-Royal; la *Vie mondaine*, opérette en 4 actes, musique de M. Ch. Lecocq, aux Nouveautés (1885), etc. — M. Emile de Najac a publié: le *Théâtre des gens du monde*; *Madame est servie (1875, 2ᵉ édit.)*; l'*Amant de Catherine (1876)*; l'*Œuvre de Moreau-le-Jeune*, avec notice (1880).

NAPIER DE MAGDALA (baron), Robert Cornelis Napier, général anglais, fils d'un major d'artillerie, est né à Ceylan en 1810, fit ses études au collège militaire d'Addiscombe et entra dans le génie du Bengale en 1828. Il servit avec distinction dans la campagne du Sutlej, à la conclusion de laquelle, ayant atteint le grade de major, il fut choisi par sir Henri Lawrence pour directeur du génie à Lahore. En position d'acquérir une connaissance entière du Punjaub, de ses ressources et de ses besoins, lors du soulèvement du Moolraj, ce fut à lui, en fait, que fut confiée la direction du siège de Mooltan, auquel il assista comme commandant en chef du génie. Après la chute de cette place, il guida le corps du général Wish aux gués du Chenaub et, après la jonction de celui-ci avec lord Gough, prit part à la bataille de Goojerat. Promu colonel et nommé directeur du génie sous la nouvelle administration du Punjaub, il entreprit de couvrir le pays de routes militaires et commerciales, de canaux, de constructions destinées à l'administration, etc. Après plusieurs années de labeurs incessants, il fut appelé à Calcutta et nommé commandant en chef du génie du Bengale. Pendant la rébellion de 1857, sir Robert Napier servit, en qualité de chef du génie de l'armée de sir Colin Campbell, avec une distinction et une habileté qui accrut encore sa renommée. Ce fut lui qui, au siège de Lucknow, dressa et exécuta le plan de jeter un pont sur le Gomtee, manœuvre qui eut une si grande influence sur la fin de la campagne. Il reçut ensuite le commandement des forces employées à l'extermination des rebelles réunis sous les ordres de Tantia Topee, mais sur les réclamations de sir Hugh Rose, il se contenta d'un commandement secondaire. En 1860, il était envoyé en Chine, comme commandant en second sous sir Hope Grant. Pour les services qu'il rendit dans cette nouvelle expédition, il fut promu major-général, fait chevalier-commandeur de l'ordre du Bain et nommé membre militaire du Conseil des Indes en remplacement de sir J. Outram. Il résigna ces dernières fonctions en janvier 1865, pour prendre le commandement en chef de Bombay, avec le rang local de lieutenant-général. — En 1867, le général Napier fut appelé au commandement de l'expédition envoyée en Abyssinie au secours des prisonniers de Théodoros. Malgré les difficultés, cette campagne fut courte et heureuse. Le roi Théodoros était complètement battu dans un engagement sur les hauteurs d'Islamgie, le 10 avril 1868, et relâchait bientôt ses prisonniers. Poursuivant cependant sa victoire, le général anglais s'emparait trois jours après de Magdala, et le *negus* Théodoros, épouvanté, abandonné des siens, se brûlait la cervelle. — A son retour en Angleterre, en juillet suivant, sir Robert Napier fut reçu avec le plus grand enthousiasme. Le parlement lui vota des remerciments, d'abord et ensuite une pension annuelle et perpétuelle de 50,000 francs reversible sur son plus proche héritier; déjà nommé chevalier grand commandeur de l'Etoile de l'Inde à ses premiers succès, il fut promu grand croix du Bain et élevé à la pairie avec le titre de baron Napier de Magdala (14 juillet). Enfin la cité de Londres lui présenta des lettres de bourgeoisie et une épée d'honneur d'une valeur de 200 guinées (21 juillet). — Lord Napier de Magdala a été élu membre de la Société royale de Londres le 16 décembre 1869. Nommé commandant en chef de l'armée de l'Inde, avec rang local de général, en janvier 1870, il est devenu, en mai suivant, cinquième membre ordinaire du Conseil du gouverneur général de l'Inde. Nommé gouverneur de Gibraltar en 1875, il était placé, en 1878, à la tête des forces actives de la Grande-Bretagne, en cas de guerre avec la Russie, éventualité à laquelle mit fin le congrès de Berlin.

NAPOLÉON (prince), Napoléon Joseph Charles Paul Jérôme Bonaparte, homme politique français, second fils de Jérôme Bonaparte, ex-roi de Westphalie, par son second mariage avec la princesse Frédérique de Würtemberg et cousin de l'ex-empereur Napoléon III, est né à Trieste le 9 septembre 1822. Il passa sa première jeunesse à Vienne à Trieste, à Rome, en Suisse, et entra en 1837 à l'Ecole militaire de Louisbourg, dans le Würtemburg, où il resta jusqu'en 1840; puis voyagea en Angleterre et en Espagne. En 1845, il obtint du ministère Guizot l'autorisation de visiter Paris sous le nom de comte de Montfort; mais, s'y étant aussitôt mis en relations avec les principaux membres du parti démocratique, il recevait, au bout de quatre mois de séjour, l'ordre de quitter le territoire sous huitaine. D'Angleterre, où il était retourné auprès de son père, le prince poursuivit ses réclamations contre la loi de proscription qui frappait sa famille; ses efforts ne furent pas vains, car il obtenait, en 1847, l'autorisation de rentrer et de résider provisoirement en France avec son père. Le 24 février, il était un des premiers à se rendre à l'Hôtel de Ville pour y mettre son patriotisme à la disposition du gouvernement provisoire. Aux élections pour la Constituante, il se présenta dans la Corse avec une profession de foi nettement républicaine et fut élu en tête de la liste. Il prit place sur les bancs des modérés et vota généralement avec la droite. Il prit la parole en faveur de la Pologne et pour défendre le « caractère méconnu » de son cousin Louis Napoléon; vota le maintien de la peine de mort, contre le bannissement de la famille d'Orléans, logique en ceci, etc. Nommé ministre plénipotentiaire à Madrid le 10 février 1849, il était révoqué peu après, pour avoir quitté son poste sans autorisation, et, mécontent, s'enfonça un peu plus, en manière de représailles, dans l'opposition. A la Législative, où il avait été réélu, il vota presque constamment avec l'extrême-gauche; il protesta notamment contre l'expédition romaine telle qu'elle se poursuivait. Après un semblant de tentative pour se mêler aux représentants républicains décidés à la résistance, après le coup d'Etat, il se tint quelque temps à l'écart; mais au rétablissement de l'Empire, appelé à l'hérédité éventuelle, il recevait, par sénatus-consulte en date du 23 décembre 1852, le titre de prince français, avec siège au Sénat et au Conseil d'Etat, la grand croix de la Légion d'honneur et le grade de général de division. Nommé sur sa demande, en 1854, au commandement d'une division d'infanterie du corps de réserve dans l'armée de Crimée, il assista en cette qualité, non pas de très près sans doute, aux batailles de l'Alma et d'Inkermann. Il fut toutefois bientôt rappelé, pour cause de mauvaise santé, disent les uns, pour avoir fourni les matériaux d'une brochure critique sur la direction donnée à l'expédition et sur les délibérations du conseil de guerre qui l'avait décidée, brochure supprimée en France, mais réimprimée aussitôt à Bruxelles et traduite en anglais. A son retour, le prince Napoléon fut nommé président de la commission impériale de l'Exposition universelle. En 1857, il faisait, à bord de la corvette la *Reine Hortense*, une assez longue excursion dans les mers du Nord. Ministre de l'Algérie et des colonies du 24 juin 1858 au 8 mars 1859, le prince Napoléon, qui venait d'épouser (30 janvier 1859) la princesse Clotilde, fille de Victor Emmanuel, roi d'Italie, fut envoyé, au début de la guerre d'Italie, à Livourne, à la tête d'un corps de réserve.

Au Sénat, le prince Napoléon prit fréquemment la parole et ne tarda pas à se faire une réputation d'orateur tout à la fois et d'esprit libéral. En 1861, notamment, ses discours contre le pouvoir temporel du pape eurent un grand retentissement et lui attirèrent un désaveu poli mais net de l'empereur; la même année, dans une occasion différente, ce fut à la famille d'Orléans qu'il s'en prit, mais avec moins de succès, bien que la réponse du duc d'Aumale, sa *Lettre sur l'Histoire de France*, eût été l'objet d'une saisie, suivie d'un procès qui coûta cher à l'éditeur et à l'imprimeur: un an de prison au premier, six mois au second, sans parler de 10,000 fr. d'amende au total et les frais! — La partie n'étant évidemment pas égale, le duc d'Aumale pensa rétablir autant que possible la balance en adressant un cartel au fougueux sénateur et prince; mais celui-ci était trop habitué à la *réserve* pour tenir aucun compte de façons aussi cavalières de traiter les questions de politique dynastique. En 1862, le prince Napoléon était nommé président de la commission française à la grande exposition de Kensington. Il venait d'être nommé président de la commission impériale de l'Exposition universelle de Paris de 1867, membre et vice-président du Conseil privé, lorsque, à l'occasion de l'inauguration de la statue de Napoléon Iᵉʳ, à Ajaccio, le 27 mai 1865, il commit l'imprudence de parler, comme si cette question avait le moindre rapport avec les fêtes auxquelles il présidait, de « l'organisation de la démocratie » comme étant « le problème de l'avenir ». Une lettre de blâme de son souverain, insérée au *Moniteur*, répondit au discours du prince révolutionnaire, lequel se démit en conséquence des fonctions ennuyeuses dont on venait de l'investir. En fait, toutefois, cette disgrâce fut plus apparente que réelle; il rentra peu après au Conseil privé, fut chargé de diverses missions et suivit, dans ces conditions, la campagne de 1866 à l'état-major du roi d'Italie. Son influence ne fut pas étrangère assurément à l'évolution libérale de l'Empire, commencée en 1869 et qui portait au pouvoir, le 2 janvier 1870, son ami M. Emile Ollivier, dont il soutint au Sénat et au Conseil d'État, comme vice-président d'honneur, la politique et les idées. Cette évolution achevée, à son sentiment probable, et après le succès du plébiscite, qui était la négation de tout ce qui avait été fait jusque-là, le prince Napoléon, satisfait et rassuré, cinglait de nouveau vers la mer du Nord (2 juillet 1870); mais les événements le ramenaient bientôt en France. Il se rendit au quartier général de l'empereur, demanda un commandement; mais reçut de son cousin la mission, plus conforme à ses aptitudes, d'aller solliciter le concours de son beau-père, Victor Emanuel. Le prince partit aussitôt pour Florence et était encore au palais Pitti, lorsqu'après des désastres répétés, la révolution du 4 Septembre éclata. Ceci résulte des déclarations même du prince Napoléon, dans la brochure qu'il publia en 1871: la *Vérité à mes calomniateurs*, en réponse aux accusations de Jules Favre.

Après la chute de l'Empire, le prince Napoléon résida quelque temps en Belgique, puis en Angleterre. Aux élections générales du 8 février 1871, il refusa la candidature qui lui était offerte en Corse et dans la Charente-Inférieure. Elu conseiller général de la Corse pour le canton d'Ajaccio, le 8 octobre suivant, il obtint l'autorisation de traverser la France pour aller remplir son mandat; son passage, un peu partout, provoqua des manifestations hostiles et sa présence en Corse, des désordres assez sérieux pour l'amener de lui-même à donner sa démission. Retiré en Italie, il était de nouveau élu conseiller général pour Ajaccio, à l'élection complémentaire de janvier 1872, acceptait de nouveau et revenait en Corse. Mais sa candidature à la présidence du Conseil ayant échoué, il renonça à siéger et se retira à Prangins. Après un voyage en Italie, un autre auprès de son cousin à Chislehurst, le prince Napoléon vint en France en septembre 1872, et s'installa chez M. Maurice Richard, ancien ministre des Beaux-Arts de l'empire libéral, à Millemont (Seine-et-Oise); il en fut expulsé, malgré les protestations de son hôte, le 12 octobre. Mais il y rentra sans difficulté après la révolution gouvernementale du 24 mai 1873. En septembre suivant, un journal toujours républicain radical d'apparence, quoiqu'ayant passé par les mains peu révolutionnaires de M. de la Ponterie avant de tomber dans celles de M. Edouard Portalis, proposait, après entente préalable, un *pacte d'alliance* au prince Napoléon, qui acceptait, comme il avait été convenu. Le but était la formation d'un grand parti national par « l'alliance de la démocratie populaire et des Napoléon ». La « démocratie populaire » répondit en désertant le journal, qu'elle ne lisait déjà qu'avec une certaine méfiance instinctive, malgré la présence de quelques-uns des journalistes qu'elle aime, et le prince en fut réduit à aller créer dans la Charente-Inférieure un autre organe: la *Volonté nationale*, qui prophétisait, dans son numéro du 13 mai 1875: « un troisième Empire, ayant à sa tête soit le prince Napoléon, soit son neveu, finirait probablement dans le canal Saint-Martin. Ce serait la fin du pays... » — Aux élections des conseils généraux d'octobre 1874, le prince Napoléon, porté candidat à Ajaccio, échouait dans une lutte d'une passion inouïe, où tous les chefs du parti impérialiste s'étaient ligués contre lui. Il en fut de même aux élections générales du 20 février 1876 pour la députation, où, ayant pour adversaire M. Rouher, le prince Napoléon eut encore contre lui l'intervention décisive du prince impérial, engageant, par une lettre rendue publique, les électeurs à rejeter sa candidature et à voter pour son concurrent. Il échoua donc; mais l'election d'Ajaccio ayant été invalidée par la Chambre et le jeune chef de la dynastie ayant déclaré ne vouloir plus lui opposer que « l'indifférence et l'oubli », le prince Napoléon fut élu le 14 mai suivant, sans concurrent bonapartiste, député de l'arrondissement d'Ajaccio. Il prit place à gauche et vota avec les 363 contre le cabinet de Broglie. Aux élections du 14 octobre 1877, il fut combattu avec plus d'ardeur encore par les bonapartistes et aussi par les cléricaux de toute nuance politique, et échoua contre le baron Haussmann.

La mort tragique du prince impérial (1ᵉʳ juin 1879), qui, dans son testament, désignait pour son héritier le prince Victor, fils aîné du prince Napoléon, vint semer la discorde dans le parti, mais sans pouvoir empêcher que le prince Napoléon ne fût bien réellement le chef de la famille Bonaparte; du parti, la discorde gagna la famille même du prince, c'est-à-dire qu'elle se mit entre le père et le fils, malgré les protestations officielles de l'un et de l'autre. Après avoir assisté aux funérailles du jeune prince, en Angleterre, mais sans avoir rendu visite à l'impératrice Eugénie, il revenait à Paris, où il attirait de nouveau l'attention sur lui en publiant, le 16 janvier 1883, un manifeste au peuple français, qu'il fit placarder sur les murs sans parcimonie. Il fut arrêté pour ce fait, conduit à la Conciergerie et une instruction judiciaire fut commencée; mais la chambre des mises en accusation ayant décidé qu'il n'y avait pas lieu à poursuites, le prince était relaxé (9 février). Quelques jours plus tard, le Sénat votait la première loi contre les prétendants, et qui autorisait leur expulsion du territoire français, mais prononcée par le Sénat ou la cour d'assises, en cas de manifestation publique dans le genre de celle dont le prince Napoléon venait de se tirer indemne, faute d'un texte de loi. Le 21, le prince partait à Londres avec son fils Victor, pour montrer aux populations l'entente qui régnait entre eux, mais il était de retour deux jours après. Dans cette affaire, on voit que le tort était du côté des Napoléon, et les autres « prétendants » étaient parfaitement en droit de les rendre responsables de la mesure hostile prise également contre eux, pour ne pas faire de jaloux, par le gouvernement de la République. Ils eurent leur revanche trois ans plus tard, car c'est en effet, aux agissements du comte de Paris, qui s'était formé une véritable cour en plein Paris, qu'est due la loi d'expulsion de juin 1886, loi qui prononce *ipso facto* l'expulsion des princes prétendants du territoire français et permet celle des autres par simple décret. Donc, en même temps que les princes d'Orléans, les Bonaparte prétendants, le prince Napoléon et le prince Victor, quittaient la France, mais chacun de son côté, pour bien montrer cette entente cordiale, ces liens d'affection et de respect filial qui unissaient le fils au père et dont on nous rebattait les oreilles depuis cinq ou six ans, en dépit des protestations contraires des journaux du parti du prince Victor. Le prince Napoléon se rendit d'abord en Italie, où la princesse supplia son frère d'intervenir pour réconcilier les deux prétendants: mais le roi Humbert, fort sagement, refusa de se mêler de cette affaire de famille, arguant que cette intervention intempestive pourrait être mal vue du gouvernement français, avec lequel il tenait à rester en bons termes.

Presque constamment en voyage pendant la durée de l'empire, le prince Napoléon visita à plusieurs reprises, sur son yacht *Jérôme-Napoléon*, l'Algérie, l'Italie, l'Allemagne et l'Angleterre; en 1861, il s'embarquait avec la princesse Clotilde pour les Etats-Unis, visitait les principaux hommes d'État de l'Union, ses généraux, puis passait du côté des sécessionnistes et faisait une visite tanto

spéciale au général Beauregard. En juin 1863, il se rendit en Egypte, étudia le progrès des travaux du canal de Suez, dont il put parler au Sénat en connaissance de cause et en faisant le juste éloge du promoteur de cette gigantesque entreprise, M. F. de Lesseps. En 1868, il fit un voyage, qui fut fort commenté par la presse allemande, dans l'Allemagne du Sud, l'Autriche, la Bohême, la Hongrie et les Principautés danubiennes. Nous avons parlé déjà de ses deux excursions dans les mers du Nord, dont la seconde était interrompue par la guerre de 1870. Ajoutons qu'il a pris une part importante à la publication de la *Correspondance de Napoléon Ier*, du moins de la seconde moitié (dix-sept volumes), qu'il a soigneusement revue et arrangée : Il a aussi publié dans la *Revue des Deux-Mondes* du 1er avril 1878, un article sur les *Alliances de l'Empire en 1869 et 1870*, dans lequel il rejetait sur la politique des Tuileries et des diplomates de l'empire l'isolement de la France à cette époque ; accusation qui, repoussée par le duc de Gramont, était reproduite par le général Türr aussitôt après. — Rappelons enfin, simplement pour mémoire, le bijou de palais pompéien qu'il s'était fait ériger dans l'avenue Montaigne avec un respect de la tradition peut-être excessif.

De son mariage avec la princesse Clotilde, le prince Napoléon a eu trois enfants : Napoléon Victor Jérôme Frédéric, né le 18 juillet 1862, Napoléon Louis Joseph Jérôme, né le 16 juillet 1864 et Marie Lætitia Eugénie Catherine Adélaïde, née le 20 décembre 1866.

NAQUET, ALFRED, médecin, chimiste et homme politique français, né à Carpentras le 6 octobre 1834, d'une famille israélite, fit ses études médicales à Paris et se fit recevoir docteur en 1859 et agrégé de la faculté en 1863. Il s'était déjà fait connaître par des travaux de chimie pure et appliquée à la médecine et des études de philosophie positive, lorsqu'il prit une part active au mouvement d'opposition contre l'Empire qui signala les dernières années de ce régime. En décembre 1867, il était condamné à quinze mois de prison, 500 francs d'amende et l'interdiction de ses droits civils, pour société secrète, manœuvres à l'intérieur, etc. ; et en mars 1869, à quatre mois de prison et 500 francs d'amende pour la publication de son livre : *Religion, Propriété, Famille*. Ayant assez de la prison il passa en Espagne, d'où il envoya des correspondances au *Réveil* et au *Rappel* ; il prit part à l'insurrection d'Andalousie et fut même quelque temps, dit-on, gouverneur républicain de Séville, mais sans pouvoir prendre possession de son gouvernement. Il profita de l'amnistie de 1869 pour rentrer en France, vint à Paris et collabora, comme écrivain scientifique ou politique, au *Rappel*, à la *Démocratie*, à la *Marseillaise*. L'un des premiers à l'envahissement du Corps législatif, puis à l'Hôtel de Ville, le 4 Septembre, il fut nommé par le gouvernement de la Défense nationale, secrétaire de la commission scientifique d'études des moyens de défense, et suivit la délégation gouvernementale à Tours et à Bordeaux. Elu représentant de Vaucluse le 8 février 1871, M. A. Naquet donnait sa démission, avec ses quatre collègues, après le vote de l'Assemblée (8 mars) ordonnant une enquête sur les élections de ce département. De retour à Avignon, il y rédigea la *Démocratie du Midi* jusqu'au 2 juillet, date de la réélection, à une majorité plus considérable, de toute la représentation démissionnaire de Vaucluse, qui reprit sa place à l'extrême-gauche de l'Assemblée. Il prit notamment la parole en faveur du retour de l'Assemblée à Paris, pour se défendre des attaques dirigées contre lui et Gambetta par la commission des marchés, pour proposer l'appel au peuple sur la forme du gouvernement, lors de la discussion de la prorogation des pouvoirs du maréchal-président, le 19 novembre 1873, mais sans succès, etc. Il soutint à Paris la candidature de M. Barodet (29 avril 1873), dans le département de Vaucluse celle de Ledru-Rollin (1er mars 1874) et, en 1875, se déclara nettement et énergiquement, par des discours prononcés dans plusieurs villes du Midi, contre la politique opportuniste de Gambetta, après avoir voté contre les lois organiques. En décembre 1875, il déposait une proposition d'amnistie pleine et entière qui fut repoussée par la question préalable. Dans la campagne électorale de 1876, M. le Dr Alfred Naquet affirma avec une nouvelle énergie son opposition à la politique de concessions et accepta la candidature à Marseille contre Gambetta et à Apt contre Taxile Delord ; battu dans la première de ces deux circonscriptions, il était élu, après désistement de son concurrent républicain, au scrutin de ballottage du 5 mars, député de l'arrondissement d'Apt. Il déposa sur le bureau de la nouvelle assemblée plusieurs propositions, relatives au rétablissement du divorce, à l'abrogation des lois sur la presse, au rétablissement de la loi de 1848 sur le jury, etc. Le 14 octobre 1877, M. Naquet échouait à Apt contre le candidat officiel, mais l'élection de celui-ci ayant été annulée, il était définitivement réélu. Au commencement de 1879, il renouvelait sa proposition de rétablissement du divorce, qui obtint un premier succès : sa prise en considération par la Chambre (mai). Pour gagner l'opinion à cette réforme, il fit des conférences dans les principales villes. Réélu le 21 août 1881, M. Naquet revenait à la Chambre avec son projet de divorce, pris en considération de nouveau, et enfin adopté. Elu sénateur de Vaucluse le 21 janvier 1883, en remplacement de M. Elzéar Pin, décédé, M. Naquet, avec une persévérance, une opiniâtreté qui devaient recevoir leur récompense, revient à sa proposition de divorce, qu'il est déjà parvenu à faire accepter par la Chambre des députés. Cette proposition vient en discussion au Sénat en mai ; le 30, la clôture de la discussion générale est adoptée et le principe du divorce admis par conséquent, par 130 voix contre 114 ; la loi est votée, après quelques modifications de détail, le 24 juin ; renvoyée à la Chambre des députés, à raison de ces modifications, elle est votée telle quelle le 21 juillet 1884. C'est un des exemples les plus éclatants de ce que peut la persévérance dans les idées, car il est certain qu'au début, la proposition de M. Naquet ne pouvait se flatter de réunir qu'un très petit nombre de partisans, quelle que fût, au fond, l'opinion de ses adversaires les plus bruyants. — M. Naquet a voté l'expulsion des princes.

M. Alfred Naquet a publié : *Application de l'analyse chimique à la toxicologie*, sa thèse de doctorat (1859) ; *De l'allotropie et de l'isomérie*, sa thèse d'agrégation (1863) ; *Principes de chimie fondés sur les théories modernes (1865, 2 vol.)* ; *De l'atomicité (1868)* ; *Propriété, Religion, Famille (1869)* ; Son *Discours* prononcé le 5 septembre 1871 en faveur du retour de l'Assemblée à Paris (1871) ; le *Divorce (1876)*, etc. Il a collaboré, outre les journaux plus haut cités, au *Moniteur scientifique*, à la *Philosophie positive*, aux *Comptes rendus* de l'Académie des sciences, au *Bulletin* de la Société chimique, à la *Nouvelle encyclopédie générale*, au *Grand dictionnaire universel du XIXe siècle* de Larousse, à l'*Evénement*, à la *Révolution*, etc.

NASMYTH, JAMES, mécanicien et inventeur anglais, né à Edimbourg le 19 août 1808, de parents sans fortune. Dès son enfance employé dans des fabriques diverses, il acquit rapidement une grande habileté au maniement de toute sorte d'outils et des connaissances chimiques étendues, qu'il augmenta encore en fréquentant assidûment l'Ecole des arts de sa ville natale, où il put, à force de persévérance et de courage, compléter son éducation. Il se rendit alors à Londres, chargé de modèles et de plans, et entra, à des conditions extrêmement modestes, dans la grande manufacture Maudslay and Field. En 1834, il s'établit à Manchester, loua une pièce dans une vieille manufacture de coton et la chargea tellement d'outils, de machines et de modèles, que le plancher creva et qu'il reçut congé. Après bien des traverses, M. Nasmyth fondait à la fin la maison Nasmyth, Gaskell et Cie, dont il se retirait, après fortune, en 1856. Les deux inventions les plus importantes auxquelles il a attaché son nom sont le marteau à vapeur, d'un maniement si facile que, bien qu'il serve à forger les ancres les plus lourds, on peut également le transformer en un délicat casse-noisette ; et le *mouton* à vapeur si utile dans la construction des pilotis, des ports, ponts, etc. Il a toutefois inventé également une artillerie d'une espèce formidable. Enfin, M. Nasmyth s'est aussi occupé d'astronomie pratique et a construit des télescopes d'une puissance énorme à l'aide desquels il a entrepris des recherches intéressantes sur la structure physique de la lune, lesquelles ont été consignées dans un ouvrage intitulé : *la Lune, considérée comme planète, monde et satellite*, par J. Nasmyth et J. Carpenter, ouvrage traduit en allemand par M. H. J. Klein (1877) et sommairement analysé dans le journal le *Temps*.

NASSAU (duc de), ADOLPH WILHELM KARL AUGUST FRIEDRICH, né le 24 juillet 1817. Il succéda à son père le 20 août 1839. Une sorte de gouvernement constitutionnel existait, avant son accession au pouvoir souverain, dans le Duché, quoique ce fussent les Etats, et non une chambre élue, qui représentaient la nation. Adolphe-Guillaume laissa subsister cet état de choses, sans paraître disposé à le modifier dans un sens libéral, conformément aux aspirations évidentes du peuple. Le soulèvement de 1848 lui arracha une constitution nouvelle, plus libérale, portant création d'une chambre unique, dont la majorité démocratique vota des lois organiques conformes à ses sentiments et approuvées par le duc. Mais une nouvelle loi électorale donna une majorité réactionnaire à cette chambre ; la constitution fut abrogée en novembre 1851, et tous les avantages obtenus depuis 1848 furent perdus de ce coup. Le duc fut un des princes souverains qui se joignirent à la Confédération germanique sous la présidence du roi de Prusse ; cette confédération dissoute, il se rallia au parti de l'Autriche (1850), et combattit avec celle-ci en 1866. Il subit donc toutes les conséquences du désastre de Sadowa. Par décret en date du 20 septembre 1866, la Prusse s'annexa ses Etats, dont elle prit officiellement possession le 8 octobre suivant, et confisqua la plus grande partie de ses biens personnels. — Le duc de Nassau avait épousé en 1844 la princesse Elisabeth, fille du grand-duc Michel de Russie, morte le 28 janv. 1845. Il épousa en secondes noces, en 1851, la princesse Adélaïde-Marie, fille du prince Frédéric d'Anhalt-Dessau, dont il a eu deux fils : Guillaume-Alexandre, né en 1852 et François-Joseph, né en 1859.

NASSER-ED-DIN, schah de Perse, fils aîné du souverain précédent, Mehemet Schah et de la princesse Velliat, de la tribu des Kadjar, et petit-fils d'Abbas-Mirza, est né en 1829 et succéda à son père le 13 octobre 1848. Dès son arrivée au pouvoir, il tenta diverses réformes que l'hostilité du parti de la tradition fit échouer. L'esprit ouvert aux idées modernes quant aux relations internationales, après avoir subi quelque temps et tour à tour l'influence exclusive de ses deux voisins peu commodes, l'Angleterre et la Russie, Nasser-ed-Din concluait avec la France, le 12 juillet 1855, un traité de commerce et d'amitié. Au début de la guerre de Crimée, il avait fait une déclaration de neutralité ; cependant, en décembre 1875, il signait un traité avec la Russie dont la conclusion de la paix vint heureusement prévenir les conséquences menaçantes. L'année suivante, l'occupation d'Hérat par les troupes persanes amenait le gouvernement des Indes à lui déclarer la guerre (1er novembre 1856). Après quelques mois d'hostilités et la prise, par le général anglais Outram, de Kurrach, Buschir, Mohammerah, etc., la paix était conclue à Paris, entre lord Cowley et l'ambassadeur persan Ferruck Khan, et un traité signé, qui donnait toutes satisfactions à l'Angleterre (4 mars 1857). Plus tard, le schah eut avec quelques Etats voisins des difficultés dont il se tira avec plus de bonheur, et fit avec succès une expédition contre les Turcomans. Occupé depuis de réformes intérieures, il entreprit en 1860, avec l'aide d'officiers européens, la transformation de son armée ; en 1861, il assistait à l'inauguration de la première ligne télégraphique construite sur ses Etats ; et en 1866, il signait avec l'Angleterre un traité relatif à l'établissement de communications télégraphiques entre l'Europe et l'Inde par la Perse. En 1869, la découverte d'une conspiration contre la vie du schah a donné lieu à des exécutions sauvages, qui ont produit en Europe une vive émotion, et c'est tout. — Le 12 mai 1873, Nasser-ed-Din s'embarquait pour un voyage de touriste en Europe. Après avoir traversé la mer Caspienne à Astrakan et remonté le Volga, il visitait Moscou et Saint-Pétersbourg, puis l'Allemagne, la Belgique, l'Angleterre et arrivait à Cherbourg le 4 juillet ; il visitait ensuite Paris, qu'il quittait le 20, et parcourait la Suisse, l'Italie ; visitait Salzbourg et Vienne ; retournait en Italie pour se rendre à Constantinople par Brindisi ; passait de Constantinople à Poti, d'où il se rendait à Tiflis par chemin de fer et de Tiflis à Bakou en carrosse, pour rejoindre par vapeur son port d'embarquement, Enzeli. Il était de retour à Téhéran le 6 septembre 1873. Pendant cette absence relativement prolongée de son souverain, la Perse demeura calme ; cependant le bruit courut que son retour avait été hâté par des nouvelles assez inquiétantes pour son autorité, et le fait est qu'il fut signalé par des destitutions, et peut-être quelque chose de plus, qui remirent tout en bon état. Au mois d'octobre 1875, une révolution militaire contraignit le schah à abandonner Téhéran ; mais la révolution ne tarda pas à être étouffée. — En 1878, le schah fit un nouveau voyage en Russie, ce qui coupa court à toutes les suppositions faites en Europe sur son attitude probables, dans la question d'Orient.

NATHALIE, ZAIRE MARTEL (dite), actrice française, née à Tournan en 1816, mais venue toute enfant à Paris, avec son père, qui était coiffeur. De bonne heure attirée vers la scène, elle parut pour la première fois au petit théâtre de la Porte Saint-Antoine en 1832, puis obtint un engagement aux Folies-Dramatiques en 1835. Elle y parut avec un égal succès comme actrice et comme danseuse, notamment dans la *Fille de l'air* et passa au Gymnase en 1839, puis au Palais-Royal et enfin au Vaudeville. Entre temps, elle avait fait quelques fructueux voyages en Angleterre. Ses progrès continus en avaient fait une comédienne d'un grand talent, très appréciée au Vaudeville où elle jouait encore en 1848. En 1849, Mlle Nathalie débutait au Français dans la *Camaraderie*. Elle y a tenu depuis avec un talent supérieur l'emploi des mères nobles et autres rôles marqués ou celui des grandes coquettes, tant dans l'ancien répertoire que dans le théâtre moderne. Sociétaire de la Comédie française depuis janvier 1852, Mlle Nathalie a pris sa retraite en 1876 ; sa représentation d'adieux a eu lieu le 1er avril. — Parmi les pièces nombreuses dans lesquelles cette artiste de talent s'est fait applaudir, nous citerons : les *Premières amours*, la *Gitana*, les *Enfants de troupe*, l'*Abbé galant*, la *Fille de l'Avare*, la *Chanoinesse*, la *Demoiselle à marier*, le *Menuet de la reine*, le *Code des femmes*, un *Duel sous Richelieu*, etc., au Gymnase ; au Vaudeville : *Ce que femme veut*, le *Chevalier d'Essones*, le *Dernier amour* ; au Français, outre les comédies de Molière : *Une chaîne*, le *Verre d'eau*, la *Camaraderie*, le *Philosophe sans le savoir*, le *Mariage de Figaro*, le *Legs*, le *Vieux célibataire*, le *Chevalier à la mode*, *Mlle de la Seiglière*, *Marion Delorme*, *Hernani*, *Bertrand et Raton*, le *Joueur de flûte*, *Lady Tartufe*, *Péril en la demeure*, la *Joie fait peur*, *Il ne faut jurer de rien*, *Bataille de dames*, le *Village*, le *Mariage de Victorine*, le *Duc Job*, *Gabrielle*, *Œdipe*, le *Testament de César*, *Charlotte Corday*, les *Effrontés*, le *Fils de Giboyer*, *Maître Guérin*, les *Ouvriers*, *Hélène*, le *Demi-monde*, etc.

NEMOURS (duc de), LOUIS CHARLES PHILIPPE RAPHAËL D'ORLÉANS, deuxième fils du feu roi Louis-Philippe, est né à Paris le 25 octobre 1814. Elevé, comme ses frères, au collège Henri IV, il avait été nommé à douze ans colonel du 1er régiment de chasseurs par Charles X. Après avoir eu déjà l'occasion de refuser le trône de Grèce, le jeune duc de Nemours était élu, en février 1831, roi des Belges par le congrès national séant à Bruxelles ; mais le roi Louis-Philippe opposa un nouveau refus à l'offre officielle de cette nouvelle couronne pour son fils. Le duc de Nemours prit part, à la tête de son régiment, devenu le 1er lanciers, aux deux campagnes de la Belgique (1831-32), assista au siège d'Anvers et, au retour, il fut détaché successivement aux camps de Compiègne, de Lunéville et de Saint-Omer puis, après ce stage qui n'avait rien d'excessif, il fut promu maréchal de camp le 1er juillet 1834. Attaché à l'armée d'Afrique, il prit part aux deux expéditions de Constantine (1836 et 1837) ; moins d'un mois après la prise de cette ville, le duc de Nemours était promu lieutenant général (11 novembre 1837). Rentré en France, il y remplit divers commandements, se maria le 27 avril 1840, avec la duchesse Victoire Augusta Antoinette de Saxe-Cobourg-Gotha, et retourna en Algérie en 1841 pour prendre part aux opérations contre Abd-el-Kader. La mort tragique de son frère aîné, le duc d'Orléans (13 juillet 1842), rappela le duc de Nemours en France ; une loi votée par les Chambres lui attribua, au mépris des traditions, la régence pendant la minorité de l'héritier présomptif, s'il venait à succéder au trône. Cette loi, qui dépossédait en fait la duchesse d'Orléans, fut fort mal accueillie et ne contribua pas peu à l'impopularité qui frappa le duc de Nemours à dater de ce moment. Lui-même le comprit, semble-t-il, lorsqu'à la révolution de 1848, devenu régent de droit par l'abdication du roi son père, il s'effaça au contraire complètement et après avoir assuré, aux Tuileries, la retraite des autres membres de sa famille, alla rejoindre à la Chambre des députés l'héritier du trône et sa mère, la duchesse d'Orléans, dont il espérait peut-être voir accepter la régence. On sait que cette démarche de la duchesse d'Orléans, conseillée par ses amis les plus dévoués si non les plus clairvoyants, n'eut aucun succès. Le duc de Nemours alla bientôt rejoindre les autres

membres de la famille royale à Claremont et ne revint en France qu'après l'abrogation des lois d'exil, en 1871. Rétabli au cadre d'activité de l'armée comme général de division, puis placé dans le cadre de réserve en 1879, il en a été définitivement rayé, avec les autres princes, en juillet 1886. — Le 2 juillet 1876, le duc de Nemours assistait, avec son fils le duc d'Alençon, accompagné de la duchesse et de sa fille, la princesse Blanche, à la consécration de la nouvelle basilique de Notre-Dame de Lourdes et au couronnement solennel de la statue de l'Apparition.

Veuf depuis le 10 novembre 1857 de la princesse Victoire Augusta Antoinette de Saxe-Cobourg-Gotha, M. le duc de Nemours a quatre enfants : Louis Philippe Marie d'Orléans, comte d'Eu (voyez ce nom), né le 28 avril 1842; Ferdinand Philippe Marie d'Orléans, duc d'Alençon, né le 12 juillet 1844; Marguerite Adelaïde Marie d'Orléans, née le 16 février 1846, mariée à Chantilly, le 15 janvier 1872, avec le prince Ladislas Czartoryski; et Blanche Marie Amélie Caroline Louise Victoire d'Orléans, née le 28 octobre 1857.

NEVEUX, Théophile Armand, homme politique français, né à Seraincourt le 13 mars 1824. Ancien avoué à Rocroi et membre du Conseil général des Ardennes sous l'Empire, aujourd'hui président de cette assemblée, ancien maire de Rocroi, sans autre passé politique, M. Neveux était élu député de l'arrondissement de Rocroi aux élections générales du 20 février 1876, comme candidat républicain. Il s'inscrivit à l'Union républicaine et fut réélu le 14 octobre 1877 et le 21 août 1881. Il a été élu député des Ardennes, en tête de la liste républicaine, au scrutin du 18 octobre 1885. Il était en congé lorsqu'eut lieu le vote des projets d'expulsion des princes. — M. Neveux est chevalier de la Légion d'honneur.

NEWCOMB, Simon, mathématicien américain, né à Wallace, dans la Nouvelle-Ecosse, le 12 mars 1835. Emigré jeune aux Etats-Unis, il y fut précepteur pendant plusieurs années et fut employé, en 1857, aux calculs pour le *National Almanac*. L'année suivante il commençait ses observations astronomiques personnelles et était nommé, en 1861, professeur de mathématiques de la marine. Il fut chargé de négocier le marché pour la construction du grand télescope voté par le Congrès et d'en surveiller l'exécution. M. Simon Newcomb fut nommé secrétaire de la commission nommée par le Congrès de 1871 pour l'observation du passage de Vénus et chargé en cette qualité du choix des observateurs et de l'indication des stations d'observation. En 1873, M. S. Newcomb fut élu membre associé de la Société royale astronomique de Londres, qui lui décernait en 1874 sa médaille d'or, pour ses tables de Neptune et d'Uranus. En 1874 également, il était élu correspondant de l'Institut de France (Académie des sciences), et l'université de Leyde lui conférait en 1875 le diplôme de docteur de mathématiques et de physique. En 1878, la Société des sciences de Haarlem lui décernait son prix biennal. Enfin, M. S. Newcomb était chargé de l'observation du nouveau passage de Vénus le 6 décembre 1882, et faisait cette observation du cap de Bonne Espérance. — Les principaux ouvrages de M. Simon Newcomb sont : *Sur les variations séculaires, etc., des astéroïdes (1860); Tables de la planète Neptune (1865); Notre politique financière pendant la rébellion sudiste (1865); Recherches sur la parallaxe du soleil (1867), l'Action des planètes sur la lune (1871); Tables de la planète Uranus (1873); Mouvements planétaires (1874), l'A. B. C. de la finance (1877), l'Astronomie populaire (1878); Algèbre (1880); Géométrie (1881); Trigonométrie (1882)*, etc. Il a collaboré à la *North American Review* et à diverses autres publications périodiques.

NEWMAN, John Henry, prélat catholique anglais, cardinal, fils d'un banquier de Londres, où il est né en 1801, fit ses études à l'école d'Ealing et au collège de la Trinité, à Oxford, où il prit le grade de bachelier ès arts en 1820 et devint membre du collège Oriel. En 1825, il devint vice-principal de Saint-Alban's Hall et l'année suivante professeur à son collège, poste qu'il conserva jusqu'en 1831, et fut appelé en 1828 à la cure de Sainte-Marie d'Oxford, recevant en même temps la charge d'aumônier extraordinaire de Littlemore. En 1842, il quittait Oxford et fondait à Littlemore une secte ascétique dont il eût fallu remonter au moyen âge pour retrouver le modèle; il prenait en même temps une grande influence sur la jeunesse des écoles par l'éloquence de ses sermons et ne tardait pas à être reconnu, avec le fameux Dr Pusey, mort en 1882, comme le chef du parti de la Haute-Eglise. Il prit une grande part avec celui-ci à la publication de la collection de brochures religieuses intitulée *Tracts for the Times* et écrivit notamment la dernière, portant le nº 90, qui fut sévèrement censurée par les autorités universitaires, en ce qu'elle tendait à effacer la ligne de démarcation entre l'Eglise anglicane et l'Eglise catholique romaine. En octobre 1845, enfin, il se séparait de l'Eglise établie d'Angleterre et entrait dans l'Eglise catholique romaine ; ordonné prêtre à Rome peu après, il fut nommé directeur de l'oratoire de Saint-Philippe-de-Neri, à Birmingham. — Il est bon de rappeler qu'avant cette conversion M. Newman, qui appartenait d'abord à l'Eglise presbytérienne, avait déjà opéré un premier changement de front, de sorte que le bruit mis en circulation, une douzaine d'années plus tard, de son retour à l'anglicanisme n'était peut-être pas aussi dépourvu de fondement que ses amis nouveaux le prétendirent alors, bien qu'il ne se soit pas vérifié. Quoi qu'il en soit, M. Newman était nommé, en 1854, recteur de l'université catholique de Dublin, nouvellement fondée. En 1858, il résignait ce poste et fondait à Edgbaston, près de Birmingham, une école pour les enfants de la *gentry* catholique. En 1853, ce converti, qui jugeait mauvais qu'on l'imitât, ne craignait pas d'employer contre un prêtre italien, qui avait embrassé l'anglicanisme, l'arme sûre de don Bazile. Condamné comme calomniateur à l'amende et à des dommages-intérêts s'élevant à une somme considérable, il eut la satisfaction de voir couvrir ces frais coûteux par le moyen de souscriptions catholiques auxquelles, comme de juste, participèrent avec enthousiasme les caisses ultramontaines françaises. M. Newmann a été créé cardinal, de l'ordre des diacres, par Léon XIII, dans un consistoire tenu le 12 mai 1879.— On a du cardinal Newman : *Vie d'Apollonius de Tyane (1824), les Ariens au quatrième siècle (1833); Lectures sur le romanisme et le protestantisme populaire (1837); Lettres à M. J. Faussett sur certains articles de foi (1838); Sermons paroissiaux (1838-44); Lectures sur la justification, l'Eglise des Pères (1840); Essai sur les miracles au moyen âge (1843); Traduction annotée de Saint Athanase (1843-44); Sermons sur les questions du jour, Sermons sur la théorie de la foi religieuse (1844); Développement de la doctrine chrétienne (1846), Perte et gain, ou histoire d'un converti (1848); Discours aux congrégations mixtes, Lettres sur certains scrupules, Sermons à l'oratoire de Saint-Philippe-de-Neri (1850); Conférences sur l'histoire des Turcs dans ses rapports avec celle du christianisme; Callista, histoire du troisième siècle (1854); Discours sur la nature des universités et sur l'œuvre et l'objet des universités (1855-56); Sermons prêchés en diverses occasions (1857); Conférences et études sur des sujets relatifs aux universités (1859); Apologia pro vitâ suâ*, autobiographie (1864); *Histoire de mes opinions religieuses (1865); Lettre au Dr Pusey sur son « Eirenicon » (1866)*, un *Recueil de poésies (1868); Essai sur la complaisance (1870); Lettre adressée à Sa Grâce le duc de Norfolk, au sujet de la récente « Expostulation » de M. Gladstone (1875).*

NEWTON, Charles Thomas, antiquaire anglais, né à Bredwardine, comté d'Hereford, en 1816, fit ses études à l'école de Shrewsbury et à l'Eglise du Christ à Oxford, où il prit le grade de maître ès arts. Entré comme employé au département des antiquités au Musée britannique en 1840, il résignait ces fonctions en 1852, entraîné par le désir de pratiquer des fouilles sur les côtes de l'Asie-Mineure et dans les îles de la mer Egée, et obtenait le vice-consulat de Mitylène. Après avoir passé plusieurs années à explorer les îles de l'Archipel, il découvrit à Boudroun, l'antique Halicarnasse, l'emplacement du merveilleux tombeau élevé à son mari Mausole par la reine Artémise. Il y entreprit aussitôt des fouilles qu'il étendit aux environs, notamment aux ruines de Cnide (1856-59), lesquelles lui firent découvrir toute une collection de magnifiques sculptures dont a profité le Musée britannique, qui est en outre redevable à M. Newton d'une quantité d'antiquités grecques, inscriptions, vases, monnaies, etc. Nommé en 1860 consul britannique à Rome, M. Newton était nommé l'année suivante conservateur des antiquités grecques et romaines au Musée britannique. — Correspondant libre de l'Académie des Beaux-Arts (Institut de France) depuis 1866, il a été élu membre honoraire du collège Worcester d'Oxford à la fin de 1874. Il a été créé compagnon de l'ordre du Bain en 1885, nommé professeur d'archéologie au Collège de l'université de Londres en 1880 et antiquaire à l'Académie royale des beaux-arts. — Il a publié : *Notes sur les sculptures de Wilton House (1849); Histoire des découvertes faites à Halicarnasse, Cnide, etc., (1862, 2 vol.); Voyages et découvertes dans le Levant (1865, 2 vol.); Description de la collection Castellani (1874); Guide à la collection d'antiquités de Blacas, Synopsis du contenu du Musée britannique dans son département des antiquités grecques et romaines*, et *Essai sur l'art et l'archéologie (1880)*. Il a, en outre, traduit de l'allemand, les *Mœurs et coutumes des Grecs* de Panofka, et édité la *Collection des anciennes inscriptions grecques du British Museum.*

NICOLAS Ier, Petrovitch Niegoch Nikita, prince régnant du Monténégro, fils de Mirko Petrovitch et neveu de Danilo, premier prince laïque ou *knès* du Monténégro, mort sans postérité, assassiné à Cattaro le 13 août 1860, est né le 21 septembre 1841 et a été élevé à Paris, où il fit ses études au collège Louis-le-Grand. A la mort de son oncle, et sur le refus de son père Mirko, le prince Nikita fut élu prince du Monténégro par le Sénat réuni en Assemblée solennelle. D'un caractère doux et paisible, le nouveau knès régna moins que Mirko qui, partisan de la guerre, avait déjà été en ceci l'adversaire politique de son frère, prince prudent et réformateur, tombé d'ailleurs victime d'une vengeance politique. La veuve de Danilo, la princesse Darinka Koutchitch, dont Mirko craignait l'influence contraire aux préjugés aveugles qui conduisent périodiquement les Monténégrins dans des aventures sanglantes sans issue et les tiennent éloignés du courant de la civilisation moderne, la princesse Darinka fut écartée et le jeune prince fut marié en grande hâte avec une jeune fille du plus pur sang Monténégrin, Milena Voukotitch, afin de prévenir l'éventualité désastreuse pour le parti de la barbarie d'un mariage avec une princesse étrangère. Dès le mois de février 1861, en conséquence, les hostilités recommençaient, plus acharnées que jamais, avec les Turcs, entraînant la kyrielle des massacres, des pillages, des incendies qui ne manquent jamais d'accompagner le moindre engagement où il puisse se trouver un vaincu, dans ce pays béni du ciel. Cet état de choses se poursuivit jusqu'au 22 septembre 1862, époque de la signature, sous les murs mêmes de Cettigne, d'un traité de paix entre le prince Nikita et Omer Pacha, que le vainqueur aurait pu faire beaucoup plus dur sans qu'on fût en droit de l'accuser d'abuser de la situation. Toutefois, l'article 5 de ce traité portait que « Mirko quitterait le Monténégro et n'y pourrait plus rentrer ». Mais si cette disposition parut excessive au prince, on lui doit cette justice qu'il n'en tint jamais le moindre compte : cependant, pour être juste jusqu'au bout, il faut bien reconnaître que la Porte n'en exigea pas l'exécution, et qu'elle consentit même, un peu plus tard, à ne pas user de tous ses autres droits spécifiés dans ce traité. En 1867, le prince Nikita venait à Paris pour visiter l'Exposition. Son pays était à cette époque la proie du choléra, dont son père, Mirko, fut une des victimes. En 1868, il promulguait une constitution nouvelle, qui donnait au Sénat la direction administrative; mais ce Sénat étant choisi par le prince, et aucun autre pouvoir n'existant pour faire contrepoids, la réforme n'était pas très radicale. La révolte des Dalmates des bouches du Cattaro, en 1869, fit espérer aux Monténégrins que le moment de la revanche était venu; de grandes mesures militaires furent prises afin d'être prêts à profiter des éventualités; mais il n'y eut aucun profit à tirer de l'événement. Un voyage à Saint-Pétersbourg, exécuté par le prince la même année, fut l'objet des interprétations assez justifiées de la presse; mais il n'y avait pas autre chose à faire pour le moment que des réformes militaires et administratives, et on s'y employait avec toute l'ardeur possible dans un tel pays : l'institution des préfets date de 1871; celle d'une espèce de ministère de 1873. — En 1874, à l'occasion de l'assassinat d'un musulman de Podgoritza par son valet chrétien et du meurtre de celui-ci par les autres domestiques de la première victime, un soulèvement eut lieu, dans lequel musulmans et chrétiens rivalisèrent de férocité, comme c'est l'habitude. Voici les deux nations de nouveau prêtes à en venir aux mains; de nouveau la diplomatie européenne en mouvement. Il n'y eut pourtant rien de plus pour cette fois. Ce ne fut même qu'assez longtemps après que l'Herzégovine soulevée se fut battue seule, ou à peu près, contre les Turcs, qu'à l'exemple de la Serbie, le Monténégro se décidait à prendre part à la lutte. Après avoir protesté, à la date du 20 juin 1876, en réponse à une dépêche courtoise du grand vizir, qu'il n'avait pas l'intention de s'immiscer dans la querelle pendante entre la Porte et ses sujets herzégoviniens, le prince Nikita déclarait la guerre à la Turquie le 2 juillet et, à la tête de son armée, envahissait l'Herzégovine et marchait sur Mostar. Nous ne pouvons suivre les péripéties de cette campagne; nous rappellerons seulement qu'en dépit de l'incapacité militaire notoire de leur prince, et tandis que leurs amis les Serbes se faisaient battre à peu près dans toutes les rencontres, les Monténégrins, eux, faisaient éprouver des échecs cruels, presque constants, à leurs adversaires et qu'un traité de paix ne pouvait être conclu entre eux et la Porte dans les mêmes conditions qu'entre celle-ci et le prince Milan. Leurs agents le firent bien comprendre à Constantinople ; mais la question entrait dans une phase nouvelle : la Russie déclarait la guerre à la Turquie avant que rien fût terminé, laissant, par conséquent, les choses en l'état. Enfin, le traité de Berlin (13 juillet 1878) vint arranger les choses, ici comme un peu partout, en dépouillant Pierre pour couvrir Paul : les frontières du Monténégro furent étendues d'un peu plus de 5,000 kilomètres carrés. Mais comme c'était en grande partie aux dépens de l'Albanie que le Monténégro était ainsi étendu, on se battit d'abord, puis la Porte dut s'en mêler et faire exécuter de force, à ses propres sujets, les décisions du Congrès de Berlin, prises à son propre détriment. — Le prince Danilo Alexandre, né le 30 juin 1871, est le fils unique et l'héritier du prince Nicolas, qui a eu en outre six filles.

NICOLAS (grand duc), Nicolaievitch, troisième fils du feu czar Nicolas Ier, frère d'Alexandre II et oncle d'Alexandre III, empereur de Russie, est né le 27 juillet (8 août) 1831. Destiné à suivre la carrière militaire dans l'arme du génie, il fut élevé en conséquence et entra dans le service actif à l'âge de seize ans. Le grand-duc Nicolas est venu passer quelques jours dans Sébastopol assiégée, en 1855 ; il a été attaché, pendant une couple d'années, à l'état major général de l'armée du Caucase et a assisté, en cette qualité, à quelques escarmouches avec les Tcherkesses. Général et inspecteur général du génie, il commanda en chef toute l'arme, avec le général Todtleben pour adjoint, du moins tant que celui-ci a vécu (il est mort le 2 juillet 1884); mais il est inutile d'ajouter que c'est l'adjoint qui commandait effectivement. Il est, en outre, commandant des gardes du corps, chef de divers régiments russes et du 5e cuirassiers prussien, et propriétaire du 2e régiment de hussards autrichien. Le grand-duc Nicolas est, en outre, président du comité suprême pour l'organisation et l'instruction des troupes.— Dans la dernière guerre contre les Turcs (1877-78), il reçut le commandement en chef de l'armée du Danube, laquelle, à la suite d'un conseil de guerre tenu quelques jours auparavant à Kicheneff, envahissait la Roumanie le 24 avril 1877. Le grand-duc lui-même arrivait à Bucarest le 17 mai et était reçu à la gare, en grande cérémonie, par le prince régnant Charles Ier et par le métropolitain. Il résignait son commandement en avril 1878, sans avoir joué dans cette guerre un rôle personnel bien marqué. — Le grand-duc Nicolas a épousé, le 6 février 1856, la princesse Alexandra, fille du prince Pierre d'Oldenbourg, née le 2 juin 1838. Il en a eu deux fils : le grand-duc Nicolas, né le 18 novembre 1856 et le prince Pierre, né le 22 janvier 1864.

NICOLINI, Ernest Nicolas (dit), chanteur français, né vers 1835, est élève du Conservatoire de Paris, où il obtint en 1855 un premier accessit et l'année suivante un 2e prix d'opéra comique. M. Nicolas débuta peu après à l'Opéra-Comique, où il passa complètement inaperçu. Il entreprit alors la carrière italienne sous le nom de *Nicolini*, et obtint presque aussitôt de grands succès à l'étranger. M. Nicolini a joué successivement à Madrid, Rome, Londres, Bruxelles, Saint-Pétersbourg, Vienne, Paris, etc. — Son nom a été beaucoup mêlé à certaine aventure qui donna naissance au procès en séparation intenté à son mari par Mme Adelina Patti, marquise de Caux, en février 1877. Il a épousé celle-ci, divorcée depuis, le 9 juin 1886, devant le consul français à Swansea.

NICOTERA (baron), Giovanni, homme politique italien, né le 9 septembre 1828 à San-Biase (Calabre). Il fit son droit, mais le soulèvement des Calabres, en 1848, ne lui laissa pas le temps de se choisir une carrière. Affilié de bonne heure à la « Jeune Italie », il prit part à

ce soulèvement, puis passa à Rome, qu'il défendit dans les rangs des soldats de la République contre l'armée de la République française, et fut blessé. Après la pacification, le baron Nicotera résida à Turin; mais ayant pris part à la tentative malheureuse de Pisacane contre le royaume de Naples, en 1857, et ayant été blessé et fait prisonnier, il fut condamné à mort par une cour martiale. Sa peine ayant été commuée en celle des galères à perpétuité, c'est aux galères de Favignana que la révolution de 1860, enfin triomphante, trouva le baron Nicotera, qu'elle rendit à la liberté. Devenu aide de camp de Garibaldi, M. Nicotera combattit à ses côtés dans le Tyrol, dans la campagne de 1866, et dans l'expédition dirigée contre Rome l'année suivante, il commandait les volontaires napolitains. Elu député au premier parlement italien, par le collège de Salerne, M. Nicotera a constamment été réélu depuis, et toujours siégé à l'extrême-gauche, dont il est un des chefs. Il a dirigé le ministère de l'intérieur dans le cabinet Depretis, de mars 1876 à décembre 1877, et a repris ensuite sa place à l'extrême-gauche de la Chambre, où les élections de 1886 l'envoyaient siéger pour une nouvelle législature. En décembre 1883, M. Nicotera a eu avec M. Lovito un duel qui a fait quelque bruit. — Il a publié à Salerne, en 1878, une sorte de mémoire à l'adresse de ses électeurs, intitulé: la *Vita ed i discorsi di Giovanni Nicotera.*

NIGHTINGALE, Florence, dame philanthrope anglaise, née à Florence en mai 1820, reçut par les soins de son père, riche propriétaire des comtés de Hamp et de Derby, une brillante et solide éducation et manifesta de très bonne heure ses sentiments philanthropiques au profit des voisins indigents de sa riche demeure. Après s'être activement occupée d'améliorations dans le système des écoles, des hôpitaux et autres institutions charitables anglaises, elle alla poursuivre sur le continent l'enquête commencée en Angleterre, et prit résidence dans l'institution des Sœurs de charité protestantes de Kaiserswerth, sur le Rhin. A son retour, ayant appris que l'établissement similaire de Londres, le *governesses' sanatorium* d'Harley street, languissait faute d'une direction intelligente et aussi de ressources pécuniaires, elle s'empressa de lui apporter généreusement l'un et l'autre. Miss Nightingale avait à peine quitté l'établissement qu'elle avait rendu florissant, pour prendre un peu de repos bien gagné, lorsque, sur les réclamations énergiques provoquées par l'état déplorable des blessés de l'armée anglaise en Orient, le gouvernement songea à former un corps d'infirmières volontaires destinées à être attachées aux hôpitaux et ambulances militaires de Crimée et à lui offrir la direction de ces personnes dévouées. Sollicitée par le feu lord Herbert, secrétaire de la guerre, miss Nightingale procéda immédiatement à l'organisation du corps en question et voulut le faire à ses propres frais. Le 21 octobre, elle s'embarquait avec un premier détachement de quarante personnes de cette glorieuse phalange, qui devait bientôt en compter plus de cent cinquante, dont beaucoup de femmes appartenant aux classes élevées et opulentes. Les services que rendit cette institution nouvelle, ceux de miss Nightingale en particulier, furent énormes, et il n'est plus besoin d'y insister aujourd'hui que la reconnaissance populaire vouée à ces femmes et à celle qui les dirigea avec tant d'intelligence et d'abnégation, malgré les obstacles, malgré la maladie, a pris les proportions d'un véritable culte. A son retour à Londres, miss Nightingale reçut de la reine une lettre de félicitations conçue dans les termes les plus affectueux et un bijou d'un grand prix; une souscription publique s'organisa pour lui offrir un « testimonial » qui fût à la hauteur des sentiments qu'inspirait sa noble conduite. Cette souscription produisit 1,250,000 francs, qui furent employés, par la volonté expresse de miss Nightingale, à la fondation et à l'entretien d'une institution pour l'éducation des garde-malades *(nurses)*, dont elle rédigea elle-même les statuts. Sa santé, ébranlée par des travaux si considérables et si prolongés, ne lui permettant pas de prendre, comme elle en avait l'intention, la direction active de cet établissement, elle n'a cessé toutefois de l'aider de toutes les façons et de l'appuyer de ses écrits. — Miss Nightingale a publié: *Considérations sur divers sujets relatifs à la santé et à l'efficacité de l'administration hospitalière de l'armée anglaise, fondées principalement sur l'expérience acquise pendant la dernière guerre (1856); Notes sur les hôpitaux (1859); Notes sur les soins à donner aux malades*, ouvrage tiré et vendu à plus de cent mille exemplaires (1860), traduit en français par le Dr Daremberg; *Observations sur l'état sanitaire de l'armée des Indes (1863); Notes sur les maisons d'accouchement, suivies d'un Projet d'organisation d'une école de sages-femmes et de garde-malades d'accouchement (1871)*; la *Vie ou la mort dans l'Inde*, mémoire lu à l'assemblée de l'Association nationale pour l'avancement de la science sociale, à Norwich (1873); la *Vie ou la mort par l'irrigation (1874)*, etc

NIGRA (comte), Constantino, diplomate italien, né le 12 juin 1827 à Castellemonte (Piémont). Il suivait les cours de droit de l'université de Turin lorsque se produisirent les événements de 1848, et s'enrôla dans l'armée piémontaise pour combattre les Autrichiens. Blessé grièvement à Rivoli, la campagne se termina là pour lui, et il abandonna du coup la carrière des armes. Attaché au ministère des affaires étrangères, M. Nigra accompagnait le comte Cavour au congrès de Paris, en qualité de secrétaire (1856); en 1859, il prenait part aux négociations préliminaires entre la France et son pays, relatives à la guerre avec l'Autriche, qu'il suivit du quartier général de l'empereur des Français. Il suivit ensuite, en qualité de secrétaire, les plénipotentiaires italiens au congrès de Zurich, puis fut nommé ministre plénipotentiaire à Paris. Lorsque la guerre de 1870 devint imminente, M. Nigra fut un de ceux qui firent les plus sérieux efforts pour l'empêcher. Il demeura à son poste jusqu'à la fin, et au 4 septembre, manifesta comme

il put son dévouement à l'impératrice déchue et fugitive. Après avoir représenté son pays pendant quinze ans, comme ministre plénipotentiaire, à Paris, M. Nigra était nommé ambassadeur à Saint-Pétersbourg en mai 1876. Transféré à l'ambassade de Londres en novembre 1882, il était élevé au rang de comte par le roi Humbert, en récompense des services qu'il avait rendus à son pays dans le poste précédent. Le 10 novembre 1885, le comte Nigra était nommé ambassadeur à Vienne. Il est grand officier de la Légion d'honneur. — M. Nigra, pendant son séjour en France, présida les fêtes données à Avignon, en juillet 1874, à l'occasion du cinq-centième anniversaire de la mort de Pétrarque, et y prononça un discours remarquable. Il est, du reste, auteur d'ouvrages estimés sur la poésie populaire de l'Italie.

NILSSON, Christine, cantatrice suédoise, né à Wederslœf le 3 août 1843, d'une famille de paysans. Douée de dispositions naturelles pour la musique, elle apprit à jouer de divers instruments. Elle parcourait depuis quelque temps les foires et les marchés, chantant sur la place publique en s'accompagnant du violon, lorsqu'en juin 1857, à la foire de Ljungby, une personne riche et influente, M. F. G. Tornérhjelm, la rencontra, fut frappé de sa grâce et de la puissance latente de son jeune et inculte talent, et résolut de l'arracher à cette vie errante. Elle entra, grâce à son appui, à l'école de Halmstad, puis à celle de Stockholm où elle eut pour maître M. Franz Berwald et débuta à Stockholm en 1860. Elle vint ensuite à Paris, pour compléter son éducation musicale sous la direction de MM. Victor Massé et Wartel, et débuta au Théâtre-Lyrique, dans le rôle de Violetta de la *Traviata*, le 27 octobre 1864. Son succès fut si réel, qu'elle fut aussitôt engagée pour trois ans. Elle parut ensuite à ce théâtre, dans le cours de ce premier engagement, dans la *Flûte enchantée*, *Martha*, *Don Juan*, *Sardanapale*, les *Bluets*, etc. En 1867, elle débutait à Londres, au théâtre de Sa Majesté, auquel elle attira la foule pendant toute la durée de la saison. A son retour à Paris, dans l'automne de la même année, elle était engagée à l'Opéra pour y jouer le rôle d'Ophélie dans l'*Hamlet* de M. Ambroise Thomas. En 1869, elle y reprenait avec succès, quoiqu'après Mme Carvalho, le rôle de Marguerite de *Faust*. En 1870, Mlle Nilsson faisait une tournée dans les principales villes des Etats-Unis où, en moins d'une année, on estimait qu'elle avait recueilli au moins 750,000 fr. Après deux ans d'absence, elle était de retour en Europe en 1872, et reparaissait dans la *Traviata*, au théâtre de Drury-Lane, le 28 mai. Le 27 août suivant, elle épousait M. Aug. Rouzaud, fils d'un grand négociant parisien, à l'abbaye de Westminster. Depuis, Mme Rouzaud a paru à Saint-Pétersbourg et a joué à peu près toutes les saisons à Londres, notamment pendant celles de 1874 et 1875, au théâtre de Sa Majesté, soit l'opéra français, soit l'opéra italien. Elle n'a fait, par contre, qu'une fausse rentrée à l'Opéra de Paris, qu'elle devait inaugurer en janvier 1875, au moment où une indisposition la contraignit, soi-disant, à se retirer à Cannes. En 1876, elle faisait dans les principales villes de Belgique, une tournée fructueuse. Elle retournait ensuite à Saint-Pétersbourg, puis à Londres, et enfin s'embarquait pour les Etats-Unis, où elle fit une tournée absolument triomphale, et comme on n'en avait pas encore fait, s'il faut en croire les journaux américains de l'époque. Elle donnait enfin sa représentation d'adieu à New-York, devant une foule énorme et enthousiaste, le 16 avril 1883. En octobre 1886, elle devait partir avec M. Maurice Strakosch pour une tournée artistique en Espagne, mais une grave affection des bronches, en la retenant forcément à Paris, la lui a fait manquer. — Veuve depuis le 22 février 1882, Mlle Nilsson ne paraît pas très pressée de convoler en secondes noces, car depuis le commencement de 1886, au moins, on parle de son mariage avec un noble Espagnol très connu à Paris sous le nom modeste d'Angel de Miranda, et ce mariage, toujours à la veille d'être célébré, est toujours remis à plus tard.

NISARD, Jean Marie Napoléon Désiré, littérateur français, ancien sénateur, né à Châtillon-sur-Seine le 20 mars 1806, fit ses études au collège Sainte-Barbe et entra à la rédaction du *Journal des Débats* en 1826. Après la révolution de Juillet, il entra au ministère de l'instruction publique, où il ne resta que peu de temps. Lié d'amitié avec Armand Carrel, il quitta le *Journal des Débats* pour le *National*, où il fit une ardente opposition au mouvement romantique et combattit Victor Hugo, son chef. En reconnaissance de ce beau zèle, Guizot le nomma maître des conférences de littérature française à l'Ecole normale en 1835; l'année suivante, il était nommé presque simultanément chef du secrétariat du ministère de l'instruction publique et maître des requêtes au Conseil d'Etat. Elu député de la Côte-d'Or en 1842, M. D. Nisard prit place dans les rangs ministériels et prit quelquefois la parole sur des questions d'instruction publique. En 1843, il était appelé à la chaire d'éloquence latine à la Sorbonne, en remplacement de Burnouf. La révolution de février 1848, en l'écartant naturellement des emplois purement politiques, supprimés de fait, conserva à M. D. Nisard sa chaire à la Sorbonne. Il devenait d'ailleurs, peu de temps après, inspecteur de l'enseignement supérieur et succédait à Villemain, à la chaire d'éloquence française; en 1850, il fut élu membre de l'Académie française, en remplacement de de Feletz. Nommé en 1857 directeur de l'Ecole normale, il fut suppléé dans sa chaire de la Sorbonne, qui lui fut conservée, par M. Demogeot, entra au Conseil supérieur de l'instruction publique et ne quitta la direction de l'Ecole normale que lorsqu'il fut appelé au Sénat par décret du 18 novembre 1867. M. Nisard était commandeur de la Légion d'honneur depuis 1856. — On lui doit: *Etudes de mœurs et de critique sur les poètes latins de la décadence (1834*, 2 vol.); *Histoire et description de la ville de Nîmes (1835); Mélanges (1838); Collection des classiques latins*, publiée sous sa direction (1839 et suiv., 27 vol. grand in-8°, 2 col.); *Précis de l'histoire de la littérature française, depuis ses premiers monuments jusqu'à nos jours (1840); Histoire de la littérature française, (1844-49-61*, 6e édit., 1877, 4 vol. in-4° et 4 vol. in-18), ouvrage qui a obtenu le prix biennal de 20,000 fr. en 1851; *Etudes de critique littéraire*, contenant sa belle notice sur *Armand Carrel*, publiée en 1836 dans la *Revue des Deux-Mondes (1858); Etudes d'histoire et de littérature (1859); Nouvelles études d'histoire et de littérature (1864); Mélanges d'histoire et de littérature (1868)*; divers autres recueils d'articles publiés à la *Revue des Deux-Mondes*, à la *Revue de Paris*, à la *Revue européenne*, à la *Revue contemporaine*, au *National*, au *Journal des Débats*, etc.; quelques traductions de Shakespeare, des discours académiques, etc.; puis: *Portraits et études d'histoire littéraire (1874)*; les *Quatre grands historiens latins (1875)*; et *Renaissance et Réforme (1877*, 2 vol.).

NISARD, Marie Edouard Charles, littérateur français, frère du précédent, né à Châtillon-sur-Seine le 10 janvier 1808, fit ses études au collège Sainte-Barbe, et, après trois ans passés dans la carrière commerciale, débuta dans celle des lettres en 1829, par une *Epître aux anti-romantiques* qui ne fut pas précisément du goût de son frère Désiré, mais qui réjouit ses adversaires. En tout cas, il s'empressa de la détruire. Attaché en 1831 à la maison du roi, M. Charles Nisard a conservé ses fonctions jusqu'à la révolution de Février et collaboré activement aux journaux officieux de l'époque. Sous l'Empire, il a fait partie de la commission de colportage au ministère de l'intérieur. Il est chevalier de la Légion d'honneur depuis 1845. — M. Nisard a été élu membre libre de l'Académie des inscriptions et belles-lettres, en remplacement d'Ambroise Firmin Didot, en avril 1876. — On a de lui: la traduction des *Œuvres de Martial* et de *Valerius Flaccus* et des *Poèmes érotiques d'Ovide*, dans la *Collection des classiques latins* de M. D. Nisard (1839 et suiv.); *Camera lucida*, collection de portraits allégoriques contemporains (1845); le *Triumvirat littéraire au XVIe siècle*, J. Scaliger, J. Lipse et Casaubon (1852); les *Ennemis de Voltaire (1853); Mémoires de Huet, évêque d'Avranches*, traduits du latin (même année); *Histoire des livres populaires depuis le XVe siècle jusqu'en 1852 (1854*, 2 vol.); les *Gladiateurs de la République des lettres aux XVe XVIe et XVIIe siècles (1860*, 2 vol.); une édition annotée des *Mémoires du père Garasse (1861); Curiosités de l'étymologie française (1863); Des chansons populaires chez les anciens et chez les Français (1866*, 2 vol.); *Etude sur le langage populaire ou patois de Paris et de sa banlieue (1873); Correspondance inédite du comte de Caylus avec le P. Paciandi*, d'après les originaux de la bibliothèque de Parme (1877, 2 vol.); *Guillaume du Tillot (1879)*, etc.

NISARD, Jean Marie Auguste, professeur français, frère des précédents, né à Châtillon-sur-Seine, en 1809, fit ses études à Paris, au collège Sainte-Barbe, puis entra à l'Ecole normale supérieure. Professeur de rhétorique au collège Bourbon, il prit le grade de docteur ès lettres en 1847. Après avoir occupé diverses chaires dans les facultés, M. Auguste Nisard est devenu recteur de l'Académie de Grenoble, puis inspecteur de l'Académie de la Seine en 1857. M. Auguste Nisard, admis à la retraite en 1872, était nommé doyen de la faculté des lettres de l'université catholique de Paris, le 13 décembre 1875. — On lui doit: *Examen des poétiques d'Aristote, d'Horace et de Boileau*, thèse de doctorat: la traduction de l'*Art poétique* d'Horace et celle des *Œuvres de Virgile*, dans la collection des *Classiques latins* de M. D. Nisard, avec lequel il a aussi traduit de l'anglais un pamphlet dirigé contre l'usurpateur portugais don Miguel, en 1830. — Il est officier de la Légion d'honneur depuis le 7 août 1870.

NOAILLES (marquis de), Emmanuel Henri Victurnien, diplomate et historien français, second fils du duc de Noailles, membre de l'Académie française, mort en 1883, est né en 1830, s'occupa de bonne heure de travaux historiques et publia notamment: la *Pologne et ses frontières (1863)*; la *Poésie polonaise (1867)* et *Henri de Valois et la Pologne en 1572 (1867*, 3 vol.), ouvrage couronné par l'Académie française. — Nommé ministre plénipotentiaire de France à Washington, le 12 mars 1872, M. le marquis de Noailles passait en la même qualité à Rome le 6 novembre 1873 et était élevé au rang d'ambassadeur de France près le roi d'Italie le 18 juillet 1876. Il a été successivement transféré depuis à Vienne, puis à Constantinople en la même qualité. Chevalier de la Légion d'honneur en 1873, M. le marquis de Noailles a été promu grand officier le 10 juillet 1880.

NOBLOT, Jean Louis Adolphe, industriel et homme politique français, né à Héricourt (Haute-Saône) le 29 août 1816. Elève de l'Ecole centrale, il en sortit en 1837 avec son diplôme, puis devint filateur à Héricourt. Vice-président du Conseil général de la Haute-Saône, M. Noblot se présenta aux élections sénatoriales, comme candidat républicain, le 30 janvier 1876, et fut élu. Il a été réélu au renouvellement du 8 janvier 1882, et a voté l'expulsion des princes. — M. Noblot a été nommé chevalier de la Légion d'honneur en 1880.

NOBLOT, Th., industriel et homme politique français, né à Arconville (Aube) en 1824. Il était à la tête d'une importante manufacture, à Metz, et faisait partie du Conseil municipal de cette ville, lorsqu'éclata la guerre de 1870. Elu représentant de la Moselle à l'Assemblée nationale, le 8 février 1871, M. Th. Noblot donna sa démission avec ses collègues des provinces enlevées à la France, après le vote des préliminaires de paix. Elu député de la 2e circonscription de Nancy à une élection partielle, en août 1883, M. Noblot s'inscrivit à l'Union républicaine. Il a été élu député de Meurthe-et-Moselle le 4 octobre 1885, le deuxième sur la liste républicaine et a voté l'expulsion des princes.

NOIROT, Alphonse Xavier, avocat et homme politique français, fils d'un ancien constituant de 1848, est né à Vesoul le 2 février 1833. Maire de sa ville natale pendant la guerre, M. Noirot échoua aux élections du 8 février 1871 dans la Haute-Saône; il fut élu député de l'arrondissement de Vesoul au scrutin de ballottage du 5 mars 1876 et siégea à gauche. Réélu le 14 octobre 1877 et le 21 août 1881, il a été quelque temps sous-secrétaire d'Etat au ministère de la justice. Aux élections d'octobre 1885, M. Noirot a été élu deputé de la Haute-Saône au scrutin du 18. Il a voté l'expulsion des princes. — M. Noirot est secrétaire perpétuel de la Société d'agriculture, sciences et arts de la Haute-Saône. Il a fondé à Vesoul, en 1871, l'*Avenir de la Haute-Saône*, journal républicain.

NORDENSKJŒLD (baron), Adolf Eric, naturaliste et explorateur suédois, né le 18 novembre 1832 à Helsingfors, ville autrefois suédoise, aujourd'hui capitale du grand-duché russe de Finlande. Son père, Nils Gustaf Nordenskjœld, chimiste et minéralogiste distingué était directeur des mines de Finlande. Il reçut donc de son père les premières notions des sciences naturelles non seulement théoriques, mais pratiques; il entra ensuite au gymnase de Borga, puis à l'université d'Helsingfors (1849), se livrant presque exclusivement aux études scientifiques et passant ses vacances en excursions dans les riches districts miniers de Finlande. Compromis dans je ne sais quelle équipée d'étudiants, M. Nordenskjœld dut passer la frontière avant toute explication, et se réfugia en Suède, où, n'ayant pu obtenir de passeport pour retourner en Finlande, il se fixa. En 1857, époque à laquelle remonte son premier voyage aux régions arctiques, il accompagnait Torell au Spitzberg. A son retour à Stockholm, il fut nommé professeur de géologie et de minéralogie à l'Académie des sciences et conservateur des collections minéralogiques de l'Etat, qu'il a considérablement enrichies, depuis, du produit de ses expéditions aventureuses. En 1861, il retournait au Spitzberg, pour mesurer un arc du méridien. Le travail n'ayant pu être achevé dans cette expédition, il y retournait trois ans après, cette fois comme chef d'expédition; il achevait la mensuration de son arc du méridien et dressait la carte du Spitzberg du sud. En route, l'expédition rencontra et recueillit des chasseurs de phoques naufragés. Cette augmentation de personnel se fit surtout sentir sur les provisions, et contraignit les explorateurs à un retour prématuré. Aussitôt rentré, M. Nordenskjœld se mit en devoir de préparer une nouvelle expédition: une souscription ouverte par les habitants de Gotenbourg lui en fournit les moyens, d'autant plus facilement que le gouvernement suédois mettait à sa disposition un petit vapeur, la *Sofia*, qui prenait la mer au commencement de septembre 1868. L'expédition atteignit 81°42' de latitude nord, point dépassé seulement par l'américain Hall, et plus tard par l'anglais Nares. Convaincu qu'il devait être possible d'approcher davantage du pôle, en hivernant au Spitzberg et en faisant usage de traineaux, M. Nordenskjœld se rendit au Groënland, afin de s'édifier sur la valeur réelle des chiens et des rennes comme attelage de traineaux dans un pareil voyage; enfin il se dirigea vers le pôle, en 1872, suivi par deux petits bâtiments auxiliaires, bientôt obligés de retourner. L'hiver avait été très précoce, et le *Polhem* fut pris dans les glaces, au nord du Spitzberg; mais le temps de cet hivernage fut employé par M. Nordenskjœld et le lieutenant Palander en explorations à terre très fécondes. Enfin, au mois de juillet, la débâcle arriva, et on effectua le retour, après avoir souffert beaucoup de privations. M. Nordenskjœld s'occupa alors d'explorer le voisinage des côtes sibériennes, notamment la mer de Kara, réputée couverte de neiges éternelles et l'Iénissei. En 1875, il traversa cette mer de Kara et remonta le fleuve dans un petit bateau, montrant ainsi que la navigation était possible dans ces parages. Après avoir assisté à l'Exposition universelle de Philadelphie, comme on prétendait qu'il avait accompli son précédent voyage sans obstacle parce qu'il avait été servi par une température exceptionnelle, il le répéta, mais cette fois en commençant par le fleuve et finissant par la mer. Il explora par la même occasion la vallée de l'Iénissei, et en dehors de la récolte habituelle de spécimens intéressants des trois règnes, découvrit une route commerciale conduisant en Chine à travers la Sibérie, outre la route commerciale à travers la mer de Kara. Cette dernière découverte confirma M. Nordenskjœld dans l'espoir de découvrir le fameux passage nord-est, si souvent entrevu et jamais atteint. De riches particuliers, MM. Oscar Dickson et Sibiriakoff et le roi de Suède prêtèrent leur aide à ce projet, et le 9 juillet 1878, la nouvelle expédition, embarquée sur la *Véga*, quittait Tromsoe: tel est le nom du premier navire (connu) qui ait réussi à doubler le point le plus septentrional de l'ancien monde, le cap Tchélioushine. Il hiverna dans le détroit de Behring, et en juillet 1879, libéré des glaces qui l'avaient retenu captif pendant de longs mois, continuait sa route vers l'Orient, et atteignait le Japon le 2 septembre. A son retour en Europe, l'expédition était saluée par des démonstrations enthousiastes. Le professeur Nordenskjœld, notamment, fut créé baron par le roi Oscar (avril 1880). Il avait d'abord passé par Paris où, après une réception des plus flatteuses, il avait reçu des mains même du ministre de l'instruction publique les insignes de commandeur de la Légion d'honneur. — Il avait été élu correspondant de l'Académie des sciences en janvier 1876.

NORFOLK (duc de), Henry Fitzalan Howard, comte d'Arundel, Surrey et Norfolk, baron Fitzalan, Clun, Oswaldestre et Maltravers, premier duc et comte, comte maréchal héréditaire, etc., est fils du dix-septième duc de Norfolk et descend des comtes d'Arundel, dont la famille, si ardemment dévouée aux Stuarts, fut élevée à la duché-pairie en 1484. Le duc de Norfolk a le pas sur toute la noblesse britannique. Il est né à Londres, Carlton Terrace, le 27 décembre 1847, et a succédé à son père le 25 novembre 1860. Membre zélé de l'Eglise catholique romaine, le duc de Norfolk a toujours pris un grand intérêt à tout ce qui concerne la religion à laquelle il appartient, préside fréquemment des assemblées catholiques ou dirige des pèlerinages. C'est à lui, en conséquence, que le cardinal Newman crut devoir adresser, en 1875, sa réponse à la brochure de M. Gladstone contre les décrets du Vatican. — Le 8 mai 1877, le duc de Norfolk arrivait à Rome, à la tête de cent dix pèlerins anglais et porteur d'une adresse au pape, couverte, dit-on, de près de 500,000 signatures. Le duc de Norfolk est président de l'Union catholique de la Grande-Bretagne.

NORTHBROOK (comte), Thomas George Baring, homme politique et administrateur anglais, fils aîné de sir Francis Baring, devenu premier baron Northbrook, est né en 1826 et a fait ses études à l'Eglise du Christ, à Oxford, où il prit ses grades en 1846. Il fut successivement secrétaire privé de M. Labouchère au ministère du commerce, de sir George Grey au ministère de l'intérieur, de sir Charles Wood à celui des Indes, puis à l'Amirauté. En 1857, il fut élu membre de la Chambre des communes par Penryn et Falmouth, qu'il ne cessa de représenter que lorsque la mort de son père lui ouvrit les portes de la Chambre Haute (1866). Lord Northbrook a fait partie du Conseil d'amirauté de mai 1857 à février 1858, et a été sous-secrétaire d'Etat pour les Indes de 1859 à 1861, puis sous-secrétaire à la guerre de cette dernière date à juin 1866. A l'avènement de M. Gladstone au pouvoir, en décembre 1868, il fut de nouveau nommé sous-secrétaire d'Etat au ministère de la guerre. Après l'assassinat de lord Mayo, lord Northbrook fut choisi pour le remplacer en qualité de vice-roi et gouverneur général des Indes, en février 1872. Il a résigné ce poste et y a été remplacé au commencement de 1876, par lord Lytton (voyez ce nom). A son retour en Angleterre, lord Northbrook, en récompense des services rendus dans son gouvernement, était créé vicomte Baring de Lee dans le comté de Kent, et comte de Northbrook dans le comté de Southampton. Il a été premier lord de l'Amirauté dans le cabinet Gladstone, de mai 1880 à juin 1885.

NORTHCOTE, sir Stafford. Voyez **Iddesleigh**.

NOURRISSON, Jean Félix, philosophe français, né à Thiers le 18 juillet 1825, fit ses études à Paris, au collège Stanislas, et demeura comme professeur suppléant à ce collège, tout en suivant les cours de la faculté de droit. Reçu avocat en 1850, il prit place au barreau de Paris, fut reçu agrégé de philosophie la même année, nommé professeur de cette classe au collège Stanislas, et prit le grade de docteur ès lettres en 1852. Depuis 1854, M. Nourrisson a professé successivement la philosophie au lycée de Rennes, à la faculté de Clermont et au lycée Napoléon. En 1874, il a été appelé à la chaire de philosophie moderne au Collège de France. Il a été élu membre de l'Académie des sciences morales et politiques en remplacement du duc de Broglie, en 1870. — On a de lui: *Essai sur la philosophie de Bossuet*, thèse de doctorat (1852); le *Cardinal de Berulle, sa vie, son temps*, etc. (1856); les *Pères de l'Eglise latine, leurs vies, leurs écrits*, etc. (2 vol.) et *Exposition de la théorie platonicienne des idées (1857)*; *Tableau des progrès de la pensée humaine, depuis Thalès jusqu'à Hegel (1858)*; *Histoire et philosophie*, études; la *Philosophie de Leibniz*, ouvrage couronné par l'Académie des sciences morales (1860); une *Visite à Hanovre en septembre 1860 (1861)*; le *Dix-huitième siècle et la Révolution française (1862)*; *Portraits et études, Histoire et Philosophie (1863)*; la *Philosophie de saint Augustin* (2 vol.); la *Nature humaine, essai de psychologie comparée*, ouvrages tous deux couronnés par l'Académie des sciences morales et politiques (1865); *Spinoza et le naturalisme contemporain (1866)*; la *Politique de Bossuet (1867)*; *Essai sur Alexandre d'Aphrodisias*, suivi d'un *Traité du destin*, traduit pour la première fois (1870); la *Souveraineté nationale et la Révolution (1872)*; *Morceaux choisis des Pères de l'Eglise latine (1874)*; *Machiavel (1875)*; une *Etude sur la vie, le caractère et le rôle politique de Bailly (1876)*; une *Notice sur Jean Toland, publiciste irlandais, auteur du « Pantheisticon »*, lue à l'Académie des sciences morales (1876); *Trois révolutions, Pascal philosophe et physicien (1885)*. — M. Nourrisson a collaboré, en outre, aux *Comptes rendus* de l'Académie des sciences morales et politiques, à la *Revue des Deux-Mondes*, au *Correspondant*, à l'*Assemblée nationale de 1848*, au *Journal des Débats*, etc. — Il est chevalier de la Légion d'honneur depuis 1862.

NOVELLO, Clara Anastasia, comtesse Gigliucci, cantatrice anglaise, née à Londres le 10 juin 1818, est la quatrième fille du compositeur Vincent Novello, qui lui donna les premières leçons. En 1828, elle était admise comme élève à l'Ecole de musique sacrée de Choron où elle resta deux ans. A la révolution de Juillet, l'école de Choron étant fermée, elle retourna en Angleterre et se produisit bientôt dans les concerts de la Société philharmonique et d'autres Sociétés musicales importantes. A dix-sept ans, elle était élue associée de la Société philharmonique. Peu après, elle acceptait avec empressement l'invitation de Mendelssohn, de prendre part aux concerts de la Gewand-Haus de Leipzig, qu'il dirigeait. Elle visita ensuite Berlin, où son succès fut si grand que le roi, enthousiasmé, lui donna des lettres d'introduction pour sa sœur, l'impératrice de Russie, et pour la cour de Vienne. Cependant Rubini et la Malibran l'engageaient vivement à se rendre en Italie pour s'y préparer à la scène. Après une visite à Vienne, où son succès fut aussi grand qu'à Berlin, elle était décidée à suivre l'avis des deux grands artistes; elle prit part d'abord à un festival musical donné à Milan, mais des engagements antérieurs l'empêchèrent ensuite de réaliser immédiatement son projet, et ce ne fut qu'après un séjour de quelques mois à Saint-Pétersbourg, à la fin de 1839, qu'elle se rendit à Bologne, où elle passa plus d'un an à l'étude du répertoire dramatique. Elle débuta en 1841 au théâtre de Padoue, dans le rôle de *Semiramide*, avec un succès tel que les offres d'engagement lui vinrent de tous côtés. Elle joua successivement à Bologne, Modène et Gênes, et, en 1842, elle parut alternativement dans cette dernière ville et à Rome, aux fêtes du carnaval. De retour en Angleterre en 1843, elle joua à Londres au théâtre de Drury-Lane, puis à Manchester. Mariée en 1844 au comte Gigliucci, elle quittait la scène; mais les circonstances l'y ayant ramenée, elle joua à Rome, Lisbonne, Madrid, dans diverses villes allemandes, à Milan, à Londres et se retira définitivement du théâtre en 1860.

NUBAR PACHA, homme d'Etat égyptien, d'origine arménienne, est né à Smyrne en 1825 et a fait son éducation en Suisse et en France. De retour en Egypte n'ayant guère plus de dix-sept ans, il devint secrétaire du ministre du commerce et des affaires étrangères, Bogos Bey, qui était son parent, puis devint deuxième secrétaire-interprète attaché au cabinet de Mehemet-Ali en 1844, et, peu après, premier secrétaire-interprète d'Ibrahim Pacha. Il accompagna ce dernier en Europe, et à son retour, Abbas Pacha l'attacha en la même qualité à sa personne et l'éleva au rang de bey. Chargé d'une mission à Londres, en 1850, pour y faire reconnaître certains droits du vice-roi contestés par le sultan, il y réussit au gré d'Abbas, qui le nomma ministre à Vienne, poste qu'il conserva jusqu'à la mort de celui-ci (juillet 1854), dont le successeur, Saïd Pacha, s'empressa de le destituer. Mais, deux ans après, Saïd Pacha rappelait Nubar auprès de lui et lui confiait l'organisation du service du transit pour l'Inde, mission dont il s'acquitta avec beaucoup d'intelligence et de tact. A l'avènement d'Ismaïl Pacha (janvier 1863), il fut chargé d'aller notifier cet événement au sultan et de traiter avec lui diverses questions pendantes. A son retour, il reçut un grade équivalant à celui de pacha que, du reste, le sultan lui conférait peu de temps après. C'est à Nubar Pacha que le vice-roi confia, en 1864, la mission de régler le différend survenu entre son gouvernement et la Compagnie du canal de Suez, sous l'arbitrage de Napoléon III, accepté par les deux parties. Nommé ministre sans portefeuille à cette occasion, il reçut le portefeuille des travaux publics à son retour et passa, en 1866, aux affaires étrangères. Il fut alors envoyé en mission à Constantinople et obtint, du sultan, le firman qui conférait à Ismaïl Pacha le titre de khédive, étendait notablement ses pouvoirs et affirmait l'autonomie de son gouvernement (1867). Nubar Pacha aborda alors, avec les puissances européennes, la question de la réforme des juridictions consulaires d'après les capitulations. Cette même année 1867, il représentait l'Egypte à la conférence monétaire de Paris. Démissionnaire en 1874, il restait quelque temps en dehors du pouvoir, mais était enfin rappelé. Dans les difficultés où les prodigalités déraisonnables d'Ismaïl Pacha entraînèrent l'Egypte, on voit Nubar Pacha lutter avec courage pour conjurer la ruine imminente. Au mois d'août 1878, lorsque la commission d'enquête sur les ressources de l'Egypte, instituée par Ismaïl lui-même, mais pas de bon gré, vint présenter ses conclusions au khédive, parmi lesquelles la nécessité de gouverner avec plus de régularité était présentée d'une manière très nette, le khédive, approuvant ces conclusions, chargea Nubar Pacha de former le cabinet nouveau qui devait réaliser les réformes nécessaires, et dans lequel entrèrent MM. de Blignières et Rivers Wilson, représentants de la France et de l'Angleterre (septembre). Mais en avril 1879, une émeute populaire, fomentée par le khédive lui-même, donna à celui-ci l'occasion d'intervenir, et il le fit en révoquant les ministres européens. A la suite de ces événements, Nubar Pacha donna sa démission. Le 26 juin suivant, Ismaïl était contraint d'abdiquer, et Nubar Pacha de quitter l'Egypte en même temps que son maître. Il y rentrait toutefois au bout de quelques mois. Tenu à une grande réserve, il resta étranger aux faits qui se sont produits depuis en Egypte et que nous avons rapportés dans la notice consacrée à Arabi Pacha (voyez ce nom). Mais en janvier 1884, il était rappelé au pouvoir par Tewfik Pacha, qui lui confiait la présidence du conseil des ministres, avec le portefeuille des affaires étrangères. Depuis lors, et au milieu des difficultés sans cesse renaissantes, Nubar Pacha s'est maintenu au pouvoir. Dans l'été de 1886, il fit un voyage en Europe. Il était à Paris au mois d'août. — Il est grand officier de la Légion d'honneur depuis 1867.

NUITTER, Charles Louis Etienne Truinet (dit), auteur dramatique et administrateur français, né à Paris le 24 avril 1828, fit son droit et, reçu avocat, s'inscrivit au barreau de sa ville natale en 1849; mais il y exerça peu et se tourna bientôt vers le théâtre où il a donné, soit seul, soit avec divers collaborateurs, mais surtout avec M. Beaumont, un très grand nombre de comédies, de vaudevilles et de livrets d'opéras, d'opéras comiques et d'opérettes, sans parler des traductions et adaptations d'opéras étrangers à la scène française, exécutées en société avec le même M. Beaumont (L. A. Beaume). C'est, en effet, à ces deux écrivains que l'on doit, entre autres, les traductions de *Tannhaüser*, *Oberon*, *Preciosa*, la *Flûte enchantée*, *Macbeth*, *Rienzi*, les *Masques (Tutti in maschera)*, le *Docteur Crispin*, etc. — Nommé archiviste de l'Opéra en 1860, M. Nuitter a complètement réorganisé les archives et absolument créé la Bibliothèque de ce théâtre. Il a su recueillir et mettre en ordre des milliers de documents précieux épars jusque-là et perdus pour l'étude de l'art sans son intelligente intervention, ou du moins égarés ou détruits en partie et en partie dispersés comme devant. C'est grâce à lui que des fonds ont été affectés à ces deux importantes annexes de notre première scène lyrique, et que la Bibliothèque de l'Opéra contient aujourd'hui des milliers de volumes, d'œuvres musicales, d'estampes, d'objets précieux de toute sorte; enfin, c'est encore à M. Nuitter qu'est due l'installation du nouveau local de la Bi-

bliothèque. — On a de lui, en tant que vaudevilles et comédies bouffes: la *Perruque de mon oncle (1852)*; l'*Amour dans un ophicléide (1853)*; le *Manteau de Joseph*, *Monsieur Bannelet (1854)*; une *Mèche éventée*, le *Nid d'amours (1856)*; un *Fiancé à l'huile (1857)*; *X...*, une *Fausse bonne (1858)*; les *Jours gras de Madame*, une *Tasse de thé (1860)*; *Flamberge au vent (1862)*; *Monsieur et madame Crusoé (1865)*; un *Homme à la mer*, *Quinze heures de fiacre*, *Spartacus (1866)*; la *Graine d'épinards (1867)*; un *Coup d'éventail*, *J'ai perdu mon Andalouse (1869)*; etc. Nous citerons parmi ses principaux libretti, outre les traductions déjà citées, une *Nuit à Séville (1855)*; *Abou-Hassan (1859)*; la *Servante à Nicolas (1861)*; les *Bavards (1863)*; *il Signor Fagotto (1864)*; le *Lion de Saint-Marc*, les *Memoires de Fanchette*, une *Fantasia*, *Jeanne qui pleure et Jeanne qui rit (1865)*; les *Oreilles de Midas*, le *Baron de Groschaminet (1866)*; *Cardillac (1867)*; le *Fifre enchanté*, le *Vengeur (1868)*; *Vert-vert*, le *Dernier jour de Pompéi*, la *Princesse de Trébizonde (1869)*; le *Kobold*, 1 acte, à l'Opéra-Comique, musique de M. Ernest Guiraud (1870); *Amphitryon*, 1 acte, au théâtre Taitbout, musique de M. P. Lacome (1875); *Piccolino*, opéra comique en 3 actes, avec M. Sardou, musique de M. Ernest Guiraud (1876); l'*Opoponax*, un acte, musique de M. Vasseur (1877); le *Cœur et la main*, opérette en 3 actes, musique de M. Ch. Lecocq, aux Nouveautés (1882); les *Jumeaux de Bergame*, ballet pantomime en un acte, avec M. L. Mérante, musique de M. de Lajarte, à l'Opéra (1886), etc. Outre plusieurs scenarios de ballets, *Gracioza (1861)*; la *Source (1866)*; *Coppelia (1870)*; *Gretna-Green (1873)*. — M. Nuitter a publié: le *Nouvel opéra (1875*, in-12, plans et vignettes), ouvrage qui contient, en même temps que la description, l'historique le plus complet de ce splendide monument. Il est chevalier de la Légion d'honneur depuis 1870.

NUNEZ, Rafael, publiciste et homme d'Etat colombien, né à Carthagène-de-Colombie le 28 septembre 1825. Après de brillantes études, il collabora activement à la presse libérale de son pays et devint successivement membre de la Législature provinciale de Carthagène, puis de la Chambre nationale, ministre de l'intérieur, de la guerre, de l'agriculture et du commerce, et du trésor et du crédit national. Son passage aux affaires, à ces divers titres, a été signalé par des réformes libérales des plus importantes, parmi lesquelles nous citerons: la décentralisation politique et administrative, la liberté absolue de la presse, l'abolition de l'esclavage, la séparation de l'Eglise et de l'Etat (1849-53), l'établissement du tarif douanier jusqu'à réorganisation du crédit intérieur (1856), la suppression des mainsmortes (1862), et la constitution fédérale aujourd'hui en vigueur dans les Etats-Unis de Colombie (1863). Comme journaliste, M. R. Nunez a collaboré principalement à la *Democracia* de Carthagène qu'il a fondée en 1849, au *Neo Granadino (1853)*, au *Tiempo (1855-61)* et à la *Opinion (1864-65)*, journaux de Bogota, capitale de la république colombienne. Il a dirigé pendant plusieurs mois *El Continental* de New-York, en 1862, y défendant avec énergie la cause du Nord en même temps qu'il combattait la France impériale envahissant le Mexique et l'Espagne s'emparant de Saint-Domingue. Depuis 1865, M. Rafael Nunez a rempli en Europe diverses fonctions consulaires, envoyant à la presse *hispano-américaine* des correspondances politiques et économiques d'un très grand intérêt, notamment au *Diario official* de Bogota et au *Nacional* de Lima, dans lequel il signe du pseudonyme de « David de Olmedo ». En 1870, le gouvernement de Colombie offrait de nouveau à M. R. Nunez le portefeuille de la guerre, mais il le refusa. Par contre, sa candidature à la présidence suprême, proposée par plusieurs cercles politiques, aux élections de 1872, ne fut pas accueillie par la majorité du parti libéral, basant son refus sur son absence du pays depuis près de dix années. — M. Rafael Nunez, outre ses travaux de journaliste, a publié quelques recueils de *Poésies philosophiques* et des brochures de circonstance sur des questions politiques, économiques ou sociales. Il est membre de plusieurs sociétés scientifiques ou philanthropiques nationales et européennes.

NUS, Eugène, auteur dramatique français, né à Chalon-sur-Saône en 1816. Venu à Paris à vingt ans, il débuta dans la carrière par écrire au journal l'*Entr'acte* et s'exerça aussitôt dans la littérature dramatique en donnant de courts vaudevilles aux petits théâtres Saint-Marcel, de la Porte Saint-Antoine et du Panthéon, en même temps qu'il se faisait admettre dans la secte saint-simonienne. M. Nus a a publié en 1839, avec F. Fertiault, le *Dix-neuvième siècle*, satires morales. Il a collaboré à quelques romans, notamment aux *Drames de la vie (1860*, 2 séries), avec Edouard Brisebarre, publié seul, en 1866, un ouvrage de philosophie saint-simonienne: les *Dogmes nouveaux*, et écrit dans divers journaux, notamment à la *Démocratie pacifique*; mais il a surtout produit, en société avec divers auteurs en vogue, de nombreux drames, des comédies, etc., joués sur divers théâtres de Paris, et parmi lesquels nous citerons: *Jacques le corsaire*, drame en 5 actes, avec Ch. Desnoyer, à la Gaîté (1844); l'*Enseignement mutuel*, avec le même, 5 actes (1846); le *Trésor du pauvre*, 3 actes (1847); le *Comte de Sainte-Hélène*, avec Ch. Desnoyer, 3 actes (1849); le *Testament d'un garçon (1851)*; le *Voile de dentelle*, 5 actes et 7 tableaux, avec Léonce (1853); le *Vicaire de Wakefield*, 6 actes, avec Tisserant et *Suzanne*, 5 actes, avec Brisebarre (1854); la *Tour de Londres*, 5 actes, avec M. Alphonse Brot (1855); *Jane Grey*, 5 actes, avec le même (1856); la *Servante*, les *Pauvres de Paris*, les *Ménages de Paris*, les *Garçons de ferme*, drames (1851-60); la *Maison Saladier, scènes de la vie réelle (1861)*; les *Lettres anciennes*, vaudeville; *Monsieur de la Raclée, scènes de la vie bourgeoise (1862)*; *Léonard*, drame en 5 actes et les *Médecins*, pièce en 5 actes (1863), le tout en société avec Ed. Brisebarre; la *Femme coupable*, drame en 5 actes (1863). Avec Brisebarre, son collaborateur le plus fidèle, M. Nus a donné encore, depuis, toute une série de « scènes » variées, sans préjudice des drames, notamment: *Botany-Bay*, drame en 5 actes et 8 tableaux; la *Course au corset*, 2 actes; l'*Automne d'un farceur*, 1 acte, scènes de la vie conjugale; la *Boule de neige*, scène de la vie parisienne en trois parties, les *Trous à la lune*, ib. ib., en quatre parties, etc., avec Raoul Bravard; *Lisez Balzac*, 1 acte; la *Vierge noire*, drame en 5 actes, avec M. Adolphe Belot; *Miss Multon*, adaptation de l'anglais, jouée en 8 actes au Vaudeville, en 1868 et reprise à l'Ambigu, remaniée en 5 actes, en 1876; la *Marquise*, 4 actes, au Gymnase (1873); adapté à la scène française les drames anglais de M. Dion Boucicault intitulés: la *Dépêche ou le fil qui parle* (the Speaking wire), à l'Ambigu; *Jean la Poste*, à la Porte Saint-Martin; *Lea*, au Gymnase (1873-75); et seul ou avec divers collaborateurs: le *Testament de la reine Elisabeth*, drame en 5 actes, à la Gaîté (1867); les *Deux comtesses*, comédie en 3 actes, au Gymnase; le *Cachemire X. B. T.*, 1 acte, au Vaudeville (1873); une *Pêche miraculeuse*, 2 actes, avec M. A. Durantin, au même théâtre (1875); *Mademoiselle Didier*, 4 actes, avec M. Charles de Courcy, au Gymnase (1876); les *Exilés*, drame en 5 actes, tiré du roman *Fonctionnaires et Bayards*, du prince Lubomirski, à la Porte Saint-Martin (1877); *Madame de Navarret*, com. en 2 actes, avec M. de Courcy, au Vaudeville (1881); *Un mari malgré lui*, 1 acte, avec le même, même théâtre (1882); *Un mari*, pièce en 4 actes, avec M. Arthur Arnould, à l'Odéon (1884), etc.

O

OBIN, Louis Henri, chanteur français, professeur au Conservatoire, né à Ascq, près de Lille, le 4 août 1820, fut admis comme élève-pensionnaire au Conservatoire en 1842, dans la classe de Ponchard, et le quitta en 1844. Le 21 octobre de cette même année, il débutait à l'Opéra dans le rôle de Brabantiano d'*Othello*. Il n'y fit qu'un court passage et alla jouer en province, puis, pendant deux ans (1848-50), au Théâtre-Royal de La Haye; il rentra à l'Opéra en 1850, pour créer un rôle dans l'*Enfant prodigue* d'Auber, et y resta cette fois, faisant plusieurs créations importantes dans l'emploi des basses chantantes, notamment dans les *Vêpres siciliennes*, *Pantagruel*, l'*Africaine*, *Don Carlos*, et quelques reprises heureuses dans les *Huguenots*, *Moïse*, *Don Juan*, le *Dieu et la bayadère*, etc. Il avait fini par se créer sur notre première scène lyrique une situation considérable, lorsqu'il la quitta en 1869, après avoir fait liquider sa pension; il y rentra en 1871, mais se retira définitivement peu après. A la retraite de Levasseur (1869), M. Obin fut nommé à sa place professeur de déclamation lyrique au Conservatoire, il abandonna ces fonctions, dans lesquelles il fut remplacé par M. Ismaël (voyez ce nom), en février 1874, mais il y a été rappelé de nouveau, à la place de celui-ci, le 16 janvier 1877, et y est resté depuis. Il est chevalier de la Légion d'honneur.

OBISSIER SAINT-MARTIN, Louis Antoine Marguerite, homme politique français, avocat, né vers 1840. Il figurait au barreau de Libourne, lorsqu'il fut appelé, après le 4 septembre, à la sous-préfecture de Narbonne. Révoqué au 24 mai (1873), il rentrait peu après dans l'administration et était secrétaire général de la préfecture de la Vienne lors du 16 mai (1877), que suivit de près sa mise en disponibilité. Mais avant la fin de l'année, les choses ayant tourné différemment, M. Obissier Saint-Martin était nommé secrétaire général de la préfecture de la Loire, puis préfet de la Vienne. A une élection partielle qui eut lieu dans la 2e circonscription de Libourne, le 6 juillet 1884, il était élu député par 7,658 voix contre 5,271 obtenues par M. Troplong, candidat bonapartiste, et s'inscrivait à l'Union républicaine. Aux élections générales d'octobre 1885, porté sur la liste opportuniste, il était élu député de la Gironde, le cinquième sur onze, au scrutin du 18. Il a voté l'expulsion des princes.

OLIPHANT (dame), Margaret Wilson, femme de lettres anglaise, née à Liverpool, d'une famille écossaise, vers 1818. Le premier de ses nombreux romans, qui abondent surtout en scènes habilement esquissées de la vie et des mœurs écossaises, parut en 1849: il a pour titre: *Episodes de la vie de Mrs Magaret Maitland de Sunnyside*. Le succès qui accueillit cette tentative décida de la carrière de Mme Oliphant. Elle a publié depuis, tant romans qu'études biographiques: *Merkland (1851)*; *Adam Graeme de Mossgray (1852)*; *Harry Muir (1853)*; *Madeleine Hepburn (1854)*; *Feuilles de lis (1855)*; *Zaidée (1857)*; *Katie Stewart (1858)*; le *Cœur tranquille (1860)*; *Vie d'Edward Irving (1862)*; *Chroniques de Carlingford (1863*, anonyme); la *Chapelle de Salem (1865)*; *Agnès (1867)*; la *Femme du ministre (1869)*; *John, histoire d'amour*; *Trois frères*, *Saint François d'Assise (1870)*; le *Squire Arden*, *Ombra (1871)*; *A sa manière*, *Notice sur le comte de Montalembert (1872)*; *Innocent, scène de la vie moderne (1873)*; *Rose de juin*, l'*Amour et la vie (1874)*, les *Fondateurs de Florence: Dante, Giotto, Savonarole et leur ville (1876)*; *Madame Arthur*, le *Jeune Musgrave (1877)*, le *Sentier aux primevères*, *Dans les limites (1878)*; *Qui ne veut pas quand il peut (1880)*; *En confidence, histoire d'une dame et de son ami (1080)*; *Histoire littéraire de l'Angleterre à la fin du XVIIIe et au commencement du XIXe siècles (1882*, 3 vol.); les *Dames Lindores (1883)*; *C'était un amoureux et son amoureuse (1884)*; *Massolam, problème de notre temps*; *Effie Ogilvie (1886)*, etc. — La plupart des romans de Mme Oliphant ont été réimprimés aux Etats-Unis, quelques-uns ont été traduits en allemand. Sauf un extrait abrégé des *Chroniques de Carlingford*, par E. D. Forgues, qui paraît n'en pas connaître l'auteur, nous ne connaissons aucune œuvre de cet écrivain traduite en français.

OLLIVIER, Olivier Emile, jurisconsulte et homme politique français, ancien ministre, né à Marseille le 2 juillet 1825, fit ses études au collège Sainte-Barbe et à la faculté de droit de Paris et prit place au barreau de cette ville en 1847. Après la révolution de février 1848, Ledru-Rollin, ministre de l'Intérieur, lié d'amitié avec son père, Démosthène Ollivier, bien connu par ses convictions républicaines, le choisit pour commissaire du gouvernement dans les Bouches-du-Rhône et le Var. Il y vint avec des paroles de conciliation qui furent accueillies avec enthousiasme et, loin d'écarter des affaires les adversaires naturels de la République, fit appel aux « hommes éminents de tous les partis ». Il appuya notamment l'élection de Berryer à la Constituante. Nommé préfet des Bouches-du-Rhône le 8 juin, il se trouvait quelques jours plus tard en présence d'un soulèvement qu'il réprima avec une énergie qu'on lui a beaucoup reprochée d'un côté, tandis que d'un autre on ne lui reprochait pas moins « sa mollesse au début ». Envoyé en disgrâce à Chaumont (Haute-Marne), par décret du 11 juillet, M. Emile Ollivier, malgré les sympathies générales qu'il s'était incontestablement acquises dans sa nouvelle résidence, fut révoqué le 11 janvier 1849. Décidé à se rendre en Italie pour se reposer de tant de fatigues, il s'arrêta toutefois dans le Var, se mêla à l'agitation électorale en pleine effervescence et se vit poursuivre par le préfet d'alors, M. Haussmann, devant le tribunal correctionnel de Draguignan, qui l'acquitta (13 avril 1850). Il put alors continuer son voyage, ne resta que peu de temps en Italie et vint reprendre sa place au barreau de Paris. Il alla plaider quelques procès politiques dans le Midi et il était à Montpellier, plaidant pour le *Suffrage universel* de cette ville, journal qu'avait dirigé son frère Aristide, tué en duel le 21 juin précédent par M. de Ginestous, lorsque, rappelé par une

lettre de son père, traduit lui-même devant la cour d'assises de la Seine, il arrivait à Paris le 2 décembre 1851 et échappait par cette circonstance aux recherches dont il était l'objet à Montpellier. Il n'en était pas de même de son père, qui fut arrêté le 7 décembre, par les soins d'un *ami* à qui il avait demandé asile; mais, à force de démarches, et grâce surtout à l'appui du prince Napoléon et du prince Jérôme, il finit par obtenir son élargissement *sans condition* — quoiqu'il eût fort prudemment agi en mettant la frontière entre lui et les meneurs du Deux Décembre, comme l'avenir le prouva. Resté à Paris, M. Emile Ollivier ne fut pas autrement inquiété, si ce n'est que le conseil de l'ordre des avocats, sur la proposition de Me Marie, le frappa d'une suspension de trois mois. Il fut momentanément réduit en conséquence, s'il faut l'en croire, du moins, à donner des leçons de droit pour vivre. En 1853, cependant, il reparut au barreau, d'abord dans l'affaire Verguiaud, en remplacement d'un confrère malade, puis dans l'affaire de la marquise de Guerry, contre la communauté de Picpus, affaire qu'il gagna en appel, contre des adversaires qui s'appelaient Berryer et Dufaure. Il put dès lors abandonner les leçons, sa place au barreau était faite.

Aux élections générales de 1857, la candidature fut offerte à Paris à M. Emile Olivier, par les directeurs de la *Presse* et du *Siècle*. Il l'accepta et fut élu au second tour contre Garnier Pagès, candidat du comité démocratique et M. Monin-Japy, candidat du gouvernement, député sortant de la 3e circonscription. Il prit place au Corps législatif dans ce petit groupe d'opposition appelé plus tard les Cinq, dont il devint bientôt l'un des membres les plus brillants; — toutefois, en 1857, ces *Cinq* n'étaient encore que trois; ce ne fut qu'aux élections partielles d'avril-mai 1858, nécessitées par le refus de serment de Goudchaux, Carnot et Cavaignac que, par l'adjonction de Jules Favre et d'Ernest Picard, ce faible groupe se trouva constitué. M. Emile Ollivier prit part aux principales discussions de cette législature, et avec un courage, au début, qui en eût effrayé beaucoup d'autres, étant alors le seul orateur de l'opposition. Nous ne pouvons insister sur ce sujet et rappeler ses nombreux discours, dont l'esprit est d'ailleurs présent à la pensée de tout le monde. Rappelons seulement qu'entre temps, il défendait devant le tribunal correctionnel M. Vacherot, poursuivi pour la publication de son livre sur la *Démocratie*, et qu'à cette occasion, il était de nouveau frappé d'une suspension de trois mois par le tribunal. Réélu en 1863, en plus nombreuse compagnie, la modération avec laquelle il combattait le pouvoir et qui ne ressemblait pas tout à fait, il faut en convenir, à l'ardeur des premiers jours, où il était seul à porter le poids d'une opposition à peine tolérée, amena quelque froideur entre lui et ses amis de la veille, et sa position au Corps législatif en devint bientôt assez difficile. Dans la session de 1864, il fut rapporteur de la loi sur les coalitions, loi insuffisante, mais qui était certainement un grand avantage obtenu; mais l'étalage de sa satisfaction d'une conquête trop peu considérable, augmenta encore la défiance de la gauche, qui le rejeta en quelque sorte de son sein. Plusieurs fois, vers la fin de 1866, M. Emile Ollivier était allé aux Tuileries conférer avec l'empereur; ambition ou non, il est évident que, dès lors, son but était tout tracé : amener l'Empire à une évolution libérale et parlementaire qui l'eût peut-être sauvé, sans les partisans du pouvoir personnel, qu'une telle évolution devait replonger dans le néant le plus complet. Certes, une fois au pouvoir, avec son tempérament extrêmement impressionnable malgré l'extérieur impassible qu'il réussit presque toujours à revêtir à temps et qui le trompe lui-même, M. Emile Ollivier devait fatalement s'abandonner aux contradictions qui ont signalé son court mais funeste passage aux affaires, où son maintien était, dans son esprit du moins, indispensable au salut du pays, c'est-à-dire à l'accomplissement de son propre programme : ce qui aurait pu être vrai dans la mesure indiquée par lui, au cas où il n'eût rencontré aucun obstacle, aucune opposition sérieuse. Il ne fut pour rien toutefois, s'il faut l'en croire, dans la rédaction de la fameuse lettre du 19 janvier 1867, qui serait œuvre toute spontanée de l'empereur. On sait, d'ailleurs, qu'il devait se passer près de trois ans avant que les promesses libérales qui y étaient faites reçussent un semblant d'exécution. Pour le moment, le parti de la réaction l'emportait de nouveau. — Aux élections de 1869, M. Emile Ollivier se présenta à la fois dans la première circonscription du Var et dans la 3e circonscription de la Seine; il échoua dans cette dernière, qui lui préféra un exilé de Décembre, Bancel; et son apparition dans les réunions électorales, pendant la période préparatoire, fut plus d'une fois le signal de désordres graves; la 1re circonscription du Var l'élut au contraire à une grande majorité, contre Clément Laurier, alors ultra-radical et « irréconciliable ». Dans la courte session de juillet, M. Emile Ollivier devint le chef du nouveau tiers-parti libéral, dont l'avènement devenait de plus en plus certain. Dans la longue prorogation qui suivit, en effet, les négociations furent rouvertes et activement poussées, par l'intermédiaire de Clément Duvernois. Les *Papiers et correspondance de la famille impériale* (9e livraison) contiennent le dossier presque complet et curieux à consulter de cette affaire. Enfin, par une lettre en date du 27 décembre 1869, l'empereur chargeait officiellement M. Emile Ollivier de former le premier cabinet parlementaire de l'Empire, et ce ministère, après des démarches sans fin, entrait en fonctions le 2 janvier 1870. Il devait dès le début se trouver en présence de difficultés inouïes, sans parler des difficultés inhérentes à la transformation qu'il était chargé d'accomplir : le meurtre de Victor Noir par le prince Pierre Bonaparte fut accompli, en effet, le 10 janvier 1870. Cet événement, l'agitation menaçante dont il fut le sujet eurent sans doute une grande influence sur l'attitude autoritaire, agressive même, que prit peu à peu le chef du cabinet. Dès lors, outre les poursuites dirigées contre M. Henri Rochefort, député, des arrestations nombreuses ont lieu; en même temps que se prépare le vote plébiscitaire sur le sénatus-consulte du 28 mars, cause de la démission de MM. Buffet, Daru et de Talhouët qui y voient justement la négation du régime qu'on est censé inaugurer, se découvre un complot avec bombes explosibles, etc., ainsi qu'un attentat contre la sûreté de l'État, dont l'Association internationale est accusée, de sorte qu'une haute cour de justice est convoquée pour juger ces crimes, après qu'une haute cour vient de juger celui du prince Pierre Bonaparte. — Cependant, le plébiscite est voté à une immense majorité. Après cette victoire, que M. Emile Ollivier, par une inspiration malheureuse, appelle un « Sadowa français », il semble qu'on va pouvoir respirer. L'ancien intermédiaire entre l'empereur et M. Emile Ollivier, Clément Duvernois, pour attaquer trop vivement, dans le *Peuple français*, le chef du cabinet qui ne le satisfait plus, est dépossédé de son journal. M. Ollivier triomphe sur toute la ligne, mal il est vrai, mais il triomphe néanmoins, quand l'émotion causée par l'interpellation de M. Mauny sur le percement du Saint Gothard (20 juin) est à peine calmée, que voici l'acceptation de la couronne d'Espagne par un prince de la maison royale de Prusse, qui met de nouveau le feu aux poudres, hélas! sans métaphore, pour notre malheur.

Nous ne suivrons pas dans toutes ses phases l'enfantement lamentable de la guerre de 1870-71, dont nous avons eu déjà, au reste, l'occasion de parler avec détail. La guerre déclarée (15 juillet), le premier ministre, avec cette déplorable intempérance de langage dont le souvenir a dû bien des fois lui peser, assurait qu'il en acceptait d'un « cœur léger » toutes les conséquences : engagement puéril, sans aucune sanction et qu'il pouvait s'éviter. Nos premiers désastres avaient produit à Paris, comme dans toute la France, une émotion douloureuse qui se transformait peu à peu en colère. En présence des dangers qu'il pressentait, M. Emile Ollivier obtint de l'impératrice-régente la convocation des Chambres pour le 9 août; au début de la séance de ce jour, le Corps législatif votait à une grande majorité un ordre du jour de Clément Duvernois déclarant le cabinet incapable de pourvoir à la sûreté du pays, et ce cabinet se retirait, remplacé par un plus habile sans doute, quoique ce ne soit pas précisément une vérité démontrée : Il avait pourtant à sa tête un général, dont les circonstances justifiaient bien la présence à ce poste, M. le comte de Palikao. Quant au ministre tombé, il se retira à Bella, en Piémont, où il résida jusqu'à la fin de 1872; à cette époque il est rentré en France et demeura quelque temps à Passy. Il résida ensuite à Marseille. Au mois de mars 1877, les journaux le faisaient voyager à Constantinople, mais c'était à tort. — Aux élections du 20 février 1876, M. Emile Ollivier se portait candidat à la députation dans les deux arrondissements de Draguignan et de Brignoles, mais sans succès. Il renouvelait la tentative le 14 octobre 1877 à Draguignan, avec un résultat encore plus piteux, mais moins, pourtant, que celui qui l'attendait aux élections d'octobre 1885, auxquelles il se présentait comme « candidat indépendant » aux électeurs du Var, qui lui donnèrent 298 voix! C'est décidément un homme usé, et il est le seul, ou à peu près, qui ne s'en doute pas.

Elu membre de l'Académie française, qui ne tarda guère à regretter ce choix un peu précipité, le 7 avril 1870, en remplacement de Lamartine, on n'avait pas eu le temps de procéder à la réception solennelle du nouveau membre avant son retour du Piémont; mais alors, on s'occupa de préparer cette intéressante cérémonie, et M. Emile Ollivier, toujours très pénétré de sa propre importance, rédigea son discours à loisir. Cela fait, il en donna lecture, suivant l'usage, à une commission de ses collègues, parmi lesquels se trouvait Guizot, lequel arrêta le lecteur sur un passage où la révolution de 1830 était jugée « un coup d'Etat fait par les 221 ». Les deux hommes d'Etat ne purent se mettre d'accord sur ce sujet, loin de là, la discussion, commencée en termes courtois, dégénéra en dispute. Finalement, M. Ollivier opposa à une demande de modification de cette partie si importante de son discours, le refus le plus formel. Il s'ensuivit un vote de l'illustre compagnie prononçant l'ajournement indéfini de la réception de l'ancien ministre de l'Empire libéral, tout en le tenant pour reçu, puisqu'il n'y avait pas moyen de faire autrement (mars 1884). Ne pouvant, en conséquence, tirer autrement parti de son discours, M. Ollivier le publia, avec une préface explicative. Cet incident académique ne devait pas être le seul dont M. Emile Ollivier se fit le héros. Après l'élection d'Henri Martin au fauteuil de Thiers, la mission de recevoir le nouveau membre ayant été dévolue par le hasard à M. Ollivier, celui-ci en profita pour dire son fait au mort, en tant qu'homme d'Etat, cela va sans dire, ou du moins il tenta d'en profiter, car cette fois encore l'Académie intervint, priant son cher membre de supprimer certains passages de son discours tout à fait injurieux pour le membre décédé dont Henri Martin occupait maintenant le fauteuil. Refus absolu, comme on pouvait s'y attendre, de rien changer à ce discours si laborieusement préparé; et ce fut un autre académicien qui répondit au discours d'Henri Martin. M. Emile Ollivier fit beaucoup de bruit autour de cet incident, et cria aussi haut qu'il le put qu'il ne paraîtrait plus à l'Académie: il n'a pas tenu sa promesse, toutefois. — Depuis son retour, M. Emile Ollivier a collaboré aux journaux du prince Napoléon, notamment à l'*Estafette* où, en 1880, il engageait avec M. Paul de Cassagnac une polémique extrêmement acerbe, née des conseils paternels qu'il s'était cru autorisé à donner aux « prêtres éclairés » de se soumettre aux décrets du 29 mars, qu'il blâmait d'ailleurs.

M. Emile Ollivier a publié : *Commentaires sur les saisies immobilières et ordres,* en collaboration avec M. Mourlon (1859): *Commentaire de la loi du 25 mai 1864 sur les coalitions (1864); Démocratie et liberté (1867);* le *Dix-neuf janvier (1869); Une visite à la chapelle des Médicis, Dialogue entre Michel-Ange et Raphaël (1872); Lamartine,* précédé d'une préface sur les incidents qui ont empêché son éloge en séance publique à l'Académie française (1874); *Principes et conduite (1875); Mes discours (1875);* l'*Eglise et l'Etat au concile du Vatican (1879, 2 vol.); M. Thiers à l'Académie et dans l'histoire (1880); Commentaire de l'encyclique de Léon XIII sur la constitution chrétienne des Etats (1886),* etc. Il a fondé en 1856, avec MM. Mourlon, Demangeat et Ballot, la *Revue du droit pratique,* à laquelle il a fourni de nombreux travaux juridiques, a collaboré à la *Presse,* dont il prit pour peu de temps la direction au départ d'Emile de Girardin, et sur l'avis de celui-ci (1866), à la *Liberté,* à l'*Estafette,* etc. Il est en outre un musicien amateur très distingué; virtuose remarquable sur le violon, il a de plus composé plusieurs concertos pour cet instrument. M. Emile Ollivier a été, de 1865 à 1870, commissaire du gouvernement égyptien près la Compagnie du canal de Suez. Il a constamment refusé toutes les décorations qui lui ont été offertes, compris celle de la Toison d'or, que l'Espagne lui fit offrir par son ambassadeur, feu M. de Olozaga, en mai 1870. — Veuf en premières noces d'une fille du célèbre pianiste et compositeur, abbé Liszt, mort en 1856, M. Emile Ollivier a épousé, en septembre 1869, Mlle Gravier, fille d'un riche négociant marseillais.

OLLIVIER, Auguste Vincent Marie, homme politique français, né à Guingamp le 17 novembre 1828. Membre du Conseil général des Côtes-du-Nord, dont il est devenu vice-président, M. A. Ollivier se présenta comme candidat monarchiste et clérical à une élection partielle ouverte dans la 1re circonscription de Guingamp le 14 septembre 1879, et fut élu; son élection fut invalidée, et M. Ollivier, traduit avec plusieurs de ses grands électeurs devant les tribunaux, sous l'inculpation de corruption, fut condamné à l'amende. Il va sans dire que le procès précéda l'invalidation de l'élection, qui ne fut prononcée par la Chambre que sur l'arrêt du tribunal, le 23 juillet 1881. Le 21 août suivant, M. Auguste Ollivier n'en était pas moins élu dans la même circonscription, avec un chiffre de voix un peu moins considérable que la première fois, mais suffisant. Il siégea à droite, et fut élu député des Côtes-du-Nord, le deuxième sur neuf, aux élections générales du 4 octobre 1885. — Alors dans quel but ténébreux aurait-il usé de corruption en 1879?...

OLMSTED, Frederick Law, architecte constructeur de jardins et publiciste américain, né à Hartford (Connecticut) le 10 novembre 1822, fit ses études au collège d'Yale. Ayant acheté, en 1848, une ferme dans Staten Island, auprès de New-York, il s'appliqua à l'étude de la construction des jardins paysagers. En 1850, il fit un voyage en Europe, et parcourut à pied l'Angleterre et une partie du continent. Au retour, il publia la relation de ce voyage sous ce titre : *Promenades et causeries d'un fermier américain en Angleterre (1852).* En 1852-53, il visita les Etats du Sud, comme correspondant du *New York Times,* avec mission d'étudier l'influence de l'esclavage sur l'agriculture. Il recueillit ensuite les lettres adressées à son journal à ce sujet, et les publia en plusieurs volumes portant ces titres : *Voyage sur les côtes des Etats esclavagistes (1856); Voyage au Texas (1857); Voyage dans les campagnes lointaines (1860).* En même temps, il entreprenait, en 1855, une nouvelle excursion en Europe, afin d'étudier les domaines ruraux et les parcs de l'Allemagne, de la France et de l'Italie. L'année suivante, son projet d'un parc central pour New-York, conçu avec M. Calvert Vaux, obtenait le prix, et il était nommé architecte et ingénieur en chef chargé de sa réalisation. Les travaux furent suspendus en 1861, à cause de la guerre civile qui venait d'éclater, et M. Olmsted devint secrétaire, en fait directeur, de la Commission sanitaire, position qu'il conserva jusqu'à la fin de la guerre. Il reprit ensuite la direction des travaux du Central Park, terminés seulement depuis peu d'années. — On doit, en outre, à M. Olmsted la construction de plusieurs parcs de même nature dans diverses grandes villes des États-Unis, notamment le Prospect Park de Brooklyn. Il a beaucoup écrit sur les questions d'hygiène, dans les recueils périodiques spéciaux, et publié quelques ouvrages sur le même sujet.

OPPERT, Jules, orientaliste français d'origine allemande, membre de l'Institut, est né à Hambourg le 9 juillet 1825, de parents israélites. Il commença ses études dans sa ville natale, au Johanneum, et alla les poursuivre à Heidelberg, à Bonn, à Berlin et enfin à Kiel, où il prit le grade de docteur en philosophie en 1847. Il vint aussitôt à Paris, où il devint professeur d'allemand et d'anglais au lycée de Laval en 1848 et à celui de Reims en 1850. Il avait spécialement étudié, à Bonn, le sanscrit et l'arabe, et avait été reçu docteur avec une thèse sur le droit criminel des Hindous; puis, il avait abordé le zend et le persan, et dès 1847, publiait à Berlin une étude sur le *Système vocal du persan ancien.* A Paris, il traita cette même question, entre autres, à la *Revue archéologique.* En 1851, il fit partie, avec F. Fresnel et Thomas, d'une mission scientifique en Mésopotamie, chargée d'explorer les ruines de la Babylonie et de la Chaldée. De retour en France en 1854, il reçut des lettres de grande naturalisation, en reconnaissance des services qu'il avait rendus dans cette occasion à la science française. L'année suivante, il recevait du ministère une nouvelle mission de recherches au Musée britannique, et assistait à la réunion de l'Association britannique, tenue à Glasgow; il explorait ensuite les musées et collections d'Allemagne au même titre et dans le même but. A son retour, M. J. Oppert était nommé professeur de sanscrit et de philologie comparée à la Bibliothèque impériale (1857) et décoré de la Légion d'honneur. En 1863, il obtenait le grand prix biennal de 20,000 francs de l'Institut, destiné à récompenser « l'œuvre ou la découverte la plus propre à honorer ou à servir le pays ». En 1868, il était appelé à la chaire de philologie et d'archéologie au Collège de France. Il a

été élu membre de l'Académie des inscriptions et belles-Lettres en 1881. Il est, en outre, membre de diverses académies et sociétés savantes étrangères, notamment correspondant de l'Académie des sciences de Saint-Pétersbourg. — On a de ce savant, outre les travaux précités: les *Inscriptions des Achéménides (1852)*; les *Etudes assyriennes (1856)*; l'*Expédition scientifique de France en Mésopotamie (1858* et suiv.*)*; les *Inscriptions cunéiformes déchiffrées une seconde fois*, *Grammaire sanscrite (1859)*; *Éléments de la grammaire assyrienne (1860)*; *Etat présent du déchiffrement des inscriptions cunéiformes (1861)*; les *Inscriptions assyriennes des Sargonides et les fastes de Ninive*, les *Fastes de Sargon*, traduction, avec M. J. Ménant: l'*Honover ou verbe créateur de Zoroastre (1863)*; la *Grande inscription de Khorsabad (1864-66)*; *Histoire des empires d'Assyrie et de Chaldée (1866)*; *Babylone et les Babyloniens*, *Mémoire sur les rapports de l'Egypte et de l'Assyrie dans l'antiquité (1869)*; la *Chronologie biblique*, les *Inscriptions de Dour-Sarkayan (1870)*; *Mélanges persans (1872)*; l'*Immortalité de l'âme chez les Chaldéens (1875)*; *Salomon et ses successeurs* et *Documents juridiques de l'Assyrie et de la Chaldée*, avec M. J. Ménant (1877): le *Peuple et la langue des Mèdes (1879)*, etc. — M. J. Oppert a été promu officier de la Légion d'honneur le 12 juillet 1885.

ORCHARDSON, William Quiller, peintre écossais, né à Edimbourg en 1835, est élève de la Trustees' Academy de cette ville, où il entra à quinze ans, et débuta avec succès, vers 1856, aux expositions de l'Académie royale écossaise. Il vint à Londres en 1863, et exposa la même année à la Galerie nationale: une *Vieille chanson anglaise* et des *Portraits*; suivis de: *Fleurs de la forêt (1864)*; *Hamlet et Ophélie*, à l'Académie royale et le *Défi*, à la Galerie française de Pall Mall, qui remporta un prix de 2,500 francs (1865); l'*Histoire d'une vie*, à l'Académie royale, et *Christophle Sly*, à la Société des artistes anglais (1866); *Talbot et la comtesse d'Auvergne*, *Miss Pettie*, le *Choix d'une arme (1867)*; le *Prince Henry, Poins et Falstaff (1868)*; la *Petite marchande du Lido*, les *Rêves du jour*, les *Travailleurs de la mer (1870)*; *Il y a cent ans*, *Sur le grand canal à Venise* et *A Saint-Marc (1871)*; *Casus Belli*, le *Favori de la forêt (1872)*; le *Protecteur*, *Oscar et Brin*, *Cinderella (1873)*; *Hamlet et le roi*, *Ophélie*, un *Marchand de fruits vénitien*, *Evadé! (1874)*; *Trop beau pour être vrai*, et *Clair de lune sur les lagunes (1875)*; *Choses rejetées par la mer et choses jetées à la mer*, le *Vieux soldat*, le *Mémoire (1876)*; la *Reine des épées* et *Jessica (1877)*; *Neutralité conditionnelle*, *Tourbillon social laissé par la marée*, l'*Automne (1878)*; *Coup dur*, scène de table de jeu (1879); *Napoléon Ier à bord du « Bellérophon » (1880)*; *Un ménage dans la lune de miel (1882)*; *Voltaire dînant avec le duc de Sully (1883)*; une *Corde sensible (1886)*. — A l'Exposition universelle de Paris, en 1867, M. Orchardson avait envoyé deux toiles déjà citées: le *Défi* et *Christophle Sly*, qui furent très remarquées et lui valurent une médaille de 3e classe; à celle de 1878, il avait: la *Reine des épées*, *Emprunt sur gage*, la *Piste perdue*, l'*Antichambre*, et obtint une nouvelle médaille de 3e classe. Associé à l'Académie royale depuis 1868, il a été élu membre titulaire le 13 décembre 1877.

ORDINAIRE, Dionys Louis, littérateur et homme politique français, né à Jougne (Doubs) le 10 juin 1826. Elève de l'Ecole normale, il était reçu agrégé en 1855 et professa la rhétorique à Amiens, puis à Versailles. Nommé secrétaire particulier du préfet du Rhône après le 4 Septembre, il devint ensuite rédacteur de la *République française*, puis rédacteur en chef de la *Petite République française*. Une élection partielle s'étant ouverte dans l'arrondissement de Pontarlier, le 28 décembre 1880, M. Dionys Ordinaire y fut élu député sans concurrent et prit place sur les bancs de l'Union républicaine; il fut réélu dans les mêmes conditions le 21 août 1881. Elu député du Doubs le 4 octobre 1885, il a voté l'expulsion totale des princes. — On doit à M. D. Ordinaire: un *Dictionnaire de mythologie* et une *Rhétorique nouvelle (1866)*; les *Régents de collège*, poésies (1873).

O'REILLY, Bernard, prélat catholique irlandais, né à Ballyheg, comté de Meath, le 10 janvier 1824, fit ses études au collège catholique de Saint-Cuthbert, à Ushaw, près de Durham et entra dans les ordres. Il devint chanoine de Liverpool et a été, pendant vingt ans, attaché à l'église Saint-Vincent-de-Paul de cette ville. A la mort de M. Goss (3 octobre 1872), M. O'Reilly fut nommé évêque de Liverpool à sa place et consacré le 19 mars 1873 par l'archevêque Manning.

OSCAR II, Frédéric, roi de Suède et de Norvège, connu avant son avènement au trône sous le titre de duc d'Ostrogothie, était alors chef de la brigade de la garde, lieutenant-général et vice-amiral. Il est né le 21 janvier 1829 et a épousé, en juin 1857, la princesse Sophie de Nassau, fille du feu duc Guillaume, née le 9 juillet 1836, de qui il a eu quatre fils: Oscar Gustave Adolphe, duc de Wermland, héritier présomptif actuel du trône, né le 16 juin 1858; Oscar Charles Auguste, duc de Gothie, né le 15 novembre 1859; Oscar Charles Guillaume, duc d'Ostrogothie, né le 27 février 1861 et Oscar Eugène, duc de Nerike, né en août 1865. A la mort de son frère Charles XV (18 septembre 1872), il lui succéda au trône et fut sacré le 18 juillet 1873 à la cathédrale de Drontheim, ainsi que la reine Sophie. Le roi Oscar II jouit d'une liste civile d'un peu moins de 2 millions comme roi de Suède, et comme roi de Norvège, d'une seconde liste civile de 800,000 francs, plus d'une dotation annuelle d'environ 420,000 francs, votée à la famille royale, sur la demande de Charles XIV, pour lui et ses successeurs. — On doit au roi Oscar quelques travaux littéraires, notamment une notice sur *Charles XII (1875)*; une traduction du *Faust* de Gœthe en vers suédois, qui lui valut le titre de correspondant de l'Académie de Francfort (1878); *Poésies et feuillets détachés de mon journal (1880)*; le *Château de Kronberg*, roman (1882), et d'autres traductions d'ouvrages célèbres allemands.

OSMAN PACHA GHAZI, Nouri, général et homme d'État ottoman, né en 1832 à Tokat, dans la Turquie d'Asie. Il commença ses études à l'école préparatoire de Constantinople, où son frère Hussein était professeur d'arabe, puis entra à l'Académie militaire, d'où il sortit comme lieutenant de cavalerie en 1853, et fut attaché à l'état-major d'Omer-Pacha au début de la guerre de Crimée. Après cette campagne, où il s'était distingué par sa bravoure, il était nommé capitaine dans la garde impériale, à Constantinople. Il prit part à la pacification de la Syrie en 1860: il avait alors atteint le grade de commandant *(binbachi)*; puis il combattit l'insurrection crétoise (1866-69) et devint lieutenant-colonel. Après la soumission de l'île, il revint à Constantinople, et fut promu colonel. Promu brigadier général en 1874, il était élevé au rang de divisionnaire l'année suivante, placé à la tête du 5e corps d'armée, réuni à Widdin et chargé d'opérer contre Zaïtchar. Il enleva brillamment cette position, battit les Serbes dans toutes les rencontres et les contraignit à demander la paix. Il fut alors élevé à la dignité de maréchal de l'empire (muchir) par iradé impérial. Cependant, désappointés de la manière dont les choses avaient tourné, les Russes franchissaient le Danube en juillet 1877. Osman Pacha était encore à Widdin, son armée augmentée de soixante-huit bataillons, de seize escadrons et de 174 pièces de canon. Il courut au-devant des Russes avec la plus grande partie de ces forces, les battit près de Plevna et fortifia cette ville, qu'il défendit avec un courage et un succès qui auraient changé le sort des armes en faveur des Turcs si la bravoure y avait suffi, contre des forces bien supérieures en nombre et qui augmentaient chaque jour. Le 14 septembre, il infligeait à l'armée russo-roumaine une défaite dans laquelle elles laissaient près de 20,000 hommes sur le terrain. Le 2 octobre, Osman Pacha recevait du sultan, avec la plaque en diamants de l'Osmanié, le titre de *ghazi*, ou victorieux, en même temps que Moukhtar Pacha, commandant du 4e corps. Cependant, Plevna, réduite à la famine, extrémité lamentable que les Parisiens connaissent aussi bien, dut se résoudre à capituler. Cette résolution ne fut prise qu'à la suite d'une tentative désespérée d'Osman pour percer les lignes russes (10 décembre), dans laquelle lui-même avait été blessé grièvement aux jambes. Fait prisonnier avec son armée, le général ottoman fut emmené en Russie, où il fut du reste traité avec le respect qu'il méritait; peu après la conclusion de la paix, en mars 1878, il rentrait à Constantinople et était nommé commandant en chef de la garde impériale. Le 10 juin, il était nommé, sans abandonner son commandement, maréchal du Palais et grand maître de l'artillerie, puis gouverneur général de l'île de Crète. Appelé au ministère de la guerre dans le cabinet constitué en décembre 1878, Ghazi Osman Pacha s'occupa activement d'un programme de réorganisation radicale de l'armée ottomane. Il acquit bientôt une si grande influence sur l'esprit du sultan, qu'une accusation de malversation portée contre lui devant celui-ci par deux muchirs, qui n'avaient probablement pas trouvé d'autre moyen de le perdre, n'eut pas de suite. Il quitta toutefois le ministère en juillet 1880, mais pour y revenir en janvier 1881, en remplacement d'Hussein-Husni-Pacha, qui l'y remplaçait à son tour le 3 décembre 1882. Ghazi Osman Pacha est commandeur de la Légion d'honneur. — A l'époque de son héroïque défense de Plevna, les bruits les plus étranges couraient en Europe sur la personnalité de ce général ottoman. On affirmait qu'il était américain, et s'appelait de son vrai nom le colonel Robert Clay Crawford; en France, on inclinait de préférence à croire que le fez d'Osman Pacha cachait le front humilié de l'ex-maréchal Bazaine. Mais il n'en était rien, comme on voit: l'illustre défenseur de Plevna *est bien Turc, tout ce qu'il y a de plus Turc*; il n'en est pas moins curieux de constater une fois de plus la partialité singulière avec laquelle nous jugeons les Turcs modernes, auxquels il s'en faut de bien peu que nous refusions toute bravoure militaire comme toute capacité administrative. Il y a là une double erreur, que nous ne pouvons malheureusement nous attarder à réfuter: le mal est ailleurs.

OSMOY (comte d'), Charles François Romain Le Bœuf, homme politique français, fils d'un ancien garde du corps de Charles X, est né à Champigny (Eure) le 19 août 1827, fit ses études à Paris. Ami de Bouilhet et de Flaubert, poète lui-même, il aborda la carrière dramatique et fit représenter quelques petites pièces à l'Odéon, au Gymnase et au Palais-Royal. Il l'abandonna toutefois bientôt et se retira sur sa terre d'Osmoy, commune de Champigny, fonda la ligue d'enseignement populaire de l'Eure et succéda à son père, comme membre du Conseil général du département, pour le canton de Quillebœuf, qui l'a constamment réélu depuis, en 1862. Aux élections législatives de 1869, M. le comte d'Osmoy se présenta comme candidat de l'opposition dans la 2e circonscription de l'Eure, mais il échoua, quoique avec une minorité honorable, contre le candidat officiel, M. le comte d'Arjuzon. Au commencement de la guerre de 1870-71, M. le comte d'Osmoy, qui se trouvait à Paris, s'engagea dans le corps des éclaireurs de la Seine, devint capitaine au 1er régiment et fut décoré de la Légion d'honneur pour sa belle conduite pendant le siège de Paris. Elu représentant de l'Eure à l'Assemblée nationale, le troisième sur huit, aux élections du 8 février 1871, il prit place au centre gauche républicain, avec lequel il n'a manqué de voter que pour voter avec le groupe voisin de la gauche républicaine; il a pris part principalement aux discussions relatives aux Beaux-Arts et a été plusieurs fois rapporteur du budget de ce département. — Aux élections sénatoriales du 30 janvier 1876, M. le comte d'Osmoy était porté sur la liste républicaine, qui échoua dans l'Eure; mais le 20 février suivant, il était élu député de l'arrondissement de Pont-Audemer, par 9,950 voix contre 5,761 obtenues par le candidat réactionnaire. Réélu le 14 octobre 1877 et le 21 août 1881, il était élu sénateur de l'Eure, le premier des deux, au renouvellement du 25 janvier 1885. Il a voté contre le projet d'expulsion des princes. — M. le comte d'Osmoy fait généralement partie du jury des salons annuels et des diverses expositions nationales ou internationales pour la section Beaux-Arts et est membre du comité des sociétés des Beaux-Arts des départements. Il a publié en 1880 un recueil de *Mélodies*.

OTTIN, Auguste Louis Marie, sculpteur français, né à Paris le 11 novembre 1811. Elève de David d'Angers et de l'Ecole des Beaux-Arts, il prit part au concours de l'Institut en 1836 et remporta le grand prix de Rome, le sujet du concours étant: *Socrate buvant la ciguë*. Après son retour d'Italie, où il eut à exécuter divers travaux, il exposa notamment: les bustes de *M. Ingres*, en bronze, de *Mlle Richardot*, de *Mme Isabelle Constant*; *Hercule au jardin des Hespérides*, l'*Amour et Psyché*, *Leuchosis*, statues en marbre; le *Chasseur indien et le boa*, le *Coup de hanche des lutteurs*, groupes en plâtre; *Ecce homo*, *Mater amabilis*, statues en marbre; *Ch. Fourier*, buste en marbre; la *Justice*, la *Vérité*, statues en marbre; *Acis et Galatée surpris par Polyphème*, groupe en marbre et pierre, pour la fontaine rustique du jardin du Luxembourg et le buste en marbre de *M. Ingres*, à l'Exposition universelle (1840-55); *Jeune fille portant un vase*, statue en marbre (1857); *Napoléon III*, statue en marbre; l'*Amour et Psyché*, groupe en marbre (1861); *M. de Belzunce*, buste (1863); *Bethsabée*, statue (1864); les *Orphelins*, bas-relief (1866); le *Coup de hanche*, en bronze (Expos. univ. 1867); *Henri IV*, statue (1868); *Thésée précipitant le brigand Scyron à la mer*, groupe en plâtre (1869); la *Vérité*, statue en marbre (1874); *Campaspe se déshabillant devant Appelle par ordre d'Alexandre*, statue en plâtre (1875); le *Thésée précipitant Scyron*, en fonte de fer (1876); *Campaspe*, en marbre (1883); *Marche triomphale de la République (1885)*; *Portrait de M. Cantagrel*, buste en marbre (1885). M. Ottin a exécuté en outre de nombreux travaux pour les monuments publics. Nous citerons: la *Cheminée monumentale*, dessinée par Lefuel, pour le palais de Florence, en 1850; un *Jeune faune*, une *Chasseresse*, pour la fontaine de Médicis, au jardin du Luxembourg; les bustes de *Chaptal* et de *Prony*, pour le ministère de l'Intérieur; un Hercule, pour le parc de Saint-Cloud, etc. — M. Ottin a obtenu une médaille de 2e classe en 1842, une de 1re classe en 1846, une autre de 2e classe à l'Exposition universelle de 1867, à la suite de laquelle il a été fait chevalier de la Légion d'honneur.

OUDET, Gustave, homme politique français, né à Beaufort (Jura) le 4 juillet 1816. Ayant fait son droit à Paris, il alla s'inscrire au barreau de Besançon, où le trouva la révolution de Février. Nommé avocat général à Besançon, il donnait sa démission en 1849. Arrêté le 2 décembre 1851, M. Oudet était traduit devant une commission mixte et condamné à la déportation, peine commuée en celle de l'internement à Dijon, agrémenté de la surveillance de la haute police, dont il ne fut relevé qu'en 1854. Rentré à Besançon, il était élu au Conseil municipal en 1860 en dépit des efforts de l'administration; maire de cette ville, dont il représente le canton sud au Conseil général du Doubs depuis 1871, M. Oudet fut élu sénateur du Doubs le 30 janvier 1876, le second, et a été réélu le premier au renouvellement du 25 janvier 1885. Il a voté l'expulsion des princes. — M. Oudet a été décoré, comme maire de Besançon, en 1876, par le maréchal de Mac Mahon. Il est président du Conseil général du Doubs.

OUDINÉ, Eugène André, sculpteur et graveur en médaille français, né à Paris le 1er janvier 1810. Elève de Galle, de Petitot et d'Ingres, il s'adonna plus particulièrement à la gravure en médailles et remporta le grand prix de Rome en 1831. Peu après son retour de Rome, il entrait au Timbre, puis à la Monnaie. — On doit à M. Oudiné, en fait de sculpture: le *Gladiateur blessé*, envoi de Rome (1837); le *Général Espagne*, aux Invalides; le buste du *Prince royal (1842)*; *Louis VIII*, à Versailles, et la *Charité*, groupe, au Puy (1843); la *Vierge et l'enfant*, les *Quatre évangélistes (1845)*; le *Duc de Richelieu*, buste, pour la Chambre des pairs; *Psyché endormie*, la *Reine Berthe*, au jardin du Luxembourg (1848); la *Loi*, la *Sécurité*, la *Justice*, à l'hôtel du Timbre; le *Baptême de Clovis*; le *Martyre de Sainte Valère*, pour l'église Sainte-Clotilde (1853); *Buffon*, statue, au nouveau Louvre (1855); *Saint Landry*, à la tour Saint-Germain-l'Auxerrois (1861); les statues de *Daphné* et d'*Hébé*, pour le palais des Tuileries; douze *Médaillons des poètes illustres*, pour la Bibliothèque nationale (1866); la *Vierge et l'enfant Jésus*, marbre, pour l'église Saint-Ambroise; le *Bonheur vrai (1868)*; les bustes d'*Ingres*, du *Général Poncelet*, de *Mathieu (1869)*; ceux de *Mignet (1872)*, de *Thiers (1874)*, de *Dupin aîné (1875)*, de *P. Flandrin (1876)*, de *M. Hénard* et de *J.-B. Say (1877)*, *Jeune femme à sa toilette*, statuette en marbre (1878); *Ingres*, statue en plâtre (1883), reproduite en marbre l'année suivante, et une quantité innombrable d'autres bustes et de médaillons. — Pour la gravure en médailles, nous ne pouvons citer que ses œuvres principales: les médailles de la *Colonne de Boulogne* et de l'*Amnistie (1843)*; du *Gouvernement provisoire*, et le *Type des monnaies de la République (1848)*; les médailles du *Deux décembre (1852)*, du *Tombeau de Napoléon Ier (1853)*, de l'*Exposition universelle*, de la *Bataille d'Inkermann (1855)*, de l'*Annexion de la Savoie et du comté de Nice (1861)*, des *Préliminaires de la paix de Villafranca (1863)*; l'*Apothéose de Napoléon Ier*, d'après le plafond d'Ingres; la *Médaille de Dumont d'Urville*; une *Médaille de Cérès*, pour un comice agricole; les médailles de la *Bienfaisance* et de l'*Assurance maritime (1873)*; celle de la *Société de tempérance (1874)*; celles de *Cherubini*

et de *Thiers*, argent (1875); les épreuves en plâtre d'une quantité de médailles et de projets de médailles, parmi lesquels celui de la médaille des aéronautes de Paris (1876), etc. — M. Oudiné a obtenu, pour la sculpture: une médaille de 2e classe en 1837, une de 1re classe en 1843, une de 2e classe en 1848 et en 1855; pour la gravure en médailles: une médaille de 1re classe en 1837, le rappel de cette première médaille et la croix de la Légion d'honneur en 1857.

OUIDA, Louisa de la Ramée (dite), femme de lettres anglaise, d'origine française du côté paternel, est née en 1840 à Bury-Saint-Edmunds. Venue très jeune à Londres, avec sa mère et sa grand'mère maternelle, elle commença de bonne heure une active collaboration aux recueils périodiques de la métropole, signant ses articles et ses nouvelles du pseudonyme de **Ouida**, qui représente une manière de prononciation enfantine de « Louisa », et qu'elle a conservé depuis. Elle écrivit son premier roman, n'ayant guère plus de vingt ans, dans le *New Monthly Magazine* de Colburn. Ce roman, intitulé *Granville de Vigne*, fut publié à part ensuite sous ce titre: *Réduit en esclavage* (Held in bondage, 1863); puis vinrent successivement: *Strathmore (1865); Chandos (1866); Idalie*, et un recueil de nouvelles: le *Gage de Cecil Castlemaine* et autres histoires (1867); *Tricotrin* et *Sous deux pavillons (1868); Puck, ses vicissitudes, aventures, etc. (1869); Folle farine (1871); Un chien de Flandre* et *Une feuille dans la tempête (1872); Pascarel (1873); Deux petits sabots (1874); Signa (1875); Dans une ville d'hiver (1876); Ariane, histoire d'un rêve (1877); Amitié (1878); Papillons, Pipistrello (1880); The Village Commune (1881); Dans la Maremme; Bimbi, contes pour les enfants (1882); Wanda (1883*, 3 vol.), etc. — Mlle de la Ramée est particulièrement populaire en France, où plusieurs de ses romans, notamment les *Deux petits sabots* (Two little wooden shoes), et *Wanda* ont été traduits, ainsi que bon nombre de ses nouvelles. Elle réside depuis déjà longtemps dans les environs de Florence.

OUSELEY, sir Frederick Arthur Gore, baronet, compositeur de musique religieuse anglais, fils d'un diplomate, est né à Londres le 12 août 1825, fit ses études à Oxford, où il prit le grade de maître ès arts en 1849, et celui de docteur en musique en 1854. Entré dans les ordres, il tint de 1849 à 1851, une cure à Londres, puis fut nommé grand chantre (precentor) de la cathédrale d'Hereford en 1845, ensuite curé titulaire de la cathédrale Saint-Michael, à Tenbury en 1856. Il a, depuis cette époque, pris une grande part à la fondation du collège Saint-Michael de cette ville, dont il est recteur et où il s'est chargé de l'éducation musicale classique et chorale des enfants. Il est en outre professeur de musique à l'université d'Oxford depuis 1855. — Sir F. Ouseley a composé la musique de plusieurs antiennes très estimées, parmi lesquelles on cite particulièrement: *How goodly are thy tents O Israël!* (Combien tes tentes sont gracieuses, O Israël!), la plus populaire de toutes. Il a publié plusieurs recueils de musique d'église ancienne et moderne, un *Traité d'harmonie*, un *Traité de contrepoint et fugue (1869)* et, en collaboration avec le Dr Monk, les *chants du psautier anglican (1872)*.

OWEN, Richard, célèbre naturaliste et anatomiste anglais, né à Lancastre le 20 juillet 1804, fit ses études à l'université d'Edimbourg, puis se rendit à Paris, où il suivit pendant plusieurs années les cours de l'école de médecine et de la faculté des sciences, et devint en 1826 membre du Collège royal des chirurgiens de Londres. Ayant presque aussitôt commencé la série de ses catalogues: le *Catalogue descriptif illustré des spécimens de physiologie et d'anatomie comparées*, le *Catalogue d'Histoire naturelle*, celui d'*Ostéologie* et celui des *Débris organiques fossiles* que possède, le musée du collège, il fut nommé conservateur de ce musée et professeur d'anatomie et de physiologie au Collège des chirurgiens en 1835. Il fut un membre très actif de la commission d'enquête sur l'état sanitaire des villes, ainsi que de toutes les commissions d'hygiène de la métropole, et c'est à sa persévérance qu'est due la transformation du marché aux bestiaux de Smithfield, avec ses dépendanses ignobles et nauséabondes, en simple marché à fourrage. A l'Exposition universelle de 1851, M. Owen fut président du jury de la section des substances animales, fonctions dont il fut de nouveau chargé, et pour la même classe, à l'Exposition universelle de Paris de 1855. La même année, il publiait à Paris, en français, ses *Principes d'osteologie comparée*. Un os fossile de la Nouvelle-Zélande lui ayant été soumis, en 1837, il y avait reconnu un débris d'un oiseau plus grand que l'autruche, et ses recherches ultérieures le confirmèrent pleinement dans cette idée, qu'il développa dans les *Transactions* de la Société zoologique; dans le volume de ce recueil pour 1855, il pose les bases de sa théorie de l'extinction des espèces due à la « lutte pour l'existence » provoquée par des influences étrangères. Dans son ouvrage *Sur la nature des membres*, poursuivant ses recherches sur l'unité de plan dans l'organisation animale, il est amené à conclure que les espèces se sont produites par suite d'une cause ou loi secondaire, opérant incessamment et donnant naissance à des espèces nouvelles, quand, par une cause différente, d'anciennes espèces disparaissent, mais dans un mode qui lui échappe. Le professeur Owen, qui a laborieusement collaboré aux recueils spéciaux de la Société royale, des Sociétés linnéenne, géologique, zoologique, médico-chirurgicale et microscopique de Londres, à celui de la Société philosophique de Cambridge, aux *Transactions* de l'Association britannique, etc., a été l'un des fondateurs et le premier président de la Société microscopique et est membre titulaire, correspondant ou associé de la plupart des académies ou sociétés savantes nationales et étrangères, membre associé étranger, notamment, de l'Institut de France (Académie des sciences) depuis 1859 et de l'Académie des sciences de Berlin depuis 1879; il est de plus membre étranger de la Société nationale d'agriculture de France. Il a été professeur de paléontologie à l'Ecole des mines du gouvernement et professeur de physiologie à l'Institution royale de la Grande-Bretagne, mais des raisons de santé l'ont contraint à résigner ces deux chaires. Chargé par la reine de donner des leçons à la famille royale, il a reçu de Sa Majesté, pour en jouir sa vie durant, une résidence dans Richmond Park. M. Owen est surintendant des sections d'histoire naturelle au Musée britannique. A la séance de l'Académie des sciences française du 15 mars 1869, il prit possession de son siège en qualité d'associé étranger. Il a été nommé officier de la Légion d'honneur en 1855 et compagnon de l'ordre du Bain le 3 juin 1873; il est en outre chevalier de l'ordre du mérite de Prusse. — Outre les ouvrages cités, M. Owen a publié: *Mémoire sur le nautile perlier (1832); Odontographie (1840); Mémoire sur une espèce éteinte de paresseux gigantesques (1842); Leçons d'anatomie comparée des animaux invertébrés (1843); Leçons d'anatomie comparée des animaux vertébrés* et *Histoire des mammifères et des oiseaux fossiles de la Grande-Bretagne (1846); Sur l'archétype et les homologies du squelette des vertébrés (1848); Sur la nature des membres* et *De la parthénogénèse ou génération successive d'individus procréateurs provenant d'un seul œuf (1849); Histoire des reptiles fossiles de la Grande-Bretagne (1849-51); Principes d'ostéologie comparée* (Paris, 1855); *De la paléontologie* et *Du mégathérium (1860); Sur le aye-aye ou chiromys (1863)*, le *Gorille (1865)*, le *Dodo*, *Anatomie et physiologie comparées des vertébrés (1866); Discours sur l'exécution et le but d'un Muséum d'histoire naturelle nationale (1870)*; les *Reptiles fossiles de l'Afrique du Sud (1876*, 70 pl.); *Sur les mammifères fossiles d'Australie et les marsupiaux éteints d'Angleterre* (1877, 2 vol. in-4° 132 pl. et nombr. grav. dans le texte); *Sur les oiseaux aptères fossiles de la Nouvelle-Zélande*, etc. On lui doit également les articles traitant de zoologie, d'anatomie comparée et de physiologie du *Dictionnaire des sciences* de Brandt, dont l'article *Species* contient les dernières considérations du savant professeur sur la nature et l'origine des espèces.

P

PADOUE (duc de), Ernest Louis Henri Hyacinthe Arrighi de Casanova, homme politique français, ancien ministre, ancien sénateur, fils du général de l'Empire créé duc de Padoue par Napoléon Ier et mort sénateur en 1853, est né à Paris le 26 septembre 1814. Entré à l'Ecole polytechnique en 1833, il entrait deux ans plus tard, le premier de sa promotion, à l'Ecole d'application, et en sortait comme officier du génie; mais il donna sa démission et se retira dans ses propriétés de Seine-et-Oise. Etranger à la vie publique pendant toute la durée du règne de Louis Philippe, il fut nommé, après l'élection du 10 décembre 1848, à la préfecture de Seine-et-Oise. Dans ce poste envié, on doit reconnaître qu'il soigna au mieux les affaires de l'Empire prochain. Nommé maître des requêtes au Conseil d'Etat en quittant Versailles (1852), M. Arrighi de Casanova succédait au titre de duc de Padoue à la mort de son père (21 mars 1853), et à son siège de sénateur trois mois plus tard (23 juin). Ministre de l'intérieur du 5 mai au 1er novembre 1859, il fut promu, par distinction spéciale, de simple chevalier grand-croix de la Légion d'honneur en quittant, volontairement d'ailleurs, le pouvoir. Rendu à la vie privée par la révolution du 4 septembre, M. le duc de Padoue parut borner momentanément son ambition à ses fonctions de maire de Courson-l'Aulnay, où se trouvent ses propriétés, et de membre du Conseil général de Seine-et-Oise pour le canton de Limours, qu'il remplit depuis 1852 et auxquelles il a été réélu depuis 1881. Le 16 mars 1874, il était, à Londres, à la tête d'une manifestation apportant au prince impérial l'expression de ses vœux à l'occasion de son dix-neuvième anniversaire. Révoqué de ses fonctions de maire de Courson au retour, il se présentait à l'élection partielle du 18 octobre 1874 à l'Assemblée nationale, et échouait contre M. Senard; il se représentait, et échouait de nouveau contre M. Valentin, à celle du 7 février 1875. Ces deux élections avaient été nécessitées dans le département de Seine-et-Oise par la mort de MM. Labélonye et de Pourtalès. Aux élections du 20 février 1876, M. le duc de Padoue se présenta dans l'arrondissement de Calvi (Corse). Il y fut élu, quoiqu'à une faible majorité, et réélu le 14 octobre 1877. Aux élections du 21 août 1881, ses chances lui ayant probablement paru fort diminuées, même en Corse, M. le duc de Padoue ne posa pas sa candidature; il ne parut pas davantage aux élections d'octobre 1885.

PAGET (lord), Clarence Edward, amiral anglais, fils du feu marquis d'Anglesey, est né le 17 juin 1811, fit ses études à Wesminster, puis entra dans la marine. Parvenu au grade de capitaine en 1839, il assista à la bataille de Navarin; il servit également dans la Baltique pendant la guerre de Crimée. Lord Paget était élu, en 1847, l'un des représentants de Sandwich à la Chambre des communes, comme membre libéral; aux élections de 1852, il ne se présenta pas, mais il fut réélu par le même bourg à celles de 1857. Il résigna son siège en 1866. Quelque temps secrétaire de son père, grand maître de l'artillerie, il remplit les fonctions de secrétaire de l'amirauté de 1859 à 1866, époque à laquelle, après avoir été promu successivement contre-amiral en 1858 et vice-amiral en 1865, il était appelé au commandement de l'escadre de la Méditerranée. Il a quitté ce commandement en 1869. — L'amiral Paget est chevalier-commandeur de l'ordre du Bain depuis 1856; il est aussi commandeur de la Légion d'honneur.

PAILLARD-DUCLÉRÉ, Constant Jules, homme politique français, né à Paris le 20 octobre 1844, y fit son droit et fut reçu licencié. Attaché aux archives du ministère des affaires étrangères en 1866, à la direction politique en 1868, il était nommé successivement secrétaire d'ombassade et sous-chef de cabinet en 1877, et assistait au congrès de Berlin, en juin 1878, comme secrétaire de la mission française. Maire de Montbizot, membre du Conseil général de la Sarthe, il se présenta dans la 2e circonscription du Mans, comme candidat républicain, le 14 octobre 1877, contre M. Haentgens, bonapartiste, et échoua. Le 21 août 1881, il triomphait de cet adversaire redoutable; mais vérification faite, il n'avait pas obtenu la majorité absolue, et la Chambre le renvoya devant ses électeurs. A cette nouvelle épreuve, qui avait lieu le 26 février 1882, M. Paillard-Ducléré échouait définitivement. Il était élu député de la Sarthe le 4 octobre 1885. Il siège à gauche et a voté contre l'expulsion des princes. — M. Paillard-Ducléré est chevalier de la Légion d'honneur depuis 1878.

PAILLERON, Edouard, littérateur et auteur dramatique français, né à Paris le 17 septembre 1834, fit son droit et exerça quelque temps la profession de clerc de notaire, tout en se livrant à la poésie et surtout à la poésie dramatique. M. Pailleron débuta à la fois par un volume de vers et par une pièce de théâtre en 1860. — On a de cet écrivain: le *Parasite*, 1 acte en vers, à l'Odéon (1860); le *Mur mitoyen*, 2 actes en vers, même théâtre (1861); le *Dernier quartier*, 2 actes en vers, au Théâtre-Français (1863); le *Second mouvement*, 3 actes en vers, à l'Odéon (1865); le *Monde où l'on s'amuse*, 1 acte en prose, au Gymnase (1868); les *Faux ménages*, 4 actes en vers, au Théâtre-Français (1869); le *Départ*, à-propos lyrique, même théâtre (1870); *Prière pour la France*, scène lyrique, ib., ib. (1871); l'*Autre motif*, 1 acte, et *Hélène*, 3 actes en vers, ib., ib. (1872); *Petite pluie*, 1 acte en vers (1875); l'*Etincelle (1879)*; la *Souris (1886)*, etc., au Théâtre-Français. — Gendre de feu

M. Buloz, directeur de la *Revue des Deux-Mondes*, M. Édouard Pailleron a collaboré à ce recueil. Il a, en outre, publié plusieurs volumes de vers : les *Parasites*, satires (1860), *Amours et haines (1870)*, etc. — Il a été, en fin, élu membre de l'Académie française, en remplacement de Charles Blanc, le 7 décembre 1882. M. Pailleron est chevalier de la Légion d'honneur depuis 1867.

PAJOT, Jules Isidore Bernard Fidèle, homme politique français, né à Paris le 1er février 1809. *Ancien notaire à Paris*, retiré en 1867 avec le titre de notaire honoraire, il devint membre du Conseil général de Lille et fut élu représentant du Nord à l'Assemblée nationale le 8 février 1871, comme monarchiste. Il s'inscrivit à la réunion des Réservoirs et agit en conséquence. Après le vote de la constitution, qu'il avait repoussée, M. Pajot fut porté, comme membre de l'extrême-droite, sur la liste transactionnelle acceptée par les gauches pour l'élection des sénateurs inamovibles; il fut élu, en conséquence, le vingt-huitième sur soixante-quinze.

PAJOT, Charles, médecin français, né à Paris le 18 décembre 1816, suivit les cours de l'École de médecine et fut reçu docteur en 1842. M. le Dr Pajot se consacra aux accouchements, fit des cours à l'École pratique et fut chargé du cours officiel de la faculté en 1850. Reçu agrégé en 1853, M. Pajot, qui a acquis une véritable célébrité comme praticien, a été nommé titulaire de la chaire d'accouchements de la faculté de Paris en décembre 1863, d'où il est passé à celle de clinique d'accouchement. — On a de lui : *Sur les acéphalocystes du foie*, thèse de doctorat (1842) ; *Des lésions traumatiques du fœtus dans l'accouchement*, thèse d'agrégation (1853); *De la céphalotripsie répétée sans traction (1863); De la présentation de l'épaule dans les rétrécissements extrêmes du bassin et d'un nouveau procédé d'embryotomie (1865); Traité complet de l'art des accouchements*, avec le docteur Dubois (1871-75, 2 vol. in-8°, fig.), etc. Il a fourni, en outre, de nombreux mémoires ou articles, principalement sur des questions d'obstétrique, à la *Gazette des hôpitaux*, au *Dictionnaire encyclopédique des sciences médicales*, etc. — M. le Dr Pajot est chevalier de la Légion d'honneur depuis 1860.

PALANDER, Adolphe Arnold Louis, marin suédois né en 1842 à Carlskröna, chef-lieu de la province de Bleking et station de la flotte de guerre du royaume de Suède. D'une famille de marins, il entra dès l'enfance dans la marine et presque aussitôt commença à prendre part aux explorations aventureuses dont il dirigea les dernières avec l'illustre professeur baron Nordenskjœld (voy. ce nom), et dont le nombre et l'importance font aujourd'hui du commandant Palander, quoique jeune encore, un vétéran des expéditions arctiques. Étant simple aspirant, il fit plusieurs voyages dans diverses parties du monde, dont deux en Islande; et depuis 1864, époque à laquelle il obtint sa commission d'officier, il a pris part à trois expéditions : c'est lui qui commandait le *Polhem* dans l'expédition de 1872, dirigée par le docteur Nordenskjœld, et qui hiverna au Spitzberg, par 80°42' de latitude nord ; après avoir servi en qualité de second à bord de la *Sophia*, commandée par le capitaine Von Otter, le ministre actuel de la marine suédoise, dans celle de 1868. C'est encore *lui qui* commandait la *Véga*, le premier bâtiment qui franchit le passage nord-est, grâce à son expérience et à son habileté, et qui le ramena intact de cette dangereuse expédition, contenant et contenu, y compris les membres de la mission scientifique et l'équipage. Au retour, pour la peine, M. Palander partageait les honneurs décernés partout au professeur Nordenskjœld. Il recevait à son passage à Paris, notamment, la croix d'officier de la Légion d'honneur, et à son arrivée à Stockholm, outre sa promotion au grade de capitaine de vaisseau, des lettres de noblesse des mains du roi Oscar.

PALEY, Frederick Apthorp, littérateur et archéologue anglais, né à Easingwold, près York, en 1816, termina à Cambridge ses études commencées à Shrewsbury, y prit le grade de maître ès arts en 1842 et y resta attaché comme professeur jusqu'en 1846, époque à laquelle il se convertit au catholicisme. Il y revint pourtant en 1860, lors de l'abolition partielle des incapacités pour cause de religion, et résida à Cambridge jusqu'en 1874. A cette date, il fut nommé professeur de littérature classique au Collège de l'université catholique de Kensington. Il avait publié dans l'intervalle : *Théâtre d'Eschyle*, avec des notes latines, ouvrage dont la troisième édition contient des notes en anglais, pour la « Bibliothèque classique » ; des éditions des *Fastes* d'Ovide, d'*Euripide*, de *Properce*, de *Théocrite*, de l'*Iliade* d'Homère, d'*Hésiode*, d'*Aristophane*, des *Discours choisis* de Démosthène, d'un *Choix d'épigrammes* de Martial et une traduction anglaise du livre de Schœmann, sur les *Assemblées des Athéniens*. Il a publié également une traduction en prose du *Théâtre* d'Eschyle (1871, 2e édit.) et des *Odes* de Pindare (1868) ; une traduction en vers du Ve livre de *Properce*; des traductions avec notes et introduction du *Philebus* et du *Theætetus* de Platon et des Ve et Xe livres de la *Morale* d'Aristote, et une traduction en hexamètres latins du *Lycidas* de Milton. Il a écrit, en outre, un *Parallèle entre un manuscrit du XIVe siècle et le « De falsa legatione »* de Démosthènes; les *Restaurateurs de l'Église*, récit historique; un *Guide des ecclésiologistes aux églises des environs de Cambridge (1844); Manuel d'architecture gothique (1846); Manuel des moulures gothiques (1847); Remarques sur l'architecture de la cathédrale de Peterborough (1856*, 2e édit.); *Notes sur vingt églises des alentours de Peterborough (1860)*, etc., etc. Il s'est aussi occupé de botanique et a publié deux ouvrages sur cette science : la *Flore de Douvres* et la *Flore de Peterborough*. — M. Paley a collaboré aux *Transactions* de la Société philosophique de Cambridge, au *Journal of philology*, à l'*Ecclesiologist*, etc. Il a été examinateur pour l'enseignement classique à l'université de Londres, et l'un des fondateurs et le secrétaire de la Société Camden, de Cambridge, pour la restauration des églises paroissiales et le perfectionnement de l'architecture religieuse.

PALGRAVE, William Gifford, diplomate et voyageur anglais, né à Westminster le 24 janvier 1826, fit ses études au collège de la Chartreuse, à Londres, et à l'université d'Oxford, et entra en 1847 dans l'armée des Indes, comme sous-lieutenant au 8e régiment d'infanterie indigène de Bombay. Il quitta les Indes en 1853 et voyagea pendant dix ans dans diverses parties de l'Empire ottoman. A son retour (1863), la Société de géographie de Paris lui décernait une de ses médailles d'or. En juillet 1865, M. Palgrave était envoyé en Abyssinie par *son gouvernement*, avec mission d'obtenir la mise en liberté du consul Cameron et de plusieurs autres prisonniers, et restait en Égypte, par ordre, jusqu'en juin 1866. Nommé consul à Soukhoum-Kalé le 23 juillet suivant, il fut transféré à Trébizonde le 20 mai 1867, puis à l'île Saint-Thomas *le 19 février 1873*, à *Manille en avril 1876*, consul général en Bulgarie en septembre 1878 et consul général à Bangkok (Siam) en janvier 1880. — M. Palgrave a publié : *Relation d'un voyage d'une année dans l'Arabie centrale et orientale en 1862-63 (1865*, 2 vol.), traduit en français par M. Émile Jonveaux ; *Essai sur les questions d'Orient (1872); Hermann Agha, récit oriental*. (1873, 2 vol.); la *Guinée hollandaise (1876)*, etc. Il est membre des Sociétés géographique et asiatique d'Angleterre, et de diverses sociétés savantes étrangères.

PALIZZI, Giuseppe, peintre italien, né à Naples en 1813, étudia d'abord le droit et, par des préventions de famille, ne put commencer sérieusement ses études artistiques que vers 1838. Après avoir exposé quelques toiles à l'Académie de Naples, il vint à Paris, où il finit par se fixer, exposant assez régulièrement aux Salons annuels. — On cite de cet artiste : la *Vallée de Chevreuse (1848)*; le *Retour de la foire (1850)*; le *Printemps (1852)*; *Chèvres ravageant des vignes (1855*, Expos. univ.); *Combat de béliers, Retour des champs*, l'*Ane complaisant (1857)*; la *Traite des veaux dans la vallée de la Tougue (1859)*; les *Ruines des temples de Pæstum*, la *Forêt (1861)*; les *Anes*, les *Moutons*, la *Normandie (1863)*; *Hautes futaies, Troupeaux de bœufs chassés par l'orage (1864)*; le *Pont de la reine à Fontainebleau*, la *Charbonnière*, *Petite chaumière, Intérieur de la forêt de Fontainebleau, Petit poney (1867*, Expos. univ.); *Environs de Naples (1868)*; les *Chardons, Moutons allant aux champs (1869)*; *Buffles dans la campagne de Pæstum (1873)*; la *Forêt (1874)*; un *Pâtre italien descend de la montagne, conduisant ses moutons (1875)*; le *Retour de la foire*, la *Route de San Germano près du Mont Cassin (1876)*; *Anes en forêt, Vaches au pâturage (1877)*; *Pluie battante (1878)*; les *Gamins de Castellamare (1879)*; *Petite gardeuse de chèvres dans les Abruzzes (1880)*; *Intérieur de bergerie (1883)*; *Pâturage (1884)*; le *Soir, Dans la montagne (1885)*; *Sangliers dans la mare verte*, forêt de Fontainebleau, et *Bûcherons dans les Ventes de la reine*, de la même forêt (1886). — M. G. Palizzi a obtenu une médaille de 2e classe en 1848. Il a été décoré de la Légion d'honneur en 1859.

PALMA, Ricardo, littérateur et homme politique péruvien, est né à Lima le 7 février 1833. Après la révolution de 1860, à laquelle il prit une part active, don Ricardo Palma dut se réfugier au Chili. Peu après il prenait, à Valparaiso, la direction de la *Revista de Sud America*, dans laquelle il publia un très grand nombre de poésies. Éloigné de sa patrie, toutes ses aspirations se portaient visiblement vers elle, et, dans le pays qui lui donnait l'hospitalité, il mettait tous ses soins à faire connaître ses productions littéraires les plus dignes d'admiration, ses poètes et ses écrivains. Il est auteur d'un certain nombre de romans historiques et de légendes locales ; on lui doit, en outre, une étude historique publiée en 1863 : *Anales de la Inquisicion de Lima*; deux volumes de poésies : *Armonias* et *Pasionarias*, etc. — Après un voyage en Europe, il rentrait précipitamment dans sa patrie, en 1868, et prenait rang parmi les défenseurs de Callao bombardé. Il a été secrétaire du président Balta et est membre du Sénat de la République.

PALLY, Jean-Baptiste Marie Louis, homme politique français, né à Marseille le 7 janvier 1843, fit son droit et, reçu licencié, s'établit avoué dans sa ville natale. M. Pally a cédé son étude d'avoué et s'est fait inscrire au barreau de Marseille, dont il est devenu conseiller municipal en 1871. Conseiller général des Bouches-du-Rhône depuis 1883, il a été porté sur la liste radicale de ce département aux élections d'octobre 1885, et a été élu député au scrutin du 18. M. Pally a pris place à l'extrême-gauche *et a voté contre l'expulsion* des princes.

PAPON, Alexandre, homme politique français, né à Évreux le 5 septembre 1821. Ancien négociant, juge au Tribunal de commerce d'Évreux, M. Papon fut exilé après le coup d'État de 1851. Il a publié une brochure, bonne à consulter, sur le *Coup d'État dans le département de l'Eure*. Il fut, au Conseil général de l'Eure, l'un des plus vigoureux adversaires du préfet de l'Empire, Janvier de La Motte, et de ses procédés financiers. Élu député de la deuxième circonscription d'Évreux, le 20 février 1876, il siégea à gauche. Réélu le 14 octobre 1877 et le 21 août 1881, M. Papon figurait sur la liste républicaine de l'Eure aux élections d'octobre 1885. Il est le seul de cette liste qui fut élu, au second tour : il avait pour concurrent M. le duc de Broglie. M. Papon a voté l'expulsion des princes.

PARENT, Nicolas Eugène, publiciste et homme politique français, fils d'un ancien député du parlement sarde, est né à Sallanches (Haute-Savoie) le 21 mars 1817, et a fait ses études à l'université de Turin, où il prit le grade de docteur en droit en 1841. Inscrit au barreau de Chambéry en 1844, il y fondait, en 1848, le *Patriote savoisien*, journal démocratique réclamant l'annexion à la France, et la *Feuille des paysans*. Après le coup d'État, le *Patriote*, tout en poursuivant sa politique annexionniste, combattait le chef du gouvernement français à l'aide de ses propres œuvres, dont il servait dans chaque numéro *un extrait bien choisi à ses lecteurs*. Une action diplomatique s'ensuivit, qui contraignit M. Parent à rentrer dans le silence, ou plutôt au barreau où il se fit rapidement une place brillante. Aux élections générales de 1869, la candidature de M. Parent, présentée à la dernière heure, réunit néanmoins une *minorité importante*. Élu représentant de la Savoie, le troisième sur cinq, aux élections du 8 février 1871, M. Parent prit place au groupe de la gauche républicaine avec lequel il a constamment voté. Il a pris part à plusieurs discussions d'affaires et est l'auteur de diverses propositions de loi, notamment pour la suppression des logements affectés aux fonctionnaires et pour diverses modifications de l'ordre judiciaire. Aux élections sénatoriales du 30 janvier 1876, la liste républicaine, sur laquelle figurait M. Parent, échoua avec une minorité de sept voix; mais il fut élu, le 20 février suivant, député de la première circonscription de l'arrondissement de Chambéry, par 7,470 voix contre 6,373 accordées à son concurrent conservateur, M. Goybet. Réélu le 14 octobre 1877, il entrait au Sénat, à la faveur d'une élection partielle, le 13 juin 1880, et était réélu au renouvellement du 9 janvier 1882. M. Parent a voté l'expulsion des princes.

PARENT, Hortense, pianiste française, née vers 1838, entra de bonne heure au Conservatoire de Paris, où elle suivit simultanément les cours de piano et d'harmonie et d'accompagnement pratique. Elle obtint en 1854 un premier accessit d'harmonie et le premier prix, avec un premier accessit de piano, en 1855; en 1856, le second prix de piano, et le premier l'année suivante. — Mlle Parent, qui s'est exclusivement consacrée à l'enseignement, a publié : l'*Étude du piano, manuel de l'élève, conseils pratiques (1872)*, ouvrage estimé qu'elle a dédié à M. F. Le Couppey, son maître.

PARFAIT, Noël, littérateur et homme politique français, né à Chartres le 28 novembre 1813. Étudiant à Paris, lorsqu'éclata la révolution de 1830, il y prit une part active et reçut la décoration de Juillet. Mécontent de la tournure des choses, M. Parfait publia, de 1832 à 1834, une série de satires adressées au roi, aux ministres, au peuple, qui furent ensuite réunies en volume, mais qui le conduisirent auparavant, et à trois reprises, sur les bancs de la cour d'assises. L'une de ces satires : l'*Aurore d'un beau jour*, lui valut même, en septembre 1833, une condamnation à deux ans de prison et 1,000 francs d'amende. En novembre suivant, il était impliqué dans le procès des Vingt-sept qui se dénoua par un acquittement général. Collaborateur du *National* et du *Siècle*, il travailla également à la *Presse*, où il était de notoriété publique qu'il fournissait à Théophile Gautier les matériaux de son feuilleton dramatique. Élu représentant d'Eure-et-Loir à la Législative en 1849, M. Noël Parfait prit place à gauche et combattit énergiquement la politique du comité de la rue de Poitiers aussi bien que celle de l'Élysée, et protesta contre l'augmentation des frais de représentation du président de la République. Expulsé de France après le coup d'État, il se réfugia en *Belgique*, où il s'occupa de travaux littéraires et devint l'un des collaborateurs d'Alexandre Dumas. Rentré en France après l'amnistie de 1859, M. Parfait fut attaché à la librairie Michel Lévy. — Aux élections du 8 février 1871, il fut élu représentant d'Eure-et-Loir à l'Assemblée nationale et y prit place au groupe de la *gauche républicaine*. Il a fait partie de plusieurs commissions importantes et de toutes les commissions de permanence de cette législature, a pris la parole contre le projet d'imposer aux journaux le compte rendu officiel des séances, s'opposa dans les bureaux au projet de loi de M. Depeyre sur la librairie et signala, comme rapporteur de la liquidation des comptes de l'ancien Corps législatif, pour 1870, l'usage abusif que le président de cette assemblée faisait des fonds alloués pour les dépenses de la Chambre. Aux élections du 20 février 1876, M. Noël Parfait était élu député de la 1re circonscription de l'arrondissement de Chartres, par 8,292 voix contre 2,134 obtenues par le candidat réactionnaire. Réélu le 14 octobre 1877 et le 21 août 1881, il a été élu député d'Eure-et-Loir le 18 octobre 1885, et a voté contre les projets d'expulsion des princes.

On a de M. Noël Parfait : *Philippiques*, satires politiques (1834); *Notice biographique sur A. F. Sergent, graveur en taille-douce, député de Paris à la Convention nationale (1848)*, etc. Il a donné au théâtre : *Fabio le novice (1841)*; *un Français en Sibérie*, avec Ch. Lafont (1843); la *Juive de Constantine*, avec Th. Gautier (1846).

PARIEU (de), Marie Louis Pierre Félix Esquirou, économiste et homme politique français, ancien ministre, ancien sénateur, membre de l'Institut, né à Aurillac le 13 avril 1815, fit ses études aux collèges de Lyon et de Juilly, son droit à Paris et à Strasbourg, où il prit le grade de docteur. Inscrit au barreau de Riom, il s'y était fait une grande réputation méritée par ses connaissances étendues, son talent oratoire et ses habitudes laborieuses, lorsqu'éclata la révolution de Février. Il accueillit l'événement avec enthousiasme, se rallia sans hésiter à la République et présida même, dit-on, l'un des clubs les plus exaltés de sa ville natale. Élu représentant du Cantal à l'Assemblée constituante, M. de Parieu prit place à gauche et se fit remarquer dans les travaux préparatoires des commissions et enfin dans diverses discussions où il prit la parole, notamment en faveur de l'amendement Leblond, portant que le président de la République serait élu par l'Assemblée. Après l'élection du 10 décembre, M. de Parieu se sépara de la gauche, avec laquelle il avait à peu près toujours voté jusque-là. Réélu à la Législative, il entrait dans le cabinet Rouher du 31 octobre 1849, avec le portefeuille de l'instruction publique et des cultes. Son administration fut signalée par la

présentation et le vote de deux lois auxquelles est resté attaché le nom de leurs auteurs : la loi Parieu, qui autorisait les préfets à révoquer les instituteurs primaires et interdisait aux instituteurs révoqués le droit d'ouvrir une école privée dans la commune où la révocation les avait frappés (13 décembre 1849) et la loi Falloux, ou loi organique du 15 mars 1850, qui, en établissant un rectorat et un conseil académique dans chaque département, divisait pour ainsi dire à l'infini l'autorité universitaire et livrait l'enseignement primaire, sans contre-poids appréciable, à l'autorité cléricale. M. de Parieu quitta le ministère en février 1851 ; après le coup d'Etat, il fut nommé président de la section des finances au Conseil d'Etat réorganisé, dont il devint vice-président en 1855. L'avènement du ministère parlementaire du 2 janvier 1870 modifia le titre de M. de Parieu en celui de ministre présidant le Conseil d'Etat, qu'il conserva jusqu'à la chute de l'Empire. — M. de Parieu est entré en 1856 à l'Académie des sciences morales et politiques, dans la section d'administration, nouvellement créée ; il est en outre membre de l'Académie des sciences, belles-lettres et arts de Clermont-Ferrand et de l'Académie de législation de Toulouse, et président de la Société centrale d'agriculture du Cantal. Lors de l'Exposition universelle de 1867, il a été vice-président de la commission monétaire. — Président du Conseil général du Cantal, il s'est présenté aux élections sénatoriales du 30 janvier 1876, comme candidat de l' « Union conservatrice » dans ce département. Elu le premier des deux, il prit place sur les bancs de la droite et agit en conséquence. Après avoir échoué aux élections de novembre 1877 pour le renouvellement des conseils généraux, M. E. de Parieu n'était pas réélu au renouvellement de la représentation sénatoriale du Cantal, le 25 janvier 1885.

On doit à M. Esquirou de Parieu : *Etudes historiques et critiques sur les actions possessoires (1848)*; *Essai sur la statistique agricole du département du Cantal (1853)*; *Histoire des impôts généraux sur la propriété et sur le revenu (1856)*; *Traité des impôts considérés sous le rapport historique, économique et politique, tant en France qu'à l'étranger (1862,* 4 vol.) ; *Principes de la science politique (1870)*; la *Politique monétaire en France et en Allemagne (1872)*; *Gustave-Adolphe (1875)*, *Brisach en 1639, ou les derniers jours du duc Bernard de Saxe-Weimar (1877)*, etc. Il a collaboré activement à beaucoup de recueils spéciaux, ainsi qu'au *Journal des économistes*, à la *Revue européenne*, à la *Revue contemporaine*, à la *Revue de France*, etc. — Grand croix de la Légion d'honneur depuis 1869, M. de Parieu est également grand croix des ordres de Wasa, de saint Grégoire-le-Grand, de Léopold de Belgique, etc.

PARIS, François Edmond, amiral français, né à Paris le 2 mars 1806, entra à l'Ecole navale d'Angoulême en 1820. Aspirant en 1822, il devint successivement enseigne en 1826, lieutenant de vaisseau en 1832, capitaine de corvette en 1840, capitaine de vaisseau en 1846, contre-amiral en 1858 et vice-amiral le 27 janvier 1864. Dès 1826, M. Pâris faisait, à bord de l'*Astrolabe*, commandé par Dumont-d'Urville, un voyage de circumnavigation, puis un autre, à bord de la *Favorite*, en 1829 et un troisième, en 1837, sur l'*Artémise*. C'est pendant ce dernier voyage qu'il perdit la main gauche dans un accident de machine. En 1840, il partait pour une campagne dans les mers de la Chine, à bord de l'*Archimède*. Devenu major-général de la marine à Brest, en 1858, l'amiral Pâris était appelé l'année suivante au commandement d'une division de l'escadre de la Méditerranée. Elu membre de l'Académie des sciences en 1853 ; en remplacement de Bravais, il remplaçait également l'amiral Délofre au Bureau des longitudes en 1864. Directeur du dépôt des cartes et plans de la marine, vice-président de la commission des phares, l'amiral Pâris est devenu directeur du Musée de marine. Il a présidé l'Académie des sciences en 1876. — On a de lui : *Essai sur la construction navale des peuples extra-européens (1841,* 2 vol. gr. in-f°, pl.); *Navigation de la corvette à vapeur l' « Archimède » de Brest à Macao (1845)*; *Dictionnaire de la marine à voiles et à vapeur*, avec M. de Bonnefoux (1848, 2 vol., fig. et pl.) ; *Catéchisme du mécanicien à vapeur (1850)*; *Traité de l'hélice propulsive (1855)*; *Utilisation économique du charbon à bord des navires à vapeur (1858)*; *l'Art naval à l'Exposition universelle de Londres (1863,* pl.) ; *l'Art naval à l'Exposition universelle de 1867 (1867-68,* 3 parties, pl.) ; *Souvenirs de marine conservés (1878* et suiv.), etc. Outre divers mémoires lus à l'Académie des sciences et des articles dans les recueils spéciaux et au *Moniteur universel* (officiel). — M. l'amiral Pâris a fait partie du jury international aux Expositions universelles de 1867 à Paris, de 1873 à Vienne, etc. Grand officier de la Légion d'honneur depuis 1869, il a été promu grand croix le 12 juillet 1880.

PARIS, Auguste Joseph, avocat et homme politique français, sénateur, ancien ministre des travaux publics, est né à Saint-Omer le 12 novembre 1826. Avocat du barreau d'Arras, il a publié quelques ouvrages sur la Révolution, d'ailleurs peu importants et d'intérêt purement local. Elu représentant du Pas-de-Calais le 8 février 1871, il se fit inscrire à la fois aux réunions de la droite, du centre droit et du centre gauche, vota avec la droite et se rallia, en février 1875, aux lois constitutionnelles, dont il fut rapporteur. Il fut également rapporteur du projet de dissolution adopté le 30 décembre 1875. Après avoir échoué, avec ses amis de la droite, aux élections sénatoriales faites par l'Assemblée, M. A. Paris fut élu sénateur du Pas-de-Calais, le 30 janvier 1876, et prit place à droite. Rapporteur des diverses propositions d'amnistie, le vote de ses conclusions sur la proposition Gatineau, après le vote contre l'amendement Bertauld, détermina la chute du cabinet Dufaure (1er décembre 1876). Le 17 mai 1877, M. Paris était appelé au ministère des travaux publics, portefeuille devenu politique par occasion, en remplacement de M. Albert Christophle. Sa conduite dans ce poste restera comme un modèle de pression électorale sur les agents relevant de son ministère et qui, plus que d'autres peut-être, devraient être à l'abri des menaces de l'autorité pourvu qu'ils remplissent les devoirs de leurs charges, fort nettement délimités. Le résultat des élections fut plus funeste à leur chef éphémère qu'à eux-mêmes : M. Paris était forcé d'abandonner le pouvoir, avec ses complices, le 13 novembre suivant. Aux élections pour le renouvellement de la représentation sénatoriale du Pas-de-Calais, en janvier 1882, il resta sur le carreau. Il récupéra toutefois son siège plus tard, ayant été élu sénateur du Pas-de-Calais le 25 janvier 1885, avec M. V. Hamille, en remplacement de MM. Devaux, démissionnaire et Boucher-Cadart, décédé. Il a repris sa place à droite.

PARIS, Gaston Bruno Paulin, littérateur français, né à Avenay, le 9 août 1839, fit ses études à Paris, au collège Rollin et passa ensuite deux années aux universités de Bonn et de Gœttingen. Entré à l'Ecole des chartes en 1858, il suivit en même temps les cours de la faculté de droit et se fit recevoir docteur ès lettres en 1865. Il devint successivement professeur de grammaire française aux cours libres de l'enseignement supérieur, directeur-adjoint, puis directeur des études pour les langues romanes à l'Ecole pratique des hautes études, et suppléant de son père, M. Paulin Paris, mort en 1881, à la chaire de langue et de littérature du moyen âge au Collège de France, dont il devint titulaire le 26 juillet 1872. M. Gaston Paris a été élu membre de l'Académie des inscriptions et belles-lettres en remplacement de Guigniaut, en mai 1876. — M. Gaston Paris a collaboré à la *Bibliothèque de l'Ecole des chartes*, à la *Revue critique*, à *Romania*, etc., et a publié : *Du rôle de l'accent latin dans la langue française (1862)*; *De Pseudo Turpino* et *Histoire poétique de Charlemagne*, thèses de doctorat, dont la dernière reçut le prix Gobert de l'Académie des inscriptions (1865) ; *Grammaire historique de la langue française (1868)*; la *Vie de saint Alexis*, texte des XIe, XIIe, XIIIe et XIVe siècles (1872), également honorée du prix Gobert ; *Dissertation sur le poème latin « Ligurinus » (1873)*; le *Petit Poucet et la Grande Ourse*, les *Contes orientaux dans la littérature française du moyen âge (1875)*; les *Miracles de Nostre Dame par personnages (1877)*; la *Grammaire des langues romanes* de Friedrich Diez, traduite avec MM. Brachet et Morel-Fatio (1874-78, 3 vol.) ; le *Mystère de la Passion* d'Arnoul Gréban, et *Aucassin et Nicolette*, chante-fable du XIIe siècle (1878); *Deux rédactions du roman des Sept Sages de Rome (1879)*, la *Poésie au moyen âge (1885)*, etc. — M. Gaston Paris est chevalier de la Légion d'honneur depuis 1875.

PARIS (comte de), Louis Philippe Albert d'Orléans, petit-fils de Louis-Philippe Ier et fils aîné du duc Ferdinand d'Orléans, mort victime d'un accident de voiture en juillet 1842, est né à Paris le 24 août 1838. Il n'avait donc pas dix ans lorsque, conduit par sa mère obéissant aux suggestions de ses amis de la dernière heure, qui n'étaient pas précisément ceux du roi qui venait d'abdiquer, il assista à la scène tumultueuse de la Chambre des députés, le 24 février 1848. Le comte de Paris suivit dans l'exil sa mère, éloignée de la famille de son mari, dont l'antipathie s'était manifestée si souvent, aussi bien contre son fils, alors héritier du trône, que contre elle-même, et qui se retira dans son propre pays, c'est-à-dire en Allemagne. Ce fut à Eisenach (Saxe-Weimar) qu'il passa les premières années de son exil. L'académicien Adolphe Régnier, précepteur des enfants du duc d'Orléans, suivit la duchesse pour continuer ses fonctions, qu'il résigna seulement en 1851 ; il y fut remplacé par M. Baudouin, professeur de mathématiques, qui dirigea surtout les études scientifiques des jeunes princes. Des excursions dans les divers pays de l'Europe le familiarisèrent avec les langues et les mœurs de ces pays, puis il se retira à Claremont, près de sa mère, qui était allée rejoindre la famille de son mari et y mourut le 18 mai 1858. En 1860, le comte de Paris faisait, avec son frère le duc de Chartres, un voyage en Orient. L'année suivante, les deux princes, accompagnés de leur oncle le prince de Joinville, s'embarquaient pour les Etats-Unis en pleine révolution. A leur arrivée à Washington, ils furent reçus avec la plus grande cordialité par le gouvernement fédéral et par le général Mac Clellan, qui proposa aux deux frères d'entrer dans son état-major. Ils acceptèrent avec empressement et y prirent rang comme capitaines de volontaires, stipulant la condition expresse qu'il ne leur serait pas alloué de solde et qu'ils seraient libres de se retirer quand bon leur semblerait. Le comte de Paris et le duc de Chartres servirent en conséquence dans l'état-major du général Mac Clellan jusqu'à la fin de la campagne de Virginie et à la retraite de l'armée du Potomac qui suivit (1862). Les affaires du Mexique menaçant de brouiller les Etats-Unis avec la France, les deux princes français ne voulurent pas attendre et courir les risques d'une pareille éventualité. Ils rentrèrent en Europe et, à part une collaboration assez importante à la *Revue des Deux-Mondes* que le voile d'une signature empruntée ne suffit que rarement à dissimuler, on n'entendit plus parler du comte de Paris jusqu'à l'époque où, profitant des dispositions apparemment libérales de l'Empire, les princes d'Orléans sollicitèrent l'autorisation de rentrer dans leur pays comme *simples citoyens*. Le 2 juillet 1870, M. Estancelin (voyez ce nom) montait à la tribune du Corps législatif pour défendre la pétition des princes, dont il avait été l'ami et le condisciple, avec plus de chaleur et plus d'opiniâtreté que de succès. Il nous souvient que cette prétention de rentrer en France comme simples citoyens fut déclarée une feinte, que démentait l'ordre dynastique dans lequel les signatures avaient été apposées au bas de la pétition : feinte assez grossière, dans ce cas, de la part des gens auxquels on n'a encore refusé de nulle part une certaine intelligence. Le 11 août suivant, autre pétition des mêmes princes demandant à défendre leur pays à quelque titre que ce fût. Ces deux tentatives, et d'autres qui suivirent, demeurèrent sans résultat. Rentré en France après le vote de l'Assemblée nationale abrogeant les lois d'exil, le comte de Paris y vécut avec une réserve qui ne peut qu'être louée, jusqu'au moment où, donnant par cette démarche une force considérable, quoique insuffisante, aux intrigues fusionnistes, il rendait, le 5 août 1873, une visite au comte de Chambord, à Frohsdorf et abdiquait de fait entre ses mains, en le reconnaissant comme le seul chef de la maison de France. Il a vécu depuis dans une retraite relative, soit à Paris, soit au château d'Eu. A la fin de 1876, il faisait bien avec sa famille, une visite à Alphonse XII, roi d'Espagne, mais cette démarche ne pouvait guère donner lieu à interprétation. Nommé lieutenant-colonel d'état-major dans l'armée territoriale, il était placé à la suite en mai 1880. Ce qui devait changer la situation politique du comte de Paris, même en dépit qu'il en eût, c'est la mort du comte de Chambord (24 août 1883). Cet événement, en ruinant à peu près l'espoir des légitimistes français, décida la grande majorité d'entre eux à reconnaître le comte de Paris pour ce que cet événement le faisait en effet, le chef de la maison de France. Il ne fut plus libre alors de se dérober et, quoique avec réserve, profita de toutes les occasions pour affirmer ses droits à la succession de la couronne légitime. Le gouvernement républicain s'émut, d'ailleurs, dès le début. Quelques mois après la mort du comte de Chambord, profitant de sa réunion pour la révision de la constitution, le Congrès décidait que les membres des familles ayant régné sur la France ne pourraient être élus à la présidence de la République. Plus tard et successivement, le Sénat et la Chambre des députés décidaient qu'ils ne pourraient davantage aspirer à siéger dans l'une ou l'autre assemblée. Enfin, en janvier 1886, une proposition d'expulsion était formulée contre les princes à la tribune de la Chambre des députés. Repoussée par la Chambre, sur l'avis du gouvernement, celui-ci toutefois acceptait un ordre du jour qui était pour lui un engagement de prendre les mesures nécessaires dans le cas où la République serait menacée par les menées des prétendants et de prendre au besoin l'initiative d'une loi d'expulsion. C'était un avertissement, expliqua M. de Freycinet, lorsqu'en juin suivant, il soutenait devant les Chambres la proposition d'expulsion du gouvernement, et cet avertissement n'a pas été entendu. Il ne devait pas l'être en effet : on ne se donne pas la peine d'édifier toute une organisation politique pour la renverser d'un coup d'épaule à la première algarade parlementaire. Une occasion de se compter, d'établir ses forces, allait même se présenter tout naturellement pour le parti royaliste : M. le comte de Paris mariait sa fille, la princesse Amélie d'Orléans au duc de Bragance, prince héritier du trône de Portugal. Une grande manifestation se prépara pour ce jour-là, une manifestation à laquelle, pour ne pas insister sur les détails, les représentants des puissances étrangères étaient conviés, non en leur nom personnel, mais en leur qualité officielle, comme aurait pu le faire Louis-Philippe II. Et cela se passait à Paris, c'est-à-dire au siège même du gouvernement de la République. C'est alors que M. de Freycinet, président du conseil des ministres, crut le moment venu d'intervenir et de présenter aux Chambres un projet de loi interdisant aux princes prétendants le territoire de la République. Cette loi, dans le sens même qu'avait voulu lui donner le gouvernement, après des discussions passionnées dans les commissions et en séance publique, était votée à la Chambre des députés le 11 et au Sénat le 22 juin 1886, quoique à une faible majorité, surtout à la haute Chambre. Deux jours après cette dernière date, les princes prétendants avaient quitté le territoire français. Mais en partant, comme s'il tenait à justifier la mesure dont il était l'objet, M. le comte de Paris laissait la protestation suivante, que publiaient les journaux du 25 juin, et que nous croyons devoir reproduire à titre de document historique.

« Contraint de quitter le sol de mon pays, je proteste, au nom du droit, contre la violence qui m'est faite.

» Passionnément attaché à la patrie que ses malheurs m'ont rendue plus chère encore, j'y ai, jusqu'à présent, vécu sans enfreindre les lois. Pour m'en arracher, on choisit le moment où je viens d'y rentrer, heureux d'avoir formé un lien nouveau entre la France et une nation amie.

» En me proscrivant, on se venge sur moi des trois millions et demi de voix qui, le 4 octobre, ont condamné les fautes de la République, et l'on cherche à intimider ceux qui, chaque jour, se détachent d'elle.

» On poursuit en moi le principe monarchique dont le dépôt m'a été transmis par celui qui l'avait si noblement conservé.

» On veut séparer de la France le chef de la glorieuse famille qui l'a dirigée pendant neuf siècles dans l'œuvre de son unité nationale et qui, associée au peuple dans la bonne comme dans la mauvaise fortune, a fondé sa grandeur et sa prospérité.

» On espère qu'elle a oublié le règne heureux et pacifique de mon aïeul Louis-Philippe et les jours plus récents où mon frère et mes oncles, après avoir combattu sous son drapeau, servaient loyalement dans les rangs de sa vaillante armée.

» Ces calculs seront trompés.

» Instruite par l'expérience, la France ne se méprendra ni sur la cause ni sur les auteurs des maux dont elle souffre. Elle reconnaîtra que la monarchie, traditionnelle par son principe, moderne par ses institutions, peut seule y porter remède.

» Seule, cette monarchie nationale, dont je suis le représentant, peut réduire à l'impuissance les hommes de désordre qui menacent le repos du pays, assurer la liberté politique et religieuse, relever l'autorité, refaire la fortune publique.

» Seule, elle peut donner à notre société démocratique un gouvernement fort, ouvert à tous, supérieur aux partis et dont la stabilité sera pour l'Europe le gage d'une paix durable.

» Mon devoir est de travailler sans relâche à cette œuvre de salut. Avec l'aide de Dieu et le concours de tous ceux qui partagent ma foi dans l'avenir, je l'accomplirai.

» La République a peur; en me frappant, elle me désigne.

» J'ai confiance dans la France. A l'heure décisive, je serai prêt.

» Eu, le 24 juin 1886,

» Philippe,
» Comte de Paris ».

On n'est pas plus net, et, certainement, beaucoup de ceux qui avaient voté contre la loi d'expulsion, sans être partisans des princes, seulement par répugnance pour les mesures de proscription quelles que soient les personnes qu'elles atteignent, auraient agi d'une manière différente si ce manifeste avait été publié plus tôt, et ont en tout cas éprouvé quelque dépit de ce soufflet inattendu et surtout immérité.

M. le comte de Paris a épousé le 30 mai 1834 sa cousine, la princesse Marie Isabelle Françoise-d'Assise *Antonia Louise Fernande*, etc., fille aînée du duc de Montpensier (voy. ce nom), née le 21 septembre 1848. Il en a eu quatre enfants: la princesse Marie Amélie Louise Hélène, née le 21 septembre 1865, mariée le 22 mai 1886, au duc de Bragance; le prince Louis Philippe Robert, né le 16 février 1869; la princesse Louise Hélène, née le 16 juin 1871, et le prince Charles, né le 21 janvier 1875.

Parmi les articles donnés à la *Revue des Deux-Mondes* par le comte de Paris et signés par quelqu'un des rédacteurs ou par le gérant de ce recueil, on cite tout particulièrement: la *Semaine de Noël dans le Lancashire*, étude sur la crise cotonnière (février 1863), une *Lettre sur l'Allemagne et ses tendances nouvelles* (août 1867); une *Etude sur l'Eglise d'Etat et l'Eglise libre en Irlande* (mai 1868). Il a publié: *Damas et le Liban, extraits d'un journal de voyage en Syrie au printemps de 1860* (Londres, 1861); les *Associations ouvrières* (Trades Unions) *en Angleterre* (Paris, 1869), ouvrage qui eut plusieurs éditions successives en France et fut traduit dans la plupart des langues européennes, notamment en anglais, l'année même de son apparition, sous ce titre: *the Trades Unions of England*, par M. N. J. Senior; *Histoire de la guerre civile en Amérique (1874-83*, tomes I à IV). — Sous ce titre: *The Battle of Gettysburg, by the Comte de Paris*, un éditeur américain mettait en vente dès le mois d'août 1886 un volume formé des chapitres choisis dans le troisième volume du grand ouvrage du comte de Paris ayant trait à la bataille de Gettysburg. C'est ce qui s'appelle profiter de l'actualité, d'autant plus que, depuis leur voyage aux Etats-Unis, les princes d'Orléans sont très populaires en Amérique, où le sens commun n'est pas moins rare qu'en France.

PARNELL, Charles Stewart, homme politique irlandais, né à Avondale, comté de Wicklow, en 1846, d'une vieille et illustre famille anglaise originaire de Congleton (Cheshire); son arrière-grand-père, sir John Parnell, fut longtemps chancelier de l'échiquier dans le parlement irlandais et donna sa démission pour ne pas voter l'union, et le fils de celui-ci, sir Henry, fut élevé à la pairie en 1831 avec le titre de lord Congleton; d'autre part, le grand-père maternel de M. Parnell est l'amiral américain Charles Stewart. Elève de l'université de Cambridge, M. Parnell, *ses études terminées*, fit un assez long voyage aux Etats-Unis, et au retour, rentra à Wicklow et devint haut shériff du comté en 1874. La même année, il posait sa candidature à la Chambre des communes dans le comté de Dublin contre le colonel Taylor, qui venait d'être nommé chancelier du duché de Lancastre dans la seconde administration de lord Beaconsfield, et était par suite soumis à la réélection. M. Parnell échoua dans cette tentative, mais l'année suivante, il était élu par le comté de Meath. Pendant quelque temps, il ne prit que peu de part aux travaux de la Chambre, mais pendant la session de 1876, il commença à se faire remarquer d'abord par quelques conflits avec le gouvernement, dans lesquels il fit preuve d'une rare opiniâtreté. En février 1877, il présentait à la loi sur l'Eglise d'Irlande un amendement relatif à l'achat par les tenanciers de l'église « désétablie » des terres qu'ils cultivaient, lequel fut repoussé. Peu après, M. Cross présentait son projet sur les prisons, qui fut l'occasion de la première manifestation sérieuse de la politique d'*obstruction* inaugurée par les Irlandais. Après avoir fait tous leurs efforts pour éterniser la discussion générale, ils attaquèrent chacun des articles à son tour, les orateurs succédant aux orateurs, et à la fin, les motions d'ajournement répétées empêchèrent le bill de passer. Il en fut de même avec la loi de rébellion; et la loi concernant l'Afrique du Sud, qui autorisait notamment l'annexion du Transvaal, rencontrant une vive opposition de la part de plusieurs membres libéraux, M. Parnell se joignit à ceux-ci contre le gouvernement, et dans la mémorable séance du 31 juillet, grâce à cette heureuse entente, la Chambre dut siéger vingt-deux heures sans désemparer. Dans le cours de cette session, M. Parnell vint en collision sérieuse à la fois avec l'orateur du gouvernement à la Chambre basse, sir Stafford Northcote (depuis lord Iddesleigh) et avec M. Butt, l'orateur du parti irlandais. Sir Stafford Northcote présenta une résolution tendant à la suspension de M. Parnell, qu'après bien des débats stériles, il dut abandonner et échanger pour une proposition de modification au règlement pour prévenir désormais toute tentative d'« obstruction ». Quant à M. Butt, il désapprouvait la politique de M. Parnell, et manifesta ce sentiment tant par des discours que par des lettres. Mais il lui fut bientôt prouvé que le parti irlandais n'était pas de son avis et que M. Parnell était plus populaire que lui en Irlande: pour preuve, M. Parnell fut élu, au commencement de 1878, président de la *Home Rule Confederation* à sa place, et le remplaça effectivement dès lors comme chef du parti irlandais. Quant aux sessions parlementaires, on peut dire qu'elles offrirent en 1878 et 1879 une répétition pure et simple des événements de celle de 1877. De plus, M. Parnell combattit avec son opiniâtreté habituelle une forme barbare et surannée de pénalité qui avait résisté jusque-là à toutes les attaques, le fouet, et réussit enfin à en obtenir l'abolition en 1879.

Cependant, l'Irlande avait eu successivement trois récoltes mauvaises, et était menacée d'une misère profonde et générale; le moment était donc venu, à la fin de la session de 1879, de commencer une nouvelle agitation pour la réforme des rapports entre propriétaires et fermiers. Un meeting avait déjà eu lieu au commencement d'avril à Irishtown, dans le comté de Mayo, en vue de discuter les bases de cette réforme. Toutefois, ce ne fut pas avant juillet que M. Parnell se joignit au mouvement, ou plutôt en prit la direction. Le 21 octobre suivant, l'*Irish National Land League* était fondée et M. Parnell en était élu le premier président. L'objet de la ligue, était d'obtenir, d'abord, une réduction du taux des fermages, et ensuite, des facilités aux fermiers pour l'acquisition des terres qu'ils occupaient. En décembre, M. Parnell s'embarquait pour les Etats-Unis, *dans le but* de recueillir des fonds pour secourir les victimes de la disette et pour aider la ligue. Il y fit de nombreuses conférences, se fit admettre à exposer la situation lamentable des Irlandais au sein même des législatures de plusieurs Etats, et jusqu'à la Chambre des représentants à Washington. Pendant qu'il conduisait cette campagne, le parlement d'Angleterre était dissous, il accourut donc, prit une part active à l'agitation électorale, et fut lui-même élu par les comtés de Meath et de Mayo et par la ville de Cork, en faveur de laquelle il opta. Au meeting du parti irlandais reconstitué, il fut définitivement choisi pour chef du parti. Dès l'ouverture du parlement, M. Parnell demanda la mise à l'ordre du jour de la question irlandaise; peu après, le gouvernement faisait voter par la Chambre des communes une loi de répression, appelée *Disturbance Bill*, que la Chambre des lords rejetait, du reste. Dans l'automne de 1880, M. Parnell s'employa activement à l'organisation de la *Land League*, qui devint bientôt le mouvement irlandais le plus puissant qu'on eût jamais vu. Mais dès novembre, une information était ouverte par l'attorney général pour l'Irlande contre l'organisateur et ses complices, les membres du comité exécutif de la ligue. Le procès s'ouvrit à Dublin le 28 décembre, et prit fin, après dix-neuf audiences, pour cause de désaccord entre les jurés. Le gouvernement était battu, il essaya de prendre sa revanche, en présentant à l'ouverture des Chambres son fameux bill de coercition, outre un autre bill sur le port d'armes: une vive opposition de la part des Irlandais, avec l'emploi de leur système d'obstruction, prolongea la discussion pendant sept semaines, au milieu de scènes tumultueuses, et enfin, le 3 février, M. Parnell et trente-quatre de ses amis furent mis dehors par le sergent d'armes. Cependant, la loi sur les terres ayant été votée, M. Parnell réunit une « convention » de la ligue, dans laquelle il fut décidé qu'on la mettrait à l'essai. Il prit part ensuite à plusieurs grandes démonstrations de la ligue, et fut arrêté le 13 octobre et écroué dans la prison de Kilmainham; après quoi, le gouvernement déclara la Land League une association illicite. M. Parnell et ses collègues publièrent en réponse à cet acte d'hostilité leur fameux manifeste: *No Rent!* pas de fermages! Le 10 avril 1882, M. Parnell, étant toujours en prison, fut relaxé sur parole, pour assister aux funérailles d'un parent. Mais le 2 mai suivant, il était définitivement mis en liberté avec ses amis, MM. Dillon et O'Kelly, députés, dont le gouvernement commençait à être fort embarrassé. Dublin et plusieurs autres villes d'Irlande décernèrent à M. Parnell le droit de bourgeoisie à cette occasion. Les sessions suivantes ne furent pas moins agitées, mais l'attitude du parti irlandais, sous la direction de M. Parnell, devint évidemment plus politique, *si l'on peut dire*. Nous ne parlons, bien entendu, que du parti irlandais parlementaire, et qui n'a jamais été considéré par personne de bonne foi comme complice, même moralement, des attentats criminels qui se sont produits en trop grand nombre dans ces dernières années. Les meilleurs esprits ont même fini par comprendre que, pour éviter le retour de pareils faits, le seul moyen était d'accorder au parti dont M. Parnell est le chef au moins le minimum des concessions qu'ils réclame. Le parti *home ruler*, c'est-à-dire autonomiste irlandais, n'est pas, en effet, le parti du désordre, comme on se plait trop à le montrer, c'est au contraire le parti patriote de l'Irlande, qui demande que son pays puisse régler lui-même ses affaires chez lui, et qui, par conséquent, mettrait ordre, plus efficacement que ne pourront jamais le faire les Anglais, toujours suspects et à très bon droit, aux actes criminels dont les auteurs, quand ce ne sont pas de simples malfaiteurs de profession, se croient une sorte de droit à la vengeance, parce qu'ils se considèrent comme en pays ennemi. Les gouvernements qui se sont succédé en Angleterre dans ces derniers temps ont laissé voir une tendance évidente à la conciliation: c'est donc l'opinion publique qui résiste, en Angleterre seulement, à l'idée d'une entente à laquelle il faudra pourtant bien se résoudre, crainte de pis. M. Gladstone (voyez ce nom) a courageusement abordé cette grande difficulté, dans sa dernière administration. Il a été jusqu'à faire appel aux électeurs, et a été battu, c'est incontestable. Mais l'opposition qu'il a rencontrée a été justement trop violente, ou plutôt trop bruyante pour n'être pas factice, et le temps est sans doute moins éloigné qu'on ne le croirait à ces apparences où, grâce à l'attitude vraiment politique de M. Parnell et de ses partisans, et à la nécessité qui s'impose avec plus de force chaque jour, l'Irlande pourra être enfin pacifiée, dans la meilleure acception de ce mot.

PARRY, Eugène Alexandre, agriculteur et homme politique français, né à Saint-Julien-le-Châtel (Creuse) le 2 mai 1822. Nommé maire de Parsac en 1871, M. Parry fut révoqué après le 24 mai 1873. Il fut élu député de Boussac le 20 février 1876 et prit place gauche. — M. Parry a été réélu le 14 octobre 1877 et le 21 août 1881. Aux élections du 25 janvier 1885 pour le renouvellement de la représentation sénatoriale de la Creuse, M. Parry se présenta et fut élu. Il a voté l'expulsion des princes.

PARRY, Edward, prélat anglican, évêque suffragant de Douvres, seul survivant des fils du célèbre navigateur, contre-amiral sir Edward Parry, est né à Sydney (Nouvelle-Galles du Sud) en 1830. Il fit ses études en Angleterre, à l'école de Rugby et au collège Balliol, à Oxford, et de 1853 à 1855 remplit les fonctions de professeur à l'université de Durham, fut ordonné diacre en 1854, ministre en 1855 et nommé à la cure de Sonning, dans le Berckshire, en 1856. A la fin de cette dernière année, il devint chapelain du Dr Tait, élevé au siège épiscopal de Londres, puis fut recteur d'Acton de 1859 à 1869, et doyen rural d'Ealing dans les six dernières années de cette période. Nommé archidiacre et chanoine de Canterbury en 1869, le Dr Parry était nommé évêque suffragant de Douvres en 1870 et consacré à la chapelle du palais de Lambeth le 25 mars: on fit alors la remarque que c'était le premier évêque suffragant consacré dans l'Eglise anglicane depuis trois cents ans. En 1882, il était élu par les évêques australiens évêque de Sydney et métropolitain d'Australie et de Tasmanie, mais il déclina cette distinction. — M. Parry a publié plusieurs *Mémoires* sur son père et un ouvrage sur son frère, intitulé: *Memorials of Commander Charles Parry, R. N. (1870)*, qui a eu plusieurs éditions.

PARTZ DE PRESSY (marquis de), Adolphe-Charles Marie, homme politique français, né à Esquire (Nord) le 5 juillet 1819. Il échoua, comme candidat de l'opposition cléricale, aux élections de 1869. Elu représentant du Pas-de-Calais le 8 février 1871 et député de Saint-Pol le 20 février 1876, il siégea à droite et fit partie de la réunion des Réservoirs. M. le marquis de Partz fut réélu le 14 octobre 1877, mais il échoua aux élections du 21 août 1881, contre le candidat républicain, M. Georges Graux. Aux élections du 4 octobre 1885, M. le marquis de Partz prit sa revanche: il fut élu député du Pas-de-Calais au premier tour, sur la liste monarchiste.

PARVILLE (de), François Henri Peudefer, écrivain scientifique français, né à Evreux le 27 janvier 1838, fit ses études à Paris, au lycée Bonaparte, puis entra à l'Ecole des mines. Après avoir été quelque temps soldat et même, croyons-nous, brigadier au train des équipages militaires; s'étant fait exonérer du service, il participa à un voyage d'exploration scientifique dans l'Amérique centrale (1859-60), au retour duquel il débutait dans le *Pays* comme rédacteur scientifique. Il écrivit successivement depuis, au même titre, au *Constitutionnel*, à la *Patrie*, au *Moniteur universel*, au *Journal officiel* où il rédigea pendant plusieurs années le compte rendu des séances de l'Académie des sciences, sans préjudice d'une chronique scientifique au *Bulletin français* et d'un feuilleton scientifique bi-mensuel au *Journal des Débats*. En outre, M. de Parville publie chaque année, depuis 1861, sous le titre de *Causeries scientifiques*, un annuaire illustré du progrès scientifique et industriel très estimé. Il a donné à part, notamment: un *Habitant de la planète Mars (1865)*; *l'Exposition universelle de 1867, guide de l'exposant et du visiteur (1867)*, etc. Il a été rédacteur en chef du *Cosmos* en 1862, du *Journal des mines* en 1864, de la *Science pour tous* de 1868 à 1870. On lui doit, comme ingénieur, la construction de diverses machines, l'invention d'un ingénieux baromètre de voyage, etc. — Il est chevalier de la Légion d'honneur depuis 1868.

PASDELOUP, Jules Etienne, compositeur et chef d'orchestre français, né à Paris le 5 septembre 1819. Fils d'un sous-chef d'orchestre à l'Opéra-Comique, qui lui enseigna les premiers éléments de son art, il était déjà *d'une force remarquable* sur l'alto lorsqu'il entra au Conservatoire en 1829. Elève de Zimmermann pour le piano et de Carafa pour la composition, il remportait le premier prix de piano en 1833 et quittait le Conservatoire pour se livrer à l'enseignement. En même temps, il écrivait d'assez nombreuses compositions pour les éditeurs. M. Pasdeloup fut bientôt à la tête de la première division de l'orphéon de Paris, pour l'enseignement du chant dans les écoles communales. Il dirigea çà et là des concerts et fonda plusieurs sociétés *musicales*, entre autres la Société des jeunes artistes, en 1851. En 1861, M. Pasdeloup prenait la direction des Concerts populaires. Il forma un orchestre nombreux et capable et offrit au public les œuvres des grands maîtres allemands bien exécutées, régal réservé jusque-là aux privilégiés de la fortune et du rang, et quelques œuvres de nos maîtres français et même de plusieurs jeunes compositeurs de talent. Nous citerons: Mozart, Beethoven, Haydn, Weber, Mendelssohn, Schumann, Richard Wagner, Jean Sébastien Bach, etc.; MM. Ch. Gounod, Ernest Guiraud, Edouard Lalo, J. Massenet, etc. C'est dans le vaste amphithéâtre du Cirque national, comme on sait, qu'ont lieu les exécutions des concerts populaires; M. Pasdeloup a tenté, en 1857, de faire entendre son orchestre dans la salle de l'Athénée, mais cet essai ne fut pas heureux. M. Pasdeloup prit, en octobre 1868, la succession de M. Carvalho à la direction du Théâtre-Lyrique et y transporta ses préférences allemandes. Il y donnait, en 1868, l'*Iphigénie en Tauride* de Glück; en 1869, le *Rienzi* de Wagner et la même année, la *Bohémienne* de Balfe, compositeur anglais, et un opéra de M. Victorin de Joncières: le *Dernier jour de Pompéi*; fort peu d'ouvrages nouveaux en somme. Néanmoins l'entreprise devint promptement ruineuse pour le nouveau directeur, qui se retira au commencement de 1870. — M. Pasdeloup a fréquemment manifesté une grande prédilection pour Ri-

Bitard. — 29.

chard Wagner et un merveilleux entêtement à l'imposer au public, bon gré mal gré. Il est certain que c'est un sentiment qui peut se justifier, et que tous les préjugés d'école n'empêcheront pas Wagner d'être un grand musicien: mais même sans insister, quand il vivait, sur les autres raisons que nous avions de n'en pas vouloir, ce n'en est pas une pour nous l'imposer. Vers la fin de 1871, M. Pasdeloup, qui n'est pas de cet avis, se préparait à inscrire sur son programme un morceau quelconque de R. Wagner; mais son orchestre tout entier protesta. Il n'y est pas revenu tout de suite; le 29 octobre 1876 seulement, il se décidait à faire exécuter la marche funèbre du *Crépuscule des dieux*, quatrième partie de l'*Anneau des Niebelungen* de ce compositeur. Il y eut tapage; car s'il y a des patriotes trop exclusifs, il existe également des partisans de l'art pour l'art qui ne le leur cèdent pas assez. Le directeur des Concerts populaires, furieux, fit au public sa petite semonce habituelle, sans rien obtenir de satisfaisant. En fait, si le public n'avait pas raison, M. Pasdeloup avait doublement tort, car la fameuse Marche funèbre des dieux ne vaut assurément pas le diable. — Peu de temps après, M. Pasdeloup abandonnait les Concerts populaires qui, somme toute, n'étaient pas une affaire absolument brillante, sans chercher sur qui en faire peser la faute. Après plusieurs années de silence, cependant, il s'est ravisé. Les journaux annonçaient, en septembre 1886, la réouverture des Concerts populaires, regrettés d'ailleurs de tout le monde, au même lieu et dans les mêmes conditions que précédemment, et cette réouverture avait lieu en effet le 24 octobre 1886. — M. Pasdeloup est chevalier de la Légion d'honneur.

PASSAGLIA, l'abbé Carlo, théologien italien, né en 1814. Il fit ses études à Rome, fut ordonné prêtre, prit l'habit des jésuites et devint professeur de théologie à l'université romaine. On lui doit divers traités sur l'interprétation des Ecritures, notamment: *Commentaire sur les prérogatives de saint Pierre, chef des apôtres*, publié à Ratisbonne en 1850; *Sur l'éternité du châtiment;* en faveur du dogme de l'*Immaculée Conception de la Bien-Heureuse Vierge Marie;* il a publié, en outre, une édition annotée de la *Théologie dogmatique* de Petavius. En 1861, il publiait une brochure en latin dans laquelle il engageait Pie-IX à abandonner le pouvoir temporel, pour obéir au vœu de l'Italie unifiée. Cet écrit fut condamné par la congrégation de l'Index, et son auteur fut obligé de quitter Rome. Il se réfugia à Turin, où il fut nommé, sur les instances du roi, professeur de théologie à l'université, fut élu député au parlement italien en 1863, et prit une part active à l'organisation d'un grand parti catholique libéral. Il fut créé, en récompense, grand croix de l'ordre des Saints Maurice et Lazare. — En novembre 1882, l'abbé Passaglia faisait amende honorable, se réconciliait avec le Saint-Siège et reprenait l'habit ecclésiastique, qu'il avait abandonné depuis de longues années.

PASSY, Frédéric, économiste, et homme politique français, né à Paris le 20 mai 1822, y fit son droit et entra au Conseil d'Etat comme auditeur en 1846. Rendu à la vie privée par la révolution de 1848, M. Frédéric Passy s'occupa d'économie politique, publia de nombreux ouvrages et fit des conférences tendant à la vulgarisation de cette science. Il a été secrétaire de la Ligue internationale de la paix et a déployé, dans ces fonctions, une grande activité dont les résultats n'ont malheureusement pas répondu à ses efforts. — On doit à M. F. Passy: *Mélanges économiques (1858); De la propriété intellectuelle, De l'enseignement obligatoire (1859); De la souveraineté temporelle des papes (1860); Leçons d'économie politique (1861*, 2 vol.); *De l'influence de la contrainte et de la liberté*, la *Question des octrois (1866);* la *Guerre et la paix (1867); Communauté et communisme*, l'*Industrie humaine (1869);* la *Question des jeux (1872); De l'importance des études économiques (1873);* la *Solidarité du travail et du capital (1875)*, etc. — M. Frédéric Passy a été élu membre de l'Académie des sciences morales et politiques en remplacement de Wolowski, le 3 février 1877. Il est chevalier de la Légion d'honneur depuis 1880.

Membre du Conseil général de Seine-et-Oise, M. Frédéric Passy s'était porté, en 1873, à une élection partielle qui s'était produite dans les Bouches-du-Rhône, pour l'Assemblée nationale, mais sans succès. Elu député du VIIIe arrondissement de Paris, le 4 septembre 1881, il prit place à gauche et vota en conséquence. Aux élections d'octobre 1885, M. F. Passy a été élu député de la Seine, le dixième sur trente-huit, au scrutin de ballottage. Il a voté contre l'expulsion des princes.

PASSY, Louis Charles Paulin, économiste, littérateur et homme politique français, cousin du précédent, fils d'Antoine Passy de l'Académie des sciences, mort en 1873, est né à Paris le 4 décembre 1830. Entré à l'Ecole des chartes en 1850, il suivit en même temps les cours de l'Ecole de droit, prit successivement les grades de licencié et de docteur en droit, et s'adonna à l'économie politique et aux recherches d'archéologie et d'histoire. Il a collaboré au *Journal des Débats*, aux *Mémoires de la Société des antiquaires*, à la *Bibliothèque de l'Ecole des chartes*, à la *Revue des Deux-Mondes*, au *Journal des économistes*, etc., et publié à part divers ouvrages. Aux élections législatives de 1863, M. Louis Passy se présenta sans succès dans la première circonscription du département de l'Eure, contre le duc d'Albufera; à celles de 1869, les circonscriptions ayant été remaniées, il se présenta dans la même circonscription, contre le même candidat officiel, et dans la quatrième contre M. Guillaume Petit; il échoua dans chacune, quoique avec une minorité importante. Le 8 février 1871, il était élu représentant de l'Eure à l'Assemblée nationale, le deuxième sur huit. Il prit place au centre droit et signa la fameuse déclaration Target, qui entraîna la chute de M. Thiers (24 mai 1873). Mais, dès les premières tentatives de restauration monarchique, il s'aperçut de l'erreur commise et déclara nettement qu'il voterait « pour la prompte organisation d'une république constitutionnelle ». Il s'est joint, en effet, au groupe Wallon-Lavergne, à la loyale attitude duquel est dû le succès des lois constitutionnelles. M. Louis Passy a fait partie, à l'Assemblée nationale, de plusieurs commissions, notamment de celle du budget, et a été rapporteur de la commission du projet relatif aux indemnités à accorder aux départements envahis. Appelé au ministère des finances, comme sous-secrétaire d'Etat, au mois d'avril 1874, il a conservé ces fonctions sous l'administration de M. Say. Elu député de l'arrondissement des Andelys, le 20 février 1876, M. Passy reprit ses fonctions de sous-secrétaire d'Etat aux finances, qu'il résigna à la chute du ministère Jules Simon, le 17 mai 1877. Après avoir appuyé de son vote la politique du cabinet de Broglie, M. Louis Passy était réélu député des Andelys le 14 octobre 1877 et l'était de nouveau le 21 août 1881. Enfin, le 4 octobre 1885, il était élu député de l'Eure en tête de la liste réactionnaire. — M. Louis Passy est membre de la Société des antiquaires de France, de la Société d'économie politique, etc., et administrateur du Crédit foncier. On lui doit, entre autres ouvrages, une étude sur *Frochot, préfet de la Seine, histoire administrative de 1789 à 1815 (1867)*.

PASTEUR, Louis, chimiste français, né à Dôle (Jura) le 27 décembre 1822, fit ses études au collège de Besançon, auquel il resta attaché de 1840 à 1843 comme maître d'études surnuméraire, et entra à l'Ecole normale supérieure. Reçu, en 1846, agrégé et l'année suivante docteur ès sciences physiques, il resta attaché à l'Ecole comme préparateur du cours de chimie jusqu'en 1848, fut nommé professeur de physique au lycée de Dijon et, la la même année, professeur suppléant de chimie à la faculté de Strasbourg, puis devint titulaire de cette dernière chaire en 1852. Nommé, en 1854, doyen de la nouvelle faculté des sciences de Lille, il était appelé, en 1857, à la direction scientifique de l'Ecole normale. En 1863, il prit une grande part aux conférences de la Sorbonne, dans lesquelles il traita principalement des *Infusoires*, On se rappelle l'ardente polémique soulevée dans le monde savant entre les partisans de la *génération spontanée*, ou « hétérogénistes » et leurs adversaires, les « panspermistes, » dont M. Pasteur est la personnalité de beaucoup la plus marquante. Cependant, malgré tout le bruit qui s'est fait alors et depuis sur ce sujet, malgré des expériences répétées, malgré l'autorité de M. Pasteur, les services qu'il a certainement rendus à la science et à l'hygiène, et les récompenses que lui ont valu ses remarquables travaux, nous devons à la vérité de dire que la question est restée pendante pour tous ceux que leurs propres expériences n'ont pas convaincus, à tort ou à raison, et qui ne sont pas absolument décidés à se ranger du parti de celui qui fait le plus de tapage ou qui jouit de la plus grande influence dans les sphères de la science officielle. En décembre 1863, M. Pasteur fut nommé professeur de géologie, physique et chimie à l'Ecole des Beaux-Arts réorganisée; il ne conserva que peu de temps cette chaire et fut nommé professeur de chimie à la Sorbonne en 1867. Elu membre de l'Académie des sciences (section de minéralogie), en remplacement de Sénarmont, en 1862, il était élu membre étranger de la Société royale de Londres en 1869. Cette même Société royale a décerné à M. Pasteur, à qui ses travaux ont valu, d'autre part, le prix Jenner en 1861, sa médaille de Rumford en 1856 et sa médaille de Copley en 1874. L'année précédente, la Société nationale d'encouragement lui avait décerné un prix de 12,000 francs, et déjà, en 1868, il avait reçu un prix de 10,000 florins du ministère de l'agriculture de l'empire austro-hongrois, pour ses travaux sur les vers à soie. L'Assemblée nationale lui a en outre voté, à titre de récompense nationale, en 1874, pour ses travaux sur la fermentation et les services qu'il a ainsi rendus à la sériculture et aux industries du vin et du vinaigre, une pension annuelle de 12,000 francs. L'année suivante, il faisait liquider sa pension de retraite de professeur. Elu associé libre de l'Académie de médecine, M. Pasteur était élu membre de l'Académie française en remplacement de Littré en 1881; et reçu solennellement le 27 avril 1882. La même année, le conseil de la Société des arts de Londres lui décernait sa médaille Albert, pour ses recherches sur la fermentation, etc., et en juin 1883, il recevait le diplôme de docteur ès sciences de l'université d'Oxford. Mais les récompenses académiques et autres ne devaient pas s'arrêter là pour l'illustre savant, dont la gloire allait grandir encore, dans des proportions décidément inquiétantes. Le 26 octobre 1885, M. Pasteur faisait, à l'Académie de médecine, une communication sur une *Méthode pour prévenir la rage après morsure*, découverte par lui et dont l'expérience lui avait déjà démontré l'efficacité absolue. Cette communication fut accueillie avec enthousiasme, et non pas seulement ce jour-là: dans sa séance publique annuelle du 26 novembre, l'Académie française faisait à son savant collègue une ovation bruyante et chaleureuse. Toutes les réunions, académiques ou non, voulurent avoir M. Pasteur et manifester, à la façon de ces sortes de réunions, leur reconnaissance émue à ce bienfaiteur de l'humanité, qui la débarrassait à tout jamais de ce terrible fléau dont le nom seul fait dresser les cheveux: la rage! On sait en quoi consiste la découverte de M. Pasteur: à inoculer au malade, c'est-à-dire au mordu, un virus rabique atténué, préparé par les soins de M. Pasteur et de ses savants élèves, ou du moins quelque chose à quoi il donne ce nom, car un membre de l'Académie de médecine et des plus distingués, mort depuis, a très nettement nié l'identité du prétendu virus. Quel qu'il soit, en fait, et comme M. Pasteur n'a pas que des disciples et des thuriféraires, on rappela, dès le premier jour, qu'un malheureux médecin espagnol qui prétendait guérir (et guérissait en effet) le choléra, lui aussi, par l'inoculation d'un virus cultivé, auquel on a donné le nom de vaccin du choléra comme plus tard celui de vaccin de la rage ou virus de M. Pasteur, avait été traité de charlatan, trois mois auparavant, parce qu'il s'était refusé à livrer le secret de son virus à une mission scientifique française envoyée vers lui dans ce but, dans cette même enceinte où la communication de M. Pasteur venait d'être accueillie si chaleureusement. C'est une coïncidence fâcheuse, sur laquelle on a peut-être trop appuyé, et de ce que nous hésitons à traiter le docteur Ferran de charlatan, il ne s'ensuit naturellement pas que nous n'ayons aucune confiance dans le spécifique de M. Pasteur. Dans tous les cas, l'éminent chimiste a été bien vengé de ses adversaires. Les honneurs académiques qui pouvaient lui manquer, et bien d'autres, se sont mis à pleuvoir sur sa tête, et une souscription publique, qui a produit plus d'un million et demi à l'heure actuelle, fut aussitôt ouverte, pour aider à l'édification de l'« Institut Pasteur », destiné au traitement des enragés. De tous les points du globe, et surtout des plus éloignés, des personnes mordues par les bêtes enragées les plus diverses sont venues implorer le secours du virus atténué: jamais on n'eût supposé que tant de gens se faisaient mordre, à moins de le faire exprès. Et *presque* tous s'en sont retournés guéris; quant aux autres, il a été facile de démontrer qu'ils étaient morts d'autre chose. La preuve donc paraît faite. Nous attendons pourtant de l'avenir la confirmation complète de l'excellence de la méthode Pasteur. — Grand officier de la Légion d'honneur depuis 1878, M. Pasteur a été promu grand croix le 7 juillet 1881. Il avait déjà été élevé par Napoléon III à la dignité de sénateur, par décret en date du 27 juillet 1870, non promulgué, et dont les *Papiers des Tuileries* nous ont révélé l'existence; et on assure qu'il a été longtemps à se consoler de cette nomination avortée, ce qui n'a rien de bien étonnant.

On doit à M. Pasteur de nombreux mémoires insérés dans le *Recueil des savants étrangers* et dans les *Comptes rendus* de l'*Académie des sciences*, dans les *Annales de chimie et de physique*, sans parler d'articles fournis au *Dictionnaire encyclopédique des sciences médicales* et ailleurs. Il a publié à part: *Nouvel exemple de fermentation déterminée par des animalcules infusoires pouvant vivre sans oxygène libre (1863); Etudes sur le vin, ses maladies, causes qui les provoquent*, etc. (1866); *Etudes sur le vinaigre, sa fabrication, ses maladies, moyen de les prévenir* et *Nouvelles observations sur la conservation des vins par la chaleur (1868); Etudes sur la maladie des vers à soie, moyen pratique assuré de la combattre et d'en prévenir le retour (1870*, 2 vol.); *Etudes sur la bière (1876);* les *Microbes*, avec M. Tyndall (1878); outre ses récents mémoires sur le traitement de la rage, etc.

PATTI, Adela Maria Clorinda, dite Adelina, cantatrice italienne, fille de Salvatore Patti, artiste distingué, est née à Madrid le 9 avril 1843. Elle étudia la musique dès l'enfance et compléta son éducation sous la direction de son beau-frère, M. Maurice Strakosch. Après avoir figuré, depuis longtemps déjà, dans divers concerts donnés dans les principales villes des Antilles et des Etats-Unis, elle débutait à l'Opéra italien de New-York, en novembre 1859, dans la *Lucia*, avec un succès éclatant. Elle parcourut de nouveau les principales villes de l'Union, puis passa l'Atlantique, voyage où sa réputation l'avait précédée et débuta à Londres, au théâtre de Covent-Garden, dans le rôle d'Amina de la *Sonnambula*, le 14 mai 1861. Elle fit « sensation », et joua successivement avec le même bonheur: *Lucia*, la *Traviata*, *Don Giovanni*, *Marta*, *il Barbiere*. Après une fructueuse tournée en Hollande, en Belgique, en Prusse et en Autriche, elle revint à Londres où, en 1863, elle aborda pour la première fois le rôle difficile de Ninetta dans la *Gazza ladra;* elle y parut ensuite dans les rôles de Norina de *Don Pasquale* et d'Adina de l'*Elisire d'Amore*, puis, en 1864, dans celui de Marguerite du *Faust* de M. Gounod. Entrée au Théâtre italien de Paris, Mlle Adelina Patti en devint immédiatement un des premiers sujets et l'idole du public. Elle y reparut chaque année, jusqu'en 1870, alternant avec Londres, Bruxelles et autres grandes villes de l'Europe. Après une brillante saison à Saint-Pétersbourg, pendant laquelle le czar lui conféra l'ordre du mérite et le titre de première chanteuse de la cour impériale, la Patti fit une nouvelle excursion aux Etats-Unis. A son retour, elle joua de nouveau dans les capitales de l'Europe, sans oublier Londres, où un engagement déjà ancien l'appelait, pendant la *season* de 1877. Elle avait été en Italie, dans cette dernière période, et chanté notamment *Aida* à l'Apollo de Rome, elle revenait à Paris en 1874, puis, après une tournée artistique dans les grandes villes, chantait tour à tour à Bruxelles (1875), à Saint-Pétersbourg (1876-77), à Vienne ensuite, pour revenir à Paris, où elle devait chanter pendant toute la saison d'hiver, à partir du 3 novembre 1877 — sauf dédit de 100,000 fr. — au Théâtre-Italien. Le répertoire de la Patti est très étendu. Aux opéras que nous avons cités il faudrait ajouter au moins: *Linda*, *Rigoletto*, *Crispino et la comare*, le *Pardon de Ploermel*, *Romeo et Juliette*, etc.

En mai 1868, Mlle Adelina Patti épousait à l'Eglise catholique de Clapham (Londres) M. le marquis de Caux, écuyer de l'empereur, lequel consentait à ce qu'elle poursuivît la carrière théâtrale. Le marquis de Caux donna sa démission et suivit sa femme dans toutes ses pérégrinations, jusqu'au jour où, à la suite d'un scandale public dont les journaux ont beaucoup parlé, la marquise de Caux engageait, le 15 février 1877, un procès en séparation de corps contre son mari. Cette satisfaction obtenue, la célèbre cantatrice continua ses « tournées » à l'étranger, qu'elle n'avait pas interrompues pour si peu, en compagnie du ténor Nicolini (voyez ce nom), association extrêmement fructueuse dans tous les cas. Ces deux artistes ont reparu à Paris, sur la scène de la Gaité, devenue théâtre lyrique, en 1880. Dans la saison de 1884, où ils jouaient à Londres, les journaux nous ont appris que Mlle Adelina Patti avait paru dans la scène du bal de la *Traviata* avec 2 millions et demi de diamants sur elle. On sait qu'il s'agit de la *Dame*

aux camélias transformée en opéra italien, et que d'autres artistes ont fait servir cette scène fameuse à l'exhibition de leurs richesses. Aussitôt qu'il fut possible, la séparation de corps qui avait été prononcée entre M. de Caux et sa femme fut convertie en arrêt de divorce, qui fut suivi rapidement du mariage de Mlle A. Patti avec M. Nicolini, devant le consul français à Swansea (9 juin 1886).

PATTI, Carlotta, cantatrice italienne, sœur de la précédente, née à Florence en 1840, chanta d'abord aux concerts de l'Académie de musique de New-York, où elle débuta en 1861; parcourut ensuite les principales villes de l'Union et se décida à aborder la scène, où elle parut pour la première fois à l'Opéra italien de New-York, en 1863. Elle vint ensuite en Europe et joua principalement à Londres, à Paris et à Vienne. En 1871, elle partait pour l'Amérique et visitait successivement les États-Unis, Rio de Janeiro, Buenos-Aires, Montevideo et Valparaiso où, recevant les premières nouvelles de l'état lamentable dans lequel se trouvait la France, elle organisa immédiatement un concert à son bénéfice, lequel produisit 25,000 francs qui furent envoyés en France aussitôt. De Valparaiso, Carlotta Patti se rendit à Santiago de Chili, puis à Lima. De retour à Paris en 1872, elle organisa au Cirque des Champs-Elysées un grand festival musical au bénéfice des orphelins de la guerre. Elle donna de nouveaux concerts à Nice, à Rome, à Naples, etc., et repartit pour les Etats-Unis, engagée par M. Maurice Strakosch. En 1874, Mlle Carlotta Patti était de retour à Paris, et y chantait notamment dans le concert donné au Grand-Hôtel par Roger, en mai. Elle est retournée aux Etats-Unis, où elle a épousé, au mois d'août 1884, un habile violoncelliste nommé de Muncke. — Malgré un grand talent et une voix admirable, Mlle Carlotta Patti a toujours montré une grande répugnance pour le théâtre, et doit en effet ses plus grands succès à ses concerts. Il faut sans doute attribuer cette préférence à une certaine claudication dont la conscience plutôt que l'effet réel l'impressionnerait trop vivement.

PAULIN-MÉNIER, René Lecomte (dit), acteur français, fils d'artistes, est né à Nice le 7 février 1829, Il étudia d'abord la peinture, puis s'exerça sur la scène du théâtre Comte et obtint un modeste engagement à l'Ambigu. Dès cette époque, nous avons vu M. Paulin-Ménier alterner presque exclusivement entre les trois principaux théâtres de drame du boulevard : l'Ambigu, la Gaîté et la Porte Saint-Martin, dont un seul aujourd'hui paraît survivre à l'immense démolition du boulevard du Temple et à la dispersion des scènes populaires. Il a joué principalement à l'Ambigu, dans les *Mousquetaires*, la *Closerie des Genêts*, *Roquelaure (1853)*; le *Château des Tilleuls (1854)*; *Molière*, les *Paysans*, le *Drame de famille*, etc. ; puis à la Gaîté, dans le *Médecin des enfants (1855)* et surtout le *Courrier de Lyon*, si souvent repris, dans lequel sa création du rôle de Chopart est devenue légendaire (1856). Après un premier retour à l'Ambigu, où il paraît dans la *Case de l'oncle Tom (1857)*, M. Paulin-Ménier revient à la Gaîté et y joue successivement les *Cosaques*; le *Savetier de la rue Quincampoix (1859)*; l'*Escamoteur (1860)*; la *Fille du paysan (1862)*. Passé à la Porte Saint-Martin, il y joue, entre autres pièces, les *Drames du cabaret (1864)*. — Plus récemment, nous l'avons revu à l'Ambigu dans le rôle de Martel de *Canaille et compagnie (1873)* et dans celui de Mathis du *Juif polonais*, repris à ce théâtre (1877).

PAULMIER, Charles Ernest, homme politique français, né à Caen le 2 avril 1848, est fils d'un ancien député officiel de l'Empire, sénateur du Calvados non réélu au renouvellement du 25 janvier 1885. Il fit son droit à Paris, s'inscrivit au barreau, mais n'exerça que peu ou point, et devint maire de Bretteville en 1878 et conseiller général du Calvados en 1883. Il a été élu député du Calvados le 4 octobre 1885, sur la liste monarchiste.

PAVET DE COURTEILLE, Abel Jean-Baptiste, orientaliste français, né à Paris le 23 juin 1821, fit ses études au lycée de Versailles et se livra aussitôt à l'étude des langues de l'Orient, principalement de la langue turque. Chargé du cours de turc au Collège de France, M. Pavet de Courteille a été élu membre de l'Académie des inscriptions et belles-lettres en mars 1873, en remplacement du vicomte de Rougé; il est membre de la Société asiatique et de plusieurs autres sociétés savantes, et chevalier de la Légion d'honneur depuis 1866. — M. Pavet de Courteille a publié : *Dictionnaire turc puisé aux sources originales (1850)*; *Conseils de Nabi-Effendi à son fils Abou'l-Khaïr*, traduction (1857); *Histoire de la campagne de Mohacz*, traduite de Kémal-Pacha-Zâdech (1859) ; les *Prairies d'or*, traduit de l'arabe, de Maçoudi, avec M. Barbier de Meynard (1861-65) ; *Mémoires du sultan Baber, conquérant de l'Inde et fondateur de la dynastie du Grand Mogol (1871)* ; *Etat actuel de l'Empire ottoman, d'après les documents officiels*, avec M. Ubicini (1876), etc.

PEDRO II D'ALCANTARA, Jean Charles Léopold Salvador Vivien François-Xavier François-de-Paule Léocadio Miguel Gabriel Raphael Gonzague, empereur du Brésil, né le 2 décembre 1825, est fils de don Pedro Ier et de Léopoldine, archiduchesse d'Autriche, morte en 1826, et le descendant par conséquent des trois grandes maisons royales de Bragance, Bourbon et Habsbourg. En lutte depuis plusieurs années avec les libéraux et les démocrates avancés, que le caractère personnel de son gouvernement avait ligués contre lui, et en présence de l'imminence d'une catastrophe dynastique, Don Pedro Ier abdiquait en faveur de son fils, le 7 avril 1831. Il donnait pour tuteur au jeune souverain l'ancien chef du parti démocratique, exilé, et qui s'était réfugié en France, don Bonifacio Jose de Andrada y Sylva ; mais, comme il arrive infailliblement en pareil cas, l'acceptation par celui-ci de ce poste de confiance lui fit perdre sa popularité. Après l'avoir occupé, au milieu des plus grandes difficultés, pendant deux ans, Andrada fut arraché de force du palais impérial dans un mouvement populaire et fut destitué à la suite de ces événements. Le Conseil de régence eut donc le soin direct de l'éducation du jeune prince, que surveillèrent d'ailleurs avec la plus grande sollicitude ses deux sœurs, dona Januaria, mariée au comte d'Aquila, frère du roi de Naples, et dona Francisca, femme du prince de Joinville. Le 23 juillet 1840, don Pedro II, quoique n'ayant pas seize ans, fut déclaré majeur par les Chambres et couronné solennellement le 18 juillet 1841. Le parti républicain fédéral répondit par un soulèvement qui prit bientôt, malgré les premiers avantages remportés par le général impérialiste Caxias, une importance menaçante, et qu'il fallut près de dix-huit mois de luttes pour réduire définitivement. Depuis lors, don Pedro II gouverna paisiblement son empire. Les faits de guerre de son règne sont peu nombreux, quoique non entièrement dénués d'importance. En 1851-52, un contingent brésilien combattait sous les ordres du général argentin Urquiza, dans les rangs de l'armée de l'Indépendance, contre le dictateur Rosas, dont ce secours facilita le renversement définitif. En 1862, des difficultés ayant surgi entre son gouvernement et celui de la Grande-Bretagne, le cas fut soumis d'un commun accord à l'arbitrage du roi des Belges qui se prononça en faveur du Brésil. En 1865, enfin, don Pedro signait un traité d'alliance avec l'Uruguay et la République argentine contre le Paraguay et son président, l'indomptable Lopez. La guerre, commencée en 1866, se poursuivit avec des fortunes diverses, mais en créant de sérieux périls et en décimant les contingents alliés d'une manière effroyable, jusqu'au 1er mars 1870, jour où Lopez, dont le principal adversaire dans les derniers temps avait été le comte d'Eu (voyez ce nom), gendre de l'empereur, fut surpris par un corps de cavalerie brésilien à Aquidubon, entouré d'un fort petit nombre des derniers soldats restés fidèles à son destin, et tué dans la lutte inégale qui suivit son refus de se rendre. Son intervention contre Rosas valut au Brésil, outre la libre navigation de la Plata, un agrandissement de territoire ; celle contre Lopez lui assura des avantages équivalents, mais l'interprétation des termes du traité faillit amener, en 1872, de nouvelles difficultés, cette fois avec la République argentine. Elles étaient heureusement levées l'année suivante, grâce à l'intervention du plénipotentiaire argentin, général Mitre (voyez ce nom), signataire du traité de 1865.

L'empereur du Brésil est l'un des souverains les plus courtois, les plus libéraux en même temps que les plus instruits des deux hémisphères. Habile à tous les exercices de corps, cavalier accompli, il écrit et parle couramment, outre sa langue maternelle et les divers idiomes de son empire, l'espagnol, l'italien, le français, l'anglais et l'allemand, et est très versé dans les littératures nationales de l'Europe et de l'Amérique. Il a fait les plus intelligents efforts pour le développement de la prospérité industrielle et commerciale de son empire et s'est montré, en toute circonstance, le protecteur éclairé de l'industrie privée, de la science, des lettres et des arts. Enfin, après avoir décrété, en 1850, l'abolition de la traite des esclaves, don Pedro s'est efforcé d'ouvrir aux agriculteurs brésiliens de nouvelles sources où ils pussent obtenir les ouvriers dont ils avaient besoin et, de toutes les façons, de leur ménager une transition supportable entre l'ancien et le nouveau système, entre le travail de l'esclave et le travail libre. Il attira, par des concessions avantageuses, les colons européens au Brésil, favorisa la création de petits établissements à ceux qui, au lieu de louer leur travail, pouvaient s'installer comme *petits propriétaires agriculteurs*. Le terrain ainsi préparé, il décrétait, en 1871, l'abolition graduelle de l'esclavage au Brésil. En 1860, il visitait en détail son vaste empire, étudiant ses richesses, ses ressources, ses besoins, et ouvrait aux navires de toutes les nations, en 1867, la navigation de l'Amazone. En 1871, il fit un premier tour d'Europe, visitant principalement la France, la Belgique, l'Angleterre et l'Italie. En 1876-77, don Pedro II entreprenait un nouveau voyage, réclamé par l'état de santé de l'impératrice, dans lequel il visitait les États-Unis, puis l'Europe ; fréquentant plus volontiers les corps savants que les théâtres d'opérette, fait bien digne de remarque par sa rareté, il dîne avec le poète Longfellow, à Cambridge (États-Unis), après avoir été jeter des fleurs sur la tombe de Washington, serre la main au chimiste Bunsen à son passage à Heidelberg et passe le plus clair d'un séjour prolongé à Paris, en compagnie d'académiciens et de membres des sociétés savantes les plus variées. — Elu membre de la Société de géographie de Paris en 1868, correspondant de l'Académie des sciences le 1er mars 1875 et associé étranger le 25 juin 1877, S. M. don Pedro II a reçu depuis les diplômes de membre associé de la Société américaine de France, membre honoraire de la Société zoologique et, pour tout dire de la plupart des sociétés savantes françaises, sans parler des autres. — L'empereur du Brésil a épousé, le 30 mai 1843, la princesse Thérèse Christine Marie, fille du roi de Naples, feu François Ier, née le 14 mars 1822, dont il a eu : la princesse Isabelle, née le 29 juillet 1846, mariée *au comte d'Eu, fils* aîné du duc de Nemours, le 1er octobre 1864, héritière du trône impérial, et la princesse Léopoldine, née le 13 juillet 1847.

PELIGOT, Eugène Melchior, chimiste français, né à Paris le 24 mars 1811, s'adonna de bonne heure aux recherches scientifiques, bornant d'abord ses travaux à des expériences sur la fabrication du sucre, puis bientôt l'étendant aux expériences de chimie générale. Délégué de la Chambre de commerce de Paris à l'exposition industrielle de Vienne, en 1845, il publia au retour un rapport remarquable sur les produits de cette exposition et fut nommé professeur de chimie générale dans ses rapports avec l'industrie au Conservatoire des Arts et Métiers, chaire qu'il occupe encore, puis essayeur à la Monnaie. M. Péligot a fait partie de diverses commissions officielles, notamment en 1876, de la commission chargée de préparer l'organisation du nouvel Institut agricole. Elu, en 1852, membre de l'Académie des sciences, dans la section d'économie rurale, en remplacement du baron Silvestre, M. Péligot a été vice-président de cette académie en 1876 et président en 1877. — Parmi ses nombreux ouvrages, il faut citer : *Recherches sur l'analyse et la composition chimique de la betterave à sucre (1839)*; *Rapport sur les expériences relatives à la fabrication du sucre et à la composition de la canne à sucre (1842-43)*; *Rapport sur les produits exposés à Vienne en 1845 (1846)*; une édition du *Traité pratique d'Analyse chimique* de H. Rose (1848); *Douze leçons sur l'art de la verrerie (1862)*; le *Verre, son histoire, sa fabrication (1877)*: outre de nombreux mémoires dans le *Recueil* de l'Académie et des articles dans la presse périodique spéciale. — M. Péligot a été promu grand officier de la Légion d'honneur le 7 juillet 1885.

PÉLISSIER, Philippe Xavier, général et homme politique français, sénateur, frère du feu duc de Malakoff, est né à Vouges (Côte d'Or) le 4 décembre 1812. Entré à l'Ecole polytechnique en 1832, il en sortit sous-lieutenant élève de l'École d'application, qu'il quitta en 1836 comme lieutenant d'artillerie. Capitaine en 1840, il passa dans l'artillerie de marine, devint commandant en 1852, et fut attaché à son frère en 1854. Il fit, en conséquence, la campagne de Crimée, prit une part active aux opérations du siège de Sébastopol, où il commandait les batteries d'attaque et fut promu lieutenant-colonel en juin 1855. Colonel en juin 1856, il fut nommé général de brigade le 26 août 1861 et devint inspecteur-général de l'artillerie et des forges, fonderies et arsenaux de la marine. Le général Pélissier prit part aux combats livrés autour de Paris pendant le siège et fut blessé d'un éclat d'obus à Nogent-sur-Marne. Nommé général de division le 22 novembre 1870, M. le général Pélissier a été promu grand croix de la Légion d'honneur le 6 juillet 1872. — Après la conclusion de la paix, il rentra dans ses propriétés de la Haute-Marne et fut élu membre du Conseil général, dont il devint président en 1875 ; mais il fut remplacé au fauteuil à la session d'août 1876, par M. de Beurges, représentant monarchiste à l'Assemblée non réélu le 20 février précédent. — M. le général Pélissier a été élu sénateur de la Haute-Marne, le premier de la liste, aux élections du 30 janvier 1876, et a pris place au centre gauche. Il a été réélu au renouvellement du 5 janvier 1879. Il est questeur du Sénat depuis janvier 1878.

PELLET, Eugène Antoine Marcellin, publiciste et homme politique français, né à Saint-Hippolyte-du-Fort (Gard) le 4 mars 1839, fit ses études au lycée de Montpellier et son droit à Paris, fut reçu avocat et s'inscrivit au barreau de la capitale, mais s'occupa surtout de journalisme, collaborant à la *Cloche*, dirigée par M. Louis Ulbach, ainsi qu'à l'*Indépendant*, à l'*Avenir*, à la *République* du Midi, et au *Gard républicain*. Il remplissait en même temps les fonctions de secrétaire auprès de M. Cazot, député de Gard, aujourd'hui sénateur inamovible, lequel appuya chaudement sa candidature auprès des électeurs du Vigan, qui le choisirent pour député le 20 février 1876. Il prit place au groupe de l'Union républicaine et fut réélu le 14 octobre 1877 et le 21 août 1881 ; mais il échoua aux élections d'octobre 1885. Il a été nommé consul de France à Livourne le 29 août 1886. — M. Marcellin Pellet a fait la campagne de 1870 dans les rangs des mobilisés, à l'armée de la Loire et a été fait prisonnier à la bataille du Mans. — Il a publié : *Elysée Loustalot et les Révolutions de Paris, 1789-1790 (1871)* et les *Actes des Apôtres, ou la presse royaliste en 1789 (1872)*, formant les deux premiers volumes d'une *Encyclopédie de la Révolution française; Vanités révolutionnaires (1884)*, etc.

PELLETAN, Charles Camille, publiciste et homme politique français, né à Paris le 23 juin 1846, est le fils du sénateur républicain, écrivain remarquable, mort en 1884. Il fit ses études au lycée Louis-le-Grand, puis se fit admettre à l'École des chartes et obtint le diplôme d'archiviste paléographe en 1869. Il se lança presque aussitôt dans le journalisme, collaborant principalement à la *Tribune* hebdomadaire, dont son père était un des fondateurs, puis au *Rappel*, qu'il ne quitta que pour prendre la rédaction en chef de la *Justice*, journal fondé par M. Clémenceau, au commencement de 1880. Aux élections du 21 août 1881, M. Camille Pelletan se portait candidat à la fois dans la 2e circonscription d'Aix-en-Provence et dans la 2e circonscription du Xe arrondissement de Paris, comme candidat radical. Elu dans ces deux collèges, il opta pour Aix et prit place à l'extrême-gauche. Aux élections d'octobre 1885, il était élu député des Bouches-du-Rhône au scrutin du 18. Il a voté l'expulsion totale des princes. — On lui doit : la *Forme et la composition des chansons de geste*, sa thèse d'archiviste (1869); le *Théâtre de Versailles*, comptes rendus des séances de l'Assemblée nationale (1876); *Question d'histoire : le Comité central et la Commune (1879)*; la *Semaine de mai 1871 (1880)*.

PENCO, Rosina, dame Elena, cantatrice italienne, née à Naples, de parents génois, en avril 1830, y fit ses études musicales. Elle parut pour la première fois sur la scène à Copenhague, dans la *Lucia*, fit ensuite une tournée fructueuse dans les provinces du Danemark et de la Suède, où elle joua les meilleurs rôles de soprano du répertoire italien, puis vint à Stockholm, où elle reçut un accueil enthousiaste. Elle parut ensuite à Berlin en 1849, à Constantinople en 1850-51; retourna en Italie et joua successivement à Florence, Trieste, Naples, etc., en 1852; à Rome, en 1853; à Gênes, où elle créa l'*Edita*, du comte Litta, et où elle épousa un jeune homme appartenant à une famille distinguée, M. Elena. Elle partit ensuite pour Madrid, où elle joua de manière à ne se laisser point oublier par le public madrilène, la *Traviata*, *il Trovatore*, dont le rôle de Leonora avait été

écrit spécialement pour elle à Rome par M. Verdi; *les Vespri siciliani, Don Pasquale*. Vers la fin de 1855, Mme Penco était engagée au Théâtre-Italien de Paris, où elle joua jusqu'en 1864, outre les ouvrages déjà cités, *Otello, Matilda, il Giuramento, Poliuto, un' Ballo in maschera*, etc. A partir de 1850, elle alla chanter pendant la saison à Londres, au théâtre de Covent-Garden, avec un égal succès. En 1865, Mme Penco chantait à Madrid. Elle a depuis reparu en Italie et dans diverses capitales de l'Europe, notamment à Paris en 1872, et à Saint-Pétersbourg en 1874. — Parmi les ouvrages écrits pour elle, que nous n'avons pas mentionnés, il convient de rappeler : *Elena di Tolosa* et *Marco Visconti* de Petrella, *l'Assedio di Firenze* de Bottesina et le *Comte Leicester*, de Badia.

PÈNE (de), Henri, publiciste français, né à Paris le 25 avril 1830, fit ses études au collège Rollin, puis suivit les cours de l'École de droit; mais des revers de fortune l'obligèrent à suspendre ses études de droit et à se créer des ressources. M. de Pène se lança dès lors dans le journalisme. Après avoir collaboré, comme écrivain politique, à *l'Événement*, il devint, vers la fin de 1849, secrétaire de la rédaction de *l'Opinion publique*, feuille légitimiste dirigée par Alfred Nettement; ce journal n'ayant pas survécu au coup d'Etat, M. de Pène rédigea la chronique à la *Revue contemporaine*, fondée par le marquis de Belleval le 15 avril 1852, jusqu'en 1855, époque à laquelle M. A. de Calonne, devenu propriétaire de ce recueil, le transforma en organe littéraire officieux. De 1855 à 1857, M. de Pène envoya au *Nord* de Bruxelles des « courriers de Paris » signés du pseudonyme de *Nemo*, dont il signa également ses chroniques du *Figaro* de 1857 à 1858. Au mois de mai de cette dernière année, à l'occasion d'une de ces chroniques où, en quelques lignes concises mais fort claires, il traitait d'une manière peu convenable, il faut le dire, les sous-lieutenants de l'armée en général, mais tout particulièrement ceux d'un régiment de chasseurs en garnison dans le voisinage, il reçut deux provocations presque simultanées, répondit à la première et blessa légèrement son adversaire; mais l'un des témoins de celui-ci, qui n'était autre que son second provocateur, le contraignit à se battre de nouveau, et cette fois M. de Pène fut grièvement blessé. Quels que fussent ses premiers torts, il faut reconnaître qu'ils ont été largement expiés; nous ne saurions en dire autant de ceux de son second adversaire dans ce duel désormais inégal, lesquels soulevèrent d'ailleurs une réprobation unanime. A partir de son rétablissement jusqu'à l'investissement de Paris par les troupes allemandes, M. de Pène a adressé à *l'Indépendance belge* un « courrier de Paris » hebdomadaire, signé d'abord « Mané » puis H. de Pène, et un autre, au *Journal de Saint-Pétersbourg*. Il a collaboré, en outre, à la *France*, lors de sa fondation (1862), à *l'Epoque*, à la *Revue européenne*, etc., et a pris en 1867 la direction de la *Gazette des étrangers*. Il fonda en 1868, avec M. Edmond Tarbé, le journal le *Gaulois*, dont il se sépara avec éclat quelques mois après pour transformer la *Gazette des étrangers* en un journal similaire, dont le type avoué est le *Figaro*, lequel, après avoir végété quelque temps sous le titre un peu bref de *Paris* est devenu *Paris-Journal*, avec M. de Pène pour rédacteur en chef et pour collaborateur excessivement laborieux, usant de divers pseudonymes, afin de dissimuler, autant que possible, son étonnante fécondité, principalement de celui de *Loustalot*. Ce journal a fini par se fondre avec le *Gaulois*. Pendant la commune de Paris, M. de Pène, à la tête de la manifestation pacifique des amis de l'ordre (22 mars 1871), fut blessé d'un coup de feu rue de la Paix. — Il a publié à part : un *Mois en Allemagne, Nauheim; Paris intime (1859); Paris aventureux (1860); Paris mystérieux (1861); Paris viveur (1862); Paris effronté (1863); Paris amoureux (1864)*, recueils d'articles; *Trop belle*, roman (1886), etc. Il a fait représenter à Bade, en 1861 : *A la campagne*, comédie en trois actes, écrite en société avec Mlle Augustine Brohan. — M. de Pène est chevalier de la Légion d'honneur depuis 1861.

PÉRALDI, Nicolas Joseph, homme politique français, né à Ajaccio le 18 mars 1841. Président de la chambre des notaires, maire de sa ville natale, il fut révoqué, en cette dernière qualité, après l'acte du 16 mai 1877, mais réintégré dans ses fonctions après les élections d'octobre et fut élu au Conseil général de la Corse en août 1880. Aux élections de 1881, il se présenta comme candidat républicain dans l'arrondissement d'Ajaccio, fut élu au scrutin du 4 septembre et prit place à gauche. M. Péraldi a été élu sénateur de la Corse le 25 janvier 1885. Il s'est abstenu lors du vote du projet de la loi d'expulsion des princes. — M. Péraldi est chevalier de la Légion d'honneur depuis 1879.

PERCY, John, chimiste et minéralogiste anglais, est né à Nottingham en 1817, et a fait ses études scientifiques à Paris et à Edimbourg. A cette dernière université, il fut élève de sir C. Bell et prit le grade de docteur en médecine. Le docteur Percy est professeur de métallurgie à l'Ecole royale des mines depuis 1851. — On lui doit : la *Métallurgie, ou l'art d'extraire les métaux et de les rendre propres aux divers emplois industriels (1861, pl.)*; la *Métallurgie de l'or, de l'argent et du plomb (1869)*; la *Métallurgie du plomb*, etc. (the Metallurgy of Lead, including desilverisation and cupellation, 1871), etc. Il a reçu la médaille Bessemer de l'Institut du fer et de l'acier en 1877. — Le docteur John Percy est membre de la Société royale.

PEREZ GALDÓS, Benito, littérateur espagnol, né à Las Palmas (Canaries) en 1845. Il fit ses études en Espagne, se fit connaître de bonne heure comme écrivain d'imagination, et fut quelque temps rédacteur en chef de la *Revista de España* de Madrid. — On cite de cet écrivain : la *Fontana de oro* et *El Audaz*, romans historiques (1871); *Episodios nationales*, ouvrage écrit, en deux séries, à l'imitation des célèbres romans nationaux d'Erckmann-Chatrian et dont la matière est empruntée respectivement à la guerre de l'indépendance contre Napoléon et aux luttes des libéraux contre la tyrannie de Ferdinand VII (1872-74). Ces romans historiques ont eu un grand succès, tant dans les Etats de l'Amérique espagnole qu'en Espagne. Ils furent suivis de : *Bailén (1873-75); Napoleon en Chamartin, Cadiz, Juan Martin el Empecinado (1874); la Batalla de los Arapiles (1875); El Terror de 1824 (1877); Doña Perfecta, Gloria (1878); Marienela, la Familia de Leone Roch (1881)*, etc.

PÉRIER, Charles Fortunat Paul, dit Casimir-Périer, frère puîné du ministre de M. Thiers et fils de l'homme d'Etat célèbre du gouvernement de juillet, est né à Paris le 12 décembre 1872. Armateur au Havre, il accepta, sans passé politique personnel, la candidature républicaine dans la 2e circonscription du Havre, aux élections du 14 octobre 1877. Il échoua. Mais l'élection de son concurrent, trop bien appuyé par l'administration, ayant été annulée par la Chambre, une nouvelle épreuve fit triompher la candidature de M. Périer le 7 juillet 1879. Il s'inscrivit au groupe de la gauche républicaine. Réélu le 21 août 1881, il était élu député de la Seine-Inférieure le 4 octobre 1885, en tête de la liste. M. Périer a voté contre l'expulsion des princes.

PÉRIER, Paul Pierre Jean Casimir, homme politique français, fils du ministre de M. Thiers, mort sénateur inamovible en 1876 et petit-fils du célèbre ministre de Louis-Philippe, neveu par conséquent du précédent, est né à Paris le 8 novembre 1847. Il fit de brillantes études et prit le grade de licencié ès-lettres. Pendant la guerre, M. J. Casimir Périer prit part à la défense de Paris comme officier des mobiles de l'Aube, qui se distinguèrent particulièrement au combat de Bagneux, fut porté à l'ordre du jour pour sa conduite dans cette affaire et décoré de la Légion d'honneur. Chef du cabinet de son père, ministre de l'intérieur, d'octobre 1871 à février 1872, il était élu au Conseil général de l'Aube en 1874 et en est devenu le président. Elu député de l'arrondissement de Nogent-sur-Seine le 21 août 1876, sans concurrent, comme candidat républicain, M. J. Casimir Périer s'inscrivit au centre gauche et à la gauche républicaine. Le 14 octobre 1877, il fut élu contre le concurrent bonapartiste que lui avait suscité l'administration, avec une majorité énorme, et le 21 août 1881, contre un candidat radical qui n'obtint qu'un millier de voix. Démissionnaire en février 1883, pour ne pas s'associer aux premières mesures hostiles aux princes des maisons souveraines, ses électeurs le renvoyaient à la Chambre deux mois après. Il a été élu député de l'Aube en tête de la liste républicaine le 4 octobre 1885, et lors du vote des projets d'expulsion des princes, il s'abstint : attitude qui se justifie tout aussi bien qu'une démission. M. Jean Casimir Périer a été sous-secrétaire d'Etat aux ministères de l'instruction publique et de la guerre dans les précédentes législatures; il est vice-président de la Chambre des députés.

PÉRILLIER, Jules, homme politique français, avocat, né à Nîmes le 20 novembre 1841. Il fit son droit à Paris et s'inscrivit au barreau, puis s'enrôla au moment de la guerre et fut attaché à l'état-major du général Saussier. Après la paix il rentra au barreau, devint maire de Varennes (Seine-et-Oise) et fut un des organisateurs du comité radical de ce département. Porté aux élections d'octobre 1885 sur la liste radicale de Seine-et-Oise, M. Périllier fut élu député au scrutin du 18 et prit place à l'extrême-gauche. Il a voté l'expulsion totale des princes.

PÉRIN, Georges Charles Frédéric Hyacinthe, avocat et homme politique français, né à Arras le 1er juillet 1838. En 1869, il succéda à feu Elie Ducoudray, comme rédacteur en chef du *Libéral* de Limoges, avec lequel il fit une brillante campagne électorale; il collabora ensuite à la *Cloche*, et fut nommé, après le 4 septembre 1870, préfet de la Haute-Vienne, puis commissaire extraordinaire au camp de Toulouse. Aux élections du 8 février 1871, il se présenta dans la Haute-Vienne, et échoua, arrivant immédiatement après le dernier élu et le premier de la liste républicaine. Elu, le 11 mai 1873, représentant de ce département, et député de la 1re circonscription de Limoges le 20 février 1876, il siégea à l'extrême-gauche dans les deux assemblées. M. Georges Périn a été réélu le 14 octobre 1877 et le 21 août 1881. Il a pris une grande et sérieuse part aux travaux de la Chambre, traitant plus spécialement les questions économiques relatives au commerce international, à la marine et aux colonies. Aux élections d'octobre 1885, M. George Périn a été élu au scrutin du 18, à la fois dans la Seine le cinquième sur trente-huit, et dans la Haute-Vienne en tête de la liste républicaine. Il a opté pour ce dernier département et a voté l'expulsion totale des princes. — M. G. Périn a publié : le *Camp de Toulouse*, réponse au rapport de M. de Rességuier (1873).

PERRAS, Jean Claude Etienne Edmond, homme politique français, grand manufacturier à Cublize (Rhône), dont il a été maire et a été révoqué le 13 septembre 1877; il est né dans cette ville, le 7 juillet 1835. Elu, le 20 février 1876, député de la 2e circonscription de Villefranche, il siégea à gauche. — M. Perras a été réélu le 14 octobre 1877 et le 21 août 1881 dans la même circonscription. Aux élections sénatoriales partielles du 25 janvier 1885, pour le Rhône, il s'est présenté pour remplacer M. Vallier, décédé, et a été élu au troisième tour. Il a voté l'expulsion des princes.

PERRAUD, Charles, prélat, membre de l'Académie française, né à Lyon le 8 février 1828. Elève de l'Ecole normale supérieure, il se fit recevoir agrégé d'histoire en 1850, et professa quelque temps cette classe; puis il entra à l'Oratoire, fut ordonné prêtre et, ayant pris le grade de docteur en théologie, fut appelé à la chaire d'histoire ecclésiastique à la faculté de théologie de Paris. Il a été nommé évêque d'Autun par décret du 10 janvier 1874, préconisé le 4 mai et sacré à Paris le 29 juin. M. Ch. Perraud a été élu membre de l'Académie française, en remplacement d'Auguste Barbier, le 8 juin 1882. On a rappelé à cette occasion qu'il était le quatre-vingt-seizième membre du clergé que l'Académie française admettait dans son sein. — On lui doit : *Etudes sur l'Irlande contemporaine (1862*, 2 vol.) et l'*Oratoire de France aux XVIIe et XIXe siècles (1865)*, ses deux ouvrages les plus importants; les *Paroles de l'heure présente, 1870-1871*, méditations (1872) : des discours, oraisons funèbres, panégyriques, etc., et quelques brochures d'actualité. — M. Perraud est chevalier de la Légion d'honneur depuis 1876.

PERRENS, François Tommy, historien français, né à Bordeaux le 20 septembre 1822, fit ses études au lycée de sa ville natale et fut admis à l'Ecole normale supérieure en 1843. Successivement professeur à Bourges, à Lyon et à Montpellier, il prit le grade de docteur ès lettres en 1853 et devint professeur de la classe de seconde, puis de la classe de rhétorique au lycée Bonaparte et, en 1862, répétiteur de littérature à l'Ecole polytechnique, où il est devenu professeur du même cours et inspecteur de l'Académie de Paris en 1875. — M. T. Perrens a collaboré au *Journal général de l'instruction publique*, à la *Revue des Deux-Mondes*, etc., et a publié : *Jérôme Savonarole, ses prédications*, etc., thèse de doctorat (1853), ouvrage couronné par l'Académie française et traduit en plusieurs langues; *Deux ans de révolution en Italie (1857)*; *Etienne Marcel et le gouvernement de la bourgeoisie au XIVe siècle (1860)*; *Histoire de la littérature italienne (1867)*; les *Mariages espagnols sous Henri IV et Marie de Médicis (1868)*, couronné par l'Académie française; *Eloge historique de Sully (1870)*, également couronné par l'Académie; l'*Eglise et l'Etat sous le règne de Henri IV et la régence de Marie de Médicis (1872)*; la *Démocratie en France au moyen âge (1873*, 3 vol.), pour laquelle l'Académie des sciences morales et politiques lui a décerné le prix Jean Reynaud de 10,000 francs, en 1883; *Histoire de Florence* (1876-79, 4 vol.), etc. — Chevalier de la Légion d'honneur depuis 1870, M. Perrens a été promu officier le 12 juillet 1885; il est, en outre, chevalier de l'ordre de Charles III d'Espagne, officier de l'ordre des SS. Maurice et Lazare d'Italie, etc.

PERROT, Georges, archéologue français, né à Villeneuve-Saint-Georges le 12 novembre 1832, fit ses études au collège Charlemagne et entra à l'Ecole normale supérieure en 1852, d'où il passa à l'Ecole française d'Athènes en 1855. De retour en 1858, il se fit recevoir agrégé des classes supérieures et professa successivement aux lycées d'Angoulême, d'Orléans et de Versailles. Chargé en 1861 d'une mission officielle dans l'Asie-Mineure, il fut nommé au retour (1863) professeur de rhétorique au lycée Louis-le-Grand. Reçu docteur ès lettres en 1867, M. G. Perrot a été nommé en 1872 maître des conférences à l'Ecole normale, dont il a été nommé directeur, en remplacement de M. Fustel de Coulanges, par décret du 12 octobre 1883, et professeur d'archéologie à la faculté des lettres en 1877; il avait été élu membre de l'Académie des inscriptions et belles-lettres, en remplacement de Guizot, en 1874. Il est, en outre, membre résidant de la Société des antiquaires de France. — On doit à M. Georges Perrot : *Exploration archéologique de la Galatie, de la Bythinie, d'une partie de la Mysie*, etc. (1863 et suiv., in-f°); *Souvenirs d'un voyage en Asie-Mineure*, extraits du précédent; *Mémoire sur l'île de Thasos; De l'état actuel des études homériques; Leçons sur la science du langage* (Lectures on the science of language), de M. F. Max Müller (1864); l'*Ile de Crète, souvenirs de voyage (1866)*; *Essai sur le droit public et privé de la république athénienne*, ouvrage couronné par l'Académie française et *De Galatia, provincia romana*, thèses de doctorat (1867), *les Précurseurs de Démosthènes (1873)*, ouvrage qui a obtenu le prix Bordin de l'Académie française; la traduction des *Essais sur la mythologie comparée*, de Max Müller (même année); *Mélanges d'archéologie, d'épigraphie et d'histoire (1875)*, etc. M. Perrot a collaboré à la *Revue de l'instruction publique*, à la *Revue archéologique*, à la *Revue des Deux-Mondes*, etc. Chevalier de la Légion d'honneur depuis 1866, il a été promu officier le 13 juillet 1882.

PESSARD, Hector Louis François, journaliste et homme politique français, né à Lille le 22 août 1836, fit ses études au lycée Bonaparte et débuta dans le journalisme à vingt ans. Après avoir collaboré au *Figaro* puis à la *Gironde*, réclamé par la conscription, il resta au service jusqu'en 1860, se fit exonérer à cette époque et entra dans l'administration des douanes. Il était employé dans une petite localité du département du Nord lorsque, l'ancien journaliste reparaissant sous l'enveloppe encore mince du fonctionnaire, il devint collaborateur de l'*Impartial* de Valenciennes. Dans son impartialité, l'administration lui fit comprendre qu'un pareil cumul était impossible; forcé d'opter, il donna sa démission, revint à Paris, où il agit comme correspondant du *Mémorial des Deux-Sèvres* et du *Phare de la Loire*, puis entra au *Temps* en 1863. Il écrivit ensuite au *Courrier du Dimanche*, puis entra à la *Liberté*, dirigée par E. de Girardin, en 1866. L'année suivante, il passait à l'*Epoque*, avec Clément Duvernois, y restait assez peu de temps, devenait l'agent de Dusautoy, l'ancien propriétaire de l'*Epoque*; puis, abandonnant bientôt cette position, entrait au *Gaulois* au commencement de 1869, comme rédacteur politique de ce journal jusque-là fort peu politique. En mai 1870, M. Hector Pessard devenait rédacteur en chef du *Soir*, qu'il n'a quitté qu'en octobre 1873, après la vente de ce journal. Au mois de février précédent, il avait été appelé par le groupe Casimir Périer à la direction du *Bulletin conservateur républicain*, correspondance adressée à la presse de province. Après la

transformation du *Soir*, M. Pessard sollicita, mais en vain, l'autorisation de créer le *Jour* (c'était sous l'empire de l'état de siège); il adressa alors des correspondances particulières, sous le titre de *Lettres d'un interdit*, aux journaux des départements et écrivit à l'*Epargne française*, journal financier, à l'*Union libérale et démocratique de Seine-et-Oise*, à l'*Evénement*, à l'*Opinion nationale*. Nous devons citer en outre, parmi les recueils auxquels a collaboré M. Hector Pessard, la *Revue moderne*, la *Revue germanique*, le *Dictionnaire général de la politique*, etc. — Lors de l'avènement de M. Ricard au ministère de l'Intérieur, M. Pessard fut nommé directeur de la presse (15 mars 1876); maintenu dans ces fonctions par M. de Marcère, qui n'avait d'ailleurs pas été étranger à sa nomination, il le suivait dans sa retraite en décembre suivant, et devenait peu après rédacteur en chef du *Petit Parisien*, qu'il quittait en août 1877. En décembre suivant, il devenait de nouveau directeur de la presse, mais pour peu de temps. Candidat républicain aux élections municipales de la Seine du 29 novembre 1874, dans le quartier de l'Europe (VIIIe arrondissement), il n'avait obtenu qu'un chiffre de voix insignifiant. Aux élections d'octobre 1885, son nom figurait sur la liste libérale de Seine-et-Oise, qui échouait complètement. M. H. Pessard a été rédacteur en chef du *National de 1869* de décembre 1878 à décembre 1885, et a collaboré ensuite pendant quelque temps à la *République française*. Il est chevalier de la Légion d'honneur. — M. Hector Pessard a publié: *Annuaire parlementaire*, avec Clément Duvernois (1863); *Yo et les principes de 89*, avec préface de Prévost-Paradol (1867); *les Gendarmes, fantaisie administrative (1868)*; *Lettres d'un interdit (1874)*.

Son frère, M. Émile Pessard, s'est fait connaître comme compositeur. Il a fait représenter: le *Capitaine Fracasse*, opéra comique en 3 actes, et *Tabarin*, opéra en 2 actes (1885), et publié un recueil de Fantaisies musicales intitulé: *Joyeusetés de bonne compagnie*. — Il est professeur d'harmonie au Conservatoire et chevalier de la Légion d'honneur.

PETTIE, John, peintre écossais, né à Edimbourg en 1839, est élève de la Trustees' Academy de cette ville et de MM. Robert Scott Lauder et John Ballantyne. En 1862, il s'établit à Londres, prit part aux expositions de l'Académie royale écossaise jusqu'en 1867 et, depuis, à celles de l'Académie royale, où il avait déjà envoyé un tableau en 1861. M. John Pettie a abordé avec succès la peinture de genre et la peinture historique. On cite principalement, parmi ses expositions à l'Académie et ailleurs: *Que désirez-vous, madame?* (What d'ye lack, madam? 1861); le *Trio (1863)*; la *Tonsure*, *George Fox refusant de prêter serment à Houlker Hall, en 1663 (1864)*; *Temps et lieu*; *Sans engagement*, la *Bible et le moine*, une *Visite inquisitoriale*, la *Cour martiale (1865)*; *Arrestation pour cause de sorcellerie (1866)*; le *Docteur*, *Trahison (1867)*; *Pax vobiscum*, *Rixe avec un contrebandier (1868)*; la *Disgrâce du cardinal Wolsey*, la *Victime du joueur (1869)*; *Touchstone et Audrey (1870)*; *Scène dans les jardins du Temple (1871)*; *Silvius et Phœbé*, l'*Ultimatum aux assiégés (1872)*; le *Sanctuaire*, le *Drapeau parlementaire (1873)*; *Juliette et frère Laurent*, un *Secret d'Etat (1874)*; *Scène dans une forge*, *les Jacobites en 1745 (1875)*; la *Menace*, *Portrait de l'évêque de Birmingham (1876)*; un *Chevalier du XVIIe siècle* un *Combat à l'épée et à la dague (1877)*; le *Billet de mort (1879)*; *Sa Grâce (1880)*; *Devant ses pairs (1881)*; *Monmouth devenu Jacques II (1882)*; la *Plaisante idée du bouffon*, la *Rançon (1883)*; le *Musicien*, les *Flambeaux* (humains) *du chef (1886)*, etc. M. Pettie avait envoyé à l'Exposition universelle de 1878: l'*Ultimatum aux assiégés*, le *Drapeau parlementaire*, la *Menace*, *Trahison* et plusieurs portraits. — Membre associé de l'Académie royale depuis 1866, M. J. Pettie a été élu membre titulaire en remplacement de sir Edwin Landseer, le 22 décembre 1873.

PEYRAT, Alphonse, publiciste et homme politique français, sénateur, né à Toulouse le 21 juin 1812, fit ses études au séminaire de cette ville et y commença son droit; mais il l'abandonna bientôt et se rendit à Paris, avec l'intention bien arrêtée d'embrasser le journalisme. Il y débuta en 1833 par un coup de maître: un article publié dans la *Tribune*, dirigée par Armand Marrast, et qui coûta au gérant une légère condamnation à trois ans de prison et 10,000 fr. d'amende. C'était une critique des *Mémoires de la Revolution de 1830*, de Bérard. La *Tribune* n'hésita pas à s'attacher ce dangereux collaborateur, dont elle ne se sépara qu'en disparaissant elle-même, suspendue à la suite des événements d'avril 1834. Après avoir passé quelque temps au *National*, M. Peyrat entra à la *Presse*, qu'il n'a quittée définitivement qu'à la fin de 1862. En 1843, il fit un voyage en Italie et en Espagne, puis un autre en Angleterre. Devenu, en 1847, rédacteur en chef de la *Presse*, en remplacement de Nefftzer, il y publia un article sur le refus de serment des élus du département de la Seine au Corps législatif, M. Carnot et le général Cavaignac, qui lui attira, avec une suspension du journal pour deux mois, de vives difficultés avec ses administrateurs. Il donna sa démission, mais rentra bientôt au journal, décidé à s'abstenir de politique, sous un régime où la discussion était si dangereuse. M. Peyrat quitta définitivement la *Presse* en décembre 1862. Il écrivit quelque temps au *Siècle*, puis fut placé comme rédacteur en chef, à la tête d'un journal nouveau: l'*Avenir national*, dont il fit l'organe du parti radical. En 1868, il y adopta avec empressement l'idée émise dans le *Réveil*, par Delescluze, d'une souscription dont le produit serait employé à élever au cimetière Montmartre un monument au représentant Baudin. Il ouvrit cette souscription dans les colonnes de l'*Avenir*, dont les numéros contenant les listes des souscripteurs furent l'objet de saisies répétées en attendant des poursuites judiciaires, que l'empire eût sans doute mieux fait, dans son propre intérêt, de ne pas entreprendre. M. Peyrat n'a abandonné qu'en 1872 la direction de ce journal. — Elu représentant de la Seine à l'Assemblée nationale, le 8 février 1871, M. A. Peyrat siégea à l'extrême-gauche, à côté de Louis Blanc, Edgar Quinet, Ledru-Rollin, etc., avec lesquels il a constamment voté, déclaré ne point reconnaître à l'Assemblée le pouvoir constituant, et s'est abstenu lors du vote de la proposition Casimir Périer et de celui sur l'ensemble des lois constitutionnelles. En janvier 1876, il fut élu sénateur de la Seine, prit place à l'extrême-gauche et se fit inscrire à l'Union républicaine, qui le choisit pour son président le 7 mai 1877. Réélu, le deuxième sur cinq, le 8 janvier 1882, M. Peyrat a voté l'expulsion des princes. Il est vice-président du Sénat. — M. Peyrat a publié, outre quelques recueils d'articles politiques et littéraires: *Réponse à l'instruction synodale de l'évêque de Poitiers (1854)*; *Un nouveau dogme*, histoire du dogme de l'Immaculée Conception; *Critique des hommes du jour (1855)*; *l'Empire jugé avec indépendance (1856)*; *Histoire élémentaire et critique de Jésus (1864)*; la *Révolution et le livre de M. Quinet (1866)*, etc.

PEYTRAL, Paul Louis, homme politique français, né à Marseille, où il est établi pharmacien, le 20 janvier 1842. Conseiller général des Bouches-du-Rhône, M. Peytral se présenta aux élections du 21 août 1881, dans la 1re circonscription de Marseille, comme candidat radical, et fut élu au scrutin de ballottage du 4 septembre. Il a été élu député des Bouches-du-Rhône, en tête de la liste, le 4 octobre 1885. Il a été appelé au ministère des finances, comme sous-secrétaire d'Etat, par M. Sadi Carnot, titulaire de ce portefeuille, en janvier 1886. M. Peytral a voté l'expulsion des princes.

PHILIPON, Edouard Paul Lucien, homme politique français, ancien magistrat, né à Lyon le 8 janvier 1851. Il fit son droit à Paris, suivant en même temps les cours de l'Ecole des chartes, prit le grade de docteur en droit et s'inscrivit au barreau de la capitale en 1880. Peu après, il était nommé substitut à Amiens, d'où il passait à Lyon en 1882. Il a été élu député de l'Ain le 4 octobre 1885 et a voté l'expulsion totale des princes. Il est membre de la Société littéraire de Lyon, au recueil de laquelle il a collaboré, ainsi qu'au *Progrès de l'Ain*.

PHILIPPE, Jules Pierre Joseph, homme politique et littérateur français, né à Annecy le 30 octobre 1827, est petit-fils d'un membre du conseil des Cinq-Cents expulsé au 18 brumaire. Il fit ses études à l'université de Chambéry et commença son droit, puis se lança dans le journalisme et s'occupa en même temps d'études historiques locales. Il débuta en 1848 au *National savoisien*, organe du parti de l'annexion à la France, et fonda en 1850 le *Moniteur savoisien*, feuille libérale avancée, qu'il dirigea pendant quatre ans. Elu en 1854 membre du Conseil municipal d'Annecy, dont il a fait partie jusqu'en 1870, M. J. Philippe ne vit pas l'annexion en 1860, avec le même enthousiasme qu'il l'eût vue en 1848: l'Empire ne lui disait rien de bon. Il accepta pourtant les fonctions de membre du bureau d'administration du collège d'Annecy en 1861 et celles d'inspecteur départemental des établissements de bienfaisance en 1862, ces dernières pour peu de temps. Profitant de la loi de 1868, M. Jules Philippe fonda à Annecy le Journal les *Alpes*, devenu l'organe principal du parti républicain dans la Haute-Savoie, et y fit une vive opposition au gouvernement impérial. Candidat de l'opposition aux élections législatives de 1869, il échoua avec 11,530 voix contre 17,962 obtenues par le candidat officiel, M. Pissard. Après la révolution du 4 Septembre, M. Philippe fut nommé préfet de la Haute-Savoie; aux élections du 8 février 1871, il fut élu représentant de la Haute-Savoie à la presque unanimité des suffrages; mais comme il était demeuré en fonctions, et que l'Assemblée était résolue à casser les élections des préfets non démissionnaires, il résigna son mandat de représentant et conserva la préfecture d'Annecy jusqu'à la chute de M. Thiers (24 mai 1873). Il reprit alors la direction des *Alpes*. Aux élections du 20 février 1876, M. J. Philippe a été élu député de l'arrondissement d'Annecy, par 9,456 voix contre 7,903 partagées entre ses deux concurrents. Il a pris place à gauche. Réélu le 14 octobre 1877 et le 21 août 1881, il était élu député de la Haute-Savoie le 4 octobre 1885. M. Philippe était en congé au moment du vote sur l'expulsion des princes. — M. Jules Philippe est membre correspondant de l'Institut genevois et de la Société d'histoire de Genève, de l'Académie de Chambéry, de la Société littéraire de Lyon, etc.; l'un des fondateurs et le secrétaire de la Société florimontane d'Annecy, il a fondé et dirigé la *Revue Savoisienne*, organe de cette société. Il a publié à part: les *Gloires de la Savoie*, *Annecy et ses environs*, *Notice historique sur l'abbaye de Talloires*, *Chronologie de l'histoire de la Savoie*, les *Poètes de la Savoie*, les *Princes-Loups de Savoie*, *Profession de foi d'un patriote savoyard*, *Un moraliste savoyard au XVIe siècle*; *Histoire populaire de la Savoie depuis les temps les plus reculés (1874)*; *Réformez l'éducation*, etc. — Il est décoré de l'ordre des SS. Maurice et Lazare.

PHILLIPS, Wendell, orateur public américain, né à Boston le 29 novembre 1811, fit ses études au collège d'Harvard et à l'école de droit de Cambridge, et fut admis au barreau en 1834. En 1837, il prit une part active au mouvement abolitionniste et s'occupa dès lors des grandes questions de réforme sociale qui s'agitaient: l'abolition de l'esclavage, la tempérance, les droits de la femme, et donnaient lieu à de fréquents meetings qui ne tardèrent pas à faire de M. W. Phillips l'un des orateurs les plus populaires des Etats-Unis. Pendant la guerre civile, il ne cessa de réclamer avec la plus grande énergie une politique énergique relativement à l'émancipation des esclaves. Quand la paix fut rétablie, il s'opposa à la dissolution de la Société antiesclavagiste américaine, dont il devint président après la retraite de M. William Lloyd Garrison (mort en mai 1879) et jusqu'à la dispersion définitive de ses membres, en 1870. En 1863, un recueil des *Speeches, Lectures and Letters* de M. Wendell Phillips a été publié; nous ne croyons pas qu'il en ait paru depuis ailleurs que dans les recueils périodiques et les journaux de la Nouvelle-Angleterre, dont il ne s'écarte guère. M. W. Phillips est l'un des plus recherchés, et par conséquent l'un des mieux payés parmi les *lecturers* américains: il reçoit 250 dollars (1,250 fr.) par lecture. Ses conférences les plus populaires ont pour titre: les *Arts perdus*, *Daniel O'Connell* et, parmi ses plus récentes: la *Question indienne* et *Finance*; mais ces dernières sont modestement désignées par lui sous le titre d'entretiens ou causeries *(talks)*.

PI Y MARGALL, Francisco, publiciste et homme politique espagnol, né en 1820 à Barcelone, fit son droit et suivit avec succès la carrière du barreau, tout en étudiant les philosophes français, spécialement Auguste Comte et Proudhon, dont il a traduit plusieurs ouvrages en espagnol. Au barreau, il se fit surtout remarquer dans les procès politiques, comme défenseur des républicains traduits devant les tribunaux pour une cause ou pour une autre. Compromis dans l'insurrection de 1866, il se réfugia en France, vint à Paris et s'y lia avec les hommes politiques du parti républicain de la nuance appelée depuis radicale. Rentré en Espagne après la révolution de 1868, il fut élu député de Barcelone à la Constituante, et s'y prononça énergiquement pour la république. Pendant ce temps, il adressait au *Réveil*, journal de Ch. Delescluze, qui était devenu son ami, des lettres d'Espagne qui furent très remarquées. Député de Barcelone aux Cortès sous le règne du duc d'Aoste, il siégea dans l'opposition et fit partie du comité directeur formé par les députés républicains. La république ayant été proclamée après le départ volontaire d'Amédée, un cabinet fut constitué par les Cortès, où M. Pi y Margall reçut le portefeuille de l'intérieur (13 février 1873). Après les élections et la réunion des Cortès issues d'elles, M. Figueras ayant donné sa démission, M. Pi y Margall fut nommé chef du pouvoir exécutif à sa place (5 juin), et constitua un nouveau cabinet. Mais des dissensions éclatèrent dans le parti républicain, malgré l'appel à la concorde du nouveau chef du pouvoir, et à l'insurrection carliste, à laquelle l'indiscipline de l'armée laissait prendre une extension dangereuse, vint bientôt s'ajouter une insurrection républicaine fédéraliste. En présence des difficultés résultant de cette situation et de l'inanité de ses efforts pour former un ministère de conciliation, M. Pi y Margall résigna le pouvoir (18 juillet) et fut remplacé par M. Salmeron, qui se retirait à son tour au bout de moins de deux mois d'exercice. Il fut alors porté de nouveau candidat au pouvoir (septembre), mais ce fut M. Emilio Castelar qui fut élu. M. Pi y Margall s'abstint dès lors de prendre aucune part aux discussions purement politiques. En 1874, il publia la *République de 1873*, ouvrage dans lequel, justifiant sa conduite, il attaquait violemment M. Castelar, que le coup d'Etat du général Pavia venait de chasser du pouvoir. M. Castelar, qui n'est jamais à court, répondit dans la *Discusion*; quant à la *République de 1873*, elle avait été saisie par ordre de l'autorité. M. Pi y Margall, plus que jamais mis à l'écart par l'avènement d'Alphonse XII, n'a plus pris aucune part aux agitations politiques qui agitent périodiquement l'Espagne. Il a publié en 1877 un grand ouvrage: *las Nacionalidades*, qui a été traduit en français. — Il avait été, en 1874, l'objet d'une tentative d'assassinat de la part d'un prêtre qui, ayant complètement échoué, tourna son arme contre lui-même et se tua.

PICARD, Eugène Arthur, journaliste et homme politique français, frère puîné d'Ernest Picard, ancien ministre des finances et de l'intérieur, mort le 14 mai 1877, est né à Paris le 8 juillet 1825. Il compléta au collège de Juilly ses études commencées au collège Rollin, et fit son droit à Paris; reçu licencié en 1846, il entra dans l'administration au lendemain du coup d'Etat, comme sous-préfet du Blanc (février 1852), d'où il passa à Forcalquier en 1854 et à la Palisse en 1856. Révoqué en 1859, il se lança dans l'opposition, à la suite de son frère qui, d'ailleurs, faisait partie des cinq opposants du Corps législatif depuis avril 1858. Après avoir fourni quelques articles anonymes au *Phare de la Loire*, dit-on, M. Picard obtint de son frère une position à l'*Electeur*, journal hebdomadaire qu'il venait de fonder avec J. Favre, Hénon et autres. Le 24 août 1870, dans la combinaison qui, mariant l'*Electeur* et le *Courrier des Deux-Mondes* de M. Edouard Portalis, en fit un journal quotidien sous le titre d'*Electeur libre*, M. Arthur Picard fut de nouveau admis, avec une position mal définie quant aux attributions, mais que l'entrée de son frère aîné dans le gouvernement, à la révolution du 4 Septembre, en éloignant forcément celui-ci du journalisme militant, lui inspira la malencontreuse idée de définir: cette position, d'après lui, était celle de directeur du journal. Il faut croire que la prétention n'était pas absolument justifiée, car, après une discussion assez vive, son associé donna l'ordre au metteur en pages de changer le titre du journal (8 octobre 1870), et M. Arthur Picard quitta la place, visiblement abasourdi. Quelques jours plus tard, cependant, il relevait le titre, et l'*Electeur libre* parut sous sa direction jusqu'au 18 mars, époque à laquelle il jugea prudent de disparaître et son directeur aussi. — Candidat malheureux aux élections du Conseil général de Seine-et-Oise en 1869, aux élections législatives de la même année dans la quatrième circonscription de la Seine, et aux élections complémentaires pour l'Assemblée nationale du 2 juillet 1871, dans les Basses-Alpes, M. Arthur Picard était élu au scrutin de ballottage du 5 mars 1876 député de l'arrondissement de Castellane (Basses-Alpes), et prenait place au centre gauche. Le 14 octobre 1877, il échouait dans le même collège contre le candidat officiel; mais l'élection ayant été annulée, il triomphait de son adversaire le 29 juin 1878. Réélu le 21 août 1881, il figurait, aux élections d'octobre 1885, sur la liste répu-

blicaine dissidente des Hautes-Alpes, qui échoua complètement au second tour.

PICHON, Pierre Auguste, peintre français, né à Sorèze le 6 décembre 1805, fils d'un musicien distingué, professeur au Conservatoire de Toulouse, il apprit d'abord la musique; mais après la mort de son père, en 1820, il cultiva exclusivement le dessin à l'académie de Toulouse où il était entré. Il vint ensuite à Paris et suivit l'atelier d'Ingres. — On cite surtout de cet artiste : *Saint Barthélemy*, *Saint Martin partageant son manteau*, le *Christ à la colonne*, la *Vierge aux anges*, l'*Immaculée conception*, *Adam et Eve*, *Saint François recevant les stigmates*, la *Cène*, *Saintes femmes au tombeau;* les portraits de *Don Miguel*, *Isambert*, *Jacques Bresson*, *Henri Prévost*, *L. Monrose*, *Eugénie Garcia*, etc., et quelques miniatures (1835-53); la *Cène*, reproduction du tableau cité plus haut, qui appartient à la cathédrale d'Amiens (Expos. univ. de 1855); *Repos de la Sainte famille (1857)*; l'*Annonciation (1859)*; *Sainte Memmie ressuscitant un enfant (1861)*; le *Centenier (1864)*; le *Général Laumières (1865)*; le *Sacré Cœur de Jésus*, *Réception au château de Windsor par Richard II (1866)*; le *Docteur Blanchet*, l'*Immaculée conception (1868)*; l'*Annonciation (1869)*; la *Résurrection (1873)*; le *Vicomte O. de Luppé* et un autre *Portrait (1874)*; *Repos de la Sainte famille pendant sa fuite en Egypte (1875)*; *Fleurs d'automne*, un *Portrait (1876)*; *Rosa mystica (1877)*; deux *Portraits (1880)*; *Jeanne* et un autre *Portrait (1883)*, etc. M. Pichon s'est adonné exclusivement au portrait dans ces dernières années. On lui doit toutefois, en dehors de ses expositions : l'*Evêque saint Sulpice éteignant un incendie dans une église du Loiret*; le *Roi breton saint Judicaël prononçant ses vœux*; des peintures murales à la chapelle sainte Geneviève de l'église Saint-Eustache (1854): *Saint Joseph, l'enfant Jésus et deux anges*, pour l'église Saint-Joseph, à Paris; *Saint Pierre sur son trône* et dix-huit figures de saints pour l'église des jésuites de Sèvres; la *Religion recevant les inspirations du Sacré Cœur de Jésus*, pour l'église de Vaugirard (1876), etc. — M. Pichon a obtenu une médaille de 3e classe en 1843, une de 2e classe en 1844, une de 1re classe en 1846 et des rappels de cette dernière en 1857 et 1861. Il est chevalier de la Légion d'honneur depuis 1861.

PICHON, Stephen, journaliste et homme politique français, né à Arnay-le-Duc en 1857, fit ses études au lycée de Besançon. M. S. Pichon se faisait remarquer dès les bancs du collège par ses opinions républicaines, et ayant à recevoir un prix de philosophie des mains du duc d'Aumale, il le refusa. Ses études terminées, il vint à Paris et collabora à la presse radicale : notamment à la *Commune affranchie*, de Lyon, au *Mot d'ordre*, au *Réveil*, à la *Révolution française* et enfin à la *Justice*. En 1883, M. Pichon fut élu conseiller municipal de Paris, pour le quartier de la Salpêtrière, en remplacement de M. Sigismond Lacroix, élu député, et prit place au groupe autonomiste; il était réélu le 4 mai 1884. Elu député de la Seine au scrutin du 18 octobre 1885, il siège à l'extrême-gauche. M. Pichon a voté l'expulsion totale des princes.

PIEROLA, Nicolas, général, ex-président de la République du Pérou, né à Arequipa le 5 janvier 1839. Il fit son droit et se fit recevoir avocat, tout en se mêlant de fort bonne heure aux agitations politiques de son pays. Appelé au ministère des finances en 1869, il fut accusé de mauvaise administration à sa sortie du ministère, et quoiqu'un arrêt d'acquittement eût été rendu en sa faveur, il se retira au Chili, d'où il organisa et dirigea des expéditions contre le gouvernement péruvien en 1874 et 1877, mais sans succès. Forcé de mettre bas les armes, à cette dernière date, il fut simplement banni de son pays. Lorsqu'éclata la guerre avec le Chili, M. Pierola offrit ses services au général Prado, qui s'empressa de les refuser. Mais après la déposition de ce dernier, il prit en main les rênes du pouvoir et continua la guerre. En janvier 1881, il abandonnait Lima et résignait le pouvoir en novembre suivant. Peu après, il s'embarquait pour l'Europe. Il a résidé en France pendant la plus grande partie de l'année 1882, et allait ensuite s'établir aux Etats-Unis.

PIERRE-ALYPE, Louis Marie Alype **Pierre** (dit), publiciste et homme politique français, né à Saint-André (Réunion) le 24 février. Il fit son droit à Paris, collaborant en même temps à la presse démocratique, notamment à la *Réforme*, puis créa, vers la fin de l'Empire, un organe des colonies à Paris, le *Journal d'outre-mer*. Elu député de la Réunion, comme candidat républicain, le 25 septembre 1881, son mandat lui a été confirmé par les électeurs de la Réunion aux élections de 1885. M. Pierre-Alype siège à gauche. — Il a voté l'expulsion des princes.

PIERSON, Blanche Adeline, actrice française, née à Saint-Paul (île de la Réunion) le 9 mai 1842. Fille d'artistes, elle aborda la scène dès l'enfance et, en 1856, débutait à l'Ambigu dans une reprise de *Gaspardo le pêcheur*. De ce théâtre, où son passage fut peu remarqué, elle passa au Vaudeville en 1858, parut dans le *Roman d'un jeune homme pauvre* et diverses autres pièces; puis entra au Gymnase, auquel elle est restée attachée plus de dix ans. Ici, aux succès de beauté, qui ne pouvaient lui faire défaut nulle part, elle sut joindre des succès de talent beaucoup plus sérieux pour une artiste véritable, éprise de son art comme elle a prouvé qu'elle l'était. Ses premières créations au Gymnase appartiennent aux pièces suivantes : *Don Quichotte*, l'*Ami des femmes*, *Un mari qui lance sa femme (1864)*; le *Point de mire*, les *Vieux garçons*, le *Lion empaillé (1865)*; *Nos bon villageois (1866)*; la *Cravate blanche (1867)*; les *Grandes demoiselles*, le *Monde où l'on s'amuse*, *Fanny Lear (1868)*; le *Coup d'éventail*, *Froufrou (1869)*; citons plus particulièrement les rôles de Sylvanie dans la *Princesse Georges*, Marguerite dans *les Rejetés (1871)*; Lady Hawkins dans *Paris chez lui*, Alice dans la *Comtesse de Sommerive (1872)*, le principal rôle dans *Andréa*, Raymonde dans *Monsieur Alphonse (1873)*; la Comtesse dans la *Veuve*, outre la reprise de Marguerite dans la *Dame aux Camélias (1874)*; la Comtesse de Meursolles dans *Mademoiselle Duparc (1875)*. En décembre 1875, Mlle Blanche Pierson quittait le Gymnase pour le Vaudeville, où elle créait le rôle de Julie Letellier dans les *Scandales d'hier*. Elle y a créé depuis : Mme de Verlière dans le *Post-Scriptum*, Sidonie dans *Fromont jeune et Rissler aîné (1876)*; le principal rôle dans *Dora (1877)*, etc., etc. Mlle Pierson a été admise à la Comédie-Française comme pensionnaire.

Dans ces dernières années, elle s'est adonnée à la peinture. Elève de MM. Dubasty et Clairin, elle a exposé à quelques salons, notamment à celui de 1883, une toile de genre remarquable, intitulée *Chez la modiste*.

PILATI, Auguste Pilate (dit), compositeur français, né à Bouchain (Nord) le 29 septembre 1810, commença ses études à l'école communale de Douai, puis entra au Conservatoire de Paris en 1822 et y remporta le 1er prix de solfège l'année suivante. Rayé de la liste des élèves du Conservatoire en juin 1824, il poursuivit néanmoins ses études musicales, publia d'abord des romances et fit jouer en 1836, au Palais-Royal, plusieurs petits ouvrages. En 1837, M. Pilati donnait au théâtre d'Adelphi, à Londres, le *Roi du Danube*. Il a donné depuis à divers théâtres un grand nombre d'ouvrages dramatiques, dont voici la liste à peu près complète : Théâtre des Variétés : la *Modiste et le lord*, 2 actes (1833) : l'*Amour et Psyché*, 1 acte (1856). Palais-Royal : la *Prova d'un opera seria* et la *Fermière de Bolbec*, 1 acte (1835); *Léona, ou le Parisien en Corse*, 2 actes (1836). Renaissance : *Olivier Basselin*, 1 acte (1838); *Mademoiselle de Fontanges*, 2 actes; et le *Naufrage de la Méduse*, 4 actes, avec Grisar et de Flotow (1839). Porte-Saint-Martin : les *Farfadets*, ballet féerie en 3 actes (1841); Théâtre-Lyrique; les *Barricades*, 2 actes, avec M. Eug. Gautier (1848); les *Etoiles*, 2 actes (1854). Bouffes-Parisiens : les *Statues de l'alcade*, ballet pantomime en 1 acte (1855). Folies-Nouvelles : *Jean le sot*, 1 acte et une *Devinette*; 1 acte (1856); *Trois dragons* et l'*Ile de Calypso*, ce dernier sous le pseudonyme de *Ruytler (1857)*; *Peau d'âne (1858)*, sous le même pseudonyme; *Ignace le recors*, 1 acte (1858). Théâtre Déjazet : l'*Ile du Sol-si-ré*, signé encore Ruytler (1860). Théâtre de Lille : *Il Maestro Blaguarino (1865)*. Concert de la Scala : *Rosette et Colin (1874)*. Il a donné encore quelques opérettes oubliées aux théâtres Beaumarchais et des Folies-Marigny et dans plusieurs cafés-concerts; des duos scéniques, des romances; une quantité innombrable de morceaux de chant et de petits moceaux de piano, fantaisies faciles, valses, polkas, quadrilles, etc., la plupart écrits pour les petites mains. On lui doit aussi la musique de la romance chantée dans *Ruy-Blas*. — M. Pilati, outre son pseudonyme de *Ruytler* a souvent employé, dans ces dernières années, celui de A. P. Juliano.

PIM, Bedford Clapperton Trevelyan, marin et homme politique anglais, né à Bideford (Devon) le 12 juin 1826, fit ses études à l'École royale navale et prit d'abord du service dans la marine marchande indienne; de retour en 1842, il entra dans la marine royale. De 1845 à 1851, M. Pim fit, à bord du *Herald*, un voyage autour du monde, au cours duquel il fut employé à la recherche de sir John Franklin dans le détroit de Behring et la baie de Baffin. Ce fut lui qui, rejoignant l'*Investigator*, fut assez heureux pour sauver l'équipage de ce bâtiment, et il est le premier qui, débarqué d'un navire à l'est ait pu passer sur un autre navire à l'ouest du passage Nord-Ouest. M. Pim prit part ensuite aux opérations navales de la guerre de Crimée, puis de celle de Chine, où il reçut dans une affaire six blessures qui mirent longtemps sa vie en danger. Nommé *commander* en 1868, il fit cette même année un voyage à l'isthme de Suez et, à son retour lut devant la société géographique de Londres un mémoire intéressant sur le *Canal de Suez*. Après avoir rempli diverses missions à l'intérieur, il se rendit sur les côtes de l'Amérique centrale pour s'opposer aux tentatives du général Walker contre le Nicaragua. En novembre 1860, il était envoyé au Cap de Bonne-Espérance, mais, au mois de juin suivant, il rentrait en Angleterre, se retirait du service actif et restait en demi-solde. Promu capitaine le 16 avril 1868, M. Pim, qui s'était mis à l'étude du droit, quittait définitivement le service en avril 1870, et se faisait admettre au barreau à l'Inner Temple, le 27 janvier 1873. Porté sans succès aux élections pour la Chambre des communes, à Totnes en 1865 et à Gravesend en 1868, le capitaine Pim fut élu par ce dernier bourg, comme candidat conservateur, aux élections de février 1874, et a conservé ce siège jusqu'en 1880. — Le capitaine Bedford Pim, s'est activement occupé, depuis 1862, d'organiser le transit des chemins de fer de l'Atlantique au Pacifique à travers le Nicaragua. Il a publié : *The Gate of the Pacific (1863)*; *Bottings on the roaside, in Panama, Nicaragua, and Mosquito*, avec le feu Dr Berthold Seeman (1869); *Essay on Feudal tenures (1872)*; *The War Chronicle*, chronique de la guerre franco-prussienne (1873); outre de nombreuses brochures et articles, principalement sur des sujets géographiques. Il est propriétaire du journal *The Navy*, membre de plusieurs sociétés savantes et magistrat du comté de Middlesex.

PINARD, Pierre Ernest, homme politique français, ancien magistrat, ancien ministre, né à Autun le 10 octobre 1822, fit ses études de droit à Paris, y fut reçu licencié en 1844, docteur en 1846 et s'inscrivit au barreau de cette ville. Nommé substitut du procureur de la République à Tonnerre en 1849 et à Troyes en 1851, il devint successivement substitut du procureur impérial à Reims en 1852 et en 1853 à Paris, où il fut nommé substitut du procureur général en 1859. Nommé procureur général à Douai en 1861, M. Pinard entra au Conseil d'Etat en 1866. Peu après, il était chargé, comme conseiller d'Etat, de préparer l'exposé des motifs de la loi sur la révision des arrêts criminels et correctionnels et celui de la nouvelle loi sur la presse, et défendit devant la Chambre la première de ces lois en qualité de commissaire du gouvernement. Appelé au ministère de l'intérieur, en remplacement de M. de La Valette, démissionnaire, le 14 novembre 1867, ce fut en cette qualité qu'il eut à défendre devant les Chambres la loi sur la presse qu'il avait préparée, et celle sur le droit de réunion. M. Pinard eut ensuite à les appliquer, et put se rendre compte de la différence qui existe entre la pratique et la théorie. Il sévit avec toute la rigueur possible contre les nouvelles feuilles nées de la loi nouvelle, interdit la vente sur la voie publique du *Courrier français* de Vermorel, poursuivit à outrance la *Lanterne*, dont la grande popularité lui fut ainsi due en grande partie, ainsi que celle de son rédacteur, soudainement transformé en homme politique à son grand étonnement. Il y eut d'autres journaux et d'autres journalistes soumis aux rigueurs de M. Pinard, avide sans doute de prouver à M. Rouher qu'il n'était pas aussi impropre à l'administration qu'il lui plaisait de le dire; il y en eut aussi de protégés, notamment le *Nain Jaune* et M. Ganesco; mais nous nous bornerons là et rappellerons seulement la fameuse campagne contre les manifestations du cimetière Montmartre, sur la tombe de Baudin et contre les souscriptions organisées pour élever un monument au représentant républicain, un peu bien oublié jusque-là. La campagne, en somme, ne fut pas heureuse pour M. Pinard, qui dut quitter le ministère de l'intérieur la lutte à peine terminée (17 décembre 1868). Il refusa un siège au Sénat et rentra au barreau de Paris. — Candidat de l'administration dans la septième circonscription du Nord, aux élections générales de 1869, M. Pinard fut élu député au Corps législatif, où il vint siéger au centre droit. Il prit la parole dans plusieurs occasions où la question juridique se trouvait soulevée. Il vota le plébiscite et la guerre et, dans la séance du 3 septembre 1870, protesta avec énergie contre la proposition de déchéance présentée par la gauche. Rendu à la vie privée par la révolution du 4 Septembre, M. Pinard reprit sa place au barreau de Paris. Il se présenta aux élections du 20 février 1876 dans la première circonscription d'Autun, mais échoua, avec 4,146 voix contre 7,106 obtenues par son concurrent républicain, M. Grillot, qui fut élu. — Il est commandeur de la Légion d'honneur depuis le 14 août 1865.

PINAULT, Eugène Marie, industriel et homme politique français, né à Rennes le 10 mai 1834. Il a été élu député de la circonscription de Montfort (Ille-et-Vilaine) le 20 février 1876 et a pris place au centre gauche. M. Pinault a été réélu le 14 octobre 1877 et le 21 août 1881. Elu, le 4 octobre 1885, député d'Ille-et-Vilaine, il a voté contre les projets d'expulsion des princes. — M. Pinault, ancien tanneur à Rennes, est licencié en droit; il a été adjoint au maire et juge au tribunal de commerce de sa ville natale et représente le canton de Bécherel au Conseil général d'Ille-et-Vilaine.

PIOU, Jacques, homme politique français, né à Angers le 6 août 1838, est fils d'un ancien représentant de la Haute-Garonne à l'Assemblée de 1871, ancien premier président à la cour de Toulouse. Avocat du barreau de cette ville, M. J. Piou a représenté un de ses cantons au Conseil général avant 1871. Il a été élu député de la Haute-Garonne sur la liste monarchiste le 4 octobre 1885.

PITTIÉ, François Gabriel, général français, né à Nevers le 4 janvier 1829, fit ses études à Paris, au lycée Charlemagne, puis entra à l'Ecole militaire de Saint-Cyr. Sorti de l'école en 1849, comme sous-lieutenant d'infanterie, M. Pittié fit comme lieutenant la campagne de Crimée, et fut promu capitaine après la prise de Sébastopol, à laquelle il avait été grièvement blessé. Il fit ensuite la campagne d'Italie (1859), et fut de nouveau blessé à Solferino. Promu major en 1866, il était chef de bataillon lorsqu'éclata la guerre de 1870, fit partie de l'armée de Bazaine et s'échappa de Metz au moment de la capitulation. Ayant réussi à rejoindre Bourbaki, il fut promu lieutenant-colonel et mis à la tête d'un régiment de marche, puis versé dans l'armée du Nord; il prit alors, sous les ordres du général Faidherbe, une grande part aux batailles d'Amiens, de Pont-Noyelles, Bapaume, Saint-Quentin, et fut blessé à Pont-Noyelles. Promu colonel en décembre 1870, il avait reçu le commandement d'une division du 23e corps. Après l'armistice, le colonel Pittié participa aux opérations de l'armée du gouvernement contre la Commune. Remis lieutenant-colonel par la commission de révision des grades, il fut placé au 40e régiment de ligne, fut promu colonel du 61e régiment en décembre 1873, puis détaché auprès de M. Jules Grévy comme chef de sa maison militaire et secrétaire général de la présidence de la République. Nommé général de brigade le 3 juin 1879, le général Pittié était promu divisionnaire le 28 avril 1883. — Chevalier de la Légion d'honneur depuis 1855, il a été promu successivement officier en 1868; commandeur en juin 1871 et grand officier le 7 juillet 1886.

M. le général Pittié occupe ses loisirs à la culture de la poésie, et a inséré des vers dans divers recueils périodiques, parmi lesquels nous citerons : la *Revue de Paris*, la *Revue française*, la *Revue contemporaine*, la *Correspondance littéraire*, la *Revue des poètes*, la *Vie littéraire*, la *France littéraire*, la *Nation suisse*, le *Parnasse contemporain* et la *Revue des Deux-Mondes*. Il a traduit en vers français des poésies de Burns, Gœthe et Heine, notamment. Enfin on cite plusieurs volumes de poésies publiées par le général Pittié, qui sont : le *Roman de la vingtième année (1873)*; *Væ victoribus*, sonnets (1876) et *Scabieuses (1879)*.

PLACE, Charles Philippe, prélat français, cardinal, né à Paris le 14 février 1814. Il se destinait au barreau, fit ses études en conséquence et prit le grade de docteur

en droit en 1841; en 1849, il était secrétaire de M. de Corcelles, chargé d'affaires de France auprès du pape Pie IX, réfugié à Gaëte, et conçut dès lors le projet d'entrer dans la carrière ecclésiastique. Rentré en France, il fit dans ce but ses études théologiques, entra dans les ordres et devint supérieur du séminaire d'Orléans, puis du petit séminaire de Paris (1861). En 1863, M. Place, vicaire général de l'évêché d'Orléans, remplaçait M. Lavigerie au tribunal de la Rote. Nommé évêque de Marseille par décret du 6 janvier 1866 et préconisé le 22 juin de la même année, il était promu archevêque de Rennes par décret du 13 juin 1878, en remplacement du cardinal Brossais Saint-Marc, décédé, et préconisé le 15 juillet suivant. M. Place a été créé cardinal par Léon XIII dans le consistoire tenu au Vatican le 7 juin 1886.

PLANQUETTE, Robert, pianiste et compositeur français, né vers 1850. M. R. Planquette a occupé dans l'orchestre des concerts du Châtelet dirigé par M. Colonne, l'emploi de timbalier. Outre un grand nombre de chansons et de chansonnettes pour les cafés-concerts, plus de deux cents, dit-on, il a fait représenter divers ouvrages dramatiques: *Méfie-toi de Pharaon*, à l'Eldorado (1872); le *Serment de Mme Grégoire*, à l'Eldorado et *Paille d'avoine*, aux Délassements-Comiques (1874), opérettes en un acte; *On demande une femme de chambre*, saynète, paroles de M. P. Véron, jouée par Mme Judic à l'Opéra-Bouffe de Saint-Pétersbourg (1876); les *Cloches de Corneville*, opéra-comique en 3 actes, aux Folies-Dramatiques (1877), qui eut un succès retentissant et prolongé; *Rip van Winckle*, opéra comique en 3 actes, au même théâtre (1884), etc.

PLANTEAU, François Edouard, homme politique français, né à Limoges le 8 janvier 1836, y fit ses études et apprit le métier de peintre sur porcelaine, son père, exilé à la suite du coup d'Etat de décembre, l'ayant laissé forcément à ses propres ressources. Venu à Paris en 1859, M. Planteau devint répétiteur au collège Sainte-Barbe, puis secrétaire du ministre de Venezuela à Paris, s'adonna à l'étude des langues et fut nommé traducteur assermenté près la cour de Paris en 1870. En 1879, il eut le courage d'aborder l'étude du droit, et de plus celui de poursuivre cette étude jusqu'à la licence (1882), mais il ne se fit pas inscrire au barreau. Porté sur la liste radicale de la Haute-Vienne, aux élections d'octobre 1885, M. Planteau a été élu député au scrutin du 18. Il a pris place à l'extrême-gauche et s'est abstenu lors du vote des projets d'expulsion des princes. — On lui doit: la *Séparation des Eglises et de l'Etat*, broch. (1882); la *Révolution pacifique*, broch. et une *Histoire constitutionnelle des Français (1885*, 2 vol.).

PLANTIÉ, Jean-Baptiste Théodore, homme politique français, né à Bayonne le 20 octobre 1817. Nommé sous-préfet de sa ville natale après le 4 septembre, il ne conserva ces fonctions que peu de temps et devint maire de Bayonne en 1876, fonctions qu'il n'a pas conservées non plus. Après avoir échoué aux élections de février 1876, il était élu député dans la 1re circonscription de Bayonne le 21 août 1881. Il a été élu sénateur des Basses-Pyrénées en remplacement de M. Renaud, décédé, et a voté l'expulsion des princes. — M. Plantié est chevalier de la Légion d'honneur depuis 1879.

PLAYFAIR, sir Lyon, chimiste anglais, né au Bengale, d'une famille écossaise, en 1819, fit ses études à l'université de Saint Andrews (Ecosse) et se tourna de bonne heure vers l'étude de la chimie. En 1834, il devint élève du professeur de chimie Thomas Graham, à l'université de Glasgow et, après un voyage aux Indes, nécessité par le délabrement de sa santé, il alla retrouver son ancien professeur, devenu son ami, et alors professeur à l'université de Londres (1837). En 1838, il partit pour l'Allemagne et alla à Giessen, étudier la chimie organique sous Liebig, dont il traduisit plus tard divers ouvrages. De retour en Ecosse, M. Playfair prit la direction du vaste établissement de coton imprimé de MM. Thompson, de Clitheroe; il alla s'établir ensuite à Manchester (1843), et fut nommé professeur de chimie à l'Institution royale. Nommé, en 1844, membre de la commission d'enquête sur l'état sanitaire des grandes villes et des districts populeux, dont il rédigea le rapport, sir Robert Peel, qui l'avait désigné pour ces fonctions, le nommait après l'achèvement des travaux de la commission, chimiste au Muséum de géologie pratique. En 1851, il fut chargé de préparer l'exposition des produits manufacturés à la grande Exposition de Londres, dont il fut nommé commissaire spécial des jurys. Cette mission avait nécessité des voyages dans les districts manufacturiers, de nombreux dessins des objets destinés à être exposés, leur classification méthodique, etc. A la suite de l'Exposition, M. Playfair fut créé compagnon de l'ordre du Bain, et nommé à un emploi dans la maison du feu prince-consort. A l'Exposition de 1862, M. Playfair remplit les mêmes fonctions qu'à celle de 1851. Secrétaire-adjoint du département de la science et des arts au palais de Cristal, en 1853, il était nommé en 1856 inspecteur général des musées et écoles scientifiques du gouvernement. Elu président de la Société chimique de Londres en 1857, il était nommé l'année suivante professeur de chimie à l'université d'Edimbourg, et avait l'honneur de compter parmi ses élèves le prince de Galles et le prince Alfred, depuis duc d'Edimbourg. Le professeur Playfair a fait partie de nombreuses commissions d'intérêt public, et présida la commission royale des pêches sur les côtes d'Ecosse, ainsi que la commission d'enquête sur l'administration civile, qui conclut à une réorganisation complète (1874). En 1878, il fit partie de la commission britannique près l'Exposition de Paris et fut président du comité des finances. — Le Dr Playfair a été élu membre du parlement, comme candidat libéral, par les universités d'Edimbourg et de Saint-Andrews, aux élections générales de 1868. Il a rempli les fonctions de directeur général des postes en 1873-74 et est entré, à cette dernière date, au Conseil privé. Après les élections générales de 1880, il fut nommé président des voies et moyens et vice-président de la Chambre des communes, mais résigna toutes ces fonctions au début de la session de 1883, et fut alors promu chevalier commandeur du Bain. Il est membre de la Société royale de Londres et de diverses autres sociétés savantes nationales et étrangères et, outre l'ordre du Bain, est décoré de l'ordre portugais de la Conception, de l'ordre de l'Etoile polaire de Suède, de l'ordre de Würtemberg, commandeur de l'ordre de François Joseph d'Autriche et, officier de la Légion d'honneur depuis 1862, fut promu commandeur à la suite de l'Exposition de 1878. — Le Dr Playfair a publié, avec W. Gregory, une édition anglaise de la *Chimie et ses applications à l'agriculture et à la physiologie*, de Liebig. On lui doit en outre: la *Science dans ses rapports avec le travail (1853); Sur l'alimentation de l'homme dans ses rapports avec le travail utile qu'il produit (1865); Sur l'éducation primaire technologique (1870); Sur l'enseignement des universités (1872)*; les *Universités et leurs rapports avec l'éducation professionnelle (1873); Progrès de la réforme sanitaire (1874)*, etc., etc.

PLAZANET (baron de), officier supérieur et homme politique français, fils de général, est né à Paris le 15 avril 1827. Colonel en retraite, commandeur de la Légion d'honneur, ayant fait notamment les campagnes de Kabylie (1852) et d'Italie (1859) et s'étant particulièrement distingué, en 1870, à Borny, Gravelotte et Saint-Privat, M. de Plazanet, de retour dans son domaine de la Ducherie (Mayenne), se portait candidat à la députation dans la 2e circonscription de Laval, aux élections du 21 août 1881; mais il échoua. Il a été élu député de la Mayenne, sur la liste monarchiste, le 4 octobre 1885.

PLICHON, Charles Ignace, homme politique français, ancien ministre, né à Bailleul (Nord) le 28 juin 1814, fit ses études au collège des jésuites de Saint-Acheul et son droit à Paris, où il fut admis au barreau. Après avoir été l'un des fervents de la doctrine saint-simonienne, M. Plichon revint à des idées plus orthodoxes, fut chargé d'une mission officielle en Orient et devint député d'Hazebrouck aux élections de 1846. La révolution de février 1848 fit disparaître M. Plichon, député ministériel, de la scène politique. Aux élections législatives de 1857, il se présenta, comme candidat indépendant, dans la première circonscription du Nord, qui le nomma député au Corps législatif; il fut réélu en la même qualité en 1863 et 1869, et à cette dernière date, à la presque unanimité des suffrages. Il prit place au centre gauche. Zélé partisan du pouvoir temporel du pape, M. Plichon prit fréquemment la parole pour le défendre, ainsi que pour combattre les traités de commerce, n'étant pas moins zélé protectionniste. Il signa, dans la session de juillet 1869, l'interpellation des Cent-Seize. Le 15 mai 1870, il entrait dans le cabinet Ollivier avec le portefeuille des travaux publics, en remplacement du marquis de Talhouët, à qui l'aventure plébiscitaire avait fait donner sa démission. On sait que ce cabinet faisait place, le 9 août suivant, au cabinet Palikao. — Elu, le 8 février 1871, représentant du Nord à l'Assemblée nationale, le vingt et unième sur vingt-huit, il siégea à la droite royaliste et cléricale avec laquelle il a constamment voté. M. Plichon a été élu, le 20 février 1876, député de la 2e circonscription de l'arrondissement d'Hazebrouck, sans concurrent. Réélu le 14 octobre 1877, il échouait aux élections sénatoriales de janvier 1879, mais était élu de nouveau député de la 2e circonscription de Dunkerque le 21 août 1881, et enfin député monarchiste du Nord aux élections du 4 octobre 1885.

PLON, Eugène, imprimeur, libraire et littérateur français, né le 11 juin 1836 à Paris, où il fit ses études. Après avoir pris ses grades universitaires dans les deux facultés des lettres et des sciences, avoir prêté serment d'avocat au barreau de Paris, il fit un assez long séjour en Angleterre et parcourut toute l'Allemagne pour étudier les procédés divers des imprimeurs de ces deux pays; puis il rentra en France pour prendre part dès lors à la direction de la maison de son père. — Il est fils de Henri Philippe Plon, dont le véritable nom, danois d'origine, est Plœn, et appartient à une famille d'habiles typographes remontant à l'invention de l'imprimerie. M. Henri Plon, associé en 1832 à M. Béthune, entreprit peu après la publication du grand *Dictionnaire de la conversation et de la lecture* (52 vol. gr. in-8° à 2 col.), qui fut un des événements littéraires de l'époque. Il s'associa en 1845 ses frères, Hippolyte et Charles, et donna à sa maison une extension considérable au double point de vue de la typographie de luxe et des impressions illustrées, typochromiques, accrut sa fonderie de caractères de tous les nouveaux types de Jules Didot et fonda une librairie qui a pris progressivement une grande importance. Resté seul à la tête de son établissement, qui réunissait dès lors librairie, imprimerie, fonderie, stéréotypie et galvanoplastie, M. H. Plon ne cessa d'en accroître l'importance. Imprimeur de l'empereur depuis 1852, il est l'éditeur des *Œuvres de Napoléon III* et de l'*Histoire de Jules César*. C'est de ses presses que sont sorties toutes les éditions de l'*Histoire du consulat et de l'empire* de M. Thiers, et il a édité notamment toutes les grandes publications historiques des Archives nationales, ainsi qu'une collection des classiques très estimée. Outre la publication de livres luxueusement illustrés, d'ouvrages d'histoire, de voyages, de littérature, de médecine, de jurisprudence, de piété, M. Plon a formé, après la guerre de 1870-71, une collection d'ouvrages spéciaux à cette période de notre histoire, source précieuse de documents fournis par les chefs militaires, les hommes d'Etat, les diplomates qui, à sa prière, y ont raconté les événements dont ils furent acteurs ou témoins. Récompensé à toutes les expositions, notamment à celle de 1855, où il obtint la médaille d'honneur, M. H. Plon était chevalier de la Légion d'honneur depuis novembre 1851 et décoré de plusieurs ordres étrangers. — Il est mort le 25 novembre 1872, laissant deux enfants: M. Eugène Plon, son successeur, qui fait plus particulièrement l'objet de cette notice et une fille mariée à M. Robert Nourrit, avocat au conseil d'Etat, devenu l'associé de son beau-frère. — Outre divers travaux moins importants sur les arts, on doit à M. Eugène Plon: *Torvaldsen, sa vie et ses œuvres (1867*, nouv. édit. 1874), ouvrage traduit en allemand, en italien et en anglais, avec deux éditions spéciales aux Etats-Unis; le *Sculpteur danois V. Bissen (1870*, 2e édit. 1872). — Il est membre de l'Académie royale des Beaux-Arts de Copenhague et chevalier des divers ordres scandinaves.

POCHON, Joseph Marie Alexandre, agriculteur et homme politique français, né à Marbez (Ain) le 7 juin 1840. Conseiller municipal et maire de sa commune natale, conseiller général de l'Ain, il est entré à la Chambre des députés à la faveur d'une élection partielle de la 1re circonscription de Bourg, nécessitée par la mort de M. Tiersot, et y prit place à l'extrême-gauche. Elu député de l'Ain le 4 octobre 1885, M. Pochon a voté l'expulsion totale des princes.

POISE, Jean Alexandre Ferdinand, compositeur français, né à Nimes le 3 juin 1828, fit ses études au Conservatoire de Paris, où il fut élève d'Adolphe Adam et de Zimmermann, et remporta le second grand prix de composition musicale au concours de l'Institut de 1852. L'année suivante, il débutait de la manière la plus heureuse avec un charmant petit acte, *Bonsoir voisin!* joué au Théâtre-Lyrique par Meillet et sa femme, et qui a été repris plus tard à l'Opéra-Comique avec succès. M. Poise a donné depuis: les *Charmeurs*, un acte, au Théâtre-Lyrique (1855), repris également à l'Opéra-Comique; le *Thé de Polichinelle*, un acte, aux Bouffes-Parisiens (1856); *Don Pedre*, deux actes, à l'Opéra-Comique (1858); le *Jardinier galant*, deux actes, même théâtre (1861); les *Absents*, un acte, au même théâtre (1864); les *Moissonneurs*, cantate, exécutée à l'Opéra-Comique le 15 août (1866); le *Corricolo*, trois actes, à l'Opéra-Comique (1868); les *Deux billets*, un acte, a l'Athénée (1870); les *Trois souhaits*, un acte, à l'Opéra-Comique (1873); les *Surprises de l'amour*, opéra comique en deux actes, même théâtre (1877); *Joli Gilles*, opéra comique en deux actes, livret de M. Monselet, à l'Opéra-Comique (1884); outre une part de collaboration avec MM. Bazille, Clapisson, Gautier, Gevaert, Jonas et Mangeant, dans la partition de la *Poularde de Caux*, opérette jouée au Palais-Royal. — M. Poise a arrangé et orchestré la partition du *Sorcier* de Philidor, repris aux Fantaisies-Parisiennes. L'Académie des Beaux-Arts lui a décerné le prix Trémont, en partage avec un sculpteur et un peintre en 1872.

PONCHARD, Charles Marie Auguste, artiste dramatique et chanteur français, fils du célèbre ténor de l'Opéra-Comique et professeur de chant au Conservatoire, mort en 1861, est né à Paris le 17 novembre 1824. Se destinant à la carrière dramatique, mais non lyrique, il suivit les cours du Conservatoire et obtint un accessit de tragédie et un second prix de comédie en 1841, et un second prix de tragédie en 1843. Engagé à la Comédie-Française, M. Ponchard ne demeura guère qu'une couple d'années à ce théâtre, qu'il quitta pour l'Opéra, avant de passer peu après à l'Opéra-Comique, où son talent de comédien fut très apprécié. Malheureusement, le peu de portée et d'étendue de sa voix le força à ne pas sortir de l'emploi des seconds ténors et des *trials*. — M. Charles Ponchard est régisseur de la scène de l'Opéra-Comique; il a succédé à Couderc comme professeur d'opéra comique au Conservatoire.

PONLEVOY (de), Paul Marie Placide Frogier, homme politique français, officier supérieur du génie en retraite, est né à Paris le 9 juillet 1827. Conseiller général des Vosges, il a été élu député de Neufchâteau le 5 mars 1876 et siégea au centre gauche. Réélu le 14 octobre 1877 et le 21 août 1881, il s'inscrivit en dernier lieu à l'Union républicaine. Aux élections du 4 octobre 1885, M. Frogier de Ponlevoy a été élu député des Vosges; il a voté l'expulsion des princes. Il est membre du Conseil supérieur de l'agriculture, du commerce et de l'industrie, et chevalier de la Légion d'honneur.

PONS, Louis, homme politique français, né à Monclar (Lot-et-Garonne) le 20 février 1822. Grand propriétaire et membre du Conseil général de Lot-et-Garonne, M. L. Pons échoua aux élections sénatoriales de son département, le 30 janvier 1876, comme candidat républicain. Il a été plus heureux au renouvellement de la représentation sénatoriale du Lot-et-Garonne, le 5 janvier 1879, et a pris place à la gauche républicaine du Sénat. M. Pons s'est abstenu lors du vote de la loi d'expulsion des princes.

PONSCARME, François Joseph Hubert, sculpteur et graveur en médailles français, né à Belmont-les-Monthureux (Vosges) le 20 mai 1827. Elève de Dumont et de M. Oudiné, M. Ponscarme s'est plus spécialement consacré à la gravure en médailles, et est devenu professeur, chef d'atelier de gravure en médailles et pierres fines à l'Ecole nationale des Beaux-Arts. — Parmi les ouvrages exposés par cet artiste, et dont la plupart sont des bustes, des médaillons et des médailles anonymes, on peut citer: *Léon Plée*, buste en bronze (1861); le *Docteur Bernutz*, buste en marbre, et la *Médaille commémorative de l'érection de la statue de Napoléon Ier sur la colonne Vendôme (1864)*; le *Maréchal Forey*, buste en bronze (1866); *M. Victor Duruy*, buste en plâtre (1870); *Victor Schœlcher, Louis Blanc*, médailles en bronze (1872); *Alphonse Lavallée, fondateur de l'Ecole centrale des arts et manufactures*, buste en plâtre; *Alphonse Lavallée*, médaille en bronze; *Portrait de M. A. Dumont*, médaille en bronze (1876); *Alphonse Lavallée*, buste en marbre (1877); *Portrait de M. Cotté*, buste en marbre (1883); *Médaille des conseillers municipaux de France*,

bronze, face et revers (1885); *Portrait de M. F. de Lesseps*, médaillon en bronze (1886), etc. — M. Ponscarme a obtenu, pour la gravure en médailles : une médaille de 3e classe en 1859 et le rappel de cette médaille en 1861 et 1863, une médaille de 1re classe à l'Exposition universelle de 1867 et le rappel de médaille de 1re classe à celle de 1878; il est chevalier de la Légion d'honneur depuis 1867.

PONTMARTIN (comte de), ARMAND AUGUSTIN JOSEPH MARIE FERRARD, littérateur français, né à Avignon le 16 juillet 1811, fit ses études au lycée Saint-Louis et faisait son droit lorsque la révolution de 1830 éclata. Il rejoignit sa famille, dont il se mit dès lors à soutenir avec ardeur les opinions légitimistes dans la presse locale, puis dans la presse parisienne, quoique cessant à peine et à de longs intervalles d'habiter la province. M. de Pontmartin, qui a surtout donné à ses attaques contre le parti libéral la forme de la critique littéraire ou de la causerie, a collaboré à la *Gazette du Midi*, à l'*Album d'Avignon*, revue mensuelle fondée par lui; puis à la *Quotidienne*, à laquelle il envoya, de 1839 à 1842, des *Causeries provinciales*, à la *Mode*, à l'*Opinion publique*, à l'*Assemblée nationale* (de 1848), à la *Gazette de France*, au *Figaro* quotidien, à la *Revue des Deux Mondes*, à la *Revue contemporaine*, au *Correspondant*, etc. — Il a publié en volumes la plupart de ses articles, de critique littéraire, de ses nouvelles et romans disséminés çà et là et quelques ouvrages nouveaux; voici les titres de ces diverses publications : *Contes et rêveries d'un planteur de choux (1845)*; *Contes et nouvelles*, les *Mémoires d'un notaire (1853)*; *Causeries littéraires*, le *Fond de la coupe (1854)*; *Réconciliation*, la *Fin du procès (1855)*; *Dernières causeries littéraires (1856)*; *Causeries du samedi*, *Pourquoi je reste à la campagne (1857)*; *Or et clinquant*, *Nouvelles causeries du samedi (1860)*; le *Père Félix, étude biographique*, *Semaines littéraires (1861)*; les *Jeudis de Mme Charbonneau (1862)*; *Nouvelles semaines littéraires*, les *Brûleurs de temples (1863)*; *Nouveaux samedis (1865-80*, 20 vol.); *Entre chien et loup (1866)*; les *Corbeaux du Gévaudan (1867)*; les *Traqueurs de dot (1870)*; *Lettres d'un intercepté (1871)*; le *Filleul de Beaumarchais*, le *Radeau de la Méduse (1872)*; la *Mandarine (1873)*; *Souvenirs d'un vieux mélomane (1878)*; *Souvenirs d'un vieux critique (1880-86*, 7 séries); *Mémoires : enfance et jeunesse (1886)*, etc.

POPE, JOHN, général américain, né à Kaskaskia, (Illinois) en mars 1823. Elève de l'Académie militaire de West Point, il en sortait dans l'arme du génie en 1842. Il fut d'abord employé au service des frontières nord-est, en 1845-46, prit part à la guerre contre le Mexique, où il se distingua, et atteignit le grade de capitaine du génie en 1856. Jusqu'en 1861, il fut principalement employé au tracé des routes nouvelles conduisant au Pacifique, et se fit une certaine réputation par ses essais de percement de puits artésiens dans le grand désert du Texas. Au début de la guerre de Sécession, le capitaine Pope fut nommé brigadier-général de volontaires, et servit dans le Sud-Ouest jusqu'en juin 1862, époque à laquelle il fut placé à la tête de l'armée de Virginie, qui essuya une défaite complète dans l'affaire connue sous le nom historique de seconde bataille de Bull Run (29-30 septembre 1862). Relevé de son commandement sur sa demande, il fut placé à la tête du département militaire du Nord-Ouest, et fit, en 1863-64, une campagne heureuse contre les Indiens. Après avoir occupé divers commandements militaires, le général Pope était appelé en 1872 à celui du Missouri. Breveté major-général après la paix, son rang véritable est celui de brigadier-général dans l'armée régulière. — Il a pris sa retraite en janvier 1886.

PORIQUET, CHARLES PAUL EUGÈNE, homme politique français, ancien préfet, né à Paris le 31 juillet 1816, y fit son droit et prit le grade de docteur en 1841, puis entra dans la magistrature l'année suivante, comme substitut du procureur du roi à Pontoise. Il était substitut à Meaux lorsqu'éclata la révolution de février, et dut quitter momentanément l'administration. Il y rentrait comme secrétaire général de la Loire-Inférieure en 1852 et était nommé préfet du Morbihan en 1858. Successivement préfet de la Meuse, de la Mayenne et du Maine-et-Loire, la révolution du 4 Septembre interrompit là sa carrière administrative. M. Poriquet, membre du Conseil général de l'Orne, se porta alors, comme candidat bonapartiste dans ce département, aux élections sénatoriales du 30 janvier 1876, et fut élu. Il a été réélu au renouvellement du 8 janvier 1882, et a repris sa place dans les rangs des sénateurs partisans de l'Appel au au peuple. — M. Poriquet est officier de la Légion d'honneur.

PORTER, DAVID DIXON, amiral des Etats-Unis, né en Pensylvanie le 8 juin 1814, est fils du commodore David Porter, qui commandait la frégate l'*Essex*, pendant la guerre de 1812-1814. Il entra dans la marine, en qualité d'aspirant, en février 1829, et servit quelque temps dans la Méditerranée, passa ses examens en 1835, fut principalement employé au service des côtes et fut promu lieutenant en 1841. Détaché à l'observatoire de Washington en 1845, il donna sa démission l'année suivante pour prendre part à la campagne du Mexique. En 1850, il quittait la marine des Etats-Unis et acceptait le commandement d'un vapeur de la New-York Pacific Company; mais il reprit du service en 1853 et fut promu major au début de la guerre de Sécession. Au commencement de 1869, il reçut le commandement des canonnières destinées à opérer contre les forts de la Nouvelle-Orléans; après la prise de cette ville, il se rendit à Vicksburg et coopéra au siège de cette ville, qui dut être levé, en fin de compte, le 22 juillet. Il fut appelé en octobre suivant au commandement de l'escadre du Mississipi supérieur, avec rang de contre-amiral, dirigea la construction de cette flotte et prit part avec elle aux opérations entreprises pour ouvrir une route vers le golfe. Il coopéra, dans l'été de 1863, au bombardement de Vicksburg, assiégée pour la seconde fois par les troupes du général Grant, jusqu'à la reddition de cette place, le 4 juillet. L'amiral Porter prit part à diverses expéditions importantes dans le cours de cette guerre, notamment aux deux attaques combinées dirigées contre le fort Fisher (fin 1864 et janvier 1865), dont la première échoua complètement, mais dont la seconde eut un succès non moins complet. — Promu vice-amiral le 25 juillet 1866, il était élevé au mois d'août 1870, à la mort de l'amiral Farragut, au rang d'amiral, qui lui donne le commandement en chef de toute la marine des Etats-Unis relevant uniquement du président.

POTTER, GEORGE, publiciste et homme politique anglais, ouvrier menuisier, né à Kenilworth en 1832. Entré en apprentissage chez un charpentier et menuisier de Coventry, il y travailla quelque temps comme ouvrier après l'expiration de son contrat, travailla ensuite à Rugby, se rendit à Londres en 1853 et entra chez Myers et fils, l'un des plus grands établissements d'entreprise de charpente et menuiserie pour le bâtiment de la métropole. Dès cette époque, M. Potter employa une partie de ses nuits à combler les lacunes de son éducation première forcément négligée, et il ne tarda pas à acquérir sur ses camarades, sans rien faire d'autre pour cela, une influence considérable. En 1857, les ouvriers du bâtiment commencèrent à s'agiter afin d'obtenir une diminution des heures de travail; ils choisirent M. Potter comme délégué de la Société progressive des charpentiers et menuisiers, poste où il se fit aussitôt remarquer par une éloquence naturelle pleine de modération autant que d'habileté, et fut élu secrétaire des délégués. Après deux années passées en discussions, la grève éclata, et M. Potter fut chargé par ses camarades de discuter leurs intérêts avec les patrons. Cette nouvelle phase de la question se prolongea trente-sept semaines, mais se termina à la satisfaction des ouvriers, redevables au jugement supérieur et à l'habileté oratoire de leur délégué de ce résultat inespéré. En 1861, M. G. Potter fondait un journal consacré à la défense des intérêts ouvriers, la *Bee Hive* (la Ruche), journal hebdomadaire qui eut un très grand succès dès son apparition. Il n'a cessé depuis, soit dans les colonnes de son journal, soit dans les nombreux *meetings* organisés dans les principales villes de l'Angleterre, de défendre les intérêts des sociétés ouvrières; il prit, en outre, une grande part à l'agitation réformiste, comme président de l'Association des travailleurs de Londres, et provoqua et dirigea la grande *Trades Reform Demonstration* du 3 décembre 1866. Il a d'ailleurs pris une part active à toutes les manifestations ouvrières, politiques ou sociales, depuis plus de vingt-cinq ans, et, en 1866, ses services furent récompensés par les ouvriers de Londres, qui lui présentèrent, avec une adresse de remerciements, une bourse contenant 7,500 francs. — M. George Potter est membre de Bureau des écoles de Londres pour la cité de Westminster, où il fut élu, le second de la liste, en novembre 1873. Aux élections générales de 1874, il était porté candidat au parlement, à Péterborough; mais il échoua, quoique le 3e candidat de la liste libérale. Il a fourni depuis 1870 à la *Contemporary Review*, de nombreux articles sur le capital et le travail, les associations ouvrières et la coopération; et publie depuis plusieurs années une série de brochures politiques et socialistes, sous le titre de *Tracts for the people*, qui ont un grand succès.

POUCHET, HENRI CHARLES GEORGES, naturaliste français, fils du savant directeur du Muséum de Rouen, mort le 6 décembre 1872, est né à Rouen en 1838. Il fit ses études scientifiques à Paris, prit en 1864 le grade de docteur en médecine, puis celui de docteur ès sciences naturelles, et fut nommé aide-naturaliste, chef des travaux anatomiques au Muséum d'histoire naturelle. Il a été destitué en 1869, à la suite d'un article publié dans l'*Avenir national* sur la transformation du Muséum en école d'agronomie. Entré peu après au *Siècle*, comme rédacteur du feuilleton scientifique, M. Georges Pouchet est resté attaché à ce journal. Il a été nommé maître des conférences à l'Ecole normale au mois de mai 1876 et professeur d'anatomie comparée au Muséum le 1er août 1879. — M. G. Pouchet a publié : *De la pluralité des races humaines, essai anthropologique (1858)*; les *Colorations de l'épiderme*, thèse de doctorat; *Précis d'histologie humaine, d'après les travaux de l'école française*, in-8°, fig. (1864); *Mémoire sur le grand fourmilier* (in-4°, 16 pl., 1868), etc. Il a collaboré à la *Philosophie positive*, à la *Revue des Deux-Mondes*, etc. — M. G. Pouchet est chevalier de la Légion d'honneur depuis 1880.

POUGIN, FRANÇOIS AUGUSTE ARTHUR PAROISSE-POUGIN, plus connu sous le nom d'ARTHUR POUGIN, musicien et littérateur français, né à Châteauroux le 6 août 1834. Issu d'une famille de comédiens de province, continuellement en voyage pour l'exercice de leur profession, il commença, à l'âge de neuf ans environ, l'étude de la musique. En 1846, ses parents s'étant établis à Paris dans le but de lui faciliter cette étude, il entra au Conservatoire, d'abord dans la classe de M. Guérin pour le violon, puis dans celle de M. Henri Reber pour l'harmonie. Il fit partie successivement de l'orchestre de plusieurs théâtres : le Cirque, le Vaudeville, le Gymnase, l'Opéra-Comique; devint chef d'orchestre au Théâtre-Beaumarchais, puis répétiteur et second chef d'orchestre aux Folies-Nouvelles (Théâtre Déjazet). Après avoir fait exécuter quelques ouvertures à l'orchestre restreint du Gymnase, quelques morceaux de danse à la salle Valentino, puis quelques productions un peu plus importantes aux concerts du Casino, alors dirigés par M. Arban, il essaya inutilement d'aborder le théâtre, mais fit représenter dans le salon de Mlle Augustine Brohan (1857) un petit opéra comique en vers, *Perrine*, dont il avait écrit les paroles et la musique. Il se tourna alors vers la littérature et publia dans la *Revue et Gazette musicale (1859)* quelques travaux de critique spéciale qui furent bien accueillis. L'année suivante, il accepta une collaboration politique à l'*Opinion nationale* qui venait de se fonder et où il resta cinq ans. Pendant ce temps, il prenait part à la rédaction du journal le *Théâtre* et collaborait à plusieurs feuilles littéraires du quartier latin : la *Jeune France*, la *Jeunesse*, le *Mouvement*; puis aux journaux ou revues : le *Charivari*, le *National*, la *Revue contemporaine*, l'*Eclair*, le *Nain jaune*, le *Figaro-programme*, l'*Année illustrée*, le *Paris-Magazine* (dont il fut un instant le rédacteur en chef), le *Journal amusant*, *Paris Cascade*, la *France musicale*, le *Ménestrel*, l'*Art musical*, le *Soleil*, le *Camarade*, l'*Echo de l'agriculture*, la *Presse théâtrale*, le *Journal littéraire*, la *Discussion* (Bruxelles), *le Alpi* (Turin), *la Scena* (Venise), et plus récemment : la *Liberté*, l'*Histoire*, la *Cloche*, le *Bien public*, comme rédacteur politique; l'*Electeur libre* quotidien, dont il a été secrétaire de la rédaction pendant le siège de Paris; il a tenu avec un succès mérité, de 1871 à 1874, le feuilleton musical du *Soir*, collaboré au même titre à la *Tribune* en 1876, puis au *Journal officiel* jusqu'à la suppression de la partie littéraire dans ce journal, et fourni de nombreux articles de critique, d'histoire et de biographie musicales à la *Chronique musicale*, à l'*Art*, au *Guide musical* de Bruxelles, etc., etc. M. Arthur Pougin a fondé, au mois d'octobre 1876, la *Revue de la musique*, puis en 1882, la *Musique populaire*. Il est devenu (1886) secrétaire de la rédaction de l'*Estafette*. Il a écrit en outre, pour le *Grand Dictionnaire du XIXe siècle*, de P. Larousse, toute la partie encyclopédique historique, théorique et didactique relative à la musique, à partir du mot : *Chants populaires*.

En dehors de ces travaux, déjà considérables, M. Pougin a publié un assez grand nombre de livres et de brochures artistiques : *Musiciens au XVIIe siècle :* Dezèdes, Campra, Floquet, Martini, Gresnick, Devienne (Paris, 1863-66); *Meyerbeer, notes biographiques (1864*, in-12); *William-Vincent Wallace (1865*, in-8°); *F. Halévy écrivain (1865*, in-8°); *Léon Kreutzer (1867*, in-8°) : *De la littérature musicale en France (1867*, in-8°); *Bellini, sa vie et ses œuvres (1868*, in-12), ouvrage dont il a paru une traduction espagnole à Madrid et une traduction anglaise dans un journal américain; *Albert Grisar (1870*, in-12); *Rossini, notes, impressions*, etc. (1872, in-8°); *Boïeldieu, sa vie, ses œuvres, son caractère, sa correspondance* (Charpentier, in-12, 1875); *Figures d'opéra comique : Elleviou, Mme Dugazon, la famille Gavaudan* (Tresse, in-8°, 1875); *Rameau, essai sur sa vie et ses œuvres* (Decaux, in-16, 1876), traduit en anglais; *Adolphe Adam, sa vie, sa carrière, ses mémoires artistiques* (Charpentier, in-12, 1877); *Biographie universelle des musiciens*, supplément et complément (Didot, 1877-80, 2 vol. in-8°); les *Vrais créateurs de l'opéra français, Perrin et Cambert* (Charavay, 1881, in-12); *Dictionnaire historique et pittoresque du théâtre et des arts qui s'y rattachent* (Didot, 1885, in-8°); *Verdi, histoire anecdotique de sa vie et de ses œuvres* (Calmann Lévy, 1886, in-12). Il a enfin en préparation : un livre sur *Méhul*, un autre sur *Cherubini*, l'*Opéra sous le règne de Lully*, l'*Opéra comique sous la Révolution*. Il a publié de plus, sous le couvert de l'anonyme, un *Almanach de la musique* dont il a paru trois années : 1866, 1867, 1868 (Paris, in-12). — M. Pougin a fait usage des pseudonymes suivants : Pol Dax, Fanfan Benoiton, Maurice Gray, Octave d'Avril, Auguste Hormot. Il est officier de l'instruction publique.

POUPIN, PAUL VICTOR, littérateur et homme politique français, né à Paris le 3 janvier 1838, fit ses études au collège Sainte-Barbe, suivit l'école de droit et fut reçu licencié, mais abandonna presque aussitôt le barreau pour la littérature. En 1861, il publiait un roman : *Les Labourdière*, dont une nouvelle édition paraissait deux ans après dans la collection de la « Bibliothèque nationale » aux frais de l'auteur (2 vol. in-32), seule raison qui justifiât son admission dans une collection de « chefs-d'œuvre ». Entré au ministère des Beaux-Arts sur la fin de l'Empire, M. V. Poupin y fut maintenu après le 4 septembre, et fut révoqué par M. de Cumont. Il avait fondé la Bibliothèque démocratique, collection de petits volumes de propagande, sur laquelle il a greffé successivement la Bibliothèque des prolétaires et la Bibliothèque des libres-penseurs. M. Poupin, qui a fourni quelques articles au *Siècle*, a publié, outre l'ouvrage cité : *Un mariage entre mille* et *Don Pèdre*, 1 acte en vers (1861); *Théâtre du Luxembourg (1864)*; *Un chevalier d'amour (1865)*; *Un bal à l'opéra (1867)*; la *Dot de madame*, *Un boulet (1869)*; la *Guerre de 1870-1871 (1871)*; les *Princes d'Orléans (1872)*; le *Mandat impératif (1873)*; le *Droit divin*, les *Homélies de Voltaire (1874)*, etc.; outre des traduction de Juvénal et de la *République* de Cicéron, pour la Bibliothèque nationale, et l'*Almanach du bon citoyen*, qu'il publie dans le Jura depuis 1875. — Conseiller général de ce département, M. Victor Poupin échouait à Saint-Claude, aux élections du 21 août 1881. Porté sur la liste républicaine aux élections d'octobre 1885, il fut élu député du Jura au scrutin du 18, et vota l'expulsion totale des princes. M. Poupin est officier d'académie.

POUYER-QUERTIER, AUGUSTIN THOMAS, industriel et homme politique français, ancien ministre, sénateur, né à Etoutteville (Seine-Inférieure) le 3 septembre 1820. Devenu, après des commencements laborieux, directeur d'une grande manufacture à Fleury-sur-Andelle, il fut nommé maire de cette commune, membre du Conseil général de l'Eure pour le canton et de la chambre de commerce de Rouen, administrateur de la succursale de la Banque de France dans cette ville, président du comité de secours pour les ouvriers cotonniers à l'époque de la crise, etc. Choisi comme candidat officiel dans la première circonscription de la Seine-Inférieure, aux élections générales de 1857, M. Pouyer-Quertier fut élu député au Corps législatif, et réélu au même titre en 1863; mais aux élections générales suivantes (1869), adver-

naire du gouvernement sur la question économique, il fut sinon combattu du moins abandonné par l'administration et échoua contre le candidat de l'opposition démocratique, M. Desseaux. M. Pouyer-Quertier signala principalement son passage au Corps législatif par son ardeur à combattre le régime économique inauguré par les traités de commerce de 1860, qui eurent, à vrai dire, un effet désastreux sur les manufactures de son département. Il n'a pas moins ardemment combattu les puissants monopoles des grandes lignes de chemins de fer et les abus financiers du Crédit foncier et de la Ville de Paris; réclamé la réorganisation de la navigation intérieure, l'abaissement des tarifs de transport par voie ferrée, etc., le tout sans succès, quoique avec une force de logique qui n'avait d'égale que son infatigable opiniâtreté et sa parfaite égalité d'humeur. Après avoir échoué à Rouen, en mai 1869, il venait de nouveau tenter la fortune à Paris aux élections partielles de novembre suivant, dans la 3e circonscription; il échoua cette fois encore contre Crémieux. Exclu de la Chambre, M. Pouyer-Quertier continua au dehors, dans des réunions publiques organisées à Rouen ou ailleurs, l'agitation contre les traités de commerce dont le terme approchait et dont il importait, suivant lui, d'obtenir la dénonciation. Délégué par la chambre de commerce de Rouen pour porter la parole dans ce sens devant la commission d'enquête sur le régime économique réunie au Palais-Bourbon, de mars à juillet 1870, nous ne croyons pas qu'il y ait manqué une séance, toujours sur la brèche, faisant déposition sur déposition, discutant, rectifiant, appuyant les dépositions de ses collègues suivant le cas, toujours avec la même sérénité d'esprit et la même absence de fatigue physique apparente. — Elu représentant de la Seine-Inférieure, le deuxième sur seize, aux élections du 8 février 1871, M. Pouyer-Quertier était appelé par M. Thiers, le 25 du même mois, au ministère des finances. Il fut chargé en cette qualité des négociations financières avec l'Allemagne et de la conclusion du traité de Francfort, ainsi que de l'émission du premier emprunt de deux milliards et demi, dont le succès dépassa de beaucoup les prévisions les plus optimistes. Il eut en outre à défendre devant l'Assemblée toute une série d'impôts exigés par la situation que la guerre nous avait faite, tâche ingrate et laborieuse dont il se tira à son honneur. Sur ces entrefaites, M. Janvier de la Motte, ancien préfet de l'Eure, traduit devant la cour d'assises de la Seine-Inférieure sous l'inculpation de détournement de fonds, faux en écriture publique et concussion, en appela au témoignage de M. Pouyer-Quertier. Le ministre des finances de la République n'hésita pas à répondre à l'appel de l'accusé et, certes, il faut l'en louer. Mais en justifiant les procédés financiers de M. Janvier de la Motte, que d'autres, restés indemnes, avaient pratiqués d'ailleurs avant lui et sur une plus vaste échelle encore, M. Pouyer-Quertier se compromit si complètement, qu'à peine de retour à Versailles, il était obligé de donner sa démission (5 mars 1872). Il entra dans les rangs de la droite, avec laquelle il vota constamment, jusques et y compris l'ordre du jour Ernoul, c'est-à-dire le renversement de M. Thiers, dont il avait été le ministre pendant plus d'un an, et la dissolution de la Chambre des députés. — Porté sur la liste de l'Union conservatrice aux élections sénatoriales de la Seine-Inférieure, le 30 janvier 1876, M. Pouyer-Quertier a protesté avant l'élection contre l'inscription de son nom sur la liste particulière de l'Appel au peuple. Il a été élu le premier. Son mandat lui a été confirmé au renouvellement du 8 février 1882. Réélu au Conseil général de l'Eure par le canton de Fleury, en 1871 et depuis, M. Pouyer-Quertier est président de cette assemblée. Officier de la Légion d'honneur, il était promu grand officier le 19 octobre 1871, sans passer par le grade de commandeur, pour les services rendus dans ses négociations avec l'Allemagne.

POWDERLY, TERENTIUS VINCENT, grand maître des Chevaliers du travail des Etats-Unis, est né à Carbondale (Pensylvanie) en 1849, d'une famille d'ouvriers d'origine irlandaise. Après avoir reçu l'instruction élémentaire dans une école de sa ville natale, il entra au service d'une compagnie de chemin de fer à l'âge de treize ans, y devint aiguilleur, puis ouvrier mécanicien, et se fit admettre, en 1870, dans la société l'Union des mécaniciens et forgerons. L'intelligence éveillée, par les discussions auxquelles il assistait et ne tarda pas à prendre part, le porta vers l'étude des questions sociales, de celles relatives aux rapports du travail avec le capital principalement, et il devint bientôt un des orateurs de l'Union, qui le choisit pour son président. Comprenant que les associations particulières, limitées à un seul corps de métier, n'auraient jamais la force nécessaire pour contrebalancer la puissance du capital, en d'autres termes pour imposer leurs conditions aux patrons, et que le vrai moyen d'arriver à ce but était d'organiser une association générale des ouvriers, quel que fût leur métier, il cherchait le moyen d'atteindre cet idéal, lorsque lui fut révélée l'existence, depuis 1869, des Chevaliers du travail, alors société secrète. Il n'hésita pas, se fit mettre en rapports avec cette société, puis obtint de l'Union des mécaniciens et forgerons sa dissolution et son entrée, en corps, dans l'ordre des Chevaliers du travail. Cette révolution accomplie, M. Powderly fut élu grand maître des Chevaliers du travail, ou plus exactement *General master Workman (1879)*. Sur sa motion, l'ordre cessa presque aussitôt d'être société secrète, étant assez puissant désormais pour exercer ouvertement ses revendications, pour soumettre ses actes au soleil de la publicité. Sur sa proposition également, les Chevaliers du travail se rendirent acquéreurs de plusieurs établissements industriels, notamment d'une mine de charbon à Cannelberg, dans l'Indiana, d'une fabrique de calorifères à Beaverfall (Pensylvanie) et d'une fabrique de chapellerie à Haverhill (Massachusetts). — Elu vers le même temps maire de Scranton (Pensylvanie), son administration s'est distinguée par une diminution considérable de la dette de cette ville. M. Powderly est certainement un homme intelligent et sérieux, et un administrateur d'un grand mérite. Très sobre lui-même, il songeait, au commencement de 1886, à faire voter par l'association un règlement portant, entre autres dispositions caractéristiques, exclusion rigoureuse des ivrognes; mais les événements qui se produisirent presque aussitôt détournèrent son esprit de cette salutaire préoccupation. — Il est assez curieux, du reste, de constater que les Chevaliers du travail admettent, de fondation, toute espèce de travailleurs, sauf les marchands de spiritueux, les médecins, les avocats et les tripoteurs financiers: c'est bien le moins que les ivrognes soient également tenus à l'écart, n'étant pas moins dangereux dans une association que les médecins et les avocats.

Les Chevaliers du travail ont tout un programme, et fort bien entendu, de réforme sociale, qu'il serait bien difficile d'étudier ici; mais comme M. Powderly n'a pas manqué d'être *interviewed* par un reporter, sinon par plusieurs, nous savons au moins quels peuvent être au fond les moyens qu'ils comptent employer pour le réaliser. « La situation des classes laborieuses, a-t-il dit, est, à divers points de vue, lamentable, et je crains qu'elle n'empire encore. Il faut que le capital apprenne, et bientôt, à tenir compte des prétentions des ouvriers. Si cela n'arrive pas, nous aurons une révolution. Les rapports des ouvriers et des entrepreneurs sont, du moins chez nous, aussi peu satisfaisants que possible, et doivent être modifiés. Notre tâche est d'y aider autant que faire se peut. Il y a d'autres moyens, pour aplanir ces différends, que la dynamite. Nous n'en admettons pas d'autres que le bulletin de vote, et c'est pacifiquement que nous entendons résoudre la question ouvrière. » Devant la commission du Congrès nommée, conformément aux vues du président Cleveland, pour étudier les grèves récentes et rechercher leur cause, M. Powderly a de même insisté sur le caractère pacifique de son ordre : « La loi, a-t-il formellement déclaré, est au-dessus de toute organisation ouvrière comme de toute corporation de capitalistes. L'ouvrier qui viole la loi sera exclu de l'organisation, et doit être puni aussi bien que l'homme qui dispose de millions de dollars et viole la loi. » Il serait difficile d'employer un langage plus raisonnable, et sans doute les violences qui ont signalé les grèves des ouvriers des Etats-Unis en 1886, surtout à Chicago, ne sauraient être imputées, comme on l'a fait, à des hommes qui se sont choisi pour chef un homme qui parle ainsi.

Un mot, pour terminer, sur l'association elle-même : elle se compose d'assemblées locales élisant des délégués pour les assemblées régionales, dont les délégués composent à leur tour l'assemblée générale, laquelle se réunit chaque année, en octobre, pour élire le comité exécutif. Ce comité exécutif est formé de cinq membres élus, présidés par le *general master workman*, lequel reçoit un traitement annuel régulier de 1,500 dollars, soit 7,500 francs en chiffres ronds, traitement qui, aux Etats-Unis, est assez maigre. Nous passerons sous silence le système de contributions volontaires qui alimente la caisse de l'association et dont l'étude serait sans intérêt ici.

POYNTER, EDWARD JOHN, peintre anglais, né à Paris le 20 mars 1836, fit ses études à Westminster et à Ipswich, cultiva ensuite le dessin et la peinture dans diverses écoles artistiques anglaises et revint à Paris, où il suivit l'atelier de Gleyre, de 1856 à 1859. Il a été élu membre associé de l'Académie royale en 1869 et académicien royal le 29 juin 1876, membre de la Société des aquarellistes belges en 1871 et professeur d'art au Collège de l'université de Londres en 1871. — On cite principalement de cet artiste : *Israël en Egypte (1867)*; la *Catapulte (1868)*; *Persée et Andromède (1872)*; *More de More-Hall et le dragon (1873)*; *Rhodope (1874)*; le *Festival* et l'*Age d'or (1875)*; la *Course d'Atalante (1876)*; le *Diseur de bonne aventure (1877)*; *Zénobie captive (1878)*. Il avait, à l'Exposition universelle de 1878, plusieurs tableaux et aquarelles. Depuis lors, M. Poynter paraît s'être voué au portrait; mais il y réussit assez médiocrement, à en juger par ceux qui figuraient à l'exposition annuelle de l'Académie royale en 1886. Il a été créé officier de la Légion d'honneur, comme membre du jury de l'Exposition universelle de 1878. — Il a également exécuté les cartons de la mosaïque de Saint George au palais de Westminster, des peintures à fresque dans l'église Saint-Etienne de Dulwich 1872-73, etc., et exposé, dans diverses galeries, quelques toiles et aquarelles. Il a été, pendant plusieurs années, directeur pour l'art et principal de l'Ecole nationale de l'enseignement des arts à South-Kensington, fonctions qu'il a résignées en 1881, tout en consentant à rester attaché à l'Ecole en qualité de « visiteur ». Il a publié : *Ten Lectures on Art (1879)*.

PRADAL, VICTOR GABRIEL, homme politique français, avocat, né à Aubenas le 23 mars 1844. Inscrit au barreau de sa ville natale, membre du Conseil général de l'Ardèche, il fut élu député, dans la deuxième circonscription d'Aubenas, comme candidat républicain, à une élection partielle du 10 octobre 1880, et réélu le 21 août 1881. Aux élections sénatoriales pour le renouvellement de la représentation de l'Ardèche, M. Pradal se présenta et fut élu. Il a pris place dans les rangs de l'Union républicaine au Sénat, comme il avait fait à la Chambre des députés, et a voté l'expulsion des princes.

PRADON, CHRISTOPHE FÉLIX ALPHONSE, homme politique français, né à Lempdes (Haute-Loire) le 31 mai 1847. Il fit son droit et fut reçu licencié, mais s'occupa surtout de journalisme et devint rédacteur en chef du *Courrier de l'Ain*. Nommé sous-préfet de Gex en novembre 1877, il fut transféré à Saint-Claude en 1879 et fut nommé, en mars 1881, sous-chef du personnel au ministère de l'intérieur. Aux élections générales de 1881, M. Pradon posait sa candidature républicaine à Gex, et était élu au scrutin de ballottage du 4 septembre. Il prit place à la gauche radicale. Elu député de l'Ain le 4 octobre 1885, il a voté l'expulsion totale des princes.

PRAX-PARIS, JOSEPH MARIE ADRIEN, homme politique français, maire de Montauban sous l'Empire, est né dans cette ville le 2 octobre 1820. Elu député de la première circonscription de Tarn-et-Garonne, comme candidat officiel, en 1869, M. Prax-Paris fut élu représentant du département le 8 février 1871 et, en 1876, député des deux circonscriptions de Montauban, au premier tour dans la seconde et au scrutin de ballottage du 5 mars dans la première; il opta pour celle-ci, plus sûr de l'autre et espérant en conséquence y faire élire son neveu, M. de Locqueyssie; mais ce fut M. Léon Pagès qui l'emporta dans celle-ci, au scrutin du 23 avril 1876. M. Prax-Paris siégea, dans les deux dernières chambres, au groupe de l'Appel au peuple, dont il fut un des membres les plus remuants. Il a été réélu député de la première circonscription de Montauban, le 14 octobre 1877 et le 21 août 1881. Aux élections du 4 octobre 1885, il a été élu député de Tarn-et-Garonne en tête de la liste monarchiste. L'élection de Tarn-et-Garonne fut annulée par la Chambre, le 21 novembre 1885; mais M. Prax-Paris fut réélu dans les mêmes conditions.

PRESSAT, EUGÈNE, homme politique français, né le 23 avril 1821 à Bussière-Poitevine (Haute-Vienne). Ancien proscrit de Décembre 1851, M. Pressat était nommé sous-préfet de Saint-Yrieix après le 4 septembre 1870. Révoqué après le 24 mai, il rentrait dans l'administration après les élections d'octobre 1877, comme sous-préfet de Bellac, d'où il passait à Issoudun en janvier 1881. Démissionnaire quelques mois plus tard, il se portait candidat dans son pays natal, aux élections générales d'août, mais sans succès. Plus heureux aux élections d'octobre 1885, il était élu député de la Haute-Vienne au scrutin du 18, prenait place à l'extrême-gauche et votait l'expulsion totale des princes. — M. Pressat est officier d'académie.

PRESSENSÉ (de), EDMOND DEHAULT, pasteur protestant, littérateur et homme politique français, né à Paris le 7 janvier 1824, y fit ses études classiques et sa théologie à Lausanne, puis suivit les universités de Halle et de Berlin. De retour à Paris, il fut nommé pasteur à la chapelle Taitbout et se fit bientôt une grande réputation de prédicateur. M. de Pressensé a pris aussi une certaine part au mouvement d'opposition qui a signalé les dernières années de l'Empire, parlé dans les réunions publiques et fait des conférences qui le rendirent un moment presque populaire ; il ne réussit toutefois pas à se faire élire député. Porté à Paris aux élections du 8 février 1871, il échoua avec une importante minorité ; mais il fut élu représentant de la Seine à l'Assemblée nationale, aux élections complémentaires du 2 juillet suivant, par 119,000 voix, et siégea à gauche. M. de Pressensé a pris la parole dans plusieurs discussions importantes, à l'occasion de la loi sur l'Internationale, de la loi sur le recrutement de l'armée, sur la liberté de l'enseignement supérieur, etc. ; il est l'auteur d'une proposition d'amnistie qui, prise en considération dans la séance du 8 février 1872, n'en fut pas moins repoussée ensuite. Après avoir échoué aux élections des sénateurs inamovibles, en décembre 1875, M. de Pressensé se présentait aux élections du 20 février 1876, dans la 1re circonscription de Pontoise ; mais le candidat bonapartiste, M. Eugène Rendu, l'emporta sur lui de 542 voix sur 12,732 votants. Après avoir échoué dans de nouvelles tentatives, M. de Pressensé était élu sénateur inamovible le 17 novembre 1883, en remplacement de Victor Lefranc. — M. de Pressensé a publié : *Conférences sur le christianisme dans son application aux questions sociales (1849)*; *Du catholicisme en France (1851)*; la *Famille chrétienne*, *Sermons (1856)*; *Histoire des trois premiers siècles de l'Eglise (1858-62*, trois séries) ; *Discours religieux (1859)*, *l'Ecole critique et Jésus-Christ (1863)*; *l'Eglise et la Révolution française : Histoire des relations de l'Eglise et de l'Etat de 1789 à 1802 (1864)*; la *Terre de l'Evangile, notes d'un voyage en Orient (1865)*; *Jésus-Christ, son temps, sa vie, son œuvre (1866)*; *Etudes évangéliques (1867)*; le *Concile du Vatican, son histoire, ses conséquences politiques et religieuses (1872)*; la *Liberté religieuse en Europe depuis 1870 (1874)*; *Histoire des trois premiers siècles de l'Eglise, quatrième série : la Vie ecclésiastique, religieuse et morale aux IIe et IIIe siècles (1877*, in-8), etc. La plupart de ces ouvrages ont été traduits en allemand et en anglais, et sous cette dernière forme, ont eu des éditions spéciales aux Etats-Unis. M. de Pressensé a fondé la *Revue chrétienne* et le *Bulletin théologique* et a collaboré en outre à diverses publications protestantes de la France et de l'étranger. L'université de Breslau lui a conféré le titre de docteur en théologie en 1863. Il s'est en outre fait recevoir docteur en théologie à la faculté de Montauban en 1876.

PRESTWICH, JOSEPH, géologue anglais, né à Pensbury, Clapham, près de Londres, le 12 mars 1812, fit ses études à diverses écoles préparatoires, à la faculté de Paris, etc., et les termina au Collège de l'université de Londres. Forcé par les circonstances d'entrer dans les affaires, M. Prestwich n'en poursuivit pas moins ses recherches scientifiques. Il publia dès 1835, dans les *Transactions* de la Société géologique, divers mémoires sur les *Ichthyolithes de Gamrie*, sur la *Géologie de Coalbrook-Dale*, etc., qui furent suivis d'autres sur la *Géologie tertiaire* et sur les *Couches quaternaires de la vallée de la Somme*, publiés dans le journal de la même société et dans les *Philosophical Transactions*. Il publia ensuite deux petits traités : le *Terrain qui s'étend sous nos pieds* et les *Couches aquifères des alentours de Londres*. En 1849, la Société géologique lui décernait sa médaille Wollaston, et la Société royale une médaille royale en 1865, principalement pour un mémoire publié dans les *Transactions philosophiques*, sur la *Découverte d'outils en silex concurremment avec les restes*

BITARD. — 30.

d'animaux d'espèces disparues, dans les couches de la dernière période géologique, en France et en Angleterre. Membre de la commission royale des charbonnages de 1866, dont il fut rapporteur, il fit également partie de la commission relative à l'approvisionnement d'eau, en 1867. Il a été président de la Société géologique pour 1870-72, vice-président de la Société royale pour 1870-71; outre ces deux sociétés, M. Prestwich fait partie d'un grand nombre d'autres corps savants nationaux ou étrangers. Il n'a quitté les affaires qu'en 1872. En 1874, l'Institution des ingénieurs civils lui décernait la médaille Telford et une prime, pour son mémoire sur les *Conditions géologiques affectant la construction d'un tunnel entre l'Angleterre et la France.* Il a été nommé professeur de géologie à Oxford, le 20 juin de la même année, en remplacement du professeur Phillips, et son discours d'inauguration a été publié sous ce titre : le *Passé et l'avenir de la géologie (1875).*

PRÉVERAND, Bernard Honoré, homme politique français, né au Donjon (Allier) le 7 novembre 1823. En décembre 1851, M. Préverand prit les armes pour répondre à la provocation du coup d'Etat. Après la défaite trop facile des rares défenseurs de la loi dispersés sur le sol français, M. Préverand réussissait à gagner la Belgique, pendant que le conseil de guerre réuni à Moulins prononçait contre lui un arrêt de mort. Expulsé de Belgique, il passait à Jersey, d'où il était de nouveau expulsé, avec Victor Hugo et d'autres réfugiés un peu moins illustres, en 1855. M. Préverand revint en France après l'amnistie de 1859. Après le 4 septembre 1870, il fut nommé maire de sa ville natale. Elu député de l'arrondissement de La Palisse en 1882, en remplacement du Dr Cornil, démissionnaire, il prit place à l'extrême-gauche. Il a été élu, le 4 octobre 1885, député de l'Allier en tête de la liste républicaine, et a voté l'expulsion totale des princes.

PREVET, Frédéric Alphonse Charles, industriel et homme politique français, né à Paris le 18 mars 1852. A la tête de vastes usines de conserves alimentaires, à Meaux, président de la société des grands ateliers de construction de Saint-Denis, membre du conseil d'administration du *Petit Journal*, maire de Nangis et conseiller général de Seine-et-Marne, M. Prevet a été élu député de ce département, comme candidat radical, le 4 octobre 1885, en tête de la liste des élus. Il s'est abstenu lors du vote sur les projets d'expulsion des princes. — M. Prevet est décoré de la Légion d'honneur.

PRIESTLEY, William Overend, médecin anglais, né près de Leeds, dans le comté d'York, le 24 juin 1829; est fils du petit-neveu de Joseph Priestley, l'illustre chimiste. Il fit ses études à l'université d'Edimbourg et fut reçu docteur en médecine en 1853, après avoir remporté les plus grands honneurs universitaires, notamment la médaille d'or du sénat de l'université, décernée seulement pour des travaux originaux. Etabli à Londres en 1856, le Dr Priestley fut chargé d'un cours à l'école de médecine de Grosvenor-Place; puis, à l'hôpital de Middlesex, d'un cours d'accouchement; et enfin nommé professeur d'obstétrique à l'hôpital du Collège du roi, à Londres, en 1863. Il est membre du Collège royal des chirurgiens d'Angleterre et des collèges royaux des médecins de Londres et d'Edimbourg, ainsi que de plusieurs sociétés savantes; il a été examinateur à l'université de Londres, au Collège royal des médecins de la même ville et au Collège royal des chirurgiens d'Angleterre et a présidé l'Obstetrical Society à plusieurs reprises, depuis 1875. — On doit au docteur Priestley un ouvrage intitulé : *On the Development of the gravid uterus* et une édition des *Obstetric Works*, de sir J. Y. Simpson, outre de nombreux mémoires sur la médecine et l'histoire naturelle. Il est médecin-accoucheur de la princesse Louis de Hesse, princesse Alice d'Angleterre.

PROCTOR, Richard Anthony, astronome anglais, né à Chelsea (Londres) le 23 mars 1837. D'une santé très délicate, il commença ses études à la maison paternelle, sous des précepteurs particuliers, puis alla les continuer au Collège du roi, de Londres, et les termina au collège Saint-John, à Cambridge, d'une manière brillante; il a été nommé membre honoraire du Collège du roi en 1873. Membre de la Société royale astronomique depuis 1866, il en devint secrétaire honoraire et rédacteur de ses *Proceedings* en février 1872, fonctions qu'il résigna en novembre 1873, pour faire un voyage en Amérique. M. Proctor n'a jamais voulu se porter candidat à des fonctions salariées d'aucune sorte. Il est bachelier ès arts de l'université de Cambridge, et n'a pas daigné prendre le grade de maître ès arts, uniquement parce que, à cette université, c'est un titre qui se paye et non un grade indiquant un progrès quelconque dans la science, ou une somme de travail plus considérable accomplie. M. Proctor s'est fait connaître de bonne heure par ses travaux astronomiques, notamment par ses recherches sur l'atmosphère solaire, sur les conditions des passages de Vénus en 1874 et 1882 et par la publication de plusieurs cartes, entre autres d'une carte de 324,000 étoiles et de diverses autres représentant l'état du ciel aux passages de Vénus à différentes époques. En novembre 1873, M. Proctor est allé faire une visite aux Etats-Unis, où il a fait, dans les principales villes, des conférences très suivies. Dans ce pays, où les *lecturers* étrangers sont généralement reçus avec froideur et défiance, et où ils échouent misérablement en général, trois savants européens ont surtout obtenu de grands succès : Agassiz, presque Américain lui-même, et MM. Tyndall et Proctor; les autres ne comptent guère. Aussi, de retour en Angleterre en 1874, retourna-t-il aux Etats-Unis en 1875, pour y faire une série de cent quarante-deux *lectures.* A la fin de 1875, M. Proctor, qui appartenait, depuis quelques années, à la foi catholique, annonçait dans le *New-York Tribune* qu'il venait de se séparer de cette Eglise, dont la doctrine était, en plusieurs points, incompatible avec les enseignements de la science. — M. Richard A. Proctor a publié : *Saturne et son système (1865); Manuel du monde stellaire et Atlas gnomonique des étoiles (1866); Demi-heures passées avec le télescope (1868); Demi-heures avec les étoiles (1869);* les *Mondes autres que le nôtre* et un grand *Atlas stellaire (1870);* le *Soleil; Science superficielle pour les heures de loisir; Eléments d'astronomie (1871);* les *Planètes de notre orbite, Géographie élémentaire, Atlas classique d'astronomie, Essais d'astronomie (1872);* la *Lune,* les *Limites de la science,* l'*Etendue des cieux,* 2e série de *Science pour les heures de loisirs (1873);* l'*Univers et les passages à venir,* les *Passages de Vénus (1874);* un *Traité de la cycloïde et de toutes les formes de courbes cycloïdales dans leurs rapports avec le mouvement des planètes,* etc., et *Des matières projetées du soleil (1878),* etc.

PROTAIS, Paul Alexandre, peintre français, né à Paris vers 1830, fut élève de Desmoulins. Attiré par le pittoresque de la vie des camps, il suivit l'armée en Crimée, puis en Italie, et les scènes qu'il a reproduites de ces deux campagnes lui ont valu une popularité rapide et justifiée. On cite principalement de cet artiste : la *Bataille d'Inkermann, Charge commandée par le général Bosquet, Prise d'une batterie au Mamelon vert,* le *Devoir, Mort du colonel Brancion (1857); Attaque et prise du Mamelon vert,* la *Dernière pensée (1859);* la *Brigade du général Clerc sur la route de Magenta,* le *Passage de la Sesia,* une *Marche le soir, Deux blessés,* une *Sentinelle (1861);* le *Matin, avant l'attaque;* le *Soir, après le combat;* deux sujets popularisés par la gravure et la lithographie, et qui ont reparu à l'Exposition universelle de 1867; *Retour de la tranchée (1863);* la *Fin de la halte, Passage du Mincio,* un *Enterrement en Crimée,* les *Vainqueurs, retour au camp (1865),* le dernier de ces ouvrages a reparu également en 1867, à l'Exposition universelle; *Soldat blessé,* le *Bivouac (1866);* la *Grand'halte,* la *Prière du soir à bord (1868);* une *Marée, Percement d'une route (1869);* le *Repos (1873);* une *Alerte, Metz (1874); Gardes françaises et gardes suisses,* une *Mare (1875);* la *Garde du drapeau souvenir de l'armée de Metz;* une *Etape (1876); Passage d'une rivière (1877); En réserve (1878); Marche (1883); En reconnaissance, Passage du gué (1884); Sentinelle avancée, Chasseur à pied (1885); Bataillon carré, 1815 (1886),* etc. — M. Protais a obtenu une médaille de 3e classe en 1863, une médaille en 1864, une autre en 1865 et une médaille de 3e classe en 1878. Chevalier de la Légion d'honneur depuis 1865, il a été promu officier de l'ordre le 10 avril 1877.

PROUST, Antonin, publiciste et homme politique français, né à Niort le 15 mars 1832. Fils d'un ancien député, sous la monarchie de Juillet, il s'occupa de bonne heure de journalisme. Après un voyage en Grèce, il vint à Paris et publia en 1860, dans le *Tour du Monde :* le *Mont Athos,* un *Hiver à Athènes,* le *Cydaris,* relations de voyage; collaborant en même temps au *Courrier du dimanche,* sous le pseudonyme d'Antonin Barthélemy, ainsi qu'au *Mémorial des Deux-Sèvres.* Il fournit également des articles à divers autres journaux d'opposition de Paris et fonda, en 1864, la *Semaine universelle,* feuille hebdomadaire imprimée en Belgique. Au début de la guerre contre l'Allemagne, M. Antonin Proust suivit les opérations de l'armée du Rhin, comme correspondant du journal le *Temps,* jusqu'au désastre de Sedan. Revenu à Paris, il devint secrétaire du ministre de l'intérieur, fonctions qu'il conserva après le départ de Gambetta à Tours. Il fut, en outre, chargé de l'administration des populations de la banlieue réfugiées à Paris, pour lesquelles il organisa des municipalités provisoires ainsi qu'un Conseil général présidé par M. Barthélemy Saint-Hilaire. Officier attaché à l'état-major du général Clément Thomas, il reçut la mission d'organiser la légion de Seine-et-Oise, forte de cinq bataillons, et qui prit une part active à la défense de Paris. Après l'armistice, M. Proust se démit de ses fonctions; au mois de novembre suivant, il entrait à la rédaction de la *République française,* où il s'est occupé spécialement de la politique extérieure. — Porté aux élections législatives de 1869, comme candidat de l'opposition, dans la première circonscription des Deux-Sèvres, M. Proust échouait avec 10,000 voix; le 8 février 1871, il obtenait dans le même département, sans être élu, 16,000 voix; mais il était plus heureux le 20 février 1876, dans la 1re circonscription de Niort, où il triomphait, au premier tour, de deux concurrents de nuances diverses. Il s'inscrivit aux groupes de l'Union et de la gauche républicaines, et fut considéré comme un des lieutenants de Gambetta. Réélu le 14 octobre 1877, il devint membre de la commission du budget, puis fut nommé, en 1879, membre du Conseil supérieur des Beaux-Arts et de la Commission des monuments historiques; entre temps, il devenait président du Conseil général des Deux-Sèvres. Réélu par la première circonscription de Niort, le 21 août 1881, il faisait partie du grand ministère, présidé par Gambetta, du 14 novembre 1881 au 26 janvier 1882, avec le portefeuille des beaux-arts, créé à son intention. Aux élections du 4 octobre 1885, M. A. Proust était élu député des Deux-Sèvres, le second sur cinq. Il a voté l'expulsion des princes. — On a de lui : les *Beaux-Arts en Angleterre (1862); Un philosophe en voyage (1864);* les *Archives de l'Ouest,* recueil des cahiers rédigés dans les provinces de l'ouest, en 1789 (1866-67, 5 vol.); les *Chants populaires de la Grèce moderne,* la *Justice populaire à Niort (1867);* la *Division de l'impôt (1869); Lettre sur le plébiscite (1870);* la *Démocratie en Allemagne (1872);* le *Prince de Bismark, sa correspondance de 1835 à 1876* (Decaux, 1876), etc.

PUVIS DE CHAVANNES, Pierre, peintre français, né à Lyon le 14 décembre 1824, est élève de Couture et de H. Scheffer, et s'adonna plus particulièrement à la peinture murale. — On cite parmi les expositions de cet artiste : un *Retour de chasse (1859); Concordia, Bellum,* peintures allégoriques (1861), complétées par le *Travail* et le *Repos (1863),* et reparues toutes les quatre à l'Exposition universelle de 1867, outre *Picardia nutrix,* peinture décorative, avec huit figures monumentales, pour le musée d'Amiens (1865); la *Vigilance,* la *Fantaisie,* peintures en camaïeu (1866); le *Jeu,* peinture décorative pour le cercle de l'Union artistique (1868); *Massilia, colonie grecque* et *Marseille, la porte d'Orient,* pour l'escalier d'honneur du musée de Marseille (1869); la *Décollation de saint Jean-Baptiste,* la *Madeleine au désert (1870);* l'*Espérance (1872);* l'*Eté (1873); L'an 732, Charles-Martel sauve la chrétienté par sa victoire sur les Sarrazins, près de Poitiers,* peinture; *Sainte Radegonde retirée au couvent de Sainte-Croix,* carton, pour l'hôtel de ville de Poitiers (1874); *Sainte Radegonde,* peinture, exécution du carton précédent, et *Famille de pêcheurs (1875); Sainte Geneviève enfant,* peinture, *Sainte Geneviève et saint Germain,* carton, pour l'église Sainte-Geneviève de Paris, redevenue depuis le Panthéon (1876); l'*Enfant prodigue, Jeune fille au bord de la mer (1879); Pro patria ludus (1880);* le *Rêve, Portrait de Mme C. (1883);* le *Bois sacré cher aux arts et aux muses,* panneau décoratif pour l'escalier du musée de Lyon (1884); l'*Automne,* variante d'un même sujet appartenant au musée de Lyon (1885); *Tryptique : 1. Vision antique, 2. Inspiration chrétienne, 3. le Rhône et la Saône,* sorte de complément allégorique du sujet *Bois sacré cher aux arts et aux muses,* précédemment traité (1886). — M. Puvis de Chavannes a obtenu une médaille de 2e classe en 1861, une médaille en 1864, une médaille de 3e classe à l'Exposition universelle de 1867 et la médaille d'honneur en 1882. Décoré de la Légion d'honneur en 1867, il a été promu officier le 9 août 1877.

PYAT, Félix, littérateur et homme politique français, né à Vierzon le 4 octobre 1810, fit de brillantes études au lycée de Bourges et vint à Paris en 1825, pour y suivre les cours de la faculté de droit. Après la révolution de Juillet, il se fit un moment remarquer dans les clubs par la hardiesse de ses motions, mais il reprit bientôt le chemin de l'école et fut reçu avocat en 1831. Il se lança presque aussitôt dans le journalisme, collabora d'abord au *Figaro,* au *Charivari,* puis à la *Revue de Paris,* à l'*Artiste,* au *Cent-et-un,* à *Paris révolutionnaire,* au *Salmigondis,* à la *Revue britannique* dont il fut quelque temps directeur, à l'*Europe littéraire,* à la *Revue du progrès,* au *Siècle,* au *National,* à la *Réforme.* Au *Figaro,* M. Félix Pyat avait fait la connaissance de Jules Janin et s'était lié d'amitié avec lui. Il collabora même à son fameux *Barnave,* publié en 1831, et sa part dans cet ouvrage, pour être petite, n'en a pas moins toujours été considérée comme une des meilleures : il s'agit de l'épisode des *Filles de Séjan.* Il y avait longtemps que les deux amis étaient brouillés et Jules Janin décoré de la Légion d'honneur, lorsque le critique des *Débats,* rendant compte d'une reprise du *Tibère* de Marie-Joseph Chénier, s'avisa d'une sortie des plus violentes contre les hommes et les choses de la Révolution en général et contre l'auteur de *Tibère* en particulier (septembre 1843). M. Félix Pyat répondit dans la *Réforme,* dont il était rédacteur, par une attaque personnelle des plus violentes, publiée ensuite en brochure sous ce titre : *Marie-Joseph Chénier et le prince des critiques (1844).* Après une hésitation assez prolongée pour permettre cette récidive, le « prince des critiques » traduisit son ancien collaborateur en police correctionnelle, et le fit condamner à six mois de prison et 300 francs d'amende. Dans cette première période de sa vie, M. Félix Pyat s'était acquis au théâtre une réputation méritée, et la tendance politique de ses drames lui avait, en outre, valu une grande popularité. En voici la liste : *Une révolution d'autrefois,* drame en 3 actes, avec Théodose Burette, à l'Odéon (1832), interdit le lendemain de la première, *Une conjuration d'autrefois,* avec le même, publiée dans la *Revue des Deux-Mondes,* et *Arabella,* drame allégorique, représentant les auteurs présumés de la mort du prince de Condé sous des noms espagnols (1833); le *Brigand et le philosophe,* drame en 5 actes, avec Auguste Luchet, à la Porte-Saint-Martin (1834); *Ango,* drame en 5 actes, avec le même, à l'Ambigu, son premier grand succès populaire (1835); les *Deux serruriers,* drame en 5 actes, à la Porte-Saint-Martin (1841), son deuxième et peut-être son plus grand succès; *Cédric le Norvégien,* à l'Odéon (1842); *Mathilde,* avec Eugène Suë, à la Porte-Saint-Martin (même année); *Diogène (1846)* et le *Chiffonnier de Paris (1847),* où les tendances révolutionnaires sont de plus en plus marquées.

La révolution de Février détourna complètement M. Félix Pyat de la littérature pour le jeter dans la politique militante. Nommé commissaire du gouvernement dans le Cher, il était élu représentant de ce département à la Constituante. Il prit place à la Montagne et fit quelque temps partie du bureau de l'Assemblée comme secrétaire. Il prononça à la tribune plusieurs discours, en faveur du droit au travail, de la liberté de la presse, etc., dans cette langue imagée et amoureuse de l'effet qu'il n'a pas cessé de parler. Réélu à la Législative, il accompagnait, le 13 juin 1849, Ledru-Rollin au Conservatoire des Arts et Métiers. Ayant réussi à s'échapper, il se réfugia d'abord en Suisse, puis en Belgique, et enfin en Angleterre, semant sur son passage les brochures, les *Lettres* aux destinataires les plus divers et collaborant aux journaux démocratiques. Une brochure contenant l'apologie de l'attentat du 14 janvier 1858, publiée par lui en Angleterre, fut même déférée aux tribunaux, qui en acquittèrent l'auteur. — M. Félix Pyat, profitant de l'amnistie du 15 août 1869, rentra en France à cette époque. Il devint, dès son arrivée, l'un des collaborateurs du *Rappel,* auquel il attira bon nombre de condamnations, sans parler de nombreux mois de prison à son adresse particulière, mais qu'il ne fit pas, ayant pris soin de se cacher, on ne saurait dire au juste en quels lieux, tant

on en a cité d'extravagants, et publia quelques brochures : le *Proscrit de la France*, les *Inassermentés*, etc. Dans un banquet radical tenu à Saint-Mandé, le 21 janvier 9870, son secrétaire et fidèle disciple, M. A. Gromier, lisait un toast à « une petite balle » qui n'était autre que celle du revolver du prince Pierre Bonaparte, glorifiée d'avoir tué Victor Noir, pour l'avenir nécessairement préparé par un tel événement. Condamné par la haute cour de Blois à cinq ans de prison et 6,000 francs d'amende, il demeura introuvable jusqu'à la révolution du 4 Septembre. Il reparut alors, et fonda, le 16 septembre, le journal le *Combat*, dans lequel il attaqua avec ardeur le gouvernement de la Défense nationale, étant surtout constitué pour l'attaque. Le 28 octobre 1870, le *Combat* annonce aux Parisiens atterrés la capitulation de Metz. Cette nouvelle désolante, mais exacte, M. Félix Pyat la tenait d'un membre du gouvernement dont nous n'avons pas à apprécier l'attitude dans cette circonstance, parce que cela nous entraînerait forcément à nous demander pourquoi ses collègues prétendaient la cacher, non pas toujours, mais un jour ou deux, quelques heures peut-être. Quoi qu'il en soit, le gouvernement commença par la démentir et, forts de ce démenti, les « bons citoyens » saccagèrent les bureaux du journal, détruisirent les exemplaires du numéro indiscret, conduisirent, et pas doucement, le secrétaire de la rédaction à l'Hôtel de Ville et faillirent écharper le rédacteur en chef, rencontré par hasard sur le boulevard de Strasbourg. — Cependant, le démenti officiel était à peine donné, que la confirmation non moins officielle de la douloureuse catastrophe arrivait à son tour, ne pouvant plus être différée. Ce fut sous l'impression de ces faits si tristes et si incohérents que se produisit la tentative du 31 octobre, à laquelle M. Félix Pyat prit une grande part. De cette journée nous dirons peu de chose, si ce n'est que, l'Hôtel de Ville repris par les forces du gouvernement, M. Félix Pyat envoya au *Combat* un article intitulé : *Ma part dans la journée des dupes républicaines*, mais se tint prudemment à l'écart. Découvert pourtant quelques jours après, il fut écroué à la Conciergerie (5 novembre); mais il était remis en liberté au bout de huit jours, et ne fut pas autrement inquiété jusqu'au 3 février 1871, date de la suppression du *Combat* et du *Réveil*, par le général Vinoy, commandant en chef de l'armée de Paris. Le lendemain, paraissait le *Vengeur*, portant en tête de ses colonnes cette déclaration dénuée d'artifice : « Le *Vengeur* succède au *Combat*, même équipage, même pavillon... » Ce nouveau journal de M. F. Pyat ne fut toutefois supprimé que le 11 mars, par un arrêté du général Vinoy prévoyant, pour l'interdire, la fondation de journaux nouveaux. Porté candidat aux élections générales du 8 février, le directeur du *Vengeur* ne parut nulle part. Il fut élu malgré cela représentant de la Seine, le onzième sur quarante-trois. Il protesta à l'Assemblée contre le vote des préliminaires de paix, par une lettre lue à la tribune, dans laquelle il déclarait se retirer, mais ne pas donner sa démission...

L'explosion du 18 mars parait avoir produit, tout d'abord un bizarre effet sur M. Félix Pyat : il ne donne, au début aucun signe de vie. Élu membre de la Commune de Paris par le Xe arrondissement, malgré son goût pour les situations équivoques dont il venait de donner des preuves répétées, il se décida enfin à prendre siège, mais hésitant évidemment, car il offrait sa démission dès le 31 mars. On la refuse, et il demeure et prend son parti des choses : le parti extrême. Dans un numéro du *Vengeur*, qui reparut en même temps que son rédacteur en chef, le 30 mars, M. Félix Pyat déclare qu'il a voté oui pour toutes les mesures proposées et exécutées par la Commune, sauf dans deux circonstances : la suppression des journaux et les élections complémentaires à la Commune. Pour ne pas trop nous étendre sur ce sujet, nous nous bornerons à cette citation, en y ajoutant toutefois que, s'il n'a pas voté pour la suppression des journaux, c'est du moins à son instigation que la décision a été prise. — Après avoir déclaré Paris indigne d'être la capitale de la France et démontré la nécessité de transporter à Bruxelles et à Londres le siège des efforts socialistes, il s'empressa de joindre l'exemple au précepte et disparut, laissant dans le numéro du *Vengeur* du 22 mai, à ce Paris qu'il jugeait si sévèrement, le conseil paternel de résister à outrance. En juin 1871, les journaux suisses, en publiant une lettre de M. Félix Pyat, nous rassurèrent décidément sur son sort. Il en a écrivit beaucoup d'autres, notamment une en mai 1872, datée de Londres ; une autre du même lieu, en février 1873, publiée par quelques journaux français poursuivis aussitôt; une autre en mai de la même année publiée par le *Standard* et reproduite par les mêmes journaux. — Depuis cette époque, ou il n'en écrivit plus ou personne ne se soucia plus de les publier, même hors de portée des poursuites que sa qualité de condamné à une peine infamante déchaînerait aussitôt contre les feuilles françaises qui commettraient cette imprudence. M. Félix Pyat était en effet condamné à mort comme contumax, par le 3e conseil de guerre, le 27 mars 1873. A cette occasion, on a fait le relevé des condamnations encourues par cet agitateur incorrigible, et prononcées invariablement par défaut ou par *contumace*; ce curieux bilan se solde par 21,200 fr. d'amende, la déportation, vingt-neuf ans et cinq mois de prison, cinq ans de surveillance, dix ans d'interdiction et, pouvons-nous ajouter, la mort!... Il n'en a pas beaucoup souffert sans doute, et l'amnistie du 14 juillet 1880 a effacé tout cela encore. M. Pyat est donc rentré en France, où il ne courait plus aucun danger, et reprit ostensiblement, dans les journaux radicaux, une collaboration qui devait rester anonyme pendant plusieurs années. Il a, de plus, fait représenter à l'Ambigu, le 24 juin 1885, un drame en 5 actes, intitulé *l'Homme de peine*, dont le succès ne rappelle que de fort loin celui des *Deux serruriers*. — Aux élections d'octobre 1885, le nom de M. Félix Pyat a encore figuré sur plusieurs listes radicales, notamment dans la Seine et le Cher, son département natal, mais sauf dans ce dernier département, où il obtint au premier tour près de 17,500 voix, l'accueil qui lui a été fait n'est vraiment pas encourageant.

Q

QUANTIN, Albert Marie Jérôme, imprimeur et libraire français, né en 1850 à Bréhémont (Indre-et-Loire), fit ses études à Tours, puis vint à Paris, où il suivit les cours de l'École de droit. Retourné à Tours, il entrait dans la maison Mame, imprimerie et librairie, en 1868; puis il revenait à Paris, entrait à l'imprimerie Claye, dont il prenait la direction en 1873, et succédait enfin à M. Claye en 1876. Comme typographe, M. Quantin suivit les traditions que lui avait léguées son prédécesseur; comme libraire-éditeur, il publie des éditions soignées des maîtres de l'art, des conteurs, poètes et romanciers des siècles précédents ; une remarquable collection d'ouvrages spéciaux sous le titre de *Bibliothèque de l'enseignement des beaux-arts*; une autre intitulée : *Chefs-d'œuvre du roman contemporain*, et a fondé la *Revue des arts décoratifs* et une autre revue, le *Livre*. On lui doit en outre une œuvre personnelle : *Origines de l'imprimerie et son introduction en Angleterre (1877)*. En 1886, M. Quantin apportait dans les habitudes de l'ancienne maison Claye une double révolution, en créant la librairie moderne pour la publication de romans, nouvelles, etc., dans le petit format in-18 consacré par l'usage et en abordant les tirages à grand nombre, par l'impression de l'édition populaire des *Misérables* de Victor Hugo, entreprise par la maison J. Rouff et Cie. — M. Quantin a été décoré de la Légion d'honneur.

QUATREFAGES DE BRÉAU (de), Jean Louis Armand, naturaliste français, né à Berthezème (Gard), d'une famille protestante, le 10 février 1810. Il étudia la médecine à l'université de Strasbourg, y prit le grade de docteur ès sciences en 1829, celui de docteur en médecine en 1832, et fut nommé au concours préparateur de chimie à la faculté. L'année suivante, il s'établissait à Strasbourg, poursuivant ses études scientifiques en même temps qu'il pratiquait la médecine. Nommé professeur de zoologie à la faculté des sciences de cette ville en 1838, M. de Quatrefages donna sa démission peu après, résolu à consacrer tout son temps aux recherches scientifiques, et vint à Paris, où il s'y livra avec la plus grande ardeur. Il commença en 1842 des excursions scientifiques sur les côtes de l'Océan et de la Méditerranée, en Italie et sur les côtes de l'Algérie et de la Barbarie, qu'il a souvent renouvelées depuis, au grand avantage de la science. Nommé en 1850 professeur d'histoire naturelle au lycée Napoléon, il était appelé en 1855 à la chaire d'anatomie et d'histoire naturelle de l'homme au Muséum. M. de Quatrefages a été élu, en 1852, membre de l'Académie des sciences, section de zoologie, en remplacement de Savigny. Il fait, en outre, partie de la Société philomatique, de la Société d'ethnographie, de la Société de géographie, dont il a été premier vice-président du conseil pour 1877, de la Société d'acclimatation, dont il est aussi un des vice-présidents, de la Société nationale d'agriculture de France, etc. — M. de Quatrefages a collaboré au *Journal de médecine et de chirurgie* de Toulouse, aux *Annales des sciences naturelles*, au *Bulletin* de la Société d'acclimatation et autres publications spéciales des sociétés savantes auxquelles il appartient, ainsi qu'à la *Revue des Deux-Mondes*. Il a publié : *Théorie d'un coup de canon*, thèse (1829); les *Aérolithes (1830)*; *De l'extraversion de la vessie*, thèse de doctorat en médecine (1832) ; *Considérations sur les caractères zoologiques des rongeurs (1840)*; *De l'organisation des animaux sans vertèbres de la Manche (1844)*; *Recherches sur le système nerveux, l'embryogénie, les organes des sens et la circulation des annélides (1844-50)*; *Sur l'histoire naturelle des tarets (1849)*; *Sur les affinités et les analogies des lombrics et des sangsues (1852)*; *Souvenirs d'un naturaliste (1854*, 2 vol.); *Études sur les maladies actuelles des vers à soie (1859*, in-4°, 6 pl. en couleurs); *Nouvelles études sur les maladies des vers à soie (1860*, in-4°); *Physiologie comparée, métamorphoses de l'homme et des animaux (1862)*; les *Polynésiens et leurs migrations*, *La Rochelle et ses environs*, *Histoire naturelle des annelés marins et d'eau douce (1866*, 2 vol.); *Rapport sur les progrès de l'anthropologie (1867)*; *Éloge historique de M. Isidore Geoffroy-Saint-Hilaire*; *Unité de l'espèce humaine*; *Ch. Darwin et ses précurseurs*, étude sur le transformisme (1870); la *Race prussienne considérée au point de vue ethnographique*, suivi de *Quelques considérations sur le bombardement du Museum d'histoire naturelle, en janvier 1871 (1872)*; *Crania ethnica (1875-80*, 7 vol.); l'*Espèce humaine (1877)*; *Introduction à l'étude des races humaines (1886)*, etc.; outre quelques conférences : *Histoire de l'homme*, le *Ver à soie*, etc., faites à l'asile de Vincennes. — Officier de la Légion d'honneur depuis 1863, M. de Quatrefages de Bréau a été promu commandeur en 1885.

QUESTEL, Charles Auguste, architecte français, né à Paris le 18 septembre 1807. Élève de Peyre, de Blouet et de Duban et de l'École des Beaux-Arts, il prit part au concours ouvert en 1835 pour la construction de l'église Saint-Paul de Nîmes. Son *Projet* ayant été approuvé, il se mit aussitôt à l'œuvre (1838). L'église Saint-Paul était entièrement terminée en 1849 ; dans l'intervalle, la fontaine de l'esplanade, dans la même ville, était exécutée sur ses dessins. Attaché à la Commission des monuments historiques comme architecte, M. Questel a relevé et dessiné l'*Amphithéâtre d'Arles* avec projet de restauration et le *Pont du Gard*, avec M. Laisné. Ces dessins, avec ceux de l'*Église Saint-Paul* et de la *Fontaine de l'esplanade* de Nîmes, ont été exposés aux Salons de 1846 et 1852, et ont reparu à l'Exposition universelle de 1855. Architecte des châteaux de Versailles et de Trianon, M. Questel a été nommé membre du Conseil des bâtiments civils, puis professeur d'architecture à l'École des Beaux-Arts. Il a été élu membre de l'Académie des Beaux-Arts le 9 décembre 1871, en remplacement de Duban. — M. Questel a obtenu une médaille de 3e classe en 1846, une médaille de 1re classe en 1852, une autre à l'Exposition universelle de 1855 et une médaille de 2e classe à l'Exposition universelle de 1867. Chevalier de la Légion d'honneur depuis 1862, il a été promu officier de l'ordre en 1863.

R

RAINEY, Joseph H., homme politique nègre américain, né dans l'esclavage à Georgetown (Caroline du Sud) en 1832. Il était encore esclave lorsqu'éclata la guerre de Sécession, et dut travailler, en dépit qu'il en eût, aux fortifications élevées à Charlestown par les confédérés. Il réussit pourtant à s'échapper et se réfugia aux Indes occidentales. Quand la paix fut rétablie, il rentra à Georgetown, mais non plus comme esclave. M. Joseph H. Rainey a été plusieurs fois envoyé au Congrès comme représentant du Missouri, et non seulement il s'y est acquis l'estime de ses collègues de couleur différente, mais il a fourni la preuve évidente, même à ses adversaires les plus décidés, les anciens propriétaires d'esclaves, qu'un grand cœur et une intelligence remarquables ne se rencontrent pas moins fréquemment sous une peau noire que sous une autre. La manifestation publique d'admiration et de reconnaissance de feu James Brook, représentant démocrate de New-York, à l'issue de l'affaire du *Crédit mobilier*, alla même jusqu'à la promesse de se montrer désormais, par égard pour lui, l'ami de la race de couleur. — M. Joseph H. Rainey a présidé la Chambre des représentants des Etats-Unis en 1873.

RAISMES (de), Arnold Joseph Georges Raoul, homme politique français, né à Bourdon (Somme) le 15 mars 1828. Grand propriétaire dans le Finistère, membre du Conseil général, dont il est devenu depuis vice-président et où il représente le canton d'Arzano, M. de Raismes fut élu, le 30 janvier 1876, sénateur de ce département, et réélu au renouvellement du 25 janvier 1885. Il siège à droite.

RAMBOSSON, Jean Pierre, écrivain scientifique français, né en 1827 à Saint-Julien (Haute-Savoie), fit ses études dans son pays, fréquenta les universités suisses, où il s'adonna principalement à l'étude des sciences, puis vint à Paris. Il y poursuivit ses études scientifiques, tout en donnant des leçons de mathématiques, et entra à la *Gazette de France*, comme rédacteur scientifique, en 1852. Il collabora, en même temps, au *Correspondant*, au *Cosmos*, au *Journal de l'instruction publique*, à la *Science*, à la *Revue des Sociétés savantes* et participa, en 1856, à la fondation de la *Science pour tous*, dont il fut le premier rédacteur en chef. A partir de 1860, M. J. Rambosson fit en Europe, en Afrique et aux Indes des voyages d'exploration scientifique qui durèrent plusieurs années. Plusieurs fois lauréat de l'Institut, il était promu officier de l'instruction publique en 1875. — Outre de très nombreux mémoires sur des sujets variés, communiqués à l'Académie des sciences, à l'Académie des sciences morales et politiques et à l'Académie de médecine, on cite de ce savant écrivain : le *Langage mimique comme langage universel (1853)*; les *Colonies françaises, géographie, histoire*, etc.; *Cours de mathématiques (1855)*; la *Science populaire*, ou *Revue des progrès des connaissances*, etc. (1863-68, 7 vol.); *Cosmographie (1865)*; *Histoire et légendes des plantes utiles et curieuses (1868)*; *Histoire des météores (1869)*; les *Pierres précieuses et les principaux ornements (1870)*; l'*Education maternelle d'après les indications de la nature*; les *Lois de la vie et l'art de prolonger ses jours*, couronné par l'Académie française (1871); *Histoire des astres (1874)*; la *Loi absolue du devoir et de la destinée humaine (1875)*; les *Harmonies du son et l'histoire des instruments de musique (1877)*, etc.

RAMEAU, Charles Victor Chevrey, homme politique français, né Paris le 26 janvier 1806, d'une famille bourguignonne alliée à notre grand compositeur Rameau. Il fit ses études au collège Bourbon et à la faculté de droit et fut reçu avocat en 1830. Inscrit au barreau de Paris, il achetait en 1834 une étude d'avoué à Versailles. Il a dirigé cette étude jusqu'en 1870 et est aujourd'hui avoué honoraire. M. Rameau a présidé longtemps la conférence des avoués de France ; il est administrateur du lycée de Versailles et conseiller municipal de cette ville depuis 1848, et en fut nommé maire après le 4 septembre 1870. Pendant l'occupation prussienne, M. Rameau eut à remplir les fonctions d'administrateur du département de Seine-et-Oise ; il résista avec la plus grande énergie aux exigences des envahisseurs, qui essayèrent de l'intimidation et l'emprisonnèrent sans rien obtenir de plus. Ses administrés reconnaissants l'envoyèrent siéger à l'Assemblée nationale, le deuxième sur onze (le premier étant M. Barthélemy Saint-Hilaire), par 40,437 voix : le troisième élu n'avait que 25,000 voix. Il prit place dans les rangs de la gauche républicaine, qui le choisit pour son président. Comme les questions d'honorabilité, de dévouement au pays ne sont rien en politique auprès de la question de parti, M. le duc de Broglie crut convenable de révoquer le maire de Versailles dès qu'il fut au pouvoir (1874). Il se produisit alors ce fait curieux, qu'on ne put remplacer M. Rameau par aucun de ses adjoints, et qu'il s'en fallut de peu qu'on ne trouvât pas davantage dans le Conseil municipal quelqu'un de disposé à accepter cette lourde succession. Elu député par la troisième circonscription de l'arrondissement de Versailles, le 20 février 1876, M. Chevrey-Rameau prit place au centre gauche dans la nouvelle Chambre, dont il fut élu vice-président. Il était nommé de nouveau maire de Versailles par décret du 22 février 1877. Réélu par la même circonscription le 14 octobre suivant, M. Rameau est l'auteur de l'ordre du jour de flétrissure adopté en mars 1879 contre les ministères du 16 mai et du 14 novembre 1879 et affiché dans toutes les communes de France. Il fut élu de nouveau député de la 3e circonscription de Versailles le 21 août 1881, cette fois sans concurrent ; mais aux élections d'octobre 1885, il échouait avec la liste républicaine modérée, grâce à la multiplicité déraisonnable des listes, dans le département de Seine-et-Oise, et aux nuances absolument insaisissables pour l'électeur par lesquelles l'ambition de quelques candidats prétendait les distinguer.

On a de M. Rameau : *Du jury en matière civile (1848)*; *Observations sur le projet de loi relatif à l'organisation judiciaire* (même année); *De la nécessité d'une loi sur les réunions préparatoires électorales*; *De la justice civile pour les indigents (1849)*; *De la saisie immobilière, etc. (1860)*; *Réponse à la proposition relative au rétablissement de la taxe du pain à Versailles (1868)*. Il a professé, en outre, pendant cinq ans un *Cours de législation usuelle*, public et gratuit (1862-67) qui, réuni en volume, a obtenu à l'Exposition universelle de 1867 une mention honorable. M. Chevrey-Rameau a collaboré à la *Revue critique de législation et de jurisprudence*, à la *Gazette des tribunaux*, etc. Il est officier d'Académie et chevalier de la Légion d'honneur du 5 septembre 1871.

RAMÉE, Daniel, architecte, dessinateur et écrivain français, fils de l'architecte qui construisit au Champ de Mars le premier autel de la Fédération, en 1790, est né à Hambourg le 16 mai 1806. Il suivit son père aux Etats-Unis et revint en Europe en 1818, fit ses études aux collèges de Dinant et de Mézières et vint à Paris en 1823. Il s'était de bonne heure adonné aux études artistiques en général et en particulier à l'étude de l'architecture. Attaché à la Commission des monuments historiques, il fut chargé de la restauration de nombreux monuments, parmi lesquels nous citerons les cathédrales de Senlis et de Beauvais, les abbayes de Saint-Riquier et de Saint-Wulfrand à Abbeville et plusieurs églises en Normandie. Il fut chargé par la Société des antiquaires de cette province, en 1830, de mouler la statue gothique de la reine Nantekield, œuvre exécutée pour la première fois en France. De 1832 à 1848, M. D. Ramée résida la plupart du temps en Italie et fit de nombreuses visites dans le même temps en Allemagne, en Hollande et en Angleterre. Il possède dans la perfection les principales langues de l'Europe. De retour à Paris après la révolution de Février, M. D. Ramée prit une certaine part à l'agitation politique et collabora au *Peuple* de Proudhon, auquel il a donné notamment une *Histoire du drapeau rouge*. Il avait collaboré auparavant aux *Monuments anciens et modernes* de M. Jules Gailhabaud, à la *Revue britannique*, etc., et a fourni depuis des articles au *Nouveau Journal des connaissances utiles*, ainsi qu'à diverses revues et recueils d'architecture, d'archéologie et d'art. — Il a publié notamment : les *Monuments de l'architecture, de la sculpture et de la peinture allemandes*, traduit d'Ernst Foster (1836) ; *Cours de dessin (1840)*; *Manuel général de l'histoire de l'architecture chez tous les peuples et particulièrement en France au moyen âge (1843*, 2 vol.), ouvrage traduit en anglais et en hollandais par l'auteur même ; *Introduction au Moyen âge monumental et archéologique (1843)*; l'*Ornementation au moyen âge*, traduit de Handeloff (1846, 2 vol.) ; l'*Ornement (1848)*; *Théologie cosmogonique (1853)*; des *Cartes d'Orient (1855)*; *Histoire des carrosses (1856)*; *Action de Jésus sur le monde (1864)*; *Sculptures décoratives, motifs d'ornementation, etc., du XIIe au XVIe siècles (1864*, 2 vol. in-f°) ; le *Congrès de Vienne (1866)* ; l'*Architecture et la construction pratique mises à la portée des gens du monde (1868)*; *Dictionnaire général des termes d'architecture, en français, en anglais, en allemand et en italien (1868)*; la *République, son développement dans l'Etat et la Société (1872)*; *Monographie du château de Heidelberg*, dessins et gravures de R. Pfnor (1873, 2e édit.) ; *Histoire de l'origine des inventions, des découvertes et des institutions humaines (1875)*, etc., etc.

RAMPONT-LECHIN, Germain François Sébastien, médecin et homme politique français, sénateur, né à Chablis le 29 novembre 1809, fit ses études médicales à Paris et prit une part active à la révolution de 1830. Reçu docteur en 1834, il alla s'établir dans son pays et y devint bientôt un des chefs du parti démocratique de l'Yonne. Elu représentant de ce département à la Constituante, en 1848, M. Rampont prit place sur les bancs des modérés et ne fut pas réélu à la Législative. Elu membre du Conseil général de l'Yonne en 1861, il se présenta aux élections de 1863 dans la première circonscription de ce département contre M. d'Ornano, et obtint 9,109 voix sans être élu. Plus heureux aux élections générales de 1869, il fut élu dans la même circonscription par 17,829 voix, contre M. Frémy, directeur du Crédit foncier, candidat officiel. Il siégea sur les bancs de la gauche et s'associa à tous ses votes. Depuis longtemps déjà, M. Rampont s'occupait d'agriculture. En 1868, il publia, dans le *Courrier français* de Vermorel, des articles d'économie rurale. — Nommé directeur général des postes après le 4 Septembre, il organisa le service des ballons, celui des pigeons voyageurs pour le transport des dépêches pendant le siège, sans parler des tentatives, heureuses quelquefois, de communication par la Seine. Elu représentant de l'Yonne, le troisième sur sept, le 8 février 1871, il siégea à la gauche républicaine ; au lendemain du 18 mars, il transportait le service des postes à Versailles, laissant, jusqu'à la fin de mai suivant, Paris plus isolé que pendant le siège. Après le 24 mai 1873, M. Rampont-Lechin donnait sa démission de directeur des postes (12 juillet). Pendant le cours de son administration, il avait eu à négocier divers traités importants, notamment le traité postal avec l'Allemagne (1871). — Il a été élu sénateur inamovible par l'Assemblée, au sixième scrutin, le 15 décembre 1875. M. Rampont a voté l'expulsion des princes.

RAMSAY, sir Andrew Crombie, géologue anglais, né en 1814, fit ses études à Glasgow, entra en 1841 au service géologique de la Grande-Bretagne, dont il devint directeur en 1845. Nommé professeur au Collège de l'université de Londres en 1848 et chargé d'un cours à l'Ecole royale des mines en 1851, il a présidé la Société géologique en 1862 et 1865, et fait partie de la Société royale depuis 1849. Les travaux scientifiques de M. Ramsay lui ont valu de nombreuses médailles et récompenses universitaires, notamment la médaille d'or de Wollaston que lui a décernée, en 1871, la Société géographique de Londres. Il a été créé chevalier de l'ordre des SS. Maurice et Lazare d'Italie en 1862. Nommé, en 1872, directeur général du Service géologique de la Grande-Bretagne et du Musée de géologie pratique, il était élu membre associé de l'Académie royale des sciences de Belgique en 1873. Lorsqu'il prit sa retraite, en 1881, il fut créé chevalier. — On cite de ce savant : la *Géologie d'Arran (1850)*; *Géologie de la Galles du Nord (1858)*; les *Anciens glaciers du nord de la principauté de Galles et de la Suisse (1860)*; *Géologie et géographie physique de la Grande-Bretagne (1878)*; de nombreux rapports, mémoires, etc.

RAMUS, Joseph Marius, sculpteur français, né à Aix-en-Provence le 19 juin 1805. Il commença ses études artistiques à l'académie de sa ville natale, où il remporta tous les prix, vint ensuite à Paris, en 1822, fut élève de Cortot, suivit les cours de l'école des Beaux-Arts et remporta le second grand prix de Rome en 1830. Une mission du gouvernement lui permit de visiter l'Italie, où il fut chargé de mouler, pour le palais des Beaux-Arts, les chefs-d'œuvre de la sculpture au XVe siècle et à l'époque de la Renaissance. M. Ramus débuta au Salon de 1831. — On cite principalement de cet artiste : le *Comte de Forbin*, buste ; *La Fontaine, Séguier*, statues ; *Tourville, Tournefort*, bustes ; *Portalis*, statue, pour la Chambre des pairs ; *Anne d'Autriche*, statue, au jardin du Luxembourg ; *Daphnis et Chloé*, *Céphale et Procris*, l'*Innocence*, les *Arts*, la *Bienfaisance*, *Première pensée ; Portalis*, *Siméon*, statues pour la ville d'Aix ; *Vauvenargues*, buste pour la bibliothèque de la même ville ; *Gassendi*, statue en bronze, pour Digne ; *Belzunce*, *Puget*, statues, pour Marseille ; *Mgr Sibour*, statuette ; *Philippe de Champaigne*, statue ; *Carbonel*, buste ; le *Monument d'Adam de Crapponne*, à Salon (Bouches-du-Rhône) ; *Saint Jean-Baptiste*, statue (1831-55) ; les *Marguerites*, groupe, marbre, le *Docteur Rayer*, buste (1857) ; *David combattant Goliath*, statue (1859), reparue à l'Exposition universelle de 1867 ; *Didon*, statue ; *Mgr de Mazenod*, *Isaïe et saint Jean*, *Bacchus enfant tourmenté par une nymphe*, etc. (1861) ; les *Enfants au lézard*, groupe ; *Judith*, statue en marbre (1866) ; *Saint Michel* et *Saint Gabriel*, pour l'église Saint-Eustache (1868) ; *Faucheur au repos*, statue en plâtre ; la *Pêche*, groupe en plâtre (1873) ; *M. Darblay aîné*, buste en marbre (1874) ; la *Déception*, statue en marbre (1875) ; *Portraits des enfants de M. M...*, statuettes en terre cuite (1876) ; *Portraits de Mlle Lucie Renard* et de *M. E. Renard*, bustes en marbre (1883) ; *Portrait de Pierre Ramus*, buste en marbre (1884) ; *Portrait de l'auteur*, buste en marbre (1885) ; les *Dénicheurs*, groupe en plâtre (1886) ; de nombreux bustes anonymes en marbre, terre cuite, plâtre, etc. — M. Ramus a obtenu une médaille de 2e classe en 1831 et une de 1re classe en 1839. Il est chevalier de la Légion d'honneur depuis 1852.

RANC, Arthur, publiciste et homme politique fran-

çais, né à Poitiers le 20 décembre 1831, fit ses études au lycée de sa ville natale et son droit à Paris. Mêlé de bonne heure aux manifestations de l'opposition démocratique et suspect en conséquence, il fut impliqué dans le fameux complot de l'Opéra-Comique (1853) et déporté en Algérie d'où, ayant réussi à s'échapper, il passa en Espagne. Rentré en France après l'amnistie de 1859, M. Ranc se fit d'abord correcteur d'épreuves typographiques, puis collabora successivement au *Courrier du dimanche*, au *Journal de Paris*, au *Nain jaune*, au *Réveil*, à la *Cloche*, au *Diable-à-quatre*, à la *Marseillaise*, et fournit des articles à l'*Encyclopédie générale*. Il eut, pendant cette période, à subir plusieurs condamnations pour délits de presse. — Nommé maire du IXe arrondissement de Paris après le 4 Septembre, il quittait Paris en ballon, chargé d'une mission à Bordeaux, le 14 octobre suivant. Nommé, quelques jours plus tard, directeur de la sûreté générale au ministère de l'intérieur, il organisa un service de renseignements militaires et de contre-espionnage qui paraît avoir très utilement fonctionné. Il donna sa démission au commencement de février et fut élu, le 8, représentant de la Seine à l'Assemblée nationale, le dix-septième sur quarante-trois. Il prit place à l'extrême-gauche et résigna son mandat après le vote des préliminaires de paix. Le 26 mars, il était élu membre de la Commune de Paris par le IXe arrondissement. Après avoir tenté, sans succès, d'amener une entente entre les maires de Paris et les pouvoirs insurrectionnels, il répondit par sa démission à la publication du décret relatif aux otages (6 avril) et se tint désormais à l'écart. Le 30 juillet suivant, il était élu membre du Conseil municipal de Paris, pour le quartier Sainte-Marguerite (XIe arrondissement). Appelé à déposer devant la commission d'enquête sur les actes du gouvernement du 4 Septembre, il soutint, avec énergie, la politique de résistance à outrance et n'eut pas de peine à se disculper de l'accusation ridicule d'avoir préparé des listes de proscription. Il protesta, en outre, contre les allégations de la commission d'enquête sur le 18 mars (1872). Cependant, bien que membre de la Commune, ne fût-ce que quelques jours, M. Ranc n'avait pas été poursuivi. Jugeant qu'il y avait à cette exception une flagrante injustice, M. Edgar Raoul Duval interrogeait à ce sujet M. le ministre de la guerre, dans la séance du 16 août 1871. Le ministre avait répondu que « la justice suivrait son cours », et il était visible qu'elle le suivait en effet, bien qu'elle ne s'en prît pas à celui que M. Raoul Duval s'acharnait à désigner à ses coups. En conséquence, l'honorable représentant déposait, le 20 septembre suivant, une demande d'interpellation sur le même sujet, laquelle n'eut pas de résultat plus décisif que la « question ». Dix-huit mois se passèrent, et le cas de M. Ranc paraissait oublié, lorsque l'ancien membre de la Commune de Paris, élu représentant du Rhône le 11 mai 1873, prit siège à l'Assemblée. Quelques jours plus tard, comme on sait, M. Thiers quittait le pouvoir; un gouvernement de combat succédait à tous les gouvernements de conciliation qui s'étaient jusque-là succédé dans les meilleures intentions du monde. Le 13 juin, l'Assemblée était saisie, par une lettre de M. le capitaine Grimal, alors rapporteur près des conseils de guerre, d'une demande en autorisation de poursuites contre l'un de ses membre, M. Ranc. Le 20, sur les conclusions de M. Numa Baragnon, rapporteur de la commission chargée d'examiner cette demande, l'autorisation était accordée; et le 13 octobre suivant, M. Ranc, en fuite, était condamné à mort par le 3e conseil de guerre, malgré la lettre publiée dans la *République française* peu auparavant, le justifiant complètement de toute accusation. Il avait eu, en outre, un duel avec M. Paul de Cassagnac sur la frontière du Luxembourg, le 7 juillet précédent, dans lequel les deux adversaires avaient été blessés. Rentré en France après l'amnistie de 1879, M. Ranc refusa d'abord toute candidature et rentra à la *République française*. Mais il se présenta aux élections de 1881 dans le IXe arrondissement de Paris, fut élu au scrutin du 4 septembre et prit place à l'extrême-gauche. Porté sur la liste de l'Alliance républicaine du département de la Seine, aux élections d'octobre 1885, il ne fut pas élu.

On a de M. Ranc : le *Bilan de l'année 1868*, avec MM. Francisque Sarcey, Paschal Grousset et Castagnary (1868); *Histoire de la conspiration de Babœuf*, par Buonarotti, annotée et précédée d'une préface (1869); le *Roman d'une conspiration*, publié d'abord en feuilletons dans le *Temps (1870)*; *Sous l'Empire*, publié dans la *République française*, dont il a été l'un des rédacteurs fondateurs (1872); *De Bordeaux à Versailles (1877)*, etc.

RANSON, Louis Casimir, homme politique français, négociant, né à Limoges le 19 novembre 1828. Conseiller municipal, ancien maire de Limoges, M. Ranson a été élu, le 18 octobre 1885, député de la Haute-Vienne sur la liste radicale. Il a voté l'expulsion totale des princes.

RASPAIL, Benjamin François, homme politique français, fils de l'illustre chimiste, philanthrope et homme politique français François-Vincent Raspail, mort le 7 janvier 1878, est né à Paris le 16 août 1823. Il étudia d'abord la peinture et la gravure, et a exposé en Angleterre et en Belgique, pendant son exil; il étudia également les sciences, sous la direction de son père, dont il devint le collaborateur. Elu représentant du Rhône à l'Assemblée législative en 1849, il siégea dans les rangs des socialistes, et fut expulsé de France après le coup d'Etat. Il se réfugia en Belgique, où son père alla le rejoindre après sa sortie de prison, et ne rentra qu'avec lui en France, en 1864. En 1873 seulement, M. Benjamin Raspail reparut sur la scène politique. Il fut élu, à cette époque, membre du Conseil général de la Seine, en remplacement de M. Pompée, par les électeurs du canton de Villejuif. Réélu sans concurrent en novembre 1874, les électeurs de Lyon, de Marseille et de Sceaux lui offraient la candidature à la députation aux élections du 20 février 1876; il accepta l'offre de ces derniers et fut élu par 7,273 voix contre 4,808 partagées entre ses deux concurrents, républicains de nuance modérée. M. B. Raspail siégea à l'extrême-gauche, signa la demande d'amnistie plénière déposée par son père et s'associa constamment aux actes du groupe parlementaire auquel il appartient. Il est notamment l'auteur d'une proposition de loi tendant à exercer des poursuites contre certains officiers de l'armée, pour faits relatifs à la répression sanglante de l'insurrection du 18 mars, proposition bien intempestive, en vérité. Réélu le 14 octobre 1877 et le 21 août 1881 dans le même collège, il a été élu, au scrutin de ballottage des élections d'octobre 1885, député de la Seine sur la liste radicale, et a voté l'expulsion totale des princes. — M. Benjamin Raspail a publié quelques brochures de circonstance, notamment : *Observations sur les traitements de nos ambassadeurs et sur l'assistance judiciaire*, et une *Première campagne contre l'administration de l'assistance publique (1875)*.

RASPAIL, Camille, médecin et homme politique français, frère du précédent, est né à Paris en 1827, y fit ses études et prit le grade de docteur en médecine. Il avait auparavant accueilli avec transport la révolution de février, fait partie de divers clubs républicains avancés et collaboré à l'*Ami du peuple*, journal de son illustre père. Reçu docteur, il organisa des consultations gratuites, qu'il n'a du reste pas cessé de donner depuis, fit des conférences sur l'hygiène des ouvriers, etc. Après le siège de Paris, où M. C. Raspail avait prodigué ses soins dans les ambulances, outre les services qu'il avait pu rendre comme officier supérieur de l'artillerie de la garde nationale et chef de l'artillerie des forts du Sud, la croix de la Légion d'honneur lui fut offerte, mais il la refusa. — Porté, aux élections d'octobre 1885, sur la liste radicale du Var, M. Camille Raspail a été élu député de ce département. Il a pris place à l'extrême-gauche et voté l'expulsion totale des princes. — On lui doit une nouvelle édition de l'ouvrage publié par son père en 1843, sur le *Choléra et son traitement basé sur la théorie parasitaire*, augmenté d'une préface, notes et documents (1884) et un ouvrage original : *Notice théorique et pratique sur les appareils orthopédiques* de la méthode Raspail (1882), outre sa collaboration au *Manuel annuaire de la santé*.

RASSAM, Hormuzd, archéologue et voyageur assyrien, né à Mossoul, en Mésopotamie, en 1826, descendrait d'une vieille famille chaldéenne comptant parmi ses ancêtres des premiers adeptes du christianisme. Lorsque M. Layard (voyez ce nom) se rendit sur l'emplacement de l'ancienne Ninive, dans le but d'y exécuter des fouilles, il fit la connaissance du jeune Hormuzd, lequel parlait couramment l'anglais pour l'avoir appris de la femme de son frère, sœur de l'orientaliste George Percy Badger. A son retour en Angleterre, M. Layard, emmena le jeune homme, et il venait à peine d'entrer à l'université d'Oxford, lorsque M. Layard, requis par le Musée britannique d'aller reprendre ses travaux dans les ruines ninivites, l'emmena de nouveau. Enfin, après un troisième retour en Angleterre, en 1851, M. Layard ayant refusé de reprendre la route du Tigre, ce fut M. Rassam qui fut chargé par les directeurs du British museum d'aller poursuivre les recherches archéologiques qui avaient donné déjà de si beaux résultats. Il s'en tira le mieux du monde et, parmi de nombreux spécimens de l'art assyrien, on lui doit une magnifique série de sculptures représentant une chasse au lion, exposée au Musée britannique. De retour en 1854, M. Rassam fut attaché en qualité d'interprète à l'état-major du résident politique anglais à Aden, sir William Coghlan, qui le fit nommer bientôt résident politique-adjoint. En 1864, il reçut la mission de se rendre auprès de Théodoros, roi d'Abyssinie, porteur d'un message de la reine Victoria, afin d'obtenir la mise en liberté du consul Cameron et des autres prisonniers européens du négous. Il partit aussitôt pour Massouah, où il attendit plus d'un an l'occasion d'approcher le trop fameux souverain. Il y parvint enfin, mais ce fut pour voir combien était peu fondée sa confiance dans le succès de sa mission : Théodoros le fit arrêter et il demeura dans les fers de juillet 1866 à mars 1868. On sait ce qu'il advint alors et comment sir R. Napier, à la tête de l'expédition anglaise, battit Théodoros et délivra ses prisonniers. M. H. Rassam a été élu membre de la Société royale géographique en 1868. Il a publié une relation très intéressante de sa mission en Abyssinie sous ce titre : *Narratives of the British mission to Theodore, king of Abyssinia, with notices of the country traversed from Massowa through the Soodân, the Amhâra, and back to Annesley Bay from Mâgdala* (Londres, 1869, 2 vol.). En 1876, il fut choisi par les administrateurs du Musée britannique pour diriger de nouvelles explorations en Assyrie, sous la garantie d'un firman du sultan, obtenu par l'influence de sir Henry Layard, ambassadeur d'Angleterre à Constantinople. Depuis cette époque jusqu'en 1882, M. Rassam n'a pas cessé de diriger des recherches archéologiques en Assyrie, en Arménie, en Babylonie, et d'enrichir le Musée britannique de ses découvertes. Pendant la dernière guerre turco-russe, il reçut du Foreign office une mission spéciale en Asie-Mineure, pour s'assurer de l'exactitude des plaintes formulées par certaines communautés chrétiennes, relatives à de mauvais traitements qu'ils auraient eu à subir de leurs compatriotes musulmans.

RATHIER, Jules, homme politique français, né à Chablis le 7 septembre 1827, fils d'un représentant du peuple de 1848. Grand propriétaire-viticulteur, conseiller général de l'Yonne, M. J. Rathier fut élu représentant de ce département à l'Assemblée nationale, le 8 février 1871; il siégea à gauche, vota contre les préliminaires de paix et s'abstint lors du vote des lois constitutionnelles. Le 20 février 1876, il échouait dans l'arrondissement de Tonnerre, d'un faible écart, contre son concurrent bonapartiste; mais le 14 octobre 1877, il triomphait aisément du même adversaire et était réélu sans concurrent le 21 août 1881. Porté sur la liste républicaine de l'Yonne, aux élections d'octobre 1885, M. Rathier a été le seul candidat élu au premier tour dans ce département. Il a voté l'expulsion des princes.

RATISBONNE, Louis Gustave Ferdinand, littérateur français, né à Strasbourg le 29 juillet 1827, fit ses études à Paris. Entré vers 1853 au *Journal des Débats*, il a quitté depuis quelques années ce journal et a donné des articles à l'*Evénement* et à quelques autres feuilles. Il a également collaboré au *Magasin d'éducation et de récréation*, à la *Revue contemporaine*, à la *Revue des Deux-Mondes*, etc., et est l'auteur du texte de toute une série d'albums destinés à l'enfance, connus sous le nom d'*Albums Trim*. M. Ratisbonne a publié : la *Divine comédie*, traduite de Dante, en vers français (1852-59, 6 vol.), dont les diverses parties ont été successivement couronnées par l'Académie française; *Henri Heine, Impressions littéraires (1855)*; *Au printemps de la vie*, poésies (1857); la *Comédie enfantine*, fables morales, couronnées par l'Académie (1860); *Morts et vivants, nouvelles impressions littéraires* (même année); *Dernières scènes de la Comédie enfantine (1862)*; les *Figures jeunes*, poésies (1865); *Auteurs et livres*, les *Petits hommes (1868)*; les *Petites femmes (1871)*, etc. — Il a fait, en outre, représenter au Théâtre-Français, en 1859, un drame antique en un acte, en vers : *Héro et Léandre*; et publié, comme exécuteur testamentaire d'Alfred de Vigny : les *Destinées*, poèmes philosophiques (1864) et le *Journal d'un poète (1867)*, d'après les notes de cet écrivain.

RATTAZZI (dame), princesse Marie Studolmine Bonaparte-Wyse, dame de Solms (puis), femme de lettres française, petite-fille de Lucien et fille de la princesse Lætitia Bonaparte et du ministre anglais à Athènes, Thomas Wyse, est née à Londres vers 1830 et a fait ses études à la maison de la Légion d'honneur de Saint-Denis. Mariée en 1850 à Frédéric de Solms, riche Alsacien, qui ne jugea pas à propos de la suivre lorsque, grâce à ses relations avec les membres les plus compromis du parti démocratique, elle fut expulsée de France en 1852 par son parent, devenu empereur. Elle vécut principalement, de 1853 à 1860, à Nice et à Aix-les-Bains, dans la société des littérateurs et des artistes ses compatriotes, exilés comme elle ou non, en relations d'amitié avec Ponsard aussi bien qu'avec Eugène Sue, Victor Hugo, Lamennais et Béranger. Elle fonda à Aix un journal littéraire : les *Matinées d'Aix*, et fit représenter sur son théâtre du Chalet des petites pièces de sa composition, dans lesquelles elle remplissait le rôle principal. Rentrée à Paris en 1860, elle collabora par des causeries et autres « variétés » au *Pays*, au *Constitutionnel*, au *Turf*, etc. Devenue veuve depuis plusieurs années, elle épousait, en 1862, Urbain Rattazzi, président du conseil des ministres d'Italie, et, le siège du gouvernement se trouvant alors à Florence, elle se fixa dans cette ville et y fonda le *Courrier de Florence* et les *Matinées italiennes*, auxquels elle collabora avec l'activité qui la distingue, abordant successivement les sujets les plus variés et n'employant pas une moins grande variété de pseudonymes. — Parmi les nombreux ouvrages publiés à part par Mme Rattazzi, nous pouvons citer : la *Dupinade* et les *Chants de l'exilée*, petits poèmes dédiés à Victor Hugo (Genève, 1859); *Mademoiselle Million (1862)*; les *Soirées d'Aix-les-Bains*, les *Rives de l'Arno*, poésies; le *Piège aux maris*, roman (1865); les *Mariages de la créole (2 vol.)*, les *Débuts de la forgeronne*, la *Mexicaine (1866)*; *Bicheville*, le *Chemin du paradis (1867)*; *Louise de Kelner*, le *Rêve d'une ambitieuse (1868)*; *Florence, portraits, chroniques et confidences*; *Nice la belle, Monaco (1870)*; *Cara patria*, poésies (1874); l'*Ombre de la mort*, poésies (1875); le *Portugal à vol d'oiseau*, lettres humoristiques (1883), etc.; plus quantité de proverbes, comédies, etc., joués au théâtre du Chalet, à Aix, au théâtre de Nice, ou simplement entre deux paravents. — Les *Papiers des Tuileries* nous apprennent que Mme Rattazzi recevait sur la cassette impériale une subvention annuelle, du moins en 1868, date de l'état publié dans ce recueil, de 24,000 fr. Depuis la mort de son second mari (5 juin 1873), Mme Rattazzi a de nouveau fixé sa résidence à Paris.

RAULINE, Gustave Paul, agriculteur et homme politique français, maire de Saint-Lô, est né à Feugères (Manche) le 1er juin 1822. Elu, le 20 février 1876, député de Saint-Lô, il siégea au groupe de l'Appel au peuple. Il a été réélu le 14 octobre 1877 et le 21 août 1881. Le 4 octobre 1885, M. Rauline était élu député de la Manche en tête de la liste monarchiste triomphante. Il est membre du Conseil général de ce département, où il représente le canton de Marigny.

RAVAISSON-MOLLIEN, Jean Gaspard Félix, philosophe et littérateur français, né à Namur le 23 octobre 1813, fit ses études au collège Rollin et se fit recevoir agrégé de philosophie en 1836, et docteur ès-lettres en 1838; professeur à la faculté des lettres de Rennes en 1838, il fut choisi en 1840 par M. de Salvandy, ministre de l'instruction publique, comme chef de son cabinet. Il suivit peu après son chef dans la retraite et fut nommé inspecteur général des bibliothèques publiques, fonctions qu'il conserva jusqu'en 1853. Nommé à cette époque inspecteur-général de l'enseignement supérieur, M. Ravaisson entra au Conseil de l'instruction publique. Il est conservateur honoraire des antiquités du Louvre et membre du Conseil supérieur des Beaux-Arts; élu membre de l'Académie des inscriptions et belles-lettres en remplacement de Letronne, en 1849, il en a été vice-président en 1876 et président en 1877; il a été élu en outre membre de l'Académie des sciences morales et politiques, section de philosophie, et est membre de la Commission des inscriptions et médailles de l'Institut. M. Ravaisson est commandeur de la Légion d'honneur. On a de lui : *Essai sur la Métaphysique d'Aristote (1837-46, 2 vol.)*, couronné par l'Académie des sciences morales et politiques; *De l'habitude*, thèse de doctorat (1838); une édition revue du *Catalogue général des bibliothèques publi*

ques, de Libri (1840); la *Philosophie en France au XIXe siècle (1868*, nouvelle édition 1885); la *Vénus de Milo (1871)*; le *Monument de Myrrhine et les inscriptions funéraires des Grecs (1876)*, etc.

RAVIGNAN (baron de), Marie Raymond Gustave de La Croix, homme politique français, né à Bordeaux le 29 janvier 1829. Riche propriétaire et membre du Conseil général des Landes, ancien maître des requêtes au Conseil d'Etat sous l'Empire, M. le baron de Ravignan fut élu sénateur des Landes le 30 janvier 1876 et réélu au renouvellement du 5 janvier 1879. Il siège à la droite monarchiste, au groupe de l'Appel au peuple. — Il est chevalier de la Légion d'honneur.

RAWLINSON, sir Henry Creswicke, orientaliste et explorateur anglais, né à Chadlington en 1810, fit ses études à l'école d'Ealing, puis entra dans l'armée de Bombay, où il servit de 1827 à 1833. En novembre de cette dernière année, il prit du service en Perse, où il eut divers commandements importants et travailla activement à la réorganisation de l'armée jusqu'en décembre 1839. A cette époque, il y eut rupture entre l'Angleterre et la Perse, et les officiers anglais employés dans ce pays durent aussitôt le quitter. M. Rawlinson partit pour l'Afghanistan par le Scinde, ayant pour mission de se rendre à Khiva à la rencontre de Perowsky. Les services qu'il rendit dans cette occasion furent l'objet d'un rapport du général Nott. Il rentra ensuite aux Indes avec l'armée, par Caboul et le Punjaub, et fut renvoyé dans le pays en 1843, mais comme agent politique du gouvernement britannique dans l'Arabie turque. Nommé consul à Bagdad en mars 1844, il fut promu au rang de lieutenant-colonel en Turquie en 1850 et fait consul-général en 1851. Ayant résigné ces dernières fonctions en 1855, il fut nommé directeur de la compagnie des Indes-Orientales et chevalier-commandeur de l'ordre du Bain en 1856. Il fut membre du conseil des Indes de septembre 1858 à avril 1859, ayant été nommé à cette date envoyé extraordinaire à la cour de Téhéran, avec rang *local* de major-général. Membre de la Chambre des communes pour Reigate, de 1858 à 1865, il y a représenté le bourg de Frome de 1865 à 1868, se tint à l'écart aux élections générales de cette dernière année et rentra au conseil des Indes. — Créé chevalier en 1866, sir Henry Rawlinson avait dès lors acquis une grande notoriété comme auteur de nombreux mémoires sur les antiquités de l'Orient et l'interprétation des inscriptions cunéiformes. Membre des Sociétés asiatique et géographique et de la Société royale de Londres, il est correspondant de l'Institut de France (Académie des inscriptions et belles-lettres) depuis 1849, de la Société de géographie de Paris depuis 1875 et a été élu membre étranger de l'Académie des sciences de Vienne, en remplacement de Ch. Darwin, le 25 mai 1882.

La plupart des mémoires écrits par sir Henry Rawlinson sur l'archéologie, la géographie ou l'ethnographie de l'Orient sont dispersés dans les recueils spéciaux des sociétés dont il fait partie; on cite toutefois de ce savant un important ouvrage intitulé: l'*Angleterre et la Russie en Orient, études sur l'état politique et géographique de l'Asie centrale* (England and Russia in the East: a series of papers on the political and geographical condition of Central-Asia, 1875). Sir Henry Rawlinson a été élu l'un des administrateurs du Musée britannique en mars 1878, et a fait partie, la même année, de la commission royale de la Grande-Bretagne et de l'Irlande à l'Exposition universelle de Paris. Il est décoré de l'ordre du Mérite de Prusse.

RAWLINSON, George, historien et théologien anglais, frère du précédent, né à Chadlington en 1816, acheva d'une manière brillante au collège de la Trinité, à Oxford, ses études commencées à Swansea et à l'école d'Ealing, devint successivement répétiteur et professeur à son collège, examinateur public et enfin professeur d'histoire ancienne à l'université en 1861. De 1859 à 1870, il a été en outre examinateur d'humanités au Conseil d'éducation militaire. Le rév. George Rawlinson a été nommé chanoine de Canterbury en septembre 1872. — On a de lui: l'*Histoire d'Hérodote*, nouvelle traduction anglaise, accompagnée de nombreuses notes, avec sir H. Rawlinson et sir G. Wilkinson (1858-60, 4 vol.); les *Preuves historiques de la vérité des Ecritures (1860)*; les *Contrastes du christianisme avec les systèmes païen et juif (1861)*; les *Cinq grandes monarchies du monde oriental ancien (1862-64-65*, 3 vol.); *Manuel d'histoire ancienne (1869)*; la *Sixième grande monarchie orientale, ou géographie, histoire et antiquités de Parthe (1873)*; la *Septième grande monarchie orientale*, ou *histoire des Sassanides (1876)*; *Histoire de l'Egypte ancienne (1881*, 2 vol.) et divers autres ouvrages moins importants, brochures de controverse théologique, etc. Il a aussi collaboré au *Dictionnaire de la Bible*, du Dr Smith et à plusieurs revues ou magazines.

RAYNAL, David, homme politique français, né à Paris le 26 février 1840, de parents israélites établis à Bordeaux. Il se présenta pour la première fois, comme candidat républicain dans la première circonscription de Bordeaux, à l'élection complémentaire nécessitée par l'option de Gambetta pour Paris, et échoua; il se présenta de nouveau, le 6 avril 1879, dans la 3e circonscription, pour le remplacement de M. Dupouy, passé au Sénat, et cette fois fut élu sans concurrent. Il s'inscrivit à la gauche républicaine, et fut nommé sous-secrétaire d'Etat aux travaux publics. Réélu député le 21 août 1881 dans les mêmes conditions, il fit partie du cabinet Gambetta comme ministre des travaux publics, du 14 novembre 1881 au 26 janvier 1882, et reprit le même portefeuille dans le cabinet Jules Ferry, du 21 février 1883 au 29 mars 1885. Aux élections d'octobre suivant, M. Raynal était élu député de la Gironde au scrutin du 18. Il a voté l'expulsion des princes.

RAZIMBAUD, Jules Antoine Louis Barthélemy, homme politique français, né à Ginestas (Aude) le 23 août 1837, d'une famille d'agriculteurs. Reçu licencié en droit en 1858, il s'établit cinq ans après notaire à Saint-Chinian, se retira en 1880 et s'occupa de viticulture. Mais il s'était beaucoup occupé de politique dès les dernières années de l'Empire, et, conseiller municipal de Saint-Chinian depuis 1865, devenait maire de cette ville en 1872 et membre du Conseil général de l'Hérault en 1874. M. Razimbaud a été élu député de ce département le 4 octobre 1885, sur la liste radicale. Il a voté l'expulsion totale des princes.

RÉCIPON, Emile, homme politique français, né au Puy-en-Velay le 18 octobre. Grand propriétaire dans la Loire-Inférieure, il se présenta sans succès aux élections de 1876 et de 1877 dans l'arrondissement de Châteaubriant; mais après l'annulation de l'élection du duc Decazes dans l'arrondissement de Puget-Théniers, il transporta sa candidature dans les Alpes-Maritimes, y fut élu député le 5 février 1879, et prit place au groupe de l'Union républicaine. Réélu le 21 août 1881, M. Récipon se présentait dans l'Ille-et-Vilaine aux élections du 4 octobre 1885, et était élu le second de la liste républicaine. Il a voté contre l'expulsion des princes.

RECLUS, Jean Jacques Elisée, géographe français, fils d'un ministre protestant, est né à Sainte-Foy-la-Grande le 15 mars 1830. Elevé dans la Prusse rhénane, il fit ses études à la faculté protestante de Montauban, puis à l'université de Berlin. Rentré en France, il dut s'en éloigner de nouveau après le coup d'Etat de décembre 1851. Il parcourut dès lors la Grande-Bretagne, l'Irlande et les deux Amériques. Après un séjour de plusieurs années dans la Nouvelle-Grenade, il revint à Paris et publia dans divers recueils périodiques, notamment à la *Revue des Deux-Mondes* et au *Tour du Monde*, des notes de voyages et des études géographiques sur les contrées qu'il avait visitées. Elu membre de la Société de géographie de Paris, M. Elisée Reclus prit une grande part aux travaux de cette société. Pendant le siège de Paris, M. Reclus entra, comme simple garde, dans les compagnies de marche de la garde nationale, puis il fit partie de la compagnie d'aérostiers dirigée par M. Nadar. Resté dans la garde nationale après le 18 mars 1871, il y continua son service sous la Commune et fut envoyé en reconnaissance, le 5 avril, sur le plateau de Châtillon, où il fut fait prisonnier et conduit à Versailles. Après avoir été longtemps tenu au secret, il était traduit devant le 7e conseil de guerre séant à Saint-Germain et, en présence des témoignages exclusivement favorables produits à l'audience, était condamné à la déportation simple, le 16 novembre 1871. Le monde savant s'émut pourtant de cette condamnation que l'admission des circonstances atténuantes avait seule permis de ne pas prononcer plus sévère. Des démarches furent faites, principalement par les savants les plus considérables de l'Angleterre, auprès du président de la République; elles finirent par être couronnées de succès et la peine commuée en celle du bannissement par décret du 4 janvier 1872. M. Elisée Reclus se retira à Lugano (Suisse) avec sa famille. Compris dans l'amnistie de 1879, il n'en a guère profité jusqu'ici. Enfin M. Reclus a de nouveau attiré l'attention sur lui, par une manifestation assez imprévue, en 1882: comme protestation contre les entraves qu'apportent à la liberté individuelle les dispositions de la loi relatives au mariage, il unit lui-même ses deux filles aux époux de leur choix sans aucune cérémonie, même civile, et sans l'intervention de la plus insignifiante formalité légale. — On a de ce savant écrivain: *Guide du voyageur à Londres et aux environs (1859)*; *Voyage à la Sierra Nevada de Sainte-Marthe (1861)*; les *Villes d'hiver de la Méditerranée et les Alpes maritimes (1864)*; une importante *Introduction au Dictionnaire des communes de France* de M. A. Joanne (même année); *Histoire d'un ruisseau (1866)*; la *Terre, description des phénomènes du globe (1867-68*, 2 vol. gr. in-8°); *Histoire d'une montagne*, parue d'abord dans la *Science illustrée (1875-76)*; *Nouvelle géographie universelle (1875-86*, tomes I à X), etc.

REDGRAVE, Richard, peintre anglais, né à Pimlico (Londres) le 30 avril 1804, est fils d'un manufacturier et passa les premières années de sa vie dans la maison de son père, à la prospérité de laquelle ses dessins ne furent pas étrangers. Il entra à l'Académie royale des arts en 1826, mais fut forcé peu après, par des revers de fortune, de se créer des ressources par l'enseignement, sans cesser ses études. Deux fois il prit part, mais sans succès, aux concours de l'Académie. Une toile exposée à l'Institution britannique en 1837: *Gulliver à la table du fermier*, dont on lui acheta le droit de reproduction par la gravure, fut son premier succès. L'année suivante, il exposait à l'Académie royale: *Ellen Oxford*, tableau de genre inspiré de Crabbe, refusé à l'Institution britannique et qui trouva acquéreur à l'Académie; lequel fut suivi de *Quintin Maetsys*, *Retour d'Olivia chez ses parents (1839)*; la *Fille du gentilhomme ruiné*, dont le succès lui valut de nombreuses commandes, le titre d'associé de l'Académie et lui permit d'abandonner l'enseignement (1840); le *Fondateur du château (1841)*; le *Pauvre instituteur (1843)*; la *Couturière*, le *Départ de la noce (1844)*; la *Gouvernante (1845)*; le *Dimanche matin*, le *Ruisselet (1846)*; l'*Heureux mouton*, la *Remise des poules d'eau*, les *Esclaves de la mode (1847)*; les *Cousins de province (1848)*; la *Mare solitaire (1849)*; les *Bois d'Evelyn*, les *Ajustements de Griselda (1850)*; la *Fuite en Egypte*, le *Cabinet du poète (1851)*; le *Miroir de la forêt (1852)*; l'*Entrée du bois*, les *Ruines du manoir (1855)*; *Sermon prêché à des pierres*, les *Gardes effrayés*, *Eaux tranquilles (1874)*; *Préparatifs pour un jour de fête*, la *Destruction de la forêt*, la *Mare du moulin (1875)*; le *Rappel du troupeau*, *Au marché*, le *Chêne du moulin (1876)*; *Déserté*, le *Remède sous la main*, une *Source dans la forêt (1877)*; *L'héritier grandit*; *Friday Street, Wotton (1878)*, etc. M. Redgrave a été élu membre titulaire de l'Académie royale des arts en 1851. Il fut nommé inspecteur général des Beaux-Arts et chargé avec M. H. Cole de l'organisation du Musée de l'art ornemental au palais de Marlborough, devenu, sous la direction de ces messieurs, le musée des arts de South-Kensington. Membre du jury de la section des Beaux-Arts à l'Exposition universelle de 1851 à Londres et à celle de 1855 à Paris, M. Redgrave fut chargé, à celle de 1862, de réunir et de cataloguer des spécimens remarquables des tableaux des peintres anglais des cent dernières années, depuis Hogarth jusqu'au jour actuel. Ce travail lui inspira l'idée d'un livre très intéressant sur l'art de la peinture dans le cours d'un siècle, qu'il écrivit et publia, avec le concours de son frère, M. S. Redgrave, sous ce titre: *A Century of Painters (1866)*. Il s'est activement occupé depuis de la réunion d'une collection historique d'aquarelles nationales au Musée de Kensington. — M. R. Redgrave a pris part comme exposant aux Expositions universelles de Paris, de 1855 à 1867, il a été créé chevalier de la Légion d'honneur en 1855. En 1880, il résignait toutes ses fonctions officielles.

REILLE (baron), René Charles François, homme politique français, né à Paris le 4 février 1835, est fils du maréchal comte Reille, sénateur de l'Empire, et petit-fils par sa mère du maréchal Masséna; il a épousé en 1860 une fille du maréchal Soult. Entré à l'école de Saint-Cyr en 1852, avec le numéro 1, il en sortit dans l'état-major, également avec le numéro 1; en 1854, fut nommé lieutenant en 1856 et capitaine en 1858. Il fit en cette qualité la campagne d'Italie et fut, au retour, attaché à l'état-major du ministre de la guerre, maréchal Randon, position qu'il continua d'occuper sous le successeur de celui-ci au ministère, maréchal Niel, jusqu'en 1869, époque de sa mort. Au début de la guerre, M. le baron Reille fut placé à la tête des mobiles du Tarn, avec le rang de chef de bataillon, puis promu lieutenant-colonel, commandant le 7e régiment de cette arme et appelé à Paris. Nommé commandant supérieur de Montreuil le 23 septembre 1870, il était promu colonel en novembre suivant et placé à la tête d'une brigade de la 2e armée de Paris. Il a occupé divers autres commandements jusqu'à la fin de la guerre; et est actuellement colonel du 128e régiment de l'armée territoriale. Conseiller général du Tarn depuis 1867, M. le baron Reille fut opposé par l'administration à M. Eugène Péreire, aux élections générales de 1869, dans la 2e circonscription de ce département. Il fut élu à une majorité peu considérable, prit place au centre droit et signa l'interpellation des Cent-Seize. Réélu membre du Conseil général du Tarn par le canton de Saint-Amans-Soult en 1871 et 1874, il a été quelque temps vice-président de cette assemblée. Il a échoué aux élections de 1871 à l'Assemblée nationale, mais à celle du 20 février 1876 il a été élu député de la 2e circonscription de Castres par 11,004 voix contre 4,352. Il a pris place à droite, et fut sous-secrétaire d'Etat au ministère de l'intérieur, sous M. de Fourtou. Réélu le 14 octobre 1877, son élection était annulée, après un minutieux examen, le 1er décembre 1878; mais il fut réélu le 2 février 1879, et de nouveau le 21 août 1881. Aux élections du 4 octobre 1885, M. le baron Reille a été élu député du Tarn, le seul des candidats monarchistes.

Membre de la Société de géographie, M. le baron Reille a organisé en 1875, en qualité de commissaire général, l'Exposition internationale des sciences géographiques ouverte aux Tuileries. Il est commandeur de la Légion d'honneur depuis 1871 et décoré d'un grand nombre d'ordres étrangers.

RÉMOIVILLE, Paul Eugène, homme politique français, né à Pont-Sainte-Maxence en 1824. Venu à Paris à dix-huit ans, il se fit clerc d'huissier, devint en 1848 président du club fondé par ses collègues, et dès lors tenta de se faire élire représentant du peuple, mais sans le moindre succès. Il entra ensuite comme employé dans la maison Darblay, à Corbeil, et plus tard ouvrit un cabinet de contentieux spécial à la meunerie et aux industries qui s'y rattachent. Nommé maire de Villiers-sur-Marne au mois d'août 1870, plusieurs fois réélu depuis, président du Conseil d'arrondissement, M. Remoiville était élu député de l'arrondissement de Corbeil, comme radical, le 21 août 1881, contre M. Léon Renault, député sortant, centre gauche. Il a été élu député de Seine-et-Oise, le second de la liste, le 18 octobre 1885 et a repris son siège à l'extrême-gauche. M. Remoiville a voté l'expulsion totale des princes.

RÉMUSAT (comte de), Paul Louis Étienne, homme politique français, fils du comte Charles de Rémusat, ancien ministre, membre de l'Académie française, mort le 6 juin 1875, est né à Paris le 16 novembre 1831, y fit ses études classiques et son droit, puis se livra à l'étude des sciences naturelles. Collaborateur assidu de la *Revue des Deux-Mondes*, du *Journal des Débats*, où il rédigea notamment le compte rendu des séances de l'Académie des sciences, il collabora également au *Courrier du Dimanche*, au *Journal d'agriculture de la Haute-Garonne*, au *Progrès libéral* de Toulouse, fondé par son père en 1869, etc., et publia quelques brochures d'actualité et un volume composé d'articles insérés pour la plupart dans la *Revue des Deux-Mondes*, sous ce titre: les *Sciences naturelles, leur histoire et leurs plus récents progrès (1857)*. — M. Paul de Rémusat s'est présenté sans succès aux élections générales de 1863 et 1869, dans la 2e circonscription de la Haute-Garonne, contre le marquis de Campaigno, candidat officiel. Après avoir, en qualité de secrétaire, suivi M. Thiers dans la tournée diplomatique que cet homme d'Etat entreprit dans le but de provoquer les sympathies des Etats de l'Europe en faveur de la France malheureuse, M. P. de Rémusat était élu, le deuxième sur dix, représentant de la Haute-Garonne à l'Assemblée nationale, le 8 février 1871. Il fut élu vice-président de l'Assemblée, prit siège au centre gauche, et appuya la politique républicaine. Elu député de l'arrondissement de Muret, le 20 février 1876, il échouait le 14 octobre 1877 contre le même concurrent, M. Niel, bo-

napartiste et candidat de l'administration; mais cette élection ayant été annulée par la Chambre, il triomphait à son tour à la nouvelle épreuve du 5 mai 1878. Le 5 janvier 1879, il était élu, le premier, sénateur de la Haute-Garonne. Il siège au centre gauche et a voté contre la loi d'expulsion des princes prétendants. — Outre l'ouvrage cité, M. Paul de Rémusat a publié un ouvrage posthume de son père: *Abélard*, drame, avec une preface (1877), et de sa grand'mère: les *Mémoires de Mme de Rémusat, 1802-1808 (1879)*.

RENAN, Joseph Ernest, philologue et historien français, né à Tréguier le 27 février 1823. Destiné à la carrière ecclésiastique, il vint terminer ses études à Paris, au séminaire Saint-Sulpice, où se développa son goût pour l'étude des langues orientales, et apprit l'hébreu, le syriaque et l'arabe. Ses dispositions pour la prêtrise s'étant, en revanche, singulièrement amoindries, il quitta le séminaire et se livra à l'enseignement particulier, tout en poursuivant ses études philologiques. Reçu, le premier, agrégé de philosophie en 1848, il remportait la même année le prix Volney, de l'Institut, avec un mémoire sur les langues sémitiques. Chargé d'une mission littéraire en Italie en 1849, il fut attaché, en 1851, au département des manuscrits de la Bibliothèque nationale. Il a été élu membre de l'Académie des inscriptions et belles-lettres, dont il avait été plusieurs fois lauréat, en 1856, en remplacement d'Augustin Thierry. Il fut chargé en 1860 d'une mission en Syrie et en Palestine, d'où il rapporta les matériaux de sa célèbre *Vie de Jésus*. Nommé au retour professeur d'hébreu au Collège de France, sa leçon d'ouverture (février 1862) ayant été l'occasion de manifestations bruyantes, il s'était tenu éloigné de cette chaire jusque-là, lorsque la tempête soulevée par la publication de son livre força M. Duruy, ministre de l'instruction publique, à le révoquer, dissimulant d'ailleurs cette révocation en nommant M. Renan à la Bibliothèque nationale. Celui-ci, toutefois, protesta énergiquement et le décret de nomination fut rapporté le 11 juin 1864. Depuis le 4 septembre 1870, M. Ernest Renan a été nommé à la chaire de langues hébraïque, chaldaïque et syriaque au Collège de France, dont il est devenu administrateur en 1883, et maintenu dans ces fonctions pour trois années en 1886. Il avait été élu à l'Académie française, en remplacement de Claude Bernard, le 13 juin 1878. Le 17 août 1885, il présidait à Quimper le dîner qui terminait les fêtes celtiques célébrées dans cette ville. — Aux élections générales de 1869, M. Renan se présenta comme candidat indépendant dans la 2e circonscription de Seine-et-Marne; il maintint sa candidature au second tour, le premier n'ayant pas donné de résultat, mais il échoua et les voix qui se portèrent sur son nom ne suffirent même pas à empêcher l'échec du candidat officiel et le triomphe final du candidat de l'opposition démocratique, M. Paul de Jouvencel. Le 30 janvier 1876, c'est un des sièges sénatoriaux des Bouches-du-Rhône qu'il briguait, mais il échoua encore, et paraît avoir renoncé à toute ambition politique; — mais c'est à se demander comment un homme de cette valeur peut bien s'y prendre pour ne point trouver un collège électoral où réunir un nombre de voix suffisant pour l'envoyer siéger au parlement si le cœur lui en dit, lorsque tant de gens de valeur moindre en trouvent un si aisément.

Les principaux ouvrages de M. Ernest Renan sont: *Averroes*, etc. (1850); *Histoire générale et systèmes comparés des langues sémitiques (1855)*; *Etudes d'histoire religieuse (1857)*; *Essais de morale et de critique*, et une traduction en prose rythmée du *Livre de Job (1859)*; une traduction du *Cantique des cantiques (1860*, nouv. édit. 1885); *Lettre à mes collègues*, à propos de la suspension de son cours au Collège de France (1862); la *Vie de Jésus (1863)*; *Mission de Phénicie (1864-74)*; *Trois inscriptions phéniciennes (1864)*; les *Apôtres (1866)*, livre autour duquel s'éleva le même tumulte bibliographique qu'avait provoqué la *Vie de Jésus*; *Nouvelles observations d'épigraphie hébraïque* et un mémoire *Sur les inscriptions hébraïques de la synagogue de Kefr-Bereim (1867)*; *Questions contemporaines*, *Rapport sur les progrès de la littérature orientale et sur les ouvrages relatifs à l'Orient (1868)*; *Saint Paul (1870)*; l'*Antechrist (1873)*; les *Evangiles*, *Dialogues et fragments philosophiques (1876)*; *Spinoza*, conférence (1877); *Caliban*, suite de la *Tempête* de Shakespeare (1878); l'*Eglise chrétienne (1879)*; *Conférences sur le christianisme*, *Marc Aurèle (1880)*; le *Moyen âge*, septième et dernier volume de l'*Histoire des origines du Christianisme (1881)*; *Souvenirs d'enfance et de jeunesse (1883)*; la *Vie des saints*, le *Prêtre de Némi (1885)*; l'*Abbesse de Jouarre*, drame en 5 actes (1886). Il a collaboré en outre, à l'*Histoire littéraire de la France*, à la *Liberté de penser*, au *Journal de l'instruction publique*, au *Journal des Débats*, à la *Revue des Deux-Mondes*, à la *Revue asiatique*, etc. — Chevalier de la Légion d'honneur depuis 1860, M. Renan, que le maréchal de Mac Mahon s'était refusé à promouvoir officier en janvier 1879, obtint ce grade en juillet 1880 et a été élevé à celui de commandeur le 9 juillet 1884.

RENARD, Léon Louis, homme politique français, ingénieur, directeur des verreries de Fresnes, administrateur des forges et hauts-fourneaux de Maubeuge, etc., est né à Valenciennes le 16 mars 1836. Il a été élu député de la 2e circonscription de Valenciennes le 20 février 1876 et a pris place au groupe de l'Appel au peuple. Réélu le 14 octobre 1877, son élection fut invalidée par la Chambre, et il échoua à la nouvelle épreuve. Il échoua également aux élections d'août-septembre 1881. A celles du 4 octobre 1885, M. Léon Renard a été élu député du Nord, le second de la liste monarchiste.

RENAULT, Léon Charles, homme politique français, fils d'un ancien directeur de l'école d'Alfort, membre de l'Académie de médecine, mort victime de son dévouement à la science, à Bologne, en mai 1863, est né à Maisons-Alfort le 25 septembre 1839. M. Léon Renault fit ses études au lycée Saint-Louis, son droit, et s'inscrivit au barreau de Paris en 1862. Il débuta au Palais de la manière la plus brillante, dans le procès des Cinquante-quatre (Greppo, Miot et autres), comme défenseur nommé d'office de l'un des accusés. Il se consacra toutefois presque exclusivement aux affaires civiles, et s'y fit une très honorable réputation. Il a été président de la conférence Molé. M. Cresson, ayant été nommé préfet de police, en remplacement d'Edmond Adam, démissionnaire, le 2 novembre 1870, choisit pour secrétaire-général M. Léon Renault, son ami, qui conserva cette situation jusqu'au 18 mars 1871. Parti alors pour Versailles, il fut nommé préfet du Loiret et, le 17 novembre suivant, préfet de police en remplacement du général Valentin, démissionnaire. Parmi les modifications accomplies par M. Léon Renault pendant son passage à la préfecture de police, il importe de signaler la création d'un système d'examen pour l'avancement des employés, supprimant autant qu'il se peut l'action du favoritisme et de l'arbitraire, dont il faut à coup sûr le louer sans réserve. A la chute de M. Thiers (24 mai 1873), il donna sa démission, mais elle ne fut pas acceptée; ses attributions furent même augmentées de la direction de la sûreté générale. Le 11 juin 1875, M. Savary déposait, au nom de la commission d'enquête sur l'élection de M. de Bourgoing dans la Nièvre, son rapport exposant le fonctionnement des comités bonapartistes, avec des détails puisés aux meilleures sources, car elles émanaient de la déposition du préfet de police lui-même. Nous n'insisterons pas sur cet incident, qui s'est prolongé d'une manière exagérée, nous bornant à rappeler que M. Buffet, poussé à bout, déclara en pleine assemblée que le danger venait plutôt des comités républicains que des comités bonapartistes, et que M. Léon Renault, après avoir vu sa démission refusée une deuxième fois, se la vit demander lorsqu'il fut bien décidé qu'il se portait candidat à la députation dans le département de Seine-et-Oise, aux élections du 20 février 1876, et que sa candidature, ainsi qu'il résultait d'une circulaire qu'il avait adressée le 11 janvier à ses électeurs, prenait le caractère « nettement *constitutionnel* ». Il s'empressa de la donner. — Félicité par les journaux républicains, M. Leon Renault fut littéralement traîné dans la boue, suivant l'usage, par les journaux bonapartistes. Dans l'arrondissement de Corbeil, où il avait posé sa candidature, le parti bonapartiste lui suscita un de ses candidats les plus considérables, le prince de Wagram. C'était donc une guerre à mort entre deux opinions nettement définies, puisque le candidat républicain-constitutionnel n'avait pas d'autre concurrent. Le scrutin du 20 février 1876 donnait à M. Léon Renault 10,042 voix et à M. le prince de Wagram 4,919. A une question aussi nettement posée il n'était guère possible de répondre d'une manière plus nette. M. L. Renault prit place sur les bancs du centre gauche qui l'élut vice-président puis président de ses réunions. Réélu le 14 octobre 1877, il fit partie du comité de résistance dit des Dix-huit et appuya la demande d'enquête sur les actes du cabinet du 16 mai. Le 21 août 1881, il échoua dans l'arrondissement de Corbeil contre le candidat radical, mais il était élu député de l'arrondissement de Grasse le 26 février 1882, en remplacement de M. Chiris, élu sénateur; et le 25 janvier 1885, il était élu avec ce dernier sénateur des Alpes Maritimes. Il a voté contre l'expulsion des princes. — Chevalier de la Légion d'honneur depuis 1873, M. Léon Renault était promu officier le 6 janvier 1875.

RENDU, Eugène Marie Victor, publiciste et homme politique français, né à Paris le 10 janvier 1824, y fit ses études et prit les grades de licencié ès lettres et de licencié en droit, puis entreprit un voyage en Italie qui lui fournit la matière d'articles intéressants qu'il rédigea pour la presse parisienne. En 1848, il collabora à l'*Ere nouvelle*, avec le P. Lacordaire et l'abbé Maret, et en octobre 1849, il fut appelé au ministère de l'instruction publique par M. de Parieu et travailla à la préparation de la fameuse loi sur l'instruction primaire à laquelle ce dernier a attaché son nom. Après la retraite de M. de Parieu (janvier 1851), M. E. Rendu fut nommé inspecteur de l'instruction primaire. Il fut de nouveau attaché au ministère de l'instruction publique sous M. de Fortoul et chargé à plusieurs reprises de missions en Angleterre relatives à ce département. Membre de plusieurs sociétés savantes nationales et étrangères, M. E. Rendu a été nommé inspecteur-général de l'instruction publique en 1860, et inspecteur-général honoraire le 23 janvier 1877. Aux élections législatives de 1869, il fut choisi comme candidat officiel dans la 3e circonscription de Seine-et-Oise, où sa famille s'est établie il y a plus d'un siècle; il y échoua néanmoins contre M. Antonin Lefèvre-Pontalis, candidat de l'opposition libérale. Par contre, aux élections du 20 février 1876, il était élu député de la 1re circonscription de Pontoise, par 6,645 voix contre 6,103 obtenues par son concurrent républicain, M. de Pressensé, député sortant. Il prit place à droite, après avoir déclaré qu'il n'appartenait pas au parti de l'Appel au peuple, déclaration qui n'était pas inutile. M. Rendu ne se représenta pas après la dissolution de 1877, mais aux elections de 1885, après avoir laborieusement parcouru les localités rurales du département, faisant des conférences, il se faisait porter sur la « liste agricole », qui échoua aux scrutins d'octobre. — M. Eugène Rendu a publié de nombreux ouvrages, principalement sur l'enseignement public, parmi lesquels nous citerons: *Sur l'obligation de l'enseignement (1840)*; l'*Italie devant la France (1849)*; *Conditions de la paix dans les Etats romains* (même année); *Manuel de l'enseignement primaire*; *Commentaire... de la loi sur l'enseignement primaire (1850)*; *De l'instruction primaire en Angleterre (1852)*; *De l'enseignement populaire dans l'Allemagne du Nord (1855)*; l'*Italie et l'empire d'Allemagne*, l'*Autriche dans les Etats du pape (1859)*; *Note sur la fondation d'un collège international à Paris, Rome, Munich et Oxford (1861)*; la *Souveraineté pontificale et l'Italie (1863)*, etc. — Il était membre de la Légion d'honneur depuis 1856.

RENOUF, Peter Le Page, orientaliste anglais, né dans l'île de Guernesey en 1824, y commença ses études au collège Elisabeth et les termina à Oxford, au collège Pembroke. A l'ouverture de l'université catholique d'Irlande, en 1855, il fut appelé par le Dr Newman à la chaire d'histoire ancienne et des langues orientales à cet établissement. Il est, depuis 1864, inspecteur royal des écoles. M. Le Page Renouf est l'un des principaux rédacteurs de l'*Atlantis* et de la *Home and Foreign Review*; il a en outre collaboré au *Chronicle*, à la *North Bristish Review*; à l'*Academy* et à la *Zeitschrift fur Ægytische Sprache und Alterthumskunde* de Berlin. Il a, en outre, fourni divers mémoires ou articles aux *Transactions* de la Société d'archéologie biblique et publié à part: la *Doctrine de l'Eglise catholique d'Angleterre sur la sainte eucharistie (1841)*; les *Communions grecque et anglicane (1847)*; *Traduction d'un chapitre du rituel funéraire des anciens Egyptiens, lettre adressée à M. le professeur Merkel, bibliothécaire royal à Aschaffenbourg*, en français (1860); *Notes sur quelques particules négatives de la langue égyptienne (1862)*; une *Prière du rituel égyptien, traduite du texte hiéroglyphique (1862)*; *Sir G. C. Lewis sur le déchiffrement et l'interprétation des langues éteintes, réponse à ses attaques contre Champollion et autres déchiffreurs d'inscriptions antiques*, et *Quelques mots sur l'origine supposée latine de la version arabe des Evangiles (1863)*; l'*Education universitaire pour les catholiques anglais, lettre au très révérend Dr Newman, par un laïque catholique (1864)*; *Notes diverses sur la philologie égyptienne (1866)*; la *Condamnation du pape Honorius*, ouvrage combattu avec fureur par la presse catholique et condamné par la congrégation de l'Index (1868); le *Cas du pape Honorius examiné de nouveau, avec références aux apologies récentes (1869)*; *Notes sur les prépositions égyptiennes (1874)*; *Manuel élémentaire de la langue égyptienne (1875)*; *Lectures sur l'origine et les développements de la religion, d'après le témoignage de la religion de l'Egypte ancienne (1880)*, etc.

RENOUVIER, Charles Bernard, publiciste et philosophe socialiste français, né à Montpellier en 1815. Sorti de l'Ecole polytechnique en 1836, au lieu de suivre une des carrières qui lui étaient ouvertes, il se livra à l'étude de la philosophie et de l'économie sociale et ne tarda pas à prendre rang, par ses publications surtout, parmi les membres les plus distingués de l'opposition radicale. Après la révolution de février 1848, il fut attaché, par M. Carnot, au ministère de l'instruction publique. Une de ses publications de cette époque, le *Manuel républicain de l'homme et du citoyen, publié sous les auspices du ministre provisoire de l'instruction publique*, et qui contenait des « maximes socialistes détestables », fut dénoncée par M. Bonjean à l'Assemblée constituante, dans la séance du 5 juillet 1848, et entraîna la chute de M. Carnot, bien que, maintenu par Cavaignac, il ne fût plus ministre provisoire. Plus tard, M. Charles Renouvier combattit avec ardeur la politique napoléonienne, dans la presse démocratique et surtout dans la *Liberté de penser*. Sous le titre de *Gouvernement direct*, il rédigea, en 1851, une sorte de projet d'organisation communale et centrale de la République, avec la collaboration de plusieurs démocrates socialistes, lequel fut publié en dix livraisons. Après le coup d'Etat, il se borna à l'étude des questions philosophiques et religieuses et a fondé, dans les dernières années de l'empire, la *Critique philosophique*. — M. Ch. Renouvier a publié notamment: *Manuel de philosophie moderne (1842)*; *Manuel de philosophie ancienne (1844*, 2 vol.); *Essais de critique générale (1854-64*, 4 vol.); *Science de la morale (1869)*; la *Psychologie* de Hume, traduite en société avec M. Pillon (1878), etc.

REUTER (baron), Paul Jules, industriel allemand, fondateur de l'agence télégraphique qui porte son nom, est né à Cassel le 21 juillet 1821. D'abord commis de banque, puis associé d'une maison de librairie que la révolution de 1848 ruina, il vint à Paris en 1849 et fonda, pour les journaux, une correspondance d'informations lithographiée. Au mois d'octobre suivant, le gouvernement prussien ayant ouvert au public la ligne télégraphique reliant Berlin à Aix-la-Chapelle, il alla s'installer à Aix et se mit en disposition de faire servir le fil électrique à la transmission des nouvelles, s'emparant des lignes à mesure qu'elles étaient construites et employant les pigeons pour correspondre avec les centres d'information non encore desservis par l'électricité. En 1851, le câble reliant Calais et Douvres étant immergé, M. Reuter alla s'établir à Londres et se fit naturaliser anglais. Il parvint assez rapidement à établir des agences dans toutes les parties du monde et à centraliser les nouvelles politiques et commerciales de l'univers entier. Cette innovation fut accueillie avec joie par le commerce, mais la presse se montra d'abord récalcitrante. Il est certain que cet approvisionnement banal de nouvelles devait répugner à la dignité des gros bonnets de la presse, habitués à s'approvisionner directement, n'importe à quel prix; mais l'agence Reuter produisit une révolution dans ces habitudes en favorisant la concurrence des journaux à deux sous, et cette concurrence même devait lui amener les autres, jusqu'aux plus entêtés. Le *Times* se décida à y recourir lors de la guerre d'Italie, en 1859, et les autres suivirent promptement cet exemple venu de haut. Durant toute la guerre de sécession, l'agence Reuter se signala par la rapidité et l'exactitude de ses informations, qu'elle communiquait à la presse avant que les cabinets les eussent officiellement reçues. Cette fois, sa cause était gagnée. En 1865, M. Reuter a transféré ses affaires à une société à responsabilité limitée dont il est le gérant. La même année, il obtenait du gouvernement hanovrien la concession d'une ligne télégraphique sous-marine entre l'Allemagne et l'Angleterre, laquelle lui était maintenue l'année suivante par le gouvernement prussien. Il obtint également, du gouvernement français, la concession d'une ligne sous-marine entre la France et

les États-Unis, ouverte en 1869. En 1871, le duc de Cobourg-Gotha conférait à M. Reuter, en reconnaissance des services qu'il avait rendus aux transactions publiques, le titre de baron. — En 1872, le schah de Perse concédait au baron Reuter, le privilège exclusif de la construction des chemins de fer, de l'exploitation des mines et des forêts, etc. dans toute l'étendue de son empire. Un pareil monopole, dont on serait bien embarrassé de trouver un autre exemple, ne pouvait manquer de faire scandale. Le baron Reuter eut à se débattre au milieu de difficultés sans cesse renaissantes, dont, malgré l'intervention de la reine Victoria, il ne put triompher entièrement.

REUILLET, Fernand, homme politique français, médecin, est né le 17 février 1842 à Chenay-le-Châtel (Saône-et-Loire). Il étudia la médecine à Lyon et à Paris, prit le grade de docteur en 1869 et alla s'établir à Roanne. Membre du Conseil municipal de cette ville et du Conseil général de la Loire, il figurait sur la liste républicaine aux élections d'octobre 1885, et fut élu au scrutin du 18. Le docteur Reuillet a voté l'expulsion des princes. — Il est officier d'académie.

RÉVILLON, Antoine (dit Tony), littérateur et homme politique français, né à Saint-Laurent-lès-Mâcon (Ain) le 29 décembre 1832, fit ses études à Lyon et y travailla quelque temps chez un notaire. Il vint ensuite à Paris et collabora successivement, depuis 1856, à la *Gazette de Paris*, au *Figaro*, au *Nain jaune*, au *Gaulois* hebdomadaire, au *Charivari*, aux *Nouvelles*, à l'*Événement*, à la *Petite Presse* où il fit les « Thimothée Trimm », c'est-à-dire rédigea une chronique quotidienne, de 1866 à 1870; puis à la *Constitution*, à l'*Avenir national*, à la *Tribune*, à la *Petite république*, etc. M. Tony Révillon a publié à part un certain nombre de romans remarquables surtout par de grandes qualités d'observation. Nous citerons : le *Monde des eaux (1860)*; les *Bacheliers (1861)*; la *Belle jeunesse de François Lapalud (1866)*; le *Faubourg Saint-Germain (1867)*; le *Faubourg Saint-Antoine (1870)*; les *Aventures d'un suicidé (1872)*; l'*Exilé*, les *Convoitises (1875)*; la *Séparée*, la *Bourgeoise pervertie (1876)*; *Noémi (1878)*; les *Deux compagnons*, le *Besoin d'argent (1879)*, etc. — Élu membre du Conseil municipal de Paris en janvier 1881, pour le quartier du Gros-Caillou, M. Tony Révillon se portait aux élections pour la députation, le 21 août suivant, dans la deuxième circonscription de Belleville (XX° arrondissement), comme radical, en opposition avec Gambetta. Il échoua au premier tour; mais son concurrent, n'ayant pas réuni la majorité absolue des voix et ne s'étant, du reste, pas représenté au second tour, M. Révillon fut élu au scrutin du 4 septembre et prit place à l'extrême-gauche. Aux élections d'octobre 1885, porté sur plusieurs listes radicales, il fut élu au scrutin du 18. Il a voté l'expulsion totale des princes.

REYBERT, Louis, homme politique français, médecin, né à Lyon le 18 novembre 1844. Il venait d'être reçu docteur en médecine lorsqu'éclata la guerre de 1870, fit la campagne comme aide-major auxiliaire et fut fait prisonnier à plusieurs reprises. Après la guerre, il s'établit à Saint-Claude, s'occupa, en dehors de son art, de la création de sociétés patriotiques, de bibliothèques, etc., fit des conférences sur des sujets variés et se rendit en un mot très populaire. Porté sur la liste radicale aux élections d'octobre 1885, il a été élu député du Jura au second tour, et a pris place à l'extrême-gauche, sans se faire inscrire à aucun groupe. Il était en congé lors de la discussion des propositions d'expulsion des princes.

REYER, Louis Étienne Ernest **Rey** (dit), compositeur et critique musical français, né le 1er décembre 1823 à Marseille, fit à l'école communale de cette ville ses premières études artistiques et entra à seize ans dans les bureaux de l'administration, à Alger. Il se livrait dès lors à la composition et publia quelques mélodies vocales qui eurent un grand succès. A l'occasion d'une visite du duc d'Aumale, il fit exécuter en 1843, à la cathédrale d'Alger, une messe solennelle restée inédite. En 1848, M. Reyer vint à Paris, et se rendit auprès de Mme Louise Farrenc, sa tante, musicienne distinguée, qui dirigea ses études. En 1850, il écrivit, sur un poème de Théophile Gautier, une ode symphonique avec chœurs, le *Selam*, qui fut exécutée avec un grand succès au Théâtre-Italien. Il a donné depuis au théâtre : *Maître Wolfram*, opéra en un acte, paroles de Méry, au Théâtre-Lyrique (1854) ; *Sacountala*, ballet, paroles de Théophile Gautier, à l'Opéra (1858) ; la *Statue*, opéra en 3 actes et 6 tableaux, joué avec un très grand succès au Théâtre-Lyrique (1861) ; *Erostrate*, opera en 2 actes, à Bade (1862), refondu en 5 actes et représenté sans succès à l'Opéra (1870) ; *Sigurd*, opéra en 4 actes et 9 tableaux, représenté au théâtre de la Monnaie, à Bruxelles, le 7 janvier 1884, puis à l'Opéra, en 5 actes, le 12 juin 1885, avec un succès décisif. On lui doit en outre quelques morceaux de concert, notamment la *Madeleine au désert*, scène exécutée aux Concerts populaires en avril 1874, et des compositions variées. — M. Reyer a collaboré, comme rédacteur musical, à la *Presse*, à la *Revue française*, à la *Revue de Paris*, au *Moniteur* et enfin au *Journal des Débats* auquel il est resté attaché, et publié : *Notes de musique (1875)*. Il a été élu membre de l'Académie des beaux-arts, en remplacement de Félicien David, le 11 novembre 1876. — Il est chevalier de la Légion d'honneur depuis 1862.

REYMOND, Francisque, ingénieur et homme politique français, né à Montbrison le 15 mai 1829. Élu représentant de la Loire à une élection partielle du 12 octobre 1873 et député de la 2e circonscription de Montbrison le 20 février 1876, il siégea à gauche dans les deux assemblées. Il a été réélu le 14 octobre 1877 et le 21 août 1881. Élu député de la Loire en tête de la liste républicaine, le 4 octobre 1885, M. Francisque Reymond a voté l'expulsion des princes. Il est président du Conseil général de la Loire, où il représente le canton de Saint-Galmier.

RIBEYRE, Félix, publiciste français, né à Pont-du-Château (Puy-de-Dôme) le 6 juin 1831. Il s'adonna au journalisme, fut attaché successivement à diverses feuilles de province et devint, en 1857, rédacteur en chef du *Journal de Saint-Quentin*. Il dirigea ensuite divers autres journaux, puis collabora au *Constitutionnel*, au *Figaro*, au *Pays*, dont il fut secrétaire de la rédaction, etc. — M. Félix Ribeyre a publié à part : l'*Institution des petites sœurs des pauvres (1857)*; la *Paix et l'opinion (1859)*; l'*Industrie dans le département de l'Aisne (1860)*; l'*Empereur et l'impératrice en Auvergne (1862)*; les *Grands journaux de France*, avec J. Brisson ; *Histoire de la guerre du Mexique (1863)*; les *Grands corps de l'État : Corps législatif (1864)*; *Voyage en Lorraine de l'impératrice et du prince impérial (1867)*; *Histoire de la seconde expédition française à Rome*, la *Vie d'un poète normand : Léon Buquet (1868)*; les *Annales de l'Exposition du Havre (1869)*; *Voyage de S. M. l'impératrice en Corse (1870)*; *Biographie des représentants à l'Assemblée nationale (1871)*; *Biographie des sénateurs et députés (1877)*; *Cham, sa vie et son œuvre*, avec une préface de M. Alexandre Dumas fils (1884); *Auvergne : Royat illustré* et *Châtel-Guyon illustré (1885, 2 vol.)*; la *Nouvelle Chambre, biographie des 584 députés (1886)*, etc. On lui doit aussi quelques livrets de ballets.

RICARD, Louis Pierre Hippolyte, homme politique français, avocat, né à Rouen le 17 mars 1837, fit son droit et, reçu licencié, s'inscrivit au barreau rouennais en 1861. Il devint maire de Rouen en 1881, et organisa en cette qualité les fêtes du deuxième centenaire de Corneille. Conseiller général de la Seine-Inférieure depuis 1882, il était élu député de ce département le 4 octobre 1885, et prenait place au groupe de la gauche républicaine. M. Ricard a voté l'expulsion des princes. — Il est chevalier de la Légion d'honneur.

RICHARD, Camille, homme politique français, né à Apt le 29 mai 1829. Ancien avoué, maire de Nyons, membre du Conseil général de la Drôme, il se présentait comme candidat républicain aux élections du 14 octobre 1877, dans l'arrondissement de Nyons. Il échoua contre M. d'Aulan, candidat officiel; mais cette élection ayant été annulée par la Chambre, il triomphait de cet adversaire le 7 mai 1878 : nouvelle annulation, toutefois, une voix manquant à l'élu pour la majorité absolue, et nouvelle épreuve le 27 avril 1879, où M. d'Aulan était définitivement élu. M. C. Richard prit sa revanche le 21 août 1881, et siégea à l'Union républicaine. Il a été élu député de la Drôme le 4 octobre 1885, et a voté l'expulsion totale des princes.

RICHARD, Maurice, homme politique français, ancien ministre, né à Paris le 26 octobre 1832, y fit son droit et s'inscrivit au barreau. Aux élections de 1863, il fut élu député par les électeurs de la 4e circonscription de Seine-et-Oise, contre le candidat officiel, général Mellinet; il fut réélu, toujours comme candidat de l'opposition, aux élections générales de 1869, contre M. Ernest Baroche. M. Maurice Richard siégea au centre gauche et suivit bientôt la politique de M. Émile Ollivier. Lors de l'avènement de celui-ci au pouvoir, les beaux-arts furent détachés du ministère de la maison de l'empereur et formèrent un département à part, dont M. Richard fut nommé titulaire. Son passage aux affaires fut court; il fut toutefois marqué par quelques modifications d'un caractère libéral qui furent très bien accueillies dans le monde artiste, notamment par l'extension à trente ans de la limite d'âge des concurrents au grand prix de Rome, la suppression du Salon d'honneur aux expositions annuelles, etc. Le 15 mai 1870, le département de M. Maurice Richard prit une plus grande importance par l'adjonction de divers services empruntés à celui de l'instruction publique, et devint le ministère des lettres, sciences et beaux-arts. Mais M. Richard ne conserva pas longtemps ce portefeuille nouveau, le ministère dont il faisait partie ayant été forcé de se retirer le 9 août suivant. — La révolution du 4 Septembre éloigna M. Maurice Richard des affaires publiques ; retiré dans son château de Villemont (Seine-et-Oise) il y recevait le prince Napoléon en octobre 1872, et c'est chez lui qu'on notifiait au prince l'ordre de quitter la France sans délai ; M. Richard protesta (15 octobre), mais en vain. Aux élections du 20 février 1876, il se présenta aux suffrages de l'arrondissement de Rambouillet, mais sans succès; et ses chances n'ont pas augmenté depuis.

RICHARDS, Brinley, pianiste et compositeur anglais, fils de l'organiste de l'église Saint-Pierre de Carmarthen (Principauté de Galles), est né dans cette ville en 1819. Il étudia d'abord la médecine, mais il ne tarda pas à abandonner cette carrière et, avec l'appui du duc de Newcastle, il entra en 1834 à l'Académie royale de musique, où il fit de très brillantes études et remporta divers prix. M. Richards, excellent pianiste, s'est rendu populaire par ses compositions en l'honneur ou en souvenir du pays de Galles, et qui respirent un ardent amour pour ce pays pittoresque qui est le sien ; le *Chant de guerre cambrique*, le *Plumet cambrique*, la *Harpe galloise* ne sont pas moins populaires, peut-être même le sont-ils plus, que son fameux *Dieu bénisse le prince de Galles !* (God bless the prince of Wales !) Parmi ses autres morceaux de chant, on peut citer encore : *A l'heure de ma détresse*, le *Sentier du pèlerin*, *Comme par le passé*, *En ce jour*, chants sacrés à une ou plusieurs voix ; *Debout, Abandonne ton berceau*; *Quelles sont ces cloches ? Petits oiseaux*, etc. On lui doit encore une *Ouverture* à grand orchestre ; un volume d'*Études* pour le piano ; *Caprice*, pour piano ; *Andante con moto*, le *Chant des anges*, la *Vision*, *In memoriam*, *Souvenirs du pays de Galles*, etc., pour piano ; la *Marche de Carmarthen* pour musique militaire, et un grand nombre de morceaux variés, dont la plupart ont été publiés à Milan, à Leipzig et à Paris. Comme virtuose M. Richards s'est produit avec un très grand succès en Angleterre, en Allemagne, en Italie, en France, etc. Pendant son séjour à Paris, il fit la connaissance de Chopin avec lequel il se lia d'une amitié qui n'eut de terme que la mort de celui-ci.

RICHARDS, sir George Henry, navigateur anglais, vice-amiral, né le 13 janvier 1820 à Anthony (Cornouailles), fit ses études dans une institution particulière et entra dans la marine en 1823. Il est devenu successivement lieutenant en 1842, major en 1846, capitaine en 1854, contre-amiral en 1870 et nommé la même année aide de camp de la reine, enfin vice-amiral en 1877. M. Richards assistait à la guerre de Chine de 1841-42 et à la prise des forts d'Obligado, sur le Parana, en 1845. Il commandait l'*Assistance* dans l'expédition envoyée à la recherche de Franklin dans les régions arctiques en 1852-53-54, et a été chargé de nombreuses missions nautiques, notamment en Chine, dans les îles Falkland, au Rio de la Plata, dans la Nouvelle-Zélande, en Australie, à l'île Vancouver, dans la Colombie britannique, etc. De 1856 à 1862, il a été en outre chargé, comme commissaire royal, de la fixation des frontières de l'Orégon entre les États-Unis et les possessions britanniques. Il a rempli les fonctions d'hydrographe de l'Amirauté de 1863 à 1874. — L'amiral Richards a été créé compagnon de l'ordre du Bain en 1871, et chevalier en 1877. Il est membre de la Société royale, des Sociétés géographiques de Londres, de Berlin et de Turin, et correspondant de l'Institut de France (Académie des sciences).

RICHEBOURG, Émile Jules, romancier français, né en 1833 à Meuvy (Haute-Marne), d'une famille de couteliers. Venu jeune à Paris, il s'occupa d'abord de littérature et débuta par des poésies, avec l'aide de Béranger. Mais il lui fallut se créer des ressources d'autre part, et il devint employé. Il était sous-administrateur du *Figaro* lorsque, ce journal ayant été supprimé par la Commune, il crut devoir se présenter dans les bureaux de l'ex-préfecture de police pour demander des explications et tâcher, sans doute, d'obtenir l'autorisation de faire reparaître son journal; il se trouva alors un homonyme pour protester dans les journaux qu'il n'avait « rien de commun avec le sieur, etc., etc. », comme si la démarche en question n'était pas parfaitement honorable. Le nom de M. Émile Richebourg était pourtant honorablement connu dès lors dans le monde littéraire. Nous citerons parmi les ouvrages publiés par cet écrivain, outre de nombreuses poésies détachées, romances, chansons, chansonnettes, etc. : *Contes enfantins (1858)*; *Cœurs de femmes*, l'*Homme aux lunettes noires (1864)*; les *Barbes grises*, *Récits devant l'âtre (1867)*; les *Francs-tireurs de Paris (1871)*; la *Comédie au village (1872)*, réimprimé sous le titre la *Belle organiste* en 1876 ; les *Soirées amusantes*, série de courtes nouvelles et de contes destinés à la famille, formant 12 petits vol. in-32, et divisés en quatre parties : *Contes d'hiver*, *Contes de printemps*, *Contes d'été* et *Contes d'automne*, de chacune 3 volumes (1874-75); la *Dame voilée (1875)*; la *Belle Blanche*, le *Vieux Mardoche*, l'*Enfant du faubourg*, 2 vol. (1876) ; *Une Madeleine*, la *Fille du fermier*, la *Fille du chanvrier*, les *Deux berceaux (1877)*; *Andréa la charmeuse (1878)*; *Deux mères*, le *Fils (1880)*, *Jean Loup (1882)*; la *Petite Mionne (1884)*; les *Millions de M. Joramie (1885)*; les *Drames de la vie : le Mari*, une *Femme jalouse*, les *Mères (1886)*, etc. Il a en outre fait représenter au théâtre Beaumarchais; les *Nuits de la place Royale*, drame en 5 actes (1863), et un *Ménage à la mode*, comédie en 1 acte (1864). — La publication dans le *Petit Journal*, en 1875, de l'*Enfant du faubourg*, a fait à M. Émile Richebourg un succès immense et soudain auprès des lecteurs de romans populaires, fatigués jusqu'au dégoût, à ce moment-là du moins, des histoires de cour d'assises seules admises aux feuilletons des journaux en vogue. La raison du succès de M. Richebourg, presque inconnu la veille du grand public, est donc tout entière dans ce fait, qu'il apporta un nouvel aliment à l'appétit trompé mais non satisfait des lecteurs, en substituant à des tableaux horribles ou répugnants des scènes où le sentiment a la plus grande part, et le bon sentiment de préférence. Il faut lui savoir gré de cette révolution, quoiqu'il y ait fait fortune, mais nous lui en serions plus reconnaissant encore s'il n'était retombé lui-même, et assez vite, dans le bourbier commun de la littérature populaire de ce temps-ci. En outre, si la majorité des personnages qu'il crée expriment d'excellents sentiments, c'est en des termes aussi singuliers que leurs actions sont extravagantes ; en un mot, ce ne sont pas des personnages de chair et de sang, mais de véritables marionnettes, taillés avec assez de soin dans de bon bois et revêtues du costume de leur rôle, mais s'exprimant toutes par la glotte du même impresario et avec l'accent qui n'appartient qu'à ce genre d'acteurs.

RICHMOND ET GORDON (duc de), Charles Henry Gordon-Lennox, pair d'Angleterre, né le 27 février 1818, fit ses études à Oxford, à l'Église du Christ, et entra ensuite dans l'armée, où il avait atteint le grade de capitaine en 1844. Successivement aide de camp du duc de Wellington de 1842 à 1852 et du vicomte Hardinge de 1852 à 1854, il fut nommé président du Bureau de la loi des pauvres et membre du Conseil privé en 1859, fonctions qu'il résignait en juin, à la chute du ministère Derby. Représentant du West-Sussex à la Chambre des communes depuis 1841, il devenait sixième duc de Richmond et entrait à la Chambre des lords à la mort de son père, le 21 octobre 1860. Président du Bureau du commerce de mars 1867 à décembre 1868, il rentrait aux affaires, comme président du Conseil privé, au retour du parti conservateur, en février 1874, et conservait ce poste jusqu'au retour des libéraux en 1880. Il est, depuis février 1870, le chef reconnu du parti conservateur à la Chambre haute. — Le duc de Richmond

est chevalier de l'ordre de la Jarretière depuis 1867. Il a fait partie de la commission britannique près l'Exposition universelle de 1878.

RICHOMME, Jules, peintre français, né à Paris, d'une famille d'artistes graveurs, le 9 septembre 1818; son père était membre de l'Institut. Élève de Drolling, M. Jules Richomme a débuté au Salon de 1839, avec des *Portraits*. Auteur d'un grand nombre de portraits, exposés ou non, on cite surtout de cet artiste: *Abraham recevant Agar (1842); Saint Pierre repentant (1843); Saint Sébastien délié par les saintes femmes (1844)*; le *Christ apparaissant à saint Martin, Léda (1848)*; la *Fiancée du roi de Garbe (1850); Érigone*, plusieurs *Vues de Rome* ou de la *Campagne romaine (1852); Mendiante italienne, Jésus-Christ guérissant le paralytique (1853)*; le *Christ guérissant un malade (1855*, Expos. univ.); *Saint-Nicolas sauvant des matelots, Portrait de M. Le-roy de Saint-Arnaud (1857); Portrait de M. Varé (1859); Laissez venir à moi les petits enfants (1860); l'Étude interrompue, Jeune mère, Portrait de femme (1861); Consolatrix afflictorum* et des *Portraits (1862); Saint Pierre d'Alcantara guérissant un enfant malade (1863)*; la *Leçon de lecture (1864)*; le *Baptême de Jésus-Christ, Portrait d'enfant (1865)*; la *Décollation de saint Jean-Baptiste (1866); Christ en croix*, etc., (1868); *Portrait de femme 1869); Consolation*, l'*Éducation d'Achille (1873); Ne réveillez pas le chat qui dort, Toilette*, et trois aquarelles: les *Tuileries après la Commune*, le *Point du jour après l'entrée de l'armée de Versailles* et l'*Hôtel de Ville après l'incendie (1874)*, l'*Averse*, la *Petite paresseuse*, la *Première leçon de violon (1875); Portrait de Mme la marquise Ginori*, la *Colombe (1876); Femme arabe*, la *Poupée chinoise (1877); Deux Portraits (1880); Portrait de jeune fille (1883); Autour de la fontaine (1884); Portrait d'enfant, Vue du port de la Joliette*, effet du matin (1886). — M. Richomme a obtenu une médaille de 1re classe en 1840, une médaille de 2e classe en 1842, le rappel de cette dernière en 1861 et 1863; il a été décoré de la Légion d'honneur à la suite de l'Exposition universelle de 1867, où figurait son *Saint Pierre d'Alcantara*, qui lui avait déjà valu, en 1863, un rappel de 2e médaille.

RICORD, Philippe, médecin français, né à Baltimore (États-Unis) le 10 décembre 1800, est petit-fils d'un médecin de Marseille et fils d'un armateur de cette ville établi à Baltimore en 1790. Il commença ses études scientifiques sous la direction de son frère aîné, resté en Amérique et vint les poursuivre en France en 1820; il entra comme interne, peu après, à l'Hôtel-Dieu, puis à la Pitié, et prit le grade de docteur de la faculté de Paris en 1826. Après avoir exercé en province, il se présenta au concours du Bureau central en 1828, fut admis le premier et, après avoir fait un cours de chirurgie opératoire à la Pitié pendant plus de deux ans, fut nommé, en 1831, chirurgien en chef de l'hôpital du Midi, fonctions qu'il a conservées jusqu'en 1860, époque où; atteint par la limite d'âge, il dut prendre sa retraite. C'est dans ces fonctions que le docteur Ricord acquit une réputation universelle pour le traitement des maladies spéciales à l'hôpital du Midi, dans lequel il introduisit dès l'abord un esprit de méthode inconnu avant lui. Il y fonda, en 1834, un cours de syphiliologie pour lequel il obtint un amphithéâtre particulier. En dehors de cette spécialité, qui lui valut la clientèle personnelle la plus nombreuse et la plus riche, le Dr Ricord se livrait à d'autres travaux de science médicale et est notamment l'auteur d'une méthode de traitement du varicocèle qui lui valut un prix Montyon en 1842. Elu membre de l'Académie de médecine en 1850, il est, en outre, membre de la Société de chirurgie, ainsi que de plusieurs sociétés médicales étrangères. Il a été nommé successivement médecin ordinaire de la maison du prince Napoléon en 1862, et chirurgien consultant de l'empereur en 1863, après avoir soigné dans une maladie récente Napoléon III, qui lui avait déjà marqué sa reconnaissance par le don d'une riche tabatière et d'une somme de 20,000 francs. M. le Dr Ricord est commandeur de la Légion d'honneur depuis 1860 et décoré de divers ordres étrangers. — Outre de nombreux mémoires, lettres ou articles publiés dans les *Mémoires* ou le *Bulletin de l'Académie de médecine*, à l'*Union médicale*, au *Nouveau dictionnaire de médecine et de chirurgie pratiques*, etc., on doit au Dr Ricord: *De l'emploi du speculum (1833); De la blennorrhagie de la femme (1834); Emploi de l'onguent mercuriel dans le traitement de l'érysipèle (1836); Monographie du chancre (1837); Théorie sur la nature et le traitement de l'épididymite, Traité des maladies vénériennes (1838*, in-4e, 66 pl.); *De l'ophtalmie blennorrhagique (1842); Clinique iconographique de l'hôpital des vénériens (1842-51*, pl.); *De la syphilisation et de la contagion des accidents secondaires (1853); Lettres sur la syphilis (1854*, 3e éd., 1863), etc.

RIGAL, Pascal Hippolyte, homme politique français, médecin, né à Castres le 9 avril 1827. Reçu docteur en médecine, il s'établit dans sa ville natale en 1857, et devint chirurgien en chef de l'hospice, fonctions qu'il résigna en 1879. Il avait été candidat de l'opposition aux élections législatives de 1869, mais sans succès. Conseiller général du Tarn depuis 1871, M. le Dr Rigal se présenta aux élections du 8 janvier 1882 pour le renouvellement de la représentation sénatoriale de ce département, et fut élu. Il siège à gauche et a voté contre l'expulsion des princes prétendants. — M. le Dr Rigal est chevalier de la Légion d'honneur depuis 1879.

RINGUIER, Ernest, industriel et homme politique français, né à Soissons le 18 mars 1825. Il est fabricant de sucre aux Hautes-Rives. Pendant la guerre de 1870, il organisa à Soissons un corps d'artilleurs volontaires pour défendre la ville contre les Prussiens, et pendant une sortie, fut blessé d'un coup de feu à l'épaule; il fut ensuite décoré de la Légion d'honneur pour sa belle conduite devant l'ennemi. Conseiller général de l'Aisne depuis 1874, conseiller municipal de Soissons, fondateur et directeur du journal le *Républicain soissonnais*, M. E. Ringuier fut élu député de l'arrondissement de Soissons le 21 août 1881 et prit place à l'Union républicaine. Il a été élu député de l'Aisne au scrutin du 18 octobre 1885 et a voté l'expulsion totale des princes.

RIPON (marquis de), George Frederick Samuel Robinson, longtemps connu sous le nom de comte de Grey et Ripon, pair d'Angleterre, fils aîné du premier comte de Ripon, est né à Londres le 24 octobre 1827 et succéda aux titres de son père le 28 janvier 1859 et à ceux de son oncle, deuxième comte de Grey, le 14 novembre de la même année. Il débuta dans la carrière diplomatique, en qualité d'attaché à une mission spéciale à Bruxelles, en 1849. Aux élections générales de 1852, il fut élu, comme candidat libéral, représentant de Hull à la Chambre des communes. L'année suivante, il donna sa démission pour se présenter contre le candidat conservateur de Huddersfield, et réussit à gagner ce siège au parti. Élu en 1857 par le district ouest du comté d'York, il entrait à la Chambre haute en 1859. En juin suivant, il était nommé sous-secrétaire d'État à la guerre, d'où il passa en février 1861, en la même qualité, au ministère de l'Inde. A la mort du ministre de la guerre sir G. C. Lewis, en avril 1863, le comte de Ripon fut appelé à le remplacer; il fut nommé secrétaire d'État pour l'Inde en février 1866, en remplacement de sir Charles Wood, depuis vicomte Halifax, démissionnaire, fut nommé lord président du Conseil à l'accession de M. Gladstone aux affaires, en décembre 1868, mais donnait sa démission en août 1873; il était créé chevalier de la Jarretière en 1869. Président de la commission mixte chargée de la négociation du traité de Washington en 1871, il fut créé marquis de Ripon en récompense des services par lui rendus dans cette occasion. — Magistrat et député-lieutenant, pour les districts nord et ouest du comté d'York et pour le comté de Lincoln, le marquis de Ripon était installé comme grand maître des francs-maçons d'Angleterre, en remplacement de lord Zetland, le 23 avril 1870. Au commencement de l'automne de 1874, la grande loge fut fort surprise de recevoir la démission non motivée du grand maître. Quelques jours après seulement, le bruit commença à se répandre de la conversion du marquis de Ripon au catholicisme, dont les doctrines nouvelles condamnent formellement la franc-maçonnerie. En effet, la conversion de lord Ripon avait lieu le 4 septembre 1874, à l'oratoire de Brompton, à la grande jubilation des journaux catholiques des deux mondes, fiers d'une aussi importante recrue. Au retour des libéraux au pouvoir, en mai 1880, le marquis de Ripon fut nommé vice-roi des Indes, nomination qui ne se fit pas sans de vives protestations de la part des orthodoxes et même des sectaires protestants. Le marquis de Ripon fut élu président du collège du Yorkshire, à Leeds, en 1882. Il faisait partie du dernier ministère Gladstone en qualité du premier lord de l'Amirauté (février à août 1886).

RISTORI, Adélaïde, marquise Capranica del Grillo, célèbre tragédienne italienne, né à Cividale, près d'Udine (Frioul), de parents artistes, en 1821. S'il faut en croire ses nombreux biographes, elle débuta à la scène à l'âge de deux mois, mais dans une corbeille, dans une farce intitulée: *Il Regalo del Capo d'Anno* (le Cadeau du jour de l'An). Il semble qu'elle n'ait guère cessé depuis de paraître sur le théâtre dans des rôles d'enfant; enfin, elle faisait partie à douze ans de la troupe ambulante Moncalvo, où elle tenait déjà les rôles d'ingénue. Le 18 juillet 1835, elle jouait à son bénéfice au Circo Sales de Turin, *il Delitto punitore*. Dès cette époque: elle montrait de sérieuses dispositions, et son impresario, Moncalvo, les développa autant qu'il put par ses leçons; mais un peu plus tard, ayant fait la connaissance de la célèbre Carlotta Marchionni, dans la troupe royale sarde, celle-ci la prit en réelle affection et commença d'une manière autrement sérieuse et profitable son éducation artistique; elle la continua avec une autre actrice d'un grand talent, Antonietta Robotti, qu'elle rencontra dans la troupe du duc de Parme (1841). Peu après, elle jouait à Rome et se faisait applaudir chaleureusement dans *Francesca di Rimini, Pia de' Tolómei, Mirra, Maria Stuarda*, etc. Ce fut à cette époque qu'elle épousa le marquis Capranica del Grillo, jeune gentilhomme, qui eut de la peine à avoir raison des susceptibilités de sa famille. Enlevée momentanément à la scène par ce mariage (1847), pour obéir aux exigences de la famille de son mari, elle y reparut pour une bonne action, dans une représentation donnée au bénéfice d'un directeur ruiné; elle fut accueillie par de telles ovations qu'il fut entendu désormais qu'on ne chercherait plus à l'y soustraire. La Ristori jouait à Rome au moment du siège de cette ville, en 1849, par les troupes françaises; avec l'aisance et la grâce naturelles aux femmes italiennes, l'actrice se transforma aussitôt en sœur de charité pour soigner les blessés. Elle reprit le cours de ses représentations l'année suivante seulement, rentra ensuite dans la troupe royale sarde et parcourut au milieu des triomphes les principales villes de l'Italie. Venue à Paris en 1855, elle obtint d'y jouer au Français, où Rachel était reine, et y fut accueillie avec enthousiasme. Il est vrai qu'outre les griefs du public contre notre célèbre tragédienne, que la Ristori n'a jamais éclipsée, le marquis del Grillo avait activement travaillé à organiser un parti à sa femme, tant à la cour qu'à la ville, et y avait pleinement réussi. Elle joua ensuite au Théâtre-Italien, où elle fut attachée pendant cinq ans et où M. Legouvé lui confia sa *Médée*, écrite pour Rachel, mais que celle-ci s'était ensuite refusée à jouer malgré la perte d'un procès qui l'y condamnait, et qui fut aussitôt traduite en italien par Montanelli. Pendant ce temps, elle jouait presque chaque saison à Londres où on l'avait également reçue chaleureusement. Elle parut successivement en Espagne en 1857, en Hollande et en Russie en 1860-61, en Allemagne, surtout à Berlin, où le roi Guillaume lui remit sa médaille pour les sciences et les arts, en 1862-63; en 1864 elle se faisait applaudir à Constantinople. De retour en France en 1865, elle joua au Vaudeville la *Beatrix* de M. Legouvé, qu'elle avait créée à l'Odéon en 1861. Après avoir encore donné chez nous deux de ses ouvrages désormais préférés, la *Medea* et *Maria Stuarda*, elle s'embarqua pour l'Amérique, après un court passage à Londres. Elle y parcourut, au milieu des ovations sans cesse renaissantes, les principales villes des États-Unis, du Brésil, de la Plata, du Chili, du Pérou, de l'Uruguay, du Paraguay, de la Bolivie, etc., etc. Pendant son séjour prolongé sur l'autre hémisphère, les journaux américains n'ont pas tari d'éloges à l'adresse de la Ristori, non seulement pour son talent, mais encore pour son humanité et pour ses démarches auprès des autorités compétentes afin de sauver la vie ou la liberté d'un malheureux, pour ses actes de bienfaisance de toute sorte autant que pour les tirades de Phèdre ou de lady Macbeth, de Medea ou de Francesca di Rimini, de Deborah ou de Beatrix. — Mme Ristori a reparu à Londres au mois de juin 1873; après avoir fait ses adieux à l'Angleterre au Théâtre de la Reine, à Manchester, le 8 novembre suivant, elle s'embarquait de nouveau, cette fois pour l'Australie, en 1874. Elle était de retour en juin 1876, à Paris, où elle paraît s'être fixée dans sa maison du boulevard Malesherbes et résolue à ne plus aborder la scène.

RIVET, Gustave, homme politique français, ancien professeur, né à Domène (Isère) le 25 janvier 1848. Licencié ès lettres, il professait la rhétorique à Dieppe, lorsqu'il fut révoqué en 1877 par M. de Fourtou; mais il était appelé quelques semaines plus tard comme professeur à Meaux, puis chargé de cours au lycée Charlemagne. En 1878, il était nommé secrétaire de la direction de la presse au ministère de l'intérieur, dont M. A. de la Forge était le titulaire; et en 1879, chef du cabinet du ministre des beaux-arts. En février 1883, M. G. Rivet se présentait dans la 1re circonscription de Grenoble pour remplacer M. Bravet, décédé, et était élu député. Il siégea à la gauche radicale. Le 4 octobre 1885, il était élu député de l'Isère, le quatrième sur neuf. Il a voté l'expulsion totale des princes. — M. Gustave Rivet a collaboré à l'*Homme libre* de Louis Blanc et de M. Ernest Hamel, aux *Droits de l'homme*, au *Rappel*, à l'*Intransigeant*, et a fait représenter un drame au Théâtre-Cluny: le *Châtiment*. Il est officier d'Académie.

RIVIÈRE, Armand, publiciste et homme politique français, avocat, né à Chênehutte (Maine-et-Loire) le 1er mars 1822. Avocat du barreau d'Angers, rédacteur en chef du journal le *Tribun*, il protesta contre le coup d'État de décembre 1851, fut contraint en conséquence de s'expatrier au plus vite et alla se réfugier à Londres. Mais il rentra bientôt en France et s'inscrivit au barreau de Tours. Il prit part à toutes les luttes de l'opposition sous l'Empire, et finalement se porta candidat, mais sans succès, aux élections législatives de 1869. Le 20 avril 1879, il était élu député de la 2e circonscription de Tours en remplacement de M. Guinot, passé au Sénat, et prenait place à la gauche radicale. Il devint maire de Tours en novembre suivant. Aux élections de 1881, M. A. Rivière fut réélu par le même collège au scrutin du 4 septembre. Il a été élu député d'Indre-et-Loire le 4 octobre 1885, et a voté l'expulsion totale des princes. — On doit à M. Armand Rivière: *Histoire des biens communaux en France depuis leur origine jusqu'à la fin du XIIIe siècle*, ouvrage couronné par l'Institut (1856); les *Miracles de saint Martin (1861)*; l'*Église et l'esclavage (1864); Histoire de la démocratie angevine de 1848 à 1851 (1869); Trois mois de dictature en province (1871)*, etc.

ROBERT, Pierre Joseph, général et homme politique français, sénateur, né à Harfleur le 28 janvier 1816. Élève de Saint-Cyr et de l'École d'application d'état-major, M. Robert avait atteint le grade de capitaine et était attaché à la première division militaire lors de la révolution de février 1848; il se présenta aux élections pour l'Assemblée constituante dans son département natal, avec une profession de foi très nettement républicaine, mais sans succès. Il se tint dès lors éloigné de la politique, devint chef d'escadron en 1851, lieutenant-colonel en 1859, colonel et attaché à l'état-major de la 2e division, à Rouen, en 1864. C'est là que vinrent le trouver les événements de 1870. Il assista notamment à la bataille de Wissembourg, où il était chef d'état-major du général Douay, puis devint chef d'état-major du général Ducrot et figura à Sedan. Il a été promu général de brigade en 1871 et placé dans le cadre de réserve en 1873. Membre du Conseil général de la Seine-Inférieure pour le canton de Fécamp depuis 1871, il a été vice-président de cette assemblée. Aux élections complémentaires du 2 juillet à l'Assemblée nationale, M. le général Robert était élu représentant de la Seine-Inférieure, par 60,511 voix. Il siégea au centre droit, vota avec la partie réactionnaire de ce groupe et signa l'acte d'adhésion au *Syllabus* envoyé au pape par quelques représentants. Cependant, M. le général Robert, porté sur la liste de l'Union conservatrice avec MM. Ancel, Pouyer-Quertier et Rouland, aux élections sénatoriales du 30 janvier 1876, se défendit énergiquement des accusations de cléricalisme qui lui étaient adressées. Élu sénateur de la Seine-Inférieure, le troisième sur quatre, il prit place sur les bancs de la droite. Il a été réélu, le quatrième seulement, au renouvellement du 8 janvier 1882. — Le général Robert est commandeur de la Légion d'honneur depuis 1869.

ROBERT DE MASSY, Paul Alexandre, avocat et homme politique français, né à Orléans le 29 septembre 1810. Ancien bâtonnier de son ordre, il se présenta, comme candidat de l'opposition libérale, aux élections de 1869, mais sans succès. Élu représentant du Loiret le 8 février 1871, et député de la première circonscription d'Orléans le 5 mars 1876, M. Robert de Massy siégea au centre gauche dans les deux assemblées. Réélu le 14 octobre 1877 comme l'un des 363 dé-

putés qui avaient repoussé l'ordre du jour de confiance sollicité par le cabinet de Broglie, M. Robert de Massy était élu sénateur du Loiret au renouvellement du 5 janvier 1879. Il a voté contre l'expulsion des princes.

ROBERT-FLEURY, Joseph Nicolas, peintre français, né à Cologne le 8 août 1797, fut élève de Gros, de Girodet et d'Horace Vernet et débuta au Salon de 1824. On cite principalement de cet artiste qui s'est acquis une des plus grandes réputations de ce temps : le *Tasse au couvent de Saint-Onuphre (1827)*; une *Scène de la Saint-Barthélemy (1833)*; *Henri IV rapporté au Louvre (1836)*; les *Derniers moments de Montaigne*; l'*Entrée de Clovis à Tours*; *Jane Shore*; le *Colloque de Poissy*; une *Scène de l'Inquisition*; un *Autodafé*; le *Pillage d'une maison*; *Benvenuto Cellini*; la *Judecca de Venise au moyen âge*, et quelques-unes des toiles précédentes (1855, Exp. univ.); *Charles-Quint au monastère de Saint-Yuste (1857)*; *Portrait de M. Devinck (1858)*; *Portrait du Dr Grisolles* et le *Charles-Quint* déjà cité (1867, Expos. univ.); des *Portraits*, etc., etc. — M. Robert-Fleury a obtenu une médaille de 2e classe en 1824, une de 1re classe en 1834 et des médailles de 1re classe aux Expositions universelles de 1855 et 1867. Nommé chevalier de la Légion d'honneur en 1836, il est commandeur de l'ordre depuis 1867. Elu membre de l'Académie des beaux-arts, en remplacement de Granet, en 1850, M. Robert-Fleury est devenu professeur à l'Ecole en 1855; il en était nommé directeur lors de sa réorganisation en 1863, puis directeur de l'Académie de France à Rome en décembre 1865, fonctions qu'il ne conserva qu'une année.

ROBERT-FLEURY, Tony, peintre français, fils du précédent, est né à Paris le 1er septembre 1837. Il suivit les ateliers de Paul Delaroche et de Léon Cogniet, et débuta brillamment au Salon de 1866, avec une grande toile intitulée : *Varsovie, 8 avril 1861*, représentant les habitants désarmés de cette malheureuse ville froidement massacrés par la soldatesque russe chargée de réprimer l'insurrection polonaise. Cette magnifique toile, qui produisit une émotion générale et prolongée, rendit célèbre du jour au lendemain le nom de son auteur. Elle fut suivie de : *Vieilles sur la place Navone, à Rome (1867)*; le *Dernier jour de Corinthe (1870)*, grande toile reparue à l'Exposition de 1878; les *Danaïdes (1873)*; *Charlotte Corday à Caen (1874)*; *Pinel, médecin en chef de la Salpêtrière, délivrant les aliénées de leurs chaînes (1876)*, également reparue à l'Expos. univ.; la *Glorification de la sculpture française*, plafond pour le palais du Luxembourg (1880); *Mazarin et ses nièces (1883)*; *Portrait de M. Robert-Fleury (1884)*; *Léda, Portrait du général Lebrun (1885)*; *Portrait de M. Bixio (1886)* et un grand nombre d'autres portraits, la plupart anonymes, exposés à diverses époques. — M. Tony Robert-Fleury a obtenu des médailles aux salons de 1866, 1867 et 1870, la médaille d'honneur en 1870, et une médaille de 1re classe à l'Exposition universelle de 1878; décoré de la Légion d'honneur en 1873, il a été promu officier en 1884.

ROBINSON, sir Hercules George Robert, administrateur anglais, né en 1824, fit ses études au collège militaire de Sandhurst et servit quelque temps comme officier au 87e régiment d'infanterie. Il quitta l'armée en 1846 pour entrer dans l'administration et occupa divers emplois en Irlande jusqu'en 1852. Nommé président de Montserrat en 1854, lieutenant-gouverneur de Saint-Christophe en 1855, il succéda à sir John Bowring comme gouverneur de Hong-Kong en 1859 et fut alors créé chevalier ; il devint ensuite gouverneur de Ceylan en 1865 et gouverneur de la Nouvelle-Galles du Sud en mars 1872. Au mois d'août 1884, sir Hercules Robinson se rendait aux îles Fidji dans le but de nouer des relations entre le gouvernement de ces îles et la Grande-Bretagne. Le 15 octobre suivant, il acceptait la cession sans condition des îles Fidji, en prononçait l'annexion à l'Empire britannique et y arborait le drapeau anglais. Il y établit ensuite un gouvernement provisoire, dont il conserva quelque temps la direction. En reconnaissance des services qu'il avait rendus à son pays dans cette occasion, sir H. Robinson fut créé grand croix de l'ordre des SS. Michel et George. Il est devenu depuis gouverneur de la Nouvelle-Zélande en 1878, puis du Cap de Bonne-Espérance, en remplacement de sir Bartle Frère, en août 1880, et est entré au Conseil privé en mai 1883.

ROCHE, Jules, homme politique français, né à Serrières (Ardèche) le 22 mai 1841, fit ses études à Paris au collège Stanislas et à l'école de droit. Avocat du barreau de Lyon, il tentait dès 1868 de se faire élire au Conseil général de son département natal, mais sans succès. La révolution du 4 septembre 1870 le trouva à Privas, rédacteur en chef de l'*Ardèche*, journal républicain, et en fit le secrétaire général de la préfecture. Le 8 février 1871, il se présentait aux élections pour l'Assemblée nationale et réunissait un fort joli chiffre de suffrages. Il fut alors révoqué de ses fonctions à Privas, mais dès le mois de mai suivant, il les reprenait à Toulon. De nouveau révoqué en 1873, il vint à Paris, collabora au *Petit Parisien*, au *Rappel*, à la *Justice*, puis se fit élire en 1879 au Conseil municipal de Paris, par le quartier de Bercy (XIIe arrondissement), et s'y distingua par ses opinions radicales et particulièrement anticléricales, se traduisant à l'occasion par le refus du budget des cultes. Réélu en janvier 1881, M. Jules Roche devint vice-président du Conseil. Aux élections du 21 août suivant, il posait sa candidature à la députation à la fois dans le XIIe arrondissement de Paris, à Privas et à Draguignan, et fut élu, dans ce dernier collège seulement, sur un programme ultra-radical ; mais il n'eut pas plutôt atteint le but si ardemment souhaité, qu'il arbora des couleurs plus tendres et devint presque sans transition opportuniste. Très capable, d'ailleurs, et très laborieux, il se sent homme de gouvernement, et le fait est qu'il a déjà été question de lui confier un portefeuille, qu'il n'attendra probablement pas longtemps. Aux élections d'octobre 1885, il était porté candidat dans l'Ardèche, le Var, la Seine et la Savoie : il échoua dans les trois premiers, mais fut élu dans le quatrième, le dernier de la liste, ce qui ferait croire que le jeu que joue M. J. Roche n'est pas très sûr. Il a repris sa place, en attendant, sur les bancs de l'ancienne Union républicaine, et a voté l'expulsion des princes.

ROCHEBOUET (de), Gaëtan de Grimaudet, général français, né à Angers le 16 mars 1813. Elève de l'Ecole polytechnique, il en sortit en 1833 dans l'artillerie, et fut promu successivement lieutenant en 1835, capitaine en 1841, chef d'escadron en 1849, lieutenant-colonel en 1853, colonel en 1854, général de brigade le 25 juin 1859 et appelé au commandement de l'artillerie de la garde en Italie, et enfin général de division le 1er mars 1867. Les principales campagnes du général de Rochebouët sont celles du 2 décembre 1851, à Paris, qui lui valut la rosette d'officier de la Légion d'honneur et celle d'Italie, qui lui valut l'épaulette de brigadier-général. En 1874, par suite de la nouvelle organisation de l'armée, il était appelé au commandement du 18e corps, à Bordeaux. Après les élections du 14 octobre 1877, le maréchal de Mac-Mahon, forcé de se séparer de M. de Broglie, lui confiait la mission de former un nouveau cabinet, dont il est inutile de rappeler aujourd'hui la composition, et qui se présenta devant la nouvelle Chambre des députés le 14 novembre. Accueilli par un ordre d'exclusion, ce cabinet, pris en dehors du parlement, essaya de résister; des ordres de préparatifs militaires furent donnés, faisant naître la crainte trop fondée d'un coup d'Etat imminent ; mais la divulgation de ces ordres, d'autres faits, tels que les protestations du général de Carré de Bellemare et du commandant Labordère, empêchèrent ces projets d'aboutir ; et le ministère de Rochebouët donna sa démission, après moins de trois semaines d'exercice, conservant la prétendue « expédition des affaires courantes », suivant l'expression consacrée, jusqu'à la constitution d'un ministère régulier, sous la présidence de M. Dufaure (14 décembre). M. le général de Rochebouët retourna alors à Bordeaux, qu'il regretta sans doute d'avoir quitté, pour reprendre le commandement de son corps d'armée. Il en fut relevé peu après, et admis dans le cadre de réserve au commencement de 1878. En 1879, la Chambre des députés adoptait les conclusions du rapport de sa commission d'enquête sur les actes des ministères du 16 mai et du 14 novembre 1877, infligeant un blâme aux membres de ces ministères et en demandant l'affichage dans toutes les communes de France. — M. le général de Rochebouët est grand officier de la Légion d'honneur depuis le 20 avril 1881 ; il est aussi décoré de plusieurs ordres étrangers, notamment de la croix de commandeur de l'ordre pontifical de Saint Grégoire-le-Grand.

ROCHEFORT-LUÇAY (marquis de), Victor Henri, dit **Henri Rochefort**, littérateur et homme politique français, né à Paris le 29 juillet 1832, est fils d'un vaudevilliste qui, après avoir mis de côté son titre de marquis, obtint de grands succès au théâtre sous le nom d'Edmond Rochefort, et qui est mort en avril 1871. Il fit ses études au collège Saint-Louis ; travaillé déjà par le démon littéraire, il prenait part, et avec succès, au concours des jeux floraux ; il y remporta même un prix avec un *Hymne à la Vierge* qu'on lui a beaucoup reproché depuis, comme s'il existait un enfant de seize ans, élevé dans l'Eglise catholique, qui ne soit enthousiaste de cette poétique figure, quelle que soit sa destinée intellectuelle. Il commença ensuite sa médecine ; mais les circonstances exigeant qu'il se créât lui-même des ressources, il dut renoncer bientôt à cette carrière où, comme praticien du moins, il était d'ailleurs à peu près sûr de ne pas réussir. Il donna alors des leçons de latin et obtint enfin, en 1851, un emploi de 1,200 francs à l'Hôtel de Ville. Si l'on songe que dès lors M. Henri Rochefort, sans être marié, avait une femme et des enfants aux besoins desquels il pourvoyait courageusement, sinon légitimement, on reconnaîtra que le modeste expéditionnaire au bureau des brevets, à l'Hôtel de Ville, n'était pas précisément dans l'opulence. Poussé par un penchant presque irrésistible autant que par la nécessité d'ajouter à son budget, M. Rochefort se souvint qu'il était fils de vaudevilliste et aborda le théâtre avec un vaudeville en un acte, écrit en collaboration avec Commerson, et qui fut joué aux Folies-Dramatiques en 1856 : *Un homme bien mis.* Avant de trouver une nouvelle occasion de se produire à la scène, il chercha de la besogne dans les journaux et chez les libraires. C'est ainsi qu'il débutait à la *Presse théâtrale* en 1859, fournissait en même temps quelques articles au *Dictionnaire de la conversation*, passait en 1860 au *Charivari*, dont il devint rapidement un des collaborateurs les plus goûtés, et était chargé par M. Aurélien Scholl de rédiger une chronique hebdomadaire au *Nain jaune*, qu'il venait de fonder, en 1863. Le *Nain jaune* n'ayant pas réussi, le *Figaro* s'empressa de recueillir ce chroniqueur, à qui une scène nouvelle, plus en vue, avait fourni l'occasion de briller d'un éclat plus vif. M. Rochefort était devenu sous-inspecteur des Beaux-arts de la ville de Paris en 1860, mais ses succès de presse lui ayant permis de se vouer entièrement à la littérature, il donnait sa démission dès l'année suivante. Cependant une révolution s'accomplissait dans la presse littéraire, la diffusion de la presse politique étant paternellement limitée, et des journaux quotidiens « étrangers à la politique » se fondaient à l'envi. Millaud fondait le *Soleil* auquel il attachait M. Rochefort, comme chroniqueur en titre, aux appointements de 1,500 fr. par mois; H. de Villemessant, qui avait fondé de son côté l'*Evénement*, renchérit sur Millaud et, après environ une année passée au *Soleil*, M. Rochefort entrait à l'*Evénement* d'où il passait bientôt au *Figaro*, devenu à son tour quotidien. De la critique générale des travers de l'époque, M. Rochefort en était venu peu à peu, et par une pente naturelle, à la critique la moins dissimulée et la plus mordante des hommes et des choses de l'Empire. Il réunissait ses articles les plus vifs en volumes et les publiait, précédés de préfaces attirant particulièrement l'attention sur les points laissés obscurs par nécessité dans ses articles de journal. Cela ne pouvait durer. M. Pinard, ministre de l'intérieur, mit le directeur du *Figaro* dans cette alternative, ou de se séparer de son rédacteur ou de voir supprimer son journal. Villemessant ne pouvait hésiter : il écarta M. Rochefort, à qui cet ostracisme rendait le silence extraordinairement pesant. Il demanda l'autorisation de fonder la *Lanterne*, mais elle lui fut naturellement refusée. Cependant, la nouvelle loi sur la presse ayant été promulguée peu de temps après, le premier numéro de la *Lanterne* parut en juin 1868, avec une couverture rouge montrant les N du mot qui forme son titre pendus à la lanterne à l'aide d'une corde solide. — Il est à remarquer que les principaux bailleurs de fonds de M. Rochefort dans cette affaire étaient, au début, le rédacteur en chef et l'administrateur du *Figaro*, H. de Villemessant et Auguste Dumont. Cette brochure hebdomadaire eut un succès prodigieux, que tentèrent d'exploiter une foule de publicistes de hasard, auxquels se mêlèrent même quelques écrivains plus sérieux. Un demi-cent de *Lanternes* de toutes les couleurs vit aussitôt le jour; peu, à la vérité, brillèrent jusqu'au troisième numéro, et quelques-unes s'éteignirent en proférant, en manière de plaintes, des injures bien senties contre le goût perverti du public, qui persistait à s'arracher les numéros de la *Lanterne* de Rochefort. — Les choses ne pouvaient d'ailleurs durer longtemps sur ce pied-là. Au onzième numéro, la *Lanterne*, étonnée de vivre encore, était saisie et son rédacteur, poursuivi, était condamné à un an de prison, 10,000 francs d'amende et un an de privation de ses droits civils et politiques; le numéro suivant était également saisi et la condamnation prononcée contre son rédacteur, pour le précédent, reproduite de tout point. En présence de ce parti pris évident, M. Rochefort se rendit à Bruxelles et y continua la publication de sa *Lanterne*, qu'on lut presque autant en France, malgré les précautions prises à la frontière, et beaucoup plus dans le reste de l'Europe, grâce aux traductions qui en furent faites dans toutes les langues. Outre les poursuites judiciaires, l'auteur de la *Lanterne* eut à subir les plus grossières injures de la part de gens de réputation détestable, qui prenaient tour à tour le journal et la brochure pour véhicule à leurs insanités. Lorsque tout devait lui démontrer que ces attaques ordurières lui faisaient dans l'opinion plus de bien que de mal, M. Rochefort, qui ne brille pas précisément par le sang-froid, eut le tort de se fâcher; ne pouvant demander raison aux pamphlétaires dont il avait à se plaindre, il s'en prit à leur imprimeur, et celui-ci refusant de lui « rendre raison », il s'oublia au point de le frapper : ce haut fait, qu'il fut le premier à regretter, lui valut quatre mois de prison, à ajouter aux autres. — On comprend très bien que, dans la vie de pamphlétaire, on ne sème pas sa route de sourires de bienvenue. Outre les injures auxquelles on ne peut répondre et les condamnations auxquelles on échappe comme on peut, M. Rochefort eut plusieurs duels : d'abord avec un officier de la maison de la reine Isabelle dont il avait parlé avec trop de liberté, ensuite avec le prince Achille Murat, enfin avec l'inévitable M. Paul de Cassagnac. Retiré à Bruxelles, M. Ernest Baroche, mort bravement depuis au Bourget, faisait acte de preux chevalier en venant le relancer dans son exil : il en remporta une bonne blessure.

La position prise par M. Rochefort en face du pouvoir le désignait naturellement aux suffrages des adversaires les plus violents de l'Empire dont les rangs grossissaient de jour en jour. Sa candidature, préparée d'ailleurs dès 1868 par une brochure intitulée *Rochefort député*, fut portée dans la 7e circonscription de la Seine, aux élections de mai-juin 1869. On a dit ailleurs que la candidature Rochefort s'était posée en concurrence avec la candidature Jules Favre; il n'est que juste de constater, au contraire, que Jules Favre se porta candidat après que la candidature Rochefort fut acceptée par les comités radicaux et contre cette candidature, d'une opposition qu'il déclarait « excessive, irrespectueuse, inconstitutionnelle et violente ». Quoi qu'il en soit, Jules Favre triompha, mais seulement au second tour. Aux élections complémentaires de novembre suivant, M. H. Rochefort était élu député de la première circonscription (Belleville), en remplacement de Gambetta, qui avait opté pour Marseille. Il avait accepté un mandat impératif de ses électeurs, circonstance qui augmenta encore l'aversion naturelle qu'il inspirait à ses collègues du parlement, gens indépendants pour la plupart, comme on sait : par exemple il est bien évident qu'on peut être un candidat officiel sans accepter de « mandat impératif ». Il prit place à côté de F. V. Raspail, avec qui il formait à peu près tout le parti de l'extrême-gauche, quoique MM. Ordinaire et Girault (du Cher) ne fussent pas très éloignés d'eux. M. Rochefort brilla peu à la Chambre, d'abord parce qu'il n'est pas orateur, perd aisément son sang-froid, n'avait pas à cette époque une éducation politique bien profonde, et enfin, parce que la majorité faisait son possible soit pour étouffer sa voix, soit pour lui faire perdre la tramontane, et que le président du Corps législatif paraissait n'avoir d'autre préoccupation que de trouver une occasion de le rappeler à l'ordre. On ne saurait donc rappeler aucun discours de lui, et ses sorties humoristiques, pour blessantes qu'elles fussent, auraient figuré avec plus d'avantage dans un pamphlet que dans une assemblée législative. — Le 18 décembre 1869, il fondait la *Marseillaise*, dont l'autorité interdit, avant de l'avoir vue, la vente sur la voie publique. On sait qu'à la suite d'attaques contre la famille impériale publiées dans ce journal, le prince Pierre Bonaparte envoyait un cartel à M. Rochefort avec recommandation de ne lui point adresser ses « manœuvres ». On sait également qu'en raison de la polémique violente entamée entre

ceux journaux corses et poursuivie par l'une des parties dans la *Marseillaise*, M. Paschal Grousset (voyez ce nom) envoyait au prince Pierre deux témoins, MM. Ulric de Fonvielle et Victor Noir, lesquels précédaient de quelques heures seulement les témoins de M. Rochefort; on sait enfin que, dans l'entrevue qui eut lieu, Victor Noir fut tué par le prince d'un coup de revolver au cœur (10 janvier 1870) et que la nouvelle de cet événement fut accueillie par une clameur immense. L'enterrement eut lieu au cimetière de Neuilly, par ordre de l'autorité qui ne pouvait consentir à laisser traverser Paris à un convoi funèbre composé de plus de cent mille personnes; et cette foule descendit en poussant des cris de réprobation qu'on n'osa châtier, bien que des brigades entières d'agents de la police politique, bien armés, fussent mêlées à ses rangs. Le rôle joué dans cette manifestation par M. H. Rochefort fut plutôt celui de la conciliation; car si, à sa place, il se fût trouvé un de ces hommes exaltés et, disons-le, énergiques, en même temps que populaires, dont la parole suffit à entrainer les masses, une insurrection formidable éclatait aussitôt: on descendait à Paris, malgré tout, avec le corps de l'homme tué par un Bonaparte; et une fois à Paris, il est facile de deviner ce qui fût advenu; mais M. Rochefort n'avait d'un tel homme que la popularité, et son attitude suffit à décourager les plus résolus. Moins prudent la plume à la main, il donnait, par l'épanchement de son indignation bien justifiée dans la *Marseillaise*, le prétexte attendu de saisir ce journal et d'autoriser contre son rédacteur en chef des poursuites qui ne se firent pas attendre. Cité en police correctionnelle le 22 janvier, M. Rochefort était condamné par défaut à six mois de prison et 3,000 fr. d'amende. Arrêté le 7 février et écroué à Sainte-Pélagie, il lui fut interdit d'écrire dans son journal, qui cessa de paraitre pendant trois jours. Après avoir subi sa peine, le procureur général Grandperret jugea bon de le retenir en prison pour purger la condamnation à 4 mois de prison qu'il avait encourue avant d'être député, pour avoir frappé un imprimeur, et peut-être eût-il songé à lui faire purger les autres condamnations qui l'avaient frappé à la même époque, mais il n'en eut pas le temps: la révolution du 4 Septembre ouvrit les portes de Sainte-Pélagie à son prisonnier, et lui-même quittait en grande hâte ses fonctions. — La *Marseillaise*, qui avait été indéfiniment suspendue le 25 juillet, reparut le 8 septembre, avec un article du général Cluseret, énergiquement désavoué par M. Rochefort. Cette résurrection n'eut pas le lendemain.

En sa qualité de député de Paris, M. Rochefort faisait *de droit* partie du gouvernement de la Défense nationale, que sa présence y fût ou non agréable à ses collègues. Le 19, il était nommé président de la commission des barricades. Quel que fût le degré de vérité contenu dans l'assertion de M. Félix Pyat désignant M. Rochefort comme une des personnes qui lui avaient communiqué la nouvelle de la capitulation de Metz, le fait est que M. Rochefort repoussa l'imputation et que, le 31 octobre, il fit tous ses efforts pour calmer la foule qui avait envahi l'*Hôtel de Ville* et finit par lui promettre des élections municipales à bref délai. Cette promesse, qui ne semblait guère dangereuse à tenir, ne fut pourtant pas sanctionnée par ses collègues du gouvernement; il donna alors sa démission, et ne conserva que la présidence de la commission des barricades. Le 1er février 1871, il fondait un nouveau journal, le *Mot d'ordre;* le 8, il était élu député de la Seine, le sixième sur quarante-trois. Il siégea à l'extrême-gauche et donna sa démission après le vote des préliminaires de paix, qu'il avait repoussés. Retenu quelque temps à Bordeaux par la maladie, il rentra à Paris en pleine Commune, et reprit, le 1er avril, la publication du *Mot d'ordre*, supprimé le 12 mars par le général Vinoy. D'abord favorable aux hommes de l'Hôtel de Ville, ou, plus exactement, hostile à ceux de Versailles, il ne tarda pas à attaquer la plupart des actes de la Commune et les plus infatués de ses membres, sans s'apercevoir qu'il se plaçait entre deux feux, ou, peut-être, ne s'en souciant pas. Il fut bientôt décidé, dans les conseils de l'Hôtel de Ville ou du voisinage, car la chose paraît s'être passée en petit comité, qu'il fallait à tout prix se débarrasser du rédacteur en chef du *Mot d'ordre*. Son arrestation paraissait impraticable, et, bien qu'on y fût décidé, le fait est qu'il put quitter Paris, le 19 mai, avec un laisser-passer obtenu nous ne savons comment, en présence des versions contradictoires qui se sont produites alors et depuis. Arrêté à la gare de Meaux, il était conduit à Versailles où, après une longue détention préventive, il comparaissait le 20 septembre devant le 3e conseil de guerre, qui le condamnait à la déportation dans une enceinte fortifiée. La commission des grâces repoussa son recours et toutes les démarches en faveur d'une commutation de peine eurent le même sort. Interné d'abord au fort Boyard, dans un état de santé des plus précaires, puis transféré à la citadelle de Saint-Martin de Ré en juin 1872, M. Rochefort obtenait l'autorisation de venir à Versailles épouser, le 6 novembre 1872, la mère de ses enfants, qui mourait quelques semaines plus tard, afin de légitimer ceux-ci. Retourné à Saint-Martin de Ré, il semblait qu'il ne dût pas être transporté à Nouméa, d'autant que son état de maladie faisait considérer une si longue traversée comme dangereuse; mais la révolution du 24 Mai amena au pouvoir des hommes que n'arrêtent pas d'aussi mesquines considérations; en conséquence, M. Henri Rochefort était embarqué pour la Nouvelle-Calédonie le 8 juillet 1873. — On sait que, dans la nuit du 19 au 20 mars 1874, il s'évadait avec cinq autres déportés, à bord du trois-mâts anglais le P. C. E. Il se rendit en Australie, où son arrivée à Queenstown, le 16 juin, fut signalée par des désordres qui exigèrent l'intervention de la police. De Sydney, il passa aux Etats-Unis, s'arrêtant aux Sandwich, puis s'embarqua pour l'Angleterre. Après un court séjour à Londres, M. H. Rochefort passait en Belgique, où il restait également peu de temps, et allait s'établir près de Genève reprenant la publication de sa *Lanterne* et envoyant à quelques journaux radicaux de Paris des articles dont l'anonymat, d'ailleurs fort transparent, ne tarda pas à être dévoilé par les procès intentés à ces journaux pour donner satisfaction au zèle exubérant des jeunes substituts qui encombrent les avenues du parquet. En mai 1877, M. Rochefort mariait à un jeune peintre genevois, M. Dufaux, sa fille Noémi; en mai 1880, son fils aîné se trouvant mêlé à la manifestation organisée en l'honneur des victimes de la Commune, était traité avec la plus grande brutalité par un agent de police. M. Rochefort envoya au préfet de police, M. Andrieux, une lettre de provocation à laquelle celui-ci ne répondit pas: mais son beau-frère, M. G. Kœchlin, releva le défi, et M. Rochefort eut la bonhomie d'accepter cette substitution. Il fut blessé dans cette rencontre, qui eut lieu près de Coppet, le 3 juin. Le mois suivant, il rentrait en France à la faveur d'une amnistie, et, quelques jours après, il fondait l'*Intransigeant*.

Aux élections d'octobre 1885, M. Henri Rochefort figurait naturellement sur toutes les listes radicales-socialistes ou de nuances voisines, car ce n'étaient pas les listes qui manquaient à cette élection du département de la Seine; il fut élu au scrutin du 18, par environ 250,000 voix et prit place à l'extrême-gauche. Peu après la rentrée des Chambres, conformément à une promesse faite à ses électeurs, il déposait sur le bureau de la Chambre une proposition d'amnistie dont eussent profité principalement des ouvriers grévistes condamnés trop sévèrement *en général pour des crimes ou des délits plus faciles à* châtier qu'à bien caractériser. Cette proposition venait à l'ordre du jour de la Chambre des députés le 6 février 1886, et la discussion générale close, une très grande majorité, en majeure partie composée de députés qui avaient également promis l'amnistie à leurs électeurs, lorsqu'ils n'étaient encore que candidats, refusa de passer à la discussion des articles. A l'issue de la séance, M. H. Rochefort adressait au président de la Chambre sa démission motivée sur ce que, ayant promis de faire voter l'amnistie et ne pouvant espérer y parvenir, il préférait résigner un mandat inutile. On pensait que son intention était de se faire renvoyer à la Chambre avec un mandat modifié, mais il refusa une nouvelle candidature, et c'est M. Gaulier qui fut élu à sa place à l'élection partielle du 2 mai suivant.

On cite de M. Rochefort, outre ses travaux de journaliste et son premier vaudeville que nous avons cité: la *Marquise de Courcelles*, roman historique, publié par E. de Mirecourt et signé de son seul nom (1859); les *Petits mystères de l'hôtel des ventes (1862);* la *Grande bohème (1866);* les *Français de la décadence (1867);* les *Signes du temps (1868)*, recueils d'articles, sans parler de la réunion en volumes de ses *Lanternes* non prohibées; il a été aussi question d'une *Histoire de la Révolution* dont nous ignorons le sort. Il a donné plus récemment plusieurs romans: les *Dépravés (1875);* les *Naufrageurs (1876);* une relation humoristique de son évasion de la presqu'île Ducos et du voyage qui s'ensuivit: *De Nouméa en Europe (1877);* le *Palfrenier*, roman (1878); l'*Aurore boréale*, ib. (1879); l'*Evadé*, roman comique (1880); *Farces amères*, nouvelles (1886), etc. — Il a fait représenter sur diverses scènes: *Je suis mon fils*, 1 acte, avec Varin; le *Petit cousin*, opérette en 1 acte, avec Charles Deulin; les *Roueries d'une ingénue*, 3 actes (1861); *Une martingale*, avec Clairville et Cham, 1 acte; *Un premier avril*, 1 acte, avec M. Adrien Marx; les *Bienfaits de Champavert*, 1 acte; *Un homme du Sud*, 1 acte, avec M. Albert Wolf; *Nos Petites faiblesses*, 2 actes (1862); les *Secrets du grand Albert*, 2 actes, avec M. Grangé; *Sortir seule!* 3 actes, avec le même; les *Mystères de l'hôtel des ventes*, 3 actes, avec M. Albert Wolf (1863); la *Vieillesse de Brididi*, 1 acte, avec M. A. Choler (1864); *Mémoires de Réséda*, 3 actes, avec MM. E. Blum et A. Wolf; la *Tribu des rousses*, 1 acte, avec M. Blum; *Sauvé, mon Dieu!* 1 acte, avec M. P. Véron (1865); la *Foire aux grotesques*, avec le même, 2 actes; la *Confession d'un enfant du siècle*, 1 acte (1866), etc.; ouvrages représentés au Palais-Royal, au Vaudeville, aux Délassements, aux Bouffes, au Gymnase, aux Variétés et aux Folies-Dramatiques. Enfin, le 18 octobre 1886, des dépêches d'Amérique annonçaient la première représentation, au Standard-Theatre de New-York, d'un grand drame de M. Rochefort, titré l'*Irlandaise*, accueilli avec applaudissement.

ROCHET, Joseph Claude, homme politique français, né à Lyon en 1837. D'abord chef d'atelier de tissage, puis administrateur de la Société des tisseurs et enfin membre fondateur du syndicat des tisseurs lyonnais, M. Rochet est membre du Conseil municipal de Lyon depuis 1873 et adjoint au maire. En 1880, il se portait candidat à la députation en remplacement de M. Millaud, passé au Sénat, mais se retirait devant Blanqui; il s'ensuivit que celui qui prit sa place, M. Balluc, fut élu. Il figurait aux élections d'octobre 1885 sur la liste radicale, et fut élu au scrutin du 18. M. Rochet a voté l'expulsion totale des princes.

ROGER, Emile, homme politique français, né à Rouffignac (Dordogne) le 3 février 1831. Avocat du barreau de Sarlat, puis chef du contentieux au chemin de fer d'Orléans, M. Emile Roger, déjà conseiller général de la Dordogne, se présentait pour la députation à une élection partielle ouverte dans la 1re circonscription de Sarlat le 23 mai 1880. Elu, il s'inscrivit au groupe de la gauche républicaine, et fut réélu le 21 août 1881. Candidat républicain aux élections pour le renouvellement de la représentation sénatoriale de la Dordogne, le 25 janvier 1885, il fut élu en tête de la liste. Il était en congé au moment du vote de la loi d'expulsion des princes.

ROGER-MARVAISE, Théophile René, homme politique français, avocat au Conseil d'Etat, est né à Saint-Etienne-en-Coglès (Ille-et-Vilaine) le 7 juillet 1831. Il fit son droit à Rennes et à Paris, où il prit le grade de docteur en 1858. Après avoir échoué aux élections du 8 février 1871, il fut élu représentant d'Ille-et-Vilaine, le 2 juillet suivant et député de la 1re circonscription de Rennes le 20 février 1876. Il siégea à gauche dans les deux assemblées. — Aux élections du 14 octobre 1877, M. Roger-Marvaise a été réélu dans la première circonscription de Rennes, et a tenu en échec le candidat réactionnaire dans celle de Fougères, où l'élection fut vivement contestée. Aux élections pour le renouvellement de la représentation sénatoriale d'Ille-et-Vilaine, le 5 janvier 1879, M. Roger-Marvaise, qui avait échoué pour le Sénat le 30 janvier 1876, était élu le second sur trois. Il a voté l'expulsion des princes.

RONDELEUX, Paul Grégoire, homme politique français, né à Paris le 20 novembre 1832. Directeur des mines et usines de la Condemine, à Buxières (Allier), connu par l'appui qu'il a toujours donné aux candidatures républicaines qui se sont produites dans le rayon de son influence, M. Rondeleux a été élu à son tour député de l'Allier le 4 octobre 1885, et a pris place à la gauche républicaine. Il s'est abstenu sur la question de l'expulsion des princes.

ROQUE (de Filhol), Jean Théozène, homme politique français, né à Filhol (Gironde) le 11 avril 1824. Après s'être activement mêlé, dans son département, à l'agitation électorale de 1848 et 1849, il vint à Paris en 1850 et prit une certaine part à la résistance contre le coup d'Etat. Il fit ensuite un assez long voyage d'affaires dans l'Amérique centrale et méridionale, et de retour à Paris, commença à se signaler parmi les adversaires déclarés des institutions impériales, notamment aux élections de 1863 et 1869. Etabli à Puteaux, il était devenu maire de cette commune au moment de l'investissement de Paris, et l'était naturellement encore au moment de la lutte entre le gouvernement de Versailles et la Commune de Paris (on pourrait assez exactement dire entre l'insurrection du 4 Septembre et celle du 18 mars). Accusé d'intelligence avec les insurgés, c'est-à-dire avec les vaincus, il fut arrêté, transféré à Versailles, et condamné par le 4e conseil de guerre aux travaux forcés à perpétuité. Transporté à la Nouvelle-Calédonie pour y subir sa peine, il bénéficia de l'amnistie de 1879 et rentra à Puteaux, où ses anciens administrés accueillirent son retour par des démonstrations enthousiastes. Nommé député de la 3e circonscription de Saint-Denis en remplacement de M. Emile Deschanel, nommé professeur au Collège de France, le 21 février 1881, M. Roque de Filhol siégea à l'extrême-gauche, et fut réélu aux élections générales du 21 août suivant. Membre de diverses commissions, il fit partie, en 1884, de la délégation de l'extrême-gauche de la Chambre qui alla visiter les départements du midi désolés par le choléra. Aux élections d'octobre 1885, son nom figurait sur les listes socialistes et radicales de la Seine, et il fut élu au scrutin du 18, le vingt-neuvième. Il a voté l'expulsion totale des princes.

ROQUES, François Vital Camille, homme politique français, né à Toulouse le 11 avril 1828. Ancien secrétaire général de la préfecture de l'Aveyron sous l'Empire, M. Roques, qui s'est fixé à Rodez, s'est présenté aux élections du 20 février 1876, sous les auspices de comité national conservateur. Il a été élu au second tour, le 5 mars, député de la 2e circonscription de Rodez et a pris place à la droite bonapartiste. Réélu dans la même circonscription le 14 octobre 1877, il y échouait le 21 août 1881. M. Roques a été élu, le 4 octobre 1885, député de l'Aveyron en tête de la liste monarchiste. — Il est chevalier de la Légion d'honneur.

ROSAMEL (de), Charles Joseph Marie Ducampe, marin et homme politique français, fils et petit-fils d'amiraux, est né près de Boulogne-sur-Mer le 24 juin 1833, Entré dans la marine à seize ans, il devint successivement aspirant en 1851, enseigne en 1854, lieutenant de vaisseau en 1860 et capitaine de frégate le 8 décembre 1870, commandant à cette date une batterie flottante sur la Seine. Aux élections sénatoriales du 30 janvier 1876, M. de Rosamel accepta dans son département la candidature qui lui était offerte et qu'il se chargea de caractériser lui-même en se déclarant « conservateur de droite », *expression nouvelle, mais facile à traduire*, dans le charabia politique courant. M. de Rosamel fut élu, siégea et agit au Sénat comme on pouvait s'y attendre d'après sa profession de foi; mais il échoua au renouvellement du 8 janvier 1882, avec 235 voix sur 1001. Aux élections du 4 octobre 1885, pour la Chambre des députés, ses amis inscrivirent son nom sur la liste de coalition monarchiste, qui triompha dans le Pas-de-Calais.

ROSCOE, Henry Enfield, chimiste anglais, né à Londres le 7 janvier 1833, fit ses études à l'Ecole supérieure de Liverpool, au Collège de l'université de Londres et à l'université d'Heidelberg. Nommé professeur de chimie au collège Owen, à Manchester, en 1858, il fut élu, en 1863, *membre de la Société royale, qui lui décernait*, en 1873, sa médaille royale « pour ses recherches chimiques, plus spécialement pour ses découvertes sur l'action chimique de la lumière et sur les combinaisons du vanadium ». M. Roscoe a écrit beaucoup de notes ou mémoires sur l'action chimique de la lumière, en collaboration avec le professeur Bunsen, d'Heidelberg, outre de nombreux articles dans les *Transactions philosophiques* et la presse périodique scientifique, sur divers sujets de chimie et a publié: *Leçons de chimie élémentaire*, l'un des meilleurs ouvrages qu'on ait écrits sur cette matière, lequel a été traduit en allemand, en italien, en russe, en magyare, etc., mais pas en français; *Lectures sur l'analyse spectrale (1869*, 5e édit., 1878*);* *Alphabet de chimie* (Science primer of chemistry), qui est comme une introduction au précédent, également estimé, et qui fait partie de la « Science primer Series » publiée par la maison Macmillan et Cie, sous la direction de MM. Roscoe, Huxley et Balfour Stewart; *Traité de chimie*, avec le professeur Schorlemmer (1877-82,

3 vol.). Il a été nommé, en 1880, président de la Société de chimie de Londres et en 1882, président de la Société littéraire et philosophique de Manchester et membre de la Commission royale d'enseignement technique.

ROSEBERY (comte de), ARCHIBALD PHILIP PRIMROSE, homme d'Etat anglais, né à Londres en 1847, fit ses études à Eton et à l'université d'Oxford. Il succéda au titre de son père et à son siége à la Chambre des lords en 1868. Appartenant au parti libéral, il fit son premier discours à la haute chambre en 1871, pour appuyer l'adresse en réponse au discours du trône, à l'ouverture de la session, choisi pour cette mission par M. Gladstone; il prit, dès lors, une part très active aux débats du parlement, et s'y fit une grande réputation d'éloquence. Sous-secrétaire d'Etat au ministère de l'intérieur de 1881 à 1883, lord Rosebery devenait l'orateur du parti libéral à la Chambre des lords après la retraite de lord Granville, qui l'avait désigné lui-même pour son successeur. Il a fait partie du dernier ministère libéral présidé par M. Gladstone, de février à août 1886, comme secrétaire d'Etat aux affaires étrangères, succédant également à lord Granville dans ce poste important. — Le comte de Rosebery a présidé le Congrès des sciences sociales tenu à Glasgow en octobre 1874, il a été élu recteur de l'université d'Aberdeen en novembre 1878 et recteur de l'université d'Edimbourg en novembre 1880, mais il ne prononça son discours d'inauguration qu'en novembre 1882.

ROSECRANS, WILLIAM STARKE, général américain, né à Kingston (Ohio) le 6 septembre 1819, fit ses études à l'Académie militaire de West Point, dont il sortit, en 1842, comme lieutenant du génie. Après avoir rempli, pendant plusieurs années, les fonctions de professeur-adjoint à West Point, il fut employé à divers travaux de construction par le département de la marine à Washington, au relevé topographique des côtes de New-Bedford et de Rhode Island, etc. Il donna sa démission, motivée par des raisons de santé, en 1854, et s'établit comme ingénieur civil à Cincinnati. Après avoir occupé diverses positions, dirigé plusieurs compagnies de navigation, il fondait, en 1857, une fabrique d'huile de paraffine et de prussiate de potasse. C'est à la tête de cette manufacture que le trouva la déclaration de guerre du Sud. Le général Mac-Clellan le choisit pour chef du génie de son corps d'armée, avec rang de major, en avril 1861; en juin suivant, il était promu colonel de volontaires et, peu après, brigadier-général dans l'armée régulière des Etats-Unis, et coopéra puissamment, en cette qualité, aux victoires remportées sur les sécessionnistes dans la Virginie occidentale. Promu major-général de volontaires en mars 1862, il commandait en chef aux batailles de Iuka (19 septembre), de Corinthe (4 et 5 octobre) et de Murfreesborough (31 décembre), où il fut vainqueur et reçut les remerciments publics du Congrès. Battu par Braxton Bragg à Chickamauga, les 18 et 19 septembre 1863, il fut, peu après, relevé de son commandement, puis reçut le commandement militaire du Missouri. Il quitta le service volontaire en janvier 1865 et se livra, pendant environ une année, en congé régulier, à l'exploration des régions minières du Pacifique, puis il résigna sa commission de brigadier-général dans l'armée régulière. En 1868, le président Andrew Johnson nomma M. Rosecrans ministre des États-Unis à Mexico, mais le président Grant s'empressa de le rappeler dès son avènement.

ROSNY (de), LÉON, orientaliste français, né à Loss (Nord) le 5 août 1837. Entrainé de bonne heure vers l'étude des choses de l'Orient, il entra comme élève à l'Ecole des langues orientales en 1852, et devint professeur de japonais à la Bibliothèque nationale en 1861. En 1863, M. Léon de Rosny fut attaché, comme interprète, à l'ambassade japonaise, qu'il accompagna en Hollande, en Angleterre et en Russie. Il a été nommé, en 1868, à la chaire de japonais nouvellement créée à l'Ecole des langues orientales. Il avait fait partie de la commission scientifique de l'Exposition universelle de 1867. Secrétaire perpétuel de la Société asiatique, M. de Rosny est membre de plusieurs sociétés ethnographiques et archéologiques nationales et étrangères, notamment de la Société américaine et de la Société d'ethnographie de Paris, dont il est un des fondateurs. — On doit à M. L. de Rosny: *Introduction à l'étude de la langue japonaise (1856); Aperçu général des langues sémitiques et de leur histoire; Dictionnaire japonais-français-anglais (1858); Manuel de lecture japonaise (1859)*; les *Ecritures figuratives et hiéroglyphiques des différents peuples anciens et modernes (1860); Tableau de la Cochinchine*, avec M. E. Cortambert (1862); *Recueil de textes japonais (1863); Dictionnaire des signes idéographiques de la Chine (1864-67); Etudes asiatiques de géographie et d'histoire; Guide de la conversation japonaise (1865); Aperçu de la langue coréenne; Vocabulaire chinois, coréen, aïno*, etc. (1867); *Variétés orientales (1868); Traité de l'éducation des vers à soie*, traduit du japonais (1869); le *Culte de Zoroastre chez les Chinois; Affinités ethnographiques des Finnois, des Magyares, des Turcs et des Japonais; Essai sur le déchiffrement de l'écriture hiératique de l'Amérique centrale* (1876-77, in-f°, pl. couleur); des traductions d'œuvres littéraires variées, du japonais en français, etc. — M. L. de Rosny est chevalier de la Légion d'honneur.

ROSS-CHURCH (dame), FLORENCE MARRYAT, femme de lettres anglaises, fille du célèbre romancier, feu le capitaine Marryat, est née à Brighton le 9 juillet 1837. Elle reçut, dans sa famille, une brillante éducation littéraire, et collabora de bonne heure aux magazines et aux journaux. Elle a publié: *Conflit d'amour, Trop bon pour lui (1865); Femme contre femme, Toujours et toujours (1866)*; les *Confessions de Gerald Estcourt, Nelly Brooke (1867)*; les *Filles de Feversham, Verdique (1868); Pétronille (1869); Son seigneur et maître (1870)*; la *Proie des dieux (1871); Vie et correspondance du capitaine Marryat (1872), Mme Dumaresq, Pas d'amoureux (1873); Un beau-fils (1877); Sa parole contre un mensonge (1879); Un moment de folie*, et autres nouvelles (1883), etc. — Les ouvrages de Mme Ross-Church, plus connue chez nous sous le nom de Florence Marryat, ont été pour la plupart traduits en allemand, en russe, en suédois et même en français. Elle dirige la rédaction de la *London Society* depuis 1872.

ROSSI, LAURO, compositeur italien, né à Macerata, en 1811. Il perdit ses parents de bonne heure, mais grâce au dévouement de sa sœur ainée, il put entrer au collège musical San-Sebastiano, aujourd'hui collège musical de San-Pietro-a-Maiella, à Naples, où il eut pour professeur Crescentini, Zingarelli et Raimondi. Ses progrès furent rapides, et il ne tarda guère à se produire au théâtre. Son premier ouvrage: *le Contesse villane* fut représenté au théâtre de la Fenice, à Naples, et la même année il donnait au théâtre Nuovo de la même ville, *la Villana contessa*, qui fut accueillie avec faveur. A ces deux ouvrages succédèrent rapidement: *Costenza ed Oringaldo, Lo Sposo al lotto, la Casa in vendita, Il Disertore svizzero, le Fucine di Bergen, Baldovino tiranno di Spoleto, Il Maestro di Scuola*, outre un oratorio: *Saül*, également exécuté à Naples. Après avoir tenu quelque temps l'emploi de directeur de la musique au théâtre Valle, à Rome, il passa en la même qualité à la Scala de Milan, vers la fin de 1834, et donna à ce théâtre: *la Casa disabitata, o i falsi monetari*, l'un de ses meilleurs ouvrages, et *Leocadia*. Il accepta à cette époque (1835) un engagement pour Mexico, où il écrivit *Giovanna Shore* et arrangea sur des paroles espagnoles sa *Casa disabitata*; il y composa en outre de nombreux morceaux sacrés, notamment une *Messe de gloria* et fit dans les principales villes du Mexique une fructueuse tournée artistique. En 1838, il passait à la Havane. De retour en Europe, M. L. Rossi a produit notamment: *Il Borgomaestro di Schiedam. Il Dottore Bobolo, Cellini a Parigi, Azema di Granata, la Figlia di Figaro, Bianca Contarini, la Sirena, Il Domino nero*, etc. etc. Ses plus récents ouvrages sont: *la Contessa di Mons*, joué au théâtre Regio, à Turin (1874); *Cleopatra*, même théâtre (1876); *Biorn*, opéra en 5 actes, joué au théâtre de la Reine, à Londres, en janvier 1877, etc. Directeur du Conservatoire de Milan depuis une vingtaine d'années, M. Lauro Rossi a succédé à Mercadante, comme directeur du Conservatoire de Naples, en 1871. Il a été élu membre honoraire de l'Académie philharmonique de Rome, en février 1877.

ROSSI, ERNESTO, acteur et auteur dramatique italien, né à Livourne en 1829, fit ses études dans sa ville natale et son droit à la faculté de Pise. Son goût pour le théâtre l'avait déjà conduit fréquemment à jouer en société, et même avec une troupe dramatique sérieuse, celle de Marchi, lorsqu'il entra à l'école dramatique que venait de fonder Gustavo Modena. Après avoir joué successivement à Milan, à Turin et dans diverses autres villes d'Italie, il vint à Paris en 1853, avec la Ristori, et contribua à faire connaître au public français divers auteurs italiens qui méritaient de l'être, notamment Goldoni, l'auteur du *Bourru bienfaisant*. M. E. Rossi se rendit ensuite à Vienne où il poursuivit avec succès la même expérience, puis retourna en Italie, où il monta une troupe d'artiste dont il prit la direction. Revenu à Paris en 1856, il parut au Français, le jour anniversaire de Corneille, dans une traduction italienne du *Cid*. Après avoir parcouru le Portugal, l'Espagne, etc., interprétant avec sa troupe le répertoire de Shakespeare, qu'il a adopté en dernier lieu, il est revenu à Paris en 1875, et a donné au théâtre Ventadour, avec un très grand succès, une série de représentations shakespeariennes dans lesquelles il tenait le premier rôle. Il s'est ensuite rendu à Londres, où il fut également bien accueilli. — M. Ernesto Rossi, que ses compatriotes et même des étrangers ont surnommé le Talma italien, a aussi écrit plusieurs ouvrages dramatiques qui ne paraissent pas avoir une très grande valeur. Il est décoré de l'ordre des SS. Maurice et Lazare et de divers ordres étrangers: le prince Henri XVI de Reuss, notamment, le décorait de son ordre *Litteris et Artibus* en 1886.

ROTOURS (des), ROBERT EUGÈNE, industriel et homme politique français, fils d'un ancien député officiel de l'Empire, est né à Aniche (Nord) le 23 octobre 1833. Entré dans l'administration, il était conseiller de préfecture lorsque la mort de son père, en janvier 1868, le plaça à la tête d'une grande raffinerie et le désigna comme candidat au choix de l'administration, pour la succession du député défunt de la 3e circonscription du département du Nord. Elu dans ces conditions, M. E. des Rotours fut réélu aux élections générales de 1869, à la fois comme candidat du gouvernement et du clergé, contre M. Thiers; il prit place cependant dans les rangs du tiers-parti libéral, signa la demande d'interpellation des Cent-Seize et vota contre la guerre. Elu, le 8 février 1871, représentant du Nord à l'Assemblée nationale, le vingt-sixième sur vingt-huit, il siégea à droite et prit part, comme il avait déjà fait au Corps législatif, aux discussions économiques, dans le sens de la protection. Il a repoussé de son vote les lois constitutionnelles. M. des Rotours a été élu député de la 4e circonscription de l'arrondissement de Lille, le 20 janvier 1876, sans concurrent, et réélu le 14 octobre 1877 et le 21 août 1881, après avoir échoué aux élections du 5 janvier 1879 pour le renouvellement de la représentation sénatoriale du Nord. Aux élections du 4 octobre 1885, M. des Rotours a été élu député du Nord en tête de la liste monarchiste. Il est maire d'Avelin et représente le canton d'Orchies au Conseil général du Nord.

ROULLEAUX-DUGAGE, GEORGES HENRI, industriel et homme politique français, fils de l'ancien député officiel de l'Hérault sous l'Empire, est né à Paris le 30 janvier 1849. Manufacturier à Suresne, M. Roulleaux-Dugage a fait partie des commissions françaises accréditées auprès des grandes expositions étrangères de ces quinze dernières années. Décoré de la Légion d'honneur après la guerre, comme officier des mobiles de l'Orne, il est en outre titulaire d'une médaille d'honneur pour fait de sauvetage. Candidat monarchiste dans l'Orne, aux élections d'octobre 1885, M. Roulleaux-Dugage a été élu au scrutin du 18 et a pris place à droite.

ROURE, CLAUDE ERNEST, homme politique français, né à Grasse le 29 août 1845. Il fit son droit à Paris, prit le grade de licencié, et alla s'établir notaire à Grasse, dont il est devenu maire. Connu par ses opinions républicaines et son attachement à la France, il a été élu député des Alpes-Maritimes le 4 octobre 1885, le second, immédiatement après M. Borriglione, maire de Nice, qui s'était porté isolément. Il a pris place à gauche, et s'est abstenu dans la question d'expulsion des princes.

ROUSSE, AIMÉ JOSEPH EDMOND, avocat, membre de l'Académie française, né à Paris en 1816, y entra au barreau en 1837. Avocat et rien d'autre, M. Rousse, après avoir débuté comme secrétaire de Chaix d'Est-Ange, fut secrétaire de la conférence des jeunes avocats stagiaires et devint membre du conseil de l'ordre en 1862. En 1870, il fut élu, non sans peine toutefois, bâtonnier. Demeuré à Paris pendant la Commune, M. Rousse fut le défenseur de Gustave Chaudet et d'autres accusés devant les tribunaux communalistes, auxquels il accorda son ministère avec une bonne volonté, un empressement même qui n'étaient pas sans danger, et qui furent reconnus, après la pacification, par la croix de la Légion d'honneur. Il agit d'une manière à peu près analogue envers les congrégations religieuses frappées par les décrets du 29 mars 1880, et en faveur desquelles il rédigea une consultation. Mais l'Académie était justement dans l'opposition: elle l'élut donc, en remplacement d'un autre avocat, Jules Favre, le 13 mai 1880. — On a de M. Rousse une *Etude sur les parlements de France* tirée à petit nombre et non mise dans le commerce; il a publié en outre les *Discours et plaidoyers* de Chaix d'Est-Ange, en 2 vol., avec préface, et les *Etudes sur le droit nobiliaire français* de Lévêque: autant dire rien.

ROUSSEAU, PHILIPPE, peintre français, né à Paris en 1816, est élève de Gros et de V. Bertin, et débuta au Salon de 1831. On cite de cet artiste qui s'est fait une réputation rapide et dont les œuvres sont devenues pour la plupart populaires: *Site d'Auvergne (1831)*; les *Côtes de Granville (1833); Vue de Normandie (1835); Saint-Martin, près Gisors (1838); Vue de Freneuse (1840)*; le *Rat de ville et le rat des champs (1845)*; la *Chaise de poste (1844)*; le *Chat et le vieux rat*, la *Taupe et le lapin (1846); Fleurs et papillons (1847); Basse-cour, Fruits et gibier (1848)*; le *Chat et la souris (1849); Intérieur de ferme; Part à deux (1850); Un importun*, le *Rat retiré du monde (1851)*; la *Mère de famille, Pygargue chassant au marais (1853); Deux artistes de chez Guignol, Cigogne en sieste, Chevreau broutant* (1855, Exposition universelle); *Chiens couplés au chenil, Lièvre chassé par des bassets*, la *Récréation*, les *Perroquets (1857); Jour de gala*, le *Déjeuner (1859); Musique de chambre, Cuisine (1861)*; la *Recherche de l'absolu*, le *Lièvre et les grenouilles (1863)*; un *Marché d'autrefois, Nature morte (1864); Fruits, Chacun pour soi (1865); Fleurs*, le *Singe photographe (1866)*; le *Rat retiré du monde*, déjà cité et *Intérieur de cuisine* (1867, Exposition universelle); *Résidence de Walter Scott, Fleurs (1868)*; l'*Eté*, l'*Automne (1869)*; l'*Office (1873)*; la *Fête-Dieu*, la *Salade (1874)*; le *Loup et l'agneau*, les *Fromages, Pêches, Nature morte, Lapin*, pastels (1875); les *Huîtres*, les *Pavots (1876); O ma tendre musette!* le *Déjeuner (1877)*; les *Roses*, le *Lunch (1878)*; les *Tulipes (1879)*; le *Rapport*, la *Basse-cour (1880); Victuailles*, les *Asperges (1883)*; les *Chrysanthèmes (1884)*; le *Rat qui s'est retiré du monde, Brioche et champagne (1885)*; les *Fromages, Bocal d'abricots (1886)*, etc. — M. Ph. Rousseau a obtenu une médaille de 3e classe en 1845, une de 1re classe en 1848, une de 2e classe à l'Exposition universelle de 1855 et une médaille de 1re classe en 1878. Chevalier de la Légion d'honneur depuis 1852, il a été promu officier de l'ordre en 1870.

ROUSSEL, THÉOPHILE VICTOR JEAN-BAPTISTE, médecin et homme politique français, né à Saint-Chély-d'Apcher (Lozère) le 28 juillet 1816, fit ses études médicales à Paris, fut reçu interne des hôpitaux en 1841, docteur en 1845 et agrégé de la faculté en 1847. Chargé en 1847, par le ministre de l'agriculture, d'étudier la pellagre qui sévissait dans le sud-ouest de la France, il rédigea un rapport sur cette maladie, que les événements le forcèrent à laisser inédit. Elu représentant de la Lozère à l'Assemblée législative, il y siégea parmi les républicains modérés et s'occupa principalement des questions d'hygiène. Rendu à la vie privée par le coup d'Etat de décembre 1851, il se retira dans son département, s'occupa de travaux historiques et scientifiques et devint membre de la Société d'agriculture de la Lozère et conseiller général. Aux élections du 8 février 1871, M. le docteur Roussel fut élu représentant de la Lozère à l'Assemblée nationale; il se fit inscrire aux réunions de la gauche républicaine et du centre gauche. Il est l'auteur d'une proposition de loi contre l'ivresse, d'une autre relative à l'assistance dans les campagnes et a pris une grande part aux lois sur le travail des enfants dans les manufactures, sur la protection des enfants employés par les bateleurs, etc. Après avoir échoué dans son département aux élections sénatoriales du 30 janvier 1876, il fut élu député de l'arrondissement de Florac le 20 janvier suivant. Réélu membre du Conseil général de la Lozère en 1871 et depuis, il a été quelque temps président de cette assemblée. Réélu député de Florac le 14 octobre 1877, il se présentait de nouveau au renouvellement triennal du Sénat dans son département, cette fois avec succès. Il a voté contre la loi sur l'expulsion des princes. — M. le docteur Roussel, qui a collaboré à la *Revue médicale*, à l'*Union médicale*, au *Technologiste*, à l'*Encyclographie*

médicale, etc., a publié : *Recherches sur la vie et le pontificat d'Urbain V*, ouvrage couronné par l'Académie des inscriptions et belles-lettres (1841); *Histoire d'un cas de pellagre observé à l'hôpital Saint-Louis (1842); Etudes sur le mal de la rosa des Asturies* (même année); *De la pellagre, de son origine, de son progrès, de son existence en France*, etc. (1845), couronné par l'Académie des sciences; *De la valeur des signes physiques dans les maladies du cœur*, thèse (1847); *Rapport à M. le ministre de l'agriculture*, etc., *sur l'existence de la pellagre dans six départements* (inédit); *Traité de la pellagre et des pseudo-pellagres*, ouvrage qui a obtenu le prix de 5,000 francs de l'Académie des sciences (1866).

ROUSSET, CAMILLE FÉLIX MICHEL, historien français, né à Paris le 15 février 1821, fit ses études au lycée Saint-Louis et suivit la carrière de l'enseignement. D'abord maître d'études surnuméraire au lycée Saint-Louis, il fut reçu agrégé d'histoire en 1843, et nommé professeur à Grenoble. Rappelé à Paris en 1845, M. C. Rousset a professé l'histoire au collège Bourbon jusqu'en 1863; il a été ensuite nommé historiographe et conservateur de la bibliothèque du ministère de la guerre (1864), poste qu'il conserva jusqu'en 1876, date de sa suppression. Enfin M. Rousset a été élu membre de l'Académie française, en remplacement de Mérimée, le 30 décembre 1871 et reçu solennellement le 1er mai 1872. — Aux élections du 14 octobre 1877, M. C. Rousset se portait candidat à la députation, avec l'appui de l'administration, dans le VIe arrondissement de Paris; il échoua complètement, son concurrent heureux étant le colonel Denfert-Rochereau. — On a principalement de M. Camille Rousset : *Précis d'histoire de la Révolution française (1849); Histoire de Louvois et de son administration politique et militaire*, ouvrage honoré du 1er prix Gobert trois ans de suite par l'Académie française (1861-63, 4 vol., 3e édit. 1869); *Correspondance de Louis XV et du maréchal de Noailles (1865*, 2 vol.); le *Comte de Gisors, 1732-1758*, étude historique (1868); les *Volontaires de 1791-1794 (1870); Histoire de la guerre de Crimée (1877*, 2 vol.); la *Conquête d'Alger (1879)*, etc. — M. C. Rousset a été promu commandeur de la Légion d'honneur le 9 août 1877, c'est-à-dire à la veille de se porter candidat contre le colonel Denfert.

ROUSSIN, ETIENNE PIERRE MARIE, homme politique français, ingénieur, né à Nantes le 5 juillet 1840. Elève de l'Ecole centrale des arts et manufactures, il obtint son diplôme en 1863, et acceptait en 1867 la direction de l'atelier de construction de machines à vapeur de Yokohama (Japon). De retour en 1870, M. Roussin fut nommé capitaine des mobiles du Finistère et devint aide-de-camp de l'amiral Saisset. Il a été décoré de la Légion d'honneur. — M. Roussin a été élu député du Finistère le 4 octobre 1885, sur la liste monarchiste.

ROUVIER, MAURICE, homme politique français, né à Aix-en-Provence le 17 avril 1842. Avocat du barreau de Marseille, attaché à la presse démocratique marseillaise sous l'Empire, il fut choisi pour secrétaire général de la préfecture des Bouches-du-Rhône après le 4 septembre 1870. Après avoir échoué aux élections de février 1871, avec une minorité très importante, il fut élu représentant des Bouches-du-Rhône le 2 juillet suivant et siégea à l'extrême-gauche. Le 20 février 1876, M. Rouvier fut élu député de la 3e circonscription de Marseille, avec une majorité des trois quarts. Il s'est fait remarquer dans les deux assemblées par une véritable aptitude aux questions économiques et par son souci des intérêts industriels et commerciaux de Marseille. Ayant été l'objet d'ignobles calomnies, il sollicita lui-même le vote de l'autorisation de poursuites demandée à la Chambre par le chef du parquet, et fut acquitté (12 juillet 1876). M. Rouvier a été secrétaire de la Chambre des députés. Aux élections du 14 octobre 1877, M. Rouvier a été réélu, contre le maire imposé à Marseille par M. de Fourtou, M. de Jessé-Charleval, légitimiste; il a été réélu dans la même circonscription le 21 août 1881. M. Rouvier a fait partie du cabinet Gambetta, du 14 novembre 1881 au 26 janvier 1882, comme ministre du commerce et des colonies. Il était de nouveau appelé au ministère du commerce dans le cabinet Jules Ferry, le 14 octobre 1884, en remplacement de M. Hérisson, démissionnaire, et se retirait avec ses collègues le 29 mars 1885. Il a été en outre plusieurs fois président de la commission du budget. Aux élections d'octobre 1885, après avoir échoué au premier tour dans les Bouches-du-Rhône, M. Rouvier était élu député des Alpes-Maritimes au scrutin du 18. Il a été chargé, en 1886, d'une mission extraordinaire auprès du gouvernement de l'Italie, en vue du renouvellement de notre traité de commerce avec cette puissance, mission difficile, dont le succès avait été compromis par des négociations précédentes, qui avaient échoué; mais sa mission ne devait pas réussir davantage. Dans la question des princes, il a voté l'expulsion. — M. Maurice Rouvier a épousé une femme de lettres de talent, également connue comme journaliste, sous le pseudonyme de « Claude Vignon. »

ROY DE LOULAY, LOUIS, homme politique français, né le 8 août 1848, est fils de l'ancien député au Corps législatif, ancien sénateur bonapartiste de la Charente-Inférieure, battu au renouvellement de janvier 1885. Il a été élu député de Saint-Jean-d'Angely le 20 février 1876, et siégea au groupe de l'Appel au peuple. Réélu le 14 octobre 1877 et le 21 août 1881, il était élu député de la Charente-Inférieure le 4 octobre 1885, sur la liste monarchiste.

ROYER, GABRIEL ANTOINE, officier supérieur et homme politique français, né à Sey-Chazelles, près de Metz, le 1er octobre 1825. Elève de l'Ecole militaire de Saint-Cyr, il fit toute sa carrière dans l'infanterie et prit sa retraite en 1875, comme chef de bataillon. Etabli à Spincourt (Meuse), il est devenu maire de cette commune et a été membre du Conseil général de la Meuse jusqu'en 1880. Elu député de Montmédy le 2 février 1879, en remplacement de M. de Billy, décédé, M. Royer prit place à gauche, et fut réélu le 21 août 1881. Aux élections d'octobre 1885, il fut élu député de la Meuse au scrutin du 18, sur la liste républicaine. Il a voté l'expulsion des princes. — M. le commandant Royer est officier de la Légion d'honneur depuis 1874.

ROYS (marquis de), RICHARD JOSEPH TIMOLÉON DE LÉOTGNAN SAINT-MICHEL, homme politique français, né à Paris le 14 août 1830. Elève de l'Ecole militaire de Saint-Cyr, il en sortit dans les chasseurs à pied, passa aux zouaves, et donna sa démission de lieutenant, se maria et s'établit dans le département de l'Aube, où il s'occupa d'agriculture. On lui doit, entre autres, un ouvrage spécial estimé: le *Guide-manuel du cultivateur (1875)*; il est membre de la Société des agriculteurs de France et officier de l'instruction publique. Après avoir échoué à Bar-sur-Aube, aux élections du 20 février 1876, M. de Roys était élu député de cet arrondissement, contre le candidat officiel, le 14 octobre 1877, et s'inscrivait à la gauche républicaine. Pour avoir eu l'audace de se présenter contre le candidat du *maréchal*, il avait été destitué de son grade de lieutenant-colonel du 47e régiment territorial quelques jours avant l'élection. M. le marquis de Roys a pris plus spécialement part, à la Chambre, aux discussions intéressant l'agriculture, et vota généralement avec l'Union républicaine; entre autres commissions importantes, il a fait partie de celle du budget. Réélu le 21 août 1881, par le même collège, il a été élu député de l'Aube le 4 octobre 1885, et a voté contre les propositions d'expulsion des princes.

ROZIÈRE (de), THOMAS LOUIS MARIE EUGÈNE, paléographe et homme politique français, né à Paris le 2 mars 1820. Elève de l'Ecole des chartes et de la faculté de droit, il devint, en 1851, chef du cabinet du ministre de l'instruction publique, M. Giraud, son beau-père, et fut nommé après la retraite de celui-ci inspecteur général des archives. Suppléant d'Edouard Laboulaye à sa chaire de législations comparées du Collège de France, M. de Rozière fut élu membre de l'Académie des inscriptions et belles-lettres, en remplacement d'Alexandre. Au renouvellement triennal du 5 janvier 1879, M. de Rozière se porta candidat au Sénat dans la Lozère, et fut élu. Il siège au centre gauche, et a voté contre la proposition d'expulsion des princes. — On lui doit : *Histoire de Chypre* couronnée par l'Académie des inscriptions et belles-lettres (1842); *Formulæ audegavenses (1844); Cartulaire de l'église du Saint-Sépulcre (1849); Formules wisigothiques (1854)*; une *Table générale des Mémoires de l'Académie des inscriptions et belles-lettres (1856); De l'histoire du droit en général et du grand coutumier de Normandie (1867); Dissertation sur l'histoire et le droit ecclésiastique (1869); Liber diurnus*, recueil de formules usitées par la chancellerie pontificale du Ve au XIe siècle (1870), etc. Il a collaboré à la *Bibliothèque de l'Ecole des chartes*, à la *Revue du droit français et étranger*, aux *Mémoires* de l'Académie des inscriptions, etc. — M. de Rozière est officier de la Légion d'honneur depuis le 11 octobre 1873.

RUBILLARD, ANSELME MAURICE, homme politique français, géomètre-expert, maire du Mans, est né à Laval le 26 septembre 1826. Le 20 février 1876, il fut élu député de la 1re circonscription du Mans. Il siégea sur les bancs de la gauche. — Réélu le 14 octobre 1877 et le 21 août 1881, M. Rubillard se présentait comme candidat républicain aux élections pour le renouvellement de la représentation sénatoriale de la Sarthe, le 8 janvier 1882. Il fut élu le deuxième sur trois. M. Rubillard a voté l'expulsion des princes.

RUBINSTEIN, ANTOINE, pianiste et compositeur russe, né à Wechwotynetz, sur la frontière roumaine, le 30 novembre 1829, vint tout enfant à Moscou et travailla le piano avec Alexis Villoing, après avoir reçu les premières leçons de sa mère. Il se produisit en public dès l'âge de huit ans, vint à dix ans à Paris, avec son professeur, y séjourna une couple d'années et se produisit dans divers concerts avec un succès qui lui valut les encouragements et les conseils de Liszt. Il visita ensuite l'Angleterre, la Suède, l'Allemagne, puis s'arrêta à Berlin, où ses parents s'étaient fixés provisoirement, et y étudia la composition avec Dehn. Son cours achevé, il se livra quelque temps à l'enseignement à Berlin, puis à Vienne, puis retourna en Russie. Nommé pianiste de la grande-duchesse Hélène, il devint ensuite directeur des concerts de la Société musicale russe, et plus tard directeur du Conservatoire de Moscou. Dans les nouvelles tournées qu'il a faites depuis en Europe, M. Rubinstein est revenu à Paris au printemps de 1868 et y a obtenu, comme virtuose, les plus grands succès; il visita également à cette époque Londres, où il remporta un double succès, comme virtuose et compositeur dramatique. En cette dernière qualité, on doit notamment à M. Rubinstein les opéras suivants : *Dimitri Donskoi*, les *Chasseurs sibériens*, la *Vengeance*, *Tom le fou*, les *Enfants des bruyères*, *Lalla Roukh*, pour la plupart représentés à Saint-Pétersbourg, à Berlin et à Vienne et quelques-uns à Londres; *Néron*, opéra en 4 actes, représenté à Londres, au théâtre de Covent-Garden, au commencement de 1877 et repris à Anvers, le 31 décembre 1884; les *Macchabées*, drame sacré, à l'Opéra de Vienne (1878); le *Perroquet*, un acte, à Hambourg, sur un poème de M. Hugo Wittman, d'après un conte persan (nov. 1885); plus un grand nombre de morceaux variés et d'*Etudes* pour son instrument; des *sonates*, *romances*, *trios*, *ouvertures*, *symphonies*; un oratorio: le *Paradis perdu*, souvent exécuté et avec un très grand et très légitime succès. L'éditeur Leduc a encore publié en 1886, de ce compositeur, l'*Album Peterhof*, douze pièces pour piano. — M. Antoine Rubinstein a été élu correspondant de l'Académie des beaux arts (Institut de France) en 1875. Il est officier de la Légion d'honneur.

RUMILLET-CHARRETIER, JOSEPH, industriel et homme politique français, né à Champagneux (Savoie) le 3 juillet 1833. Etabli distillateur au Puy-en-Velay conseiller municipal de cette ville, juge au tribunal de commerce, président du cercle des travailleurs, etc., M. Rumillet-Charretier a été porté, aux élections d'octobre 1885, sur la liste républicaine de la Haute-Loire, et élu au scrutin du 18. Il a voté l'expulsion totale des princes.

RUPRICH-ROBERT, VICTOR MARIE CHARLES, architecte français, né à Paris le 18 février 1820, est élève de Constant Dufeux. Après avoir remporté divers prix à l'Ecole des Beaux-Arts, M. Ruprich-Robert fut attaché à la Commission des monuments historiques, pour laquelle il a exécuté les dessins suivants, exposés aux divers salons. Nommé architecte diocésain de l'Orne et du Calvados en 1849, il était rappelé à Paris en 1853, comme professeur d'ornement à l'Ecole spéciale de dessin et d'architecture. — Parmi les dessins exécutés par cet artiste pour la Commission des monuments historiques, nous citerons : l'*Eglise des Templiers* de Montsaunis (Haute-Garonne); l'*Eglise Saint-Nicolas* et l'*Eglise Saint-Luc*, à Caen (1847); *Portail de la façade occidentale de la cathédrale de Séez (1849)*; l'*Eglise Saint-Sauveur*, à Dinan; *Restauration de l'église de la Trinité*, ou *ancienne Abbaye aux Dames*, à Caen, avec les trois précédents (1855, Exp. univ.); et plus récemment: *Restauration du château d'Amboise*, sept châssis (1873); *Eglise d'Ouistreham* (Calvados), quatre cadres; *Eglise de Bernières* (Calvados), quatre dessins (1875), etc. — M. Ruprich-Robert a obtenu une médaille de 2e classe à l'Exposition universelle de 1855 et une de 1re classe à celle de 1878; décoré de la Légion d'honneur en 1861, il a été promu officier le 9 février 1880. — Il a publié notamment: l'*Eglise et le monastère du Val-de-Grâce (1874)* et *Flore ornementale (1875)*.

RUSTEM PACHA, administrateur ottoman, d'origine italienne et de famille comtale, né en 1806, naturalisé Turc, mais resté chrétien. Nommé ambassadeur de la Sublime Porte à Rome, au commencement du règne de Humbert Ier, Rustem Pacha était rappelé en Turquie en 1878 et nommé gouverneur du Liban pour un terme de six ans. En 1879, il faisait arrêter et interner à Jaffa l'évêque maronite Bostani; mais l'intervention de notre ministre des affaires étrangères, M. Waddington, le força à réintégrer ce prélat dans son siège épiscopal, à Beyrouth. Rustem Pacha n'a, du reste, laissé échapper aucune occasion de montrer son hostilité envers la France. A son tour, la France intervint, au commencement de 1883, pour s'opposer au maintien, à peu près arrêté, de Rustem Pacha au gouvernement du Liban, arguant d'une ingérence abusive de cet administrateur dans les questions qui ne le regardaient pas. Notre insistance finit par avoir raison de l'inertie du gouvernement ottoman, et Rustem Pacha était remplacé à l'expiration de son premier mandat, le 23 avril suivant.

S

SABATIER, Pierre Germain Damaze Jean Camille, magistrat et homme politique français, né à Tlemcen le 10 mars 1851. Avocat du barreau de sa ville natale, il était nommé juge de paix dans une localité voisine en 1876 et juge au tribunal de Blidah en 1879, puis devint, l'année suivante, administrateur de la commune mixte de Fort-National, et fut chargé en 1884 d'un cours sur les institutions et les mœurs berbères (kabyles et touaregs) à l'École supérieure des lettres d'Alger. Aux élections d'octobre 1885, M. Sabatier s'est porté candidat dans son département (Oran), et a été élu au scrutin du 18. Il a voté l'expulsion des princes.

SABOURAUD, Ambroise Gaston, homme politique français, né à la Châtaigneraie (Vendée) le 8 juin 1848, d'une famille de grands propriétaires agriculteurs. Ses études terminées au lycée de Nantes, il vint faire son droit à Paris et prit le grade de docteur en 1870. Il rentra alors dans sa famille, dont il suivit les traditions séculaires en s'occupant d'agriculture. Il a été élu le 4 octobre 1885 député de la Vendée, le cinquième sur sept, sur la liste monarchiste.

SACHER-MASOCH (chevalier von), Léopold, littérateur autrichien, né à Lemberg (Gallicie) le 27 janvier 1836, est fils d'un conseiller aulique, directeur de la police en Gallicie. Il fit ses études au gymnase et à l'école normale de sa ville natale, puis alla étudier la philosophie à Grætz et à Prague et fut reçu docteur à l'université de cette dernière ville à l'âge de dix-neuf ans : deux ans plus tard, il était chargé d'un cours d'histoire à l'université de Grætz. Dès 1857, il publiait sa relation historique de l'*Insurrection de Gand sous Charles-Quint*, et en 1866, il débutait dans le roman par *Une histoire gallicienne ;* il avait publié dans l'intervalle un autre ouvrage historique : la *Décadence de la Hongrie et Marie d'Autriche (1861)*. Il commença en 1870 sa série de romans, non encore close, intitulée : le *Legs de Caïn*. On cite en outre de cet écrivain, dont l'œuvre est très considérable : la *Femme divorcée (1870)* ; la *République des misogynes* (Die Republik der Weiberfeinde) et *Marie-Thérèse et les Francs-maçons*, roman historique (1872) ; *Fausse hermine, Histoires de théâtre, Histoires de la cour de Russie (1873)* ; le *Moderne Job (1874)* ; l'*Idéal de notre temps, Contes galliciens (1875)* ; *Histoires de la cour de Vienne (1876)* ; le *Cabinet noir de Lemberg* et l'*Ilau*, romans publiés en français (1880), etc. Il a écrit en outre plusieurs pièces de théâtre, drames et comédies, et a fondé en 1881 une revue mensuelle internationale intitulée : *Auf der Höhe* (sur la hauteur) à Leipzig, dans laquelle il a publié ou publie, notamment, sa continuation du *Legs de Caïn* et les *Mémoires* laissés par son père et mis en ordre par lui, traitant des événements et des hommes intéressants qui ont occupé la scène du monde pendant la période qui s'étend de 1809 à 1874. Les principaux ouvrages de cet écrivain ont été traduits dans la plupart des langues européennes, surtout en français, où sa réputation est très grande et où ces traductions passent généralement dans la *Revue des Deux-Mondes* avant d'être réunies en volumes. Il est également très estimé en Allemagne, quoique antiallemand dans ses écrits comme ailleurs. On raconte que, précoce en tout, il commençait à écrire des romans et des drames dès l'âge de dix ans. Ses succès littéraires ne lui permettaient pas, toutefois, d'abandonner la carrière de l'enseignement avant 1869. — Sa femme, née Aurora von Rumelin, a également publié quelques romans de valeur, sous le pseudonyme de *Wanda von Dunajew*.

SAETTA, Vincenzo, pianiste et compositeur italien, né à Naples en 1836, élève du baron Staffa et de Mercadante, se livra, dès l'âge de dix-neuf ans, à l'enseignement. Il fit paraître, dès cette époque, un premier ouvrage théorique, et a publié depuis une *Méthode complète de piano pratico-théorico-normale*, et un ouvrage portant ce titre, plus ambitieux encore : *la Scienza estetica, trattato di armonologia e prescrizione del gusto per divenire vero compositore filosofo e pratico*. On lui doit, enfin, un certain nombre de compositions diverses pour son instrument.

SAFFORD, Truman Henry, mathématicien américain, né à Royalton (Vermont) le 6 janvier 1836. Dès l'enfance, M. Safford se fit remarquer par de véritables tours de force de calcul rapide ; mais, au lieu d'abuser de cette précieuse et rare faculté, en se bornant à en donner le spectacle aux curieux, il l'appliqua à l'étude des sciences, et devint rapidement un des mathématiciens les plus remarquables de son pays. A peine âgé de quatorze ans, il déterminait les éléments elliptiques de la comète de 1849 et en 1863, l'ascension verticale de 1,700 étoiles et la déclinaison de 400. Appelé comme adjoint, cette même année, à l'observatoire de l'université de Cambridge (Massachusetts), il a été nommé directeur de l'observatoire de Chicago en décembre 1865. A la mort du professeur Bond, en février 1865, M. Safford fut chargé de continuer l'important travail de ce savant sur les étoiles de la constellation d'Orion, qu'il a publié dans le cinquième volume des *Annales de l'observatoire*.

SAGASTA, Praxedès Mateo, homme d'État espagnol, né à Torrecilla de Cameros le 21 juillet 1827. Élève de l'École des ingénieurs de Madrid, il était ingénieur à Zamora lorsqu'il fut envoyé par les électeurs de cette ville aux Cortès constituantes de 1854. Compromis dans le soulèvement de 1856, il se réfugia en France. Rentré dans son pays à la première amnistie, il devint professeur à l'École des ingénieurs de Madrid, puis rédacteur de la *Iberia*, organe du parti progressiste. Compromis de nouveau dans l'insurrection de 1866, et condamné à mort avec beaucoup d'autres membres de la presse madrilène, il se réfugia en France et ne rentra en Espagne qu'après le renversement d'Isabelle II, en 1868. Appelé par le maréchal Prim au ministère de l'intérieur, M. Sagasta devint insensiblement d'un libéralisme plus modéré, et les républicains, ses anciens amis, ne lui épargnèrent pas les reproches. Nommé ministre d'État en 1870, il se prononça finalement pour la forme monarchique et conserva le ministère d'État, avec le portefeuille de l'intérieur, dans le premier cabinet du règne d'Amédée Ier. Après avoir fait partie de diverses combinaisons ministérielles, il était successivement, en 1874, ministre des affaires étrangères, puis de l'intérieur dans le cabinet Serrano, puis à son tour président du conseil (août). En juin 1875, il se ralliait à Alphonse XII, et s'occupa de former un parti libéral constitutionnel, lequel arriva enfin au pouvoir, mais sensiblement amendé par la présence du général Martinez Campos, après la chute du cabinet Canovas del Castillo, au commencement de 1881. Ce cabinet se retira le 11 octobre 1883, à la suite d'un discours du marquis de la Vega de Armijo aux Cortès, réclamant de la France, dont il venait de quitter l'ambassade, de plus amples satisfactions pour les « outrages » adressés à son cher Alphonse XII, hôte de la France dans la période la plus critique de sa courte vie, à son passage à Paris, retour de Berlin, où il s'était affublé du costume de uhlan. Le cabinet Sagasta fut alors remplacé par un cabinet Posada-Herrera, qui lui-même faisait place, peu de temps après au dernier cabinet Canovas del Castillo. A la mort du roi Alphonse XII (25 novembre 1885), M. Canovas del Castillo était le premier à conseiller à la reine-régente d'appeler M. Sagasta au pouvoir, c'est-à-dire de remplacer par un ministère libéral le ministère réactionnaire qu'il présidait. En conséquence, M. Sagasta constituait, dès le 27, le ministère qui, avec quelques modifications dans sa composition est resté au pouvoir jusqu'ici (oct. 1886). — M. Sagasta est grand croix de la Légion d'honneur.

SAINT-FERRÉOL (de), Pierre Ignace Amédée Martinon, homme politique français, né à Brioude le 20 juillet 1810. Connu par ses opinions républicaines, qui lui avaient attiré quelques désagréments sous la monarchie de Juillet et même dans les dernières années de la Restauration, il fut nommé sous-commissaire à Brioude par le gouvernement provisoire de 1848. Révoqué par le gouvernement qui succéda à ce dernier, il fut élu représentant de la Haute-Loire à la Législative en 1849, et siégea à l'extrême-gauche. Ayant, après le 10 décembre, énergiquement combattu la politique de l'Élysée, il fut naturellement proscrit au coup d'État, et vécut en Belgique jusqu'en 1870. Rentré alors, il devint maire de Brioude et membre du Conseil général de la Haute-Loire. Aux élections d'octobre 1885, M. de Saint-Ferréol a été élu député de la Haute-Loire au scrutin du 18, le troisième sur cinq. Il a voté l'expulsion totale des princes.

SAINT-JOHN, Percy Bolingbroke, littérateur anglais, né à Plymouth le 4 mars 1821. Il accompagna son père dans ses voyages en France et en Suisse et, après avoir collaboré à la presse périodique de Londres et publié un premier volume, il s'embarqua pour l'Amérique, qu'il parcourut par terre et par mer pendant plusieurs années, et revint à Londres, où il aborda d'une manière sérieuse la carrière littéraire. Il écrivit principalement des nouvelles et des romans indiens, d'abord pour le *Journal* des frères Chambers, et fit des conférences sur le Texas et le Mexique. En 1847, il devint correspondant parisien du *North-British Daily Mail ;* mais, très hostile à Louis-Napoléon, il dut quitter la France après l'élection du 10 décembre 1848. Avant la guerre de Crimée, il se montra un défenseur passionné de la cause des Grecs, ce qui lui valut, avec MM. Michel Chevalier, Gladstone et Richard Cobden, les remerciements du parlement grec. Depuis lors, M. Percy Saint-John s'est à peu près exclusivement renfermé dans sa collaboration littéraire à divers recueils périodiques et dans ses conférences, dont les sujets habituels sont ses propres aventures en Amérique, la littérature générale et la politique française. Il a publié environ une quarantaine de volumes de romans, parmi lesquels on cite : la *Fiancée du trappeur*, les *Trois jours de février*, *Paul Peabody*, *Miranda*, le *Crusoé arctique*, la *Quarteronne*, le *Jeune boucanier*, le *Vaisseau de neige ou les Petits émigrants canadiens*, le *Pôle Nord et le moyen d'y atteindre*, la *Reine rouge*, la *Mère esclave*, *Salade de homards*, etc., et un ouvrage un peu différent : le *Livre des oiseaux du jeune naturaliste*. — Il est devenu le directeur de la *Standard Library of fiction* de Dick.

SAINT-LUC (comte de), Gaston, homme politique français, né à Quimper en 1840. Grand propriétaire, président du comice agricole de Ploogastel-Saint-Germain, conseiller général du Finistère pour ce dernier canton, M. de Saint-Luc a été élu député du Finistère, en tête de la liste monarchiste, le 4 octobre 1885.

SAINT-MARTIN (de), Marie Étienne Aimé, agriculteur et homme politique français, né à Guéret (Creuse) le 14 septembre 1831. Maire de Cluis et conseiller général de l'Indre, il fut élu député de La Châtre, le 20 février 1876, et prit place à la droite bonapartiste. Il a été réélu le 14 octobre 1877 et le 21 août 1881. Enfin, M. Aimé de Saint-Martin a été élu député de l'Indre en tête de la liste monarchiste le 4 octobre 1885.

SAINT-MARTIN, Jean, homme politique français, avocat, né à Pertuis (Vaucluse) le 5 mai 1840. Élu au second tour de scrutin, le 25 février 1877, député de l'arrondissement d'Avignon, en remplacement de M. Du Demaine, invalidé, il siégea à l'extrême-gauche. M. J. Saint-Martin échouait contre le même concurrent, le 14 octobre suivant ; mais cette élection ayant été invalidée par la Chambre, après enquête, M. Saint-Martin triomphait définitivement à l'épreuve du 5 mai 1878 et était réélu à une énorme majorité le 21 août 1881. Aux élections d'octobre 1885, M. Jean Saint-Martin était élu député de Vaucluse en tête de la liste radicale, au scrutin du 18. Il a voté contre l'expulsion des princes. — M. Saint-Martin a fondé, en 1879, l'*École laïque*, petite revue d'enseignement primaire.

SAINT-PIERRE (vicomte de), Louis Ladislas Marie Marc, administrateur et homme politique français, né à Caen le 14 mars 1810. Maire de Saint-Pierre-du-Fresne, membre du Conseil général du Calvados, dont il est devenu président, administrateur des chemins de fer du Nord, M. le vicomte de Saint-Pierre fut élu représentant du Calvados à l'Assemblée nationale le 8 février 1871 et prit place au centre gauche. Il vota les lois constitutionnelles de décembre 1875. Élu sénateur du Calvados le 30 janvier 1876, le seul de la liste constitutionnelle, pouvant être considérée comme liste républicaine dans la situation, il vota contre la dissolution de la Chambre des députés, en juin 1877. Il a été réélu sénateur du Calvados au renouvellement du 25 janvier 1885, mais sur la liste monarchiste.

SAINT-PRIX, Oscar Victorin Emile, homme politique français, né à Valence-sur-Rhône le 1er juin 1829. Négociant à Privas, vice-président du Conseil général de l'Ardèche depuis 1878, maire de Saint-Péray, M. Saint-Prix, petit-fils du conventionnel de ce nom, se présentait aux élections du 21 août 1881, dans la première circonscription de Tournon, et était élu au scrutin de ballottage. Il prit place au groupe de l'Union républicaine. Aux élections d'octobre 1885, la liste républicaine échoua dans l'Ardèche ; mais cette élection ayant été annulée par la Chambre, l'épreuve décisive du 14 février 1886 fut favorable à cette liste. M. Saint-Prix a voté l'expulsion totale des princes.

SAINT-ROMME, Mathias, homme politique français, fils d'un ancien constituant de 1848, est né à Roybon (Isère) vers 1835. Avocat du barreau de Saint-Marcellin, maire de sa ville natale, dont il représente le canton au Conseil général de l'Isère, M. Saint-Romme était élu député de l'arrondissement de Saint-Marcellin le 21 août 1881, comme candidat républicain. Élu député de l'Isère le 4 octobre 1885, il a voté l'expulsion totale des princes.

SAINT-SAENS, Camille, organiste et compositeur français, né à Paris le 9 octobre 1835, étudia le piano avec Stamaty, puis entra au Conservatoire et obtint le premier prix de fugue en 1849. Nommé organiste à l'église Saint-Merry en 1852, il remplaçait Lefébure-Wély, comme organiste de la Madeleine, en 1858. On doit à M. C. Saint-Saëns de nombreux morceaux pour le piano et l'orgue ; des *Ballades*, *Romances* et *Mélodies* vocales ; des morceaux de musique d'église, et notamment une *Messe*, exécutée par la Société philharmonique de Bordeaux en 1856 ; plusieurs *Symphonies*, des trios, quatuors, etc. ; des *Variations sur un thème de Beethoven*, pour deux pianos, exécutées par M. et Mme Jaël au Concert national ; un poème symphonique : le *Rouet d'Omphale*, au même concert et aux Concerts populaires (1874) ; des concertos, etc., exécutés principalement aux concerts du Conservatoire ; *Ave Verum*, chœur, à la Société nationale (1876) ; un trio en *fa* majeur pour piano,

violon et violoncelle, à la Société des quatuors Marsick-Delsart (1877), etc. M. C. Saint-Saëns a abordé aussi la scène dramatique, mais avec moins de succès que son talent de symphoniste lui en assure dans les concerts. Son premier ouvrage de cette sorte : la *Princesse Jaune*, joué à l'Opéra-Comique en 1872, fut un échec; le second : le *Timbre d'argent*, opéra fantastique en quatre actes et huit tableaux, représenté le 23 février 1877, au Théâtre-National-Lyrique, ne put tenir l'affiche, malgré des qualités musicales incontestables. Citons encore : le *Déluge*, représenté au Grand-Théâtre de Lyon (1879), et *Etienne Marcel*, opéra en quatre actes, au Théâtre-Lyrique populaire (1884). — M. Camille Saint-Saëns a été élu membre de l'Académie des beaux-arts. Il a été promu officier de la Légion d'honneur le 13 juillet 1884.

SAINTON-DOLBY (dame), CHARLOTTE H. DOLBY, cantatrice anglaise, née à Londres en 1821. Une des élèves les plus brillantes de l'Académie royale de musique, miss Dolby refusa, dès le début, les offres qui lui furent faites pour les principales scènes lyriques, résolue à borner sa carrière à l'interprétation des maîtres classiques anglais, sauf dans leurs œuvres dramatiques. Elle a chanté, notamment, les oratorios de Hændel de manière à se faire déclarer sans rivale par ses compatriotes. Mendelssohn l'ayant entendue dans son oratorio de *Saint Paul*, en fut tellement charmé qu'il lui dédia un album de six chants, composa expressément pour elle plusieurs morceaux de musique vocale, ainsi que la partie de contralto de son oratorio d'*Elisée* et l'engagea pour l'hiver 1846-47 aux concerts de la Gewandhaus de Leipzig, dont il était directeur. A l'apogée de sa gloire, miss Dolby épousa M. Sainton, violoniste distingué. On lui doit la conservation, ou plutôt la résurrection des antiques ballades anglaises dans leur pathétique simplicité et l'inspiration d'œuvres nouvelles dans le même genre, ce qui lui a valu une popularité de bon aloi, qui ne s'est pas démentie. Mme Sainton-Dolby a fait ses adieux au public en 1870; elle a ouvert une école de chant pour les jeunes personnes qui se destinent à la carrière qu'elle a si brillamment parcourue, et s'est essayée avec succès à la composition. Elle a fait exécuter, notamment, à la salle Saint-James, le 21 juin 1876, une cantate pour *soli*, chœurs et orchestre, intitulée : la *Légende de sainte Dorothée*, qui a été très bien accueillie.

SAISY (vicomte de), PAUL CÉSAIRE SAMUEL CONSTANTIN, homme politique français, propriétaire agriculteur, est né à Glomel (Côtes-du-Nord) le 25 février 1829. Ancien officier supérieur des zouaves pontificaux, ancien commandant des mobilisés des Côtes-du-Nord et chef de brigade de l'armée de Bretagne, demeurée sans emploi pour avoir été organisée trop tard, président du comice agricole de Carhaix et conseiller général du Finistère, M. le vicomte de Saisy a été élu député de ce département le 4 octobre 1885, sur la liste monarchiste. — Il est chevalier de la Légion d'honneur, titulaire d'une médaille d'honneur pour fait de sauvetage, et décoré de la croix de Mentana et de la médaille de Castelfidardo.

SAISY (de), RENÉ MARIE ELZÉAR HERVÉ, homme politique français, frère du précédent, né à Glomel, le 5 avril 1833. Il servit, sous les ordres de son frère, dans les zouaves pontificaux, puis au Mexique, et commanda pendant la guerre le bataillon des mobiles de Loudéac, un de ceux qui formèrent un moment la garde d'honneur du général Trochu, pendant le siège de Paris. Elu représentant des Côtes-du-Nord à l'Assemblée nationale, le 8 février 1871, M. H. de Saisy prit naturellement place à droite, mais se fit fréquemment remarquer par des propositions (soit sur la réforme administrative, soit sur la question d'impôt, etc.) empreintes d'un libéralisme si net qu'on eût pu croire qu'elles venaient du côté opposé, ce qui n'était pas fait pour être agréable à ses amis; mais en politique, M. Hervé de Saisy paraît être de ces hommes extrêmement rares, malgré l'apparence, qui n'écoutent que l'inspiration de leur conscience. Après avoir proposé de consulter solennellement la France sur la question de forme de gouvernement, il vota les lois constitutionnelles. M. H. de Saisy fut porté sur la liste des gauches, aux élections des soixante-quinze sénateurs inamovibles, et fut élu au sixième scrutin, le cinquantième. Il reprit sa place à droite, mais en y conservant son indépendance, comme il le prouva en ne votant pas, seul de son côté, la dissolution de la Chambre demandée par le gouvernement du maréchal, le 23 juin 1877. Conseiller général des Côtes-du-Nord, il n'a pas été réélu en 1880. Il est chevalier de la Légion d'honneur.

SALA, GEORGE AUGUSTUS HENRY, journaliste et littérateur anglais, né à Londres en 1828, d'un père italien et d'une mère anglaise née aux Indes Occidentales et chanteuse célèbre. Il étudia d'abord la peinture, mais l'abandonna bientôt et devint un des plus assidus collaborateurs des *Household Words*, prenant pour modèle Charles Dickens, sans toutefois l'imiter servilement; il collabora également d'une manière régulière au *Welcome Guest* et fonda le *Temple Bar Magazine*, dont il fut le premier rédacteur en chef, et où il a publié les *Sept fils de Mammon* et le *Capitaine Dangereux*, réunis plus tard en volumes. Il a écrit en outre, pendant plusieurs années, à l'*Illustrated London News*, les « Echos de la semaine », rédigé les « Hogarth Papers » au *Cornhill Magazine* et publié un roman intitulé *Tout seul* (Quite alone) à l'*All the yeard round*. Correspondant du *Daily Telegraph* aux Etats-Unis en 1863-64, il publia au retour le résultat de ses observations dans ce pays, sous ce titre : l'*Amérique en pleine guerre*. A l'occasion de la visite de l'empereur, il fut envoyé par le même journal en Algérie en 1864, et, en 1870, à Metz et dans l'est de la France, comme correspondant de guerre. A Paris le 4 Septembre, il le quittait avant l'investissement, se rendait en Italie et assistait à l'entrée des troupes italiennes à Rome. En janvier 1875, M. G. A. Sala assistait à l'entrée d'Alphonse XII à Madrid; de retour en avril suivant, il était envoyé à Venise, toujours par le *Telegraph*, pour rendre compte des fêtes données à l'occasion de l'entrevue de François Joseph et de Victor Emmanuel. Il publia ses impressions sur cette première partie, si bien remplie, de l'année 1875, sous ce titre : *Deux rois et un empereur (1875)*; après quoi, il alla renouveler connaissance avec l'Algérie et visita ensuite le Maroc. Dès le commencement de 1876, M. Sala avait mis le cap sur l'Orient. Après avoir visité Saint-Pétersbourg, Moscou, Varsovie, il traversa l'Empire moscovite dans toute son étendue, étudiant les effets de la mobilisation de l'armée; puis se rendit à Odessa, et à Constantinople, par la mer Noire, au moment de l'ouverture de la conférence. — En dehors de ses travaux de journaliste on doit à ce laborieux écrivain un grand nombre d'ouvrages, dont plusieurs sont populaires et ont été traduits dans les diverses langues européennes. Nous citerons : *Comment j'apprivoisai Mme Cruiser (1858); Deux tours de cadran, Voyage dans le Nord*, un *Séjour en Russie (1859)*; la *Pairie des Baddington, Attention à la vie, Faites votre jeu : récit des bords du Rhin (1860)*; la *Peinture hollandaise, avec quelques scènes de mœurs flamandes (1861); Adresses agréées*, le *Revendeur de bateaux et autres nouvelles, Deux « prime donne » et le pauvre portier muet (1862); Déjeuner au lit, Etranges aventures du capitaine Dangereux (1863); Après déjeuner, croquis à la plume; Tout seul (1864); Promenade circulaire en Barbarie (1865); De Waterloo à la Péninsule (1866); Notes et croquis sur l'Exposition de Paris (1868); Rome et Venise (1869); Sous le soleil, essais écrits principalement en pays chauds (1872); Paris encore une fois* et l'*Amérique revue (1882)*, etc. — Il a donné en outre une comédie bouffe, intitulée : *Wat Tyler membre du parlement* (M. P.), au théâtre de la Gaîté, en décembre 1869.

SALAMAN, CHARLES KENSINGTON, pianiste et compositeur anglais, d'origine israélite, né à Londres le 3 mars 1811, commença ses études musicales dès l'enfance et se produisit comme virtuose sur le piano en 1831 pour la première fois. Il s'est fait entendre ensuite dans les principales villes de l'Angleterre, en Allemagne et en Italie avec beaucoup de succès et fut élu membre de l'Académie de Sainte-Cécile, à Rome, en 1847. M. Salaman s'est également fait une réputation comme conférencier sur l'histoire et l'esthétique musicales et comme compositeur. Il publia en 1838 son premier recueil de morceaux de musique vocale, dans lequel se trouve la célèbre « sérénade » de Shelley : *I arise from dreams of thee* (Je viens de rêver de toi); on lui doit en outre de nombreuses compositions variées pour son instrument. M. Salaman est un des fondateurs de la Société musicale de Londres, dont il fut pendant dix ans le secrétaire honoraire. Il est également estimé comme professeur. Fondateur de la Société musicale de Londres et de l' « Association pour la recherche et la discussion de sujets relatifs à la science et à l'art de la musique », M. Salaman est certainement le premier compositeur à qui l'idée soit venue de mettre en musique les odes d'Horace, de Catulle et d'Anacréon, dans le texte; on lui doit en outre de nombreux morceaux de musique religieuse, tant pour le culte protestant que pour le culte israélite, ces derniers sur le texte hébreu. Il a publié, en 1882 : les *Juifs tels qu'ils sont*, ouvrage considérable, répondant à tous les reproches adressés aux Israélites par leurs ennemis militants de ces dernières années.

SALISBURY (marquis de), ROBERT ARTHUR TALBOT GASCOIGNE CECIL, homme d'Etat anglais, né à Hatfield en 1830, fit ses études à Eton et à Oxford (Eglise du Christ). Lord Salisbury a représenté Stamford, comme conservateur, à la Chambre des communes, de 1853 à 1868, époque à laquelle, succédant aux titres de son père, mort au mois d'avril, il entrait à la Chambre haute. Aux Communes, il porta d'abord le nom de lord Robert Cecil; puis, à la mort de son frère aîné, celui de vicomte Cranborne; il ne s'y est guère fait remarquer que par son énergique défense des intérêts de l'Eglise établie. Il passait pour être un des plus actifs collaborateurs de la *Quarterly Review* et d'autres périodiques conservateurs. Sous la troisième administration de lord Derby, en juillet 1866, lord Salisbury devint secrétaire d'Etat pour les Indes, mais il se retira en mars suivant, pour cause de dissentiment avec ses collègues à propos du bill de Réforme. Le 12 novembre 1869, il fut élu chancelier de l'université d'Oxford en remplacement du comte de Derby, mort le mois précédent. Le marquis de Salisbury reprit le portefeuille des Indes au retour de son parti au pouvoir, en février 1874. Lorsqu'après la guerre turco-serbe, des difficultés s'élevèrent entre la Porte et la Russie, lord Salisbury fut envoyé à Constantinople, comme ambassadeur extraordinaire, et, avec sir Henry Elliot, assista à la conférence de Constantinople comme plénipotentiaire anglais. C'est lui qui, le 14 janvier 1877, informait le sultan des points sur lesquels la conférence insistait plus particulièrement, ajoutant que s'il refusait d'y donner satisfaction, les ambassadeurs des puissances quitteraient Constantinople sans délai. Ces deux points consistaient en ceci : 1° la formation d'une commission internationale de surveillance, 2° la ratification par les puissances des premières nominations de gouverneurs. Le Conseil suprême, réuni le lendemain, sous la présidence de Midhat-Pacha, repoussait ces prétentions à l'unanimité, moins une voix. La conférence se réunit une dernière fois le 20; le lendemain, lord Salisbury reprenait la route d'Angleterre. Nommé ministre des affaires étrangères, en remplacement de lord Derby, démissionnaire, le 2 avril 1878, il assistait peu après, avec le comte de Beaconsfield, au congrès de Berlin. A son retour, le 30 juillet 1878, le marquis de Salisbury était décoré de la Jarretière. Il quittait le pouvoir, avec ses collègues, en avril 1880, et le 9 mai 1881, était élu, dans une réunion des conservateurs à la résidence du marquis d'Abergavenny, chef et orateur du parti à la Chambre des lords, en remplacement du comte de Beaconsfield, qui venait de mourir. Le 8 juin 1885, le cabinet Gladstone, mis en minorité à la Chambre des communes sur une question de budget, donnait sa démission; le 15, le marquis de Salisbury acceptait de la reine la mission de former un cabinet conservateur, qui n'allait pas au delà de la fin de janvier 1885. Enfin, le 2 août 1886, M. Gladstone s'étant fait battre sur la question irlandaise, dans les élections aussi complètement qu'à la Chambre dissoute, le marquis de Salisbury constituait un nouveau ministère conservateur, dont la durée pourrait bien n'être pas très prolongée.

SALNEUVE, MATHIEU MARIE CLAUDE, homme politique français, ancien magistrat, né à Aigueperse le 15 janvier 1815. Reçu docteur en droit de la faculté de Paris, il s'inscrivit au barreau de Riom en 1841 et entra dans la magistrature six ans plus tard. Il était vice-président du tribunal de Clermont-Ferrand depuis 1865, lorsqu'en 1869 il prouvait qu'il n'était pas de ceux qui rendent des services au lieu d'arrêts, en acquittant l'*Indépendant du Centre*, coupable de s'être associé à la souscription Baudin; et plus tard, après le 4 septembre 1870, en refusant la place de procureur général. M. Salneuve a pris sa retraite, avec le titre de vice-président honoraire, en 1874. Il avait été élu, le 2 juillet 1871, représentant du Puy-de-Dôme à l'Assemblée nationale, où il avait pris place à gauche. Elu sénateur du même département le 30 janvier 1876, et réélu au renouvellement triennal du 8 janvier 1882, M. Salneuve siège au Sénat sur les mêmes bancs qu'à l'Assemblée. Il a voté l'expulsion des princes.

SALOMON, HECTOR, compositeur français, né à Strasbourg le 29 mai 1838, d'une famille peu aisée. Entraîné par une vocation irrésistible, il commença dès l'enfance l'étude de la musique, aborda le violon à neuf ans et le piano à onze ans, sous la direction de M. Frédéric Leutz, ayant dans l'intervalle perdu son père et été forcé par ce triste événement de suspendre quelque temps ses études. Venu à Paris en 1850, il entra au Conservatoire, dans la classe de solfège de M. Savard, et remporta le premier prix l'année suivante. Admis en 1852 dans la classe d'harmonie et accompagnement de M. Bazin, il remportait un second accessit en 1853 et un second prix en 1855, et passait dans la classe de composition d'Halévy. Il n'avait pas cessé, pendant tout ce temps, d'étudier le piano, d'abord avec M. Jonas, ensuite avec M. Marmontel. Forcé par les exigences de la vie de quitter le Conservatoire pour accepter un emploi d'accompagnateur aux Bouffes-Parisiens, M. H. Salomon écrivit pour ce théâtre la musique d'un ballet : *Fascination*, représenté en 1856. Il remplit les mêmes fonctions au Théâtre-Lyrique, de 1860 à 1870, et fit jouer à ce théâtre : les *Dragées de Suzette*, opéra comique en 1 acte (1866). Il écrivit aussi la musique de la cantate le *Génie de la France*, exécutée à ce théâtre le 15 août de la même année. En 1870, M. H. Salomon est entré à l'Opéra comme second chef des chœurs; il y est devenu chef du chant. On doit à M. Salomon de nombreuses compositions : deux symphonies, un quatuor pour instruments à cordes, une sonate pour piano et violon, environ 200 mélodies vocales, des morceaux de musique religieuse, des romances sans paroles pour piano, piano et violon ou piano et violoncelle, un *Adagio religioso*, exécuté aux concerts du Châtelet en 1876, outre une demi-douzaine d'ouvrages dramatiques parmi lesquels l'*Aumônier du régiment*, opéra comique en 1 acte reçu à l'Opéra-Comique avant la guerre, et mis à l'étude depuis au Théâtre-National-Lyrique. Il a fait représenter enfin, le 1er février 1886, sur le Théâtre royal d'Anvers, un opéra en 5 actes : *Bianca Capello*. — M. Salomon est officier d'académie.

SALVAYRE, GERVAIS BERNARD, compositeur français, né à Toulouse le 24 juin 1847, fit ses premières études artistiques à la maîtrise de la cathédrale, puis entra au Conservatoire de cette ville où il étudia le piano et l'harmonie. Dans une de ses tournées d'inspection, M. Ambroise Thomas le remarqua et le fit admettre au Conservatoire de Paris, où il eut pour maîtres MM. Benoist, Ambroise Thomas et F. Bazin. Il y obtint, en 1866, un deuxième accessit d'orgue et un troisième de fugue. En 1871, M. Salvayre obtenait le second prix et en 1872, le premier grand prix de Rome, avec la cantate intitulée *Calypso*. Pendant son séjour en Italie, M. Salvayre publia à Milan, chez l'éditeur Ricordi, quelques mélodies vocales écrites sur des paroles italiennes. A son retour à Paris, au commencement de 1874, il fut nommé chef du chant au théâtre du Châtelet, devenu, pour peu de temps, Opéra populaire. Il écrivit la musique d'un divertissement dansé intercalé dans l'opéra de Grisar, *les Amours du Diable*, représenté ainsi modifié à ce théâtre, le 18 novembre 1874. Le 22 mars 1874, les Concerts populaires avaient exécuté une ouverture symphonique de M. Salvayre. Enfin, le 18 avril 1877, le Théâtre-Lyrique-National donnait, du même compositeur, un ouvrage en 4 actes, le *Bravo*, qui fut assez bien accueilli. Un opéra comique : *Egmont*, de ce compositeur, était accepté en 1886 à l'Opéra-Comique.

SAMAROW, GREGOR. Voy. **Meding**.

SAND, MAURICE DUDEVANT (dit), peintre et littérateur français, fils de la célèbre et regrettée George Sand, morte en son château de Nohant le 8 juin 1876, est né à Paris vers 1825. Il étudia d'abord la peinture sous la direction d'Eugène Delacroix et exposa quelques toiles aux Salons annuels, notamment : *Léandre et Isabelle*, le *Grand Bissextre*, le *Loup garou (1857)*; le *Meneu' d'loups* dessin (1859); *Muletiers*, toile, un *Marché à Pompéi*, la *Campagne romaine*, aquarelles (1861), etc. Il a publié : *Masques et bouffons, comédie italienne*, texte et illustrations en couleur (1859, 2 vol.); *Six mille lieues à toute vapeur (1862); Callirhoé (1864); Raoul de la Châtre (1865)*; le *Monde des Papillons, causeries à travers champs*, texte et dessins (1866); le *Coq aux cheveux*

d'or (1867); Miss Mary (1868); l'Augusta (1873); Mademoiselle de Cérignan (1875), etc. Il lui revient en outre une part plus ou moins grande à plusieurs pièces dramatiques de sa mère. — M. Maurice Sand est chevalier de la Légion d'honneur depuis 1860.

SANDRIQUE, Paul, homme politique français, avocat, né à Brunehamel (Aisne) le 14 juin 1845. Il fit son droit à Paris, s'inscrivit au barreau et plaida plusieurs procès politiques qui le firent remarquer. Secrétaire de Clément Laurier depuis 1869, il suivit à Tours la délégation du gouvernement et eut la direction de la sûreté générale. Il devint ensuite secrétaire particulier de Gambetta, dont il est resté l'ami jusqu'à sa mort. Elu député de la 1re circonscription de Vervins en remplacement de M. Soye, décédé, en janvier 1882, quoique ayant d'abord décliné la candidature, M. Sandrique siégea au groupe de l'Union républicaine. Il a été élu député de l'Aisne le 18 octobre 1885, en tête de la liste, et a voté l'expulsion des princes.

SANS-LEROY, Charles François, homme politique français, né à Toulouse le 4 novembre 1848. Il fit son droit, servit pendant la guerre comme officier des mobiles de l'Ariège, et fut décoré de la Légion d'honneur pour sa conduite à cette époque. Nommé sous-préfet à Barbezieux au commencement de 1872, M. Sans-Leroy devint secrétaire-général de la préfecture de la Corse, puis de celle de Maine-et-Loire, fut révoqué au 16 mai 1877, rentra dans l'administration, comme sous-préfet de Toulon, à la fin de la même année, et finalement donna sa démission et se retira dans l'Ariège où est sa résidence. Devenu conseiller général, maire de Damazan, M. Sans-Leroy figurait sur la liste républicaine modérée de l'Ariège, et fut élu au scrutin du 18. Il a voté contre les projets d'expulsion des princes.

SAPPEY, Marie Philibert Constant, médecin français, né en 1810 à Bourg, étudia la médecine à Paris et fut reçu docteur en 1843 et agrégé des sciences chirurgicales l'année suivante. Devenu chef des travaux anatomiques à la faculté, puis chargé d'un cours d'anatomie, il fut nommé à cette chaire en 1868, et l'a conservée depuis. M. le docteur Sappey est membre de l'Académie de médecine depuis 1862. — On lui doit : *Traité d'anatomie descriptive (1847-63*, 3 vol.), dont la 3e édition a paru de 1876 à 1882 ; *Recherches sur l'appareil respiratoire des oiseaux (1847) ; Recherches sur la conformation de l'urètre de l'homme (1854) ; Anatomie, physiologie, pathologie des vaisseaux lymphatiques chez l'homme et les vertébrés* (1874 et suiv.) ; *Atlas d'anatomie descriptive* (1879 et suiv.) ; *Etudes sur l'appareil mucipare et sur le système lymphatique des poissons (1880)*, etc. — Le docteur Sappey est officier de la Légion d'honneur depuis 1878.

SARCEY, Francisque, littérateur et journaliste français, né à Dourdan (Seine-et-Oise) le 8 octobre 1828, fit ses études à Paris, au lycée Charlemagne, et fut reçu à l'Ecole normale le cinquième ; le premier de la promotion était M. Taine et le troisième Edmond About. Successivement professeur à Chaumont, à Lesneven, à Rodez et à Grenoble, il se trouva l'objet dans cette dernière ville, de tels tracas, pour avoir collaboré sous un pseudonyme à une feuille locale, qu'il offrit sa démission au ministère et fut mis en disponibilité. Il revint alors à Paris et entra au *Figaro (1858)*, présenté par Edmond About ; mais celui-ci ayant été peu après l'objet d'attaques violentes de la part du *Figaro*, M. Sarcey quitta ce journal ; il collabora alors à la *Revue européenne*, puis entra à l'*Opinion nationale*, lors de la fondation de ce journal, en 1859, pour y rédiger le feuilleton dramatique ; il a passé comme critique dramatique, en 1867, au journal le *Temps* qu'il n'a pas quitté depuis. Entré comme chroniqueur au *Gaulois*, à la fondation de ce journal (1868), M. Sarcey y a fourni des articles presque quotidiens pendant environ deux années. Il a collaboré en outre au *Nain jaune*, à l'*Illustration*, à la *Revue nationale*, à la *Semaine universelle* de Bruxelles, à la *Nouvelle Revue de Paris*, à l'*Encyclopédie générale*, à la *Revue illustrée des Deux-Mondes*, etc. Il a publié quelque temps après la Commune une brochure hebdomadaire : le *Drapeau tricolore* ; après quoi il suivit, en 1872, Edmond About au *XIXe siècle*, dont il est resté longtemps le collaborateur le plus actif et comme la cheville ouvrière. M. Francisque Sarcey a pris également une part considérable aux conférences libres créées à Paris, principalement à la salle du boulevard des Capucines, et s'y est fait promptement une grande réputation d'orateur facile, agréable et savant. Il y traite d'une manière spéciale, et avec une grande autorité, l'histoire ou la critique dramatique. — M. Francisque Sarcey a publié : le *Nouveau Seigneur du village*, nouvelles ; le *Mot et la chose*, études et récréations philosophiques (1862) ; le *Bilan de l'année 1868*, avec M. Ranc et autres (1868) ; une *Histoire du siège de Paris (1871) ; Etienne Moret*, roman quasi autobiographique (1875) ; le *Piano de Jeanne (1876) ; Comédiens et comédiennes*, première série : la *Comédie française (1876-77*, in-8e, eaux-fortes) ; *Souvenirs de jeunesse, Gare à vos pas (1884)*, etc. On lui doit en outre une édition, avec préface et notes, des *Œuvres de Paul-Louis Courier*. Il est, enfin, chroniqueur à la *France*.

SARDOU, Victorien, auteur dramatique, membre de l'Académie française, né à Paris le 7 novembre 1831, suivit d'abord les cours de la faculté de médecine, mais, entraîné par une vocation irrésistible, il abandonna bientôt cette voie et collabora à diverses revues ou publications périodiques et encyclopédiques, tout en donnant des leçons pour ajouter à ses ressources, alors fort modestes. Il aborda également le théâtre et fit jouer en 1854, à l'Odéon, avec le plus complet insuccès, la *Taverne des étudiants*. Peut-être y aurait-il renoncé, si son mariage avec Mlle de Brécourt (1858) ne l'avait mis en relations plus étroites avec le monde artiste et surtout avec la célèbre Déjazet qui se préparait à ouvrir son petit théâtre du boulevard du Temple, pour lequel elle engagea le jeune auteur à lui écrire quelques pièces. Son véritable début au théâtre date donc de cette époque et a eu lieu au Théâtre-Déjazet auquel il a donné successivement : *Candide*, les *Premières armes de Figaro, Monsieur Garat*, les *Prés Saint-Gervais (1859-62)*. En même temps il donnait aux divers théâtres de genre : les *Gens nerveux*, au Palais-Royal ; les *Pattes de mouche* et *Piccolino*, au Gymnase ; les *Femmes fortes*, l'*Ecureuil*, et surtout *Nos intimes*, au Vaudeville (1861) ; la *Perle noire*, les *Ganaches*, au Gymnase et la *Papillonne*, au Français (1862) ; *Bataille d'amour*, opéra comique, avec M. Daclin ; les *Diables noirs*, au Vaudeville (1863) ; le *Dégel*, au Théâtre-Déjazet ; *Don Quichotte*, féerie, au Gymnase ; les *Pommes du voisin*, au Palais-Royal (1864) ; les *Vieux garçons*, au Gymnase ; la *Famille Benoiton*, au Vaudeville (1865) ; *Nos bons villageois*, au Gymnase ; *Maison neuve*, au Vaudeville (1866) ; *Séraphine*, au Gymnase (1868) ; *Patrie*, grand drame en 5 actes, à la Porte Saint-Martin (1869) ; *Fernande*, au Gymnase (1870) ; le *Roi Carotte*, grande opérette-féerie, musique d'Offenbach, à la Gaîté ; *Rabagas*, comédie à allusions politiques transparentes qui donnèrent lieu à des échanges de horions répétés plusieurs soirées de suite, jouée au Vaudeville (1872) ; *Andréa*, au Gymnase ; l'*Oncle Sam*, au Vaudeville ; les *Merveilleuses*, aux Variétés (1873) ; la *Haine*, drame historique joué à la Gaîté, sans succès, quoique méritant de réussir ; les *Prés Saint-Gervais*, transformés en opéra bouffe, aux Variétés (1874) ; *Ferréol*, au Gymnase (1875) ; *Piccolino*, transformé en opéra comique en 3 actes, avec musique de M. Ernest Guiraud (1876), sujet qui avait déjà séduit un autre compositeur, Mme de Grandval, et qui avait paru en conséquence sous la forme d'un opéra italien, à la salle Ventadour, en 1869 ; *Dora*, comédie en 5 actes, au Vaudeville (1877) ; les *Bourgeois de Pont-Arcy*, comédie en 5 actes, même théâtre (1878) ; *Daniel Rochat*, comédie en 5 actes, au Théâtre-Français (1880) ; *Odette*, pièce en 4 actes, au Vaudeville (1881) ; *Théodora*, drame en 5 actes et 8 tableaux, à la Porte Saint-Martin (1884) ; *Georgette*, comédie en 4 actes, au Vaudeville (1885) ; *Patrie*, transformé en grand opéra (1886), etc. — Il a publié en outre quelques nouvelles, dont la *Perle noire*, portée à la scène plus tard ; il a aussi collaboré à divers journaux depuis qu'il a acquis une si grande notoriété, notamment au *Figaro*, mais surtout pour répondre aux attaques dont il était l'objet dans la presse ou ailleurs.

Peu d'auteurs dramatiques ont fait preuve d'une fécondité comparable à celle de M. Sardou, peu également se sont entendu accuser avec plus de constance et, il faut le dire, plus d'apparence de raison, du crime de plagiat ; enfin il a su se faire dans ces derniers temps des ennemis de plus d'un genre, par exemple avec son *Rabagas* et ses *Merveilleuses* d'une part, et d'une autre, avec son *Oncle Sam*, qui réédite tous les lieux communs débités depuis un demi-siècle contre les mœurs américaines par des gens d'imagination assez riche pour prêter. Néanmoins, M. Sardou a vu, jeune encore, couronner sa carrière par la plus haute dignité que puisse offrir la République des Lettres : il a été élu membre de l'Académie française, en remplacement d'Autran, le 7 juin 1877. Son unique concurrent sérieux était M. le duc d'Audiffret-Pasquier, président du Sénat, dont l'attitude dans la crise politique déclarée la veille à peine, a seule fait manquer l'élection et assuré celle de l'auteur du *Roi Carotte*, mais aussi de *Patrie*. — M. Victorien Sardou est officier de la Légion d'honneur depuis 1869.

SARLAT, N., homme politique français, né à la Guadeloupe le 24 avril 1853. Rédacteur du *Progrès*, journal républicain de cette colonie, il se présenta dans la 2e circonscription aux élections de 1881 et fut élu au scrutin de ballottage du 2 octobre. Elu député de la Guadeloupe, le deuxième, aux élections d'octobre 1885, M. Sarlat a voté l'expulsion des princes.

SARRETTE, Herman, homme politique français, né à Lacaussade (Lot-et-Garonne) le 18 octobre 1822. Grand propriétaire, membre du Conseil général de Lot-et-Garonne, depuis 1867, M. H. Sarrette s'engageait, en 1870, dans le bataillon de mobiles où son fils était officier. Elu représentant à l'Assemblée nationale, le 8 février 1871, il siégea à la droite bonapartiste et repoussa les lois constitutionnelles. Elu député de l'arrondissement de Villeneuve-sur-Lot, avec une très forte majorité, le 20 février 1876, M. Sarrette était réélu de même le 14 octobre 1877 et le 21 août 1881. Le 4 octobre 1885, il était élu député de Lot-et-Garonne sur la liste monarchiste, et reprenait sa place à la droite bonapartiste.

SARRIA, Enrico, compositeur italien, né à Naples le 19 février 1836, se livra de bonne heure à l'étude de la musique, sous la direction de R. G. Vitale pour le piano, de N. Fornasini et du baron Staffa pour l'harmonie et la composition. Il n'avait que dix-sept ans lorsqu'il donna au Théâtre Nuovo, de sa ville natale, son premier ouvrage, un opéra bouffe intitulé : *Carmosina*, qui eut un très grand succès (1853). Il a donné depuis : *Donna Manuela*, au même théâtre (1856) ; *Estella*, au Fondo (1858) ; puis, après un silence prolongé : *Rabbeo e l'intrigante*, opéra bouffe, joué au théâtre Rossini, avec un succès immense (1872) ; *Guidetta*, opéra semi sérieux (mai 1875), et *la Campana dell' eremitaggio*, sur une traduction italienne des *Dragons de Villars* (septembre 1875). — Ces deux derniers ouvrages ont été représentés au Théâtre Mercadante (ancien Fondo), où M. E. Sarria était entré en qualité d'accompagnateur-pianiste, vers 1873.

SARRIEN, Jean Marie Ferdinand, homme politique français, ministre, né à Bourbon-Lancy le 15 octobre 1840, fit ses études au lycée de Moulins et son droit à Paris. Reçu licencié en 1863, il se fit inscrire au barreau de Lyon. Nommé capitaine des mobilisés de son département en 1870, M. Sarrien assista à la bataille de Dijon, et fut décoré de la Légion d'honneur après la guerre, pour sa belle conduite devant l'ennemi (sept. 1871). Rentré dans sa famille, il succédait à son père, mort en octobre 1871, à la mairie de Bourbon-Lancy. Révoqué au 24 mai (1873), réinstallé en 1876, il était de nouveau révoqué au 16 mai (1877). Il représente le canton de Bourbon-Lancy au Conseil général de Saône-et-Loire, dont il est devenu vice-président. Elu député de la 2e circonscription de Charolles le 20 février 1876, M. F. Sarrien siégea au groupe de la gauche républicaine, fit partie des 363 qui votèrent contre le cabinet de Broglie et fut réélu le 14 octobre 1877. Il fut également réélu le 21 août 1881. Député laborieux, actif et fort capable, M. Sarrien était appelé par M. Henri Brisson, le 6 avril 1885, au ministère des postes et télégraphes, en remplacement de M. Cochery. Démissionnaire avec ses collègues le 29 décembre suivant, ayant dans l'intervalle été élu député de Saône-et-Loire, le 4 octobre, en tête de la liste républicaine, il entrait dans le cabinet de Freycinet, constitué le 7 janvier 1886, avec le portefeuille de l'intérieur.

SASS, Marie Constance **Sasse** (dite Sax, puis Saxe et enfin), cantatrice belge, fille d'un chef de musique militaire, est née à Gand le 26 janvier 1838. A la mort de son père, elle fut admise au Conservatoire de sa ville natale ; puis, obligée de donner des leçons pour vivre, elle accepta un engagement au casino des Galeries Saint-Hubert, à Bruxelles, où elle chanta environ dix-huit mois. Venue ensuite à Paris, elle parut dans divers cafés-concerts, d'abord au café des Ambassadeurs des Champs-Elysées, puis au casino du Palais-Royal enfin au café du Géant, situé boulevard du Temple. Mme Ugalde, l'ayant entendue chanter dans ce dernier établissement, fut frappée de la beauté de sa voix ; elle s'offrit à lui donner des leçons et finalement la fit engager au Théâtre-Lyrique, où elle débuta le 1er octobre 1859, sous le nom de Marie *Sax*, dans le rôle de la comtesse, des *Noces de Figaro*. Son succès fut complet, et elle parut successivement dans *Orphée, Philémon et Baucis* et *Robin des bois*, pendant le court passage qu'elle fit à ce théâtre. Engagée à l'Opéra, elle y débutait le 2 août 1860 dans *Robert le Diable* ; elle y parut ensuite dans la *Juive*, le *Trouvère*, les *Huguenots*, où sa voix puissante, étendue et sonore fit merveille dans le rôle de Valentine ; puis dans les *Vêpres siciliennes, Don Juan*, etc. Elle fut chargée enfin de créations importantes dans le *Thannæuser* de Richard Wagner, *Don Carlos* de M. Verdi, et surtout dans l'*Africaine* de Meyerbeer, où le rôle de Selika lui fit le plus grand honneur. Mme Sasse resta attachée à l'Opéra jusqu'en septembre 1870 ; la guerre l'ayant éloignée de France, elle se voua à la carrière italienne, à laquelle elle se préparait d'ailleurs depuis quelque temps, y ayant fait une sorte de début, à Bade, l'année précédente. Elle a parcouru depuis, avec le plus grand succès, les principales villes d'Italie ; a chanté ensuite en Espagne, en Angleterre, etc. — Mariée au mois de mars 1864 avec M. Castan, dit Castelmary, chanteur de province qu'elle avait fait engager à l'Opéra, elle en été séparée judiciairement en janvier 1867. A la suite d'un procès que lui intenta, pour faire un peu de bruit, sans doute, M. Adolphe Sax, facteur d'instruments de cuivre, son compatriote, Mme Sasse, forcée d'abandonner son nom de théâtre, finit par adopter celui de *Sass*, dont l'orthographe diffère peu de son nom véritable.

SAUSSIER, Félix Gustave, général français, né à Troyes le 16 janvier 1828. Elève de Saint-Cyr, il en sortait en 1850 comme sous-lieutenant d'infanterie et était promu successivement lieutenant en 1854, capitaine en 1855, major en 1863, lieutenant-colonel en 1867 et colonel en décembre 1869. Après avoir fait les campagnes de Crimée, de Kabylie, d'Italie et du Mexique, le colonel Saussier était à la tête du 41e régiment d'infanterie de ligne lorsqu'éclata la guerre de 1870. Il fit partie de l'armée de Bazaine, avec laquelle il se trouva naturellement enfermé dans Metz assiégée, et signa, au moment de la capitulation, une protestation énergique, signée également par un grand nombre d'officiers et remise au maréchal Lebœuf. Prisonnier des Allemands, le colonel Saussier parvint à s'évader, et alla rejoindre l'armée de la Loire par le chemin le plus sûr, sinon le plus court, c'est-à-dire par l'Autriche et l'Italie. Promu général de brigade le 5 janvier 1871, il reçut un commandement en Algérie. A une élection partielle qui se produisit dans l'Aube, en novembre 1873, le général Saussier fut élu représentant de ce département à l'Assemblée nationale, y prit place au centre gauche et vota les lois constitutionnelles. Il refusa la candidature qui lui était offerte à l'un des sièges sénatoriaux inamovibles et parut d'ailleurs décidé à renoncer à la vie politique, car il ne se présenta pas aux élections suivantes. Appelé au commandement d'une brigade d'infanterie à Marseille en mai 1867, M. Saussier était promu divisionnaire le 6 juillet 1878 et nommé au commandement d'une division du 6e corps d'armée, à Nancy, en janvier 1879 ; le 31 mars suivant, il était placé à la tête du 19e corps d'armée à Alger, d'où il était appelé au commandement du 6e corps, à Châlons-sur-Marne, en août 1880. M. le général Saussier était nommé gouverneur de Paris le 26 mars 1884. — Commandeur de la Légion d'honneur depuis 1872, il était promu grand officier le 8 juillet 1881.

SAY, Jean-Baptiste Léon, économiste et homme d'Etat français, ancien ministre, sénateur, membre de l'Académie française, petit-fils du célèbre économiste Jean-Baptiste Say, est né à Paris le 6 juin 1826. Occupé de bonne heure d'économie politique, M. Léon Say entra à la rédaction du *Journal des Débats*, dont il devint bientôt l'un des propriétaires, et épousa la fille du directeur, Edouard Bertin. Il collaborait en même temps au *Journal des économistes* et à l'*Annuaire de l'économie politique*. Aux élections législatives de 1869, M. L. Say se présenta dans la 3e circonscription de Seine-et-Oise, comme candidat de l'opposition libérale ; il se retira après le premier scrutin, M. Lefebvre

Pontalis, alors candidat de l'opposition démocratique, ayant obtenu la majorité relative. Resté à Paris pendant le siège, il prit une part active, en sa qualité d'administrateur du chemin de fer du Nord, au service du transport et de la distribution des vivres. Aux élections du 8 février 1871, M. Léon Say fut élu représentant de Seine-et-Oise le cinquième sur onze et de la Seine le trente-quatrième. Il opta pour la Seine et prit place au centre-gauche républicain. Le 5 juin suivant, il était appelé à la préfecture de la Seine en remplacement de M. Jules Ferry, démissionnaire. Comme son prédécesseur, M. Léon Say avait attaqué vivement l'administration de M. Haussmann; mais il sut montrer qu'il était lui-même un administrateur aussi capable qu'honnête, par les améliorations intelligentes qu'il apporta dans les services et par la mise à l'étude et l'exécution de travaux vraiment importants et utiles. Député de Paris, il défendit avec ardeur, devant l'Assemblée, cette capitale calomniée par ceux-là qui ne la voient qu'à travers le voile d'une haine instinctive, inspirée par le souvenir terrifiant de quelque conte de nourrice, et porta témoignage de la « grande sagesse » du Conseil municipal élu par elle et composé, comme on sait, d'une collection d'effroyables croquemitaines. Il ne réussit pourtant pas à obtenir le retour de l'Assemblée à Paris, et voulut dès lors donner sa démission de préfet de la Seine (février 1872); mais l'intervention de M. Thiers réussit à l'en dissuader. Le 7 décembre suivant, M. Léon Say était appelé au ministère des finances. Démissionnaire après le 24 mai, il reprenait le portefeuille des finances dans le cabinet du 10 mars 1875. Il ne put toutefois être longtemps d'accord avec M. Buffet. Le 25 septembre 1875, M. L. Say faisait, à Stors, un discours dans lequel il glorifiait trop l'acte du 25 février et saluait avec une courtoisie sans mesure l'avénement de la République, en comparaison du discours dans lequel M. Buffet développait, presque au même moment, la thèse contraire à Dompaire. M. Buffet voulut s'opposer à l'insertion à l'*Officiel* du discours de Stors et il fallut l'intervention du maréchal de Mac-Mahon pour qu'elle fût faite. Peu après, M. Say se portait candidat au Sénat dans le département de Seine-et-Oise et signait, avec MM. Gilbert-Boucher et Feray, une circulaire qui déplut encore plus à l'irascible chef du cabinet; il intervint de nouveau: M. Say donna sa démission, qui fut acceptée, mais qu'on le pria de reprendre, quand plusieurs de ses collègues eurent déclaré nettement au maréchal qu'ils étaient résolus à le suivre dans sa retraite. M. Léon Say demeura donc, fut élu sénateur de Seine-et-Oise, tandis que M. Buffet ne parvenait à se faire élire nulle part à aucun titre, après cinq tentatives, et conserva son portefeuille dans le cabinet Dufaure, du 10 mars 1876 et dans le cabinet Jules Simon, du 13 décembre suivant. Il se retira avec ce dernier le 17 mai 1877; mais le gouvernement ayant décidément échoué dans ses tentatives de réaction, il rentrait aux finances dans le cabinet Waddington du 14 décembre suivant, premier de l'administration de M. Jules Grévy. M. Léon Say suivit dans sa retraite M. Waddington, le 17 décembre 1879, après avoir signalé cette période de son passage aux affaires, notamment, par l'émission de l'emprunt en 3 0/0 amortissable. Nommé à l'ambassade de Londres le 30 avril 1880, il en revenait pour occuper le fauteuil de la présidence du Sénat, auquel il avait été élu le 25 mai 1880. Au renouvellement de la représentation sénatoriale de Seine-et-Oise, le 8 janvier 1882, il était réélu en tête de la liste, et acceptait de nouveau le portefeuille des finances dans le cabinet formé le 31 du même mois par M. de Freycinet, qu'il suivait dans sa retraite le 29 juillet suivant, étant remplacé dans le cabinet Duclerc, qui suivit, par M. Tirard. Depuis lors, bien qu'il ait été assez souvent question de son retour aux affaires, M. Léon Say a constamment décliné toutes les offres qui lui en ont été faites. Dans la question des princes, il a voté contre la loi d'expulsion.

M. Léon Say a publié : *Théorie des changes étrangers*, traduction de l'anglais de M. Goschen, avec une introduction; *Histoire de la Caisse d'escompte (1848)*; *la Ville de Paris et le Crédit foncier*; *Lettres à MM. les membres de la commission du Corps législatif*, *Observations sur le système financier de M. le préfet de la Seine (1865)*; les *Obligations populaires*, avec M. L. Walras; *Examen critique de la situation financière de la Ville de Paris (1866)*; *Rapport sur le paiement de l'indemnité de guerre (1875)*, etc. Citons encore le *Dictionnaire des finances* publié sous sa direction (1886). — Il a été élu membre de l'Académie des sciences morales et politiques, en remplacement de Dubois, en décembre 1874, et membre de l'Académie française, en remplacement d'Edmond About, le 10 février 1886.

SBORGI, GIUSEPPE MARIA, pianiste, violoncelliste et compositeur italien, né à Florence le 30 mars 1814, est élève de A. Palafuti pour le piano, de Gaetano Giorgetti pour le violoncelle et de P. Picchianti pour la composition. Son éducation musicale achevée, il se livra à l'enseignement du chant, du piano, du violoncelle et de la composition et devint premier violoncelle au théâtre de la Pergola, à l'orchestre duquel il est resté attaché pendant quarante ans. Il a fait aussi partie, comme violoncelliste, de la musique de la chambre et de la chapelle du grand duc de Toscane Léopold II. — On doit à M. Sborgi de nombreuses compositions, parmi lesquelles on cite principalement un concerto de violoncelle et un concerto pour violoncelle et piano; outre divers opéras: *Demofonte*, *il Giorno natalizio*, *Ippolita degli Azzi*, *Arezzo*, *il Tesoro*, etc., qui ont tous été joués à Florence.

SCHARF, GEORGE, artiste et littérateur anglais, fils d'un artiste bavarois établi à Londres en 1816, y est né le 16 décembre 1820, fit de bonnes études artistiques sous la direction de son père et suivit les cours de l'université de Londres, puis ceux de l'Académie royale des Arts à partir de 1838. Son premier ouvrage publié consiste en une série de gravures intitulée *Effets scéniques*, représentant diverses scènes de Shakespeare et du théâtre classique anglais, remis en honneur par Macready à Covent-Garden (1838-39). En 1840, il fit un voyage en Italie, puis accompagna sir C. Fellows dans la Lycie et autres parties de l'Asie-Mineure, où il retourna en 1843, en qualité de dessinateur attaché à une mission officielle. Il en a rapporté une abondante collection de vues, dessins, croquis de sculptures antiques, qui ont été déposés au Musée britannique. Après son retour, il exposa quelques toiles à l'Académie royale et à l'Institution britannique, mais il a surtout acquis une grande réputation dans l'illustration d'ouvrages de luxe, tels que : la *Lycie* de Fellows; les *Légendes de l'ancienne Rome* de Macaulay (1847); l'*Horace* d'Eilman (1849); le *Manuel de peinture italienne et allemande* de Kugler *(1851)*; l'ouvrage de M. Layard sur *Ninive*; les *Dictionnaires classiques* du Dr Smith; les *Poèmes* de Keath; le *Livre de prières illustré* de Murray; le *Dante* de Pollock, la *Vie de Stothard* de Bray, etc. Élu membre de la Société des Arts en 1852 et correspondant de l'Institut archéologique de Rome en 1858, il a fait à l'Institution royale un cours sur l'art italien et a été nommé en 1857 secrétaire et conservateur de la Galerie nationale de portraits, dont il est devenu directeur en 1882. M. G. Scharf a fait depuis divers cours très suivis à l'Institution royale, et a écrit : une *Histoire des caractères de l'art grec*, en tête de la *Grèce* de Wordsworth; *Description des sections grecque, romaine et pompéienne, au palais de Cristal; Notes artistiques et descriptives sur les tableaux remarquables de l'exposition des vieux maîtres, à l'Institution britannique (1858); Catalogue des tableaux et œuvres d'art du palais de Blenheim (1860); Catalogue raisonné des peintures appartenant à la Société des antiquaires de Londres (1865)* et un grand nombre d'autres *Catalogues* des peintures de Knowsley Hall, de Woburn-Abbey, etc. Il a collaboré à la *Fine Arts Quarterly Review*, au *Old London*, au *Journal* de l'Institut royal archéologique, à l'*Archæologia*, etc.

SCHERER, EDMOND HENRI ADOLPHE, littérateur et théologien protestant français, sénateur, né à Paris le 8 avril 1815, fit ses études partie à Paris et partie en Angleterre, puis alla étudier le droit et la théologie protestante à Strasbourg. Professeur d'exégèse à l'École évangélique de Genève en 1845, il rédigea dans cette ville le journal la *Réformation au XIXe siècle*. Ayant résigné sa chaire en 1850 pour cause de dissentiment avec le programme orthodoxe, M. Edmond Schérer devint un des collaborateurs les plus actifs de la *Revue de théologie et de philosophie chrétienne*, fondée à cette époque par M. Colani et de la *Bibliothèque universelle de Genève*, ainsi qu'un des chefs du mouvement libéral qui s'est poursuivi jusqu'à ces derniers temps au point de provoquer une scission dans l'Église évangélique française. M. Schérer était un des principaux collaborateurs du journal le *Temps* depuis sa fondation, lorsqu'il le quitta en 1879 et passa quelque temps au *National*; il a donné depuis des articles littéraires au premier de ces journaux; il a été également rédacteur de l'*Union libérale et démocratique de Seine-et-Oise*. Correspondant, en outre, du *Daily-News* de Londres, M. Schérer adressait de Versailles à ce journal, le 31 décembre 1873, une dépêche rédigée en anglais, relative aux dispositions du cabinet italien envers nous, inspirées par la présence de l'*Orénoque* dans les eaux de Civita Vecchia. M. de Broglie, alors ministre de l'intérieur, arrêta la dépêche dont quelques feuilles officieuses publièrent une version habile, œuvre de quelqu'un de ces traducteurs dont les italiens disent : *traduttore traditore*, signalant M. Schérer comme ayant voulu indiquer à un gouvernement étranger « un moyen sûr et facile d'engager la France dans une nouvelle guerre ». L'affaire fit beaucoup de bruit à cette époque, mais grâce au touchant accord qui existe dans la presse française, on n'en parla bientôt plus, et M. de Broglie se convainquit aisément d'avoir eu raison. — Porté sans succès aux élections générales du 8 février 1871 dans le département de Seine-et-Oise, M. Schérer fut élu le 2 juillet suivant représentant de ce département à l'Assemblée nationale et prit place au centre gauche républicain, dont il fut un des membres les plus distingués et les plus utiles. Il a été nommé sénateur inamovible le 15 décembre 1875, au sixième tour de scrutin. Il a fait partie, en 1872, de la commission d'examen du traité relatif à la libération du territoire. En juin 1879, M. Schérer s'est prononcé contre le retour du parlement à Paris, bien qu'ayant été d'un autre avis auparavant; en juin 1886, il a voté contre l'expulsion des princes. — M. Edmond Schérer a publié : la *Critique et la Foi (1850)*; *Alexandre Vinet, sa vie et ses écrits (1853)*; *Lettre à mon curé (1857)*; *Mélanges de critique religieuse (1860)*; *Études critiques sur la littérature contemporaine (1863-86*, tomes I à VIII); *Mélanges d'histoire religieuse (1864)*: plusieurs autres recueils d'articles de critique littéraire ou religieuse et quelques brochures de circonstance.

SCHEURER-KESTNER, AUGUSTE, chimiste et homme politique français, sénateur, né à Mulhouse le 11 février 1833 ; il fit ses études scientifiques à la faculté de Paris, puis retourna en Alsace en 1854, s'y maria peu après et prit la direction de la grande fabrique de produits chimiques fondée à Thann par son beau-père, Charles Kestner, ancien représentant à la Constituante de 1848, où il avait siégé sur les bancs de la Montagne. M. Scheurer lui-même, imbu d'idées républicaines, avait subi, étant à Paris, une condamnation à quatre mois de prison et 2,000 francs d'amende et devait être soumis en conséquence à toutes les vexations que faisait peser sur les suspects la loi de sûreté générale. Cette situation le plaça naturellement à la tête du parti démocratique d'Alsace, l'un des plus nombreux, comme l'Alsace était une des provinces les plus éclairées de la France. M. Scheurer-Kestner a fondé à Thann, en 1865, une société coopérative de consommation qui servit de type à beaucoup d'autres. Nommé après le 4 Septembre directeur de l'établissement pyrotechnique de Cette, par la Délégation gouvernementale de province, il était élu, le 8 février 1871, représentant du Haut-Rhin à l'Assemblée nationale. M. Scheurer prit place à gauche et, après la signature de la paix, donna sa démission avec ses collègues d'Alsace-Lorraine et abandonna son établissement industriel pour rester Français. Le 2 juillet suivant, le département de la Seine le choisit pour représentant, par 108,038 voix. M. Scheurer-Kestner prit place à l'extrême-gauche, avec laquelle il a constamment voté, et se fit inscrire aux réunions de l'Union républicaine. — Il a été élu sénateur inamovible le 15 décembre 1875, au sixième tour de scrutin; et été pendant plusieurs sessions secrétaire du Sénat. M. Scheurer-Kestner a voté l'expulsion des princes. M. Scheurer-Kestner a collaboré au *Bulletin de la Société chimique* de Paris, dont il fait partie, aux *Comptes rendus* de l'Académie des sciences, aux *Annales de chimie et de physique*, à l'*Association*, au *Bulletin de la Société industrielle de Mulhouse* dont il est lauréat, etc.; il a publié à part, entre autre travaux : *Principes élémentaires de la théorie chimique des types, appliquée aux combinaisons organiques (1862)*. Il a été président du conseil d'administration et directeur de la *République française*.

SCHLIEMANN, HEINRICH, archéologue allemand, né à Ankershagen (Mecklembourg-Schwerin) le 6 janvier 1822, est fils d'un pasteur protestant qui lui inspira dès l'enfance une vive admiration pour les héros de l'antiquité grecque. Il devait se passer du temps avant que ce grand amour pour l'ancienne Grèce portât ses fruits. Le père du jeune homme ayant perdu sa cure, celui-ci ne put même poursuivre ses études, et fut obligé d'entrer, à quatorze ans, chez un épicier de Fürstenberg, où il demeura cinq ans et demi, oubliant bien plutôt ce qu'il avait appris. Il obtint alors, par l'intermédiaire d'amis, une place de correspondant et teneur de livres dans une maison d'Amsterdam, aux appointements annuels de 600 florins, que son zèle ne tarda pas à faire élever à 1000. Envoyé à Saint-Pétersbourg, comme représentant de sa maison, en 1846, il s'y établissait à son propre compte dès l'année suivante, et ne quittait les affaires qu'en 1863, ayant fait une fortune considérable. Au cours de sa laborieuse existence, qu'il a d'ailleurs pris la peine de nous raconter, M. Schliemann visita à peu près toutes les contrées de l'Europe, dont il apprit les langues, l'Égypte et l'Amérique. Libre et riche, il recommença ses voyages, visita l'Inde, la Chine, le Japon, outre la Grèce, vint à Paris étudier l'archéologie, puis retourna en Grèce, où il commença les fouilles, et par suite les découvertes qui l'ont rendu célèbre. Son premier ouvrage, fruit de son récent voyage dans l'extrême-Orient, fut écrit en français sous ce titre : la *Chine et le Japon au temps présent (1867)*; il publia ensuite, dans la même langue : *Ithaque, le Péloponèse, Troie, recherches archéologiques (1869)*, résultat de ses premières fouilles; puis en allemand : *Antiquités troyennes, rapport sur les fouilles de Troie, Atlas d'antiquités troyennes*, reproductions photographiques à l'appui du rapport sur les fouilles de Troie (1874). La même année, il obtenait du gouvernement grec l'autorisation de pratiquer des fouilles sur l'emplacement de la ville de Mycènes, où il découvrait en 1877 les cinq tombes royales attribuées par la tradition locale à Agamemnon et à ses compagnons, assassinés par Egisthe, et un trésor d'objets en or et en argent indiquant un avancement inattendu des arts industriels en Grèce à cette époque, et sans nulle trace de l'influence orientale. Il se rendit en Angleterre après cette découverte, et y fut accueilli avec enthousiasme. La compagnie des épiciers de Londres l'élut membre honoraire, outre la Société des antiquaires, l'Institut royal des architectes et l'Institut archéologique. Les antiquités de Mycènes furent exposées au musée de South-Kensington, et M. Schliemann publia en anglais, avec une préface de M. Gladstone : *Mycènes, relation des recherches et des découvertes faites à Mycènes et à Tiryns (1878)*. En 1881, il publiait à Leipzig un nouvel ouvrage : *Orchomenos*, dans lequel il décrit un voyage d'Athènes à Orothomenos, Orchomenos et Gomais. Il a donné depuis: *Troie (1883)*; et les *Fouilles de Cyrius (1884)*. Il a été élu correspondant de l'Académie des sciences de Munich en 1882.

SCHMITZ, LEONHARD, historien allemand, né à Eupen, près d'Aix-la-Chapelle, le 6 mars 1807, étudia l'histoire et la philosophie, à l'université de Bonn, avec Niebuhr, Welcker et autres et fut professeur au gymnase de cette ville de 1828 à 1832. Ayant épousé une Anglaise il se décida à partir pour l'Angleterre en 1836 et s'y occupa de travaux historiques et pédagogiques. Nommé recteur de l'École supérieure d'Edimbourg en 1845, il fut appelé par la reine Victoria, en 1859, à donner des leçons d'histoire au prince de Galles, puis, en 1862-63, au prince Alfred, depuis duc d'Edimbourg. Devenu principal du Collège international de Londres en 1866, il a résigné ces fonctions en 1874 et a été nommé examinateur pour l'enseignement classique à l'université de Londres. — Le Dr Schmitz a édité en Angleterre les Leçons de Niebuhr sur l'*Histoire romaine*, l'*Histoire ancienne*, la *Géographie et ethnologie anciennes (1844-53*, 8 vol.); il a fondé le *Musée classique*, journal périodique d'histoire et de littérature anciennes (1845-50). On lui doit, en outre, une *Histoire populaire de Rome*, une *Histoire de la Grèce*, des *Grammaires grecques et latines*, un *Manuel d'histoire ancienne (1855)*; un *Manuel de géographie ancienne (1857)*, un *Manuel d'histoire du moyen âge (1859)*, une *Histoire de la littérature latine (1877)*, et de nombreux articles à la *Penny Cyclopædia*, à l'*Encyclopædia Britannica* et aux *Dictionnaires classiques* du Dr W. Smith. Il s'est fait naturaliser anglais et a obtenu en 1881 une pension annuelle de 1,250 fr., en reconnaissance des services qu'il

a rendus à l'enseignement classique et à la littérature.

SCHŒLCHER, Victor, publiciste et homme politique français, sénateur, né à Paris le 21 juillet 1804, fit ses études au collège Louis-le-Grand, embrassa la carrière littéraire, collabora à l'*Artiste* ayant à peine dix-huit ans et prit part dès lors au mouvement d'opposition libérale contre la Restauration. Membre de la fameuse loge des *Amis de la vérité*, puis de la Société *Aide-toi, le ciel t'aidera!* et plus tard de celle des *Droits de l'homme*, il collabora à la *Revue républicaine*, dont il fut le principal bailleur de fonds (1830), à la *Revue indépendante*, à la *Revue de Paris*, à la *Revue du progrès*, au *Journal du peuple*, à la *Réforme*, en un mot à la plupart des publications destinées à propager les doctrines de la démocratie avancée. Il donna, en outre, une attention toute particulière à la question de l'esclavage et, pour l'étudier *de visu*, fit un premier voyage, en 1829, aux Etats-Unis, à l'île de Cuba et au Mexique, au retour duquel il se fit le champion énergique et infatigable de l'émancipation. En 1840, il entreprenait un nouveau voyage, dans le même but, aux Antilles et un autre en Egypte, en Grèce et en Turquie en 1845. Enfin, en 1847, il visitait l'Afrique occidentale, particulièrement nos établissements du Sénégal et de la Gambie, où florissait l'esclavage. A son retour, il trouva la France en république. Arrivé à Paris le 3 mars, François Arago, ministre de la marine, le choisissait pour sous-secrétaire d'Etat. Sans perdre de temps, M. Schœlcher faisait rendre, dès le lendemain, un décret portant institution d'une commission chargée de préparer l'acte d'affranchissement immédiat des esclaves dans les colonies françaises. Huit jours après, un décret rayait du code pénal maritime la peine du fouet. Président de la commission instituée par le décret du 4 mars, M. Schœlcher prit la part la plus active aux travaux de cette commission, à laquelle est due la rédaction des décrets du 27 avril, abolissant l'esclavage dans les possessions françaises, et qui sont, à coup sûr, de ceux dont s'honore le plus un gouvernement. — Elu représentant à la Constituante par la Martinique et la Guadeloupe, il opta pour cette dernière colonie et fut réélu par elle à l'Assemblée législative. Il siégea dans ces deux assemblées à l'extrême-gauche et fut vice-président de la réunion de la Montagne. On doit à M. Schœlcher un amendement qui obligea les compagnies de chemins de fer à fournir des wagons de 3e classe fermés et couverts, amélioration dont les voyageurs de la génération actuelle n'apprécient peut-être pas toute l'importance. Lorsque éclata le coup d'Etat du 2 décembre, M. Schœlcher venait de déposer, avec le colonel Charras, une proposition d'abolition de la peine de mort, qu'on n'eut pas le temps de discuter. Membre du comité de résistance formé le 2 décembre, avec Victor Hugo, Carnot et autres, M. Schœlcher était le lendemain à la barricade Saint-Antoine, où Baudin devait trouver la mort quelques secondes après que lui-même, s'avançant au-devant de la troupe pour parlementer, recevait un coup de baïonnette. Proscrit, M. Schœlcher se réfugia en Angleterre et ne voulut profiter d'aucune amnistie. La nouvelle de nos premiers désastres put seule le décider à rentrer en France, vers le milieu d'août 1870. Le 4 Septembre, il était à l'Hôtel de ville et le 16, nommé colonel d'état-major de la garde nationale. Appelé peu après au commandement de la légion d'artillerie, il signait avec Dorian, le 31 octobre, l'avis de convocation aux élections municipales que le gouvernement devait annuler le lendemain. Elu, le 8 février 1871, représentant de la Seine à l'Assemblée nationale le dixième sur quarante-trois, il fut élu ensuite représentant de la Guyane et de la Martinique, et opta pour cette dernière colonie. Lors de l'insurrection du 18 mars, M. Schœlcher reprit le commandement de l'artillerie de la garde nationale, qu'il avait résigné après la capitulation et fit, auprès du Comité central, des démarches de conciliation auxquelles il fut répondu par un ordre d'arrestation. Prisonnier de la Commune pendant trois jours, M. Schœlcher, rendu à la liberté, s'abstint de toute nouvelle intervention. Il siégea à l'extrême-gauche de l'Assemblée, qui l'élut sénateur inamovible le 16 décembre, au septième tour de scrutin. Siégeant à l'extrême-gauche, au Sénat comme à l'Assemblée, il vota en conséquence, notamment l'expulsion des princes en juin 1886, bien que porté d'abord comme s'étant abstenu. Il y a également reproduit sa proposition de suppression de la peine de mort, mais sans succès. Il s'est enfin prononcé contre la relégation des récidivistes, spécialement en Guyane. — M. Schœlcher a publié: *De l'esclavage des noirs et de la législation coloniale (1833)*; *l'Abolition de l'esclavage, examen critique des préjugés contre la couleur des Africains et des Sang-mêlé (1840)*; les *Colonies françaises (1842)*; les *Colonies étrangères et Haïti* (1843, 2 vol.); *l'Egypte en 1845 (1846)*; *Histoire de l'esclavage pendant les deux dernières années* (1847, 2 vol.); *la Vérité aux ouvriers et cultivateurs de la Martinique (1850)*; *Protestation des citoyens français nègres et mulâtres contre les accusations calomnieuses* et le *Procès de Marie-Galante (1851)*. Viennent ensuite ses publications d'exil, d'abord son *Récit des événements de décembre 1851* (Londres, 1852, 2 vol.), puis divers ouvrages écrits pour la plupart en anglais, notamment une brochure sur l'*Alliance anglo-française (1854)*; la *Vie de Haendel (1857)*; le *Repos du dimanche (1870)*, etc. En 1871, un éditeur belge publia sous son nom une brochure immonde intitulée les *Amours de Napoléon III*; il protesta contre cet abus de son nom de la seule manière convenable en pareil cas: en se portant partie civile au procès intenté à l'éditeur par le parquet. M. Schœlcher a publié depuis: le *Crime de décembre en province* et la *Grande conspiration du pillage et du meurtre à la Martinique (1875)*; le *Vrai saint Paul, sa vie, sa morale (1879)*, etc. En octobre 1882, il acceptait la direction politique d'un nouveau journal: le *Moniteur des colonies*. M. Schœlcher a fait présent, au Conservatoire de musique, de la plus belle collection ethnographique d'instruments de musique qui existe peut-être au monde, ainsi que d'éditions musicales rares et précieuses pour sa bibliothèque; la bibliothèque de l'Ecole nationale des beaux-arts a également reçu de lui une très belle collection d'estampes ainsi que des livres sur les beaux-arts.

SCHOFIELD, John Mac Allister, général américain, né dans le comté de Chatauque (New-York) le 29 septembre 1831. Elevé à l'Académie militaire de West Point, il y prit ses grades en 1853 et y demeura jusqu'en 1858 comme répétiteur de physique. Il professait cette science depuis 1858 à Saint-Louis du Missouri, lorsque éclata la guerre de sécession. Nommé brigadier-général de volontaires, il prit part aux campagnes du Missouri et du Kansas et combattit, à partir de 1864, sous les ordres du général Sherman. Le général Schofield fut promu, dans l'armée régulière, brigadier-général en 1864 et major-général en 1869. Nommé commandant militaire de la Virginie en 1867, il fut appelé au secrétariat de la guerre en 1868, mais se retira en 1870. Il a depuis occupé le commandement militaire du Missouri, puis celui de la Californie. Directeur de l'Académie militaire de West Point de 1876 à 1881, il était appelé, en 1882, au commandement du département militaire du Pacifique.

SCHOLL, Aurélien, littérateur et journaliste français, né à Bordeaux le 14 juillet 1833. Son père, ancien notaire, devenu professeur de droit, ne réussit pas à le retenir dans sa ville natale entre deux panonceaux. Paris attirait cette nature ardente et batailleuse. Dès la classe de rhétorique, Aurélien Scholl envoyait par la poste des articles et des nouvelles à la main au *Corsaire* qui les insérait. Les lecteurs de ce journal ne s'imaginaient guère qu'on leur servait la prose et les vers d'un collégien. A peine ses études terminées, le jeune Scholl s'échappait de la classe de notariat et tombait sur le pavé de Paris avec cinq cents francs pour toute fortune. Le *Corsaire* ayant été supprimé lors du coup d'Etat, le nombre des journaux réduit à sept ou huit, il était difficile de se faire connaître; Scholl écrivit partout où il put. On trouve de sa prose dans la *Naïade*, journal des baigneurs, tiré à 500 exemplaires sur papier pour les cafés et restaurants, et à cinquante exemplaires sur caoutchouc pour les établissements de bains; on en trouve dans tous les petits journaux de l'époque, et enfin dans l'*Illustration*, où Edmond Texier le fit entrer et dans l'*Artiste*, où Arsène Houssaye et Théophile Gautier le reçurent à bras ouverts. Scholl venait de publier une historiette en vers intitulée *Denise*, qui obtint un grand succès et fut tout à coup arrêtée par le parquet. Le comte de Villedeuil ayant alors fondé le *Paris* quotidien avec un Gavarni par jour, et l'*Eclair*, revue hebdomadaire, Aurélien Scholl trouve enfin une situation stable. Edmond Texier, Jules de Goncourt, Henri Murger, Théodore de Banville, Emile Erckmann étaient les collaborateurs du comte de Villedeuil. Sur ces entrefaites, Alexandre Dumas fit paraître le *Mousquetaire*. Scholl y collabora et devint l'un des compagnons assidus du maître; mais ce fut au *Figaro* que le jeune écrivain acquit sa célébrité. Une satire hebdomadaire intitulée les *Coulisses* fit apprécier cet esprit pénétrant, incisif, parfois cruel, qui lui valut tant de polémiques, de procès et de duels. En 1863, Scholl fonda à son tour le *Nain jaune* où il eut pour collaborateurs, Henri Rochefort, Albert Wolff, Barbey d'Aurevilly, Méry, Armand de Pontmartin, Théodore de Banville, Tony Révillon, tout ce que la littérature comptait alors de vivace et de brillant. Le *Nain jaune* fut pendant deux ans la joie et la terreur de Paris, mais harcelé par les parquets de l'Empire, Scholl dut passer la main. Il est facile de voir, en relisant les collections des journaux qu'il a fondés: le *Club* (hebdomadaire), le *Camarade* (quotidien), le *Lorgnon*, le *Voltaire*, l'*Echo de Paris*, que si Aurélien Scholl n'avait été réduit par le régime impérial à un gaspillage effréné de son esprit et de ses idées, que s'il avait pu consacrer sa verve intarissable aux grandes questions politiques, il fût devenu un de nos publicistes les plus éminents. C'est surtout dans l'*Evénement*, dont il a été pendant treize ans le principal rédacteur, qu'il a donné des preuves d'une vraie capacité politique et d'une conception élevée de la liberté. — Aurélien Scholl a épousé en 1868 miss Irène Perkins, fille d'un des associés de la grande brasserie Barclay et Perkins, de Londres. C'était ce qu'on est convenu d'appeler un beau mariage, miss Perkins avait un million de dot et des « espérances ». Scholl apportait deux cent mille francs qu'il venait d'hériter de sa mère. Mais les Anglais ne paient que la rente et réservent le capital, et miss Perkins ayant amené avec elle une famille malheureuse, composée d'une femme séparée et de ses quatre enfants, le jeune mari refusa d'accepter ce tête-à-tête à sept. De là, procès en séparation, que Scholl gagna devant le tribunal civil, présidé par M. Benoît-Champy. Survinrent la guerre et la Commune: Scholl, exaspéré, écrivit des lettres un peu vives, et, près de cinq ans après, une chambre de la cour d'appel, présidée par un magistrat clérical et célèbre par son incapacité, prononça la séparation. Scholl avait touché deux demi-termes de la pension allouée par le beau-père, soit douze mille cinq cents francs de dot, et le contrat de mariage seul avait coûté dix mille francs. Plus pauvre qu'à son arrivée à Paris, Scholl se remit avec ardeur au travail. Il se vengea d'une certaine catégorie de magistrats par un coup de fouet qui eut un grand retentissement; il la qualifia la *canaille inamovible!* et le mot est resté.

On a de M. Aurélien Scholl plus de 40 volumes: *Hélène Hermann*, les *Amours de théâtre*, études soignées et intéressantes; puis la *Foire aux artistes*, *Aventures romanesques*, les *Cris du paon*, la *Dame des palmiers*, roman publié par le *Constitutionnel*; *l'Homme à la main coupée* (la *Liberté*); *l'Outrage* (l'*Evénement* de 1867); enfin de nombreux volumes d'articles dont la plupart ont eu du retentissement, tels que les *Amours de cinq minutes*, les *Scandales du jour*, *Fleurs d'adultère*, le *Roman de Follette*; et enfin une série de chroniques sous le titre général: *l'Esprit du boulevard (1886)*. On doit à M. Scholl cinq ou six volumes d'anecdotes et de nouvelles à la main: sous ce rapport, on peut dire qu'il a défrayé son époque. Ce n'est pas sans raison qu'on l'a comparé à Champfort et à Rivarol. Quelquefois, on relisant ses bons mots reproduits pour la dixième fois, on lui disait: « Mais c'est de vous, cela? » — et il répondait: « Ç'a été de moi. » Quelques traits donneront une idée de la vivacité de ses reparties. Alexandre Dumas avait la prétention d'être un excellent cuisinier. Déjeunant un matin avec la rédaction du *Mousquetaire*, il fit lui-même l'omelette, qui fut trouvée excellente. Quelques jours après, Dumas voulut faire une sauce: « Goûtez-moi cela, » dit-il à ses convives. Grimace et silence général. — « Comment! s'écria Dumas en s'adressant à Aurélien Scholl, tu ne trouves pas ma sauce bonne? » — « Mon cher maître, répondit Scholl, cette fois, elle est de Maquet! » (Maquet était, comme on sait, le collaborateur de Dumas). Visitant le salon avec Roqueplan, celui-ci s'arrêta devant le grand tableau de Gustave Doré, les *Chrétiens livrés aux bêtes*. On voyait les martyrs dévorés par des bêtes féroces. « Oh! fit Scholl en poussant Roqueplan du coude, vois donc, dans ce coin... un pauvre lion qui n'a pas de chrétien! » Lors d'un voyage à Blois qu'il fit avec de Villemessant, un ami de ce dernier, M. Pardessus, notaire, s'écria au premier mot de présentation: — « Ah! Monsieur, nous attendons tous les samedis vos *Coulisses* avec une grande impatience! Et il ajouta: Vous devez vous faire bien des ennemis? » — « Monsieur, répondit Scholl, quand ils seront cent mille je me mettrai à leur tête! » En somme, Aurélien Scholl aura, par son originalité et ses fantaisies, marqué sa place dans son époque. C'est lui qui, trouvant la forette tombée en désuétude, a inventé l'*horizontale*, mot qui est passé dans l'usage. C'est à lui qu'on doit Guibollard, qui s'est installé entre Prud'homme et Calino. En 1865, Millaud, fondateur du *Petit Journal*, s'était brouillé avec Ponson du Terrail: « Je ne trouverai jamais, disait-il, un romancier qui sache tuer autant de personnages que lui! » « Je parie d'y arriver, » dit Scholl. Et il improvisa les *Nouveaux mystères de Paris* (qui ont reparu sous le titre: les *Nuits sanglantes*). Le roman eut un grand succès en feuilletons, et Aurélien Scholl gagna le pari, qui était considérable.

Scholl a eu plus de quinze duels. Les cinq ou six premières fois, il alla sur le terrain sans avoir jamais pris de leçons. Il s'est rattrapé depuis et est devenu un des bons tireurs de Paris. On lui doit les remarquables préfaces des *Tireurs d'épée*, de l'*Art du duel* et des *Duels célèbres*. Aurélien Scholl a donné au théâtre onze pièces qui ont réussi; à l'Odéon: *Jaloux du passé*, comédie; le *Repentir*, drame en un acte; le *Nid des autres*, comédie en trois actes, où se trouve l'histoire de son mariage avec intrusion d'une famille étrangère; au Gymnase: *Rosalinde*, une pièce genre trumeau qui fut jouée plus de cent fois et reprise aux Variétés; au Gymnase encore: la *Question d'amour*; au Théâtre-Déjazet: l'*Hôtel des illusions*; aux Variétés: les *Chaînes de fleurs*, un acte; *On demande une femme honnête*, un acte, etc., etc. — Aurélien Scholl a été nommé chevalier de la Légion d'honneur en 1879 officier en 1884. Il est, de plus, commandeur des ordres de Charles III, d'Isabelle la Catholique, etc.; chevalier des SS. Maurice et Lazare, de Notre-Dame de Guadalupe, etc. L'un de ses biographes a dit de lui. « C'est un de ces esprits encyclopédiques qui ne croient à rien, se moquent de tout et réussissent en tout. S'il n'a pas entrepris une *Mécanique céleste*, c'est que le sujet ne lui a pas paru assez parisien. »

SCHURZ, Carl, homme politique américain d'origine allemande, né à Liblar, près de Cologne, le 2 mars 1829, fit ses études au gymnase de cette ville et à l'université de Bonn. Dès 1848, il rédigeait, avec Gottfried Kinkel, un journal révolutionnaire publié à Bonn, le *Spartacus*, et il fut avec celui-ci un des promoteurs de la révolution dans les provinces rhénanes. Après la prise de Rastadt, il se réfugia en Suisse, puis, en mai suivant (1850), il revint secrètement en Allemagne pour coopérer à l'audacieuse évasion de son ami et maître Kinkel de la forteresse de Spandau, où il était détenu pour vingt ans. Il y parvint, après six mois d'efforts, et s'enfuit avec lui en Ecosse. Il se rendit ensuite à Paris, comme correspondant d'un journal anglais, retourna en Angleterre au bout d'une année et s'embarqua pour les Etats-Unis en 1852. Après avoir habité à Philadelphie pendant trois années, M. C. Schurz s'établit comme homme de loi dans le Wisconsin et ne tarda pas à s'y faire une grande réputation d'orateur politique allemand. Porté candidat, par les républicains, au poste de sous-gouverneur de l'Etat en 1856, il échoua. Il entreprit en 1860 une active propagande en faveur de Lincoln pour la présidence suprême et celui-ci, ayant été élu, le récompensa de son zèle en le nommant ministre en Espagne, poste qu'il conserva à peine six mois, ayant donné sa démission pour entrer dans l'armée de l'Union à la fin de 1861. Nommé brigadier-général de volontaires en mai 1862, M. Schurz prit part à la campagne du Tennessee et assista à diverses batailles; mais il donna sa démission et quitta définitivement l'armée en 1864, pour reprendre l'exercice de sa profession d'homme de loi. En 1866, il partit pour Détroit (Michigan), où il fonda et rédigea quelque temps le *Detroit Post*; en 1868, il s'établit à Saint-Louis, et fut élu l'année suivante sénateur des Etats-Unis pour l'Etat de Missouri. Réélu en 1875, il fut nommé par M. Hayes, président des Etats-Unis, secrétaire d'Etat au département de l'intérieur, en mars 1877. Dans cette position, il seconda de tous ses efforts la réforme de l'administration entreprise par le président, notamment en instituant des examens pour l'admission des employés de son ministère. Il suivit M. R. B. Hayes dans sa retraite (1881) et alla s'établir à New-York, où il a pris la direction de l'*Evening Post*.

M. Carl Schurz est un des *lecturers* populaires des États-Unis. Il est coté 200 dollars (1,000 francs) par soirée. Un volume de ses discours a été publié en 1865.

SCHWAB, François Marie Louis, compositeur et critique musical alsacien, né à Strasbourg le 18 avril 1820, étudia de très bonne heure le piano avec Ed. Hauser et l'harmonie avec Ph. Hoerter. Encore sur les bancs du collège, il dirigeait un orchestre d'amateurs, et fit exécuter avec succès, fort jeune, des ouvertures et des morceaux de chant de sa composition, soit au théâtre, soit dans des concerts de sa ville natale. Son œuvre de début est une valse à grand orchestre dédiée à Teresa Milanolo. Il fit entendre ensuite une messe solennelle et plusieurs opéras comiques joués avec succès à Strasbourg et à Bade. Il collaborait en même temps, comme critique musical, au *Courrier du Bas-Rhin*, à la *Gazette musicale* de Paris, à l'*Illustration de Bade*, etc., et est devenu le rédacteur musical du *Journal d'Alsace*. M. Schwab a dirigé, de 1871 à 1873, la société chorale l'Union musicale. Il est officier d'académie et chevalier de l'ordre de Charles III d'Espagne. — On doit à M. Schwab les compositions suivantes: 1° Musique dramatique: la *Nuit tous les chats sont gris*, op. com. en 2 actes, joué à Strasbourg (1858); les *Amours de Sylvie*, op. com. en 1 acte, à Bade (1861); les *Deux consultations*, op. com. en 1 acte, joué au lycée de Strasbourg par les élèves (1867). — 2° Musique religieuse: *Messe à grand orchestre* avec *soli* et chœurs, exécutée à Strasbourg en 1859, puis à Madrid, à Bade et enfin à Paris, à l'église Saint-Eustache; un *Benedictus*, un *O Salutaris* et divers autres morceaux. — 3° Musique de concert: *Valse à grand orchestre (1850); Grande fantaisie* pour clarinette, avec orchestre, écrit pour le fameux clarinettiste Wuillé, exécutée au grand festival de Bade sous la direction d'Hector Berlioz, en 1859, puis à Mulhouse (1860) et au concert Besselièvre à Paris (1862); *solo* de saxophone, à Bade (1860); *Cantabile* pour violoncelle; *Concertino* pour violoncelle. — 4° Musique vocale: les *Voix de la lyre*, grande cantate sur des paroles de Méry, pour le grand festival de Strasbourg en 1863; le *Dernier chant de Corinne*, scène pour soprano, avec accompagnement d'orchestre; la *Vision du lac Léman*, mélodie; l'*Alsace*, chœur à quatre voix d'hommes, *Gambrinus*, chœur, etc.

SECOND, Albéric, littérateur et journaliste français, né à Angoulême le 17 juin 1817. Venu jeune à Paris, il débuta à vingt ans dans la carrière littéraire par des vaudevilles, publia ensuite quelques volumes de littérature légère et collabora à la petite presse, notamment à l'*Entr'acte* dont il a été longtemps directeur. Nommé sous-préfet de Castellane en 1849, il quittait l'administration l'année suivante. Il a été sous l'Empire commissaire près le théâtre de l'Odéon. M. Albéric Second a collaboré au *Figaro*, au *Grand Journal*, à l'*Événement* littéraire (1865), etc.; après avoir repris en 1870 la direction de l'*Entr'acte*, il fondait le 1er juin 1872 la *Vie élégante*, journal bi-hebdomadaire, qui eut peu de durée. Il a donné au théâtre: *Trichemont et fils*, vaudeville en un acte (1836); un *Dragon de vertu*, folie vaudeville en un acte; un *Neveu s'il vous plaît*, un acte (1839); le *Droit d'aînesse (1841); English spoken (1855)*; la *Comédie à Ferney*, au Français (1857); un *Baiser anonyme (1868)*; la *Fontaine de Berny*, opéra comique (1869): un *Mouton à l'entresol (1871); Un maître en service (1872)*, avec M. Blerzy; la *Vicomtesse Alice*, drame en 5 actes, avec L. Beauvallet, aux Nations (1882); la *Vie facile*, comédie en 3 actes, avec M. P. Ferrier, au Vaudeville (1883); le *Coup de soleil*, 1 acte, à l'Odéon (1885), avec M. Théodore de Grave, etc. M. A. Second a eu pour collaborateurs à la plupart de ces petits ouvrages dramatiques, outre ceux déjà nommés: MM. Labiche, Marc Michel, Joltrois, Bergeron, Louis Lurine. — Il a publié: *Lettres cochinchinoises sur les hommes et les choses du jour (1841); Mémoires d'un poisson rouge (1842)*; les *Petits mystères de l'Opéra (1844)*; la *Jeunesse dorée... par le procédé Ruolz (1851); A quoi tient l'amour (1856); Contes sans prétention (1857)*; la *Comédie parisienne*, brochure hebdomadaire personnelle, réunie en 2 volumes, après avoir paru environ cinq mois (1857); *Vichy-Sévigné, Vichy-Napoléon, ses eaux*, etc. (1862); les *Misères d'un prix de Rome (1868)*; la *Semaine des quatre jeudis (1870)*; les *Demoiselles du Ronçay (1872)*, couronné par l'Académie française; la *Vicomtesse Alice (1873)*; le *Roman de deux bourgeois (1880)*, etc. — M. Albéric Second est chevalier de la Légion d'honneur depuis 1859.

SEDGWICK, Amy, actrice anglaise, née à Bristol le 27 octobre 1835, s'exerça de bonne heure à l'art dramatique sur un petit théâtre d'amateurs de la banlieue de Londres, d'où sont également sortis plusieurs artistes maintenant en possession de la vogue, et débuta en 1853 au théâtre de Richmond dans le rôle de Julia, du *Bossu* (the Hunchback) avec un succès modeste; elle retourna ensuite à Bristol, joua le principal rôle dans la bouffonnerie intitulée *Mistress White* une seule fois, s'étant brouillée le même soir avec son directeur. Elle se rendit ensuite à Cardiff, et son succès dans le rôle de Pauline de la *Lady of Lyons*, de Bulwer, lui fit offrir un engagement, qu'elle accepta, par un impresario visitant les principales villes de la province; et en 1855, elle accepta un engagement à des conditions déjà presque brillantes au théâtre de Manchester, où elle passa trois saisons, attirant la foule à ses représentations. Enfin, elle débutait à Londres, au théâtre de Haymarket, dans le rôle de Pauline, en septembre 1857. Elle y joua avec un très grand succès le principal rôle dans la *Partie inégale*. Miss Sedgwick s'est acquis depuis cette époque une véritable célébrité. Parmi les rôles où elle a le plus brillé, nous devons citer lady Macbeth, Juliette, Ophélie, Rosalinde, lady Teazle, Peg Woffington, etc. La reine Victoria l'a maintes fois appelée auprès d'elle, pour lui lire quelques morceaux choisis des œuvres dramatiques qu'elle interprète si supérieurement. — Miss Sedgwick avait épousé en 1858 un médecin, le docteur W. B. Parker, mort en 1863.

SÉE, Germain, médecin français, né à Ribeauvillé (Haut-Rhin) le 6 mars 1818, fit ses études à Metz et vint achever sa médecine à Paris, où il prit le grade de docteur en 1846. Médecin des hôpitaux en 1852, il était nommé à la chaire de thérapeutique de la faculté, en remplacement de Trousseau, en 1866. Son cours, très suivi et très apprécié, ne tarda pas à être épluché de près par le parti clérical alors en pleine agitation, et dans la pétition présentée au Sénat en 1868, en faveur de la liberté de l'enseignement supérieur, le nom de M. Germain Sée figura parmi ceux des professeurs de l'université contre les doctrines matérialistes desquels il n'était que temps de réagir si l'on voulait prévenir la plus épouvantable des catastrophes. Cette dénonciation collective produisit une grosse mais courte émotion, et les modestes et savants professeurs qui en furent l'objet y gagnèrent une popularité à laquelle ils ne s'attendaient pas, convaincus d'avoir fait leur devoir et de n'avoir pas plus de droit aux ovations qu'aux insultes. Nommé, peu après, à la chaire de clinique médicale, M. Germain Sée fut élu membre de l'Académie de médecine en 1869. Il a été nommé professeur de clinique médicale à l'Hôtel-Dieu en septembre 1875, et en est devenu le médecin en chef. A la fin d'août 1876, les journaux ont annoncé le départ de M. Sée pour Constantinople, appelé auprès du sultan Mourad V, qui n'était déjà plus sultan avant que M. Sée eût eu le temps de s'embarquer. Il a fait, en 1877, à l'Académie de médecine, un rapport extrêmement intéressant sur les propriétés thérapeutiques de l'acide salicylique et de ses dérivés, lequel a été l'occasion d'une vive polémique, mais n'en a pas moins fait admettre cet agent thérapeutique dans la pratique courante qui, comme de tout agent nouveau une fois admis, a fini par en abuser. — On doit à ce savant: *Effet du seigle ergoté sur le cœur et la circulation (1846); De la chorée, rapports du rhumatisme et des maladies de cœur avec les affections nerveuses et convulsives (1850, in-4°); Leçons de pathologie expérimentale: Du sang et des anémies*, recueillies par M. Maurice Raynaud (1866); *Du diagnostic et du traitement des maladies du cœur*, leçons faites à la clinique de la Charité de 1874 à 1876 (1878), etc., outre des *leçons, mémoires*, etc., insérés au *Courrier médical*, au *Bulletin thérapeutique*, aux *Mémoires de l'Académie de médecine*, au *Nouveau Dictionnaire de médecine et de chirurgie pratiques*, etc. M. Germain Sée a été promu commandeur de la Légion d'honneur le 12 juillet 1880.

SELBORNE (comte de), Roundell Palmer, jurisconsulte et homme politique anglais, né à Mixburg (comté d'Oxford) le 27 novembre 1812, fit ses études aux collèges de Rugby et de Winchester et au collège de la Trinité, à Oxford, où il les termina d'une manière exceptionnellement brillante; il suivit ensuite les cours de l'école de droit de Lincoln's Inn et fut admis au barreau en 1837. Il exerça d'abord comme avocat plaidant en chancellerie, puis devint conseil de la reine en 1849. Aux élections générales de 1847, sir Roundell Palmer fut élu représentant de Plymouth à la Chambre des communes comme libéral-conservateur et libre-échangiste. Non réélu en 1852, il reprenait son siège à la Chambre l'année suivante; mais aux élections de 1857, il ne sollicitait point le renouvellement de son mandat. Malgré cela, sir Roundell Palmer fut nommé solicitor-général par lord Palmerston en juillet 1861. Il fut, à cette occasion, créé chevalier, comme c'est l'usage, et fut élu peu après membre du parlement pour Richmond, qu'il n'a cessé de représenter qu'à son élévation à la pairie. Devenu attorney-général à la mort du titulaire, sir W. Atherton, il se retira à la chute du ministère Russell, en juin 1866. Au retour des libéraux au pouvoir, en décembre 1868, M. Gladstone lui offrit le poste de chancelier; mais il refusa, n'étant pas complètement d'accord sur la question de l'Église d'Irlande avec le premier ministre. Sir Roundell Palmer se borna, en conséquence, à appuyer le nouveau cabinet dans la plupart des questions actuelles, en conservant une attitude indépendante. Il représenta l'Angleterre au tribunal arbitral de Genève, ayant à statuer sur les difficultés soulevées entre cette puissance et les États-Unis à propos des corsaires confédérés, en 1871, et succéda à lord Hatherley comme lord chancelier d'Angleterre, en octobre 1872. Il fut, à cette occasion, élevé à la pairie avec le titre de baron Selborne, de Selborne, dans le comté de Hants. Lord Selborne a donné sa démission à la chute du parti libéral, en février 1874. En mai 1880, dans le nouveau cabinet libéral présidé par M. Gladstone, il reprenait ses fonctions de lord chancelier d'Angleterre, et était nommé, en décembre 1882, vicomte Wolmer de Blackmoor, dans le Hampshire et comte de Selborne. Il n'a pas fait partie du dernier cabinet Gladstone (février à août 1886). — Élu lord recteur de l'université de Saint-Andrews en 1877, lord Selborne a écrit quelques ouvrages religieux.

SELLA, Quintino, homme d'État italien, né à Mosso (Piémont) le 7 juillet 1827, fit ses études à l'université de Turin, puis vint à Paris où il suivit, pendant trois ans, les cours de l'École des mines. De retour à Turin en 1851, il fut appelé à la chaire de géométrie appliquée de l'Institut technique, puis à celle de mathématiques de l'université à la fin de 1853; nommé, en 1855, directeur du cabinet de minéralogie de l'Institut technique, membre du Conseil supérieur de l'instruction publique en 1858 et du Conseil des mines en 1860. En 1861, M. Sella devenait secrétaire général du ministère de l'instruction publique, et au mois de mars de l'année suivante, il entrait dans le cabinet Rattazzi, avec le portefeuille des finances. Démissionnaire en décembre suivant avec ses collègues, il accepta le même portefeuille dans le cabinet La Marmora, qui dura de septembre 1864 à décembre 1865, et le reprenait dans le cabinet Lanza, en décembre 1869, pour le conserver jusqu'en avril 1873. Dans cette période, M. Sella apporta, dans les finances de l'Italie, des réformes importantes et bien nécessaires, qui n'eurent pas cependant tout l'effet qu'il en attendait; il réalisa des économies sur toutes les branches de l'administration, augmenta les droits d'enregistrement et de timbre, fit adopter des impôts nouveaux réalisa la conversion des biens ruraux des paroisses desservies par des curés ayant moins de 800 livres de revenus annuels, fit passer un projet de loi pour l'unification de la dette pontificale, adopter par les Chambres également un projet d'impôt sur la mouture qui devait susciter bien des difficultés à ses successeurs et même provoquer des troubles dans les districts ruraux de diverses provinces; mais ses projets douaniers rencontrèrent, dans le parlement, une résistance qui le força à donner sa démission, le 23 juin 1873. N'oublions pas qu'au début de la guerre de 1870, M. Sella se prononça avec une grande énergie contre toute idée d'alliance avec la France. Peut-être avait-il raison, après tout: on ne s'allie pas, généralement, avec des vaincus; il n'y a guère que les Français capables d'une maladresse pareille. — M. Sella reprit donc sa place sur les bancs de la droite constitutionnelle, dont il était dès lors le chef reconnu. Lorsqu'à la suite de l'expédition française à Tunis, qu'il était accusé de n'avoir pas su prévoir et empêcher, le ministère Cairoli fut obligé de quitter le pouvoir (14 mai 1881), le roi Humbert fit appeler M. Sella et lui confia la mission de former un nouveau cabinet; mais il ne put y parvenir; après plusieurs jours de vains efforts, il dut avouer son impuissance à réunir, dans un ministère de droite, des personnages assez influents pour lui assurer une majorité sérieuse dans le parlement; et ce fut un ministère Depretis qui succéda au ministère Cairoli.

M. Sella a publié: *Sulla constituzione geologica e sulle industrie bielleze* (Biella, 1864); *Lezione di cristallografia (1867); Sulle condizioni della industria acinerania in Sardegna (1871)*, etc. Il a publié, en outre, dans les recueils de l'Académie des sciences de Turin et de l'Académie des Lincei de Rome, dont il est membre, de nombreux mémoires.

SENS, Édouard Joseph, ingénieur et homme politique français, né à Arras, le 26 février 1826. Élève de l'École polytechnique et de l'École des mines, il fut nommé ingénieur à Mont-de-Marsan, puis à Arras. Envoyé à Chalon-sur-Saône contre son gré, vers 1863, M. Sens demanda sa mise en disponibilité et accepta les fonctions d'ingénieur-conseil de la compagnie des mines de Marquises, près Boulogne-sur-mer. Membre du Conseil général du Pas-de-Calais depuis 1861, M. Sens fut choisi comme candidat officiel dans l'arrondissement de Saint-Pol, après la mort du baron d'Herlincourt, en 1866; il fut élu, et siégea sur les bancs des dévoués du régime impérial. Réélu dans la première circonscription d'Arras en 1869, il ne modifia pas sa conduite au Corps législatif et vota la guerre. La révolution du 4 Septembre le rendit à la vie privée. Ce n'est qu'en février 1874, qu'une vacance s'étant produite dans la représentation du Pas-de-Calais à l'Assemblée nationale, M. Sens se présenta; il fut élu et siégea au groupe de l'Appel au peuple. Il échoua à Arras le 20 février 1876; élu le 14 octobre 1877, son élection était invalidée par la Chambre, et il ne réussissait pas à se faire réélire à la nouvelle épreuve. M. Sens a été élu député du Pas-de-Calais, sur la liste monarchiste, le 4 octobre 1885. — Il est chevalier de la Légion d'honneur, officier de l'instruction publique et décoré de plusieurs ordres étrangers.

SENTENAC, Joseph François Auguste, homme politique français, avocat, né à Saint-Girons le 24 janvier 1835. Avocat du barreau de sa ville natale, connu par ses opinions républicaines, il fut nommé sous-préfet de Saint-Girons après le 4 Septembre, et élu en octobre 1871 membre du Conseil général de l'Ariège, après avoir quitté l'administration. Après avoir échoué aux élections du 20 février 1876 dans son arrondissement, contre le candidat bonapartiste, M. Sentenac n'était pas plus heureux le 14 octobre 1877; mais cette élection ayant été annulée par la Chambre, il était enfin élu député de Saint-Girons le 7 juillet 1878, et réélu le 21 août 1881. Il siégea au groupe de l'Union républicaine. Élu député de l'Ariège au scrutin du 18 octobre 1885, M. Sentenac a voté l'expulsion des princes.

SERPA PINTO, Alexandre Albert da Rocha, officier et explorateur portugais, né au Tendaes, dans la province de Douro, le 20 avril 1846. Il fit ses études au Collège royal militaire de Lisbonne, entra au 7e régiment d'infanterie en 1863 et devint successivement enseigne en 1864, lieutenant aux carabiniers en 1868, capitaine en 1874, major en avril 1877 et fut nommé aide-de-camp du roi le 10 mars 1880. En 1869, il prenait part à la guerre du Zambèze et réussit à sauver le régiment de l'Inde, à Massangano, le 23 novembre. Il fut alors appelé au commandement des troupes indigènes d'Afrique. Dans le cours des années 1877 à 1879, M. Serpa Pinto traversa le continent africain de Benguela à Durban, voyage dont il a donné une magnifique relation: *Comment j'ai traversé l'Afrique (1881)*. Il reçut, à cette occasion, des médailles d'or des Sociétés de géographie de Paris, de Londres, de Rome, d'Anvers et de Marseille, et fut élu membre des sociétés géographiques les plus importantes du monde entier et de divers autres corps savants. Le major Serpa Pinto est commandeur de l'ordre de Saint-Jean de Portugal, chevalier de la Légion d'honneur et d'une foule d'autres ordres étrangers.

SERPETTE, Henri Charles Antoine Gaston, compositeur français, né le 4 novembre 1846, à Nantes; fils d'un riche industriel de cette ville, il y fit de brillantes études, vint faire son droit à Paris et fut reçu avocat. Épris d'une passion véritable pour la musique, il l'avait toutefois étudiée très sérieusement. Vers 1868, il entra au Conservatoire, dans la classe de composition de M. Ambroise Thomas et commença dès l'année suivante à prendre part au concours de l'Institut. Après avoir

échoué en 1869 et 1870, il remportait le grand prix de Rome en 1871, avec la cantate intitulée: *Jeanne d'Arc*, paroles de M. Jules Barbier, qui fut exécutée à l'Opéra le 26 novembre suivant par Mlle Rosine Bloch et MM. Gaillard et Richard, et fort bien accueillie par la critique. Après un court séjour en Italie, M. Serpette revint à Paris et écrivit la musique de la *Branche cassée*, opérette bouffe en 3 actes, représentée au théâtre des Bouffes-Parisiens le 23 janvier 1874. Il a donné depuis: le *Manoir de Pic Tordu*, opér. com. en 3 actes, aux Variétés (1875); le *Moulin du vert galant*, aux Bouffes-Parisiens (1876); *Madame le Diable*, féerie opérette en 4 actes, à la Renaissance (1882); *Fanfreluche*, opéra comique en 3 actes, au même théâtre (1883); le *Château de Tire-Larigot*, opérette en 3 actes, aux Nouveautés (1884); le *Petit chaperon rouge*, opérette en 3 actes, au même théâtre (1885); le *Singe d'une nuit d'été*, opérette en un acte, aux Bouffes (1886). — Outre deux morceaux de la cantate *Jeanne d'Arc*, qui ont été publiés à Paris chez l'éditeur Heugel, M. Serpette a fait graver un certain nombre de mélodies vocales.

SERPH, Marc Gusman, agriculteur et homme politique français, maire de Sarigue (Vienne), où il est né le 20 mai 1820. Fils de préfet, il fut lui-même attaché à la préfecture de la Corse de 1849 à 1851. Il s'est présenté, sans succès, aux élections de 1863 et de 1869, dans la 3e circonscription de la Vienne, fut élu le 8 février 1871 représentant de ce département, prit place au centre droit et se rallia aux lois constitutionnelles. Elu député de l'arrondissement de Civray, le 20 février 1876, il siégea à droite, et fut réélu le 14 octobre 1877 et le 21 août 1881. Aux élections du 4 octobre 1885, M. Gusman Serph a été élu député de la Vienne en tête de la liste monarchiste.

SEVAISTRE, Léon Mathieu, homme politique français, né à Rouen le 10 février 1840. Grand propriétaire dans le voisinage d'Elbeuf, membre du Conseil municipal de cette ville, il s'enrôlait dans un bataillon de chasseurs au début de la guerre, et assistait en décembre 1870 aux combats de Coulmiers, Patay, etc. Peu après son retour à Elbeuf, il était nommé adjoint, puis devenait maire en 1875 et conseiller général de l'Eure en 1880. Enfin, M. L. Sevaistre a été élu député de l'Eure sur la liste monarchiste le 4 octobre 1885.

SHERBROOKE (vicomte), Robert Lowe, homme d'Etat anglais, fils du recteur de Bingham (Notts), est né dans cette ville en 1811; il fit ses études à Winchester et au Collège de l'université à Oxford, fut quelque temps répétiteur à cette université, puis aborda l'étude du droit et fut admis au barreau à Lincoln's Inn, en janvier 1842. Il partit la même année pour l'Australie, où il exerça avec succès la profession d'avocat plaidant, siégea dans le conseil de cette colonie de 1843 à 1850 et fut ensuite élu représentant de Sydney; mais il retourna en Angleterre dès 1851. Elu représentant de Kidderminster à la Chambre des communes en juillet 1852, M. R. Lowe fut un des secrétaires-adjoints au Bureau de contrôle de décembre 1852 à février 1855; devenu vice-président du Bureau du commerce en août 1855, il donnait sa démission au retour de lord Derby au pouvoir, en 1858, et était nommé vice-président du Bureau d'éducation en juin 1859, poste qu'il conserva jusqu'en avril 1864. En avril 1859, son mandat pour Kidderminster étant expiré, M. Lowe fut réélu par le bourg de Calne. Il se montra, dans la session de 1866-67, l'un des plus énergiques adversaires du *bill* de réforme, contre lequel il prononça un assez grand nombre de discours remarquables pour en former un volume, qui fut publié aussitôt (1867). En décembre 1868, il fut élu, le premier, représentant de l'université de Londres à la Chambre des communes et, le même mois, à la formation du ministère Gladstone, il fut nommé chancelier de l'Echiquier et membre du Conseil d'éducation. En août 1873, M. Lowe donnait sa démission de chancelier de l'Echiquier (charge que M. Gladstone ajoutait à celle de premier lord de la Trésorerie qu'il occupait déjà) et remplaçait M. Bruce au ministère de l'intérieur. Il se retira à la chute de son parti, en février 1874. Le retour au pouvoir des libéraux, en mai 1880, valut à M. Robert Lowe son élévation à la pairie avec le titre de vicomte Sherbrooke.

SHERIDAN, Philip Henry, général américain, né à Somerset (Ohio) le 6 mars 1831, fit ses études militaires à West Point et en sortit comme officier d'infanterie en 1853; il servit deux ans sur la frontière du Texas et dans l'Orégon, de 1855 jusqu'au début de la guerre de Sécession (1861). Nommé d'abord quartier-maître de l'armée du sud-ouest du Missouri, puis quartier-maître général du district occidental en avril 1862, il était promu en mai suivant colonel du 2e régiment de cavalerie volontaire du Michigan et brigadier-général de volontaire en juillet. Peu après, il était appelé au commandement de la 11e division de l'armée de l'Ohio, puis transféré en la même qualité à l'armée de Cumberland. A Stone River, le 31 décembre 1862, la résistance acharnée qu'il opposa à des forces considérablement supérieures sauva l'armée d'une complète déroute; il fut pour la peine promu major-général de volontaires. Il se distingua ensuite dans la marche laborieuse sur Chattanooga, de juin à septembre 1863 et, à la bataille de Chickamauga, quoique repoussé d'abord, il parvint à porter au général Thomas un secours bien nécessaire. En avril 1864, le général Sheridan fut appelé au commandement de la cavalerie de l'armée du Potomac et, de mai à juillet, sans parler de son service de protection des flancs de l'armée, il se trouva engagé dans dix-huit combats. Le 4 août, il était nommé commandant en chef de l'armée de Shenandoah et, peu après, de la division militaire du Centre; il remporta plusieurs avantages sur le général confédéré Early, fut fait brigadier-général dans l'armée régulière, et major-général en novembre suivant. Ayant mis en déroute complète l'armée d'Early, il parcourut et dévasta les deux rives du fleuve James et coupa les communications des confédérés avec le Nord; tournant ensuite Richmond, il opéra sa jonction avec le général Grant à City Point, d'où il partait le 25 mars 1865 pour porter le dernier coup aux Sécessionnistes. Il combattit à Dinwiddie Court House, le 31 mars, aux Five Forks le lendemain: cette dernière affaire contraignit Lee à évacuer Richmond; il poursuivit l'armée confédérée l'épée dans les reins et força son général à capituler, à Appomattox Court House, le 9 avril. — Le général Sheridan fut appelé ensuite au commandement de la division militaire du Sud-Ouest, puis à celle du Golfe. Après la réorganisation, il fut nommé au commandement du département militaire du Golfe le 15 août 1866, et en mars suivant à celui du cinquième district (Louisiane et Texas). En désaccord avec le président Andrew Johnson, il fut transféré, dans une sorte de disgrâce, au département du Missouri, où il demeura jusqu'en mars 1869, époque à laquelle, le général Grant ayant été élu président des Etats-Unis, le général Sherman lui succéda au grade de général de l'armée, et M. Sheridan au général Sherman comme lieutenant-général, avec le commandement des divisions de l'Ouest et du Sud-Ouest et son quartier-général à Chicago. Le général Sheridan a suivi la campagne de France de 1870-71. A Paris lorsqu'éclata la révolution du 18 mars, il fut notamment témoin, des fenêtres d'un hôtel de la rue de la Paix, de la manifestation pacifique du 22 et des incidents déplorables qui suivirent. Sa version sur ce fait historique ne ressemble à celle devenue officielle à la faveur des événements, qu'en ce qu'elle dit absolument le contraire. — Au commencement de 1875, des désordres sérieux s'étant produits à la Nouvelle-Orléans, le général Sheridan fut envoyé à la tête des troupes de l'Union chargées d'y rétablir l'ordre. Forcé à une longanimité qui est peu dans son caratère, car la résistance des New-Orléanais aux ordres du gouvernement central a duré guère moins d'une année entière, sa conduite a toutefois soulevé de très vives protestations dans cet Etat et dans d'autres.

SHERMAN, William Tecumseh, général américain, né à Lancaster (Ohio) le 8 février 1820, fut élève à l'académie militaire de West Point, d'où il sortit dans l'artillerie en 1840. Il servit d'abord en Floride, fit la campagne du Mexique (1846-47), puis il entra dans l'état-major et servit, de 1847 à 1853, en Californie, dans le Missouri et dans la Louisiane. Il donna alors sa démission et s'établit banquier à San Francisco en 1853, quitta la banque au bout de quatre ans et se fit homme de loi, ayant fait son droit tout en étant officier. Il exerça cette profession à Leavenworth (Kansas) pendant deux ans, et fut nommé en 1859 inspecteur de l'Académie militaire et savante de la Louisiane, à Alexandrie. Il donna sa démission en janvier 1861, au début de la guerre civile, pour rentrer dans l'armée, et reçut une commission de colonel d'infanterie. A la bataille de Bull Run, le 21 juillet 1861, il commandait une brigade de volontaires. Promu peu après brigadier-général de volontaires et appelé au commandement militaire de Cumberland, il fut chargé ensuite de celui d'un camp d'instruction établi près de Saint-Louis. Rappelé au service actif, le général Sherman prit part aux campagnes du Tennessee et du Mississipi; il commandait une division à Shiloh (avril 1862) et au siége de Corinthe. Promu major-général de volontaires le 1er mai, il eut de fréquents engagements avec les confédérés dans l'été et l'automne qui suivirent, prit une part active à la campagne de Vicksburg et fut fait brigadier-général dans l'armée régulière. Nommé commandant en chef de l'armée du Tennessee en remplacement du général Grant, le 25 octobre 1863, le général Sherman participa aux opérations sous Chattanooga et à la prise de Missionary Ridge; après quoi il organisa une armée de 100,000 hommes pour la campagne de 1864, dans laquelle il se distingua d'une manière si brillante. Le 12 mars, il remplaçait le général Grant à la tête de la division du Mississipi, comprenant le commandement des armées et des territoires environnants, et commençait le 2 mai l'invasion de la Georgie. Il s'emparait d'Atlanta le 2 septembre et, après avoir envoyé environ les deux cinquièmes de son armée à la rencontre de Hood dans le Tennessee, il se dirigea vers le sud, s'empara du fort Mac Allister le 13 décembre et de Savannah le 21. Dès janvier 1865, il envahissait les Carolines, mettait six semaines à traverser la Caroline du Sud, livrait deux batailles dans la Caroline du Nord, les 16 et 20-21 mars, occupait Goldsborough le 22 et, après quelques semaines de repos accordées à son armée, s'emparait de Raleigh le 13 avril et négociait avec le général J.-E. Johnston les conditions de sa capitulation, qui eut lieu le 22 avril 1865.

Promu major-général dans l'armée régulière le 12 août 1864, le général Sherman fut maintenu après la guerre au commandement du Mississipi. Le 25 juillet 1866, il était nommé lieutenant-général en remplacement de M. Grant, pour qui le Congrès empruntait aux Etats monarchiques le titre de général de l'armée, inconnu jusque-là aux Etats-Unis. A l'avénement du général Grant à la présidence des Etats-Unis, en 1869, le lieutenant-général Sherman lui succédait comme général de l'armée. Après une excursion d'environ une année en Europe et en Orient (1871-72), le général Sherman retourna aux Etats-Unis, prit d'abord sa résidence à Washington, puis, vers la fin de 1874, à Saint-Louis. Il a été un moment question de sa candidature à la présidence aux élections de 1876. — Le général Sherman a pris sa retraite à la fin de 1883. Il avait publié, en 1876, une « relation de ses opérations militaires. »

SICKLE, Daniel E., général et diplomate américain, né à New-York le 10 octobre 1822. D'abord apprenti imprimeur, il étudia ensuite le droit et fut admis au barreau en 1843. Il s'occupa de politique de bonne heure, fut élu membre de la Législature de l'Etat en 1847 et devint bientôt l'un des chefs du parti démocrate à New-York. Nommé secrétaire de légation à Londres en 1853, il était élu à son retour, en 1855, sénateur de l'Etat de New-York et l'année suivante, membre du Congrès. Réélu en novembre 1858, M. Sickle était poursuivi l'année suivante, sous l'inculpation de meurtre, ayant tué un monsieur qu'il avait trouvé en conversation trop intime avec sa femme; mais il fut acquitté et siégea au Congrès à la session suivante. Réélu en 1860, il levait, au début de la guerre civile (1861), une brigade de volontaires. Nommé colonel de l'un de ses régiments, puis brigadier-général à la fin de l'année, il se distingua dans diverses batailles, perdit une jambe à celle de Gettysburg et fut promu major-général de volontaires. En 1867, le président Johnson le nomma ministre à La Haye, mais il refusa ce poste et fut fait successivement brigadier-général et major-général dans l'armée régulière. Nommé, en avril 1869, ministre des Etats-Unis à Madrid, il fut rappelé en juin 1872, à la requête du gouvernement espagnol, sous prétexte d'ingérence dans la politique intérieure du pays. — Le général Sickle est commandeur de la Légion d'honneur.

SIEGFRIED, Jules, homme politique français, né à Mulhouse le 12 février 1837. Dès 1862, il établissait au Havre, avec son frère aîné, une maison de commerce, puis allait fonder un comptoir pour l'achat des cotons à Bombay et successivement un autre à Liverpool et d'autres encore dans plusieurs villes du sud des Etats-Unis. Membre de la chambre de commerce du Havre depuis 1869, il devenait conseiller municipal et adjoint au maire de cette ville en 1870; révoqué après le 16 mai 1877, il échouait aux élections à la Chambre des députés le 14 octobre suivant; mais il devenait en 1878 maire du Havre et conseiller général de la Seine-Inférieure pour le canton de Bolbec, et n'a pas cessé d'être maintenu jusqu'ici dans ces doubles fonctions. Il va sans dire qu'après l'annexion de son pays à l'Allemagne, M. Jules Siegfried avait opté pour la nationalité française. Comme il avait fait à Mulhouse dans sa jeunesse, il a créé au Havre et à Bolbec des œuvres philanthropiques de nature diverse en faveur des ouvriers, fondé des cités ouvrières et des établissements d'utilité publique, organisé des sociétés patriotiques, d'enseignement, etc. Elu député de la Seine-Inférieure le 4 octobre 1885, M. J. Siegfried a voté l'expulsion des princes. — Il est officier de la Légion d'honneur.

SIGNOL, Emile, peintre français, né à Paris le 11 mars 1804, est élève de Gros, suivit le cours de l'Ecole des Beaux-Arts, et obtint le second prix en 1829 et le grand prix de Rome en 1830, le sujet du concours étant: *Méléagre prenant les armes à la sollicitation de sa femme*. Il avait débuté au Salon dès 1824. On cite de cet artiste: *Joseph racontant son rêve (1824)*; le *Couvent de Santa-Scholastica*, un *Portrait (1834)*; *Noé maudissant ses fils*, *Christ au tombeau (1835)*; le *Réveil du juste*, le *Réveil du méchant (1836)*; la *Religion consolant les affligés (1837)*; la *Vierge (1839)*; la *Femme adultère (1840)*; *Jésus-Christ et la femme adultère*, *Sainte Madeleine pénitente*, la *Vierge mystique (1842)*; la *Prise de Jérusalem (1848)*; la *Folie de Lucie*, les *Fantômes*; la *Fée et la péri*, *Sarah la baigneuse*, ces trois derniers inspirés de Victor Hugo (1850); *Descente de croix*; les *Législateurs sous l'inspiration évangélique*, pour le Sénat (1853); *Pieta*, *Béatrix*, le *Passage du Bosphore (1855)*; *Sainte famille (1859)*; *Vierge folle et vierge sage*, *Rhadamiste et Zénobie*, *Supplice d'une vestale (1863)*; *l'Armée chrétienne apercevant Jérusalem* et *Tancrède à la montagne des Oliviers (1880)*, etc., plus de nombreux *Portraits*; à quoi il convient d'ajouter: la *Deuxième croisade prêchée à Vézelay*, le *Sacre de Louis XV*; les portraits de *Louis VII*, *Philippe-Auguste*, *Godefroy de Bouillon*; le portrait équestre de *Louis IX*, pour les Galeries de Versailles (1838-44); des peintures décoratives aux églises de la Madeleine, Saint-Roch, Saint-Séverin, Saint-Eustache, Saint-Augustin (1864-65); à celle de Saint-Sulpice, pour laquelle il a peint: *Jésus trahi et livré par Judas*, le *Crucifiement*, côté gauche du transept; la *Résurrection* et l'*Ascension*, côté droit (1873-76), etc. — M. Emile Signol a obtenu une médaille de 2e classe en 1834 et une de 1re classe en 1835. Chevalier de la Légion d'honneur en 1841, il a été promu officier de l'ordre en 1865. Il a été élu membre de l'Académie des Beaux-Arts en 1860, en remplacement de Hersent.

SIMON, Jules François Simon Suisse, dit Jules Simon, philosophe et homme d'Etat français, ancien ministre, sénateur, membre de l'Académie française, est né à Lorient le 31 décembre 1814. Il fit ses études au collège de Vannes, entra au lycée de Rennes comme maître d'études, et fut reçu troisième à l'Ecole normale supérieure, en 1833. Agrégé de philosophie en 1835, il professa à Caen, puis à Versailles, fut rappelé à Paris en 1837 comme professeur suppléant d'histoire et de philosophie à l'Ecole normale, et devint titulaire l'année suivante. En 1839, Cousin, dont il était un des disciples les plus brillants, le désignait pour le suppléer à la Sorbonne. Nommé chevalier de la Légion d'honneur en 1845, il se présentait l'année suivante aux électeurs de Lannion (Côtes-du-Nord) comme candidat de la « gauche constitutionnelle », suivant sa profession de foi, en concurrence avec M. Tassel, candidat de la gauche démocratique et M. de Cormenin, candidat du comité Odilon Barrot et du clergé. La candidature de M. Jules Simon, vivement combattue à cause de son indépendance évidente, échoua. En décembre 1847, il fondait à Paris, avec son collègue à l'Université et collaborateur, feu Amédée Jacques, la *Liberté de penser*, revue politique et philosophique, dont il se réserva la partie politique. Après la révolution de février 1848, malgré les attaques passionnées dont sa candidature avait été l'objet deux ans auparavant, M. Jules Simon était élu représentant des Côtes-du-Nord à la Constituante le dixième sur seize. Il siégea parmi les modérés, fut membre du comité de l'organisation du travail, et se signala par une opposi-

tion ardente aux doctrines socialistes, sous prétexte que les ennemis de l'ordre prenaient le socialisme pour drapeau. Après les événements de Juin, il s'occupa principalement des questions d'instruction publique, fut secrétaire de la commission de l'enseignement primaire et rapporteur de la loi organique préparée par M. Carnot, mais modifiée et finalement mise au panier par M. de Falloux, pour être remplacée par une bien différente. En mars 1849, M. Jules Simon fut élu membre du Conseil d'Etat et donna sa démission de représentant (avril); mais, au renouvellement du 20 juin, par l'Assemblée législative, de la première moitié de ce conseil, il n'y fut pas maintenu, et se trouva ainsi écarté de la vie publique. Après le coup d'Etat, le cours de philosophie que M. Jules Simon professait à la Sorbonne fut suspendu et le professeur ne tarda pas à être considéré comme démissionnaire pour refus de serment. La *Liberté de penser* n'avait pas attendu les événements de Décembre pour éprouver les vexations de l'autorité. Dès 1850 un de ses collaborateurs, M. Emile Deschanel, professeur de rhétorique à Louis-le-Grand, était révoqué pour y avoir publié un article intitulé le *Catholicisme et le socialisme*, et son directeur, Amédée Jacques, mort en exil à Buenos-Aires en 1865, était exclu de l'Université. — Mais M. Jules Simon s'était alors prudemment séparé de ses amis et collaborateurs et retiré de la revue qu'il avait fondée avec eux. Il collabora ensuite quelque temps au *National*.

Le coup d'Etat, en brisant la carrière universitaire de M. Jules Simon, lui fit une notoriété sur laquelle il devait peu compter, du moins si tôt, et lui ouvrit littéralement les portes de la carrière politique, qu'il a si brillamment parcourue depuis. Demeuré en France quand les plus considérables étaient pour le moins exilés et bâillonnés, il put y faire entendre sa voix et publia des livres auxquels son esprit de philosophe éclectique permit une libre circulation et sa situation de professeur révoqué pour cause politique assura un grand succès. Membre du comité démocratique de la Seine aux élections générales de 1857, M. Jules Simon fut porté candidat, mais décidé à refuser le serment, dans la 8ᵉ circonscription de la Seine, contre M. Fouché-Lepelletier, candidat officiel et M. Vavin, candidat de l'opposition appuyé par le *Siècle;* il échoua avec 2,268 voix sur 24,121 votants. Mais trois candidats ayant été élus, MM. Carnot, Cavaignac et Goudchaux, et ayant refusé le serment, la formalité du serment préalable fut établie pour éviter le retour de ces manifestations désagréables. En conséquence, M. Jules Simon se mit à la tête du mouvement d'opposition radicale qui rejetait du sein de la démocratie, comme des pestiférés, les députés assermentés. Cela dura jusqu'aux élections générales suivantes (1863). A cette époque, après de longs débats dans le comité Carnot, des pourparlers sans fin, M. J. Simon se décida à déposer le serment préalable et à se porter candidat dans la 8ᵉ circonscription, où il fut élu à une grande majorité. Il se fit remarquer au Corps législatif, dès le début, par le ton persuasif de sa parole et fut positivement l'orateur de la gauche que la majorité écouta le plus volontiers : et c'est un point important, car on ne saurait faire entendre les meilleures raisons à qui se refuse à vous écouter. M. Jules Simon prit surtout la parole dans les questions d'enseignement, en faveur de la liberté de la presse, sur le travail des femmes, et dans quelques discussions politiques, notamment à l'occasion de la question romaine. Aux élections de 1869, la candidature de M. Jules Simon fut adoptée et soutenue dans plusieurs départements, et il fut élu, malgré l'opposition du gouvernement et celle des socialistes avancés, dans la 8ᵉ circonscription de la Seine contre Lachaud, le célèbre avocat, à une majorité énorme, et dans la 2ᵉ circonscription de la Gironde. Il opta pour cette dernière. M. Jules Simon, dans cette dernière législature de l'Empire, mit le sceau à sa réputation d'orateur politique; mais surtout, ce qui a une importance plus grande aux yeux de tout homme sérieux, il se révéla comme un économiste de premier ordre dans la discussion des traités de commerce. Représentant d'un département éminemment et nécessairement libre-échangiste, il soutint avec une autorité que ses amis eux-mêmes ne s'attendaient pas à lui voir prendre dans une pareille question, les principes de la liberté commerciale, entrant dans de minutieux détails de chiffres accusant une étude laborieuse et approfondie du sujet. Il prit également la parole dans la discussion relative à la marine marchande et combattit le système inique de l'inscription maritime. Il est en outre l'auteur d'une proposition d'abolition de la peine de mort qu'il défendit avec une énergie vaine, dans la séance du 21 mars 1870. Simple membre de la « gauche fermée, » M. Jules Simon n'en était pas moins l'un des hommes les plus considérables de l'opposition lorsqu'éclata la révolution du 4 Septembre. Quoique n'étant pas député de Paris, mais ayant été un de ses élus, il fut proclamé membre du gouvernement de la Défense nationale et délégué, par décret du 5, au ministère de l'instruction publique, des cultes et des beaux-arts. Après l'armistice, il fut envoyé à Bordeaux pour assurer l'exécution des décrets relatifs aux élections dans leur forme et teneur, et non avec les modifications apportées par Gambetta. — Aux élections du 8 février 1871, M. Jules Simon échoua à Paris, mais il fut élu représentant du département de la Marne à l'Assemblée nationale, le cinquième sur huit. Il prit place sur les bancs de la gauche et fut choisi par M. Thiers pour reprendre dans le cabinet du 19 janvier 1871 le portefeuille de l'instruction publique. Nous n'insisterons pas sur les réformes, à peu près toutes disparues bientôt après, apportées par M. Jules Simon dans l'enseignement supérieur et ailleurs, ni sur l'habileté avec laquelle il sut longtemps déjouer ou écarter les attaques incessantes de la majorité réactionnaire et cléricale à laquelle il jetait de temps en temps, pour la calmer, le gâteau de miel qui suffit à rendre Cerbère le plus bénin des portiers; nous rappellerons seulement qu'il est tombé uniquement pour avoir attribué à M. Thiers *seul* l'œuvre de la libération du territoire, dans un discours prononcé le 19 avril 1873 à l'assemblée générale des Sociétés savantes, à la Sorbonne. La majorité, dont le concours *passif* avait été nécessaire en réalité pour que ce résultat fût atteint, mais dont les capacités aussi bien que le courage avaient été trop clairement caractérisés par M. Thiers même dans une occasion mémorable, pour permettre de la croire capable de l'initiative sans laquelle rien n'eût pu se faire, fit un tel tapage, que M. Jules Simon dut se retirer. Il reprit sa place à la gauche de l'Assemblée, qui le choisit pour président. Dans la séance du 18 novembre 1873, il prononça un discours d'une grande valeur politique, à propos de la discussion soulevée par le projet de septennat et dans lequel il s'éleva, avec une éloquence que nous serions presque autorisé à qualifier de prophétique, contre l'institution d'un gouvernement qui ne serait plus qu'une dictature. Il prit la défense de l'Université dans la discussion sur le projet de loi relatif à la liberté de l'enseignement supérieur, comme il devait la reprendre plus tard au Sénat, c'est-à-dire avec une éloquence en apparence persuasive, mais qui ne persuada point ses adversaires, parmi lesquels il aura sûrement éprouvé une véritable douleur de rencontrer des universitaires comme lui élevés au biberon de la philosophie éclectique. — M. Jules Simon a été élu, le 16 décembre 1875, sénateur inamovible. M. Dufaure ayant donné sa démission, avec tout son cabinet, après le vote des conclusions négatives du rapport de M. Paris sur une proposition d'amnistie votée par la Chambre des députés et acceptée après rectification par le ministère, ce qui constituait parlementairement un vote de défiance de la part du Sénat, quelles que soient les arguties employées ensuite pour prouver le contraire, M. Jules Simon fut appelé à former un cabinet (13 décembre 1876), où les éléments nouveaux se bornaient à l'honorable M. Martel, ancien membre du tiers-parti libéral au Corps législatif, qui prit le portefeuille de la justice abandonné par M. Dufaure, et à lui-même, succédant à M. de Marcère à l'intérieur. Le 16 mai suivant (1877), sans que personne s'y attendit, excepté bien entendu les initiés, M. Jules Simon recevait du président de la République une lettre de blâme rédigée militairement et qui, inspirée ou non par ceux qu'on a signalés à ce titre à l'attention publique, semble une réponse « conforme » au discours du président de la gauche du 18 novembre 1873, et aussi, il faut le reconnaître, aux mesures prises par le gouvernement pour empêcher l'agitation cléricale de prendre des proportions trop inquiétantes; mais la lettre présidentielle n'en soufflait mot. M. Simon répondit par sa démission, motivée dans les termes les plus dignes et les plus courtois. Ce procédé inouï, employé envers l'un des hommes d'Etat les plus conciliants, les moins portés aux résolutions extrêmes et les mieux accueillis par la majorité parlementaire, sous un régime parlementaire, souleva une véritable réprobation dans la presse libérale française et dans la presse universelle, quel que fût son drapeau politique et sa nationalité, et M. Jules Simon y gagna certainement une notoriété et une considération sans limites. Comme nous n'avons à nous occuper que de lui dans cette notice, il ne nous appartient pas de nous appesantir sur les conséquences de l'acte du 16 mai, dont la critique appartient à l'histoire.

M. Jules Simon reprit sa place sur les bancs de la gauche sénatoriale, et quand M. de Broglie vint demander au Sénat, le mois suivant, la dissolution de la Chambre des députés, il le combattit avec énergie, mais sans succès, comme on sait. En septembre suivant, il était désigné pour porter la parole sur la tombe de M. Thiers, dont il était depuis longtemps l'ami. M. Jules Simon ne reprit un rôle en vue, dans le parlement qu'à l'occasion du congrès réuni à Versailles pour décider le retour des Chambres à Paris (juin 1879). Nommé rapporteur, il conclut en effet dans ce sens, et ses conclusions furent adoptées par 526 voix contre 249. A dater de ce moment, il commence une évolution singulière, si elle ne lui fut dictée, comme on l'a prétendu, par une espèce de jalousie d'influence. Il combat avec force, avec violence, plutôt, les décrets de mars contre les congrégations religieuses non autorisées, décrets qu'il eût peut-être appliqués sans hésitation, à en juger par son attitude en face de l' « agitation cléricale » de 1877, s'il eût été au pouvoir; et lui, l'universitaire si exclusif, il s'élève contre l'article 7 de la loi sur l'enseignement supérieur, qui interdit aux membres des congrégations non reconnues par l'Etat toute participation à l'enseignement. Rapporteur de la commission du Sénat chargée d'examiner ce projet, son rapport conclut au rejet de l'article 7, et il défend à la tribune, avec acharnement, cette partie importante de ses conclusions, qui furent votées, et firent de leur auteur, du jour au lendemain, un nouveau membre, accueilli avec empressement, des groupes réactionnaires de la première Chambre, avec lesquels, hanté par son passé connu, il ne combattit toutefois que sur des questions capables de diviser les groupes de gauche eux-mêmes, telles que l'amnistie plénière, par exemple, et sur divers points particuliers des questions relatives à l'enseignement. — Commensal ordinaire des princes d'Orléans, M. Jules Simon fut un de ceux dont la fréquentation assidue à l'hôtel du comte de Paris attira le plus l'attention du gouvernement et des Chambres au commencement de 1886, et induisit le gouvernement à exercer une sorte de surveillance sur les agissements du chef, à peu près incontesté désormais, de la Maison de France, mesure qui devait fatalement aboutir à la loi d'expulsion de juin 1886. Il va sans dire qu'il combattit avec une énergie égale à sa conviction, cette fois, cette proposition, mais ce ne fut pas avec tout le succès qu'il espérait.

Outre les recueils déjà cités, M. Jules Simon a été, depuis 1840, un des collaborateurs de la *Revue des Deux-Mondes* et a dirigé au début le *Journal pour tous;* en 1874, il remplaçait M. Leblond comme directeur politique du *Siècle* et acceptait, après sa retraite du ministère, la direction de l'*Echo universel*, journal fondé par M. Savary, qui lui fut aussitôt offerte. Il a publié : *Du commentaire de Proclus sur le* Timée *de Platon*, thèse de doctorat (1839); *Etude sur la théodicée de Platon et d'Aristote (1840);* des éditions des *Œuvres de Descartes*, des *Œuvres philosophiques de Bossuet (1842);* des *Œuvres de Malebranche (1842-47,* 2 vol.); des *Œuvres philosophiques d'Antoine Arnault (1843); Histoire de l'Ecole d'Alexandrie (1844-45,* 2 vol.); *Manuel classique de philosophie*, avec Amédée Jacques et Saisset (1847); le *Devoir (1854);* la *Religion naturelle (1856);* la *Liberté (1857,* 2 vol.); la *Liberté de conscience (1859);* l'*Ouvrière (1863);* l'*Ecole (1864*, nouv. édit. 1886); le *Travail (1866);* l'*Ouvrier de huit ans (1867);* la *Politique radicale (1868);* la *Peine de mort*, récit publié d'abord (anonyme) au *Journal pour tous*, puis en feuilletons dans plusieurs journaux de province, signé cette fois, en 1868 (1869); le *Libre-échange (1870);* l'*Instruction gratuite et obligatoire*, la *Réforme de l'enseignement secondaire (1874); Souvenirs du 4 Septembre* (2 vol., même année); le *Gouvernement de M. Thiers (1878,* 2 vol.); le *Livre du petit citoyen*, manuel d'éducation civique (1880); *Dieu, Patrie, Liberté (1883); Une académie sous le Directoire (1884)*, etc. — Elu à l'Académie des sciences morales et politiques en remplacement de Dunoyer, en 1863, M. Jules Simon était élu membre de l'Académie française le 16 décembre 1875, en remplacement du comte de Rémusat. Chevalier de la Légion d'honneur depuis 1845, il a été créé grand croix des ordres des SS. Maurice et Lazare d'Italie et de la Rose du Brésil dans l'intervalle de son passage au pouvoir.

SIMONNET, François Ursin Marcellin, homme politique français, né à Hérisson (Allier) le 20 avril 1824. Il fit ses études médicales à Paris, prit le grade d'officier de santé en 1855 et retourna s'établir dans son pays natal. En 1868, M. Simonnet était administrateur d'un journal local d'opposition démocratique. Devenu maire de sa ville natale, conseiller général de l'Allier depuis 1880, il fut élu député de la 2ᵉ circonscription de Montluçon le 21 août 1881 et s'inscrivit à la gauche radicale. Elu député de l'Allier au scrutin du 18 octobre 1885, M. Simonnet a voté l'expulsion totale des princes.

SIMYAN, Julien, homme politique français, né à Cluny (Saône-et-Loire) en 1850. Directeur politique de la *Tribune républicaine* et du *Radical* de Saône-et-Loire, ancien maire de sa ville natale, M. Simyan a été élu député de ce département au scrutin de ballottage du 18 octobre 1885, comme candidat radical. Il a voté l'expulsion totale des princes.

SIVORI, Ernest Camille, violoniste italien, né à Gênes le 6 juin 1817. Il commença l'étude du violon de si bonne heure, qu'il avait dès l'âge de dix ans la réputation d'un virtuose remarquable. Il se produisit dès lors dans les concerts, à Paris, puis à Londres, retourna à Gênes vers la fin de l'année et entra comme premier violon solo dans l'orchestre du théâtre Carlo Felice. Après avoir fait en Italie plusieurs tournées très fructueuses, M. Sivori en entreprit une plus longue dans les principales villes des deux mondes (1841). C'est ainsi qu'il visita successivement l'Allemagne, l'Angleterre, les Etats-Unis, l'Amérique méridionale, revenant en Italie par l'Espagne. Il est venu fréquemment en France, toujours accueilli avec enthousiasme, et en 1880, il en remporta de plus la décoration de la Légion d'honneur. — On doit à M. Sivori un certain nombre de compositions pour son instrument.

SMILES, Samuel, littérateur anglais, né à Haddington (Ecosse) en 1816, étudia d'abord la médecine et pratiqua même pendant quelque temps la chirurgie à Leeds; mais il abandonna bientôt cette carrière et prit la direction du *Leeds Times*. Devenu en 1845 secrétaire du chemin de fer de Leeds à Thirsk, il passait en la même qualité au South-Eastern vers 1852 et quittait ces fonctions en 1866. — M. S. Smiles, qui a collaboré activement à la *Quarterly Review* et autres publications périodiques, a publié : l'*Education physique (1837); Histoire de l'Irlande (1844);* la *Propriété des chemins de fer, ses conditions, ses perspectives (1849); Vie de George Stephenson (1858,* 5ᵉ édition); « *Self-Help* », *ou caractère et conduite (1860);* les *Gains de l'ouvrier (1861); Vies des ingénieurs, avec un examen de leurs ouvrages (1862); Biographie industrielle (1863);* les *Vies de Boulton et de Watt (1865);* les *Huguenots, leurs établissements, leurs églises et leurs industries en Angleterre et en Irlande (1869,* 3ᵉ édition); le *Caractère (1871);* les *Huguenots en France après la révocation de l'édit de Nantes, suivi d'une Visite au pays des Vaudois (1874); George Moore, marchand et philanthrope (1878); Vie de Robert Dick (boulanger de Thurso), géologue et botaniste (1879); Devoir, avec des exemples de courage et de patience (1880);* il a édité en outre une *Autobiographie de M. James Nasmyth (1883).* — Plusieurs de ces ouvrages ont été traduits en français, le dernier traduit : le *Caractère*, en 1877.

SMITH, Robert Angus, chimiste anglais, né près de Glasgow le 15 février 1817, fit ses études classiques à Glasgow et alla étudier la chimie à Giessen, de 1839 à 1841, sous la direction de Liebig. Avec le Dʳ Playfair, M. R. Smith s'occupa activement des conditions sanitaires des villes du comté de Lancastre. Son rapport à l'Association britannique sur l'*Air et l'eau dans les villes*, en 1848, donna une grande impulsion aux travaux hygiéniques qui ont été depuis exécutés dans cette voie. Dans un mémoire publié en 1858 dans le *Journal* de la Société chimique, ce savant détermine pour la première fois la différence qui existe entre l'air des villes et celui de la campagne. Il fut chargé par la Commission royale des mines de faire des recherches analogues, sur l'atmosphère des mines et rédigea un rapport des plus intéressants, dans lequel il analyse cette atmosphère et la compare à l'air pur. En 1864, le Dʳ R. Smith publiait un mémoire sur la constitution de l'atmosphère et l'analyse

de l'air dans les vallées et sur les montagnes de l'Ecosse, de la Suisse, etc. Il a fait aussi de curieuses expériences sur l'action de l'acide carbonique, sur la circulation du sang dans une chambre étroite. Ses recherches ont eu en outre pour objet les désinfectants et il s'y montra, peut-être le premier, le prôneur convaincu de l'acide phénique et de ses dérivés pour cet emploi. Elu membre de la Société royale en 1857, le Dr Smith est en outre membre de la Société chimique de Londres et a été président de la Société littéraire et philosophique de Manchester. — Il a écrit : *Vie de Dalton et histoire de la théorie atomique jusqu'à son temps;* de nombreux rapports officiels ou mémoires au Bureau de la salubrité publique, à la Société royale, etc.; des articles scientifiques dans le *Nouveau Dictionnaire des arts et des sciences;* un ouvrage sur la *Désinfection;* des *Recherches sur les corps solides en suspension dans l'air;* un autre ouvrage sur les *Sels et les corps organiques de l'air;* l'*Air et la pluie, principes de climatologie chimique,* etc.

SMITH, William, érudit anglais, né à Londres en 1813, fit ses études à l'université de cette ville, se fit recevoir au barreau à l'école de Gray's Inn, mais abandonna bientôt la profession légale pour l'étude de la littérature classique et fut quelque temps professeur d'humanités, puis examinateur pour l'enseignement classique à l'université de Londres, de 1853 à 1869, et membre du sénat de cette université depuis lors. — Le Dr W. Smith est rédacteur en chef de la *Quarterly Review* depuis 1867. Il a publié : *Dictionnaire d'antiquités grecques et romaines (1840-42); Dictionnaire de biographie et de mythologie grecques et romaines (1843-49,* 3 vol.); *Dictionnaire de géographie grecque et romaine (1852-57,* 2 vol.) Il commença en 1850 la publication d'une série de *Lexiques,* puis des abrégés de ses grands *Dictionnaires d'antiquités,* et des abrégés de ces abrégés, pour les écoles et les collèges, ouvrages qui, tous, eurent de nombreuses éditions. Parmi ses autres ouvrages classiques, il faut citer : *Histoire classique de la Grèce depuis les temps les plus reculés jusqu'à la conquête romaine,* avec des chapitres spéciaux sur l'histoire de la littérature et des arts (1853); une édition de la *Décadence et chute de l'empire romain* de Gibbon (1854); *Dictionnaire latin-anglais (1855),* etc. Il a donné depuis son magnifique *Dictionnaire de la Bible, comprenant les antiquités, la biographie, la géographie et l'histoire naturelle de la Bible (1860-63,* 2 vol.); puis viennent : une *Grammaire latine (1863); Principia latina,* cours de latin en 5 parties; *Initia græca,* cours de grec en 3 parties, un *Manuel classique de grammaire anglaise,* et divers autres ouvrages classiques très appréciés; puis un *Grand Dictionnaire critique latin-anglais,* fruit de quinze ans de travail et de recherches, avec M. Hall (1870); un *Atlas de géographie classique et biblique (1875),* etc.

SOLAND (de), Théobald, magistrat et homme politique français, conseiller à la cour d'appel d'Angers, est né dans cette ville le 1er décembre 1821. Elu, au scrutin de ballottage du 5 mars 1876, député de la 1re circ. d'Angers, il siégea à droite. Réélu le 14 octobre 1877 et le 21 août 1881, il était élu député de Maine-et-Loire, le 4 octobre 1885, sur la liste monarchiste. — M. de Soland est petit-fils d'un général de la première république.

SOLLOHOUB (comte), Wladimir Alexandrovitch, littérateur russe, d'origine lithuanienne, est né à Saint Pétersbourg en 1814, y fit de brillantes études et entra aussitôt dans la diplomatie, comme attaché à l'ambassade de Vienne. Entré plus tard dans l'administration des provinces transcaucasiennes, en qualité de conseiller, il est devenu, vers 1872, directeur général des prisons de l'Empire moscovite. — Le comte Sollohoub, qui collaborait dès lors aux principaux recueils périodiques de Saint-Pétersbourg et de Moscou, débuta en 1841 par deux volumes de nouvelles; il fit représenter dans la première de ces villes, l'année même et les suivantes, plusieurs pièces de théâtre, qui ajoutèrent à sa notoriété de fraiche date. En 1845, il publiait deux autres volumes de nouvelles : *Hier et aujourd'hui* et *Tarantas.* C'est surtout par ses nouvelles, qui nous font assister principalement aux scènes intimes de la vie du grand monde russe, que le comte Sollohoub nous est connu, grâce aux traductions qui nous en ont été données, notamment par MM. X. Marmier et le marquis de Lonlay. La « Bibliothèque des meilleurs romans étrangers » comprend dans sa collection un volume de *Nouvelles choisies* de cet écrivain. Il s'est toutefois produit sur la scène française : le Gymnase a donné, en 1859, une comédie du comte Sollohoub, intitulée : *Une preuve d'amitié,* et en 1876, une autre comédie en un acte, dont le titre nous échappe, dans laquelle Mlle Delaporte remplissait le rôle principal.

SONNIER (de), Edouard Charles Antoine, avocat et homme politique français, né à Blois le 19 avril 1828. Elu le 20 février 1876 député de Vendôme, il prit place à gauche. Il fut réélu le 14 octobre 1877 et le 21 août 1881. Aux élections d'octobre 1885 il figurait sur la liste républicaine du département de Loir-et-Cher, et fut élu au scrutin du 18. M. de Sonnier a voté l'expulsion totale des princes.

SOUBEYRAN (baron de), Jean Marie Georges Girard, administrateur et homme politique français, né à Paris le 3 novembre 1829, fit ses études au collège Rollin, puis suivit les cours de la faculté de droit. Attaché au ministère des finances dès 1849, sous l'administration de M. Fould, il suivit ce dernier au ministère d'Etat en 1852 et y devint son chef de cabinet, puis directeur du personnel du ministère. Nommé en 1860 sous-gouverneur du Crédit foncier de France, M. de Soubeyran était choisi en 1863 comme candidat officiel dans la deuxième circonscription de la Vienne : il était déjà maire de la commune de Morthemer et membre du Conseil général de la Vienne pour le canton de Saint-Julien depuis 1860. Elu député à une majorité énorme, il était réélu en 1869 avec une majorité plus considérable encore. Très versé dans toutes les questions de finance, M. de Soubeyran a pris une grande part aux discussions dont ces questions ont été l'objet au sein du Corps législatif. En 1870, il a voté contre la guerre. — Elu représentant de la Vienne à l'Assemblée nationale aux élections complémentaires du 2 juillet 1871, M. de Soubeyran siégea à droite, ne se fit inscrire à aucune réunion, mais vota ordinairement avec les bonapartistes. Il fit partie de toutes les commissions du budget et a pris, comme toujours, une grande part aux discussions financières. Il a été élu, sans concurrent, député de l'arrondissement de Loudun, le 20 février 1876. Réélu le 14 octobre 1877 et le 21 août 1881, il était élu député de la Vienne, le 5 octobre 1885, sur la liste monarchiste.

M. le baron de Soubeyran a été membre de la commission supérieure des Expositions internationales et de la commission des Monuments historiques de France, et a fait partie du jury international de l'Exposition de Vienne en 1873. Il était révoqué de ses fonctions de sous-gouverneur du Crédit foncier de France en 1878. M. de Soubeyran est officier de la Légion d'honneur depuis 1859.

SOUBIGOU, François Louis, agriculteur et homme politique français, né à Plouneventer (Finistère) le 11 février 1816, fit ses études au collège de Saint-Pol de Léon et se voua principalement à l'élevage des chevaux. Elu comme candidat clérical, représentant du Finistère à l'Assemblée constituante de 1848, il ne fut pas réélu l'année suivante à la Législative et disparut de la scène politique jusqu'aux élections sénatoriales du 30 janvier 1876. M. Soubigou fut élu sénateur du Finistère à cette date, comme légitimiste et clérical. Il a été réélu au renouvellement du 25 janvier 1885, en tête de la liste.

SOUCAZE, N., homme politique français, notaire à Campan (Hautes-Pyrénées), où il est né en 1819, conseiller général des Hautes-Pyrénées pour son canton, a été élu député de ce département, sans autres antécédents politiques, le 4 octobre 1885, sur la liste monarchiste.

SOURIGUES, Benoit Martin, homme politique français, né à Bayonne le 11 février 1820. Banquier à Paris depuis longtemps et n'ayant jamais paru prendre le moindre intérêt à la politique, après s'être présenté, sans succès, aux élections du 20 février 1876, dans l'arrondissement de Saint-Sever-sur-l'Adour, il y échouait de nouveau le 14 octobre 1877; mais l'élection de son concurrent, candidat officiel, ayant été invalidée, il triomphait de lui à l'épreuve décisive du 27 janvier 1878. Il s'inscrivit au groupe de l'Union républicaine et fut réélu à une grande majorité le 21 août 1881. M. Sourigues a constamment voté avec son groupe, et, en dehors de la politique pure, a pris une grande et utile part à toutes les discussions financières. Aux élections d'octobre 1885, il figurait sur la liste républicaine des Landes, qui échoua tout entière dans ce département; mais l'élection fut annulée par la Chambre, et les deux listes s'étant retrouvées en présence le 14 février 1886, ce fut au tour de la liste républicaine à triompher. M. Sourigues a voté l'expulsion totale des princes.

SOUSTRE, Marius Arthur, homme politique français, propriétaire à Digne, où il est né vers 1822. Compromis dans la résistance au coup d'Etat du 2 décembre 1851, M. Soustre fut expulsé de France. Aux élections du 21 août 1881, il fut élu député de l'arrondissement de Digne, et au renouvellement de la représentation sénatoriale du département, le 25 janvier 1885, il fut élu sénateur, le premier. Il a voté l'expulsion des princes. M. Soustre est maire de Digne et président du Conseil général des Basses-Alpes.

SPENCER, Herbert, philosophe anglais, né à Derby en 1820. Fils d'un professeur et neveu d'un ministre distingué de l'Eglise établie, M. Herbert Spencer reçut de ces deux hommes une éducation très soignée et se tourna ensuite vers l'étude des sciences exactes. Ingénieur civil à dix-sept ans, il écrivit dans le *Civil Engineer's and Architect's journal* quelques articles professionnels, puis dans le *Nonconformist* une étude de philosophie politique sous forme de lettres, intitulée : *The Proper sphere of government (1842),* publiée ensuite en brochure. En 1847, il abandonnait sa profession et se consacrait entièrement aux travaux littéraires et philosophiques. Rédacteur de l'*Economist* de 1848 à 1852, il a publié à part : *Statique sociale, ou exposition des conditions du bonheur dans l'humanité et développement des premières de ces conditions (1851); Principes de psychologie (1855); Essais scientifiques, politiques et spéculatifs,* recueil d'articles disséminés dans la presse périodique (1858-74, 5 vol.); l'*Education intellectuelle, morale et physique (1861); Principes fondamentaux,* exposé de son système philosophique (1862); la *Classification des sciences, suivie des Causes de dissidence avec le système de M. Comte (1864); Principes de biologie (1864);* la *Génération spontanée et l'hypothèse des unités physiologiques,* réponse à un article de la *North-American Review* (New-York, 1870); les *Discussions récentes sur la science, la philosophie et la morale* (N.-Y., 1871); l'*Etude de la sociologie (1872); Sociologie descriptive, ou groupement de faits sociologiques (1873); Institutions cérémoniales,* formant la quatrième partie des *Principes de sociologie (1879),* etc. — Plusieurs des ouvrages importants de M. Herbert Spencer ont été traduits en français et presque tous en russe. C'est en Russie, paraît-il, et aux Etats-Unis, qu'il compte le plus de disciples et d'admirateurs. Il a fait, en 1882-83, un nouveau voyage aux Etats-Unis. Le 12 mai de cette dernière année, il était élu correspondant de l'Académie des sciences morales et politiques (Institut de France), en remplacement du philosophe américain Ralph Waldo Emerson.

SPULLER, Jacques Eugène, homme politique français, né à Seurre (Côte-d'Or) le 8 décembre 1835, fit ses études au lycée et à la faculté de droit de Dijon, et s'inscrivit au barreau de Paris en 1862. Après avoir plaidé quelques causes politiques, M. Spuller quitta le barreau pour la politique active et le journalisme. Aux élections générales de 1863, il défendit, dans les réunions privées, la candidature de M. Emile Ollivier contre la candidature officielle de M. Varin, dans la troisième circonscription de la Seine. Il devint alors rédacteur de l'*Europe* de Francfort, puis collabora au *Nain jaune,* au *Journal de Paris,* au *Journal de Genève,* etc.; lié d'amitié avec Gambetta, il fut, en 1868, un des fondateurs de la *Revue politique,* dont la carrière fut brillante mais bornée, l'autorité aidant. M. Spuller fut aussi un des collaborateurs de l'*Encyclopédie générale (1869-70).* Aux élections législatives de 1869, et dans cette même troisième circonscription où il l'avait soutenue naguère (mais les temps étaient changés et aussi un peu les hommes), il combattit ardemment la candidature de M. Emile Ollivier et fut un des promoteurs de la candidature du proscrit Bancel, qui triompha au scrutin. Il combattit, avec une ardeur égale, le plébiscite de mai 1870 et publia, à cette époque, une *Petite histoire du second Empire utile à lire avant le vote du plébiscite,* qui n'a sans doute pas été assez lue. Après la révolution du 4 Septembre, M. Spuller suivit la fortune de Gambetta, sans position officielle, sans traitement, et plutôt comme son collaborateur intime, ou si l'on veut son confident, que comme son secrétaire, ainsi qu'il en a déposé lui-même devant la commission d'enquête sur le gouvernement du 4 Septembre. Il n'eut donc pas à donner sa démission lorsque Gambetta prit sa retraite. Au mois de novembre 1871, il participa à la fondation de la *République française,* dont il fut nommé rédacteur en chef et qui lui doit bien une bonne part de son succès. Il fut choisi, en janvier 1876, comme suppléant du délégué du Conseil municipal de Paris, Victor Hugo, pour les élections sénatoriales. Le 20 février suivant, il se présentait aux électeurs du IIIe arrondissement de Paris, en concurrence avec M. Dietz-Monin, député sortant, républicain conservateur, et de Bonnet-Duverdier, radical intransigeant; il obtint 8,206 voix contre 3,713 obtenues par le premier de ses concurrents et 4,404 par le second. Au second tour, qui eut lieu sans qu'aucun des candidats ait cru devoir se retirer, M. Spuller fut élu par 12,143 voix. Il prit place à l'extrême-gauche, signa la proposition d'amnistie pleine et entière déposée par F. V. Raspail et fit partie de plusieurs commissions importantes. Son rapport sur le projet de loi tendant à restituer à l'Etat la collation des grades universitaires a surtout été remarqué et paraît avoir fait, sur l'esprit des adversaires de l'auteur, l'effet d'une révélation; c'est lui, en outre, qui rédigea la protestation des 363, le 16 mai 1877. Réélu le 14 octobre 1877 et le 21 août 1881 dans le même arrondissement, M. Spuller devint sous-secrétaire d'Etat aux affaires étrangères dans le cabinet Gambetta, du 14 novembre 1881 au 26 janvier 1882. Devenu vice-président de la Chambre des députés en 1884, M. Spuller fut choisi, la même année, pour président de la commission d'enquête sur la situation économique; il a, en outre, fait partie de plusieurs commissions du budget, dont il fut l'un des rapporteurs, ainsi que de diverses autres commissions parlementaires. Aux élections d'octobre 1885, il a échoué dans la Seine, mais a été élu député de la Côte-d'Or. Il a voté l'expulsion des princes.

M. Spuller a quitté la direction de la *République française* depuis son élection. Il a publié, outre l'ouvrage cité plus haut : les *Droits politiques dans l'élection (1861); l'Allemagne, du grand interrègne à la bataille de Sadowa (1869);* un *Conseil général sous l'Empire (1871); République ou despotisme, Ignace de Loyola et la compagnie de Jésus (1876);* la *Compagnie de Jésus devant l'histoire (1877),* suite du précédent, etc; *Michelet, sa vie et ses œuvres* (même année); un choix de ses *Conférences (1879); Figures disparues (1886),* etc.

STAINER, John, organiste et compositeur anglais, né en 1840, fut d'abord employé dans les chœurs à l'église Saint-Paul, de Londres, de 1847 à 1856, et y fit de bonnes études musicales. Nommé à seize ans organiste du collège Saint-Michel, à Tenbury, que venait de fonder M. Ouseley (voy. ce nom), il était nommé trois ans plus tard organiste au collège de la Madeleine, à Oxford, et y prit, en même temps que ses grades littéraires, ceux de bachelier en 1856 et de docteur (de musique) en 1865. En 1860, le Dr Stainer était nommé organiste de l'église de l'université, tout en conservant ses fonctions à la Madeleine. Il quitta Oxford en 1872, ayant été nommé organiste de Saint-Paul, à Londres, en remplacement de sir John Goss, démissionnaire. — Artiste extrêmement distingué, M. Stainer a composé un grand nombre d'antiennes, de services et autres morceaux de musique religieuse, ainsi que des morceaux de musique vocale de caractère profane. Il a publié récemment un ouvrage théorique qui a été accueilli avec une très grande faveur dans le monde artiste et savant : *The Theory of harmony* (5e édition 1881) et qui n'a pas peu ajouté à sa réputation. On lui doit en outre plusieurs ouvrages classiques et un ouvrage spécial intitulé : la *Musique de la Bible.* Parmi ses compositions, on cite spécialement sa cantate : *The Daughter of Jairus,* exécutée au festival de Worcester, en 1878, avec un grand succès.

STANLEY, Henry Moreland (John Rowlands, dit), journaliste et explorateur américain, d'origine anglaise, né en 1840 près de Denbigh (principauté de Galles), de parents peu aisés. Embarqué comme mousse à bord d'un navire qui se rendait à la Nouvelle-Orléans, il demeura dans cette ville, où il trouva de l'emploi chez un marchand nommé H. M. Stanley, lequel, célibataire et sans enfants, s'attacha à lui et l'adopta. Mais le marchand mourut intestat, et son fils adoptif se trouva de nouveau réduit à ses propres ressources. Il s'engagea dans l'armée confédérée, fut fait prisonnier, et comme il n'avait aucun parti pris, si ce n'est celui de vivre, dans la querelle qui divisait alors les Etats-Unis, il accepta de servir à bord d'un steamer fédéral. Après la guerre, il devint reporter de journal, et entra peu après au *New-York Herald,* qui l'attacha comme son correspondant auprès de l'état-ma-

jor de l'armée britannique, pendant la guerre d'Abyssinie (1867). Il avait rempli depuis ses fonctions de correspondant sur divers points de l'Europe, moins agités, quand le directeur du *Hérald*, qui se trouvait alors à Paris, le manda télégraphiquement et lui confia la mission de se rendre au centre de l'Afrique, à la recherche du Dr Livingstone, dont on n'avait plus entendu parler depuis deux ans. M. Stanley fit ses préparatifs aussitôt. Il débarquait à Zanzibar au commencement de janvier 1871 et, le 28 octobre, à Ujiji, sur le lac Tanganyika, où Livingstone arrivait presque en même temps, d'un voyage dans le sud-ouest. Les deux voyageurs restèrent ensemble jusqu'en février 1872, explorant de compagnie la rive nord du lac; puis Livingstone repartit pour son dernier voyage, et Stanley rentra en Europe. Le succès si complet de cette entreprise, dans laquelle plusieurs expéditions officielles anglaises avaient déjà échoué, rendit M. Stanley célèbre du jour au lendemain, et populaire le directeur de journal qui n'avait pas craint de dépenser 250,000 francs pour l'aider à l'accomplir. La relation de cet exploit, publiée à Londres, fut traduite immédiatement dans toutes les langues, des analyses, des résumés, des parties de cet ouvrage, l'ouvrage tout entier remplirent les colonnes des journaux et des revues pendant plusieurs années sans fatiguer la curiosité publique, éveillant l'esprit d'aventures et le goût des voyages d'exploration lointains. On peut le dire, car cela est strictement vrai, le premier voyage de M. Stanley a provoqué un mouvement qui ne s'arrête plus, et a plus fait pour l'avancement de la géographie qu'un siècle de découvertes en apparence plus importantes.

Le *Daily Telegraph* de Londres s'associa alors avec le *Herald* de New-York pour organiser une nouvelle expédition en Afrique sous la direction de celui qui avait si bien rempli sa première mission, malgré des difficultés jugées jusque-là insurmontables. M. Stanley repartit donc. Il atteignait Zanzibar dans l'automne de 1874, et, apprenant la mort de Livingstone, il se dirigeait vers le nord-ouest, résolu à explorer la contrée qui entoure le lac Victoria N'yanza, qu'il atteignit en février 1875, non sans mauvaises rencontres et sans avoir été obligé à faire quelquefois le coup de feu avec les indigènes. Ayant constaté que ce lac ne mesure pas moins de 40,000 milles carrés et est par conséquent la plus grande masse d'eau douce du globe, il se dirigea à l'Ouest, vers l'Albert N'yanza, et reconnut que, contrairement à l'opinion répandue, il n'est nullement relié au Taganyika. Forcé par l'hostilité des indigènes à retourner à Ujiji, il descendit le grand fleuve découvert par Livingstone, baptisé par lui Loualaba, qu'il croyait être le Nil, tandis que d'autres géographes le prenaient pour le Congo. Cette descente, principalement en canots, lui prit huit mois, au milieu de difficultés inouïes, au prix des plus grandes privations, et coûta la vie à trente-cinq de ses hommes. Arrivée enfin à la côte, l'expédition trouva un bâtiment portugais qui la transporta à Saint-Paul de Loanda, d'où un navire anglais la transporta au cap de Bonne-Espérance, et de là à Zanzibar. Là, après avoir ramené ses hommes chez eux, Stanley reprit le chemin de l'Angleterre, qu'il atteignit en février 1878. Il avait passé auparavant par Paris où, reçu solennellement par la Société de géographie, dans le grand amphithéâtre de la Sorbonne, il recevait des mains du président la croix de la Légion d'honneur. De 1879 à 1882, il faisait un nouveau voyage en Afrique sous les auspices de l'Association internationale africaine dont le siège est à Bruxelles, et avec la mission de créer une sorte de colonie européenne dans le bassin du Congo, d'où la civilisation rayonnerait sur l'Afrique aussi loin que possible, sans compter les relations commerciales qui ne pouvaient manquer de s'établir entre cette contrée et l'Europe, et qui constituent un des points les plus importants du programme. Le roi des Belges donnait dans ce but, sur sa cassette, une somme annuelle de 1,250,000 à l'explorateur. M. Stanley retourna en Afrique en 1883, et son œuvre se poursuivit avec un succès inespéré. Seulement, un Français, M. Savorgnan de Brazza, ayant entrepris une œuvre pareille, par d'autres moyens, qui semblent lui assurer un succès plus rapide et plus durable, M. Stanley a protesté, et il fallut mettre en mouvement la diplomatie, il fallut un nouveau congrès de Berlin, rien que cela, pour que le droit de la France à s'établir en Afrique sur un point voisin des établissements créés par celui qu'on a qualifié de « roi du Congo » fût reconnu. C'est fait maintenant; l'œuvre continue ses progrès des deux côtés, et des deux côtés on parle de chemins de fer dont la construction serait même très prochaine. — Fatigué d'une activité constante, de travaux certainement au-dessus des forces du commun des hommes et des luttes qu'il est dans son caractère de provoquer plutôt que d'éviter, M. Stanley faisait, au printemps de 1886, un « voyage de repos » en Italie, reçu avec des démonstrations d'enthousiasme à toutes ses stations par les sociétés de géographie, allant de banquets en banquets, mais n'y prenant qu'une part modeste, pour cause de régime. Toujours robuste, cependant, et en possession de cette énergie extraordinaire qui l'a fait triompher d'obstacles où les plus forts eussent succombé.

M. Stanley a publié : *Comment j'ai retrouvé Livingstone*, relation de son premier voyage (1872); la *Terre de servitude (1874)*; la *Vie et les voyages du docteur Livingstone*, suivi d'un coup d'œil sur l'état actuel de la géographie de l'Afrique (1876); *A travers le continent noir (1878)*. Ses lettres d'Afrique ont été en outre recueillies sous ce titre : *Lettres de Stanley racontant ses voyages et ses découvertes, novembre 1874 à septembre 1877 (1878)*.

STEEG, Jules, théologien protestant et homme politique français, né le 21 février 1836 à Versailles, d'un ouvrier prussien d'origine, fit ses études théologiques à Strasbourg et devint pasteur à Gensac (Gironde). S'occupant de journalisme dès la fin de l'Empire, il devint après la guerre rédacteur en chef du *Progrès des communes* de Bordeaux, dans lequel certains articles lui firent intenter un procès pour outrage à la religion catholique, dont il sortit indemne (1872). Il dirigea ensuite le *Patriote* de Libourne et l'*Union républicaine* de Bordeaux. Candidat républicain dans la 2e circonscription de Bordeaux aux élections du 20 février 1876, il avait échoué, ainsi qu'à une élection partielle et aux élections générales de l'année suivante; mais il fut élu dans la 3e circonscription de la même ville, le 21 août 1881. Sa nationalité française, qui lui avait été contestée précédemment, ne le fut point cette fois, bien qu'il eût échoué en 1877 dans sa demande d'un jugement déclaratif de sa qualité de citoyen français, adressée au tribunal de Versailles, les pièces qui l'établissaient ayant été détruites dans le bombardement et l'incendie de Strasboug. M. J. Steeg prit place en conséquence dans les rangs de l'Union républicaine. Elu député de la Gironde au scrutin du 18 octobre 1885, il a voté l'expulsion des princes.

M. Steeg a publié, outre un certain nombre d'ouvrages de théologie protestante : *Faleyrac, histoire d'une commune rurale (1875)*; *Citoyen français*, mémoire personnel (1877), etc.

STEELL, John, sculpteur écossais, né à Aberdeen en 1804, vint avec ses parents à Edimbourg et y étudia la sculpture. Après un séjour assez prolongé à Rome, il revint en Angleterre et se fit remarquer avec le modèle de son groupe colossal d'*Alexandre et Bucéphale*. Sa statue assise de *Walter Scott*, en marbre gris de Carrare, pour le monument du grand écrivain à Edimbourg, et dont il avait obtenu la commande au concours, commença brillamment sa réputation. Il a donné en outre à Edimbourg une statue colossale assise de la *Reine*, une statue équestre de *Lord Wellington*, en bronze, érigée en 1852 dans cette ville; puis la statue de l'*Amiral lord de Saumarez*, pour l'hôpital de Greenwich; la statue en bronze de *Lord Melville*, celles en marbre de *Lord Jeffrey*, du *Lord Justice-general Boyle*, pour Edimbourg; le *Monument du 93e Highlanders*, dans la cathédrale de Glasgow; les statues du *Marquis de Dalhousie* et de *James Wilson*, le célèbre financier, pour Calcutta; celle du *Professeur Wilson*, statue en bronze de quinze pieds de hauteur, érigée à Edimbourg en 1865; la statue colossale d'*Allan Ramsay*; les bustes du *Prince Alfred*, de *Lord Wellington*, etc., etc. En 1872, M. Steell exécuta, pour le Central Park de New-York une copie en bronze de sa statue de *Walter Scott*; il a également exécuté pour la même distination, en 1876, une statue colossale du poète écossais *Robert Burns*. Vers la fin de 1875, il terminait le monument commémoratif élevé par la nation écossaise au feu *Prince Albert*, au centre de Charlotte square, à Edimbourg. Nous citerons enfin sa statue colossale en bronze du *Dr Thomas Chalmers*, destinée également à une place publique d'Edimbourg, exécutée en 1876, et le *Monument* en marbre élevé dans la cathédrale de Dunkeld aux soldats du 42e de Highlanders royaux tombés pendant la guerre de Russie. — M. John Steell est membre de l'Académie royale écossaise et a le titre de sculpteur de Sa Majesté pour l'Ecosse.

STEENACKERS, François Frédéric, homme politique et littérateur français, né à Lisbonne, de parents belges, le 10 mars 1830, obtint des lettres de grande naturalisation en 1866. Il vint à Paris avec sa famille en 1838. Après de brillantes études au lycée Louis-le-Grand, il étudia la sculpture et la musique, suivant l'atelier de M. Bartholdi et recevant des conseils de Rossini et de Meyerbeer; pratiqua avec succès le premier de ces arts en Italie, pendant trois ans, puis se tourna vers la littérature et enfin vers la politique. Propriétaire dans la Haute-Marne, il fut élu conseiller général de ce département en 1868. Aux élections législatives de l'année suivante, il battait le candidat officiel dans 2e circonscription de la Haute-Marne et venait siéger, en gilet blanc devenu légendaire, sur les bancs de la gauche du Corps législatif. Il est l'auteur d'une proposition d'abrogation de la loi de sûreté générale et d'une autre tendant à dérober le spectacle sanglant des exécutions capitales à la curiosité publique, présentée par lui dans cette courte législature. Nommé directeur général des télégraphes au 4 septembre, M. Steenackers montra une grande activité et un véritable dévouement dans ces fonctions; il relia télégraphiquement les forts et les secteurs, immergea un câble dans le lit de la Seine, puis se rendit à Tours par la voie aérienne et prit la direction des postes et des télégraphes réunis, organisa le service des communications par pigeons et la reproduction photographique des dépêches microscopiques, créa des brigades de télégraphie militaire, favorisa autant qu'il put les perfectionnements de l'aéronautique et créa enfin de nouvelles lignes télégraphiques en prévision des besoins qu'allaient nécessairement créer les progrès de l'invasion. Il se démit de ses fonctions le 20 février 1871, et rentra dans la vie privée. Il tenta sans succès de se faire élire sénateur au renouvellement de la représentation sénatoriale dans le département de la Haute-Marne, et fut nommé en 1884 commissaire du gouvernement auprès des compagnies de chemins de fer. — Aux élections d'octobre 1885 pour la Chambre des députés, M. Steenackers figurait sur la liste républicaine de la Haute-Marne, et fut élu au scrutin du 18. Il a voté l'expulsion des princes.

On a de M. Steenackers: *Histoire des ordres de chevalerie et des distinctions honorifiques en France (1867)*; *Agnès Sorel et Charles VII*, essai sur l'état politique et moral de la France au XVe siècle (1868); l'*Invasion de 1814 dans la Haute-Marne* (même année); les *Télégraphes et les postes pendant la guerre de 1870-1871 (1873)*; *Histoire du gouvernement de la Défense nationale en province*, avec M. Le Goff (1880-85, tomes I à III). — Il est chevalier de la Légion d'honneur.

STEVENS, Joseph, peintre belge, né à Bruxelles en 1822, est fils d'un ancien officier de l'Empire. M. J. Stevens passe pour s'être fait lui-même sous l'inspiration de son père, amateur éclairé et probablement quelque chose de plus; il s'est fait, en tout cas, une brillante réputation comme peintre de genre et animalier. On cite de cet artiste : la *Lice et sa compagne*, les *Mendiants ou Bruxelles le matin*, *Plus fidèle qu'heureux*, un *Temps de chien*, le *Chien qui porte à son cou le dîner de son maître (1844-47)*; le *Supplice de Tantale (1849)*; un *Métier de chien*, *Souvenir des rues de Bruxelles (1852)*; la *Surprise*, *Taureau flamand poursuivi par un chien (1853)*; un *Episode du marché aux chiens à Paris*, l'*Intrus*, la *Bonne mère*, le *Philosophe sans le savoir*, etc. (1855, Exp. univ.); l'*Intérieur du saltimbanque*, le *Chien et la mouche (1856)*; le *Chien de la douairière*, *Distrait de son travail*, le *Repos (1857)*; les *Bœufs*, une *Pauvre bête*, un *Heureux moment (1859)*; la *Cuisine*, le *Coin du feu*, *Chien criant au perdu (1861)*; la *Protection*, les *Solliciteurs (1863)*; les *Méritants*, les *Cancans de la première heure*, *Mélancolie de la première pipe*, la *Patience de l'expérience (1867*, Exp. univ.); le *Chien et la mouche* et quelques autres toiles déjà citées (1878, Exp. univ.), etc. — M. J. Stevens a obtenu une médaille de 2e classe au salon de 1852, une autre à l'Exposition universelle de 1855, le rappel de cette médaille au salon de 1857 et la croix de la Légion d'honneur en 1861. Chevalier de l'ordre de Léopold de Belgique depuis 1851, il était promu officier en 1863.

STEVENS, Alfred peintre belge, frère du précédent, né à Bruxelles en 1828, est élève de Navez et de C. Roqueplan. Il s'est fait une réputation plus brillante encore que celle de son frère dans la peinture de genre, et est regardé comme une des gloires de la Belgique artiste. — On a de lui : un *Soldat malheureux*, le *Matin du mercredi des cendres*, *Bourgeois et manants trouvant le cadavre d'un seigneur*, le *Découragement de l'artiste*, l'*Assassinat*, l'*Amour de l'or*, etc. (1849-54); *Ce qu'on appelle le vagabondage*, le *Premier jour de dévouement*, la *Lecture*, *Méditation*, la *Sieste*, *Souvenir de la patrie* (1855, Exp. univ.); *Petite industrie*, *Consolation*, *Chez soi*, l'*Eté (1857)*; le *Bouquet*, une *Veuve*, un *Fâcheux*, une *Mère*, la *Nouvelle (1861)*; *Temps incertain*, les *Rameaux*, *Bonheur (1863)*; la *Dame rose*, la *Visite*, *Rentrée du monde*, *Pensive*, *Tous les bonheurs*, l'*Inde à Paris*, *Innocence*, une *Douloureuse certitude*, une *Bonne lettre*, *Mendicité tolérée*, *Matinée à la campagne*, les *Amours éternelles*, une *Duchesse*, *Fleurs*, *Miss Fauvette*, *Ophélia* et plusieurs des toiles déjà citées (1867, Exp. univ.); le *Printemps*, l'*Eté*, l'*Automne*, l'*Hiver*, quatre panneaux représentant les saisons en costumes modernes et élégants, avec quelques toiles précédemment exposées à Bruxelles (1878, Exp. univ.), etc. — M. Alfred Stevens a obtenu à Paris : une médaille de 3e classe en 1853, une de 2e classe en 1855, une de 1re classe en 1867 et le rappel de cette dernière en 1878; chevalier de la Légion d'honneur depuis 1863, il a été promu officier en 1867 et commandeur en 1878. Il est également commandeur de l'ordre de Léopold de Belgique depuis 1862.

STEWART, Balfour, physicien écossais, directeur de l'observatoire de Kew, né à Edimbourg le 1er novembre 1828, fit ses études à l'université de cette ville et à celle de Saint-Andrews. M. Balfour Stewart a été nommé directeur de l'observatoire de Kew le 1er juillet 1859, secrétaire de la commission météorologique, fonctions qu'il a résignées depuis, en janvier 1867 et professeur de physique au collège Owen, à Manchester, le 7 juillet 1870. On lui doit notamment la découverte de la loi d'égalité entre les puissances d'absorption et de radiation des corps, laquelle lui valut la médaille Rumford de la Société royale en 1868; et il est l'auteur, avec MM. De la Rue et Loewy, de *Recherches sur la physique solaire*; avec le professeur Tait, de *Recherches sur la chaleur produite par rotation dans le vide* et de l'*Univers qu'on ne voit pas*; de nombreux mémoires, sur la météorologie et le magnétisme principalement; d'un *Traité élémentaire de la chaleur*, et de: *Leçons de physique élémentaire (1871)*; *Physique*, dans la collection de petits traités intitulée : *Science Primers (1872)*; la *Conservation de l'énergie (1874)*, etc. — M. Balfour Stewart est membre de la Société royale et de plusieurs autres corps savants, ainsi que du comité officiel pour la physique solaire.

STIRLING (dame), miss Hehl, actrice anglaise, fille d'un capitaine des horse guards, est née à Londres en 1817 et fut élevée dans un couvent, en France. Au retour, ayant trouvé ses parents en proie à des revers de fortune, elle résolut de leur venir en aide par sa propre industrie : mais l'éducation du couvent n'est pas très propre à favoriser de semblables ambitions. Miss Hehl avait à peine seize ans; elle prit le pseudonyme de Fanny Clifton, et obtint sous ce nom un engagement à l'East-London Theatre, où sa grâce et sa beauté lui valurent au moins un accueil sympathique. Elle eut ensuite un engagement au théâtre du Pavillon, où elle rencontra M. Edward Stirling, directeur de la scène, qu'elle épousa peu après. Mme Stirling joua ensuite au théâtre de Liverpool, puis à celui de Birmingham et enfin revint à Londres, où elle parut d'abord à l'Adelphi, dans Victorine, du *Rêve à la mer*, et dans quelques autres pièces nouvelles; elle passa ensuite à Drury-Lane, alors sous la direction de Macready, où, des rôles plus importants lui ayant été confiés, elle commença sa réputation. Elle joua ensuite le répertoire shakespearien au théâtre de la Princesse, et se fit particulièrement remarquer dans les rôles de Cordelia, Rosalinde, Desdemona et Portia. Elle a joué depuis au théâtre du Strand, à l'Olympique, à ceux de Haymarket, Adelphi et Saint-James, où elle a obtenu les plus vifs succès dans les rôles de Lady Teazle, de l'*Ecole du Scandale* de Sheridan, Lady Gay-Spanker, Maritana, la veuve Green, Mme Bracegirdle et Peg Woffington. — Elle n'a jamais, que nous sachions, quitté l'Angleterre.

STODDARD, Richard Henry, poète et littérateur

américain, né à Hingham (Massachusetts) en juillet 1825. Venu à New-York avec ses parents, à l'âge de dix ans, il apprit l'état de fondeur en fer. En 1848, M. Stoddard commença à collaborer aux recueils périodiques, par des articles variés, des nouvelles et des poésies. En 1853, par l'entremise de son ami, feu Nathaniel Hawthorne, il obtint un emploi à la douane de New-York, emploi qu'il a conservé jusqu'en 1870, ne cessant de produire, mais au détriment de son sommeil. M. Stoddard a été quelque temps bibliothécaire de la Cité de New-York. On lui doit: la *Piste (1849)*; *Poésies (1852)*; *Aventures du pays enchanté (1853)*; les *Chants de l'été (1855)*; la *Ville et la campagne (1857)*; *Vie d'Alexandre de Humboldt (1859)*; les *Amours et les héroïnes des poètes (1860)*; la *Cloche du roi (1863)*; *Histoire du petit Chaperon-Rouge (1864)*; *Sous la verte feuillée*; les *Poètes morts de l'Angleterre, Mélodies et madrigaux, tirés en grande partie des poètes anglais (1865)*; les *Enfants dans les bois (1866)*; *Putnam le brave (1869)*; le *Livre de l'Orient*, et autres poésies (1871); des éditions nouvelles, augmentées, des *Poètes de l'Amérique (1873)*, des *Poétesses de l'Amérique (1874)* et des *Poètes et la poésie en Angleterre au XIXe siècle (1875)*, de Greswold; *Notice sur Edgar Allan Poë (1875)*; une collection de volumes intitulée: *the Bric-à-Brac Series (1874-1875)*, et une autre depuis, intitulée: *Sans-souci Series*; une biographie de Henry Wadsworth Longfellow (1882), etc. Il est attaché à la rédaction du *New-York Mail and Express*.

Mme Elisabeth Stoddard, sa femme, née en 1823, a publié aussi quelques romans, on cite d'elle: les *Morgesons (1862)*; *Deux hommes (1865)*; *Temple House (1857)*, etc.; outre quelques nouvelles, des articles et des poésies dans la presse périodique.

STOLTZ, Rose Niva (dite Rosina), cantatrice française, née en Espagne le 13 février 1813, vint toute jeune à Paris, où la coïncidence de la date de sa naissance avec celle de la mort du duc de Berry (13 février 1820) lui valut la protection de la veuve de ce prince. Elle entra au couvent des bénédictines de la rue du Regard et suivit les cours de l'école de Choron et du Conservatoire. De 1829 à 1832, elle prit part aux concerts de la rue de Vaugirard, et son succès dans le rôle de Rosine du *Barbier* l'ayant fait dès lors surnommer Rosina, elle finit par adopter ce prénom, qui n'est d'ailleurs que le diminutif naturel du sien. Après une excursion en Hollande et en Belgique et d'heureux débuts au théâtre de la Monnaie, à Bruxelles, dans *Robert le Diable*, elle fut attachée à ce théâtre de 1835 à 1837 et y remporta des succès qui attirèrent l'attention sur elle et lui valurent un engagement à l'Opéra de Paris, où elle débuta le 25 août 1838. Restée attachée à cette scène, où elle jouit de la plus grande autorité, jusqu'en 1847, elle fut, le 1er mai de cette année-là, l'objet d'un accueil si ouvertement hostile, pour ne pas dire davantage, de la part du public, qu'elle dut se retirer. Il faut dire que ce n'est pas une modification dans le talent de l'artiste qui avait provoqué cette manifestation injurieuse du public, mais l'autorité dont elle jouissait depuis si longtemps à l'Opéra et dont on l'accusait d'abuser pour écarter toute rivalité. Mme Stoltz a remporté ses plus grands succès, créations ou reprises, dans: la *Juive*, les *Huguenots*, *Don Juan*, *Benvenuto Cellini*, *Robert le Diable*, le *Lac des fées*, la *Favorite*, *Charles VI*, *Don Sébastien de Portugal*, l'*Etoile de Séville*, *Othello*, *Marie Stuart*, etc. Elle chantait le rôle de Lazzarone, dans *Robert Bruce*, à la soirée où elle fut si mal reçue. Elle a chanté depuis dans diverses capitales, notamment à Turin: le *Prophète*, *Sémiramis* et la *Favorite*, ainsi qu'à Rio-de-Janeiro, où elle fut accueillie avec enthousiasme, mais sans souscrire d'engagement à long terme. De retour en Europe, elle a reparu à l'Opéra en 1856, dans le rôle de Léonor, de la *Favorite*, son triomphe. Elle a dit au théâtre, à peu près depuis cette époque, un adieu définitif,

Veuve de M. Lécuyer, de Rouen, qu'elle avait épousé à Bruxelles, vers 1838, la Stoltz est devenue depuis baronne de Ketschendorf. Depuis sa retraite du théâtre, elle s'est essayée à la composition, non sans succès, et a publié en 1870: *Six mélodies pour chant, avec accompagnement pour piano* (Paris, Schœn et Laval).

STOREY, George Adolphus, peintre anglais, né à Londres le 7 janvier 1834, fit ses études à Paris, à l'Athénée royal, où il eut pour maître de dessin J.-L. Dulong, et retourna à Londres en 1850. Il suivit alors l'atelier de J.-M. Leigh et débuta en 1852 aux expositions de l'Académie. On a de cet artiste: un *Portrait de famille (1852)*; la *Madone à l'enfant (1853)*. Entré, l'année suivante, à l'Académie royale comme élève, il a donné principalement depuis: *Godiva (1865)*; le *Déjeuner d'enfants (1866)*; *Après vous... (1867)*; l'*Elève timide (1868)*; le *Vieux soldat*, *Enfants se rendant à l'école (1869)*; le *Duo*, un *Lapin seulement! (1870)*; *Joues vermeilles*, *Réprimandes (1871)*; une *Querelle d'amoureux*, *Petits boutons d'or (1872)*; *Scandale*, *Perplexités d'amour*; *Mistress Dorothée (1873)*; les *Filles de Canterbury*, le *Cygne*, *Lady Beaumont*; les *Visiteurs de Noël de grand'maman (1874)*; la *Surprise de Mme Finch*, *Miss Caro Armitage*, l'*Avantage (1875)*; la *Leçon de danse*, *My lady Bella (1876)*; la *Veille de Noël*, le *Jugement de Paris (1877)*; *Douce Margery (1878)*; *Lis, lauriers-roses et œillets*, les *Orphelins (1879)*; *Je suis mon chef*, *Daphné (1880)*; la *Porte d'ivoire*, le *Collier de corail (1881)*; la *Jeune fille rêveuse* et la *Promenade (1882)*; le *Connaisseur*, la *Fleur du soleil (1883)*; de nombreux *Portraits*, etc. — M. Storey a été élu associé de l'Académie royale en 1876. Il avait envoyé, à l'Exposition universelle de 1878, le *Vieux soldat* et *Médisance*.

STOWE (dame), Harriet Elisabeth Beecher, femme de lettres américaine, née à Litchfield (Connecticut) le 15 juin 1812. Elle fut d'abord associée à sa sœur aînée Catherine-Esther, morte en 1878, dans la direction d'une école de filles fondée par celle-ci en 1822, à Hartford (1829), puis suivit ses parents à Walnut Hills, près de Cincinnati, où elle épousa, en 1836, le Rév. Calvin E. Stowe, professeur d'histoire biblique au séminaire de cette ville, que dirigeait son père, le docteur Lyman Beecher. Dans les premières années de la vie conjugale, Mme Stowe écrivit, pour les magazines, plusieurs esquisses et nouvelles qui ont été réunies depuis sous le titre: *the May Flower (1849)*. Dans les heures de loisir que lui laissaient les soucis de son ménage, elle continuait bien sa collaboration aux publications périodiques, auxquelles elle envoyait quelques courtes nouvelles de temps en temps; mais, sauf un ou deux livres destinés aux élèves des écoles du dimanche, elle n'entreprit rien d'important jusqu'à l'année 1850, époque à laquelle son mari accepta au collège Bowdoin, à Brunswick (Maine), la chaire de religion naturelle et révélée. De ce moment date sa collaboration à la *National Era*, feuille anti-esclavagiste, publiée à Washington, dans laquelle elle publia, par séries ou feuilletons, le roman qui devait la rendre célèbre dans les deux mondes: la *Case de l'oncle Tom* (Uncle Tom's Cabin), mais qui eut peu de retentissement dans les colonnes peu lues de la *National Era*. Bien mieux, le livre achevé, Mme Stowe fit des démarches aussi nombreuses que vaines pour trouver un éditeur qui se chargeât de le publier; elle finit pourtant par découvrir à Boston un jeune libraire, de grand tact, sans doute, malgré son inexpérience évidente, qui publia l'ouvrage en 1852. Jamais pareil succès de librairie ne s'était encore vu: en trois ans et demi, il en fut vendu, aux Etats-Unis, 313,000 exemplaires, sans compter une édition allemande préparée sur place et qui porterait ce chiffre à plus d'un demi-million. La vente fut également énorme en Angleterre. Enfin la *Case de l'oncle Tom* (Boston, 1852 et suiv., 2 vol. in-12) fut traduite dans toutes les langues connues; il y en eut quatre traductions françaises différentes, quatorze allemandes; il y eut des traductions de cet ouvrage en langue russe, arménienne, arabe, chinoise, japonaise, etc.; et le sujet en fut mis à la scène, torturé de cent façons. Mme Beecher-Stowe, elle-même, entraînée par l'exemple, et peut-être aussi bien aise de faire rendre tout ce qu'elle pouvait à cette veine abondante, écrivit successivement: *A Peep into Uncle Tom's Cabin, for children* (Coup d'œil dans la case, etc., pour les enfants, 1853), et *the Christian slave: a drama founded on « Uncle Tom's Cabin » (1855)*. Certains faits rapportés dans cet ouvrage furent contestés, certaines allégations combattues; on fit même un procès à l'auteur. Pour répondre à ces dénégations, qui prenaient tant de formes, Mme Stowe publia en 1853: *A Key to Uncle Tom's Cabin* (Clef, etc.), citant les faits authentiques qui avaient servi de base à son travail.

Dans l'été de 1853, Mme Stowe fit avec son mari un voyage en Europe, et publia, en 1854, un récit de ce voyage, dont le titre dit assez le plaisir qu'elle y prit: *Sunny Memories of foreign lands* (Souvenirs joyeux des pays étrangers). En 1855, elle a publié un petit volume ayant pour titre: *Géographie à l'usage de mes enfants*, et l'année suivante, un nouveau roman antiesclavagiste: *Dred, ou le Marais sinistre* (Dred, a Tale of the Dismal swamp), qui n'eut pas le succès du premier, uniquement parce qu'il était le second. Dans ses ouvrages suivants, Mme Stowe s'appliqua surtout à peindre la vie domestique dans la Nouvelle-Angleterre, cinquante ou cent ans auparavant, ce sont: *Notre Charles* (Our Charley, and what to do with him, 1859); la *Fiancée du ministre*, histoire de la fin du dix-huitième siècle, dont la scène se déroule à Newport, dans le Rhode-Island (1859); la *Perle de l'île d'Orr (1862)*; *Agnès de Sorrente (1862)*; *Réponse, au nom des femmes d'Amérique, à l'Adresse chrétienne de plusieurs milliers de femmes de la Grande-Bretagne (1863)*; les *Ravages d'un tapis (1864)*; *House and home papers (1864)*; *Religious poems (1865)*; *Histoires sur nos chiens (1865)*; *Little foxes* (Petits renards, 1865); le *Premier hiver de Daisy, et autres histoires (1867)*; *Etrange petit monde (1867)*; le *Coin de la cheminée (1868)*; les *Hommes de notre temps, ou les Patriotes célèbres du jour (1868)*; les *Gens de la vieille ville (1869)*; le *Saule (1870)*; la *Tyrannie blanche et rose*, *Contes de coin du feu de Sam Lawson (1871)*; *Ma femme et moi (1872)*; *Feuilles de palmier (1873)*; *Idée lumineuse de Bett et autres histoires*, *Nos voisins et nous (1875)*; les *Traces de notre maître (1877)*; les *Héroïnes de la Bible*; les *Gens de Poganuc, leur vie, leurs amours (1878)*; la *Mission d'un chien (1881)*, etc. Elle a écrit, en outre, en collaboration avec sa sœur Catherine: l'*Intérieur de la femme américaine, ou Principes de la science domestique (1868)*. Au mois de septembre de la même année, Mme Stowe écrivait, dans l'*Atlantic Monthly* et le *Macmillan's Magazine*, une sorte de réponse aux *Souvenirs de lord Byron*, de la comtesse Guiccioli, sous ce titre: l'*Histoire véritable de la vie de lady Byron*, dans laquelle elle accusait le grand poète anglais d'inceste. Ces révélations audacieuses soulevèrent, tant en Amérique qu'en Angleterre, une véritable tempête, que son livre publié en 1870: *Lady Byron vengée*, n'était pas fait pour calmer. La *Quarterly Review* prit vivement la défense du poète de Child Harold, et, en France, quatre ans plus tard, M. Mézières entreprenait, dans la *Revue des Deux-Mondes*, sa justification complète. Mais il paraît qu'elle tenait ses renseignements de source beaucoup plus sûre que ses contradicteurs.

Mme Beecher-Stowe a été quelque temps associée à la direction du *Hearth and home* (Foyer et patrie), et a collaboré à l'*Indépendant*, dirigé par son frère, M. Henry Ward Beecher (Voy. ce nom), et à d'autres publications périodiques. Elle a sa résidence officielle à Hartford, mais passe beaucoup de son temps dans la Floride, où elle possède une superbe plantation d'orangers.

STRATHNAIRN (baron), Hugh Henry Rose, maréchal, pair d'Angleterre, né en 1803, fit ses études à Berlin, où son père, sir George Hugh Rose, était ministre de la Grande-Bretagne, et entra dans l'armée anglaise en 1820. Lorsqu'il eut atteint le grade de lieutenant-colonel, il fut successivement consul général en Syrie, secrétaire d'ambassade et chargé d'affaires à Constantinople, et commissaire près le quartier général de l'armée française en Orient, en 1854-55. Pendant l'insurrection indienne, sir Hugh Rose eut le commandement de l'armée du centre; et pour les services qu'il rendit dans ce poste périlleux, il fut fait successivement chevalier, puis grand croix de l'ordre du Bain, et reçut la décoration de l'Etoile de l'Inde, dès l'institution de cet ordre nouveau. Il succéda à lord Clyde, rappelé en Angleterre, comme commandant supérieur dans l'Inde, et présida à la réorganisation de l'armée, à la fusion de l'ancienne armée spéciale de la Compagnie des Indes avec l'armée royale britannique. Relevé de son commandement dans l'Inde et appelé à celui des forces militaires de l'Irlande, en 1865, il succédait en 1869 à lord Gough, comme commandant des horse guards, et résignait son commandement en Irlande en 1870. — Général de l'armée, et considéré comme l'un des plus capables officiers de l'Angleterre, il fut élevé à la pairie le 28 juillet 1866, sous le titre de baron Strathnairn, de Strathnairn, dans le comté de Nairn, en Ecosse, et de Jhansi (du nom d'une place importante enlevée par lui aux rebelles), dans les Indes orientales. Il a été élu au rang de maréchal en juin 1877.

STROSSMAYER, Joseph, prélat catholique autrichien, né à Essek, en Esclavonie, le 4 février 1815, fit ses études aux universités de Vienne et de Padoue, puis embrassa l'état ecclésiastique (1838), devint professeur au séminaire de Diakovar et aumônier de la cour, et fut consacré évêque de Bosnie et de Sirmio, le 20 mai 1850. Au concile œcuménique, M. Strossmayer paraît avoir d'abord fait partie du groupe des « inopportunistes ». Des journaux publièrent même le texte d'un discours qui lui était attribué, mais contre lequel il protesta par une lettre adressée au *Français*, en 1872, affirmant en outre qu'il n'avait jamais proféré une parole pendant toute la durée du concile qui pût diminuer l'autorité du Saint-Siège ou provoquer la discorde dans l'Eglise. En juin 1877, M. Strossmayer présentait à l'empereur François-Joseph une adresse des catholiques bosniaques, demandant l'occupation de la Bosnie par l'armée autrichienne. Il passait ensuite à Rome, traitait avec le Saint-Siège certaines questions d'organisation de l'Eglise catholique en Bosnie et rentrait dans son diocèse au commencement de 1870.

SULLIVAN, Barry, tragédien anglais, né à Birmingham en 1824. Il débuta au théâtre, à Cork, en 1840, avec un succès qui décida de sa carrière. Après avoir étudié quelque temps en Irlande, il se rendit en Ecosse et entra dans la troupe du Théâtre Royal d'Edimbourg, alors dirigée par W. H. Murray. Resté, pendant plusieurs saisons, attaché à ce théâtre, il travailla avec ardeur et fit de rapides progrès dans son art; il visita ensuite Paisley, Dundee, Aberdeen, Glasgow, Liverpool et Manchester. Déjà sa réputation s'était étendue jusqu'à Londres, et il recevait des offres de M. B. Webster, directeur du théâtre de Haymarket, où il débuta en novembre 1851, dans le rôle d'Hamlet. Il y eut un grand succès, et fut appelé à diverses reprises, pendant son séjour à Londres, à jouer devant la reine et le feu prince Albert; il accepta ensuite divers engagements aux théâtres de Saint-James, de Sadler's Wells, de Drury-Lane, etc., puis fit une tournée en province et s'embarqua pour l'Amérique en novembre 1857. Il fut reçu, aux Etats-Unis et au Canada avec enthousiasme, et revint seulement à Londres en mai 1860. Un an après, M. Barry Sullivan partait pour l'Australie, où son succès fut tel qu'il dut jouer à Melbourne seulement près de mille soirées, ce qui fait à peine un peu moins de trois ans. Il joua aussi, mais moins longtemps, à Sydney; fit une visite à Queensland, s'embarqua à Brisbane pour les Indes, et était de retour en Angleterre en juin 1866, ayant littéralement fait le tour du monde. En septembre, M. Barry Sullivan donnait des représentations au théâtre de Drury-Lane, dans les rôles de Richard III, Hamlet, Macbeth, etc. — Il a dirigé le théâtre d'Holborn, en 1869-70.

SULLY-PRUDHOMME, René François Armand **Prudhomme** (dit), poète, membre de l'Académie française, né à Paris le 16 mars 1830, il fit ses études au lycée Bonaparte et entra comme employé dans l'administration de l'usine du Creusot. En 1865, il publia son premier volume de poésies: *Stances et poèmes*, qui eut un succès très vif et de bon aloi. Il a publié depuis: les *Epreuves (1866)*; la traduction en vers, avec préface, du *De natura rerum* de Lucrèce et les *Solitudes (1869)*; les *Destins (1872)*; les *Vaines tendresses (1875)*; la *Justice (1878)*; le *Prisme (1886)*, etc. M. Sully-Prudhomme a été élu membre de l'Académie française, en remplacement de Duvergier de Hauranne, en 1881; sa réception solennelle a eu lieu le 23 mars 1882. — Il est chevalier de la Légion d'honneur depuis 1878.

SWINBURNE, Algernon Charles, poète anglais, fils de l'amiral Charles H. Swinburne, est né à Londres le 5 avril 1837; il étudia à Oxford, mais négligea de prendre aucun grade. Il fit alors un voyage en Italie, séjourna quelque temps à Florence, et y fit la connaissance de Walter Savage Landor. De retour à Londres, il se livra à la littérature et publia d'abord deux drames: la *Mère de la reine* et *Rosamonde*, passés à peu près inaperçus (1861). Il donna ensuite: *Atalante à Calydon*, tragédie (1864); *Chastelard*, tragédie (1865); *Poèmes et ballades (1866)*; *Notes sur la poésie et les critiques*, en réponse aux attaques dont son dernier livre avait été l'objet; un *Chant d'Italie* et *William Blake*, essai critique (1867); *Sienne*, poème (1868); *Ode sur la proclamation de la République française, le 4 septembre 1870*; les *Chants de l'aurore*, dans lesquels il exalte le panthéisme et le républicanisme (1871); *Bothwell*, tragédie (1874); *Essais et études (1875)*; *Notice sur Charlotte*

Brontë (0877); *Poèmes et ballades*, deuxième série (1878); *Etude sur Shakespeare (1879)*; *Etudes en chanson s(1881)*; *Tristram of Lyonesse (1882)*; *Un cent de rondeaux (1883)*, etc.

SYBEL (von), Heinrich, historien allemand, né à Düsseldorf le 2 décembre 1817, y commença ses études puis alla à Berlin, où il suivit pendant plusieurs années le cours d'histoire de l'illustre Léopold von Ranke, mort nonagénaire au commencement de 1886, alors professeur à l'université de cette ville; puis il se rendit à l'université de Bonn, où il prit ses grades et devint professeur suppléant en 1244. Nommé professeur titulaire à l'université de Marbourg en 1846, M. de Sybel était élu en 1847 député à la Diète d'Erfurth. Après avoir passé quelques années à Munich, où le roi de Bavière l'avait appelé en 1856, il obtenait une chaire d'histoire à l'université de Bonn en 1861 et était élu député de cette université à la Chambre prussienne. Réélu après la dissolution, il était encore élu à la Diète de la confédération de l'Allemagne du Nord en 1867, puis au parlement de l'empire d'Allemagne. En 1875, M. de Sybel était nommé directeur des Archives et membre de l'Académie de Berlin; il était déjà membre de l'Académie des sciences de Munich, depuis 1856. — Les principaux ouvrages de cet écrivain sont: *Origine de la royauté en Allemagne (1845)*; *Histoire de la révolution française de 1789 à 1795 (1853-57)*; le *Soulèvement de l'Europe contre Napoléon Ier (1860)*; *Opuscules historiques (1863-69*, 2 vol.); la *Paix avec la France (1871)*; la *Politique cléricale au XIXe siècle (1874)*, etc. Il publie depuis 1878 un recueil de pièces tirées des Archives de l'État, qui formera 70 volumes. En 1856, il avait fondé le *Journal historique*, dans lequel il a publié bon nombre d'articles, ainsi que dans diverses autres publications périodiques. On lui doit en outre quantité de brochures politiques de circonstance, discours, etc.

SYMONDS, John Addington, littérateur anglais, né à Bristol le 5 octobre 1840, fit à l'université d'Oxford de très brillantes études, et se consacra à la littérature. M. Symonds a publié, à partir de 1872: *Introduction à l'étude de Dante*, *Etudes sur les poètes de la Grèce*, (2 vol.); *Croquis de l'Italie et de la Grèce*, la *Renaissance en Italie* (5 vol.), *Esquisses et études d'Italie*, *Shelley*, dans la collection des « English Men of Letters »; une traduction des *Sonnets de Michel-Ange et de Campanella*; plusieurs volumes de poésies: *Fantaisies diverses*, le *Vieux et le nouveau* et *Animi figura*, sonnets; *Zigzags italiens*, etc. — M. Symonds est un des collaborateurs de l'*Encyclopédie britannique*, en cours de publication.

T

TAAFFE (comte de), Edouard, homme d'État austro-hongrois, d'une vieille et noble famille d'origine irlandaise, est né à Vienne en 1833 et a été élevé à la cour, un peu avec l'empereur actuel, François-Joseph, grâce à la conformité d'âge. Entré dans l'administration en 1857, comme secrétaire de la lieutenance de Hongrie, il passait à celle de Bohême quatre ans plus tard, en qualité de conseiller, puis devenait en 1863 administrateur du duché de Salzbourg et de la Haute-Autriche. En 1867, M. de Taaffe était élu député au Reichsrath par les grands propriétaires de Bohême et remplaçait M. Belcredi au ministère de l'intérieur cisleithan, d'où il passait au ministère de la défense, pour devenir président du conseil au commencement de 1869. Démissionnaire en janvier 1870, il rentrait aux affaires, avec le double portefeuille de l'intérieur et de la défense, dans le cabinet Potocky, en avril suivant. Il se retirait de nouveau en février 1871. Après avoir administré pendant plusieurs années le Tyrol et le Vorarlberg, le comte de Taaffe succédait, au ministère de l'intérieur, au prince Auersperg en février 1879, et devenait président au conseil au mois d'août de la même année, en remplacement de M. Stremayr. M. le comte de Taaffe est encore aujourd'hui (1886), ministre de l'intérieur et président du conseil du cabinet cisleithan.

TAILHAND, Adrien Albert, magistrat et homme politique français, ancien ministre, né à Aubenas le 1er juillet 1819, fit son droit à Paris, et entra dans la magistrature. Procureur du roi à Privas depuis 1844, il fut révoqué après la révolution de Février, mais nommé procureur de la République à Draguignan en 1849. Sous l'Empire, il devint successivement avocat général à Nîmes, puis conseiller à la cour, et enfin président de chambre. Elu représentant de l'Ardèche à l'Assemblée nationale, le cinquième sur huit, le 8 février 1871, M. Tailhand siégea à la droite cléricale et vota en conséquence. Il fit partie de la commission des grâces et de la première commission des Trente. Appelé à remplacer M. Depeyre au ministère de la justice, le 23 mai 1874, il y était à son tour remplacé par M. Dufaure, le 10 mars 1875. La veille, en quelque sorte, M. Tailhand s'était signalé dans la discussion de l'élection de Bourgoing et du comité central de l'Appel au peuple, en refusant obstinément le dossier relatif à ce comité aux députés chargés de vérifier l'élection. — Au mois de décembre suivant, candidat de la droite au Sénat pour les sièges inamovibles, il échoua avec ses amis. Il fut élu, le 30 janvier 1876, le dernier des deux sénateurs de l'Ardèche, et le seul de sa liste, par 204 voix sur 405 électeurs, et échoua complètement au renouvellement de la représentation de l'Ardèche, le 25 janvier 1885.

TAILLADE, Paul Félix, acteur et auteur dramatique français, né à Paris le 15 janvier 1827, fit ses études au lycée Bonaparte. Elevé d'abord à la campagne, il reçut juqu'après sa sortie du collège une petite pension pour subvenir à ses besoins, que ses parents, inconnus, lui faisaient sans doute tenir; mais à cette époque, ayant repoussé l'avenir brillant qu'on voulait lui faire en le faisant admettre dans une étude d'huissier, il fut tout net abandonné à ses propres ressources. Il entra comme professeur dans un pensionnat; mais ses goûts l'attiraient vers le théâtre, où il s'était essayé dans quelques représentations d'amateurs. Par l'entremise de Mlle Mars, il put entrer au Conservatoire, dans la classe de Provost, en 1845, et débuta au Français en 1847, dans la *Ciguë*. Il n'y resta pas, cependant, et c'est dans le drame moderne qu'il devait remporter ses plus beaux succes. — En 1850, M. Taillade créait, à la Gaîté, avec un succès complet, le rôle de Bonaparte dans les *Premières pages d'une grande histoire*. Depuis, il a paru à l'Ambigu, dans *Berthe la Flamande*, *Roquelaure*, *Jean le cocher (1852)*; de nouveau à la Gaîté, dans le *Comte Hermann*, puis, dans le *Courrier de Lyon*, la *Pie voleuse*, les *Cosaques*, la *Closerie des Genêts*, les *Fils de Charles-Quint*, le *Sanglier des Ardennes*, le *Masque de poix*; au Cirque, dans la *Reine Margot*, *Marie Stuart en Ecosse*, les *Maréchaux de l'Empire*, la *Tour Saint-Jacques-la-Boucherie*, *Perrinet Leclerc*, les *Deux faubouriens*; à la Porte-Saint-Martin, dans la *Jeunesse de Louis XI*, le *Gentilhomme de la montagne*, la *Nonne sanglante*, *Richard d'Arlington*, *Pierre Lenoir*, l'*Outrage (1859)*, etc.; à l'Odéon, dans *Macbeth (1863)*, le *Roi Lear (1868)*; *Jeanne de Ligneris (1868)*; la *Lucrèce*, de Ponsard, rôle de Brute (1869); à la Porte Saint-Martin de nouveau, dans *Lucrèce Borgia (1870)*; et, après la guerre, en attendant la reconstruction de cette dernière salle, il joue encore à l'Odéon, où il crée notamment le rôle d'Orestès, dans les *Erinnyes*, de M. Leconte de l'Isle (1872). Rentré à la Porte-Saint-Martin, dès la réouverture (novembre 1873), M. Taillade y a paru dans la plupart des grands drames repris par M. Dumaine. Nous citerons: *Henri III et sa cour*, *Don Juan d'Autriche (1873)*; les *Chevaliers du brouillard (1874)*; la *Jeunesse des mousquetaires (1875)*; *Vingt ans après*, la *Reine Margot*, l'*Eclat de rire (1876)*, etc. Il y a fait, en outre, plusieurs créations importantes, notamment: Pierre, dans les *Deux orphelines (1874)*; Roskoe, dans l'*Espion du roi (1876)*; Schelm, dans les *Exilés (1877)*, etc.

M. Taillade a écrit, en outre, quelques ouvrages dramatiques, dans lesquels il a naturellement rempli le rôle principal. Nous citerons: *André Hubner*, le *Contrat rompu*, les *Catacombes de Paris*, *Il est fou*, le *Château d'Ambrières*, avec Théodore Barrière; *Charles XII*, avec M. E. Lorsay, etc. — En août 1886, avec Mme Marie Laurent, MM. Lacressonnière, Villeray et autres, M. Taillade formait une association d'artistes, autorisée par le Conseil municipal de Paris, pour l'exploitation de l'ancien Théâtre des Nations, sous le titre nouveau de Théâtre de Paris.

TAILLIANDIER, Henri André Joseph, homme politique français, né à Fresnoy (Pas-de-Calais), vers 1844, fit son droit et prit le grade de docteur en 1869. Capitaine commandant une compagnie des mobiles du Pas-de-Calais, il fit partie de l'armée du Nord et assista aux combats livrés par cette armée dans le cours de la campagne. Après la guerre, M. Tailliandier devint maire de Fresnoy et membre du Conseil général du Pas-de-Calais, ce qu'il est encore. Il a été élu député du Pas-de-Calais le 4 octobre 1885, sur la liste monarchiste.

TAINE, Hippolyte Adolphe, littérateur et philosophe français, né à Vouziers le 21 avril 1828; fit ses études au collège Bourbon, remporta le prix d'honneur de rhétorique en 1847, et fut admis à l'École normale en 1848, le premier. Reçu docteur ès lettres en 1853, il se consacra à la littérature. M. Taine a collaboré à la *Revue de l'instruction publique*, à la *Revue des Deux-Mondes*, au *Journal des Débats*, etc. Nommé examinateur pour les lettres, à l'Ecole de Saint-Cyr, en 1863, il était appelé l'année suivante à la chaire d'esthétique et d'histoire de l'art à l'Ecole des Beaux-Arts, qu'il a conservée jusqu'ici. Les premiers ouvrages de M. Taine ont presque tous fait beaucoup de bruit à leur apparition, indépendamment du succès que leur assurait leur grande valeur litteraire, parce qu'ils étaient conçus en opposition avec les doctrines du spiritualisme officiel; et leur auteur n'a pas manqué d'être traité, en excellente compagnie du reste, d'athée et de matérialiste. Son *Histoire de la littérature anglaise*, le seul ouvrage de cette importance que nous possédions sur semblable matière, fut même repoussée du concours de l'Académie française, à cause des doctrines épouvantables qu'elle renferme. L'auteur lui-même, lorsqu'il présenta sa candidature au fauteuil de Vitet, en 1874, fut repoussé: l'illustre assemblée lui préféra, comme il devait s'y attendre, M. Caro, l'incarnation la plus complète du spiritualisme universitaire. Ce que voyant M. Taine, qui tenait à entrer à l'Académie, il s'amenda, et à la suite de publications plus orthodoxes, dont il sera parlé ci-après, il était élu membre de l'Académie française, en remplacement de Loménie, le 14 novembre 1878, par vingt voix (il est vrai qu'il n'y eut que vingt-six votants). — On doit à cet éminent écrivain: *De personis platonicis* et *Essai sur les fables de La Fontaine*, thèses de doctorat (1853); *Essai sur Tite-Live*, couronné par l'Académie française (1854); *Voyage aux Pyrénées (1855)*; les *Philosophes français du XIXe siècle (1856)*; *Essais de critique et d'histoire (1857)*; les *Ecrivains anglais contemporains (1859)*; *La Fontaine et ses fables (1860)*; l'*Idéalisme anglais, étude sur Carlyle*; le *Positivisme anglais, étude sur J. Stuart Mill*; *Histoire de la littérature anglaise*, 4 vol. (1864); *Nouveaux essais de critique et d'histoire*; *Philosophie de l'art (1865)*; *Philosophie de l'art en Italie*; *Voyage en Italie*: tome Ier, *Naples et Rome*; tome II, *Florence et Venise (1866)*; *Notes sur Paris, Vie et opinions de M. Frédéric-Thomas Graindorge (1867)*; l'*Idéal dans l'art* (même année); *Philosophie de l'art dans les Pays-Bas (1868)*; *Philosophie de l'art en Grèce (1870)*; *De l'intelligence (1870-74*, 2 vol.); *Du suffrage universel et de la manière de voter (1871)*; *Notes sur l'Angleterre*; *Un séjour en France de 1792 à 1795, lettres d'un témoin de la Révolution française*, traduites de l'anglais (1872); les *Origines de la France contemporaine*, le grand ouvrage dont les deux premiers volumes ouvrirent enfin à l'auteur les portes de l'Académie française, et qui comprend: l'*Ancien régime (1875)* et la *Révolution (1878-81-85*, tomes Ier à III); outre une nouvelle édition de sa *Philosophie de l'art* en 2 vol. (1882). — M. Taine a été élu docteur en droit civil de l'université d'Oxford en 1871, à la suite de « lectures » sur Corneille et Racine, faites à cette université. Il est chevalier de la Légion d'honneur.

TAMBERLICK, Enrico, chanteur italien, né à Rome le 16 mars 1820. Destiné à la carrière ecclésiastique, il fut élevé au séminaire de Montefiascone, qu'il quitta avant d'avoir achevé son éducation; il étudia alors le chant avec Borgna et Guglielmi et débuta à Naples, au Fondo, en 1841, dans *i Capuletti*. Il joua ensuite au San Carlo, puis visita Lisbonne (1844), Madrid (1845), Barcelone (1846), Londres où il créa à Covent-Garden le *Pietro il Grande* de Julien, Saint-Pétersbourg (1850-51), etc. Vivement sollicité par Meyerbeer d'accepter un engagement à l'Opéra, il refusa avec persistance, n'osant se risquer à chanter en français. Après une tournée dans les deux Amériques, M. Tamberlick accepta un engagement au Théâtre Italien de Paris en 1858, et son merveilleux *ut dièze* y fit bientôt courir tout Paris. M. Tamberlick se trouvait à Madrid lors de la révolution de septembre 1868. Il y eut un succès fou, principalement dans la *Muette*, dont on comprend le choix. Revenu à Paris en 1869, il reparut aux Italiens dans ses rôles principaux; mais il partait de nouveau pour Madrid l'année suivante. Quelques années plus tard, il avait, disait-on, fondé une manufacture d'armes à feu à Madrid. Quoi qu'il en soit, le fait est qu'il chantait à Londres pendant la saison de 1877. — Les ouvrages dans lesquels cet artiste éminent s'est fait le plus applaudir sont très divers; nous citerons: *Otello*, *Don Giovanni*, *Poliuto*, *il Trovatore*, *Rigoletto*, auxquels nous pouvons ajouter, quoiqu'il n'y ait pas paru sur une scene française: *Guglielmo Tell*, *i Ugonotti*, *Roberto il diavolo*, *il Profeta*, le *Pardon de Ploermel*, la *Muette*, l'*Afri-*

carne, etc. — Le bruit de la mort de M. Tamberlick a couru en 1883, mais a été démenti aussitôt.

TARGET, Paul Léon, homme politique français, né à Lisieux vers 1820. Elu membre du Conseil d'État par l'Assemblée constituante, en mars 1849, le coup d'État le rendit à la vie privée; il s'occupa alors d'agriculture et obtint divers prix aux concours départementaux. M. Target prit part sous l'Empire à l'agitation électorale et, à l'approche des élections de 1863, publia une brochure d'intérêt actuel, intitulée: *Législation électorale, droits et devoirs des électeurs* (in-8°). Il a collaboré à la presse parisienne, notamment au *Courrier du Dimanche*, à l'époque où fut prononcée la suppression de ce journal (août 1866) et depuis, au *Journal de Paris*. En 1870, il a pris part aux travaux de la commission extra-parlementaire de décentralisation présidée par Odilon Barot, dont la plupart des membres ont survécu à leurs convictions de ce temps-là, du moins à celles qu'ils affichaient. — Elu le 8 février 1871 représentant du Calvados à l'Assemblée nationale, le huitième sur neuf, M. Target prit une part active aux travaux des commissions et est l'auteur de l'ordre du jour voté dans la séance du 1er mars, confirmant la déchéance de l'empereur. Il a été vice-président de la réunion Saint-Marc Girardin et était, le 24 mai 1873, le chef d'un petit groupe de représentants dont il a pris la peine de venir expliquer la défection inattendue à la tribune, au moment du vote sur l'ordre du jour Ernoul, qui détermina la retraite de M. Thiers. Le 24 juin suivant, M. Target était nommé envoyé extraordinaire et ministre plénipotentiaire à la Haye. Il n'en continua pas moins de prendre part aux débats parlementaires et vota les lois constitutionnelles en décembre 1875. — Candidat constitutionnel aux élections générales du 20 février suivant, M. Target échoua et se retira de la lutte. Décoré de la Légion d'honneur, pour « services exceptionnels », le 3 juillet 1877, il quittait la diplomatie au mois de décembre et rentrait dans la vie privée.

TASSIN, Pierre, homme politique français, né à Noyers (Loir-et-Cher) le 21 janvier 1837. Quelque temps rédacteur-gérant de la *Presse*, il fut élu député de la 1re circonscription de Loir-et-Cher, comme candidat de l'opposition, aux élections générales de 1869 et siégea au centre gauche. Elu représentant de son département en février 1871 et député de la 2e circonscription de Blois le 20 février 1876, il siégea à gauche dans ces deux assemblées. M. Tassin a été réélu le 14 octobre 1877 et le 21 août 1881, sans concurrent, dans la même circonscription. Aux élections d'octobre 1885, il était élu député de Loir-et-Cher au scrutin du 18. Il a voté l'expulsion totale des princes. — M. Tassin est président du Conseil général de Loir-et-Cher, où il représente le canton de Saint-Aignan.

TAVERNIER, Adolphe, publiciste français, né à Paris en 1854. Lancé de bonne heure dans le journalisme, il a été, depuis 1879, chroniqueur au *Gil-Blas*, puis rédacteur à l'*Événement*, et a publié dans ces journaux des articles d'une grande variété: chroniques, contes, nouvelles, monologues, échos, fantaisies, qu'il signe généralement du pseudonyme le *Sphinx*. M. A. Tavernier s'est en outre occupé d'une manière toute spéciale des questions d'escrime et de duel, et a contribué à répandre la pratique de l'escrime par la création d'un journal spécial: l'*Escrime* et d'une « Société d'encouragement de l'escrime », qui organise chaque année des concours entre les meilleurs tireurs des lycées et collèges de Paris, des écoles polytechnique, de Saint-Cyr, etc. Il est auteur d'un livre très intéressant et très consulté en matière d'affaires d'honneur: l'*Art du duel*, où il donne des conseils précieux à tous ceux qu'un duel oblige à aller sur le terrain pour leur propre compte ou pour celui des autres, et a publié divers ouvrages sur l'art de l'escrime; notamment: *Escrimeurs et salles d'armes de Paris*, où tout ce qui tient un fleuret ou une épée est apprécié d'une plume bienveillante et spirituelle. M. Tavernier est lui-même un homme d'épée de premier ordre; il a été très souvent sur le terrain, soit comme combattant, soit comme témoin et est fréquemment choisi comme arbitre d'honneur. Il est enfin auteur, avec M. P. Lermusiaux, d'un livre ayant pour titre: *Pour la patrie*, publié sous les auspices de la Ligue des patriotes (A. Lévy et Cie, 1886), étude très complète sur les sociétés de tir françaises et étrangères. — M. A. Tavernier a été décoré de la Légion d'honneur le 30 décembre 1885.

TCHERNAIEFF, Michel Grégorovitch, général russe, né le 24 octobre 1828. Entré dans l'armée en 1847, il se distingua dans la guerre de Crimée, et fut promu au grade de général d'infanterie. Après la guerre, il fut envoyé en Pologne comme chef d'état-major d'une division, puis, en 1858, à Orenbourg, comme chef-adjoint de la ligne du Syr Dariar. L'année suivante, il commandait une expédition sur le lac Aral, appuyant les Khirghis en guerre avec ceux de Khiva. Il servit alors comme quartier-maître général dans l'armée du Caucase, puis comme chef d'état-major du corps d'armée d'Orenbourg et enfin commandant en chef d'un corps expéditionnaire envoyé dans le Turkestan, devant opérer sa jonction avec un autre corps commandé par le colonel Verevkin. Les deux détachements se rencontrèrent près de Semipalatinsk, en Sibérie, non loin de la ville de Tchemkend, que Tchernaieff prit d'assaut. Il attaqua aussitôt Tachkend située à environ 120 kilomètres au Sud de Tchemkend (oct. 1864), mais il échoua, et fut obligé de revenir hiverner dans cette dernière ville; mais le 25 juin 1865, il revenait à la charge, et cette fois avec succès. Ce succès, quoiqu'on ait prétendu qu'il s'était emparé de Tachkend malgré des ordres supérieurs contraires, lui valut une réception enthousiaste à son entrée à Saint-Pétersbourg, et un sabre d'honneur dont le czar lui fit présent. Resté malgré cela quelque temps sans emploi, le général Tchernaieff quitta l'armée, étudia le droit et avait passé l'examen nécessaire pour s'établir notaire, lorsque le czar le rappela et lui rendit son grade dans l'armée. Mais après une année d'attente, fatigué de son inaction, le général se retira de nouveau, et acheta le *Ruski Mir*, journal panslaviste dont il se fit ouvertement le rédacteur en chef, dès qu'il eut quitté définitivement le service militaire, en juillet 1874.

Lors de l'insurrection de l'Herzégovine, le général Tchernaieff ouvrit une souscription dans les colonnes de son journal pour venir en aide aux insurgés; puis, dans l'été de 1876, il se rendit à Belgrade et fut mis à la tête de l'armée serbe. Mais, quoique renforcée par de nombreux volontaires russes et dirigée par un chef aussi entreprenant, l'armée serbe ne rencontra dans cette campagne que des échecs désastreux, et la proclamation prématurée du prince Milan comme roi de Serbie, par Tchernaieff, fut considérée comme un simple accès de folie de la part de ce dernier. En fait, le général, malgré des prodiges de valeur personnelle incontestables, ne tira pas beaucoup de gloire de cette entreprise. Il rentra à Saint-Pétersbourg et reprit la direction de son journal. Le général Tchernaieff a été nommé gouverneur de Tachkend, ce qui lui était bien dû, en septembre 1882.

TEISSERENC DE BORT, Pierre Edmond, ingénieur et homme politique français, ancien ministre, sénateur, né à Châteauroux le 17 septembre 1814. Élève de l'École polytechnique, il en sortit en 1835 dans l'administration des tabacs; mais il fut bientôt appelé à prendre part aux travaux d'organisation des chemins de fer, fut secrétaire de la commission de surveillance, en 1842, et remplit en Allemagne, en Angleterre, en Belgique, diverses missions d'étude. Commissaire général du gouvernement auprès des compagnies, il était nommé administrateur du chemin de fer Lyon-Méditerranée en 1852. Elu député par un des collèges de l'Hérault en 1846, M. Teisserenc de Bort se tint à l'écart de la politique après la révolution de Février, se bornant, en dehors de ses travaux administratifs, à l'exploitation de ses propriétés de la Haute-Vienne. Elu, le 8 février 1871, représentant de la Haute-Vienne à l'Assemblée nationale, le quatrième sur sept, M. Teisserenc de Bort siégea au centre droit. Appelé par M. Thiers, dont il partageait les idées économiques, au ministère du commerce, le 23 avril 1872, il conserva ce portefeuille jusqu'au 24 mai 1873, date à laquelle, suivant son chef dans la retraite, M. Teisserenc de Bort se faisait inscrire au centre gauche, avec lequel il vota constamment depuis. — Aux élections sénatoriales du 30 janvier 1876, M. Teisserenc de Bort était inscrit sur les deux listes de candidats dans la Haute-Vienne; il ne pouvait donc manquer d'être élu. Appelé à remplacer M. le vicomte de Meaux au ministère de l'agriculture et du commerce, le 9 mars 1876, il descendait du pouvoir le 17 mai 1877, remettant son portefeuille à son prédécesseur. Mais celui-ci ne devait pas le garder longtemps, le 14 décembre M. Teisserenc de Bort le reprenait, dans le second cabinet Dufaure. Il avait eu l'initiative des décrets des 4 et 13 avril 1876 portant ouverture à Paris, en 1878, d'une Exposition universelle et le souci de faire voter les crédits et commencer les travaux, il revenait au pouvoir en quelque sorte pour ouvrir lui-même cette grande exposition, ouverture qui eut lieu le 1er mai 1878. Démissionnaire après la retraite du maréchal de Mac Mahon (30 janvier 1879), il était nommé ambassadeur à Vienne le 18 février; il conservait ces fonctions jusqu'au 17 avril 1880, et était réélu sénateur de la Haute-Vienne au renouvellement du 8 janvier 1882. Il s'est abstenu lors du vote sur l'expulsion des princes.

M. Teisserenc de Bort a collaboré à la *Presse* en 1845; il a publié: les *Travaux publics en Belgique et les chemins de fer en France (1839); De la politique des chemins de fer; Étude d'un chemin de fer de Paris à Toulouse et à Bordeaux (1842); Statistique des voies de communication en France (1845); Études sur les voies de communication perfectionnées et sur les lois économiques de la production des transports (1847, 2 vol.); De la perception des tarifs sur les chemins de fer (1856)*, etc. — Il est chevalier de la Légion d'honneur depuis 1846 et vice-président du Sénat.

TENAILLE-SALIGNY, Étienne Philippe Théodore, homme politique français, né à Clamecy le 22 février 1830. Il fit son droit à Paris, prit le grade de licencié en 1850 et occupa une charge d'avocat au Conseil d'état et à la Cour de cassation de 1856 à 1870. Nommé maire du 1er arrondissement de Paris le 5 septembre, il était nommé préfet de la Nièvre en février 1871, et passait en juillet suivant à la préfecture de la Charente-Inférieure. Il donna sa démission après la chute de M. Thiers (mai 1873) et revint à Paris, où il fut élu conseiller municipal par les électeurs du 1er arrondissement en novembre 1874. En mars 1876, M. Tenaille-Saligny était appelé à la préfecture du Pas-de-Calais; révoqué au 16 mai, il était nommé préfet de la Haute-Garonne en décembre 1877. Après avoir tenté vainement de faire échec à la candidature bonapartiste dans son arrondissement natal, depuis 1869, M. Tenaille-Saligny échouait encore aux élections sénatoriales de la Nièvre, le 30 janvier 1876; mais il fut élu au renouvellement du 5 janvier 1879, et prit place au Sénat dans les rangs de la gauche républicaine, avec laquelle il vota constamment. Il a voté l'expulsion des princes. — M. Tenaille-Saligny a collaboré aux principales revues de droit. Il est chevalier de la Légion d'honneur depuis 1876.

TENNYSON (baron), Alfred, poète lauréat d'Angleterre, fils du pasteur de Somerby, dans le comté de Lincoln, où il est né le 6 août 1809, termina au collège de la Trinité, à Cambridge, ses études commencées sous la direction de son père. Outre un poème couronné par l'université de Cambridge et un recueil de *Poésies* publié avec son frère Charles, on doit à lord Alfred Tennyson: *Poésies lyriques (1830); Poésies (1832); Histoire d'amour*, poème, retiré de la circulation presque aussitôt publié (1833), mais réimprimé avec des amendements et l'addition d'un nouveau poème, le *Souper d'or*, en 1839; un autre recueil de poésies, dans lequel il a fait entrer une partie des précédentes, publié sous le simple titre de *Poésies (1842, 2 vol.)*; la *Princesse (1847); In Memoriam*, recueil d'élégies composées en mémoire de son ami d'enfance Arthur Hallam, fils de l'historien, et publié d'abord sans nom d'auteur (1850); *Maud et autres poésies (1855)*: les *Idylles du roi (1858); Enoch Arden et autres poésies (1864)*; le *Saint Graal*, etc. (1869); la *Fenêtre, ou les chansons des roitelets (1870); Gareth et Lynette (1872)*; la *Reine Marie*, drame (1875); *Harold*, drame (1877); la *Coupe*, drame, représenté au Lyceum, avec M. Irving dans le rôle principal (1881); les *Promesses de mai*, drame en 3 actes, représenté au Globe en novembre 1883. — Indépendant par la fortune, lord Alfred Tennyson a toujours vécu dans la retraite, cultivant la poésie à ses heures, et donnant en conséquence toute la mesure de son génie, dont son surnom du « plus classique des romantiques anglais » donne assez bien la véritable note. Il jouit d'une très grande popularité dans son pays. Nommé poète lauréat à la mort de Wordsworth, en 1851, il reçut en 1855 le diplôme de docteur de l'université d'Oxford, et fut élu membre honoraire du collège de la Trinité de Cambridge, où il a fait ses études, en 1869; la même année, cette université faisait exécuter son buste par le sculpteur Woolmer et le plaçait dans sa bibliothèque.

Après avoir refusé pareil honneur dix ans auparavant, lord Alfred Tennyson était élevé à la dignité de baronet, le 30 janvier 1875. Il acceptait enfin, étant en si beau chemin, le titre de baron du Royaume-Uni en décembre 1883.

TÉNOT, Pierre Paul Eugène, publiciste et homme politique français, né à Larreule (Hautes-Pyrénées) le 2 mai 1839, fit ses études au lycée de Pau, et, par suite de malheurs de famille, dut se faire maître d'études aussitôt ses classes terminées. Chargé ensuite de cours dans divers collèges, il abandonnait l'enseignement et venait à Paris en 1864. L'année suivante, il était attaché à la rédaction du *Siècle*, dont il devint rapidement un des principaux rédacteurs. Nommé préfet des Hautes-Pyrénées après le 4 Septembre, il quittait l'administration le 8 mars 1871, et allait prendre, à Bordeaux, la direction politique du journal la *Gironde*. Elu, le 21 août 1881, député de la deuxième circonscription de Tarbes, il prit place au groupe de l'Union républicaine. Il a échoué avec toute la liste républicaine des Hautes-Pyrénées aux élections d'octobre 1885. M. E. Ténot a publié: le *Suffrage universel et les paysans*, brochure; et la *Province en décembre 1851, étude historique sur le coup d'État (1865)*, qu'il fit suivre de *Paris en décembre 1851 (1868)*. La première de ces « études », remarquables d'ailleurs par leur impartialité, était passée inaperçue; mais la seconde, qui répondait à un mouvement d'opinion et venait au moment opportun, eut un succès énorme, dont l'autre profita. Il a donné depuis: les *Suspects de 1858*, avec M. A. Dubost (1869); *Campagnes des armées du second empire (1872)*, etc. — M. Ténot a été nommé chevalier de la Légion d'honneur, le 6 février 1877.

TERVES (comte de), Pierre Gabriel Léonce, homme politique français, né à Angers le 1er août 1840. Conseiller général de Maine-et-Loire pour le canton du Lion-d'Angers, il échouait aux élections du 20 février 1876 pour la Chambre des députés, dans l'arrondissement de Segré, où il se présentait comme candidat légitimiste; mais il fut élu le 21 août 1881. Il présenta au Congrès une proposition tendant à la suppression de l'indemnité allouée aux députés, c'est à peu près tout ce qu'on peut citer de lui. Il a été élu député de Maine-et-Loire, sur la liste monarchiste naturellement, le 4 octobre 1885.

TESTELIN, Armand Achille, médecin et homme politique français, sénateur, né à Lille le 6 juillet 1814. Il vint faire à Paris ses études médicales, prit le grade de docteur et alla s'établir dans sa ville natale, où il se lia bientôt avec les membres principaux du parti démocratique. Nommé, après la révolution de Février, commissaire de la République dans le Nord, il était élu, l'année suivante, à l'Assemblée législative, et y siégeait à gauche. Expulsé de France après le coup d'État, M. le docteur Testelin exerça la médecine à Bruxelles jusqu'à l'amnistie de 1859, dont il profita. Après le 4 septembre 1870, il fut nommé commissaire général de la Défense dans les quatre départements du Nord, à la demande des préfets de ces départements, portée à la Délégation de province par M. Masure. En cette qualité, il concourut à l'organisation de l'armée du Nord, placée sous le commandement du général Faidherbe. Pendant la Commune, M. le docteur Testelin, d'accord avec M. Thiers, tenta auprès de Delescluze, son ami de vieille date, une démarche, qui échoua, pour l'éloigner d'amis nouveaux dont la plupart avaient bien besoin d'être convertis par lui. Aux élections complémentaires du 2 juillet 1871, M. Testelin se porta candidat dans son département. Ses adversaires ne manquèrent pas d'exploiter contre lui le souvenir de cette démarche compromettante et comme, de bonne foi, personne autre ne pouvait réduire à néant l'imputation calomnieuse basée là-dessus, le secrétaire du président de la République, M. Barthélemy Saint-Hilaire, écrivit au candidat pour rappeler qu'il n'avait fait la démarche en question qu'avec l'approbation de M. Thiers. M. Testelin fut élu; mais, lors de la vérification des pouvoirs, ce malheureux démenti officiel, que rien n'aurait pu remplacer, faillit faire annuler son élection. Elle fut pourtant validée. M. Testelin siégea à l'extrême-gauche; il prit la parole dans plusieurs discussions spéciales. — Le 15 décembre 1875, il était élu sénateur inamovible par ses collègues. Il prit place dans les rangs de l'Union républicaine de la haute Chambre, agit en conséquence et vota notamment l'expulsion des princes. Il est président du Conseil général du Nord, où il représente le canton sud-ouest de Lille.

M. le docteur Testelin est un des collaborateurs du *Dictionnaire encyclopédique des sciences médicales*.

TEWFIK PACHA, Mohammed, khédive d'Egypte, fils aîné d'Ismaïl Pacha, est né le 10 novembre 1852, succéda à son père en vertu d'un décret du sultan en date du 8 août 1879, et reçut l'investiture le 14 du même mois. Tewfik Pacha est le sixième vice-roi d'Egypte de la famille de Méhémet-Ali qui, soulevé contre le sultan, et maître de toute la contrée, obtint en 1841 de son suzerain, d'accord avec les cinq grandes puissances européennes, que la principauté serait héréditaire dans sa famille. Ismaïl Pacha, dans des circonstances différentes, mais également difficiles pour le padischah, obtint à son tour le titre de *khédive* au lieu de celui de *vali* qu'il portait officiellement, en même temps qu'une modification dans l'ordre de succession (1866) : au lieu que la succession se transmette, suivant la loi musulmane observée jusque-là, à l'aîné des descendants mâles directs du fondateur de la dynastie, il fut décidé qu'elle se transmettrait par ordre de primogéniture dans la descendance d'Ismaïl, à l'exclusion des autres branches de la famille de Méhémet. C'est d'après le nouveau système que Tewfik montait sur le trône khédivinle après son père, au lieu du prince Halim, le quatrième fils de Méhémet-Ali. Les antécédents du khédive actuel se résument à ceci, qu'il était président du conseil des ministres à l'époque du coup d'Etat de son père, qui eut pour conséquence le soulèvement du parti national, sous le commandement d'Arabi (voy. ce nom). — Tewfik a épousé, en 1873, la princesse Emineh, fille d'El-Hamy Pacha, et en a eu deux fils et deux filles.

TÉZENAS, Antoine Hippolyte, homme politique français, officier supérieur du génie en retraite, né à Saint-Martin-ès-Vignes (Aube) le 16 février 1815. Elève de l'Ecole polytechnique et de l'Ecole d'application de Metz, M. Tezenas servit en Afrique comme lieutenant du génie, en 1839-40. Il prit part, en qualité de capitaine, à la répression de l'insurrection de juin 1848 et retourna en Afrique, où il participa aux premières expéditions de la Kabylie, fit les campagnes de Crimée et d'Italie et fut envoyé, après cette dernière et l'annexion de la Savoie, comme commandant du génie, à Chambéry. Promu colonel dans l'intervalle, M. Tézenas fut employé aux travaux de défense de Paris en 1870, et prit part, avec la deuxième armée, aux combats de Champigny, du Bourget, de Buzenval, etc. Il devint ensuite chef d'état-major du génie de l'armée de Versailles opérant contre la Commune de Paris. Le colonel Tézenas a pris sa retraite en 1875. Il est commandeur de la Légion d'honneur. — Candidat républicain aux élections du 20 février 1876, il fut élu député d'Arcis-sur-Aube, et prit place au centre gauche. Il a été réélu le 14 octobre 1877 et le 21 août 1881. Aux élections pour le renouvellement de la représentation sénatoriale de l'Aube, le colonel Tézenas se porta candidat et fut élu. Il a voté l'expulsion des princes.

THELLIER DE PONCHEVILLE, Charles, homme politique français, avocat, né à Valenciennes vers 1830, fit son droit à Paris et prit le grade de docteur en 1854. Avocat du barreau de sa ville natale, ancien bâtonnier, secrétaire de la Société d'agriculture de son arrondissement, M. Thellier de Poncheville a été élu député du Nord, le 4 octobre 1885, avec ses amis de la liste monarchiste, qui a passé tout entière dans ce département.

THÉRÉSA, Emma Valadon, dame Guilloreau (dite), chanteuse française, née à la Bazoche-Gonet (Eure-et-Loir) le 26 avril 1837. Après avoir été modiste, à Paris, entraînée par la vocation, elle chanta dans les cafés-concerts et, sans le moindre succès la romance sentimentale d'abord, puis la chansonnette grivoise, ou tout au moins gauloise, avec un succès étourdissant, qui fit courir à l'Alcazar, théâtre de ses exploits, le « tout Paris » exclusif et frondeur et jusqu'aux hommes graves et aux prudes renforcées. De plus, Thérésa fut appelée dans les salons les plus collet-montés, à la cour impériale même, qui ne l'était guère à la vérité. Elle parut également sur divers théâtres : la Porte Saint-Martin, le Châtelet, la Gaîté, mais pour y remplir un rôle de son emploi dans quelque féerie. Comme c'est une chanteuse de talent, bonne musicienne et consciencieuse, des offres lui furent faites à maintes reprises pour l'entraîner à jouer des rôles principaux d'opérettes, écrits exprès pour elle; mais elle s'y refusa toujours. Le répertoire de celle qu'on a surnommée la *Patti du peuple*, outre ses rôles de féerie, n'est pas très étendu : avec le *Sapeur*, la *Gardeuse d'ours*, *C'est dans le nez qu' ça m'chatouille*, la *Femme à barbe*; il est à peu près complet, je crois. Ce répertoire, bien exploité, a pourtant suffi à faire la fortune, et une fortune plus qu'ordinaire, de celle qui a illustré le nom de Thérésa, et qui l'échangeait, dans l'été de 1878, pour celui de Mme Guilloreau, en épousant un de ses camarades ainsi nommé, au village de Neufchâtel-en-Saonnois (Sarthe). Elle n'a toutefois pas abandonné entièrement la carrière lyrique.

THÉRON, Ferdinand, homme politique français, propriétaire agriculteur, né à Moux (Aude) le 5 mai 1834. Il manifesta ouvertement son opposition aux institutions impériales et fit partie du comité antiplébiscitaire en 1870. Membre du Conseil municipal de sa commune, ancien conseiller général de l'Aude, M. Théron a été élu député de ce département au scrutin du 18 octobre 1885, comme candidat radical. Il a voté l'expulsion totale des princes.

THÉRY, N., homme politique français, sénateur, né en 1807. Avocat du barreau de Lille, il était élu, sans antécédents politiques, représentantant du Nord à l'Assemblée nationale, le 8 février 1871, et prenait place à l'*extrême-droite, parmi les légitimistes cléricaux les plus* décidés : il est donc superflu de relever ses actes et ses votes pendant toute la durée de l'Assemblée. Lors de l'élection des sénateurs inamovibles, en décembre 1875, il fit partie du groupe légitimiste intransigeant qui se ligua avec la gauche pour empêcher l'élection des orléanistes *du centre droit, et fut élu en conséquence sénateur ina*movible au troisième scrutin, le vingt-sixième sur soixante-quinze. — L'attitude de M. Théry au Sénat est naturellement la même qu'à l'Assemblée nationale.

THEULIER, Albert, homme politique français, né à Thiviers le 1er novembre 1840. Grand propriétaire, étant fils de médecin, il voulut faire lui-même sa médecine et prit le grade de docteur en 1868. Maire de Thiviers, secrétaire du Conseil général de la Dordogne, M. Theulier échoua une première fois, comme candidat républicain, dans l'arrondissement de Nontron, aux élections générales de 1876; mais il fut élu député, dans la 1re circonscription de Périgueux, à celles du 21 août 1881, et prit place à l'extrême-gauche. Aux élections d'octobre 1885, M. Theulier a été élu député de la Dordogne au scrutin du 18. Il a voté contre les projets d'expulsion des princes.

THEURIET, André, littérateur français, né à Marly-le-Roi en 1833, fit ses études à Bar-le-Duc, berceau de sa famille, et vint faire son droit à Paris. Après avoir pris le grade de licencié, en 1857, il entra au ministère des finances. Mais il s'occupait dès lors de littérature, de poésie principalement, car la *Revue des Deux-Mondes* publiait de lui, cette même année 1857, un poème intitulé : *In memoriam*. Il a collaboré depuis à l'*Illustration*, au *Moniteur universel*, etc. et a publié à part : le *Chemin des bois*, poésie, couronnées par l'Académie française (1867); *Nouvelles intimes (1870)*; les *Paysans de l'Argonne, 1792*, poème (1871); le *Bleu et le noir*, poème de la vie réelle (1873); *Mlle Guignon (1874)*; le *Mariage de Gérard*, suivi d'*Une ondine (1875)*; la *Fortune d'Angèle (1876)*; *Raymonde (1877)*; *Nos enfants*, le *Filleul d'un maréchal*; *Sous bois, impressions d'un forestier (1878)*; le *Fils Maugars*, la *Maison des deux Barbeaux*, le *Sang des Finoël*, romans; les *Nids*, poésies (1879); les *Mauvais ménages*, nouvelles (1882); le *Journal de Tristan (1884)*; *Eusèbe Lombard*, *Péché mortel*, romans; *Bastien Lepage*, notice biographique (1885); *Nos enfants : Hélène (1886)*, etc. M. A. Theuriet a donné à l'Odéon : *Jean Marie*, un acte en vers (1871); la *Maison des deux Barbeaux*, 3 actes, avec M. Lyon, au même théâtre (1885). — Il est chevalier de la Légion d'honneur depuis 1879.

THÉVENET, N., homme politique français, né à Lyon en 1843. Avocat du barreau de sa ville natale, ancien conseiller municipal et ancien président du Conseil général du Rhône, M. Thévenet fut porté, aux élections d'octobre 1885, sur la liste du comité radical, et fut élu au scrutin du 18. Il a voté l'expulsion totale des princes.

THIERRY, Edouard, *littérateur français*, né à Paris le 14 septembre 1813, fit ses études au collège Charlemagne, et débuta dans la carrière littéraire à vingt ans, par un volume de vers. Devenu bibliothécaire de l'Arsenal, il fit partie, en 1855 et 1856, de la commission chargée de décerner des primes aux meilleurs ouvrages dramatiques, et fut nommé, en 1859, administrateur de la *Comédie-Française*. C'est sous son administration que furent adaptées aux exigences de la scène la plupart de celles de ses comédies qu'Alfred de Musset n'y avait pas destinées, que *Hernani* a été repris avec succès en 1867, qu'ont été représentées les comédies les plus importantes et les plus hardies du répertoire de M. Emile Augier, etc., sans parler de quelques essais plus ou moins heureux de débutants. M. Edouard Thierry a quitté l'administration de la Comédie-Française en 1871, et y a été remplacé par Emile Perrin. Il rentra alors à la bibliothèque de l'Arsenal, comme conservateur administrateur. Il a fait la critique dramatique à la *Revue des théâtres*, dès 1836, et collaboré à divers journaux, tels que : la *Charte de 1830*, le *Messager des chambres*, la *France littéraire*, le *Moniteur du soir*, la *Chronique*, le *Conservateur*, l'*Assemblée nationale*, la *Vérité*, le *Moniteur universel*, le *Monde musical*, la *Mosaïque*, etc. Il a publié : les *Enfants et les anges*, poésies (1833); *Sous les rideaux*, contes (1834); *Notice sur M. Le Chanteur (1849)*; *Histoire de Djouder le pêcheur*, traduit de l'arabe avec M. Cherbonneau (1853); *De l'influence du théâtre sur les classes ouvrières (1862)*; *Rapport sur le progrès des lettres*, à l'Exposition universelle de 1867 (1868); *Ponsard*, discours prononcé à l'inauguration de sa statue à Vienne (1870), etc. — M. Edouard Thierry est officier de la légion d'honneur depuis 1862.

THIERS, Marie Joseph Louis Adolphe, célèbre homme d'Etat et historien français, né à Marseille le 26 germinal an V (15 avril 1797), d'une famille de commerçants, que les événements avaient ruinée. Son grand-père, toutefois, était avocat et échevin de la ville de Marseille avant la Révolution, et sa mère était fille de Mme Amic, née Santi-Lomaca, grecque d'origine, dont la sœur avait épouse, en 1760, notre consul général à Constantinople, M. de Chénier. M. Thiers était donc cousin issu de germain de Marie-André et de Marie-Joseph de Chénier. M. Thiers entrait comme pensionnaire au lycée de Marseille, qu'il avait fréquenté deux ans comme externe, en 1808, ayant obtenu une demi-bourse du gouvernement et un ami de sa famille s'étant engagé à payer l'autre moitié, circonstance qui indique suffisamment quelle était alors la position de ses parents. Après avoir brillamment terminé ses études, en 1814, il demeura une année entière à Marseille, puis il se rendit à Aix, où sa mère et sa grand'mère le suivirent, pour faire son droit. Reçu avocat en 1820, il se fit inscrire au barreau d'Aix, et plaida quelques affaires ; mais la carrière ne lui offrait aucune séduction, et il se sentait, au contraire, irrésistiblement attiré vers l'étude de l'histoire et de la politique. Lié, d'une amitié qui ne s'est plus démentie, avec un condisciple dont les goûts étaient exactement les mêmes, du moins quant aux études historiques, Mignet, tandis que celui-ci prenait part au concours ouvert par l'Académie de Nîmes, pour un *Eloge de Charles VII*, lui, M. Thiers, prenait part à celui de l'Académie d'Aix, avec un *Eloge de Vauvenargues*. M. Mignet était couronné à Nîmes; mais son ami ne put l'être à Aix, bien que son mémoire eût été jugé digne du prix, par la raison qu'il était atteint et convaincu de jacobinisme. Le concours étant ajourné à l'année suivante, le jeune jacobin imagina d'y renvoyer son ancien mémoire, sans modification, et un second qu'il prit la précaution de faire adresser de Paris. Il obtint le prix avec celui-ci et un accessit avec l'autre.

Nous avons dit que M. Thiers était résolu à abandonner la carrière du barreau. Ces deux concours auxquels il prit part avaient lieu en 1820 et 1821. Cette même année 1821, malgré une invitation pressante à venir s'établir à Marseille, il partait pour Paris, en compagnie de Mignet, aussi riche que lui d'espérances, aussi pauvre de ressources. Il réussit à publier quelques articles au *Courrier français*, d'abord ; puis, grâce à l'appui de Manuel, son compatriote, il entra au *Constitutionnel*, alors journal d'opposition libérale avancée, et s'y fit rapidement une grande situation dans la presse et dans le parti ; abordant, d'ailleurs, tous les sujets avec la même facilité : la politique après la littérature, la critique d'art après la politique. Il rendit compte, par exemple, du Salon de 1822, dans le *Constitutionnel*, avec une compétence qui étonnerait ceux qui ignorent que M. Thiers aurait pu aussi bien aborder la carrière artistique, si la fantaisie lui en fût venue, et qu'il avait peint des miniatures ravissantes avant à peine quitté les bancs du collège. En 1823, M. Thiers collaborait, en outre, aux *Tablettes historiques*. Cette même année il entreprenait, d'abord avec son collaborateur au *Constitutionnel*, Félix Bodin, son *Histoire de la Révolution française*, et en donnait les deux premiers volumes. L'insuffisance de ses connaissances en économie politique, et surtout en art militaire, se trahit dans ces deux volumes ; M. Thiers le jugea lui-même ainsi : il se mit avec ardeur à l'étude pour combler cette lacune de son éducation, et ce ne fut que bien préparé qu'il se mit à son troisième. En 1827, les dix volumes de l'ouvrage étaient achevés. Publiés par livraisons, ils avaient obtenu un succès relativement énorme, quoiqu'il ne puisse être comparé à celui qui les attendait après la révolution de Juillet. Déjà le plan d'un ouvrage plus considérable encore, une *Histoire générale*, avait germé dans son cerveau, et, pour s'y préparer, il n'avait rien trouvé de mieux que de se faire admettre, en payant son passage, dans la flotte de circumnavigation dont le capitaine Laplace devait prendre le commandement. L'avénement du ministère Polignac le détourna de ce projet (août 1829); il jugea plus opportun de demeurer à son poste de combat dans la lutte qui allait s'ouvrir. C'est alors qu'il fonda, avec Armand Carrel et Mignet, le *National*, dont il fut le rédacteur en chef pour la première année. Dans ce journal d'avant-garde, mais créé seulement en vue de défendre la charte, que le ministère Polignac avait la mission évidente de détruire, M. Thiers eut l'audace, dans le numéro du 6 février 1829, de parler comme d'une chose toute naturelle de l'avènement possible du duc d'Orléans au trône. Poursuivi, condamné à une forte amende, il n'en *obtint qu'une popularité personnelle* plus grande, une plus grande circulation du *National*, et l'amende fut couverte par des souscriptions volontaires et spontanées.

Lorsqu'on se reporte à ces temps, si peu éloignés après tout, quoique des événements terribles nous en séparent, on ne peut se refuser à d'étranges rapprochements. Suivant la formule consacrée, le roi régnait mais ne gouvernait pas, étant un roi constitutionnel. On ne voulait plus qu'il en fût ainsi, et on cherchait le moyen, non seulement d'éluder, mais de supprimer la charte. M. de Polignac n'était pas là pour autre chose. En conséquence, chaque jour, le *National* réclamait du gouvernement le coup d'Etat attendu. Lorsque parurent les fameuses ordonnances, on savait donc où il fallait se réunir pour organiser la résistance. Ce fut dans les bureaux du *National* que se réunirent les députés et les journalistes de l'opposition, et ce fut M. Thiers qui rédigea la protestation des journalistes, et qui exigea qu'elle fût suivie de la signature des adhérents. Le *National* fut supprimé le soir même (26 juillet 1830), et M. Thiers, sous le coup d'un mandat d'arrêt, se retirait à Montmorency, chez M. de Courchamp, un des amis du duc d'Orléans. De retour à Paris le 29, il rédigeait, à la réunion Laffitte, une proclamation au peuple de Paris, en faveur de la candidature du duc d'Orléans au trône. L'activité qu'il déploya ensuite pour recruter des partisans au nouveau roi, ou plutôt au « lieutenant-général » du royaume, achève de faire de M. Thiers le fondateur véritable de la dynastie *d'Orléans, ou tout au moins* de la royauté du 9 août. Celle-ci ne fut pas ingrate : elle nomma M. Thiers conseiller d'Etat et secrétaire général aux finances, dirigées par le baron Louis. Celui-ci ayant été remplacé par Laffitte le 2 novembre, il voulut suivre son chef dans la retraite, bien que le nouveau ministre fût de ses amis ; mais le roi lui-même s'en mêla et M. Thiers *fut nommé sous-secrétaire* d'Etat au ministère des finances le 4. Les élections l'avaient fait député d'Aix, qu'il représenta à la Chambre jusqu'en 1848 sans interruption. D'une activité infatigable et d'un rare appétit de réformes, il faut surtout rappeler l'habileté avec laquelle il sut faire face à la crise financière. Réélu député en janvier 1831, il suivait dans la retraite le ministère dont il faisait partie (mars), mais au lieu de reprendre derrière son chef Laffitte sa place dans l'opposition, il appuya la politique de Casimir Périer et prêcha la paix à tout prix. Lors de l'insurrection de juin 1832, il conseilla les mesures de rigueur et l'état de siège. Cette attitude nouvelle lui ayant assuré l'entière confiance de Louis Philippe et surtout de la majorité de la Chambre, il était appelé au ministère de l'intérieur à la mort de Casimir Périer (octobre 1832). La situation n'était pas des plus gaies et, pour ne parler que de ce point noir, la Vendée était en pleine insurrection ; mais l'arrestation de la du-

chesse de Berry (7 novembre), obtenue par trahison, y mit un terme aussitôt. Passé le 25 décembre au ministère du commerce et des travaux publics, il obtint des Chambres un crédit de 100 millions au moyen duquel il donna une impulsion considérable aux travaux d'utilité publique; il en obtint également, avec beaucoup de facilité d'ailleurs, le maintien du tarif des douanes. — C'est à son passage à ce ministère, en 1833, que M. Thiers fut élu membre de l'Académie française en remplacement d'Andrieux.

A la veille de l'insurrection d'avril 1834, un homme énergique devenant indispensable à la tête de ce département, M. Thiers reprit le portefeuille de l'intérieur. Il réprima avec la dernière rigueur, payant d'ailleurs de sa personne, cette tentative maladroite et malheureuse dont l'histoire populaire ne se rappelle plus que le sanglant épisode de la rue Transnonnain. M. Thiers conserva son portefeuille jusqu'en novembre; il dut se retirer devant des intrigues de cabinet le 11, mais revint au pouvoir le 18, sous la présidence nominale du maréchal Mortier, lequel donnait sa démission quelques jours plus tard, peu satisfait du rôle qui lui était réservé, et était remplacé, après plus de quinze jours de négociations laborieuses, par le duc de Broglie, père du duc actuel. M. Thiers avait accepté cette présidence d'accord avec Guizot, son rival plus que son adversaire dès cette époque. Après l'attentat de Fieschi (28 juillet 1835), où le maréchal Mortier fut tué à ses côtés par la machine infernale, M. Thiers, l'ancien promoteur de la protestation des journalistes contre les ordonnances de Juillet, présenta et soutint avec acharnement les non moins fameuses lois de Septembre sur la presse et le jury, soi-disant indispensables pour prévenir le retour d'attentats dans le genre de celui auquel il venait d'échapper. En janvier 1836, il donnait sa démission, mais revenait au pouvoir, à la tête d'un ministère centre gauche, le 22 février suivant, avec le portefeuille des affaires étrangères; mais ayant proposé, contrairement à l'avis du roi, l'intervention en Espagne, s'appuyant dans cette occasion sur le traité de la quadruple alliance, il se retirait de nouveau le 25 août et était remplacé par Molé. Après un voyage en Italie, M. Thiers reprit sa place à la tête de l'opposition et combattit énergiquement le ministère qui succédait au sien. Il fut de nouveau rappelé à la présidence du conseil le 1er mars 1840, après bien des négociations. Après le traité de Londres (15 juillet) qui excluait la France du concours européen, M. Thiers songea à se préparer sérieusement à la guerre; c'est alors qu'entre autres mesures de défense, il résolut et fit approuver, non sans peine, la construction des fortifications de Paris. Il ne put rien obtenir de plus, par exemple, et en présence de l'opposition du roi à ses projets belliqueux, il se retirait le 29 octobre et était remplacé par son rival Guizot qui, ambassadeur à Londres, avait laissé se conclure ce traité du 15 juillet, humiliant pour son pays, sans s'en apercevoir, ou tout au moins sans en prévenir son gouvernement. M. Thiers reprit ses travaux d'histoire, qu'il n'avait jamais complètement abandonnés; il fit plusieurs voyages en Italie, en Allemagne, en Espagne et en Angleterre, à la recherche de matériaux pour son *Histoire du Consulat et de l'Empire*. Il ne rentra en lutte avec le ministère Guizot qu'en 1844; mais on sait que celui-ci, pour le malheur de la branche cadette, conserva le pouvoir jusqu'à la révolution de Février. Appelé par Louis-Philippe, dans la nuit du 23 au 24 février, à former avec Odilon Barot un ministère libéral, M. Thiers s'aperçut bientôt qu'il était trop tard d'au moins vingt-quatre heures. Il remit sa démission au roi et vint déclarer à la Chambre qu'il n'y avait plus rien à faire.

Après la proclamation de la République, M. Thiers adressa son adhésion au gouvernement provisoire, mais avec certaines réserves, et se présenta aux élections pour la Constituante dans son département natal. Il y échoua, mais fut élu par quatre départements aux élections complémentaires du 11 juin. Il opta pour la Seine-Inférieure, qui lui avait donné le plus de voix, et prit place sur les bancs de la droite. M. Thiers prit naturellement une part considérable aux travaux de l'Assemblée; il fit partie notamment de la commission de constitution. Au début des journées de Juin, il avait voté pour la dictature du général Cavaignac. Après avoir d'abord combattu la candidature du prince Napoléon à la présidence, il la soutint au dernier moment. Réélu à la Législative, M. Thiers, l'ami si ardent de l'Italie, vota l'expédition de Rome, la loi Falloux, la loi du 31 mai restrictive du suffrage universel, ne voyant pas le piège cette fois, malgré sa finesse, ainsi que toutes les propositions de rigueur et de réaction qu'il plut à cette majorité aveugle de présenter; mais ceci est moins étonnant: on l'a déjà remarqué sans doute, la rigueur, la répression est la grande affaire de M. Thiers; à la moindre algarade il devient furieux, et pour peu qu'il ait eu peur, c'est du sang qu'il lui faut. M. Thiers m'a toujours représenté l'expression la plus haute, si je puis dire, de la vanité intraitable et cruelle dans la vengeance non du bourgeois, mais du boutiquier parvenu — parvenu, toutefois, grâce à des mérites réels et peu communs. — Président de la réunion de la rue de Poitiers, centre de la coalition des anciens partis, il ne se sépara, du reste, avec ses amis, du président de la République qu'après l'incident de Satory, à la suite duquel il considérait déjà l'Empire comme fait, plus perspicace en ceci que le reste de la majorité, quoique un peu tard. Arrêté chez lui dans la nuit du 2 décembre 1851, il fut conduit à Mazas, puis expulsé de France. Il y rentrait toutefois dès le mois d'août 1852 et se livrait tout entier à ses travaux littéraires jusqu'en 1863, époque où il se présenta aux élections législatives, contre M. Devinck, dans la 2e circonscription de la Seine. Malgré l'opposition ardente de l'administration, il fut élu. Les magnifiques discours prononcés par M. Thiers dans cette législature, à d'assez longs intervalles, sont encore présents à la mémoire de tous. Outre sa part dans les discussions purement économiques, on se rappelle ses discours sur les « libertés nécessaires », contre l'expédition du Mexique, sur la politique prussienne et son discours sur le même sujet où à peu près, inspiré par la catastrophe de Sadowa, et qu'il terminait par ces mots: « il ne vous reste plus une seule faute à commettre. » Aux élections générales de 1869, il fut réélu seulement au scrutin de ballottage, pour avoir eu, outre M. Devinck, un concurrent d'opposition démocratique avancée, feu d'Alton Shée, qui eut le bon sens de se retirer après la première épreuve: il est vrai qu'ayant obtenu une importante majorité relative, M. Thiers ne pouvait manquer d'être élu au second tour. Il combattit les traités de commerce et par extension le système de la liberté commerciale avec un véritable acharnement, et avec une éloquence bourrée de chiffres qui ne parvint pas à convaincre la majorité; à cela se borne à peu près son intervention dans les discussions du Corps législatif à cette époque, jusqu'à la déclaration de guerre à la Prusse, contre laquelle il s'éleva avec une chaleur patriotique et une prévision douloureuse des événements qui auraient dû toucher la majorité et provoquer de sa part une manifestation différente des cris, des interruptions, des injures dont elle harcela le vaillant orateur sans pouvoir le réduire au silence. L'accueil qui lui avait été fait à l'Assemblée devait avoir de l'écho au dehors. Des manifestations hostiles, organisées on se doute bien par qui, se produisirent devant sa maison de la place Saint-Georges et une poignée de ses soi-disant électeurs, ce qu'il eût fallu vérifier, le somma de donner sa démission.

Le 4 Septembre, M. Thiers était à son poste. Il présenta à la Chambre un projet tendant à la nomination immédiate d'une commission de gouvernement et à la convocation le plus tôt possible d'une Assemblée constituante, cette proposition, ni aucune autre, n'eut pas le temps d'être votée. L'Empire définitivement écroulé, M. Thiers refusa d'entrer dans le gouvernement provisoire, dit de Défense nationale, mais il accepta la mission de faire auprès des puissances européennes des démarches diplomatiques en notre faveur et quitta Paris dans ce but le 13 septembre. Cette mission, dont on suivait de loin toutes les péripéties saisissables, eut pour premier résultat une détente funeste de l'esprit de résistance; comme elle ne pouvait aboutir, et que M. Thiers le savait très bien, nous ne sommes que trop autorisé à dire que la France n'y a gagné qu'une chose: un extrême accroissement de la popularité de M. Thiers. Partout reçu avec une considération marquée, et comme le seul homme de valeur et de bon sens qu'il y eût en France, il était néanmoins éconduit poliment partout, sans qu'il en éprouvât la moindre surprise. Ce fut, malgré cela, un douloureux pèlerinage pour lui, patriote comme nous le connaissions, et habile homme d'État ne pouvant s'abuser sur l'« effet psychologique » qu'il devait produire sur les défenseurs du pays d'une part, sur l'envahisseur tacitement encouragé de l'autre. Rentré à Tours le 21 octobre, M. Thiers aborda dès lors les négociations, plusieurs fois interrompues, avec M. de Bismark, en vue d'un armistice. L'armistice fut enfin consenti, mais dans les termes exigés par le vainqueur, le 29 janvier 1871. — Les électeurs purent en tout cas être convoqués pour la nomination d'une Assemblée nationale, le 8 février 1871, et M. Thiers fut choisi pour représentant par vingt-six départements, sans compter des voix nombreuses recueillies partout. Il opta pour la Seine, où il avait été élu le vingtième sur quarante-trois. Le 17 février 1871, l'Assemblée, impressionnée par cette imposante manifestation publique, élut M. Thiers chef du pouvoir exécutif et président du conseil des ministres, avec le droit de choisir ceux-ci, titre qu'il devait échanger, après le vote de la proposition Rivet (31 août), contre celui de président de la République française.

La première et sans doute la plus pénible tâche que ses hautes fonctions imposèrent d'abord à M. Thiers, fut la négociation des préliminaires de paix, dont les conditions semblent avoir été dictées par des gens à peu près sûrs qu'elles seraient repoussées. M. Thiers les fit pourtant voter par l'Assemblée (1er mars). Les préliminaires de paix à peine ratifiés, l'insurrection du 18 mars éclatait. — L'histoire n'a pas pu faire encore la part des responsabilités dans cette affaire lamentable; mais nous ne pouvons nous étendre ici beaucoup au delà de la simple constatation du fait, qui est une insurrection (devenue formidable par l'abondance des ressources laissées entre ses mains et la quantité de malheureux dont l'existence devait être la première loi, ce qui les mettait à sa discrétion) éclatant au lendemain même d'une guerre terrible. Or comment cette insurrection devint-elle maîtresse de Paris? Elle le devint parce que le gouvernement, entraîné par son chef, M. Thiers, avait abandonné Paris de propos délibéré, à un moment où il n'existait pas le moindre danger, où personne ne se doutait, ni d'un côté ni de l'autre, qu'il dût y en avoir jamais; et cela, parce que M. Thiers, contrarié, se trouvait hanté par le démon de la répression sanglante: son démon familier...

Après la victoire remportée sur la Commune, il fallut songer à payer les frais de la défaite: un emprunt fait en deux émissions, dont la première (2 milliards) était deux fois couverte et la seconde, (3 milliards) quatorze fois, permit d'avancer l'heure de la libération du territoire occupé par l'ennemi, qu'il fallait entretenir tout en lui payant l'intérêt de l'indemnité consentie. Les autres actes de l'administration de M. Thiers sont trop connus pour qu'il soit utile de les rappeler en détail. — Le 19 janvier 1872, le président de la République, en minorité dans l'Assemblée au sujet de l'impôt sur les matières premières, donnait sa démission, bien que la constitution Rivet stipulât que son mandat durerait autant que celui de l'Assemblée. Celle-ci refusa cette démission par un ordre du jour voté à l'unanimité moins huit voix. Cependant, si l'on avait cru jusque-là à l'union indissoluble de l'Assemblée et du président de la République, l'incident avait détruit cette croyance en montrant qu'il suffirait de pousser ce dernier à bout sur une question qui lui tint un peu au cœur pour s'en débarrasser. A propos de la loi militaire, M. Thiers demanda, et posa à cette occasion la question de gouvernement, au moins cinq ans de service (juin); on les lui accorda, et ce ne fut qu'en novembre et devant la commission de permanence qu'on essaya une première tentative sérieuse, non pas par le sujet, dans le sens que nous venons d'indiquer: l'interpellation Changarnier, à propos des discours prononcés en province par Gambetta pendant la prorogation, n'aboutit pas. Après plusieurs autres tentatives vaines, la grande bataille se livrait enfin le 24 mai 1873. On en connaît le résultat: la même Assemblée qui, deux ans auparavant presque jour pour jour, proclamait que M. Thiers avait bien mérité de la patrie, sans être bien sûre de pouvoir spécifier en quoi, et qui lui accordait de quoi faire rebâtir sa maison démolie par la Commune, acceptait sa démission avec un enthousiasme très peu dissimulé et le remplaçait par le maréchal de Mac-Mahon, pas tout à fait séance tenante, mais seulement parce que le maréchal s'y refusa.

Tombé du pouvoir sous un vote qui lui donnait quatorze voix de minorité, grâce à des défections moins glorieuses qu'inattendues, M. Thiers ne reparut à la tribune qu'en mars 1874, pour combattre le projet de loi sur les forts des environs de Paris. Il ne manqua pas non plus à la séance du 25 février 1875, où eut lieu le vote des lois constitutionnelles, auquel il prit part. Mais il fit en divers lieux des discours politiques qui eurent du retentissement. Aux élections sénatoriales du 30 janvier 1876, il ne voulut accepter de candidature qu'à Belfort, resté français, disons-le, grâce à son insistance courageuse, et y fut élu. Aux élections des députés qui eurent lieu le 20 janvier suivant, il se porta à Paris dans son arrondissement, le neuvième, et fut élu également par 10,613 voix, contre 5,964 au candidat conservateur et 800 au bonapartiste. M. Thiers opta pour le mandat de député de la Seine et fut remplacé au Sénat par M. Viellard-Migeon, candidat clérical. — Après le 16 mai, il fit naturellement partie des 363 qui votèrent l'ordre du jour de blâme contre le ministère de Broglie. Le 16 juin, M. de Fourtou, dans son discours, faisant honneur de la libération anticipée du territoire à l'Assemblée nationale collectivement, provoqua une manifestation enthousiaste de la majorité républicaine de la Chambre qui, se levant d'un seul élan et se tournant vers M. Thiers assis à son banc, le désigna comme le seul et vrai libérateur...

Après la dissolution, l'illustre homme d'État se retirait à Saint-Germain-en-Laye pour y passer le reste de la belle saison et y attendre peut-être le résultat des élections d'octobre, ne laissant pas de prodiguer ses conseils aux principaux chefs du parti républicain, et préparant, dans sa retraite laborieuse, un manifeste à ses électeurs du IXe arrondissement de Paris qui s'adressait en même temps au pays tout entier par-dessus leurs têtes. Il demeurait, à Saint-Germain, à l'hôtel du Pavillon Henri IV. Le 3 septembre, après déjeuner, il y fut frappé d'une attaque d'apoplexie, et expira le soir même, à six heures dix minutes. La nouvelle de cette mort si soudaine se propagea avec la rapidité de la foudre; elle ne rencontra d'abord que des incrédules, mais il fallut bien se rendre à l'évidence. Dès le lendemain, sur la proposition de M. de Fourtou, le maréchal de Mac-Mahon décrétait que les funérailles du grand homme d'État qui l'avait précédé comme premier magistrat de la République française, auraient lieu « par les *soins* et aux frais de l'État ». Cependant ce décret, approuvé par les journaux ministériels comme un trait d'habileté sans pareil, était rapporté au bout de quarante-huit heures. Mme Thiers, après avoir insisté pour faire les frais de la cérémonie, avait fini par accepter que l'État s'en chargeât, à la condition qu'elle verserait une somme égale au crédit des pauvres de Paris; mais elle demandait quelques modifications aux *soins* officiels. Les envoyés du gouvernement, ayant qualité seulement pour poser des conditions à la veuve de l'illustre mort et prendre en échange une réponse affirmative ou négative toute sèche, refusèrent de recevoir la note où étaient exposés ses désirs relativement à l'ordre du cortège. Les obsèques de M. Thiers eurent lieu « par les soins et aux frais » de la famille, le 8 septembre. Une demande d'autorisation pour que la cérémonie religieuse fût célébrée à la Madeleine, ayant été adressée à l'archevêque de Paris, M. Guibert refusa net cette autorisation. Il fallut donc s'entasser dans l'étroite nef de Notre-Dame de Lorette et dans les rues circonvoisines, qui ne sont pas précisément commodes. Malgré tous ces contre-temps, sans parler de la pluie et d'un déploiement de forces insolite, la cérémonie prit un caractère imposant que rien ne saurait rendre, les points de comparaison faisant défaut, malgré la pompe des funérailles royales, et qu'aurait certainement gâté l'automatique roideur officielle. Nous ne pouvons, comme on pense, entrer dans les menus détails: parler des députations de tous les points de la France, de l'étranger même, venues pour rendre un dernier hommage au glorieux défunt; de la présence des représentants des puissances étrangères; du calme ému de la foule; des magasins fermés « pour cause de deuil national »; des discours prononcés sur cette tombe ouverte, plus sincères dans l'expression des regrets, de l'admiration, de la douleur même des orateurs, qu'il n'est habituel aux oraisons funèbres. — Quand nous aurons ajouté que, dans cette foule énorme, se déroulant par les grands boulevards jusqu'au cimetière du Père-Lachaise, entre deux haies épaisses de spectateurs se joignant au cortège à mesure qu'il passait, l'occasion d'une seule arrestation ne s'offrit pas, nous en aurons dit assez, sans doute, pour donner son caractère exact à cette grande manifestation qu'un journaliste ministériel, mais ingénieux, a qualifiée « insurrection muette » et de « révolution taciturne ».

M. Thiers était grand officier de la Légion d'honneur

depuis 1840, lorsque son avènement à la magistrature suprême de l'État, en février 1871, le fit grand croix et grand maître de l'ordre. Il était en outre haut dignitaire des principaux ordres étrangers, y compris la Toison d'or.

On doit à M. Thiers, comme écrivain : le *Salon de 1822* et une *Notice sur Mistress Bellamy*, célèbre actrice anglaise, placée en tête de ses *Mémoires*, dans les *Mémoires sur l'art dramatique (1822)*; les *Pyrénées, ou le Midi de la France pendant les mois de novembre et de décembre 1822 (1823)*; *Histoire de la Révolution française depuis 1789 jusqu'au 18 brumaire (1823-27*. 10 vol.); *Histoire de Law et de son système (1826)*; la *Monarchie de 1830 (1831)*; *Histoire du Consulat et de l'Empire (1847-62)*, ouvrage qui obtint avant d'être achevé (1861) le prix biennal de 20,000 francs de l'Académie française, fondé par l'empereur : les 20,000 francs en question ont servi à la fondation d'un prix à décerner par l'Académie et qui porte le nom du donateur; *Du droit de propriété (1848)*; *Congrès de Vienne (1853)*; un certain nombre de *Discours* prononcés à la Chambre ou ailleurs. Après sa mort, la préparation d'une édition complète des *Discours parlementaires de M. Thiers* a été entreprise sous la direction de M. Calmon (1879 et suiv.). — Membre de l'Académie française depuis 1833, il était entré à l'Académie des sciences morales et politiques, en remplacement du marquis de Pastoret, en 1840.

THIERS, Édouard, officier et homme politique français, né à Saulze (Nièvre) le 15 mai 1843. Élève de l'École polytechnique et de l'École d'application de Metz, il sortit de cette dernière, le quatrième, comme lieutenant du génie en 1867, et participa, en 1870, aux travaux de défense de la place de Belfort, après quoi il soutint, avec une petite garnison de mobiles du Rhône, les efforts de l'ennemi, bientôt traduits par soixante-treize jours de bombardement, dans le fortin avancé de Bellevue. Décoré de la Légion d'honneur pour sa conduite dans cette occasion, après la guerre, M. Thiers, promu capitaine, fut chargé de diriger, en Savoie, la construction de forts et de routes stratégiques; puis, dans le Rhône, des forts et routes du massif du mont Dore et du plateau des Dombes. — Élu membre du Conseil général du Rhône, pour le quatrième canton de Lyon, M. Thiers fut porté, aux élections d'octobre 1885, sur la liste du comité radical, et élu député du Rhône, le deuxième, au scrutin du 18. Il a voté l'expulsion totale des princes.

THIESSÉ, Jules Théodore, homme politique français, né à Niort le 6 décembre 1833, fit son droit à Paris et prit le grade de licencié. Fils d'un ancien préfet de Louis-Philippe, il fut lui-même secrétaire du préfet de la Seine-Inférieure, baron Leroy, de 1860 à 1866, puis fut élu conseiller général de ce département, pour le canton de Forges-les-Eaux en 1868. Élu, le 20 février 1876, député de l'arrondissement de Neufchâtel-en-Bray, comme républicain constitutionnel, M. Thiessé siégea au centre gauche et fit partie des 363. Réélu le 14 octobre 1877 et le 21 août 1881, il se présenta aux élections pour le renouvellement de la représentation sénatoriale de la Seine-Inférieure, le 8 janvier 1882, mais sans succès. Il a été élu député de la Seine-Inférieure le 4 octobre 1885, sur la liste républicaine, et a pris place à gauche. M. Thiessé était en congé, chargé d'une mission à Caracas, lorsque les propositions d'expulsion des princes sont venues en discussion à la Chambre.

THOINNET DE LA TURMELIÈRE, Charles Jean-Baptiste Joseph, homme politique français, né à Ancenis le 26 octobre 1823. Ancien chambellan honoraire de l'empereur, membre du Corps législatif de 1857 à 1870, officier de la Légion d'honneur, M. Thoinnet de la Turmelière a été élu député de l'arrondissement d'Ancenis, le 20 février 1876 et a pris place au groupe de l'Appel au peuple. Il a été réélu le 14 octobre 1877 et le 21 août 1881 par le même collège, et élu député de la Loire-Inférieure le 4 octobre 1885, sur la liste monarchiste. Il représente le canton d'Ancenis au Conseil général du département.

THOMAS, Charles Louis Ambroise, compositeur français, membre de l'Institut, né à Metz le 5 août 1811. Fils d'un professeur de musique distingué, il était déjà très avancé dans ses études artistiques et d'une certaine force sur le piano et le violon, lorsqu'il entra au Conservatoire, en 1828; il y fut élève de Zimmerman pour le piano, de Dourlen pour l'harmonie et l'accompagnement et de Lesueur pour la composition, et remporta le premier prix de piano en 1829, le premier prix d'harmonie en 1830 et le grand prix de Rome au concours de l'Institut de 1832. De retour d'Italie, il donna successivement à l'Opéra-Comique : la *Double échelle (1837)*; le *Perruquier de la Régence (1838)*; le *Panier fleuri*; et à l'Opéra : la *Gipsy*, ballet, avec Benoist (1839). Il a donné depuis, à l'Opéra-Comique : *Carline (1840)*; le *Comte de Carmagnola (1841)*; le *Guerillero (1842)*; *Angélique et Médor (1843)*; le *Caïd*, son premier grand succès (1849); le *Songe d'une nuit d'été (1850)*; *Raymond (1851)*; la *Tonelli (1853)*; la *Cour de Célimène (1855)*; *Psyché (1856)*; le *Carnaval de Venise (1857)*; le *Roman d'Elvire (1860)*; *Mignon (1866)*; puis à l'Opéra : *Hamlet*, grand opéra, représenté, pour la première fois, le 9 mars 1868, et dont la centième représentation fut empêchée, le 23 octobre 1873, par l'incendie de la salle de la rue Lepeletier, et qui eut ensuite un succès non moins grand sur les principales scènes d'Europe et d'Amérique. Citons encore *Mignon*, remanié en grand opéra pour le théâtre de Bade (1869); *Gilles et Gillottin*, opéra comique en un acte, joué à l'Opéra-Comique en avril 1874, malgré l'opposition du compositeur et après épuisement complet de toutes les juridictions, le librettiste tenant bon, et malgré cela avec succès; *Françoise de Rimini*, opéra en cinq actes (1882). — On doit, en outre, à M. Ambroise Thomas divers morceaux de concert et autres; un *Requiem* écrit pendant son séjour à Rome, des *Fantaisies*, *Rondos*, *Nocturnes*, etc.

Élu membre de l'Académie des Beaux-Arts en remplacement de Spontini, en 1851, M. Ambroise Thomas a remplacé Auber, comme directeur du Conservatoire de musique, en 1871. Commandeur de la Légion d'honneur depuis 1868, il a été promu grand officier le 18 janvier 1880.

THOMAS, Gabriel Jules, sculpteur français, membre de l'Institut, né à Paris en 1821. Élève de Ramey et d'Auguste Dumont, il suivit les cours de l'École des Beaux-Arts et remporta le grand prix de Rome avec *Philoctète partant pour Troie*, au concours de 1848. — On cite principalement parmi les expositions de M. Thomas : *Orphée*, statue; *Soldat spartiate rapporté à sa mère*, bas-relief (1855); *Attila (1857)*; *Eve (1859)*; *Virgile (1861)*; *Lucien Bonaparte*, la *Mort de saint Étienne*, tympan de l'église Saint-Étienne du Mont (1864); *Mlle Mars*, statue en marbre (1865); *Jeune guerrier (1866)*; les deux statues déjà citées de *Virgile* et de *Mlle Mars* (1867, Exp. univ.); *Tête d'étude (1869)*; la *Pensée*, statue en marbre (1870); les *Quatre parties du monde*, statues en bois pour la succursale de la Banque de France à Toulouse (1872); *Christ en croix*, statue en plâtre (1875); le *Christ en croix*, en bronze (1876); *Perraud, statuaire*, buste en plâtre, et *P. Lorain*, buste en marbre (1877); *Mgr Landriot*, statue en marbre pour la cathédrale de La Rochelle (1880); le *Baron Taylor*, statue en plâtre; *Portrait de M. H. Chotard, doyen de la faculté des lettres de Clermont*, buste en terre cuite (1883); l'*Architecture*, statue en marbre; *L. Ginain, de l'Institut*, buste en bronze (1885), etc. On lui doit, en outre, divers travaux dans les monuments publics, notamment à l'Opéra : deux cariatides en bronze et marbre représentant la *Comédie* et la *Tragédie*.

M. Jules Thomas a obtenu une médaille de 3e classe en 1857, une de 1re classe au Salon de 1861 et une autre à l'Exposition universelle de 1867, un rappel de 1re médaille à l'Exposition universelle de 1878 et la médaille d'honneur au Salon de 1880; chevalier de la Légion d'honneur depuis 1867, il a été promu officier le 30 décembre 1882. — Il a été élu membre de l'Académie des Beaux-Arts, en remplacement de Barye, en décembre 1875. M. Thomas a remplacé Auguste Dumont, décédé, comme professeur de sculpture, chef d'atelier, à l'École des Beaux-Arts, en mars 1884.

THOMPSON, sir Henry, chirurgien anglais, né à Framlingham le 6 août 1820, fit ses études au Collège de l'université de Londres et devint chirurgien-assistant à l'hôpital de son collège en 1853, chirurgien en 1863, et professeur de clinique chirurgicale en 1866. Il avait remporté le prix Jackson au Collège royal des chirurgiens en 1852, avec un mémoire sur la *Pathologie et le traitement de l'étranglement de l'urètre* et, en 1860, avec un mémoire sur l'*Anatomie normale et pathologique de la prostate*. Outre ces deux mémoires, qui ont été publiés en leurs temps, sir H. Thompson a publié : *Lithotomie et lithotritie pratiques (1863)*. Membre du Collège royal des chirurgiens de Londres, il a été élu correspondant de la Société de chirurgie de Paris en 1859 et membre honoraire de l'Académie des Quarante de Rome en 1864. Nommé chirurgien honoraire du feu roi des Belges en 1863, puis du roi actuel en 1866, il était officier de l'ordre de Léopold de Belgique depuis 1864 lorsqu'il fut promu commandeur en 1876; il a été créé chevalier en 1867. Appelé auprès de l'ex-empereur des Français, Napoléon III, pour lui faire subir l'opération de la lithotritie, et l'impérial malade étant mort à la suite de cette opération (9 janvier 1873), sir Henry Thompson fut accusé d'être cause de l'événement; il s'en défendit avec énergie, et il en résulta une ardente polémique entre savants, qui ne fut d'aucun effet pour celui qui n'était plus et ne paraît pas avoir compromis la juste renommée du chirurgien anglais. — Sir H. Thompson a écrit depuis cette époque, dans la *Contemporary Review*, plusieurs articles sur la crémation. Il a publié enfin, en 1886, un remarquable ouvrage sur l'alimentation humaine : *Diet in relation to age and activity*.

Sir Henry Thompson est un peintre amateur très distingué, élève de MM. Elmore et Alma Tadéma, et il a exposé un certain nombre de toiles à l'Académie royale.

THOMS, William John, antiquaire et écrivain anglais, né à Westminster le 16 novembre 1803. D'abord employé au secrétariat de l'hôpital de Chelsea, il occupait ses loisirs à écrire pour la *Foreign Quarterly Review* et quelques autres recueils périodiques. Il fut élu membre de la Société des antiquaires de Londres en 1838, puis de celles d'Edimbourg et de Copenhague et remplit les fonctions de secrétaire de la Société Camden de 1838 à 1873. Il eut également un emploi à la Chambre des lords pendant un certain nombre d'années, et y fut nommé en 1863 bibliothécaire-adjoint. — On a de M. Thoms : *Collection des anciens romans en prose (1828)*; *Chants et légendes des diverses nations (1834)*; le *Livre de la cour (1838)*; *Anecdotes et traditions (1839)*; *Examen de la réserve de Londres (1842)*; *Reynard le renard* (Reynard the fox) de Caxton (1844); *Trois notules sur Shakespeare (1865)*; *Hannah Lightfoot*, la *Reine Charlotte*, le *Chevalier d'Eon*, la *Princesse polonaise* du Dr Wilmot (1867), etc. Enfin, en 1873, M. Thoms publiait un ouvrage intéressant et d'une réelle valeur intitulé *Longévité de l'homme* (Longevity of Man), dans lequel il établit que les cas de vieillesse si souvent cités ne doivent être reconnus pour exacts que sur des preuves évidentes et palpables. Il a fondé à Londres, il y a une trentaine d'années, un journal périodique des plus curieux, les *Notes and Querries*, par le va-et-vient de questions et de réponses qui s'y croisent sur toute sorte de sujets, et dont il n'a abandonné la direction qu'en octobre 1873. Il a pris sa retraite en 1882.

THOMSON, sir William, physicien anglais, né à Belfast en juin 1824, est fils d'un professeur de mathématiques à l'Institut académique de cette ville, puis à l'université de Glasgow, lequel dirigea les études de son fils, terminées brillamment à Cambridge (Peterhouse) en 1845. En 1846, sir William Thomson était nommé professeur de physique à l'université de Glasgow, chaire qu'il occupe encore aujourd'hui, et acceptait la même année la direction du *Cambridge and Dublin Mathematical Journal*, qu'il conserva sept ans et auquel il collabora laborieusement. Parmi les articles ou mémoires qu'il y a insérés, nous nous bornerons à citer celui relatif à la *Distribution de l'électricité par des conducteurs sphériques (1848)*. En 1855, il fit un cours sur les *Propriétés électro-dynamiques des métaux*, accompagné d'expériences du plus haut intérêt; il fut chargé en 1866 d'un autre cours spécial à Cambridge. Sir William Thomson a contribué d'une manière considérable à l'avancement de la science électrique par l'invention de divers instruments applicables à l'étude de l'électricité atmosphérique, tels que son électromètre en quart de cercle et son électromètre portatif; d'autres applicables à la télégraphie sous-marine : le galvanomètre miroir et le siphon enregistreur. On lui doit également d'importants travaux sur le magnétisme et sur la nature de la chaleur, qu'il nous est impossible d'indiquer avec quelque détail. Parmi les nombreux mémoires qu'il a publiés dans le *Philosophical Magazine* et autres recueils spéciaux, nous citerons : *Effets thermaux des fluides en mouvement*; *Théorie mathématique de l'élasticité*; la *Densité de la terre*; *Détermination de la position d'un navire en mer par l'observation des altitudes*; *Abord causé par la vibration*, etc. Après le succès de l'immersion du câble atlantique de 1866, auquel il avait beaucoup contribué, il fut créé chevalier et la cité de Glasgow lui décerna le droit de bourgeoisie, honneurs civiques bientôt suivis par les honneurs universitaires dont disposent Dublin, Cambridge, Edimbourg et Oxford. Sir William est membre des Sociétés royales de Londres et d'Edimbourg, et reçut de la première une médaille royale et de la seconde le prix Keith; il a présidé l'assemblée annuelle de l'Association britannique à Edimbourg, en 1871, et a été président de la Société géologique de Glasgow en 1872. Le 27 février 1877, la Société des sciences (Société des Quarante) d'Italie décernait à sir William Thomson le prix Carlo Matteucci, destiné au compatriote ou à l'étranger qui a le plus contribué à l'avancement des sciences par ses écrits ou ses découvertes. Élu membre associé étranger de l'Académie des sciences (Institut de France) en remplacement de von Baer, le 3 décembre 1877, il présidait la section des sciences mathématiques et physiques à la réunion de l'Association britannique à York en septembre 1881, et faisait partie de la commission royale près l'exposition d'électricité de Vienne en août 1883. Le premier volume de ses *Metaphisical and Physical Papers*, extraits de diverses sources, a été publié en 1882. — Sir William Thomson est commandeur de la Légion d'honneur.

THOMSON, Gaston Arnold Marie, homme politique français, né à Oran le 29 janvier 1848. Il fit son droit à Paris, s'occupa de journalisme, et entra à la rédaction de la *République française* en 1873, puis devint secrétaire de Gambetta. Il fut élu député dans la 2e circonscription de Constantine, à une élection partielle qui eut lieu en avril 1877, et siégea au groupe de l'Union républicaine, juste le temps nécessaire pour faire partie des 363 adversaires du cabinet de Broglie. Réélu le 14 octobre suivant, il était élu le 21 août 1881 dans les deux circonscriptions de Constantine et optait pour la 1re, ce qui eut pour résultat l'élection de M. Treille dans la seconde. M. Gaston Thomson a été élu député de Constantine le 4 octobre 1885, et a voté l'expulsion des princes.

Son frère, M. Charles Thomson, successivement préfet de la Drôme et du Doubs, est devenu gouverneur de la Cochinchine française. Il est officier de la Légion d'honneur depuis le 4 décembre 1883.

THUREL, Jules Hermann, ingénieur et homme politique français, né à Orgelet (Jura) le 20 août 1818. Ingénieur civil à Lons-le-Saulnier, M. Thurel était regardé, dans les dernières années de l'Empire, comme un des chefs de l'opposition démocratique dans son département, où il avait fait, notamment, une active campagne antiplébiscitaire. Nommé maire de Lons-le-Saulnier le 6 septembre 1870, il était élu représentant du Jura à l'Assemblée nationale le 8 février 1871. Il siégea à gauche et vota les lois constitutionnelles. Élu sénateur du Jura le 30 janvier 1876, son mandat lui fut confirmé au renouvellement triennal du 5 janvier 1879, M. Thurel garda au Sénat la même attitude qu'à l'Assemblée nationale; il a voté l'expulsion des princes.

THYS, Pauline, dame Sébault, musicienne et femme de lettres française, née vers 1835, est fille d'un compositeur qui a donné quelques ouvrages à l'Opéra-Comique. Mlle Thys s'est fait connaître de très bonne heure par la publication d'un assez grand nombre de romances et de chansonnettes qui eurent un certain succès dans les salons. On lui doit en outre : la *Pomme de Turquie*, opérette en un acte, aux Bouffes (1857), paroles et musique; *Quand Dieu est dans le ménage*, *Dieu le garde*, un acte, exécuté dans un salon, et la *Perruque du bailli*, un acte, à la salle Herz, également paroles et musique (1860); le *Pays de Cocagne*, opéra comique en deux actes, écrit sur un poème de M. de Forges, au Théâtre-Lyrique (1862); *Manette*, opéra comique, paroles et musique, joué dans une représentation extraordinaire, de jour, au Vaudeville (1865); le *Mariage de Tabarin*, roman lyrique, exécuté à la salle de l'Athénée; les *Trois Curiaces*, com. en un acte, avec Saint-Germain (1867); le *Livre du passé*, comédie en un acte, au Vaudeville (1876); le *Fruit vert*, opéra comique en trois actes, non représenté, etc. — Mme Thys-Sébault a aussi publié quelques romans, ou nouvelles, tels que : le *Roman d'un curé*, l'*Homme au grand nez*, le *Professeur de bon sens*, le *Talisman*, *Mimi Fanchette*, etc.

TIRARD, Pierre Emmanuel, homme politique français, ancien ministre, sénateur, né à Genève, de parents français, le 27 septembre 1827, fit ses études à l'université de cette ville. Venu à Paris à vingt ans, il entra dans l'administration des ponts et chaussées et y avait atteint le grade de chef de bureau lorsqu'il donna sa démission, en 1851, et fonda une maison de commission de bijouterie et orfèvrerie. M. Tirard prit une part active à l'agitation électorale dans sa circonscription, la troisième, aux élections générales de 1869, en combattant avec ardeur dans les réunions publiques la candidature, désormais suspecte à l'opposition, du député sortant, M. Emile Ollivier. Après le 4 Septembre, il fut nommé maire provisoire du IIe arrondissement et confirmé dans ces fonctions par le scrutin du 5 novembre suivant. Elu représentant de la Seine le trente-huitième, le 8 février 1871, il était à sa mairie le 18 mars et tentait tout à la fois d'y organiser la résistance et d'amener une entente entre le Comité central et le gouvernement; il consentit avec ses collègues, maires de Paris et députés de la Seine, aux élections municipales fixées au 26 mars par le Comité central, et fut élu membre de la Commune à cette date, mais donna sa démission aussitôt, en protestant, et se retira à Versailles, où il reprit son siège à l'extrême-gauche de l'Assemblée. M. Tirard a fait partie de plusieurs commissions importantes et pris la parole dans diverses discussions, principalement sur des questions économiques. En juillet 1872, il avait un duel avec un rédacteur du *Gaulois*, feu Francis Aubert. — Aux élections générales de 1876, après avoir obtenu au premier tour la majorité relative dans le premier arrondissement de Paris, il était élu au scrutin de ballottage du 5 mars, par 8,761 voix contre 3,148 obtenues par M. le marquis de Plœuc, sous-gouverneur de la Banque de France. L'un des 363 députés qui votèrent un ordre du jour de blâme contre le ministère de Broglie-Fourtou, après le 16 mai 1877, il fut réélu le 14 octobre suivant à une énorme majorité. Il fit partie de la commission du tarif des douanes, dont il venait d'être élu président, lorsqu'il fut appelé à remplacer M. Lepère au ministère de l'agriculture et du commerce, dans le cabinet Le Royer, le 5 mars 1879, portefeuille qu'il conserva dans le cabinet suivant, présidé par M. Jules Ferry, avec lequel il se retira le 10 novembre suivant. Rentré aux affaires, avec le portefeuille du commerce seul, dans le ministère présidé par M. de Freycinet qui succéda au ministère Gambetta, le 30 janvier 1882, il prenait celui des finances dans le cabinet Duclerc, qui succéda à celui-ci (7 août), et le conservait dans le cabinet Fallières (29 janvier 1883) et dans le cabinet Jules Ferry, venu au pouvoir le 21 février suivant et qui s'y est maintenu jusqu'au 29 mars 1885. — M. Tirard a été élu sénateur inamovible, en remplacement d'Edouard Laboulaye, le 23 juin 1883.

TISSANDIER, Albert Charles, architecte, dessinateur et aéronaute français, est né à Anglure (Marne) le 1er octobre 1839. Elève de l'Ecole des Beaux-Arts, à l'atelier de M. André, il obtint, plusieurs médailles et le premier prix avec médaille d'or au concours public pour un *Château d'eau adossé à de grands réservoirs*, ouvert par la ville de Bourges, le 8 mai 1865. Il a été chargé en conséquence de l'exécution des travaux et de tous les dessins nécessaires aux réservoirs et à la fontaine. Sous-inspecteur aux travaux de la ville de Paris, il a été pendant quelque temps attaché à l'agence du nouvel Opéra, sous les ordres de M. Charles Garnier. Pendant la guerre, M. Albert Tissandier, qui faisait son service dans les rangs de la garde nationale, obtint un congé pour sortir de Paris en ballon. Parti le 14 octobre 1870, à une heure, il atterrissait près de Nogent-sur-Seine à cinq heures et demie. Il fit ensuite, avec son frère, quelques essais de retour par voie aérienne dans la ville assiégée, mais sans succès; il suivit alors, comme capitaine aux aérostiers militaires, l'armée de la Loire sous les ordres des généraux d'Aurelle de Paladines, Chanzy et autres. Après son retour à Paris, il fut décoré de la médaille militaire, le 28 octobre 1872. M. Albert Tissandier a fait, depuis cette époque, plusieurs ascensions remarquables, notamment celles de longue durée du *Zénith* et de l'*Univers*, avec le colonel Laussédat. — Il a exposé au Salon de Paris, comme architecte, plusieurs remarquables dessins au crayon représentant principalement des vues pittoresques de Paris: *Paris, vue prise des tours de Notre-Dame; Galerie du premier étage de l'une des tours de Notre-Dame; Tours de Notre-Dame, cour des Réservoirs (1874)*; la *Sainte-Chapelle et Notre-Dame*; la *Sainte-Chapelle, façade latérale (1875); Saint-Nazaire* de Carcassonne (1880); *Portail de la façade sud de Notre-Dame de Paris (1883); Cathédrale de Laon, XIIIe siècle, fragment de l'étage supérieur d'une tour (1884)*, etc. Il a rapporté en outre de ses ascensions de nombreux paysages aériens dessinés d'après nature. M. A. Tissandier a collaboré, comme dessinateur, à un grand nombre de recueils périodiques et d'ouvrages scientifiques divers.

TISSANDIER, Gaston, chimiste et aéronaute français, frère du précédent, né à Paris le 21 novembre 1843, fit ses études au lycée Bonaparte, puis se tourna vers l'étude de la chimie, travailla pendant plusieurs années dans un laboratoire du Conservatoire des arts et métiers, puis fut nommé, en 1864, directeur du laboratoire d'essais et analyses chimiques de l'*Union nationale*, où il fit, pendant huit années, tous les travaux de la Chambre syndicale des produits chimiques de Paris. C'est pendant cette période qu'il entreprit ses observations météorologiques et autres expériences aériennes. Son premier voyage aérien fut exécuté, avec M. J. Duruof (voy. ce nom), le 16 août 1868 à Calais, où il s'éleva malgré le voisinage de la mer et où, grâce à des courants aériens superposés, habilement mis à profit, il put s'aventurer à deux reprises différentes au-dessus de l'Océan, pour revenir deux fois sur le rivage. Depuis cette époque, M. Gaston Tissandier n'a pas exécuté moins de vingt-quatre voyages aériens, soit seul, soit avec son frère, M. Albert Tissandier. Trois de ces ascensions ont été entreprises pendant la guerre pour sortir de Paris assiégé et pour tenter d'y revenir par la voie des airs. Ces ascensions ont été l'objet de plusieurs mémoires intéressants, insérés dans les *Comptes rendus* de l'Académie des sciences. Plus tard, les voyages aériens de MM. Tissandier, Sivel et Croce-Spinelli, dans le ballon le *Zénith*, ont attiré l'attention de l'Europe entière. La première ascension du *Zénith* (mars 1875) fut la plus longue qui eût été faite jusque-là; elle dura près de vingt-quatre heures et valut à la science de curieuses observations. La deuxième (15 avril 1875), qui a eu lieu à la plus grande altitude jusque-là atteinte par l'homme (8,600 mètres), compte parmi les plus terribles catastrophes de l'histoire des ballons. Elle a causé la mort de Croce-Spinelli et de Sivel, les infortunés compagnons de M. Gaston Tissandier, qui n'a été sauvé que par son tempérament particulier. — En outre de ses travaux de chimie et de ces expéditions aériennes, M. Gaston Tissandier s'est fait connaître comme écrivain et comme professeur. On lui doit notamment: *Traité élémentaire de chimie*, en collaboration avec M. Déhérain (4 vol. in-12, Hachette et Cie); quatre volumes de la *Bibliothèque des Merveilles: l'Eau*, la *Houille*, les *Fossiles* et la *Photographie; l'Histoire de l'air* (Hetzel); les *Voyages aériens*, en collaboration avec MM. Glaisher, Flammarion et Fonvielle, illustrés par M. Albert Tissandier; *En ballon pendant le siège de Paris, souvenirs d'un aéronaute* (Dentu); les *Ballons dirigeables* (Dentu); *Simples notions sur les ballons* (Decaux); les *Martyrs de la science (1879)*; les *Récréations scientifiques*, récompensées d'un prix Montyon (1883), etc. M. Gaston Tissandier est, depuis 1866, un des collaborateurs assidus du *Magasin pittoresque* et de quelques autres publications. En 1873, il fonda le journal la *Nature*, revue des sciences illustrée, remarquable publication qu'il rédige, depuis cette époque, avec le concours de savants éminents. M. Gaston Tissandier a fait un grand nombre de conférences, soit à Paris, soit en province. On lui doit, en outre, quelques travaux scientifiques originaux de chimie et de météorologie, qui ont été l'objet de notes adressées à l'Académie des sciences. Ses études sur l'*Acide carbonique de l'air*, sur les *Poussières atmosphériques* et les *Aérolithes microscopiques* ont surtout attiré l'attention du monde savant. Enfin, il s'est beaucoup occupé, dans ces dernières années, de la direction des ballons, surtout de l'application du moteur électrique à l'actionnement de l'hélice propulsive, et par des expériences, faites depuis 1883, a prouvé du moins que le problème n'est pas insoluble.

M. Gaston Tissandier est professeur à l'Association polytechnique, membre de la Société chimique de Paris, de la Société météorologique de France, etc. Il a été nommé chevalier de la Légion d'honneur le 15 nov. 1872.

TISSERAND, François Félix, astronome français, membre de l'Institut, né à Paris le 15 janvier 1846. Elève de l'Ecole normale supérieure, il se fit recevoir agrégé en 1866 et docteur ès sciences, puis entra à l'Observatoire de Paris comme astronome-adjoint. Nommé, en 1873, directeur de l'observatoire et professeur d'astronomie à la faculté de Toulouse, il fut attaché, l'année suivante, comme astronome en second, à la mission dirigée par M. Janssen pour l'observation du passage de Vénus sur le soleil, au Japon (9 décembre 1874). M. Tisserand avait été élu, en février précédent, correspondant de l'Académie des sciences; il fut élu membre titulaire de ce corps savant le 18 mars 1878, en remplacement de Leverrier, au premier tour, par 32 voix sur 55 votants, quoique présenté seulement le second par la section d'astronomie et nommé, la même année, membre du Bureau des longitudes, dont il est devenu secrétaire-trésorier. Il a été élu correspondant de l'Académie des sciences de Saint-Pétersbourg en janvier 1884. — M. Tisserand a publié, dans les *Comptes rendus* de l'Académie des sciences, un grand nombre de mémoires sur des observations astronomiques. Il est chevalier de la Légion d'honneur depuis 1874.

TISSOT, Victor, littérateur suisse, né à Fribourg en 1845, fit ses études aux universités de Tubingen et de Vienne, et vint à Paris en 1867. D'abord employé de commerce, il collabora au *Courrier français* de Vermorel et à la *Revue populaire*, puis devint professeur à Genève et enfin rédacteur en chef de la *Gazette de Lausanne*. De Lausanne, il envoyait des articles à divers recueils périodiques parisiens, notamment à la *Revue contemporaine*, à la *Revue de France*, au *Correspondant*. S'étant ainsi préparé les voies, il revint à Paris, où il se fixa, en 1874. — On doit à M. Victor Tissot: les *Beaux-arts en Suisse (1869); A la recherche du bonheur*, contes et nouvelles traduits de l'allemand (1871); le *Congrès de la paix et de la liberté, cinquième représentation, donnée à Lausanne en septembre 1871 (1872); Voyage au pays des milliards*, scènes humoristiques de la vie en Prusse après l'encaissement de l'indemnité de guerre payée par la France, parues d'abord dans la *Revue de France* et que Dentu eut bien de la peine à se décider à publier en volume, loin de prévoir le succès étourdissant qui accueillit cet ouvrage (1875); les *Prussiens en Allemagne* et *Voyage aux pays annexés (1876)*; la *Société et les mœurs allemandes*, traduit de l'allemand (1877); *Vienne et la vie viennoise (1878)*; la *Comtesse de Montretout* et les *Mystères de Berlin*, deux parties formant les *Aventures de Gaspard von der Gomm*, avec M. Constant Améro (1879); *Voyage au pays des Tziganes (1880); Russes et Allemands*; la *Russie rouge*, avec M. C. Améro (1881); *Aventures de trois fugitifs en Sibérie*, avec le même collaborateur; la *Russie et les Russes, indiscrétions de voyage (1882); Contrées mystérieuses et peuples inconnus*, avec M. C. Améro; l'*Allemagne amoureuse (1884); Curiosités de l'Allemagne (1885)*, etc.

TISZA DE BOROSJENÖ, Koloman, homme d'Etat hongrois, né en 1830 à Geszt. Après de solides études, il entrait au ministère de l'instruction publique ayant à peine dix-huit ans, et quelques semaines seulement avant la révolution de 1848. Il entreprit alors un voyage à l'étranger et ne revint en Hongrie qu'après la pacification. Elu député de la diète de Pesth après le rescrit impérial de 1860, qui rendait l'autonomie à la Hongrie, M. Tisza siégea au centre gauche, à la tête duquel il remplaçait, l'année suivante, le comte Teleki. Nommé ministre de l'intérieur en mars 1875, M. Tisza devenait président du conseil en octobre suivant. Il donnait sa démission, avec ses collègues, en octobre 1878, à la suite de difficultés suscitées par l'occupation de la Bosnie et de l'Herzégovine; mais il revenait au pouvoir en décembre de la même année, et est encore aujourd'hui (1886), ministre de l'intérieur et président du cabinet hongrois.

TOLAIN, Henri Louis, homme politique français, sénateur, né à Paris le 18 juin 1828. Fils d'ouvriers, M. Tolain apprit fort jeune l'état de ciseleur, et devint rapidement un excellent ouvrier, quoiqu'il employât ses loisirs à l'étude des questions sociales et collaborât çà et là à quelques publications périodiques. En 1861, il fut nommé secrétaire-adjoint de la commission ouvrière pour l'Exposition de Londres, et fut un des délégués envoyés par le gouvernement à cette exposition pour y étudier les progrès de l'industrie du monde entier, et chercher les moyens d'en faire profiter l'industrie française. L'année suivante, M. Tolain, après avoir pris une part active à l'agitation électorale à Paris, retournait à Londres, et assistait au *meeting* de Saint-James en faveur de la Pologne. Aux élections complémentaires nécessitées, en 1864, par la retraite des inassermentés, M. Tolain fut porté comme candidat ouvrier dans la 5e circonscription, contre Garnier-Pagès; mais il n'obtint qu'un nombre de voix dérisoire. Le 26 septembre suivant, il assistait au meeting des ouvriers de toutes les nations, réunis à Saint-Martin's Hall, où furent jetées les bases de l'Association internationale des travailleurs, et créait à Paris, à son retour, un bureau de correspondance de cette société, dont le comité central siégeait à Londres. M. Tolain assista ensuite, comme représentant de la section parisienne, aux congrès de l'Internationale tenus dans diverses villes de l'Europe chaque année, jusqu'en 1869. Il s'y fit surtout remarquer par sa défense énergique du principe de la propriété individuelle. Averti par les voies ordinaires de l'existence de la section parisienne de l'Internationale, le gouvernement n'avait rien dit jusqu'en 1868. A cette date, il s'avisa de poursuivre les membres du bureau, sous la prévention de société secrète. M. Tolain présenta lui-même sa défense et celle de ses collègues, qui furent avec lui condamnés individuellement à 100 francs d'amende. La dissolution de cette section parisienne ayant été prononcée, M. Tolain ne parait plus s'y intéresser ostensiblement, quoiqu'il signe, au commencement de la guerre, un manifeste aux ouvriers allemands, qui lui attire des poursuites nouvelles, mais entravées bientôt par les événements. — Entré, dans les derniers temps, chez un grand industriel du faubourg du Temple, où il était chargé de la correspondance, M. Tolain prit une grande part aux réunions publiques organisées sous l'empire de la nouvelle loi, depuis 1868. Après le 4 septembre 1870, il fut élu membre du comité de vigilance et d'armement du XIe arrondissement, puis adjoint au maire aux élections du 5 novembre. Le 8 février 1871, il était élu représentant de la Seine, le trente-deuxième. Il fit avec ses collègues de vains efforts, après le 18 mars, pour obtenir du Comité central la remise de l'autorité aux mains des municipalités régulièrement élues, et se retira en conséquence à Versailles, où il reprit son siège à l'Assemblée. Son attitude en face de l'insurrection le fit décréter d'accusation par la Commune, et exclure de l'Internationale par ceux de ses membres auxquels l'Internationale doit justement sa perte. M. Tolain a pris une part importante aux discussions de l'Assemblée, principalement dans les questions économiques, avec une compétence que ses adversaires les plus résolus ont été forcés de reconnaître, et a prononcé, en mars 1872, un discours extrêmement remarquable pour combattre la loi contre l'Internationale. — Aux élections sénatoriales de la Seine, M. Tolain fut élu le deuxième sur cinq, au premier tour (30 janvier 1876); il prit place à l'extrême gauche du Sénat, et fit dans cette assemblée, un peu différente de l'autre, la démonstration victorieuse de cette vérité, qu'on peut être un homme politique dans l'acception scientifique du mot, bien qu'on ait commencé par être un simple ouvrier. Il a été réélu au renouvellement de la représentation sénatoriale de la Seine, le 8 janvier 1882. M. Tolain a signé ou appuyé de sa parole les diverses propositions d'amnistie plénière; il a voté l'expulsion des princes.

M. Tolain a collaboré à divers journaux; nous citerons: le *Panthéon des ouvriers (1858)*; la *Tribune des travailleurs (1865)*; le *Courrier français (1867-68)*; la *Réforme (1869-70)*, etc. Il a été, en 1876-77, le directeur politique du *Ralliement*.

TONDU, Jacques Charles Henri, homme politique français, né à Pont-de-Veyle (Ain) le 26 mai 1827. Notaire honoraire, ancien maire de sa commune, M. Tondu fut élu député de la 2e circonscription de Bourg le 20 février 1876, contre M. le comte Lehon, bonapartiste, et siégea à gauche. — Il a été réélu, contre le même concurrent, le 14 octobre 1877, par 8,898 voix contre 992, et élu de nouveau par la même circonscription le 21 août 1881. M. Tondu a été élu député de l'Ain le 4 octobre 1885, et a voté l'expulsion totale des princes.

TOOLE, John Laurence, acteur anglais, né à Londres le 12 mars 1830, fut élevé à l'école de la Cité, et entra ensuite, comme commis, chez un négociant en vins. Mais, irrésistiblement attiré vers le théâtre, il ne tarda pas à quitter son emploi, fréquenta le « City Histrionic Club », où il sut faire apprécier ses dispositions véritables pour la scène, et, saisissant une occasion opportune, parut pour la première fois en public au théâtre de Haymarket, le 22 juillet 1852, dans une représentation au bénéfice

de M. F. Webster. Ayant subi cette épreuve avec succès il obtint un engagement au théâtre de la Reine, à Dublin; puis joua successivement à Belfast, Edimbourg et Glasgow, et remporta à la fin de grands succès. En 1854, M. Toole fut engagé au théâtre Saint-James par M. Seymour; il y remplit des rôles comiques très divers avec un succès toujours grandissant; puis il passa au Lyceum, avec son ancien directeur de province, M. C. Dillon, et entra avec Webster au nouveau théâtre d'Adelphi dès l'ouverture (1858), pour y remplir les premiers rôles comiques. M. Toole excelle surtout dans les rôles où prédomine le contraste pathétique du rire et des larmes, tels que celui de Caleb Plummer, dans le *Grillon du foyer*, pièce tirée de la nouvelle de Dickens, ou celui de Joe Bright, du drame intitulé : *A travers le feu et l'eau*. En dehors des saisons de Londres, il a fait régulièrement, pendant plusieurs années, de fructueuses tournées en province, où il n'est pas moins apprécié que dans la métropole. Parti pour une tournée artistique aux Etats-Unis en 1874, M. Toole débutait au théâtre Wallack, New-York, le 17 août de cette année. Il rentrait à la Gaîté de Londres en novembre 1875; enfin, à la fin de 1880, il prenait la direction du Folly-Theatre, devenu le Toole's Theatre, après avoir été reconstruit, réagencé de fond en comble, et naturellement rebaptisé.

TORRES CAICEDO, José Maria, littérateur et diplomate colombien, né à Bogota le 30 mars 1830. Dès 1847, M. Torres Caicedo publiait, dans les journaux de sa ville natale, capitale de la république de Colombie, des poésies remarquées. Il fit en outre une vive opposition au gouvernement dans *El Progresso* et *El Dia;* le combattit même les armes à la main, et fut grièvement blessé. Député au Congrès grenadin, puis secrétaire de légation à Londres et à Paris, il est devenu chargé d'affaires du Venezuela, auprès des gouvernements de la France et des Pays-Bas; puis, ayant donné sa démission de ces fonctions vers 1864, ministre plénipotentiaire de la république de San Salvador à Paris (1872). M. Torres Caicedo est membre de la Société zoologique d'acclimatation, de la Société de géographie, de la Société d'économie politique, et d'une foule d'autres corps savants d'Europe et d'Amérique et a été élu correspondant de l'Institut de France (Académie des sciences morales et politiques) en mai 1872. Il a été quelque temps rédacteur en chef du *Correo de Ultramar*, journal hispano-américain publié à Paris, et a collaboré à divers autres journaux de même destination, publiés en Europe. Outre un volume de poésies intitulé : *Religion, Patria y Amor*, on cite de M. José M. Torres Caicedo : *Ensayos biograficos y de critica literaria (1863*, 2 vol.); les *Principes de 1789 en Amérique (1870); Misideas y vais principios (1876)*, etc. Commissaire général du San Salvador à l'Exposition universelle de 1878, M. Torres Caicedo, commandeur de la Légion d'honneur depuis 1871, a été promu grand officier de l'ordre à cette occasion.

TOULMOUCHE, Auguste, peintre français, élève de Gleyre, est né à Nantes en 1829. On cite principalement de cet artiste qui, après avoir hésité quelque temps, s'est fait une grande réputation dans la peinture de genre : *Joseph et la femme de Putiphar (1852); Après le déjeuner*, le *Premier pas (1853);* la *Leçon*, la *Terrasse (1855); Un baiser (1857);* la *Prière*, le *Château de cartes (1859);* le *Premier chagrin*, le *Sommeil*, la *Montre (1861);* le *Repos*, le *Coin du feu (1863);* la *Confidence*, un *Lendemain de bal (1864);* le *Fruit défendu*, la *Première visite (1865); Un mariage de raison (1866);* le *Lilas blanc (1867); Un dernier coup d'œil, Un jour de fête (1868);* la *Lettre d'amour*, la *Toilette du matin (1869);* l'*Heure du rendez-vous (1872);* l'*Hiver (1873);* le *Livre sérieux (1874); Flirtation*, l'*Eté (1876);* la *Rose (1878);* le *Miroir*, etc. (1878, Exp. univ.); *Dans la serre*, le *Billet (1883); Tête à tête (1884);* le *Départ*, le *Retour (1885); Portraits de Mlle Marie Devoyod* et de *Mme Rose Caron (1886);* d'autres *Portraits*, etc. — M. Toulmouche a obtenu une médaille de 3e classe en 1852, le rappel en 1859, une médaille de 2e classe en 1861 et une de 3e classe à l'Exposition universelle de 1878; il a été décoré de la Légion d'honneur en 1870.

TRAVERS, Julien Gilles, littérateur français, né à Valognes le 31 janvier 1802. M. J. Travers entra de bonne heure dans l'enseignement, professa dans divers collèges et devint principal du collège communal de Falaise en 1832. Reçu docteur ès lettres en 1837, il était appelé à la faculté des lettres de Caen en 1839, comme suppléant, et y devenait trois ans plus tard professeur de littérature latine. Il conserva cette chaire jusqu'en 1856, époque à laquelle il a pris sa retraite. M. J. Travers a dirigé la publication de l'*Annuaire de la Manche* depuis 1829 et celle du *Bulletin de l'instruction publique et des sociétés savantes* de l'académie de Caen, dont il fut nommé secrétaire en 1839, depuis cette époque. Il est membre de diverses sociétés savantes départementales et a collaboré à la *Normandie illustrée*, à l'*Encyclopédie des gens du monde*, à la *Nouvelle biographie générale* et autres publications encyclopédiques. Il a publié à part : les *Algériennes*, poésies (1827); une traduction d'Arnobe pour la *Bibliothèque latine-française* de Ch. Panckoucke, et une édition des *Vaux-de-Vire*, d'Olivier Basselin (1833); les *Distiques de Muret*, imités en quatrains français (1834); une édition des *Œuvres poétiques de Boileau; De l'avenir de la littérature française*, thèse et *Deuil*, poésies (1837); *Gerbes glanées*, poésies (1859-64, 4 vol.); la *Pitié sous la Terreur*, drame en vers (1869), etc., etc. M. Julien Travers a été nommé chevalier de la Légion d'honneur le 6 novembre 1876.

TREILLE, A., homme politique français, médecin, né vers 1843. Reçu docteur en 1869, il s'établit à Constantine (Algérie). Conseiller général depuis 1879, il se présenta dans la 2e circonscription de Constantine après option de M. Thomson, élu dans les deux, pour la 1re, le 4 décembre 1881, et fut élu député. Il a été réélu le 4 octobre 1885, et a siégé à gauche dans les deux législatures. M. Treille, qui n'a guère pris de part active, aux débats de la Chambre, qu'aux discussions intéressant l'Algérie, a voté l'expulsion des princes.

TREVELYAN, George Otto, homme politique anglais, né à Rothley Temple, dans le comté de Leicester le 20 juillet 1838, fit ses études au collège d'Harrow et à l'université de Cambridge, et entra presque aussitôt dans la carrière politique. Elu, comme candidat libéral, représentant de Tynemouth à la Chambre des communes, en 1865, puis par un autre collège en 1868, il entrait au mois de décembre suivant, sous l'administration de M. Gladstone, à l'Amirauté, comme « lord civil », mais il donnait sa démission en juillet 1870. M. Trevelyan s'est fait remarquer à cette époque, tant à la Chambre qu'au dehors, par sa propagande en faveur de l'épuration de l'armée, et en particulier pour l'abolition de l'achat des grades. Nommé secrétaire parlementaire à l'Amirauté en novembre 1880, il était appelé à succéder, comme secrétaire en chef pour l'Irlande, à lord Frederick Cavendish, assassiné (9 mai 1882). Il conserva ce poste jusqu'à la chute de son parti, et prit celui de secrétaire d'État pour l'Ecosse dans le dernier cabinet Gladstone (février 1886); mais il donna sa démission en mai suivant, à l'occasion de la présentation des « bills irlandais ». — M. Trevelyan a publié : *Letters of a Competition Wallah (1864); Cawnpore (1865); The Ladies in Parliament, and others pieces (1869); The Life and Letters of lord Macaulay*, son oncle maternel (1876. 2 vol); *The Early History of Charles James Fox (1880)*.

TRÉVENEUC (comte de), Henri Louis Marie, homme politique français, sénateur, né à Saint-Brieuc le 13 septembre 1815. Entré à Saint-Cyr en 1834, il en fut expulsé l'année suivante, pour avoir pris part au complot d'avril, et incorporé comme simple soldat dans un régiment de ligne. Il n'y resta que peu de temps, abandonna la carrière et suivit les cours d'architecture de l'Ecole des Beaux-Arts. Il y renonça en 1837, fit son droit et prit le grade de licencié. Retourné dans sa famille, dont les convictions légitimistes étaient si peu d'accord avec ses propres idées, M. de Tréveneuc se porta candidat à l'Assemblée constituante après la révolution de Février et fut élu, le quatrième sur seize, représentant des Côtes-du-Nord. Il vota généralement avec le parti Cavaignac et est l'auteur de l'ordre du jour voté par l'Assemblée le 30 novembre, approuvant les « mesures de précaution prises par le gouvernement pour assurer la liberté du Saint-Père », mais réservant l'avenir. Réélu à la Législative en tête de la liste, il prit place cette fois sur les bancs de la majorité réactionnaire. Le 2 décembre 1851, il protesta contre le coup d'État à la mairie du Xe arrondissement, fut arrêté et conduit à Vincennes. Rendu à la liberté au bout de quelques jours, M. de Tréveneuc vécut dans la vie privée jusqu'aux élections du 8 février 1871. Il fut élu à cette date représentant des Côtes-du-Nord à l'Assemblée nationale, le deuxième sur treize, siégea à la droite et se fit inscrire à la réunion des Réservoirs. Il a attaché son nom à une loi autorisant les Conseils généraux, dans le cas où l'Assemblée serait empêchée de se réunir pour cause insurrectionnelle, à la remplacer par des délégués pris dans leur sein. La loi Tréveneuc a été votée en février 1872. — M. le comte de Tréveneuc a été élu sénateur des Côtes-du-Nord le 30 janvier 1876, le deuxième sur quatre, il a été réélu le troisième, au renouvellement triennal du 25 janvier 1885.

TRIBERT, Louis Pierre, homme politique français, sénateur, né à Paris le 29 juin 1819. Il fit ses études au collège Bourbon, se rendit ensuite en Allemagne, où il fréquenta les universités, principalement celle de Berlin, puis, poursuivant ses voyages, visita les principales contrées de l'Europe et du Nouveau-Monde. Il était membre du Conseil général des Deux-Sèvres, dont son père avait été député sous Louis-Philippe, lorsqu'il se présenta comme candidat de l'opposition dans ce département aux élections législatives de 1869, mais ce fut sans succès. Au commencement de la guerre de 1870, M. Tribert s'engagea dans un régiment de ligne avec lequel il assista aux combats de l'Hay, Chevilly et la Ville-Evrard, fut fait prisonnier à cette dernière affaire et envoyé en Allemagne. Il y était encore, lorsque les élections pour l'Assemblée nationale eurent lieu, le 8 février 1871, et n'en fut pas moins élu représentant des Deux-Sèvres. Il prit place au centre gauche et vota ordinairement avec la minorité républicaine. Elu sénateur inamovible par l'Assemblée le quarante-et-unième sur soixante-quinze, au quatrième tour de scrutin, en décembre 1875, M. Tribert a voté en 1879 contre le retour du parlement à Paris, et en 1886 contre l'expulsion des princes.

TROCHU, Louis Jules, général français, ancien président du gouvernement de la Défense nationale, né à Belle-Isle-en-Mer le 12 mars 1815. Elève de Saint-Cyr et de l'Ecole d'application de Metz, il entrait dans l'artillerie en 1837 et était promu lieutenant en 1840 et capitaine en 1843. Il servit en cette qualité en Algérie, se distingua à Sidi-Yusuf et à Isly et, à la suite de cette dernière bataille, fut attaché par le maréchal Bugeaud à son état-major. Promu chef d'escadron en 1846, lieutenant-colonel en 1853, il fit partie de l'armée d'Orient comme aide de camp du maréchal Saint-Arnaud, devint colonel au commencement de 1854 et général de brigade en novembre suivant. Au début de la campagne d'Italie, en mai 1859, M. Trochu fut promu général de division. Après la conclusion de la paix, il fut attaché au ministère de la guerre et fut chargé en 1866, après Sadowa, des études relatives à la réorganisation de l'armée. Il a développé son système dans un ouvrage intitulé l'*Armée française en 1867*, qui avait atteint sa vingtième édition en 1870. Le maréchal Niel, qui faisait grand cas de ses talents d'organisateur, avait recommandé le général Trochu pour lui succéder au ministère; mais le général Trochu était véhémentement soupçonné d'orléanisme, et ce fut le général Lebœuf qui prit le portefeuille de la guerre. Or, si le général Trochu était d'accord avec le maréchal Niel sur la question de réorganisation, c'était une raison pour qu'il fût en désaccord absolu avec son successeur, qu'il alla remplacer dans son commandement à Toulouse. Mais, quelles que soient les fautes commises par le général Trochu pendant le siège de Paris, n'est-on pas fondé à croire qu'il en eût commis de beaucoup moins lourdes que le successeur du maréchal Niel au ministère de la guerre, s'il eût été à sa place? — Tenu systématiquement à l'écart au début de la guerre, nos premiers désastres ramenèrent l'attention de son côté, et il fut même un moment question de lui pour le portefeuille de la guerre dans le ministère du 10 août (1870). Le comte de Palikao, qui lui fut préféré, comme on sait, lui confia l'organisation d'un corps d'armée en formation au camp de Châlons et là, le 17 août, l'empereur le nommait gouverneur de Paris. Alors commença cette série de proclamations pleines d'emphase au peuple de Paris, beaucoup trop longues et trop nombreuses pour que le peuple en question ne finit pas par s'en lasser et pour qu'il nous soit possible de nous y arrêter. Les mesures ordonnées au début par le gouvernement de Paris sont d'ailleurs toutes remarquables par l'apparence radicale qu'elles affectent, mais il semblait qu'il lui suffît de les avoir ordonnées; quant à l'exécution, il ne s'en occupait bientôt plus. Les Allemands domiciliés à Paris ne furent expulsés qu'en partie, et nous passâmes pour nous en être scrupuleusement débarrassés; l'arrêté sur les bouches inutiles ne reçut même pas un commencement d'exécution; et ainsi des autres. Cependant, les événements marchaient; le 3 septembre, la nouvelle du désastre de Sedan lui étant connue, l'impératrice régente, à qui le général Trochu avait engagé quelques jours auparavant sa parole « de Breton, de catholique et de soldat », fit appeler en toute hâte le gouverneur de Paris. — Il arriva le lendemain, lorsqu'il était trop tard pour autre chose que la formation d'un gouvernement provisoire, dans lequel, une place lui ayant été offerte, il exigea la première, et l'obtint aisément.

Nous ne pouvons refaire ici l'histoire lamentable du siège de Paris, de ces sorties rares, faites à contre-cœur, par dépit, et organisées en conséquence; dans lesquelles des prodiges de valeur ont été accomplis en pure perte, et le sang des plus braves versé inutilement; tandis que le président du gouvernement de la Défense nationale, la tête plongée dans ses mains, écrasé par le poids d'une responsabilité dont son orgueil l'avait chargé et l'empêchait de se débarrasser au profit d'un plus capable, n'ouvrait même pas les dépêches qui couvraient son bureau, tout en protestant que tout ce qui arrivait était prévu et entrait dans son *plan*, sur lequel son testament, déposé avec éclat chez un notaire de Paris, éclairera peut-être nos petits-enfants. En tout cas, celui qui déclarait la résistance de Paris une « folie héroïque » n'avait évidemment aucune confiance dans le résultat et avait la plus grande hâte de voir l'accès terminé, n'importe à quel prix. Après la désastreuse sortie du 19 janvier, où nous vîmes le succès de si près, quelques bataillons de la garde nationale vinrent protester sur la place de l'Hôtel de Ville et demander la destitution du général Trochu. C'était le 22 janvier; ç'aurait été le 20, sans l'affreux temps qu'il faisait ce jour-là. On sait ce qui s'y passa. On sait moins, sans doute, que les fusils des *vrais* gardes nationaux massés sur la place n'étaient pas chargés. Nous avons vu nous même les officiers de ces bataillons faire décharger ceux des fusils de leurs hommes qui l'étaient, malgré les provocations des mobiles enfermés dans l'Hôtel de Ville, ouvrant à chaque instant les fenêtres et faisant le simulacre de tirer sur la foule. — Nous n'ignorons pas le désaccord qu'il peut y avoir entre ce que nous avons *vu* et ce qui a été officiellement publié, mais ce n'est pas notre faute. — Le 8 janvier, contraint par des manifestations de l'opinion publique dont il était impossible de dénaturer le sens, le général Trochu déclare, dans une de ses innombrables proclamations, que « le gouverneur de Paris ne capitulera pas. » En conséquence, il signait le décret supprimant les fonctions de gouverneur de Paris quelques jours avant que le général Vinoy, *commandant en chef l'armée de Paris*, signât la capitulation. Nous regrettons d'être obligé de le dire, mais tout M. Trochu est là. — Après que le douloureux événement se fut accompli, M. Trochu fut attaqué avec véhémence et traité avec le mépris le moins dissimulé par toute la presse parisienne, sans distinction de nuance politique. C'est que, dans quelque situation qu'il se soit trouvé, il s'est toujours empressé de prendre avec chaleur des engagements trop tôt oubliés; c'est qu'on ne l'a jamais vu que dans une attitude équivoque, dès qu'il fut le chef. Malgré son orgueil maladif, le général Trochu est visiblement incapable de diriger non un peloton, mais une simple escouade, quoique sans doute très ferré sur la théorie; et il s'écoute parler avec trop de complaisance pour se rappeler ce qu'il a dit ou que c'est lui qui l'a dit. Dans la pétition qu'il adressait à l'Assemblée en juillet 1873, il dit s'abstenir « quelquefois par dédain » de répondre aux attaques. Il est aisé de parler de dédain à ceux qui n'ont pas la responsabilité de leurs actes. Il y a des responsabilités sévères inscrites dans la loi pour tout dépositaire négligent; mais si le dépôt n'est que la fortune, l'honneur et le sang d'une grande nation, il est rare que la négligence entraîne des conséquences bien graves pour celui qui s'en est chargé sans consulter ses forces et simplement pour satisfaire son ambition.

Cependant, si le général Trochu avait un plan douteux, Gambetta, lui, en avait un très net : enflammer de son ardeur patriotique la province atterrée par nos revers et désespérant du succès. Il fit donc le tableau le plus enthousiaste de l' « héroïque folie » des Parisiens et ne tarit pas en éloges sur celui qui était à leur tête. Les élections du 8 février se firent sur cette impression : le général Trochu fut élu représentant à l'Assemblée nationale par huit départements et opta pour le Morbihan. Il avait d'abord refusé toute candidature, puis était revenu

sur cette décision que personne ne sollicitait; il exprima ensuite son intention arrêtée de rentrer dans l'obscurité. Il prit place au centre droit, vota notamment contre le retour de l'Assemblée à Paris, prit la parole pour appuyer la demande d'enquête sur le gouvernement du 4 Septembre, pour demander que le service obligatoire fût une vérité dans la loi militaire, etc., et donna sa démission en juillet 1872. Le 16 janvier 1873, il prenait sa retraite.

M. le général Trochu a publié, outre l'ouvrage cité plus haut, une sorte de mémoire pour la défense de ses propres actes et de ceux du gouvernement de la Défense nationale, intitulé : *Pour la vérité et pour la justice (1873)*. Il avait obtenu, en mars 1872, un jugement pour délit d'outrage contre le journal le *Figaro*. Il a depuis vécu dans la retraite. Membre du Conseil général du Morbihan, il donnait sa démission de ces fonctions en même temps que de celles de représentant, ou à peu près. M. Trochu est grand-officier de la Légion d'honneur depuis 1861. — Il a publié depuis : l'*Armée française en 1879, par un officier en retraite (1879)*.

TROLLOPE, Thomas Adolphus, littérateur anglais, fils de la célèbre romancière, Mrs Frances Trollope, morte en octobre 1863, est né le 29 avril 1810 et a fait ses études au collège de Winchester et à l'université d'Oxford. Il voyagea en France, où il résida quelque temps, et publia vers 1840 deux volumes sur la Bretagne, suivis de deux autres sur la France occidentale, en 1841. Il prit ensuite résidence à Florence et écrivit toute une série d'ouvrages relatifs à l'histoire de l'Italie. Nous citerons : *Impressions d'un voyageur en Italie (1850)*; la *Jeunesse de Catherine de Médicis (1856)*; une *Décade de femmes italiennes*; la *Toscane en 1849 (1859)*; *Filippo Strozzi, épisode des derniers jours de l'antique liberté italienne*; *Paul le pape et Paul le moine (1860)*; la *Beata*, roman (1861); *Voyage de carême dans l'Ombrie et les Marches*; *Marietta*, roman (1862); *Giulio Malatesta (1863)*; *Beppo le conscrit*, la *Chasse de Lindisfarn*, romans (1864); *Histoire de la république de Florence, depuis les premiers temps de la Commune jusqu'à la chute de la République en 1531 (1865*, 4 vol.); *Gemma (1866)*; le *Château d'Artingall (1867)*; le *Rêve*, *Leonora Casoloni (1868)*; les *Garstangs de Garstang-Grange (1869)*; l'*Abbaye de Burnton (1871)*; une *Vie de Pie IX* en 2 vol. (1877), etc. — M. Adolphe Trollope est un actif collaborateur à la presse périodique.

TROOST, Louis Joseph, chimiste français, membre de l'Institut, né à Paris le 17 octobre 1825. Elève de l'Ecole normale supérieure, dans la section des sciences, il était reçu agrégé en 1851 et docteur ès sciences en 1857, puis nommé professeur de chimie au lycée Bonaparte. Nommé maître des conférences à l'Ecole normale en 1868, il était appelé à la chaire de chimie de la faculté des sciences de Paris en 1874. M. Troost a été élu membre de l'Académie des sciences, en remplacement de Wurtz, le 7 juillet 1884. Décoré de la Légion d'honneur, il a été promu officier le 10 juillet 1886. — Outre de nombreux mémoires insérés dans les *Comptes rendus* de l'Académie des sciences, les *Annales de chimie et de physique*, le recueil de la Société chimique, etc., on cite de M. Troost : *Recherches sur le lithium et ses composés*, sa thèse de doctorat (1857); un *Précis de chimie (1863)* et un *Traité élémentaire de chimie (1865)*, ouvrages très estimés et qui ont eu plusieurs éditions; la traduction du *Traité pratique d'analyse chimique* de Woehler (1865) : *Un laboratoire de chimie au XVIIIe siècle, Scheele (1866)*, etc.

TROUARD-RIOLLE, Auguste Pierre, homme politique français, magistrat, né à Dieppe le 19 mai 1824. Il fit son droit à Paris, prit le grade de licencié en 1846 et s'inscrivit au barreau. En 1852, il prit la direction d'une étude d'avoué à Rouen, la quitta en 1862 et se fit inscrire au barreau de sa ville natale. En 1871, M. Trouard-Riolle était élu conseiller général de la Seine-Inférieure, où il n'a pas cessé depuis de représenter le canton de Dieppe, comme candidat républicain. Il fut nommé juge suppléant en 1876 et en 1878 juge au tribunal de Rouen. Elu député de la seconde circonscription de Dieppe le 15 juin 1879, en remplacement de M. Lebourgeois, décédé, il s'inscrivit au groupe de la gauche républicaine et fut réélu sans concurrent le 21 août 1881. M. Trouard-Riolle a été élu député de la Seine-Inférieure le 4 octobre 1885 et a voté l'expulsion des princes.

TROUBAT, Jules, littérateur français, né à Montpellier le 19 septembre 1836, y fit ses études. Il vint à Paris en 1858, muni de son diplôme de bachelier ès lettres et s'y lia bientôt avec M. Champfleury, qu'il avait déjà vu à Montpellier. M. Champfleury lui fit faire des recherches pour lui à la Bibliothèque nationale et le présenta à M. Arsène Houssaye, qui le chargea des comptes rendus des ventes de tableaux à l'hôtel Drouot pour l'*Artiste* (sous le pseudonyme de Hérand). Enfin ce fut chez M. Champfleury qu'en 1861 le docteur Veyne, ami et médecin de Sainte-Beuve, vint le chercher pour le présenter à l'illustre académicien, qui avait alors besoin d'un nouveau secrétaire. M. Troubat resta auprès de Sainte-Beuve jusqu'à sa mort (13 octobre 1869). — L'ancien secrétaire se voua dès lors à la mémoire de son maître, qui l'avait fait son légataire universel et l'un de ses exécuteurs testamentaires. Il a combattu en son honneur, notamment contre le vicomte d'Haussonville ; il a réfuté particulièrement un livre de ce dernier dans une *Vie de Sainte-Beuve* publiée en tête d'une édition définitive, en deux volumes, du *Tableau de la poésie française au XVIe siècle* (Paris, Lemerre). On a aussi de M. Troubat un volume intitulé *Souvenirs et indiscrétions. Le dîner du vendredi-saint.* Mais une mission non moins délicate et dont il s'est acquitté de son mieux, a été de continuer la publication des œuvres posthumes de Sainte-Beuve : il a mis des notes et des préfaces à quelques-unes. La dernière de ces publications a été la *Correspondance générale* du célèbre écrivain.

En dehors de ces travaux, M. Troubat a publié une édition des *Œuvres choisies de Piron, avec une analyse de son théâtre et des notes (1866)*; *Histoire de Jean l'ont pris, conte languedocien du XVIIIe siècle, traduit de l'abbé Favre et précédé d'une notice (1877)*; le *Gabach*, type populaire du Midi, la *Danse du chevalet, d'après un vase antique du musée de Béziers*; *Plume et pinceau*, études de littérature et d'art (1878), etc. M. Troubat a écrit dans divers journaux et recueils périodiques : la *Revue politique et littéraire*, la *Chronique des arts*, l'*Evénement*, l'*Art*, la *Vie littéraire*, la *Renaissance de 1872*, etc., etc. Pendant le siège de Paris il envoyait des articles patriotiques au *Combat*, ce qui fut cause plus tard d'une dénonciation contre lui dans les journaux réactionnaires, à la chute de la Commune. Cette dénonciation resta sans effet. Il a enfin donné à la *République du Midi* des chroniques hebdomadaires et littéraires. — M. Champfleury a dédié son livre sur les *Chats* à M. Troubat, et Sainte-Beuve lui a consacré quelques lignes affectueuses dans l'article sur ses secrétaires qui termine le tome IV de ses *Nouveaux lundis*. M. Troubat était attaché, comme secrétaire, à la librairie Dentu, lorsqu'il fut nommé bibliothécaire du palais de Compiègne, en décembre 1878.

TRUBERT, Eugène Pierre Gabriel, homme politique français, né à Paris le 10 novembre 1845. Ancien auditeur au Conseil d'Etat, il était élu en 1871 au Conseil général de Tarn-et-Garonne, où il représente le canton de Valence. Après avoir échoué dans l'arrondissement de Moissac, où il se présentait comme candidat monarchiste, aux élections du 20 février 1876, il était nommé, après le 16 mai 1877, chef-adjoint du cabinet de M. de Broglie. Aux élections du 14 octobre 1877, M. Trubert fut élu député de Moissac ; son élection ayant été invalidée, il fut réélu le 7 juillet 1878, et prit place au centre droit. Il échoua, par exemple, aux élections du 21 août 1881. Le 4 octobre 1885, M. Trubert figurait sur la liste monarchiste, qui triompha au premier tour, dans le Tarn-et-Garonne. Cette élection fut bien annulée par la Chambre le 21 novembre suivant, mais la liste des invalidés ne perdit qu'un de ses membres à l'épreuve décisive, et ce n'est pas M. Trubert.

TRUEBA Y LA QUINTANA (de), Antonio, poète espagnol, né à Sopuerta, village de Biscaye, le 24 décembre 1821. Fils de paysans, il travailla aux champs avec sa famille, « chantant sous les cerisiers », suivant son expression, c'est-à-dire rimant déjà à ses heures de loisir, jusqu'à l'âge de quinze ans. Il se rendit alors à Madrid, où il entra comme employé chez un de ses parents, marchand de cette ville, étudia avec courage dans ses moments de loisir et réussit à compléter des études très élémentaires et à prendre ses grades à l'Université. En 1847, M. de Trueba, qui s'était déjà fait connaître par la publication de plusieurs chansons et poèmes lyriques dans la presse périodique, abandonna les affaires pour la littérature et entra dans la presse madrilène. Il a adressé en outre des correspondances littéraires intéressantes à divers journaux de l'Amérique espagnole, ainsi que des poésies. — Outre son *Livre des chants* (Libro de los Cantares), dont les nombreuses éditions, sans cesse augmentées, contiennent son œuvre poétique à peu près entière, on doit à M. de Trueba un certain nombre de recueils de nouvelles et de contes et quelques romans. Ce sont : *Contes couleur de rose*, *Contes villageois*, *Contes des vivants et des morts*, *Contes populaires*; le *Cid campeador*, les *Filles du Cid*, la *Colombe et les faucons*, le *Rédempteur moderne*, romans, etc. Ses chants et chansons, devenus populaires, parce qu'ils chantent les joies et les douleurs du peuple ou retracent ses mœurs, ses coutumes, ses croyances, ses superstitions, l'ont fait surnommer le « Béranger espagnol ».

TRUPHÊME, François, sculpteur français, né en 1820 à Aix-en-Provence, élève de M. Bonnassieux. Nous citerons parmi les ouvrages de cet artiste : l'*Amant malheureux*, statue; les *Adieux d'Olbrower et de Rusla*, groupe (1850); *Nymphe désarmant l'Amour (1852)*; *Ariane attachée aux rochers*, statue en marbre; *André Chénier*, statuette (1852); *Mirabeau*, statue en bronze (1857); *Rêverie*, statue en marbre (1859); *Néera* statue (1861); le *Berger Lycidas*, statue en plâtre (1863); la même en marbre (1865); *Jeune fille à la source (1864)*; *Vénus grondant l'Amour (1866)*; *Olympie liée à un arbre*, statuette (1867); *Flore*, *Saint Thaddée (1868)*; le *Moineau de Lesbie*, statue en plâtre (1870); le *Printemps*, statue en marbre (1873); le *Moineau de Lesbie* en marbre et l'*Invocation*, statue en plâtre (1874); *Jochabed et Moïse*, groupe en plâtre (1875); *Discrétion*, statue en marbre et *Portrait de Mme Stern de Jongle*, buste en terre cuite (1876); l'*Invocation*, en marbre *(1877)*; l'*Oiseleur, l'autour et l'alouette*, statue en plâtre (1878); la *Comédie*, statue en plâtre (1879); *Félicien David* et *Condorcet*, bustes en plâtre (1880); l'*Oiseleur, l'autour et l'alouette* en marbre; *Mireille*, statue en terre cuite (1883); *Gitane* et *Diderot*, statues en plâtre (1884); *Toinette*, buste en plâtre et *Bailly*, statuette en plâtre (1885); *Hi! Blanchette*, groupe en plâtre; *Marie Touchet, dame d'Entragues*, buste en plâtre (1886); outre de nombreux bustes, et de plus : l'*Automne* et la *Pêche*, pour le nouveau Louvre; *Théocrite*, pour le pavillon de Marsan, aux Tuileries; les *Heures du soir*, pour l'Opéra; *Sainte-Geneviève*, statue en pierre pour l'église Sainte-Clotilde et d'autres ouvrages décoratifs pour divers édifices. — M. Truphème a obtenu une médaille de 3e classe en 1859, des médailles en 1864 et 1865, et la croix de la Légion d'honneur en 1880.

TURENNE (vicomte de), Léo, homme politique français, grand propriétaire agriculteur, né à Paris le 3 septembre 1849. Conseiller général de l'Orne pour le canton de Courtomer, vice-président du comice agricole d'Alençon, président de la Société normande d'encouragement pour l'amélioration des races chevalines, M. le vicomte de Turenne a été élu député de l'Orne, sur la liste monarchiste, le 18 octobre 1885.

TURIGNY, Jean Placide, médecin et homme politique français, né à Chantenay (Nièvre), dont il devint maire, le 17 janvier 1822. Rédacteur de la *Tribune nivernaise*, après avoir échoué aux élections du 8 février 1871, M. le docteur Turigny était élu représentant de la Nièvre à une élection partielle du 27 avril 1873 ; son élection ayant été invalidée, il fut réélu le 12 octobre suivant avec une majorité plus considérable de 6,000 voix. Il a été élu député de la 2e circonscription de Nevers le 20 février 1876. Dans ces deux Chambres, le docteur Turigny siégea à l'extrême gauche ; dans la première, après avoir voté les lois constitutionnelles du 25 février 1875, il repoussa les lois complémentaires ; il a voté l'amnistie plénière dans la seconde. M. Turigny a été réélu le 14 octobre 1877 et le 21 octobre 1881. Le 4 octobre 1885, il était élu député de la Nièvre en tête de la liste radicale. Il a voté l'expulsion totale des princes. Le docteur Turigny, qui a collaboré à divers journaux républicains, a publié quelques brochures, parmi lesquelles on cite, notamment : *André le paysan* et la *Politique de Jean Guêtré*. — Il est maire de sa commune natale et représente le canton de Saint-Pierre-le-Moustier au Conseil général de la Nièvre.

TURQUET, Edmond Henri, ancien magistrat et homme politique français, né à Senlis le 31 mai 1836, fit son droit à Paris et entra dans la magistrature. Successivement substitut à Clermont, à Saint-Quentin, à Beauvais, il était procureur impérial à Vervins lorsque, à la suite de discussions assez vives avec le préfet de l'Aisne, relativement à la fondation d'une école dans la prison de cette ville, il donna sa démission le 16 décembre 1868. Cet acte d'indépendance et de dignité valut au jeune magistrat l'approbation de tous les esprits libéraux. Aux élections suivantes, il se présenta contre le candidat « agréable », dans la 3e circonscription de l'Aisne ; mais il échoua, combattu à outrance par l'administration, avec 12,283 voix. — Pendant le siège de Paris, M. Turquet fit partie des Eclaireurs de la Seine, comme sergent-major ; il prit part à plusieurs combats, reçut trois blessures, fut cité à l'ordre du jour et enfin décoré après l'affaire de la Malmaison. Elu représentant de l'Aisne à l'Assemblée nationale, le sixième sur onze, il prit place à gauche et se fit inscrire aux réunions de la Gauche et de l'Union républicaines. Arrêté à Paris, le 18 mars, avec le général Chanzy, par une bande d'énergumènes appartenant aux bataillons de la garde nationale, il fut délivré grâce à l'intervention d'un membre du Comité central, et plus tard de la Commune, Léo Meillet, dont il favorisa la fuite à son tour après l'écrasement de l'insurrection. Aux reproches que lui en adressèrent quelques-uns de ses plus doux collègues, il s'expliqua très nettement sur ce prêté rendu, sans réussir peut-être à se faire bien comprendre d'eux. — M. Turquet a été élu député de la 2e circonscription de Vervins, le 20 février 1876, par 8,115 voix contre 2,277 obtenues par son concurrent réactionnaire ; le 14 octobre 1877, il obtenait 5,000 voix de plus que le candidat de l'administration, et était réélu le 21 août 1881 sans concurrent. Enfin, il a été élu député de l'Aisne le 4 octobre 1885, le deuxième sur huit et a voté l'expulsion des princes.

M. Edmond Turquet, qui a fait à plusieurs reprises partie de la commission du budget, avait été nommé membre de la Commission supérieure des beaux-arts, lorsqu'il fut appelé au ministère de l'instruction publique, comme sous-secrétaire d'Etat spécialement chargé de la direction des beaux-arts, par M. Jules Ferry, en février 1879 ; dépossédé de ses fonctions pendant le passage aux affaires du cabinet Gambetta, il les reprit avec M. Ferry, et les conserva avec M. René Goblet dans le cabinet H. Brisson et dans le cabinet de Freycinet actuellement au pouvoir. — M. Turquet représente le canton de Sains au Conseil général de l'Aisne. Nommé président de la Société des sauveteurs de la Seine en décembre 1878, il en est aujourd'hui président honoraire.

TÜRR, Stephen, général hongrois, né à Baja, en 1825. Entré de bonne heure dans l'armée autrichienne, il était parvenu au grade de lieutenant au régiment de l'archiduc François-Charles, stationné en Italie, au début de la guerre de 1848. A cette époque, la Hongrie soulevée ayant fait appel à tous ceux de ses enfants servant sous le drapeau autrichien, le lieutenant Türr n'hésita pas ; il quitta Buffalora, où se trouvait son régiment, en janvier 1849, passa du côté des Piémontais, et fut nommé colonel de la Légion hongroise dans l'armée sarde. Après le désastre de Novare, il se rendit à Bade avec sa légion presque tout entière et fit avec elle et plusieurs bataillons badois toute la campagne révolutionnaire. Après l'écrasement de l'insurrection allemande, les Hongrois se réfugièrent en Suisse, d'où le gouvernement les aida à se rendre aux Etats-Unis. Mais le colonel Türr, malade, dût rester et vécut pendant quatre ans en Suisse d'une petite pension que lui faisait le gouvernement sarde. Lorsque la guerre d'Orient éclata, il fit d'actives démarches pour obtenir une position dans l'armée d'Omer Pacha ; n'ayant pu y parvenir, il prit toutefois part à plusieurs batailles, notamment à celle de la Tchernaïa, comme simple volontaire, et obtint une commission de l'officier anglais chargé du service des transports. Etant à Bucarest pour affaire de service, il fut arrêté par les autorités autrichiennes, dirigé sur Vienne, traduit comme déserteur devant une cour martiale et condamné à mort. Mais les démarches actives des gouvernements anglais et français, qui n'avaient pu aboutir avant le procès, bien que l'arrestation du colonel Türr dans ces circonstances fut absolument illégale, réussirent à faire commuer la peine prononcée en celle du bannissement perpétuel. Ce résultat fut dû surtout aux remontrances énergiques, pour ne pas dire aux menaces, du gouvernement anglais ; mais que penser d'une autorité quelconque s'emparant d'un banni volontaire, le réintégrant de force dans son

pays, pour se donner le plaisir de le bannir dans les formes ensuite? La plupart des arrêts politiques, lorsqu'ils ne se distinguent pas par une cruauté déraisonnable, ne dépassent pourtant pas ce niveau *intellectuel*. — Le colonel Türr, rendu au bannissement, retourna en Turquie en 1856, et prit part à l'insurrection des Tcherkesses. Lors de la guerre de l'indépendance italienne, il accourut pour y prendre part, entra dans l'état-major de Garibaldi avec son grade de colonel, et combattit aux côtés du général pendant toute la campagne, jusqu'à ce qu'il eût reçu, à Brescia, une blessure très grave au bras gauche qui le contraignit au repos. En mai 1860, quoique non encore guéri de sa blessure, il accompagna en qualité d'aide de camp Garibaldi dans l'expédition de Sicile et fut promu général de division devant Palerme. L'année suivante, en reconnaissance des services rendus à la cause italienne, le général Türr était nommé général de division dans l'armée régulière, par Victor-Emmanuel, qui lui confiait en même temps le gouvernement de la ville et de la province de Naples. — Le général Türr épousait en septembre 1861 la princesse Adeline Bonaparte-Wyse, cousine de Napoléon III, avec laquelle il alla s'établir à Pallanza.

Il a fait depuis plusieurs voyages en Roumanie, lesquels ayant un but évidemment politique, furent considérés comme compromettants pour les relations diplomatiques du gouvernement italien. En conséquence le général Türr donna sa démission en 1864. Rentré en Hongrie après 1866, le général Türr s'occupa d'études de canalisation à exécuter dans son pays. Toujours en relations étroites avec les hommes d'Etat et le roi d'Italie, de même qu'avec Napoléon III, il s'employa activement, en outre, à la conclusion d'une triple alliance entre la France, l'Autriche et l'Italie, et il semble qu'il y fût parvenu sans la précipitation affolée avec laquelle l'intérêt dynastique fit décider la guerre, sans préparation et avec des alliances en perspective seulement, précipitation qui paralysa du coup tous ses efforts et rendit comme non avenus les résultats obtenus déjà. La lumière a été produite sur ces faits et sur les tristes personnages qui remplissaient les grands premiers rôles à cette époque néfaste, lorsque le prince Napoléon, dans un article publié à la *Revue des Deux Mondes*, en 1878, accusa de nos malheurs la diplomatie de l'Empire, et que le duc de Gramont, en réponse à cet article, envoya à la même revue une relation des faits contenant une explication du rôle qu'il y avait joué tournée de façon à le disculper entièrement de l'accusation. M. de Gramont ayant parlé, dans sa réponse au prince Napoléon, du rôle du général Türr en même temps que du sien, celui-ci adressa de Buda-Pesth, 2 mai 1878, une lettre explicative au *Journal des Débats*, laquelle, pour toute personne impartiale, et considérant les résultats publiquement connus, est l'expression même de la vérité. Il ressort de cette lettre que ce n'est pas, à proprement parler, la diplomatie de l'Empire qui est coupable de nos désastres, mais le gouvernement d'alors, et plus spécialement le duc de Gramont, ministre des affaires étrangères de France, la veille encore ambassadeur à Vienne. Il est mort, et nos récriminations ne peuvent plus atteindre que sa mémoire. — Quant au général Türr, il poursuit ses travaux de canalisation, en Amérique maintenant. — Il a publié: *Arrestation, procès et condamnation du général Türr*, racontés par lui-même (1863); la *Maison d'Autriche et la Hongrie (1865)*; la *Question des nationalités (1867)*, et des brochures de circonstance sur des sujets fort divers.

TURREL, Adolphe Jean, homme politique français, né à Ornaisons, canton de Lézignan (Aude) le 28 mars 1856. Il vint faire son droit à Paris, prit le grade de licencié et entra, comme auditeur, au Conseil d'Etat, ayant été admis le second au concours de 1881. Après s'être présenté, sans succès, à une élection partielle ouverte dans l'arrondissement de Narbonne en 1883, M. Turrel se présentait aux élections d'octobre 1885, sur une des listes républicaines de l'Aude, et fut élu au scrutin du 18. Il ne s'est inscrit à aucun groupe, mais a voté l'expulsion des princes.

TYLOR, Edward Burnett, philosophe et ethnologue anglais, né à Camberwell (Londres) le 2 octobre 1832, fit ses études à l'Ecole des *quakers* de Tottenham. On doit à M. Tylor: *Anahuac, ou le Mexique et les Mexicains (1861)*; *Recherches sur l'histoire de l'humanité (1865)*; *Civilisation primitive, Etudes sur le développement de la mythologie, de la philosophie, des religions, des arts et des coutumes* (*1871*, 2 vol.), ouvrage traduit en français par Mme P. Brunet (1876); *Anthropologie, introduction à l'étude de l'homme et de la civilisation (1881)*, etc. — M. Tylor est membre de la Société royale de Londres depuis 1871; il a reçu, de l'université de Saint-André, le diplôme de docteur en lois, en 1873, et de l'université d'Oxford celui de docteur en droit civil en 1875; il a été nommé, en 1883, conservateur du musée de l'université d'Oxford et chargé d'un cours d'anthropologie à cette université en 1884. M. Tylor est enfin président de la Société anthropologique de Londres.

TYNDALL, John, physicien anglais, né en 1820 à Leighlin-Bridge, près de Carlow (Irlande), de parents peu fortunés, qui lui donnèrent toutefois l'instruction en rapport avec leurs ressources. Le jeune homme, qui avait de grandes dispositions pour les études scientifiques, acquit quelques notions de mathématiques et entrait, à dix-neuf ans, au comité d'artillerie en qualité d' « assistant civil ». En 1844, il entrait chez un ingénieur-constructeur de Manchester s'occupant principalement de chemins de fer, et en 1847, acceptait la position d'instituteur dans une institution nouvellement fondée dans le Hampshire, sorte d'école préparatoire aux écoles techniques. Il y fit la rencontre du chimiste Frankland, avec lequel il se lia et commença les recherches et les expériences qui ont fini par le placer au premier rang des savants de notre époque. En 1848, les deux amis quittaient ensemble l'Angleterre pour l'Allemagne, et suivirent les cours de Bunsen et d'autres professeurs éminents alors attachés à l'université de Marbourg (Hesse-Cassel); après quoi M. Tyndall se rendit à Berlin et entra dans le laboratoire de Magnus, où il poursuivit ses recherches, principalement sur les phénomènes du diamagnétisme, la polarisation diamagnétique, les propriétés magnéto-optique des cristaux, et les rapports du magnétisme et du diamagnétisme avec l'affinité moléculaire, recherches sur lesquelles il écrivit plus tard un ouvrage d'une grande importance. Elu membre de la Société royale de Londres en 1852, M. Tyndall était nommé l'année suivante professeur de physique à l'Institution royale de la Grande-Bretagne, dont il devint directeur en 1867, en remplacement de l'illustre Michel Faraday, décédé. En 1856, il explorait avec le professeur Huxley les glaciers de la Suisse, et les deux savants publiaient ensemble leurs observations sur la forme et le mouvement des glaciers; M. Tyndall reprenait seul ses expériences en 1857, 1858 et 1859; dans cette dernière année, il arrivait à Chamounix le soir de Noël, au milieu d'une neige épaisse, mais bravant tout pour le but scientifique qu'il se proposait: l'étude des transformations de la mer de glace en hiver. Cette même année 1859, l'infatigable savant abordait ses recherches si fécondes sur la chaleur rayonnante, qu'il a analysées dans de nombreux mémoires publiés dans les *Philosophical Transactions*. M. Tyndall a reçu la médaille Rumford de la Société royale. Il est membre de nombreuses sociétés nationales et étrangères et docteur des universités de Cambridge (1855), d'Edimbourg (1866) et d'Oxford (1873). En 1872, le professeur Tyndall fit une très fructueuse excursion aux Etats-Unis, faisant des conférences scientifiques dans les principales villes; il peut compter parmi les trois ou quatre *lecturers* européens, et l'un des premiers, qui se sont fait un renom sérieux de l'autre côté de l'Atlantique. Ses *lectures* qui ont rapporté, brut, 115,500 francs, lui ont au reste laissé entre les mains, tous frais déduits, un bénéfice net de 65,000 fr. Le docteur Tyndall remit, avant de quitter l'Amérique, cette somme à un comité autorisé à en faire servir les intérêts à venir en aide aux savants qui se dévouent à des recherches originales. Au mois d'août 1874, M. Tyndall présidait l'assemblée annuelle de l'Association britannique réunie à Belfast, et l'Institut de Birmingham et du Midland en 1877. Il a été attaché quelque temps, comme conseil scientifique, au Bureau du commerce et à l'administration des phares, fonctions qu'il a résignées en 1883.

On doit à ce savant: les *Glaciers des Alpes (1860)*; *Ascensions de montagnes (1861)*; un *Voyage des vacances (1862)*; la *Chaleur considérée comme une forme du mouvement (1863)*; *Du rayonnement (1865)*; le *Son, série de huit leçons professées à l'Institution royale de la Grande-Bretagne (1867)*; *Faraday inventeur (1868)*; *Fragments sur les sciences*, *Notes sur l'électricité (1870)*; *Notes sur la lumière*, *Heures d'exercice dans les Alpes (1871)*; les *Formes de l'eau dans les nuages et dans les cours d'eau, la glace et les glaciers (1872)*; *Discours prononcé à Belfast devant l'Association britannique*, avec des additions et une préface (1874); *Leçons sur l'électricité, professées à l'Institution royale en 1875-76 (1877)*; *Essais sur les matières flottant dans l'air, dans leurs rapports avec la putréfaction et l'infection (1881)*, etc. Les principaux ouvrages de M. Tyndall ont été traduits en français par l'abbé Moigno, qui a donné, en outre, en 1878, sous ce titre: les *Microbes*, un volume où sont réunis un certain nombre de mémoires de MM. Tyndall et Pasteur, sur la fermentation, la putréfaction et les poussières en suspension dans l'air.

U

UCHARD, Mario, littérateur français, né à Paris en 1824; il épousa en 1853 Mlle Madeleine Brohan, sociétaire de la Comédie française, union qui lui inspira sans doute le goût de la littérature dramatique, dans laquelle il réussit assez convenablement du reste, mais qui a été rompue par le divorce en décembre 1884. — On doit à M. Mario Uchard dans cet ordre de travaux: la *Fiammina*, drame en quatre actes, joué au Théâtre-Français (1857); le *Retour du mari*, quatre actes, même théâtre (1858); la *Seconde jeunesse*, comédie en quatre actes, au Vaudeville (1859); la *Postérité d'un bourgmestre*, « extravagance » en un acte, signée « Durand », aux Variétés, et la *Charmeuse*, drame en quatre actes, au Vaudeville (1864), etc. Il a publié également plusieurs romans d'une valeur littéraire réelle: *Raymond (1861)*; le *Mariage de Gertrude (1862)*; *J'avais une marraine (1863)*; la *Comtesse Diane (1864)*; une *Dernière passion (1867)*; *Jean de Chazol (1869)*; *Tamara*, comédie (1870); *Mon oncle Barbassou (1876)*; *l'Etoile de Jean (1878)*; *Inès Parker (1880)*; *Mademoiselle Blaisot (1884)*; *Joconde Berthier (1886)*, etc.

UGALDE, Delphine Beaucé, dame Ugalde, puis dame Varcollier, cantatrice française, née à Paris le 3 décembre 1829. L'excellent guitariste et éditeur de musique Porro était son grand-père et sa mère, Mlle Porro, très bonne musicienne, soigna d'une manière toute spéciale son instruction artistique, qu'elle lui doit presque entièrement. Elle parut pour la première fois en public à la salle Chantereine, petite scène d'amateurs située rue de la Victoire, puis chanta quelque temps au café du Géant, boulevard du Temple. M. Limnander l'ayant remarquée, la fit engager à l'Opéra national pour jouer le principal rôle dans les *Monténégrins*; mais la révolution de Février survint, qui porta un coup fatal au nouveau théâtre, et les *Monténégrins* émigrèrent à l'Opéra-Comique, emmenant avec eux Mlle Beaucé, qui y fut engagée aussitôt. Elle débuta dans le *Domino noir* avec succès, puis parut dans l'*Ambassadrice*; elle créa ensuite plusieurs rôles qui lui firent beaucoup d'honneur, dans le *Caïd*, les *Monténégrins (1849)*; le *Toreador*, la *Fée aux roses*, le *Songe d'une nuit d'été (1850)*; la *Dame de pique (1851)*; la *Tonelli (1853)* et surtout *Galathée (1854)*, qui fut son triomphe. Une grave maladie des cordes vocales vint arrêter à ce moment l'essor de l'artiste et l'éloigner de la scène. Après quelque repos cependant, et ayant été forcée d'abandonner l'Opera-Comique, elle entra aux Variétés et put y jouer le rôle de Roxelane dans les *Trois sultanes* de Favart, comédie transformée en opéra comique, avec musique nouvelle de MM. Nargeot et Jules Crest. Après un séjour de quelques mois en Italie, elle revint en France et rentra à l'Opéra-Comique à la fin de l'année 1854. Elle y retrouva ses succès d'autrefois, fut rengagée et créa, entre autres rôles, celui de l'Amour, dans *Psyché (1857)*. L'année suivante, Mme Ugalde était engagée au Théâtre-Lyrique, pour y jouer le rôle de la comtesse dans les *Noces de Figaro*; elle y créa la *Fée Carabosse* et *Gil Blas (1860)*, où elle retrouva tous ses succès passés, puis elle rentra à l'Opéra-Comique, fit ensuite une apparition à la Porte Saint-Martin, où l'on arrangea pour elle un rôle chantant dans la *Biche au bois*, et fut engagée par M. Varney aux Bouffes-Parisiens, où elle fit deux créations excellentes dans les *Bavards* et les *Géorgiennes*.

Devenue veuve en 1858, Mme Ugalde venait de se remarier avec M. Varcollier, lorsqu'elle prit avec celui-ci la direction des Bouffes, en septembre 1866. Pendant sa direction, qui dura un peu plus de six mois, elle reprit le rôle d'Eurydice d'*Orphée aux enfers*, créa un rôle important dans les *Chevaliers de la Table ronde* et fit représenter une opérette dont elle avait écrit la musique: une *Halte au moulin* (11 janvier 1867). Depuis cette époque, Mme Ugalde a fait quelques tournées artistiques en province. Engagée par M. Martinet au Théâtre-Lyrique (salle de l'Athénée), elle y jouait au pied levé le rôle du prince Charmant dans *Javotte* (Cendrella), le 22 décembre 1871; au mois d'avril suivant, ce théâtre fermait ses portes. Mme Ugalde a repris en 1884, et conservé jusqu'ici, la direction des Bouffes-Parisiens, abandonnée forcément par M. Gaspari succédant à M. Canfin. — Cette artiste très distinguée a formé plusieurs

élèves, dont Mme Marie Sass (voyez ce nom) est la plus remarquable.

ULBACH, Louis, littérateur et journaliste français, né à Troyes le 7 mars 1822, y commença ses études, qu'il vint achever d'une manière brillante à Paris, et débuta dans la carrière littéraire, en 1844, par un volume de poésies intitulé : *Gloriana*. Admis dès lors chez Victor Hugo, il collabora à l'*Artiste* et au *Musée des familles* jusqu'en 1848, époque où il alla fonder à Troyes le *Propagateur de l'Aube*. Il publia dans ce journal une série de lettres politiques signées « Jacques Souffrant, ouvrier », suivie d'une série de *Réponse à Jacques Souffrant*, signées Ulbach, qui furent très remarquées. Ces lettres furent ensuite réunies en deux volumes (1850-51). Le coup d'État de Décembre ayant fait disparaître le *Propagateur de l'Aube*, M. Ulbach revint à Paris et entra à la *Revue de Paris*, dont il devint directeur en juin 1853. Après la suppression de cette revue, en 1858, M. Louis Ulbach, tout en publiant plusieurs romans, collabora à divers journaux. A la fondation du *Temps*, en 1861, il fut chargé du feuilleton dramatique de ce journal; il le quitta en 1867 et écrivit principalement au *Figaro* quotidien, surtout une série de *Lettres de Ferragus*, sur les hommes et les choses du temps, qui fit une notoriété telle à ce pseudonyme, qu'il s'en servit pour publier la *Cloche*, brochure satirique hebdomadaire, format de la *Lanterne*, fondée en août 1868. Après s'être attiré, au moyen de cet appeau, six mois de prison et 1,000 francs d'amende, il transformait la *Cloche* en un journal quotidien, dont le premier numéro parut le 19 décembre 1869. La *Cloche* quotidienne devint rapidement un des bons journaux de l'opposition démocratique. Quelques jours après l'investissement de Paris, elle disparut momentanément, faute de papier, et son directeur remplit les fonctions de secrétaire de section à la commission des barricades. Elle reparut vers la fin de janvier 1871 et fit une bonne campagne électorale. Le 19 mars, lorsque le citoyen Le Moussu, commissaire de l'ex-police se présenta, dûment escorté, à l'imprimerie Dubuisson, pour empêcher l'impression du *Figaro*, M. Louis Ulbach, qui se rendait à la *Cloche*, s'informa de ce qui se passait. Lorsqu'il l'eut appris, il protesta avec énergie et déclara regretter que la *Cloche* ne fût pas, au lieu du *Figaro*, l'objet des mesures annoncées. « Je me tiendrais pour honoré, ajouta-t-il, d'être persécuté dans de telles conditions, par de telles gens. » Il y avait quelque courage à tenir un langage pareil à ces « gens »; cependant ils ne relevèrent pas l'apostrophe. Ce ne fut que le 19 avril, qu'un arrêté portant suppression de la *Cloche* et de trois autres journaux parut à l'*Officiel*. En même temps, le délégué de l'ex-police Pilotell, en voie de se faire un bien triste renom, recevait le mandat de perquisitionner dans les bureaux des journaux condamnés et chez leurs directeurs, de saisir les numéros sous presses, de briser celles-ci au besoin, et singulièrement d'arrêter M. L. Ulbach. Mais M. Ulbach, prévenu à temps, était en lieu sûr, chez un de ses plus vieux amis, Laurent-Pichat. Après l'écrasement de la Commune, M. Ulbach quitta son refuge et fit reparaître son journal. Cité comme témoin à décharge, par un de ses anciens collaborateurs, M. H. Duprat, devant le 3e conseil de guerre, il n'hésita pas à s'y rendre, et y gagna d'être accusé par l'un des membres du conseil d'avoir été favorable à la Commune. Indigné et ne pouvant répondre sur-le-champ, il protestait le lendemain dans la *Cloche* contre cette « calomnie ». Le 3e conseil de guerre, juge et partie, lui infligea pour la peine trois ans de prison et 6,000 francs d'amende, réduits à trois mois et 3,000 francs par le 4e conseil, après cassation (janvier 1872). — En décembre 1872, M. Louis Ulbach céda la *Cloche*, qui changea de nom et disparut peu de temps après. Il avait été chargé vers cette époque d'adresser un « courrier de Paris » hebdomadaire à l'*Indépendance belge*, et l'a continué depuis. Il a collaboré en outre à la *Revue politique et littéraire*, au *Ralliement* et surtout au *Figaro*. — Aux élections complémentaires du 2 juillet 1871, M. L. Ulbach s'était porté candidat à Paris, mais sans succès. Nommé bibliothécaire à la bibliothèque de l'Arsenal, en remplacement d'Hipolyte Lucas, en décembre 1878, il y est devenu conservateur-adjoint en décembre 1884. Chevalier de la Légion d'honneur depuis février 1877, il a été promu officier le 10 juillet 1885.

Outre ses travaux de journaliste et les ouvrages cités, on doit à M. Louis Ulbach : *Philosophie maçonnique (1852); Argine Piquet (1853)*; l'*Homme aux cinq louis d'or (1854); Suzanne Duchemin (1855)*; les *Roués sans le savoir (1856); Ecrivains et hommes de lettres (1857)*; la *Voix du sang*, les *Secrets du diable (1858)*; l'*Ile des rêves, Pauline Foucault (1859); M. et Mme Fernel (1860)*, roman qui eut un grand succès, fut transporté à la scène, sous forme de drame en 4 actes, par M. H. Crisafulli, et joué au Vaudeville en 1864; *Histoire d'une mère et de ses enfants, Mme Gottlieb (1861); Françoise*, le *Mari d'Antoinette (1862); Causeries du dimanche (1863); Louise Tardy, Mémoires d'un inconnu*, le *Prince Bonifacio*, la *Dame blanche de Bade (1864)*; l'*Amour et la mort*, nouvelles; le *Parrain de Cendrillon (1865)*; le *Jardin du chanoine (1866)*; la *Chauve-souris*, les *Parents coupables (1867)*; la *Cocarde blanche (1868); Lettres de Ferragus (1869); Voyage autour de mon clocher; Lettres d'une honnête femme* (signées *Madeleine*), le *Sacrifice d'Aurélie (1873)*; la *Ronde de nuit*, les *Compagnons du Lion dormant*, la *Maison de la rue de l'Echaudé (1874)*; le *Livre d'une mère*, le *Secret de Mlle Chagnier*, les *Cinq doigts de Birouck (1875); Aventures de trois grandes dames de la cour de Vienne (1876*, 2 vol.); *Mémoire d'un assassin (1876-77*, 2 vol.); le *Baron américain (1877); Mme Gosselin*, le *Comte Orphée (1878)*; l'*Homme au gardénia*, l'*Espion des écoles (1884)*; l'*Amour moderne*, recueil de nouvelles; *Espagne et Portugal (1886)*, etc. M. Ulbach a fait représenter à l'Odéon en 1863 : le *Doyen de Saint-Patrick*, drame en 5 actes, tiré du roman de Léon de Wailly, et *M. et Mme Fernel*, comédie en 4 actes, tirée de son propre roman, avec l'aide de M. M. H. Crisafulli, en 1864, au Vaudeville. Il a publié encore, sous la signature « Ferragus », une série de *Portraits contemporains*. — M. Ulbach présidait le congrès littéraire réuni à Bruxelles le 30 septembre 1884. Il est, du reste, président de Société littéraire internationale.

ULLATHORNE William Bernard, prélat catholique anglais, né à Pocklington, dans le comté d'York, le 7 mai 1806, fit ses études au collège Saint-Grégoire, à Downside, près de Bath, fut ordonné prêtre et partit comme missionnaire en Australie, en 1832. Le zèle qu'il déploya parmi les transportés qu'il était aller évangéliser, le fit nommer, jeune encore, vicaire général. Après avoir visité l'île de Norfolk et obtenu la nomination d'un évêque catholique dans cette colonie, il revint en Angleterre. En 1846, il était nommé vicaire apostolique du district occidental de l'Angleterre et consacré évêque de Hetalona, *in partibus*. A la restauration de la hiérarchie catholique en 1850, M. Ullathorne fut nommé au siège épiscopal de Birmingham. — Il a publié : *Réponse au juge Burton (1836)*; les *Horreurs de la transportion*, la *Mission australienne (1838); Pèlerinage de la Salette (1854)*; l'*Immaculée Conception* (même année); *Pèlerinage au monastère de Subiaco et à la grotte de saint Benoist (1856); Lettres sur l'Association pour le développement de l'union chrétienne (1865); Conférences sur la vie conventuelle (1868); Lettres sur le concile et l'infaillibilité papale (1870)*; l'*Exposulation de M. Gladstone réduite à néant, Histoire de la restauration de la hiérarchie ecclésiastique catholique*, en Angleterre (1875); *Fondements des vertus chrétiennes (1882)*, etc.

V

VACHER, Léon Cléry, journaliste et homme politique français, médecin, né à Treignac (Corrèze) le 28 mars 1832. Docteur en médecine de la faculté de Paris depuis 1864, M. Vacher s'est établi à Paris comme praticien; il s'est également beaucoup occupé d'économie politique; il a collaboré notamment au journal de la Société de statistique de Paris, au *Contribuable* et à la *République* de Brive, à la *Réforme économique*, etc. Il fut élu député de la 1re circonscription de Tulle, le 20 février 1876 et siégea à gauche, puis réélu le 14 octobre 1877, contre M. Lachaud, le célèbre avocat, bonapartiste, et le 21 août 1881 sans concurrent. Porté sur la liste radicale de la Corrèze, aux élections du 4 octobre 1885, M. le Dr Vacher a été élu en tête de cette liste. Il a voté l'expulsion totale des princes. — On lui doit : *Etude médicale et statistique sur la mortalité à Paris, à Londres, à Vienne et à New-York en 1865 (1866); Des maladies populaires et de la mortalité à Paris, à Londres et à Vienne en 1866 (1867); De l'obésité et de son traitement (1873)*, etc.; outre quelques brochures de circonstance, telles que : *Etude comparative des chemins de fer français et allemands*, la *Fortune de la France*, etc.

VACHEROT, Etienne, philosophe et homme politique français, né à Langres le 29 juillet 1809, fit ses études dans sa ville natale et à Paris, où il fut admis à l'Ecole normale en 1827. Agrégé de philosophie en 1833, docteur ès lettres en 1836, après avoir professé la philosophie quelques années, M. Vacherot fut nommé directeur des études et maître des conférences de philosophie à l'Ecole normale; il suppléa Cousin à la Sorbonne en 1839. Mis en disponibilité en 1851, à raison des doctrines exposées dans son *Histoire de l'Ecole d'Alexandrie*, attaquée avec un si grand acharnement par l'aumônier de l'Ecole normale, le P. Gratry, et d'autres personnages influents appartenant à l'Eglise, M. Vacherot était déclaré démissionnaire pour refus de serment en 1852. Sept ans plus tard, son livre intitulé la *Démocratie* lui attirait une condamnation à un an de prison, 10,000 fr. d'amende et la privation de ses droits politiques, outre la suspension de son défenseur, M. Emile Ollivier. En appel, la peine de l'emprisonnement fut réduite à trois mois : ce fut tout, et il ne fallut rien de moins que l'arrivée aux affaires de son défenseur, M. Emile Ollivier, pour faire lever l'interdiction de ses droits politiques (mars 1870). Après le 4 Septembre, M. Vacherot fut nommé vice-président de la commission de l'enseignement communal et élu, le 6 novembre, maire du Ve arrondissement de Paris. Elu, le vingt et unième, représentant de la Seine à l'Assemblée nationale, il prit place dans les rangs de la gauche républicaine. Il prit part, en sa double qualité de maire et de représentant de Paris, aux tentatives de conciliation avortées, après le 18 mars 1871, et obtint, sans s'être porté candidat, 1,200 voix aux élections pour la Commune, le 26. A l'Assemblée nationale, M. Vacherot appuya la politique de M. Thiers, jusqu'au 24 mai 1873 ; il donnait même sa démission de maire le lendemain de cette date mémorable. Mais quelque temps après, il passait, sans provocation apparente, dans le camp opposé et faisait partie de la deuxième commission des Trente, exclusivement composée de membres monarchistes. Il a toutefois voté l'ensemble des lois constitutionnelles. — M. Vacherot ne se présenta pas aux élections du 20 février 1876, peut-être embarrassé de trouver un collège favorable à sa candidature ; il se borna à attaquer violemment, dans la *Revue des Deux-Mondes*, le parti républicain qui avait eu le tort de croire en lui. En 1880, il fut présenté par les droites du Sénat au siège inamovible devenu vacant par la mort de M. de Montalivet, mais il ne fut pas élu. Aux élections d'octobre 1885, pour la Chambre des députés, le nom de M. Vacherot figurait sur la liste d' « opposition conservatrice » de la Seine, dont il a été un des candidats les moins bien traités par le suffrage universel.

M. Vacherot est membre de l'Académie des sciences morales et politiques, où il remplace Cousin dans la section de philosophie depuis 1868, après avoir été repoussé une première fois en 1865, pour ses doctrines « subversives ». Il est chevalier de la Légion d'honneur depuis 1844. — On doit à M. E. Vacherot : *Théorie des premiers principes, suivant Aristote* et *De Rationis auctoritate, tum in re, tum secundum Anselmum considerata*, ses thèses de doctorat (1836) ; *Ecole sensualiste (1839)* et *Ecole écossaise (1840)*, faisant partie du *Cours d'histoire de la philosophie au XVIIIe siècle*, de Cousin ; une *Introduction au cours d'histoire de la philosophie morale au XIXe siècle*, du même (1841) ; *Histoire critique de l'Ecole d'Alexandrie (1846-51*, 3 vol.) ; *Lettre à M. l'abbé Gratry*, réponse à son *Etude sur la sophistique contemporaine (1851)*; la *Métaphysique et la science (1858*, 2 vol.) ; la *Démocratie (1859); Essais de philosophie critique (1864)*; la *Religion (1868)*; la *Science et la conscience (1870)*; le *Nouveau spiritualisme (1885)*, etc., outre sa collaboration à diverses publications encyclopédiques et aux principaux journaux et revues.

VACQUERIE, Auguste, littérateur et journaliste français, né vers 1820 dans la Seine-Inférieure, a fait ses études au lycée de Rouen. M. Auguste Vacquerie a débuté dans la carrière littéraire à vingt ans, par un volume de poésies, et peu après au théâtre. Il collaborait en même temps à divers journaux, dont les premiers sont, croyons-nous, le *Globe* et l'*Epoque*. En 1848, il entrait à la rédaction de l'*Evénement* avec la famille Hugo, à laquelle il était lié, et M. P. Meurice, son ami et son collaborateur. Il se retrouvait avec eux dans un but semblable, c'est-à-dire pour la fondation du *Rappel*, dès que fut promulguée la loi de 1868. Le premier numéro du *Rappel*, dont M. Vacquerie est devenu le rédacteur en chef, parut le 4 mai 1869 et obtint du premier coup une popularité inouïe, qui lui attira dans le plus court délai les persécutions de l'autorité. M. Vacquerie est certainement le rédacteur le plus laborieux de son journal, dont peu de numéros ne contiennent, à côté du *leading* article sur la question politique palpitante, au moins deux ou trois entrefilets touchant avec une autorité réelle aux autres questions d'actualité, et le

plus diverses. — M. Auguste Vacquerie a donné au théâtre: *Falstaff*, 3 actes en vers, avec Théophile Gautier et M. P. Meurice, à l'Odéon (1842); une imitation de l'*Antigone* de Sophocle, en vers, avec M. P. Meurice, au même théâtre 1844); le *Capitaine Paroles*, inspiré de Shakespeare, comme *Falstaff*, un acte, avec le même collaborateur et représenté au même théâtre (1845); *Tragaldabas*, drame en vers, à la Porte Saint-Martin (1848); *Souvent homme varie*, comédie en vers, au Français (1859); les *Funérailles de l'honneur*, drame en sept actes, à la Porte Saint-Martin (1862); *Jean Baudry*, comédie en quatre actes, au Français (1863); le *Fils*, comédie en quatre actes, au même théâtre (1866); *Formosa*, drame en 6 actes, en vers, à l'Odéon (1883). — Il a publié: l'*Enfer de l'esprit*, poésies (1840); *Demi-teintes*, poésies (1845): les *Drames de la grève*, poésies (1855); *Profils et grimaces (1856)*; les *Miettes de l'histoire (1863)*; *Aujourd'hui et demain (1875)*; *Mes premières années de Paris*, poésies (1877), etc.

VALLDEMOSA (de), don Francisco Frontera, compositeur et professeur de musique espagnol, né à Palma (Majorque) vers 1815. Fils d'un négociant qui mourut alors que le jeune Francisco avait à peine six semaines, il montra de bonne heure de grandes dispositions pour la musique, étudia le violon sous la direction du professeur don Luis Cazaniol, puis sous celle de don Juan Capo, artiste distingué. Forcé de subvenir aux besoins de sa famille, il donnait, dès dix-neuf ans, des leçons de solfège, de chant et de piano. Au commencement de 1836, il venait à Paris pour se perfectionner dans sa carrière de professeur; il y étudia la composition sous Hippolyte Colet, professeur du Conservatoire, auquel il était recommandé par Rossini, et l'harmonie avec Elwart, et se voua à l'enseignement du chant. S'étant produit à la même époque comme virtuose, la presse du temps a consigné les éloges que lui valurent et sa belle voix de basse, sa méthode et son talent aimable. Grâce à son talent, et aussi à l'appui bienveillant de Carafa et de Bordogni, il ne tarda pas à se faire, à Paris, une riche clientèle d'élèves. Il publia à cette époque plusieurs morceaux de musique vocale qui furent bien accueillis. Nommé, en 1841, maître de chant de la reine d'Espagne et de sa sœur, la duchesse de Montpensier, don Francisco quitta la France et alla s'établir à Madrid, où il fut, peu après, nommé professeur de chant au Conservatoire. Lorsque Rubini passa à Madrid, don Francisco fut chargé par la junte du Lycée de diriger la représentation que le célèbre ténor donna à cet établissement, et s'en tira de manière à mériter les plus grands éloges. Nommé, le 8 septembre 1846, directeur des concerts royaux; il devint, à sa fondation, directeur de la Chambre royale et du Théâtre particulier de la reine. A dater de cette époque, don Francisco Frontera de Valldemosa n'a pas cessé de donner des preuves d'un talent professoral et d'une intelligence musicale de premier ordre, et les principaux artistes des théâtres lyriques de l'Espagne, principalement de la Zarzuela de Madrid, lui doivent leur éducation; plusieurs d'entre ses élèves ont acquis depuis longtemps une grande réputation dont l'honneur lui revient tout entier.

Comme compositeur, on doit à M. de Valldemosa une quantité d'airs, mélodies, marches et chants nationaux, hymnes, cantates, barcaroles, etc. On lui doit, en outre, un ouvrage important d'une renommée européenne, intitulé: *Equinotacion musical, o nuevo metodo hallado para leer y trasportar facilmente la musica escrita para piano*. — Don Francisco Frontera de Valldemosa a été secrétaire de l'ex-reine d'Espagne Isabelle II; il est correspondant de l'Institut de France (Académie des beaux-arts) depuis 1863, et commandeur des ordres de Charles III et d'Isabelle la Catholique d'Espagne. Il a pris sa retraite et s'est fixé dans sa ville natale, Palma de Mallorca, depuis 1878.

VALLÉE (de), Louis René Oscar, magistrat et écrivain français, né à La Motte-Saint-Hérave (Deux-Sèvres) le 1er septembre 1821, fit ses études à Lyon et son droit à la faculté de Poitiers, fut reçu avocat et s'inscrivit au barreau de cette dernière ville en 1842. L'année suivante, il prenait place au barreau de Paris. Après la révolution de Février 1848, M. Oscar de Vallée fut nommé substitut du procureur de la République à Paris, devint substitut du procureur général près la cour d'appel en 1852, avocat général en 1855, et premier avocat général en 1861. Il entrait enfin au Conseil d'Etat en novembre 1867. Rendu à la vie privée par la révolution de Septembre 1870, M. Oscar de Vallée reprit sa place au barreau de Paris. Lors de la démission de M. Renouard, procureur général à la Cour de cassation, après la chute du ministère Jules Simon (16 mai 1877), il fut un moment question de M. de Vallée pour le remplacer à ce poste; mais, qu'il fût ou non fondé, ce bruit ne se vérifia pas. Il s'était présenté aux élections du 20 février 1876, dans l'arrondissement de Rocroi, mais sans succès; le 15 novembre 1878, il était élu sénateur inamovible, comme candidat des droites, et prenait place au groupe de l'appel au peuple. — M. Oscar de Vallée était candidat à l'Académie française, pour le fauteuil de M. de Falloux, en concurrence avec MM. Gréard et d'Haussonville. L'élection a eu lieu le 11 novembre 1886, et M. Oscar de Vallée y a obtenu *trois* voix. — On a de M. Oscar de Vallée: *Antoine Lemaistre et ses contemporains, études sur le XVIIe siècle (1855)*; les *Manieurs d'argent (1857)*; le *Duc d'Orléans et le chancelier d'Aguesseau (1859)*; *Etudes et portraits (1880)*, etc. Il est officier de la Légion d'honneur depuis 1866.

VALON (de), Adrien François Gaëtan Arthur, homme politique français, né à Beauvais le 15 octobre 1835, Ancien conseiller de la préfecture du Lot sous l'Empire, sans autre attache politique, il fut élu le 8 février 1871 représentant du Lot, et député de la 2e circonscription de Cahors le 20 février 1876; il siégea dans les deux assemblées au groupe de l'Appel au peuple. — M. de Valon a été réélu le 14 octobre 1877 et le 21 août 1881 par la même circonscription: il a été élu député du Lot le 4 octobre 1885 sur la liste monarchiste.

VAMBERY, Arminius, voyageur et philologue hongrois, né à Duna-Szerdahely (île du Danube) en 1832, alla faire ses études à Pesth, prit part à la révolution hongroise de 1848-49 et fut blessé au siège de Comorn. Expulsé du territoire après la pacification, il prit sa résidence à Constantinople et s'appliqua à l'étude des langues orientales. Il entreprit alors un grand voyage dans l'Asie centrale; mais, comme du pays qu'il devait explorer aucun voyageur européen n'était revenu, il imagina, afin d'échapper aux dangers certains qu'il allait courir, de se déguiser en derviche et de se mêler à une troupe de pèlerins indigènes, après une répétition assez prolongée de ce rôle difficile. Il y réussit au mieux, avec une audace et une habileté que le succès empêche d'ailleurs de révoquer en doute. A son retour en Europe, il put se rendre à Pesth, y publia la relation de son voyage, qui paraissait à Londres et à Leipzig en même temps, et fut nommé professeur de langues orientales à l'université de cette ville. — On a de ce savant voyageur: *Voyages et aventures dans l'Asie centrale, par un faux derviche, dans les années 1861 à 1864 (1864)*; *Voyages et aventures en Perse (1867)*; *Etudes philologiques sur le Cogatai* (même année); *Esquisses de l'Asie centrale (1868)*; *Histoire de la Boukharie, depuis les temps les plus reculés jusqu'à nos jours (1873)*; l'*Asie centrale et la question de la frontière anglo-russe (1874)*; le *Mahométisme au XIXe siècle (1875)*; *Esquisses des mœurs et coutumes des pays orientaux (1876)*; *Dictionnaire étymologique des langues turco-tartares (1878)*; la *Civilisation primitive des peuples turco-tartares (1879)*; *Vie et aventures*, autobiographie écrite en anglais par l'auteur et publiée à Londres (1883).

VAPEREAU, Louis Gustave, littérateur français, né à Orléans le 4 avril 1819, fit ses études au petit séminaire et au collège de sa ville natale et entra à l'Ecole normale supérieure en 1838. Sorti de l'Ecole en 1841, il fut secrétaire particulier de Cousin en 1842 et nommé la même année professeur de philosophie au collège de Tours, où il professa en outre un cours d'allemand à partir de 1848. Reçu agrégé de philosophie en 1843, M. Vapereau quittait Tours, où il avait commencé des études de droit, en 1852; il vint à Paris, continua son droit, fut reçu avocat en 1854 et s'inscrivit au barreau. — Nommé préfet du Cantal, le 14 septembre 1870, puis de Tarn-et-Garonne en mars 1871, M. Vapereau donna sa démission après le 24 mai 1873. Il a été nommé inspecteur-général de l'instruction publique (enseignement primaire), le 23 janvier 1877, et décoré de la Légion d'honneur le 7 février 1878. — M. G. Vapereau a collaboré à la *Liberté de penser*, à la *Revue de l'instruction publique*, à la *Revue française*, à l'*Illustration*, au *Dictionnaire des sciences philosophiques*, à l'*Encyclopédie générale*, à l'*Encyclopédie pedagogique*, etc.; dirigé la publication du *Dictionnaire universel des contemporains (1858*, 5e édition 1880), auquel il a ajouté des *Suppléments (1859-63-73-82)*; publié: *Du caractère libéral, moral et religieux de la philosophie moderne* (Tours, 1844); une série d'annuaires sous ce titre: l'*Année littéraire et dramatique (1859-70)*; enfin il a dirigé la publication d'un *Dictionnaire universel des littératures (1876-77)*, dans le format du *Dictionnaire des contemporains*.

VASSEUR, Félix Augustin Joseph Léon, organiste et compositeur français, né à Bapaume le 28 mai 1844. Fils de l'organiste de cette ville, il reçut de son père ses premières leçons de musique, puis vint à Paris, où l'appui de l'évêque d'Arras lui fit obtenir une bourse à l'école de musique religieuse de Niedermeyer. Entré en 1856 dans cet établissement, il en sortait après six ans d'études avec un premier prix de piano et un premier prix d'orgue. Outre les cours de l'école, il avait reçu des leçons de Dietsch et de Niedermeyer. Peu après sa sortie, M. Vasseur obtenait au concours la place d'organiste à l'église Saint-Symphorien, à Versailles, d'où il passait en la même qualité à la cathédrale de cette ville, en mai 1870. — Cependant, le jeune organiste ambitionnait les succès plus bruyants de la scène: son impatience le conduisit à écrire la musique d'une opérette destinée à l'Alcazar et dont le livret était aussi platement ridicule que son titre peut le faire pressentir: *Un fi, deux fi, trois figurants*. Ce fut un triste début: l'opérette en question éprouva une chute honteuse. A quelque temps de là, le théâtre des Bouffes-Parisiens, dans une situation fort précaire, se trouva avoir le plus pressant besoin d'un ouvrage assez important; M. Vasseur s'offrit à l'écrire, et la *Timbale d'argent*, écrite, livret et partition, montée et représentée en moins d'un mois, eut plus de deux cents représentations consécutives, succès qui conjura une catastrophe imminente pour le théâtre et assura au nom du jeune compositeur une notoriété considérable et méritée, car cet ouvrage se faisait remarquer par de bonnes qualités musicales et un sentiment scénique très juste et assez rare chez un débutant. — M. Vasseur a donné depuis plusieurs ouvrages aux Bouffes et à diverses autres scènes lyriques sans rencontrer le même succès, bien que quelques-uns aient une valeur au moins égale à celle de la *Timbale d'argent*; nous citerons: la *Timbale d'argent*, d'abord, 3 actes (1872); la *Petite reine*, 3 actes; le *Grelot* un acte, aux Bouffes-Parisiens également; le *Roi d'Yvetot*, 3 actes, à Bruxelles (1873); les *Parisiennes*, 5 actes, aux Bouffes-Parisiens; la *Famille Trouillat*, 3 actes, à la Renaissance (1874); la *Blanchisseuse de Berg-op-Zoom*, 3 actes, aux Folies-Dramatiques; la *Cruche cassée*, 3 actes, au théâtre Taitbout (1875); le *Roi d'Yvetot*, déjà représenté à Bruxelles, au théâtre Taitbout (1876); la *Sorrentine*, 3 actes, aux Bouffes-Parisiens (1877); le *Droit du seigneur*, 3 actes, aux Folies-Parisiennes, dont le succès fut presque égal à celui de la *Timbale (1878)*; le *Petit Parisien*, opérette en 3 actes, aux Folies-Dramatiques (1882); le *Mariage au tambour*, op. com. en 3 actes, au Châtelet (1885); la *Brasserie*, ballet en un acte, à l'Eden-Théâtre et *Mme Cartouche*, opérette en 3 actes, aux Folies-Dramatiques (1886), etc.

M. Vasseur a publié, en outre, une *Méthode d'orgue-harmonium*; l'*Office divin*, pour orgue: de nombreuses transcriptions d'opéras célèbres pour cet instrument; des fantaisies pour piano, etc.

VAST-VIMEUX (baron), Charles Antoine Honoré Alfred, homme politique français, fils d'un général du premier Empire, est né à Lunéville le 8 juillet 1826. Ancien capitaine de cavalerie, il quitta l'armée à la mort de son père, qu'il remplaça au Corps législatif, à l'élection partielle du 17 novembre 1859, comme député de la 1re circonscription de la Charente-Inférieure, choisi par le gouvernement. Il y fut réélu au même titre aux élections générales de 1863 et de 1869. Au début de la guerre, il fut appelé au commandement du 8e régiment de mobiles, avec lequel il fit la campagne de la Loire. Elu représentant de la Charente-Inférieure le 8 février 1871, il prit place au groupe de l'Appel au peuple. Aux élections sénatoriales du 30 janvier 1876, M. le baron Vast-Vimeux se présenta avec succès dans son département; mais son mandat de sénateur ne lui fut pas renouvelé aux élections du 25 janvier 1885. — Aux élections pour la Chambre des députés d'octobre suivant, M. le baron Vast-Vimeux, qui figurait sur la liste monarchiste, a été élu au scrutin du 18, le cinquième sur sept. — Il a été promu officier de la Légion d'honneur le 9 janvier 1871.

VAUDREMER, Joseph Auguste Emile, architecte français, né à Paris en 1829, élève de Blouet et de l'Ecole des beaux-arts, prix de Rome en 185... Successivement architecte des diocèses d'Agen et de Beauvais, il est devenu inspecteur général des travaux diocésains et architecte de la 6e section des travaux d'architecture de Paris. Il a été élu membre de l'Académie des beaux-arts, en remplacement de Duc, le 22 mars 1879. Parmi les dessins et plans exposés au Salon par M. Vaudremer, nous citerons: *Maison d'arrêt et de correction de la Santé (1865)*; *Intérieur de la librairie de Sienne*, *Intérieur de l'église Saint-Marc de Venise (1866)*; *Intérieur de la chapelle Palatine de Palerme (1869)*; *Vue de Capri*, *Vue de Viterbe (1870)*; *Eglise Saint-Pierre de Montrouge* et *Groupe scolaire de la rue d'Alésia (1872)*; *Eglise Notre-Dame d'Auteuil*, *Temple protestant de la rue Julien-Lacroix*; *Restauration de la façade de l'église Saint-Germain-l'Auxerrois*, *Evêché de Beauvais (1878*, Exposition universelle). Au concours pour la reconstruction de l'Hôtel de Ville de Paris, son projet fut classé le quatrième et reçut une prime de 10,000 fr. Nous pourrions citer encore le *Monument de P. Larousse*, le *Monument commémoratif de la bataille de Champigny*, divers autres monuments funéraires et des restaurations d'édifices religieux et civils. — M. Vaudremer a obtenu une médaille en 1865. Chevalier de la Légion d'honneur depuis 1867, il a été promu officier le 13 juillet 1882.

VAUJUAS-LANGAN (marquis de), Henri Marie Jacques Charles, homme politique français, né à Fresnay (Mayenne) le 11 août 1830. Grand propriétaire, président du comice agricole du canton de Loiron, qu'il représente au Conseil général de la Mayenne, maire de Bourgneuf-la-Forêt, M. le marquis de Vaujuas-Langan a été élu député de la Mayenne le 4 octobre 1885, sur la liste monarchiste.

VAUTHIER, Louis Léger, ingénieur et homme politique français, né à Bergerac en 1815. Entré en 1834 à l'Ecole polytechnique, il en sortit dans les ponts et chaussées, corps auquel son père appartenait déjà. En 1839, M. Vauthier fut chargé par le gouvernement du Brésil de la direction d'importants travaux de viabilité dans la province de Pernambuco, qui le retinrent jusqu'en 1846. De retour en France à cette époque, il était ingénieur dans le département du Cher, lorsqu'éclata la révolution de Février, qu'il accueillit avec joie. Elu représentant du Cher à l'Assemblée législative, en 1849, il fut de ceux qui suivirent Ledru-Rollin au Conservatoire des arts et métiers le 13 juin, mais non de ceux qui s'échappèrent. Arrêté, il fut traduit devant la haute cour de Versailles, qui le condamna à la déportation (octobre). Tour à tour détenu à Doullens et à Belle-Isle-en-Mer, il fut transféré à Sainte-Pélagie en 1852 et remis en liberté, à la condition de quitter immédiatement le territoire français, en 1855. M. Vauthier passa en Espagne, où il trouva aisément à exercer sa profession et revint à Paris après l'amnistie de 1859. Après la révolution du 4 Septembre, il fut élu chef du 125e bataillon de la garde nationale, et donna sa démisssion après le 18 mars. Elu membre du Conseil municipal de Paris, le 30 juillet 1871, au second tour de scrutin, pour le quartier de la Goutte-d'Or (XVIIIe arrondissement), il fut réélu le 29 novembre 1874, cette fois au premier tour et par 3,769 voix sur 4,901 votants, et a été constamment réélu depuis.

Pendant sa détention, M. Vauthier a collaboré au *Magasin pittoresque* et à diverses publications spéciales, et publié à part: *De l'impôt progressif (1851)*; *Manuel des aspirants aux fonctions de conducteur et d'agent-voyer (1854)*; le *Percement du Simplon et les intérêts de l'Europe occidentale (1875)*, etc.

VAUX, William Sandys Wright, antiquaire anglais, né à Romsey (Hants) en 1818, fit ses études à l'école de Westminster et à l'université d'Oxford et entra comme employé, en 1841, au département des antiquités du Musée britannique. Devenu conservateur du département des monnaies et médailles en 1861, il fut obligé de prendre sa retraite, pour cause de santé, au mois d'octobre 1870. On doit à ce savant antiquaire: *Ninive et Persépolis*, étude historique et archéologique sur l'Assyrie et la Perse anciennes, contenant une relation des fouilles et recherches de toute sorte exécutées récemment dans ces contrées, ouvrage qui a eu quatre éditions et a été traduit en allemand; un *Catalogue des antiquités du Musée britannique (1851)*; une édition du *World encompassed by sir Francis Drake*; *Histoire ancienne d'a-*

près les monuments (1875); un *Catalogue des monnaies de la Bibliothèque bodléienne*, pour l'université d'Oxford; *la Perse depuis les temps les plus reculés jusqu'à la conquête arabe (1876)*; *Catalogue de la collection Castellani dans les galeries de l'université d'Oxford* (même année); *Villes et îles grecques de l'Asie mineure (1877)*, etc. Il a déchiffré et publié pour le Musée britannique, en 1863, une collection de quatre-vingt-dix inscriptions phéniciennes récemment découvertes à Carthage. — M. Vaux est membre de la Société royale, secrétaire de la Société royale de littérature et président de la Société de numismatique de Londres, et a collaboré aux publications spéciales de ces sociétés.

VERDI, Fortunio Francesco Giuseppe, célèbre compositeur, sénateur du royaume d'Italie, né à Rancole, près de Busseto, dans l'ancien duché de Parme, le 10 octobre 1814. Fils d'un pauvre aubergiste de village, il montra un si grand amour de la musique et de telles dispositions à l'apprendre que son père le confia aux soins de l'organiste de l'église de Busseto, artiste obscur, dont le nom n'a pas été conservé, et qui lui donna ses premières leçons de piano. Il fit des progrès extrêmement rapides, fut bientôt en état de remplacer son maître à l'orgue et, dès l'âge de douze ans, composait des marches, des pas redoublés, etc., pour l'usage de la *bande* de musique locale. En 1833, un riche dilettante de Busseto, Antonio Barezzi, s'avisa de prendre sous sa protection le jeune musicien, qu'il envoya à Milan à ses frais, se chargeant, en outre, de pourvoir à son existence pendant le temps de ses études. Arrivé à Milan, Verdi se présenta aux examens d'admission du Conservatoire; il y échoua, et le directeur, qui était alors Basili, lui déclara tout net qu'il n'avait aucune disposition pour la musique. Le jeune homme, quelque peu étourdi de l'apostrophe, ne se découragea pas, pourtant; il alla trouver le compositeur Lavigna, attaché à la Scala en qualité de *maestro al cembalo*, et avec lequel il étudia pendant trois années. Il se livra dès lors, à la composition avec ardeur et produisit de nombreux morceaux de piano, des marches, des ouvertures, des sérénades, des cantates, des mélodies vocales, un *Stabat mater* et divers autres morceaux religieux, le tout resté inédit. Cependant, c'était le théâtre que visait Verdi. Son maître le mit en rapport avec Temistocle Solera, poète et aussi compositeur, lequel lui fournit son premier livret: *Oberto di San Bonifazio*, qui fut représenté pour la première fois à la Scala, et avec un vif succès, le 17 novembre 1839. L'année suivante, il donnait au même théâtre un opéra bouffe: *Un giorno di regno*, dont l'échec fut si complet qu'il n'en put être donné qu'une seule représentation; cet échec s'explique d'ailleurs par le défaut presque complet de l'élément comique, ou plutôt bouffe, dans le génie du maître, qui le comprit sans doute, car il n'y revint pas. Toutefois, le coup était si rude, qu'il fut près d'un an sans pouvoir se remettre au travail et qu'il ne s'y remit que sur les instances les plus pressantes et les plus affectueuses et pourvu d'un nouveau livret de T. Solera: *Nabuccodonosor*. Cet opéra, joué à la Scala en mars 1842, reçut du public un accueil enthousiaste; Verdi fut dès lors salué *grande maestro* par ses compatriotes. Lancé enfin, il donna successivement, mais avec des fortunes diverses: *I Lombardi alla prima crociata*, à la Scala (1843); *Ernani*, à Venise (1844); *I Due Foscari*, à Rome (1844); *Giovanna d'Arco*, à la Scala de Milan (1845); *Alzira*, à Naples, mais sans succès (1845); *Attila*, à Venise (1846); *Macbeth*, à Florence, sans succès (1847); *I Masnadieri*, à Londres (1847). Ce dernier opéra, chanté par Jenny Lind, Gardoni et Lablache, échoua complètement à Londres; il eut, plus tard, quelque succès en Italie. — La renommée du jeune maestro le fit, à cette époque, mander à Paris, où la direction de l'Opéra lui demanda non un ouvrage nouveau, mais le remaniement d'un de ses premiers ouvrages: *I Lombardi*. A. Royer et G. Waëz traduisirent en français le livret de T. Solera, M. Verdi se mit à la besogne aussitôt, et l'Opéra donnait, le 26 novembre 1847, *Jérusalem délivrée*, traduction d'*I Lombardi*, ouvrage dans lequel M. Duprez faisait sa dernière création. L'ouvrage n'eut qu'un succès modéré. Il a donné depuis: *Il Corsaro*, à Trieste, avec peu de succès également (1848); *la Battaglia di Legnano*, à Rome, que l'autorité, voulant y voir des allusions politiques, interdit quelques jours avant sa chute naturelle (1848); *Luisa Miller*, à Naples (1849); *Stiffelio*, à Trieste (1850); *Rigoletto*, le chef-d'œuvre du maître, à Venise (1851); *Il Trovatore*, à Rome (1853); la *Traviata*, adaptation de la *Dame aux Camélias*, à Venise (1853); les *Vêpres siciliennes*, à Paris (1855); *Simon Boccanegra*, à Venise (1856); *Un ballo in maschera*, à Rome (1858); *la Forza del Destino*, à Saint-Pétersbourg (1863); *Don Carlos*, à Paris (1867); *Aïda*, au Caire (1871), repris à Milan en 1872 et, après avoir fait le tour de l'Italie, au Théâtre-Italien de Paris le 11 avril 1876. Depuis *Aïda*, M. Verdi n'a produit que sa *Messe solennelle de Requiem*, composée en l'honneur de l'illustre poète milanais Manzoni et exécutée à l'église Saint-Marc, à Milan, le 22 mai 1875, puis, par les mêmes interprètes, Mlle Teresina Stolz, Mme Waldmann, MM. Capponi et Maini, à l'Opéra-Comique le 6 juin 1874, plus cinq autres fois, et au Théâtre-Italien le 30 mai 1876; outre un opéra en cinq actes, intitulé *Montezuma*, à la Scala de Milan (1878). Au Théâtre-Italien a été donnée, pour la première fois en France, *la Forza del Destino* du maître, le 31 octobre 1876. Une traduction d'*I Masnadieri* (les Brigands), par M. Jules Ruelle, avait été donnée au théâtre de l'Athénée, le 3 février 1870. Celles des autres œuvres de M. Verdi, représentées au Théâtre-Italien de Paris ou à l'Opéra, après traduction, comme le *Trouvère*, sont assez connues pour qu'il soit inutile d'y insister.

M. Verdi, autant connu par ses sentiments libéraux et patriotiques que par son talent, fut élu, en 1859, membre de l'Assemblée nationale de Parme qui vota l'annexion au Piémont et, en 1861, représentant de son pays au parlement italien. En 1871, il acceptait la mission de réorganiser à Florence, l'Institut musical et, par décret du 22 novembre 1874, le roi Victor-Emmanuel le créait sénateur du royaume d'Italie. Correspondant de l'Académie des beaux-arts depuis 1859, il fut élu associé étranger, en remplacement de Meyerbeer, le 15 juin 1864. Chevalier de la Légion d'honneur en 1855, officier en 1867, M. Verdi a été promu commandeur de l'ordre en 1875 et grand officier en 1880; il est, en outre, grand-croix de l'ordre des SS. Maurice et Lazare, dont il fut créé chevalier en 1850, grand-croix de l'ordre russe de Saint-Stanislas depuis 1862; décoré de l'Osmanié en 1872, il recevait, la même année, les insignes de grand officier de la couronne d'Italie et en 1875, ceux de commandeur, avec l'étoile, de l'ordre de François-Joseph d'Autriche. — Le célèbre compositeur possède, sur le sol même où il est né, près de Busseto, le domaine de Sant' Agata, qui mesure, dit-on, près de deux lieues d'étendue, et où il passe la plus grande partie de l'année. Veuf très jeune encore de la fille de son protecteur, Antonio Barezzi, mort lui-même sous le toit de son protégé il y a peu d'années, M. Verdi a épousé, vers 1846, une cantatrice de talent, élève du Conservatoire de Milan et fille elle-même d'un compositeur distingué, Giuseppina Strepponi.

VERGOIN, N., homme politique français, ancien magistrat, né en 1850 à Paris, où ayant fait son droit, il alla s'inscrire au barreau d'Alençon. Il faisait, au lycée de cette ville, un cours de droit usuel et collaborait au journal républicain le *Progrès de l'Orne*, lorsqu'il fut nommé chef du cabinet du préfet. Après avoir été quelque temps avoué à Epernay, M. Vergoin entrait dans la magistrature en 1880, étant nommé procureur de la République à Mayenne, d'où il passa successivement à Perpignan, à Aix et enfin à Dijon. A la rentrée des cours et tribunaux de 1883, son discours, dans lequel il présentait comme nécessaire une réforme radicale de la magistrature, constatant que la justice est trop lente et trop coûteuse, ce qui est une monstruosité évidente, lui valut une disgrâce. Envoyé à Grenoble en conséquence, il est surveillé de près et, à la rentrée de 1884, sommé de modifier son discours, contenant encore quelque abomination du même genre. Il donne sa démission, vient s'inscrire au barreau de Versailles, puis à celui de Paris, dirigeant, à ses moments perdus, le *Républicain de Seine-et-Oise*, et est élu député de Seine-et-Oise, comme candidat radical, le 18 octobre 1885. Il a voté l'expulsion totale des princes. — Le nom de M. Vergoin a retenti dans la presse avec un bruit auquel la politique n'est certes pas étrangère, à propos d'un procès scandaleux fait à une demi-mondaine exotique, qu'on tenait à expulser de France et qui tenait, elle, à y rester, et avec laquelle un malheureux hasard avait mis le jeune député de Seine-et-Oise en rapports momentanés.

VERNE, Jules, littérateur français, né à Nantes le 8 février 1828, fit ses études au collège de sa ville natale et vint faire son droit à Paris. Mais il se tourna de bonne heure vers la littérature dramatique, et dès 1850, faisait représenter, au Gymnase, une comédie en vers: les *Pailles rompues*, bientôt suivie d'une autre: *Onze jours de siège*, jouée au Vaudeville, et d'un certain nombre de livrets d'opéras comiques, écrits la plupart en collaboration. M. Jules Verne doit toutefois une renommée aujourd'hui universelle à un tout autre genre de travaux, genre dans une grande mesure créé par lui et qui constitue une sorte de roman scientifique suivant de près les découvertes réelles de la science et, par des inventions supposées, atteignant parfois la limite extrême du fantastique et du bouffon, ne laissant pas que d'indiquer, sans en montrer la prétention, sinon les moyens d'acquérir des connaissances nouvelles, du moins les voies diverses dans lesquelles la tentative pourrait être faite avec fruit. Le premier d'une série déjà nombreuse, l'ouvrage intitulé: *Cinq semaines en ballon*, parut en 1863, avec un succès extraordinaire. Ceux qui suivirent n'ont pas eu un moins grand succès; voici le chiffre d'éditions auquel les principaux de ces ouvrages étaient parvenus au commencement de 1877: les *Aventures du capitaine Hatteras*, 19; *Voyage au centre de la terre*, 22; *De la terre à la lune*, 21; les *Enfants du capitaine Grant*, 16; les *Grands voyages et les grands voyageurs*, 10; *Autour de la lune*, 17; *Vingt mille lieues sous les mers*, 18; le *Tour du monde en 80 jours*, 36; le *Docteur Ox*, 16; le *Chancelor*, 17; *Aventures de trois Russes et de trois Anglais*, 15; une *Ville flottante*, 14; l'*Ile mystérieuse*, 21; le *Pays des fourrures*, 14; *Michel Strogoff*, 16; le dernier de cette série: les *Indes noires*, publié d'abord dans le *Temps*, parut en volume au printemps de 1877. Ces ouvrages ont été traduits dans toutes les langues de l'Europe. M. Jules Verne a publié, en outre, avec Théophile Lavallée, une *Géographie illustrée de la France (1867-68)*. — Son *Voyage autour du monde en 80 jours*, transformé, avec la collaboration de M. d'Ennery, en un drame fantastique en 5 actes et 15 tableaux, fut joué en 1874 et années suivantes, à la Porte Saint-Martin, puis au Châtelet, avec un succès inouï; le *Docteur Ox*, opéra féerie, avec musique d'Offenbach, en eut un beaucoup plus modeste aux Variétés, en 1877. — M. J. Verne a donné depuis: *Hector Servadac (1877)*; un *Capitaine de quinze ans (1878)*; les *Cinq cents millions de la bégum (1879)*; les *Tribulations d'un Chinois en Chine (1880)*; *Kéraban le têtu (1881)*; le *Rayon vert (1883)*; l'*Archipel en feu (1884)*; *Mathias Sandorf (1885)*; *Robur le conquérant* et *Un billet de loterie (1886)*, etc. — Il a encore fait jouer, outre plusieurs adaptations de ses romans par M. d'Ennery, telles que: les *Enfants du capitaine Grant (1879)*; *Michel Strogoff (1881)*; le *Voyage à travers l'impossible (1882)*; *Kéraban le têtu (1883)*, etc.: un *Neveu d'Amérique*, comédie en 3 actes, au théâtre de Cluny (1873). — Il est devenu, avec MM. Jean Macé et Hetzel, l'un des directeurs du *Magasin illustré d'éducation et de récréation*, où ont paru la plupart de ses ouvrages. M. Jules Verne est chevalier de la Légion d'honneur.

VERNHES, Emile Hercule, médecin et homme politique français, né à Béziers le 20 octobre 1820. Quelque temps sous-préfet, après le 4 septembre 1870, il fut élu député de la 1re circonscription de Béziers, le 20 février 1876 et siégea à l'extrême-gauche. Réélu le 14 octobre 1877 et le 21 août 1881 par le même collège, M. Vernhes était élu député de l'Hérault, en tête de la liste républicaine, le 4 octobre 1885. Il était en congé lorsque sont venus en discussion devant la Chambre, les propositions d'expulsion des princes. — M. Vernhes, médecin à Béziers depuis 1848, avait été expulsé de France après le coup d'État, et n'y était rentré qu'après l'amnistie de 1859.

VERNIÈRE, Pierre Michel, industriel et homme politique français, né à Montpellier le 11 octobre 1837. Directeur d'une grande usine de produits chimiques, adjoint au maire de Montpellier, fonctions qu'il résigna après l'élection, M. Vernière fut élu député en 1882, en remplacement de M. Devès optant pour les Hautes-Pyrénées, dans la 2e circonscription de Béziers, et prit place à l'extrême-gauche, avec laquelle il a régulièrement voté. Elu député de l'Hérault sur la liste radicale, le 4 octobre 1885, M. Vernière a voté l'expulsion totale des princes.

VÉRON, Eugène, littérateur français, né à Paris le 29 mai 1825, fit de brillantes études et entra à l'École normale en 1846. Reçu agrégé des lettres en 1850, il professa quelque temps en province, puis revint à Paris où il se livra à l'enseignement libre et collabora à divers journaux, notamment à la *Revue de l'instruction publique*, à la *Revue nationale*, au *Courrier du dimanche*, au *Courrier français*, à la *Gazette des Beaux-Arts*, etc. Devenu rédacteur en chef du *Progrès de Lyon* en 1868, il quittait ce journal en 1871 pour fonder, à Lyon toujours, la *France républicaine*. Revenu depuis à Paris, M. Eugène Véron fondait avec M. Ballue, son ancien collaborateur, en janvier 1875, l'*Art*, le plus beau recueil périodique spécial qui existe. Il tentait également, en 1876, avec le même collaborateur, la résurrection de l'*Avant-Garde*, journal politique quotidien, qui disparut de nouveau au bout de quelques mois. — Il a publié à part: *Du progrès intellectuel dans l'humanité (1862)*; *Des associations ouvrières de consommation, de crédit et de production (1865)*; *Histoire de la Prusse, depuis Frédéric II jusqu'à Sadowa (1867)*; *Histoire de l'Allemagne depuis Sadowa (1876)*; la *Troisième invasion (1876-77)*; l'*Esthétique, l'origine des arts, le goût et le génie (1878)*, etc.

VÉRON, Pierre, littérateur et journaliste français, né à Paris en 1833, y fit de brillantes études et se tourna presque aussitôt vers la littérature. Après avoir publié, en 1854, un volume de poésies, il entra à la *Revue de Paris*; après la suppression de ce recueil, en 1858, il entra au *Charivari*, dont il est devenu rédacteur en chef. Il a collaboré, en outre, à la *Chronique*, au *Courrier de Paris*, au *Monde illustré*, dont il est resté le chroniqueur ordinaire, à l'*Illustration*, au *Journal amusant*, au *Petit journal*, au *Journal illustré*, à l'*Opinion nationale*, au *Nain jaune*, etc. Il a donné plusieurs petites pièces aux théâtres de genre et publié une assez nombreuse collection de recueils d'articles, qui va s'augmentant chaque année. — Nous citerons parmi les ouvrages publiés par cet écrivain: les *Réalités humaines*, poésies (1854); *Paris s'amuse (1861)*; les *Marionnettes (1862)*; le *Roman de la femme à barbe*, les *Souffre-plaisir (1863)*; *Maison Amour et Cie (1864)*; la *Famille Hasard*, la *Foire aux grotesques*, le *Pavé de Paris (1865)*; la *Comédie en plein vent*, *Pardevant M. le maire (1866)*; *Monsieur et Madame Tout-le-monde*, la *Mythologie parisienne (1867)*; l'*Age de fer blanc*, les *Pantins du boulevard (1868)*; les *Phénomènes vivants*, la *Boutique à treize*, les *Grimaces parisiennes (1869)*; *Je, tu, il, nous, vous, ils*, les *Marchands de santé*, les *Coulisses du grand drame (1873)*; les *Dindons de Panurge*, *Paris à tous les diables (1875)*; les *Coulisses artistiques*, la *Vie fantasque (1876)*; les *Chevaliers du Macadam*, le *Nouvel art d'aimer (1877)*; les *Mangeuses d'hommes*, la *Comédie du voyage (1878)*; *Ohé! vitrier*, *Visages sans masques (1880)*; *Affolés (1882)*; l'*Art de vivre cent ans*, *Paris qui grouille*, *Galop général (1884)*; le *Tir aux oisons (1885)*; *Boutique de plâtres*, notes sur les contemporains (1886), etc. — P. Véron a, en outre, donné au théâtre: *Sauvé, mon Dieu!* vaudeville en 1 acte, avec M. Henri Rochefort, au Vaudeville (1865); les *Affolés*, comédie en 4 actes, avec M. Gondinet, au même théâtre (1883), etc. — Il est chevalier de la Légion d'honneur depuis 1878.

VERSIGNY, Claude Marie Agapite, homme politique français, avocat du barreau de Gray, ancien bâtonnier, est né dans cette ville le 18 août 1814. Frère d'un représentant proscrit de Décembre, conseiller municipal démissionnaire pour refus de serment, en 1852, M. A. Versigny fit partie, en 1870, du comité antiplébiscitaire. Nommé sous-préfet de Gray après le 4 Septembre, son patriotisme le fit arrêter par les Allemands et il fut envoyé à Brême comme otage. Rendu à la liberté à la paix, il reprit ses fonctions de sous-préfet, dont il fut révoqué en janvier 1875. M. A. Versigny, qui avait échoué le 8 février 1871, avec un chiffre de voix considérable, fut élu député de Gray le 20 février 1876, et siégea à gauche. — Il a été réélu le 14 octobre 1877 contre le candidat officiel bonapartiste, baron Gourgaud, et le 21 août 1881 contre un concurrent républicain de nuance plus tendre. Aux élections d'octobre 1885, enfin, M. Versigny a été élu député de la Haute-Saône au scrutin du 18. Il a voté l'expulsion des princes.

VEUILLOT, Eugène, frère du célèbre rédacteur en chef de l'*Univers*, mort en 1883, est né à Boynes (Loiret) en 1818, fit de bonnes études à Paris et alla en province rédiger divers journaux officieux. Il s'attacha de bonne heure à la fortune de son frère aîné, le suivit au mi-

nistère, puis à l'*Univers*, dont il est devenu, depuis sa réapparition en 1867, le véritable directeur actif. — On lui doit, en dehors de ses travaux de journaliste, où il met autant qu'il peut de la violence fraternelle, plusieurs ouvrages estimés, notamment : *Histoire des guerres de la Vendée et de la Bretagne, 1790-1832 (1847)*; *la Cochinchine et le Tonquin (1859)*; le *Piémont dans les Etats de l'Eglise (1861)*; *Vies des Pères des déserts d'Orient*, d'après le R. P. Michel-Ange Marni (1863-64, 6 vol.); *Critiques et croquis (1866)*, etc.

VIARDOT (dame), Michelle Pauline **Garcia**, cantatrice française, fille du célèbre ténor Manuel Garcia et sœur de la Malibran, est née à Paris le 18 juillet 1821. A l'âge de quatre ans, assure-t-on, elle s'exprimait avec une égale facilité en quatre langues ; quant à l'éducation musicale, elle l'acquit sans plus d'efforts, dans un pareil milieu, et à sept ans elle pouvait accompagner au piano les élèves de son père. Elle eut toutefois pour maîtres de piano, dans la suite, Meysenberg, puis Liszt. Après avoir suivi toute enfant ses parents en Angleterre, aux Etats-Unis, au Mexique, elle revint avec eux à Paris, en 1828; puis, son père étant mort en 1832, passa quelque temps avec sa mère à Bruxelles, où elle compléta son éducation, abordant, outre la musique, le dessin et la peinture, et alla débuter à Londres en 1839, dans le rôle de Desdemona, d'*Otello*. Dans l'automne de la même année elle parut au Théâtre-Italien de Paris dans *Otello*, la *Cenerentola*, *Tancredi*, *il Barbiere*, avec un grand succès. Au mois d'avril 1840, elle épousait Louis Viardot, alors directeur du Théâtre-Italien, mort le 4 mai 1883, et quittait Paris avec son mari. Elle reparut à Londres en 1841, avec Mario, dans *Gli Orazi e Curiazi*, de Cimarosa ; puis visita l'Italie, l'Espagne, Vienne, Saint-Pétersbourg, Moscou, Berlin, où elle remplaça avec succès Jenny Lind, lorsque celle-ci quitta cette ville pour Vienne, en 1846 ; retourna à Londres, où elle parut dans le rôle de Valentine des *Huguenots*, son triomphe, et revint à Paris en mai 1846, pour y créer à l'Opéra celui de Fidès du *Prophète*, où elle obtint un immense succès, qui la fit appeler de nouveau sur les principales scènes de l'Europe expressément pour y chanter ce rôle de Fidès. En 1860, Mme Viardot a chanté avec le plus vif succès, au Théâtre-Lyrique, l'*Orphée* de Glück. Elle a donné encore, depuis, plusieurs représentations dans divers théâtres, mais sans accepter d'engagement régulier. Elle a paru fréquemment, en dernier lieu, dans des concerts de charité ou des réunions privées. En dehors de ses succès de théâtre, Mme P. Viardot en a encore obtenu de très grands dans l'interprétation des chants nationaux espagnols. Le français, l'italien, l'espagnol, l'anglais et l'allemand lui sont langues absolument familières. — On lui doit enfin quelques compositions : l'*Ogre*, opérette, livret d'Ivan Tourguéneff, exécutée chez elle, à Bade (1868); le *Dernier magicien*, opéra en 2 actes, représenté chez la grande-duchesse de Bade (1869), etc. — C'est chez Mme Pauline Viardot, à Bougival, que le célèbre littérateur russe Tourgueneff est mort, le 3 septembre 1883.

VICTORIA, Alexandrina, reine de Grande-Bretagne et d'Irlande, impératrice des Indes, fille unique du duc de Kent, quatrième fils de George III et de Louisa Victoria de Saxe-Cobourg, sœur du feu roi des Belges, Léopold Ier, est née au palais de Kensington le 24 mai 1819, ses parents qui résidaient à l'étranger s'étant précipitamment rendus à Londres afin que leur enfant naquit anglais. Le duc de Kent mourut le 23 janvier 1820, et l'éducation de la jeune princesse fut confiée, sous la direction de sa mère, à la duchesse de Northumberland; cette éducation fut des plus soignées, et lord Melbourne, sur l'ordre du roi, y mit le sceau en instruisant la royale héritière dans la science ardue de la politique constitutionnelle; elle dura pour ainsi dire jusqu'à la veille de son avènement au trône. Pendant tout ce temps, la princesse Victoria vécut relativement très retirée, si l'on en excepte quelques voyages ne dépassant pas les limites de son futur royaume. Elle succéda à son oncle Guillaume IV le 20 juin 1837, sous le nom de Victoria Ire, et fut couronnée à Westminster le 28 juin 1838. Elle épousait le 10 février 1840 le feu prince Albert de Saxe-Cobourg-Gotha, dont elle a eu neuf enfants : Victoria Adélaïde Marie Louise, née le 21 novembre 1840, mariée le 25 janvier 1858 au prince Frédéric Guillaume, prince royal de Prusse, aujourd'hui prince impérial d'Allemagne ; Albert Edouard, prince de Galles, né le 9 novembre 1841 ; Alice Mathilde Marie, née le 15 avril 1843, mariée le 1er juillet 1862 au prince Louis de Hesse-Darmstadt ; Alfred Ernest Albert, duc d'Edimbourg, né le 24 mai 1844 ; Hélène Augusta Victoria, née le 26 mai 1846, mariée le 5 juillet 1866 au prince Christian de Schleswig-Holstein ; Louise Caroline Alberta, née le 18 mars 1848, mariée au marquis de Lorne le 21 mars 1871 ; Arthur William Patrick Albert, duc de Connaught, né le 1er mai 1850 ; Léopold George Duncan Albert, né le 7 avril 1853 ; Beatrice Marie Victoria Feodore né le 14 avril 1857, mariée au prince Henry de Battenberg, le 23 juillet 1885. — La reine Victoria, outre ses grandes qualités politiques, a le sentiment de la vie domestique très développé et en ce point souffrit plus que beaucoup d'autres des douloureuses épreuves que le destin n'épargne pas plus aux têtes couronnées qu'aux plus humbles parmi les hommes. Le 16 mars 1861 elle perdait sa mère, la duchesse de Kent, succombant après une courte maladie ; puis ce fut le tour du prince Albert, son mari, le 14 décembre de la même année. Cette perte la frappa plus douloureusement encore que la première, et elle vécut très retirée et en proie au plus profond chagrin pendant longtemps, à ce point qu'un membre de la Chambre des communes fit une motion, qui fut repoussée, pour mettre en discussion la question d'une régence. Elle rouvrit toutefois le Parlement en personne à la session de janvier 1866. — Les événements politiques qui ont marqué le règne de la reine Victoria sont trop nombreux pour être analysés dans cette notice, forcément limitée; elle n'y a d'ailleurs qu'une part indirecte, grâce à la constitution vraiment parlementaire de la Grande-Bretagne et à la loyauté avec laquelle elle est respectée non seulement par la nation qu'elle régit, mais aussi par la souveraine elle-même. Nous pouvons cependant passer une revue rapide des principaux.

A son avènement au trône, la reine Victoria trouva une Chambre des communes à peu près également divisée entre les *wighs* et les *tories*, et lord Melbourne, son précepteur politique, au pouvoir, quoique son ministère fût impopulaire au premier chef et accusé d'incapacité financière. Il y fut remplacé par sir Robert Peel en septembre 1841. Quoique engagé à maintenir les droits sur les céréales, sir Robert Peel fut contraint, en 1845, de consentir à leur rappel, qui fut effectué en 1846. Ce changement de politique économique de sir Robert Peel amena un grand désarroi dans le parti conservateur, lequel favorisa l'avènement de lord John Russell (1846), qui fut remplacé par le feu comte de Derby, en janvier 1852. En décembre suivant, à l'occasion de la discussion du budget, le cabinet conservateur était mis en minorité et donnait sa démission. Un cabinet de coalition (nous dirions de conciliation), présidé par lord Aberdeen, lui succéda et tomba à son tour, en février 1855, sous le vote de blâme impliqué dans l'acceptation de la proposition d'enquête sur la conduite de la guerre de Crimée, présentée par M. Roebuck. Le premier cabinet Palmerston prit alors la direction des affaires; mais il dut se retirer devant l'opposition de la Chambre à son projet de loi contre les conspirateurs, inspiré par les réclamations du gouvernement français à propos des réfugiés politiques (mars 1858) et fut remplacé par un ministère Derby, remplacé lui-même par une nouvelle administration dirigée par lord Palmerston, en juin 1859. La mort frappa lord Palmerston au pouvoir (novembre 1865) ; en conséquence l'administration resta libérale, avec le comte Russell à sa tête. Battu dans la personne de M. Gladstone, lors de la discussion du *bill* de réforme, en juin 1866, le ministère donna sa démission et fut remplacé par un ministère conservateur Derby-Disraeli, lequel, en minorité aux élections générales de 1868, se retira immédiatement. Un ministère libéral, présidé par M. Gladstone (voyez ce nom), lui succéda en décembre. Les élections générales de février 1874 ayant été défavorables aux libéraux, un ministère conservateur fut de nouveau formé par M. Disraeli (plus tard lord Beaconsfield). La défaite du parti conservateur aux élections de 1880 ramena les libéraux au pouvoir avec M. Gladstone. Un ministère conservateur remplaçait celui-ci en 1885, sous la présidence du marquis de Salisbury, remplacé à son tour par un nouveau ministère Gladstone en février 1886 ; mais celui-ci ayant été battu sur la question irlandaise, à la Chambre d'abord, puis aux élections qui suivirent la dissolution à laquelle M. Gladstone avait cru devoir recourir, un second cabinet Salisbury y succédait le 4 août 1886, et est encore actuellement au pouvoir. — Ce court exposé ne servit-il qu'à faire apprécier la différence d'esprit politique qui sépare les hommes d'Etat de l'aristocratique Angleterre et ceux de la France démocratique, ne serait pas inutile. — Dans la session de 1876, M. Disraeli présentait à l'approbation des Chambres le *bill* ajoutant aux titres de la reine Victoria celui d'*impératrice des Indes*, et qui fut, non sans débat, adopté le 12 août.

La reine Victoria a écrit ou inspiré : les *Derniers jours de Son Altesse Royale le Prince-consort*, ouvrage rédigé sous la surveillance de la reine par le lieutenant général C. Grey (1867); *Feuilles du journal de notre vie dans les montagnes d'Ecosse (1869)*; *Vie de Son Altesse Royale le Prince-consort*, par sir Th. Martin (1874-80, 5 vol.) ; *Quelques feuilles de plus détachées du journal de notre vie dans les montagnes d'Ecosse (1884)*; outre divers fragments originaux ou traduits de l'allemand et réunis en volumes, lesquels ont été traduits en français et publiés sous ces titres : *Méditations sur la mort et l'éternité* et *Méditations sur la vie et ses devoirs*.

En avril 1882, un certain Roderick Maclean tira un coup de revolver sur la reine Victoria, à Windsor ; il ne l'atteignit pas, et fut condamné à l'emprisonnement sans autre terme fixé que celui du bon plaisir de la reine.

VIEL CASTEL (baron de), Charles Louis Gaspard Gabriel de Salviac, littérateur français, né à Paris le 14 octobre 1800. Il entra au ministère des affaires étrangères à dix-huit ans, puis dans le corps diplomatique en 1821, comme attaché à l'ambassade d'Espagne, y fut promu secrétaire d'ambassade et passa en cette dernière qualité à Vienne en 1828. Nommé sous-directeur à la direction politique en 1829, la révolution de Juillet l'en écarta momentanément, mais il y rentra dès 1831 et conserva ce poste jusqu'à la révolution de 1848. Eloigné de nouveau des affaires, M. de Viel Castel était nommé directeur de la politique à son ministère en 1849 ; il a donné sa démission au coup d'Etat de 1851 et fait liquider sa pension de retraite. M. de Viel Castel se consacra entièrement dès lors aux travaux littéraires, qu'il avait abordés de très bonne heure par des études remarquées sur le théâtre espagnol, publiées dans la *Revue des Deux-Mondes* à l'époque où il était secrétaire d'ambassade à Madrid. Il a en outre fourni à ce recueil des études d'histoire et de politique étrangère variées et publié quelques ouvrages, parmi lesquels un roman : le *Testament de la danseuse*. Mais son œuvre capitale est une *Histoire de la Restauration* dont les premiers volumes obtinrent le grand prix Gobert de 10,000 francs en 1867 (1860-78, 20 vol. in-8°).

M. le baron de Viel Castel a été élu membre de l'Académie française, en remplacement du comte Philippe de Ségur, en 1873, et reçu solennellement le 27 novembre de la même année. — Il est commandeur de la Légion d'honneur depuis 1849.

VIELFAURE, Louis Privat Camille, homme politique français, né à Largentière (Ardèche) le 5 juin 1823, fit son droit à Paris, prit le grade de docteur en 1847 et retourna s'inscrire au barreau de sa ville natale, dont il est devenu maire et dont il représente le canton au Conseil général de l'Ardèche. Il fut élu député de la première circonscription de Largentière le 21 août 1881, contre le député sortant, bonapartiste, et prit place au groupe de l'Union républicaine. Le 4 octobre 1885, M. Vielfaure échoua avec tous ses amis de la liste républicaine de l'Ardèche. Mais cette élection ayant été annulée par la Chambre et de nouvelles élections ayant eu lieu en conséquence le 14 février 1886, ce fut au tour de la liste monarchiste de succomber. — M. Vielfaure a voté l'expulsion totale des princes.

VIELLARD, Armand, maître de forges et homme politique français, fils de M. Viellard-Migeon, sénateur de Belfort, mort le 4 octobre 1886, est né à Belfort vers 1834. Sans passé politique, mais porté sur la liste monarchiste du Haut-Rhin français, il a été élu député le 4 octobre 1885.

VIETTE, Jules François Stanislas, journaliste et homme politique français, né à Blamont (Doubs) le 16 mai 1843. Ancien rédacteur du journal le *Doubs* sous l'Empire, puis du *Républicain de l'Est*, il est l'un des fondateurs de la *Démocratie franc-comtoise*. Il a été élu député de Montbéliard le 29 février 1876, et siégea à gauche. Réélu le 14 octobre 1877 et le 21 août 1881 dans le même collège, M. Viette était élu député du Doubs, le 4 octobre 1885, en tête de la liste républicaine. Il a voté l'expulsion totale des princes.

VIGAROSY, Jean-Baptiste Claude Charles Joseph, homme politique français, sénateur, né à Mirepoix le 23 juin 1822. Il fit son droit à Paris et prit le grade de docteur en 1851. Grand propriétaire, membre du Conseil général de l'Ariège, dont il est devenu vice-président, M. Vigarosy se présenta aux élections sénatoriales du 30 janvier 1876, fut élu, et prit place au groupe de la gauche républicaine. Il a été réélu au renouvellement de la représentation sénatoriale de l'Ariège, le 25 janvier 1885, et a voté l'expulsion des princes.

VIGER, Marie Albert, homme politique français, médecin, né à Châteauneuf-sur-Loire (Loiret) en 1844. Il fit ses études médicales à Paris, et, reçu docteur en 1867, alla s'établir dans sa ville natale, dont il est devenu maire. Collaborateur aux feuilles républicaines locales, auteur de petits ouvrages de vulgarisation, dans la collection de la Société Franklin, M. le Dr Viger se présentait aux élections d'octobre 1885, sur la liste républicaine du Loiret ; il a été élu au scrutin du 18 et a voté l'expulsion totale des princes. — Le Dr Viger est officier d'académie.

VILAIN, Nicolas Victor, sculpteur français, né à Paris le 3 août 1813 ; élève de Pradier et de Paul Delaroche, il débuta au Salon de 1838 et remporta le grand prix de Rome au concours de la même année, dont le sujet était : *David apaisant Saül*. — On cite de cet artiste : la *Statuette de d'Arcet (1838)*; *Saint Jean*, l'*Automne*, la *Bienfaisance*, bas-relief (1845); *Hébé et l'aigle de Jupiter*, *Etienne*, buste (1846); *Victor Hugo*, le *Général Jamin*, *Mlle Vilain*, bustes (1849); *Wateau*, *Pradier*, *M. Sénard*, *Loysel*, bustes (1859); *Marius à Carthage*, *Saint Germain l'Auxerrois (1861)*; *Mme Vilain*, buste et deux autres portraits (1865); la *Musique et la danse*, *Kléber (1864)*; une statue d'*Evêque*, etc. (1865); *Saint Paul*, statue, pour l'église Saint-Roch ; le *Duc d'Aumale* et un *Portrait* de femme, bustes, marbre (1874) ; *Portrait de Mlle H...*, buste en plâtre (1876); les *Bienfaits de la paix (1877)*; l'*Aurore*, statue en plâtre (1879); plusieurs *Portraits*, bustes (1880); deux autres bustes en plâtre (1886), etc. On doit en outre à M. Vilain le *Fronton* du Palais de l'Industrie, aux Champs-Elysées (1854); le *Fronton* et les *Cariatides* du pavillon Daru, au Nouveau-Louvre (1856); un *Fronton* pour les Tuileries (1865); la statue de la *Modestie*, au foyer du Nouvel-Opéra (1872), etc. — Cet artiste a obtenu une médaille de 3e classe en 1847, une de 2e classe en 1848, et a été décoré de la Légion d'honneur en 1849.

VILAR, Edouard Paul Yves Gaudérique, homme politique français, né à Prades le 26 juillet 1847. Avocat du barreau de Prades, ancien bâtonnier, ancien maire de cette ville, membre du Conseil général des Pyrénées-Orientales pour le canton d'Olette, M. Vilar, a été élu député des Pyrénées-Orientales le 4 octobre 1885, en tête de la liste radicale. Il a voté l'expulsion totale des princes.

VILLENEUVE, Jean, médecin et homme politique français, né à Lembeye (Basses-Pyrénées) le 25 février 1840, vint faire ses études médicales à Paris, collaborant entre temps aux journaux d'étudiants, en fondant même un : la *Jeune France*, qui fit beaucoup parler de lui, et fut reçu docteur en 1865. Etabli dans le XVIIe arrondissement de Paris, puis nommé adjoint au maire de cet arrondissement (Batignolles) après le 4 septembre, le docteur Villeneuve servit en outre comme chirurgien du 91e bataillon de la garde nationale. En 1875, il était élu maire de Clichy-la-Garenne, et y a laissé de son administration d'excellents souvenirs; il était élu en même temps membre du Conseil général de la Seine pour le canton de Neuilly. Aux élections du 21 août 1881, le docteur Villeneuve fut élu député de la 2e circonscription de Saint-Denis et prit place à l'extrême-gauche. Aux élections d'octobre 1885, il figurait sur plusieurs listes radicales et fut élu au scrutin du 18. Il reprit sa place à l'extrême-gauche, et vota l'expulsion des princes.

VINCENT, Charles Hubert, dit Charles-Vincent, littérateur et chansonnier français, né à Fontainebleau en 1828. C'est une des figures les plus originales de ce temps-ci, dit Napoléon Gallois dans ses biographies des exposants de 1867. Ancien clerc d'avoué et de notaire, puis tapissier et voyageur de commerce, il débuta dans les lettres par des chansons et devint rédacteur littéraire au journal le *Siècle*, auquel il collabora pendant de lon-

gues années. Charles Vincent est l'un des fondateurs des journaux industriels en France. On lui doit la création du *Moniteur de la cordonnerie*, qui obtint la collaboration d'écrivains célèbres, peut-être par cette originale idée qu'eut son rédacteur de payer les articles en chaussures. On le voit ensuite à la tête de journaux consacrés à la littérature et aux modes : *L'Illustrateur des dames*, la *Joie du foyer*, la *Boîte à ouvrage*, ces deux derniers de sa création. Ayant fait avec succès des couplets pour des pièces de ses amis Auguste Luchet, Destuards, Edouard Plouvier, B. Gastineau, etc., il entre à son tour au théâtre avec l'*Enfant du tour de France*, drame qui se donne pour mission de supprimer les luttes sanglantes du compagnonnage. Dans cette pièce, Darcier chantait cinq ou six chansons, et attirait tout Paris au théâtre Beaumarchais. — Il fonde enfin un journal des plus sérieux : la *Halle aux cuirs*, qui prend une importance de plus en plus considérable dans l'industrie des cuirs, des peaux et des laines. Sa dernière création en ce genre est la *Sellerie (1884)*. Toujours resté chansonnier, il écrit néanmoins des articles pour diverses publications, notamment pour le *Dictionnaire économique* de Guillaumin, et publie chez les éditeurs Michel Lévy et Lacroix des romans dont un, *Enclume et marteau*, est assez remarqué pour obtenir les honneurs de la reproduction à l'étranger. Une *Histoire de la chaussure dans l'antiquité*, tout en soulevant les questions les plus ardues de l'histoire du travail, arrive à trois éditions, grâce à l'humour que le chansonnier répand dans ce livre utile. Charles Vincent est membre de la Société des gens de lettres, de celle des auteurs dramatiques et de nombreuses sociétés lyriques et littéraires. Il a conquis une notoriété toute particulière dans la chanson, dont il a transformé l'allure. Son œuvre chansonnière est en effet considérable, et sans qu'il ait jamais sacrifié au mauvais goût qui mène à la popularité; il est connu et chanté à peu près partout. Le vers de Charles Vincent, plein d'énergie ou de tendresse, a le mot juste et le sentiment vrai; il charme ou émeut quand il n'enflamme pas. La fraternité, le travail et la saine gaieté sont chez lui les cordes vibrantes. La forme nouvelle, à la fois franche et littéraire, de ses chansons donne raison à son biographe Charles Coligny, qui termine une étude sur lui par ces mots : « Aujourd'hui, Charles Vincent est une physionomie du renouveau dans la chanson. » Ajoutons que l'auteur de la *Vieille chanson* et de la *Chanson française* a obtenu des médailles et des diplômes d'honneur dans nos grandes expositions, et que, comme membre du jury et rapporteur, il a montré, là surtout, des qualités sérieuses de critique, d'observateur, et une rare souplesse d'écrivain. — Charles Vincent a été à plusieurs reprises, élu président du Caveau.

VIOX, Marie Georges Camille, homme politique français, fils d'un ancien constituant de 1848, ancien sous-commissaire de la République dans l'arrondissement de Lunéville, mort en 1874. Il est né dans cette ville le 30 juin 1833. Après avoir fait son droit à Paris, M. C. Viox alla s'inscrire au barreau de Lunéville, dont il représente le canton sud-est au Conseil général de Meurthe-et-Moselle. Elu député de son arrondissement le 21 août 1881, il s'inscrivit au groupe de l'Union républicaine. Il a été élu député de Meurthe-et-Moselle le 4 octobre 1885, et a voté l'expulsion des princes.

VIRCHOW, Rudolph, médecin et homme politique allemand, né à Schivelbein (Prusse) le 13 octobre 1821, fit ses études scientifiques à l'université de Berlin, où il eut pour maître l'illustre physiologiste Johann Müller, et y prit le grade de docteur en médecine en 1843. Il fondait peu après une revue spéciale intitulée : *Archiv für Pathologie, Anatomie, und Physiologie, und für Klinische Medicin*. Mêlé activement au mouvement révolutionnaire de 1848, élu même représentant à l'Assemblée de Francfort, quoique n'ayant pas atteint l'âge d'éligibilité, la réaction le priva de son journal et de sa place de répétiteur à l'université de Berlin. Il accepta alors une chaire d'anatomie pathologique à l'université de Wurtzbourg et s'y fit une célébrité si considérable, tant par son enseignement que par ses travaux scientifiques, qu'il fut rappelé à Berlin, à la même chaire, en 1856, et fut nommé quelque temps après directeur de l'Institut pathologique. Membre du Conseil municipal de Berlin en 1859, il était élu député au parlement prussien par deux collèges de Berlin et par celui de Saarbrück, en 1862 ; il s'y fit remarquer par son énergie et son infatigable activité et devint bientôt le chef reconnu du parti libéral-progressiste, de celui qui inquiétait le plus le roi Guillaume et son fidèle chancelier par sa popularité immense, qu'il ne fallait rien de moins que Sadowa et Sedan pour réduire au silence, au moins momentanément. Réélu constamment à la Chambre des députés de Prusse, de la Confédération de l'Allemagne du Nord, puis de l'Empire d'Allemagne, M. R. Virchow refusa d'abord ce dernier mandat ; il ne l'accepta qu'aux élections de 1880, où il fut élu par une circonscription de Berlin. Il est aujourd'hui professeur ordinaire d'anatomie pathologique, de pathologie générale et de thérapeutique à l'université de Berlin, directeur de l'Institut pathologique et médecin de la Charité. Il a été élu membre honoraire de la Société royale de médecine de Londres en 1856 et membre correspondant de l'Académie des sciences (Institut de France) en 1859. Il est en outre associé étranger de notre Académie de médecine. On lui doit la fondation de l'Institut des gardes-malades, attenant à l'hôpital de Friedrichshain, destiné à l'instruction des gardes-malades dans les hôpitaux et à domicile et autorisé à délivrer des certificats de capacité, lequel a été ouvert au commencement de 1877. Il est allé, pendant les vacances de 1875, visiter les fouilles exécutées par M. Schliemann en Asie mineure. Les principaux ouvrages de M. le docteur Virchow sont : *De Rehmnate corneæ*, sa thèse de doctorat 1845 ; *Phlebite, trumbus, embolie et leucome (1845-47)*; *Sur les pigments hématoïdes, Sur les tumeurs colloïdes des ovaires*, le *Cancer (1847)*; la *Fièvre typhoïde en Silésie*, rapport d'une mission officielle (1848) ; le *Choléra (1849)*; la *Pathologie cellulaire appliquée à l'enseignement physiologique et pathologique (1850)*, ouvrage traduit en français par le docteur P. Picard (1868, in-8° fig.) et en anglais par le docteur Chance ; *Dégénérescence du sang (1853)*; *Traités divers*, mélanges (1856) ; *Sur le Morbus spedalska*, maladie épidémique de la peau, observée en Norvège (1859) ; *Trichiniasis*, traduit en français (1860) ; *Gœthe naturaliste (1861)*; *Quatre discours sur la maladie (1862)*; *De l'éducation des femmes suivant leur mission sociale (1865)*; le *Choléra en Hongrie (1868)*; *Pathologie des tumeurs (1868-76*, 4 vol., fig.) ; *Problèmes des sciences naturelles dans la nouvelle vie nationale de l'Allemagne (1871)*; la *Liberté de la science dans l'Etat moderne (1877)*, etc. — Une société savante d'Allemagne, composée évidemment, en majorité, de membres d'une intelligence tout à fait transcendante, invitait M. Virchow, au commencement de 1872, à donner sa démission de membre des sociétés françaises auxquelles il appartient M. Virchow a fait comprendre à ces messieurs (du moins il l'a essayé) qu'une rupture des relations scientifiques avec un pays comme la France serait un acte idiot, contraire aux intérêts de la science et de l'humanité.

VISCONTI-VENOSTA (marquis), Emilio, homme d'Etat italien, né à Tirano (Milanais) en 1828, collabora de bonne heure à la presse libérale de la Lombardie et de la Sardaigne et fut attaché au général Garibaldi, en qualité de commissaire royal, en 1859, puis à Farini, dictateur de Modène et de Parme, avec lequel il prépara l'annexion de ces deux duchés au Piémont et qu'il suivit à Naples, où il avait été nommé lieutenant du roi, en octobre 1860. Au commencement de cette même année, il avait fait partie de la mission extraordinaire du marquis Pepoli près des cabinets de Paris et de Londres, et avait été élu député au parlement italien par le collège de Tirano. Appelé au ministère des affaires étrangères dans le cabinet Minghetti, en mars 1863. M. Visconti-Venosta se retirait à l'occasion des troubles de septembre 1864, passait quelque temps comme ambassadeur à Constantinople et reprenait son portefeuille dans le cabinet Ricasoli, en juin 1866, pour le résigner de nouveau en juillet 1868. En décembre 1869, M. Visconti-Venosta devenait chef d'un nouveau cabinet, qui devait assister et présider même dans une certaine mesure aux événements les plus importants de l'histoire d'Italie depuis des siècles. Après une courte retraite en 1872-73, il rentrait aux affaires étrangères avec M. Minghetti, en juillet 1873. Le 10 mars 1876, le cabinet Minghetti, faisait place à un ministère de gauche, sous la présidence de M. Depretis, et M. Visconti-Venosta remettait son portefeuille à M. Melegari.

M. Visconti-Venosta s'est aliéné beaucoup de patriotes italiens par sa politique modérée jusqu'à l'exagération et principalement par sa proposition, en septembre 1870, alors qu'il était ministre des affaires étrangères, de renouveler avec la France la convention du 15 Septembre, c'est-à-dire de renoncer à Rome. D'autre part, on ne saurait lui refuser beaucoup de tact et une science profonde de la politique étrangère dans ses rapports avec les intérêts nationaux, dont il a donné des preuves au début des négociations dont les affaires d'Orient ont été l'objet, soit de juillet 1875 à mars 1876, époque de sa retraite des affaires. Quoi qu'il en soit, il échouait aux élections du 5 novembre 1876, dans le collège de Tirano, et au scrutin de ballottage du 12, dans le troisième collège de Milan, contre M. Correnti, progressiste. Les élections complémentaires nécessitées par l'option des progressistes nommés dans plusieurs collèges permirent à M. Visconti-Venosta de renouveler la tentative, et il fut élu enfin député de Vittorio (Vénétie). Il s'est signalé à la Chambre, par plusieurs interpellations sur la politique étrangère, surtout sur la politique orientale, du cabinet italien, adressées à son successeur, d'ailleurs avec autant de mesure que de véritable habileté. — Aux élections de 1880, M. Visconti-Venosta, par une lettre publiée dans tes journaux, annonça qu'il déclinait toute candidature, son intention étant de se retirer de la vie politique. En juin suivant, il faisait partie d'une fournée de sénateurs.

VISSAGUET, Marie Xavier Ernest, homme politique français, né au Puy-en-Velay le 4 novembre 1834. Inscrit au barreau de sa ville natale, en 1856, il participait à la fondation du journal démocratique, l'*Avenir de la Haute-Loire*, en 1869. Après la révolution du 4 septembre 1870, M. Vissaguet fut nommé procureur de la République au Puy ; il se présenta dans la Haute-Loire aux élections du 8 février 1871, mais il échoua avec 13,802 voix. Le 8 octobre suivant il était élu membre du Conseil général pour le canton de Salignac ; réélu le 4 octobre 1874 et depuis, il a été secrétaire, puis vice-président de cette assemblée. — Aux élections du 20 février 1876, M. Vissaguet fut élu député de la seconde circonscription de l'arrondissement du Puy par 7,666 voix contre 5,013 obtenues par M. Calemard de Lafayette, député sortant appartenant à la droite. Il fit partie des 363 qui condamnèrent la politique du 16 mai, mais il échoua aux élections du 14 octobre suivant, contre le candidat macmahonien ; l'élection de celui-ci fut bien annulée par la Chambre, mais M. Vissaguet ne se représenta pas devant les électeurs directs du Puy. Au renouvellement de la représentation sénatoriale de la Haute-Loire, M. Vissaguet fut élu sénateur. Il a voté l'expulsion des princes.

VITU, Auguste Charles Joseph, journaliste et littérateur français, né à Meudon le 7 octobre 1823. Il débuta fort jeune dans le journalisme et, tout en faisant quelques travaux de librairie, collabora successivement au *Corsaire*, au *Portefeuillle*, à la *Liberté (1848)*, au *Pamphlet* etc. ; puis devint rédacteur en chef du *Bon sens d'Auvergne*, à Clermont, en 1849 et ensuite de l'*Ami de l'ordre*, à Grenoble. A son retour, il fut attaché à la rédaction du *Dix Décembre*, du *Pouvoir*, du *Pays*, puis devint en 1860 le principal rédacteur du *Constitutionnel*, qu'il quitta pour fonder l'*Etendard*, en 1867. Ses nouvelles fonctions lui furent enlevées par jugement au mois d'août 1868, peu de temps avant que l'*Etendard* disparût et qu'on découvrit, par le procès Taillefer, qu'il avait été soutenu jusque-là à l'aide de fonds provenant de vol. Il est clair qu'en cherchant à se maintenir dans des fonctions aussi compromettantes que celles de rédacteur en chef de ce journal, au point qu'un procès était devenu nécessaire pour le faire céder, M. Vitu avait prouvé son ignorance absolue des faits coupables révélés dans cette dernière occasion. Entré au *Figaro*, où il était principalement chargé des comptes rendus de théâtre, M. Vitu fut appelé, en juin 1870, à remplacer Clément Duvernois comme rédacteur en chef du *Peuple français*. Après la révolution du 4 Septembre, M. Vitu a collaboré de nouveau au *Figaro*, d'où il est passé au *Gaulois*. Attaché depuis 1849 à la rédaction du *Journal des chemins de fer*, il en a été pendant plusieurs années le rédacteur en chef ; il a rédigé depuis un autre journal financier, le *Conseiller (1874-76)*. Mais il est rentré depuis au *Figaro*, où il fait toujours les comptes rendus des premières avec une très grande autorité, outre des articles de critique littéraire, voire de politique courante. C'est lui, du reste, que le général Trochu faisait condamner en 1872, pour diffamation, à la prison et à une forte amende.

En dehors de ses travaux de journaliste, on a de M. Auguste Vitu : les *Chauffeurs du Nord*, grand roman dramatique, signé *Vidocq (1845-46*, 6 vol.) ; *Paris l'été (1847)*; les *Bals d'hiver (1848)*; *Révision de la constitution (1851)*; l'*Empereur à Grenoble (1852)*; *Histoire de Napoléon III*, *Etudes littéraires sur la Révolution française (1854)*; *Guide dans le Dauphiné et l'Isère (1855)*; *Contes à dormir debout (1860)*; *Ombres et vieux murs (1861)*; *Guide financier (1864)*; *Opinion sur la question des banques (1866)*; *Histoire civile de l'armée, ou Des conditions du service militaire en France avant la formation des armées permanentes (1868*, in-8°) ; les *Réunions électorales (1869)*; les *Réunions publiques à Paris 1868-1869 (1870)*; outre diverses brochures de circonstance. On lui doit aussi un certain nombre de publications bibliographiques, notamment : la *Chronique scandaleuse*, une *Notice sur François Villon (1873)*; la *Chronique de Louis IX*; *Agrippine, veuve de Germanicus*, conférence dramatique faite en 1874 ; une série d'études portant le titre général d'*Archéologie molièresque*, et comprenant : la *Maison des Pocquelin (1881)*; la *Maison de Molière*, couronné par l'Académie française (1882) ; le *Jeu de paume des mestayers, ou l'Illustre Théâtre (1883)*; *Petite histoire de la typographie (1886)*, etc, Il publie en outre, depuis quelques années, un recueil annuel de ses principaux comptes rendus de premières représentations, sous ce titre : les *Mille-et-une nuits du Théâtre (1883-86*, 3 séries). — M. Auguste Vitu est officier de la Légion d'honneur depuis 1867.

VIVIEN DE SAINT-MARTIN, Louis, littérateur et géographe français, né à Saint-Martin de Fontenay (Calvados) le 17 mai 1802. M. Vivien de Saint-Martin, venu jeune à Paris, a débuté de très bonne heure dans la littérature géographique, qu'il abandonna un moment pour d'autres études, mais qu'il reprit bientôt et ne quitta plus. — On lui doit : *Carte électorale et administrative de la France (1823)*; un *Atlas universel (1825)*; *Tables chronologiques (1827)*; *Géographie de la France (1832)*; *Cours complet d'agriculture (1834*, 4 vol.) ; une traduction nouvelle des *Œuvres de Walter Scott*, en 25 volumes (1836-39) ; une traduction du *Voyage en Circassie* de Th. Bell (1840, 2 vol.) ; *Histoire générale de la Révolution française de 1789 à 1839 (1840-42*, 4 vol.) ; *Histoire de Napoléon (1843*, 2 vol.) ; *Histoire universelle des découvertes géographiques*, etc. (1845-47, 2 vol.) ; *Recherches sur les populations primitives du Caucase (1847)*; *Etudes de géographie ancienne et d'ethnographie asiatique (1850-54*, 2 vol.) ; *Etude sur la géographie grecque et latine de l'Inde (1858-60*, 2 vol.) ; le *Nord de l'Afrique dans l'antiquité grecque (1863)*; l'*Année géographique (1863-75*, 13 vol.) ; *Histoire de la géographie et des découvertes géographiques (1873*, atlas) ; *Atlas universel de géographie moderne, ancienne et du moyen âge*; *Nouveau dictionnaire de géographie universelle* : ces deux derniers ouvrages paraissent par fascicules depuis février 1877, etc.

M. Vivien de Saint-Martin a, en outre, rédigé de 1828 à 1830, avec M. Bailleul, le *Bibliomappe*, et les *Nouvelles annales des voyages*, de 1845 à 1854 ; il a fondé en 1847, et dirigé la première année, l'*Athenæum français*, et collaboré notamment au *Constitutionnel*, à la *Presse*, à la *Revue contemporaine*, à la *Revue germanique et française*, etc. Il est membre des Sociétés de géographie, d'ethnographie, asiatique et de divers autres corps savants nationaux et étrangers.

VOGT, Carl, naturaliste et homme politique allemand, né à Giessen le 5 juillet 1817, fit ses études à l'université de cette ville et à celle de Berne, où son père était nommé professeur de clinique en 1835, et où il prit le grade de docteur en médecine. Après avoir commencé à étudier la chimie sous la direction de Liebig, à Giessen, il se voua, en Suisse, à l'étude de la géologie et de la zoologie avec Agassiz, dont il fut le collaborateur ; publia quelques ouvrages et voyagea, pendant une couple d'années, en France et en Italie. Nommé professeur de zoologie à l'université de sa ville natale en 1847, il prit une part active à la révolution de 1848 et fut élu colonel de la garde nationale de Giessen et député à l'Assemblée nationale de Francfort, où il siégea à l'extrême-gauche. Après la défaite de l'insurrection, destitué de sa chaire et expulsé du territoire, il se retira en Suisse et fit, à Neufchâtel et dans le canton, des conférences sur l'*Homme, sa place dans la création et dans l'histoire de la terre*, qui lui firent une renommée européenne. En 1852, il était nommé professeur d'histoire naturelle à l'université de Genève. M. Carl Vogt est membre honoraire ou associé étranger des Sociétés anthropologiques de Paris et de Londres et de diverses autres Sociétés savantes. — On lui doit : *Embryologie des salmonés*, tome II

de l'*Histoire naturelle des poissons d'eau douce de l'Europe centrale*, d'Agassiz (1840); *Montagnes et glaciers (1843); Traité de géologie et de la science des pétrifications* (1846, 2 vol.); *Lettres physiologiques (1846);* l'*Océan et la Méditerranée* (1848, 2 vol.); *Etudes sur les animaux vivant en société (1851); Scènes de la vie des animaux (1852); Science et superstition (1855); Leçons sur l'homme (1864); Leçons sur les animaux utiles et nuisibles (1865),* les *Microcéphales, ou l'homme-singe (1866);* les *Provenances des entozoaires de l'homme et leur évolution (1876),* etc. Les principaux ouvrages de M. Carl Vogt ont été traduits en français.

VOISINS-LAVERNIÈRE (de), Etienne, homme politique français, sénateur, né à Toulouse le 17 mai 1813. Ancien représentant légitimiste du Tarn à la Constituante de 1848, non réélu à la Législative, M. de Voisins-Lavernière resta étranger à la vie politique pendant toute la durée de l'Empire. En octobre 1871, il se faisait élire au Conseil général du Tarn pour le canton de Lavaur, comme candidat républicain; et c'est aussi en cette qualité qu'il était élu sénateur du département aux élections du 30 janvier 1876. Il prit place au centre gauche, vota notamment contre la dissolution de la Chambre des députés en 1877, mais également contre le retour des Chambres à Paris et contre l'article 7 de la loi sur l'enseignement supérieur. Le mandat sénatorial de M. de Voisins-Lavernière expirait en 1882; mais il fut élu sénateur inamovible, contre M. Hérold, le 19 novembre 1881, en remplacement de M. Fourcand, décédé. — Il a naturellement voté contre la loi d'expulsion des princes.

VOLLON, Antoine, peintre français, né en 1833 à Lyon, est élève de l'Ecole des beaux-arts de cette ville. — On cite principalement de cet artiste: *Art et gourmandise*, nature morte, son œuvre de début au Salon (1864); *Intérieur de cuisine (1865); Retour du marché,* le *Singe à l'accordéon (1866); Poissons de mer, Raisin du midi (1867); Curiosités; Portrait de Pierre Plachat, pêcheur à Mers, près du Tréport (1868); Après le bal (1869); Un coin de mon atelier, Poissons de mer (1870);* le *Jour de l'an,* le *Chaudron (1872); Coin de halle (1874); Armures,* le *Cochon (1875); Femme du Pollet, à Dieppe (1876);* le *Casque de Henri II, Espagnol (1878); Courges (1880); Oiseaux du Midi, Pot-au-feu (1883); Cruche de Marseille, Portrait de Ballasor Camacho, guitarrero aragonès (1885); Poteries, Vue du Tréport (1886),* etc. — M. Vollon a obtenu des médailles en 1865, 1868 et 1869, et une médaille de 1re classe en 1878 (Expos. univ.). Chevalier de la Légion d'honneur depuis 1870, il a été promu officier en 1878.

VUILLEFROY (de), Dominique Félix, peintre français, fils d'un ancien sénateur de l'Empire mort en 1878, est né à Paris en 1841. Suivant au début la carrière paternelle, M. de Vuillefroy fit son droit, prit le grade de licencié et entra comme auditeur au Conseil d'Etat; mais il étudiait dès lors la peinture, et la vocation artistique devenant la plus forte, il ne tarda guère à déserter la carrière administrative. Elève de MM. Hébert et Bonnat, il débutait au Salon de 1867. — On cite de cet artiste: la *Côte de Grâce à Honfleur (1867); Chevreuils sur la neige, Harde de cerfs en automne (1868); Espagnols sur les bords du Tage près de Tolède, Attelage de bœufs à Saint-Jean-de-Luz (1869); Bornage de Chailly,* le *Matin dans le Bas-Bréau, forêt de Fontainebleau (1870); Novembre en forêt de Fontainebleau (1872);* le *Commencement du fagot,* les *Grands chênes de la Reine-Blanche à Fontainebleau (1873);* un *Herbage, Meules dans la plaine de Chailly (1874);* un *Franc marché en Picardie,* la *Rue d'Allemagne à la Villette (1875);* la *Traite des vaches dans les montagnes du Cantal,* la *Place du marché à Montferrand (1876); Souvenir du Morvan (1877); Taureaux et génisses, Mauvais temps sur les falaises de Dieppe (1878); Vaches dans l'Oberland (1879);* le *Retour du troupeau, Chiens et piqueur (1880);* la *Sortie de l'herbage, Dans les prés (1883); Chevaux dans la lande de Kérangal,* Finistère (1884); la *Vente des poulains (1885);* le *Ruisseau,* le *Départ des poulains (1886).* — M. de Vuillefroy a obtenu une médaille en 1870 et une médaille de 2e classe en 1875. Il a été décoré de la Légion d'honneur en 1880.

VULPIAN, Edmé Félix Alfred, médecin et physiologiste français, membre de l'Institut, fils de l'avocat auteur dramatique Alphonse Vulpian, est né à Paris le 5 janvier 1826 et choisit la carrière médicale. Reçu docteur en 1854, puis agrégé de la faculté de Paris en 1860, il devint suppléant de Flourens à la chaire d'anatomie et histoire naturelle de l'homme du Muséum d'histoire naturelle, et ne tarda pas à se faire connaître lui-même par d'importants travaux sur le système nerveux. Il fut alors nommé médecin à la Salpêtrière. Appelé, en 1867, à la chaire d'anatomie pathologique de la faculté, M. Vulpian fut de ceux qui, avec M. Germain Sée et autres, furent dénoncés au Sénat, dans une pétition réclamant la liberté de l'enseignement supérieur, comme professant des doctrines matérialistes (1868). Il avait, du reste, été déjà personnellement désigné comme athée, par un prélat aujourd'hui défunt, et sa chaire de la faculté avait bien failli lui échapper en conséquence. Malgré cela, M. Vulpian était élu membre de l'Académie de médecine en mai 1869, puis membre de l'Académie des sciences, en remplacement d'Andral, le 22 mai 1876. Il a quitté la chaire d'anatomie pathologique de la faculté de médecine pour celle de pathologie comparée expérimentale, qu'il occupe toujours, en 1872, et est devenu médecin de la Charité, puis de l'Hôtel-Dieu, et doyen de la faculté, en remplacement de Wurtz, en 1875; mais de nouvelles attaques s'étant produites contre lui, il donna sa démission de ces dernières fonctions, dans lesquelles il a été remplacé par M. J. Béclard. Au mois d'août 1884, M. le docteur Vulpian fut appelé à Frohsdorf, auprès du comte de Chambord, dont l'état était dès lors désespéré. — Il a été élu secrétaire perpétuel de l'Académie des sciences, pour les sciences physiques, le 29 mars 1886, en remplacement de Jamin, décédé.

On a de ce savant: *Des pneumonies secondaires,* thèse d'agrégation (1860); *Leçons sur la physiologie générale et comparée du système nerveux,* faites au Muséum (1866); *Leçons sur l'appareil vaso-moteur (1874-75,* 2 vol.); *Clinique médicale de l'hôpital de la Charité (1878); Maladies du système nerveux (1880),* etc. — Chevalier de la Légion d'honneur depuis 1869, le docteur Vulpian a été promu officier en 1878.

W

WADDINGTON, William Henry, archéologue et homme d'Etat français, sénateur, ambassadeur à Londres, est né à Saint-Remy-sur-Avre (Eure-et-Loir) le 11 décembre 1826, est fils d'un riche filateur d'origine anglaise établi en France et naturalisé, et a choisi personnellement, à sa majorité, la nationalité adoptée par son père. Il fit ses études principalement en Angleterre, à l'école de Rugby et à l'université de Cambridge (collège de la Trinité), où il prit ses grades en 1849, et se distingua en outre comme canotier. De retour en France, il s'occupa d'études de numismatique et d'épigraphie et fit dans ce but plusieurs voyages, notamment dans l'Asie-Mineure en 1850 et 1862, en Angleterre et en Allemagne. Membre de la Société des antiquaires de France, il fut élu membre de l'Académie des inscriptions et belles-lettres en 1865. Il se présenta la même année comme candidat au Corps législatif dans la 4e circonscription de l'Aisne, où une élection partielle avait lieu par suite de la mort de M. Geoffroy de Villeneuve, mais ce fut M. de Tillancourt, plus libéral que M. Waddington ne l'était à cette époque, qui l'emporta. Elu le 8 février 1871 représentant de l'Aisne à l'Assemblée nationale, le troisième sur onze, M. H. Waddington siégea au centre droit d'abord, mais dès la fin de 1871, il quittait le parti monarchique constitutionnel pour se rallier à la forme républicaine et appuyait franchement la politique de M. Thiers. Il fit partie de nombreuses commissions et fut notamment rapporteur de la loi sur les conseils généraux (août 1871). Appelé au ministère de l'instruction publique en remplacement de M. Jules Simon, le 19 mai 1873, M. Waddington se retirait le 24 avec M. Thiers et reprenait sa place sur les bancs du centre gauche. Sauf dans quelques questions de détail, ou plutôt de procédure, M. H. Waddington a constamment voté avec les républicains. — Il a été élu le 30 janvier 1876, le deuxième sur trois, sénateur de l'Aisne, avec MM. Henri Martin et de Saint-Vallier. Rappelé au ministère de l'instruction publique dans le cabinet du 10 mars 1876, en remplacement de M. Wallon, M. Waddington conserva son portefeuille sous l'administration de M. Jules Simon, qu'il suivit dans sa retraite un peu brusque, le 17 mai 1877. Il a signalé son passage aux affaires par de nombreuses et utiles réformes, mais dont les plus importantes sont demeurées en suspens à la suite de son remplacement par un personnage uniquement politique, qui a avoué lui-même ne rien entendre à la chose et dont les réformes ont consisté dans la destitution de quelques malheureux employés laissant à désirer sous le rapport clérical. Ce nouveau ministre, M. Brunet, a vu ajouter à son portefeuille de l'instruction publique et des beaux-arts, auxquels il n'entendait rien, les cultes auxquels il paraissait mieux s'entendre, et qui en avaient été distraits dans un but d'impartialité, pour ne les point laisser sous la direction d'un protestant. M. Henry Waddington a été réélu le premier au renouvellement de la représentation sénatoriale de l'Aisne, le 25 janvier 1885. Il est président du Conseil général de l'Aisne, où il représente le canton de Neuilly-Saint-Front. — Rentré au pouvoir, comme ministre des affaires étrangères, dans le nouveau cabinet Dufaure, le 14 décembre 1877, M. Waddington assistait, comme plénipotentiaire français, au congrès de Berlin chargé de régler la question d'Orient, en juin 1878, mission qui lui permettait de constater au retour la rentrée de la France dans le concert des grandes puissances européennes. A l'avènement de M. Grévy, M. Dufaure s'étant retiré, M. Waddington accepta la présidence du conseil (4 février 1879). Placé entre une chambre très républicaine et un sénat en majorité monarchiste, la position du chef du cabinet était fort difficile en certaines occasions, et en particulier dans la question du personnel administratif, en grande majorité réactionnaire; et bien qu'un vote de confiance lui eût été accordé par la Chambre, sur cette question, le 2 décembre 1879, il se retirait le 27, remettant à M. de Freycinet le portefeuille des affaires étrangères et la présidence du conseil. Il refusa l'ambassade de Londres, qui lui fut offerte alors, et fit un voyage en Italie, au cours duquel il fut reçu par le roi. En mai 1883, il assistait au couronnement du czar Alexandre III à Moscou, comme ambassadeur extraordinaire de la République française. — En juillet suivant, M. Waddington acceptait l'ambassade de Londres, où il remplaça M. Tissot. Il a jusqu'ici conservé ce poste important.

On doit à M. H. Waddington: *Voyage en Asie Mineure au point de vue numismatique (1852); Mélanges de numismatique et de philologie (1861);* l'*Edit de Dioclétien (1864,* in-4°), avec de nouveaux fragments et un commentaire; la continuation du *Voyage archéologique en Grèce et en Asie Mineure,* de Ph. Lebas (1862, in-4°), etc. — Il a été élu *fellow* honoraire de son collège, à Cambridge, le 16 avril 1881.

WADDINGTON, Richard, industriel et homme politique français, frère du précédent, est né à Rouen le 22 mai 1838, y a fait ses études et a embrassé la carrière industrielle à l'exemple de son père. Ancien juge au tribunal de commerce, membre et secrétaire de la chambre de commerce de Rouen, M. Richard Waddington a organisé pendant la guerre les batteries d'artillerie nouveau système servies par les mobilisés de la Seine-Inférieure, et y a lui-même servi en qualité de capitaine. Elu membre du Conseil général de son département, pour le canton de Darnétal, le 8 octobre 1871, il a été réélu le 4 octobre 1874 et depuis, et se présentait dans la 3e circonscription de Rouen, aux élections du 20 janvier 1876, pour la Chambre des députés. M. Richard Waddington fut élu par 11,521 voix, contre 5,192 obtenues par le candidat conservateur, M. Bézuel d'Esneval; il prit place au centre gauche, qui le choisit pour secrétaire de ses réunions, et prit part avec beaucoup d'autorité à plusieurs discussions importantes. L'un des 363 adversaires du cabinet de Broglie, M. R. Waddington fut réélu par le même collège le 14 octobre 1877 et le 21 août 1881. Il a, enfin, été élu député de la Seine-Inférieure, le cinquième sur douze, aux élections du 4 octobre 1885. — Il a repoussé de son vote les propositions d'expulsion des princes.

M. R. Waddington a été nommé chevalier de la Légion d'honneur en 1871, pour services rendus pendant la guerre.

WAGRAM (prince de), Napoléon Louis Joseph Alexandre Charles **Berthier**, ancien pair de France, ancien sénateur de l'empire, fils du maréchal Berthier, prince de Wagram, vice-connétable de France, est né à Paris le 11 septembre 1810. A la mort de son père, en 1815, il hérita de ses titres, mais ne put siéger à la Chambre des pairs qu'en 1836. En 1840 il refusa, avec quelques-uns de ses collègues, de juger le prince Louis-Napoléon, traduit devant la Cour des pairs après l'attentat de Boulogne. Eloigné des affaires publiques par la révolution de Février, il fit partie de la première promotion de sénateurs, en janvier 1852. De nouveau éloigné de la scène politique par la révolution du 4 septembre 1870, il se présenta aux élections du 20 février 1876 dans l'arrondissement de Corbeil, mais il échoua avec 4,919 voix contre 10,042 obtenues par son concurrent républicain, M. Léon Renault. — Il est chevalier de la Légion d'honneur depuis 1846.

WAILLY (de), Joseph Noël, dit Natalis, littérateur

et archéologue français, né à Mézières en 1805, vint faire son droit à Paris, puis entra aux Archives où il devint, sous la monarchie de Juillet, chef de la section administrative Entré au département des manuscrits à la Bibliothèque nationale, au commencement de l'Empire, il en est devenu conservateur en 1854, puis conservateur honoraire. M. N. de Wailly a été élu membre de l'Académie des inscriptions et belles-lettres en 1841, en remplacement de Pastoret; il a présidé ce corps savant en 1876. — On doit à M. N. de Wailly : *Eléments de paléographie (1838*, 2 vol. in-4°); *Examen critique de la Vie de saint Louis, par Geoffroy de Beaulieu (1844); Notice sur Guillaume Guiart (1846)*; le 23ᵉ volume de la *Collection des historiens de France*; une édition de l'*Histoire de saint Louis*, par Jean, sire de Joinville, texte original et traduction en français moderne (1865); *Mémoire sur la langue de Joinville (1868)*; une édition de la *Conquête de Constantinople*, par Geoffroy de Villehardouin, texte et traduction (1870); *Mémoire sur Joinville et les enseignements de saint Louis à son fils; Mémoire sur le Romant ou Chronique en langue vulgaire dont Joinville a reproduit des passages (1875); Notice sur six manuscrits contenant l'ouvrage anonyme connu sous le titre de « Chronique de Rains » (1876).* M. Natalis de Wailly a collaboré laborieusement, en outre, aux *Mémoires* de l'Académie des inscriptions, à la *Bibliothèque de l'Ecole des chartes*, au *Journal des savants*, à la *Gazette littéraire*, à l'*Annuaire de la Société de l'histoire de France*, etc. — Officier de la Légion d'honneur depuis 1868, il a été promu commandeur de l'ordre.

WAITE, Morrison Remisce, jurisconsulte américain, né à Lyme (Connecticut) le 20 novembre 1816, fit ses études au collège d'Yale, se fit admettre au barreau en 1837 et alla s'établir dans l'Ohio. M. M. Waite s'est à peu près exclusivement consacré aux devoirs de la profession qu'il avait choisie et dans laquelle il s'est acquis une très grande réputation, aussi bien par l'honnêteté de son caractère que par ses talents de légiste. Choisi comme membre du conseil arbitral réuni à Genève en 1871-72 pour juger le différend survenu entre les Etats-Unis et la Grande-Bretagne au sujet des corsaires confédérés, M. Morisson R. Waite fut appelé à remplacer M. Chase, décédé, comme président de la Cour suprême (chief Justice) des Etats-Unis, en 1873. En 1876, dans la question d'arbitrage relative à l'élection présidentielle, il refusa de faire partie de la commission nommée à cet effet, pour que la politique ne puisse être mêlée à la justice, dit-il.

WALDECK-ROUSSEAU, Pierre Marie René Ernest, homme d'Etat français, fils de l'ancien représentant de la Loire-Inférieure à la Constituante de 1848, ancien maire de Nantes, mort dans cette ville le 17 février 1882, est né à Nantes le 2 décembre 1846. Avocat du barreau de Nantes, il était élu député de la 1ʳᵉ circonscription de l'arrondissement de Rennes à l'élection partielle du 6 avril 1879, nécessitée par le passage de M. Roger-Marvaise au Sénat. Il se fit inscrire au groupe de l'Union républicaine, présenta à la Chambre un projet de réforme de la magistrature et fut nommé rapporteur par la commission chargée de l'examen de ce projet. Réélu dans la même circonscription le 21 août 1881, M. Waldeck-Rousseau entrait dans le cabinet Gambetta le 14 novembre suivant, avec le portefeuille de l'intérieur et quittait le pouvoir avec ses collègues le 26 janvier 1882, ayant eu le temps tout juste de donner des témoignages de grandes qualités administratives et d'une rectitude de conduite peu commune, outre ses qualités d'orateur, déjà connues. Il reçut en conséquence le même portefeuille, augmenté des cultes, dans le dernier cabinet constitué sous la présidence de M. Jules Ferry, et qui a gardé le pouvoir du 21 février 1883 au 29 mars 1885. — Il a été élu député d'Ille-et-Vilaine au scrutin du 18 octobre 1885; et a voté contre les propositions d'expulsion des princes.

WALLACE, Alfred Russel, naturaliste et voyageur anglais, né à Usk (Monmouthshire) le 8 janvier 1822, fit ses études au collège d'Hertford. Il entra d'abord chez un frère aîné qui pratiquait la double profession de géomètre-arpenteur et d'architecte, mais il le quitta bientôt pour se livrer à l'étude de la nature dans les régions lointaines. En 1848, il visita l'Amazone avec M. Bates et, de retour en 1852, publia la relation de ses *Voyages sur l'Amazone et sur le Rio Negro*, et un petit volume sur les *Palmiers de l'Amazone et leurs usages*. Parti en 1854 pour visiter les îles de la Malaisie, il y demeura huit ans. M. Wallace a publié depuis : l'*Archipel de la Malaisie* (2 vol., 2ᵉ édit. 1869) : *Contribution à la théorie de la sélection naturelle (1870); Des miracles et du spiritisme moderne (1875); Distribution géographique des animaux (1876)*; la *Nature tropicale (1878)*; la *Vie dans les îles (1880); Nécessité et but de la naturalisation des terres (1882)*, etc.; il a fourni de nombreux mémoires ou articles aux publications des Sociétés linnéenne, zoologique, ethnologique, anthropologique et entomologique, dont il fait partie. — Il a obtenu en 1868 la médaille royale de la Société royale de Londres et en 1870, une médaille d'or de la Société de géographie de Paris. En 1882, l'université de Dublin lui a conféré le titre honorifique de docteur en droit civil. — En octobre 1886, M. Alfred R. Wallace se rendait aux Etats-Unis, engagé à donner à l'Institut Lowell de Boston huit leçons, ou *lectures*, sur l'histoire naturelle.

WALLON, Henri Alexandre, historien et homme d'Etat français, ancien ministre, sénateur, né à Valenciennes le 23 décembre 1812. Admis à l'Ecole normale supérieure en 1831, il fut reçu agrégé d'histoire en 1836 et professa cette classe en province pendant six ans. En 1840, M. Wallon était rappelé à Paris, nommé maître des conférences à l'Ecole normale et suppléant de Guizot à la chaire d'histoire et de géographie modernes à la Sorbonne. Membre et secrétaire de la commission pour l'abolition de l'esclavage en 1848, il fut élu par la Guadeloupe second suppléant à l'Assemblée constituante, mais ne siégea pas; l'année suivante, il fut élu représentant du Nord à la Législative, le neuvième sur vingt-quatre et siégea sur les bancs de la majorité réactionnaire, dont il se sépara toutefois à l'occasion du vote de la loi du 31 mai (1850) restrictive du suffrage universel, contre laquelle il protesta non seulement en la repoussant de son vote, mais en donnant sa démission de représentant : acte d'honnêteté politique bien rare et qui peint un homme. Devenu titulaire de la chaire où il suppléait Guizot, M. Wallon est devenu doyen de la faculté des lettres de Paris, dont il est aujourd'hui doyen honoraire, ayant pris sa retraite et été remplacé comme doyen par M. Himly. Il a été élu membre de l'Académie des inscriptions et belles-lettres, dont il est secrétaire perpétuel depuis janvier 1873, en 1850, en remplacement de Quatremère de Quincy, et ne s'est plus occupé que de ses travaux littéraires pendant toute la durée de l'Empire. — Aux élections générales du 8 février 1871, M. Wallon fut élu représentant du Nord à l'Assemblée nationale, le vingt-cinquième sur vingt-huit; il siégea au centre droit, appuya la politique de M. Thiers et, dans la discussion de l'ordre du jour approuvant les conventions signées pour la libération anticipée du territoire, il proposa un amendement portant que « M. Thiers a bien mérité de la patrie ». Il prit part à la coalition du 24 mai 1873, qui eut pour conséquence la retraite du premier président de la République et appuya la politique de l'administration de Broglie. Mais après la retraite de cet homme d'Etat (16 mai 1874), M. Wallon se rapprocha sensiblement du centre gauche et prit, avec une résolution qu'il n'avait pas encore montrée, une part active aux discussions de l'Assemblée. Le 23 juillet, à propos de la discussion de la proposition Casimir Périer, il présenta et défendit un amendement qui, suivant sa propre expression, ne proclamait pas la République, mais la faisait. Cet amendement fut repoussé, aussi bien que la proposition Casimir Périer. Lors de la discussion des lois constitutionnelles, M. Wallon présenta, et cette fois fit adopter par l'Assemblée, à *une* voix de majorité, un amendement d'une importance bien plus considérable, car il ne se borne pas à *faire* la République, il la rend la forme gouvernementale définitive de la France, en dépit des casuistes monarchistes, en fixant le mode de succession au siège de la présidence suprême. Cet amendement est ainsi conçu : « Le président de la République est élu à la majorité absolue des suffrages par le Sénat et la Chambre des députés réunis en Assemblée nationale. Il est nommé pour sept ans; il est rééligible. » Les termes en sont fort nets, comme on voit, et prêtent peu à l'interprétation. M. Wallon forma ensuite, avec M. de Lavergne, le groupe constitutionel intermédiaire officieux entre les groupes du centre droit et du centre gauche, ayant pour objet l'accord des esprits libéraux sur le terrain républicain. — Appelé au ministère de l'Instruction publique dans le cabinet du 10 mars 1875, M. Wallon y marqua son passage par plusieurs mesures libérales; mais, catholique fervent, il ne fit qu'une opposition molle aux prétentions cléricales dans la discussion de la loi sur la liberté de l'enseignement supérieur, se contentant de protester à la tribune contre les calomnies dont cette discussion fournit aux cléricaux l'occasion d'abreuver l'Université, dont il était le Grand maître. C'était peu; ce n'était pas assez. Aux élections des sénateurs inamovibles par l'Assemblée, quand M. de Lavergne avait accepté de figurer sur la liste des gauches, M. Wallon s'était laissé porter sur la liste de droite et il allait infailliblement échouer, quand les gauches, par reconnaissance pour le « Père de la Constitution », s'empressèrent de l'inscrire d'office sur leur liste et l'élurent le 18 décembre 1875, le soixante-douzième sur soixante-quinze. Il était temps! — Les élections du 20 février 1876, qui avaient infligé à M. Buffet un si terrible échec, ayant nécessité un changement de ministère dans un sens plus libéral, M. Wallon suivit son chef dans la retraite et fut remplacé à l'instruction publique par M. H. Waddington dans le cabinet Dufaure, du 10 mars 1876. Il siège au Sénat au centre constitutionnel. Il s'est abstenu lors du vote sur la dissolution de la Chambre des députés, en juin 1877.

M. H. Wallon a publié : *Géographie politique des temps modernes (1839); De l'esclavage dans les colonies (1847)*; la *Sainte Bible résumée dans son histoire et dans ses enseignements (1854*, 2 vol.); *De la croyance due à l'Evangile; Mémoire sur les années de Jésus-Christ (1858); Du monothéisme chez les races sémiques (1859); Jeanne d'Arc (1860*, 2 vol. in-8°; nouv. édit. 1876, in-4° chrom. et grav.), ouvrage qui obtint en 1860 le grand prix Gobert de l'Académie française et dont il a paru une édition abrégée en un volume; *Epîtres et Evangiles des dimanches (1862)* et les *Saints Evangiles (1863)*, tirés de Bossuet; la *Vie de Jésus et son nouvel historien (1864); Richard II, épisode de la rivalité de la France et de l'Angleterre (1864*, 2 vol.); *Vie de Notre-Seigneur Jésus-Christ selon la concordance des quatre évangélistes (1865)*; la *Terreur, études critiques sur la Révolution française (1872*, 2 vol.); *Saint Louis et son temps (1875)*. — M. Wallon est officier de la Légion d'honneur depuis 1868. Il a reçu en 1878 une médaille d'or pour acte de sauvetage accompli aux bains de mer des Petites-Dalles (Seine-Inférieure), avec l'aide de son fils, qui reçut pour le même fait une médaille d'argent.

WALTER, John, publiciste et homme politique anglais, propriétaire principal du *Times* et petit-fils du fondateur de ce journal, est né à Londres en 1818, a fait ses études à Eton et au collège d'Exeter de l'université d'Oxford, et fut admis au barreau à Lincoln's Inn, en 1847. Dès 1843, M. John Walter se présentait, comme candidat libéral-conservateur à la Chambre des communes, à Nottingham. Il échoua cette fois, mais fut élu en 1847, le lendemain même de la mort de son père; il a représenté ce bourg aux Communes jusqu'en 1859. A cette date, il fut élu par Berks; après avoir échoué aux élections de 1865, il était réélu par le même bourg en 1868, en 1874, 1880, etc.

WARD, John Quincy Adams, sculpteur américain, né à Urbana (Ohio) le 29 juin 1830, d'une famille de fermiers. Il étudia d'abord la médecine et l'anatomie, puis, ayant dès sa jeunesse éprouvé un goût très vif pour les arts, il entra en 1850 dans l'atelier de H. K. Brown, sculpteur distingué, et y demeura six ans. En 1861, il ouvrit lui-même un atelier à New-York. Il passa plusieurs mois dans le Far-West à étudier les types indiens, ayant dès lors le projet d'exécuter son magnifique *Chasseur indien*, dont le modèle, terminé en 1864, fut acheté et coulé en bronze pour le Central Park. On lui doit encore : un *Simple troupier du 7ᵉ régiment, Fitz Greene Halleck* et *Shakespeare*, statues en bronze, érigées également dans le Parc central de New-York, et dont la dernière surtout lui a fait une réputation considérable. Parmi les autres œuvres de M. John Ward, on cite son *Bon Samaritain; Freedman*, monument commémoratif de la découverte des procédés anesthésiques; la statue du *Commodore Perry* et plusieurs groupes, bas-reliefs et médaillons. — Il a été président de l'Académie nationale de dessin de 1874 à 1877.

WARNER, Susan, dite Elizabeth **Wetherell**, femme de lettres américaine, née à New-York en 1818. Son premier ouvrage : *the Wide, Wide World* (le Vaste, vaste monde) eut la plus grande peine à trouver un éditeur; cependant, lorsqu'il put enfin être publié, en 1849, il eut un succès inouï et fut traduit en plusieurs langues, notamment en français, forme sous laquelle il obtint également une très grande circulation. Elle a publié depuis : *Queechy (1852)*; les *Coteaux de Shatemue (1858)*; l'*Echelle d'or (1862)*; le *Vieux casque (1863); Melbourne-House (1864)*; la Word Series *(1865-68*, 3 vol.); *Que pouvait-elle ? Opportunités (1870)*; la *Maison de ville*, les *Quatre leçons du petit Jack (1871)*; la *Petite Annette (1875)*, etc., outre divers ouvrages religieux.

Sa sœur, Anna B. Warner, a écrit, sous le pseudonyme de Amy **Lothrop** : *Dollars and cents* (Ecus et sous, 1852); le *Gardien de mon frère (1855)*, et toute une série d'ouvrages pour les enfants, parmi lesquels les *Contes du Mont-Vinaigre*, formant six volumes, dont le dernier a paru en 1871. — Enfin les deux sœurs ont écrit en collaboration plusieurs ouvrages, tels que : la *Bibliothèque d'Ellen Montgomery*, etc.

WASHBURNE, Elihu Benjamin, homme politique et diplomate américain, né à Livermore (Maine) le 23 septembre 1816. Entré fort jeune, en qualité d'apprenti, dans une imprimerie, il se prépara, tout en travaillant, à l'étude du droit, et alla suivre à sa majorité les cours de l'école de droit de l'université d'Harvard. Admis au barreau en 1842, il alla s'établir à Galena (Illinois), où il nouait plus tard d'intimes relations avec le tanneur Grant, capitaine démissionnaire en 1854, qui devait être un jour président des Etats-Unis. Elu par le parti wigh représentant au Congrès, en 1858, M. Washburne y fut maintenu à chaque élection biennale jusqu'en 1869. A cette époque, le général Grant, étant devenu président, appela son ami auprès de lui comme secrétaire d'Etat; M. Washburne ne garda ce poste que quelques semaines; il donna sa démission, fut remplacé par M. Hamilton Fish et nommé ministre des Etats-Unis près la cour de France. Il n'était pas installé depuis un an à Paris, que la guerre avec la Prusse éclatait. Le premier à saluer la République française, le 4 septembre 1870, il se prononça, dans une réunion des représentants étrangers tenue chez le nonce du Saint-Siège, pour que le corps diplomatique demeurât auprès du gouvernement de la Défense nationale, quoi qu'il pût arriver. Il prêcha d'exemple, resta à Paris pendant toute la durée du siège et, quoique chargé par le gouvernement allemand des intérêts de ses sujets, ne cessa de manifester la sympathie que lui inspirait ses défenseurs héroïques si indignement calomniés depuis. M. Washburne ne s'éloigna pas de Paris davantage pendant la Commune, et il n'y eut que lui, parmi les personnages considérables qui auraient pu faire cette tentative, pour intercéder avec énergie en faveur de l'archevêque de Paris, détenu comme otage, et pour rendre à cet infortuné prélat catholique, lui protestant, une visite suprême dans sa prison. Peu de représentants des puissances étrangères se sont acquis au même degré l'estime et la reconnaissance des populations et des gouvernements auprès desquels ils sont accrédités. Ajoutons que l'Allemagne ne lui a pas montré moins de reconnaissance pour la manière dont il remplit la mission protectrice qu'il avait acceptée envers ses nationaux restés à Paris. — Après l'avènement du successeur du général Grant, M. Hayes, à la présidence des Etats-Unis, M. Washburne, dont la santé ne fut jamais très robuste, donnait sa démission et rentrait aux Etats-Unis, où il était récemment question de sa candidature possible aux prochaines élections présidentielles.

WEILL, Alexandre, publiciste et littérateur français, né à Marmoutier (Alsace) en 1813, d'une famille israélite, fit ses études en Allemagne, où il donna des articles à divers journaux de Leipzig, Berlin, Cologne et Stuttgart, et rentra en France en 1838. Il collabora dès lors à divers journaux, notamment à la *Revue du progrès*, au *Journal des écoles* et à la *Démocratie pacifique*, pour en venir, après février, à la *Gazette de France*, ayant d'abord passé quelque temps à la *Presse*, comme rédacteur de la partie étrangère. M. Alexandre Weill a publié un grand nombre de brochures de circonstance sur une foule de sujets, des fantaisies, des nouvelles, des romans même, sous forme de *placards* ou réunis en volumes. Nous citerons : *Feu et flamme (1845); Feu contre feu (1846); République et monarchie (1848)*; le

Génie de la monarchie, Debout la province! (1849); Roi et président (1851); le *Livre des rois, Histoires de village (1852); Une Madeleine*, drame en vers, non représenté (1853); les *Mystères de la création*, traduit de l'hébreu, *Schiller*, étude historique, l'*Idéal (1854); Gumper*, nouvelles, *Contes d'amour (1855); Lettres fraternelles à M. Louis Veuillot (1858); Mon fils, ou le nouvel Emile (1861); Amour et blasphèmes*, poésies, *Frohny (1862); Que deviendront nos filles? (1863)*; les *Livres de Dieu, Moïse et le Talmud (1864)*; la *Parole nouvelle (1866); Mes batailles (1867); Dix mois de révolution (1868)*; le *Justicier (1869); Couronne, Emeraude*, le *Décret de l'amour*, les *Français au XIX° siècle (1872)*; une *Vie de Schiller*, une *Histoire des Anabaptistes, Ma jeunesse*, les *Emigrés d'Alsace, Romans parisiens*, etc., etc. (1874); *Un drame d'amour, Romans de châteaux et de chaumières (1875)*; le *Génie de l'histoire universelle (1876); Vérités absolues (1877); l'Athéisme déraciné, etc.; Ludovic Boerne (1878)*; les *Souvenirs intimes de H. Heine (1883); Paris-mensonge*, publication périodique (1884 et suiv.); le *Pantateuque selon Moïse et selon Ezra*, la *France catholique et athée*, réponse à la *France juive* de M. Drumont; *Eclairs, tonnerre et ondées* (1886), etc., etc.

WEISS, Jean Jacques, journaliste et littérateur français, fils du chef de musique d'un régiment suisse, alors en garnison à Bayonne, où il naquit le 19 novembre 1827, débuta dans la vie comme enfant de troupe. Passé, en temps convenable, dans un régiment qui tenait garnison à Paris, il suivait les cours du collège Louis-le-Grand et se préparait pour Saint-Cyr, lorsque, ayant remporté le prix d'honneur de philosophie au concours général de 1847, et cédant évidemment à des conseils dont il n'était pas en état d'apprécier la valeur, il renonça à la carrière militaire et entra à l'Ecole normale. Reçu agrégé d'histoire en 1850, il professait ce cours au lycée de La Rochelle, lorsqu'il répondit d'une manière assez vive à la circulaire, peu convenable dans les termes, qu'un inspecteur avait cru devoir adresser aux professeurs de son lycée. Il fut mis en disponibilité, et il n'y aurait rien d'étonnant à ce qu'il eût alors regretté l'autre carrière. En tout cas, il vint à Paris (1855), s'occupa de journalisme et se fit recevoir docteur ès lettres en 1856. Nommé à la chaire de littérature française à la faculté d'Aix en remplacement de Prévost-Paradol, il y remporta de brillants succès avec son cours sur l'histoire de la comédie en France, et passait l'année suivante à la faculté de Dijon comme professeur d'histoire. Il y poursuivit le cours de ses succès jusqu'en 1860, époque à laquelle, acceptant les propositions d'Edouard Bertin, il entrait au *Journal des Débats* pour y rédiger le bulletin politique à son tour, et y écrire entre temps des articles politiques ou littéraires qui furent bientôt très remarqués. Il collaborait en même temps à divers journaux et revues, à la *Revue contemporaine*, à la *Revue de l'instruction publique*, à la *Revue des Deux-Mondes*, à l'*Europe artiste*, au *Courrier du Dimanche*, notamment. Enfin, en 1867, M. J.-J. Weiss fondait, avec M. Edouard Hervé, un journal d'opposition ouvertement orléaniste: le *Journal de Paris*. Mais M. Weiss était plutôt un parlementaire qu'un vrai orléaniste, aussi à l'avènement du ministère Ollivier (janvier 1870), accepta-t-il de M. Maurice Richard les fonctions de secrétaire général du ministère des beaux-arts; il fut en outre nommé conseiller d'Etat hors sections. — Rendu à la vie privée après le 4 Septembre, M. J.-J. Weiss rentra dans la presse, pour combattre la République et pas pour autre chose à ce qu'il semble, collaborant successivement à la *Patrie*, au *Journal de Paris*, au *Soleil*, au *Paris-Journal*, au *Gaulois*, au *Figaro*, dans ce but louable. Elu par l'Assemblée nationale conseiller d'Etat en juin 1873, il y était maintenu par décret du 24 juillet 1875; ce qui ne l'empêcha pas de continuer sa campagne contre la République, surtout pendant la période du 16 mai, où il ne cessa de provoquer, dans *Paris-Journal*, le gouvernement au coup d'Etat que tout le monde attendait, lui faisant ainsi plus de mal, peut-être, qu'il ne le méritait. Après les élections du 14 octobre 1877, M. Weiss déclara toutefois se rallier à la République, décidément triomphante; mais ayant été révoqué comme conseiller d'Etat en juillet 1879, il reprit la lutte, dans le *Gaulois*, cette fois. Rallié de nouveau à l'avènement du cabinet Gambetta (14 novembre 1881), M. J.-J. Weiss était nommé directeur des affaires politiques au ministère des affaires étrangères. Il donnait sa démission le 29 janvier 1882, trois jours après la retraite du « grand ministère », reprenant les armes en attendant une autre occasion.

On doit à ce remarquable écrivain, en dehors de ses nombreux articles: *De inquisitione apud Romanos Ciceronis tempore* et *Essai sur « Hermann et Dorothée » de Gœthe*, thèses de doctorat (1856); *Essais sur l'histoire de la littérature française*, recueil d'articles (1865).

WEKERLIN, Jean-Baptiste Théodore, musicien français, né à Guebwiller (Alsace) le 9 novembre 1821, d'une famille d'industriels. Entré en 1844 au Conservatoire de Paris, il en sortit en 1849, se produisit comme chanteur dans les salons et les concerts et publia dès lors quelques mélodies. En 1847, il avait fait exécuter aux concerts du Conservatoire une grande scène héroïque intitulée *Rolland*. En 1853, il fondait avec M. Seghers la Société de Sainte-Cécile, dont il dirigea la partie vocale. Il fit exécuter par cette société: le *Jugement dernier*, oratorio écrit sur le poème de Gilbert; *Eloa*, l'*Aurore*, des *Symphonies, Ouvertures*, etc. Il a composé en outre plusieurs opéras de salon: *Tout est bien qui finit bien*, les *Revenants bretons*; et donné au théâtre: l'*Organiste*, au Théâtre-Lyrique (1853), qui lui fit confier un livret en trois actes dont la mort de Seveste le directeur, empêcha la représentation; les *Poèmes de la mer*, ode-symphonie, au Théâtre-Italien (1860), les *Trois noces de la vallée des Balais*, opéra comique, trois actes, en patois alsacien, au théâtre de Colmar (1863). Le nouveau Théâtre-Lyrique a reçu un acte de M. Wekerlin intitulé *Après Fontenoy*, en 1876. On lui doit un grand nombre de mélodies publiées en plusieurs recueils. En 1874, il faisait exécuter à la salle Pleyel toute une série d'œuvres nouvelles en ce genre, parmi lesquelles on remarquait surtout: *Alsace*, la *Pesca*, le *Chant du coq, Minuit*; il a publié en outre: *Echos du temps passé*, série d'airs anciens, du douzième au dix-huitième siècle (1856); les *Chansons populaires des provinces de la France (1865); Opuscules sur la chanson populaire et sur la musique (1875); Musiciana, extraits d'ouvrages rares ou bizarres, anecdotes, etc. (1877)*, etc.

M. J.-B. Wekerlin a été nommé bibliothécaire du Conservatoire en septembre 1876, en remplacement de Félicien David. Il est chevalier de la Légion d'honneur.

Bitard. — 35.

WERDER (comte von), August Carl Friedrich Wilhelm Leopold, général prussien, né le 12 septembre 1808, entra comme volontaire dans les gardes du corps en 1825 et fut nommé l'année suivante second lieutenant au 1er régiment d'infanterie de la garde. De 1833 à 1836, il suivit les cours de l'Académie militaire générale, pour se préparer à entrer dans l'état-major, et servit comme officier d'état-major, attaché à la 8e division de pionniers, de 1838 à 1839; instructeur des cadets en 1839-40, il entra à cette dernière date au bureau topographique et fut promu premier lieutenant en 1842. En 1842-43, avec l'autorisation de son gouvernement et celui de la Russie, il prit part à la guerre du Caucase comme officier du génie et fut blessé à Kefar. En récompense de ses services, il reçut la croix de Saint-Jean et l'ordre de Vladimir de 4e classe. Promu capitaine en 1846, il devint major au 33e régiment d'infanterie en 1851, commandant du bataillon de landwehr du 43e en 1853, et lieutenant-colonel en 1856. L'année suivante, il était appelé au commandement du bataillon de fusiliers du 2e régiment d'infanterie de la garde; il était nommé, en 1858, inspecteur des chasseurs et promu colonel en 1859. Quelques mois plus tard, il était nommé membre de la direction de l'institut militaire central de Berlin. Promu major général en mars 1860 et lieutenant-général en 1866, le général de Werder prit part en cette dernière qualité à la campagne de Bohême, à la tête de la 3e division d'infanterie du prince Frédéric-Charles, notamment aux batailles de Gitschin et de Kœniggrætz, et reçut l'ordre du Mérite. — Lorsqu'éclata la guerre de 1870-71, le général de Werder fut attaché au commandement supérieur du troisième corps de l'armée du prince royal de Prusse, composé d'abord de Badois et de Wurtembergeois, mais qui ne tarda pas à recevoir d'importants renforts. Il investit Strasbourg et, après une sommation adressée sans résultat au commandant de la place, général Uhrich, commença le bombardement le 24 août. Nous n'insisterons pas sur les ravages produits par les projectiles allemands dans la malheureuse capitale de l'Alsace, si peu préparée à la défense, et qui la forcèrent à capituler le 27 septembre. Le 30, le général de Werder était promu général d'infanterie; appelé au commandement du 14e corps d'armée, qu'il était chargé d'organiser, il marcha sur Epinal, puis sur Vesoul, tenta vainement une surprise sur Besançon, marcha alors sur Gray et s'empara de Dijon le 31 octobre, après un combat acharné.

Le général de Werder avait partout signalé son passage par des actes de répression féroce pour la moindre tentative de résistance et par l'imposition de lourdes contributions sur le pays envahi; après avoir mis le siège devant Belfort, il se dirigea sur Villersexel et se fortifia dans une position avantageuse, au mont Vaudois, près d'Héricourt, pour y attendre l'attaque de l'armée de Bourbaki (voyez ce nom). On sait quel fut le résultat de cette tentative désespérée, sur laquelle nous nous sommes suffisamment étendu dans la notice consacrée au général Bourbaki; mais ce qu'on sait moins, c'est la peur inspirée aux Allemands par ce hardi mouvement, qui eût réussi avec des troupes solides et peut-être plus de confiance de la part de leur chef, et nous eût conduits à notre tour à l'invasion du territoire ennemi. L'échec d'un pareil projet, dont il semblait que la réussite fût inévitable, fait mieux comprendre le désespoir du brave général chargé de l'exécution, ainsi que l'accueil enthousiaste fait dans son pays, surtout dans le Sud, voisin de nos frontières, au général de Werder. Il fut créé, à l'occasion de ce fait d'armes, grand croix de l'Aigle rouge. Il a été décoré de l'ordre de l'Aigle noir en 1875, en l'honneur du cinquantième anniversaire de son entrée dans l'armée; en 1879 il était admis dans le cadre de réserve et élevé au titre de comte par l'empereur.

WERTHER (baron von), Carl, diplomate allemand, né à Kœnigsberg le 30 janvier 1809; fils du ministre plénipotentiaire de Prusse en France sous la Restauration et sous le gouvernement de Juillet, il acheva ses études à Paris et entra dans la diplomatie comme attaché à la légation dirigée par son père, vers 1830. Secrétaire de légation à la Haye, puis à Londres, il revenait, en la même qualité, à Paris en 1840, était nommé ministre plénipotentiaire en Suisse en 1842, à Athènes en 1844, à Copenhague en 1849, à Saint-Pétersboug en 1854 et à Vienne de 1859 à 1866. Lorsque éclata la guerre entre l'Autriche et la Prusse, M. de Werther dirigea le ministère des affaires étrangères pendant l'absence de M. de Bismark, qui suivait le roi à l'armée. Plénipotentiaire de la Prusse au traité de Prague, M. de Werther reprit son poste à Vienne après la paix, et y devint ambassadeur de la Prusse, puis de la Confédération de l'Allemagne du Nord en 1869 et 1870. Nommé ensuite ambassadeur de l'empire d'Allemagne à Constantinople, il a été mis en non-activité, sur sa demande, au début de la guerre entre la Russie et la Porte, en avril 1877.

WHITE, Richard Grant, littérateur et philologue américain, né à New-York le 23 mai 1822, fit ses études à l'université de cette ville, suivit ensuite des cours de médecine et de droit et fut admis au barreau en 1845; mais il abandonna promptement la pratique des lois pour la littérature. M. R. White s'est d'abord plus particulièrement fait connaître par ses études sur Shakespeare. Il a publié, en 1854, un ouvrage intéressant sur ce sujet, intitulé: *the Shakespeare's scholar*; puis un *Essai sur la composition des trois parties du « Roi Henri VI » (1859)*; une édition critique des *Œuvres de Shakespeare*, en 12 volumes (1857-64), et *Shakespeare, sa vie, son génie (1865)*; sans parler de nombreux articles de critique littéraire, insérés dans le *Putnam's Magasine*, l'*Atlantic Monthly* et *the Galaxy*. Il a publié en outre: *Manuel d'art chrétien (1853); Hymnes nationaux (1861)*; une édition annotée du *Book Hunter (1863); Poésie de la guerre civile (1866)*; le *Nouvel Evangile de la paix*, anonyme, satire des événements de la guerre de Sécession (1866); les *Mots et leurs usages (1870); l'Anglais vulgaire (1880); Opinion d'un Américain sur la question des droits d'auteur (1881)*; l'*Angleterre au dehors et au dedans (1882)*, etc. Il est également l'auteur de *Lettres* publiées par le *Spectateur* de Londres, de 1863 à 1867, sous la signature *Yankee*.

Littérateur très distingué, M. Richard G. White n'en a pas moins été obligé, pour vivre, de remplir, pendant longtemps, de modestes fonctions à la Douane de New-York, qu'il n'a, du reste, abandonnées qu'en 1879. Au commencement de 1877, il faisait un voyage en Europe. Il a été nommé professeur de littérature anglaise au collège de la Cité de New-York, en juin 1877.

WHITTIER, John Greenleaf, poète américain, né à Haverhill (Massachusetts) le 17 décembre 1807. Jusqu'à l'âge de dix-huit ans, il exerça la profession d'ouvrier agricole et celle de cordonnier à l'occasion, par exemple en hiver. En 1852, il entra dans une école de la Société des Amis, dont il est membre, et en 1829 se rendit à Boston, capitale de l'Etat, et y devint rédacteur de l'*American manufacturer*, puis, l'année suivante, de la *New-England Weekly Review*, publiée à Hailford, dans l'Etat de Connecticut. En 1832, il revint à son pays natal et y rédigea la *Haverhill Gazette*, tout en se livrant aux travaux des champs; il fut élu deux fois à la Législature de l'Etat. Nommé, en 1836, l'un des secrétaires de la Société antiesclavagiste américaine, il se rendit à Philadelphie et prit la direction du *Pennsylvania Freeman*, qu'il conserva jusqu'en 1840. A cette dernière date, M. Whittier retourna dans le Massachusetts et s'établit à Amesbury, où il a toujours résidé depuis et a été, pendant plusieurs années, correspondant de la *National Era* de Washington. — On a de M. John G. Whittier: *Légendes de la Nouvelle Angleterre, en prose et en vers (1831); Moll Pitcher*, poème (1833); *Mogg Megone*, poème (1836); *Ballades (1838); Chants de mon pays* et autres (1843); l'*Etranger à Lervill*, prose (1845); le *Surnaturel dans la Nouvelle-Angleterre (1847); Extraits du journal de Margaret Smith* et les *Voix de la liberté*, poésies (1849); *Anciens portraits et esquisses modernes*, les *Chants du travail (1850)*; la *Chapelle des ermites* et autres poésies, un *Coupire du dimanche (1853); Mélanges et récréations littéraires (1854)*; le *Panorama (1856); Chansons et poèmes du pays (1860); En temps de guerre*, etc., poésies (1863); *Chants lyriques nationaux (1865-66*, 2 vol.); la *Borne de neige, Maud Muller (1866)*; la *Tente sur la grève (1867); Dans les montagnes*, etc. (1868); *Ballades de la Nouvelle-Angleterre, Miriam et autres poésies (1870)*; l'*Enfance (1871)*; les *Pèlerins de Pennsylvanie* et autres poésies (1872); *Fleurs de coudrier (1874); Mabel Martin (1875)*; une *Hymne du centenaire (1876)*; la *Vision d'Echard*, etc. (1878); la *Missive du roi, et autres poésies (1881)*, etc. Une édition des œuvres poétiques de M. Whittier a été publiée, en 4 volumes, en 1869, et une autre en 1876. — Citons enfin les stances *A la statue de la Liberté* que le poète a envoyées de sa retraite d'Haverhill à l'inauguration à New-York de la célèbre statue de M. Bartholdi, le 8 novembre 1886.

WHYMPER, Edward, écrivain et voyageur anglais, vice-président de l'Alpine Club, fils d'un graveur et aquarelliste distingué, est né à Londres le 27 avril 1840, fit ses études à l'école de Clarendon-House et sous des maîtres particuliers et apprit le dessin. Mais ne pouvant se résoudre à une vie sédentaire, il commença de bonne heure une série d'excursions intéressantes par les observations qu'elles l'amenèrent à faire. En 1861, M. Whymper gravissait le Mont Pelvoux (Hautes-Alpes), considéré comme la montagne la plus haute de France, et, arrivé à son sommet, il en découvrit une autre plus élevée de 500 pieds, la Pointe des Ecrins, dont il opéra l'ascension en 1864, ce qui lui valut son admission au Club Alpin. De 1861 à 1865, il fit une série d'expéditions de ce genre, remarquables par leur succès autant que par leur audace, gravissant les uns après les autres des pics réputés jusque-là inaccessibles; la dernière de la série, l'ascension du Matterhorn, qui mesure 14,780 pieds d'élévation, se termina d'une manière tragique: trois des compagnons de M. Whymper, le rév. Charles Hudson, M. Hadow, lord Francis Douglas et un des guides y perdirent la vie (14 juillet 1865). En 1867, l'intrépide explorateur se rendit dans le nord-ouest du Groënland, avec l'intention d'explorer les dépôts fossiles dont cette contrée est si riche et de tenter de pénétrer à l'intérieur. De cette expédition, « la plus extraordinaire aventure géographique qu'ait osé affronter une personne isolée » suivant l'appréciation de sir Roderick Murchison, M. Whymper a négligé de publier une relation, quoiqu'il en ait rapporté des cônes de magnolia et des fruits de divers arbres, preuve évidente de l'existence, à une époque lointaine, d'une végétation luxuriante dans ces contrées aujourd'hui désolées et couvertes de glaces éternelles. Cette magnifique collection de plantes fossiles rapportée du Groënland a été décrite par le professeur Heer dans les *Transactions* de la Société royale, en 1869, et une place lui a été donnée au Musée britannique où elle est aujourd'hui exposée au public. En 1871, M. Whymper a publié une relation de ses voyages dans les Alpes sous

ce titre : *Scrambles amongst the Alps in the years 1860-69*, ouvrage qui valut à son auteur la croix de chevalier de l'ordre des SS. Maurice et Lazare d'Italie.

En 1872, M. Whymper résolut de renouveler sa tentative d'exploration du Groënland. Il se rendit en Danemark et quitta Copenhague pour les colonies danoises du Groënland, en mai. Il y employa avec intelligence le court temps de l'été arctique en explorations dans les montagnes; d'Ornenak il atteignait Godhavn en septembre, montait à bord du *Julianehaab*, bâtiment employé par le gouvernement danois au commerce groënlandais, et était de retour à Copenhague le 9 novembre, chargé de nouvelles richesses fossiles, parmi lesquelles de curieux spécimens de bois pétrifiés. En 1879 et 1880, il voyageait sur le territoire accidenté de la République de l'Equateur, explorant la chaine des Andes, faisant l'ascension du Chimborazo, de l'Antisana, du Cayambe, du Sincholagua, du Cotocachi, etc., recueillant en chemin, comme toujours, de nombreuses collections d'histoire naturelle, sans compter les croquis et les dessins. — M. Whymper est membre de la Société royale géographique.

WICKERSHEIMER, Charles Emile, homme politique français, ingénieur des mines, né à Strasbourg le 22 février 1849. Elève de l'Ecole polytechnique et de l'Ecole des mines, M. Wickersheimer servit comme volontaire pendant la durée de la guerre contre l'Allemagne. Il alla ensuite à Carcassonne exercer sa profession, y fréquenta les cercles radicaux, devint membre du Conseil municipal et administrateur des hôpitaux de cette ville, etc. Aux élections d'octobre 1885, M. Wickersheimer fut élu député de l'Aude au scrutin du 18, sur la liste radicale. Il a pris place à l'extrême-gauche et voté l'expulsion totale des princes. — Il est membre de la Société de géographie de Toulouse.

WILLIAMS, Monier, orientaliste anglais, né à Bombay en 1819, fit ses études au Collège du roi, à Londres et au collège Balliol, à Oxford. Admis au bureau des Indes comme employé, il suivit les cours du collège des Indes orientales d'Hayleybury, remporta tous les prix pour les langues orientales et retourna à Oxford. En 1844 il était nommé professeur de sanscrit à Hayleybury, qu'il ne quitta qu'à sa suppression en 1858, dirigea les études orientales au collège de Cheltenham pendant deux ans et, en décembre 1860, fut nommé professeur de sanscrit à Oxford. Ses principaux ouvrages sont : *Grammaire pratique de la langue sanscrite*, etc., *pour l'usage des étudiants anglais (1846)*; une édition du drame sanscrit : *Vikramorvasi (1849)*; un *Dictionnaire anglais-sanscrit (1851)*; une édition annotée du drame de *S'akountalâ*, texte et traduction littérale (1853) ; une traduction libre du même ouvrage en prose et vers anglais (1855) ; *Rudiments d'hindoustani, avec explication de l'alphabet perso-arabe (1858)*; *Etudes historiques sur l'application de l'alphabet romain aux langues de l'Inde* ; une édition annotée de l'ouvrage hindoustani : *Bâgh o Bahâr* en caractères romains ; *Eléments d'hindoustani (1859)*; *Histoire de Nala*, poème sanscrit, avec traduction du doyen Milman et un vocabulaire, et la *Poésie épique indienne (1863)*; *Dictionnaire sanscrit-anglais (1872)* ; la *Sagesse indienne, ou tableau des doctrines religieuses, philosophiques et morales des Hindous (1876)* ; l'*Hindouisme (1877)*; l'*Inde moderne et les Indiens (1878)*; les *Idées et la vie religieuses dans l'Inde (1883-85*, 2 vol.), etc. — M. Monier Williams est membre de la plupart des sociétés orientalistes d'Europe et de l'American Oriental Society (1882). Il a été décoré de l'ordre de l'Empire indien en 1880. En 1881, il assistait au congrès des orientalistes, tenu à Berlin en septembre, comme délégué de l'Inde anglaise.

WILLIAMSON, Alexander William, chimiste anglais, né le 1er mai 1824, fit ses études en Angleterre, à Londres et à Kensington et en France, à Dijon et à Paris. A dix-sept ans, il alla étudier la chimie dans les universités allemandes, d'Heidelberg avec Gmelin et de Giessen avec Liebig ; puis il revint à Paris, où il étudia les mathématiques transcendantes pendant deux ou trois ans. Nommé, en 1849, professeur de chimie pratique au Collège de l'université de Londres, il y a remplacé Graham à la chaire de chimie pure en 1855, et a conservé jusqu'ici ces deux chaires. Les nombreux travaux du savant professeur Williamson lui ont valu, en 1862, la médaille royale de la Société royale de Londres, qui l'admit dans son sein et dont il est devenu secrétaire pour l'étranger en 1873. La même année il présidait l'assemblée de l'Association britannique pour l'avancement des sciences, à Bradford, et était choisi pour trésorier de l'Association en 1874. Le docteur A. Williamson a été deux fois président de la Société chimique de Londres ; il est en outre membre de la Société chimique de Berlin et a été élu correspondant de l'Institut de France (Académie des sciences), le 24 novembre 1873. En 1875, il était appelé à remplacer le feu docteur Neil Arnott, au sénat de l'université de Londres et en novembre de la même année, il était élu correspondant de l'Académie des sciences de Berlin. — On doit au docteur Williamson de nombreux travaux sur la constitution des sels, la composition des gaz et leur analyse, la théorie atomique, etc., etc.

WILLS, William Gorman, peintre et auteur dramatique irlandais, né dans le comté de Kilkenny en 1828, fit ses études au collège de la Trinité, à Dublin, et étudia la peinture à l'Académie royale irlandaise. Après quelques succès, principalement comme portraitiste, à Dublin et à Londres, M. W. Wills aborda la littérature dramatique. Il a fait jouer notamment : l'*Homme d'Ailie (1866)* et *Hinko (1871)*, au Théâtre de la Reine ; *Charles Ier*, drame historique, un des plus grand succès de M. H. Irving, l'acteur, et aussi de l'auteur, représenté au Lyceum deux cents fois consécutives, sans parler des reprises (1872) ; *Eugène Aram*, au même théâtre (1873) ; *Marie, reine d'Ecosse (1874)*; *Buckingham*, à l'Olympic (1875) ; *Jane Shore (1876)*, drame historique représenté au théâtre de la Princesse pendant cinq mois pour commencer, et repris en 1877 avec un succès plus prolongé encore ; l'*Angleterre sous le règne de Charles II*, au théâtre de Drury-Lane (sept. 1877) ; *Olivia*, pièce en 4 actes, tirée du *Vicaire de Wakefield*, au Théâtre de la cour (1878) ; *Nel Gwynne*, pièce en 4 actes, au Royalty et *Vanderdecken*, drame en vers, avec M. Percy Fitzgerald, au Lyceum (même année) ; *Guillaume et Suzanne*, au Théâtre Saint-James (1880) ; *Sedgemoor*, pièce en 4 actes au Sadler's Wells (1881), etc., etc. M. Wills a écrit en outre plusieurs romans, tels que le *Témoignage de la femme* et *Avis de départ*, qui eurent tous deux l'honneur de la réimpression aux Etats-Unis. — Il n'a pas pour cela abandonné le pinceau, et parmi ses portraits les plus récents, on cite ceux de la princesse Louise, marquise de Lorne et de la jeune princesse Victoria.

WILSON, Daniel, homme politique français, né à Paris le 6 mars 1840, y fit ses études et se retira ensuite au château de Chenonceaux, où il s'occupa d'agriculture et de sport. Aux élections législatives de 1869, M. Wilson se présenta dans la 3e circonscription d'Indre-et-Loire, contre M. Ernest Mame, candidat du gouvernement qui, tenu en échec au premier tour, ne jugea pas à propos d'attendre le second pour se retirer. M. Wilson fut élu en conséquence par 19,052 voix, contre 6,455 obtenues par le nouveau concurrent que l'administration s'était hâtée de lui opposer. Il siégea à la gauche modérée, fut élu secrétaire du Corps législatif et prit part à plusieurs discussions importantes où il se révéla comme un orateur, non pas absolument brillant, mais sympathique et capable de se faire écouter. Il vota contre la guerre et se rallia au groupe Grévy le 4 Septembre 1870. Après quoi, il prit le commandement d'un bataillon de mobiles. Elu représentant d'Indre-et-Loire à l'Assemblée nationale, le cinquième sur six, M. Wilson s'inscrivit aux groupes du centre gauche et de la gauche républicaine. Aux élections du 20 février 1876, il fut élu député de l'arrondissement de Loches par 8,274 voix contre 7,334 obtenues par M. Paul Schneider, constitutionnel. Il prit place dans les rangs de la gauche républicaine, dont il a été secrétaire, et fit partie à peu près invariablement de la Commission du budget à partir de cette année. L'un des 363 adversaires de la politique du 16 mai, il fut réélu le 14 octobre 1877 et appelé au ministère des finances comme sous-secrétaire d'Etat le 29 décembre 1879, après avoir été rapporteur général de la commission du budget et rapporteur du budget de ce ministère. Réélu le 21 août 1881 par la même circonscription, M. D. Wilson a été élu député d'Indre-et-Loire le 4 octobre 1885, et a voté l'expulsion des princes. — M. Wilson a épousé, le 22 octobre 1881, Mlle Alice Grévy, fille unique du président de la République.

WITT (de), Cornélis Henry, écrivain et homme politique français, né à Paris le 20 novembre 1828. M. C. de Witt a collaboré de bonne heure à la *Revue des Deux mondes* et publié un certain nombre d'ouvrages sur l'Angleterre et les Etats-Unis, ainsi que quelques traductions de l'anglais. Il a été administrateur de diverses compagnies industrielles. Aux élections générales de 1863 et de 1869, il s'est présenté sans succès, dans la 3e circonscription du Calvados, contre le candidat officiel, M. de Colbert-Chabannais. Elu représentant du Calvados à l'Assemblée nationale, le sixième sur neuf, M. de Witt siégea au centre droit réactionnaire, avec lequel il a scrupuleusement voté. Aux élections des sénateurs inamovibles par l'Assemblée, il figurait sur la liste de la droite et échoua avec ses amis. Le 20 février suivant, il se présenta dans l'arrondissement de Pont-l'Evêque et obtint au premier tour 3,268 voix sur 10,985 votants ; il se retira, et ses voix permirent au candidat bonapartiste de triompher, au scrutin de ballottage, du républicain qui avait eu une importante majorité relative au premier tour. — On cite de M. Cornélis de Witt : *Histoire de Washington et de la fondation de la République des Etats-Unis*, précédée d'une *Introduction* par M. Guizot (1855) ; *Thomas Jefferson, étude historique sur la démocratie américaine (1861)*; la *Société française et la Société anglaise au XVIIIe siècle (1864)*; *Histoire constitutionnelle de l'Angleterre, depuis l'avènement de George III*, traduite de l'anglais de sir Thomas Erskine May (1865) ; *Etudes sur l'histoire des Etats-Unis d'Amérique (1868*, 2 vol.), etc.

WITT (de), Conrad, homme politique français, frère du précédent, né vers 1825. Grand propriétaire agriculteur, il possède au Val-Richer, ancienne résidence de Guizot, son beau-père, une vaste exploitation agricole, outre une ferme modèle à Saint-Ouen-le-Pin, dont il est maire. Ancien président de la Société d'agriculture de Pont-l'Evêque, membre du Conseil général du Calvados pour le canton de Cambremer, M. Conrad de Witt a été élu député du Calvados, le 4 octobre 1885, sur la liste monarchiste.

WITT (dame de), Henriette **Guizot**, femme de lettres française, épouse du précédent, fille aînée de l'ancien ministre de Louis-Philippe, est née à Paris le 6 août 1829 et épousa M. Conrad de Witt en 1850. On lui doit un nombre prodigieux d'ouvrages généralement destinés à l'enfance, romans, nouvelles, ouvrages d'éducation et des traductions de l'anglais, d'ouvrages religieux protestants surtout. Elle a en outre achevé l'*Histoire de France racontée à mes petits-enfants*, l'*Histoire d'Angleterre, etc. (1877)* et l'*Histoire contemporaine (1879)*, commencées par son père, à qui elle avait en quelque sorte servi de secrétaire, et d'après ses notes, et publié sur cet homme d'Etat : *M. Guizot dans sa famille et avec ses amis (1880)*, etc.

WOLFF, Albert, journaliste et littérateur français, d'origine prussienne, né à Cologne le 31 décembre 1835. Destiné au commerce par sa famille, il passa quelque temps chez un négociant parisien, puis retourna en Prusse, où il s'occupa de littérature et de dessin d'illustration tout en poursuivant ses études, restées incomplètes, à l'université de Bonn. Ayant écrit un *Voyage humoristique sur les bords du Rhin*, illustré de dessins non moins humoristiques de son propre crayon, cet ouvrage lui facilita des relations avec les éditeurs, pour lesquels il écrivit un assez grand nombre de contes et de nouvelles pour l'enfance. Enfin il revenait à Paris en 1857, chargé du compte rendu du salon pour la *Gazette d'Augsbourg*, et s'y fixa d'une manière définitive. Après avoir passé quelque mois auprès d'Alexandre Dumas, en qualité de secrétaire, M. Albert Wolff entrait à la rédaction du *Gaulois*, journal satirique hebdomadaire d'une certaine valeur, où il fit ses débuts comme journaliste français. L'année suivante, il entrait presque en même temps au *Charivari* et au *Figaro*, et devint bientôt l'un des écrivains les plus répandus de la petite presse. Lorsqu'à la fin de l'Empire la petite presse se fit grande, M. Albert Wolff devint un des principaux rédacteurs de l'*Evénement*, puis du *Figaro* devenu quotidien, ayant collaboré en passant au *Nain jaune* (direction Aurélien Scholl), à l'*Avenir national*, à l'*Univers illustré*, etc. Pendant la guerre, il résida en Belgique, où il publia les *Deux empereurs*, ouvrage dans lequel il cherche à établir que le règne de Guillaume ne sera pas moins fatal à l'Allemagne que celui de Napoléon III ne l'a été à la France. De retour à Paris, il sollicita et obtint la naturalisation et reprit ses travaux de journaliste, collaborant à divers journaux et par intermittances au *Figaro*, auquel il est de nouveau attaché.

On doit à M. Albert Wolff, outre les *Deux empereurs (1871)*: les *Mémoires du boulevard*, recueil d'articles (1865) ; le *Tyrol et la Carinthie*, récits de voyage (1872) ; *Victorien Sardou et l' « Oncle Sam » (1873)*; la *Haute noce*, la *Pauvre petite Franchko (1885)* ; la *Capitale de l'art (1886)*; outre plusieurs recueils d'articles, le texte de *Figaro-salon*, etc. — Il a, en outre, donné au théâtre : le *Dernier couplet*, au théâtre de Bade (1861) ; *Un homme du sud*, avec M. Henri Rochefort, au Palais-Royal (1862) ; les *Petits mystères de l'hôtel des ventes*, avec le même, au même théâtre (1863) ; les *Mémoires de Réséda*, avec MM. Rochefort et E. Blum, au même théâtre (1865) ; les *Thugs à Paris*, revue en 3 actes, avec M. Grangé, aux Variétés (1866) ; *Fin courant*, un acte, avec M. E. Gondinet, au Palais Royal ; les *Points noirs*, au même théâtre (1870) ; *Paris en actions*, à l'Athénée (1879) ; *Révisons!* revue en 3 actes, au Palais-Royal, avec MM. Blum et Toché (1884) ; les *Nouveautés de Paris*, revue en 3 actes, avec les mêmes collaborateurs au même théâtre (1885) ; *Egmont*, drame lyrique, à l'Opéra-Comique (1886), etc.

WOLSELEY DU CAIRE (vicomte), Garnet Joseph, général anglais, fils d'un major d'infanterie, est né à Irlande en 1833. Entré au service militaire, en qualité d'enseigne, en mars 1852, il était promu successivement capitaine en 1844, major au 90e régiment d'infanterie en 1858, lieutenant-colonel en 1859, et colonel en juin 1865. Il servit dans l'Inde pendant la campagne de 1852-53 et reçut une médaille; puis il prit part à l'expédition de Crimée avec le 90e d'infanterie légère, s'y distingua tout particulièrement et fut grièvement blessé au siège de Sébastopol. Il reçut en récompense de sa brillante conduite dans cette campagne, outre la médaille de Crimée, la croix de la Légion d'honneur et celle de Medjidié, cinquième classe. Retourné aux Indes, il assista au siège et à la prise de Lucknow, à la défense d'Alumbagh, où il fut cité avec éloges dans les dépêches officielles, et reçut le brevet de lieutenant-colonel ; en 1860, il fut attaché à l'état-major général de l'armée d'expédition de Chine, campagne qu'il fit tout entière et pour laquelle il reçut une médaille. Nommé quartier-maître général adjoint au Canada, en 1867, il prit le commandement de l'expédition envoyée à la Rivière-Rouge contre les insurgés de Fort Garry (1870) et fut créé, à l'issue de cette affaire, chevalier commandeur de l'ordre des SS. Michel et George. Nommé adjudant-général adjoint au quartier général en 1871, il était appelé, au mois d'août 1873, au commandement du corps expéditionnaire envoyé contre les Ashantis, avec le rang *local* de major général. Le 12 septembre, il s'embarquait avec son état-major à Liverpool, pour la côte occidentale d'Afrique. Arrivé avant ses troupes, il commença sa marche à l'intérieur, dès qu'elles furent débarquées, envoyant à l'est et à l'ouest des colonnes commandées par d'habiles officiers, pour soulever et enrôler les indigènes amis ; ils y réussirent assez bien, quoique les Fantis ne paraissent pas avoir été des auxiliaires bien précieux pour l'armée anglaise. Le général Wolseley, après de dures épreuves, dues surtout à son trop de confiance dans la supériorité européenne, et des succès achetés beaucoup plus cher qu'ils ne valaient, dut réclamer des renforts et, aussitôt qu'il les eut reçus, poussa l'expédition avec une grande activité. Vers la fin de janvier, il était en vue de Coomassie, capitale du royaume, auprès de laquelle étaient massées les forces des Ashantis ; le 5 février, les troupes anglaises prenaient possession de la capitale, le roi nègre faisait sa soumission au vainqueur et consentait à nommer des représentants chargés de débattre les conditions de la paix. Le général Wolseley, ce résultat obtenu, se retira à Adamsi pour attendre les commissaires de Coffi-Calcali, sachant par expérience que la saison des pluies, qui était proche, serait inévitablement fatale à son armée, et se disposant en conséquence à quitter le plus tôt possible ce pays inhospitalier. Le roi nègre se fit attendre, espérant sans doute atteindre cette saison mortelle aux Européens et reprendre alors sa revanche. Les démonstrations énergiques du général anglais finirent par avoir raison de son inertie, et l'arrivée, par le nord de Coomassie, du capitaine Glover qui n'avait pu jusque-là réussir à établir des communications avec le général en chef, était une preuve, cette fois, de sa sincérité. Enfin, les agents se montrèrent, le traité fut signé et l'armée put s'embarquer avant la mauvaise saison. — De retour en Angleterre, sir Garnet Wolseley fut créé chevalier commandeur de l'ordre du Bain; il reçut du parlement des félicitations publiques et un présent

de 625,000 fr.; la cité de Londres lui décerna le droit de bourgeoisie et lui fit don d'une splendide épée d'honneur d'une valeur de 100 guinées, le 22 octobre 1874. Au commencement de 1875, il fut chargé d'une mission à la colonie de Natal, pour élucider certaines questions d'administration indigène. De retour à la fin de l'année, il était envoyé en mission au camp du grand-duc Nicolas, en mai 1877; la façon dont le reçut ce grand capitaine déplut fort au général Wolseley, qui s'en plaignit et, après échange de *notes diplomatiques*, reçut satisfaction de ce « malentendu. »

Entré dans le conseil des Indes en novembre 1876, le général Wolseley était nommé, le 12 juillet 1878, administrateur de l'île de Chypre, dont l'Angleterre venait de prendre possession, et en juin 1879, gouverneur et commissaire supérieur de Natal et du Transvaal, chargé de conduire les opérations militaires contre les Zoulous en même temps que de réorganiser les affaires de la colonie. Sa mission remplie, il était de retour en mai 1880. Il était promu quartier-maître général, et en avril 1882 adjudant-général de l'armée britannique. Nommé commandant en chef des forces expéditionnaires envoyées en Egypte en 1882, le général Wolseley était publiquement remercié par le parlement des premiers services rendus par lui dans cette expédition et créé baron Wolseley du Caire et de Wolseley, dans le comté de Stafford, le 30 novembre 1882; il recevait en outre le grand cordon de l'Osmanié des mains de Tewfik Pacha et était promu au rang de général d'armée. Les affaires d'Égypte étaient pourtant loin d'être terminées, puisqu'elles ne le sont pas encore; pour ce qui concerne lord Wolseley, il quittait la terre d'Egypte au mois d'août 1885, et il paraît que son gouvernement était satisfait de la manière dont il y avait conduit les choses, puis qu'il l'élevait au rang de vicomte à son arrivée en Angleterre.

On doit à lord Wolseley: *Relation de la guerre contre la Chine en 1860 et d'un court séjour à Nankin avec les insurgés Taï-ping, ainsi que d'un voyage de Nankin à Hankon (1862)*; *Manuel portatif du service en campagne (1869)*; *Système de manœuvres mieux conçues pour mettre nos troupes en état de se mesurer avec une armée continentale (1872)*. La rencontre d'une armée britannique avec une armée « continentale » paraît être, du reste, le cauchemar de lord Wolseley: on sait que c'est surtout grâce à un mouvement d'opinion provoqué par lui, et pour prévenir une invasion des Français par cette voie étrange, que les travaux du tunnel sous la Manche ont été suspendus. On doit encore à lord Wolseley une étude sur la *France considérée comme puissance militaire, en 1870 et 1878*, et de plus un roman: le *Château de Marley (1877*, 2 vol.).

WOOD, Henry (dame), Ella Price, femme de lettres anglaise, fille aînée de M. Th. Price, chef d'une des principales manufactures de gants de Worcester, est née dans le comté, vers 1820, et épousa très jeune M. Henry Wood, engagé dans les affaires maritimes. Ayant hérité les goûts littéraires de son père qui, riche industriel, n'en est pas moins un érudit et un écrivain distingué, Mme Wood écrivit de bonne heure pour la presse périodique et collabora notamment au *New Monthly Magazine* et au *Bentley's Miscellany*; son premier roman, *Danebury House*, publié en 1860, remporta un prix de 2,500 fr. offert par la Ligue de tempérance écossaise à l'ouvrage qui exposerait le plus éloquemment les heureux effets de la pratique de cette vertu. Elle a publié depuis: *East Lynne (1861)*, traduit en français sous le titre de *Lady Isabel*; les *Channings*, également traduit en français; les *Tourments de Mme Halliburton*; une *Nuit brumeuse à Offord (1862)*; *William Allair, ou la fuite en mer*, ouvrage destiné à l'enfance; l'*Ombre d'Ashlydyat*; l'*Orgueil de Verner (1863)*; les *Filles de lord Oakburn*, traduit en français par M. Léon Bochet, en 1876; *Oswald Cray*; *Trevlyn Hold, ou l'héritier du squire de Trevlyn (1864)*; *Mildred Arkell (1865)*; la *Folie d'Elster*. la *Veille de la St-Martin (1866)*; le *Secret d'une vie (1867)*; *Roland Yorke (1869)*; le *Testament de George Canterbury et Bessy Rane (1870)*; *Dene Hollow (1871)*; *Dans le labyrinthe (1872)*; le *Maître de Greylands (1873)*; *Edina (1876)*; l'*Abbaye de Pomeroy (1878)*; *Johnny Ludlow (1880)*; le *Comte Netherleigh (1881)*; *Par nous-mêmes (1883)*; etc. — Mme Henry Wood a fondé une revue mensuelle à six pence, *The Argosy*, qu'elle dirige toujours.

WRIGHT, William, orientaliste anglais, né au Bengale le 17 janvier 1830, fit ses études en Écosse, à Saint-André et à Fife, et en Prusse à Halle, où il se voua tout particulièrement à l'étude de la langue arabe. Il est devenu successivement professeur d'arabe au collège de l'université de Londres en 1855, au collège de la Trinité de Dublin en 1856, attaché au département des manuscrits du Musée britannique en 1861, conservateur-adjoint au même département en 1869 et professeur d'arabe à l'université de Cambridge en 1870. M. W. Wright est agrégé du Collège de la reine à Cambridge, docteur en lois des universités de Cambridge, Dublin, Edimbourg et Saint-André et docteur en philosophie de l'université de Leyde; correspondant de l'Institut de France, de l'Académie impériale de Saint-Pétersbourg, de l'Institut royal lombard, de l'Académie royale de Berlin, etc., etc. — Il a publié: *Voyages d'Ibn-Jubaïr* (Leyde, 1852); les quatre premiers livres des *Analectes sur l'histoire de la littérature des Arabes et des Maures d'Espagne*, par Al-Makkari (id., 1855); le *Livre de Jonas, en quatre versions orientales, avec glossaire* (Londres, 1857); *Opuscules arabes* (Leyde, 1859); *Grammaire de la langue arabe* (Londres, 1859-62, 2 vol., 2e édit. 1876); le *Kamil d'El-Mubarrad* (Leipzig, 1864-82), édité par la Société orientale allemande; *Contributions à la littérature apocryphe du Nouveau Testament* (Londres, 1865), les *Homélies d'Aphraates (ib., 1869)*; *Lexique arabe (ib. 1870)*; *Actes apocryphes des apôtres (ib. 1871*, 2 vol.); *Catalogue des manuscrits syriaques du Musée britannique (ib. 1870-72*, 3 vol.); *Catalogue des manuscrits éthiopiens du Musée britannique (1877)*; la *Chronique de Josué le stylite (1882)*; le *Livre de Kalilah et de Dimnah (1883)*, etc.

Y

YATES, Edmund Hodgson, littérateur et journaliste anglais, fils d'un acteur distingué, qui fut quelque temps directeur du théâtre d'Adelphi; il est né en juillet 1831. Employé au Post Office, M. Edmund Yates y a été longtemps chef du bureau des rebuts; il n'a quitté cette position, pour se consacrer tout entier aux travaux littéraires, qu'en mai 1872. Il a publié: *Mes endroits favoris et leurs habitués*; *Gaieté et cadence, par deux hommes joyeux*, écrit en collaboration avec feu F. E. Smedley (1854); *Nos mélanges*, avec M. R. B. Brough (1857-58); une édition condensée de la *Vie et correspondance de C. Matthews l'aîné* et une *Notice sur Albert Smith*, récemment décédé (1860); *Heures après le service (1861)*; *En rupture de harnais (1864)*; *Affaires de plaisir*, les *Feuilles de service*, le *Gant jeté*, roman (1865); *En baisant les verges*, *Terre enfin (1868)*; *Naufrage au port (1869)*; le *Client du Dr Wainwright*, *Un sort peu enviable (1871)*; la *Brebis galeuse (1872)*; le *Drapeau jaune (1873)*; l'*Épée menaçante (1874)*; etc. — M. Edmund Yates a écrit en outre quelques pièces de théâtre; il a fait pendant six ans la critique dramatique au *Daily News*, a publié pendant quelques temps un feuilleton au *Morning Star* sous la signature de « Flâneur », collaboré assidûment à l'*All the Year round* et a été directeur du *Temple Bar Magazine*.

Il fit, en 1872, une visite aux États-Unis, où il fut assez bien accueilli pour un Européen, comme conférencier; au mois d'octobre 1873, il était accrédité officiellement comme correspondant du *New-York Herald* à Londres; mais il donnait sa démission en juillet 1884, pour fonder le *World*, journal accueilli par un très vif succès et dont il est le rédacteur en chef et l'unique propriétaire.

YON, Edmond Charles, peintre et graveur français, né en 1836 à Montmartre (Paris), est élève de Lequien. Il se fit d'abord une réputation honorable comme graveur sur bois et aqua-fortiste pour les publications illustrées, et ses expositions en ce genre lui valurent une médaille de 2e classe en 1872 et une de 3e classe en 1874; il s'est ensuite distingué dans la peinture parmi nos paysagistes les plus estimés. — On cite principalement de cet artiste: un *Chemin à Velizy (1867)*; les *Buttes Montmartre en 1870 (1870)*; les *Bords de la Seine près de Montereau*, les *Alouettes (1873)*; *Un matin*, et la *Bièvre dans Paris*, aquarelle (1874); un *Bras de Seine aux environs de Montereau*, le *Petit Flot*, *ib. (1875)*; *Jour d'été*, la *Seine près de Gravon (1876)*; le *Morin à Villiers (1877)*; *Avant la pluie (1878)*; le *Bas de Montigny*, *Bords de la Marne (1879)*; le *Canal de la Villette pendant l'hiver de 1879-80 (1880)*; la *Rafale (1883)*; la *Dune*, *Embouchure de la Dive (1884)*; la *Meuse à Dordrecht, marée haute (1885)*; les *Pêcheurs de grenouilles dans les graves de Villerville*, le *Trou-aux-Carpes (1886)*, etc. — M. Yon a obtenu comme peintre une médaille de 3e classe en 1875 et une de 2e classe en 1879; il a été décoré de la Légion d'honneur le 10 juillet 1886.

YOUSSOUF IZZEDDIN, prince ottoman, fils aîné du feu sultan Abd-ul-Aziz, est né le 9 octobre 1857. Pour paraître se conformer à l'usage qui interdit à l'héritier du trône d'élever ses enfants mâles nés avant son avènement, Abd-ul-Aziz éleva celui-ci en secret, avec l'assentiment toutefois du sultan Abd-ul-Medjid, jusqu'à l'époque où il succéda à son frère, le 25 juin 1861, c'est-à-dire jusqu'à l'âge de trois ans et demi. Le jeune prince, dont le père, en changeant l'ordre de succession au trône, voulait faire son successeur, est surtout remarquable, dit-on, par son apathie et son incroyable ignorance, ayant refusé toutes leçons et repoussé sans ménagement le premier, le seul précepteur qu'on tenta jamais de lui donner. Cependant, lors de la déposition d'Abd-ul-Aziz (30 mai 1876), Youssouf Izzeddin était muchir ou maréchal et avait le commandement supérieur de la garde impériale. On sait qu'il fut, ce jour-là, arrêté avec son père et enfermé dans un pavillon dépendant du palais de Tchéragan, auquel on donne le nom significatif de *Cage*, où l'infortuné sultan se donnait la mort quelques jours plus tard, s'il faut en croire les informations officielles.

YRIARTE, Charles Emile, littérateur français, d'une famille d'origine espagnole, est né à Paris le 5 décembre 1832. Il apprit d'abord le dessin, puis entra dans l'administration, comme attaché au ministère d'État, et devint successivement inspecteur des asiles impériaux, puis inspecteur de l'Opéra. Collaborateur assidu dès lors à la presse périodique française et espagnole, par le crayon aussi bien que par la plume, il accepta de suivre la campagne du Maroc entreprise par O'Donnell en 1859-60, comme correspondant de divers journaux, principalement du *Monde illustré*, auquel il adressa des croquis et des lettres plus tard réunies en volume. Il avait naturellement résigné ses fonctions d'inspecteur de l'Opéra pour suivre cette nouvelle carrière, dans laquelle il prit bientôt une place considérable. En 1860, il suivit l'expédition de Garibaldi en Sicile, puis celle de l'armée italienne dans les États pontificaux, et revint en France pour prendre la rédaction en chef du *Monde illustré*. Pendant la guerre de 1870, M. Yriarte suivit les opérations et la retraite sur Paris de l'armée des Ardennes, comme attaché à l'état-major du général Vinoy, avec lequel il suivit également les opérations de l'armée de Versailles contre la Commune de Paris. Il a depuis fait divers voyages en Espagne et en Italie et, dès 1875, explorait la Bosnie, l'Herzégovine et les contrées limitrophes en proie à l'agitation insurrectionnelle, d'où il adressait des correspondances au *XIXe Siècle* et à plusieurs autres journaux.

M. Ch. Yriarte a collaboré en outre au *Moniteur universel*, officiel ou non, au *Figaro*, au *Grand Journal*, au *Temps*, au *XIXe siècle*, à la *Vie parisienne*, au *Monde illustré*, etc., etc.; donné des traductions des littérateurs espagnols, notamment d'Antonio de Trueba y la Quintana, de P. Antonio de Alarcon, de Fernandez y Gonzalez, et publié, sous son propre nom ou sous le pseudonyme de *Marquis de Villemer*, adopté pour la première fois dans le *Grand Journal* et auquel il sut donner une grande notoriété: la *Société espagnole (1861)*; *Sous la tente, souvenirs du Maroc (1863)*; les *Cercles de Paris (1864)*; *Paris grotesque, les célébrités de la rue* (même année); les *Portraits parisiens*, signés « Marquis de Villemer » (1865); *Goya, sa vie et son œuvre (1867)*; *Nouveaux portraits parisiens* et *Portraits cosmopolites*, même signature (1870); la *Vie d'un patricien de Venise au XVIe siècle* (même année); les *Princes d'Orléans (1871)*; les *Prussiens à Paris et le 18 mars*; la *Retraite de Mézières (1871-72)*; le *Puritain, scènes de la vie parisienne (1873)*; *Venise*, la *Bosnie et l'Herzégovine (1876)*; les *Bords de l'Adriatique et le Monténégro (1877)*; *Un condottiere au XVe siècle*, auquel l'Académie française décerna le prix Marcellin Guérin (1882); *J. B. Millet*, notice biographique (1885), etc. — M. Charles Yriarte a été décoré de la Légion d'honneur le 9 août 1877; il est en outre commandeur de l'ordre d'Isabelle la catholique, etc.

YVON, Adolphe, peintre français, né en 1817 à Eschwiller (Lorraine), fit ses études à Metz et vint à Paris, où il devint élève de Paul Delaroche. Il débuta au Salon de 1841, fit l'année suivante un voyage en Russie, d'où il rapporta de nombreux croquis, et reprit le cours de ses expositions. On a principalement de cet artiste: *Portrait de Mme Ancelot (1842)*; *Portrait du général Neumayer (1844)*; le *Remords de Judas (1846)*; de

nombreux *Dessins*, vues, scènes, etc. de Russie (1846-1848); la *Bataille de Kolikowo (1850)*; un *Ange déchu (1852)*; le *Premier consul descendant les Alpes (1853)*; le *Maréchal Ney en Russie*; les *Sept péchés capitaux*, série de dessins inspirés de Dante (1855, Exp. univ.); la *Prise de la tour de Malakoff*, son œuvre la plus populaire; les portraits de *Mélingue* et de *Mme Mélingue (1857)*; la *Bataille de Solférino*, *Portrait du prince impérial (1861)*; *Magenta*, *Evacuation des blessés (1863)*; *M. Couder*, dessin, et un autre *Portrait*, à huile (1864); la *Prise de Malakoff*, accompagnée de la *Gorge de Malakoff* et de la *Courtine de Malakoff*, et *Magenta (1867*, Exp. univ.); les *Etats-Unis d'Amérique*, composition allégorique (1870); une *Rue à Constantinople*, *Secrets d'Etat (1873)*; *Mme la comtesse de Caen*, pour le musée fondé par cette bienfaitrice des artistes; *César*, la *Charge des cuirassiers de Reichshoffen (1875)*; *Portrait du général Vinoy*, *grand chancelier de la Légion d'honneur*; *Portrait de M. Bonnehée, de l'Académie nationale de musique (1876)*; Portraits de *M. Gatineau, député* et de *M. le Dr Péan (1879)*; de *M. Henri Martin* et de *M. Paul Bert (1880)*; *Portrait du général Forgemol (1885)*; *Portrait de S. Exc. Shu-King-Cheng, envoyé extraordinaire et ministre plénipotentiaire de Chine à Paris*, et *Portrait de M. le général Petit (1886)*, etc.

M. Adolphe Yvon a obtenu une médaille de 1re classe en 1848, une de 2e classe à l'Exposition universelle de 1855 et à celle de 1867 et la médaille d'honneur en 1857. Il est officier de la Légion d'honneur depuis 1867. Il a été nommé professeur à l'Ecole des beaux-arts en novembre 1883.

Z

ZACCONE, Pierre, romancier populaire français, né à Douai le 2 avril 1817. Fils d'officier, il fut d'abord enfant de troupe et fit une partie de ses études à Brest; mais l'âge venu, il n'éprouva pas le désir de contracter un nouvel et plus sérieux engagement militaire; il obtint un emploi dans l'administration des postes au moment, ou à peu près, où se posait pour lui cette grande question d'avenir. Employé d'abord en Bretagne, il fut attaché, en 1845, à la direction générale à Paris. M. Zaccone débuta dans la carrière littéraire à vingt ans, par des nouvelles, des fantaisies et des vers insérés dans les journaux du Finistère et du Morbihan; il fit représenter, vers le même temps, un vaudeville au théâtre de Brest. Venu à Paris, il publia bientôt une quantité de compilations historico-dramatiques et de romans, pour la plupart en collaboration d'abord. Il a depuis fourni de nombreux feuilletons aux journaux politiques et aux feuilles populaires illustrées. Nous citerons: *Epoques historiques de la Bretagne* (Brest, 1845); *Histoire des sociétés secrètes politiques et religieuses (1847)*; les *Ouvriers de Paris et de Londres*, avec M. Paul Féval (1850); les *Mémoires d'un roi*, avec le marquis de Foudras (1851); *Marguerite et Béatrix*, avec M. Paul Féval; le *Dernier rendez-vous (1852)*; le *Roi de la basoche (1853)*; *Eric le mendiant*, les *Mystères du vieux Paris (1857)*; le *Nouveau langage des fleurs*, les *Plaisirs du roi (1855)*; le *Nouveau Paris (1856)*, le *Fils du ciel*, roman chinois (1857); les *Deux Robinsons (1863)*; les *Drames des catacombes*; les *Mystères de Bicêtre (1864)*; *De Batna à Tuggurt et au Souf (1865)*, le *Condamné à mort (1866)*; le *Fils du forçat*, la *Poste anecdotique et pittoresque (1868)*; *Histoire des bagnes (1869)*; la *Cellule no 7 (1870)*; les *Drames de l'Internationale*, les *Mémoires d'un commissaire de police (1872-73)*; *Un drame sur les pontons (1873)*; les *Misérables de Londres (1874)*; les *Nuits du boulevard (1876)*; l'*Homme des foules (1877)*; la *Vie à outrance (1878)*; le *Fer rouge (1880)*, etc. etc.; outre beaucoup d'autres romans, comme les *Pieuvres de Paris*, publiés au *Petit Journal*, à l'*Evénement*, etc., etc., non reproduits en volumes, et quelques vaudevilles et livrets d'opéras comiques écrits en collaboration.

ZASTROW (von), Heinrich Adolph, général prussien, né en 1801, entra dans l'armée, comme cadet, en 1817 et fut nommé second-lieutenant d'infanterie en 1819. Il avait atteint le grade de major en 1848, et devint rapidement lieutenant-colonel en 1852, colonel, et enfin major-général en 1858 et lieutenant-général en 1863. En 1866, il fit la campagne contre l'Autriche, à la tête de la 11e division, fut appelé au commandement du 7e corps d'armée en 1867 et promu général d'infanterie en 1868. Au début des hostilités entre la France et la Prusse, le général de Zastrow prit le commandement du 7e corps de la première armée allemande, dont il constituait l'aile droite; ce furent ses troupes qui essuyèrent l'échec apparent du 3 août, à Sarrebruck, et qui reprirent leur trop éclatante revanche le 6, en battant complètement celles du général Froissard à Forbach. Le général de Zastrow prit part avec son corps d'armée à l'investissement de Metz et aux combats livrés sous cette place jusqu'à la capitulation (27 octobre); après quoi, il alla participer aux opérations de la première armée dans le Nord. Après la signature de la paix, le 7e corps fit partie des troupes d'occupation dans les Ardennes, qui ne devaient être évacuées qu'en mars 1873. — On doit au général de Zastrow une traduction allemande du *Nouveau traité de l'attaque et de la défense des places, suivant le système de M. de Vauban*, de Desprez de Saint-Savin, et divers ouvrages originaux sur la même matière.

ZELENSKI, Stanislas, compositeur polonais, né à Grotkowich (Gallicie) en 1839. Il commença ses études musicales à Cracovie, sous la direction de Mirecki, alla les continuer à Prague, en 1859, avec Joseph Krejci, qui lui enseigna l'harmonie et le contrepoint, et compléta en même temps ses études à l'université de cette ville, où il prit le grade de docteur en philosophie. Il vint ensuite à Paris, y passa trois années à perfectionner ses études musicales théoriques, sous la direction de Damcke et retourna en Pologne. M. Zelenski, nommé, peu après son retour, professeur de composition au Conservatoire de Varsovie, remplit encore aujourd'hui ces fonctions. — Outre de nombreux morceaux de piano, on doit à ce compositeur un assez grand nombre d'œuvres importantes et estimées, entre autres une symphonie à grand orchestre, exécutée au Conservatoire de Prague, deux autres symphonies de concert, un trio instrumental, trois quintettes pour instruments à cordes, deux cantates avec orchestre, une messe avec accompagnement d'orgue, etc.

ZELLER, Jules Sylvain, historien français, né à Paris le 23 avril 1820, fit ses études au lycée Charlemagne, aborda le droit, l'abandonna bientôt, et fréquenta pendant plusieurs années les universités allemandes. De retour à Paris, il se prépara à l'enseignement, se fit recevoir agrégé d'histoire en 1844, docteur ès lettres en 1849, et alla professer l'histoire dans divers lycées de province, puis à la faculté d'Aix (1854-58), et fut rappelé à Paris et nommé maître des conférences à l'Ecole normale en 1858. M. J. Zeller était en même temps chargé d'un cours complémentaire d'histoire moderne à la Sorbonne et de la suppléance de M. Rosseuw Saint-Hilaire à la chaire d'histoire ancienne. Il a remplacé M. Duruy, comme professeur d'histoire à l'Ecole polytechnique, en 1869. M. Zeller a été nommé inspecteur général de l'instruction publique le 2 novembre 1876. Il a publié: *Ulrich de Hutten, sa vie, ses œuvres, son époque*: *histoire du temps de la Réforme*, et *Sur le* De consideratione *de saint Bernard*, thèses de doctorat (1849); *Histoire de l'Italie depuis l'invasion des barbares jusqu'à nos jours (1852)*; *Episodes dramatiques de l'histoire d'Italie (1855)*; l'*Année historique*, publication annuelle, interrompue (1860-63, 4 vol.); les *Empereurs romains, caractères et portraits historiques (1869)*; *Entretiens sur l'histoire*: *antiquité et moyen âge (1865)*; *Entretiens sur l'histoire*: *moyen âge (1867)*; *Rapports sur les études historiques*, à propos de l'Exposition universelle de 1867, avec MM. Geoffroy et P. Clément (1868); *Italie et Renaissance, entretiens sur l'histoire (1869)*; *Histoire d'Allemagne (1872-78*, 4 vol.); divers travaux sur l'Allemagne; les *Tribuns et les révolutions d'Italie (1874)*; *Pie IX et Victor Emmanuel (1879)*; *Frédéric II (1885)*, etc. — Chevalier de la Légion d'honneur depuis 1863, M. J. Zeller a été promu officier le 14 octobre 1873; il est en outre officier de l'ordre des Saints Maurice et Lazare d'Italie. — Il a été élu membre de l'Académie des sciences morales et politiques, en remplacement de Michelet, le 30 mai 1874.

ZOLA, Emile, littérateur français, né à Paris le 2 avril 1840, fit ses études au lycée Saint-Louis, après avoir passé son enfance en Provence, avec son père, créateur du canal qui porte son nom, à Aix, et entra presque aussitôt à la librairie Hachette, en qualité d'employé. Chargé des relations de cette maison avec les agences de publicité, il abandonna ces fonctions, où il fut remplacé par Louis Asseline, vers 1865, pour se consacrer entièrement à la littérature. M. Zola a collaboré à divers journaux de Marseille et de Lyon, ainsi qu'au *Figaro*, au *Gaulois*, à la *Vie parisienne*, à l'*Evénement*, à la *Tribune* hebdomadaire, au *Petit journal*, à la *Cloche*, à la *Vérité*, au *Bien public*, au *Voltaire*, au *Gil Blas*, etc.; et publié un certain nombre de romans, remarquables par l'esprit d'observation et d'analyse qui y est dépensé, et aussi par une affectation réaliste qui dépasse souvent le but et parfois s'oublie dans des mièvreries romantiques tout à fait inattendues, mais qui ont, en tout état de cause, une valeur réelle peu commune. Ce sont: *Contes à Ninon*, nouvelles (1863); la *Confession de Claude*, roman physiologique (1865); *Mes haines*, *Mon salon*, le *Vœu d'une morte (1866)*; les *Mystères de Marseille*, *Thérèse Raquin*; *Edouard Manet*, étude biographique et critique (1867); *Madeleine Férat (1868)*; et surtout une suite d'études de mœurs politiques et sociales, en même temps que « physiologiques », intitulée: les *Rougon-Macquart, histoire naturelle et sociale d'une famille sous le second Empire*, qu'on a appelée sa *Comédie humaine*, et qui se compose d'un nombre de volumes allant en augmentant chaque année, dont voici les titres respectifs: la *Fortune des Rougon*, la *Curée*, le *Ventre de Paris*, la *Conquête de Plassans*, la *Faute de l'abbé Mouret*, *Son Excellence Eugène Rougon*, l'*Assommoir*, *Une page d'amour*, *Nana*, *Pot-bouille*, *Nais Micoulin*, *Germinal*, etc. (1871-1885). — A cette longue série, non terminée encore, il faut ajouter: les *Nouveaux contes à Ninon (1874)*; des nouvelles disséminées dans divers journaux, une brochure *pro domo sua*: la *République et la littérature (1879)*, etc.

M. Emile Zola a, en outre, fait représenter: *Thérèse Raquin*, pièce en cinq actes, tirée de son roman, au théâtre de la Renaissance (1873); les *Héritiers Rabourdin*, comédie en trois actes, au théâtre Cluny (1874); le *Bouton de rose*, au Palais-Royal; puis l'*Assommoir*, à l'Ambigu (1881); *Nana*, ib. (1881); *Pot bouille*, ib. (1883); *Germinal (1885)*, etc., pièces tirées de ses romans portant les mêmes titres, par M. W. Busnach. — M. Zola a adressé, pendant quelque temps, une correspondance au *Messager de l'Europe* de Moscou.

ZORILLA, don Manuel Ruiz, homme politique espagnol, né en 1834 à Osma, province de Castille, fit son droit à Valladolid et alla s'inscrire au barreau de Madrid, où il ne tarda pas à se faire une certaine réputation d'éloquence. Entré, dès ses débuts, dans les rangs du parti progressiste, il était élu comme tel député aux Cortès en 1856, et se signalait par son opposition « intransigeante » à la politique gouvernementale. Réélu aux élections suivantes, il ne fit qu'accentuer cette opposition et s'attira, en outre, des poursuites avec une brochure intitulée: *Trois négations et une affirmation*, écrite contre les néo-catholiques. Compromis dans l'insurrection de juin 1866, M. Zorilla se réfugia à Paris, pendant qu'un arrêt de mort le frappait dans son pays, en bonne compagnie d'ailleurs. Avisé du soulèvement de septembre 1868, il se rendit à Cadix avec plusieurs autres exilés, et après le triomphe de la révolution, il entra dans le gouvernement provisoire comme ministre des travaux publics. Après quelques mesures populaires dont il jugea bon de marquer ses débuts, le nouveau gouvernement ne tarda pas à tourner à la réaction, et M. Zorilla comme ses autres membres. Il est vrai qu'il a arboré une devise politique: « révolutionnaire contre le despotisme, conservateur contre l'anarchie », qui a l'air très nette; mais elle n'en a que l'air: M. Ruiz Zorilla est nettement anticlérical, et c'est tout. — Passé au ministère de la justice en juin 1869, il faisait, en décembre suivant, une campagne en faveur de la candidature du duc d'Aoste au trône d'Espagne, qui le forçait à donner sa démission. Mais il était élu président des Cortès le 17 janvier 1870, et à la fin de l'année, il était à la tête de la députation qui allait à Florence offrir la couronne d'Espagne au prince Amédée. Dans le premier ministère formé sous le nouveau règne, M. Zorilla reprit le portefeuille des travaux publics; mais au mois de juillet suivant (1871), il était dans la retraite lorsque, Serrano quittant le pouvoir, le roi Amédée l'appela et lui donna la mission de former un nouveau cabinet. Après avoir constitué le ministère et lancé le programme traditionnel, promettant toutes les réformes désirables et surtout populaires, il accompagnait le roi dans une longue tournée à travers le royaume: à son retour, il se trouva en présence d'une chambre hostile, qui choisissait pour président M. Sagasta, chef de l'opposition. Il donna sa démission (3 octobre). Après les élections d'avril 1872, réélu député de Madrid, M. Zorilla résignait son mandat, décidé, dit-il, à se retirer de la vie politique. Mais, dès le mois de juin, le maréchal Serrano ayant de nouveau résigné le pouvoir, il le reprenait sur les instances du roi. Il débutait par la dissolution des Cortès et obtenait des élections qui suivirent (juillet)

la majorité de gouvernement qu'il y cherchait. Nous ne parlerons pas des réformes promises dans le nouveau programme, aucune n'ayant été réalisée. L'état de l'Espagne devint tel, sous cette administration, que le roi Amédée envoyait au Cortès, le 11 février 1873, son message d'abdication et d'adieu. Tombé de nouveau du pouvoir, M. Zorilla se retira en Portugal. Il rentrait bientôt à Madrid, toutefois, et faisait acte d'adhésion à la République (septembre 1874). Mais à l'avènement du roi Alphonse XII (janvier 1875), ordre lui fut donné de quitter immédiatement le territoire espagnol. Réfugié en France, le gouvernement espagnol n'eut pas de peine à obtenir du nôtre l'expulsion de ce terrible révolutionnaire, au compte duquel on n'a pas hésité à mettre tous les complots, soulèvements, *pronunciamientos* militaires ou civils qui se sont produits depuis en Espagne, pour se donner le malin plaisir de le condamner à mort une fois de plus. Après avoir résidé en Suisse, puis en Angleterre, M. Ruiz Zorilla rentrait en France au commencement de 1886, à la faveur de l'*indulto* donné aux condamnés politiques par le gouvernement d'Alphonse III. Cependant, comme l'agitateur ne s'y tient pas aussi tranquille qu'on pourrait le désirer en Espagne, des démarches auraient, dit-on, été faites pour obtenir son expulsion ; mais le gouvernement français n'est pas tout à fait le même en 1889 qu'en 1875, et ces démarches sont restées vaines.

ZUBER, Jean Henri, peintre français, né à Rixheim (Alsace) le 24 juin 1844. Élève de l'École navale, il avait atteint le grade d'enseigne de vaisseau lorsque, pour obéir à une vocation décidée, il quitta la marine en 1868, et entra dans l'atelier de Gleyre. Après avoir débuté au Salon de 1869 avec une *Grande rue de Pékin* et la *Tour de porcelaine de Yuen-min-Yuen*, et donné à celui de 1870 : une *Jonque chinoise au port de Ting-Haé* et les *Rochers de San Montana*, il quittait les pinceaux pour les armes pendant la guerre de 1870-71, puis reprenait à ses travaux artistiques, ayant pris soin d'opter pour la nationalité française. M. Zuber a exposé notamment, depuis : le *Bain des nymphes*, la *Mare (1873)*;

Près de la *ferme, Hylas et les nymphes (1874)* ; Lisière de forêt dans la *Haute-Alsace*, l'*Étang de Ferrette (1875)* ; les *Chercheurs de marne*, un *Soir dans la lande*, dans l'Ille-et-Vilaine (1876) ; un *Troupeau d'oies à Seppois-le-Haut*, en Alsace ; les *Bords de l'Ille à Fislis (1877)* ; *Dante et Virgile, Soir d'automne (1878)* ; le *Flon à Mussignieu*, une *Halte (1880)* ; les *Premiers sillons*, Haute-Alsace ; le *Troupeau de Vieux-Ferrette*, ib. (1883) ; *Mauvais temps*, l'*Approche de l'orage (1884)* ; *Septembre au pâturage*, le *Hollandsch Diep (1885)* ; *Sentier perdu, Après la moisson (1886)*, et d'assez nombreuses aquarelles. — M. Zuber a obtenu une médaille de 3ᵉ classe en 1875 et une de 2ᵉ classe à l'Exposition universelle de 1878 ; il a été décoré de la Légion d'honneur le 10 juillet 1886.

ZUMBUSCH, Kaspar, sculpteur autrichien, né à Herzebrock en 1830. Il fit ses études artistiques à l'Académie des Beaux-Arts de Munich et y eut pour maître Halbig (mort en 1882), qu'il suivit en Italie, où il devait retourner seul plus tard (1857), après avoir exposé quelques ouvrages à Munich et à Vienne. Il y fit cette fois un assez long séjour, principalement à Rome. — On cite particulièrement de cet artiste : le *Monument de Maximilien II*, à Munich ; les portraits de *Louis II, roi de Bavière*, de *Richard Wagner*, de *Liszt*, du *Maréchal de Moltke*, de l'*Empereur François-Joseph, d'Autriche*, de l'*Archiduc Charles-Joseph*, de *Schœnlein*, de Mᵐᵉ *Schrœder-Devrient*, etc., bustes et médaillons ; les statues d'*Otto de Freising*, l'historien, à Berlin ; de l'anatomiste *Hers*, à Nuremberg ; du général *Rumford*, à Munich ; des principaux personnages des œuvres de Richard Wagner, pour le feu roi Louis II ; de *Beethoven* (parue à l'Exposition universelle de 1873) ; le monument funèbre de *Waldenbourg*, à Berlin ; le monument de la *Victoire*, à Augsbourg, etc. — Il avait à l'Exposition universelle de 1878, outre son *Beethoven*, un groupe en bronze : *Prométhée*. Cet envoi lui valut une médaille de 1ʳᵉ classe et la croix de la Légion d'honneur. — M. Zumbusch a été nommé professeur de sculpture à l'Académie des

Beaux-Arts de Vienne en 1873. Il est correspondant de l'Institut de France (Académie des Beaux-Arts).

ZURCHER, Frédéric, savant français, ancien officier de marine, né à Mulhouse en 1816. Élève de l'École polytechnique, M. F. Zurcher servit ensuite dans la marine, qu'il quitta avec le grade de lieutenant de vaisseau, pour se livrer à la vulgarisation scientifique. — On lui doit, outre une traduction de la *Géographie physique*, de Maury : les *Phénomènes de l'atmosphère (1863)* ; les *Météores (1864)* ; les *Tempêtes (1865)* ; les *Glaciers*, *Histoire de la Navigation (1867)* ; le *Monde sous-marin (1868)* ; les *Étoiles filantes (1870)* ; les *Ventisqueros (1870)* ; les *Ascensions célèbres aux plus hautes montagnes du globe (1874)*, etc. La plupart de ces ouvrages ont été écrits en collaboration avec M. Élie Margollé ancien officier de marine également.

ZUYLEN DE NYEVELT (baron de), Hugo, diplomate hollandais, né à Dordrecht le 29 juin 1816. Il aborda de bonne heure la carrière politique et ne fit surtout remarquer à la Chambre des députés de La Haye, dans les discussions relatives aux questions de politique extérieure et coloniale. Membre du parti conservateur, M. le baron de Zuylen fut appelé à deux reprises, son parti étant au pouvoir, dans les conseils du gouvernement, en 1851 et 1860, avec le portefeuille des affaires étrangères. Il eut, en cette qualité, à reconnaître officiellement le second empire français et le royaume d'Italie. A l'avènement du ministère libéral, M. de Zuylen de Nyevelt fut nommé envoyé extraordinaire et ministre plénipotentiaire des Pays-Bas à Paris, fonctions qu'il remplit depuis 1867 jusqu'en 1885 : Il remettait ses lettres de rappel au président de la République le 30 juin 1885, et était remplacé le 20 octobre suivant par M. le chevalier de Stuers.

M. le baron de Zuylen est un musicien amateur très distingué ; il a composé, pour le piano et pour la voix, un certain nombre de morceaux d'une réelle valeur, mélodies, sonates, symphonies, etc.

CORRECTIONS ET ADDITIONS

RECONNUES NÉCESSAIRES AU COURS DE L'IMPRESSION

(15 septembre 1891.)

A

ALE

ALEXANDRE Iᵉʳ, roi de Serbie, né à Belgrade le 14 août 1876, fils du roi Milan et de la reine Nathalie. Il monta sur le trône, lors de l'abdication de son père, le 6 mars 1889, et fut placé sous la surveillance de deux régents. Il continua ses études à Belgrade, d'après le programme du Gymnase ou école supérieure d'Allemagne. La reine Nathalie l'avait emmené avec elle à Berlin, mais il lui fut arraché et envoyé à Belgrade. Placé entre les deux influences royales de son père et de sa mère, le jeune prince n'en fut délivré qu'en 1891, lorsque les régents, d'ac-

AUG

cord avec l'Assemblée nationale, eurent fait prendre le chemin de l'exil aux deux époux ennemis.

AMÉDÉE (le prince), ex-roi d'Espagne. — Il est mort d'une pneumonie, à Turin, le 18 janvier 1890. Il s'était remarié, en septembre 1888, avec sa nièce, la princesse Lœtitia, fille du prince Napoléon et de la princesse Clotilde.

AUGIER, GUILLAUME-VICTOR-EMILE, poète et auteur dramatique. — Il est décédé le 25 octobre 1859.

AUM

AUMALE (duc d'). — Exilé en 1886, et violemment attaqué par le général Boulanger, qui lui reprochait de n'avoir mérité aucun de ses grades, le duc d'Aumale répondit en publiant une lettre que M. Boulanger lui avait écrite en 1880, pour le remercier de l'avoir fait nommer général de brigade. Peu après, il fit savoir qu'il léguait à la nation française son magnifique château de Chantilly, avec tous les trésors artistiques qui y sont renfermés. Le décret de bannissement du duc d'Aumale a été révoqué en mars 1889.

B

BIS

BARBEY D'AUREVILLY, JULES, homme de lettres. Il est mort le 24 avril 1889.
BASCHET, ARMAND, historien. — Il est mort en janvier 1886.

BAZAINE, FRANÇOIS-ACHILLE, maréchal de France. — Il est décédé à Madrid le 23 septembre 1888, à l'âge de 77 ans.

BERT, PAUL, physiologiste et homme politique. — Aussitôt arrivé au Tonkin, Paul Bert s'occupa d'organiser la nouvelle conquête de la France. Il ne tarda pas à contracter la dysenterie tropicale, dont il mourut le 11 novembre 1886.

BISMARCK-SCHŒNHAUSEN, prince OTTO-EDUARD-LÉOPOLD. — Depuis la mort de l'empereur Guillaume Iᵉʳ, le prince de Bismarck se donna pour objectif un rapprochement entre l'Allemagne et la Russie. Pendant le règne si court de Frédéric III, il s'opposa au mariage projeté entre la princesse Victoria, fille de l'empereur Frédéric, et Alexandre de Battenberg, ex-prince de Bulgarie, non que ce prince lui inspirât la moindre antipathie, mais parce qu'une alliance de famille avec lui aurait pu déplaire au czar. L'empereur Guillaume II, subissant l'influence du tout-puissant chancelier, eut avec le souverain de Russie une entrevue à Péterhof, presque aussitôt après son accession au trône. Quelques semaines plus tard, le chancelier eut une entrevue avec Crispi, ministre d'Italie. En ce moment, le gouvernement de Rome était au plus mal avec celui de Paris, relativement à l'affaire de Massouah. On pensa qu'il en résulterait une guerre. Sur ces entrefaites, on publia le Journal de l'empereur Frédéric et l'on y trouva la preuve que le chancelier n'avait pas joué le rôle prépondérant dans la formation de l'empire d'Allemagne. Discuté dans son passé, le prince vit arriver la disgrâce qui récompense habituellement les services des courtisans. Dès le mois de février 1890, sa retraite fut annoncée; elle n'eut lieu que le 17 mars, au sujet de dissentiments qui s'élevèrent entre le nouvel empereur et le chancelier. Son départ de Berlin, le 29 mars, fut l'occasion d'une grande démonstration populaire. Du fond de sa retraite, le prince mécontent correspond avec des journalistes qui critiquent vivement la marche du gouvernement de l'Allemagne.

BOU

BOCAGE, PAUL, romancier et auteur dramatique. — Il est mort le 25 septembre 1887.

BONVIN, FRANÇOIS, peintre. — Devenu vieux et resté pauvre, Bonvin fut nommé inspecteur des abattoirs. Il conserva jusqu'à un âge avancé cette ingrate occupation, qui consiste à compter des moutons et des bœufs lors de leur entrée à l'abattoir. Il mourut à Saint-Germain-en-Laye, en décembre 1887.

BOULANGER, GEORGES-ERNEST-JEAN-MARIE, général français. — Le général Boulanger, devenu très populaire, en raison des mesures qu'il paraissait prendre pour soutenir une guerre que l'on croyait imminente, conserva son portefeuille de la guerre dans le cabinet Goblet, formé le 11 décembre 1886; mais lors de la chute du ministère Goblet, le 30 mai 1887, il fut remplacé par le général Ferron dans le cabinet Rouvier. Envoyé, comme chef de corps, à Clermont-Ferrand, il reçut, à son départ, une ovation de plus de 30,000 de ses partisans qui se rendirent à la gare de Lyon et voulurent l'empêcher de monter en chemin de fer, disant que sa place était à l'Elysée. Lors du scandale de la Limousin, un journal de Paris ayant insinué qu'un certain général B... y serait compromis, M. Boulanger laissa échapper, contre son supérieur, le ministre de la guerre, des paroles de blâme qui furent reproduites dans les journaux et qui lui valurent 30 jours d'arrêt de rigueur. Il entra alors dans une vaste conspiration qui avait pour but d'établir une dictature en sa faveur. Il fit plusieurs voyages à Paris sous des déguisements et se rendit même à Prangins, auprès du prince Napoléon, qui lui promit son appui mais ne lui donna pas d'argent. Le gouvernement, sans avoir la preuve matérielle des faits, connaissait une foule de détails de la conspiration. Un bonapartiste, M. Thiébaud, posa la candidature du chef de corps dans plusieurs circonscriptions. Le général l'ayant encouragé à faire cette propagande fut rendu à la vie civile : on lui retira son commandement et on le mit à la retraite. Il en profita pour faire plébisciter sur son nom dans toutes les circonscriptions où se trouvait une place vacante de député. Il fut élu dans le Dordogne et dans le Nord comme républicain avancé (avril 1888). Il ne tarda pas à se

BOU

démasquer et à faire connaître son intention de s'emparer de la présidence, mais non avec « une situation effacée ». Le 9 avril 1888, il se rendit comme un triomphateur au milieu des députés et demanda la dissolution de l'Assemblée (12 juillet). M. Floquet lui répondit son sang-froid et cria à son contradicteur : « Vous en avez menti! » Il en résulta un duel dans lequel Boulanger fut gravement blessé à la gorge, le 13 juillet. Au mois d'août, il fut élu dans les départements du Nord, de la Somme et de la Charente-Inférieure et, le 27 janvier 1889, dans le département de la Seine. Pour subvenir à une pareille propagande, il fallait des millions. Le général prétendit avoir reçu 400,000 francs d'une dame américaine. En réalité il avait reçu trois millions de la duchesse d'Uzès pour renverser la République. Il essaya plusieurs fois de s'entendre traiter de voleurs par les journaux à la solde du conspirateur, résolurent d'agir; ils avertirent le général qu'ils allaient le faire arrêter pour avoir soustrait plusieurs centaines de mille francs pendant qu'il était ministre de la guerre. Son audace l'abandonna aussitôt. Il s'enfuit honteusement, avec Rochefort et Dillon, le 1ᵉʳ avril 1889. Le Sénat, formé en haute cour de justice, le condamna à la déportation dans une enceinte fortifiée. Retiré à Bruxelles puis à Londres et enfin à Jersey, où il continua de mener une existence princière, il essaya plusieurs fois de troubler la France en faisant plébisciter sur son nom ou sur ceux de ses amis. Lors des élections générales de 1889, il investit l'un de ses partisans dans chaque circonscription. Il espérait avoir une majorité à la Chambre. Il fut déçu. Le nombre des boulangistes élus fut sans importance. Le général obtint néanmoins une forte majorité à Montmartre, où il se présentait en dépit de la condamnation qui le rendait inéligible. L'élection fut cassée. La publication des Coulisses du Boulangisme, par M. Mermeix, qui avait été bien placé pour connaître les détails de la conspiration, porta le dernier coup à cette intrigue en la dévoilant. Toutes les machinations devinrent publiques. On connut le « voyage à Prangins », qui n'avait venait une partie de l'argent. Après cette divulgation, dont il ne pouvait nier l'exactitude, le général ne fit plus parler de lui.

C D

CAP

CAIROLI, Benedetto, ministre italien. — Il est mort à la villa royale de Capo-di-Monte (Naples), le 8 août 1889.

CAPRIVI DE CAPRERA DE MONTECU-CULLI, George, général von, chancelier de l'empire d'Allemagne, né à Berlin le 24 février 1831. Il est d'origine italienne. A l'âge de 18 ans, il entra dans un régiment et fit un rapide avancement. Il se distingua pendant les campagnes de 1864-66 et fut nommé, en 1870, chef de l'état-major du 10e corps d'armée. Trois ans plus tard, on le mit à la tête de la 30e division, à Metz, puis, en 1881, à la tête de l'amirauté, qu'il réorganisa en partie. Lors de l'accession de l'empereur Guillaume II, il reprit le commandement de son ancien corps. Sa manière habile de diriger les manœuvres d'automne fut très remarquée du jeune Empereur, qui résolut de lui donner une position supérieure. Le 19 mars 1890, il fut nommé successeur du prince de Bismarck. Ses discours et ses actes produisirent une impression favorable en Europe. Il renouvela la triple alliance et s'efforça d'y faire entrer Angleterre. Le principal événement de la première

KRI

année de son administration fut sa visite à Crispi, le 10 novembre 1890.

CARNOT, Lazare-Hippolyte, homme politique. — Il est mort à Paris, le 16 mars 1888.

CARNOT, Marie-François-Sadi, homme politique. — Lors de la démission de M. Grévy, le 2 décembre 1887, un congrès se réunit pour lui nommer un remplaçant. M. Carnot fut élu au second tour. Son arrivée au pouvoir mit fin à l'agitation populaire. Sa popularité personnelle, qui s'accrut pendant l'exposition de 1889, ramena vers la République la partie du peuple que les intrigues boulangistes en avaient éloignée. Il fit de nombreux voyages dans les diverses régions de la France et s'attacha à être correct dans ses actes comme dans ses paroles.

CHEVREUL, Michel-Eugène, chimiste. — Il s'est doucement éteint, dans la 103e année de son âge, le 10 avril 1889.

CRISPI, Francesco, homme politique italien. — Il était arrivé au dernier degré de la puissance. Il

BUV

avait fait entrer l'Italie dans la triple alliance; et pourtant il lui manquait une toute petite chose, cette chose que l'on appelle le nerf de la guerre. L'Italie était ruinée par la politique anti-française. La France seule pouvait être assez naïve pour lui fournir les millions dont il avait besoin; mais il n'osait les lui demander. La détresse financière de l'Italie amena, au commencement de 1891, la chute du ministère gallophobe dont signor Crispi était le directeur.

CUVILLIER-FLEURY, Alfred-Auguste, académicien. — Il est mort à Paris, le 18 octobre 1887.

DEPRETIS, Agostino, homme d'État italien. — Il est mort le 29 juillet 1887.

DUPRÉ, Jules, peintre. — Il est mort le 7 octobre 1889.

DUVAL, Edgar-Raoul, homme politique. — Il est décédé le 11 février 1887.

E F

FER

EMIN-PACHA, Eduard-Schnitzler (connu sous le nom d'), célèbre aventurier, né le 28 avril 1840 à Oppeln (Silésie). Il appartenait à la religion juive, qu'il renia dans la suite. Il fit son éducation au gymnase de Weisse et aux écoles médicales de Breslau et de Berlin. Il se familiarisa ensuite avec plusieurs langues européennes et asiatiques. Vers 1865, il se rendit en Turquie et visita l'Arménie, la Syrie et l'Arabie. En 1868, il se fixa à Scutari et devint l'intime d'Ismaïl, gouverneur de cette ville. Lors de la disgrâce d'Ismaïl, Emin partagea son exil à Trébizonde; il épousa la veuve de ce gouverneur et se convertit au mahométisme. En 1875, il fit un voyage de peu de durée dans son pays natal; l'année suivante nous le trouvons comme chirurgien dans l'armée anglo-égyptienne qui opérait dans le Soudan. On l'appelait alors le docteur Emin-Effendi. En 1878, quand Gordon devint gouverneur du Soudan, Emin fut appointé gouverneur de la province équatoriale d'Égypte. Il se rendit sur le cours supérieur du Nil et y resta près de dix années sans demander de secours. Mais en 1886, la situation lui sembla périlleuse; il le fit savoir en Angleterre et Stanley organisa, pour le délivrer, une expédition en 1887. Ce qu'il y eut de plus singulier, ce fut que lorsque Stanley l'eut rejoint, ce fut lac Albert-Nyanza, dans le centre de l'Afrique, il refusa de quitter le pays où il était fixé et laissa l'explorateur américain revenir sans lui en Europe. Il s'était mis au service de l'Allemagne.

FAIDHERBE, Louis-Léon-César, général. — Mort le 28 septembre 1889.

FERDINAND Ier, Ferdinand-Maximilien-Charles-Léopold-Marie, de Saxe-Cobourg-Gotha, prince de Bulgarie, né à Vienne, le 26 février 1861. Il est le plus jeune fils du prince Auguste de Saxe-Cobourg-Gotha et de la princesse Clémentine de Bourbon-Orléans, fille de Louis-Philippe. Il était officier dans l'armée autrichienne et possédait d'immenses propriétés en Hongrie, lorsqu'une délégation de la Sobranié ou Assemblée bulgare lui offrit la couronne vacante. Après avoir longtemps hésité, il finit par l'accepter avec l'assentiment de l'empereur d'Autriche. Officiellement élu par la Sobranié, le 7 juillet 1887, il partit, au commencement d'août, pour prendre possession du trône qui lui était offert. Il fit un voyage triomphal jusqu'à Tirnova, où il prêta serment à la Constitution

FRA

bulgare le 14 août. Mais sa souveraineté ne fut pas formellement reconnue par les puissances et sa situation parut d'abord des plus précaires. Néanmoins, il ne se découragea pas et se fit élire par un vote général au mois d'octobre 1887 se maintint ensuite malgré la mauvaise volonté de la Russie, les conspirations militaires, le mécontentement des musulmans et la misère du peuple.

FEUILLET, Octave, écrivain — Mort à Paris le 28 décembre 1890.

FÉVAL, Paul, littérateur. — Décédé le 6 mars 1887.

FLOQUET, Charles-Thomas, avocat et homme politique. Lors de la résignation du cabinet Tirard, en avril 1888, M. Floquet accepta la tâche de former un ministère, avec le titre de président du conseil et le portefeuille de l'Intérieur. Il se chargea de combattre à la tribune le général Boulanger qui lui répondit par un grossier démenti. M. Floquet envoya ses témoins à son adversaire. Le duel eut lieu à l'épée, dans la propriété du comte Dillon, le 13 juillet 1888. Le général fut blessé à la gorge. En octobre 1888, M. Floquet soumit à l'Assemblée des députés un projet de constitution qui fut repoussé par 307 voix contre 218. Le ministère Floquet démissionna aussitôt le 14 février 1889. M. Floquet fut ensuite élu président de la Chambre.

FRANÇOIS-FERDINAND, Charles-Louis-Joseph-Marie d'Autriche, archiduc, fils de l'archiduc Charles-Louis, par son second mariage avec la princesse Marie-Annonciata, fille de Ferdinand II, roi des Deux-Siciles. François-Ferdinand d'Autriche est né à Gratz le 18 décembre 1863. Il est major au 4e régiment de dragons. Il y a quelques années, il hérita de la fortune de son parent, le grand-duc de Modène, et prit le titre de duc d'Este. Le 1er février 1889, il renonça à cette fortune et à ce nom en faveur de son frère, l'archiduc Othon. L'archiduc François, n'ayant ni femme ni enfant, ne faisait pas grande figure dans la société autrichienne, lorsque par suite de la mort du prince de la couronne, Rodolphe, le 30 janvier 1889, et de l'abdication de son père, il devint l'héritier du trône autrichien. Son frère, l'archiduc Othon, est né à Gratz le 21 avril 1865. Il a épousé à Dresde, le 20 octobre 1886, Maria-Josepha, fille du prince Georges de Saxe.

FRE

FRÉDÉRIC III, Frédéric-Guillaume-Nicolas-Charles de Hohenzollern, empereur d'Allemagne et roi de Prusse. — Atteint d'une maladie, tuberculeuse disent les uns, cancéreuse, d'après d'autres, il se trouvait à San-Remo (Italie) où il venait de subir l'opération de la trachéotomie, lorsque la mort de son père, Guillaume Ier, le rappela en Allemagne. Il rentra à Berlin, le 12 mars 1888, fut proclamé empereur et roi, et essaya de faire rentrer l'Allemagne dans la voie libérale, malgré l'opposition de M. de Bismarck. Malheureusement les jours étaient comptés. Le plus puissant souverain de l'Europe ne respirait plus qu'à l'aide d'une canule qui lui traversait la gorge et portait l'air aux poumons. Il termina sa vie au milieu des disputes de ses médecins. La mort seule pouvait le soulager; il l'appelait; elle le délivra le 15 juin 1888, après un règne de trois mois, qui n'avait donné que des espérances. Il eut pour successeur son fils, Guillaume II.

FRÉDÉRIC, Frédéric-Guillaume-Louis, grand-duc de Bade, né à Carlsruhe le 9 septembre 1826. Il succéda, en 1852, à son père le grand-duc Léopold, en qualité de régent, son frère aîné, Louis II, ne jouissant pas de ses facultés mentales. A la mort de ce frère, le 22 janvier 1858, il prit le titre de grand-duc. Il avait épousé, le 20 septembre 1856, la princesse Louisa de Prusse, fille du roi (plus tard empereur) Guillaume. Pendant la guerre de 1866, il prit parti pour l'Autriche, mais se soumit bien vite à son beau-père et devint son plus fidèle allié. Il prit une part importante de la guerre de 1870-71, contre la France. A l'intérieur, sa politique fut anticléricale. Il mit fin, en 1885, à l'existence des jésuites en tant que communauté ecclésiastique organisée, et il finit par les chasser du pays.

FRÈRE, Charles-Théodore, peintre. — Mort le 24 mars 1888.

FREYCINET (de) Charles-Louis de Saulces, homme d'État français. — Lors de la formation du cabinet Floquet, M. de Freycinet accepta le portefeuille de ministre de la Guerre, qu'il conserva dans le cabinet Tirard. Il redevint pour la quatrième fois chef de cabinet et ministre de la Guerre en mars 1890.

G J K

GUI

GAMBON, Charles-Ferdinand, homme politique. — Décédé à Cosnes (Nièvre), le 16 septembre 1887.

GONZALÈS, Louis-Jean-Emmanuel, littérateur. — Mort à Paris, le 15 octobre 1887.

GREPPO, Louis, homme politique. — Il est mort en août 1888.

GUILLAUME Ier, empereur d'Allemagne. — Dans ses dernières années, il contrecarra les tendances belliqueuses de M. de Bismarck et du parti militaire; désireux qu'il était de mourir en paix et trop préoccupé des malheurs de sa famille pour songer à se lancer dans de nouvelles guerres. Il conserva jusqu'au dernier moment la merveilleuse vigueur caractéristique de sa longue carrière. Atteint d'un malaise alarmant, vers les premiers jours du mois de mars 1888, il s'éteignit le 9 de ce mois, et l'Allemagne entière considéra son décès comme une cause de deuil. Il eut pour successeur son fils Frédéric III.

GUILLAUME II, empereur d'Allemagne et roi de Prusse, né à Berlin, le 27 janvier 1859, fils de Frédéric III et de Victoria, fille de la reine d'Angleterre. Il reçut son instruction au Gymnase de Cassel et se soumit à la discipline de cet établissement jusqu'à son entrée dans l'Université de Bonn. Il se maria, à l'âge de 22 ans, le 27 janvier 1881, jour anniversaire de sa naissance; et épousa la princesse Augusta-Victoria de Schleswig-Holstein-Augustenbourg, nièce du prince Christian. Il remplaça son père au trône, le 15 juin 1888. Immédiatement, il publia un ordre général à l'armée et à la marine, dans lequel il faisait allusion à l'esprit belliqueux de ses ancêtres. Il

GUI

exprimait sa détermination de suivre leur exemple. On le représentait comme avide de gloire militaire; on prétendait qu'il se flattait de venir boire le champagne dans les plaines françaises. Ces mesures pour la germanisation de l'Alsace-Lorraine firent supposer qu'il voulait une nouvelle guerre. Les Français ne purent plus traverser la frontière alsacienne-lorraine; et l'on pouvait se croire revenu au moyen âge. Les liens de la triple-alliance furent resserrés par une visite que le nouvel empereur rendit au souverain de l'Autriche, au pape et au roi d'Italie. Mais celui qui vaincra la France aujourd'hui ne sera pas manchot. — En 1890, l'empereur se débarrassa de la tutelle que M. de Bismarck faisait peser sur lui; il le congédia un peu brusquement et le remplaça par M. de Caprivi. Au mois d'août, il visita sa grand'mère la reine d'Angleterre, et se rendit ensuite à Héligoland, dont l'empire d'Allemagne venait de prendre possession, et de là à Narva, où il eut une entrevue avec l'empereur de Russie. On pensa que le czar allait entrer lui aussi, dans l'alliance antifrançaise, et l'on eut des craintes qui ne tardèrent pas à se trouver des plus vaines. — L'empereur d'Allemagne réunit ensuite à Berlin une conférence du travail, ayant pour but de régler la question sociale. Toutes les puissances européennes répondirent à son invitation et envoyèrent des délégués à Berlin. La conférence discuta plusieurs questions relatives au relèvement et au bien-être des prolétaires; mais elle ne put prendre aucune résolution. — En août 1891, à la suite d'un voyage qu'il venait de faire en Angleterre, Guillaume II fut atteint d'un accès d'épilepsie et se blessa au genou; il dut rester plusieurs jours à bord de son navire le *Hohenzollern*, ancré dans la rade de Kiel. Malgré toutes les précau-

KRU

tions que l'on prit pour cacher l'état du souverain, des bruits fâcheux sur sa santé se répandirent en Europe.

JAURÉGUIBERRY, Jean-Bernard, marin. — Il est mort à Paris, le 21 octobre 1887.

JOULE, James-Prescott, physicien anglais, décédé le 14 octobre 1889.

KARR, Alphonse-Jean-Baptiste, célèbre littérateur, mort à Nice, le 30 septembre 1890.

KROPOTKINE, prince Peter Alexievitch, socialiste russe, né à Moscou en 1842. Il fut, dans sa jeunesse, aide de camp du gouverneur militaire de Transkaïbalia (1863-67) et fit plusieurs voyages en Sibérie et en Mandchourie. Il étudia à l'Université de Saint-Pétersbourg en 1868-72 et s'affilia à la section anarchiste la plus avancée de l'Internationale en 1872. À son retour d'un voyage en Belgique, il prit part à la conspiration Tchaykovsky, fut arrêté en 1874 et s'enfuit en Angleterre après deux années d'emprisonnement. En 1879, il fonda le journal anarchiste *le Révolté*, à Genève, d'où il fut expulsé en 1881. Il commença alors une campagne contre le gouvernement russe dans la presse anglaise et française. En 1882, pendant un voyage qu'il fit à Thonon, il fut arrêté par le gouvernement français et condamné en police correctionnelle, à Lyon, à cinq ans d'emprisonnement, comme membre de l'Internationale. Relâché en 1886, il retourna en Angleterre.

KRUPP, Frédéric, fondeur allemand. — Mort à Essen, le 14 juillet 1887.

L M N

LYO

LABICHE, Eugène-Marin, auteur dramatique. — Il est mort le 23 janvier 1863.

LACROIX, Jules, littérateur français, décédé à Paris, le 10 novembre 1887.

LAMI, Eugène, peintre. — Mort en décembre 1890.

LAZERGES, Hippolyte, peintre. — Il est mort en octobre 1887.

LEBŒUF, Edmond, maréchal de France. — Il est décédé en son château de Trun, près d'Argentan (Orne), le 7 juin 1888.

LEFLO, Adolphe-Emmanuel-Charles, général. — Mort à Morlaix, en novembre 1887.

LÉOPOLD II, roi des Belges. — Il est aujourd'hui le chef de l'Association internationale, qui a pour but d'ouvrir aux Européens le Congo et ses affluents. Il prend le titre d'empereur du Congo.

LORGERIL, Hippolyte-Louis (vicomte de), poète et homme politique. — Décédé à Trébédan (Côtes-du-Nord), le 6 juillet 1888.

LOUIS Ier, roi de Portugal. — Il est mort le 9 octobre 1889, et eut pour successeur son fils don Carlos (Charles Ier).

LYONS, lord, ambassadeur anglais à Paris. — Frappé de paralysie et sans espoir de rétablissement, il quitta l'ambassade de France au mois de septembre 1887 et se retira au château d'Arundel, chez son beau-frère, le duc de Norfolk. Il se convertit au catholicisme en vertu du vœu de sa sœur, la duchesse

MON

de Norfolk dont la mort l'avait douloureusement impressionné. Il mourut le 3 décembre 1887.

MAQUET, Auguste-Jules, littérateur. — Mort le 9 janvier 1888.

MAUPAS, Charlemagne-Émile (de), homme politique. Il est mort à Paris, le 18 juin 1888.

MEISSONIER, Jean-Louis-Ernest, peintre français. — Mort à Paris, vers la fin de janvier 1891.

MILANO Ier, Obrenovitch, ex-roi de Serbie. — Il épousa en 1875 la princesse Nathalie de Stourdza, dont il eut un fils, le prince régnant actuel, Alexandre Ier. Cette union fut très malheureuse. L'Europe a retenti des plaintes des deux époux. Le roi Milan ayant introduit une demande en divorce devant les autorités compétentes, le peuple se divisa; il en résulta des troubles qui furent sur le point d'amener la guerre civile. Milan abdiqua le 6 mars 1889, mais conserva le commandement de l'armée. Les régents chargés de gouverner au nom du jeune roi Alexandre, finirent par obtenir son éloignement, ainsi que celui de la reine.

MILLET, aîné, sculpteur français. — Mort en janvier 1891.

MOLTKE, (comte de), feld-maréchal de l'empire d'Allemagne. — Mort à Berlin, le 25 avril 1891.

MONSELET, Charles, littérateur. — Mort à Paris, en mai 1888.

MONTPENSIER, (duc de). — Mort le 4 février 1890.

NIS

NAJAC (comte de), auteur dramatique. — Décédé le 11 avril 1889.

NAPOLÉON, Joseph-Charles-Paul-Jérôme-Bonaparte, prince. — Il est mort à Rome, le 17 mars 1891. Ses derniers jours se passèrent dans la tristesse et l'isolement. Sa femme le quitta pour des raisons politiques et religieuses. Quand son fils profita de son agonie pour lui faire administrer les derniers sacrements.

NAPOLÉON, Victor-Jérôme-Frédéric, chef de maison impériale de Bonaparte, né à Paris, le 18 juillet 1862, fils aîné du prince Napoléon et de la princesse Clotilde. Quand son père, après la mort du prince impérial, en 1879, hérita des prétentions de la famille Bonaparte, son titre de chef de cette maison lui fut disputé par M. Paul de Cassagnac et par les nombreux bonapartistes adversaires d'un empire libéral. Les dissidents jetèrent les yeux sur le jeune prince Victor et le posèrent en rival de son père. Le prince ne se prêta pas d'abord à cette manœuvre; mais lors de l'expulsion des prétendants en 1886, il se retira à Bruxelles et se mit à la tête du parti impérialiste victorien ou réactionnaire. Son père, le considérant comme un révolté, lui refusa des subsides. Il se fit bonapartiste, M. Jolibois, subvint aux dépenses du fils insoumis, dont la conduite empoisonna les derniers jours du vieux Napoléon-Jérôme.

NISARD, Jean-Marie-Napoléon-Désiré, littérateur. — Mort le 25 mars 1888.

PALIZZI, Giuseppe, peintre italio . — Mort le 17 janvier 1888.

PARIS (comte de). — Il visita Lisbonne à la fin de 1889, à l'occasion du baptême de son petit-fils, l'infant, prince de Portugal. Lors de la publication des *Coulisses du Boulangisme*, il reconnut, dans une lettre, avoir prêté la main aux machinations du conspirateur, dans le but, disait-il, de mettre fin « à cette chose ». Son fils, le duc d'Orléans, fut condamné, le 12 février 1890, à deux années d'emprisonnement, pour être venu à Paris réclamer son enrôlement dans l'armée. Il fut relâché après une courte détention.

PEDRO II d'Alcantara, ex-empereur du Brésil. — Sous l'influence paternelle de ce souverain, l'esclavage fut complètement aboli en 1888 ; plusieurs lignes de chemin de fer furent entreprises ; et la prospérité intérieure semblait annoncer un règne long et tranquille, lorsque, le 16 novembre 1889, une révolution éclata et fut soutenue par l'armée. La monarchie fut abolie. Don Pedro et sa famille s'embarquèrent pour l'Europe, le 17 novembre, et se retirèrent à Cannes, où mourut l'impératrice, le 28 décembre 1889.

PÈNE (Henri de), publiciste français. — Décédé en janvier 1888.

PÉLIGOT, Eugène-Melchior, chimiste français. — Mort en 1890.

PONTMARTIN (comte de), littérateur. — Il est décédé le 22 mars 1890.

POUYER-QUERTIER, Augustin-Thomas, industriel et homme politique. — Mort à Rome, en avril 1891.

PYAT, Félix, homme politique et littérateur. — Il est mort le 2 août 1889.

RICHARD, Maurice, homme politique. — Il est mort à Paris le 5 novembre 1888.

RICORD, Philippe, médecin. — Il est mort le 22 octobre 1889.

ROUSSEAU, Philippe, peintre. — Il est mort à Acquigny (Eure), le 5 décembre 1887.

SAND, Maurice Dudevant, dit, peintre et littérateur. — Il est mort le 5 septembre 1889.

SECOND, Albéric, littérateur. — Il est mort le 3 juin 1887.

SHERIDAN, Philip-Henry, général américain. — Il est décédé à New-York le 5 août 1888.

STANLEY, célèbre explorateur du centre de l'Afrique. — Il accepta, vers la fin de 1886, le commandement d'une expédition organisée par les Anglais pour secourir Emin-Pacha, à Ouadelaï, sur le lac Albert-Nyanza. Il prit avec lui le major E. Barthelot et plusieurs autres officiers européens avec une escorte de plusieurs centaines de Zanzibari et de Soudanais, les uns soldats, les autres porteurs. Parti au commencement de janvier 1887, il remonta le Congo et son grand tributaire l'Arouimi, laissa Barthelot dans un camp établi sur ce cours d'eau et se dirigea vers l'Albert-Nyanza en traversant d'immenses forêts tropicales et des pays dévastés par les Arabes. Il perdit la moitié de son monde. par suite de maladies ou de combats. Le 29 avril 1888, il rencontra Emin. En Europe, on le croyait perdu et l'on organisait une nouvelle expédition pour avoir de ses nou-

velles. Le major Barthelot, en s'avançant dans les terres pour le secourir, fut assassiné par les indigènes de son escorte. Emin-Pacha ayant accepté de travailler, à l'avenir, pour le compte de l'Allemagne, et ayant refusé de revenir en Europe, Stanley le quitta sur le territoire allemand de Mpouapoua et revint seul en 1890. Il fut partout reçu avec enthousiasme. Le prince de Galles et la reine Victoria lui firent un accueil des plus flatteurs. Il publia un ouvrage intitulé *In Darkest Africa* et donna le récit de son expédition dans plusieurs conférences. Le 12 juillet 1890, il épousa, à Westminster-Abbey, miss D. Tennant et vint passer sa lune de miel sur le continent.

TISZA de Boroszeno, Koloman, homme d'État hongrois. — Le 28 mai 1888, il crut devoir, dans un discours prononcé devant la chambre des députés de Hongrie, avertir ses compatriotes qu'il serait dangereux de se rendre à Paris pendant l'exposition de 1889. A cette attaque injustifiable, M. Goblet, ministre français des affaires étrangères, répondit, le 31 mai, par un langage modéré, mais ferme, qui produisit un grand effet et qui amena une rétractation du ministre hongrois. Tisza, devenu très impopulaire, fut l'objet, en 1889, de démonstrations hostiles. L'émeute, au lieu de gronder à Paris, comme il l'avait prédit, éclata, au contraire, autour de lui, et il dut donner sa démission de président du conseil, le 7 mars 1890.

VIEL-CASTEL (baron de), littérateur. — Il est mort à Paris le 6 octobre 1887.

WERDER, Auguste, comte von, général prussien. — Il est mort en septembre 1887.

ÉMILE COLIN — IMPRIMERIE DE LAGNY

www.ingramcontent.com/pod-product-compliance
Lightning Source LLC
Chambersburg PA
CBHW071130270326
41929CB00012B/1707